Ziekow/Völlink
Vergaberecht

Vergaberecht

Gesetz gegen Wettbewerbsbeschränkungen – Teil 4,
Vergabeverordnung, Sektorenverordnung,
Vergabeverordnung für die Bereiche Verteidigung und Sicherheit,
Verordnung über die Vergabe von Konzessionen,
Verordnung zur Statistik über die Vergabe öffentlicher Aufträge
und Konzessionen,
Vergabe- und Vertragsordnung für Bauleistungen,
Unterschwellenvergabeordnung,
Verordnung über öffentliche Personenverkehrsdienste,
Gesetz zur Einrichtung und zum Betrieb eines Registers zum Schutz des
Wettbewerbs um öffentliche Aufgaben und Konzessionen,
Wettbewerbsregisterverordnung,
Verordnung PR Nr. 30/53 über die Preise bei öffentlichen Aufträgen,
Gesetz über die Beschaffung sauberer Straßenfahrzeuge,
Gesetz zur Beschleunigung von Beschaffungsmaßnahmen
für die Bundeswehr

Kommentar

Herausgegeben und erläutert von

Prof. Dr. Jan Ziekow
Deutsche Universität für Verwaltungswissenschaften Speyer

Uwe-Carsten Völlink
Rechtsanwalt in München

5., völlig neu bearbeitete und erweiterte Auflage 2024

Zitiervorschlag:
Ziekow/Völlink/Bearbeiter Gesetzesbezeichnung §… Rn. …

beck.de

ISBN 978 3 406 80635 3

© 2024 Verlag C.H.Beck oHG
Wilhelmstraße 9, 80801 München
Druck und Bindung: Druckerei C.H.Beck Nördlingen
(Adresse wie Verlag)
Satz: Meta Systems Publishing & Printservices GmbH, Wustermark
Umschlag: Druckerei C.H. Beck Nördlingen

chbeck.de/nachhaltig

Gedruckt auf säurefreiem, alterungsbeständigem Papier
(hergestellt aus chlorfrei gebleichtem Zellstoff)

Alle urheberrechtlichen Nutzungsrechte bleiben vorbehalten.
Der Verlag behält sich auch das Recht vor, Vervielfältigungen dieses Werks
zum Zwecke des Text and Data Mining vorzunehmen.

Vorwort zur 5. Auflage

Zwar hat sich seit Erscheinen der Vorauflage der Grundrahmen des vergaberechtlichen Normenregimes (ausnahmsweise einmal) nicht wesentlich verändert. Doch ist die Entwicklung des Vergaberechts nach wie vor von einer hohen Dynamik geprägt. Dies betrifft zum einen die Ausdifferenzierung und Verfeinerung der vergaberechtlichen Dogmatik durch die Spruchpraxis der Nachprüfungsinstanzen. Sie erlegt den Kommentatorinnen und Kommentatoren auf, die Vielzahl von Entscheidungen ebenso wie die Äußerungen des Schrifttums in eine für die Praxis leicht handhabbare Kommentierungsstruktur zu bringen. Zum anderen werden immer mehr Regelungen zu spezifischen Fragenkomplexen erlassen, die in das Vergaberecht ausstrahlen. Auch diese Entwicklung gilt es, in Kommentierungen aufzunehmen.

Auch diese Neuauflage ist dem Ziel verpflichtet, alle praxisrelevanten Vorschriften aus einem Guss und unter Vermeidung unnötiger Redundanzen zu kommentieren. Dementsprechend bildet der Kernbestand des vergaberechtlichen Normenregimes, GWB, VgV, SektVO, VSVgV, KonzVgV, Verordnung 1370/2007, VOB/A und UVgO, weiterhin das Rückgrat der Kommentierung. Da nunmehr die Vergaben von Nicht-Bauleistungen unterhalb der Schwellenwerte im Wesentlichen nach der UVgO abgewickelt werden, ist die Kommentierung der VOL/A entfallen. Neu aufgenommen wurden hingegen Kommentierungen von VergStatVO, WReG, SaubFahrzBeschG, Preisrecht und BwBBG.

Dass eine Begleitung der vergaberechtlichen Entwicklung und eine Ausweitung der Kommentierungsgegenstände nicht ohne Auswirkungen auf die Zusammensetzung des Teams von Autorinnen und Autoren bleibt, ist unvermeidlich. Die Herausgeber bedanken sich bei den ausgeschiedenen Kommentatorinnen und Kommentatoren und begrüßen als für die Neuauflage Hinzugetretene Hendrik Beiersdorf, Kai Hooghoff, Dr. Iris Meeßen, Martin Schnabel, Stephan Schulte, Dietmar Weidenfeller und Petra Willner.

Für das Konzept des Gesamtwerkes sind weiterhin die Herausgeber, für den Inhalt der Kommentierungen die jeweiligen Autorinnen und Autoren verantwortlich. Die Kommentierungen sind auf dem Stand November 2023. Anregungen und Hinweise auf nie vollständig auszuschließende Fehler sind ausdrücklich erwünscht und werden erbeten an uwe-carsten.voellink@heussen-law.de oder ziekow@uni-speyer.de.

Auch diese Auflage hätte nicht ohne die aktive Unterstützung zahlreicher Personen verwirklicht werden können. Zu Dank sind die Herausgeber insbesondere Frau Anke Teresa Schaub verpflichtet, die diese Auflage als Lektorin des Verlages umsichtig betreut hat. Darüber hinaus danken Herausgeber und Autoren für wertvolle Mitarbeit bei der Manuskriptbetreuung
- Frau Clara Bülow und Frau Martina Diaz-Carreño (Jan Ziekow),
- Herrn Franz Ferdinand Haberl (Iris Meeßen) sowie
- Frau Chiara Groppe und Herrn Nicolas Diefenbach (Annette Rosenkötter).

München/Speyer, im November 2023　　　　　　　　　　Uwe-Carsten Völlink
　　　　　　　　　　　　　　　　　　　　　　　　　　Jan Ziekow

Bearbeiterverzeichnis

Dr. Clemens Antweiler, Rechtsanwalt, AntweilerLiebschwagerNieberding Rechtsanwälte PartG mbB, Düsseldorf
Hendrik Beiersdorf, Vorsitzender 2. Vergabekammer Rheinland-Pfalz, Mainz
Jens Bernhardt, Rechtsanwalt, Frankfurt/Main
Dr. Christian Braun, Rechtsanwalt, Braun & Zwetkow Rechtsanwälte, Leipzig
Dr. Eick Busz, Rechtsanwalt, Airbus Defence and Space GmbH, Manching
Dr. Alfred G. Debus, Innenministerium Baden-Württemberg, Stuttgart
Dr. Kerstin Dittmann, 1. Vergabekammer des Bundes, Bundeskartellamt, Bonn
Anne-Christin Frister, Vorsitzende Richterin am OLG, Düsseldorf
Matthias Goede, Rechtsanwalt, Goede Althaus Rechtsanwälte Partnerschaft mbB, München
Loni Goldbrunner, Rechtsanwältin, Stolz Goldbrunner Klein Rechtsanwälte Partnerschaftsgesellschaft mbB, München
Dr. Klaus Greb, Rechtsanwalt und Dipl.-Verwaltungswirt (FH), VERGABEPARTNERS Partnerschaft von Rechtsanwälten mbB Greb Hölzl, Berlin
Dr. Alexander Herrmann, Rechtsanwalt, Goede Althaus Rechtsanwälte Partnerschaft mbB, München
Kai Hooghoff, LL.M., Direktor beim Bundeskartellamt, Bonn
Dr. Norbert Huber, Rechtsanwalt, Heussen Rechtsanwaltsgesellschaft mbH, München
Dr. Philipp Kraus, Rechtsanwalt, Kraus Donhauser Rechtsanwälte, München
Dr. Alexandra Losch, Rechtsanwältin, HLP. Heiermann Losch Rechtsanwälte, Hannover
Dr. Iris Meeßen, Rechtsanwältin, Heussen Rechtsanwaltsgesellschaft mbH, München
Dr. Moritz Püstow, Rechtsanwalt, KPMG Law Rechtsanwaltsgesellschaft mbH, Berlin
Dr. Annette Rosenkötter, FPS Fritze Wicke Seelig Partnerschaftsgesellschaft von Rechtsanwälten mbB, Frankfurt/Main
Martin Schnabel, Richter am Oberlandesgericht, Frankfurt/Main
Prof. Dr. Thorsten Siegel, Freie Universität Berlin
Stephan Schulte, Regierungsdirektor, Bundesministerium der Verteidigung, Berlin, Dienstort Bonn
Matthias Steck, Regierungsdirektor, Vergabekammer Südbayern, München
Bernhard Stolz, Rechtsanwalt, Stolz Goldbrunner Klein Rechtsanwälte Partnerschaftsgesellschaft mbB, München
Uwe-Carsten Völlink, Rechtsanwalt, Heussen Rechtsanwaltsgesellschaft mbH, München
Dietmar Weidenfeller, Direktor BAAINBw, Bundesamt für Ausrüstung, Informationstechnik und Nutzung der Bundeswehr, Koblenz
Prof. Dr. Alexander Wichmann, Rechtsanwalt, W2K Wurster Weiß Kupfer Rechtsanwälte Partnerschaft mbB, Freiburg
Petra Willner, Richterin am Bayerischen Obersten Landesgericht, München
Prof. Dr. Jan Ziekow, Deutsche Universität für Verwaltungswissenschaften, Speyer
Prof. Dr. Holger Zuck, Rechtsanwalt, Anwaltskanzlei Zuck, Stuttgart

Inhaltsverzeichnis

Vorwort zur 5. Auflage V
Bearbeiterverzeichnis VII
Abkürzungsverzeichnis XXIX
Literaturverzeichnis XXXVII

1. Gesetz gegen Wettbewerbsbeschränkungen
Einleitung *(Ziekow)* 1

Teil 4. Vergabe von öffentlichen Aufträgen und Konzessionen
Kapitel 1. Vergabeverfahren
Abschnitt 1. Grundsätze, Definitionen und Anwendungsbereich

§ 97 Grundsätze der Vergabe *(Ziekow)* 12
§ 98 Auftraggeber *(Ziekow)* 53
§ 99 Öffentliche Auftraggeber *(Ziekow)* 54
§ 100 Sektorenauftraggeber *(Ziekow)* 117
§ 101 Konzessionsgeber *(Ziekow)* 125
§ 102 Sektorentätigkeiten *(Ziekow)* 126
§ 103 Öffentliche Aufträge, Rahmenvereinbarungen und Wettbewerbe *(Ziekow)* 132
§ 104 Verteidigungs- oder sicherheitsspezifische öffentliche Aufträge *(Ziekow)* 172
§ 105 Konzessionen *(Ziekow)* 173
§ 106 Schwellenwerte *(Greb)* 187
§ 107 Allgemeine Ausnahmen *(Antweiler)* 194
§ 108 Ausnahmen bei öffentlich-öffentlicher Zusammenarbeit *(Ziekow)* 220
§ 109 Ausnahmen für Vergaben auf der Grundlage internationaler Verfahrensregeln *(Antweiler)* 252
§ 110 Vergabe von öffentlichen Aufträgen und Konzessionen, die verschiedene Leistungen zum Gegenstand haben *(Ziekow)* 255
§ 111 Vergabe von öffentlichen Aufträgen und Konzessionen, deren Teile unterschiedlichen rechtlichen Regelungen unterliegen *(Ziekow)* 259
§ 112 Vergabe von öffentlichen Aufträgen und Konzessionen, die verschiedene Tätigkeiten umfassen *(Ziekow)* 264
§ 113 Verordnungsermächtigung *(Ziekow)* 267
§ 114 Monitoring und Vergabestatistik *(Greb)* 269

Abschnitt 2. Vergabe von öffentlichen Aufträgen durch öffentliche Auftraggeber
Unterabschnitt 1. Anwendungsbereich

§ 115 Anwendungsbereich *(Antweiler)* 272
§ 116 Besondere Ausnahmen *(Antweiler)* 272
§ 117 Besondere Ausnahmen für Vergaben, die Verteidigungs- oder Sicherheitsaspekte umfassen *(Antweiler)* 283
§ 118 Bestimmten Auftragnehmern vorbehaltene öffentliche Aufträge *(Antweiler)* 291

Inhaltsverzeichnis

Unterabschnitt 2. Vergabeverfahren und Auftragsausführung

§ 119	Verfahrensarten *(Antweiler)*	297
§ 120	Besondere Methoden und Instrumente in Vergabeverfahren *(Antweiler)*	313
§ 121	Leistungsbeschreibung *(Meeßen)*	319
§ 122	Eignung *(Ziekow)*	331
§ 123	Zwingende Ausschlussgründe *(Stolz)*	348
§ 124	Fakultative Ausschlussgründe *(Stolz)*	355
§ 125	Selbstreinigung *(Stolz)*	381
§ 126	Zulässiger Zeitraum für Ausschlüsse *(Stolz)*	389
§ 127	Zuschlag *(Ziekow)*	393
§ 128	Auftragsausführung *(Ziekow)*	411
§ 129	Zwingend zu berücksichtigende Ausführungsbedingungen *(Ziekow)*	423
§ 130	Vergabe von öffentlichen Aufträgen über soziale und andere besondere Dienstleistungen *(Kraus)*	425
§ 131	Vergabe von öffentlichen Aufträgen über Personenverkehrsleistungen im Eisenbahnverkehr *(Zuck)*	437
§ 132	Auftragsänderungen während der Vertragslaufzeit *(Ziekow)*	452
§ 133	Kündigung von öffentlichen Aufträgen in besonderen Fällen *(Braun)*	473
§ 134	Informations- und Wartepflicht *(Braun)*	521
§ 135	Unwirksamkeit *(Braun)*	601

Abschnitt 3. Vergabe von öffentlichen Aufträgen in besonderen Bereichen und von Konzessionen

Unterabschnitt 1. Vergabe von öffentlichen Aufträgen durch Sektorenauftraggeber

§ 136	Anwendungsbereich *(Debus)*	654
§ 137	Besondere Ausnahmen *(Antweiler)*	658
§ 138	Besondere Ausnahme für die Vergabe an verbundene Unternehmen *(Antweiler)*	663
§ 139	Besondere Ausnahme für die Vergabe durch oder an ein Gemeinschaftsunternehmen *(Antweiler)*	668
§ 140	Besondere Ausnahme für unmittelbar dem Wettbewerb ausgesetzte Tätigkeiten *(Debus)*	669
§ 141	Verfahrensarten *(Antweiler)*	672
§ 142	Sonstige anwendbare Vorschriften *(Debus)*	673
§ 143	Regelung für Auftraggeber nach dem Bundesberggesetz *(Debus)*	677

Unterabschnitt 2. Vergabe von verteidigungs- oder sicherheitsspezifischen öffentlichen Aufträgen

§ 144	Anwendungsbereich *(Rosenkötter)*	680
§ 145	Besondere Ausnahmen für die Vergabe von verteidigungs- oder sicherheitsspezifischen öffentlichen Aufträgen *(Antweiler)*	681
§ 146	Verfahrensarten *(Antweiler)*	687
§ 147	Sonstige anwendbare Vorschriften *(Rosenkötter)*	688

Unterabschnitt 3. Vergabe von Konzessionen

§ 148	Anwendungsbereich *(Siegel)*	689
§ 149	Besondere Ausnahmen *(Siegel)*	706

Inhaltsverzeichnis

§ 150 Besondere Ausnahmen für die Vergabe von Konzessionen in den Bereichen Verteidigung und Sicherheit *(Siegel)* 715
§ 151 Verfahren *(Siegel)* 720
§ 152 Anforderungen im Konzessionsvergabeverfahren *(Siegel)* 725
§ 153 Vergabe von Konzessionen über soziale und andere besondere Dienstleistungen *(Kraus)* 731
§ 154 Sonstige anwendbare Vorschriften *(Siegel)* 736

Kapitel 2. Nachprüfungsverfahren
Abschnitt 1. Nachprüfungsbehörden

Vor § 155 GWB *(Dittmann)* 742
§ 155 Grundsatz *(Dittmann)* 754
§ 156 Vergabekammern *(Dittmann)* 767
§ 157 Besetzung, Unabhängigkeit *(Dittmann)* 778
§ 158 Einrichtung, Organisation *(Dittmann)* 789
§ 159 Abgrenzung der Zuständigkeit der Vergabekammern *(Dittmann)* 795

Abschnitt 2. Verfahren vor der Vergabekammer

§ 160 Einleitung, Antrag *(Dicks/Schnabel)* 801
§ 161 Form, Inhalt *(Dicks/Schnabel)* 850
§ 162 Verfahrensbeteiligte, Beiladung *(Dicks/Beiersdorf)* 855
§ 163 Untersuchungsgrundsatz *(Dicks/Schnabel)* 864
§ 164 Aufbewahrung vertraulicher Unterlagen *(Dicks/Beiersdorf)* 877
§ 165 Akteneinsicht *(Dicks/Steck)* 882
§ 166 Mündliche Verhandlung *(Frister)* 896
§ 167 Beschleunigung *(Frister)* 901
§ 168 Entscheidung der Vergabekammer *(Steck)* 908
§ 169 Aussetzung des Vergabeverfahrens *(Herrmann)* 927
§ 170 Ausschluss von abweichendem Landesrecht *(Herrmann)* 949

Abschnitt 3. Sofortige Beschwerde

Vor § 171 GWB *(Dicks/Willner)* 951
§ 171 Zulässigkeit, Zuständigkeit *(Dicks/Willner)* 955
§ 172 Frist, Form, Inhalt *(Dicks/Willner)* 969
§ 173 Wirkung *(Losch)* 977
§ 174 Beteiligte am Beschwerdeverfahren *(Frister)* 1000
§ 175 Verfahrensvorschriften *(Frister)* 1003
§ 176 Vorabentscheidung über den Zuschlag *(Herrmann)* 1012
§ 177 Ende des Vergabeverfahrens nach Entscheidung des Beschwerdegerichts *(Herrmann)* 1019
§ 178 Beschwerdeentscheidung *(Steck)* 1022
§ 179 Bindungswirkung und Vorlagepflicht *(Dicks/Willner)* 1030
§ 180 Schadensersatz bei Rechtsmissbrauch *(Losch)* 1039
§ 181 Anspruch auf Ersatz des Vertrauensschadens *(Losch)* 1048
§ 182 Kosten des Verfahrens vor der Vergabekammer *(Losch)* 1070
§ 183 Korrekturmechanismus der Kommission *(Dittmann)* 1099
§ 184 Unterrichtungspflichten der Nachprüfungsinstanzen *(Dittmann)* 1103

Teil 6. Übergangs- und Schlussbestimmungen

§ 187 Übergangsbestimmungen *(Ziekow)* 1106

Inhaltsverzeichnis

2. Verordnung über die Vergabe öffentlicher Aufträge (Vergabeverordnung – VgV)

Einleitung *(Greb)* 1109

Abschnitt 1. Allgemeine Bestimmungen und Kommunikation
Unterabschnitt 1. Allgemeine Bestimmungen

§ 1	Gegenstand und Anwendungsbereich *(Greb)*	1110
§ 2	Vergabe von Bauaufträgen *(Greb)*	1113
§ 3	Schätzung des Auftragswerts *(Greb)*	1114
§ 4	Gelegentliche gemeinsame Auftragsvergabe; zentrale Beschaffung *(Greb)*	1128
§ 5	Wahrung der Vertraulichkeit *(Greb)*	1131
§ 6	Vermeidung von Interessenkonflikten *(Greb)*	1134
§ 7	Mitwirkung an der Vorbereitung des Vergabeverfahrens *(Völlink)*	1146
§ 8	Dokumentation und Vergabevermerk *(Goede)*	1152

Unterabschnitt 2. Kommunikation

§ 9	Grundsätze der Kommunikation *(Wichmann)*	1160
§ 10	Anforderungen an die verwendeten elektronischen Mittel *(Wichmann)*	1168
§ 10a	Erstellung und Übermittlung von Bekanntmachungen *(Völlink)*	1172
§ 11	Anforderungen an den Einsatz elektronischer Mittel im Vergabeverfahren *(Wichmann)*	1180
§ 12	Einsatz alternativer elektronischer Mittel bei der Kommunikation *(Wichmann)*	1186
§ 13	Allgemeine Verwaltungsvorschriften *(Wichmann)*	1188

Abschnitt 2. Vergabeverfahren
Unterabschnitt 1. Verfahrensarten

§ 14	Wahl der Verfahrensart *(Völlink)*	1188
§ 15	Offenes Verfahren *(Völlink)*	1234
§ 16	Nicht offenes Verfahren *(Völlink)*	1253
§ 17	Verhandlungsverfahren *(Völlink)*	1263
§ 18	Wettbewerblicher Dialog *(Huber)*	1283
§ 19	Innovationspartnerschaft *(Huber)*	1292
§ 20	Angemessene Fristsetzung; Pflicht zur Fristverlängerung *(Völlink)*	1300

Unterabschnitt 2. Besondere Methoden und Instrumente in Vergabeverfahren

§ 21	Rahmenvereinbarungen *(Kraus)*	1312
§ 22	Grundsätze für den Betrieb dynamischer Beschaffungssysteme *(Bernhardt)*	1331
§ 23	Betrieb eines dynamischen Beschaffungssystems *(Bernhardt)*	1335
§ 24	Fristen beim Betrieb dynamischer Beschaffungssysteme *(Bernhardt)*	1340
§ 25	Grundsätze für die Durchführung elektronischer Auktionen *(Wichmann)*	1344
§ 26	Durchführung elektronischer Auktionen *(Wichmann)*	1349
§ 27	Elektronische Kataloge *(Bernhardt)*	1355

Inhaltsverzeichnis

Unterabschnitt 3. Vorbereitung des Vergabeverfahrens

§ 28	Markterkundung *(Trutzel/Meeßen)*	1359
§ 29	Vergabeunterlagen *(Goede)*	1366
§ 30	Aufteilung nach Losen *(Ziekow)*	1373
§ 31	Leistungsbeschreibung *(Trutzel/Meeßen)*	1377
§ 32	Technische Anforderungen *(Meeßen)*	1409
§ 33	Nachweisführung durch Bescheinigungen von Konformitätsbewertungsstellen *(Püstow)*	1412
§ 34	Nachweisführung durch Gütezeichen *(Püstow)*	1416
§ 35	Nebenangebote *(Goede)*	1421
§ 36	Unteraufträge *(Püstow)*	1434

Unterabschnitt 4. Veröffentlichungen, Transparenz

§ 37	Auftragsbekanntmachung; Beschafferprofil; Ex-ante-Transparenz *(Völlink)*	1445
§ 38	Vorinformation *(Völlink)*	1450
§ 39	Vergabebekanntmachung; Bekanntmachung über Auftragsänderungen *(Völlink)*	1458
§ 40	Veröffentlichung von Bekanntmachungen *(Völlink)*	1462
§ 41	Bereitstellung der Vergabeunterlagen *(Wichmann)*	1465

Unterabschnitt 5. Anforderung an Unternehmen; Eignung

§ 42	Auswahl geeigneter Unternehmen; Ausschluss von Bewerbern und Bietern *(Goldbrunner)*	1477
§ 43	Rechtsform von Unternehmen und Bietergemeinschaften *(Goede)*	1482
§ 44	Befähigung und Erlaubnis zur Berufsausübung *(Goldbrunner)*	1486
§ 45	Wirtschaftliche und finanzielle Leistungsfähigkeit *(Goldbrunner)*	1489
§ 46	Technische und berufliche Leistungsfähigkeit *(Goldbrunner)*	1495
§ 47	Eignungsleihe *(Goldbrunner)*	1509
§ 48	Beleg der Eignung und des Nichtvorliegens von Ausschlussgründen *(Goldbrunner)*	1515
§ 49	Beleg der Einhaltung von Normen der Qualitätssicherung und des Umweltmanagements *(Püstow)*	1525
§ 50	Einheitliche Europäische Eigenerklärung *(Goldbrunner)*	1531
§ 51	Begrenzung der Anzahl der Bewerber *(Goldbrunner)*	1531

Unterabschnitt 6. Einreichung, Form und Umgang mit Interessensbekundungen, Interessensbestätigungen, Teilnahmeanträgen und Angeboten

§ 52	Aufforderung zur Interessensbestätigung, zur Angebotsabgabe, zur Verhandlung oder zur Teilnahme am Dialog *(Völlink)*	1536
§ 53	Form und Übermittlung der Interessensbekundungen, Interessensbestätigungen, Teilnahmeanträge und Angebote *(Herrmann)*	1545
§ 54	Aufbewahrung ungeöffneter Interessensbekundungen, Interessensbestätigungen, Teilnahmeanträge und Angebote *(Herrmann)*	1570
§ 55	Öffnung der Interessensbestätigungen, Teilnahmeanträge und Angebote *(Herrmann)*	1572

Inhaltsverzeichnis

Unterabschnitt 7. Prüfung und Wertung der Interessensbestätigungen, Teilnahmeanträge und Angebote; Zuschlag

§ 56 Prüfung der Interessensbestätigungen, Teilnahmeanträge und Angebote; Nachforderung von Unterlagen *(Steck)* 1573
§ 57 Ausschluss von Interessensbekundungen, Interessensbestätigungen, Teilnahmeanträgen und Angeboten *(Herrmann)* 1588
§ 58 Zuschlag und Zuschlagskriterien *(Steck)* 1612
§ 59 Berechnung von Lebenszykluskosten *(Herrmann)* 1629
§ 60 Ungewöhnlich niedrige Angebote *(Steck)* 1637
§ 61 Ausführungsbedingungen *(Ziekow)* 1651
§ 62 Unterrichtung der Bewerber und Bieter *(Völlink)* 1653
§ 63 Aufhebung von Vergabeverfahren *(Herrmann)* 1660

Abschnitt 3. Besondere Vorschriften für die Vergabe von sozialen und anderen besonderen Dienstleistungen

§ 64 Vergabe von Aufträgen für soziale und andere besondere Dienstleistungen *(Kraus)* 1689
§ 65 Ergänzende Verfahrensregeln *(Kraus)* 1690
§ 66 Veröffentlichungen, Transparenz *(Kraus)* 1692

Abschnitt 4. Besondere Vorschriften für die Beschaffung energieverbrauchsrelevanter Leistungen und von Straßenfahrzeugen

§ 67 Beschaffung energieverbrauchsrelevanter Liefer- oder Dienstleistungen *(Greb)* 1694
§ 68 (aufgehoben) *(Greb)* 1702

Abschnitt 5. Planungswettbewerbe

Vor § 69 *(Stolz)* 1703
§ 69 Anwendungsbereich *(Stolz)* 1703
§ 70 Veröffentlichung, Transparenz *(Stolz)* 1705
§ 71 Ausrichtung *(Stolz)* 1706
§ 72 Preisgericht *(Stolz)* 1708

Abschnitt 6. Besondere Vorschriften für die Vergabe von Architekten- und Ingenieurleistungen

Unterabschnitt 1. Allgemeines

Vor § 73 *(Stolz)* 1709
§ 73 Anwendungsbereich und Grundsätze *(Stolz)* 1710
§ 74 Verfahrensart *(Stolz)* 1712
§ 75 Eignung *(Stolz)* 1714
§ 76 Zuschlag *(Stolz)* 1717
§ 77 Kosten und Vergütung *(Stolz)* 1720

Unterabschnitt 2. Planungswettbewerbe für Architekten- und Ingenieurleistungen

Vor § 78 *(Stolz)* 1721
§ 78 Grundsätze und Anwendungsbereich für Planungswettbewerbe *(Stolz)* 1722
§ 79 Durchführung von Planungswettbewerben *(Stolz)* 1724

Inhaltsverzeichnis

§ 80 Aufforderung zur Verhandlung; Nutzung der Ergebnisse des Planungswettbewerbs *(Stolz)* 1728

Abschnitt 7. Übergangs- und Schlussbestimmungen
§ 81 Übergangsbestimmungen *(Wichmann)* 1730
§ 82 Fristenberechnung *(Völlink)* 1730
§ 83 Anwendungsbestimmungen aus Anlass der Einführung von eForms *(Völlink)* 1732

3. Verordnung über die Vergabe von öffentlichen Aufträgen im Bereich des Verkehrs, der Trinkwasserversorgung und der Energieversorgung (Sektorenverordnung – SektVO)

Einleitung *(Debus)* 1735

Abschnitt 1. Allgemeine Bestimmungen und Kommunikation
Unterabschnitt 1. Allgemeine Bestimmungen
§ 1 Anwendungsbereich *(Debus)* 1741
§ 2 Schätzung des Auftragswerts *(Debus)* 1743
§ 3 Antragsverfahren für Tätigkeiten, die unmittelbar dem Wettbewerb ausgesetzt sind *(Debus)* 1746
§ 4 Gelegentliche gemeinsame Auftragsvergabe *(Siegel)* 1752
§ 5 Wahrung der Vertraulichkeit *(Siegel)* 1754
§ 6 Vermeidung von Interessenkonflikten *(Siegel)* 1755
§ 7 Mitwirkung an der Vorbereitung des Vergabeverfahrens *(Völlink)* 1756
§ 8 Dokumentation *(Goede)* 1757

Unterabschnitt 2. Kommunikation
§ 9 Grundsätze der Kommunikation *(Wichmann)* 1759
§ 10 Anforderungen an die verwendeten elektronischen Mittel *(Wichmann)* 1760
§ 10a Erstellung und Übermittlung von Bekanntmachungen; Datenaustauschstandard eForms *(Völlink)* 1760
§ 11 Anforderungen an den Einsatz elektronischer Mittel im Vergabeverfahren *(Wichmann)* 1761
§ 12 Einsatz alternativer elektronischer Mittel bei der Kommunikation *(Wichmann)* 1762

Abschnitt 2. Vergabeverfahren
Unterabschnitt 1. Verfahrensarten, Fristen
§ 13 Wahl der Verfahrensart *(Völlink)* 1762
§ 14 Offenes Verfahren; Fristen *(Völlink)* 1769
§ 15 Nicht offenes Verfahren und Verhandlungsverfahren mit vorherigem Teilnahmewettbewerb; Fristen *(Völlink)* 1772
§ 16 Fristsetzung; Pflicht zur Fristverlängerung *(Völlink)* 1775
§ 17 Wettbewerblicher Dialog *(Huber)* 1776
§ 18 Innovationspartnerschaft *(Huber)* 1778

Unterabschnitt 2. Besondere Methoden und Instrumente im Vergabeverfahren
§ 19 Rahmenvereinbarungen *(Kraus)* 1780

Inhaltsverzeichnis

§ 20	Grundsätze für den Betrieb dynamischer Beschaffungssysteme *(Bernhardt)*	1782
§ 21	Betrieb eines dynamischen Beschaffungssystems *(Bernhardt)*	1783
§ 22	Fristen beim Betrieb eines dynamischen Beschaffungssystems *(Bernhardt)*	1783
§ 23	Grundsätze für die Durchführung elektronischer Auktionen *(Wichmann)*	1784
§ 24	Durchführung elektronischer Auktionen *(Wichmann)*	1785
§ 25	Elektronische Kataloge *(Bernhardt)*	1786

Unterabschnitt 3. Vorbereitung des Vergabeverfahrens

§ 26	Markterkundung *(Meeßen)*	1787
§ 27	Aufteilung nach Losen *(Ziekow)*	1788
§ 28	Leistungsbeschreibung *(Meeßen)*	1788
§ 29	Technische Anforderungen *(Meeßen)*	1789
§ 30	Bekanntmachung technischer Anforderungen *(Trutzel/Meeßen)*	1790
§ 31	Nachweisführung durch Bescheinigungen von Konformitätsbewertungsstellen *(Püstow)*	1791
§ 32	Nachweisführung durch Gütezeichen *(Püstow)*	1792
§ 33	Nebenangebote *(Goede)*	1793
§ 34	Unteraufträge *(Püstow)*	1794

Unterabschnitt 4. Veröffentlichung, Transparenz

§ 35	Auftragsbekanntmachungen; Beschafferprofil; Ex-ante-Transparenz *(Völlink)*	1795
§ 36	Regelmäßige nicht verbindliche Bekanntmachung *(Völlink)*	1798
§ 37	Bekanntmachung über das Bestehen eines Qualifizierungssystems *(Völlink)*	1801
§ 38	Vergabebekanntmachungen; Bekanntmachung über Auftragsänderungen *(Völlink)*	1803
§ 39	Bekanntmachungen über die Vergabe sozialer und anderer besonderer Dienstleistungen *(Kraus)*	1804
§ 40	Veröffentlichung von Bekanntmachungen *(Völlink)*	1806
§ 41	Bereitstellung der Vergabeunterlagen *(Wichmann)*	1808
§ 42	Aufforderung zur Interessensbestätigung, zur Angebotsabgabe, zur Verhandlung oder zur Teilnahme am Dialog *(Völlink)*	1809
§ 43	Form und Übermittlung der Angebote, Teilnahmeanträge, Interessensbekundungen und Interessensbestätigungen *(Herrmann)*	1811
§ 44	Erhöhte Sicherheitsanforderungen bei der Übermittlung der Angebote, Teilnahmeanträge, Interessensbekundungen und Interessensbestätigungen *(Herrmann)*	1812

Unterabschnitt 5. Anforderungen an die Unternehmen

§ 45	Grundsätze *(Goldbrunner)*	1812
§ 46	Objektive und nichtdiskriminierende Kriterien *(Goldbrunner)*	1816
§ 47	Eignungsleihe *(Goldbrunner)*	1817
§ 48	Qualifizierungssysteme *(Goede)*	1818
§ 49	Beleg der Einhaltung von Normen der Qualitätssicherung und des Umweltmanagements *(Püstow)*	1824
§ 50	Rechtsform von Unternehmen und Bietergemeinschaften *(Goede)*	1824

Inhaltsverzeichnis

Unterabschnitt 6. Prüfung und Wertung der Angebote
§ 51 Prüfung und Wertung der Angebote; Nachforderung von Unterlagen *(Steck)* ... 1825
§ 52 Zuschlag und Zuschlagskriterien *(Steck)* ... 1827
§ 53 Berechnung von Lebenszykluskosten *(Herrmann)* ... 1828
§ 54 Ungewöhnlich niedrige Angebote *(Steck)* ... 1829
§ 55 Angebote, die Erzeugnisse aus Drittländern umfassen *(Debus)* ... 1830
§ 56 Unterrichtung der Bewerber oder Bieter *(Völlink)* ... 1833
§ 57 Aufhebung und Einstellung des Verfahrens *(Herrmann)* ... 1835

Abschnitt 3. Besondere Vorschriften für die Beschaffung energieverbrauchsrelevanter Leistungen
§ 58 Beschaffung energieverbrauchsrelevanter Leistungen *(Siegel)* ... 1836
§ 59 (aufgehoben) *(Siegel)* ... 1838

Abschnitt 4. Planungswettbewerbe
Vor § 60 *(Stolz)* ... 1838
§ 60 Anwendungsbereich *(Stolz)* ... 1838
§ 61 Veröffentlichung, Transparenz *(Stolz)* ... 1838
§ 62 Ausrichtung *(Stolz)* ... 1839
§ 63 Preisgericht *(Stolz)* ... 1839

Abschnitt 5. Übergangs- und Schlussbestimmungen
§ 64 Übergangsbestimmungen *(Wichmann)* ... 1840
§ 65 Fristenberechnung *(Völlink)* ... 1840
§ 66 Anwendungsbestimmungen aus Anlass der Einführung von eForms *(Völlink)* ... 1840

4. Vergabeverordnung für die Bereiche Verteidigung und Sicherheit (VSVgV)
Einleitung *(Rosenkötter)* ... 1843

Teil 1. Allgemeine Bestimmungen
§ 1 Anwendungsbereich *(Rosenkötter)* ... 1853
§ 2 Anzuwendende Vorschriften für Liefer-, Dienstleistungs- und Bauaufträge *(Busz)* ... 1860
§ 3 Schätzung des Auftragswertes *(Busz)* ... 1861
§ 4 Begriffsbestimmungen *(Busz)* ... 1863
§ 5 Dienstleistungsaufträge *(Busz)* ... 1864
§ 6 Wahrung der Vertraulichkeit *(Busz)* ... 1866
§ 7 Anforderungen an den Schutz von Verschlusssachen durch Unternehmen *(Busz)* ... 1868
§ 8 Versorgungssicherheit *(Busz)* ... 1876
§ 9 Unteraufträge *(Busz)* ... 1879

Teil 2. Vergabeverfahren
§ 10 Grundsätze des Vergabeverfahrens *(Rosenkötter)* ... 1883
§ 11 Arten der Vergabe von Liefer- und Dienstleistungsaufträgen *(Rosenkötter)* ... 1886

XVII

Inhaltsverzeichnis

§ 12	Verhandlungsverfahren ohne Teilnahmewettbewerb *(Rosenkötter)*	1888
§ 13	Wettbewerblicher Dialog *(Rosenkötter)*	1898
§ 14	Rahmenvereinbarungen *(Rosenkötter)*	1900
§ 15	Leistungsbeschreibung und technische Anforderungen *(Rosenkötter)*	1902
§ 16	Vergabeunterlagen *(Rosenkötter)*	1906
§ 17	Vorinformation *(Rosenkötter)*	1907
§ 18	Bekanntmachung von Vergabeverfahren; Ex-ante-Transparenz *(Rosenkötter)*	1909
§ 19	Informationsübermittlung *(Rosenkötter)*	1911
§ 20	Fristen für den Eingang von Anträgen auf Teilnahme und Eingang der Angebote *(Rosenkötter)*	1913
§ 21	Eignung und Auswahl der Bewerber *(Rosenkötter)*	1916
§ 22	Allgemeine Vorgaben zum Nachweis der Eignung und des Nichtvorliegens von Ausschlussgründen *(Rosenkötter)*	1919
§ 23	Zwingender Ausschluss *(Rosenkötter)*	1922
§ 24	Fakultativer Ausschluss *(Rosenkötter)*	1924
§ 25	Nachweis der Erlaubnis zur Berufsausübung *(Rosenkötter)*	1925
§ 26	Nachweis der wirtschaftlichen und finanziellen Leistungsfähigkeit *(Rosenkötter)*	1926
§ 27	Nachweis der technischen und beruflichen Leistungsfähigkeit *(Rosenkötter)*	1928
§ 28	Nachweis für die Einhaltung von Normen des Qualitäts- und Umweltmanagements *(Rosenkötter)*	1932
§ 29	Aufforderung zur Abgabe eines Angebots *(Rosenkötter)*	1932
§ 30	Öffnung der Angebote *(Rosenkötter)*	1934
§ 31	Prüfung der Angebote *(Rosenkötter)*	1935
§ 32	Nebenangebote *(Rosenkötter)*	1937
§ 33	Ungewöhnlich niedrige Angebote *(Rosenkötter)*	1938
§ 34	Zuschlag *(Rosenkötter)*	1940
§ 35	Bekanntmachung über die Auftragserteilung *(Rosenkötter)*	1942
§ 36	Unterrichtung der Bewerber oder Bieter *(Rosenkötter)*	1944
§ 37	Aufhebung und Einstellung des Vergabeverfahrens *(Rosenkötter)*	1945

Teil 3. Unterauftragsvergabe

§ 38	Allgemeine Vorgaben zur Unterauftragsvergabe *(Busz)*	1947
§ 39	Bekanntmachung *(Busz)*	1949
§ 40	Kriterien zur Auswahl der Unterauftragsnehmer *(Busz)*	1950
§ 41	Unteraufträge aufgrund einer Rahmenvereinbarung *(Busz)*	1951

Teil 4. Besondere Bestimmungen

§ 42	Ausgeschlossene Personen *(Busz)*	1952
§ 43	Dokumentations- und Aufbewahrungspflichten *(Busz)*	1953

Teil 5. Übergangs- und Schlussbestimmungen

§ 44	Übergangsbestimmung *(Busz)*	1954
§ 44a	Anwendungsbestimmungen aus Anlass der Einführung von e-Forms *(Völlink)*	1955
§ 45	Inkrafttreten *(Busz)*	1956

Inhaltsverzeichnis

5. Verordnung über die Vergabe von Konzessionen (Konzessionsvergabeverordnung – KonzVgV)

Einleitung *(Siegel)* 1957

Abschnitt 1. Allgemeine Bestimmungen und Kommunikation
Unterabschnitt 1. Allgemeine Bestimmungen

§ 1	Gegenstand und Anwendungsbereich *(Siegel)*	1958
§ 2	Berechnung des geschätzten Vertragswerts *(Siegel)*	1959
§ 3	Laufzeit von Konzessionen *(Siegel)*	1965
§ 4	Wahrung der Vertraulichkeit *(Siegel)*	1969
§ 5	Vermeidung von Interessenkonflikten *(Siegel)*	1970
§ 6	Dokumentation und Vergabevermerk *(Siegel)*	1973

Unterabschnitt 2. Kommunikation

§ 7	Grundsätze der Kommunikation *(Wichmann)*	1976
§ 8	Anforderungen an die verwendeten elektronischen Mittel *(Wichmann)*	1977
§ 8a	Erstellung und Übermittlung von Bekanntmachungen; Datenaustauschstandard eForms *(Völlink)*	1977
§ 9	Anforderungen an den Einsatz elektronischer Mittel im Vergabeverfahren *(Wichmann)*	1978
§ 10	Einsatz alternativer elektronischer Mittel bei der Kommunikation *(Wichmann)*	1979
§ 11	Allgemeine Verwaltungsvorschriften *(Wichmann)*	1979

Abschnitt 2. Vergabeverfahren
Unterabschnitt 1. Allgemeine Verfahrensvorschriften

§ 12	Allgemeine Grundsätze *(Siegel)*	1979
§ 13	Verfahrensgarantien *(Siegel)*	1982
§ 14	Umgehungsverbot *(Siegel)*	1986

Unterabschnitt 2. Vorbereitung des Vergabeverfahrens

§ 15	Leistungsbeschreibung *(Meeßen)*	1987
§ 16	Vergabeunterlagen *(Goede)*	1988
§ 17	Bereitstellung der Vergabeunterlagen *(Wichmann)*	1989
§ 18	Zusätzliche Auskünfte zu den Vergabeunterlagen *(Völlink)*	1990

Unterabschnitt 3. Bekanntmachungen

§ 19	Konzessionsbekanntmachung; Ex-ante-Transparenz *(Völlink)*	1992
§ 20	Ausnahmen von der Konzessionsbekanntmachung *(Völlink)*	1993
§ 21	Vergabebekanntmachung, Bekanntmachung über Änderungen einer Konzession *(Völlink)*	1997
§ 22	Konzessionen, die soziale und andere besondere Dienstleistungen betreffen *(Kraus)*	1998
§ 23	Form und Modalitäten der Veröffentlichung von Bekanntmachungen *(Völlink)*	2000

Unterabschnitt 4. Auswahlverfahren und Zuschlag

§ 24	Rechtsform von Unternehmen und Bietergemeinschaften *(Goede)*	2001

XIX

Inhaltsverzeichnis

§ 25	Anforderungen an die Auswahl geeigneter Unternehmen; Eignungsleihe *(Goldbrunner)*	2002
§ 26	Beleg für die Eignung und das Nichtvorliegen von Ausschlussgründen *(Goldbrunner)*	2004
§ 27	Fristen für den Eingang von Teilnahmeanträgen und Angeboten *(Völlink)*	2005
§ 28	Form und Übermittlung der Teilnahmeanträge und Angebote *(Herrmann)*	2008
§ 29	Prüfung und Aufbewahrung der ungeöffneten Teilnahmeanträge und Angebote *(Herrmann)*	2008
§ 30	Unterrichtung der Bewerber oder Bieter *(Völlink)*	2009
§ 31	Zuschlagskriterien *(Steck)*	2011
§ 32	Aufhebung von Vergabeverfahren *(Herrmann)*	2013

Abschnitt 3. Ausführung der Konzession

§ 33	Vergabe von Unteraufträgen *(Püstow)*	2014

Abschnitt 4. Übergangs- und Schlussbestimmungen

§ 34	Übergangsbestimmung für die elektronische Kommunikation und elektronische Übermittlung von Teilnahmeanträgen und Angeboten *(Wichmann)*	2016
§ 35	Elektronische Kommunikation durch Auslandsdienststellen *(Bernhardt)*	2016
§ 36	Fristberechnung *(Völlink)*	2017
§ 37	Anwendungsbestimmungen aus Anlass der Einführung von eForms *(Völlink)*	2017

6. Verordnung zur Statistik über die Vergabe öffentlicher Aufträge und Konzessionen (Vergabestatistikverordnung – VergStatVO)

Einleitung *(Meeßen)*		2019
§ 1	Anwendungsbereich und Grundsätze der Datenübermittlung *(Meeßen)*	2021
§ 2	Art und Umfang der Datenübermittlung *(Meeßen)*	2027
§ 3	Zu übermittelnde Daten *(Meeßen)*	2032
§ 4	Statistische Aufbereitung und Übermittlung der Daten; Veröffentlichung statistischer Auswertungen; Datenbank *(Meeßen)*	2050
§ 5	Datenübermittlung für die wissenschaftliche Forschung *(Meeßen)*	2054
§ 6	Anwendungsbestimmung *(Meeßen)*	2055
§ 7	Übergangsregelung *(Meeßen)*	2056
Anlage 1		2057
Anlage 2		2062
Anlage 3		2067
Anlage 4		2072
Anlage 5		2077
Anlage 6		2081
Anlage 7		2086
Anlage 8		2090
Anlage 9		2095

Inhaltsverzeichnis

**7. Vergabe- und Vertragsordnung für Bauleistungen (VOB) – Teil A
Allgemeine Bestimmungen für die Vergabe von Bauleistungen**

Einleitung *(Völlink)* 2097

Abschnitt 1. Basisparagrafen

§ 1	Bauleistungen *(Herrmann)*	2101
§ 2	Grundsätze *(Ziekow/Völlink/Greb/Pützow)*	2109
§ 3	Arten der Vergabe *(Völlink)*	2111
§ 3a	Zulässigkeitsvoraussetzungen *(Völlink)*	2119
§ 3b	Ablauf der Verfahren *(Völlink)*	2132
§ 4	Vertragsarten *(Püstow)*	2136
§ 4a	Rahmenvereinbarungen *(Kraus)*	2137
§ 5	Vergabe nach Losen, Einheitliche Vergabe *(Ziekow)*	2138
§ 6	Teilnehmer am Wettbewerb *(Goede)*	2139
§ 6a	Eignungsnachweise *(Goede)*	2141
§ 6b	Mittel der Nachweisführung, Verfahren *(Goede)*	2144
§ 7	Leistungsbeschreibung *(Meeßen)*	2146
§ 7a	Technische Spezifikationen *(Meeßen)*	2147
§ 7b	Leistungsbeschreibung mit Leistungsverzeichnis *(Meeßen)*	2149
§ 7c	Leistungsbeschreibung mit Leistungsprogramm *(Meeßen)*	2150
§ 8	Vergabeunterlagen *(Goede)*	2151
§ 8a	Allgemeine, Besondere und Zusätzliche Vertragsbedingungen *(Goede)*	2152
§ 8b	Kosten- und Vertrauensregelung, Schiedsverfahren *(Völlink)*	2154
§ 9	Ausführungsfristen, Einzelfristen, Verzug *(Goede)*	2156
§ 9a	Vertragsstrafen, Beschleunigungsvergütung *(Goede)*	2157
§ 9b	Verjährung der Mängelansprüche *(Goede)*	2157
§ 9c	Sicherheitsleistung *(Goede)*	2157
§ 9d	Änderung der Vergütung *(Goede)*	2158
§ 10	Angebots-, Bewerbungs-, Bindefristen *(Völlink)*	2158
§ 11	Grundsätze der Informationsübermittlung *(Wichmann)*	2165
§ 11a	Anforderungen an elektronische Mittel *(Wichmann)*	2166
§ 12	Auftragsbekanntmachung *(Völlink)*	2167
§ 12a	Versand der Vergabeunterlagen *(Völlink)*	2180
§ 13	Form und Inhalt der Angebote *(Herrmann)*	2186
§ 14	Öffnung der Angebote, Öffnungstermin bei ausschließlicher Zulassung elektronischer Angebote *(Herrmann)*	2187
§ 14a	Öffnung der Angebote, Eröffnungstermin bei Zulassung schriftlicher Angebote *(Herrmann)*	2188
§ 15	Aufklärung des Angebotsinhalts *(Steck)*	2190
§ 16	Ausschluss von Angeboten *(Herrmann)*	2190
§ 16a	Nachforderung von Unterlagen *(Steck)*	2196
§ 16b	Eignung *(Steck)*	2197
§ 16c	Prüfung *(Steck)*	2199
§ 16d	Wertung *(Steck)*	2200
§ 17	Aufhebung der Ausschreibung *(Herrmann)*	2206
§ 18	Zuschlag *(Völlink)*	2206
§ 19	Nicht berücksichtigte Bewerbungen und Angebote *(Völlink)*	2207
§ 20	Dokumentation, Informationspflicht *(Goede)*	2212
§ 21	Nachprüfungsstellen *(Völlink)*	2215

Inhaltsverzeichnis

§ 22 Änderungen während der Vertragslaufzeit *(Völlink)* 2217
§ 23 Baukonzessionen *(Herrmann)* 2218
§ 24 Vergabe im Ausland *(Völlink)* 2233

Abschnitt 2. Vergabebestimmungen im Anwendungsbereich der Richtlinie 2014/24/EU (VOB/A–EU)

§ 1 EU	Anwendungsbereich *(Ziekow)*	2237
§ 2 EU	Grundsätze *(Ziekow/Völlink/Greb/Püstow)*	2238
§ 3 EU	Arten der Vergabe *(Völlink)*	2249
§ 3a EU	Zulässigkeitsvoraussetzungen *(Völlink)*	2251
§ 3b EU	Ablauf der Verfahren *(Völlink)*	2258
§ 4 EU	Vertragsarten *(Püstow)*	2265
§ 4a EU	Rahmenvereinbarungen *(Kraus)*	2276
§ 4b EU	Besondere Instrumente und Methoden *(Bernhardt)*	2278
§ 5 EU	Einheitliche Vergabe, Vergabe nach Losen *(Püstow)*	2278
§ 6 EU	Teilnehmer am Wettbewerb *(Ziekow)*	2282
§ 6a EU	Eignungsnachweise *(Goldbrunner)*	2285
§ 6b EU	Mittel der Nachweisführung, Verfahren *(Goldbrunner)*	2288
§ 6c EU	Qualitätssicherung und Umweltmanagement *(Püstow)*	2292
§ 6d EU	Kapazitäten anderer Unternehmen *(Goldbrunner)*	2293
§ 6e EU	Ausschlussgründe *(Stolz)*	2294
§ 6f EU	Selbstreinigung *(Stolz)*	2296
§ 7 EU	Leistungsbeschreibung *(Meeßen)*	2297
§ 7a EU	Technische Spezifikationen, Testberichte, Zertifizierungen, Gütezeichen *(Meeßen)*	2305
§ 7b EU	Leistungsbeschreibung mit Leistungsverzeichnis *(Meeßen)*	2312
§ 7c EU	Leistungsbeschreibung mit Leistungsprogramm *(Meeßen)*	2316
§ 8 EU	Vergabeunterlagen *(Goede)*	2319
§ 8a EU	Allgemeine, Besondere und Zusätzliche Vertragsbedingungen *(Goede)*	2327
§ 8b EU	Kosten- und Vertrauensregelung, Schiedsverfahren *(Völlink)*	2331
§ 8c EU	Anforderungen an energieverbrauchsrelevante Waren, technische Geräte oder Ausrüstungen *(Greb)*	2336
§ 9 EU	Ausführungsfristen, Einzelfristen, Verzug *(Goede)*	2337
§ 9a EU	Vertragsstrafen, Beschleunigungsvergütung *(Goede)*	2344
§ 9b EU	Verjährung der Mängelansprüche *(Goede)*	2347
§ 9c EU	Sicherheitsleistung *(Goede)*	2349
§ 9d EU	Änderung der Vergütung *(Goede)*	2351
§ 10 EU	Fristen *(Völlink)*	2356
§ 10a EU	Fristen im offenen Verfahren *(Völlink)*	2357
§ 10b EU	Fristen im nicht offenen Verfahren *(Völlink)*	2375
§ 10c EU	Fristen im Verhandlungsverfahren *(Völlink)*	2380
§ 10d EU	Fristen im wettbewerblichen Dialog und bei der Innovationspartnerschaft *(Völlink)*	2382
§ 11 EU	Grundsätze der Informationsübermittlung *(Wichmann)*	2383
§ 11a EU	Anforderungen an elektronische Mittel *(Wichmann)*	2384
§ 11b EU	Ausnahmen von der Verwendung elektronischer Mittel *(Wichmann)*	2386
§ 12 EU	Vorinformation, Auftragsbekanntmachung, Ex-Ante-Bekanntmachung *(Völlink)*	2387

Inhaltsverzeichnis

§ 12a EU	Versand der Vergabeunterlagen *(Wichmann/Völlink)*	2392
§ 13 EU	Form und Inhalt der Angebote *(Herrmann)*	2394
§ 14 EU	Öffnung der Angebote, Öffnungstermin *(Herrmann)*	2403
§ 15 EU	Aufklärung des Angebotsinhalts *(Steck)*	2415
§ 16 EU	Ausschluss von Angeboten *(Herrmann)*	2422
§ 16a EU	Nachforderung von Unterlagen *(Steck)*	2426
§ 16b EU	Eignung *(Steck)*	2436
§ 16c EU	Prüfung *(Steck)*	2439
§ 16d EU	Wertung *(Steck)*	2441
§ 17 EU	Aufhebung der Ausschreibung *(Herrmann)*	2453
§ 18 EU	Zuschlag *(Völlink)*	2454
§ 19 EU	Nicht berücksichtigte Bewerbungen und Angebote *(Völlink)*	2467
§ 20 EU	Dokumentation *(Goede)*	2474
§ 21 EU	Nachprüfungsbehörden *(Völlink)*	2474
§ 22 EU	Auftragsänderungen während der Vertragslaufzeit *(Ziekow)*	2475

Abschnitt 3. Vergabebestimmungen im Anwendungsbereich der Richtlinie 2009/81/EG (VOB/A–VS)

§ 1 VS	Anwendungsbereich *(Herrmann)*	2477
§ 2 VS	Grundsätze *(Ziekow/Völlink)*	2479
§ 3 VS	Arten der Vergabe *(Völlink)*	2480
§ 3a VS	Zulässigkeitsvoraussetzungen *(Völlink)*	2482
§ 3b VS	Ablauf der Verfahren *(Völlink)*	2487
§ 4 VS	Vertragsarten *(Püstow)*	2491
§ 4a VS	Rahmenvereinbarungen *(Kraus)*	2492
§ 5 VS	Einheitliche Vergabe, Vergabe nach Losen *(Püstow)*	2493
§ 6 VS	Teilnehmer am Wettbewerb *(Ziekow/Goede)*	2494
§ 6a VS	Eignungsnachweise *(Goldbrunner)*	2495
§ 6b VS	Mittel der Nachweisführung, Verfahren *(Goldbrunner)*	2496
§ 6c VS	Qualitätssicherung und Umweltmanagement *(Püstow)*	2497
§ 6d VS	Kapazitäten anderer Unternehmen *(Goldbrunner)*	2498
§ 6e VS	Ausschlussgründe *(Stolz)*	2499
§ 6f VS	Selbstreinigung *(Stolz)*	2502
§ 7 VS	Leistungsbeschreibung *(Meeßen)*	2502
§ 7a VS	Technische Spezifikationen *(Meeßen)*	2503
§ 7b VS	Leistungsbeschreibung mit Leistungsverzeichnis *(Meeßen)*	2506
§ 7c VS	Leistungsbeschreibung mit Leistungsprogramm *(Meeßen)*	2506
§ 8 VS	Vergabeunterlagen *(Goede)*	2507
§ 8a VS	Allgemeine, Besondere und Zusätzliche Vertragsbedingungen *(Goede)*	2509
§ 8b VS	Kosten- und Vertrauensregelung, Schiedsverfahren *(Völlink)*	2510
§ 9 VS	Ausführungsfristen, Einzelfristen, Verzug *(Goede)*	2511
§ 9a VS	Vertragsstrafen, Beschleunigungsvergütung *(Goede)*	2511
§ 9b VS	Verjährung der Mängelansprüche *(Goede)*	2512
§ 9c VS	Sicherheitsleistung *(Goede)*	2512
§ 9d VS	Änderung der Vergütung *(Goede)*	2512
§ 10 VS	Fristen *(Völlink)*	2512
§ 10a VS	*(frei)*	2513
§ 10b VS	Fristen im nicht offenen Verfahren *(Völlink)*	2513
§ 10c VS	Fristen im Verhandlungsverfahren *(Völlink)*	2515

Inhaltsverzeichnis

§ 10d VS	Fristen im wettbewerblichen Dialog *(Völlink)*	2517
§ 11 VS	Grundsätze der Informationsübermittlung *(Wichmann)*	2518
§ 11a VS	Anforderungen an elektronische Mittel *(Wichmann)*	2519
§ 12 VS	Vorinformation, Auftragsbekanntmachung, Ex-Ante-Bekanntmachung *(Völlink)*	2520
§ 12a VS	Versand der Vergabeunterlagen *(Völlink)*	2523
§ 13 VS	Form und Inhalt der Angebote *(Herrmann)*	2524
§ 14 VS	Öffnung der Angebote, Öffnungstermin *(Herrmann)*	2526
§ 15 VS	Aufklärung des Angebotsinhalts *(Steck)*	2527
§ 16 VS	Ausschluss von Angeboten *(Herrmann)*	2527
§ 16a VS	Nachforderung von Unterlagen *(Steck)*	2528
§ 16b VS	Eignung *(Steck)*	2529
§ 16c VS	Prüfung *(Steck)*	2529
§ 16d VS	Wertung *(Steck)*	2530
§ 17 VS	Aufhebung der Ausschreibung *(Herrmann)*	2532
§ 18 VS	Zuschlag *(Völlink)*	2533
§ 19 VS	Nicht berücksichtigte Bewerbungen und Angebote *(Völlink)*	2535
§ 20 VS	Dokumentation *(Goede)*	2537
§ 21 VS	Nachprüfungsbehörden *(Völlink)*	2538
§ 22 VS	Auftragsänderungen während der Vertragslaufzeit *(Ziekow)*	2538

8. Verfahrensordnung für die Vergabe öffentlicher Liefer- und Dienstleistungsaufträge unterhalb der EU-Schwellenwerte (Unterschwellenvergabeordnung – UVgO)

Einleitung *(Ziekow)* ... 2541

Abschnitt 1. Allgemeine Bestimmungen und Kommunikation
Unterabschnitt 1. Allgemeine Bestimmungen

§ 1	Gegenstand und Anwendungsbereich *(Ziekow)*	2543
§ 2	Grundsätze der Vergabe *(Ziekow/Völlink)*	2544
§ 3	Wahrung der Vertraulichkeit *(Greb)*	2546
§ 4	Vermeidung von Interessenkonflikten *(Greb)*	2546
§ 5	Mitwirkung an der Vorbereitung des Vergabeverfahrens *(Völlink)*	2547
§ 6	Dokumentation *(Goede)*	2549

Unterabschnitt 2. Kommunikation

§ 7	Grundsätze der Kommunikation *(Wichmann)*	2549

Abschnitt 2. Vergabeverfahren
Unterabschnitt 1. Verfahrensarten

§ 8	Wahl der Verfahrensart *(Völlink)*	2550
§ 9	Öffentliche Ausschreibung *(Völlink)*	2569
§ 10	Beschränkte Ausschreibung mit Teilnahmewettbewerb *(Völlink)*	2570
§ 11	Beschränkte Ausschreibung ohne Teilnahmewettbewerb *(Völlink)*	2573
§ 12	Verhandlungsvergabe mit oder ohne Teilnahmewettbewerb *(Völlink)*	2575
§ 13	Angemessene Fristsetzung; Pflicht zur Fristverlängerung *(Völlink)*	2580
§ 14	Direktauftrag *(Völlink)*	2584

Inhaltsverzeichnis

Unterabschnitt 2. Besondere Methoden und Instrumente im Vergabeverfahren

§ 15 Rahmenvereinbarungen *(Kraus)* 2585
§ 16 Gelegentliche gemeinsame Auftragsvergabe; zentrale Beschaffung *(Antweiler/Siegel)* 2586
§ 17 Dynamische Beschaffungssysteme *(Bernhardt)* 2587
§ 18 Elektronische Auktionen *(Wichmann)* 2588
§ 19 Elektronische Kataloge *(Bernhardt)* 2588

Unterabschnitt 3. Vorbereitung des Vergabeverfahrens

§ 20 Markterkundung *(Meeßen)* 2589
§ 21 Vergabeunterlagen *(Goede)* 2589
§ 22 Aufteilung nach Losen *(Ziekow)* 2591
§ 23 Leistungsbeschreibung *(Meeßen)* 2591
§ 24 Nachweisführung durch Gütezeichen *(Püstow)* 2593
§ 25 Nebenangebote *(Goede)* 2594
§ 26 Unteraufträge *(Püstow)* 2595

Unterabschnitt 4. Veröffentlichungen; Transparenz

§ 27 Auftragsbekanntmachung; Beschafferprofil *(Völlink)* 2597
§ 28 Veröffentlichung von Auftragsbekanntmachungen *(Völlink)* 2598
§ 29 Bereitstellung der Vergabeunterlagen *(Wichmann)* 2603
§ 30 Vergabebekanntmachung *(Völlink)* 2604

Unterabschnitt 5. Anforderung an Unternehmen; Eignung

§ 31 Auswahl geeigneter Unternehmen; Ausschluss von Bewerbern und Bietern *(Ziekow)* 2605
§ 32 Rechtsform von Unternehmen und Bietergemeinschaften *(Goede)* ... 2607
§ 33 Eignungskriterien *(Goldbrunner)* 2608
§ 34 Eignungsleihe *(Goldbrunner)* 2609
§ 35 Beleg der Eignung und des Nichtvorliegens von Ausschlussgründen *(Goldbrunner)* 2610
§ 36 Begrenzung der Anzahl der Bewerber *(Goldbrunner)* 2611

Unterabschnitt 6. Einreichung, Form und Umgang mit Teilnahmeanträgen und Angeboten

§ 37 Aufforderung zur Angebotsabgabe oder zur Verhandlung nach Teilnahmewettbewerb *(Völlink)* 2612
§ 38 Form und Übermittlung der Teilnahmeanträge und Angebote *(Herrmann)* 2614
§ 39 Aufbewahrung ungeöffneter Teilnahmeanträge und Angebote *(Herrmann)* 2616
§ 40 Öffnung der Teilnahmeanträge und Angebote *(Herrmann)* 2617

Unterabschnitt 7. Prüfung und Wertung der Teilnahmeanträge und Angebote; Zuschlag

§ 41 Prüfung der Teilnahmeanträge und Angebote; Nachforderung von Unterlagen *(Steck)* 2617
§ 42 Ausschluss von Teilnahmeanträgen und Angeboten *(Herrmann)* 2619

Inhaltsverzeichnis

§ 43 Zuschlag und Zuschlagskriterien *(Steck)* 2619
§ 44 Ungewöhnlich niedrige Angebote *(Steck)* 2623
§ 45 Auftragsausführung *(Ziekow)* 2625
§ 46 Unterrichtung der Bewerber und Bieter *(Völlink)* 2626
§ 47 Auftragsänderung *(Ziekow)* 2629
§ 48 Aufhebung von Vergabeverfahren *(Herrmann)* 2630

Abschnitt 3. Vergabe von Aufträgen für besondere Leistungen; Planungswettbewerbe

§ 49 Vergabe von öffentlichen Aufträgen über soziale und andere besondere Dienstleistungen *(Kraus)* 2630
§ 50 Sonderregelung zur Vergabe von freiberuflichen Leistungen *(Stolz)* .. 2632
§ 51 Vergabe von verteidigungs- oder sicherheitsspezifischen öffentlichen Aufträgen *(Antweiler)* 2633
§ 52 Durchführung von Planungswettbewerben *(Stolz)* 2635

Abschnitt 4. Schlussbestimmungen

§ 53 Vergabe im Ausland *(Völlink)* 2635
§ 54 Fristenbestimmung und -berechnung *(Völlink)* 2637

9. VERORDNUNG (EG) Nr. 1370/2007 DES EUROPÄISCHEN PARLAMENTS UND DES RATES vom 23. Oktober 2007 über öffentliche Personenverkehrsdienste auf Schiene und Straße und zur Aufhebung der Verordnungen (EWG) Nr. 1191/69 und (EWG) Nr. 1107/70 des Rates

Einleitung *(Zuck)* 2639
Artikel 1 Zweck und Anwendungsbereich *(Zuck)* 2651
Artikel 2 Begriffsbestimmungen *(Zuck)* 2654
Artikel 2a Spezifikation der gemeinwirtschaftlichen Verpflichtungen *(Zuck)* 2662
Artikel 3 Öffentliche Dienstleistungsaufträge und allgemeine Vorschriften *(Zuck)* 2669
Artikel 4 Obligatorischer Inhalt öffentlicher Dienstleistungsaufträge und allgemeiner Vorschriften *(Zuck)* 2674
Artikel 5 Vergabe öffentlicher Dienstleistungsaufträge *(Zuck)* 2689
Artikel 5a Eisenbahn-Rollmaterial *(Zuck)* 2725
Artikel 6 Ausgleichsleistung für gemeinwirtschaftliche Verpflichtungen *(Zuck)* 2728
Artikel 7 Veröffentlichung *(Zuck)* 2730
Artikel 8 Übergangsregelung *(Zuck)* 2735
Artikel 9 Vereinbarkeit mit dem Vertrag *(Zuck)* 2743
Artikel 10 Aufhebung *(Zuck)* 2745
Artikel 11 Berichte *(Zuck)* 2745
Artikel 12 Inkrafttreten *(Zuck)* 2745
Anhang Regeln für die Gewährung einer Ausgleichsleistung in den in Art. 6 Abs. 1 genannten Fällen *(Zuck)* 2745

10. Gesetz zur Einrichtung und zum Betrieb eines Registers zum Schutz des Wettbewerbs um öffentliche Aufträge und Konzessionen (Wettbewerbsregistergesetz – WRegG)

Einleitung *(Hooghoff)* 2753

Inhaltsverzeichnis

§ 1	Einrichtung des Wettbewerbsregisters *(Hooghoff)*	2756
§ 2	Eintragungsvoraussetzungen *(Hooghoff)*	2757
§ 3	Inhalt der Eintragung in das Wettbewerbsregister *(Hooghoff)*	2764
§ 4	Mitteilungen *(Hooghoff)*	2768
§ 5	Gelegenheit zur Stellungnahme vor Eintragung in das Wettbewerbsregister; Auskunftsanspruch *(Hooghoff)*	2771
§ 6	Abfragepflicht für Auftraggeber; Entscheidung über einen Ausschluss vom Vergabeverfahren *(Hooghoff)*	2776
§ 7	Löschung der Eintragung aus dem Wettbewerbsregister nach Fristablauf; Rechtswirkung der Löschung *(Hooghoff)*	2782
§ 8	Vorzeitige Löschung der Eintragung aus dem Wettbewerbsregister wegen Selbstreinigung; Gebühren und Auslagen *(Hooghoff)*	2784
§ 9	Elektronische Datenübermittlung *(Hooghoff)*	2792
§ 10	Verordnungsermächtigung *(Hooghoff)*	2793
§ 11	Rechtsweg *(Hooghoff)*	2799
§ 12	Anwendungsbestimmungen *(Hooghoff)*	2802

11. Verordnung PR Nr. 30/53 über die Preise bei öffentlichen Aufträgen

Kommentierung *(Weidenfeller/Schulte)* 2823

12. Gesetz über die Beschaffung sauberer Straßenfahrzeuge (Saubere-Fahrzeuge-Beschaffungs-Gesetz – SaubFahrzeugBeschG)

Kommentierung *(Greb)* 2865

13. Gesetz zur Beschleunigung von Beschaffungsmaßnahmen für die Bundeswehr (Bundeswehrbeschaffungsbeschleunigungsgesetz – BwBBG)

Kommentierung *(Busz/Rosenkötter)* 2883

Stichwortverzeichnis 2897

Abkürzungsverzeichnis

aA	anderer Ansicht
ABMG	Gesetz über die Erhebung von streckenbezogenen Gebühren für die Benutzung von Bundesautobahnen mit schweren Nutzfahrzeugen (Autobahnmautgesetz für schwere Nutzfahrzeuge)
AbfallR	Zeitschrift für das Recht der Abfallwirtschaft
Abs.	Absatz
aE	am Ende
AEG	Allgemeines Eisenbahngesetz
AEUV	Vertrag über die Arbeitsweise der Europäischen Union
aF	alte Fassung
AGB	Allgemeine Geschäftsbedingungen
Anh.	Anhang
APF	Ausbildung – Prüfung – Fachpraxis (Zeitschrift)
ARGE	Arbeitsgemeinschaft
ATV	Allgemeine Technische Vertragsbedingungen für Bauleistungen
AÜG	Gesetz zur Regelung der gewerbsmäßigen Arbeitnehmerüberlassung (Arbeitnehmerüberlassungsgesetz)
Aufl.	Auflage
Az.	Aktenzeichen
BAB	Bundesautobahn/Bundesverband freischaffender Architekten und Bauingenieure eV
BAK	Bundesarchitektenkammer
BAnz.	Bundesanzeiger
BauR	Baurecht, Zeitschrift für das gesamte öffentliche und zivile Baurecht
BayHO	Haushaltsordnung des Freistaates Bayern
Bay. KommHV-Doppik	Verordnung über das Haushalts-, Kassen- und Rechnungswesen der Gemeinden, der Landkreise und der Bezirke nach den Grundsätzen der doppelten kommunalen Buchführung (Bayerische Kommunalhaushaltsverordnung-Doppik)
BayObLG	Bayerisches Oberstes Landesgericht
BayVBl.	Bayerische Verwaltungsblätter (Zeitschrift)
BB	Der Betriebs-Berater (Zeitschrift)
BBankG	Gesetz über die Deutsche Bundesbank
BBG	Bundesbeamtengesetz
BbgVergG	Brandenburgisches Gesetz über Mindestanforderungen für die Vergabe von öffentlichen Aufträgen
Bd.	Band
BeamtStG	Gesetz zur Regelung des Statusrechts der Beamtinnen und Beamten in den Ländern
BEGTPG	Gesetz über die Bundesnetzagentur für Elektrizität, Gas, Telekommunikation, Post und Eisenbahnen
BerlAVG	Berliner Ausschreibungs- und Vergabegesetz
Beschl. v.	Beschluss vom
BEZNG	Gesetz zur Zusammenführung und Neugliederung der Bundeseisenbahnen
BGB	Bürgerliches Gesetzbuch

Abkürzungsverzeichnis

BGBl.	Bundesgesetzblatt
BGH	Bundesgerichtshof
BGHZ	Amtliche Sammlung der Entscheidungen des Bundesgerichtshofes in Zivilsachen
BHO	Bundeshaushaltsordnung
BIngK	Bundesingenieurkammer
BKartA	Bundeskartellamt
BKR	Baukoordinierungsrichtlinie
BMVBS	Bundesministerium für Verkehr, Bau und Stadtentwicklung
BMVBW	Bundesministerium für Verkehr, Bau- und Wohnungswesen
BMWi	Bundesministerium für Wirtschaft und Energie
BNotO	Bundesnotarordnung
BRAO	Bundesrechtsanwaltsordnung
BR-Drs.	Bundesratsdrucksache
BremTtVG	Bremisches Gesetz zur Sicherung von Tariftreue, Sozialstandards und Wettbewerb bei öffentlicher Auftragsvergabe
BT-Drs.	Bundestagsdrucksache
BVB	Besondere Vertragsbedingungen für die Beschaffung DV-technischer Anlagen und Geräte
BVerfG	Bundesverfassungsgericht
BVerfGE	Entscheidungen des Bundesverfassungsgerichts
BwBBG	Bundeswehrbeschaffungsbeschleunigungsgesetz
bzw.	beziehungsweise
BZRG	Gesetz über das Zentralregister und das Erziehungsregister (Bundeszentralregistergesetz)
CPV	Common Procurement Vocabulary
CR	Computer und Recht (Zeitschrift)
DB	Der Betrieb (Zeitschrift)
dh	das heißt
DHKT	Deutscher Handwerkskammertag
DIHK	Deutscher Industrie- und Handelskammertag
DIN	Deutsches Institut für Normung eV
DLR	RL 2006/123/EG v. 12.12.2006 über Dienstleistungen im Binnenmarkt (Dienstleistungsrichtlinie)
DOPPIK	Doppelte Buchführung in Konten
DÖV	Die Öffentliche Verwaltung (Zeitschrift)
DVA	Deutscher Vergabe- und Vertragsausschuss für Bauleistungen
DVBl	Deutsches Verwaltungsblatt
EFB-Preis	Einheitliche Formblätter-Preis
eForms	elektronische Standardformulare
EG	Europäische Gemeinschaften
EG/KOM	EG-Kommission
EGV	Vertrag zur Gründung der Europäischen Gemeinschaft
EMAS	Eco Management and Audit Scheme
EN	Europäische Norm
EnWG	Gesetz über die Elektrizitäts- und Gasversorgung (Energiewirtschaftsgesetz)
EPPPL	European Public Private Partnership Law Review (Zeitschrift)
ErbbauRG	Gesetz über das Erbbaurecht
EStG	Einkommensteuergesetz
etc	et cetera

Abkürzungsverzeichnis

EU	Europäische Union
EuG	Europäisches Gericht erster Instanz
EuGH	Europäischer Gerichtshof
EuR	Europarecht (Zeitschrift)
EurUP	Zeitschrift für Europäisches Umwelt- und Planungsrecht
EuZA	Europäische Zeitschrift für Arbeitsrecht
EuZW	Europäische Zeitschrift für Wirtschaftsrecht
EVB	Ergänzende Vertragsbedingungen, Einkaufsbedingungen der Öffentlichen Hand in Deutschland
EVM	Einheitliche Verdingungsmuster der Finanzbauverwaltungen
EWR/EWG	Europäischer Wirtschaftsraum/Europäische Wirtschaftsgemeinschaft
EWS	Europäisches Wirtschafts- und Steuerrecht (Zeitschrift)
f., ff.	folgende, fortfolgende
FS	Festschrift
FStrG	Bundesfernstraßengesetz
FStrPrivFinG	Gesetz über den Bau und die Finanzierung von Bundesfernstraßen durch Private
GS	Gedächtnisschrift
GemHVO	Gemeindehaushaltsverordnung
GesR	GesundheitsRecht (Zeitschrift)
GewArch	Gewerbearchiv (Zeitschrift)
GewO	Gewerbeordnung
GG	Grundgesetz
ggf.	gegebenenfalls
GKV-OrgWG	Gesetz zur Weiterentwicklung der Organisationsstrukturen in der gesetzlichen Krankenversicherung
GMP-Vertrag	Guaranteed Maximum price/Garantierter Maximalpreis
GO	Gemeindeordnung
GPA	Agreement on Goverment Procurement
grdl.	grundlegend
grds.	grundsätzlich
GU-Ausschreibung	Generalunternehmer-Ausschreibung
GWB	Gesetz gegen Wettbewerbsbeschränkungen
HandWO	Gesetz zur Ordnung des Handwerks
HASG	Hessisches Architekten- und Stadtplanergesetz
HGrG	Gesetz über die Grundsätze des Haushaltsrechts des Bundes und der Länder (Haushaltsgrundsätzegesetz)
HGZ	Hanseatische Gerichtszeitung
HmbVgG	Hamburgisches Vergabegesetz
HOAI	Honorarordnung für Architekten und Ingenieure
HVTG	Hessisches Vergabe- und Tariftreuegesetz
IAO	Internationale Arbeitsorganisation
IBR	Immobilien-& Baurecht (Zeitschrift)
ILO	International Labour Organization (Internationale Arbeitsorganisation)
idR	in der Regel
insbes.	insbesondere
iSd	im Sinne des/dieses
iSv	im Sinne von
iVm	in Verbindung mit
KG	Kammergericht

XXXI

Abkürzungsverzeichnis

KMU-Auftrag	Auftrag für kleine und mittlere Unternehmen
KOM	Kommissionsdokument(e)
KomHVO	Kommunalhaushaltsverordnung
Komm.	Kommentar
KommJur	Kommunaljurist (Zeitschrift)
KonzVgV	Verordnung über die Vergabe von Konzessionen (Konzessionsvergabeverordnung)
KrwG	Gesetz zur Förderung der Kreislaufwirtschaft und Sicherung der umweltverträglichen Bewirtschaftung von Abfällen (Kreislaufwirtschaftsgesetz)
KVR	RL 2014/23/EU v. 26.2.2014 über die Konzessionsvergabe (Konzessionsvergaberichtlinie)
Ls.	im Rahmen zitierter Entscheidungen: nur Leitsatz veröffentlicht
LG	Landgericht
lit.	littera (Buchstabe)
LKR	RL 93/36/EWG v. 14.6.1993 über die Koordinierung der Verfahren zur Vergabe öffentlicher Lieferaufträge (Lieferkoordinierungsrichtlinie)
LKV	Landes- und Kommunalverwaltung (Zeitschrift)
LKRZ	Zeitschrift für Landes- und Kommunalrecht Hessen/Rheinland-Pfalz/Saarland
LkSorgPflG	Lieferkettensorgfaltspflichtengesetz
LSG	Landessozialgericht
LTTG RLP	Landesgesetz zur Gewährleistung von Tariftreue und Mindestentgelt bei öffentlichen Auftragsvergaben Rheinland-Pfalz
LuftVZO	Luftverkehrs-Zulassungs-Ordnung
LVG LSA	Gesetz über die Vergabe öffentlicher Aufträge in Sachsen-Anhalt
MDR	Monatsschrift für Deutsches Recht (Zeitschrift)
MedR	Medizinrecht (Zeitschrift)
MFG SH	Schleswig-Holsteinisches Gesetz zur Förderung des Mittelstandes
mwN	mit weiteren Nachweisen
nF	neue Fassung
NJ	Neue Justiz (Zeitschrift)
NJOZ	Neue Juristische Online-Zeitschrift
NJW	Neue Juristische Wochenschrift (Zeitschrift)
NJWE-WettbR	NJW-Entscheidungsdienst Wettbewerbsrecht
NJW-RR	NJW-Rechtsprechungsreport Zivilrecht (Zeitschrift)
N&R	Netzwirtschaft und Recht (Zeitschrift)
Nr.	Nummer
NTVergG	Niedersächsisches Gesetz zur Sicherung von Tariftreue und Wettbewerb bei der Vergabe öffentlicher Aufträge
NuR	Natur und Recht (Zeitschrift)
NVwZ	Neue Zeitschrift für Verwaltungsrecht
NVwZ-RR	NVwZ-Rechtsprechungsreport (Zeitschrift)
NWVBl.	Nordrhein-Westfälische Verwaltungsblätter (Zeitschrift)
NZBau	Neue Zeitschrift für Baurecht und Vergaberecht
NZS	Neue Zeitschrift für Sozialrecht
OHG	Offene Handelsgesellschaft
OLG	Oberlandesgericht, zugleich Sammlung der Rechtsprechung der Oberlandesgerichte
OLGR	OLG-Report, Zivilrechtsprechung der Oberlandesgerichte

Abkürzungsverzeichnis

ÖPNV-/SPNV-Leistungen/Auftrag	Öffentlicher Personennahverkehrs-/Schienenpersonennahverkehrs-Leistungen/Auftrag
ÖPP	Öffentlich-Private-Partnerschaft
OVG	Oberverwaltungsgericht
OWiG	Ordnungswidrigkeitengesetz
PBefG	Personenbeförderungsgesetz
PharmR	Pharma Recht (Zeitschrift)
PPP	Public-Private-Partnership
PrKlG	Gesetz über das Verbot der Verwendung von Preisklauseln bei der Bestimmung von Geldschulden
PreisV	Öffentliche Auftragspreisverordnung
PSC	Public Sector Comparator
RdA	Recht der Arbeit (Zeitschrift)
RdE	Recht der Energiewirtschaft (Zeitschrift)
RdJB	Recht der Jugend und des Bildungswesens (Zeitschrift)
RiNATO	NATO-Vergaberichtlinie
RMR	Bestimmungen nach der EG-Rechtsmittelrichtlinie
Rn.	Randnummer
Rs.	Rechtssache
SaarlTTG	Gesetz Nr. 1798 über die Sicherung von Sozialstandards, Tariftreue und Mindestlöhnen bei der Vergabe öffentlicher Aufträge im Saarland
SächsVBl.	Sächsische Verwaltungsblätter (Zeitschrift)
SächsVergabeG	Gesetz über die Vergabe öffentlicher Aufträge im Freistaat Sachsen
SaubFahrzeugBeschG	Saubere Fahrzeuge Beschaffungs Gesetz
SchwarbG	Gesetz zur Bekämpfung der Schwarzarbeit
SektVO	Sektorenverordnung
SGb	Die Sozialgerichtsbarkeit (Zeitschrift)
SGB	Sozialgesetzbuch
SGG	Sozialgerichtsgesetz
SigG	Gesetz über Rahmenbedingungen für elektronische Signaturen
SKR	RL 2004/17/EG v. 31.3.2004 zur Koordinierung der Zuschlagserteilung durch Auftraggeber im Bereich der Wasser-, Energie- und Verkehrsversorgung sowie der Postdienste (Sektorenkoordinierungsrichtlinie)
Slg.	Sammlung (der Rechtsprechung des EuGH)
sog.	sogenannt
SRL	RL 2014/25/EU v. 26.2.2014 über die Vergabe von Aufträgen durch Auftraggeber im Bereich der Wasser-, Energie- und Verkehrsversorgung sowie der Postdienste (Sektorenrichtlinie)
StGB	Strafgesetzbuch
SÜG	Gesetz über die Voraussetzungen und das Verfahren von Sicherheitsüberprüfungen des Bundes
ThürVgG	Thüringer Gesetz über die Vergabe öffentlicher Aufträge
TranspR	Transportrecht (Zeitschrift)
TTG SchlH	Gesetz über die Sicherung von Tariftreue und Sozialstandards sowie fairen Wettbewerb bei der Vergabe öffentlicher Aufträge (Tariftreue- und Vergabegesetz Schleswig-Holstein)
TVgG NRW	Gesetz über die Sicherung von Tariftreue und Mindestlohn bei der Vergabe öffentlicher Aufträge (Tariftreue- und Vergabegesetz Nordrhein-Westfalen)

Abkürzungsverzeichnis

Tz.	Textziffer
ua	unter anderem
UrhG	Gesetz über Urheberrecht und verwandte Schutzrechte
Urt. v.	Urteil vom
usw	und so weiter
UVgO	Verfahrensordnung für die Vergabe öffentlicher Liefer- und Dienstleistungsaufträge unterhalb der EU-Schwellenwerte
UWG	Gesetz gegen unlauteren Wettbewerb
v.	vom, von
VBlBW	Verwaltungsblätter für Baden-Württemberg (Zeitschrift)
VerfGH	Verfassungsgerichtshof
VergabeR	Zeitschrift für das gesamte Vergaberecht
VergStatVO	Vergabestatistikverordnung
VerkMitt	Verkehrsrechtliche Mitteilungen (Zeitschrift)
VerwArch	Verwaltungsarchiv (Zeitschrift)
VG	Verwaltungsgericht
VgG MV	Gesetz über die Vergabe öffentlicher Aufträge in Mecklenburg-Vorpommern
VGH	Verwaltungsgerichtshof
VgRModG	Gesetz zur Modernisierung des Vergaberechts
vgl.	vergleiche
VgV	Verordnung über die Vergabe öffentlicher Aufträge (Vergabeverordnung)
vH	von Hundert
VHB	Vergabehandbuch für die Durchführung von Bauaufgaben des Bundes im Zuständigkeitsbereich der Finanzbauverwaltungen
VK	Vergabekammer
VKR	RL 2004/18/EG v. 31.3.2004 über die Koordinierung der Verfahren zur Vergabe öffentlicher Bauaufträge, Lieferaufträge und Dienstleistungsaufträge (Vergabekoordinierungsrichtlinie)
VOB	Vergabe- und Vertragsordnung für Bauleistungen
VOB/A	Vergabe- und Vertragsordnung für Bauleistungen, Teil A
VOB/B	Vergabe- und Vertragsordnung für Bauleistungen, Teil B
VOB/C	Allgemeine Technische Vertragsbedingungen für Bauleistungen
VOF	Vergabeordnung für freiberufliche Leistungen
VOL	Vergabe- und Vertragsordnung für Leistungen
VPR	Vergabepraxis & -recht (Zeitschrift)
VR	Verwaltungsrundschau (Zeitschrift)
VRL	RL 2014/24/EU v. 26.2.2014 über die öffentliche Auftragsvergabe (Vergaberichtlinie)
VSA	Verschlusssachenanweisung
VSSR	Vierteljahresschrift für Sozialrecht (Zeitschrift)
VSVgV	Vergabeverordnung Verteidigung und Sicherheit
VSVKR	RL 2009/81/EG über die Koordinierung der Verfahren zur Koordinierung der Verfahren zur Vergabe bestimmter Bau-, Liefer- und Dienstleistungsaufträge in den Bereichen Verteidigung und Sicherheit (Vergaberichtlinie Verteidigung und Sicherheit)
VÜA	Vergabeüberwachungsausschuss
VV-BHO	Allgemeine Verwaltungsvorschriften zur Bundeshaushaltsordnung
VwVfG	Verwaltungsverfahrensgesetz
WiVerw	Wirtschaft und Verwaltung (Zeitschrift)
WM	Zeitschrift für Wirtschafts- und Bankrecht

Abkürzungsverzeichnis

WRegG	Wettbewerbsregistergesetz
WRegV	Wettbewerbsregisterverordnung
WRP	Wettbewerb in Recht und Praxis (Zeitschrift)
WTO	World Trade Organisation
WuW	Wirtschaft und Wettbewerb (Zeitschrift)
WuW/E	WuW Entscheidungssammlung zum Kartellrecht
zB	zum Beispiel
ZDH	Zentralverband des Deutschen Handwerks
ZESAR	Zeitschrift für europäisches Sozial- und Arbeitsrecht
ZfBR	Zeitschrift für deutsches und internationales Bau- und Vergaberecht
ZfS	Zeitschrift für Schadensrecht
ZG	Zeitschrift für Gesetzgebung
ZIP	Zeitschrift für Wirtschaftsrecht
ZKF	Zeitschrift für Kommunalfinanzen
ZNER	Zeitschrift für Neues Energierecht
ZStV	Zeitschrift für Stiftungs- und Vereinswesen
ZTV-StB	Zusätzliche Technische Vertragsbedingungen im Stadtbau
ZUM	Zeitschrift für Urheber- und Medienrecht
ZUR	Zeitschrift für Umweltrecht
ZVB	Zusätzliche Vertragsbedingungen
ZVgR	Zeitschrift für deutsches und internationales Vergaberecht
ZWeR	Zeitschrift für Wettbewerbsrecht

Literaturverzeichnis

Ahrens Wettbewerbsprozess	Ahrens, Der Wettbewerbsprozess: Ein Praxishandbuch, 9. Aufl. 2021
Anders/Gehle	Anders/Gehle, ZPO, 81. Auflage 2023
Bechtold/Bosch	Bechtold/Bosch, GWB, 10. Aufl. 2021
BeckOK VergabeR	Gabriel/Mertens/Prieß/Stein, Beck'scher Online-Kommentar Vergaberecht, 29. Ed. 31.7.2023
BeckOK VwVfG	Bader/Ronellenfitsch, Beck'scher Online-Kommentar VwVfG, 60. Ed. 1.7.2020
Beck VergabeR	Burgi/Dreher/Opitz, Beck'scher Vergaberechtskommentar, 4. Aufl. 2022 (Band 1) und 2019 (Band 2)
Beck VOB/A	Motzke/Pietzcker/Prieß, Beck'scher VOB-Kommentar, Teil A, 2001
Beck VOB/B	Ganten/Jansen/Voit, Beck'scher VOB-Kommentar, Teil B, 4. Aufl. 2023
Berneke/Schüttpelz Einstw. Verfügung	Berneke/Schüttpelz, Die einstweilige Verfügung in Wettbewerbssachen, 4. Aufl. 2018
Boesen	Boesen, Vergaberecht, 2000
Burgi VergabeR	Burgi, Vergaberecht, 3. Aufl. 2021
Byok Verhandlungsverfahren ...	Byok, Das Verhandlungsverfahren, 2005
Byok/Jaeger	Byok/Jaeger, Vergaberecht, 4. Aufl. 2018
Calliess/Ruffert	Calliess/Ruffert, EUV, AEUV: Das Verfassungsrecht der Europäischen Union mit Europäischer Grundrechtecharta, 6. Aufl. 2022
Dieckert/Osseforth/Steck VergabeR	Dieckert/Osseforth/Steck Praxiskommentar Vergaberecht, 2016
DSW	Dieckmann/Scharf/Wagner-Cardenal, Kommentar zur VgV/UVgO, 3. Aufl. 2022
Dürig/Herzog/Scholz	Dürig/Herzog/Scholz, GG, Kommentar, Loseblatt, Stand 101. EL, 2023
Dreher/Stockmann	Dreher/Stockmann, Kartellvergaberecht, 1. Aufl. 2008
EGHM	Ebisch/Gottschalk/Hoffjan/Müller, Preise und Preisprüfungen bei öffentlichen Aufträgen, Kommentar, 9. Aufl. 2020
EGHMW	Ebisch/Gottschalk/Hoffjan/Müller/Waldmann, Preise und Preisprüfungen bei öffentlichen Aufträgen, Kommentar, 8. Aufl. 2010
Engelhardt/App/Schlatmann ...	Engelhardt/App/Schlatmann, Verwaltungs-Vollstreckungsgesetz, Verwaltungszustellungsgesetz, 12. Aufl. 2021
ErfK	Müller-Glöge/Preis/Schmidt, Erfurter Kommentar zum Arbeitsrecht, 23. Aufl. 2023
EOR	Eschenbruch/Opitz/Röwekamp, Sektorenverordnung, 2. Aufl. 2019
Eyermann	Eyermann, Verwaltungsgerichtsordnung, 16. Aufl. 2022
FKZGM	Franke/Kemper/Zanner/Grünhagen/Mertens, VOB-Kommentar, 7. Aufl. 2019

Literaturverzeichnis

Frenz EuropaR-HdB III	Frenz, Handbuch Europarecht, Bd. 3: Beihilferecht, 2. Auflage 2021
Fromm/Sellmann/Zuck	Fromm/Sellmann/Zuck, Personenbeförderungsrecht, 5. Aufl. 2022
GKN VergabeR-HdB	Gabriel/Krohn/Neun, Handbuch des Vergaberechts, 3. Auflage 2021
Grüneberg	Grüneberg Kommentar zum Bürgerlichen Gesetzbuch, 82. Aufl. 2023
GS Kratzenberg	Lau, Leupertz/Portz, Gedächtnisschrift für Rüdiger Kratzenberg, 2016
Goede/Herrmann	Goede/Herrmann, VOL/B Kommentar, 7. Aufl. 2016
Grabherr/Reidt/Wysk	Grabherr/Reidt/Wysk, Luftverkehrsgesetz, 22. Aufl. 2021
Grabitz/Hilf/Nettesheim	Grabitz/Hilf/Nettesheim, Das Recht der Europäischen Union, Loseblattsammlung, Stand 79. EL 2023
Greb/Müller	Greb/Müller, Kommentar zum Sektorenvergaberecht, 2. Aufl. 2017
HdB VerwR	Terwiesche/Prechtel, Handbuch Verwaltungsrecht, 4. Aufl. 2020
HRR	Heiermann/Riedl/Rusam, Handkommentar zur VOB Teile A und B sowie Sektorenverordnung (SektVO), 14. Aufl. 2017
Beck AEG	Hermes/Sellner, Beck'scher AEG Kommentar, 2. Aufl. 2014
Hertwig Praxis VergabeR	Hertwig, Praxis des Vergaberechts, 7. Aufl. 2021
Hettich/Soudry VergabeR	Hettich/Soudry, Das neue Vergaberecht, 2014
HHKW	Heuvels/Höß/Kuß/Wagner, Vergaberecht, 2. Aufl. 2021
HK-VergabeR	Pünder/Schellenberg, Vergaberecht, 3. Aufl. 2019
Immenga/Mestmäcker	Immenga/Mestmäcker, Wettbewerbsrecht, Bd. 2: GWB, 6. Aufl. 2020, Bd. 4: Vergaberecht, 6. Aufl. 2021
Ingenstau/Korbion	Ingenstau/Korbion/Leupertz/von Wietersheim, VOB Teile A und B, 22. Aufl. 2023
Jacob/Ring/Wolf BauR-HdB	Jacob/Ring/Wolf, Freiberger Handbuch zum Baurecht, 3. Aufl. 2009
jurisPK-VergabeR	Heiermann/Zeiss/Summa, juris Praxiskommentar Vergaberecht, 6. Aufl. 2022
Kapellmann/Messerschmidt	Kapellmann/Messerschmidt, VOB Teile A und B, 8. Aufl. 2022
Kissel/Mayer	Kissel/Mayer, Gerichtsverfassungsgesetz, 10. Aufl. 2021
Klingner Vorabinformationspflicht	Klingner, Die Vorabinformationspflicht des öffentlichen Auftraggebers, 2005
Kopp/Ramsauer	Kopp/Ramsauer, Verwaltungsverfahrensgesetz, 24. Aufl. 2023
Kopp/Schenke	Kopp/Schenke, Verwaltungsgerichtsordnung, 29. Aufl. 2023
KMPP VOL/A	Kulartz/Marx/Portz/Prieß, Kommentar zur VOL/A, 3. Aufl. 2014
KMPP VOB/A	Kulartz/Marx/Portz/Prieß, Kommentar zur VOB/A, 2. Aufl. 2014
Leinemann Vergabe	Leinemann, Die Vergabe öffentlicher Aufträge, 7. Aufl. 2021

Literaturverzeichnis

Leinemann/Maibaum Neues VergabeR	Leinemann, Die VOB, das BGB-Bauvertragsrecht und das neue Vergaberecht 2019, 11. Aufl. 2019
Leinemann/Kirch	Leinemann/Kirch, VSVgV, 2013
Ley/Wankmüller Neues VergabeR	Ley/Wankmüller, Das neue Vergaberecht 2016, 3. Aufl. 2016
Linke	Linke, VO (EG) 1370/2007, 2. Aufl. 2019
LMRKM	Loewenheim/Meessen/Riesenkampff/Kersting/Meyer-Lindemann, Kartellrecht, 4. Aufl. 2020
Müller/Richter/Ziekow	Müller/Richter/Ziekow, Handbuch Zuwendungsrecht, 2017
Müller-Wrede GWB	Müller-Wrede, GWB, Vergaberecht, 2. Aufl. 2023
Müller-Wrede/Braun KonzVgV	Müller-Wrede/Braun, KonzVgV, Kommentar, 2019
Müller-Wrede SektVO	Müller-Wrede, Sektorenverordnung – SektVO, Kommentar, 2. Aufl. 2018
Müller-Wrede VgV/UVgO	Müller-Wrede, VgV/UvGO, Kommentar, 5. Aufl. 2017
Müller-Wrede VOF	Müller-Wrede, Kommentar zur VOF, 5. Aufl. 2014
Müller-Wrede VOL/A	Müller-Wrede, Kommentar zur VOL/A, 4. Aufl. 2014
Müller-Wrede VergabeR-Komp	Müller-Wrede, Kompendium des Vergaberechts, 2. Aufl. 2013
MüKoEuWettbR	Säcker/Ganske/Knauff, Münchener Kommentar zum Europäischen und Deutschen Wettbewerbsrecht, Bd. 3: Vergaberecht I, 4. Aufl. 2022, Bd. 4: Vergaberecht II, 4. Aufl. 2022, Bd. 5: Beihilfenrecht, 4. Aufl. 2022
MüKoBGB	Säcker/Rixecker/Oetker/Limperg, Münchener Kommentar zum BGB, Bd. 2, 9. Aufl. 2022
MüKoZPO	Krüger/Rauscher, Münchener Kommentar zur ZPO, Bd. 1, 6. Aufl. 2020
NK-VwGO	Sodan/Ziekow, Verwaltungsgerichtsordnung, 5. Aufl. 2018
Noch VergabeR	Noch, Vergaberecht kompakt, 9. Aufl. 2023
Osseforth IT-Vergabe-HdB	Osseforth Handbuch IT-Vergabe, 2022
Prieß EurVergabeR-HdB	Prieß, Handbuch des europäischen Vergaberechts, 3. Aufl. 2005
Prütting/Wegen/Weinreich	Prütting/Wegen/Weinreich, BGB, 18. Aufl. 2023
Redeker/v. Oertzen	Redeker/von Oertzen, Verwaltungsgerichtsordnung, Kommentar, 17. Aufl. 2021
RKMPP VgV	Röwekamp/Kus/Marx/Portz/Prieß, Kommentar zur VgV, 2. Aufl. 2021
RKPP	Röwekamp/Kus/Portz/Prieß, Kommentar zum GWB-Vergaberecht, 5. Aufl. 2020
RPF	Röwekamp/Portz/Friton, Kommentar zur UVgO, 2. Aufl. 2023
RSG	Reidt/Stickler/Glahs, Vergaberecht, 4. Aufl. 2017
Sachs	Sachs, GG, Grundgesetz Kommentar, 9. Aufl. 2021
Schäfer/Conzen Immobilien-Projektentwicklung-HdB	Schäfer/Conzen, Praxishandbuch Immobilien-Projektentwicklung, 4. Aufl. 2019

Literaturverzeichnis

Schoch/Schneider	Schoch/Schneider, Verwaltungsgerichtsordnung, Loseblatt-Kommentar, Stand 44. EL, 2023
Stelkens/Bonk/Sachs	Stelkens/Bonk/Sachs, Verwaltungsverfahrensgesetz, 10. Aufl. 2023
Streinz	Streinz, EUV/AEUV, 3. Aufl. 2018
Trautner/Schwabe SektVO-HdB	Trautner/Schwabe, Praxishandbuch Sektorenverordnung, 2010
Verfürth SektVO	Verfürth, Sektorenverordnung (SektVO), 2010
von der Groeben	von der Groeben/Schwarze/Hatje, Europäisches Unionsrecht, 7. Aufl. 2015
Voppel/Osenbrück/Bubert VgV	Voppel/Osenbrück/Bubert, VgV, Abschnitt 6, 4. Aufl. 2018
Weber/Schäfer/Hausmann PPP-HdB	Weber/Schäfer/Hausmann, Praxishandbuch Public Private Partnership, 2. Aufl. 2018
KK-VergR	Willenbruch/Wieddekind, Vergaberecht, 5. Aufl. 2022
Winzer FuE-Verträge	Winzer, Forschungs- und Entwicklungsverträge, 2. Aufl. 2011
Ziekow FachplanungsR-HdB	Ziekow, Handbuch des Fachplanungsrechts, 3. Aufl. 2023
Ziekow ÖffWirtschaftsR	Ziekow, Öffentliches Wirtschaftsrecht, 5. Aufl. 2020
Ziekow VwVfG	Ziekow, Verwaltungsverfahrensgesetz, 4. Aufl. 2019
Zöller	Zöller, Zivilprozessordnung, 34. Aufl. 2022

1. Gesetz gegen Wettbewerbsbeschränkungen – Teil 4

in der Fassung der Bekanntmachung vom 26.6.2013 (BGBl. I, 1750), Teil 4 (§§ 97–184) neu gef. mWv 18.4.2016 durch G v. 17.2.2016 (BGBl. I S. 203), zuletzt geänd. durch Art. 1 G zur Änd. des G gegen Wettbewerbsbeschränkungen und anderer Gesetze v. 25.10.2023 (BGBl. 2023 I Nr. 294)

Einleitung

Literatur: Bartelt, Der Anwendungsbereich des neuen Vergaberechts, 2017; Baudis, Überblick zu den Rahmenbedingungen binnenmarktrelevanter Vergaben, VergabeR 2019, 589; Bitterich, Das grenzüberschreitende Interesse am Auftrag im primären Gemeinschaftsvergaberecht, EuZW 2008, 14; Braun, Materielle Vorgaben für ein Vergabeverwaltungsrecht, VergabeR 2014, 324; Bungenberg, Vergaberecht im Wettbewerb der Systeme eine rechtsebenenübergreifende Analyse des Vergaberechts, 2007; Burgi, Europa- und verfassungsrechtlicher Rahmen der Vergaberechtsreform, VergabeR 2016, 261; Deling, Kriterien der „Binnenmarktrelevanz" und ihre Konsequenzen unterhalb der Schwellenwerte, NZBau 2011, 725; 2012, 17; Diehr, „Vergabeprimärrecht" nach der An-Post-Rechtsprechung des EuGH, VergabeR 2009, 719; Dobmann, Das neue Vergaberecht, 2016; Gabriel/Voll, Das Ende der Inländerdiskriminierung im Vergabe(primär)recht, NZBau 2014, 155; Gaedtke, Politische Auftragsvergabe und Welthandelsrecht, 2006; Grau, Historische Entwicklung und Perspektiven des Rechts der öffentlichen Aufträge, 2004; Gröning, Die neue Richtlinie für die öffentliche Auftragsvergabe, VergabeR 2014, 339; Gröning, Anwendbarkeit und Ausnahmebestimmungen im künftigen Vergaberecht, NZBau 2015, 690; Heiß, Allgemeines EU-Vergaberecht nach der Rechtsprechung des Gerichtshofs der Europäischen Union: Binnenmarktweite Grundanforderungen an staatliche Eigenerbringung und an nicht EU-Sekundärrecht unterfallende Aufträge sowie Plattform für künftiges Spezialrecht, VerwArch 2012, 421; Kirchner, Zur Ökonomik des Vergaberechts, VergabeR 2010, 725; Knauff, Das System des Vergaberechts zwischen Verfassungs-, Wirtschafts- und Haushaltsrecht, VergabeR 2008, 312; Knauff, Strukturfragen des neuen Vergaberechts, NZBau 2016, 195; Kreuzer, Die Vergaberechtsreform 2016 durch die Richtlinien 2014/23/EU, 2014/24/EU, 2019; Maas, Rechtsgeschichte: Wurzeln unseres Verdingungsrechts, Festschrift Thode, 2005, 371; Meister, In dubio pro Binnenmarktrelevanz?, NZBau 2015, 757; Röwekamp/Fandrey, Die Binnenmarktrelevanz öffentlicher Auftragsvergaben, 2013; Siegel, Die Zwei-Stufen-Theorie auf dem Rückzug, DVBl 2007, 942; Siegel, Das Haushaltsvergaberecht – Systematisierung eines verkannten Rechtsgebiets, VerwArch 2016, 1; Vavra, Binnenmarktrelevanz öffentlicher Aufträge, VergabeR 2013, 384; Ziekow, Der Faktor Zeit bei der Vergabe: Schafft das Vergaberecht Berechenbarkeit?, VergabeR 2010, 861; Ziekow/Siegel, Das Vergabeverfahren als Verwaltungsverfahren, ZfBR 2004, 30.

Übersicht

	Rn.
I. Begriff und Zweck des Vergaberechts	1
II. Rechtsquellen und Strukturen des Vergaberechts	3
1. Europäisches Unionsrecht	3
a) Vergaberichtlinien	3
b) Primärrecht des AEUV	11
2. Verfassungsrecht	16
3. Einfachrechtliche Regelungen	20
a) Das Vergaberecht ab Erreichen der Schwellenwerte	22

GWB Einl.

b) Das Vergaberecht unterhalb der Schwellenwerte 26
c) Landesvergabegesetze 34
III. Rechtscharakter des Vergaberechts 35

I. Begriff und Zweck des Vergaberechts

1   Unter dem **Recht der Vergabe öffentlicher Aufträge** lässt sich die Gesamtheit derjenigen Vorschriften und Regeln verstehen, die
• dem Staat, seinen Untergliederungen oder sonstigen öffentlichen Auftraggebern
• beim Kauf von Gütern oder bei der Inanspruchnahme sonstiger Leistungen am Markt mittels eines entgeltlichen Vertrags
• eine bestimmte Vorgehensweise vorschreiben.[1]
Nach tradiertem deutschem Verständnis diente das Vergaberecht in erster Linie der Schonung öffentlicher Ressourcen und war deshalb primär im Haushaltsrecht geregelt (sog. „haushaltsrechtliche Lösung"). Das nationale Vergaberecht wird jedoch weitgehend überlagert von **rechtlichen Vorgaben der EU**, die ab Erreichen bestimmter Auftragssummen (sog. „Schwellenwerte") einschlägig sind und bei denen der Schutz konkurrierender Mitbieter im Vordergrund steht. Nach stRspr des EuGH besteht der Hauptzweck der unionsrechtlichen Vergaberichtlinien in der **Öffnung der Beschaffungsmärkte** der Mitgliedstaaten für einen unverfälschten und möglichst umfassenden Wettbewerb. Dahinter steht die Gefahr einer Bevorzugung einheimischer Unternehmen bei der Auftragsvergabe. Deshalb sollen sich die öffentlichen Auftraggeber bei ihren Beschaffungen allein von wirtschaftlichen Überlegungen leiten lassen.[2] Darüber hinaus wird im Interesse des Auftraggebers an einem wirtschaftlich günstigen und seinen Bedarf möglichst optimal befriedigenden Angebot eine größere Auswahl ermöglicht.[3]

2   Der deutsche Gesetzgeber hat diesen Gedanken für die Vergabe von öffentlichen Aufträgen ab Erreichen der Schwellenwerte des § 106 GWB aufgegriffen und die zentralen Bestimmungen für diese Vergaben im Wettbewerbsrecht (GWB) geregelt (sog. **„wettbewerbsrechtliche Lösung"**).[4] Im Ergebnis besteht damit eine **Zweiteilung des deutschen Vergaberechts**. Diese äußert sich insbes. in der Einschlägigkeit unterschiedlicher Rechtsgrundlagen (→ Rn. 20 ff.) und in den unterschiedlichen Rechtsschutzmöglichkeiten (→ Vor § 155 Rn. 10 ff.)

II. Rechtsquellen und Strukturen des Vergaberechts

1. Europäisches Unionsrecht

3   a) **Vergaberichtlinien.** Das europäische Vergaberecht war zunächst in sechs Richtlinien geregelt, von denen sich vier dem eigentlichen Vergabeverfahren widmeten und zwei eine Nachprüfung der Vergabeentscheidung zum Gegenstand hatten. Die vier eigentlichen Vergaberichtlinien wurden zunächst durch das **EU-Legislativpaket zum Vergaberecht** v. 31.3.2004 reformiert. Dabei wurden neben einer Neufassung der Sektorenrichtlinie (SKR), welche Sonderregelungen für die Auftragsver-

---

[1] Koenig/Haratsch NJW 2003, 2637.
[2] EuGH 3.10.2000 – C-380/98, NZBau 2001, 218 Rn. 17 – University of Cambridge; 27.11.2001 – C-285/99, NZBau 2002, 101 Rn. 36 – Impresa Lombardini; 13.12.2007 – C-337/06, NZBau 2008, 130 Rn. 39 – ZDF; 16.12.2008 – C-213/07, EuZW 2009, 87 Rn. 54 – Michaniki; 29.3.2012 – C-599/10, NZBau 2012, 376 Rn. 25 – NDS; 28.1.2016 – C-50/14, NZBau 2016, 177 Rn. 55 – CASTA.
[3] EuGH 23.12.2009 – C-305/08, ZfBR 2010, 392 Rn. 37 – CoNISMa.
[4] Vgl. den kurzen historischen Überblick bei Siegel VergabeR 2009, 240 ff.

Einleitung **Einl. GWB**

gabe im Bereich der Wasser-, Energie- und Verkehrsversorgungen und der Postdienste enthält,[5] die zuvor nach Leistungsarten getrennten Richtlinien zur Koordinierung der Verfahren zur Vergabe öffentlicher Dienstleistungsaufträge, öffentlicher Lieferaufträge sowie öffentlicher Bauaufträge zu einer einheitlichen Vergabekoordinierungsrichtlinie (VKR) zusammengefasst.[6] Später hinzugetreten ist für verteidigungs- und sicherheitsrelevante Vergaben die VSVKR[7] (s. dazu die Kommentierung der VSVgV).

Eine erneute umfassende Novellierung erfolgte durch die **EU-Vergaberichtlinien vom 26.2.2014**. Neugefasst wurden die Richtlinien über die Sektorentätigkeiten betr.Vergaben (SRL)[8] sowie über die allg., keinen Sonderregelungen unterliegenden Vergaben (VRL).[9] Erstmals umfassend geregelt wurde im Zuge dieser Novelle das **Recht der Vergabe von Konzessionen** durch die Konzessionsvergaberichtlinie (KVR).[10] Vor deren Inkrafttreten unterlagen Dienstleistungskonzessionen überhaupt nicht dem europäischen Vergaberecht und bestanden für die Vergabe von Baukonzessionen nur einzelne Bestimmungen (→ § 105 Rn. 1). 4

Dem Anwendungsbereich der Richtlinien unterfallen aber lediglich solche öffentlichen Aufträge und Konzessionen, welche die in den Richtlinien geregelten und durch die Kommission laufend angepassten **Schwellenwerte erreichen oder überschreiten** (→ § 106 Rn. 6 ff.). Auf Aufträge, die diese Schwellenwerte nicht erreichen, sind die europäischen Richtlinien nicht anwendbar.[11] 5

Flankiert werden die eigentlichen Vergaberichtlinien von den beiden **Rechtsmittelrichtlinien**. Diese haben eine effektive Einhaltung der Vergaberichtlinien zum Ziel und sehen deshalb ein sog. Nachprüfungsverfahren vor, in welchem ein konkurrierender Bieter vor Erteilung des Zuschlags eine Überprüfung der geplanten Entscheidung verlangen kann. 6

Auch wenn die EU-Richtlinien sämtlich in deutsches Recht umgesetzt worden sind (→ Rn. 22 ff.), kann im Einzelfall ein **Rekurs auf die Bestimmungen der EU-Richtlinien** geboten sein: 7

- Eine **unmittelbare Anwendung** von Richtlinienbestimmungen kommt in Betracht, wenn das deutsche Recht die Vorgaben der unionsrechtlichen Vergaberichtlinien nicht oder nicht hinreichend übernommen hat. Die unmittelbare Anwendbarkeit von Vorschriften einer unionsrechtlichen Richtlinie setzt zunächst voraus, dass die Umsetzungsfrist ohne vollständige mitgliedstaatliche Implementation abgelaufen ist. Weiterhin muss die betr. Richtlinienbestimmung inhaltlich als unbedingt und hinreichend genau erscheinen.[12] **Hinreichend genau** ist eine 8

---

[5] RL 2004/17/EG v. 31.3.2004 zur Koordinierung der Zuschlagserteilung durch Auftraggeber im Bereich der Wasser-, Energie- und Verkehrsversorgung sowie der Postdienste, ABl. 2011 L 134, 1.

[6] RL 2004/18/EG v. 31.3.2004 über die Verfahren zur Vergabe öffentlicher Bauaufträge, Lieferaufträge und Dienstleistungsaufträge, ABl. 2011 L 134, 114.

[7] RL 2009/81/EG des Europäischen Parlaments und des Rates vom 13.7.2009 über die Koordinierung der Verfahren zur Vergabe bestimmter Bau-, Liefer- und Dienstleistungsaufträge in den Bereichen Verteidigung und Sicherheit, ABl. 2009 L 216, 76.

[8] RL 2014/25/EU v. 26.2.2014 über die Vergabe von Aufträgen durch Auftraggeber im Bereich der Wasser-, Energie- und Verkehrsversorgung sowie der Postdienste und zur Aufhebung der RL 2004/17/EG, ABl. 2014 L 94, 243.

[9] RL 2014/24/EU v. 26.2.2014 über die öffentliche Auftragsvergabe und zur Aufhebung der RL 2004/18/EG, ABl. 2014 L 94, 65.

[10] RL 2014/23/EU v. 26.2.2014 über die Konzessionsvergabe, ABl. 2014 L 94, 1.

[11] EuGH 16.4.2015 − C-278/14, NZBau 2015, 383 Rn. 15 − Spitalul Judetean.

[12] EuGH 4.12.1974 − 41/74, Slg. 1974, 1337 Rn. 12 = BeckRS 2004, 71134 − van Duyn; 5.4.1979 − 148/78, Slg. 1979, 1629 Rn. 23 = NJW 1979, 1764 − Ratti; 20.9.1988 − 31/87, Slg. 1988, 4635 Rn. 40 = BeckRS 2004, 70722 − Beentjes; 12.7.1990 − C-188/89, Slg. 1990, I-3313 Rn. 16 = BeckRS 2004, 74794 − Foster; 4.3.1999 − C-258/97, Slg. 1999, I-1405 Rn. 34 = BeckRS 2004, 75759 − HI.

Richtlinienbestimmung nur dann gefasst, wenn sie bestimmt formulierte und eindeutige Verpflichtungen der Mitgliedstaaten aufstellt. Die betr. Bestimmung muss idS justiziabel sein, dass sie eine geeignete Grundlage für die Zuerkennung eines individuellen Anspruchs gegen den Mitgliedstaat durch ein Gericht sein kann.[13] Als **unbedingt** kann eine Richtlinienbestimmung nur dann angesehen werden, wenn sie weder mit einem Vorbehalt noch einer Bedingung versehen ist und ihrem Wesen nach keiner weiteren Maßnahmen der EU-Organe oder der Mitgliedstaaten bedarf.[14] Überlässt die Richtlinie den Mitgliedstaaten ausdr. die Wahl zwischen verschiedenen Optionen, so fehlt es an der Unbedingtheit, es sei denn, die Richtlinie will trotz der Wahlmöglichkeiten einen Mindeststandard gewährleisten.[15] Eine solche Option kann insbes. darin bestehen, dass die Richtlinienbestimmung von den Mitgliedstaaten nicht zwingend umzusetzen ist, sondern das EU-Recht nur ein Instrument zur Verfügung stellt, dessen Übernahme dem nationalen Gesetzgeber freisteht. Solche Regelungsoptionen sind in den EU-Richtlinien an verschiedenen Stellen enthalten.

9 • Fehlt es an Voraussetzungen für die unmittelbare Anwendbarkeit einer Richtlinienbestimmung, so steht dies einer sog. **richtlinienkonformen Auslegung** nicht entgegen. Nach der Rspr. des EuGH sind mitgliedstaatliche Vorschriften im Lichte des Wortlauts und Zwecks einer Richtlinie auszulegen, unabhängig davon, ob sie in Umsetzung einer unionsrechtlichen Richtlinie erlassen worden sind[16] oder schon vor Erlass der Richtlinie bestanden.[17] Dies gilt auch für den Fall, dass die unmittelbare Anwendbarkeit an einer sonst für einen Einzelnen entstehenden Verpflichtungswirkung scheitert. In diesen Fällen ergeben sich eventuelle Verpflichtungen Privater nicht aus der Richtlinie selbst, sondern **aus dem richtlinienkonform ausgelegten nationalen Recht**.[18] Entsprechende richtlinienkonforme Auslegungen von Vorschriften des deutschen Vergaberechts finden sich in der Spruchpraxis der Nachprüfungsinstanzen des Öfteren.[19] Seine Grenze findet das Gebot zur richtlinienkonformen Auslegung dort, wo die nationale Rechtstradition eine entspr. Auslegung nicht mehr zulässt.[20]

10 Relevanz für einzelne Beschaffungsvorgänge entfalten die unionsrechtlichen Vergaberichtlinien erst mit **Ablauf der Frist zu ihrer Umsetzung.** So ergibt sich unionsrechtlich **keine Pflicht zur Kündigung** eines vor Erlass der Vergaberichtlinien geschlossenen Vertrages. Nach stRspr des EuGH verpflichtet Unionsrecht einen öffentlichen Auftraggeber nicht, in bestehende, auf unbestimmte Zeit oder für mehrere Jahre abgeschlossene Rechtsverhältnisse einzugreifen, wenn diese Rechtsver-

---

[13] EuGH 22.5.1980 – 131/79, Slg. 1980, 1585 Rn. 13 = BeckRS 2004, 71522 – Santillo; 27.6.1989 – 50/88, Slg. 1989, 1925 Rn. 26 = BeckRS 2004, 73241 – Kühne; 23.2.1994 – C-236/92, Slg. 1994, I-483 Rn. 10 = BeckRS 2004, 75317 – Comitato di coordinamento.

[14] EuGH 4.12.1974 – 41/74, Slg. 1974, 1337 Rn. 13 f. = BeckRS 2004, 71134 – van Duyn; 20.9.1988 – 31/87, Slg. 1988, 4635 Rn. 43 = BeckRS 2004, 70722 – Beentjes; 23.2.1994 – C-236/92, Slg. 1994, I-483 Rn. 9 = BeckRS 2004, 75317 – Comitato di coordinamento.

[15] Vgl. dazu EuGH 1.2.1977 – 51/76, Slg. 1977, 113 Rn. 20 ff. = BeckRS 2004, 73250 – Nederlandse Ondernemingen; 19.1.1982 – 8/81, Slg. 1982, 53 Rn. 29 = BeckRS 2004, 73735 – Becker; 24.10.1996 – C-72/95, Slg. 1996, I-5403 Rn. 50 = BeckRS 2004, 77742 – Kraijeveld.

[16] EuGH 20.5.1976 – 111/75, Slg. 1976, 657 (666) = BeckRS 2004, 71252; 10.4.1984 – 14/83, Slg. 1984, 1891 (1909) = NJW 1984, 2021; 4.2.1988 – 157/86, Slg. 1988, 673 (690) = BeckRS 2004, 71815; 20.9.1988 – 31/87, Slg. 1988, 4635 (4662) = BeckRS 2004, 70722; 17.9.1997 – C-54/96, Slg. 1997, I-4961 (4997 f.) = ZIP 1997, 1749.

[17] EuGH 13.11.1990 – C-106/89, Slg. 1990, I-4135 (4159 f.) = BeckRS 2004, 74075; 16.12.1993 – C-334/92, Slg. 1993, I-6911 (6932) = BeckRS 2004, 76515.

[18] Calliess/Ruffert/Ruffert AEUV Art. 288 Rn. 82.

[19] Vgl. nur OLG Koblenz 31.5.2006 – 1 Verg 3/06, ZfBR 2006, 813 (814).

[20] BVerfG 26.9.2011 – 2 BvR 2216/06, NJW 2012, 669 (670 f.).

hältnisse vor Ablauf der Umsetzungsfrist der Richtlinien begründet worden sind.[21] Diese Grundsätze hat der EuGH auf die **Einleitung von Beschaffungsvorgängen vor Ablauf der Umsetzungsfrist** erstreckt. Danach finden die Vorschriften einer bereits erlassenen Richtlinie keine Anwendung auf Beschaffungsvorgänge, die zeitlich vor Ablauf der Umsetzungsfrist begonnen wurden.[22] Eine **„Vorwirkung"** von **Richtlinien** vor diesem Zeitpunkt ist ausgeschlossen.

b) Primärrecht des AEUV. Zusätzlich zu den Vergaberichtlinien als sekundärem Unionsrecht hat das primäre Recht des AEUV für das Vergaberecht eine hohe Bedeutung. Insbes. leitet der EuGH aus den **Grundfreiheiten des AEUV** allg. Grundsätze ab, nämlich vor allem das Wettbewerbsprinzip, das Gleichbehandlungs- und das Transparenzgebot, die im deutschen Recht durch das GWB und die anderen vergaberechtlichen Vorschriften näher ausgeformt werden (→ § 97 Rn. 2 ff.). **11**

Die Anforderungen des im AEUV geregelten **primären Unionsrechts** gelten für das Handeln der Mitgliedstaaten unabhängig davon, ob es sich um eine Vergabe **oberhalb oder unterhalb der Schwellenwerte** handelt oder bestimmte Verträge von der Anwendung der EU-Vergaberichtlinien ausgenommen sind.[23] Die Zusammenfassung dieser Grundsätze in einer Auslegungsmitteilung der Kommission für die Behandlung von Unterschwellenvergaben hat das EuG gebilligt.[24] Bei der Anwendung der Grundfreiheiten unterhalb der Schwellenwerte ist jedoch der Grundsatz der Verhältnismäßigkeit zu beachten, der den von den Auftraggebern zu betreibenden Aufwand mit Blick auf die insges. höhere Zahl und individuell geringere Bedeutung der Unterschwellenverfahren begrenzt.[25] **12**

Zu beachten ist, dass auf Aufträge unterhalb der Schwellenwerte und andere nicht von den EU-Vergaberichtlinien erfasste Aufträge die primärrechtlichen Vorschriften nur dann anzuwenden sind, wenn an dem Auftrag ein „eindeutiges" grenzüberschreitendes Interesse besteht.[26] Damit ein solches Interesse besteht, reicht es nicht **13**

---

[21] EuGH 24.9.1998 – C-76/97, EuZW 1998, 660 Rn. 54; 5.10.2000 – C-337/98, NZBau 2001, 272 Rn. 38.
[22] EuGH 15.10.2009 – C-138/08, NZBau 2010, 59 Rn. 29 – Hochtief; 7.4.2016 – C-324/14, NZBau 2016, 373 Rn. 83, 93 – Partner Apelski Dariusz; 28.2.2018 – C-523/16 ua, NZBau 2018, 421 Rn. 36 – MA.T.I. Sud.
[23] EuGH 20.10.2005 – C-264/03, VergabeR 2006, 54 Rn. 32 f. = ZfBR 2006, 69; 14.6.2007 – C-6/05, VergabeR 2007, 609 Rn. 33 = NZBau 2007, 597; 18.12.2007 – C-220/06, VergabeR 2008, 196 Rn. 71 f. = NZBau 2008, 189; 21.2.2008 – C-412/04, VergabeR 2008, 501 Rn. 66 = ZfBR 2008, 404; 15.5.2008 – C-147/06, C-148/06, VergabeR 2008, 625 Rn. 20 = NZBau 2008, 453; 18.12.2007 – C-220/06, NVwZ 2008, 177 Rn. 71 f. – AP; 13.11.2008 – C-324/07, NZBau 2009, 54 Rn. 25 – Coditel Brabant; 10.9.2009 – C-206/08, EuZW 2009, 810 Rn. 44 – WAZV Gotha; 10.9.2009 – C-573/07, NZBau 2009, 797 Rn. 38 – Sea; 23.12.2009 – C-376/08, VergabeR 2010, 469 Rn. 21 ff. = NZBau 2010, 261 – Serrantoni; 14.11.2013 – C-221/12, NZBau 2014, 53 Rn. 37 – Belgacom; 11.12.2014 – C-113/13, NZBau 2015, 377 Rn. 45 – Spezzino; 16.4.2015 – C-278/14, NZBau 2015, 383 Rn. 16 – Spitalul Judetean; 22.10.2015 – C-425/14, NZBau 2016, 42 Rn. 21 – Edilux; 19.4.2018 – C-65/17, ZfBR 2017, 603 (605); 4.4.2019 – C-699/17, NZBau 2019, 457 Rn. 49 – Allianz.
[24] EuG 20.5.2010 – T-258/06, NZBau 2010, 510; dazu Knauff/Schwensfeier EuZW 2010, 611.
[25] BGH 30.8.2011 – X ZR 55/10, NZBau 2012, 46 (49).
[26] EuGH 15.5.2008 – C-147/06, C-148/06, NVwZ 2008, 766 Rn. 21 – SECAP; 23.12.2009 – C-376/08, VergabeR 2010, 469 Rn. 24 = NZBau 2010, 261 – Serrantoni; 14.11.2013 – C-221/12, NZBau 2014, 53 Rn. 28 – Belgacom; 10.7.2014 – C-358/12, VergabeR 2014, 774 Rn. 24 = NZBau 2014, 712 – Libor; 11.12.2014 – C-113/13, NZBau 2015, 377 Rn. 49 – Spezzino; 16.4.2015 – C-278/14, NZBau 2015, 383 Rn. 16 – Spitalul Judetean; 18.12.2014 – C-470/13, NZBau 2015, 569 Rn. 27 – Generali; 22.10.2015 – C-425/14, NZBau 2016, 42 Rn. 21 – Edilux; 17.12.2015 – C-25/14, C-26/14, EuZW 2016, 277 Rn. 27 – UNIS; 14.7.2016 – C-458/14, C-67/15, NZBau 2016, 775 Rn. 65 – Promoimpresa; 6.10.2016 – C-318/15, NZBau 2016, 781 Rn. 19 –

aus, dass ein grenzüberschreitendes Interesse bei hypothetischer Betrachtung anhand bestimmter Gesichtspunkte nicht ausgeschlossen werden kann. Vielmehr muss das grenzüberschreitende Interesse in einer konkreten Bewertung der Umstände des betr. Auftrags positiv festgestellt werden, dh erwiesen sein.[27] Sofern besondere Umstände keine andere zeitliche Anknüpfung nahelegen, ist maßgeblicher Beurteilungszeitpunkt hierfür der Zeitpunkt der Auftragsvergabe.[28]

14 Als **Indikatoren** dafür, dass von einem Auftrag „Wirtschaftsteilnehmer aus anderen Mitgliedstaaten angezogen werden können", hat die Rspr. bspw. den geschätzten Wert des Auftrags, seine technischen Merkmale, die Marktstruktur sowie den für die Durchführung der Arbeiten vorgesehenen Ort, zB in Grenznähe, identifiziert.[29] So kann selbst bei geringem Auftragswert ein grenzüberschreitendes Interesse zu bejahen sein, wenn es sich um ein auf dem internationalen Markt gängiges Produkt, zB ein bestimmtes Computersystem, handelt.[30] Entsprechendes gilt, wenn Leistungen der in Rede stehenden Art in dem betr. Mitgliedstaat bereits durch Unternehmen aus anderen Mitgliedstaaten erbracht werden.[31] Auch der Umstand, dass in anderen Mitgliedstaaten ansässige Unternehmen sich über eine fehlende Information **über die Ausschreibung beschwert** oder sogar Angebote abgegeben haben, kann eine Rolle spielen.[32] Allerdings ist einerseits die Bekundung eines Interesses an dem Auftrag durch ein in einem anderen Mitgliedstaat ansässiges Unternehmen nicht Voraussetzung für die Bejahung eines grenzüberschreitenden Interesses[33] und andererseits – umgekehrt – ergibt sich selbst bei einer tatsächlichen Beteiligung von Bietern aus anderen Mitgliedstaaten an dem Verfahren zur Vergabe des öffentlichen Auftrags allein nicht zwingend ein grenzüberschreitendes Interesse. Beispielsweise können auch in letzterem Fall ein die Schwellenwerte deutlich unterschreitender Auftragswert und eine größere Entfernung von der Grenze zu einem anderen Mitgliedstaat der Annahme eines grenzüberschreitenden Interesses widerstreiten.[34]

15 In der Praxis sollte ein **grenzüberschreitendes Interesse** auch bei einem geringen Auftragswert **nicht vorschnell verneint** werden. Insbes. bei Lieferaufträgen, bei denen die Lieferung von Waren aus Drittländern in Rede steht und denen der Ort der Leistung eine untergeordnete Rolle spielt, sollte sorgfältig begründet werden, weshalb ein Interesse von Unternehmen aus anderen Mitgliedstaaten nicht zu erwarten ist.

Tecnoedi Construzioni; 5.4.2017 – C-298/15, NZBau 2017, 748 Rn. 36 – Borta; 19.4.2018 – C-65/17, ZfBR 2017, 603 (605); 4.4.2019 – C-699/17, NZBau 2019, 457 Rn. 49 – Allianz.

[27] EuGH 6.10.2016 – C-318/15, NZBau 2016, 781 Rn. 22 – Tecnoedi Construzioni; 19.4.2018 – C-65/17, ZfBR 2017, 603 (606).

[28] EuGH 19.4.2018 – C-65/17, ZfBR 2017, 603 (605).

[29] EuGH 15.5.2008 – C-147/06, C-148/06, NVwZ 2008, 766 Rn. 24 – SECAP; 14.11.2013 – C-221/12, NZBau 2014, 53 Rn. 29 – Belgacom; 16.4.2015 – C-278/14, NZBau 2015, 383 Rn. 20 – Spitalul Judetean; 17.12.2015 – C-25/14, C-26/14, EuZW 2016, 277 Rn. 30 – UNIS; 14.7.2016 – C-458/14, C-67/15, NZBau 2016, 775 Rn. 66 – Promoimpresa; 6.10.2016 – C-318/15, NZBau 2016, 781 Rn. 20 – Tecnoedi Construzioni; 5.4.2017 – C-298/15, NZBau 2017, 748 Rn. 44 – Borta; 19.4.2018 – C-65/17, ZfBR 2017, 603 (606); 4.4.2019 – C-699/17, NZBau 2019, 457 Rn. 50 – Allianz; entspr. EuG 29.5.2013 – T-384/10, NZBau 2013, 648 – Königreich Spanien; BGH 30.8.2011 – X ZR 55/10, NZBau 2012, 46 (48); OLG Saarbrücken 29.1.2014 – 1 Verg 3/13, VergabeR 2014, 484 (486) = NZBau 2014, 241; OLG Celle 23.2.2016 – 13 U 148/15, NZBau 2016, 381 (382).

[30] EuGH 16.4.2015 – C-278/14, NZBau 2015, 383 Rn. 21 – Spitalul Judetean.

[31] EuGH 19.4.2018 – C-65/17, ZfBR 2017, 603 (606).

[32] EuGH 16.4.2015 – C-278/14, NZBau 2015, 383 Rn. 20 – Spitalul Judetean; 6.10.2016 – C-318/15, NZBau 2016, 781 Rn. 20 – Tecnoedi Construzioni; 5.4.2017 – C-298/15, NZBau 2017, 748 Rn. 45 – Borta; 19.4.2018 – C-65/17, ZfBR 2017, 603 (606).

[33] EuGH 14.11.2013 – C-221/12, NZBau 2014, 53 Rn. 31 – Belgacom.

[34] EuGH 6.10.2016 – C-318/15, NZBau 2016, 781 Rn. 24 f. – Tecnoedi Construzioni.

2. Verfassungsrecht

Die **Bedeutung des Grundgesetzes** im Vergaberecht besteht zunächst darin, 16
Maßstäbe für das Tätigwerden des Gesetzgebers und der öffentlichen Auftraggeber
ggü. den an einem Vergabeverfahren beteiligten oder interessierten Privatrechtssubjekten zu errichten. Da es sich bei der Vergabe öffentlicher Aufträge um Handeln
der öffentlichen Gewalt handelt, wird mit Blick auf Art. 1 Abs. 3 GG kaum noch
ernsthaft bestritten, dass die **Auftragsvergabe unter Bindung an die Grundrechte** erfolgt.[35] Je nach Konstellation können verschiedene Freiheitsgrundrechte
thematisch einschlägig sein. Im Falle der sog. Tariftreueerklärung ist an die von Art. 9
Abs. 3 GG geschützte negative Koalitionsfreiheit,[36] im Falle der sog. Scientology-
Erklärung etwa an die Glaubens- und Gewissensfreiheit des Art. 4 GG zu denken.

Maßstab für die verfassungsrechtliche Prüfung von Vergabekriterien kann darüber 17
hinaus die durch Art. 12 Abs. 1 GG gewährleistete **Vertragsfreiheit im unternehmerischen Bereich** sein. Zwar wird die Vertragsfreiheit im Allgemeinen durch das
Auffanggrundrecht aus Art. 2 Abs. 1 GG gewährleistet.[37] Jedoch tritt die Prüfung
am Maßstab der allg. Handlungsfreiheit als subsidiär zurück, wenn die fragliche
Regelung der Vertragsfreiheit gerade in dem durch Art. 12 Abs. 1 GG erfassten
Bereich beruflicher Betätigung betrifft.[38] Um eine solche Regelung in Form
der Berufsausübungsregelung handelt es sich bspw., wenn dem Arbeitgeber eine
bestimmte Gestaltung der Arbeitsbeziehungen vorgegeben wird.[39]

Unter Zugrundelegung der vom BVerfG in seinem Beschl. zur Tariftreuepflicht 18
entwickelten Maßstäbe liegt in einer solchen Einschränkung keine allg. Regulierung
des Wettbewerbsverhaltens der Unternehmen, sondern ein **Eingriff in das Grundrecht der Berufsfreiheit** aus Art. 12 Abs. 1 GG.[40] Weigert sich das Unternehmen,
seine Vertragsbeziehungen nach den vorgegebenen Standards zu gestalten, so hat
es keine Chance auf den Zuschlag. Die in diesem Druck zu einer bestimmten
Vertragsgestaltung liegende Berührung des Schutzbereichs stellt sich als Eingriff dar,
weil die Beschränkung der Vertragsfreiheit der Unternehmen nicht lediglich ein
bloßer Reflex der an die öffentlichen Auftraggeber adressierten Pflicht zur Ausgestaltung des Vergabeverfahrens ist. Hinsichtlich der **Prüfung der Angemessenheit**
hat das BVerfG zu Recht daran erinnert, dass die Freiheit der Unternehmen, die
Vertragsbeziehungen zu seinen Arbeitnehmern – gleiches gilt für Subunternehmer
und Lieferanten – frei gestalten zu können, mitentscheidend für den Erfolg der
beruflichen Tätigkeit und damit wesentlicher Bestandteil der durch Art. 12 Abs. 1
GG geschützten Freiheit der Berufsausübung ist. Auf der anderen Seite ist das
Gewicht der mit der Einschränkung dieser Freiheit jew. verfolgten Allgemeinwohlbelange zu berücksichtigen.[41] Dabei ist auch das Gewicht des Eingriffs in die Berufsausübungsfreiheit der bietenden Unternehmen einzubeziehen, wenn es zB den
Unternehmen zum einen freisteht, ob sie ein Angebot auf die betr. Ausschreibung
abgeben wollen, und dass zum anderen nicht die gesamte Geschäftstätigkeit der

---

[35] BVerfG 13.6.2006 – 1 BvR 1160/03, NJW 2006, 3701 (3702); 11.7.2006 – 1 BvL 4/00, NZBau 2007, 53 (54 ff.); Siegel DÖV 2007, 237 (239); Ziekow/Siegel ZfBR 2004, 30 (34 f.).

[36] Eine Berührung des Schutzbereichs des Art. 9 Abs. 3 GG verneinend BVerfG 11.7.2006 – 1 BvL 4/00, NZBau 2007, 53 (54 f.).

[37] BVerfG 19.10.1983 – 2 BvR 298/81, BVerfGE 65, 196 (210) = NJW 1984, 476; 14.1.1987 – 1 BvR 1052/79, BVerfGE 74, 129 (151 f.) = NZA 1987, 347.

[38] BVerfG 31.10.1984 – 1 BvR 35/82, BVerfGE 68, 193 (223 f.) = NJW 1985, 1385; 6.10.1987 – 1 BvR 1086/82, BVerfGE 77, 84 (118) = NJW 1988, 1195; 22.1.1997 – 2 BvR 1915/91, BVerfGE 95, 173 (188) = NJW 1997, 2871.

[39] BVerfG 11.7.2006 – 1 BvL 4/00, NZBau 2007, 53 (55).

[40] BVerfG 11.7.2006 – 1 BvL 4/00, NZBau 2007, 53 (55 f.).

[41] BVerfG 11.7.2006 – 1 BvL 4/00, NZBau 2007, 53 (56 f.).

GWB Einl.

Einleitung

Unternehmen betroffen ist, sondern nur die Teilbereiche, die sich auf die Erlangung öffentlicher Aufträge beziehen.[42]

19 Weitere verfassungsrechtliche Regelungen mit besonderer Bedeutung für das Vergaberecht sind zB der allg. Gleichheitssatz des Art. 3 Abs. 1 GG (→ § 97 Rn. 18 f.), die Verteilung der Gesetzgebungskompetenzen nach den Art. 70 ff. GG (→ Rn. 21) sowie das **Gebot der Gewährung effektiven Rechtsschutzes** nach Art. 19 Abs. 4 GG. Die letztgenannte Verfassungsbestimmung verlangt neben der Möglichkeit, die Gerichte anzurufen, auch eine tatsächlich wirksame gerichtliche Kontrolle. Daher dürfen an die Voraussetzungen für die Gewährung gerichtlichen Rechtsschutzes keine überspannten Anforderungen gestellt werden. Dies betrifft insbes. die Darlegungslast des Antragstellers iRd § 160 Abs. 2 GWB (iE → § 160 Rn. 6 ff.).[43]

3. Einfachrechtliche Regelungen

20 Auf einfachrechtlicher Ebene besteht eine **Zweiteilung des deutschen Vergaberechts** entlang der Schwellenwerte des § 106 GWB. Diese äußert sich insbes. in der Einschlägigkeit unterschiedlicher Rechtsgrundlagen (→ Rn. 22 ff., 26 ff.) und in den unterschiedlichen Rechtsschutzmöglichkeiten (→ Vor § 155 Rn. 10 ff.). Im Überblick lassen sich die unterschiedlichen Regelungsregime wie folgt skizzieren:

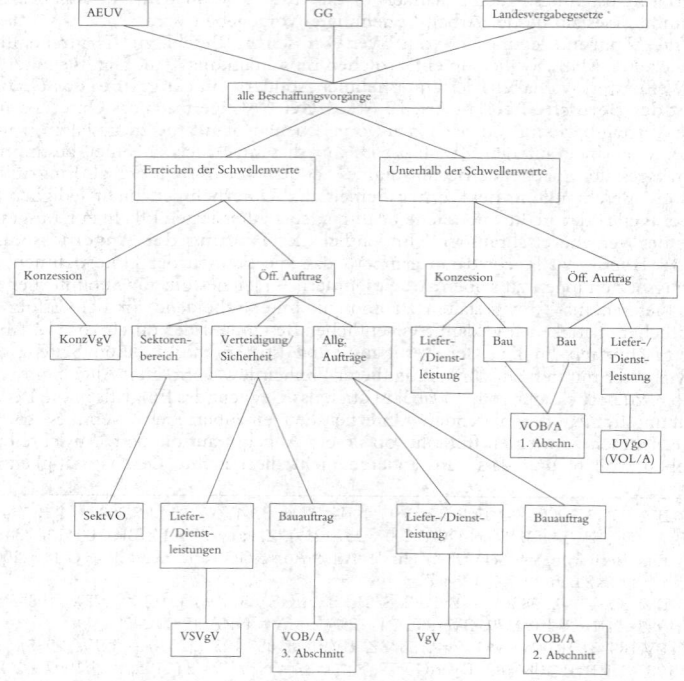

---

[42] Vgl. zu diesen Gesichtspunkten BVerfG 11.7.2006 – 1 BvL 4/00, NZBau 2007, 53 (56 f.).
[43] BVerfG 29.7.2004 – 2 BvR 2248/03, NVwZ 2004, 1224 (1226 f.) = NZBau 2004, 564 (565 f.).

Einleitung   **Einl. GWB**

Für die **Verteilung der Regelungskompetenzen** im Bereich des Vergaberechts 21
ist im Verhältnis zwischen Bund und Ländern vor allem Art. 74 Abs. 1 Nr. 11 GG
von Bedeutung. Er unterstellt die Zuständigkeit für das „Recht der Wirtschaft" den
Regeln des Art. 72 GG über die konkurrierende Gesetzgebung und nennt als Beispiele Bergbau, Industrie, Energiewirtschaft, Handwerk, Gewerbe, Handel, Bank- und Börsenwesen sowie privatrechtliches Versicherungswesen. Die – nicht erschöpfend zu verstehende – Aufzählung macht deutlich, dass der Begriff „Recht der Wirtschaft" weit zu verstehen ist.[44] Er erfasst alle das wirtschaftliche Leben und die wirtschaftliche Betätigung regelnden Vorschriften mit wirtschaftsregulierendem oder -lenkendem Inhalt,[45] darunter auch die Bestimmungen über die Vergabe öffentlicher Aufträge.[46] Inwieweit den Ländern im Bereich der Vergaben ab Erreichen der Schwellenwerte eigene Regelungsmöglichkeiten verbleiben oder ob der Bund die jew. Materie in den §§ 97 ff. GWB und den abgeleiteten Rechtsvorschriften abschl. geregelt hat, ist für den konkreten Regelungsgegenstand zu untersuchen. Eine **Öffnung ggü. landesrechtlichen Regelungen** enthält – in den Grenzen des Regelungsbereichs dieser Norm (→ § 129 Rn. 1 ff.) – § 129 GWB.[47] Unterhalb der Schwellenwerte ist gesetzliche Grundlage für die Vergabe öffentlicher Aufträge das Haushaltsrecht der jew. Körperschaft (→ Rn. 32 f.).

a) Das Vergaberecht ab Erreichen der Schwellenwerte. Die Gliederung des 22
deutschen Vergaberechts für Vergaben ab Erreichen der unionsrechtlich vorgegebenen Schwellenwerte (→ § 106 Rn. 1 ff.) ist seit der Novellierung 2016 für Dienst- und Lieferleistungen einerseits und Bauleistungen andererseits (zu diesen Begriffen → § 103 Rn. 70 ff.) unterschiedlich geregelt:
- Für **alle Vergaben** gelten die formell-gesetzlichen Vorschriften der §§ 97 ff. des 23
Gesetzes gegen Wettbewerbsbeschränkungen (GWB), das in seinem § 113 zum Erlass näherer Bestimmungen im Verordnungswege ermächtigt. Eine **einheitliche Regelung auf Verordnungsebene** existiert im sog. **Sektorenbereich,** der die Vergabe von Aufträgen im Zusammenhang mit Tätigkeiten auf den Gebieten der Trinkwasser- und Energieversorgung sowie des Verkehrs betrifft. Hier regelt die Sektorenverordnung (SektVO) die Vergaberegeln sowohl für Bau- als auch für Liefer- und Dienstleistungen einschl. der freiberuflichen Dienstleistungen. Ebenfalls übergreifende Anwendung findet die **Konzessionsvergabeverordnung** (KonzVgV), die sowohl für Bau- als auch für Dienstleistungskonzessionen gilt.
- Für **Dienst- und Lieferleistungen,** die nicht im Sektorenbereich vergeben wer- 24
den, enthält die **Vergabeverordnung** (VgV) die näheren und abschließenden Bestimmungen. Die frühere Ergänzung durch den 2. Abschnitt der VOL/A ist mit der Vergaberechtsnovelle 2016 entfallen. Ebenfalls abschl. geregelt ist die Vergabe verteidigungs- oder sicherheitsrelevanter Dienst- und Lieferleistungen durch die **Vergabeverordnung Verteidigung und Sicherheit** (VSVgV).
- Auf die Vergabe von **Bauleistungen** ab Erreichen der Schwellenwerte sind ausweislich 25
§ 2 VgV **nur einzelne Vorschriften der VgV anwendbar.** Im Übrigen verweist diese Bestimmung auf die Anwendung der Regelungen des Abschnitts 2 der **Vergabe- und Vertragsordnung für Bauleistungen, Teil A (VOB/A).** Bei der VOB/A handelt es sich um ein von einem sachverständigen Gremium, dem Deutschen Vergabe- und Vertragsausschuss für Bauleistungen, erarbeitetes Regel-

---

[44] BVerfG 29.4.1958 – 2 BvO 3/56, BVerfGE 8, 143 (148 f.) = NJW 1959, 29; 18.3.1970 – 2 BvO 1/65, BVerfGE 28, 119 (146) = NJW 1970, 1363; 12.12.1984 – 1 BvR 1249/83, BVerfGE 68, 319 (330) = NJW 1985, 2185; 11.7.2006 – 1 BvL 4/00, NZBau 2007, 53.
[45] BVerfG 12.12.1984 – 1 BvR 1249/83, BVerfGE 68, 319 (330) = NJW 1985, 2185; 11.7.2006 – 1 BvL 4/00, NZBau 2007, 53.
[46] BVerfG 11.7.2006 – 1 BvL 4/00, NZBau 2007, 53.
[47] Dazu BVerfG 11.7.2006 – 1 BvL 4/00, NZBau 2007, 53 (54).

werk, in den ein Vergabeverfahren normativ nachgebildet wird. Aufgrund der in § 2 VgV enthaltenen statischen Verweisung partizipiert die VOB/A Abschn. 2 oberhalb der Schwellenwerte am Charakter der VgV als Rechtsverordnung. Entsprechend geregelt ist für **verteidigungs- bzw. sicherheitsrelevante Beschaffungen von Bauleistungen** aufgrund der Verweisung des § 2 Abs. 2 VSVgV die Anwendbarkeit des 3. Abschnitts der VOB/A. Die frühere ergänzende Heranziehung auch des 1. Abschnitts der VOB/A auf Vergaben ab Erreichen der Schwellenwerte ist mit der Neufassung der VOB/A v. 7.1.2016 entfallen. Diese dreistufige Anordnung der Rechtsgrundlagen wird oftmals als „**Kaskadenprinzip**" bezeichnet, das sich durch einen zunehmenden Konkretisierungsgrad der Bestimmungen vom GWB über die VgV und VSVgV zur VOB/A Abschn. 2 und 3 auszeichnet.

26   b) **Das Vergaberecht unterhalb der Schwellenwerte.** Auch für Vergaben unterhalb der Schwellenwerte sind zunächst die von **Verfassungs- und primärem Unionsrecht** aufgestellten Maßgaben (→ Rn. 11 ff.) zu berücksichtigen. Nicht anwendbar sind hingegen die EU-Vergaberichtlinien sowie die Vorschriften der §§ 97 ff. GWB, der VgV, der SektVO, der KonzVgV, der VSVgV sowie der Abschn. 2 und 3 der VOB/A. Allerdings hat die Rspr. des EuGH in verschiedenen Fällen die nur oberhalb der Schwellenwerte geltenden Vorschriften der EU-Vergaberichtlinien als Orientierungsrahmen (→ Rn. 14) für die Auslegung des EU-Primärrechts unterhalb der Schwellenwerte herangezogen. Teilw. hat der EuGH sogar einen Erst-recht-Schluss dergestalt gezogen, dass die rechtliche Bewertung einer Maßnahme für Vergaben oberhalb der Schwellenwerte erst recht unterhalb der Schwellenwerte herangezogen werden müsse.[48]

27   Unterhalb der Schwellenwerte ist gesetzliche Grundlage für die Vergabe öffentlicher Aufträge das **Haushaltsrecht der jew. Körperschaft.**[49] Das **Haushaltsrecht** von Bund, Ländern und Kommunen verlangt regelmäßig, dass der Vergabe von Aufträgen über Lieferungen und Leistungen eine **öffentliche Ausschreibung** vorausgehen muss, sofern nicht die Natur des Geschäfts oder besondere Umstände eine Ausnahme rechtfertigen. Bei der Vergabe von Aufträgen und dem Abschluss von Verträgen soll dabei nach einheitlichen Vergabegrundsätzen bzw. Richtlinien verfahren werden (vgl. nur § 55 BHO, § 55 der Landeshaushaltsordnungen, § 31 Abs. 2 GemHVO BW, § 30 Abs. 2 BayKommHV-Doppik, § 29 HessGemHVO, § 26 Abs. 2 KomHVO NRW, § 22 Abs. 2 GemHVO RhPf., § 24 Abs. 2 Saarl.KommHVO).

28   Wie für Vergaben ab Erreichen der Schwellenwerte iSd § 106 GWB ergeben sich auch unterhalb dieser Schwellenwerte **unterschiedliche Rechtsregime** für die Beschaffungen von Dienst- und Lieferleistungen einerseits und für Bauleistungen andererseits:

29   • Auf **Dienst- und Lieferleistungen** ist die Verfahrensordnung für die Vergabe öffentlicher Liefer- und Dienstleistungsaufträge unterhalb der EU-Schwellenwerte (**Unterschwellenvergabeordnung** – UVgO) anwendbar. Solange noch kein entspr. Anwendungsbefehl ergangen ist (→ UVgO Einl. § 1 Rn. 3), ist in diesen Ländern idR noch der 1. Abschn. der Vergabe- und Vertragsordnung für Leistungen, Teil A (VOL/A), anzuwenden.

30   • Für **Bauleistungen** gelten die Bestimmungen des **1. Abschn. der VOB/A,** die sog. Basisparagrafen.

31   Die **Basisparagrafen der VOB/A** tragen nach ganz überwiegender Auffassung lediglich den Charakter von **Verwaltungsvorschriften ohne Außenwirkung.** Dies ist zwar richtig, besagt aber nichts über die Intensität der Bindung, etwa der

---

[48] EuGH 18.12.2014 – C-568/13, EuZW 2015, 186 Rn. 36 – Azienda Ospedaliero.
[49] Umfassende inhaltliche Systematisierung des Vergaberechts unterhalb der Schwellenwerte im Vergleich mit dem Kartellvergaberecht bei Siegel VerwArch 2016, 1 ff.

Kommunen. Diese Bindung ist in den verschiedenen Bundesländern unterschiedlich ausgestaltet:
- Teilw. beruht die Bindung der Kommunen an den 1. Abschn. der VOB/A (bzw. an die UVgO bzw. VOL/A) unmittelbar auf einer **gesetzlichen Verweisung im jew. Haushaltsrecht** – wie in den Gemeindehaushaltsverordnungen in Brandenburg (§ 25a Abs. 2, 3 GemHVO Bbg.) oder Thüringen (§ 31 Abs. 2 ThürGemHV) – oder den Vergabegesetzen der Länder (vgl. für Bremen §§ 6 Abs. 1, 7 Abs. 1 BremTtVG, für Hamburg § 2a Abs. 1 HmbVgG, für Mecklenburg-Vorpommern § 2 Abs. 1 VergabeG MV, für Niedersachsen § 3 Abs. 1 und 2 NTVergG, für Sachsen § 1 Abs. 2 SächsVergabeG, für Sachsen-Anhalt § 1 Abs. 2 TVergG LSA, für Schleswig-Holstein § 3 Abs. 1 VergG SH, für Thüringen § 1 Abs. 2 ThürVgG). In diesem Fall entfalten die Vergabeordnungen eine vollumfängliche Bindung für die Kommunen. 32
- Das kommunale Haushaltsrecht anderer Länder verweist auf die **Bekanntmachung allg. Vergabegrundsätze** (§ 31 Abs. 2 GemHVO BW, § 30 Abs. 2 BayKommHV-Doppik, § 29 HessGemHVO, § 26 Abs. 2 KomHVO NRW, § 22 Abs. 2 GemHVO RhPf., § 24 Abs. 2 Saarl.KommHVO). In der Regel ordnen diese Bekanntmachungen die Anwendung des 1. Abschn. der VOB/A und die Anwendung der UVgO an; diese Abschnitte „gelten als einheitliche Richtlinien und als Vergabegrundsätze ... für alle Beschaffungsverfahren außerhalb des EU-Vergaberegime der §§ 97 ff. GWB".[50] Auch die Stufung Haushaltsrecht (BHO, LHO, Gemeindehaushaltsverordnung) – Bekanntmachung – Vergabeordnung schneidet den öffentlichen Auftraggebern die Möglichkeit, von den Vergabeordnungen abzuweichen, ab. Dabei steht es dem zuständigen Ministerium frei, **ergänzende Richtlinien** zu erlassen, die dann den gleichen Rang wie die Vergabeordnungen haben und diese modifizieren; erst die Zusammenschau von Vergabeordnungen und ergänzenden Richtlinien ergibt die in den Haushalts(ver)ordnungen genannten, durch das Ministerium zu konkretisierenden Vergabegrundsätze. 33

c) **Landesvergabegesetze.** Die Mehrzahl der Bundesländer hat mittlerweile unter verschiedenen Bezeichnungen vergaberechtliche Regelungen in Gestalt formeller Landesgesetze erlassen. Regelungsschwerpunkte sind ua eine Erstreckung des ab Erreichen der Schwellenwerte geltenden Auftraggeberbegriffs auf alle Vergaben oberhalb einer bestimmten Bagatellgrenze (→ § 99 Rn. 197 ff.) sowie Bestimmungen zur Berücksichtigung sozialer und ökologischer Zwecke bei der Vergabe.[51] In der Regel gelten die Landesvergabegesetze für Vergaben **sowohl ab Erreichen als auch unterhalb der Schwellenwerte** (vgl. nur § 3 BerlAVG, § 2 BremTtVG, § 1 HmbVG, § 1 Abs. 1 HVTG, § 1 Abs. 3 VgG MV, § 2 Abs. 1 NTVergG, § 1 Abs. 5 TVgG NRW, § 2 LTTG RLP, § 2 SaarlTFLG, § 1 Abs. 1 TVergG LSA, § 1 Abs. 1 ThürVgG). In diesen Ländern ist bei Vergaben ab Erreichen der Schwellenwerte zu beachten, dass die Vorschriften der Landesvergabegesetze die durch die bundesrechtlichen Regelungen der §§ 97 ff. GWB und der abgeleiteten Verordnungen (→ Rn. 23 f.) gesetzten Grenzen beachten müssen. In Sachsen gilt das Landesvergabegesetz gem. § 1 Abs. 1 SächsVergabeG nur unterhalb der Schwellenwerte. 34

III. Rechtscharakter des Vergaberechts

Das Recht der Vergabe öffentlicher Aufträge ist grds. **dem Privatrecht zuzuordnen.**[52] Der deutsche Gesetzgeber hat sich bei der Umsetzung der europäischen Verga- 35

---

[50] So die Formulierung der Nr. 1.1 des Gemeinsamen Runderlasses des hessischen Ministeriums für Wirtschaft, Energie, Verkehr und Landesentwicklung idF v. 27.6.2016, zuletzt geänd. am 10.8.2021.
[51] Dazu etwa Meißner VergabeR 2012, 301 ff.; Wagner/Pfohl VergabeR 2015, 389 ff.
[52] BVerwG 2.5.2007 – 6 B 10/07, NVwZ 2007, 820.

berichtlinien für die sog. wettbewerbsrechtliche Lösung entschieden und die grundlegenden Bestimmungen des Vergaberechts in den §§ 97 ff. GWB geregelt. Zwar ergeht die Entscheidung der Vergabekammern im sog. Nachprüfungsverfahren gem. § 168 Abs. 3 S. 1 GWB durch Verwaltungsakt, so dass das Nachprüfungsverfahren als Verwaltungsverfahren iSv § 9 VwVfG einzustufen ist.[53] Die grundsätzliche Verortung im GWB als originär zivilrechtlicher Materie steht jedoch iU der Zuordnung des Vergaberechts zum öffentlichen Recht entgegen. Folglich sind die **Bestimmungen des VwVfG weder unmittelbar noch analog anwendbar.** Die Sonderstellung des Vergabeverfahrens als „privatrechtlich verfasstes Verwaltungsverfahren"[54] und damit als Verwaltungsverfahren im weitesten, formellen Sinn rechtfertigt jedoch eine Anwendung derjenigen Bestimmungen des VwVfG, die **Ausdruck eines allgemeinen, rechtsstaatlich fundierten Rechtsgedankens** sind. Dies gilt etwa für das im Rechtsstaatsprinzip verankerte Neutralitätsgebot.[55]

Teil 4. Vergabe von öffentlichen Aufträgen und Konzessionen

Kapitel 1. Vergabeverfahren

Abschnitt 1. Grundsätze, Definitionen und Anwendungsbereich

§ 97 Grundsätze der Vergabe

(1) ¹**Öffentliche Aufträge und Konzessionen werden im Wettbewerb und im Wege transparenter Verfahren vergeben.** ²**Dabei werden die Grundsätze der Wirtschaftlichkeit und der Verhältnismäßigkeit gewahrt.**

(2) **Die Teilnehmer an einem Vergabeverfahren sind gleich zu behandeln, es sei denn, eine Ungleichbehandlung ist aufgrund dieses Gesetzes ausdrücklich geboten oder gestattet.**

(3) **Bei der Vergabe werden Aspekte der Qualität und der Innovation sowie soziale und umweltbezogene Aspekte nach Maßgabe dieses Teils berücksichtigt.**

(4) ¹**Mittelständische Interessen sind bei der Vergabe öffentlicher Aufträge vornehmlich zu berücksichtigen.** ²**Leistungen sind in der Menge aufgeteilt (Teillose) und getrennt nach Art oder Fachgebiet (Fachlose) zu vergeben.** ³**Mehrere Teil- oder Fachlose dürfen zusammen vergeben werden, wenn wirtschaftliche oder technische Gründe dies erfordern.** ⁴**Wird ein Unternehmen, das nicht öffentlicher Auftraggeber oder Sektorenauftraggeber ist, mit der Wahrnehmung oder Durchführung einer öffentlichen Aufgabe betraut, verpflichtet der öffentliche Auftraggeber oder Sektorenauftraggeber das Unternehmen, sofern es Unteraufträge vergibt, nach den Sätzen 1 bis 3 zu verfahren.**

(5) **Für das Senden, Empfangen, Weiterleiten und Speichern von Daten in einem Vergabeverfahren verwenden Auftraggeber und Unternehmen**

---

[53] Ziekow/Siegel ZfBR 2004, 30 (31 f.).
[54] Hoffmann-Riem/Schmidt-Aßmann/Schmidt-Aßmann, Verwaltungsverfahren und Verwaltungsverfahrensgesetz, 2003, 429 (435).
[55] Eingehend hierzu Ziekow/Siegel ZfBR 2004, 30 (32 ff.).

Grundsätze der Vergabe **§ 97 GWB**

grundsätzlich elektronische Mittel nach Maßgabe der aufgrund des § 113 erlassenen Verordnungen.

(6) **Unternehmen haben Anspruch darauf, dass die Bestimmungen über das Vergabeverfahren eingehalten werden.**

Literatur: **1. Ziele und Grundsätze des Vergaberechts (§ 97 Abs. 1, 2):** Burgi, Die Bedeutung der allgemeinen Vergabegrundsätze Wettbewerb, Transparenz und Gleichbehandlung, NZBau 2008, 29; Erdl, Verletzung des Gleichbehandlungsgebots im Vergabeverfahren – Gleichartigkeit der Mängel, VergabeR 2007, 70; Friton, Weniger ist mehr? – Der EuGH und die Bekanntmachungspflichten, NZBau 2011, 213; Gabriel/Voll, Das Ende der Inländerdiskriminierung im Vergabe(primär)recht, NZBau 2014, 158; Höfler, Transparenz bei der Vergabe öffentlicher Aufträge, NZBau 2010, 73; Huerkamp, Gleichbehandlung und Transparenz als gemeinschaftsrechtliche Prinzipien der Staatlichen Auftragsvergabe, 2010; Müller-Wrede, Örtliche Präsenz, Ortsnähe und Ortsansässigkeit als Wertungskriterien – eine Verletzung des Diskriminierungsverbots?, VergabeR 2005, 32; Park, Die Bedeutung des Wettbewerbsrechts im Vergaberecht, 2021; Pollmann, Der verfassungsrechtliche Gleichbehandlungsgrundsatz im öffentlichen Vergaberecht, 2009; Probst/Winters, Der (grenzenlose) Beurteilungsspielraum des Auftraggebers im Vergabeverfahren, VergabeR 2014, 115; Ricken, Beurteilungsspielräume und Ermessen im Vergaberecht, 2014; Siegel, Neue Ziele im Vergaberecht, VergabeR 2022, 14; von Wietersheim, Einschränkungen des Wettbewerbsgrundsatzes bei der öffentlichen Beschaffung, WiVerw 2015, 182; Willenbruch, Transparenzgebot, Erfordernisse an die Dokumentation eines Vergabeverfahrens, VergabeR 2005, 544; Ziegler, Wettbewerb ohne Wettbewerb? – Zur Beschaffung in „defekten" Märkten, ZfBR 2018, 37.

2. Soziale, umweltbezogene und innovative Aspekte (§ 97 Abs. 3): Ángel/Bernal, The Strategic Use of Public Procurement in Support of Innovation, EPPPL 1/2014, 3; Badenhausen-Fähnle, Die neue Vergabeart der Innovationspartnerschaft – Fünftes Rad am Wagen? VergabeR 2015, 743; Barczak/Pieroth, Tariftreueregelungen am Maßstab der Koalitionsfreiheit, RdA 2016, 209; Beck/Wagner, Die Vermeidung des Erwerbs von Produkten aus ausbeuterischer Kinderarbeit, VergabeR 2008, 601; Behrend, Umweltschutz im EU-Vergaberecht, NuR 2015, 233; Beneke, Nachhaltige Beschaffung als ganzheitlicher Ansatz, VergabeR 2018, 227; Beuttenmüller, Vergabefremde Kriterien im öffentlichen Auftragswesen, 2007; Birk, Vergaberecht als Mittel zur Verfolgung der Klimaschutzbelange der Art. 20a GG, NZBau 2022, 572; Bonitz, Die vergaberechtliche Zulässigkeit von Landesmindestlohnvorgaben, NZBau 2016, 418; Brackmann, Nachhaltige Beschaffung in der Vergabepraxis, VergabeR 2014, 310; Burgi, Die Förderung sozialer und technischer Innovationen durch das Vergaberecht, NZBau 2011, 577; Burgi, Ökologische und soziale Beschaffung im künftigen Vergaberecht: Kompetenzen, Inhalte, Verhältnismäßigkeit, NZBau 2015, 597; Dageförde, Umweltschutz im öffentlichen Vergabeverfahren, 2012; Diemon-Wies, Soziale und ökologische Kriterien in der Vergabepraxis, VergabeR 2010, 317; Faber, Die verfassungs- und europarechtliche Bewertung von Tariftreue- und Mindestentgeltregelungen in Landesvergabegesetzen, NVwZ 2015, 257; Fehling, Forschungs- und Innovationsförderung durch wettbewerbliche Verfahren, NZBau 2012, 673; Forst, Steht der vergaberechtliche Mindestlohn vor dem Aus?, NJW 2015, 3755; Frenz, Klimaschutz, Frauenförderung und Lohnabsicherung im Vergaberecht, ZG 2011, 156; Frenz, Einbeziehung von Transportentfernungen in öffentliche Ausschreibungen, VergabeR 2013, 13; Fritz/Klaedtke, Lieferketten im Vergabeverfahren, NZBau 2022, 131; Funk/Tomerius, Aktuelle Ansatzpunkte umwelt- und klimaschützender Beschaffung in Kommunen, KommJur 2016, 1, 47; Gaus, Ökologische Kriterien in der Vergabeentscheidung, NZBau 2013, 401; Germelmann, Das Mindestlohngesetz des Bundes und seine Auswirkungen auf das Vergaberecht der Länder, NordÖR 2015, 413; Germelmann, Mindestlöhne und ILO-Kernarbeitsnormen: Kernprobleme und Perspektiven sozialer Sekundärziele im Vergaberecht, GewArch 2016, 60, 100; Glaser, Zwingende soziale Mindeststandards bei der Vergabe öffentlicher Aufträge, 2015; Goldbrunner/Stolz, Die Umsetzung der Vorgaben des Lieferkettensorgfaltspflichtengesetzes (LkSG) im Rahmen von Vergabeverfahren, VergabeR 2023, 1; Gyulai-Schmidt, Vergaberechtliche Gestaltungsmöglichkeiten zur

Durchsetzung und Kontrolle nachhaltiger Leistungsvorgaben, VergabeR 2019, 319; Hattenhauer/Butzert, Die Etablierung ökologischer, sozialer, innovativer und qualitativer Aspekte im Vergabeverfahren, ZfBR 2017, 129; Hettne, Sustainable Public Procurement and the Single Market – Is There a Conflict of Interest?, EPPPL 1/2013, 31; Hübner, Öffentliche Lieferaufträge über fair gehandelte und Bio-Produkte, VergabeR 2012, 545; Kloepfer, Das Beschaffungs- und Vergabewesen als Instrument des Umweltschutzes, EurUP 2015, 214; Krönke, Sozial verantwortliche Beschaffung nach dem neuen Vergaberecht, VergabeR 2017, 101; Kühling, Rechtliche Grenzen der Ökologisierung des öffentlichen Beschaffungswesens, VerwArch 2004, 337; Kühling/Huerkamp, Vergaberechtsnovelle 2010/2011: Reformbedarf bei den vergabefremden Ausführungsbedingungen nach § 97 Abs. 4 S. 2 GWB, VergabeR 2010, 545; Latzel, Soziale Aspekte bei der Vergabe öffentlicher Aufträge nach der Richtlinie 2014/24/EU, NZBau 2014, 673; Lausen, Berücksichtigung von Nachhaltigkeitskriterien im Vergabeverfahren, NZBau 2022, 3; Mager, Das Aus für den vergabespezifischen Mindestlohn?, NZBau 2015, 79; Martens/Margerie, The Link to the Subject-Matter of the Contract in Green and Social Procurement, EPPPL 1/2013, 8; Meißner, Ökologische und soziale Aspekte der Landesvergabegesetze, VergabeR 2012, 301; Meyer, Die Einbeziehung politischer Zielsetzungen bei der öffentlichen Beschaffung, 2002; Mohr, Ein soziales Vergaberecht?, VergabeR 2009, 543; Mohr, Sozial motivierte Beschaffungen nach dem Vergaberechtsmodernisierungsgesetz 2016, EuZA 2017, 23; Mosters, Ethische Beschaffung, 2010; Müller-Wrede, Nachhaltige Beschaffung, VergabeR 2012, 416; Ölcüm, Die Berücksichtigung sozialer Belange im öffentlichen Auftragswesen, 2009; Pfannkuch, Landesrechtlicher vergabespezifischer und bundesweiter Mindestlohn im Vergabeverfahren, VergabeR 2015, 631; Püstow/Meiners, Die Innovationspartnerschaft – Mehr Rechtssicherheit für ein innovatives Vertragsmodell, NZBau 2016, 406; Rödl, Bezifferte Mindestentgeltvorgaben im Vergaberecht, EuZW 2011, 292; Röwekamp/Hofmann/Wapelhorst, Zuschlagskriterien der Nachhaltigkeit bei Bauvergaben, NZBau 2022, 707; Rosenkötter, Die Innovationspartnerschaft, VergabeR 2016, 196; Roth/Erben, Scientology-Schutzklausel im Vergaberecht, NZBau 2013, 409; Sack/Schulten/Sarter/Böhlke, Öffentliche Auftragsvergabe in Deutschland – Sozial und nachhaltig?, 2016; Schmitges-Thees, Die öffentliche Auftragsvergabe als Instrument des Umweltschutzes, 2001; Schneider, Umweltschutz im Vergaberecht, NVwZ 2009, 1057; Schnieders, EuGH „Bundesdruckerei" – Vorbote neuen Ungemachs für die deutsche Tariftreuegesetzgebung?, VergabeR 2015, 136; Siegel, Sozial- und Umweltstandards im öffentlichen Beschaffungswesen, LKRZ 2011, 121; Siegel, Wie fair ist das Vergaberecht? Der faire Handel vor dem EuGH, VergabeR 2013, 370; Siegel, Mindestlöhne im Vergaberecht und der EuGH, EuZW 2016, 101; Summa, Vergaberecht und ILO-Kernarbeitsnormen, VergabeR 2016, 147; Tietje, Die Verfassungsmäßigkeit eines Tariftreueverlangens bei Bauauftragsvergabe, NZBau 2007, 23; Tugendreich, Mindestlohnvorgaben im Kontext des Vergaberechts, NZBau 2015, 395; Varga, Berücksichtigung sozialpolitischer Anforderungen nach dem neuen § 97 Abs. 4 S. 2 GWB – europarechtskonform?, VergabeR 2009, 535; Wagner/Pfohl, Vergabefremde Aspekte in den Landesvergabegesetzen – ein Überblick, VergabeR 2015, 389; Wegener, Umweltschutz in der öffentlichen Auftragsvergabe, NZBau 2010, 273; Wegener/Hahn, Ausschreibung von Öko- und Fair-Trade-Produkten mittels Gütezeichen, NZBau 2012, 684; Willenbruch/Nullmeier, Energieeffizienz und Umweltschutz bei der Vergabe öffentlicher Aufträge, 2012; Wittjen, Tariftreue am Ende?, ZfBR 2009, 30; Ziekow, Vergabefremde Zwecke und Europarecht, NZBau 2001, 72; Ziekow, Faires Beschaffungswesen, VergabeR 2003, 1; Ziekow, Möglichkeiten und Grenzen der Verfolgung externer politischer Ziele mit Mitteln des Vergaberechts, in Pitschas/Ziekow, Kommunalwirtschaft im Europa der Regionen, 2004, 193; Ziekow, Vergabefremde Kriterien nach der Neufassung der Vergaberichtlinien, in Pitschas/Ziekow, Vergaberecht im Wandel, 2006, 151; Ziekow, Das Vergaberecht als Waffe gegen Kinderarbeit?, KommJur 2007, 281; Ziekow, Die Berücksichtigung sozialer Aspekte bei der Vergabe öffentlicher Aufträge, 2007; Ziekow, Europa im Spannungsfeld zwischen Wettbewerb und sozialem Anspruch: Die Antwort des Vergaberechts, in Magiera/Sommermann/Ziller, Verwaltungswissenschaft und Verwaltungspraxis in nationaler und transnationaler Perspektive. FS Heinrich Siedentopf zum 70. Geburtstag, 2008, 157; Ziekow, Soziale Aspekte in der Vergabe – Von der „Vergabefremdheit" zur europäischen Regelung, DÖV 2015, 897; Ziekow, Faires Beschaffungswesen in Kommunen und die

Grundsätze der Vergabe § 97 GWB

Kernarbeitsnormen, 5. Aufl. 2016; Ziekow, Europäische Sozialpolitik im Gewande des Wettbewerbsrechts: das Beispiel der Vergabe öffentlicher Aufträge, in Montoro Chiner/Sommermann, Soziale Rechte in Europa, 2016, 155; Zimmer, Berücksichtigung sozialer Standards im Vergaberecht, AuR 2019, 152.

3. Berücksichtigung mittelständischer Interessen (§ 97 Abs. 4): Antweiler, Die Berücksichtigung von Mittelstandsinteressen im Vergabeverfahren, VergabeR 2006, 637; Boesen, Getrennt oder zusammen? – Losaufteilung und Gesamtvergabe nach der Reform des GWB in der Rechtsprechung, VergabeR 2011, 364; Brückner, Die Mittelstandsförderung im Vergaberecht, 2015; Buhr, Losweise Vergabe vs. gesamthafte Ausschreibung, VergabeR 2018, 207; Burgi, Mittelstandsfreundliche Vergabe, NZBau 2006, 606, 693; Dreher, Die Berücksichtigung mittelständischer Interessen bei der Vergabe öffentlicher Aufträge, NZBau 2005, 427; Faßbender, Die neuen Regelungen für eine mittelstandsgerechte Auftragsvergabe, NZBau 2010, 529; Frenz, Die Berücksichtigung mittelständischer Interessen nach § 97 Abs. 3 GWB und Europarecht, GewArch 2011, 97; Frenz, Mittelstandsförderung in der Auftragsvergabe und nach Unionsrecht, GewArch 2018, 95; Golembiewski/Migalk, Praxis der Vergabe öffentlicher Bauaufträge unter besonderer Berücksichtigung mittelstandspolitischer Zielsetzungen, 2005; Horn, Losweise Vergabe – neue Spielregeln auch für die Gesamtvergabe?, NZBau 2011, 601; Krause, Mittelstandsförderung im Vergaberecht, 2015; Mager, Angebots- und Zuschlaglimitierung im Spannungsfeld des Transparenzgrundsatzes, VergabeR 2022, 331; Manz/Schönwälder, Die vergaberechtliche Gretchenfrage: Wie hältst Du's mit dem Mittelstand?, NZBau 2012, 465; Manz/Schönwälder, (No) Limits in der Vergabe? Rechte- und Pflichtenprogramm bei der Loslimitierung als vergaberechtlichem Instrument, VergabeR 2013, 852; Meckler, Grenzen der Verpflichtung zur Losvergabe nach vergaberechtlicher Rechtsprechung, NZBau 2019, 492; Michallik, Problemfelder bei der Berücksichtigung mittelständischer Interessen im Vergaberecht, VergabeR 2011, 683; Mohr, Sozial motivierte Beschaffungen nach dem Vergabemodernisierungsgesetz 2016, EuZA 2017, 23; Müllejans, Mittelstandsförderung im Vergaberecht im Rahmen des § 97 Abs. 3 GWB, 2014; Ortner, Das Gebot der Berücksichtigung mittelständischer Interessen im Vergaberecht, VergabeR 2011, 677; Schaller, Die Pflicht zur Losaufteilung – Beschaffung von Liefer- und Dienstleistungen der öffentlichen Hand, LKV 2020, 403; Storr, Mittelstandsförderung durch öffentliche Auftragsvergabe, SächsVBl. 2005, 289; Theurer/Trutzel/Braun/Weber, Die Pflicht zur Losaufteilung: Von der Norm zur Praxis, VergabeR 2014, 301; Werner, Die Verschärfung der Mittelstandsklausel, VergabeR 2009, 262; Ziekow, Das Gebot der vornehmlichen Berücksichtigung mittelständischer Interessen bei der Vergabe öffentlicher Aufträge – Mittelstandsschutz ernst genommen, GewArch 2013, 417.

4. Elektronische Vergabe (§ 97 Abs. 5): Braun, Elektronische Vergaben, VergabeR 2016, 179; Pinkenburg, eVergabe, KommunalPraxis spezial 2016, 85; Probst/Winters, eVergabe – ein Blick in die Zukunft des elektronischen Vergabewesens!, CR 2015, 557; Probst/Winters, Die eVergabe nach der Vergaberechtsreform 2016, CR 2016, 349; Schäfer, Perspektiven der eVergabe, NZBau 2015, 131; Schippel, eVergabe, VergabeR 2016, 434; Vogt, E-Vergabe, 2019; Zielke, Demnächst: Pflicht zur eVergabe – Chancen und mögliche Stolperfallen, VergabeR 2015, 273.

5. Subjektives Recht auf Einhaltung des Vergaberechts (§ 97 Abs. 6): Kalinowsky, Der Anspruch der Bieter auf Einhaltung des Vergabeverfahrens nach § 97 Abs. 7 GWB, 2000; Pietzcker, Die Zweiteilung des Vergaberechts – subjektive Rechte – Rechtsschutz – Reform, 2001; Schaller, Bieterschützende Vorschriften im Vergaberecht – Voraussetzung für einen effektiven Rechtsschutz, BayVBl. 2007, 750.

Übersicht

	Rn.
I. Bedeutung der Vorschrift	1
II. Ziele und Grundsätze des Vergaberechts (Abs. 1 und 2)	2
1. Eröffnung eines Wettbewerbs um öffentliche Beschaffungsleistungen	2

GWB § 97 — Grundsätze der Vergabe

	Rn.
2. Gleichbehandlung	9
a) Grundlagen	10
aa) EU-Recht	11
bb) Verfassungsrecht	18
b) Regelungsgehalt	20
aa) Grundsätze	20
bb) Einzelfälle	24
3. Transparenz	39
4. Verhältnismäßigkeit	56
5. Wirtschaftlichkeit	59
III. Umweltbezogene, soziale und innovative Aspekte (Abs. 3)	60
1. Fallkonstellationen	64
2. Zulässigkeit sozialer, ökologischer und innovativer Aspekte	68
IV. Förderung mittelständischer Interessen (Abs. 4)	70
1. Berücksichtigung mittelständischer Interessen	72
2. Losweise Vergabe	77
a) Aufteilung in Teil- und Fachlose	82
b) Zulässigkeit der gemeinsamen Vergabe mehrerer Lose	88
aa) Wirtschaftliche Gründe	89
bb) Technische Gründe	94
cc) Erfordern des Absehens von losweiser Vergabe	95
c) Überprüfung im Nachprüfungsverfahren	100
3. Verpflichtung privater Unternehmen bei der Vergabe von Unteraufträgen	101
V. Grundsatz der elektronischen Kommunikation (Abs. 5)	105
VI. Subjektives Recht auf Einhaltung der Verfahrensbestimmungen (Abs. 6)	107

I. Bedeutung der Vorschrift

1   § 97 GWB stellt gleichsam die **Grundnorm des deutschen Vergaberechts** für Beschaffungen ab Erreichen der Schwellenwerte dar. Die Vorschrift enthält die zentralen, durch das europäische Recht vorgegebenen **Ziele und Grundsätze des Vergaberechts,** das Wettbewerbsziel, den Gleichbehandlungs- und den Transparenzgrundsatz (Abs. 1 und 2), die durch die Regelungen der Vergabeverordnungen (VgV, SektVO, KonzVgV, VSVgV) und die VOB/A-EU näher ausgeformt werden. Durch das VergModG neu in § 97 Abs. 1 S. 2 GWB aufgenommen wurden die Grundsätze der Wirtschaftlichkeit und der Verhältnismäßigkeit. Die früher in § 97 Abs. 4 S. 2 GWB aF geregelte Frage der Berücksichtigung sozialer, umweltbezogener und innovativer Aspekte findet sich nunmehr – ergänzt um den Aspekt der Qualität – in § 97 Abs. 3 GWB. Abs. 4 enthält das Gebot zur vornehmlichen Berücksichtigung mittelständischer Interessen bei der Vergabe. Die Entscheidung für eine grds. elektronische Verfahrensdurchführung findet sich in Abs. 5, die für ein auf dem Schutz subjektiver Rechte aufbauendes Rechtsschutzsystem zentrale Norm in Abs. 6.

II. Ziele und Grundsätze des Vergaberechts (Abs. 1 und 2)

1. Eröffnung eines Wettbewerbs um öffentliche Beschaffungsleistungen

2   § 97 Abs. 1 GWB stellt dem gesamten vergaberechtlichen Regelungsregime das **allg. Ziel** voran, dass öffentliche Aufträge und Konzessionen im Wettbewerb

Grundsätze der Vergabe § 97 GWB

vergeben werden. In Abgrenzung zu dem primär haushaltsrechtlich verankerten Vergaberecht unterhalb der Schwellenwerte des § 106 GWB wird damit deutlich, dass die §§ 97 ff. GWB der Umsetzung des sekundärunionsrechtlichen Vergaberechts (→ Einl. Rn. 3 f.) verpflichtet sind, dessen zentrales Ziel darin besteht, „dass das öffentliche Auftragswesen für den Wettbewerb geöffnet wird" (Erwgr. 1 der VRL).

Unter einer wettbewerblichen Beschaffung ist dabei ein **Verfahrensarrangement** zu verstehen, das allen interessierten Unternehmen Zugang zu dem Beschaffungsvorgang in Form der Bereitstellung der erforderlichen Information, der Eröffnung der Möglichkeit zur Abgabe eines Angebots und dem Vergleich dieser Angebote in einem fairen Verfahren eröffnet. Elemente sind der **faire, der lautere und der freie Wettbewerb**.[1] Diese Zielsetzungen lassen sich nicht schon aus dem allg. Diskriminierungsverbot sowie den Grundfreiheiten des AEUV ableiten, sondern haben einen hierüber hinausgehenden Gehalt. 3

Anders als der Gleichbehandlungs- und der Transparenzgrundsatz (→ Rn. 9 ff.), ist das Ziel eines wettbewerblichen Beschaffungswesens allerdings **nicht geeignet, normative Grundsätze zu formulieren,** die lückenfüllend herangezogen werden können.[3] Zutreffend ist vielmehr eine Sichtweise, die die Wirkung der Verankerung des Wettbewerbsziels in § 97 Abs. 1 GWB darin sieht, zu konsequent wettbewerblichem Denken im Vergaberecht anzuhalten und insofern auch **auslegungsunterstützend** zu wirken.[4] Ein Gebot hingegen, die Vertragsdauer „wettbewerbsfreundlich zu gestalten", mit der Folge eines Vergaberechtsverstoßes bei Wahl einer „wettbewerbsunfreundlichen" Vertragsdauer, lässt sich dem Wettbewerbsziel zB nicht entnehmen.[5] 4

Der EuGH argumentiert nur selten mit dem Wettbewerbsziel als eigenständigem Grundsatz. Der Grund für diese Zurückhaltung liegt darin, dass die Herstellung von Wettbewerb auf den Beschaffungsmärkten der Mitgliedstaaten weniger einen Grundsatz des unionsrechtlichen Vergaberechts als vielmehr dessen **integrierendes Ziel** darstellt. Besteht dieses Ziel darin, in einem formalisierten Verfahren möglichst allen potenziellen Bietern freien Zugang zu den öffentlichen Beschaffungsmärkten zu gewähren, so wird dieses Ziel zunächst **durch die statuierten Regeln des Vergaberechts gesichert.** Erwgr. 1 der VRL betont ausdr., dass die koordinierten Verfahrensbestimmungen des Unionsrechts die Öffnung des öffentlichen Beschaffungswesens für den Wettbewerb garantieren sollen. Dies entspricht auch dem Verständnis des EuGH: 5

„Damit das Ziel der Entstehung eines echten Wettbewerbs erreicht wird, sucht die Richtlinie die Vergabe der Aufträge so auszugestalten, dass der öffentliche Auftraggeber in der Lage ist, verschiedene Angebote miteinander zu vergleichen und auf Grund objektiver Kriterien das günstigste Angebot auszuwählen".[6]

---

[1] Egger EuVergabeR Rn. 834.

[2] Egger EuVergabeR Rn. 833.

[3] So unter ausdr. Aufgabe seiner früheren Rspr. auch OLG Düsseldorf 14.10.2020 – VII-Verg 36/19, NZBau 2020, 732 Rn. 52.

[4] Immenga/Mestmäcker/Dreher GWB § 97 Rn. 25.

[5] AM Hertwig Öffentl. Auftragsvergabe Rn. 95, unter unzutreffendem Hinweis auf BGH 8.4.2003 – KZR 39/99, NJW 2003, 2684, da sich diese Entscheidung nur auf ein marktbeherrschendes Unternehmen bezog.

[6] EuGH 7.10.2004 – C 247/02, EuZW 2004, 722 Rn. 37 – Sintesi. In der Sache ebenso EuGH 27.11.2001 – C-286/99, NZBau 2002, 101 Rn. 35 – ANAS: „Der Hauptzweck der Richtlinie besteht somit darin, öffentliche Bauaufträge dem Wettbewerb zugänglich zu machen. Es ist nämlich die Öffnung dieses Bereichs für den gemeinschaftlichen Wettbewerb mittels der in der Richtlinie vorgesehenen Verfahren, die die Gefahr von Bevorzugungen durch die öffentliche Verwaltung ausschließt".

Ziekow

Beispiel sind die Kriterien für die Vergabe von Aufträgen, deren Funktion nach der Rspr. des EuGH gerade darin besteht, den Wettbewerb zu gewährleisten.[7] So hat der EuGH den Ausschluss von öffentlichen Einrichtungen, die durch öffentliche Mittel finanziert werden und deshalb möglicherweise konkurrenzlose Angebote abgeben können, als Bieter zwar als eventuelle Wettbewerbsverzerrung bezeichnet, jedoch als explizit ausschließlichen Prüfungsmaßstab das Verfahren zur Prüfung ungewöhnlich niedriger Angebote benannt.[8]

6 Bei der **Ausfüllung verbleibender Lücken** greift der EuGH regelm. nicht auf das Wettbewerbsprinzip, sondern auf die Gebote der Gleichbehandlung, Nichtdiskriminierung und Transparenz zurück, die als Instrumente zur Verbesserung des Wettbewerbs dienen und das Wettbewerbsprinzip in der Anwendung konkretisieren.[9] So prüft der Gerichtshof die Frage, ob durch die Abgabe eines Angebots durch eine „vorbefasste" Person eine Wettbewerbsverfälschung eintreten kann, am Maßstab des Grundsatzes der Gleichbehandlung.[10] Entsprechendes gilt für die Prüfung der Zulässigkeit von Zuschlagskriterien, die zwar zu einer „Beschränkung des Kreises der Wirtschaftsteilnehmer, die in der Lage sind, ein Angebot abzugeben", führen und damit „das mit den Richtlinien über die Koordinierung der Verfahren zur Vergabe öffentlicher Aufträge verfolgte Ziel einer Öffnung für den Wettbewerb vereiteln", wobei jedoch der Prüfungsmaßstab selbst durch das Gleichbehandlungsgebot gestellt wird.[11] Sogar die Entscheidung eines öffentlichen Auftraggebers, einen bestimmten Auftrag überhaupt nicht dem Wettbewerb zu öffnen, ist vom EuGH (mehrfach) unter der Überschrift „Verletzung des Diskriminierungs- bzw. Gleichbehandlungsverbots" diskutiert worden.[12] Auch zur Frage der Zulässigkeit unbefristeter Verträge (→ § 103 Rn. 26 ff.) hat der EuGH zwar darauf hingewiesen, „dass die Praxis der Vergabe eines unbefristeten öffentlichen Dienstleistungsauftrags ... auf lange Sicht den Wettbewerb zwischen potenziellen Dienstleistungserbringern beeinträchtigen" kann.[13] Da jedoch der **Wettbewerbsgrundsatz sich in den Regelungen des Vergaberechts konkretisiert** und das unionsrechtliche Vergaberecht den Abschluss unbefristeter Verträge nicht verbietet,[14] konnte der Wettbewerbsgrundsatz keinen eigenständigen limitierenden Gehalt entfalten.

7 In Anbetracht dieses **systematischen Zusammenhangs** zwischen dem Ziel des Vergaberechts, einen offenen und unverfälschten Wettbewerb auf den Beschaffungsmärkten sicherzustellen, und den zu seiner Verwirklichung erlassenen vergaberechtlichen Normen sowie den ihn konkretisierenden Grundsätzen muss es als methodisch problematisch angesehen werden, allein aus dem Wettbewerbsprinzip Maßstäbe für Probleme abzuleiten, für die sich kein Regelungsansatz im Bestand des Vergaberechts findet. Auch die in der vergaberechtlichen Lit. als Beispiele für eine **Anwendung des Wettbewerbsgrundsatzes in der deutschen Rspr.** genannten Konstellationen fügen sich bei genauer Analyse in diesen Zusammenhang ein. Erwähnt seien an dieser Stelle nur mehrere Entscheidungen des OLG Düsseldorf, in denen sich das Gericht mit dem Wettbewerbsprinzip befasst hat:

---

[7] EuGH 3.3.2005 – C-34/03, BeckRS 2005, 70160 = VergabeR 2005, 319 Rn. 26.

[8] EuGH 18.12.2014 – C-568/13, EuZW 2015, 186 Rn. 40 f. – Azienda Ospedaliero.

[9] Vgl. EuGH 11.5.2017 – C-131/16, ZfBR 2017, 601 (603); 11.7.2019 – C-697/17, NZBau 2019, 654 Rn. 34 – Telecom Italia.

[10] EuGH 3.3.2005 – C-34/03, BeckRS 2005, 70160 = VergabeR 2005, 319 Rn. 25 ff.

[11] EuGH 4.12.2003 – C-448/01, NZBau 2004, 105 Rn. 69 – EVN AG.

[12] EuGH 10.4.2003 – C-20/01 und C-28/01, NZBau 2003, 393 Rn. 63; 28.1.2016 – C-50/14, NZBau 2016, 177 Rn. 55 f. – CASTA.

[13] EuGH 19.6.2008 – C-454/06, BeckRS 2008, 70675 = VergabeR 2008, 758 Rn. 73 – pressetext.

[14] EuGH 19.6.2008 – C-454/06, BeckRS 2008, 70675 = VergabeR 2008, 758 Rn. 74 – pressetext.

- In seinem Beschl. v. 17.6.2002 hat das OLG Düsseldorf aus dem Wettbewerbsprinzip die Pflicht des öffentlichen Auftraggebers abgeleitet, Wettbewerbsverfälschungen oder wettbewerbswidrige Vergabepraktiken nicht zuzulassen.[15] Allerdings hat es diese Pflicht nicht als ungeschriebenen, unmittelbar normativ wirkenden Grundsatz des Vergaberechts entwickelt, sondern zur **Begründung einer weiten Auslegung** der lex scripta des früheren § 2 Nr. 1 VOL/A, nach dem Leistungen idR im Wettbewerb zu vergeben sowie Wettbewerbsbeschränkungen und unlautere Verhaltensweisen zu bekämpfen sind.
- Der Beschl. des OLG Düsseldorf v. 16.9.2003 betraf die Konstellation, dass ein Bieter nicht nur ein eigenes Angebot abgab, sondern auch als Mitglied einer Bietergemeinschaft an demselben Ausschreibungsverfahren teilnahm. Hier hat das Gericht aus dem Wettbewerbsgrundsatz als unverzichtbares Kennzeichen die Gewährleistung eines Geheimwettbewerbs zwischen den an der Ausschreibung teilnehmenden Bietern abgeleitet.[16] Methodisch zutreffend hat es anschließend auf die **Ausformung dieser Gewährleistung** durch die Vorschriften der einschlägigen Verdingungsordnung hingewiesen und den Begriff der wettbewerbsbeschränkenden Abrede nach dem früheren § 25 Nr. 1 Abs. 1 lit. f VOL/A mit Blick auf diese Vorgaben ausgelegt.
- In einem Fall, in dem ein Bieter eine geforderte Erklärung erst nach Ablauf der Angebotsfrist einreiche und deshalb mit seinem Angebot ausgeschlossen wurde, hat das OLG Düsseldorf es zwar als Verletzung des Wettbewerbsprinzips bezeichnet, wäre das Angebot des betr. Bieters gewertet worden. Jedoch hatte dieser Gesichtspunkt **lediglich eine verstärkende Bedeutung** iRd Prüfung einer Verletzung des Gleichbehandlungsgebots.[17]
- Zwar hat das OLG Düsseldorf die Auffassung vertreten, dass im Falle einer **Übertragung eines ungewöhnlichen Wagnisses** keine Vergabe mehr im Wettbewerb iSv § 97 Abs. 1 GWB stattfinde, wenn die Risiken für einen erheblichen Teil der Unternehmen nicht tragbar sind.[18] Doch ist in einer solchen Konstellation, dass die Ausschreibungsbedingungen nur für einen kleinen Teil der Unternehmen zumutbar sind, eine Prüfung am Maßstab des Gleichbehandlungsgebots einschlägig.
- In seinem Beschl. v. 17.2.2016 hat das OLG Düsseldorf die Forderung des Auftraggebers nach Offenlegung, welches Schwesterunternehmen des Bieters sich ebenfalls an dem durch die Ausschreibung eröffneten Wettbewerb beteiligt, als Verstoß gegen das „Gebot des Geheimwettbewerbs" bezeichnet.[19] Da das bietende Unternehmen sich rechtmäßige Kenntnis von der Beteiligung von Schwesterunternehmen desselben Konzerns nur durch die Bildung einer Bietergemeinschaft hätte verschaffen können,[20] handelt es sich um die unzulässige Forderung einer Erklärung, die gegen den **Grundsatz der Verhältnismäßigkeit** verstößt.

---

[15] OLG Düsseldorf 17.6.2002 – VII-Verg 18/02, BeckRS 2002, 6723 = VergabeR 2002, 471 (476); ebenso OLG Düsseldorf 13.4.2011 – VII-Verg 4/11, BeckRS 2011, 8603 = VergabeR 2011, 731 (733).
[16] OLG Düsseldorf 16.9.2003 – VII-Verg 52/03, BeckRS 2004, 2041 = VergabeR 2003, 690 (691); ebenso etwa OLG Jena 19.4.2004 – 6 Verg 3/04, IBRRS 2004, 1059 = VergabeR 2004, 520 (521); OLG München 14.3.2013 – Verg 32/12, BeckRS 2013, 18696 = VergabeR 2013, 917 (921); OLG Düsseldorf 4.2.2013 – VII-Verg 31/12, BeckRS 2013, 4705 = VergabeR 2014, 188 (193).
[17] OLG Düsseldorf 16.11.2005 – Verg 56/05, BeckRS 2006, 1782 = VergabeR 2006, 411 (413).
[18] OLG Düsseldorf 19.10.2011 – Verg 54/11, BeckRS 2011, 26421 = VergabeR 2012, 199 (201).
[19] OLG Düsseldorf 17.2.2016 – Verg 41/15, ZfBR 2016, 515 (518).
[20] OLG Düsseldorf 17.2.2016 – Verg 41/15, ZfBR 2016, 515 (518).

- Im Ergebnis Entsprechendes gilt für ein Verständnis des **Geheimwettbewerbs** als aus dem Wettbewerbsprinzip abgeleiteter konstitutiver Voraussetzung eines „echten Bieterwettbewerbs".[21] Die Voraussetzung eines solchen echten Wettbewerbs durch Gewährleistung für alle Bieter gleicher Bedingungen, auch hins. des Angebotsverhaltens anderer Unternehmen, sicherzustellen ist Funktion des Gleichbehandlungsgrundsatzes.
Das OLG Düsseldorf hat sich mittlerweile der hier vertretenen Position angeschlossen und seine dargestellte frühere Auffassung ausdr. aufgegeben.[22]

8   Die übrigen die Reichweite des Wettbewerbsprinzips betr. Entscheidungen deutscher Vergabekammern und Gerichte lassen sich in ähnlicher Weise als Auslegung der das Wettbewerbsprinzip ausformenden Normen oder als Rückgriff auf die Gebote der Gleichbehandlung, Nichtdiskriminierung und Transparenz systematisieren. Sofern weder diese noch andere Grundsätze des Unions- bzw. Vergaberechts noch die vergaberechtlichen Vorschriften Anknüpfungspunkte für eine wettbewerbsbezogene Auslegung bereithalten, entfaltet das **Wettbewerbsprinzip keinen eigenständigen normativen Gehalt.**

2. Gleichbehandlung

9   Das durch § 97 Abs. 2 GWB formulierte Gebot, alle Teilnehmer an einem Vergabeverfahren – vorbehaltlich abweichender Regelungen – gleich zu behandeln, ist nicht nur neben dem Transparenzgrundsatz (→ Rn. 39 ff.) eines der beiden zentralen Instrumente zur Verwirklichung des Ziels der Öffnung der Beschaffungsmärkte für den Wettbewerb (→ Rn. 2 ff.), sondern weist auch **verschiedene Wurzeln** (→ Rn. 10 ff.) und **Wirkdimensionen** (→ Rn. 20 ff.) auf. Der EuGH bezeichnet den Gleichbehandlungsgrundsatz ausdr. als Grundlage des EU-Vergaberechts.[23]

10 **a) Grundlagen.** Seine Grundlagen findet der Gleichbehandlungsgrundsatz sowohl im **EU-Recht** als auch im deutschen **Verfassungsrecht**.

11 **aa) EU-Recht.** Im Unionsrecht ist der Gleichbehandlungsgrundsatz sowohl im Primärrecht des AEUV als auch im Sekundärrecht von VRL, SRL und KVR verankert. Primärrechtlich verbieten Art. 18 AEUV sowie die Grundfreiheiten, im Zusammenhang des Vergaberechts insbes. die Freiheit des Warenverkehrs (Art. 34 ff. AEUV) und die Dienstleistungsfreiheit (Art. 56 ff. AEUV) – nicht anders als die Niederlassungsfreiheit (Art. 49 ff. AEUV) – jede Diskriminierung aus Gründen der Staatsangehörigkeit. Allerdings ist das **Verbot der Diskriminierung aufgrund der Staatsangehörigkeit** nach der Rspr. des EuGH eine spezielle Ausprägung des allg. Gleichheitssatzes.[24] Im Vergaberecht beinhaltet der Grundsatz der Gleichbehandlung insbes., dass alle Bieter, insbes. diejenigen aus anderen EU-Mitgliedstaaten, über die **gleichen Chancen** verfügen müssen.[25] Alle Bieter müssen sowohl bei der

---

[21] OLG Düsseldorf 4.2.2013 – VII-Verg 31/12, NZBau 2013, 321; in der Sache ebenso etwa VK Südbayern 24.7.2018 – Z3-3-3194-1-11-04/18, IBRRS 2018, 2663; VK Münster 30.1.2018 – VK 1–42/17, NZBau 2018, 435 Rn. 79.
[22] OLG Düsseldorf 14.10.2020 – VII-Verg 36/19, NZBau 2020, 732 Rn. 52.
[23] EuGH 24.5.2016 – C-396/14, NZBau 2016, 506 Rn. 37 – MT Højgaard.
[24] EuGH 8.10.1980 – 810/79, Slg. 1980, 2747 Rn. 16; 13.10.2005 – C-458/03, BeckRS 2005, 70789 = VergabeR 2005, 737 Rn. 48; 27.10.2005 – C-234/03, NZBau 2006, 189 – Insalud.
[25] EuGH 13.10.2005 – C-458/03, BeckRS 2005, 70789 = VergabeR 2005, 737 Rn. 48; 12.3.2015 – C-538/13, NZBau 2015, 306 Rn. 33 – eVigilo; 7.4.2016 – C-324/14, NZBau 2016, 373 Rn. 61 – Partner Apelski Dariusz; 2.6.2016 – C-410/14, NZBau 2016, 441 Rn. 36 – Dr. Falk; 2.6.2016 – C-27/15, NZBau 2016, 445 Rn. 36 – Pizzo; 24.5.2016 – C-396/14, NZBau 2016, 506 Rn. 38 – MT Højgaard.

Vorbereitung ihrer Angebote als auch während des Vergabeverfahrens als auch bei der Beurteilung der Angebote vom öffentlichen Auftraggeber gleich behandelt werden.[26] Dieses Gebot gilt für alle Vergaben, unabhängig davon, ob ihr Auftragswert die Schwellenwerte des § 106 GWB erreicht oder unterschreitet (→ Einl. Rn. 11 ff.). Allerdings billigt der EuGH den Mitgliedstaaten ein (begrenztes) Ermessen beim Erlass von Regelungen zur Sicherstellung der Einhaltung des Gleichbehandlungsgebots zu.[27]

Unmittelbare Diskriminierungen aus Gründen der Staatsangehörigkeit werden bei der Vergabe öffentlicher Aufträge selten sein. Am ehesten in diesen Bereich hinein ragt die **Bevorzugung ortsansässiger oder regional verwurzelter Unternehmen.** Allerdings wird auch hier regelm. die Ansässigkeit und nicht die Staatsangehörigkeit als Unterscheidungskriterium gewählt. Verboten sind jedoch auch **mittelbare Diskriminierungen,** die durch Anlegung anderer Unterscheidungsmerkmale faktisch zu dem gleichen Ergebnis führen.[28] Eine solche mittelbare Diskriminierung stellt etwa das **Kriterium der Ortsansässigkeit** dar, sofern es nicht für die Erreichung des Ziels der Leistung erforderlich ist.[29] Zu Recht verbieten § 6 Abs. 1 VOB/A, § 6 EU Abs. 3 Nr. 1 VOB/A eine Beschränkung des Wettbewerbs auf Bewerber, die in bestimmten Regionen oder Orten ansässig sind (→ VOB/A § 6 EU Rn. 1 f.). 12

Nicht von vornherein unzulässig ist allerdings das Kriterium, dass das Unternehmen, das den Zuschlag erhalten will, in einem bestimmten Umkreis um den Ort, an dem die Leistung zu erbringen ist, über bestimmte Anlagen oder Einrichtungen verfügen muss, um die **Versorgungssicherheit zu gewährleisten.** Jedoch muss das festgelegte Kriterium einem zwingenden Grund des Allgemeininteresses, bspw. dem Schutz von Leben und Gesundheit von Personen, dienen und muss in seiner konkreten Ausgestaltung erforderlich sein, um dieses Ziel zu erreichen.[30] 13

Typische weitere **mittelbare Diskriminierungen,** bei denen die betr. Bedingungen zwar auch von Bietern aus anderen Mitgliedstaaten erfüllt werden können, jedoch nur unter größeren Schwierigkeiten als von den einheimischen Bietern,[31] sind bspw. 14

- die **Vorgabe nationaler Normen** für bei der Auftragserfüllung zu verwendende Produkte,[32]
- die Notwendigkeit, im Besitz einer **Niederlassungsgenehmigung** des den Auftrag vergebenden Staates zu sein;[33] dies gilt auch dann, wenn das Erfordernis, in diesem Mitgliedstaat registriert oder zugelassen zu sein, faktisch zu einem Niederlassungszwang führt,[34]

---

[26] EuGH 24.5.2016 – C-396/14, NZBau 2016, 506 Rn. 37 – MT Højgaard; 14.7.2016 – C-6/15, BeckRS 2016, 81516 = VergabeR 2016, 721 Rn. 22 – Dimarso.

[27] EuGH 16.4.2015 – C-278/14, NZBau 2015, 385 Rn. 25 – Spitalul Judetean; 22.10.2015 – C-425/14, NZBau 2016, 42 Rn. 26 – Edilux.

[28] Zur Unterscheidung unmittelbare/mittelbare Diskriminierung vgl. nur EuGH 29.10.1979 – 22/80, Slg. 1980, 3427 = NJW 1981, 513 Rn. 9; 5.12.1989 – C-3/88, Slg. 1989, 4035 = NVwZ 1991, 356 Rn. 8; 3.6.1992 – C-360/89, Slg. 1992, I-3401 Rn. 11; Ziekow ÖffWirtschaftsR § 3 Rn. 48 ff.

[29] EuGH 22.10.2015 – C-552/13, ZfBR 2016, 70 (72); Müller-Wrede VergabeR 2005, 32 (33 f.).

[30] EuGH 27.10.2005 – C-234/03, NZBau 2006, 189 Rn. 61 ff. – Insalud; 22.10.2015 – C-552/13, ZfBR 2016, 70 (72).

[31] Zu diesem Begriff der mittelbaren Diskriminierung im Vergaberecht vgl. EuGH 20.9.1988 – 31/87, Slg. 1988, 4635 Rn. 30 = NVwZ 1990, 353; 26.9.2000 – C-225/98, Slg. 2000, I-7445 Rn. 81 f. = NZBau 2000, 584.

[32] EuGH 22.9.1988 – 45/87, Slg. 1988, 4929 Rn. 19 f. = BeckRS 2004, 73140.

[33] EuGH 10.2.1982 – 76/81, Slg. 1982, 417 Rn. 14 = BeckRS 2004, 73653.

[34] EuGH 20.5.2021 – C-6/20, NZBau 2021, 471 Rn. 46 ff. – Riigi Tugiteenuste Keskus.

GWB § 97 Grundsätze der Vergabe

- die Forderung eines Nachweises, dass die Bieter über Erfahrungen mit der Erbringung von Leistungen der ausgeschriebenen Art in dem betr. Mitgliedstaat verfügen müssen,[35]
- die Bezugnahme auf **Klassifizierungen nationaler Berufsverbände** für von den Bietern geforderte technische Spezifikationen, da es für die Bieter aus anderen Mitgliedstaaten schwerer ist, innerhalb der kurzen Frist Gebote abzugeben, weil sie sich bei den betr. öffentlichen Auftraggebern zunächst über Gegenstand und Inhalt der Klassifizierungen informieren müssen,[36]
- der **automatische Ausschluss ungewöhnlich niedriger Angebote,** benachteiligt er doch Unternehmen aus anderen Mitgliedstaaten, die mit anderen Kostenstrukturen oder niedrigeren Gewinnmargen kalkulieren,[37] oder
- der entspr. gelagerte Fall, dass das nationale Recht Mindest- oder Festhonorarsätze bei zu beschaffenden Leistungen vorsieht, welche nicht unterboten werden dürfen.[38]
- unter bestimmten Voraussetzungen das **Verlangen zur Zahlung von Tarif- oder Mindestlöhnen** bei der Ausführung öffentlicher Aufträge:
  - In seinem Urt. v. 3.4.2008 in der **Sache Rüffert** hatte der EuGH Gelegenheit, die Wirkungsweise der Grundfreiheiten für die Einführung sozialer Kriterien in das Vergabeverfahren (→ Rn. 60 ff.) am Beispiel der sog. **Tariftreueerklärung** zu verdeutlichen.[39] Zugrunde lag eine Vorschrift des nds. Landesvergabegesetzes, nach der Bauaufträge nur an Unternehmen vergeben werden durften, die sich bei der Angebotsabgabe schriftlich verpflichteten, ihren Arbeitnehmern bei der Ausführung der Leistungen mindestens das am Ort der Ausführung tarifvertraglich vorgesehene Entgelt zu bezahlen. Der Gerichtshof bewertet das Erfordernis der Zahlung von Tariflöhnen als **Beschränkung der Dienstleistungsfreiheit,** weil es den in einem anderen Mitgliedstaat, in dem die Mindestlohnsätze niedriger als in Deutschland sind, niedergelassenen Leistungserbringern eine zusätzliche wirtschaftliche Belastung auferlegt, die geeignet ist, die Erbringung ihrer Dienstleistungen in Deutschland zu unterbinden, zu behindern oder weniger attraktiv zu machen.[40] Eine Rechtfertigung dieser Beschränkung kam nach Auffassung des Gerichtshofs nicht in Betracht: Da die Vorschrift des Landesvergabegesetzes nur für öffentliche, nicht aber für private Aufträge und damit nur für einen Teil der Bautätigkeit galt und der Tarifvertrag nicht für allg. verbindlich erklärt worden war, diente die Beschränkung nicht dem Ziel des Arbeitnehmerschutzes und ebenso wenig der Gewährleistung des Schutzes der autonomen Ordnung des Arbeitslebens durch Koalitionen.[41] Darüber hinaus sei die Regelung nicht erforderlich, um eine erhebliche Gefährdung des finanziellen Gleichgewichts des Systems der sozialen Sicherheit zu verhindern.[42] Dieser EU-rechtlichen Unzulässigkeit kann auch nicht dadurch ausgewichen werden, dass der Auftraggeber den Bietern die Kalkulationsvorgabe macht, für die Laufzeit des Vertrages mit den Tariflöhnen zu kalkulieren.[43]
  - Im Urt. des EuGH in der **Sache Bundesdruckerei** ging es um eine Vorschrift des nrw Tariftreue- und Vergabegesetzes, die eine Vergabe von öffentlichen

---

[35] EuG 29.5.2013 – T-384/10 Rn. 119 ff., NZBau 2013, 648.
[36] EuGH 26.9.2000 – C-225/98, Slg. 2000, I-7445 Rn. 81 ff. = NZBau 2000, 584 – Calais.
[37] EuGH 15.5.2008 – C-147/06, NVwZ 2008, 766 Rn. 26 – SECAP.
[38] EuGH 4.7.2919 – C-377/17, NVwZ 2019, 1120 Rn. 56 ff. – HOAI.
[39] EuGH 3.4.2008 – C-346/06, NJW 2008, 3485 – Rüffert.
[40] EuGH 3.4.2008 – C-346/06, NJW 2008, 3485 Rn. 37 – Rüffert.
[41] EuGH 3.4.2008 – C-346/06, NJW 2008, 3485 Rn. 39 ff. – Rüffert.
[42] EuGH 3.4.2008 – C-346/06, NJW 2008, 3485 Rn. 42 – Rüffert.
[43] AM OLG Düsseldorf 14.11.2012 – VII-Verg 42/12, BeckRS 2013, 2327.

Aufträgen nur an solche Unternehmen zuließ, die sich bei der Angebotsabgabe durch Erklärung ggü. dem öffentlichen Auftraggeber schriftlich verpflichteten, ihren Beschäftigten bei der Ausführung der Leistung ein Mindeststundenentgelt mindestens des in dem Gesetz genannten Betrags zu zahlen. Der Gerichtshof bestätigte nunmehr auch für die Pflicht zur Zahlung der **am Sitz des öffentlichen Auftraggebers** geltenden vergaberechtlichen Mindestentgelte die im Rüffert-Urt. für Tariflöhne vorgenommene Bewertung, dass hierdurch die Leistungserbringung für in einem anderen Mitgliedstaat mit niedrigem Lohnniveau ansässige Unternehmen weniger attraktiv werden könnte und es sich deshalb um eine Beschränkung der Dienstleistungsfreiheit handelt.[44] Da auch diese Regelung nur für die Vergabe öffentlicher Aufträge, nicht aber für alle Arbeitnehmer in dem betr. Mitgliedstaat galt, sah sie der EuGH nicht als geeignet zur Erreichung der Ziele des Arbeitnehmerschutzes und der Stabilität sozialer Systeme an.[45]

- Diese Rspr. hat der EuGH in seinem Urt. in der **Sache RegioPost** dahingehend weiterentwickelt, dass ein für alle Vergaben öffentlicher Aufträge in einem Bundesland als **Ausführungsbedingung zu beachtender Mindestlohn,** der nicht über die in anderen Rechtsvorschriften vorgeschriebenen Mindestlöhne hinausgeht, ein Mindestmaß an sozialem Schutz gewährleistet und daher mit dem EU-Recht vereinbar ist.[46]
- Ebenso hält der Gerichtshof das Verlangen auf Zahlung **staatlich festgesetzter Mindestlöhne** für mit der Dienstleistungsfreiheit vereinbar.[47]

Weiter ist zu beachten, dass die Grundfreiheiten nicht nur unmittelbare und mittelbare Diskriminierungen aus Gründen der Staatsangehörigkeit, sondern auch **unterschiedslos in- und ausländische Bieter betr. Maßnahmen** verbieten. Voraussetzung ist, dass diese Maßnahmen den Handel bzw. die Erbringung von Dienstleistungen behindern oder weniger attraktiv machen und nicht aus zwingenden Erfordernissen zu rechtfertigen sind.[48] Wichtigstes Beispiel aus der Rspr. des EuGH sind die sog. UNIX-Urteile.[49] Sie betreffen ein niederländisches und ein österreichisches Vergabeverfahren, in denen den Bietern ua vorgeschrieben wurde, dass als Betriebssystem das in den USA entwickelte UNIX-System verwendet werden müsse. Der Gerichtshof beanstandete die Vorgabe als handelsbehindernd, da sie Interessenten, die ähnliche Systeme wie UNIX verwenden, davon abhalte, sich an der Ausschreibung zu beteiligen.[50] Weitere Beispiele sind die Erfordernisse, für die Ausübung derjenigen Tätigkeiten, die Gegenstand der Ausschreibung sind, im Besitz

---

[44] EuGH 18.9.2014 – C-549/1, NZBau 2014, 647 Rn. 30 – Bundesdruckerei; ebenso EuGH 17.11.2015 – C-115/14, NZBau 2016, 46 Rn. 69 – RegioPost.

[45] EuGH 18.9.2014 – C-549/1, NZBau 2014, 647 Rn. 31 ff. – Bundesdruckerei.

[46] EuGH 17.11.2015 – C-115/14, NZBau 2016, 46 Rn. 74 ff. – RegioPost.

[47] EuGH 24.1.2002 – C-164/99, EuZW 2002, 245 Rn. 19 ff. – Portugaia Construções.

[48] EuGH 20.2.1979 – 120/78, Slg. 1979, 649 Rn. 6 ff. = GRUR-Int 1979, 468 = REWE; 26.6.1997 – C-368/95, Slg. 1997, I-3689 Rn. 8 = ZUM 1997, 830; 9.2.1999 – C-383/97, Slg. 1999, I-731 Rn. 19 = LMRR 1999, 20; 27.10.2005 – C-234/03, NZBau 2006, 189 Rn. 25 – Insalud; 17.7.2008 – C-500/06, EuZW 2008, 505 Rn. 32 ff.; 28.4.2009 – C-518/06, Slg. 2009, I-3491 Rn. 62 = BeckRS 2009, 70442; 25.6.2009 – C-356/08, EuZW 2009, 659 Rn. 38; 10.5.2012 – C-357/10, NZBau 2012, 714 Rn. 36; 10.7.2014 – C-358/12, BeckRS 2014, 81146 = VergabeR 2014, 774 Rn. 28 – Libor; 22.1.2015 – C-463/13, NZBau 2015, 436 Rn. 45 – Stanley.

[49] EuGH 9.2.1995 – C-412/93, Slg. 1995, I-168 = BeckRS 2004, 77113; 28.10.1999 – C-328/96, Slg. 1999, I-7479 = NZBau 2000, 150.

[50] EuGH 9.2.1995 – C-412/93, Slg. 1995, I-168 Rn. 27 = BeckRS 2004, 77113; 28.10.1999 – C-328/96, Slg. 1999, I-7479 Rn. 68 ff. = NZBau 2000, 150.

einer Konzession[51] oder als juristische Person verfasst zu sein und über ein bestimmtes Mindestgesellschaftskapital zu verfügen.[52]

16 Der Ansatz des EU-Sekundärrechts von VRL, SRL und KVR geht insofern über das durch das Primärrecht Vorgegebene hinaus, als die nach Art. 18 Abs. 1 VRL, Art. 36 Abs. 1 SRL, Art. 3 Abs. 1 KVR gebotene nichtdiskriminierende und gleiche Behandlung aller Wirtschaftsteilnehmer **keinen grenzüberschreitenden Bezug voraussetzt,** sondern auch Differenzierungen zwischen Unternehmen aus demselben Mitgliedstaat erfasst.[53]

17 Zu beachten ist, dass das Vorliegen einer unmittelbaren oder mittelbaren Diskriminierung oder einer anderen behindernden Maßnahme nicht zwingend zu einem Verstoß gegen die Grundfreiheiten des AEUV führt. Möglich ist vielmehr eine **Rechtfertigung der Beeinträchtigung** der betr. Grundfreiheit durch entspr. gewichtige objektive Umstände.[54] Die Rechtfertigung einer unmittelbaren Diskriminierung ist nur möglich, wenn sie sich ihrerseits auf Vorschriften des AEUV, insbes. zum Schutz der öffentlichen Ordnung, Sicherheit und Gesundheit etc (Art. 36, 45 Abs. 3, 52, 62, 65 Abs. 1 lit. b AEUV), stützen lässt. Mittelbare Diskriminierungen und sonstige Beschränkungen sind gerechtfertigt, wenn sie zwingenden Gründen des Allgemeininteresses dienen, zur Erreichung des mit der betr. Maßnahme verfolgten Zwecks geeignet sind und nicht über das hinausgehen, was zur Erreichung des Ziels erforderlich ist.[55] Auf dieser Grundlage hat der EuGH bspw. eine **Direktvergabe ohne jede Transparenz** von Krankentransportleistungen an Freiwilligenorganisationen für zulässig erachtet, wenn sie dem Allgemeininteresse an der Beherrschbarkeit der mit derartigen Leistungen für das Gesundheitswesen verbundenen Kosten dient und tatsächlich zur Erreichung dieses Ziels beiträgt.[56]

18 **bb) Verfassungsrecht.** Weiterhin sind Vergabeentscheidungen generell am **allg. Gleichheitssatz des Art. 3 Abs. 1 GG** zu messen, unabhängig davon, ob es sich um öffentliche Aufträge oder Konzessionsvergaben handelt und ob der Auftragswert die Schwellenwerte erreicht oder nicht.[57] Da es sich bei der Vergabe öffentlicher Aufträge um Handeln der öffentlichen Gewalt handelt, wird mit Blick auf Art. 1 Abs. 3 GG kaum noch ernsthaft bestritten, dass die Auftragsvergabe unter **Bindung an die Grundrechte** erfolgt.[58] Nach der neueren Rspr. des BVerfG ist der allg. Gleichheitssatz verletzt, wenn eine Gruppe von Normadressaten im Vergleich zu anderen Normadressaten anders behandelt wird, obwohl zwischen beiden Gruppen keine Unterschiede von solcher Art und solchem Gewicht bestehen, dass sie die ungleiche Behandlung rechtfertigen könnten.[59] Die Anwen-

---

[51] EuGH 22.1.2015 – C-463/13, NZBau 2015, 436 Rn. 46 – Stanley.

[52] EuGH 10.5.2012 – C-357/10, NZBau 2012, 714 Rn. 37 f.

[53] Egger EuVergabeR Rn. 837.

[54] EuGH 22.1.2015 – C-463/13, NZBau 2015, 436 Rn. 47 – Stanley; 28.1.2016 – C-50/14, NZBau 2016, 177 Rn. 56 – CASTA.

[55] Vgl. nur EuGH 14.11.2013 – C-221/12, NZBau 2014, 53 Rn. 38 – Belgacom; 5.4.2017 – C-298/15, NZBau 2017, 748 Rn. 51 – Borta; zum Ganzen Ziekow ÖffWirtschaftsR § 3 Rn. 49 ff.

[56] EuGH 28.1.2016 – C-50/14, NZBau 2016, 177 Rn. 57 ff. – CASTA.

[57] OLG Düsseldorf 13.12.2017 – I-27 U 25/15, NZBau 2018, 168; NdsOVG 29.10.2018 – 10 ME 363/18, NVwZ 2019, 656 Rn. 20 f.

[58] BVerfG 13.6.2006 – 1 BvR 1160/03, NJW 2006, 3701 (3702); 11.7.2006 – 1 BvL 4/00, NJW 2007, 51 (52 ff.); Siegel DÖV 2007, 237 (239); Ziekow/Siegel ZfBR 2004, 30 (34 f.).

[59] BVerfG 7.10.1980 – 1 BvL 50, 89/79, 1 BvR 240/79, BVerfGE 55, 72 (88) = NJW 1981, 271; 29.5.1990 – 1 BvL 20/84 u.a., BVerfGE 82, 60 (86) = NJW 1990, 2869; 11.6.1991 – 1 BvR 538/90, BVerfGE 84, 197 (199) = NJW 1991, 2272; 8.10.1996 – 1 BvL 15/91, BVerfGE 95, 39 (45) = NJW 1997, 1359; 22.3.2000 – 1 BvR 1136/96, NJW 2000, 3341 (3342).

Grundsätze der Vergabe § 97 GWB

dung des allg. Gleichheitssatzes kann nur in sach- und regelungsspezifischer Abwägung erfolgen.[60] Was in Anwendung des Gleichheitssatzes sachlich vertretbar oder sachfremd ist, lässt sich nicht abstrakt und allg. festlegen, sondern nur stets in Bezug auf die Eigenart des konkreten Sachbereichs, der geregelt werden soll.[61]

Für die Gleichheitsprüfung von Beschaffungsvorgängen bedeutet dies, dass der 19 Auftraggeber die Auswahl unter den Bietern unter den Gesichtspunkten der **sachgerechten und wirtschaftlichen Auftragserfüllung** treffen muss. Dies heißt nicht, dass die Berücksichtigung anderer Auswahlkriterien unzulässig wäre; jedoch müssen diese einer Rechtfertigungsprüfung standhalten.[62] Elemente dieser Prüfung sind die Legitimität des mit dem Kriterium verfolgten Ziels, die Eignung des Kriteriums zur Erreichung des Ziels, das geringstmögliche Maß der Ungleichbehandlung sowie die Angemessenheit des Kriteriums zur Verwirklichung des Differenzierungsziels.[63]

b) Regelungsgehalt. aa) Grundsätze. Der **Wortlaut** des § 97 Abs. 2 GWB 20 **greift insoweit zu kurz**, wie sich die gebotene Gleichbehandlung nur auf die Teilnehmer an einem Vergabeverfahren bezieht. Keinesfalls gilt das Gleichbehandlungsgebot nur im Rahmen einer Sonderrechtsbeziehung zwischen Auftraggeber und Bieter, die durch die Abgabe eines Angebots auf eine Ausschreibung begründet werden soll.[64] Hierzu hat der EuGH bereits in seinem Urt. v. 5.10.2000 zur früheren Sektorenkoordinierungsrichtlinie Stellung genommen, wobei die Begründung unzweifelhaft auch auf den Anwendungsbereich von VRL, SRL sowie KVR und damit des § 97 Abs. 2 GWB zu übertragen ist:

"Im Hinblick auf die Frage, ob diese Bestimmung auch für potenzielle Bieter gilt, ist festzustellen, dass das in ihr niedergelegte Diskriminierungsverbot für alle Phasen des Vergabeverfahrens und nicht nur von dem Zeitpunkt an gilt, zu dem ein Unternehmer ein Angebot abgegeben hat. Diese Auslegung entspricht dem Zweck der Richtlinie, die Märkte, auf die sie anwendbar ist, dem Wettbewerb in der Gemeinschaft zu öffnen. Diesem Zweck würde es nämlich zuwiderlaufen, wenn ein Auftraggeber ein Vergabeverfahren so gestalten könnte, dass die Unternehmen aus den anderen Mitgliedstaaten als dem, in dem die Aufträge vergeben werden, von der Angebotsabgabe abgeschreckt würden. Folglich schützt ... (die) Richtlinie dadurch, dass ... (sie) eine Ungleichbehandlung der Bieter verbietet, zugleich diejenigen, die von der Angebotsabgabe abgeschreckt wurden, weil sie durch die Ausgestaltung des vom Auftraggeber angewandten Verfahrens benachteiligt wurden."[65]

Der Gleichbehandlungsgrundsatz greift also bereits ein, sobald ein öffentlicher 21 Auftraggeber in einem **materiellen Sinne einen Beschaffungsbedarf** dem Markt zugänglich gemacht hat.[66] Auch dann, wenn sich der Auftraggeber gegen die Durchführung eines Vergabeverfahrens entscheidet und seinen Beschaffungsbedarf im Wege des Direktbezugs von einem Unternehmen decken möchte, gebietet der Gleichbehandlungsgrundsatz eine Gleichbehandlung aller potenziell an dem Auftrag interessierten Bieter.[67]

Ab diesem Zeitpunkt verlangt der Grundsatz bis zum Ende des Vergabeverfah- 22 rens – oder in der Formulierung des EuGH „ab dem Zeitpunkt, zu dem sie (die

---

[60] Sachs/Nußberger GG Art. 3 Rn. 31.
[61] BVerfG 9.3.1994 – 2 BvL 43/92, BVerfGE 90, 145 (195 f.) = NJW 1994, 1577.
[62] Pünder VerwArch 2004, 38 (43).
[63] Pünder VerwArch 2004, 38 (45 ff.).
[64] AM OLG Jena 20.6.2005 – 9 Verg 3/05, NZBau 2005, 476 (479 f.).
[65] EuGH 5.10.2000 – C- 16/98, NZBau 2001, 275 Rn. 107 ff.
[66] EuGH 24.5.2016 – C-396/14, EuZW 2016, 509 Rn. 37 – MT Hojgaard.
[67] Zutr. RKPP/Brauser-Jung GWB § 97 Rn. 68.

Bieter) ihre Angebote vorbereiten, ... (bis) zu dem Zeitpunkt, zu dem diese vom öffentlichen Auftraggeber beurteilt werden",[68] dh bis zu dem durch den Zuschlag zustande kommenden Vertragsschluss, dass der öffentliche Auftraggeber **ggü. allen Unternehmen unparteilich** auftritt. Alle an dem Auftrag interessierten Unternehmen müssen dieselben Chancen haben, den Zuschlag zu erhalten. Dies bedingt insbes. eine Gleichheit der Informationsgewährung und des Informationszugangs, die als Transparenzgrundsatz verselbständigt ist (→ Rn. 39 ff.), aber auch eine Gleichheit der Rechtsanwendung und der Festlegung materieller Bewertungskriterien.[69] Zwar gebietet dies nicht, dass der Auftraggeber in einem materiellen Sinne zum Ausgleich durch unterschiedliche Marktpositionen verursachte Wettbewerbsvorteile bestimmter Unternehmen ausgleichen muss.[70] Jedoch hat er das Vorhandensein von Leistungselementen, deren Vervollständigung unterschiedliche Bietergruppen anbieten sollen, unter Gleichbehandlungsgesichtspunkten zu berücksichtigen.[71] Der Gleichbehandlungsgrundsatz ist **bieterschützend** iSv § 97 Abs. 6 GWB.

23 Die in § 97 Abs. 2 GWB von der Geltung des Gleichbehandlungsgrundsatzes zugelassene Ausnahme der ausdr. Anordnung oder **Gestattung einer Ungleichbehandlung** auf Grund des GWB findet ihre Grenzen von vornherein im europäischen Vergaberecht. Gegenüber normierten Ungleichbehandlungen, die mit dem Unionsrecht im Einklang stehen, setzt sich dessen Anwendungsvorrang durch. Ein Bsp. einer solchen unionsrechtskonform angeordneten Ungleichbehandlung findet sich in § 55 Abs. 1 SektVO, wonach der Auftraggeber eines Lieferauftrags Angebote zurückweisen kann, bei denen der Warenanteil zu mehr als 50 % des Gesamtwertes aus Ländern stammt, die nicht Vertragsparteien des Abkommens über den Europäischen Wirtschaftsraum sind und mit denen auch keine sonstigen Vereinbarungen über gegenseitigen Marktzugang bestehen (dazu → SektVO § 55 Rn. 1 ff.).

24 **bb) Einzelfälle.** Aus den zahlreichen und vielgestaltigen Konstellationen, in denen der Gleichbehandlungsgrundsatz herangezogen wurde, sei nur auf folgende hingewiesen:

25 • **Unzureichende Beschreibungen** der zu beschaffenden Leistung durch den öffentlichen Auftraggeber verstoßen zumindest dann gegen den Gleichbehandlungsgrundsatz, wenn ein Bieter Vorkenntnisse hat, die ihm die Präzisierung der nachgefragten Leistungen nach Art und Umfang ermöglichen.[72]

26 • Aus Gründen der Gleichbehandlung aller Bieter dürfen nur Angebote gewertet werden, die **in jeder sich aus den Verdingungsunterlagen ergebenden Hinsicht vergleichbar** sind.[73] Dies bedeutet zum einen, dass nur vollständige Angebote gewertet werden dürfen.[74] Zum anderen müssen der Vergabestelle aus dem Angebot alle Parameter der angebotenen Leistung erkennbar sein, welche für

---

[68] EuGH 24.5.2016 – C-396/14, NZBau 2016, 506 Rn. 37 – MT Høgaard; 11.7.2019 – C-697/17, NZBau 2019, 654 Rn. 33 – Telecom Italia.

[69] Egger EuVergabeR Rn. 837 ff.

[70] OLG Schleswig 13.6.2019 – 54 Verg 2/19, NZBau 2019, 806 Rn. 169 f.; BayObLG 29.7.2022 – Verg 13/21, NZBau 2023, 135 Rn. 38.

[71] OLG Schleswig 13.6.2019 – 54 Verg 2/19, NZBau 2019, 806 Rn. 169 f.

[72] VK Bund 17.10.2002 – VK 2–72/02, VPRRS 2002, 0249 = VergabeR 2002, 72 (75).

[73] BGH 18.2.2003 – X ZB 43/02, NZBau 2003, 293 (295); OLG Stuttgart 15.9.2003 – 2 Verg 8/03, BeckRS 2004, 6044 = VergabeR 2004, 384 (385).

[74] BGH 18.2.2003 – X ZB 43/02, NZBau 2003, 293 (295); OLG Düsseldorf 30.7.2003 – VII-Verg 32/03, BeckRS 2003, 7928 = VergabeR 2003, 687 (689); OLG Koblenz 7.7.2004 – 1 Verg 1 u. 2/04, NZBau 2004, 571 (572).

den Vergleich mit konkurrierenden Angeboten relevant sind.[75] Insbes. muss jeder in der Leistungsbeschreibung vorgesehene Preis so wie gefordert vollständig und mit dem Betrag, der für die jew. Leistung angesetzt wird, angegeben werden.[76]

- Zur gebotenen Vergleichbarkeit der Angebote gehört auch, dass die abgegebenen Angebote sämtlich auf gleicher Ebene stehen, es sich also um **eigenständige und unabhängige Angebote** handelt. Bei Zweifeln, etwa weil es sich bei zwei Bietern um miteinander verbundene Unternehmen handelt, muss der öffentliche Auftraggeber alle ihm möglichen Aufklärungsmaßnahmen ergreifen.[77] 26a

- War ein Unternehmen bereits mit **Arbeiten zur Vorbereitung eines öffentlichen Auftrags** betraut, so gebietet der Gleichbehandlungsgrundsatz, es nur dann als Bieter im Verfahren zur Vergabe dieses Auftrags zuzulassen, wenn die von ihm erworbenen Kenntnisse und Erfahrungen den Wettbewerb nicht verfälschen können[78] (iE → VgV § 7 Rn. 1 ff.). 27

- Die **Einleitung eines zweiten Vergabeverfahrens** während des laufenden ersten Verfahrens hinsichtl. der Befriedigung des identischen Beschaffungsbedarfs (Doppelausschreibung, dazu → VgV § 28 Rn. 13) verletzt die Bieter des ersten Verfahrens in ihrem Gleichbehandlungsanspruch.[79] 28

- Der Auftraggeber unterliegt einer **strikten Bindung** an von ihm selbst festgelegte Kriterien.[80] Dies gilt für Eignungs- ebenso wie Zuschlagskriterien und andere Gesichtspunkte. Hat der Auftraggeber für den Fall der **Nichtbeibringung eines bestimmten Dokuments** zwingend einen Ausschluss des betreffenden Bieters angedroht, so muss der Ausschluss bei Eintritt jenes Falls auch erfolgen.[81] Steht die Aufforderung zur **Nachreichung geforderter Erklärungen** im Ermessen des Auftraggebers, so sind alle Bieter gleich und fair zu behandeln (→ VgV § 56 Rn. 15.[82] Setzt der Auftraggeber im Vergabeverfahren (hier: Verhandlungsverfahren) **Fristen**, so ist er wegen des Gleichbehandlungsgebots zwingend an sie gebunden und kann nicht im Einzelfall Fristüberschreitungen hinnehmen (→ VgV § 17 Rn. 30 ff.).[83] Gleiches gilt, wenn der Auftraggeber bestimmte **Mindestanforderungen** an die zu beschaffende Sache formuliert; ein Verzicht auf die Einhaltung der Anforderungen verstößt gegen den Gleichbehandlungsgrundsatz (→ VgV § 17 Rn. 22).[84] 29

- Der Gleichbehandlungsgrundsatz gebietet, dass der Auftraggeber alle Angebote, die **an Mängeln leiden,** vergaberechtlich gleich behandeln, also aus dem fraglichen Mangel für alle Angebote dieselben Konsequenzen ziehen muss.[85] Dies gilt 30

---

[75] OLG Dresden 10.7.2003 – WVerg 15/02, NZBau 2003, 573 (575).
[76] BGH 18.5.2004 – X ZB 7/04, NZBau 2004, 457 (458).
[77] EuGH 17.5.2018 – C-531/16, NZBau 2018, 484 Rn. 33 – Ecoservice.
[78] EuGH 3.3.2005 – C-34/03, BeckRS 2005, 70160 = VergabeR 2005, 319 Rn. 28 ff. – Fabricom.
[79] OLG Frankfurt a. M. 15.7.2008 – 11 Verg 6/08, ZfBR 2009, 92 (93).
[80] EuGH 6.11.2014 – C-42/13, NZBau 2015, 38 Rn. 42 – Cartiera dell' Adda.
[81] EuGH 6.11.2014 – C-42/13, NZBau 2015, 38 Rn. 42 – Cartiera dell' Adda.
[82] OLG Celle 14.1.2014 – 13 Verg 11/13, BeckRS 2014, 6766 = VergabeR 2014, 592 (594).
[83] KG 13.3.2008 – 2 Verg 18/07, NZBau 2008, 466 (469); OLG Düsseldorf 7.1.2002 – Verg 36/01, IBRRS 37542 = VergabeR 2002, 169 (170).
[84] OLG Düsseldorf 27.4.2005 – VII-Verg 23/05, BeckRS 2005, 5608 = VergabeR 2005, 483 (485).
[85] OLG Düsseldorf 27.4.2005 – VII-Verg 23/05, BeckRS 2005, 5608 = VergabeR 2005, 483 (485); 14.10.2005 – Verg 40/05, NZBau 2006, 525 (526); OLG Frankfurt a. M. 23.12.2005 – 11 Verg 13/05, BeckRS 2006, 12422 = VergabeR 2006, 212 (219 f.).

GWB § 97 Grundsätze der Vergabe

auch dann, wenn der Ausschluss des betroffenen Bieters zu Recht erfolgte.[86] Auf eine Gleichartigkeit der Mängel kommt es nicht an.[87] Erkennt der Auftraggeber aber aus dem Angebot eines Bieters, dass die **Vergabeunterlagen möglicherweise missverständlich** formuliert waren, so hat er diesen Bieter und auch alle anderen Unternehmen, die die Vergabeunterlagen angefordert hatten, hierüber zu informieren.[88]

31 • Jede Form von **Verhandlungen** zwischen Auftraggeber und Bewerbern wird – vorbehaltlich von Sonderregelungen – durch das Gleichbehandlungsgebot ausgeschlossen (→ VgV § 15 Rn. 38).[89] Dies beinhaltet auch, dass einem Bieter nicht die Möglichkeit gegeben werden darf, ein ungenaues oder nicht den technischen Spezifikationen entspr. Angebot zu erläutern.[90] Anderes gilt lediglich, soweit es sich um offensichtlich notwendige Klarstellungen oder Berichtigungen offensichtlicher sachlicher Unrichtigkeiten handelt, ohne dass dies zu einem der Sache nach neuen Angebot führen darf.[91] Letzteres wäre bspw. der Fall, wenn der Bieter dem Auftraggeber nach Angebotsöffnung mitteilt, dass er sein Angebot nicht mehr auf den Gesamtauftrag, sondern nur noch auf Teile davon bezogen wissen wolle.[92] Führt der Auftraggeber **Gespräche zur Erläuterung des Angebotsinhalts** mit einem Bieter, so muss er unter dem Gesichtspunkt der Gleichbehandlung hinsichtl. der Beurteilung der Aufklärungsfähigkeit ggü. allen anderen Bietern dieselben Maßstäbe anlegen und ihnen in gleichem Maße Gelegenheit zur Aufklärung einräumen.[93]

32 • In einem **Verhandlungsverfahren** gebietet der Gleichbehandlungsgrundsatz, dass auf der Stufe des Angebotswettbewerbs sich nur solche Angebote untereinander messen, die von Unternehmen abgegeben wurden, die die Kriterien des Teilnahmewettbewerbs erfüllt haben und als geeignete Bieter ausgewählt wurden (→ VgV § 17 Rn. 13).[94] Die Auswahl der Bieter, die anschließend zur Angebotsabgabe aufgefordert werden, muss nach sachlichen Gründen erfolgen.[95]

---

[86] BGH 18.9.2007 – X ZR 89/04, BeckRS 2007, 19244 = VergabeR 2008, 69 (67); aM OLG Jena 20.6.2005 – 9 Verg 3/05, NZBau 2005, 476 (480).

[87] BGH 18.9.2007 – X ZR 89/04, BeckRS 2007, 19244 = VergabeR 2008, 69 (67); aM OLG Düsseldorf 27.4.2005 – VII-Verg 23/05, BeckRS 2005, 5608 = VergabeR 2005, 483 (485); 14.10.2005 – Verg 40/05, NZBau 2006, 525 (526); 7.3.2006 – VII-Verg 98/05, BeckRS 2006, 6966 = VergabeR 2006, 811 (813).

[88] OLG Koblenz 30.4.2014 – 1 Verg 2/14, BeckRS 2014, 9768 = VergabeR 2014, 733 (734).

[89] EuGH 10.10.2013 – C-336/12, BeckRS 2013, 81942 = VergabeR 2014, 128 Rn. 31 – Manova; 7.4.2016 – C-324/14, NZBau 2016, 373 Rn. 62 – Partner Apelski Dariusz.

[90] EuGH 10.10.2013 – C-336/12, BeckRS 2013, 81942 = VergabeR 2014, 128 Rn. 31 – Manova; 7.4.2016 – C-324/14, NZBau 2016, 373 Rn. 62 – Partner Apelski Dariusz; 11.5.2017 – C-131/16, ZfBR 2017, 601 (604).

[91] EuGH 10.10.2013 – C-336/12, BeckRS 2013, 81942 = VergabeR 2014, 128 Rn. 32 – Manova; 7.4.2016 – C-324/14, NZBau 2016, 373 Rn. 63 f. – Partner Apelski Dariusz; 11.5.2017 – C-131/16, ZfBR 2017, 601 (604).

[92] EuGH 7.4.2016 – C-324/14, NZBau 2016, 373 Rn. 68 – Partner Apelski Dariusz.

[93] EuGH 29.3.2012 – C-599/10, NZBau 2012, 376 Rn. 40 f. – NDS; 10.10.2013 – C-336/12, BeckRS 2013, 81942 = VergabeR 2014, 128 Rn. 37 – Manova; 7.4.2016 – C-324/14, NZBau 2016, 373 Rn. 65 – Partner Apelski Dariusz; OLG Frankfurt a. M. 23.12.2005 – 11 Verg 13/05, BeckRS 2006, 12422 = VergabeR 2006, 212 (219); OLG Saarbrücken 29.5.2002 – 5 Verg 1/01, IBRRS 2003, 0486 = VergabeR 2002, 493 (500); VK Thüringen 6.6.2018 – 250-4002-4402/2018-N-006-EF, juris.

[94] OLG Karlsruhe 15.10.2008 – 15 Verg 9/08, NZBau 2008, 784 (787).

[95] BayObLG 20.4.2005 – Verg 26/04, BeckRS 2005, 18627 = VergabeR 2005, 532 (536).

Grundsätze der Vergabe § 97 GWB

- Unter Gleichbehandlungsgesichtspunkten darf der öffentliche Auftraggeber den 33
Bietern nicht eine Gestaltung ihrer außerhalb der Erfüllung des konkreten Auftrags liegenden **Geschäftstätigkeit** vorgeben, welche die Kalkulationsmöglichkeiten einzelner Unternehmen im Vergleich zu anderen Unternehmen verschlechtert.[96]
- Nach **Auflösung einer Bietergemeinschaft**, die nach Durchführung eines Teil- 34 nahmewettbewerbs zur Abgabe eines Angebots aufgefordert wurde, darf ein Mitglied dieser (früheren) Bietergemeinschaft nur dann unter eigenem Namen das Angebot abgeben, wenn die Wettbewerbssituation der übrigen Bieter nicht beeinträchtigt wird. Dies setzt voraus, dass feststeht, dass dieses Unternehmen auch dann zur Angebotsabgabe aufgefordert worden wäre, wenn es sich von vornherein alleine beworben hätte.[97] In der umgekehrten Situation, dass ein im Teilnahmewettbewerb **ausgewählter Bieter einen anderen Bieter erworben** und dadurch seine Leistungsfähigkeit erhöht hat, ist dies am Maßstab des Gleichbehandlungsgrundsatzes unproblematisch.[98] Voraussetzung ist allerdings, dass dem das andere Unternehmen erwerbenden Bieter nicht durch vor der Verschmelzung zwischen den beiden Unternehmen ausgetauschte Informationen ein ungerechtfertigter Vorteil ggü. anderen Wettbewerbern entsteht.[99] Vgl. zu Bietergemeinschaften auch → § 124 Rn. 27.
- Hat ein Bieter ein zulässiges Angebot unterbreitet, so verlangt es der Gleichbe- 35 handlungsgrundsatz, auch ihn zur **Beteiligung an einer elektronischen Auktion aufzufordern**. Ist dies nicht erfolgt und die Auktion gleichwohl durchgeführt worden, so muss der öffentliche Auftraggeber die Auktion für ungültig erklären und wiederholen. Dabei kommt es nicht darauf an, ob die Teilnahme des betr. Bieters zu einem anderen Ergebnis der Auktion geführt hätte.[100]
- Das Gleichbehandlungsgebot steht einer in einem Vergabeverfahren nach der 36 VOL/A formulierten Bedingung des Bieters entgegen, bestimmte Unterlagen seines Angebots dürften **nur in seinem Beisein geöffnet** werden.[101]
- Nicht verletzt ist hingegen das Gleichbehandlungsgebot, wenn der Auftraggeber 37 in **anderen Ausschreibungen**, die einen vergleichbaren Beschaffungsbedarf betreffen, andere Anforderungen festgelegt hat.[102]
- Zulässig ist eine Ungleichbehandlung verschiedener Gruppen von Bietern in 37a einem Vergabeverfahren, wenn unterschiedliche Sachverhalte vorliegen und eine Gleichbehandlung deshalb von vornherein nicht geboten ist. Beispiel ist die Vorgabe unterschiedlicher Preiskalkulationen für den Energieverbrauch von Fahrzeugen mit unterschiedlichen Antriebsarten.[103]
- Ebenso wenig ist aus dem Gleichbehandlungsgebot ein allg. **Ausschluss von** 38 **juristischen Personen des öffentlichen Rechts** von der Teilnahme an Vergabeverfahren abzuleiten.[104] Vielmehr sind solche juristischen Personen Unternehmen iSv § 103 Abs. 1 GWB (→ § 103 Rn. 66). Allerdings muss sichergestellt sein, dass es durch die Teilnahme einer solchen Einrichtung nicht zu einer gleichheitswidrigen Wettbewerbsverzerrung kommen kann.[105]

---

[96] OLG Rostock 6.3.2009 – 17 Verg 1/09, NZBau 2009, 531 (533).
[97] EuGH 24.5.2016 – C-396/14, EuZW 2016, 509 Rn. 43 ff. – MT Hojgaard.
[98] EuGH 11.7.2019 – C-697/17, NZBau 2019, 654 Rn. 46 – Telecom Italia.
[99] EuGH 11.7.2019 – C-697/17, NZBau 2019, 654 Rn. 52 – Telecom Italia.
[100] EuGH 7.4.2016 – C-324/14, NZBau 2016, 373 Rn. 77 ff. – Partner Apelski Dariusz.
[101] OLG Düsseldorf 1.2.2006 – VII-Verg 83/05, BeckRS 2006, 135091 = VergabeR 2006, 547 (550 f.).
[102] OLG Jena 18.3.2004 – 6 Verg 1/04, BeckRS 2004, 30471723 = VergabeR 2004, 525 (528).
[103] OLG Schleswig 13.6.2019 – 54 Verg 2/19, NZBau 2019, 806 Rn. 152 f.
[104] So aber OLG Celle 8.11.2001 – 13 Verg 9/01, VergabeR 2002, 154 (157).
[105] EuGH 23.12.2009 – C-305/08, ZfBR 2010, 392 (395).

3. Transparenz

39 Der Grundsatz, dass Vergabeverfahren transparent zu gestalten sind (§ 97 Abs. 1 GWB), ist EU-sekundärrechtlich durch Art. 18 Abs. 1 VRL, Art. 36 Abs. 1 SRL und Art. 3 Abs. 1 KVR vorgegeben, ergibt sich aber bereits aus den Grundfreiheiten des AEUV. Der EuGH begreift den Transparenzgrundsatz als **Ausformung des Grundsatzes der Gleichbehandlung** und des Verbots der Diskriminierung aus Gründen der Staatsangehörigkeit.[106] In diesem Sinne stellt eine Verletzung des Transparenzgebots immer auch einen Verstoß gegen den Gleichbehandlungsgrundsatz dar.[107] Wie die Kommission im Anschluss an die ständige Rspr. des EuGH seit seinem Urt. Wallonische Busse[108] ausführt, ist eine hinreichende Transparenz Bedingung für eine diskriminierungsfreie Auftragsvergabe.[109] Das Transparenzgebot dient der Verhinderung von „Günstlingswirtschaft" und dem Ausschluss von willkürlichen Entscheidungen des Auftraggebers.[110] Jeder durchschnittlich fachkundige Bieter muss die Vergabeunterlagen in gleicher Weise verstehen können.[111] Hierzu statuiert es vor allem **umfassende Publizitätspflichten**.[112] Allerdings gebietet das EU-Primärrecht – anders als das Vergaberecht – nicht zwingend eine Ausschreibung.[113] Das primärrechtliche Transparenzgebot fordert lediglich die Herstellung eines **angemessenen Grades an Öffentlichkeit**, um den Auftrag dem Wettbewerb zu öffnen und die Nachprüfung zu ermöglichen, ob die Vergabe unparteiisch durchgeführt wurde.[114] Dabei muss allerdings Interessierten eine angemessene Frist zur Abgabe von Angebote abgegeben werden. Für die Bemessung der Frist können die in den EU-Richtlinien für die Angebotsabgabe vorgesehenen Fristen als Orientierungsrahmen dienen.[115]

40 Eine **ohne jede Transparenz erfolgende Direktvergabe** verstößt allerdings grds. gegen das Transparenzgebot, sofern nicht ausnahmsweise rechtfertigende ob-

---

[106] EuGH 27.11.2001 – C-286/99, NZBau 2002, 101 Rn. 38; 2002, 458 Rn. 45 – Hospital Ingenieure; 13.10.2005 – C-458/03, BeckRS 2005, 70789 = VergabeR 2005, 737 Rn. 49; 12.11.2009 – C-199/07, BeckRS 2009, 71332 = VergabeR 2010, 203 Rn. 37; 29.3.2012 – C-599/10, NZBau 2012, 376 Rn. 25 – NDS; 14.11.2013 – C-221/12, NZBau 2014, 53 Rn. 28 – Belgacom; 17.12.2015 – C-25/14, C-26/14, EuZW 2016, 278 Rn. 38 – UNIS; 24.5.2016 – C-396/14, EuZW 2016, 509 Rn. 36 – MT Hojgaard.

[107] EuGH 14.11.2013 – C-221/12, NZBau 2014, 53 Rn. 37 – Belgacom; vgl. die Prüfung in 28.1.2016 – C-50/14, NZBau 2016, 177 Rn. 56 – CASTA.

[108] EuGH 25.4.1996 – C-87/94, Slg. 1996, I-2043 Rn. 54 = NVwZ 1997, 374.

[109] Mitteilung der Kommission zu Auslegungsfragen im Bereich Konzessionen im Gemeinschaftsrecht, ABl. 2000 C 121, 2 Ziff. 3.1.2.

[110] EuGH 5.12.2013 – C-561/12, BeckRS 2013, 82275 = VergabeR 2014, 395 Rn. 36 – Nordecon; 6.11.2014 – C-42/13, NZBau 2015, 38 Rn. 44 = Cartiera dell' Adda; 12.3.2015 – C-538/13, NZBau 2015, 306 Rn. 34 – eVigilo; 7.4.2016 – C-324/14, NZBau 2016, 373 Rn. 61 – Partner Apelski Dariusz; 2.6.2016 – C-27/15, NZBau 2016, 445 Rn. 36 – Pizzo; 13.7.2017 – C-76/16, ZfBR 2017, 812 (816); 4.4.2019 – C-699/17, NZBau 2019, 457 Rn. 62 – Allianz; 2.5.2019 – C-309/18, NZBau 2019, 531 Rn. 19 – Lavorgna.

[111] EuGH 19.12.2018 – C-216/17, NZBau 2019, 116 Rn. 63 – Autorità; 4.4.2019 – C-699/17, NZBau 2019, 457 Rn. 62 – Allianz; 2.5.2019 – C-309/18, NZBau 2019, 531 Rn. 19 – Lavorgna.

[112] Zusf. Höfler NZBau 2010, 73 (76 f.).

[113] EuGH 17.12.2015 – C-25/14, C-26/14, EuZW 2016, 278 Rn. 39 – UNIS.

[114] EuGH 13.10.2005 – C-458/03, NVwZ 2005, 1407 Rn. 49 – Parking Brixen; 6.4.2006 – C-410/04, NVwZ 2006, 555 Rn. 21 – ANAV; 10.4.2008 – C-393/06, VergabeR 2008, 213 Rn. 24 = NZBau 2009, 54 Rn. 25 – Coditel Brabant; 15.10.2009 – C-196/08, EuZW 2009, 849 Rn. 49 – Acoset; 17.12.2015 – C-25/14, C-26/14, EuZW 2016, 278 Rn. 39 – UNIS.

[115] EuGH 17.12.2015 – C-25/14, C-26/14, EuZW 2016, 278 Rn. 45 – UNIS.

jektive Umstände vorliegen.[116] Des Weiteren hat der öffentliche Auftraggeber bereits in der Bekanntmachung alle ausschlaggebenden Eignungskriterien zu benennen (dazu → § 122 Rn. 22).[117] Die Zuschlagskriterien müssen den Bietern ebenfalls bekannt sein. Dem Auftraggeber ist es verwehrt, bei seiner Auswahlentscheidung Rückgriff auf solche Anforderungen zu nehmen, die in der Ausschreibung keinen Ausdruck gefunden haben.[118] Auch darf der öffentliche Auftraggeber einmal bekanntgemachte Eignungs- oder Zuschlagskriterien während des Vergabeverfahrens nicht mehr ändern.[119] Insoweit genügt es, dass nicht ausgeschlossen werden kann, dass die **nachträgliche Änderung** zu einer Diskriminierung von Bietern führen kann; ein diesbzgl. Nachweis ist nicht erforderlich[120] (→ Rn. 47). Eine objektive und transparente Bewertung setzt ferner voraus, dass zum einen nur hinreichend bestimmte Zuschlagskriterien benutzt werden und zum anderen der Auftraggeber in der Lage ist, deren Erfüllung effektiv zu überprüfen (→ § 127 Rn. 25).[121] Darüber hinaus dürfen die bekannt gegebenen Zuschlagskriterien dem Auftraggeber keine uneingeschränkte Entscheidungsfreiheit belassen (→ § 127 Rn. 26).[122] Für die Interpretation aller Anforderungen ist die Perspektive potenzieller Bieter maßgebend.[123]

Für **Vergaben unterhalb der Schwellenwerte** besteht hingegen kein striktes **41** Gebot zur Bekanntmachung der Wertungskriterien in der Ausschreibung.[124] Wertungskriterien müssen jedenfalls dann nicht festgelegt und bekannt gemacht werden, wenn an dem Auftrag kein eindeutiges grenzüberschreitendes Interesse besteht und das aus den Grundfreiheiten des AEUV abgeleitete primärrechtliche Transparenzgebot deshalb nicht anwendbar ist (→ Einl. Rn. 13). Selbst bei Anwendbarkeit des Transparenzgebots müssen unterhalb der Schwellenwerte die Wertungskriterien nur dann festgelegt und angegeben werden, wenn sonst die Gefahr einer intransparenten und willkürlichen Vergabeentscheidung besteht. In jedem Falle zur Bekanntmachung der Wertungskriterien auch unterhalb der Schwellenwerte ist der Auftraggeber verpflichtet, wenn er Wertungskriterien tatsächlich festgelegt hat.[125]

Nach Art. 67 Abs. 5 UAbs. 1 VRL ist in der Beschreibung anzugeben, wie die **42** einzelnen Kriterien zur Ermittlung des wirtschaftlich günstigsten Angebots gewichtet werden. Zwar dient diese Verpflichtung der Sicherstellung des primärrechtlichen

---

[116] EuGH 11.12.2014 – C-113/13, NZBau 2015, 377 Rn. 52 – Spezzino; 28.1.2016 – C-50/14, NZBau 2016, 177 Rn. 56 – CASTA.
[117] EuGH 12.12.2002 – C-470/99, Slg. 2002, I-11617 Rn. 95 = EuZW 2003, 147; 2.6.2016 – C-27/15, NZBau 2016, 445 Rn. 37 – Pizzo; OLG Brandenburg 28.3.2017 – 6 Verg 5/16, ZfBR 2017, 505 (507).
[118] EuGH 17.9.2002 – C-513/99, EuZW 2002, 628 Rn. 62 mwN.
[119] EuGH 18.11.2010 – C-226/09, NZBau 2011, 50 Rn. 60, für Zuschlagskriterien; 5.4.2017 – C-298/15, NZBau 2017, 748 Rn. 70 – Borta; OLG Koblenz 13.6.2012 – 1 Verg 2/12, NZBau 2012, 724 (725), für Eignungskriterien.
[120] EuGH 18.11.2010 – C-226/09, NZBau 2011, 50 Rn. 63.
[121] EuGH 4.12.2003 – C-448/01, EuZW 2004, 81 Rn. 51 f., 57 ff.; 10.5.2012 – C-368/10, NZBau 2012, 445 Rn. 109 – Max Havelaar; 6.11.2014 – C-42/13, NZBau 2015, 38 Rn. 44 – Cartiera dell' Adda; 7.4.2016 – C-324/14, NZBau 2016, 373 Rn. 61 – Partner Apelski Dariusz; 2.6.2016 – C-27/15, NZBau 2016, 445 Rn. 36 – Pizzo; 13.7.2017 – C-76/16, ZfBR 2017, 812 (816); 4.4.2019 – C-699/17, NZBau 2019, 457 Rn. 62 – Allianz; 2.5.2019 – C-309/18, NZBau 2019, 531 Rn. 19 – Lavorgna.
[122] EuGH 17.9.2002 – C-513/99, EuZW 2002, 628 Rn. 61 mwN; 10.5.2012 – C-368/10, NZBau 2012, 445 Rn. 87 – Max Havelaar; 20.9.2018 – C-546/16, EuZW 2018, 1006 Rn. 31 – Montte.
[123] EuGH 10.5.2012 – C-368/10, NZBau 2012, 445 Rn. 52 – Max Havelaar.
[124] BGH 10.5.2016 – X ZR 66/15, NZBau 2016, 576 (577).
[125] BGH 10.5.2016 – X ZR 66/15, NZBau 2016, 576 (577).

Transparenzgebots, ohne jedoch durch dieses geboten zu sein.[126] Die **Verpflichtung zur Angabe der Gewichtung** erfasst auch die Mitteilung des Wertungsverfahrens zur Ermittlung des wirtschaftlichsten Angebots – zumindest dann, wenn sonst die Gefahr einer Verzerrung des Bieterverhaltens bestehen würde (→ VgV § 58 Rn. 37 ff.).[127]

43 Der Grundsatz der Transparenz kann in einem Spannungsverhältnis zu den den Auftraggeber treffenden **Vertraulichkeitspflichten** stehen. Diese Situation kann insbes. dann eintreten, wenn ein Antragsteller in einem Nachprüfungsverfahren die Offenlegung aller Unterlagen und Informationen verlangt, die der Bieter, der den Zuschlag erhalten hat, im Vergabeverfahren eingereicht hat. Kann dieser Bieter darlegen, dass unter diesen Unterlagen und Informationen solche sind, die Geschäftsgeheimnisse enthalten oder die geeignet sind, den Wettbewerb zu verfälschen, oder deren Offenlegung ihm schaden könnte, so darf der öffentliche Auftraggeber diese Unterlagen und Informationen nur offenlegen, wenn er diese Absicht dem Bieter so rechtzeitig mitgeteilt hat, dass der Bieter dagegen Rechtsschutz in Anspruch nehmen kann.[128]

43a Der Transparenzgrundsatz ist **bieterschützend** iSv § 97 Abs. 6 GWB und wird durch die vergabeverfahrensrechtlichen Regelungen näher konkretisiert. Für deren Anwendung sind bspw. folgende Maßgaben formuliert worden:

44 • Dem Transparenzgebot ist der **Schriftlichkeitsgrundsatz** immanent. Mündliche Mitteilungen des Auftraggebers von Ausschreibungsbedingungen an Bieter oder potenzielle Bieter sind insoweit nicht ausreichend.[129]

45 • Der **Umfang der ausgeschriebenen Leistungen** muss für die interessierten Unternehmen klar erkennbar sein. Dies ist bspw. bei der Ausschreibung einer Rahmenvereinbarung, an der der öffentliche Auftraggeber von Anfang an beteiligt ist, nicht mehr der Fall, wenn sich die Gesamtmenge, auf die sich die Rahmenvereinbarung beziehen soll, nicht angegeben ist (vgl. dazu → VgV § 21 Rn. 6 ff.).[130]

45a • Ein Verstoß gegen den Transparenzgrundsatz liegt vor, wenn der Auftraggeber erst **nach der Aufforderung zur Angebotsabgabe gebildete Zuschlagskriterien** heranzieht[131] oder eine Bewertungsmatrix anwendet, die den Bietern nicht zuvor bekannt gegeben worden war (dazu → VgV § 58 Rn. 8 ff.).[132]

46 • Diese Pflicht zur Nennung der für die Auftragsvergabe maßgebenden Kriterien (→ VgV § 58 Rn. 32 ff.) erstreckt sich nicht nur auf die Hauptkriterien, sondern auch auf **Unterkriterien und Gewichtungsregeln,**[133] soweit sie vom Auftraggeber aufgestellt worden sind.[134] Etwas anderes kann nur dann gelten, wenn erst nach Angebotsabgabe aufgestellte Unterkriterien die Hauptkriterien nur ausdiffe-

---

[126] EuGH 18.11.2010 – C-226/09, NZBau 2011, 50 Rn. 43. AM OLG Brandenburg 28.3.2017 – 6 Verg 5/16, ZfBR 2017, 505 (507): Durch das Transparenzgebot gefordert.
[127] Vgl. OLG Brandenburg 28.3.2017 – 6 Verg 5/16, ZfBR 2017, 505 (507); Roth NZBau 2011, 75 (78).
[128] EuGH 9.7.2021 – C-927/19, VergabeR 2022, 23 Rn. 116 ff.
[129] OLG Düsseldorf 28.1.2015 – VII-Verg 31/14, NZBau 2015, 503.
[130] EuGH 19.12.2018 – C-216/17, NZBau 2019, 116 Rn. 64 – Autorità; 17.6.2021 – C-23/20, ZfBR 2021, 780 (786).
[131] BGH 3.6.2004 – X ZR 30/03, BeckRS 2004, 6770 = VergabeR 2004, 604 (605), unter dem Gesichtspunkt eines Verstoßes gegen das Gleichbehandlungsgebot.
[132] OLG Düsseldorf 30.4.2003 – VII-Verg 61/02, BeckRS 2003, 12561 = VergabeR 2004, 371 (375); OLG Saarbrücken 15.10.2014 – 1 Verg 1/14, NZBau 2015, 45 (48); VK Rheinland-Pfalz 22.9.2011 – VK 2–20/11, ZfBR 2012, 293 (299).
[133] OLG München 19.3.2009 – Verg 2/09, NZBau 2009, 341 (342); OLG Brandenburg 28.3.2017 – 6 Verg 5/16, ZfBR 2017, 505 (507).
[134] OLG Düsseldorf 9.4.2014 – Verg 36/13, ZfBR 2015, 512 (514).

renzieren, jedoch nicht ändern, so dass sich jeder Bieter bereits bei der Vorbereitung seines Angebots auf die ausschlaggebenden Kriterien einstellen konnte.[135]

- Aus Gründen der Verfahrenstransparenz dürfen seitens des Auftraggebers während des Vergabeverfahrens keine grundlegenden **Änderungen der ausgeschriebenen Leistungen**[136] **oder der Zuschlagskriterien**[137] vorgenommen werden. Auch im Verhandlungsverfahren muss der Auftraggeber auf der Erfüllung von ihm als verbindlich eingestufter Anforderungen bestehen.[138] Allerdings bedeutet dies nicht, dass sich der Auftraggeber ausnahmslos jeglicher Änderung der Vergabeunterlagen enthalten muss. Zulässig sind vielmehr Änderungen bei Beachtung der Grundsätze der Gleichbehandlung und Transparenz, dh unter den Voraussetzungen, dass 1. die Änderungen nicht so wesentlich sind, dass die ausgeschriebene Leistung dann einen anderen Bieterkreis ansprechen würde, 2. die Änderungen in einer die gleiche Kenntnisnahme aller potenziellen Bieter ermöglichenden Weise bekanntgemacht werden, 3. die Änderung vor Abgabe der Angebote erfolgt und 4. bei erheblichen Änderungen die Angebotsfrist angemessen verlängert wird.[139] Vgl. dazu → VgV § 17 Rn. 21 ff.   47

- Der Ausschluss eines Bieters vom Vergabeverfahren wegen **Nichterfüllung einer Verpflichtung** darf nur wegen solcher Verpflichtungen erfolgen, die sich entweder explizit den Vergabeunterlagen oder den einschlägigen Rechtsvorschriften entnehmen lassen. Ist die in Rede stehende Verpflichtung hingegen erst durch behördliche oder gerichtliche Auslegung erkennbar, steht der Transparenzgrundsatz dem Ausschluss entgegen.[140]   47a

- Ein Verstoß gegen den Transparenzgrundsatz liegt vor, wenn die in den Vergabeunterlagen zum Ausdruck gebrachten **intransparenten Anforderungen** wegen ihrer **Mehrdeutigkeit** nicht von allen Bietern im gleichen Sinne verstanden werden mussten.[141] Soll sich bspw. der Bieter aufgrund einer Ausführungsbedingung iSv § 128 Abs. 2 GWB zur Zahlung eines Mindestlohns verpflichten, so muss dieser Mindestlohn betragsmäßig in der Ausschreibung genannt sein.[142] Eine Umdeutung der auf verschiedenen möglichen Interpretationen beruhenden Angebote ist regelm. nicht möglich.[143] Erst recht verstößt es gegen den Transparenzgrundsatz, wenn die in der Leistungsbeschreibung formulierten Vorgaben in sich widersprüchlich sind.[144]   48

---

[135] EuGH 24.1.2008 – C 532/06, NZBau 2008, 262 Rn. 43 ff. – Lianakis.
[136] OLG Düsseldorf 5.7.2006 – VII-Verg 21/06, BeckRS 2006, 8298 = VergabeR 2006, 929 (931).
[137] EuGH 16.4.2015 – C-278/14, NZBau 2015, 385 Rn. 27 – Spitalul Judetean; 5.4.2017 – C-298/15, NZBau 2017, 748 Rn. 70 – Borta.
[138] EuGH 5.12.2013 – C-561/12, BeckRS 2013, 82275 = VergabeR 2014, 395 Rn. 37 – Nordecon.
[139] EuGH 5.4.2017 – C-298/15, NZBau 2017, 748 Rn. 73 ff. – Borta.
[140] EuGH 2.5.2019 – C-309/18, NZBau 2019, 531 Rn. 20 f. – Lavorgna.
[141] EuGH 22.4.2010 – C-423/07, NZBau 2010, 643 Rn. 56 ff.; 10.5.2012 – C-368/10, NZBau 2012, 445 Rn. 88 – Max Havelaar; 6.11.2014 – C-42/13, NZBau 2015, 38 Rn. 44 – Cartiera dell' Adda; 12.3.2015 – C-538/13, NZBau 2015, 306 Rn. 54 – eVigilo; 2.6.2016 – C-27/15, NZBau 2016, 445 Rn. 36 – Pizzo; 5.4.2017 – C-298/15, NZBau 2017, 748 Rn. 69 – Borta; OLG Bremen 6.2.2012 – Verg 5/11, ZfBR 2012, 621 (623); OLG Düsseldorf 31.10.2012 – VII-Verg 17/12, NZBau 2013, 333 (335); 22.11.2017 – VII-Verg 16/17, NZBau 2018, 248 Rn. 20; OLG Frankfurt a. M. 31.10.2012 – VII-Verg 17/12, NZBau 2012, 726 (727); OLG München 20.3.2014 – Verg 17/13, BeckRS 2014, 7377 = VergabeR 2014, 700 (711); OLG Schleswig 19.9.2022 – 54 Verg 3/22, BeckRS 2022, 24787 = VergabeR 2023, 96 (113 f.).
[142] KG 26.9.2014 – Verg 5/14, NZBau 2015, 185 (186).
[143] OLG Frankfurt a. M. 31.10.2012 – VII-Verg 17/12, NZBau 2012, 726 (727).
[144] VK Bund 17.11.2014 – VK 2–79/14, ZfBR 2015, 498 (500).

GWB § 97 Grundsätze der Vergabe

49 • Bei einer **Hinzuziehung von Sachverständigen** durch den öffentlichen Auftraggeber zur Bewertung der Angebote verlangt das Transparenzgebot dem Auftraggeber die Prüfung ab, ob die Sachverständigen **Interessenkonflikten** unterliegen und deshalb parteilich sein könnten. Der Auftraggeber muss aktiv Maßnahmen zur Aufdeckung und Verhinderung von Interessenkonflikten verhindern.[145]

50 • Der Auftraggeber hat die Bieter, insbes. bei Wahl des Verhandlungsverfahrens, über die **Verfahrensgestaltung zu informieren** und darf von dieser nicht überraschend oder willkürlich abweichen (ausf. → VgV § 17 Rn. 20).[146]

51 • Nicht mit dem Transparenzgrundsatz in Einklang steht es, wenn der öffentliche Auftraggeber von den **Bietern eingereichte Fragen** und seine Antworten auf diese Fragen nicht allen Bietern übermittelt (dazu → VgV § 20 Rn. 14).[147]

52 • Fordert der Auftraggeber von den Bietern die Ausfüllung eines umfangreichen **Fragebogens,** ohne die Bedeutung dieses Verlangens erkennen zu lassen, so verstößt dies gegen den Transparenzgrundsatz.[148]

53 • Aus dem Transparenzgrundsatz folgt ein „elementares Interesse" des öffentlichen Auftraggebers, Kenntnis über die **Identität seines künftigen Vertragspartners** zu haben. Er muss deshalb davon ausgehen können, dass der Bieter identisch mit dem später den Auftrag ausführenden Unternehmen ist oder der Bieter Zugriff auf die Ressourcen dieses Unternehmens hat. Dies ist nicht der Fall, wenn der Auftraggeber hinsichtl. zentraler Bestandteile der ausgeschriebenen Leistungen mit einem weiteren Unternehmen in vertragliche Beziehungen treten müsste.[149]

54 • Der Transparenzgrundsatz verlangt, dass der öffentliche Auftraggeber den Gang und die wesentlichen Entscheidungen des Vergabeverfahrens in den Vergabeakten **dokumentiert,** um die Entscheidungen der Vergabestelle transparent sowie für Bieter und Nachprüfungsinstanzen kontrollierbar zu machen.[150] Der erforderliche Detaillierungsgrad der Dokumentation orientiert sich am Maßstab des mit dem konkreten Vergabeverfahren vertrauten Einsichtnehmers.[151] Die entspr. Normativierungen finden sich in § 8 VgV, § 8 SektVO, § 6 KonzVgV, § 20 EU VOB/A (vgl. → VgV § 8 Rn. 1 ff.).

55 • Ausfluss des Transparenzgebots sind auch die Regelungen über die Mitteilung der Gründe, die die **Aufhebung einer Ausschreibung** veranlasst haben (→ VgV § 63 Rn. 54 ff.).[152]

4. Verhältnismäßigkeit

56 Ausweislich des § 97 Abs. 1 S. 2 GWB ist bei der Vergabe öffentlicher Aufträge und Konzessionen auch der Grundsatz der Verhältnismäßigkeit zu wahren. Die Regelung wirkt nicht konstitutiv, sondern enthält eine bloße Klarstellung.[153] Denn das Verhältnismäßigkeitsprinzip zählt nach der Rspr. des EuGH zu den **allg. Grund-**

---

[145] EuGH 12.3.2015 – C-538/13, NZBau 2015, 306 Rn. 35 ff. – eVigilo.
[146] OLG Düsseldorf 5.7.2006 – VII-Verg 21/06, BeckRS 2006, 8298 = VergabeR 2006, 929 (931); VK Rheinland-Pfalz 22.9.2011 – VK 2–20/11, ZfBR 2012, 293 (298).
[147] VK Bund 27.10.2014 – VK 1–80/14, BeckRS 2014, 122790 Rn. 77.
[148] OLG Naumburg 16.9.2002 – 1 Verg 2/02, NZBau 2003, 628 (632).
[149] BayObLG 29.10.2004 – Verg 22/04, BeckRS 2004, 11023 = VergabeR 2005, 74 (77).
[150] OLG Celle 11.2.2010 – 13 Verg 16/09, BeckRS 2010, 4938 = VergabeR 2010, 669 (673); OLG Düsseldorf 11.7.2007 – Verg 10/07, BeckRS 2008, 01321; OLG Naumburg 16.9.2002 – 1 Verg 2/02, NZBau 2003, 628 (633).
[151] BayObLG 1.10.2001 – Verg 6/01, BeckRS 2001, 9796 = VergabeR 2002, 63 (69); OLG Brandenburg 3.8.1999 – 6 Verg 1/99, NZBau 2000, 44 ff.
[152] EuGH 11.12.2014 – C-440/13, NZBau 2015, 109 Rn. 33 – Croce Amica.
[153] BT-Drs. 18/6281, 68.

sätzen des Unionsrechts,[154] und zwar auch dann, wenn den handelnden Stellen ein Ermessensspielraum zur Verfügung steht.[155] Sie dürfen nur diejenigen Maßnahmen ergreifen, die zur Erreichung des verfolgten Ziels sowohl angemessen als auch erforderlich sind und die Ausübung einer Wirtschaftstätigkeit am wenigsten belasten.[156] Für vergaberechtlich relevante Sachverhalte ergibt sich dies regelm. bereits aus den Grundfreiheiten (insbes. Warenverkehrs- und Dienstleistungsfreiheit).

Der EuGH hat den Grundsatz der Verhältnismäßigkeit verschiedentlich als **57** Grundsatz zur **Auslegung der EU-Vergaberichtlinien** herangezogen,[157] die mittlerweile die Verhältnismäßigkeit als allg. Grundsatz der Vergabe formulieren (vgl. Erwgr. 1 der VRL, Erwgr. 2 der VRL zur SRL, Erwgr. 4 der VRL zur KVR) und an verschiedenen Stellen noch einmal gesondert erwähnen, etwa in

- Art. 18 Abs. 1 VRL hinsichtl. der Behandlung der Wirtschaftsteilnehmer,
- Art. 19 Abs. 2 UAbs. 3 VRL betr. besondere Bedingungen für Gruppen von Wirtschaftsteilnehmern zur Teilnahme am Vergabeverfahren,
- Art. 31 Abs. 7 VRL bzgl. des Wertverhältnisses zwischen Investitionen und Leistungen bei der Innovationspartnerschaft,
- Art. 42 Abs. 1 UAbs. 2 VRL für prozessbezogene technische Spezifikationen oder
- Art. 57 Abs. 3 UAbs. 2 VRL, Art. 38 Abs. 6 UAbs. 2 KVR zur Abweichung von zwingenden Ausschlussgründen.

Der Grundsatz der Verhältnismäßigkeit ist jedoch nicht nur in den ausdr. genann- **58** ten Fällen, sondern **generell zu beachten.** Dies gilt bspw. für nationale Regelungen, die der Gleichbehandlung der Bieter dienen sollen. Sie müssen sich in den Grenzen dessen halten, was zur **Erreichung der angestrebten Gleichbehandlung** erforderlich ist.[158] Keine Bedeutung hat der Grundsatz der Verhältnismäßigkeit allerdings für die Freiheit des Auftraggebers, seinen Beschaffungsbedarf und den Leistungsgegenstand festzulegen. Insoweit bleibt es bei dem **Bestimmungsrecht des Auftraggebers** (iE → § 127 Rn. 6 ff.; → VgV § 14 Rn. 54).[159] Dabei erstreckt sich das Bestimmungsrecht des Auftraggebers auch auf die **Vertragsgestaltung.** Dementsprechend ist den Nachprüfungsinstanzen die Prüfung verwehrt, ob das vom Auftraggeber verfolgte Ziel auch durch eine den Bieter weniger belastende Vertragsklausel erreicht werden könnte.[160] Bedeutung erlangt der Grundsatz der Verhältnismäßigkeit bspw. für die **Beschränkung der zulässigen Vertragslaufzeit** (→ § 103 Rn. 29 ff.).

5. Wirtschaftlichkeit

Während die EU-Vergaberichtlinien eine Wirtschaftlichkeit nur für die Bestim- **59** mung des wirtschaftlich günstigsten Angebots fordern (→ § 127 Rn. 45), hat das GWB die Wirtschaftlichkeit als Grundsatz in § 97 Abs. 1 S. 2 verselbständigt. Insoweit bedarf es der Klarstellung, dass für Vergaben ab Erreichen der Schwellenwerte

---

[154] EuGH 18.2.1982 – 77/81, Slg. 1982, 681 (695) = BeckRS 2004, 73668; 11.3.1987 – 279/84, Slg. 1987, 1069 = NJW 1987, 2145; 9.11.1995 – C-426/93, Slg. 1995, I-3723 (3755 f.) = BeckRS 2004, 77190; 30.1.2020 – C-395/18, BeckRS 2020, 457 Rn. 41.
[155] EuGH 19.6.1980 – 41/79, Slg. 1980, 1979 (1997) = BeckRS 2004, 71137.
[156] EuGH 17.5.1984 – 15/83, Slg. 1984, 2171 Rn. 25 = BeckRS 2004, 71739; 11.7.1989 – 265/87, Slg. 1989, 2237 Rn. 21 = BeckRS 2004, 72769; 15.3.2001 – C-165/98, Slg. 2001, I-2189 Rn. 26; 9.7.2021 – C-927/19, VergabeR 2022, 23 Rn. 155.
[157] Vgl. nur EuGH 2.6.2016 – C-410/14, NZBau 2016, 441 Rn. 34 – Dr. Falk; 30.1.2020 – C-395/18, NZBau 2020, 308 Rn. 44 – Tim SpA.
[158] EuGH 28.2.2018 – C-523/16 ua, NZBau 2018, 421 Rn. 53 – MA.T.I. Sud; 2.5.2019 – C-309/18, NZBau 2019, 531 Rn. 24 – Lavorgna.
[159] BT-Drs. 18/6281, 68.
[160] OLG Düsseldorf 6.9.2017 – VII-Verg 9/17, BeckRS 2017, 150181 Rn. 52.

der Begriff der Wirtschaftlichkeit in § 97 Abs. 1 S. 2 GWB durch **kein haushaltsrechtliches Verständnis** auf der Grundlage des § 6 Abs. 1 HGrG bzw. der entspr. Vorschriften der BHO und LHO aufgeladen werden darf. Während bspw. das Maximalprinzip als eine der Ausprägungen des haushaltsrechtlichen Wirtschaftlichkeitsprinzips verlangt, mit einem bestimmten Mitteleinsatz das bestmögliche Ergebnis zu erzielen (vgl. Nr. 1 Abs. 2 S. 2–5 VV-BHO zu § 7), kann das vergaberechtliche Leistungsbestimmungsrecht hierdurch nicht eingeschränkt werden. Dies gilt allerdings nur im Anwendungsbereich des Vergaberechts. Eine dem Leistungsbestimmungsrecht des Auftraggebers entspr. Festlegung des Beschaffungsgegenstandes kann durchaus mit dem haushaltsrechtlichen Wirtschaftlichkeitsprinzip konfligieren. Die Hervorhebung des Grundsatzes der Wirtschaftlichkeit in § 97 Abs. 1 S. 2 GWB hat daher **keine über die Prüfung des wirtschaftlich günstigsten Angebots hinausgehende Bedeutung.**[161]

III. Umweltbezogene, soziale und innovative Aspekte (Abs. 3)

60 Ausweislich des § 97 Abs. 3 GWB werden bei der Vergabe **qualitative, innovative, soziale und umweltbezogene Aspekte** nach Maßgabe des Teils 4 des GWB berücksichtigt. Wenngleich auch bereits nach dem früheren § 97 Abs. 4 S. 2 GWB aF derartige Aspekte für die Auftragsausführung berücksichtigt werden konnten, haben diese Gesichtspunkte mit der Novelle der EU-Vergaberichtlinien eine **neue Bedeutung** gewonnen.[162] Das europäische Vergaberecht formuliert nunmehr ausdr. das Ziel, „die öffentliche Auftragsvergabe in stärkerem Maße zur Unterstützung gemeinsamer gesellschaftlicher Ziele zu nutzen" (Erwgr. 2 der VRL). Dahinter steht ein **weiter Begriff der wachstumsfördernden Innovation:**

60a Hervorzuheben ist, „dass öffentliche Aufträge insbes. als Motor für Innovationen eine entscheidende Rolle spielen, was für das künftige Wachstum in Europa von großer Bedeutung ist" (Erwgr. 95 der VRL). „Forschung und Innovation, einschließlich Öko-Innovation und sozialer Innovation, gehören zu den Haupttriebkräften künftigen Wachstums und stehen im Mittelpunkt der Strategie „Europa 2020" für intelligentes, nachhaltiges und integratives Wachstum" (Erwgr. 47 der VRL). „Angesichts der zwischen einzelnen Sektoren und einzelnen Märkten bestehenden großen Unterschiede wäre es jedoch nicht sinnvoll, allgemein verbindliche Anforderungen an eine umweltfreundliche, soziale und innovative Beschaffung zu definieren" (Erwgr. 95 der VRL). „Öffentliche Auftraggeber sollten (daher) die öffentliche Auftragsvergabe strategisch optimal nutzen, um Innovationen voranzutreiben" (Erwgr. 47 der VRL).

61 Aus dem Vorstehenden ergibt sich bereits, dass die Einbeziehung sozialer, umweltbezogener und innovativer Aspekte bei der Vergabe **für den Auftraggeber nicht zwingend** ist. Wenngleich der Wortlaut des § 97 Abs. 3 GWB („werden ... berücksichtigt") eine Berücksichtigungspflicht nahelegt, steht es dem Auftraggeber frei, welche Aspekte in welche Phase des Vergabeverfahrens einbeziehen und wie diese Einbeziehung ausgestaltet wird. Die Zulässigkeit der Einbeziehung in der konkret gewählten Ausgestaltung richtet sich dann den **jew. einschlägigen vergaberechtlichen Vorschriften.** § 97 Abs. 3 GWB hat mithin eine bloße Hinweisfunktion und stellt selbst keinen Maßstab für die Prüfung der Zulässigkeit der Berücksichtigung sozialer, umweltbezogener und innovativer Aspekte bei der Vergabe zur Verfügung.

62 Soweit ausdr. rechtlich vorgegeben, kann **im Einzelfall auch eine Pflicht** des Auftraggebers zur Einbeziehung bestimmter Belange bestehen. Dies ist etwa der Fall

---

[161] So wohl auch BT-Drs. 18/6281, 68.
[162] Dazu Montoro Chiner/Sommermann/Ziekow, Soziale Rechte in Europa, 2016, S. 155 ff.

hinsichtl. der Anforderungen mit Blick auf die Energieeffizienz (§ 67 VgV) und der Berücksichtigung der Zugänglichkeitskriterien für Menschen mit Behinderungen (§ 121 Abs. 2 GWB).

Darüber hinaus enthalten die **Landesvergabegesetze** eine Reihe von Konstellationen, in denen ökologische und/oder soziale Aspekte berücksichtigt werden sollen: 63
- So werden die Auftraggeber häufig dazu verpflichtet, Aufträge nur an Unternehmen zu vergeben, die den Mindestlohn oder den jew. Tariflohn (§ 9 Abs. 1 S. 1 BerlAVG; § 6 BbgVergG; §§ 9 ff. BremTtVG; § 3 Abs. 1 und 2 HmbVgG; § 4 HVTG; § 4 Abs. 1 NTVergG; § 2 TVgG NRW; § 4 LTTG RLP; § 3 Abs. 1, 24 SaarlTFLG; § 11 Abs. 1 TVergG LSA; § 10 Abs. 1 ThürVgG), mindestens aber einen bezifferten Mindestlohn (§ 9 Abs. 1 Nr. 3 BerlAVG; § 6 Abs. 2 BbgVergG; § 9 BremTtVG; § 9 Abs. 4 VgG MV; § 3 LTTG RLP; § 3 Abs. 5 SaarlTFLG iVm § 1 MiLoG; § 4 Abs. 1 VergG SchlH) zu zahlen.
- Ein weiteres soziales Kriterium stellt die zumindest als Hinwirkungspflicht formulierte Berücksichtigung der ILO-Kernarbeitsnormen dar (§ 8 BerlAVG, § 18 Abs. 2 BremTtVG; § 3a HmbVgG; § 11 VgG MV; § 12 NTVergG; § 2a LTTG RLP; § 10 SaarlTFLG; § 13 TVergG LSA; § 11 ThürVgG).
- Als weitere soziale Gesichtspunkte finden sich die Förderung von Frauen bzw. der Chancengleichheit von Frauen und Männern in den bietenden Unternehmen (§ 13 BerlAVG; § 18 Abs. 3 BremTtVG;; § 11 Abs. 2 Nr. 2 NTVergG; § 5 Abs. 2 Nr. 3 TVergG LSA; § 13 ThürVgG) sowie die bevorzugte Berücksichtigung von Schwerbehinderte beschäftigenden oder fördernden (§ 18 Abs. 3 BremTtVG; § 11 Abs. 2 Nr. 1 NTVergG) und ausbildenden Unternehmen (§ 18 Abs. 3 BremTtVG; § 11 Abs. 2 Nr. 3 NTVergG; § 5 Abs. 2 Nr. 1 LVG LSA; § 13 ThürVgG) sowie die Beschäftigung von Langzeitarbeitslosen (§ 11 Abs. 2 Nr. 5 NTVergG).
- Die Pflicht zur Berücksichtigung ökologischer Kriterien und Vermeidung negativer Umweltauswirkungen wird entweder allg. vorgegeben (§ 7 Abs. 1 BerlAVG; § 19 Abs. 1 BremTtVG; § 3b HmbVgG) oder zumindest als Kann- oder Sollens-Vorschrift formuliert (§ 10 NTVergG; § 11 SaarlTFLG).

1. Fallkonstellationen

Der Kreis von Gesichtspunkten, aus dem sich in Vergabeverfahren zu berücksichtigende soziale, ökologische oder innovative Aspekte generieren lassen, ist weder definitorisch noch durch eine Aufzählung abschl. zu erfassen. Zusammenfassend wird man unter **sozialen Aspekten** alle Gesichtspunkte verstehen können, die die rechtlichen, wirtschaftlichen und kulturellen Lebensbedingungen von Personen oder Personengruppen sichern oder verbessern sollen. Als **ökologische Beschaffung** lässt sich ausweislich der Mitteilung der Kommission „Umweltorientiertes Öffentliches Beschaffungswesen" „ein Prozess (verstehen), in dessen Rahmen die staatlichen Stellen versuchen, Güter ... (und) Dienstleistungen ... zu beschaffen, die während ihrer gesamten Lebensdauer geringere Folgen für die Umwelt haben als vergleichbare Produkte mit der gleichen Hauptfunktion".[163] 64

In einer ersten **Systematisierung** lassen sich leistungsbezogene und auftragnehmerbezogene Anforderungen unterscheiden, wobei die gewählten Beispiele nahezu beliebig vermehrt werden können: 65

Leistungsbezogene Anforderungen sind etwa das Verlangen, 66
- dass die Leistung besonders zur Benutzung durch Behinderte geeignet ist,
- dass ein gelieferter Gegenstand bestimmten ökologischen Bedingungen genügt, zB ein Kfz nur eine bestimmte Menge Schadstoffe emittiert oder der Gegenstand recyclingfähig ist oder eine bestimmte ökologische Bilanz aufweist,

---

[163] KOM (2008) 400 v. 16.7.2008, Nr. 3.1.

- dass der gelieferte Gegenstand nicht aus Kinderarbeit stammt,
- dass bei der Erbringung der Leistung Langzeitarbeitslose eingesetzt oder Tarif- bzw. Mindestlöhne gezahlt werden, oder
- dass bei der Durchführung eines Auftrags, zB einer Transportleistung, nur eine bestimmte Menge Emissionen freigesetzt wird.

67 Als **auftragnehmerbezogene Anforderungen** könnten genannt werden die Bevorzugung von Unternehmen,
- die sich tariftreu verhalten,
- die eine Mindestquote von Ausbildungsplätzen oder von Arbeitsplätzen für ältere Beschäftigte oder für Menschen mit Behinderungen zur Verfügung stellen,
- die aktiv Maßnahmen zur Gleichstellung von Frauen und Männern, zB Quotierungen von Führungspositionen zugunsten der Frauenförderung, durchführen,
- die familienfreundliche Unternehmenskonzepte verfolgen,
- die eine bestimmte Gesamtemissionsmenge nicht überschreiten, oder
- die ein Umweltmanagementsystem anwenden.

2. Zulässigkeit sozialer, ökologischer und innovativer Aspekte

68 Die Einbeziehung insbes. sozialer und ökologischer Aspekte bei der Vergabe kann in **allen Phasen der Vergabe** erfolgen, in der Leistungsbeschreibung ebenso wie bei den bieterbezogenen Kriterien, als Zuschlagskriterien oder als Ausführungsbedingungen. Die Zulässigkeit der Einbeziehung in der konkret gewählten Form bemisst sich nach den **für die betr. Phase anzuwendenden Vorschriften** und wird dort im jew. Kontext behandelt (zu den Eignungskriterien → § 122 Rn. 33 ff.; zu Leistungsbeschreibung und Zuschlagskriterien → § 127 Rn. 36 ff.; zu den Ausführungsbedingungen → § 128 Rn. 12 ff.). Diese Ebenen dürfen nicht miteinander vermengt werden. Zwar mag es im Einzelfall denkbar sein, dass der gleiche umwelt- oder sozialpolitische Effekt ebenso gut auch auf einer anderen als der gewählten Ebene erzielt werden könnte. Doch hängt die Zulässigkeit eines Kriteriums davon ab, das es gerade auf der Stufe, auf der es in concreto verortet worden ist, in der gewählten Weise zulässig ist.[164] Eine Alternativprüfung nach dem Motto „Wenn das Kriterium nicht als Eignungskriterium zulässig ist, dann aber als Ausführungsbedingung" gibt es nicht. Ergänzend enthalten auch die Landesvergabegesetze diesbzgl. relevante Bestimmungen.

69 Für jede Form der Einbeziehung erforderlich ist ein **Bezug zum jew. Auftragsgegenstand**. Auch dieser Bezug ist hinsichtl. seines Gehalts für die jew. einschlägige Ebene der bei der Vergabe gestellten Anforderungen zu bestimmen. Erwgr. 97 der VRL formuliert allerdings eine allgemeingültige Grenze des Bezugs zum Auftragsgegenstand:

> „Die Bedingung eines Bezugs zum Auftragsgegenstand schließt allerdings Kriterien und Bedingungen bezüglich der allgemeinen Unternehmenspolitik aus, da es sich dabei nicht um einen Faktor handelt, der den konkreten Prozess der Herstellung oder Bereitstellung der beauftragten Bauleistungen, Lieferungen oder Dienstleistungen charakterisiert. Daher sollte es öffentlichen Auftraggebern nicht gestattet sein, von Bietern eine bestimmte Politik der sozialen oder ökologischen Verantwortung zu verlangen."

69a Ein in erster Linie auf die Unternehmensorganisation abstellender Ansatz wird durch das Gesetz über die unternehmerischen Sorgfaltspflichten zur Vermeidung von Menschenrechtsverletzungen in Lieferketten (**Lieferkettensorgfaltsgesetz –** LkSG) formuliert. Das LkSG, das für Unternehmen gilt, die ihren Hauptsitz oder eine Zweigniederlassung im Inland haben und dort mindestens 3.000 (ab 1.1.2024:

---

[164] OLG Düsseldorf 13.8.2014 – Verg 13/14, BeckRS 2014, 16548 = VergabeR 2014, 803 (806).

Grundsätze der Vergabe § 97 GWB

1.000) Arbeitnehmer beschäftigen (§ 1 Abs. 1 LkSG), enthält eine Reihe von Anforderungen vor allem an die Organisation von Unternehmen. In sachlicher Hinsicht unterscheidet das Gesetz zwischen **menschenrechtsbezogenen und umweltbezogenen Risiken,** die die in den Nrn. 1–11 der Anlage zu LkSG benannten Rechtspositionen betreffen (§ 2 Abs. 1 LkSG). Die in der genannten Anlage erfassten völkerrechtlichen Übereinkommen sind vor allem die ILO-Kernarbeitsnormen sowie weitere menschenrechtliche sowie bestimmte umweltbezogene Übereinkommen.

Zentrale Anforderung des LkSG an die erfassten Unternehmen ist die Gestaltung der Lieferketten der Unternehmen in der Weise, dass menschenrechtliche und umweltbezogene Sorgfaltspflichten beachtet und diesbzgl. Risiken vorgebeugt bzw. sie minimiert werden sowie bestehende Verletzungen menschenrechtsbezogener oder umweltbezogener Pflichten beendet werden (§ 3 Abs. 1 S. 1 LkSG). Pflichtige Elemente, um dieser Anforderung gerecht zu werden, sind 69b
– die Einrichtung eines Risikomanagements (§ 4 Abs. 1 LkSG),
– die Festlegung einer betriebsinternen Zuständigkeit (§ 4 Abs. 3 LkSG),
– die Durchführung regelmäßiger Risikoanalysen (§ 5 LkSG),
– die Abgabe einer Grundsatzerklärung (§ 6 Abs. 2 LkSG),
– die Verankerung von Präventionsmaßnahmen im eigenen Geschäftsbereich (§ 6 Abs. 1, 3 LkSG) sowie ggü. unmittelbaren Zulieferern (§ 6 Abs. 4 LkSG),
– das Ergreifen von Abhilfemaßnahmen (§ 7 Abs. 1–3 LkSG),
– die Einrichtung eines Beschwerdeverfahrens (§ 8 LkSG),
– die Umsetzung von Sorgfaltspflichten in Bezug auf Risiken bei mittelbaren Zulieferern (§ 9 LkSG) und
– die Dokumentation und die Berichterstattung (§ 10 Abs. 1, 2 LkSG).

Von unmittelbarer **vergaberechtlicher Bedeutung** sind Verletzungen der durch 69c das LkSG den erfassten Unternehmen auferlegten Pflichten iSv § 24 Abs. 1 LkSG dann, wenn der Verstoß mit einer Geldbuße von mindestens 175.000 Euro belegt worden ist oder die spezifischen Voraussetzungen nach § 22 Abs. 2 S. 2 LkSG vorliegen (§ 22 Abs. 2 LkSG). In diesen Fällen sollen die betr. Unternehmen bis zur nachgewiesenen Selbstreinigung nach § 125 GWB ausgeschlossen werden (§ 22 Abs. 1 LkSG). Darüber hinaus kommt dem Pflichtenregime des LkSG insofern eine mittelbare vergaberechtliche Bedeutung zu, als diese Pflichten in der Form von Eignungs-, Zuschlags- oder Ausführungskriterien in das Vergabeverfahren eingeführt werden können.

IV. Förderung mittelständischer Interessen (Abs. 4)

S. 1 des § 97 Abs. 4 GWB verlangt, **mittelständische Interessen vornehmlich** 70 **zu berücksichtigen.** Von dem in S. 2 formulierten Gebot, Leistungen in Teillosen oder Fachlosen zu vergeben, lässt S. 3 eine Ausnahme in Form der Zusammenfassung mehrerer Lose zu, wenn wirtschaftliche oder technische Gründe dies erfordern. S. 4 verlangt, dass ein mit der Durchführung einer öffentlichen Aufgabe betrautes Unternehmen ohne die Eigenschaft eines öffentlichen Auftraggebers zur Beachtung der vorstehenden Regelungen der S. 1–3 zu verpflichten ist, wenn es Unteraufträge an Dritte vergibt.

Durch das Gebot, mittelständische Interessen bei der Vergabe besonders zu 71 berücksichtigen, entsteht **kein Konflikt mit dem EU-Recht.**[165] Zwar sieht Art. 46 Abs. 1 VRL nur eine Pflicht der öffentlichen Auftraggeber vor, das Unterlassen einer Losaufteilung zu begründen. Jedoch ermöglicht es Art. 46 Abs. 4 VRL

---

[165] Brückner, Die Mittelstandsförderung im Vergaberecht, 2015, S. 211 ff.; Kaltenborn GewArch 2006, 321 ff.

den Mitgliedstaaten, die Vergabe von Aufträgen in Form von getrennten Losen vorzuschreiben, sofern dies im Einklang mit dem Unionsrecht erfolgt. Laut Erwgr. 78 der VRL ist die Losaufteilung explizit als Instrument zu verstehen, um kleineren und mittleren Unternehmen (KMU) die Beteiligung an Vergabeverfahren zu erleichtern. Des Weiteren enthält § 97 Abs. 4 GWB kein Gebot zur Bevorzugung mittelständischer Unternehmen oder lässt eine solche Bevorzugung auch nur zu.[166] Die Zugehörigkeit eines Bieters zum Mittelstand ist daher weder als Eignungs- noch als Zuschlagskriterium ausgestaltbar.[167] § 97 Abs. 4 GWB betrifft lediglich die **Erweiterung des Kreises potenzieller Bieter** auf mittelständische Unternehmen durch eine Ausgestaltung des Auftrags und des Verfahrens seiner Vergabe.[168] Eine Ungleichbehandlung von Unternehmen erfolgt hierdurch nicht.

1. Berücksichtigung mittelständischer Interessen

72 § 97 Abs. 4 S. 1 GWB verlangt, mittelständische Interessen bei der Vergabe öffentlicher Aufträge **vornehmlich zu berücksichtigen.** Die Verselbständigung dieses Gebots ggü. den Regelungen über die Losvergabe in S. 2 und 3 kann nur dahingehend verstanden werden, dass die losweise Vergabe eine, aber nicht die einzige Form der Berücksichtigung mittelständischer Interessen ist.[169]

73 Dem öffentlichen Auftraggeber wird daher durch § 97 Abs. 4 S. 1 GWB die umfassende Prüfung aufgegeben, welche **Möglichkeiten zur Berücksichtigung mittelständischer Interessen** zur Verfügung stehen.[170] Dabei hat sich der Auftraggeber zunächst damit auseinanderzusetzen, welche Unternehmen an der Erbringung von Lieferungen oder Leistungen der betr. Art Interesse haben könnten. Art der Lieferung oder Leistung und Marktstruktur auf Anbieterseite sind also einander gegenüberzustellen. Anschließend hat der Auftraggeber zu ermitteln, ob sich unter den potenziellen Anbietern mittelständische Unternehmen befinden.

74 Was unter Interessen zu verstehen ist, die gerade mittelständischen Unternehmen zuzuordnen sind, lässt sich weder dem Gesetzestext noch der Begründung des Gesetzentwurfs entnehmen. Es darf aber vermutet werden, dass damit auf den in Erwgr. 78 und 79 der VRL im Kontext der Losaufteilung verwendeten Begriff der **„kleinen und mittleren Unternehmen"** (KMU) rekurriert wird. Dass der Kreis der KMU nicht subsumtionsscharf abgrenzbar ist, sondern sich unterschiedliche Beschreibungen von Indikatoren befinden,[171] ist für die Anwendung des Abs. 4 S. 1 unproblematisch. Insoweit reicht es aus, wenn sich der öffentliche Auftraggeber an den **Empfehlungen der Europäischen Kommission** orientiert, die KMU unterhalb einer Beschäftigtenzahl von 250 Arbeitskräften und eines Jahresumsatzes von 50 Millionen Euro verorten.[172] Diese Größenordnungen stellen keine trennscharfen Definitionen oder fixen Grenzen dar, sondern sind vom Auftraggeber an die Spezifika des jew. Auftrags und der konkreten Marktstruktur der betr. Branche

---

[166] Burgi NZBau 2006, 606 (609).
[167] Leinemann Neues VergabeR Rn. 35.
[168] OLG Düsseldorf 8.9.2004 – VII-Verg 38/04, NZBau 2004, 688 (689).
[169] OLG Düsseldorf 14.11.2012 – VII-Verg 42/12, BeckRS 2013, 2327 = VergabeR 2012, 482 (499); Brückner, Die Mittelstandsförderung im Vergaberecht, 2015, S. 141 f.
[170] Krause, Mittelstandsförderung im Vergaberecht, 2015, S. 78.
[171] Vgl. dazu nur Ziekow, Möglichkeiten zur Verbesserung der Standortbedingungen für kleinere und mittlere Unternehmen durch Einführung von Genehmigungsfiktionen, 2008, S. 20 f.
[172] Art. 2 Abs. 1 des Anhangs der Empfehlung der Kommission v. 6.5.2003 betr. die Definition der Kleinstunternehmen sowie der kleinen und mittleren Unternehmen, ABl. 2003 L 124, 36. Auf diese Definition von KMU verweist bspw. Art. 83 Abs. 3 UAbs. 4 VRL.

Grundsätze der Vergabe § 97 GWB

anzupassen.[173] Hiergegen kann auch nicht eingewandt werden, es handele sich um einen „allgemein gebräuchlichen volkswirtschaftlichen Begriff".[174] Dies macht ein Blick auf die in verschiedenen Zusammenhängen mit dem Begriff des Mittelstandes verbundenen sehr disparaten Kategorien deutlich. Dem gesetzgeberischen Anliegen ist bereits dann Genüge getan, wenn der Auftraggeber sich mit diesen Aspekten auseinandersetzt und auf dieser Grundlage zu einer **vertretbaren Abgrenzung des Kreises mittelständischer Interessen** kommt.

Anschließend hat der Auftraggeber – im Rahmen seiner Möglichkeiten – zu 75 ermitteln, inwieweit sich die mittelständischen von den Interessen anderer an dem Auftrag potenziell interessierter Unternehmen unterscheiden. Auf der letzten Stufe des durch § 97 Abs. 4 S. 1 GWB intendierten Prüfprogramms ist vor dieser Folie schließlich ein **Szenario von denkbaren Maßnahmen,** die den spezifischen mittelständischen Interessen an einer Beteiligung an dem Vergabeverfahren gerecht werden, zu entfalten. **Ausgangspunkt ist die losweise Vergabe** nach Abs. 4 S. 2 und S. 4. Reicht sie aus, um den mittelständischen Interessen hinreichend Rechnung zu tragen, so brauchen andere Maßnahmen, die als in Betracht kommend ermittelt wurden, nicht ergriffen zu werden. Beispiele für weitere Maßnahmen enthält der „Europäische Leitfaden für bewährte Verfahren (Code of Best Practice) zur Erleichterung des Zugangs kleiner und mittlerer Unternehmen (KMU) zu öffentlichen Aufträgen".[175] Unzulässig sind Maßnahmen, die gegen den Gleichbehandlungsgrundsatz verstoßen. Ein solcher Verstoß würde zB darin liegen, in Verfahren mit vorgeschaltetem Teilnahmewettbewerb eine bestimmte Zahl mittelständischer Unternehmen oder von solchen gebildeter Bietergemeinschaften für die nächste Verfahrensphase zu „setzen".[176] Umgekehrt steht § 97 Abs. 4 S. 1 GWB Gestaltungen des Vergabeverfahrens entgegen, die die Möglichkeiten von KMU, sich als Bietergemeinschaft zu bewerben, unangemessen einschränkt.[177] Entsprechendes gilt für übersteigerte Anforderungen an die Verfügbarkeit der Ressourcen anderer Unternehmen iRd Eignungsleihe[178] (→ VgV § 47 Rn. 9 ff.).

§ 97 Abs. 4 S. 1 GWB ist **bieterschützend** iSv § 97 Abs. 6 GWB, allerdings nur 76 für Unternehmen, die **Träger mittelständischer Interessen** sind, also KMU. Ein Verstoß gegen jene Vorschrift liegt nur dann vor, wenn der öffentliche Auftraggeber seiner Prüfungspflicht nicht genügt hat und die Struktur und Reichweite der mittelständischen Interessen in unvertretbarer Weise verkannt und/oder die zum Schutz mittelständischer Interessen in Betracht kommenden Maßnahmen nicht ermittelt oder nicht zum Einsatz gebracht hat.

2. Losweise Vergabe

§ 97 Abs. 4 S. 2 GWB verlangt von dem öffentlichen Auftraggeber, Leistungen in 77 der Menge aufgeteilt oder getrennt nach Art oder Fachgebiet zu vergeben. Ausweislich des Wortlauts („sind") gilt das **Gebot ohne Ermessensspielraum.** Es muss deshalb

---

[173] OLG Düsseldorf 21.3.2012 – VII-Verg 92/11, NZBau 2012, 515 (517); OLG Schleswig 25.1.2013 – 1 Verg 6/12, BeckRS 2013, 2485 = VergabeR 2013, 460 (464); VK Bund 4.3.2009 – VK 2–202/08, VK 2–205/08, BeckRS 2009, 10947; 12.12.2014 – VK 2–101/14, VPRRS 2015, 0006; VK Sachsen 26.7.2016 – 1/SVK/014-16, BeckRS 2016, 15610; Dreher NZBau 2005, 427 (428).
[174] So aber OLG Karlsruhe 6.4.2011 – 15 Verg 3/11, NZBau 2011, 567 (570 f.).
[175] SEC(2008) 2193, http://ec.europa.eu/internal_market/publicprocurement/docs/sme_code_of_best_practices_de.pdf.
[176] AM RKPP/Kus GWB § 97 Rn. 76.
[177] OLG Celle 12.4.2016 – 13 Verg 1/16, BeckRS 2016, 103404 = VergabeR 2016, 502 (506).
[178] EuGH 14.1.2016 – C-234/14, NVwZ 2016, 295 Rn. 24 ff. – Ostas celtnieks.

Ziekow

eine Losvergabe erfolgen, sofern nicht ausnahmsweise nach S. 3 verfahren werden kann.[179] Eine tatbestandsimmanente Beschränkung des Gebots, wenn „die Aufteilung der Leistung schlichtweg praxisfern wäre", ist § 97 Abs. 4 GWB nicht zu entnehmen.[180] Der Auftraggeber kann auch nicht mehr darauf verweisen, er habe den mittelständischen Interessen in anderer Weise als durch Losaufteilung, zB durch die Einräumung der Möglichkeit zur Bildung von Bietergemeinschaften oder die Einbeziehung als Nachunternehmer, Rechnung getragen.[181] Die Losaufteilung hat mittelständische Unternehmen vielmehr gerade in die Lage zu versetzen, sich **eigenständig und nicht nur in Bietergemeinschaften** zu bewerben.[182] Die genannten Überlegungen werden dem Auftraggeber zusätzlich zur Losaufteilung abverlangt.

78 Die Regeln des § 97 Abs. 4 S. 2 GWB gelten uneingeschränkt für (allgemeine) **öffentliche Aufträge** und Sektorenaufträge, jedoch – wie der Vergleich der Anwendungsbereiche von § 97 Abs. 1 GWB einerseits und Abs. 4 andererseits verdeutlicht – **nicht für Konzessionen**.[183] Dies schließt es nicht aus, dass auch Konzessionen losweise vergeben werden (vgl. § 2 Abs. 6 KonzVgV). Die Einzelheiten der losweisen Vergabe für öffentliche Aufträge ab Erreichen der Schwellenwerte regelt § 30 VgV (→ VgV § 30 Rn. 1 ff.) und entspr. für Bauaufträge § 5 EU Abs. 2 Nr. 3 VOB/A. Für Vergaben unterhalb der Schwellenwerte enthalten § 2 Abs. 4 und § 22 UVgO den § 97 Abs. 4 GWB, § 30 VgV und § 5 Abs. 2 VOB/A diesen Bestimmungen teilw. entspr. Regelungen.

79 Unter **Teillosen** versteht § 97 Abs. 4 S. 2 GWB die Aufteilung von Leistungen in der Menge. Eine Aufteilung in Teillose unterteilt den Auftrag quantitativ, zerlegt also den **Gesamtauftrag in Teilmengen**, die iW qualitativ gleichartig sind. Auch eine räumliche Aufteilung eines größeren Bauvorhabens in mehrere Teilabschnitte ist eine Bildung von Teillosen.[184]

80 Bei der Bildung von **Fachlosen** wird die zur Vergabe anstehende Leistung nach **Art oder Fachgebiet**, dh qualitativ, aufgeteilt. Sie orientiert sich an der Tätigkeitsstruktur der potenziellen Bieterunternehmen unter Berücksichtigung der gewerberechtlichen Vorschriften und des – auch regional – Üblichen.[185] Von Relevanz ist insoweit auch, ob ein **eigener Markt für spezielle Arbeiten** existiert,[186] wobei diese Arbeiten nicht untrennbar mit anderen Arbeiten verflochten

---

[179] BT-Drs. 16/10117, 15; Ortner VergabeR 2011, 677 (680).

[180] AM Manz/Schönwälder NZBau 2012, 465 (467).

[181] So für § 97 Abs. 3 aF OLG Brandenburg 27.11.2008 – Verg W 15/08, NZBau 2009, 337 (340).

[182] OLG Düsseldorf 4.3.2004 – VII-Verg 8/04, BeckRS 2009, 7999 = VergabeR 2004, 511 (513); OLG Karlsruhe 6.4.2011 – 15 Verg 3/11, NZBau 2011, 567 (570); OLG Schleswig 30.10.2012 – 1 Verg 5/12, ZfBR 2013, 69; VK Bund 12.12.2014 – VK 2–101/14, VPRRS 2015, 0006.

[183] VK Südbayern 24.7.2018 – Z3-3-3194-1-11-04/18, IBRRS 2018, 2663.

[184] OLG Düsseldorf 23.3.2011 – VII-Verg 63/10, NZBau 2011, 369 (371).

[185] OLG Düsseldorf 23.3.2011 – VII-Verg 63/10, NZBau 2011, 369 (370); 25.5.2022 – VII-Verg 33/21, NZBau 2023, 60 Rn. 33; OLG Koblenz 16.9.2013 – 1 Verg 5/13, BeckRS 2013, 16569 = VergabeR 2014, 28 (29); VK Bund 10.3.2022 – VK 1–19/22, BeckRS 2022, 9673 Rn. 47.

[186] KG 26.3.2019 – Verg 16/16, BeckRS 2019, 39604 Rn. 14; OLG Düsseldorf 23.3.2011 – VII-Verg 63/10, NZBau 2011, 369 (370); 11.1.2012 – VII-Verg 52/11, NZBau 2012, 324 (325); 25.5.2022 – VII-Verg 33/21, NZBau 2023, 60 Rn. 33; OLG Schleswig 25.1.2013 – 1 Verg 6/12, BeckRS 2013, 2485 = VergabeR 2013, 460 (465); OLG Naumburg 14.3.2013 – 2 Verg 8/12, BeckRS 2013, 7440 = VergabeR 2013, 777 (784); OLG Koblenz 16.9.2013 – 1 Verg 5/13, BeckRS 2013, 16569 = VergabeR 2014, 28 (29); VK Bund 7.12.2015 – VK 2–105/15, ZfBR 2016, 292 (294); 9.5.2017 – VK 2–34/17, BeckRS 2017, 111388; 10.3.2022 – VK 1–19/22, BeckRS 2022, 9673 Rn. 47.

sein dürfen.[187] Bereits hieraus wird deutlich, dass die Herauslösbarkeit einer bestimmten Tätigkeit als Fachlos nicht statisch fixiert ist, sondern sich dynamisch in **Abhängigkeit von sich ändernden Marktverhältnissen** entwickelt.[188] Dies stellt den Auftraggeber vor das Problem, im Zuge der Erstellung der Ausschreibung dieser Marktdynamik nachgehen und daraus Folgerungen für den Zuschnitt von Fachlosen ziehen zu müssen. Diesbzgl. wird man ihm keine detaillierte Marktanalyse, sondern nur ein Vorgehen auf der Grundlage der für ihn erkennbaren Entwicklungen abfordern können. Insoweit entspricht es einer teleologiegeleiteten Handhabung des § 97 Abs. 4 S. 2 GWB, dass sich der Auftraggeber von seinen Erfahrungen zur Erreichung eines möglichst großen Bieterkreises leiten lässt.[189] Zu weit geht es allerdings, hieraus abzuleiten, dass „je mehr Unternehmen (noch) Gesamtleistungen aus einer Hand anbieten, (es) desto eher ... gerechtfertigt sein (wird), von einer Fachlosvergabe abzusehen".[190] § 97 Abs. 4 S. 2 GWB ist kein Hilfsinstrument zur Abfederung von Marktfragmentierungen, sondern gebietet gerade den Schutz derjenigen Unternehmen, die keine Gesamtvergabe anbieten können – seien sie in der Minderheit oder nicht.

Obwohl § 97 Abs. 4 S. 2 GWB davon spricht, dass Leistungen aufgeteilt nach Teil- und Fachlosen zu vergeben sind, ist die **Aufteilung nicht erst beim Zuschlag** vorzunehmen, sondern bereits Grundlage der Ausschreibung. Die losweise Aufteilung einer zunächst als Gesamtheit ausgeschriebenen Leistung verstößt gegen den Gleichbehandlungsgrundsatz.[191] Seine Erwägungen zur losweisen Aufteilung hat der Auftraggeber zu dokumentieren.[192] **81**

a) Aufteilung in Teil- und Fachlose. Das Gebot zur Aufteilung in Teil- und/ oder Fachlose bezieht sich auf „Leistungen". Unter einer Leistung idS ist der **Beschaffungsbedarf** zu verstehen, wie ihn der öffentliche Auftraggeber iRd ihm zustehenden Ermessens (→ § 127 Rn. 6 ff.) definiert hat. Der Auftraggeber ist durch § 97 Abs. 4 S. 2 GWB nicht gehalten, seinen Bedarf so zu formulieren, dass er auch durch mittelständische Unternehmen befriedigt werden kann. Allerdings zählen zu den von dem Auftraggeber im Rahmen seiner Ermessensausübung bei der Festlegung des Leistungsprofils zu berücksichtigenden Gesichtspunkten auch die mittelständischen Interessen.[193] Eine Beschreibung des Leistungsprofils, die die in Betracht kommenden mittelständischen Interessen nicht zureichend ermittelt oder verkürzt abgewogen hat, ist von der Freiheit des Auftraggebers zur Festlegung seines Beschaffungsbedarfs nicht mehr gedeckt. Allerdings sind damit der Beschaffungsfreiheit des Auftraggebers nur äußerste Grenzen gesetzt. Er ist insbes. nicht verpflichtet, die Definition der von ihm zu beschaffenden Leistungen mit Blick auf mittelständische Interessen zu optimieren. Ebenso wenig hindert das Gebot der losweisen Vergabe die Bündelung von Bedarfen verschiedener Auftraggeber in der Ausschreibung eines einzigen öffentlichen Auftrags, da dieses Gebot erst dann eingreift, wenn der Beschaffungsbedarf definiert worden ist.[194] **82**

---

[187] OLG München 9.4.2015 – Verg 1/15, NZBau 2015, 446.
[188] OLG Düsseldorf 23.3.2011 – VII-Verg 63/10, NZBau 2011, 369 (370); 11.1.2012 – VII-Verg 52/11, NZBau 2012, 324 (325).
[189] OLG Düsseldorf 23.3.2011 – VII-Verg 63/10, NZBau 2011, 369 (370).
[190] So aber OLG Düsseldorf 23.3.2011 – VII-Verg 63/10, NZBau 2011, 369 (370).
[191] OLG Jena 15.7.2003 – 6 Verg 7/03, BeckRS 2003, 7365 = VergabeR 2003, 683 (685).
[192] OLG Düsseldorf 17.3.2004 – VII Verg 1/04, NVwZ 2004, 1146.
[193] OLG Jena 6.6.2007 – 9 Verg 3/07, BeckRS 2007, 13853 = VergabeR 2007, 677 (679); OLG Celle 26.4.2010 – 13 Verg 4/10, BeckRS 2010, 14388 = VergabeR 2010, 661 (663); Manz/Schönwälder NZBau 2012, 465 (466).
[194] OLG Schleswig 30.10.2012 – 1 Verg 5/12, ZfBR 2013, 69.

83 Erst innerhalb der Grenzen dieser vom Auftraggeber festgelegten Leistung stellt sich dann auf einer **zweiten Stufe** die Frage, ob diese Leistung entspr. dem Grundsatz des Abs. 4 S. 2 losweise zu vergeben ist oder ob eine Ausnahme nach S. 3 eingreift.[195] Kann oder will sich der Auftraggeber nicht auf § 97 Abs. 4 S. 3 GWB stützen, so hat er eine Losaufteilung vorzunehmen. **Maßstäbe der Aufteilung** hinsichtl. Anzahl und Größe sind die Erbringbarkeit der durch die Lose definierten Teilleistungen durch mittelständische Unternehmen, die Sachgerechtigkeit und Üblichkeit der Abgrenzung der Leistungen sowie die Klarheit der Mängelhaftung. Bei der Gewichtung dieser Gesichtspunkte kommt dem Auftraggeber ein **Bewertungsspielraum** zu.[196] Es ist deshalb bspw. nicht geboten, die Lose kleinstmöglich zu fassen[197] oder so passgenau zuzuschneiden, dass jedem einzelnen in diesem Fachgebiet tätigen Unternehmen die Abgabe eines Angebots ermöglicht wird.[198] Ist aber der betr. Markt bspw. in der Weise strukturiert, dass überregionale Leistungen von mittelständischen Unternehmen alleine nicht erbracht werden können, sondern sie hierfür Kooperationen eingehen müssten, so ist ein Loszuschnitt in überregionale Leistungen unzulässig.[199] Gleiches gilt für einen Loszuschnitt, der für die am Markt tätigen mittelständischen Unternehmen ohne Nachunternehmereinsatz nicht bewältigt werden kann.[200] Das BMWi hat zur Unterstützung einer mittelstandsgerechten Losaufteilung ein **Onlineberechnungs-Tool**[201] entwickeln lassen, dessen Nutzung durch einen Leitfaden[202] erläutert wird.

84 Dies bedeutet allerdings nicht, dass bereits jede Losaufteilung den durch § 97 Abs. 4 S. 2 GWB formulierten Anforderungen genügt. Eine solche unbegrenzte Freiheit des Auftraggebers ließe sich auch nicht Erwgr. 78 der VRL entnehmen, wonach „die Größe und der Gegenstand der Lose durch den öffentlichen Auftraggeber frei bestimmt werden" sollten. Macht nämlich ein EU-Mitgliedstaat von der Ermächtigung des Art. 46 Abs. 4 VRL Gebrauch, die losweise Vergabe verbindlich vorzugeben, so kann er ausweislich dieser Vorschrift auch die **Bedingungen festlegen,** unter denen die losweise Vergabe zu erfolgen hat.

85 Dementsprechend reicht es nicht aus, dass durch die Aufteilung überhaupt ein mittelständisches Unternehmen angesprochen wird.[203] Der Auftraggeber hat sich vielmehr damit auseinanderzusetzen, durch welchen Zuschnitt der Lose er eine **möglichst große Zahl von Unternehmen** zur Abgabe von Angeboten ermutigen

---

[195] OLG Jena 6.6.2007 – 9 Verg 3/07, BeckRS 2007, 13853 = VergabeR 2007, 677 (679 f.); OLG Celle 26.4.2010 – 13 Verg 4/10, BeckRS 2010, 14388 = VergabeR 2010, 661 (663).

[196] OLG Düsseldorf 14.2.2011 – Verg 5/11, BeckRS 2011, 18631; 23.3.2011 – VII-Verg 63/10, NZBau 2011, 369 (371); OLG Karlsruhe 6.4.2011 – 15 Verg 3/11, NZBau 2011, 567 (570); OLG Naumburg 14.3.2013 – 2 Verg 8/12, BeckRS 2013, 7440 = VergabeR 2013, 777 (784).

[197] VK Bund 9.1.2008 – VK 3–145/07, VPRRS 2013, 1784.

[198] OLG Düsseldorf 14.2.2011 – Verg 5/11, BeckRS 2011, 18631; 21.3.2012 – VII-Verg 92/11, NZBau 2012, 515 (516); 25.4.2012 – Verg 100/11, ZfBR 2012, 608 (609); OLG Karlsruhe 6.4.2011 – 15 Verg 3/11, NZBau 2011, 567 (571); OLG Schleswig 25.1.2013 – 1 Verg 6/12, BeckRS 2013, 2485 = VergabeR 2013, 460 (465); VK Bund 12.12.2014 – VK 2–101/14, VPRRS 2015, 0006; VK Hessen 1.6.2011 – 69d VK-20/2011, juris.

[199] OLG Schleswig 25.1.2013 – 1 Verg 6/12, BeckRS 2013, 2485 = VergabeR 2013, 460 (464).

[200] OLG Schleswig 25.1.2013 – 1 Verg 8/12, ZfBR 2013, 294 (295); VK Sachsen 26.7.2016 – 1/SVK/014-16, BeckRS 2016, 15610.

[201] Abrufbar unter http://www.bmwi.de/Redaktion/DE/Downloads/berechnungshilfe.html.

[202] Abrufbar unter http://www.bmwi.de/Redaktion/DE/Downloads/J-L/leitfaden-mittelstandsgerechte-teillosbildung.html.

[203] AM wohl OLG Schleswig 30.10.2012 – 1 Verg 5/12, ZfBR 2013, 69.

Grundsätze der Vergabe § 97 GWB

kann. Die so ermittelte Losgröße ist Ausgangspunkt für die im Folgenden vorzunehmende **Entscheidung über die auszuschreibende Losgröße,** in die zusätzlich auch das Interesse des Auftraggebers an einer wirtschaftlichen Beschaffung einzustellen ist. Dies bedeutet mithin keinen Vorrang der Interessen kleinerer Unternehmen bei der Festlegung der Losgröße,[204] wohl aber die Notwendigkeit, sich spezifisch auch mit den Interessen der kleineren Unternehmen auseinanderzusetzen. Auf der anderen Seite darf der öffentliche Auftraggeber zulässigerweise berücksichtigen, ab welcher Losgröße er einen europaweiten Wettbewerb mit einer größeren Zahl von Angeboten erreicht.[205] Dabei ist er selbst dann nicht dazu verpflichtet, die Interessen von Unternehmen mit einem bestimmten Leistungsportfolio zu berücksichtigen, wenn dadurch eine Vergrößerung des Kreises der Wettbewerber erreicht würde.[206]

Dies hat auch Bedeutung für das **Verhältnis zwischen Teillos- und Fachlosauftteilung.** Zwar ist es zutreffend, dass § 97 Abs. 4 S. 2 GWB kein Rangverhältnis zwischen Teil- und Fachlosen statuiert. Doch ist unverkennbar, dass die Fachlos- in deutlich höherem Maße als Teillosvergabe geeignet ist, eine größere Zahl besonders qualifizierter Unternehmen in den Beschaffungsprozess einzubinden.[207] Hieraus erhellt, dass die Pflicht des öffentlichen Auftraggebers, sich in der geschilderten Weise auch mit der Fachlosbildung auseinanderzusetzen, nicht dadurch ausgeschlossen wird, dass er eine Teillosaufteilung vorgenommen hat.[208] Ergibt diese Prüfung jedoch, dass den mittelständischen Interessen bereits hinreichend durch die Teillosbildung Rechnung getragen wird, so ist eine zusätzliche Fachlosaufteilung nicht geboten.[209] 86

Die losweise Vergabe kann ausweislich des § 30 VgV auch in den bisher sog. Formen der **Loslimitierung** (→ VgV § 30 Rn. 3 ff.) und der **Gesamtvergabe** (→ VgV § 30 Rn. 7 f.) erfolgen. 87

b) Zulässigkeit der gemeinsamen Vergabe mehrerer Lose. Ausweislich des § 97 Abs. 4 S. 3 GWB dürfen mehrere Teil- oder Fachlose zusammen vergeben werden, wenn **wirtschaftliche oder technische Gründe** dies erfordern. Für das Vorliegen derartiger Gründe genügt es nicht, dass vertretbare[210] oder jedenfalls überwiegende[211] Gründe für eine Gesamtvergabe sprechen.[212] Das gesetzgeberische Ziel, den **Mittelstandsschutz zu verbessern,** würde verfehlt, wenn eine Über- 88

---

[204] OLG Karlsruhe 6.4.2011 – 15 Verg 3/11, NZBau 2011, 567 (572).
[205] OLG Schleswig 25.1.2013 – 1 Verg 6/12, BeckRS 2013, 2485 = VergabeR 2013, 460 (465).
[206] AM wohl zumindest für ehedem monopolistisch strukturierte Märkte VK Bund 15.7.2021 – VK 1–54/21, BeckRS 2021, 35589 Rn. 46 f.
[207] Horn NZBau 2011, 601 (602).
[208] OLG Düsseldorf 11.1.2012 – VII-Verg 52/11, NZBau 2012, 324 (325); OLG Koblenz 4.4.2012 – 1 Verg 2/11, NZBau 2012, 598 (599); OLG Schleswig 25.1.2013 – 1 Verg 6/12, BeckRS 2013, 2485 = VergabeR 2013, 460 (465); OLG Naumburg 14.3.2013 – 2 Verg 8/12, BeckRS 2013, 7440 = VergabeR 2013, 777 (785); VK Sachsen 26.7.2016 – 1/SVK/014-16, BeckRS 2016, 15610.
[209] OLG Düsseldorf 24.9.2014 – VII-Verg 17/14, NZBau 2015, 314 (319).
[210] So für eine frühere Fassung des § 97 Abs. 3 GWB OLG Schleswig 14.8.2000 – 6 Verg 2/2000, BeckRS 2001, 454, OLGR 2000, 470.
[211] So aber OLG Frankfurt a. M. 14.5.2018 – 11 Verg 4/18, ZfBR 2017, 718 (721); VK Bund 9.5.2014 – VK 1–26/14, ZfBR 2014, 718 (720); VK Brandenburg 3.9.2014 – VK 14/14, NZBau 2014, 793 (797); ebenso für eine frühere Fassung des § 97 Abs. 3 GWB OLG Düsseldorf 8.9.2004 – VII-Verg 38/04, NZBau 2004, 688 (689); 11.7.2007 – Verg 10/07, BeckRS 2008, 01321.
[212] AM OLG Düsseldorf 23.3.2011 – VII-Verg 63/10, NZBau 2011, 369; 1.8.2012 – VII-Verg 10/12, NZBau 2012, 785 (790); OLG München 9.4.2015 – Verg 1/15, NZBau 2015, 446; VK Hessen 1.6.2011 – 69d VK-20/2011, juris.

nahme der zu einer früheren Fassung des § 97 Abs. 3 GWB entwickelten Grundsätze das Stufenverhältnis zwischen Abs. 4 S. 2 und S. 3 einebnen würde. Die vom Gesetzgeber beabsichtigte Verschärfung kommt durch die Verwendung des Begriffs „erfordern" klar zum Ausdruck. Hiergegen kann auch nicht darauf verwiesen werden, dass nach § 97 Abs. 4 S. 1 GWB mittelständische Interessen „nur »vornehmlich«" zu berücksichtigen seien, was eine Abwägung der für und gegen eine Losaufteilung sprechenden Gründe impliziere.[213] Die systematische Funktion des § 97 Abs. 4 S. 1 GWB besteht nicht darin, den Regelungsgehalt des § 97 Abs. 4 S. 2 abzuschwächen – die diesbezügliche Ausnahmeregelung ist vielmehr in S. 3 enthalten –, sondern enthält ein zusätzliches Gebot, auch über die Losaufteilung hinaus Möglichkeiten zur Berücksichtigung mittelständischer Interessen in den Blick zu nehmen.

89 **aa) Wirtschaftliche Gründe. Wirtschaftliche Gründe,** die eine Abweichung vom Grundsatz der losweisen Vergabe zu tragen vermögen, liegen vor, wenn eine Aufteilung in Lose zu einer unverhältnismäßigen **Verteuerung der Gesamtleistung** oder einer **deutlichen Verzögerung des Gesamtvorhabens** führen würde.[214] Die vom OLG Düsseldorf in seinem Beschl. v. 25.11.2009 vorgenommene Relativierung, es genügten auch einfache Kostennachteile oder Verzögerungen, wenn sie in einer Interessenabwägung die mit einer Losaufteilung erzielbaren Vorteile überwiegen,[215] ist spätestens seit der Neufassung der Mittelstandsklausel nicht mehr heranzuziehen.[216] Die bloße Schwierigkeit des öffentlichen Auftraggebers, ein Bauprojekt aus dem laufenden Haushalt zu finanzieren, stellt keinen wirtschaftlichen Grund idS dar.

90 Die Frage, wann idS eine deutliche Verzögerung einzutreten droht, ist in Abhängigkeit von den Spezifika der jew., vom Auftraggeber definierten Leistung zu beantworten.[217] Handelt es sich bspw. um ein eilbedürftiges Vorhaben, etwa die Fertigstellung eines Bauabschnitts einer vielbefahrenen Autobahn, so kann die mit einer Gesamtvergabe verbundene Straffung und Beschleunigung der Abläufe das Vorliegen der Voraussetzungen des § 97 Abs. 4 S. 3 GWB begründen, handelt es sich doch um **auftragsbezogene Besonderheiten**.[218] Nicht ausreichend sind hingegen die vom Gesetzgeber als typische Folgen einer Aufteilung bewusst in Kauf genommenen Nachteile wie ein erhöhter Koordinierungsaufwand des Auftraggebers, die Erhöhung seiner Transaktionskosten durch die Notwendigkeit, sich mit mehreren Vertragspartnern auseinandersetzen zu müssen, oder die einfachere Durchsetzung von Gewährleistungsansprüchen bei einer Gesamtvergabe.[219] Die Absicht der Erzielung

---

[213] So aber VK Saarland 7.9.2009 – 3 VK 01/2009, BeckRS 2014, 55422; für einen Abwägungsspielraum auch VK Hessen 12.2.2018 – 69d VK-21/2017, VPR 2018, 161.
[214] OLG Brandenburg 27.11.2008 – Verg W 15/08, NZBau 2009, 337 (340); OLG Düsseldorf 8.9.2004 – VII-Verg 38/04, NZBau 2004, 688 (689); 11.7.2007 – Verg 10/07, BeckRS 2008, 01321; 23.3.2011 – VII-Verg 63/10, NZBau 2011, 369 (370); 25.5.2022 – VII-Verg 33/21, NZBau 2023, 60 Rn. 47; OLG München 9.4.2015 – Verg 1/15, NZBau 2015, 446 (447).
[215] OLG Düsseldorf 11.7.2007 – Verg 10/07, BeckRS 2010, 02863.
[216] IErg auch Faßbender NZBau 2010, 529 (533).
[217] OLG Düsseldorf 11.7.2007 – Verg 10/07, BeckRS 2008, 01321.
[218] OLG Düsseldorf 11.7.2007 – Verg 10/07, BeckRS 2008, 01321.
[219] KG 26.3.2019 – Verg 16/16, BeckRS 2019, 39604 Rn. 17; OLG Düsseldorf 8.9.2004 – VII-Verg 38/04, NZBau 2004, 688 (690); 11.7.2007 – Verg 10/07, BeckRS 2008, 01321; 25.11.2009 – Verg 27/09, BeckRS 2010, 02863; 1.6.2016 – VII-Verg 6/16, NZBau 2016, 13257 = VergabeR 2016, 751 (755); OLG Koblenz 4.4.2012 – 1 Verg 2/11, NZBau 2012, 598 (599); OLG München 9.4.2015 – Verg 1/15, NZBau 2015, 446 (447); 25.3.2019 – Verg 10/18, NZBau 2019, 538 Rn. 48; OLG Karlsruhe 11.11.2020 – 15 Verg 6/20, NZBau 2021, 635 Rn. 52; Manz/Schönwälder NZBau 2012, 465 (468); aM OLG Düsseldorf 11.1.2012 – VII-Verg 52/11, NZBau 2012, 324 (325).

von bloßen Synergieeffekten durch das Unterlassen einer Losaufteilung reicht daher idR nicht aus.[220]

91 Hat der Auftraggeber schon mehrere Lose gebildet, so kommt es für seine Möglichkeit, aus wirtschaftlichen Gründen von der Bildung von (weiteren) Losen abzusehen, darauf an, ob der durch die **Bildung eines „Splitterloses"** entstehende Aufwand unverhältnismäßig wäre und zu unwirtschaftlichen Auftragsgrößen führen würde.[221] Diese Beurteilung ist durch eine die Zahl der ohnehin schon gebildeten Lose und die Größe des eventuellen zusätzlichen Loses einbeziehende Bewertung vorzunehmen.[222] Das Entstehen eines unwirtschaftlichen Splitterloses ist bspw. verneint worden, wenn der Wert des zusätzlich gebildeten Loses 7 % des Gesamtvolumens ausmachen würde.[223]

92 Die Frage, ob wirtschaftliche Gründe es iSv § 97 Abs. 4 S. 3 GWB erfordern, dass eine Losaufteilung unterbleibt und eine Generalvergabe erfolgt, kann der Auftraggeber nicht durch eine **Parallelausschreibung** klären. Im vorliegenden Zusammenhang kommen insoweit drei Formen der Parallelausschreibung in Betracht:
– In der ersten Form soll die Parallelausschreibung dem Auftraggeber den für die Entscheidung, ob er für das Projekt ein ÖPP-Modell oder eine konventionelle Beschaffung präferieren soll, notwendigen Überblick über die Wirtschaftlichkeit der beiden Alternativen verschaffen. Eine solche Verfahrensweise zielt nicht auf die Abgabe vergleichbarer Angebote durch die interessierten Unternehmen ab und belastet die Bieter unzumutbar mit Kalkulationskosten.[224]
– In der zweiten Variante schreibt der öffentliche Auftraggeber den Auftrag gleichzeitig als General-(ÖPP-)Vergabe und in Fachlosen aus. Erst bei der Wertung der Angebote entscheidet er anhand der vergleichbar gemachten Wertungskriterien, welches Angebot das wirtschaftlichste ist. Diese Variante der Parallelausschreibung wird verbreitet für zulässig gehalten.[225] Allerdings ist diese Auffassung mit § 97 Abs. 4 S. 3 GWB unvereinbar: Sind die Voraussetzungen dieser Vorschrift nur erfüllt, wenn das Beschaffungsvorhaben in der Form, wie es der öffentliche Auftraggeber zulässigerweise definiert hat, nur im Wege der Gesamtvergabe bzw. der Zusammenfassung mehrerer Lose verwirklicht werden kann, so steht es hiermit im Widerspruch, wenn der Auftraggeber durch die parallele losweise Ausschreibung zu erkennen gibt, dass er eine Verwirklichung des Vorhabens auch außerhalb einer Gesamtvergabe für möglich hält. Will sich der Auftraggeber den Weg einer Vergabe aller Lose an einen Bieter offenhalten, so muss er gem. § 30 Abs. 3 VgV sich diese Möglichkeit in der Auftragsbekanntmachung ausdr. vorbehalten. Allerdings bezieht sich auch § 30 Abs. 3 VgV nur auf eine Gesamtvergabe nach losweiser Ausschreibung und lässt keine Parallelausschreibung zu.
– Eine dritte Form der Parallelausschreibung liegt vor, wenn der Auftraggeber die zu beschaffende Leistung zunächst als ÖPP-Modell oder losweise ausschreibt und dann während des noch laufenden Vergabeverfahrens eine zweite Ausschreibung derselben benötigten Leistung mit der jew. anderen Beschaffungsvariante vor-

---

[220] AM wohl OLG Düsseldorf 4.2.2013 – VII Verg 31/12, BeckRS 2013, 4705 = VergabeR 2014, 188 (195).

[221] KG 26.3.2019 – Verg 16/16, BeckRS 2019, 39604 Rn. 17; OLG Düsseldorf 19.6.2013 – VII-Verg 4/13, BeckRS 2013, 10561 = VergabeR 2013, 796 (802).

[222] OLG Düsseldorf 23.3.2011 – VII-Verg 63/10, NZBau 2011, 369 (370); 11.1.2012 – VII-Verg 52/11, NZBau 2012, 324 (326).

[223] OLG Koblenz 4.4.2012 – 1 Verg 2/11, NZBau 2012, 598 (599).

[224] OLG Celle 8.11.2001 – 13 Verg 11/01, IBRRS 2002, 0437; Münster 18.2.2010 – VK 28/09, VPRRS 2010, 0107; aM wohl VK Bund 13.2.2007 – VK 1–157/06, BeckRS 2007, 142836.

[225] Etwa von VK Münster 18.2.2010 – VK 28/09, VPRRS 2010, 0107; RKPP/Kus GWB § 97 Rn. 211.

nimmt. Eine solche Verfahrensweise verstößt gegen die Grundsätze eines fairen Wettbewerbs und die Gleichbehandlung aller Bieter.[226]

93 In der Konsequenz bedeutet dies für die Anwendung des § 97 Abs. 4 S. 3 GWB durch den öffentlichen Auftraggeber, dass ihm bei **Unsicherheiten darüber, ob wirtschaftliche Gründe eine Gesamtvergabe wirklich erfordern,** das Instrument der Parallelausschreibung zur Aufklärung von Unsicherheiten nicht zur Verfügung steht. Steht nach der Ausschöpfung aller dem Auftraggeber zur Verfügung stehender Erkenntnisquellen nicht fest, dass die Gesamtvergabe nicht nur möglicherweise wirtschaftlicher – sofern diese Prognose in Anbetracht der Unsicherheiten der Wirtschaftlichkeitsuntersuchung überhaupt getroffen werden kann – wäre, sondern wirtschaftliche Gründe diese Lösung nachgerade erfordern, so ist in mittelstandsfreundlicher Weise in Losen auszuschreiben.[227]

94 **bb) Technische Gründe.** Unter **technischen** sind solche **Gründe** zu verstehen, die eine Integration aller Leistungserbringungsschritte in einer Hand zur Erreichung des vom Auftraggeber angestrebten **Qualitätsniveaus** notwendig machen.[228] Diesbzgl. ist es von besonderer Bedeutung, dass die Festlegung des Leistungsprofils dem Auftraggeber vorbehalten bleibt (→ § 127 Rn. 6 ff.). Beispiele für das Vorliegen technischer Gründe sind die Erstellung eines Bauwerks, für dessen Funktionsgerechtigkeit die Zusammenfügung der Leistungen verschiedener Gewerke nicht ausreicht, sondern für das spezifische Bauteile oder eine besondere Abstimmung der Errichtungsschritte aufeinander erforderlich sind, die bereits während des Erstellungsprozesses besondere Maßnahmen aus einer Hand erfordern,[229] oder die Notwendigkeit, dass alle für die digitale Kommunikation verwendeten Geräte dasselbe Verschlüsselungssystem benutzen.[230] Technische Gründe sind dabei nicht allein technische Gesichtspunkte ieS des Wortes, sondern alle Aspekte, die zu einem in Anbetracht des vom Auftraggeber vorgegebenen Leistungsprofils **unauflöslichen Zusammenhang** miteinander stehen. Dies kann zB auch bei komplexen, miteinander verflochtenen **Dienstleistungen,** etwa unterschiedlichen Beratungsleistungen mit Rechtsdienstleistungen[231] oder Steuerungen technischer, miteinander zusammenhängender Anlagen, der Fall sein.[232] Darüber hinaus können technische Gründe auch mehrere Leistungsarten miteinander verknüpfen, wenn bspw. die Wartung eines Gebäudes wegen der dafür erforderlichen spezifischen Kenntnisse nur durch das Unternehmen möglich ist, das das Gebäude errichtet hat.[233] Nicht ausreichend für das Vorliegen technischer Gründe ist es hingegen, dass das Absehen von der Losvergabe für den Auftraggeber nur der „sichere Weg" zur Vermeidung „unnötiger Risiken" ist.[234]

95 **cc) Erfordern des Absehens von losweiser Vergabe.** Liegen wirtschaftliche oder technische Gründe in dem beschriebenen Sinne vor, so ist ein Absehen von

---

[226] OLG Naumburg 13.10.2006 – 1 Verg 11/06, BeckRS 2006, 12146; OLG Frankfurt a. M. 15.7.2008 – 11 Verg 6/08, ZfBR 2009, 92.

[227] OLG Koblenz 4.4.2012 – 1 Verg 2/11, NZBau 2012, 598 (600).

[228] OLG Düsseldorf 1.6.2016 – VII-Verg 6/16, BeckRS 2016, 13257 = VergabeR 2016, 751 (756); 25.5.2022 – VII-Verg 33/21, NZBau 2023, 60 Rn. 47; VK Westfalen 13.8.2021 – VK 3–26/21, BeckRS 2021, 49260 Rn. 50; vgl. OLG Koblenz 4.4.2012 – 1 Verg 2/11, NZBau 2012, 598 (599).

[229] OLG Brandenburg 27.11.2008 – Verg W 15/08, NZBau 2009, 337 (340).

[230] VK Sachsen 15.10.2019 – 1/SVK/030-19, BeckRS 2019, 27241 Rn. 91 ff.

[231] OLG Düsseldorf 25.5.2022 – VII-Verg 33/21, NZBau 2023, 60 Rn. 48.

[232] OLG Düsseldorf 1.6.2016 – VII-Verg 6/16, BeckRS 2016, 13257 = VergabeR 2016, 751 (756); VK Bund 7.12.2015 – VK 2–105/15, ZfBR 2016, 292 (295); vgl. OLG Jena 6.6.2007 – 9 Verg 3/07, BeckRS 2007, 13853 = VergabeR 2007, 677 (680).

[233] Zur Einbeziehung von Wartungsdienstleistungen in die „technischen Gründe" vgl. VK Nordbayern 16.4.2008 – 21.VK-3194-14/08, BeckRS 2008, 42717.

[234] AM VK Bund 10.3.2022 – VK 1–19/22, BeckRS 2022, 9673 Rn. 58.

einer Losaufteilung gleichwohl nur dann zulässig, wenn die genannten Gründe dieses Absehen **erfordern**. Hierfür ist das Vorliegen von ein Absehen von der Losvergabe erfordernder Gründe notwendige, aber nicht hinreichende Bedingung:
- Hinsichtl. *erstens* der Notwendigkeit kann der von der überwiegenden Spruchpraxis der Nachprüfungsinstanzen vertretenen Auffassung, es reiche aus, dass der öffentliche Auftraggeber die für und gegen eine Gesamtvergabe sprechenden Gesichtspunkte sorgfältig ermittle und dann umfassend gegeneinander abwäge, sofern im Abwägungsergebnis die ein Absehen von der Losvergabe rechtfertigenden Gründe überwiegen,[235] nicht zugestimmt werden. Es besteht **kein Abwägungs- oder Beurteilungsspielraum** und keine Einschätzungsprärogative des Auftraggebers, die nur auf die Bildung einer vollständigen und zutreffenden Tatsachengrundlage sowie die Vertretbarkeit der Entscheidung aus vernünftigen Erwägungen heraus überprüfbar wäre.[236] Allerdings ist ein solcher Spielraum wegen der Festlegung des Auftragsgegenstands durch den Auftraggeber (→ § 127 Rn. 6 ff.) auch nicht erforderlich, um dem Auftraggeber benötigte Flexibilitäten zu eröffnen.[237] Eine Ausnahme vom Gebot der Losaufteilung ist daher nur dann zulässig, wenn das Beschaffungsvorhaben in der Form, wie es der öffentliche Auftraggeber zulässigerweise definiert hat, nur im Wege der Gesamtvergabe bzw. der Zusammenfassung mehrerer Lose verwirklicht werden kann.[238]
- *Zweitens* reicht es nicht aus, dass derartige Gründe objektiv vorliegen. Vielmehr bedarf es einer **aktiven Auseinandersetzung** des öffentlichen Auftraggebers mit den für und gegen die Losvergabe sprechenden Gründen.[239]

In bestimmten Konstellationen ergibt sich bereits aus der **gesetzgeberischen Wertung,** dass die Voraussetzungen des Abs. 4 S. 3 erfüllt sind:
- So steht die Wahl einer **Leistungsbeschreibung mit Leistungsprogramm** bereits nach § 7c EU Abs. 1 VOB/A unter der Voraussetzung, dass es nach Abwägen aller Umstände zweckmäßig ist, zusammen mit der Bauausführung auch den Entwurf für die Leistung dem Wettbewerb zu unterstellen, um die technisch, wirtschaftlich und gestalterisch beste sowie funktionsgerechteste Lösung der Bauaufgabe zu ermitteln. Wenngleich die tatbestandlichen Voraussetzungen, die eine solche Form der Leistungsbeschreibung eröffnen, denen des § 97 Abs. 4 S. 3 GWB iW vergleichbar sind, ist die letztgenannte Vorschrift wegen des **Ausschlusses einer Abwägung** strikter. Gleichwohl schließt sie die Wahl einer Leistungsbeschreibung mit Leistungsprogramm nicht aus.

---

[235] Vgl. nur OLG Frankfurt a. M. 14.5.2018 – 11 Verg 4/18, ZfBR 2017, 718 (721); OLG München 25.3.2019 – Verg 10/18, NZBau 2019, 538 Rn. 43; OLG Düsseldorf 25.5.2022 – VII-Verg 33/21, NZBau 2023, 60 Rn. 31.

[236] Brückner, Die Mittelstandsförderung im Vergaberecht, 2015, S. 179 ff.; RSG/Masing GWB § 97 Rn. 90; aM OLG Düsseldorf 11.1.2012 – VII-Verg 52/11, NZBau 2012, 324; 25.4.2012 – Verg 100/11, ZfBR 2012, 608 (609); 1.6.2016 – VII-Verg 6/16, BeckRS 2016, 13257 = VergabeR 2016, 751 (755); OLG Frankfurt a. M. 14.5.2018 – 11 Verg 4/18, ZfBR 2017, 718 (721); OLG Karlsruhe 11.11.2020 – 15 Verg 6/20, NZBau 2021, 635 Rn. 45; OLG München 25.3.2019 – Verg 10/18, NZBau 2019, 538 Rn. 41, 44; OLG Schleswig 25.1.2013 – 1 Verg 6/12, BeckRS 2013, 2485 = VergabeR 2013, 460 (466); VK Bund 9.5.2014 – VK 1–26/14, ZfBR 2014, 718 (720); VK Hessen 12.2.2018 – 69d VK-21/2017, VPR 2018, 161; VK Nordbayern 6.9.2016 – 21.VK-3194-16/16, VPR 2016, 241.

[237] Deutlich insoweit OLG Jena 6.6.2007 – 9 Verg 3/07, BeckRS 2007, 13853 = VergabeR 2007, 677 (680).

[238] AM OLG Düsseldorf 1.6.2016 – VII-Verg 6/16, BeckRS 2016, 13257 = VergabeR 2016, 751 (755), ausreichend, dass Gründe für Gesamtvergabe überwiegen.

[239] VK Westfalen 4.9.2019 – VK 2–22/19, BeckRS 2019, 20638; 13.8.2021 – VK 3–26/21, BeckRS 2021, 49260 Rn. 53.

GWB § 97 Grundsätze der Vergabe

98 • Bei **ÖPP-Modellen** ist jew. im Einzelfall zu prüfen, ob sie die Voraussetzungen des § 97 Abs. 4 S. 3 GWB erfüllen oder nicht. Zwar ist die Regelung des S. 4 gerade zu dem Zweck in den § 97 Abs. 4 GWB (bzw. den damaligen Abs. 3) eingefügt worden, um „mittelstandsfreundliche Auftragsvergaben auch im Rahmen einer Öffentlich-Privaten-Zusammenarbeit sicherzustellen".[240] Doch entbindet dies nicht von der Prüfung des Vorliegens der Voraussetzungen des § 97 Abs. 4 S. 3 GWB.

99 Das Transparenzgebot (→ Rn. 39 ff.), das insoweit in § 8 Abs. 2 S. 2 Nr. 11 VgV Ausdruck gefunden hat, verlangt, dass eine auf S. 3 gestützte gemeinsame Vergabe mehrerer Lose **begründet und dokumentiert** wird. Hierfür ist es erforderlich, dass das Vorliegen der tatbestandlichen Voraussetzungen des § 97 Abs. 4 S. 3 GWB genau geprüft und iE belegt wird. Die Aufzählung abstrakter Zielvorgaben und bloßer Erfahrungssätze genügt jedenfalls dann nicht, wenn diese nicht auf den konkreten Fall heruntergebrochen worden sind.[241]

100 **c) Überprüfung im Nachprüfungsverfahren.** Anders als § 97 Abs. 4 S. 1 GWB (→ Rn. 76), sind die Regeln der S. 2 und 3 über die Pflicht zur Losaufteilung nicht nur für Unternehmen, die Träger mittelständischer Interessen sind, **bieterschützend.** Durch die Losaufteilung wird der Kreis in Betracht kommender Bieter verbreitert und damit weiter für den Wettbewerb geöffnet. Aus diesem Grund zählen auch nicht mittelständische Unternehmen zu den geschützten Bietern.[242]

3. Verpflichtung privater Unternehmen bei der Vergabe von Unteraufträgen

101 § 97 Abs. 4 S. 4 GWB verlangt, dass ein mit der Wahrnehmung oder Durchführung einer öffentlichen Aufgabe betrautes Unternehmen ohne die Eigenschaft eines öffentlichen Auftraggebers oder Sektorenauftraggebers zur Beachtung der vorstehenden Regelungen der S. 1–3 zu verpflichten ist, wenn es Unteraufträge an Dritte vergibt. Diese Regelung soll dazu dienen, **mittelstandsfreundliche Auftragsvergaben auch bei ÖPP** sicherzustellen.[243] Diese Bestimmung ist als praxisfern und Ende von ÖPP-Modellen kritisiert worden, weil sie die für den privaten Partner in einer ÖPP bestehende Notwendigkeit verkenne, sich bereits vor Abgabe seines Angebots der benötigten Nachunternehmerleistungen zu versichern, um auf dieser Grundlage sein Angebot abgeben zu können.[244]

102 Diese Kritik verkennt den Regelungsgehalt der Vorschrift. Sie gilt, wenn „ein Unternehmen, das ... mit der Wahrnehmung oder Durchführung einer öffentliche Aufgabe betraut ... (wird), ... Unteraufträge an Dritte vergibt". Die dem Unternehmen seitens des öffentlichen Auftraggebers aufzuerlegende Verpflichtung bezieht sich auf einen Zeitraum ab der Betrauung des Unternehmens, dh **ab Zuschlagserteilung.** Vor diesem Zeitpunkt begründete Vertragsverhältnisse zu Nachunternehmen werden vom Anwendungsbereich der Regelung nicht erfasst.[245] Hierzu zählen auch durch den Zuschlagserhalt aufschiebend bedingte Nachunternehmerverträge oder Vorverträge mit Nachunternehmern.

---

[240] BT-Drs. 16/11428, 33.
[241] OLG Düsseldorf 8.9.2004 – VII-Verg 38/04, NZBau 2004, 688 (689); VK Sachsen 26.7.2016 – 1/SVK/014-16, BeckRS 2016, 15610.
[242] OLG Düsseldorf 11.7.2007 – Verg 10/07, BeckRS 2008, 01321; VK Bund 9.5.2014 – VK 1–26/14, ZfBR 2014, 718 (721); 17.8.2015 – VK 2–35/15, VPRRS 2015, 0301; 9.5.2017 – VK 2–34/17, VPR 2017, 145; VK Nordbayern 6.9.2016 – 21.VK-3194-16/16, IBRRS 2016, 2419; VK Sachsen 26.7.2016 – 1/SVK/014-16, BeckRS 2016, 15610.
[243] BT-Drs. 16/11428, 33.
[244] So Werner VergabeR 2010, 328 (335).
[245] RKPP/Kus GWB § 97 Rn. 219.

Innerhalb dieses von vornherein zeitlich begrenzten Anwendungsbereichs des 103
§ 97 Abs. 4 S. 4 GWB gilt die Bestimmung nur für solche Aufträge, die mit der Wahrnehmung oder Durchführung einer öffentlichen Aufgabe verbunden sind. Daraus ist zu entnehmen, dass die Regelung nicht für alle Vergaben gilt, in denen von einer losweisen Vergabe abgesehen und eine Gesamtvergabe vorgenommen wurde. Zum Ausdruck gebracht wird mit diesem Kriterium vielmehr der ÖPP-typische **Aufgaben- und Verantwortungsbezug,** der über die üblichen Beschaffungsvorgänge hinausreicht.[246]

Sind diese Voraussetzungen erfüllt, so hat der öffentliche Auftraggeber das bezu- 104
schlagte Unternehmen zu verpflichten, bei der Vergabe von Unteraufträgen an Dritte nach den S. 1–3 des § 97 Abs. 4 GWB zu verfahren. Die **Verpflichtung des Hauptauftragnehmers** folgt also nicht unmittelbar aus § 97 Abs. 4 S. 4 GWB, sondern aus einer entspr., ihm vom Auftraggeber auferlegten Vertragsbedingung.[247]

V. Grundsatz der elektronischen Kommunikation (Abs. 5)

Erwgr. 52 der VRL bringt das Ziel zum Ausdruck, dass nach Ablauf einer Über- 105
gangsfrist **sämtliche Kommunikation im Vergabeverfahren** elektronisch ablaufen soll:

„*Elektronische Informations- und Kommunikationsmittel können die Bekanntmachung von Aufträgen erheblich vereinfachen und Effizienz und Transparenz der Vergabeverfahren steigern. Sie sollten zum Standard für Kommunikation und Informationsaustausch im Rahmen von Vergabeverfahren werden, da sie die Möglichkeiten von Wirtschaftsteilnehmern zur Teilnahme an Vergabeverfahren im gesamten Binnenmarkt stark verbessern. Zu diesem Zweck sollten die Übermittlung von Bekanntmachungen in elektronischer Form, die elektronische Verfügbarkeit der Auftragsunterlagen sowie – nach einem Übergangszeitraum von 30 Monaten – eine ausschließliche elektronische Kommunikation, das heißt eine Kommunikation durch elektronische Mittel, in allen Verfahrensstufen, einschließlich der Übermittlung von Teilnahmeanträgen und insbesondere der Übermittlung der Angebote („elektronische Übermittlung"), verbindlich vorgeschrieben werden."*

Dieses, etwa in Art. 22 VRL normativierte Konzept setzt § 97 Abs. 5 GWB in 106
deutsches Recht um. Die **Einzelheiten sind in §§ 9 ff. VgV** geregelt (vgl. → VgV § 9 Rn. 1 ff.).

VI. Subjektives Recht auf Einhaltung der Verfahrensbestimmungen (Abs. 6)

Die den Unternehmen einen Anspruch auf Einhaltung der Bestimmungen über 107
das Vergabeverfahren durch den Auftraggeber verleihende Bestimmung des § 97 Abs. 6 GWB beruht auf der Vorgabe des EuGH, „dass die in den Richtlinien über die Koordination der Verfahren zur Vergabe öffentlicher Aufträge enthaltenen Vorschriften über die Teilnahme und die Publizität den Bieter vor Willkür des öffentlichen Auftraggebers schützen sollen ... (und ein) solcher Schutz ... nicht wirksam werden (kann), wenn der Bieter sich nicht ggü. dem Auftraggeber auf diese Vorschriften berufen und ggf. deren Verletzung vor den nationalen Gerichten geltend machen kann".[248] In einem **auf dem subjektiven Recht aufbauenden**

---

[246] Zur Abgrenzung vgl. etwa Ziekow/Windoffer, Public Private Partnership – Struktur und Erfolgsbedingungen von Kooperationsarenen, 2008, S. 60 ff.
[247] RKPP/Kus GWB § 97 Rn. 217.
[248] EuGH 11.8.1995 – C-433/93, Slg. 1995, I-2303 Rn. 19 = NVwZ 1996, 367.

GWB § 97

108 § 97 Abs. 6 GWB wirkt **konstitutiv.** Subjektive Rechte der Unternehmen entstehen also nicht aus den einzelnen Verfahrensbestimmungen selbst, sondern werden allein durch Abs. 6 begründet.[250] Das Entstehen des Anspruchs ist also von den Voraussetzungen abhängig, dass Anspruchsinhaber ein „Unternehmen" ist und die von dem Auftraggeber einzuhaltende Bestimmung eine solche „über das Vergabeverfahren" iSv § 97 Abs. 6 GWB ist.

109 Der in § 97 Abs. 6 GWB verwendete **Begriff des Unternehmens,** das Inhaber des Anspruchs ist, ist mit dem in § 103 Abs. 1 GWB verwendeten (→ § 103 Rn. 65 ff.) identisch. Dabei ist zu beachten, dass die Anspruchsinhaberschaft nicht von dem Einrücken in die formale Bieterstellung durch Abgabe eines Angebots abhängig ist. Ist § 97 Abs. 6 GWB dem Ziel der Eröffnung von Rechtsschutz gegen eine fehlerhafte Anwendung der vergaberechtlichen Bestimmungen verpflichtet, so müssen Anspruchsinhaber gerade auch solche Unternehmen sein, die durch die fehlerhafte Verfahrensgestaltung daran gehindert werden, sich als Bieter zu beteiligen (iE → § 160 Rn. 12 ff.).

110 Anwendbar ist § 97 Abs. 6 GWB nur auf **Vorschriften über das Vergabeverfahren,** nicht auf nichtvergaberechtliche Regelungen des GWB außerhalb der §§ 97 ff. oder anderer Gesetze.[251] Zu den Vorschriften über das Vergabeverfahren zählen allerdings auch die für jedes Handeln der öffentlichen Verwaltung geltenden ungeschriebenen, **aus dem Rechtsstaatsprinzip fließenden Grundsätze** wie das Verbot des venire contra factum proprium, das Gebot der Verfahrensfairness etc.[252] Die Spruchpraxis der Nachprüfungsinstanzen zählt hierzu auch „das aus dem Rechtsgedanken von Treu und Glauben und dem Verhältnismäßigkeitsgrundsatz (§ 97 Abs. 1 S. 2 GWB) herzuleitende Verbot der Unzumutbarkeit einer für den Bieter oder Auftragnehmer **kaufmännisch vernünftigen Kalkulation**".[253] Dies begegnet Bedenken. Der Charakter des Grundsatzes von Treu und Glauben als die gesamte Rechtsordnung durchziehenden Gebots kann nicht die Konsequenz zeitigen, dass in potenzieller Begrenzungslosigkeit Einzelfälle der Formulierung von Gerechtigkeitsvorstellungen hergeleitet und justiziabel gemacht werden.

110a Von der Frage der Ableitung subjektiver Rechte iSv § 97 Abs. 6 GWB aus Vorschriften außerhalb des Vergaberechts zu unterscheiden ist die (durch die vergaberechtlichen Nachprüfungsinstanzen vorzunehmende) Auslegung außervergaberechtlicher Vorschriften, die an die Vorschriften iSv § 97 Abs. 6 GWB tatbestandlich anknüpfen.[254] Entgegen dem Wortlaut des § 97 Abs. 6 GWB haben die Unternehmen kein subjektives Recht auf Einhaltung aller Vorschriften über das Vergabeverfahren. Eine allg. Rechtmäßigkeitskontrolle durch die Nachprüfungsinstanzen

---

[249] Zusf. dazu Ziekow NVwZ 2010, 793.
[250] Kalinowsky, Der Anspruch der Bieter auf Einhaltung des Vergabeverfahrens nach § 97 Abs. 7 GWB, 2000, S. 66 ff.
[251] OLG Düsseldorf 9.4.2003 – Verg 43/02, NZBau 2003, 578 (579); 16.10.2019 – VII-Verg 43/18, NZBau 2020, 811 Rn. 44; LSG NRW 26.3.2009 – L 21 KR 26/09 SFB, BeckRS 2009, 61379 = VergabeR 2009, 922 (925); zur Frage, ob das kommunale Wirtschaftsrecht als Vorfrage des Vergaberechts zu prüfen ist, Mann NVwZ 2010, 857.
[252] OLG Düsseldorf 28.6.2017 – VII-Verg 2/17, NZBau 2018, 54 Rn. 17.
[253] OLG Düsseldorf 21.4.2021 – VII-Verg 1/20, NZBau 2022, 611 Rn. 31 mwN.
[254] OLG Düsseldorf 7.11.2012 – VII-Verg 69/11, BeckRS 2013, 1936 = VergabeR 2013, 593 (595 f.); 21.4.2021 – VII-Verg 1/20, NZBau 2022, 611 (612); dazu Dreher NZBau 2013, 665.

erfolgt nicht.[255] Vielmehr verleihen nur solche Vorschriften subjektive Rechte iSv Abs. 6, die gerade den **Schutz des potenziellen Auftragnehmers bezwecken**.[256] Von diesen Vergabevorschriften mit subjektivrechtlichem Charakter sind die nur objektiv wirkenden Vergabevorschriften zu unterscheiden. Auf **bloße Ordnungsvorschriften** kann sich ein unterlegener Bieter nicht berufen.[257] Im Zweifel ist der Kreis der von § 97 Abs. 6 GWB erfasste Ansprüche weit zu fassen.

Inhalt des Anspruchs aus § 97 Abs. 6 GWB ist das Recht des Bieters, von dem Auftraggeber die Einhaltung der idS bieterschützenden Vorschriften zu verlangen. Die Durchsetzung dieses Anspruchs erfolgt im Wege des **Primär- und des Sekundärrechtsschutzes**. Dementsprechend knüpfen sowohl die Zulässigkeit eines Nachprüfungsantrags gem. § 160 Abs. 2 GWB (→ § 160 Rn. 17 ff.) als auch der Anspruch auf Ersatz des Vertrauensschadens nach § 181 GWB an der Verletzung eines Rechts iSv § 97 Abs. 6 GWB an. 111

Die Ermittlung, welche vergaberechtlichen Vorschriften in dem dargestellten Sinne bieterschützend sind, kann nur in **Analyse der jew. Vorschrift** erfolgen. Diesbzgl. sei auf die Einzelkommentierungen verwiesen. 112

§ 98 Auftraggeber

Auftraggeber im Sinne dieses Teils sind öffentliche Auftraggeber im Sinne des § 99, Sektorenauftraggeber im Sinne des § 100 und Konzessionsgeber im Sinne des § 101.

Während § 98 GWB aF noch mit einem einheitlichen Begriff des öffentlichen Auftraggebers gearbeitet hatte, der auch die Sektorenauftraggeber (§ 98 Nr. 4 GWB aF) sowie die Baukonzessionäre (§ 98 Nr. 6 GWB aF) umfasste, ist die Neufassung des § 98 der neuen Systematik des 4. Teils des GWB geschuldet. Da die Eröffnung des persönlichen Anwendungsbereichs darüber (mit-) entscheidet, welche Verfahrensvorschriften auf den jew. Beschaffungsvorgang anwendbar sind, zählt die Vorschrift enumerativ die verschiedenen Typen von Auftraggebern iSd 4. Teils des GWB auf. 1

Die gesetzliche Terminologie wird auf zwei Ebenen gebildet. Oberbegriff ist der Terminus des „Auftraggebers", der die Unterbegriffe „öffentlicher Auftraggeber", „Sektorenauftraggeber" und „Konzessionsgeber" integriert. Die Unterbegriffe sind jew. legal definiert (§ 99 GWB – öffentlicher Auftraggeber; § 100 GWB – Sektorenauftraggeber; § 101 GWB – Konzessionsgeber). Sind die Voraussetzungen einer dieser Legaldefinitionen erfüllt, so liegt immer auch ein „Auftraggeber" iSv § 98 GWB vor. 2

Die Vorschriften des 4. Teils des GWB rekurrieren auf diese Begriffe, um den persönlichen Anwendungsbereich der betreffenden Bestimmungen festzulegen. Er ist jew. nur für den Typus oder die Typen von öffentlichen Auftraggebern eröffnet, die explizit benannt sind (vgl. §§ 115 ff. GWB: öffentliche Auftraggeber; §§ 136 ff. GWB: Sektorenauftraggeber; §§ 148 ff. GWB: Konzessionsgeber; §§ 144 ff. GWB: öffentliche Auftraggeber und Sektorenauftraggeber). Bezieht sich eine Vorschrift allg. auf „Auftraggeber", so ist sie sowohl auf öffentliche Auftraggeber als auch auf Sektorenauftraggeber als auch auf Konzessionsgeber anwendbar. 3

---

[255] OLG Düsseldorf 15.6.2005 – VII-Verg 5/05, BeckRS 2005, 7946 = VergabeR 2005, 670 (671 f.).

[256] BGH 18.2.2003 – X ZB 43/02, NZBau 2003, 293; VK Bund 18.10.1999 – VK 1–25/99, BeckRS 1999, 158476; KG 7.8.2015 – Verg 1/15, NZBau 2015, 790 (791); aM Immenga/Mestmäcker/Dreher GWB § 97 Rn. 226 f.

[257] BT-Drs. 13/9340, 14.

§ 99 Öffentliche Auftraggeber

Öffentliche Auftraggeber sind
1. Gebietskörperschaften sowie deren Sondervermögen,
2. andere juristische Personen des öffentlichen und des privaten Rechts, die zu dem besonderen Zweck gegründet wurden, im Allgemeininteresse liegende Aufgaben nichtgewerblicher Art zu erfüllen, sofern
   a) sie überwiegend von Stellen nach Nummer 1 oder 3 einzeln oder gemeinsam durch Beteiligung oder auf sonstige Weise finanziert werden,
   b) ihre Leitung der Aufsicht durch Stellen nach Nummer 1 oder 3 unterliegt oder
   c) mehr als die Hälfte der Mitglieder eines ihrer zur Geschäftsführung oder zur Aufsicht berufenen Organe durch Stellen nach Nummer 1 oder 3 bestimmt worden sind;
   dasselbe gilt, wenn diese juristische Person einer anderen juristischen Person des öffentlichen oder privaten Rechts einzeln oder gemeinsam mit anderen die überwiegende Finanzierung gewährt, über deren Leitung die Aufsicht ausübt oder die Mehrheit der Mitglieder eines zur Geschäftsführung oder Aufsicht berufenen Organs bestimmt hat,
3. Verbände, deren Mitglieder unter Nummer 1 oder 2 fallen,
4. natürliche oder juristische Personen des privaten Rechts sowie juristische Personen des öffentlichen Rechts, soweit sie nicht unter Nummer 2 fallen, in den Fällen, in denen sie für Tiefbaumaßnahmen, für die Errichtung von Krankenhäusern, Sport-, Erholungs- oder Freizeiteinrichtungen, Schul-, Hochschul- oder Verwaltungsgebäuden oder für damit in Verbindung stehende Dienstleistungen und Wettbewerbe von Stellen, die unter die Nummern 1, 2 oder 3 fallen, Mittel erhalten, mit denen diese Vorhaben zu mehr als 50 Prozent subventioniert werden.

Literatur: Dreher, Sind öffentlich-rechtliche Kreditinstitute öffentliche Auftraggeber?, FS Hadding, 2012, 797; Gaus, Vertretung des Auftraggebers in Submission und Wertung, NZBau 2019, 358; Hattig/Oest, Sportverbände als öffentliche Auftraggeber, NZBau 2021, 774; Hausmann/Queisner, Autonomie trotz mittelbarer staatlicher Finanzierung? Die Rechtsprechung des EuGH zu dem Kriterium der überwiegenden Finanzierung einer Einrichtung durch öffentliche Stellen, VergabeR 2014, 1; Heyne, Vergaberechtliche Auftraggebereigenschaft der Kammern trotz „Nein" des EuGH?, NVwZ 2014, 621; Kampp, Der „Quasi"-Öffentliche Auftraggeber: Auftraggeber dank Aufgabendelegation oder -Übernahme?, ZfBR 2017, 772; Kampp, Qualifizierte Rechtsaufsicht als vergaberechtsbindende staatliche Aufsicht?, NZBau 2023, 81; Kau, Öffentliche Auftraggeber nach § 99 Nr. 2 GWB unter Einfluss des Völkerrechts, NZBau 2016, 523; Kokew, Ärztekammer kein öffentlicher Auftraggeber iSv § 98 Nr. 2 GWB, NZBau 2014, 86; Peterle, Der funktionelle Auftraggeberbegriff des § 99 GWB, 2020; Pielow/Booz, Industrie- und Handelskammern als öffentliche Auftraggeber?, GewArch 2015, 12; Puhl, Grundfragen des kartellvergaberechtlichen Auftraggeberbegriffs – Am Beispiel der Studentenwerke Baden-Württembergs, 2012; Rechten, Der Auftraggeberbegriff im Wandel, NZBau 2014, 667; Röbke, Unmittelbare Anwendbarkeit des Vergabesekundärrechts gegenüber privatrechtlich organisierten öffentlichen Auftraggebern, NZBau 2014, 609; Roth, Private Projektgesellschaften als öffentliche Auftraggeber?, NZBau 2013, 685; von Strenge, Auftraggebereigenschaft wegen Beherrschung durch ausländische Gebietskörperschaften, NZBau 2011, 17; Trautner/Schäffer, Privat- und doch öffentliche Auftraggeber? Zur Anwendung des Vergaberechts auf private Ersatzschulen, VergabeR 2010, 172; Wagner/Raddatz, Ausschreibungspflicht mittelbar staatlich finanzierter Einrichtungen, NZBau 2010, 731; Weber/Werner, Vergabe von Planungsleistungen durch privaten Baukonzessionär, NZBau 2012, 628; Ziekow, Der funktionelle Auftraggeberbegriff des § 98 Nr. 2 GWB, VergabeR 2003, 483; Ziekow, Die vergaberechtliche Auftraggebereigenschaft

Öffentliche Auftraggeber § 99 GWB

konzernverbundener Unternehmen, NZBau 2004, 181; Ziekow, Der Faktor Zeit bei der Vergabe: Schafft das Vergaberecht Berechenbarkeit?, VergabeR 2010, 861; Ziekow, Die Eigenschaft von Messegesellschaften als öffentliche Auftraggeber, GS Kratzenberg, 2016, 275.

Übersicht

Rn.

I. Bedeutung der Vorschrift 1
   1. Unionsrechtliche Grundlagen 3
   2. Anwendungsbereich 4
   3. Objektives Vorliegen der Auftraggebereigenschaft 7
      a) Personaler bzw. organisatorischer Bezugspunkt der Prüfung der Auftraggebereigenschaft 8
      b) Maßgeblicher Beurteilungszeitpunkt 15
II. Gebietskörperschaften und deren Sondervermögen (Nr. 1) 27
III. Andere juristische Personen des öffentlichen und privaten Rechts (Nr. 2) 33
   1. Handeln einer juristischen Person des öffentlichen Rechts oder des Privatrechts 37
      a) Rechtsfähigkeit im „vergaberechtlichen Sinne" 38
      b) Juristische Person des öffentlichen Rechts 39
      c) Privatrechtlich verfasste Einheiten 40
   2. Erfüllung einer im Allgemeininteresse liegenden Aufgabe 41
      a) Rechtsprechung des EuGH 43
      b) Folgerungen für die Anwendung des § 99 Nr. 2 GWB 55
   3. Nichtgewerblichkeit der Aufgabe 59
      a) Voraussetzungen 60
         aa) Bedeutung des Bestehens von Wettbewerb 61
         bb) Weitere Wertungsgesichtspunkte 69
      b) Einzelfälle 74
      c) Gesamtbetrachtung des Tätigkeitsbereichs 75
   4. Gründung zu dem besonderen Zweck der Erfüllung der Aufgabe 77
   5. Besondere Staatsnähe 82
      a) Überwiegende Finanzierung der Einrichtung durch den Staat .. 84
         aa) Gesamtfinanzierung als Bezugsgröße 86
         bb) Staatliche Finanzierungsleistungen 87
         cc) Überwiegen der staatlichen Finanzierung 98
      b) Aufsicht des Staates über die Leitung der Einrichtung 99
      c) Bestimmung der Mehrheit der Mitglieder eines Geschäftsführungs- oder Aufsichtsorgans 111
   6. Verhältnis des § 99 Nr. 2 GWB zu anderen Tatbeständen des § 99 GWB 114
IV. Verbände (Nr. 3) 115
V. Auftragsbezogene Auftraggebereigenschaft wegen überwiegender staatlicher Subventionierung (Nr. 4) 117
   1. Natürliche oder juristische Person 120
   2. Durchführung von bestimmten Bauarbeiten oder Dienstleistungen 121
      a) Tiefbaumaßnahmen 123
      b) Errichtung von Krankenhäusern etc 124
      c) Mit Bauaufträgen in Verbindung stehende Dienstleistungen .. 128
   3. Mehr als 50 %ige Subventionierung des Vorhabens 130
      a) Vorliegen einer Subvention 130

	Rn.
b) Überschreiten der Hälfte der Vorhabenskosten	133
c) Mittelgewährung durch öffentliche Auftraggeber	136

VI. Einzelfälle ... 137
  1. Bahn ... 137
  2. Bildungseinrichtungen ... 138
  3. Berufsgenossenschaften ... 139
  4. Entsorgungsunternehmen ... 140
  5. Flughafenbetreibergesellschaften ... 141
  6. Gesellschaften, gemischtwirtschaftliche ... 142
  7. Großmärkte ... 143
  8. Kammern ... 144
  9. Kirchen ... 147
  10. Konzernverbundene Unternehmen ... 148
    a) „Infizierung" des Tochter- durch das Mutterunternehmen ... 149
    b) „Infizierung" des Mutter- durch das Tochterunternehmen ... 152
    c) Vermittlung der erforderlichen Staatsnähe des Tochterunternehmens durch das Mutterunternehmen ... 157
    d) „Infizierung" zwischen Schwesterunternehmen ... 160
  11. Krankenkassen, gesetzliche ... 161
  12. Kreditinstitute, öffentlich-rechtliche ... 163
  13. Landesentwicklungsgesellschaften ... 165
  14. Lotteriegesellschaften ... 166
  15. Messegesellschaften ... 167
  16. Post ... 172
  17. Projektgesellschaften ... 174
  18. Religionsgemeinschaften ... 175
  19. Rotes Kreuz ... 179
  20. Rundfunkanstalten, öffentlich-rechtliche ... 180
  21. Selbstverwaltungskörperschaften ... 181
  22. Sozialversicherungsträger ... 182
  23. Stiftungen des öffentlichen Rechts ... 187
  24. Ver- und Entsorgungsunternehmen, kommunale ... 188
  25. Versicherungsanstalten der Länder ... 190
  26. Wirtschaftsförderungsgesellschaften ... 191
  27. Wohnungsunternehmen und Landesentwicklungsgesellschaften ... 192
VII. Auftraggeberbegriff unterhalb der Schwellenwerte ... 197
VIII. Zuwendungsrechtliche Verpflichtung zur Anwendung des Vergaberechts ... 200

I. Bedeutung der Vorschrift

1   Der in § 99 GWB legal definierte Begriff des öffentlichen Auftraggebers ist nach der Vergaberechtsnovelle 2016 im Kontext des Kanons der Auftraggeber iSd § 98 GWB zu sehen. Anders als § 98 GWB aF bestimmt § 99 GWB nF nicht mehr den **persönlichen Anwendungsbereich** des Kartellvergaberechts schlechthin, sondern nur noch derjenigen Vorschriften des 4. Teils des GWB, die explizit an das **Handeln eines „öffentlichen Auftraggebers"** anknüpfen. Zwar ist der Begriff des öffentlichen Auftraggebers gem. § 98 GWB nunmehr von dem des Sektorenauftraggebers und des Konzessionsgebers zu unterscheiden, wohingegen Sektorenauftraggeber nach § 98 Nr. 4 GWB aF noch ebenfalls öffentliche Auftraggeber waren. Jedoch ändert dies nichts daran, dass der Begriff des öffentlichen Auftraggebers das **zentrale Scharnier** für die Anwendbarkeit der kartellvergaberechtlichen Vorschriften dar-

stellt. Denn die Definitionen des Sektorenauftraggebers und des Konzessionsgebers knüpfen zumindest teilw. an die Erfüllung der Voraussetzungen des § 99 GWB an (vgl. § 100 Abs. 1 Nr. 1, § 101 Abs. 1 Nr. 1, 2 GWB). Ohne Bezug zu den Voraussetzungen des § 99 GWB sind lediglich die Sektorenauftraggeber iSv § 100 Abs. 1 Nr. 2 GWB und – sich hierauf beziehend – die Konzessionsgeber iSv § 101 Abs. 1 Nr. 3 GWB.

Der Begriff des öffentlichen Auftraggebers unterlag einem **beträchtlichen Verständniswandel:** Maßgebend war früher allein der jew. Rechtsstatus. Öffentliche Auftraggeber waren nach dieser „klassischen" Betrachtungsweise nur der Staat und seine Untergliederungen, während Unternehmen ausschl. dem Privatrecht zuzuordnen sind. Da im Wege der Privatisierung immer mehr öffentliche Aufgaben durch privatrechtlich organisierte Einheiten wahrgenommen werden, wurde zur Vermeidung einer „Flucht aus dem Vergaberecht" die rein institutionelle Betrachtungsweise des Auftraggebers durch eine funktionale ergänzt (→ Rn. 33 ff.). 2

1. Unionsrechtliche Grundlagen

Die Zusammenfassung der öffentlichen Auftraggeber durch § 99 GWB dient der Umsetzung der entspr. Anforderungen sowohl der VRL für die allg. Vergaben (Art. 2 Abs. 1 Nr. 1, 4 VRL) und der SKR für den Sektorenbereich (Art. 3 Nr. 1, 4 SRL) als auch der KVR für die Vergabe von Konzessionen (Art. 6 Abs. 1, 4 KVR) und der VSVKR für den Verteidigungs- und Sicherheitsbereich (Art. 1 Nr. 17 VSVKR). Diese Vorgaben des Unionsrechts leiten auch die Auslegung und Anwendung der Tatbestände des § 99 GWB (zur gebotenen richtlinienkonformen Auslegung → Einl. Rn. 9). Nach stRspr des EuGH handelt es sich um **Begriffe des Unionsrechts,** die in der gesamten EU autonom und einheitlich auszulegen sind.[1] Im Zweifel ist einer **weiten Auslegung** der Vorzug zu geben.[2] 3

2. Anwendungsbereich

Die Tatbestände des § 99 GWB kommen **nur ab Erreichen der Schwellenwerte** des § 106 GWB Anwendung. Unterhalb dieser Schwellenwerte bestimmt sich die Eigenschaft als öffentlicher Auftraggeber nach der jew. anzuwendenden Regelungen des Bundes bzw. der Länder (→ Rn. 197 ff.). 4

Zu beachten ist allerdings, dass der EuGH zur Beantwortung der Frage, welche Einrichtungen bei **Aufträgen außerhalb des Anwendungsbereichs** der unionsrechtlichen Vergaberichtlinien an die aus den Grundfreiheiten des AEUV folgenden Gleichbehandlungs- und Transparenzpflichten (→ Einl. Rn. 9 ff.) gebunden sind, eine **Anlehnung an die EU-Vergaberichtlinien** sucht. Danach sind „bestimmte Elemente der Definition des Begriffs ‚öffentliche Auftraggeber' in ... (den Richtlinien) heranzuziehen, soweit diese Elemente den Anforderungen entsprechen, die durch die Anwendung der Transparenzpflicht aus den ... (primärrechtlichen Vorschriften) auf Dienstleistungskonzessionen bedingt sind".[3] Öffentliche Auftraggeber iSd § 99 Nr. 1 GWB unterliegen ohnehin der uneingeschränkten Bindung an die Vorschriften des AEUV. Für die Bindung anderer juristischer Personen an die Gleichbehandlungs- und die Transparenzpflicht müssen kumulativ zwei Voraussetzungen erfüllt sein: Zum einen muss das betreffende Unternehmen unter tatsächlicher Kontrolle des Staates oder einer anderen öffentlichen Einrichtung stehen, zum anderen darf es nicht als Wettbewerber am Markt auftreten.[4] 5

---

[1] Vgl. nur EuGH 13.1.2005 – C-84/03, NZBau 2005, 232 Rn. 27 mwN.
[2] Siehe nur EuGH 27.2.2003 – C-373/00, NZBau 2003, 287 Rn. 43 – Truley.
[3] EuGH 13.4.2010 – C-91/08, NZBau 2010, 382 Rn. 47 – Wall.
[4] EuGH 13.4.2010 – C-91/08, NZBau 2010, 382 Rn. 49 – Wall.

6 Der **Katalog des § 99 GWB ist abschließend;** Stellen, die sich nicht unter eine der Kategorien fassen lassen, sind keine öffentlichen Auftraggeber „sui generis".[5] Aus der bloßen Wahrnehmung einer öffentlichen Aufgabe lässt sich die Eigenschaft als öffentlicher Auftraggeber nicht ableiten.[6] Während sich § 99 Nr. 1 GWB auf Gebietskörperschaften und deren Sondervermögen bezieht und damit den institutionellen Auftraggeberbegriff aufgreift, enthalten die folgenden Katalognummern Weiterungen ggü. diesem Kreis „klassischer" öffentlicher Auftraggeber: Neben den Verbänden, deren Mitglieder unter § 99 Nr. 1 oder Nr. 2 GWB fallen (§ 99 Nr. 3 GWB) und den staatlicherseits subventionierten Auftraggebern (§ 99 Nr. 4 GWB) sind dies vor allem die anderen juristischen Personen des öffentlichen und des privaten Rechts iSd § 99 Nr. 2 GWB.

3. Objektives Vorliegen der Auftraggebereigenschaft

7 Die Eigenschaft als öffentlicher Auftraggeber iS einer der Varianten des § 99 GWB ist gegeben, wenn die Tatbestandsvoraussetzungen der einschlägigen Variante für die betreffende Einrichtung **bei objektiver Betrachtung** erfüllt sind. Ob die betreffende Person oder Einrichtung **irrtümlicherweise annimmt,** kein öffentlicher Auftraggeber gem. § 99 GWB zu sein, ist dementsprechend unerheblich.[7] Nichts anderes gilt in der umgekehrten Situation, dass irrig vom Vorliegen der Auftraggebereigenschaft ausgegangen wird, obwohl dies bei objektiver Betrachtung nicht der Fall ist.[8] Selbst dann, wenn die den Auftrag vergebende Stelle erkennt, kein öffentlicher Auftraggeber zu sein, gleichwohl aber erklärt, sich den Regeln des Vergaberechts unterwerfen zu wollen, wird sie nicht zum öffentlichen Auftraggeber, so dass der persönliche Anwendungsbereich der betreffenden kartellvergaberechtlichen Vorschriften nicht eröffnet ist.[9] Allerdings kann durch eine solche Erklärung ein **Vertrauenstatbestand** zugunsten der Teilnehmer an der entspr. Ausschreibung mit der Folge von Schadensersatzansprüchen gegen die sich an die Einhaltung des Vergaberechts bindende Stelle gesetzt werden.[10]

8 **a) Personaler bzw. organisatorischer Bezugspunkt der Prüfung der Auftraggebereigenschaft.** Die Tatbestandsvoraussetzungen einer der Varianten des § 99 GWB müssen in derjenigen Person oder Einrichtung erfüllt sein, **für deren Rechnung die Auftragsvergabe** erfolgt. Öffentlicher Auftraggeber nach § 99 GWB ist nur diejenige natürliche oder juristische Person, die bei wirtschaftlicher Betrachtung die zu erbringende Leistung **zur Befriedigung ihres eigenen Beschaffungsbedarfs** benötigt und der sie deshalb zugutekommen soll, die aber auch die Risiken des aufgrund des Beschaffungsvorgangs zu schließenden Vertrags trägt.[11] Daher kommt es nicht darauf an, welche Stelle das Vergabeverfahren durchführt, welche Vergabekammer als zuständige Stelle für ein Nachprüfungsverfahren genannt wird[12] oder wer rechtlich Vertragspartner des bezuschlagten Bieters wird. Ebenso unerheblich ist es, wo der Leistungsort liegt.[13]

---

[5] OLG Celle 13.10.2016 – 13 Verg 6/16, NZBau 2017, 51 (53 f.); VK Bund 4.5.2012 – VK 2–130/11, ZfBR 2012, 817 (819).

[6] VK Thüringen 7.2.2019 – 250–4003-262/2019-E-001-EIC, VPRRS 2019, 0186.

[7] OLG Düsseldorf 30.4.2003 – Verg 67/02, NZBau 2003, 400 (405).

[8] VK Baden-Württemberg 10.8.2016 – 1 VK 29/16, VPRRS 2016, 0461.

[9] AM wohl OLG Dresden 9.3.2004 – 20 U 1544/03, NVwZ 2004, 1145.

[10] BGH 21.2.2006 – X ZR 39/03, NZBau 2006, 456 (457).

[11] OLG Düsseldorf 17.12.2012 – VII-Verg 57/12, BeckRS 2013, 3317 = VergabeR 2013, 550 (551).

[12] OLG Celle 8.8.2013 – 13 Verg 7/13, BeckRS 2013, 14462 = VergabeR 2014, 24 (25).

[13] OLG Düsseldorf 17.12.2012 – VII-Verg 57/12, BeckRS 2013, 3317 = VergabeR 2013, 550 (551), Deutsche Schule Warschau.

Der öffentliche Auftraggeber ist nicht daran gehindert, das Vergabeverfahren ganz oder teilw. **durch einen Dritten durchführen** zu lassen, sofern die Verantwortung sowohl für das Verfahren als auch für die Wertung der Angebote beim öffentlichen Auftraggeber verbleibt und von diesem auch tatsächlich wahrgenommen wird.[14] Überträgt also ein öffentlicher Auftraggeber die Durchführung des Vergabeverfahrens an einen anderen, so ändert dies – bei Vorliegen der vorgenannten Voraussetzungen – nichts an seiner Eigenschaft als öffentlicher Auftraggeber, unabhängig davon, ob die das **Vergabeverfahren durchführende Stelle als Stellvertreter** auftritt oder im eigenen Namen handelt. Ebenso wenig ist es für die Auftraggebereigenschaft der materiell betroffenen Stelle von Bedeutung, ob die nach **außen handelnde Einheit** selbst öffentlicher Auftraggeber ist oder nicht.[15]

Von einer solchen Übertragung der Durchführung des Vergabeverfahrens zu unterscheiden ist das Auseinanderfallen von materieller Trägerschaft einer öffentlichen Aufgabe und Verantwortung für die Durchführung der Aufgabe. Insoweit sind drei Konstellationen zu unterscheiden:

- In der ersten Konstellation beauftragt ein Träger einer öffentlichen Aufgabe, der seinerseits öffentlicher Auftraggeber iSv § 99 GWB ist, ohne Vergabeverfahren eine **juristische Person des Privatrechts ohne Auftraggebereigenschaft mit der Erfüllung einer Aufgabe**, ohne dass diese juristische Person die dazu erforderlichen Leistungen sämtlich selbst erbringen könnte. In diesem Fall gebietet es der Grundsatz der Effektivität des europäischen Vergaberechts keineswegs, dass die beauftragte juristische Person ihrerseits als öffentlicher Auftraggeber nach § 99 GWB zu behandeln ist.[16] Soweit es sich bei der Betrauung der juristischen Person mit der Aufgabenerfüllung nicht selbst um einen öffentlichen Auftrag handelt, wird diese Konstellation nicht durch das Vergaberecht erfasst.[17] Anders zu beurteilen ist die Situation, dass die übertragene Aufgabenerfüllung ihrerseits ausschreibungspflichtig wäre.[18]

- In der zweiten Konstellation führt eine Stelle, die selbst die Voraussetzungen des § 99 GWB erfüllt und **im eigenen Namen, aber für Rechnung eines anderen** öffentlichen Auftraggebers das Vergabeverfahren durch. In den Entscheidungen der Nachprüfungsinstanzen wird diesbzgl. häufig angenommen, dass diese Stelle selbst die Pflichten eines öffentlichen Auftraggebers treffen.[19] Dies ist jedoch unzutreffend. Für eine solche Betrachtungsweise könnten allenfalls Rechtsschutzgründe sprechen, um dem Rechtsschutz suchenden Bieter nicht die ihm möglicherweise nur schwer zu leistende **Ermittlung des „wirklichen" Auftraggebers** aufzubürden. Doch genügt es den Anforderungen des § 161 Abs. 2 GWB, wenn der Bieter den Nachprüfungsantrag gegen die nach außen als die das Vergabeverfahren im eigenen Namen durchführende Stelle richtet. Es bleibt daher dabei, dass derjenige, der im Namen des öffentlichen Auftraggebers ein Vergabeverfahren durchführt und selbst den Kriterien des § 99 GWB genügt, nicht öffentlicher Auftraggeber für diesen Auftrag ist, selbst wenn der zur Durchführung des Auftrags geschlossene Vertrag zwischen dem Auftragnehmer und ihm

---

[14] VK Niedersachen 2.11.2018 – VgK-40/18, NZBau 2019, 407 f. In der Tendenz restriktiv Gaus NZBau 2019, 358 (360 ff.).

[15] VK Bund 8.6.2006 – VK 2–114/05, BeckRS 2010, 10904 = VergabeR 2007, 100 (105); 4.5.2012 – VK 2–130/11, ZfBR 2012, 817 (819); VK Düsseldorf 30.10.2006 – VK 44/06, NZBau 2007, 808.

[16] OLG Celle 13.10.2016 – 13 Verg 6/16, NZBau 2017, 51 (53 f.); aM OLG Düsseldorf 15.7.2015 – VII-Verg 11/15, NZBau 2016, 55 (57).

[17] OLG Celle 13.10.2016 – 13 Verg 6/16, NZBau 2017, 51 (53 f.). Zustimmend Kampp ZfBR 2017, 772 (775 f.).

[18] OLG Frankfurt a. M. 17.2.2022 – 11 Verg 8/21, NZBau 2022, 367 Rn. 40 ff.

[19] VK Kiel 26.7.2006 – VK-SH 11/06, NZBau 2007, 736.

geschlossen wird.[20] Dies wird auch durch die Kontrollüberlegung gestützt, dass die Bestellung einer Leistung oder Lieferung durch eine die Anforderungen des § 99 GWB erfüllende natürliche oder juristische Person im eigenen Namen, aber für Rechnung einer Stelle, die nicht öffentlicher Auftraggeber ist, nicht dazu führt, dass der Auftraggeber zum öffentlichen Auftraggeber wird.[21]

13 • Drittens zu nennen ist die Konstellation, dass der Träger einer Verwaltungsaufgabe und die juristische Person, die die zur Erfüllung der Verwaltungsaufgabe erforderlichen Verwaltungsverfahren durchzuführen hat, rechtlich auseinanderfallen, wie es etwa bei der **Bundesauftragsverwaltung** nach Art. 85 ff. GG der Fall ist. Erfolgt in einer solchen Konstellation eine Beschaffung iRd Durchführung des Verwaltungsverfahrens, also bei der Bundesauftragsverwaltung durch das Land, so ist ausschl. das Land (und nicht der Bund) öffentlicher Auftraggeber.[22]

14 Im Verhältnis zwischen **Mutterunternehmen und Tochterunternehmen** sowie zwischen verschiedenen Tochterunternehmen desselben Mutterunternehmens ist für jedes Unternehmen eine getrennte Prüfung der Auftraggebereigenschaft durchzuführen (→ Rn. 148 ff.).

15 **b) Maßgeblicher Beurteilungszeitpunkt.** Die Frage, welcher Zeitpunkt für die Beurteilung der Auftraggebereigenschaft maßgeblich ist, kann insbes. dann eine Rolle spielen, wenn während laufender Vergabeverfahren oder noch nicht vollständig erfüllter Verträge eine **Änderung hinsichtl. für das Vorliegen der Auftraggebereigenschaft konstitutiver Merkmale** eintritt. Auszugehen ist von einem **Regel-Ausnahme-Verhältnis** hinsichtl. des maßgeblichen Beurteilungszeitpunkts. Zwar hat der EuGH in seinem Urt. in der Sache Stadt Mödling ausgeführt, dass „die Pflicht des öffentlichen Auftraggebers, eine Ausschreibung vorzunehmen, aus Gründen der Rechtssicherheit normalerweise anhand der Bedingungen zu prüfen ist, die zum Zeitpunkt der Vergabe des fraglichen öffentlichen Auftrags vorlagen".[23] Doch hat er gleichzeitig deutlich gemacht, dass es unionsrechtlich geboten sein kann, einen anderen Zeitpunkt als den maßgeblichen zu bestimmen.

16 Unterscheiden lassen sich insoweit folgende Konstellationen:
• Ein förmliches Vergabeverfahren ist eingeleitet worden und **während des laufenden Verfahrens entfällt die vorher gegebene Auftraggebereigenschaft.** Hier fordert sowohl der Grundsatz der Rechtssicherheit als auch der Schutz der Bieterinteressen, dass eine Einrichtung, die zum Zeitpunkt der Ausschreibung öffentlicher Auftraggeber ist, bis zum Abschluss des Vergabeverfahrens in vollem Umfang der Bindung an das Vergaberecht unterliegt.[24]

17 • Auf der Grundlage des Nichtvorliegens der Auftraggebereigenschaft sind **Vertragsverhandlungen ohne Durchführung eines Vergabeverfahrens** aufgenommen worden und während der laufenden Verhandlungen wird der die Leistung nachfragende Verhandlungspartner zum öffentlichen Auftraggeber. Für die Lösung dieses Problems nicht weiterführend sind die vom EuGH zur Bedeutung von Änderungen des Unionsrechts für bestehende Verträge und laufende Vertragsverhandlungen entwickelten Grundsätze (→ § 132 Rn. 7 ff.). Denn ein allg. Vertrauensschutzgedanke des Inhalts, dass auf Unionsrecht beruhende Änderungen der rechtlichen Beurteilung von Sachverhalten ausschl. Wirkungen für erst nach Eintritt der Änderung begonnene Abläufe entfalten, lässt sich aus dieser Rspr. nicht ableiten. Ebenso wenig zulässig wäre allerdings auch ein Umkehr-

---

[20] Vgl. VK Bund 4.5.2012 – VK 2–130/11, ZfBR 2012, 817 (819).
[21] Egger EuVergabeR Rn. 444 f.
[22] BGH 20.3.2014 – X ZB 18/13, NZBau 2014, 310 (312); OLG München 9.4.2015 – Verg 1/15, NZBau 2015, 446.
[23] EuGH 10.11.2005 – C-29/04, NZBau 2005, 704 Rn. 38 – Stadt Mödling.
[24] EuGH 1.2.2001 – C-237/99, NZBau 2001, 217 Rn. 43 – University of Cambridge.

schluss, dass nach Unionsrecht Änderungen der rechtlichen Bewertung begonnener Sachverhalte nur unter den vom EuGH zur Wirkung des Ablaufs der Umsetzungsfrist von Richtlinien auf bestehende Rechtsverhältnisse oder begonnene Beschaffungsvorgänge entwickelten Voraussetzungen beachtlich sind. Vielmehr trifft die Rspr. des Gerichtshofs zu anderen Fallgestaltungen als den, den Entscheidungen konkret zugrunde liegenden, keine Aussage.

Da es sich vielmehr um eine Frage des maßgeblichen Beurteilungszeitpunkts handelt, wäre entspr. dem dargestellten Regel-Ausnahme-Verhältnis (→ Rn. 15) der Zeitpunkt der Auftragsvergabe auch für die Beurteilung der Auftraggebereigenschaft ausschlaggebend. Von der betreffenden Einheit **vor der Erlangung der Auftraggebereigenschaft aufgenommene, aber noch nicht abgeschlossene Vertragsverhandlungen** müssten dann zugunsten der Durchführung eines förmlichen Vergabeverfahrens beendet werden. Denn dann würde der zwischen dem Beginn von Beschaffungsvorhaben und deren Abschluss liegende Eintritt der Auftraggebereigenschaft dazu führen, dass zum Zeitpunkt des Vertragsschlusses alle Voraussetzungen der Ausschreibungspflicht erfüllt sind. 18

Allerdings hat der EuGH in seiner University of Cambridge-Entscheidung für das Vorliegen des Merkmals der überwiegenden Finanzierung der betreffenden juristischen Person durch staatliche Stellen nach § 99 Nr. 2 lit. a GWB nicht auf den Zeitpunkt der Auftragsvergabe, sondern auf **den Beginn des Haushaltsjahrs der juristischen Person** abgestellt. Entfällt dann die Auftraggebereigenschaft im Laufe dieses Haushaltsjahrs, so sind **noch laufende förmliche Vergabeverfahren gleichwohl zu Ende zu führen.**[25] Für das Merkmal der überwiegenden staatlichen Finanzierung iSv § 99 Nr. 2 lit. a GWB wird man davon ausgehen dürfen, dass diese Grundsätze auch für die umgekehrte Konstellation gelten: Ändert sich die Finanzierung der juristischen Person im Laufe eines Haushaltsjahrs dergestalt, dass sie – bspw. durch Erhalt einer Subvention – nunmehr öffentlicher Auftraggeber nach § 99 Nr. 2 lit. a GWB ist, so sind **ohne Ausschreibung begonnene Beschaffungsvorgänge nicht dem Vergaberecht zu unterwerfen.** Dies ergibt sich schon daraus, dass aus Gründen der Rechtssicherheit ein „gewisser Grad an Vorhersehbarkeit für das betreffende Verfahren gewährleistet sein" muss.[26] Eine Grenze wird man dort ziehen müssen, wo iSd Stadt Mödling-Rspr. des EuGH eine „künstliche Konstruktion"[27] vorliegt, die den Grundsatz der Effektivität des Unionsrechts beeinträchtigt. Dies wäre etwa der Fall, wenn kurz vor Eintritt der Auftraggebereigenschaft eine Vielzahl von Verhandlungen über Verträge aufgenommen würde, die bei geordnetem Geschäftsbetrieb zum diesem Zeitpunkt nicht zur Verhandlung angestanden hätten. 19

Eine Übertragung dieser Grundsätze auf solche Auftraggeber, bei denen die erforderliche besondere Staatsnähe auf **§ 99 Nr. 2 lit. b oder lit. c GWB** beruht, dürfte nicht möglich sein. Der EuGH hat die Abweichung von der Maßgeblichkeit des Zeitpunkts der Auftragsvergabe in den Fällen des § 99 Nr. 2 lit. a GWB gerade mit den Besonderheiten dieses Tatbestandsmerkmals begründet. Leitend für die Entscheidung des Gerichtshofs war, dass die Finanzierung einer Einrichtung von Jahr zu Jahr variieren kann, so dass die Berücksichtigung jeder kurzfristigen Änderung die Grundsätze der Rechtssicherheit und der Transparenz beeinträchtigen würden.[28] Derartigen **aktuellen Schwankungen** unterliegen die für § 99 Nr. 2 lit. b oder lit. c GWB zu berücksichtigenden Sachverhalte nicht, so dass es in diesen Fällen bei der **Maßgeblichkeit des Zeitpunkts der Vergabe** bleibt. 20

---

[25] EuGH 1.2.2001 – C-237/99, NZBau 2001, 217 Rn. 37 ff. – University of Cambridge.
[26] EuGH 1.2.2001 – C-237/99, NZBau 2001, 217 Rn. 38 – University of Cambridge.
[27] EuGH 10.11.2005 – C-29/04, NZBau 2005, 704 Rn. 38 ff. – Stadt Mödling; iE auch EuGH 6.4.2006 – C-410/04, NZBau 2006, 326 Rn. 30 – ANAV.
[28] EuGH 1.2.2001 – C-237/99, NZBau 2001, 217 Rn. 38, 41 – University of Cambridge.

GWB § 99

21 Außerhalb des § 99 Nr. 2 GWB dürfte die Frage der Erlangung der Eigenschaft als öffentlicher Auftraggeber nach Aufnahme von Vertragsverhandlungen für die dann § 99 Nr. 1 GWB unterfallenden Auftraggeber keine größere Relevanz besitzen:
Ein originärer Statuswechsel der Verhältnisse der jew. die Vertragsverhandlungen führenden natürlichen oder juristischen Person kann lediglich noch in der Konstellation des § 100 Abs. 1 Nr. 2 lit. a GWB eintreten, wenn nämlich der natürlichen oder juristischen Person nach Aufnahme der Vertragsverhandlungen von der zuständigen Behörde ein besonderes oder ausschließliches Recht gewährt wird. Da es sich insoweit um keinen Gesichtspunkt handelt, der kurzfristigen Schwankungen unterliegt, lässt sich ein Abweichen von der **Maßgeblichkeit des Zeitpunkts der Auftragsvergabe** nicht rechtfertigen.

22 In den Konstellationen des § 99 Nr. 4 GWB (mehr als 50 %ige Vorhabenfinanzierung durch unter § 99 Nr. 1–3 GWB fallende Stellen) und des § 100 Abs. 1 Nr. 2 lit. b GWB (beherrschender Einfluss von unter § 98 Nr. 1–3 GWB fallenden Auftraggebern im Sektorenbereich) ist die Einordnung der den Vertrag schließenden Stelle als öffentlicher Auftraggeber **von der Auftraggebereigenschaft der beherrschenden oder finanzierenden Stelle abhängig.** In diesen Fällen einer abgeleiteten Auftraggebereigenschaft führt ein Einrücken der beherrschenden oder finanzierenden Stelle in die Auftraggebereigenschaft gleichzeitig dazu, dass die beherrschte oder finanzierte natürliche oder juristische Person – bei Vorliegen der weiteren Voraussetzungen – zum öffentlichen Auftraggeber wird. In den genannten Konstellationen der abgeleiteten Auftraggebereigenschaft folgt der für die Anwendung von § 99 Nr. 4 GWB und § 100 Abs. 1 Nr. 2 lit. b GWB maßgebliche Beurteilungszeitpunkt den für den Statuswechsel der beherrschenden oder finanzierenden Stelle geltenden Grundsätzen. Dies bedeutet, dass lediglich dann, wenn die Auftraggebereigenschaft dieser Stelle auf § 99 Nr. 2 lit. a GWB beruht, ohne Ausschreibung begonnene Beschaffungsvorgänge dem Vergaberecht entzogen bleiben.

23 Rückt die natürliche oder juristische Person, die die Verhandlungen über materiell von **§ 99 Nr. 4 GWB** erfasste Maßnahmen wegen fehlender Auftraggebereigenschaft außerhalb eines Vergabeverfahrens aufgenommen hat, dadurch in die Eigenschaft als öffentlicher Auftraggeber ein, dass eine § 99 Nr. 1–3 GWB unterfallende Stelle die **Vorhabensfinanzierung über 50 %** steigert, so muss wegen des Vorhabenbezugs dieses Merkmals maßgeblich für die Beurteilung der Zeitpunkt der Auftragsvergabe bleiben.[29]

24 • Wegen fehlender Auftraggebereigenschaft ist ein Vertrag ohne Durchführung eines Vergabeverfahrens geschlossen worden und **vor vollständiger Vertragserfüllung wird der Empfänger von Lieferungen oder Leistungen zum öffentlichen Auftraggeber.** Hier stellt sich die Frage, ob derjenige Vertragspartner, der zum öffentlichen Auftraggeber wird, den Vertrag mit Eintritt der Auftraggebereigenschaft kündigen und eine Ausschreibung durchführen muss. Zwar ergibt sich eine solche Pflicht nicht aus dem Gebot zur Beseitigung eines Verstoßes gegen das Unionsrecht, da ja der Vertrag ohne einen solchen Verstoß geschlossen worden ist. Doch kann es das **Gebot der praktischen Wirksamkeit des Unionsrechts** erfordern, für die Frage der Ausschreibungspflichtigkeit auch Ereignisse zu berücksichtigen, die erst nach dem Zeitpunkt der Auftragsvergabe eingetreten sind. Dies gilt allerdings nur für **Umgehungskonstellationen,**[30] zB eine Veräußerung von Anteilen einer Eigengesellschaft der öffentlichen Hand nachdem an die Eigengesellschaft ein Auftrag im Wege des Inhouse-Geschäfts vergeben worden ist, wenn

---

[29] AM OLG München 10.11.2010 – Verg 19/10, NZBau 2011, 253 (255), Zeitpunkt der Ausschreibung.

[30] Für generelle Ausschreibungspflichtigkeit dagegen wohl Wagner/Jürschik VergabeR 2012, 401 (402).

es sich bei Auftragsvergabe und Anteilsveräußerung um „eine mehrere gesonderte Schritte umfassende künstliche Konstruktion" handelt.[31]

Fehlt es an einer solchen Umgehungskonstellation, so besteht keine Verpflichtung 25 der in die Auftraggebereigenschaft eingerückten Stelle, einen bestehenden Vertrag zu kündigen, um einen Neuabschluss im Wege eines Vergabeverfahrens unter den nunmehr bestehenden Rahmenbedingungen durchzuführen. Die bloße **Nichtkündigung eines Vertrages ist kein vergaberechtlich relevanter Vorgang.**[32] Öffentliche Auftraggeber können nicht zur Kündigung selbst langjähriger Verträge verpflichtet werden, um ein entspr. Ausschreibungsverfahren zu ermöglichen.[33] So ergibt sich unionsrechtlich keine Pflicht zur Kündigung eines vor Erlass der Vergaberichtlinien geschlossenen Vertrages. Nach stRspr des EuGH verpflichtet Unionsrecht einen öffentlichen Auftraggeber nicht, in bestehende, auf unbestimmte Zeit oder für mehrere Jahre abgeschlossene Rechtsverhältnisse einzugreifen, wenn diese Rechtsverhältnisse vor Ablauf der Umsetzungsfrist der Richtlinien begründet worden sind.[34] Diesen Grundsatz wird man hinsichtl. einer fehlenden Pflicht zum vergaberechtlich intendierten Eingriff in bestehende Beschaffungsverträge verallgemeinern können.[35]

Nicht als Umgehungskonstellation zu beurteilen ist auch die Situation, dass sich 26 der vor Eintritt der Auftraggebereigenschaft geschlossene Vertrag **automatisch verlängert,** wenn er nicht binnen bestimmter Frist gekündigt wird, oder die Vertragsparteien für eine Verlängerung optieren können. Denn insoweit ist der auf der Grundlage entspr. Klauseln in dem ursprünglichen Vertragstext fortgeführte Vertrag immer noch **mit dem vor Eintritt der Auftraggebereigenschaft geschlossenen Vertrag identisch** – soweit keine inhaltlichen Änderungen erfolgen. Eine Grenze ergibt sich allerdings daraus, dass der den Vertragsgegenstand bildende Auftrag nicht dauerhaft dem Wettbewerb entzogen werden darf. Insoweit ist auf die allg. Grundsätze zur vergaberechtlichen Zulässigkeit von Verlängerungsklauseln und -optionen (→ § 132 Rn. 38 ff.) zurückzugreifen.

II. Gebietskörperschaften und deren Sondervermögen (Nr. 1)

Öffentliche Auftraggeber iSd § 99 Nr. 1 GWB sind Gebietskörperschaften und 27 deren Sondervermögen. Zu den Gebietskörperschaften zählen zunächst **der Bund, die Länder und die Gemeinden,** und zwar als solche. Organe oder Behörden der Gebietskörperschaften sind selbst nicht öffentliche Auftraggeber, wenn es sich um Verfassungsorgane handelt.[36] Unter die Nr. 1 fallende Gebietskörperschaften sind darüber hinaus die **Landkreise.** Soweit darauf hingewiesen wird, auf die Landkreise als Verbände von Gemeinden sei nicht § 99 Nr. 1 GWB, sondern die Nr. 3 anwendbar,[37] so ist dem aus mehreren Gründen nicht zuzustimmen. Zum einen ist die Bezeichnung der Kreise als „Gemeindeverbände" in verschiedenen Kreisordnungen lediglich als Hinweis auf die Aufgabe der Kreise, die kreisangehörigen Gemeinden bei der Erfüllung ihrer Aufgaben zu fördern und einen angemessenen Ausgleich

---

[31] EuGH 10.11.2005 – C-29/04, NZBau 2005, 704 Rn. 38 ff. – Stadt Mödling; iE auch EuGH 6.4.2006 – C-410/04, NZBau 2006, 326 Rn. 30 – ANAV.
[32] OLG Celle 4.5.2001 – 13 Verg 5/00, NZBau 2002, 53 (54); VK Baden-Württemberg 26.3.2002 – 1 VK 7/02, IBRRS 2009, 2034.
[33] VK Arnsberg 18.7.2000 – VK 2–07/2000, VPRRS 2013, 0985.
[34] EuGH 24.9.1998 – C-76–97, NVwZ 1999, 169 Rn. 53; 5.10.2000 – C-337/98, NZBau 2001, 272 Rn. 38.
[35] Prieß EurVergabeR-HdB S. 110 f.
[36] OLG Düsseldorf 2.11.2016 – Verg 23/16, ZfBR 2017, 190 (191).
[37] Byok/Jaeger/Werner GWB § 99 Rn. 8.

der gemeindlichen Lasten zu vermitteln, zu verstehen. Zum anderen ist – ohne dass es allerdings hierauf iErg ankäme – § 99 Nr. 3 Alt. 1 GWB nicht anwendbar, wenn Verbände selbst den Charakter als Gebietskörperschaften aufweisen und daher von § 99 Nr. 1 GWB erfasst werden. Keine Gebietskörperschaften iSv § 99 Nr. 1 GWB sind **bloße Verwaltungsuntergliederungen** wie Regierungsbezirke.[38] Gleiches gilt für andere Körperschaftsformen wie zB Personalkörperschaften (zB Ärztekammern, Handwerkskammern etc) oder Verbandskörperschaften (zB kommunale Zweckverbände).

28 Die Eigenschaft der Gebietskörperschaft als öffentliche Auftraggeberin ist unabhängig davon, welchen **Aufgaben** der jew. Beschaffungsakt dient. Maßgebend ist allein, dass eine Gebietskörperschaft iSv § 99 Nr. 1 GWB einen öffentlichen Auftrag iSd § 103 GWB vergibt. Ob sie dabei in Erfüllung im Allgemeininteresse liegender Aufgaben handelt oder andere, zB wirtschaftliche, Interessen wahrnimmt, ist unerheblich.[39] Dies gilt auch dann, wenn die Gebietskörperschaft ihrerseits als Auftragnehmerin eines anderen öffentlichen Auftraggebers handelt und den von ihr übernommenen Auftrag oder einen Teil davon an einen Subunternehmer (weiter-) vergeben will.[40]

29 Anders zu beurteilen ist hingegen die Konstellation, dass eine Gebietskörperschaft für einen anderen – einen anderen öffentlichen Auftraggeber oder ein Unternehmen – in dessen Namen und für dessen Rechnung **rein tatsächliche Beschaffungsfunktionen** übernimmt. In diesem Fall verfolgt die Gebietskörperschaft **keine Beschaffungsinteressen** (zur Notwendigkeit eines Beschaffungsinteresses → § 103 Rn. 44 ff.) und wird nicht selbst als öffentliche Auftraggeberin tätig.[41] Umgekehrt bleibt die Gebietskörperschaft selbst öffentliche Auftraggeberin, wenn sie ihren Beschaffungsbedarf definiert hat, jedoch ein Privater für den Beschaffungsvorgang im eigenen Namen durchführt. Der Private wird hierdurch nicht öffentlicher Auftraggeber.[42]

30 **Sondervermögen der Gebietskörperschaften** sind deren zur Erfüllung bestimmter Aufgaben organisatorisch und als Vermögen selbstständigen, jedoch nicht mit eigener Rechtsfähigkeit versehenen Einheiten.[43] Beispiele sind die kommunalen Eigenbetriebe oder nicht-rechtsfähige Stiftungen. Darüber hinaus bestehen weitere Sondervermögen auf Bundes- oder Landesebene. Rechtsfähige Ausgliederungen, seien sie in privatrechtlicher, seien sie in öffentlich-rechtlicher Form verfasst, unterfallen nicht § 99 Nr. 1 GWB, können aber nach den anderen Tatbeständen des § 99 GWB öffentliche Auftraggeber bzw. der §§ 102 Nr. 2, 101 Nr. 3 GWB Sektorenauftraggeber bzw. Konzessionsgeber sein.

31 Mangels rechtlicher Verselbstständigung der Sondervermögen hat deren Erwähnung neben den Gebietskörperschaften in § 99 Nr. 1 GWB idR keine eigenständige Bedeutung. Denn auch für die zur Erfüllung von Aufgaben des Sondervermögens vergebenen öffentlichen Aufträge ist die **hinter dem Sondervermögen stehende Gebietskörperschaft** (und nur diese) öffentlicher Auftraggeber. Etwas anderes gilt allerdings dann, wenn das Sondervermögen kraft ausdr. gesetzlicher Regelung im

---

[38] AM RKPP/Eschenbruch GWB § 99 Rn. 9.
[39] EuGH 15.1.1998 – C-44/96, Slg. 1998, I-73 Rn. 32 = NZG 1998, 257 – Mannesmann; 18.11.2004 – C-126/03, Slg. 2004, I-11197 Rn. 18 = IBRRS 2004, 3592; 11.1.2005 – C-26/03, Slg. 2005, I-1 Rn. 26 = NZBau 2005, 111 – Stadt Halle.
[40] EuGH 18.11.2004 – C-126/03, Slg. 2004, I-11197 Rn. 18 = IBRRS 2004, 3592.
[41] EuGH 15.1.1998 – C-44/96, Slg. 1998, I-73 Rn. 44, 46 = NZG 1998, 257 – Mannesmann.
[42] VK Bund 8.6.2006 – VK 2–114/05, BeckRS 2010, 10904 = VergabeR 2007, 100 (105); aM OLG Dresden 9.3.2004 – 20 U 1544/03, BeckRS 2004, 3903 = VergabeR 2004, 484 (486).
[43] VK Lüneburg 13.5.2016 – VgK-10/2016, BeckRS 2016, 17220.

Rechtsverkehr unter eigenem Namen handeln kann. Da es für die Auftraggebereigenschaft auf den eigenständigen Marktzugang der betreffenden Einheit ankommt, ist in diesem Fall das Sondervermögen öffentlicher Auftraggeber.

Im **Verhältnis des § 99 Nr. 1 GWB zu den Nr. 2–4** des § 99 GWB können 32 Überschneidungen der Anwendungsbereiche allenfalls am Rande vorkommen. Soweit ein Überschneidungsfall vorliegen sollte, geht § 99 Nr. 1 GWB den Nr. 2–4 GWB vor.

III. Andere juristische Personen des öffentlichen und privaten Rechts (Nr. 2)

§ 99 Nr. 2 GWB erfasst **juristische Personen des öffentlichen und des pri-** 33 **vaten Rechts,** die zu dem besonderen Zweck gegründet wurden, im Allgemeininteresse liegende Aufgaben nichtgewerblicher Art zu erfüllen, wenn Stellen, die unter § 99 Nr. 1 oder Nr. 3 GWB fallen, sie einzeln oder gemeinsam durch Beteiligung oder auf sonstige Weise überwiegend finanzieren oder über ihre Leitung die Aufsicht ausüben oder mehr als die Hälfte der Mitglieder eines ihrer zur Geschäftsführung oder zur Aufsicht berufenen Organe bestimmt haben. Gleiches gilt, wenn die Stelle, die einzeln oder gemeinsam mit anderen die überwiegende Finanzierung gewährt oder die Mehrheit der Mitglieder eines zur Geschäftsführung oder Aufsicht berufenen Organs bestimmt hat, die genannten Voraussetzungen erfüllt.

Die Vorschrift ist Ausdruck des durch das europäische Recht vorgegebenen Wan- 34 dels vom institutionellen zum **funktionellen Auftraggeberbegriff.** In Auslegung des in Art. 1b der RL 71/305/EWG des Rates v. 26.7.1971 über die Koordinierung der Verfahren zur Vergabe öffentlicher Bauaufträge[44] zur Definition der Eigenschaft als öffentlicher Auftraggeber verwendeten Begriffs des Staates führte der EuGH in seinem Beentjes-Urt. aus:

„Der in dieser Bestimmung verwendete Begriff des Staates ist im funktionellen Sinne zu verstehen. Das Ziel der Richtlinie, die die tatsächliche Verwirklichung der Niederlassungsfreiheit und des freien Dienstleistungsverkehrs auf dem Gebiet der öffentlichen Bauaufträge anstrebt, wäre gefährdet, wenn sie allein deswegen unanwendbar wäre, weil ein öffentlicher Bauauftrag von einer Einrichtung vergeben wird, die geschaffen wurde, um ihr durch Gesetz zugewiesene Aufgaben zu erfüllen, die jedoch nicht förmlich in die staatliche Verwaltung eingegliedert ist."[45]

Im Folgenden wurde dieser funktionelle Auftraggeberbegriff **unionsrechtlich** 35 **positiviert** und findet sich in Form der „Einrichtung des öffentlichen Rechts" sowohl in Art. 2 Abs. 1 Nr. 4 VRL als auch in Art. 3 Nr. 4 SRL und Art. 6 Abs. 4 KVR. § 99 Nr. 2 GWB dient der Umsetzung dieser Bestimmungen und ist deshalb **richtlinienkonform auszulegen;** die Auslegung des § 99 Nr. 2 GWB wird von Inhalt und Zielsetzung des einschlägigen EU-Rechts bestimmt.[46] Beim Begriff der „Einrichtung des öffentlichen Rechts" handelt es sich um einen Begriff des Unionsrechts, der in der gesamten EU autonom und einheitlich auszulegen ist.[47]

Nach der Rspr. des EuGH ist die Reichweite des Begriffs der Einrichtung des 36 öffentlichen Rechts anhand der Ziele der EU-Vergaberichtlinien **funktionell zu**

---

[44] ABl. 1971 L 185, 5.
[45] EuGH 20.9.1988 – 31/87, Slg. 1988, 4635 Rn. 11 = NVwZ 1990, 353 – Beentjes.
[46] Dietlein NZBau 2002, 136 (137); Hailbronner DÖV 2003, 534 (536).
[47] EuGH 13.1.2005 – C-84/03, NZBau 2005, 232 Rn. 27 mwN.

bestimmen.[48] Die sind vor allem der Grundsatz der Gleichbehandlung, der Verhältnismäßigkeitsgrundsatz, der Transparenzgrundsatz und der Wettbewerbsgrundsatz (→ § 97 Rn. 9 ff.), wobei der Gerichtshof für die Auslegung des Begriffs der Einrichtung des öffentlichen Rechts in erster Linie auf den Wettbewerbs- und den Transparenzgrundsatz abstellt.[49] Insbes. muss sichergestellt sein, dass sich mitgliedstaatliche Einrichtungen bei ihren Beschaffungen **von keinen anderen als wirtschaftlichen Überlegungen leiten** lassen.[50] Hieraus zieht der EuGH den Schluss, dass der Begriff der Einrichtung des öffentlichen Rechts weit zu verstehen ist.[51] Allerdings bedarf es in jedem Einzelfall einer gründlichen Prüfung aller für das Vorliegen einer solchen Einrichtung aufgestellten Kriterien, die **kumulativ erfüllt** sein müssen.[52]

1. Handeln einer juristischen Person des öffentlichen Rechts oder des Privatrechts

37 Öffentliche Auftraggeber iSd § 99 Nr. 2 GWB können nur juristische Personen des öffentlichen oder des privaten Rechts sein. Auf die Rechtsform der Einrichtung, die die fragliche Aufgabe erfüllt, kommt es von vornherein nicht an, soweit es sich um eine „juristische Person" handelt (→ Rn. 38). Wollte man **privatrechtliche Unternehmen** generell nicht als öffentliche Auftraggeber ansehen, so hätte es der Staat in der Hand, sich allein durch die Wahl dieser Rechtsform der Anwendbarkeit des Vergaberechts zu entziehen.[53] Der Umstand, dass ein privatrechtlich verfasstes Unternehmen auf die Erzielung von Gewinn und die Verfolgung gewerblicher Zwecke ausgerichtet sein mag, stellt einen weiteren Prüfungspunkt dar (→ Rn. 59 ff.), der auf die Einordnung als „Einrichtung des öffentlichen Rechts" bzw. als juristische Person nicht zurückwirkt.[54]

38 **a) Rechtsfähigkeit im „vergaberechtlichen Sinne".** Eine am Wortlaut der Vorschrift orientierte Auslegung des § 99 Nr. 2 GWB würde zu dem Ergebnis führen, dass öffentliche Auftraggeber nur solche Einrichtungen sein können, die vollrechtsfähig sind. Jedoch würde eine solche **enge Auslegung** dem Zweck des

---

[48] EuGH 27.2.2003 – C-373/00, NZBau 2003, 287 Rn. 40 ff. – Truley; 15.5.2003 – C-214/00, NZBau 2003, 450 Rn. 53; 16.10.2003 – C-283/00, NZBau 2004, 223 Rn. 79; 10.4.2008 – C-393/06, BeckRS 2008, 70425 – VergabeR 2008, 632 Rn. 37 – Aigner; 12.9.2013 – C-526/11, BeckRS 2013, 81710 = VergabeR 2014, 20 Rn. 21 – IVD.

[49] EuGH 16.10.2003 – C-283/00, NZBau 2004, 223 Rn. 73.

[50] EuGH 1.2.2001 – C-237/99, NZBau 2001, 217 Rn. 17 – University of Cambridge; 13.12.2007 – C-337/06, NZBau 2008, 130 Rn. 36 – Bayerischer Rundfunk; 12.9.2013 – C-526/11, BeckRS 2013, 81710 = VergabeR 2014, 20 Rn. 20 – IVD; 5.10.2017 – C-567/15, NZBau 2018, 47 Rn. 31 – VLRD.

[51] EuGH 27.2.2003 – C-373/00, NZBau 2003, 287 Rn. 43 – Truley; 15.5.2003 – C-214/00, NZBau 2003, 450 Rn. 53; 5.10.2017 – C-567/15, NZBau 2018, 47 Rn. 31 – VLRD.

[52] EuGH 15.1.1998 – C-44/96, Slg. 1998, I-73 Rn. 21 = NZG 1998, 257 – Mannesmann; 10.11.1998 – C-360/96, Slg. 1998, I-6821 Rn. 29 = BeckRS 2004, 76737 – BFI; 1.2.2001 – C-237/99, Slg. 2001, I-939 Rn. 40 = NZBau 2001, 215; 15.5.2003 – C-214/00, NZBau 2003, 450 Rn. 52; 22.5.2003 – C-18/01, NZBau 2003, 396 Rn. 32 – Korhonen; 16.10.2003 – C-283/00, NZBau 2004, 223 Rn. 69; 13.1.2005 – C-84/03, NZBau 2005, 232 Rn. 27; 10.4.2008 – C-393/06, BeckRS 2008, 70425 – VergabeR 2008, 632 Rn. 36 – Aigner; 11.6.2009 – C-300/07, NJW 2009, 2427 Rn. 48 – AOK; 5.10.2017 – C-567/15, NZBau 2018, 47 Rn. 30 – VLRD; 3.2.2021 – C-155/19 u.a., NZBau 2021, 191 Rn. 35 – FIGC.

[53] EuGH 15.5.2003 – C-214/00, NZBau 2003, 450 Rn. 55 f.; 13.1.2005 – C-84/03, NZBau 2005, 232 Rn. 28.

[54] EuGH 15.5.2003 – C-214/00, NZBau 2003, 450 Rn. 58; 13.1.2005 – C-84/03, NZBau 2005, 232 Rn. 29.

funktionellen Auftraggeberbegriffs nicht gerecht. Soll dieser Begriff gerade verhindern, dass durch Übertragung öffentlicher Aufgaben auf nicht unmittelbar dem Staat oder den Gebietskörperschaften eingegliederte Einheiten die Anwendung des Vergaberechts umgangen wird, so kann es nicht darauf ankommen, ob eine solche Einheit vollrechtsfähig ist oder nicht. Ausschlaggebend muss vielmehr die Fähigkeit sein, Rechte nach außen im eigenen Namen wahrnehmen und **durch die Vergabe von Aufträgen selbständig tätig** werden zu können.

b) Juristische Person des öffentlichen Rechts. Juristische Personen des 39 öffentlichen Rechts iSd § 99 Nr. 2 GWB sind alle **Verwaltungsträger im weiteren Sinne,** also neben den (rechtsfähigen) Anstalten, Körperschaften und Stiftungen des öffentlichen Rechts auch teilrechtsfähige Verwaltungseinheiten wie die Fakultäten der Universitäten sowie die Beliehenen.

c) Privatrechtlich verfasste Einheiten. Auch im privatrechtlichen Bereich 40 wird man sich nicht auf die dem funktionellen Auftraggeberbegriff nicht gerecht werdende Auslegung des VÜA Brandenburg zurückziehen können, der eine KG mit Blick auf ihre fehlende Eigenschaft als juristische Person nicht als öffentlichen Auftraggeber eingestuft hat.[55] Unter den Begriff der juristischen Person des Privatrechts fallen vielmehr neben den **eigentlichen juristischen Personen** wie Aktiengesellschaft, Gesellschaft mit beschränkter Haftung, Kommanditgesellschaft auf Aktien, eingetragener Verein oder eingetragene Genossenschaft auch die Vorgesellschaft,[56] die Personenhandelsgesellschaften offene Handelsgesellschaft und Kommanditgesellschaft mit Blick auf §§ 124 Abs. 1, 161 Abs. 2 HGB[57] sowie die **Gesellschaft bürgerlichen Rechts,**[58] soweit ihr von der Rspr. die Fähigkeit zuerkannt wird, im eigenen Namen rechtlich zu handeln.[59]

2. Erfüllung einer im Allgemeininteresse liegenden Aufgabe

Der Begriff der im Allgemeininteresse liegenden Aufgabe ist **nicht identisch** 41 **mit dem Kriterium des nichtgewerblichen Charakters** der Aufgabe. Aus dem Umstand, dass eine Aufgabe nichtgewerblicher Art ist, kann nicht darauf geschlossen werden, dass die Erfüllung der Aufgabe im Allgemeininteresse liegt. Es gibt vielmehr im Allgemeininteresse liegende Aufgaben, die nichtgewerblicher Art sind, und solche, die gewerblicher Art sind.[60]

Die Voraussetzung, dass es sich bei der fraglichen Aufgabe um eine im Allgemein- 42 interesse liegende handeln muss, hat deshalb **eigenständige Bedeutung.** Dies ergibt sich bereits daraus, dass dieses Kriterium die eigentliche Rechtfertigung dafür enthält, eine vom Staat und den Gebietskörperschaften verschiedene Stelle als Einrichtung des öffentlichen Rechts den öffentlichen Auftraggebern zuzuordnen. Die Gleichstellung der juristischen Personen iSv § 99 Nr. 2 GWB mit den „klassischen" öffentlichen Auftraggebern beruht darauf, dass die Erfüllung von Aufgaben des Allgemeininteresses zwar grds. Sache des Staates und der Gebietskörperschaften ist. Die Reduzierung des Auftraggeberbegriffs auf diese Kategorien würde jedoch die **Gefahr der Aushebelung des Vergaberechts** in sich bergen, indem die Erfüllung

---

[55] VÜA Brandenburg 9.5.1996 – 1 VÜA 3/96, IBR 1997, 45 = WuW 1996, 853 (859).
[56] VK Bund 12.12.2002 – VK 1–83/02, IBRRS 2003, 0317.
[57] VK Südbayern 5.9.2002 – 120.3-3194-1-35-07-02, BeckRS 2002, 32991; VK Münster 24.6.2002 – VK 03/02, ZfBR 2002, 724 (725); Dreher DB 1998, 2579 (2580).
[58] OLG Celle 14.9.2006 – 13 Verg 3/06, BeckRS 2006, 11118 = VergabeR 2007, 86 (87).
[59] Dazu BGH 29.1.2001 – II ZR 331/00, BGHZ 146, 341 ff. = BeckRS 2002, 1781.
[60] EuGH 10.11.1998 – C-360/96, Slg. 1998, I-6821 Rn. 31 ff. = BeckRS 2004, 76737 – BFI; 10.5.2001 – C-223/99C-260/99, Slg. 2001, I-3605 Rn. 32 = NZBau 2001, 403 – Agora; 22.5.2003 – C-18/01, NZBau 2003, 396 Rn. 40 – Korhonen.

jener Aufgaben auf verselbständigte Organisationseinheiten übertragen wird, auf die der Staat maßgebenden Einfluss ausübt. Aus vergaberechtlicher Sicht müssen diese Organisationseinheiten deshalb „Staat" iSv „öffentlicher Auftraggeber" sein. Die **Zuordnung zur staatlichen Sphäre** erfolgt über das Kriterium der Erfüllung von im Allgemeininteresse liegenden Aufgaben.

43 a) **Rechtsprechung des EuGH.** Eine Definition des Begriffs der im Allgemeininteresse liegenden Aufgabe hat der EuGH bislang nicht vorgenommen. Nach der vom Gerichtshof verwendeten Formel stellen „im Allgemeinen Aufgaben, die zum einen auf andere Art als durch das Angebot von Waren oder Dienstleistungen auf dem Markt erfüllt werden und die zum anderen der Staat aus Gründen des Allgemeininteresses selbst erfüllen oder bei denen er einen entscheidenden Einfluss behalten möchte, idR im Allgemeininteresse liegende Aufgaben nicht gewerblicher Art" dar.[61] Hieraus lassen sich **Anhaltspunkte** für die Auslegung des Begriffs der im Allgemeininteresse liegenden Aufgabe entnehmen.

44 In der Rs. Mannesmann standen die **Aufgaben der Österreichischen Staatsdruckerei** zur Beurteilung. Als Pflichtaufträge hatte die Staatsdruckerei die Herstellung von Druckprodukten für die Bundesverwaltung, bei deren Herstellung Geheimhaltung bzw. die Einhaltung von Sicherheitsvorschriften geboten ist (zB Reisepässe, Führerscheine, Personalausweise, Bundesgesetzblatt, Rechts- und Entscheidungssammlungen, Formulare, Wiener Zeitung) zu leisten. Darüber hinaus konnte die Staatsdruckerei weitere Tätigkeiten, wie die Herstellung sonstiger Druckprodukte oder den Verlag und den Vertrieb von Büchern und Zeitschriften, übernehmen. Der EuGH qualifizierte die der Staatsdruckerei obliegenden Pflichtaufträge als Aufgaben im Allgemeininteresse, da die entspr. Druckprodukte eng mit der öffentlichen Ordnung und dem institutionellen Funktionieren des Staates verknüpft seien und eine Versorgungsgarantie sowie Produktionsbedingungen verlangten, die die Beachtung der Geheimhaltungs- und Sicherheitsvorschriften gewährleisten.[62]

45 In der Rs. BFI hat der EuGH das **Abholen und die Behandlung von Haushaltsabfällen** als eine im Allgemeininteresse liegende Aufgabe eingeordnet. Zur Begründung verwies der Gerichtshof auf die Bedeutung, die eine sachgerecht durchgeführte Müllabfuhr für die öffentliche Gesundheit und den Umweltschutz hat.[63] Weiterhin wird man zu beachten haben – wenngleich dies vom Gerichtshof nicht ausdr. in Bezug genommen worden ist –, dass das niederländische Umweltgesetz den Gemeinden die Verpflichtung auferlegte sicherzustellen, dass der Hausmüll mindestens einmal wöchentlich abgeholt wird, und die die Müllabfuhr durchführende Stelle zu bestimmen. Aus dieser gesetzlichen Verpflichtung lässt sich die Entscheidung des Gemeinwesens entnehmen, dass eine geordnete Hausmüllentsorgung eine im Allgemeininteresse liegende Aufgabe ist.

46 Gestützt wird diese Ableitung durch die Argumentation des EuGH in der Rs. Truley. Hier ging es um die Frage, ob das **Leichen- und Bestattungswesen** eine im Allgemeininteresse liegende Aufgabe darstellt. Zur Begründung, dass es sich dabei um eine Aufgabe im Allgemeininteresse handelt, argumentierte der EuGH zunächst strukturell wie in den Rs. Mannesmann und BFI: Ausschlaggebend für die vorgenommene Qualifizierung war daher, dass die betreffende Tätigkeit im Zusammenhang mit der öffentlichen Ordnung (staatliches Interesse an der Ausstellung von Bescheinigungen wie Geburts- und Sterbeurkunden) steht und dass Gründe der Hygiene und der Gesund-

---

[61] EuGH 16.10.2003 – C-283/00, NZBau 2004, 223 Rn. 80; ebenso 10.4.2008 – C-393/06, BeckRS 2008, 70425 = VergabeR 2008, 632 Rn. 40 – Aigner.
[62] EuGH 15.1.1998 – C-44/96, Slg. 1998, I-73 Rn. 24 = NZG 1998, 257 – Mannesmann.
[63] EuGH 10.11.1998 – C-360/96, Slg. 1998, I-6821 Rn. 52 = BeckRS 2004, 76737 – BFI.

heit für einen beherrschenden Einfluss des Staates sprechen.[64] Die Regelung in einem Gesetz des betreffenden Mitgliedstaates, dass die Bestattung durch eine staatliche Stelle veranlasst wird, wenn die Leiche nicht binnen bestimmter Frist von anderer Seite bestattet wird, wird trotz des darin zum Ausdruck gekommenen Interesses des Staates an einem geordneten Bestattungswesen und entgegen der Stellungnahme der Kommission ausdr. für nicht konstitutiv für die Qualifizierung als im Allgemeininteresse liegende Aufgabe bezeichnet.[65] Dieses Ergebnis ergibt sich bereits notwendig daraus, dass der Begriff der im Allgemeininteresse liegenden Aufgabe ein solcher des EU-Rechts und damit unionsrechtsautonom und einheitlich auszulegen ist. Doch erkennt der EuGH einer subsidiären gesetzlichen Verpflichtung des Staates wie in der genannten mitgliedstaatlichen Regelung die indizielle Bedeutung zu, dass die in Rede stehende Tätigkeit eine im Allgemeininteresse liegende Aufgabe zu erfüllen geeignet ist.[66]

In dieser Rechtsprechungslinie ist auch das Urt. des Gerichtshofs zur Auftraggebereigenschaft der deutschen gesetzlichen Krankenkassen zu sehen, die der EuGH unter Hinweis darauf bejahte, dass der **Schutz der Gesundheit der Bevölkerung** nach den einschlägigen nationalen Vorschriften eine Kernaufgabe des Staates darstellt.[67] **47**

Ausweislich der Entscheidung in der Rs. Kommission/Frankreich erfüllen die französischen staatlichen **Planungs- und Bauämter sowie Sozialwohnungsaktiengesellschaften** Aufgaben, die im Allgemeininteresse liegen.[68] Die Sozialwohnungsaktiengesellschaften werden in erster Linie zur Vermietung von Wohnungen tätig. Zu diesem Zweck übernehmen sie ua den Bau, den Erwerb, die Einrichtung, die Sanierung, die Instandsetzung und die Bewirtschaftung von Mehrfamilienhäusern oder Einzelwohnungen, die technisch und nach den Herstellungskosten ihn durch eine Verwaltungsentscheidung festgelegten Merkmalen entsprechen und für Personen mit geringem Einkommen bestimmt sind. Im Allgemeininteresse liegende Aufgabe ist wegen der von diesen Veranstaltungen ausgehenden Impulse für den Handel weiterhin die **Ausrichtung von Messeveranstaltungen, Ausstellungen** und ähnlichem. Denn durch die Zusammenführung von Herstellern und Händlern wird dieser durch die Förderung des Absatzes ihrer Erzeugnisse und Waren sowie den Verbrauchern eine Optimierung ihrer Produktwahlentscheidung ermöglicht.[69] **48**

Eine noch weitergehende Ausdehnung des Begriffs des Allgemeininteresses hat der EuGH in seinem Urt. v. 22.5.2003 in der Sache Korhonen vorgenommen.[70] Zur Beurteilung stand eine städtische Eigengesellschaft, deren Gesellschaftszweck den Erwerb, den Verkauf und die Vermietung von Immobilien und Anteilen an Immobiliengesellschaften sowie die Organisation und Durchführung der Unterhaltung von Immobilien und andere für die Verwaltung der Immobilien und Beteiligungen notwendige Dienstleistungen umfasste. Der Gerichtshof bewertete die Vergabe von Planungs- und Bauleistungen durch diese Gesellschaft im Rahmen eines Immobilienprojektes, das auf einen Beschluss der Stadt zur Gründung eines Zentrums für technische Entwicklung zurückgeht und die Errichtung mehrerer Bürogebäude und eines Parkhauses umfasst, als Erfüllung einer im Allgemeininteresse liegenden Aufgabe. Denn es würden nicht nur die besonderen Interessen der von dem Projekt unmittelbar betroffenen Unternehmen, sondern auch die der Stadt gefördert, indem die genannten Tätigkeiten eine Impulswirkung für den Handel und die wirtschaftliche und soziale **49**

---

[64] EuGH 27.2.2003 – C-373/00, NZBau 2003, 287 Rn. 52 f. – Truley.
[65] EuGH 27.2.2003 – C-373/00, NZBau 2003, 287 Rn. 33 ff. – Truley.
[66] EuGH 27.2.2003 – C-373/00, NZBau 2003, 287 Rn. 53 – Truley.
[67] EuGH 11.6.2009 – C-300/07, NJW 2009, 2427 Rn. 49 f. – AOK.
[68] EuGH 10.11.1998 – C-360/96, Slg. 2001, I-939 Rn. 45, 47 = NZBau 2001, 215.
[69] EuGH 10.5.2001 – C-223/99C-260/99, Slg. 2001, I-3605 Rn. 33 f. = NZBau 2001, 403 – Agora.
[70] EuGH 22.5.2003 – C-18/01, NZBau 2003, 396 – Korhonen.

Entwicklung der betreffenden Gebietskörperschaft haben. Ausdrücklich betont der EuGH, dass die **Ansiedlung von Unternehmen auf dem Gebiet einer Gebietskörperschaft** für diese häufig positive Auswirkungen im Hinblick auf die Schaffung von Arbeitsplätzen, die Erhöhung der Steuereinnahmen und die Steigerung von Angebot und Nachfrage bei Waren und Dienstleistungen habe.[71]

50 Diese Feststellung wird man nicht dahingehend verstehen können, dass die **Schaffung von Arbeitsplätzen** sowie die **Erhöhung von Steuereinnahmen** und die Steigerung von Angebot und Nachfrage durch privatwirtschaftliche Tätigkeit selbst schon die Erfüllung einer im Allgemeininteresse liegenden Aufgabe darstellen. Denn sonst würde nahezu jede unternehmerische Betätigung zugleich im Allgemeininteresse liegende Aufgaben erfüllen, was nicht der ratio des funktionellen Auftraggeberbegriffs entspricht. Dieser soll verhindern, dass sich der Staat durch Formenwandel der Bindung an das Vergaberecht entziehen kann. Erforderlich ist also eine spezifische Nähe zu staatlicher Aufgabenerfüllung, die durch das Kriterium der im Allgemeininteresse liegenden Aufgabe ausgedrückt wird. Die unternehmerische Betätigung als solche weist eine solche Nähe nicht auf – selbst wenn sie Arbeitsplätze schafft oder zu einer Erhöhung der Steuereinnahmen führt. Im Allgemeininteresse liegend ist vielmehr eine Betätigung, die auf die „Ansiedlung von Unternehmen" gerichtet ist,[72] sofern dies zumindest auch in Wahrnehmung der spezifischen Interessen der betreffenden Gebietskörperschaft erfolgt.

51 Handelt es sich nach diesen Maßstäben um eine Aufgabe, deren Erfüllung im Allgemeininteresse liegt, so kommt es nicht darauf an, ob die juristische Person bei der Erfüllung der Aufgabe tatsächlich ggü. einer größeren Allgemeinheit oder nur **ggü. einem einzelnen Unternehmen** tätig wird. Für diese Bewertung ausschlaggebend ist nach der Bewertung des EuGH das Umgehungsverbot: Würde die Ausübung der betreffenden Tätigkeit ggü. nur einem Unternehmen dazu führen, dass die Aufgabe deshalb nicht als im Allgemeininteresse liegend angesehen werden müsste, so hätte es die juristische Person in der Hand, sich der Anwendbarkeit des Vergaberechts zu entziehen. Sie könnte nämlich in Erfüllung der Aufgabe mit nur einem Vertragspartner kontrahieren, der dann seinerseits Verträge mit weiteren Unternehmen schließt.[73]

52 Jede Begründung für die Bewertung als im Allgemeininteresse liegende Aufgabe blieb der EuGH in der Sache Aigner schuldig und beschränkte sich auf die Behauptung von Plausibilitäten („unzweifelhaft").[74] Diese Zuordnung bezog sich auf eine städtische Eigengesellschaft, deren Aufgabe in der **Versorgung von Wohnungen,** Büros und öffentlichen Gebäuden einer Großstadt **mit umweltfreundlich erzeugter Fernwärme** bestand. Hieraus wird man den Schluss ziehen dürfen, dass der EuGH auch allg. Versorgungsleistungen generell als Erfüllung von im Allgemeininteresse liegenden Aufgaben ansieht, wobei es nach den Grundsätzen der Korhonen-Entscheidung nicht darauf ankommen kann, ob die Leistungen ggü. einer größeren Allgemeinheit oder nur ggü. einzelnen erbracht werden. Ausschlaggebend muss vielmehr sein, dass die Gesellschaft nicht der Rationalität des privatwirtschaftlichen Sektors verpflichtet ist, sondern von der hinter ihr stehenden Gesellschaft **zur Erbringung von Leistungen der Daseinsvorsorge instrumentalisiert** wird. Erforderlich ist daher, dass die Trägerkörperschaft die Aufgabe als eigene bewertet und deshalb einen entscheidenden Einfluss auf die Erfüllung haben möchte.[75]

---

[71] EuGH 22.5.2003 – C-18/01, NZBau 2003, 396 Rn. 44f. – Korhonen.
[72] EuGH 22.5.2003 – C-18/01, NZBau 2003, 396 Rn. 45 – Korhonen.
[73] EuGH 22.5.2003 – C-18/01, NZBau 2003, 396 Rn. 63 – Korhonen.
[74] EuGH 10.4.2008 – C-393/06, BeckRS 2008, 70425 = VergabeR 2008, 632 Rn. 39 – Aigner.
[75] EuGH 10.4.2008 – C-393/06, BeckRS 2008, 70425 = VergabeR 2008, 632 Rn. 40 – Aigner; OLG Düsseldorf 19.6.2013 – VII-Verg 55/12, BeckRS 2013, 12795 = VergabeR 2014, 158 (160f.).

Öffentliche Auftraggeber § 99 GWB

In der Sache Kommission/Spanien (SIEPSA) hat der Gerichtshof die Aufgaben 53 einer zu 100 % in Staatseigentum befindlichen Aktiengesellschaft, zur **Umsetzung der Strafvollzugspolitik** des spanischen Staates alle Tätigkeiten wahrzunehmen, die sich als für die Bildung, die Verwaltung und die Abwicklung des mit dem Strafvollzug zusammenhängenden Vermögens dieses Staates erforderlich erweisen, als im Allgemeininteresse eingestuft. Maßgebend für diese Einordnung waren die wesensmäßige Verknüpfung der von der SIEPSA wahrzunehmenden Aufgaben mit der öffentlichen Ordnung sowie der entscheidende Einfluss, den der Staat dadurch auf die Tätigkeit der Gesellschaft ausübte, dass diese in Umsetzung eines staatlichen Plans agierte sowie den Weisungen der staatlichen Verwaltung unterlag.[76]

In der Sache VLRD ist vom Gerichtshof zunächst die Erbringung öffentlicher 53a **Personenbeförderungsdienste** durch eine Eisenbahngesellschaft als Erfüllung einer im Allgemeininteresse liegenden Aufgabe qualifiziert worden.[77] In einem zweiten Schritt hat der EuGH dann die Herstellung und Instandhaltung von Lokomotiven und Schienenfahrzeugen, die für die Erfüllung der Aufgaben der Eisenbahngesellschaft erforderlich war, durch eine Tochtergesellschaft der Eisenbahngesellschaft ebenfalls als im Allgemeininteresse liegende Aufgabe eingeordnet.[78]

Die Aufgaben eines nationalen **Sportverbandes** sind jedenfalls dann als im Allge- 53b meininteresse liegend anzusehen, wenn sie dem Verband durch Rechtsnorm zur Erfüllung übertragen worden sind.[79]

Dass die Österreichische Staatsdruckerei in der Rs. Mannesmann neben der Erfül- 54 lung im Allgemeininteresse liegender Aufgaben **weitere Tätigkeiten** übernahm, erachtete der EuGH hinsichtl. der Qualifizierung der Staatsdruckerei als öffentlicher Auftraggeber für ebenso unbeachtlich wie das tatsächliche quantitative Verhältnis zwischen diesen weiteren Tätigkeiten und den im Allgemeininteresse zu erfüllenden Pflichtaufträgen. Ausreichend ist es danach, dass die Einrichtung auch im Allgemeininteresse liegende Aufgaben wahrnimmt.[80]

b) Folgerungen für die Anwendung des § 99 Nr. 2 GWB. Für die Anwen- 55 dung der deutschen Vorschrift des § 99 Nr. 2 GWB wird man davon ausgehen können, dass **juristische Personen des öffentlichen Rechts** regelm. im Allgemeininteresse liegende Aufgaben erfüllen.[81] Für **privatrechtliche juristische Personen** bedarf es hingegen einer Feststellung der Erfüllung von im Allgemeininteresse liegenden Aufgaben, die sich nicht auf eine solche Vermutung stützen kann.[82] Eine 100 %-ige Eigengesellschaft eines öffentlichen Auftraggebers teilt nicht automatisch dessen Ausrichtung auf die Erfüllung im Allgemeininteresse liegender Aufgaben. Vielmehr ist das Vorliegen dieser Voraussetzung für die **Tochtergesellschaft** eigenständig zu prüfen.[83] Eine **Vermutung** für das Vorliegen der Eigenschaft als öffentlicher Auftraggeber kann hier nur dadurch begründet werden, dass die Aufgabe **durch gesetzliche Regelung als im Allgemeininteresse lie-

---

[76] EuGH 16.10.2003 – C-283/00, NZBau 2004, 223 Rn. 85 f.
[77] EuGH 5.10.2017 – C-567/15, NZBau 2018, 47 Rn. 27 – VLRD.
[78] EuGH 5.10.2017 – C-567/15, NZBau 2018, 47 Rn. 38 f. – VLRD.
[79] Vgl. EuGH 3.2.2021 – C-155/19 u.a., NZBau 2021, 191 Rn. 38 – FIGC.
[80] EuGH 15.1.1998 – C-44/96, Slg. 1998, I-73 Rn. 25 f. = NZG 1998, 257 – Mannesmann; ebenso 27.2.2003 – C-373/00, NZBau 2003, 287 Rn. 56 – Truley; 10.4.2008 – C-393/06, BeckRS 2008, 70425 = VergabeR 2008, 632 Rn. 49 ff. – Aigner; 5.10.2017 – C-567/15, NZBau 2018, 47 Rn. 40 f. – VLRD.
[81] VK Südbayern 7.3.2014 – Z3-3-3194-02-01/14, NZBau 2014, 462 (463); Dietlein NZBau 2002, 136 (138 f.); Kleine/Flöther/Bräuer NVwZ 2002, 1046 (1049).
[82] VK Südbayern 30.5.2022 – 3194.Z3-3-01-21-70, NZBau 2023, 139 Rn. 60.
[83] EuGH 5.10.2017 – C-567/15, NZBau 2018, 47 Rn. 34 – VLRD.

gend bewertet wird.[84] Da auch Private Allgemeininteressen bedienen können – bspw. durch die Schaffung von Arbeitsplätzen –, ohne dass ihr Handeln deshalb § 99 Nr. 2 GWB unterfallen würde, wird die bloße Bezeichnung einer Aufgabe als solche des Allgemeininteresses durch eine gesetzliche Vorschrift nicht ausreichen. Nach der Zwecksetzung des funktionellen Auftraggeberbegriffs muss die Aufgabe vielmehr dadurch gekennzeichnet sein, dass ihre Erfüllung der staatlichen Sphäre zugerechnet werden kann. Dies verlangt, dass der Staat oder eine Gebietskörperschaft die Aufgabenerfüllung auch dann zur eigenen Sache macht, wenn die primäre Erfüllungsleistung von einem Privaten erbracht werden soll, der Staat sich aber Einfluss auf die Leistungserbringung erhalten will.[85] Es bedarf also einer **fortbestehenden staatlichen Gewährleistungsverantwortung.**[86]

56 Fehlt es an einer solchen gesetzlich begründeten Vermutungswirkung, so bedarf es einer **positiven Feststellung,** dass die von der betreffenden juristischen Person erfüllte Aufgabe eine im Allgemeininteresse liegende ist.[87] Hierfür bedarf es einer vom **Zweck des Kriteriums** geleiteten Handhabbarmachung. Dabei ist zu beachten, dass der Begriff der Einrichtung des öffentlichen Rechts nach der Rspr. des EuGH **weit zu verstehen** ist. Als im Allgemeininteresse liegende Aufgaben wird man daher entspr. den vom EuGH entwickelten Maßgaben als Tätigkeitsbereiche auffassen müssen, die sich **einer vollständigen materiellen Privatisierung entziehen,** weil die Aufgabenerfüllung nicht vollständig staatsfrei erfolgen kann oder soll. Kann und/oder will der Staat das „Ob" oder zumindest das „Wie" der Aufgabenerfüllung nicht vollständig aus seinem Verantwortungsbereich entlassen, so ist die Aufgabe seiner Sphäre zuzurechnen und unterfällt § 99 Nr. 2 GWB.[88] Das Verbleiben der Aufgabe hinsichtl. des „Wie" ihrer Erfüllung kann bspw. daran abgelesen werden, dass der Aufgabenwahrnehmung eine detaillierte, staatlicherseits vorgegebene Planung zugrunde liegt und der Staat **Weisungen hinsichtl. der Aufgabenerfüllung** erteilen kann.[89]

57 **Beispiele** aus der vergaberechtlichen Praxis für im Allgemeininteresse liegende Aufgaben sind (s. iÜ auch die Beispiele bei → Rn. 137 ff.):
- die Erfüllung von Aufgaben im Zivil- und Katastrophenschutz,[90]
- der Betrieb von Alten- und Pflegeheimen sowie Krankenhäusern,[91]

---

[84] OLG Düsseldorf 29.4.2015 – VII-Verg 35/14, NZBau 2015, 440 (441); VK Bund 15.5.2015 – VK 1–32/15, VPRRS 2015, 0414; zur Bedeutung des kommunalen Wirtschaftsrechts in diesem Zusammenhang VK Südbayern 17.7.2001 – 120.3-3194-1-23-06/01, BeckRS 2001, 29809. Allerdings ist entgegen VK Bund 18.10.1999 – VK 1–25/99, IBRRS 2013, 3317, die Benennung einer Aufgabe durch Rechtsvorschrift als im Allgemeininteresse liegend nicht konstitutiv für die Eigenschaft als öffentlicher Auftraggeber.

[85] EuGH 16.10.2003 – C-283/00, NZBau 2004, 223 Rn. 80; OLG Düsseldorf 4.5.2009 – Verg 68/08, BeckRS 2009, 24305 = VergabeR 2009, 905 (919); 19.6.2013 – VII-Verg 55/12, BeckRS 2013, 12795 = VergabeR 2014, 158 (160 f.); 15.7.2015 – VII-Verg 11/15, NZBau 2016, 55 (56).

[86] VK Münster 24.6.2002 – VK 03/02, ZfBR 2002, 724 (727); zum Konzept gestufter Verantwortung Ziekow ÖffWirtschaftsR § 13 Rn. 8 ff.

[87] VK Münster 24.6.2002 – VK 03/02, ZfBR 2002, 724 (725).

[88] BayObLG 10.9.2002 – Verg 23/02, BeckRS 2002, 8112 = VergabeR 2003, 94 (95); VK Münster 24.6.2002 – VK 03/02, ZfBR 2002, 724 (727); ähnlich VK Münster 17.7.2001 – VK 14/01, IBR 2002, 31, im Allgemeininteresse liegende Aufgabe, wenn der Staat auf ihre Wahrnehmung Einfluss nimmt, um politisch definierte Ziele zu verfolgen.

[89] EuGH 16.10.2003 – C-283/00, NZBau 2004, 223 Rn. 85 f.

[90] VK Südbayern 13.8.2002 – 120.3-3194-1-31-07/02, BeckRS 2002, 32989.

[91] OLG Naumburg 26.7.2012 – 2 Verg 2/12, BeckRS 2012, 21426 = VergabeR 2013, 218 (223); VK Baden-Württemberg 10.8.2000 – 1 VK 17/00, IBR 2001, 136; VK Thüringen 7.2.2019 – 250–4003-262/2019-E-001-EIC, IBRRS 2019, 1936 = VPRRS 2019, 0186; VK Südbayern 30.5.2022 – 3194.Z3-3-01-21-70, NZBau 2023, 139 Rn. 61 ff.

Öffentliche Auftraggeber § 99 GWB

- die Weiterentwicklung eines Vergütungssystems im Krankenhauswesen,[92]
- der Betrieb einer Schule,[93]
- der mildtätige Betrieb eines Bildungszentrums für Blinde und Sehbehinderte,[94]
- das Angebot von Maßnahmen der Jugend- und Erwachsenenbildung,[95]
- der Betrieb einer Werkstatt zur beruflichen Rehabilitation und/oder Förderung von Menschen mit geistigen oder psychischen Behinderungen,[96]
- die Deckung des Sachbedarfs der Bundeswehr,[97] der Betrieb nichtmilitärischer Informationstechnik der Bundeswehr einschließlich der Beschaffung der hierzu benötigten IT-Ausstattung,[98]
- der Druck und die sicherheitstechnische Ausstattung staatlicher Pass-, Personalausweis- und sonstiger Ausweisdokumente, von Führerscheinen und Fahrzeugpapieren, Postwertzeichen, Steuerzeichen und Banknoten,[99]
- die Bereitstellung zur Durchführung gesetzlicher Aufgaben im Sozialbereich erforderlicher IT-Infrastruktur,[100]
- die Förderung des Absatzes und der Verwertung von Erzeugnissen der deutschen Agrarwirtschaft in deren Gesamtinteresse,[101]
- die Aufgaben der öffentlich-rechtlichen Kreditinstitute,[102]
- der gesetzlichen Krankenkassen[103]
- und der Berufsgenossenschaften,[104]
- diejenigen Aufgaben berufsständischer Kammern, die nicht allein die Interessen der Mitglieder wahrnehmen,[105]
- der Betrieb von Groß- und Wochenmärkten, auf denen die landwirtschaftlichen Produzenten ihre Produkte den Verbrauchern oder Wiederverkäufern anbieten können,[106]
- die Sicherstellung eines ausreichenden legalen Glücksspielangebots durch den Betrieb von Lotterie-, Spiel- und Wettgeschäften,[107]
- sowie die Erbringung von Leistungen der Daseinsvorsorge wie die Verwertung und Entsorgung von Abfällen,[108]
- der Betrieb einer Müllverbrennungsanlage,[109]

---

[92] OLG Düsseldorf 29.4.2015 – Verg 35/14, NZBau 2015, 440 = BeckRS 2015, 9932.

[93] VK Münster 21.9.2016 – VK 1-30/16, IBRRS 2016, 2767.

[94] OLG München 2.3.2009 – Verg 1/09, BeckRS 2009, 7803 = VergabeR 2009, 816 (817).

[95] VK Baden-Württemberg 10.8.2016 – 1 VK 29/16, VPRRS 2016, 0461.

[96] OLG Celle 13.10.2016 – 13 Verg 6/16, NZBau 2017, 51 (52); OLG Düsseldorf 15.7.2015 – VII-Verg 11/15, NZBau 2016, 55 (56).

[97] VK Bund 12.12.2002 – VK 1-83/02, IBRRS 2003, 0317; OLG Düsseldorf 30.4.2003 – Verg 67/02, NZBau 2003, 400 (402).

[98] OLG Düsseldorf 19.6.2013 – VII-Verg 55/12, BeckRS 2013, 12795 = VergabeR 2014, 158 (160).

[99] VK Bund 18.10.1999 – VK 1-25/99, IBRRS 2013, 3317.

[100] OLG Celle 14.9.2006 – 13 Verg 3/06, BeckRS 2006, 11118 = VergabeR 2007, 86 (87).

[101] VK Bund 20.12.1999 – VK 1-29/99, NZBau 2000, 356.

[102] VK Münster 24.6.2002 – VK 03/02, ZfBR 2002, 724 (729 f.).

[103] VK Bund 5.9.2001 – VK 1-23/01, IBRRS 2002, 0209.

[104] VK Südbayern 7.3.2014 – Z3-3-3194-02-01/14, NZBau 2014, 462 (463).

[105] OLG Düsseldorf 5.10.2011 – VII-Verg 38/11, NZBau 2012, 188 (189).

[106] VK Bremen 23.8.2001 – VK 3/01, NZBau 2002, 406 (407).

[107] OLG Hamburg 31.3.2014 – 1 Verg 4/13, BeckRS 2014, 8733 = VergabeR 2014, 665 (669); VK Münster 24.6.2002 – VK 03/02, ZfBR 2002, 724 (726 ff.).

[108] OLG Düsseldorf 9.4.2003 – Verg 66/02, BeckRS 2003, 17910; VK Münster 14.10.1999 – VK 1/99, Veris.

[109] VK Düsseldorf 30.9.2002 – VK-26/2002-L, IBRRS 2014, 0436.

- die Planung und Errichtung von Endlagern für radioaktive Abfälle,[110]
- die Restrukturierung ehemals bergbaulich genutzter Flächen,[111]
- die Erbringung von Leistungen des öffentlichen Personennahverkehrs,[112]
- die Errichtung und Vermietung von Gebäuden für kommunale städtebauliche Entwicklungsmaßnahmen[113] oder von Parkhäusern zur Realisierung eines Parkplatzkonzeptes[114]
- sowie die Tätigkeit einer kommunalen Wohnungsbaugesellschaft, deren Gesellschaftszweck darin besteht, im Rahmen ihrer kommunalen Aufgabenstellung vorrangig eine sozial verantwortbare Wohnversorgung für breite Schichten der Bevölkerung sicherzustellen (→ Rn. 192 ff.).

58 Welche **weiteren Motive** die Erfüllung der im Allgemeininteresse liegenden Aufgabe tragen, ist unerheblich. So verliert die Aufgabe nicht dadurch ihren Bezug auf das Allgemeininteresse, dass die Erfüllung in concreto mit Gewinnerzielungsabsicht erfolgt. Die Bewertung dieser weiteren Motivation für die Frage des Vorliegens der Eigenschaft als öffentlicher Auftraggeber erfolgt nicht am Maßstab des Merkmals des Allgemeininteresses, sondern an dem der Nichtgewerblichkeit.

3. Nichtgewerblichkeit der Aufgabe

59 Das weitere in § 99 Nr. 2 GWB enthaltene Kriterium, dass die im Allgemeininteresse liegende Aufgabe eine solche nichtgewerblicher Art sein muss, hat ggü. dem des Allgemeininteresses keineswegs nur eine eingeschränkte, supplementäre Bedeutung. Nach der Rspr. des EuGH müssen alle den Begriff des öffentlichen Auftraggebers **konstituierenden Merkmale gleichermaßen erfüllt** sein (→ Rn. 36). Wegen der potentiellen Weite des Kriteriums der im Allgemeininteresse liegenden Aufgabe entscheidet sich die Eigenschaft als § 99 Nr. 2 GWB unterfallender öffentlicher Auftraggeber meist bei der Frage nach der Gewerblichkeit oder Nichtgewerblichkeit der Aufgabe.

60 **a) Voraussetzungen.** Eine im Allgemeininteresse liegende Aufgabe ist nicht deshalb gewerblicher Art, weil der Tätigkeitsraum, in dem die betreffende Einrichtung ihre Aufgabe erfüllt, als gewerblicher Markt strukturiert ist. Die Gewerblichkeit einer Aufgabe ergibt sich also nicht daraus, dass sie **auch von Privatunternehmen erfüllt** wird oder erfüllt werden kann.[115] Nach der Rspr. des EuGH kommt es für die Frage der Gewerblichkeit nicht auf die Qualität des die Aufgabe Erfüllenden, sondern auf die der Aufgabe an. Denn allein das Bestehen eines Wettbewerbs schließt es noch nicht aus, dass sich eine der staatlichen Sphäre zuzuordnende Stelle von anderen als wirtschaftlichen Erwägungen leiten lässt und bei ihren Beschaffungsvorgängen bspw. finanzielle Einbußen in Kauf nimmt. Darüber hinaus würde das Ziel des funktionellen Auftraggeberbegriffs, Einrichtungen des öffentlichen Rechts als öffentliche Auftraggeber zu qualifizieren, weitgehend leer laufen, wenn die bloße Möglichkeit der Aufgabenwahrnehmung durch Private bereits zur Einordnung der Aufgabe als solche gewerblicher Art und damit zur

---

[110] OLG Düsseldorf 13.8.2007 – VII-Verg 16/07, NZBau 2007, 733 (734).

[111] VK Bund 15.5.2015 – VK 1–32/15, VPRRS 2015, 0414.

[112] BayObLG 5.11.2002 – Verg 22/02, NZBau 2003, 342 (343); OLG Düsseldorf 4.5.2009 – Verg 68/08, BeckRS 2009, 24305 = VergabeR 2009, 905 (919); VK Münster 9.3.2001 – VK 1/01 ua –, juris; VK Sachsen 13.9.2002 – 1/SVK/080-02, IBRRS 2002, 1801; VK Brandenburg 28.1.2003 – VK 71/02, IBRRS 2003, 1032.

[113] VK Baden-Württemberg 6.6.2001 – 1 VK 6/01, NZBau 2002, 173 (174).

[114] *OLG Stuttgart* 9.8.2001 – 2 Verg 3/01, NZBau 2002, 292 (293); für den Betrieb von Parkhäusern VK Münster 17.7.2001 – VK 14/01, IBR 2002, 31.

[115] EuGH 10.11.1998 – C-360/96, Slg. 1998, I-6821 Rn. 39 f. = BeckRS 2004, 76737 – BFI.

Verneinung der Eigenschaft als öffentlicher Auftraggeber führen würde. Denn es sind kaum Aufgaben denkbar, die einer Erfüllung durch Privatunternehmen a priori entzogen wären.[116]

aa) Bedeutung des Bestehens von Wettbewerb. Allerdings ist das Bestehen 61
eines Wettbewerbs für die Frage der Gewerblichkeit oder Nichtgewerblichkeit einer im Allgemeininteresse liegenden Aufgabe nicht bedeutungslos. Das Vorliegen von Wettbewerb auf dem betreffenden Markt besitzt zwar keine exkludierende, wohl aber eine **indizielle Bedeutung:** Liegt ein „entwickelter Wettbewerb" vor, steht insbes. die Einrichtung auf dem betreffenden Markt im Wettbewerb mit anderen Wirtschaftsteilnehmern, so kann dies als (starker) Hinweis auf die Gewerblichkeit gewertet werden.[117] Denn die Gegenstücke der im Allgemeininteresse liegenden Aufgaben gewerblicher Art, die im Allgemeininteresse liegenden Aufgaben nichtgewerblicher Art, werden typischerweise auf andere Art und Weise als durch das Angebot von Waren oder Dienstleistungen auf dem Markt erfüllt, nämlich durch Aufgabenerfüllung durch den Staat selbst oder unter seinem entscheidenden Einfluss.[118] Hieraus lässt sich folgende **Zuordnung** von im Allgemeininteresse liegenden Aufgaben entwickeln:

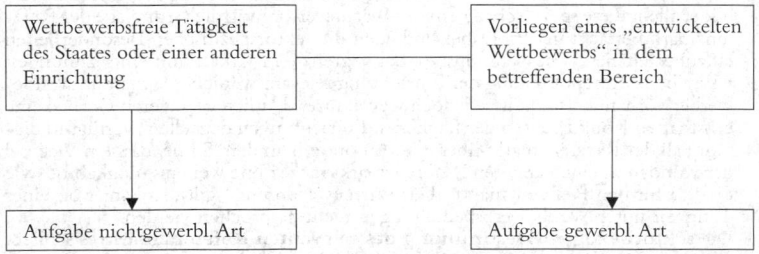

Zu beachten ist allerdings, dass es sich hierbei lediglich um **typisierende** 62
Zuordnungen anhand von indiziellen Vermutungen handelt, die im Einzelfall widerleglich sind. Der EuGH hat ausdr. darauf hingewiesen, dass sich aus dem Vorliegen eines entwickelten Wettbewerbs allein nicht auf den Charakter der Aufgabe als solche gewerblicher Art schließen lässt. Diese Vermutung bleibt vielmehr in eine **Gesamtwürdigung aller Umstände** eingebunden, zu denen insbes. die Voraussetzungen, unter denen die juristische Person ihre Tätigkeit ausübt, gehören.[119]

Unter welchen Voraussetzungen von dem Vorliegen eines „entwickelten Wettbe- 63
werbs" ausgegangen werden kann, ist in der Rspr. des Gerichtshofs bislang nicht

---

[116] EuGH 10.11.1998 – C-360/96, Slg. 1998, I-6821 Rn. 43 f. = BeckRS 2004, 76737 – BFI; ebenso 27.2.2003 – C-373/00, NZBau 2003, 287 Rn. 59 – Truley.

[117] EuGH 10.11.1998 – C-360/96, Slg. 1998, I-6821 Rn. 49 = BeckRS 2004, 76737 – BFI; ebenso 27.2.2003 – C-373/00, NZBau 2003, 287 Rn. 60 – Truley; 10.5.2001 – C-223/99C-260/99, Slg. 2001, I-3605 Rn. 38 = NZBau 2001, 403 – Agora; 22.5.2003 – C-18/01, NZBau 2003, 396 Rn. 49 – Korhonen; 16.10.2003 – C 283/00, NZBau 2004, 223 Rn. 87; 10.4.2008 – C-393/06, BeckRS 2008, 70425 = VergabeR 2008, 632 Rn. 41 – Aigner; die bloß indizielle Bedeutung verkennt zB Endler NZBau 2002, 125 (135).

[118] EuGH 22.5.2003 – C-18/01, NZBau 2003, 396 Rn. 47 – Korhonen.

[119] EuGH 22.5.2003 – C-18/01, NZBau 2003, 396 Rn. 50 – Korhonen; 10.4.2008 – C-393/06, BeckRS 2008, 70425 = VergabeR 2008, 632 Rn. 41, 46 – Aigner; 5.10.2017 – C-567/15, NZBau 2018, 47 Rn. 45 – VLRD; ebenso etwa OLG Düsseldorf 18.4.2018 – Verg 28/17, ZfBR 2018, 713 (715).

abschl. geklärt. Doch lassen sich den Entscheidungen **Gesichtspunkte** entnehmen, die **für das Vorliegen eines entwickelten Wettbewerbs** sprechen:[120]

64
- Die entspr. Aufgabe besteht (wie die Ausrichtung von Messen, Ausstellungen uä) im **Angebot wirtschaftlicher Dienstleistungen auf dem Markt;**
- die Dienstleistung wird gegen **Entgelt** erbracht;
- die Dienstleistung erfüllt **wirtschaftliche Bedürfnisse;**
- die Einrichtung arbeitet zwar ohne Gewinnerzielungsabsicht, jedoch nach **Leistungs-, Effizienz- und Wirtschaftlichkeitskriterien** – was nicht mit der haushaltsrechtlichen Selbstverständlichkeit der Bindung an den Wirtschaftlichkeitsgrundsatz verwechselt werden darf;[121]
- sie trägt – mangels eines vorgesehenen Mechanismus zum Ausgleich finanzieller Verluste – selbst das **wirtschaftliche Risiko ihrer Tätigkeit;**

65
- die Einrichtung wird in einem **wettbewerblich geprägten Umfeld** tätig. Hierfür ist eine Untersuchung des betreffenden Referenzmarkts anzustellen, der anhand des Sektors zu bestimmen ist, für den die Einrichtung gegründet wurde.[122] Entspr. weit oder eng sind die Grenzen des zu betrachtenden Referenzmarktes zu ziehen. Sofern die betreffende Einrichtung zB zum Zwecke der städtischen Fernwärmeversorgung auf der Grundlage der Müllverbrennung gegründet wurde, bildet allein diese spezifische Form der Wärmeversorgung die Grundlage der Referenzmarktbetrachtung.[123] Dabei sind auch die sektorspezifischen Besonderheiten einzubeziehen.[124] Dies kann insbes. bei begrenzten Märkten mit einer zumindest faktischen Monopolstellung der Einrichtung relevant werden, wenn zwar Wettbewerber vorhanden sind, diese jedoch wegen ihrer deutlich geringeren Größe keine ernsthaften Konkurrenten der fraglichen Einrichtungen darstellen. Verfügt in diesem Fall der Referenzmarkt über eine Autonomie in dem Sinne, dass ein Wechsel der Kunden in einen anderen Referenzmarkt nicht ohne weiteres möglich ist (wie dies zB für den Referenzmarkt „Fernwärmeversorgung" gilt), so kann von einer Tätigkeit unter Wettbewerbsbedingungen nicht gesprochen werden.[125]

66
- Die **sektorbezogene Bestimmung des relevanten Referenzmarktes** schließt es aus, das wettbewerbliche Umfeld nach örtlichen Gesichtspunkten abzugrenzen und bspw. auf eine rein nationale Wettbewerbssituation abzustellen. Dass auch auf demselben Markt tätige Unternehmen aus anderen Mitgliedstaaten der EU einzubeziehen sind, ergibt sich bereits aus dem der Auslegung des Begriffs der Einrichtung des öffentlichen Rechts zugrunde liegenden Ziel der Herstellung von unionsweitem Wettbewerb und unionsweiter Transparenz (→ § 98 Rn. 33). Eine Begrenzung der Betrachtung der Wettbewerbssituation auf den Raum der EU ergibt sich daraus allerdings nicht. Vielmehr sind auch Wettbewerber aus Drittstaaten in die Analyse des wettbewerblichen Umfeldes einzubeziehen, wenn sich dies aus der Struktur des relevanten Sektors ergibt. Ist es zentrale Funktion des Merkmals der Nichtgewerblichkeit der Aufgabenwahrnehmung, Einrichtungen, die sich bei ihren Beschaffungsentscheidungen nicht allein von wirtschaftlichen Erwägungen leiten lassen, der Anwendung des europäischen Vergaberechts zu unter-

---

[120] EuGH 10.5.2001 – C-223/99 u. C-260/99, Slg. 2001, I-3605 Rn. 39 ff. = NZBau 2001, 403 – Agora; 16.10.2003 – C-283/00, NZBau 2004, 223 Rn. 81.
[121] VK Bund 15.5.2015 – VK 1–32/15, VPRRS 2015, 0414.
[122] EuGH 10.4.2008 – C-393/06, BeckRS 2008, 70425 = VergabeR 2008, 632 Rn. 43 – Aigner.
[123] Schlussanträge des GA Ruiz-Jarabo Colomer 22.11.2007 – C-393/06 Rn. 53, IBRRS 2008, 1138 – Aigner.
[124] EuGH 10.4.2008 – C-393/06, BeckRS 2008, 70425 = VergabeR 2008, 632 Rn. 44 – Aigner.
[125] EuGH 10.4.2008 – C-393/06, BeckRS 2008, 70425 = VergabeR 2008, 632 Rn. 44 – Aigner.

werfen,[126] so mag sich bei einer Beschränkung der Betrachtung auf den Bereich der EU eine faktische Alleinstellung der betreffenden Einrichtung geben, die sich gleichwohl bei ihren Entscheidungen von rein wirtschaftlichen Erwägungen leiten lässt, weil der Referenzmarkt global strukturiert ist und die Einrichtung unter hohem Wettbewerbsdruck steht. Umgekehrt kann der Sektor, für den die Einrichtung gegründet wurde, so beschaffen sein, dass er zu einer faktischen regionalen Begrenzung des Referenzmarktes führt.

Eine darüber hinausgehende „Entwickeltheit" des Wettbewerbs in dem Sinne, dass „der Wettbewerb" eine **bestimmte Intensität** erreichen muss,[127] ist nicht erforderlich. Deshalb bedarf es auch nicht der Feststellung der „Gleichheit der Marktteilnehmer".[128] Auf staatliche Veranlassung rückführbare Sonderstellungen sind vielmehr als weitere Wertungsgesichtspunkte zu berücksichtigen. 67

Die Nichtgewerblichkeit der wahrgenommenen Aufgabe ergibt sich nicht bereits daraus, dass die Aufgabe der juristischen Person vom Staat **außerhalb eines Vergabeverfahrens übertragen** worden ist.[129] Denn dies schließt nicht aus, dass sich ein Wettbewerb auf dem betreffenden Markt nach der Aufgabenübertragung entwickelt hat. Umgekehrt werden die von einer juristischen Person zu erbringenden Aufgaben nicht dadurch zu solchen gewerblicher Art, dass die juristische Person ihrerseits aufgrund eines wettbewerblichen Ausschreibungsverfahrens gegründet wurde.[130] Der Modus der Gründung der juristischen Person und der Aufgabenübertragung auf diese besagen nichts für die Qualifikation der Aufgabe als solche gewerblicher oder nichtgewerblicher Art.[131] 68

bb) Weitere Wertungsgesichtspunkte. Die durch das Vorliegen eines entwickelten Wettbewerbs begründete Vermutung für die Gewerblichkeit der Aufgabe kann unter Würdigung anderer Umstände widerlegt werden. Insoweit hat der EuGH **Merkmale** benannt, die **gegen die Gewerblichkeit der wahrgenommenen Aufgabe** sprechen, wobei auch hier immer eine Gesamtschau vorzunehmen ist, so dass das Vorliegen eines Merkmals allein noch nicht zwingend zur Nichtgewerblichkeit führt:[132] 69

- Die Einrichtung wird **nicht auf einem Markt** für Güter und Dienstleistungen im Wettbewerb mit anderen Wirtschaftsteilnehmern tätig.
- Die betreffende Tätigkeit ist in dem Mitgliedstaat **bestimmten juristischen Personen vorbehalten.**
- Die Ausübung der Tätigkeit unterliegt **geographischen Beschränkungen.**
- Die Ausübung der Tätigkeit hängt von der **vorherigen Erteilung einer Berechtigung** ab, die ua an das Vorliegen eines Bedarfs geknüpft ist.
- Es können **behördliche Höchsttarife** für die betreffenden Leistungen festgesetzt werden.
- Die Aufgabenerfüllung erfolgt **ohne Gewinnerzielungsabsicht.**

Der **Staat finanziert die Tätigkeit** oder trägt subsidiär die Kosten der Leistung, falls sie nicht von anderer Seite gedeckt sind, bzw. er **rekapitalisiert die Einrichtung** bei drohender Zahlungsunfähigkeit, damit sie weiter die Aufgaben wahrnehmen kann, für die sie gegründet worden ist. Dabei kommt es nicht auf 70

---

[126] EuGH 16.10.2003 – C-283/00, NZBau 2004, 223 Rn. 92.
[127] So Dreher WuW 1999, 244 (246 f.); Höfler ZVgR 1999, 57.
[128] So aber Dreher WuW 1999, 244 (247); Höfler ZVgR 1999, 57.
[129] So aber VK Münster 17.7.2001 – VK 14/01, IBR 2002, 31.
[130] VK Bund 12.12.2002 – VK 1-83/02, IBRRS 2003, 0317.
[131] VK Bund 12.12.2002 – VK 1-83/02, IBRRS 2003, 0317.
[132] EuGH 27.2.2003 – C-373/00, NZBau 2003, 287 Rn. 62 ff. – Truley; 22.5.2003 – C-18/01, NZBau 2003, 396 Rn. 53 ff. – Korhonen; 16.10.2003 – C-283/00, NZBau 2004, 223 Rn. 81; vgl. auch Erwgr. 10 der VRL.

eine rechtliche Pflicht zur Rekapitalisierung an. Es reicht aus, wenn davon auszugehen ist, dass die hinter der Einheit stehende Gebietskörperschaft in Anbetracht der von der Einheit zu erfüllenden Aufgaben eine Insolvenz der Einheit verhindern würde.[133] Insoweit kann aber nicht mit den Vergabekammern Münster und Brandenburg[134] für die Konstellation einer zu 100 % von einer Kommune getragenen Gesellschaft die Nichtgewerblichkeit der Aufgabenwahrnehmung a limine aus einer „Verflechtung" von Gesellschaft und Kommune bzw. einer Beherrschung der Gesellschaft durch die Kommune, so dass letztere ihre Gemeinwohlziele ggü. einem allein an Wirtschaftlichkeitserwägungen ausgerichteten Verhalten durchsetzen kann, abgeleitet werden. Darüber hinaus ziehen beide Vergabekammern einen Vergleich der Situation der kommunalen Eigengesellschaft mit anderen Marktteilnehmern und nehmen eine Günstigerstellung der Eigengesellschaft bereits dann an, wenn diese Leistungen (Bürgschaften, Zahlungszuflüsse) der Kommune zu Marktkonditionen erhält, weil die Kommune anderen Marktteilnehmern keine vergleichbaren Leistungen gewähre. Hieraus leiten die beiden Nachprüfungsinstanzen dann ab, dass die jew. Kommunen „ihre" Gesellschaften nicht der Insolvenz anheimfallen lassen würden.

71 Beide Entscheidungen begegnen gesetzessystematischen Bedenken, weil die herangezogenen Gesichtspunkte der Verflechtung bzw. Beherrschung nicht dem Kriterium der Nichtgewerblichkeit, sondern den in § 99 Nr. 2 lit. a–c GWB definierten Fallgruppen der erforderlichen besonderen Staatsnähe zuzuordnen sind und bei Anlegung des weiteren Maßstabes der Sonderstellung ggü. anderen Marktteilnehmern jede Eigengesellschaft ausnahmslos Aufgaben nichtgewerblicher Art wahrnehmen würde, weil sich jedenfalls die Kommunen nicht ohne weiteres mit Kapital in privatwirtschaftliche Unternehmen einbringen können und eine kommunale Gesellschaft daher unentrinnbar eine Sonderstellung aufweisen würde.[135]

72 Dass die juristische Person ihre Aufgabe mit **Gewinnerzielungsabsicht** erfüllt, ist zwar ein starker Hinweis – sofern es sich dabei um ein Hauptziel der juristischen Person handelt[136] –, führt jedoch allein nicht dazu, dass es sich um eine Aufgabe gewerblicher Art handelt.[137] Da juristische Personen des Privatrechts ganz überwiegend mit Gewinnerzielungsabsicht handeln, würde § 99 Nr. 2 GWB sonst nahezu leer laufen.[138] Umgekehrt spricht der Umstand, dass die juristische Person nicht nach Leistungs-, Effizienz- und Wirtschaftlichkeitskriterien arbeitet, sondern **finanzielle Verluste** bei ihrer Tätigkeit in Kauf genommen werden, um im Allgemeininteresse liegende Ziele zu erreichen, für die Nichtgewerblichkeit. Hiervon wird man ausgehen können, wenn die juristische Person ein sog. strukturelles Defizit aufweist[139] oder wenn der Staat die Funktionsfähigkeit der juristischen Person

---

[133] EuGH 16.10.2003 – C-283/00, NZBau 2004, 223 Rn. 91; 10.4.2008 – C-393/06, BeckRS 2008, 70425 = VergabeR 2008, 632 Rn. 44 – Aigner; OLG Düsseldorf 18.4.2018 – Verg 28/17, ZfBR 2018, 713 (715).

[134] VK Münster 28.10.2016 – VK 1 – 33/16, VPRRS 2016, 0401; VK Brandenburg 27.7.2015 – VK 12/15, BeckRS 2015, 55047 = VPR 2016, 59.

[135] Vgl. auch OLG Hamburg 11.2.2019 – 1 Verg 3/15, NZBau 2019, 398 Rn. 186 ff., das konkrete Anhaltspunkte für ein eventuelles Einspringen der Kommune fordert.

[136] EuGH 16.10.2003 – C-283/00, NZBau 2004, 223 Rn. 88; 10.4.2008 – C-393/06, BeckRS 2008, 70425 = VergabeR 2008, 632 Rn. 42 – Aigner.

[137] EuGH 5.10.2017 – C-567/15, NZBau 2018, 47 Rn. 44 f. – VLRD; OLG Düsseldorf 19.6.2013 – VII-Verg 55/12, VergabeR 2014, 158 (160 f.); 15.7.2015 – VII-Verg 11/15, NZBau 2016, 55 (56).

[138] VK Bund 12.12.2002 – VK 1–83/02, IBRRS 2003, 0317; iErg ebenso BayObLG 5.11.2002 – Verg 22/02, NZBau 2003, 342.

[139] VK Münster 17.7.2001 – VK 14/01, IBR 2002, 31.

Öffentliche Auftraggeber **§ 99 GWB**

schützt.[140] Die Anerkennung der juristischen Person als gemeinnützig hat (nur) indizielle Bedeutung für das Fehlen der Gewinnerzielungsabsicht.[141] Können durch die Tätigkeit des Unternehmens überhaupt keine Einnahmen (mehr) generiert werden, kann von einem wettbewerblich geprägten Umfeld nicht gesprochen werden.[142]

Von einem von der juristischen Person eigenständig zu tragenden **wirtschaftlich-** **73** **unternehmerischen Risiko** wird man nicht sprechen können, wenn ihr für das Angebot ihrer Leistungen eine – andere Bewerber ausschließende – **staatliche Abnahmegarantie** zu fest vereinbarten Entgelten mit Preisanpassungsklausel gegeben wurde sowie die für die Leistungserbringung erforderlichen Liegenschaften und Betriebsmittel wie das Personal vom Staat weitgehend unentgeltlich zur Verfügung gestellt werden.[143]

b) Einzelfälle. In der deutschen Vergaberechtspraxis sind bspw. als nichtgewerb- **74** lich angesehen worden (iÜ s. auch die Beispiele bei → Rn. 137 ff.)

- die Wahrnehmung von Aufgaben im Bereich der öffentlichen Sicherheit, zB der Feuerwehr,[144]
- der entweder aus karitativen Gründen oder ohne Wettbewerber in der regionalen Versorgung erfolgende Betrieb von Altenwohn- und Pflegeheimen sowie von Krankenhäusern,[145]
- der mildtätige Betrieb eines Bildungszentrums für Blinde und Sehbehinderte[146] bzw. von Werkstätten für Behinderte,[147]
- die Erfüllung der Aufgaben des Rettungsdienstes durch das Bayerische Rote Kreuz, weil dem Roten Kreuz die Aufgabe durch Gesetz ausdr. übertragen worden ist und ihm dabei eine Kostenerstattung garantiert wird,[148]
- die Tätigkeit der Berufsgenossenschaften,[149]
- der Betrieb nichtmilitärischer Informationstechnik der Bundeswehr einschließlich der Beschaffung der hierzu benötigten IT-Ausstattung,[150]
- der Betrieb einer Müllverbrennungsanlage,[151]
- die Planung und Errichtung von Endlagern für radioaktive Abfälle,[152]
- die Förderung des Absatzes von Erzeugnissen der deutschen Landwirtschaft durch einen Absatzfonds, der nicht das wirtschaftliche Risiko seiner Tätigkeit trägt, sondern aus gesetzlich festgelegten Beiträgen der Betriebe der Land- und Ernährungswirtschaft finanziert wird,[153]

---

[140] VK Münster 24.6.2002 – VK 03/02, ZfBR 2002, 724 (729); aM Schröder ZfBR 2002, 731 (732).
[141] VK Südbayern 30.5.2022 – 3194.Z3-3-01-21-70, NZBau 2023, 139 Rn. 66.
[142] VK Bund 15.5.2015 – VK 1–32/15, IBRRS 2015, 3224 = VPRRS 2015, 0414.
[143] VK Bund 12.12.2002 – VK 1–83/02, IBRRS 2003, 0317.
[144] OLG München 20.3.2014 – Verg 17/13, BeckRS 2014, 7377 = VergabeR 2014, 700 (707).
[145] OLG Naumburg 17.2.2004 – 1 Verg 15/03, NVwZ 2004, 1023; VK Baden-Württemberg 10.8.2000 – 1 VK 17/00, IBR 2001, 136; VK Hessen 22.2.2018 – 69d-VK-2-4/2018, ZfBR 2019, 303; VK Lüneburg 8.5.2018 – VgK-10/2018, ZfBR 2019, 97 (98); VK Thüringen 7.2.2019 – 250–4003-262/2019-E-001-EIC, VPRRS 2019, 0186.
[146] OLG München 2.3.2009 – Verg 1/09, BeckRS 2009, 7803 = VergabeR 2009, 816 (817).
[147] OLG Celle 13.10.2016 – 13 Verg 6/16, NZBau 2017, 51 (52).
[148] BayObLG 10.9.2002 – Verg 23/02, BeckRS 2002, 8112 = VergabeR 2003, 94 (96).
[149] VK Südbayern 7.3.2014 – Z3-3-3194-02-01/14, NZBau 2014, 462 (463).
[150] VK Düsseldorf 19.6.2013 – VII-Verg 55/12, BeckRS 2013, 12795 = VergabeR 2014, 158 (161 f.).
[151] VK Düsseldorf 30.9.2002 – VK-26/2002-L, IBRRS 2014, 0436.
[152] OLG Düsseldorf 13.8.2007 – VII-Verg 16/07, NZBau 2007, 733 (734).
[153] VK Bund 20.12.1999 – VK1-29/99, IBR 2000, 304.

- die von einer regional tätigen Großmarkt GmbH zu erfüllenden Aufgaben, weil es mangels Mitbewerbern im für das jew. Marktsegment relevanten Einzugsbereich an einem wettbewerblich geprägten Umfeld fehlte,[154]
- Abfallentsorgungstätigkeiten, selbst wenn sie im Allgemeinen überwiegend im Wettbewerb mehrerer Privater wahrgenommen werden, sofern für das konkrete Aufgabengebiet der betreffenden Stelle ihr ggü. eine Überlassungspflicht bestand,[155]
- die Sicherstellung eines ausreichenden Glücksspielangebots, wenn die von der betreffenden Anstalt des öffentlichen Rechts angebotene Art des Glücksspiels auf dem betreffenden Referenzmarkt nahezu ein Alleinstellungsmerkmal hat und eine Gewährträgerhaftung der die Anstalt tragenden Gebietskörperschaften besteht,[156]
- das Angebot für Sportwetten, auch wenn Sportwetten im gesamten Bundesgebiet von verschiedenen Veranstaltern angeboten werden, weil diese anderen Veranstalter jew. auf ihren jew. regionalen Zuständigkeitsbereich beschränkt waren, so dass der betreffende Anbieter in seinem Bundesland über eine Alleinstellung verfügte,[157]
- die Realisierung von Gewerbeparks in zwei Städten durch die von einer als rechtsfähige Anstalt des öffentlichen Rechts verfassten Förderbank, die als Finanzierungsinstitut eines Bundeslandes fungiert, gegründete GmbH;[158] allerdings sind die zur Begründung vorgetragenen Feststellungen, die GmbH habe „nicht in gleicher Weise wie ein Privatunternehmen dem Druck des Wettbewerbs standzuhalten ..., sondern (verfüge) über eine durch die Förderbank des Landes Baden-Württemberg herbeigeführte Sonderstellung", sie genieße „auf Grund ihrer Verbindung zum Staat Vorteile in der Wettbewerbslandschaft", und sie stehe als „Non-Profit-Park" nicht in Wettbewerb zu als „reine Profitunternehmen" betriebenen Technologieparks,[159] zu diffus, um eine wettbewerbsexkludierende Staatsnähe begründen zu können, sondern vielmehr gerade auf das Vorliegen eines entwickelten Wettbewerbs iSd Kriterien des EuGH hin.

75 c) **Gesamtbetrachtung des Tätigkeitsbereichs.** Die Bewertung der Gewerblichkeit oder Nichtgewerblichkeit ist **anhand der im Allgemeininteresse liegenden Aufgaben** und nicht wertend-quantitativ mit Blick auf die gesamte Tätigkeit der Einrichtung vorzunehmen. Nimmt die Einrichtung daher neben Aufgaben nichtgewerblicher Art auch Aufgaben gewerblicher Art wahr, so ändert dies nichts daran, dass die Einrichtung wegen der Aufgaben nichtgewerblicher Art – bei Erfüllung der übrigen Voraussetzungen – öffentlicher Auftraggeber ist.[160] Auf das Gesamtbild der Tätigkeiten der Einrichtung kommt es ebenso wenig an wie auf das quantitative Verhältnis der Tätigkeiten zur Erfüllung von Aufgaben nichtgewerblicher Art einerseits und gewerblicher Art andererseits.[161] Zur Erfüllung des Kriteriums der Erfüllung von im Allgemeininteresse liegender Aufgaben nichtgewerblicher

---

[154] VK Bremen 23.8.2001 – VK 3/01, NZBau 2002, 406 (407).
[155] VK Münster 14.10.1999 – VK 1/99.
[156] OLG Hamburg 31.3.2014 – 1 Verg 4/13, BeckRS 2014, 8733 = VergabeR 2014, 665 (670 f.).
[157] VK Münster 24.6.2002 – VK 03/02, ZfBR 2002, 724 (728 f.).
[158] So VK Baden-Württemberg 6.6.2001 – 1 VK 6/01, NZBau 2002, 173 (174 f.).
[159] VK Baden-Württemberg 6.6.2001 – 1 VK 6/01, NZBau 2002, 173 (174 f.).
[160] EuGH 5.10.2017 – C-567/15, NZBau 2018, 47 Rn. 40 f. – VLRD; 3.2.2021 – C-155/19 u.a., NZBau 2021, 191 Rn. 43 – FIGC; OLG Rostock 2.10.2019 – 17 Verg 3/19, BeckRS 2019, 24720 = NJ 2019, 533.
[161] EuGH 15.1.1998 – C-44/96, Slg. 1998, I-73 Rn. 30 ff. = NZG 1998, 257 – Mannesmann; 22.5.2003 – C-18/01, NZBau 2003, 396 Rn. 58 – Korhonen; 18.11.2004 – C-126/03, NZBau 2005, 49 Rn. 18; 10.4.2008 – C-393/06, BeckRS 2008, 70425 = VergabeR 2008, 632 Rn. 49 ff. – Aigner; 3.2.2021 – C-155/19 u.a., NZBau 2021, 191 Rn. 43 – FIGC.

Art durch die Gesamteinrichtung reicht es daher aus, wenn diese Aufgaben nur einen geringen Anteil am Gesamtportfolio der Einrichtung haben.[162] Die Erfüllung von Aufgaben nichtgewerblicher Art „**infiziert**" gleichsam die gesamte **Tätigkeit** der Einrichtung. Da eine Aufteilung der Tätigkeit je nach Zuordnung zur Kategorie der Aufgaben gewerblicher oder nichtgewerblicher Art gegen den Grundsatz der Rechtssicherheit verstoßen würde, ist die **Eigenschaft als öffentlicher Auftraggeber unteilbar.** Auch solche Aufträge, die von einer Einrichtung des öffentlichen Rechts (dh einer von § 99 Nr. 2 GWB erfassten Stelle) in Erfüllung von Aufgaben gewerblicher Art vergeben werden, sind daher dem Vergaberecht unterfallende öffentliche Aufträge.[163]

Eine **interne Aufspaltung der Auftraggebereigenschaft** in Abhängigkeit vom Tätigkeitsfeld ist mithin nicht möglich, auch nicht durch eine Querfinanzierung ausschließende Vorkehrungen zur Trennung der verschiedenen Tätigkeitsbereiche.[164] Soll den unterschiedlichen Tätigkeitsbereichen gleichwohl Rechnung getragen werden, so bedarf es einer – **externen – Aufspaltung** der bisher einheitlich als öffentlicher Auftraggeber zu qualifizierenden Einrichtung selbst. Dies kann dadurch geschehen, dass die wegen ihres nichtgewerblichen Tätigkeitsbereichs als öffentlicher Auftraggeber einzuordnende Muttereinrichtung ihren gewerblichen Tätigkeitsbereich an ein **selbständiges Tochterunternehmen** überträgt, an dem die Muttereinrichtung mehrheitlich beteiligt ist. Dieses Tochterunternehmen ist auch dann nicht selbst öffentlicher Auftraggeber, wenn es vom Mutterunternehmen ausschl. zu dem Zweck gegründet wurde, die gewerblichen Tätigkeiten auszuüben, oder wenn es vom Mutterunternehmen aus Mitteln finanziert wird, die dieses aus der Erfüllung von im Allgemeininteresse liegenden Aufgaben nichtgewerblicher Art erzielt hat.[165] Einen Umgehungsgedanken lässt der EuGH insoweit nicht greifen. Die Eigenschaft als öffentlicher Auftraggeber ist für jedes Unternehmen mit eigener Rechtspersönlichkeit selbständig zu prüfen. Zur Auftraggebereigenschaft konzernverbundener Unternehmen → Rn. 148 ff. 76

4. Gründung zu dem besonderen Zweck der Erfüllung der Aufgabe

Damit eine Stelle öffentlicher Auftraggeber iSv § 99 Nr. 2 GWB sein kann, muss sie gerade zu dem besonderen Zweck gegründet worden sein, im Allgemeininteresse liegende Aufgaben nichtgewerblicher Art zu erfüllen. Diese **besondere Zweckbestimmung** muss ihr in erkennbarer Weise zugewiesen worden sein. Die **Rechtsform der Bestimmung,** durch die die Stelle geschaffen wird und die Aufgabenzuweisung erfolgt, ist unerheblich. Es kann sich daher um ein formelles Gesetz, verwaltungsrechtliche Vorschriften, Verwaltungsakte oder andere Akte handeln.[166] 77

Wie ausgeführt (→ Rn. 75), reicht es für die Qualifizierung einer Stelle als Auftraggeber gem. § 99 Nr. 2 GWB aus, dass die Erfüllung von im Allgemeininteresse liegenden Aufgaben nichtgewerblicher Art **einer von mehreren Zwecken** war, die mit der Gründung der Einrichtung verfolgt wurden.[167] Ob die Einrichtung 78

---

[162] OLG Brandenburg 6.12.2016 – 6 Verg 4/16, BeckRS 2016, 114888; VK Rheinland-Pfalz 21.12.2017 – VK 1–24/17, IBR 2018, 217.
[163] EuGH 15.1.1998 – C-44/96, Slg. 1998, I-73 Rn. 34 f. = NZG 1998, 257 – Mannesmann; 15.7.2010 – C-271/08, NZBau 2010, 574 Rn. 73.
[164] EuGH 16.10.2003 – C-283/00, NZBau 2004, 223 Rn. 49 ff.
[165] EuGH 15.1.1998 – C-44/96, Slg. 1998, I-73 Rn. 38 ff. = NZG 1998, 257 – Mannesmann.
[166] EuGH 10.11.1998 – C-360/96, Slg. 1998, I-6821 Rn. 59 ff. = BeckRS 2004, 76737 – BFI.
[167] EuGH 15.1.1998 – C-44/96, Slg. 1998, I-73 Rn. 25 = NZG 1998, 257 – Mannesmann.

neben der Erfüllung jener Aufgaben noch andere Tätigkeiten ausüben darf, ist ebenso unerheblich wie die Größe des Anteils der tatsächlichen Tätigkeit bei der Erfüllung der im Allgemeininteresse liegenden Aufgaben im Verhältnis zu anderen Tätigkeiten der Einrichtung.[168] Ist die Einrichtung einmal – jedenfalls auch – zu dem besonderen Zweck gegründet worden, im Allgemeininteresse liegende Aufgaben nichtgewerblicher Art zu erfüllen, so ist die **tatsächliche Entwicklung dieses Tätigkeitsfelds** für die Qualifizierung als öffentlicher Auftraggeber iSv § 99 Nr. 2 GWB unerheblich. Allerdings darf dieser Tätigkeitsbereich nicht vollständig zum Erliegen kommen. Nach der Rspr. des EuGH muss der besondere Gründungszweck insofern fortwirken, als die Einrichtung die **Aufgaben tatsächlich weiterhin wahrnehmen** muss, die sie als besondere Pflicht zu erfüllen hat.[169] Gibt die betreffende Stelle die Erfüllung von im Allgemeininteresse liegenden Aufgaben nichtgewerblicher Art auf, bspw. indem dieser Tätigkeitsbereich auf ein Tochterunternehmen übertragen wird, so verliert sie ihre Eigenschaft als öffentlicher Auftraggeber.[170]

79 Allerdings darf nicht übersehen werden, dass diese Ansatz einer unter § 99 Nr. 2 GWB fallenden juristischen Person die Möglichkeit eröffnen würde, sich durch die Behauptung, entgegen ihrer Zweckbestimmung in der Satzung keine im Allgemeininteresse liegenden Aufgaben mehr wahrzunehmen, der Geltung des Vergaberechts entziehen zu können. Eine **ohne Satzungsänderung eintretende Beendigung** der Eigenschaft als öffentlicher Auftraggeber kann deshalb nur dann angenommen werden, wenn sie sich aus besonderen Umständen ergibt.[171] Beispiele für solche besonderen Umstände können die Ausgliederung der betreffenden Aufgaben auf eine Tochtergesellschaft oder ihre vertragliche Übertragung auf einen Dritten sein.

80 Problematisch ist insbes. die umgekehrte Konstellation, dass die Stelle nicht zu dem besonderen Zweck der Erfüllung einer Aufgabe nichtgewerblicher Art, sondern **zur Erfüllung anderer Zwecke gegründet** wurde, später jedoch tatsächlich die Erfüllung von § 99 Nr. 2 GWB unterfallenden Aufgaben übernommen hat. Der Wortlaut des § 99 Nr. 2 GWB spricht gegen die Relevanz einer späteren faktischen Übernahme der Erfüllung von Aufgaben der genannten Art: Wenn es darauf ankommt, dass die Einrichtung „zu dem besonderen Zweck gegründet wurde", die genannten Aufgaben zu erfüllen, so wird damit der **Gründungsakt der Einrichtung** in Bezug genommen. Entspr. wird die Vorschrift teilw. interpretiert: Zwar soll auch eine juristische Person, die ursprünglich nicht mit der Zwecksetzung der Erfüllung von Aufgaben der genannten Art gegründet, später jedoch mit der Erfüllung solcher Aufgaben betraut wurde, § 99 Nr. 2 GWB unterfallen.[172] Allerdings wird hierfür teilw. gefordert, dass die Aufgabenänderung in einer Satzungsänderung Niederschlag gefunden hat.[173] Die rein tatsächliche Wahrnehmung der Aufgaben soll nach dieser Auffassung nicht genügen.[174] Eine Ausnahme wird lediglich dann gemacht, wenn die entspr. Aufgaben nachweislich allein deshalb keinen satzungsmäßigen Niederschlag gefunden haben, um die juristische Person der Anwendung des Vergaberechts zu entziehen.[175]

---

[168] EuGH 10.11.1998 – C-360/96, Slg. 1998, I-6821 Rn. 55 = BeckRS 2004, 76737 – BFI.

[169] EuGH 10.11.1998 – C-360/96, Slg. 1998, I-6821 Rn. 55 = BeckRS 2004, 76737 – BFI; 15.1.1998 – C-44/96, Slg. 1998, I-73 Rn. 25 = NZG 1998, 257 – Mannesmann.

[170] KG 6.2.2003 – 2 Verg 1/03, NZBau 2003, 346 (347); OLG Brandenburg 6.12.2016 – 6 Verg 4/16, BeckRS 2016, 114888.

[171] Jasper, Privatisierung und EG-Vergaberecht, 2001, S. 92 hält eine Satzungsänderung immer für erforderlich.

[172] Byok/Jaeger/Werner GWB § 99 Rn. 41.

[173] Thode ZIP 2000, 2 (4).

[174] Jochum NZBau 2002, 69 (72); Thode ZIP 2000, 2 (3).

[175] Dietlein NZBau 2002, 136 (138).

Gleichwohl wird man der Gegenauffassung des EuGH iErg zustimmen müssen. **81** Der funktionelle Auftraggeberbegriff würde seines Sinns, eine Aushebelung der Qualifizierung einer Stelle als öffentlicher Auftraggeber zu verhindern, entleert, wenn es möglich wäre, einer bereits bestehenden Stelle die Erfüllung im Allgemeininteresse liegender Aufgaben nichtgewerblicher Art zu übertragen, ohne dass diese Stelle damit öffentlicher Auftraggeber würde. Deshalb ist das Abstellen des EuGH nicht auf den Gründungsakt, sondern auf die **tatsächlich ausgeübte Tätigkeit**[176] grds. zutreffend. Es kann deshalb auch nicht darauf ankommen, ob die Satzung der Einrichtung an die tatsächlichen Änderungen ihres Tätigkeitsbereichs angepasst wurde oder nicht.[177] Ausreichend ist vielmehr, dass die Übernahme von im Allgemeininteresse liegenden Aufgaben **objektiv festgestellt** werden kann.[178]

5. Besondere Staatsnähe

Weitere Voraussetzung für das Vorliegen einer Einrichtung des öffentlichen **82** Rechts ist eine enge **Verbindung der betreffenden Einrichtung mit dem Staat,** Gebietskörperschaften oder anderen Einrichtungen des öffentlichen Rechts.[179] An der erforderlichen besonderen Staatsnähe fehlt es von vornherein bei vollständig in privater Hand befindlichen und ausschl. privat geführten Einrichtungen. Dies gilt selbst dann, wenn diese private Einrichtung durch einen Rechtsakt vergleichbaren öffentlichen Einrichtungen gleichgestellt worden ist, die über die Eigenschaft als öffentlicher Auftraggeber verfügen.[180] Die besondere Staatsnähe muss nicht zwingend allein zu einer inländischen Gebietskörperschaft bestehen. Beherrschen etwa mehrere Mitgliedstaaten gemeinsam eine juristische Person, so handelt es sich bei dieser um einen öffentlichen Auftraggeber iSv § 99 Nr. 2.[181] § 99 Nr. 2 GWB greift zur Kennzeichnung der Merkmale, die die besondere Staatsnähe der jew. juristischen Person belegen sollen, inhaltlich auf den durch die VRL vorgezeichneten Auftraggeberbegriff zurück. Dabei betrifft
- § 99 Nr. 2 Hs. 1 GWB die Abhängigkeit der fraglichen Stelle von Gebietskörperschaften, deren Sondervermögen sowie von Verbänden von Gebietskörperschaften oder Verbänden von § 99 Nr. 2 Hs. 1 GWB unterfallenden juristischen Personen, die ihrerseits öffentliche Auftraggeber sind,
- § 99 Nr. 2 Hs. 2 GWB die Abhängigkeit von § 99 Nr. 2 Hs. 1 GWB unterfallenden juristischen Personen.

Die genannten Kriterien des § 99 Nr. 2 lit. a–c GWB sind **alternativ, nicht 83 kumulativ** zu verstehen.[182] Es reicht also aus, wenn die Voraussetzungen einer der drei Varianten erfüllt sind. Allerdings müssen umgekehrt die Voraussetzungen einer der drei genannten Varianten erfüllt sein. Es handelt sich nicht etwa um bloße Regelbeispiele, die es ermöglichen würden, eine von den Tatbestandsmerkmalen

---

[176] EuGH 12.12.2002 – C-470/99, NZBau 2003, 162 Rn. 56 – Universale-Bau; 3.2.2021 – C-155/19 u.a., NZBau 2021, 191 Rn. 37 – FIGC.
[177] EuGH 12.12.2002 – C-470/99, NZBau 2003, 162 Rn. 58 – Universale-Bau.
[178] EuGH 12.12.2002 – C-470/99, NZBau 2003, 162 Rn. 62 – Universale-Bau; 3.2.2021 – C-155/19 u.a., NZBau 2021, 191 Rn. 37 – FIGC; ebenso etwa OLG Brandenburg 6.12.2016 – 6 Verg 4/16, VPR 2017, 124; OLG Düsseldorf 9.4.2003 – VII-Verg 66/02, BeckRS 2003, 17910; VK Münster 17.7.2001 – VK 14/01, IBR 2002, 31.
[179] Zu dieser zusammenfassenden Kennzeichnung der entspr. Tatbestandsmerkmale EuGH 1.2.2001 – C-237/99, NZBau 2001, 217 Rn. 20 – University of Cambridge; 10.11.1998 – C-360/96, Slg. 2001, I-939 Rn. 44 = NZBau 2001, 215; 27.2.2003 – C-373/00, NZBau 2003, 287 Rn. 68 – Truley; 3.2.2021 – C-155/19 u.a., NZBau 2021, 191 Rn. 50 – FIGC.
[180] EuGH 18.10.2018 – C-606/17, NZBau 2019, 460 Rn. 42 – IBA Molecular Italy.
[181] Zutr. Strenge NZBau 2011, 17.
[182] EuGH 3.2.2021 – C-155/19 u.a., NZBau 2021, 191 Rn. 35 – FIGC.

losgelöste „Gesamtschau aller Einflussnahmemöglichkeiten vorzunehmen".[183] Insbes. bei kommunalen Eigengesellschaften werden häufig alle drei Merkmale gleichzeitig vorliegen.

84 **a) Überwiegende Finanzierung der Einrichtung durch den Staat.** § 99 Nr. 2 lit. a GWB betrifft den Fall, dass die juristische Person von Gebietskörperschaften oder anderen juristischen Personen iSv § 99 Nr. 2 GWB oder Verbänden von Gebietskörperschaften oder solcher juristischer Personen durch Beteiligung oder auf sonstige Weise **überwiegend finanziert** wird. Der EuGH legt dieses Kriterium anhand der Ziele des EU-Vergaberechts **funktionell** aus.[184]

85 Auf der Grundlage der Rspr. des EuGH ist dabei folgende **Rechnung** anzustellen, deren einzelne Elemente im Folgenden erläutert werden:

Summe der Gesamtfinanzierung
./.
- von unter § 98 Nr. 1-3 fallenden Stellen stammende Finanzierungsleistungen
+ Summe *dieser* Finanzierungsleistungen mit „spezifischer Gegenleistung" der betreffenden Einrichtung
Endbetrag x

Ist der Endbetrag × < 0, so liegt eine überwiegende Finanzierung der betreffenden Einrichtung durch den Staat vor. Ist der Endbetrag × hingegen ≥ 0, so ist dieses Merkmal nicht erfüllt.

86 **aa) Gesamtfinanzierung als Bezugsgröße.** Für die Berechnung des Gesamtfinanzierungsvolumens sind **alle Mittel** zu berücksichtigen, über die die Einrichtung verfügt, unabhängig davon, ob sie aus öffentlichen Quellen oder gewerblicher Tätigkeit stammen.[185] Hierzu zählt das Stamm- oder Grundkapital einer Gesellschaft ebenso wie alle erzielten Umsätze sowie weiteren Mittelzuflüsse zB aus Subventionen oder Darlehen.[186]

87 **bb) Staatliche Finanzierungsleistungen.** Als Finanzierung der betreffenden Einrichtung durch den Staat iSv § 99 Nr. 2 lit. a GWB können nur solche Leistungen gelten, die eine **besondere Unterordnung** oder Verbindung begründen oder festigen, welche die Zuordnung der Einrichtung zur Sphäre des Staates rechtfertigen. Dabei darf dieses Kriterium nicht dahin gehend verstanden werden, dass die Finanzierung durch den Staat zu der Möglichkeit einer direkten staatlichen Einflussnahme auf die Einrichtung bei der Auftragsvergabe führen muss.[187]

88 Da es sich um eine einrichtungsbezogene Mittelgewährung handeln muss, ist eine **organisations-, keine aufgabenbezogene Betrachtung** anzustellen. Ob die Erfüllung der konkreten Aufgabe, hinsichtl. derer die Anwendbarkeit des Vergabe-

---

[183] So aber OLG Naumburg 17.3.2005 – 1 Verg 3/05, BeckRS 2005, 4438 = VergabeR 2005, 635 (638).

[184] EuGH 13.12.2007 – C-337/06, NZBau 2008, 130 Rn. 40 – Bayerischer Rundfunk; zusf. zum Kriterium der überwiegenden staatlichen Finanzierung Hausmann/Queisner VergabeR 2014, 1 ff.

[185] *EuGH* 1.2.2001 – C-237/99, NZBau 2001, 217 Rn. 36 – University of Cambridge.

[186] Vgl. nur VK Thüringen 7.2.2019 – 250-4003-262/2019-E-001-EIC, VPRRS 2019, 0186.

[187] EuGH 13.12.2007 – C-337/06, NZBau 2008, 130 Rn. 51 ff. – Bayerischer Rundfunk.

rechts in Frage steht, überwiegend durch staatliche Unterstützungsleistungen ermöglicht wird, ist deshalb unerheblich.[188]

(1) Zurechnung der Finanzierungsleistungen zum Staat. Problematisch kann die Einordnung als staatliche Finanzierungsleistungen sein, wenn der **Mittelzufluss von Privaten,** bspw. von den **Nutzern** der von der fraglichen Einrichtung zur Verfügung gestellten Leistungen, veranlasst wird. Beispiele sind die Finanzierung der öffentlich-rechtlichen Rundfunkanstalten aus den Rundfunkgebühren oder die Finanzierung der gesetzlichen Krankenkassen aus den Beiträgen ihrer Mitglieder. Hierzu hat der EuGH klargestellt, dass die Mittel nicht direkt von einer der unter § 99 Nr. 1 oder Nr. 3 GWB fallenden Stellen stammen müssen, sondern auch eine **indirekte (mittelbare) Finanzierung** der betreffenden Einrichtung ausreicht.[189] Voraussetzung hierfür ist allerdings, dass die konkrete Form der indirekten Finanzierung mit einem Mittelzufluss aus staatlichen Haushaltsmitteln in funktionaler Betrachtung gleichzustellen ist.[190] Zugunsten einer solchen Gleichstellung können folgende Gesichtspunkte sprechen: 89

- Die Finanzierung durch Leistungen Dritter beruht auf einem **staatlichen Akt** in Form einer gesetzlichen Regelung, wie es zB hinsichtl. der Verankerung der Rundfunkgebühren im Rundfunkstaatsvertrag und der Beitragspflicht der Mitglieder der gesetzlichen Krankenkassen in den einschlägigen sozialrechtlichen Vorschriften der Fall ist.[191] Die Leistungspflicht der Dritten muss mithin gesetzlich auferlegt und darf **nicht lediglich rechtsgeschäftlich vereinbart** sein.[192] 90

- Neben der Leistungspflicht als solcher muss auch die **Höhe der von den Dritten zu erbringenden Leistungen** einer Festlegung durch die betreffende Einrichtung, ggf. in Form eines Vertrages mit den Dritten, entzogen sein.[193] Dies kann in Form einer unmittelbaren Festlegung der Leistungshöhe in einem Gesetz, einer auf gesetzlicher Grundlage erfolgenden Festsetzung durch staatliche Stellen[194] oder auch einer Festlegung durch die fragliche Einrichtung, deren Auftraggebereigenschaft zur Beurteilung steht, selbst erfolgen; im letzteren Fall müssen allerdings die Parameter der Festlegung, bspw. in Form des wechselseitigen Entsprechens von Einnahmen und Ausgaben, gesetzlich vorgegeben sein, so dass der Einrichtung ein **eigener Spielraum allenfalls am äußersten Rand** zusteht.[195] Nicht ausreichend zur Erfüllung dieser Voraussetzung ist es, dass die die Beiträge festlegende Regelung der Genehmigung der Aufsichtsbehörde bedarf, wenn die Einrichtung selbst den Umfang, die Art der Erfüllung ihrer Aufgaben und damit das dafür benötigte Haushaltsvolumen weitgehend auto- 91

---

[188] BayObLG 10.9.2002 – Verg 23/02, NZBau 2003, 348 (349); VK Südbayern 13.8.2002 – 120.3-3194-1-31-07/02, BeckRS 2002, 32989; VK Baden-Württemberg 10.8.2000 – 1 VK 17/00, IBR 2001, 136.

[189] EuGH 13.12.2007 – C-337/06, NZBau 2008, 130 Rn. 34 – Bayerischer Rundfunk; 11.6.2009 – C-300/07, NJW 2009, 2427 Rn. 51 – AOK; 12.9.2013 – C-526/11, BeckRS 2013, 8710 = VergabeR 2014, 20 Rn. 23 – IVD; OLG Düsseldorf 29.4.2015 – VII-Verg 35/14, NZBau 2015, 440 (441); OLG München 19.3.2019 – Verg 3/19, NZBau 2019, 670 Rn. 51.

[190] EuGH 13.12.2007 – C-337/06, NZBau 2008, 130 Rn. 47 ff. – Bayerischer Rundfunk.

[191] EuGH 13.12.2007 – C-337/06, NZBau 2008, 130 Rn. 41 – Bayerischer Rundfunk; 11.6.2009 – C-300/07, NJW 2009, 2427 Rn. 52 – AOK; ebenso 12.9.2013 – C-526/11, BeckRS 2013, 8710 = VergabeR 2014, 20 Rn. 24 – IVD.

[192] EuGH 13.12.2007 – C-337/06, NZBau 2008, 130 Rn. 41 – Bayerischer Rundfunk.

[193] EuGH 13.12.2007 – C-337/06, NZBau 2008, 130 Rn. 42 – Bayerischer Rundfunk; 11.6.2009 – C-300/07, NJW 2009, 2427 Rn. 54 – AOK.

[194] EuGH 13.12.2007 – C-337/06, NZBau 2008, 130 Rn. 42 – Bayerischer Rundfunk.

[195] EuGH 11.6.2009 – C-300/07, NJW 2009, 2427 Rn. 54 – AOK.

nom bestimmt und die Aufsichtsbehörde lediglich formal prüft, ob diesen benötigten Haushaltsmitteln eine ausreichende Deckung durch die Mitgliedsbeiträge gegenübersteht.[196]

92 • Die Erbringung der von den Dritten geschuldeten Leistungen muss **erzwingbar sein**, dh dem Dritten darf hinsichtl. der Leistungserbringung keine Interventionsmöglichkeit zustehen.[197] Die unter Privaten zur Verfügung stehenden Vollstreckungsmöglichkeiten reichen insoweit nicht aus. Erforderlich ist vielmehr eine Durchsetzbarkeit im Wege **öffentlich-rechtlich geordneter Vollstreckungsverfahren**[198] oder anderweitiger Durchsetzungsmöglichkeiten wie der zwangsweisen Einziehung der Sozialversicherungsbeiträge durch den Arbeitgeber.[199]

93 (2) **Fehlen einer spezifischen Gegenleistung.** Als staatliche Finanzierungsleistungen iRd § 99 Nr. 2 lit. a GWB relevant sind nur solche Leistungen, die als **Finanzhilfe ohne spezifische Gegenleistung** die Tätigkeiten der betreffenden Einrichtung finanzieren oder unterstützen.[200] „Spezifische Gegenleistungen" sind dabei solche Leistungen der Einrichtung, zu deren Erbringung sich die Einrichtung vertraglich ggü. dem Staat als Gegenleistung für die Erbringung einer staatlichen Leistung verpflichtet, so dass die Zahlungen von dieser Gegenleistung abhängen, dh Leistung und Gegenleistung synallagmatisch verbunden sind.[201] Ohne spezifische Gegenleistung der juristischen Person bleibt nur ein **Aufwendungs- oder Kostenersatz**, der staatlicherseits für nicht anderweitig gedeckte Aufwendungen der juristischen Person gezahlt wird. Derartige Leistungen sind in die Ermittlung des staatlichen Finanzierungsanteils einzubeziehen.[202] Gleiches gilt für Geldleistungen, die mit der betreffenden Einrichtung nicht vertraglich vereinbart sind, sondern – wie etwa die Rundfunkgebühren oder die Beiträge zur gesetzlichen Krankenversicherung – von Gesetzes wegen geschuldet werden.[203]

94 Erbringt hingegen die juristische Person für staatliche Leistungen eine **spezifische Gegenleistung**, so sind jene Leistungen **bei der Ermittlung des staatlichen Finanzierungsanteils nicht zu berücksichtigen.** Die juristische Person wird in diesem Fall selbst dann nicht öffentlicher Auftraggeber nach § 99 Nr. 2 GWB, wenn jene Leistungen das Gros der Umsätze ausmachen und deshalb eine wirtschaftliche Abhängigkeit von öffentlichen Auftraggebern iSv § 99 Nr. 1–3 GWB besteht.[204] Anders zu beurteilen können nur Umgehungskonstellationen sein, wenn bspw. den staatlichen Leistungen zwar eine Gegenleistung gegenübersteht, diese jedoch hinter dem Wert der Leistungen weit zurückbleibt.[205] Zu beachten ist, dass die Gegenleis-

---

[196] EuGH 12.9.2013 – C-526/11, BeckRS 2013, 81710 = VergabeR 2014, 20 Rn. 27 – IVD.
[197] EuGH 11.6.2009 – C-300/07, NJW 2009, 2427 Rn. 56 – AOK.
[198] EuGH 13.12.2007 – C-337/06, NZBau 2008, 130 Rn. 44 – Bayerischer Rundfunk.
[199] EuGH 11.6.2009 – C-300/07, NJW 2009, 2427 Rn. 56 – AOK; vgl. auch 12.9.2013 – C-526/11, BeckRS 2013, 81710 = VergabeR 2014, 20 Rn. 24 – IVD.
[200] EuGH 1.2.2001 – C-237/99, NZBau 2001, 217 Rn. 21 – University of Cambridge; 13.12.2007 – C-337/06, NZBau 2008, 130 Rn. 45 – Bayerischer Rundfunk; 12.9.2013 – C-526/11, BeckRS 2013, 81710 = VergabeR 2014, 20 Rn. 22 – IVD; OLG Düsseldorf 15.7.2015 – VII-Verg 11/15, NZBau 2016, 55 (56).
[201] EuGH 1.2.2001 – C-237/99, NZBau 2001, 217 Rn. 23 – University of Cambridge; 13.12.2007 – C-337/06, NZBau 2008, 130 Rn. 45 – Bayerischer Rundfunk; 11.6.2009 – C-300/07, NJW 2009, 2427 Rn. 53 – AOK; OLG Düsseldorf 15.7.2015 – VII-Verg 11/15, NZBau 2016, 55 (56).
[202] BayObLG 10.9.2002 – Verg 23/02, NZBau 2003, 348 (349).
[203] EuGH 13.12.2007 – C-337/06, NZBau 2008, 130 Rn. 58 – Bayerischer Rundfunk; 11.6.2009 – C-300/07, NJW 2009, 2427 Rn. 53 – AOK.
[204] VK Baden-Württemberg 10.8.2000 – 1 VK 17/00, IBR 2001, 136.
[205] VK Baden-Württemberg 10.8.2000 – 1 VK 17/00, IBR 2001, 136.

tung nicht ggü. dem die Mittel gewährenden öffentlichen Auftraggeber erbracht werden muss. Ausreichend ist vielmehr, wenn die **Gegenleistung ggü. Dritten,** bspw. von Krankenhäusern ggü. den Patietenten als Gegenleistung für die Leistungen der Krankenkassen, erbracht wird.[206]

(3) Art der Finanzierung. Die **Eigenart der Mittel bleibt außer Betracht,** 95 so dass einzubeziehen ua Beteiligungen, der direkte Transfer von Geld- oder Sachleistungen sowie Darlehen sind.[207] Dies gilt auch für **Subventionen.**[208] Hiergegen kann nicht eingewandt werden, dass § 99 Nr. 4 GWB eine Sonderregelung für staatlich subventionierte Auftraggeber enthalte.[209] Denn § 99 Nr. 4 GWB enthält keine Sonderregelung für Subventionen, sondern für staatlicherseits subventionierte juristische Personen des Privatrechts, die für die Durchführung einzelner Aufträge eine Subvention erhalten, ohne die nach § 99 Nr. 2 GWB erforderliche besondere Staatsnähe aufzuweisen (→ Rn. 117ff.).

Ob sich eine überwiegende staatliche Finanzierung der Einrichtung allein aus 96 dem Umstand einer **mehrheitlichen Anteilseignerschaft des Staates** ergibt oder ob diese Beteiligungsfinanzierung in eine Gesamtbetrachtung aller Finanzierungsquellen einzustellen ist, ist umstritten. So wird einerseits davon ausgegangen, dass die Auftraggebereigenschaft einer juristischen Person nach § 99 Nr. 2 GWB – bei Vorliegen der übrigen Voraussetzungen – bereits dann gegeben ist, wenn die Gesellschaftsanteile zu mehr als 50 % von einem anderen öffentlichen Auftraggeber iSv § 99 Nr. 1–3 GWB gehalten werden. In diesem Fall sei die juristische Person öffentlicher Auftraggeber iSv § 99 Nr. 2 GWB, ohne dass es darauf ankäme, ob der Mehrheitseigner in der Lage ist, seinen Willen durchzusetzen oder hieran ausnahmsweise durch besondere vertragliche Regelungen gehindert ist.[210]

In seiner grundlegenden University of Cambridge-Entscheidung hat der EuGH 97 allerdings deutlich gemacht, dass für die Prüfung des Vorliegens einer überwiegenden staatlichen Finanzierung alle Finanzierungsarten zu berücksichtigen sind, unabhängig von ihrer Herkunft und Qualität. Der seitens des Staates gehaltene Anteil am Stamm- oder Grundkapital ist **nur einer von mehreren** in diese Berechnung einzustellenden Finanzierungsposten.[211] Dementsprechend hat Generalanwalt Bot in seinen Schlussanträgen in der Sache Wall für eine gemischtwirtschaftliche Gesellschaft, deren Anteile zu 51 % von einer Gebietskörperschaft gehalten wurden, das Vorliegen einer überwiegenden staatlichen Finanzierung verneint, da die **Jahresumsätze der Gesellschaft** größtenteils aus synallagmatischen Verträgen stammten.[212] Dieser Berechnung hat sich der EuGH in seinem Urt. in dieser Sache angeschlossen.[213] Aus einer mehr als 50 %igen Anteilseignerschaft eines öffentlichen Auftraggebers iSv § 99 Nr. 1–3 GWB fließt mithin nicht einmal die Vermutung der überwiegenden staatlichen Finanzierung.

cc) Überwiegen der staatlichen Finanzierung. Staatliche Leistungen, die 98 danach als öffentliche Finanzierung der Einrichtung anzusehen sind, müssen andere Finanzierungsquellen der Einrichtung überwiegen, damit diese als öffentlicher Auf-

---

[206] OLG München 19.3.2019 – Verg 3/19, NZBau 2019, 670 Rn. 52 ff.
[207] Dietlein NZBau 2002, 136 (140); OLG Düsseldorf 30.4.2003 – Verg 67/02, NZBau 2003, 400 (404), unentgeltliche Zurverfügungstellung von Liegenschaften, Personal sowie Betriebs- und Geschäftsausstattung durch den Staat.
[208] Dietlein NZBau 2002, 136 (140).
[209] So aber Jasper, Privatisierung und EG-Vergaberecht, 2001, S. 67.
[210] So Immenga/Mestmäcker/Dreher GWB § 99 Rn. 82; vgl. OLG Düsseldorf 9.4.2003 – Verg 66/02, BeckRS 2003, 17910.
[211] RKPP/Eschenbruch GWB § 99 Rn. 108.
[212] Schlussanträge des GA Bot – C-91/08 Rn. 112 ff, NZBau 2010, 382 – Wall.
[213] EuGH 13.4.2010 – C-91/08, NZBau 2010, 382 Rn. 49 ff. – Wall.

traggeber zu qualifizieren ist. „Überwiegend" ist in einem **rein quantitativen Sinne** zu verstehen und meint einen 50 % übersteigenden Anteil der öffentlichen an der gesamten Finanzierung der Einrichtung.[214] Die Feststellung, ob der Anteil der öffentlichen Finanzierung an der Gesamtfinanzierung **50 % übersteigt,** ist nicht vor jeder Auftragsvergabe vorzunehmen oder gar laufend den aktuellen Entwicklungen der Einnahmeseite der Einrichtung anzupassen, sondern muss zu **Beginn des jew. Haushaltsjahres** erfolgen. Der Grundsatz der Rechtssicherheit und der Schutz der Bieterinteressen verlangen, dass für die Dauer eines Haushaltsjahres feststeht, ob eine Stelle öffentlicher Auftraggeber ist oder nicht. Die Einstufung muss auf der Grundlage der zu Beginn eines Haushaltsjahres verfügbaren, ggf. auch nur veranschlagten Zahlen vorgenommen werden. Im Laufe des Haushaltsjahres eintretende Veränderungen des Anteils der öffentlichen Finanzierung sind ohne Auswirkungen auf die Auftraggebereigenschaft.[215]

99 **b) Aufsicht des Staates über die Leitung der Einrichtung.** Staatsnah und deshalb öffentliche Auftraggeber sind nach § 99 Nr. 2 lit. b GWB solche juristischen Personen, über deren Leitung Gebietskörperschaften, andere juristische Personen mit Auftraggebereigenschaft oder deren Verbände die Aufsicht ausüben. **Staatliche Aufsichtsbefugnisse,** die es rechtfertigen, die betreffende Einrichtung als öffentlichen Auftraggeber einzuordnen, müssen eine Qualität erreichen, die der Verbindung zum Staat gleichwertig ist, die durch die beiden anderen alternativ vorausgesetzten Merkmale beschrieben wird. Die Aufsicht muss eine Verbindung der Einrichtung zur öffentlichen Hand schaffen, die es dieser ermöglicht, die **Entscheidungen der Einrichtung in Bezug auf öffentliche Aufträge zu beeinflussen.**[216]

100 Wie der EuGH deutlich gemacht hat, bedarf es hierfür einer **Gesamtbetrachtung der Aufsichtsmöglichkeiten** der öffentlichen Hand.[217] Dabei lässt sich dem Urt. entnehmen, dass die bloße nachgelagerte Rechtmäßigkeitskontrolle über die Tätigkeit der Einrichtung für sich allein ebenso wenig ausreicht wie eine Prüfung der Rechnungsführung.[218] Bereits ausreichend dürfte hingegen die Aufnahme von Klauseln in die Satzung der Einrichtung sein, durch welche detaillierte Regeln für die Führung der Geschäfte der Einrichtung aufgestellt werden und deren Einhaltung durch die öffentliche Hand überwacht wird; denn der öffentlichen Hand wird hierdurch ein bedeutender Einfluss auf die Einrichtung eingeräumt.[219]

101 Wesentlich ist vor allem, dass dieser **Einfluss auf die Geschäftspolitik und/ oder Geschäftstätigkeit** der Einrichtung ausgeübt werden kann. Nach Auffassung des Gerichtshofs ist dies auch dann gegeben, wenn bei schwerwiegenden Verstößen bei der Führung der Geschäfte oder Untätigkeit des Verwaltungsrats oder des Vorstands oder des Aufsichtsrats die staatliche Aufsichtsbehörde die Auflösung der Einrichtung aussprechen oder die Leitungsorgane vorläufig ihres Amtes entheben und einen vorläufigen Verwalter ernennen kann. Denn die Ausübung dieser Befugnisse setze eine ständige Kontrolle über die Geschäftspolitik der betreffenden Gesellschaft voraus. Nur durch eine solche ständige Kontrolle könnten schwerwiegende Verstöße oder Unterlassungen der Leitungsorgane aufgedeckt werden.[220]

---

[214] EuGH 1.2.2001 – C-237/99, NZBau 2001, 217 Rn. 30 ff. – University of Cambridge; 13.12.2007 – C-337/06, NZBau 2008, 130 Rn. 33 – Bayerischer Rundfunk.

[215] EuGH 1.2.2001 – C-237/99, NZBau 2001, 217 Rn. 37 ff. – University of Cambridge.

[216] EuGH 1.2.2001 – C-237/99, Slg. 2001, I-939 Rn. 48 f. = NZBau 2001, 215; 27.2.2003 – C-373/00, NZBau 2003, 287 Rn. 69 – Truley; 3.2.2021 – C-155/19 u.a., NZBau 2021, 191 Rn. 50 – FIGC.

[217] EuGH 1.2.2001 – C-237/99, Slg. 2001, I-939 Rn. 50 ff. = NZBau 2001, 215.

[218] EuGH 1.2.2001 – C-237/99, Slg. 2001, I-939 Rn. 53, 55 = NZBau 2001, 215.

[219] EuGH 1.2.2001 – C-237/99, Slg. 2001, I-939 Rn. 51 f. = NZBau 2001, 215; vgl. OLG Düsseldorf 19.6.2013 – VII-Verg 55/12, BeckRS 2013, 12795 = VergabeR 2014, 158 (162).

[220] EuGH 1.2.2001 – C-237/99, Slg. 2001, I-939 Rn. 54 ff. = NZBau 2001, 215.

Öffentliche Auftraggeber § 99 GWB

Weitere Indizien für eine zureichende Aufsicht des Staates sind etwa 102
- die Möglichkeit der Aufsichtsbehörden, eine Einrichtung, die innerhalb eines bestimmten Zeitraums ein bestimmtes Tätigkeitsvolumen nicht erreicht, aufzulösen oder eine Einrichtung, deren Geschäftsvolumen eine bestimmte Grenze überschreitet, aufzufordern, das Volumen unter diese Grenze zurückzunehmen, weil die Aufsichtsbehörde hierdurch der Einrichtung ein bestimmtes Geschäftsprofil vorgeben kann;[221]
- die Kontrolle der Maßnahmen der Einrichtungen durch die Aufsichtsbehörden vor Ort und nach Aktenlage, wobei die Aufsichtsbehörden die aus ihren Untersuchungsberichten zu ziehenden Folgerungen vorschlagen und die Durchführung erlassener Maßnahmen überprüfen.[222]

Eine **bloß nachprüfende Kontrolle** der Stelle durch den Staat erlaubt nach der 103
Rspr. des EuGH nicht die Qualifizierung als öffentlicher Auftraggeber, da sie es der öffentlichen Hand nicht ermöglicht, die Entscheidungen der Stelle im Bereich der Vergabe öffentlicher Aufträge zu beeinflussen.[223] Anderes gilt aber für eine **laufende Kontrolle** des Geschäftsgebarens der Einrichtung durch den Staat. Diese Kontrollbefugnisse müssen nicht in einer Rechtsvorschrift, sondern können auch im Gesellschaftsvertrag der Einrichtung vorgesehen sein. Instrumente einer solchen laufenden Kontrolle können die Überprüfung der laufenden Geschäftstätigkeit auf ihre ziffernmäßige Richtigkeit, Ordnungsmäßigkeit, Sparsamkeit, Wirtschaftlichkeit und Zweckmäßigkeit sowie die Befugnis der Aufsichtsbehörde sein, die Betriebsräume und Anlagen der Einrichtung zu besichtigen und über das Ergebnis dieser Prüfung den zuständigen Organen sowie den Gesellschaftern der als Gesellschaft verfassten Einrichtung zu berichten.[224]

Einen diesen Anforderungen genügendes Aufsichtsverhältnis liegt unzweifelhaft vor, 104
wenn im Gesellschaftsvertrag und der Geschäftsordnung der zur Beurteilung stehenden Einrichtung **Kooperations- und Abstimmungspflichten** mit einem anderen öffentlichen Auftraggeber iSv § 99 Nr. 1–3 GWB festgelegt sind, die diesem weitgehende Einwirkungsmöglichkeiten auf die Abgrenzung des Geschäftszwecks und die laufende Abwicklung geben.[225] Entsprechendes gilt für die Statuierung derartiger Einwirkungsmöglichkeiten in einem Kooperationsvertrag.[226] Entsprechend zu beurteilen ist die im Gesellschaftsvertrag sowie weiteren Kooperations- und Leistungsverträgen festgeschriebene Möglichkeit des Staates, die Übertragung sämtlicher ihm nicht gehörender Unternehmensanteile an der juristischen Person verlangen zu können, wenn diese gegen wesentliche Verpflichtungen aus dem Kooperations- oder Leistungsvertrag verstößt (Call-Option), sofern die laufende Kontrolle durch die staatliche Seite instrumentell sichergestellt ist.[227]

Hieraus lässt sich entnehmen, dass es für die Abgrenzung, ob ein anderer öffentli- 105
cher Auftraggeber iSv § 99 Nr. 1–3 GWB die Aufsicht über die Leitung der betreffenden juristischen Person ausübt oder nicht, nicht auf die Unterscheidung zwischen **Fachaufsicht und Rechtsaufsicht** ankommt. Keinesfalls führt bereits die Rücknahme der Aufsicht auf die Rechtsaufsicht dazu, dass es an einem von § 99 Nr. 2

---

[221] EuGH 1.2.2001 – C-237/99, Slg. 2001, I-939 Rn. 57 = NZBau 2001, 215.
[222] EuGH 1.2.2001 – C-237/99, Slg. 2001, I-939 Rn. 58 = NZBau 2001, 215.
[223] EuGH 27.2.2003 – C-373/00, NZBau 2003, 287 Rn. 70 – Truley; 12.9.2013 – C-526/11, BeckRS 2013, 81710 = VergabeR 2014, 20 Rn. 29 – IVD; 3.2.2021 – C-155/19 ua, NZBau 2021, 191 Rn. 51 – FIGC.
[224] EuGH 27.2.2003 – C-373/00, NZBau 2003, 287 Rn. 73 – Truley.
[225] VK Baden-Württemberg 6.6.2001 – 1 VK 6/01, NZBau 2002, 173 (175).
[226] Zu einer derartigen Konstellation OLG Düsseldorf 13.8.2007 – VII-Verg 16/07, NZBau 2007, 733 (734 f.).
[227] OLG Düsseldorf 19.6.2013 – VII-Verg 55/12, BeckRS 2013, 12795 = VergabeR 2014, 158 (163); VK Bund 12.12.2002 – VK 1–83/02, IBRRS 2003, 0317.

lit. b GWB verlangten Aufsichtsverhältnis mangelt.[228] Nach der Rspr. des EuGH ist vielmehr entscheidend, ob die einzelnen **Aufsichtsinstrumente** der staatlichen Seite Einflussnahmen auf die Geschäftspolitik oder -tätigkeit der Einrichtung durch eine ständige Kontrolle und entspr. Reaktionsmöglichkeiten einräumen.

106 Von Teilen der Lit. wurde die nach § 99 Nr. 2 lit. b GWB erforderliche Ausübung der Aufsicht über die Leitung unter **Rückgriff auf die zu § 17 AktG entwickelten Grundsätze** konkretisiert.[229] Nach § 17 Abs. 1 AktG sind abhängige Unternehmen rechtlich selbständige Unternehmen, auf die ein anderes Unternehmen (herrschendes Unternehmen) unmittelbar oder mittelbar einen beherrschenden Einfluss ausüben kann. Wesentlich ist, dass das herrschende Unternehmen einen so weitgehenden Einfluss auf die Unternehmens- und Geschäftspolitik des beherrschten Unternehmens hat, dass es seine diesbzgl. Vorstellungen durchsetzen kann. Dies deckt sich weitestgehend mit dem vom EuGH zur Anwendung des Aufsichtskriteriums entwickelten Erfordernis der Möglichkeit der Einflussnahme auf die Geschäftspolitik und/oder Geschäftstätigkeit der Einrichtung. Auch nach der vergaberechtlichen Judikatur reicht also – entgegen dem Wortlaut des § 99 Nr. 2 GWB – die **Möglichkeit der Einflussnahme** aus.[230] Der Rückgriff auf § 17 AktG ist also zwar möglich, allerdings nicht über die vergaberechtlich entwickelte Auslegung hinausführend.[231]

107 Nicht anwendbar ist die Regel des § 17 Abs. 2 AktG, wonach bei einem in Mehrheitsbesitz stehenden Unternehmen vermutet wird, dass es von dem an ihm mit Mehrheit beteiligten Unternehmen abhängig ist. Aus der **Mehrheit der Unternehmensanteile** allein ergibt sich keine Aufsicht über die Leitung einer juristischen Person iSv § 99 Nr. 2 lit. b GWB. Dies ergibt sich bereits aus der Truley-Entscheidung des EuGH, in der der Gerichtshof – obwohl die Stadt Wien 100 %ige Anteilseignerin der betreffenden GmbH war – die Aufsicht über die Leitung nicht aus diesem Umstand, sondern aus an diese Anteilseignerschaft anknüpfenden gesetzlich eingeräumten Kontrollbefugnissen der Mutterkörperschaft abgeleitet hat.[232] In seinem Wall-Urt. hat der EuGH nochmals klargestellt, dass es nicht auf die Innehabung der Mehrheit der Gesellschaftsanteile, sondern darauf ankommt, ob der Mehrheitsgesellschafter in der Lage ist, „die Geschäftsführung dieses Unternehmens tatsächlich zu kontrollieren".[233]

108 Fehlt es an solchen, dem Mehrheitsgesellschafter über die betreffende Gesellschaft eingeräumten Aufsichtsmöglichkeiten, so würden evtl. bestehende **Prüfbefugnisse eines Rechnungshofs** insoweit nicht ausreichen, weil sie als solche der jew. Gebietskörperschaft keinen Einfluss auf die Geschäftstätigkeit und/oder die Geschäftspolitik der Gesellschaft eröffnen.[234]

109 Eine Aufsicht über die Leitung iSd § 99 Nr. 2 lit. b GWB setzt allerdings nicht das Bestehen **gesellschaftsexterner Aufsichtsbefugnisse** voraus. Aus dem Fehlen von Kontrollbefugnissen öffentlicher Auftraggeber, die alleinige Anteilsinhaber der betreffenden juristischen Person sind, zusätzlich zu der über die Organe der Gesellschaft ausübbaren Kontrollmöglichkeiten lässt sich nicht auf die Unanwendbarkeit

---

[228] So aber VK Südbayern 13.8.2002 – 120.3-3194-1-31-07/02, BeckRS 2002, 32989; VK Baden-Württemberg 10.8.2000 – 1 VK 17/00, IBR 2001, 136; VK Südbayern 30.5.2022 – 3194.Z3-3-01-21-70, NZBau 2023, 139 Rn. 101; Dietlein NZBau 2002, 136 (141).

[229] Jasper, Privatisierung und EG-Vergaberecht, 2001, S. 68 f.; RSG/Stickler, GWB, 3. Aufl. 2011, § 98 Rn. 26, jew. mwN; abl. dagegen Dietlein NZBau 2002, 136 (141).

[230] Dies verkennt Dietlein NZBau 2002, 136 (141).

[231] Jasper, Privatisierung und EG-Vergaberecht, 2001, S. 69.

[232] EuGH 27.2.2003 – C-373/00, NZBau 2003, 287 Rn. 72 f. – Truley.

[233] EuGH 13.4.2010 – C-91/08, NZBau 2010, 382 Rn. 50 – Wall.

[234] Dreher NZBau 2005, 297 (299 ff.); anders wohl OLG Düsseldorf 19.6.2013 – VII-Verg 55/12, BeckRS 2013, 12795 = VergabeR 2014, 158 (162).

des § 99 Nr. 2 lit. b GWB schließen.[235] Der EuGH hat in stRspr darauf abgestellt, dass sich auch aus den einem **Mehrheitsgesellschafter** zustehenden gesellschaftsvertraglichen oder gesetzlichen Einwirkungsmöglichkeiten eine den Anforderungen des § 99 Nr. 2 lit. b GWB genügende Aufsicht über die Leitung des betreffenden Unternehmens ergeben kann, sofern diese Einwirkungsmöglichkeiten die Ausübung einer tatsächlichen Kontrolle der Geschäftsführung ermöglichen.[236] Kriterien dieser Prüfung sind ua, ob der Mehrheitsgesellschafter „imstande ist, strategischen Entscheidungen des Unternehmens in Bezug auf die Geschäftspolitik, die Ernennung der Mitglieder der Verwaltungsorgane, auf den Haushalt oder den Geschäftsplan zu widersprechen".[237]

Dieser Einbeziehung der **gesellschafts-organschaftlichen Kontrollmöglichkeiten** lässt sich auch nicht entgegenhalten, dass die gesellschaftsinternen Einflussmöglichkeiten von öffentlichen Auftraggebern mit der Stellung eines Mehrheitsgesellschafters bereits von § 99 Nr. 2 lit. c GWB erfasst würden, da eine Aufsicht des Mehrheitsgesellschafters über die Leitung der Gesellschaft vermittels der Gesellschaftsorgane nur dann denkbar sei, wenn dieser Mehrheitsgesellschafter die Mehrheit der Mitglieder der betreffenden Gesellschaftsorgane bestellen kann.[238] Denn der zur Aufsicht iSv § 99 Nr. 2 lit. b GWB führende Einfluss des Mehrheitsgesellschafters kann auch über die Haupt-/Gesellschafterversammlung ausgeübt werden, die kein Organ iSv § 99 Nr. 2 lit. c GWB darstellt (→ Rn. 111).[239] Aus der Stellung als **Minderheitsgesellschafter** werden hingegen in aller Regel keine hinreichenden Aufsichtsmöglichkeiten abzuleiten sein.[240] Eine Ausnahme kann nur bei entspr. vertraglicher Einräumung von Aufsichtsbefugnissen trotz Anteilsminderheit gelten.

c) Bestimmung der Mehrheit der Mitglieder eines Geschäftsführungs- oder Aufsichtsorgans. Öffentlicher Auftraggeber ist schließlich – bei Erfüllung der übrigen Voraussetzungen – eine juristische Person, bei der gem. § 99 Nr. 2 lit. c GWB mehr als die Hälfte der Mitglieder eines ihrer zur Geschäftsführung oder zur Aufsicht berufenen Organe von einem anderen öffentlichen Auftraggeber iSd Nr. 1– 3 des § 99 GWB bestimmt worden sind. Bei diesen Organen kann es sich um gesetzlich vorgesehene oder durch den Gesellschaftsvertrag oder andere vertragliche Regelungen institutionalisierte Organe handeln.[241] Erforderlich ist eine **organschaftliche Funktion,** so dass Gremien mit lediglich ergänzender, nicht organschaftlicher Funktion nicht erfasst sind.[242] Kein Organ iSd § 99 Nr. 2 lit. c GWB ist die **Gesellschafterversammlung,** da ihre Mitglieder nicht bestellt werden, sondern sich die Mitgliedschaft aus der Anteilseignerschaft ergibt. Im Ergebnis nichts anderes gilt für Gremien, die über eine **lediglich beratende Funktion** verfügen und keinen Einfluss auf das Beschaffungsverhalten der juristischen Person nehmen können.[243] Ausreichend ist die Bestellung der Mehrheit der Mitglieder eines der

---

[235] So aber Immenga/Mestmäcker/Dreher GWB § 99 Rn. 86.
[236] EuGH 27.2.2003 – C-373/00, NZBau 2003, 287 Rn. 72 f. – Truley; 13.4.2010 – C-91/08, NZBau 2010, 382 Rn. 50 – Wall.
[237] Schlussanträge des GA Bot – C-91/08 Rn. 109, NZBau 2010, 382 – Wall.
[238] So aber Immenga/Mestmäcker/Dreher GWB § 99 Rn. 86.
[239] Dementsprechend hat GA Bot Schlussanträge– C-91/08 Rn. 108, NZBau 2010, 382 – Wall darauf abgestellt, „wie diese Körperschaft das mit ihrer Mehrheitsbeteiligung verbundene Vetorecht in der Hauptversammlung des Unternehmens ausübt"; Hervorhebung durch den Verf.
[240] VK Thüringen 7.2.2019 – 250–4003-262/2019-E-001-EIC, VPRRS 2019, 0186.
[241] VK Münster 24.6.2002 – VK 03/02, ZfBR 2002, 724 (730): Beirat.
[242] Immenga/Mestmäcker/Dreher GWB § 99 Rn. 88.
[243] RKPP/Eschenbruch GWB § 99 Rn. 148; RSG/Masing GWB § 98 Rn. 61.

zur Geschäftsführung oder zur Aufsicht berufenen Organe.[244] Dass die Mitglieder aller Organe der juristischen Person zu mehr als der Hälfte von einem anderen öffentlichen Auftraggeber bestellt werden, ist nicht erforderlich.

112 Die Bestimmung der Mitglieder des Organs durch den oder die anderen öffentlichen Auftraggeber muss **tatsächlich vorgenommen** worden sein; dass eine solche Bestimmung bloß möglich ist, reicht nicht aus. Eine Weisungsabhängigkeit der von einem Auftraggeber iSd § 99 Nr. 1–3 GWB bestimmten Organmitglieder ist ebenso wenig erforderlich wie ihre Bindung an die Interessen der benennenden Stelle.[245]

113 Setzt sich das betreffende Gesellschaftsorgan, zB ein Aufsichtsrat, **paritätisch aus Mitgliedern der Gesellschafter und der Arbeitnehmer** zusammen, wobei die Aufsichtsratsmitglieder der Gesellschafter durch die Gesellschafterversammlung gewählt werden, so erfolgt eine Bestellung von mehr als der Hälfte der Mitglieder des Aufsichtsrats bei wörtlicher Auslegung zwar nicht. Jedoch sind in teleologischer Auslegung die von der Arbeitnehmerseite bestimmten Aufsichtsratsmitglieder rechnerisch nicht zu berücksichtigen,[246] weil die Anteilseignerseite sich gem. § 27 MitbestG bei der Wahl des Aufsichtsratsvorsitzenden durchsetzen kann und bei Stimmengleichheit im Aufsichtsrat die Stimme des Vorsitzenden den Ausschlag gibt.[247]

6. Verhältnis des § 99 Nr. 2 GWB zu anderen Tatbeständen des § 99 GWB

114 Bereits aus dem Wortlaut der Vorschrift ergibt sich, dass § 99 Nr. 2 GWB in den Fällen des § 99 Nr. 1 GWB nicht anwendbar ist. Im Verhältnis zu § 99 Nr. 3 GWB geht die Nr. 2 vor. Zum Verhältnis zwischen § 99 Nr. 2 und § 100 GWB → § 100 Rn. 2.

IV. Verbände (Nr. 3)

115 Auftraggeber iSv § 99 Nr. 3 GWB sind Verbände, deren Mitglieder öffentliche Auftraggeber nach § 99 Nr. 1 oder Nr. 2 GWB sind. Dabei ist die Konjunktion „oder" nicht in einem alternativen Sinne zu verstehen: Unter Nr. 3 fallen auch **gemischte Verbände,** die sowohl Auftraggeber nach § 99 Nr. 1 GWB als auch Nr. 2 erfassen. Nach der Zwecksetzung des § 99 Nr. 3 GWB sind unter „Verbänden" sämtliche Formen des Zusammenwirkens von öffentlichen Auftraggebern zu verstehen, die ein eigenständiges Beschaffungsverhalten an den Tag legen. Es soll verhindert werden, dass sich öffentliche Auftraggeber durch die Schaffung von eigenständig tätig werdenden Handlungszusammenhängen, auf die nicht selbst § 99 Nr. 1 oder Nr. 2 GWB anwendbar ist, der Anwendung des Vergaberechts entziehen können. Augenfällig wird dieser **funktionale Verbandsbegriff** in Art. 2 Abs. 1 Nr. 1 VRL, wonach öffentlicher Auftraggeber auch ein solcher Verband ist, der aus einem einzigen öffentlichen Auftraggeber besteht.

116 Aus dieser Zwecksetzung ergibt sich, dass § 99 Nr. 3 GWB nur anwendbar ist, wenn der Verband nicht schon die Voraussetzungen der Nr. 1 oder Nr. 2 erfüllt. Der Vorschrift kommt insofern eine **Auffangfunktion** zu. Darüber hinaus kommt es auf die Rechtsfähigkeit des Verbandes nicht an.[248] Maßgeblich ist allein die Fähigkeit, ein Beschaffungsverhalten zu entwickeln. Verbände iSv § 99 Nr. 3 GWB sind

---

[244] RKPP/*Eschenbruch* GWB § 99 Rn. 148.
[245] RSG/*Masing* GWB § 98 Rn. 65.
[246] RKPP/*Eschenbruch* GWB § 99 Rn. 149; RSG/*Masing* GWB § 98 Rn. 66.
[247] Immenga/Mestmäcker/*Dreher* GWB § 99 Rn. 91.
[248] AM OLG München 9.3.2020 – Verg 27/19, NZBau 2022, 57 Rn. 39: zumindest Teilrechtsfähigkeit erforderlich.

daher **rechtsfähige Verbände** ebenso wie lose Kooperationen in Form von **Arbeits- oder Einkaufsgemeinschaften**.[249] Erforderlich ist allerdings, dass alle Kooperationsmitglieder ein koordiniertes und nach außen erkennbares gemeinsames Beschaffungsverhalten an den Tag legen.[250] Rechtsfähige Verbände, zB Zweckverbände, werden allerdings in aller Regel bereits unter § 99 Nr. 2 GWB fallen. Ob der Verband nach öffentlichem oder nach Privatrecht konstituiert ist, ist ohne Belang. Schließlich wird die Eigenschaft eines Verbandes als nach § 99 Nr. 3 GWB zu beurteilender öffentlicher Auftraggeber auch nicht allein dadurch in Frage gestellt, dass dem Verband neben öffentlichen Auftraggebern iSv § 99 Nr. 1 oder Nr. 2 GWB auch andere Mitglieder angehören.[251] Sonst hätten es die in dem Verband zusammengeschlossenen öffentlichen Auftraggeber in der Hand, durch die **Aufnahme eines Mitglieds ohne Auftraggebereigenschaft** die Anwendung des Vergaberechts zu vereiteln. Entspr. der Grenzziehung in § 99 Nr. 2 wird man allerdings zu fordern haben, dass die öffentlichen Auftraggeber den Verband dominieren, dh entweder mehr als die Hälfte der Verbandsmitglieder stellen oder die Besetzung der Verbandsorgane zu mehr als die Hälfte bestimmen oder den Verband überwiegend finanzieren.[252] Für das Verhältnis des § 99 Nr. 3 GWB zu § 99 Nr. 4 GWB und § 100 GWB gilt nichts anderes als für das Verhältnis der Nr. 1 und 2 zu den genannten Vorschriften (→ Rn. 32).

V. Auftragsbezogene Auftraggebereigenschaft wegen überwiegender staatlicher Subventionierung (Nr. 4)

In systematischer Hinsicht unglücklich ordnet § 99 Nr. 4 GWB natürliche oder **117** juristische Personen für die Ausführung bestimmter Vorhaben als öffentliche Auftraggeber ein. Da die Anknüpfung **nicht organisations-, sondern auftragsbezogen** erfolgt, handelt es sich der Sache nach nicht um eine Definition einer Sonderform öffentlicher Auftraggeber, sondern um die Anordnung des Anwendung des Kartellvergaberechts auf die in § 99 Nr. 4 GWB näher beschriebenen Vorhaben. Es handelt sich also nicht um eine Regelung des persönlichen, sondern des **sachlichen Anwendungsbereichs des Vergaberechts**. Entspr. verortet ist die zu Grunde liegende unionsrechtliche Vorschrift in Art. 13 VRL.

Damit § 99 Nr. 4 GWB anwendbar ist, müssen **kumulativ folgende Voraussetzungen** erfüllt sein: **118**
- Natürliche Person oder juristische Personen des öffentlichen oder privaten Rechts als Auftraggeber,
- Durchführung von bestimmten Bauarbeiten (Tiefbaumaßnahmen oder Errichtung von Krankenhäusern, Sport-, Erholungs- oder Freizeiteinrichtungen, Schul-, Hochschul- oder Verwaltungsgebäuden) oder Dienstleistungen bzw. Wettbewerbe, die mit einem solchen Bauauftrag in Verbindung stehen,
- Erhalt von Mitteln, durch die diese Vorhaben zu mehr als 50 % subventioniert werden, von Stellen, die öffentliche Auftraggeber nach § 99 Nr. 1, 2 oder Nr. 3 GWB sind.

Zweck der Vorschrift ist die **Erfassung der sog. Drittvergaben,** bei denen ein **119** unter § 99 Nr. 1, 2 oder Nr. 3 GWB fallender öffentlicher Auftraggeber einen Auftrag nicht selbst vergibt, sondern die Mittel, die für den Auftrag aufzuwenden

---

[249] OLG München 20.3.2014 – Verg 17/13, BeckRS 2014, 7377 = VergabeR 2014, 700 (708).
[250] OLG München 9.3.2020 – Verg 27/19, NZBau 2022, 57 Rn. 39.
[251] OLG München 20.3.2014 – Verg 17/13, BeckRS 2014, 7377 = VergabeR 2014, 700 (708).
[252] Frenz EuropaR-HdB III Rn. 2577.

wären, einem Dritten als Subvention gewährt und der Dritte aus diesen Mittel seinerseits Aufträge zur Vorhabenrealisierung vergibt. Der Dritte wird in diesen Fällen gleichsam als „verlängerter Arm" des öffentlichen Auftraggebers tätig, weshalb die Vergabe von Aufträgen durch ihn dem (Kartell-)Vergaberecht unterworfen werden soll.[253]

1. Natürliche oder juristische Person

120 Seinem Wortlaut nach setzt § 99 Nr. 4 GWB voraus, dass Subventionsempfänger eine natürliche Person oder eine juristische Person des Privatrechts oder des öffentlichen Rechts ist. Wie gem. § 99 Nr. 2 GWB sind **nicht vollrechtsfähige Einrichtungen** in den Anwendungsbereich einzubeziehen. Denn auch hier muss die Fähigkeit, Rechte nach außen im eigenen Namen wahrnehmen und durch die Vergabe von Aufträgen selbständig tätig werden zu können, ausschlaggebend sein (→ Rn. 38), kann es doch in diesem Fall ebenfalls zu der von § 99 Nr. 4 GWB erfassten Drittvergabe kommen.

2. Durchführung von bestimmten Bauarbeiten oder Dienstleistungen

121 Der in § 99 Nr. 4 GWB **aufgezählte Kreis von Vorhaben,** für deren Durchführung die betreffende Person oder Einrichtung subventioniert wird, ist **abschließend.**[254] Nach allg. Grundsätzen bedeutet dies, dass der Kreis der Vorhaben nicht im Wege der Bildung vergleichbarer Fallgruppen, der Analogie oder als allg. Rechtsgrundsatz auf andere Fälle übertragen werden kann. Die Vorschrift ist nach allg. methodischen Regeln auszulegen, so dass keine am Wortlaut haftende enge, sondern eine auf den Zweck der Nennung der jew. Fallgruppe abstellende Auslegung vorzunehmen ist. Dementsprechend sind auch solche Bauwerke einzubeziehen, die in zumindest engem Zusammenhang mit den aufgezählten Bauwerken stehen und ebenfalls Teil der staatlichen Daseinsvorsorge auf dem Gebiet der in § 99 Nr. 4 GWB genannten Bauwerke sind.[255]

122 In welcher **vertraglichen Ausgestaltung** das Vorhaben realisiert wird, ist unerheblich. Auf die Frage, ob die subventionierte Person oder Einrichtung das Eigentum an einem in Durchführung des Auftrags realisierten Gebäude erhält oder dieses nur mietet oder least, kommt es daher nicht an.[256]

123 **a) Tiefbaumaßnahmen.** Zur Ausfüllung des Begriffs der Tiefbauarbeiten ist Art. 13 S. 1 lit. a i VRL heranzuziehen, der insoweit auf den **Anh. II zur VRL** verweist. Zu beachten ist allerdings, dass die einschlägige Nr. 45.2 des Anh. II sowohl Hoch- als auch Tiefbauarbeiten umfasst. Es muss daher jew. im Einzelfall festgestellt werden, dass es sich um eine Tiefbaumaßnahme handelt. Zu den Tiefbauarbeiten iSv § 99 Nr. 4 GWB wird man ua zu zählen haben:
- Errichtung von Brücken, Viadukten, Tunneln und Unterführungen;
- Rohrleitungen und Kabelnetze einschließlich zugehöriger Arbeiten;

---

[253] VK Bund 8.6.2006 – VK 2–114/05, BeckRS 2010, 10904 = VergabeR 2007, 100 (104); RSG/Masing GWB § 98 Rn. 98; vgl. auch OLG München 10.11.2010 – Verg 19/10, NZBau 2011, 253 (254).
[254] BayObLG 29.10.2004 – Verg 22/04, BeckRS 2004, 11023 = VergabeR 2005, 74 (75); OLG Düsseldorf 13.1.2014 – VII-Verg 11/13, BeckRS 2014, 08850; OLG München 10.11.2010 – Verg 19/10, NZBau 2011, 253 (254); VK Bund 8.6.2006 – VK 2–114/05, BeckRS 2010, 10904 = VergabeR 2007, 100 (105); VK Brandenburg 11.3.2009 – VK 7/09, ZfBR 2009, 710 (712); VK Baden-Württemberg 10.8.2016 – 1 VK 29/16, IBRRS 2016, 3060.
[255] OLG München 10.11.2010 – Verg 19/10, NZBau 2011, 253 (254).
[256] BayObLG 29.10.2004 – Verg 22/04, BeckRS 2004, 11023 = VergabeR 2005, 74 (75 f.).

- Bau von Autobahnen, Straßen und Wegen, Bahnverkehrsstrecken, Rollbahnen;
- Bau von Wasserstraßen, Häfen, Flussbauten, Schleusen, Talsperren und Deichen;
- spezielle Tätigkeiten im Tiefbau, die besondere Fachkenntnisse bzw. Ausrüstungen erfordern (zB Brunnen- und Schachtbau).

b) Errichtung von Krankenhäusern etc. Vorhaben, deren mehr als 50 %ige Subventionierung zur Auftraggebereigenschaft der das Vorhaben durchführenden Person oder Einrichtung führt, sind des Weiteren die Errichtung von Krankenhäusern, Sport-, Erholungs- oder Freizeiteinrichtungen, Schul-, Hochschul- oder Verwaltungsgebäuden. Erfasst sind nicht nur Einrichtungen, die den üblichen Bedarf öffentlich-rechtlicher Körperschaften und ihrer Einwohner decken oder die der Nutzung durch die Allgemeinheit zugänglich sind. Auch wenn die betreffende Einrichtung nur einem beschränkten Nutzerkreis zur Verfügung steht, kann sie – bei Erfüllung der übrigen Voraussetzungen – § 99 Nr. 4 GWB unterfallen.[257] Unter der „**Errichtung**" ist dabei nicht nur der vollständige Neubau zu verstehen. Unter Beachtung des Zwecks des § 99 Nr. 4 GWB, Drittvergaben zu erfassen (→ Rn. 119), ist der Begriff der Errichtung auf alle Bauaufträge zu erstrecken, die einen **Bestand schaffen, erhalten oder verändern**, also insbes. Sanierungs-, Rekonstruktions- und Modernisierungsarbeiten sowie bauliche Änderungen aller Art.[258] Im Einzelnen erfasst sind folgende Vorhaben:

- **Krankenhäuser** iSd § 99 Nr. 4 GWB sind neben den der medizinischen Akutversorgung verpflichteten Kliniken alle Einrichtungen, die zumindest auch der Erbringung von medizinischen Leistungen dienen und in denen jedenfalls bestimmte Personengruppen stationär aufgenommen werden können. Sofern eine nicht bloß unerhebliche Erbringung medizinischer Leistungen der Konzeption der Einrichtung entspricht, fallen hierunter zB auch Alters- und Pflegeheime, Hospize oder Einrichtungen zur Betreuung und medizinischen Versorgung von Behinderten.[259]
- Unter **Sport-, Erholungs- und Freizeiteinrichtungen** sind sowohl Einrichtungen zur körperlichen Betätigung und Regeneration als auch solche kultureller Art wie Theater, Bibliotheken, Museen oder Ausstellungsräume zu verstehen.[260] Nach dem Zweck des § 99 Nr. 4 GWB nicht hierunter gefasst werden können öffentlich zugängliche Cafés oder Restaurants.[261]
- **Schul-, Hochschul- oder Verwaltungsgebäude** sind zum einen nicht nur solche Bauwerke, in denen der schulische oder universitäre Unterricht erteilt oder die Verwaltungstätigkeit entfaltet wird, sondern darüber hinaus Gebäude mit unterstützender Zwecksetzung wie Studentenheime oder Mensagebäude.[262] Nicht ausreichend ist es hingegen, dass die betreffenden Gebäude bspw. von schulischen Exkursionen zur Veranschaulichung von Unterrichtsthemen[263] aufgesucht werden. Zum anderen kommt es für die Zuordnung eines Gebäudes zum Schul- oder Hochschulbereich nicht auf die Struktur des nationalen Bildungssystems an. Erfasst sind daher auch Einrichtungen bspw. der frühkindlichen Förderung wie

---

[257] EuGH 26.9.2013 – C-115/12, BeckRS 2013, 81863 = VergabeR 2014, 140 Rn. 76 ff.
[258] KG 19.3.2021 – Verg 1008/20, BeckRS 2021, 54758 Rn. 8; OLG Jena 30.5.2002 – 6 Verg 3/02, NZBau 2003, 638; OLG Celle 29.11.2016 – 13 Verg 8/16, BeckRS 2016, 111558 = NZBau 2017, 239; OLG München 19.3.2019 – Verg 3/19, NZBau 2019, 670 Rn. 63 ff.
[259] OLG Düsseldorf 13.1.2014 – VII-Verg 11/13, BeckRS 2014, 08850.
[260] RKPP/Eschenbruch GWB § 99 Rn. 276; RSG/Masing GWB § 98 Rn. 101; aM Byok/Jaeger/Werner GWB § 99 Rn. 105.
[261] AM VK Bund 9.11.2018 – VK 1–101/18, BeckRS 2018, 37328 Rn. 47.
[262] OLG München 10.11.2010 – Verg 19/10, NZBau 2011, 253 (254); VK Baden-Württemberg 10.8.2016 – 1 VK 29/16, IBRRS 2016, 3060.
[263] VK Nordbayern 19.10.2015 – 21.VK-3194-38/15, BeckRS 2016, 3510.

Kindergärten, der beruflichen Aus- und Weiterbildung oder der Volkshochschulen. Nicht hierzu zählen allerdings Schulungszentren privater Vereinigungen ohne öffentlichen Bildungsauftrag.[264]

128 **c) Mit Bauaufträgen in Verbindung stehende Dienstleistungen.** § 99 Nr. 4 GWB gilt nicht nur für die → Rn. 123 ff. genannten Bauaufträge, sondern auch für mit diesen in Verbindung stehenden Dienstleistungen iSv § 103 Abs. 4 GWB und Wettbewerbe iSv § 103 Abs. 6 GWB. Die **doppelte Akzessorietät des Dienstleistungsauftrags** von dem Bauauftrag, mit dem er verbunden sein muss, wird durch den Wortlaut des § 99 Nr. 4 GWB nur unzureichend wiedergegeben, ergibt sich aber eindeutig aus Art. 13 S. 1 lit. b VRL: Danach muss der Dienstleistungsauftrag zum einen selbst den Schwellenwert erreichen oder übersteigen und zum anderen zu mehr als 50 % von einem öffentlichen Auftraggeber subventioniert werden. Zum anderen erforderlich ist jedoch, dass der zugrunde liegende Bauauftrag ebenfalls den Schwellenwert erreicht oder übersteigt und zu mehr als der Hälfte subventioniert wird. Liegt nur einer der verbundenen Aufträge (Bau- oder Dienstleistungsauftrag) unterhalb der jew. Schwellenwerts oder ist einer von beiden nicht zu mehr als 50 % subventioniert, so ist § 99 Nr. 4 GWB auf den Dienstleistungsauftrag (bzw. den Wettbewerb) nicht anwendbar.

129 Weitere (und zentrale) Voraussetzung ist, dass der Dienstleistungsauftrag (bzw. der Wettbewerb) mit einem der in § 99 Nr. 4 GWB aufgeführten Bauaufträge **„in Verbindung"** steht. Von einer solchen Verbindung kann nur gesprochen werden, wenn nach einer Gesamtbewertung aller Umstände Bau- und Dienstleistungsauftrag in einem **funktionalen Verhältnis zueinander** stehen – sei es, dass der Dienstleistungsauftrag die Ausführung des Bauauftrags erst ermöglichen soll (zB Projektierungen und Planungen), sei es, dass er die Nutzung des errichteten Bauwerks betrifft (zB Betreiberleistungen). Wie auch in anderen Fällen kommt es auf die **zeitlichen Zusammenhänge nicht** an.[265] So steht ein Dienstleistungsauftrag nicht allein deshalb „in Verbindung" mit einem der in § 99 Nr. 4 GWB genannten Bauaufträge, weil er mit diesem in einem zeitlichen Zusammenhang vergeben wurde; hinzukommen muss vielmehr der dargestellte funktionale Zusammenhang. Umgekehrt löst eine zeitliche Differenz der Vergaben einen bestehenden funktionalen Zusammenhang zwischen Bau- und Dienstleistungsauftrag jedenfalls dann nicht auf, wenn der funktionale Zusammenhang von der Person oder Einrichtung bereits bei Vergabe des Bauauftrags zugrunde gelegt wurde.

129a Nicht unter § 99 Nr. 4 fallen hingegen **Lieferleistungen,** die in einem Kontext mit der Errichtung eines Krankenhauses stehen. Warenlieferungen werden von § 99 Nr. 4 nur dann erfasst, wenn sie mit der eigentlichen Baumaßnahme in einem so engen funktionalen Zusammenhang stehen, dass der gesamte Auftrag als Bauauftrag iSv § 103 Abs. 3 GWB einzustufen ist (→ GWB § 103 Rn. 76 ff.).[266]

3. Mehr als 50 %ige Subventionierung des Vorhabens

130 **a) Vorliegen einer Subvention.** Der spezifische Zusammenhang, der es rechtfertigt, auch die Auftragsvergabe durch natürliche und privatrechtlich verfasste juristische Personen dem Vergaberecht zu unterstellen, besteht in der mehr als hälftigen **Subventionierung der betreffenden Vorhaben** durch öffentliche Auftraggeber. Ein Grund zur Einbeziehung der sog. Drittvergaben in das Vergaberecht besteht nur dann, wenn das zwischengeschaltete Unternehmen **in funktionaler Betrachtung öffentliche Mittel lediglich weiterreicht,** ohne dass diesen Mitteln eine eigene

---

[264] AM VK Bund 9.11.2018 – VK 1–101/18, BeckRS 2018, 37328 Rn. 47.
[265] Vgl. dazu EuGH 10.11.2005 – C-29/04, NZBau 2005, 704 Rn. 41 – Gemeinde Mödling.
[266] OLG München 19.3.2019 – Verg 3/19, NZBau 2019, 670 Rn. 65 f.

Leistung gegenübersteht. Anderes gilt insbes. für den sog. **Generalübernehmer,** der selbst Bieter ist und das volle unternehmerische Risiko für sein Angebot trägt. Vor diesem Hintergrund kann der Begriff der Subventionierung in § 99 Nr. 4 GWB nur so verstanden werden, dass darunter die **Gewährung eines Vorteils ohne marktgerechte Gegenleistung** der die Mittel erhaltenden Person oder Einrichtung zu verstehen ist.

Zur Frage, wann die Gewährung eines Vorteils ohne marktgerechte Gegenleistung **131** vorliegt, kann auf die zum **Begriff der Beihilfe nach Art. 107 Abs. 1 AEUV** entwickelten Grundsätze zurückgegriffen werden.[267] Zwar fordert Art. 13 S. 1 VRL, dass der Auftrag direkt subventioniert wird, wohingegen nach der stRspr des EuGH eine wirtschaftliche Vergünstigung iSd Beihilfenbegriffs nicht nur Subventionen als positive Leistungen, sondern weitergehend auch alle Maßnahmen erfasst, die in verschiedener Form die von einem Unternehmen regelm. zu tragenden Belastungen vermindern.[268] Jedoch hat der Gerichtshof klargestellt, dass unter direkten Subventionen iSv Art. 13 S. 1 VRL alle Begünstigungen zu verstehen sind, auch wenn es sich nicht um positive Leistungen handelt. Dementsprechend sind auch Reduzierungen der Belastungen der betreffenden natürlichen oder juristischen Person vom Begriff der direkten Subvention umschlossen.[269] Voraussetzung ist allerdings, dass es sich nicht lediglich um eine Verringerung der allg. Lasten des Begünstigten handelt, sondern die Belastungsreduzierung gerade mit Rücksicht auf das § 99 Nr. 4 GWB unterfallende Vorhaben gewährt wird und insofern in einem direkten Zusammenhang mit diesem steht.[270]

Eine den Anwendungsbereich des § 99 Nr. 4 GWB eröffnende Subventionierung **132** liegt – bei Erfüllung der übrigen Voraussetzungen – in jedem Falle bei der Gewährung von **verlorenen Zuschüssen** vor. Gleiches muss für die Gewährung eines **zinsverbilligten Darlehens** gelten, das der Begünstigte in dieser Form nicht am Markt erhalten hätte.[271] In beiden Fällen kommt es zu einem direkten Mittelzufluss an die begünstigte Person oder Einrichtung. Gleichfalls eine von § 99 Nr. 4 GWB erfasste Subvention liegt bei der Gewährung indirekter Vorteile wie der **Übernahme von marktunüblichen Bürgschaften,** Rückzahlungsstundungen, **Steuerbefreiungen** uä vor, sofern sie in dem erforderlichen direkten Zusammenhang mit dem Vorhaben (→ Rn. 126) stehen.[272]

---

[267] Peterle, Der funktionelle Auftraggeberbegriff des § 99 GWB, 2020, 213 ff. IE Ziekow ÖffWirtschaftsR § 6 Rn. 23 ff. mwN.

[268] EuGH 8.11.2001 – C-143/99, Slg. 2001, I-8365 Rn. 38 = NVwZ 2002, 842 – Adria-Wien; 22.11.2001 – C-53/00, Slg. 2001, I-9067 Rn. 15 = NVwZ 2002, 193 – Ferring; 13.6.2002 – C-382/99, Slg. 2002, I-5163 Rn. 60 = EuZW 2002, 692; 12.12.2002 – C-5/01, Slg. 2002, I-11991 Rn. 32 = BeckRS 2004, 77493; 8.5.2003 – C-328/99, C-399/00, Slg. 2003, I-4035 Rn. 35 = NVwZ 2003, 839 – SIM 2 Multimedia; 20.11.2003 – C-126/01, Slg. 2003, I-13769 Rn. 28 = BeckRS 2004, 74265 – GEMO; 3.3.2005 – C-172/03, Slg. 2005, I-1627 Rn. 36 = BeckRS 2005, 70158 – Heiser; 15.12.2005 – C-66/02, Slg. 2005, I-10901 Rn. 77 = BeckRS 2005, 70994; 10.1.2006 – C-222/04, EuZW 2006, 306 Rn. 131 – Cassa di Risparmio di Firenze; 15.6.2006 – C-393/04, C 41/05, Slg. 2006, I-5293 Rn. 29 = LSK 2006, 340535 – Air Liquide; 22.6.2006 – C-182/03, C-217/03, Slg. 2006, I-5479 Rn. 86 = BeckRS 9998, 93037 – Forum 187; 8.9.2011 – C-78–80/08, EuZW 2011, 878 Rn. 45 – Paint Graphos; 19.3.2013 – C-399/10 P, EuZW 2013, 393 Rn. 101 – Bouygues; 4.6.2015 – C-5/14, NVwZ 2015, 1122 Rn. 71 – KKW Lippe Ems; 16.7.2015 – C-39/14, NVwZ 2015, 1747 Rn. 26 – BVVG.

[269] EuGH 26.9.2013 – C-115/12, BeckRS 2013, 81863 = VergabeR 2014, 140 Rn. 46 ff.; aM OLG Celle 8.8.2013 – 13 Verg 7/13, BeckRS 2013, 14462 = VergabeR 2014, 24 (26).

[270] EuGH 26.9.2013 – C-115/12, BeckRS 2013, 81863 = VergabeR 2014, 140 Rn. 53 f.

[271] VK Baden-Württemberg 10.8.2016 – 1 VK 29/16, IBRRS 2016, 3060.

[272] EuGH 26.9.2013 – C-115/12, BeckRS 2013, 81863 = VergabeR 2014, 140 Rn. 46 ff.; RKPP/Eschenbruch GWB § 99 Rn. 258, 261.

133 **b) Überschreiten der Hälfte der Vorhabenskosten.** Die Subvention im dargestellten Sinne muss für eines der in § 99 Nr. 4 GWB benannten Vorhaben (Bauauftrag, Dienstleistungsauftrag, Wettbewerb) gewährt werden und das Vorhaben zu mehr als 50 % finanzieren. Dies bedeutet zunächst, dass **institutionell gewährte Subventionen**, die einer Person oder Einrichtung unabhängig von einem bestimmten Vorhaben zufließen, außer Betracht bleiben. IRd § 99 Nr. 4 GWB **relevant sind nur vorhabensbezogene Subventionen**.[273]

134 Diese vorhabensbezogene Subvention muss die **Hälfte der Gesamtkosten des konkreten Vorhabens** übersteigen. Da es nur auf die Kosten dieses Vorhabens ankommt, ist es unerheblich, ob das Vorhaben Teil eines umfassenderen Gesamtkomplexes ist. Sofern das § 99 Nr. 4 GWB unterfallende Vorhaben abgrenzbar ist, ist nicht auf die Kosten des Gesamtkomplexes abzustellen, sondern nur auf das betreffende Einzelprojekt.[274] Anderes gilt aber, wenn das Vorhaben mit anderen Vorhaben des Gesamtkomplexes untrennbar verbunden ist; in diesem Fall ist zur Ermittlung der Gesamtkosten auf die Kosten aller in einem untrennbaren Zusammenhang stehenden Einzelvorhaben abzustellen.[275]

135 Wie die Gesamtkosten iÜ finanziert werden, ist unerheblich. Daher kommt es auf die durch das zur Beurteilung stehende Projekt entstehenden Kosten und nicht auf die zuwendungsrechtlich als förderfähig angesehenen Kosten an.[276] Werden zB 51 % der vorhabensbezogenen Kosten (der Auftragssumme) von einem Privaten finanziert, so kommt es nicht mehr darauf an, ob die übrigen 49 % von der öffentlichen Hand überwiegend durch eine Subvention oder gegen eine marktgerechte Gegenleistung erbracht werden. Denn in diesem Fall ist eine mehr als hälftige Finanzierung durch eine Subvention nicht möglich. Besteht die Subvention in der Gewährung eines zinsverbilligten Darlehens, so ist zu beachten, dass eine Subvention nicht in Höhe der Darlehenssumme, sondern nur in Höhe der **Differenz zwischen der niedrigeren Verzinsung und dem Marktzins** gewährt wird. Der Betrag dieser Differenz muss dann mehr als 50 % der Gesamtkosten ausmachen, soll der Anwendungsbereich des § 99 Nr. 4 GWB eröffnet sein.

136 **c) Mittelgewährung durch öffentliche Auftraggeber.** Die Mittel, mit denen das Vorhaben zu mehr als der Hälfte subventioniert wird, müssen von öffentlichen Auftraggebern iSd § 99 Nr. 1–3 GWB stammen. Gewähren **verschiedene öffentliche Auftraggeber** der Person oder Einrichtung für eines der in § 99 Nr. 4 GWB genannten Vorhaben eine Subvention, so sind die Teilbeträge zur Beantwortung der Frage, ob das Vorhaben zu mehr als 50 % subventioniert wird, zu addieren. Unberücksichtigt bleiben insoweit Mittel, die die Person oder Einrichtung von anderer Seite, bspw. von Privaten, erhält. Dabei ist es unerheblich, ob der Dritte die Mittel aus eigener oder auf Veranlassung eines öffentlichen Auftraggebers iSv § 99 Nr. 1–3 GWB anweist.

VI. Einzelfälle

1. Bahn

137 Zur Qualifizierung der Deutschen Bahn AG und ihrer Tochterunternehmen als öffentliche Auftraggeberin hat die 1. VK Bund ausgeführt, dass die Unternehmen

---

[273] KG 19.3.2021 – Verg 1008/20, BeckRS 2021, 54758 Rn. 8.
[274] OLG Celle 29.11.2016 – 13 Verg 8/16, BeckRS 2016, 111558 = NZBau 2017, 239; OLG München 10.11.2010 – Verg 19/10, NZBau 2011, 253 (254 f.); VK Bund 16.11.2018 – VK 1–99/18, NZBau 2019, 271 (272).
[275] OLG Celle 29.11.2016 – 13 Verg 8/16, BeckRS 2016, 111558 = NZBau 2017, 239.
[276] OLG Celle 29.11.2016 – 13 Verg 8/16, BeckRS 2016, 111558 = NZBau 2017, 239.

mit Ausnahme der DB Netz AG bei der Erbringung von Verkehrsleistungen Sektorenauftraggeber iSv § 100 GWB seien. Mangels Wettbewerbs beim Bau und der Erhaltung der Schienenwege und Finanzierung der wahrgenommenen Gemeinwohlaufgaben durch den Bund ist die **DB Netz AG** Auftraggeber nach § 99 Nr. 2 GWB.[277]

2. Bildungseinrichtungen

Einrichtungen des öffentlichen Bildungswesens sind öffentliche Auftraggeber nach § 99 Nr. 2 GWB, sofern sie im vergaberechtlichen Sinne verselbständigt sind (→ Rn. 38). Dies gilt insbes. für **Universitäten** und Fachhochschulen. Die in kommunaler Trägerschaft geführten **Schulen** sind nicht selbst öffentlicher Auftraggeber, sondern die hinter ihnen stehende Kommune (§ 99 Nr. 1 GWB). Staatlich genehmigte Schulen in privater Trägerschaft nehmen im Allgemeininteresse liegende Aufgaben nichtgewerblicher Art wahr, so dass sie – in Abhängigkeit von den von Bundesland zu Bundesland variierenden Finanzierungsmodalitäten – bei einem mehr als 50 %igen staatlichen Finanzierungsanteil öffentliche Auftraggeber nach § 99 Nr. 2 GWB sind.[278]

138

3. Berufsgenossenschaften

Berufsgenossenschaften sind öffentliche Auftraggeber nach § 99 Nr. 2 GWB.[279]

139

4. Entsorgungsunternehmen

(s. Ver- und Entsorgungsunternehmen)

140

5. Flughafenbetreibergesellschaften

Flughäfen agieren mittlerweile in einem **intensiv wettbewerblich geprägten Umfeld,** weshalb es an der Nichtgewerblichkeit der Aufgabe fehlt und sie nicht unter § 99 Nr. 2 GWB fallen. Hingegen handelt es sich bei dem Betrieb von Flughäfen um eine Sektorentätigkeit nach § 102 Abs. 5 GWB.[280]

141

6. Gesellschaften, gemischtwirtschaftliche

In den Formen des Privatrechts verfasste Gesellschaften, deren Anteile sowohl bei Verwaltungsträgern als auch bei Privaten liegen, können bei Vorliegen der jew. tatbestandlichen Voraussetzungen nach jeder der Fallgruppen des § 99 GWB – mit Ausnahme der Nr. 1 – öffentliche Auftraggeber sein.

142

7. Großmärkte

Die von einer regional tätigen Großmarkt GmbH zu erfüllenden Aufgaben sind als nichtgewerbliche einzuordnen, wenn es mangels Mitbewerbern im für das jew.

143

---

[277] VK Bund 11.3.2004 – VK 1–151/03, IBR 2004, 528; zur Auftraggebereigenschaft der DB Netz AG nach § 98 Nr. 2 GWB bereits VK Bund 21.1.2004 – VK 2 – 126/03, BeckRS 2010, 29918 = VergabeR 2004, 365 (367); aM Günther ZfBR 2008, 454, Auftraggeber nach § 98 Nr. 4 GWB; zur vergaberechtlichen Einordnung der „DB Schenker Rail Deutschland" vgl. Prieß/Marx/Hölzl VergabeR 2012, 425 ff.

[278] Trautner/Schäffer VergabeR 2010, 172 ff.

[279] VK Südbayern 7.3.2014 – Z3-3-3194-02-01/14, NZBau 2014, 462.

[280] Vgl. für Flughäfen: Berlin (Schönefeld) OLG Brandenburg 3.8.1999 – 6 Verg 1/99, NZBau 2000, 39 (41); Stuttgart VK Baden-Württemberg 21.12.2000 – 1 VK 32/00, NZBau 2001, 406.

Marktsegment relevanten Einzugsbereich an einem wettbewerblich geprägten Umfeld fehlt.[281] Bei Vorliegen der erforderlichen Staatsnähe ist die Gesellschaft öffentlicher Auftraggeber nach § 99 Nr. 2 GWB.

8. Kammern

144 Die **berufsständischen Kammern** (zB Ärzte-, Apotheker-, Architekten-, Rechtsanwalts-, Notarkammern) und die sog. **Wirtschaftskammern** (zB Industrie- und Handelskammern, Handwerkskammern) erfüllen im Allgemeininteresse liegende Aufgaben nichtgewerblicher Art.[282]

145 Der Umstand, dass es sich bei den Kammern um sog. **Zwangskörperschaften** handelt, die zum größten Teil aus den Beiträgen der Pflichtmitglieder finanziert werden, steht dem Vorliegen einer überwiegenden staatlichen Finanzierung iSv § 99 Nr. 2 GWB nicht entgegen.[283] Voraussetzung für eine Erfüllung der Voraussetzungen des § 99 Nr. 2 GWB ist allerdings, dass Grund und Höhe des Mitgliedsbeitrags staatlicherseits, zB durch Gesetz, vorgegeben sind und der betreffenden Kammer kein diesbzgl. Spielraum verbleibt. Aus diesem Grunde sind Ärztekammern keine öffentlichen Auftraggeber iSv § 99 Nr. 2 GWB, weil die Beeinflussung der Höhe der Mitgliedsbeiträge maßgebend bei den Kammern selbst liegt.[284] Entsprechendes gilt für die Handwerkskammern.[285] Voraussetzung für die Erfüllung der Voraussetzungen der staatlichen Finanzierung ist, dass die Erhebung der Beiträge der Verwaltungsvollstreckung zugänglich gemacht werden kann, wie dies bei den Industrie- und Handelskammern (vgl. § 3 Abs. 8 IHK-G) und überwiegend bei den nach Landesrecht verfassten Kammern der Heilberufe (vgl. nur § 16 Abs. 2 HeilBG RhPf.) und auch der Architekten (vgl. nur § 14 Abs. 5 HASG) der Fall ist. Da die Existenz der Kammern allein auf staatlichen Gesetzgebungsakten beruht, kommt es in diesen Fällen nicht etwa darauf an, ob der Staat auf konkrete Beschaffungsentscheidungen der Kammern Einfluss nehmen kann.[286] Diese Kammern sind öffentliche Auftraggeber nach § 99 Nr. 2 GWB.[287]

146 Relevant ist die Frage der konkreten Einflussnahmemöglichkeiten hingegen bei den Kammern, bei denen keine überwiegende staatliche Finanzierung iSd genannten Kriteriums vorliegt. Dies gilt bspw. für die **Rechtsanwalts- und Notarkammern**, bei denen zur Durchsetzung der Beitragszahlung die Verwaltungsvollstreckung nicht zur Verfügung steht (vgl. § 84 BRAO, § 73 Abs. 2 BNotO). Diese Kammern können nur dann als öffentliche Auftraggeber eingeordnet werden, wenn ihre Leitung gem. § 99 Nr. 2 GWB unter der Aufsicht von Auftraggebern nach § 99 Nr. 1 oder 3 GWB steht. Insoweit ist zu beachten, dass sich die staatliche Aufsicht über die Rechtsanwalts- und Notarkammern darauf beschränkt, dass Gesetz und Satzung beachtet und insbes. die der Kammer übertragenen Aufgaben erfüllt werden (§ 62 Abs. 2 S. 2 BRAO, § 66 Abs. 2 S. 2 BNotO). Zwar steht die Konstruktion als Rechtsaufsicht der Annahme den Anforderungen des § 99 Nr. 2 GWB genügender staatlicher Leitungsbefugnisse nicht entgegen (→ Rn. 105). Doch handelt es sich

---

[281] VK Bremen 23.8.2001 – VK 3/01, NZBau 2002, 406 (407).
[282] Für Handwerkskammern VK Bund 16.11.2018 – VK 1–99/18, NZBau 2019, 271.
[283] EuGH 12.9.2013 – C-526/11, BeckRS 2013, 81710 = VergabeR 2014, 20 Rn. 23 ff. – IVD.
[284] EuGH 12.9.2013 – C-526/11, BeckRS 2013, 81710 = VergabeR 2014, 20 Rn. 30 – IVD.
[285] VK Bund 16.11.2018 – VK 1–99/18, NZBau 2019, 271.
[286] Für die öffentlich-rechtlichen Rundfunkanstalten EuGH 13.12.2007 – C-337/06, NZBau 2008, 130 Rn. 55 – Bayerischer Rundfunk.
[287] AM für die IHKs Hausmann/Queisner VergabeR 2014, 1 (7 ff.); Pielow/Booz GewArch 2015, 12 (13 ff.).

um eine bloß nachprüfende Kontrolle, die es der öffentlichen Hand nicht ermöglicht, die Entscheidungen der Stelle im Bereich der Vergabe öffentlicher Aufträge zu beeinflussen (→ Rn. 103). Eine Auftraggebereigenschaft nach § 99 Nr. 2 GWB liegt daher nicht vor.[288]

9. Kirchen

(s. Religionsgemeinschaften) 147

10. Konzernverbundene Unternehmen

Probleme bereitet häufig die Beantwortung der Frage, welche Auswirkungen es 148 für die übrigen Unternehmen hat, wenn mehrere Unternehmen im **Verhältnis von Mutter- und Tochter- bzw. Schwesterunternehmen stehen,** jedoch nur eins dieser Unternehmen öffentlicher Auftraggeber nach § 99 Nr. 2 GWB ist.

a) **„Infizierung" des Tochter- durch das Mutterunternehmen.** Hier ist 149 zunächst davon auszugehen, dass eine „Infizierung" des Tochter- durch die Auftraggebereigenschaft des Mutterunternehmens nicht erfolgt.[289] Dies gilt auch dann, wenn das Tochterunternehmen nur ausgegliedert worden ist, um **in einem gewerblichen Tätigkeitsbereich handeln** zu können, ohne ausschreibungspflichtig zu sein (→ Rn. 59 ff.). Keineswegs ist ein Tochterunternehmen eines öffentlichen Auftraggebers schon wegen seiner Eigenschaft als Tochterunternehmen ebenfalls öffentlicher Auftraggeber. Die von der Gegenauffassung als unzulässige „gesellschaftsrechtliche Kunstgriffe", die nur dazu dienten, einen öffentlichen Auftraggeber „dem Vergaberegime (zu) entziehen",[290] bezeichnete Ausgründung einer Tochtergesellschaft mit Übertragung der gewerblichen Aufgaben auf diese ist vom EuGH ausdr. als zulässig angesehen worden.[291]

Das Tochterunternehmen wird auch nicht dadurch zum öffentlichen Auftragge- 150 ber, dass das Mutterunternehmen ihm **im Einzelfall die Durchführung eines Vorhabens überträgt,** das als öffentlicher Auftrag zu qualifizieren ist. Denn das Tochterunternehmen ist gerade zur Wahrnehmung von Aufgaben gewerblicher Art gegründet worden, nicht – wie es Voraussetzung für das Vorliegen eines Auftraggeber iSv § 99 Nr. 2 GWB ist – zu dem besonderen Zweck der Erfüllung von Aufgaben nichtgewerblicher Art. An dieser Zweckbindung ändert sich nichts, wenn ihm im Einzelfall die Rechte und Pflichten eines öffentlichen Auftraggebers übertragen werden, sofern der übertragene öffentliche Auftrag nicht zur Erfüllung von im Allgemeininteresse liegenden Aufgaben nichtgewerblicher Art dient. Im letzteren Fall führt die faktische Wahrnehmung solcher Aufgaben dazu, dass das Tochterunternehmen selbst öffentlicher Auftraggeber wird (→ Rn. 80 f.).

Rein **im internen Verhältnis von der Tochter- an die Muttergesellschaft** 151 **erbrachte Leistungen** stellen sich auch dann nicht als Wahrnehmung von im Allgemeininteresse liegenden Aufgaben dar, wenn diese Leistungen der Tochtergesellschaft zur Wahrnehmung von im Allgemeininteresse liegenden Aufgaben durch

---

[288] Im für die Rechtsanwaltskammern auch, wenngleich schon eine mittelbare staatliche Finanzierung verneinend, Hausmann/Queisner VergabeR 2014, 1 (6 f.).
[289] Zur fehlenden „Infizierung" von Tochtergesellschaften durch die Auftraggebereigenschaft des Mutterunternehmens Immenga/Mestmäcker/Dreher GWB § 99 Rn. 150; RKPP/Eschenbruch GWB § 99 Rn. 63.
[290] Byok/Jaeger/Werner GWB § 98 Rn. 127.
[291] EuGH 15.1.1998 – C 44/96, Slg. 1998, I-73 Rn. 38 ff. = NZG 1998, 257 – Mannesmann; iErg ebenso Hailbronner DÖV 2003, 534 (536); Jasper, Privatisierung und EG-Vergaberecht, 2001, S. 93 f.; Ohler, Zum Begriff des Öffentlichen Auftraggebers im Europäischen Vergaberecht, 2001, S. 206 f.

die Muttergesellschaft beitragen. Insoweit kann es nicht ausreichen, dass die Leistungen der Tochtergesellschaft bloße Zulieferungen benötigter Elemente für die Erfüllung von im Allgemeininteresse liegenden Aufgaben durch die Muttergesellschaft darstellen. Fokussiert das Kriterium der Wahrnehmung im Allgemeininteresse liegender Aufgaben die Rechtfertigung dafür, eine vom Staat verschiedene Stelle als Einrichtung des öffentlichen Rechts den öffentlichen Auftraggebern zuzuordnen, so würde diese Bedeutung des Kriteriums verfehlt, wenn nahezu jeder Beschaffungsvorgang des Staates dazu führen würde, dass das beauftragte privatwirtschaftliche Unternehmen allein schon deshalb im Allgemeininteresse liegende Aufgaben wahrnehmen würde, weil seine Lieferung oder Leistung für die Aufgabenwahrnehmung durch die beschaffende staatliche Stelle benötigt wird. Erforderlich ist vielmehr, dass die Tochtergesellschaft selbst zumindest Ausschnitte aus dem Portfolio von im Allgemeininteresse liegenden Aufgaben der Muttergesellschaft zur eigenen Wahrnehmung übertragen bekommt.

152 b) „Infizierung" des Mutter- durch das Tochterunternehmen. Schwierigkeiten in der Zuordnung der Auftraggebereigenschaft treten in erster Linie bei der Frage auf, ob die Muttergesellschaft durch die Auftraggebereigenschaft einer Tochtergesellschaft infiziert wird. Das OLG Düsseldorf hat in einem Beschl. v. 9.4.2003 eine „Infizierung" der Muttergesellschaft, die 74,9 % der Gesellschaftsanteile der Tochtergesellschaft hielt und ein Vorkaufsrecht hinsichtl. der restlichen Geschäftsanteile besaß, angenommen.[292] Zur Begründung hat das Gericht lediglich darauf verwiesen, die Tätigkeit der Tochter- sei der Muttergesellschaft „zuzurechnen", da diese „über die ... (Tochter) im Allgemeininteresse liegende Aufgaben nicht gewerblicher Art"[293] erfülle. Für eine „Infizierung" eines Mutter- mit der Auftraggebereigenschaft eines Tochterunternehmens ließe sich möglicherweise anführen, dass es sonst einem öffentlichen Auftraggeber möglich wäre, sich dadurch der Geltung des Vergaberechts zu entziehen, dass er **Tochtergesellschaften als leeren Mantel** ausgründet, die formell im Allgemeininteresse liegende Aufgaben nichtgewerblicher Art wahrnehmen, während die tatsächliche Aufgabenerfüllung materiell im Wege der Geschäftsbesorgung durch den bisherigen öffentlichen Auftraggeber und mit dessen Personal- und Sachmitteln erfolgt.

153 Doch selbst in einer solchen Konstellation ist nicht ersichtlich, wie hierdurch das Gebot praktischer Wirksamkeit des Vergaberechts unterlaufen werden könnte. Die Aufgabenübertragung von der Mutter- auf die Tochtergesellschaft führt dazu, dass diese **Aufgaben nunmehr der Tochtergesellschaft** zugerechnet werden. Die Geltung des Vergaberechts ist insoweit unausweichlich: Statt der Mutter- ist nach der Aufgabenübertragung die Tochtergesellschaft öffentlicher Auftraggeber. Eine Flucht aus dem Vergaberecht wird dadurch unmöglich gemacht, dass die besondere Nähe zur Muttergesellschaft gem. § 99 Nr. 2 Hs. 2 GWB ebenso behandelt wird wie die besondere Nähe zum Staat oder einer anderen Gebietskörperschaft. Das Gebot der Wirksamkeit der vergaberechtlichen Bindungen fordert nicht, zusätzlich zur Tochtergesellschaft auch weiterhin die Muttergesellschaft als öffentlichen Auftraggeber anzusehen.

154 Ganz im Gegenteil wird eine solche Doppelung der Auftraggebereigenschaft durch den **Grundsatz der Rechtssicherheit** gerade ausgeschlossen. Im Außenverhältnis ist allein die Tochtergesellschaft zur Erfüllung von im Allgemeininteresse liegenden Aufgaben nichtgewerblicher Art zuständig. Ob potentiellen Bietern der Einsatz von Personal- und Sachmitteln der Muttergesellschaft erkennbar wird, hängt von den Gegebenheiten und Zufälligkeiten des Einzelfalls ab. Auf dieser Grundlage kann jedoch die Verteilung von vergaberechtlicher Verantwortung nicht erfolgen.

---

[292] OLG Düsseldorf 9.4.2003 – Verg 66/02, BeckRS 2003, 17910.
[293] OLG Düsseldorf 9.4.2003 – Verg 66/02, BeckRS 2003, 17910.

Aus diesem Grund hat der EuGH zu Recht darauf beharrt, dass Mutter- und Tochterunternehmen hinsichtl. ihrer Eigenschaft als öffentlicher Auftraggeber **getrennt voneinander zu bewerten** sind (→ Rn. 149). Eine externe Aufspaltung einer bisher einheitlich als öffentlicher Auftraggeber zu behandelnden juristischen Person durch Ausgründung von Tochterunternehmen führt nicht zu einer Potenzierung der Zahl der öffentlichen Auftraggeber durch „Infizierung" der Muttergesellschaft, die sich von der im Allgemeininteresse liegenden Aufgabe nichtgewerblicher Art gerade getrennt hat. Auf die Dichte der Abhängigkeit zwischen Mutter- und Tochterunternehmen kommt es dabei nicht an.

Sämtliche zu einer Unternehmensgruppe oder einem Konzern gehörenden Unternehmen sind **getrennt voneinander zu betrachten**. Eine „Infizierung" innerhalb der Gruppe oder des Konzerns erfolgt nicht: Weder führt die ausschl. gewerbliche Tätigkeit eines zu dem Konzern oder der Gruppe gehörenden Unternehmens dazu, dass andere Unternehmen derselben Gruppe oder desselben Konzerns ihre eventuelle Eigenschaft als öffentlicher Auftraggeber verlieren, noch macht die Qualifizierung eines Unternehmens als Einrichtung des öffentlichen Rechts alle anderen Unternehmen des Konzerns ebenfalls zu öffentlichen Auftraggebern.[294]

Eine **„Infizierung" der Holdingmutter** durch eine Geschäftsbesorgung für eine Tochtergesellschaft, die als öffentlicher Auftraggeber zu qualifizieren ist, findet mithin nicht statt. Eine Bewertung der Holdingmutter hinsichtl. ihrer Auftraggebereigenschaft kann nur anhand ihres eigenen Aufgabenbestandes erfolgen.

c) Vermittlung der erforderlichen Staatsnähe des Tochterunternehmens durch das Mutterunternehmen. In Holdingstrukturen besteht hinsichtl. der Feststellung der besonderen Staatsnähe häufig das Problem, dass zwar die **Holdingmutter ein besonderes Näheverhältnis zum Staat** oder einer anderen Gebietskörperschaft aufweist, **nicht jedoch die Tochtergesellschaft**. Wenn dabei nur die Tochtergesellschaft im Allgemeininteresse liegende Aufgaben nichtgewerblicher Art erfüllt, nicht aber die Holdingmutter, so würde dies wegen der nicht erfolgenden „Infizierung" zwischen rechtlich selbständigen Unternehmen dazu führen, dass weder die Holdingmutter – mangels Erfüllung von im Allgemeininteresse liegender Aufgaben nichtgewerblicher Art – noch die Tochtergesellschaft – mangels der erforderlichen besonderen Staatsnähe – öffentlicher Auftraggeber iSv § 99 Nr. 2 GWB wäre:

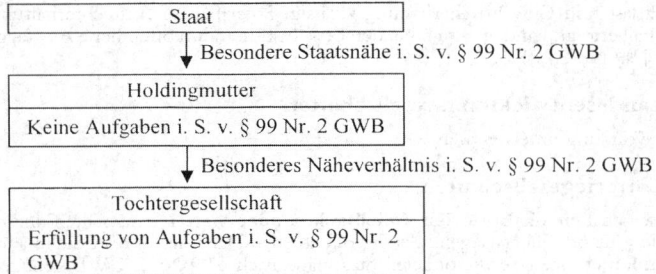

Da die Holdingmutter nicht selbst unter § 99 Nr. 2 Hs. 1 GWB fällt, würde auch § 99 Nr. 2 Hs. 2 GWB nicht zur Auftraggebereigenschaft der Tochtergesellschaft führen. Dies würde es einem öffentlichen Auftraggeber ermöglichen, sich durch Ausgründung von Tochtergesellschaften, Übertragung der Erfüllung von im Allge-

---

[294] EuGH 10.11.1998 – C-360/96, Slg. 1998, I-6821 Rn. 56 f. = BeckRS 2004, 76737 – BFI; VK Thüringen 7.2.2019 – 250–4003-262/2019-E-001-EIC, VPRRS 2019, 0186.

meininteresse liegenden Aufgaben nichtgewerblicher Art auf diese Gesellschaften und **Zwischenschaltung einer Holdinggesellschaft,** die die Beteiligungen an den Tochtergesellschaften hält und sich auf die Wahrnehmung zentraler Holdingaufgaben für die Tochtergesellschaften beschränkt, insgesamt **der Anwendung des Vergaberechts** zu entziehen. Die praktische Wirksamkeit der unionsrechtlich vorgegebenen Grundsätze des Vergaberechts könnte auf diese Weise vereitelt werden.

159 In unionsrechtskonformer Auslegung des § 99 Nr. 2 GWB wird man in solchen gesellschaftsrechtlichen Strukturen die **Holdinggesellschaft als Vermittlerin der besonderen Staatsnähe der Tochtergesellschaften** ansehen müssen. Für die vergaberechtliche Beurteilung kann es keine Rolle spielen, ob der Staat seine in § 99 Nr. 2 GWB genannten Steuerungsmöglichkeiten unmittelbar ggü. der die im Allgemeininteresse liegenden Aufgaben erfüllenden juristischen Person zur Geltung bringen kann oder sich hierzu des Instruments einer weiteren juristischen Person bedient, der ggü. er diese Steuerungsmöglichkeiten besitzt.[295]

160 d) **„Infizierung" zwischen Schwesterunternehmen.** Unproblematisch ist schließlich die Konstellation einer etwaigen „Infizierung" durch die Auftraggebereigenschaft eines Schwesterunternehmens: Die **vergaberechtliche Unabhängigkeit der Bewertung von Unternehmen** derselben Gruppe oder desselben Konzerns hat der EuGH explizit festgestellt.[296]

11. Krankenkassen, gesetzliche

161–162 (s. Sozialversicherungsträger)
(derzeit nicht vergeben)

12. Kreditinstitute, öffentlich-rechtliche

163 Öffentlich-rechtlich verfasste **(Landes-)Banken und Sparkassen,** die überwiegend auf den gleichen Feldern wie Geschäftsbanken tätig sind, sind mit dem **Fortfall von Anstaltslast und Gewährträgerhaftung** seit dem 19.7.2005 idR nicht mehr als öffentliche Auftraggeber nach § 99 Nr. 2 GWB einzustufen, es sei denn, es ergäben sich im Einzelfall andere Anhaltspunkte für die Nichtgewerblichkeit der Aufgabe.[297]

164 Für bestimmte **Förderbanken,** deren Tätigkeit allein gemeinwohlorientiert erfolgt und daher nicht marktbeeinflussend wirkt, ist die Aufrechterhaltung von Anstaltslast und Gewährträgerhaftung zulässig. Sofern diese Aufrechterhaltung im Einzelfall erfolgt, handelt es sich bei den betr. Instituten um öffentliche Auftraggeber gem. § 99 Nr. 2 GWB.

13. Landesentwicklungsgesellschaften

165 (s. Wohnungsunternehmen)

14. Lotteriegesellschaften

166 Gesellschaften, die **Lotterien, Spielbanken oder Wetten** veranstalten und deren Anteile ganz oder überwiegend bei der öffentlichen Hand liegen oder die in anderer, den Anforderungen der besonderen Staatsnähe nach § 99 Nr. 2 GWB genügenden Weise von der öffentlichen Hand kontrolliert werden, werden in einem wettbewerblich geprägten Umfeld tätig und nehmen deshalb keine Aufgabe nichtgewerblicher

---

[295] So iErg auch VK Brandenburg 28.1.2003 – VK 71/02, IBRRS 2003, 1032.
[296] EuGH 10.11.1998 – C-360/96, Slg. 1998, I-6821 Rn. 56 f. = BeckRS 2004, 76737 – BFI; s. auch Ohler, Zum Begriff des Öffentlichen Auftraggebers im Europäischen Vergaberecht, 2001, S. 207.
[297] OLG Rostock 15.6.2005 – 17 Verg 3/05, BeckRS 2006, 2604 = VergabeR 2005, 629.

Art iSv § 99 Nr. 2 GWB wahr. Etwas anderes gilt aber, wenn die verschiedenen Lotterie- oder Wettveranstalter jew. auf ihren jew. regionalen Zuständigkeitsbereich beschränkt sind, so dass der betreffende Anbieter in seinem Bereich über eine Alleinstellung verfügt.[298]

15. Messegesellschaften

Die Tätigkeit von Unternehmen, deren Zweck auf die Durchführung und Unterstützung von Messen, Kongressen und ähnlichen Veranstaltungen ausgerichtet ist, ist von den Gerichten und anderen Nachprüfungsinstanzen durchweg als **Erfüllung von im Allgemeininteresse liegenden Aufgaben** angesehen worden.[299] Das Urt. des EuGH v. 10.5.2001 in der Sache Ente Fiera betraf eine Gesellschaft privaten Rechts, deren Zweck „die Durchführung und Unterstützung von Tätigkeiten aller Art, die darauf gerichtet sind, Messeveranstaltungen, Kongressaktivitäten oder sonstige Vorhaben auszurichten, mit denen zum Wohle des Handels die Präsentation der Herstellung von Waren und der Erbringung von Dienstleistungen und ggf. deren Absatz gefördert wird", war.[300] Das in dieser Weise beschriebene Aufgabenfeld wurde vom Gerichtshof als im Allgemeininteresse liegend bewertet, da die Messegesellschaft durch die Veranstaltungen zum einen Händlern und Herstellern einen „Ort zur Förderung des Absatzes ihrer Erzeugnisse und Waren zur Verfügung" stelle und zum anderen den die Veranstaltungen besuchenden Verbrauchern eine Optimierung ihrer Auswahlentscheidung ermögliche und hierdurch einen im Allgemeininteresse liegenden Impuls für den Handel setze.[301]

167

Die **Rspr. der deutschen Nachprüfungsinstanzen** hat die Erfüllung **im Allgemeininteresse liegender Aufgaben** durch Messegesellschaften in der Trägerschaft der öffentlichen Hand unter Hinweis auf die vorgenannte Entscheidung des EuGH durchweg bejaht:
- Der Beschl. des KG v. 27.7.2006 bezog sich auf eine Gesellschaft, deren Anteile weit überwiegend von einem Bundesland gehalten wurden und deren Unternehmensgegenstand in der Veranstaltung, Durchführung und Betreuung von Messen, Ausstellungen, Kongressen und Tagungen zur Stärkung des betreffenden Messeplatzes im In- und Ausland sowie der Teilnahme an Veranstaltungen dieser Art und allen mit derartigen Geschäften zusammenhängenden Aktivitäten bestand. Das nach der Rspr. des EuGH maßgebende Kriterium einer Verantwortungsübernahme des Staates für die Aufgabenerfüllung sah das Gericht als vorliegend an, weil „Messen, Kongresse und ähnliche Veranstaltungen insgesamt als Wirtschaftsfaktor Impulse für das Wirtschaftsleben ... (des Landes) setzen können, die über den unmittelbaren Leistungsaustausch bei den einzelnen Veranstaltungen weit hinaus gehen und dem Land gerade wegen dieses übergreifenden Effektes die Übernahme von Verantwortung nahe legen..., was sich im Übrigen auch in der Satzung der ... GmbH widerspiegelt. Dort ist ausdr. von dem Zweck der Stärkung des Messeplatzes Berlin im In- und Ausland die Rede. Deshalb muss die Landesregierung auch daran interessiert sein, auf die Geschäftstätigkeit der ... GmbH einen entscheidenden Einfluss zu behalten."[302]
- Der Beschl. des OLG Hamburg v. 25.1.2007 betraf die Bewertung die Tätigkeit einer 100 %igen Tochtergesellschaft einer Eigengesellschaft eines Auftraggebers iSv § 98 Nr. 1 GWB aF, welche auf die Planung und Durchführung von Kongressen und Konferenzen in Örtlichkeiten auf dem Gebiet der betr. Gebietskörper-

168

---

[298] VK Münster 24.6.2002 – VK 03/02, ZfBR 2002, 724 (728 f.).
[299] Zust. etwa Byok/Goodarzi NVwZ 2006, 281 (283).
[300] EuGH 10.5.2001 – C-223/99 u. C-260/99, NZBau 2001, 403 Rn. 4 – Ente Fiera.
[301] EuGH 10.5.2001 – C-223/99 u. C-260/99, NZBau 2001, 403 Rn. 34 – Ente Fiera.
[302] KG 27.7.2006 – 2 Verg 5/06, NZBau 2006, 725 (727 f.).

schaft gerichtet war. Der Gesellschaftsvertrag der Gesellschaft enthielt dabei einen Passus, der die Gesellschaft auf eine Berücksichtigung der öffentlichen Interessen nach Maßgabe der Landesregierung verpflichtete. Allerdings hat sich das Gericht mit diesen Spezifika des Einzelfalls nicht auseinandergesetzt, sondern die Auftraggebereigenschaft von Messegesellschaften unter Hinweis auf die Entscheidung des EuGH in der Sache Ente Fiera pauschal bejaht.[303]
- Der Beschl. der VK Düsseldorf v. 21.3.2013 hatte eine Gesellschaft zum Gegenstand, deren Anteile mehrheitlich von einer Stadt und einer 100 %igen Tochtergesellschaft dieser Stadt gehalten wurden, und deren Tätigkeit ua in der Veranstaltung von Messen bestand. Die VK ordnete diese Tätigkeit als Erfüllung im Allgemeininteresse liegender Aufgaben ein, diene doch die Ausrichtung von Messen der Wirtschaftsförderung.[304]
- Auch das OLG Düsseldorf hat in einem Beschl. v. 21.3.2018 die Durchführung von Messen als im Allgemeininteresse liegende Maßnahme der Wirtschaftsförderung bewertet.[305] Bei der betreffenden Messegesellschaft handelte es sich um eine 100 %ige Tochtergesellschaft einer Kommune. Gesellschaftsvertraglich war ihr Gründungszweck mit dem Betrieb und der Bewirtschaftung eines im Eigentum der Kommune stehenden Komplexes von Messeveranstaltungseinrichtungen festgelegt, wobei sie diese Verpflichtung über Tochtergesellschaften erfüllte. Darüber hinaus war es der Gesellschaft freigestellt, zur wirtschaftlichen Ausnutzung der Hallen und Einrichtungen andere Geschäfte neben der Durchführung von Veranstaltungen zu betreiben.
- In seinem Beschl. v. 18.4.2018 qualifizierte das OLG Düsseldorf die Aufgaben einer GmbH, deren Gesellschafter ausschl. Körperschaften des öffentlichen Rechts waren und die Messeveranstaltungen und Ausstellungen im Interesse des betreffenden Wirtschaftsstandorts ausrichtete, als im Allgemeininteresse liegend.[306]

169 Ob es sich dabei um eine **Aufgabe nichtgewerblicher Art** handelt, ist eine **Frage des Einzelfalls.** Das Urt. des **EuGH** v. 10.5.2001 kann insoweit nicht auf alle durch die öffentliche Hand finanzierten oder beherrschten Messegesellschaften übertragen werden, handelte es sich in dem vom Gerichtshof entschiedenen Fall um ein wettbewerblich geprägtes Umfeld der fraglichen Messedienstleistungen, wobei die Messegesellschaft zusätzlich ihre Geschäftsführung an Leistungs-, Effizienz- und Wirtschaftlichkeitskriterien ausrichtete und das Risiko ihrer wirtschaftlichen Tätigkeit trug.[307] In Anbetracht dieser Umstände waren die Voraussetzungen einer nichtgewerblichen Aufgabe iSv § 99 Nr. 2 GWB nicht erfüllt.

170 Die sich mit der Auftraggebereigenschaft von Messegesellschaften befassenden **Entscheidungen** gehen übereinstimmend davon aus, dass von den vorstehend genannten Kriterien die überwiegende Anzahl für eine Gewerblichkeit der Aufgabe spricht. So stellt die Ausrichtung von Messen, Ausstellungen und ähnlichen Veranstaltungen eine wirtschaftliche Tätigkeit dar, bei der die Veranstaltungen auf dem Markt im Wettbewerb stehen.[308] Darüber hinaus erbringen die Veranstalter ihre

---

[303] OLG Hamburg 25.1.2007 – 1 Verg 5/06, BeckRS 2007, 7075 = VergabeR 2007, 358 (359).
[304] VK Düsseldorf 21.3.2013 – VK-33/2012-L, NZBau 2013, 534 (535).
[305] OLG Düsseldorf 21.3.2018 – VII-Verg 50/16, NZBau 2018, 370 (371).
[306] OLG Düsseldorf 18.4.2018 – Verg 28/17, ZfBR 2018, 713 (714).
[307] EuGH 10.5.2001 – C-223/99C-260/99, Slg. 2001, I-3605 Rn. 39 ff. = NZBau 2001, 403 – Agora.
[308] EuGH 10.5.2001 – C-223/99 u. C-260/99, NZBau 2001, 403 Rn. 39, 42 – Ente Fiera; KG 27.7.2006 – 2 Verg 5/06, NZBau 2006, 725 (727); OLG Hamburg 19.12.2003 – 1 Verg 6/03, NZBau 2004, 519; 25.1.2007 – 1 Verg 5/06, BeckRS 2007, 7075 = VergabeR 2007, 358 (360); OLG Düsseldorf 21.3.2018 – VII-Verg 50/16, NZBau 2018, 370 (372); VK Düsseldorf 21.3.2013 – VK-33/2012-L, NZBau 2013, 534 (535); dies reicht jedoch zur Bejahung der Nichtgewerblichkeit der Aufgaben nicht aus, aM Lienemeyer EWS 2000, 448 (450 f.).

Leistungen regelm. gegen Entgelt und erfüllen wirtschaftliche Bedürfnisse.[309] Da diese Gesichtspunkte – vorbehaltlich anders gelagerter atypischer Konstellationen – grds. auf alle Veranstalter von Messen und Ausstellungen zutreffen dürften, kommt es nach der von der Rspr. durchgeführten Prüfung maßgebend darauf an, ob der betreffende Veranstalter eine **Gewinnerzielungsabsicht** verfolgt oder zumindest nach Leistungs-, Effizienz- und Wirtschaftlichkeitskriterien arbeitet und mangels eines Mechanismus zum Ausgleich etwaiger finanzieller Verluste **selbst das wirtschaftliche Risiko seiner Tätigkeit trägt.**[310] Ist dies der Fall, so gehen die Gerichte von einer gewerblichen Tätigkeit aus. Hingegen wird die Veranstaltung von Messen etc ohne Tragung des wirtschaftlichen Risikos als nichtgewerbliche Tätigkeit eingeordnet.

Die **Nichtgewerblichkeit** traf nach der Bewertung der Nachprüfungsinstanzen etwa für **folgende Konstellationen** zu: **171**
- Das OLG Hamburg ging in einem Beschl. aus dem Jahre 2003 davon aus, dass die tatsächliche Erzielung von Gewinnen durch eine Messegesellschaft allein nicht dazu führt, dass die Aufgabe als solche nichtgewerblicher Art anzusehen ist.[311]
- In der einem Beschl. des KG[312] zugrundeliegenden Fallgestaltung hatte die Messegesellschaft zwar ausweislich ihrer Satzung nach erwerbswirtschaftlichen Grundsätzen zu arbeiten. Jedoch hatte sie von der hinter ihr stehenden Gebietskörperschaft auf der Grundlage einer zusätzlich geschlossenen Vereinbarung für drei Jahre Zuschüsse erhalten, wobei auch der Zeitpunkt des Endes der Zuschussgewährung festgelegt war.
Das Gericht erachtete die in der Satzung niedergelegte Verpflichtung der Gesellschaft auf erwerbswirtschaftliche Grundsätze als ggü. den erfolgten Zuwendungen nicht ausschlaggebend. Das Interesse der Gebietskörperschaft an einer Aufrechterhaltung des Messestandortes sei unlösbar mit den wirtschaftlichen Entscheidungen der Messegesellschaft verflochten, so dass ein wirtschaftliches Risiko für letztere nicht bestehe.[313] Nicht ins Gewicht fiel nach Auffassung des Gerichts demgegenüber, dass keine explizite vertragliche Verpflichtung der Gebietskörperschaft zur Abwendung eines Insolvenzrisikos der Gesellschaft statuiert worden war, da die Gebietskörperschaft „den Messebetrieb ... auf Grund der übergeordneten wirtschaftlichen Interessen an dessen Erhalt nicht einfach stilllegen und die Messegesellschaft in die Insolvenz gehen lassen" könne.[314]
- Das OLG Hamburg betrachtete in einer Entscheidung aus dem Jahre 2007 weder eine festgestellte Gewinnerzielungsabsicht einer Messegesellschaft noch ihr Handeln nach Leistungs-, Effizienz- und Wirtschaftlichkeitskriterien als hinreichend für die Bejahung der Gewerblichkeit der Aufgabe. Aufgrund eines Beherrschungsvertrages war die Gebietskörperschaft als (mittelbare) Alleingesellschafterin ggü. der Messegesellschaft zum Verlustausgleich verpflichtet. Dies führe dazu, dass die Messegesellschaft keinem Insolvenzrisiko ausgesetzt sei. Ob ein Verlustausgleich tatsächlich durchgeführt worden sei, sei ohne Bedeutung. Maßgebend sei vielmehr, dass die Gebietskörperschaft die Messegesellschaft „auf Grund übergeordneter wirtschaftlicher Interessen nicht einfach in die Insolvenz gehen lassen" werde.[315]

---

[309] EuGH 10.5.2001 – C-223/99 u. C-260/99, NZBau 2001, 403 Rn. 39 – Ente Fiera; OLG Hamburg 25.1.2007 – 1 Verg 5/06, BeckRS 2007, 7075 = VergabeR 2007, 358 (360).

[310] EuGH 10.5.2001 – C-223/99 u. C-260/99, NZBau 2001, 403 Rn. 40 – Ente Fiera; KG 27.7.2006 – 2 Verg 5/06, NZBau 2006, 725 (727); OLG Düsseldorf 21.3.2018 – VII-Verg 50/16, NZBau 2018, 370 (372); 18.4.2018 – Verg 28/17, ZfBR 2018, 713 (715).

[311] OLG Hamburg 19.12.2003 – 1 Verg 6/03, NZBau 2004, 519 (520).

[312] KG 27.7.2006 – 2 Verg 5/06, NZBau 2006, 725.

[313] KG 27.7.2006 – 2 Verg 5/06, NZBau 2006, 725 (728).

[314] KG 27.7.2006 – 2 Verg 5/06, NZBau 2006, 725 (729).

[315] OLG Hamburg 25.1.2007 – 1 Verg 5/06, BeckRS 2007, 7075 = VergabeR 2007, 358 (360).

- Demgegenüber bejahte die VK Düsseldorf die Gewerblichkeit der von der betreffenden Messegesellschaft wahrgenommenen Aufgabe. Ausschlaggebend war neben der Feststellung der Gewinnerzielungsabsicht der Gesellschaft in erster Linie das nach den Feststellungen der Kammer für die Messegesellschaft bestehende Insolvenzrisiko. Im konkreten Fall sah der Gesellschaftsvertrag keine Verpflichtung der Gesellschafter zu einem Verlustausgleich, sondern lediglich eine Fehlbedarfsabdeckung und Zuschussgewährung auf freiwilliger Basis vor, wobei der Einsatz finanzieller Mittel der betreffenden Gebietskörperschaft zusätzlich der Höhe nach begrenzt war. Gerade die vertragliche Regelung des Verhältnisses des finanziellen Einstandes der verschiedenen Gesellschafter untereinander im Gesellschaftsvertrag zeige, dass keine unbegrenzte Bereitschaft der Gesellschafter zur Finanzierung einer unwirtschaftlichen Gesellschaft vorhanden sei.[316] Ebenso wenig könne von einem tatsächlichen Fehlen des Insolvenzrisikos ausgegangen werden. Investitionen in den Messestandort hätten nicht dem Erhalt des Standorts, sondern einer Steigerung der Messetätigkeit in Anpassung an den steigenden Bedarf gedient. Hieraus könne nicht entnommen werden, dass die Gesellschafter Verluste der Messegesellschaft dauerhaft ausgleichen würden, um die Gesellschaft aus übergeordneten Interessen zu erhalten.[317]
- Die VK Düsseldorf hielt zur Bejahung der Nichtgewerblichkeit eine vertragliche Festlegung von Mechanismen, durch die der betr. Gesellschaft eine finanzielle Absicherung gegen das Insolvenzrisiko gewährleistet wird, nicht für erforderlich.[318] Vielmehr sei aus den Gesamtumständen abzuleiten, ob die Messegesellschaft für die hinter ihr stehenden Gesellschafter von so großer Bedeutung ist, dass sie, auch ohne hierzu vertraglich verpflichtet zu sein, eine Insolvenz der Gesellschaft verhindern würden.[319] Unerheblich sei auch, ob die Gesellschaft tatsächlich wirtschaftlich und effizient arbeite, da die Abgrenzung zwischen Gewerblichkeit und Nichtgewerblichkeit aufgabenbezogen und nicht mit Blick auf die konkrete wirtschaftliche Situation zu erfolgen habe.[320] Ausschlaggebend sei vielmehr, ob die Einrichtung unter „normalen Marktbedingungen" tätig sei, was die VK für die zur Beurteilung stehende Messegesellschaft verneinte.[321] Zur Begründung verwies die Kammer darauf, dass die Gesellschaft durch die geplanten Ausgleichszahlungen für die Erbringung von Dienstleistungen von allg. wirtschaftlichem Interesse ggü. anderen Marktteilnehmern bevorteilt werde, würden letztere doch weder mit der Erbringung derartiger Dienstleistungen betraut noch erhielten sie entspr. Gegenleistungen. Die Verwendbarkeit der Ausgleichszahlungen ausschl. für die Erbringung der Dienstleistungen von allg. wirtschaftlichem Interesse ändere hieran nichts.[322] Überdies sei der geplante Betrauungsakt „ein weiteres Indiz für die Verflechtung der Antragsgegnerin (dh der Messegesellschaft) mit der Stadt".[323] Dass die Kommune keine Verlustausgleichspflicht treffe, sei unerheblich. Es sei nicht erforderlich, dass die Gesellschaft vom Staat vollständig risikolos gestellt und in ihrem Bestand gesichert werde. Ausreichend seien flankierende staatliche Maßnahmen, die die mit der Aufgabenwahrnehmung für die Gesellschaft verbundenen Risiken erheblich minimieren würden.[324]

---

[316] VK Düsseldorf 21.3.2013 – VK-33/2012-L, NZBau 2013, 534 (535).
[317] VK Düsseldorf 21.3.2013 – VK-33/2012-L, NZBau 2013, 534 (535).
[318] VK Münster 28.10.2016 – VK 1 – 33/16, VPRRS 2016, 0401.
[319] VK Münster 28.10.2016 – VK 1 – 33/16, VPRRS 2016, 0401.
[320] VK Münster 28.10.2016 – VK 1 – 33/16, VPRRS 2016, 0401.
[321] VK Münster 28.10.2016 – VK 1 – 33/16, VPRRS 2016, 0401.
[322] VK Münster 28.10.2016 – VK 1 – 33/16, VPRRS 2016, 0401.
[323] VK Münster 28.10.2016 – VK 1 – 33/16, VPRRS 2016, 0401.
[324] VK Münster 28.10.2016 – VK 1 – 33/16, VPRRS 2016, 0401.

Öffentliche Auftraggeber § 99 GWB

- In seinem Beschl. v. 21.3.2018 hatte das OLG Düsseldorf eine Fallkonstellation zu beurteilen, in der die von einer Kommune getragene Messegesellschaft zwar mit Gewinnerzielungsabsicht arbeitete und – in Ermangelung einer rechtlichen oder faktischen Verpflichtung der Kommune zur Absicherung – auch ihr Insolvenzrisiko selber trug, der Messegesellschaft jedoch von der Kommune die genutzten Liegenschaften ohne Pachtzins und ohne Erbbauzins überlassen wurden. Wegen der hierdurch ggü. Wettbewerbern bestehenden Sonderstellung bewertete das OLG die Tätigkeit der Messegesellschaft als nichtgewerblich.[325]

16. Post

Die Deutsche Post AG verfügt seit dem 1.1.2008 nicht mehr über die zum 31.12.2007 ausgelaufene gesetzliche Exklusivlizenz zur gewerbsmäßigen Beförderung von Briefsendungen und adressierten Katalogen bei 50 Gramm. Mittlerweile hat sich ein **Wettbewerb im Bereich der Erbringung von Beförderungsleistungen** entwickelt, der die Anwendbarkeit des § 99 Nr. 2 GWB ausschließt. 172

Die ebenfalls aus der früheren Deutschen Bundespost hervorgegangenen Unternehmen **Deutsche Postbank AG** und **Deutsche Telekom AG** nehmen keine nichtgewerblichen Aufgaben iSv § 99 Nr. 2 GWB wahr. 173

17. Projektgesellschaften

Der EuGH hat eine städtische Eigengesellschaft, deren Gesellschaftszweck den Erwerb, den Verkauf und die Vermietung von Immobilien und Anteilen an Immobiliengesellschaften sowie die Organisation und Durchführung der Unterhaltung von Immobilien und der für die Verwaltung der Immobilien und Beteiligungen notwendige Dienstleistungen umfasste, wegen der Erfüllung im Allgemeininteresse liegender Aufgaben als öffentlichen Auftraggeber iSv § 99 Nr. 2 GWB eingestuft.[326] Für die Nichtgewerblichkeit der Aufgabe stellte der Gerichtshof entscheidend auf die Rekapitalisierung der Gesellschaft durch die hinter ihr stehenden Gebietskörperschaften ab.[327] Bei Vorliegen der weiteren Voraussetzungen des § 99 Nr. 2 GWB ist die Tätigkeit einer sich mit der Neuerschließung und Marktreifmachung von Gewerbestandorten befassenden Gesellschaft entspr. zu bewerten.[328] 174

18. Religionsgemeinschaften

Ob die Kirchen und Religionsgemeinschaften öffentliche Auftraggeber nach § 99 Nr. 2 GWB sind, ist fraglich. Dies ist bislang ganz überwiegend mit dem Argument abgelehnt worden, dass es an einer **staatlichen Beherrschung der Kirchen und Ordensgemeinschaften durch den Staat fehle.**[329] Soweit sich diese Auffassung auf die Tatbestandsvarianten der Aufsicht über die Leitung und der Bestimmung von mehr als der Hälfte der Organmitglieder bezieht, ist sie unzweifelhaft zutreffend und gilt auch für rechtlich selbständige Einrichtungen, die ausschl. durch kirchliche Institutionen beherrscht werden.[330] Allerdings weist auch eine solche juristische Person die nach § 99 Nr. 2 GWB erforderliche beson- 175

---

[325] OLG Düsseldorf 21.3.2018 – VII-Verg 50/16, NZBau 2018, 370 (372).
[326] EuGH 22.5.2003 – C-18/01, NZBau 2003, 396 – Korhonen.
[327] EuGH 22.5.2003 – C-18/01, NZBau 2003, 396 Rn. 53 – Korhonen.
[328] VK Düsseldorf 31.3.2000 – VK 3/2000, IBRRS 2013, 3399 Rn. 36.
[329] VK Nordbayern 29.10.2001 – 320.VK-3194-35/01, BeckRS 2001, 29811 Rn. 43; Schröder NZBau 2002, 259 (260).
[330] OLG Düsseldorf 15.7.2015 – VII-Verg 11/15, NZBau 2016, 55 (56); VK Baden-Württemberg 10.8.2016 – 1 VK 29/16, IBRRS 2016, 3060.

dere Staatsnähe auf, die durch die öffentliche Hand überwiegend finanziert wird. Doch soll es sich nach der bislang vorherrschenden Sichtweise bei den Kirchensteuern zwar um finanzielle Mittel handeln, die vom Staat für die Kirchen eingezogen werden, die jedoch nicht vom Staat, sondern von den Mitgliedern der Religionsgemeinschaften stammen und deshalb einer Finanzierung durch den Staat nicht gleichgestellt werden können.

176 Die Entscheidung des EuGH v. 13.12.2007 zur Auftraggebereigenschaft öffentlich-rechtlicher Rundfunkanstalten zeigt insoweit einen Überprüfungsbedarf auf, der aber zu keiner abweichenden Bewertung führen dürfte. Die dort zur Charakterisierung der Gebührenfinanzierung der Rundfunkanstalten als staatliche Finanzierung vorgetragenen Argumente, die Gebühr habe ihren Ursprung in einem staatlichen Akt und nicht in einem Rechtsgeschäft zwischen den Rundfunkanstalten und den Verbrauchern, die Gebührenhöhe sei von einer Vereinbarung zwischen den Rundfunkanstalten und den Verbrauchern unabhängig und die Gebühren würden im Wege hoheitlichen Handelns eingezogen,[331] lassen sich zwar iW auf die Kirchensteuern übertragen. Doch besteht auch insoweit schon ein wesentlicher Unterschied, als die Mitgliedschaft in Religionsgemeinschaften auf dem Prinzip der Freiwilligkeit beruht, so dass die **Kirchensteuerpflichtigkeit nicht auf einem staatlichen Akt,** sondern auf der zwischen Kirche und Mitglied konsentierten Mitgliedschaft beruht.[332]

177 Weiterhin hat der EuGH die Kontrollüberlegung hinzugefügt, ob es notwendig ist, dass der Staat auf die Entscheidungen der betr. Einrichtung auf dem Gebiet der Auftragsvergabe konkreten Einfluss nehmen kann, was hinsichtl. der Kirchen und Religionsgemeinschaften ebenso wie für die Rundfunkanstalten zu verneinen ist. Der EuGH hat die Notwendigkeit einer solchen Einflussnahmemöglichkeit verneint, wenn die Existenz der fraglichen Einrichtung selbst vom Staat abhängt.[333] Anders als die Rundfunkanstalten sind die **Religionsgemeinschaften in ihrer Existenz vom Staat unabhängig,**[334] wie sich schon aus Art. 140 GG iVm Art. 137 Abs. 2 WRV ergibt. Dies gilt auch dann, wenn die Gemeinschaft nach Art. 140 GG iVm Art. 137 Abs. 5, 6 WRV über den Status einer Körperschaft des öffentlichen Rechts mit dem Recht der Steuererhebung verfügt. Denn die Zuerkennung dieses besonderen Status soll gerade die Eigenständigkeit und Unabhängigkeit der Kirche vom Staat sowie ihre originäre Kirchengewalt bekräftigen.[335] Es bleibt daher dabei, dass die Kirchen und Religionsgemeinschaften **keine öffentlichen Auftraggeber nach § 99 Nr. 2 GWB** sind.[336]

178 Ist also § 99 Nr. 2 GWB auf Religionsgemeinschaften nicht anwendbar, so steht einer auftragsbezogenen Auftraggebereigenschaft wegen überwiegender staatlicher Subventionierung nach § 99 Nr. 4 GWB nichts entgegen.[337]

---

[331] EuGH 13.12.2007 – C-337/06, NZBau 2008, 130 Rn. 41 ff. – Bayerischer Rundfunk.
[332] OLG Celle 25.8.2011 – 13 Verg 5/11, BeckRS 2011, 21496 = VergabeR 2012, 182 (184); RKPP/Eschenbruch GWB § 99 Rn. 162.
[333] EuGH 13.12.2007 – C-337/06, NZBau 2008, 130 Rn. 55 – Bayerischer Rundfunk.
[334] OLG Celle 25.8.2011 – 13 Verg 5/11, BeckRS 2011, 21496 = VergabeR 2012, 182 (184).
[335] BVerfG 31.3.1971 – 1 BvR 744/67, BVerfGE 30, 415 Rn. 30 = NJW 1971, 931.
[336] VK Baden-Württemberg 10.8.2016 – 1 VK 29/16, IBRRS 2016, 2766; VK Nordbayern 23.6.2015 – 21.VK-3194-19/15, IBRRS 2015, 2128.
[337] OLG Celle 25.8.2011 – 13 Verg 5/11, BeckRS 2011, 21496 = VergabeR 2012, 182 (184); KKPP/Eschenbruch GWB, 4. Aufl. 2016, § 99 Rn. 209; aM VK Nordbayern 24.7.2001 – 320.VK-3194-21/01, IBR 2001, 628 Rn. 42; 24.7.2001 – 320.VK-3194-21/01, IBR 2002, 89 Rn. 54 ff.; VK Baden-Württemberg 10.8.2000 – 1 VK 17/00, IBR 2001, 136 Rn. 35; Schröder NZBau 2002, 259 (262).

19. Rotes Kreuz

Das Rote Kreuz und andere Träger der freien Wohlfahrtspflege erfüllen zwar idR 179 im Allgemeininteresse liegende Aufgaben nichtgewerblicher Art, werden jedoch meist nicht überwiegend staatlicherseits finanziert und stehen hinsichtl. ihrer Leitung auch nicht unter staatlicher Aufsicht. Sofern nicht ein von dieser Regelkonstellation abweichender Sonderfall vorliegt, dürften sie **nicht öffentlicher Auftraggeber nach § 99 Nr. 2 GWB** sein.[338] Dies schließt eine Auftraggebereigenschaft im Einzelfall nach § 99 Nr. 4 GWB nicht aus.

20. Rundfunkanstalten, öffentlich-rechtliche

Der lange Zeit höchst umstrittene vergaberechtliche Status der öffentlich-rechtli- 180 chen Rundfunkanstalten ist durch das Urt. des EuGH v. 13.12.2007[339] geklärt worden. Danach sind die Rundfunkanstalten **öffentliche Auftraggeber iSv § 99 Nr. 2 GWB.** Außerhalb der Aufträge betr. Sendematerial betreffenden Bereichsausnahme des § 116 Abs. 1 Nr. 3 GWB ist davon auszugehen, dass es sich bei der Tätigkeit der Rundfunkanstalten um eine im Allgemeininteresse liegende Aufgabe handelt, deren Nichtgewerblichkeit iSv § 99 Nr. 2 GWB sich aus dem vom Staat gewährleisteten besonderen Vorteil der pflichtigen Gebührenfinanzierung, über den private Konkurrenten nicht verfügen, ergibt. Wie der EuGH verdeutlichte, besteht die weiter erforderliche Staatsnähe der Rundfunkanstalten darin, dass sie überwiegend vom Staat finanziert werden. Die von den Verbrauchern zu entrichtenden Gebühren, durch die die öffentlich-rechtlichen Rundfunkanstalten überwiegend finanziert werden, sind durch Gesetz, also einen staatlichen Akt, auferlegt und nicht zwischen den Rundfunkanstalten und den Verbrauchern rechtsgeschäftlich vereinbart, weder dem Grunde noch der Höhe nach. Sie stellen daher keine Gegenleistung für die tatsächliche Inanspruchnahme der von den Rundfunkanstalten erbrachten Dienstleistungen dar, da sie auch dann gezahlt werden müssen, wenn das bereit gehaltene Empfangsgerät niemals eingeschaltet wird. Überdies erfolgt die Erhebung der Gebühren im Wege hoheitlichen Handelns, nämlich durch einen im Wege der Verwaltungsvollstreckung durchsetzbaren Gebührenbescheid.[340] Nicht erforderlich ist, dass der Staat unmittelbaren Einfluss auf konkrete Vergabeentscheidungen der Rundfunkanstalten nehmen kann. Vielmehr ergibt sich deren Verbundenheit mit dem Staat bereits daraus, dass die Existenz der Rundfunkanstalten selbst vom Staat abhängt.[341]

21. Selbstverwaltungskörperschaften

(s. Kammern) 181

22. Sozialversicherungsträger

Zur Beantwortung der Frage, ob es sich bei Krankenversicherungen und Ren- 182 tenversicherungsträgern um öffentliche Auftraggeber nach § 99 Nr. 2 GWB handelt, bedarf es für die verschiedenen Sozialversicherungsträger einer differenzierten Untersuchung:

• Die **gesetzlichen Krankenversicherungen** erfüllen als Körperschaften des 183 öffentlichen Rechts solidargemeinschaftlich die Aufgabe, die Gesundheit der Ver-

---

[338] So für das Bayerische Rote Kreuz BayObLG 10.9.2002 – Verg 23/02, NZBau 2003, 348 (349).
[339] EuGH 13.12.2007 – C-337/06, NZBau 2008, 130 – Bayerischer Rundfunk.
[340] EuGH 13.12.2007 – C-337/06, NZBau 2008, 130 Rn. 41 ff. – Bayerischer Rundfunk.
[341] EuGH 13.12.2007 – C-337/06, NZBau 2008, 130 Rn. 51 ff. – Bayerischer Rundfunk.

sicherten zu erhalten, wieder herzustellen oder ihren Gesundheitszustand zu verbessern sowie durch Aufklärung, Beratung und Leistungen zu helfen und auf gesunde Lebensverhältnisse hinzuwirken (§§ 1, 3 SGB V). Dabei handelt es sich um eine im Allgemeininteresse liegende Aufgabe iSv § 99 Nr. 2 GWB.[342] In der gebotenen Gesamtbewertung ist weiterhin von der Nichtgewerblichkeit dieser Aufgabe auszugehen, da die gesetzlichen Krankenkassen nicht in Gewinnerzielungsabsicht handeln,[343] sondern die nicht risikobezogen berechneten Beiträge als Solidargemeinschaft für die Bedürfnisse ihrer Mitglieder verwenden, Unterdeckungen durch Beitragserhöhungen ausgeglichen werden, ein Ausgleichssystem zwischen den Krankenkassen das finanzielle Risiko der einzelnen Kasse weiter vermindert und zwischen den einzelnen Kassen nur ein stark reduzierter Leistungswettbewerb besteht.[344]

184 • Die gesetzlichen Krankenkassen werden auch iSv § 99 Nr. 2 lit. a GWB **überwiegend durch den Staat finanziert:**[345] Die Krankenkassenbeiträge beruhen dem Grunde nach auf gesetzlichen Regelungen und auch der Höhe nach nicht auf freiwilligen Vereinbarungen zwischen den Versicherten und den Krankenkassen, sondern auf der Pflichtmitgliedschaft, wobei als Anknüpfungspunkt für die Berechnung der Beiträge das Einkommen des Versicherten dient.[346] Zwar ist der Beitragssatz nicht gesetzlich, sondern von den einzelnen Kassen festgesetzt. Jedoch sind Kernparameter der Berechnung des Beitragssatzes, insbes. die wechselseitige Entsprechung von Einnahmen und Ausgaben der Kassen, gesetzlich vorgegeben und bedürfen die Beitragssatzfestsetzungen der Kassen der Genehmigung durch staatliche Aufsichtsbehörden.[347] In keinem Fall kommt dem Versicherten ein Einfluss auf die Höhe der Beiträge zu. Auch wenn sich die Versicherten den einseitige Beitragserhöhungen der einzelnen Kasse ggf. durch einen Kassenwechsel entziehen können, wird ihnen dadurch nicht die Möglichkeit gegeben, die Höhe ihres Beitrags frei auszuhandeln oder sich dem System der von den Kassen festzusetzenden Beitragssätzen zu entziehen. Überdies sind die Beiträge als Solidarbeiträge auch dann zu zahlen, wenn überhaupt keine Kassenleistungen in Anspruch genommen werden, die Beiträge also gegenleistungsfrei bleiben. Schließlich handelt es sich bei der Pflicht des Arbeitgebers zur Abführung des Gesamtsozialversicherungsbeitrags nach § 253 SGB V iVm § 28d SGB IV ebenso um eine öffentlich-rechtliche Pflicht wie bei der Pflicht des Arbeitnehmers, gem. § 253 SGB V iVm § 28g SGB IV den Abzug seiner Beitragsanteile vom Lohn zu dulden. Der Versicherte hat keine Interventionsmöglichkeit ggü. dieser Beitragserhebung.[348]

---

[342] EuGH 11.6.2009 – C-300/07, NJW 2009, 2427 Rn. 50 – AOK; BayObLG 24.5.2004 – Verg 6/04, NZBau 2004, 623 (624); OLG Düsseldorf 23.5.2007 – VII-Verg 50/06, BeckRS 2007, 10048 = VergabeR 2007, 622 (624); VK Hamburg 16.4.2004 – VgK FB 1/04 Rn. 34, VPRRS 2004, 0171; VK Bund 5.9.2001 – VK 1–23/01, IBRRS 2002, 0209 Rn. 65; Heßhaus VergabeR 2007, 333 (336).

[343] Hierauf abstellend EuGH 11.6.2009 – C-300/07, NJW 2009, 2427 Rn. 49 – AOK.

[344] Ebenso BayObLG 24.5.2004 – Verg 6/04, NZBau 2004, 623 (624); OLG Düsseldorf 23.5.2007 – VII-Verg 50/06, VergabeR 2007, 622 (624); Heßhaus VergabeR 2007, 333 (336 f.).

[345] EuGH 11.6.2009 – C-300/07, NJW 2009, 2427 Rn. 51 ff. – AOK; OLG Düsseldorf 23.5.2007 – VII-Verg 50/06, BeckRS 2007, 10048 = VergabeR 2007, 622 (624 f.); 19.12.2007 – VII-Verg 51/07, BeckRS 2007, 151103 = VergabeR 2008, 73 (76); VK Bund 9.5.2007 – VK 1–26/07, IBRRS 2007, 2922 Rn. 75; VK Lüneburg 21.9.2004 – 203-VgK-42/2004, IBRRS 2004, 3152 Rn. 38; Boldt NJW 2005, 3757 (3759); Wollenschläger NZBau 2004, 655 (658); aM ua Heßhaus VergabeR 2007, 333 (338 f.).

[346] EuGH 11.6.2009 – C-300/07, NJW 2009, 2427 Rn. 52 f. – AOK.

[347] EuGH 11.6.2009 – C-300/07, NJW 2009, 2427 Rn. 54 f. – AOK.

[348] EuGH 11.6.2009 – C-300/07, NJW 2009, 2427 Rn. 56 – AOK.

- Darüber hinaus stehen die Krankenkassen unter einer den Anforderungen des § 99 **185** Nr. 2 GWB genügenden **staatlichen Aufsicht**.[349] Nach der Rspr. des EuGH ist hierfür entscheidend, ob die einzelnen Aufsichtsinstrumente in einer Gesamtschau der staatlichen Seite Einflussnahmen auf die Geschäftspolitik oder -tätigkeit der Einrichtung durch eine ständige Kontrolle und entspr. Reaktionsmöglichkeiten einräumen (→ Rn. 99 ff.). Diese Voraussetzungen sind durch das Gebot des § 4 Abs. 4 S. 1 SGB V, dass die Krankenkassen bei der Durchführung ihrer Aufgaben und in ihren Verwaltungsangelegenheiten sparsam und wirtschaftlich zu verfahren und dabei ihre Ausgaben so auszurichten haben, dass Beitragssatzerhöhungen ausgeschlossen werden, auf dessen Beachtung sich die staatliche Rechtsaufsicht nach § 87 Abs. 1 SGB IV erstreckt, die Geschäftsführungsbefugnis der Aufsichtsbehörde, solange und soweit die Wahl zu Selbstverwaltungsorganen nicht zustande kommt oder Selbstverwaltungsorgane sich weigern, ihre Geschäfte zu führen, nach § 37 Abs. 1 S. 1 SGB IV sowie die in § 85 Abs. 1 SGB IV statuierten Pflichten der Krankenkassen, für den Erwerb und das Leasen von Grundstücken und grundstücksgleichen Rechten sowie die Errichtung, die Erweiterung und der Umbau von Gebäuden eine Genehmigung der Aufsichtsbehörde einzuholen bzw. die Absicht, Datenverarbeitungsanlagen und -systeme anzukaufen, zu leasen oder anzumieten oder sich an solchen zu beteiligen, der Aufsichtsbehörde anzuzeigen, erfüllt. Diese Aufsichtsinstrumente ermöglichen es der Aufsichtsbehörde gerade auch, auf das Beschaffungsverhalten der Krankenkassen Einfluss zu nehmen.
- Für die **Rentenversicherungsträger** gilt iErg nichts anderes als für die Krankenkassen, da sich die Regelungsstrukturen nicht in einer zu einer abweichenden Behandlung führenden Weise unterscheiden.[350] **186**

23. Stiftungen des öffentlichen Rechts

Dem öffentlichen Recht unterliegende Stiftungen nehmen in aller Regel im **187** Allgemeininteresse liegende Aufgaben nicht gewerblicher Art wahr. Besonderer Prüfung im Einzelfall bedarf regelm. die nach § 99 Nr. 2 GWB erforderliche besondere Staatsnähe.[351] **Privatrechtliche Stiftungen** unterliegen hingegen nicht einer Aufsicht iSv § 99 Nr. 2 GWB.

24. Ver- und Entsorgungsunternehmen, kommunale

In den Formen des Privatrechts verfasste kommunale Ver- und Entsorgungsunter- **188** nehmen agieren zunehmend in einem **wettbewerblich geprägten Umfeld,** so dass die Nichtgewerblichkeit der Aufgabe iSv § 99 Nr. 2 GWB zu verneinen sein dürfte. Allerdings ist dies eine Frage des jew. Einzelfalls. Gesichtspunkte, die gleichwohl für eine nichtgewerbliche Aufgabe sprechen können, sind bspw. die Statuierung eines Benutzungszwangs zugunsten des kommunalen Unternehmens, eine vollständig fehlende Gewinnerzielungsabsicht und eine – in den Grenzen des nach dem

---

[349] LSG NRW 26.3.2009 – L 21 KR 26/09 SFB, BeckRS 2009, 61379 = VergabeR 2009, 922 (925); Byok/Jansen NVwZ 2005, 53 (55); Gabriel NZS 2007, 344 (347 f.); Wollenschläger NZBau 2004, 655 (659); aM BayObLG 24.5.2004 – Verg 6/04, NZBau 2004, 623 (625); Heßhaus VergabeR 2007, 333 (339 f.); offen gelassen in EuGH 11.6.2009 – C-300/07, NJW 2009, 2427 Rn. 58 – AOK.

[350] IE ebenso BayObLG 21.10.2004 – Verg 17/04, NZBau 2005, 173 (174); VK Lüneburg 10.3.2003 – 203-VgK-01/2003, IBRRS 2003, 1751 Rn. 42.

[351] Bejaht etwa für eine sog. Stiftungshochschule nach niedersächsischem Hochschulrecht von VK Lüneburg 14.6.2005 – VgK 22/05, BeckRS 2005, 08094; für die GTZ von VK Bund 11.9.2002 – VK-2-42/02, VPRRS 2013, 1764 Rn. 56; für eine Stiftung zur Kranken- und Altenpflege bejaht von OLG München 7.6.2005 – Verg 4/05, BeckRS 2005, 18761 = VergabeR 2005, 620.

kommunalen Wirtschaftsrecht Zulässigen – bestehende, das wirtschaftliche Risiko deutlich reduzierende Nachschusspflicht der Gemeinde bei Verlusten der Gesellschaft.

189 **Kommunale Entsorgungsunternehmen** werden in Erfüllung der Entsorgungspflicht der nach Landesrecht verpflichteten öffentlich-rechtlichen Entsorgungsträger (meist der Landkreise und kreisfreien Städte) tätig. Die insoweit bestehenden Anschluss- und Überlassungspflichten führen idR zum Ausschluss von Wettbewerb und einer Nichtgewerblichkeit der Aufgabe. Sowohl die Gebührenfinanzierung als auch die vorbehaltenen Aufsichtsbefugnisse der Gemeinde dürften meist die besondere Staatsnähe begründen und zur Auftraggebereigenschaft nach § 99 Nr. 2 GWB führen.

25. Versicherungsanstalten der Länder

190 (s. Sozialversicherungsträger)

26. Wirtschaftsförderungsgesellschaften

191 Ob in Privatrechtsform geführte Wirtschaftsförderungsgesellschaften der Länder oder Kommunen **öffentliche Auftraggeber** gem. § 99 Nr. 2 GWB sind, ist eine Frage des Einzelfalls. In jedem Fall nehmen Wirtschaftsförderungsgesellschaften im Allgemeininteresse liegende Aufgaben wahr, indem die Tätigkeiten der Gesellschaft eine Impulswirkung für den Handel und die wirtschaftliche und soziale Entwicklung der betreffenden Gebietskörperschaft haben.[352] Da es regelm. an einem Markt für die Leistungen der Wirtschaftsförderungsgesellschaft im Territorium der betreffenden Gebietskörperschaft fehlt und die Gesellschaft meist ohne das Ziel der Erzielung eigener Gewinne tätig ist, wird auch von der Nichtgewerblichkeit der Aufgabe auszugehen sein. Wegen der meist bestehenden finanziellen und organisatorischen Abhängigkeit von der Gebietskörperschaft liegt im Regelfall auch das weitere Kriterium der besonderen Staatsnähe vor, so dass die Voraussetzungen des § 99 Nr. 2 GWB in der ganz überwiegenden Zahl der Fälle erfüllt sein dürften.

27. Wohnungsunternehmen und Landesentwicklungsgesellschaften

192 Hinsichtlich staatlicher oder kommunaler Wohnungsunternehmen ist davon auszugehen, dass die Zurverfügungstellung von Wohnraum als solche noch keine im Allgemeininteresse liegende Aufgabe ist.[353] Die Schaffung und das Angebot von Wohnraum mag unter dem Gesichtspunkt der flächendeckenden Versorgung der Bevölkerung mit Wohnraum nicht nur wünschenswert, sondern darüber hinaus erforderlich sein, solange eine ausreichende Zahl von Wohnungen nicht zur Verfügung steht. Ist der Markt bereits gesättigt oder sogar übersättigt, so reduziert sich der positive Effekt des Leistungsangebots auf die Gewährleistung eines niedrigen Mietpreisniveaus. Die **Reduzierung des Preisniveaus auf dem Markt** ist jedoch keine im Allgemeininteresse liegende Aufgabe iSd funktionellen Auftraggeberbegriffs. Zusätzlich bedarf es vielmehr einer Rückkoppelung an über das Agieren am Markt hinausgehende spezifische Interessen. Solche spezifischen Interessen sind im Bereich der Wohnungswirtschaft typischerweise die Versorgung der breiten Schichten der Bevölkerung mit Wohnraum bei einer sozial verträglichen Mietpreisgestaltung.

---

[352] EuGH 22.5.2003 – C-18/01, NZBau 2003, 396 Rn. 44 f. – Korhonen.
[353] OLG Karlsruhe 17.4.2008 – 8 U 228/06, BeckRS 2008, 21262 = VergabeR 2009, 108 (112).

Öffentliche Auftraggeber § 99 GWB

Soweit es sich also um kommunale Gesellschaften handelt, deren Aufgabe darin besteht, vorrangig eine **sozial verantwortbare Wohnversorgung für breite Schichten der Bevölkerung** sicherzustellen, die Siedlungspolitik und Maßnahmen der Infrastruktur sowie der Wirtschaftsförderung zu unterstützen, kommunales Immobilienvermögen mit dieser Zwecksetzung zu verwalten und/oder städtebauliche Einrichtungen sowie Entwicklungs- und Sanierungsmaßnahmen durchzuführen, nehmen sie im Allgemeininteresse liegende Aufgaben wahr.[354] Dass für Unternehmen der Immobilienwirtschaft auf Landesebene nichts anderes gilt, wenn diese Unternehmen Wohnungen zur Versorgung der breiten Schichten der Bevölkerung bei einer sozial verträglichen Mietpreisgestaltung errichten, instandsetzen, modernisieren und bewirtschaften, ist von anderen Nachprüfungsinstanzen bestätigt worden.[355] Gleiches gilt, wenn die von der Gesellschaft wahrgenommenen Aufgaben in dem Ankauf, der Freilegung und der Baureifmachung von Gewerbe-, Industrie- und Verkehrsbrachen für private und öffentliche Investitionsmaßnahmen, die den Zielen der Raumordnung und Landesplanung, der Stadtentwicklung und der Strukturpolitik entsprechen, liegen. 193

Ob es sich bei der von dem betr. Unternehmen wahrgenommenen Aufgabe auch um eine solche nichtgewerblicher Art handelt, ist eine Frage des Einzelfalls. Dementsprechend verfehlt ist der generalisierende Ansatz, dass es „im finanz- und investitionsstarken Bereich der Errichtung und Bewirtschaftung von Wohnraum ... aus wettbewerbsrechtlichen Gründen geboten (sei), mit einer weiten Auslegung der Tatbestandsmerkmale des § 99 Nr. 2 GWB sicherzustellen, dass sich eine von einer Kommune finanzierte oder kontrollierte Wohnungsgesellschaft bei der Vergabe von Aufträgen nicht von anderen als wirtschaftlichen Überlegungen leiten lässt, insbes. regionale Anbieter zur Stärkung der heimischen Wirtschaft bei der Auftragsvergabe bevorzugt".[356] Diese Auffassung entbehrt einer Grundlage in der Rspr. des EuGH und würde die **gebotene Gesamtschau** aller Einzelaspekte nachgerade konterkarieren, würde er doch der Sache nach zu einer Vermutungswirkung zugunsten einer nichtgewerblichen Aufgabenwahrnehmung führen. 194

Insoweit ist zu beachten, dass sich sowohl im Bereich der Wohnungswirtschaft als auch in dem der Planungs- und Entwicklungsleistungen, der Standortentwicklung, Projektentwicklung und Durchführung eine Vielzahl von kleineren und größeren Mitbewerbern findet, das Unternehmen sich also sehr häufig in einem **wettbewerblich geprägten Umfeld** bewegen wird. Je stärker der Gesellschaftszweck fokussiert ist, insbes. auf die Zurverfügungstellung von Wohnraum für sozial schwache Schichten, desto geringer dürfte die Ausprägung eines auf den Grundsätzen des Wettbewerbs beruhenden Marktes sein. Hier ist bereits den gesetzlichen Vorschriften zur sozialen Wohnraumförderung zu entnehmen, dass der Staat die Marktmechanismen nicht für ausreichend hält und Einfluss auf das Angebot an Wohnraum nehmen will.[357] Allerdings reicht eine bloße Dysfunktionalität eines lokalen oder regionalen Wohnungsmarkts nicht aus, um ein wettbewerblich geprägtes Umfeld eines kommunalen Wohnungsbauunternehmens zu verneinen. Hinzukommen muss vielmehr eine 194a

---

[354] EuGH 1.2.2001 – C-237/99, Slg. 2001, I-939 Rn. 45, 47 = NZBau 2001, 215; OLG Brandenburg 6.12.2016 – 6 Verg 4/16, IBRRS 2017, 2194; KG 12.4.2000 – KartVerg 9/99, BeckRS 2008, 12183; OLG Hamburg 11.2.2019 – 1 Verg 3/15, NZBau 2019, 398 Rn. 146 ff.; OLG Rostock 2.10.2019 – 17 Verg 3/19, BeckRS 2019, 24720; VK Rheinland-Pfalz 21.12.2017 – VK 1–24/17, IBR 2018, 217; VK Baden-Württemberg 9.10.2001 – 1 VK 27/01, IBRRS 2004, 3631.

[355] KG 12.4.2000 – KartVerg 9/99, BeckRS 2008, 12183; 6.2.2003 – 2 Verg 1/03, NZBau 2003, 346; OLG Schleswig 15.2.2005 – 6 Verg 6/04, BeckRS 2005, 1848 = VergabeR 2005, 357 (358).

[356] OLG Rostock 2.10.2019 – 17 Verg 3/19, BeckRS 2019, 24720.

[357] OLG Brandenburg 6.12.2016 – 6 Verg 4/16, IBRRS 2017, 2194.

quasi-monopolistische Stellung des Unternehmens, welche diesem eine marktbezogene Sonderstellung vermittelt.[358]

195 Im Übrigen kommt es zentral auf die weiteren vom EuGH zur Frage der Nichtgewerblichkeit der Aufgabe iSv § 99 Nr. 2 GWB entwickelten Kriterien an. Ist der **Gesellschaftsvertrag** zB in der Weise ausgestaltet, dass die Unternehmensziele im Wettbewerb verwirklicht werden, die Geschäfte des Unternehmens nach kaufmännischen und privatwirtschaftlichen Grundsätzen zu führen sind und gegen die Notwendigkeit einer Rekapitalisierung durch eingehende gesellschaftsvertragliche Regelungen der Rücklagenbildung Vorsorge getroffen worden ist, so spricht dies gegen die Nichtgewerblichkeit der Aufgabe, es sei denn, durch das wirtschaftliche Handeln der Gesellschaft soll zumindest auch eine Aufgabe nichtgewerblicher Art verwirklicht werden.[359]

196 Einer entspr. Einzelfallbetrachtung bedarf das Vorliegen der nach § 99 Nr. 2 GWB erforderlichen besonderen Staatsnähe. Die bisherige Spruchpraxis der Nachprüfungsinstanzen hat **Wohnungsbau- und Entwicklungsgesellschaften** ganz überwiegend als öffentliche Auftraggeber nach § 99 Nr. 2 GWB eingestuft.[360]

VII. Auftraggeberbegriff unterhalb der Schwellenwerte

197 Unterhalb der in § 106 GWB festgelegten Schwellenwerte kommt der Auftraggeberbegriff des § 99 GWB nicht unmittelbar zur Anwendung. Das für Vergaben unterhalb der Schwellenwerte geltende **Haushaltsrecht von Bund, Ländern und Gemeinden** (→ Einl. Rn. 27) richtet sich an die **klassischen öffentlichen Auftraggeber,** also die Gebietskörperschaften. Nicht erfasst werden somit andere juristische Personen des öffentlichen Rechts sowie (juristische oder natürliche) Personen des Privatrechts. Allerdings können die Grundsätze insbes. des § 99 Nr. 2 GWB auch bei Vergaben unterhalb der Schwellenwerte unter bestimmten Voraussetzungen Wirkungen entfalten:

198 • Zum einen sind nach der Rspr. des EuGH Einrichtungen bei **Aufträgen außerhalb des Anwendungsbereichs** der unionsrechtlichen Vergaberichtlinien an die aus den Grundfreiheiten des AEUV folgenden Gleichbehandlungs- und Transparenzpflichten unter zwei kumulativ zu verstehenden Voraussetzungen gebunden: Erstens muss das betreffende Unternehmen unter tatsächlicher Kontrolle des Staates oder einer anderen öffentlichen Einrichtung stehen, zweitens darf es nicht als Wettbewerber am Markt auftreten.[361]

199 • Zum anderen verweisen die **Vergabegesetze verschiedener Bundesländer** auch für Vergaben unterhalb der Schwellenwerte auf den Auftraggeberbegriff des § 99 GWB, insbes. den funktionalen Auftraggeberbegriff des § 99 Nr. 2 GWB (vgl. § 2 BerlAVG; 2 Abs. 3 BbgVergG; § 2 Abs. 1 BremTTVG; § 2 Abs. 3 HmbVgG; § 2 Abs. 5 NTVergG; § 1 Abs. 4 TVgG NRW; § 2 Nr. 3 LTTG RLP; § 2 Abs. 1 SaarlTFLG; § 2 Abs. 2 LVG LSA; § 1 Abs. 1 VergG SH; § 2 Abs. 3 ThürVgG).

---

[358] OLG Hamburg 11.2.2019 – 1 Verg 3/15, NZBau 2019, 398 Rn. 161 f.

[359] OLG Brandenburg 6.12.2016 – 6 Verg 4/16, IBRRS 2017, 2194; ähnlich OLG Hamburg 11.2.2019 – 1 Verg 3/15, NZBau 2019, 398 Rn. 166 ff.

[360] So etwa KG 6.2.2003 – 2 Verg 1/03, NZBau 2003, 346; OLG Düsseldorf 23.2.2005 – VII-Verg 78/04, NZBau 2005, 538 (539); OLG Brandenburg 13.7.2001 – Verg 3/01, NZBau 2001, 645 (647); 6.12.2016 – 6 Verg 4/16, IBRRS 2017, 2194; OLG Schleswig 15.2.2005 – 6 Verg 6/04, BeckRS 2005, 1848 = VergabeR 2005, 357 (358); VG Meiningen 16.1.2007 – 2 E 613/06, BeckRS 2007, 25641; VK Schleswig-Holstein 3.11.2004 – VK-SH 28/04, BeckRS 2004, 10545; anders etwa OLG Karlsruhe 17.4.2008 – 8 U 228/06, BeckRS 2008, 21262 = VergabeR 2009, 108 (109 ff.); OLG Hamburg 11.2.2019 – 1 Verg 3/15, NZBau 2019, 398 Rn. 141 ff.; OLG Rostock 2.10.2019 – 17 Verg 3/19, BeckRS 2019, 24720.

[361] EuGH 13.4.2010 – C-91/08, NZBau 2010, 382 Rn. 49 – Wall.

VIII. Zuwendungsrechtliche Verpflichtung zur Anwendung des Vergaberechts

Außer aus der durch Rechtsvorschrift bestimmten Eigenschaft als öffentlicher Auftraggeber kann sich die Verpflichtung zur Anwendung vergaberechtlicher Vorschriften insbes. durch **Nebenbestimmungen zu einem Zuwendungsbescheid** ergeben. Die Allgemeinen Nebenbestimmungen für Zuwendungen verpflichten die Zuwendungsempfänger für Beschaffungen unterhalb der Schwellenwerte zur Beachtung der Vorschriften der UVgO und der VOB/A, wobei diese Bindung für die Empfänger institutioneller Zuwendungen uneingeschränkt gilt,[362] wohingegen die Empfänger von Zuwendungen zur Projektförderung von der Beachtung bestimmter Vorschriften entbunden sind.[363] Die Nichteinhaltung dieser vergaberechtlichen Bestimmungen kann zum Widerruf des Zuwendungsbescheids und zur **Rückforderung der Zuwendung** führen.[364]

§ 100 Sektorenauftraggeber

(1) **Sektorenauftraggeber sind**
1. öffentliche Auftraggeber gemäß § 99 Nummer 1 bis 3, die eine Sektorentätigkeit gemäß § 102 ausüben,
2. natürliche oder juristische Personen des privaten Rechts, die eine Sektorentätigkeit gemäß § 102 ausüben, wenn
   a) diese Tätigkeit auf der Grundlage von besonderen oder ausschließlichen Rechten ausgeübt wird, die von einer zuständigen Behörde gewährt wurden, oder
   b) öffentliche Auftraggeber gemäß § 99 Nummer 1 bis 3 auf diese Personen einzeln oder gemeinsam einen beherrschenden Einfluss ausüben können.

(2) ¹Besondere oder ausschließliche Rechte im Sinne von Absatz 1 Nummer 2 Buchstabe a sind Rechte, die dazu führen, dass die Ausübung dieser Tätigkeit einem oder mehreren Unternehmen vorbehalten wird und dass die Möglichkeit anderer Unternehmen, diese Tätigkeit auszuüben, erheblich beeinträchtigt wird. ²Keine besonderen oder ausschließlichen Rechte in diesem Sinne sind Rechte, die aufgrund eines Verfahrens nach den Vorschriften dieses Teils oder aufgrund eines sonstigen Verfahrens gewährt wurden, das angemessen bekannt gemacht wurde und auf objektiven Kriterien beruht.

(3) Die Ausübung eines beherrschenden Einflusses im Sinne von Absatz 1 Nummer 2 Buchstabe b wird vermutet, wenn ein öffentlicher Auftraggeber gemäß § 99 Nummer 1 bis 3
1. unmittelbar oder mittelbar die Mehrheit des gezeichneten Kapitals des Unternehmens besitzt,
2. über die Mehrheit der mit den Anteilen am Unternehmen verbundenen Stimmrechte verfügt oder
3. mehr als die Hälfte der Mitglieder des Verwaltungs-, Leitungs- oder Aufsichtsorgans des Unternehmens bestellen kann.

---

[362] Allgemeine Nebenbestimmungen für Zuwendungen zur institutionellen Förderung (ANBest-I) Nr. 3, GMBl. 19/2019, S. 372.

[363] Allgemeine Nebenbestimmungen für Zuwendungen zur Projektförderung (ANBest-P) Nr. 3, GMBl. 19/2019, S. 372. Zur Abgrenzung zwischen institutioneller Förderung und Projektförderung Müller/Richter/Ziekow A Rn. 238 ff.

[364] Im Einzelnen Müller/Richter/Ziekow E Rn. 66 ff.

GWB § 100 — Sektorenauftraggeber

Literatur: Kahl, Die Privatisierung der Wasserversorgung, GewArch 2007, 441; Prieß/Marx/Hölzl, Unternehmen des Schienengüterverkehrs: Auftraggeber iSv § 98 GWB?, VergabeR 2012, 425; Rehbinder, Privatisierung und Vergaberecht in der Wasserwirtschaft, 2005; Schröder, Rechtlich privilegierte Sektorenauftraggeber nach § 98 Nr. 4 GWB, NZBau 2012, 541; Sitsen, Die Sektorenauftraggebereigenschaft privater Eisenbahnverkehrsunternehmen nach der Vergaberechtsreform 2016, VergabeR 2016, 553; Tugendreich/Heller, Freistellung vom Vergaberecht für den Strom- und Gaseinzelhandel, NZBau 2017, 387.

Übersicht

	Rn.
I. Bedeutung der Vorschrift	1
II. Arten von Sektorenauftraggebern	3
1. Öffentliche Auftraggeber nach § 99 Nr. 1–3 GWB (Abs. 1 Nr. 1)	3
2. Bestimmte natürliche oder juristische Personen des Privatrechts (Abs. 1 Nr. 2)	4
a) Natürliche Person oder juristische Person des Privatrechts	5
b) Qualifizierte Staatsnähe	6
aa) Tätigkeit auf der Grundlage besonderer oder ausschließlicher Rechte	7
bb) Beherrschender staatlicher Einfluss	17
III. Ausübung einer Sektorentätigkeit	22
IV. Auf Sektorenauftraggeber anwendbare Rechtsvorschriften	23

I. Bedeutung der Vorschrift

1 Die Vorschrift dient zur Umsetzung des Art. 4 SRL und definiert den Begriff des Sektorenauftraggebers. Das Handeln eines Sektorenauftraggebers ist Voraussetzung für die **Anwendbarkeit der besonderen Vorschriften über die Vergabe von Sektorenaufträgen** (§ 136 GWB). Die Vorschrift unterscheidet zwei Fälle, nämlich das Handeln eines öffentlichen Auftraggebers iSv § 99 Nr. 1, 2 oder Nr. 3 GWB (§ 100 Abs. 1 Nr. 1 GWB) und das Handeln einer die Voraussetzungen nach § 100 Abs. 1 Nr. 2 lit. a und lit. b GWB erfüllenden natürlichen oder juristischen Person des Privatrechts (§ 100 Abs. 1 Nr. 2 GWB).

2 In beiden Fällen ist jew. erforderlich, dass das betreffende Rechtssubjekt eine Sektorentätigkeit nach § 102 GWB ausübt. Anders als die öffentlichen Auftraggeber gem. § 99 Nr. 1–3 GWB knüpft der spezifische Begriff des Sektorenauftraggebers also **nicht primär an die Organisation** bzw. die Rechtsstellung des Rechtssubjekts an,[1] sondern – insoweit vergleichbar mit § 99 Nr. 4 GWB – an die **Ausübung einer bestimmten Tätigkeit.** Zwar enthalten die Alternativen des § 100 Abs. 1 GWB auch rechtsstellungsbezogene Voraussetzungen. Jedoch ist ein Rechtssubjekt nur und insoweit Sektorenauftraggeber, wie es eine von § 102 GWB erfasste Sektorentätigkeit ausübt. Dies ist insbes. für die öffentlichen Auftraggeber nach § 99 Nr. 1–3 GWB von Bedeutung (→ Rn. 22).

II. Arten von Sektorenauftraggebern

1. Öffentliche Auftraggeber nach § 99 Nr. 1–3 GWB (Abs. 1 Nr. 1)

3 Dass ein Auftrag, der von einem die Voraussetzungen des § 99 Nr. 1, 2 oder Nr. 3 GWB erfüllenden öffentlichen Auftraggeber im Sektorenbereich vergeben

---

[1] Erwgr. 19 der SRL.

wird, zur Eigenschaft dieses Auftraggebers als Sektorenauftraggeber führt, war schon in der bisherigen Rspr. des EuGH anerkannt[2] und ist nun explizit in § 100 Abs. 1 Nr. 1 GWB geregelt. Dies gilt allerdings **nur für die mit einer Sektorentätigkeit im Zusammenhang stehenden Aufträge.** Für Aufträge ohne einen solchen Zusammenhang ist für die Auftraggebereigenschaft auf § 99 Nr. 1–3 GWB zurückzugreifen. Die Tätigkeiten im Sektorenbereich bestimmen also nicht die Auftraggebereigenschaft für das gesamte Aufgabenportfolio der jew. juristischen Person: Eine „Infizierung" aller Tätigkeitsfelder der juristischen Person durch die Sektorentätigkeit – vergleichbar der sich innerhalb der Auftraggebereigenschaft nach § 99 Nr. 2 GWB haltenden „Infizierung" der gewerblichen Aufgabenwahrnehmung durch die nichtgewerblich wahrgenommenen Aufgaben (→ § 99 Rn. 75) – findet nicht statt.[3]

2. Bestimmte natürliche oder juristische Personen des Privatrechts (Abs. 1 Nr. 2)

Des Weiteren liegt ausweislich des § 100 Abs. 1 Nr. 2 GWB ein Sektorenauftraggeber vor, wenn es sich um 4
- eine **natürliche Person oder eine juristische Person des Privatrechts** handelt (§ 100 Abs. 1 Nr. 1 GWB),
- die eine **Sektorentätigkeit** ausübt (§ 100 Abs. 1 Nr. 1 GWB; → Rn. 22), wenn
- entweder diese Tätigkeit auf der Grundlage von **besonderen oder ausschließlichen Rechten** ausgeübt wird, die von einer zuständigen Behörde gewährt wurden (§ 100 Abs. 1 Nr. 1 lit. a GWB),
- oder wenn § 99 Nr. 1–3 GWB fallende öffentliche Auftraggeber auf diese Personen einzeln oder gemeinsam einen **beherrschenden Einfluss** ausüben können (§ 100 Abs. 1 Nr. 1 lit. b GWB).

Die Bestimmung ist – abgesehen vom erfassten Kreis der Sektorentätigkeiten – inhaltsgleich mit § 98 Nr. 4 GWB aF.

a) Natürliche Person oder juristische Person des Privatrechts. Ausweislich 5
des Wortlauts der Vorschrift gilt § 100 Abs. 1 Nr. 2 GWB nur für natürliche Personen oder juristische Personen des privaten Rechts. Hieraus ist für den früheren § 98 Nr. 4 GWB geschlossen worden, dass die letztgenannte Bestimmung auf **juristische Personen des öffentlichen Rechts** keine Anwendung findet. Wenngleich man dieser Auffassung mit Blick auf den Zweck der Regelung und die Vorgaben des früheren Art. 2 SKR folgen konnte, ist das Problem auch durch die Regelung des Begriffs des Sektorenauftraggebers in § 100 GWB nicht vollständig gelöst. Zwar stellt § 100 Abs. 1 Nr. 1 GWB klar, dass juristische Personen des öffentlichen Rechts in jedem Fall dann Sektorenauftraggeber sein können, wenn sie die Voraussetzungen nach § 99 Nr. 1, 2 oder Nr. 3 GWB erfüllen. Doch bleibt die Frage unbeantwortet, ob auch andere juristische Personen des öffentlichen Rechts als öffentliche Auftraggeber iSv § 99 Nr. 1–3 GWB Sektorenauftraggeber sein können. Einer Bejahung dieser Frage könnte nicht entgegengehalten werden, dass § 100 Abs. 1 Nr. 1 GWB als insoweit abschl. zu verstehen ist. Denn Art. 4 Abs. 1 lit. b SRL enthält keine Eingrenzung des Sektorenauftraggeberbegriffs auf natürliche oder juristische Personen des Privatrechts, sondern lastet die Stellen an, die – ohne öffentlicher Auftraggeber im Sinne der europäischen Unionsrecht zu sein – eine Sektorentätigkeit ausüben. § 100 Abs. 1 Nr. 2 GWB ist deshalb dahingehend **unionsrechtskonform auszulegen,** dass Sektorenauftraggeber auch nicht § 99 Nr. 1–3 GWB unterfallende juristische Personen des öffentlichen Rechts sein können, wenn sie eine Sektorentätigkeit ausüben.

---

[2] EuGH 10.4.2008 – C-393/06, BeckRS 2008, 70425 Rn. 31 – Aigner.
[3] EuGH 10.4.2008 – C-393/06, BeckRS 2008, 70425 Rn. 31 – Aigner.

6   **b) Qualifizierte Staatsnähe.** In Anbetracht des Zwecks des spezifischen Sektorenvergaberechts, das Vergaberecht als Mittel der Herstellung von Wettbewerb einzusetzen, wenn die Marktabschottung in dem jew. Sektorenbereich auf einer staatlichen Ingerenz beruht (→ § 102 Rn. 1), setzt die Vorschrift die Feststellung eines **spezifischen Näheverhältnisses** zum Staat voraus. Der in § 100 Nr. 2 GWB bestimmte Kreis entspr. qualifizierter Näheverhältnisse, nämlich die Tätigkeit auf der Grundlage besonderer und ausschließlicher Rechte (lit. a) oder das Vorliegen eines beherrschenden staatlichen Einflusses auf die betreffende Person (lit. b), ist **abschließend und nicht analogiefähig** mit Blick auf andere Situationen einer besonderen Staatsnähe. Eine Vermutung, dass ein Tätigkeit im Sektorenbereich ausübendes Unternehmen eine qualifizierte Staatsnähe der in § 100 Nr. 2 GWB beschriebenen Art aufweist, besteht nicht. Vielmehr bedarf es der positiven Feststellung des Vorliegens der betreffenden Merkmale.

7   **aa) Tätigkeit auf der Grundlage besonderer oder ausschließlicher Rechte.** Gem. § 100 Abs. 1 Nr. 2 lit. a GWB kann die erforderliche Staatsnähe darauf beruhen, dass die betreffende Sektorentätigkeit auf der Grundlage von besonderen oder ausschließlichen Rechten ausgeübt wird, die von einer zuständigen Behörde gewährt wurden. Der Begriff der „besonderen oder ausschließlichen Rechte" entspricht dem in **Art. 106 Abs. 1 AEUV** verwendeten Begriffsverständnis, so dass zur Auslegung auf die zu dieser Vorschrift geführte Diskussion zurückgegriffen werden kann.[4] Nach der einschlägigen Rspr. des EuGH handelt es sich dabei um Bestimmungen, die einer begrenzten Anzahl von Unternehmen einen Schutz zuerkennen, der die **Fähigkeit anderer Unternehmen,** die fragliche Tätigkeit im selben Gebiet zu iW gleichen Bedingungen auszuüben, **wesentlich beeinträchtigen** kann.[5]

8   Auf dieser Grundlage definiert § 100 Abs. 2 S. 1 GWB in Übernahme der Begriffsbestimmung des Art. 4 Abs. 3 UAbs. 1 SRL solche Rechte als besondere oder ausschließliche, die dazu führen, dass die **Ausübung dieser Tätigkeiten einem oder mehreren Unternehmen vorbehalten** wird und dass die Möglichkeit anderer Unternehmen, diese Tätigkeit auszuüben, erheblich beeinträchtigt wird.

9   Ein **ausschließliches Recht** liegt vor, wenn einem Unternehmen die Befugnis zur Ausübung der betreffenden Sektorentätigkeit durch staatlichen Akt exklusiv für das gesamte Hoheitsgebiet des Mitgliedstaates oder einen Teil davon vorbehalten worden ist.[6] Charakteristikum des ausschließlichen Rechts ist der vollständige Ausschluss von Wettbewerb in dem jew. Bereich.[7] Zwar hebt auch der die Zulässigkeit eines Verhandlungsverfahrens ohne Teilnahmewettbewerb regelnde § 14 Abs. 4 Nr. 2 lit. c VgV auf den Begriff des ausschließlichen Rechtes ab. Erwgr. 20 der SRL stellt jedoch zutreffend klar, dass die Begriffe in § 100 Abs. 2 GWB und § 14 Abs. 4 Nr. 2 lit. c VgV wegen der unterschiedlichen Zweckrichtung der Vorschriften nicht identisch sind.

10 Ein **„besonderes"** Recht unterscheidet sich von einem „ausschließlichen" dadurch, dass die Befugnis zur Ausübung der Tätigkeit nicht einem, sondern mehreren Unternehmen übertragen wird, dh ein Wettbewerb nicht völlig ausgeschlossen wird.[8]

11 Beiden Alternativen des § 100 Abs. 2 S. 1 GWB gemeinsam ist, dass das betreffende Recht **durch eine zuständige Behörde gewährt** worden sein muss. Die

---

[4] OLG München 12.5.2011 – Verg 26/10, NZBau 2011, 630 (632); aM Schröder NZBau 2012, 541 (542).
[5] EuGH 25.10.2001 – C-475/99, Slg. 2001, I-8089 Rn. 24 = BeckRS 2001, 70459 – Ambulanz Glöckner; OLG Düsseldorf 24.3.2010 – VII-Verg 58/09, NZBau 2010, 649 (650).
[6] *Schlussanträge des GA Léger* – C-209/98, Slg. 2000, I-3743 Rn. 53 ff., EuGH 23.5.2000 – C-209/98, EuZW 2000, 594.
[7] Streinz/Kühling AEUV Art. 106 Rn. 20.
[8] Calliess/Ruffert/Jung AEUV Art. 106 Rn. 16.

Innehabung eines ausschließlichen oder besonderen Rechts reicht zur Begründung der Eigenschaft als Sektorenauftraggeber allein selbst dann nicht aus, wenn der Staat das faktische Monopol oder Oligopol hinnimmt und daran rechtliche Konsequenzen knüpft.[9] Vielmehr ist das Verfahren, in dem dieses Recht übertragen wurde, in jedem Einzelfall zu analysieren.[10] Das Vorliegen einer solchen Gewährung setzt einen staatlichen Akt voraus, durch den einem Unternehmen die betreffende Befugnis ohne das Bestehen eines Rechtsanspruchs oder ein vorgeschaltetes Auswahlverfahren übertragen wird. Bei diesem staatlichen Akt braucht es sich um keinen solchen des öffentlichen Rechts zu handeln. Keineswegs erfordert eine staatliche Privilegierung iSv § 100 Abs. 2 S. 1 GWB zwangsläufig einen hoheitlichen Charakter der Maßnahme.[11] Das Unionsrecht steht der Zuordnung des Gewährungsakts zu einer der nach nationalem Recht unterschiedenen Teilrechtsordnungen des **privaten oder öffentlichen Rechts** neutral gegenüber. Sofern die Gewährung einer Befugnis durch privatrechtlichen Vertrag zu einem ausschließlichen oder besonderen Recht führt, ist neben der Übertragung durch Gesetz, Verordnung, Verwaltungsakt (auch in Form einer Konzession) oder öffentlich-rechtlichen Vertrag auch diese Form der Rechtsgewährung erfasst.[12]

§ 100 Abs. 2 S. 2 GWB stellt klar, dass **besondere oder ausschließliche Rechte nicht vorliegen,** wenn die Rechte aufgrund 12
- eines Vergabeverfahrens nach den Vorschriften der §§ 97 ff. GWB oder
- eines sonstigen Verfahrens, das angemessen bekannt gemacht wurde und auf objektiven Kriterien beruht,

gewährt wurden.

Zu den letztgenannten sonstigen, angemessen bekannt gemachten und auf objektiven Kriterien beruhenden Verfahren zählt Art. 4 Abs. 3 UAbs. 3 lit. b SRL die **nach den in Anh. II zur SRL genannten Rechtsakten durchgeführten Verfahren,** soweit sie für die Erteilung von Genehmigungen vorab eine angemessene Transparenz sicherstellen. Bei diesen Verfahren gem. Anh. II zur SRL handelt es sich um: 13
- Erteilung einer Genehmigung für den Betrieb von Erdgasanlagen nach den in Art. 4 der RL 2009/73/EG festgelegten Verfahren;[13]
- Genehmigung oder Aufforderung zur Angebotsabgabe für den Bau neuer Stromerzeugungsanlagen gem. der RL 2009/72/EG;[14]
- Erteilung von Genehmigungen in Bezug auf Postdienste, die nicht reserviert sind oder nicht reserviert werden dürfen, nach den in Art. 9 der RL 97/67/EG festgelegten Verfahren;[15]
- Verfahren zur Genehmigung von Tätigkeiten, die mit der Nutzung von Kohlenwasserstoffen verbunden sind, gem. der RL 94/22/EG;[16]

---

[9] OLG München 28.8.2019 – Verg 15/19, NZBau 2020, 198 Rn. 5; AM VK Lüneburg 13.5.2016 – VgK-10/2016, BeckRS 2016, 17220 Rn. 80.

[10] Explanatory Note – Utilities Directive, Definition of Eclusive or Special Rights, Doc. CC/2004/33 v. 18.6.2004 Ziff. 5.

[11] So aber Immenga/Mestmäcker/Dreher GWB § 100 Rn. 18.

[12] RKPP/Opitz GWB § 100 Rn. 38; Frenz EuropaR-HdB III Rn. 2742 f.

[13] RL 2009/73/EG v. 13.7.2009 über gemeinsame Vorschriften für den Erdgasbinnenmarkt und zur Aufhebung der RL 2003/55/EG, ABl. 2009 L 211, 94.

[14] RL 2009/72/EG v. 13.7.2009 über gemeinsame Vorschriften für den Elektrizitätsbinnenmarkt und zur Aufhebung der RL 2003/54/EG, ABl. 2009 L 211, 55.

[15] RL 97/67/EG v. 15.12.1997 über gemeinsame Vorschriften für die Entwicklung des Binnenmarktes der Postdienste der Gemeinschaft und die Verbesserung der Dienstequalität, ABl. 1998 L 15, 14.

[16] RL 94/22/EG v. 30.5.1994 über die Erteilung und Nutzung von Genehmigungen zur Prospektion, Exploration und Gewinnung von Kohlenwasserstoffen, ABl. 1994 L 164, 3.

GWB § 100   Sektorenauftraggeber

- öffentliche Dienstleistungsaufträge iSd VO (EG) Nr. 1370/2007 für die Bereitstellung von Personenverkehrsdiensten mit Bussen, Straßenbahnen, Eisenbahnen oder Untergrundbahnen, die auf der Grundlage eines wettbewerblichen Vergabeverfahrens gem. Art. 5 Abs. 3 VO (EG) Nr. 1370/2007 vergeben wurden, vorausgesetzt, dass deren Laufzeit mit Art. 4 Abs. 3 oder Art. 4 Abs. 4 VO (EG) Nr. 1370/2007 übereinstimmt.[17]

Änderungen des Verzeichnisses in Anh. II zur SRL können von der Kommission ausweislich des Art. 4 Abs. 4 SRL durch delegierte Rechtsakte vorgenommen werden.

14   Die Aufzählung von Verfahren in **Anh. II zur SRL,** die den Anforderungen nach § 100 Abs. 2 S. 2 Alt. 2 GWB genügen, ist **nicht abschließend.** Auch andere Verfahren, die eine angemessene Publizität sicherstellen und in denen Rechte aufgrund objektiver Kriterien gewährt werden, führen dazu, dass diese Rechte keine besonderen oder ausschließlichen Rechte iSv § 100 Abs. 2 S. 1 GWB darstellen.[18] Zur Herstellung einer hinreichenden Publizität reicht es auch, wenn die aus den Grundfreiheiten des AEUV abgeleiteten **Transparenzanforderungen** (→ § 97 Rn. 39 ff.) eingehalten werden. Eine den vergabeverfahrensrechtlichen Vorgaben vergleichbare Publizität ist nicht erforderlich. Die notwendige **Objektivität der Kriterien** fordert zum einen Diskriminierungsfreiheit und schließt es zum anderen aus, dass die jew. Behörde über einen inhaltlich nicht gebundenen und nicht überprüfbaren Entscheidungsspielraum verfügt.[19] Dementsprechend liegt keine behördliche Gewährung eines besonderen oder ausschließlichen Rechts vor, wenn ein **Rechtsanspruch bspw. auf Genehmigung** der betreffenden Tätigkeit bei Erfüllung der statuierten tatbestandlichen Voraussetzungen besteht.[20] Obwohl bei planfeststellungspflichtigen Vorhaben der Behörde ein nur begrenzt überprüfbarer planerischer Abwägungsspielraum zuzugestehen ist,[21] wird in der Rspr. vertreten, dass es sich gleichwohl nicht um die Gewährung ausschließlicher oder besonderer Rechte handele, weil der Planfeststellungsbeschluss dem Einzelnen keine Rechte verleihe.[22] Dem wird man nicht ohne Weiteres zustimmen können. Eindeutig ist, dass ein Planfeststellungsbeschluss dem (privaten) Vorhabenträger das subjektive Recht verleiht, das Vorhaben zu realisieren. Jedenfalls in den Fällen, in denen die mit der Planrechtfertigung verbundene Bedarfsprüfung[23] zu einer Ausschlusswirkung ggü. konkurrierenden Vorhaben führt, wird man von einer Erfüllung der Voraussetzungen des § 100 Abs. 2 GWB ausgehen müssen.

15   **Private Energieversorgungsunternehmen** sind nicht bereits deshalb Sektorenauftraggeber iSv § 100 Abs. 1 Nr. 2 lit. a GWB, weil sie Einspeisungen in ein Netz vornehmen, dessen Betreiber hierfür über besondere oder ausschließliche Rechte verfügt. Die **Pflicht zur Gewährung transparenten und diskriminierungsfreien Netzzugangs** nach sachlich gerechtfertigten Kriterien (§§ 20 ff. EnWG) steht dem Vorliegen eines solchen besonderen oder ausschließlichen Rechts zugunsten von Energieerzeugungsunternehmen entgegen.[24]

16   Für die **Betreiber von Energieversorgungsnetzen** gilt iErg nichts anderes. Sie bedürfen zwar der Genehmigung nach § 4 EnWG, die jedoch als gebundene

---

[17] VO (EG) Nr. 1370/2007 v. 23.10.2007 über öffentliche Personenverkehrsdienste auf Schiene und Straße, ABl. 2007 L 315, 1.
[18] Erwgr. 20 der SRL.
[19] Schlachter/Ohler/Cornils, Europäische Dienstleistungsrichtlinie, 2008, Art. 10 Rn. 5.
[20] Streinz/Kühling AEUV Art. 106 Rn. 23.
[21] Ziekow FachplanungsR-HdB/Ziekow § 6 Rn. 39 f.
[22] OLG Celle 8.8.2013 – 13 Verg 7/13, IBRRS 2013, 3181 = VergabeR 2014, 24 (25 f.).
[23] Dazu Ziekow FachplanungsR-HdB/Ziekow § 5 Rn. 4 ff.
[24] IErg ebenso Burgi RdE 2007, 145 (150).

Genehmigung ergeht[25] und keine besonderen oder ausschließlichen Rechte vermittelt.[26] Solche ergeben sich auch nicht aus der nach § 45 EnWG zugunsten des Betreibers von Versorgungsleitungen zulässigen Enteignung oder der Pflicht der Gemeinden, ihre öffentlichen Verkehrswege für die Verlegung und den Betrieb von Leitungen zur unmittelbaren Versorgung von Letztverbrauchern zur Verfügung zu stellen.[27] Entspr. gilt iErg für die Betreiber von Übertragungsnetzen.[28]

bb) Beherrschender staatlicher Einfluss. Eine zur Eigenschaft als Sektorenauftraggeber führende qualifizierte Staatsnähe liegt auch vor, wenn unter § 99 Nr. 1–3 GWB fallende öffentliche Auftraggeber auf die Person einzeln oder gemeinsam einen beherrschenden Einfluss ausüben können (§ 100 Abs. 1 Nr. 2 lit. b GWB). Zur Ausfüllung des Begriffs des beherrschenden Einflusses kann nicht auf die zur Auslegung der Kriterien der besonderen Staatsnähe nach § 99 Nr. 2 GWB entwickelten Grundsätzen zurückgegriffen werden. Vielmehr wird für die **in § 100 Abs. 3 GWB genannten Fälle** die Ausübung eines beherrschenden Einflusses vermutet. 17

Die Fassung des **§ 100 Abs. 3 GWB ist insofern missverständlich,** als sie den Eindruck erweckt, ein beherrschender Einfluss iSd § 100 Abs. 2 Nr. 2 lit. b GWB könne nur in den in § 100 Abs. 3 GWB genannten Fällen vorliegen. Dies ist jedoch nicht der Fall. Ausweislich Art. 4 Abs. 2 UAbs. 1 SRL kann der beherrschende Einfluss „aufgrund der Eigentumsverhältnisse, der finanziellen Beteiligung oder der für das Unternehmen geltenden Bestimmungen" bestehen. Im Anschluss daran zählt Art. 4 Abs. 2 UAbs. 2 SRL die – § 100 Abs. 3 GWB entspr. – drei Fälle auf, in denen die Ausübung eines beherrschenden Einflusses vermutet wird. Dementsprechend ist **§ 100 Abs. 3 GWB nicht abschließend** und es kann ein beherrschender Einfluss auch in anderen Konstellationen als den in § 100 Abs. 3 GWB genannten vorliegen, bspw. vertraglich begründet werden, ohne dass der Nachweis des beherrschenden Einflusses sich in diesen Konstellationen aber auf die Vermutungswirkung stützen könnte. 18

Dies wird schon daran deutlich, dass die Ableitung der Sektorenauftraggebereigenschaft aus der Unterwerfung unter den beherrschenden Einfluss eines öffentlichen Auftraggebers **auch für natürliche Personen** gilt. Denn die drei Varianten einer Vermutungswirkung nach § 100 Abs. 3 GWB passen auf natürliche Personen nicht. Wohl aber können sich natürliche Personen für die Ausübung einer Sektorentätigkeit bspw. vertraglich einer Weisungsbefugnis eines öffentlichen Auftraggebers unterstellen. Auch eine sinnerhaltende Auslegung führt daher zu dem Ergebnis, dass § 100 Abs. 3 GWB keine abschließende Aufzählung der Fälle eines beherrschenden Einflusses enthält. 19

Die Bedeutung der drei in § 100 Abs. 3 GWB genannten Fallgruppen liegt mithin allein darin, dass bei Vorliegen eines dieser Fälle ein beherrschender Einfluss vermutet wird. Selbst bei Erfüllung der Voraussetzungen einer der drei Fallgruppen steht daher ein beherrschender Einfluss auf das im Sektorenbereich tätige Unternehmen nicht fest. Die gesetzliche **Regel-Ausnahme-Systematik** ist durchaus komplex: Zunächst ist festzustellen, ob der öffentliche Auftraggeber iSv § 99 Nr. 1, 2 oder Nr. 3 GWB unmittelbar oder mittelbar die Voraussetzungen einer der drei Einflussnahmevarianten erfüllt. Bei Erfüllung der Voraussetzungen steht der beherrschende Einfluss noch nicht fest, sondern es wird nur eine dahingehende Vermutung begründet. Zur Widerlegung dieser Vermutung reicht die Benennung von Anhaltspunkten, 20

---

[25] Ziekow ÖffWiR § 15 Rn. 9.
[26] OLG München 28.8.2019 – Verg 15/19, NZBau 2020, 198 Rn. 5 ff.; Ohrtmann VergabeR 2007, 565 (567).
[27] Ohrtmann VergabeR 2007, 565 (572); aM Crass, Der öffentliche Auftraggeber, 2004, S. 203 ff.
[28] VK Lüneburg 13.5.2016 – VgK-10/2016, BeckRS 2016, 17220 Rn. 73 ff.

die auf eine strukturelle Atypik hindeuten, nicht aus. Da es ausreicht, dass das im Sektorenbereich tätige Unternehmen der Ausübung eines beherrschenden Einflusses unterworfen werden kann, muss es nachweisen, dass ein beherrschender Einfluss aus rechtlichen Gründen ausgeschlossen ist.[29]

21 Ein unmittelbarer Einfluss eines Auftraggebers nach § 99 Nr. 1, 2 oder Nr. 3 GWB oder mehrerer solcher Auftraggeber auf die im Sektorenbereich tätige Person ist nicht erforderlich. Vielmehr **genügt ein mittelbarer Einfluss** (Art. 4 Abs. 2 UAbs. 1 SRL). So reicht es aus, wenn ein öffentlicher Auftraggeber iSv § 98 Nr. 1, 2 oder Nr. 3 GWB über ein oder mehrere Tochterunternehmen, die selbst keine öffentlichen Auftraggeber sein müssen, die Mehrheit des gezeichneten Kapitals hält.

III. Ausübung einer Sektorentätigkeit

22 Die Qualifizierung einer Person oder Einrichtung als Sektorenauftraggeber nach § 100 GWB setzt voraus, dass sie eine Sektorentätigkeit gem. § 102 GWB ausübt. Die **Aufzählung ist abschließend,** so dass die Auftraggebereigenschaft nach § 100 GWB nicht auf die Tätigkeit auf anderen Gebieten mit einem unvollständigen Wettbewerb (→ § 102 Rn. 1) erstreckt werden kann. Die Eigenschaft als Sektorenauftraggeber reicht nur so weit, wie die Person oder Einrichtung eine der Sektorentätigkeiten ausübt und gerade in Ausübung einer solchen Tätigkeit einen öffentlichen Auftrag vergibt. Handelt es sich bei der Tätigkeit, in deren Ausübung die Person oder Einrichtung einen Auftrag vergibt, um keine Tätigkeit im Sektorenbereich, so ist § 100 GWB auch dann nicht anwendbar, wenn die Person oder Einrichtung iÜ als Sektorenauftraggeber tätig ist.[30] Dabei werden auch solche Aufträge der Sektorentätigkeit zugerechnet, die selbst in dem Sinne äußerlich „neutral" sind, dass sie nicht Tätigkeiten im Sektorenbereich betreffen, sondern diesen nur dienen.[31] Dabei reicht es aus, wenn die fraglichen Leistungen der Sektorentätigkeit nur mittelbar förderlich sind.[32] Dies gilt bspw. für die Beschaffung der sächlichen Ressourcen für Tätigkeiten in einem der in § 102 GWB genannten Sektoren,[33] etwa den Bau eines Verwaltungsgebäudes, in dem solche Beschäftigte untergebracht sind, die auch mit der Ausübung der Sektorentätigkeit befasst sind.[34] Entspr. gilt für Hausmeister- oder Bewachungstätigkeiten für Gebäude, in denen Sektorentätigkeiten erbracht werden.[35]

IV. Auf Sektorenauftraggeber anwendbare Rechtsvorschriften

23 Sektorenauftraggeber iSv § 100 GWB unterliegen besonderen vergaberechtlichen Vorschriften. Für sie gelten die Vorschriften der §§ 97 ff. GWB nur nach Maßgabe der 136 ff. GWB sowie die Bestimmungen der **SektVO,** nicht aber die VgV und die VOB/A-EU. Für das Verhältnis zu den besonderen Vorschriften zur Vergabe von Konzessionen lässt sich § 101 Abs. 1 Nr. 2 und Nr. 3 GWB entnehmen, dass

---

[29] Frenz EuropaR-HdB III Rn. 2736.
[30] EuGH 16.6.2005 – C-462/03, NZBau 2005, 474 Rn. 37 f. – Strabag; 10.4.2008 – C-393/06, BeckRS 2008, 70425 Rn. 31 – Aigner.
[31] EuGH 10.4.2008 – C-393/06, BeckRS 2008, 70425 Rn. 31 – Aigner; 28.10.2020 – C-521/18, NZBau 2021, 53 Rn. 39 f. – Pegaso; OLG Düsseldorf 17.8.2022 – Verg 50/21, ZfBR 2022, 822 (823).
[32] OLG Düsseldorf 17.8.2022 – Verg 50/21, ZfBR 2022, 822 (823).
[33] Vgl. für entspr. Baulichkeiten OLG Düsseldorf 21.5.2008 – Verg 19/08, NZBau 2009, 67 (68).
[34] OLG München 13.3.2017 – Verg 15/16, ZfBR 2017, 509 (510 f.).
[35] EuGH 28.10.2020 – C-521/18, NZBau 2021, 53 Rn. 45 f. – Pegaso.

die Vorschriften über die **Konzessionsvergabe den Vorrang** haben, wenn die Sektorenauftraggebereigenschaft in concreto darauf beruht, dass die Konzession zum Zweck der Ausübung der Sektorentätigkeit vergeben wird. Dies gilt allerdings nur für die Sektorentätigkeiten nach § 102 Abs. 2–6 GWB, nicht aber für die in § 102 Abs. 1 GWB genannten Sektorentätigkeiten im Bereich Wasser (→ § 101 Rn. 3).

§ 101 Konzessionsgeber

(1) **Konzessionsgeber sind**
1. **öffentliche Auftraggeber gemäß § 99 Nummer 1 bis 3, die eine Konzession vergeben,**
2. **Sektorenauftraggeber gemäß § 100 Absatz 1 Nummer 1, die eine Sektorentätigkeit gemäß § 102 Absatz 2 bis 6 ausüben und eine Konzession zum Zweck der Ausübung dieser Tätigkeit vergeben,**
3. **Sektorenauftraggeber gemäß § 100 Absatz 1 Nummer 2, die eine Sektorentätigkeit gemäß § 102 Absatz 2 bis 6 ausüben und eine Konzession zum Zweck der Ausübung dieser Tätigkeit vergeben.**

(2) § 100 Absatz 2 und 3 gilt entsprechend.

Literatur: Vgl. die Angaben bei § 105 GWB.

I. Bedeutung der Vorschrift

Nachdem durch die KVR erstmals ein vergaberechtliches Regime für die Vergabe 1 von Konzessionen – soweit sie nicht durch Ausnahmebestimmungen aus dem sachlichen Anwendungsbereich der KVR herausgenommen sind – vorgegeben worden ist, war es notwendig, auch den **persönlichen Anwendungsbereich des Konzessionsvergaberechts** festzulegen. Die einschlägige unionsrechtliche Regelung enthalten Art. 6, 7 KVR, die durch § 101 GWB in deutsches Recht umgesetzt werden. Die Eigenschaft als Konzessionsgeber ist ausweislich des § 148 GWB Voraussetzung für die Anwendung der Vorschriften der §§ 148 ff. GWB und der KonzVgV über die Vergabe von Konzessionen.

Wie die Bestimmung des Begriffs des Sektorenauftraggebers nach § 100 GWB 2 (→ § 100 Rn. 2) knüpft auch die Definition des Konzessionsgebers in § 101 GWB teilw. an organisationsbezogene Gesichtspunkte an, entfaltet ihren spezifischen Gehalt jedoch durch ein **tätigkeitsbezogenes Merkmal:**[1] Zum Konzessionsgeber können sowohl öffentliche Auftraggeber iSv § 99 Nr. 1–3 GWB als auch Sektorenauftraggeber nach § 100 GWB werden, allerdings nur dann und soweit sie eine Konzession vergeben.

II. Arten von Konzessionsgebern

§ 101 Abs. 1 GWB unterscheidet verschiedene Arten von Konzessionsgebern: 3
- **Öffentliche Auftraggeber** nach § 99 Nr. 1–3 GWB, **die keine Sektorentätigkeit ausüben** (Nr. 1).
- **Öffentliche Auftraggeber** iSd § 99 Nr. 1–3 GWB, **die eine Sektorentätigkeit ausüben** und deshalb Sektorenauftraggeber nach § 100 Abs. 1 Nr. 1 GWB sind (Nr. 2). Wird also die Konzession zur Ausübung einer Sektorentätigkeit vergeben, so ist der Auftraggeber Konzessionsgeber. Anwendbar sind die Vorschriften über

---

[1] Vgl. Erwgr. 24 der KVR: „die von der Richtlinie erfassten Einrichtungen (werden) nicht aufgrund ihrer Rechtsstellung definiert".

die Konzessionsvergabe (§§ 148 ff. GWB und KonzVgV), nicht die Bestimmungen über die Sektorenvergabe. Allerdings gilt dies nur für Konzessionsvergaben im Zusammenhang mit Sektorentätigkeiten nach § 102 Abs. 2–6 GWB, nicht für Sektorentätigkeiten im Bereich Wasser iSd § 102 Abs. 1 GWB. Übt ein Auftraggeber diese Tätigkeiten im Bereich Wasser, die durch § 149 Nr. 9 GWB von der Anwendung der Vorschriften über die Konzessionsvergabe ausgenommen sind, aus, so bleibt es auch dann bei der Eigenschaft als Sektorenauftraggeber gem. § 100 Abs. 1 Nr. 1 GWB, wenn in Ausübung dieser Tätigkeit eine Konzession vergeben wird.
- Eine **Sektorentätigkeit** nach § 102 Abs. 2–6 GWB **ausübende natürliche oder juristische Personen** des Privatrechts iSd § 100 Abs. 1 Nr. 2 GWB, die zum Zweck der Ausübung dieser Tätigkeit eine Konzession vergeben (Nr. 3). Die betreffende Person muss die Voraussetzungen nach § 100 Abs. 1 Nr. 2 lit. a oder lit. b GWB erfüllen, wobei für die Begriffsbestimmungen ausweislich des § 101 Abs. 2 GWB die Abs. 2 und 3 des § 100 GWB entspr. heranzuziehen sind (iE → § 100 Rn. 8 ff.). Wie § 101 Abs. 1 Nr. 2 GWB bezieht sich auch Nr. 3 nicht auf Sektorentätigkeiten nach § 102 Abs. 1 GWB.

III. Vergabe einer Konzession

4 Wegen des **tätigkeitsbezogenen Ansatzes** der Definition des Begriffs des Konzessionsgebers ist für jede der in § 101 Abs. 1 GWB genannten Arten von Konzessionsgebern die Vergabe einer Konzession Voraussetzung. Der Begriff der Konzession ist nach § 105 GWB zu bestimmen. Für die sonstigen Tätigkeiten der in § 101 Abs. 1 GWB erwähnten Auftraggeber bleibt es bei der Qualifizierung als öffentlicher Auftraggeber gem. § 99 Nr. 1–3 GWB bzw. Sektorenauftraggeber nach § 100 Abs. 1 GWB.

§ 102 Sektorentätigkeiten

(1) [1]Sektorentätigkeiten im Bereich Wasser sind
1. die Bereitstellung oder das Betreiben fester Netze zur Versorgung der Allgemeinheit im Zusammenhang mit der Gewinnung, der Fortleitung und der Abgabe von Trinkwasser,
2. die Einspeisung von Trinkwasser in diese Netze.

[2]Als Sektorentätigkeiten gelten auch Tätigkeiten nach Satz 1, die im Zusammenhang mit Wasserbau-, Bewässerungs- oder Entwässerungsvorhaben stehen, sofern die zur Trinkwasserversorgung bestimmte Wassermenge mehr als 20 Prozent der Gesamtwassermenge ausmacht, die mit den entsprechenden Vorhaben oder Bewässerungs- oder Entwässerungsanlagen zur Verfügung gestellt wird oder die im Zusammenhang mit der Abwasserbeseitigung oder -behandlung steht. [3]Die Einspeisung von Trinkwasser in feste Netze zur Versorgung der Allgemeinheit durch einen Sektorenauftraggeber nach § 100 Absatz 1 Nummer 2 gilt nicht als Sektorentätigkeit, sofern die Erzeugung von Trinkwasser durch den betreffenden Auftraggeber erfolgt, weil dessen Verbrauch für die Ausübung einer Tätigkeit erforderlich ist, die keine Sektorentätigkeit nach den Absätzen 1 bis 4 ist, und die Einspeisung in das öffentliche Netz nur vom Eigenverbrauch des betreffenden Auftraggebers abhängt und bei Zugrundelegung des Durchschnitts der letzten drei Jahre einschließlich des laufenden Jahres nicht mehr als 30 Prozent der gesamten Trinkwassererzeugung des betreffenden Auftraggebers ausmacht.

(2) Sektorentätigkeiten im Bereich Elektrizität sind
1. die Bereitstellung oder das Betreiben fester Netze zur Versorgung der Allgemeinheit im Zusammenhang mit der Erzeugung, der Fortleitung und der Abgabe von Elektrizität,

2. die Einspeisung von Elektrizität in diese Netze, es sei denn,
   a) die Elektrizität wird durch den Sektorenauftraggeber nach § 100 Absatz 1 Nummer 2 erzeugt, weil ihr Verbrauch für die Ausübung einer Tätigkeit erforderlich ist, die keine Sektorentätigkeit nach den Absätzen 1 bis 4 ist, und
   b) die Einspeisung hängt nur von dem Eigenverbrauch des Sektorenauftraggebers ab und macht bei Zugrundelegung des Durchschnitts der letzten drei Jahre einschließlich des laufenden Jahres nicht mehr als 30 Prozent der gesamten Energieerzeugung des Sektorenauftraggebers aus.

(3) Sektorentätigkeiten im Bereich von Gas und Wärme sind
1. die Bereitstellung oder das Betreiben fester Netze zur Versorgung der Allgemeinheit im Zusammenhang mit der Erzeugung, der Fortleitung und der Abgabe von Gas und Wärme,
2. die Einspeisung von Gas und Wärme in diese Netze, es sei denn,
   a) die Erzeugung von Gas oder Wärme durch den Sektorenauftraggeber nach § 100 Absatz 1 Nummer 2 ergibt sich zwangsläufig aus der Ausübung einer Tätigkeit, die keine Sektorentätigkeit nach den Absätzen 1 bis 4 ist, und
   b) die Einspeisung zielt nur darauf ab, diese Erzeugung wirtschaftlich zu nutzen und macht bei Zugrundelegung des Durchschnitts der letzten drei Jahre einschließlich des laufenden Jahres nicht mehr als 20 Prozent des Umsatzes des Sektorenauftraggebers aus.

(4) Sektorentätigkeiten im Bereich Verkehrsleistungen sind die Bereitstellung oder das Betreiben von Netzen zur Versorgung der Allgemeinheit mit Verkehrsleistungen per Eisenbahn, automatischen Systemen, Straßenbahn, Trolleybus, Bus oder Seilbahn; ein Netz gilt als vorhanden, wenn die Verkehrsleistung gemäß den von einer zuständigen Behörde festgelegten Bedingungen erbracht wird; dazu gehören die Festlegung der Strecken, die Transportkapazitäten und die Fahrpläne.

(5) Sektorentätigkeiten im Bereich Häfen und Flughäfen sind Tätigkeiten im Zusammenhang mit der Nutzung eines geografisch abgegrenzten Gebiets mit dem Zweck, für Luft-, See- oder Binnenschifffahrtsverkehrsunternehmen Flughäfen, See- oder Binnenhäfen oder andere Terminaleinrichtungen bereitzustellen.

(6) Sektorentätigkeiten im Bereich fossiler Brennstoffe sind Tätigkeiten zur Nutzung eines geografisch abgegrenzten Gebiets zum Zweck
1. der Förderung von Öl oder Gas oder
2. der Exploration oder Förderung von Kohle oder anderen festen Brennstoffen.

(7) [1]Für die Zwecke der Absätze 1 bis 3 umfasst der Begriff „Einspeisung" die Erzeugung und Produktion sowie den Groß- und Einzelhandel. [2]Die Erzeugung von Gas fällt unter Absatz 6.

Literatur: Bosselmann/Mulert, Das Verhältnis von AGB-Inhaltskontrolle und Vergaberecht im Sektorenbereich, NZBau 2018, 657; Opitz, Was bringt die neue Sektorenvergaberichtlinie?, VergabeR 2014, 369; Prieß/Stein, Die neue EU-Sektorenrichtlinie, NZBau 2014, 323. Vgl. iÜ die Angaben bei § 100 GWB.

I. Bedeutung der Vorschrift

Zweck der Regelung ist die Erfassung der besonderen Situationen in den in der Vorschrift genannten Sektoren, die durch eine **wettbewerbshindernde Abschot-** 1

GWB § 102

tung der Märkte gekennzeichnet sind, indem entweder staatliche Institutionen die in den Sektoren tätigen Unternehmen finanziell oder personell beherrschen oder die Versorgung, die Bereitstellung oder das Betreiben der zur Erbringung der Infrastrukturleistungen benötigten Netze auf staatlicherseits gewährten besonderen oder ausschließlichen Rechten beruhen (Erwgr. 1 der SRL). Da die Marktabschottung auf einer staatlichen Ingerenz beruht, wird das Vergaberecht als probates Mittel der **Herstellung von Wettbewerb** angesehen.

2 § 102 GWB definiert die Sektorentätigkeiten, auf die das besondere Sektorenvergaberecht der §§ 136 ff. GWB und der SektVO anwendbar ist. Zwar regelt § 102 GWB unmittelbar nur den sachlichen Anwendungsbereich des Sektorenvergaberechts. Da jedoch der Begriff des Sektorenauftraggebers nach § 100 GWB tätigkeitsbezogen definiert ist und daher die Ausübung einer Sektorentätigkeit iSd § 102 GWB voraussetzt, stellt die letztgenannte Vorschrift die **zentrale Weichenstellung für die Anwendung des Sektorenvergaberechts** dar. Erforderlich ist immer ein **funktionaler Bezug** der konkreten Beschaffung zu einer der in § 102 GWB aufgeführten Sektorentätigkeiten. Dieser Bezug ist gegeben, wenn die Beschaffung der Erreichung der in den einzelnen Tatbeständen der Sektorentätigkeiten genannten Zwecke (Abs. 1: Versorgung der Allgemeinheit mit Trinkwasser; Abs. 2: Versorgung der Allgemeinheit mit Elektrizität; Abs. 3: Versorgung der Allgemeinheit mit Gas und Wärme; Abs. 4: Versorgung der Allgemeinheit mit Verkehrsleistungen, Abs. 5: Bereitstellung bestimmter Infrastrukturen für Verkehrsunternehmen; Abs. 6: Förderung von Öl, Gas oder Kohle) dient. In diesem Fall können auch sog. **Sektorenhilfstätigkeiten**, bspw. Beschaffungen von Telekommunikations- oder IT-Einrichtungen,[1] nicht aber eine abtrennbare und selbstständig, dh ohne Bezug zu der Sektorentätigkeit, nutzbare Leistung dem Sektorenvergaberecht unterliegen.[2]

3 Die Vorschrift setzt in ihren Abs. 1–6 die Art. 8–14 SRL sowie den Anh. II zur KVR um; durch Abs. 7 wird der Art. 7 SRL in deutsches Recht transformiert. Nicht übernommen wurde die Einordnung der Postdienste als Sektorentätigkeit durch Art. 13 SRL, da der **Markt der Postdienstleistungen** in Deutschland als liberalisiert anzusehen und damit die Rechtfertigung für die Anwendung der besonderen Vorschriften des Sektorenvergaberechts entfallen ist.[3] Die Aufzählung des § 102 GWB ist **abschließend**, so dass das Sektorenvergaberecht nicht auf andere Tätigkeiten in Gebieten mit einem unvollständigen Wettbewerb erstreckt werden kann.

4 Als Sektorentätigkeiten erfasst § 102 GWB die **Zurverfügungstellung von bestimmten Infrastrukturen,** nämlich Bereitstellung und Betrieb von Netzen im Bereich Trinkwasserversorgung (Abs. 1), Elektrizität (Abs. 2) sowie Gas und Wärme (Abs. 3) – jew. einschl. der Einspeisung in diese Netze –, die Bereitstellung und den Betrieb von Netzen zur Versorgung mit bestimmten Verkehrsleistungen (Abs. 4), die Bereitstellung von Flughäfen, See- oder Binnenhäfen (Abs. 5) sowie Tätigkeiten zur Förderung (bzw. Exploration) von Öl, Gas, Kohle oder anderen festen Brennstoffen (Abs. 6).

II. Einzelne Sektorentätigkeiten

1. Trinkwasserversorgung

5 Die Definition der Sektorentätigkeiten im Bereich Wasser durch § 102 Abs. 1 GWB entspricht weitgehend der Nr. 1 der Anlage zu § 98 Nr. 4 GWB aF. Der

---

[1] VK Sachsen 9.12.2014 – 1/SVK/032-14, VPRRS 2015, 0050 Rn. 130.
[2] VK Nordbayern 26.7.2018 – RMF-SG21-3194-3-19, BeckRS 2018, 44928 Rn. 90.
[3] Vgl. BT-Drs. 18/6281, 73.

Sektor Wasser bezieht sich ausschl. auf die Trinkwasserversorgung und umfasst **zwei Tatbestände:** Zum einen das Bereitstellen und Betreiben fester Netze zur Versorgung der Allgemeinheit mit der Gewinnung, der Fortleitung und der Abgabe von Trinkwasser (§ 102 Abs. 1 S. 1 Nr. 1 GWB), zum anderen die Einspeisung von Trinkwasser in diese Netze (§ 102 Abs. 1 S. 1 Nr. 2 GWB).

Unter einem **festen Netz zur Trinkwasserversorgung** (§ 102 Abs. 1 S. 1 Nr. 1 GWB) ist ein ober- oder unterirdisches Leitungssystem zur Führung von Trinkwasser zu verstehen, das dauerhaft mit dem Erdboden verbunden ist.[4] Lediglich übergangsweise bereit gestellte Wasserversorgungsanlagen genügen dieser Voraussetzung nicht.[5] Da das Netz zur **Versorgung der Allgemeinheit** dienen muss, werden Netze, die besondere Versorgungsbedarfe einzelner Unternehmen etc befriedigen, nicht erfasst. Dementsprechend ist der Begriff des Netzes funktional mit Blick auf den Zweck der Versorgung der Allgemeinheit mit Trinkwasser zu bestimmen. Ein Netz zur Trinkwasserversorgung stellt bereit oder betreibt, wer ein solches **Netz selbst errichtet oder instand setzt oder unterhält,** sofern diese Tätigkeit im Zusammenhang mit der Gewinnung, der Fortleitung oder der Abgabe von Trinkwasser zur Versorgung der Allgemeinheit steht. Auf die rein physischen Tätigkeiten der Leitungsverlegung oder -wartung kommt es ebenso wenig an wie auf das zivilrechtliche Eigentum an dem Netz. Die Überlassung des Netzes durch dessen Eigentümer zum Betrieb durch einen anderen Versorger stellt daher mangels Handelns zur Versorgung der Allgemeinheit keine Sektorentätigkeit dar, sondern nur die aufgrund dieser Überlassung erfolgende Tätigkeit zu diesem Versorgungszweck.[6]

Leitungssysteme, die ausschl. dem Transport von Abwässern dienen, zählen nicht zu den Netzen iSv § 102 Abs. 1 S. 1 Nr. 1 GWB. Die **Abwasserentsorgung** selbst ist auch dann keine Sektorentätigkeit, wenn sie in einem Zusammenhang mit der Trinkwasserversorgung steht. Allerdings müssen auch Aufträge im Bereich der Abwasserentsorgung (ebenso wie andere Vorhaben im Bereich Wasserbau, Bewässerung und Entwässerung) nach Sektorenvergaberecht ausgeschrieben werden, wenn diese in einem Zusammenhang mit der Trinkwasserversorgung steht und die zur Trinkwasserversorgung bestimmte Wassermenge mehr als 20 % der mit dem Vorhaben zur Verfügung gestellten Gesamtwassermenge ausmacht (§ 102 Abs. 1 S. 2 GWB). Dahinter steht die Überlegung, dass Auftraggeber das Sektorenvergaberecht „bei all ihren wasserwirtschaftlichen Tätigkeiten … (anwenden), unabhängig davon, um welchen Teil des „Wasserzyklus" es geht" (Erwgr. 24 der SRL). Der erforderliche **Zusammenhang mit der Trinkwasserversorgung** kann sowohl baulich als auch funktional sein. Er kann – in Abhängigkeit von der konkreten Ausgestaltung – bspw. hinsichtlich wasserbaulicher Vorhaben wie dem Bau von Talsperren oder Rückhaltebecken oder bzgl. Tätigkeiten der Abwasserentsorgung bei der gemeinsamen Verlegung von Netzrohren vorliegen.[7] Bleibt der Anteil der für die Trinkwasserversorgung bestimmten Wassermenge unter 20 %, so ist auf die mit der Trinkwasserversorgung stehenden Wasserbau-, Bewässerungs- und Entwässerungsvorhaben das Sektorenvergaberecht nicht anwendbar. Ein bestehender Zusammenhang mit diesen Vorhaben entzieht allerdings die von § 102 Abs. 1 S. 1 GWB erfassten Tätigkeiten der Trinkwasserversorgung nicht der Anwendung der Vorschriften für Sektorenvergaben.

Die **Einspeisung von Trinkwasser in diese Netze** (§ 102 Abs. 1 S. 1 Nr. 2 GWB) kann durch den Betreiber des Netzes, aber auch durch eine andere natürliche oder juristische Person erfolgen, sofern die Einspeisung unter Zustimmung des Netzbetreibers erfolgt. Die Reichweite des Begriffs der „Einspeisung" richtet sich

---

[4] RSG/Bosselmann GWB § 102 Rn. 10.
[5] BeckOK VergabeR/Wichmann GWB § 102 Rn. 21.
[6] BeckOK VergabeR/Wichmann GWB § 102 Rn. 20.
[7] BeckOK VergabeR/Wichmann GWB § 102 Rn. 25, 27.

nach § 102 Abs. 7 GWB und umfasst sowohl die Erzeugung und Produktion als auch den Groß- und Einzelhandel mit Trinkwasser. Eine Sonderregelung für die Trinkwassereinspeisung durch eine natürliche Person oder eine juristische Person des Privatrechts als Auftraggeber für dessen Verbrauch zu anderen Zwecken als der Trinkwasserversorgung oder anderen Sektorentätigkeiten, wenn die Einspeisung in das öffentliche Netz allein von dem Eigenverbrauch dieses Auftraggebers abhängt – zu dessen Befriedigung der Auftraggeber das Trinkwasser gerade fördert – und die Einspeisung in das öffentliche Netz unterhalb einer Grenze von 30 % der Gesamttrinkwassererzeugung des betreffenden Auftraggebers liegt, enthält § 102 Abs. 2 S. 3 GWB.

2. Elektrizität

9   Als Sektorentätigkeiten im Bereich Elektrizität nennt § 102 Abs. 2 GWB – entspr. der Struktur des § 102 Abs. 1 GWB (→ Rn. 5) – die **Bereitstellung oder das Betreiben von festen Netzen zur Versorgung** der Allgemeinheit mit Elektrizität (§ 102 Abs. 2 Nr. 1 GWB) sowie die Einspeisung von Elektrizität in diese Netze (§ 102 Abs. 2 Nr. 2 GWB). Das Kriterium der Versorgung der Allgemeinheit ist bereits dann erfüllt, wenn „jedermann" Zugang zu dieser Versorgung hat und nicht lediglich eine Versorgung bestimmter Gruppen erfolgt; die Bedienung eines weitergehenden Gemeinwohlinteresses ist hingegen nicht erforderlich.[8] Die Bereitstellung iSv § 102 Abs. 2 Nr. 1 GWB umfasst auch den Einsatz von Mitteln zum Betrieb eines Netzes.[9] Der Begriff der Einspeisung bestimmt sich nach § 102 Abs. 7 GWB. Hierzu zählt bspw. der Betrieb einer Photovoltaikanlage, wenn der durch sie erzeugte Strom in das allgemeine Netz eingespeist wird.[10] Keine Sektorentätigkeit gem. § 102 Abs. 2 Nr. 2 GWB liegt hingegen vor, wenn eine natürliche Person oder eine juristische Person des Privatrechts die Elektrizität für einen Verbrauch erzeugt, der für die Ausübung einer anderen Tätigkeit als einer Sektorentätigkeit erforderlich ist, und die nur vom Eigenverbrauch des Sektorenauftraggebers abhängende Einspeisung nicht mehr als 30 % der durchschnittlichen Gesamtenergieerzeugung dieses Sektorenauftraggebers ausmacht.

3. Gas und Wärme

10   Der die **Sektorentätigkeiten im Bereich Gas und Wärme** betreffende § 102 Abs. 3 GWB ist parallel § 102 Abs. 2 GWB (→ Rn. 9) aufgebaut, mit der Besonderheit, dass auch hier der Begriff der Einspeisung nach § 102 Abs. 7 S. 1 GWB zu bestimmen ist, die Erzeugung von Gas jedoch gem. § 102 Abs. 7 S. 2 GWB nicht unter § 102 Abs. 3 Nr. 2 GWB, sondern unter § 102 Abs. 6 GWB (→ Rn. 105) fällt.

4. Verkehrsleistungen

11   § 102 Abs. 4 GWB bezieht sich auf die **Bereitstellung oder das Betreiben von Infrastruktureinrichtungen** zur Versorgung der Allgemeinheit in bestimmten Verkehrsarten, nämlich Eisenbahn, automatischen Systemen, Straßenbahn, Trolleybus, Bus oder Seilbahn. Das Vorhandensein eines Netzes iSd Ausübung einer Sektorentätigkeit ist ausweislich § 102 Abs. 4 Hs. 2 GWB von der **physischen Existenz von Infrastruktureinrichtungen unabhängig**, nämlich dadurch bestimmt, dass die Verkehrsleistung gem. den von einer zuständigen Behörde festgelegten Bedingungen erbracht wird, wozu die Festlegung der Strecken, der Transportkapazitäten

---

[8] VK Baden-Württemberg 4.12.2017 – 1 VK 47/17, BeckRS 2017, 148098 Rn. 44.
[9] OLG München 9.3.2020 – Verg 27/19, NZBau 2022, 57 Rn. 31.
[10] OLG Düsseldorf 30.4.2014 – VII-Verg 35/13, VergabeR 2014, 677 (680).

Sektorentätigkeiten § 102 GWB

und die Fahrpläne gehören. Diese Bedingungen müssen nicht generell-abstrakt festgelegt sein. Es reicht vielmehr aus, dass sie in einem zwischen dem Erbringer der Verkehrsleistung und der Behörde geschlossenen Vertrag niedergelegt sind. Nicht netzgebundene Verkehrsleistungen im Bereich des Individualverkehrs, bspw. der Betrieb eines Fahrradvermietungssystems, erfüllen nicht die Voraussetzungen des § 102 Abs. 4 GWB.[11]

5. Häfen und Flughäfen

Tätigkeiten im Bereich Häfen und Flughäfen sind nach § 102 Abs. 5 GWB Sektorentätigkeiten, wenn sie im Zusammenhang mit der Nutzung eines geografisch abgegrenzten Gebiets zu dem Zweck der **Bereitstellung von Flughäfen, See- oder Binnenhäfen** oder anderen Terminaleinrichtungen für Luft-, See- oder Binnenschifffahrtsverkehrsunternehmen vorgenommen werden. Wie das Kriterium des Zusammenhangs mit der Nutzung eines geografisch abgegrenzten Gebiets deutlich macht, erfasst die Vorschrift nur Tätigkeiten, die sich auf **konkrete Infrastrukturen** für die Ermöglichung von Personenbeförderung oder den Warenumschlag beziehen, nicht jedoch Einwirkungen auf die Umwelt zur Herstellung von Verkehrswegen, etwa Binnenwasserstraßen, oder der Regelung des Betriebs der entspr. Luft- oder Wasserfahrzeuge, wie Kennzeichenanlagen an Wasserwegen oder Lärmmessstationen zur Überwachung der Emissionen von Flugrouten. 12

„**Flughäfen**" sind in Rückgriff auf § 38 Abs. 1 LuftVZO Flugplätze – also Gebiete auf dem Land oder dem Wasser, die für Ankunft, Abflug und Bewegungen von Luftfahrzeugen bestimmt sind,[12] – die nach Art und Umfang des vorgesehenen Flugbetriebs einer Sicherung durch einen Bauschutzbereich nach § 12 LuftVG bedürfen. Nur diejenigen Unternehmen sind Sektorenauftraggeber, die eine Flughafeninfrastruktur gerade **zum Zwecke der Versorgung von Luftverkehrsunternehmen** bereitstellen und betreiben. Unter Luftverkehrsunternehmen sind dabei solche Unternehmen zu verstehen, die Beförderungs- oder Transportleistungen durchführen. Unter § 102 Abs. 5 GWB fallen nicht nur der Bau des Flughafens und der Betrieb der Start- und Landebahnen, sondern auch alle Tätigkeiten, die die Sicherheit des Flughafens sowie den ungehinderten Verkehr auf dem Flughafengelände sichern sollen, zB die Durchführung von Abschleppleistungen.[13] Hierdurch erfasst sind allerdings nicht sämtliche Hilfstätigkeiten auf dem Flughafengelände, sondern nur solche Tätigkeiten, die in einer **funktionalen Betrachtung im Dienste der Nutzung** des Gebiets gerade als Flughafen stehen.[14] Tätigkeiten, die hingegen Leistungen enthalten, die, wie Parkhäuser oder Einkaufspassagen, auch unmittelbar von anderen Unternehmen oder Personen genutzt werden, unterfallen nicht § 102 Abs. 5 GWB.[15] 13

Entspr. muss sich auch die **Bereitstellung von Häfen** auf die Versorgung von Beförderungsunternehmen im See- oder Binnenschiffsverkehr und nicht der Allgemeinheit beziehen. 14

6. Fossile Brennstoffe

Bezwecken Tätigkeiten in einem geografisch abgegrenzten Gebiet die **Förderung von Öl, Gas, Kohle oder anderen festen Brennstoffen,** so handelt es sich um eine Sektorentätigkeit nach § 102 Abs. 6 GWB. Anders als bei Öl und Gas zählt bei Kohle und anderen festen Brennstoffen auch die **Exploration** zu den 15

---

[11] VK Nordbayern 26.7.2018 – RMF-SG21-3194-3-19, BeckRS 2018, 44928 Rn. 90.
[12] Grabherr/Reidt/Wysk/Schiller/Reidt, 2012, § 6 Rn. 10.
[13] OLG Düsseldorf 24.3.2010 – VII-Verg 58/09, NZBau 2010, 649 (650).
[14] Ähnlich OLG Düsseldorf 24.3.2010 – VII-Verg 58/09, NZBau 2010, 649 (650).
[15] Großzügiger BeckOK VergabeR/Wichmann GWB § 102 Rn. 79, Frage des Einzelfalls.

GWB § 103 Öffentliche Aufträge, Rahmenvereinbarungen und Wettbewerbe

Sektorentätigkeiten. Die Exploration von Öl und Gas wurde nicht in den Kreis der Sektorentätigkeiten einbezogen, weil für diesbzgl. Beschaffungstätigkeiten ein hoher Wettbewerbsdruck festgestellt wurde (Erwgr. 25 der SRL). Dementsprechend ist es für die Abgrenzung der von § 102 Abs. 6 GWB umfassten Tätigkeiten für Öl und Gas erforderlich, zwischen Exploration einerseits und Förderung andererseits zu unterscheiden. Unter „**Förderung**" ist dabei die Erzeugung von Öl und Gas unter Einschluss auch der Errichtung einer Infrastruktur wie Ölplattformen, Rohrleitungen oder Terminalanlagen für die zukünftige Erzeugung zu verstehen. „**Exploration**" meint demgegenüber die Tätigkeiten, die zur Feststellung durchgeführt werden, ob Erdöl oder Erdgas in einem bestimmten Gebiet vorhanden ist und – wenn ja – ob es gewerblich nutzbar ist (Erwgr. 25 der SRL).

III. Rechtsschutz

16 Die Voraussetzungen des § 102 GWB sind **in vollem Umfang bieterschützend** und im Nachprüfungsverfahren zu kontrollieren.

§ 103 Öffentliche Aufträge, Rahmenvereinbarungen und Wettbewerbe

(1) **Öffentliche Aufträge sind entgeltliche Verträge zwischen öffentlichen Auftraggebern oder Sektorenauftraggebern und Unternehmen über die Beschaffung von Leistungen, die die Lieferung von Waren, die Ausführung von Bauleistungen oder die Erbringung von Dienstleistungen zum Gegenstand haben.**

(2) [1]**Lieferaufträge sind Verträge zur Beschaffung von Waren, die insbesondere Kauf oder Ratenkauf oder Leasing, Mietverhältnisse oder Pachtverhältnisse mit oder ohne Kaufoption betreffen.** [2]**Die Verträge können auch Nebenleistungen umfassen.**

(3) [1]**Bauaufträge sind Verträge über die Ausführung oder die gleichzeitige Planung und Ausführung**
1. **von Bauleistungen im Zusammenhang mit einer der Tätigkeiten, die in Anhang II der Richtlinie 2014/24/EU des Europäischen Parlaments und des Rates vom 26. Februar 2014 über die öffentliche Auftragsvergabe und zur Aufhebung der Richtlinie 2004/18/EG (ABl. L 94 vom 28.3.2014, S. 65) und Anhang I der Richtlinie 2014/25/EU des Europäischen Parlaments und des Rates vom 26. Februar 2014 über die Vergabe von Aufträgen durch Auftraggeber im Bereich der Wasser-, Energie- und Verkehrsversorgung sowie der Postdienste und zur Aufhebung der Richtlinie 2004/17/EG (ABl. L 94 vom 28.3.2014, S. 243) genannt sind, oder**
2. **eines Bauwerkes für den öffentlichen Auftraggeber oder Sektorenauftraggeber, das Ergebnis von Tief- oder Hochbauarbeiten ist und eine wirtschaftliche oder technische Funktion erfüllen soll.**

[2]**Ein Bauauftrag liegt auch vor, wenn ein Dritter eine Bauleistung gemäß den vom öffentlichen Auftraggeber oder Sektorenauftraggeber genannten Erfordernissen erbringt, die Bauleistung dem Auftraggeber unmittelbar wirtschaftlich zugutekommt und dieser einen entscheidenden Einfluss auf Art und Planung der Bauleistung hat.**

(4) **Als Dienstleistungsaufträge gelten die Verträge über die Erbringung von Leistungen, die nicht unter die Absätze 2 und 3 fallen.**

(5) [1]**Rahmenvereinbarungen sind Vereinbarungen zwischen einem oder mehreren öffentlichen Auftraggebern oder Sektorenauftraggebern und**

einem oder mehreren Unternehmen, die dazu dienen, die Bedingungen für die öffentlichen Aufträge, die während eines bestimmten Zeitraums vergeben werden sollen, festzulegen, insbesondere in Bezug auf den Preis. ²Für die Vergabe von Rahmenvereinbarungen gelten, soweit nichts anderes bestimmt ist, dieselben Vorschriften wie für die Vergabe entsprechender öffentlicher Aufträge.

(6) **Wettbewerbe** sind Auslobungsverfahren, die dem Auftraggeber aufgrund vergleichender Beurteilung durch ein Preisgericht mit oder ohne Verteilung von Preisen zu einem Plan oder einer Planung verhelfen sollen.

Literatur: **1. Vertragsbegriff, Vertragsbestandteile und Vertragspartner:** Burgi, Der Verwaltungsvertrag im Vergaberecht, NZBau 2002, 57; Burgi, Das Kartellvergaberecht als Sanktions- und Rechtsschutzinstrument bei Verstößen gegen das kommunale Wirtschaftsrecht?, NZBau 2003, 539; Csaki, Vergaberechtsfreiheit von Zulassungsverfahren?, NZBau 2012, 350; Dreher, Vertragslaufzeiten und Kartellvergaberecht, FS Kapellmann, 2007, 73; Dreher, Die Open-House-Verfahren, NZBau 2019, 275; Fandrey, Ausschreibungsfreiheit durch Zuwendung?, NZBau 2019, 362; Gabriel, Markterkundungen öffentlicher Auftraggeber im Grenzbereich zwischen Leistungsbestimmungsrecht und Ausschreibungspflicht, NZBau 2019, 83; Gaßner, Das Open-house-Urteil des EuGH – Ein Geschenk für kreative Beschaffer, NZS 2016, 767; Grams, „Zuwendungsmodell" – Ausnahme von der Ausschreibung nach GWB?, VergabeR 2019, 473; Hertwig, Uneingeschränkte Relevanz des Gemeindewirtschaftsrechts im Vergabenachprüfungsverfahren, NZBau 2009, 355; Hertwig, Der Staat als Bieter, NZBau 2008, 355; Hübner, Forschungseinrichtungen und andere Subventionsempfänger als Bieter bei öffentlichen Auftragsvergaben – die Frage nach staatlichen Beihilfen, VergabeR 2015, 154; Lipinsky/Plauth, Das Verhältnis von Vergabe- und Zuwendungsrecht: Ein Abgrenzungsversuch, VergabeR 2019, 1; Mann, Kommunales Wirtschaftsrecht als Vorfrage des Vergaberechts?, NVwZ 2010, 857; Meyer-Hofmann/Bördner/Kruse, Die Ausschreibungen von Leistungen zur medizinischen Rehabilitation, NZS 2018, 473; Müller-Wrede, Sponsoring und Vergaberecht, FS Thode, 2005, 431; Neun, Vergaberechtsfreiheit des „Open-House-Modells", NZBau 2016, 681; Ohrtmann, Bedarfsdeckung zwischen Vergabe- und Zuwendungsrecht, VergabeR 2019, 261; Panetta, Daseinsvorsorge zwischen Beihilfe- und Vergaberecht, 2007; Schneider, Öffentlich-rechtliche Marktzutrittsverbote im Vergaberecht, NZBau 2009, 352; Siegel, Zulässige Vertragslaufzeiten im Vergaberecht, ZfBR 2006, 554; Spilok, Die Anwendbarkeit des Kartellvergaberechts auf Beleihungskonstellationen, 2012; Tomerius, Gestaltungsoptionen öffentlicher Auftraggeber unter dem Blickwinkel des Vergaberechts, 2005; Willenbruch, Der Open-House-Vertrag – vergaberechtliche Fragen und Antworten, VergabeR 2017, 419; Willenbruch, Rechtliche Aspekte der Markterkundung, VergabeR 2018, 103; Zeiss, Beleihung – Ende einer lieb gewonnenen Ausnahme von der Ausschreibungspflicht?, DVBl. 2003, 435; Ziekow, Die vergaberechtlich zulässige Vertragslaufzeit bei komplexen PPP-Modellen, VergabeR 2006, 702; Ziekow, Zur Abgrenzung von Zuwendungen nach Haushaltsrecht und ausschreibungspflichtigen öffentlichen Aufträgen, FS Marx, 2013, 885.

2. Veräußerung und Privatisierung, insbes. Grundstücksveräußerungen und Städtebau: Antweiler, Wann Grundstücksgeschäfte dem Vergaberecht unterliegen, VergabeR 2022, 293; Behr, Zur vergaberechtlichen Relevanz von Privatisierungen, VergabeR 2009, 129; Berger, Die Ausschreibungspflicht bei der Veräußerung von Unternehmensanteilen durch kommunale Körperschaften, ZfBR 2002, 134; Brambring/Vogt, Ausschreibungspflicht kommunaler Grundstücksverträge, NJW 2008, 1855; Braun, Ausschreibungspflichtigkeit des Verkaufs von Gesellschaftsanteilen, VergabeR 2006, 657; Bulla, Die Ausschreibungspflicht von Grundstücksgeschäften der öffentlichen Hand, VergabeR 2019, 457; Dietlein, Anteils- und Grundstücksveräußerungen als Herausforderung für das Vergaberecht, NZBau 2004, 472; Drügemöller/Conrad, Anteilsverkauf und De-facto-Vergabe öffentlicher Aufträge, ZfBR 2008, 651; Eisenreich/Barth, Vergaberechtspflichtigkeit von Grundstücksverkäufen der öffentlichen Hand, NVwZ 2008, 635; El-Barudi, Die Anwendbarkeit des GWB-Vergaberechts auf Öffentlich-Private

GWB § 103 Öffentliche Aufträge, Rahmenvereinbarungen und Wettbewerbe

Partnerschaften, 2009; Feuchtmüller, Veräußerung von Gesellschaftsanteilen und Vergaberecht, 2013; Frenz, Grundstücksverkäufe der öffentlichen Hand, DÖV 2016, 819; Hölzl, Die Ausschreibungspflichtigkeit von Gebäudemietverträgen und die Unionsrechtsfestigkeit bestandskräftiger Entscheidungen, NZBau 2015, 412; Hüser, Ausschreibungspflichten bei der Privatisierung öffentlicher Aufgaben, 2005; Jasper, Privatisierung und EG-Vergaberecht, 2001; Jasper/Arnold, Die Ausschreibungspflicht im Fall der Stadt Mödling, NZBau 2006, 24; Jennert, Public Private Partnership und Vergaberecht, ZKF 2001, 248; Klein, Veräußerung öffentlicher Unternehmen und Vergaberecht, 2005; Frenz, Vergaberecht und institutionalisierte PPP, NZBau 2008, 673; Grotelüschen/Lübben, Einheitliche Maßstäbe für die vergaberechtliche Infizierung von Veräußerungsgeschäften der öffentlichen Hand, VergabeR 2008, 169; Hertwig, Vergaberecht und staatliche (Grundstücks-)Verkäufe, NZBau 2011, 9; Horn, Ausschreibungspflichten bei Grundstücksgeschäften der öffentlichen Hand, VergabeR 2008, 158; Jarass Cohen, Vergaberecht und städtebauliche Kooperation, 2013; Keller, Kooperativer Städtebau und Kartellvergaberecht, 2010; Klein, Veräußerung öffentlichen Anteils- und Grundstücksvermögen nach dem Vergaberecht, VergabeR 2008, 22; Köster, Die Veräußerung kommunaler Liegenschaften unter Begründung einer Bauverpflichtung im Schatten des Vergaberechts, BauR 2008, 930; Kühling, künftige vergaberechtliche Anforderungen an kommunale Immobiliengeschäfte, NVwZ 2010, 1257; Kulartz, Ausschreibungspflichten bei Grundstücksveräußerungen, VergabeR 2009, 282; Loer, Public Private Partnership und Public Public Partnership. Kooperations- und Konzessionsmodelle sowie interkommunale Zusammenarbeit im Lichte des Vergaberechts, 2007; Losch, Vergaberecht im Städtebau: Gestaltungsspielräume ausschreibungsfreier Projekte, VergabeR 2013, 839; Mehlitz, Ausschreibungspflichten bei formellen und funktionellen Privatisierungen, 2011; Otting, Vergaberecht und Städtebau, VergabeR 2013, 343; Pietzcker, Grundstücksverkäufe, städtebauliche Verträge und Vergaberecht, NZBau 2008, 293; Reidt, Grundstücksveräußerungen der öffentlichen Hand und städtebauliche Verträge als ausschreibungspflichtige Baukonzession?, BauR 2007, 1664; Reidt, Grundstücksveräußerungen und städtebauliche Verträge außerhalb des Kartellvergaberechts, VergabeR 2008, 11; Scharf/Dierkes, Zur Frage der Ausschreibungspflicht von Anteilverkäufen durch die öffentliche Hand, VergabeR 2011, 543; Shirvani, Vergaberechtliche Relevanz von Öffentlich-Privaten Partnerschaften nach der „pressetext Nachrichtenagentur"-Entscheidung des EuGH, VergabeR 2010, 21; Schotten, Die Vergabepflicht bei Grundstücksverkäufen der öffentlichen Hand, NZBau 2008, 741; Stöcker, Entwicklung des Verwaltungskooperationsvertrages unter Berücksichtigung des Vergaberechts, 2010; Wirner, Einzelne Privatisierungsakte als öffentliche Aufträge im Sinne des öffentlichen Vergaberechts, LKV 2004, 294; Ziekow, Die vergaberechtliche Bewertung von Grundstücksveräußerungen durch die öffentliche Hand, VergabeR 2008, 151.

3. Auftragsarten und ihre Abgrenzung, einzelne Bereiche: Amelung/Janson, Vergabe von Rettungsdienstleistungen: Keine generelle Freistellung vom Vergaberecht, NZBau 2016, 23; Baudis, Mietverträge über noch zu errichtende Gebäude im Kartellvergaberecht, VergabeR 2020, 715; Bonhage/Ritzenhoff, Die Vergabe von Rettungsdienstleistungen, NZBau 2012, 218; Burgi, Hilfsmittelverträge und Arzneimittel-Rabattverträge als öffentliche Lieferaufträge? NZBau 2008, 480; Busch, Die Ausschreibungspflichtigkeit von Erschließungsverträgen, VergabeR 2003, 622; Dageförde, Ausschreibungspflichten bei Lieferverträgen für Strom und Gas, VergabeR 2013, 531; Dreher/Hoffmann, Der Auftragsbegriff nach § 99 GWB und die Tätigkeit der gesetzlichen Krankenkassen, NZBau 2009, 273; Esch, Ausschreibung rettungsdienstlicher Leistungen, VergabeR 2007, 286; Frenz, Bauvergaberecht – Reichweite und Grenzen, VergabeR 2018, 489; Gabriel/Kaufmann, Zum Spezialitätsverhältnis zwischen Erstattungsvereinbarung nach § 130c SGB V und Arzneimittelrabattverträge nach § 130a Abs. 8 SGB V, PharmR 2015, 553; Hertwig, Grundstücksgeschäfte und Vergaberecht nach der Entscheidung des EuGH zu „Bad Wildeshausen", VergabeR 2010, 554; Hertwig, Vergaberechtliches „Vorhandensein" eines Gebäudes, NZBau 2021, 717; Hübner, Sind Weisungen Dienstleistungsaufträge?, VergabeR 2020, 559; Kingreen, Sozialhilferechtliche Leistungserbringung durch öffentliche Ausschreibungen, VergabeR 2007, 354; Kingreen, Vergaberecht und Verfahrensgerechtigkeit in der jugend- und sozialhilferechtlichen Leistungserbringung, VSSR 2006, 379; Klar, Abgrenzungsprobleme

Öffentliche Aufträge, Rahmenvereinbarungen und Wettbewerbe **§ 103 GWB**

bei der Bestimmung der Auftragsarten des Kartellvergaberechts, NVwZ 2014, 185; Kues/Simlesa, Bau- oder Lieferauftrag? – Das ist hier die Frage!, NZBau 2020, 765; Mager/Lotz, Die Vergabe von Gebäudemanagementleistungen am Beispiel der Ausschreibung von Reinigungsdienstleistungen, ZfBR 2015, 758; Numberger/Hitziger, Vergabepflicht bei Erschließungsverträgen und Erschließungsanspruch, BayVBl. 2005, 581; Strauß, Die Fahrzeugbeschaffung und ihre Besonderheiten, InfrastrukturRecht 2014, 270; Werner, Vergabe öffentlicher Bauleistungen, 2006; Wilke, Erschließungsverträge und Vergaberecht, ZfBR 2002, 231; Wilke, Vergaberechtliche Aspekte städtebaulicher Verträge, ZfBR 2004, 141; Ziekow, Städtebauliche Verträge zwischen Bauauftrag und Baukonzession, DVBl. 2008, 137; Ziekow, Gemeinschaftsrechtliche Anforderungen an die Auftragsvergabe von Sicherheitsdienstleistungen, in Burgi/Stober, Vergabe von Sicherheitsdienstleistungen – Stand und Perspektiven, 2008, 5.

4. Rahmenvereinbarungen und Wettbewerbe: Diercks-Oppler, Wettbewerbe für Architekten und Ingenieure, 2013; Fischer/Fongern, Rahmenvereinbarungen im Vergaberecht, NZBau 2013, 550; Friton/Meister, Die Rahmenvereinbarung: das (nach wie vor) unbekannte Wesen?, FS Marx, 2013, 129; Müller-Wrede, Der Architektenwettbewerb, 2012; Portz, Rahmenvereinbarungen – Flexible Beschaffungsmöglichkeiten im Vergaberecht, KommunalPraxis spezial 2011, 78; Portz, Flexible Vergaben durch Rahmenvereinbarungen: Klarstellungen durch die EU-Vergaberichtlinie 2014, VergabeR 2014, 523; Segeth, Rahmenvereinbarungen, 2010; Stolz, Die Vergabe von Architekten- und Ingenieursleistungen nach der Vergaberechtsreform 2016, VergabeR 2016, 351; Wichmann, Die Vergabe von Rahmenvereinbarungen und die Durchführung nachgelagerter Wettbewerbe nach neuem Recht, VergabeR 2017, 1.

Übersicht

Rn.

I. Bedeutung der Vorschrift	1
II. Begriff des öffentlichen Auftrags (Abs. 1)	6
1. Struktur	6
2. Durchführung eines Auswahlverfahrens	10
3. Vorliegen eines entgeltlichen Vertrages	11
a) Abschluss eines Vertrages	12
aa) Beiderseits verbindliches Rechtsgeschäft	13
bb) Wahl öffentlich-rechtlicher Handlungsformen	19
cc) Inhaltliche Gestaltungsfreiheit des Auftraggebers	24
dd) Vertragsdauer	26
ee) Kein Schriftformerfordernis	37
ff) Entgeltlichkeit	38
b) Verfolgung eines Beschaffungszwecks	44
aa) Grundsätze	44
bb) Veräußerungsgeschäfte der öffentlichen Hand	50
cc) Organisationsmaßnahmen öffentlicher Auftraggeber, insbes. Privatisierungen	61
4. Vertragspartner	63
a) Öffentlicher Auftraggeber	64
b) Unternehmen	65
c) Verträge zwischen verschiedenen öffentlichen Stellen	66
III. Arten öffentlicher Aufträge (Abs. 2–6)	68
1. Lieferaufträge (Abs. 2)	70
2. Bauauftrag (Abs. 3)	74
a) Begriffe	77
b) Verträge über die Ausführung oder über die Planung und Ausführung von Bauleistungen (§ 103 Abs. 3 S. 1 Nr. 1, 2 GWB)	83
c) Bauleistung durch Dritte (§ 103 Abs. 3 S. 2 GWB)	89

GWB § 103 Öffentliche Aufträge, Rahmenvereinbarungen und Wettbewerbe

	Rn.
aa) Hinweise auf die Rechtslage	96
bb) Vertragliche Regelungen	100
3. Dienstleistungsauftrag (Abs. 4)	107
4. Rahmenvereinbarungen (Abs. 5)	110
a) Festlegung von Bedingungen für die Auftragsvergabe	112
b) Laufzeit	117
c) Beteiligte der Rahmenvereinbarung	118
5. Wettbewerbe (Abs. 6)	124

I. Bedeutung der Vorschrift

1 § 103 GWB enthält **Vorschriften zum Anwendungsbereich des Vergaberechts** in zweierlei Richtungen: Zum einen ergänzt er die den persönlichen Anwendungsbereich des Kartellvergaberechts betreffende Bestimmung des § 98 GWB durch eine Regelung zum Vertragspartner des öffentlichen Auftraggebers, muss es sich doch ausweislich des § 103 Abs. 1 GWB (ebenso wie nach § 105 Abs. 1 GWB bei Konzessionen) dabei um ein „Unternehmen" handeln (→ Rn. 65). Zum anderen – und in erster Linie – regelt § 103 GWB den **sachlichen Anwendungsbereich des Vergaberechts** – mit Ausnahme der Konzessionsvergaben – durch den Begriff des öffentlichen Auftrags.

2 Allerdings ergibt sich dieser sachliche Anwendungsbereich nicht allein aus § 103 GWB, sondern erst im **Zusammenwirken mit anderen Vorschriften:** Liegen die Voraussetzungen des § 103 GWB vor, so sind die besonderen Vorschriften der §§ 97 ff. GWB – mit Ausnahme der die Konzessionen betreffenden Vorschriften – der VgV, der SektVO, der VSVGV und der EU-Paragraphen der VOB/A (zur Regelungssystematik → Einl. Rn. 20 ff.) gleichwohl nur anwendbar, wenn die in § 106 GWB festgelegten Schwellenwerte erreicht oder überschritten sind. Weiterhin dürfen keine Ausnahmen nach §§ 107, 116 GWB einschlägig sein sowie kein Inhouse- oder Instate-Geschäft iSv § 108 GWB und keine Konzession iSv § 105 GWB vorliegen.

3 Ähnlich wie § 99 GWB beruht auch die Anwendung des § 103 GWB auf einer **funktionalen Betrachtung.** Die gesamte Rspr. des EuGH zur Vergaberechtsfreiheit der sog. In-house-Geschäfte beruht auf einem funktionalen Auftragsbegriff: Wird eine Aufgabe auf eine im Rahmen einer Organisationsprivatisierung gegründete rechtlich selbständige Eigengesellschaft eines öffentlichen Auftraggebers übertragen, so kommt bei rein formeller Betrachtungsweise ein Vertrag zustande und es läge ein Auftrag iSd § 103 Abs. 1 GWB vor. Sofern die Gesellschaft vom Auftraggeber „beherrscht" wird, ist dies jedoch bei funktionaler Betrachtungsweise der Aufgabenwahrnehmung durch eine Dienststelle gleichzusetzen (→ § 108 Rn. 8 ff.). Der funktionale Auftragsbegriff stellt ein **Korrektiv** dar, um Konstellationen gerecht zu werden, die zwar dem Wortlaut der Vorschriften nach dem Anwendungsbereich des Vergaberechts unterfallen würden, dies jedoch zur Erreichung des Hauptziels der unionsrechtlichen Vergaberichtlinien, einen freien Dienstleistungsverkehr und die Öffnung für einen unverfälschten und möglichst umfassenden Wettbewerb in allen Mitgliedstaaten zu gewährleisten (→ § 97 Rn. 2 ff.), nicht geboten ist. Der Sache nach handelt es sich beim funktionalen Auftragsbegriff um eine teleologische Auslegung.

4 § 103 GWB setzt die Begriffsbestimmungen des Art. 2 Abs. 1 Nr. 5–9, Art. 21 VRL in nationales Recht um. Zwar weicht der Wortlaut teilw. von den unionsrechtlichen Vorgaben ab, ohne dass damit jedoch Umsetzungsdefizite verbunden wären. Verbleibende Unklarheiten sind durch eine unionsrechtskonforme Auslegung zu beseitigen. Im Übrigen ist die **Vorschrift als abschließend zu verstehen.** Andere

Rechtsgeschäfte als die in § 103 GWB benannten eröffnen nicht den sachlichen Anwendungsbereich des Vergaberechts.

§ 103 Abs. 1 GWB enthält eine **Legaldefinition** der Rechtsgeschäfte, die als öffentliche Aufträge einzuordnen sind. Die Abs. 2–6 differenzieren diese Definition in **einzelne Auftragsarten**. Gemischte Aufträge, die Elemente mehrerer Auftragsarten aufnehmen, werden durch § 110 GWB jew. nur dem für eine Auftragsart geltenden Rechtsregime zugewiesen.

II. Begriff des öffentlichen Auftrags (Abs. 1)

1. Struktur

§ 103 Abs. 1 GWB definiert den öffentlichen Auftrag als entgeltlichen Vertrag zwischen öffentlichen Auftraggebern oder Sektorenauftraggebern und Unternehmen, der entweder Liefer- oder Bau- oder Dienstleistungen zum Gegenstand hat. Der Begriff des öffentlichen Auftrags wird mithin **durch verschiedene Dimensionen konstituiert:**

- Das Erfordernis des Vorliegens eines entgeltlichen Vertrages auf der Grundlage der Durchführung eines Auswahlverfahrens bezieht sich auf die **Art des Rechtsverhältnisses und dessen Merkmale,** nämlich die vertragliche Bindung und die Entgeltlichkeit.
- Auf den **zulässigen Inhalt** eines öffentlichen Auftrags bezieht sich die Festlegung der möglichen Vertragsgegenstände auf Liefer-, Bau- und Dienstleistungen.
- Schließlich wird der öffentliche Auftrag durch die **an dem Vertragsverhältnis beteiligten Parteien** konstituiert. Dabei muss es sich auf der einen Seite um einen oder mehrere öffentliche Auftraggeber bzw. Sektorenauftraggeber und auf der anderen Seite um ein oder mehrere Unternehmen handeln.

Die Kriterien des § 103 Abs. 1 GWB müssen **bei objektiver Betrachtung erfüllt** sein, damit der Anwendungsbereich der für öffentliche Aufträge geltenden Vorschriften der §§ 97 ff. GWB eröffnet ist. Ob der öffentliche Auftraggeber rechtsirrig davon ausgeht, dass es sich bei dem beabsichtigten Vertrag um einen öffentlichen Auftrag handelt, oder sich freiwillig an das Vergaberecht binden will und deshalb ein Vergabeverfahren unter Einhaltung der vergaberechtlichen Anforderungen durchführt hat, ist demgegenüber unerheblich.[1]

Bei der Anwendung dieser Merkmale ist die **Zwecksetzung** des für Aufträge ab Erreichen der Schwellenwerte geltenden spezifischen Rechtsregimes zu beachten. Die **Herstellung eines unverfälschten und möglichst umfassenden Wettbewerbs** auf den Beschaffungsmärkten der Mitgliedstaaten stellt das integrierende Ziel des EU-Vergaberechts dar.[2] Erwgr. 1 der VRL betont ausdr., dass die koordinierten Verfahrensbestimmungen des Unionsrechts die Öffnung des öffentlichen Beschaffungswesens für den Wettbewerb garantieren sollen. Das Vergaberecht ist daher nur dann einschlägig, wenn der betr. Vorgang überhaupt eine Marktberührung aufweist, ein öffentlicher Auftraggeber also auf einem Beschaffungsmarkt tätig wird, und zwar nicht als Anbieter, sondern als Nachfrager.

Die häufig aufgestellte weitergehende Forderung, dass der öffentliche Auftraggeber gerade ebenso wie Privater am Markt auftreten muss, verkennt die **Eigenrationalität des öffentlichen Sektors.** Anders als ein Privater kann sich die öffentliche Hand wegen ihrer Verpflichtung, ihre Allgemeinwohlaufgaben zu erfüllen, auch dann nicht Beschaffungsnotwendigkeiten entziehen, wenn sie unter ökonomischem

---

[1] OLG Naumburg 17.6.2016 – 7 Verg 2/16, IBRRS 2016, 2590 = BeckRS 2016, 12548.
[2] Vgl. nur EuGH 13.12.2007 – C-337/06, NZBau 2008, 130 Rn. 39 – Bayerischer Rundfunk; 28.1.2016 – C-50/14, NZBau 2016, 177 Rn. 55 – CASTA.

GWB § 103 Öffentliche Aufträge, Rahmenvereinbarungen und Wettbewerbe

Blickwinkel fallen zu lassen wären; dieses Phänomen wird als **„Zwangsbedarf"** beschrieben.[3] Darüber hinaus werden auch die Inhalte der Beschaffung häufig von Gemeinwohlerwägungen, bspw. Umwelt- oder sozialen Gesichtspunkten, determiniert, die ein privates Unternehmen nicht berücksichtigt.

2. Durchführung eines Auswahlverfahrens

10   Ist Ziel des EU-Vergaberechts die Verhinderung der Ungleichbehandlung der Bieter aus anderen Mitgliedstaaten (→ § 97 Rn. 9 ff.), so ist diese Gefahr in erster Linie mit der vom öffentlichen Auftraggeber im Vergabeverfahren vorgenommenen **Auswahl unter mehreren Angeboten** verknüpft.[4] Art. 1 Abs. 2 VRL hebt ausdr. hervor, dass die Auftragsvergabe durch eine Auswahl von Wirtschaftsteilnehmern durch den öffentlichen Auftraggeber gekennzeichnet ist. Daher ist das Verfahren der Auswahl eines Angebots und damit verbunden des Bieters, der das Angebot abgegeben hat, ein essentielles Element eines öffentlichen Auftrags.[5] Verfahren (wie das sog. Open House-Modell), in denen eine öffentliche Einrichtung Verträge mit allen Unternehmen schließt, die die vorgegebenen Bedingungen erfüllen und dem entspr. Leistungserbringungssystem beigetreten sind, stellen dementsprechend keinen öffentlichen Auftrag dar (s. dazu auch → VgV § 21 Rn. 3).[6] Ob die Bedingungen der Zulassung zu diesem System diskriminierungsfrei ausgestaltet sind, ändert nichts am Vorliegen eines Open House-Modells, sondern ist lediglich für dessen Rechtmäßigkeit von Bedeutung.[7] Gleiches gilt, wenn sich der öffentliche Auftraggeber einen Pool von Unternehmen schafft, die zwar bestimmte Eignungskriterien erfüllen müssen, die Auswahl des konkret beauftragten Unternehmens jedoch noch nicht nach diesen Kriterien, sondern erst später nach weiteren (Zuschlags-)Kriterien erfolgt.[8]

3. Vorliegen eines entgeltlichen Vertrages

11   Das an die **Art des Rechtsverhältnisses** anknüpfende Element der Definition des öffentlichen Auftrags stellt das Merkmal des Vorliegens eines entgeltlichen Vertrags dar. Die Prüfung dieses Merkmals ist voraussetzungsreicher als es der Wortlaut der Vorschrift erkennen lässt. So sind neben den Fragen, ob zwischen den Beteiligten überhaupt ein Vertrag zustande gekommen ist, und der Entgeltlichkeit dieses Vertrages ua zu erörtern, ob der Vertrag einer bestimmten Teilrechtsordnung zuzuordnen sein muss, welchen Grenzen seine inhaltliche Ausgestaltung unterliegt, welche Bedeutung Änderungen des Vertrags haben und ob der Vertrag zur Erfüllung spezifischer Zwecke des einen Vertragspartners – des öffentlichen Auftraggebers – dienen muss.

12   **a) Abschluss eines Vertrages.** Kern des Begriffs des öffentlichen Auftrags ist der Abschluss eines Vertrags zwischen öffentlichem Auftraggeber und Unternehmen. Dabei ist zu beachten, dass die Anwendung des Vergaberechts nicht auf dem bereits

---

[3] Regler, Das Vergaberecht zwischen öffentlichem und privatem Recht, 2007, S. 67 f.
[4] EuGH 2.6.2016 – C-410/14, NZBau 2016, 441 Rn. 36 – Dr. Falk; 1.3.2018 – C-9/17, NZBau 2018, 366 Rn. 30 – Tirkkonen.
[5] EuGH 2.6.2016 – C-410/14, NZBau 2016, 441 Rn. 38 – Dr. Falk; OLG Düsseldorf 31.10.2018 – VII-Verg 37/18, NZBau 2019, 327 Rn. 30; 19.12.2018 – VII-Verg 40/18, NZBau 2019, 332 Rn. 34; 18.8.2021 – VII-Verg 52/20, NZBau 2022, 482 Rn. 22.
[6] EuGH 2.6.2016 – C-410/14, NZBau 2016, 441 Rn. 42 – Dr. Falk; OLG Düsseldorf 31.10.2018 – VII-Verg 37/18, NZBau 2019, 327 Rn. 30 ff.; 19.12.2018 – VII-Verg 40/18, NZBau 2019, 332 Rn. 34 ff.; 20.3.2019 – Verg 65/18, BeckRS 2019, 8280 Rn. 35 f.; 18.8.2021 – VII-Verg 52/20, NZBau 2022, 482 Rn. 22.
[7] VK Bund 25.5.2022 – VK 2–56/22, NZBau 2022, 766 Rn. 11.
[8] EuGH 1.3.2018 – C-9/17, NZBau 2018, 366 Rn. 35 ff. – Tirkkonen.

erfolgten Abschluss eines Vertrags beruht, sondern gerade das **zum Vertragsschluss führende Verfahren,** die Entscheidung des Auftraggebers, wem ein Auftrag erteilt werden soll, erfasst.[9] Da bereits zum Beginn dieses Vergabeverfahrens die von § 103 Abs. 1 GWB geforderte Entscheidung zu treffen ist, ob der sachliche Anwendungsbereich des (Kartell-)Vergaberechts eröffnet ist, bezieht sich die Prüfung des § 103 Abs. 1 GWB darauf, ob das Verhalten des Auftraggebers darauf gerichtet ist, mit Hilfe einer vertraglichen Bindung eine Beschaffung durchzuführen.[10]

aa) Beiderseits verbindliches Rechtsgeschäft. Ein Vertrag wird nach allg. 13 Grundsätzen durch die **durch übereinstimmende Willenserklärungen herbeigeführte Willenseinigung** zweier Rechtssubjekte geschlossen. Hieran fehlt es, wenn das Rechtsverhältnis einseitig-hoheitlich bestimmt ist, selbst wenn der andere Teil mit dieser einseitigen Festsetzung einverstanden ist (zB beim sog. konsentierten Verwaltungsakt).[11] Hiervon zu unterscheiden ist die Situation, dass der Auftragnehmer ein Angebot abgegeben hat und der Akt der Beauftragung durch Verwaltungsakt erfolgt.[12] Denn in diesem Fall liegen beidseitige Erklärungen von Auftraggeber und Auftragnehmer vor (→ § 103 Rn. 20). Gleiches gilt, wenn die Leistungsgewährung nicht auf der Grundlage eines freiwilligen Vertragsschlusses beruht, sondern durch eine Rechtsnorm vorgeschrieben ist.

Die **Willenserklärung des öffentlichen Auftraggebers** wird durch den 14 Zuschlag auf das wirtschaftlichste Angebot abgegeben.[13] Ob hierdurch der Vertrag mit dem Bieter geschlossen wird, hängt von der jew. Konstellation ab:

- Ein **Zuschlag,** der **vor Ablauf der Zuschlagsfrist** erfolgt und das vom Bieter 15 abgegebene Angebot nicht abändert, enthält die **Annahme des Angebots des Bieters,** welches dessen Willenserklärung darstellt, und bringt den Vertrag zustande. Mit der Erteilung des Zuschlags ist das Vergabeverfahren beendet.
- Anders verhält es sich, wenn der **Zuschlag nach Ablauf der Zuschlagsfrist** 16 oder unter Änderung des Angebots des Bieters erteilt wird. In diesem Fall nimmt der Auftraggeber nicht das Angebot des Bieters an, sondern unterbreitet diesem selbst ein **neues Angebot,** über dessen Annahme (oder Nichtannahme) sich der Bieter unverzüglich erklären muss (§ 18 EU Abs. 2 VOB/A; dazu ausf. → VOB/A § 18 EU Rn. 16 ff.).

An einem auf den **Abschluss eines verbindlichen Rechtsgeschäfts** gerichteten 17 Willen des Auftraggebers fehlt es insbes., wenn der Auftraggeber noch nicht sicher ist, ob er überhaupt einen Beschaffungsvorgang einleiten will, sondern zunächst einmal im Wege der **Markterkundung** eruiert, ob der Markt eine Lösung für das sich ihm stellende Problem bereithält. So fällt das Interessenbekundungsverfahren nach § 7 Abs. 2 S. 3 BHO ebenso wenig unter § 103 Abs. 1 GWB wie bloße Vorstudien, die sich im Rahmen rein interner Überlegungen des Auftraggebers halten.[14] Für Markterkundungen regelt § 28 VgV ausdr., dass sie sich in der Phase vor Einleitung eines Vergabeverfahrens bewegen. Dies ändert allerdings nichts daran, dass auch die Phase der Markterkundung Vorwirkungen auf das Vergabeverfahren mit Blick auf die Bindung des öffentlichen Auftraggebers an die Grundsätze der Gleichbehandlung und der Transparenz erzeugen kann (→ VgV § 28 Rn. 2 ff.).[15]

---

[9] EuGH 11.1.2005 – C-26/03, NZBau 2005, 111 Rn. 52 – Stadt Halle.
[10] RKPP/Röwekamp GWB § 103 Rn. 15.
[11] EuGH 18.12.2007 – C-220/06, NVwZ 2008, 177 Rn. 54 – AP.
[12] VK Sachsen 8.4.2011 – 1/SVK/002-11, ZfBR 2011, 604 (607).
[13] Vgl. OLG Schleswig 9.12.2021 – 54 Verg 8/21, NZBau 2022, 427 Rn. 81.
[14] Vgl. für Vorstudien EuGH 11.1.2005 – C-26/03, NZBau 2005, 111 Rn. 35 – Stadt Halle; OLG München 7.6.2005 – Verg 4/05, BeckRS 2005, 18761 = VergabeR 2005, 620 (622).
[15] Willenbruch VergabeR 2018, 103 (105).

GWB § 103 Öffentliche Aufträge, Rahmenvereinbarungen und Wettbewerbe

18 Wie die Beispiele der Markterkundung und des Interessenbekundungsverfahrens zeigen, wird der sachliche Anwendungsbereich des Vergaberechts noch nicht dadurch eröffnet, dass der Auftraggeber Kontakt zu Marktteilnehmern aufnimmt. Umgekehrt ist nicht erforderlich, dass der Auftraggeber ein förmliches Vergabeverfahren einleitet. Nach den Grundsätzen des **materiellen Beschaffungsbegriffs** (dazu auch → § 155 Rn. 28) ist die Grenze zu einem auf die Durchführung einer Beschaffung und damit auf den Abschluss eines verbindlichen Rechtsgeschäfts gerichteten Verhalten des Auftraggebers vielmehr dann überschritten, wenn der öffentliche Auftraggeber
- sich entschlossen hat, Waren, Bau- oder Dienstleistungen zu beschaffen,
- diesbzgl. organisatorische und/oder planerische Schritte ergreift,
- um die Art und Weise der Beschaffung,
- deren gegenständliche Leistungsanforderungen und
- den Weg der Ermittlung und Auswahl des Erbringers der Leistung zu regeln.[16]

19 **bb) Wahl öffentlich-rechtlicher Handlungsformen.** In der Vergangenheit wurde teilw. die Ansicht vertreten, dass **öffentlich-rechtliche Verträge** von vornherein nicht dem Vergaberecht unterlägen.[17] Diese Ansicht konnte sich insbes. auf die amtl. Begr. der Bundesregierung zum Entwurf des Vergaberechtsänderungsgesetzes stützen.[18] Vor dem Hintergrund der Rspr. des EuGH[19] hat sich jedoch zunehmend die Erkenntnis durchgesetzt, dass die **Zuordnung der Handlungsform insoweit unbeachtlich** ist, vielmehr auch öffentlich-rechtliche Verträge als Aufträge iSd Vergaberechts einzustufen sind, sofern die weiteren Voraussetzungen des § 103 GWB erfüllt sind.[20] Denn zum einen kann die Abgrenzung zwischen zivilrechtlichen und öffentlich-rechtlichen Verträgen im Einzelfall sehr komplex sein; zum anderen sind nationale Zuordnungen bei ansonsten unveränderten Rahmenbedingungen für den Anwendungsbereich der Vergaberichtlinien nicht maßgebend.

20 Hingegen liegt **kein Vertrag** iSv § 103 Abs. 1 GWB vor, wenn ein öffentlicher Auftraggeber **einseitig einen Privaten zur Aufgabenerfüllung heranzieht,**[21] selbst wenn dieser dafür eine Entschädigung erhalten sollte. Denn in diesem Fall

---

[16] OLG Düsseldorf 20.6.2001 – Verg 3/01, NZBau 2001, 696 (698 ff.); 22.5.2002 – Verg 6/02, NZBau 2002, 583 (584); OLG Jena 22.11.2000 – 6 Verg 8/00, BeckRS 2000, 167148 = VergabeR 2001, 52 (54).

[17] So etwa OLG Celle 24.11.1999 – 13 Verg 7/99, NZBau 2000, 299 (300); Dreher DB 1998, 2579 (2587).

[18] BT-Drs. 13/9340, 15.

[19] EuGH 12.7.2001 – C-399/98, Slg. 2001, I-5409 Rn. 73 = NZBau 2001, 512 – Teatro alla Bicocca; 20.10.2005 – C-264/03, ZfBR 2006, 69 Rn. 36; 18.1.2007 – C-220/05, NZBau 2007, 185 Rn. 40 – Stadt Roanne; 29.4.2010 – C-160/08, NZBau 2010, 450 Rn. 90; 14.7.2022 – C-436/20, NZBau 2023, 47 Rn. 55 – ASADE.

[20] S. nur BGH 1.12.2008 – X ZB 31/08, NZBau 2009, 201 (203); BayObLG 28.5.2003 – Verg 7/03, BeckRS 2003, 7750 = VergabeR 2003, 563 (565); OLG Brandenburg 17.2.2005 – Verg W 11/04, BeckRS 2011, 16822 = VergabeR 2005, 99 (102); OLG Dresden 4.7.2008 – WVerg 3/08, NZBau 2008, 594 (595); OLG Düsseldorf 11.3.2002 – Verg 43/01, NZBau 2003, 55 (58); 5.5.2004 – VII-Verg 78–03, NZBau 2004, 398 (399); 22.9.2004 – VII Verg 44/04, NZBau 2005, 652; 5.4.2006 – VII-Verg 7/06, NZBau 2006, 595 (596); 13.6.2007 – VII-Verg 2/07, BeckRS 2007, 9926 = VergabeR 2007, 634 (637); 6.11.2013 – VII-Verg 39/11, BeckRS 2014, 4701 = VergabeR 2014, 169; OLG Frankfurt a. M. 7.9.2004 – 11 Verg 11/04, BeckRS 2004, 9213 = VergabeR 2005, 80 (86); OLG Koblenz 14.5.2019 – Verg 1/19, NZBau 2019, 534 Rn. 24; OLG Naumburg 3.11.2005 – 1 Verg 9/05, NZBau 2006, 58 (60); 22.12.2011 – 2 Verg 10/11, NZBau 2012, 258 (260).

[21] EuGH 18.12.2007 – C-220/06, BeckRS 2007, 71075 = VergabeR 2008, 196 (202); 14.7.2022 – C-436/20, NZBau 2023, 47 Rn. 57 – ASADE.

wird weder seitens des Auftraggebers noch seitens des Unternehmens eine auf einen Vertragsschluss gerichtete Willenserklärung abgegeben. Anderes wird aber zu gelten haben, wenn die hoheitliche Heranziehung des Privaten für den Auftraggeber einen Beschaffungsvorgang darstellt. In diesem Fall würde es eine Umgehung des spezifischen Pflichtenregimes des Vergaberechts bedeuten, würde der Vorgang nicht als öffentlicher Auftrag nach § 103 Abs. 1 GWB bewertet.[22]

Kein öffentlicher Auftrag ist anzunehmen, wenn ein Auftraggeber einem Privaten 21 im Wege der **Beleihung** die Befugnis zu hoheitlichem Handeln überträgt.[23] Auch insoweit ist aber zu beachten, dass die Beleihung **häufig nur instrumentellen Charakter** hat, also als Mittel eingesetzt wird, das zur Erfüllung einer bestimmten Aufgabe benötigt wird.[24] Handelt es sich bei der Aufgabenerfüllung durch den Beliehenen für den öffentlichen Auftraggeber um einen Beschaffungsvorgang, so wird dieser nicht durch die Kombination mit einer Beleihung der Anwendung des Vergaberechts entzogen.

Ebenfalls kein Vertrag iSd Begriffs des öffentlichen Auftrags liegt bei der **Gewäh- 22 rung einer haushaltsrechtlichen Zuwendung** vor. Die Legaldefinition des § 23 BHO versteht unter Zuwendungen Ausgaben und Verpflichtungsermächtigungen für Leistungen an Stellen außerhalb der Bundesverwaltung zur Erfüllung bestimmter Zwecke. Ausweislich der Nr. 2 zu § 23 BHO werden Zuwendungen in zwei verschiedenen Arten, nämlich der Projektförderung und der institutionellen Förderung, gewährt. Vorliegend geht es vor allem um den Typus der Projektförderung, dh die Gewährung von Zuwendungen zur Deckung von Ausgaben des Zuwendungsempfängers für einzelne abgegrenzte Vorhaben (Nr. 2.1 zu § 23 VV-BHO). Nach in der zuwendungsrechtlichen Lit. ganz hM erfolgt die Abgrenzung zwischen einer haushaltsrechtlichen Zuwendung einerseits und einem vergaberechtlichen Auftrag andererseits anhand des Nichtvorliegens einerseits bzw. Vorliegens andererseits eines Austauschverhältnisses, dh das Bestehen einer Gegenleistungspflicht desjenigen, der die Leistung der öffentlichen Hand erhält.[25] Als weitere Abgrenzungskriterien werden genannt die Verfolgung wirtschafts- oder gesellschaftspolitischer Interessen[26] sowie die Förderung der Erfüllung fremder Aufgaben durch den Bund mit der Gewährung von Zuwendungen.[27] Diese Abgrenzungskriterien sind zwar im Ansatz zutreffend, bedürfen allerdings für die praktische Handhabbarmachung der Präzisierung.

Nach der weiterhin maßgeblichen Rspr. des EuGH muss die **Erfüllung der 23 vertraglichen Verpflichtung „einklagbar"** sein.[28] An einer solchen Einklagbarkeit einer primären Leistungsverpflichtung fehlt es bei der Überantwortung von Mitteln als Zuwendung zur Bewirtschaftung durch den Zuwendungsempfänger in aller Regel.[29] Es besteht keine selbständig durchsetzbare Verpflichtung ggü. dem

---

[22] RKPP/Röwekamp GWB § 103 Rn. 104; iErg auch VK Sachsen 8.4.2011 – 1/SVK/002-11, ZfBR 2011, 604 (607).
[23] BGH 12.6.2001 – X ZB 10/01, BeckRS 2001, 6168 = DÖV 2001, 1006.
[24] Zur Vergaberechtsneutralität der Beleihung Spilok, Die Anwendbarkeit des Kartellvergaberechts auf Beleihungskonstellationen, 2012, S. 179.
[25] Endell/Frömgen, Förderhandbuch Nordrhein-Westfalen, 2009, Kap. I A, S. 3; Heuer/Engels/Eibelshäuser/Hugo/Sandfort, Kommentar zum Haushaltsrecht, 2006, BHO § 23 Rn. 12; Piduch/Nebel, Bundeshaushaltsrecht, 2. Aufl. 2007, BHO § 23 Rn. 4; Gröpl/Rossi, BHO/LHO, 2. Aufl. 2019, BHO § 23 Rn. 18.
[26] Piduch/Nebel, Bundeshaushaltsrecht, 2. Aufl. 2007, BHO § 23 Rn. 4.
[27] Heuer/Engels/Eibelshäuser/Hugo/Sandfort, Kommentar zum Haushaltsrecht, 2006, BHO § 23 Rn. 12.
[28] EuGH 25.3.2010 – C-451/08, NVwZ 2010, 565 Rn. 62 – Müller; 28.5.2020 – C-796/18, EuZW 2020, 820 Rn. 49; 10.9.2020 – C-367/19, NZBau 2020, 730 Rn. 26 – Tax-Fin-Lex; krit. Fandrey NZBau 2019, 362 (363); Kühling NVwZ 2010, 1257 (1259 f.).
[29] Zutreffend OLG Düsseldorf 11.7.2018 – VII-Verg 1/18, NZBau 2018, 628 (629 f.).

Zuwendungsgeber, einen bestimmten Erfolg zu erreichen. Vielmehr besteht eine Sicherung des mit der Mittelüberantwortung verbundenen Zwecks lediglich in der Möglichkeit zur Rückforderung der Zuwendung nach Aufhebung des Zuwendungsbescheids mit Verzinsungspflicht des Zuwendungsempfängers (vgl. Nr. 8 der Allgemeinen Nebenbestimmungen für Zuwendungen zur Projektförderung – ANBest-P), was zur Begründung einer durchsetzbaren Gegenleistungspflicht nicht ausreicht.[30] Erwgr. 4 zur VRL stellt ausdr. klar, dass „Finanzhilfen, von Tätigkeiten, die häufig mit der Verpflichtung verbunden ist, erhaltene Beträge bei nicht bestimmungsgemäßer Verwendung zurückzuzahlen", keine öffentlichen Aufträge darstellen. Darüber hinaus fehlt es dem Zuwendungsgeber an dem für das Vorliegen eines ausschreibungspflichtigen Auftrags erforderlichen unmittelbaren eigenen wirtschaftlichen Interesse hinsichtl. der Zurverfügungstellung der Mittel sowie der Zweckverfolgung. Dass der Zuwendungsempfänger Leistungen erbringt, die der Verwirklichung öffentlicher Interessen dienen, genügt insoweit nicht.[31]

23a Aus dem Vergaberecht – auch nicht aus dem unionsrechtlichen Effektivitätsgrundsatz[32] – ergibt sich grds. auch **keine Pflicht, statt einer Zuwendung nach Haushaltsrecht die Form eines öffentlichen Auftrags** nach Vergaberecht zu wählen, sofern dies im Einzelfall möglich ist. Die Entscheidung einer öffentlichen Stelle darüber, ob sie sich die Mittel zur Erfüllung öffentlicher Aufgaben aus eigenen Kapazitäten, durch Zusammenarbeit mit anderen öffentlichen Stellen, durch Vergabe eines öffentlichen Auftrags oder auf andere Weise verschafft, wird durch das Vergaberecht nicht reguliert, sondern liegt der Anwendbarkeit des Vergaberechts voraus. Nur dann, wenn die öffentliche Stelle als Auftraggeber iSv § 98 GWB sich die Mittel durch Vergabe eines öffentlichen Auftrags iSv § 103 GWB (oder einer Konzession) verschaffen will, ist das vergaberechtliche Regime einschlägig.[33] Anderes kann allenfalls für äußerste Ausnahmefälle eines offensichtlichen Formenmissbrauchs gelten.

24 **cc) Inhaltliche Gestaltungsfreiheit des Auftraggebers.** Seine sog. **Beschaffungsfreiheit** gesteht dem Auftraggeber ein Ermessen hinsichtl. der Auswahl zu, welche Art von Leistung mit welchen Merkmalen er nachfragen will. Sofern die Auswahl nach sachbezogenen Kriterien erfolgt, kann ihm die Nachprüfungsinstanz keine andere Leistung aufzwingen (iE → § 127 Rn. 6 ff., → VgV § 14 Rn. 54 ff.).

25 Allerdings ist diese Beschaffungsfreiheit nicht unbegrenzt. Erforderlich ist vielmehr ein **Bezug** der vom Auftraggeber verlangten Leistungsmerkmale **zum Auftragsgegenstand** (→ § 127 Rn. 15 ff.). Dass dem Auftraggeber auch iÜ keine Privatautonomie zukommt, sondern er durch die vergaberechtlichen Regelungen in zahlreichen Richtungen beschränkt wird – von der Auswahl des Partners (→ § 127 Rn. 45 ff.) bis hin zur inhaltlichen Ausgestaltung des Vertrags zB hinsichtl. der Frage der Vertragslaufzeit (→ Rn. 26 ff.) –, ergibt sich aus der Überlagerung zivilrechtlicher Grundsätze durch das Vergaberecht (→ Einl. Rn. 35).

---

[30] Müller/Richter/Ziekow E Rn. 56. AM Fandrey NZBau 2019, 362 (363).

[31] IE Ziekow FS Marx, 2013, 885.

[32] AM Lipinsky/Plauth VergabeR 2019, 1 (6); Ohrtmann VergabeR 2019, 261 (264 f.). Entgegen einer in Deutschland verbreiteten Auffassung hat sich der EuGH erfreulicherweise in vielen Entscheidungen einer Auflösung der Grenzen des Vergaberechts durch Berufung auf den Effektivitätsgrundsatz widersetzt.

[33] OLG Düsseldorf 11.7.2018 – VII-Verg 1/18, NZBau 2018, 628 (630). Vgl. auch EuGH 11.1.2005 – C-26/03, NVwZ 2005, 187 Rn. 48 – Stadt Halle; 13.10.2005 – C-458/03, NVwZ 2005, 1407 Rn. 61 – Parking Brixen; 13.11.2008 – C-324/07, NZBau 2009, 54 Rn. 48 – Coditel Brabant; 9.6.2009 – C-480/06, NZBau 2009, 527 Rn. 45 – Stadtreinigung Hamburg; 22.12.2010 – C-215/09, EuZW 2011, 257 Rn. 31 – Oulun kaupunki; 8.12.2016 – C-553/15, NZBau 2017, 109 Rn. 30 – Undis Servizi; 25.10.2018 – C-260/17, NZBau 2019, 189 Rn. 36 – Anodiki. Abl. Grams VergabeR 2019, 473 (477): Vorrang des Vergaberechts.

dd) Vertragsdauer. Ausdrückliche Bestimmungen, die allg. die Laufzeit von 26
öffentlichen Aufträgen betreffen, finden sich nicht. Das Unionsrecht verbietet nicht
den Abschluss von **öffentlichen Aufträgen auf unbestimmte Dauer.**[34] Sofern
die Ausschreibung dies berücksichtigt, ist es dem Auftraggeber nicht verwehrt, auch
unbefristete Verträge zu schließen.[35] Die Regelungen zur Berechnung des geschätzten Wertes von öffentlichen Aufträgen bestätigen dies: Art. 5 Abs. 12 VRL unterscheidet für bestimmte öffentliche Lieferaufträge zwischen Aufträgen mit höchstens zwölf Monaten und solchen mit einer unbestimmten Laufzeit. Eine entspr. Regelung für Dienstleistungsaufträge enthält Art. 5 Abs. 14 VRL. Auf nationaler Ebene unterscheidet § 3 Abs. 11 VgV für die Schätzung der Auftragswerte zwischen zeitlich begrenzten und unbefristeten Verträgen.

Laufzeitregelungen sind vielmehr **nur für bestimmte Verfahren** vorgesehen: 27
So darf eine Rahmenvereinbarung – von Sonderfällen abgesehen – die Laufzeit von
vier Jahren nicht überschreiten (Art. 33 Abs. 1 UAbs. 3 VRL; § 21 Abs. 6 VgV,
→ VgV § 21 Rn. 25). Die Laufzeitregelung soll sicherstellen, dass das geschlossene
System der Rahmenvereinbarung die Auftragsvergabe nur für einen begrenzten
Zeitraum dem allg. Wettbewerb entzieht. Die Laufzeitbegrenzung ist daher unauflösbar mit der spezifischen Systematik der Rahmenvereinbarungen verknüpft, welche einerseits Effizienzgewinne ermöglicht, andererseits aber wettbewerbsbeschränkend wirkt (→ VgV § 21 Rn. 25). Öffentliche Aufträge, die nicht der Struktur von Rahmenvereinbarungen entsprechen, können deshalb nicht Art. 33 Abs. 1 UAbs. 3 VRL bzw. § 21 Abs. 6 VgV unterstellt werden – auch nicht in entspr. Anwendung.

Entspr. den in → § 97 Rn. 2 ff. dargestellten Grundsätzen lassen sich dem **Wett-** 28
bewerbsgrundsatz keine Beschränkungen der zulässigen Laufzeit öffentlicher
Aufträge entnehmen. Der EuGH hat zwar darauf hingewiesen, „dass die Praxis der
Vergabe eines unbefristeten öffentlichen Dienstleistungsauftrags ... auf lange Sicht
den Wettbewerb zwischen potenziellen Dienstleistungserbringern beeinträchtigen"
kann.[36] Da jedoch der Wettbewerbsgrundsatz sich in den Regelungen des Vergaberechts konkretisiert (→ § 97 Rn. 5) und das unionsrechtliche Vergaberecht den Abschluss unbefristeter Verträge nicht verbietet,[37] kann der Wettbewerbsgrundsatz keinen eigenständigen limitierenden Gehalt entfalten. Vielmehr ist davon auszugehen, dass eine diskriminierungsfrei bemessene und den Anforderungen des Transparenzgrundsatzes genügende Laufzeitfestlegung mit dem Wettbewerbsgrundsatz nicht konfligiert. Die **Elemente der Laufzeitberechnung müssen also angegeben** werden, damit sich alle Bieter in gleicher Weise darauf einstellen können.

Eine unionsrechtliche Begrenzung der zulässigen Laufzeit von Beschaffungsverträ- 29
gen kann sich allerdings aus dem **unionsrechtlichen Verhältnismäßigkeitsgebot**
(→ § 97 Rn. 56 ff.) ergeben.[38] So hat der EuGH eine über 20 Jahre laufende Konzession als Beschränkung des freien Dienstleistungsverkehrs eingestuft, die nur aus zwingenden Gründen des Allgemeininteresses gerechtfertigt ist, wenn sie zur Erreichung des verfolgten Ziels geeignet ist und nicht über das zur Zielerreichung Erforderliche hinausgeht.[39] Die Kommission hat aus dem Grundsatz der Verhältnismäßigkeit die Notwendigkeit abgeleitet, Wettbewerb und finanzielle Ausgewogenheit in

---

[34] EuGH 19.6.2008 – C-454/06, NVwZ 2008, 865 Rn. 74 – pressetext; OLG Düsseldorf 4.2.2013 – VII-Verg 31/12, NZBau 2013, 321; vorbehaltlich eng begrenzter Ausnahmen aM VK Bund 9.4.2015 – VK 2–19/15, ZfBR 2015, 600 (603).

[35] VK Arnsberg 18.7.2000 – VK 2–07/2000, VPRRS 2013, 0985, „langjährige Dienstleistungsverträge in Form von Dauerschuldverhältnissen ... lässt das Vergaberecht grundsätzlich zu"; Prieß EurVergabeR-HdB S. 110; Ziekow VergabeR 2004, 430 (432).

[36] EuGH 19.6.2008 – C-454/06, NVwZ 2008, 865 Rn. 73 – pressetext.

[37] EuGH 19.6.2008 – C-454/06, NVwZ 2008, 865 Rn. 74 – pressetext.

[38] Dies übersieht Scharen NZBau 2009, 679 (682 ff.).

[39] EuGH 9.3.2006 – C-323/03, NZBau 2006, 386 Rn. 44 f.

GWB § 103 Öffentliche Aufträge, Rahmenvereinbarungen und Wettbewerbe

Einklang zu bringen.[40] Dies hat Auswirkungen auf die zulässige Laufzeit von Aufträgen: Für die Laufzeit von Konzessionen fordert die Kommission eine Festlegung der Laufzeit in der Weise, „dass der freie Wettbewerb nur so weit eingeschränkt wird, wie es erforderlich ist, um die Amortisierung der Investitionen und eine angemessene Verzinsung des eingesetzten Kapitals sicherzustellen".[41] In Anbetracht dessen, dass die Kommission diese Bestimmung der Laufzeit aus im Primärrecht verankerten Grundsätzen abgeleitet hat, wird man folgern müssen, dass der Ansatz auch für vergleichbare Modelle herangezogen werden kann. Insoweit ist zu beachten, dass die Kommission für das Vorliegen einer Konzession die Frage der Risikoverteilung für zentral hält: Danach „liegt eine Konzession dann vor, wenn der Unternehmer die mit der Dienstleistung verbundenen Risiken trägt (Erbringung der Dienstleistung und deren Nutzung), indem er seine Vergütung, in welcher Form auch immer, über die Benutzer – insbes. durch die Erhebung von Gebühren – erhält. Die Art der Vergütung, die der Unternehmer erhält, zeigt ... wer das Nutzungsrisiko trägt."[42] Dementsprechend darf die Festlegung der Laufzeit im Ausgleich zwischen Wettbewerb und finanzieller Ausgewogenheit nicht dazu führen, dass die Risikoverteilung als solche geändert wird, ist doch „das mit der Nutzung verbundene Risiko für den Konzessionär beizubehalten".[43] Die Struktur der ausgeschriebenen Leistung darf mithin durch die Laufzeitbestimmung nicht verändert werden. Die **Laufzeit ist dem ausgeschriebenen Gegenstand akzessorisch,** nicht umgekehrt.

30 Die für Konzessionen entwickelten Grundsätze hat die Kommission auch auf Public Private Partnerships übertragen. Im **ÖPP-Grünbuch** heißt es unter ausdr. Bezugnahme auf die Mitteilung der Kommission zu Auslegungsfragen im Bereich Konzessionen:

„Im Übrigen muss sich der Zeitraum, in dem der private Partner eine Infrastruktur oder eine Dienstleistung betreibt bzw. bereitstellt, nach dem Erfordernis richten, das wirtschaftliche und finanzielle Gleichgewicht des Projekts zu gewährleisten. Insbes. ist die Dauer der partnerschaftlichen Beziehungen so festzulegen, dass der freie Wettbewerb nur so weit eingeschränkt wird, wie es erforderlich ist, um die Amortisierung der Investitionen und eine angemessene Verzinsung des eingesetzten Kapitals sicherzustellen. Eine übermäßig lange Laufzeit dürfte sich aufgrund der für den Binnenmarkt geltenden Grundsätze oder der wettbewerbsrechtlichen Bestimmungen des EG-Vertrags verbieten. Der Grundsatz der Transparenz verlangt ebenfalls, dass die Elemente, auf die sich die Festlegung der Laufzeit stützt, in den Vergabeunterlagen veröffentlicht werden, damit die Bieter sie bei der Ausarbeitung ihres Angebots berücksichtigen können."[44]

31 An anderer Stelle hat die Kommission allerdings deutlich gemacht, dass sie bei **komplexen PPP-Modellen** Laufzeiten von 25 Jahren oder 30 Jahren oder sogar mehr für nicht ungewöhnlich und deshalb auch nicht grds. zu beanstanden hält.[45] Parameter sind insoweit die Amortisierung von Investitionen und eine angemessene Verzinsung des eingesetzten Kapitals.

32 **(1) Amortisierung von Investitionen.** Die Frage, wann eine Amortisierung von Investitionen eintritt, fordert vom öffentlichen Auftraggeber eine **komplexe**

---

[40] Mitteilung der Kommission zu Auslegungsfragen im Bereich Konzessionen im Gemeinschaftsrecht, ABl. 2000 C 121, 2.
[41] Mitteilung der Kommission zu Auslegungsfragen im Bereich Konzessionen im Gemeinschaftsrecht, ABl. 2000 C 121, 2.
[42] Mitteilung der Kommission zu Auslegungsfragen im Bereich Konzessionen im Gemeinschaftsrecht, ABl. 2000 C 121, 2.
[43] Mitteilung der Kommission zu Auslegungsfragen im Bereich Konzessionen im Gemeinschaftsrecht, ABl. 2000 C 121, 2.
[44] Grünbuch zu öffentlich-privaten Partnerschaften (KOM 2004, 327), Nr. 46.
[45] European Commission Guidelines for Successful Public-Private Partnerships, 2003, S. 24.

Bewertung unter Einbeziehung verschiedener Gesichtspunkte. Die Amortisierung kann in Abhängigkeit von dem gewählten Finanzierungsmodell, den vom Auftraggeber gewählten Vergabebedingungen und anderen Gesichtspunkten früher oder später als nach den Durchschnittsamortisierungswerten eintreten. Die Möglichkeit, günstige Finanzierungen zu erlangen, führt nicht zwangsläufig dazu, dass die Laufzeit wegen einer schnelleren Amortisierung kürzer festzulegen ist. So können die bei einer längeren Laufzeit höheren Investitions- und damit auch Finanzierungsvolumina dazu führen, dass niedrigere **Zinssätze** als bei einer kürzeren Laufzeit angeboten werden. Darüber hinaus können langfristig festschreibbare günstige Zinssätze die Wahl einer längerfristigen vertraglichen Bindung nahe legen. Denn hierdurch wird es dem Betreiber ermöglicht, für einen langen Zeitraum eine Leistung zu einem günstigen Preis anzubieten. Dieser Vorteil ermöglicht dem öffentlichen Auftraggeber zum einen eine nachhaltige Haushaltswirtschaft, die auch über längere Zeiträume auf eine maßvolle, insbes. nicht steigende Belastung achtet. Ggf. lässt sich ein Haushaltssanierungskonzept nur bei einer Verfolgung langfristig angelegter Perspektiven realisieren. Zum anderen kann dem Nutzer der betriebenen Anlagen eine langfristige **Gebührenstabilität** gewährleistet werden. Diese Gesichtspunkte können vom öffentlichen Auftraggeber zu Kriterien für die Vergabe gemacht werden. Allerdings ist dann darauf zu achten, dass die günstigen Finanzierungsbedingungen nicht zu einer signifikant früheren Amortisierung von Investitionen führen. Mit anderen Worten: Nur bei längeren Laufzeiten erzielbare Finanzierungsvorteile müssen sich im Angebot des Privaten niederschlagen und insoweit an den öffentlichen Auftraggeber „weitergegeben" werden. Allein die für den Privaten günstigen Finanzierungskonditionen über einen längeren Zeitraum rechtfertigen keine Einschränkung des Wettbewerbs zu Lasten von Konkurrenten.

Zu einer **Optimierung einzelner Gesichtspunkte,** bspw. der Kürze der Laufzeit zu Lasten der Gebührenstabilität, ist der Auftraggeber nicht verpflichtet. Entscheidend ist vielmehr, dass der öffentliche Auftraggeber die für ein Abweichen von dem Durchschnittsamortisierungswert nach oben und nach unten sprechenden **Gesichtspunkte zu einem angemessenen Ausgleich** bringt. Dies setzt voraus, dass der Auftraggeber diese Gesichtspunkte erkannt und in ihrer Bedeutung für die Laufzeitbemessung bewertet hat. Allerdings ist der öffentliche Auftraggeber nur dann zu einer Korrektur der zu Grunde gelegten Durchschnittsamortisierungswerte gehalten, wenn eine **signifikante Abweichung prognostisch ermittelt** werden kann. Die Frage der Dauer der Amortisierung von Investitionen ist ein Element zur Ermittlung einer angemessenen Vertragslaufzeit iRd Anwendung des Grundsatzes der Verhältnismäßigkeit. Der unionsrechtliche Grundsatz der Verhältnismäßigkeit setzt jedoch bzgl. der Angemessenheitsprüfung der von dem Auftraggeber zu treffenden Entscheidung weite Grenzen.[46] 33

(2) Angemessene Verzinsung. Während die Amortisierung der vom Privaten zu tätigenden Investitionen – auch unter Berücksichtigung insbes. der Höhe der Gebühren, die die Nutzer der von dem Privaten betriebenen Einrichtung zu entrichten haben werden, sowie der weiteren Möglichkeiten der Finanzierung[47] – eine festliegende (wenngleich über die Laufzeit verschiedenen, nicht notwendig stabilen Faktoren ausgesetzte) Größe ist, bleibt der Terminus „angemessene Verzinsung des eingesetzten Kapitals" **inhaltlich unbestimmt.** 34

Für den Versuch, **Kriterien zur Ausfüllung** des Begriffs der „angemessenen Verzinsung" zu generieren, ist zunächst darauf hinzuweisen, dass der Gesichtspunkt der Angemessenheit den **Rückbezug zum Grundsatz der Verhältnismäßigkeit** herstellt. Eine dem Privaten eingeräumte Verzinsung wird sich erst dann als unange- 35

---

[46] Ehlers, Europäische Grundrechte und Grundfreiheiten, 3. Aufl. 2009, § 7 Rn. 110.
[47] European Commission Guidelines for Successful Public-Private Partnerships, 2003, S. 24.

GWB § 103 Öffentliche Aufträge, Rahmenvereinbarungen und Wettbewerbe

messen bezeichnen lassen, wenn sie außer Verhältnis zum übertragenen Risiko und zu dem für den Einkauf der Leistung am Markt zu erbringenden Aufwendungen steht. Zur – wenngleich inhaltlich nicht vollständig parallelen – Frage, was unter einer „angemessenen Rendite" bei der Erbringung von Dienstleistungen von allgemeinem wirtschaftlichem Interesse zu verstehen sein soll, schlägt die Kommission folgenden Ermittlungsmodus vor:[48]

> „Zum Zwecke dieser Entscheidung ist unter »angemessener Rendite« ein angemessener Kapitalertrag unter Berücksichtigung des von dem Unternehmen aufgrund des staatlichen Eingreifens eingegangenen Risikos bzw. unter Berücksichtigung des fehlenden Risikos zu verstehen. ... In der Regel darf die Rendite die in der betr. Sektor in den Jahren zuvor erzielte durchschnittliche Rendite nicht übersteigen. In Sektoren, in denen es an Unternehmen fehlt, die als Vergleichsmaßstab für das mit der Erbringung einer Dienstleistung von allgemeinem wirtschaftlichem Interesse betraute Unternehmen dienen könnten, können Unternehmen aus anderen Mitgliedstaaten oder ggf. auch aus anderen Wirtschaftszweigen zu Vergleichszwecken herangezogen werden. Bei der Bestimmung der angemessenen Rendite können die Mitgliedstaaten auch Kriterien zugrunde legen, die insbes. an die Qualität der zu erbringenden Dienstleistung und an Produktivitätsgewinne anknüpfen."

36   In der Sache handelt es sich dabei um die wesentlichen Elemente, die bei einem **Wirtschaftlichkeitsvergleich vor Ausschreibung eines PPP-Modells** durchzuführen sind. Ist ein Wirtschaftlichkeitsvergleich methodisch zureichend durchgeführt worden, so ist davon auszugehen, dass die dort ermittelte Laufzeit den Anforderungen des Grundsatzes der Verhältnismäßigkeit in Verbindung mit dem Wettbewerbsprinzip genügt. Da Maßstab für die Wirtschaftlichkeit der Auflegung eines PPP-Modells das konventionelle Referenzprojekt in Eigenregie des öffentlichen Auftraggebers ist, besteht bereits ein einheitlicher Bezugsrahmen für die Berechnung der Renditeerwartungen. Insoweit ist davon auszugehen, dass der **Rahmen der am Markt erzielten Durchschnittsrendite** eingehalten wird. Hinter der Orientierung an einer Durchschnittsrendite steht der Gedanke, dass der Wettbewerb nur insoweit eingeschränkt werden soll, wie die Einschränkung selbst wiederum den durch den Wettbewerb am Markt entstehenden Gegebenheiten entspricht. Allerdings kann eine Durchschnittsrendite **keine absolute Höchstgrenze** bilden, würde sie doch einen Innovationswettbewerb verhindern und zu einer Zementierung des wettbewerblichen status quo führen. Unternehmen, die aufgrund innovativer technischer oder organisatorischer Modelle bei sonst gleichen Berechnungsparametern (Risikoverteilung, Leistungsqualität etc) höhere Produktivitätsgewinne erwirtschaften, dürfen deshalb nicht schlechter behandelt werden. Denn eine Durchsetzung derartiger innovativer Modelle liegt im langfristigen Interesse der öffentlichen Auftraggeber, führt doch ihre Etablierung dazu, dass die Durchschnittsrenditesätze nach einiger Zeit entspr. anzupassen sind. Dementsprechend sieht auch die Kommission die Einbeziehung von Produktivitätsgewinnen vor. Ist kein die Laufzeitfrage einbeziehender Wirtschaftlichkeitsvergleich durchgeführt worden, so müssen Erforderlichkeit und Angemessenheit der gewählten Laufzeit vom Auftraggeber iE nachgewiesen werden.[49]

37   **ee) Kein Schriftformerfordernis.** Anders als die Definition öffentlicher Aufträge in Art. 2 Abs. 1 Nr. 5 VRL enthält § 103 Abs. 1 GWB nicht das Kriterium der Schriftlichkeit des zwischen Auftraggeber und Unternehmen geschlossenen Vertrags. Eine unionskonforme Auslegung des § 103 Abs. 1 GWB ist insofern weder geboten

---

[48] Entscheidung der Kommission v. 28.11.2005 über die Anwendung von Art. 86 Abs. 2 EG-Vertrag auf staatliche Beihilfen, die bestimmten mit der Erbringung von Dienstleistungen von allgemeinem wirtschaftlichem Interesse betrauten Unternehmen als Ausgleich gewährt werden, ABl. 2005 L 312, 67, Art. 5 Abs. 4.

[49] EuGH 9.3.2006 – C-323/03, NZBau 2006, 386 Rn. 47 f.

noch zulässig. Es ist dem nationalen Gesetzgeber unbenommen, den Anwendungsbereich vergaberechtlicher Regelungen **weiter zu fassen als vom EU-Recht vorgegeben**. § 103 Abs. 1 GWB erfasst daher auch solche Verträge über eine Beschaffung, die in anderer als schriftlicher Form geschlossen werden.[50] Die Einzelheiten der Formanforderungen an die Abgabe und Übermittlung von Angeboten sowie die Zuschlagserteilung sind im untergesetzlichen Recht geregelt (vgl. §§ 53, 62 VgV).

ff) Entgeltlichkeit. Ein öffentlicher Auftrag iSv § 103 Abs. 1 GWB liegt nur 38 vor, wenn es sich um einen entgeltlichen Vertrag handelt. Mit Blick darauf, dass die Entgeltlichkeit auch Kriterium der Konzession iSv § 105 Abs. 1 GWB ist, muss der Begriff der Entgeltlichkeit in einer Weise verstanden werden, die der **Form des öffentlichen Auftrags** ebenso gerecht wird **wie der der Konzession**. Danach wird das Kriterium der Entgeltlichkeit durch zwei Elemente näher ausgeformt: das Element der Art der Leistung und das des Zahlungsflusses. Während das **Element der Art der Leistung** sich gleichermaßen auf Aufträge wie Konzessionen bezieht, hat die **Frage der Zahlungsströme** für Aufträge und Konzessionen unterschiedliche – und abgrenzende – Bedeutung.

Inhaltlich ist der Begriff der Entgeltlichkeit weit zu verstehen und **nicht auf die** 39 **Zahlung eines Geldbetrags beschränkt**.[51] Ausreichend ist vielmehr jeder vom Unternehmer für seine Leistung erlangte wirtschaftliche Vorteil.[52] Entgeltlich iSv § 103 Abs. 1 GWB ist daher ein Vertrag, durch den sich der Auftraggeber zur Überlassung von Gütern oder Grundstücken an den Unternehmer verpflichtet, wenn der Unternehmer durch die Verwertung dieser Güter Einnahmen zu erzielen beabsichtigt.[53] Gleiches gilt für die verbilligte Überlassung eines Grundstücks an den Auftragnehmer[54], den Verzicht des Auftraggebers auf die Geltendmachung einer Forderung gegen den Auftragnehmer, zB auf Zahlung von Erschließungsbeiträgen[55], oder die Einräumung eines Anspruchs bspw. zur Weiterentwicklung von Software.[56] Die Abhängigmachung der Entgeltgewährung von einer aufschiebenden Bedingung steht der Bejahung der Entgeltlichkeit des Vertrags nicht entgegen.[57]

Kein konstitutives Merkmal der Entgeltlichkeit ist eine **Gewinnerzielungsab-** 40 **sicht des Auftragnehmers**.[58] Daher sind auch Verträge, die dem Auftragnehmer eine **bloße Kostenerstattung** gewähren, entgeltlich, und zwar auch dann, wenn die Erstattung nicht alle Kosten abdeckt.[59] Allerdings muss sich die Kostenerstattung

---

[50] BayObLG 10.10.2000 – Verg 5/00, BeckRS 2000, 9229 = VergabeR 2001, 55 (57 ff.); OLG Naumburg 22.12.2011 – 2 Verg 10/11, NZBau 2012, 258 (259).
[51] AM Werner/Köster NZBau 2003, 420 (421 ff.).
[52] EuGH 10.9.2020 – C-367/19, NZBau 2020, 730 Rn. 26, 28 – Tax-Fin-Lex; BayObLG 27.2.2003 – Verg 1/03, BeckRS 2003, 4388 = VergabeR 2003, 329 (330 ff.); OLG Celle 5.2.2004 – 13 Verg 26/03, NZBau 2005, 51 (52); 8.9.2014 – 13 Verg 7/14, BeckRS 2014, 17965 = VergabeR 2015, 50 (52); OLG Düsseldorf 5.5.2004 – VII-Verg 78–03, NZBau 2004, 398 (399); 22.9.2004 – VII Verg 44/04, NZBau 2005, 652; OLG Naumburg 3.11.2005 – 1 Verg 9/05, NZBau 2006, 58 (62); 22.12.2011 – 2 Verg 10/11, NZBau 2012, 258 (260).
[53] BGH 1.2.2005 – X ZB 27/04, NZBau 2005, 290 (293).
[54] OLG Schleswig 15.3.2013 – 1 Verg 4/12, BeckRS 2013, 7004 = VergabeR 2013, 577 (585).
[55] EuGH 12.7.2001– C-399/98, Slg. 2001, I-5409 Rn. 81 ff. = BeckRS 2001, 70337; 12.7.2001 – C-399/98, Slg. 2001, I-5409 Rn. 73 = NZBau 2001, 512 – Teatro alla Bicocca.
[56] OLG Düsseldorf 3.2.2021 – VII Ver 25/18, NZBau 2021, 344 Rn. 21.
[57] VK Baden-Württemberg 22.7.2019 – 1 VK 34/19, BeckRS 2019, 56624.
[58] EuGH 13.6.2013 – C-386/11, BeckRS 2013, 81211 = VergabeR 2013, 686 Rn. 29 – Piepenbrock; 28.1.2016 – C-50/14, NZBau 2016, 177 Rn. 52 – CASTA; OLG Naumburg 3.11.2005 – 1 Verg 9/05, NZBau 2006, 58 (62).
[59] EuGH 19.12.2012 – C-159/11, NZBau 2013, 114 Rn. 29 – Lecce; 13.6.2013 – C-386/11, BeckRS 2013, 81211 = VergabeR 2013, 686 Rn. 31 – Piepenbrock; 11.12.2014 – C-113/

GWB § 103 Öffentliche Aufträge, Rahmenvereinbarungen und Wettbewerbe

auf die Erbringung einer Bau-, Dienst- oder Lieferleistung und nicht auf ein anderes Rechtsverhältnis wie zB eine wegerechtliche Belastung beziehen.[60] Die Grenze zur Unentgeltlichkeit wird erst dann überschritten, wenn der Unternehmer seine Leistung ohne Gewährung einer geldwerten Gegenleistung oder zumindest die Einräumung der Möglichkeit, sich anderweitig zu refinanzieren, erbringt.

41 Der Entgeltlichkeitsbegriff ist auch deshalb weit zu fassen, weil er **keine Leistungsgewährung unmittelbar aus eigenen (Haushalts-)Mitteln** des öffentlichen Auftraggebers[61] voraussetzt. Es kommt nicht darauf an, ob der Unternehmer die Gegenleistung für die von ihm auftragsgemäß erbrachte Leistung von dem Auftraggeber oder Dritten erhält.[62] Es reicht vielmehr aus, dass die von einem Dritten erbrachte Leistung dem öffentlichen Auftraggeber zuzurechnen ist.[63] Dies entspricht der Rspr. des EuGH zur Frage der Entgeltlichkeit einer Dienstleistung nach Art. 57 AEUV.[64] Hergestellt wird diese Zurechenbarkeit durch die Erforderlichkeit einer **synallagmatischen Verknüpfung** der Gegenleistung mit der Leistung des Auftragnehmers.[65] Ein Vorteil, den der Leistungserbringer nicht für seine Leistung, sondern aus anderen Gründen, bspw. für die Zurverfügungstellung eines Grundstücks, erhält, ist keine zur Entgeltlichkeit führende Gegenleistung.[66] Von Bedeutung ist die Frage der Herkunft und des Flusses der Mittel für die Gegenleistung aber für die Unterscheidung zwischen öffentlichem Auftrag und Konzession.

42 **(1) Öffentliche Aufträge.** Ein öffentlicher Auftrag iSd § 103 GWB liegt in Abgrenzung zur Konzession nur vor, wenn die **Gegenleistung**, die der Unternehmer erhält, iW **vom Auftraggeber** stammt. Das hat die Kommission bereits in ihrer Mitteilung zu Auslegungsfragen im Bereich Konzessionen im Gemeinschaftsrecht aus dem Jahre 2000 klargestellt.[67] In Übereinstimmung damit hat der EuGH ausgeführt: „Der entgeltliche Charakter des Vertrages bezieht sich auf die Gegenleistung der öffentlichen Verwaltung für die Ausführung von Bauvorhaben".[68] Aller-

---

13, NZBau 2015, 377 Rn. 37 – Spezzino; 18.10.2018 – C-606/17, NZBau 2019, 460 Rn. 29 – IBA Molecular Italy; 14.7.2022 – C-436/20, NZBau 2023, 47 Rn. 67 – ASADE; OLG Düsseldorf 6.11.2013 – VII-Verg 39/11, BeckRS 2014, 4701 = VergabeR 2014, 169 (170); OLG Jena 9.4.2021 – Verg 2/20, ZfBR 2021, 688 (691).

[60] OLG Schleswig 15.3.2013 – 1 Verg 4/12, BeckRS 2013, 7004 = VergabeR 2013, 577 (584).

[61] EuGH 18.11.2004 – C-126/03, NVwZ 2005, 74 Rn. 20; KG 11.11.2004 – 2 Verg 16/04, NZBau 2005, 538 (541); OLG Celle 8.9.2014 – 13 Verg 7/14, BeckRS 2014, 17965 = VergabeR 2015, 50 (52); aM Rindtorff/Gabriel VergabeR 2004, 16 (23).

[62] EuGH 18.1.2007 – C-220/05, NVwZ 2007, 316 Rn. 45 – Stadt Roanne; 18.10.2018 – C-606/17, NZBau 2019, 460 Rn. 28 ff. – IBA Molecular Italy; OLG Düsseldorf 13.6.2007 – VII-Verg 2/07, NZBau 2007, 530 (532) – Ahlhorn; Pieper DVBl 2000, 160 (165); aM RSG/Stickler GWB § 99 Rn. 5; Wilke ZfBR 2002, 231 (232).

[63] Immenga/Mestmäcker/Dreher GWB § 103 Rn. 44.

[64] EuGH 26.4.1988 – 352/85, Slg. 1988, 2085 Rn. 16 = BeckRS 2004, 70946 – Bond van Adverteerders; 11.4.2000 – C-51/96 ua, Slg. 2000, I-2549 Rn. 56 – Deliège.

[65] Zum Erfordernis eines synallagmatischen Vertrags EuGH 28.5.2020 – C-796/18, EuZW 2020, 820 Rn. 40; 10.9.2020 – C-367/19, NZBau 2020, 730 Rn. 25 – Tax-Fin-Lex; OLG Düsseldorf 3.2.2021 – VII Verg 25/18, NZBau 2021, 344 Rn. 21. AM BayObLG 27.2.2003 – Verg 1/03, BeckRS 2003, 4388 = VergabeR 2003, 329 (331); OLG Celle 8.9.2014 – 13 Verg 7/14, BeckRS 2014, 17965 = VergabeR 2015, 50 (52).

[66] VK Hessen 29.6.2020 – 69d VK 2–16/2020.

[67] ABl. 2000 C 121, 2, dort sub. 2.1.2; ebenso RSG/Stickler GWB § 99 Rn. 5.

[68] EuGH 12.7.2001– C-399/98, Slg. 2001, I-5409 Rn. 77 = NZBau 2001, 512; 12.7.2001 – C-399/98, Slg. 2001, I-5409 Rn. 73 = NZBau 2001, 512 – Teatro alla Bicocca (Hervorhebung durch den Verf.).

dings liegt eine dem Auftraggeber zuzurechnende, das Vorliegen eines öffentlichen Auftrags begründende Gegenleistung auch dann vor, wenn diese Leistung rechtlich in Erfüllung einer Verpflichtung des Auftraggebers ggü. Dritten erfolgt, denen ggü. der Auftragnehmer die Leistung tatsächlich erbracht hat. Denn auch in diesem Fall stammen die dem Auftragnehmer zufließenden Mittel vom Auftraggeber.[69]

(2) Konzessionen. Im Unterschied zum öffentlichen Auftrag stammt bei der Konzession die Gegenleistung gerade nicht vom öffentlichen Auftraggeber, jedenfalls nicht in einem Umfang, der dem Konzessionär das Betriebsrisiko (→ § 105 Rn. 24 ff.) abnehmen würde. Während die Entgeltlichkeit beim öffentlichen Auftrag durch eine Leistung des Auftraggebers an den Auftragnehmer im Rahmen eines zweipoligen „Entgeltlichkeitsverhältnisses" hergestellt wird, liegt bei der Konzession strukturell ein dreipoliges „Entgeltlichkeitsverhältnis" zwischen Auftraggeber, Auftragnehmer und einem an den Auftragnehmer leistenden Dritten vor[70] (iE → § 105 Rn. 14 ff.). 43

b) Verfolgung eines Beschaffungszwecks. aa) Grundsätze. Bereits der Zwecksetzung des Vergaberechts nach liegt ein seinen Regelungen unterfallender öffentlicher Auftrag nicht schon immer dann vor, wenn eine dem Staat zuzurechnende Organisationseinheit am Markt tätig wird. Ausweislich Erwgr. 1 der VRL zielt das EU-Vergaberecht darauf ab, die Öffnung des öffentlichen Beschaffungswesens für den Wettbewerb zu garantieren. **Vorgänge, die nicht dem Beschaffungswesen zuzuordnen sind,** unterfallen mithin von vornherein nicht den sekundärrechtlichen Vergaberichtlinien. Lücken der Anwendbarkeit des Unionsrechts können daraus nicht entstehen, unterliegen doch auch alle Vorgänge, die keinen Beschaffungscharakter aufweisen, dem Primärrecht des AEUV, insbes. den Grundfreiheiten und den aus diesen abzuleitenden Anforderungen an Gleichbehandlung und Transparenz (→ Einl. Rn. 11 ff.). 44

Das Vorliegen eines öffentlichen Auftrags setzt daher gem. § 103 Abs. 1 GWB voraus, dass das fragliche **Rechtsgeschäft einen Beschaffungscharakter aufweist.** Der öffentliche Auftraggeber muss gerade zum Zwecke der Beschaffung als Nachfrager einer Ware oder Leistung am Markt tätig werden. Dass der Staat durch das EU-Vergaberecht **nur in seiner Rolle als Nachfrager** erfasst wird, bestätigt die Rspr. des EuGH, wenn der Gerichtshof auf die Schutzrichtung der Koordinierungsrichtlinien hinweist, Wirtschaftsteilnehmer zu schützen, „die den in einem anderen Mitgliedstaat niedergelassenen öffentlichen Auftraggebern Waren oder Dienstleistungen anbieten möchten".[71] 45

Gleichwohl ist die **Notwendigkeit des Vorliegens eines Beschaffungszwecks** vom OLG Düsseldorf in Frage gezogen worden[72] – einer These, der man bei näherer Betrachtung nicht wird zustimmen können.[73] Beschaffungen ohne Beschaffungszweck gibt es nicht. Betrachtet man das öffentliche Beschaffungswesen strukturell, so wirkt es subsidiarisch: Der – sekundäre – Beschaffungsakt soll dem Auftraggeber die Mittel dafür verschaffen, eine – primäre – Aufgabe zu erfüllen. Eine Beschaffung ohne diese **subsidiarische Beziehung zu einer Primäraufgabe** gibt es im Bereich des öffentlichen Auftragwesens nicht. Welcher Gestalt die Primäraufgabe ist, ist allerdings unerheblich. Der EuGH hat immer wieder betont, dass es nicht 46

---

[69] OLG Düsseldorf 7.12.2011 – VII-Verg 79/11, BeckRS 2012, 4019 = VergabeR 2012, 469 (471 f.).
[70] EuGH 10.11.2011 – C-348/10, NZBau 2012, 183 Rn. 41 – Norma A.
[71] EuGH 13.12.2007 – C-337/06, NZBau 2008, 130 Rn. 38 – Bayerischer Rundfunk.
[72] OLG Düsseldorf 13.6.2007 – VII-Verg 2/07, NZBau 2007, 530 (531 ff.); 12.12.2007 – VII Verg 30/07, BeckRS 2007, 151104 = VergabeR 2008, 99 (101); 6.2.2008 – VII-Verg 37/07, NZBau 2008, 271 (274).
[73] Krohn ZfBR 2008, 27 (28 ff.).

darauf ankommt, ob es sich bei der Primäraufgabe um eine im Allgemeininteresse liegende oder um eine andere, nämlich eine der wirtschaftlichen Betätigung des Auftraggebers zuzurechnende, Aufgabe handelt.[74] Dass der EuGH auch Vorgänge ohne jeden Bezug zur Erfüllung einer Aufgabe der Anwendung des EU-Vergaberechts unterwerfen wollte, dürfte ein Missverständnis sein. Die vom OLG Düsseldorf in Bezug genommene Passage der „Stadt Roanne"-Entscheidung, in der der EuGH ausgeführt habe, dass es auf die Erwerbs- und Nutzungsabsichten des Auftraggebers nicht ankomme,[75] bezog sich nicht auf die Erforderlichkeit eines Beschaffungszwecks, sondern auf die davon verschiedene Frage, ob sich der Bau nach den Erfordernissen des Auftraggebers richtet.[76]

47 Wenn es also keine Beschaffungen ohne Beschaffungszweck gibt, so besteht die entscheidende Frage darin, **welcher Gestalt der Beschaffungszweck** sein muss. Nach der neueren Rspr. des EuGH kommt es zunächst nicht darauf an, ob der Auftraggeber mit dem Vertrag seine im Allgemeininteresse liegenden Aufgaben erfüllt oder nicht;[77] die für den Auftraggeberbegriff nach § 99 Nr. 2 GWB geltende Abgrenzung ist nicht auf den Begriff des öffentlichen Auftrags übertragbar. Für das Vorliegen eines öffentlichen Auftrags ist es unerheblich, ob der öffentliche Auftraggeber mit diesem Auftrag seine im Allgemeininteresse liegenden oder andere Aufgaben erfüllen bzw. eingegangenen Verpflichtungen nachkommen will.[78]

48 Der Beschaffungszweck besteht vielmehr darin, dass der öffentliche Auftraggeber eine **Leistung** erhält, die **im unmittelbaren wirtschaftlichen Interesse des Auftraggebers** liegt.[79] Für das Bestehen eines derartigen wirtschaftlichen Interesses des Auftraggebers ist es zwar in jedem Falle ausreichend, dass der Auftraggeber Eigentümer der betr. Leistung wird, ohne dass dies jedoch zwingend erforderlich wäre. Ein wirtschaftliches Interesse des Auftraggebers ist vielmehr auch dann anzunehmen, wenn er zur Realisierung der öffentlichen Zweckbestimmung des Leistungsgegenstands eine rechtlich abgesicherte Verfügungsbefugnis über die Leistung erhält oder der öffentliche Auftraggeber wirtschaftliche Vorteile aus der zukünftigen Nutzung oder Veräußerung des Leistungsgegenstands ziehen kann, er an der Leistungserstellung finanziell beteiligt ist oder er im Fall eines wirtschaftlichen Fehlschlagens der Leistung Risiken trägt.[80] Darüber hinaus besteht ein unmittelbares wirtschaftliches Interesse des Auftraggebers auch dann, wenn der fragliche Vertrag dazu dient, dass der öffentliche Auftraggeber seine ggü. Dritten – nicht aber ggü. der Gesamtbevölkerung obliegende öffentliche Aufgaben[81] – bestehende Verpflichtung erfüllt (Bsp.: Abschluss eines Gruppenversicherungsvertrags mit einem gewerblichen Versicherer gegen Zahlung einer Versicherungsprämie durch kommunalen Arbeitgeber zur Erfüllung seiner Verpflichtung zur Sicherstellung von Versorgungsleistungen durch Entgeltumwandlung seiner Arbeitnehmer).[82]

---

[74] EuGH 15.1.1998 – C-44-96, Slg. 1998, I-73 Rn. 32 = NJW 1998, 3261 – Mannesmann; 18.11.2004 – C-126/03, Slg. 2004, I-11197 Rn. 18 = NZBau 2005, 49; 11.1.2005 – C-26/03, Slg. 2005, I-1 Rn. 26 – Stadt Halle; 18.11.2004 – C-126/03, NVwZ 2005, 74 Rn. 18 – Donauwald.

[75] OLG Düsseldorf 13.6.2007 – VII-Verg 2/07, NZBau 2007, 530 (531).

[76] EuGH 18.1.2007 – C-220/05, NVwZ 2007, 316 Rn. 39 ff. – Roanne.

[77] EuGH 15.7.2010 – C-271/08, NZBau 2010, 574 Rn. 73.

[78] EuGH 22.12.2010 – C-215/09, EuZW 2011, 257 Rn. 30 – Oulun kaupunki; aM wohl OLG München 25.3.2011 – Verg 4/11, NZBau 2011, 380 (382).

[79] EuGH 25.3.2010 – C-451/08, NVwZ 2010, 565 Rn. 48 f. – Müller; 15.7.2010 – C-271/08, NZBau 2010, 574 Rn. 75; 21.12.2016 – C-51/15, NZBau 2017, 105 Rn. 43 – Remondis; 22.4.2021 – C-537/19, NZBau 2021, 396 Rn. 44 – Wiener Wohnen.

[80] EuGH 25.3.2010 – C-451/08, NVwZ 2010, 565 Rn. 50 ff. – Müller; 22.4.2021 – C-537/19, NZBau 2021, 396 Rn. 44 – Wiener Wohnen.

[81] AM OLG München 25.3.2011 – Verg 4/11, NZBau 2011, 380(382).

[82] EuGH 15.7.2010 – C-271/08, NZBau 2010, 574 Rn. 75 ff.

Aus dem Erfordernis, dass es sich um „ein unmittelbares wirtschaftliches Interesse" 49
des Auftraggebers an der Leistung, „die Gegenstand des Auftrags ist", handeln
muss,[83] ist zu schließen, dass ein nur mittelbares Interesse des Auftraggebers für die
Anwendbarkeit des Vergaberechts nicht ausreicht. Dass der private Vertragspartner
Leistungen erbringt, die der **Verwirklichung öffentlicher Interessen**, zB an einer
geordneten städtebaulichen Entwicklung oder der Wirtschaftsförderung, dienen,
genügt insoweit nicht.[84] Dementsprechend liegt auch ein den Anforderungen des
§ 103 Abs. 1 GWB genügender öffentlicher Auftrag nicht bereits dann in Gestalt
einer sog. **mittelbaren Beschaffung** vor, wenn „die Gegenleistung den öffentlichen Auftraggeber bei der Wahrnehmung ihm obliegender Aufgaben, insbes. der
Daseinsvorsorge, nennenswert unterstützt".[85] Erforderlich ist vielmehr zumindest
die Erzielung eines unmittelbaren wirtschaftlichen Vorteils durch den Auftraggeber
(→ Rn. 48). Dies ist bspw. dann der Fall, wenn der Auftragnehmer durch den
Auftraggeber vertraglich dazu verpflichtet wird, Parkraum für die Allgemeinheit zu
beschaffen.[86]

bb) Veräußerungsgeschäfte der öffentlichen Hand. Da ein öffentlicher Auf- 50
trag iSv § 103 Abs. 1 GWB nur vorliegt, wenn ein öffentlicher Auftraggeber in
Verfolgung eines Beschaffungszwecks als Nachfrager einer Leistung auftritt, fällt die
Veräußerung von Vermögensgegenständen durch die öffentliche Hand grds. **nicht
in den sachlichen Anwendungsbereich des Vergaberechts.**[87] Eine Ausnahme
gilt allerdings, wenn das Veräußerungsgeschäft mit einem Beschaffungsvorgang verbunden ist. Insoweit kommt es darauf an, ob bei wirtschaftlicher Betrachtung das
Veräußerungsgeschäft eigentlich einen Beschaffungsvorgang darstellt.[88] Die in der
Praxis wichtigsten Fallgruppen solcher **Veräußerungsgeschäfte mit Beschaffungsbezug** finden sich in den Bereichen der Veräußerung von Grundstücken
(→ Rn. 51 ff.) und dem Verkauf von Gesellschaftsanteilen (→ Rn. 54 ff.).

(1) Veräußerung von Grundstücken/Investorenauswahlverfahren. Die 51
Veräußerung von im kommunalen oder staatlichen Eigentum stehenden Grundstücken stellt idR **keinen öffentlichen Auftrag** iSv § 103 Abs. 1 GWB dar.[89] Zu
beachten ist, dass die Bereichsausnahme des § 107 Abs. 1 Nr. 2 GWB nicht für
die Veräußerung von Grundstücken gilt (→ § 107 Rn. 31). Gleiches gilt für die
Vermietung und Verpachtung von Grundstücken (→ § 107 Rn. 31). Unabhängig
von der Anwendbarkeit vergaberechtlicher Regelungen unterliegt allerdings auch

---

[83] EuGH 25.3.2010 – C-451/08, NVwZ 2010, 565 Rn. 49, 54 – Müller (Hervorhebungen durch den Verf.).
[84] EuGH 25.3.2010 – C-451/08, NVwZ 2010, 565 Rn. 57 – Müller; BayObLG 19.10.2000 – Verg 9/00, NZBau 2002, 108; OLG Jena 15.3.2017 – 2 Verg 3/16, BeckRS 2017, 128365 Rn. 35; HessVGH 20.12.2005 – 3 TG 3035/05, ZfBR 2006, 806 (807); aM die sog. Ahlhorn-Rspr.: OLG Düsseldorf 13.6.2007 – VII-Verg 2/07, NZBau 2007, 530 (531 ff.); 13.6.2007 – VII-Verg 2/07, BeckRS 2007, 9926 = VergabeR 2007, 634 (637); 12.12.2007 – VII-Verg 30/07, NZBau 2008, 138 (140); 2008, 271 (273 ff.); OLG Bremen 13.3.2008 – Verg 5/07, BeckRS 2008, 7944 = VergabeR 2008, 558 (559 ff.); OLG Karlsruhe 13.6.2008 – 15 Verg 3/08, NZBau 2008, 537 (538); aufgegeben durch OLG Düsseldorf 9.6.2010 – VII-Verg 9/10, NZBau 2010, 580.
[85] So aber OLG München 22.1.2012 – Verg 17/11, BeckRS 2012, 3166 = VergabeR 2012, 496 (498); ebenso schon OLG München 25.3.2011 – Verg 4/11, NZBau 2011, 380(382).
[86] OLG Düsseldorf 9.6.2010 – VII-Verg 9/10, NZBau 2010, 580 (581).
[87] EuGH 25.3.2010 – C-451/08, NVwZ 2010, 565 Rn. 41 – Müller; OLG Karlsruhe 16.11.2016 – 15 Verg 5/16, IBRRS 2017, 1670 = VPRRS 2017, 0153.
[88] OLG Karlsruhe 16.11.2016 – 15 Verg 5/16, IBRRS 2017, 1670 = VPRRS 2017, 0153.
[89] EuGH 25.3.2010 – C-451/08, NVwZ 2010, 565 Rn. 41 – Müller; BGH 22.2.2008 – V ZR 56/07, BeckRS 2008, 7468 = VergabeR 2008, 649 (650).

GWB § 103 Öffentliche Aufträge, Rahmenvereinbarungen und Wettbewerbe

die Grundstücksveräußerung den Anforderungen des AEUV. So kann der Verkauf eines Grundstücks an ein Unternehmen durch die öffentliche Hand **unter Marktpreis eine Beihilfe** iSv Art. 107 AEUV darstellen.[90] Deshalb ist bei Grundstücksverkäufen die Bekanntmachung der Kommission zum Begriff der staatlichen Beihilfe iSd Art. 107 Abs. 1 AEUV[91] zu beachten. Sie sieht zur Ermittlung eines Marktpreises zwei Verfahrensalternativen vor, nämlich einen Verkauf durch ein transparentes, diskriminierungsfreies bedingungsfreies Ausschreibungsverfahren – vorzugsweise unter Beachtung der Vorschriften der Vergaberichtlinien[92] – und eine Wertermittlung durch einen unabhängigen Sachverständigen, um auf der Grundlage allg. anerkannter Marktindikatoren und Bewertungsstandards den Marktpreis zu ermitteln.[93] Die unter Marktpreis erfolgende Veräußerung stellt dabei auch nicht dann einen zum wirtschaftlichen Vorteil des öffentlichen Auftraggebers erfolgenden Beschaffungsvorgang dar, wenn der Auftraggeber damit öffentliche Aufgaben wie zB den sozialen Wohnungsbau fördert.[94] Zusätzlich ist auch insoweit das allg. Diskriminierungsverbot des Art. 18 AEUV zu beachten, dessen Beachtung ebenfalls durch ein **geordnetes Bieterverfahren** sichergestellt werden kann.

52 Allerdings kann eine **Grundstücksveräußerung ein öffentlicher Auftrag** sein, wenn sie in Verfolgung eines Beschaffungszwecks erfolgt. Hierfür reicht es zwar nicht aus, dass ein öffentlicher Auftraggeber das Grundstück im Interesse an einer geordneten städtebaulichen Entwicklung oder zur Wirtschaftsförderung[95] an einen Investor veräußert, wohl aber bspw., dass sich der Letztere zur Erbringung und Verwertung der Bauleistung verpflichtet.[96] Unproblematisch erfüllt sind die Kriterien eines öffentlichen Auftrags, wenn das Grundstück als Entgelt für eine vom Erwerber zu erbringende Leistung hingegeben wird oder ein Preisnachlass erfolgt.[97]

53 Die Frage, ob die **Veräußerung eines Grundstücks zusammen mit der späteren Vergabe eines Bauauftrags** in Bezug auf dieses Grundstück unter vergaberechtlichem Blickwinkel als Einheit zu behandeln ist, so dass auch schon die Veräußerung des Grundstücks ausschreibungspflichtig ist, hat der EuGH offen gelassen. Allerdings wird man aus dem Hinweis, es sei „vernünftig", eine solche Bewertung „nicht von vornherein auszuschließen",[98] entnehmen können, dass die **Behandlung als einheitlicher Vorgang** unter bestimmten Voraussetzungen geboten ist. Erforderlich dafür ist in jedem Fall, dass sich ein solcher Zusammenhang aus den von den Beteiligten rechtsverbindlich eingegangenen Verpflichtungen ergibt. Bloße

---

[90] EuG 6.3.2002 – T-127/99 ua, Slg. 2002, II-1275 Rn. 73 – Territorio Histórico de Álava; EuG 16.9.2004 – T-274/01, Slg. 2004, II-3145 Rn. 45 = BeckRS 2004, 77988 – Valmont.
[91] ABl. 2016 C 262, 1 (Beihilfebekanntmachung).
[92] Beihilfebekanntmachung Rn. 89 ff.
[93] Beihilfebekanntmachung Rn. 103.
[94] OLG München 27.9.2011 – Verg 15/11, NZBau 2012, 134 (136).
[95] EuGH 25.3.2010 – C-451/08, NVwZ 2010, 565 Rn. 57 – Müller; BayObLG 19.10.2000 – Verg 9/00, NZBau 2002, 108; OLG Jena 15.3.2017 – 2 Verg 3/16, BeckRS 2017, 128365 Rn. 35; HessVGH 20.12.2005 – 3 TG 3035/05, ZfBR 2006, 806 (807); aM die sog. Ahlhorn-Rspr. OLG Düsseldorf 13.6.2007 – VII-Verg 2/07, NZBau 2007, 530 (531 ff.); 13.6.2007 – VII-Verg 2/07, BeckRS 2007, 9926 = VergabeR 2007, 634 (637); 12.12.2007 – VII-Verg 30/07, NZBau 2008, 138 (140); 12.12.2007 – VII Verg 30/07, NZBau 2008, 138 (140) = VergabeR 2008, 99 (101); 6.2.2008 – VII-Verg 37/07, NZBau 2008, 271 (273 ff.); OLG Bremen 13.3.2008 – Verg 5/07, BeckRS 2008, 7944 = VergabeR 2008, 558 (559 ff.); OLG Karlsruhe 13.6.2008 – 15 Verg 3/08, NZBau 2008, 537 (538); aufgegeben durch OLG Düsseldorf 9.6.2010 – VII-Verg 9/10, NZBau 2010, 580.
[96] OLG Jena 15.3.2017 – 2 Verg 3/16, BeckRS 2017, 128365 Rn. 34.
[97] OLG Düsseldorf 9.6.2010 – VII-Verg 9/10, NZBau 2010, 580 (581 f.).
[98] EuGH 25.3.2010 – C-451/08, NVwZ 2010, 565 Rn. 82 – Müller.

Absichtserklärungen reichen hingegen selbst dann nicht aus, wenn sie in schriftlicher Form vorliegen sollten.[99]

(2) Gründung von Organisationen, Verkauf von Gesellschaftsanteilen. 54
Gründen öffentliche Auftraggeber mit anderen öffentlichen Auftraggebern und/ oder Privaten eine Organisation, sei es wie ein Zweckverband öffentlich-rechtlicher, sei es wie eine GmbH privatrechtlicher Natur, so ist dieser Vorgang zunächst als vergaberechtlich unbeachtlich anzusehen.[100] Die **Schaffung einer Organisation** ist keine Beschaffung von Lieferungen oder Leistungen. Dies gilt auch für den Beitritt eines öffentlichen Auftraggebers zu einer bereits bestehenden Organisation, sei es durch den **Erwerb von Gesellschaftsanteilen**, sei es durch die Erlangung einer Mitgliedschaft in einem Verein.[101] Anders kann es sich jedoch verhalten, wenn der Organisation die Erfüllung von Aufgaben der gründenden öffentlichen Auftraggeber bzw. des beitretenden Auftraggebers und die Erbringung damit verbundener Leistungen übertragen werden.[102] In solchen Fällen eines **mehrschrittigen Vorgangs** bedarf es einer gesamtheitlichen Bewertung des Vorgangs und seiner Zielsetzung unter dem Gesichtspunkt, ob der Vorgang in seiner Gesamtheit als öffentlicher Auftrag iSv § 103 Abs. 1 GWB einzustufen ist.[103] Kein einheitlicher Vorgang liegt insoweit vor, wenn die Erbringung von Leistungen der Organisation ggü. dem öffentlichen Auftraggeber nicht aus der Mitgliedschaft als solcher herrührt, sondern des Abschlusses eines zusätzlichen Vertrags bedarf.[104]

Der bloße Verkauf von Anteilen, die ein öffentlicher Auftraggeber an einer Gesell- 55
schaft hält, ist nicht als öffentlicher Auftrag iSv § 103 Abs. 1 GWB zu bewerten.[105] Der Auftraggeber tritt insoweit **nicht als Nachfrager** in Verfolgung eines Beschaffungszwecks, sondern als Anbieter auf. Anderes gilt aber, wenn der **Verkauf der Gesellschaftsanteile mit einem Beschaffungsgeschäft verbunden** ist. Insoweit kommen iW folgende Konstellationen in Betracht:
- Die Gesellschaft, deren Anteile bisher vollständig in der Hand eines oder mehrerer öffentlicher Auftraggeber waren, ist im Wege eines der Anwendung des Vergaberechts entzogenen Inhouse-Geschäfts iSv § 108 GWB **mit der Leistungserbringung beauftragt** worden. Später sollen **Anteile an dieser Gesellschaft an einen Privaten veräußert** werden – Konstellation 1.
- **Anteile** einer bisher im Alleinbesitz eines oder mehrerer öffentlicher Auftraggeber stehenden Gesellschaft, die bisher nicht mit der Erbringung von Bau-, Dienst- oder Lieferleistungen ggü. den Auftraggebern betraut war, sollen **an Private verkauft** werden. Erst nach dem Verkauf soll die **Gesellschaft mit der Erbringung solcher Leistungen beauftragt** werden – Konstellation 2.
- Der öffentliche Auftraggeber und ein privates Unternehmen **gründen eine gemischtwirtschaftliche Gesellschaft,** die bestimmte Leistungen ggü. dem öffentlichen Auftraggeber erbringen soll – Konstellation 3.

Bei **isolierter Betrachtung** handelt es sich in beiden Konstellationen nicht um 56
ein Auftreten eines öffentlichen Auftraggebers als Nachfrager – wie von § 103 Abs. 1 GWB gefordert –, sondern um ein **Angebotsverhalten in Form des Verkaufs der Gesellschaftsanteile.** Ein Beschaffungsbezug könnte dieser Veräußerung nur insofern anhaften, als die Gesellschaft vor (Konstellation 1) bzw. nach (Konstella-

---

[99] EuGH 25.3.2010 – C-451/08, NVwZ 2010, 565 Rn. 84 ff. – Müller.
[100] EuGH 1.8.2022 – C-332/20, NZBau 2023, 37 Rn. 53 – Roma Multiservizi.
[101] OLG Rostock 5.2.2020 – 17 Verg 4/19, NZBau 2021, 70 Rn. 67.
[102] EuGH 1.8.2022 – C-332/20, NZBau 2023, 37 Rn. 53– Roma Multiservizi.
[103] EuGH 21.12.2016 – C-51/15, NZBau 2017, 105 Rn. 37 – Remondis; 1.8.2022 – C-332/20, NZBau 2023, 37 Rn. 54 f. – Roma Multiservizi.
[104] OLG Rostock 5.2.2020 – 17 Verg 4/19, NZBau 2021, 70 Rn. 70 ff.
[105] OLG Brandenburg 13.7.2001 – Verg 3/01, NZBau 2001, 645 (646).

GWB § 103 Öffentliche Aufträge, Rahmenvereinbarungen und Wettbewerbe

tion 2) dem Anteilsverkauf mit der Erbringung von Leistungen iSv § 103 GWB beauftragt wurde bzw. werden soll. In Konstellation 1 besteht zusätzlich die Besonderheit, dass bei isolierter Betrachtung auch die Beauftragung der Gesellschaft durch den oder die öffentlichen Auftraggeber als Inhouse-Geschäft vergaberechtsfrei war.

57 • Gleichwohl lautet die Gleichung in Konstellation 1 nicht zwingend: vergaberechtsfreies Inhouse-Geschäft plus vergaberechtsfreier Anteilsverkauf = vergaberechtsfreier Gesamtvorgang. Nach der Rspr. des EuGH kann es sich vielmehr um eine **gestreckte Auftragsvergabe** handeln, wenn der betr. Auftrag über eine mehrere gesonderte Schritte umfassende **künstliche Konstruktion,** nämlich die Gründung der Gesellschaft, deren Beauftragung durch den öffentlichen Auftraggeber und den Anteilsverkauf, an eine gemischtwirtschaftliche Gesellschaft vergeben wurde. Um die praktische Wirksamkeit des unionsrechtlichen Vergabekoordinierungsrechts zu gewährleisten, kommt es daher nicht auf die rein zeitliche Abfolge der Schritte, sondern eine Betrachtung der Gesamtheit der Schritte sowie ihrer Zielsetzung an.[106] Für die Bewertung maßgebende Gesichtspunkte sind ua der zeitliche Abstand zwischen den verschiedenen Schritten und die zu Beginn des Prozesses bestehende Motivlage.[107] Die Behandlung dieses Problems richtet sich nach den Grundsätzen über den für die Beurteilung des Vorliegens eines vergaberechtsfreien Inhouse-Geschäfts maßgebenden Zeitpunkt (→ § 108 Rn. 54 ff.).

58 • In Konstellation 2 liegt in der Beauftragung der zuvor entstandenen gemischtwirtschaftlichen Gesellschaft, die nicht inhouse-fähig ist (→ § 108 Rn. 46 ff.), unzweifelhaft die Vergabe eines öffentlichen Auftrags iSv § 103 Abs. 1 GWB. Fraglich kann allenfalls sein, ob wegen eines **Gesamtzusammenhangs von Auftragserteilung und vorangehender Gesellschaftsgründung bzw. Anteilsveräußerung** die letztere zusätzlich als öffentlicher Auftrag zu qualifizieren und auszuschreiben ist. Hierfür besteht allerdings kein Bedürfnis, weil die Schwelle zu einem vergaberechtlich relevanten Verhalten erst durch die Erteilung des Auftrags überschritten wird. Die gemeinsame Gründung eines gemischtwirtschaftlichen Unternehmens durch die öffentliche Hand und private Unternehmen fällt nicht unter das Vergaberecht.[108] Allerdings darf die Gesellschaftsgründung nicht dazu dienen, die Übertragung von öffentlichen Aufträgen an den privaten Partner zu verschleiern.[109] **Spätere Veräußerungen von Anteilen** durch öffentlich-rechtlich verfasste Gesellschafter unterliegen nicht dem Vergaberecht.[110]

59 • Während die Gründung der gemischtwirtschaftlichen Gesellschaft in Konstellation 3 nicht dem Vergaberecht unterliegt,[111] würde die Verpflichtung dieser Gesellschaft zur Erbringung der Leistungen ggü. dem öffentlichen Auftraggeber bei isolierter Betrachtung ausschreibungspflichtig sein. Für die **Beurteilung eines beide Elemente umschließenden Vertrags** gelten die allg. **Grundsätze für die Behandlung gemischter Verträge** (→ § 111 Rn. 7 ff.),[112] so dass zunächst die Trennbarkeit der einzelnen Vertragsbestandteile zu prüfen ist. Ist diese gegeben, so bleibt der sich auf die Gesellschaftsgründung als solche beziehende Teil ausschreibungsfrei, während der die Leistungserbringung durch die gemischtwirtschaftliche Gesellschaft betr. Teil dem Vergaberecht unterliegt.[113] Bildet der Gesamtvertrag hingegen ein unteilbares Ganzes, so ist weiter zu untersuchen,

---

[106] EuGH 10.11.2005 – C-29/04, NVwZ 2006, 70 Rn. 40 f. – Gemeinde Mödling.
[107] OLG Naumburg 29.4.2010 – 1 Verg 3/10, BeckRS 2010, 13763 = VergabeR 2010, 979 (990).
[108] EuGH 22.12.2010 – C-215/09, EuZW 2011, 257 Rn. 30 – Oulun kaupunki.
[109] EuGH 22.12.2010 – C-215/09, EuZW 2011, 257 Rn. 34 – Oulun kaupunki.
[110] Scharf/Dierkes VergabeR 2011, 543 (544).
[111] EuGH 22.12.2010 – C-215/09, EuZW 2011, 257 Rn. 33 – Oulun kaupunki.
[112] EuGH 22.12.2010 – C-215/09, EuZW 2011, 257 Rn. 36 f. – Oulun kaupunki.
[113] EuGH 22.12.2010 – C-215/09, EuZW 2011, 257 Rn. 46 – Oulun kaupunki.

welcher Teil den Hauptgegenstand darstellt.[114] Ist die Gesellschaftsgründung als Hauptgegenstand anzusehen, so bleibt auch die Übertragung der Leistungserbringung an die Gesellschaft dem Vergaberecht entzogen.

In Fällen des Verkaufs von Gesellschaftsanteilen, in denen weder der in Konstellation 1 noch der in Konstellation 2 gegebene Beschaffungsbezug vorliegt, ist zu beachten, dass der (grenzüberschreitende) Erwerb von Geschäftsanteilen entweder in Ausübung des Niederlassungsrechts der Art. 49 ff. AEUV (wenn der private Investor durch den Erwerb die Kontrolle über das Unternehmen erlangt) oder der Kapitalverkehrsfreiheit der Art. 63 ff. AEUV erfolgt.[115] Insoweit gelten die aus den Grundfreiheiten des AEUV abgeleiteten **Gleichbehandlungs- und Transparenzpflichten** (zu ihnen → § 97 Rn. 9 ff.). Darüber hinaus drängt die beihilferechtlich bestehende Notwendigkeit, die Gesellschaftsanteile zum Marktpreis zu verkaufen, auf die Durchführung eines Bieterverfahrens.[116]

cc) Organisationsmaßnahmen öffentlicher Auftraggeber, insbes. Privatisierungen. Ohne Beschaffungsbezug bleiben rein organisationsbezogene Maßnahmen öffentlicher Auftraggeber wie die **formelle Privatisierung** durch Gründung einer Eigengesellschaft. Allerdings darf die Wirksamkeit des Vergaberechts nicht durch eine originär organisatorisch veranlasste Maßnahme beeinträchtigt werden. Ist deshalb **in eine organisatorische Maßnahme ein Beschaffungsvorgang eingeschlossen** oder steht damit in engem funktionalen Zusammenhang, so liegt ein öffentlicher Auftrag iSv § 103 Abs. 1 GWB vor.[117] **Materielle Privatisierungen,** bei denen sich der Träger hoheitlicher Gewalt von der bisher bei ihm liegenden Aufgabenverantwortung zurückzieht, sind nach den für die Anteilsveräußerung entwickelten Grundsätzen zu behandeln[118] (→ Rn. 54 ff.). Die Vergaberechtspflichtigkeit interkommunaler Kooperationen unterfällt § 108 GWB (→ § 108 Rn. 72 ff.).

Bei einer **in Gesellschaftsform institutionalisierten Public Private Partnership** bedarf es keiner Ausschreibung sowohl des Auftrags als auch der Suche des Partners für die gemischtwirtschaftliche Gesellschaft. Vielmehr ist die Beauftragung der gemischtwirtschaftlichen Gesellschaft ausschreibungsfrei, wenn *erstens* die Erbringung der beauftragten Leistungen alleiniger Zweck der gemischtwirtschaftlichen Gesellschaft ist und *zweitens* der private Gesellschafter in einem den anzulegenden Gleichbehandlungs- und Transparenzmaßstäben genügenden Verfahren unter Prüfung seiner Eignung auch für die konkreten Leistungen ausgewählt worden ist (→ § 108 Rn. 55).[119] Allerdings kann sich der öffentliche Auftraggeber auch dafür entscheiden, sowohl die Hinzunahme eines privaten Partners als Gesellschafter als auch die Auftragsvergabe in zwei getrennten Schritten auszuschreiben.[120]

4. Vertragspartner

Ein öffentlicher Auftrag iSv § 103 Abs. 1 GWB liegt nur vor, wenn er zwischen einem oder mehreren öffentlichen Auftraggeber/n auf der einen und einem oder

---

[114] EuGH 22.12.2010 – C-215/09, EuZW 2011, 257 Rn. 36 – Oulun kaupunki; 1.8.2022 – C-332/20, NZBau 2023, 37 Rn. 55– Roma Multiservizi.
[115] Streinz/Müller-Graff AEUV Art. 49 Rn. 15.
[116] Zum Ganzen Braun VergabeR 2006, 657 (664).
[117] Dreher NZBau 2002, 245 (246 f.).
[118] S. auch Behr VergabeR 2009, 136 (137).
[119] EuGH 15.10.2009 – C-196/08, EuZW 2009, 849 Rn. 58 ff. – Acoset; 1.8.2022 – C-332/20, NZBau 2023, 37 Rn. 83– Roma Multiservizi.
[120] OLG Düsseldorf 9.1.2013 – VII-Verg 26/12, BeckRS 2013, 1038 = DVBl 2013, 600 (601).

GWB § 103 Öffentliche Aufträge, Rahmenvereinbarungen und Wettbewerbe

mehreren Unternehmen auf der anderen Seite geschlossen wird. Für die Erfüllung der Voraussetzungen des § 103 Abs. 1 GWB kommt es nicht darauf an, ob der öffentliche Auftraggeber seinen Vertragspartner frei wählen kann oder ob die Auswahl des Vertragspartners durch gesetzliche Regelungen determiniert ist.[121]

64 **a) Öffentlicher Auftraggeber.** Der Kreis der öffentlichen Auftraggeber, die als Vertragspartner an einem öffentlichen Auftrag beteiligt sein können, ist **in § 99 GWB abschließend definiert.** Um einen Beschaffungsvorgang eines öffentlichen Auftraggebers handelt es sich auch im Falle der sog. **nachgelagerten Beschaffung,** bei der ein durch eine erste Ausschreibung geschaffene, vom öffentlichen Auftraggeber ihrerseits beherrschte Gesellschaft vertraglich verpflichtet ist, auf Abruf die Beschaffung bestimmter Gegenstände durchzuführen und diese dann an den öffentlichen Auftraggeber zu liefern.[122]

65 **b) Unternehmen.** Eine **Definition** des Begriffs des „Unternehmens" enthält Art. 2 Abs. 1 Nr. 10 VRL. Danach bezeichnet der Begriff „eine natürliche oder juristische Person oder öffentliche Einrichtung oder eine Gruppe solcher Personen und/oder Einrichtungen, einschließlich jedes vorübergehenden Zusammenschlusses von Unternehmen, die bzw. der auf dem Markt die Ausführung von Bauleistungen, die Errichtung von Bauwerken, die Lieferung von Waren bzw. die Erbringung von Dienstleistungen anbietet". Ob der Wirtschaftsteilnehmer die angebotenen Leistungen selbst ausführt oder hierfür auf Subunternehmer zurückgreift, ist insoweit unerheblich.[123] Bei einem Unternehmen iSv § 103 Abs. 1 GWB muss es sich nicht um ein privatrechtlich verfasstes oder gar in privater Hand befindliches Rechtssubjekt handeln.[124] Ebenso wenig kommt es darauf an, ob die betr. Einheit Gewinnerzielung anstrebt oder unternehmerisch strukturiert oder ständig oder nur gelegentlich auf dem Markt tätig ist.[125] Vielmehr ist der funktionale Begriff des öffentlichen Auftraggebers (→ § 99 Rn. 33 ff.) durch einen **funktionalen Unternehmensbegriff** flankiert worden.

66 **c) Verträge zwischen verschiedenen öffentlichen Stellen.** Als Konsequenz des funktionalen Unternehmensbegriffs kann auch eine **öffentliche Einrichtung** – selbst dann, wenn sie die bei der Auftragsvergabe durch sie selbst als öffentlicher Auftraggeber einzustufen wäre – bei einer Auftragserlangung in die Stellung eines „Unternehmens" einrücken.[126] Dies gilt selbst dann, wenn die öffentliche Einrich-

---

[121] EuGH 12.7.2001 – C-399/98, Slg. 2001, I-5409 Rn. 71 = NZBau 2001, 512 – Teatro alla Bicocca.
[122] OLG Düsseldorf 19.6.2013 – VII-Verg 55/12, BeckRS 2013, 12795 = VergabeR 2014, 158 (165).
[123] EuGH 12.7.2001 – C-399/98, Slg. 2001, I-5409 Rn. 90 = NZBau 2001, 512 – Teatro alla Bicocca; 18.1.2007 – C-220/05, NVwZ 2007, 316 Rn. 44 – Stadt Roanne; 23.12.2009 – C-305/08, ZfBR 2010, 392 Rn. 41 – CoNISMa.
[124] EuGH 23.12.2009 – C-305/08, ZfBR 2010, 392 Rn. 31 – CoNISMa; 18.12.2014 – C-568/13, EuZW 2015, 186 Rn. 35 – Azienda Ospedaliero; 6.10.2015 – C-203/14, NZBau 2015, 784 Rn. 34 – Consorci Sanitari.
[125] EuGH 23.12.2009 – C-305/08, ZfBR 2010, 392 Rn. 30 – CoNISMa; 18.12.2014 – C-568/13, EuZW 2015, 186 Rn. 35 – Azienda Ospedaliero; 6.10.2015 – C-203/14, NZBau 2015, 784 Rn. 34 – Consorci Sanitari; 14.7.2022 – C-436/20, NZBau 2023, 47 Rn. 62 – ASADE.
[126] EuGH 20.10.2005 – C-264/03, BeckRS 2005, 70808 = VergabeR 2006, 54 Rn. 43; 19.12.2012 – C-159/11, NZBau 2013, 114 Rn. 26 – Lecce; 13.6.2013 – C-386/11, EuZW 2013, 591 Rn. 29 – Piepenbrock; 18.12.2014 – C-568/13, EuZW 2015, 186 Rn. 33 – Azienda Ospedaliero; OLG Düsseldorf 5.5.2004 – VII-Verg 78–03, NZBau 2004, 398 (399); OLG Frankfurt a. M. 7.9.2004 – 11 Verg 11/04, NZBau 2004, 692 (694); OLG Naumburg 3.11.2005 – 1 Verg 9/05, NZBau 2006, 58 (60); zusf. Hertwig NZBau 2008, 355.

tung aus öffentlichen Mitteln finanziert bzw. subventioniert wird.[127] Wenn eine öffentliche Einrichtung nach dem für sie geltenden nationalen Recht berechtigt ist, Leistungen auf dem Markt anzubieten – selbst wenn dies nur gelegentlich erfolgen sollte –, so kann ihr die Teilnahme als Bieter an Vergabeverfahren, die die Erbringung jener Leistungen betreffen, nicht versagt werden.[128] Dies schließt alle Maßnahmen und Voraussetzungen aus, die spezifisch die öffentliche Einrichtung an der Abgabe eines Angebots hindern (zB das Erfordernis der Eintragung in ein privaten Wirtschaftsteilnehmern vorbehaltenes Verzeichnis).[129]

Entspr. wird man die Bedeutung wettbewerbsrelevanter Rechtsverstöße von als „Unternehmen" auftretenden öffentlichen Auftraggebern bewerten müssen. Ob sich daher eine Gemeinde bei ihrem Auftreten als Bieter in einem Vergabeverfahren iRd **Vorgaben des jew. Gemeindewirtschaftsrechts** zur Zulässigkeit einer wirtschaftlichen Betätigung der Kommunen bewegt, ist für das Vorliegen eines öffentlichen Auftrags irrelevant.[130] Da sich verschiedene juristische Personen des öffentlichen Rechts also in einem Vergabeverfahren als „öffentlicher Auftraggeber" und „Unternehmen" gegenüber stehen können, ist für derartige Kooperationsverhältnisse die Anwendung des Vergaberechts nicht von vornherein ausgeschlossen. 67

III. Arten öffentlicher Aufträge (Abs. 2–6)

Als Formen öffentlicher Aufträge nennt § 103 GWB Lieferaufträge, Bauaufträge, Dienstleistungsaufträge, Rahmenvereinbarungen und Wettbewerbe. Legaldefinitionen dieser Begriffe enthalten die Abs. 2–6 des § 103 GWB. Zu beachten ist, dass es sich bei Vergaben ab Erreichen der Schwellenwerte um **Begriffe des Unionsrechts** handelt. Dementsprechend ist es unerheblich, wie das nationale Recht den betr. Vertrag qualifiziert.[131] Die **Aufzählung ist als abschließend zu verstehen,** wobei zu beachten ist, dass der Kategorie der Dienstleistungsaufträge nach der Fassung des § 103 Abs. 4 GWB eine Auffangfunktion zukommt. Aus einer Zusammenschau des § 103 Abs. 2–4 GWB mit Art. 2 Abs. 1 Nr. 6–9 VRL ergibt sich eine **doppelte Subsidiarität der Auftragsarten:** 68

- Zunächst ist das Vorliegen eines **Bauauftrags** (§ 103 Abs. 3 GWB) zu prüfen.
- Liegt ein Bauauftrag nicht vor, so ist ein **Lieferauftrag** (§ 103 Abs. 2 GWB) in Erwägung zu ziehen.
- Erst nachrangig und als **Auffangkategorie** kommt ein **Dienstleistungsauftrag** (§ 103 Abs. 4 GWB) in Betracht.

Die möglichen Auftragsarten formen den sachlichen Anwendungsbereich des (Kartell-)Vergaberechts näher aus und **konstituieren keine Vertragstypen.** Die unter eine der Auftragsarten fallenden Verträge können daher in der Praxis höchst unterschiedlich ausgestaltet sein. Wesentlich ist allein, dass der konkrete Vertrag die die jew. Auftragsart konstituierenden Elemente ausfüllt. Von Bedeutung ist die Unterscheidung der Auftragsarten vor allem wegen der unterschiedlichen Schwellenwerte (§ 106 GWB iVm Art. 4 VRL) und der unterschiedlichen Verfahrensregelungen. 69

---

[127] EuGH 7.12.2000 – C-94/99, NZBau 2001, 99 Rn. 32 – ARGE Gewässerschutz; 23.12.2009 – C-305/08, ZfBR 2010, 392 Rn. 32 – CoNISMa; 6.10.2015 – C-203/14, NZBau 2015, 784 Rn. 34 – Consorci Sanitari; dazu auch Hübner VergabeR 2015, 154 ff.

[128] EuGH 18.12.2014 – C-568/13, EuZW 2015, 186 Rn. 36 – Azienda Ospedaliero; 6.10.2015 – C-203/14, NZBau 2015, 784 Rn. 35 – Consorci Sanitari.

[129] EuGH 6.10.2015 – C-203/14, NZBau 2015, 784 Rn. 40 – Consorci Sanitari.

[130] Mann NVwZ 2010, 857 (862); aM OLG Düsseldorf 17.6.2002 – Verg 18/02, NZBau 2002, 626 (628 ff.); 4.5.2009 – Verg 68/08, BeckRS 2009, 24305 = VergabeR 2009, 905 (916 ff.); Hertwig NZBau 2009, 355.

[131] EuGH 10.7.2014 – C-213/13, EuZW 2014, 790 Rn. 40 – Impresa Pizzarotti.

GWB § 103 Öffentliche Aufträge, Rahmenvereinbarungen und Wettbewerbe

1. Lieferaufträge (Abs. 2)

70 Unter Lieferaufträgen versteht § 103 Abs. 2 GWB Verträge zur Beschaffung von Waren, die insbes. Kauf oder Ratenkauf oder Leasing, Miet- oder Pachtverhältnisse mit oder ohne Kaufoption betreffen. Wie sich aus dem Wort „insbesondere" ergibt, ist die Aufzählung der Vertragstypen eines Lieferauftrags **nicht abschließend**. Für das Vorliegen eines Lieferauftrags ist daher nicht die Wahl einer der genannten Vertragstypen maßgebend, sondern die **Erlangung der tatsächlichen Verfügungsgewalt** über die beschafften Waren durch den öffentlichen Auftraggeber, ohne dass dieser Eigentümer der Waren werden müsste. Wie sich aus der Erwähnung von Miet- und Pachtverhältnissen in § 103 Abs. 2 GWB ergibt, reicht die vorübergehende Verfügungsgewalt des Auftraggebers aus. Unerheblich ist es, an welchem Ort die Verfügungsgewalt des Auftraggebers begründet wird. Eine „Lieferung" iSv § 103 Abs. 2 GWB setzt nicht das Verbringen der Ware zum Auftraggeber voraus.

71 Der **Begriff der Ware** entspricht dem in Art. 29 AEUV verwendeten. Waren sind daher körperliche Gegenstände, die einen Geldwert haben und Gegenstand von Handelsgeschäften sein können.[132] Hierunter fallen auch Flüssigkeiten, Gase oder elektrischer Strom, wobei die isolierte Zurverfügungstellung eines Leitungssystems allein zum Transport zB von Strom oder Gas keine Lieferung, sondern eine Dienstleistung darstellt.[133] Ein Lieferauftrag liegt auch bei der Bestellung von Standardsoftware durch einen öffentlichen Auftraggeber vor, wobei die Installation der Software auf den Computern des Auftraggebers als Nebenleistung iSv § 103 Abs. 2 S. 2 GWB nichts an der Zuordnung zu dieser Auftragsart ändert. Anders kann es sich aber verhalten, wenn Softwarelösungen spezifisch für den Auftraggeber entwickelt oder Software an dessen Bedürfnisse angepasst wird. In diesen Fällen wird es sich nach § 110 Abs. 2 Nr. 2 GWB idR um einen Dienstleistungsauftrag handeln. Keine Warenlieferung stellt die **Veräußerung von Rechten,** zB von Gesellschaftsanteilen uä, dar.[134]

72 Lieferaufträge sind auch **Vereinbarungen zwischen den Krankenkassen und Apotheken** etc iSv § 69 Abs. 1 SGB V.[135] Gleiches gilt für **Rabattverträge** zwischen Krankenkassen und pharmazeutischen Unternehmen nach § 130a Abs. 8 S. 1 SGB V, deren wirtschaftlicher Gehalt sich auf die Lieferung preisvergünstigter Arzneimittel durch die Unternehmen der pharmazeutischen Industrie an die Krankenkassen bezieht. Für diese Einordnung ist es unerheblich, dass die tatsächliche Lieferung der Arzneimittel über Vertragsärzte und Apotheken an die Versicherten erfolgt. Das zwischen den Partnern des Rabattvertrags vereinbarte Entgelt besteht in den von den Krankenkassen erzielten Einsparungen.[136]

73 § 103 Abs. 2 S. 2 GWB stellt klar, dass die **Erbringung bloßer Nebenleistungen** zur Lieferung von Waren nichts am Charakter als Lieferauftrag ändert. Zur Erläuterung des Begriffs der Nebenleistung nennt Art. 2 Abs. 1 Nr. 8 VRL Verlege- und Installationsarbeiten, wobei es sich nicht um eine abschl. Aufzählung von ein-

---

[132] EuGH 10.12.1968 – 7/68, Slg. 1968, 634; 9.7.1992 – C-2/90, Slg. 1992, I-4431 Rn. 26 = NVwZ 1992, 871; 28.3.1995 – C-324/93, Slg. 1995, I-563 Rn. 20 = BeckRS 2004, 76375 – Evans.

[133] Streinz/Kamann AEUV Art. 28 Rn. 15.

[134] Kleine/Flöther/Bräuer NVwZ 2002, 1046 f.; Bell/Rehak LKV 2001, 185 (189).

[135] Burgi NZBau 2008, 480 (484).

[136] OLG Düsseldorf 24.11.2011 – VII-Verg 62/11, BeckRS 2012, 4600 = VergabeR 2012, 482; LSG NRW 3.9.2009 – L 21 KR 51/09 SFB, BeckRS 2009, 72806 = VergabeR 2010, 126 (128 f.); LSG NRW 10.9.2009– L 21 KR 53/09 SFB, BeckRS 2009, 72763 = VergabeR 2010, 135 (138 ff.); iErg ebenso Röbke NVwZ 2008, 726 (730 f.); Stolz/Kraus VergabeR 2008, 1 (4 ff.); enger noch LSG BW 28.10.2008 – L 11 KR 4810/08 ER-B, BeckRS 2008, 57480 = VergabeR 2009, 182 (187 f.); 23.1.2009 – L 11 WB 5971/08, BeckRS 2009, 50726 = VergabeR 2009, 452 (457 f.), Exklusivitätsvereinbarung erforderlich.

schlägigen Dienstleistungen handeln dürfte. Allg. liegt eine Nebenleistung vor, wenn sie **funktional auf die Erbringung der Lieferleistung bezogen ist,** deren Erbringung also ermöglichen oder erleichtern soll, und ihr ggü. der Lieferleistung eine untergeordnete Bedeutung zukommt. Sind diese Voraussetzungen nicht erfüllt, so ist die fragliche Leistung selbständig als Dienstleistungsauftrag auszuschreiben.

2. Bauauftrag (Abs. 3)

Den Begriff des Bauauftrags definiert § 103 Abs. 3 GWB, und zwar in Form der 74 Entwicklung von **drei Varianten:** Bauaufträge sind danach Verträge entweder über die Ausführung oder über die gleichzeitige Planung und Ausführung
- einer Bauleistung im Zusammenhang mit einer der in Anhang II zur VRL bzw. Anhang I zur SRL genannten Tätigkeiten,
- eines Bauwerks für den öffentlichen Auftraggeber oder Sektorenauftraggeber, das Ergebnis von Tief- oder Hochbauarbeiten ist und eine wirtschaftliche oder technische Funktion erfüllen soll, oder
- einer dem Auftraggeber unmittelbar wirtschaftlich zugutekommenden Bauleistung durch Dritte gem. den vom Auftraggeber genannten Erfordernissen.

Die Vorschrift weicht zwar im Wortlaut von der Begriffsbestimmung öffentlicher 75 Bauaufträge in Art. 2 Abs. 1 Nr. 6 VRL ab, ohne dass damit jedoch inhaltliche Abweichungen verbunden wären. Beim Begriff des öffentlichen Bauauftrags handelt es sich um einen **Begriff des Unionsrechts,** für dessen Auslegung die Qualifizierung des betr. Vertrags nach nationalem Recht nicht maßgeblich ist.[137] So kommt es nicht darauf an, ob der Vertrag nach deutschem Recht als Dienst- oder Werkvertrag zu qualifizieren ist.[138]

Zu einem Bauwerk iS eines Bauauftrags gehören alle Leistungen, die der Herstel- 76 lung der Funktionsfähigkeit des Gebäudes dienen.[139] In **Abgrenzung zum Lieferauftrag** kommt es darauf an, ob die gelieferten Gegenstände in einem Funktionszusammenhang mit der Bauleistung stehen, weil sie insbes. als für die Erfüllung des Bauauftrags notwendige Bauteile geliefert werden oder für die Nutzung des spezifischen Gebäudes notwendig sind.[140] Beispiele sind der Einbau von Klimaanlagen und anderer Gebäudetechnik,[141] Sterilisatoren in einem Klinikneubau,[142] ein Planetenprojektor im Neubau eines Planetariums[143] oder einer Brandmeldeanlage in ein öffentliches Gebäude.[144] In diesem Fall handelt es sich insges. nur um einen einheitlichen Bauauftrag. Fehlt es hingegen an einem solchen **funktionalen Zusammenhang** der Liefer- mit der Bauleistung, weil es sich etwa um standardisierte Einrichtungs- oder Ausstattungsgegenstände handelt, für die es keiner baulichen Anpassung im Einzelfall bedarf, so liegt insoweit ein zusätzlicher Lieferauftrag vor.[145] Beispiele

---

[137] EuGH 18.1.2007 – C-220/05, NVwZ 2007, 316 Rn. 40 – Stadt Roanne.
[138] RKPP/Röwekamp GWB § 103 Rn. 226.
[139] OLG Brandenburg 29.3.2012 – Verg W 2/12, VergabeR 2013, 49 (52) = BeckRS 2012, 15438; OLG Düsseldorf 11.12.2019 – Verg 53/18, BeckRS 2019, 32467 Rn. 21.
[140] OLG Düsseldorf 16.10.2019 – VII-Verg 66/18, NZBau 2020, 184 Rn. 27; 11.12.2019 – Verg 53/18, BeckRS 2019, 32467 Rn. 21; OLG Brandenburg 29.3.2012 – Verg W 2/12, VergabeR 2013, 49 (52) = BeckRS 2012, 15438(52); OLG München 19.3.2019 – Verg 3/19, NZBau 2019, 670 Rn. 72.
[141] BayObLG 23.7.2002 – Verg 17/02, NZBau 2003, 340 (341).
[142] OLG Jena 31.7.2002 – 6 Verg 5/01, BeckRS 2002, 30471749 = VergabeR 2003, 97 (99).
[143] OLG Brandenburg 29.3.2012 – Verg W 2/12, VergabeR 2013, 49 (52) = BeckRS 2012, 15438(52).
[144] BayObLG 23.7.2002 – Verg 17/02, NZBau 2003, 340 (341).
[145] OLG München 19.3.2019 – Verg 3/19, NZBau 2019, 670 Rn. 76 f.

GWB § 103 Öffentliche Aufträge, Rahmenvereinbarungen und Wettbewerbe

hierfür sind der Einbau von Beleuchtungskörpern oder eines Alarmierungssystems ohne spezifischen funktionalen Bezug zu gerade dem betreffenden Gebäude,[146] die bloße Auswechslung von Brandmeldern,[147] der Kauf von mobiler IT-Ausstattung[148] oder die Lieferung mobiler Büroeinrichtungsgegenstände.[149] Handelt es sich bei einer solchen Lieferung von Serienprodukten um den Hauptgegenstand des Vertrages, so handelt es sich nach den für die Behandlung gemischter Verträge geltenden Regeln (→ § 110 Rn. 12 ff.) auch dann insges. um einen Lieferauftrag, wenn zum Einbau der Gegenstände Maurerarbeiten erforderlich sind.[150] Für die vergaberechtliche Abgrenzung zwischen Bau- und Lieferauftrag unerheblich ist die zivilrechtliche Einordnung als Werkliefer- oder Kaufvertrag.[151]

76a Allerdings wird eine Lieferleistung nicht dadurch zu einer Bauleistung, dass der gelieferte Gegenstand zur Funktionsfähigkeit eines Bauwerks unerlässlich ist. Hinzu kommen muss vielmehr, dass die Lieferung in einem **Zusammenhang mit der Durchführung konkreter Baumaßnahmen** steht.[152]

77 **a) Begriffe.** § 103 Abs. 3 GWB verwendet zur Definition eines Bauauftrags eine differenzierte Begrifflichkeit, die zwischen Bauleistungen und Bauwerken unterscheidet. Art. 2 Abs. 1 Nr. 6 lit. b VRL kennt zusätzlich noch den Begriff des Bauvorhabens, das allerdings wohl als bedeutungsgleich mit dem Begriff „Bauwerk" nach Art. 2 Abs. 1 Nr. 7 VRL zu verstehen ist. Regelungssystematisch verfehlt ist es, dass § 1 EU Abs. 1 VOB/A in der Terminologie der Legaldefinition des Bauauftrags von der gesetzlichen Regelung des § 103 Abs. 3 GWB abweicht.

78 Der sowohl in § 103 Abs. 3 GWB als auch in Art. 2 Abs. 1 Nr. 6 lit. a VRL zuerst genannte, inhaltsbezogene Begriff ist der der **Bauleistung.** Weder das GWB noch die VRL bieten hierzu eine ausfüllende Definition an. Verwirrend ist insoweit die – allerdings aus Art. 2 Abs. 1 Nr. 6 lit. a VRL folgende – Begrifflichkeit des § 103 Abs. 3 S. 1 Nr. 1 GWB, dass die Bauleistung „im Zusammenhang" mit einer der in Anh. II zur VRL (bzw. Anh. I zur SRL) genannten Tätigkeiten stehen müsse. Erwgr. 8 der VRL verdeutlicht, dass dieser „Zusammenhang" ausschl. darin bestehen kann, dass der konkrete Auftrag „speziell die Ausführung der in Anhang II aufgeführten Tätigkeiten zum Gegenstand hat". Der weite Begriff des Zusammenhangs ist allein deshalb gewählt worden, um zusätzlich zu den Tätigkeiten der erwähnten Anhänge auch andere Leistungen in den Bauauftrag einbeziehen zu können, die für die Ausführung der genannten Tätigkeiten erforderlich sind (Erwgr. 8 der VRL).

79 **Anhang II zur VRL**[153] führt als dem Baugewerbe zuzurechnende Tätigkeiten ua den Abbruch von Gebäuden und Erdbewegungsarbeiten, Test- und Suchbohrungen, den Hoch-, Brücken- und Tunnelbau, den Straßen-, Eisenbahnober- und Wasserbau, die Dachdeckerei und Zimmerei, Elektroinstallationen, Dämmungsarbeiten, die Klempnerei sowie Gas-, Wasser-, Heizungs- und Lüftungsinstallation, die

---

[146] OLG Düsseldorf 16.10.2019 – VII-Verg 66/18, NZBau 2020, 184 Rn. 28 Alarmierungssystem; OLG München 28.9.2005 – Verg 19/05, BeckRS 2005, 11622 = VergabeR 2006, 238 (240).
[147] OLG Düsseldorf 14.4.2010 – VII Verg 60/09, BeckRS 2010, 15895 = VergabeR 2011, 78 (79).
[148] VK Südbayern 22.9.2003 – 41–08/03, BeckRS 2003, 32465.
[149] KKPP/Eschenbruch GWB, 4. Aufl. 2016 § 103 Rn. 428.
[150] OLG München 5.11.2009 – Verg 15/09, BeckRS 2009, 86656 = VergabeR 2010, 677 (680); 19.3.2019 – Verg 3/19, NZBau 2019, 670 Rn. 76 ff.
[151] OLG Brandenburg 29.3.2012 – Verg W 2/12, VergabeR 2013, 49 (53) = BeckRS 2012, 15438(53).
[152] VK Bund 31.7.2017 – VK 1–67/17, IBRRS 2017, 3038 Rn. 40.
[153] Die Maßgeblichkeit für die Auslegung des deutschen Rechts für die entspr. Vorgängerregelung bejahend BayObLG 23.7.2002 – Verg 17/02, NZBau 2003, 340 (341).

Bautischlerei, die Fußboden-, Fliesen- und Plattenlegerei und die Raumausstattung sowie das Maler- und Glasergewerbe auf.

Diese Aufzählung macht deutlich, dass der **Begriff der Bauleistung weit zu** **verstehen** ist und sämtliche Tätigkeiten umfasst, die die Errichtung, die Reparatur, Modernisierung oder Renovierung[154] oder die Beseitigung baulicher Anlagen[155] vorbereiten oder durchführen. Der Katalog des Anh. II zur VRL (bzw. des Anh. I zur SRL) ist abschließend: Erwgr. 8 der VRL hebt hervor, dass ein Auftrag nur dann als öffentlicher Bauauftrag gilt, wenn er speziell die Ausführung der in Anhang II genannten Tätigkeiten zum Gegenstand hat. Nur dann, wenn eine solche Tätigkeit **Hauptgegenstand des Vertrags** ist, kann sich der Vertrag auch auf andere Leistungen erstrecken, ohne seinen Charakter als Bauauftrag zu verlieren.[155] Sind die Bauleistungen im Verhältnis zu anderen Vertragsbestandteilen lediglich von untergeordneter Bedeutung, so handelt es sich nicht um einen Bauauftrag[157] (iÜ → § 110 Rn. 12 ff.). Keine Bauleistung idS ist die vertragliche Übernahme von städtebaurechtlichen Aufgaben und Zuständigkeiten der Gemeinde durch ein Unternehmen.[158]

Ausweislich des Wortlauts des § 103 Abs. 3 S. 1 Nr. 2 GWB ist unter einem **Bauwerk** das Ergebnis von Tief- oder Hochbauarbeiten, das eine wirtschaftliche oder technische Funktion erfüllen soll, zu verstehen. Wie der in § 103 Abs. 3 S. 1 Nr. 2 GWB übernommene Zusatz der „Gesamtheit" von Tief- oder Hochbauarbeiten in Art. 2 Abs. 1 Nr. 7 VRL verdeutlicht, soll klargestellt werden, dass Bauauftrag nicht nur die Beschaffung der in Anh. II zur VRL aufgezählten Einzelleistungen, sondern ebenso die Beauftragung mit der Erstellung eines kompletten Gebäudes inkl. aller vorbereitenden Arbeiten ist. Allerdings ist der Begriff des Bauwerks **nicht auf Gebäude beschränkt**. Erfasst ist vielmehr jede mit dem Erdboden verbundene oder auf ihm ruhende, aus Produkten hergestellte bauliche Anlage, so dass zB auch Werbeanlagen oder eine Photovoltaikanlage Bauwerke idS sein können.[159]

Das betreffende Objekt erfüllt schon dann eine **wirtschaftliche Funktion,** wenn es wirtschaftlichen Betätigungen offen steht.[160] Allerdings ist nicht einmal erforderlich, dass in dem Objekt oder in seinem räumlichen Zusammenhang eine wirtschaftliche Betätigung ausgeübt wird. Es genügt, dass das Objekt eine wirtschaftliche (der technische) Funktion erfüllt, was zB auch dann der Fall ist, wenn das Objekt wie etwa eine Schallschutzwand eine wirtschaftliche Nutzung anderer Objekte erst ermöglichen soll. Keine wirtschaftliche Funktion wird bspw. erfüllt, wenn ein Objekt ausschl. zu künstlerischen Zwecken erstellt wird, es sei denn, es geht dem Künstler nicht allein um die Verwirklichung seiner künstlerischen Ideen, sondern zumindest auch um die Erzielung von Einnahmen etwa durch Besichtigung des Gebäudes.

b) Verträge über die Ausführung oder über die Planung und Ausführung von Bauleistungen (§ 103 Abs. 3 S. 1 Nr. 1, 2 GWB). Nach § 103 Abs. 3 S. 1 Nr. 1, 2 GWB sind Bauaufträge Verträge entweder nur über die Ausführung oder über die gleichzeitige Planung und Ausführung von Bauleistungen für den öffentlichen Auftraggeber. Die Ausformung als vom Normtext unterschiedene Varianten gebietet **keine strikte Unterscheidung,** sondern soll lediglich deutlich machen,

---

[154] Vgl. insoweit BayObLG 23.7.2002 – Verg 17/02, NZBau 2003, 340 (341).
[155] Vgl. insoweit VK Bremen 25.6.2003 – VK 10/03 –, juris.
[156] OLG Düsseldorf 30.4.2014 – VII-Verg 35/13, BeckRS 2014, 9477 = VergabeR 2014, 677 (679).
[157] EuGH 26.5.2011 – C-306/08, NZBau 2011, 431 Rn. 89.
[158] OLG Schleswig 15.3.2013 – 1 Verg 4/12, BeckRS 2013, 7004 = VergabeR 2013, 577 (583).
[159] OLG Düsseldorf 30.4.2014 – VII-Verg 35/13, BeckRS 2014, 9477 = VergabeR 2014, 677 (679).
[160] EuGH 18.1.2007 – C-220/05, NVwZ 2007, 316 Rn. 41 – Stadt Roanne.

GWB § 103 Öffentliche Aufträge, Rahmenvereinbarungen und Wettbewerbe

dass ein Bauauftrag nur vorliegen kann, wenn er zumindest auch die Erbringung von Bauleistungen zum Gegenstand hat.

84 Es soll dem öffentlichen Auftraggeber aber frei stehen, **für die Bauleistung notwendige Planungsleistungen** zusammen mit der Ausführung der Bauleistung auszuschreiben. § 103 Abs. 3 S. 1 Nr. 1, 2 GWB führt in diesem Fall zur Ausschreibung beider Elemente in einem Bauauftrag. Allerdings steht es dem Auftraggeber unter Anlegung qualitativer und wirtschaftlicher Kriterien frei, sich gleichwertig für die von den Bauleistungen getrennte Ausschreibung der Planungsleistungen als Dienstleistungsauftrag zu entscheiden (Erwgr. 8 UAbs. 2 der VRL).

85 Das OLG Düsseldorf hatte die Frage, ob sich der Investor bei der Nr. 2 und 3 des § 103 Abs. 3 S. 1 GWB **vertraglich zur Erbringung von Bauleistungen verpflichten** muss, zunächst offen gelassen, weil es in den entschiedenen Fällen jew. eine solche Verpflichtung als gegeben ansah. Den Ausführungen des Gerichts ist aber zu entnehmen, dass es zumindest gute Gründe sah, die gegen ein Kriterium einer rechtlichen Verpflichtung sprechen.[161] Dem wird man nicht folgen können.

86 Ausweislich des eindeutigen und inhaltlich unmissverständlichen Wortlauts der Vergaberichtlinie muss es sich auch bei einem Bauauftrag um einen „**Vertrag**" handeln. Ein Vertrag über einen Bauauftrag, in dem sich der „Auftragnehmer" zu keiner Bauleistung verpflichtet, ist schwer vorstellbar: Es kann kein Vertrag „über ... die Ausführung ... eines Bauwerks" geschlossen werden, wenn die Errichtung des Bauwerks überhaupt nicht Vertragsgegenstand ist. Es kann daher nicht bezweifelt werden, dass ein „Bauauftrag" nach § 103 Abs. 3 S. 1 Nr. 1, 2 GWB **zur Erbringung von Bauleistungen verpflichten** muss.[162] Wichtig ist, dass der Vertrag den Grund für die Verpflichtung darstellt, ohne dass es sich dabei um eine synallagmatische Verknüpfung handeln müsste;[163] nicht erfasst sind hingegen Leistungen, die aus anderen Gründen, bspw. wegen in Rechtsnormen statuierten Verpflichtungen, erbracht werden müssen.[164]

87 Nach der Rspr. des EuGH muss die Erfüllung der vertraglichen Verpflichtung „**einklagbar**" sein.[165] Die vertragliche Statuierung eines Vertragsstrafenanspruchs oder eines **Rücktritt- oder Wiederkaufsrechts** des öffentlichen Auftraggebers für die Fälle, dass der Auftragnehmer bzw. Investor seinen vertraglichen Verpflichtungen nicht nachkommt, ist nicht ausreichend.[166] Dies ergibt sich schon daraus, dass der Gerichtshof gerade nicht den Schlussanträgen des Generalanwalts gefolgt ist, der eine rechtliche Durchsetzbarkeit der Verpflichtung zur Realisierung des Bauwerks für nicht erforderlich gehalten hatte und es ausreichen lassen wollte, dass „das einzelstaatliche Recht die Auflösung des Vertrags, die Vergabe an einen anderen Auftragnehmer und einen schlichten Schadensersatzanspruch der öffentlichen Verwaltung gegen den ersten Auftragnehmer vorsieht".[167] Demgegenüber fordert der EuGH explizit die Einklagbarkeit der Erfüllung selbst.[168]

---

[161] OLG Düsseldorf 12.12.2007 – VII Verg 30/07, NZBau 2008, 138 (140) = VergabeR 2008, 99 (100); 6.2.2008 – VII-Verg 37/07, NZBau 2008, 271 (272 ff.); diese Ansätze hat das Gericht im Anschluss an die Rspr. des EuGH verworfen, OLG Düsseldorf 9.6.2010 – VII-Verg 9/10, NZBau 2010, 580.

[162] EuGH 25.3.2010 – C-451/08, NVwZ 2010, 565 Rn. 60 – Müller; iE ebenso Krohn ZfBR 2008, 27 (34); Vetter/Bergmann NVwZ 2008, 133 (136).

[163] Amelung/Dörn VergabeR 2007, 644 (647 f.).

[164] Immenga/Mestmäcker/Dreher GWB § 99 Rn. 11.

[165] EuGH 25.3.2010 – C-451/08, NVwZ 2010, 565 Rn. 62 – Müller; krit. Kühling NVwZ 2010, 1257 (1259 f.).

[166] So aber Vetter/Bergmann NVwZ 2010, 569 (570).

[167] Schlussanträge des GA Mengozzi 17.11.2009 – C-451/08 Rn. 79 f., BeckRS 2009, 71274 – Müller.

[168] EuGH 25.3.2010 – C-451/08, NVwZ 2010, 565 Rn. 62 – Müller; krit. Kühling NVwZ 2010, 1257 (1259 f.).

Die Ausführung der Bauleistung muss gerade „für den öffentlichen Auftragge- 88
ber" erfolgen. Damit wird klargestellt, dass das Vorliegen eines Bauauftrags die
Verfolgung eines Beschaffungszwecks voraussetzt. Die Bauleistung muss
daher im unmittelbaren wirtschaftlichen Interesse des Auftraggebers liegen[169] (iE
→ Rn. 48 f.).

c) Bauleistung durch Dritte (§ 103 Abs. 3 S. 2 GWB). § 103 Abs. 3 S. 2 89
GWB betrifft Bauleistungen durch Dritte gem. den vom öffentlichen Auftraggeber
(bzw. Sektorenauftraggeber) genannten Erfordernissen, welche dem Auftraggeber
unmittelbar wirtschaftlich zugutekommen. Art. 1 Abs. 2 lit. b VKR ergänzt, dass es
gleichgültig ist, mit welchen Mitteln der Dritte die Bauleistung erbringt. Die Norm
zielt darauf ab, **Umgehungen der Ausschreibungspflicht** nach § 103 Abs. 3 S. 1
Nr. 1, 2 GWB zu verhindern. Sonst könnte ein öffentlicher Auftraggeber ein Unternehmen mit der Erbringung der Dienstleistung beauftragen, einen Dritten auszuwählen und diesen mit der Erbringung einer Bauleistung zu beauftragen, und sich
dadurch der Anwendung der für Bauaufträge geltenden vergaberechtlichen Vorschriften entziehen.

Aus dieser Ratio der Norm ergibt sich, dass **Bauauftrag nur das Rechtsverhält-** 90
nis zwischen dem öffentlichen Auftraggeber und seinem Vertragspartner,
nicht aber die vertragliche Beziehung zwischen diesem und den von ihm zur tatsächlichen Erbringung der Bauleistung eingeschalteten Unternehmen ist.

„Dritter" iSv § 103 Abs. 3 S. 2 GWB kann jeder Wirtschaftsteilnehmer sein, der 91
nicht mit dem Auftraggeber oder dem Auftragnehmer rechtsidentisch ist. Die für
das Vorliegen eines Bauauftrags **notwendige Verbindung der nacheinander**
geschalteten Verträge wird durch die Kriterien des Bauens nach den Erfordernissen des Auftraggebers und des Einflusses des Auftraggebers (→ Rn. 93 ff.) hergestellt. Ob der Dritte oder der Auftraggeber Eigentümer des Grundstücks ist oder
wird, auf dem die Bauleistungen erbracht werden sollen, ist unerheblich.[170] Ebenso
wenig kommt es darauf an, ob der Auftragnehmer das Vorhaben mit eigenen Mitteln
durchführt oder dessen Durchführung mit anderen Mitteln sicherstellt (Erwgr. 9 der
VRL).

Das Erfordernis, dass die Bauleistung dem Auftraggeber unmittelbar wirtschaftlich 92
zugutekommen muss, verweist auf die Notwendigkeit der **Verfolgung eines**
Beschaffungszwecks[171] (→ Rn. 44 ff.).

Das Kriterium der **Bauleistung gem. den vom Auftraggeber genannten** 93
Erfordernissen ist unverzichtbar, um eine einfache Veräußerungsgeschäfte von einer
Baukonzession abgrenzen zu können. Es stellt den notwendigen Konnex zwischen
der Bauleistung und dem Auftraggeber her, diesen gleichsam in die Stellung als
„Bauherr" hineinwachsen zu lassen. Dabei muss der Konnex gerade zwischen der
Eigenschaft als Auftraggeber und der Bauleistung bestehen. Dieser Konnex kann lt.
Erwgr. 9 zur VRL in zweierlei Weise hergestellt werden: *Erstens* durch die maßgebliche **Definition der Art des Vorhabens** durch den Auftraggeber, *zweitens* durch
dessen entscheidende **Einflussnahme auf die Planung** der Bauleistung. Das Erfordernis der Erbringung der Bauleistung gem. den vom öffentlichen Auftraggeber
genannten Erfordernissen erschöpft sich also in diesen beiden Kriterien und hat
keine darüber hinausgehende Bedeutung.

Ob die genannten Kriterien (Definition der Art des Vorhabens, Einflussnahme 94
auf die Planung) **kumulativ erfüllt** sein müssen oder ob es zur Erfüllung der
Voraussetzungen des § 103 Abs. 3 S. 2 GWB ausreicht, dass **nur eines der beiden**
Kriterien vorliegt, ist aus dem Wortlaut der vergaberechtlichen Vorschriften bzw.

---

[169] EuGH 25.3.2010 – C-451/08, NVwZ 2010, 565 Rn. 48 ff. – Müller.
[170] Otting NZBau 2004, 469.
[171] BT-Drs. 16/10117, 18.

GWB § 103 Öffentliche Aufträge, Rahmenvereinbarungen und Wettbewerbe

aus deren Begründungen nicht eindeutig ersichtlich: Sowohl Art. 2 Abs. 1 Nr. 6 lit. c VRL als auch § 103 Abs. 3 S. 2 GWB fordern dem Wortlaut nach, dass der Auftraggeber einen entscheidenden Einfluss auf Art und Planung der Bauleistung hat. Demgegenüber lässt es Erwgr. 9 der VRL (und im Anschluss daran die Begr. des Entwurfs des VergRModG[172]) ausreichen, dass der „Auftraggeber Maßnahmen zur Definition der Art des Vorhabens getroffen oder zumindest einen entscheidenden Einfluss auf dessen Planung gehabt haben muss". Diese Sichtweise entspricht der Rspr. des EuGH, nach welcher der Auftraggeber „Maßnahmen ergriffen … (haben muss), um die Merkmale der Bauleistung zu definieren oder zumindest einen entscheidenden Einfluss auf ihre Konzeption auszuüben".[173] Eine solche **alternative Betrachtungsweise,** die die Erfüllung eines der beiden Kriterien ausreichen lässt, genügt auch der Ratio des § 103 Abs. 3 S. 2 GWB. Behält sich der Auftraggeber vor, die Art der Bauleistung iE festzulegen, so tritt er ebenso als Bauherr auf, wenn er die Durchführungsplanung dominiert.

95 Ein entscheidender Einfluss gerade des Auftraggebers auf Art oder Planung der Bauleistung erfordert, dass der **Auftraggeber konkret auftragsbezogene Maßnahmen** ergreift. Anderweitig bestehende Einflussnahmemöglichkeiten des Auftraggebers in anderer, insbes. behördlicher Funktion führen nicht zur Erfüllung der Voraussetzungen des § 103 Abs. 3 S. 2 GWB. Entscheidungen in Ausübung von **städtebaulichen Regelungszuständigkeiten** oder **bauaufsichtsbehördlichen Prüfbefugnissen** sind keine vom Auftraggeber genannten Erfordernisse iSv § 103 Abs. 3 S. 2 GWB.[174] Dies gilt bspw. für einen Beschluss des Gemeinderats über die Aufstellung oder Nichtaufstellung eines Bebauungsplans.[175]

96 **aa) Hinweise auf die Rechtslage.** Bloße Hinweise auf die Rechtslage lassen den Auftraggeber nicht wie geplant in die Rolle eines Bauherrn rücken. So fällt die Veräußerung eines im Gebiet eines Bebauungsplans liegenden, gemeindlichen Grundstücks, für dessen Bebauung allein die **Festsetzungen des Bebauungsplans** maßgeblich sind, nicht unter § 103 Abs. 3 S. 2 GWB.[176] Dies gilt auch für einen vorhabenbezogenen Bebauungsplan iSv § 12 BauGB; der zu schließende Durchführungsvertrag ist daher[177] nicht als Bauauftrag nach § 103 GWB einzuordnen. Diese Beurteilung ändert sich nicht, wenn in dem Vertrag nicht nur auf den Bebauungsplan, sondern darüber hinaus auf die Möglichkeit einer **Ausnahme oder Befreiung nach § 31 BauGB** hingewiesen wird. Zwar steht die Erteilung einer Ausnahme oder Befreiung im Ermessen der Baugenehmigungsbehörde, die dadurch Einfluss auf die Realisierbarkeit eines von einem Investor geplanten Vorhabens nehmen kann. Doch selbst dann, wenn der Rechtsträger der Baugenehmigungsbehörde im konkreten Fall gleichzeitig Auftrag- bzw. Konzessionsgeber ist, handelt es sich nicht um eine vertraglich eröffnete, sondern um eine gesetzlich begründete Einwirkungsmöglichkeit. Deren Anwendungsvoraussetzungen ändern sich selbst dann nicht, wenn sich der Auftraggeber zur Erteilung der Ausnahme oder Befreiung verpflichten sollte. Hier liegt vielmehr die Annahme eines Ermessensfehlers sehr nahe. Erst recht

---

[172] BT-Drs. 18/6281, 74.

[173] EuGH 25.3.2010 – C-451/08, NVwZ 2010, 565 Rn. 67 – Müller; ebenso EuGH 10.7.2014 – C-213/13, EuZW 2014, 790 Rn. 44 – Impresa Pizzarotti; EuGH 22.4.2021 – C-537/19, NZBau 2021, 396 Rn. 50 – Wiener Wohnen.

[174] Für die entspr. Bestimmungen der VKR EuGH 25.3.2010 – C-451/08, NVwZ 2010, 565 Rn. 68 – Müller.

[175] BayObLG 19.10.2000 – Verg 9/00, NZBau 2002, 108.

[176] OLG Düsseldorf 6.2.2008 – VII-Verg 37/07, NZBau 2008, 271 (276); VK Düsseldorf 2.8.2007 – VK-23/07, BeckRS 2007, 15713; Amelung/Dörn VergabeR 2007, 644 (648); Ziekow DVBl 2008, 137 (142).

[177] OLG Schleswig 15.3.2013 – 1 Verg 4/12, BeckRS 2013, 7004 = VergabeR 2013, 577 (583).

verleiht die Erforderlichkeit des **gemeindlichen Einvernehmens** nach § 36 BauGB der Gemeinde keine vertraglich begründete Einflussnahmemöglichkeit.

Es reicht also keinesfalls aus, dass der Auftraggeber „durch eine öffentliche Zweckbestimmung wie bspw. die städtebauliche Entwicklung ... motivierte Erfordernisse überhaupt anbringt", so dass ein Ausschluss der Anwendung der genannten Vorschrift daher nur in solchen Fällen bestünde, „in denen der Veräußerung eines Grundstücks und seiner Bebauung keine wirtschaftliche, insbes. keine raumordnende oder städtebauliche Funktion zuzuerkennen ist".[178] Eine schlichte **„Weitergabe" der in der Planung verlautbarten städtebaulichen Vorstellungen** im Zuge einer Grundstücksveräußerung genügt nicht den Anforderungen des § 103 Abs. 3 S. 2 GWB. Die Gemeinde rückt durch die „Weitergabe" der planerischen Vorstellungen in der Veräußerung nicht in die erforderliche Bauherrenfunktion ein, erfolgt doch keine vertragliche Einräumung von Einflussnahmemöglichkeiten der Gemeinde auf die Planung oder Ausführung der Bauleistung.[179] 97

Entsprechendes gilt für den bloßen Hinweis in einem Vertrag, dass eine Baugenehmigung einzuholen sei und sich die planungsrechtliche **Beurteilung nach § 34 BauGB** richte. Entgegen der Auffassung der VK Münster eröffnet § 34 BauGB der Gemeinde nicht einmal die Möglichkeit, dafür zu sorgen, dass „eine Entscheidung über den von ... (dem Investor) vorzulegenden Bauantrag ... erst dann geben (wird), wenn der Antrag so gestellt wird, wie die Kommune ... dies für vertretbar hält".[180] § 34 BauGB enthält zwar diverse unbestimmte Rechtsbegriffe, die jedoch in vollem Umfang gerichtlich überprüfbar sind. Entsprechendes gilt für die Möglichkeit, den Abriss der vorhandenen Gebäude durch eine Beseitigungsverfügung anordnen zu können. Selbst wenn in dem mit dem Investor geschlossenen Vertrag diese Möglichkeit erwähnt wird, handelt es sich mitnichten um eine „durch ... Vertrag festgelegte Option",[181] sondern um einen bloßen Hinweis auf die sich aus der jew. Landesbauordnung ergebenden bauaufsichtlichen Eingriffsbefugnisse. 98

Für die Vornahme einer Grundstücksveräußerung an einen Investor in der beiderseitigen – allerdings nicht im Vertrag fixierten – **Erwartung, dass eine entspr. Bauleitplanung,** ggf. gekoppelt mit einer Gestaltungssatzung, erfolgen wird, würde sich am Ergebnis der Bewertung nichts ändern. Zwar könnte ein Rückgriff auf die vom EuGH im „Gemeinde-Mödling"-Urteil entwickelten Grundsätze in Betracht gezogen werden. Dort ging es um die Frage, ob die Gründung einer kommunalen Eigengesellschaft, der anschl. die kommunale Abfallwirtschaft übertragen wird und deren Anteile schließlich zu 49 % an eine private Gesellschaft abgetreten werden, ein Inhouse-Geschäft darstellt. Der EuGH hatte dies unter Hinweis darauf verneint, dass es nicht auf die zeitliche Abfolge, sondern auf eine Betrachtung der Gesamtheit der Schritte und ihrer Zielsetzung ankommt.[182] Gleichwohl könnte nicht hieran anknüpfend argumentiert werden, dass ein Grundstücksverkauf, bei dessen Abschluss dem Käufer bereits der Erlass eines Bebauungsplans und ggf. einer Gestaltungssatzung informell avisiert worden sei, bei ganzheitlicher Betrachtung als im beiderseitigen Einvernehmen erfolgende Einflussnahme der Gemeinde auf die Bebauungsvorstellungen des Investors zu bewerten sei. Denn diese beiderseitige Erwartung ändert nichts daran, dass die Vorgaben der Gemeinde nicht auf dem Vertrag, sondern auf den die Bauleitplanung betr. Vorschriften des BauGB bzw. den landesrechtlichen Regelungen über den Erlass von Gestaltungssatzungen beruhen würden.[183] 99

---

[178] So aber OLG Düsseldorf 6.2.2008 – VII-Verg 37/07, NZBau 2008, 271 (276).
[179] IE wohl ebenso Schabel VergabeR 2008, 103 (104).
[180] So aber VK Münster 26.9.2007 – VK 17/07, BeckRS 2007, 16147.
[181] So aber VK Münster 26.9.2007 – VK 17/07, BeckRS 2007, 16147.
[182] EuGH 10.11.2005 – C-29/04, NZBau 2005, 704 Rn. 41.
[183] Reidt BauR 2007, 1664 (1669 f.).

100 **bb) Vertragliche Regelungen.** Vergaberechtlich relevant können von vornherein nur solche Verträge sein, bei denen die Beeinflussbarkeit der Bauleistung durch den Auftraggeber Vertragsbestandteil in dem Sinne geworden ist, dass der **Vertrag die causa für die Einflussnahmemöglichkeit** darstellt. Erwgr. 9 der VRL bringt diesen Zusammenhang in der Formulierung zum Ausdruck, dass der Auftragnehmer eine direkte oder indirekte rechtswirksame Verpflichtung zur Gewährleistung der Erbringung der Bauleistungen übernehmen muss. Dieses Erfordernis bezieht sich nicht allein auf die Verpflichtung zur Erbringung der Bauleistung als solcher – die ja bereits Voraussetzung für das Vorliegen eines öffentlichen Auftrags ist (→ Rn. 23) –, sondern umfasst auch die vertragliche Absicherung des Einflusses des Auftraggebers. Um keine Einflussnahme durch den Auftraggeber handelt es sich hingegen, wenn der **Bieter vor Einreichung des Angebots** versucht, die möglichen **Vorstellungen des Auftraggebers zu antizipieren,** und sein Angebot entspr. gestaltet.[184]

101 Unerheblich ist, um welchen **Vertragstypus** es sich handelt. Erfasst sind also etwa Kaufverträge, durch die ein öffentlicher Auftraggeber ein Grundstück an einen Privaten veräußert, wobei sich der Käufer zur Errichtung bestimmter Gebäude verpflichtet, oder auch Mietverträge, durch die sich ein öffentlicher Auftraggeber zur Anmietung eines Gebäudes und der Vermieter zur Anpassung des Gebäudes an die Bedürfnisse des Auftraggebers oder gar erst zur Erstellung des Gebäudes verpflichtet.[185] Für das Vorliegen eines Bauauftrags erforderlich ist allerdings auch insoweit ein entscheidender Einfluss der öffentlichen Stelle auf die Gestaltung des Mietobjekts. Nicht ausreichend sind hingegen Anpassungen der Mietsache an die Wünsche des Mieters in einem in Mietverhältnissen vergleichbarer Art üblichen Umfang,[186] erst recht nicht, wenn die Einflussnahme des Auftraggebers sich nicht auf die Gestaltung des Baus, sondern nur auf die Innenausstattung, zB die Wahl der Bodenbeläge, bezieht.[187]

102 Von einer Erbringung der Bauleistung gem. den Erfordernissen des Auftraggebers kann nur dann die Rede sein, wenn der Auftraggeber **inhaltliche Vorgaben für die Art des Bauwerks oder die Errichtung des Bauwerks** macht,[188] die es ihm ermöglichen, entscheidenden Einfluss auf die Planung zu nehmen.[189] Hierfür gilt nach der Rspr. des EuGH folgende Abgrenzung: „Hinsichtlich des geplanten Gebäudes lässt sich ein entscheidender Einfluss auf dessen Gestaltung feststellen, wenn nachgewiesen werden kann, dass dieser Einfluss auf die architektonische Struktur dieses Gebäudes wie seine Größe, seine Außenwände und seine tragenden Wände ausgeübt wird. Anforderungen, die die Gebäudeeinteilung betreffen, können nur dann als Beleg für einen entscheidenden Einfluss angesehen werden, wenn sie sich aufgrund ihrer Eigenart oder ihres Umfangs abheben".[190]

102a Nimmt der Auftraggeber hingegen die Baupläne des Privaten **lediglich zur Kenntnis**, ohne auf sie ändernd einwirken zu können, so fehlt es an der Ergreifung von „Maßnahmen" iSd Rspr. des EuGH (→ Rn. 95). Nichts anderes kann gelten, wenn der Auftraggeber die Baupläne des Investors lediglich dahingehend korrigieren lässt, dass die vom Investor eigeninitiativ erstellte Planung im Detail an bestimmte

---

[184] OLG Jena 7.10.2015 – 2 Verg 3/15, IBRRS 2016, 0438 = BeckRS 2016, 2747.
[185] EuGH 22.4.2021 – C-537/19, NZBau 2021, 396 Rn. 47 ff. – Wiener Wohnen; OLG Düsseldorf 7.8.2013 – VII-Verg 14/13, NZBau 2014, 57 (58).
[186] EuGH 22.4.2021 – C-537/19, NZBau 2021, 396 Rn. 83 f. – Wiener Wohnen; OLG Jena 7.10.2015 – 2 Verg 3/15, IBRRS 2016, 0438 = BeckRS 2016, 2747.
[187] VK Bund 17.12.2019 – VK 2–88/19, BeckRS 2019, 35390 Rn. 61.
[188] RKPP/Röwekamp GWB § 103 Rn. 249.
[189] EuGH 10.7.2014 – C-213/13, EuZW 2014, 790 Rn. 47 – Impresa Pizzarotti; VK Bremen 6.7.2018 – 16-VK 2/18, IBRRS 2019, 1714 = VPRRS 2019, 0163.
[190] EuGH 22.4.2021 – C-537/19, NZBau 2021, 396 Rn. 53 – Wiener Wohnen.

Nutzungswünsche des öffentlichen Auftraggebers angepasst wird. Denn hier fehlt es an einem entscheidenden Einfluss des Auftraggebers auf die Konzeption (zu diesem Erfordernis → Rn. 93). Im Einzelnen ergibt sich Folgendes:

- Unproblematisch ist das genannte Kriterium nicht erfüllt, wenn dem Kaufvertrag lediglich die **Konzeptionspläne des Investors als Anlage** beigefügt waren.[191] Der Umstand, dass die Gemeinde die Auswahl des Investors von einer Bewertung der Konzepte nach einer selbst aufgestellten Bewertungsmatrix abhängig macht, genügt dann nicht, wenn die Gemeinde keine Konzeptänderungen verlangt, sondern sich nur das für sie brauchbarste Konzept heraussucht.[192] **103**
- Umgekehrt ist das Kriterium des Bauens nach den Erfordernissen des Auftraggebers offensichtlich erfüllt, wenn die Gemeinde vor Abschluss des Kaufvertrags **substantielle Änderungen verlangt** hat, die der Investor berücksichtigt hat, oder gar die Farb-, Material- und Fassadengestaltung mit der Gemeinde abzustimmen ist.[193] **104**
- Die **Vorgabe von spezifizierten Nutzungsarten** für das zu errichtende Bauwerk führt zu einer bauherrenähnlichen Stellung des öffentlichen Auftraggebers, wenn damit – wie zB bei der Unterbringung gastronomischer Betriebe – bestimmte bauliche Anforderungen verbunden sind, die im Verhältnis zur gesamten Bauleistung mehr als nur unbedeutend sind.[194] Gleiches gilt, wenn derzeitige Anforderungen zur Nutzung des Gebäudes vorgegeben worden sind (zB Zahl und Funktion der nutzenden Funktionen, Art und Häufigkeit der Nutzung der einzelnen Räume etc).[195] **105**
- Ohne Bedeutung für das Bestehen einer entscheidenden Einflussnahme des Auftraggebers auf das Bauwerk ist der bloße Umstand, dass das Bauwerk zum Zeitpunkt des Vertragsschlusses noch nicht existierte oder sogar noch nicht einmal eine Baugenehmigung beantragt war.[196] Entsprechendes gilt für die Laufzeit eines Mietvertrags. Aus einer langen Mietdauer allein kann nicht auf eine wesentliche Einwirkung des Auftraggebers geschlossen werden.[197] **105a**
- Unzutreffend ist es, wenn die **Auferlegung einer Bauverpflichtung** im Vertrag als Berücksichtigung von Auftraggebererfordernissen eingeordnet wird.[198] Denn die Verpflichtung zur Errichtung des Bauwerks ist bereits konstitutives Element für das Vorliegen eines Vertrages iSv § 103 Abs. 3 GWB (→ Rn. 23), von dem die weitere Voraussetzung der Erbringung der Bauleistung gem. den vom Auftraggeber genannten Erfordernissen nach § 103 Abs. 3 S. 2 GWB zu unterscheiden ist. **106**

3. Dienstleistungsauftrag (Abs. 4)

Der Begriff des Dienstleistungsauftrags wird durch § 103 Abs. 4 GWB nicht definiert, sondern es erfolgt eine **Negativabgrenzung:** Dienstleistungsaufträge sind alle Verträge über die Erbringung von Leistungen, die nicht Liefer- oder Bauaufträge **107**

---

[191] AM VK Münster 26.9.2007 – VK 17/07, BeckRS 2007, 16147; Kühling NVwZ 2010, 1257 (1260).
[192] AM wohl VK Düsseldorf 2.8.2007 – VK-23/2007, IBRRS 2007, 4809.
[193] OLG Düsseldorf 6.2.2008 – VII-Verg 37/07, NZBau 2008, 271 (273); VK Düsseldorf 2.8.2007 – VK -23/2007, IBRRS 2007, 4809.
[194] IE auch VK Düsseldorf 2.8.2007 – VK-23/2007, IBRRS 2007, 4809.
[195] EuGH 10.7.2014 – C-213/13, EuZW 2014, 790 Rn. 46 – Impresa Pizzarotti.
[196] EuGH 22.4.2021 – C-537/19, NZBau 2021, 396 Rn. 74 – Wiener Wohnen.
[197] EuGH 22.4.2021 – C-537/19, NZBau 2021, 396 Rn. 76 – Wiener Wohnen.
[198] So aber OLG Düsseldorf 13.6.2007 – VII-Verg 2/07, NZBau 2007, 530 (532 f.); 6.2.2008 – VII-Verg 37/07, NZBau 2008, 271 ff.; VK Düsseldorf 2.8.2007 – VK-23/2007, IBRRS 2007, 4809; VK Münster 26.9.2007 – VK 17/07, BeckRS 2007, 16147.

GWB § 103 Öffentliche Aufträge, Rahmenvereinbarungen und Wettbewerbe

sind. Sie bilden damit eine Auffangkategorie.[199] Auslegungsleitend ist insoweit die durch Art. 56 AEUV gewährleistete Dienstleistungsfreiheit.[200]

108 Dienstleistungen iSv § 103 Abs. 4 GWB sind auch die **zwischen den Krankenkassen und Leistungserbringern im Gesundheitswesen vereinbarten Versorgungsleistungen** iSv § 69 Abs. 1 SGB V.[201] § 69 Abs. 3 SGB V erklärt die §§ 97 ff. GWB für anwendbar, soweit es sich um öffentliche Aufträge handelt.

109 Die frühere Differenzierung zwischen vor- und nachrangigen Dienstleistungen, die auf der Annahme einer unterschiedlichen Berührung des europaweiten Wettbewerbs der beiden Gruppen von Dienstleistungen beruhte, ist mit der Novellierung der EU-Vergaberichtlinien 2014 aufgegeben worden. Besondere Verfahrensregelungen gelten allerdings gem. § 130 GWB für die Vergabe von öffentlichen Aufträgen über **soziale und andere besondere Dienstleistungen** iSd Anh. XIV der VRL; dazu ausf. → § 130 Rn. 1 ff.

4. Rahmenvereinbarungen (Abs. 5)

110 Die durch die Novellierung des Vergaberechts 2014/2016 erfolgte Aufwertung des Instruments der Rahmenvereinbarung wird bereits daran augenfällig, dass die Rahmenvereinbarung an exponierter Stelle in § 103 Abs. 5 GWB definiert ist. S. 1 dieser Vorschrift beschreibt Rahmenvereinbarungen als Vereinbarungen zwischen einem oder mehreren öffentlichen Auftraggebern oder Sektorenauftraggebern und einem oder mehreren Unternehmen, die zur Festlegung der Bedingungen, insbes. mit Blick auf den Preis, für die öffentlichen Aufträge dienen, die während eines bestimmten Zeitraums vergeben werden sollen. Wie auch § 103 Abs. 5 S. 2 GWB verdeutlicht, stellt eine Rahmenvereinbarung **nicht selbst einen öffentlichen Auftrag** dar,[202] sondern bereitet dessen Vergabe durch die Festlegung von Bedingungen nur vor. Gleichwohl gelten für die Vergabe von Rahmenvereinbarungen wesentliche der auch für öffentliche Aufträge bzw. Sektorenaufträge geltenden Verfahrensbestimmungen. Einzelheiten sind in § 21 VgV geregelt, → VgV § 21 Rn. 1 ff.

111 Ausweislich § 103 Abs. 5 S. 1 GWB iVm § 21 VgV ist eine Rahmenvereinbarung durch die Elemente der Festlegung von Bedingungen für zu vergebende öffentliche Aufträge (→ Rn. 112 ff.), einen bestimmten Zeitraum (→ Rn. 117) sowie die Beteiligten der Rahmenvereinbarung (→ Rn. 118 ff.) gekennzeichnet.

112 **a) Festlegung von Bedingungen für die Auftragsvergabe.** Inhalt einer Rahmenvereinbarung ist die Festlegung von Bedingungen für die spätere Vergabe von öffentlichen Aufträgen. Mit Blick auf diese öffentlichen Aufträge kommt der Rahmenvereinbarung mithin eine **vorbereitende Funktion** zu. Durch die Rahmenvereinbarung werden bestimmte Aspekte vorab abgeschichtet, so dass sie nicht für jeden einzelnen der späteren Aufträge neu festgelegt werden müssen. Für den Auftraggeber können Rahmenvereinbarungen daher ein Mittel einer **effizienten Beschaffung** sein.

113 Da die Rahmenvereinbarung kein öffentlicher Auftrag ist, enthält sie auch selbst **keine Verpflichtung der teilnehmenden Unternehmen zur Erbringung von Leistungen.**[203] Diese Verpflichtung wird vielmehr erst durch die spätere Auftrags-

---

[199] Egger EuVergabeR Rn. 724.
[200] EuGH 14.7.2022 – C-436/20, NZBau 2023, 47 Rn. 59 – ASADE.
[201] Unklar LSG Bln-Bbg 6.3.2009 – L 9 KR 72/09 ER, BeckRS 2009, 59284 = VergabeR 2010, 120 (122).
[202] *OLG Düsseldorf* 1.8.2012 – VII-Verg 15/12, BeckRS 2012, 18543 = VergabeR 2013, 42 (45).
[203] *OLG Düsseldorf* 7.12.2011 – VII Verg 79/11, BeckRS 2012, 4019 = VergabeR 2012, 469 (471).

vergabe begründet. Allerdings kann die Rahmenvereinbarung ihrerseits zum späteren Abschluss eines Vertrages zu den festgelegten Bedingungen verpflichten. Insoweit lassen sich als **Formen der Verpflichtung durch die Rahmenvereinbarung** unterscheiden:[204]
- Die **einseitige Verpflichtung des Unternehmens,** die Leistung auf Abruf durch den öffentlichen Auftraggeber zu erbringen, ohne dass dieser zum Abruf verpflichtet wäre;
- die **beidseitig verpflichtende Rahmenvereinbarung,** die sowohl den Auftraggeber zum späteren Abruf zumindest einer Mindestabnahmemenge als auch das Unternehmen zur Leistung bei Abruf verpflichtet;
- die für alle Parteien hinsichtl. einer späteren Leistungserbringung **unverbindliche Rahmenvereinbarung.**

Welche dieser Varianten vorliegt, ist eine Frage der Ausgestaltung der Rahmenvereinbarung im Einzelfall.

Die gem. § 103 Abs. 5 S. 1 GWB in der Rahmenvereinbarung festzulegenden **Bedingungen** für die spätere Auftragsvergabe brauchen keinen **Verdichtungsgrad** aufweisen, der mit der Beschreibung eines zu vergebenden öffentlichen Auftrags identisch ist. Rechtliche Vorgaben sind insoweit die Bekanntgabe des **voraussichtlichen Auftragsvolumens,** das gem. § 21 Abs. 1 S. 2 VgV so genau wie möglich zu ermitteln und bekannt zu geben ist (iE → VgV § 21 Rn. 6 ff.), sowie die Nennung der Bedingungen bzgl. des Preises (§ 103 Abs. 5 S. 1 GWB). Beide Parameter beziehen sich auf die Rahmenvereinbarung, nicht auf die späteren Aufträge. Aus der Rahmenvereinbarung erkennbar sein müssen daher das zu diesem Zeitpunkt ermittelbare Gesamtauftragsvolumen, der geschätzte Gesamtwert aller Einzelaufträge sowie die zentralen **Kriterien der Preisberechnung** (→ VgV § 21 Rn. 6 ff.), ohne dass der Auftraggeber an diese Angaben eng gebunden wäre.[205] Volumina oder Preise der Einzelaufträge brauchen hingegen in der Rahmenvereinbarung nicht angegeben werden und können dies häufig zu diesem Zeitpunkt auch überhaupt noch nicht.

Dass die Nennung des Auftragsvolumens auch die **inhaltliche Beschreibung** der von der Rahmenvereinbarung erfassten Leistungen umschließt, versteht sich von selbst. Dies ergibt sich schon daraus, dass die Rahmenvereinbarung als öffentlicher Auftrag eine rechtsverbindliche Verpflichtung des Auftragnehmers zu einer inhaltlich festliegenden Leistung enthalten muss und nicht etwa dem Auftragnehmer die Konkretisierung der Leistung überlassen werden darf.[206] Darüber hinaus wäre es mit dem Transparenzgrundsatz und dem Gleichbehandlungsgrundsatz nicht vereinbar, wenn nicht alle interessierten Unternehmen in gleicher Weise ihre technischen und weiteren Möglichkeiten zu einer Leistungserbringung während der Laufzeit der Rahmenvereinbarung überprüfen und auf dieser Grundlage ein Angebot abgeben oder gerade nicht abgeben könnten.[207] Entsprechendes gilt für **Leistungsmodalitäten** wie Fristen zur Leistungserbringung nach Abruf und den Leistungsort.

Hinsichtlich des **Verdichtungsgrads** der in der Rahmenvereinbarung festgelegten Bedingungen lassen sich unterscheiden:[208]
- Die **vollständige Rahmenvereinbarung,** die eine Konkretisierung aufweist, die einen Abruf späterer Einzelaufträge ohne Ergänzung oder Spezifizierung der Bedingungen ermöglicht;
- die **unvollständige Rahmenvereinbarung,** bei der ohne Vervollständigung der Auftragsbedingungen in einem späteren Verfahren zur Auftragsvergabe ein Leistungsabruf nicht möglich ist.

---

[204] OLG Jena 22.8.2011 – 9 Verg 2/11, NZBau 2011, 771 (773).
[205] Wichmann VergabeR 2017, 1 (3).
[206] VK Mecklenburg-Vorpommern 6.6.2019 – 3 VK 04/19, BeckRS 2019, 37274 Rn. 29 ff.
[207] Portz VergabeR 2014, 523 (526); Wichmann VergabeR 2017, 1 (5 f.).
[208] Wichmann VergabeR 2017, 1 (2).

GWB § 103 Öffentliche Aufträge, Rahmenvereinbarungen und Wettbewerbe

117 **b) Laufzeit.** Dass die Angabe ihrer Laufzeit zu den **zwingend anzugebenden Elementen** einer Rahmenvereinbarung gehört, verdeutlicht bereits § 103 Abs. 5 S. 1 GWB. Nur während dieses Zeitraums müssen sich die an der Rahmenvereinbarung beteiligten Unternehmen zu einer Leistungserbringung bereithalten. Vorbehaltlich etwaiger Sonderfälle darf die Laufzeit **maximal vier Jahre** betragen (§ 21 Abs. 6 VgV, iE → VgV § 21 Rn. 25). Die Länge der Laufzeit der Einzelaufträge muss nicht der Laufzeit der Rahmenvereinbarung entsprechen, sondern kann sowohl über diese Laufzeit der Rahmenvereinbarung hinausgehen als auch hinter ihr zurückbleiben (Erwgr. 62 der VRL, → VgV § 21 Rn. 26).

118 **c) Beteiligte der Rahmenvereinbarung.** Ausweislich des § 103 Abs. 5 S. 1 GWB sind für Rahmenvereinbarungen **verschiedene Konstellationen der Beteiligung** an einer Rahmenvereinbarung denkbar:

119 **Rahmenvereinbarung zwischen einem öffentlichen Auftraggeber (bzw. einem Sektorenauftraggeber) und einem Unternehmen.** In diesem Fall erfolgt der spätere Leistungsabruf nicht durch die Durchführung eines erneuten Vergabeverfahrens, sondern durch **unmittelbare Auftragsvergabe** an das Unternehmen gem. den Bedingungen der Rahmenvereinbarung. Weisen diese noch nicht den erforderlichen Konkretisierungsgrad auf, so kann der öffentliche Auftraggeber das beteiligte Unternehmen zur Angebotsvervollständigung auffordern (§ 21 Abs. 3 VgV; iE → VgV § 21 Rn. 16 f.).

120 **Rahmenvereinbarung zwischen mehreren öffentlichen Auftraggebern und einem Unternehmen.** Für diese Konstellation gilt das Vorstehende entsprechend. Der Abruf der späteren Einzelaufträge muss nicht durch alle Auftraggeber gemeinsam erfolgen. Abrufberechtigt ist jeder in der Auftragsbekanntmachung genannte öffentliche Auftraggeber (§ 21 Abs. 2 S. 2 VgV), und zwar unabhängig von den ebenso genannten Auftraggebern. Wesentlich für die Berechtigung zur Vergabe von Einzelaufträgen aus der Rahmenvereinbarung ist diese **Nennung in der Auftragsbekanntmachung** der Rahmenvereinbarung, nicht die Funktion als bereits die Rahmenvereinbarung selbst vergebender öffentlicher Auftraggeber. Die interessierten Unternehmen müssen bereits aus der Bekanntmachung selbst erkennen können, auf wen sie sich ggf. als späteren Vertragspartner bei Einzelaufträgen einstellen müssen (→ VgV § 21 Rn. 14). Dabei ist eine namentliche Nennung nicht erforderlich. Es reicht vielmehr aus, dass die beteiligten öffentlichen Auftraggeber durch bestimmte Merkmale, zB geografische Zuordnungen, unproblematisch und eindeutig identifiziert werden können (Erwgr. 60 der VRL).

121 **Rahmenvereinbarung zwischen einem öffentlichen Auftraggeber und mehreren Unternehmen.** Wesentlich ist auch hier zunächst der Charakter der Rahmenvereinbarung als (partiell) **geschlossenes System:** Einzelaufträge dürfen nur an solche Unternehmen vergeben werden, die zum Zeitpunkt des Abschlusses des betr. Einzelauftrags Partei der Rahmenvereinbarung sind (§ 21 Abs. 2 S. 2 VgV). Diese Fassung des § 21 VgV dürfte den unionsrechtlichen Vorgaben nicht gerecht werden. Gemäß Art. 33 Abs. 2 UAbs. 2 VRL können Einzelaufträge nur an solche Wirtschaftsteilnehmer vergeben werden, „die zum Zeitpunkt des Abschlusses Vertragspartei der Rahmenvereinbarung waren". Dass mit dem „Zeitpunkt des Abschlusses" derjenige der Rahmenvereinbarung gemeint ist, ergibt sich aus dem Transparenzgrundsatz.[209] Die Frage, mit wie vielen Konkurrenten sie sich in den späteren Verfahren zur Vergabe der Einzelaufträge konfrontiert sehen wird, ist für interessierte Unternehmen von zentraler Bedeutung.[210] Dementsprechend hat der EuGH Verfahren, die für einen späteren Zutritt von Wirt-

---

[209] IErg ebenso Portz VergabeR 2014, 523 (531).
[210] Portz VergabeR 2014, 523 (529).

schaftsteilnehmern offen stehen, die Qualifikation als Rahmenvereinbarungen versagt.[211] Aus diesen Gründen ist § 21 Abs. 2 S. 2 VgV in **unionsrechtskonformer Auslegung** dahingehend zu interpretieren, dass Einzelaufträge nur an Unternehmen vergeben werden können, die von Anfang an **Vertragspartner der Rahmenvereinbarung** waren.

Ob im Falle des Abschlusses einer Rahmenvereinbarung mit mehreren Unternehmen ein **Leistungsabruf ohne erneutes Vergabeverfahren** möglich ist oder ein **Vergabeverfahren zur Vergabe der Einzelaufträge** durchgeführt werden muss, hängt erstens vom Konkretisierungsgrad der in der Rahmenvereinbarung festgelegten Bedingungen der Leistung (→ Rn. 112 ff.) und zum anderen von der Festlegung objektiver Bedingungen für die Auswahl des jew. den Einzelauftrag ausführenden Unternehmens ab. Die Einzelheiten sind in § 21 Abs. 4 VgV geregelt (→ VgV § 21 Rn. 18 ff.). 122

Rahmenvereinbarung zwischen mehreren öffentlichen Auftraggebern und mehreren Unternehmen. Für diese Konstellation gelten die vorstehenden Überlegungen entsprechend. 123

5. Wettbewerbe (Abs. 6)

Die bisher schon in § 99 Abs. 5 GWB aF geregelten Auslobungsverfahren werden im Einklang mit der in den EU-Vergaberichtlinien verwendeten Begrifflichkeit durch § 103 Abs. 6 GWB als Wettbewerbe bezeichnet. Nach wie vor handelt es sich dabei um solche Auslobungsverfahren, die dem Auftraggeber aufgrund vergleichender Beurteilung durch ein Preisgericht mit oder ohne Verteilung von Preisen zu einem Plan oder einer Planung verhelfen sollen. § 69 Abs. 1 VgV erläutert diesbzgl., dass es sich um Wettbewerbe handelt, und zwar laut der letztgenannten Vorschrift insbes. auf den Gebieten der Raumplanung, des Städtebaus und des Bauwesens oder der Datenverarbeitung handelt (iE dazu → VgV § 69 Rn. 1 ff.). 124

Der Wettbewerb mündet nicht zwangsläufig in die Vergabe eines Dienstleistungsauftrags. In systematischer Betrachtung stellt daher ein Wettbewerb anders als Bau-, Liefer- und Dienstleistungsauftrag **keinen Typus des öffentlichen Auftrags** iSv § 103 Abs. 1 GWB dar. Ebenso wenig passt für den Wettbewerb eine Verfahrensart wie die in § 119 GWB genannten, an deren Ende jew. die Vergabe eines öffentlichen Auftrags (oder Sektorenauftrags) steht. Vielmehr handelt es sich beim Wettbewerb um ein eigenständiges Verfahren, das nicht selbst, sondern erst vermittels eines zusätzlichen Vergabeverfahrens zur Vergabe eines öffentlichen Auftrags führt. § 70 Abs. 2 VgV macht deutlich, dass diese Trennung selbst dann gilt, wenn von vornherein die Vergabe eines Dienstleistungsauftrags im Anschluss an einen Planungswettbewerb beabsichtigt ist. 125

Das Auslobungsverfahren dient vielmehr dazu, dem Auftraggeber einen Plan oder eine Planung, dh eine **Möglichkeit für die Konzeption und/oder Realisierung von Projekten**, zu verschaffen. Die Besonderheit im Vergleich zur Vergabe eines Dienstleistungsauftrags besteht darin, dass auf der vorgeschalteten Stufe des Auslobungsverfahrens nicht der öffentliche Auftraggeber, sondern ein Preisgericht die Auswahl trifft. Zusammensetzung und Verfahren des Preisgerichts sind in § 72 VgV geregelt. Dementsprechend erteilt das **Preisgericht** auch keinen Zuschlag, sondern erstellt lediglich einen Bericht über die Rangfolge der von ihm ausgewählten Projekte. Dieser Bericht bindet den Auftraggeber nicht dahingehend, dass er verpflichtet wäre, dem von dem Preisgericht auf Platz eins der Rangfolge gesetzten Preisträger den Dienstleistungsauftrag zu erteilen.[212] 126

---

[211] EuGH 2.6.2016 – C-410/14, NZBau 2016, 441 Rn. 41 – Dr. Falk.
[212] OLG Dresden 11.4.2005 – WVerg 5/05, NZBau 2006, 469 (471).

GWB § 104 Verteidigungs- oder sicherheitsspezifische öffentliche Aufträge

§ 104 Verteidigungs- oder sicherheitsspezifische öffentliche Aufträge

(1) Verteidigungs- oder sicherheitsspezifische öffentliche Aufträge sind öffentliche Aufträge, deren Auftragsgegenstand mindestens eine der folgenden Leistungen umfasst:
1. die Lieferung von Militärausrüstung, einschließlich dazugehöriger Teile, Bauteile oder Bausätze,
2. die Lieferung von Ausrüstung, die im Rahmen eines Verschlusssachenauftrags vergeben wird, einschließlich der dazugehörigen Teile, Bauteile oder Bausätze,
3. Liefer-, Bau- und Dienstleistungen in unmittelbarem Zusammenhang mit der in den Nummern 1 und 2 genannten Ausrüstung in allen Phasen des Lebenszyklus der Ausrüstung oder
4. Bau- und Dienstleistungen speziell für militärische Zwecke oder Bau- und Dienstleistungen, die im Rahmen eines Verschlusssachenauftrags vergeben werden.

(2) Militärausrüstung ist jede Ausrüstung, die eigens zu militärischen Zwecken konzipiert oder für militärische Zwecke angepasst wird und zum Einsatz als Waffe, Munition oder Kriegsmaterial bestimmt ist.

(3) Ein Verschlusssachenauftrag im Sinne dieser Vorschrift ist ein Auftrag im speziellen Bereich der nicht-militärischen Sicherheit, der ähnliche Merkmale aufweist und ebenso schutzbedürftig ist wie ein Auftrag über die Lieferung von Militärausrüstung im Sinne des Absatzes 1 Nummer 1 oder wie Bau- und Dienstleistungen speziell für militärische Zwecke im Sinne des Absatzes 1 Nummer 4, und
1. bei dessen Erfüllung oder Erbringung Verschlusssachen nach § 4 des Gesetzes über die Voraussetzungen und das Verfahren von Sicherheitsüberprüfungen des Bundes oder nach den entsprechenden Bestimmungen der Länder verwendet werden oder
2. der Verschlusssachen im Sinne der Nummer 1 erfordert oder beinhaltet.

Literatur: Burgi, Anwendungsbereich und Governanceregeln der EU-Auftragsvergaberechtsformrichtlinie, NZBau 2012, 601; Byok, Reformierter Regelungsrahmen für Beschaffungen im Sicherheits- und Verteidigungssektor, NVwZ 2012, 70; Eisenhut, Das Vergaberecht der Verteidigungsgüterbeschaffung, NJW 2022, 3270; Herrmann/Polster, Die Vergabe von sicherheitsrelevanten Aufträgen, NVwZ 2010, 341; Höfler/Petersen, Erstreckung des Binnenmarkts auf die Verteidigungs- und Sicherheitsmärkte?, EuZW 2011, 336; Hölzl, Neu: Der Konkurrent im Sicherheits- und Verteidigungsbereich, VergabeR 2012, 141; Horstkotte/Hünemörder, Vergabe von Aufträgen im Verteidigungs- und Sicherheitsbereich, LKV 2015, 541; Knauff, Rüstungsbeschaffung in Krisenzeiten, NVwZ 2022, 529; Probst/Rechten, Die Vergabe von Sicherheitsdienstleistungen, NVwZ 2010, 346; Rosenkötter, Die Verteidigungsrichtlinie 2009/81/EG und ihre Umsetzung, VergabeR 2012, 267; Roth/Lamm, Die Umsetzung der Verteidigungsgüter-Beschaffungsrichtlinie in Deutschland, NZBau 2012, 609; Scherer-Leydecker, Verteidigungs- und sicherheitsrelevante Aufträge – Eine neue Auftragskategorie im Vergaberecht, NZBau 2012, 533. Vg. iÜ die Angaben bei § 107 GWB und Einl. VSVgV.

1   In Umsetzung der Vorschriften der VSVKR (zur VSVKR und ihrer Umsetzung → VSVgV Einl. Rn. 9 ff.) definieren diese Bestimmungen den sachlichen Anwendungsbereich der speziellen Rechtsregime für die Vergabe verteidigungs- oder sicherheitsspezifischer öffentlicher Aufträge. Sowohl § 1 Abs. 1 VSVgV als auch § 1 VS Abs. 1 VOB/A nehmen diese Definitionen in Bezug (zu den unterschiedlichen Rechtsregimen für die Vergabe verteidigungs- oder sicherheitsrelevanter Liefer- und Dienstleistungen einerseits und Bauleistungen andererseits → VSVgV Einl. Rn. 17 ff.; → VOB/A § 1 VS Rn. 1 ff.). Für die Kommentierung der Begriffsbe-

stimmungen des § 104 GWB sei auf die Erläuterungen in → VSVgV § 1 Rn. 4 ff. verwiesen.

§ 105 Konzessionen

(1) Konzessionen sind entgeltliche Verträge, mit denen ein oder mehrere Konzessionsgeber ein oder mehrere Unternehmen
1. mit der Erbringung von Bauleistungen betrauen (Baukonzessionen); dabei besteht die Gegenleistung entweder allein in dem Recht zur Nutzung des Bauwerks oder in diesem Recht zuzüglich einer Zahlung; oder
2. mit der Erbringung und der Verwaltung von Dienstleistungen betrauen, die nicht in der Erbringung von Bauleistungen nach Nummer 1 bestehen (Dienstleistungskonzessionen); dabei besteht die Gegenleistung entweder allein in dem Recht zur Verwertung der Dienstleistungen oder in diesem Recht zuzüglich einer Zahlung.

(2) [1]In Abgrenzung zur Vergabe öffentlicher Aufträge geht bei der Vergabe einer Bau- oder Dienstleistungskonzession das Betriebsrisiko für die Nutzung des Bauwerks oder für die Verwertung der Dienstleistungen auf den Konzessionsnehmer über. [2]Dies ist der Fall, wenn
1. unter normalen Betriebsbedingungen nicht gewährleistet ist, dass die Investitionsaufwendungen oder die Kosten für den Betrieb des Bauwerks oder die Erbringung der Dienstleistungen wieder erwirtschaftet werden können, und
2. der Konzessionsnehmer den Unwägbarkeiten des Marktes tatsächlich ausgesetzt ist, sodass potenzielle geschätzte Verluste des Konzessionsnehmers nicht vernachlässigbar sind.

[3]Das Betriebsrisiko kann ein Nachfrage- oder Angebotsrisiko sein.

Literatur: Antweiler, Ausschreibungspflicht und „Bereichsausnahme" bei der Vergabe von Rettungsdienstleistungen, VergabeR 2015, 275; Bary, Geschäftsmodelle beim kommunalen Ausbau von Breitbandnetzen und deren vergaberechtliche Qualifizierung, NZBau 2014, 208; Braun, Dienstleistungskonzessionen im europäischen Wandel, EuZW 2012, 451; Bultmann, Dienstleistungskonzession und Dienstleistungsvertrag – warum kompliziert, wenn es auch einfach geht?, NVwZ 2011, 72; Classen, Zur Abgrenzung von Dienstleistungskonzessionen gegenüber Miet- und Pachtverträgen nach der Richtlinie 2014/23/EU, VergabeR 2016, 13; Diemon-Wies, Vergabe von Konzessionen, VergabeR 2016, 162; Diemon-Wies/Hesse, Präzisierte Kriterien für die Abgrenzung von Dienstleistungsauftrag und Dienstleistungskonzession, NZBau 2012, 341; Goldbrunner, Das neue Recht der Konzessionsvergabe, NZBau 2014, 395; Groth, Die Dienstleistungskonzession im europäischen Vergabe- und Beihilfenrecht, 2010; Hövelberndt, Übernahme eines wirtschaftlichen Risikos als Voraussetzung der Dienstleistungskonzession, NZBau 2010, 599; Knauff, Die Vergabe von Dienstleistungskonzessionen: Aktuelle Rechtslage und zukünftige Entwicklungen, VergabeR 2013, 157; Knauff/Badenhausen, Die neue Richtlinie über die Konzessionsvergabe, NZBau 2014, 395; Knopp, Papierverwertung via Dienstleistungskonzession?, DÖV 2004, 604; Kruse, Die Vergabe von Konzessionen, 2017; Losch, Die Konzession im Lichte der Rechtsprechung – ein stetiger Wandel, VergabeR 2010, 163; Mestwerdt/Stanko, Die Übertragung des Betriebsrisikos bei der Konzessionierung, VergabeR 2017, 348; Mösinger, Die Dienstleistungskonzession: Wesen und Abgrenzung zu ausschreibungsfreien Verträgen, NZBau 2015, 545; Müller, Öffentlich-rechtliche Dienstleistungskonzessionen künftig ein Beschaffungsvorgang?, NVwZ 2016, 266; Opitz, Die Zukunft der Dienstleistungskonzession, NVwZ 2014, 753; Ortner, Vergabe von Dienstleistungskonzessionen unter besonderer Berücksichtigung der Entsorgungs- und Verkehrswirtschaft, 2007; Prieß/Marx/Hölzl, Kodifizierung des europäischen Rechts zur Vergabe von Dienstleistungskonzessionen nicht notwendig, NVwZ 2011, 65; Prieß/Stein, Die neue EU-Konzessionsvergaberichtlinie, VergabeR 2014, 499; Rennert, Konzessionen vor dem Verwaltungsgericht, NZBau 2019, 411; Ruhland, Die

Dienstleistungskonzession, 2006; Schröder, Das Verfahren zur Vergabe von Wasserkonzessionen, NVwZ 2017, 504; Siegel, Der neue Rechtsrahmen für die Vergabe von Dienstleistungskonzessionen, VergabeR 2015, 265; Siegel, Das neue Konzessionsvergaberecht, NZBau 2016, 1672; Siegel, Die Konzessionsvergabe im Unterschwellenbereich, NZBau 2019, 353; Vavra, Die Vergabe von Dienstleistungskonzessionen, VergabeR 2010, 351; Walz, Die Bau- und Dienstleistungskonzession im deutschen und europäischen Vergaberecht, 2009; Wiedenfeld, Das deutsche Rettungswesen im Spannungsfeld zwischen hoheitlicher Aufgabe und Marktleistung – der Einfluss des europäischen Vergaberechts auf die Leistungserbringung, 2013; Würfel, Dienstleistungskonzession und Betriebsrisiko, NZBau 2012, 752; Ziekow, Regelungen für Dienstleistungskonzessionen?, in 11. Badenweiler Gespräche, 2006, 121. Vgl. iÜ die Angaben bei § 148 GWB.

Übersicht

	Rn.
I. Bedeutung der Vorschrift	1
II. Begriff der Konzession	4
1. Leistung des Konzessionsnehmers (Abs. 1)	6
a) Erbringung einer Bau- oder Dienstleistung	6
b) Betrauung durch den Konzessionsgeber	11
2. Gegenleistung (Abs. 1)	14
a) Nutzung bzw. Verwertung	15
b) Ergänzende Zahlung	20
3. Tragung des Betriebsrisikos (Abs. 2)	24
III. Fallbeispiele	33
1. Baukonzession	33
2. Dienstleistungskonzession	39
IV. Rechtsschutz	40

I. Bedeutung der Vorschrift

1 Nach § 1 KonzVgV setzt die Anwendung der **besonderen Vorschriften des Konzessionsvergaberechts** voraus, dass ein Konzessionsgeber eine Konzession vergibt. Zwar werden der Begriff des Konzessionsgebers und damit der persönliche Anwendungsbereich des Konzessionsvergaberechts durch § 101 GWB festgelegt, doch rekurriert auch diese Vorschrift auf den Begriff der Konzession und damit den **sachlichen Anwendungsbereich** des Konzessionsvergaberechts. In Umsetzung von Art. 5 Nr. 1 KVR definiert § 105 GWB den Begriff der Konzession und damit jenen sachlichen Anwendungsbereich. Während § 99 Abs. 6 GWB aF lediglich eine Legaldefinition der Baukonzession enthielt, erstreckt sich der Anwendungsbereich des § 105 GWB zusätzlich auf die Dienstleistungskonzession, auf die das Vergaberecht nach früherer Rechtslage nicht anwendbar war.[1]

2 Erwgr. 3 der KVR betont die große **Bedeutung des Instruments der Konzession** für einen „langfristigen strukturellen Ausbau von Infrastruktur und Dienstleistungen" unter Einbeziehung von „Fachwissen im privaten Sektor". Nicht berührt wird dabei die Entscheidungsfreiheit der Mitgliedstaaten, ob Dienstleistungen als Dienste von allgemeinem wirtschaftlichen Interesse oder als nichtwirtschaftliche Dienste von allgemeinem Interesse erbracht werden sollen (Erwgr. 6 zur KVR), wobei die letztgenannten ausweislich Art. 4 Abs. 2 KVR nicht dem Konzessionsvergaberecht unterfallen.

---

[1] EuGH 21.7.2005 – C-231/03, BeckRS 2005, 70567 = VergabeR 2005, 609 Rn. 16 – Coname; 13.10.2005 – C-458/03, NVwZ 2005, 1407 Rn. 42 – Parking Brixen; 13.9.2007 – C-260/04, IBRRS 2007, 4847 = VergabeR 2008, 213 Rn. 21; BGH 23.1.2012 – X ZB 5/11, BeckRS 2012, 4377 = VergabeR 2012, 440 (441 f.); BT-Drs. 16/10117, 17.

§ 105 Abs. 1 GWB enthält zentrale Elemente des Begriffs der Konzession sowie 3
die Unterscheidung zwischen Baukonzession und Dienstleistungskonzession. Die
Abgrenzung zwischen Konzession und öffentlichem Auftrag wird durch das in § 105
Abs. 2 GWB näher beschriebene Merkmal des Betriebsrisikos geleistet. Liegt danach
eine **Bau- oder Dienstleistungskonzession** vor, so ist weiter zu prüfen, ob einer
der Ausnahmetatbestände des § 149 GWB eingreift, bei deren Vorliegen das Konzessionsvergaberecht nicht anwendbar ist. Ist dies nicht der Fall, so sind die besonderen
Vorschriften über die Vergabe von Konzessionen nach den §§ 151 ff. GWB und der
KonzVgV maßgeblich, die ggü. den Bestimmungen über die Vergabe öffentlicher
Aufträge gewisse **Erleichterungen** aufweisen.

II. Begriff der Konzession

In einer Gesamtschau ist der Begriff der Konzession nach § 105 GWB durch 4
folgende Elemente gekennzeichnet:
1. Erbringung von Bau- oder Dienstleistungen durch den Konzessionsnehmer
   (→ Rn. 6 ff.)
2. Betrauung mit dieser Leistungserbringung durch den Konzessionsgeber
   (→ Rn. 11 ff.)
3. Gegenleistung des Konzessionsgebers (→ Rn. 14 ff.)
4. Tragung des Betriebsrisikos durch den Konzessionsnehmer (→ Rn. 24 ff.).

Das noch in § 99 Abs. 6 GWB aF als definitorisches Element der Baukonzession 5
verwendete Merkmal der **Befristung des Rechts zur Nutzung** wird in § 105
GWB nicht mehr verwendet. Eine diesbzgl. Regelung findet sich vielmehr in § 3
Abs. 1 KonzVgV, wonach die Laufzeit von Konzessionen beschränkt ist
(→ KonzVgV § 3 Rn. 3 ff.).

1. Leistung des Konzessionsnehmers (Abs. 1)

a) Erbringung einer Bau- oder Dienstleistung. Durch den Konzessionsver- 6
trag verpflichtet sich der Konzessionsnehmer ggü. dem Konzessionsgeber, bestimmte
Bau- (§ 105 Abs. 1 Nr. 1 GWB) oder Dienstleistungen (§ 105 Abs. 1 Nr. 2 GWB)
zu erbringen. Vertragspartner des Konzessionsnehmers ist zwar der Konzessionsgeber, der jedoch nicht derjenige sein muss, der die vom Konzessionsnehmer bereitgestellte Leistung nutzt. Vielmehr können **Nutzer der Leistung auch Dritte** sein.
Typisches Beispiel ist die Vergabe einer Konzession durch eine Gemeinde als Konzessionsgeber an einen Konzessionsnehmer, dessen auf Grund des Konzessionsvertrages
bereitgestellte Leistung die Einwohner der Gemeinde gegen Entgelt nutzen.[2] Der
Nutzerkreis kann offen sein oder bei der Konzessionsvergabe bestimmt werden. In letzterem
Fall unterliegt die Bestimmung des Nutzerkreises den Transparenzanforderungen
nach der KonzVgV.

Fehlt es an einer **Verpflichtung des Wirtschaftsteilnehmers** ggü. einer 7
Behörde, bestimmte Bau- oder Dienstleistungen zu erbringen, so liegt keine Leistung innerhalb eines Vertrages iSd § 105 Abs. 1 GWB vor. Dementsprechend keine
Konzessionen sind behördliche Erlaubnisse, eine bestimmte Tätigkeit auszuüben.[3]
Keine Konzessionen iSv § 105 GWB sind daher als „Konzession" titulierte Erlaubnisse, bspw. zum Betrieb einer Spielhalle[4] oder einer Spielbank (dazu auch → § 148
Rn. 17).[5] Keine Verpflichtung wird auch durch Verträge, bspw. Miet- oder Pachtver-

---

[2] OLG Karlsruhe 14.11.2014 – 15 Verg 10/14, NZBau 2015, 506 (507).
[3] EuGH 14.7.2016 – C-458/14, C-67/15, NZBau 2016, 775 Rn. 47 – Promoimpresa;
OLG Celle 16.10.2018 – 13 Verg 3/18, NZBau 2019, 268 Rn. 12.
[4] OLG Düsseldorf 23.1.2019 – VII-Verg 22/18, NZBau 2019, 605 Rn. 29 ff.
[5] AM OLG Hamburg 1.11.2017 – 1 Verg 2/17, NZBau 2018, 122 Rn. 18 ff.

träge, begründet, durch die einem Wirtschaftsteilnehmer ein **Recht zur Nutzung von öffentlichen Liegenschaften** und anderen öffentlichen Ressourcen eröffnet wird.[6] Allein der Umstand, dass sich der Wirtschaftsteilnehmer zB in einem Pachtvertrag zur Instandhaltung der verpachteten Liegenschaft für die Pachtdauer verpflichtet, beinhaltet noch nicht die Verpflichtung zur Erbringung einer Bau- oder Dienstleistung (Erwgr. 15 der VRL).[7] Im Ergebnis Gleiches gilt für „Vereinbarungen über die Gewährung von Wegerechten hinsichtl. der Nutzung öffentlicher Liegenschaften für die Bereitstellung oder den Betrieb fester Leitungen oder Netze, über die eine Dienstleistung für die Allgemeinheit erbracht werden soll" (Erwgr. 16 der VRL).

8 Der Begriff der Bauleistung iSv § 105 Abs. 1 Nr. 1 GWB ist inhaltsgleich mit dem des § 103 Abs. 3 GWB (→ § 103 Rn. 74 ff.), der der Dienstleistung gem. § 105 Abs. 1 Nr. 2 GWB mit dem des § 103 Abs. 4 GWB (→ § 103 Rn. 107 ff.). Dementsprechend muss es sich auch bei der Konzession um ein beiderseitig, für Konzessionsgeber wie -nehmer, **verbindliches Rechtsgeschäft** handeln, dessen **vertragliche Verpflichtungen einklagbar** sind[8] (→ § 103 Rn. 87). Hierfür reicht es nicht aus zu unterstellen, dass die Nutzung der Konzession finanziell so attraktiv ist, dass der Konzessionsnehmer die Konzession auf jeden Fall ausnutzen wird.[9] Ebenso wenig lässt sich das Fehlen einer ausdr. statuierten Verpflichtung mit dem Argument überspielen, der Verwaltungsaufwand für die Erteilung der Konzession und die Überwachung des Betriebs sei so groß, dass man auch ohne ausdr. Regelung davon ausgehen müsse, dass die Konzession auch wirklich genutzt werden muss.[10] Die Abgrenzung zwischen Bauauftrag bzw. Dienstleistungsauftrag einerseits und Baukonzession bzw. Dienstleistungskonzession andererseits wird über den Charakter der Gegenleistung (→ Rn. 14 ff.) sowie insbes. das Merkmal des Betriebsrisikos iSd § 105 Abs. 2 GWB (→ Rn. 24 ff.) geleistet.

9 Nach früherer Auffassung des OLG Düsseldorf sollten Bauauftrag und Baukonzession allerdings nicht voneinander zu unterscheidenden Typen, sondern lediglich Ausprägungen einer umfassend verstandenen „Beauftragung mit Bauleistungen nach den Erfordernissen des öffentlichen Auftraggebers" darstellen. Der unionsrechtliche Effektivitätsgrundsatz fordere, dass „keine Lücke zwischen einem ‚echten' Bauauftrag und einer Baukonzession" bestehen dürfe. Der Begriff der Baukonzession sei weit auszulegen, um sämtliche nicht als Bauauftrag einordbaren Beauftragungen mit Bauleistungen nach den Erfordernissen des öffentlichen Auftraggebers zu erfassen.[11] Das damit aufgeworfene Problem ist deshalb von Bedeutung, da Fallgestaltungen nicht von vornherein ausgeschlossen werden können, die – positiv anhand der jew. Definitionskriterien – **keinem der beiden Typen zuordenbar** sind und deshalb nicht der Ausschreibungspflicht unterfallen, so dass in derartigen Fällen ein Verständnis der Konzession als Auffangkategorie[12] relevant werden könnte.

10 Das Unionsrecht trägt die These von der alle Lücken schließenden Auffangfunktion der Baukonzession nicht. Wie bereits die Verankerung in unterschiedlichen Rechtsakten, VRL einerseits und KVR andererseits, samt der dort jew. anhand

---

[6] OLG Schleswig 16.9.2021 – 54 Verg 1/21, BeckRS 2021, 44140 Rn. 84.
[7] So schon KG 22.1.2015 – 2 U 14/14, BeckRS 2015, 5129 = VergabeR 2015, 423 (425 ff.); zur Auslegung iE Classen VergabeR 2016, 13 (17 ff.).
[8] OLG Celle 16.10.2018 – 13 Verg 3/18, NZBau 2019, 268 Rn. 12; OLG Düsseldorf 23.1.2019 – VII-Verg 22/18, NZBau 2019, 605 Rn. 48.
[9] OLG Düsseldorf 23.1.2019 – VII-Verg 22/18, NZBau 2019, 605 Rn. 49; aM OLG Hamburg 1.11.2017 – 1 Verg 2/17, NZBau 2018, 122 Rn. 27.
[10] AM *OLG Hamburg* 1.11.2017 – 1 Verg 2/17, NZBau 2018, 122 Rn. 27.
[11] OLG Düsseldorf 13.6.2007 – VII-Verg 2/07, NZBau 2007, 530 (532).
[12] So für die Baukonzession OLG Düsseldorf 13.6.2007 – VII-Verg 2/07, NZBau 2007, 530 (532).

positiv zu erfüllender Merkmale enthaltenen Definition sind öffentlicher Auftrag und Konzession kategorial voneinander zu unterscheidende Institute, für die das EU-Recht unterschiedliche Rechtsregime vorsieht. Die sekundärrechtlichen Regelungen der Vergaberichtlinien stellen **Typisierungen** von Fällen dar, in denen der Unionsgesetzgeber von einer Berührung des unionsweiten Wettbewerbs durch Akte der öffentlichen Beschaffung ausgeht. Beispiele sind die Festlegung der Schwellenwerte. Solche Typisierungen sind auch öffentlicher Auftrag und Konzession. Außerhalb des von diesen Typisierungen erfassten Bereichs geht das Unionsrecht nicht von einer Berührung des unionsweiten Wettbewerbs in einem Maße aus, das eine sekundärrechtliche Regulierung erforderlich macht. Diese explizite Entscheidung des Unionsgesetzgebers darf nicht durch Effektivitätsüberlegungen überspielt werden.[13]

b) Betrauung durch den Konzessionsgeber. Ausweislich § 105 Abs. 1 Nr. 1, 2 GWB muss der Konzessionsgeber den Konzessionsnehmer mit der Erbringung der Bau- bzw. Dienstleistung **betrauen.** Der Begriff ist nicht ohne Grund wie nach Art. 106 Abs. 2 AEUV für die Betrauung von Unternehmen mit Dienstleistungen von allgemeinem wirtschaftlichem Interesse gewählt. Konzessionen betreffen idR Infrastrukturen und strategisch relevante Dienstleistungen (Erwgr. 3 der KVR), für die üblicherweise der Konzessionsgeber verantwortlich und zuständig ist (Erwgr. 68 der KVR).[14] Wie bei der Beauftragung mit einer Konzession geht es bei dem die Freistellung von Dienstleistungen von allgemeinem wirtschaftlichen Interesse von den Wettbewerbsregeln betr. Art. 106 Abs. 2 AEUV darum, einen **spezifischen Konnex** zwischen der Tätigkeit im Allgemeininteresse bzw. der Erfüllung öffentlicher Aufgaben und einer originär dem Gemeinwohl verpflichteten Instanz herzustellen. Es ist allerdings **kein konstitutives Merkmal** einer Konzession, dass die Erfüllung einer im Allgemeininteresse liegenden oder anderen Aufgabe des Konzessionsgebers auf den Konzessionsnehmer übertragen wird.[15]

Wie der öffentliche Auftrag iSv § 103 GWB ein Vergabeverfahren setzt die Betrauung mit einer Konzession die Initiierung und **Durchführung eines Konzessionsvergabeverfahrens** durch den Konzessionsgeber zur Auswahl desjenigen Unternehmens, dem schließlich der Zuschlag erteilt werden soll, voraus (Erwgr. 13 der VKR; → § 103 Rn. 10, → § 148 Rn. 13). Dementsprechend sind die Ergebnisse von Verfahren, deren Durchführung auf einem Antrag des Wirtschaftsteilnehmers beruhen, keine Konzessionen. Dies betrifft insbes. Verwaltungsverfahren zur Erteilung von – zuweilen als „Konzession" bezeichneten – **Genehmigungen** zur Errichtung von Gebäuden oder der Durchführung bestimmter Tätigkeiten (Erwgr. 14 der KVR). Derartige Verfahren sind unionsrechtlich durch die Dienstleistungsrichtlinie[16] reguliert.

Ebenso wenig als auf eine für das Vorliegen einer Konzession erforderliche **gezielte Auswahl von Wirtschaftsteilnehmern** gerichtet sind bestimmte Voraussetzungen statuierende Regelungen einzuordnen, auch wenn diese Voraussetzungen erfüllende Unternehmen aufgrund der Regelung zur Wahrnehmung bestimmter Aufgaben berechtigt sind.[17] Dies gilt auch dann, wenn eine solche Regelung eine Vereinbarung zwischen Behörde und Wirtschaftsteilnehmern umsetzt. Derartige

---

[13] Reidt BauR 2007, 1664 (1675).
[14] Auf diesen Zusammenhang weist auch Goldbrunner VergabeR 2016, 365 (366), hin.
[15] VK Sachsen 2.9.2022 – 1 SVK/015-22, BeckRS 2022, 30648; Opitz NVwZ 2014, 753 (756).
[16] RL 2006/126/EG v. 12.12.2006 über Dienstleistungen im Binnenmarkt, ABl. 2006 L 376, 36.
[17] OLG Naumburg 17.1.2014 – 2 Verg 6/13, VPRRS 2014, 0189 = VergabeR 2014, 480 (482 f.).

Systeme zielen auf eine kontinuierliche Ergänzung des Kreises der Erbringer von bestimmten Dienstleistungen ab (Erwgr. 13 der KVR) und nicht auf eine punktuelle Durchführung von Konzessionsvergabeverfahren. Nach deutschem Recht sind daher die Zulassung von Dienstleistungserbringern in der Dreieckskonstellation des Sozialhilferechts sowie von Pflegeeinrichtungen keine Konzessionen iSv § 105 GWB.[18]

2. Gegenleistung (Abs. 1)

14 Im Unterschied zum öffentlichen Auftrag ieS stammt bei der Konzession die Gegenleistung typischerweise nicht vom öffentlichen Auftraggeber, jedenfalls nicht in einem Umfang, der dem Konzessionär das Betriebsrisiko (→ Rn. 24 ff.) abnehmen würde. Während die Entgeltlichkeit beim öffentlichen Auftrag durch eine Leistung des Auftraggebers an den Auftragnehmer im Rahmen eines zweipoligen „Entgeltlichkeitsverhältnisses" hergestellt wird, liegt bei der Konzession strukturell ein **dreipoliges „Entgeltlichkeitsverhältnis"** zwischen Konzessionsgeber, Konzessionsnehmer und einem an den Konzessionsnehmer leistenden Dritten vor:[19]

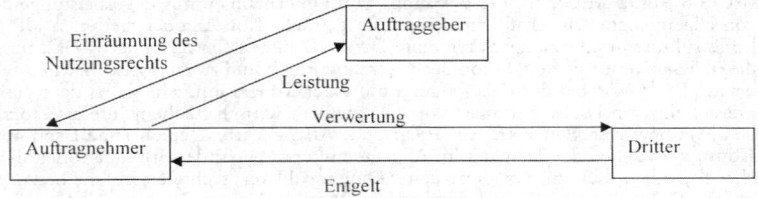

Leistungsbeziehungen bei der Konzession

15 **a) Nutzung bzw. Verwertung.** Die eigentliche Gegenleistung des Auftraggebers – des Konzessionsgebers – ggü. dem Konzessionsnehmer besteht in der **Einräumung eines Nutzungsrechts,** ggf. zzgl. einer Zahlung[20] (→ Rn. 20 ff.). Die Verwertung dieses Nutzungsrechts ggü. einem Dritten führt dann zur Zahlung des schließlich dem Konzessionsnehmer zufließenden Entgelts. Die Einräumung des Nutzungsrechts muss sich auf denselben Gegenstand beziehen, für dessen Nutzung dem Konzessionsnehmer eine Zahlung geleistet wird.[21]

16 Daher liegt keine Dienstleistungskonzession vor, wenn der dem Unternehmen überlassene Nutzungsgegenstand lediglich die Voraussetzungen für die Verwertung einer anderen Leistung, die Gegenstand des Vertrages mit dem öffentlichen Auftraggeber ist, schafft.[22] Hingegen reicht es aus, wenn die Erbringung seiner Leistung für den Auftraggeber den Konzessionsnehmer in die Lage versetzt, seine dann nur gegen Vergütung in Anspruch zu nehmende **Kompetenz ggü. Dritten anzupreisen.**[23] Maßgebend für die Unterscheidung der Zahlungsströme ist, ob die dem Erbringer der Dienstleistung zufließenden Entgelte von demjenigen Auftraggeber, der ihn beauftragt hat, gezahlt werden oder von von diesem verschiedenen natürli-

---

[18] BT-Drs. 18/6281, 76.
[19] EuGH 10.11.2011 – C-348/10, NZBau 2012, 183 Rn. 41 – Norma A.
[20] EuGH 10.11.2011 – C-348/10, NZBau 2012, 193 Rn. 41 – Norma A.
[21] EuGH 25.3.2010 – C-451/08, NVwZ 2010, 565 Rn. 76 ff. – Müller.
[22] AM für die Nutzung gemeindlichen Grund und Bodens als Voraussetzung für die den Gegenstand des Vertrages bildende Breitbandkabelversorgung OLG München 25.3.2011 – Verg 4/11, NZBau 2011, 380 (383).
[23] OLG Brandenburg 21.6.2011 – Verg W 9/11, BeckRS 2012, 15850 = VergabeR 2012, 499 (500).

chen oder juristischen Personen.[24] Für das Vorliegen einer Dienstleistungskonzession nicht erforderlich ist dagegen, dass die Zahlung unmittelbar durch die Nutzer der Dienstleistung erfolgt. Insoweit ist auch die **Zahlung über eine zwischengeschaltete Abrechnungsstelle** eine Erbringung der Gegenleistung durch einen Dritten.[25]

Wichtigster Fall des Erhalts der Gegenleistung durch den Konzessionsnehmer ist die **Entgeltzahlung Dritter** für die Nutzung der betr. Dienstleistung. Beispiele sind Zahlungen von den Sorgeberechtigten von Kindergartenkindern für die Lieferung von Essensportionen durch das konzessionierte Unternehmen[26] sowie Entgelte für die Nutzung eines Parkplatzes,[27] einer Leichenhalle,[28] einer Tierkörperbeseitigungsanlage,[29] einer Test- und Rennstrecke,[30] eines öffentlichen Verkehrsdienstes,[31] eines Kabelfernsehnetzes,[32] Einrichtungen der Breitbandkabelversorgung[33] oder von Wasserversorgungseinrichtungen[34] oder für die Inanspruchnahme von Leistungen der Abfallentsorgung.[35] Dabei ist es unerheblich, ob es sich um privatrechtliche Entgelte oder öffentlich-rechtlich geregelte Geldleistungspflichten handelt. 17

Bei der **Baukonzession** muss es sich um ein Recht spezifisch zur **Nutzung des betr. Bauwerks** handeln, über das der öffentliche Auftraggeber verfügt und das er auf den Konzessionär überträgt. Eine **Veräußerung eines Grundstücks** durch einen öffentlichen Auftraggeber wird – entgegen der früheren „Ahlhorn"-Rspr. des OLG Düsseldorf[37] – diesen Anforderungen nicht gerecht. Zwar wird durch die Übertragung des Eigentums dem Käufer das Recht eingeräumt, sein Eigentumsrecht auch dadurch zu nutzen, dass es bebaut und/oder veräußert wird. Doch ist diese Möglichkeit bereits Inhalt des Eigentums und nicht Gegenstand einer Baukonzession.[38] Die Baukonzession bezieht sich nicht auf die Nutzung des Grundstücks, sondern auf die Nutzung des auf diesem errichteten Bauwerks. Hierüber hinausgehend hat es der EuGH generell ausgeschlossen, dass einem Wirtschaftsteilnehmer, der Eigentümer eines Grundstücks ist, eine Konzession betr. die Nutzung dieses Grundstücks erteilt werden kann.[39] Dies dürfte allerdings 18

---

[24] EuGH 10.3.2011 – C-274/09, NZBau 2011, 239 Rn. 28 – Rettungsdienst Stadler.
[25] EuGH 10.3.2011 – C-274/09, NZBau 2011, 239 Rn. 28 – Rettungsdienst Stadler.
[26] OLG Dresden 8.10.2009 – WVerg 5/09, IBRRS 2010, 1732 = VergabeR 2010, 226 (228).
[27] EuGH 13.10.2005 – C-458/03, NVwZ 2005, 1407 Rn. 40 – Parking Brixen; 25.5.2020 – C-643/19, NZBau 2020, 794 Rn. 25.
[28] VG Münster 9.3.2007 – 1 L 64/07, IBRRS 2007, 1504 = VergabeR 2007, 350.
[29] OLG Brandenburg 12.1.2010 – Verg W 7/09, IBRRS 2010, 0166 = VergabeR 2010, 699 (702).
[30] OLG Brandenburg 30.5.2008 – Verg W 5/08, NZBau 2009, 139 (141).
[31] EuGH 6.4.2006 – C-410/04, NVwZ 2006, 555 Rn. 16 – ANAV; OLG Karlsruhe 13.7.2005 – 6 W 35/05 (Verg.), NZBau 2005, 655; OLG München 21.5.2008 – Verg 5/08, BeckRS 2008, 10060 = VergabeR 2008, 845 (849).
[32] EuGH 13.11.2008 – C-324/07, NZBau 2009, 54 Rn. 24 – Coditel Brabant.
[33] OLG München 25.3.2011 – Verg 4/11, NZBau 2011, 380 (382).
[34] EuGH 15.10.2009 – C-196/08, EuZW 2009, 849 Rn. 42 – Acoset.
[35] OLG Düsseldorf 19.10.2011 – VII-Verg 51/11, NZBau 2012, 190.
[36] EuGH 10.9.2009 – C-206/08, EuZW 2009, 810 Rn. 55 – WAZV Gotha.
[37] OLG Düsseldorf 13.6.2007 – VII-Verg 2/07, NZBau 2007, 530 (532) = VergabeR 2007, 634 (637); 12.12.2007 – VII-Verg 30/07, NZBau 2008, 138 (141) = VergabeR 2008, 99 (101); 6.2.2008 – VII-Verg 37/07, NZBau 2008, 271; OLG Bremen 13.3.2008 – Verg 5/07, BeckRS 2008, 7944 = VergabeR 2008, 558 (559 ff.); OLG Karlsruhe 13.6.2008 – 15 Verg 3/08, NZBau 2008, 537 (538 f.); aufgegeben durch OLG Düsseldorf 9.6.2010 – VII-Verg 9/10, NZBau 2010, 580.
[38] EuGH 25.3.2010 – C-451/08, NVwZ 2010, 565 Rn. 72 ff. – Müller.
[39] EuGH 25.3.2010 – C-451/08, NVwZ 2010, 565 Rn. 74 – Müller.

nicht „solange",[40] sondern nur soweit gelten, wie der Eigentümer über das Recht auf Nutzung seines Grundstücks verfügt. Verfügt der öffentliche Auftraggeber hingegen über ein Recht zur Nutzung eines fremden Grundstücks mit Ausschlusswirkung auch ggü. dem Eigentümer, so kann die Übertragung dieses Nutzungsrechts iR einer Baukonzession die Gegenleistung für die Bauarbeiten sein.

19 Umgekehrt ist ein Übergang des Eigentums an dem Gegenstand der Nutzung auf den Konzessionsgeber nicht konstitutiv für das Vorliegen einer Konzession. Dem Konzessionsgeber kommt jedoch immer der **Nutzen der betreffenden Bau- oder Dienstleistung** zu (Erwgr. 11 zur KVR). Auch die Konzession muss zur Befriedigung eines eigenen Beschaffungsbedarfs des Konzessionsgebers dienen.[41] Dies bedeutet nicht, dass der Konzessionsgeber selbst unmittelbar den Nutzen ziehen muss. Es reicht vielmehr aus, dass der Konzessionsgeber mit Hilfe der Konzession eine eigene Aufgabe ggü. Dritten erfüllt. Jedenfalls idS muss der Konzessionsgeber über ein eigenes wirtschaftliches Interesse an der durch den Konzessionsnehmer zu erbringenden Leistung verfügen.[42] Dieses Interesse muss sich auf die Nutzung des dem Konzessionsnehmer eingeräumten Nutzungsrechts, nicht auf den Vorgang der Erteilung der Konzession als solchen beziehen. Dementsprechend wird ein wirtschaftliches Interesse eines Landes an der Erteilung einer Spielbankkonzession nicht dadurch begründet, dass man als relevanten „Vorgang" von öffentlichem Interesse die Erteilung der Spielbankkonzession sieht, die im öffentlichen Interesse der Regulierung des Spieltriebes stehe.[43] Vielmehr muss die Nutzung der Spielbankkonzession zu einem Nutzen des Konzessionsgebers führen. Dies könnte allenfalls dann der Fall sein, wenn nach dem jew. Landesrecht der Betrieb einer Spielbank eine Aufgabe des Landes ist.[44]

20 **b) Ergänzende Zahlung.** Am Vorliegen einer Konzession ändert es gem. § 105 Abs. 1 GWB nichts, wenn der Konzessionsgeber zusätzlich zur Refinanzierung über die Nutzung eine **Zahlung an den Konzessionsnehmer** vornimmt.[45] Allerdings darf diese Geldzahlung nicht von einem solchen Gewicht sein, dass sie nicht mehr als bloßer Zuschuss zu der vom Konzessionsnehmer selbst sicherzustellenden Refinanzierung angesehen werden kann. Indikator dafür ist, dass die aus der Verwertung der Nutzung erzielbare Refinanzierung nicht einmal ansatzweise eine **äquivalente Gegenleistung für die Leistung des Konzessionsnehmers** darstellen würde.[46] Eine prozentuale Grenze der zusätzlichen Zuzahlung des Konzessionsgebers im Verhältnis zu den Gesamtkosten, ab deren Überschreiten nicht mehr vom Vorliegen eines bloßen Zuschusses ausgegangen werden kann, lässt sich nicht ziehen.[47] Zwar hat das OLG Düsseldorf in seinem Beschl. v. 28.3.2012 einen Zuschuss des Konzessionsgebers iHv etwa 20 % der Gesamtkosten für das Vorliegen einer Dienstleistungskonzession nicht entgegenstehend erklärt.[48] Einen Zuschuss iHv 26,47 % hielt die VK BW

---

[40] EuGH 25.3.2010 – C-451/08, NVwZ 2010, 565 Rn. 74 – Müller.
[41] OLG Düsseldorf 23.1.2019 – VII-Verg 22/18, NZBau 2019, 605 Rn. 30 f.
[42] OLG Celle 9.11.2021 – 13 Verg 9/21, NZBau 2022, 236 Rn. 14; OLG Düsseldorf 23.1.2019 – VII-Verg 22/18, NZBau 2019, 605 Rn. 32.
[43] So aber OLG Hamburg 1.11.2017 – 1 Verg 2/17, NZBau 2018, 122 Rn. 21 f.
[44] Vgl. OLG Düsseldorf 23.1.2019 – VII-Verg 22/18, NZBau 2019, 605 Rn. 33.
[45] EuGH 10.9.2009 – C-206/08, EuZW 2009, 810 Rn. 51 – WAZV Gotha; 15.10.2009 – C-196/08, EuZW 2009, 849 Rn. 39 – Acoset; 10.3.2011 – C-274/09, NZBau 2011, 239 Rn. 23 – Rettungsdienst Stadler.
[46] BGH 8.2.2011 – X ZB 4/10, NZBau 2011, 175 (180); OLG Celle 9.11.2021 – 13 Verg 9/21, NZBau 2022, 236 Rn. 20; OLG Karlsruhe 14.11.2014 – 15 Verg 10/14, NZBau 2015, 506 (507).
[47] Würfel NZBau 2012, 752 (753).
[48] OLG Düsseldorf 28.3.2012 – VII-Verg 37/11, NZBau 2012, 518 (520).

hingegen für zu hoch, um noch vom Vorliegen einer Dienstleistungskonzession ausgehen zu können.[49] Jedoch zeigen bereits diese sehr nah beieinander liegenden Werte die Willkürlichkeit des Versuchs einer prozentualen Grenzziehung. Die Frage, ob die Zuzahlung überwiegt oder nicht, ist vielmehr in einer wertenden Gesamtschau zu beantworten.

Kriterien können zB sein 21
- eine monopolistische oder zumindest überlegene Position des Konzessionsnehmers am Markt oder umgekehrt seine Einbindung in einen Wettbewerb mit Konkurrenten, da das im letzteren Fall übernommene Risiko vom Konzessionsgeber mit einer höheren Zuzahlung als bei einer monopolistischen Stellung prämiert werden kann;
- die Erbringung der Leistung „in einem von öffentlichen Zuschüssen bzw. staatlichen Beihilfen geprägten geschäftlichen Verkehr", da dies für eine weitgehende Absicherung des Unternehmens durch die Zuzahlung sprechen kann.[50]

Die Frage, ob der Konzessionsnehmer eine Zuzahlung seitens des Konzessionsgebers erhält oder nicht, ist von Bedeutung auch für das erforderliche **Maß des auf den Konzessionsnehmer übertragenen Betriebsrisikos** (→ Rn. 24 ff.). Refinanziert sich der Konzessionsnehmer ausschl. durch die von Dritten gezahlten Entgelte für die Nutzung der angebotenen Leistung, so genügt die Übertragung eines erheblich eingeschränkten Betriebsrisikos.[51] 22

Dementsprechend keine (zulässige) Zahlung iSv § 105 Abs. 1 GWB liegt mehr vor, wenn der Leistungserbringer eine seine **sämtlichen Kosten und Investitionsaufwendungen deckende Vergütung** nach festgesetzten Tarifen erhält (Erwgr. 17 zur KVR). 23

3. Tragung des Betriebsrisikos (Abs. 2)

Wie § 105 Abs. 2 GWB deutlich macht, ist entscheidendes Kriterium für die Abgrenzung zwischen öffentlichem Auftrag und Konzession die Tragung des Betriebsrisikos durch den Konzessionsnehmer (dazu auch → § 148 Rn. 18). Diese Risikoübernahme ist rechtfertigender Grund für die Anwendung der ggü. den Vorschriften für die Vergabe öffentlicher Aufträge weniger strikten Bestimmungen für die Konzessionsvergabe (Erwgr. 18 zur KVR). Dies entspricht der bisherigen Rspr. des EuGH, nach der mit der Übertragung des Rechts zur Nutzung auf den Konzessionsnehmer auch der **Übergang eines wesentlichen Teils des Betriebsrisikos** auf diesen verbunden sein muss.[52] Allerdings reicht allein die Übernahme eines Risikos, ohne dass die übrigen Voraussetzungen des § 105 GWB erfüllt sind, für das Vorliegen einer Konzession nicht aus.[53] 24

Zu beachten ist, dass der Konzessionsgeber nicht mehr Risiken als die übertragen kann, die er selbst trägt. Ist also bereits das Risiko des Konzessionsgebers begrenzt, weil für die betr. Leistung ein Anschluss- und Benutzungszwang für die das Entgelt an den Leistungserbringer zahlenden Nutzer besteht, so schließt dies das Vorliegen 25

---

[49] VK Baden-Württemberg 25.7.2012 – 1 VK 20/12, BeckRS 2012, 23635.
[50] BGH 8.2.2011 – X ZB 4/10, NZBau 2011, 175 (181).
[51] EuGH 10.3.2011 – C-274/09, NZBau 2011, 239 Rn. 33 – Rettungsdienst Stadler.
[52] EuGH 10.9.2009 – C-206/08, EuZW 2009, 810 Rn. 66 ff. – WAZV Gotha; 15.10.2009 – C-196/08, EuZW 2009, 849 Rn. 39 – Acoset; 11.6.2009 – C-300/07, NJW 2009, 2427 Rn. 72 – AOK; 25.3.2010 – C-451/08, NVwZ 2010, 565 Rn. 75 – Müller; 10.3.2011 – C-274/09, NZBau 2011, 239 Rn. 26 – Rettungsdienst Stadler; 10.11.2011 – C-348/10, NZBau 2012, 183 Rn. 44 – Norma A; OLG Karlsruhe 15.10.2008 – 15 Verg 9/08, NZBau 2008, 784 (785).
[53] OLG Koblenz 29.11.2012 – 1 Verg 6/12, BeckRS 2012, 24558 = VergabeR 2013, 229 (233).

einer Konzession nicht aus (vgl. Erwgr. 19 zur KVR). Erforderlich ist **nicht die Tragung eines erheblichen Risikos** durch den Konzessionsnehmer, sondern die Übertragung des wesentlichen Teils des bisher beim Konzessionsgeber liegenden Risikos auf den Konzessionsnehmer.[54] Da in den Bereichen der öffentlichen Daseinsvorsorge häufig für die wirtschaftlichen Risiken der Erbringung der Auftraggeber entzogen sind, muss es einer Behörde gleichwohl offen stehen, die Leistung mittels einer Konzession erbringen zu lassen.[55]

26 Allerdings musste vor der Übertragung auf den Konzessionsnehmer ein **durch den Konzessionsgeber selbst zu tragendes Risiko** auch wirklich vorhanden sein. Ein „Null-Risiko" kann nicht übertragen werden. Insoweit kommt es auf die Spezifika des jew. Sachverhalts, insbes. die fachgesetzliche Ausgestaltung an.[56] In diesem Fall kann eine Konzession auch dann vorliegen, wenn der Konzessionsnehmer aufgrund der öffentlich-rechtlichen Ausgestaltung des Nutzungsverhältnisses in einer späteren Kalkulationsperiode einen Ausgleich für entstandene Unterdeckungen erhalten kann.[57] Andere Beispiele für Risikoreduzierungen, die das Vorliegen einer Konzession nicht ausschließen, sind vorgeschriebene Branchentarife oder vertragliche Vereinbarungen, die einen teilw. Ausgleich sowie einen Ausgleich im Falle der vorzeitigen Kündigung der Konzession aus vom Auftraggeber zu vertretenden Gründen oder im Falle höherer Gewalt vorsehen (Erwgr. 19 zur KVR). Von der Übertragung eines bereits beim Auftraggeber geminderten Risikos zu unterscheiden ist die Übertragung des Risikos unter **Zurückbehalt eines beträchtlichen Teils des Risikos** durch den Auftraggeber. In diesem Fall liegt keine Konzession, sondern ein öffentlicher Auftrag vor.[58]

27 Ob das Betriebsrisiko aus einem Nachfrage- und/oder Angebotsrisiko resultiert, ist laut § 105 Abs. 2 S. 3 GWB unerheblich. Dabei ist unter dem **Nachfragerisiko** das Risiko zu verstehen, dass die den Gegenstand der Konzession bildende Bau- oder Dienstleistung nicht tatsächlich in einem für Konzessionsnehmer kostendeckenden Umfang nachgefragt wird. Das **Angebotsrisiko** meint demgegenüber das Risiko, dass die erbrachten Leistungen nicht der Nachfrage entsprechen (vgl. Erwgr. 20 zur KVR). Das Bestehen eines Risikos ist unter Einbeziehung des **Nettogegenwartswerts** aller Investitionen, Kosten und Einkünfte des Konzessionsnehmers zu ermitteln (Erwgr. 20 zur KVR).

28 § 105 Abs. 2 S. 2 GWB nennt **zwei Voraussetzungen,** die kumulativ erfüllt sein müssen, damit von einem auf den Konzessionsnehmer übergegangenen Betriebsrisiko und damit von einer Konzession gesprochen werden kann:

29 *Erstens* darf unter normalen Betriebsbedingungen nicht gewährleistet sein, dass die Investitionsaufwendungen oder die Betriebskosten für das Bauwerk oder die Kosten für die Erbringung der Dienstleistungen wieder erwirtschaftet werden können (§ 105 Abs. 2 S. 2 Nr. 1 GWB). Ein solches **Risiko der Nichterwirtschaftung von Aufwendungen oder Kosten** kann auch dann bestehen, wenn der Konzessionsnehmer zwar die Vergütung ausschl. vom Konzessionsgeber erhält, deren Höhe

---

[54] EuGH 10.9.2009 – C-206/08, EuZW 2009, 810 Rn. 69 ff. – WAZV Gotha; 10.3.2011 – C-274/09, NZBau 2011, 239 Rn. 29 – Rettungsdienst Stadler; 10.11.2011 – C-348/10, NZBau 2012, 193 Rn. 45 – Norma A; OLG Brandenburg 12.1.2010 – Verg W 7/09, BeckRS 2010, 1943 = VergabeR 2010, 699 (703); OLG Karlsruhe 14.11.2014 – 15 Verg 10/14, NZBau 2015, 506 (507); OLG Naumburg 17.6.2016 – 7 Verg 2/16, IBRRS 2016, 2590.

[55] EuGH 10.3.2011 – C-274/09, NZBau 2011, 239 Rn. 34 f. – Rettungsdienst Stadler; 10.11.2011 – C-348/10, NZBau 2012, 193 Rn. 46 – Norma A.

[56] Hövelberndt NZBau 2010, 599 (602 f.).

[57] OLG Brandenburg 12.1.2010 – Verg W 7/09, BeckRS 2010, 1943 = VergabeR 2010, 699 (704).

[58] OLG Düsseldorf 21.7.2010 – VII-Verg 19/10, BeckRS 2010, 17501 = VergabeR 2010, 955 (960).

aber von der durch den Konzessionsnehmer nicht sicher zu kalkulierenden Nachfrage nach der zur Verfügung zu stellenden Bau- oder Dienstleistung abhängt (Erwgr. 18 zur KVR).

Wird hingegen dem Konzessionsnehmer durch den Vertrag oder eine branchenspezifische Regelung die Abdeckung seiner Investitionen und die für die Erbringung der vereinbarten Leistungen entstehenden Kosten garantiert, so ist die Voraussetzung des § 105 Abs. 2 S. 2 Nr. 1 GWB nicht erfüllt (vgl. Erwgr. 19 zur KVR). Dies ist der Fall beim sog. **Bruttovertrag** – im Unterschied zum sog. **Nettovertrag,** bei der der Konzessionsnehmer das Kostenrisiko selbst trägt –, bei dem der Auftraggeber dem beauftragten Unternehmen zusätzlich zu den von Dritten gezahlten Mitteln finanzielle Mittel – insbes. in Form eines für das Unternehmen sicher kalkulierbaren Festbetrags – erhält, die über einen bloßen Zuschuss hinausgehen.[59] Handelt es sich bei dem Zuschuss allerdings um eine einmalige Anschubfinanzierung, so verbleibt bei dem Unternehmen gleichwohl das Prognoserisiko, dass eine Refinanzierung über die Gewinnung von Kunden in nicht kostendeckendem Maße erfolgt, so dass es sich um eine Konzession handelt.[60] Unbeachtlich sind die mit jeder wirtschaftlichen Leistung verbundenen Risiken, wie die aus einer **mangelhaften Betriebsführung** oder Beurteilungsfehlern des beauftragten Unternehmens fließenden Risiken.[61] 30

Zweitens muss der Konzessionsnehmer tatsächlich den **Unwägbarkeiten des Marktes** in einer Weise ausgesetzt sein, dass potenzielle geschätzte Verluste für den Konzessionsnehmer nicht vernachlässigbar sind (§ 105 Abs. 2 S. 2 Nr. 2 GWB). Dieses Kriterium war bereits von der Rspr. formuliert worden.[62] Bei der diesbzgl. anzustellenden Gesamtbetrachtung sind vor allem die für den Vertragsgegenstand **relevanten Marktbedingungen** sowie die vertraglichen Vereinbarungen in toto einzubeziehen.[63] Für die Tragung eines Risikos durch den Leistungserbringer kommt es ua darauf an, ob dieser sich den Gefahren eines Ausfalls seines Vergütungsanspruchs, der Nichtinanspruchnahme seiner Leistung oder den Risiken der Konkurrenz durch andere Wirtschaftsteilnehmer, einer nicht vollständigen Deckung der Betriebsausgaben durch die Einnahmen oder der Haftung für Schäden bei der Erbringung der Dienstleistung gegenübersieht. Bestehen die genannten Risiken nicht, weil bspw. dem Leistungserbringer durch den Auftraggeber vertraglich Konkurrenzfreiheit zugesichert worden ist[64], oder weil der Dritte, der die Leistung nutzt und die Vergütung dafür schuldet, aufgrund besonderer Regelungen nicht insolvent werden kann und die Anzahl der Nutzungsvorgänge angemessen kalkulierbar ist, so handelt es sich um keine Konzession, sondern einen öffentlichen Auftrag.[65] 31

---

[59] OLG Frankfurt a. M. 10.11.2015 – 11 Verg 8/15, BeckRS 2016, 4261 = VergabeR 2016, 239 (244); OLG Karlsruhe 9.10.2012 – 15 Verg 12/11, ZfBR 2013, 285 (286); vgl. für den einem Kindergartenbetreiber gewährten Kostenausgleich OLG Jena 9.4.2021 – Verg 2/20, ZfBR 2021, 688 (690).

[60] VK Südbayern 27.5.2015 – Z3-3-3194-1-15-03/15, ZfBR 2015, 713 (714).

[61] EuGH 10.3.2011 – C-274/09, NZBau 2011, 239 Rn. 37 f. – Rettungsdienst Stadler; 10.11.2011 – C-348/10, NZBau 2012, 193 Rn. 48 f. – Norma A; OLG Karlsruhe 14.11.2014 – 15 Verg 10/14, NZBau 2015, 506 (507).

[62] EuGH 10.3.2011 – C-274/09, NZBau 2011, 239 Rn. 37 – Rettungsdienst Stadler; 10.11.2011 – C-348/10, NZBau 2012, 193 Rn. 48 – Norma A; BGH 8.2.2011 – X ZB 4/10, NZBau 2011, 175 (180); OLG Celle 8.9.2014 – 13 Verg 7/14, BeckRS 2014, 17965 = VergabeR 2015, 50 (56).

[63] BGH 8.2.2011 – X ZB 4/10, NZBau 2011, 175 (180); OLG Düsseldorf 7.3.2012 – VII-Verg 78/11, NZBau 2012, 382 (383); OLG Naumburg 22.12.2011 – 2 Verg 10/11, NZBau 2012, 258 (260); OLG Celle 8.9.2014 – 13 Verg 7/14, BeckRS 2014, 17965 = VergabeR 2015, 50 (56).

[64] VK Baden-Württemberg 25.7.2012 – 1 VK 20/12, BeckRS 2012, 23635.

[65] EuGH 11.6.2009 – C-300/07, NJW 2009, 2427 Rn. 74 – AOK.

31a Dem nicht gleichzustellen ist die Situation, dass eine Prognose ergibt, dass von keinem veränderten **Nachfrageverhalten der Empfänger der von dem Konzessionsnehmer zu erbringenden Leistungen** auszugehen sein wird, da das Risiko, ob diese Prognose sich als zutreffend erweist, beim Konzessionsnehmer liegt; in diesem Fall handelt es sich mithin um eine Konzession.[66] Daher begegnet die Auffassung des OLG Koblenz, dass wenn unter normalen Betriebsbedingungen nach menschlichem Ermessen „rote Zahlen" während der Vertragslaufzeit ausgeschlossen werden können, kein Betriebsrisiko übernommen werde und keine Konzession vorliege,[67] Bedenken. Richtigerweise hatte die Vergabekammer Rheinland-Pfalz als Vorinstanz die Übernahme des Betriebsrisikos durch den Fischereipächter bejaht, weil das Risiko der Stabilität der Nachfrage nach Fischereierlaubnissen allein beim Konzessionsnehmer liege und ein Ausgleichsmechanismus bei zurückgehender Nachfrage im Vertrag nicht vorgesehen sei.[68]

32 Ein zum Vorliegen einer Konzession führendes Risiko kann auch darin liegen, dass die **Vergütung,** die der Konzessionsnehmer für die Erbringung seiner Leistung von Dritten erhält, nicht nur in der Höhe seiner Disposition zT entzogen ist, sondern **jährlich neu festgelegt** wird. Dem Risiko einer dadurch entstehenden Lücke zwischen Ausgaben und Einnahmen kann sich der Konzessionsnehmer bei wirtschaftlicher Betrachtung auch nicht durch Aufgabe der Fortführung der Leistungserbringung entziehen, da in diesem Fall eine Amortisation von ihm getätigter Investitionen nicht mehr möglich wäre.[69] Unwägbarkeiten des Marktes iSv § 105 Abs. 2 S. 2 Nr. 2 GWB können auch darin bestehen, dass selbst bei Bestehen eines **Anschluss- und Benutzungszwangs** die Mengen der Abnahme durch die Endabnehmer schwanken können.[70]

III. Fallbeispiele

1. Baukonzession

33 Für einige Formen **städtebaulicher Verträge** ist die vergaberechtliche Behandlung weitgehend unproblematisch. So unterliegen alle Verträge, durch die Aufgaben im Zuge der Erarbeitung der Planung oder anderer städtebaulicher Maßnahmen oder deren Durchführung auf Private übertragen werden und für die der Private von der Gemeinde eine unmittelbare Vergütung enthält, dem Vergaberecht. Beispiele sind **Planungsvorarbeiten** – etwa zur Altlastenerfassung –, die **Verfahrensteilprivatisierung** nach § 4b BauGB oder die nach §§ 159 Abs. 2 S. 1, 167 Abs. 2 S. 2 BauGB von der Gemeinde eine angemessene Vergütung erhaltenden Sanierungs- und Entwicklungsträger.[71] Umgekehrt sind Verträge, die die Übernahme, Vorauszahlung oder Ablösung von Kosten und Lasten zum Gegenstand haben, vergaberechtsfrei.[72]

34 Für die vergaberechtliche **Beurteilung von Erschließungsverträgen** bedarf es der Abgrenzung verschiedener Typen von Erschließungsverträgen, nämlich danach,

---

[66] OLG Düsseldorf 2.3.2011 – VII-Verg 48/10, NZBau 2011, 244 (249).
[67] So OLG Koblenz 10.7.2018 – Verg 1/18, NZBau 2018, 636 Rn. 30.
[68] VK Rheinland-Pfalz 6.1.2018 – VK 1–31/17, juris Rn. 49 f.
[69] EuGH 10.3.2011 – C-274/09, NZBau 2011, 239 Rn. 39 ff. – Rettungsdienst Stadler; vgl. auch OLG München 25.3.2011 – Verg 4/11, NZBau 2011, 380 (384); OLG Naumburg 22.12.2011 – 2 Verg 10/11, NZBau 2012, 258 (261).
[70] OLG Jena 11.12.2009 – 9 Verg 2/08, BeckRS 2010, 2457 = VergabeR 2010, 705 (709).
[71] Wagner/Görs NVwZ 2007, 900 (902); Wilke ZfBR 2004, 141 (143, 145 f.).
[72] Reidt BauR 2007, 1664 (1669); Wilke ZfBR 2004, 141 (144); Würfel/Butt NVwZ 2003, 153 (157).

ob der Erschließungsträger die von ihm erstellten Erschließungsanlagen unentgeltlich der Gemeinde übereignet und sich – durch zivilrechtliche Kostenerstattungsvereinbarungen mit den Grundeigentümern oder Verkauf der ihm gehörenden Grundstücke – refinanziert (sog. **echter Erschließungsvertrag**) oder ob er von der Kommune eine Kostenerstattung erhält – sei es (als Grundstückseigentümer) in Form einer Ablösung später fällig werdender Erschließungsbeiträge, sei es (als Nichteigentümer) in Form einer Zahlung der Kommune (sog. **unechter Erschließungsvertrag**).

Bei den **unechten Erschließungsverträgen** führt die Zahlung einer Vergütung 35 durch die Gemeinde dazu, dass keine Baukonzession, sondern ein **Bauauftrag** vorliegt. Dies gilt nach absolut überwiegender Auffassung auch insoweit, wie die Vergütung durch Ablösung des später fällig werdenden Erschließungsbeitrags für eigene Grundstücke über eine Ablösungsvereinbarung nach § 133 Abs. 3 S. 5 BauGB erfolgt.[73] Für die Konstellation, dass der Erschließungsträger auch fremde Grundstücke erschließt, gilt dies ohne jede Einschränkung. Ein öffentlicher Auftraggeber kann sich seiner Pflicht zur Ausschreibung eines Bauauftrags nicht etwa dadurch entziehen, dass er den Auftragnehmer seinerseits zur Ausschreibung verpflichtet, die Ausschreibungspflicht also gleichsam weiterreicht.[74] Dass dies selbst dann gilt, wenn der Auftragnehmer – dh hier der Erschließungsträger – ebenfalls öffentlicher Auftraggeber ist, hat der EuGH in seinem „Roanne"-Urt. klargestellt.[75]

Dem „Teatro alla Bicocca"-Urt. des EuGH lässt sich nichts anderes entnehmen. 36 Vielmehr hat der EuGH darauf hingewiesen, dass der Gemeinde ihre Stellung als öffentliche Auftraggeberin für die Errichtung von Erschließungsanlagen nicht dadurch genommen wird, dass die Erschließungsanlagen vom Bauträger als Grundstückseigentümer im eigenen Namen errichtet und der Gemeinde übereignet werden.[76] Die weiteren Ausführungen des Gerichtshofs zur Ausschreibung durch den Erschließungsträger beziehen sich dementsprechend auch nur auf diese Konstellation der „**faktischen Alternativlosigkeit**": Auch wenn die Gemeinde nicht unter mehreren Vertragspartnern auswählen – wie es an und für sich Voraussetzung einer wettbewerblichen Vergabe ist –, sondern nur mit dem Grundstückseigentümer kontrahieren kann, bleibt sie zur Beachtung des Vergaberechts gehalten.[77] Der Ausweg besteht in solchen Fällen darin, dass sie zur Sicherstellung der praktischen Wirksamkeit des EU-rechtlichen Vergaberechts den Erschließungsträger dazu verpflichten muss, seinerseits ein den vergaberechtlichen Anforderungen genügendes Ausschreibungsverfahren durchzuführen.[78] Bei dieser „**Weiterreichung des Vergaberechts**" handelt es sich also um kein Privileg der Gemeinde, um sich der Durchführung einer eigenen Ausschreibung zu entziehen, sondern um eine zusätzliche Pflicht in Fällen „faktischer Alternativlosigkeit".

Für die vergaberechtliche Bewertung **echter Erschließungsverträge** gilt, dass 37 es insoweit an der Entrichtung eines Entgelts der Gemeinde an den Erschließungsträger fehlt und die Refinanzierung aus dem Verkauf der Grundstücke **keine „Nutzung" iSd Voraussetzungen einer Baukonzession** ist.[79] Dies gilt zwar auch,

---

[73] Busch VergabeR 2003, 622 (625); Grziwotz DVBl 2005, 471 (475); Köster/Häfner NVwZ 2007, 410 (414); Numberger/Hitziger BayVBl. 2005, 581 (583); Würfel/Butt NVwZ 2003, 153 (157); zur Frage, ob statt eines Bauauftrags ein Dienstleistungsauftrag vorliegt Seufert/Tilmann NVwZ 2007, 1273 ff.
[74] AA Würfel/Butt NVwZ 2003, 153 (158).
[75] EuGH 18.1.2007 – C-220/05, NVwZ 2007, 316 Rn. 62 – Stadt Roanne.
[76] EuGH 12.7.2001 – C-399/98, EuZW 2001, 532 – Teatro alla Bicocca.
[77] EuGH 12.7.2001 – C-399/98, EuZW 2001, 532 – Teatro alla Bicocca.
[78] EuGH 12.7.2001 – C-399/98, EuZW 2001, 532 – Teatro alla Bicocca.
[79] Antweiler NZBau 2003, 93 (97); Numberger/Hitziger BayVBl. 2005, 581 (583 f.); Wilke ZfBR 2002, 231 (232) und ZfBR 2004, 141 (144 f.); Würfel/Butt NVwZ 2003, 153 (157); für eine Ausschreibungspflichtigkeit unter dem Gesichtspunkt der praktischen Wirksamkeit des EU-Rechts aber Köster/Häfner NVwZ 2007, 410 (414).

wenn die Refinanzierung nicht über die Veräußerung der erschlossenen Grundstücke, sondern durch zivilrechtliche Kostenerstattungsvereinbarungen mit den Grundeigentümern erfolgt. Die Annahme einer Baukonzession scheitert bereits daran, dass der Erschließungsträger kein wirtschaftliches Risiko trägt, wenn der Erschließungsvertrag kausal mit der Kostenerstattungsvereinbarung verknüpft ist.[80] Darüber hinaus besteht das Problem hinsichtl. des Vorliegens eines Bauauftrags darin, dass die dem Erschließungsträger zufließende Kostenerstattung nicht von der die Erschließung beauftragenden Gemeinde, sondern von den Grundstückseigentümern als Dritten stammt. Gleichwohl erscheint Vorsicht darin geboten, aus diesem Grund eine Ausschreibungspflicht zu verneinen. Dies wird bei einer **Betrachtung der Zahlungsströme** deutlich: Die Konstellation, dass die Gemeinde dem Erschließungsträger eine Kostenerstattung zahlt und sich dann über die Erschließungsbeiträge der Anlieger größtenteils refinanziert, ist eindeutig als öffentlicher Auftrag zu bewerten. Es bedeutet lediglich eine Abkürzung dieses Zahlungsstroms, wenn die Gemeinde von vornherein auf die Erhebung von Erschließungsbeiträgen verzichtet und dem Erschließungsträger die Möglichkeit einräumt, diese gleichsam für sie, gleichwohl im Wege zivilrechtlicher Vereinbarungen für eigene Rechnung einzuziehen. Unter dem Gesichtspunkt der Effektivität des Unionsrechts dürften deshalb Zweifel daran bestehen, dass die Abkürzung des Zahlungsstroms von der Durchführung eines Vergabeverfahrens befreit.[81]

38 Dem lässt sich nicht entgegenhalten, dass der echte Erschließungsvertrag mit Kostenerstattung durch die Eigentümer der Fallgestaltung vergleichbar sei, dass die Grundeigentümer einen Erschließungsträger verpflichten, in ihrem Namen mit der Gemeinde einen Erschließungsvertrag abzuschließen, der gerade vergaberechtsfrei sei.[82] In dieser Situation könnte allenfalls von einer „faktischen Alternativlosigkeit" ausgegangen werden, wegen derer der Erschließungsträger zur Ausschreibung verpflichtet werden müsste. In der Konstellation der Beauftragung eines Erschließungsträgers durch die Gemeinde, die Erschließung Dritten gehörender Grundstücke durchzuführen, ist eine **„faktische Alternativlosigkeit" jedoch nicht gegeben.**

2. Dienstleistungskonzession

39 Hinsichtl. der Einordnung der Übertragung der Erbringung von **Leistungen des Krankentransports und Rettungsdienstes** ist iW zwischen dem sog. Submissionsmodell und dem sog. Konzessionsmodell zu unterscheiden:
- Beim **Submissionsmodell** erhält das Unternehmen des Rettungsdienstes seine Vergütung unmittelbar von der Stelle, die das Unternehmen mit der Erbringung der rettungsdienstlichen Leistungen beauftragt hat, oder auf deren Veranlassung. Hierbei handelt es sich um Dienstleistungsaufträge iSv § 103 Abs. 4 GWB.[83]
- Hingegen erfolgt im **Konzessionsmodell** die Vergütung des Unternehmens des Rettungsdienstes durch die Krankenkassen, während die Regelung der Leistungspflichten des Unternehmens in einem zwischen Unternehmen und Aufgabenträger geschlossenen Vertrag erfolgt. Diesbzgl. handelt es sich um eine Dienstleistungskonzession, sofern die notwendige Risikoübernahme durch den

---

[80] VK Baden-Württemberg 20.6.2002 – 1 VK 27/02, ZfBR 2003, 81 (82); Busch VergabeR 2003, 622 (627).
[81] IE auch VK Baden-Württemberg 20.6.2002 – 1 VK 27/02, ZfBR 2003, 81; Busch VergabeR 2003, 622 (628).
[82] So aber Birk, Städtebauliche Verträge, 5. Aufl. 2013, Rn. 283.
[83] *EuGH* 29.4.2010 – C-160/08, NZBau 2010, 450 Rn. 92; BGH 1.12.2008 – X ZB 31/08, NZBau 2009, 201 (202 ff.); OLG Dresden 4.7.2009 – WVerg 3/08, NZBau 2008, 594 (595); OLG Naumburg 23.4.2009 – 1 Verg 7/08, BeckRS 2009, 12038 = VergabeR 2009, 793 (796); 4.11.2010 – 1 Verg 10/10, BeckRS 2010, 28396 = VergabeR 2011, 493 (498 ff.).

Rettungsdienstunternehmer vorliegt.[84] Liegt eine solche Risikoübernahme nicht vor, so ist auch hier ein Dienstleistungsauftrag gegeben.[85]
Nach der Rspr. des EuGH erfolgt bei der Erbringung von Rettungsdienstleistungen **keine Ausübung öffentlicher Gewalt** iSd Art. 62, 51 AEUV,[86] so dass keine Ausnahme von den unionsrechtlichen Gleichbehandlungs- und Transparenzanforderungen besteht.

IV. Rechtsschutz

Während gegen die Vergabe von Dienstleistungskonzessionen früher kein Rechtsschutz durch die vergaberechtlichen Nachprüfungsinstanzen eröffnet war, unterliegt nunmehr die Frage, ob die Voraussetzungen des § 105 GWB vorliegen und deshalb das Konzessionsvergaberecht anwendbar ist, in **vollem Umfang der Nachprüfung**. 40

§ 106 Schwellenwerte

(1) ¹**Dieser Teil gilt für die Vergabe von öffentlichen Aufträgen und Konzessionen sowie die Ausrichtung von Wettbewerben, deren geschätzter Auftrags- oder Vertragswert ohne Umsatzsteuer die jeweils festgelegten Schwellenwerte erreicht oder überschreitet.** ²**§ 114 Absatz 2 bleibt unberührt.**

(2) **Der jeweilige Schwellenwert ergibt sich**
1. **für öffentliche Aufträge und Wettbewerbe, die von öffentlichen Auftraggebern vergeben werden, aus Artikel 4 der Richtlinie 2014/24/EU in der jeweils geltenden Fassung; der sich hieraus für zentrale Regierungsbehörden ergebende Schwellenwert ist von allen obersten Bundesbehörden sowie allen oberen Bundesbehörden und vergleichbaren Bundeseinrichtungen anzuwenden,**
2. **für öffentliche Aufträge und Wettbewerbe, die von Sektorenauftraggebern zum Zweck der Ausübung einer Sektorentätigkeit vergeben werden, aus Artikel 15 der Richtlinie 2014/25/EU in der jeweils geltenden Fassung,**
3. **für verteidigungs- oder sicherheitsspezifische öffentliche Aufträge aus Artikel 8 der Richtlinie 2009/81/EG des Europäischen Parlaments und des Rates vom 13. Juli 2009 über die Koordinierung der Verfahren zur Vergabe bestimmter Bau-, Liefer- und Dienstleistungsaufträge in den Bereichen Verteidigung und Sicherheit und zur Änderung der Richtlinien 2004/17/EG und 2004/18/EG (ABl. L 216 vom 20.8.2009, S. 76) in der jeweils geltenden Fassung,**
4. **für Konzessionen aus Artikel 8 der Richtlinie 2014/23/EU des Europäischen Parlaments und des Rates vom 26. Februar 2014 über die Konzessionsvergabe (ABl. L 94 vom 28.3.2014, S. 1) in der jeweils geltenden Fassung.**

---

[84] VK Thüringen 25.3.2015 – 250-4003-1623/2015-E-004-GTH, VPRRS 2015, 0251 Rn. 99 ff.; zu den damit verbundenen Fragen OLG München 2.7.2009 – Verg 5/09, BeckRS 2009, 18430 = VergabeR 2009, 781 (786 ff.).

[85] Eine Risikoübernahme generell verneinend Röbke NZBau 2008, 702; Ruthig/Zimmermann NZBau 2009, 485 (487 ff.).

[86] EuGH 29.4.2010 – C-160/08, NZBau 2010, 450 Rn. 80 ff.; aA OLG Düsseldorf 5.4.2006 – VII-Verg 7/06, NZBau 2006, 595 (597 f.); OLG Naumburg 15.7.2008 – 1 Verg 5/08, BeckRS 2008, 14718 = VergabeR 2008, 821 (824).

(3) **Das Bundesministerium für Wirtschaft und Energie gibt die geltenden Schwellenwerte unverzüglich, nachdem sie im Amtsblatt der Europäischen Union veröffentlicht worden sind, im Bundesanzeiger bekannt.**

Literatur: Burgi, Die erfolgreiche Aufgabenerfüllung als Basiszweck des GWB-Vergaberechts in Prieß/Lau/Kratzenberg (Hrsg.), FS Marx, 2013, 75; Burgi, Ein Rechtsgebiet wird Erwachsen: Zur Umsetzung der neuen EU-Vergaberichtlinien, ZHR 178 (2014), 2; Deling, Kriterien der „Binnenmarktrelevanz" und ihre Konsequenzen unterhalb der Schwellenwerte, NZBau 2011, 725 u. NZBau 2012, 17; Greb, Schwellenwert – eine kritische Betrachtung in Prieß/Lau/Kratzenberg (Hrsg.), FS Marx, 2013, 193; Greb, Die Berechnung des Auftragswerts, VergabeR 2013, 308; Gröning, Die neue Richtlinie für die öffentliche Auftragsvergabe – ein Überblick, VergabeR 2014, 339; Hausmann, Systematik und Rechtsschutz des Vergaberechts, GewArch 2012, 107; Meyer, Entwicklungen und Fehlentwicklungen im nationalen und europäischen Vergaberecht – ein Rückblick auf 30 Jahre persönlichen Erlebens in Prieß/Lau/Kratzenberg (Hrsg.), FS Marx, 2013, 409; Niestedt, Justitia nemini neganda – Gedanken zum Rechtsschutz unterhalb der Schwellenwerte in Prieß/Lau/Kratzenberg (Hrsg.), FS Marx, 2013, 489; Prieß/Simonis, Die künftige Relevanz des Primärvergabe- und Beihilferechts – Ein Zwischenruf, NZBau 2015, 731; Reichling/Osseforth/Scheumann, Vorbereitung von Vergabeverfahren – Grundstein erfolgreicher Beschaffungsmaßnahmen? GewArch 2014, 276; Vavra, Binnenmarktrelevanz und öffentliche Aufträge, VergabeR 2013, 384; Weiß, Die Bedeutung des WTO-Übereinkommens über öffentliche Beschaffung für das EU-Vergaberecht und seine Umsetzung, NZBau 2016, 198; Wollenschläger, Sekundärrechtsschutz als effektiver Rechtsschutz jenseits des Kartellvergaberechts? in Prieß/Lau/Kratzenberg (Hrsg.), FS Marx, 2013, 873. Vgl. iÜ die Angaben bei Vor § 155 GWB.

Übersicht

	Rn.
I. Bedeutung der Vorschrift	1
II. Sachlicher Anwendungsbereich (Abs. 1)	6
III. Schwellenwerte (Abs. 2)	10
1. Schwellenwerte für Aufträge und Wettbewerbe von öffentlichen Auftraggebern (Nr. 1)	11
2. Schwellenwerte für Aufträge und Wettbewerbe von Sektorenauftraggebern (Nr. 2)	19
3. Schwellenwerte für verteidigungs- und sicherheitsspezifische öffentliche Aufträge (Nr. 3)	21
4. Schwellenwerte für Konzessionen (Nr. 4)	22
5. Zusammenfassende Tabelle	23
IV. Bekanntgabe der Schwellenwerte (Abs. 3)	24

I. Bedeutung der Vorschrift

1 § 106 GWB regelt mit der Vorgabe von Schwellenwerten eine wesentliche Voraussetzung für den sachlichen Anwendungsbereich des Teils 4 des GWB. Die EU-Schwellenwerte wurden eingeführt, um die **binnenmarktrelevanten Aufträge** zu bestimmen und zugleich den Aufwand, den eine europaweite Ausschreibung für alle Seiten inkl. des besonderen Rechtsschutzverfahrens bedeutet, auf lohnenswerte Aufträge zu begrenzen. Die Binnenmarktrelevanz richtet sich nach dem Auftragswert, so dass die Beteiligten erst ab Erreichen bzw. Überschreitung der unionsrechtlich vorgegebenen Schwellenwerte in den Geltungsbereich der EU-Vergaberegeln gelangen (dazu ausf. → Einl. 22 ff.). Werden die geltenden Schwellenwerte nicht erreicht, ist die Anwendung des EU-Vergaberechts ausgeschlossen. Außerhalb des EU-Vergaberechts (bzw. **unterhalb der Schwellenwerte**) gelten vergaberechtliche Vorschriften nur für solche Auftraggeber, die dazu aufgrund von

Haushaltsrecht angehalten sind (vgl. §§ 55 BHO/LHO) oder sonst dazu verpflichtet werden, zB per Zuwendungsbescheid (→ Einl. Rn. 27). Auch durch das EU-Primär- bzw. Beihilferecht sind vergaberechtliche Vorgaben denkbar (ausf. → Einl. 11 ff.),[1] ebenso durch das Kartellrecht.[2]

Die Schwellenwerte führen zu einer unterschiedlichen Behandlung der Aufträge oberhalb und unterhalb der EU-Schwellenwerte, insbes. im Bereich des **Primärrechtsschutzes.** Das Vergabeverfahren bei Aufträgen oberhalb der EU-Schwellenwerte wird durch ein Nachprüfungsverfahrens nach den §§ 155 ff. GWB überprüft. Bei Aufträgen unterhalb der Schwellenwerte wird bei der Vergabe zivilrechtlicher Verträge regelmäßig Rechtsschutz nur vor den Zivilgerichten möglich sein,[3] in Sonderfällen auch vor dem Verwaltungsgericht.[4] Diese „**Zweiteilung**" des Vergaberechtsschutzes stellt laut BVerfG[5] keine Verletzung des Gleichheitssatzes nach Art. 3 Abs. 1 GG dar (ausf. dazu → Vor § 155 Rn. 15 ff.).

Nach der Rechtslage bis 2016 lief der Weg zu den jew. Schwellenwerten über § 100 Abs. 1 GWB aF, der seinerseits auf die jew. einschlägigen Vorschriften in der VgV aF, SektVO aF und VSVgV aF verwies. Die Schwellenwerte für Aufträge von öffentlichen Auftraggebern ergaben sich aus § 2 Abs. 1 VgV aF, der wiederum anhand einer in der Vorschrift enthaltenen dynamischen Verweisung auf die damals maßgebliche RL 2004/18/EG verwies. Im Rahmen der Vergaberechtsreform 2016 wurde der neue § 106 GWB nur für die Frage des Schwellenwerts normiert, dessen Basis § 100 Abs. 1 GWB aF bildet und Regelungsinhalte der § 2 Abs. 1 VgV aF, § 1 Abs. 2 VSVgV aF und § 1 Abs. 2 SektVO aF integriert. Auf diesem Wege wurde eine anwendungsfreundlichere Gestaltung der Anwendungsvoraussetzungen erreicht, da sich die Fundstellen für die jew. Schwellenwerte jetzt unmittelbar aus dem Gesetz ergeben, ohne dass eine zusätzliche Verweisung nötig ist. Mit der KonzVgV wurden erstmals die Verfahrensregeln zur Vergabe von Dienstleistungs- und Baukonzessionen in einer Rechtsverordnung zusammengeführt. Entspr. wurden in § 106 Abs. 2 GWB Vorgaben zu den Schwellenwerten bei der Vergabe von Konzessionen integriert.

§ 106 GWB stellt eine „1 : 1-Umsetzung" der RL 2014/24/EU, RL 2014/25/EU, RL 2014/23/EU sowie RL 2009/81/EG in das deutsche Recht dar. In § 106 Abs. 2 GWB ist eine **dynamische Verweisung** auf die jew. geltenden EU-Schwellenwerte enthalten. Die Höhe der Schwellenwerte wird regelmäßig von der EU im Wege einer Verordnung angepasst. Die zurzeit geltenden Schwellenwerte wurden von der EU-Kommission am 10.11./11.11.2021 mWv 1.1.2022 bis zum 31.12.2023 festgelegt und beruhen auf den Delegierten VO (EU) Nr. 2021/1950, VO (EU) Nr. 2021/1951, VO (EU) Nr. 2021/1952 sowie VO (EU) Nr. 2021/11953, jew. zur Änderung der RL 2009/81/EG, RL 2014/23/EU, RL 2014/24/EU sowie RL 2014/25/EU. Die Verordnungen gelten in allen Mitgliedstaaten unmittelbar.

Die unionsrechtlich vorgegebenen Schwellenwerte sind ihrerseits an die Vorgaben des Übereinkommens der Welthandelsorganisation über das öffentliche Beschaffungswesen – General Procurement Agreement (GPA) – angelehnt. Ziel des GPA ist es, einen multilateralen Rahmen ausgewogener Rechte und Pflichten in Bezug auf diskriminierungsfreie, transparente und rechtsstaatliche Vergaben von öffentlichen Aufträgen zu schaffen; damit soll der Welthandel liberalisiert und ausgeweitet werden.[6] Die Angabe der Schwellenwerte durch das GPA erfolgt in sog. **Sonderzie-**

---

[1] Prieß/Simonis NZBau 2015, 731.
[2] BGH 24.9.2002 – KZR 4/01, BeckRS 2002, 9516.
[3] BVerwG 2.5.2007 – 6 B 10/07, NJW 2007, 2275.
[4] ZB Vergabe der Konzession für einen Weihnachtsmarkt nach örtlichem Wegerecht, vgl. VG Mainz 12.8.2014 – 6 L 712/14.MZ, BeckRS 2014, 55154; eher ablehnend OVG LSA (1. Senat) 2.7.2019 – 1 O 149/18, BeckRS 2019, 17864.
[5] BVerfG 13.6.2006 – 1 BvR 1160/03, NZBau 2006, 791.
[6] Erwgr. 17 der RL 2014/24/EU.

hungsrechten (SZR). Die Richtlinien wandeln die Angaben in Euro um, um ihre Anwendung zu erleichtern. Die in Euro ausgedrückten Schwellenwerte werden im Wege eines rein mathematischen Verfahrens regelmäßig an mögliche Kursschwankungen des Euro ggü. dem Sonderziehungsrecht überprüft und **alle zwei Jahre** zum 1.1. in Übereinstimmung mit dem GPA der Welthandelsorganisation durch die Kommission **neu festgesetzt**.[7] Durch die letzten Verordnungen wurden die Schwellenwerte stets gesteigert. Die Kommission veröffentlicht regelmäßig Mitteilungen mit Gegenwerten, die für die festgesetzten Schwellenwerte in den europäischen Währungen außerhalb des Euro-Währungsgebiets gelten.[8]

II. Sachlicher Anwendungsbereich (Abs. 1)

6 Abs. 1 regelt einen Teil des sachlichen Anwendungsbereichs des Teils 4 des GWB. Erreicht oder überschreitet der Wert eines öffentlichen Auftrags einen bestimmten Schwellenwert, so ist bei Erfüllung der weiteren Anwendungsvoraussetzungen das EU-Vergaberecht anzuwenden.

7 Die Schwellenwerte sind in Euro ausgedrückte Werte mit Binnenmarktrelevanz (→ Rn. 1). Der Begriff der öffentlichen Aufträge ist in § 103 Abs. 1 GWB legal definiert und betrifft entgeltliche Verträge zwischen öffentlichen Auftraggebern oder Sektorenauftraggebern und Unternehmen über die Beschaffung von Leistungen, die die Lieferung von Waren, die Ausführung von Bauleistungen oder die Erbringung von Dienstleistungen zum Gegenstand haben (ausf. → § 103 Rn. 11 ff.). Konzessionen sind in § 105 GWB legal definiert und stellen langfristige und komplexe Vereinbarungen dar, bei denen der Konzessionsnehmer Verantwortlichkeiten und Risiken übernimmt, die üblicherweise vom Konzessionsgeber getragen werden und normalerweise in dessen Zuständigkeit fallen (s. → § 105 Rn. 4 ff.). Wettbewerbe sind Auslobungsverfahren iSv § 103 Abs. 6 GWB, die den Auftraggeber aufgrund vergleichender Beurteilung durch ein Preisgericht mit oder ohne Verteilung von Preisen zu einem Plan oder einer Planung verhelfen sollen (→ § 103 Rn. 124).

8 Damit die vergaberechtlichen Regelungen des GWB Anwendung finden, muss der jew. **Schwellenwert wenigstens erreicht** werden. Für dessen Erreichung ist **eine Schätzung durch den Auftraggeber maßgeblich,** die er zu Beginn eines Vergabeverfahrens in eigener Verantwortung und mit der gebotenen Sorgfalt vorzunehmen hat. Die Schätzung des Auftrags- bzw. Vertragswertes der unterschiedlichen Vergaberegime erfolgt jew. nach § 3 VgV, § 2 SektVO, § 2 KonzVgV und § 3 VSVgV.[9] Eine Aufteilung von Aufträgen, um sich der Anwendung der Vorschriften für europaweite Ausschreibung für Aufträge über die EU-Schwellenwerte zu entziehen, ist verboten (dazu → VgV § 3 Rn. 14 ff.). Fehlt es an einer ordnungsgemäßen Schätzung des Auftragswerts durch den Auftraggeber zum maßgebenden Zeitpunkt, hat im Streitfall die Vergabenachprüfungsinstanz den Auftragswert eigenständig zu schätzen.[10]

9 S. 2 enthält einen Verweis auf § 114 Abs. 2 GWB, der seinerseits eine Datenübermittlungspflicht der öffentlichen Auftraggeber ggü. dem Bundesministerium für Wirtschaft und Energie festlegt. Dieses Erfordernis dient der Überwachung der Anwendung der Vorschriften über die öffentliche Auftrags- und Konzessionsvergabe und zur Vorbeugung von Interessenkonflikten und Unregelmäßigkeiten im Vergabeverfahren. Aus der Verweisung folgt, dass eine Datenübermittlungspflicht auch bei Vergabe von Aufträgen oberhalb der Schwellenwerte iSv § 106 Abs. 1 S. 1 GWB besteht.

---

[7] Vgl. Art. 6 RL 2014/25/EU.
[8] ABl. 2015 C 392.
[9] Vgl. deshalb die dortigen Kommentierungen, insbes. zu → VgV § 3 Rn. 1 ff.
[10] OLG Celle 19.8.2009 – 13 Verg 4/09, BeckRS 2009, 24117.

III. Schwellenwerte (Abs. 2)

Abs. 2 listet mehrere Schwellenwerte auf. Es werden hierbei unterschieden 10
- Aufträge und Wettbewerbe von öffentlichen Auftraggebern (Nr. 1),
- Aufträge und Wettbewerbe von Sektorenauftraggebern (Nr. 2),
- verteidigungs- und sicherheitsspezifische öffentliche Aufträge (Nr. 3) sowie
- Konzessionen (Nr. 4)

und es wird jew. Bezug genommen auf die dahinterstehende aktuelle EU-RL. Eine weitere Konkretisierung auf Gesetzes- oder Verordnungsebene ist damit nicht (mehr) notwendig. Vielmehr liegt hierin jew. eine **dynamische Verweisung** auf die in den RL 2014/24/EU, RL 2014/25/EU, RL 2009/81/EG und RL 2014/23/EU aktuell festgelegten Schwellenwerte, was nicht zuletzt dazu dient, Anpassungsverzögerungen zu vermeiden, welche es in der Vergangenheit durchaus gab. Die Verweisungen umfassen den besonderen Schwellenwert für die Vergabe von Aufträgen über soziale und andere besondere Dienstleistungen (vgl. § 130 GWB).[11] „Geltend" ist die durch die EU-Kommission durch Verordnung **zuletzt** modifizierte Fassung.

1. Schwellenwerte für Aufträge und Wettbewerbe von öffentlichen Auftraggebern (Nr. 1)

Nr. 1 Hs. 1 ist für die Bestimmung des Schwellenwerts für öffentliche Aufträge 11 und Wettbewerbe, die von öffentlichen Auftraggebern vergeben werden, maßgeblich. Der Begriff des öffentlichen Auftraggebers folgt aus § 99 GWB. Die Schwellenwerte für die öffentliche Auftragsvergabe ergeben sich **zum 1.1.2022** aus der **VO (EU) Nr. 2021/1952** zur Änderung von Art. 4 RL 2014/24/EU und belaufen sich auf
- **5.382.000 Euro** bei Bauaufträgen;
- **140.000 Euro** bei Liefer- und Dienstleistungsaufträgen, die von zentralen Regierungsbehörden, obersten Bundesbehörden, oberen Bundesbehörden und vergleichbaren Einrichtungen vergeben werden, und bei von diesen Behörden ausgerichteten Wettbewerben;
- **215.000 Euro** bei Liefer- und Dienstleistungsaufträgen, die von subzentralen öffentlichen Auftraggebern vergeben werden, und bei von diesen Behörden ausgerichteten Wettbewerben;
- **750.000 Euro** bei öffentlichen Dienstleistungsaufträgen betr. soziale und andere besondere Dienstleistungen iSv Anh. XIV RL 2014/24/EU (unverändert seit 2016).

Bei Liefer- und Dienstleistungsaufträgen stellt sich die Frage, was unter zentralen 12 Regierungsbehörden, obersten Bundesbehörden, oberen Bundesbehörden und vergleichbaren Einrichtungen (dann Schwellenwert 140.000 Euro) sowie subzentralen Auftraggebern (dann Schwellenwert 215.000 Euro) zu verstehen ist.[12] Bei der Beurteilung, ob es sich um eine oberste oder eine obere Bundesbehörde bzw. vergleichbare Einrichtung handelt, ist allein auf den Auftraggeber abzustellen und nicht darauf, welcher Haushalt die finanziellen Mittel für den Auftrag aufbringt.[13]

Zentrale Regierungsbehörden sind diejenigen öffentlichen Auftraggeber, die 13 in Anh. I RL 2014/24/EU aufgeführt sind, und, soweit auf innerstaatlicher Ebene Berichtigungen oder Änderungen vorgenommen wurden, die Stellen, die ihre Nachfolger sind.[14] Nach Anh. I RL 2014/24/EU zählen zu den zentralen Regierungsbehörden alle Bundesministerien sowie das Bundeskanzleramt.

---

[11] BT-Drs. 18/6281, 77.
[12] BAnz. AT 1.7.2019 B 1 enthält eine Liste mit allen Behörden und Einrichtungen.
[13] OLG München 28.9.2005 – Verg 19/05, BeckRS 2005, 11622.
[14] Vgl. Art. 2 Abs. 1 Nr. 2 RL 2014/24/EU.

14 **Oberste Bundesbehörden** sind Spitzenbehörden, die keiner höheren Verwaltungsinstanz unterstellt sind, auch keinem Ministerium.[15] Zu den obersten Bundesbehörden gehören ua unmittelbar der Regierung unterstehende Behörden wie das Presse- und Informationsamt der Bundesregierung, das Bundespräsidialamt, der Bundesrechnungshof und ebenfalls solche Bundeseinrichtungen, welche die Aufsicht über die ihr nachfolgenden oberen Bundesbehörden haben. Eine Liste der aktuellen obersten Bundesbehörden hat das BMWi im Jahr 2019 veröffentlicht.[16]

15 **Obere Bundesbehörden** (auch Bundesoberbehörden genannt) sind Behörden, die keinen Verwaltungsunterbau, sondern nur eine Instanz haben, für das gesamte Bundesgebiet zuständig sind und idR der obersten Behörde untergeordnet sind. Im Unterschied zu obersten Bundesbehörden sind Bundesoberbehörden regelmäßig einem Ministerium (oder einer anderen obersten Bundesbehörde) weisungsunterworfen.[17] Obere Bundesbehörden sind ua das Bundeskriminalamt, das Bundesamt für Justiz, das Bundesamt für Verfassungsschutz und die Bundesnetzagentur. Eine Liste der aktuellen oberen Bundesbehörden hat das BMWi im Jahr 2019 veröffentlicht.[18]

16 Der Begriff der vergleichbaren Bundeseinrichtungen dient als Auffangtatbestand. Diese müssen mit obersten bzw. mit oberen Bundesbehörden vergleichbar sein und ihnen unterstehen, so dass zB Bundesmittel- und Bundesunterbehörden von Anfang an ausscheiden. Mit obersten oder oberen Bundesbehörden vergleichbar sind zB die Bundesanstalt für Landwirtschaft und Ernährung als „zentrale Umsetzungsbehörde" bzw. „Dienstleisterin" eines Bundesministeriums oder die Bundesanstalt für Finanzmarktstabilisierung. Eine Liste der aus Sicht des Bundes jedenfalls vergleichbaren Einrichtungen hat das BMWi im Jahr 2019 veröffentlicht.[19]

17 **Subzentrale öffentliche Auftraggeber** sind alle öffentlichen Auftraggeber, die keine zentralen Regierungsbehörden sind. Hierunter fallen insbes. regionale und lokale Behörden.

18 **Öffentlichen Dienstleistungsaufträge über soziale und andere besondere Dienstleistungen** sind solche iSd Anh. XIV RL 2014/24/EU. Umfasst werden ua Dienstleistungen des Gesundheits- und Sozialwesens, Bereitstellung von Notärzten für den kommunalen Rettungsdienst,[20] kommunale und internationale Dienstleistungen, Postdienste sowie Dienstleistungen iRd gesetzlichen Sozialversicherung (s. iE → § 130 Rn. 10 ff.).

2. Schwellenwerte für Aufträge und Wettbewerbe von Sektorenauftraggebern (Nr. 2)

19 Für die Bestimmung der Höhe der Schwellenwerte für öffentliche Aufträge und Wettbewerbe, die von Sektorenauftraggebern zum Zweck der Ausübung einer Sektorentätigkeit vergeben werden, ist die VO (EU) Nr. 2021/1953 zur Änderung von Art. 15 RL 2014/25/EU maßgeblich. Der Begriff des **Sektorenauftraggebers** ist in § 100 Abs. 1 GWB, der der **Sektorentätigkeit** in § 102 GWB legal definiert.

20 Die derzeitigen, zum **1.1.2022** geltenden Schwellenwerte belaufen sich auf
– **5.382.000 Euro** bei Bauaufträgen;
– **431.000 Euro** bei Liefer- und Dienstleistungsaufträgen sowie Wettbewerben;

---

[15] Dürig/Herzog/Scholz/Ibler GG Art. 87 Rn. 251.
[16] BAnz. AT 1.7.2019 B 1.
[17] Dürig/Herzog/Scholz/Ibler GG Art. 87 Rn. 78.
[18] BAnz. AT 1.7.2019 B 1.
[19] BAnz. AT 1.7.2019 B 1.
[20] VK Westfalen 18.6.2018 – VK 1–18/18, IBRRS 2018, 2819.

Schwellenwerte **§ 106 GWB**

- **1.000.000 Euro** unverändert seit 2016 bei Dienstleistungsaufträgen betr. soziale und andere besondere Dienstleistungen, die in Anh. XVII RL 2014/25/EU aufgeführt sind (→ Rn. 18).

3. Schwellenwerte für verteidigungs- und sicherheitsspezifische öffentliche Aufträge (Nr. 3)

Die nach Nr. 3 einschlägigen Schwellenwerte für verteidigungs- oder sicherheitsspezifische öffentliche Aufträge ergeben sich aus der VO (EU) 2021/1950, durch die Art. 8 RL 2009/81/EG mWv 1.1.2022 geändert wurde, und belaufen sich auf 21
- **5.382.000 Euro** bei Bauaufträgen;
- **431.000 Euro** bei Liefer- und Dienstleistungsaufträgen.

4. Schwellenwerte für Konzessionen (Nr. 4)

Die Höhe des Schwellenwertes für Konzessionen ergibt sich aus der Delegierten VO (EU) Nr. 2021/1951 zur Änderung von Art. 8 Abs. 1 RL 2014/23/EU. Unter „Konzessionen" sind nach Art. 5 Nr. 1 RL 2014/23/EU sowohl Bau- als auch Dienstleistungskonzessionen zu verstehen. Somit liegt der Schwellenwert in beiden Fällen bei **5.382.000 Euro**. 22

5. Zusammenfassende Tabelle

Hier sind die Schwellenwerte des § 106 Abs. 2 GWB (**Zeitraum 1.1.2022 bis 31.12.2023**) nochmals in einer Tabelle zusammengefasst: 23

Anwendungsbereich	Auftragsart	Schwellenwerte in Euro
Aufträge und Wettbewerbe von öffentlichen Auftraggebern	Bauaufträge	5.382.000
	Liefer- und Dienstleistungsaufträge sowie Wettbewerbe von zentralen Regierungsbehörden uÄ	140.000
	Liefer- und Dienstleistungsaufträge sowie Wettbewerbe von subzentralen Auftraggebern	215.000
	Besondere öffentliche Dienstleistungsaufträge	750.000
Aufträge und Wettbewerbe von Sektorenauftraggebern	Bauaufträge	5.382.000
	Liefer- und Dienstleistungsaufträge sowie Wettbewerbe	431.000
	Besondere Dienstleistungsaufträge	1.000.000
Verteidigungs- und sicherheitsspezifische öffentliche Aufträge	Bauaufträge	5.382.000
	Liefer- und Dienstleistungsaufträge	431.000
Konzessionen		5.382.000

IV. Bekanntgabe der Schwellenwerte (Abs. 3)

Die sich aus Delegierten **Verordnungen der EU** ergebenden Schwellenwerte gelten nach Art. 288 Abs. 2 AEUV bereits zum Zeitpunkt der Veröffentlichung im 24

Amtsblatt der EU **unmittelbar** in allen Mitgliedstaaten (**konstitutive Wirkung**). Wegen der dynamischen Verweisung in § 106 Abs. 2 GWB gibt es keinerlei Verzögerung in der Anwendung. Lediglich **deklaratorisch** ist deshalb die Regelung in Abs. 3, wonach das zuständige Bundesministerium geänderte Schwellenwerte im BAnz. bekanntzugeben hat.

§ 107 Allgemeine Ausnahmen

(1) Dieser Teil ist nicht anzuwenden auf die Vergabe von öffentlichen Aufträgen und Konzessionen
1. zu Schiedsgerichts- und Schlichtungsdienstleistungen,
2. für den Erwerb, die Miete oder die Pacht von Grundstücken, vorhandenen Gebäuden oder anderem unbeweglichem Vermögen sowie Rechten daran, ungeachtet ihrer Finanzierung,
3. zu Arbeitsverträgen,
4. zu Dienstleistungen des Katastrophenschutzes, des Zivilschutzes und der Gefahrenabwehr, die von gemeinnützigen Organisationen oder Vereinigungen erbracht werden und die unter die Referenznummern des Common Procurement Vocabulary 75250000–3, 75251000–0, 75251100–1, 75251110–4, 75251120–7, 75252000–7, 75222000–8, 98113100–9 und 85143000–3 mit Ausnahme des Einsatzes von Krankenwagen zur Patientenbeförderung fallen; gemeinnützige Organisationen oder Vereinigungen im Sinne dieser Nummer sind insbesondere die Hilfsorganisationen, die nach Bundes- und Landesrecht als Zivil- und Katastrophenschutzorganisationen anerkannt sind.

(2) ¹Dieser Teil ist ferner nicht auf öffentliche Aufträge und Konzessionen anzuwenden,
1. bei denen die Anwendung dieses Teils den Auftraggeber dazu zwingen würde, im Zusammenhang mit dem Vergabeverfahren oder der Auftragsausführung Auskünfte zu erteilen, deren Preisgabe seiner Ansicht nach wesentlichen Sicherheitsinteressen der Bundesrepublik Deutschland im Sinne des Artikels 346 Absatz 1 Buchstabe a des Vertrags über die Arbeitsweise der Europäischen Union widerspricht, oder
2. die dem Anwendungsbereich des Artikels 346 Absatz 1 Buchstabe b des Vertrags über die Arbeitsweise der Europäischen Union unterliegen.

²Wesentliche Sicherheitsinteressen im Sinne des Artikels 346 Absatz 1 des Vertrags über die Arbeitsweise der Europäischen Union können insbesondere berührt sein, wenn der öffentliche Auftrag oder die Konzession verteidigungsindustrielle Schlüsseltechnologien betrifft. ³Ferner können im Fall des Satzes 1 Nummer 1 wesentliche Sicherheitsinteressen im Sinne des Artikels 346 Absatz 1 Buchstabe a des Vertrags über die Arbeitsweise der Europäischen Union insbesondere berührt sein, wenn der öffentliche Auftrag oder die Konzession
1. sicherheitsindustrielle Schlüsseltechnologien betreffen oder
2. Leistungen betreffen, die
   a) für den Grenzschutz, die Bekämpfung des Terrorismus oder der organisierten Kriminalität oder für verdeckte Tätigkeiten der Polizei oder der Sicherheitskräfte bestimmt sind, oder
   b) Verschlüsselung betreffen
   und soweit ein besonders hohes Maß an Vertraulichkeit erforderlich ist.

Literatur: Amelung/Janson, Vergabe von Rettungsdienstleistungen: Keine generelle Freistellung vom Vergaberecht, NZBau 2016, 23; Antweiler, Wann Grundstücksgeschäfte dem Vergaberecht unterliegen – Nach dem Urteil des EuGH in der Rechtssache „Wiener Wohnen", VergabeR

2022, 293; Antweiler, Allgemeines Vergaberecht und sektorspezifisches Sondervergaberecht im ÖPNV, NZBau 2019, 289; Antweiler, Ausschreibungspflicht und „Bereichsausnahme" bei der Vergabe von Rettungsdienstleistungen, VergabeR 2015, 275; Antweiler, Bieterrechtsschutz unter Zumutbarkeitsvorbehalt?, VergabeR 2011, 306; Baudis, Mietverträge über noch zu errichtende Gebäude im Kartellvergaberecht, VergabeR 2020, 715; Baudis, Überblick zu den Rahmenbedingungen binnenmarktrelevanter Vergaben, VergabeR 2019, 589; Bonhage/Dieterich, (Neue) Beihilfenrechtliche Maßstäbe für lokale Infrastrukturförderung, EuZW 2018, 716; Blazek/Wagner, EU-beihilferechtliche Risiken bei Bauvorhaben und Immobilienprojekten, NZBau 2016, 141; C. Braun, Der Retter in der Not: Dienstleistungskonzession?, NZBau 2011, 400; C. Braun/Zwetkow, Keine Bestätigung der Bereichsausnahme für Vergaben von Rettungsdienstleistungen, NZBau 2020, 219; Bulla, Die Ausschreibungspflicht von Grundstücksgeschäften der öffentlichen Hand, VergabeR 2019, 457; Burgi, Entwicklungstendenzen und Handlungsnotwendigkeiten im Vergaberecht, NZBau 2018, 579; Byok, Reformierter Regelungsrahmen für Beschaffungen im Sicherheits- und Verteidigungssektor, NVwZ 2012, 70; Dietz/Uricher/Frey, Vergabe kommunaler Grundstücke an Windenergieinvestoren – Verfahren und taugliche Auswahlkriterien, KommJur 2017, 2006; Deling, Kriterien der „Binnenmarktrelevanz" und ihre Konsequenzen unterhalb der Schwellenwerte, NZBau 2012, 17 und 725; Dreher, Andere Rechtsgebiete als Vorfrage im Vergaberecht, NZBau 2013, 665; Eggers/Siegert, Grenzen ausschreibungsfreier Rüstungsvergabe, NZBau 2023, 14; Eisenhut, Das Vergaberecht der Verteidigungsgüterbeschaffung, NJW 2022, 3270; Emme/Schrotz, Mehr Rechtsschutz bei Vergaben außerhalb des Kartellvergaberechts, NZBau 2012, 216; Frenz, Arbeits- und Vergaberecht, VergabeR 2011, 550; Gartz, Das Ende der „Ahlhorn"-Rechtsprechung, NZBau 2010, 293; Gerlach, Geltung der AEUV-Grundsätze auch bei Inhouse-Vergaben nach der Richtlinie 2014/24/EU, NZBau 2020, 426; Grau/Flockenhaus, Aktuelle Entwicklungen in der Rechtsprechung zum Betriebsübergang, NZA-RR 2019, 289; Gröning, Anwendbarkeit und Ausnahmebestimmungen im künftigen Vergaberecht, NZBau 2015, 690; Guarrata/Wagner, Das Verhältnis von Vergabe-und Beihilferecht, NZBau 2018, 443; Haak/Koch, Geheimvergabe im Lichte der Vergaberechtsreform, NZBau 2016, 204; Hertwig, Vergaberechtliches „Vorhandensein" eines Gebäudes, NZBau 2021, 717; Hertwig, Vergaberecht und staatliche (Grundstücks-)Verkäufe, NZBau 2011, 9; Höfler, Beschaffung und Betrieb von Waffensystemen im Spannungsfeld von Vergabe- und Beihilfenrecht, NZBau 2015, 736; Hölzl, Die Ausschreibungspflichtigkeit von Gebäudemietverträgen und die Unionsrechtsfestigkeit bestandskräftiger Entscheidungen, NZBau 2015, 412; Hölzl, Neu: Der Konkurrent im Sicherheits- und Verteidigungsbereich – Zu den praktischen Auswirkungen des „Gesetzes zur Änderung des Vergaberechts für die Bereiche Verteidigung und Sicherheit", VergabeR 2012, 141; Horstkotte/Hünemörder, Vergabe von Aufträgen in Verteidigungs- und Sicherheitsbereich, LKV 2015, 541; Jaeger, Bestätigung der Bereichsausnahme für Vergaben von Rettungsdienstleistungen, NZBau 2020, 7; Knauff, Möglichkeiten der Direktvergabe im ÖPNV (Schiene und Straße), NZBau 2012, 65; Linke, Die Notfalldirektvergabe nach Art. 5 Abs. 5 Verordnung (EG) Nr. 1370/2007 im öffentlichen Personenverkehr – oder: vergaberechtliche Grenzen von Ausnahmetatbeständen, VergabeR 2019, 739; Lenz/Jürschik, Erleichterung wettbewerbsfreier ÖPNV-Vergaben durch EuGH-Grundsatzentscheidungen, NZBau 2019, 629; Marxsen, Der Binnenmarkt der Rüstungsgüter, EuR 2021, 307; Meister, Mehr Transparenz im Unterschwellenbereich – auch bei geringem Auftragswert, NZBau 2015, 757; Mösinger/Jurascheck, Keine Flucht in Sicherheitsinteressen!, NZBau 2019, 93; Müller-Wrede, Kausalität des Vergaberechtsverstoßes als Voraussetzung für den Rechtsschutz, NZBau 2011, 650; Müller-Wrede, Vergaberechtliche Aspekte bzgl. des Anwendungsverhältnis des Art. 5 VO (EG) Nr. 1370/2007 zum allgemeinen, nationalen Vergaberecht bei der Beschaffung von Verkehrsleistungen für den SPNV, FS Marx, 2013, 461; Ohrtmann, Der Grundsatz produktneutraler Ausschreibung im Wandel?, VergabeR 2012, 376; Prieß, Die Vergabe von Rettungsdienstleistungen nach den neuen Vergaberichtlinien, NZBau 2015, 343; Prieß/Simonis, Die künftige Relevanz des Primärvergabe- und Beihilfenrechts, NZBau 2015, 731; Ruthig, Vergaberechtsfreier Bevölkerungsschutz, NZBau 2016, 3; Scherer-Leydecker, Verteidigungs- und sicherheitsrelevante Aufträge – Eine neue Auftragskategorie im Vergaberecht, NZBau 2012, 533; Siegel, Die Konzessionsvergabe im Unterschwellenbereich, NZBau 2019, 353; Tomerius/Gottwald, Sto-

GWB § 107

chern im vergaberechtlichen Nebel – „Binnenmarktrelevanz" von öffentlichen Aufträgen aus Sicht der kommunalen Vergabepraxis, LKV 2019, 289.

Übersicht

	Rn.
I. Bedeutung der Vorschrift	1
1. Struktur der Ausnahmetatbestände	1
2. Unionsrechtliche Vorgaben	5
3. Entstehungsgeschichte	8
4. Konsequenzen bei Ausnahmebeständen	9
a) Materielle Anforderungen an die Auswahl des Vertragspartners und subjektive Bieterrechte	10
aa) Unionsrecht	10
bb) Verfassungsrecht	13
cc) Anspruchsgrundlagen	16
b) Rechtsschutz und Rechtsweg	20
II. Ausnahmetatbestände	24
1. Schieds- und Schlichtungsleistungen (Abs. 1 Nr. 1)	24
2. Grundstücksgeschäfte (Abs. 1 Nr. 2)	26
3. Arbeitsverträge (Abs. 1 Nr. 3)	34
4. Verträge über Dienstleistungen des Katastrophenschutzes, des Zivilschutzes und der Gefahrenabwehr (Abs. 1 Nr. 4)	40
5. Schutz wesentlicher Sicherheitsinteressen (Abs. 2)	44
a) Anwendungsbereich des Art. 346 Abs. 1 lit. a AEUV (Abs. 2 S. 1 Nr. 1)	45
b) Anwendungsbereich des Art. 346 Abs. 1 lit. b AEUV (Abs. 2 S. 1 Nr. 2)	47

I. Bedeutung der Vorschrift

1. Struktur der Ausnahmetatbestände

1 § 107 GWB normiert **allgemeine Ausnahmetatbestände** vom Anwendungsbereich des Teils 4 des GWB. Diese gelten *erstens* bei der Vergabe von öffentlichen Aufträgen durch öffentliche Auftraggeber iSd § 99 GWB, *zweitens* bei der Vergabe von öffentlichen Aufträgen durch Sektorenauftraggeber iSd § 100 GWB und *drittens* bei der Vergabe von Konzessionen durch Konzessionsgeber iSd § 101 GWB. Auch bei § 109 GWB handelt es sich ebenso wie bei § 107 GWB um einen allg. geltenden Ausnahmetatbestand.

2 Daneben gibt es **besondere Ausnahmetatbestände,** die nur in bestimmten Fällen eingreifen: § 108 GWB regelt Ausnahmen für verschiedene Formen öffentlich-öffentlicher Zusammenarbeit. Die §§ 116, 117 GWB beziehen sich ausschl. auf öffentliche Auftraggeber, während die §§ 137–140 GWB nur für Sektorenauftraggeber gelten. § 145 GWB betrifft einzig und allein verteidigungs- und sicherheitsspezifische öffentliche Aufträge. Schließlich definieren die §§ 149 und 150 GWB spezielle Ausnahmetatbestände für die Vergabe von Konzessionen.

3 Besonderheiten sind nach Art. 5 Abs. 6 VO (EG) Nr. 1370/2007 v. 23.10.2007[1] für öffentliche Dienstleistungsaufträge im Eisenbahnverkehr zu beachten: „Sofern dies nicht nach nationalem Recht untersagt ist", können die zuständigen Behörden danach entscheiden, solche Verträge „direkt zu vergeben". Eine Direktvergabe von

---

[1] ABl. 2007 L 315, 1, zuletzt geändert durch Art. 1 ÄndVO (EU) 2016/2338 v. 14.12.2016 (ABl. 2016 L 354, 22).

Eisenbahnverkehrsleistungen ist nach deutschem Vergaberecht jedoch nicht möglich.[2] Bei **Busverkehrsleistungen** ist der Rückgriff auf § 108 GWB durch Art. 5 Abs. 2 VO (EG) Nr. 1370/2007 versperrt, weil diese Vorschrift die Fälle, in denen öffentliche Personenverkehrsdienste mit Bussen ohne jeglichen Wettbewerb vergeben werden können, abschl. normiert. Nur für öffentliche Dienstleistungsaufträge iSd Vergaberichtlinien bestimmt Art. 5 Abs. 1 S. 2 VO (EG) Nr. 1370/2007, dass sich deren Vergabe nach den in diesen Richtlinien vorgesehenen Verfahren richtet. Nach Art. 12 VKR sind Inhouse-Geschäfte gerade keine öffentlichen Dienstleistungsaufträge. Daraus folgt, dass Inhouse-Geschäfte, deren Gegenstand öffentliche Dienstleistungsaufträge iSd Vergaberichtlinien über öffentliche Personenverkehrsdienste mit Bussen sind, von vornherein nicht in Betracht kommen. Anders ausgedrückt: Auf die Ausnahmetatbestände der Vergaberichtlinien können sich die zuständigen Behörden bei der Vergabe von Personenbeförderungsleistungen nicht berufen.[3] Möglich bleibt unter den in Art. 5 Abs. 2 VO (EG) Nr. 1370/2007 normierten Voraussetzungen allein die Direktvergabe von Dienstleistungskonzessionen.[4]

Ob ein Ausnahmetatbestand vorliegt, müssen die Nachprüfungsinstanzen unabhängig davon untersuchen, ob sich der öffentliche Auftraggeber darauf beruft.[5] Inhaltlich können Entscheidungen über die Vergabe von öffentlichen Aufträgen oder Konzessionen, die unter einen der Ausnahmetatbestände fallen, im Nachprüfungsverfahren aber nicht überprüft werden. Macht ein Bieter – was auch im Beschwerdeverfahren noch möglich ist[6] – geltend, die Ausnahmevoraussetzungen seien nicht erfüllt, beschränkt sich der **Rechtsschutz** darauf, ob der öffentliche Auftraggeber die einzelnen Merkmale des Ausnahmetatbestandes zutreffend angenommen hat.[7] Wenn das nicht der Fall ist, hat der Nachprüfungsantrag Erfolg; auf **hypothetische Kausalitätserwägungen** kommt es dann nicht mehr an.[8] 4

2. Unionsrechtliche Vorgaben

Die in § 107 GWB genannten Ausnahmetatbestände dienen der Umsetzung des Art. 10 Abs. 8 lit. a, c und lit. g KVR, des Art. 10 lit. a, c, g und lit. h VRL, des 5

---

[2] BGH 8.2.2011 – X ZB 4/10, BGHZ 188, 200 Rn. 53 ff. = NZBau 2011, 175; vgl. Antweiler NZBau 2009, 362 (364); Knauff NZBau 2012, 65 (72); Müller-Wrede FS Marx, 2013, 461 (473).

[3] Ebenso Linke/Linke/Prieß VO (EG) Nr. 1370/2007 Art. 5 Rn. 24. Zur engen Auslegung des Ausnahmetatbestands nach Art. 5 Abs. 5 VO (EG) Nr. 1370/2007 vgl. Linke VergabeR 2019, 739. AA ohne jegliche Auseinandersetzung mit diesen Argumenten BGH 12.11.2019 – XIII ZB 120/19, NZBau 2020, 179; OLG Düsseldorf 3.7.2019 – VII-Verg 51/16, BeckRS 2019, 17034; 16.10.2019 – VII-Verg 43/18, NZBau 2020, 811.

[4] So EuGH 21.3.2019 – C-266/17 und C-267/17, NZBau 2019, 319; Antweiler NZBau 2019, 289 (290). AA Lenz/Jürschik NZBau 2019, 629 (630).

[5] OLG Düsseldorf 1.8.2012 – VII-Verg 10/12, NZBau 2012, 785.

[6] OLG Düsseldorf 13.4.2016 – VII-Verg 46/15, NZBau 2016, 659.

[7] OLG Düsseldorf 1.8.2012 – VII-Verg 10/12, NZBau 2012, 785 (787 ff.); 30.3.2005 – VII-Verg 101/04, BeckRS 2005, 04880; ebenso BGH 18.6.2012 – X ZB 9/11, NZBau 2012, 586 für den Fall, dass der Antragsteller im Nachprüfungsverfahren geltend macht, entgegen der Einschätzung des öffentlichen Auftraggebers sei der vergebene Auftrag nicht als vom GWB aF nicht erfasste Dienstleistungskonzession zu qualifizieren, sondern als öffentlicher Dienstleistungsauftrag.

[8] So in anderem Zusammenhang EuGH 7.4.2016 – C-324/14, NZBau 2016, 373 Rn. 81; für die Zulässigkeit der Berücksichtigung von hypothetischen Kausalitätserwägungen im Nachprüfungsverfahren jedoch OLG Düsseldorf 14.4.2010 – VII-Verg 60/09, BeckRS 2010, 15895; 15.6.2010 – VII-Verg 10/10, BeckRS 2010, 19462; abl. zu dieser Rspr. des OLG Düsseldorf insbes. Antweiler VergabeR 2011, 306 (319 ff.); Müller-Wrede NZBau 2011, 650 ff.; Ohrtmann VergabeR 2012, 376 (392).

GWB § 107 — Allgemeine Ausnahmen

Art. 21 lit. b, a, f und lit. h SRL sowie des Art. 13 lit. e, g, und lit. i RL 2009/81/EG.[9] In diesen vier Richtlinien hat die Aufzählung der Ausnahmetatbestände jew. **abschl. Charakter.**[10] Im Hinblick auf das zentrale Ziel des europäischen Vergaberechts, welches darin besteht, das öffentliche Auftragswesen für den unionsweiten und unverfälschten Wettbewerb zu öffnen,[11] sind die Tatbestandsmerkmale der Normen, die den Anwendungsbereich des Vergaberechts definieren, weit, die Ausnahmetatbestände dagegen **restriktiv auszulegen;**[12] außerdem ist bei ihrer Auslegung der **Grundsatz der Verhältnismäßigkeit** zu beachten.[13] Gegen diese Auslegungsmaximen verstößt die Rspr. des OLG Düsseldorf, wonach die „partielle verwaltungsrechtliche Ausgestaltung" der Beauftragung mit Personenbeförderungsleistungen dann, wenn sie „in ein mehrpoliges Rechtsverhältnis eingebettet" ist, vom Anwendungsbereich des Vergaberechts ausgenommen sein soll.[14] Denn solche Ausnahmen sehen die Vergaberichtlinien nicht vor. Auch eine analoge Anwendung der vergaberechtlichen Ausnahmetatbestände auf andere Fälle kommt nicht in Betracht. Insbes. ist es nicht zulässig, öffentliche Aufträge unter Berufung auf solche Ausnahmetatbestände, die ausschl. für Konzessionen, nicht aber für öffentliche Aufträge gelten, direkt zu vergeben.[15] Für verteidigungs- und sicherheitsrelevante Aufträge begründet Art. 11 RL 2009/81/EG ein ausdrückliches Umgehungsverbot; danach dürfen die Ausnahmevorschriften nicht zur Umgehung der RL 2009/81/EG angewendet werden.

6   Die **Beweislast** dafür, dass die Tatbestandsvoraussetzungen einer Ausnahme erfüllt sind, trägt derjenige, der sich darauf beruft, dh idR der öffentliche Auftraggeber:[16] Er muss konkrete Angaben tatsächlicher Art zum Eingreifen eines Ausnahmetatbestands

---

[9] BT-Drs. 18/6281, 78.

[10] BGH 8.2.2011 – X ZB 4/10, BGHZ 188, 200 Rn. 16 = NZBau 2011, 175; 1.12.2008 – X ZB 31/08, BGHZ 179, 84 Rn. 21 = NZBau 2009, 201; GKN/Reichling § 2 Rn. 34; Ziekow VergabeR 2007, 711 (712).

[11] EuGH 8.12.2016 – C-553/15, NZBau 2017, 109 Rn. 28; 28.1.2016 – C-50/14, NZBau 2016, 177 Rn. 55; 18.12.2014 – C-568/13, NZBau 2015, 173 Rn. 34; 23.12.2009 – C-305/08, NZBau 2010, 188 Rn. 37; 13.12.2007 – C-337/06, NZBau 2008, 130 Rn. 38 f.; 11.1.2005 – C-26/03, NZBau 2005, 111 Rn. 44.

[12] So ausdr. EuGH 7.7.2022 – C213/21 und C-214/21, NZBau 2022, 603 (604) Rn. 32; 12.7.2018 – C-14/17, NZBau 2018, 545 Rn. 26; 8.12.2016 – C-553/15, NZBau 2017, 109 Rn. 29; 7.6.2012 – C-615/10, NZBau 2012, 509 Rn. 35; 2.10.2008 – C-157/06, NZBau 2008, 723 Rn. 23; 13.12.2007 – C-337/06, NZBau 2008, 130 Rn. 64; BGH 8.2.2011 – X ZB 4/10, BGHZ 188, 200 Rn. 16 ff. = NZBau 2011, 175; OLG Schleswig 28.8.2015 – 1 Verg 1/15, NZBau 2015, 718 (720); OLG Koblenz 15.9.2010 – 1 Verg 7/10, NZBau 2010, 778 (779); vgl. Linke VergabeR 2019, 739; Haak/Koch NZBau 2016, 204 (205); MüKoEuWettbR/Säcker/Wolf GWB § 108 Rn. 4.

[13] OLG Düsseldorf 12.7.2010 – VII-Verg 27/10, NZBau 2010, 778; Linke VergabeR 2019, 739 (743 f.); Höfler NZBau 2015, 736 (738).

[14] OLG Düsseldorf 16.10.2019 – VII-Verg 43/18, NZBau 2020, 811; 28.10.2019 – VII-Verg 3/19, BeckRS 2019, 38427.

[15] So zutr. EuGH 8.5.2019 – C-253/18, NZBau 2019, 658 Rn. 29; 21.3.2019 – C-266/17 und C-267/17, NZBau 2019, 319 Rn. 73 ff.; 27.10.2016 – C-292/15, NZBau 2017, 48 Rn. 36 f. sowie OLG Frankfurt a. M. 10.11.2015 – 11 Verg 8/15, BeckRS 2016, 04261 mit Bezug auf die ausschließlich auf Dienstleistungskonzessionen und nicht auf öffentliche Dienstleistungsaufträge anwendbaren Art. 5 Abs. 2 bzw. Abs. 4 VO (EG) Nr. 1370/2007; ebenso Antweiler NZBau 2016, 521; aA unter Verstoß gegen das Gebot restriktiver Auslegung von Ausnahmetatbeständen OLG München 31.3.2016 – Verg 14/15, NZBau 2016, 583 (584 ff.).

[16] EuGH 15.10.2009 – C-275/08, NZBau 2010, 63 Rn. 56; 8.4.2008 – C-337/05, NZBau 2008, 401 Rn. 57 f.; 2.10.2008 – C-157/06, NZBau 2008, 723 Rn. 23; OLG Düsseldorf 13.4.2016 – VII-Verg 46/15, NZBau 2016, 659 (662).

Allgemeine Ausnahmen § 107 GWB

machen, da nur dann geprüft werden kann, ob der jew. Beschaffungsvorgang tatsächlich nicht dem Vergaberecht unterliegt.[17]

Für **gemischte Aufträge,** die nur zT aus Leistungen iSd §§ 107–109, 116, 117, 137–140, 145, 149 oder § 150 GWB bestehen, wird angenommen, es komme auf den Hauptgegenstand des Auftrags an: Greife für diesen ein Ausnahmetatbestand ein, sei das Kartellvergaberecht auf den gesamten Auftrag unanwendbar.[18] Begründet wird dies unter Hinweis auf § 111 Abs. 4 Nr. 1 GWB bzw. auf den Rechtsgedanken dieser Vorschrift, wonach ein Auftrag, für dessen objektiv nicht trennbare Teile unterschiedliche Regelungen gelten, nach den Vorschriften vergeben wird, denen der Hauptgegenstand dieses Auftrags zuzuordnen ist (→ § 111 Rn. 19).[19] Auf den ersten Blick klingt das nicht unplausibel. Dafür scheint auch zu sprechen, dass der EuGH einen Mietvertrag über ein noch zu errichtendes Gebäude als öffentlichen Bauauftrag qualifiziert, wenn „der Hauptgegenstand des Vertrags in dieser Errichtung liegt, die zwangsläufig Voraussetzung für die spätere Vermietung des Gebäudes ist".[20] Bei genauerem Hinsehen wird allerdings deutlich, dass der Vergleich mit § 111 Abs. 4 Nr. 1 GWB hinkt. Dort geht es nicht um die Anwendbarkeit vergaberechtlicher Ausnahmetatbestände, sondern einzig und allein darum, welche von mehreren in Betracht kommenden vergaberechtlichen Vorschriften einschlägig ist, wenn ein Auftrag aus mehreren nicht trennbaren Teilen besteht, die an sich unterschiedlichen Normen des Vergaberechts unterliegen. Die entscheidende Frage bei § 111 Abs. 4 Nr. 1 GWB ist also nicht, ob ein Auftrag dem Vergaberecht entzogen ist, weil einzelne Teile davon unter einen Ausnahmetatbestand fallen; sie lautet vielmehr: Nach welchen konkreten Regeln richtet sich die Vergabe eines Auftrags, wenn für mehrere nicht voneinander zu trennende Teile dieses Auftrags bei isolierter Betrachtung unterschiedliche Regelungen gelten würden? Dass § 111 Abs. 4 Nr. 1 GWB in dieser Situation entspr. den unionsrechtlichen Vorgaben[21] auf den Hauptgegenstand des Auftrags abstellt, ist sachgerecht. Denn die Pflicht zur Durchführung eines Vergabeverfahrens besteht hier unstreitig; offen ist allein, welche Verfahrensregeln dafür maßgeblich sind. Völlig anders verhält es sich, wenn Teile eines Auftrags unter einen Ausnahmetatbestand fallen: Dann müssen nicht nur die Verfahrensregeln für einen unstreitig dem Vergaberecht unterliegenden Auftrag ermittelt werden, sondern es ist zu klären, ob der Auftrag insgesamt einem Ausnahmetatbestand unterliegt, so dass das Kartellvergaberecht überhaupt keine Anwendung findet. Ausgehend vom Ziel der Vergaberichtlinien, das öffentliche Auftragswesen für den unionsweiten und unverfälschten Wettbewerb zu öffnen (→ Rn. 5), ist es nicht gerechtfertigt, einen Auftrag insgesamt den Vorschriften der Vergaberichtlinien zu entziehen, wenn nur ein Teil davon – und sei es auch der Hauptgegenstand – von einem Ausnahmetatbestand erfasst wird. Das hat der BGH zutreffend erkannt. Nach seiner Rspr. ist es für die Qualifizierung eines Vertrages als öffentlicher Dienstleistungsauftrag nicht von Bedeutung, ob in der dem Vergaberecht unterfallenden Leistung „ein wesentlicher oder gar der Hauptzweck des Vertrages liegt".[22] Ansonsten könnte sich der Auftraggeber dem

---

[17] Vgl. EuGH 24.10.2019 – C-515/18, NVwZ 2019, 1825 Rn. 33 ff.; OLG München 14.10.2019 – Verg 16/19, BeckRS 2019, 28624; OLG Frankfurt a. M. 10.11.2015 – 11 Verg 8/15, BeckRS 2016, 04261.
[18] BeckOK VergabeR/Meister/Terbrack GWB § 107 Rn. 4; RKPP/Röwekamp GWB § 107 Rn. 10.
[19] BeckOK VergabeR/Meister/Terbrack GWB § 107 Rn. 4; RKPP/Röwekamp GWB § 107 Rn. 10.
[20] EuGH 10.7.2014 – C-213/13, NZBau 2014, 572 Rn. 42; vgl. 29.10.2009 – C-536/07, NZBau 2009, 792 Rn. 56.
[21] Art. 20, 21 KVR; Art. 3, 16 VRL; Art. 5, 25 SRL.
[22] BGH 1.2.2005 – X ZB 27/04, BGHZ 162, 116 = BeckRS 2005, 2748.

Anwendungsbereich des Vergaberechts nämlich dadurch entziehen, dass er die zu beschaffenden Leistungen, auf die das Vergaberecht anwendbar ist, in einem Gesamtauftrag gemeinsam mit nicht dem Vergaberecht unterfallenden Leistungen vergibt. Für Verträge, bei denen nur teilw. ein Ausnahmetatbestand erfüllt ist, gilt daher grds.: Worin der Hauptzweck eines Vertrages besteht, kann in dieser Situation keine Rolle spielen; vielmehr unterliegt der gesamte Vertrag dem Kartellvergaberecht. Abweichungen von diesem Grundsatz kommen in Betracht, wenn ein Auftrag nur zT verteidigungs- oder sicherheitsrelevant ist. Für diesen Fall bestimmt § 111 Abs. 4 Nr. 2 GWB, dass der Auftrag nach den Bestimmungen für verteidigungs- und sicherheitsrelevante Aufträge vergeben werden muss, sofern er Elemente enthält, auf die § 107 Abs. 2 S. 1 Nr. 1 oder Nr. 2 GWB anzuwenden ist.[23] Das kann dazu führen, dass ein Auftrag, der sich nur zT auf verteidigungs- oder sicherheitsrelevante Leistungen bezieht, insges. nicht den Vorschriften des Teils 4 des GWB unterliegt, weil einer der nur für verteidigungs- oder sicherheitsrelevante Aufträge geltenden Ausnahmetatbestände des § 145 GWB verwirklicht ist (dazu → § 111 Rn. 20). Allerdings bestehen für die Ausnahmetatbestände des § 145 GWB bei Leistungen, die nur teilweise verteidigungs- oder sicherheitsrelevant sind, besonders hohe Anforderungen. Das allgemeine Umgehungsverbot nach Art. 11 RL 2009/81/EG (→ Rn. 5) wird hier durch ein spezielles Umgehungsverbot ergänzt: Gem. Art. 3 Abs. 3 RL 2009/81/EG darf bei gemischten Aufträgen, die sich nur zT auf verteidigungs- oder sicherheitsrelevante Leistungen beziehen, die Entscheidung über die Vergabe eines einzigen Auftrags nicht zu dem Zweck getroffen werden, den Auftrag von der Anwendung der allgemeinen Vorschriften des Vergaberechts auszunehmen.

3. Entstehungsgeschichte

8   Die §§ 100, 100a, 100b und § 100c GWB aF, aus denen sich ergab, wann das Vergaberecht unanwendbar ist, wurden durch das Gesetz zur Modernisierung des Vergaberechts v. 17.2.2016[24] völlig neu strukturiert. Das war erforderlich, weil die Ausnahmetatbestände in den einzelnen Richtlinien nur zT übereinstimmen, teilw. aber auch unterschiedlich gefasst sind. Die Regelungsgegenstände des aktuellen § 107 GWB waren bisher in § 100 Abs. 3–6 und Abs. 8 GWB aF enthalten. Durch das Gesetz zur beschleunigten Beschaffung im Bereich der Verteidigung und Sicherheit und zur Optimierung der Vergabestatistik v. 25.3.2020[25] wurden in § 107 Abs. 2 die Sätze 2 und 3 neu eingefügt.

4. Konsequenzen bei Ausnahmebeständen

9   Wenn die Voraussetzungen eines Ausnahmetatbestandes vorliegen, sind die **Vergaberichtlinien und Teil 4 des GWB unanwendbar,** und zwar insgesamt.[26] Allerdings bedeutet dies nicht, dass dann auf jeglichen Wettbewerb verzichtet werden dürfte. Vielmehr folgt insbes. aus den primärrechtlich garantierten Grundfreiheiten, dass idR auch bei einem Vertrag, für den ein Ausnahmetatbestand eingreift, eine **transparente und diskriminierungsfreie Auswahlentscheidung** darüber getroffen werden muss, wer den Zuschlag erhalten soll (→ Rn. 10 ff.). Das gilt auch dort, wo Inhouse-Geschäfte in Betracht kommen.[27] Auch aus nationalem Verfassungsrecht ergeben sich inhaltliche Anforderungen an das Verfahren zur Auswahl des Auftragnehmers (→ Rn. 13 ff.). Bei sicherheitsrelevanten Aufträgen kann

---

[23] Byok NVwZ 2012, 70 (72); Scherer-Leydecker NZBau 2012, 533 (539).
[24] BGBl. I 203.
[25] BGBl. I 674.
[26] OLG Düsseldorf 12.7.2010 – VII-Verg 27/10, NZBau 2010, 778.
[27] EuGH 3.10.2019 – C-285/18, NZBau 2020, 173; Gerlach NZBau 2020, 426.

Allgemeine Ausnahmen **§ 107 GWB**

aber je nach dem Zweck des konkreten Ausnahmetatbestands selbst die Durchführung eines transparenten und diskriminierungsfreien Auswahlverfahrens entbehrlich sein.[28]

a) Materielle Anforderungen an die Auswahl des Vertragspartners und 10
subjektive Bieterrechte. aa) Unionsrecht. Öffentliche Auftraggeber aus den Mitgliedstaaten sind an die Vorschriften und die Grundsätze des AEUV gebunden. Sie müssen vor allem die **Grundfreiheiten** beachten, nämlich das Diskriminierungsverbot (Art. 18 AEUV), die Warenverkehrsfreiheit (Art. 34 AEUV), die Niederlassungsfreiheit (Art. 49 AEUV), die Dienstleistungsfreiheit (Art. 56 AEUV) sowie die aus diesen Freiheiten abgeleiteten Grundsätze der Nichtdiskriminierung, der Gleichbehandlung und der Transparenz.[29] Etwas anderes gilt nur bei Arbeitsverträgen; bei diesen resultiert auch aus den Grundfreiheiten keine Ausschreibungspflicht.[30] Außerdem folgt aus dem **Beihilfenverbot** (Art. 107 AEUV), dass die öffentliche Hand bei Beschaffungsvorgängen keine überhöhte und damit nicht marktkonforme Vergütung zahlen darf.[31] Sofern vor Abschluss eines Vertrages allerdings ein transparentes und diskriminierungsfreies Auswahlverfahren durchgeführt wird, liegt idR keine verbotene staatliche Beihilfe vor. Die aus den Grundfreiheiten abgeleiteten Verfahrensanforderungen sind in der „**Mitteilung der Kommission zu Auslegungsfragen** in Bezug auf das Unionsrecht, das für die Vergabe öffentlicher Aufträge gilt, die nicht oder nur teilweise unter die Vergaberichtlinien fallen", zusammengefasst.[32] Zwar ist diese Mitteilung keine Rechtsnorm, so dass keine unmittelbar verpflichtende Wirkung hat.[33] Allerdings orientieren sich die Empfehlungen der Kommission in dieser Mitteilung streng an der Rspr. des EuGH. Die Kommission hat also kein neues Recht geschaffen, sondern allein einen Überblick über die Anforderungen gegeben, die bereits aufgrund der Rspr. des EuGH immer dann gelten, wenn der Anwendungsbereich der Vergaberichtlinien nicht eröffnet ist,[34] zB deshalb, weil **vergaberechtliche Ausnahmetatbestände** vorliegen oder weil es um die Vergabe von **öffentlichen Aufträgen oder Konzessionen unterhalb der Schwellenwerte** geht (→ Einl. Rn. 12; sowie → Vor § 155 Rn. 19).

Nach der Mitteilung der Kommission sind bei Unanwendbarkeit der Vergaberichtlinien folgende Mindestanforderungen (**„Vergaberecht light")**[35] zu beachten:[36] *Erstens* besteht eine **Verpflichtung zur Transparenz.** Das bedeutet, dass der 11

---

[28] BeckOK VergabeR/Meister/Terbrack GWB § 107 Rn. 6.
[29] EuGH 3.10.2019 – C-285/18, BeckRS 2019, 23123 Rn. 48; 14.7.2016 – C-458/14 und C-67/15, EuZW 2016, 657 Rn. 64; 28.1.2016 – C-50/14, NZBau 2016, 177 Rn. 56; 11.12.2014 – C-113/13, NZBau 2015, 377 Rn. 45; 15.10.2009 – C-196/08, NZBau 2009, 804 Rn. 46 ff.; 13.11.2007 – C-507/03, NZBau 2008, 71 Rn. 26; 13.10.2005 – C-458/03, NZBau 2005, 644 Rn. 46 ff.; BGH 30.8.2011 – X ZR 55/10, NZBau 2012, 46 (48); OVG LSA 23.8.2016 – 1 L 30/16, NVwZ-RR 2017, 100 (101); OLG Karlsruhe 14.11.2014 – 15 Verg 10/14, NZBau 2015, 506 (509); OLG München 2.7.2009 – Verg 5/09, NZBau 2009, 666 (670); Prieß/Simonis NZBau 2015, 731 (734 ff.); Emme/Schrotz NZBau 2012, 216 (218); aA zu Unrecht KG 22.1.2015 – 2 U 14/14, NZBau 2015, 323 (325).
[30] EuGH 25.10.2018 – C-260/17, NZBau 2019, 189 (192).
[31] Vgl. Guarrata/Wagner NZBau 2018, 443 ff.; Bonhage/Dieterich EuWZ 2018, 716 ff.; Prieß/Simonis NZBau 2015, 731 (733) mwN; Höfler NZBau 2015, 736 (740 f.).
[32] ABl. 2006 C 179, 2; vgl. dazu Braun EuZW 2006, 683.
[33] Frenz VergabeR 2007, 1 (2).
[34] EuG 20.5.2010 – T-258/06, NZBau 2010, 510 ff.
[35] Burgi NZBau 2018, 579 (584); Burgi NZBau 2005, 610 (613); Siegel NZBau 2019, 353 (354); ähnliche Anforderungen resultieren für die Auswahl des Vertragspartners bei Konzessionsverträgen in der Energiewirtschaft aus § 45 Abs. 1 EnWG, vgl. BGH 17.12.2013 – KZR 65/12, NVwZ 2014, 817 (820 ff.).
[36] Vgl. auch Prieß/Simonis NZBau 2015, 731 (734 ff.).

GWB § 107 Allgemeine Ausnahmen

öffentliche Auftraggeber einen angemessenen Grad an Öffentlichkeit sicherstellen muss. Unternehmen aus anderen Mitgliedstaaten müssen die Möglichkeit haben, ggf. ihr Interesse am Auftrag zu bekunden. In jedem Fall hat der öffentliche Auftraggeber zu gewährleisten, dass die vor der Auftragsvergabe veröffentlichte Bekanntmachung hinreichend zugänglich ist. Als Veröffentlichungsmedien kommen ua das Internet, nationale Amtsblätter oder Ausschreibungsblätter, regionale oder überregionale Zeitungen, aber auch das Amtsblatt der EU in Betracht. Inhaltlich kann sich der öffentliche Auftraggeber in der Bekanntmachung auf eine Kurzbeschreibung der wesentlichen Punkte des zu erteilenden Auftrags und des Vergabeverfahrens beschränken. *Zweitens* muss die Entscheidung über die Auftragsvergabe **diskriminierungsfrei** unter Setzung angemessener Fristen erfolgen. *Drittens* schließlich erfordert das Unionsrecht auch für Aufträge außerhalb des Anwendungsbereichs der Vergaberichtlinien, dass interessierten Bietern **effektive Rechtsschutzmöglichkeiten** zur Verfügung stehen, damit sie sich gegen eine Verletzung ihrer aus dem Unionsrecht abgeleiteten Rechte wehren können (→ Einl. Rn. 19).

12 Eine Einschränkung macht die Kommission allerdings: Sie geht davon aus, dass die aus dem Primärrecht abgeleiteten Anforderungen nur dann eingehalten werden müssen, wenn der jew. Auftrag **Binnenmarktrelevanz** hat.[37] Denn bei Aufträgen von geringer wirtschaftlicher Bedeutung seien negative Auswirkungen auf die Grundfreiheiten „zu zufällig und zu mittelbar", als dass die Anwendung der primärrechtlichen Anforderungen gerechtfertigt wäre.[38] Ob ein Auftrag binnenmarktrelevant ist, soll von einer „Prüfung der Umstände des jeweiligen Falls"[39] abhängen. Für diese Einschränkung gibt es aber keinen Grund. Das OLG Düsseldorf hat zu Recht eine andere Auffassung vertreten als die Kommission. Es ist davon ausgegangen, dass für die Geltung der primärrechtlichen Anforderungen an die Vergabe öffentlicher Aufträge **keine Binnenmarktrelevanz erforderlich** ist: Hinsichtlich des Rechtsschutzes sei „nicht zu differenzieren zwischen Aufträgen, bei denen ‚ein eindeutiges grenzüberschreitendes Interesse besteht' (Binnenmarktrelevanz), und anderen Aufträgen sowie ausländischen Bietern (die sich auf die Warenverkehrs- und Dienstleistungsfreiheit berufen können) und inländischen Bietern".[40] Im Wesentlichen zu denselben Ergebnissen gelangt man, wenn man mit der neueren Rspr. des EuGH niedrige Anforderungen an das Vorliegen eines grenzüberschreitenden Sachverhaltes stellt;[41] dann ist die **Binnenmarktrelevanz im Zweifel zu bejahen** (→ Einl. Rn. 15; → Vor § 155 Rn. 19).[42] Auf diesem Weg lassen sich die Unsicherheiten, die aus der stark einzelfallbezogenen bisherigen Rspr. des EuGH zum Thema Binnenmarktrelevanz resultieren,[43] jedenfalls teilw. beseitigen.

13 **bb) Verfassungsrecht.** Neben dem unionsrechtlichen Primärrecht stellt auch das nationale Verfassungsrecht Mindestanforderungen an das Verfahren der Vergabe öffentlicher Aufträge außerhalb des Anwendungsbereichs der Vergaberichtlinien.

---

[37] Ebenso BGH 30.8.2011 – X ZR 55/10, NZBau 2012, 46; VG Augsburg 7.10.2019 – AU 7 K 18.327, BeckRS 2019, 26533; VG Mainz 30.8.2010 – 6 L 849/10, NZBau 2011, 60; näher zu den Kriterien der Binnenmarktrelevanz vgl. Baudis VergabeR 2019, 589 (593 ff.); Tomerius/Gottwald LKV 2019, 289 ff.; Deling NZBau 2012, 17 ff. und 725 ff.
[38] Mitteilung der Kommission (→ Rn. 32) Ziff. 1.3.
[39] Mitteilung der Kommission (→ Rn. 32) Ziff. 1.3.
[40] OLG Düsseldorf 13.1.2010 – I-27 U 1/09, NZBau 2010, 328 (330); aA ohne jede Begr. OLG Düsseldorf 28.3.2012 – VII-Verg 37/11, NZBau 2012, 518 (521) sowie 21.4.2010 – VII-Verg 55/09, NZBau 2010, 390 (392).
[41] EuGH 11.12.2014 – C-113/13, NZBau 2015, 377 Rn. 49. Wiederum strenger nun allerdings EuGH 19.4.2018 – C-65/17, NZBau 2018, 623 Rn. 36; Byok NJW 2019, 1650 (1655).
[42] Meister NZBau 2015, 757; Prieß/Simonis NZBau 2015, 731 f.
[43] Kritisch zu dieser Rspr. insbes. Tomerius/Gottwald LKV 2019, 289 ff.

Das BVerfG hat für die Vergabe solcher Aufträge ausdr. gefordert, jeder Mitbewerber müsse „eine faire Chance haben, nach Maßgabe der für den spezifischen Auftrag wesentlichen Kriterien und des vorgesehenen Verfahrens berücksichtigt zu werden. Eine Abweichung von solchen Vorgaben kann eine Verletzung des **Art. 3 Abs. 1 GG** bedeuten. Insofern verfügt jeder Mitbewerber über ein subjektives Recht, für das effektiver Rechtsschutz gewährleistet sein muss."[44] Anknüpfend daran hat das BVerwG ausgeführt, der allgemeine Gleichheitssatz verlange, „dass jeder Bewerber eine **faire Chance** erlangt, nach Maßgabe der für den jeweiligen Auftrag wesentlichen Kriterien und des vorgesehenen Verfahrens berücksichtigt zu werden".[45] Auch außerhalb des Anwendungsbereichs der Vergaberichtlinien besteht für den Auftraggeber vor Erteilung des Zuschlags eine Informations- und Wartepflicht; wird dagegen verstoßen, ist der abgeschlossene Vertrag nach § 134 GWB analog iVm § 134 BGB nichtig.[46]

Auf die Frage, welche konkreten Vorgaben Art. 3 Abs. 1 GG für die Vergabe **14** öffentlicher Aufträge außerhalb des Anwendungsbereichs der Vergaberichtlinien macht, werden nach wie vor unterschiedliche Antworten gegeben: Einige Gerichte meinten, ein aus dem allgemeinen Gleichheitssatz abgeleiteter Unterlassungsanspruch käme nur dann in Betracht, „wenn der Auftraggeber vorsätzlich rechtswidrig, sonst in unredlicher Absicht oder jedenfalls in Bezug auf das Verfahren oder die Kriterien der Vergabe willkürlich gehandelt hat".[47] Selbst das BVerfG hat diese Rspr. mit der Begründung gebilligt, Primärrechtsschutz unterhalb der Schwellenwerte bestehe nur dann, wenn eine „krasse Fehlentscheidung" vorliege.[48] Diese Auffassung ist abzulehnen: Die Vergabe öffentlicher Aufträge außerhalb des Anwendungsbereichs der Vergaberichtlinien ist von den Gerichten nicht nur auf vorsätzliche Rechtsverstöße oder willkürliches Handeln des öffentlichen Auftraggebers zu prüfen, sondern auf jeden Verstoß gegen die Verfahrensregeln, an die sich der öffentliche Auftraggeber selbst gebunden hat.[49] Denn aus Art. 3 Abs. 1 GG folgt sowohl ein subjektives Recht auf Gleichbehandlung als auch ein Abwehrrecht gegen Ungleichbehandlungen. Jeder Verstoß gegen die vom Auftraggeber selbst gesetzten Regeln bei Aufträgen außerhalb des Anwendungsbereichs der Vergaberichtlinien verletzt interessierte Bieter in ihrem Anspruch auf Gleichbehandlung.[50] Konsequenz daraus ist, dass **Primärrechtsschutz** bei Unanwendbarkeit der Vergaberichtlinien bzw. des Teils 4 des GWB **nicht nur gegen willkürliches Verhalten** zur Verfügung steht.[51] Art. 3 Abs. 1 GG ist insbes. dann verletzt, wenn eine Bekanntmachung der Vergabeabsicht unterbleibt oder die Bieter vor der Auftragserteilung nicht über das Ergebnis

---

[44] BVerfG 13.6.2006 – 1 BvR 1160/03, NZBau 2006, 791 (794); vgl. BayVGH 17.9.2018 – 4 CE 18.1620, NVwZ-RR 2019, 411 Rn. 20; OVG NRW 20.7.2016 – 4 B 690/16, NVwZ-RR 2017, 27 (28); OLG Saarbrücken 28.1.2015 – 1 U 138/14, BeckRS 2015, 05288.

[45] BVerwG 2.5.2007 – 6 B 10/07, NZBau 2007, 389 (391).

[46] OLG Düsseldorf 13.12.2017 – I-27 U 25/17, NZBau 2018, 168. AA OLG Celle 9.1.2020 – 13 W 56/19, BeckRS 2020, 28; BayVGH 15.11.2018 – 21 CE 18.854, BeckRS 2018, 29069; Siegel NZBau 2019, 553 (556).

[47] OLG Hamm 12.2.2008 – 4 U 190/07, ZfBR 2008, 816 (818); vgl. auch LG Bad Kreuznach 6.6.2007 – 2 O 198/07, NZBau 2007, 471; LG Cottbus 24.10.2007 – 5 O 99/07, NZBau 2008, 207; zurückhaltend auch LG München I 18.4.2012 – 11 O 7897/12, NZBau 2012, 464.

[48] BVerfG 27.2.2008 – 1 BvR 437/08, BeckRS 2008, 40349; aA zutr. C. Braun VergabeR 2008, 924 f.

[49] IdS auch OVG NRW 20.7.2016 – 4 B 690/16, NVwZ-RR 2017, 27 (28); OLG Düsseldorf 13.1.2010 – I-27 U 1/09, NZBau 2010, 328 (329 f.).

[50] OVG NRW 20.7.2016 – 4 B 690/16, NVwZ-RR 2017, 27 (28); BayVGH 12.8.2013 – 22 CE 13.970, NVwZ-RR 2013, 933; vgl. Emme/Schrotz NZBau 2012, 216 (218).

[51] Antweiler VergabeR 2008, 352 (358 f.); ebenso C. Braun NZBau 2008, 160 (161).

GWB § 107 — Allgemeine Ausnahmen

der Auswahlentscheidung informiert werden.[52] Zum Rechtsschutz unterhalb der EU-Schwellenwerte → Vor § 155 Rn. 15 ff.

15 Im Gegensatz zum allgemeinen Gleichheitssatz soll das Grundrecht der Berufsfreiheit nach Auffassung des BVerfG keine Rolle für die Begründung subjektiver Bieterrechte außerhalb des Anwendungsbereichs der Vergaberichtlinien spielen: Die staatliche Auftragsvergabe sei nicht am Maßstab des **Art. 12 Abs. 1 GG** zu beurteilen. Denn die Berufsfreiheit sichere die Teilnahme am Wettbewerb nur nach Maßgabe seiner Funktionsbedingungen; sie umfasse keinen Anspruch auf Erfolg im Wettbewerb und auf Sicherung künftiger Erwerbsmöglichkeiten.[53] Diese Auffassung überzeugt nicht. Zwar gewährt Art. 12 Abs. 1 GG unstreitig keinen Anspruch auf erfolgreiche Teilnahme am Wettbewerb. Allerdings schützt das Grundrecht vor rechtswidriger Begünstigung eines Konkurrenten.[54] Mit anderen Worten: Auch wenn Art. 12 Abs. 1 GG kein Recht auf Erfolg im Wettbewerb garantiert, folgt daraus doch ein Bewerbungsverfahrensanspruch, dh ein **Anspruch auf chancengleiche Teilnahme am Wettbewerb.**[55] Wenn ein öffentlicher Auftraggeber bei der Vergabe öffentlicher Aufträge außerhalb des Anwendungsbereichs der Vergaberichtlinien gegen die Verfahrensregeln verstößt, an der er sich selbst für gebunden erklärt hat, verletzt er damit auch das aus Art. 12 Abs. 1 GG abgeleitete Recht unterlegener Bewerber auf chancengleiche Teilnahme am Vergabeverfahren (→ Einl. Rn. 17 f.).[56]

16 **cc) Anspruchsgrundlagen.** Sofern bei der Vergabe von Aufträgen oder Konzessionen außerhalb des Anwendungsbereichs der Vergaberichtlinien gegen die genannten inhaltlichen Anforderungen verstoßen wird, können sich interessierte Bieter zunächst mit öffentlich-rechtlichen Ansprüchen wehren. Die primärrechtlich garantierten Freiheiten des Warenverkehrs, der Niederlassung und des Dienstleistungsverkehrs geben interessierten Bewerbern und Bietern ein subjektiv-öffentliches Recht auf Einhaltung dieser Grundfreiheiten und der daraus abgeleiteten Grundsätze der Gleichbehandlung und der Transparenz.[57] Hinzu kommt, dass Art. 3 Abs. 1 GG jedem interessierten Bieter einen Anspruch auf Berücksichtigung „nach Maßgabe der für den spezifischen Auftrag wesentlichen Kriterien und des vorgesehenen Verfahrens"[58] gewährt. Deshalb haben Bieter, die sich für einen Auftrag außerhalb des Kartellvergaberechts interessieren, einen unmittelbar auf die Grundfreiheiten des AEUV und auf Art. 3 Abs. 1 GG gestützten **öffentlich-rechtlichen Anspruch auf Durchführung eines transparenten und diskriminierungsfreien Vergabeverfahrens** sowie auf Einhaltung der Verfahrensbestimmungen, an die sich der öffentliche Auftraggeber selbst gebunden hat.[59] Missachtet der öffentliche Auftragge-

---

[52] C. Braun NZBau 2011, 400 (402); nicht eindeutig OLG Düsseldorf 28.3.2012 – VII-Verg 37/11, NZBau 2012, 518 (521).

[53] BVerfG 27.2.2008 – 1 BvR 437/08, BeckRS 2008, 40349; 13.6.2006 – 1 BvR 1160/03, NZBau 2006, 791 Rn. 58 ff.; OVG NRW 22.9.2016 – 13 A 2378/14, BeckRS 2016, 54571.

[54] BVerfG 12.6.1990 – 1 BvR 355/86, BVerfGE 82, 209 (223 f.) = NJW 1990, 2306; BVerwG 18.4.1985 – 3 C 34/84, BVerwGE 71, 183 (191) = NJW 1985, 2774.

[55] Ebenso OVG NRW 20.7.2016 – 4 B 690/16, NVwZ-RR 2017, 27 (28); vgl. auch OVG RhPf 4.11.2005 – 7 B 11329/05, LKV 2006, 276 im Zusammenhang mit der Erteilung einer personenbeförderungsrechtlichen Genehmigung.

[56] OVG NRW 20.7.2016 – 4 B 690/16, NVwZ-RR 2017, 27 (28); C. Braun NZBau 2011, 400 (402).

[57] Vgl. EuGH 3.10.2019 – C-285/18, BeckRS 2019, 23123 Rn. 48; Jaeger NZBau 2020, 7 (11); Prieß/Simonis NZBau 2015, 731 (734 ff.); C. Braun NZBau 2011, 400 (401 f.).

[58] BVerfG 13.6.2006 – 1 BvR 1160/03, NZBau 2006, 791 (794); 23.4.2009 – 1 BvR 3424/08, NZBau 2009, 464 Rn. 10; vgl. BVerwG 2.5.2007 – 6 B 10/07, NZBau 2007, 389 (391).

[59] OVG NRW 20.7.2016 – 4 B 690/16, NVwZ-RR 2017, 27 (28); ebenso iErg Jaeger NZBau 2020, 7 (11); Braun NZBau 2008, 160 (161).

ber diese Regeln, haben übergangene Bieter einen **öffentlich-rechtlichen Unterlassungsanspruch** darauf, dass der Vertragsabschluss mit dem vom öffentlichen Auftraggeber zu Unrecht ausgewählten Bieter unterbleibt. Auch die Zivilgerichte müssen über diese öffentlich-rechtlichen Ansprüche entscheiden, sofern der Zivilrechtsweg eröffnet ist.[60]

Darüber hinaus gibt es in dieser Situation auch zivilrechtliche Ansprüche. Denkbar ist zunächst ein **Unterlassungsanspruch nach § 311 Abs. 2 BGB iVm § 241 Abs. 2 BGB.** Denn mit der Teilnahme an einem Auswahlverfahren entsteht zwischen dem Auftraggeber und dem betreffenden Bieter ein vorvertragliches Vertrauensverhältnis, das Schutz- und Sorgfaltspflichten begründet.[61] Ein Auftraggeber, der erklärt, er werde eine Ausschreibung nach den Regeln der VOB/A durchführen, muss sich daran halten; das gilt auch bei privaten Auftraggebern.[62] Bieter sind dann in ihrem Vertrauen auf ein vergaberechtskonformes Verfahren geschützt. Damit steht ihnen auch über den Unterlassungsanspruch nach § 311 Abs. 2 BGB iVm § 241 Abs. 2 BGB effektiver Primärrechtsschutz zur Verfügung.[63] 17

Außerdem kommt ein **quasi-negatorischer Unterlassungsanspruch** nach den §§ 823 Abs. 2, 1004 Abs. 1 BGB analog iVm der Verletzung eines Schutzgesetzes in Betracht. Schutzgesetze in diesem Sinne sind ua der allgemeine Gleichheitssatz gem. Art. 3 Abs. 1 GG, die Grundfreiheiten des europäischen Primärrechts sowie das beihilferechtliche Durchführungsverbot des Art. 108 Abs. 3 S. 3 AEUV.[64] 18

Schließlich kann auch ein **kartellrechtlicher Unterlassungsanspruch** nach § 33 GWB iVm mit den §§ 19, 20 GWB bestehen.[65] Das setzt voraus, dass der öffentliche Auftraggeber im Einzelfall eine marktbeherrschende Stellung hat und dass er diese missbraucht. In der Praxis ist der kartellrechtliche Unterlassungsanspruch vor allem bei **Verträgen über ÖPNV- oder SPNV-Leistungen** von Bedeutung: Der Markt ist in diesen Branchen regional abzugrenzen; Aufgabenträger haben daher idR eine marktbeherrschende Stellung auf Nachfrageseite.[66] Deshalb können übergangene Konkurrenten bei einer vergaberechtswidrigen Erteilung eines ÖPNV- oder SPNV-Auftrags regelmäßig kartellrechtliche Unterlassungsansprüche gegen den Aufgabenträger geltend machen. Zuständig für die Durchsetzung dieser 19

---

[60] OLG Düsseldorf 28.3.2012 – VII-Verg 37/11, NZBau 2012, 518 (521); aA OLG Brandenburg 24.4.2012 – 6 W 149/11, BeckRS 2012, 09984 mit dem unzutreffenden Argument, Art. 3 Abs. 1 GG stelle keine Anspruchsgrundlage dar.

[61] BGH 11.11.2014 – X ZR 32/14, NZBau 2015, 248 (249); OLG Celle 10.3.2016 – 13 U 148/15, BeckRS 2016, 5123; LG München I 28.5.2015 – 2 O 1248/15, BeckRS 2016, 16360.

[62] BGH 5.6.2012 – X ZR 161/11, NZBau 2012, 652 (653); 21.2.2006 – X ZR 39/03, NZBau 2006, 456 (547); vgl. auch OLG Düsseldorf 13.1.2010 – I-27 U 1/09, NZBau 2010, 328 ff.

[63] BGH 10.2.2011 – I ZR 136/09, BGHZ 188, 326 Rn. 19 ff. = EuZW 2011, 440; 30.8.2011 – X ZR 55/10, NZBau 2012, 46; OLG Hamm 26.9.2012 – I-12 U 142/12, EnWZ 2013, 40 (41 f.); OLG Düsseldorf 13.1.2010 – I-27 U 1/09, NZBau 2010, 328 (329 f.); OLG Jena 8.12.2008 – 9 U 431/08, BeckRS 2009, 1181; LG München I 3.3.2023 – 37 O 6688/22, BeckRS 2023, 3335.

[64] OLG Schleswig 8.4.2015 – 6 U 54/06, BeckRS 2015, 09177; OLG Hamburg 31.7.2014 – 3 U 8/12, NJW-RR 2015, 293 (296); ebenso Blazek/Wagner NZBau 2016, 141 (142 ff.); Dreher NZBau 2002, 419 (423, 426).

[65] OLG Düsseldorf 29.7.2015 – VII-Verg 6/15, BeckRS 2015, 18294; OLG Schleswig 8.4.2015 – 6 U 54/06, BeckRS 2015, 09177; Dreher NZBau 2013, 665 ff.

[66] So für energiewirtschaftliche Konzessionsverträge BGH 17.12.2013 – KZR 65/12, NVwZ 2014, 817 ff. und für Wasserkonzessionen OLG Düsseldorf 13.6.2018 – VI-2 U 7/16 [Kart], NZBau 2019, 70 (71); zur marktbeherrschenden Stellung der Aufgabenträger im ÖPNV vgl. BGH 7.2.2006 – KVR 5/05, BGHZ 166, 165 ff. = NJW-RR 2006, 836.

GWB § 107

Allgemeine Ausnahmen

Ansprüche sind grds. die Zivilgerichte. Nur dann, wenn die Zuständigkeit der Nachprüfungsinstanzen nach § 155 GWB eröffnet ist, müssen diese gem. § 156 Abs. 2 GWB auch über kartellrechtliche Unterlassungsansprüche entscheiden.[67] In materiell-rechtlicher Hinsicht sind die Vorschriften des Kartellrechts neben denen des Vergaberechts anwendbar. Allein der Umstand, dass eine Entscheidung eines öffentlichen Auftraggebers aus Sicht des Vergaberechts erlaubt ist, heißt dann noch lange nicht, dass sie auch aus dem Blickwinkel des Kartellrechts aufrechterhalten werden kann. Grds. schließt das Vergaberecht die Anwendbarkeit von Spezialnormen anderer Rechtsgebieten nicht aus. Dies hat der EuGH zB für das Verhältnis zwischen Vergaberecht und Arbeitsrecht schon mehrfach entschieden (→ Rn. 38).[68] In Bezug auf die Anwendungsbereiche des Vergaberechts einerseits und des Kartellrechts andererseits kann nichts anderes gelten.

20 **b) Rechtsschutz und Rechtsweg.** Bei öffentlichen Aufträgen und Konzessionen, die den Vergaberichtlinien nicht unterliegen, fehlt es an einem spezifischen Vergaberechtsschutz. Nach zutreffender Auffassung des BVerfG ist die unterschiedliche Ausgestaltung des Vergaberechtsschutzes für Aufträge oberhalb und unterhalb der Schwellenwerte mit Art. 3 Abs. 1 GG vereinbar.[69] Dass der Gesetzgeber für den Rechtsschutz gegen die Vergabe von öffentlichen Aufträgen und Konzessionen, die nicht unter die Vergaberichtlinien fallen, andere Regelungen treffen darf als für Aufträge und Konzessionen oberhalb der Schwellenwerte, liegt auf der Hand: Oberhalb der Schwellenwerte muss er die Anforderungen der Vergaberichtlinien und der RL 89/665/EWG umsetzen; entspr. unionsrechtliche Vorgaben fehlen für alle übrigen Aufträge. Damit besteht ein sachlicher Grund für die Ungleichbehandlung. Deshalb ist es aus verfassungsrechtlicher Sicht nicht zu beanstanden, dass es **für öffentliche Aufträge und Konzessionen außerhalb des Anwendungsbereichs der Vergaberichtlinien kein Nachprüfungsverfahren** iSd §§ 160 ff. GWB gibt.

21 Außerhalb des Anwendungsbereichs der Vergaberichtlinien gilt aber ebenfalls: Gegen Rechtsverletzungen ist effektiver Rechtsschutz erforderlich. Denn auch dort können subjektive Bieterrechte bestehen. Das BVerfG hat in seinem Beschl. v. 13.6.2006 ausdr. anerkannt, dass Bieter unterhalb der Schwellenwerte aus Art. 3 Abs. 1 GG ein subjektiv-öffentliches **Recht auf Gleichbehandlung** bei Vergabeentscheidungen haben.[70] Wenn es aber unterhalb der Schwellenwerte subjektive Bieterrechte gibt, dann muss die Einhaltung dieser Rechte auch gerichtlich überprüfbar sein. Das ist eine unmittelbare Konsequenz aus Art. 19 Abs. 4 GG. Verfassungsrechtlich geboten ist dabei, dass der Gesetzgeber Primärrechtsschutz auch unterhalb der Schwellenwerte gewährt; nicht vorgegeben ist dagegen, wie er ihn ausgestaltet.[71] Darüber hinaus folgt auch aus dem unionsrechtlichen Effektivitätsgebot, dass es für die Vergabe von öffentlichen Aufträgen und Konzessionen außerhalb des Anwendungsbereichs der Vergaberichtlinien effektive Rechtsschutzmöglichkeiten vor den nationalen Gerichten geben muss.[72]

---

[67] LG Frankfurt a. M. 19.9.2015 – 3–10 O 119/15, NZBau 2015, 728; zu eng allerdings → § 156 Rn. 20.

[68] EuGH 7.8.2018 – C-472/16, NZA 2018, 1123 (1124 ff.); 19.10.2017 – C 200/16, NZA 2017, 1379 (1380 ff.); 25.1.2001 – C-172/99, NZBau 2001, 2021 Rn. 19 ff. Vgl. Grau/Flockenhaus NZA-RR 2019, 289 ff.

[69] BVerfG 13.6.2006 – 1 BvR 1160/03, NZBau 2006, 791 (796); OLG Stuttgart 11.4.2002 – 2 U 240/01, NZBau 2002, 395 (397); Dreher NZBau 2002, 419 (425).

[70] BVerfG 13.6.2006 – 1 BvR 1160/03, NZBau 2006, 791 (793); vgl. auch NdsOVG 29.10.2018 – 10 ME 363/18, NVwZ 2019, 656; OLG Düsseldorf 13.12.2017 – I-27 U 25/17, NZBau 2018, 168; OVG NRW 20.7.2016 – 4 B 690/16, NVwZ-RR 2017, 27 (28).

[71] So zutr. Sauer/Hollands NZBau 2006, 763 (765).

[72] Ebenso Mitteilung der Kommission (→ Rn. 10), Ziff. 2.3.3; vgl. Prieß/Simonis NZBau 2015, 731 (736).

Allgemeine Ausnahmen **§ 107 GWB**

Die Frage, welcher **Rechtsweg** gegen Vergabeentscheidungen bei Unanwendbar- 22
keit der Vergaberichtlinien in Betracht kommt, wurde lange kontrovers diskutiert. Das OVG RhPf hatte sich für die Zulässigkeit des Verwaltungsrechtswegs ausgesprochen und zur Begründung darauf abgestellt, „dass dem Abschluss des privatrechtlichen Vertrages, dh der Annahme des Angebots durch Zuschlag (zweite Stufe), eine erste Stufe in Gestalt eines eigenständigen Vergabeverfahrens vorausgeht".[73] In der Lit. gab es daran teilweise deutliche Kritik.[74] Das BVerwG hat die Rechtswegfrage zwei Jahre später abweichend entschieden: „Für Streitigkeiten über die Vergabe von öffentlichen Aufträgen mit einem Auftragswert unterhalb der in der Vergabeverordnung genannten Schwellenwerte ist nicht der Rechtsweg zu den Verwaltungsgerichten, sondern der ordentliche Rechtsweg gegeben".[75] Die Bindung öffentlicher Auftraggeber an Art. 3 Abs. 1 GG unterhalb der Schwellenwerte ist nach Auffassung des BVerwG kein Argument für die Zulässigkeit des Verwaltungsrechtswegs. Denn öffentlich-rechtliche Bindungen der Verwaltung, die „im Kern" nur aus der Bindung an den Gleichheitssatz bestünden, führten nicht dazu, deren Handeln als öffentlich-rechtlich einzustufen und den Rechtsweg zu den Verwaltungsgerichten zu bejahen.[76] Dieser Ansatz überzeugt nicht: Haushaltsrecht ist öffentliches Recht. Auch wenn die Erteilung des Zuschlags selbst nicht in Ausübung öffentlicher Gewalt ergeht,[77] wird die Auswahlentscheidung des öffentlichen Auftraggebers über das annehmbarste Angebot doch entscheidend von Vorschriften des Haushaltsrechts und damit von öffentlich-rechtlichen Normen geprägt. Deshalb hätte an sich mehr für die generelle Zuständigkeit der Verwaltungsgerichte gesprochen.[78] Für die Praxis ist die Rechtswegfrage mit dem Beschl. des BVerwG vom 2.5.2007 weitgehend in einem anderen Sinne geklärt.[79] Unter dem Gesichtspunkt der Effektivität des Primärrechtsschutzes ist das nur dann ausreichend, wenn die Zivilgerichte ihren Prüfungsauftrag ernst nehmen und das Vergabeverfahren nicht allein auf willkürliches Verhalten des Auftraggebers überprüfen, sondern darauf, ob der öffentlich-rechtliche Anspruch des jew. Bieters auf Berücksichtigung „nach Maßgabe der für den jew. Auftrag wesentlichen Kriterien und des vorgesehenen Verfahrens"[80] verletzt ist.[81]

Auch weiterhin verbleiben außerhalb des Anwendungsbereichs der Vergaberichtlinien Konstellationen, in denen der **Verwaltungsrechtsweg** eröffnet ist.[82] Die Verwaltungsgerichte sind insbes. bei der Vergabe von Dienstleistungskonzessionen aufgrund öffentlich-rechtlicher Verträge zuständig,[83] ebenso bei städtebaulichen Verträgen, die nicht als öffentliche Bauaufträge oder Baukonzessionen zu qualifizieren 23

---

[73] OVG RhPf 25.5.2005 – 7 B 10356/05, NZBau 2005, 411 (412); ebenso OVG NRW 20.9.2005 – 15 E 1188/05, NZBau 2006, 67; SächsOVG 13.4.2006 – 2 E 270/05, NZBau 2006, 393; Prieß/Hölzl NZBau 2005, 357 ff.

[74] Dabringhausen/Sroka VergabeR 2006, 462 (464 ff.); Ruthig NZBau 2005, 497 (499).

[75] BVerwG 2.5.2007 – 6 B 10/07, NZBau 2007, 389; LG Münster 11.8.2015 – 016 O 93/15, NZBau 2015, 726 (727); VG Berlin 16.11.2016 – VG 4 K 284.15, BeckRS 2016, 112584.

[76] BVerwG 2.5.2007 – 6 B 10/07, NZBau 2007, 389 Rn. 10.

[77] BVerfG 13.6.2006 – 1 BvR 1160/03, NZBau 2006, 791 (793).

[78] So auch BayVGH 15.11.2018 – 21 CE 18.854, BeckRS 2018, 29069; OLG Karlsruhe 14.11.2014 – 15 Verg 10/14, NZBau 2015, 506 (509).

[79] Vgl. zB VGH München 1.2.2022 – 22 C 21.2470, NZBau 2022, 373; LG München I 3.3.2023 – 37 O 6688/22, BeckRS 2023, 3335.

[80] BVerfG 13.6.2006 – 1 BvR 1160/03, NZBau 2006, 791 (794).

[81] Antweiler VergabeR 2008, 352 (360).

[82] Näher dazu Burgi NVwZ 2007, 737 ff.

[83] OLG Karlsruhe 14.11.2014 – 15 Verg 10/14, NZBau 2015, 506 (509); VG Mainz 30.8.2010 – 6 L 849/10, NZBau 2011, 60; OVG NRW 4.5.2006 – 15 E 453/06, NZBau 2006, 533. Zum Rechtsweg bei Dienstleistungskonzessionen, die aufgrund eines privatrechtlichen Vertrages erteilt werden, vgl. Antweiler VergabeR 2008, 352 (354).

sind.[84] Auch dann, wenn sich der Kläger „im Kern" nicht auf einen Verstoß gegen Art. 3 Abs. 1 GG beruft, sondern auf eine Verletzung europäischen Primärrechts – zB der Grundfreiheiten oder des Verbots staatlicher Beihilfen –, ist der Verwaltungsrechtsweg eröffnet, weil das Klagebegehren dann auf Normen des öffentlichen Rechts gestützt wird.[85] Zu einer vergaberechtlichen Inzidentkontrolle vor den Verwaltungsgerichten kommt es, wenn ein Bieter bei Vergaberechtsverstößen eine Klage auf Einschreiten durch die Kommunalaufsichtsbehörde erhebt,[86] ggf. bei Klagen gegen Auswahlentscheidungen im Genehmigungsverfahren[87] sowie bei Klagen eines öffentlichen Auftraggebers gegen die Rückforderung von Zuwendungen wegen angeblicher Vergaberechtsverstöße.[88]

II. Ausnahmetatbestände

1. Schieds- und Schlichtungsleistungen (Abs. 1 Nr. 1)

24 Nach Abs. 1 Nr. 1 sind öffentliche Aufträge und Konzessionen über Schiedsgerichts- und Schlichtungsleistungen vom Anwendungsbereich der §§ 97 ff. GWB ausgenommen. Mit dieser Vorschrift werden Art. 10 Abs. 8 lit. c KVR, Art. 10 lit. c VRL, Art. 21 lit. b SRL sowie Art. 13 lit. g RL 2009/81/EG umgesetzt. Inhaltlich stimmt § 107 Abs. 1 Nr. 1 GWB mit § 107 Abs. 4 Nr. 1 GWB aF wörtlich überein.

25 Zur Begründung des Ausnahmetatbestands heißt es im Erwgr. 24 der VRL, Schiedsgerichts- und Schlichtungsdienste würden „normalerweise von Organisationen oder Personen übernommen werden, deren Bestellung oder Auswahl in einer Art und Weise erfolgt, die sich nicht nach Vergabevorschriften für öffentliche Aufträge richten kann". Dahinter steht der Gedanke, dass für die Bestellung als Schiedsrichter oder Schlichter persönliches Vertrauen sowie sachliche und persönliche Unabhängigkeit von entscheidender Bedeutung sind.[89] Diese Kriterien lassen sich nur schwer objektiv beurteilen, so dass eine Auswahl nach den im Vergaberecht üblichen Wertungskriterien nicht in Betracht kommt.[90] Nicht unter den Ausnahmetatbestand fallen Dienstleistungen von Rechtsanwälten als Parteivertreter im Zusammenhang mit Schiedsgerichtsverfahren.[91]

2. Grundstücksgeschäfte (Abs. 1 Nr. 2)

26 Gem. Abs. 1 Nr. 2 gilt Teil 4 des GWB nicht für Verträge, die sich auf den Erwerb, die Miete bzw. die Pacht von Grundstücken, vorhandenen Gebäuden oder anderem unbeweglichen Vermögen oder auf Rechte an diesen Gegenständen beziehen. Dabei spielt es keine Rolle, wie die Finanzierung erfolgt. Der Ausnahmetatbestand geht zurück auf Art. 10 Abs. 8 lit. a KVR, Art. 10 lit. a VRL, Art. 21 lit. a SRL und Art. 13 lit. e RL 2009/81/EG. Danach erstreckt sich der Anwendungsbereich dieser RL nicht auf „Dienstleistungskonzessionen" bzw. „Dienstleistungsaufträge" über Erwerb oder Miete bzw. Pacht von Grundstücken, vorhandenen Gebäu-

---

[84] Antweiler VergabeR 2008, 352 (354 ff.).
[85] OLG Celle 16.10.2018 – 13 Verg 3/18, NZBau 2019, 268 (269). AA LG München I 3.3.2023 – 37 O 6688/22, BeckRS 2023, 3335.
[86] Antweiler VergabeR 2008, 352 (356).
[87] Näher hierzu Antweiler NZBau 2009, 362.
[88] Vgl. EuGH 26.5.2016 – C-260/14, C-261/14, NZBau 2016, 700; BVerwG 13.2.2013 – 3 B 58/12, NZBau 2013, 391; VG Augsburg 23.2.2016 – Au 3 K 15.1070, BeckRS 2016, 43243.
[89] Vgl. Immenga/Mestmäcker/Dreher GWB § 107 Rn. 8.
[90] Frenz EuropaR-HdB III Rn. 2238.
[91] Ebenso GKN/Reichling § 2 Rn. 35.

den oder Rechten daran. Aus dieser Formulierung folgt, dass § 107 Abs. 1 Nr. 2 GWB ausschl. bestimmte **grundstücksbezogene Dienstleistungsaufträge** vom Anwendungsbereich des Vergaberechts ausnimmt. Dienstleistungsaufträge idS sind grds. Kauf- und Mietverträge über Grundstücke, nicht aber Verträge über Bauleistungen.[92] Inhaltlich entspricht § 107 Abs. 1 Nr. 2 GWB weitgehend dem früheren § 100 Abs. 5 GWB aF. Zwar wird in der Neufassung der Vorschrift erstmals auch die „Pacht von Grundstücken" erwähnt; allerdings waren Pachtverhältnisse schon nach der alten Rechtslage vom Anwendungsbereich des Kartellvergaberechts ausgenommen.[93]

Verträge über den **Erwerb von Grundstücken** oder vorhandenen Gebäuden sind insbes. Grundstückskaufverträge, aber auch alle sonstigen Verträge, die auf den Erwerb von Grundstücken oder vorhandenen Gebäuden durch öffentliche Auftraggeber abzielen, zB Grundstückstauschverträge. Da sich das Nachfrageinteresse des Auftraggebers bei grundstücksbezogenen Miet- oder Kaufverträgen idR von vornherein auf ein ganz bestimmtes Grundstück konzentriert, kommt eine Vergabe im Wettbewerb nicht in Betracht.[94] Der Begriff „Erwerb" ist weit zu verstehen. Deshalb genügt es für den Ausnahmetatbestand, dass der öffentliche Auftraggeber aufgrund des abzuschließenden Vertrages Besitz an einem Grundstück oder an einem vorhandenen Gebäude erlangen soll; er muss nicht Eigentümer werden. Auch Verträge über die **Miete oder Pacht** von Grundstücken oder vorhandenen Gebäuden sind als Erwerbsvorgänge zu qualifizieren und daher ohne weiteres erfasst; die gesonderte Erwähnung dieser Verträge in § 107 Abs. 1 Nr. 2 GWB wäre also an sich nicht erforderlich gewesen. **Rechte an unbeweglichem Vermögen** iSd § 107 Abs. 1 Nr. 2 GWB sind zB Erbbaurechte, Dienstbarkeiten, dingliche Vorkaufsrechte oder Anwartschaftsrechte. Auch „Sale and Lease back"-Verträge sind grds. vom Anwendungsbereich des Vergaberechts ausgenommen. Kennzeichnend für solche Verträge ist, dass der öffentliche Auftraggeber ein in seinem Eigentum stehendes Grundstück verkauft und dieses anschließend zurückleast oder zurückmietet. IErg handelt es sich damit um einen Vertrag über die Miete eines bereits bestehenden Gebäudes, so dass der Ausnahmetatbestand erfüllt ist.[95]

27

§ 107 Abs. 1 Nr. 2 GWB erfasst nach seinem klaren Wortlaut nur solche Verträge mit den genannten Inhalten, die sich auf **Grundstücke oder vorhandene Gebäude** beziehen. Kauft oder mietet ein Auftraggeber ein noch zu errichtendes Gebäude oder lässt er sich ein Recht daran bestellen, ist das Vergaberecht dagegen uneingeschränkt anwendbar. Denn § 107 Abs. 1 Nr. 2 GWB bezieht sich allein auf solche Konstellationen, in denen der Auftraggeber weder die Ausführung noch die Planung eines Bauwerks beeinflusst.[96] Kauf- oder Mietverträge über **noch zu errichtende Gebäude** fallen nicht unter den Ausnahmetatbestand, weil in diesem Fall der Vertrag ohne Umbauten oder Neubau nicht abgeschlossen werden würde.[97] Derartige Verträge sind entweder als öffentliche Bauaufträge oder als öffentliche Dienstleistungsaufträge zu qualifizieren.[98] Die gegenteilige Auffassung des OLG

28

---

[92] Vgl. Baudis VergabeR 2020, 715 ff.

[93] OLG Frankfurt a. M. 30.8.2011 – 11 Verg 3/11, BeckRS 2011, 24232; BT-Drs. 18/6281, 78.

[94] Dreher NZBau 2009, 542 (543).

[95] Vgl. Immenga/Mestmäcker/Dreher GWB § 107 Rn. 17 ff.; Frenz EuropaR-HdB III Rn. 2232 f.

[96] Dreher NZBau 2009, 542 (543).

[97] EuGH 10.7.2014 – C-213/13, NZBau 2014, 572 Rn. 42 ff.; 29.10.2009 – C-536/07, NZBau 2009, 792 Rn. 55 ff.; OLG Düsseldorf 7.8.2013 – VII-Verg 14/13, NZBau 2014, 57 (58); Hölzl NZBau 2015, 412 (413).

[98] OLG Düsseldorf 6.2.2008 – VII-Verg 37/07, NZBau 2008, 271 (273); Hertwig NZBau 2011, 9 (13 ff.); Frenz EuropaR-HdB III Rn. 2231.

Jena, trotz der Beschränkung des Ausnahmetatbestandes auf Verträge über Erwerb oder Mietverhältnisse an vorhandenen Gebäuden könnten Mietverträge selbst dann ohne Vergabeverfahren abgeschlossen werden, wenn das Objekt noch nicht fertig gestellt sei,[99] lässt sich weder mit dem Wortlaut noch mit dem Zweck der Vorschrift vereinbaren. In der Rs. „Wiener Wohnen" hat der EuGH einen Vertrag über die Anmietung eines noch zu errichtenden Gebäudes nicht als öffentlichen Bauauftrag qualifiziert, da der öffentliche Auftraggeber keinen Einfluss auf die architektonische Struktur des Gebäudes ausgeübt hatte.[100] Das entscheidende Argument lautet: Kleine Änderungswünsche von Seiten des öffentlichen Auftraggebers machen aus einem Mietvertrag bedeuten noch keinen dem Vergaberecht unterliegenden öffentlichen Bauauftrag.[101] Allerdings bedeutet dies nicht, dass öffentliche Auftraggeber „normale Bürogebäude" vergaberechtsfrei anmieten dürfen, auch wenn diese nach dem Vertrag noch zu errichten sind.[102] Denn selbst wenn es sich bei einem solchen Mietvertrag nicht um einen öffentlichen Bauauftrag handeln sollte, müsste er jedenfalls als öffentlicher Dienstleistungsauftrag über ein noch zu errichtendes Gebäude ausgeschrieben werden.[103]

29 Das OLG Düsseldorf hatte den Begriff des öffentlichen Bauauftrags in seiner **„Fliegerhorst Ahlhorn"-Rspr.** zwischenzeitlich sehr weit ausgelegt.[104] Danach sollte das Vorliegen eines öffentlichen Bauauftrags nicht voraussetzen, dass der Auftraggeber den Auftragnehmer vertraglich unmittelbar zu Bauleistungen verpflichtet; deshalb konnte schon der Verkauf eines kommunalen Grundstücks unter bestimmten Voraussetzungen als öffentlicher Bauauftrag zu qualifizieren sein.[105] Der EuGH hat der „Fliegerhorst Ahlhorn"-Rspr. allerdings deutliche Grenzen gesetzt. Er geht davon aus, dass ein entgeltlicher Bauauftrag nur dann vorliegen kann, wenn der Auftraggeber ein „unmittelbares wirtschaftliches Interesse" an der Leistung hat.[106] So verhält es sich zB, wenn vorgesehen ist, dass der Auftraggeber über einen Rechtstitel verfügen soll, der ihm die Verfügbarkeit der Bauwerke, die Gegenstand des Auftrags sind, im Hinblick auf ihre öffentliche Zweckbestimmung sichert.[107] Auch dann, wenn der Auftraggeber Maßnahmen ergreift, um die Merkmale der Bauleistung festzulegen oder zumindest entscheidenden Einfluss auf die Planung der Bauleistung zu nehmen, handelt es sich um einen Bauauftrag.[108] Weiter kann das unmittelbare wirtschaftliche Interesse des Auftraggebers an der Bauleistung auch daraus resultieren, dass er sich finanziell an der Errichtung des Bauwerks beteiligt, zB durch den Verkauf des Grundstücks unter Marktwert.[109] Schließlich ist es möglich, dass aus der vertraglich vorgesehenen Beteiligung der Gemeinde an den Gewinnen, die der Investor nach Bebauung des Grundstücks

---

[99] OLG Jena 7.10.2015 – 2 Verg 3/15, BeckRS 2016, 02747.

[100] EuGH 22.4.2021 – C-537/19, NZBau 2021, 396 (401).

[101] EuGH 22.4.2021 – C-537/19, NZBau 2021, 396 (402).

[102] So aber Hertwig NZBau 2021, 717 (720).

[103] Antweiler VergabeR 2022, 293 (300).

[104] OLG Düsseldorf 13.6.2007 – VII-Verg 2/07, NZBau 2007, 530; 12.12.2007 – VII-Verg 30/07, NZBau 2008, 138; 6.2.2008 – VII-Verg 37/07, NZBau 2008, 271; 30.4.2008 – Verg 23/08, NZBau 2008, 461; 14.5.2008 – VII-Verg 27/08, BeckRS 2008, 9282; 4.3.2009 – Verg VII 67/08, NZBau 2009, 334.

[105] Vgl. Bulla VergabeR 2019, 457 (458 ff.).

[106] EuGH 25.3.2010 – C-451/08, NZBau 2010, 321 Rn. 49; vgl. OLG Schleswig 15.3.2013 – 1 Verg 4/12, NZBau 2013, 453 (456); OLG München 27.9.2011 – Verg 15/11, NZBau 2012, 134 (135); Bulla VergabeR 2019, 457 (459); Hölzl NZBau 2015, 412 (413).

[107] EuGH 25.3.2010 – C-451/08, NZBau 2010, 321 Rn. 49 ff.

[108] EuGH 10.7.2014 – C-213/13, NZBau 2014, 572 Rn. 44.

[109] EuGH 25.3.2010 – C-451/08, NZBau 2010, 321 Rn. 52; OLG Düsseldorf 9.6.2010 – VII-Verg 9/10, NZBau 2010, 580 (581).

erwirtschaftet, ein unmittelbares wirtschaftliches Interesse an der Erbringung von Bauleistungen resultiert.[110] Die bloße Ausübung städtebaulicher Regelungszuständigkeiten genügt aber nicht, um ein unmittelbares wirtschaftliches Interesse des Auftraggebers an der Bauleistung zu begründen.[111] Dazu iE auch → § 103 Rn. 89 ff.

Wenn der Vertragspartner des öffentlichen Auftraggebers nach einem Grundstückskaufvertrag oder einem städtebaulichen Vertrag zur Herstellung von Anlagen der äußeren **Erschließung** verpflichtet ist, geht es um eine Leistung, an der der öffentliche Auftraggeber ein unmittelbares wirtschaftliches Interesse hat. Denn regelmäßig muss der Vertragspartner nach dem Vertrag das Eigentum an den fertig gestellten Erschließungsanlagen auf den öffentlichen Auftraggeber übertragen; damit soll sichergestellt werden, dass der öffentliche Auftraggeber über die Erschließungsanlagen verfügen kann. Allerdings sehen Erschließungsverträge idR keine Vergütung des Auftraggebers über die Herstellung der Erschließungsanlagen vor; daher sind sie mangels entgeltlichen Charakters iE nicht als öffentliche Bauaufträge zu qualifizieren.[112] S. dazu ausf. → § 105 Rn. 34 ff. 30

Nicht unter § 107 Abs. 1 Nr. 2 GWB fallen Verträge, die den **reinen Verkauf**, die **reine Vermietung** oder die **reine Verpachtung** von Grundstücken durch einen öffentlichen Auftraggeber betreffen.[113] Diese Verträge sind nicht als öffentliche Aufträge zu qualifizieren und schon deshalb vom Anwendungsbereich des Kartellvergaberechts ausgenommen. Selbst das OLG Düsseldorf hat betont, dass der Vertrag über einen Grundstücksverkauf als solcher kein öffentlicher Auftrag ist.[114] 31

Auch beim reinen **Verkauf**, der reinen Vermietung oder der reinen Verpachtung **von Grundstücken** bzw. vorhandenen Gebäuden sind öffentliche Auftraggeber in der Auswahl des Vertragspartners aber nicht völlig frei.[115] Vielmehr müssen sie die Vorgaben beachten, die sich aus dem europäischen Primärrecht ergeben, insbes. aus den **Grundfreiheiten** und aus dem **Beihilfenverbot**. Art. 107 Abs. 1 AEUV verbietet staatliche oder aus staatlichen Mitteln gewährte Beihilfen gleich welcher Art, die durch die Begünstigung bestimmter Unternehmen oder Produktionszweige den Wettbewerb verfälschen oder zu verfälschen drohen, soweit sie den Handel zwischen den Mitgliedstaaten beeinträchtigen. Damit ist es staatlichen Stellen auch untersagt, Unternehmen dadurch zu begünstigen, dass ihnen Grundstücke unter Marktwert zur Verfügung gestellt werden.[116] Der Verkauf, die Vermietung und die Verpachtung eines Grundstücks durch staatliche Stellen unter Marktwert sind daher jew. als staatliche Beihilfen zu qualifizieren. Findet vor Abschluss eines Vertrages über den Verkauf, die Vermietung oder die Verpachtung eines Grundstücks einer staatlichen Stelle kein Auswahlverfahren statt, begründet dies die Vermutung, dass die vereinbarte Vergütung unter dem Marktwert liegt. Diese Vermutung kann zum einen durch das Gutachten eines unabhängigen Sachverständigen widerlegt werden, zum anderen dadurch, dass die öffentliche Stelle den Vertragspartner über ein „bedingungsfreies Bietverfahren auswählt.[117] Dazu ausf. → § 103 Rn. 51 ff. Wenn die vereinbarte Vergütung nicht von einem unabhängigen Sachverständigengutach- 32

---

[110] Näher dazu Dietz/Uricher/Frey KommJur 2017, 206.
[111] EuGH 25.3.2010 – C-451/08, NZBau 2010, 321 Rn. 57; OLG Schleswig 15.3.2013 – 1 Verg 4/12, NZBau 2013, 453 (456).
[112] So bereits Antweiler NZBau 2003, 93 (96 f.); ebenso Bulla VergabeR 2019, 457 (461 ff.).
[113] Bulla VergabeR 2019, 457 (459).
[114] OLG Düsseldorf 4.3.2009 – Verg VII 67/08, NZBau 2009, 334; ebenso OLG Schleswig 15.3.2013 – 1 Verg 4/12, NZBau 2013, 453 (456); OLG München 27.9.2011 – Verg 15/11, NZBau 2012, 134 (135); Hölzl NZBau 2015, 412 (413); Ziekow VergabeR 2008, 151 (160).
[115] Vgl. Bulla VergabeR 2019, 457 (466 ff.).
[116] Vgl. Bonhage/Dieterich EuZW 2018, 716 ff.
[117] Vgl. Bulla VergabeR 2019, 457 (468 ff.); Hertwig NZBau 2011, 9 (10 f.).

ten bestätigt wird, der Vertragspartner nicht im Rahmen eines bedingungsfreien Bietverfahrens ausgewählt wurde und die Marktüblichkeit der vereinbarten Vergütung auch nicht auf andere Art und Weise dargelegt werden kann, sind Abschluss des Vertrages und Überlassung des Grundstücks als verbotene staatliche Beihilfen zu qualifizieren. Gem. Art. 108 Abs. 3 S. 1 AEUV ist die Kommission von jeder beabsichtigten Einführung oder Umgestaltung einer Maßnahme so rechtzeitig zu unterrichten, dass sie sich dazu äußern kann. Die beabsichtigte Maßnahme darf gem. Art. 108 Abs. 3 S. 3 AEUV nicht durchgeführt werden, bevor die Kommission einen abschließenden Beschluss erlassen hat. Ein Vertrag, mit dem eine staatliche Beihilfe gewährt, ist nach stRspr des BGH nichtig, wenn er abgeschlossen wurde, ohne dass die betreffende Beihilfe zuvor bei der Kommission notifiziert wurde; die Nichtigkeit folgt aus § 134 BGB iVm Art. 108 Abs. 3 S. 3 AEUV.[118]

33   Die **Finanzierung** von Grundstücksgeschäften wird von § 107 Abs. 1 Nr. 2 GWB nicht erfasst. Finanzdienstleistungsverträge im Zusammenhang mit Kauf- oder Mietverträgen über Grundstücke müssen daher als öffentliche Dienstleistungsaufträge ausgeschrieben werden, es sei denn, einer der Ausnahmetatbestände der § 116 Abs. 1 Nr. 4, § 137 Abs. 1 Nr. 4, § 145 Nr. 5 oder § 149 Nr. 4 GWB ist erfüllt.

3. Arbeitsverträge (Abs. 1 Nr. 3)

34   Teil 4 des GWB gilt gem. Abs. 1 Nr. 3 nicht für Arbeitsverträge. Art. 10 lit. g VRL, Art. 21 lit. f SRL und Art. 13 lit. i RL 2009/81/EG nehmen Arbeitsverträge ausdr. von ihrem jew. Anwendungsbereich aus. Einer solchen Regelung hätte es an sich nicht bedurft. Denn gem. Art. 2 Abs. 1 Nr. 5 VRL müssen öffentliche Aufträge zwingend „zwischen einem oder mehreren Wirtschaftsteilnehmern und einem oder mehreren öffentlichen Auftraggebern" abgeschlossen werden. **Wirtschaftsteilnehmer** wiederum ist nach Art. 2 Abs. 1 Nr. 10 VRL eine natürliche oder juristische Person oder eine Gruppe solcher Personen bzw. Einrichtungen, die die Errichtung von Bauwerken, die Lieferung von Waren oder die Erbringung von Dienstleistungen anbietet. Danach kann zwar auch eine natürliche Person Wirtschaftsteilnehmer sein. Arbeitnehmer allerdings bieten nicht im eigenen Namen die Erbringung von Bau-, Liefer- oder Dienstleistungen am Markt an; sie sind deshalb keine Wirtschaftsteilnehmer in dem genannten Sinne. Daher folgt bereits aus der Definition des öffentlichen Auftrags, dass Arbeitsverträge nicht dem Vergaberecht unterliegen. Die ausdr. Erwähnung von Arbeitsverträgen in § 107 Abs. 1 Nr. 3 GWB hat also nur deklaratorische Bedeutung.[119]

35   Der Arbeitsvertrag ist vom Dienstleistungsauftrag abzugrenzen. Öffentliche Dienstleistungsaufträge sind gem. § 103 Abs. 4 GWB alle öffentlichen Aufträge, die weder öffentliche Bauaufträge noch öffentliche Lieferaufträge sind. Im Gegensatz dazu haben Arbeitsverträge nicht die Erbringung von Dienstleistungen durch einen selbständigen Wirtschaftsteilnehmer zum Gegenstand, sondern die Begründung von Arbeitsverhältnissen. Wann ein Arbeitsverhältnis vorliegt, ist nicht nach deutschem Recht zu bestimmen, sondern nach Unionsrecht.[120] Kennzeichnend für ein Arbeitsverhältnis ist danach die **Weisungsgebundenheit:** Ein Arbeitnehmer erbringt während einer bestimmten Zeit für einen anderen nach dessen Weisungen Leistungen und erhält als Gegenleistung eine Vergütung.[121] IErg entspricht diese Definition allerdings weitgehend den Begrifflichkeiten des deutschen Arbeitsrechts.[122]

---

[118] BGH 10.2.2011 – I ZR 136/09, BGHZ 188, 326 Rn. 14 ff. = EuZW 2011, 440; BGH 5.12.2012 – I ZR 92/11, BGHZ 196, 254 = EuZW 2013, 753; Blazek/Wagner NZBau 2016, 141 (142 ff.).
[119] Zust. BeckOK VergabeR/Friton/Wolf GWB § 107 Rn. 22.
[120] Müller-Wrede VergabeR-Komp/Aicher Kap. 11 Rn. 16.
[121] Immenga/Mestmäcker/Dreher GWB § 107 Rn. 31.
[122] So auch BeckOK VergabeR/Meister/Terbrack GWB § 107 Rn. 22.

Allgemeine Ausnahmen **§ 107 GWB**

In Bezug auf Verträge über die **Bestellung von Organmitgliedern juristischer** 36
Personen wird bisher ganz überwiegend ohne nähere Begründung angenommen,
sie seien als Arbeitsverträge iSd § 107 Abs. 1 Nr. 3 GWB zu qualifizieren.[123] Wenn
man von dem unionsrechtlichen Begriff des Arbeitsverhältnisses ausgeht, überzeugt
das nicht. Ausgangspunkt für die Auslegung vergaberechtlicher Vorschriften ist stets
der Gesetzeswortlaut.[124] Vom Ausnahmetatbestand erfasst sind danach nur Arbeitsverträge, dh Verträge über weisungsgebundene Tätigkeiten. Organmitglieder juristischer Personen erbringen jedoch keine Leistungen nach Weisung eines Arbeitgebers.
Für dieses Ergebnis spricht außerdem der Wortlaut des Art. 1 Abs. 2 VRL. Danach
ist unter Auftragsvergabe der „Erwerb von Bauleistungen, Lieferungen oder Dienstleistungen durch einen oder mehrere öffentliche Auftraggeber von Wirtschaftsteilnehmern, die von diesen öffentlichen Auftraggebern ausgewählt werden", zu verstehen. Entscheidend ist also, ob der Vertragspartner des öffentlichen Auftraggebers als
Wirtschaftsteilnehmer zu qualifizieren ist. Der Begriff des Wirtschaftsteilnehmers ist
nach der Rspr. des EuGH weit auszulegen; eine bestimmte Rechtsform wird nicht
vorausgesetzt.[125] Nicht weisungsgebundene natürliche Personen wie Organmitglieder juristischer Personen sind danach Wirtschaftsteilnehmer,[126] so dass der Ausnahmetatbestand des § 107 Abs. 1 Nr. 3 GWB hier nicht eingreift. Nur dieses Verständnis entspricht auch der Zielsetzung des Vergaberechts, die darin besteht,
interessierten Wirtschaftsteilnehmern unter Wahrung von Transparenz und Gleichbehandlung den Zugang zu öffentlichen Aufträgen zu ermöglichen.[127] Hier wird
man also umdenken müssen: Verträge über die Bestellung von Organmitgliedern
fallen unter den Teil 4 des GWB, sofern der Auftragswert den Schwellenwert erreicht
oder überschreite.

Auch auf Dienstleistungsverträge über die **betriebliche Altersversorgung,** die 37
kommunale Auftraggeber ohne Ausschreibung direkt an einen in einem Tarifvertrag
genannten Versorgungsträger vergeben, ist der Ausnahmetatbestand des § 107 Abs. 1
Nr. 3 GWB nicht anwendbar. Tarifverträge sind keine Arbeitsverträge iS dieser
Vorschrift. Der Umstand, dass ein öffentlicher Dienstleistungsauftrag in Durchführung eines Tarifvertrages abgeschlossen wird, führt daher nicht zu einer Befreiung
von den vergaberechtlichen Anforderungen.[128]

Bei der Vergabe öffentlicher Dienstleistungsaufträge kann zweifelhaft sein, ob im 38
Falle der Zuschlagserteilung an einen neuen Auftragnehmer ein **Betriebsübergang**
iSd § 613a BGB vorliegt, so dass der neue Auftragnehmer in die zwischen dem alten
Auftragnehmer und dessen Arbeitnehmern bestehenden Arbeitsverhältnisse eintritt.
Nach der Rspr. des EuGH führt der Umstand, dass ein öffentlicher Auftraggeber
nacheinander verschiedene Auftragnehmer beauftragt, nicht zur Unanwendbarkeit
der Betriebsübergangsrichtlinie 77/187/EWG. Grund dafür ist, dass weder die
Betriebsübergangsrichtlinie noch die Vergaberichtlinien eine entspr. Ausnahme von
ihren jew. Anwendungsbereichen vorsehen. Deshalb ist die Betriebsübergangsrichtlinie auch bei der Vergabe öffentlicher Aufträge anwendbar.[129] Der EuGH betont,
jeder Bieter in einem Vergabeverfahren müsse abschätzen können, ob möglicher-

---

[123] So zB Immenga/Mestmäcker/Dreher GWB § 107 Rn. 31.
[124] BGH 1.12.2008 – X ZB 31/08, BGHZ 179, 84 Rn. 21 = NZBau 2009, 201 (203).
[125] EuGH 6.10.2015 – C-203/14, NZBau 2015, 784 Rn. 33 ff.; 23.12.2009 – C-305/08, NZBau 2010, 188 Rn. 37 ff., 43.
[126] AA ohne Begr. BeckOK VergabeR/Meister/Terbrack GWB § 107 Rn. 23.
[127] EuGH 23.12.2009 – C-305/08, NZBau 2010, 188 Rn. 37 mwN.
[128] EuGH 15.7.2010 – C-271/08, NZBau 2010, 574 Rn. 50; vgl. Frenz VergabeR 2011, 550.
[129] EuGH 7.8.2018 – C-472/16, NZA 2018, 1123 (1124 ff.); 19.10.2017 – C-200/16, NZA 2017, 1379 (1380 ff.); 25.1.2001 – C-172/99, NZBau 2001, 221 Rn. 19 ff. Vgl. Grau/Flockenhaus NZA-RR 2019, 289 ff.

weise ein Betriebsübergang vorliegt und ob er dazu verpflichtet ist, die Arbeitnehmer des früheren Auftragnehmers ganz oder teilw. zu übernehmen.[130] Damit dies gewährleistet ist, muss der Auftraggeber den Bietern alle wesentlichen Tatsachen mitteilen, die den betreffenden Vorgang kennzeichnen. Er hat sie zB über einen eventuellen Übergang der materiellen Betriebsmittel und den Grad der Ähnlichkeiten zwischen den vor und nach der Auftragsvergabe zu verrichtenden Tätigkeiten zu informieren. Die Rechtsfrage, ob im jew. Einzelfall ein Betriebsübergang vorliegt oder nicht, muss der öffentliche Auftraggeber dagegen nicht klären; insoweit sind die Bieter für realistische Analysen selbst verantwortlich.[131]

39 Für **öffentlich-rechtliche Dienstverhältnisse** gilt folgendes: Bestellungen von Beamten und Richtern sind nicht als Arbeitsverträge iSd § 107 Abs. 1 Nr. 3 GWB zu qualifizieren.[132] In diesen Fällen liegt überhaupt kein Vertrag vor. Konsequenz daraus ist, dass das Vergaberecht schon mangels eines öffentlichen Auftrags nicht anwendbar ist; es bedarf daher keines Rückgriffs auf § 107 Abs. 1 Nr. 3 GWB.

4. Verträge über Dienstleistungen des Katastrophenschutzes, des Zivilschutzes und der Gefahrenabwehr (Abs. 1 Nr. 4)

40 Art. 10 Abs. 8 lit. g KVR, Art. 10 lit. h VRL und Art. 21 lit. h SRL normieren Ausnahmetatbestände für „Dienstleistungen des Katastrophenschutzes, des Zivilschutzes und der Gefahrenabwehr", die der nationale Gesetzgeber in § 107 Abs. 1 Nr. 4 GWB übernommen hat. Im System des Vergaberechts ist dieser Ausnahmetatbestand schon deshalb ein Fremdkörper, weil er nicht bezweckt, dem Auftraggeber ausnahmsweise die freie Auswahl des Vertragspartners zu gestatten, sondern vielmehr darauf abzielt, einer bestimmten Gruppe von Leistungserbringern den an sich vorgeschriebenen Vergabewettbewerb zu ersparen.[133] Ein sachlicher Grund für die Privilegierung gemeinnütziger Organisationen oder Vereinigungen ist nicht ersichtlich, denn private Unternehmen, die über die nach jew. Landesrecht erforderliche rettungsdienstliche Genehmigung für die Wahrnehmung von Aufgaben der Notfallrettung oder des Krankentransports verfügen, können diese Leistungen ebenso gut erbringen wie gemeinnützige Organisationen. Schon wegen seiner **systemfremden Zielsetzung** ist § 107 Abs. 1 Nr. 4 GWB daher **besonders eng auszulegen**.[134] Bestätigt wird diese Sichtweise durch den 36. Erwgr. der KVR und den Erwgr. 28 der VRL. Diese heben ausdr. hervor, dass die Ausnahme für bestimmte Notfalldienste, die von gemeinnützigen Organisationen oder Vereinigungen erbracht werden, „nicht über das notwendigste Maß ausgeweitet werden" sollte. Dieses Gebot liegt auf der Linie der ständigen Rspr. des EuGH, wonach Ausnahmetatbestände vom Anwendungsbereich des Vergaberechts generell restriktiv anzuwenden sind.[135]

41 Ausgehend von Wortlaut und Normzweck des Art. 10 Abs. 8 lit. g KVR, des Art. 10 lit. h VRL und Art. 21 lit. a SRL gilt § 107 Abs. 1 Nr. 4 GWB nicht etwa allg. für Rettungsdienstleistungen und Krankentransporte, sondern ausschl. für Dienstleistungen des Katastrophenschutzes, des Zivilschutzes und der Gefahrenabwehr, sofern hinzukommt, dass

---

[130] EuGH 25.1.2001 – C-172/99, NZBau 2001, 221 Rn. 23.
[131] EuGH 25.1.2001 – C-172/99, NZBau 2001, 221 Rn. 24.
[132] AA Frenz EuropaR.-HdB III Rn. 2251.
[133] Gröning NZBau 2015, 690 (693).
[134] Vgl. EuGH 7.7.2022 – C-213/21 und C-214/21, NZBau 2022, 603 (604) Rn. 32; OLG Schleswig 28.8.2015 – 1 Verg 1/15, NZBau 2015, 718 (720) unter Hinweis auf Prieß NZBau 2015, 343 (346f.); Antweiler VergabeR 2015, 275; ebenso Amelung/Janson NZBau 2016, 23; BeckOK VergabeR/Meister/Terbrack GWB § 107 Rn. 25, 40ff.; aA Ruthig NZBau 2016, 3.
[135] Ebenso Amelung/Janson NZBau 2016, 23 (25f.); Antweiler VergabeR 2015, 275 (277); BeckOK VergabeR/Meister/Terbrack GWB § 107 Rn. 29; Prieß NZBau 2015, 343 (346).

Allgemeine Ausnahmen **§ 107 GWB**

– diese Dienstleistungen von gemeinnützigen Organisationen oder Vereinigungen erbracht werden,
– einer der in dem Ausnahmetatbestand genannten CPV-Codes – nämlich 75250000–3 (Dienstleistungen der Feuerwehr und von Rettungsdiensten), 75251000–0 (Dienstleistungen der Feuerwehr), 75251100–1 (Brandbekämpfung), 75251110–4 (Brandverhütung), 75251120–7 (Waldbrandbekämpfung), 75252000–7 (Rettungsdienste), 75222000–8 (Zivilverteidigung), 98113100–9 (Dienstleistungen im Bereich der nuklearen Sicherheit) oder 85143000–3 (Einsatz von Krankenwagen) – eingreift,
– der spezielle Charakter gemeinnütziger Organisationen oder Vereinigungen bei Durchführung eines förmlichen Vergabeverfahrens nur schwer gewahrt werden könnte, was zumindest im Rahmen einer Prognoseentscheidung festgestellt werden muss und
– diese Dienstleistungen als solche unmittelbar und spezifisch mit der Ausübung öffentlicher Gewalt verbunden sind.[136]

Diese Voraussetzungen müssen kumulativ vorliegen. Für die Unanwendbarkeit 42 des Teils 4 des GWB genügt es also nicht etwa, dass die zu vergebene Leistung von einem der in § 107 Abs. 1 Nr. 4 GWB genannten CPV-Codes erfasst wird.[137] Damit ist an sich klar: Jedenfalls für den Krankentransport und die Notfallrettung gilt der Ausnahmetatbestand des § 107 Abs. 1 Nr. 4 GWB nicht. Denn *erstens* geht es insoweit nicht um Katastrophen- oder Zivilschutz, weil darunter allenfalls Extremsituationen fallen können.[138] *Zweitens* liegt auch keine Gefahrenabwehr vor: Nach der Rspr. des EuGH können auch besondere Rechte der Dienstleistungserbringer im Rettungsdienst (zB Blaulicht, Einsatzhorn, Vorfahrt im Straßenverkehr) nicht als unmittelbare und spezifische Teilhabe an der Ausübung öffentlicher Gewalt betrachtet werden, da die betr. Leistungserbringer nicht mit vom allgemeinen Recht abweichenden Vorrechten oder Zwangsbefugnissen ausgestattet sind, um dessen Einhalt zu gewährleisten, was in die Zuständigkeit der Polizei- und Justizbehörden fällt.[139] Ausgehend hiervon verblieben kaum Fälle, in denen § 107 Abs. 1 Nr. 4 GWB in der Praxis noch anwendbar sein könnte.[140] Mittlerweile hat der EuGH allerdings entschieden, dass die in Art. 10 lit. h VRL vorgesehene Ausnahme sowohl für die Betreuung und Versorgung von Notfallpatienten in einem Rettungswagen durch einen Rettungsassistenten bzw. Rettungssanitäter als auch für den qualifizierten Krankentransport gilt, der neben der Transportleistung die Betreuung und Versorgung in einem Krankentransportwagen durch einen Rettungssanitäter umfasst und unter den CPV-Code 85143000–3 fällt, sofern er tatsächlich und ordnungsgemäß von in Erster Hilfe geschultem Personal durchgeführt wird und einen Patienten betrifft, bei dem das Risiko besteht, dass sich sein Gesundheitszustand während des Transports verschlechtert.[141] Diese Aussagen ändern aber nichts daran, dass Art. 3 Abs. 1 GG einem Ausschluss privater, nicht gemeinnütziger Leistungserbringer vom Wettbewerb von vornherein entgegensteht.[142] Daher ist der Rückgriff auf § 107

---

[136] Antweiler VergabeR 2015, 275 (278); Prieß NZBau 2015, 343 (346).
[137] Amelung/Janson NZBau 2016, 23 (25 f.); Antweiler VergabeR 2015, 275 (277 f.); Prieß NZBau 2015, 343 (346 f.).
[138] Amelung/Janson NZBau 2016, 23 (26).
[139] EuGH 29.4.2010 – C-160/08, NZBau 2010, 450 – Rettungsdienstleistungen; vgl. Amelung/Janson NZBau 2016, 23 (26); Antweiler VergabeR 2015, 275 (279 ff.); Prieß NZBau 2015, 343 (346).
[140] Amelung/Janson NZBau 2016, 23 (25 f.); Antweiler VergabeR 2015, 275 (277 f.); Prieß NZBau 2015, 343 (346 f.); aA Ruthig NZBau 2016, 3.
[141] EuGH 21.3.2019 – C-465/17, NZBau 2019, 314 Rn. 50; vgl. Jaeger NZBau 2020, 7 ff.
[142] C. Braun/Zwetkow VergabeR 2019, 292 (494 ff.); C. Braun/Zwetkow NZBau 2020, 219.

Abs. 1 Nr. 4 GWB iErg doch versperrt. Selbst wenn man anderer Auffassung sein sollte, müssten öffentliche Auftraggeber in jedem Fall zunächst eine ermessensfehlerfreie Entscheidung darüber treffen, ob sie sich auf den Ausnahmetatbestand des § 107 Abs. 1 Nr. 4 GWB berufen.[143]

43 Soweit es in § 107 Abs. 1 Nr. 4 GWB heißt, **gemeinnützige Organisationen** seien insbes. die Hilfsorganisationen, die nach Bundes- oder Landesrecht als Zivil- und Katastrophenschutzorganisationen anerkannt sind, verstößt die Vorschrift gegen zwingende Vorgaben des Unionsrechts. Nach Art. 77 Abs. 2 VRL muss eine Organisation, die bei der Vergabe von Leistungen im Gesundheits- oder Sozialbereich privilegiert wird, bestimmte Bedingungen erfüllen. *Erstens* muss ihr Ziel an die Erfüllung einer Gemeinwohlaufgabe geknüpft sein; *zweitens* sind die Gewinne zu reinvestieren; *drittens* muss die Management- oder Eigentümerstruktur auf der Eigenverantwortung der Arbeitnehmer oder auf partizipatorischen Grundsätzen beruhen; *viertens* schließlich darf die Organisation von dem betreffenden öffentlichen Auftraggeber in den letzten drei Jahren keinen Auftrag für die jew. Dienstleistungen erhalten haben.[144] Im Hinblick auf Art. 77 Abs. 2 VRL ist eine **unionsrechtskonforme Auslegung** des § 107 Abs. 1 Nr. 4 GWB geboten: Ausschließlich solche Organisationen, die den Anforderungen des Art. 77 Abs. 2 VRL genügen, können nach Art. 107 Abs. 1 Nr. 4 GWB beauftragt werden, sofern die übrigen Tatbestandsvoraussetzungen dieser Vorschrift erfüllt sind.[145] Hinzu kommen muss nach der Rspr. des EuGH, dass die jew. Organisation auch mittelbar keine Gewinne ausschüttet.[146] Ohne Rücksicht darauf nimmt die Rspr. in Deutschland an, die Vergabe von Rettungsdienstleistungen unterliege gem. § 107 Abs. 1 Nr. 4 GWB dann nicht dem Vergaberecht, wenn der öffentliche Auftraggeber den Wettbewerb ausschl. für gemeinnützige Organisationen oder Vereinigungen eröffne.[147]

5. Schutz wesentlicher Sicherheitsinteressen (Abs. 2)

44 Inhaltlich entspricht § 107 Abs. 2 S. 1 GWB dem bisherigen § 100 Abs. 6 GWB aF. Danach ist das Kartellvergaberecht nicht anwendbar auf die Vergabe von öffentlichen Aufträgen und Konzessionen, bei denen eine Vergabe nach den Vorschriften des Teils 4 des GWB den Auftraggeber dazu zwingen würden, im Zusammenhang mit dem Vergabeverfahren Auskünfte zu erteilen, deren Preisgabe nach seiner Ansicht wesentliche Sicherheitsinteressen der Bundesrepublik Deutschland iSd Art. 346 Abs. 1 lit. a AEUV widerspricht oder die dem Anwendungsbereich des Art. 346 Abs. 1 lit. b AEUV unterliegen. Dieser Ausnahmetatbestand dient der Umsetzung des Art. 2 Abs. 3 KVR, Art. 2 Abs. 3 VRL und Art. 2 Abs. 3 SRL sowie des Art. 2 VSVKR.[148] § 107 Abs. 2 S. 2 und 3 GWB, die durch das Gesetz zur beschleunigten Beschaffung im Bereich Verteidigung und Sicherheit und zur Optimierung der Vergabestatistik v. 25.3.2020[149] angefügt wurden, geben Auslegungshinweise zum Begriff der wesentlichen Sicherheitsinteressen.[150]

---

[143] Jaeger NZBau 2020, 7 (13).

[144] Streng in Bezug auf die Vergabe von Rettungsdienstleistungen an gemeinnützige Organisationen ohne vorherige Durchführung eines förmlichen Vergabeverfahrens auch EuGH 28.1.2016 – C-50/14, NZBau 2016, 177 Rn. 63; 11.12.2014 – C-113/13, NZBau 2015, 377 Rn. 60 – Spezzino und Anpas.

[145] EuGH 21.3.2019 – C-465/17, NZBau 2019, 314 Rn. 60; Jaeger NZBau 2020, 7 (10); Amelung/Janson NZBau 2016, 23 (26); Prieß NZBau 2015, 343 (346 f.).

[146] EuGH 7.7.2022 – C-213/21 und C-214/21, NZBau 2022, 603 (604) Rn. 33.

[147] OLG Düsseldorf 22.12.2021 – VII-Verg 16/21, NZBau 2023, 194.

[148] BT-Drs. 18/6281, 79.

[149] BGBl. I 674.

[150] Vgl. BT-Drs. 19/15603, 57.

a) Anwendungsbereich des Art. 346 Abs. 1 lit. a AEUV (Abs. 2 S. 1 Nr. 1).

Abs. 2 S. 1 Nr. 1 knüpft an den Begriff der wesentlichen Sicherheitsinteressen iSd Art. 346 Abs. 1 lit. a AEUV an. Diese Vorschrift wiederum bestimmt, dass ein Mitgliedstaat nicht verpflichtet ist, Auskünfte zu erteilen, deren Preisgabe seines Erachtens unvereinbar mit seinen wesentlichen Sicherheitsinteressen ist. Bisher ist das Auskunftsverweigerungsrecht nach Art. 346 Abs. 1 lit. a AEUV kaum von Bedeutung.[151] Es setzt zunächst voraus, dass ein Mitgliedstaat an sich eine Pflicht zur Auskunftserteilung hat. **Auskunftspflichten** kommen insbes. ggü. den Organen der Union – zB nach Art. 337 AEUV oder Art. 4 Abs. 3 EUV –, aber auch ggü. anderen Mitgliedstaaten oder ggü. einzelnen Bürgern in Betracht.[152] Für das Auskunftsverweigerungsrecht reicht ein unbegründeter Hinweis auf wesentliche Sicherheitsinteressen nicht aus; der Mitgliedstaat muss vielmehr substantiiert Anhaltspunkte dafür darlegen, dass die Auskunftserteilung seinen wesentlichen Sicherheitsinteressen widersprechen würde.[153] Auslegungshinweise dafür, wann wesentliche Sicherheitsinteressen berührt sind, liefern § 107 Abs. 2 S. 2 und 3 GWB. Es handelt sich um Regelbeispiele; allerdings machen diese eine Prüfung, ob im konkreten Fall ein derart hohes Maß an Vertraulichkeit erforderlich ist, dass auf die Durchführung eines Vergabeverfahrens insges. verzichtet werden kann, nicht entbehrlich.[154]

Die Voraussetzungen dieses Ausnahmetatbestandes sind besonders hoch:[155] Erforderlich ist zum einen, dass es um den Schutz „wesentlicher" staatlicher Sicherheitsinteressen geht; zum anderen müssen die wesentlichen Sicherheitsinteressen die Unanwendbarkeit des Vergaberechts gebieten. Davon kann nur bei einer objektiv gewichtigen Gefährdung oder Beeinträchtigung der Sicherheitslage die Rede sein.[156] In jedem Fall muss der öffentliche Auftraggeber eine **Abwägung** zwischen der öffentlichen Sicherheitsbelangen und den Interessen der Bieter vornehmen; außerdem ist der **Grundsatz der Verhältnismäßigkeit** zu beachten.[157] Nur dann, wenn die Abwägung ergibt, dass es im Einzelfall geboten ist, von einem Vergabeverfahren nach Teil 4 des GWB Abstand zu nehmen, greift der Ausnahmetatbestand ein.[158] Die Gründe, die im Interesse staatlicher Sicherheitsbelange eine Einschränkung der Bieterrechte erfordern, muss der öffentliche Auftraggeber im Vergabevermerk dokumentieren. Er trägt die Darlegungs- und Beweislast für die tatsächlichen Umstände, aus denen sich der behauptete Vorrang staatlicher Sicherheitsinteressen ergibt.[159] Der EuGH hat den Mitgliedstaaten bei der Prüfung, ob staatliche Sicherheitsinteressen betroffen sind, zwischenzeitlich einen weiten Beurteilungsspielraum zugebilligt,[160] dann aber zu

---

[151] Calliess/Ruffert/Wegener AEUV Art. 346 Rn. 5.
[152] Streinz/Kokott AEUV Art. 346 Rn. 6.
[153] Streinz/Kokott AEUV Art. 346 Rn. 6; Höfler NZBau 2015, 736 (738 f.).
[154] Vgl. BT-Drs. 19/15603, 58.
[155] Mösinger/Juraschek NZBau 2019, 93 ff.; Höfler NZBau 2015, 736 (738); Horstkotte/Hünemörder LKV 2015, 541 (543); BeckOK VergabeR/Meister/Terbrack GWB § 107 Rn. 50.
[156] Ziekow VergabeR 2007, 711 (717).
[157] OLG Düsseldorf 1.8.2012 – VII-Verg 10/12, VergabeR 2012, 846 (849 f.) = NZBau 2012, 785; 30.4.2003 – Verg 61/02, VergabeR 2004, 371 (372 f.) = BeckRS 2003, 12561; Braun/Zwetkow NZBau 2020, 219 (221); Mösinger/Juraschek NZBau 2019, 93 f.; Horstkotte/Hünemörder LKV 2015, 541 (543); Ziekow VergabeR 2007, 711 (717).
[158] OLG Düsseldorf 8.6.2011 – VII-Verg 49/11, NZBau 2011, 501 (502 f.); OLG Koblenz 15.9.2010 – 1 Verg 7/10, NZBau 2010, 778 (779); Byok NVwZ 2012, 70 (75); Prieß/Hölzl NZBau 2008, 563 (565).
[159] EuGH 20.3.2018 – C-187/16, NZBau 2018, 478 Rn. 78; 7.6.2012 – C-615/10, NZBau 2012, 509 Rn. 45; OLG Düsseldorf 20.12.2004 – Verg 101/04, VergabeR 2004, 371 = BeckRS 2003, 12561; Prieß/Hölzl NZBau 2008, 563 (565).
[160] EuGH 16.10.2003 – C-252/00, NZBau 2004, 281 (282).

Recht wieder einen strengen Maßstab angelegt.[161] Im Hinblick auf den Grundsatz der Verhältnismäßigkeit ist die Pflicht zur Durchführung eines förmlichen Vergabeverfahrens auch bei Vorliegen eines Ausnahmetatbestandes nur dann insges. ausgeschlossen, wenn dem jew. Sicherheitsinteresse nicht iRd Vergaberechts Rechnung getragen werden kann.[162] Zu Art. 346 Abs. 1 lit. a AEUV → VSVgV Einl. Rn. 13.

47 **b) Anwendungsbereich des Art. 346 Abs. 1 lit. b AEUV (Abs. 2 S. 1 Nr. 2).** Der Ausnahmetatbestand des Abs. 2 S. 1 Nr. 2 folgt unmittelbar aus Art. 346 Abs. 2 lit. b AEUV.[163] Danach kann jeder Mitgliedstaat „die Maßnahmen ergreifen, die seines Erachtens für die Wahrung seiner wesentlichen Sicherheitsinteressen erforderlich sind, soweit sie die Erzeugung von Waffen, Munition und Kriegsmaterial oder den Handel damit betreffen; diese Maßnahmen dürfen auf dem Binnenmarkt die Wettbewerbsbedingungen hinsichtlich der nicht eigens für militärische Zwecke bestimmten Waren nicht beeinträchtigen". Es handelt sich dabei um eine **Ausnahmeregelung vom Anwendungsbereich des europäischen Primärrechts;** deshalb ist sie eng auszulegen.[164] Ein Mitgliedstaat, der sich darauf berufen will, muss nachweisen, welche Sicherheitsinteressen betroffen sind und welcher Zusammenhang zwischen diesen Sicherheitsinteressen und der konkreten Beschaffung besteht; pauschale oder floskelhafte Aussagen genügen nicht.[165] Ob ein öffentlicher Auftrag nach § 107 Abs. 2 S. 1 Nr. 2 GWB ohne Beachtung der Vorschriften des Teils 4 des GWB vergeben werden darf, hängt allein davon ab, ob die Ausnahmevoraussetzungen des Art. 346 Abs. 2 lit. b AEUV vorliegen. Erforderlich ist danach, dass
– Gegenstand des Auftrags die Beschaffung von oder der Handel mit Waffen, Munition oder Kriegsmaterial ist,
– wesentliche Sicherheitsinteressen eines Mitgliedstaates berührt werden,
– sich der Mitgliedstaat auf den Ausnahmetatbestand berufen hat und
– diese Maßnahmen die Wettbewerbsbedingungen hinsichtlich der nicht eigens für militärische Zwecke bestimmten Waren auf den gemeinsamen Markt nicht beeinträchtigen.

48 In einer von der Kommission im Jahr 2006 veröffentlichten „Mitteilung zu Auslegungsfragen bzgl. der Anwendung des Art. 296 EG auf die Beschaffung von Verteidigungsgütern"[166] sind Leitlinien aufgestellt, die den Mitgliedstaaten eine Beurteilung ermöglichen sollen, ob eine Berufung auf die Ausnahmevorschrift gerechtfertigt ist. Art. 346 Abs. 1 lit. b AEUV gilt nur für Verteidigungsgüter („Waffen, Munition und Kriegsmaterial"). Der Rat hat am 15.4.1958 eine Liste der Waren vorgelegt, die dem Anwendungsbereich des heutigen Art. 346 Abs. 1 lit. b AEUV unterfallen.[167] Diese **Warenliste** wird teilweise als abschl. und konstitutiv angesehen;[168] auch die Kommission hat in ihrer Mitteilung zu Auslegungsfragen auf diese Warenliste Bezug genom-

---

[161] EuGH 8.4.2008 – C-337/05, NZBau 2008, 401 Rn. 42 ff.; Prieß/Hölzl NZBau 2008, 563 (565 f.).
[162] OLG Düsseldorf 8.6.2011 – Verg 49/11, BeckRS 2011, 18449; BeckOK VergabeR/Meister/Terbrack GWB § 107 Rn. 54.
[163] Eisenhut NJW 2022, 3270, 321 f.; BT-Drs. 18/6281, 79; ebenso in Bezug auf § 100 Abs. 6 Nr. 2 GWB aF BT-Drs. 17/7275, 15.
[164] EuGH 4.9.2014 – C-474/12, BeckRS 2014, 81735 Rn. 35; 7.6.2012 – C-615/10, NZBau 2012, 509 Rn. 15; vgl. EuGH 8.4.2008 – C-337/05, NZBau 2008, 401 Rn. 42 ff. mwN.
[165] OLG Düsseldorf 18.8.2021 – VII-51/20, NZBau 2022, 481 Rn. 24.; vgl. Eggers/Siegert NZBau 2023, 14; Marxsen EuR 2021, 307 (316).
[166] KOM (2006), 779 endg.
[167] *Ratsentscheidung* 255/58 v. 15.4.1958, vgl. Callies/Ruffert/Wegener AEUV Art. 346 Rn. 7.
[168] EuGH 7.6.2012 – C-615/10, EuZW 2012, 631 Rn. 36; 15.12.2009 – C-372/05, EuZW 2010, 152 (158); BeckOK VergabeR/Meister/Terbrack GWB § 107 Rn. 57.

Allgemeine Ausnahmen § 107 GWB

men.[169] Allerdings wurde die Warenliste nie amtlich veröffentlicht; schon das spricht dagegen, ihr bindende Wirkung beizumessen. Hinzu kommt, dass sie seit 1958 nie überarbeitet wurde und heute aus technologischer Sicht überholt ist.[170] Gleichwohl geht der EuGH davon aus, dass die Produktarten, die in der Warenliste genannt sind, grds. von dem Ausnahmetatbestand erfasst werden.[171] Aus dem Wortlaut des Art. 346 Abs. 1 lit. b AEUV folgt, dass unter die Vorschrift nur solche Verteidigungsgüter fallen, die „eigens für militärische Zwecke" bestimmt sind. Im Umkehrschluss heißt das, dass das Vergaberecht beim Erwerb von Ausrüstungsgegenständen uneingeschränkt zu beachten ist, solange die Nutzung für militärische Zwecke nicht abschl. feststeht.[172] Waren, die sowohl für militärische als auch für zivile Zwecke genutzt werden können (**„Dual-use"-Güter,**) werden von Art. 346 Abs. 1 lit. b AEUV grds. nicht erfasst.[173] Anders verhält es sich nur dann, wenn ein Gegenstand, der eigens für militärische Zwecke verwendet werden soll, aber auch weitgehend gleichartige zivile Nutzungsmöglichkeiten bietet, aufgrund seiner Eigenschaften – auch infolge substanzieller Veränderungen – als speziell für militärische Zwecke konzipiert und entwickelt angesehen werden kann.[174] Zu Art. 346 Abs. 1 lit. b AEUV s. auch → VSVgV Einl. Rn. 10 ff.

Erforderlich ist weiter, dass eine **Berührung wesentlicher Sicherheitsinteres-** 49 **sen** vorliegt. Denn Art. 346 Abs. 1 lit. b AEUV nimmt Verteidigungsgüter nicht ohne weiteres vom Anwendungsbereich des Primärrechts aus, sondern nur dann, wenn die Voraussetzungen der Vorschrift erfüllt sind.[175] Danach muss der jew. Mitgliedstaat eine Situation, die seine wesentlichen Sicherheitsinteressen berührt, nicht nur behaupten, sondern auch nachweisen.[176] Allerdings hat der Mitgliedstaat bei der Prüfung, ob wesentliche Sicherheitsinteressen berührt werden, einen gewissen Beurteilungsspielraum. Dies folgt bereits aus dem Wortlaut des Art. 346 Abs. 1 lit. b AEUV („seines Erachtens").[177] Der Auslegungshinweis des § 107 Abs. 2 S. 2 GWB bezieht sich auch auf Art. 346 Abs. 1 lit. b AEUV;[178] er ist daher iRd Prüfung, ob eine Ausnahme nach § 107 Abs. 1 S. 1 Nr. 2 eingreift, anwendbar. Dagegen gilt § 107 Abs. 1 S. 3 GWB nur für die in § 107 Abs. 1 S. 1 Nr. 1 GWB normierten Fälle des Art. 346 Abs. 1 lit. a AEUV.[179]

Hinzukommen muss eine ausdr. **Berufung auf den Ausnahmetatbestand** 50 durch die Bundesrepublik Deutschland. Denn auch Art. 346 Abs. 1 lit. b AEUV verlangt, dass sich der jew. Mitgliedstaat ausdr. darauf beruft.[180]

Die Berufung auf Art. 346 Abs. 1 lit. b AEUV und damit der Ausschluss von 51 Teil 4 des GWB gem. § 107 Abs. 2 S. 1 Nr. 2 GWB ist nur statthaft, wenn dadurch **keine Beeinträchtigung der Wettbewerbsbedingungen** für nicht eigens für

---

[169] KOM(2006), 779 endg., Ziff. 3.
[170] Vgl. GKN/Krohn § 57 Rn. 53; Streinz/Kokott AEUV Art. 346 Rn. 7.
[171] EuGH 7.6.2012 – C-615/10, NZBau 2012, 509 Rn. 36; ebenso OLG Düsseldorf 18.8.2021 – VII-Verg 51/20, NZBau 2022, 481 Rn. 24.
[172] EuGH 8.4.2008 – C-337/05, NZBau 2008, 401 (403); vgl. Prieß/Hölzl NZBau 2008, 563 (565).
[173] EuGH 7.6.2012 – C-615/10, EuZW 2012, 631 Rn. 39; Streinz/Kokott AEUV Art. 346 Rn. 8.
[174] EuGH 7.6.2012 – C-615/10, NZBau 2012, 509 Rn. 45.
[175] Kommission, Mitteilung zur Auslegungsfragen bzgl. der Anwendung des Art. 296 EGV auf die Beschaffung von Verteidigungsgütern v. 7.12.2006, KOM(2006) 779 endg., S. 7.
[176] EuGH 4.9.2014 – C-474/12, BeckRS 2014, 81735; 8.4.2008 – C-337/05, NZBau 2008, 401 Rn. 44.
[177] Kommission, Mitteilung zur Auslegungsfragen bzgl. der Anwendung des Art. 296 EG auf die Beschaffung von Verteidigungsgütern v. 7.12.2006, KOM(2006) 779 endg., S. 7.
[178] BT-Drs. 19/15603, 57.
[179] BT-Drs. 19/15603, 57.
[180] EuGH 16.9.1999 – C-414/97, BeckRS 2004, 77125.

GWB § 108 Ausnahmen bei öffentlich-öffentlicher Zusammenarbeit

militärische Zwecke bestimmte Waren zu erwarten ist. Solche Beeinträchtigungen können grds. von Kompensationsgeschäften ausgehen, die ein Mitgliedstaat parallel zur Beschaffung von Verteidigungsgütern abschließt. In Deutschland werden Kompensationsgeschäfte jedoch nicht gefordert.

§ 108 Ausnahmen bei öffentlich-öffentlicher Zusammenarbeit

(1) Dieser Teil ist nicht anzuwenden auf die Vergabe von öffentlichen Aufträgen, die von einem öffentlichen Auftraggeber im Sinne des § 99 Nummer 1 bis 3 an eine juristische Person des öffentlichen oder privaten Rechts vergeben werden, wenn
1. der öffentliche Auftraggeber über die juristische Person eine ähnliche Kontrolle wie über seine eigenen Dienststellen ausübt,
2. mehr als 80 Prozent der Tätigkeiten der juristischen Person der Ausführung von Aufgaben dienen, mit denen sie von dem öffentlichen Auftraggeber oder von einer anderen juristischen Person, die von diesem kontrolliert wird, betraut wurde, und
3. an der juristischen Person keine direkte private Kapitalbeteiligung besteht, mit Ausnahme nicht beherrschender Formen der privaten Kapitalbeteiligung und Formen der privaten Kapitalbeteiligung ohne Sperrminorität, die durch gesetzliche Bestimmungen vorgeschrieben sind und die keinen maßgeblichen Einfluss auf die kontrollierte juristische Person vermitteln.

(2) [1]Die Ausübung einer Kontrolle im Sinne von Absatz 1 Nummer 1 wird vermutet, wenn der öffentliche Auftraggeber einen ausschlaggebenden Einfluss auf die strategischen Ziele und die wesentlichen Entscheidungen der juristischen Person ausübt. [2]Die Kontrolle kann auch durch eine andere juristische Person ausgeübt werden, die von dem öffentlichen Auftraggeber auf gleiche Weise kontrolliert wird.

(3) [1]Absatz 1 gilt auch für die Vergabe öffentlicher Aufträge, die von einer kontrollierten juristischen Person, die zugleich öffentlicher Auftraggeber im Sinne des § 99 Nummer 1 bis 3 ist, an den kontrollierenden öffentlichen Auftraggeber oder an eine von diesem öffentlichen Auftraggeber kontrollierte andere juristische Person vergeben werden. [2]Voraussetzung ist, dass keine direkte private Kapitalbeteiligung an der juristischen Person besteht, die den öffentlichen Auftrag erhalten soll. [3]Absatz 1 Nummer 3 zweiter Halbsatz gilt entsprechend.

(4) Dieser Teil ist nicht anzuwenden auf die Vergabe von öffentlichen Aufträgen, bei denen der öffentliche Auftraggeber im Sinne des § 99 Nummer 1 bis 3 über eine juristische Person des privaten oder öffentlichen Rechts zwar keine Kontrolle im Sinne des Absatzes 1 Nummer 1 ausübt, aber
1. der öffentliche Auftraggeber gemeinsam mit anderen öffentlichen Auftraggebern über die juristische Person eine ähnliche Kontrolle ausübt wie jeder der öffentlichen Auftraggeber über seine eigenen Dienststellen,
2. mehr als 80 Prozent der Tätigkeiten der juristischen Person der Ausführung von Aufgaben dienen, mit denen sie von den öffentlichen Auftraggebern oder von einer anderen juristischen Person, die von diesen Auftraggebern kontrolliert wird, betraut wurde, und
3. an der juristischen Person keine direkte private Kapitalbeteiligung besteht; Absatz 1 Nummer 3 zweiter Halbsatz gilt entsprechend.

(5) Eine gemeinsame Kontrolle im Sinne von Absatz 4 Nummer 1 besteht, wenn

1. sich die beschlussfassenden Organe der juristischen Person aus Vertretern sämtlicher teilnehmender öffentlicher Auftraggeber zusammensetzen; ein einzelner Vertreter kann mehrere oder alle teilnehmenden öffentlichen Auftraggeber vertreten,
2. die öffentlichen Auftraggeber gemeinsam einen ausschlaggebenden Einfluss auf die strategischen Ziele und die wesentlichen Entscheidungen der juristischen Person ausüben können und
3. die juristische Person keine Interessen verfolgt, die den Interessen der öffentlichen Auftraggeber zuwiderlaufen.

(6) Dieser Teil ist ferner nicht anzuwenden auf Verträge, die zwischen zwei oder mehreren öffentlichen Auftraggebern im Sinne des § 99 Nummer 1 bis 3 geschlossen werden, wenn
1. der Vertrag eine Zusammenarbeit zwischen den beteiligten öffentlichen Auftraggebern begründet oder erfüllt, um sicherzustellen, dass die von ihnen zu erbringenden öffentlichen Dienstleistungen im Hinblick auf die Erreichung gemeinsamer Ziele ausgeführt werden,
2. die Durchführung der Zusammenarbeit nach Nummer 1 ausschließlich durch Überlegungen im Zusammenhang mit dem öffentlichen Interesse bestimmt wird und
3. die öffentlichen Auftraggeber auf dem Markt weniger als 20 Prozent der Tätigkeiten erbringen, die durch die Zusammenarbeit nach Nummer 1 erfasst sind.

(7) [1]Zur Bestimmung des prozentualen Anteils nach Absatz 1 Nummer 2, Absatz 4 Nummer 2 und Absatz 6 Nummer 3 wird der durchschnittliche Gesamtumsatz der letzten drei Jahre vor Vergabe des öffentlichen Auftrags oder ein anderer geeigneter tätigkeitsgestützter Wert herangezogen. [2]Ein geeigneter tätigkeitsgestützter Wert sind zum Beispiel die Kosten, die der juristischen Person oder dem öffentlichen Auftraggeber in dieser Zeit in Bezug auf Liefer-, Bau- und Dienstleistungen entstanden sind. [3]Liegen für die letzten drei Jahre keine Angaben über den Umsatz oder einen geeigneten alternativen tätigkeitsgestützten Wert wie zum Beispiel Kosten vor oder sind sie nicht aussagekräftig, genügt es, wenn der tätigkeitsgestützte Wert insbesondere durch Prognosen über die Geschäftsentwicklung glaubhaft gemacht wird.

(8) Die Absätze 1 bis 7 gelten entsprechend für Sektorenauftraggeber im Sinne des § 100 Absatz 1 Nummer 1 hinsichtlich der Vergabe von öffentlichen Aufträgen sowie für Konzessionsgeber im Sinne des § 101 Absatz 1 Nummer 1 und 2 hinsichtlich der Vergabe von Konzessionen.

Literatur: 1. Inhouse-Geschäfte: Al-Tabbaa, Ammar, The Ex Ante and Ex Post Application of the Teckal Criteria for In-house Awards, EPPPL – European Public Private Partnership Law 3/2016, S. 166–178; Brockhoff, Öffentlich-öffentliche Zusammenarbeit nach den neuen Vergaberichtlinien, VergabeR 2014, 625; Burgi, Zur Nichtanwendbarkeit des GWB-Vergaberechts auf den gesetzlichen Übergang von Aufgaben und Befugnissen auf einen sondergesetzlichen Wasserverband, ZfW 2017, 169; Dabringhausen, Die europäische Neuregelung der Inhouse-Geschäfte – Fortschritt oder Flop?, VergabeR 2014, 512; Dabringhausen/Meier, Der stille Gesellschafter – ein schädlicher Dritter im Sinne der neueren EuGH-Rechtsprechung zur In-House-Vergabe?, NZBau 2007, 417; Dabringhausen, Horizontale Inhouse-Geschäfte, NZBau 2009, 616; Dabringhausen, Vergaberechtliche Empfehlungen für die Gliederung eines kommunalen Konzerns, Der Gemeindehaushalt 2011, 153; Deuster/Ristelhuber, Direktvergaben an kommunale Aktiengesellschaften – Reicht für die erforderliche Kontrolle ein Beherrschungsvertrag?, VergabeR 2018, 99; Eisentraut, Der Grundsatz der Ausschreibungsfreiheit der Eigenerledigung, EuZW 2022, 981; Elbel, Reichweite der vergaberechtlichen Figur des „In-

House-Geschäfts" im öffentlich-rechtlichen „Konzern", VergabeR 2011, 185; Forst, In-house-Vergabe öffentlicher Aufträge an gemeinsame Einrichtungen der Sozialversicherungsträger, ZESAR 2013, 350; Frenz, In-House-Geschäfte nach dem Urteil Sea, VergabeR 2010, 147; Frenz, In-House-Geschäfte und interkommunale Zusammenarbeit nach der Vergaberechtsreform, DVBl. 2017, 740; Gaus, Der neue § 108 GWB. Die In-House-Vergabe in der kommunalen Konzernfamilie, VergabeR 2016, 418; Geitel, In-house: Wann liegt eine gemeinsame Kontrolle vor?, NZBau 2013, 483; Gerlach, Geltung der AEUV-Grundsätze auch bei Inhouse-Vergaben nach der Richtlinie 2014/24/EU, NZBau 2020, 426; Greb, Inhouse-Vergabe nach aktuellem und künftigem Recht, VergabeR 2015, 289; Gruneberg/Wilden, Höhere Hürden für In-House-Geschäfte – Verschärfung des Wesentlichkeitskriteriums, VergabeR 2012, 149; Hausmann/Queisner, In-House Contracts and Inter-Municipal Cooperation, EPPPL 2013, 231; Hölzl/Fedke, Tracking Stocks: Inhouse-Geschäfte und interkommunale Zusammenarbeit auch bei Beteiligung Privater?, DVBl 2010, 759; Hövelberndt, Ausschreibungsfreiheit der interkommunalen Zusammenarbeit auch bei zuwendungsfinanzierten Maßnahmen?, NZBau 2016, 9; Hofmann, Inhouse-Geschäfte nach dem neuen GWB, VergabeR 2016, 189; Horstkotte/Hünemörder/Dimieff, In-House-Vergaben an Tochtergesellschaften anderer Auftraggeber, VergabeR 2017, 697; Knauff, Neues zur Inhouse-Vergabe, NZBau 2014, 486; Kupczyk, Vergaberechtliche Aspekte des In-house-Geschäfts, 2008; Losch, Inhouse in der Klemme? – Wege zur Gestaltung ausschreibungsfreier Auftragsvergaben, VergabeR 2012, 687; Losch, Gestaltungsmöglichkeiten und rechtliche Grenzen ausschreibungsfreier Leistungsbeziehungen aufgrund von Inhouse-Gestaltungen, VergabeR 2016, 541; Mager, Neue Maßgaben zur Inhouse-Vergabe und zu den Anforderungen vergabefreier Vertragsänderungen, NZBau 2012, 25; Mager/Weßler, Konkretisierte Kriterien für die Inhouse-Vergabe, NZBau 2017, 342; Müller-Wrede, Die Neuregelungen zur In-House-Vergabe, VergabeR 2016, 292; Pfannkuch, Inhouse-Vergabe und interkommunale Zusammenarbeit nach den neuen Vergaberichtlinien, Die Gemeinde SH 2014, 186; Pfannkuch, Beihilferechtliche Risiken bei der Inhouse-Vergabe, NZBau 2015, 743; Schleissing, Möglichkeiten und Grenzen vergaberechtlicher In-House-Geschäfte – unter Berücksichtigung der Ausgestaltungsmöglichkeiten kommunaler Konzernstrukturen, 2012; Schröder, Das so genannte Wesentlichkeitskriterium beim In-House-Geschäft, NVwZ 2011, 776; Schulz, Inhouse-Vergabe in der öffentlichen Verwaltung: Von Müttern, Schwestern, Enkeln und Halbgeschwistern, ZfBR 2018, 134; Siebler/Hamm/Möller, Inhousevergabe und interkommunale Zusammenarbeit – Zulässigkeit und Grenzen unter Berücksichtigung der Entwicklung der aktuellen Rechtsprechung, VergabeR 2022, 499; Siegel, Wie rechtssicher sind In-House-Geschäfte?, NVwZ 2008, 7; Tomerius, Drittgeschäfte kommunaler Entsorgungsunternehmen und Inhouse-Fähigkeit, VergabeR 2015, 373; Wagner, Inhouse-Geschäft mit einer GbR?, VergabeR 2011, 181; Wagner-Cardenal/Scharf/Dierkes, Zur Zurechnung von Drittumsätzen bei der Inhouse-Vergabe, NZBau 2011, 271; Wolf, Ausschreibungspflichten bei Selbstvornahme und interkommunale Zusammenarbeit, VergabeR 2011, 27; Ziekow, In-House-Geschäfte – werden die Spielräume enger?, VergabeR 2006, 621; Ziekow, Inhouse-Geschäft und öffentlich-öffentliche Kooperationen: Neues vom europäischen Vergaberecht?, NZBau 2015, 258; Ziekow, Neues vom Wesentlichkeitskriterium beim Inhouse-Geschäft?, NZBau 2017, 339.

2. In-State-Geschäfte, insbes. interkommunale Kooperationen: Brauser-Jung, Rugenberger Dammbruch oder: Keine vergaberechtlichen Grenzen für interkommunale Kooperationen?, VergabeR 2010, 306; Clot, Die horizontale öffentlich-öffentliche Zusammenarbeit im Sinne von § 108 Abs. 6 bis 9 GWB, 2020; Dierkes/Scharf, Die interkommunale Zusammenarbeit – Zum nachträglichen Wegfall ihrer Privilegierungsvoraussetzungen sowie zu den Folgen bei der Einbindung Dritter im Rahmen der Leistungserfüllung, VergabeR 2014, 752; Döbling, Verwaltungskooperationen und Vergaberecht, 2011; Gerlach, Keine vergaberechtsfreie Zusammenarbeit zwischen öffentlichen Auftraggebern bei bloßer Leistung gegen Kostenerstattung, NVwZ 2020, 1574; Gruneberg/Wilden, Die Einschränkung der kommunalen Kooperationsmöglichkeit durch aktuelle vergaberechtliche Entscheidungen, ZfBR 2013, 438; Gruneberg/Beck, Möglichkeiten interkommunaler Kooperation nach der Piepenbrock-Entscheidung des EuGH, VergabeR 2014, 99; Gruneberg/Frank, Interkommunale Zusammenarbeit im aktuellen

Vergaberecht, AbfallR 2016, 12, 77; Günther, Die Privatisierung kommunaler Einrichtungen und die interkommunale Zusammenarbeit unter dem Blickwinkel des Vergaberechts, 2013; Gyulai-Schmidt, Vergabefreie Kompetenzübertragung auf Zweckverbände im Rahmen der interkommunalen Zusammenarbeit, ZfBR 2017, 755; Hausmann, Höhere Anforderungen bei interkommunalen In-House-Geschäften, NVWZ 2013, 760; Hertwig, Die Abgrenzung Öffentlich-Öffentlicher Partnerschaften von bloßen Auftragsverhältnissen, NZBau 2013, 278; Horn, Öffentlich-öffentliche Kooperationen, VergabeR 2017, 229; Klein, Kommunale Kooperationen zwischen innerstaatlichem Organisationsakt und Markt, 2012; Klein, Kommunale Kooperationen und Vergaberecht, VergabeR 2013, 328; Knauff, Die vergaberechtsfreie öffentlich-öffentliche Zusammenarbeit im Lichte aktueller Entscheidungspraxis, NZBau 2020, 261; Krohn/Müller, Kaufst du noch – oder kooperierst du schon?, NZBau 2020, 491; Kunde, Die Zuständigkeitsübertragung durch öffentlich-rechtliche Vereinbarung und die Anwendung des Vergaberechts, NZBau 2011, 734; Kunde, Vergaberechtspflicht der „delegierenden" öffentlichrechtlichen Vereinbarung, NZBau 2013, 555; Mager/Lettau, Ausschreibungspflicht bei kostenneutraler Überlassung von Software zwischen Behörden?, NZBau 2019, 501; Raabe, Öffentliche Auf- und Vergabe: Ausschreibung öffentlich-öffentlicher Zusammenarbeit?, VergabeR 2012, 697; Rechten/Stanko, Horizontale Zusammenarbeit und Besserstellungsverbot, NZBau 2021, 657; Ruhland, Öffentlich-öffentliche Partnerschaften aus der Perspektive des Vergaberechts, VerwArch 2010, 399; Siebler, Privilegierung von Public-Public-Partnerships in europäischen Vergaberecht, 2013; Siegel, Die Vergaberechtspflichtigkeit der In-State-Geschäfte, VergabeR 2006, 621; Siegel, Instate-Geschäfte, NZBau 2018, 507; Sonder, Neuere EuGH-Rechtsprechung zum Verhältnis von interkommunaler Zusammenarbeit und Vergaberecht, LKV 2014, 207; Stöcker, Entwicklung des Verwaltungskooperationsvertrages unter Berücksichtigung des Vergaberechts, 2010; Wagner/Piesbergen, Neue Entwicklungen zur vergabefreien öffentlichöffentlichen Zusammenarbeit, NVwZ 2012, 653; Wenzel, Aktuelle Entscheidungen zur ausschreibungsfreien öffentlich-öffentlichen Zusammenarbeit, VergabeR 2022, 345; Ziekow/Siegel, Public Public Partnerships und Vergaberecht: Vergaberechtliche Sonderbehandlung der „InState-Geschäfte"?, VerwArch 2005, 119; Ziekow/Siegel, Die Vergaberechtspflichtigkeit von Partnerschaften der öffentlichen Hand, VergabeR 2005, 145.

Übersicht

	Rn.
I. Bedeutung der Vorschrift	1
II. Anwendungsbereich und Struktur	5
1. Neuordnung behördlicher Kompetenzen (delegierende Aufgabenübertragung)	5a
2. Systematik des § 108 GWB	6
III. Das Inhouse-Geschäft (Abs. 1–5)	8
1. Einfach-vertikales („klassisches") Inhouse-Geschäft (Abs. 1 und 2)	10
a) Dienststellenähnliche Kontrolle	11
aa) Gesellschaftsverfassung	18
bb) Mehrstufige Kontrolle	26
b) Überwiegende Tätigkeit für den Auftraggeber	27
aa) Berechnung des Tätigkeitsanteils	30
bb) Tätigkeiten zur Erfüllung durch Betrauung übertragener Aufgaben	32
cc) Leistungsempfänger	41
c) Beteiligung Privater	46
2. Inverse und horizontale Inhouse-Geschäfte (Abs. 3)	59
a) Gemeinsam-vertikales Inhouse-Geschäft	61
aa) Kontrolle wie über eine eigene Dienststelle	63

GWB § 108 Ausnahmen bei öffentlich-öffentlicher Zusammenarbeit

Rn.

bb) Mehr als 80 % Tätigkeit für die kontrollierenden Auftraggeber 68
b) Inverse und horizontale gemeinsame Inhouse-Geschäfte 69
IV. Instate-Geschäfte (horizontale öffentlich-öffentliche Kooperationen, Abs. 6) 72

I. Bedeutung der Vorschrift

1 § 108 GWB kodifiziert in Umsetzung von Art. 12 VRL, Art. 28 SRL und Art. 17 KVR erstmals die Voraussetzungen, unter denen die **Zusammenarbeit eines öffentlichen Auftraggebers mit einer oder mehreren anderen öffentlichen Stellen** nicht den Anforderungen des Vergaberechts unterworfen ist. Zu beachten ist, dass die Regelung zwar auf die bisherige Rspr. des EuGH zu den Inhouse- und Instate-Geschäften zurückgreift, diese jedoch in Einzelheiten modifiziert. Ausgangspunkt ist der Umstand, dass auch eine öffentliche Stelle „Unternehmen" iSv § 103 Abs. 1 GWB bzw. § 105 Abs. 1 GWB und damit Auftrag- bzw. Konzessionsnehmer sein kann.

2 Gleichwohl können nicht alle Formen der Zusammenarbeit zwischen öffentlichen Stellen dem Vergaberecht unterworfen sein. Erwgr.5 der VRL bringt noch einmal klar zum Ausdruck, dass europäisches Vergaberecht die Mitgliedstaaten nicht verpflichtet, „die Erbringung von Dienstleistungen an Dritte oder nach außen zu vergeben, wenn sie diese Dienstleistungen selbst erbringen oder die Erbringung durch andere Mittel als öffentliche Aufträge ... organisieren möchten". Jeder öffentlichen Stelle muss die Möglichkeit verbleiben, ihre im Allgemeininteresse liegenden Aufgaben mit ihren **eigenen administrativen, technischen und anderen Mitteln** zu erfüllen und sich hierfür nicht an externe Einrichtungen wenden zu müssen.[1] In Abgrenzung zu den externen Einrichtungen zählt zu diesen eigenen Mitteln auch die **Zusammenarbeit mit anderen öffentlichen Stellen**.[2]

3 Dieser sog. **Grundsatz der Ausschreibungsfreiheit** der Eigenerledigung ist vom EuGH immer wieder als gemeinsame Grundlage der Herausnahme von Inhouse- und Instate-Geschäften (zur Begrifflichkeit → Rn. 72) aus der Anwendung des Vergaberechts betont worden.[3] Denn der durch die Grundfreiheiten des AEUV formulierte Gleichbehandlungsgrundsatz als Basis des europäischen Vergaberechts (→ § 97 Rn. 9 ff.) ist nicht betroffen, wenn eine öffentliche Stelle die Erledigung ihrer Aufgaben durch eigene Mittel organisiert. In diesem Fall handelt es sich um keine Beziehung, die das Gleichbehandlungsgebot berührt. Kein privates Unternehmen wird besser oder schlechter gestellt als seine Wettbewerber, wenn die Aufgabenerledigung durch Eigenmittel der Verwaltung erfolgt.

---

[1] EuGH 11.1.2005 – C-26/03, NVwZ 2005, 187 Rn. 48 – Stadt Halle; 13.10.2005 – C-458/03, NVwZ 2005, 1407 Rn. 61 – Parking Brixen; 13.11.2008 – C-324/07, NZBau 2009, 54 Rn. 48 – Coditel Brabant; 9.6.2009 – C-480/06, NZBau 2009, 527 Rn. 45 – Stadtreinigung Hamburg; 22.12.2010 – C-215/09, EuZW 2011, 257 Rn. 31 – Oulun kaupunki; 8.12.2016 – C-553/15, NZBau 2017, 109 Rn. 30 – Undis Servizi; 25.10.2018 – C-260/17, NZBau 2019, 189 Rn. 36 – Anodiki.

[2] Erwgr. 31 der VRL; EuGH 13.11.2008 – C-324/07, NZBau 2009, 54 Rn. 49 – Coditel Brabant; 9.6.2009 – C-480/06, NZBau 2009, 527 Rn. 45 – Stadtreinigung Hamburg.

[3] EuGH 11.1.2005 – C-26/03, NVwZ 2005, 187 Rn. 48 – Stadt Halle; 13.10.2005 – C-458/03, NVwZ 2005, 1407 Rn. 61 – Parking Brixen; 13.11.2008 – C-324/07, NZBau 2009, 54 Rn. 48 – Coditel Brabant; 9.6.2009 – C-480/06, NZBau 2009, 527 Rn. 45 – Stadtreinigung Hamburg; 22.12.2010 – C-215/09, EuZW 2011, 257 Rn. 31 – Oulun kaupunki; 8.5.2014 – C-15/13, NZBau 2014, 368 Rn. 25 – HIS.

Die **Beweislast** für das Vorliegen der Voraussetzungen des § 108 GWB obliegt 4
demjenigen, der sich darauf berufen will[4] – idR also dem öffentlichen Auftraggeber.
Liegen die Voraussetzungen eines der Tatbestände des § 108 GWB vor, so ist der 4a
öffentliche Auftraggeber dazu ermächtigt, von der Durchführung eines Vergabeverfahrens abzusehen. Es besteht allerdings auch dann **keine Verpflichtung zur Inhouse-Vergabe**. Vielmehr kann sich der Auftraggeber auch in einer gegebenen Inhouse-Konstellation für die Durchführung eines Vergabeverfahrens entscheiden.[5] Umgekehrt könnte der Gesetzgeber auch vorschreiben – was in Deutschland nicht erfolgt ist –, dass vor der Durchführung eines Vergabeverfahrens immer erst zu prüfen ist, ob nicht einer der Tatbestände des § 108 GWB eingreift.[6]

II. Anwendungsbereich und Struktur

Die von § 108 GWB erfassten Fallgruppen der ausschreibungsfreien Geschäfte 5
stellen Typisierungen zur **Definition der Grenze** zwischen der Aufgabenerledigung durch eigene Mittel der öffentlichen Hand und deren Teilnahme am Markt als Wirtschaftsteilnehmer wie ein Privater dar. Diese Grenze ist von vornherein nicht überschritten und dementsprechend das Vergaberecht nicht anwendbar, wenn durch Vereinbarungen, Beschlüsse oder andere Rechtsinstrumente die Übertragung von Befugnissen und Zuständigkeiten für die Ausführung öffentlicher Aufgaben zwischen öffentlichen Auftraggebern oder Gruppen von öffentlichen Auftraggebern geregelt und dabei keine Vergütung für vertragliche Leistungen vorgesehen wird. Derartige Vereinbarungen etc werden laut Art. 1 Abs. 6 VRL von vornherein als **Angelegenheit der internen Organisation** des betreffenden Mitgliedstaats betrachtet. Eine solche Ordnung oder Neuordnung von Zuständigkeiten unterfällt von vornherein nicht dem Vergaberecht (→ Rn. 5a ff.), so dass auf sie auch § 108 GWB nicht anwendbar ist. Hieraus ergibt sich bspw. für die Prüfung der vergaberechtlichen Bewertung von Formen **interkommunaler Zusammenarbeit** folgende Prüfungsreihenfolge:
- Die erste und grundlegende Unterscheidung betrifft die Differenzierung zwischen Aufgabenübertragung und Aufgabenerfüllung. Im ersten Fall geht es darum, dass die Aufgabe als solche ihren Träger wechselt, was idR unter dem Stichwort delegierende Aufgabenübertragung behandelt wird. Hierauf ist § 108 GWB nicht anwendbar (→ Rn. 5a ff.).
- Im Falle einer Zusammenarbeit bei der Aufgabenerfüllung bleibt die Aufgabe hingegen wo sie ist, es wird nur in ihre Erfüllung ein zweites Rechtssubjekt eingeschaltet. § 108 GWB betrifft nur diese Stufe der Aufgabenerfüllung (→ Rn. 6 ff.).

Wesentlich ist, dass die unterschiedlichen Konstellationen interkommunaler Zusammenarbeit nicht verwechselt werden und die zu einer Konstellation ergangene Rspr. nicht auch für strukturell völlig andere Konstellationen herangezogen wird.

1. Neuordnung behördlicher Kompetenzen (delegierende Aufgabenübertragung)

Von vornherein der Anwendung des Unionsrechts und damit auch des **EU-** 5a
rechtlich geregelten Vergaberechts entzogen ist die **innerstaatliche Ordnung**

---

[4] EuGH 11.1.2005 – C-26/03, NVwZ 2005, 187 Rn. 46 – Stadt Halle; 13.10.2005 – C-458/03, NVwZ 2005, 1407 Rn. 63 – Parking Brixen; 6.4.2006 – C-410/04, NVwZ 2006, 555 Rn. 26 – ANAV.

[5] EuGH 3.10.2019 – C-285/18, NZBau 2020, 173 Rn. 46 – Stadt Kaunas; 22.12.2022 – C-383/21, NZBau 2023, 177 Rn. 48 – Sambre & Biesme.

[6] Vgl. EuGH 6.2.2020 – C-11/19, NZBau 2021, 269 Rn. 54 – Azienda.

GWB § 108 Ausnahmen bei öffentlich-öffentlicher Zusammenarbeit

der **Zuständigkeiten** und Befugnisse von Verwaltungsträgern und Behörden. Art. 4 Abs. 2 EU schließt es aus, innerstaatliche Rechtsakte, durch die Zuständigkeiten bzw. Befugnisse begründet oder verlagert werden, am Maßstab des EU-Rechts zu überprüfen.[7] Wird daher die Zuständigkeit für die Erfüllung einer bestimmten öffentlichen Aufgabe von der bisher zuständigen auf eine andere öffentliche Stelle verlagert, so unterliegt dieser Vorgang nicht dem Vergaberecht.[8] Im Übrigen ist eine solche Aufgabenverlagerung nicht durch das für einen öffentlichen Auftrag iSv § 103 GWB kennzeichnende Synallagma von Leistung und Gegenleistung (→ § 103 Rn. 11 ff.) geprägt.[9] Dass die Aufgabenverlagerung nicht mehr rückgeholt werden kann, ist nicht erforderlich.[10]

5b Von den Formen einer interkommunalen Zusammenarbeit betrifft eine solche Übertragung von Aufgaben die Zweckverbandsbildung und die Zweckvereinbarung, soweit sie delegierender Natur ist. Charakteristisch für den **Zweckverband** ist gerade, dass die Mitgliedskommunen bestimmte ihrer Aufgaben auf den Zweckverband als eigenständige juristische Person des öffentlichen Rechts übertragen. **Zweckvereinbarungen** können hingegen die Stufe der Aufgabenübertragung oder die der Aufgabenerfüllung betreffen. Nur wenn durch die Zweckvereinbarung die Aufgabe von einer Kommune auf eine andere übertragen wird, ist die erste Prüfungsstufe betroffen.

5c Zur Vermeidung von Umgehungen ist allerdings Voraussetzung für die Unanwendbarkeit des Vergaberechts auf eine Aufgabenübertragung, dass nicht nur die **Zuständigkeit** als solche, sondern **auch die Befugnisse,** die erforderlich sind, damit der Aufgabenträger der Zuständigkeit gerecht werden kann, übertragen werden. Zu diesen Befugnissen zählen die Befugnis zur Schaffung erstens des organisatorischen und zweitens des rechtlichen Rahmens für die Erfüllung der Aufgabe sowie drittens eine finanzielle Unabhängigkeit zur Finanzierung der Aufgabenerfüllung. Umgekehrt fehlt es an der erforderlichen Übertragung der Befugnisse zur **selbständigen und eigenverantwortlichen Wahrnehmung,** wenn der bisherige Aufgabenträger, der die Aufgabe übertragen hat, die **Aufgabenerfüllung weiterhin kontrolliert** oder sich sogar ein Zustimmungserfordernis zu Maßnahmen der nunmehr zuständigen Stelle vorbehält.[11] Dementsprechend unterliegt auch eine delegierende Zweckvereinbarung weiterhin dem Vergaberecht,[12] wenn die Vereinbarung **Zustimmungsvorbehalte** zugunsten der die Aufgabe abgebenden Kommune(n) enthält. Denn die meisten Landesgesetze über die kommunale Zusammenarbeit erlauben es, diesen Kommunen Mitwirkungsrechte bis hin zu Zustimmungserfordernissen in bestimmten Fragen einzuräumen (vgl. nur Art. 10 Abs. 2 BayKommZG, § 13 Abs. 2 S. 2 KomZG RLP).

5d Hiervon zu unterscheiden ist eine generelle Kontrolle der die Aufgabe aufnehmenden öffentlichen Stelle durch die die Aufgabe abgegebenen Stelle, bspw. eines Zweckverbandes durch die Gemeinden in der **Verbandsversammlung** als Organ des Verbandes selbst. Eine solche generelle Kontrolle hindert eine eigenverantwortli-

---

[7] EuGH 21.12.2016 – C-51/15, NZBau 2017, 105 Rn. 40 f. – Remondis; 18.6.2020 – C-328/19, NZBau 2020, 528 Rn. 46 – Stadt Pori.

[8] EuGH 21.12.2016 – C-51/15, NZBau 2017, 105 Rn. 41 – Remondis; 18.6.2020 – C-328/19, NZBau 2020, 528 Rn. 46 – Stadt Pori.

[9] EuGH 21.12.2016 – C-51/15, NZBau 2017, 105 Rn. 43 – Remondis; 18.6.2020 – C-328/19, NZBau 2020, 528 Rn. 47 – Stadt Pori.

[10] EuGH 21.12.2016 – C-51/15, NZBau 2017, 105 Rn. 53 – Remondis.

[11] EuGH 21.12.2016 – C-51/15, NZBau 2017, 105 Rn. 49 – Remondis; 18.6.2020 – C-328/19, NZBau 2020, 528 Rn. 48 – Stadt Pori.

[12] Eine mandatierende Vereinbarung ist ohnehin ausschreibungspflichtig, Siegel NZBau 2018, 507 (509).

che Erfüllung der Aufgaben durch die nunmehr zuständige Stelle nicht.[13] Ist aber die Verbandsversammlung auch für Maßnahmen des Alltagsmanagements zuständig, so dass ihr eine „Einmischung in konkrete Modalitäten der Durchführung der Aufgaben" möglich ist,[14] so handelt es sich um keine vergaberechtsfreie Aufgabenübertragung mehr.

Gehört zu den Aufgaben, die einer öffentlichen Stelle durch andere öffentliche Stellen vertraglich übertragen wurden, auch die **Erbringung von Dienstleistungen für alle anderen Kooperationspartner**, so ist die Stelle, der die Aufgabe übertragen wird, öffentlicher Auftraggeber auch für den Bereich der anderen Stellen.[15] Die Stellung als öffentlicher Auftraggeber umfasst dabei alle Handlungsmöglichkeiten zur Leistungserbringung, dh auch die Nutzung eigener Inhouse-Kapazitäten zur Leistungserbringung auch im Bereich der anderen Kooperationspartner.[16] 5e

Noch nicht geklärt ist die Frage, welche vergaberechtlichen Folgen eine **Beteiligung Privater an einem Zweckverband** oder einer delegierenden Zweckvereinbarung hat. Die Landesgesetze über die kommunale Zusammenarbeit lassen eine Beteiligung Privater an Zweckverbänden zu (Art. 17 Abs. 2 S. 2 BayKommZG, § 2 Abs. 2 KomZG RLP), einige Gesetze auch an Zweckvereinbarungen (§ 12 Abs. 1 S. 2 KomZG RLP). Für die Stufe der Aufgabenerfüllung ist klar, dass zumindest eine direkte Beteiligung Privater bei der Aufgabenerfüllung zur Vergabepflichtigkeit führt (→ Rn. 46 ff.). Man wird den EuGH dahingehend verstehen müssen, dass dies auf der Stufe der Aufgabenübertragung nicht gilt. Denn laut der Remondis-Entscheidung fällt „eine Entscheidung über die Zuweisung öffentlicher Befugnisse nicht in den Bereich wirtschaftlicher Vorgänge".[17] Leitend für den Ausschluss der Beteiligung eines Privaten an einem Inhouse-Geschäft war nach der insoweit grundlegenden Stadt Halle-Entscheidung des EuGH jedoch gerade, dass der Private durch die Beteiligung einen unzulässigen Vorteil im Wettbewerb erhält (→ Rn. 46). Nach der Bewertung des EuGH ist die Aufgabenübertragung hingegen kein Vorgang, die den Wettbewerb berühren kann. 5f

2. Systematik des § 108 GWB

In Anbetracht der **gemeinsamen Grundlage im Grundsatz der Ausschreibungsfreiheit der Eigenerledigung** (→ Rn. 3) ist es systematisch konsequent und dogmatisch zutreffend, die in der Rspr. des EuGH entwickelten Grundsätze zu Inhouse- und Instate-Geschäften in einer Norm unter der gemeinsamen Überschrift „Öffentliche Aufträge zwischen Einrichtungen des öffentlichen Sektors" zusammenzufassen. Dabei regelt 6

- Abs. 1 das **einfach-vertikale Inhouse-Geschäft,** bei dem ein öffentlicher Auftraggeber mit einer von ihm kontrollierten juristischen Person kontrahiert,
- Abs. 3 das **inverse Inhouse-Geschäft,** bei dem die kontrollierte juristische Person einen Auftrag an den sie kontrollierenden öffentlichen Auftraggeber vergibt, sowie das **horizontale Inhouse-Geschäft,** bei dem der Auftrag zwischen zwei von demselben öffentlichen Auftraggeber kontrollierten juristischen Personen vergeben wird,
- Abs. 4 das gemeinsam-vertikale Inhouse-Geschäft, bei dem die notwendige Kontrolle über die den Auftrag ausführende juristische Person nur durch mehrere öffentliche Auftraggeber gemeinsam ausgeübt werden kann, sowie

---

[13] EuGH 21.12.2016 – C-51/15, NZBau 2017, 105 Rn. 52 – Remondis; 18.6.2020 – C-328/19, NZBau 2020, 528 Rn. 49 – Stadt Pori.
[14] EuGH 21.12.2016 – C-51/15, NZBau 2017, 105 Rn. 52 – Remondis; 18.6.2020 – C-328/19, NZBau 2020, 528 Rn. 49 – Stadt Pori.
[15] EuGH 18.6.2020 – C-328/19, NZBau 2020, 528 Rn. 64 – Stadt Pori.
[16] EuGH 18.6.2020 – C-328/19, NZBau 2020, 528 Rn. 66 ff. – Stadt Pori.
[17] EuGH 21.12.2016 – C-51/15, NZBau 2017, 105 Rn. 49 – Remondis.

- Abs. 6 das **Instate-Geschäft,** bei dem mehrere öffentliche Auftraggeber horizontal auf vertraglicher Grundlage zusammenarbeiten.

7 § 108 GWB gilt nicht nur für die Vergabe **öffentlicher Aufträge** durch einen öffentlichen Auftraggeber iSd § 99 Nr. 1–3 GWB, sondern ausweislich des § 108 Abs. 8 GWB auch für **Sektorenauftraggeber** iSv § 100 Abs. 1 Nr. 1 GWB hinsichtl. der Vergabe öffentlicher Aufträge und **Konzessionsgeber** iSv § 101 Abs. 1 Nr. 1, 2 GWB hinsichtl. der Vergabe von Konzessionen.

III. Das Inhouse-Geschäft (Abs. 1–5)

8 Ganz allg. geht es bei der Frage der Inhouse-Geschäfte um Konstellationen, in denen diejenige Stelle, für die die fragliche Leistung erbracht werden soll, **auch auf Seiten des Leistungserbringers beteiligt** ist. Ausgangsfall ist der der „eigenen Dienststelle": Hier liegt ein öffentlicher Auftraggeber vor, dessen eine unselbständige Einheit eine Leistung benötigt, die von einer anderen unselbständigen Einheit desselben Auftraggebers erbracht wird (a). Diese Konstellation, dass eine **rechtliche unselbständige Stelle eines öffentlichen Auftraggebers** die betreffende Leistung erbringt, unterliegt von vornherein nicht dem Vergaberecht.[18] Dies gilt ebenso, wenn diese Stelle auch in nicht unerheblichen Umfang Leistungen am Markt erbringt.[19]

9 Problematischer wird es, wenn das binnenorganisatorische Rechtskreis des Auftraggebers verlassen und die **Leistung durch eine rechtlich selbständige Einheit** erbracht wird. Ist an dieser Einheit nur der Auftraggeber selbst beteiligt (b), so kann es sich um eine formal privatisierte Einrichtung in Gestalt der Eigengesellschaft oder auch um ein rechtlich selbständiges Kommunalunternehmen des öffentlichen Rechts in der Form der Anstalt handeln, wie es in den Kommunalgesetzen mehrerer Bundesländer vorgesehen ist. Schließlich können an der selbständigen Einheit auch Private (c 1) oder andere öffentliche Stellen (c 2) beteiligt sein.

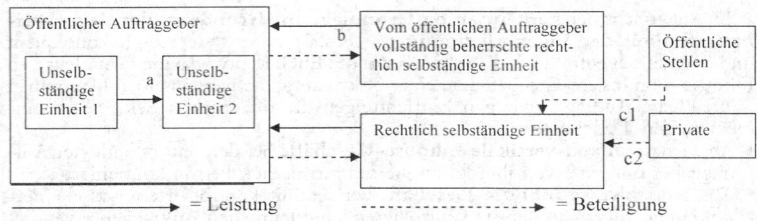

1. Einfach-vertikales („klassisches") Inhouse-Geschäft (Abs. 1 und 2)

10 § 108 Abs. 1 GWB betrifft die Konstellation der Vergabe eines öffentlichen Auftrags durch einen öffentlichen Auftraggeber an eine juristische Person, über die nur dieser öffentliche Auftraggeber die Kontrolle ausübt. Die vom EuGH zunächst im **Teckal-Urt.** entwickelten und in stRspr bestätigten Kriterien sollen sicherstellen, dass die Beauftragung eines von dem Auftraggeber verschiedenen Rechtssubjekts nur dann vergaberechtsfrei erfolgen kann, wenn eine Gleichstellung dieser Konstellation mit einer Leistungserbringung durch eine unselbständige Einheit des öffentli-

---

[18] EuGH 11.1.2005 – C-26/03, NVwZ 2005, 187 Rn. 48 – Stadt Halle.
[19] AM Wolf VergabeR 2011, 27 (45).

chen Auftraggebers tatsächlich möglich ist. Sie fordern, dass zum **Zeitpunkt der Auftragsvergabe**
- der öffentliche Auftraggeber über den selbständigen Rechtsträger eine **Kontrolle wie über eine eigene Dienststelle** ausübt, dh der selbständige Rechtsträger keine eigene Entscheidungsgewalt besitzt (→ Rn. 11 ff.), und
- der selbständige Rechtsträger seine **Tätigkeit im Wesentlichen für den öffentlichen Auftraggeber** verrichtet (→ Rn. 27 ff.).[20]

a) Dienststellenähnliche Kontrolle. Im Anschluss an die Teckal-Rspr. des EuGH wird das einfach-vertikale Inhouse-Geschäft vom Anwendungsbereich des Kartellvergaberechts ausgenommen, wenn erstens das sog. Kontrollkriterium erfüllt ist, der öffentliche Auftraggeber mithin über die betreffende juristische Person eine ähnliche Kontrolle wie über seine eigenen Dienststellen ausübt (§ 108 Abs. 1 Nr. 1 GWB). Das Kriterium der Kontrolle wie über eine eigene Dienststelle soll eine **der administrativen Binnenorganisation ähnliche Fähigkeit** zur Steuerung des öffentlichen Auftraggebers ggü. der aufgabenerledigenden rechtlich selbständigen Stelle sicherstellen. Eine identische Kontrolldichte wie sie ein Verwaltungsträger über seine unselbständigen Verwaltungseinheiten auszuüben vermag, wird von vornherein nicht gefordert.[21] Notwendig ist nur ein **vergleichbares Niveau der Steuerungsfähigkeit**. 11

Diesbezüglich bleibt es dabei, dass die den Auftrag erhaltende juristische Person einer **wirksamen Kontrolle** unterworfen sein muss. Sie muss es dem öffentlichen Auftraggeber ermöglichen, auf die Entscheidungen dieser juristischen Person ausschlaggebenden Einfluss zu nehmen, und zwar sowohl – strukturell – auf die strategischen Ziele als auch – funktionell – auf sonstige wichtige Entscheidungen.[22] Diese Formulierung findet sich nunmehr nahezu wörtlich in § 108 Abs. 2 S. 1 GWB. Das Vorliegen der erforderlichen Steuerungsfähigkeit kann nur im jew. Einzelfall unter Berücksichtigung aller Rechtsvorschriften und Umstände festgestellt werden.[23] Die staatliche Steuerung einer juristischen Person über allg. Zielvorgaben ohne die Möglichkeit der fachaufsichtlichen Detailsteuerung reicht für die Erfüllung des Kontrollkriteriums nicht aus.[24] 12

---

[20] EuGH 18.11.1999 – C-107/98, NZBau 2000, 90 Rn. 50 – Teckal; 10.11.2005 – C-29/04, NVwZ 2006, 70 Rn. 34 – Gemeinde Mödling; 6.4.2006 – C-410/04, NZBau 2006, 326 Rn. 24; 11.5.2006 – C-340/04, NZBau 2006, 452 Rn. 33 – Carbotermo; 18.1.2007 – C-220/05, NVwZ 2007, 316 Rn. 63 – Stadt Roanne; 19.4.2007 – C-295/05, BeckRS 2007, 70267 = VergabeR 2007, 487 Rn. 55 – Asemfo; 18.12.2007 – C-220/06, NVwZ 2008, 177 Rn. 58 – AP; 17.7.2008 – C-371/05, BeckRS 2009, 71122 = VergabeR 2008, 918 Rn. 22; 10.9.2009 – C-573/07, NZBau 2009, 797 Rn. 40 – Sea; 29.11.2012 – C-182/11, C-183/11, NZBau 2013, 55 Rn. 25 – Econord; 18.6.2020 – C-328/19, NZBau 2020, 528 Rn. 66 – Stadt Pori.

[21] BayObLG 22.1.2002 – Verg 18/01, NZBau 2002, 397 (399); Faber DVBl 2001, 248 (254); Konstas, Das vergaberechtliche Inhouse-Geschäft, 2004, S. 37.

[22] EuGH 13.10.2005 – C-458/03, NVwZ 2005, 1407 Rn. 65 – Parking Brixen; 11.5.2006 – C-340/04, NZBau 2006, 452 Rn. 36 – Carbotermo; 13.11.2008 – C-324/07, NZBau 2009, 54 Rn. 28 – Coditel Brabant; 10.9.2009 – C-573/07, NZBau 2009, 797 Rn. 65 – Sea; 29.11.2012 – C-182/11, C-183/11, NZBau 2013, 55 Rn. 27 – Econord; 8.5.2014 – C-15/13, NZBau 2014, 368 Rn. 26 – HIS; OLG Düsseldorf 30.1.2013 – VII-Verg 56/17, BeckRS 2013, 4226 = VergabeR 2013, 589 (590).

[23] EuGH 13.10.2005 – C-458/03, NVwZ 2005, 1407 Rn. 65 – Parking Brixen; OLG Frankfurt a. M. 30.8.2011 – 11 Verg 3/11, IBRRS 2011, 3443 = VergabeR 2012, 47 (51); OLG Düsseldorf 22.5.2013 – VII-Verg 16/12, BeckRS 2013, 11703 = VergabeR 2013, 744 (748).

[24] OLG Düsseldorf 22.5.2013 – VII-Verg 16/12, BeckRS 2013, 11703 = VergabeR 2013, 744 (749).

GWB § 108 Ausnahmen bei öffentlich-öffentlicher Zusammenarbeit

13 Der EuGH hat deutlich gemacht, dass sich die Nichterreichung des erforderlichen Kontrollniveaus auch aus einer **Marktausrichtung der Tochtergesellschaft** ergeben kann, die ihr ein Maß an Selbständigkeit eröffnet, das eine Kontrolle als nicht gesichert erscheinen lässt.[25] Die Prüfung dieser Marktausrichtung erfolgt in drei Unterpunkten, einem raumbezogenen, einem zweckbezogenen und einem materiell-wirkungsbezogenen:

14 • Schädlich kann es sein, wenn sich der **geographische Tätigkeitsbereich der Gesellschaft** über den Zuständigkeitsbereich der Mutterkörperschaft hinaus erstreckt. Dies gilt insbes. bei kommunalen Unternehmen, die weit über die Gemeindegrenzen hinaus operieren.[26]

15 • In zweckbezogener Betrachtung spricht es gegen die Möglichkeit einer Kontrolle ähnlich wie über eine eigene Dienststelle, wenn der **Gesellschaftszweck** nicht nur darauf gerichtet ist, öffentliche Dienstleistungen für die Mutterkörperschaft zu verwalten.[27] Mutterkörperschaft und Gesellschaft müssen **dieselben Interessen** verfolgen.[28]

16 • Schließlich hat der EuGH als materiell-wirkungsbezogenes das Kriterium entwickelt, dass die Gesellschaft zwar auch mit Unternehmen des privaten Sektors geschäftliche Beziehungen unterhalten darf, diese **Leistungserbringung an Private** jedoch den Hauptzweck der **Tätigkeit der Gesellschaft ergänzen** muss.[29] Der EuGH hat dabei deutlich gemacht, dass dieser Prüfungspunkt nicht mit dem zweiten Teckal-Kriterium, dass die Gesellschaft ihre Tätigkeit im Wesentlichen für die Stelle verrichtet, die ihre Anteile innehat, identisch sein soll. Für das Bestehen des geforderten Ergänzungsverhältnisses kommt es darauf an, dass die an Private erbrachten Leistungen nicht außerhalb des Portfolios der ggü. den Anteilseignern erbrachten Leistungen stehen.

17 Inhouse-Geschäfte mit natürlichen Personen scheiden von vornherein aus; weder kann der öffentliche Auftraggeber an ihnen beteiligt sein noch über sie eine Kontrolle wie über eine eigene Dienststelle ausüben. Der Regelfall wird vielmehr der sein, dass der **Vertragspartner** des öffentlichen Auftraggebers selbst eine **juristische Person** ist. Dabei kommt es nicht darauf an, ob dieser Vertragspartner **privat- oder öffentlich-rechtlich organisiert** ist. Entscheidend ist die Frage der Kontrollausübung.

18 **aa) Gesellschaftsverfassung.** Zwar hat die Generalanwältin Kokott ggü. dem Einwand, insbes. bei Aktiengesellschaften, aber auch bei GmbHs seien die Leitungsorgane in der Geschäftsführung so eigenständig, dass un der Kontrolle über eine eigene Dienststelle ähnlicher Einfluss nicht ausgeübt werden könne, darauf hingewiesen, dass es nur um der Kontrolle über eine eigene Dienststelle ähnliche Einflussmöglichkeiten gehe, zumal die behördeninternen Steuerungsinstrumente wie Weisung und Aufsichtsbefugnisse im Verhältnis zu den Leitungsorganen rechtlich verselbständigter Gesellschaften kaum bestehen könnten, das in der Teckal-Entscheidung entwickelte Kriterium also praktisch leer laufen und die öffentliche Hand faktisch vor der Alternative materielle Privatisierung oder Eigenerledigung stehen würde.[30] Doch hat der EuGH seit der Entscheidung in der Sache Parking Brixen deutlich gemacht, dass er einen zwingenden Schluss vom Vorliegen einer **100 %igen Eigengesellschaft** auf das Bestehen des erforderlichen Kontrollniveaus nicht akzep-

---

[25] EuGH 13.11.2008 – C-324/07, NZBau 2009, 54 Rn. 36 – Coditel Brabant; 10.9.2009 – C-573/07, NZBau 2009, 797 Rn. 73 – Sea.
[26] EuGH 10.9.2009 – C-573/07, NZBau 2009, 797 Rn. 74 ff. – Sea.
[27] EuGH 10.9.2009 – C-573/07, NZBau 2009, 797 Rn. 76 – Sea.
[28] EuGH 13.11.2008 – C-324/07, NZBau 2009, 54 Rn. 38 – Coditel Brabant.
[29] EuGH 10.9.2009 – C-573/07, NZBau 2009, 797 Rn. 77 ff. – Sea.
[30] Schlussanträge der GA Kokott v. 1.3.2005 – C-458/03 Rn. 63 ff., IBRRS 2005, 3002.

tiert. Die 100 %ige Kapitaleignerschaft eines öffentlichen Auftraggebers deutet nach der Rspr. des EuGH nur „darauf hin", dass der Auftraggeber eine solche Kontrolle ausüben kann, ist aber **nicht entscheidend**.[31] Insoweit kann selbst für die Konstellation der 100 %igen Eigengesellschaft **nicht davon ausgegangen** werden, dass das erforderliche Niveau von Steuerungsfähigkeit in jedem Fall erreicht wird.[32] Maßgebend sind vielmehr die **Umstände des Einzelfalls**.

So kann gegen die Annahme einer Kontrolle wie über eine eigene Dienststelle 19 sprechen, dass die Eigengesellschaft bei der Ausgründung zusätzlich zum Aufgabenspektrum des früheren Eigenbetriebs **weitere wesentliche Geschäftsfelder** aufgenommen hat, eine baldige Öffnung der Gesellschaft für Fremdkapital vorgeschrieben ist und das die Geschäfte führende Gesellschaftsorgan von der Gemeinde als Alleingesellschafterin hinsichtl. der Geschäftsführung praktisch nicht kontrolliert werden kann.[33] Die gegen eine ausreichende Kontrolle durch die Alleingesellschafterin sprechende **weitreichende Selbständigkeit des geschäftsführenden Organs** wird auch nicht dadurch widerlegt, dass die Alleingesellschafterin die Mehrheit der Mitglieder jenes Organs ernennt. Ausdr. betont der Gerichtshof, dass die vom Gesellschaftsrecht einem Mehrheitsgesellschafter eingeräumten Kontrollmöglichkeiten nicht ausreichen.[34]

Für verschiedene **Formen privatrechtlicher Eigengesellschaften** gilt Folgendes: 20

(1) Aktiengesellschaft. Für die **Aktiengesellschaft** hat der EuGH mehrfach 21 erkennen lassen, dass er auch für 100 %ige Eigengesellschaften idR vom **Fehlen einer Kontrolle wie über eine eigene Dienststelle ausgeht**. Grund hierfür ist, dass die Aktiengesellschaft ihre „Ziele unabhängig von ihren Anteilseignern verfolgen kann".[35] Wie § 93 Abs. 1 AktG deutlich macht, ist Maßstab des Handelns des AG-Vorstands nicht das Interesse der Aktionäre, sondern allein das Wohl der Gesellschaft. Dementsprechend ist der Vorstand gem. § 76 Abs. 1 AktG von Weisungen anderer Gesellschaftsorgane oder der Aktionäre freigestellt. In die laufende Geschäftstätigkeit kann die **Hauptversammlung** regelm. nicht eingreifen. Nach der sog. Holzmüller-Rspr. des BGH kann eine (ungeschriebene) Mitwirkungsbefugnis der Hauptversammlung zu Geschäftsführungsmaßnahmen nur in Ausnahmefällen bestehen, wenn es sich nämlich um tiefgreifende strukturelle Umstrukturierungen handelt, die sich einschneidend auf die Vermögensinteressen der Aktionäre auswirken.[36] Die nach der Teckal-Rspr. erforderliche Kontrollfähigkeit ist daher bei der Wahl der nicht modifizierten Organisationsform einer Aktiengesellschaft nicht gegeben.[37]

Dass es möglich ist, auch eine Aktiengesellschaft wie eine eigene Dienststelle zu 22 kontrollieren, hat der EuGH im Urt. „Sea" aufgrund einer **atypischen Gestaltung** festgestellt.[38] In dem zugrunde liegenden italienischen Fall waren den gesetzlich vorgesehenen Organen der AG zusätzlich zwei Ausschüsse an die Seite gestellt worden. Diese Ausschüsse bestanden ausschl. aus Vertretern der Aktionäre und hatten

---

[31] EuGH 10.9.2009 – C-573/07, NZBau 2009, 797 Rn. 45 – Sea mwN.
[32] BGH 3.7.2008 – I ZR 145/05, NZBau 2008, 664 (666); Hausmann/Bultmann NVwZ 2005, 377 (379); aM zB noch Schimanek NZBau 2005, 304 (309).
[33] EuGH 13.10.2005 – C-458/03, NVwZ 2005, 1407 Rn. 67 – Parking Brixen.
[34] EuGH 13.10.2005 – C-458/03, NVwZ 2005, 1407 Rn. 67 ff. – Parking Brixen.
[35] EuGH 13.11.2008 – C-324/07, NZBau 2009, 54 Rn. 37 – Coditel Brabant.
[36] BGH 25.2.1982 – II ZR 174/80, NJW 1982, 1703 (1705) – Holzmüller; BGH 26.4.2004 – II ZR 155/02, NJW 2004, 1860 (1862) – Gelatine I.
[37] BGH 3.7.2008 – I ZR 145/05, NZBau 2008, 664 (666 ff.); OLG Düsseldorf 4.5.2009 – VII-Verg 68/08, BeckRS 2009, 24305 = VergabeR 2009, 905 (919).
[38] EuGH 10.9.2009 – C-573/07, NZBau 2009, 797 Rn. 81 ff. – Sea.

weit reichende Kontroll- und Entscheidungsbefugnisse, so dass die Mutterkörperschaft auch die operative Geschäftspolitik dirigieren konnte. Wenngleich dies auch teilw. anders gesehen wird, dürfte die Schaffung solcher Zusatzorgane nach deutschem Aktienrecht allerdings überwiegend als unzulässig angesehen zu werden, weil sie die **nicht aufgebbare Verantwortung des Vorstands** für die Verfolgung der Interessen der AG schmälern würde.[39]

23 Aktienrechtlich ist die Herstellung einer hinreichenden Kontrollierbarkeit nur durch einen **Beherrschungsvertrag** nach § 291 AktG zwischen dem Anteilseigner, also zB der Gemeinde, und der Aktiengesellschaft möglich. Ausweislich des § 308 AktG ermöglicht es der Beherrschungsvertrag der Mutterkörperschaft, dem Vorstand der AG Weisungen zu erteilen, und zwar auch **für die Gesellschaft nachteilige Weisungen,** wenn sie den Belangen der Mutterkörperschaft dienen.[40] Die Probleme liegen insoweit nicht im Aktienrecht, sondern im Zusammenspiel zwischen Konzernrecht und Haushalts- bzw. kommunalem Wirtschaftsrecht. Denn § 302 Abs. 1 AktG verpflichtet die Mutterkörperschaft zur **Übernahme von Verlusten der Aktiengesellschaft,** die nicht aus der Gewinnrücklage ausgeglichen werden können. Probleme bestehen insoweit nur für die Kommunen, denen die **Gemeindeordnungen** vorgeben, dass die Gemeinde sich nicht zur Übernahme von Verlusten in unbestimmter oder unangemessener Höhe verpflichten darf (vgl. nur § 108 Abs. 1 S. 1 Nr. 5 GO NW). Dies bedeutet aber nicht das Ende von Beherrschungsverträgen der Kommunen mit ihren Aktiengesellschaften und damit von Inhouse-Geschäften mit solchen AGs. Denn die meisten Gemeindeordnungen sehen vor, dass die Aufsichtsbehörde eine **Ausnahme vom Verlustübernahmeverbot** erteilen kann (vgl. nur § 108 Abs. 1 S. 2 GO NW).

24 **(2) GmbH.** Anders als bei der Aktiengesellschaft können die Gesellschafter bei der **GmbH** im Regelfall sowohl die strategischen als auch die operativen Entscheidungen bestimmen.[41] Nach der Auslegung des § 37 GmbHG durch die hM müssen die Geschäftsführer auch konkrete **Einzelweisungen der Gesellschafter** befolgen.[42] Demzufolge ist der Alleingesellschafter „Herr im eigenen Hause".[43] Bei 100 %igen Eigengesellschaften in der Form der GmbH sind die Voraussetzungen des Kontrollkriteriums daher in aller Regel erfüllt.[44] Eine Ausnahme gilt allerdings für **atypische gesellschaftsvertragliche Gestaltungen,** die den Geschäftsführern größere eigene Entscheidungsspielräume oder Dritten einen Einfluss auf die Entscheidungen der Eigengesellschaft eröffnen.[45] Zur Ausräumung von Zweifeln sollte im Einzelfall erwogen werden, die erforderliche Leitungsmacht auch bei der GmbH durch den Abschluss eines Beherrschungsvertrags (§ 291 Abs. 1 S. 1 AktG) zu sichern.

25 **(3) Gesellschaft bürgerlichen Rechts.** Geht man von dem Grundgedanken aus, dass es für die Verschiedenheit der beauftragten Organisationseinheit von dem öffentlichen Auftraggeber darauf ankommt, dass diese Organisationseinheit selbständig vergaberechtlich handeln kann, so kämen nach den zu § 99 Nr. 2 GWB entwickelten Grundsätzen (→ § 99 Rn. 40) auch nicht vollrechtsfähige Einheiten wie

---

[39] Zur Weisungsfreiheit ggü. anderen Gesellschaftsorganen vgl. Koch, Aktiengesetz, 17. Aufl. 2023, § 76 Rn. 25 ff.

[40] Deuster/Ristelhuber VergabeR 2018, 99 (101 ff.).

[41] Schmidt, Gesellschaftsrecht, 4. Aufl. 2002, § 36 I 2.

[42] Ettinger/Reif GmbHR 2007, 617 (618); Mennicke NZG 2000, 622.

[43] Schmidt, Gesellschaftsrecht, 4. Aufl. 2002, § 40 III 2a.

[44] BGH 12.6.2001 – X ZB 10/01, BeckRS 2001, 6168 = DÖV 2001, 1006 (1007); OLG Hamburg 14.12.2010 – 1 Verg 5/10, NZBau 2011, 185 (186); Orlowski NZBau 2007, 80 f. mwN.

[45] Orlowski NZBau 2007, 80 (81) mwN.

die Personenhandelsgesellschaften und **Gesellschaften bürgerlichen Rechts** als inhouse-fähig in Betracht. Denn auf kommunaler Ebene mag von dem Erfordernis einer Haftungsbeschränkung bei der Beteiligung der Kommune an privatrechtlich verfassten Unternehmen – je nach Bundesland – durch die Aufsichtsbehörde befreit werden können.[46] Entsprechend hatte die Bundesregierung im Fall „Stadtreinigung Hamburg" vor dem EuGH vorgetragen, „dass die geforderte Kontrollintensität ... gegeben sei, da die beteiligten Verwaltungen einander gegenseitig kontrollierten ... (und ein) Abweichen von den gemeinsam definierten Zielen ... eine Einstellung der gesamten Zusammenarbeit zur Folge" hätte.[47] Diese Zusammenarbeit ließ sich durchaus in Anlehnung an die Grundsätze einer Gesellschaft bürgerlichen Rechts einordnen.[48] Doch ist der EuGH diesem Ansatz nicht gefolgt, sondern hat darauf hingewiesen, dass es für das Vorliegen eines Inhouse-Geschäfts in einer solchen Konstellation auf die Kontrollierbarkeit nicht der „Gesellschaft" als solcher, sondern desjenigen „Gesellschafters" ankommt, der mit der Aufgabenerfüllung auch für die anderen „Gesellschafter" betraut ist.[49] Man wird daher davon ausgehen müssen, dass Gesellschaften bürgerlichen Rechts oder ähnliche Gebilde des öffentlichen Rechts **nicht inhouse-fähig** sind.[50]

bb) Mehrstufige Kontrolle. Der Frage der mehrstufigen Kontrolle über die 26 beauftragte juristische Person, zuweilen als **„Enkelkonstellation"** bezeichnet, die bislang in der Rspr. eine eher marginale Bedeutung hatte, ist in § 108 Abs. 2 S. 2 GWB gedacht worden. Nach dieser Vorschrift kann die dienststellenähnliche Kontrolle über den Auftragnehmer auch durch eine weitere juristische Person ausgeübt werden, die ihrerseits in einer den Anforderungen des § 108 Abs. 2 Nr. 1 GWB genügenden Intensität von dem öffentlichen Auftraggeber kontrolliert wird. Zur Lösung des vom EuGH aufgeworfenen Problems, dass eine solche Mediatisierung der Kontrolle das **Risiko unzureichender Steuerungsfähigkeit** erhöht,[51] trägt die Neuregelung nichts bei. Insoweit wird man zumindest eine gesellschaftsvertragliche Absicherung des Durchgriffs des öffentlichen Auftraggebers auf die Entscheidungen des auftragsausführenden Unternehmens in der Weise fordern müssen, dass die Organe der die Kontrolle vermittelnden juristischen Person zur Vermittlung dieses Durchgriffs erstens rechtlich in der Lage und zweitens rechtlich verpflichtet sind.[52]

b) Überwiegende Tätigkeit für den Auftraggeber. Das zweite sog. Teckal- 27 Kriterium war bislang vom EuGH dahingehend formuliert worden, dass die beauftragte juristische Person ihre Tätigkeit im Wesentlichen für den öffentlichen Auftraggeber verrichten muss.[53] Dieses Erfordernis soll verhindern, dass ein Unternehmen zwar von einem oder mehreren öffentlichen Auftraggebern beherrscht wird, **gleichwohl jedoch auf dem Markt tätig** ist. Denn in diesem Fall würde die Einrichtung hinsichtl. ihrer marktgerichteten Tätigkeiten mit anderen Unternehmen in Wettbe-

---

[46] Wagner VergabeR 2011, 181 (184 f.).
[47] EuGH 9.6.2009 – C-480/06, NZBau 2009, 527 Rn. 22 – Stadtreinigung Hamburg.
[48] Wagner VergabeR 2011, 181 (183 f.).
[49] EuGH 9.6.2009 – C-480/06, NZBau 2009, 527 Rn. 36 – Stadtreinigung Hamburg.
[50] AM Wagner VergabeR 2011, 181 (184 f.).
[51] EuGH 11.5.2006 – C-340/04, NZBau 2006, 452 Rn. 38 – Carbotermo.
[52] Vgl. für eine Situation eines gesicherten Durchgriffs OLG Düsseldorf 15.10.2003 – Verg 50/03, NZBau 2004, 58 (59).
[53] EuGH 18.11.1999 – C-107/98, NZBau 2000, 90 Rn. 50 – Teckal; 10.11.2005 – C-29/04, NVwZ 2006, 70 Rn. 34 – Gemeinde Mödling; 11.5.2006 – C-340/04, NZBau 2006, 452 Rn. 33 – Carbotermo; 18.1.2007 – C-220/05, NVwZ 2007, 316 Rn. 63 – Stadt Roanne; 19.4.2007 – C-295/05, BeckRS 2007, 70267 = VergabeR 2007, 487 Rn. 55 – Asemfo; 18.12.2007 – C-220/06, NVwZ 2008, 177 Rn. 58 – AP; 10.9.2009 – C-573/07, NZBau 2009, 797 Rn. 40 – Sea; 29.11.2012 – C-182/11, C-183/11, NZBau 2013, 55 Rn. 25 – Econord.

GWB § 108 Ausnahmen bei öffentlich-öffentlicher Zusammenarbeit

werb treten, bzgl. der als Inhouse-Geschäfte übernommenen Aufträge jedoch über eine **den Wettbewerb verfälschende Zusatzposition** verfügen.[54] Zu beachten ist, dass diese Tätigkeit am Markt nur die Erbringung von Leistungen durch das von dem Auftraggeber oder den Auftraggebern beherrschte Unternehmen ggü. Dritten betrifft, nicht aber die Nachfrage von Leistungen oder die Vergabe von Unteraufträgen durch jenes Unternehmen.[55]

28 Zur Ermittlung, wann dies der Fall ist, forderte der **Gerichtshof** in quantitativer und qualitativer Hinsicht eine wertende Gesamtbetrachtung[56] und hat einen Rekurs auf die für verbundene Unternehmen geltende Grenze von 80 % des durchschnittlichen Umsatzes nach Art. 23 Abs. 2, 3 der bisherigen Sektorenkoordinierungsrichtlinie[57] als trennscharfe Abgrenzungslinie abgelehnt.[58] Größenordnungsmäßig hat der EuGH eine Fremdauftragsquote von 10 % für unschädlich gehalten,[59] das OLG Celle hingegen bereits bei einer Drittumsatzquote von 7,5 % eine Tätigkeit im Wesentlichen für den Auftraggeber ausgeschlossen.[60]

29 Gemessen an diesen Größenordnungen wird der Kreis ausschreibungsfreier Inhouse-Geschäfte nunmehr deutlich erweitert. Gemäß § 108 Abs. 1 Nr. 2 GWB reicht es für das Vorliegen eines Inhouse-Geschäfts aus, dass **mehr als 80 % der Tätigkeiten der kontrollierten juristischen Person** der Ausführung der Aufgaben dienen, mit denen sie von dem die Kontrolle ausübenden öffentlichen Auftraggeber oder von anderen von diesem kontrollierten juristischen Personen betraut wurden. Der europäische Gesetzgeber hat also auf die vom EuGH verworfene Analogie zu den Regelungen für verbundene Sektorenunternehmen dadurch reagiert, dass er die dortige 80 %-Schwelle nunmehr für das allg. Vergaberecht rezipiert hat.

30 **aa) Berechnung des Tätigkeitsanteils.** Die Berechnung, ob die 80 %-Schwelle überschritten wurde, richtet sich nach § 108 Abs. 7 GWB. Danach erfolgt die Ermittlung der Tätigkeitsanteile durch eine Relationierung „geeigneter tätigkeitsgestützter Werte" über einen Zeitraum von drei Jahren vor Vergabe des betreffenden Auftrags. Als Beispiel für einen **tätigkeitsgestützten Wert** wird ausdr. der **durchschnittliche Gesamtumsatz des Unternehmens** in den letzten drei Jahren genannt. Aus diesem Gesamtumsatz ist anschließend der nicht aus der Ausführung von Aufgaben, mit denen die juristische Person von dem öffentlichen Auftraggeber betraut wurde, enstandene Umsatz zu extrahieren und dessen Anteil am Gesamtumsatz zu ermitteln. Ist dieser Anteil mindestens 20 % des Gesamtumsatzes, so scheidet ein Inhouse-Geschäft aus. Welche Posten zum Umsatz iSv § 108 Abs. 7 GWB zählen, ist unter Berücksichtigung des **Betriebs- oder Geschäftszwecks** der betreffenden Einrichtung zu bestimmen. Besteht dieser bspw. in der Erbringung bestimmter Dienstleistungen unter Einsatz bestimmter Mittel, etwa von Fahrzeugen, so ist der Verkauf dieser Mittel (der Fahrzeuge) kein zu berücksichtigender Umsatzposten.[61]

---

[54] EuGH 11.5.2006 – C-340/04, NZBau 2006, 452 Rn. 59 f. – Carbotermo; 18.12.2007 – C-220/06, NVwZ 2008, 177 Rn. 62 – AP; 8.12.2016 – C-553/15, NZBau 2017, 109 Rn. 32 f. – Undis Servizi.

[55] OLG Düsseldorf 2.3.2011 – VII-Verg 48/10, NZBau 2011, 244 (248).

[56] EuGH 11.5.2006 – C-340/04, NZBau 2006, 452 Rn. 64 – Carbotermo.

[57] RL 2004/17/EG v. 31.3.2004 zur Koordinierung der Zuschlagserteilung durch Auftraggeber im Bereich der Wasser-, Energie- und Verkehrsversorgung sowie der Postdienste, ABl. 2004 L 134, 1.

[58] EuGH 11.5.2006 – C-340/04, NZBau 2006, 452 Rn. 55 ff. – Carbotermo.

[59] EuGH 19.4.2007 – C-295/05, BeckRS 2007, 70267 = VergabeR 2007, 487 Rn. 63 – Asemfo.

[60] OLG Celle 14.9.2006 – 13 Verg 2/06, NZBau 2007, 126 (127); 29.10.2009 – 13 Verg 8/09, NZBau 2010, 194 (197).

[61] VK Bund 18.5.2016 – VK 1–18/16, IBRRS 2016, 2189.

Allerdings können zur Ermittlung des Anteils der für den öffentlichen Auftragge- 31
ber erbrachten Tätigkeiten auch andere Werte als die Umsatzanteile herangezogen
werden, sofern es sich um tätigkeitsgestützte Werte handelt. Als weiteres Beispiel
nennt die Richtlinie die der auftragsausführenden juristischen Person in den letzten
drei Jahren **entstandenen Kosten**. Zulässig dürfte auch ein Abstellen auf **Arbeitszeitanteile** sein, sofern diese entsprechend dokumentiert sind. Hingegen dürfte der
Gewinn nicht als tätigkeitsgestützter Wert anzusehen sein, so dass es auf das Verhältnis
der aus verschiedenen Tätigkeiten erzielten Gewinne nicht ankommen kann. In
Anbetracht der Notwendigkeit, auf die Durchschnittswerte der letzten drei Jahre
abzustellen, dürfte die Manipulationsanfälligkeit dieses Nachweises gering sein.

bb) Tätigkeiten zur Erfüllung durch Betrauung übertragener Aufgaben. 32
Eine für das Überschreiten der 80 %-Schwelle berücksichtigungsfähige Tätigkeit der
beauftragten juristischen Person liegt ausweislich des § 108 Abs. 1 Nr. 2 GWB nur
dann vor, wenn diese Tätigkeit der Ausführung der Aufgaben dient, mit denen die
juristische Person **von dem die Kontrolle ausübenden öffentlichen Auftraggeber betraut wurde**. Diese Formulierung weicht von der bisherigen Ausfüllung des
Wesentlichkeitskriteriums durch den EuGH ab. Danach waren alle Tätigkeiten zu
berücksichtigen, die ein Unternehmen als Auftragnehmer im Rahmen einer Vergabe
durch den öffentlichen Auftraggeber verrichtet, wobei es nicht darauf ankommt,
wem ggü. das Unternehmen die Leistungen erbringt, wer also der Begünstigte der
Leistungen ist.[62]

Es ist bezweifelt worden, dass der Zusammenhang zwischen der Tätigkeit der 33
leistungserbringenden juristischen Person einerseits und der Veranlassung dieser
Leistungserbringung durch den öffentlichen Auftraggeber andererseits durch das
Merkmal der „Betrauung" in § 108 Abs. 1 Nr. 2 GWB **hinreichend konturenscharf** formuliert ist. So diene eine Tätigkeit eines kommunalen Unternehmens
bspw. auch dann der Erfüllung von Aufgaben, mit denen das Unternehmen von der
Gemeinde betraut wurde, wenn es sich im Rahmen seines von der Mutterkommune
definierten Gesellschaftszwecks bewege, ohne dass das Unternehmen zusätzlich mit
der Erbringung der konkreten Leistung spezifisch beauftragt worden sein müsse. Bei
einem derart weiten Verständnis sei aber eine Abgrenzung zwischen „Staat" und
„Markt", die hinter dem Wesentlichkeitskriterium stehe, kaum noch möglich.[63]

Diese Auffassung wird den gesetzlich formulierten Anforderungen nicht gerecht. 34
Der hinter § 108 GWB stehende Art. 12 VRL unterscheidet – und zwar auch in
anderen Sprachfassungen – begrifflich zwischen der **Vergabe eines öffentlichen
Auftrags** im Wege des Inhouse-Geschäfts und der **Tätigkeit in Ausführung von
Aufgaben**, mit denen die kontrollierte juristische Person durch den öffentlichen
Auftraggeber betraut wurde. Es ließe sich also nicht etwa argumentieren, der Begriff
„Ausführung von Aufgaben" sei gewählt worden, weil es sich nicht um einen echten
öffentlichen Auftrag zwischen Marktteilnehmern, sondern um ein Innenverhältnis
handele. Die Formulierung ist offenbar bewusst abweichend von der Formel des
EuGH gewählt, es komme auf den Umsatz an, „den das fragliche Unternehmen auf
Grund der Vergabeentscheidungen der kontrollierenden Körperschaft erzielt".[64]

Man wird daher davon ausgehen müssen, dass es auf die Veranlassung der Tätigkeit 35
gerade durch eine Vergabeentscheidung des öffentlichen Auftraggebers nicht mehr
ankommt. Vielmehr reicht es aus, dass der öffentliche Auftraggeber die Tätigkeiten
der von ihm kontrollierten juristischen Person in anderer Weise veranlasst hat. Allerdings dürfte hierfür **nicht jede Form der Veranlassung** ausreichen. Vielmehr
handelt es sich bei dem im Art. 12 Abs. 1 UAbs. 1 lit. b VRL verwendeten Begriff

---

[62] EuGH 11.5.2006 – C-340/04, NZBau 2006, 452 Rn. 66f. – Carbotermo.
[63] So Dabringhausen VergabeR 2014, 512 (519f.).
[64] EuGH 11.5.2006 – C-340/04, NZBau 2006, 452 Rn. 65 – Carbotermo.

GWB § 108 Ausnahmen bei öffentlich-öffentlicher Zusammenarbeit

der Betrauung um einen Terminus mit einem spezifischen Bedeutungsgehalt, der **primärrechtlich in Art. 106 Abs. 2 AEUV** zum Ausdruck gebracht worden ist. Dieser terminologische Gleichlauf ist iÜ kein Zufall der deutschen Fassung der VRL, sondern findet sich gleichermaßen in anderen Sprachfassungen (zB englisch: „entrusted").

36 Funktional ist diese begriffliche Orientierung konsequent. Denn wie beim Wesentlichkeitskriterium geht es bei dem die Freistellung von Dienstleistungen von allgemeinem wirtschaftlichem Interesse von den Wettbewerbsregeln betreffenden Art. 106 Abs. 2 AEUV darum, einen **spezifischen Konnex** zwischen der Tätigkeit im Allgemeininteresse bzw. der Erfüllung öffentlicher Aufgaben und einer originär dem Gemeinwohl verpflichteten Instanz herzustellen.[65] Daraus lässt sich allerdings nicht schließen, dass zur Erfüllung des Wesentlichkeitskriteriums nur solche Tätigkeiten herangezogen werden können, die dem hoheitlichen Bereich zuzuordnen sind.[66] Denn § 108 Abs. 1 Nr. 3 GWB bezieht sich nicht auf die Form, in der die Aufgabe, mit deren Erfüllung der Auftragnehmer betraut worden ist, erfüllt wird.

37 Ebenso wenig wie Art. 106 Abs. 2 AEUV schon dann anwendbar ist, wenn ein Unternehmen lediglich im Interesse der Allgemeinheit tätig wird, liegt deshalb eine Betrauung mit der Ausführung von Aufgaben iSv Art. 12 Abs. 1 VRL bzw. § 108 Abs. 1 Nr. 3 GWB vor, wenn das kontrollierte Unternehmen in irgendeiner Weise, bspw. durch die Erwirtschaftung von abzuführenden Überschüssen, die Aufgabenerfüllung des öffentlichen Auftraggebers erleichtert.[67] Es bedarf vielmehr eines **besonderen Akts der Betrauung** mit der Ausführung der Aufgabe, die nicht durch Hoheitsakt oder durch Vertrag erfolgen muss.[68] Entscheidend ist aber, dass die Zuordnung der Aufgabe zu dem betreffenden Unternehmen aktiv durch einen erkennbaren und inhaltlich insoweit eindeutig festgelegten Akt erfolgt,[69] der zumindest zeitgleich mit der Vergabe des öffentlichen Auftrags an das Unternehmen ergeht.[70] Die bloße Eröffnung eines Betätigungsfelds für ein von einem öffentlichen Auftraggeber kontrolliertes Unternehmen durch dessen Gesellschaftszweck reicht demzufolge nicht aus.[71] Vielmehr muss der Gesellschaftsvertrag eindeutig festlegen, mit der Erbringung welcher Leistungen, die dem Aufgabenspektrum des öffentlichen Auftraggebers zuzuordnen sind, das Unternehmen von diesem Auftraggeber beauftragt wird.[72]

38 Darüber hinaus muss der öffentliche Auftraggeber, der die juristische Person mit der Ausführung der Aufgaben betraut hat, zur **Disposition über diese Aufgabe befugt** sein. Es ist also nicht möglich, dass zB ein Landkreis eine Eigengesellschaft mit der Aufgabe betraut, die Wasserversorgung auch benachbarter Landkreise sicherzustellen. Hierfür wird es vielmehr des Abschlusses eines horizontalen Vertrages zwischen den Landkreisen nach § 108 Abs. 6 GWB bedürfen.

39 Liegt ein Betrauungsakt im dargestellten Sinne vor und stellen die Aufgaben, mit deren Erfüllung die juristische Person betraut wurde, mehr als 80 % ihres Tätigkeitsportfolios dar, so ist das Tätigkeitskriterium des § 108 Abs. 1 Nr. 2 GWB erfüllt.

---

[65] Zurückhaltend zur Vergleichbarkeit der Zielrichtung des Betrauungsbegriffs im Beihilfenrecht und im Vergaberecht Losch VergabeR 2016, 541 (545 f.).
[66] Zutr. VK Bund 18.5.2016 – VK 1–18/16, IBRRS 2016, 2189.
[67] Diese Frage formulierend Dabringhausen VergabeR 2014, 512 (519).
[68] Zu Art. 106 Abs. 2 AEUV, Hoheitsakt: EuGH 27.3.1974 – 127/73, Slg. 1974, 313 Rn. 19, 22 = GRUR-Int 1974, 342 – BRT I; 14.7.1981 – 172/80, Slg. 1981, 2021 Rn. 7 = NJW 1982, 505 – Züchner; 11.4.1989 – 66/86, Slg. 1989, 803 Rn. 55 = NJW 1989, 2192 – Saeed. Vertrag: Daseinsvorsorgemitteilung der Kommission v. 20.9.2000, ABl. 2001 C 17, 4 Rn. 22.
[69] Für Art. 106 Abs. 2 AEUV Calliess/Ruffert/Jung AEUV Art. 106 Rn. 42.
[70] Losch VergabeR 2016, 541 (548).
[71] AM Müller-Wrede VergabeR 2016, 292 (297).
[72] Losch VergabeR 2016, 541 (546).

In einem Vorlagebeschl. an den EuGH von Dezember 2014 hat das OLG Celle **weitergehende Anforderungen** formuliert. Konkret ging es um die Gründung eines Abfallentsorgung-Zweckverbandes durch zwei Gebietskörperschaften, die gemeinsam die Kontrolle über den Zweckverband ausübten. Kritisch sah das OLG hingegen die Erfüllung des Tätigkeitskriteriums durch den Zweckverband: Zu den dem Zweckverband übertragenen Aufgaben gehörten ua die Übernahme der Aufgaben als öffentlich-rechtlicher Entsorgungsträger sowie die Entsorgung von Abfällen zur Verwertung. Wie das OLG formulierte, „neigt der Senat zu der Auffassung", nur die Annahme und Verwertung solcher Abfälle als Tätigkeit für die kontrollierenden Körperschaften zu behandeln, für die eine Annahmepflicht nach § 20 KrWG besteht, dementsprechend nicht aber Gewerbeabfälle zur Verwertung. Zur Begründung wies das Gericht darauf hin, dass für diese Abfallart keine gesetzliche Verpflichtung der Gebietskörperschaften bestehe, deren Erfüllung dem Zweckverband hätte übertragen werden können. Vielmehr agiere der Zweckverband insoweit im Wettbewerb. Es könne den Gebietskörperschaften nicht frei stehen, dieses Handeln im Wettbewerb per Satzung zu einer Tätigkeit für die den Zweckverband kontrollierenden Gebietskörperschaften zu deklarieren.[73]

Gegen diese Bewertung ist der Vorwurf erhoben worden, das OLG Celle vermische unzulässigerweise die Kriterien von Inhouse-Geschäft und horizontaler kommunaler Kooperation. Konsequenz der Auffassung des Gerichts sei nämlich, dass nur noch Dienstleistungen der juristischen Person zur Erfüllung kommunaler Pflichtaufgaben für die Berechnung innerhalb des Tätigkeitskriteriums herangezogen werden dürften. Die Voraussetzung der gemeinsamen Erfüllung zu erbringender öffentlicher Dienstleistungen sei aber nur für horizontale interkommunale Kooperationen – jetzt in § 108 Abs. 6 Nr. 1 GWB – vorgesehen, nicht aber für Inhouse-Geschäfte.[74] Dies ist zwar zutreffend, verfehlt aber den Kern der Argumentation des OLG Celle. Denn das Gericht setzt nicht bei der Unterscheidung Pflichtaufgaben/freiwillige Aufgaben an, sondern bei der **Wettbewerbsberührung** durch die Verwertung gewerblicher Abfälle. Jedenfalls nach neuer Rechtslage wäre es wohl so, dass kein hinreichender Betrauungsakt vorliegen würde, weil die kommunalen Gebietskörperschaften über diese durch das Kreislaufwirtschaftsgesetz dem Wettbewerb übergebene Aufgabe nicht dispositionsbefugt sind. 40

cc) Leistungsempfänger. Nach der auch auf § 108 Abs. 1 GWB übertragbaren Rspr. des EuGH muss grds. eine **personelle Kongruenz zwischen Kontroll- und Wesentlichkeitskriterium** dergestalt bestehen, dass zur Erfüllung des Wesentlichkeitskriteriums nur Tätigkeiten für die betreffende Einrichtung ggü. Personen, die die Einrichtung alleine oder gemeinsam kontrollieren, berücksichtigt werden können.[75] Hierzu zählen bei einer Gebietskörperschaft, die die Kontrolle ausübt, bspw. **alle Behörden und Einrichtungen,** nicht aber etwa Bedienstete dieser Gebietskörperschaft, soweit sie vom Auftragnehmer erbrachte Leistungen außerhalb ihrer dienstlichen Stellung erhalten.[76] Im Fall einer gemeinsamen Gesellschaft mehrerer Gemeinden, welche die Gemeinden zur Erfüllung von abfallwirtschaftlichen Aufgaben gegründet hatten und welche die Regionalbehörde angewiesen hatte, die Abfälle auch von nicht an der Gesellschaft beteiligten Gemeinden zu behandeln, 41

---

[73] OLG Celle 17.12.2014 – 13 Verg 3/13, NZBau 2015, 178.
[74] Anm. DStGB, http://www.dstgb.de/dstgb/Homepage/Schwerpunkte/Vergaberecht/Rechtsprechung/OLG%20Celle%3A%20EuGH%20muss%20vergaberechtliche%20Zul%C3%A4ssigkeit%20kommunaler%20Abfallzweckverb%C3%A4nde%20kl.%C3%A4ren/.
[75] EuGH 8.12.2016 – C-553/15, NZBau 2017, 109 Rn. 32 f. – Undis Servizi.
[76] OLG Düsseldorf 2.11.2016 – Verg 23/16, ZfBR 2017, 190 (193); VK Bund 18.5.2016 – VK 1–18/16, IBRRS 2016, 2189.

GWB § 108   Ausnahmen bei öffentlich-öffentlicher Zusammenarbeit

entschied der Gerichtshof, dass selbst dann, wenn die über den Kreis der Gesellschaftergemeinden hinausreichenden Tätigkeiten der Gesellschaft ggü. weiteren Gemeinden, also innerhalb des staatlichen Bereichs, und aufgrund einer Anordnung einer höheren Verwaltungsbehörde erfolgten, es sich laut EuGH um Tätigkeiten zugunsten Dritter handelt, die das Wesentlichkeitskriterium nicht erfüllen können.[77] Da die höhere Verwaltungsbehörde an der Gesellschaft nicht beteiligt ist und keine Kontrolle über sie ausübt, ist die „von ihr auferlegte Tätigkeit als Tätigkeit zugunsten Dritter anzusehen"[78]

42   Die Beurteilung wäre nicht anders, wenn die Regionalbehörde zum Kreis der die Gesellschaft kontrollierenden Gesellschafter gehört hätte. Andernfalls würde öffentlichen Auftraggebern die Möglichkeit eröffnet, von ihnen kontrollierte rechtlich selbständige Einrichtungen zu einer Tätigkeit ggü. anderen öffentlichen Auftraggebern anzuweisen. Die vom EuGH verlangte **Beschränkung der für das Wesentlichkeitskriterium relevanten Tätigkeiten** auf den Kreis der das Kontrollkriterium erfüllenden Auftraggeber würde damit sinnentleert. Vielmehr würde es im Extremfall ausreichen, dass eine einzige Kommune eine von ihr kontrollierte Eigengesellschaft gründet und diese zur Tätigkeit auch für alle anderen Kommunen anweist.

43   Insoweit unterscheidet sich die Situation von der Konstellation in der Carbotermo-Entscheidung des EuGH. Zwar könnte den Formulierungen des Carbotermo-Urt., dass für die Bewertung der Erfüllung des Kontrollkriteriums „alle Tätigkeiten, die ein Unternehmen als Auftragnehmer im Rahmen einer Vergabe durch den öffentlichen Auftraggeber verrichtet, (zu berücksichtigen seien), ohne dass (es auf) die Person des Begünstigten – sei es der öffentliche Auftraggeber selbst oder der Nutzer der Leistungen – (oder) darauf ..., wer das betreffende Unternehmen vergütet, sei es die Körperschaft, die seine Anteile innehat, seien es Dritte als Nutzer der Dienstleistungen, ... (oder) in welchem Gebiet die genannten Leistungen erbracht werden" ankomme,[79] entnommen werden, dass der öffentliche Auftraggeber mit einer Entscheidung zur Vergabe an eine von ihm (mit-)kontrollierte Einrichtung den Kreis der von der beauftragten Leistung Begünstigten beliebig festlegen kann. Doch lag dem eine Sachverhaltsgestaltung zugrunde, in der es um die Lieferung von Brennstoffen und die Wartung von Gemeindegebäuden, also um die **Erfüllung eigener bzw. von Daseinsvorsorgeaufgaben** der beauftragenden Gemeinde ging.

44   Hiervon grds. verschieden ist die Gestaltung, dass eine Einrichtung von einem sie kontrollierenden öffentlichen Auftraggeber **mit der Erfüllung der Aufgaben Dritter beauftragt** wird. Dass die Leistungserbringung in der letztgenannten Konstellation keine Tätigkeit für die die Einrichtung kontrollierenden öffentlichen Auftraggeber mehr darstellt, ergibt sich bereits aus dem dogmatischen Ausgangspunkt der Figur des Inhouse-Geschäfts, also der Freiheit, eigene Aufgaben durch eigene Mittel zu erfüllen (→ Rn. 2). Die Erfüllung fremder Aufgaben wird hiervon nicht erfasst. Dies bestätigt auch der Beschl. der VK Hamburg v. 18.2.2015.[80] Ihm lag die Konstellation einer von den Bundesländern getragenen Gesellschaft, die Unterrichtsmaterialien entwickelt, herstellt und vertreibt, zugrunde. Die VK wies zutreffend darauf hin, dass die Verantwortung für das Schulwesen zwar hinsichtl. der inhaltlichen Anforderungen an Unterrichtsmittel auch bei den Bundesländern liegt, die Auswahl und Beschaffung der Unterrichtsmaterialien jedoch Aufgabe der verschiedenen einzelnen Schulträger ist. Die Erbringung von Leistungen ggü. diesen Schulträgern durch die Gesellschaft ist keine Leistung ggü. den Ländern als Gesellschaftern.[81]

---

[77] EuGH 8.12.2016 – C-553/15, NZBau 2017, 109 Rn. 35 f. – Undis Servizi.
[78] *EuGH 8.12.2016* – C-553/15, NZBau 2017, 109 Rn. 37 – Undis Servizi.
[79] EuGH 11.5.2006 – C-340/04, NZBau 2006, 452 Rn. 66 f. – Carbotermo.
[80] VK Hamburg 18.2.2015 – VgK FB 8/14, VPRRS 2016, 0081.
[81] VK Hamburg 18.2.2015 – VgK FB 8/14, VPRRS 2016, 0081.

Nur in diesen Grenzen kommt es also nicht darauf an, wer Begünstigter der 45
Ausführung des Auftrags ist. Wie Erwgr.32 der VRL hervorhebt, sind alle Tätigkeiten zu berücksichtigen, die ein Unternehmen als Auftragnehmer **im Rahmen einer Betrauung mit der Ausführung von Aufgaben durch den öffentlichen Auftraggeber** verrichtet. Dabei kommt es nicht darauf an, wem ggü. das Unternehmen die Leistungen erbringt, wer also der Begünstigte der Leistungen ist, sei es der öffentliche Auftraggeber oder die Nutzer der Leistungen. Ebenso wenig ist maßgebend, woher das Unternehmen seine Vergütung erhält, ob vom öffentlichen Auftraggeber oder von Dritten als Nutzern der von dem Unternehmen erbrachten Dienstleistungen.[82] Wird daher ein Unternehmen von einer Gebietskörperschaft, die Anteile an dem Unternehmen hält, mit der Erbringung von **Leistungen ggü. den Einwohnern der Gemeinde** beauftragt, so handelt sich dabei um Tätigkeiten für den Auftraggeber. Allerdings gilt dies nur für diejenigen Tätigkeiten, mit deren Erbringung das Unternehmen von der Gebietskörperschaft beauftragt wurde. Wird das Unternehmen zusätzlich in anderen Geschäftsfeldern ggü. den Einwohnern der Gemeinde in erheblichem Umfang im freien Wettbewerb mit anderen Unternehmen tätig, so liegt auch hinsichtl. der von der Gebietskörperschaft beauftragten Leistungen kein Inhouse-Geschäft vor.[83] Ebenso ist es unerheblich, ob die Leistungen unmittelbar ggü. dem Auftraggeber oder ggü. von ihm verselbständigten Einheiten erbracht werden. Das OLG Celle hat zu Recht darauf hingewiesen, dass – zumindest unter bestimmten Voraussetzungen – die gebotene Gesamtbetrachtung zur Einbeziehung auch der von einem Enkelunternehmen ggü. dem „Großmutterunternehmen" erbrachten Leistungen führen muss.[84]

c) Beteiligung Privater. Eingehendere Aufmerksamkeit hat in § 108 Abs. 1 46
Nr. 3 GWB die Frage der Beteiligung Privater an der den Auftrag ausführenden juristischen Person erfahren. Danach ist Voraussetzung für das Vorliegen eines ausschreibungsfreien Inhouse-Geschäfts, dass **keine direkte private Kapitalbeteiligung** an der den Auftrag ausführenden juristischen Person besteht. Mit Ausnahme der Begrenzung auf direkte Beteiligungen entspricht dieses Kriterium der Stadt Halle-Rspr. des EuGH. Allerdings hat der EuGH dieses Kriterium in stRspr auf zwei Begründungsstränge gestützt: Zum einen die Verfolgung unterschiedlicher Interessen durch den öffentlichen Partner und den Privaten, zum anderen die Gefährdung des Ziels eines freien und unverfälschten Wettbewerbs sowie des Grundsatzes der Gleichbehandlung, weil das beteiligte private Unternehmen bei Verneinung der Ausschreibungspflicht einen Vorteil ggü. seinen Konkurrenten habe.[85] Bemerkenswerterweise greift Erwgr. 32 der VRL nur einen dieser beiden Begründungsstränge auf, nämlich den des **unzulässigen Vorteils im Wettbewerb.** Dass der Entfall des anderen Begründungsstrangs, des der unterschiedlichen Interessen, versehentlich erfolgt sein sollte, erscheint kaum vorstellbar.

Vor diesem Hintergrund dürfte wohl die Beschränkung der Unzulässigkeit des 47
Inhouse-Geschäfts auf direkte Beteiligungen Privater zu deuten sein. Der Verzicht

---

[82] EuGH 11.5.2006 – C-340/04, NZBau 2006, 452 Rn. 66 f. – Carbotermo.
[83] OLG Frankfurt a. M. 30.8.2011 – 11 Verg 3/11, BeckRS 2011, 24232 = VergabeR 2012, 47 (52); OLG Hamburg 14.12.2010 – 1 Verg 5/10, NZBau 2011, 185 (187); dazu Schröder NVwZ 2011, 776.
[84] OLG Celle 29.10.2009 – 13 Verg 8/09, NZBau 2010, 194 (197 f.).
[85] EuGH 11.1.2005 – C-26/03, NVwZ 2005, 187 Rn. 50 f. – Stadt Halle; ebenso 21.7.2005 – C-231/03, BeckRS 2005, 70567 = VergabeR 2005, 609 Rn. 26 – Coname; 8.4.2008 – C-337/05, EuZW 2008, 372 Rn. 40; 13.11.2008 – C-324/07, NZBau 2009, 54 Rn. 30 – Coditel Brabant; 10.9.2009 – C-573/07, NZBau 2009, 797 Rn. 46 – Sea; 15.10.2009 – C-196/08, EuZW 2009, 849 Rn. 56 – Acoset; 22.12.2010 – C-215/09, EuZW 2011, 257 Rn. 32 – Oulun kaupunki.

auf die Ableitung des Ausschlusses privater Beteiligungen aus einer Interessendivergenz von öffentlicher Hand und Privaten macht den Weg frei, eine solche **Beteiligung nicht mehr gänzlich auszuschließen**. Denn nach der strikten Rspr. des EuGH war eine solche Interessendivergenz ausnahmslos und auch dann anzunehmen, wenn sie faktisch nicht feststellbar ist. Dies hat der Gerichtshof in seinem Urt. v. 19.6.2014 für die Konstellation entschieden, dass es sich bei den am Auftragnehmer privaten Beteiligten um altruistisch, dh ohne Gewinnerzielungsabsicht handelnde Institutionen zur Wahrnehmung sozialer Aufgaben handelt. Abweichend von Stimmen in der deutschen Literatur stellte der Gerichtshof die Unterschiedlichkeit der Interessen in einem knappen Satz ohne nähere Begründung lediglich fest.[86]

48 Dies führt zu der Konsequenz, dass die Abgrenzung des Kreises inhouse-schädlicher direkter Beteiligungen durch das **Verbot der Verschaffung unzulässiger Vorteile im Wettbewerb** determiniert wird. Bedauerlicherweise lässt sich den Erwägungsgründen nichts dazu entnehmen, welches denn für ein Inhouse-Geschäft unschädliche Beteiligungen sein könnten. Eindeutig ist zunächst, dass eine private Beteiligung iSv § 108 Abs. 1 Nr. 3 GWB nicht an die Rechtsform, sondern die Wettbewerbsstellung eines an dem Auftragnehmer beteiligten Unternehmens anknüpft. Die Beteiligung **in privatrechtlichen Formen verfasster 100 %iger Eigengesellschaften** der öffentlichen Hand ist daher unschädlich.[87] Als Gegenbegriff zu der direkten Beteiligung bietet sich der Begriff der indirekten Beteiligung an. Hierunter versteht man durchaus unterschiedliche Tatbestände, nämlich ein Investment nicht in Form eines unmittelbaren Erwerbs von Gesellschaftsanteilen, sondern über eine Kapital sammelnde Beteiligungsgesellschaft, oder eine Mitarbeiterbeteiligung über eine Mitarbeiterbeteiligungsgesellschaft oder eine allein auf Partizipation an den Erträgnissen ausgerichtete Beteiligung, bspw. in Form einer stillen Gesellschaft nach den §§ 230 ff. HGB.

49 Da der Begriff der **indirekten Beteiligung** kein Rechtsbegriff ist und auch nicht von der VRL verwendet wird, sollte hinsichtl. der Annahme, dass derartige Beteiligungsformen (und ggf. andere) inhouse-unschädlich sind, Vorsicht walten. Eindeutig ist jedenfalls, dass eine nur minderheitliche Beteiligung Privater – wie nach der bisherigen EuGH-Rspr.[88] – auch dann inhouse-schädlich ist, wenn sie zu einer weitgehenden Einflusslosigkeit innerhalb der juristischen Person führt. Andernfalls wäre es nicht verständlich, weshalb eine private Beteiligung ohne Sperrminorität nach § 108 Abs. 1 Nr. 3 GWB nur bei Vorliegen weiterer Voraussetzungen zur Inhouse-Fähigkeit führt (→ Rn. 51 ff.). Ebenso klar dürfte sein, dass die bloße Stufung einer Beteiligung nicht von vornherein zur Unschädlichkeit der privaten Beteiligung führt. Entsprechendes gilt für eine stille Beteiligung.

50 Nach der Systematik muss das entscheidende Abgrenzungskriterium vor dem Hintergrund der EuGH-Rspr. vielmehr in der Feststellung gesucht werden, ob es sich bei dem beteiligten Privaten um einen Wirtschaftsteilnehmer handelt, der **durch die Beteiligung einen Vorteil im Wettbewerb** mit anderen Wirtschaftsteilnehmern erlangen könnte.[89] Dies hebt auch die Begründung des Regierungsentwurfs zu § 108 GWB hervor.[90] Entscheidend ist demzufolge, ob er „wirtschaftliche Tätigkeiten im Wettbewerb mit anderen Wirtschaftsteilnehmern ausüben"

---

[86] EuGH 19.6.2014 – C-574/12, NZBau 2014, 511 Rn. 39 – Centro Hospitalar.

[87] OLG Düsseldorf 2.11.2016 – Verg 23/16, ZfBR 2017, 190 (194); VK Bund 18.5.2016 – VK 1–18/16, IBRRS 2016, 2189.

[88] EuGH 19.6.2014 – C-574/12, NZBau 2014, 511 Rn. 42 – Centro Hospitalar.

[89] Vgl. Horstkotte/Hünemörder/Dimieff VergabeR 2017, 697 (702 f.). Die Wettbewerbsbetroffenheit führt also zum Ausschluss eines Inhouse-Geschäfts und damit zur Anwendbarkeit der VRL, nicht zur Transparenzpflicht nach Primärrecht, aM Dabringhausen VergabeR 2014, 512 (517).

[90] BT-Drs. 18/6281, 80.

könnte.[91] Ist dies nicht der Fall, weil es schlechterdings ausgeschlossen ist, dass der Private ein von der Beteiligung an der beauftragten juristischen Person unabhängiges eigenes Interesse an dem Auftrag hat, indem er diese wirtschaftliche Tätigkeit auch selbst übernehmen könnte, so steht er bzgl. dieser Tätigkeit in keinem Wettbewerb mit anderen Wirtschaftsteilnehmern und kann demzufolge auch keinen Wettbewerbsvorteil erlangen. Ein typischer Fall ist etwa die **indirekte Mitarbeiterbeteiligung,** sofern die Beteiligungsgesellschaft nicht auch Fremdkapital aufnimmt. Im Übrigen handelt es sich um eine Frage des Einzelfalls.

Eine **Sonderregelung** enthält Art. § 108 Abs. 1 Nr. 3 GWB für solche privaten Beteiligungen, die 51
- keine Beherrschung oder Sperrminorität vermitteln,
- durch gesetzliche Bestimmungen vorgeschrieben sind und
- keinen maßgeblichen Einfluss auf die kontrollierte juristische Person vermitteln.

Diese Voraussetzungen müssen kumulativ vorliegen, es handelt sich also um eine Ausnahme, nicht um drei.[92]

Als Beispiel nennt Erwgr. 32 der VRL **öffentliche Einrichtungen mit** 52
Pflichtmitgliedschaft wie die für bestimmte öffentliche Dienstleistungen verantwortlichen Organisationen. Fasst man die Kriterien der fehlenden Beherrschung und der fehlenden maßgeblichen Einflusses zusammen,[93] so muss mithin die **Beherrschung bei der öffentlichen Hand** liegen. Die Kriterien für die Beherrschung juristischer Personen durch die öffentliche Hand sind im EU-Vergaberecht definiert als entweder Innehabung von mehr als der Hälfte des Kapitals des Unternehmens oder Verfügung über mehr als die Hälfte der mit den Unternehmensanteilen verbundenen Stimmrechte oder Ernennung von mehr als der Hälfte der Mitglieder des Verwaltungs-, Leitungs- oder Aufsichtsorgans des Unternehmens (Art. 4 Abs. 2 UAbs. 2 SRL, Art. 29 Abs. 2 UAbs. 2 SRL, Art. 7 Abs. 4 UAbs. 2 KVR). Es spricht nichts dagegen, auf diesen Begriff der Beherrschung auch iRd § 108 GWB zurückzugreifen.

Allerdings sind die **unterschiedlichen Funktionen der Begriffsbestimmun-** 53
gen in den genannten Bestimmungen in SRL und KVR im Vergleich mit Art. 12 VRL bzw. § 108 GWB zu beachten. Während es bei SRL und KVR darum geht, den Anwendungsbereich des EU-Vergaberechts bei der Bestimmung des persönlichen Anwendungsbereichs eher weit zu fassen, betrifft der zweite Hs. des Art. 12 Abs. 1 UAbs. 1 lit. c VRL umgekehrt eine Ausnahme von der Ausschreibungspflicht. Reicht es daher nach den Vorschriften von SRL und KVR aus, dass der öffentliche Auftraggeber einen beherrschenden Einfluss ausüben kann, weist das Kriterium des für die öffentliche Hand erforderlichen maßgeblichen Einflusses darauf hin, dass die jederzeitige Durchsetzbarkeit dieses Einflusses der öffentlichen Anteilseigner rechtlich gesichert sein muss. Dies unterstreicht der Ausschluss einer privaten Sperrminorität.

Genügt die Beteiligung eines Privaten an der juristischen Person, an die der 54
Auftrag vergeben werden soll, nicht den Anforderungen des § 108 Abs. 1 Nr. 3 GWB, so sind für die Auftragsvergabe die vergaberechtlichen Vorschriften zu beachten. Zu der Frage, ab welchem Zeitpunkt dieser Ausschluss eines Inhouse-Geschäfts eingreift, hat sich der EuGH in seinem Urt. in der Sache „Sea" geäußert.[94] Ausgangspunkt für die Beurteilung ist zunächst der **Zeitpunkt der Auftragsvergabe:** Ist zu diesem Zeitpunkt ein Privater noch nicht Anteilseigner, so handelt es sich nicht um eine gemischtwirtschaftliche Gesellschaft, für die die

---

[91] EuGH 19.6.2014 – C-574/12, NZBau 2014, 511 Rn. 40 – Centro Hospitalar.
[92] So aber Gaus VergabeR 2016, 418 (420).
[93] Ebenso Dabringhausen VergabeR 2014, 512 (517).
[94] EuGH 10.9.2009 – C-573/07, NZBau 2009, 797 Rn. 42 ff. – Sea.

GWB § 108 Ausnahmen bei öffentlich-öffentlicher Zusammenarbeit

Anwendung der Inhouse-Grundsätze ausgeschlossen wäre. Etwas anderes gilt nur in zwei Fällen:

55 • Es darf *erstens* **keine Umgehung der Anwendung des Vergaberechts** vorliegen. Dies ist insbes. dann der Fall, wenn erst der Auftrag an eine Eigengesellschaft vergeben wird und kurz danach Gesellschaftsanteile an Private übertragen werden. In diesem Fall ist eine Gesamtbetrachtung geboten, die eine Kombination von vergaberechtsfreiem Inhouse-Geschäft auf der ersten Stufe mit einem keinen Beschaffungsvorgang darstellenden Verkauf von Gesellschaftsanteilen auf der zweiten Stufe ausschließt[95] (→ § 103 Rn. 57). Jedenfalls dann, wenn der Erwerb der Gesellschaftsanteile durch einen Privaten dazu führt, dass die Voraussetzungen für die Beherrschung wie eine eigene Dienststelle des öffentlichen Auftraggebers nicht mehr vorliegen und die Gesellschaft deshalb **nicht mehr inhouse-fähig** ist, liegt eine wesentliche Auftragsänderung iSv § 132 GWB vor, die die Durchführung eines Vergabeverfahrens für den Auftrag erfordert.[96]

55a • Allerdings genügt es in solchen Fällen zur Ausräumung des Vorwurfs einer Umgehung des Vergaberechts, wenn **auf einer der beiden Stufen eine Ausschreibung** erfolgt. Wie der EuGH in der Acoset-Entscheidung deutlich gemacht hat, bedarf es bei einer in Gesellschaftsform institutionalisierten **Public Private Partnership** keiner Ausschreibung sowohl des Auftrags als auch der Suche des Partners für die gemischtwirtschaftliche Gesellschaft. Vielmehr ist die Beauftragung der gemischtwirtschaftlichen Gesellschaft ausschreibungsfrei, wenn *erstens* die Erbringung der beauftragten Leistungen alleiniger Zweck der gemischtwirtschaftlichen Gesellschaft ist und *zweitens* der private Gesellschafter in einem den anzulegenden Gleichbehandlungs- und Transparenzmaßstäben genügenden Verfahren, dh einem Vergabeverfahren, unter Prüfung seiner Eignung auch für die konkreten Leistungen ausgewählt worden ist.[97] Ist dies nicht der Fall, so handelt es sich um eine wesentliche Auftragsänderung iSv § 132 Abs. 1 GWB.[98]

56 • Hierzu ist zu beachten, dass sich diese Ausschreibungsfreiheit **nur auf die Erbringung der spezifischen Leistungen** bezieht, wegen derer die gemischtwirtschaftliche Gesellschaft gegründet worden ist. Mit der Erbringung anderer Leistungen kann die Gesellschaft nicht ausschreibungsfrei beauftragt werden. Die gemischtwirtschaftliche Gesellschaft wird also auch in ihrer Eigenschaft als PPP-Gesellschaft **nicht inhouse-fähig**. Darüber hinaus werden auch die den Zweck der Gesellschaftsgründung bildenden spezifischen Leistungen ausschreibungspflichtig, wenn der Gesellschaftszweck nachträglich während der Laufzeit der Leistungserbringung geändert wird.[99]

57 • *Zweitens* entfällt die Inhouse-Fähigkeit dann, wenn ein Privater zwar zum Zeitpunkt der Auftragsvergabe noch nicht Anteilseigner ist, jedoch konkrete Hinweise auf eine tatsächliche **baldige Öffnung der Gesellschaft für private Teilhaber** vorliegen.[100] Daraus wird man auch entnehmen müssen, dass es auf die Fassung der jew. Satzung nicht ankommt. Die vom BGH vertretene Auffassung, dass allein das satzungsmäßige Bestehen einer Möglichkeit zur Aufnahme privaten Kapitals zum Nichtvorliegen des Kontrollkriteriums führe,[101] ist damit zwar durch die

---

[95] EuGH 10.11.2005 – C-29/04, NVwZ 2006, 70 Rn. 38 ff. – Gemeinde Mödling; aM Shirvani VergabeR 2010, 21 (22 ff.), immer Ausschreibungspflicht, dh ohne Durchführung einer Einzelfallprüfung.
[96] EuGH 12.5.2022 – C-719/20, NZBau 2022, 471 Rn. 37 f. – Commune di Lerici.
[97] EuGH 15.10.2009 – C-196/08, EuZW 2009, 849 Rn. 58 ff. – Acoset.
[98] EuGH 10.9.2009 – C-573/07, NZBau 2009, 797 Rn. 53 – Sea; Dierkes/Scharf VergabeR 2014, 752 (757 f.).
[99] EuGH 15.10.2009 – C-196/08, EuZW 2009, 849 Rn. 62 – Acoset.
[100] EuGH 10.9.2009 – C-573/07, NZBau 2009, 797 Rn. 42 ff. – Sea.
[101] BGH 3.7.2008 – I ZR 145/05, NZBau 2008, 664 (666).

Auslegung des Unionsrechts durch den EuGH konterkariert, jedoch nicht zwingend obsolet. Denn das deutsche Vergaberecht, das der BGH ausgelegt hat, ist nicht daran gehindert, in der Festlegung des Kreises ausschreibungspflichtiger Vorgänge **über das Unionsrecht hinauszugehen.** Allerdings dürfte für eine derartige Ausweitung kein Bedürfnis bestehen. Fehlt es daher an konkreten Hinweisen auf die Aufnahme privater Teilhaber, dann schließen weder die satzungsmäßig vorgesehene Möglichkeit zur Aufnahme Privater und erst recht nicht ein Schweigen der Satzung über einen Ausschluss privater Beteiligungen die Kontrolle wie über eine eigene Dienststelle aus.

An und für sich überflüssig ist der Hinweis in Erwgr. 32 der VRL, dass eine **58 Beteiligung Privater am öffentlichen Auftraggeber** das Vorliegen eines Inhouse-Geschäfts mit der von diesem Auftraggeber kontrollierten juristischen Person nicht ausschließt. Daraus allerdings zu schließen, dass nunmehr eine gemischtwirtschaftliche Gesellschaft, die unter Beherrschung durch den öffentlichen Partner funktionaler Auftraggeber (§ 99 Nr. 2 GWB) ist, im Wege des Inhouse-Geschäfts Aufträge an die eigene Tochter weiterreichen kann,[102] erscheint gewagt. Denn in diesem Fall liegt eine zwar mittelbare, aber wettbewerbsrelevante Beteiligung eines Privaten an der kontrollierten juristischen Person vor.[103]

2. Inverse und horizontale Inhouse-Geschäfte (Abs. 3)

Die unter den früheren Vergaberichtlinien umstrittene Frage des Bestehens der **59** Möglichkeit inverser und horizontaler Inhouse-Geschäfte[104] wird nunmehr durch § 108 Abs. 3 GWB in bejahendem Sinne entschieden. Während beim **inversen Inhouse-Geschäft** die kontrollierte juristische Person einen Auftrag an den sie kontrollierenden öffentlichen Auftraggeber vergibt **("Tochter an Mutter"),** liegt ein **horizontales Inhouse-Geschäft** vor, wenn zwar zwischen Auftraggeber und Auftragnehmer kein Kontrollverhältnis besteht, beide aber durch denselben öffentlichen Auftraggeber kontrolliert werden **("Schwester an Schwester").** Voraussetzung ist, dass keine direkte Kapitalbeteiligung Privater an der den Auftrag erhaltenden juristischen Person vorliegt.

Der Verweis in § 108 Abs. 3 GWB auf Abs. 1 dürfte als Rechtsgrundverweisung **60** zu verstehen sein,[105] so dass **alle Voraussetzungen des vertikalen Inhouse-Geschäfts** erfüllt sein müssen. Bei einem Verständnis als Rechtsfolgenverweisung könnte sonst beim horizontalen Inhouse-Geschäft die Situation eintreten, dass die den Auftrag vergebende und die den Auftrag ausführende juristische Person zwar beide durch denselben öffentlichen Auftraggeber als „Mutter" kontrolliert, jedoch ganz überwiegend am Markt tätig werden. Könnte nunmehr die eine „Schwester" durch die andere ausschreibungsfrei beauftragt werden, so würde die ggü. anderen am Markt tätigen Wettbewerbern einen Vorteil erlangen. In diesem Fall werden die kontrollierten juristischen Personen eben gerade nicht mehr überwiegend auf der Grundlage des Grundsatzes der Ausschreibungsfreiheit der Eigenerledigung tätig, sondern verlassen die dadurch abgegrenzte Sphäre. Daher müssen beide juristische Personen ggü. dem kontrollierenden öffentlichen Auftraggeber auch dem Tätigkeitskriterium des § 108 Abs. 1 Nr. 2 GWB genügen. Entsprechendes gilt beim inversen

---

[102] So Dabringhausen VergabeR 2014, 512 (518); Knauff EuZW 2014, 486 (487).
[103] Jaeger NZBau 2014, 259 (261).
[104] Für die Anwendung der Inhouse-Grundsätze schon nach früherem Recht Dabringhausen NZBau 2009, 616 (617 f.); Dreher NZBau 2004, 14 (18 ff.); Elbel VergabeR 2011, 185 (192 f.); Just EuZW 2009, 879 (884); Krajewski/Wethkamp DVBl 2008, 355 (359); abl. etwa Egger EU VergabeR Rn. 652 ff.; Schröder NZBau 2005, 127 (129 f.); Ziekow NZBau 2004, 181 (187).
[105] Greb VergabeR 2015, 289 (293 f.); aM Dabringhausen VergabeR 2014, 512 (521), Rechtsfolgenverweisung.

GWB § 108   Ausnahmen bei öffentlich-öffentlicher Zusammenarbeit

Inhouse-Geschäft für die Tätigkeiten der kontrollierten juristischen Person im Verhältnis zum kontrollierenden öffentlichen Auftraggeber.[106]

61   **a) Gemeinsam-vertikales Inhouse-Geschäft.** Die Frage des Vorliegens eines Inhouse-Geschäfts, wenn die **Kontrolle über die auftragsausführende juristische Person durch mehrere öffentliche Auftraggeber gemeinsam** ausgeübt wird, hat die Rspr. verschiedentlich beschäftigt und ist nunmehr in § 108 Abs. 4, 5 GWB geregelt. Dementsprechend kommt das Vorliegen eines Inhouse-Geschäfts auch dann in Betracht, wenn an der juristischen Person, die als Vertragspartner eines öffentlichen Auftraggebers auftritt, neben diesem Auftraggeber auch noch andere öffentliche Stellen beteiligt sind.[107]

62   Zu beachten ist zunächst, dass diese Vorschrift **nicht sämtliche Konstellationen** der Vergabe an ein gemischt-öffentliches Unternehmen betrifft. § 108 Abs. 4 GWB unterscheidet nicht danach, wer an der auftragsausführenden juristischen Person beteiligt ist, sondern wer die Kontrolle über sie ausübt. Dementsprechend setzt die Anwendung des § 108 Abs. 4 GWB voraus, dass der den Auftrag an die juristische Person vergebende öffentliche Auftraggeber nicht allein die Kontrolle über die juristische Person ausübt. Es ist durchaus nicht ausgeschlossen, dass auch bei gemischt-öffentlichen Unternehmen aufgrund entspr. gesellschaftsrechtlicher Vorkehrungen einer der Gesellschafter allein die juristische Person wie eine eigene Dienststelle kontrollieren kann. In diesem Fall gilt § 108 Abs. 1 GWB, nicht § 108 Abs. 4 GWB.

63   **aa) Kontrolle wie über eine eigene Dienststelle.** Erst dann, wenn der öffentliche Auftraggeber allein keine Kontrolle wie über eine eigene Dienststelle ausüben kann, greift § 108 Abs. 4 GWB ein. Danach liegt auch dann ein Inhouse-Geschäft vor, wenn der genannte Auftraggeber die **Kontrolle über die juristische Person gemeinsam mit anderen öffentlichen Auftraggebern** ausübt. Dies entspricht der bisherigen Rspr. des EuGH.[108] Ein nicht in die gemeinsame Kontrolle eingebundener (Minderheits-)Gesellschafter kann hingegen an die juristische Person, an der er beteiligt ist, nicht im Wege des Inhouse-Geschäfts ausschreibungsfrei vergeben.[109] Ebenso wenig verschafft ein bloßer Liefervertrag mit einem anderen öffentlichen Auftraggeber, der diesen Vertrag nach den darin enthaltenen Vereinbarungen über eine eigene Tochtergesellschaft erfüllt, an der die Leistung empfangende Auftraggeber nicht beteiligt ist, letzterem über die leistungsausführende Gesellschaft eine Kontrolle wie über eine eigene Dienststelle.[110]

64   Die **Anforderungen an die Ausübung gemeinsamer Kontrolle** sind in § 108 Abs. 5 GWB formuliert. Die Vorgabe, dass die mehreren öffentlichen Auftraggeber gemeinsam einen maßgeblichen Einfluss auf die strategischen Ziele und wesentlichen Entscheidungen der kontrollierten juristischen Person ausüben können müssen, dürfte der Forderung des EuGH nach einem „**Konzept der gemeinsamen Kontrolle**" durch alle beteiligten öffentlichen Stellen[111] entsprechen. Insoweit ist es erforderlich, dass diese Kontrolle mit der gleichen Intensität ausgeübt wird wie dies bei einer Eigengesellschaft mit nur einem Gesellschafter der Fall wäre. Dementspre-

---

[106] Für eine Wahlmöglichkeit, ob der kontrollierende oder der kontrollierte öffentliche Auftraggeber das Tätigkeitskriterium des Art. 12 Abs. 1 UAbs. 1 lit. b VRL erfüllt, hingegen Greb VergabeR 2015, 289 (293).
[107] EuGH 11.1.2005 – C-26/03, NVwZ 2005, 187 Rn. 49 – Stadt Halle.
[108] EuGH 13.11.2008 – C-324/07, NZBau 2009, 54 Rn. 46 ff. – Coditel Brabant; 10.9.2009 – C-573/07, NZBau 2009, 797 Rn. 58 ff. – Sea; 29.11.2012 – C-182/11, C-183/11, NZBau 2013, 55 Rn. 28 – Econord.
[109] EuGH 29.11.2012 – C-182/11, C-183/11, NZBau 2013, 55 Rn. 31 – Econord.
[110] OLG München 21.2.2013 – Verg 21/12, BeckRS 2013, 3964 = VergabeR 2013, 750 (756).
[111] EuGH 29.11.2012 – C-182/11, C-183/11, NZBau 2013, 55 Rn. 30 – Econord.

chend hat der EuGH für ein gemischtöffentliches Unternehmen es als gegen das Vorliegen der erforderlichen Kontrollmöglichkeit sprechendes Merkmal gewertet, dass die Gesellschafter nur über die vom Gesellschaftsrecht eingeräumten Befugnisse der Gesellschaftermehrheit verfügten und ggü. dem die fragliche Gesellschaft leitenden, mit Handlungsfreiheit ausgestatteten Organ keine besonderen Kontrollbefugnisse und kein besonderes Stimmrecht zur Kontrolle einsetzen konnten.[112] Dies gilt insbes. dann, wenn die Gesellschafterversammlung mit einfacher Mehrheit entscheidet und der Gesellschafter, der einen Auftrag im Wege des Inhouse-Geschäfts vergeben möchte, über keine Sperrminorität verfügt.[113] Die Ausübung der dienststellenähnlichen Kontrolle darf nicht allein dem Mehrheitsgesellschafter möglich sein, sondern muss in ein „Konzept der gemeinsamen Kontrolle" durch alle beteiligten öffentlichen Stellen eingebunden sein.[114] Dies bedarf idR der Aufnahme von Entscheidungsregeln zur Koordination zwischen den mehreren herrschenden Mutterkörperschaften. Ist dies der Fall, so kann auch ein Gesellschafter mit einem Anteil von weniger als 1 % der Gesellschaftsanteile eine Kontrolle wie über eine eigene Dienststelle ausüben.[115]

Zusätzlich[116] fordert die § 108 Abs. 5 Nr. 1 GWB, dass sämtliche teilnehmenden öffentlichen Auftraggeber **in den beschlussfassenden Organen** der kontrollierten juristischen Person vertreten sein müssen. Dabei handelt es sich um solche Organe, die rechtlich und tatsächlich in der Lage sind, die wesentlichen Entscheidungen der juristischen Person zu beeinflussen. Der EuGH hat diese Organe als **„Leitungsorgane"** gekennzeichnet.[117] In Abhängigkeit von der jew. Gesellschaftsverfassung müssen dies nicht unmittelbar die Geschäfte führenden oder zur Außenvertretung berechtigten Organe sein.[118] Im Einklang mit der Rspr. zum früheren Recht ist vielmehr eine Beteiligung aller Gesellschafter an der Geschäftsführung nicht zwingend erforderlich, sofern die Geschäftsführung an die Weisungen der Gesellschafterversammlung gebunden ist und in dieser den Minderheitsgesellschaftern bspw. ein Vetorecht zukommt.[119]

Zur Sicherstellung der Arbeitsfähigkeit jener Organe ermöglicht es § 108 Abs. 5 Nr. 1 GWB, dass einzelne Vertreter in den Organen **mehrere oder alle öffentlichen Auftraggeber vertreten** können. Im Extremfall ist es mithin möglich, dass ein Organ nur durch einen einzigen Vertreter aller öffentlichen Auftraggeber gebildet wird.[120] Da eine Freistellung des Vertreters von der Position der Vertretenen unzulässig sein dürfte,[121] wird vor dem Hintergrund der EuGH-Rspr. zur Notwendigkeit eines Konzepts der gemeinsamen Kontrolle in derartigen Fällen zu fordern sein, dass Koordinierungsregelungen für den Fall konfligierender Interessen der Vertretenen bestehen, die nicht allein an die Mehrheitsverhältnisse gekoppelt sind. In jedem Fall erforderlich ist, dass eine wirkliche Vertretungssituation vorliegt, also nicht nur eine Wahrnehmung der Interessen eines der öffentlichen Auftraggeber, sondern auch für andere Auftraggeber vorliegt. Eine andere Form der Verknüpfung der öffentlichen

---

[112] EuGH 11.5.2006 – C-340/04, NZBau 2006, 452 Rn. 38 – Carbotermo.
[113] VK Hamburg 18.2.2015 – VgK FB 8/14, VPRRS 2016, 0081.
[114] EuGH 29.11.2012 – C-182/11, C-183/11, NZBau 2013, 55 Rn. 30 – Econord.
[115] OLG Düsseldorf 30.1.2013 – VII-Verg 56/12, NZBau 2013, 327 (328) = VergabeR 2013, 589.
[116] Zur Selbstständigkeit dieses Kriteriums EuGH 22.12.2022 – C-383/21, NZBau 2023, 177 Rn. 70 – Sambre & Biesme.
[117] EuGH 29.11.2012 – C-182/11, C-183/11, NZBau 2013, 55 Rn. 33 – Econord.
[118] OLG Düsseldorf 2.11.2016 – Verg 23/16, ZfBR 2017, 190 (192).
[119] OLG Düsseldorf 30.1.2013 – VII-Verg 56/12, NZBau 2013, 327 (328) = VergabeR 2013, 589; 2.11.2016 – Verg 23/16, ZfBR 2017, 190 (192).
[120] Brockhoff VergabeR 2014, 625 (632).
[121] Dabringhausen VergabeR 2014, 512 (521).

GWB § 108 Ausnahmen bei öffentlich-öffentlicher Zusammenarbeit

Auftraggeber über die Person des Vertreters, ohne dass dieser eine Vertreterfunktion innehätte, reicht insoweit nicht aus. Das gilt bspw., wenn der Vertreter nur einen der öffentlichen Auftraggeber vertritt und Mitglied eines Organs eines anderen der öffentlichen Auftraggeber ist, ohne diesen ebenfalls zu vertreten.[122]

67 Das weitere Unterkriterium des Vorliegens einer dienststellenähnlichen Kontrolle, dass die kontrollierte juristische Person **keine Interessen verfolgt, die denen der kontrollierenden öffentlichen Auftraggeber zuwiderlaufen** (§ 108 Abs. 5 Nr. 3 GWB), ist keineswegs überflüssig.[123] Es rekurriert auf die Rspr. des EuGH zur Gefährdung des erforderlichen Kontrollniveaus durch eine Marktausrichtung der kontrollierten juristischen Person (→ Rn. 13 ff.).

68 **bb) Mehr als 80 % Tätigkeit für die kontrollierenden Auftraggeber.** Entsprechend der bisherigen EuGH-Rspr. wird das Wesentlichkeitskriterium bei den gemeinsam-vertikalen Inhouse-Geschäften durch § 108 Abs. 4 Nr. 2 GWB in der Weise verstanden, dass die juristische Person ihre Tätigkeiten im Wesentlichen für die – zusammen zu betrachtenden – kontrollierenden **öffentlichen Auftraggeber insgesamt** verrichtet.[124] Bei Vorliegen der übrigen Voraussetzungen eines Inhouse-Geschäfts kann ein solches also auch dann vorliegen, wenn der Tätigkeitsanteil der Gesellschaft gerade für den betr. Anteilseigner sehr gering ausfällt, sofern die Wesentlichkeitsschwelle bei Hinzunahme der Tätigkeitsanteile ggü. den übrigen Gesellschaftern erreicht wird. Hinsichtl. der Schwelle von mehr als 80 %iger Ausführung von Aufgaben, mit denen die juristische Person von den öffentlichen Auftraggebern betraut wurde, gilt nichts anderes als für die einfach-vertikalen Inhouse-Geschäfte (→ Rn. 30 ff.).

69 **b) Inverse und horizontale gemeinsame Inhouse-Geschäfte.** Ein Problem kann sich daraus ergeben, dass § 108 Abs. 2 GWB für das inverse und das horizontale Inhouse-Geschäft allein auf § 108 Abs. 1 GWB, also die Konstellation der Beherrschung durch einen öffentlichen Auftraggeber, verweist. Bedeutet dies, dass inverse und horizontale Inhouse-Geschäfte in Konstellationen der Beherrschung durch mehrere öffentliche Auftraggeber nicht möglich sind? Die Möglichkeit von inversen und horizontalen Inhouse-Geschäften in derartigen Konstellationen kann insbes. für die Kommunen interessant sein. Ein Fall wäre bspw. ein **Serviceverbund mehrerer Kommunen**, in dem verschiedene Kommunen verschiedene gemeinsame Tochterunternehmen ausgründen und in dem eine Tochtergesellschaft vergaberechtsfreie Leistungen ggü. den anderen Tochterunternehmen erbringen soll. Die Gesetzesbegr. zu § 108 Abs. 4 GWB, der ja die Kontrolle durch mehrere öffentliche Auftraggeber betrifft, weist auf die systematische Stellung des Abs. 4 nach dem Abs. 3 – betreffend inverse und horizontale Inhouse-Vergaben – hin und folgert daraus, dass § 108 Abs. 4 GWB auch für Aufträge gilt, die von einer kontrollierten juristischen Person an einen von mehreren sie kontrollierenden öffentlichen Auftraggeber vergeben werden.[125] Inverse Inhouse-Geschäfte sollen also auch bei der Beherrschung durch mehrere öffentliche Auftraggeber möglich sein, während der Möglichkeit horizontaler Inhouse-Geschäfte in dieser Konstellation nicht gedacht wird. Ob das ein Redaktionsversehen oder Absicht ist, wird nicht klar.

70 Dem könnte allerdings entgegengehalten werden, dass eine **systematische Gesetzesauslegung** zum entgegengesetzten Schluss kommen könnte, folgt doch die Regelung des § 108 Abs. 3 GWB zu den inversen und horizontalen Inhouse-

---

[122] EuGH 22.12.2022 – C-383/21, NZBau 2023, 177 Rn. 73 ff. – Sambre & Biesme.
[123] In diese Richtung aber Dabringhausen VergabeR 2014, 512 (522); Greb VergabeR 2015, 289 (294); Knauff EuZW 2014, 486 (489).
[124] EuGH 11.5.2006 – C-340/04, NZBau 2006, 452 Rn. 68 ff. – Carbotermo.
[125] BT-Drs. 18/6281, 81.

Geschäften eben gerade auf § 108 Abs. 1, 2 GWB, die eben nur die Beherrschung durch einen öffentlichen Auftraggeber betreffen. Dieser Systematik entspricht es, dass der § 108 Abs. 3 GWB eben nur auf Abs. 1 verweist und gerade nicht auf Abs. 4 betr. die gemeinsame Kontrolle. Auch Abs. 4 verweist nicht etwa umgekehrt auf Abs. 3. Dies entspricht der Systematik des Art. 12 VRL, die der deutsche Gesetzgeber beibehalten hat.

Gegen eine solche an Wortlaut und Systematik von EU-Vergaberichtlinie und § 108 GWB orientierte Auslegung sprechen allerdings **teleologische Erwägungen.** So ist zu berücksichtigen, dass die Zulassung horizontaler und inverser Inhouse-Geschäfte eine Ausnahme vom Anwendungsbereich des EU-Vergaberechts statuiert. Bei Erfüllung von Kontroll- und Tätigkeitskriterium ist ein Inhouse-Geschäft bei Kontrolle durch mehrere Auftraggeber in gleicher Weise möglich wie bei einer nur bipolaren Kontrollkonstellation. Ist nun bei der Kontrolle der die Leistung erbringenden juristischen Person durch nur einen öffentlichen Auftraggeber eine **inverse oder eine horizontale Inhouse-Vergabe möglich,** so ist aus teleologischer Perspektive kein Grund ersichtlich, weshalb dies bei der Kontrolle durch mehrere öffentliche Auftraggeber nicht zulässig sein sollte.[126] Voraussetzung ist allerdings, dass wegen des auch in diesem Fall geltenden Charakters als Rechtsgrundverweisung die Voraussetzungen des § 108 Abs. 4 GWB in vollem Umfang erfüllt sind. Das heißt, dass alle an inversen oder horizontalen Leistungserbringungsprozessen beteiligten Tochterunternehmen **von denselben kommunalen Trägern beherrscht** werden müssen. Nicht vergaberechtsfrei sind also zB Leistungen zwischen Unternehmen, deren Trägerkreis unterschiedlich zusammengesetzt ist. Denn in diesem Fall wäre es nicht möglich, die erforderliche Zurechnung von mehr als 80 % der Tätigkeiten ggü. den kontrollierenden Auftraggebern rechtssicher vorzunehmen.

71

IV. Instate-Geschäfte (horizontale öffentlich-öffentliche Kooperationen, Abs. 6)

Zur Erzielung von Synergieeffekten **kooperieren Verwaltungsträger,** insbes. im kommunalen Bereich in Formen der interkommunalen Zusammenarbeit (soweit diese nicht eine delegierende Aufgabenübertragung beinhalten → Rn. 5a ff.), häufig mit anderen Verwaltungsträgern. Wegen des **in der staatlichen Sphäre verbleibenden Charakters** werden damit verbundene Rechtsgeschäfte bei Vorliegen eines Beschaffungsbezugs in Anlehnung an die Inhouse-Geschäfte als In-State-Geschäfte bezeichnet.[127]

72–74

Ausgangspunkt ist, dass Verträge über die Erbringung von Leistungen zwischen verschiedenen öffentlichen Auftraggebern nicht von vornherein vergaberechtsimmun sind.[128] Andererseits erfasst der Grundsatz der Ausschreibungsfreiheit der Eigenerledigung auch eine solche Zusammenarbeit mit anderen öffentlichen Stellen, die kein Inhouse-Geschäft darstellt (→ Rn. 2 f.). Die zur Begründung einer Kooperation zwischen mehreren juristischen Personen des öffentlichen Rechts oder ihren Eigengesellschaften[129] zur Wahrnehmung ihrer öffentlichen Aufgaben geschlossenen Verträge **unterliegen nicht der Ausschreibungspflicht.** Denn in diesen Fällen werden **allein öffentliche Interessen berührt,** nicht aber der Grundsatz der

75

---

[126] Abl. Losch VergabeR 2016, 541 (552).
[127] Begriffsprägend Ziekow/Siegel VerwArch 2005, 119 (126).
[128] Siehe nur EuGH 9.6.2009 – C-480/06, NZBau 2009, 527 Rn. 33 – Stadtreinigung Hamburg; OLG Koblenz 3.12.2014 – Verg 8/14, ZfBR 2015, 308 (310).
[129] OLG Düsseldorf 28.7.2011 – VII-Verg 20/11, NZBau 2012, 50 (52).

GWB § 108 Ausnahmen bei öffentlich-öffentlicher Zusammenarbeit

Gleichbehandlung aller Interessenten an der Erbringung von Leistungen ggü. der öffentlichen Hand.[130]

76 Dementsprechend setzt die Ausschreibungsfreiheit des Instate-Geschäfts nach § 108 Abs. 6 GWB voraus, dass Vertragspartner ausschl. öffentliche Auftraggeber sind, deren vertraglich vereinbarte Zusammenarbeit sicherstellen soll, dass von ihnen zu erbringende öffentliche Dienstleistungen im Hinblick auf die Erreichung gemeinsamer Ziele ausgeführt werden. Dieses **Kriterium der Zielidentität** wird man im Einklang mit der Rspr. des EuGH dahingehend verstehen müssen, dass sich die Zusammenarbeit auf die Wahrnehmung einer allen öffentlichen Auftraggebern **gleichermaßen obliegenden öffentlichen Aufgabe** beziehen muss.[131] Obliegt die in Rede stehende Aufgabe hingegen nur einem der Kooperationspartner, so fehlt es an der erforderlichen Zielidentität.[132] Dabei muss sich das Ziel auf die Erfüllung konkreter Aufgaben beziehen. Eine Ableitung höherer Allgemeinwohlziele, denen die Kooperationspartner gleichermaßen verpflichtet sind, genügt insoweit nicht.[133]

76a Von Bedeutung ist dies ist ua für die **Abgrenzung zu delegierenden Zweckvereinbarungen** (→ Rn. 5b). Beispiel ist die dem Beschl. des OLG Naumburg v. 17.3.2017[134] zugrundeliegende Konstellation. Sie betraf einen „Kooperationsvertrag" zwischen einer Kommune, die Mitglied in einem Abwasserzweckverband war, und eben diesem Zweckverband, der Eigentümer zumindest von Teilen der benötigten Anlagen und technischen Einrichtungen war. Der Vertrag sah vor, dass besagte Kommune die Aufgabe der technischen Betriebsführung dieser Anlagen und Einrichtungen übernahm. Da die Aufgabe der Abwasserbeseitigung aber von den Mitgliedskommunen vollständig auf den Zweckverband übertragen worden war, war es eine Aufgabe nur noch des Zweckverbands, nicht aber der Mitgliedskommunen mehr,[135] so dass eine Anwendung des § 108 Abs. 6 GWB ausschied. Die umgekehrte Konstellation stand zur Beurteilung der VK Münster. Dort ging es um die Erfüllung einer Aufgabe durch einen Zweckverband für seine Mitgliedskommunen, nur dass gerade diese Aufgabe bei den Kommunen verblieben war. Konsequenz dessen war die Verneinung der Voraussetzung einer Ausrichtung auf die Erreichung gemeinsamer Ziele, weil nur einer der Kooperationspartner, die Kommunen, Aufgabenträger war.[136]

76b Wegen des idR unterschiedlichen Aufgabenportfolios nach § 108 Abs. 6 GWB kaum ohne Ausschreibung zu bewältigen sind interkommunale **Kooperationen zwischen Kommunen unterschiedlichen Typs**.[137] Prototyp ist die Wahrnehmung gemeindlicher Aufgaben durch Kreise, weil sich diese Aufgaben zusammen mit anderen Kreisaufgaben unter Erzielung von Skalen- und Synergieeffekten wahrnehmen lassen. Hier kann ein ausschreibungsfreier Weg nur über eine gemeinsame Inhouse-Gesellschaft führen.

76c Etwas anderes muss aber gelten, wenn die der kommunalen Ebene zuzuordnenden **Körperschaften unterschiedlichen Typs dieselbe Aufgabe** haben. Beispiel ist die Konstellation,[138] dass ein Abfallzweckverband Teile seiner Aufgabe durch eine

---

[130] EuGH 9.6.2009 – C-480/06, NZBau 2009, 527 Rn. 47 – Stadtreinigung Hamburg.

[131] EuGH 19.12.2012 – C-159/11, NZBau 2013, 114 Rn. 34 – Lecce; 22.12.2022 – C-383/21, NZBau 2023, 177 Rn. 83 – Sambre & Biesme; OLG Naumburg 17.3.2017 – 7 Verg 8/16, IBRRS 2017, 1613.

[132] VK Rheinland-Pfalz 11.12.2017 – VK 2–29/17, BeckRS 2017, 145263.

[133] KG 8.6.2020 – Verg 1002/20, BeckRS 2020, 45994 Rn. 11.

[134] OLG Naumburg 17.3.2017 – 7 Verg 8/16, IBRRS 2017, 1613.

[135] OLG Naumburg 17.3.2017 – 7 Verg 8/16, IBRRS 2017, 1613.

[136] VK Münster 2.7.2019 – VK 1–17/19, VPRRS 2019, 0206.

[137] Vgl. für die Kooperation zwischen einem Landkreis und einer Großen Kreisangehörigen Stadt OLG Koblenz 14.3.2018 – Verg 4/17, IBRRS 2018, 1045.

[138] OLG Koblenz 14.5.2019 – Verg 1/19, NZBau 2019, 534.

nicht dem Zweckverband angehörende andere kommunale Gebietskörperschaft wahrnehmen ließ, wobei dieser Gebietskörperschaft für ihr Gebiet dieselbe Aufgabe der Abfallbeseitigung oblag wie dem Zweckverband für das Gebiet seiner Mitgliedskommunen. Wenn es das OLG Koblenz hier als ungeklärt bezeichnet, ob „zwei öffentliche Auftraggeber, die beide Entsorgungsträger sind, schon allein deshalb iSd Ausnahmetatbestands zusammenarbeiten, weil sie sich die Erledigung einer nur einem von ihnen obliegenden konkreten Entsorgungsaufgabe teilen",[139] so betrachtet es die Aufgabe also offenbar konkret **gebietsbezogen**. Bei einer solch engen Betrachtungsweise würde die Möglichkeit des § 108 Abs. 6 GWB nahezu leerlaufen, weil – von delegierenden Aufgabenübertragungen abgesehen – Gebietskörperschaften nun einmal nur für ihr Gebiet zuständig sind.

Hiervon zu unterscheiden ist die Konstellation, dass Kommunen unterschiedlichen Typs nicht bei der eigentlichen Aufgabenerledigung, die nur einer der beiden Kommunen obliegt, sondern bei dahinter liegenden **Serviceleistungen**, etwa IT-Leistungen, kooperieren. Für eine Fallgestaltung, in der die eigentliche Aufgabe allen kommunalen Kooperationspartnern in gleicher Weise oblag, die Kooperation sich jedoch nicht auf die Erbringung dieser Leistung – sie erfolgte weiterhin durch jede Kommune getrennt –, sondern auf die Entwicklung einer Software als die Aufgabenerfüllung unterstützende Tätigkeit bezog, ist entschieden worden, dass die Gemeinsamkeit der eigentlichen Aufgabe sich auch auf eine Kooperation bei unterstützender Tätigkeit erstreckt, und zwar auch dann, wenn bei der Erfüllung der eigentlichen Aufgabe gerade keine Kooperation erfolgt.[140] In der konkreten Fallgestaltung der Entwicklung einer Software, die zwar von der eigentlichen Aufgabe abtrennbar war, aber nur für deren Erfüllung genutzt werden konnte, wird man in Anbetracht der **engen Verknüpfung von Aufgabe und unterstützender Tätigkeit** das für eine konkrete Aufgabe gemeinsame Ziel in der Tat bejahen können. Anders sieht es allerdings bei **Kooperationen auf Vorrat** aus, die für eine Vielzahl verschiedener Einzelaufgaben genutzt werden können.

76d

Die erforderliche Zielidentität verlangt **keine Gegenseitigkeit der Leistungserbringung** in dem Sinne, dass alle an der Kooperation beteiligten öffentlichen Auftraggeber in gleichem Umfang zur Erbringung der Dienstleistungen beitragen. Laut Erwgr. 33 der VRL reicht es vielmehr aus, dass jeder Kooperationsbeteiligte überhaupt einen Beitrag zur gemeinsamen Ausführung der Dienstleistungen leistet. Notwendig ist insofern ein **„kooperatives Konzept"** (Erwgr. 33 der VRL). Daher müssen die Beiträge der verschiedenen öffentlichen Auftraggeber nicht identisch sein, sondern können sich auch ergänzen.[141] Gefordert ist „ein bewusstes und gleichberechtigtes, horizontales Zusammenwirken".[142] Dies setzt voraus, dass die Kooperationspartner eigeninitiativ die Zusammenarbeit suchen und gemeinsam ihre bestehenden Bedarfe und dafür in Betracht kommenden Lösungen definieren.[143]

76e

Ob als ein ausreichender Beitrag auch die **Zahlung allein eines Geldbetrags** ohne eigentliche Beteiligung an der Leistungserbringung selbst anzusehen ist, geht aus der VRL nicht eindeutig hervor. Erwgr. 33 der VRL verweist für „etwaige Finanztransfers zwischen den teilnehmenden öffentlichen Auftraggebern" auf die ausschl. Maßgeblichkeit von Erwägungen des öffentlichen Interesses für die Durchführung der Zusammenarbeit, wie sie in § 108 Abs. 6 Nr. 2 GWB explizit zum Ausdruck gebracht worden ist.

77

---

[139] OLG Koblenz 14.5.2019 – Verg 1/19, NZBau 2019, 534 Rn. 32.
[140] EuGH 28.5.2020 – C-796/18, EuZW 2020, 820 Rn. 57 f.; OLG Düsseldorf 28.11.2018 – Verg 25/18, BeckRS 2018, 33820.
[141] EuGH 28.5.2020 – C-796/18, EuZW 2020, 820 Rn. 56.
[142] OLG Naumburg 17.3.2017 – 7 Verg 8/16, IBRRS 2017, 1613.
[143] EuGH 4.6.2020 – C-429/19, NZBau 2020, 457 Rn. 32 f. – Remondis II; 22.12.2022 – C-383/21, NZBau 2023, 177 Rn. 82 – Sambre & Biesme.

GWB § 108 Ausnahmen bei öffentlich-öffentlicher Zusammenarbeit

78 Die Auffassung des OLG Koblenz, dass es nicht ausreiche, dass sich die Verpflichtung eines Vertragspartners auf eine bloße Zahlungspflicht beschränke, weil „Zusammenarbeit" „ein bewusstes Zusammenwirken bei der Verrichtung einer Tätigkeit zur Erreichung eines gemeinsamen Ziels" meine[144], ist durch den EuGH in seiner Remondis II-Entscheidung bestätigt worden. Während man der früheren Rspr. des EuGH noch entnehmen konnte, dass auch die Dienstleistungserbringung durch nur einen der kooperierenden Vertragspartner, während die anderen Kooperationspartner allein einen finanziellen Beitrag leisten, ein ausschreibungsfreies Instate-Geschäft darstellt, sofern es sich dabei um eine **bloße Kostenerstattung** handelte[145], hat der Gerichtshof nunmehr klargestellt, dass bei einer bloßen Kostenerstattung durch einen der Kooperationspartner keine „Zusammenarbeit" und damit auch kein vergaberechtsfreies Instate-Geschäft vorliegt.[146]

79 Nach der Judikatur des EuGH galt die Vergaberechtsfreiheit nicht für die Konstellation, dass zwar zwischen öffentlichen Auftraggebern eine Vereinbarung über die Erfüllung von allen Vertragspartnern gleichermaßen obliegenden öffentlichen Aufgaben geschlossen wird, der die tatsächliche Erfüllung übernehmende Vertragspartner dabei jedoch in **Konkurrenz mit privaten Unternehmen am Markt** agiert.[147] In diesen Fällen finde der Grundsatz der Ausschreibungsfreiheit der Eigenerledigung oder der Beauftragung mit der Aufgabenerfüllung keine Anwendung. Denn bei einer Aufgabe, die auch zum Leistungsportfolio privater Unternehmen gehört, handele es sich um keine spezifisch öffentliche gemeinsame Aufgabe.[148] Beispiel war die Übertragung der Aufgabe der Reinigung der Gebäude einer Kommune auf eine andere Kommune.[149]

80 Zwar enthält § 108 Abs. 6 Nr. 3 GWB nunmehr eine den für das Inhouse-Geschäft geltenden Regelungen ähnliche Bestimmung, nach welcher die beteiligten öffentlichen Auftraggeber auf dem offenen Markt nur weniger als 20 % der durch die Zusammenarbeit erfassten Tätigkeiten erbringen dürfen. Die Berechnung erfolgt als prozentualer Anteil vom Gesamtumsatz der innerhalb der Kooperation erfolgenden Tätigkeiten oder durch einen anderen tätigkeitsgestützten Wert. Jedoch lässt sich diese Regelung nicht in der Weise verstehen, dass sie eine abschl. Regelung für marktrelevante Tätigkeiten der Kooperationspartner enthält und in Konkurrenz zu Privaten ggü. einem anderen Kooperationspartner erbrachte Dienstleistungen zulässig wären, solange sicher der Gesamtanteil der marktrelevanten Tätigkeiten unter 20 % liegt. Denn die genannte Bestimmung setzt gerade voraus, dass die Kooperationspartner **auch Dienstleistungen in einer marktrelevanten Form** erbringen können, die dann gerade nicht ausschreibungsfreie Instate-Geschäfte darstellen.

81 § 108 Abs. 6 Nr. 1 GWB stellt klar, dass ein Instate-Geschäft sowohl auf der Stufe der **Begründung der Zusammenarbeit** zwischen mehreren öffentlichen Auftraggebern als auch auf der **Stufe der Durchführung** (Erfüllung) der Zusam-

---

[144] OLG Koblenz 3.12.2014 – Verg 8/14, ZfBR 2015, 308 (310); ebenso OLG Koblenz 14.5.2019 – Verg 1/19, NZBau 2019, 534 Rn. 34.

[145] EuGH 9.6.2009 – C-480/06, NZBau 2009, 527 Rn. 40, 43 – Stadtreinigung Hamburg.

[146] EuGH 4.6.2020 – C-429/19, NZBau 2020, 457 Rn. 29 – Remondis II; 22.12.2022 – C-383/21, NZBau 2023, 177 Rn. 85 – Sambre & Biesme.

[147] EuGH 19.12.2012 – C-159/11, NZBau 2013, 114 Rn. 37 – Lecce; ebenso OLG Düsseldorf 28.7.2011 – VII-Verg 20/11, NZBau 2012, 50 (52).

[148] EuGH 19.12.2012 – C-159/11, NZBau 2013, 114 Rn. 37 – Lecce; OLG Düsseldorf 6.11.2013 – VII-Verg 39/11, BeckRS 2014, 4701 = VergabeR 2014, 169.

[149] EuGH 13.6.2013 – C-386/11, NZBau 2013, 522 Rn. 39 – Piepenbrock; OLG Düsseldorf 6.11.2013 – VII-Verg 39/11, BeckRS 2014, 4701 = VergabeR 2014, 169 (170); vgl. für die Erbringung von Apothekenleistungen durch eine Krankenhausapotheke in Konkurrenz zu privaten Apotheken OLG München 21.2.2013 – Verg 21/12, BeckRS 2013, 3964 = VergabeR 2013, 750 (758).

menarbeit möglich ist. In welcher Rechtsform diese Kooperation erfolgt, ist unerheblich, sofern nur ein „kooperatives Konzept" vorliegt. Insbes. ist nicht die Gründung einer gemeinsamen juristischen Person erforderlich. Erfolgt eine solche, so kann allerdings ein Instate-Geschäft auch dann gegeben sein, wenn die durch das Kontrollkriterium formulierten Anforderungen an ein Inhouse-Geschäft nicht erfüllt sind.

Wie erwähnt (→ Rn. 58), ist eine Beteiligung Privater am öffentlichen Auftraggeber für das Vorliegen eines Inhouse-Geschäfts unschädlich. Da bei der einem Instate-Geschäft zugrunde liegenden horizontalen Kooperation alle Teilnehmer gleichsam als Auftraggeber für die von ihnen zu erbringenden öffentlichen Dienstleistungen fungieren, ist es unschädlich, wenn an kooperationsbeteiligten öffentlichen Auftraggebern eine **private Kapitalbeteiligung** besteht (Erwgr. 32 der VRL).[150] Allerdings wird dies nicht in der Konstellation gelten können, dass derjenige öffentliche Auftraggeber, an dem Private beteiligt sind, die Dienstleistungen für alle an der Zusammenarbeit beteiligten Auftraggeber gegen finanziellen Ausgleich erbringt. Denn hier käme es zu einer wettbewerbsverzerrenden Bevorteilung eines Privaten. Gleiches gilt, wenn dieser öffentliche Auftraggeber vertraglich an ein privates Unternehmen gebunden ist. 82

Nicht ausnahmslos ausgeschlossen ist eine **Beteiligung eines Privaten unmittelbar an der Vereinbarung** selbst.[151] Maßgebend ist vielmehr, ob das Unternehmen, das an der Vereinbarung beteiligt ist, besser als seine Wettbewerber gestellt wird.[152] Ob das **Besserstellungsverbot** eingehalten wird, ist im Einzelfall zu prüfen. So kann der öffentliche Auftraggeber eine Besserstellung bspw. dadurch verhindern, dass er Wettbewerbern des Unternehmens die in der Kooperation eröffneten Informationen und Zugänge ebenfalls zugänglich macht.[153] 82a

Ergibt sich aus der Anwendung des § 108 Abs. 6 GWB, dass kein ausschreibungsfreies Instate-Geschäft vorliegt und der betr. Vertrag einen ausschreibungspflichten öffentlichen Auftrag darstellt, so führt Art. 28 Abs. 2 S. 1 GG zu keinen anderen Ergebnissen. Zwar schützt Art. 28 Abs. 2 S. 1 GG auch die **Kooperationshoheit der Kommunen** als Bestandteil der Organisationshoheit.[154] Diese erstreckt sich zudem auf die Möglichkeit zur Schaffung gemeinschaftlicher Handlungsinstrumente mit anderen Kommunen.[155] Art. 28 Abs. 2 S. 1 GG garantiert schließlich auch die Eigenverantwortlichkeit bei der Aufgabenwahrnehmung.[156] Allerdings wird die Organisationshoheit nach der Rspr. des BVerfG von vornherein nur relativ gewährleistet.[157] Die Kooperationsfreiheit schützt deshalb nicht gegen jedwede **mittelbaren Beeinflussungen,** sondern lediglich gegen direkte Eingriffe des Staates.[158] Im Falle einer Ausschreibungspflicht würde die Möglichkeit einer Kommune zur Eingehung einer Public Public Partnership jedoch grds. nicht ausgeschlossen, sondern lediglich modifiziert. Darüber hinaus sind von einer Ausschreibungspflicht von vornherein nur diejenigen öffentlich-öffentlichen Kooperationen betroffen, die einen Beschaffungsbezug im Wettbewerb mit privaten Unternehmen aufweisen. 83

---

[150] Für in Anbetracht der bisherigen Rspr. des EuGH irrelevant hält die Regelung Pfannkuch Die Gemeinde 2014, 186 (190).

[151] AM Schwab/Giesemann VergabeR 2014, 351 (356).

[152] EuGH 28.5.2020 – C-796/18, EuZW 2020, 820 Rn. 70; 1.8.2022 – C-332/20, NZBau 2023, 37 Rn. 74 – Roma Multiservizi.

[153] Vgl. EuGH 28.5.2020 – C-796/18, EuZW 2020, 820 Rn. 75.

[154] BVerfG 27.11.1986 – 2 BvR 1241/82, DVBl 1987, 135 (136) = NVwZ 1987, 123.

[155] BVerfG 27.11.1986 – 2 BvR 1241/82, DVBl 1987, 135 (136) = NVwZ 1987, 123.

[156] BVerfG 19.11.2002 – 2 BvR 329/97, BVerfGE 107, 1 (11) = NVwZ 2003, 850; 18.5.2004 – 2 BvR 2374/99, NVwZ 2004, 1477 (1482).

[157] BVerfG 26.10.1994 – 2 BvR 445/91, BVerfGE 91, 228 (240) = NVwZ 1995, 677.

[158] BVerfG 27.11.1986 – 2 BvR 1241/82, DVBl 1987, 135 (136) = NVwZ 1987, 123.

§ 109 Ausnahmen für Vergaben auf der Grundlage internationaler Verfahrensregeln

(1) Dieser Teil ist nicht anzuwenden, wenn öffentliche Aufträge, Wettbewerbe oder Konzessionen
1. nach Vergabeverfahren zu vergeben oder durchzuführen sind, die festgelegt werden durch
   a) ein Rechtsinstrument, das völkerrechtliche Verpflichtungen begründet, wie eine im Einklang mit den EU-Verträgen geschlossene internationale Übereinkunft oder Vereinbarung zwischen der Bundesrepublik Deutschland und einem oder mehreren Staaten, die nicht Vertragsparteien des Übereinkommens über den Europäischen Wirtschaftsraum sind, oder ihren Untereinheiten über Liefer-, Bau- oder Dienstleistungen für ein von den Unterzeichnern gemeinsam zu verwirklichendes oder zu nutzendes Projekt, oder
   b) eine internationale Organisation oder
2. gemäß den Vergaberegeln einer internationalen Organisation oder internationalen Finanzierungseinrichtung bei vollständiger Finanzierung der öffentlichen Aufträge und Wettbewerbe durch diese Organisation oder Einrichtung zu vergeben sind; für den Fall einer überwiegenden Kofinanzierung öffentlicher Aufträge und Wettbewerbe durch eine internationale Organisation oder eine internationale Finanzierungseinrichtung einigen sich die Parteien auf die anwendbaren Vergabeverfahren.

(2) Für verteidigungs- oder sicherheitsspezifische öffentliche Aufträge ist § 145 Nummer 7 und für Konzessionen in den Bereichen Verteidigung und Sicherheit ist § 150 Nummer 7 anzuwenden.

Literatur: Byok, Reformierter Regelungsrahmen für Beschaffungen im Sicherheits- und Verteidigungssektor, NVwZ 2012, 70; Hölzl, Neu: Der Konkurrent im Sicherheits- und Verteidigungsbereich – Zu den praktischen Auswirkungen des „Gesetzes zur Änderung des Vergaberechts für die Bereiche Verteidigung und Sicherheit", VergabeR 2012, 141; Rosenkötter, Die Verteidigungsrichtlinie 2009/81/EG und ihre Umsetzung, VergabeR 2012, 267; Scherer-Leydecker, Verteidigungs- und sicherheitsrelevante Aufträge – Eine neue Auftragskategorie im Vergaberecht, NZBau 2012, 533; Trube, Die Auftragsvergabe nach dem besonderen Verfahren einer internationalen Organisation, NZBau 2018, 723; Ullrich, Rechtsschutz in den Vergabeverfahren zwischenstaatlicher Organisationen in Deutschland, VergabeR 2002, 331.

I. Bedeutung der Vorschrift

1 Gem. § 109 GWB sind verschiedene Aufträge, die nach internationalen Verfahrensregeln vergeben werden müssen, vom Anwendungsbereich des Kartellvergaberechts ausgenommen. Für die Struktur und die Auslegung dieser Vorschrift sowie für den Rechtsschutz gilt dasselbe wie bei § 107 GWB (→ § 107 Rn. 1 ff.; → § 107 Rn. 9 ff.).

1. Unionsrechtliche Vorgaben

2 In Art. 10 Abs. 4 KVR, Art. 9 VRL und Art. 20 SRL heißt es, dass die jew. RL nicht für Aufträge, Wettbewerbe bzw. Konzessionen gelten, die aufgrund internationaler Verfahrensregeln nach anderen Vergabeverfahren zu vergeben sind. Durch § 109 GWB wurden diese unionsrechtlichen Vorgaben in nationales Recht umgesetzt.[1] IErg. soll der Auftraggeber nicht verpflichtet sein, einen Auftrag nach den

---

[1] BT-Drs. 18/6281, 83.

Vorschriften des Unionsrechts zu vergeben, wenn er bereits nach internationalen Vereinbarungen ein Vergabeverfahren durchführen muss.[2]

Während Art. 10 Abs. 4 lit. a KVR, Art. 9 Abs. 1 lit. a VRL und Art. 20 Abs. 1 lit. a SRL bestimmen, dass die jew. RL dann nicht anwendbar ist, wenn eine internationale Übereinkunft mit „einem oder mehreren Drittstaaten" ein besonderes Vergabeverfahren vorsieht, setzt § 109 Abs. 1 Nr. 1 lit. a GWB Vergabevorschriften in einem Abkommen zwischen der Bundesrepublik Deutschland und „einem oder mehreren Staaten, die nicht Vertragsparteien des Übereinkommens des Europäischen Wirtschaftsraums sind", voraus. Damit ist § 109 Abs. 1 Nr. 1 lit. a GWB nur dann anwendbar, wenn es sich bei dem Vertragspartner der Bundesrepublik Deutschland um einen Nicht-EWR-Staat handelt. Für Abkommen mit EWR-Staaten, die nicht Mitgliedstaaten sind – das ist bei Norwegen, Island und Liechtenstein der Fall – gilt § 109 Abs. 1 Nr. 1 lit. a GWB daher nicht. Aus unionsrechtlicher Sicht ist das unbedenklich, da der Ausnahmetatbestand im nationalen Recht weniger weit reicht als es nach den RL zulässig wäre. 3

2. Entstehungsgeschichte

Der Regelungsgegenstand des § 109 Abs. 1 GWB entspricht weitgehend dem des § 100 Abs. 8 Nr. 4 und Nr. 6 GWB aF. 4

II. Ausnahmetatbestände

1. Gemeinsame Projekte mit Nicht-EWR-Staaten aufgrund internationaler Abkommen (Abs. 1 Nr. 1 lit. a)

Abs. 1 Nr. 1 lit. a betrifft Aufträge, Wettbewerbe und Konzessionen, die aufgrund einer völkerrechtlichen Verpflichtung – insbes. eines internationalen Abkommens – zwischen der Bundesrepublik Deutschland und einem oder mehreren Nicht-EWR-Staaten für ein Projekt vergeben werden, welches die unterzeichnenden Staaten gemeinsam verwirklichen oder gemeinsam nutzen. Erforderlich ist, dass in dem jew. Abkommen ein konkretes Projekt näher spezifiziert wird. Somit reicht es nicht aus, wenn nur die abstrakte Möglichkeit eines gemeinsamen Projekts iRd Ausführung eines Abkommens besteht.[3] Hinzukommen muss, dass das Abkommen **besondere Verfahrensregeln über die Vergabe von Aufträgen** trifft.[4] Darüber hinaus wird verlangt, dass die völkerrechtliche Verpflichtung im Einklang mit den EU-Verträgen steht, und zwar sowohl in formeller als auch in materieller Hinsicht. Der Ausnahmetatbestand verhindert, dass die Bundesrepublik Deutschland Abkommen über gemeinsame Projekte mit Drittstaaten nur dann abschließen darf, wenn diese einer Vergabe der für die Realisierung des Projekts erforderlichen Aufträge nach den Vorschriften der Vergaberichtlinien und der Umsetzungsvorschriften des nationalen Rechts zustimmen.[5] 5

Soweit Abs. 1 Nr. 1 lit. a „Untereinheiten" erwähnt, bezieht sich dieser Begriff ausschl. auf die Staaten, die Vertragspartner der Bundesrepublik Deutschland sind. Das folgt aus dem Wortlaut des Art. 10 Abs. 4 lit. a KVR, des Art. 9 Abs. 1 lit. a VRL und des Art. 20 Abs. 1 lit. a SRL. Dort ist jew. von internationalen Übereinkünften „zwischen einem Mitgliedstaat und einem oder mehreren Drittstaaten bzw. ihren Untereinheiten" die Rede. Demnach sind die Vergaberichtlinien auch dann unanwendbar, wenn ein Mitgliedstaat ein internationales Abkommen nicht mit einem 6

---

[2] BeckOK VergabeR/Ipsen/Jaus GWB § 109 Rn. 2 f.
[3] VK Bund 4.5.2020 – VK 3–30/12, IBRRS 2012, 2986.
[4] Immenga/Mestmäcker/Dreher GWB § 109 Rn. 13.
[5] Frenz EuropaR-HdB III Rn. 2224.

Drittstaat, sondern mit einer Untereinheit eines Drittstaates abgeschlossen hat. Auf Untereinheiten der Mitgliedstaaten finden die genannten Ausnahmetatbestände der RL dagegen keine Anwendung. Die Frage, ob auch Beschaffungsmaßnahmen von Ländern, Kreisen, Städten und Gemeinden unter § 109 Abs. 1 GWB fallen können, stellt sich daher von vornherein nicht.[6]

2. Aufträge aufgrund besonderer Verfahren internationaler Organisationen (Abs. 1 Nr. 1 lit. b)

7   Internationale Organisationen unterliegen nicht dem persönlichen Anwendungsbereich des Kartellvergaberechts; sie sind keine öffentlichen Auftraggeber iSd des § 99 GWB.[7] Abs. 1 Nr. 1 lit. b geht es deshalb nicht darum, einen Ausnahmetatbestand für die Vergabe öffentlicher Aufträge durch internationale Organisationen zu schaffen. Die Vorschrift bezieht sich vielmehr ausschl. auf solche Aufträge, die von öffentlichen Auftraggebern gem. § 99 GWB in Deutschland nach den **besonderen Vergabevorschriften einer internationalen Organisation** vergeben werden.[8] Ihnen wird es ermöglicht, das für die jew. internationale Organisation vorgeschriebene Vergabeverfahren anzuwenden. Unerheblich ist dabei, ob das Vergabeverfahren von dem öffentlichen Auftraggeber für ihn selbst oder für eine internationale Organisation durchgeführt wird.[9] Zu den internationalen Organisationen iSd des § 109 Abs. 1 Nr. 1 lit. b GWB zählen nur solche zwischenstaatlichen Einheiten, die durch völkerrechtliche Verträge gegründet wurden und eigene Rechtsfähigkeit haben, nicht aber „Non-governmental Organizations".[10]

3. Von internationalen Organisationen finanzierte Aufträge (Abs. 1 Nr. 2)

8   Abs. 1 Nr. 2 nimmt Aufträge und Konzessionen, die gem. den Vergaberegeln einer internationalen Organisation oder einer internationalen Finanzierungseinrichtung zu vergeben sind und vollständig von dieser Organisation finanziert werden, vom Anwendungsbereich des Kartellvergaberechts aus. Voraussetzung dafür ist allerdings, dass die jew. Auftragsvergabe im Einzelfall tatsächlich den Vergabevorschriften dieser Organisation unterliegt.[11] Dieser Ausnahmetatbestand beruht auf Art. 10 Abs. 4 UAbs. 2 KVR, Art. 9 Abs. 2 VRL und Art. 20 Abs. 2 SRL. Erforderlich ist, dass der jew. Auftrag **vollständig von einer internationalen Organisation oder internationalen Finanzierungseinrichtung finanziert** wird. Bislang ist noch unklar, was unter den Begriff der internationalen Finanzierungseinrichtung fällt.[12]

9   Bei Aufträgen, die nicht insges., sondern nur **überwiegend von einer internationalen Organisation finanziert** werden, ist das Kartellvergaberecht nicht ohne Weiteres unanwendbar. Vielmehr müssen sich die Parteien dann auf die maßgeblichen Vergabevorschriften verständigen. Falls sie sich nicht einigen können, ist der Auftrag nach den Vorschriften des Teils 4 des GWB zu vergeben.[13] Eine überwiegende Finanzierung durch eine internationale Organisation oder internati-

---

[6] BeckOK VergabeR/Ipsen/Jaus GWB § 109 Rn. 21.
[7] Vgl. BeckOK VergabeR/Ipsen/Jaus GWB § 109 Rn. 27.
[8] Ullrich VergabeR 2002, 331 ff.
[9] Vgl. BeckOK VergabeR/Ipsen/Jaus GWB § 109 Rn. 28.
[10] Ebenso Trube NZBau 2018, 723 (726); BeckOK VergabeR/Ipsen/Jaus GWB § 109 Rn. 24.
[11] Trube NZBau 2018, 723 (726).
[12] Vgl. EuGH 6.12.2017 – C-408/16, NZBau 2018, 162 ff.; Trube NZBau 2018, 723 (725).
[13] Vgl. Trube NZBau 2018, 723 (726).

onale Finanzierungseinrichtung liegt vor, wenn diese mehr als 50 % der Kosten trägt.[14]

III. Verteidigungs- oder sicherheitsspezifische Aufträge (Abs. 2)

Auf verteidigungs- oder sicherheitsspezifische öffentliche Aufträge[15] iSd § 104 GWB sowie auf Konzessionen in den Bereichen Verteidigung und Sicherheit sind die Ausnahmetatbestände des § 109 Abs. 1 GWB nicht anwendbar. Denn insoweit treffen § 145 Nr. 7 GWB (dazu → § 145 Rn. 17) und § 150 Nr. 7 GWB (iE → § 150 Rn. 16) Spezialregelungen. § 109 Abs. 2 GWB hat also nur klarstellende Bedeutung.

§ 110 Vergabe von öffentlichen Aufträgen und Konzessionen, die verschiedene Leistungen zum Gegenstand haben

(1) Öffentliche Aufträge, die verschiedene Leistungen wie Liefer-, Bau- oder Dienstleistungen zum Gegenstand haben, werden nach den Vorschriften vergeben, denen der Hauptgegenstand des Auftrags zuzuordnen ist. Dasselbe gilt für die Vergabe von Konzessionen, die sowohl Bau- als auch Dienstleistungen zum Gegenstand haben.

(2) Der Hauptgegenstand öffentlicher Aufträge und Konzessionen, die
1. teilweise aus Dienstleistungen, die den Vorschriften zur Vergabe von öffentlichen Aufträgen über soziale und andere besondere Dienstleistungen im Sinne des § 130 oder Konzessionen über soziale und andere besondere Dienstleistungen im Sinne des § 153 unterfallen, und teilweise aus anderen Dienstleistungen bestehen oder
2. teilweise aus Lieferleistungen und teilweise aus Dienstleistungen bestehen,
wird danach bestimmt, welcher geschätzte Wert der jeweiligen Liefer- oder Dienstleistungen am höchsten ist.

Literatur: Siegel, Die Behandlung gemischter Verträge nach dem neuen Vergaberecht, VergabeR 2007, 25.

I. Bedeutung der Vorschrift

Die EU-Vergaberichtlinien enthalten verschiedene Bestimmungen zur Regelung des Zusammentreffens von **vergaberechtlich unterschiedlich zuzuordnenden Elementen in einem Auftrag** bzw. Vertrag (Art. 3, 16 VRL; Art. 5, 6 SRL; Art. 20–23 KVR; Art. 3 VSVKR). Sie unterscheiden iW danach, ob die unterschiedlichen Elemente den Vorschriften derselben Richtlinie (zB Zusammentreffen von Bauauftrag und Dienstleistungsauftrag in einem Vertrag) oder verschiedenen Richtlinien (zB Zusammentreffen von öffentlichem Auftrag iSd VRL und Sektorenauftrag iSd SRL) unterliegen. Darüber hinaus differenzieren die Richtlinien ua danach, ob die Aufträge bzw. Verträge eine oder mehrere Tätigkeiten betreffen und ob die in dem Auftrag bzw. Vertrag enthaltenen Elemente objektiv trennbar sind oder nicht.

---

[14] BeckOK VergabeR/Ipsen/Jaus GWB § 109 Rn. 36; Beck VergabeR/Otting GWB § 109 Rn. 13.
[15] Byok NVwZ 2012, 70 ff.; Hölzl VergabeR 2012, 141 ff.; Rosenkötter VergabeR 2012, 267 ff.; Scherer-Leydecker NZBau 2012, 533 ff.

GWB § 110   Verschiedene Leistungen umfassende Aufträge

2   Die §§ 110–112 GWB führen diese unionsrechtlichen Bestimmungen in folgender **Regelungssystematik** zusammen, um die **im Einzelfall anwendbaren vergaberechtlichen Regelungen** zu bestimmen:

3   **§ 110 GWB** regelt die Behandlung von öffentlichen Aufträgen und Konzessionen, die
- zwar verschiedene Leistungen (Bau- und Dienstleistungen, bei öffentlichen Aufträgen auch Lieferleistungen) zum Gegenstand haben,
- jedoch insges. nur einem einzigen vergaberechtlichen Regime (allgemeine öffentliche Aufträge, Sektorenaufträge, verteidigungs- und sicherheitsspezifische Aufträge oder Konzessionen) unterfallen.

4   **§ 111 GWB** betrifft demgegenüber öffentliche Aufträge und Konzessionen, die
- aus verschiedenen Teilen bestehen, dh verschiedene Beschaffungskomponenten enthalten,
- und diese verschiedenen Beschaffungskomponenten bei isolierter Betrachtung unterschiedlichen vergaberechtlichen Regimen unterliegen, also etwa Elemente eines allgemeinen öffentlichen Auftrags mit Elementen eines Sektorenauftrags oder einer Konzession kombiniert werden.

5   Anders als § 111 GWB bezieht sich **§ 112 GWB** nicht auf Konstellationen, dass der Auftrag bzw. die Konzession verschiedene, unterschiedlichen Vergaberechtsregimen unterliegende Beschaffungskomponenten enthält, sondern enthält Regelungen für den Fall, dass
- ein Beschaffungsvorgang, der durch öffentlichen Auftrag oder Konzession realisiert werden soll, sich auf mehrere Tätigkeiten des Auftraggebers bezieht, also auf Tätigkeiten im Sektorenbereich oder im Anwendungsbereich des Konzessionsvergaberechts oder im Anwendungsbereich der Vorschriften über (allgemeine) öffentliche Aufträge, und
- diese mehreren Tätigkeiten verschiedenen Vergaberechtsregimen (Vorschriften über die Vergabe von Sektorenaufträgen, Konzessionsvergaberecht, allgemeine vergaberechtliche Bestimmungen) zuzuordnen sind.

II. Anwendungsbereich

6   Unter § 110 GWB fallen sowohl öffentliche Aufträge als auch Konzessionen, wenn sie **mehrere verschiedene Leistungen** zum Gegenstand haben. Im Falle eines öffentlichen Auftrags müssen mithin mindestens zwei der drei Leistungen Liefer-, Bau- und Dienstleistungsauftrag in dem Auftrag kombiniert sein. Für die Beurteilung der vergaberechtlichen Behandlung einer Konzession ist § 110 GWB heranzuziehen, wenn sie unterschiedlichen Vorschriften unterliegende Dienstleistungen untereinander oder Dienstleistungen und Bauleistungen miteinander kombiniert.

7   Voraussetzung ist, dass der gemischte Auftrag bzw. die gemischte Konzession trotz der Kombination verschiedener Leistungen **einheitlich nur einem Vergaberechtsregime unterliegt.** Der Auftrag bzw. die Konzession muss daher in allen seinen Elementen auch bei deren isolierter Betrachtung einheitlich entweder dem Recht der Vergabe allgemeiner öffentlicher Aufträge oder dem Sektorenvergaberecht oder dem Konzessionsvergaberecht unterliegen.

8   Sind die vorstehenden Voraussetzungen erfüllt, so stellt sich die Frage, **nach welchen vergaberechtlichen Vorschriften** des jew. Rechtsregimes der Auftrag bzw. die Konzession zu behandeln ist, gelten doch für die unterschiedlichen Auftragsarten nicht nur unterschiedliche Schwellenwerte (§ 106 Abs. 2 GWB iVm Art. 4 VRL, Art. 15 SRL, Art. 8 VSVKR), sondern teilw. auch differenzierte Verfahrensregelungen (vgl. nur VgV einerseits und VOB/A-EU andererseits). § 110 GWB legt fest, welcher Auftrags- bzw. Konzessionsart der betreffende öffentliche

Auftrag bzw. die Konzession zuzuordnen ist und welche Vorschriften dementsprechend anwendbar sind.

Ausweislich des § 110 Abs. 1 GWB ist die Zuordnung danach zu treffen, welcher 9
Auftragsart der **Hauptgegenstand des Auftrags bzw. der Konzession** zuzuordnen ist. Zu beachten ist, dass für die Zuordnung gemischter Verträge zu einer Auftragsart **unterschiedliche Regeln** gelten, je nachdem, ob es sich um eine Mischung von Elementen unterschiedlichen Vorschriften unterfallender Dienstleistungen, von Liefer- und Dienstleistungselementen oder von Bauleistungselementen mit Elementen einer anderen Auftragsart handelt. In den Konstellationen, in denen neben Liefer- und/oder Dienstleistungselementen auch eine Bauleistung Gegenstand des Auftrags bzw. der Konzession ist, richtet sich die Zuordnung und die Bestimmung des Hauptgegenstands nach § 110 Abs. 1 GWB (→ Rn. 12 ff.), in allen anderen Fällen nach § 110 Abs. 2 GWB (→ Rn. 10 f.).

III. Zuordnung von Kombinationen von Leistungsarten

1. Gemischte Aufträge/Konzessionen ohne Bauleistungen

§ **110 Abs. 2 GWB** enthält Regelungen für gemischte Aufträge bzw. Konzessio- 10
nen, wenn **keines der kombinierten Elemente in einer Bauleistung** darstellt. Erfasst sind sowohl das Zusammentreffen von Dienstleistungen bzw. Konzessionen über soziale und andere besondere Dienstleistungen iSv § 130 GWB und § 153 GWB einerseits mit anderen Dienstleistungen andererseits (§ 110 Abs. 2 Nr. 1 GWB) als auch ein aus Elementen von Lieferleistungen und Elementen von Dienstleistungen gemischter öffentlicher Auftrag (§ 110 Abs. 2 Nr. 2 GWB). Entgegen dem Wortlaut der Vorschrift gilt § 110 Abs. 2 Nr. 2 GWB nur für öffentliche Aufträge, nicht für Konzessionen; ausweislich des § 105 GWB gibt es keine sich auf Lieferleistungen beziehende Konzessionen.

In den vorgenannten Fällen des § 110 Abs. 2 GWB ist für die Bestimmung des 11
Hauptgegenstands des öffentlichen Auftrags bzw. der Konzession auf den **geschätzten Wert der zusammentreffenden Leistungselemente** abzustellen: Handelt es sich bspw. um einen öffentlichen Auftrag, der sowohl Liefer- als auch Dienstleistungselemente umschließt (§ 110 Abs. 2 Nr. 2 GWB), so ist der Auftrag als Dienstleistungsauftrag zu behandeln, wenn der **Wert der Dienstleistungen den Wert der Waren übersteigt**. In der umgekehrten Konstellation des wertmäßigen Überwiegens der Warenlieferung handelt es sich dementsprechend um einen Lieferauftrag.[1] Eine Zuordnung zu einer Auftragsart nach den für öffentliche Aufträge bzw. Konzessionen, in den sich Bauleistungselemente befinden, geltenden Grundsätzen (→ Rn. 12 ff.) ist ausgeschlossen.[2] Für die **Ermittlung der Wertverhältnisse** ist auf die in § 3 VgV, § 2 SektVO, § 2 KonzVgV niedergelegten Grundsätze zurückzugreifen. Dabei ist zu beachten, dass zum Wert der Waren auch die Herstellungs- und Bearbeitungskosten gehören, und zwar auch dann, wenn die Waren nach den konkreten Bedürfnissen und Wünschen der Kunden hergestellt und angepasst werden.[3]

2. Gemischte Aufträge/Konzessionen mit Bauleistungen

Hat ein öffentlicher Auftrag bzw. eine Konzession **jedenfalls auch Bauleistun-** 12
gen zum Gegenstand, so richtet sich die Bestimmung der anzuwendenden vergaberechtlichen Vorschriften nach § 110 Abs. 1 GWB. Die Regelung ist Ausdruck der

---

[1] EuGH 11.5.2006 – C-340/04, NZBau 2006, 452 Rn. 31 – Carbotermo.
[2] EuGH 11.6.2009 – C-300/07, NJW 2009, 2427 Rn. 63 – AOK.
[3] EuGH 11.6.2009 – C-300/07, NJW 2009, 2427 Rn. 64 – AOK.

GWB § 110 Verschiedene Leistungen umfassende Aufträge

Rspr. des EuGH, dass dann, wenn ein Vertrag zugleich Elemente eines öffentlichen Bauauftrags und Elemente eines öffentlichen Auftrags anderer Art aufweist, der **Hauptgegenstand** die maßgebende Auftragsart bestimmt.[4] Bereits der Vergleich der unterschiedlichen Fassungen von § 110 Abs. 1 und Abs. 2 GWB macht deutlich, dass die Ermittlung des Hauptgegenstands **nicht allein nach den Wertverhältnissen** der verschiedenen Elemente vorzunehmen ist.[5] Dies entspricht dem europäischen Unionsrecht, das auf die gegenständliche Bedeutung und die funktionale Zuordnung der verschiedenen Vertragselemente abstellt.[6] Den Wertverhältnissen kann deshalb lediglich eine indizielle Bedeutung zukommen:[7]

„Dabei ist auf die wesentlichen, vorrangigen Verpflichtungen abzustellen, die den Auftrag als solche prägen, und nicht auf die Verpflichtungen bloß untergeordneter oder ergänzender Art, die zwingend aus dem eigentlichen Gegenstand des Vertrags folgen; der jeweilige Wert der dabei erbrachten Einzelleistungen ist insoweit nur ein Kriterium unter anderen, die bei der Ermittlung des Hauptgegenstands zu berücksichtigen sind."[8]

13 Überträgt der Unternehmer die eigentliche **Bauausführung auf einen Unterauftragnehmer** und beschränkt sich auf die Verwaltung und Organisation dieser Arbeiten, so ändert dies nichts daran, dass Hauptgegenstand dieses Vertrags die Bauleistung und der Auftrag als Bauauftrag einzuordnen ist.[9] Ein Bauauftrag liegt auch dann vor, wenn der betreffende Vertrag neben der eigentlichen Errichtung des Bauwerks auch Dienstleistungselemente wie den Erwerb von Grundstücken, die Beschaffung von Finanzmitteln, die Organisation eines Auswahlverfahrens für Architekten sowie die Vermarktung des Gebäudes enthält.[10]

14 Für das **Zusammentreffen von Bau- und Lieferelementen** in einem öffentlichen Auftrag gelten diese Regeln ebenfalls.[11] Umfasst ein öffentlicher Auftrag **Elemente drei verschiedener Auftragsarten**, also eines Bauauftrags, eines Dienstleistungsauftrags und eines Lieferauftrags, so kommt es nicht allein auf die Wertverhältnisse an.[12] Wegen der Vorrangigkeit der Prüfung des Vorliegens eines Bauauftrags (→ § 103 Rn. 68) ist vielmehr zunächst § 110 Abs. 1 GWB zur Anwendung zu bringen. Ergibt sich daraus, dass die Bauleistungen Hauptgegenstand des Vertrages sind, so handelt es sich insgesamt um einen öffentlichen Bauauftrag. Ist dies nicht der Fall, so ist auf einer zweiten Stufe gem. § 110 Abs. 2 Nr. 2 GWB darüber zu entscheiden, ob es sich insges. um einen Liefer- oder einen Dienstleistungsauftrag handelt.

---

[4] EuGH 18.1.2007 – C-220/05, NVwZ 2007, 316 Rn. 37 – Roanne; 21.2.2008 – C-412/04, NVwZ 2008, 397 Rn. 47; 15.1.2009 – C-196/08, EuZW 2009, 849 Rn. 45 – Acoset; 10.7.2014 – C-213/13, EuZW 2014, 790 Rn. 41 – Impresa Pizzarotti.

[5] EuGH 10.7.2014 – C-213/13, EuZW 2014, 790 Rn. 50 – Impresa Pizzarotti; OLG Düsseldorf 30.4.2014 – VII-Verg 35/13, BeckRS 2014, 9477 = VergabeR 2014, 677 (678).

[6] EuGH 15.1.2009 – C-196/08, EuZW 2009, 849 Rn. 45 – Acoset; Siegel VergabeR 2007, 25 (30).

[7] Siegel VergabeR 2007, 25 (30); OLG Düsseldorf 18.10.2006 – Verg 35/06, BeckRS 2007, 00456 = VergabeR 2007, 200 (202) „Orientierungs- und Kontrollfunktion"; 30.4.2014 – VII-Verg 35/13, BeckRS 2014, 9477 = VergabeR 2014, 677 (678).

[8] EuGH 21.2.2008 – C-412/04, NVwZ 2008, 397 Rn. 49; vgl. auch 29.10.2009 – C-536/07, NZBau 2009, 792 Rn. 61; 26.5.2011 – C-306/08, NZBau 2011, 431 Rn. 91; OLG Düsseldorf 16.10.2019 – VII-Verg 66/18, NZBau 2020, 184 Rn. 21; OLG Karlsruhe 6.2.2013 – 15 Verg 11/12, BeckRS 2013, 12106 = VergabeR 2013, 570 (574).

[9] EuGH 18.1.2007 – C-220/05, NVwZ 2007, 316 Rn. 38 – Roanne.

[10] EuGH 18.1.2007 – C-220/05, NVwZ 2007, 316 Rn. 46 – Roanne.

[11] EuGH 21.2.2008 – C-412/04, NVwZ 2008, 397 Rn. 47 „... zugleich Elemente eines öffentlichen Bauauftrags und Elemente eines öffentlichen Auftrags anderer Art ...".

[12] AM Egger EuVergabeR Rn. 771.

§ 111 Vergabe von öffentlichen Aufträgen und Konzessionen, deren Teile unterschiedlichen rechtlichen Regelungen unterliegen

(1) Sind die verschiedenen Teile eines öffentlichen Auftrags, die jeweils unterschiedlichen rechtlichen Regelungen unterliegen, objektiv trennbar, so dürfen getrennte Aufträge für jeden Teil oder darf ein Gesamtauftrag vergeben werden.

(2) Werden getrennte Aufträge vergeben, so wird jeder einzelne Auftrag nach den Vorschriften vergeben, die auf seine Merkmale anzuwenden sind.

(3) Wird ein Gesamtauftrag vergeben,
1. kann der Auftrag ohne Anwendung dieses Teils vergeben werden, wenn ein Teil des Auftrags die Voraussetzungen des § 107 Absatz 2 Nummer 1 oder 2 erfüllt und die Vergabe eines Gesamtauftrags aus objektiven Gründen gerechtfertigt ist,
2. kann der Auftrag nach den Vorschriften über die Vergabe von verteidigungs- oder sicherheitsspezifischen Aufträgen vergeben werden, wenn ein Teil des Auftrags diesen Vorschriften unterliegt und die Vergabe eines Gesamtauftrags aus objektiven Gründen gerechtfertigt ist,
3. sind die Vorschriften zur Vergabe von öffentlichen Aufträgen durch Sektorenauftraggeber anzuwenden, wenn ein Teil des Auftrags diesen Vorschriften unterliegt und der Wert dieses Teils den geltenden Schwellenwert erreicht oder überschreitet; dies gilt auch dann, wenn der andere Teil des Auftrags den Vorschriften über die Vergabe von Konzessionen unterliegt,
4. sind die Vorschriften zur Vergabe von öffentlichen Aufträgen durch öffentliche Auftraggeber anzuwenden, wenn ein Teil des Auftrags den Vorschriften zur Vergabe von Konzessionen und ein anderer Teil des Auftrags den Vorschriften zur Vergabe von öffentlichen Aufträgen durch öffentliche Auftraggeber unterliegt und wenn der Wert dieses Teils den geltenden Schwellenwert erreicht oder überschreitet,
5. sind die Vorschriften dieses Teils anzuwenden, wenn ein Teil des Auftrags den Vorschriften dieses Teils und ein anderer Teil des Auftrags sonstigen Vorschriften außerhalb dieses Teils unterliegt; dies gilt ungeachtet des Wertes des Teils, der sonstigen Vorschriften außerhalb dieses Teils unterliegen würde und ungeachtet ihrer rechtlichen Regelung.

(4) Sind die verschiedenen Teile eines öffentlichen Auftrags, die jeweils unterschiedlichen rechtlichen Regelungen unterliegen, objektiv nicht trennbar,
1. wird der Auftrag nach den Vorschriften vergeben, denen der Hauptgegenstand des Auftrags zuzuordnen ist; enthält der Auftrag Elemente einer Dienstleistungskonzession und eines Lieferauftrags, wird der Hauptgegenstand danach bestimmt, welcher geschätzte Wert der jeweiligen Dienst- oder Lieferleistungen höher ist,
2. kann der Auftrag ohne Anwendung der Vorschriften dieses Teils oder gemäß den Vorschriften über die Vergabe von verteidigungs- oder sicherheitsspezifischen öffentlichen Aufträgen vergeben werden, wenn der Auftrag Elemente enthält, auf die § 107 Absatz 2 Nummer 1 oder 2 anzuwenden ist.

(5) Die Entscheidung, einen Gesamtauftrag oder getrennte Aufträge zu vergeben, darf nicht zu dem Zweck getroffen werden, die Auftragsvergabe von den Vorschriften zur Vergabe öffentlicher Aufträge und Konzessionen auszunehmen.

GWB § 111 Unterschiedliche rechtliche Regelungen

(6) **Auf die Vergabe von Konzessionen sind die Absätze 1, 2 und 3 Nummer 1 und 2 sowie die Absätze 4 und 5 entsprechend anzuwenden.**

Literatur: Vgl. die Angaben bei § 110 GWB.

I. Bedeutung und Struktur der Vorschrift

1   § 111 GWB knüpft an die früheren Abs. 11–13 des § 99 GWB aF an und entwickelt sie in Umsetzung verschiedener Regelungen von VRL, SRL und KVR[1] weiter. In der Systematik der §§ 110–112 GWB über die Behandlung gemischter Verträge (→ § 110 Rn. 1 ff.) betrifft § 111 GWB öffentliche Aufträge und Konzessionen, die

- **aus verschiedenen Teilen bestehen,** dh verschiedene Beschaffungskomponenten enthalten,
- und diese verschiedenen Beschaffungskomponenten bei isolierter Betrachtung **unterschiedlichen vergaberechtlichen Regimen unterliegen,** also etwa Elemente eines allgemeinen öffentlichen Auftrags mit Elementen eines Sektorenauftrags oder einer Konzession kombiniert werden; ebenso erfasst ist der Fall, dass ein Teil des Auftrags von vergaberechtlichen Vorschriften erfasst wird und ein anderer Teil nicht dem Vergaberecht unterfällt.[2]

2   Die Vorschrift ist uneingeschränkt anwendbar, wenn ein **Teil des Auftrags einen öffentlichen Auftrag darstellt,** unabhängig davon, ob dieser Auftrag nach den Vorschriften über die Vergabe (allgemeiner) öffentlicher Aufträge oder von Sektorenaufträgen oder von verteidigungs- oder sicherheitsspezifischen öffentlichen Aufträgen zu beurteilen ist. Abs. 6 erklärt zwar nur bestimmte Regelungen des § 111 GWB für auch auf **Konzessionen** anwendbar. Allerdings ist daraus nicht zu schließen, dass die dort nicht in Bezug genommenen Bestimmungen nicht anzuwenden wären. Vielmehr ist die Aufzählung des § 111 Abs. 6 GWB allein dem Umstand geschuldet, dass die in dieser Verweisung genannten Regelungen aus Gründen der sprachlichen Verständlichkeit nur öffentliche Aufträge erwähnen.[3] Die dort nicht genannten Vorschriften gelten bereits nach ihrem Wortlaut auch für Konzessionen.

3   Nach der **Systematik des § 111 GWB** ist zunächst danach zu unterscheiden, ob die verschiedenen Teile des Auftrags objektiv trennbar sind oder nicht (Abs. 1; → Rn. 7 ff.). Ist eine Trennbarkeit bei objektiver Betrachtung nicht gegeben, so folgt die weitere Prüfung Abs. 4 (→ Rn. 18 ff.). Wird hingegen die Trennbarkeit bejaht und entscheidet sich der Auftraggeber für die Zusammenfassung der trennbaren Teile in einem Gesamtauftrag, so richtet sich der Maßstab zur Bestimmung der anzuwendenden Vorschriften nach Abs. 3 (→ Rn. 12 ff.).

II. Einschlägigkeit unterschiedlicher rechtlicher Regelungen

4   Voraussetzung dafür, dass die für ein konkretes Beschaffungsvorhaben anzuwendenden Rechtsvorschriften nach § 111 GWB zu ermitteln sind, ist zunächst das Bestehen des geplanten öffentlichen Auftrags bzw. der Konzession aus **verschiedenen Teilen,** die unterschiedlichen rechtlichen Regelungen unterliegen. Von vornherein nicht anwendbar ist § 111 GWB daher, wenn der Auftrag bzw. die Konzession nur aus einem einzigen Teil (zB einer Dienstleistungskonzession) besteht.

---

[1] Vgl. zu den durch § 111 GWB umgesetzten Richtlinienbestimmungen BT-Drs. 18/6281, 84 f.
[2] BT-Drs. 18/6281, 84.
[3] BT-Drs. 18/6281, 86.

Lassen sich mehrere, durch das Beschaffungsvorhaben zusammengefasste Teile unterscheiden, so ist weiter zu prüfen, ob für diese Teile bei isolierter Betrachtung **unterschiedliche rechtliche Regelungen** maßgeblich sind. Die in der Begr. des Gesetzentwurfs des VergModG gewählte Formulierung, die Anwendbarkeit des § 111 GWB erfordere, dass ein Auftragsteil „entweder gar nicht dem Vergaberecht oder einem erleichterten Regime einer anderen Richtlinie unterfallen" müsse,[4] stellt keine eigenständige Voraussetzung dar. Lediglich dann, wenn ein Auftragsteil den (allgemeinen vergaberechtlichen) Anforderungen der VRL unterfällt, der andere Teil hingegen entweder einen Sektorenauftrag oder einen verteidigungs- oder sicherheitsspezifischen Auftrag oder eine Konzession darstellt oder überhaupt nicht dem Vergaberecht unterfällt, wäre ein Verhältnis „striktes/erleichtertes Regime" rechtssicher feststellbar. § 111 GWB gilt jedoch auch für das Zusammentreffen von Teilen, die bei einzelner Betrachtung verschiedenen der „erleichterten Regime" unterliegen würden.[5]

Erforderlich ist in jedem Fall, dass zumindest ein Teil des Beschaffungsvorhabens **vergaberechtlichen Vorschriften unterliegt** und entweder einen öffentlichen Auftrag iSd § 103 Abs. 1 GWB (einschl. verteidigungs- oder sicherheitsspezifische Aufträge) oder eine Konzession iSv § 105 GWB darstellt sowie keine Ausnahme vom Anwendungsbereich der vergaberechtlichen Bestimmungen, insbes. nach § 107 GWB, vorliegt. Ob und wenn ja welchen vergaberechtlichen Vorschriften die anderen Teile des Beschaffungsvorhabens bei isolierter Betrachtung unterfallen würden, ist für die Eröffnung des Anwendungsbereichs des § 111 GWB ohne Bedeutung.

III. Objektiv trennbare Auftragsteile (Abs. 1–3 und Abs. 5)

Sind die vorstehend behandelten Voraussetzungen erfüllt, so ist weiter danach zu differenzieren, ob die bei isolierter Betrachtung unterschiedlichen rechtlichen Regelungen unterliegenden Teile des Auftrags bzw. der Konzession **objektiv trennbar** sind oder nicht. Bei Bejahung der objektiven Trennbarkeit richtet sich die rechtliche Bewertung nach § 111 Abs. 2, 3 und Abs. 5 GWB, bei Verneinung nach § 111 Abs. 4 GWB.

Ausweislich Erwgr. 11 der VRL ist für die Feststellung der Untrennbarkeit der in einem Beschaffungsvorgang zusammengefassten Teile nicht die Sichtweise des Auftraggebers maßgeblich. Durchzuführen ist vielmehr eine Einzelfallprüfung anhand **objektiver Maßstäbe:** Die Bewertung „muss sich vielmehr auf objektive Gesichtspunkte stützen, die sie rechtfertigen und die Notwendigkeit begründen können, einen einzigen Auftrag zu vergeben". Dies entspricht der Rspr. des EuGH, die für die Entwicklung objektiver Maßstäbe heranzuziehen ist. Danach muss sich die Absicht der Vertragspartner zum Abschluss eines untrennbaren gemischten Vertrags iSd Bestehens einer Notwendigkeit auf rechtfertigende Gesichtspunkte stützen lassen.[6] Maßgeblich hierfür ist insbes., ob der Vertrag mit seinen spezifischen Bestandteilen **gerade mit einem einzigen Partner** geschlossen werden musste.[7]

---

[4] BT-Drs. 18/6281, 84.
[5] Vgl. nur BT-Drs. 18/6281, 86, wonach § 111 Abs. 4 Nr. 2 GWB ua zur Umsetzung von Art. 25 Abs. 4 SRL dient. Diese Vorschrift betrifft das Zusammentreffen von nach den Vorschriften für Sektorenaufträge zu beurteilenden Teilen mit Teilen, die den Bestimmungen über verteidigungs- oder sicherheitsspezifische Aufträge unterliegen.
[6] EuGH 22.12.2010 – C-215/09, EuZW 2011, 257 Rn. 39 – Oulun kaupunki.
[7] EuGH 6.5.2010 – C-145/08 und C-149/08, NZBau 2010, 506 Rn. 50 ff. – Club Hotel Loutraki.

9 Eine Untrennbarkeit idS kann sich sowohl aus **technischen als auch aus wirtschaftlichen Gründen** ergeben.[8] Als Bsp. nennt Erwgr. 11 der VRL die Errichtung eines Gebäudes, dessen einer Gebäudeteil unmittelbar durch den öffentlichen Auftraggeber genutzt und ein anderer Gebäudeteil auf Basis einer Konzession, etwa als öffentliches Parkhaus, bewirtschaftet werden soll.

1. Vergabe eines Gesamtauftrags oder von Einzelaufträgen (Abs. 1, 2 und Abs. 5)

10 Sind die unterschiedlichen Rechtsregimen unterliegenden Teile des Auftrags bzw. der Konzession objektiv trennbar, so hat der Auftraggeber gem. § 111 Abs. 1 GWB die Wahl, ob er für jeden Teil einen getrennten Auftrag oder für alle Teile zusammen einen Gesamtauftrag vergeben oder nur einzelne Teile in einem Gesamtauftrag zusammenfassen will. Diese Entscheidung liegt grds. im **Ermessen des Auftraggebers**.[9] Eine Grenze dieses Ermessens wird allerdings durch § 111 Abs. 5 GWB bezeichnet. Danach darf die Auswahl zwischen der Vergabe als Einzelaufträge und als Gesamtauftrag nicht zu dem Zweck getroffen werden, die Auftragsvergabe von den Vorschriften zur Vergabe öffentlicher Aufträge und Konzessionen auszunehmen.

11 Entscheidet sich der Auftraggeber, die einzelnen Teile als **Einzelaufträge** zu vergeben, so sind hierfür die jew. vergaberechtlichen Vorschriften maßgeblich, denen der Auftrag bzw. die Konzession nach seinen Merkmalen zuzuordnen ist (§ 111 Abs. 2 GWB). Bei einer Vergabe als **Gesamtauftrag** hingegen sind die anzuwendenden rechtlichen Regelungen nach § 111 Abs. 3 GWB zu bestimmen.

2. Bei Vergabe als Gesamtauftrag geltende rechtliche Regelungen (Abs. 3)

12 Entscheidet sich der Auftraggeber bei objektiver Trennbarkeit der Teile eines Auftrags bzw. einer Konzession für eine Vergabe als Gesamtauftrag, so ist Abs. 3 einschlägig. Dessen einzelne Vorschriften enthalten **Regelungen für unterschiedliche Konstellationen des Zusammentreffens von Regelungsregimen**. Sie ordnen die Anwendbarkeit nur eines, jew. bezeichneten Regelungsregimes an, ohne dass es – insoweit anders als bei objektiv untrennbaren Auftragsteilen (→ Rn. 19) – darauf ankommt, welcher Teil bei einer Wert- oder Gegenstandsbetrachtung den Hauptgegenstand darstellt.

13 § 111 Abs. 3 Nr. 1 GWB betrifft die Konstellation, dass ein Teil des Auftrags nach § 107 Abs. 2 Nr. 1 oder Nr. 2 GWB der Anwendung des Vergaberechts entzogen ist. In diesem Fall ist das Vergaberecht auf den gesamten Auftrag unanwendbar, sofern die Vergabe als Gesamtauftrag objektiv gerechtfertigt ist.

14 Unterliegt ein Teil des Gesamtauftrags den Vorschriften über die Vergabe von verteidigungs- oder sicherheitsspezifischen Aufträgen, so gilt dies gem. **§ 111 Abs. 3 Nr. 2 GWB** auch für den Gesamtauftrag, sofern die Vergabe eines Gesamtauftrags **objektiv gerechtfertigt** ist. Nach dem Regelungszusammenhang kann es sich dabei nur um in staatlichen Sicherheitsinteressen wurzelnde Gründe handeln. Darüber hinaus muss es objektiv geboten sein, den geringeren Transparenzanforderungen unterliegenden Teil mit dem anderen Teil zu einem einheitlichen Auftrag zu verbinden. Der Auftraggeber kann also nicht nach seiner eigenen Bewertung Beschaffungsvorgänge einem Verfahren geringerer Transparenz unterstellen, indem er sie mit anderen Beschaffungsvorgängen, die eine stärkere Berührung von Sicherheitsinteressen aufweisen, äußerlich zusammenbindet.

---

[8] Erwgr. 11 der VRL.
[9] Erwgr. 12 der VRL.

Nach **§ 111 Abs. 3 Nr. 3 GWB** sind die Vorschriften über die Vergabe von Sekto- 15
renaufträgen anzuwenden, wenn ein Teil des Gesamtauftrags diesen Vorschriften
unterliegt. Dies gilt auch dann, wenn der nach Sektorenvergaberecht zu beurteilende
Teil mit einem Teil zusammentrifft, auf den bei Einzelvergabe die Vorschriften über
die Vergabe von Konzessionen anzuwenden wären. In letzterem Fall ist allerdings für
den Gesamtauftrag nur dann das **Sektorenvergaberecht anwendbar,** wenn der dessen Vorschriften unterfallende Teil bei isolierter Betrachtung den Schwellenwert nach
§ 106 GWB mindestens erreicht. Entgegen der Stellung dieses Erfordernisses in § 111
Abs. 3 Nr. 3 Hs. 1 GWB bezieht es sich nur auf das Zusammentreffen von dem
Sektorenvergaberecht einerseits und dem Konzessionsvergaberecht andererseits unterliegenden Teilen. Dies ergibt sich aus Art. 5 Abs. 4 UAbs. 3 SRL und ist auch in der
Begr. des Entwurfs des VergModG zum Ausdruck gebracht.[10] Werden die Schwellenwerte durch den nach Sektorenvergaberecht zu beurteilenden Teil nicht erreicht, so
ist der Gesamtauftrag nach Konzessionsvergaberecht abzuwickeln.

Für das Zusammentreffen eines sich nach den Vorschriften zur Vergabe öffentli- 16
cher Aufträge richtenden Teils des Gesamtauftrags mit einem Teil, auf den die
Vorschriften über die Konzessionsvergabe anzuwenden wären, bestimmt **§ 111
Abs. 3 Nr. 4 GWB** die Anwendbarkeit der erstgenannten Regelungen betr. öffentliche Aufträge, wenn der diesen Regelungen unterliegende Teil den Schwellenwert
nach § 106 GWB erreicht oder überschreitet. Bei Nichterreichung der Schwellenwerte gilt für den Gesamtauftrag Konzessionsvergaberecht.

§ 111 Abs. 3 Nr. 5 GWB ordnet für den Fall, dass ein Teil des Gesamtauftrags 17
den §§ 97 ff. GWB und ein anderer Teil anderen Vorschriften außerhalb des Teils 4
des GWB unterliegt, die Anwendung der vergaberechtlichen Bestimmungen an,
und zwar ohne dass es auf den Wert des den anderen Vorschriften unterliegenden
Teils ankommt.

IV. Objektiv nicht trennbare Auftragsteile (Abs. 4)

Sind die verschiedenen **Teile des Beschaffungsvorgangs bei objektiver** 18
Betrachtung trennbar (→ Rn. 7 ff.), so richten sich die auf den Auftrag bzw. die
Konzession anzuwendenden Vorschriften nach § 111 Abs. 4 GWB.

§ 111 Abs. 4 Nr. 1 Hs. 1 GWB erklärt grds. die bei isolierter Betrachtung für 19
den Teil des Auftrags, der den **Hauptgegenstand des Auftrags** darstellt, anzuwendenden Vorschriften für maßgeblich. Die Bestimmung des Hauptgegenstands folgt
dabei den gleichen Regeln wie nach § 110 Abs. 1 GWB (→ § 110 Rn. 12). Anderes
gilt ausweislich des § 111 Abs. 4 Nr. 1 Hs. 2 GWB allerdings für einen sich aus
Elementen einer Dienstleistungskonzession und eines Lieferauftrags zusammenset-
zenden unteilbaren Auftrag. In diesem Fall wird der Hauptgegenstand wie gem.
§ 110 Abs. 2 GWB nach den Wertverhältnissen bestimmt.

Eine weitere unzulässig formulierte Bestimmung enthält **§ 111 Abs. 4 Nr. 2** 20
GWB. Nach ihrem Wortlaut betrifft die Vorschrift Aufträge, die unter § 107 Abs. 2
Nr. 1 oder Nr. 2 GWB fallende Elemente enthalten. Die in Bezug genommenen
Normen des § 107 Abs. 2 Nr. 1 oder Nr. 2 GWB nehmen Aufträge und Konzessionen mit bestimmten Bezügen zu Art. 346 Abs. 1 AEUV von der Anwendung der
§§ 97 ff. GWB aus. Wie allerdings aus der Begr. des Entwurfs des VergModG eindeutig hervorgeht, soll sich die Vorschrift in Umsetzung der einschlägigen Vorschriften der EU-Richtlinien auch auf diejenigen Konstellationen beziehen, in denen
„ein Auftragsteil ... in den Anwendungsbereich ... der Vorschriften zur Vergabe von
verteidigungs- oder sicherheitsspezifischen öffentlichen Aufträgen fällt".[11] Insoweit

---

[10] BT-Drs. 18/6281, 85.
[11] BT-Drs. 18/6281, 86.

bedarf es einer unionsrechtskonformen Auslegung des Anwendungsbereichs. Im Falle der Einschlägigkeit von § 107 Abs. 2 Nr. 1 oder Nr. 2 GWB für einzelne Elemente des Auftrags bedarf es keiner Anwendung der vergaberechtlichen Bestimmungen. Bei Zuordnung von Auftragselementen zu den Vorschriften über die Vergabe verteidigungs- oder sicherheitsspezifischer öffentlicher Aufträge sind diese für den Auftrag maßgebend.

§ 112 Vergabe von öffentlichen Aufträgen und Konzessionen, die verschiedene Tätigkeiten umfassen

(1) Umfasst ein öffentlicher Auftrag mehrere Tätigkeiten, von denen eine Tätigkeit eine Sektorentätigkeit im Sinne des § 102 darstellt, dürfen getrennte Aufträge für die Zwecke jeder einzelnen Tätigkeit oder darf ein Gesamtauftrag vergeben werden.

(2) Werden getrennte Aufträge vergeben, so wird jeder einzelne Auftrag nach den Vorschriften vergeben, die auf seine Merkmale anzuwenden sind.

(3) Wird ein Gesamtauftrag vergeben, unterliegt dieser Auftrag den Bestimmungen, die für die Tätigkeit gelten, für die der Auftrag hauptsächlich bestimmt ist. Ist der Auftrag sowohl für eine Sektorentätigkeit im Sinne des § 102 als auch für eine Tätigkeit bestimmt, die Verteidigungs- oder Sicherheitsaspekte umfasst, ist § 111 Absatz 3 Nummer 1 und 2 entsprechend anzuwenden.

(4) Die Entscheidung, einen Gesamtauftrag oder getrennte Aufträge zu vergeben, darf nicht zu dem Zweck getroffen werden, die Auftragsvergabe von den Vorschriften dieses Teils auszunehmen.

(5) Ist es objektiv unmöglich, festzustellen, für welche Tätigkeit der Auftrag hauptsächlich bestimmt ist, unterliegt die Vergabe
1. den Vorschriften zur Vergabe von öffentlichen Aufträgen durch öffentliche Auftraggeber, wenn eine der Tätigkeiten, für die der Auftrag bestimmt ist, unter diese Vorschriften fällt,
2. den Vorschriften zur Vergabe von öffentlichen Aufträgen durch Sektorenauftraggeber, wenn der Auftrag sowohl für eine Sektorentätigkeit im Sinne des § 102 als auch für eine Tätigkeit bestimmt ist, die in den Anwendungsbereich der Vorschriften zur Vergabe von Konzessionen fallen würde,
3. den Vorschriften zur Vergabe von öffentlichen Aufträgen durch Sektorenauftraggeber, wenn der Auftrag sowohl für eine Sektorentätigkeit im Sinne des § 102 als auch für eine Tätigkeit bestimmt ist, die weder in den Anwendungsbereich der Vorschriften zur Vergabe von Konzessionen noch in den Anwendungsbereich der Vorschriften zur Vergabe öffentlicher Aufträge durch öffentliche Auftraggeber fallen würde.

(6) Umfasst eine Konzession mehrere Tätigkeiten, von denen eine Tätigkeit eine Sektorentätigkeit im Sinne des § 102 darstellt, sind die Absätze 1 bis 4 entsprechend anzuwenden. Ist es objektiv unmöglich, festzustellen, für welche Tätigkeit die Konzession hauptsächlich bestimmt ist, unterliegt die Vergabe
1. den Vorschriften zur Vergabe von Konzessionen durch Konzessionsgeber im Sinne des § 101 Absatz 1 Nummer 1, wenn eine der Tätigkeiten, für die die Konzession bestimmt ist, diesen Bestimmungen und die andere Tätigkeit den Bestimmungen für die Vergabe von Konzessionen durch Konzessionsgeber im Sinne des § 101 Absatz 1 Nummer 2 oder Nummer 3 unterliegt,

2. den Vorschriften zur Vergabe von öffentlichen Aufträgen durch öffentliche Auftraggeber, wenn eine der Tätigkeiten, für die die Konzession bestimmt ist, unter diese Vorschriften fällt,
3. den Vorschriften zur Vergabe von Konzessionen, wenn eine der Tätigkeiten, für die die Konzession bestimmt ist, diesen Vorschriften und die andere Tätigkeit weder den Vorschriften zur Vergabe von öffentlichen Aufträgen durch Sektorenauftraggeber noch den Vorschriften zur Vergabe öffentlicher Aufträge durch öffentliche Auftraggeber unterliegt.

Literatur: Vgl. die Angaben bei § 110 GWB.

I. Bedeutung der Vorschrift

Während § 111 GWB die Situation betrifft, dass verschiedene, trennbare oder 1 nicht trennbare Elemente, die bei isolierter Betrachtung unterschiedlichen Regelungsregimen unterfallen, in einem einzigen Auftrag vergeben werden, bezieht sich § 112 GWB auf die Konstellation, dass die Vergabe eines Auftrags oder einer Konzession zum Zwecke der **Ausübung einer Tätigkeit** erfolgt und gleichzeitig mit dem Auftrag **auch noch die Zwecke einer anderen Tätigkeit verfolgt** werden. § 112 GWB regelt, welche Regelungen in einer solchen Konstellation auf den Auftrag bzw. die Konzession anzuwenden sind.

Da ein solcher Tätigkeitsbezug ausschl. bei den Sektorentätigkeiten iSv § 102 2 GWB vorliegt, an die für die Vergabe von Konzessionen der Begriff des Konzessionsgebers nach § 101 Abs. 1 Nr. 2 und Nr. 3 GWB anknüpft, setzt die Anwendbarkeit des § 112 GWB ausnahmslos voraus, dass **mit dem Auftrag eine Sektorentätigkeit ausgeübt** und zusätzlich einer anderen Tätigkeit nachgegangen werden soll. Die Begr. des Entwurfs eines Gesetzes zur Modernisierung des Vergaberechts hat als Beispiel den „Bau eines Gebäudes für die Stadtverwaltung, in dem auch einige Räume für die Verwaltung des kommunalen Stadtwerkes vorgesehen sind, ... (wobei Hauptgegenstand) die Gewährleistung der Stadtverwaltung (wäre) und damit ... die Regelungen für die Vergabe von Bauaufträgen durch die Stadt (Auftraggeber nach § 98[1] Nr. 1) anzuwenden" seien, genannt.[2]

Strukturell unterscheidet § 112 GWB zwischen Vorschriften, die für mehrere 3 Tätigkeiten umfassende öffentliche Aufträge gelten (Abs. 1–5), und Regelungen für entspr. Konzessionen (Abs. 6). Bei Einschlägigkeit eines öffentlichen Auftrags ist zunächst zu entscheiden, ob eine Vergabe in getrennten Aufträgen für jede einzelne Tätigkeit oder als Gesamtauftrag erfolgen soll (Abs. 1 und 3). In Abhängigkeit von dieser Entscheidung richten sich die anzuwendenden Vorschriften bei der Vergabe in Einzelaufträgen nach Abs. 2, bei der Vergabe als Gesamtauftrag nach Abs. 3 und Abs. 5.

II. Anzuwendende vergaberechtliche Vorschriften bei öffentlichen Aufträgen (Abs. 2, 4 und Abs. 5)

Nach § 112 Abs. 1 GWB kann der Auftraggeber nach seinem Ermessen entscheiden, ob er einen **Einzelauftrag für Zwecke jeder einzelnen Tätigkeit oder einen Gesamtauftrag** vergibt, wobei sich die Grenze seines Ermessens aus dem Verbot der Umgehung des Vergaberechts nach § 112 Abs. 4 GWB ergibt. Insoweit gilt nichts anderes als nach § 111 Abs. 1, 5 GWB (→ § 111 Rn. 10).

---

[1] Jetzt § 99 Nr. 1 GWB.
[2] BT-Drs. 16/10117, 19.

GWB § 112 Verschiedene Tätigkeiten umfassende Aufträge

1. Vergabe von getrennten Aufträgen

5   Entscheidet sich der Auftraggeber für die Vergabe in Einzelaufträgen, so sind gem. Abs. 2 auf jeden Auftrag die **nach seinen Merkmalen geltenden vergaberechtlichen Vorschriften** anzuwenden.

2. Vergabe eines Gesamtauftrags

6   Bei Vergabe als Gesamtauftrag kommt es darauf an, ob eine Tätigkeit ermittelt werden kann, für die der **Auftrag hauptsächlich bestimmt** ist. Ist dies der Fall, so ist § 112 Abs. 3 GWB einschlägig, andernfalls Abs. 4.

7   Ist **bestimmbar, für welche Tätigkeit der Auftrag hauptsächlich** bestimmt ist, so richtet sich die vergaberechtliche Behandlung nach den für diese Tätigkeit geltenden Bestimmungen (§ 112 Abs. 3 S. 1 GWB). Ausweislich Erwgr. 16 der SRL bedarf es hierfür einer vom Auftraggeber durchzuführenden **Analyse der Erfordernisse,** zu deren Erfüllung der betreffende Auftrag vergeben werden soll, die allerdings bei der Vorbereitung einer Ausschreibung in jedem Fall anzustellen sein wird. Für den Fall, dass der Auftrag neben einer Sektorentätigkeit auch einer Verteidigungs- oder Sicherheitsaspekte umfassenden Tätigkeit dient, richtet sich laut § 112 Abs. 3 S. 2 GWB die Bestimmung der anzuwendenden Vorschriften nach § 111 Abs. 3 Nr. 1, 2 GWB (→ § 111 Rn. 13 f.).

8   § 112 Abs. 5 GWB ist heranzuziehen, wenn die Feststellung, für welche Tätigkeit der **Auftrag hauptsächlich bestimmt ist, objektiv unmöglich** ist. Erwgr. 16 der SRL nennt als Bsp. die Beschaffung eines einzelnen Geräts für die Fortsetzung von Tätigkeiten, für die keine Informationen verfügbar sind. Als anderes Bsp. kann der → Rn. 1 dargestellte Fall eines Neubaus für Stadtverwaltung und Sektorentätigkeiten ausübende Stadtwerke herangezogen werden, wenn die räumliche Versorgung beider Verwaltungszweige gleichgewichtiges Ziel ist.

9   Fällt in der vorgenannten Konstellation der Unmöglichkeit der Feststellung der durch den Auftrag hauptsächlich in Bezug genommenen Tätigkeit eine Tätigkeit unter die **(allgemeinen) Vorschriften über die Vergabe öffentlicher Aufträge,** so sind diese und nicht das Sektorenvergaberecht anzuwenden (§ 112 Abs. 5 Nr. 1 GWB). Bei Bestimmung des Auftrags sowohl für eine Sektorentätigkeit als auch eine in den Anwendungsbereich des **Konzessionsvergaberechts** fallende Tätigkeit sind nach § 112 Abs. 5 Nr. 2 GWB die Vorschriften über die Sektorenvergabe heranzuziehen. Gleiches gilt, wenn die neben der Sektorentätigkeit weitere Tätigkeit **weder dem Konzessionsvergaberecht noch den (allgemeinen) Vorschriften über die Vergabe öffentlicher Aufträge** unterliegen würde (§ 112 Abs. 5 Nr. 3 GWB). Beispiel für die letztgenannte Konstellation ist der Bau eines Gebäudes für die Verwaltung des kommunalen Stadtwerkes und als Sitz eines privaten Unternehmens.[3]

III. Anzuwendende vergaberechtliche Vorschriften bei Konzessionen (Abs. 6)

10   Handelt es sich nicht um einen öffentlichen Auftrag, sondern um eine Konzession, die neben einer Sektorentätigkeit eine weitere Tätigkeit umfasst, so ist § 112 Abs. 6 GWB einschlägig. Ausweislich § 112 Abs. 6 S. 2 GWB sind die für die Vergabe als Einzel- oder Gesamtkonzession geltenden Vorschriften der Abs. 1–4 entspr. anzuwenden, so dass bei einer **Bestimmbarkeit einer hauptsächlich verfolgten Tätigkeit** die für diese geltenden Bestimmungen maßgeblich sind (§ 112 Abs. 6 S. 2 iVm Abs. 4 S. 1 GWB).

---

[3] BT-Drs. 16/10117, 19.

Verordnungsermächtigung § 113 GWB

Sonderregelungen für die Konzessionsvergabe enthält der Abs. 6 in seinem S. 3 **11** lediglich für die Konstellation der **objektiven Unmöglichkeit der Feststellbarkeit** der Tätigkeit, für die Konzession hauptsächlich bestimmt ist. Geregelt sind folgende Fallgruppen:
- Eine der Tätigkeiten, für die die Konzession bestimmt ist, unterfällt § 101 Abs. 1 Nr. 1 GWB, die andere § 101 Abs. 1 Nr. 2 oder Nr. 3 GWB, wobei es sich gleichermaßen um die für die Vergabe von Konzessionen durch Konzessionsgeber geltenden Vorschriften handelt. In diesem Fall sind laut **§ 106 Abs. 6 S. 3 Nr. 1 GWB** die für die Konzessionsvergabe durch Konzessionsgeber iSv § 101 Abs. 1 Nr. 1 GWB geltenden Vorschriften anzuwenden.
- Wird eine der Tätigkeiten von den (allgemeinen) Vorschriften über die Vergabe öffentlicher Aufträge durch öffentliche Auftraggeber erfasst, so sind diese Vorschriften maßgebend (**§ 106 Abs. 6 S. 3 Nr. 2 GWB**).
- Für die Konstellation, dass die eine Tätigkeit den Vorschriften über die Konzessionsvergabe und die andere Tätigkeit weder diesen noch den Vorschriften über die Sektorenvergabe noch denen über die Vergabe öffentlicher Aufträge unterliegt, ordnet **§ 106 Abs. 6 S. 3 Nr. 3 GWB** die Anwendung des Konzessionsvergaberechts an.

§ 113 Verordnungsermächtigung

Die Bundesregierung wird ermächtigt, durch Rechtsverordnungen mit Zustimmung des Bundesrates die Einzelheiten zur Vergabe von öffentlichen Aufträgen und Konzessionen sowie zur Ausrichtung von Wettbewerben zu regeln. Diese Ermächtigung umfasst die Befugnis zur Regelung von Anforderungen an den Auftragsgegenstand und an das Vergabeverfahren, insbesondere zur Regelung
1. **der Schätzung des Auftrags- oder Vertragswertes,**
2. **der Leistungsbeschreibung, der Bekanntmachung, der Verfahrensarten und des Ablaufs des Vergabeverfahrens, der Nebenangebote, der Vergabe von Unteraufträgen sowie der Vergabe öffentlicher Aufträge und Konzessionen, die soziale und andere besondere Dienstleistungen betreffen,**
3. **der besonderen Methoden und Instrumente in Vergabeverfahren und für Sammelbeschaffungen einschließlich der zentralen Beschaffung,**
4. **des Sendens, Empfangens, Weiterleitens und Speicherns von Daten einschließlich der Regelungen zum Inkrafttreten der entsprechenden Verpflichtungen,**
5. **der Auswahl und Prüfung der Unternehmen und Angebote sowie des Abschlusses des Vertrags,**
6. **der Aufhebung des Vergabeverfahrens,**
7. **der verteidigungs- oder sicherheitsspezifischen Anforderungen im Hinblick auf den Geheimschutz, auf die allgemeinen Regelungen zur Wahrung der Vertraulichkeit, auf die Versorgungssicherheit sowie auf die besonderen Regelungen für die Vergabe von Unteraufträgen,**
8. **der Voraussetzungen, nach denen Sektorenauftraggeber, Konzessionsgeber oder Auftraggeber nach dem Bundesberggesetz von der Verpflichtung zur Anwendung dieses Teils befreit werden können, sowie des dabei anzuwendenden Verfahrens einschließlich der erforderlichen Ermittlungsbefugnisse des Bundeskartellamtes und der Einzelheiten der Kostenerhebung; Vollstreckungserleichterungen dürfen vorgesehen werden.**

Die Rechtsverordnungen sind dem Bundestag zuzuleiten. Die Zuleitung erfolgt vor der Zuleitung an den Bundesrat. Die Rechtsverordnungen können durch Beschluss des Bundestages geändert oder abgelehnt werden. Der Beschluss des Bundestages wird der Bundesregierung zugeleitet. Hat sich

der Bundestag nach Ablauf von drei Sitzungswochen seit Eingang der Rechtsverordnungen nicht mit ihnen befasst, so werden die unveränderten Rechtsverordnungen dem Bundesrat zugeleitet.

I. Bedeutung der Vorschrift

1   Die Vorschrift knüpft an die früheren Verordnungsermächtigungen in §§ 97 Abs. 6, 127 GWB aF an und bringt die **Grundentscheidung des Gesetzgebers** zum Ausdruck, auf eine kodifikatorische Zusammenfassung aller vergaberechtlichen Vorschriften auf der Ebene eines formellen Gesetzes zu verzichten. Zahlreiche Einzelheiten werden daher der **Regelung auf Verordnungsebene** überwiesen. Auf der Grundlage der Ermächtigung des § 113 GWB beruhen die VgV, die VSVgV, die SektVO und die KonzVgV.

II. Ermächtigungstatbestände

2   Im Einzelnen ermächtigt § 113 GWB zur Regelung der Einzelheiten der Vergabe von öffentlichen Aufträgen und Konzessionen sowie zur Ausrichtung von Wettbewerben mit Blick auf die **Anforderungen an den Auftragsgegenstand und das Vergabeverfahren** im Verordnungswege, insbes. zu Bestimmungen betreffend
- die Schätzung des Auftrags- bzw. Vertragswerts (Nr. 1);
- den allgemeinen Ablauf des Verfahrens (Nr. 2);
- besondere Methoden und Instrumente im Vergabeverfahren (Nr. 3);
- den Umgang mit Daten (Nr. 4);
- die Prüfung von Unternehmen und Angeboten sowie den Vertragsschluss (Nr. 5);
- die Aufhebung des Vergabeverfahrens (Nr. 6);
- verteidigungs- oder sicherheitsspezifische Anforderungen (Nr. 7);
- Voraussetzungen für die Befreiung bestimmter Auftraggeber von der Anwendung vergaberechtlicher Vorschriften (Nr. 8).

III. Verfahren

3   Von den Ermächtigungen des § 113 GWB zur Regelung im Verordnungswege kann gem. S. 1 nur die **Bundesregierung als Kollegialorgan,** nicht ein einzelner Bundesminister, Gebrauch machen. Zusätzlich ist die **Zustimmung des Bundesrats** erforderlich. Nicht im RegE des VergModG[1] enthalten waren die S. 3–7 des § 113 GWB, die auf den insoweit begründungslosen Beschlussvorschlag des Ausschusses für Wirtschaft und Energie[2] zurückgehen. Nach diesen Bestimmungen muss vor der Befassung des Bundesrates mit der Verordnung diese zunächst **dem Bundestag zugeleitet** werden. Der Bundestag kann die Verordnung ändern oder ablehnen. Äußert sich das Parlament nicht innerhalb von drei Sitzungswochen, so wird die Verordnung unverändert dem Bundesrat zugeleitet.

4   Während das Erfordernis der Zustimmung des Bundesrates zu den von der Bundesregierung zu erlassenden Rechtsverordnungen mit Blick auf die Bindung auch der Vergabestellen der Länder an die Bestimmungen der Verordnungen nachvollziehbar ist, erhellt der Sinn der **Befugnis des Bundestages zur Änderung oder Ablehnung von Verordnungen** der Bundesregierung nicht. Es ist dem Bundestag unbenommen, jederzeit durch Erweiterung der §§ 97 ff. GWB oder Erlass eines bundesrechtlichen Vergabegesetzes eine Vollregelung der Materie zu treffen. Der in

---

[1] BT-Drs. 18/6281.
[2] BT-Drs. 18/7086.

§ 113 S. 1, 2 GWB zum Ausdruck gekommene Verzicht auf die Schaffung einer Kodifikation durch den Gesetzgeber wird ohne erkennbare Vorteile relativiert. **Verfassungs- wie unionsrechtlich inakzeptabel** ist es, dass der Bundestag eine Verordnung der Bundesregierung schlicht zurückweisen kann, ohne selbst eine andere Regelung treffen zu müssen und ohne dass ein Verfahren zum Verordnungserlass für diese Konstellation vorgesehen wäre.

§ 114 Monitoring und Vergabestatistik

(1) ¹**Die obersten Bundesbehörden und die Länder erstatten in ihrem jeweiligen Zuständigkeitsbereich dem Bundesministerium für Wirtschaft und Energie über die Anwendung der Vorschriften dieses Teils und der aufgrund des § 113 erlassenen Rechtsverordnungen bis zum 15. Februar 2017 und danach auf Anforderung schriftlich Bericht.** ²**Zu berichten ist regelmäßig über die jeweils letzten drei Kalenderjahre, die der Anforderung vorausgegangen sind.**

(2) ¹**Das Statistische Bundesamt erstellt im Auftrag des Bundesministeriums für Wirtschaft und Energie eine Vergabestatistik.** ²**Zu diesem Zweck übermitteln Auftraggeber im Sinne des § 98 an das Statistische Bundesamt Daten zu öffentlichen Aufträgen im Sinne des § 103 Absatz 1 unabhängig von deren geschätzten Auftragswert und zu Konzessionen im Sinne des § 105.** ³**Das Bundesministerium für Wirtschaft und Energie wird ermächtigt, im Einvernehmen mit dem Bundesministerium des Innern, für Bau und Heimat durch Rechtsverordnung mit Zustimmung des Bundesrates die Einzelheiten der Vergabestatistik sowie der Datenübermittlung durch die meldende Stelle einschließlich des technischen Ablaufs, des Umfangs der zu übermittelnden Daten, der Wertgrenzen für die Erhebung sowie den Zeitpunkt des Inkrafttretens und der Anwendung der entsprechenden Verpflichtungen zu regeln.**

Literatur: Janssen, Eine vergaberechtliche Zwischenbilanz in der 19. Legislaturperiode, NZBau 2020, 65; Portz, Das neue Vergaberecht: Eine Bewertung aus kommunaler Sicht, BWGZ 2016, 52.

I. Bedeutung der Vorschrift

Der Gesamtwert der jährlich durch die Behörden des Bundes, der Länder und der Gemeinden in Deutschland vergebenen öffentlichen Aufträge beläuft sich nach Schätzungen auf eine Summe zwischen 160 Mrd. Euro und 496 Mrd. Euro, was ungefähr 5,9 % bis 17,0 % des Bruttoinlandsprodukts der Bundesrepublik Deutschland entspricht.[1] Aufgrund der großen Bedeutung der öffentlichen Vergabe für den Wirtschaftsstandort Deutschland zielt § 114 Abs. 1 GWB darauf ab, die Überwachung der öffentlichen Auftrags- und Konzessionsvergabe durch eine **Berichtspflicht der obersten Bundesbehörden und der Länder** sicherzustellen und mithin einen guten Überblick über mögliche strukturelle Probleme zu verschaffen, um danach gezielter auf mögliche Probleme eingehen zu können. Durch die Überwachung sollen Verstöße entdeckt und angezeigt werden, um die Folgen eines Fehlverhaltens schneller und effektiver zu beheben und weiteres Fehlverhalten wirksam zu verhindern.

Zum anderen bezweckt die Vorschrift mit ihrem Abs. 2, einheitliche und belastbare Daten zum öffentlichen Auftragswesen zu sammeln und ein **einheitliches Erhebungs- und Auswertungsinstrument** zu schaffen. Die zu übermittelnden

---

[1] BT-Drs. 18/6281, 91.

Daten sind unverzichtbar für die Beobachtung des Einkaufsverhaltens der öffentlichen Hand sowie für die Vorbereitung und Kontrolle gesetzgeberischer und strategischer Entscheidungen, Maßnahmen und Planungsvorhaben.[2] Auf Grundlage der erhobenen Daten kann die Bundesrepublik Deutschland ihre Berichtspflichten aus den EU-Vergaberichtlinien ggü. der Kommission erfüllen. Zudem stellen die Daten nützliche Informationen und Orientierungshilfen dar, indem sie umfangreicheres Wissen über Zahlen und Werte liefern, so dass Auftraggeber und Wirtschaftsteilnehmer ihr Marktverhalten entspr. gestalten können.

3   Mit Stand Oktober 2022 wurde vom Bund erstmals eine Vergabestatisitk für das erste Halbjahr 2021 veröffentlicht.[3] Dort werden Anzahl/Auftragsvolumen der öffentlichen Aufträge und Konzessionen ab Erreichen und unterhalb der EU-Schwelle erfasst. Auch zur Beteiligung von KMU und der grds. Verwendung von Nachhaltigkeitskriterien gibt es Informationen. Diese Informationen sind allerdings noch zu grob, um dem gesetzgeberischen Ziel nachzukommen, inwiefern **strategische Ziele beim öffentlichen Einkauf** verfolgt werden und inwiefern ein rationaler, am effizienten und effektiven Einsatz von Steuermitteln orientierter staatlicher Einkauf gewährleistet ist.[4] Erst valide Daten ermöglichen es dem Gesetzgeber, das Vergaberecht den tatsächlichen Bedürfnissen der Auftraggeber und der Wirtschaft anzupassen. Durch § 114 GWB soll deswegen eine **Verbesserung der Datenlage** erreicht werden, um den **gezielten und den wirtschaftlichen Einsatz von Haushaltsmitteln** zu gewährleisten. Für dieses Ziel müsste die Datenerhebung allerdings noch verbessert werden.

II. Europarechtliche Vorgaben

4   § 114 GWB dient der Umsetzung der Vorgaben des Art. 83 der RL 2014/24/EU, Art. 99 der RL 2014/25/EU und Art. 45 der RL 2014/23/EU. Demgemäß haben die Mitgliedstaaten sicherzustellen, dass die Anwendung der Vorschriften für die öffentliche Auftrags- und Konzessionsvergabe konsequent und systematisch überwacht wird, um eine **wirksame und einheitliche Anwendung des Unionsrechts** zu gewährleisten.

5   Darüber hinaus ist der Kommission ein **Überwachungsbericht** in einem dreijährigen Turnus zu übermitteln. Die Erstattung des Überwachungsberichts darf die Kommission nach Art. 45 Abs. 3 der RL 2014/23/EU auch höchstens alle drei Jahre von den Mitgliedstaaten verlangen.

6   Dazu schreibt der EU-Gesetzgeber keine zentrale Aufsichtsstelle vor. Um Überschneidungen mit bestehenden Behörden oder Strukturen zu vermeiden, wird den Mitgliedstaaten überlassen, bei der Überwachung auf allg. Überwachungsbehörden oder -strukturen, branchenspezifische Aufsichtsstellen, kommunale Aufsichtsbehörden, Wettbewerbsbehörden, den Bürgerbeauftragten oder nationale Prüfbehörden zurückzugreifen. Die Überwachungsbehörden haben nach Maßgabe der EU-Richtlinien die Aufgabe zu achten, dass keine systembedingten Probleme entstehen und keine Verstöße wie Betrug, Bestechung, Interessenkonflikte und sonstige schwerwiegende Unregelmäßigkeiten begangen werden. Sollten solche Probleme oder Verstöße festgestellt werden, sind die Überwachungsbehörden befugt, diesbzgl. eine Anzeige ggü. nationalen Prüfstellen, Gerichten oder anderen geeigneten Stellen zu erstatten.

7   Außerdem schreibt Art. 100 Abs. 3 der RL 2014/25/EU für Sektorenauftraggeber vor, dass diese der Kommission oder den nationalen Behörden, Einrichtungen

---

[2] BT-Drs. 18/6281, 91.
[3] https://www.bmwk.de/Redaktion/DE/Publikationen/Wirtschaft/bmwk-vergabestatistik-2021.pdf?__blob=publicationFile&v=1, zul. abgerufen am 22.6.2023.
[4] BT-Drs. 18/6281, 91.

oder Strukturen auf deren Anforderung hin Informationen und Dokumentation über Vergabeverfahren zu übermitteln haben.
Im Sinne von Erwgr. 127 der RL 2014/25/EU und Erwgr. 121 der RL 2014/24/EU sollen die Überwachungsberichte regelmäßig veröffentlicht werden, um eine sachkundige Debatte darüber zu ermöglichen, wie Beschaffungsvorschriften und -verfahren verbessert werden könnten.

III. Monitoring (Abs. 1)

Abs. 1 normiert die **Verpflichtung der obersten Bundesbehörden** (zum Begriff → § 106 Rn. 14) und der **Länder,** im Rahmen ihrer Zuständigkeiten einen schriftlichen Überwachungsbericht dem für Meldungen an die EU-Kommission zuständigen Bundesministerium für Wirtschaft und Energie zu erstatten. Das Ministerium für Wirtschaft und Energie übermittelt seinerseits die im Bericht dargestellten Informationen der EU-Kommission. Der Bericht enthält Informationen über die Anwendung der vergaberechtlichen Vorschriften nach dem GWB und den aufgrund des § 113 GWB erlassenen Rechtsverordnungen – VgV, SektVO, VSVgV, KonzVgV und VergStatVO. Es wird auch über die Ursachen falscher Rechtsanwendung, Rechtsunsicherheiten, strukturelle und wiederkehrende Anwendungsprobleme sowie über die Beteiligung kleinerer und mittlerer Unternehmen an Vergabeverfahren informiert. Berichtet wird auch über Vorbeugung und Aufdeckung von Betrug, Bestechung, Interessenkonflikten oder von sonstigen schwerwiegenden Unregelmäßigkeiten. Für die Berichterstattung wird eine Frist bis zum 15.2. und danach alle drei Jahre, jew. bis zum 15.2., gesetzt.

IV. Datenübermittlungspflicht (Abs. 2)

Nach S. 1 übermitteln Auftraggeber Daten an das **Statistische Bundesamt als beauftragte Behörde.**[5] Mit der Regelung wird klargestellt, dass die Auftraggeber die für die Erstellung der Statistik erforderlichen Daten **direkt an das Statistische Bundesamt übermitteln.**[6]

S. 2 regelt die Pflicht zur Übermittlung von Daten über öffentliche Aufträge und Konzessionen. Der Zweck der Regelung ist, flächendeckend Daten im nationalen Vergabewesen zu gewinnen. Unter Auftraggeber iSd § 98 GWB sind öffentliche Auftraggeber iSd § 99 GWB, Sektorenauftraggeber iSd § 100 GWB und Konzessionsgeber iSd § 101 GWB zu verstehen. Zum Begriff der öffentlichen Aufträge vgl. § 103 Abs. 1 GWB, zu demjenigen der Konzessionen § 105 GWB. Dabei werden die Daten automatisch und vollelektronisch übermittelt, so dass den Auftraggebern kein Erfüllungsaufwand durch die Datenübermittlung entsteht.[7]

Die Mitteilungspflicht ist entgegen einer ersten Fassung des § 114 Abs. 2 GWB seit 2020 nicht mehr beschränkt auf Aufträge oberhalb der einschlägigen EU-Schwellenwerte, sondern umfasst sämtliche öffentlichen Aufträge und Konzessionen. Auch inhaltlich gibt das Gesetz keine Beschränkung (mehr). Zuvor war es auf Daten von Bekanntmachungen reduziert. Diese Änderungen sind begrüßenswert. Realistische und zuverlässige Informationen können erst auf der Basis valider Daten zur Gesamtheit der Vergaben gewonnen werden. Durch die systematische Einbeziehung sämtlicher Aufträge, und nicht bloß durch eine auf einer Zufallsauswahl beruhende ex-ante-Erhebung von Daten zu öffentlichen Auftragsvergaben, kann ein hoher

---

[5] BT-Drs. 583/19, 55.
[6] BT-Drs. 583/19, 55.
[7] BT-Drs. 18/6281, 92.

Grad an Genauigkeit der erhobenen Daten erreicht werden, was zu einer robusten Datengrundlage führt.[8] Eine Nichtberücksichtigung der Aufträge unterhalb der Schwellenwerte hätte aufgrund ihrer umfangreichen Zahl und Werte zu einer starken Verzerrung der gesamten Informationsgrundlage geführt. Deswegen gilt nun auch dort eine Datenübermittlungspflicht.

13 Folgerichtig sind ebenfalls im Jahr 2020 bestimmte Vorgaben zu zu überliefernden Mengenangaben entfallen (zuvor in § 114 Abs. 2 S. 3 GWB aF).

14 Durch S. 3 wird die Bundesregierung ermächtigt, mit Zustimmung des Bundesrates die Einzelheiten der Datenübermittlung per Rechtsverordnung zu regeln. Die Verordnung regelt den Umfang der zu übermittelnden Daten und den Zeitpunkt des Inkrafttretens der entspr. Verpflichtungen. Damit ist die Vergabestatistikverordnung (VergStatVO) gemeint, die mit der Vergaberechtsreform 2016 in Kraft getreten ist. In der VergStatVO darf der Verordnungsgeber die im Jahr 2020 gesetzlich über § 114 Abs. 2 GWB aufgehobenen Beschränkungen der relevanten Aufträge wieder konkretisieren.

Abschnitt 2. Vergabe von öffentlichen Aufträgen durch öffentliche Auftraggeber

Unterabschnitt 1. Anwendungsbereich

§ 115 Anwendungsbereich

Dieser Abschnitt ist anzuwenden auf die Vergabe von öffentlichen Aufträgen und die Ausrichtung von Wettbewerben durch öffentliche Auftraggeber.

1 § 115 GWB definiert den Anwendungsbereich von **Abschn. 2** des Teils 4 des GWB. Unmittelbar gilt dieser Abschn. (§§ 115–135 GWB) ausschl. bei der Vergabe öffentlicher Aufträge sowie der Ausrichtung von Wettbewerben durch öffentliche Auftraggeber iSd § 99 GWB. Inhaltlich wurden mit den Vorschriften des Abschn. 2 die wesentlichen Vorgaben der VRL in nationales Recht umgesetzt.[1] Im GWB aF gab es keine vergleichbare Vorschrift.

2 Abschn. 2 enthält zwei Unterabschnitte: In UAbschn. 1 geht es um den Anwendungsbereich und die Ausnahmen hiervon. Gegenstand von UAbschn. 2 sind Einzelheiten über den Ablauf des Vergabeverfahrens und die Ausführung des Auftrags.

3 Für die Vergabe **verteidigungs- oder sicherheitsspezifischer Aufträge** (§ 104 GWB) und die Vergabe von **Konzessionen** (§ 105 GWB) gilt Abschn. 2 des Teils 4 des GWB grds. nicht; ebenso verhält es sich bei sämtlichen Vergabeverfahren, die von **Sektorenauftraggebern** durchgeführt werden. Abschn. 2 ist insoweit nur dann anwendbar, wenn auf einzelne Vorschriften gesondert verwiesen wird, zB in den §§ 142, 147 und 154 GWB.[2]

§ 116 Besondere Ausnahmen

(1) **Dieser Teil ist nicht anzuwenden auf die Vergabe von öffentlichen Aufträgen durch öffentliche Auftraggeber, wenn diese Aufträge Folgendes zum Gegenstand haben:**
1. **Rechtsdienstleistungen, die eine der folgenden Tätigkeiten betreffen:**
    a) Vertretung eines Mandanten durch einen Rechtsanwalt in
        aa) Gerichts- oder Verwaltungsverfahren vor nationalen oder internationalen Gerichten, Behörden oder Einrichtungen,

---

[8] BT-Drs. 18/6281, 92.
[1] BT-Drs. 18/6281, 92.
[2] BT-Drs. 18/6281, 92.

bb) nationalen oder internationalen Schiedsgerichts- oder Schlichtungsverfahren,
b) Rechtsberatung durch einen Rechtsanwalt, sofern diese zur Vorbereitung eines Verfahrens im Sinne von Buchstabe a dient oder wenn konkrete Anhaltspunkte dafür vorliegen und eine hohe Wahrscheinlichkeit besteht, dass die Angelegenheit, auf die sich die Rechtsberatung bezieht, Gegenstand eines solchen Verfahrens werden wird,
c) Beglaubigungen und Beurkundungen, sofern sie von Notaren vorzunehmen sind,
d) Tätigkeiten von gerichtlich bestellten Betreuern, Vormündern, Pflegern, Verfahrensbeiständen, Sachverständigen oder Verwaltern oder sonstige Rechtsdienstleistungen, deren Erbringer durch ein Gericht dafür bestellt oder durch Gesetz dazu bestimmt werden, um bestimmte Aufgaben unter der Aufsicht dieser Gerichte wahrzunehmen, oder
e) Tätigkeiten, die zumindest teilweise mit der Ausübung von hoheitlichen Befugnissen verbunden sind,
2. Forschungs- und Entwicklungsdienstleistungen, es sei denn, es handelt sich um Forschungs- und Entwicklungsdienstleistungen, die unter die Referenznummern des Common Procurement Vocabulary 73000000–2 bis 73120000–9, 73300000–5, 73420000–2 und 73430000–5 fallen und bei denen
a) die Ergebnisse ausschließlich Eigentum des Auftraggebers für seinen Gebrauch bei der Ausübung seiner eigenen Tätigkeit werden und
b) die Dienstleistung vollständig durch den Auftraggeber vergütet wird,
3. den Erwerb, die Entwicklung, die Produktion oder die Koproduktion von Sendematerial für audiovisuelle Mediendienste oder Hörfunkmediendienste, wenn diese Aufträge von Anbietern von audiovisuellen Mediendiensten oder Hörfunkmediendiensten vergeben werden, oder die Ausstrahlungszeit oder die Bereitstellung von Sendungen, wenn diese Aufträge an Anbieter von audiovisuellen Mediendiensten oder Hörfunkmediendiensten vergeben werden,
4. finanzielle Dienstleistungen im Zusammenhang mit der Ausgabe, dem Verkauf, dem Ankauf oder der Übertragung von Wertpapieren oder anderen Finanzinstrumenten, Dienstleistungen der Zentralbanken sowie mit der Europäischen Finanzstabilisierungsfazilität und dem Europäischen Stabilitätsmechanismus durchgeführte Transaktionen,
5. Kredite und Darlehen, auch im Zusammenhang mit der Ausgabe, dem Verkauf, dem Ankauf oder der Übertragung von Wertpapieren oder anderen Finanzinstrumenten oder
6. Dienstleistungen, die an einen öffentlichen Auftraggeber nach § 99 Nummer 1 bis 3 vergeben werden, der ein auf Gesetz oder Verordnung beruhendes ausschließliches Recht hat, die Leistungen zu erbringen.

(2) Dieser Teil ist ferner nicht auf öffentliche Aufträge und Wettbewerbe anzuwenden, die hauptsächlich den Zweck haben, dem öffentlichen Auftraggeber die Bereitstellung oder den Betrieb öffentlicher Kommunikationsnetze oder die Bereitstellung eines oder mehrerer elektronischer Kommunikationsdienste für die Öffentlichkeit zu ermöglichen.

Literatur: Antweiler/Dreesen, Vergaberechtliche Beurteilung der Rundfunkgebührenfinanzierung – Neue Entwicklungen und Parallelen zum Beihilferecht, EuZW 2007, 107; Bark/Gilles, Der ESM in der Praxis: Rechtsgrundlagen und Funktionsweise, EuZW 2013, 367; Bary, Geschäftsmodelle beim kommunalen Ausbau von Breitbandnetzen und deren vergaberechtliche Qualifizierung, NZBau 2014, 208; Donhauser/Schröck, Ausschreibungspflichten bei der Beauftragung von Rechtsanwälten als Projektmanager in der Planfeststellung, VergabeR 2020, 139; Dreher, Die Beschaffung von Programmmaterial durch Rundfunkanstalten, ZUM 2005, 265; Dreher/Opitz, Die Vergabe von Bank- und Finanzdienstleistungen, WM 2002, 413; Guarrata/Wagner, Das Verhältnis von Vergabe- und Beihilferecht, NZBau 2018, 441; Hattenhauer/Butzert, Auftragsvergabe im Wissenschaftsbetrieb aus vergaberechtlicher Sicht, VergabeR 2017, 580; Hoffmann, Apps der öffentlichen Verwaltung – Rechtsfragen des Mobile Government, MMR 2013, 631; Hölzl, Zur Frage der Ausschreibungspflichtigkeit von Finanzdienstleistungen – Regelungszweck und Verständnis wesentlicher Tatbestandsmerkmale des § 100a Abs. 2 Nr. 2 GWB, FS Marx, 2013, 281; Neun/Otting, Die EU-Vergaberechtsreform 2014, EuZW 2014, 446; Pauka, Die Vergabe von Anwaltsdienstleistungen nach dem VgV und der UVgO, ZfBR 2017, 651; Riege, Praxisfragen zum Projektmanager – Ein Beitrag zu § 43g EnWG und § 29 NABEG, EnWZ 2022, 170; Sonder/Hübner, Rechtliche Herausforderungen für Kommunen beim Breitbandausbau, KommJur 2015, 441; Stewen, Vergabepflicht von Dienstleistungen im Zusammenhang mit der Kapitalanlage, ZfBR 2008, 146; Stickler, Bedarf die Vergabe von Darlehensverträgen durch die öffentliche Hand einer europaweiten Ausschreibung?, VergabeR 2008, 177.

Übersicht

	Rn.
I. Bedeutung der Vorschrift	1
1. Unionsrechtliche Vorgaben	1
2. Entstehungsgeschichte	2
II. Ausnahmetatbestände	3
1. Rechtsdienstleistungen (Abs. 1 Nr. 1)	4
2. Forschungs- und Entwicklungsdienstleistungen (Abs. 1 Nr. 2)	12
3. Audiovisuelle Mediendienste und Hörfunkdienste (Abs. 1 Nr. 3)	14
4. Finanzielle Dienstleistungen (Abs. 1 Nr. 4)	18
5. Kredite und Darlehen (Abs. 1 Nr. 5)	25
6. Aufträge an andere öffentliche Auftraggeber mit ausschließlichem Recht (Abs. 1 Nr. 6)	26
III. Aufträge und Wettbewerbe auf dem Gebiet der Telekommunikationsinfrastruktur (Abs. 2)	28

I. Bedeutung der Vorschrift

1. Unionsrechtliche Vorgaben

1 Mit § 116 GWB wurden die ausschl. für die Vergabe öffentlicher Aufträge durch öffentliche Auftraggeber geltenden Ausnahmetatbestände der **VRL** – nämlich deren **Art. 8, Art. 10 lit. b, d, e und lit. f, Art. 11 sowie Art. 14** – in nationales Recht umgesetzt. Soweit die KVR, die SRL und die VSVKR entspr. Ausnahmetatbestände normieren, finden sich in den §§ 137, 145 und 150 GWB Verweisungen auf § 116 GWB.[1] Ebenso wie bei § 107 GWB ist eine enge Auslegung geboten (→ § 107 Rn. 5). Wenn ein Ausnahmetatbestand eingreift, kann der Auftraggeber gleichwohl dazu verpflichtet sein, den Auftragnehmer im Rahmen eines transparenten und diskriminierungsfreien Verfahrens auszuwählen (→ § 107 Rn. 9 ff.).

2. Entstehungsgeschichte

2 Das Gesetz zur Modernisierung des Vergaberechts v. 17.2.2016[2] hat die Ausnahmetatbestände, die früher in den §§ 100, 100a, 100b und § 100c GWB aF normiert

---

[1] BT-Drs. 18/6281, 92.
[2] BGBl. I 203.

Besondere Ausnahmen　　　　　　　　　　　　　　　　　　　**§ 116 GWB**

waren, umstrukturiert (→ § 107 Rn. 8). Einiges wurde übernommen; manches kam erstmals hinzu. Eingeführt wurde die Ausnahme für Rechtsdienstleistungen (§ 116 Abs. 1 Nr. 1 GWB); eine vergleichbare Regelung gab es im GWB aF nicht. Der Regelungsgegenstand des § 116 Abs. 1 Nr. 2 GWB überschneidet sich teilw. mit dem des § 100 Abs. 4 Nr. 2 GWB aF. Bei § 116 Abs. 1 Nr. 3 GWB gibt es inhaltliche Parallelen zu § 100a Abs. 2 Nr. 1 GWB aF. Die frühere Ausnahme für finanzielle Dienstleistungen (§ 100a Abs. 2 Nr. 2 GWB aF und § 100b Abs. 2 Nr. 1 GWB aF) wurde in § 116 Abs. 1 Nr. 4 GWB erweitert. Eine § 116 Abs. 1 Nr. 5 GWB entspr. ausdr. Ausnahmevorschrift für Kredite und Darlehen fehlte im GWB aF. In § 116 Abs. 1 Nr. 6 GWB ist iW dasselbe geregelt wie in § 100a Abs. 3 GWB aF und § 100b Abs. 3 GWB aF. § 116 Abs. 2 GWB schließlich stimmt inhaltlich mit § 100a Abs. 4 aF GWB überein.

II. Ausnahmetatbestände

Im Gegensatz zu § 115 GWB und § 116 Abs. 2 GWB bestimmt § 116 Abs. 1 **3** GWB nur, dass das Kartellvergaberecht für die Vergabe von näher bezeichneten „öffentlichen Aufträgen" (§ 103 Abs. 1 GWB) durch öffentliche Auftraggeber nicht gilt; eine Ausnahme für Wettbewerbe iSd § 103 Abs. 6 GWB ist dagegen nicht ausdr. vorgesehen. Gleichwohl wird angenommen, die Ausnahmetatbestände des § 116 Abs. 1 GWB seien auch auf Wettbewerbe anwendbar, da diese üblicherweise weniger formal geführt würden und ansonsten einem strengen Vergaberegime unterlägen.³ Das überzeugt nicht. Denn in Art. 10 lit. b, d, e und lit. f, Art. 11 und Art. 14 VRL, deren Umsetzung § 116 Abs. 1 GWB dient, ist jew. ausschl. von Ausnahmetatbeständen für öffentliche Aufträge bzw. öffentliche Dienstleistungsaufträge die Rede, nicht aber von Wettbewerben. Anders verhält es sich bei Art. 8 VRL, der durch § 116 Abs. 2 GWB umgesetzt wurde: Dort sind ausdr. sowohl öffentliche Aufträge als auch Wettbewerbe über bestimmte Leistungen im Bereich der elektronischen Kommunikation vom Anwendungsbereich der VRL ausgenommen. Daraus folgt: Entspr. seinem Wortlaut gilt **§ 116 Abs. 1 GWB ausschl. für öffentliche Aufträge**, während der Ausnahmetatbestand des **§ 116 Abs. 2 GWB sowohl für öffentliche Aufträge als auch für Wettbewerbe** eingreift.

1. Rechtsdienstleistungen (Abs. 1 Nr. 1)

Nach § 116 Abs. 1 Nr. 1 GWB ist Teil 4 des GWB nicht auf die Vergabe öffentli- **4** cher Aufträge anzuwenden, die bestimmte Rechtsdienstleistungen zum Gegenstand haben. Damit wird **kein allgemeiner Ausnahmetatbestand für Rechtsdienstleistungen** normiert.⁴ Unanwendbar ist das Kartellvergaberecht nur dann, wenn eine Rechtsdienstleistung eine der in § 116 Abs. 1 Nr. 1 GWB genannten Tätigkeiten umfasst.⁵

Bei **sonstigen Rechtsdienstleistungen,** die nicht unter § 116 Abs. 1 Nr. 1 **5** GWB fallen, handelt es sich um soziale und andere besondere Dienstleistungen iSd Anh. XIV der VRL. Diese sind nach Art. 74 VRL und § 130 GWB in einem vereinfachten Vergabeverfahren zu vergeben, wobei ein höherer Schwellenwert von 750.000 Euro maßgeblich ist.⁶ Einzelheiten über den Ablauf dieses Vergabeverfahrens regeln die §§ 64 ff. VgV.

---

³ HK-VergabeR/Schellenberg GWB § 116 Rn. 3.
⁴ BT-Drs. 18/6281, 93. Zur Vergabe von Rechtsdienstleistungen unterhalb der Schwellenwerte vgl. Pauka ZfBR 2017, 651 ff.
⁵ Zu den Grenzen der Rechtsberatung durch Auftragsberatungsstellen vgl. LG Magdeburg 15.9.2021 – 7 O 1109/21, NZBau 2022, 61.
⁶ BT-Drs. 18/6281, 93.

6 Unmittelbar dient § 116 Abs. 1 Nr. 1 GWB nur der Umsetzung des **Art. 10 lit. d VRL** in nationales Recht. Entspr. Ausnahmetatbestände finden sich allerdings auch in Art. 10 Abs. 8 lit. d KVR und in Art. 21 lit. c SRL. Daher verweisen § 137 Nr. 1 GWB und § 149 Nr. 1 GWB auf § 116 Abs. 1 Nr. 1 GWB.

7 Gem. § 116 Abs. 1 Nr. 1 **lit. a** GWB gilt Teil 4 des GWB nicht für öffentliche Aufträge über die **anwaltliche Vertretung in Gerichts-, Verwaltungs-, Schiedsgerichts- und Schlichtungsverfahren**. Ob es sich um ein Verfahren vor nationalen oder internationalen Einrichtungen handelt, spielt keine Rolle. Der Ausnahmetatbestand erstreckt sich ausschl. auf Aufträge über die anwaltliche Vertretung in den genannten Verfahren. Aufträge, die sich auf vorbereitende Tätigkeiten beziehen – zB auf die Erstellung eines Rechtsgutachtens oder die außergerichtliche Geltendmachung bzw. Abwehr von Ansprüchen – werden dagegen nicht erfasst. Sofern Gegenstand des Auftrags die Vertretung als Rechtsanwalt in einem Gerichts-, Verwaltungs-, Schiedsgerichts- oder Schlichtungsverfahren ist, darf der Auftrag auch schon vor Beginn dieses Verfahrens erteilt werden. Für die abweichende Auffassung, wonach der Ausnahmetatbestand erst dann eingreift, wenn das jew. Verfahren bereits begonnen hat,[7] geben weder der Wortlaut noch der Zweck der Norm etwas her. Zu beachten ist, dass nur Aufträge über die anwaltliche Vertretung in einem der genannten Verfahren nicht dem Kartellvergaberecht unterliegen. Aus diesem Grund betrifft auch § 116 Abs. 1 Nr. 1 lit. a bb GWB ausschl. die Vertretung als Rechtsanwalt in Schiedsgerichts- oder Schlichtungsverfahren, nicht aber die Tätigkeit als Schiedsrichter. Der Regelungsgegenstand des § 116 Abs. 1 Nr. 1 lit. a bb GWB wird also nicht bereits von § 107 Abs. 1 Nr. 1 GWB abgedeckt.

8 § 116 Abs. 1 Nr. 1 **lit. b** GWB normiert eine Ausnahme für Aufträge über die **verfahrensvorbereitende anwaltliche Beratung**. Erforderlich ist, dass die Beratungsleistung entweder der Vorbereitung eines Verfahrens iSd § 116 Abs. 1 Nr. 1 lit. a GWB dient oder dass zumindest konkrete Anhaltspunkte und eine hohe Wahrscheinlichkeit dafür vorliegen, dass die Angelegenheit zum Gegenstand eines solchen Verfahrens werden wird. Dabei genügt es, wenn dieses Verfahren nach einer Prognose des öffentlichen Auftraggebers konkret möglich ist; es muss nicht unmittelbar bevorstehen.[8] Unter den Ausnahmetatbestand können sowohl Angriffs- als auch Verteidigungsmittel fallen, aber auch Rechtsgutachten. Auf die Einlegung von Rechtsbehelfen, Klagen und Widersprüchen findet § 116 Abs. 1 Nr. 1 lit. b GWB dagegen keine Anwendung, denn diese Rechtsdienstleistungen beziehen sich auf ein konkretes Verfahren und werden von § 116 Abs. 1 Nr. 1 lit. a GWB erfasst.

9 Unanwendbar ist das Kartellvergaberecht nach § 116 Abs. 1 Nr. 1 **lit. c** GWB auf öffentliche Dienstleistungsaufträge, deren Gegenstand **Beglaubigungen und Beurkundungen von Notaren** sind. Die Vorschrift dient der Umsetzung des Art. 10 lit. c iii VRL. Teilw. wird vertreten, dass Notare nicht aufgrund öffentlicher Aufträge tätig werden;[9] unter Zugrundelegung dieser Auffassung hätte es einer Ausnahmeregelung für Beglaubigungs- und Beurkundungsdienstleistungen von Notaren überhaupt nicht bedurft.

10 Nach § 116 Abs. 1 Nr. 1 **lit. d** GWB sind **Rechtsdienstleistungen von gerichtlich bestellten oder durch Gesetz bestimmten Personen** vom Anwendungsbereich des Teils 4 des GWB ausgenommen. Aus dem Wortlaut des Art. 10 lit. c iv VRL und des § 116 Abs. 1 Nr. 1 GWB folgt, dass der Ausnahmetatbestand ausschl. dann eingreift, wenn die genannten Personen Rechtsdienstleistungen erbringen. Sonstige Tätigkeiten von Betreuern, Vormündern, Pflegern, Sachverständigen oder Verwaltern werden daher von § 116 Abs. 1 Nr. 1 lit. d GWB nicht erfasst.[10]

---

[7] So zu Unrecht BT-Drs. 18/6281, 93; Beck VergabeR/Lausen § 116 Rn. 18.
[8] Vgl. Riege EnWZ 2022, 170 (175).
[9] BeckOK VergabeR/Gabriel-Groth GWB § 116 Abs. 1 Nr. 1 Rn. 8 f.
[10] AA BeckOK VergabeR/Gabriel-Groth GWB § 116 Abs. 1 Nr. 1 Rn. 10.

Besonderer Ausnahmen § 116 GWB

§ 116 Abs. 1 Nr. 1 **lit. e** GWB betrifft Aufträge über **Rechtsdienstleistungen,** 11
die mit der Ausübung hoheitlicher Befugnisse verbunden sind. Dieser Ausnahmetatbestand gilt insbes. für die Beauftragung von Gerichtsvollziehern,[11] aber auch bei der Einschaltung von Rechtsanwälten als Projektmanager nach § 43g EnWG oder § 29 NABEG.[12]

2. Forschungs- und Entwicklungsdienstleistungen (Abs. 1 Nr. 2)

Gem. § 116 Abs. 1 Nr. 2 GWB fallen öffentliche Aufträge über Forschungs- und 12
Entwicklungsdienstleistungen grds. nicht in den Anwendungsbereich des Kartellvergaberechts. Mit dieser Vorschrift hat der Gesetzgeber **Art. 14 VRL** in nationales Recht umgesetzt.[13] Art. 25 KVR und Art. 32 SRL normieren ebenfalls Ausnahmetatbestände für Forschungs- und Entwicklungsdienstleistungen; daher verweisen § 137 Abs. 1 Nr. 2 GWB und § 149 Nr. 2 GWB auf § 116 Abs. 1 Nr. 2 GWB. Normzweck des § 116 Abs. 1 Nr. 2 GWB ist die **Förderung der Kofinanzierung von Forschungs- und Entwicklungsprogrammen durch die Industrie.**[14] Unter den Begriff der Forschung fallen grds. sowohl die **Grundlagenforschung** als auch die **angewandte Forschung.**[15]

Von der Ausnahme macht § 116 Abs. 1 Nr. 2 Hs. 2 GWB eine **Rückausnahme** 13
für Aufträge über Forschungs- und Entwicklungsdienstleistungen mit den CPV-Codes 73000000–2 (Forschungs- und Entwicklungsdienste und zugehörige Beratung), 73100000–3 (Dienstleistungen im Bereich Forschung und experimentelle Entwicklung), 73110000–6 (Forschungsdienste), 73111000–3 (Forschungslabordienste), 73112000–0 (Meeresforschung), 73120000–9 (experimentelle Entwicklung), 73300000–5 (Planung und Ausführung von Forschung und Entwicklung), 73420000–2 (Vordurchführbarkeitsstudie und technologische Demonstration) und 73430000–5 (Tests und Bewertung), bei denen – *erstens* – die Ergebnisse ausschließlich Eigentum des Auftraggebers für seinen Gebrauch bei der Ausübung seiner eigenen Tätigkeit werden, und – *zweitens* – die Dienstleistung vollständig durch den Auftraggeber vergütet wird. Diese Voraussetzungen müssen **kumulativ erfüllt** sein, damit die Rückausnahme eingreift und das Kartellvergaberecht anwendbar ist. Forschungs- und Entwicklungsleistungen, die unter andere CPV-Codes fallen, unterliegen generell nicht dem Kartellvergaberecht. Letzteres ist zB bei Dienstleistungen mit den CPV-Codes 73400000–6 (Forschung und Entwicklung für Sicherheit und Verteidigungsgüter) oder 73410000–9 (Militärforschung und -technologie) der Fall.[16] Im Vergleich zu § 100 Abs. 4 Nr. 2 GWB aF ist die Rückausnahme deutlich enger gefasst.[17] Entscheidend dafür, ob die Forschungsergebnisse Eigentum des Auftraggebers werden, sind nicht zivilrechtliche Eigentumsfragen; vielmehr kommt es darauf an, ob der Auftraggeber ein ausschließliches Nutzungsrecht an den Forschungsergebnissen erlangt.[18] Hinzukommen muss für die Rückausnahme, dass der Auftraggeber den Forschungs- und Entwicklungsauftrag vollständig vergütet. Leistet der öffentliche Auftraggeber nur einen Teil der Vergütung, sind die Voraussetzungen der Rückausnahme nicht erfüllt, und zwar selbst dann nicht, wenn es sich um eine Auftragsforschung handelt; es bleibt dann dabei, dass der Auftrag nicht dem

---

[11] BT-Drs. 18/6281, 93.
[12] Riege EnWZ 2022, 170 (175 f.); vgl. auch Donhauser/Schröck VergabeR 2020, 139 ff.
[13] BT-Drs. 18/6281, 94.
[14] 35. Erwgr. der VRL; BT-Drs. 18/6281, 94.
[15] BayObLG 27.2.2003 – Verg 25/02, NZBau 2003, 634 (635).
[16] BT-Drs. 18/6281, 94.
[17] BT-Drs. 18/6281, 94.
[18] BayObLG 27.2.2003 – Verg 25/02, NZBau 2003, 634 (635); Hattenhauer/Butzert VergabeR 2017, 580 (583).

Kartellvergaberecht unterliegt. Andererseits ist der Ausnahmetatbestand des § 116 Abs. 1 Nr. 2 GWB nie erfüllt, wenn der öffentliche Auftraggeber ein Ausschließlichkeitsrecht an den Forschungsergebnissen erwirbt und die Dienstleistung vollständig vergütet; in dieser Situation unterliegt der Auftrag auch dann dem Kartellvergaberecht, wenn die Forschungsergebnisse Dritten oder der Allgemeinheit zugänglich gemacht werden.[19]

3. Audiovisuelle Mediendienste und Hörfunkdienste (Abs. 1 Nr. 3)

14 § 116 Abs. 1 Nr. 3 GWB nimmt bestimmte Aufträge für audiovisuelle Mediendienste und Hörfunkmediendienste vom Anwendungsbereich des Teils 4 des GWB aus. Damit wurde **Art. 10 lit. b VRL** in deutsches Recht umgesetzt.[20] Inhaltlich hat die Vorschrift Parallelen mit § 100a Abs. 2 Nr. 1 GWB aF; allerdings wurde der Wortlaut entspr. den unionsrechtlichen Vorgaben an den heutigen Stand der technischen Entwicklung angepasst.

15 Während § 100a Abs. 2 Nr. 1 GWB aF die Vergabe bestimmter Aufträge durch „Rundfunk- oder Fernsehanstalten" vom Anwendungsbereich des Kartellvergaberechts freistellte, ist der persönliche Anwendungsbereich des Ausnahmetatbestands in § 116 Abs. 1 Nr. 3 GWB anders definiert: Erfasst werden die dort genannten Aufträge, sofern sie von **„Anbietern von audiovisuellen Mediendiensten oder Hörfunkmediendiensten"** vergeben werden. Zur Definition dieses Begriffs verweist Art. 10 lit. b VRL auf Art. 1 Abs. 1 lit. a und d der RL 2010/13/EU. Danach bezeichnet der Begriff „audiovisueller Mediendienst" eine Dienstleistung, für die ein Mediendienstanbieter die redaktionelle Verantwortung trägt und deren Hauptzweck die Bereitstellung von Sendungen zur Information, Unterhaltung oder Bildung der allgemeinen Öffentlichkeit über elektronische Kommunikationsnetze ist. Darunter fallen neben den Rundfunk- und Fernsehanstalten auch Anbieter von Streaming-Diensten oder Online-Mediatheken.[21] Wenn andere öffentliche Auftraggeber als Anbieter von audiovisuellen Mediendiensten oder Hörfunkmediendiensten Aufträge über die Produktion oder die Ausstrahlung von Programmen oder Werbefilmen erteilen wollen, ist der Ausnahmetatbestand nicht anwendbar.[22]

16 Der Normzweck des § 116 Abs. 1 Nr. 3 GWB besteht darin, besondere **kulturelle und gesellschaftspolitische Erwägungen** angemessen zu berücksichtigen, die die Anwendung des Vergaberechts als unangemessen erscheinen lassen.[23] Solche Erwägungen kommen von vornherein nur bei Dienstleistungen in Betracht, die einen unmittelbaren Programmbezug haben.[24] Denn nur diese sind wegen ihres künstlerischen Inhalts nicht ohne weiteres austauschbar.[25] Der EuGH hat klargestellt, dass sich der Ausnahmetatbestand ausschl. auf Dienstleistungen erstreckt, „die die eigentliche Funktion der Rundfunkanstalten, nämlich die Programmgestaltung und -produktion berühren",[26] dh auf **Dienstleistungen mit unmittelbarem Pro-**

---

[19] BayObLG 27.2.2003 – Verg 25/02, NZBau 2003, 634 (635).
[20] BT-Drs. 18/6281, 94.
[21] Zur Vergabe von Sendezeiten durch private Rundfunkveranstalter vgl. OVG RhPf 17.10.2017 – 2 B 11451/17, ZUM-RD 2018, 443.
[22] Grabitz/Hilf/Nettesheim/Ukrow/Ress, 78. EL Januar 2023, AEUV Art. 167 Rn. 214.
[23] Erwgr. 23 der VRL; BT-Drs. 18/6281.
[24] Antweiler/Dreesen EuZW 2007, 107 (109); Immenga/Mestmäcker/Dreher GWB § 116 Rn. 38.
[25] Dreher ZUM 2005, 265 (271 ff.).
[26] EuGH 13.12.2007 – C-337/06, NZBau 2008, 130 Rn. 62; vgl. Antweiler/Dreesen EuZW 2007, 107 (108 f.).

grammbezug. Die Auffassung, hier werde „ein recht weiter Ausnahmetatbestand konstruiert",[27] lässt sich im Hinblick auf diese Rspr. nicht aufrechterhalten.

Öffentliche Aufträge über **sonstige Dienstleistungen,** die in keinem Zusammenhang zu den Tätigkeiten stehen, die zur Erfüllung der eigentlichen Aufgabe der jew. audiovisuellen Mediendienste oder Hörfunkmediendienste notwendig sind, unterliegen in vollem Umfang den Vorschriften des Unionsrechts über die Vergabe öffentlicher Aufträge.[28] Nicht unter den Ausnahmetatbestand fallen daher zB Bauaufträge[29] sowie Dienstleistungsaufträge über Reinigungsleistungen,[30] die Beschaffung von Sendetechnik oder die Entwicklung von Apps.[31] Im Hinblick auf die unionsrechtlich gebotene enge Auslegung des Ausnahmetatbestands[32] sind insbes. **Vorbereitungsdienste** für Erwerb, Entwicklung, Produktion oder Koproduktion von Sendematerial – zB die Erstellung von Drehbüchern oder künstlerische Leistungen – nicht vom Anwendungsbereich des Kartellvergaberechts freigestellt. Denn gem. Art. 10 lit. b VRL ist unter „Sendematerial" dasselbe zu verstehen wie unter „Sendung" iSd Art. 1 Abs. 1 lit. b RL 2010/13/EU. Dort wird „Sendung" als eine „Abfolge von bewegten Bildern mit oder ohne Ton" definiert. Bloße Vorbereitungsdienste sind demnach keine Sendungen; sie müssen daher nach den allg. Regeln ausgeschrieben werden.[33] IÜ dürfen audiovisuelle Mediendienste und Hörfunkmediendienste selbst Leistungen mit unmittelbarem Programmbezug nicht freihändig vergeben; insoweit sind die inhaltlichen Mindestanforderungen maßgeblich, die für sämtliche Aufträge außerhalb des Anwendungsbereichs der Vergaberichtlinien gelten. Notwendig ist immer ein transparentes und diskriminierungsfreies Auswahlverfahren (→ § 107 Rn. 9 ff.).

4. Finanzielle Dienstleistungen (Abs. 1 Nr. 4)

Nach Abs. 1 Nr. 4 sind Aufträge über bestimmte finanzielle Dienstleistungen dem Anwendungsbereich des Teils 4 des GWB entzogen. Unter den Ausnahmetatbestand fallen
- **kapitalmarktbezogene Dienstleistungen** (Dienstleistungen im Zusammenhang mit der Ausgabe, dem Verkauf, dem Ankauf oder der Übertragung von Wertpapieren oder anderen Finanzinstrumenten),
- Dienstleistungen der **Zentralbanken** und
- Transaktionen mit der **Europäischen Finanzstabilisierungsfazilität** und dem **Europäischen Stabilitätsmechanismus.**

Mit der Vorschrift wurde **Art. 10 lit. e VRL** umgesetzt.[34] Art. 10 Abs. 8 lit. e KVR und Art. 21 lit. d SRL sehen vergleichbare Ausnahmetatbestände für finanzielle Dienstleistungen vor. Daher enthalten § 137 Nr. 4 GWB und § 149 Nr. 4 GWB jew. Verweisungen auf § 116 Abs. 1 Nr. 4 GWB.

Der Inhalt des Ausnahmetatbestands entspricht in weiten Teilen § 100a Abs. 2 Nr. 2 GWB aF und § 100b Abs. 2 Nr. 1 GWB aF. Abweichend davon und entspr.

---

[27] Frenz EuropaR-HdB III Rn. 2236.

[28] So ausdr. EuGH 13.12.2007 – C-337/06, NZBau 2008, 130 Rn. 64; Antweiler/Dreesen EuZW 2007, 107 (109).

[29] VK Bremen 1.2.2006 – VK 1/02, IBRRS 2006, 4380.

[30] OLG Düsseldorf 21.7.2006 – VII-Verg 13/06, NZBau 2006, 731.

[31] Hoffmann MMR 2013, 631 (632).

[32] EuGH 13.12.2007 – C-337/06, NZBau 2008, 130 Rn. 64; Antweiler/Dreesen EuZW 2007, 107 (108 f.); Dreher ZUM 2005, 265 (273 f.).

[33] Ebenso Beck VergabeR/Lausen § 116 Rn. 51. AA ohne jegliche Auseinandersetzung mit der Frage, ob Vorbereitungsdienste als Sendematerial zu qualifizieren sind, BT-Drs. 18/6281, 94.

[34] BT-Drs. 18/6281, 95.

den Vorgaben des Art. 10 lit. e VRL sind aber auch Transaktionen mit der Europäischen Finanzstabilisierungsfazilität sowie dem Europäischen Stabilitätsmechanismus vom Vergaberecht ausgenommen.[35] Der sachliche Grund für die Befreiung der genannten Geschäfte liegt in der Schnelllebigkeit und Volatilität des Kapitalmarktes, der häufig kurzfristigen Zinssatzänderungen unterliegt. Die Durchführung von Vergabeverfahren wäre hier unzweckmäßig.[36] IErg soll die Finanzierung staatlichen Handels keinen vergaberechtlichen Bindungen unterliegen.

20 Auf Aufträge über **sonstige finanzielle Dienstleistungen** ist das europäische Vergaberecht grds. anwendbar.[37] Insbes. alle **nicht kapitalmarktbezogenen Finanzdienstleistungen** unterliegen daher den Vergaberichtlinien.[38] Mangels Kapitalmarktbezug ist Teil 4 des GWB bei Überschreitung des Schwellenwertes daher auf Girogeschäfte, Garantiegeschäfte, Sorten- und Devisengeschäfte sowie Inkasso und Factoring anwendbar.[39]

21 Für die Begriffe der **Wertpapiere** und der **anderen Finanzinstrumente** gelten gem. Art. 10 lit. e VRL die Definitionen der RL 2004/39/EG.[40] Wertpapiere sind danach zum einen Aktien, Schuldverschreibungen und sonstige verbriefte Schuldtitel, die auf dem Kapitalmarkt gehandelt werden können, zum anderen alle sonstigen üblicherweise gehandelten Titel, die zum Erwerb solcher Wertpapiere berechtigen.[41] Bei anderen Finanzinstrumenten handelt es sich zB um Geldmarktinstrumente, Optionen, Terminkontrakte, Swaps und Derivatkontrakte.

22 § 116 Abs. 1 Nr. 4 GWB erstreckt sich nach seinem Wortlaut auf alle finanziellen Dienstleistungen „im Zusammenhang" mit einem der genannten Geschäfte. Wie weit dieser Ausnahmetatbestand reicht, ist umstritten. Teilw. wird angenommen, auch vorbereitende oder beratende Finanzdienstleistungen fielen darunter.[42] Dagegen spricht jedoch das Gebot der restriktiven Auslegung vergaberechtlicher Ausnahmetatbestände (→ § 107 Rn. 5). Außerdem besteht der Zweck der Vorschrift nur darin, kapitalmarktbezogene Dienstleistungen vom Anwendungsbereich des Vergaberechts freizustellen. Daraus folgt ohne weiteres, dass nicht kapitalmarktbezogene **vorbereitende Tätigkeiten** – zB die Entwicklung von Vermarktungsstrategien oder die Beratung bei Wertpapieremissionen – in vollem Umfang dem Kartellvergaberecht unterliegen.[43]

23 Nach § 116 Abs. 1 Nr. 4 GWB sind auch **Dienstleistungen der Zentralbanken** von der Anwendung des Teils 4 des GWB befreit. Zu den Dienstleistungen der Zentralbanken zählen die in den §§ 14 ff. und §§ 19 ff. BBankG geregelten Geschäfte der Bundesbank und ihrer Hauptgeschäftsstellen.[44] Nicht vom Ausnahmetatbestand erfasst ist die Vergabe von Aufträgen durch die Zentralbanken als öffentliche Auftraggeber.[45]

24 **Transaktionen mit der Europäischen Finanzstabilisierungsfazilität** (EFSF) **und dem Europäischen Stabilitätsmechanismus** (ESM) unterliegen gem. § 116 Abs. 1 Nr. 4 GWB ebenfalls nicht den Vorschriften des Teils 4 des GWB. In diesem Punkt wurde der Ausnahmetatbestand im Vergleich zu § 100a Abs. 2 Nr. 1 GWB

---

[35] BT-Drs. 18/6281, 95.
[36] Krit. hierzu allerdings Hölzl FS Marx, 2013, 281 (291 ff.).
[37] Stickler VergabeR 2008, 171.
[38] Immenga/Mestmäcker/Dreher GWB § 116 Rn. 44; Frenz EuropaR-HdB III Rn. 2239; Dreher/Opitz WM 2002, 413 (418 ff.); aA Stewen ZfBR 2008, 146 ff.
[39] Ausf. hierzu Dreher/Opitz WM 2002, 413 (422 ff.).
[40] ABl. 2004 L 145, 1.
[41] Vgl. Immenga/Mestmäcker/Dreher GWB § 116 Rn. 44.
[42] Müller-Wrede GWB/Schneevogl § 116 Rn. 71.
[43] Dreher/Opitz WM 2002, 413 (424).
[44] Müller-Wrede GWB/Schneevogl § 116 Rn. 72.
[45] Immenga/Mestmäcker/Dreher GWB § 116 Rn. 47.

aF und § 100b Abs. 2 Nr. 1 GWB aF erweitert.[46] Um welche Transaktionen es sich dabei handeln kann, ergibt sich aus dem Vertrag zur Einrichtung des Europäischen Stabilitätsmechanismus[47] und aus der VO (EU) Nr. 407/2010 zur Einführung eines europäischen Finanzstabilisierungsmechanismus.[48] Danach kommen als Transaktionen ua Darlehen, vorsorgliche Finanzhilfen sowie Darlehen zur Rekapitalisierung von Kreditinstituten in Betracht.[49]

5. Kredite und Darlehen (Abs. 1 Nr. 5)

§ 116 Abs. 1 Nr. 5 GWB macht eine Ausnahme für **Kredite und Darlehen**. 25 Dabei spielt es keine Rolle, ob ein Zusammenhang zwischen der Kreditaufnahme einerseits und der Ausgabe, dem Verkauf, dem Ankauf oder der Übertragung von Wertpapieren oder sonstigen Finanzinstrumenten andererseits besteht oder nicht. Bereits das Gesetz zur Modernisierung des Vergaberechts v. 20.4.2009[50] hatte ausdr. bestimmt, dass die Geld- oder Kapitalbeschaffung nicht dem Kartellvergaberecht unterliegt; schon dadurch war die Kreditaufnahme freigestellt.[51] Früher war der Ausnahmetatbestand für die Geld- bzw. Kapitalbeschaffung in § 100a Abs. 2 Nr. 2 GWB aF normiert; nun gibt es hierfür eine gesonderte Vorschrift. In der Sache wurde damit Art. 10 lit. f VRL umgesetzt,[52] der seinerseits nur klarstellende Bedeutung hat.[53] Da Art. 10 Abs. 8 lit. f KVR und Art. 21 lit. e SRL entspr. Ausnahmetatbestände für Kredite und Darlehen vorsehen, finden sich in § 137 Nr. 5 GWB und § 149 Nr. 5 GWB jew. Verweisungen auf § 116 Abs. 1 Nr. 5 GWB.

6. Aufträge an andere öffentliche Auftraggeber mit ausschließlichem Recht (Abs. 1 Nr. 6)

Gem. § 116 Abs. 1 Nr. 6 GWB sind Dienstleistungsaufträge vom Anwendungsbe- 26 reich des Teils 4 des GWB befreit, sofern der Auftragnehmer – *erstens* – selbst öffentlicher Auftraggeber iSd § 99 Nr. 1, 2 oder 3 ist und – *zweitens* – ein auf Gesetz oder Verordnung beruhendes ausschließliches Recht zur Erbringung der Leistungen hat. Erfasst werden nur **tatsächlich bestehende Monopolrechte;** es genügt also nicht, dass ein solches Recht nur nach der Auffassung des öffentlichen Auftraggebers oder des Auftragnehmers vorliegt.[54] Inhaltlich entspricht die Vorschrift dem früheren § 100a Abs. 3 GWB aF; mit ihr wurde Art. 11 VRL in deutsches Recht umgesetzt.[55] Der Sache nach zielt die Vorschrift darauf ab, die Durchführung eines Vergabeverfahrens dann zu verhindern, wenn es deshalb nutzlos wäre, weil der Zuschlag aus Rechtsgründen – nämlich wegen einer Monopolstellung auf Auftragnehmerseite – nur einem ganz bestimmten Unternehmen erteilt werden kann.[56]

Als **ausschließliche Rechte** iSd § 116 Abs. 1 Nr. 6 GWB kommen nur solche 27 in Betracht, die **unmittelbar durch Gesetz oder Verordnung** verliehen werden; die Begründung eines ausschließlichen Rechts durch Verwaltungsvorschrift, Verwal-

---

[46] BT-Drs. 18/6281, 95.
[47] BGBl. 2012 II 983 ff.
[48] ABl. 2010 L 118, 1.
[49] Bark/Gilles EuZW 2013, 367 (369).
[50] BGBl. I 790.
[51] BT-Drs. 16/10117, 20.
[52] BT-Drs. 18/6281, 95.
[53] Neun/Otting EuZW 2014, 446 (447).
[54] OLG Düsseldorf 7.11.2012 – VII-Verg 69/11, BeckRS 2013, 01936.
[55] BT-Drs. 18/6281, 95.
[56] KG 29.2.2012 – Verg 8/11, BeckRS 2012, 027248; BeckOK VergabeR/Goodarzi GWB § 116 Abs. 1 Nr. 6 Rn. 1.

tungsakt oder Satzung genügt nicht.[57] In diesem Punkt stellt das deutsche Recht strengere Anforderungen als das Unionsrecht: Gem. Art. 11 VRL reicht es bereits aus, dass das ausschließliche Recht „aufgrund entsprechender Rechtsvorschriften oder veröffentlichten Verwaltungsvorschriften" besteht. Diese Verschärfung ggü. den unionsrechtlichen Anforderungen ist ohne weiteres zulässig.[58] IErg führt sie aber dazu, dass § 116 Abs. 1 Nr. 6 GWB **in der Praxis keine Bedeutung** hat.[59]

III. Aufträge und Wettbewerbe auf dem Gebiet der Telekommunikationsinfrastruktur (Abs. 2)

28 Vom Anwendungsbereich des Kartellvergaberechts ausgenommen sind nach § 116 Abs. 2 GWB Aufträge und Wettbewerbe, „die hauptsächlich den Zweck haben, dem öffentlichen Auftraggeber die Bereitstellung oder den Betrieb öffentlicher Kommunikationsnetze oder die Bereitstellung eines oder mehrerer elektronischer Kommunikationsdienste für die Öffentlichkeit zu ermöglichen". Die unionsrechtliche Grundlage hierfür ist Art. 8 VRL. Mit Art. 100a Abs. 4 GWB aF stimmt die Norm weitgehend wörtlich überein.

29 Das Gesetz geht davon aus, dass die Vergabe von Telekommunikationsdienstleistungen grds. den Vorschriften des Teils 4 des GWB unterliegt, sofern der für öffentliche Dienstleistungsaufträge maßgebliche Schwellenwert erreicht oder überschritten ist.[60] Ausgenommen sind nur solche Aufträge, deren **Hauptzweck** in der Bereitstellung bzw. dem Betrieb öffentlicher Telekommunikationsnetze oder der Bereitstellung öffentlicher Telekommunikationsdienste liegt. Was darunter zu verstehen ist, ergibt sich gem. Art. 8 Abs. 2 VRL aus den Definitionen der RL 2001/21/EG.[61] Nach deren Art. 2 lit. c bezeichnet der Begriff **„elektronische Kommunikationsdienste"** gewöhnlich gegen Entgelt erbrachte Dienste, die ganz oder überwiegend in der Übertragung der Signale über elektronische Kommunikationsnetze bestehen, einschl. Telekommunikations- und Übertragungsdiensten in Rundfunknetzen; nicht einbezogen sind Dienste, die Inhalte über elektronische Kommunikationsnetze und -dienste anbieten oder eine redaktionelle Kontrolle über sie ausüben. Gem. Art. 2 lit. d RL 2002/21/EG ist ein **„öffentliches Kommunikationsnetz"** ein elektronisches Kommunikationsnetz, das ganz oder überwiegend der Bereitstellung öffentlich zugänglicher elektronischer Kommunikationsdienste dient. Ausgehend von diesen Definitionen erfasst der Ausnahmetatbestand ua öffentliche Kommunikationsnetze iSd § 3 Nr. 16a, 27 TKG sowie die Bereitstellung eines oder mehrerer elektronischer Kommunikationsdienste iSd § 3 Nr. 17a, 24 TKG.[62] Ein Kommunikationsnetz oder -dienst ist dann öffentlich, wenn es bzw. er nicht nur einem bestimmten Nutzerkreis, sondern der Allgemeinheit zur Verfügung steht.[63] Aufträge, die den Betrieb interner Behördennetze zum Gegenstand haben, sind nicht vom Anwendungsbereich des Teils 4 des GWB befreit.[64] Auch bloße Hilfsgeschäfte, die nur dazu dienen, die Bereitstellung oder den Betrieb von öffentlichen Telekommunikationsnetzen oder von Telekommunikationsdiensten für die Öffentlichkeit aufrecht zu erhalten, werden von § 116 Abs. 2 GWB nicht erfasst. Aufträge im Zusammenhang mit dem Betrieb

---

[57] OLG Düsseldorf 1.8.2012 – VII-Verg 105/11, BeckRS 2012, 18206; 5.5.2004 – VII-Verg 78/03, NZBau 2004, 398 (399).
[58] Immenga/Mestmäcker/Dreher GWB § 116 Rn. 54.
[59] Vgl. zB OLG Düsseldorf 7.11.2012 – VII-Verg 69/11, BeckRS 2013, 01936.
[60] BT-Drs. 16/10117, 18.
[61] ABl. 2002 L 108, 33.
[62] BT-Drs. 18/6281, 95.
[63] Immenga/Mestmäcker/Dreher GWB § 116 Rn. 65.
[64] Frenz EuropaR-HdB III Rn. 2220.

von Breitbandnetzen fallen nur dann unter den Ausnahmetatbestand, wenn der öffentliche Auftraggeber das jew. Netz selbst betreiben und nicht von einem Vertragspartner betreiben lassen will.[65]

§ 117 Besondere Ausnahmen für Vergaben, die Verteidigungs- oder Sicherheitsaspekte umfassen

Bei öffentlichen Aufträgen und Wettbewerben, die Verteidigungs- oder Sicherheitsaspekte umfassen, ohne verteidigungs- oder sicherheitsspezifische Aufträge zu sein, ist dieser Teil nicht anzuwenden,
1. soweit der Schutz wesentlicher Sicherheitsinteressen der Bundesrepublik Deutschland nicht durch weniger einschneidende Maßnahmen gewährleistet werden kann, zum Beispiel durch Anforderungen, die auf den Schutz der Vertraulichkeit der Informationen abzielen, die der öffentliche Auftraggeber im Rahmen eines Vergabeverfahrens zur Verfügung stellt,
2. soweit die Voraussetzungen des Artikels 346 Absatz 1 Buchstabe a des Vertrags über die Arbeitsweise der Europäischen Union erfüllt sind,
3. wenn die Vergabe und die Ausführung des Auftrags für geheim erklärt werden oder nach den Rechts- oder Verwaltungsvorschriften besondere Sicherheitsmaßnahmen erfordern; Voraussetzung hierfür ist eine Feststellung darüber, dass die betreffenden wesentlichen Interessen nicht durch weniger einschneidende Maßnahmen gewährleistet werden können, zum Beispiel durch Anforderungen, die auf den Schutz der Vertraulichkeit der Informationen abzielen,
4. wenn der öffentliche Auftraggeber verpflichtet ist, die Vergabe oder Durchführung nach anderen Vergabeverfahren vorzunehmen, die festgelegt sind durch
    a) eine im Einklang mit den EU-Verträgen geschlossene internationale Übereinkunft oder Vereinbarung zwischen der Bundesrepublik Deutschland und einem oder mehreren Staaten, die nicht Vertragsparteien des Übereinkommens über den Europäischen Wirtschaftsraum sind, oder ihren Untereinheiten über Liefer-, Bau- oder Dienstleistungen für ein von den Unterzeichnern gemeinsam zu verwirklichendes oder zu nutzendes Projekt,
    b) eine internationale Übereinkunft oder Vereinbarung im Zusammenhang mit der Stationierung von Truppen, die Unternehmen betrifft, die ihren Sitz in der Bundesrepublik Deutschland oder einem Staat haben, der nicht Vertragspartei des Übereinkommens über den Europäischen Wirtschaftsraums ist, oder
    c) eine internationale Organisation oder
5. wenn der öffentliche Auftraggeber gemäß den Vergaberegeln einer internationalen Organisation oder internationalen Finanzierungseinrichtung einen öffentlichen Auftrag vergibt oder einen Wettbewerb ausrichtet und dieser öffentliche Auftrag oder Wettbewerb vollständig durch diese Organisation oder Einrichtung finanziert wird. Im Falle einer überwiegenden Kofinanzierung durch eine internationale Organisation oder eine internationale Finanzierungseinrichtung einigen sich die Parteien auf die anwendbaren Vergabeverfahren.

---

[65] Bary NZBau 2014, 208; vgl. Sonder/Hübner KommJur 2015, 441 ff. AA VK Sachsen 2.9.2022 – 1/SVK/015-22, MMR 2023, 237 (239). Zu beihilferechtlichen Fragen des Breitbandausbaus vgl. Guarrrata/Wagner NZBau 2018, 443 (447 f.).

GWB § 117 Ausnahmen bei Verteidigungs- oder Sicherheitsaspekten

Literatur: Byok, Reformierter Regelungsrahmen für Beschaffungen im Sicherheits- und Verteidigungssektor, NVwZ 2012, 70; Derksen, Der Export von Rüstungstechnologie in Drittstaaten außerhalb der Europäischen Union, NVwZ 2019, 521; Eisenhut, Das Vergaberecht der Verteidigungsgüterbeschaffung, NJW 2022, 3270; Eggers/Siegert, Grenzen ausschreibungsfreier Rüstungsvergabe, NZBau 2023, 14; Friton, Verteidigungsbeschaffungen über internationale Organisationen, NZBau 2021, 362; Haak/Koch, Geheimvergabe im Lichte der Vergaberechtsreform, NZBau 2016, 204; Hindelang/Eisentraut, Rüstungsbeschaffung zwischen Bestimmungsfreiheit des Auftragsgebers und Sicherstellung von Wettbewerb, EuZW 2019, 149; Höfler, Beschaffung und Betrieb von Waffensystemen im Spannungsfeld von Vergabe- und Beihilfenrecht, NZBau 2015, 736; Hölzl, Neu: Der Konkurrent im Sicherheits- und Verteidigungsbereich – Zu den praktischen Auswirkungen des „Gesetzes zur Änderung des Vergaberechts für die Bereiche Verteidigung und Sicherheit", VergabeR 2012, 141; Marxsen, Der Binnenmarkt der Rüstungsgüter, EuR 2021, 307; Mösinger/Juraschek, Keine Flucht in Sicherheitsinteressen!, NZBau 2019, 93; Probst/Tews, Ausschreibung von (nachrangigen) Sicherheitsdienstleistungen auf deutschen Flughäfen, VergabeR 2011, 818; Roth, Marktkundung, Vergabeverfahren ohne Bieter und die Bestimmungsfreiheit öffentlicher Auftraggeber, NZBau 2018, 77.

Übersicht

	Rn.
I. Bedeutung der Vorschrift	1
1. Unionsrechtliche Vorgaben	1
2. Entstehungsgeschichte	5
II. Ausnahmetatbestände	6
1. Schutz wesentlicher Sicherheitsinteressen (Nr. 1)	8
2. Anwendungsbereich des Art. 346 Abs. 1 lit. a AEUV (Nr. 2)	11
3. Geheimhaltungsbedürftige Aufträge und Erfordernis besonderer Sicherheitsmaßnahmen (Nr. 3)	13
4. Verpflichtung zur Vergabe nach internationalen Regeln (Nr. 4)	17
5. Finanzierung durch eine internationale Organisation oder Finanzeinrichtung (Nr. 5)	21

I. Bedeutung der Vorschrift

1. Unionsrechtliche Vorgaben

1 Mit § 117 GWB sollten **Art. 15 Abs. 2, 3, Art. 17 VRL** sowie **Art. 24 Abs. 2, 3, Art. 27 SRL** in nationales Recht umgesetzt werden.[1] Teilw. allerdings ist die **Umsetzung gründlich misslungen.** Dafür gibt es zwei Gründe:

2 Zum einen wird der Anwendungsbereich der einzelnen Ausnahmetatbestände in § 117 GWB abweichend von den unionsrechtlichen Vorgaben definiert: Ausgehend vom Wortlaut des § 117 GWB beziehen sich die in Nr. 1–5 genannten Ausnahmen auf öffentliche Aufträge und Wettbewerbe, „die Verteidigungs- oder Sicherheitsaspekte umfassen, ohne verteidigungs- oder sicherheitsspezifische Aufträge zu sein". Dagegen ist Art. 15 Abs. 2 VRL auf alle Aufträge anwendbar, die entweder generell nicht der VSVKR unterliegen oder für die die VSVKR nach deren Art. 8, 12 und Art. 13 nicht gilt; es muss also nicht hinzukommen, dass der jew. Auftrag auch Verteidigungs- oder Sicherheitsaspekte umfasst. Ähnlich verhält es sich bei Art. 15 Abs. 3 VRL. Der dort normierte Ausnahmetatbestand greift ua dann ein, wenn Vergabe und Ausführung des öffentlichen Auftrags oder Wettbewerbs „für geheim erklärt" worden sind; nicht verlangt wird, dass Gegenstand des Auftrags auch Verteidigungs- oder Sicherheitsaspekte sind. Eine derartige Voraussetzung stellen auch

---

[1] BT-Drs. 18/6281, 95.

Art. 24 Abs. 2, 3 SRL nicht auf. Nur Art. 17 Abs. 1, 2 VRL sowie Art. 27 Abs. 1 SRL beziehen sich ausdr. auf Aufträge und Wettbewerbe „mit Verteidigungs- oder Sicherheitsaspekten". Bei **unionsrechtskonformer Auslegung** der Vorschrift setzen daher nur die Ausnahmetatbestände des nationalen Rechts, die der Umsetzung des Art. 17 Abs. 1, 2 VRL dienen – das ist bei § 117 Nr. 4, 5 GWB der Fall –, voraus, dass es sich um einen Auftrag oder Wettbewerb „mit Verteidigungs- oder Sicherheitsaspekten" handelt. Dagegen ist es für die Unanwendbarkeit von Teil 4 des GWB nach § 117 Nr. 1–3 GWB nicht erforderlich, dass der jew. Auftrag bzw. Wettbewerb Verteidigungs- oder Sicherheitsaspekte umfasst. Von Relevanz kann diese Differenzierung wohl aber nur bei § 117 Nr. 3 GWB sein, zB dann, wenn Vergabe und Ausführung eines Auftrags nicht im Hinblick auf Sicherheitsinteressen, sondern aus anderen Gründen für geheim erklärt werden. § 117 Nr. 1, 2 GWB stellen demgegenüber im Einklang mit Art. 15 Abs. 2 VRL bzw. Art. 24 Abs. 2 SRL auf den Schutz wesentlicher Sicherheitsinteressen bzw. auf Art. 346 Abs. 1 lit. a AEUV ab, so dass die unter diese Ausnahmetatbestände fallenden Aufträge und Wettbewerbe idR ohne Weiteres auch Sicherheitsaspekte umfassen.

Zum anderen hat der deutsche Gesetzgeber trotz anders lautender Einschätzung 3 in der Begr. zum Gesetzentwurf der Bundesregierung[2] **Art. 17 und Art. 27 SRL nicht in nationales Recht umgesetzt.** Denn die Vorschriften des Abschn. 2 (§§ 115 ff. GWB) und damit auch § 117 GWB sind – wie § 115 GWB ausdr. klarstellt – ausschl. auf die Vergabe von öffentlichen Aufträgen und die Ausrichtung von Wettbewerben durch öffentliche Auftraggeber anzuwenden, also nicht auf Vergabeverfahren, die von Sektorenauftraggebern durchgeführt werden. Für Vergabeverfahren von Sektorenauftraggebern gelten die Vorschriften des Abschn. 2 nur dann, wenn darauf in den §§ 136 ff. GWB ausdr. verwiesen wird (→ § 115 Rn. 3). Dort aber fehlt eine Verweisung auf § 117 GWB. Daraus folgt, dass **§ 117 GWB auf Vergabeverfahren von Sektorenauftraggebern nicht anwendbar** ist, obwohl entspr. Ausnahmeregelungen gem. Art. 17 SRL und Art. 27 SRL auch im Sektorenbereich möglich gewesen wären.

Wie alle vergaberechtlichen Ausnahmetatbestände ist auch § 117 GWB **eng aus-** 4 **zulegen** (→ § 107 Rn. 5).[3] Gleichwohl ist die Vorschrift nicht derart eng zu verstehen, dass nur solche Aufträge vom Kartellvergaberecht ausgenommen sind, bei denen selbst die besonderen Bestimmungen der VSVKR und der VSVgV nicht ausreichen, um die betr. Sicherheitsinteressen zu schützen. Denn § 117 GWB gilt entspr. den unionsrechtlichen Vorgaben in Art. 15 Abs. 2, 3 VRL sowie Art. 17 VRL ohnehin nur für solche Aufträge, die nicht der RL 2009/81/EG unterliegen; derartige Aufträge aber sind in Deutschland von vornherein nicht nach der VSVgV zu vergeben.[4] Die **Beweislast** dafür, dass die Voraussetzungen eines Ausnahmetatbestandes erfüllt sind, liegt beim öffentlichen Auftraggeber (→ § 107 Rn. 6).[5] Greift eine der in § 117 Nr. 1–5 GWB genannten Ausnahmen ein, kann der Auftraggeber gleichwohl zur Durchführung eines transparenten und diskriminierungsfreien Auswahlverfahrens verpflichtet sein (→ § 107 Rn. 9).

2. Entstehungsgeschichte

Der Inhalt des § 117 GWB entspricht teilw. dem des **§ 100 Abs. 6 Nr. 1 und** 5 **Abs. 8 GWB aF.** Auch § 100 Abs. 8 GWB aF galt ausdr. nur für Aufträge, die gerade nicht verteidigungs- oder sicherheitsrelevant waren. § 100c Abs. 4 GWB aF

---

[2] BT-Drs. 18/6281, 95 f.
[3] Vgl. EuGH 20.3.2018 – C-187/16, NZBau 2018, 478 Rn. 77.
[4] Ebenso BeckOK VergabeR/Voll § 117 Rn. 6.
[5] Vgl. OLG Düsseldorf 7.6.2017 – VII-Verg 53/16, NZBau 2018, 118 (119); Haak/Koch NZBau 2016, 204 (209); Hindelang/Eisentraut EuZW 2019, 149 ff.; Roth NZBau 2018, 77 ff.

betraf dagegen ausschl. verteidigungs- oder sicherheitsrelevante Aufträge; damit aber hat § 117 GWB nichts zu tun (→ Rn. 6).

II. Ausnahmetatbestände

6 Sämtliche Ausnahmetatbestände nach § 117 GWB beziehen sich allein auf solche öffentlichen Aufträge und Wettbewerbe, die **nicht verteidigungs- oder sicherheitsspezifische Aufträge iSd § 104 Abs. 1 GWB** sind. Abweichend vom Wortlaut der Norm setzen aber nur § 117 Nr. 4, 5 GWB weiter voraus, dass der jew. Auftrag **Verteidigungs- oder Sicherheitsaspekte** umfasst (→ Rn. 2). Was darunter zu verstehen ist, wird in der Vorschrift nicht definiert. Auch Art. 17 VRL macht insoweit keine Vorgaben. Im Hinblick darauf sind die inhaltlichen Anforderungen an Verteidigungs- oder Sicherheitsaspekte trotz der grds. gebotenen engen Auslegung vergaberechtlicher Ausnahmetatbestände (→ Rn. 4) gering; jeglicher nach Auffassung des Auftraggebers bestehender Bezug zu Fragen der Verteidigung oder Sicherheit genügt. Erfasst werden zB Beschaffungsmaßnahmen der Streitkräfte, die sich nicht auf einen verteidigungs- oder sicherheitsspezifischen Gegenstand beziehen, oder die Beschaffung von Ausrüstung für nicht militärische Sicherheitszwecke, aber auch die Konstellationen, die bisher unter § 100 Abs. 8 Nr. 3 GWB aF fielen, nämlich Beschaffungsmaßnahmen zur Terrorismusbekämpfung sowie der Bezug von Informationstechnik oder Telekommunikationsanlagen.[6] Dieses weite Begriffsverständnis ist deshalb hinnehmbar, weil es in § 117 Nr. 1–3 GWB jew. weitere Tatbestandsmerkmale als Korrektive gibt, die einen zu großzügigen Rückgriff auf die Ausnahmetatbestände verhindern.

7 IW geht es in der Vorschrift um zwei Regelungsgegenstände: Nach § 117 Nr. 1–3 GWB werden unter nahen besonderen Voraussetzungen bestimmte Aufträge vom Anwendungsbereich des Kartellvergaberechts freigestellt, bei denen **wesentliche Geheimhaltungs- oder Sicherheitsinteressen** im Spiel sind; im Hinblick auf diese Interessen soll die Durchführung eines Vergabeverfahrens entbehrlich sein. Anders verhält es sich bei § 117 Nr. 4, 5 GWB. Die dort genannten Aufträge müssen deshalb nicht nach den Vorschriften des Teils 4 des GWB vergeben werden, weil bei ihnen bereits nach **besonderen internationalen Verfahrensregeln** ein transparentes Auswahlverfahren erforderlich ist.

1. Schutz wesentlicher Sicherheitsinteressen (Nr. 1)

8 Gem. § 117 Nr. 1 GWB unterfallen öffentliche Aufträge und Wettbewerbe, die Verteidigungs- oder Sicherheitsaspekte umfassen, nicht dem Kartellvergaberecht, soweit dies zum **Schutz wesentlicher Sicherheitsinteressen** der Bundesrepublik Deutschland erforderlich ist. Während Art. 346 Abs. 1 lit. b AEUV jedem Mitgliedstaat die Befugnis gibt, die nach seiner Auffassung zur Wahrung seiner wesentlichen Sicherheitsinteressen erforderlichen Maßnahmen zu ergreifen, die die Erzeugung von Waffen, Munition und Kriegsmaterial bzw. den Handel damit betreffen,[7] erweitert § 117 Nr. 1 GWB diesen Grundgedanken und erlaubt Ausnahmen vom Vergaberecht auch dann, wenn ein Auftrag nicht der Erzeugung oder dem Handel mit Kriegsmaterial dient, sondern nur Verteidigungs- oder Sicherheitsaspekte umfasst. Das steht im Einklang mit Art. 15 Abs. 2 UAbs. 1 VRL.[8]

9 Allein das Ziel, wesentliche staatliche Sicherheitsinteressen zu schützen, führt noch nicht zur Unanwendbarkeit von Teil 4 des GWB. Erforderlich ist nach dem

---

[6] Höfler FS Marx, 2013, 255 (259 f.); Hölzl VergabeR 2012, 141 (143 f.).

[7] Vgl. OLG Düsseldorf 18.8.2021 – VII-Verg 51/20, NZBau 2022, 480; Eggers/Siegert NZBau 2023, 14 (15); Eisenhut NJW 2022, 3270 (3271 ff.).

[8] BT-Drs. 18/6281, 95.

eindeutigen Wortlaut des § 117 Nr. 1 GWB weiter, dass der Schutz wesentlicher Sicherheitsinteressen der Bundesrepublik Deutschland nicht durch weniger einschneidende Maßnahmen gewährleistet werden kann. Die Voraussetzungen dieses Ausnahmetatbestandes sind damit besonders hoch. Um den Schutz „wesentlicher" staatlicher Sicherheitsinteressen geht es zB bei Beschaffungsmaßnahmen im Zusammenhang mit der Terrorismusbekämpfung.[9] Geboten ist die Unanwendbarkeit des Vergaberechts wegen wesentlicher Sicherheitsinteressen nur bei einer objektiv gewichtigen Gefährdung oder Beeinträchtigung der Sicherheitslage.[10] In jedem Fall muss der öffentliche Auftraggeber eine **Abwägung** zwischen den öffentlichen Sicherheitsbelangen und den Interessen der Bieter vornehmen und den **Grundsatz der Verhältnismäßigkeit** beachten.[11] Nur dann, wenn die Abwägung ergibt, dass es im Einzelfall geboten ist, von einem Vergabeverfahren nach den Vorschriften des Teils 4 des GWB Abstand zu nehmen, greift der Ausnahmetatbestand ein.[12] Sofern Maßnahmen zur Terrorabwehr umgesetzt werden sollen, fällt die Abwägung allerdings immer idS aus.[13]

Die Gründe, die im Interesse staatlicher Sicherheitsbelange eine Einschränkung der Bieterrechte erfordern, muss der öffentliche **Auftraggeber** im Vergabevermerk dokumentieren. Er trägt die **Darlegungs- und Beweislast** für die tatsächlichen Umstände, aus denen sich der behauptete Vorrang staatlicher Sicherheitsinteressen ergibt.[14] Der EuGH hat den Mitgliedstaaten bei der Prüfung, ob staatliche Sicherheitsinteressen betroffen sind, zwischenzeitlich einen weiten Beurteilungsspielraum zugebilligt,[15] zuletzt aber zu Recht wieder einen strengen Maßstab angelegt.[16] Im Hinblick auf den Grundsatz der Verhältnismäßigkeit ist das Vergaberecht auch bei Vorliegen eines Ausnahmetatbestandes nur dann insges. ausgeschlossen, wenn dem jew. Sicherheitsinteresse nicht iRd Vergaberechts Rechnung getragen werden kann. 10

2. Anwendungsbereich des Art. 346 Abs. 1 lit. a AEUV (Nr. 2)

Nach **§ 117 Nr. 2 GWB** ist Teil 4 des GWB nicht anwendbar bei öffentlichen Aufträgen und Wettbewerben, die Verteidigungs- oder Sicherheitsaspekte umfassen, soweit die Voraussetzungen des **Art. 346 Abs. 1 lit. a AEUV** erfüllt sind. Gem. Art. 346 Abs. 1 lit. a AEUV wiederum ist kein Mitgliedstaat verpflichtet Auskünfte zu erteilen, deren Preisgabe seines Erachtens unvereinbar mit seinen wesentlichen Sicherheitsinteressen ist.[17] Ausgehend hiervon stellt **Art. 15 Abs. 2 UAbs. 2 VRL** klar, dass diese Richtlinie nicht gilt, wenn Art. 346 Abs. 1 lit. a AEUV eingreift. Im Gegensatz zu § 117 Nr. 2 GWB macht Art. 15 Abs. 2 UAbs. 2 VRL die Anwendbarkeit der Ausnahme aber nicht davon abhängig, dass der jew. Auftrag 11

---

[9] OLG Düsseldorf 12.7.2010 – VII-Verg 27/10, NZBau 2010, 778.
[10] Ziekow VergabeR 2007, 711 (717).
[11] OLG Düsseldorf 1.8.2012 – VII-Verg 10/12, NZBau 2012, 785 (787); GKN VergabeR-HdB/Krohn § 57 Rn. 87; Ziekow VergabeR 2007, 711 (717).
[12] OLG Düsseldorf 8.6.2011 – VII-Verg 49/11, NZBau 2011, 501 (502 f.); OLG Koblenz 15.10.2010 – 1 Verg 7/10, NZBau 2010, 778 (779); Byok NVwZ 2012, 70 (75); Prieß/Hölzl NZBau 2008, 563 (565).
[13] OLG Düsseldorf 12.7.2010 – VII-Verg 27/10, NZBau 2010, 778.
[14] OLG Düsseldorf 20.12.2004 – Verg 101/04, BeckRS 2004, 18425 = VergabeR 2004, 371; Prieß/Hölzl NZBau 2008, 563 (565).
[15] EuGH 16.10.2003 – C-252/00, NZBau 2004, 281 (282).
[16] EuGH 20.3.2018 – C-187/16, NZBau 2018, 478 Rn. 77; 8.4.2008 – C-337/05, NZBau 2008, 401 Rn. 42 ff.; Prieß/Hölzl NZBau 2008, 563 (565 f.).
[17] Näher zu Art. 346 AEUV Eisenhut NJW 2022, 3270 ff.; Derksen NVwZ 2019, 521 (524); Friton NZBau 2021, 362 (364); Höfler FS Marx, 2013, 255 (256 ff.); Höfler NZBau 2015, 737 (738 f.); Marxsen EuR 2021, 307 (315 ff.).

GWB § 117 Ausnahmen bei Verteidigungs- oder Sicherheitsaspekten

Verteidigungs- oder Sicherheitsaspekte umfasst; vielmehr genügt es danach in Anlehnung an den Wortlaut des Art. 346 Abs. 1 lit. a AEUV, dass die Durchführung eines Vergabeverfahrens zur Offenlegung von Informationen führen würde, die nach Auffassung seines Mitgliedstaats seinen wesentlichen Sicherheitsinteressen zuwiderlaufen. Dies ist bei der Auslegung des § 117 Nr. 2 GWB zu beachten (→ Rn. 2).

12 Bisher ist das **Auskunftsverweigerungsrecht** nach Art. 346 Abs. 1 lit. a AEUV kaum von Bedeutung.[18] Es setzt zunächst voraus, dass einen Mitgliedstaat überhaupt eine Pflicht zur Auskunftserteilung trifft. Auskunftspflichten kommen insbes. ggü. den Organen der Union (zB nach Art. 337 AEUV oder Art. 4 Abs. 3 EUV), aber auch ggü. anderen Mitgliedstaaten oder einzelnen Bürgern in Betracht.[19] Für das Auskunftsverweigerungsrecht reicht ein unbegründeter Hinweis auf wesentliche Sicherheitsinteressen nicht aus; der Mitgliedstaat muss vielmehr zumindest plausible Anhaltspunkte dafür darlegen, dass die Auskunftserteilung seinen wesentlichen Sicherheitsinteressen widersprechen würde (s. ausf. → § 107 Rn. 45 f, → VSVgV Einl. Rn. 13).[20]

3. Geheimhaltungsbedürftige Aufträge und Erfordernis besonderer Sicherheitsmaßnahmen (Nr. 3)

13 Gem. § 117 Nr. 3 GWB unterliegt die Vergabe von öffentlichen Aufträgen und Wettbewerben, die für geheim erklärt werden (§ 117 Nr. 3 Var. 1 GWB) oder nach den Rechts- oder Verwaltungsvorschriften besondere Sicherheitsmaßnahmen erfordern (§ 117 Nr. 3 Var. 2 GWB), nicht den Normen des Teils 4 des GWB. Die Vorschrift setzt **Art. 15 Abs. 3 VRL** in nationales Recht um;[21] ihr Regelungsgegenstand stimmt weitgehend mit § 100 Abs. 8 Nr. 1 und 2 GWB aF überein.

14 **§ 117 Nr. 3 Var. 1 GWB** betrifft Fälle, in denen hinsichtl. der Vergabe bzw. der Ausführung des Auftrags eine **Geheimerklärung** des Auftraggebers vorliegt.[22] Anders als nach § 100 Abs. 8 Nr. 1 GWB aF ist der Anwendungsbereich des Ausnahmetatbestands nicht auf solche Aufträge beschränkt, die „in Übereinstimmung mit den inländischen Rechts- und Verwaltungsvorschriften für geheim erklärt werden". Das steht im Einklang mit Art. 15 Abs. 3 VRL. Danach reicht es aus, dass der Auftraggeber die Auftragsvergabe und die Ausführung des öffentlichen Auftrags oder Wettbewerbs „für geheim erklärt". Nur bei besonderen Sicherheitsmaßnahmen stellt Art. 15 Abs. 3 VRL darauf ab, dass diese „nach den in einem Mitgliedstaat geltenden Rechts- oder Verwaltungsvorschriften" erforderlich sind. Gleichwohl kommt die Vergabe eines geheimhaltungsbedürftigen Auftrags ohne Beachtung der Vorschriften des Teils 4 des GWB weiterhin nur dann in Betracht, wenn die Geheimerklärung auf der Grundlage der einschlägigen Rechts- und Verwaltungsvorschriften **rechtmäßig** ergangen ist.[23] Denn bei Rechtswidrigkeit der Geheimerklärung fällt jedenfalls die gem. § 117 Nr. 3 GWB zwingend durchzuführende Verhältnismäßigkeitsprüfung (→ Rn. 16) zu Lasten des Auftraggebers aus. Als Grundlagen für die Geheimerklärung eines Auftrags kommen ua das SÜG[24] und die Allgemeine Verwaltungsvorschrift des Bundesministeriums des Innern zum materiellen und organisatorischen Schutz von Verschlusssachenanwei-

---

[18] Calliess/Ruffert/Wegener AEUV Art. 346 Rn. 5.
[19] Streinz/Kokott AEUV Art. 346 Rn. 6.
[20] Streinz/Kokott AEUV Art. 346 Rn. 6.
[21] BT-Drs. 18/6281/96.
[22] Mösinger/Juraschek NZBau 2019, 93 (95).
[23] Ziekow VergabeR 2007, 711 (713).
[24] BGBl. 1994 I 867, zuletzt geändert durch Art. 3 Abs. 1 des Gesetzes v. 23.10.2016 (BGBl. I 3346).

sungen (VSA) in Betracht.[25] Ein Auftrag ist „geheim", wenn er nach den deutschen Geheimschutzvorschriften die Qualifizierung als „VS-vertraulich" oder höher erhält (zu Verschlusssachen gem. § 4 SÜG → VSVgV § 1 Rn. 14).[26] Auch dann, wenn ein Projekt als solches bereits öffentlich bekannt ist, kann die Art und Weise seiner Realisierung doch der Geheimhaltung unterliegen.[27]

Freigestellt vom Anwendungsbereich des Kartellvergaberechts sind gem. **§ 117 Nr. 3 Var. 2 GWB** außerdem Aufträge, bei denen die Vergabe und Ausführung nach Rechts- und Verwaltungsvorschriften **besondere Sicherheitsmaßnahmen** erfordern. Dieser Ausnahmetatbestand setzt zwingend voraus, dass Rechts- und Verwaltungsvorschriften den Auftraggeber zur Durchführung von Sicherheitsmaßnahmen verpflichten; es genügt also nicht, dass er sich ohne das Vorliegen solcher Rechts- oder Verwaltungsvorschriften auf Sicherheitsinteressen beruft.[28] Da die Unanwendbarkeit des Kartellvergaberechts davon abhängt, dass die jew. Rechts- oder Verwaltungsvorschriften besondere Sicherheitsmaßnahmen notwendig machen, reicht es auch nicht aus, wenn sie nur mittelbar dem Schutz staatlicher Sicherheitsinteressen dienen. Als Vorschriften iSd § 117 Nr. 3 Var. 2 GWB kommen ua die §§ 8 und 10 SÜG sowie § 7 Abs. 1 LuftSiG in Betracht.[29]   15

Voraussetzung für die Unanwendbarkeit des Kartellvergaberechts nach § 117 Nr. 3 GWB ist in beiden Varianten außerdem die **Feststellung, dass weniger einschneidende Maßnahmen nicht ausreichen,** um die betr. wesentlichen Interessen zu wahren. Diese Feststellung muss der Auftraggeber treffen. Inhaltlich hat er sich dabei am **Verhältnismäßigkeitsprinzip** zu orientieren;[30] daher ist eine Abwägung zwischen den staatlichen Sicherheitsinteressen auf der einen Seite und den Interessen der Bieter an einem transparenten und diskriminierungsfreien Vergabeverfahren auf der anderen Seite erforderlich.[31] Verzichten darf der Auftraggeber auf ein Vergabeverfahren ausschl. dann, wenn er den schutzwürdigen Sicherheitsbelangen nicht mit milderen Mitteln – zB durch eine spezifische Gestaltung der Ausschreibungsbedingungen – Rechnung tragen kann.[32]   16

4. Verpflichtung zur Vergabe nach internationalen Regeln (Nr. 4)

Die Ausnahmetatbestände des **§ 117 Nr. 4 GWB** für Verteidigungs- oder Sicherheitsaspekte umfassende öffentliche Aufträge und Wettbewerbe betreffen Fälle, in denen der öffentliche Auftraggeber bereits nach internationalen Regeln zur Durchführung eines Vergabeverfahrens verpflichtet ist. Dann soll sich der Ablauf des Vergabeverfahrens nach diesen Regeln richten, um eine Kollision zwischen dem jew. internationalen Abkommen einerseits und den EU-Vergaberichtlinien andererseits zu verhindern. Mit der Vorschrift wurde Art. 17 Abs. 1 VRL in nationales Recht umgesetzt;[33] die Umsetzung der Parallelvorschrift für den Sektorenbereich – dh des Art. 27 Abs. 1 SRL – ist jedoch entgegen der Auffassung der Bundesregierung[34]   17

---

[25] OLG Düsseldorf 30.3.2005 – VII-Verg 101/04, BeckRS 2005, 04880; Ziekow VergabeR 2007, 711 (714).
[26] So bereits BT-Drs. 16/10117, 19; BT-Drs. 17/7275, 15; aA Haak/Koch NZBau 2016, 204 (208).
[27] OLG Düsseldorf 30.3.2005 – VII-Verg 101/04, BeckRS 2005, 04880.
[28] Ziekow VergabeR 2007, 711 (716).
[29] OLG Düsseldorf 30.3.2005 – VII-Verg 101/04, BeckRS 2005, 04880; Probst/Tews VergabeR 2011, 818 (827 ff.).
[30] BT-Drs. 18/6281, 96.
[31] OLG Düsseldorf 1.8.2012 – VII-Verg 10/12, NZBau 2012, 785 (787).
[32] OLG Düsseldorf 1.8.2012 – VII-Verg 10/12, NZBau 2012, 785 (787).
[33] BT-Drs. 18/6281, 96.
[34] BT-Drs. 18/6281, 95.

GWB § 117 Ausnahmen bei Verteidigungs- oder Sicherheitsaspekten

unterblieben (→ Rn. 3). Inhaltlich entsprechen die Ausnahmetatbestände des § 117 Nr. 4 GWB weitgehend denen des § 100 Abs. 8 Nr. 4–6 GWB aF.

18 Nach § 117 Nr. 4 lit. a GWB sind Aufträge vom Anwendungsbereich des Kartellvergaberechts freigestellt, die aufgrund eines internationalen Abkommens zwischen der Bundesrepublik Deutschland und einem oder mehreren Nicht-EWR-Staaten oder ihren Untereinheiten für ein Projekt vergeben werden, welches die unterzeichnenden Staaten gemeinsam verwirklichen oder gemeinsam nutzen, sofern dieses internationale Abkommen **besondere Verfahrensregeln über die Vergabe von Aufträgen** trifft. Mit **§ 109 Abs. 1 Nr. 1 lit. a GWB** stimmt § 117 Nr. 4 lit. a GWB wörtlich weitgehend überein. Ebenso wie dort hat der Gesetzgeber auch hier nur auf internationale Übereinkünfte oder Vereinbarungen zwischen der Bundesrepublik Deutschland und Nicht-EWR-Staaten abgestellt, obwohl es nach den unionsrechtlichen Vorgaben (hier: nach Art. 17 Abs. 1 lit. a VRL) zulässig gewesen wäre, den Ausnahmetatbestand auf alle Vergaberegeln in internationalen Übereinkünften zwischen einem Mitgliedstaat und „einem oder mehreren Drittstaaten" – dh auch auf solche in Abkommen mit EWR-Staaten als Vertragspartner – auszudehnen (→ § 109 Rn. 3). IErg führt die inhaltliche Parallele zu § 109 Abs. 1 Nr. 1 lit. a GWB dazu, dass **§ 117 Nr. 4 lit. a GWB überflüssig** ist: § 109 Abs. 2 GWB stellt klar, dass nur für verteidigungs- oder sicherheitsspezifische öffentliche Aufträge – das sind Aufträge iSd § 104 GWB – abweichend von § 109 Abs. 1 GWB Spezialregelungen gelten. Voraussetzung für alle Ausnahmetatbestände des § 117 GWB ist aber gerade, dass es sich nicht um verteidigungs- oder sicherheitsspezifische Aufträge handelt; die jew. Aufträge müsse nur Verteidigungs- oder Sicherheitsaspekte umfassen. Derartige Aufträge fallen also bereits unter § 109 Abs. 1 Nr. 1 lit. a GWB. Erklären lässt sich die weitgehende Wiederholung des Regelungsgegenstands des § 109 Abs. 1 Nr. 1 lit. a GWB in § 117 Abs. 4 lit. a GWB wohl nur damit, dass auch das Unionsrecht die Unanwendbarkeit des Vergaberechts für den Fall, dass in einem Abkommen zwischen einem Mitgliedstaat und einem Drittstaat besondere Vergabeverfahren vorgesehen sind, zweimal regelt, nämlich in Art. 9 und Art. 17 Abs. 1 VRL.

19 Eine Ausnahme vom Anwendungsbereich des Teils 4 des GWB für Aufträge, die aufgrund internationaler Abkommen im Zusammenhang mit der **Stationierung von Truppen** vergeben werden und für die besondere Verfahrensregeln gelten, ist in **§ 117 Nr. 4 lit. b GWB** normiert. Die Vorschrift dient der Umsetzung des Art. 17 Abs. 1 lit. b VRL,[35] während der inhaltlich entspr. Art. 27 Abs. 1 lit. b SRL nicht in deutsches Recht umgesetzt wurde (→ Rn. 3). Erfasst werden Aufträge, bei denen zwei Voraussetzungen erfüllt sind: Notwendig ist *erstens*, dass der Auftrag aufgrund eines internationalen Abkommens im Zusammenhang mit der **Stationierung von Truppen** vergeben wird. Hinzukommen muss *zweitens*, dass für die Vergabe dieses Auftrags **besondere Verfahrensregeln** gelten.[36] Unter § 117 Nr. 4 lit. b GWB fallen insbes. Beschaffungsmaßnahmen der in Deutschland stationierten Truppen nach **Art. IX des Nato-Truppenstatuts**[37] iVm Art. 47 des Zusatzabkommens zum Nato-Truppenstatut,[38] allerdings nur dann, wenn die Aufträge gem. Art. 49 Abs. 3 des Zusatzabkommens zum Nato-Truppenstatut von den Behörden der stationierten Truppen unmittelbar vergeben werden. Die Vorschrift erstreckt sich dagegen nicht auf solche Aufträge, die die zuständigen deutschen Behörden

---

[35] BT-Drs. 18/6281, 96.
[36] Vgl. Friton NZBau 2021, 362 (365).
[37] Abkommen zwischen Parteien des Nordatlantikvertrages über die Rechtsstellung ihrer Truppen (Nato-Truppenstatut) v. 19.6.1951 (BGBl. II 1190).
[38] Zusatzabkommen zu dem Abkommen zwischen Parteien des Nordatlantikvertrages über die Rechtsstellung ihrer Truppen hinsichtl. der in der Bundesrepublik Deutschland stationierten ausländischen Truppen v. 3.8.1959 (BGBl. 1961 II 1183 (1218)).

Bestimmten Auftragnehmern vorbehaltene öffentliche Aufträge § 118 GWB

gem. § 49 Abs. 2 des Zusatzabkommens zum Nato-Truppenstatut im Namen und für Rechnung der Bundesrepublik Deutschland vergeben; in diesem Fall richtet sich die Auftragsvergabe nach Teil 4 des GWB.

Gem. § 117 Nr. 4 lit. c GWB ist das Kartellvergaberecht auch dann nicht anzuwenden, wenn der öffentliche Auftraggeber verpflichtet ist, den Auftrag nach den Vergaberichtlinien einer internationalen Organisation zu vergeben. Damit wurde Art. 17 Abs. 1 lit. c VRL in nationales Recht umgesetzt. Inhaltlich stimmt die Vorschrift mit § 109 Abs. 1 lit. b GWB fast wörtlich überein. Da Aufträge, die keinen verteidigungs- oder sicherheitsspezifischen Charakter iSd § 104 GWB haben und nur Verteidigungs- oder Sicherheitsaspekte umfassen, schon dann nicht den Vorschriften des Teils 4 des GWB unterliegen, wenn die Tatbestandsvoraussetzungen des § 109 Abs. 1 Nr. 1 lit. b GWB erfüllt sind, bestand keine Regelungsnotwendigkeit für einen weiteren Ausnahmetatbestand. Daher ist auch **§ 117 Nr. 4 lit. c GWB überflüssig;** insoweit gilt dasselbe wie bei § 117 Nr. 4 lit. a GWB (→ Rn. 18). 20

5. Finanzierung durch eine internationale Organisation oder Finanzeinrichtung (Nr. 5)

Auf **vollständig von einer internationalen Organisation finanzierte Aufträge und Wettbewerbe** findet Teil 4 des GWB nach **§ 117 Nr. 5 GWB** dann keine Anwendung, wenn der Auftraggeber ein Vergabeverfahren entspr. den Vergaberegeln dieser internationalen Organisation durchführt. Die unionsrechtliche Grundlage der Vorschrift ist Art. 17 Abs. 2 VRL. Anders als im Anwendungsbereich des § 114 Nr. 4 lit. c GWB ist der öffentliche Auftraggeber in den von § 117 Nr. 5 GWB erfassten Fällen nicht rechtlich verpflichtet, die Vergaberegeln einer internationalen Organisation anzuwenden; er muss das Vergabeverfahren nur tatsächlich unter Beachtung dieser Vergaberegeln durchführen, damit Teil 4 des GWB keine Anwendung findet. Der Inhalt des § 117 Nr. 5 GWB entspricht dem des § 109 Abs. 1 Nr. 2 GWB, mit dem Unterschied, dass diese Vorschrift für alle Vergaben von öffentlichen Aufträgen, Wettbewerben und Konzessionen gilt, während sich jene gem. § 115 GWB ausschl. auf die Vergabe von öffentlichen Aufträgen und die Ausrichtung von Wettbewerben durch öffentliche Auftraggeber bezieht. Das ändert aber nichts daran, dass **§ 117 Nr. 5 GWB überflüssig** ist, weil sein Regelungsgegenstand bereits durch § 109 Abs. 1 Nr. 2 GWB erfasst wird (→ Rn. 18). 21

§ 118 Bestimmten Auftragnehmern vorbehaltene öffentliche Aufträge

(1) **Öffentliche Auftraggeber können das Recht zur Teilnahme an Vergabeverfahren Werkstätten für Menschen mit Behinderungen und Unternehmen vorbehalten, deren Hauptzweck die soziale und berufliche Integration von Menschen mit Behinderungen oder von benachteiligten Personen ist, oder bestimmen, dass öffentliche Aufträge im Rahmen von Programmen mit geschützten Beschäftigungsverhältnissen durchzuführen sind.**

(2) **Voraussetzung ist, dass mindestens 30 Prozent der in diesen Werkstätten oder Unternehmen Beschäftigten Menschen mit Behinderungen oder benachteiligte Personen sind.**

Literatur: Burgi, Ökologische und soziale Beschaffung im künftigen Vergaberecht: Kompetenzen, Inhalte, Verhältnismäßigkeit, NZBau 2015, 597; Carstens, Modernisierung des Vergaberecht – nicht ohne Barrierefreiheit, ZRP 2015, 141; Hattenhauer/Butzert, Die Etablierung ökologischer, sozialer, innovativer und qualitativer Aspekte im Vergabeverfahren, ZfBR 2017, 129; Latzel, Soziale Aspekte bei der Vergabe öffentlicher Aufträge nach der Richtlinie 2014/24/EU, NZBau 2014, 673; Mohr, Sozial motivierte Beschaffung nach dem Vergaberechtsmodernisierungsgesetzt 2016, EuZA 2017, 23; Neun/Otting, Die EU-Vergaberechtsreform 2014,

GWB § 118 Bestimmten Auftragnehmern vorbehaltene öffentliche Aufträge

EuZW 2014, 446; Roth/Lamm/Weyand, Zulässigkeit der Bevorzugung von anerkannten Werkstätten für behinderte Menschen im Vergabeverfahren, DÖV 2011, 554; Wenckebach/Welti, Barrierefreier Zugang zu Waren und Dienstleistungen – ein Recht und seine Durchsetzung, VuR 2015, 209; Welti, Reformbedarf zur Gleichstellung und Barrierefreiheit, ZRP 2015, 184; Welti, Rechtliche Voraussetzungen von Barrierefreiheit, NVwZ 2012, 725.

I. Bedeutung der Vorschrift

1. Unionsrechtliche Vorgaben

1   Art. 24 S. 1 KVR, Art. 20 Abs. 1 VRL und Art. 38 Abs. 1 SRL regeln, dass die Mitgliedstaaten das Recht zur Teilnahme an einem Vergabeverfahren von vornherein auf bestimmte Bieter beschränken können, nämlich auf geschützte Werkstätten und auf Wirtschaftsteilnehmer, deren Hauptzweck die soziale und berufliche Integration von Menschen mit Behinderungen oder von benachteiligten Personen ist, sofern mindestens 30 % der Arbeitnehmer dieser Werkstätten oder Wirtschaftsteilnehmer Menschen mit Behinderungen oder benachteiligte Arbeitnehmer sind. Alternativ dürfen die Mitgliedstaaten unter diesen Voraussetzungen vorsehen, dass Aufträge iRv Programmen mit geschützten Beschäftigungsverhältnissen durchgeführt werden. Auftraggeber, die diese Möglichkeit nutzen wollen, müssen in der Bekanntmachung bzw. in der Vorinformation ausdr. auf den Artikel der jew. anwendbaren RL verweisen, der die Beschränkung des Bieterkreises erlaubt.[1] Nach Auffassung des EuGH steht es den Mitgliedstaaten darüber hinaus frei, weitere Voraussetzungen für den Zugang zu vorbehaltenen Aufträgen aufzustellen und damit bestimmte Wirtschaftsteilnehmer auszuschließen.[2] Das allerdings überzeugt nicht, da es sich bei Art. 20 Abs. 1 VRL um einen eng auszulegenden Ausnahmetatbestand handelt.[3]

2   Ob und inwieweit es überhaupt rechtlich zulässig ist, Werkstätten für Menschen mit Behinderungen gerade über die Vergabe öffentlicher Aufträge zu fördern, war lange Zeit umstritten. Denn hier geht es um die Verwirklichung eines Sekundärzwecks, also gerade nicht um eine Beschaffung im Wettbewerb auf der Grundlage von Wirtschaftlichkeitskriterien.[4] Durch die Reform der Vergaberichtlinien im Jahr 2014 und die darauf basierende Klarstellung in § 97 Abs. 3 GWB ist nun aber eindeutig geklärt, dass Auftraggeber bestimmte soziale Aspekte bei der Vergabe öffentlicher Aufträge berücksichtigen dürfen.[5]

3   Was die Zielsetzung der genannten Vorschriften des Unionsrechts betrifft, so heißt es im 36. Erwgr. der VRL, dass Beschäftigung und Beruf zur Integration in die Gesellschaft beitragen und zentrale Elemente für die Gewährleistung von **Chancengleichheit** sind. Insoweit könnten geschützte Werkstätten eine wichtige Rolle spielen. Das gelte auch für andere soziale Unternehmen, deren Hauptanliegen die Förderung der sozialen und beruflichen Eingliederung von „Personen mit Behinderung oder von benachteiligten Personen, wie Arbeitslosen, Angehörigen benachteiligter Minderheiten oder aus anderer Weise an den Rand der Gesellschaft gedrängten Personen" ist. Daher sei es angemessen, dass die Mitgliedstaaten das Recht, an Verfahren zur Vergabe von öffentlichen Aufträgen oder von bestimmten Auftragslosen teilzunehmen, derartigen Werkstätten oder Unternehmen vorbehalten.

---

[1] Art. 24 S. 2 KVR, Art. 20 Abs. 2 VRL und Art. 38 Abs. 2 SRL.
[2] EuGH 6.10.2021 – C-598/19, NZBau 2021, 794 (797).
[3] Vgl. Antweiler VergabeR 2022, 84.
[4] Vgl. Mohr EuZA 2017, 23 ff.; Latzel NZBau 2014, 673; Burgi NZBau 2001, 64; Ziekow NZBau 2001, 72.
[5] Hattenhauer/Butzer ZfBR 2017, 129; Burgi NZBau 2015, 597.

Die gleichberechtigte Teilhabe von Menschen mit Behinderungen in allen gesellschaftlichen Bereichen ist außerdem das zentrale Ziel des Übereinkommens der Vereinten Nationen über die Rechte von Menschen mit Behinderungen (**UN-Behindertenrechtskonvention**) v. 13.12.2006.[6] Diesem Übereinkommen ist die EU am 23.12.2010 beigetreten.[7]   4

2. Normzweck

In der Begr. zum Entwurf des VergRModG hat die Bundesregierung ausgeführt, § 118 GWB diene der Umsetzung von Art. 24 S. 1 KVR, Art. 20 Abs. 1 VRL und Art. 28 Abs. 1 SRL.[8] Der wesentliche Inhalt dieser Vorschriften wurde vom deutschen Gesetzgeber weitgehend wortgleich wiederholt. Gem. § 115 GWB ist § 118 GWB allerdings grds. nur auf die Vergabe von öffentlichen Aufträgen und die Ausrichtung von Wettbewerben durch öffentliche Auftraggeber anzuwenden; unmittelbar wird mit der Vorschrift daher allein **Art. 20 Abs. 1 VRL umgesetzt.** Soweit es um Beschaffungsmaßnahmen von Sektorenauftraggebern oder um die Vergabe von Konzessionen geht, findet § 118 GWB aufgrund der in § 142 GWB und § 154 Nr. 1 GWB ausgesprochenen Verweisungen nur entspr. Anwendung. Erst durch diese Vorschriften sind Art. 24 S. 1 KVR und Art. 28 Abs. 1 SRL in nationales Recht umgesetzt worden.   5

Die Bundesregierung hat bei der Darstellung des Normzwecks in der Begr. zum Entwurf des VergRModG teilw. den Erwgr. 36 der VRL (→ Rn. 3) abgeschrieben, ohne sich darauf ausdr. zu berufen. Während in diesem Erwgr. allerdings gesagt wird, es sei angemessen, entweder die **Teilnahme am gesamten Vergabeverfahren** oder den **Zugang zu „bestimmten Auftragslosen"** geschützten Werkstätten vorzubehalten, heißt es in der Begr. der Bundesregierung, im Anwendungsbereich des § 118 GWB sei „das Vergabeverfahren von vornherein auf diese Institutionen zu beschränken".[9] Wettbewerb findet in diesen Fällen nach Auffassung der Bundesregierung also nur noch zwischen Werkstätten für Menschen mit Behinderungen und Sozialunternehmen statt; die Teilnahme anderer privatwirtschaftlicher Bieter soll insges. ausgeschlossen sein.[10] Aus zwei Gründen ist diese Einschätzung nicht ganz richtig: *Erstens* besteht Bedarf für eine Begrenzung des Bieterkreises auf die nach der Vorschrift privilegierten Einrichtungen nur, soweit die damit einhergehende Einschränkung des Wettbewerbs erforderlich ist. Auch wenn das vom Wortlaut der Norm nicht ausdr. gefordert wird, muss der Auftraggeber daher auf der Grundlage des **Verhältnismäßigkeitsprinzips** prüfen, ob mildere Mittel – insbes. auf ein oder mehrere Lose limitierte Vorbehalte zugunsten der privilegierten Einrichtungen – ausreichen. *Zweitens* kann nach der Rspr. des BGH auf der Grundlage des **allgemeinen Kartellrechts** auch dort, wo spezielle gesetzliche Regelungen die Bevorzugung von Werkstätten für Menschen mit Behinderungen bei der Auftragsvergabe verlangen, eine Ausschreibung unter Öffnung des Kreises möglicher Bieter für andere Unternehmen geboten sein, nämlich dann, wenn der Auftraggeber auf dem jew. Markt über eine marktbeherrschende Stellung verfügt.[11]   6

Da § 118 GWB Werkstätten für Menschen mit Behinderungen sowie Unternehmen mit vergleichbarer Zielsetzung unter bestimmten Voraussetzungen begünstigen   7

---

[6] BGBl. 2008 II 1419; vgl. hierzu Carstens ZRP 2015, 141 (142); Wenckebach/Welti VUR 2015, 209 (210); Welti ZRP 2015, 184 f.; Welti NVwZ 2012, 725 f.

[7] ABl. 2010 L 23, 35.

[8] BT-Drs. 18/6281, 96.

[9] BT-Drs. 18/6281, 96.

[10] BT-Drs. 18/6281, 96.

[11] Vgl. BGH 7.11.2006 – KZR 2/06, NZBau 2007, 459; OLG Nürnberg 16.2.2010 – 1 U 13/10, NJW-RR 2010, 1412.

GWB § 118 Bestimmten Auftragnehmern vorbehaltene öffentliche Aufträge

will, ist der **Regelungsgegenstand auf die Privilegierung der genannten Einrichtungen beschränkt.** Zu der Frage, ob und in welchem Umfang sich diese Einrichtungen iÜ an Vergabeverfahren beteiligen dürfen, wird nichts gesagt. Daher kann weder aus § 118 GWB noch aus den dieser Norm zugrundeliegenden Vorschriften des Unionsrechts abgeleitet werden, dass ein „normaler" Wettbewerb zwischen den begünstigten Einrichtungen und gewerblichen Unternehmen nicht stattfinden soll.[12]

3. Entstehungsgeschichte

8 § 118 GWB ist im System des Kartellvergaberechts neu. Es gab keine entspr. Vorschrift im GWB aF.[13]

II. Beschränkungen des Bewerber- oder Bieterkreises

1. Vorbehalt zugunsten bestimmter Einrichtungen

9 Gem. § 118 Abs. 1 GWB ist es öffentlichen Auftraggeber zunächst erlaubt, die möglichen Bewerber oder Bieter auf **zwei Gruppen** zu begrenzen, nämlich einerseits auf Werkstätten für Menschen mit Behinderungen und andererseits auf Unternehmen, deren Hauptzweck die berufliche Integration von Menschen mit Behinderungen oder von benachteiligten Personen ist. Beide Gruppen von Einrichtungen dürfen sich immer an Vergabeverfahren beteiligen; öffentliche Auftraggeber sind also nicht befugt, nur eine dieser Gruppen zuzulassen und der anderen die Teilnahme zu verwehren. Das folgt bereits aus dem Wortlaut der Norm: § 118 Abs. 1 GWB verknüpft beide Gruppen von Einrichtungen mit der Konjunktion „und", nicht mit „oder". Außerdem ist nur diese Auffassung mit dem Normzweck vereinbar. Die Frage, ob Aufträge über Leistungen der Eingliederungshilfe für Menschen mit Behinderungen in den Anwendungsbereich des Teils 4 des GWB fallen,[14] ist nicht Regelungsgegenstand des § 118 GWB.

10 Der Begriff der **Werkstatt für Menschen mit Behinderungen** ist gleichbedeutend mit dem der Werkstatt für behinderte Menschen gem. **§ 219 SGB IX idF des Bundesteilhabegesetzes** v. 23.12.2016.[15] Danach handelt es sich um eine Einrichtung zur Teilhabe behinderter Menschen am Arbeitsleben iSd Kap. 10 des Teil 1 des SGB IX und zur Eingliederung in das Arbeitsleben; außerdem ist die Anerkennung gem. § 225 SGB IX erforderlich.[16] Die Bundesagentur für Arbeit führt nach § 225 S. 3 SGB IX ein Verzeichnis der anerkannten Werkstätten für behinderte Menschen. Von Wirtschaftsunternehmen unterscheiden sich diese Werkstätten vor allem dadurch, dass sie sich grds. auf die Aufnahme aller Gruppen von behinderten Menschen einrichten und über ein möglichst breites Angebot an Berufsbildungs- und Arbeitsplätzen verfügen müssen, um den Fähigkeiten, Wünschen und Möglichkeiten behinderter Menschen so weit wie möglich gerecht zu werden.[17]

11 Eine Definition für die **Unternehmen, deren Hauptzweck die soziale und berufliche Integration von Menschen mit Behinderungen oder von benach-**

---

[12] Vgl. VK Westfalen 19.8.2022 – VK 2–29/22, BeckRS 2022,20637; aA Neun/Otting EuZW 2014, 446 (448).
[13] BT-Drs. 18/6281, 96.
[14] Verneinend LSG NRW 23.3.2023 – L 12 SO 227/19, NZS 2023, 114.
[15] BGBl. I 3234, zul. geänd. durch Art. 8 MDK-ReformG v. 14.2.2019 (BGBl. I 2789).
[16] Vgl. Neumann/Pahlen/Winkler/Jabben/Pahlen SGB IX § 219 Rn. 2.
[17] Roth/Lamm/Weyand DÖV 2011, 545 (546); zur Frage, ob Werkstätten für behinderte Menschen als öffentliche Auftraggeber zu qualifizieren sind, OLG Düsseldorf 15.7.2015 – VII-Verg 11/15, NZBau 2016, 55.

teiligten Personen ist,** liefert § 118 GWB nicht. Die Bundesregierung hat in der Begr. zum Entwurf des VergRModG für diese Unternehmen den Oberbegriff „Sozialunternehmen" verwendet, ohne die inhaltlichen Voraussetzungen dafür zu präzisieren.[18] Nach der Mitteilung der Kommission mit dem Titel „Initiative für soziales Unternehmertum" v. 25.10.2011 handelt es sich bei Sozialunternehmen um „Unternehmen, für die das soziale oder gesellschaftliche gemeinnützige Ziel Sinn und Zweck ihrer Geschäftstätigkeit darstellt (…), deren Gewinne größtenteils wieder investiert werden, um dieses soziale Ziel zu erreichen und deren Organisationsstruktur oder Eigentumsverhältnisse dieses Ziel widerspiegeln, da sie auf Prinzipien der Mitbestimmung oder Mitarbeiterbeteiligung basieren oder auf soziale Gerechtigkeit ausgerichtet sind".[19] Erfasst werden danach jedenfalls **Inklusionsbetriebe iSd § 215 Abs. 1 SGB IX idF des Bundesteilhabegesetzes** v. 23.12.2016,[20] dh rechtlich und wirtschaftlich selbständige Unternehmen oder unternehmensinterne oder von öffentlichen Arbeitgebern iSd § 145 Abs. 2 SGB IX geführte Betriebe oder Abteilungen zur Beschäftigung schwerbehinderter Menschen auf dem allg. Arbeitsmarkt, deren Teilhabe an einer sonstigen Beschäftigung auf dem allg. Arbeitsmarkt auf Grund von Art oder Schwere der Behinderung oder wegen sonstiger Umstände voraussichtlich trotz Ausschöpfens aller Fördermöglichkeiten und des Einsatzes von Integrationsfachdiensten auf besondere Schwierigkeiten stößt. Nach § 215 Abs. 2 SGB IX muss für die Qualifizierung als Inklusionsbetrieb hinzukommen, dass die jew. Einheit mindestens 30 % schwerbehinderte Menschen beschäftigt.

Art. 24 S. 1 KVR, Art. 20 Abs. 1 VRL und Art. 38 Abs. 1 SRL erlauben es **12** den Mitgliedstaaten außerdem, das Recht zur Teilnahme an Vergabeverfahren auf Wirtschaftsteilnehmer, deren Hauptzweck die soziale und berufliche Integration von **benachteiligten Personen** ist, zu beschränken. Der deutsche Gesetzgeber hat diesen Begriff in § 118 Abs. 1 GWB wörtlich übernommen, ohne ihn zu definieren. Teilw. wird eine weite Auslegung vertreten.[21] Das überzeugt nicht. Denn Vorbehalte öffentlicher Auftraggeber zugunsten einer bestimmten Gruppe von Bewerbern oder Bietern beeinträchtigen alle interessierten Unternehmen, die nicht zu dieser Gruppe zählen, in ihrem durch Art. 3 Abs. 1 GG geschützten Recht auf Durchführung eines transparenten und diskriminierungsfreien Vergabeverfahrens (→ § 107 Rn. 13, 16). Im grundrechtsrelevanten Bereich muss der Gesetzgeber ausgehend von der stRspr des BVerfG alle wesentlichen Entscheidungen selbst treffen; er darf sie nicht auf die Verwaltung delegieren.[22] Somit hat nach deutschem Verfassungsrecht allein der Gesetzgeber zu definieren, welche inhaltlichen Voraussetzungen Unternehmen, deren Hauptzweck die soziale und berufliche Integration benachteiligter Personen ist, erfüllen müssen. Bei der Abgrenzung der Personen, die sozial benachteiligt sind, muss er sich auf tatsächliche, also empirisch gesicherte Anhaltspunkte stützen.[23] Wegen der grundrechtsbeschränkenden Wirkung eines Vorbehalts nach § 118 Abs. 1 GWB sind öffentliche Auftraggeber nicht befugt, selbst zu definieren, wer zu den benachteiligten Personen zählt und welche Unternehmen das Ziel verfolgen, diese Personen sozial und beruflich zu integrieren. Daher bleibt aktuell **mangels normativer Konkretisierung** der Unternehmen, deren Hauptzweck die soziale und berufliche Integration benachteiligter Personen ist, **kein Raum für Vorbehalte**

---

[18] BT-Drs. 18/6281, 96.
[19] KOM(2011) 682 endg., S. 2 f.
[20] BGBl. I 3235; vgl. BFH 18.8.2022 – V R 49/19, DStRE 2023, 272 (278).
[21] BeckOK VergabeR/Rusch § 118 Rn. 9.
[22] BVerfG 8.8.1978 – 2 BvL 8/77, BVerfGE 49, 89 (126 f.) = NJW 1979, 359; 16.6.1981 – 1 BvL 89/78, BVerfGE 57, 295 (327) = NJW 1981, 1774; 27.11.1990 – 1 BvR 402/87, BVerfGE 83, 130 (142) = NJW 1991, 1471; 6.7.1999 – 2 BvF 3/90, BVerfGE 101, 1 (34) = NJW 1999, 3253.
[23] VG Düsseldorf 27.8.2015 – 6 K 2793/13, NZBau 2015, 643.

GWB § 118 Bestimmten Auftragnehmern vorbehaltene öffentliche Aufträge

nach § 118 Abs. 1 GWB zur Förderung benachteiligter Personen, bei denen es sich nicht um Menschen mit Behinderungen handelt.

13   Gem. § 118 Abs. 1 GWB können öffentliche Auftraggeber schließlich bestimmen, dass öffentliche Aufträge iRv **Programmen mit geschützten Beschäftigungsverhältnissen** durchzuführen sind. Auch hierfür fehlt eine gesetzliche Definition. Das ist aber unschädlich, weil es insbes. in **§ 16e SGB II und § 115 SGB III** normative Vorgaben für die Förderung bestimmter Arbeitsverhältnisse gibt. Maßnahmen nach diesen Vorschriften fallen daher unter Programme iSd § 118 Abs. 1 GWB.

2. 30 %-Quote

14   Ein Vorbehalt nach § 118 Abs. 1 GWB kommt gem. § 118 Abs. 2 GWB nur zugunsten solcher Bewerber oder Bieter in Betracht, die zu **mindestens 30 % Menschen mit Behinderungen** oder benachteiligte Personen beschäftigen. Von den unionsrechtlichen Vorgaben weicht diese Regelung ab: Art. 24 S. 2 KVR, Art. 20 Abs. 2 VRL und Art. 38 Abs. 2 SRL machen die Zulässigkeit der Erklärung eines Vorbehalts zugunsten der näher bezeichneten Einrichtungen jew. davon abhängig, dass mindestens 30 % der Arbeitnehmer dieser Werkstätten, Wirtschaftsteilnehmer oder Programme Menschen mit Behinderungen oder benachteiligte Arbeitnehmer bzw. Personen aus benachteiligten Gruppen sind. Dagegen fordert § 118 Abs. 2 GWB die 30 %-Quote ausschl. für Werkstätten und Unternehmen, nicht aber für Programme. Daraus folgt aber nicht etwa, dass diese Quote allein bei erklärten Vorbehalten zugunsten von Unternehmen oder Werkstätten eingehalten werden muss; vielmehr ist eine **unionsrechtskonforme Auslegung des § 118 Abs. 2 GWB** idS geboten, dass auch Vorbehalte für ein Programm nur dann zulässig sind, wenn es sich bei mindestens 30 % der Arbeitnehmer dieses Programms um Menschen mit Behinderungen handelt. Benachteiligte Personen können mangels normativer Festlegung der dafür maßgeblichen Voraussetzungen (→ Rn. 12) bei der Prüfung, ob die 30 %-Quote eingehalten ist, nicht berücksichtigt werden.

3. Entscheidung

15   Ob ein Vorbehalt iSd § 118 Abs. 1 GWB erklärt wird, steht im **Ermessen** des öffentlichen Auftraggebers. Bei seiner Entscheidung ist er insbes. an das Verhältnismäßigkeitsprinzip gebunden. In erster Linie sind solche Maßnahmen zu wählen, die den Wettbewerb möglichst wenig einschränken.[24]

III. Verhältnis zu § 224 SGB IX

16   Die Bundesregierung hat in der Begr. zum Entwurf des VergRModG die Auffassung vertreten, von § 118 GWB unberührt bleibe die Möglichkeit der Bevorzugung geschützter Werkstätten bei der Zuschlagserteilung nach § 141 SGB IX und den auf dieser Grundlage angewandten Verwaltungsvorschriften.[25] Aufgrund des Bundesteilhabegesetzes v. 23.12.2016[26] wurde das frühere SGB IX zum 1.1.2018 durch ein neues SGB IX ersetzt; § 224 SGB IX entspricht § 141 SGB IX aF. Gem. § 224 Abs. 1 SGB IX werden Aufträge der öffentlichen Hand, die von anerkannten Werkstätten für Menschen mit Behinderungen ausgeführt werden können, bevorzugt diesen Werkstätten angeboten. § 224 Abs. 2 SGB IX bestimmt, dass dies auch für Inklusionsbetriebe gilt. Für eine derartige Privilegierung von Werkstätten für behinderte Menschen bei der Zuschlagserteilung geben die Vergaberichtlinien allerdings nichts

---

[24] BeckOK VergabeR/Rusch § 118 Rn. 13.
[25] BeckOK VergabeR/Rusch § 118 Rn. 3 f.
[26] BGBl. I 3234.

her; insbes. durch Art. 24 KVR, Art. 20 VRL oder Art. 38 SRL wird sie nicht gedeckt. Außerdem sind die Grundfreiheiten von Konkurrenten beeinträchtigt: § 141 SGB IX aF bzw. § 224 SBG IX gelten unterschiedslos für inländische und ausländische Bieter. Das Verfahren zur Anerkennung als Werkstatt für behinderte Menschen dauert idR aber länger als die Angebotsfrist, so dass ausländische Bieter durch eine Privilegierung von Werkstätten für behinderte Menschen bei der Zuschlagserteilung jedenfalls mittelbar diskriminiert werden.[27] Daher sind **§ 141 SGB IX aF und § 224 SGB IX unionsrechtswidrig.** Unabhängig hiervon entbinden sie jedenfalls nicht von der Pflicht zur Durchführung eines Vergabeverfahrens.[28]

Unterabschnitt 2. Vergabeverfahren und Auftragsausführung

§ 119 Verfahrensarten

(1) **Die Vergabe von öffentlichen Aufträgen erfolgt im offenen Verfahren, im nicht offenen Verfahren, im Verhandlungsverfahren, im wettbewerblichen Dialog oder in der Innovationspartnerschaft.**

(2) **[1]Öffentlichen Auftraggebern stehen das offene Verfahren und das nicht offene Verfahren, das stets einen Teilnahmewettbewerb erfordert, nach ihrer Wahl zur Verfügung. [2]Die anderen Verfahrensarten stehen nur zur Verfügung, soweit dies aufgrund dieses Gesetzes gestattet ist.**

(3) **Das offene Verfahren ist ein Verfahren, in dem der öffentliche Auftraggeber eine unbeschränkte Anzahl von Unternehmen öffentlich zur Abgabe von Angeboten auffordert.**

(4) **Das nicht offene Verfahren ist ein Verfahren, bei dem der öffentliche Auftraggeber nach vorheriger öffentlicher Aufforderung zur Teilnahme eine beschränkte Anzahl von Unternehmen nach objektiven, transparenten und nichtdiskriminierenden Kriterien auswählt (Teilnahmewettbewerb), die er zur Abgabe von Angeboten auffordert.**

(5) **Das Verhandlungsverfahren ist ein Verfahren, bei dem sich der öffentliche Auftraggeber mit oder ohne Teilnahmewettbewerb an ausgewählte Unternehmen wendet, um mit einem oder mehreren dieser Unternehmen über die Angebote zu verhandeln.**

(6) **[1]Der wettbewerbliche Dialog ist ein Verfahren zur Vergabe öffentlicher Aufträge mit dem Ziel der Ermittlung und Festlegung der Mittel, mit denen die Bedürfnisse des öffentlichen Auftraggebers am besten erfüllt werden können. [2]Nach einem Teilnahmewettbewerb eröffnet der öffentliche Auftraggeber mit den ausgewählten Unternehmen einen Dialog zur Erörterung aller Aspekte der Auftragsvergabe.**

(7) **[1]Die Innovationspartnerschaft ist ein Verfahren zur Entwicklung innovativer, noch nicht auf dem Markt verfügbarer Liefer-, Bau- oder Dienstleistungen und zum anschließenden Erwerb der daraus hervorgehenden Leistungen. [2]Nach einem Teilnahmewettbewerb verhandelt der öffentliche Auftraggeber in mehreren Phasen mit den ausgewählten Unternehmen über die Erst- und Folgeangebote.**

Literatur: Antweiler, Allgemeines Vergaberecht und sektorspezifisches Sondervergaberecht im ÖPNV, NZBau 2019, 289; Antweiler, Bieterrechtsschutz unter Zumutbarkeitsvorbehalt?, VergabeR 2011, 306; Badenhausen-Fähnle, Die neue Vergabeart der Innovationspartnerschaft –

---

[27] Ziekow NZBau 2011, 72 (78).
[28] BGH 7.11.2006 – KZR 2/06, NZBau 2007, 459.

GWB § 119 — Verfahrensarten

Fünftes Rad am Wagen?, VergabeR 2015, 743; Böhme, Verzicht auf einen Teilnahmewettbewerb nach erfolglosem Verhandlungsverfahren mit Teilnahmewettbewerb oder wettbewerblichem Dialog?, NZBau 2022, 486; C. Braun, Vergabe in Zeiten der COVID-19 Krise, VergabeR 2020, 433; Burgi, Die Förderung sozialer und technischer Innovationen durch das Vergaberecht, NZBau 2011, 577; Butzert, Dringlichkeitsvergabe nur in engen Grenzen, NZBau 2021, 720; Etscheid, Die Rückforderung von Zuwendungen wegen Vergaberechtsverstößen und Strategien zu ihrer Vermeidung, DÖV 2017, 403; Favier/Schüler, Etablierte Regeln für das Verhandlungsverfahren mit Teilnahmewettbewerb auf dem Prüfstand des neuen Rechts, ZfBR 2016, 761; Fehling, Forschungs- und Innovationsförderung durch wettbewerbliche Verfahren, NZBau 2012, 673; Gottwald/Gaus, Vergaberechtsanwendung in der Krise, NZBau 2023, 498; Herrmann, Ausnahmslosigkeit der Unwirksamkeitsfeststellung gem. § 135 Abs. 1 GWB in der Corona-Pandemie?, VergabeR 2021, 13; Hofmann/Manz, Aufbauhelfer Vergaberecht – Dringlichkeitsvergabe nach der Flut, VergabeR 2021, 661; Hölzl, Verhandlungsverfahren: Was geht?, NZBau 2013, 558; Jaeger, Die neue Basisvergaberichtlinie der EU v. 26.2.2014 – ein Überblick, NZBau 2014, 259; Klimisch/Ebrecht, Stellung und Rechte der Dialogteilnehmer im wettbewerblichen Dialog, NZBau 2011, 203; Jürgens, Das Vergaberecht in der (Corona-)Krise: Zwischen Beschleunigung und Protektionismus, VergabeR 2022, 578; Knauff, Das Verhältnis der nachrangigen Vergabeverfahrensarten, NZBau 2018, 134; Knauff, Die Innovationspartnerschaft, InTeR 2016, 88; Krönke, Das neue Vergaberecht aus verwaltungsrechtlicher Perspektive, NVwZ 2016, 568; Marx/Hölzl, Interimsaufträge – Schneller als das Vergaberecht erlaubt? Zu den Voraussetzungen und Möglichkeiten der Vergabe von Interimsaufträgen, NZBau 2010, 535; Mösinger, Gleichbehandlung der Teilnehmer im Wettbewerblichen Dialog, NZBau 2009, 695; Müller, Das dynamische elektronische Verfahren, NZBau 2011, 73; Neun/Otting, Die EU-Vergaberechtsreform 2014, EuZW 2014, 446; Ollmann, Das Aus für das (bisherige) zu Verhandlungsverfahren, VergabeR 2016, 413; Opitz, Die neue Sektorenverordnung, VergabeR 2009, 689; Otting/Olgemöller, Innovation und Bürgerbeteiligung im Wettbewerblichen Dialog, NVwZ 2011, 1225; Pauka, Ein bisschen „Mehr an Eignung" – Personenbezogene Zuschlagskriterien nach der 7. ÄVOVgV, NZBau 2015, 18; Pilarski, Müssen Vergabeverstöße für die Rückforderung einer Zuwendung finanzielle Auswirkungen haben?, VergabeR 2020, 149; Püstow/Meiners, Die Innovationspartnerschaft – Mehr Rechtssicherheit für ein innovatives Vertragsmodell, NZBau 2016, 406; Rosenkötter, Die Innovationspartnerschaft, VergabeR 2016, 196; Rosenkötter, Die Qualifikation als Zuschlagskriterium, NZBau 2015, 609; Rosenkötter, Die Verteidigungsrichtlinie 2009/81/EG und ihre Umsetzung, VergabeR 2012, 367; Roth, Markterkundung, Vergabeverfahren ohne Bieter und die Bestimmungsfreiheit öffentlicher Auftraggeber, NZBau 2018, 77; Roth/Landwehr, Kein „Freibrief" für Direktvergaben bei pandemiebedingtem Dringlichkeitsbedarf, NZBau 2021, 441; Schaller, Neues EU-Vergabeverfahren Innovationspartnerschaft – Forschungsförderung und Deckung des innovativen Beschaffungsbedarfs, LKV 2017, 62; Siegel, Der neue Rechtsrahmen für die Vergabe von Dienstleistungskonzessionen, VergabeR 2015, 265; Tschäpe, Zur Anzahl der Teilnehmer während des Verhandlungsverfahrens, ZfBR 2014, 538; Tugendreich, Der Anwendungsbereich von Präqualifikationsverfahren im deutschen Vergaberecht NZBau 2011, 467; Würfel, Keine Ausschreibungspflicht für juristische Beratungsdienstleistungen: Schiffshebewerk Niederfinow, NZBau 2010, 420. Vgl. iÜ die Angaben bei den §§ 14, 17–19 VgV.

Übersicht

	Rn.
I. Bedeutung der Vorschrift	1
1. Unionsrechtliche Vorgaben	1
2. Normzweck	6
3. Entstehungsgeschichte	7
II. Vergabearten (Abs. 1)	8
III. Verhältnis zwischen den Vergabearten (Abs. 2)	10

	Rn.
IV. Offenes Verfahren (Abs. 3)	12
V. Nicht offenes Verfahren (Abs. 4)	16
VI. Verhandlungsverfahren (Abs. 5)	20
VII. Wettbewerblicher Dialog (Abs. 6)	29
VIII. Innovationspartnerschaft (Abs. 7)	33

I. Bedeutung der Vorschrift

1. Unionsrechtliche Vorgaben

Die verschiedenen Vergabearten werden in Art. 27 ff. VRL und in Art. 45 ff. SRL **1** definiert. Die drei Basisverfahren sind das **offene Verfahren,** das **nicht offene Verfahren** und das **Verhandlungsverfahren.** Hinzu kommen der **wettbewerbliche Dialog**[1] und die **Innovationspartnerschaft.**[2] Nach dem Erwgr. 42 der VRL war es ein Ziel dieser RL, öffentlichen Auftraggebern zusätzliche Flexibilität bei der Wahl des Verhandlungsverfahrens einzuräumen (dazu iE → VgV § 17 Rn. 4).[3] Besonderheiten gelten im Anwendungsbereich der VSVKR und der KVR: Bei der Vergabe verteidigungs- und sicherheitsrelevanter Aufträge stehen gem. Art. 25 ff. der VSVKR nur drei Vergabearten zur Verfügung, nämlich das nicht offene Verfahren, das Verhandlungsverfahren und – sofern dies gesetzlich zugelassen ist – der wettbewerbliche Dialog; das offene Verfahren kommt bei diesen Aufträgen dagegen nicht in Betracht.[4] Noch größere Freiheiten haben Auftraggeber bei der Vergabe von Konzessionen. Für diese schreiben Art. 30 ff. KVR nur allg. Grundsätze und Verfahrensgarantien vor; es gibt dort keine Bindung an bestimmte Vergabearten, so dass der Grundsatz der freien Verfahrensgestaltung gilt.[5]

In Bezug auf die **wesentlichen Merkmale der einzelnen Vergabearten** regelt **2** das Unionsrecht Folgendes: Im **offenen Verfahren** „kann jeder interessierte Wirtschaftsteilnehmer auf einen Aufruf zum Wettbewerb hin ein Angebot abgeben".[6] Charakteristisch für das **nicht offene Verfahren** ist, dass aufgrund eines Aufrufs zum Wettbewerb jeder Wirtschaftsteilnehmer einen Teilnahmeantrag einreichen kann; nach Prüfung dieser Teilnahmeanträge dürfen dann aber nur die Bewerber, die vom Auftraggeber dazu aufgefordert werden, ein Angebot einreichen.[7] **Verhandlungsverfahren** sind solche Verfahren, bei denen der Auftraggeber mit Wirtschaftsteilnehmern, die nach einem Aufruf zum Wettbewerb Teilnahmeanträge eingereicht haben und zur Abgabe eines Erstangebots aufgefordert wurden, über die eingereichten Erstangebote und alle Folgeangebote verhandelt.[8] Der **wettbewerbliche Dialog** beginnt mit einem Aufruf zum Wettbewerb. Daraufhin kann jeder Wirtschaftsteilnehmer einen Teilnahmeantrag übermitteln; der öffentliche Auftrag-

---

[1] Gegen die Qualifizierung des wettbewerblichen Dialogs als eigenständige Vergabeart zu Unrecht Pünder/Franzius ZfBR 2006, 20.
[2] Ausf. zur Innovationspartnerschaft Badenhausen-Fähnle VergabeR 2015, 743; Fehling NZBau 2012, 673; Knauff InTeR 2016, 88; Püstow/Meiners NZBau 2016, 406; Rosenkötter VergabeR 2016, 196; Schaller LKV 2017, 62; allg. zur Innovationsförderung durch Vergaberecht vgl. Burgi NZBau 2011, 577.
[3] Favier/Schüler ZfBR 2016, 761; Jaeger NZBau 2014, 259 (262); Neun/Otting EuZW 2014, 446 (449).
[4] Näher hierzu Hölzl VergabeR 2012, 141 (144 f.); Rosenkötter VergabeR 2012, 267 (276).
[5] Siegel VergabeR 2015, 265 (269).
[6] Art. 27 Abs. 1 VRL; vgl. Art. 45 Abs. 1 SRL.
[7] Art. 28 Abs. 1, 2 VRL; vgl. Art. 46 Abs. 1, 2 SRL.
[8] Art. 29 Abs. 1, 2 VRL; vgl. Art. 47 Abs. 1, 2 SRL.

geber führt dann mit ausgewählten Bewerbern einen Dialog, um die Mittel, mit denen seine Bedürfnisse am besten erfüllt werden können, zu ermitteln und festzulegen. Erst nach Abschluss des Dialogs werden die verbleibenden Teilnehmer zur Einreichung eines endgültigen Angebots aufgefordert.[9] Die RL 2004/17/EG hatte den wettbewerblichen Dialog nicht erwähnt; deshalb war dieser im Sektorenbereich nicht zulässig.[10] Mit der Novellierung der Vergaberichtlinien hat sich das geändert: Gem. Art. 44 Abs. 1 SRL und Art. 48 SRL steht der wettbewerbliche Dialog nun auch im Sektorenbereich zur Verfügung. Die **Innovationspartnerschaft** ist durch Art. 31 VRL und Art. 49 SRL eingeführt worden. Sie hat Ähnlichkeiten mit dem Verhandlungsverfahren und dem wettbewerblichen Dialog,[11] unterscheidet sich von diesen Vergabearten aber durch die Notwendigkeit einer Innovation:[12] Entwicklung und Erwerb des Entwicklungsergebnisses sollen Gegenstand eines einheitlichen Beschaffungsvorgangs sein.[13]

3   Aussagen zum **Verhältnis zwischen den Vergabearten** trifft Art. 26 Abs. 2 VRL. Danach müssen die Mitgliedstaaten vorschreiben, „dass die öffentlichen Auftraggeber offene oder nichtoffene Verfahren nach Maßgabe dieser Richtlinie anwenden können". Das bedeutet, dass beide Vergabearten gleichrangig zur Verfügung stehen; aus unionsrechtlicher Sicht gibt es also keinen Vorrang des offenen Verfahrens vor dem nicht offenen Verfahren.[14] Nachrangig ggü. dem offenen und dem nicht offenen Verfahren sind das Verhandlungsverfahren, der wettbewerbliche Dialog und die Innovationspartnerschaft. Die Voraussetzungen des Verhandlungsverfahrens und des wettbewerblichen Dialogs werden in Art. 26 Abs. 4 VRL genannt. Dort sind verschiedene Kriterien aufgezählt, die alternativ erfüllt sein müssen, damit diese beiden Vergabearten in Betracht kommen. Damit stehen das Verhandlungsverfahren und der wettbewerbliche Dialog nach Unionsrecht auf demselben Rang, dh der wettbewerbliche Dialog ist immer dann zulässig, wenn auch die Tatbestandsvoraussetzungen für die Durchführung eines Verhandlungsverfahrens nach Veröffentlichung eines Aufrufs zum Wettbewerb erfüllt sind.[15] Nur in eng begrenzten Ausnahmefällen darf das Verhandlungsverfahren gem. Art. 26 Abs. 6 iVm Art. 32 VRL ohne vorherige Veröffentlichung eines Aufrufs zum Wettbewerb durchgeführt werden. Ein vergleichbares Rangverhältnis zwischen den einzelnen Verfahrensarten besteht im Sektorenbereich nicht. Art. 44 Abs. 2 SRL bestimmt, „dass Auftraggeber offene oder nichtoffene Verfahren sowie Verhandlungsverfahren mit vorherigem Aufruf zum Wettbewerb nach Maßgabe dieser Richtlinie anwenden können". Sofern die jew. Tatbestandsvoraussetzungen vorliegen, können sie auf „wettbewerbliche Dialoge und Innovationspartnerschaften im Sinne dieser Richtlinie" zurückgreifen (Art. 44 Abs. 3 SRL). Subsidiär ggü. dem offenen Verfahren, dem nicht offenen Verfahren und dem Verhandlungsverfahren ist im Sektorenbereich gem. Art. 45 Abs. 5 iVm Art. 50 SRL nur die Vergabe eines Auftrags im Verhandlungsverfahren ohne vorherige Veröffentlichung einer Vergabebekanntmachung (Aufruf zum Wettbewerb). Im Anwendungsbereich der **VSVKR** sind das nicht offene Verfahren und das Verhandlungsverfahren mit Veröffentlichung einer Bekanntmachung gleichwertig; nur die Wahl des wettbewerblichen Dialogs ist davon abhängig, dass die in Art. 27 VSVKR genannten Voraussetzungen erfüllt sind.[16]

---

[9] Art. 30 VRL; vgl. Art. 48 SRL.
[10] Immenga/Mestmäcker/Kling § 119 Rn. 50.
[11] Badenhausen-Fähnle VergabeR 2015, 743 (745); Fehling NZBau 2012, 673; Püstow/Meiners NZBau 2016, 406; Rosenkötter VergabeR 2016, 196 (197 f.).
[12] Knauff InTeR 2016, 88 (90).
[13] Krönke NVwZ 2016, 568 (570); Rosenkötter VergabeR 2016, 196.
[14] Neun/Otting EuZW 2014, 446 (449).
[15] Jaeger NZBau 2014, 359.
[16] Art. 25 VSVKR.

Art. 26 VRL, Art. 44 SRL und Art. 25 VSVKR enthalten jew. eine **abschlie-** 4
ßende Aufzählung der zulässigen Vergabearten. Die Vergabe öffentlicher Aufträge im Wege anderer Verfahren ist nicht erlaubt. Daher dürfen die Mitgliedstaaten im nationalen Recht keine weiteren Vergabearten einführen, und zwar selbst dann nicht, wenn diese Ähnlichkeiten mit einer in den Vergaberichtlinien ausdr. vorgesehenen Vergabeart haben.[17]

Keine eigenständige Vergabeart ist das **Präqualifikationsverfahren.** Dieses ist 5
auf unionsrechtlicher Ebene in Art. 64 VRL und Art. 77 SRL geregelt. Im Präqualifikationsverfahren geht es allein darum, die für sämtliche Vergabearten vorgeschriebene Eignungsprüfung, die grds. einzelfallbezogen erfolgt, durch eine abstrakte, von einer konkreten Auftragserteilung unabhängige Eignungsprüfung zu ersetzen: Der Auftraggeber kann ohne Bezug auf ein bestimmtes Vergabeverfahren prüfen, ob einzelne Unternehmen generell geeignet sind, bestimmte Aufträge auszuführen. Anders als das offene Verfahren, das nicht offene Verfahren, das Verhandlungsverfahren, der wettbewerbliche Dialog und die Innovationspartnerschaft endet das Präqualifikationsverfahren daher nur mit der Entscheidung über die Eignung des Unternehmens, nicht aber mit einer Zuschlagserteilung (iE dazu → § 122 Rn. 47 sowie → VgV § 48 Rn. 23 ff.).[18]

2. Normzweck

Mit § 119 GWB wurden die **Art. 26–31 VRL umgesetzt.** Die Umsetzung der 6
entspr. Vorschriften für den Sektorenbereich – dh der Art. 44–49 SRL – ist nicht unmittelbar durch § 119 GWB erfolgt, sondern durch § 142 GWB, der allerdings auf § 119 GWB verweist (→ § 142 Rn. 6). Für die Vergabe verteidigungs- oder sicherheitsspezifischer öffentlicher Aufträge spricht § 146 GWB ebenfalls eine Verweisung auf § 119 GWB aus. Wegen der Normierung der zulässigen Vergabearten ist § 119 GWB die **zentrale vergabeverfahrensrechtliche Vorschrift** in Teil 4 des GWB.[19] Im Übrigen beschränkt sich die Norm darauf, die Vergabearten zu definieren (§ 119 Abs. 3–7 GWB) und im Gegensatz zur bisherigen Rechtslage den Grundsatz der freien Wahl zwischen dem offenen Verfahren und dem nicht offenen Verfahren festzuschreiben (§ 119 Abs. 2 GWB).[20] Weitere Einzelheiten zu den verschiedenen Vergabearten nennt die Vorschrift nicht. Wann diese im Einzelfall zulässig sind und wie die jew. Verfahren konkret ablaufen, ergibt sich im Anwendungsbereich des Abschn. 2 des Teils 4 des GWB (§§ 115 ff. GWB) aus den §§ 14–19 VgV (dazu → VgV § 14 Rn. 4 ff.) sowie aus den §§ 3 EU-3b EU VOB/A (dazu → VOB/A § 3 EU Rn. 1 ff.).

3. Entstehungsgeschichte

Als zulässige Vergabearten waren ursprünglich nur das offene Verfahren, das nicht 7
offene Verfahren und das Verhandlungsverfahren vorgesehen. Diesen Vergabearten entspr. bei Aufträgen unterhalb der Schwellenwerte die öffentliche Ausschreibung, die beschränkte Ausschreibung und die freihändige Vergabe. Der wettbewerbliche Dialog ist erst durch die RL 2004/18/EG zugelassen worden. Das **ÖPP-Beschleunigungsgesetz v. 1.9.2005**[21] hatte ihn dann auch im nationalen Recht als neue Vergabeart eingeführt.[22] Durch das **Gesetz zur Modernisierung des Vergaberechts**

---

[17] EuGH 10.2.2009 – C-299/08, NZBau 2010, 191 Rn. 29, 34.
[18] Tugendreich NZBau 2011, 467 (471).
[19] Vgl. Immenga/Mestmäcker/Kling GWB § 119 Rn. 12.
[20] BT-Drs. 18/6281, 97.
[21] BGBl. I 2676.
[22] Klimisch/Ebrecht NZBau 2011, 203; Ollmann VergabeR 2005, 685 (688); Opitz VergabeR 2006, 451 f.; Uechtritz/Otting NVwZ 2005, 1105.

v. 17.2.2016[23] kam in Umsetzung des Art. 31 VRL die Innovationspartnerschaft als fünfte Vergabeart hinzu.[24] Inhaltlich unterscheidet sich § 119 GWB von § 101 GWB aF dadurch, dass bisher das offene Verfahren Vorrang vor allen anderen Verfahrensarten und damit auch vor dem nicht offenen Verfahren hatte (§ 101 Abs. 7 S. 1 GWB aF), während öffentliche Auftraggeber nun zwischen dem offenen und dem nicht offenen Verfahren frei wählen können (§ 119 Abs. 2 S. 1 GWB). Abgesehen hiervon stimmt § 119 GWB inhaltlich weitgehend mit § 101 GWB aF überein.[25]

II. Vergabearten (Abs. 1)

8   § 119 Abs. 1 GWB nennt die zulässigen Verfahrensarten für die Vergabe öffentlicher Aufträge. Ebenso wie in den Vergaberichtlinien hat die Aufzählung **abschließenden Charakter.**[26] Andere als die ausdr. genannten Verfahrensarten kommen nicht in Betracht.

9   Die Vorschriften über die Tatbestandsvoraussetzungen der einzelnen Vergabearten und das Rangverhältnis zwischen den Vergabearten sind **bieterschützende Normen** iSd § 97 Abs. 6 GWB; Bieter und Bewerber haben einen **Anspruch auf Wahl der richtigen Vergabeart.**[27] Entscheidet sich der öffentliche Auftraggeber für die falsche Vergabeart, liegt darin ein Vergaberechtsverstoß, der mit einem Nachprüfungsantrag angegriffen werden kann (s. iE → VgV § 14 Rn. 82 ff.; zur Antragsbefugnis in diesen Fällen → § 160 Rn. 28).[28] Das gilt insbes. bei einer rechtswidrigen Wahl des Verhandlungsverfahrens.[29] Denn im Verhandlungsverfahren besteht für die beteiligten Bieter, anders als im offenen Verfahren und im nicht offenen Verfahren, die Gefahr, iRv Nachverhandlungen von einem Konkurrenten unterboten zu werden. Schon deshalb kann ein zu Unrecht durchgeführtes Verhandlungsverfahren die Zuschlagschancen beeinträchtigen.[30] Der Anspruch auf Wahl der richtigen Vergabeart wird auch verletzt, wenn eine zuständige Behörde die Direktvergabe eines öffentlichen Dienstleistungsauftrags nach Art. 5 Abs. 2 VO (EG) Nr. 1370/2007 ankündigt, obwohl eine solche mangels Vorliegens einer Dienstleistungskonzession überhaupt nicht gestattet ist;[31] diese Direktvergabe darf dann auch nicht in ein Inhouse-Geschäft umgedeutet werden, weil ansonsten der Transparenzgrundsatz verletzt wäre.[32]

III. Verhältnis zwischen den Vergabearten (Abs. 2)

10 § 119 Abs. 2 GWB geht ebenso wie Art. 26 VRL davon aus, dass das offene Verfahren und das nicht offene Verfahren gleichrangig sind. Öffentliche Auftraggeber haben deshalb die **Wahlfreiheit zwischen dem offenen und dem nicht offenen**

---

[23] BGBl. I 203.
[24] BT-Drs. 18/6281, 98.
[25] BT-Drs. 18/6281, 97.
[26] Knauff NZBau 2018, 134.
[27] Vgl. Immenga/Mestmäcker/Kling GWB § 119 Rn. 13; vgl. OLG Schleswig 13.6.2019 – 54 Verg 2/19, NZBau 2019, 806 (809).
[28] BGH 10.11.2009 – X ZB 8/09, NZBau 2010, 124 Rn. 39 ff.
[29] OLG Düsseldorf 15.6.2016 – VII-Verg 49/15, NZBau 2016, 653 f.; 10.6.2015 – VII-Verg 39/14, BeckRS 2015, 10629.
[30] BGH 10.11.2009 – X ZB 8/09, NZBau 2010, 124 Rn. 33; OLG Düsseldorf 21.10.2015 – VII-Verg 28/14, NZBau 2016, 235 (236).
[31] Vgl. EuGH 21.3.2019 – C-266/17 und C-267/17, NZBau 2019, 319.
[32] Vgl. EuGH 24.10.2019 – C-515/18, NVwZ 2019, 1825 Rn. 33; Antweiler NZBau 2019, 289 (290 f.). AA BGH 12.11.2019 – XIII ZB 120/19, NZBau 2020, 179.

Verfahren.³³ § 101 Abs. 7 S. 1 GWB aF sah noch den generellen Vorrang des offenen Verfahrens vor. Maßgebend für die Änderung der Rechtslage war, dass das nicht offene Verfahren zwingend einen vorgeschalteten Teilnahmewettbewerb erfordert,³⁴ so dass es aus funktionaler Sicht gleichwertig mit dem offenen Verfahren ist: Beide Vergabearten stehen allen interessierten Wirtschaftsteilnehmern zur Verfügung; der Kreis der möglichen Teilnehmer ist grds. unbegrenzt. Der einzige Unterschied zwischen diesen Vergabearten besteht darin, dass die interessierten Unternehmen im nicht offenen Verfahren zunächst Teilnahmeanträge einreichen, auf deren Grundlage der Auftraggeber eine Eignungsprüfung durchführt; nur die geeigneten Bewerber dürfen dann ein Angebot abgeben (iE → VgV § 16 Rn. 16. Dagegen findet die Eignungsprüfung im offenen Verfahren erst nach Angebotsabgabe statt. Beiden Vergabearten gemeinsam ist aber, dass jeder Interessent durch die Veröffentlichung der Auftragsbekanntmachung die Möglichkeit der Abgabe eines Teilnahmeantrags bzw. eines Angebotes erhält. Ob die Prüfung der Eignung der Bieter und die Wertung der Angebote in einem oder in zwei Schritten vollzogen werden, hat weder auf die Wirtschaftlichkeit der Angebote noch auf die Effektivität des Wettbewerbs irgendeinen Einfluss. Das nicht offene Verfahren führt daher nicht etwa zu weniger Wettbewerb als das offene Verfahren.³⁵ Daher ist es konsequent, dass der Gesetzgeber nun das offene und das nicht offene Verfahren ausdr. als gleichrangig zur Verfügung stellt (s. dazu ausf. → VgV § 14 Rn. 27 ff.). Grundlegend verkannt wird die funktionale Gleichwertigkeit beider Verfahrensarten allerdings bislang in der verwaltungsgerichtlichen Rspr. zur Rückforderung von Fördermitteln wegen Vergaberechtsverstößen.³⁶

Die **anderen Vergabearten** kommen gem. § 119 Abs. 2 S. 2 GWB nur dann in **11** Betracht, **soweit dies aufgrund des GWB gestattet ist**.³⁷ Die Vorschrift regelt die Zulässigkeit des Verhandlungsverfahrens, des wettbewerblichen Dialogs und der Innovationspartnerschaft somit nicht selbst, sondern beschränkt sich für die Vergabe von öffentlichen Aufträgen und die Ausrichtung von Wettbewerben durch öffentliche Auftraggeber (§ 115 GWB) auf eine Verweisung auf die VgV und die VOB/A-EU.

IV. Offenes Verfahren (Abs. 3)

Gem. § 119 Abs. 3 GWB ist das offene Verfahren ein Verfahren, „in dem der **12** öffentliche Auftraggeber eine unbeschränkte Anzahl von Unternehmen öffentlich zur Abgabe von Angeboten auffordert". Im offenen Verfahren gibt es **keine Eingrenzung des Bieterkreises;** eine Vorauswahl der Unternehmen, die Angebote abgeben dürfen, findet nicht statt. Der öffentliche Auftraggeber fordert über die Veröffentlichung einer Auftragsbekanntmachung eine unbeschränkte Anzahl von Unternehmen zur Angebotsabgabe auf (→ VgV § 15 Rn. 4). Grds. kann jedes interessierte Unternehmen ein Angebot abgeben. Wenn sich der öffentliche Auftraggeber zwar für eine

---

[33] BT-Drs. 18/6281, 97; Beck VergabeR/Jasper § 119 Rn. 6.
[34] BT-Drs. 18/6281, 97.
[35] Vgl. Burgi VergabeR § 13 Rn. 22.
[36] So insbes. BVerwG 13.2.2013 – 3 B 58/12, NZBau 2013, 391; VG Göttingen 27.11.2019 – 1 A 71/16, BeckRS 2019, 33567; VG Würzburg 18.3.2019 – 8 K 18.1161, BeckRS 2019, 4442; krit. zu dieser Entwicklung bereits Antweiler NVwZ 2005, 168 (169 ff.); Martin-Ehlers NVwZ 2007, 289 ff.; Etscheid DÖV 2017, 403 (411); Pilarski VergabeR 2020, 149. Einschränkend auch OVG RhPf 25.9.2012 – 6 A 10478/12, BeckRS 2012, 58276. Zu den Folgen von Vergaberechtsverstößen bei der Verwendung von EU-Mitteln vgl. EuGH 26.5.2016 – C-260/14 und C-261/14, NZBau 2016, 700.
[37] Zum Verhältnis zwischen den anderen Vergabearten vgl. Beck VergabeR/Jasper § 119 Rn. 16; Knauff NZBau 2018, 134 ff.

Vergabe im offenen Verfahren entscheidet, dieses Verfahren aber von Anfang an so anlegt, dass letztlich nur ein Bieter die maßgeblichen Kriterien erfüllen kann, liegt ein Verstoß gegen das Diskriminierungsverbot des § 97 Abs. 2 GWB vor.[38]

13 § 119 Abs. 3 GWB liefert nur eine Definition für das offene Verfahren, sagt aber nichts über den **Verfahrensablauf.** Wie das offene Verfahren konkret ausgestaltet werden muss, ergibt sich bei der Vergabe von öffentlichen Aufträgen und der Ausrichtung von Wettbewerben durch öffentliche Auftraggeber (§ 115 GWB) aus § 15 VgV und aus den §§ 3b EU Abs. 1, 10a EU VOB/A. Typisch für dieses Verfahren sind ua die europaweite Auftragsbekanntmachung, die Erstellung von Angeboten auf der Grundlage einer eindeutigen und erschöpfenden Leistungsbeschreibung, die Abgabe der Angebote innerhalb einer in der Auftragsbekanntmachung bestimmten Frist, die Geheimhaltung der Angebote, das Nachverhandlungsverbot[39] (→ VgV § 15 Rn. 38) sowie die Wertung der Angebote auf der Basis vorab festgelegter Kriterien (s. zum Verfahrensablauf ausf. → VgV § 15 Rn. 3 f.).[40] Außerdem müssen während des gesamten Verfahrens die Grundsätze der Gleichbehandlung, der Transparenz und der Verhältnismäßigkeit eingehalten werden.[41] Dagegen wird verstoßen, wenn der öffentliche Auftraggeber vor Erteilung des Zuschlags von den bekannt gemachten Bedingungen für das Vergabeverfahren abweicht, ohne dies den Bietern zuvor mitzuteilen.[42]

14 Die nach § 122 GWB erforderliche **Eignungsprüfung** dient im offenen Verfahren dazu, die Unternehmen zu ermitteln, die nach Fachkunde und Leistungsfähigkeit zur Erbringung der ausgeschriebenen Leistung generell in Betracht kommen; nur die unzureichend qualifizierten Bieter sollen ausgesondert werden (ausf. → § 122 Rn. 7 sowie → VgV § 42 Rn. 4). Deshalb darf der Angebot eines als geeignet angesehenen Bieters nicht das Angebot eines Konkurrenten mit der Begründung vorgezogen werden, dieser sei besser geeignet.[43]

15 Das **Nachverhandlungsverbot** (§ 15 Abs. 5 S. 2 VgV; § 15 EU Abs. 3 VOB/A) wurde vom OLG Düsseldorf teilw. stark aufgeweicht: Verstöße dagegen sollen unbeachtlich sein, wenn der Auftraggeber sämtliche Bieter zu Nachverhandlungen auffordert, denn dann würden alle Bieter gleichbehandelt.[44] Diese Auffassung ist abzulehnen. Nachverhandlungen im offenen Verfahren sind schon deshalb nicht möglich, weil die Vergabe öffentlicher Aufträge nur in den abschl. aufgezählten Vergabearten erfolgen darf. Die Grenzen zwischen dem offenen Verfahren und dem Verhandlungsverfahren dürfen nicht dadurch verwischt werden, dass Nachverhandlungen im offenen Verfahren iErg als unproblematisch angesehen werden (genauso → VgV § 15 Rn. 38). Somit lässt sich das Nachverhandlungsverbot auch nicht über den Gleichbehandlungssatz relativieren.[45]

V. Nicht offenes Verfahren (Abs. 4)

16 Das nicht offene Verfahren unterteilt sich in zwei Phasen: In der ersten Phase wird ein **öffentlicher Teilnahmewettbewerb** durchgeführt. Dazu ruft der Auftraggeber

---

[38] OLG Naumburg 24.6.2010 – 1 Verg 4/10, NZBau 2011, 127.
[39] OLG Hamburg 21.3.2014 – 1 Verg 4/13, NZBau 2014, 659 (662 f.); Immenga/Mestmäcker/Kling GWB § 119 Rn. 22.
[40] Vgl. MüKoEuWettbR/Fett GWB § 119 Rn. 21.
[41] EuGH 30.1.2020 – C-395/18, BeckRS 2020, 457; 27.11.2019 – C-402/18, EuZW 2020, 63 Rn. 46.
[42] AA OLG Celle 24.10.2019 – 13 Verg 9/19, BeckRS 2019, 26579.
[43] BGH 15.4.2008 – X ZR 129/06, NZBau 2008, 505; vgl. aber Pauka NZBau 2015, 18; Rosenkötter NZBau 2015, 609.
[44] OLG Düsseldorf 31.1.2010 – 1–27 U 1/09, NZBau 2010, 328 (332).
[45] Vgl. auch OLG Naumburg 7.6.2019 – 7 U 69/18, BeckRS 2019, 32034 Rn. 75.

durch Veröffentlichung einer Auftragsbekanntmachung auf. Alle interessierten Unternehmen können einen Teilnahmeantrag stellen; der öffentliche Teilnahmewettbewerb ist grds. für sämtliche Wirtschaftsteilnehmer offen (→ VgV § 16 Rn. 5 f.). Die zweite Phase des nicht offenen Verfahrens ist dadurch gekennzeichnet, dass der Auftraggeber auf Basis der mit den Teilnahmeanträgen eingereichten Unterlagen eine Eignungsprüfung vornimmt und so die Unternehmen auswählt, denen er eine **Aufforderung zur Angebotsabgabe** übersendet. Damit wird die Zahl der Unternehmen, die für die Auftragserteilung in Frage kommen, reduziert. Abgesehen von der Beschränkung des Teilnehmerkreises in der zweiten Phase gibt es zwischen dem nicht offenen Verfahren und dem offenen Verfahren kaum Unterschiede. Insbes. gelten auch im nicht offenen Verfahren der Grundsatz der eindeutigen und erschöpfenden Leistungsbeschreibung, das Geheimhaltungsgebot und das Nachverhandlungsverbot (→ VgV § 16 Rn. 28).

Nach Eingang der Teilnahmeanträge muss der Auftraggeber eine **Eignungsprüfung** vornehmen. Zu klären ist, ob die Bewerber fachkundig und leistungsfähig sind. Dabei ist es zulässig, eine „besondere Eignung" der Bewerber zu berücksichtigen.[46] Deshalb haben Bewerber selbst bei nachgewiesener genereller Eignung **keinen Anspruch auf Beteiligung am nachfolgenden Vergabeverfahren**. Der Auftraggeber ist also berechtigt, nur einen Teil der als geeignet angesehenen Unternehmen zur Angebotsabgabe aufzufordern. 17

In Bezug auf die **Auswahl der Unternehmen, die zur Angebotsabgabe aufgefordert werden,** gibt das Gesetz keine Kriterien vor. Aus diesem Grund wird in der Rspr. zT betont, dem öffentlichen Auftraggeber stehe bei der Auswahl der zur Angebotsabgabe aufzufordernden Unternehmen ein Beurteilungs- und Entscheidungsspielraum zu, der im Nachprüfungsverfahren nur beschränkt überprüfbar sei.[47] Die Aussage, dass der öffentliche Auftraggeber bei der Auswahlentscheidung einen Beurteilungsspielraum hat, ist grds. zutreffend. Dieser Beurteilungsspielraum befreit aber nicht von der Beachtung der vergaberechtlichen Grundprinzipien. Auch im nicht offenen Verfahren müssen der Gleichbehandlungsgrundsatz und das Transparenzgebot gewahrt werden, damit alle Betroffenen bei der Teilnahme über die gleichen Chancen verfügen.[48] Transparent ist die Auswahl der Unternehmen, die zur Angebotsabgabe aufgefordert werden sollen, nur dann, wenn der Auftraggeber die Kriterien für die Auswahl unter den grds. geeigneten Bewerbern bereits in der Bekanntmachung oder in den Bewerbungsbedingungen für den Teilnahmewettbewerb veröffentlicht. Der EuGH hat bereits entschieden, „dass ein öffentlicher Auftraggeber, der im Rahmen eines nicht offenen Verfahrens im Voraus Regeln für die Gewichtung der Kriterien für die Auswahl der Bewerber, die zur Abgabe eines Angebots aufgefordert werden, aufgestellt hat, verpflichtet ist, diese Regeln in der Auftragsbekanntmachung oder in den Ausschreibungsunterlagen anzugeben".[49] Daraus folgt nicht etwa, dass die Veröffentlichung von Auswahlkriterien nur dann erforderlich ist, wenn solche Auswahlkriterien tatsächlich aufgestellt worden sind. Vielmehr besteht im Hinblick auf das Transparenzgebot die generelle Verpflichtung, Auswahlkriterien aufzustellen und diese auch bekannt zu geben. Wenn derartige Auswahlkriterien fehlen oder nicht veröffentlicht werden, ist eine weitere Differenzierung innerhalb der als geeignet angesehenen Unternehmen nicht möglich; der öffentliche Auftraggeber muss dann alle geeigneten Unternehmen zur Abgabe eines Angebotes auffordern. Für die Vergabe von Bauleistungen bestimmt § 3b EU Abs. 2 Nr. 3 VOB/ 18

---

[46] BGH 15.4.2008 – X ZR 129/06, NZBau 2008, 505 Rn. 11.
[47] OLG München 26.6.2007 – Verg 6/07, BeckRS 2008, 08701; Immenga/Mestmäcker/Kling GWB § 119 Rn. 27.
[48] EuGH 12.12.2002 – C-470/99, NZBau 2003, 162 Rn. 93.
[49] EuGH 12.12.2002 – C-470/99, NZBau 2003, 162 Rn. 100.

GWB § 119   Verfahrensarten

A ausdr., dass der Auftraggeber bei einer beabsichtigten Begrenzung der Zahl der Teilnehmer in der Bekanntmachung „die von ihm vorgesehenen, objektiven und nichtdiskriminierenden Eignungskriterien für die Begrenzung der Zahl, die vorgesehene Mindestzahl und ggf. auch die Höchstzahl der einzuladenden Bewerber" angeben muss. Auf diese Weise wird die nach § 97 Abs. 1 GWB erforderliche Transparenz der Auswahlentscheidung sichergestellt. Zur Auswahl der Bewerber im nicht offenen Verfahren ausf. → VgV § 16 Rn. 6 ff. sowie → VgV § 51 Rn. 8 und 9.

19   Mit der **Aufforderung zur Angebotsabgabe** erhalten die ausgewählten Unternehmen die Vergabeunterlagen. Innerhalb der Angebotsfrist können sie ein Angebot abgeben. Andere Unternehmen sind am Vergabeverfahren nicht mehr beteiligt. Deshalb müssen Angebote von Unternehmen, die keinen fristgerechten Teilnahmeantrag gestellt haben, nicht alle geforderten Eignungsnachweise vorgelegt haben oder nicht zur Angebotsabgabe aufgefordert wurden, zwingend ausgeschlossen werden.[50] Der weitere Verfahrensablauf entspricht dann iW dem des offenen Verfahrens, wobei iRd Angebotswertung keine erneute Eignungsprüfung stattfindet. Einzelheiten sind für den Anwendungsbereich des 2. Abschn. des Teils 4 des GWB (§ 115 GWB) in § 16 VgV bzw. in den §§ 3b EU Abs. 2, 10b EU VOB/A geregelt.

VI. Verhandlungsverfahren (Abs. 5)

20   Das Verhandlungsverfahren unterscheidet sich grds. von den anderen Vergabearten: Im offenen Verfahren, im nicht offenen Verfahren und im wettbewerblichen Dialog erteilt der öffentliche Auftraggeber den Auftrag gem. dem Inhalt eines innerhalb der Angebotsfrist abgegebenen Angebotes; dagegen ist der Inhalt der Angebote im Verhandlungsverfahren jew. verhandelbar.[51] Damit ist das Verhandlungsverfahren weniger formalisiert, aber auch weniger wettbewerbsintensiv und weniger transparent als die anderen Vergabearten. Es darf deshalb nur dann durchgeführt werden, wenn einer der Ausnahmetatbestände für die Wahl dieser Vergabeart vorliegt.[52] Diese Ausnahmetatbestände sind für die Vergabe von öffentlichen Aufträgen und die Ausrichtung von Wettbewerben durch öffentliche Auftraggeber (§ 115 GWB) in § 14 Abs. 3, 4 VgV sowie in § 3a EU Abs. 2, 3 VOB/A abschl. normiert. Im Vergleich zu den anderen Vergabearten hat das Verhandlungsverfahren **Ausnahmecharakter.**[53] Denn das europäische Vergaberecht dient dazu, das öffentliche Auftragswesen für einen möglichst umfassenden Wettbewerb zu öffnen und so die Beteiligung möglichst vieler Bieter an einer Ausschreibung sicherzustellen.[54] Außerdem hat der EuGH hervorgehoben, dass die Öffnung für einen möglichst umfassenden Wettbewerb auch im Interesse des öffentlichen Auftraggebers liegt, der so im Hinblick auf das wirtschaftlich günstigste Angebot über eine größere Auswahl verfügt.[55] Daher kommt das Verhandlungsverfahren nur aus-

---

[50] OLG Karlsruhe 15.10.2008 – 15 Verg 9/08, NZBau 2008, 784 (786); OLG Celle 9.4.2009 – 13 Verg 7/08, NZBau 2009, 394.
[51] BGH 10.11.2009 – X ZB 8/09, NZBau 2010, 124 Rn. 33; OLG Düsseldorf 28.3.2018 – VII-Verg 54/17, NZBau 2018, 548 Rn. 28; Favier/Schüler ZfBR 2016, 761.
[52] EuGH 7.9.2016 – C-549/14, EuZW 2016, 871 Rn. 35.
[53] EuGH 15.10.2009 – C-275/08, NZBau 2010, 63 Rn. 55; OLG Celle 9.11.2021 – 13 Verg 9/21, NZBau 2022, 263 (238); OLG Düsseldorf 7.6.2017 – VII-Verg 53/16, NZBau 2018, 118 ff.
[54] EuGH 8.12.2016 – C-553/15, NZBau 2017, 109 Rn. 28; 11.12.2014 – C-113/13, NZBau 2015, 377 Rn. 51; 13.12.2007 – C-337/06, NZBau 2008, 130 Rn. 3 f.
[55] EuGH 23.12.2009 – C-305/08, NZBau 2010, 188 Rn. 37.

nahmsweise in Betracht, zumal die Gefahr einer Diskriminierung hier besonders groß ist.[56] Erst recht gilt dies beim Verhandlungsverfahren ohne Teilnahmewettbewerb. Im Hinblick darauf sind die Tatbestandsvoraussetzungen für die Zulässigkeit des Verhandlungsverfahrens **eng auszulegen**[57] (s. auch → VgV § 14 Rn. 10). Bei Beschaffungsmaßnahmen im Zusammenhang mit der Covid 19-Pandemie haben einige Vergabesenate das nicht ausreichend beachtet.[58] Das OLG Düsseldorf meint sogar, bei Leistungen der Daseinsfürsorge müsse der Rückgriff auf das Verhandlungsverfahren ganz allg. unter weniger strengen Voraussetzungen möglich sein; dazu hat es eine Vorlagefrage an den EuGH gestellt.[59] Mit den unionsrechtlichen Vorgaben lässt sich eine solche Interpretation allerdings nicht vereinbaren.

21 Nach der stRspr des EuGH liegt die **Darlegungs- und Beweislast** dafür, dass die Voraussetzungen eines Ausnahmetatbestands erfüllt sind, bei demjenigen, der sich darauf beruft, dh beim öffentlichen Auftraggeber.[60] Die „bloße Behauptung", ein die Wahl des Verhandlungsverfahrens rechtfertigender Ausnahmetatbestand sei erfüllt, genügt nicht.[61] Immer dann, wenn die Gründe für das Verhandlungsverfahren „nicht aktenkundig" sind, ist diese Vergabeart nicht gerechtfertigt.[62] Abweichend davon hat es das OLG Düsseldorf als ausreichend angesehen, dass ein öffentlicher Auftraggeber die Entscheidung, einen Auftrag über Rechtsberatungsleistungen mit einem geschätzten Honorarvolumen von 3,5 Mio. Euro netto im Verhandlungsverfahren ohne vorherige Auftragsbekanntmachung zu vergeben, im Vergabevermerk ausschl. damit begründet hatte, Gegenstand der zu vergebenden Dienstleistung sei „eine Aufgabe, deren Lösung vorab nicht eindeutig und erschöpfend beschrieben werden kann".[63] Eine solche Begründung ist ungenügend, da der Auftraggeber damit keine konkreten Tatsachen für die Zulässigkeit des Verhandlungsverfahrens ohne vorherige Vergabebekanntmachung nennt, sondern sich darauf beschränkt, eine Tatbestandsvoraussetzung für die Zulässigkeit dieser Verfahrensart zu wiederholen. Grds. in Betracht kam das Verhandlungsverfahren dagegen bei Beschaffungsmaßnahmen zur Bewältigung der Folgen der Flutkatastrophe im Juli 2021.[64]

22 Das Verhandlungsverfahren läuft in **drei Phasen** ab.[65] Es beginnt mit der Veröffentlichung einer Auftragsbekanntmachung. Kennzeichnend für die erste Phase ist die **Teilnehmerauswahl**. Wie diese durchgeführt wird, hängt davon ab, ob es sich

---

[56] EuGH 10.4.2003 – C-20/01, NZBau 2003, 393 Rn. 63.

[57] EuGH 15.10.2009 – C-275/08, NZBau 2010, 63 Rn. 55; 4.6.2009 – C-250/07, NZBau 2009, 602 Rn. 35; OLG Celle 9.11.2021 – 13 Verg 9/21, NZBau 2022, 236 (238); OLG Düsseldorf 7.6.2017 – VII-Verg 53/16, NZBau 2018, 118 Rn. 22; Böhme NZBau 2020, 486 (487).

[58] Vgl. zB BayObLG 20.1.2022 – Verg 7/21, NZBau 2022, 172; OLG Bremen 1.4.2022-2 Verg 1/21, NZBau 2022, 548. Krit. dazu Roth/Landwehr NZBau 2021, 441; Butzert NZBau 2021, 720; Braun VergabeR 2020, 433; Jürgens VergabeR 2020, 578. Für eine Beschränkung der Unwirksamkeitsfeststellung gem. § 135 Abs. 1 GWB bei Beschaffungsmaßnahmen während der Covid 19-Pandemie Herrmann VergabeR 2021, 13.

[59] OLG Düsseldorf 15.2.2023 – VII-Verg 9/22, NZBau 2023, 263; OLG Frankfurt a.M. 24.11.2022 – 11 Verg 5/22, BeckRS 2022, 38371 = VergabeR 2023, 382 mAnm Siebler.

[60] EuGH 15.10.2009 – C-275/08, NZBau 2010, 63 Rn. 56; 14.9.2004 – C-385/02, NZBau 2004, 621 Rn. 19 ff.; OLG Düsseldorf 7.6.2017 – VII-Verg 53/16, NZBau 2018, 118 Rn. 22; 12.7.2017 – VII-Verg 13/17, NZBau 2017, 679 Rn. 27.

[61] EuGH 15.10.2009 – C-275/08, NZBau 2010, 63 Rn. 62.

[62] BGH 10.11.2009 – X ZB 8/09, NZBau 2010, 124 Rn. 54.

[63] OLG Düsseldorf 21.4.2010 – VII-Verg 55/09, NZBau 2010, 390 ff.; krit. dazu Würfel NZBau 2010, 420 (422).

[64] Hofmann/Manz VergabeR 2021, 661; vgl. auch Gottwald/Gaus NZBau 2023, 498 (499).

[65] Vgl. Ollmann VergabeR 2016, 413 (415 f.).

um ein Verhandlungsverfahren mit oder ohne Teilnahmewettbewerb handelt (dazu grdl. → VgV § 17 Rn. 2 ff.). An die Auswahlphase schließt sich als zweite Phase die **Verhandlungsphase** an; erst danach folgt mit der **Angebotsphase** die dritte Phase.

23 Am Beginn des **Verhandlungsverfahrens mit Teilnahmewettbewerb** steht die Veröffentlichung einer Auftragsbekanntmachung im Supplement zum Amtsblatt der EU. Darin sind ua der Auftragsgegenstand, die Eignungskriterien sowie die sonstigen Auswahlkriterien anzugeben. Interessierte Unternehmen können dann Teilnahmeanträge einreichen. Ebenso wie im nicht offenen Verfahren und im wettbewerblichen Dialog wählt der Auftraggeber dann auf Basis der eingegangenen Teilnahmeanträge einzelne Unternehmen aus, mit denen das Vergabeverfahren weitergeführt wird. Eine **Eignungsprüfung** ist auch im Verhandlungsverfahren zwingend erforderlich; nur wer vom Auftraggeber als geeignet beurteilt wird, darf ein Angebot abgeben.[66] Die Eignungskriterien, die der Auftraggeber aufstellt, müssen erforderlich sein, um die Leistungsfähigkeit im Hinblick auf den ausgeschriebenen Auftragsgegenstand nachzuweisen; sie dürfen nicht zu einer Beschränkung des Wettbewerbs führen (dazu → § 122 Rn. 19 ff.).[67] Alle am Auftrag interessierten Unternehmen haben einen Anspruch auf eine rechtmäßige Eignungsprüfung. Ohne Rücksicht darauf, hat das OLG Düsseldorf angenommen, „dass sich aus dem auch im Vergaberecht geltenden Grundsatz von Treu und Glauben Zumutbarkeitsgrenzen für Überprüfungs- und Kontrollpflichten ergeben"; deshalb seien „im Rahmen der Eignungsprüfung die Belange der anderen am Auftrag interessierten Unternehmen nur im Rahmen des Zumutbaren zu berücksichtigen".[68] IErg hat das OLG Düsseldorf den Bieterrechtsschutz damit unter Zumutbarkeitsvorbehalt gestellt. Für diese Auffassung gibt es im Gesetz keine Grundlage: § 122 Abs. 1 GWB verlangt ohne jede Einschränkung, dass öffentliche Aufträge nur an „fachkundige und leistungsfähige (geeignete) Unternehmen" vergeben werden. Diese klare gesetzliche Zielvorgabe darf nicht durch einen richterrechtlichen Zumutbarkeitsvorbehalt untergraben werden.[69] Die Eignungsprüfung findet am Maßstab der in der Auftragsbekanntmachung veröffentlichten Eignungskriterien statt. Im Hinblick auf das Transparenzgebot muss der Auftraggeber die Kriterien, auf deren Basis er unter den generell geeigneten Bewerbern diejenigen auswählt, die zu Vertragsverhandlungen aufgefordert werden, in der Bekanntmachung oder in den Vergabeunterlagen angeben.[70] Grds. hat der Auftraggeber gem. § 51 Abs. 2 VgV mindestens drei Unternehmen zu Vertragsverhandlungen aufzufordern. Wenn die Zahl der geeigneten Bewerber die für das betreffende Verfahren festgelegte Mindestgrenze nicht erreicht, darf er das Verhandlungsverfahren aber fortsetzen, indem er ausschl. die geeigneten Bewerber zu Vertragsverhandlungen auffordert (→ VgV § 51 Rn. 11).[71] Sofern der öffentliche Auftraggeber zur Abgabe indikativer Angebote auffordert, ist ein Angebotsausschluss nicht bei jeder Abweichung von den Vergabeunterlagen zulässig; denn Sinn und Zweck eines Verhandlungsverfahrens ist es gerade, den Angebotsinhalt iRv Verhandlungsrunden mit den Bietern fortzuentwickeln, zu konkretisieren und zu verbessern (s. dazu ausf. → VgV § 17 Rn. 30).[72]

---

[66] Tschäpe ZfBR 2014, 538 (540 f.).
[67] Vgl. OLG Düsseldorf 27.6.2018 – VII-Verg 4/18, NZBau 2018, 707 (709).
[68] OLG Düsseldorf 2.12.2009 – VII-Verg 39/09, NZBau 2010, 393 (398).
[69] Antweiler VergabeR 2011, 306 (311 f., 317 ff.).
[70] *EuGH* 12.12.2002 – C-470/99, NZBau 2003, 162 Rn. 100.
[71] EuGH 15.10.2009 – C-138/08, NZBau 2010, 59 Rn. 42; vgl. Tschäpe ZfBR 2014, 538 (541).
[72] OLG Düsseldorf 29.6.2017 – VII-Verg 7/17, ZfBR 2018, 89.

Beim **Verhandlungsverfahren ohne Teilnahmewettbewerb** wendet sich der öffentliche Auftraggeber direkt an einzelne Unternehmen und fordert diese zu Vertragsverhandlungen auf. Der Wettbewerb kann hier von vornherein nur zwischen den Unternehmen stattfinden, die der öffentliche Auftraggeber direkt anspricht. Deshalb sind die Tatbestandsvoraussetzungen für die Zulässigkeit des Verhandlungsverfahrens ohne Teilnahmewettbewerb gem. § 14 Abs. 4 VgV und § 3a EU Abs. 3 VOB/A besonders eng (→ VgV § 14 Rn. 15).[73] Die Grundprinzipien des § 97 Abs. 1 GWB gelten auch hier. Dabei verlangt das Transparenzgebot eine nachvollziehbare Auswahl der Unternehmen, die zu Vertragsverhandlungen aufgefordert werden. Im Hinblick auf den Wettbewerbsgrundsatz müssen auch im Verhandlungsverfahren ohne Teilnahmewettbewerb grds. mehrere Bieter beteiligt werden.[74] Wird das Verhandlungsverfahren ohne Teilnahmewettbewerb im Anschluss an ein offenes oder ein nicht offenes Verfahren durchgeführt, bei dem kein wirtschaftliches Ergebnis erzielt wurde, ist der Auftraggeber verpflichtet, zumindest diejenigen Unternehmen zu Vertragsverhandlungen aufzufordern, die im vorangegangenen offenen bzw. nicht offenen Verfahren ein ordnungsgem. Angebot abgegeben haben.[75] Daneben darf der Auftraggeber in einer solchen Situation auch noch weitere Unternehmen, die am vorausgegangenen Vergabeverfahren nicht beteiligt waren, in das neue Verhandlungsverfahren einbeziehen. Zur **Bewerberauswahl** → VgV § 17 Rn. 14a ff. 24

Wenn sich die Zuschlagserteilung in einem Vergabeverfahren aufgrund eines Nachprüfungsantrags verzögert und der Auftraggeber nun wegen besonderer Dringlichkeit einen **Interimsauftrag** im Verhandlungsverfahren ohne vorherige Auftragsbekanntmachung abschließen will, darf er die Vertragsverhandlungen über den Interimsauftrag nicht etwa nur mit einem einzigen Bieter führen. Vielmehr sind neben dem Bieter, der den Zuschlag für den Hauptauftrag erhalten soll, zumindest diejenigen Bieter, die einen Nachprüfungsantrag gestellt haben, zu Vertragsverhandlungen über den Interimsauftrag aufzufordern.[76] Wird dagegen hiergegen verstoßen, ist der Interimsauftrag unter den Voraussetzungen des § 134 GWB von Anfang an unwirksam. Dazu iE → VgV § 14 Rn. 65 ff. 25

An die Teilnehmerauswahl schließt sich die **Verhandlungsphase** an. Diese kann vom Auftraggeber weitgehend frei gestaltet werden.[77] Er ist berechtigt, die Verhandlungsphase zu strukturieren, indem er dafür spezielle Regeln aufstellt.[78] Üblicherweise beginnt die Verhandlungsphase mit der Sichtung und Wertung der indikativen Angebote; danach folgt regelmäßig mind. eine Verhandlungsrunde. Denn wenn der Auftraggeber das Verhandlungsverfahren wählt, dürfen die Bieter davon ausgehen, dass es jedenfalls eine Verhandlungsrunde geben wird.[79] Ohnehin sehen die Vergaberichtlinien ein Verhandlungsverfahren ohne Verhandlungsrunde nicht vor. Der EuGH hat bereits entschieden, dass die Mitgliedstaaten nicht befugt sind, im nationalen Recht andere als die in den Vergaberichtlinien ausdr. geregelten Vergabearten einzuführen.[80] Daher ist ein Verhandlungsverfahren ohne Verhandlungsrunden grds. nicht erlaubt. Ein Anspruch auf weitere Verhandlungsrunden besteht aber nicht. Ohne Durchführung einer einzigen Verhandlungsrunde darf der Auftraggeber den 26

---

[73] EuGH 7.9.2016 – C-549/14, EuZW 2016, 871 Rn. 35; OLG Düsseldorf 7.6.2017 – VII-Verg 53/16, NZBau 2018, 118 Rn. 44; Roth NZBau 2018, 77 (79).
[74] BGH 8.2.2011 – X ZB 4/10, BGHZ 188, 200 Rn. 71 = NZBau 2011, 175; Tschäpe ZfBR 2014, 538 (541 f.).
[75] OLG Düsseldorf 5.7.2006 – VII-Verg 21/06, BeckRS 2006, 08298.
[76] OLG Frankfurt a. M. 30.1.2014 – 11 Verg 15/13, NZBau 2014, 386 (389).
[77] KG 15.7.2013 – Verg 2/13, NZBau 2013, 533 f.; Favier/Schüler ZfBR 2016, 761 ff.
[78] OLG Naumburg 12.4.2012 – 2 Verg 1/12, BeckRS 2012, 10195.
[79] OLG Naumburg 12.4.2012 – 2 Verg 1/12, BeckRS 2012, 10195.
[80] EuGH 10.12.2009 – C-299/08, NZBau 2010, 191 Rn. 29, 34.

Zuschlag auf das Angebot eines Bieters nur dann erteilen, wenn alle anderen Angebote fehlerhaft sind, so dass die anderen Bieter unter keinen Umständen den Zuschlag erhalten könnten. In der Verhandlungsphase muss der Auftraggeber immer auf eine transparente und diskriminierungsfreie Verfahrensgestaltung achten.[81] Ein völlig ungeregeltes Vergabeverfahren, in dem weder Eignungs- noch Zuschlagskriterien angegeben sind, keine Eignungsprüfung stattfindet, Angebotsfristen unterschiedlich gehandhabt werden und die Verfahrensschritte intransparent und mangelhaft dokumentiert sind, ist von Grund auf ungeeignet, miteinander vergleichbare Angebote hervorzubringen; ein Zuschlag kann dann nicht erteilt werden.[82] Zur Durchführung der Verhandlungen → VgV § 17 Rn. 20 ff.

27 Zulässiger **Verhandlungsgegenstand** in der Verhandlungsphase ist der gesamte Vertragsinhalt einschl. des Angebotspreises.[83] Dabei können sich sowohl auf Nachfrage- als auch auf Angebotsseite Veränderungen ergeben.[84] Änderungen an den Vergabeunterlagen sind grds. zulässig. Denn der öffentliche Auftraggeber ist nicht verpflichtet, einen Zuschlag auf Angebote mit Leistungsbeschreibungen zu erteilen, von denen er bereits während der laufenden Angebotsfrist erkennt, dass sie seinen Bedürfnissen nicht oder nur in geringerem Umfang als ursprünglich angenommen entsprechen.[85] Erforderlich ist aber, dass diese Änderungen ggü. allen verbleibenden Bietern transparent und diskriminierungsfrei mitgeteilt werden.[86] Außerdem darf eine Änderung der Vergabeunterlagen nicht dazu führen, dass ein völlig anderer Leistungsgegenstand als ursprünglich vorgesehen beschafft wird; die **Identität des Beschaffungsvorhabens** muss also iW gewahrt bleiben (dazu → VgV § 17 Rn. 21).[87] Allzu hohe Voraussetzungen hierfür bestehen aber nicht, denn das Verhandlungsverfahren zeichnet sich gerade dadurch aus, dass der Auftraggeber mit den Bietern über alle Modalitäten des Auftrags – auch über den Inhalt des Auftrags und den Leistungsumfang – verhandeln darf. Bloße Modifikationen oder Reduzierungen des Auftragsvolumens sind daher immer erlaubt. Eine unzulässige wesentliche Änderung der Auftragsbedingungen liegt vor, wenn es aufgrund der geänderten Bedingungen auch anderen Bietern möglich gewesen wäre, Angebote einzureichen.[88]

28 Falls bei sämtlichen Angeboten Ausschlussgründe vorliegen, stellt sich die Frage, ob der Auftraggeber zur **Aufhebung** des Vergabeverfahrens verpflichtet ist oder ob er die Möglichkeit hat, das Vergabeverfahren fortzuführen und den Bietern längere Fristen für die Vorlage von Unterlagen zu setzen bzw. die ursprünglich festgestellten Anforderungen an die Eignungsnachweise zu reduzieren (dazu auch → VgV § 63 Rn. 20). Die Aufhebung des Verhandlungsverfahrens und die anschl. Einleitung eines neuen Verhandlungsverfahrens würden hier nur zu einem Zeitverlust führen. An der Notwendigkeit, die Vergabeunterlagen zu ändern und

---

[81] Vgl. EuGH 11.7.2019 – C-697/17, IBRRS 2019, 2536 Rn. 33 ff.; BGH 10.9.2009 – VII ZR 255/08, NZBau 2009, 781 (782); OLG Frankfurt a. M. 12.7.2016 – 11 Verg 9/16, NZBau 2016, 705; OLG Dresden 14.4.2014 – Verg 3/13, BeckRS 2015, 00615; Hölzl NZBau 2013, 558 (559).

[82] OLG Naumburg 12.4.2012 – 2 Verg 1/12, BeckRS 2012, 10195; OLG Düsseldorf 6.2.2008 – VII-Verg 37/07, NZBau 2008, 271 (277).

[83] OLG Düsseldorf 28.3.2018 – VII-Verg 54/17, NZBau 2018, 548 Rn. 28; OLG Dresden 14.4.2014 – Verg 3/13, BeckRS 2015, 00615; Favier/Schüler ZfBR 2016, 761 f.

[84] BGH 10.9.2009 – VII ZR 255/08, NZBau 2009, 781 (782 f.).

[85] OLG Düsseldorf 30.11.2009 – VII-Verg 41/09, BeckRS 2010, 03380.

[86] BGH 1.8.2006 – X ZR 115/04, NZBau 2006, 797 Rn. 14; OLG Dresden 14.4.2014 – Verg 3/13, BeckRS 2015, 00615.

[87] BGH 10.9.2009 – VII ZR 255/08, NZBau 2009, 781; Hölzl NZBau 2013, 558 (559); BeckOK VergabeR/Mutschler-Siebert/Baumann § 119 Rn. 23.

[88] EuGH 4.6.2009 – C-250/07, NZBau 2009, 602 Rn. 52.

neue Angebote einzureichen, würde sich iErg aber nichts ändern. Daher wäre die Aufhebung des Vergabeverfahrens in einer solchen Situation eine überflüssige Förmelei. Einschränkend ist zu beachten, dass der Auftraggeber auf die Aufhebung eines Verhandlungsverfahrens und die anschl. Einleitung eines neuen Verhandlungsverfahrens nur dann verzichten darf, wenn bei sämtlichen Angeboten Ausschlussgründe vorliegen. Hinter dem selbst definierten Anforderungsprofil darf er aber nicht zurückbleiben, um einzelne, sonst auszuschließende Angebote in der Wertung zu halten.[89]

VII. Wettbewerblicher Dialog (Abs. 6)

Der wettbewerbliche Dialog verbindet Elemente des nicht offenen Verfahrens mit denen des Verhandlungsverfahrens.[90] Vom nicht offenen Verfahren unterscheidet er sich insbes. darin, dass jedes Element des Auftrags verhandelbar ist. Der Unterschied zum Verhandlungsverfahren besteht im Zeitpunkt der Verhandlungen: Während der Auftraggeber im Verhandlungsverfahren mit den Bietern erst nach Abgabe der Angebote über deren Inhalt verhandelt, finden die Verhandlungen im wettbewerblichen Dialog nur vor Abgabe der Angebote statt;[91] nach Angebotsabgabe gibt es im wettbewerblichen Dialog keine Verhandlungen mehr. Zum Verfahrensablauf beim wettbewerblichen Dialog ausf. → VgV § 18 Rn. 7 ff. Die Kommission hatte zur Begr. für die Einführung des wettbewerblichen Dialogs durch die RL 2004/18/EG ausgeführt, bei besonders komplexen Vorhaben könne es für öffentliche Auftraggeber „objektiv unmöglich sein, die Mittel zu bestimmen, die ihren Bedürfnissen gerecht werden können, oder zu beurteilen, was der Markt an technischen bzw. finanziellen/rechtlichen Lösungen bieten kann".[92] Öffentlichen Auftraggebern sollte mit dem wettbewerblichen Dialog ein „flexibles Verfahren" zur Verfügung gestellt werden, „das sowohl den Wettbewerb zwischen Wirtschaftsteilnehmern gewährleistet als auch dem Erfordernis gerecht wird, dass der öffentliche Auftraggeber alle Aspekte des Auftrags mit jedem Bewerber erörtern kann".[93] Auch die VRL hebt hervor, dass es im wettbewerblichen Dialog darum geht, der Auftraggeberseite **„zusätzliche Flexibilität"** einzuräumen.[94] Durch die VRL wurden die Tatbestandsvoraussetzungen des wettbewerblichen Dialogs ggü. der bisherigen Rechtslage deutlich geändert: Die Beschränkung auf „besonders komplexe Aufträge" ist entfallen;[95] zulässig ist der wettbewerbliche Dialog immer dann, wenn das Verhandlungsverfahren nach öffentlichem Teilnahmewettbewerb in Betracht kommt (s. auch → VgV § 14 Rn. 31).[96] Sowohl ggü. dem offenen Verfahren als auch ggü. dem nicht offenen Verfahren ist der wettbewerbliche Dialog nachrangig.[97] Einzelheiten über Voraussetzungen und Ablauf des wettbewerblichen Dialogs ergeben sich aus den §§ 14 Abs. 3, 18 VgV und den §§ 3a EU Abs. 4, 3b EU Abs. 4, 10d VOB/A.

---

[89] OLG Naumburg 13.10.2008 – 1 Verg 10/08, NZBau 2008, 788 (791).
[90] Klimisch/Ebrecht NZBau 2011, 203 f.
[91] Otting/Olgemöller NVwZ 2011, 1225 (1227 ff.); Kommission, Erläuterungen – Wettbewerblicher Dialog – Klassische Richtlinie, CC/2005/04_rev1 v. 5.10.2005, S. 10.
[92] Erwgr. 31 der RL 2004/18/EG.
[93] Erwgr. 31 der RL 2004/18/EG.
[94] Erwgr. 42 der VRL.
[95] Knauff NZBau 2018, 134 (136); Klimisch/Ebrecht NZBau 2011, 203 (204); Drömann NZBau 2007, 751 (753); Fritz VergabeR 2008, 379 (381); Knauff NZBau 2005, 249 ff.
[96] Art. 26 Abs. 4 VRL; vgl. Jaeger NZBau 2014, 259.
[97] Klimisch/Ebrecht NZBau 2011, 203 (204).

GWB § 119

30 Der wettbewerbliche Dialog gliedert sich in drei Phasen (iE → VgV § 18 Rn. 7 ff.).[98] Am Beginn des Verfahrens steht die **Auswahlphase**. Sie wird durch die Veröffentlichung einer Auftragsbekanntmachung eingeleitet. Darin formuliert der öffentliche Auftraggeber keinen konkreten Auftragsgegenstand, sondern nennt seine Bedürfnisse und Anforderungen;[99] die genaue Lösung dafür soll in der Dialogphase erst ermittelt werden.[100] Außerdem hat der Auftraggeber in der Auftragsbekanntmachung die Anforderungen an die Eignung der Bieter zu definieren und auf eine eventuelle Beschränkung der Anzahl der Teilnehmer am wettbewerblichen Dialog unter Angabe der dafür maßgeblichen Auswahlkriterien hinzuweisen. Schließlich müssen auch die Zuschlagskriterien aus der Bekanntmachung ersichtlich sein. Interessierte Unternehmen können dann Teilnahmeanträge stellen. Inhaltlich ist die Auswahlphase mit dem öffentlichen Teilnahmewettbewerb im nicht offenen Verfahren vergleichbar (dazu → VgV § 16 Rn. 6 ff.). Nach Eingang der Teilnahmeanträge kommt es zu einer Eignungsprüfung, bei der der Auftraggeber unter den generell geeigneten Bewerbern diejenigen Unternehmen auswählt, die er zur Teilnahme am wettbewerblichen Dialog auffordert. Für die Auswahlentscheidung gelten iW dieselben Maßstäbe wie im nicht offenen Verfahren (→ Rn. 18 sowie → VgV § 16 Rn. 6 ff.).

31 Auf die Auswahlphase folgt die **Dialogphase**. Sie dient der gemeinsamen Erarbeitung einer Lösung durch Auftraggeber und Bieter; die Mittel, mit denen die Bedürfnisse des öffentlichen Auftraggebers am besten erfüllt werden können, sollen festgelegt werden.[101] Dazu führt der Auftraggeber mit den Bewerbern eine oder mehrere Gesprächsrunden durch. In der Ausgestaltung der Dialogphase ist er weitgehend frei.[102] Gleichbehandlung und Vertraulichkeit müssen dabei allerdings gewährleistet sein.[103] Das Gleichbehandlungsgebot verlangt ua, dass den Bewerbern für die Erarbeitung von Lösungen angemessene Fristen gesetzt werden.[104] Aus dem Grundsatz der Vertraulichkeit folgt, dass Lösungsvorschläge eines Bewerbers nicht ohne dessen Einverständnis an andere Bewerber weitergegeben werden dürfen. Grds. sind an der Dialogphase bis zu ihrem Abschluss alle ausgewählten Bewerber zu beteiligen; einen „**preferred bidder**" kann es im wettbewerblichen Dialog nicht geben.[105] Die Dialogphase kann in mehreren Schritten durchgeführt werden, um die Zahl der zu erörternden Lösungen nach und nach zu verringern.[106] Zur Dialogphase ausf. → VgV § 18 Rn. 12 ff.

32 Sofern in der Dialogphase eine Lösung gefunden wird, schließt sich die **Angebotsphase** an: Der Auftraggeber fordert die Teilnehmer nun zur Abgabe eines verbindlichen Angebotes auf. Die Angebote sind bis zum Ablauf der dafür bestimmten Frist abzugeben. Verhandlungen über den Inhalt der Angebote finden danach nicht statt; allerdings ist der Auftraggeber berechtigt, „Klarstellungen und Ergänzungen" zu den Angeboten zu fordern.[107] Die Angebote sind auf der Basis der in der Auftragsbekanntmachung genannten Zuschlagskriterien zu werten. Nach Abschluss

---

[98] Otting/Olgemöller NVwZ 2011, 1225 (1226 ff.); Opitz VergabeR 2006, 451 (452); Ollmann VergabeR 2005, 685 (688 ff.); Müller/Veil VergabeR 2007, 298 (300 ff.); Schröder NZBau 2007, 216.
[99] Art. 30 Abs. 2 der RL 2014/24/EU.
[100] Klimisch/Ebrecht NZBau 2011, 203 (205); Opitz VergabeR 2006, 451 (452).
[101] Klimisch/Ebrecht NZBau 2011, 203 (205); Müller/Veil VergabeR 2007, 298 (301); Fritz VergabeR 2006, 450 (458).
[102] Klimisch/Ebrecht NZBau 2011, 203 (205); Opitz VergabeR 2006, 451 (453).
[103] OLG Celle 16.5.2013 – 13 Verg 13/12, NZBau 2013, 795 (797 f.); Mösinger NZBau 2009, 695 ff.
[104] OLG Brandenburg 7.5.2009 – Verg W 6/09, NZBau 2009, 734.
[105] Opitz VergabeR 2006, 450 (459); aA Klimisch/Ebrecht NZBau 2011, 203 (208).
[106] Klimisch/Ebrecht NZBau 2011, 203 (207); Schröder NZBau 2007, 216 (222).
[107] § 18 Abs. 8 S. 3 VgV; § 3b Abs. 4 Nr. 7 S. 3 VOB/A.

der Wertung wird der Zuschlag auf das wirtschaftlichste Angebot erteilt. Zur Angebotsphase → VgV § 18 Rn. 22 ff.

VIII. Innovationspartnerschaft (Abs. 7)

Sinn und Zweck der Innovationspartnerschaft werden bislang eher kritisch beurteilt.[108] § 119 Abs. 7 GWB umschreibt sie als ein „Verfahren zur Entwicklung innovativer, noch nicht auf den Markt verfügbar Liefer-, Bau- oder Dienstleistungen und zum anschließenden Erwerb der daraus hervorgehenden Leistungen". Damit ist die **Notwendigkeit einer Innovation** das prägende Kennzeichen dieser neuen Vergabeart.[109] Unter Innovation wird gem. Art. 2 Nr. 22 VRL „die Realisierung von neuen oder deutlich verbesserten Waren, Dienstleistungen oder Verfahren, einschließlich – aber nicht beschränkt auf – Produktions-, Bau- oder Konstruktionsverfahren, eine neue Vermarktungsmethode oder ein neues Organisationsverfahren in Bezug auf Geschäftspraxis, Abläufe am Arbeitsplatz oder externe Beziehungen, u.a. mit dem Ziel, zur Bewältigung gesellschaftlicher Herausforderungen beizutragen oder die Strategie Europa 2020 für intelligentes, nachhaltiges und integratives Wachstum zu unterstützen", verstanden. 33

Die Innovationspartnerschaft beginnt, indem der öffentliche Auftraggeber eine unbeschränkte Anzahl von Unternehmen öffentlich durch eine Auftragsbekanntmachung zur Abgabe von Teilnahmeanträgen auffordert.[110] Jedes interessierte Unternehmen kann dann einen Teilnahmeantrag abgeben. Mit dem Teilnahmeantrag müssen die Unternehmen die vom öffentlichen Auftraggeber geforderten Informationen für die Prüfung ihrer Eignung übermitteln.[111] Zur **Auswahlphase** → VgV § 19 Rn. 6 ff. 34

Nur die Unternehmen, die der öffentliche Auftraggeber aufgrund einer Bewertung der übermittelten Information dazu auffordert, können dann ein Angebot für Forschungs- und Innovationsprojekte einreichen. Danach folgt die **Verhandlungsphase**, die ähnlich wie beim Verhandlungsverfahren abläuft.[112] Am Ende der Verhandlungen schließt der Auftraggeber mit einem oder mehreren Bietern eine Innovationspartnerschaft.[113] Für den Anwendungsbereich des 2. Abschn. des Teils 4 des GWB (§ 115 GWB) ist die konkrete Ausgestaltung der Innovationspartnerschaft in § 19 VgV und in § 3b EU Abs. 5 VOB/A geregelt. Zu den Einzelheiten daher → VgV § 19 Rn. 12 ff. 35

§ 120 Besondere Methoden und Instrumente in Vergabeverfahren

(1) **Ein dynamisches Beschaffungssystem ist ein zeitlich befristetes, ausschließlich elektronisches Verfahren zur Beschaffung marktüblicher Leistungen, bei denen die allgemein auf dem Markt verfügbaren Merkmale den Anforderungen des öffentlichen Auftraggebers genügen.**

(2) ¹**Eine elektronische Auktion ist ein sich schrittweise wiederholendes elektronisches Verfahren zur Ermittlung des wirtschaftlichsten Angebots.** ²**Jeder elektronischen Auktion geht eine vollständige erste Bewertung aller Angebote voraus.**

---

[108] Neun/Otting EuZW 2019, 716 Badenhausen-Fähnle VergabeR 2015, 743 (757); Püstow/Meiners NZBau 2016, 406 ff.; Knauff InTeR 2016, 88 (93); Rosenkötter VergabeR 2016, 196 (202).
[109] Knauff NZBau 2018, 134 (137); Knauff InTeR 2016, 88 (90).
[110] § 19 Abs. 2 S. 1 VgV; § 3b EU Abs. 5 Nr. 2 VOB/A.
[111] § 19 Abs. 2, 3 VgV; § 3b EU Abs. 5 Nr. 2 VOB/A.
[112] Püstow/Meiners NZBau 2016, 406; Rosenkötter VergabeR 2016, 199 f.
[113] Badenhausen-Fähnle VergabeR 2015, 743 (753); Schaller LKV 2017, 62 (63).

(3) ¹Ein elektronischer Katalog ist ein auf der Grundlage der Leistungsbeschreibung erstelltes Verzeichnis der zu beschaffenden Liefer-, Bau- und Dienstleistungen in einem elektronischen Format. ²Er kann insbesondere beim Abschluss von Rahmenvereinbarungen eingesetzt werden und Abbildungen, Preisinformationen und Produktbeschreibungen umfassen.

(4) ¹Eine zentrale Beschaffungsstelle ist ein öffentlicher Auftraggeber, der für andere öffentliche Auftraggeber dauerhaft Liefer- und Dienstleistungen beschafft, öffentliche Aufträge vergibt oder Rahmenvereinbarungen abschließt (zentrale Beschaffungstätigkeit). ²Öffentliche Auftraggeber können Liefer- und Dienstleistungen von zentralen Beschaffungsstellen erwerben oder Liefer-, Bau- und Dienstleistungsaufträge mittels zentraler Beschaffungsstellen vergeben. ³Öffentliche Aufträge zur Ausübung zentraler Beschaffungstätigkeiten können an eine zentrale Beschaffungsstelle vergeben werden, ohne ein Vergabeverfahren nach den Vorschriften dieses Teils durchzuführen. ⁴Derartige Dienstleistungsaufträge können auch Beratungs- und Unterstützungsleistungen bei der Vorbereitung oder Durchführung von Vergabeverfahren umfassen. ⁵Die Teile 1 bis 3 bleiben unberührt.

Literatur: Baudis, Zur gemeinsamen Beschaffung öffentlicher Auftraggeber nach Maßgabe der Richtlinie 2014/24/EU und deren Umsetzung sowie ihren Grenzen, VergabeR 2016, 425; Brüggemann/Voigt/Reuter, Elektronische Vergabe und Datenschutz, NZBau 2019, 226; Friton, Verteidigungsbeschaffungen über internationale Organisationen, NZBau 2021, 362; Jaeger, Die neue Basisvergaberichtlinie der EU vom 26. Februar 2014 – ein Überblick, NZBau 2014, 259; Knauff, Elektronische öffentliche Auftragsvergabe, NZBau 2020, 421; Mertens, Smart Tender – Neue e-Vergabe in Deutschland, DSRITB 2016, 853; Müller, Das dynamische elektronische Verfahren, NZBau 2011, 73; Portz, Das neue Vergaberecht: Eine Bewertung aus kommunaler Sicht, BWGZ 2016, 52; Schaller, Zentrale Beschaffungs- und Vergabestellen – Einrichtung, Aufbau, Organisation und Gestaltung, LKV 2013, 348; Schäfer, Perspektiven der eVergabe, NZBau 2015, 131; Schröder, Die elektronische Auktion nach § 101 IV 1 GWB – Rückkehr des Lizitationsverfahrens?, NZBau 2010, 411; Siegel, Elektronisierung des Vergabeverfahrens, LKV 2017, 385; Zielke, Demnächst: Pflicht zur eVergabe – Chancen und mögliche Stolperfallen, VergabeR 2015, 273.

I. Bedeutung der Vorschrift

1. Unionsrechtliche Vorgaben

1 Der Einsatz elektronischer Mittel bei der Vergabe öffentlicher Aufträge ist seit langem zulässig.[1] Bereits die RL 93/36/EWG,[2] die RL 93/37/EWG[3] und die RL 92/50/EWG[4] – jeweils idF der RL 97/52/EG[5] – ließen es ausdr. zu, dass Angebote auf andere Weise als „schriftlich auf direktem Weg oder mit der Post übermittelt" werden, sofern die Vertraulichkeit garantiert war.[6] Damit hatten die Mitgliedstaaten insbes. die Befugnis, elektronische Angebote anzuerkennen. Allerdings stand die Zulassung im Ermessen der Mitgliedstaaten; sie waren dazu nicht verpflichtet.[7]

---

[1] Portz BWGZ 2016, 52 (58).
[2] ABl. 1993 L 199, 1.
[3] ABl. 1993 L 199, 54.
[4] ABl. 1992 L 209, 1.
[5] ABl. 1997 L 328, 1.
[6] Art. 15 Abs. 3 der RL 93/36/EWG, Art. 18 Abs. 2 der RL 93/37/EWG und Art. 23 Abs. 2 der RL 92/50/EWG.
[7] Antweiler CR 2001, 717 (718); Siegel LKV 2017, 385 f.

Vorschriften über dynamische Beschaffungssysteme, elektronische Kommunikationsmittel und elektronische Auktionen gab es erstmals in Art. 33, 42 und Art. 54 der RL 2004/18/EG sowie in Art. 15, 48 und Art. 56 der RL 2004/17/EG.[8] Nun machen die Art. 34–37 **VRL** nähere Vorgaben für die Vergabe öffentlicher Aufträge durch öffentliche Auftraggeber unter Einsatz von dynamischen Beschaffungssystemen, elektronischen Auktionen, elektronischen Katalogen und zentralen Beschaffungsstellen. Für den Sektorenbereich finden sich entspr. Regelungen in Art. 52–55 **SRL**. Dagegen sieht die **KVR** die elektronische Vergabe von Konzessionen grds. nur als Option vor.[9] Für verteidigungs- und sicherheitsrelevante Aufträge wurden elektronische Auktionen bereits durch die **VSVKR** zugelassen;[10] auch in diesem Bereich können Auftraggeber die Übermittlung von Angeboten auf elektronischem Weg vorschreiben[11] und – soweit der jew. Mitgliedstaat dies festgelegt hat – elektronische Auktionen durchführen.[12]

Mit den genannten Vorschriften des Unionsrechts werden keine weiteren Vergabearten zur Verfügung gestellt;[13] es geht allein um die Regelung von **Durchführungsmodalitäten** der zulässigen Vergabearten. Zwei Punkte sind in der VRL und der SRL neu geregelt worden. *Erstens* ist die elektronische Vergabe nicht mehr nur optional, sondern zwingend vorgesehen: Die Mitgliedstaaten müssen gewährleisten, dass die gesamte Kommunikation und der gesamte Informationsaustausch, insbes. die elektronische Einreichung von Angeboten, unter Anwendung elektronischer Kommunikationsmittel erfolgen.[14] Ausnahmen von diesem Grundsatz kommen nur unter den in Art. 22 Abs. 1 UAbs. 2 VRL und Art. 14 Abs. 1 UAbs. 2 SRL genannten Voraussetzungen in Betracht.[15] *Zweitens* enthalten beide Richtlinien erstmals konkrete Vorschriften über elektronische Kataloge.[16] 2

Bei der elektronischen Vergabe sind außerdem grundlegende **Querschnittsbestimmungen** der Europäischen Union zu beachten.[17] Diese finden sich insbes. in der RL 2000/31/EG (E-Commerce-Richtlinie),[18] der RL 1999/93/EG (Signaturrichtlinie),[19] der RL 2014/55/EU über die elektronische Rechnungsstellung bei öffentlichen Aufträgen,[20] der VO (EU) Nr. 910/2014 über elektronische Identifizierung und Vertrauensdienste für elektronische Transaktionen im Binnenmarkt[21] sowie der DSGVO.[22] 3

---

[8] Vgl. dazu Graef NZBau 2008, 34 (35); Grabitz/Hilf/Nettesheim/Hailbronner Kap. B 6 Rn. 39; Müller NZBau 2011, 72 ff.; Roßnagel/Paul NZBau 2007, 74 (75 f.); Schindler NZBau 2008, 746 f.; Schröder NZBau 2010, 411 f.

[9] Art. 29 KVR; vgl. dazu Schäfer NZBau 2015, 131 (137).

[10] Art. 1 Nr. 12 und Art. 48 VSVKR.

[11] Art. 36 VSVKR.

[12] Art. 48 VSVKR.

[13] Schröder NZBau 2010, 411 (412); aA in Bezug auf das dynamische elektronische Verfahren nach § 101 Abs. 6 S. 2 GWB aF Müller NZBau 2011, 72 (75); BeckOK VergabeR/Zimmermann GWB § 97 Abs. 5 Rn. 26.

[14] Art. 22 Abs. 1 UAbs. 1 S. 1 VRL; Art. 40 Abs. 1 UAbs. 1 SRL; vgl. C. Braun VergabeR 2016, 179 (180 f.); Mertens DSRITB 2016, 853 (855); Knauff NZBau 2020, 421 (422).

[15] Zu diesen Ausnahmen vgl. C. Braun VergabeR 2016, 179 (184); Mertens DSRITB 2016, 853 (857 f.).

[16] Art. 35 VRL und Art. 53 SRL; vgl. Jaeger NZBau 2014, 259 (265).

[17] Schäfer NZBau 2015, 131 ff.

[18] ABl. 2000 L 178, 1.

[19] ABl. 2000 L 13, 12.

[20] ABl. 2014 L 133, 1.

[21] ABl. 2014 L 257, 73.

[22] Ausf. zu datenschutzrechtlichen Pflichten bei der elektronischen Vergabe Brüggemann/Voigt/Reuter NZBau 2019, 226 ff.

2. Normzweck

4   Elektronische Informations- und Kommunikationsmittel sollen „die Bekanntmachung von Aufträgen erheblich vereinfachen und Effizienz und Transparenz der Vergabeverfahren steigern".[23] Unmittelbar dient § 120 GWB der **Umsetzung der Art. 34–37 VRL**. Aufgrund der in § 142 GWB ausgesprochenen Verweisung auf § 120 GWB für Beschaffungsmaßnahmen von Sektorenauftraggebern werden mittelbar außerdem die **Art. 52–55 SRL** umgesetzt. Soweit es um die Vergabe verteidigungs- oder sicherheitsspezifischer öffentliche Aufträge geht, verweist § 147 GWB auf § 120 GWB.

5   Wie die in § 120 GWB genannten Durchführungsmodalitäten konkret ablaufen, ergibt sich aus dieser Vorschrift nicht. Der Gesetzgeber hat die Beantwortung dieser Frage auf den Verordnungsgeber delegiert (**§§ 97 Abs. 5, 113 GWB**). Einzelheiten sind für den Anwendungsbereich des 2. Abschn. des Teils 4 des GWB (§ 115 GWB) in den §§ 22–27 VgV geregelt. Auf diese Vorschriften wird in § 4b EU VOB/A verwiesen. Allgemeine Bestimmungen über elektronische Kommunikationsmittel enthalten die §§ 9–13 VgV und die §§ 11 EU–11b EU VOB/A. Für Sektorenaufträge gelten die §§ 9–12 und §§ 19–25 SektVO; die elektronische Informationsübermittlung bei verteidigungs- und sicherheitsspezifischen Aufträgen richtet sich nach § 19 VSVgV.

3. Entstehungsgeschichte

6   Bereits das **Gesetz zur Modernisierung des Vergaberechts v. 20.4.2009**[24] hatte das GWB um Regelungen über das dynamische elektronische Verfahren und die elektronische Auktion ergänzt. Inhaltlich stimmt § 120 Abs. 1 GWB mit § 101 Abs. 6 S. 2 GWB aF überein; § 120 Abs. 2 GWB hat weitgehende Parallelen zu § 101 Abs. 6 S. 1 GWB aF.[25] Mit dem **Gesetz zur Modernisierung des Vergaberechts v. 17.2.2016**[26] kamen die Vorschriften über elektronische Kataloge (§ 120 Abs. 2 GWB) und zentrale Beschaffungsstellen (§ 120 Abs. 4 GWB) neu hinzu.

II. Dynamisches Beschaffungssystem

7   Obwohl das dynamische Beschaffungssystem bereits durch die RL 2004/18/EU eingeführt wurde,[27] ist es in der Praxis zunächst ohne jede Bedeutung geblieben.[28] Ein Ziel der Novellierung des Vergaberechts auf europäischer Ebene war es deshalb, das dynamische Beschaffungssystem zu vereinfachen. Öffentliche Auftraggeber sollen so in die Lage versetzt werden, in Bezug auf **„marktübliche oder gebrauchsfertige Waren, Bauleistungen oder Dienstleistungen,** die allgemein auf dem Markt verfügbar sind",[29] eine besonders breite Palette von Angeboten einzuholen.

8   Das dynamische Beschaffungssystem zeichnet sich gem. § 120 Abs. 1 GWB dadurch aus, dass es **zeitlich befristet** ist, **vollelektronisch**[30] abläuft und **marktübliche Leistungen** zum Gegenstand hat (s. iE auch → VgV § 22 Rn. 2 ff.). Bei einem vollelektronischen Verfahren dürfen ausschließl. elektronische Mittel eingesetzt werden, dh „elektronische Geräte für die Verarbeitung (einschließlich digitaler

---

[23] Erwgr. 52 der VRL.
[24] BGBl. I 790.
[25] BT-Drs. 18/6281, 99.
[26] BGBl. I 203.
[27] Vgl. Art. 33 der RL 2004/18/EU.
[28] Siegel LKV 2017, 385 (390); Schäfer NZBau 2015, 131 (136); C. Braun VergabeR 2016, 179 (185).
[29] Erwgr. 61 der VRL.
[30] Vgl. Art. 34 Abs. 1 VRL und Art. 52 Abs. 1 SRL.

Kompression) und Speicherung von Daten, die über Kabel, per Funk, mit optischen Verfahren oder mit anderen elektromagnetischen Verfahren übertragen, weitergeleitet und empfangen werden".[31] Marktüblich iSd § 120 GWB sind Leistungen, die standardisiert am Markt angeboten werden und nicht auf spezifische Anforderungen des Auftraggebers zugeschnitten werden müssen (→ VgV § 22 Rn. 6 f.). Bei freiberuflichen Leistungen scheidet das dynamische Beschaffungssystem von vornherein aus, ebenso idR bei Bauleistungen.

Gem. Art. 34 Abs. 2 S. 1 VRL und Art. 52 Abs. 2 S. 1 SRL müssen öffentliche Auftraggeber bei der Vergabe eines Auftrags über ein dynamisches Beschaffungssystem die Vorschriften über das nicht offene Verfahren beachten. Zum **Verfahrensablauf** sagt § 120 Abs. 1 GWB allerdings nichts; dieser richtet sich aufgrund der Verordnungsermächtigung der §§ 97 Abs. 5, 113 GWB nach den §§ 23, 24 VgV – ggf. iVm § 4b EU VOB/A – und bei Sektorenaufträgen nach den §§ 21, 22 SektVO (vgl. etwa → VgV § 22 Rn. 8 ff.). 9

III. Elektronische Auktion (Abs. 2)

§ 120 Abs. 2 definiert die elektronische Auktion. Diese ist **ein sich schrittweise wiederholendes elektronisches Verfahren zur Ermittlung des wirtschaftlichsten Angebots.** Dabei unterbieten sich die beteiligten Bieter gegenseitig auf elektronischem Weg im Hinblick auf den Preis für die vom Auftraggeber zu beschaffende Leistung.[32] In Betracht kommt die elektronische Auktion iRv offenen Verfahren, nicht offenen Verfahren und Verhandlungsverfahren. Dem Beginn des Auktionsverfahrens muss gem. § 120 Abs. 2 S. 2 GWB eine erste vollständige Bewertung der zunächst abgegebenen Angebote vorausgehen. Grundlage dieser Bewertung sind die veröffentlichten Zuschlagskriterien und die dafür festgelegte Gewichtung. S. dazu iE → VgV § 25 Rn. 1 ff. 10

Inhaltlich beschränkt sich § 120 Abs. 2 GWB darauf, den Begriff der elektronischen Auktion zu definieren und die vollständige erste Bewertung der Angebote vor Beginn des Auktionsverfahrens vorzuschreiben. Wie elektronische Auktionen iE durchgeführt werden müssen, ist nicht in § 120 Abs. 2 GWB geregelt, sondern in den §§ 25, 26 VgV, auf die auch in § 4b EU Abs. 2 VOB/A verwiesen wird, bzw. in den §§ 23, 24 SektVO. S. ausf. → VgV § 26 Rn. 1 ff. 11

IV. Elektronischer Katalog (Abs. 3)

Die Möglichkeit, elektronische Kataloge einzusetzen, war früher nur im Erwgr. 12 der RL 2004/18/EG und im Erwgr. 20 der RL 2004/17/EG erwähnt. Allerdings haben erst Art. 36 VRL und Art. 54 SRL den Anwendungsbereich sowie das Verfahren der Beschaffung auf der Grundlage elektronischer Kataloge näher geregelt. Nach beiden Vorschriften können Auftraggeber festlegen, dass die Angebote in Form eines elektronischen Katalogs übermittelt werden oder einen elektronischen Katalog beinhalten müssen, wenn der Rückgriff auf elektronische Kommunikationsmittel vorgeschrieben ist. Erlaubt wird damit eine **besondere Form der Einreichung von Angeboten** durch die Bieter. Mit § 120 Abs. 3 GWB wurden Art. 36 VRL und Art. 54 SRL in nationales Recht umgesetzt.[33] 12

Die Definition des elektronischen Katalogs in § 120 Abs. 3 S. 1 GWB ist missverständlich. Da dort von einem Verzeichnis der „zu beschaffenden" Leistungen die 13

---

[31] Art. 2 Abs. 1 Nr. 19 VRL und Art. 2 Nr. 15 SRL.
[32] Mertens DSRITB 2016, 853 (862); Schröder NZBau 2010, 411 f.
[33] BT-Drs. 18/6281, 99.

Rede ist, könnte der Eindruck entstehen, dass elektronische Kataloge von Auftraggebern erstellt werden. Aus Art. 36 Abs. 1 UAbs. 1, 3 VRL sowie aus Art. 54 Abs. 1 UAbs. 1, 3 SRL folgt aber eindeutig, dass die Angebote in Form eines elektronischen Katalogs übermittelt werden. Damit obliegt es nicht dem Auftraggeber, einen elektronischen Katalog aufzustellen; vielmehr ist dies eine **Aufgabe der Bieter,** sofern die Verwendung elektronischer Kataloge im konkreten Vergabeverfahren vorgeschrieben ist. Vorgaben zum technischen Format der elektronischen Kataloge macht § 120 Abs. 3 GWB nicht.

14   § 120 Abs. 3 S. 2 GWB stellt klar, dass elektronische Kataloge insbes. beim Abschluss von **Rahmenvereinbarungen** in Betracht kommen. Sie eignen sich daher von allem für die Beschaffung von Standardgütern oder -leistungen wie Büromaterial.[34] Einzelheiten über den Einsatz elektronischer Kataloge bei der Vergabe öffentlicher Aufträge sind in § 27 VgV bzw. in § 4b EU Abs. 3 VOB/A sowie in § 25 SektVO geregelt. Daher dazu iE → VgV § 27 Rn. 1 ff.

V. Zentrale Beschaffungsstellen (Abs. 4)

15   Ziel der unionsrechtlichen Regelungen über zentrale Beschaffungsstellen war es *erstens*, eine einheitliche Definition der zentralen Beschaffungsstelle vorzugeben; *zweitens* ging es darum, die Arbeitsweise zentraler Beschaffungsstellen zu regeln.[35] Dabei ist es nach Unionsrecht zulässig, die Beteiligung privater Unternehmen an zentralen Beschaffungsstellen auszuschließen.[36] Mit § 120 Abs. 4 GWB wurde Art. 37 VRL in nationales Recht umgesetzt, mittelbar – nämlich über die in § 142 GWB ausgesprochene Verweisung – außerdem Art. 55 SRL.

16   Vorgaben zu zentralen Beschaffungsstellen macht § 120 Abs. 4 GWB ausschl. unter dem Blickwinkel des **Vergaberechts:** Geregelt wird, was eine zentrale Beschaffungsstelle ist und inwieweit öffentliche Aufträge an diese ohne Durchführung eines Vergabeverfahrens vergeben werden dürfen. Die Frage der verwaltungsorganisationsrechtlichen und kartellrechtlichen Zulässigkeit zentraler Beschaffungsstellen ist dagegen nicht Regelungsgegenstand der Vorschrift. Die Antworten hierauf ergeben sich aus dem jew. maßgeblichen Verwaltungsorganisationsrecht und dem allg. Kartellrecht (vgl. dazu auch → VgV § 4 Rn. 7, 12).

17   Gemäß § 120 Abs. 4 S. 1 GWB handelt es sich bei einer zentralen Beschaffungsstelle um einen **öffentlichen Auftraggeber,** der für andere öffentliche Auftraggeber **dauerhaft** Liefer- und Dienstleistungen beschafft, öffentliche Aufträge vergibt oder Rahmenvereinbarungen abschließt. Wer öffentlicher Auftraggeber ist, richtet sich nach § 99 GWB. Daraus folgt, dass nur eine selbständige juristische Person zentrale Beschaffungsstelle sein kann. Außerdem muss ihre Tätigkeit von Dauer sein. Die nur auf ein einziges Vergabeverfahren oder auf wenige Beschaffungsvorgänge beschränkte Zusammenarbeit öffentlicher Auftraggeber fällt daher nicht unter § 120 Abs. 4 GWB.

18   Nach § 120 Abs. 4 S. 5 GWB bleiben die Teile 1–3 des GWB unberührt. Damit sind zentrale Beschaffungsstellen nur in den **Grenzen des Kartellrechts** zulässig.[37] Hintergrund dafür ist, dass die Vergabe öffentlicher Aufträge über zentrale Beschaffungsstellen zu einer Nachfragebündelung führen kann. Eine übermäßige Zentralbeschaffung aber ist aus ordnungspolitischen Gründen unzulässig;[38] sie kann gegen § 1 GWB und § 19 GWB verstoßen. Unabhängig hiervon ist der **Grundsatz der vornehmlichen Berücksichtigung mittelständischer Interessen** bei der Ver-

---

[34] Mertens DSRITB 2016, 853 (865); Zielke VergabeR 2015, 273 (274).
[35] Vgl. Erwgr. 69–71 der VRL; Erwgr. 78–80 der SRL.
[36] EuGH 4.6.2020 – C-3/19, NZBau 2020, 664.
[37] Schaller LKV 2018, 348 (350); Baudis VergabeR 2016, 425 (431 ff.).
[38] Grabitz/Hilf/Nettesheim/Hailbronner Kap. B 6 Rn. 12.

gabe öffentlicher Aufträge zu beachten. Dieser zählt zu den fundamentalen materiellen Vergaberechtsgrundsätzen;[39] er setzt daher auch der Tätigkeit zentraler Beschaffungsstellen Schranken.[40]

Bei Beschaffungen im Verteidigungssektor kommen als zentrale Beschaffungsstellen auch bestimmte europäische öffentliche Einrichtungen in Betracht. Das folgt aus Art. 10 VSVKR.[41]   19

§ 121 Leistungsbeschreibung

(1) ¹In der Leistungsbeschreibung ist der Auftragsgegenstand so eindeutig und erschöpfend wie möglich zu beschreiben, sodass die Beschreibung für alle Unternehmen im gleichen Sinne verständlich ist und die Angebote miteinander verglichen werden können. ²Die Leistungsbeschreibung enthält die Funktions- oder Leistungsanforderungen oder eine Beschreibung der zu lösenden Aufgabe, deren Kenntnis für die Erstellung des Angebots erforderlich ist, sowie die Umstände und Bedingungen der Leistungserbringung.

(2) Bei der Beschaffung von Leistungen, die zur Nutzung durch natürliche Personen vorgesehen sind, sind bei der Erstellung der Leistungsbeschreibung außer in ordnungsgemäß begründeten Fällen die Zugänglichkeitskriterien für Menschen mit Behinderungen oder die Konzeption für alle Nutzer zu berücksichtigen.

(3) Die Leistungsbeschreibung ist den Vergabeunterlagen beizufügen.

Literatur: Carstens, Modernisierung des Vergaberechts – nicht ohne Barrierefreiheit, ZRP 2015, 141; Eiermann, Primärrechtsschutz gegen öffentliche Auftraggeber bei europaweiten Ausschreibungen durch Vergabenachprüfungsverfahren – Teil 2, NZBau 2016, 76; Gerlach/Manzke, Das Gebot der eindeutigen Leistungsbeschreibung zwischen Vergaberecht und Allgemeiner Rechtsgeschäftslehre, VergabeR 2016, 445; Kainer, Der offene Teilnahmewettbewerb als unionsrechtliches Prinzip, NZBau 2018, 389; Koch/Siegmund/Siegmund, Erfolgreiche Erstellung der Leistungsbeschreibung bei IT-Vergaben, MMR 2022, 731; Krohn, Leistungsbeschreibung und Angebotswertung bei komplexen IT-Vergaben, NZBau 2013, 79; Kulartz/Weidemann, Zulässigkeit und Zweckmäßigkeit funktionaler Ausschreibungen, NZBau 2021, 571; Probst/Gutmacher, Das Leistungsbestimmungsrecht des öffentlichen Auftraggebers und die Folgen, ZfBR 2021, 238; Schaller, Vergabe von Liefer- und Dienstleistungen der öffentlichen Hand – Arten der Beschreibung einer Leistung – Merkmale des Auftragsgegenstand, LKV 2021, 58; Spinzig, Das Leistungsbestimmungsrecht des öffentlichen Auftraggebers, VPR 2019, 267. Vgl. iÜ die Angaben bei § 31 VgV, § 7 EU VOB/A.

Übersicht

	Rn.
I. Bedeutung der Vorschrift	1
II. Generelle Anforderungen an die Leistungsbeschreibung (Abs. 1)	4
III. Zugänglichkeitskriterien (Abs. 2)	20
IV. Zeitpunkt und Umfang der Vollständigkeit (Abs. 3)	21
V. Rechtsschutz	22
1. Primärrechtsschutz	22
2. Sekundärrechtsschutz	24

---

[39] Vgl. MüKoWettbR/Knauff § 97 Rn. 221.
[40] Ebenso Schaller LKV 2018, 348 (350); Baudis VergabeR 2016, 425 (431).
[41] Friton NZBau 2021, 362 (366).

I. Bedeutung der Vorschrift

1 Die Grundsätze für das Verfassen der Leistungsbeschreibung sind in § 121 Abs. 1–3 GWB geregelt. Die Leistungsbeschreibung bildet das **Kernstück der Vergabeunterlagen,** weil sie maßgeblich dazu beiträgt, in einem wettbewerblichen, transparenten Verfahren unter Beachtung des Gleichbehandlungsgebots das wirtschaftlichste Angebot zu ermitteln. Das Maß an Sorgfalt, das der Auftraggeber für das Verfassen der Leistungsbeschreibung aufwendet, bestimmt weitgehend über den Erfolg, sein Beschaffungsziel zu erreichen. Mangelhafte Leistungsbeschreibungen haben Auswirkungen auf die Qualität und die Vergleichbarkeit der Angebote sowie die zutreffende Wertungs- und Vergabeentscheidung. Die Konsequenzen reichen bis in die Phase der Vertragserfüllung, wenn es um die vertragsgemäße Erbringung und Abrechnung der Leistung geht. Daher wurden die wesentlichen Aufgaben der Leistungsbeschreibung auf gesetzlicher Basis verankert. Die Vorgaben für die Ausgestaltung und Inhalte der Leistungsbeschreibung iE (Technische Spezifikationen, Produktneutralität) sind in den Rechtsverordnungen in §§ 31, 32 VgV, §§ 28, 29 SektVO, § 15 VSVgV bzw. § 15 KonzVgV enthalten. Die Inhalte der entfallenen VOL/A und VOF wurden iW beibehalten.[1] Für Bauleistungen gelten weiterhin § 2 VgV idF v. 31.1.2019 und §§ 7 EU bis 7c EU VOB/A.

2 Den wichtigsten Grundsatz enthält Abs. 1 mit dem Gebot der **eindeutigen und erschöpfenden Leistungsbeschreibung** als Voraussetzung für die spätere Vergleichbarkeit der Angebote. Letztendlich wird damit den **Grundsätzen des Wettbewerbs, der Gleichbehandlung, der Transparenz und der Verhältnismäßigkeit** im Vergabeverfahren entsprochen. Der Auftraggeber wird verpflichtet, die Leistung so zu beschreiben, dass alle Unternehmen sie gleichermaßen verstehen können. Das Gebot der eindeutigen und erschöpfenden Leistungsbeschreibung bezieht sich dabei auf die inhaltliche Beschreibung der Leistung, also auch auf konkretisierende oder ergänzende Antworten auf Bieterfragen.[2] § 121 GWB enthält eine Klarstellung, dass Unternehmen die Beschreibung nicht „im gleichen Sinne verstehen müssen", sondern die Beschreibung „im gleichen Sinne verständlich ist". § 7 Abs. 2 VOL/A verlangte noch die Beachtung verkehrsüblicher Bezeichnungen. Diese Konkretisierung ist weggefallen und nur in § 7 Abs. 3 VOB/A bzw. EU VOB/A verblieben. Es kommt bei der **Auslegung der Leistungsbeschreibung** nicht auf die subjektive Sicht eines einzelnen Unternehmens an, sondern auf den **objektiven Empfängerhorizont** eines **durchschnittlichen, fachkundigen Unternehmens** (§§ 133, 157 BGB).[3] Zur Auslegung iE → VgV § 31 Rn. 10.

3 Der Auftraggeber hat bei der **inhaltlichen Ausgestaltung die Wahl,** die Leistung mit Funktions- oder Leistungsanforderungen zu beschreiben oder sich alternativ auf die Beschreibung der zu lösenden Aufgabe zu beschränken. Alle Möglichkeiten stehen gleichberechtigt nebeneinander. Eine einfache Beschreibung des Beschaffungsziels bietet sich bei der Vergabe geistig-schöpferischer Dienstleistungen oder beim wettbewerblichen Dialog oder der Innovationspartnerschaft an. Neu hinzugekommen sind die Vorgaben, in der Leistungsbeschreibung zusätzlich die Umstände und sonstigen Bedingungen der Leistungserbringung aufzuführen. Bei Leistungen, die zur Nutzung durch natürliche Personen vorgesehen sind, müssen die Zugänglichkeitskriterien für Menschen mit Behinderung bei der Erstellung der Leistungsbeschreibung berücksichtigt oder die Konzeption für alle Nutzer einbezogen werden (Barrierefreiheit bzw. Einhaltung des Gebots des „Designs für

---

[1] § 8 EG VOL/A 2009; § 7 EG VOB/A 2012; § 6 VOF 2009; Gesetzesbegr. VergRModG BT-Drs. 18/6281, 97.
[2] VK Berlin 24.9.2020 – VK – B 1–10/19, ZD 2021, 656.
[3] BGH 10.6.2008 – X ZR 78/07, NZBau 2008, 592; 3.4.2012 – X ZR 130/10, ZfBR 2012, 600.

Alle", zur Wertung → VgV § 58 Rn. 18).[4] Das Unternehmen muss in der Lage sein, mit diesen Kenntnissen ein Angebot zu erstellen. Die Leistungsbeschreibung ist zwingender Bestandteil der Vergabeunterlagen. Die Norm trifft dabei keine Regelung über die Frage, „was" beschafft werden soll, sondern regelt ausschl., „wie" der Auftraggeber seinen Bedarf beschreiben muss (dazu iE → VgV § 14 Rn. 52 ff.). Ein Urheberrecht an der Leistungsbeschreibung wird grds. nicht anerkannt.[5]

II. Generelle Anforderungen an die Leistungsbeschreibung (Abs. 1)

Nach § 121 Abs. 1 S. 1 GWB ist in der Leistungsbeschreibung der Auftragsgegenstand so eindeutig und erschöpfend wie möglich zu beschreiben. Die Anforderung ist, dass allen Unternehmen die Beschreibung im gleichen Sinne verständlich ist und sie ihre Preise sicher berechnen können. Andernfalls ist die **Vergleichbarkeit** eingehender **Angebote** gefährdet und die Leistungsbeschreibung fehlerhaft. Dieser Grundgedanke des § 121 GWB gilt für alle Arten von Leistungsbeschreibungen, also auch für die funktionale Leistungsbeschreibung.[6] Die Grenzen zwischen den Begriffen „eindeutig" und „erschöpfend" sind fließend; eine trennscharfe Abgrenzung ist nicht notwendig, denn der erschöpfende Charakter folgt bereits aus der Eindeutigkeit der Leistungsbeschreibung.[7] Im Nachprüfungsverfahren unterliegt die Einhaltung dieses Gebotes der umfassenden gerichtlichen Überprüfung.[8]   4

Eindeutig ist eine Leistungsbeschreibung, wenn sie Art und Umfang der geforderten Leistungen **mit allen dafür maßgebenden Anforderungen und Bedingungen,** zB hinsichtlich Qualität, Verwendungszweck, Beanspruchungsgrad, technischer und bauphysikalischer Bedingungen, zu erwartender Erschwernisse, besonderer Bedingungen der Ausführung und etwa notwendiger Regelungen zur Ermittlung des Leistungsumfangs, zweifelsfrei erkennen lässt.[9] Dies setzt voraus, dass nicht nur die bauliche Anlage, die Produkteigenschaft oder die Dienstleistung exakt beschrieben wird, sondern – soweit möglich – auch die für die Ausführung maßgeblichen Umstände. Bleibt ein wesentlicher Umstand für die **Preisermittlung** unklar, ist das einheitliche Verständnis der Leistungsbeschreibung durch die Bieter nicht mehr gewährleistet.[10] Davon ist etwa auszugehen, wenn unterschiedliche Auslegungsmöglichkeiten in Betracht kommen oder sich die maßgebenden Leistungsbestimmungen verstreut in den Vergabeunterlagen finden und von den Bietern herausgefiltert werden müssen. Eine solche Leistungsbeschreibung ist nicht transparent.[11] Ein Leistungsverzeichnis, das **Ja/Nein-Abfragen** enthält, entspricht nicht den Anforderungen an vergleichbare Angebote, insbes. wenn der Preis alleiniges Zuschlagskriterium ist. Die Bieter dürfen diese Ja/Nein-Abfragen für unverbindlich halten und müssen nicht mit einem Ausschluss bei Nichtbestätigung der geforderten Kriterien rechnen.[12] Anderes gilt, wenn ausdr. Ausschlusskriterien mit einer Ja/Nein-Liste abgefragt werden.   5

---

[4] Vgl. Art. 42 Abs. 1 UAbs. 4, 5 VRL.
[5] LG Köln 18.12.2014 – 14 O 193/14, ZfBR 2015, 506.
[6] VK Hessen 26.4.2007 – 69d-VK-08/2007, IBR 2007, 508 = BeckRS 2011, 11118.
[7] OLG Düsseldorf 12.10.2011 – Verg 46/11, BeckRS 2011, 26031.
[8] OLG Düsseldorf 10.4.2013 – VII-Verg 50/12, NZBau 2013, 597.
[9] Zit.: Ziff. 4.2.1.1 VHB 2017 (Stand 2019); VK Sachsen-Anhalt 25.4.2013 – 2 VK LSA 43/12, IBRRS 2013, 2110.
[10] OLG Brandenburg 29.1.2013 – Verg W 8/12, BeckRS 2013, 3142.
[11] OLG Düsseldorf 7.3.2012 – Verg 82/11, IBRRS 2012, 1062.
[12] VK Südbayern 29.6.2015 – Z3-3-3194-1-22-03/15, IBRRS 2015, 2258.

Meeßen

GWB § 121 Leistungsbeschreibung

6   Werden Nebenangebote ausgeschlossen und zugleich die Möglichkeit eröffnet, **abweichende Materialstärken und Funktionsanforderungen** anzugeben, ohne zu definieren an welcher Stelle, fehlt der Leistungsbeschreibung die Eindeutigkeit. Verlangt der Auftraggeber **differenzierte Angaben im Preisblatt**, die sich dem fachkundigen Bieter nicht offensichtlich erschließen, mangelt es ebenso an der Eindeutigkeit seiner Vorgaben. Aus der weitreichenden Forderung folgt, dass der Auftraggeber ggf. notwendige umfangreiche Prüfungen durch Sachverständige vorzunehmen hat, um den Bietern auch tatsächlich alle Umstände und Bedingungen mitteilen zu können, die sich auf die Preisermittlung auswirken können.[13] So gewonnene Vorerkundungserkenntnisse darf er den Unternehmen selbst dann nicht verschweigen, wenn er sie nicht als repräsentativ für das gesamte Vorhaben erachtet.[14]

7   Eindeutig ist **nicht identisch mit zweifelsfrei**, der eindeutige Inhalt kann Ergebnis der gebotenen Auslegung sein.[15] Bspw. kann das technische Mittel, wie das Ziel zu erreichen ist, durch ein **funktionales Element** der Leistungsbeschreibung dem Wettbewerb überlassen werden.[16] Da es im Vergabeverfahren erfahrene Unternehmen und Newcomer gibt, ist der Idealzustand, dass alle die Leistungsbeschreibung in gleicher Weise verstehen, unwahrscheinlich. Auch das Verständnis eines Durchschnittsunternehmens zugrunde zu legen, ist theoretischer Natur. Folglich kann der Auftraggeber nur angehalten werden, die Beschreibung möglichst deutlich abzufassen und diesem Optimierungsgebot nachzukommen.

8   **Erschöpfend beschrieben** ist die Leistung, wenn der Bieter über **alle preisrelevanten Faktoren** vor der Kalkulation der Preise aufgeklärt wird. In Bezug auf Bauleistungen findet sich im **VHB** Bund 2017 (Stand 2019) dazu der Hinweis, dass eine Leistungsbeschreibung **vollständig** ist, wenn sie Art und Zweck des Bauwerks bzw. der Leistung, Art und Umfang aller zur Herstellung des Werks erforderlichen Teilleistungen und alle für die Herstellung des Werks spezifischen Bedingungen und Anforderungen darstellt.[17] Um die preisbeeinflussenden Umstände und Bedingungen festzustellen, muss der Auftraggeber zunächst alle Umstände und Bedingungen analysieren, die die Preisermittlung beeinflussen und sie anschließend unmittelbar als Teil der Leistungsbeschreibung angeben. Gemeint sind die auf die konkret geforderte Leistung bezogenen Umstände und Bedingungen in Abgrenzung zu allg. preiserheblichen Sachverhalten. Der Feststellung geht regelmäßig die Ermittlung dieser Sachverhalte voraus; eine bloße Vermutung ist nicht zulässig. Dies umfasst auch zeichnerische Darstellungen oder Probestücke, auch wenn dies keine ausdr. Erwähnung findet. Weiterhin zählen hierzu auch **Angaben zu Lieferort und -modalität**, wenn Lieferungen nur in bestimmten Zeitfenstern oder nur unter erschwerenden Umständen möglich sind. Der öffentliche Auftraggeber kann iRd zulässigen Ausübung seines Leistungsbestimmungsrechts auch festlegen, wie die Leistung auszuführen ist.[18]

9   Die Leistungsbeschreibung soll eine **Kalkulation der Preise ohne umfangreiche Vorarbeiten** oder Herausfiltern von Informationen ermöglichen.[19] Eindeutig und unmissverständlich in dem geforderten Sinn, dass die Unterlagen von den durchschnittlichen Bietern oder Bewerbern des angesprochenen Bieter- bzw. Bewerberkreises einheitlich verstanden werden können, können Vergabeunterlagen auch nach einer **ggf. anspruchsvollen und deshalb zeitintensiveren Auslegung**

---

[13] VK Baden-Württemberg 26.8.2013 – 1 VK 30/13, BeckRS 2014, 21193.
[14] OLG Naumburg 15.12.2005 – 1 U 5/05, NZBau 2006, 267.
[15] OLG Brandenburg 30.1.2014 – Verg W 2/14, NZBau 2014, 525; OLG Koblenz 22.6.2022 – Verg 1/22, BeckRS 2022, 45915.
[16] *OLG Schleswig* 30.4.2015 – 1 Verg 7/14, VPR 2015, 254.
[17] Zit.: Ziff. 4.2.1.2 VHB 2017 (Stand 2019).
[18] VK Südbayern 28.1.2019 – Z3-3-3194-1-35-10/18, VPR 2019, 138.
[19] OLG München 20.3.2014 – Verg 17/13, NZBau 2014, 456.

sein. Es kommt darauf an, wie der durchschnittliche Bewerber des angesprochenen Bewerberkreises sie verstehen musste oder konnte. Entscheidend ist die Verständnismöglichkeit aus der Perspektive eines verständigen und **mit der ausgeschriebenen Leistung vertrauten Unternehmens**, das über das für eine Angebotsabgabe oder die Abgabe eines Teilnahmeantrags erforderliche Fachwissen verfügt. Wenn es mit anspruchsvollen Ausschreibungs- und Vergabeunterlagen vertraut ist, ganz im Gegensatz zu einem beliebigen kleinen oder mittelständischen Unternehmen, sind die Vergabeunterlagen erst dann in vergaberechtswidriger Weise nicht mehr eindeutig, wenn auch nach Auslegungsbemühungen mehrere Auslegungsmöglichkeiten verbleiben oder das zutreffende Verständnis der Vergabeunterlagen eine besondere Gesamtschau erfordert, die von den Bietern oder Bewerbern im Vergabewettbewerb erfahrungsgemäß nicht geleistet wird. Vom Bieter sind daher zumutbar intensive Auslegungsbemühungen anzustellen. Dies gilt gleichermaßen für die in der Leistungsbeschreibung formulierten Anforderungen wie auch für andere Teile der Vergabeunterlagen. Ein Rechtssatz des Inhalts, dass einem Bieter „intensive Auslegungsbemühungen" nicht zumutbar sind, findet in der bisher vertretenen Pauschalität im Gesetz keine Stütze.[20] Das Gebot, dem Bieter kein **ungewöhnliches Wagnis** aufzuerlegen, enthält weder das GWB noch die VgV. Stattdessen ist eine im Einzelfall vorzunehmende **Unzumutbarkeitsprüfung** entscheidend, ob die Leistungsbeschreibung noch eindeutig und erschöpfend ist.[21] Naturgemäß kann der Auftraggeber iRd geschuldeten eindeutigen Beschreibung nicht jede erdenkliche Variable bei einer ausgeschriebenen **Vertragslaufzeit** über mehrere Jahre oder Rahmenvereinbarung antizipieren.[22] Ihm ist aber zuzumuten, durchschnittliche Werte zu ermitteln[23] und durch Überlassung ihm zur Verfügung stehender Informationen und Zahlen eine **Prognose** über das **Auftragsvolumen** zu ermöglichen.[24] Ausschreibungen über Abfallentsorgungsleistungen müssen bspw. Aussagen des Auftraggebers zur Entwicklung der Abfallmengen enthalten.[25] Bei einem Rahmenvertrag über Postzustellung wird es als hinreichend konkret erachtet, nicht alle kalkulationsrelevanten Einzelheiten zu den genauen Zustellgebieten zu benennen, wenn der Bieter stattdessen zu den Sendungszielen nur Quoten für bundes- und landesweite Sendungen zusichern muss.[26] Die Durchführung von Weiterbildungs- oder Ausbildungsangeboten bedarf Angaben zu Teilnehmerzahl, Vertragsdauer und Rahmenbedingungen zu den räumlichen Anforderungen. Dies gilt insbes. dann, wenn eine Pro-Kopf-Vergütung vereinbart wird, zugleich eine große Spanne bei der Teilnehmeranzahl kalkuliert werden soll und dies bei hoher Auslastung der Kurse mehr Personal erfordern würde.[27] Sind entspr. Angaben für eine Prognose des Volumens ausnahmsweise nicht möglich oder zumutbar, kann Unsicherheiten durch Aufnahme einer

---

[20] OLG Düsseldorf 13.12.2017 – VII-Verg 19/17, NZBau 2018, 242 (244) = VergabeR 2018, 309.
[21] OLG Düsseldorf 19.10.2011 – VII-Verg 54/11, NZBau 2011, 762; 20.2.2013 – VII-Verg 44/12, BeckRS 2013, 5999; OLG München 6.8.2012 – Verg 14/12, ZfBR 2012, 805; OLG Koblenz 29.11.2012 – Verg 6/12, IBR 2013, 1016; OLG Schleswig 25.1.2013 – 1 Verg 6/12, NZBau 2013, 395; iÜ Kommentierung zu → VgV § 31 Rn. 1 ff.
[22] VK Bund 9.2.2015 – VK 2–3/15, BeckRS 2015, 120375; OLG Düsseldorf 21.10.2015 – VII Verg 28/14, NZBau 2016, 235.
[23] VK Sachsen 9.9.2008 – 1/SVK/046-08, BeckRS 2009, 20372, Durchschnittslöhne bei Betriebsübergang.
[24] OLG Düsseldorf 29.5.2020 – Verg 26/19, BeckRS 2020, 47402.
[25] OLG Naumburg 5.12.2008 – 1 Verg 9/08, BeckRS 2009, 02589, Entwicklung von Abfallmengen; VK Arnsberg 15.1.2009 – VK 30/08, IBRRS 2009, 2442, Postdienstleistungen.
[26] OLG Celle 19.3.2019 – 13 Verg 7/18, NZBau 2019, 462.
[27] OLG Düsseldorf 5.12.2001 – Verg 32/01, IBRRS 2002, 0839; VK Bund 25.4.2002 – VK 1 11/02, IBRRS 2013, 0959.

Preisgleitklausel begegnet werden.[28] In Extremfällen kann insbes. im Baubereich sogar eine Pflicht zur Aufnahme einer Preisgleitklausel bestehen, wenn ohne eine solche eine einheitliche und sichere Kalkulation der Bieter nicht möglich ist[29] (→ VOB/A § 7 EU Rn. 3 ff.).

9a Soweit es für eine einwandfreie Preisermittlung notwendig ist, sind auch der **Zweck und die vorgesehene Beanspruchung der fertigen Leistung** anzugeben. Das gilt vornehmlich dann, wenn sich nicht schon aus der Leistungsbeschreibung erschließt, dass Zweck und vorgesehene Beanspruchung besondere Anforderungen an die Leistung stellen. Sind Nebenangebote zugelassen, muss die Leistungsbeschreibung neben den Mindestanforderungen[30] (dazu iE → VgV § 35 Rn. 9 ff.) zwar nicht alle Daten enthalten, um jedem denkbaren Nebenangebot Rechnung zu tragen; die Angabe von Zweck und vorgesehener Beanspruchung der fertigen Leistung empfiehlt sich aber gerade hier.[31] Ohne präzise Beschreibung des Verwendungszwecks gefährdet der Auftraggeber seine Erfüllungs-, Gewährleistungs-, und sonstigen Haftungsansprüche, da dieser Zweck dann nicht oder womöglich nicht in vollem Umfang Inhalt der Beschaffenheitsvereinbarung wird.

10 **Wartungsarbeiten** sind nicht erschöpfend ausgeschrieben, wenn die Liste über den Umfang der anfallenden Wartungsarbeiten nicht vom Auftraggeber als Bestandteil der Leistungsbeschreibung vorgegeben wird. Der Angebotsinhalt würde den jew. Bietern überlassen und wäre damit nicht mehr vergleichbar.[32] Wird die Demontage von Abflussrohren ausgeschrieben, gehört es zwingend dazu, auf erforderliche besondere **Schutz- und Entsorgungsmaßnahmen** aus der Behandlung und Beseitigung von Asbestzementmaterial ausdrücklich hinzuweisen.[33]

11 Die **Beschaffung von Software** stellt besondere Anforderungen an die eindeutige und erschöpfende Leistungsbeschreibung. Bei komplexen IT-Leistungen, die nicht durch Standardsoftware abgebildet werden, sind die jew. Anforderungen in einem anzufügenden Pflichtenheft/Lastenheft oder einer entspr. ausführlichen Leistungsbeschreibung zu vermitteln.[34] Gerade wenn **Konzepte** durch die Bieter zu erstellen sind, die bewertet werden, ist es erforderlich, dass den Bietern in einer Gesamtschau nicht nur der Wertungskriterien, sondern auch unter **Einbezug der Leistungsbeschreibung** klar gemacht werden muss, was der Auftraggeber eigentlich fordert und sich vorstellt. Bleibt die **Leistungsbeschreibung konturenlos,** so sind es auch die daraufhin abgegebenen Konzepte, und der Vertragsinhalt nach Zuschlag auf ein Angebot dementsprechend unklar. Daher bedarf es aber doch bzw. gerade einer konkreten Beschreibung der geforderten Funktionen; eine sehr allg. gehaltene Vorgabe kann nicht ausreichen.[35]

12 Bieter dürfen sich darauf verlassen, dass die Leistung auch in ihren Details richtig beschrieben ist.[36] Dies erfordert vom Auftraggeber das Ausnutzen verfügbarer Quellen.[37] Die Formulierung im Regelungstext wurde daher um die Worte „wie mög-

---

[28] VK Baden-Württemberg 7.11.2007 – 1 VK 43/07, BeckRS 2016, 40679, Entwicklung von Kraftstoffpreisen.
[29] VK Westfalen 12.7.2022 – VK 3–24/22, NZBau 2022, 621; VK Niedersachsen 1.2.2023 – VgK-27/2022, BeckRS 2023, 3171.
[30] EuGH 16.10.2003 – C-421/01, BeckRS 2016, 40679 – Traunfellner.
[31] VK Baden-Württemberg 21.5.2001 – 1 VK 7/01, IBR 2002, 36.
[32] VK Sachsen-Anhalt 19.3.2014 – 3 VK LSA 08/14, IBRRS 2015, 0207.
[33] OLG Celle 3.5.2001 – 13 U 186/00, BeckRS 2001, 31158182.
[34] Die UfAB 2018.04 (April 2018) Unterlage für Ausschreibung und Bewertung von IT-Leistungen; http://www.cio.bund.de.
[35] OLG Düsseldorf 2.11.2016 – Verg 25/16, NZBau 2017, 116; VK Bund 14.9.2018 – VK 2–76/18, IBRRS 2018, 3307 = ZfBR 2019, 311.
[36] BGH 12.9.2013 – VII ZR 227/13, NJW 2013, 3511.
[37] VK Sachsen 19.5.2011 – 1/SVK/015-11, BeckRS 2011, 23046.

lich" erweitert. Bei der Verwendung von **ca.-Werten** für Produktabmessungen kann es an der Eindeutigkeit der Leistungsbeschreibung fehlen, wenn die Leistungsbeschreibung nicht zugleich verbindliche Minimal- und Maximalwerte enthält. Die Folge sind unklare Toleranzbereiche und nicht vergleichbare Angebote.[38]

Es ist nicht erforderlich, auf solche technischen Details einzugehen, die für den erfahrenen Fachmann als Adressaten der Leistungsbeschreibung selbstverständlich sind. Der mit den Ermittlungen von Details **verbundene finanzielle Aufwand** ist hinzunehmen,[39] jedoch, wie auch der Aufwand selbst, durch den Grundsatz der **Verhältnismäßigkeit** begrenzt.[40] Auch geheimhaltungsbedürftige, aber preisrelevante Umstände sind vom Auftraggeber anzugeben und können mit Abgabe einer Verschwiegenheitserklärung durch den Bieter gesichert werden.[41]   **12a**

Der Auftraggeber muss bei Offenlassen von Punkten im Einzelfall darlegen können, dass die Kosten der Ermittlung so hoch wären, dass sie auch unter Berücksichtigung der Kalkulationsrisiken, die sich aus einer unvollständigen Ermittlung für ihn ergäben, wirtschaftlich völlig unangemessen wären.[42] Eine **Ausnahme** von der **Ermittlungspflicht** soll in Betracht kommen, wenn die Unternehmen sich die Informationen mit verhältnismäßig geringem, jedenfalls geringerem Aufwand als der Auftraggeber, selbst beschaffen können und die Vergleichbarkeit der Angebote darunter nicht leidet.[43] So können die Mach- und Zumutbarkeit sowie die Verhältnismäßigkeit für den Auftraggeber bei einem Rahmenvertrag über Postzustellung überschritten sein, wenn er Einzelheiten zu den genauen Zustellgebieten als kalkulationsrelevante Umstände ermitteln müsste. Daten des Auftraggebers zu den Sendungszielen sind aber dann als hinreichend konkret zu bewerten, wenn er sich stattdessen nur Quoten für bundes- und landesweite Sendungen zusichern lässt.[44]   **13**

Ob die Leistungsbeschreibung darüber hinaus auch idS inhaltlich zutreffend, also **fachlich richtig,** sein muss, dass die Ausführung der beschriebenen Leistung aller Voraussicht nach zur Erreichung des vom Auftraggeber verfolgten Zwecks führt, ist in der Entscheidungspraxis streitig. Wird hierin einerseits die Grundvoraussetzung für eine sichere Kalkulationsgrundlage gesehen,[45] so wird andererseits[46] betont, „eindeutig" dürfe durchaus nicht mit „richtig" verwechselt werden; vergaberechtlich sei nämlich an einer falschen Leistungsbeschreibung nichts zu beanstanden. Denn auch eine „eindeutig falsche" Leistungsbeschreibung stelle schließlich sicher, dass die Bieter sie in gleicher Weise verstehen und daher miteinander vergleichbare Angebote einreichen.[47] Dieser Auffassung ist zuzugeben, dass sie die Rechtskreise des Vergabe- sowie des Vertragsrechts konsequent auseinanderhält. Den Bieter trifft nur bedingt eine Verpflichtung, auf Fehler im Leistungsverzeichnis hinzuweisen. Eine Hinweispflicht ergibt sich nur bei Unklarheiten.[48] Stellt der Bieter Unklarhei-   **14**

---

[38] VK Sachsen 25.6.2019 – 1/SVK/013-19, BeckRS 2019, 19959.
[39] OLG Frankfurt a. M. 7.6.1985 – 6 U 148/84, NJW-RR 1986, 245 (247).
[40] VK Lüneburg 12.1.2007 – VgK-33/2006, BeckRS 2007, 10110; OLG Frankfurt a. M. 21.7.2020 – 11 Verg 9/19, BeckRS 2020, 20589.
[41] VK Arnsberg 21.2.2006 – VK 29/05, NZBau 2006, 332.
[42] Prieß NZBau 2004, 87 (91); VK Sachsen-Anhalt 16.12.2011 – 2 VK LSA 23/11.
[43] OLG Celle 15.12.2005 – 13 Verg 14/05, ZfBR 2006, 188.
[44] OLG Celle 19.3.2019 – 13 Verg 7/18, NZBau 2019, 462 = VergabeR 2019, 559.
[45] VK Bund 6.3.2002 – VK 1–05/02, IBR 2002, 508.
[46] VK Sachsen 15.3.2011 – 1/SVK/004-11, BeckRS 2011, 19710; bestätigt durch OLG Dresden 17.5.2011 – Verg 3/11, BeckRS 2011, 28417; KG 17.10.2022 – Verg 7/22, BeckRS 2022, 40436.
[47] VK Sachsen 15.3.2011 – 1/SVK/004-11, BeckRS 2011, 19710; KG 17.10.2022 – Verg 7/22, BeckRS 2022, 40436.
[48] OLG München 4.4.2013 – Verg 4/13, ZfBR 2013, 506; OLG Dresden 25.11.2011 – 1 U 571/10, IBRRS 2013, 2237.

ten in den Vergabeunterlagen fest, hat er den Auftraggeber darauf aufmerksam zu machen, Aufklärung zu verlangen und darf mögliche Widersprüche nicht einseitig iS einer bestimmten Lösung interpretieren.[49] Die Leistungsbeschreibung darf nach Klärung nicht in sich widersprüchlich sein.[50] Insbes. darf sie keine Widersprüche zu beigefügten Plänen und Zeichnungen aufweisen. Solche Unklarheiten gehen zulasten des Auftraggebers. Klärt der Auftraggeber Unklarheiten und Widersprüche nicht auf, darf der Bieter das Leistungsverzeichnis unter Einhaltung gesetzlicher Vorgaben und nach seinem vernünftigen Verständnis auslegen.[51]

14a Bei einem erkennbar unzureichenden Leistungsverzeichnis wird sich der Bieter in jedem Fall um Klärung bemühen müssen. Das gebietet bereits die Tatsache, dass im Vergabeverfahren zwischen Bieter und Auftraggeber ein **vorvertragliches Verhältnis** (§ 311 Abs. 2, 3, § 280 Abs. 1, § 241 Abs. 2 BGB) besteht, das durch gegenseitige Rechte und Pflichten geprägt ist. Denn ein Zuwarten auf den Vertragsschluss, um sodann Nachträge zu stellen, verstößt gegen seine Pflicht, Zweifelsfragen vor Angebotsabgabe zu klären.[52] Umgekehrt kann sich der Auftraggeber nicht dadurch seiner Verantwortung hinsichtlich der Leistungsbeschreibung entziehen, dass er sich bei der Erstellung der Leistungsbeschreibung des Sachverstandes Dritter bedient. Vielmehr muss sich der Auftraggeber die Leistungsbeschreibung in diesen Fällen (ausdr. dokumentiert) zu eigen machen.[53]

15 Eine nicht realisierbare Leistungsbeschreibung und damit **unmöglich zu erbringende Leistung** ist nicht eindeutig und erschöpfend.[54] Der Bieter kann in diesem Fall – nachdem er seiner Hinweispflicht erfolglos nachgekommen ist – auch entspr. der Leistungsbeschreibung anbieten. Ein Bieter darf nicht ausgeschlossen werden, wenn eine dem Leistungsverzeichnis entspr., aber objektiv unmögliche Leistung angeboten wird.[55] Es gilt der Grundsatz, dass Unklarheiten zulasten des Auftraggebers gehen.[56]

16 **Änderungen des Auftraggebers an der Leistungsbeschreibung** während des Verfahrens sind zulässig, sofern mit der Änderung kein völlig anderer Beschaffungsgegenstand entsteht. Zusätzliche Grenzen ergeben sich aus den Grundsätzen der Gleichbehandlung, Transparenz und dem Vertrauensschutz.[57] Nach Ablauf der Angebotsfrist muss allen Bietern eine weitere Angebotsabgabe ermöglicht werden und es bedarf eingehender Dokumentation der sachlichen Rechtfertigungsgründe.[58]

17 Der Auftraggeber kann auch während des Verfahrens die **Art der Leistungsbeschreibung austauschen.** Stellt er fest, dass mit einer funktionalen Leistungsbeschreibung sein Beschaffungsbedarf optimiert werden könnte, indem er dem Knowhow der Bieter mehr Spielraum lässt, darf er unter Beachtung der Vergabegrundsätze von der konstruktiven Leistungsbeschreibung auf eine funktionale umstellen.[59]

18 § 121 GWB enthält keine detaillierten Ausführungen zu den alternativen Möglichkeiten, die Leistung als Leistungs-, Funktionsanforderungen oder mittels einer Beschreibung der zu erfüllenden Aufgabe anzugeben. Auf die Erwähnung der tech-

---

[49] OLG Frankfurt a. M. 2.12.2014 – 11 Verg 7/14, NZBau 2015, 448.
[50] VK Südbayern 14.2.2022 – 3194.Z3-3_01-21-44, BeckRS 2022, 11080.
[51] OLG Schleswig 15.4.2011 – 1 Verg 10/10, ZfBR 2011, 501; BGH 12.9.2013 – VII ZR 227/11, NJW 2013, 3511.
[52] OLG Frankfurt a. M. 2.12.2014 – 11 Verg 7/14, NZBau 2015, 448.
[53] VK MV 4.2.2021 – 3 VK 10/20, IBRRS 2021, 2893.
[54] OLG Rostock 6.3.2009 – 17 Verg 1/09, ZfBR 2009, 496.
[55] BGH 1.8.2006 – X ZR 115/04, NZBau 2006, 797.
[56] BGH 12.9.2013 – VII ZR 227/11, NJW 2013, 3511.
[57] Vgl. zur wesentlichen Änderung § 132 Abs. 1 GWB.
[58] OLG Düsseldorf 29.7.2015 – VII Verg 12/15, BeckRS 2016, 21109.
[59] VK Lüneburg 7.10.2015 – VgK-31/2015, ZfBR 2016, 398.

nischen Spezifikationen wird verzichtet. Einzelheiten dazu sind in §§ 31, 32 VgV geregelt.
Die Umstände und Bedingungen der Leistungserbringung sind in der Leistungsbeschreibung anzugeben. Da die Angabe aller preiserheblichen Umstände bereits Ausfluss des Gebots ist, die Leistung erschöpfend zu beschreiben, sind hier auch die weiteren Umstände gemeint, die nicht preisrelevant, deren Kenntnis für die Leistungserbringung aber wichtig ist. 19

III. Zugänglichkeitskriterien (Abs. 2)

Für sämtliche Beschaffungen, die zur Nutzung durch Personen vorgesehen sind, muss der Auftraggeber gem. Abs. 2 technische Spezifikationen festlegen (→ VgV § 31 Rn. 48), um den Kriterien der **Barrierefreiheit für Menschen mit Behinderung** Rechnung zu tragen.[60] Dies gilt für alle Arten von Leistungen. Menschen mit Behinderung soll so die gleichberechtigte Teilhabe in allen gesellschaftlichen Bereichen gewährt werden („Design für Alle"). Dies gilt sowohl für Leistungen, die für die Nutzung durch die Allgemeinbevölkerung vorgesehen sind als auch durch Personal des Auftraggebers. Nur in hinreichend begründeten Fällen darf davon abgesehen werden. Dies ist zu dokumentieren. Eine Orientierung für die Formulierung der Leistungsbeschreibung kann das Behindertengleichstellungsgesetz (BGG) oder der Begriff „universelles Design" geben, der sich in der UN-Konvention findet.[61] Die Gestaltung von Produkten und Dienstleistungen soll danach so erfolgen, dass sie von allen Menschen möglichst ohne spezielle Anpassung genutzt werden können. Die Notwendigkeit spezieller Hilfsmittel für bestimmte Gruppen von Menschen mit Behinderung ist dadurch nicht grds. ausgeschlossen. Es existieren nationale und internationale Normen zur Barrierefreiheit. Soweit deren Anwendung für den jew. Auftraggeber Pflicht ist, muss die entspr. Norm für die Leistungsbeschreibung ohnehin berücksichtigt werden.[62] Zur Wertung dieses Kriteriums → VgV § 58 Rn. 18. 20

IV. Zeitpunkt und Umfang der Vollständigkeit (Abs. 3)

Die vollständige Leistungsbeschreibung ist als **zwingender Bestandteil der Vergabeunterlagen** den Unternehmen zur Verfügung zu stellen. Dies ergibt sich aus einer Zusammenschau von Abs. 3 und § 41 Abs. 1 VgV. Wie das Gebot der eindeutigen und erschöpfenden Leistungsbeschreibung ist diese Anforderung ebenfalls Ausfluss des Transparenzgebots. Im einstufigen Verfahren muss die Leistungsbeschreibung mit der Auftragsbekanntmachung zur Verfügung gestellt werden (→ VgV § 41 Rn. 13). Auch im Verhandlungsverfahren muss mit der Bekanntmachung und damit erst recht in der Verhandlungsphase das Grundgerüst des zu vergebenden Auftrags erkennbar sein. Daran fehlt es, wenn weder das Mindestmaß an Konkretisierung noch die Wahrung der Identität der zu beschaffenden Leistung gewährleistet ist.[63] Der Auftraggeber hatte nach bislang hM bereits **mit der Einleitung eines Teilnahmewettbewerbes** seinen Beschaffungsbedarf umfassend bekanntzumachen.[64] Nach neuerer Rspr. wird diese Auffassung – zumindest für die Vergabe von Dienst- und Lieferleistungen – relativiert: Die Vollständigkeit der Leistungsbeschreibung und 21

---

[60] Vgl. auch Erwgr. 76 RL 2014/24/EU.
[61] UN-Behindertenrechtskonvention ABl. 2010 L 23, 35, der die EU und Deutschland beigetreten sind.
[62] Für einen Überblick über bestehende Normen s. Carstens ZRP 2015, 141.
[63] VK Südbayern 3.1.2018 – Z3-3194-1-46-08/17, IBRRS 2018, 0324.
[64] Vgl. Begr. § 41 VgV (BR-Drs. 87/16, 195).

GWB § 121 Leistungsbeschreibung

Unterlagen kann **auf diejenigen Teile beschränkt** werden, die für die **Entscheidung eines Bewerbers über eine Teilnahme am Verfahren erforderlich** sind. Dazu gehören nach der Entscheidungspraxis der Nachprüfungsinstanzen zB nicht zwingend die Dokumente, die erst eine Kalkulation der Preise und die Abgabe eines Angebotes ermöglichen[65] oder Vertragsunterlagen.[66] Risiken ergeben sich aber bei fehlenden Teilen der Vergabeunterlagen – und damit auch bei Lücken in der Leistungsbeschreibung – daraus, dass aus Perspektive des Auftraggebers nicht immer eindeutig beurteilt werden kann, welche Punkte in den Vergabeunterlagen für die Entscheidung der Bewerber über eine Teilnahme dann tatsächlich entscheidend sind. Zu dieser Frage ausf. → VgV § 41 Rn. 17 ff.

21a   Eine Ausnahme vom Vollständigkeitsgebot bildet die **Vorinformation** als Aufruf zum Wettbewerb. Wird eine solche veröffentlicht, so ist erst mit der Aufforderung zur Interessensbestätigung eine detaillierte Leistungsbeschreibung zu übermitteln (s. → VgV § 41 Rn. 31). Auch der Schutz der **Vertraulichkeit** kann die Entscheidung begründen, Teile der Vergabeunterlagen erst nach Bekanntmachung an registrierte Bieter weiterzuleiten.[67]

V. Rechtsschutz

1. Primärrechtsschutz

22   § 121 GWB ist umfassend **bieterschützend** iSv § 97 Abs. 6 GWB.[68] Die Pflicht, die Leistung gem. seinen Vorgaben auszuschreiben, soll eine **zuverlässige Kalkulationsgrundlage vermitteln** und zugleich die Vergleichbarkeit der Angebote sichern. Kann die Leistungsbeschreibung aufgrund ihrer Mängel diesen Zweck nicht erfüllen, verstößt sie gegen den Wettbewerbs-, Gleichbehandlungs- und Transparenzgrundsatz.[69] Das Risiko einer fehlerhaften Leistungsbeschreibung trägt der Auftraggeber. Fehler der Leistungsbeschreibung können in einem Nachprüfungsverfahren angegriffen werden. Der bieterschützende Charakter der Norm kann sich allerding nur entfalten, wenn die in der Bekanntmachung und den Vergabeunterlagen erkennbaren Mängel an der Leistungsbeschreibung **rechtzeitig gerügt** werden, üblicherweise wohl bis zum Ende der Angebotsfrist, vgl. § 160 Abs. 3 S. 1 Nr. 3 GWB. Dann hat der Auftraggeber den Nachweis der Eindeutigkeit zu führen. Versäumt der Bieter die Rüge, ist ein Nachprüfungsverfahren unzulässig. Ein Bieter ist allerdings nicht gehalten, ein Angebot in einem Vergabeverfahren abzugeben, dessen Grundlagen er als rechtswidrig bekämpft bzw. zu dem er substantiiert vorträgt, mangels klarer Vorgaben **kein Angebot abgeben zu können**.[70] Er kann seinen Anspruch auf eine **sog. zweite Chance** auch dann geltend machen, wenn er kein Angebot abgegeben hat, weil die Ausschreibung nach seiner Auffassung an einem grundlegenden Mangel leidet, der auch die abgegebenen Angebote infiziert (ausf. → GWB § 160 Rn. 12 f.). Kann er plausibel darlegen, dass durch die bemängelten Unklarheiten und teilweise fehlenden oder unzureichenden Antworten auf Fragen jedenfalls ein unzumutbar knappes Zeitfenster zwischen den erhaltenen Antworten des Auftraggebers und der Angebotsfrist bestand und er nicht in der Lage war, ein Angebot zu kalkulieren und fristgemäß abzugeben, ist

---

[65] OLG Düsseldorf 17.10.2018 – Verg 26/18, NZBau 2019, 129; VK Bund 4.9.2019 – VK 2–64/19, IBRRS 2019, 3436; OLG Düsseldorf 1.4.2020 – Verg 33/19, BeckRS 2020, 62690.
[66] VK Bund 4.12.2017 – VK 2–134/17, ZfBR 2018, 200; 4.12.2017 – VK 2–134/17, IBRRS 2018, 0003 = VPR 2018, 78.
[67] § 5 Abs. 3 VgV iVm § 41 Abs. 3 VgV; § 41 Abs. 2 VgV.
[68] VK Münster 2.10.2014 – VK 13/14, NZBau 2014, 721.
[69] OLG Karlsruhe 25.7.2014 – 15 Verg 4/14, ZfBR 2015, 395.
[70] OLG Düsseldorf 16.10.2019 – VII-Verg 66/18, BeckRS 2019, 27237.

das Interesse am Auftrag hinreichend dargelegt und der Nachprüfungsantrag insoweit zulässig.[71] Die in der Gesamtschau der Vergabeunterlagen einer funktionalen Leistungsbeschreibung nicht vorhandene Eindeutigkeit und Transparenz kann allerdings auch vAw aufgegriffen werden, wenn es um die Überprüfung der Angebotswertung geht, weil die **Zuschlagskriterien durch die Leistungsbeschreibung konkretisiert** werden. Der Auftraggeber muss bereits in der Leistungsbeschreibung den Bietern klar machen, was er sich vorstellt und fordert, damit die Wertungskriterien aussagekräftig werden. Der Bieter ist in diesem Fall auch nicht mangels Rüge präkludiert. Wenn Defizite in der Leistungsbeschreibung die Wertung von Konzepten wegen wenig aussagekräftiger Wertungskriterien und der vagen funktionalen Leistungsbeschreibung den Vertragsinhalt unklar bleiben lassen, können diese vom Bieter somit auch nicht erkannt werden.[72]

Jeglicher Versuch des Bieters, die Leistungsbeschreibung iRd Angebotsabgabe zu korrigieren, bedeutet iZw eine unzulässige Änderung an den Vergabeunterlagen und ist daher für den Bieter sehr riskant.[73] Der Auftraggeber ist gezwungen, dieses Angebot auszuschließen, wenn es mit den anderen Angeboten nicht mehr vergleichbar ist. Im Nachprüfungsverfahren entscheidet die Schwere eines Fehlers über die Möglichkeiten, das **Verfahren zurückzuversetzen oder aufzuheben.** Das gilt auch bei unerfüllbaren Leistungen.[74] Nur dann, wenn von den Bietern eine **unmögliche Leistung** verlangt wird, bei der die Abgabe von mit der Leistungsbeschreibung konformen Angeboten nicht möglich ist, kann die Zurückversetzung eines Vergabeverfahrens mit einer zweiten Chance zur Abgabe eines Angebotes verlangt werden (iE → GWB § 168 Rn. 17).[75] Bestätigt die Nachprüfungsinstanz die Fehlerhaftigkeit, ist die **Ausschreibung** in den Stand ab Übersendung einer (vergaberechtskonformen) Leistungsbeschreibung nebst Vergabeunterlagen an die Bewerber **zurückzuversetzen, also ganz oder teilweise aufzuheben.**[76] 22a

Lässt der Fehler keine chancengleiche und wettbewerbsgerechte Angebotswertung zu und ist kein milderes Mittel zur Fehlerbeseitigung ersichtlich, kann eine **Aufhebung** des Verfahrens geboten sein.[77] Das Ermessen des Auftraggebers hins. der Entscheidung über eine Aufhebung ist in solchen Fällen auf null reduziert. Ein Auftraggeber darf von Bietern keine Leistung fordern, die **rechtlich verboten** ist.[78] Eine Aufhebung ist ebenfalls geboten, wenn widersprüchliche Angaben in den Vergabeunterlagen dazu führen, dass aus den eingereichten Angeboten nicht ersichtlich ist, für welchen Leistungszeitraum die angebotenen Preise kalkuliert sind.[79] Unverhältnismäßig wäre es aber, bei einem Verstoß gegen die Produktneutralität aufzuheben, wenn dies allein zur Folge hätte, dass im neuen Verfahren nur die beanstandete Produktbezeichnung fehlte, der Ausschreibungstext selbst mit ihm die Forderung nach bestimmten Eigenschaften jedoch bestehen bliebe.[80] 23

---

[71] VK Bund 13.11.2019 – VK 2–82/19, VPR 2020, 2100.
[72] VK Bund 14.9.2018 – VK 2–76/18, IBR 2019, 86.
[73] OLG Naumburg 12.9.2016 – 7 Verg 5/16, BeckRS 2016, 16892; Dicks IBR 2008, 1360.
[74] BGH 26.9.2006 – X ZB 14/06, NZBau 2006, 800; VK Bund 13.11.2019 – VK 2–82/19, VPR 2020, 2100.
[75] VK Bund 8.10.2018 – VK2-84/18, IBR 2019, 86.
[76] VK Sachsen 3.5.2016 – 1/SKV/005-16, BeckRS 2016, 12655; OLG Koblenz 26.10.2005 – 1 Verg 4/05, IBR 2006, 164; OLG Bremen 4.11.2022 – 2 Verg 1/22, BeckRS 2022, 38741.
[77] VK Münster 5.8.2014 – VK 10/14, BeckRS 2015, 7542; VK Brandenburg 18.1.2007 – 1 VK 41/06, IBRRS 2007, 3247; VK Südbayern 24.8.2010 – Z3-3-3194-1-31-05/10, BeckRS 2010, 37328; Dicks IBR 2008, 1360.
[78] OLG Düsseldorf 11.5.2016 – VII-Verg 2/16, BeckRS 2016, 13255 = VPR 2016, 266.
[79] VK Bund 5.11.2014 – VK1-86/14, VPR 2015, 120.
[80] VK Südbayern 29.1.2007 – Z3-3-3194-37-11/06, BeckRS 2007, 37821.

2. Sekundärrechtsschutz

24 Zwischen Bieter und Auftraggeber besteht bereits im Vergabeverfahren ein vorvertragliches Schuldverhältnis (§ 311 Abs. 2, 3, § 280 Abs. 1, § 241 Abs. 2 BGB), das gegenseitige Rechte und Pflichten – wie das ordnungsgemäße Aufstellen der Leistungsbeschreibung – festlegt. Der Bieter darf darauf vertrauen, dass der Auftraggeber eine eindeutige und erschöpfende Leistungsbeschreibung erstellt.[81] Er hat Anspruch auf Ersatz des negativen Interesses, dh der Kosten der Angebotserstellung, wenn das Vergabeverfahren wegen eines schwerwiegenden Mangels aufgehoben wird; damit verletzt der Auftraggeber seine Rücksichtnahmepflicht.[82] Der Sekundärrechtsschutz ist unabhängig vom vergaberechtlichen Primärrechtsschutz; ein Vorgehen im Verfahren ist für eine entspr. zivilrechtliche Durchsetzung nicht Voraussetzung.[83]

24a Entsteht ggü. den Aussagen der Leistungsbeschreibung bei der Ausführung der Leistung Mehraufwand, wird der Auftragnehmer eine **Anpassung des Vertragspreises** oder eine zusätzliche Vergütung verlangen. Ist dieser Mehraufwand auf eine **lückenhafte Leistungsbeschreibung** zurückzuführen, ist der Auftragnehmer durch den Zuschlag dennoch vertraglich gebunden. Durfte der Bieter aber nach dem Wortlaut der Leistungsbeschreibung zulässigerweise von einem bestimmten Leistungssoll ausgehen und hat er hierauf seine – zu niedrige – Kalkulation aufgebaut, kann dies einen Anspruch auf weitere Vergütung begründen.[84]

25 Der Bieter darf insbes. annehmen, dass völlig ungewöhnliche und von keiner Seite zu erwartende Leistungen von der Leistungsbeschreibung ausgenommen sind.[85] Ihn trifft jedoch eine ausführungsbezogene **Prüfungspflicht.** War der Bieter bei der ihm im jew. Fall zumutbaren Prüfung zumindest in der Lage, Mängel an der Leistungsbeschreibung zu erkennen, ist sein Vertrauen nicht schutzwürdig. Welche Anforderungen bei der **Prüfung der Leistungsbeschreibung** an den Bieter zu stellen sind, um die Erkennbarkeit zu bejahen, ist eine Frage des Einzelfalls. Abzustellen ist auf das branchentypische Fachwissen der Bieter im Allgemeinen (→ Rn. 20). Ein Bieter muss prüfen, ob er alle für eine sichere Kalkulation erforderlichen Angaben und Unterlagen zur Verfügung hat; die Ausschreibungsunterlagen müssen plausibel sein.[86] Eigene aufwändige Untersuchungen und Vorarbeiten können von ihm im Rahmen seines Fachwissens verlangt werden, wenn zugleich ein angemessenes Zeitfenster zur Einhaltung der Bearbeitungs- und Kalkulationsfrist zur Verfügung steht. Aufkommende Zweifel hat er vor Abgabe des Angebots über Bieterfragen auszuräumen. Tut er dies nicht und nennt **spekulativ** einen falschen und zu niedrigen Preis („frivoler Bieter"), so nimmt er die Mehrkosten in Kauf.[87] Eine vorvertragliche Pflichtverletzung des Auftraggebers ist gegeben, wenn er das unrichtige Verständnis des Bieters von den Grundpositionen des Leistungsverzeichnisses in deren Angebot erkannt und ihm gleichwohl den Zuschlag erteilt hat.[88]

---

[81] BGH 1.8.2006 – X ZR 146/03, NZBau 2007, 58; VK Sachsen 23.11.2016 – 1/SVK/025-16, IBRRS 2017, 0180; OLG Hamm 6.8.2015 – 17 U 130/12, BeckRS 2015, 18892.

[82] Dicks IBR 2008, 1360.

[83] BGH 17.9.2019 – X ZR 124/18, NZBau 2019, 798.

[84] VK Bund 6.9.2013 – VK 1 73/13, ZfBR 2014, 297.

[85] OLG Hamm 6.8.2015 – 17 U 130/12, BeckRS 2015, 18892; BGH 11.11.1993 – VII ZR 47/93, NJW 1994, 850.

[86] OLG Jena 19.12.2001 – 7 U 614/98, IBR 2003, 122.

[87] OLG Köln 23.12.2009 – 11 U 173/09, BeckRS 2010, 2147; BGH 25.2.1988 – VII ZR 310/86, NJW-RR 1988, 785.

[88] OLG Frankfurt a. M. 22.3.2006 – 4 U 94/05, BeckRS 2011, 12315 = BauR 2007, 124.

§ 122 Eignung

(1) Öffentliche Aufträge werden an fachkundige und leistungsfähige (geeignete) Unternehmen vergeben, die nicht nach den §§ 123 oder 124 ausgeschlossen worden sind.

(2) ¹Ein Unternehmen ist geeignet, wenn es die durch den öffentlichen Auftraggeber im Einzelnen zur ordnungsgemäßen Ausführung des öffentlichen Auftrags festgelegten Kriterien (Eignungskriterien) erfüllt. ²Die Eignungskriterien dürfen ausschließlich Folgendes betreffen:
1. Befähigung und Erlaubnis zur Berufsausübung,
2. wirtschaftliche und finanzielle Leistungsfähigkeit,
3. technische und berufliche Leistungsfähigkeit.

(3) Der Nachweis der Eignung und des Nichtvorliegens von Ausschlussgründen nach den §§ 123 und 124 kann ganz oder teilweise durch die Teilnahme an Präqualifizierungssystemen erbracht werden.

(4) ¹Eignungskriterien müssen mit dem Auftragsgegenstand in Verbindung und zu diesem in einem angemessenen Verhältnis stehen. ²Sie sind in der Auftragsbekanntmachung, der Vorinformation oder der Aufforderung zur Interessensbestätigung aufzuführen.

Literatur: Bartels, Präqualifikation im Vergaberecht: Möglichkeiten und Grenzen, 2015; Bonhage/Ritzenhoff, Mindestanforderungen an die finanzielle Leistungsfähigkeit in Vergabeverfahren, NZBau 2013, 151; Braun/Petersen, Präqualifikation und Prüfungssysteme, VergabeR 2010, 433; Brückner, Das Vergaberecht und seine Beurteilungsspielräume – verfassungsrechtliche Anforderungen, LKV 2015, 534; Brüning, Die ubiquitäre Zuverlässigkeitsprüfung im neuen Vergaberecht, NZBau 2016, 723; Dittmann, Qualität durch Eignungs- und/oder Zuschlagskriterien?, NZBau 2013, 746; Dreher/Hoffmann, Der Marktzutritt von Newcomern als Herausforderung für das Kartellvergaberecht, NZBau 2008, 545; Figgen, Die Eignungsprüfung, VergabeR 2009, 320; Freiberg/Vogt, Entscheidungsspielraum und Grenzen bei Festlegung von Eignungskriterien, NZBau 2022, 642; Freise, Berücksichtigung von Eignungsmerkmalen bei der Ermittlung des wirtschaftlichsten Angebots?, NZBau 2009, 225; Friton, Die Festlegung und Erfüllung von Eignungsparametern nach den EU-Vergaberichtlinien und die Umsetzung im GWB-Vergaberecht, 2016; Otting, Eignungs- und Zuschlagskriterien im neuen Vergaberecht, VergabeR 2016, 316; Pinkenburg, Die (un-)zulässige nachträgliche Verschärfung von Eignungskriterien, NZBau 2017, 271; Probst/Winters, Der (grenzenlose) Beurteilungsspielraum des Auftraggebers im Vergabeverfahren, VergabeR 2014, 115; Ricken, Beurteilungsspielräume und Ermessen im Vergaberecht, 2014; Theis, Vergaberechtswidrigkeit überzogener Eignungskriterien?, NZBau 2022, 143; Tugendreich, Der Anwendungsbereich von Präqualifikationsverfahren im deutschen Vergaberecht, NZBau 2011, 467; Willenbruch, Eignungskriterien: Neue Rechtsprechung zu Möglichkeiten und Grenzen in rechtlicher und praktischer Hinsicht, VergabeR 2015, 322; Wimmer, Zuverlässigkeit im Vergaberecht, 2012. Vgl. auch die Angaben bei den §§ 42, 47 und 48 VgV.

Übersicht

	Rn.
I. Bedeutung der Vorschrift	1
II. Eignungsprüfung (Abs. 1, 2 und Abs. 4)	7
1. Struktur und Steuerungswirkung (Abs. 1)	7
2. Zeitpunkt	10
3. Eignungskriterien	15
a) Personeller Bezug	18
b) Festlegung und Bekanntmachung durch den Auftraggeber (Abs. 2 S. 1, Abs. 4 S. 2)	19

GWB § 122 — Eignung

	Rn.
c) Zusammenhang mit dem Auftragsgegenstand (Abs. 4 S. 1)	23
d) Angemessenes Verhältnis zum Auftragsgegenstand (Abs. 4 S. 1)	24
e) Kategorien	27
aa) Befähigung und Erlaubnis zur Berufsausübung	28
bb) Wirtschaftliche und finanzielle Leistungsfähigkeit	29
cc) Technische und berufliche Leistungsfähigkeit	31
f) Beispiel: Soziale und umweltbezogene Kriterien	33
aa) Umweltgesichtspunkte	33
bb) Soziale Aspekte	36
III. Nachweis der Eignung, insbes. Präqualifizierungssystem (Abs. 3) ...	45
IV. Rechtsschutz	48

I. Bedeutung der Vorschrift

1 Die Prüfung der Eignung des Bieters stellt eines der **zentralen Elemente der Auswahl** desjenigen Angebots dar, das schließlich den Zuschlag erhalten soll. Der die Art. 56 Abs. 1 UAbs. 1 lit. b, Art. 58 Abs. 1, Art. 64 Abs. 1 VRL umsetzende § 122 GWB knüpft an den früheren § 97 Abs. 4 S. 1, Abs. 4a GWB aF an und enthält die **allg. Grundsätze der Eignungsprüfung,** die in den §§ 42 ff. VgV und §§ 6 EU ff. VOB/A näher konkretisiert werden. Ausweislich des § 152 Abs. 2 GWB gilt die Vorschrift auch für die Vergabe von Konzessionen, gem. § 142 GWB für Sektorenvergaben, für die allerdings nach § 142 Nr. 1 GWB die Besonderheit besteht, dass die Unternehmen anhand objektiver Kriterien auszuwählen sind, die allen interessierten Unternehmen zugänglich sind (→ § 142 Rn. 12).

2 Gemäß § 122 Abs. 1 GWB werden Aufträge nur an fachkundige und leistungsfähige Unternehmen vergeben, die nicht nach den § 123 GWB oder § 124 GWB ausgeschlossen worden sind. Hierdurch wird der **Gleichbehandlungsgrundsatz** konkretisiert, indem sichergestellt werden soll, dass *erstens* alle Bieter gleichermaßen den ausgeschriebenen Auftrag sachgerecht erfüllen können, und *zweitens* der Auftraggeber anhand vorher festgelegter und für die Bieter transparenter Kriterien willkürfrei diejenigen Unternehmen auswählt, deren Angebote gewertet werden sollen. Dementsprechend ist der öffentliche Auftraggeber **zur Prüfung der Bietereignung verpflichtet.**

3 § 122 Abs. 1 GWB beschreibt den Begriff der Eignung nunmehr allein durch die Merkmale der **Fachkunde und Leistungsfähigkeit.** Die weiteren Kriterien der Gesetzestreue und Zuverlässigkeit, die in § 97 Abs. 4 S. 1 GWB zusätzlich genannt waren, sind entfallen und können auch nicht als unbenannte Eignungskriterien berücksichtigt werden (dazu auch → VgV § 42 Rn. 3). Während das frühere Kriterium der Gesetzestreue teilw. über Einzelregelungen abgebildet wird (→ Rn. 27), ist die **allg. Zuverlässigkeitsprüfung ersatzlos entfallen.**[1]

4 Wie sich Art. 56 VRL entnehmen lässt, unterliegt ein von einem Bieter eingereichtes Angebot einer Prüfung mit im Kern **zwei Dimensionen:** einer bieterbezogenen und einer angebotsbezogenen. **Bieterbezogene Kriterien** sind die Ausschlussgründe nach §§ 123, 124 GWB sowie die vom Auftraggeber festgelegten Eignungskriterien iSv § 122 Abs. 2 GWB, **angebotsbezogene** die Wirtschaftlichkeit des Angebots (§ 127 GWB). Diese Prüfung ist in der VgV, der VOB/A-EU, der SektVO und der VSVgV weiter ausdifferenziert worden. §§ 128 Abs. 2, 129 GWB greifen mit der Zulassung bestimmter zusätzlicher Anforderungen an die

---

[1] Zur Abbildung der bisher unter der „Zuverlässigkeit" rubrizierten Anforderungen durch die Kataloge der Ausschlussgründe vgl. Brüning NZBau 2016, 723 ff.

Auftragsausführung über das Vergabeverfahren hinaus und in die Phase der Leistungserbringung hinein.

Schlagwortartig zusammengefasst, beziehen sich die Eignungskriterien auf das 5 Unternehmen, das bisherige Verhalten und den bisherigen Betrieb des Bieters, die Zuschlagskriterien auf die Wertung der Angebote untereinander hinsichtl. der für den Auftragsgegenstand festgelegten Anforderungen[2] und die besonderen Bedingungen auf die Ausführung der durch den Auftragsgegenstand bezeichneten Leistung. Dahinter steht das **Konzept eines Phasenmodells:** Verhalten des Bieters vor dem Angebot – Entwicklung der Leistungsperspektive im Angebot – Erbringung der Leistung nach dem Zuschlag.

Vergabekriterien

Angebot	Zuschlag	vollständige Leistungserbringung	
			zeitlicher Bezugspunkt der Kriterien
Eignungskriterien	Zuschlagskriterien	zusätzliche Bedingungen für die Auftragsausführung	

Der Endpunkt der letzten Phase wird durch die vollständige Erbringung der Leistung bezeichnet. Über diesen Zeitpunkt hinausgreifende Anforderungen werden vom Vergaberecht nicht erfasst.

Während § 122 Abs. 1 GWB den **Begriff der Eignung** definiert und das Prüf- 6 programm der Eignungsprüfung festlegt (→ Rn. 7 ff.), differenziert Abs. 2 die Definition für die Festlegung der Eignungskriterien durch den Auftraggeber weiter aus (→ Rn. 15 ff.; → Rn. 27 ff.); allg. Zulässigkeitsanforderungen für die Eignungskriterien legt Abs. 4 fest (→ Rn. 22 ff.). Abs. 3 regelt die Möglichkeit des Vorliegens der Eignungskriterien bzw. des Nichtvorliegens von Ausschlussgründen durch Teilnahme an einem Präqualifizierungssystem (→ Rn. 45 ff.).

II. Eignungsprüfung (Abs. 1, 2 und Abs. 4)

1. Struktur und Steuerungswirkung (Abs. 1)

§ 122 Abs. 1 GWB konturiert die **Struktur der Eignungsprüfung:** Vorrangig 7 zu prüfen ist das Vorliegen eines zwingenden Ausschlussgrundes iSv § 123 GWB. Ist ein solcher gegeben, so muss das betreffende Unternehmen von der Teilnahme an dem Vergabeverfahren ausgeschlossen werden, ohne dass insoweit ein Ermessensspielraum des Auftraggebers besteht (→ § 123 Rn. 3). Liegt kein zwingender Ausschlussgrund vor, so ist weiter zu untersuchen, ob *erstens* die Voraussetzungen eines der Tatbestände der fakultativen Ausschlussgründe nach § 124 GWB erfüllt sind und – wenn dies bejaht wird – ob *zweitens* der Auftraggeber von seinem Ausschlussermessen in der Weise Gebrauch macht, dass er das Unternehmen ausschließt (→ § 124 Rn. 2). Erst wenn ein Ausschluss weder nach § 123 noch nach § 124 GWB erfolgt, bedarf es einer Prüfung der Merkmale des § 122 GWB (zur Prüfung der Ausschlussgründe auch → VgV § 42 Rn. 5).

Ob die Eignung iSd § 122 GWB gegeben ist, ist dann am Maßstab der nach 8 § 122 Abs. 2 GWB **durch den öffentlichen Auftraggeber festgelegten Eignungskriterien** zu bewerten. Diese Eignungskriterien müssen den Anforderungen des Abs. 4 genügen und einer der in § 122 Abs. 2 S. 2 GWB aufgezählten Kategorien zuzuordnen sein. Kommt der Auftraggeber zu dem Ergebnis, dass die Eignungskriterien erfüllt sind, so ist der Bieter geeignet. Im umgekehrten Fall ist der Bieter nicht geeignet. Dem öffentlichen Auftraggeber steht also **kein Ermessen** zu, einen die Eignungskriterien erfüllenden Bieter für ungeeignet zu erklären und umgekehrt.[3]

---

[2] Vgl. etwa OLG Rostock 12.8.2020 – 17 Verg 2/20, NZBau 2021, 132 Rn. 38.
[3] KG 4.5.2020 – Verg 2/20, BeckRS 2020, 41880 Rn. 13.

9 Hiervon zu unterscheiden ist das **Bestehen eines Bewertungsspielraums** des öffentlichen Auftraggebers bei der Prüfung, ob die Eignungskriterien erfüllt sind oder nicht. Dem Auftraggeber ist bei der **Beurteilung der Eignung der Bieter** ein Beurteilungsspielraum in Gestalt eines **Prognosespielraums** zuzugestehen, dessen Wahrnehmung nur eingeschränkt auf das Vorliegen von Fehlern hin überprüft werden kann (vgl. auch → VgV § 42 Rn. 9).[4] Der Grund für die Einräumung eines solchen Spielraums liegt darin, dass die Bewertung der Eignung lediglich anhand der im Zeitpunkt der Prüfung vorhandenen Daten erfolgen kann.[5] Maßstab dafür, in welcher **Prüfungstiefe** die für die Eignungsbewertung benötigten Daten vom Auftraggeber auszuwerten sind, ist die Durchführung einer zügigen Beschaffung. In Anbetracht der regelm. begrenzten personellen und technischen Ressourcen der öffentlichen Auftraggeber sind seine Aufklärungs- und Prüfungspflichten begrenzt und verlangen keine erschöpfende Erschließung aller denkbaren Erkenntnisquellen. Dabei ist der Auftraggeber für die Beurteilung der Eignung der Bieter nicht auf die Auswertung der von diesem vorgelegten Erklärungen und Bescheinigungen beschränkt. Er kann vielmehr zur Ausfüllung seines Prognosespielraums auch auf andere Informationen zurückgreifen, wenn diese aus einer zuverlässigen Quelle stammen und belastbar sind. Hierzu zählen auch eigene Erfahrungen des öffentlichen Auftraggebers mit der Erfüllung öffentlicher Aufträge durch den betreffenden Bieter.[6]

9a In diesem Rahmen ist die vom Auftraggeber vorgenommene Prognose hinzunehmen, wenn sie sich auf die in diesem Rahmen generierten Erkenntnisse stützen kann, den anzulegenden methodischen Standards genügt und keine sachwidrigen Erwägungen eingeflossen sind.[7] Bei der **Auswahl der Bewerber im nicht offenen Verfahren** wird der Vergabestelle ein weiter Beurteilungsspielraum eingeräumt. Die Entscheidung der Vergabestelle ist rechtmäßig, wenn sie anhand sachlicher Erwägungen auf der Grundlage eines hinreichend ermittelten Sachverhalts in nachvollziehbarer Weise unter Anwendung zutreffender Beurteilungsmaßstäbe getroffen worden ist.[8]

2. Zeitpunkt

10 Zum **Zeitpunkt der Durchführung der Eignungsprüfung** verhält sich § 42 Abs. 2, 3 VgV. Während es beim offenen Verfahren der Entscheidung des Auftragge-

---

[4] BayObLG 1.10.2001 – Verg 6/01, VergabeR 2002, 63 (68); OLG Celle 11.3.2004 – 13 Verg 3/04, VergabeR 2004, 542 (544 f.); 9.4.2009 – 13 Verg 7/08, VergabeR 2009, 609 (611) = NZBau 2009, 394; OLG Düsseldorf 28.4.2008 – Verg 1/08, VergabeR 2008, 948 (955); 6.5.2011 – VII-Verg 26/11, IBRRS 2011, 1895 = BeckRS 2011, 18447; 12.6.2019 – Verg 52/18, NZBau 2020, 258 Rn. 32; OLG Frankfurt a. M. 5.3.2014 – Verg 1/14, VergabeR 2014, 682 (688); OLG Karlsruhe 10.7.2015 – 15 Verg 3/15, ZfBR 2016, 202 (203); OLG München 1.7.2013 – Verg 8/13, VergabeR 2013, 923 (926); 17.9.2015 – Verg 3/15 NZBau 2015, 711 (713); OLG Naumburg 26.2.2004 – 1 Verg 17/03, VergabeR 2004, 387 (392); VK Sachsen 3.7.2000 – 1/SVK/53-00, IBRRS 2007, 4754; Vogel VergabeR 2004, 546 (547) mwN.

[5] VK Sachsen 3.7.2000 – 1/SVK/53-00, IBRRS 2007, 4754.

[6] VK Sachsen-Anhalt 30.8.2017 – 3 VK LSA 63/17, ZfBR 2018, 306 (308 f.).

[7] OLG Düsseldorf 9.11.2011 – VII-Verg 35/11, NZBau 2012, 252 (253); 27.6.2018 – Verg 4/18, ZfBR 2019, 189 (191); 26.7.2018 – VII-Verg 28/18, NZBau 2019, 264 Rn. 30; 12.6.2019 – Verg 52/18, NZBau 2020, 258 Rn. 32.

[8] BayObLG 20.4.2005 – Verg 26/04, VergabeR 2005, 532 (535); OLG Düsseldorf 17.12.2012 – VII-Verg 47/12, VergabeR 2013, 550 (551); OLG Frankfurt a. M. 8.4.2014 – 11 Verg 1/14, VergabeR 2014, 682 (688 f.); OLG Karlsruhe 10.7.2015 – 15 Verg 3/15, ZfBR 2016, 202 (203); OLG München 1.7.2013 – Verg 8/13, VergabeR 2013, 923 (926); 17.9.2015 – Verg 3/15, NZBau 2015, 711 (713); OLG Düsseldorf 6.5.2011 – VII-Verg 26/11, IBRRS 2011, 1895 = BeckRS 2011, 18447.

bers überlassen bleibt, ob er zunächst die Eignungs- und anschließend die Angebotsprüfung oder erst die Angebots- und dann die Eignungsprüfung durchführen möchte (§ 42 Abs. 3 VgV, dazu → VgV § 42 Rn. 15), ist in den mehrstufigen Verfahren (nicht offenes Verfahren, Verhandlungsverfahren mit Teilnahmewettbewerb, wettbewerblicher Dialog und Innovationspartnerschaft) gem. § 42 Abs. 2 VgV immer zunächst die Eignung zu prüfen. Zur Angebotsabgabe werden im letzteren Fall nur solche Bewerber aufgefordert, für die das Vorliegen der Eignung und das Nichtvorliegen von Ausschlussgründen bejaht wurden (→ VgV § 42 Rn. 11).

Hinsichtl. des **maßgeblichen Zeitpunkts für das Vorliegen der erforderli-** 11 **chen Eignung** muss es im Ausgangspunkt auf den **Zeitpunkt der Eignungsprüfung** durch den öffentlichen Auftraggeber ankommen. Dies ergibt sich schon daraus, dass bei der im Rahmen dieser Prüfung durchzuführenden Feststellung der Zuverlässigkeit des Bieters eine Prognose durch den Auftraggeber erforderlich ist und diese Prognose auf der Grundlage des zu diesem Zeitpunkt vorhandenen Erkenntnismaterials erfolgen muss. Tatsächlich erfüllt sein müssen die Eignungsvoraussetzungen regelm. erst zum Zeitpunkt des Vertragsbeginns.[9] Hiervon zu unterscheiden ist die Frage, welche Nachweise in dieses Erkenntnismaterial einzustellen sind. Soweit es die seitens des Bieters vorzulegenden Nachweise anbetrifft, können nur die Nachweise beachtlich sein, die zum Zeitpunkt des Ablaufs der Angebotsfrist vorlagen,[10] sofern eine Vorlage nicht zu einem späteren Zeitpunkt zugelassen ist.[11] Hinsichtl. des Problems einer Beachtlichkeit nach diesem Zeitpunkt eintretender Änderungen ist zwischen einer geänderten Bewertung der Eignung durch den öffentlichen Auftraggeber und einer Änderung der tatsächlichen Grundlage der Eignungsprüfung zu unterscheiden:

- Führt der öffentliche Auftraggeber eine Prüfung der Eignung durch und kommt 12 nach Abschluss der Eignungsprüfung zu einer **geänderten Bewertung,** so muss er diese Änderung bis zum Zeitpunkt des Zuschlags berücksichtigen. Ein schützenswertes Vertrauen des betroffenen Bieters oder anderer Bieter auf Perpetuierung einer rechtsfehlerhaften Bewertung besteht nicht. Vielmehr gebietet der Gleichbehandlungsgrundsatz eine **Gleichstellung des fehlerhaft bewerteten Bieters** mit den übrigen Bietern und daher eine erneute Prüfung der Eignung.[12] Dies gilt allerdings nur im offenen Verfahren. Ist in einem mehrstufigen Verfahren (nicht offenes Verfahren, Verhandlungsverfahren mit Teilnahmewettbewerb, wettbewerblicher Dialog und Innovationspartnerschaft) die Eignung des Bewerbers bejaht und dieser zur Abgabe eines Angebots aufgefordert worden, so genießt das Vertrauen des Bieters auf die Bejahung seiner Eignung Schutz (s. dazu ausf. → VgV § 16 Rn. 6).[13]
- Treten nach Ablauf der Angebotsfrist **Änderungen der Sachlage** ein oder wer- 13 den dem Auftraggeber bekannt, so sind sie – unter Wahrung der gebotenen

---

[9] OLG Düsseldorf 26.7.2018 – Verg 28/18, ZfBR 2019, 826 (828); 12.6.2019 – Verg 52/18, NZBau 2020, 258 Rn. 39.
[10] EuGH 4.5.2017 – C-387/14, NZBau 2017, 741 Rn. 42 ff. – Esaprojekt.
[11] OLG Düsseldorf 26.7.2018 – VII-Verg 28/18, NZBau 2019, 264 Rn. 39.
[12] BGH 7.1.2014 – X ZB 15/13, NZBau 2014, 185 (188 f.); BayObLG 29.10.2004 – Verg 22/04, BeckRS 2004, 11023 = VergabeR 2005, 74 (76 f.); OLG Düsseldorf 5.5.2004 – VII-Verg 10/04, NZBau 2004, 460; 4.2.2013 – VII-Verg 52/12, BeckRS 2013, 21179; 26.7.2018 – VII-Verg 28/18, NZBau 2019, 264 Rn. 39; Friton, Die Festlegung und Erfüllung von Eignungsparametern nach den EU-Vergaberichtlinien und die Umsetzung im GWB-Vergaberecht, 2016, S. 512; aM OLG Frankfurt a. M. 24.2.2009 – 11 Verg 19/08, BeckRS 2009, 7443 = VergabeR 2009, 629 (637).
[13] BGH 7.1.2014 – X ZB 15/13, BeckRS 2014, 2188 = VergabeR 2014, 149 (154); VK Sachsen-Anhalt 7.9.2015 – 3 VK LSA 60/15, VPRRS 2015, 0353 = IBRRS 2015, 2892. AM VK Bund 1.3.2018 – VK 2–8/18, BeckRS 2018, 10281 Rn. 54.

GWB § 122

Eignung

Gleichbehandlung aller Bieter – zu beachten, wenn sie zum Entfallen der Eignung des betroffenen Bieters führen.[14] Einem ungeeigneten Bieter darf der Zuschlag nicht erteilt werden. Daher kommt es nicht darauf an, ob die die Änderung der Sachlage begründenden Umstände erst nach der Eignungsprüfung eintreten oder dem Auftraggeber nunmehr erstmals bekannt werden.[15] Dies gilt nur für **tatsächlich eingetretene Änderungen** der Sachlage (s. auch → VgV § 42 Rn. 13). Sind die Änderungen nur geplant, aber noch nicht vollzogen, so dürfen sie nicht berücksichtigt werden.[16]

14 • In der umgekehrten Konstellation, dass **nach einer Verneinung der Bietereignung Umstände eintreten** oder bekannt werden, die nunmehr zu einer Bejahung der Eignung führen würden, gilt Folgendes: Umstände, die bereits vor Ablauf der Angebotsfrist vorlagen und von der Nachweispflicht des Bieters umfasst waren, können nicht mehr berücksichtigt werden;[17] eine Nachforderung von Erklärungen oder Nachweisen nach § 56 Abs. 2 VgV, § 16a EU VOB/A ist nicht mehr möglich. Tritt die Sachverhaltsänderung dagegen erst nach der Eignungsprüfung ein, so ist der Auftraggeber gehalten, nochmals in die Eignungsprüfung einzutreten.[18]

3. Eignungskriterien

15   Der Kern der Eignungsprüfung nach § 122 GWB besteht in der Feststellung, ob der jew. Bieter die nach § 122 Abs. 2 GWB unter Beachtung der Anforderungen des Abs. 4 vom Auftraggeber festgelegten Eignungskriterien erfüllt. Wie § 122 Abs. 2 GWB deutlich macht, bedarf die Eignungsprüfung des Maßstabs durch den öffentlichen Auftraggeber im Vorhinein aufgestellter Eignungskriterien: **Keine Eignungsprüfung ohne festgelegte Eignungskriterien.**[19] Grds. beschränkt sich die Eignungsprüfung auf die Feststellung, ob die festgelegten Eignungskriterien erfüllt sind oder nicht. Ist dies der Fall, so ist der betreffende Bieter geeignet. Ein **Mehr oder Weniger an Eignung,** das dem öffentlichen Auftraggeber eine mit Blick auf die Erfolgschancen des Angebots erfolgende Differenzierung ermöglichen würde, gibt es – mit Ausnahme der Verfahren mit Teilnahmewettbewerb – nicht.[20] Würde man eine solche Abstufung zulassen, so würden die Eignungs- zu Zuschlagskriterien. Dass beide **Kriterienkategorien strikt getrennt voneinander zu prüfen** sind und Eignungskriterien nicht, auch nicht hilfsweise, für die Auswahl des wirtschaftlichsten Angebots herangezogen werden dürfen, ist in der Rspr. zu Recht wiederholt

---

[14] BGH 7.1.2014 – X ZB 15/13, BeckRS 2014, 2188 = VergabeR 2014, 149 (154 f.); OLG Frankfurt a. M. 24.2.2009 – 11 Verg 19/08, BeckRS 2009, 7443 = VergabeR 2009, 629 (637); OLG München 1.7.2013 – Verg 8/13, BeckRS 2013, 11807 = VergabeR 2013, 923 (926); OLG Naumburg 22.9.2014 – 2 Verg 2/13, ZfBR 2015, 204 (206).
[15] Kapellmann/Messerschmidt/Frister VOB/A § 16b Rn. 30; für die Notwendigkeit einer solchen Differenzierung dagegen OLG Frankfurt a. M. 24.2.2009 – 11 Verg 19/08, BeckRS 2009, 7443 = VergabeR 2009, 629(637); Egger EuVergabeR Rn. 1094.
[16] VK Bund 10.3.2016 – VK 1–10/16, ZfBR 2016, 830.
[17] OLG München 17.9.2015 – Verg 3/15, ZfBR 2015, 809 (812).
[18] Insoweit zutr. Egger EuVergabeR Rn. 1094.
[19] AM VK Westfalen 30.1.2018 – VK 1–42/17, NZBau 2018, 435 Rn. 62.
[20] BGH 8.9.1998 – X ZR 109–96, NJW 1998, 3644 (3646); 15.4.2008 – X ZR 129/06, BeckRS 2008, 10415 = VergabeR 2008, 641 (642 f.); BayObLG 3.7.2002 – Verg 13/02, NZBau 2003, 105 (106 f.); OLG Düsseldorf 21.1.2002 – Verg 45/01, BeckRS 2002, 30995921 = VergabeR 2002, 282 (284); OLG Naumburg 3.9.2009 – 1 Verg 4/09, BeckRS 2009, 26654 = VergabeR 2009, 933 (940); OLG Celle 12.1.2012 – 13 Verg 9/11, NZBau 2012, 198 (199); OLG Karlsruhe 21.12.2012 – 15 Verg 10/12, BeckRS 2013, 7576 = VergabeR 2013, 622(634).

hervorgehoben worden[21] und gilt nach wie vor.[22] Zur Trennung von Eignungs- und Zuschlagskriterien s. auch → VgV § 58 Rn. 29. Allerdings schadet eine bloße Falschbezeichnung durch den öffentlichen Auftraggeber nicht, wenn für alle Bieter eindeutig erkennbar war, ob das Kriterium in concreto als Eignungs- oder als Zuschlagskriterium verwendet wird.[23]

So sind alle die **Erfahrung und Qualifikationen** der Bieter sowie deren **personelle und fachliche Ressourcen** zur ordnungsgemäßen Ausführung des Auftrags betreffenden Anforderungen idR der Stufe der Eignungskriterien zugeordnet.[24] Eine Ausnahme gilt lediglich in den Fällen, in denen die Qualität des eingesetzten Personals erheblichen Einfluss auf das Niveau der Auftragsausführung haben kann. In diesen Fällen können Organisation, Qualifikation und Erfahrung des mit der Ausführung des Auftrags betrauten Personals gem. § 58 Abs. 2 S. 2 Nr. 2 VgV als Zuschlagskriterien festgelegt werden (dazu ausf. → § 127 Rn. 41 sowie → VgV § 58 Rn. 28). Hiervon zu unterscheiden sind solche Anforderungen, die sich nicht auf die Leistungsfähigkeit oder die Ressourcen des Bieters im Allgemeinen, sondern auf die **Ausführung des konkreten Auftrags** beziehen und die deshalb Zuschlagskriterien sind.[25] Dementsprechend ist das Kriterium der zeitlichen Verfügbarkeit des Auftragnehmers ein Zuschlags- und kein Eignungskriterium (vgl. § 58 Abs. 2 S. 2 Nr. 3 VgV, → VgV § 58 Rn. 31).[26] Können danach auf das Unternehmen des Bieters und die Qualifikation des von ihm eingesetzten Personals in begrenztem Umfang als Zuschlagskriterien gefasst werden, so schließt eine solche Verwendung, wenn sie in concreto erfolgt, es aus, dasselbe Merkmal zusätzlich auch schon auf der Stufe der Eignung heranzuziehen („Doppelverwertungsverbot").[27] Ausf. dazu → VgV § 58 Rn. 30; s. auch → VgV § 46 Rn. 23.

Eine Sonderstellung kommt den **Verfahren mit Teilnahmewettbewerb** (nicht offenes Verfahren, Verhandlungsverfahren mit Teilnahmewettbewerb, wettbewerblicher Dialog) zu. Denn in diesen Verfahren erfolgt nach dem Teilnahmewettbewerb zunächst eine Eignungsprüfung, deren Ergebnis iS einer Abstufung der Eignung der verschiedenen Bieter bei der Auswahl der für das weitere Verfahren vorgesehenen Bieter berücksichtigt werden darf (s. dazu → VgV § 42 Rn. 10 ff.).

a) Personeller Bezug. Die Prüfung, ob die Eignungskriterien erfüllt sind, erfolgt grds. für das **Unternehmen, an das der Auftrag vergeben werden** soll (§ 122 Abs. 1, Abs. 2 S. 1 GWB). Allerdings gibt es des Öfteren Konstellationen, in denen ein **einzelnes Unternehmen alleine nicht in der Lage** ist, sämtlichen Eignungskriterien zu genügen. In derartigen Konstellationen gibt es grds. zwei Möglichkei-

---

[21] EuGH 19.6.2003 – C-315/01, Slg. 2003, I-6351 Rn. 59 = ZfBR 2003, 710; 24.1.2008 – C-532/06, EuZW 2008, 187 Rn. 30 – Lianakis; 12.11.2009 – C-199/07, NZBau 2010, 120 Rn. 55 – ERGA OSE; BGH 8.9.1998 – X ZR 109–96, NJW 1998, 3644 (3646); 15.4.2008 – X ZR 129/06, BeckRS 2008, 10415 = VergabeR 2008, 641 (642); OLG Celle 12.1.2012 – 13 Verg 9/11, NZBau 2012, 198 (199); OLG Düsseldorf 3.8.2011 – Verg 16/11, ZfBR 2012, 72 (75); OLG München 25.3.2011 – Verg 4/11, BeckRS 2011, 7308 = VergabeR 2011, 130 (134); OLG Naumburg 3.9.2009 – 1 Verg 4/09, BeckRS 2009, 26654 = VergabeR 2009, 933 (940); OLG Rostock 12.8.2020 – 17 Verg 2/20, NZBau 2021, 132 Rn. 36.
[22] RKPP/Hausmann/von Hoff GWB § 122 Rn. 5.
[23] OLG Düsseldorf 17.1.2013 – VII-Verg 35/12, BeckRS 2013, 4079 = VergabeR 2013, 605 (608).
[24] EuGH 24.1.2008 – C-532/06, EuZW 2008, 187 Rn. 31 f. – Lianakis; OLG Karlsruhe 21.12.2012 – 15 Verg 10/12, BeckRS 2013, 7576 = VergabeR 2013, 622 (634).
[25] VK Sachsen 30.8.2017 – 1/SVK/015-17, BeckRS 2017, 128684 Rn. 59.
[26] So auch OLG Naumburg 20.12.2012 – 2 U 92/12, BeckRS 2013, 1892 = VergabeR 2012, 750 (757 f.).
[27] BeckOK VergabeR/Friton GWB § 122 Rn. 14.1; Pauka NZBau 2015, 18 (19).

ten, gleichwohl die bei dem einzelnen Unternehmen fehlenden Eignungselemente zu ergänzen:
- Unter den Voraussetzungen des § 47 VgV kann sich das das Angebot abgebende Unternehmen vermittels einer **Eignungsleihe** zur Erfüllung bestimmter Eignungskriterien auf die Kapazitäten anderer Unternehmen stützen (ausf. → VgV § 47 Rn. 1 ff.).
- Im Falle von **Bietergemeinschaften,** bei denen mehrere Unternehmen gemeinsam und gleichberechtigt als ein Bieter agieren, bezieht sich die Eignungsprüfung darauf, ob die Eignungskriterien durch die der Bietergemeinschaft angehörenden Unternehmen als Gesamtheit erfüllt werden (ausf. → VgV § 43 Rn. 8).[28]

19 **b) Festlegung und Bekanntmachung durch den Auftraggeber (Abs. 2 S. 1, Abs. 4 S. 2).** Die Festlegung der Eignungskriterien erfolgt ausweislich des § 122 Abs. 2 S. 1 GWB durch den Auftraggeber. Dabei ist ein Eignungskriterium nur dann zulässig, wenn es sich auf eine der drei in § 122 Abs. 2 S. 2 GWB aufgezählten Kategorien von Eignungskriterien bezieht. Entspr. der bisherigen Rspr. des EuGH[29] dürfen neben diesen Kategorien zuordenbaren Kriterien und den Ausschlussgründen der §§ 123 und 124 GWB **keine weiteren bieterbezogenen Kriterien** statuiert werden (s. auch → VgV § 44 Rn. 1). Der Katalog der Kriterienkategorien in § 122 Abs. 2 S. 2 GWB ist mithin abschließend.[30] Hiervon zu unterscheiden ist die Konstellation, dass nationale Rechtsvorschriften bestimmte Mindestanforderungen festlegen, die zB als Qualifikationsnachweise zu erbringen sind. Hier kann der Auftraggeber unter Berufung auf Art. 58 Abs. 1 VRL weitergehende Anforderungen stellen, soweit diese durch den Auftragsgegenstand gerechtfertigt und verhältnismäßig sind.[31]

20 Zusätzliche Möglichkeiten ergeben sich allerdings aus den vom EuGH in seinem Urt. in der Sache Michaniki[32] entwickelten Grundsätzen. In dieser Entscheidung hat der Gerichtshof für die frühere Baukoordinierungsrichtlinie 93/37/EWG dargelegt, dass die Aufzählung der Eignungskriterien in der Richtlinie zwar als abschl. zu verstehen ist, den Mitgliedstaaten jedoch der **Erlass von Vorschriften** frei steht, die die Beachtung der Grundsätze der Gleichbehandlung und der Transparenz auf dem Gebiet der öffentlichen Aufträge sicherstellen sollen, und zwar auch dann, wenn die Nichtbeachtung dieser Vorschriften zum Ausschluss vom Vergabeverfahren führt.[33] Allerdings müssen die in solchen Vorschriften statuierten Anforderungen dem **Grundsatz der Verhältnismäßigkeit** genügen.[34] Beispiele – die vom EuGH aber in concreto als unverhältnismäßig und damit unionsrechtswidrig beurteilt wurden – sind Unvereinbarkeitsregelungen, nach denen Gesellschafter oder Führungskräfte eines Medienunternehmens nicht gleichzeitig Gesellschafter

---

[28] OLG Düsseldorf 31.7.2007 – VII-Verg 25/07, IBRRS 2007, 4073 = BeckRS 2008, 03763; OLG Naumburg 30.4.2007 – 1 Verg 1/07, NZBau 2008, 73 (74 f.); OLG Celle 12.4.2016 – 13 Verg 1/16, BeckRS 2016, 103404 = VergabeR 2016, 502 (505); BeckOK VergabeR/Friton GWB § 122 Rn. 5.
[29] Zum abschl. Charakter der Eignungskriterien Bungenberg, Vergaberecht im Wettbewerb der Systeme, 2007, S. 302; aus der Rspr. des EuGH zu den früheren Vergaberichtlinien EuGH 9.2.2006 – C-226/04, C-228/04, EuZW 2006, 187 Rn. 22 – Cascina; 16.12.2008 – C-213/07, EuZW 2009, 87 Rn. 43 – Michaniki.
[30] BT-Drs. 18/6281, 101; KG 4.5.2020 – Verg 2/20, BeckRS 2020, 41880 Rn. 13; OLG Düsseldorf 14.10.2020 – VII-Verg 36/19, NZBau 2020, 732 Rn. 45.
[31] EuGH 31.3.2022 – C-195/21, NZBau 2022, 350 Rn. 50 f. – LB.
[32] EuGH 16.12.2008 – C-213/07, EuZW 2009, 87 – Michaniki.
[33] EuGH 16.12.2008 – C-213/07, EuZW 2009, 87 Rn. 43 f. – Michaniki; ebenso 19.5.2009 – C-538/07, NVwZ 2009, 833 Rn. 20 f. – Assitur.
[34] EuGH 16.12.2008 – C-213/07, EuZW 2009, 87 Rn. 48 – Michaniki.

Eignung **§ 122 GWB**

oder Führungskraft eines öffentliche Aufträge ausführenden Unternehmens sein können[35] oder durch Abhängigkeitsverhältnisse miteinander verbundene Unternehmen nicht getrennt an demselben Vergabeverfahren teilnehmen können.[36] Diese Grundsätze fanden auch unter Geltung der VKR[37] und finden nunmehr unter der VRL Anwendung.

Welche Eignungskriterien der öffentliche Auftraggeber innerhalb der Kategorien des § 122 Abs. 2 S. 2 GWB festlegt, liegt in seinem **Ermessen**. Erforderlich ist allerdings gem. § 122 Abs. 4 S. 1 GWB, dass die Eignungskriterien mit dem Auftragsgegenstand in Verbindung (→ Rn. 23) und zu dem Auftragsgegenstand in einem angemessenen Verhältnis stehen. Bestandteil dieses Angemessenheitserfordernisses ist auch der Gleichbehandlungsgrundsatz (→ Rn. 25 f.). Diese Einschränkungen entsprechen iW der bisherigen Rspr., wonach die vom Auftraggeber festgelegten Eignungskriterien eine sachliche Rechtfertigung aufweisen und dem Grundsatz der Verhältnismäßigkeit genügen mussten sowie den Bieterwettbewerb nicht unnötig einschränken durften.[38] Die **Überprüfung der Festlegung der Eignungskriterien** durch die Nachprüfungsinstanzen ist auf die Kontrolle der Einhaltung dieser Grenzen beschränkt.[39] Allerdings muss der Auftraggeber zur Ermöglichung dieser Nachprüfung seine Erwägungen zur Festlegung gerade dieser Eignungskriterien, ihrer Verhältnismäßigkeit und ihres Auftragsbezugs dokumentieren.[40] 21

Der **Transparenzgrundsatz** (→ § 97 Rn. 39 ff.) fordert, dass die Eignungskriterien den potenziellen Bietern vor Angebotserstellung bekannt sind. Dementsprechend fordert § 122 Abs. 4 S. 2 GWB, dass die Eignungskriterien in der Auftragsbekanntmachung, der Vorinformation oder der Aufforderung zur Interessensbestätigung aufzuführen sind. Ein bloßer Verweis der **Auftragsbekanntmachung** auf die Vergabeunterlagen genügt diesen Anforderungen nicht.[41] Eine spätere Einführung weiterer Eignungskriterien ist unzulässig.[42] Durch die Vergabeunterlagen dürfen die bekannt gemachten Eignungskriterien nur noch konkretisiert, jedoch nicht mehr geändert werden.[43] Die Eignungskriterien müssen bei objektiver Betrachtung eindeutig und unmissverständlich formuliert sein, so dass jeder durchschnittlich fachkundige Bieter sie in gleicher Weise versteht.[44] 22

Zur Erfüllung der Anforderungen des § 122 Abs. 4 S. 2 GWB nicht ausreichend ist es, wenn die Eignungskriterien nicht explizit in der Auftragsbekanntmachung etc aufgeführt sind, sondern dort lediglich ein **elektronischer Link auf eine Vergabeplattform** des öffentlichen Auftraggebers eingefügt ist, auf der der Bieter die Vergabeunterlagen des betreffenden Verfahrens suchen, herunterladen und 22a

---

[35] EuGH 16.12.2008 – C-213/07, EuZW 2009, 87 Rn. 59 ff. – Michaniki.
[36] EuGH 19.5.2009 – C-538/07, NVwZ 2009, 833 Rn. 29 – Assitur.
[37] Prieß/Friton NZBau 2009, 300 (302).
[38] OLG Düsseldorf 21.12.2011 – VII-Verg 74/11, IBRRS 2012, 0766; 21.12.2011 – VII-Verg 74/11, NZBau 2012, 321; OLG Jena 18.5.2009 – 9 Verg 4/09, BeckRS 2009, 138641 = VPRRS 2013, 0162; OLG Koblenz 13.6.2012 – 1 Verg 2/12, NZBau 2012, 724 = ZfBR 2012, 616.
[39] Otting VergabeR 2016, 316 (317) „... anhand dieser Maßstäbe"; aM BeckOK VergabeR/Friton GWB § 122 Rn. 24a, volle Überprüfung.
[40] OLG Düsseldorf 21.12.2011 – VII-Verg 74/11, IBRRS 2012, 0766 = NZBau 2012, 321.
[41] VK Baden-Württemberg 27.8.2018 – 1 VK 35/18, IBRRS 2018, 2942 = VPRRS 2018, 0290; VK Bund 4.10.2019 – VK 1–73/19, BeckRS 2019, 26349 Rn. 31.
[42] BGH 6.10.2020 – XIII ZR 21/19, NZBau 2021, 57 Rn. 9 f.
[43] OLG Düsseldorf 6.2.2013 – VII-Verg 32/12, BeckRS 2013, 3174 = VergabeR 2013, 469 (471).
[44] VK Bund 22.7.2015 – VK 2–61/15, IBRRS 2015, 2485.

die Eignungskriterien extrahieren muss.[45] Anderes gilt aber, wenn der Link unmittelbar zu dem konkreten Dokument führt, aus dem sich die für interessierte Unternehmen relevanten Angaben ohne Weiteres entnehmen lassen.[46] Unzulässig ist mithin nicht die Verlinkung als solche, sondern der Umstand, dass der Bieter die Eignungsanforderungen nicht aus einem verlinkten Dokument entnehmen kann, vielmehr sich die Anforderungen erst aus mehreren verlinkten Dokumenten selbst zusammenstellen muss.[47]

22b Gem. § 48 Abs. 1 VgV ist in der Auftragsbekanntmachung darüber hinaus anzugeben, mit welchen **Unterlagen** die Bieter ihre Eignung und das Nichtvorliegen von Ausschlussgründen zu belegen haben. Hierdurch sollen die Unternehmen zu der Prüfung in die Lage versetzt werden, ob die Abgabe eines Angebots für sie möglich und von Interesse ist (ausf. → VgV § 48 Rn. 3).[48] Da diese Nachweise die Erfüllung von Eignungskriterien belegen sollen, entbindet die Forderung von Nachweisen den Auftraggeber nicht von der Pflicht zur Festlegung von Eignungskriterien. Ggf. kann allerdings der Nachweisforderung entnommen werden, welches Eignungskriterium der Auftraggeber damit konkludent verbindet.[49]

23 **c) Zusammenhang mit dem Auftragsgegenstand (Abs. 4 S. 1).** Wie für alle Stufen der Angebotsprüfung gilt auch für die Eignungskriterien, dass sie mit dem Auftragsgegenstand in Verbindung stehen müssen (§ 122 Abs. 4 S. 1 GWB; für die Zuschlagskriterien → § 127 Rn. 15 ff.; für die Ausführungsbedingungen → § 128 Rn. 23 ff.). Ein solcher Bezug ist gegeben, wenn das Eignungskriterium objektiv dazu dient und geeignet ist, die **Leistungsfähigkeit des Bieters im Hinblick auf den konkret ausgeschriebenen Auftragsgegenstand** nachzuweisen.[50] Ohne einen solchen Bezug zum Auftragsgegenstand bleiben solche Kriterien, die sich auf die allg. Unternehmenspolitik des Bieters beziehen und diesem bspw. eine bestimmte Politik der sozialen oder ökologischen Verantwortung abfordern (Erwgr. 97 zur VRL).

24 **d) Angemessenes Verhältnis zum Auftragsgegenstand (Abs. 4 S. 1).** Das Erfordernis, dass die von Auftraggeber festgelegten Eignungskriterien in einem angemessenen Verhältnis zum Auftragsgegenstand stehen müssen (§ 122 Abs. 4 S. 1 GWB), ist Ausdruck des **Grundsatzes der Verhältnismäßigkeit** (zu ihm → § 97 Rn. 56 ff.). Dementsprechend muss jedes Eignungskriterium geeignet und erforderlich sein, um die Leistungsfähigkeit im Hinblick auf den konkret ausgeschriebenen Auftragsgegenstand nachzuweisen.[51] Es bedarf mithin einer **Relationierung** von Eignungskriterium einerseits und konkretem Auftragsgegenstand andererseits. In den Blick zu nehmen sind dabei ua die Art und Komplexität des Auftrags[52]

---

[45] OLG Düsseldorf 11.7.2018 – VII Verg 24/18, NZBau 2019, 64 Rn. 38; OLG München 25.2.2019 – Verg 11/18, NZBau 2019, 471 Rn. 51; VK Bund 4.10.2019 – VK 1–73/19, BeckRS 2019, 26349 Rn. 33.

[46] OLG Celle 15.2.2019 – Verg 5/18, BeckRS 2019, 7446 Rn. 17.

[47] Vgl. VK Leipzig 5.7.2019 – 1/SVK/011-19, BeckRS 2019, 17281 Rn. 82 ff.

[48] OLG Düsseldorf 11.7.2018 – VII Verg 24/18, NZBau 2019, 64 Rn. 37; OLG München 25.2.2019 – Verg 11/18, NZBau 2019, 471 Rn. 49.

[49] OLG Frankfurt a. M. 23.12.2021 – 11 Verg 6/21, NZBau 2022, 241 Rn. 65 ff.

[50] EuGH 18.10.2012 – C-218/11, NZBau 2013, 58 Rn. 29 – Édukövízig; 13.7.2017 – C-76/16, ZfBR 2017, 812 (816); OLG Düsseldorf 21.12.2011 – VII-Verg 74/11, NZBau 2012, 321 (322).

[51] EuGH 18.10.2012 – C-218/11, NZBau 2013, 58 Rn. 29 – Édukövízig; OLG Düsseldorf 21.12.2011 – VII-Verg 74/11, NZBau 2012, 321 (322); 27.6.2018 – Verg 4/18, ZfBR 2019, 189 (191); OLG Frankfurt a. M. 30.3.2021 – 11 Verg 18/20, NZBau 2021, 478 Rn. 62.

[52] BT-Drs. 18/6281, 101; OLG Frankfurt a. M. 30.3.2021 – 11 Verg 18/20, NZBau 2021, 478 Rn. 62.

sowie das Gewicht, das eine ordnungsgemäße Auftragserfüllung für den Auftraggeber hat.[53] Die Beachtung des Grundsatzes der Verhältnismäßigkeit unterliegt der uneingeschränkten Überprüfung im Nachprüfungsverfahren.[54]

Unangemessen sind Eignungskriterien, die gegen den Gleichbehandlungsgrundsatz (zu ihm → § 97 Rn. 9 ff.) verstoßen. Dies betrifft insbes. Eignungskriterien, die bestimmte **Gruppen von Bietern stärker belasten** als andere Gruppen und sie daher von der Abgabe eines Angebots abschrecken könnten. Erwgr. 83 zur VRL nennt als Beispiel hierfür „übermäßig strenge Anforderungen an die wirtschaftliche und finanzielle Leistungsfähigkeit ... (, die) oft ein ungerechtfertigtes Hindernis für die Teilnahme von KMU an öffentlichen Vergabeverfahren" darstellen.[55] Demensprechend unverhältnismäßig ist etwa die Forderung der Angabe von Referenzprojekten für eine in Teillosen erfolgende Ausschreibung, wenn die Referenzprojekte der Größenordnung des jetzt ausgeschriebenen Loses entsprechen müssen und dadurch Unternehmen, die bisher nur zwar fachlich einschlägige, aber kleinere Aufträge ausgeführt haben, von der Auftragsvergabe ausgeschlossen sind.[56] 25

Entsprechendes gilt für die Forderung von Nachweisen, die **nur bestimmte Unternehmen** erbringen können, ohne dass andere Unternehmen die ausgeschriebenen Leistungen nicht ebenfalls erbringen könnten.[57] Allerdings gilt dies nur dann, wenn von vornherein ausschl. ein Unternehmen zur Erfüllung des betreffenden Kriteriums in der Lage sein konnte. Dass sich nach Ausschreibung herausstellt, dass faktisch nur ein Unternehmen das Kriterium erfüllt, verstößt nicht gegen das Diskriminierungsverbot.[58] 26

e) Kategorien. § 122 Abs. 2 S. 2 GWB nennt als Kategorien, denen die vom Auftraggeber festgelegten Eignungskriterien zuordnen sein müssen, die Befähigung und Erlaubnis zur Berufsausübung (Nr. 1), die wirtschaftliche und finanzielle Leistungsfähigkeit (Nr. 2) sowie die technische und berufliche Leistungsfähigkeit (Nr. 3). Diese **Kategorien sind abschl.** und können durch den Auftraggeber nicht erweitert werden (→ Rn. 19). Die noch in § 97 Abs. 4 S. 1 GWB aF vorgesehene **allg. Zuverlässigkeitsprüfung**, nach der derjenige als zuverlässig anzusehen war, der aufgrund der Erfüllung früherer Verträge eine einwandfreie Ausführung des Auftrags einschl. ggf. der Erbringung von Gewährleistungen erwarten ließ,[59] ist nunmehr unzulässig.[60] Das ebenfalls in § 97 Abs. 4 S. 1 GWB aF genannte weitere Kriterium der Gesetzestreue wird nunmehr mit Blick auf das Verhalten des Unternehmens in der Vergangenheit durch die Ausschlussgründe der §§ 123, 124 GWB und mit Wirkung für die künftige Leistungserbringung durch § 128 Abs. 1 GWB abgebildet. 27

aa) Befähigung und Erlaubnis zur Berufsausübung. Die Kriterienkategorie der Befähigung und Erlaubnis zur Berufsausübung (§ 122 Abs. 2 S. 2 Nr. 1 GWB) 28

---

[53] OLG Düsseldorf 27.6.2018 – Verg 4/18, ZfBR 2019, 189 (191); OLG Frankfurt a. M. 30.3.2021 – 11 Verg 18/20, NZBau 2021, 478 Rn. 62.
[54] OLG Düsseldorf 27.6.2018 – Verg 4/18, ZfBR 2019, 189 (191).
[55] Vgl. OLG Düsseldorf 27.6.2018 – Verg 4/18, ZfBR 2019, 189 (192).
[56] OLG Schleswig 25.1.2013 – 1 Verg 6/12, BeckRS 2013, 2485 = VergabeR 2013, 460 (466).
[57] OLG Düsseldorf 20.7.2015 – VII-Verg 37/15, NZBau 2015, 709 (710); OLG Frankfurt a. M. 30.3.2021 – 11 Verg 18/20, NZBau 2021, 478 Rn. 64.
[58] VK Nordbayern 27.9.2016 – 21.VK-3194-34/16, VPRRS 2016, 0422 = IBRRS 2016, 2787.
[59] OLG Rostock 6.3.2009 – 17 Verg 1/09, NZBau 2009, 531 (533); Immenga/Mestmäcker/Dreher GWB, 5. Aufl. 2014, § 97 Rn. 204; abweichende Formulierung etwa bei OLG Naumburg 9.9.2003 – 1 Verg 5/03, BeckRS 2003, 8029 = VergabeR 2004, 80 (82) = NZBau 2004, 350; iE Wimmer, Zuverlässigkeit im Vergaberecht, 2012, S. 38 ff.
[60] VK Rheinland 2.12.2019 – VK 42/19-L, BeckRS 2019, 30407 Rn. 14.

bezieht sich, wie § 44 VgV (→ VgV § 44 Rn. 4 ff.) deutlich macht, auf die Eintragung in die in dem jew. Mitgliedstaat geführten **Berufs- oder Handelsregister** oder den auf andere Weise zu führenden Nachweis, dass der Bieter die **Erlaubnis zur Ausübung des konkreten Berufs** hat. Die entspr. Register und Bescheinigungen sind in Anh. XI zur VRL aufgeführt und umfassen für Deutschland das „Handelsregister", die „Handwerksrolle" und bei Dienstleistungsaufträgen das „Vereinsregister", das „Partnerschaftsregister" und die „Mitgliederverzeichnisse der Berufskammern der Länder". Weitere Nachweise als die in Anh. XI zur VRL genannten dürfen von Bietern mit Sitz in einem EU-Mitgliedstaat nicht gefordert werden.

29 bb) **Wirtschaftliche und finanzielle Leistungsfähigkeit.** Die wirtschaftliche und finanzielle Leistungsfähigkeit iSv § 122 Abs. 2 S. 2 Nr. 2 GWB ist gegeben, wenn das Unternehmen über die **erforderlichen wirtschaftlichen und finanziellen Kapazitäten** für die Ausführung des Auftrags verfügt (§ 45 Abs. 1 S. 1 VgV in Umsetzung von Art. 58 Abs. 3 UAbs. 1 VRL). Unter der finanziellen Leistungsfähigkeit ist das Vermögen des Bieters zu verstehen, seinen laufenden Verpflichtungen ggü. dem Staat und anderen Gläubigern sowie seinem Personal nachzukommen.[61] Die Indikatoren, anhand derer die wirtschaftliche und finanzielle Leistungsfähigkeit bestimmt werden soll, werden vom Auftraggeber mit Blick auf die Art des Auftrags und seine Spezifika bestimmt. In einer nicht abschl. Erfassung nennt § 45 Abs. 1 S. 2 VgV insoweit den Nachweis eines bestimmten Mindestjahresumsatzes, Informationen über die Bilanzen der Unternehmen sowie eine Berufs- oder Betriebshaftpflichtversicherung (ausf. → VgV § 45 Rn. 5 ff.).

30 Bei der Festlegung dieser Kategorie zuzuordnender Eignungskriterien ist das **Erfordernis der Angemessenheit** (§ 122 Abs. 4 S. 1 GWB) von besonderer Bedeutung. Besonders hohe Anforderungen an die wirtschaftliche und finanzielle Leistungsfähigkeit bergen das Risiko, dass bestimmte Gruppen von Unternehmen, etwa kleinere und mittlere Unternehmen, sie nicht erfüllen können. Aus diesem Grund limitiert § 45 Abs. 2 VgV (→ VgV § 45 Rn. 9) die Höhe eines verlangten Mindestjahresumsatzes für den Regelfall auf das Doppelte des geschätzten Auftragswertes.

31 cc) **Technische und berufliche Leistungsfähigkeit.** Ein fachkundiger Bieter muss über die zur ordnungsgemäßen Durchführung des zur Vergabe anstehenden Auftrags erforderlichen **technischen und weiteren beruflichen**, etwa kaufmännischen **Kenntnisse** verfügen. Dieser Kriterienkategorie zuordenbare Eignungskriterien sind auf den Nachweis gerichtet, dass die Bieter über die erforderlichen personellen und technischen Mittel sowie ausreichende Erfahrungen verfügen, um den Auftrag in angemessener Qualität ausführen zu können (§ 46 Abs. 1 VgV, dazu → VgV § 46 Rn. 3 ff.). Zu verneinen kann die berufliche Leistungsfähigkeit hingegen sein, wenn der Auftraggeber feststellt, dass der Bieter mit der Ausführung des Auftrags in Widerspruch stehende Interessen hat und hierdurch die Auftragsausführung nachteilig beeinflusst werden könnte (§ 46 Abs. 2 VgV, ausf. → VgV § 46 Rn. 9 f.). Dass nicht alle auf dem Markt in dem entspr. Leistungssegment am Markt tätigen Unternehmen über eine geforderte technische Ausstattung verfügen, führt ohne Hinzutreten von Anhaltspunkten, die auf eine gezielte Diskriminierung dieser Unternehmen hinweisen, nicht zu einem Verstoß gegen das Gleichbehandlungsgebot.[62]

32 Zu beachten ist, dass der **Nachweis der Fachkunde** nur in einer Form verlangt werden darf, die die Grenzen des zur Auftragserfüllung Notwendigen nicht überschreitet.[63] Dies ist insbes. für die Problematik der sog. **Newcomer** zu berücksichti-

---

[61] OLG Celle 11.6.2015 – 13 Verg 4/15, BeckRS 2015, 11003 = VergabeR 2015, 689 (695).
[62] OLG Frankfurt a. M. 18.9.2015 – 11 Verg 9/15, ZfBR 2016, 296 (299).
[63] OLG Frankfurt a. M. 24.10.2006 – 11 Verg 8/06 und 9/06, NZBau 2007, 468 (469).

gen.[64] Welche Unterlagen der Auftraggeber zum Beleg der technischen und beruflichen Leistungsfähigkeit fordern darf, ist in § 46 Abs. 3 VgV enumerativ aufgezählt (dazu ausf. → VgV § 46 Rn. 1 ff.).

f) Beispiel: Soziale und umweltbezogene Kriterien. aa) Umweltgesichtspunkte. Für den Umweltbereich kann nach § 46 Abs. 3 Nr. 7 VgV zu den geforderten Nachweisen der technischen Leistungsfähigkeit auch die **Angabe von Umweltmanagementmaßnahmen** gehören (s. → VgV § 46 Rn. 31). Auch hier ist ausdr. ein Auftragsbezug dergestalt gefordert, dass es sich nur um den Nachweis solcher Umweltmanagementmaßnahmen handeln darf, die der Wirtschaftsteilnehmer gerade bei der Ausführung des Auftrags anwenden will. Dies ist vor allem dann von Bedeutung, wenn der Auftraggeber zum Nachweis der Erfüllung von Normen des Umweltmanagements die Vorlage von Bescheinigungen unabhängiger Stellen verlangt und dies gem. § 49 Abs. 2 S. 1 Nr. 1 VgV durch Vorlage einer EMAS-Zertifizierung (dazu → VgV § 49 Rn. 14) erfolgen soll.

33

Hierzu wird zuweilen darauf hingewiesen, dass die **EMAS-Zertifizierung** als solche nicht den erforderlichen Zusammenhang zwischen der nachzuweisenden Umweltmanagementmaßnahme und dem Auftragsgegenstand vermittle, da die EMAS-Verordnung nur die Verpflichtung zur Verfolgung selbst gesetzter umweltpolitischer Ziele und bestimmter Maßnahmen der Umweltinformation verlange.[65] Dies ist allerdings nur bedingt richtig. Zunächst ist darauf hinzuweisen, dass der durch § 122 Abs. 4 S. 1 GWB für alle Anforderungen an die Leistungsfähigkeit geforderte Zusammenhang mit dem Auftragsgegenstand für das Verlangen der Angabe von Umweltmanagementmaßnahmen durch § 46 Abs. 3 Nr. 7 VgV speziell ausgeformt wird. Der Zusammenhang mit dem Auftragsgegenstand ist daher immer gegeben, wenn die Umweltmanagementmaßnahme während der Ausführung des Auftrags angewendet werden soll. Dass ein Umweltmanagementsystem nach der EMAS-Verordnung während der Ausführung eines Auftrags gerade nicht angewendet wird, dürfte dabei die Ausnahme darstellen. Denn nach Anh. I.4 zur EMAS-Verordnung ist eine der Voraussetzungen für die EMAS-Eintragung ein Umweltmanagementsystem, in dessen Rahmen die betreffende Organisation maßgebliche Merkmale über Arbeitsabläufe und Tätigkeiten, die eine bedeutende Auswirkung auf die Umwelt haben können, regeln, überwachen und messen muss. Fällt daher die Ausführung des zu vergebenden Auftrags in den Bereich der durch das Umweltmanagementsystem nach der EMAS-Verordnung erfassten Arbeitsabläufe und Tätigkeiten, so werden die Umweltmanagementmaßnahmen während der Ausführung des Auftrags angewendet, wie es § 46 Abs. 3 Nr. 7 VgV fordert. Dass ein EMAS-beteiligtes Unternehmen die Voraussetzungen des § 46 Abs. 3 Nr. 7 VgV nicht erfüllt, ist daher nur in seltene Ausnahmefällen denkbar. Anderes gilt aber, wenn andere **Nachweise für gleichwertige Umweltmanagementmaßnahmen** vorgelegt werden. In diesen Fällen muss im Einzelfall überprüft werden, ob der Nachweis auch die Ausführung gerade des konkreten Auftrags abdeckt.

34

Kein nach § 46 Abs. 3 VgV zulässiger Nachweis der technischen Leistungsfähigkeit ist die Forderung, dass Abschleppunternehmen nachweisen müssen, dass ihre Fahrzeuge zur Einfahrt in Umweltzonen berechtigt sind. Denn dabei handelt es sich um keine Beschreibung der technischen Ausrichtung des Unternehmens, sondern um **konkrete umweltbezogene Anforderungen,** die nur im Wege der Ausführungsbedingungen iSv § 128 Abs. 2 GWB in das Vergabeverfahren eingeführt werden können.[66]

35

---

[64] AM Otting VergabeR 2016, 316 (317); dazu Dreher/Hoffmann NZBau 2008, 545; Terwiesche VergabeR 2009, 26.
[65] Opitz VergabeR 2004, 421 (426).
[66] OLG Düsseldorf 7.5.2014 – VII-Verg 46/13, BeckRS 2014, 14161 = VergabeR 2014, 797 (799).

GWB § 122 Eignung

36 **bb) Soziale Aspekte.** Auf der Stufe der Eignungsprüfung lassen sich soziale Aspekte nur auf **äußerst zurückgezogener Linie** in ein Vergabeverfahren implementieren.[67] Schon für den unter den früheren Vergaberichtlinien geltenden Rechtszustand hatte die Kommission die Auffassung vertreten, dass die Feststellung der wirtschaftlichen und finanziellen Leistungsfähigkeit keinen Raum für die Einbeziehung sozialer Gesichtspunkte durch die öffentlichen Auftraggeber lässt. Dies hat sich durch die VKR[68] und nun auch die VRL[69] nicht geändert. So können Verpflichtungserklärungen zur Beachtung der ILO-Kernarbeitsnormen oder der Förderung der Vereinbarkeit von Beruf und Familie nicht als Eignungsnachweise verlangt werden.[70]

37 Unter der Geltung von § 97 Abs. 4 S. 1 GWB aF war teilweise versucht worden, den Begriff der Zuverlässigkeit dahingehend zu instrumentalisieren, dass zumindest Verstöße gegen das Übereinkommen 182 der Internationalen Arbeitsorganisation (ILO) zu Beseitigung der schlimmsten Formen der Kinderarbeit elementare Verletzungen der durch Art. 1 Abs. 1 GG vom Staat zu achtenden und schützenden **Menschenwürde** darstellen sollten, weshalb der Staat verpflichtet sei „nachzufragen, ob bei der Herstellung von Produkten, die er erwerben möchte, (minderjährige) Sklaven beschäftigt waren".[71] Ein Unternehmen, das Produkte in ausbeuterischer Kinderarbeit herstellen lasse oder mit ihnen handele, verstoße gegen den mit unmittelbarer Drittwirkung ausgestatteten Art. 1 Abs. 1 GG und sei im vergaberechtlichen Sinne unzuverlässig. Unabhängig davon, dass ein solcher Versuch auch schon nach bisherigem Recht zum Scheitern verurteilt war,[72] ist ihm durch den Begriff der Eignung in § 122 GWB nunmehr der Anknüpfungspunkt entzogen worden.

38 Die Möglichkeiten, die Beachtung sozialer Kriterien über den **Nachweis der beruflichen oder technischen Leistungsfähigkeit** in das Vergabeverfahren zu implementieren, sind äußerst begrenzt. So bewertete der EuGH das Verlangen, „dass der Lieferant die Kriterien in Bezug auf nachhaltige Einkäufe und **gesellschaftlich verantwortliches Verhalten** erfüllt", als unzulässige Mindestanforderung an die berufliche Leistungsfähigkeit, da die Aufzählung der Anforderungen an die technische und berufliche Leistungsfähigkeit in Art. 48 VKR (nunmehr § 46 Abs. 3 VgV) abschl. ist und sich die verlangten Anforderungen keinem der in Art. 48 VKR (nunmehr § 46 Abs. 3 VgV) genannten Punkte zuordnen lassen.[73] Darüber hinaus verstößt die Verwendung derartiger Formulierungen in Anbetracht ihrer **fehlenden Bestimmtheit** gegen den Transparenzgrundsatz.[74] Als Einfallstor kommt insoweit allenfalls § 46 Abs. 3 Nr. 2 VgV in Betracht, wonach der Nachweis der technischen Leistungsfähigkeit auf die Angabe der technischen Fachkräfte erstreckt werden kann. Sofern es sich bei dem Bieter um den Produzenten handelt, kann von ihm in der Tat die Darlegung der sich auf die Qualität der Produkte auswirkenden Personalzusammensetzung verlangt werden.[75] Die Herstellung von Produkten in Kinderarbeit

---

[67] Frenz NZBau 2007, 17 (18); Steiff VergabeR 2009, 290 (297).

[68] Interpretierende Mitteilung der Kommission über die Auslegung des gemeinschaftlichen Vergaberechts und die Möglichkeiten zur Berücksichtigung sozialer Belange bei der Vergabe öffentlicher Aufträge v. 15.10.2001, ABl. 2001 C 333, 27, Ziff. 1.3; OLG Düsseldorf 29.1.2014 – VII-Verg 28/13, BeckRS 2014, 4285 = VergabeR 2014, 416 (420); VK Münster 21.1.2015 – VK 18/14, VPRRS 2015, 0419 = IBRRS 2015, 3256.

[69] Germelmann GewArch 2016, 100 (103).

[70] OLG Düsseldorf 29.1.2014 – VII-Verg 28/13, NZBau 2014, 314 (315 f.); 25.6.2014 – VII-Verg 39/13, BeckRS 2014, 16549 = VergabeR 2014, 803(805).

[71] So Beck/Wagner VergabeR 2008, 601 (605).

[72] Siehe nur von diesem Kommentar die 2. Aufl. 2013, → GWB § 97 Rn. 134.

[73] EuGH 10.5.2012 – C-368/10, NZBau 2012, 445 Rn. 105 ff. – Max Havelaar.

[74] EuGH 10.5.2012 – C-368/10, NZBau 2012, 445 Rn. 110 – Max Havelaar.

[75] Interpretierende Mitteilung der Kommission über die Auslegung des gemeinschaftlichen Vergaberechts und die Möglichkeiten zur Berücksichtigung sozialer Belange bei der Vergabe öffentlicher Aufträge v. 15.10.2001, ABl. 2001 C 333, 27, Ziff. 1.3.2.

könnte etwa in dieser Weise erfasst werden. Allerdings geht es dabei immer nur um den Nachweis der technischen Leistungsfähigkeit des konkreten Bieters für die Ausführung des übernommenen Auftrags.[76] Handelt es sich bei dem Bieter – wie im Regelfall – um einen Importeur, so kann der Nachweis nicht auf die Leistungsfähigkeit des ursprünglichen Produzenten erstreckt werden.

Möglich ist ein Rekurs auf die Möglichkeit des Ausschlusses eines Bieters von der Teilnahme am Vergabeverfahren wegen der nachweislichen Begehung einer die Integrität des Unternehmens infrage stellenden **schweren Verfehlung** (§ 124 Abs. 1 Nr. 3 GWB). Die Präzisierung dieser Begriffe kann wie schon zu Art. 45 Abs. 2 S. 1 lit. d VKR durch das nationale Recht der EU-Mitgliedstaaten erfolgen, allerdings nur unter Beachtung der unionsrechtlichen Vorgaben.[77] Für erforderlich halten müssen wird man weiterhin, dass 1. ein fehlerhaftes Verhalten des Bieters vorliegt, das 2. schuldhaft, also vorsätzlich oder fahrlässig begangen worden ist und eine gewisse Schwere aufweist, sich mithin nicht zB in einer mangelhaften Vertragserfüllung erschöpft, und 3. Einfluss auf die berufliche Glaubwürdigkeit des betreffenden Wirtschaftsteilnehmers hat, dh die persönliche Zuverlässigkeit als Bewerber in Frage stellt.[78] Hierunter fallen auch Verstöße gegen sozial- und arbeitsschutzrechtliche Bestimmungen.[79] Es spricht nichts dagegen, hierunter auch Verstöße bspw. gegen die ILO-Kernarbeitsnormen zu fassen, wenn es sich um einen Verstoß des Bieters selbst handelt, der Einsatz von Kinderarbeit also im eigenen Verantwortungsbereich eines Unternehmens erfolgt.[80] 39

Zu beachten ist allerdings, dass der Ausschluss vom Vergabeverfahren den **Nachweis der schweren Verfehlung durch den Auftraggeber** erfordert. Hierfür bedarf es zwar keiner gerichtlichen Verurteilung,[81] jedoch sind konkrete, auf den Einzelfall bezogene Anhaltspunkte erforderlich; die bloße Mutmaßung, die Beschaffung bewege sich in einem hinsichtl. des Verstoßes gegen ILO-Kernarbeitsnormen sensiblen Bereich, genügt nicht.[82] Jedenfalls für Verfahren oberhalb der Schwellenwerte kann diese Darlegungs- und Beweislast des Auftraggebers nicht dadurch auf den Teilnehmer verlagert werden, dass von ihm die Vorlage von Nachweisen oder Erklärungen über das Nichtvorliegen des Ausschlussgrundes verlangt werden und ein Ausschluss erfolgt, wenn die Erklärung nicht abgegeben wird.[83] 40

Gemäß § 124 Abs. 1 Nr. 1 GWB kann ein Unternehmen ausgeschlossen werden, wenn es bei der Ausführung öffentlicher Aufträge nachweislich **gegen geltende umwelt-, sozial- oder arbeitsrechtliche Verpflichtungen verstoßen** hat. Hierüber geht Art. 57 Abs. 4 UAbs. 1 lit. a VRL hinaus:[84] Geltende Verpflichtungen iSv 41

---

[76] Interpretierende Mitteilung der Kommission über die Auslegung des gemeinschaftlichen Vergaberechts und die Möglichkeiten zur Berücksichtigung sozialer Belange bei der Vergabe öffentlicher Aufträge v. 15.10.2001, ABl. 2001 C 333, 27, Ziff. 1.3.2.

[77] EuGH 13.12.2012 – C-465/11, EuZW 2013, 151 Rn. 26.

[78] Zum bisherigen Recht EuGH 13.12.2012 – C-465/11, EuZW 2013, 151 Rn. 27 ff.

[79] Vgl. VÜA Brandenburg 6.5.1998 – 1 VÜA 3/95, ZVgR 1998, 485; Interpretierende Mitteilung der Kommission über die Auslegung des gemeinschaftlichen Vergaberechts und die Möglichkeiten zur Berücksichtigung sozialer Belange bei der Vergabe öffentlicher Aufträge v. 15.10.2001, ABl. 2001 C 333, 27, Ziff. 1.3.1.

[80] Bungenberg, Vergaberecht im Wettbewerb der Systeme, 2007, S. 301; Germelmann GewArch 2016, 100 (104).

[81] EuGH 13.12.2012 – C-465/11, EuZW 2013, 151 Rn. 28.

[82] Diemon-Wies VergabeR 2010, 317 (319 f.); zur Unzulässigkeit von Ausschlussautomatismen EuGH 13.12.2012 – C-465/11, EuZW 2013, 151 Rn. 35.

[83] OLG Düsseldorf 29.1.2014 – VII-Verg 28/13, BeckRS 2014, 4285 = VergabeR 2014, 416 (420); 25.6.2014 – VII-Verg 39/13, BeckRS 2014, 16549 = VergabeR 2014, 803 (805); Germelmann GewArch 2016, 100 (104).

[84] Ebenfalls von einem Umsetzungsdefizit ausgehend Summa VergabeR 2016, 147 (150).

§ 124 Abs. 1 Nr. 1 GWB sollen ausweislich der Gesetzesbegr. „gemäß Artikel 18 Absatz 2 der Richtlinie 2014/24/EU alle für das Unternehmen geltenden umwelt-, sozial- und arbeitsrechtlichen Verpflichtungen, die durch Rechtsvorschriften der Europäischen Union, einzelstaatliche Rechtsvorschriften, aber auch durch für das Unternehmen verbindliche Tarifverträge festgelegt sind", sein.[85] Dies soll explizit auch für die in Anhang X VRL aufgeführten ILO-Kernarbeitsnormen gelten. Diese Verengung entspricht nicht der Unterscheidung zwischen Vorschriften iSv Art. 18 Abs. 2 Var. 1 VRL, die durch § 124 Abs. 1 Nr. 1 GWB erfasst werden, und Vorschriften iSv Art. 18 Abs. 2 Var. 2 VRL, zu denen die ILO-Kernarbeitsnormen gehören (→ § 128 Rn. 6 ff.).

42 Für die Praxis relevant ist vor allem die Frage, ob der Bieter selbst gegen die ILO-Kernarbeitsnormen verstoßen, zB in seinem Unternehmen selbst ausbeuterische Kinderarbeit betrieben haben muss, oder ob es ausreicht, wenn der **Verstoß von einem seiner Lieferanten** etwa von Vorprodukten oder einem Zwischenhändler begangen wird. Würde man auf die erstgenannte Variante abstellen, so hätte die Vorschrift insoweit keinen über den Ausschlussgrund der schweren Verfehlung hinausgehenden Anwendungsbereich. Die Struktur der VRL weist jedoch darauf hin, dass es allein auf das Vorliegen eines Verstoßes gegen die ILO-Kernarbeitsnormen und nicht auf die Begehung des Verstoßes durch den Bieter selbst ankommt. So stellen die weiteren Ausschlussgründe nach Art. 57 Abs. 4 VRL explizit auf ein Handeln oder einen Zustand des Wirtschaftsteilnehmers, dh des Bieters, ab. Für Verstöße gegen die ILO-Kernarbeitsnormen findet der Wirtschaftsteilnehmer hingegen keine Erwähnung, gedacht wird allein des Verstoßes als solchem. Hieraus wird man entnehmen können, dass Art. 57 Abs. 4 S. 1 lit. a VRL auch Verstöße erfasst, die nicht im Unternehmen des Bieters selbst begangen wurden.[86]

43 Da Art. 57 Abs. 4 UAbs. 1 lit. a iVm Art. 18 Abs. 2 Var. 2 VRL alle Verstöße gegen die ILO-Kernarbeitsnormen erfasst, ist die **Umsetzung in § 124 Abs. 1 Nr. 1 GWB defizitär.** § 124 Abs. 1 Nr. 1 GWB ist daher dahingehend **unionsrechtskonform auszulegen,** dass die Vorschrift auch einen Ausschluss von Bietern ermöglicht, wenn diese selbst oder einer ihrer Zulieferer gegen die ILO-Kernarbeitsnormen verstoßen haben, selbst wenn dieser Verstoß in einem Staat außerhalb der EU erfolgte.[87] Allerdings eröffnet auch Art. 57 Abs. 4 S. 1 lit. a VRL keine Möglichkeit, die Darlegungslast auf den Bieter zu verlagern. Der Nachweis des Vorliegens eines Verstoßes gegen die ILO-Kernarbeitsnormen im konkreten Produktions- und Distributionsprozess muss vielmehr positiv durch den öffentlichen Auftraggeber geführt werden. Auch hier genügen keine bloßen Vermutungen.

44 Keine erkennbare Umsetzung hat Art. 56 Abs. 1 S. 2 VRL erfahren. Nach dieser Bestimmung können die öffentlichen Auftraggeber entscheiden, einen **Auftrag nicht auf das wirtschaftlich günstigste Angebot zu vergeben,** wenn sie festgestellt haben, dass das Angebot nicht den anwendbaren Verpflichtungen gemäß den ILO-Kernarbeitsnormen genügt. Dieser Fassung nach handelt es sich um eine **Ultima Ratio-Klausel** für Konstellationen, in denen die Wertung des wirtschaftlich günstigsten Angebots nach Art. 67 VRL bereits stattgefunden hat und ein Verstoß gegen die ILO-Kernarbeitsnormen vorliegt, der entweder erst jetzt festgestellt wurde oder der auf vorherigen Stufen des Vergabeverfahrens nicht sanktioniert werden konnte. Hiermit nur schwer vereinbar ist die systematische Stellung der Vorschrift im Art. 56 VRL, der die der Wertung der Angebote gerade vorgelagerte Prüfungsstufe betrifft. Man wird diesen scheinbaren Widerspruch vor dem Hintergrund der Unterscheidung zwischen bieterbezogenen Prüfungsgesichtspunkten und Wertungskriterien zu sehen haben. Wie dargestellt (→ Rn. 15), ist es auch unter der VRL bei

---

[85] BT-Drs. 18/6281, 105.
[86] AA Krönke VergabeR 2017, 101 (113).
[87] Zustimmend Krönke VergabeR 2017, 101 (113).

der grds. Trennung zwischen auf die Person oder das Unternehmen des Bieters bezogenen Kriterien und den auf die angebotene Leistung selbst bezogenen Wertungskriterien geblieben. Relevant wird die Vorschrift ohnehin nur, wenn gerade das wirtschaftlichste Angebot nicht den anwendbaren Verpflichtungen nach Art. 18 Abs. 2 VRL, darunter auch den ILO-Kernarbeitsnormen, genügt. In dieser Situation müsste der Zuschlag auf dieses Angebot erteilt werden. Stellt der öffentliche Auftraggeber aber fest, dass das Angebot nicht den ILO-Kernarbeitsnormen genügt, so kann – nicht muss – der Auftrag an den Bieter mit dem zweitplatzierten Angebot vergeben werden. Der Sache nach entspricht dies dem Ausschlussgrund des Art. 57 Abs. 4 S. 1 lit. a VRL. Dementsprechend liegt auch nach Art. 56 Abs. 1 S. 2 VRL die Feststellungslast beim öffentlichen Auftraggeber. Wohl deshalb ist diese Möglichkeit des öffentlichen Auftraggebers in den Vorschriften über die Auswahl der Teilnehmer verortet worden. Es dürfte den Mitgliedstaaten nicht freistehen, den Auftraggebern die darin vorgesehene Handlungsmöglichkeit vollständig zu nehmen. Da der fakultative Ausschlussgrund des § 124 Abs. 1 Nr. 1 GWB einen Ausschluss zu jedem Zeitpunkt des Vergabeverfahrens, also auch noch nach Angebotswertung ermöglicht, ist eine entspr. **unionsrechtskonforme Auslegung** möglich.

III. Nachweis der Eignung, insbes. Präqualifizierungssystem (Abs. 3)

§ 122 GWB enthält selbst keine Regelungen zum Nachweis der Erfüllung von Eignungskriterien oder des Nichtvorliegens von Ausschlussgründen. Die entspr. Regelungen sind vielmehr in §§ **48 ff. VgV und §§ 6b EU f. VOB/A** enthalten.[88] Einzige Ausnahme ist der die Teilnahme an Präqualifizierungssystemen betreffende § 122 Abs. 3 GWB.

Die Neuregelung des Eignungsnachweises durch das EU-Richtlinienpaket 2014 ist von dem Bestreben getragen, die den Unternehmen und insbes. kleinen und mittleren Unternehmen **durch die Nachweisführung entstehenden Belastungen zu verringern** (vgl. Erwgr. 84 zur VRL). Welche Nachweise der öffentliche Auftraggeber von den Bietern fordert, hat er – neben den Eignungskriterien selbst – in der Auftragsbekanntmachung bzw. der Aufforderung zur Interessensbestätigung anzugeben (§ 48 Abs. 1 VgV). Dabei reicht zum vorläufigen Beleg der Eignung und des Nichtvorliegens von Ausschlussgründen grds. eine **Einheitliche Europäische Eigenerklärung** iSv § 50 VgV aus (§ 48 Abs. 3 VgV, → VgV § 48 Rn. 11). Zum endgültigen Beleg soll der Auftraggeber laut § 48 Abs. 2 S. 1 VgV grds. die **Vorlage von Eigenerklärungen** ausreichen lassen. Vom Auftraggeber verlangte Bescheinigungen und sonstige Nachweise sollen vom Online-Dokumentenarchiv e-Certis abgedeckt sein (§ 48 Abs. 2 S. 2 VgV). Diese Erleichterungen ändern allerdings nichts daran, dass die Erfüllung der Eignungskriterien und das Nichtvorliegen von Ausschlussgründen **grds. vom Bieter nachzuweisen** sind (Erwgr. 84 zur VRL)[89], soweit die Feststellungslast nicht nach der jew. Regelung beim öffentlichen Auftraggeber liegt. Die Eintragung eines Bieters in einem Präqualifizierungsverzeichnis allein führt daher noch nicht dazu, dass die geforderten Eignungsnachweise als erbracht gelten. Vielmehr muss der Auftraggeber prüfen, ob und inwieweit die im Präqualifizierungsverzeichnis eingestellten Nachweise die zu erbringenden Eignungsnachweise bereits abdecken.[90]

Der Art. 64 Abs. 1 VRL umsetzende § 122 Abs. 3 GWB erleichtert den Unternehmen den Nachweis der Eignung und des Nichtvorliegens von Ausschlussgründen,

---

[88] IE Otting VergabeR 2016, 316 (318 ff.).
[89] OLG Düsseldorf 8.6.2022 – Verg 19/22, BeckRS 2022, 15401 Rn. 26.
[90] OLG Düsseldorf 8.6.2022 – Verg 19/22, BeckRS 2022, 15401 Rn. 28.

GWB § 123 Zwingende Ausschlussgründe

wenn das Unternehmen an einem **Präqualifizierungssystem** teilnimmt. Die Einzelheiten regeln § 48 Abs. 8 VgV, § 6b EU Abs. 1 Nr. 2 VOB/A. Ein Rechtsanspruch von Unternehmen auf Einrichtung eines solchen Systems ergibt sich aus der Vorschrift nicht. Sofern allerdings ein Präqualifikationssystem eingerichtet oder zugelassen ist, können Bieter verlangen, ihre **Eignung über dieses System nachweisen** zu können. Den Bietern steht es aber auch dann alternativ offen, ihre Eignung durch Einzelnachweise, auch die Einheitliche Europäische Eigenerklärung, zu belegen. Denn die öffentlichen Auftraggeber dürfen keine Nachweisführung gerade über ein Präqualifizierungssystem verlangen.[91] S. zum Ganzen auch → VgV § 48 Rn. 23 ff.

IV. Rechtsschutz

48 Die Regelungen des § 122 GWB sind **bieterschützend**. Zu beachten ist die teilweise zurückgenommene Kontrolldichte für die Nachprüfungsinstanzen (→ Rn. 9, 21). Auch die Ablehnung der Aufnahme in ein Präqualifizierungssystem iSv § 122 Abs. 3 GWB kann zum Gegenstand eines Nachprüfungsverfahrens gemacht werden.[92]

§ 123 Zwingende Ausschlussgründe

(1) Öffentliche Auftraggeber schließen ein Unternehmen zu jedem Zeitpunkt des Vergabeverfahrens von der Teilnahme aus, wenn sie Kenntnis davon haben, dass eine Person, deren Verhalten nach Absatz 3 dem Unternehmen zuzurechnen ist, rechtskräftig verurteilt oder gegen das Unternehmen eine Geldbuße nach § 30 des Gesetzes über Ordnungswidrigkeiten rechtskräftig festgesetzt worden ist wegen einer Straftat nach:
1. § 129 des Strafgesetzbuchs (Bildung krimineller Vereinigungen), § 129a des Strafgesetzbuchs (Bildung terroristischer Vereinigungen) oder § 129b des Strafgesetzbuchs (Kriminelle und terroristische Vereinigungen im Ausland),
2. § 89c des Strafgesetzbuchs (Terrorismusfinanzierung) oder wegen der Teilnahme an einer solchen Tat oder wegen der Bereitstellung oder Sammlung finanzieller Mittel in Kenntnis dessen, dass diese finanziellen Mittel ganz oder teilweise dazu verwendet werden oder verwendet werden sollen, eine Tat nach § 89a Absatz 2 Nummer 2 des Strafgesetzbuchs zu begehen,
3. § 261 des Strafgesetzbuchs (Geldwäsche),
4. § 263 des Strafgesetzbuchs (Betrug), soweit sich die Straftat gegen den Haushalt der Europäischen Union oder gegen Haushalte richtet, die von der Europäischen Union oder in ihrem Auftrag verwaltet werden,
5. § 264 des Strafgesetzbuchs (Subventionsbetrug), soweit sich die Straftat gegen den Haushalt der Europäischen Union oder gegen Haushalte richtet, die von der Europäischen Union oder in ihrem Auftrag verwaltet werden,
6. § 299 des Strafgesetzbuchs (Bestechlichkeit und Bestechung im geschäftlichen Verkehr), §§ 299a und 299b des Strafgesetzbuchs (Bestechlichkeit und Bestechung im Gesundheitswesen),
7. § 108e des Strafgesetzbuchs (Bestechlichkeit und Bestechung von Mandatsträgern),

---

[91] RKPP/Hausmann/von Hoff GWB § 122 Rn. 27.
[92] VK Bund 27.1.2015 – VK 2–123/14, VPRRS 2015, 0100.

Zwingende Ausschlussgründe § 123 GWB

8. den §§ 333 und 334 des Strafgesetzbuchs (Vorteilsgewährung und Bestechung), jeweils auch in Verbindung mit § 335a des Strafgesetzbuchs (Ausländische und internationale Bedienstete),
9. Artikel 2 § 2 des Gesetzes zur Bekämpfung internationaler Bestechung (Bestechung ausländischer Abgeordneter im Zusammenhang mit internationalem Geschäftsverkehr) oder
10. den §§ 232, 232a Absatz 1 bis 5, den §§ 232b bis 233a des Strafgesetzbuches (Menschenhandel, Zwangsprostitution, Zwangsarbeit, Ausbeutung der Arbeitskraft, Ausbeutung unter Ausnutzung einer Freiheitsberaubung).

(2) Einer Verurteilung oder der Festsetzung einer Geldbuße im Sinne des Absatzes 1 stehen eine Verurteilung oder die Festsetzung einer Geldbuße nach den vergleichbaren Vorschriften anderer Staaten gleich.

(3) Das Verhalten einer rechtskräftig verurteilten Person ist einem Unternehmen zuzurechnen, wenn diese Person als für die Leitung des Unternehmens Verantwortlicher gehandelt hat; dazu gehört auch die Überwachung der Geschäftsführung oder die sonstige Ausübung von Kontrollbefugnissen in leitender Stellung.

(4) [1]Öffentliche Auftraggeber schließen ein Unternehmen zu jedem Zeitpunkt des Vergabeverfahrens von der Teilnahme an einem Vergabeverfahren aus, wenn
1. das Unternehmen seinen Verpflichtungen zur Zahlung von Steuern, Abgaben oder Beiträgen zur Sozialversicherung nicht nachgekommen ist und dies durch eine rechtskräftige Gerichts- oder bestandskräftige Verwaltungsentscheidung festgestellt wurde oder
2. die öffentlichen Auftraggeber auf sonstige geeignete Weise die Verletzung einer Verpflichtung nach Nummer 1 nachweisen können.
[2]Satz 1 ist nicht anzuwenden, wenn das Unternehmen seinen Verpflichtungen dadurch nachgekommen ist, dass es die Zahlung vorgenommen oder sich zur Zahlung der Steuern, Abgaben und Beiträge zur Sozialversicherung einschließlich Zinsen, Säumnis- und Strafzuschlägen verpflichtet hat.

(5) [1]Von einem Ausschluss nach Absatz 1 kann abgesehen werden, wenn dies aus zwingenden Gründen des öffentlichen Interesses geboten ist. [2]Von einem Ausschluss nach Absatz 4 Satz 1 kann abgesehen werden, wenn dies aus zwingenden Gründen des öffentlichen Interesses geboten ist oder ein Ausschluss offensichtlich unverhältnismäßig wäre. [3]§ 125 bleibt unberührt.

Literatur: Krönke, Sozial verantwortliche Beschaffung nach dem neuen Vergaberecht, VergabeR 2017, 101; Meißner, Wann ist der Bieter geeignet?, VergabeR 2017, 270; Otting, Eignungs- und Zuschlagskriterien im neuen Vergaberecht, VergabeR 2016, 316; Roth, Selbstreinigung und Wiedergutmachung im Vergaberecht, NZBau 2016, 672; Ulshöfer, Kartell- und Submissionsabsprachen von Bietern – Selbstreinigung und Schadenswiedergutmachung, VergabeR 2016, 327. Vgl. iÜ die Angaben bei § 125 GWB und Einl. WRegG.

I. Bedeutung der Vorschrift

Wie sich aus § 122 Abs. 1 GWB ergibt, wurde das abstrakte Eignungsmerkmal der Zuverlässigkeit im Bereich des EU-Vergaberechts aufgegeben. An seine Stelle ist die Prüfung der in §§ 123, 124 GWB enumerativ aufgeführten Ausschlussgründe getreten (dazu iE → § 122 Rn. 3).[1] Mit §§ 123, 124 GWB werden die Bestimmun- 1

---
[1] Roth NZBau 2016, 672 f.

GWB § 123 Zwingende Ausschlussgründe

gen des Art. 57 der RL 2014/24/EU umgesetzt. Regelungsgegenstand dieser Vorschriften sind zwingende bzw. fakultative Ausschlussgründe im Zusammenhang mit einem früheren Verhalten des Wirtschaftsteilnehmers oder ihm zuzurechnender Personen. Davon zu unterscheiden ist der Ausschluss eines Angebots aus anderen Gründen, bspw. weil dieses formale Mängel aufweist.[2] Die **Ausschlussgründe in §§ 123, 124 GWB sind abschließend.** Wegen eines hier nicht genannten, aus Sicht des Auftraggebers ähnlich gravierenden Fehlverhaltens darf ein Ausschluss nicht mehr erfolgen. Neben den abschl. normierten Ausschlusstatbeständen der §§ 123, 124 GWB ist insbes. kein Raum für ungeschriebene Eignungskriterien, wie etwa die „rechtliche Leistungsfähigkeit".[3] Die Tatbestände sind auch **nicht analogiefähig**.[4] Erhält der Auftraggeber Kenntnis vom Ausschlussgrund, muss er diesem bis zur Zuschlagserteilung nachgehen. Mit Inkraftsetzung des WRegG ist er verpflichtet, sich durch Einsichtnahme in das Wettbewerbsregister Kenntnis über bestimmte Ausschlussgründe zu verschaffen (§ 6 WRegG, s. dazu → WRegG § 6 Rn. 2). Erhält der Auftraggeber nach Zuschlag Kenntnis über einen zwingenden Ausschlussgrund nach § 123 Abs. 1 Nr. 1–4 GWB, der vor der Zuschlagserteilung bereits vorlag, ist eine Kündigung des Vertrages nach § 133 Abs. 1 Nr. 2 GWB möglich (dazu → § 133 Rn. 63 ff.).[5]

2 § 123 GWB regelt die **zwingenden Ausschlussgründe** nach Art. 57 Abs. 1, 2 der RL 2014/24/EU. Da der Ausschluss eines Unternehmens von der Teilnahme an einem Vergabeverfahren in Grundrechte eingreifen kann, erfolgt eine Regelung im Gesetz. § 123 Abs. 1 GWB sieht in Übereinstimmung mit Art. 57 Abs. 1 der RL 2014/24/EU den zwingenden Ausschluss eines Wirtschaftsteilnehmers für den Fall vor, dass dieser bzw. ihm zuzurechnende Personen wegen einer der aufgelisteten Straftaten rechtskräftig verurteilt worden ist. Im Vergleich zur RL 2004/18/EG wurde dieser Katalog um terroristische Straftaten und Terrorismusfinanzierung sowie um Kinderarbeit und Menschenhandel ergänzt.[6] Die Umsetzung in § 123 Abs. 1 GWB geht bewusst nicht über die verpflichtenden Vorgaben der RL hinaus. Angesichts der gravierenden Rechtsfolge des zwingenden Ausschlusses von der Teilnahme an einem Vergabeverfahren sollte die Festlegung obligatorischer Ausschlussgründe nicht weiter als unbedingt notwendig gehen.[7] § 123 Abs. 4 S. 1 GWB legt in den Nr. 1 und 2 den zwingenden Ausschlussgrund der Nichtentrichtung von Steuern und Sozialabgaben fest und setzt damit Art. 57 Abs. 2 der RL 2014/24/EU um. Früher war hierfür im europäischen und im deutschen Vergaberecht nur ein fakultativer Ausschluss vorgesehen.

3 Bei Vorliegen eines zwingenden Ausschlussgrundes nach § 123 GWB steht dem öffentlichen Auftraggeber **kein Ermessen** bei der Entscheidung zu, ob das Unternehmen ausgeschlossen wird.[8] Der Auftraggeber ist zu jedem Zeitpunkt des Vergabeverfahrens gehalten, auf einen zwingenden Ausschlussgrund nach § 123 GWB mit dem Ausschluss des betr. Bieters zu reagieren. Bezüglich der zwingenden Ausschlussgründe des § 123 GWB ist anerkannt, dass der öffentliche Auftraggeber nicht nur zum Ausschluss eines Unternehmens verpflichtet ist, wenn er zu einem Zeitpunkt der Prüfung der Eignung **Kenntnis vom Vorliegen eines zwingenden Ausschlussgrundes** hatte, sondern auch dann noch, wenn die Kenntnis erst in einem späteren Stadium des Vergabeverfahrens erlangt wird. Insofern besteht hinsichtlich der Ausschlusspflicht eine Sachlage, die mit der Pflicht zur Wiederholung der Eig-

---

[2] § 57 VgV und § 16 EU VOB/A.
[3] OLG Düsseldorf 14.10.2020 – Verg 36/19, NZBau 2020, 732.
[4] Otting VergabeR 2016, 316 (321).
[5] Meißner VergabeR 2017, 270 (273).
[6] Roth NZBau 2016, 672.
[7] Gesetzesbegr. BT-Drs. 18/6281, 102.
[8] Ulshöfer VergabeR 2016, 327 (329).

nungsprüfung vergleichbar ist. Der Auftraggeber ist also verpflichtet, bestehenden Anhaltspunkten für das Vorliegen einer zurechenbaren Katalogstraftat nachzugehen und, soweit sich aus diesen ein konkreter Verdacht ergibt, von dem betr. Unternehmen ggf. weitere Informationen zu verlangen.[9] Nur in Ausnahmefällen besteht trotz des Vorliegens eines zwingenden Ausschlussgrundes die Möglichkeit bzw. sogar die Verpflichtung von einem Ausschluss des Unternehmens abzusehen. Zum einen kann nach § 123 Abs. 5 GWB bei zwingenden Gründen des öffentlichen Interesses oder im Falle der Unverhältnismäßigkeit von einem Ausschluss abgesehen werden.[10] Zum anderen ist ein Ausschluss dann nicht zulässig, wenn das Unternehmen eine erfolgreiche Selbstreinigung nach § 125 GWB oder § 123 Abs. 4 S. 2 GWB durchgeführt hat. Nach Zuschlagserteilung eröffnet § 133 Abs. 1 Nr. 2 GWB überdies die Möglichkeit der Kündigung, wenn der Auftraggeber nachträglich erfährt, dass zum Zeitpunkt der Zuschlagserteilung ein zwingender Ausschlussgrund nach § 123 GWB vorgelegen hat (iE → § 133 Rn. 63 ff.).[11]

Nach § 126 Abs. 1 Nr. 1 GWB ist der zwingende Ausschluss des betroffenen Unternehmens zeitlich auf maximal fünf Jahre ab dem Tag der rechtskräftigen Verurteilung beschränkt (iE → 126 Rn. 6). 4

II. Rechtskräftige Verurteilung wegen bestimmter Straftaten (Abs. 1 und 2)

1. Kenntnis des Auftraggebers

Nach Abs. 1 schließen öffentliche Auftraggeber ein Unternehmen **zu jedem** 5 **Zeitpunkt des Vergabeverfahrens** von der Teilnahme aus, wenn sie Kenntnis davon haben, dass eine Person, deren Verhalten nach Abs. 3 dem Unternehmen zuzurechnen ist, wegen einer der genannten Katalogstraftaten rechtskräftig verurteilt oder gegen das Unternehmen wegen einer solchen Straftat eine Geldbuße nach § 30 OWiG rechtskräftig festgesetzt worden ist. Mit der Formulierung „zu jedem Zeitpunkt des Vergabeverfahrens" wird Art. 57 Abs. 5 UAbs. 1 der RL 2014/24/EU umgesetzt. Ein Unternehmen ist nicht nur dann von der Teilnahme an einem Vergabeverfahren auszuschließen, wenn der öffentliche Auftraggeber zum Zeitpunkt der Prüfung des Angebots oder Teilnahmeantrags des Unternehmens Kenntnis von dem Vorliegen eines zwingenden Ausschlussgrundes hat, sondern auch noch dann, wenn der öffentliche Auftraggeber erst in einem späteren Stadium des Vergabeverfahrens davon Kenntnis erlangt.[12] Der letzte Zeitpunkt für den Ausschluss eines Unternehmens von einem Vergabeverfahren ist unmittelbar vor Erteilung des Zuschlags und im Falle eines Nachprüfungsverfahrens das Ende der mündlichen Verhandlung.[13] Vom Begriff Unternehmen werden nicht nur Bieter oder Bewerber, sondern **auch Nachunternehmer** oder zum Zwecke der Eignungsleihe benannte Unternehmen erfasst.[14] Von der rechtskräftigen Verurteilung muss der Auftraggeber **positive Kenntnis** haben. Gerüchte oder Vermutungen reichen insoweit nicht aus. Liegen ihm Anhaltspunkte für eine rechtskräftige Verurteilung einer dem Unternehmen zuzurechnenden Person vor, muss er diesen im Rahmen seiner Möglichkeiten und der zeitlichen Gegebenheiten eines Vergabeverfahrens nachgehen.[15] IdR wird

---

[9] OLG Düsseldorf 14.11.2018 – Verg 31/18, NZBau 2019, 393.
[10] Roth NZBau 2016, 673.
[11] Burgi VergabeR, § 16 Rn. 22.
[12] Gesetzesbegr. BT-Drs. 18/6281, 102.
[13] OLG München 22.11.2012 – Verg 22/12, NZBau 2013, 261.
[14] Müller-Wrede GWB/Gnittke/Hattig § 123 Rn. 17; s. auch §§ 35 Abs. 5, 47 Abs. 2 VgV.
[15] RKPP/Hausmann/von Hoff GWB § 123 Rn. 53 ff.

der Auftraggeber Kenntnis zwingender Ausschlussgründe durch die obligatorische Abfrage des Wettbewerbsregisters erlangen (§ 6 WRegG, s. → WRegG § 6 Rn. 2).

2. Rechtskräftige Verurteilung

6   Der zwingende Ausschluss setzt eine rechtskräftige Feststellung der Straftat voraus. Rechtskräftig ist ein Urteil, wenn ein Rechtsmittel nicht statthaft, nicht eingelegt oder endgültig zurückgewiesen wurde. Relative Rechtskraft genügt nicht.[16] Ein nicht mehr anfechtbarer Strafbefehl steht einem rechtskräftigen Urteil gleich (§ 410 Abs. 3 StPO). Lediglich „gesicherte Erkenntnisse", ein dringender Tatverdacht, ein laufendes Ermittlungsverfahren, eine inzidente Feststellung im Rahmen eines Zivilprozesses oÄ genügen nicht. Die RL 2014/24/EU stellt aber nicht allein auf eine strafgerichtliche Verurteilung, sondern auf eine Verurteilung aufgrund einer Straftat ab. Daher wird auch die **rechtskräftige Verurteilung eines Unternehmens nach § 30 OWiG** erfasst.[17] Das gilt indes nur, wenn dieser Verurteilung eine Katalogstraftat des § 123 Abs. 1 GWB einer dem Unternehmen nach Abs. 3 zurechenbaren Person zugrunde liegt.

3. Erfasste und nicht erfasste Straftaten

7   § 123 Abs. 1 Nr. 1, 2 GWB setzen Art. 57 Abs. 1 UAbs. 1 lit. a, d und lit. e der RL 2014/24/EU um und betreffen rechtskräftige Verurteilungen wegen der Bildung krimineller oder terroristischer Vereinigungen (§ 129–129b StGB) sowie die Finanzierung von Terrorismus (§ 89c StGB). Abs. 1 Nr. 3 GWB setzt Art. 57 Abs. 1 UAbs. 1 lit. b der RL 2014/24/EU um und regelt den Ausschluss wegen „Geldwäsche" nach § 261 StGB. Abs. 1 Nr. 4, 5 setzen Art. 57 Abs. 1 UAbs. 1 lit. c der RL 2014/24/EU um. Hier ist zu beachten, dass von diesen Vorschriften nur der Betrug und Subventionsbetrug erfasst ist, der sich „gegen den Haushalt der Europäischen Union oder gegen Haushalte richtet, die von der Europäischen Union oder in ihrem Auftrag verwaltet werden". Die Verwirklichung **anderer Betrugstatbestände iSd §§ 263, 264 StGB** unterliegt nicht den zwingenden Ausschlussgründen nach § 123 Abs. 1 GWB, sondern dem fakultativen Ausschlussgrund der „schweren Verfehlung" nach § 124 Abs. 1 Nr. 3 GWB.[18] Auch der Submissionsbetrug nach § 298 StGB gehört nicht zu den Katalogstraftaten des § 123 Abs. 1 GWB. Während nach alter Rechtslage Unternehmen, die in Bezug auf die konkrete Vergabe eine **unzulässige wettbewerbsbeschränkende Absprache** getroffen hatten, zwingend von der Wertung auszuschließen waren, kennt das neue Vergaberecht einen solchen zwingenden Ausschlussgrund nicht mehr.[19] Auch diese Fälle unterfallen den fakultativen Ausschlussgründen wegen wettbewerbsbeschränkender Vereinbarung nach § 124 Abs. 1 Nr. 4 GWB oder schwerer Verfehlung nach § 124 Abs. 1 Nr. 3 GWB.[20] Durch Abs. 1 Nr. 6, 7, 8 und Nr. 9 wird Art. 57 Abs. 1 UAbs. 1 lit. b der RL 2014/24/EU umgesetzt und auf die einschlägigen nationalen Strafvorschriften zur Bestechlichkeit und Bestechung im geschäftlichen Verkehr (§ 299 StGB), zur Bestechlichkeit und Bestechung von Mandatsträgern (§ 108e StGB), zur Vorteilsgewährung und Bestechung (§§ 333, 334, 335a StGB) sowie zur Bestechung ausländischer Abgeordneter (Art. 2 § 2 des Gesetzes zur Bekämpfung internationaler Bestechung) verwiesen. Die Richtlinienvorschrift spricht von „Bestechung im Sinne des nationalen Rechts des öffentlichen Auftraggebers oder des Wirtschaftsteilnehmers".

---

[16] RKPP/Hausmann/von Hoff GWB § 123 Rn. 21.
[17] Gesetzesbegr. BT-Drs. 18/6281, 102.
[18] Ulshöfer VergabeR 2016, 327 (329).
[19] Ulshöfer VergabeR 2016, 327 (329).
[20] S. zum Verhältnis der beiden Vorschriften bei Submissionsabsprachen Ulshöfer VergabeR 2016, 327 (330 ff.).

Da der Begriff der Bestechung als Oberbegriff zu verstehen sein soll, wurde diese Richtlinienvorschrift durch Verweis auf mehrere Straftatbestände umgesetzt.[21] Durch Abs. 1 Nr. 10 GWB wird Art. 57 Abs. 1 UAbs. 1 lit. f der RL 2014/24/EU betr. Kinderarbeit und Menschenhandel umgesetzt und auf die einschlägigen nationalen Vorschriften nach §§ 232, 233, 233a StGB verwiesen. Insoweit gilt gem. § 6 Nr. 4 StGB das Weltrechtsprinzip, so dass es keine Rolle spielt, wo die Tat begangen wurde.[22]

4. Verurteilungen in anderen Staaten

§ 123 Abs. 2 GWB stellt klar, dass Verurteilungen in anderen Staaten, die naturgemäß nicht auf der Grundlage deutscher Strafnormen erfolgen können, ebenfalls den zwingenden Ausschluss bedingen, sofern diese inhaltlich einer rechtskräftigen Verurteilung nach den in Art. 57 Abs. 1 der RL 2014/24/EU genannten Tatbeständen entsprechen. Eine inhaltliche Entsprechung fehlt auch dann, wenn die Verurteilung mit wesentlichen Grundsätzen des deutschen Rechts, insbes. mit den Grundrechten, unvereinbar ist.[23]

III. Zurechnung persönlichen Verhaltens (Abs. 3)

1. Leitungs- oder Aufsichtsfunktion

Abs. 3 setzt Art. 57 Abs. 1 UAbs. 2 der RL 2014/24/EU um und regelt, wann das Verhalten einer wegen einer Straftat rechtskräftig verurteilten natürlichen Person einem Unternehmen zuzurechnen ist. Die Formulierung **„für die Leitung des Unternehmens Verantwortlicher"** erfolgte in Anlehnung an § 30 Abs. 1 Nr. 5 OWiG. Danach gehört zu den für die Leitung des Unternehmens verantwortlich handelnden Personen insbes., wer vertretungsberechtigtes Organ einer juristischen Person oder Mitglied eines solchen Organs, Vorstand eines nicht rechtsfähigen Vereins oder Mitglied eines solchen Vorstands, vertretungsberechtigter Gesellschafter einer rechtsfähigen Personengesellschaft oder Generalbevollmächtigter ist oder wer in leitender Stellung Prokurist oder Handlungsbevollmächtigter einer juristischen Person, eines nicht rechtsfähigen Vereins bzw. einer rechtsfähigen Personengesellschaft ist.[24] Unmaßgeblich ist, ob diese Leitungsfunktion auf Betriebs- oder auf Unternehmensebene ausgeübt wird. Die Vorschrift stellt beide Alternativen gleichwertig nebeneinander.[25] Der ergänzende Hs. 2 von § 123 Abs. 3 GWB geht auf Art. 57 Abs. 1 UAbs. 2 der RL 2014/24/EU zurück. Dieser schreibt vor, dass die Verpflichtung zum Ausschluss eines Unternehmens auch dann Anwendung findet, wenn „die rechtskräftig verurteilte Person ein **Mitglied im Verwaltungs-, Leitungs- oder Aufsichtsgremium dieses Unternehmens ist oder darin Vertretungs-, Entscheidungs- oder Kontrollbefugnisse hat**". Das Wort „darin" wird auf das Unternehmen insges. und nicht nur eingeschränkt auf das Verwaltungs-, Leitungs- oder Aufsichtsgremium des Unternehmens bezogen, so dass hiervon auch Prokuristen erfasst werden.[26] Einschlägige Straftaten von Personen des Unternehmens, die keine entspr. Aufsichts- oder Leitungsfunktion innehaben, können diesem nicht zugerechnet werden.[27] Auch eine rechtskräftig festgesetzte Geldbuße

---

[21] Gesetzesbegr. BT-Drs. 18/6281, 103.
[22] Krönke VergabeR 2017, 101 (111).
[23] Gesetzesbegr. BT-Drs. 18/6281, 103.
[24] Gesetzesbegr. BT-Drs. 18/6281, 103.
[25] OLG Celle 29.3.2012 – 2 Ws 81/12, IBR 2012, 543.
[26] Gesetzesbegr. BT-Drs. 18/6281, 103.
[27] Otting VergabeR 2016, 316 (322).

wegen Verletzung von Aussichts- und Überwachungspflichten nach § 130 OWiG kann in einem solchen Fall den zwingenden Ausschluss nicht begründen.[28] Zur Zurechnung des Fehlverhaltens vgl. auch → WRegG § 2 Rn. 12 f.

2. Handeln für das Unternehmen

10 Zugerechnet werden können nur solche Straftaten einer Person, die als „für die Leitung des Unternehmens Verantwortlicher gehandelt hat". Damit wird klargestellt, dass ein Ausschluss eines Unternehmens vom Vergabeverfahren nur aufgrund von solchen Straftaten erfolgen kann, die einen **Unternehmensbezug** aufweisen.[29] Eine im privaten Zusammenhang stehende Straftat, die keinen Bezug zur wirtschaftlichen Tätigkeit des Unternehmens aufweist, kann einen Ausschluss nicht rechtfertigen. Auch eine im Zusammenhang mit einer Tätigkeit für ein anderes, vom Bieter rechtlich zu unterscheidendes Unternehmen begangene Straftat kann nach dem eindeutigen Wortlaut nicht zugerechnet werden.[30] Die Darlegungslast für die Voraussetzungen der Zurechnung liegt beim Auftraggeber.[31] Zur **Zurechnung im Konzern** vgl. auch → WRegG § 2 Rn. 14.

IV. Nichtentrichtung von Steuern und Sozialabgaben (Abs. 4)

1. Erfasste Tatbestände und Voraussetzungen

11 Abs. 4 S. 1 führt erstmalig den zwingenden Ausschlussgrund der Nichtentrichtung von Steuern und Sozialabgaben ein und setzt damit Art. 57 Abs. 2 der RL 2014/24/EU um. Unter diesen Ausschlussgrund fällt die **Nichtentrichtung von Steuern, Abgaben und Sozialversicherungsbeiträgen** trotz bestehender Verpflichtung des Unternehmens hierzu. Auch Verurteilungen wegen **Steuerhinterziehung** nach § 370 AO und wegen Vorenthaltung und Veruntreuung von Sozialversicherungsbeiträgen nach § 266a StGB werden erfasst.[32] Nachdem die Vorschrift auf eine Beschränkung auf „gesetzliche" Sozialversicherungsbeiträge verzichtet, werden nunmehr auch Zahlungspflichten aufgrund einer tariflichen Sozialkasse erfasst.[33] Voraussetzung ist jedoch in allen Fällen die Feststellung dieser Tatbestände durch eine **bestandskräftige Verwaltungsentscheidung** oder eine **rechtskräftige Gerichtsentscheidung** (Nr. 1) oder ein anderweitiger **„Nachweis"** einer entspr. Pflichtverletzung (Nr. 2). Welche Anforderungen an einen solchen anderweitigen Nachweis zu stellen sind, ist nicht geregelt. Angesichts der Schwere der Ausschlusssanktion wird man allerdings hohe Anforderungen an die Qualität des Nachweises stellen und in diesem Fall auch eine Anhörung des Bieters verlangen müssen. Ansonsten gilt auch hier, dass bloße Vermutungen oder Anhaltspunkte und die Einleitung entspr. Verwaltungs- oder Ermittlungsverfahren nicht ausreichen, um einen zwingenden Ausschluss nach dieser Vorschrift zu begründen.

2. Ausnahmen

12 Abs. 4 S. 2 regelt eine Ausnahme vom zwingenden Ausschluss nach S. 1, wenn die Zahlung zwischenzeitlich vorgenommen wurde oder sich das Unternehmen zur

---

[28] RKPP/Hausmann/von Hoff GWB § 123 Rn. 42.
[29] Gesetzesbegr. BT-Drs. 18/6281, 103.
[30] So auch Otting VergabeR 2016, 316 (322); diff. bei verbundenen Unternehmen RKPP/Hausmann/von Hoff GWB § 123 Rn. 40.
[31] OLG Hamburg 11.2.2019 – 1 Verg 3/15, BeckRS 2019, 1445 = VergabeR 2019, 390 (401).
[32] Gesetzesbegr. BT-Drs. 18/6281, 104.
[33] RKPP/Hausmann/von Hoff GWB § 123 Rn. 81.

Zahlung „einschließlich Zinsen, Säumnis- und Strafzuschlägen" verpflichtet hat. Die Beweislast hierfür trägt das Unternehmen. Für die **vollständige Bezahlung** bedarf es der Bestätigung des Gläubigers oder einer unabhängigen dritten Person, etwa eines Steuerbevollmächtigten oder Wirtschaftsprüfers. Die Verpflichtung zur Zahlung muss ebenfalls ggü. dem Gläubiger der ausstehenden Zahlung eingegangen sein und die Qualität eines abstrakten Schuldversprechens iSd § 780 BGB oder eines gerichtlichen Vergleichs aufweisen.

V. Zwingende Gründe des öffentlichen Interesses (Abs. 5)

Abs. 5 geht auf Art. 57 Abs. 3 der RL 2014/24/EU zurück und gibt öffentlichen Auftraggebern die Möglichkeit, ausnahmsweise von einem an sich nach Abs. 1 oder Abs. 4 vorzunehmenden Ausschluss eines Unternehmens abzusehen, wenn dies **aus zwingenden Gründen des öffentlichen Interesses geboten** ist. Dafür genügt es nicht, dass die Teilnahme des Unternehmens, bei dem ein zwingender Ausschlussgrund vorliegt, aus Gründen des öffentlichen Interesses sinnvoll erscheint oder das Unternehmen einen günstigeren Preis geboten oder als einziger Bieter ein Angebot abgegeben hatte. Der Bedarf des öffentlichen Auftraggebers ist insoweit nicht entscheidend. Allein unabweisbare, anders nicht zu befriedigende Interessen der Allgemeinheit, etwa zum Schutz der Gesundheit, können eine solche Ausnahme rechtfertigen.[34] Als Bsp. idS Sinne wird im Erwgr. 100 der RL 2014/24/EU die Beschaffung dringend benötigter Impfstoffe angeführt, die nur von dem betr. Unternehmen erworben werden können. Dies zeigt, dass die Ausnahmeregelung angesichts der Schwere der den Ausschluss begründenden Tatbestände grds. **eng auszulegen** ist. Die Beschaffung muss im Interesse der Allgemeinheit erfolgen, und zur Deckung dieses Beschaffungsbedarfs muss die Beauftragung des an sich auszuschließenden Unternehmens alternativlos sein. Allerdings besteht im Falle des § 123 Abs. 4 S. 1 GWB ein etwas größerer Spielraum, weil in diesem Fall ein Ausschluss überdies bei **offensichtlicher Unverhältnismäßigkeit** entfallen kann.[35] In Art. 57 Abs. 3 UAbs. 2 der RL 2014/24/EU werden als Beispiele für eine solche offensichtliche Unverhältnismäßigkeit aufgeführt, dass nur geringfügige Beträge an Steuern oder Sozialversicherungsbeiträgen nicht gezahlt wurden oder dass das Unternehmen im Zusammenhang mit der Zahlung von Steuern oder Sozialversicherungsbeiträgen so spät über den genauen geschuldeten Betrag unterrichtet wurde, dass es keine Möglichkeit hatte, die nachträgliche Zahlung vor dem Ablauf der Frist für die Beantragung der Teilnahme bzw. im offenen Verfahren der Frist für die Einreichung der Angebote durchzuführen.

13

§ 124 Fakultative Ausschlussgründe

(1) **Öffentliche Auftraggeber können unter Berücksichtigung des Grundsatzes der Verhältnismäßigkeit ein Unternehmen zu jedem Zeitpunkt des Vergabeverfahrens von der Teilnahme an einem Vergabeverfahren ausschließen, wenn**
1. **das Unternehmen bei der Ausführung öffentlicher Aufträge nachweislich gegen geltende umwelt-, sozial- oder arbeitsrechtliche Verpflichtungen verstoßen hat,**
2. **das Unternehmen zahlungsunfähig ist, über das Vermögen des Unternehmens ein Insolvenzverfahren oder ein vergleichbares Verfahren beantragt oder eröffnet worden ist, die Eröffnung eines solchen Verfahrens**

---

[34] Otting VergabeR 2016, 316 (322).
[35] Otting VergabeR 2016, 316 (322).

mangels Masse abgelehnt worden ist, sich das Unternehmen im Verfahren der Liquidation befindet oder seine Tätigkeit eingestellt hat,
3. das Unternehmen im Rahmen der beruflichen Tätigkeit nachweislich eine schwere Verfehlung begangen hat, durch die die Integrität des Unternehmens infrage gestellt wird; § 123 Absatz 3 ist entsprechend anzuwenden,
4. der öffentliche Auftraggeber über hinreichende Anhaltspunkte dafür verfügt, dass das Unternehmen mit anderen Unternehmen Vereinbarungen getroffen oder Verhaltensweisen aufeinander abgestimmt hat, die eine Verhinderung, Einschränkung oder Verfälschung des Wettbewerbs bezwecken oder bewirken,
5. ein Interessenkonflikt bei der Durchführung des Vergabeverfahrens besteht, der die Unparteilichkeit und Unabhängigkeit einer für den öffentlichen Auftraggeber tätigen Person bei der Durchführung des Vergabeverfahrens beeinträchtigen könnte und der durch andere, weniger einschneidende Maßnahmen nicht wirksam beseitigt werden kann,
6. eine Wettbewerbsverzerrung daraus resultiert, dass das Unternehmen bereits in die Vorbereitung des Vergabeverfahrens einbezogen war, und diese Wettbewerbsverzerrung nicht durch andere, weniger einschneidende Maßnahmen beseitigt werden kann,
7. das Unternehmen eine wesentliche Anforderung bei der Ausführung eines früheren öffentlichen Auftrags oder Konzessionsvertrags erheblich oder fortdauernd mangelhaft erfüllt hat und dies zu einer vorzeitigen Beendigung, zu Schadensersatz oder zu einer vergleichbaren Rechtsfolge geführt hat,
8. das Unternehmen in Bezug auf Ausschlussgründe oder Eignungskriterien eine schwerwiegende Täuschung begangen oder Auskünfte zurückgehalten hat oder nicht in der Lage ist, die erforderlichen Nachweise zu übermitteln, oder
9. das Unternehmen
   a) versucht hat, die Entscheidungsfindung des öffentlichen Auftraggebers in unzulässiger Weise zu beeinflussen,
   b) versucht hat, vertrauliche Informationen zu erhalten, durch die es unzulässige Vorteile beim Vergabeverfahren erlangen könnte, oder
   c) fahrlässig oder vorsätzlich irreführende Informationen übermittelt hat, die die Vergabeentscheidung des öffentlichen Auftraggebers erheblich beeinflussen könnten, oder versucht hat, solche Informationen zu übermitteln.

(2) § 21 des Arbeitnehmer-Entsendegesetzes, § 98c des Aufenthaltsgesetzes, § 19 des Mindestlohngesetzes, § 21 des Schwarzarbeitsbekämpfungsgesetzes und § 22 des Lieferkettensorgfaltspflichtengesetzes vom 16. Juli 2021 (BGBl. I S. 2959) bleiben unberührt.

Literatur: Baudis, Zum Konzernprivileg im Kartellvergaberecht, VergabeR 2022, 360; Beham, Der Ausschluss von der Vergabe öffentlicher Aufträge nach dem Lieferkettensorgfaltspflichtengesetz, GewArch 2022, 402; Fritz/Klaedtke, Lieferketten im Vergabeverfahren, NZBau 2022, 131; Goldbrunner/Stolz, Die Umsetzung der Vorgaben des Lieferkettensorgfaltspflichtengesetzes (LkSG) im Rahmen von Vergabeverfahren, VergabeR 2023, 1; Hölzl/Ritzenhoff, Compliance leicht gemacht! Zu den Voraussetzungen des Verlusts, den Konsequenzen daraus und der Wiedererlangung der Zuverlässigkeit im Vergaberecht, NZBau 2012, 28; Meißner, Wann ist der Bieter geeignet?, VergabeR 2017, 270; Otting, Eignungs- und Zuschlagskriterien im neuen Vergaberecht, VergabeR 2016, 316; Stein/Friton, Kartellrechtsverstöße als Ausschlussgründe im Vergabeverfahren, WuW 2012, 38; Ulshöfer, Kartell- und Submissionsabsprachen von Bietern – Selbstreinigung und Schadenswiedergutmachung, VergabeR 2016, 327. Vgl. iÜ die Angaben bei Einl. WRegG.

Übersicht

	Rn.
I. Bedeutung der Vorschrift	1
II. Fakultative Ausschlussgründe (Abs. 1)	4
1. Verstoß gegen geltende umwelt-, sozial- oder arbeitsrechtliche Verpflichtungen (Nr. 1)	6
a) Erfasste Vorschriften	7
b) Bei Ausführung öffentlicher Aufträge	8
c) Nachweis	9
d) Sonstiges	10
2. Insolvenz oder vergleichbares Verfahren, Liquidation (Nr. 2)	12
3. Nachweislich schwere Verfehlung (Nr. 3)	18
a) Verhältnis zu anderen Ausschlussgründen	19
b) Schwere Verfehlungen im Rahmen der beruflichen Tätigkeit	20
c) Auswirkungen auf die Integrität des Unternehmens	22
d) Nachweis, Beurteilungs- und Rechtsfolgeermessen	23
4. Wettbewerbsbeschränkende Abreden (Nr. 4)	24
a) Reichweite der Regelung	25
b) Konstellationen im Vergabeverfahren	26
c) Hinreichende Anhaltspunkte	30
d) Entscheidung über den Ausschluss	31
5. Interessenkonflikt (Nr. 5)	32
6. Vorbefassung (Nr. 6)	33
7. Mangelhafte Erfüllung eines früheren öffentlichen Auftrags (Nr. 7)	37
8. Täuschung, Zurückhaltung von Auskünften, Nichtübermittlung von Nachweisen (Nr. 8)	41
9. Unzulässige Beeinflussung, Informationserlangung, Informationsübermittlung (Nr. 9)	47
a) Unzulässige Beeinflussung der Entscheidungsfindung	48
b) Unzulässige Vorteilsverschaffung	50
c) Irreführende Informationen	52
III. Spezialgesetzliche fakultative Ausschlussgründe (Abs. 2)	54

I. Bedeutung der Vorschrift

Mit den §§ 123, 124 GWB werden die Bestimmungen des Art. 57 der RL 2014/24/EU umgesetzt. Die Vorschriften regeln die Ausschlussgründe im Zusammenhang mit einem früheren Verhalten des Wirtschaftsteilnehmers oder ihm zuzurechnender Personen. Diese enumerativ aufgeführten Ausschlussgründe haben im Bereich des EU-Vergaberechts das abstrakte Eignungsmerkmal der Zuverlässigkeit ersetzt (dazu → § 122 Rn. 3).[1] Die Ausschlussgründe in §§ 123, 124 GWB sind **abschließend** und **nicht analogiefähig**.[2] Wegen eines hier nicht genannten, aus Sicht des Auftraggebers ähnlich gravierenden Fehlverhaltens darf ein Ausschluss nicht mehr erfol-

---

[1] Roth NZBau 2016, 672.
[2] BayObLG 11.1.2023 – Verg 2/21, BeckRS 2023, 1170; 24.6.2021 – Verg 2/21, NZBau 2021, 755; EuGH 15.9.2022 – C-416/21, NZBau 2022, 750; BGH 3.6.2020 – XIII ZR 22/19, NZBau 2020, 609; Otting VergabeR 2016, 316 (321).

GWB § 124 Fakultative Ausschlussgründe

gen. Das soll auch hinsichtl. etwaiger öffentlich-rechtlicher Beschränkungen des Tätigkeitsfelds eines Bieters gelten.[3] Zu beachten ist allerdings, dass über den Verweis in § 124 Abs. 2 GWB von der abschl. Aufzählung auch Ausschlussgründe aus anderen bundesgesetzlichen Regelungen, wie dem AEntG, dem AufenthG, dem MiLoG, dem SchwarzArbG und dem LkSG, erfasst sind. Die Vorschriften zu den Ausschlussgründen enthalten indes keine „Öffnungsklausel" für weitergehende landesgesetzliche Regelungen, so dass solche – für den Bereich des EU-Vergaberechts – ausgeschlossen sind.

2   In § 124 GWB werden die sog. **fakultativen Ausschlussgründe** aufgeführt. Das heißt, dass dem Auftraggeber im Anwendungsbereich des § 124 GWB – anders als in den Fällen des zwingenden Ausschlusses nach § 123 GWB – bei Vorliegen der Tatbestandsvoraussetzungen ein **Ermessensspielraum** bei der Entscheidung über den Ausschluss des Bieters zukommt.[4] Der Auftraggeber hat eine **Prognoseentscheidung** dahingehend zu treffen, ob von dem Unternehmen trotz des Vorliegens der Tatbestandsvoraussetzungen eines fakultativen Ausschlussgrundes zu erwarten ist, dass es den öffentlichen Auftrag gesetzestreu, ordnungsgemäß und sorgfältig ausführt.[5] Dabei ist insbes. der **Grundsatz der Verhältnismäßigkeit** – der in § 97 Abs. 1 S. 2 GWB auch als übergeordneter Vergabegrundsatz erwähnt ist (→ § 97 Rn. 56 ff.) – zu beachten.[6] Im Erwgr. 101 der RL 2014/24/EU wird dazu ausgeführt, dass einzelne kleinere Unregelmäßigkeiten idR nicht zum Ausschluss eines Unternehmens führen sollten. Maßgebliche Gesichtspunkte sind die Schwere des Vorwurfs, die Häufigkeit entspr. Ereignisse und deren Folgen sowie der zeitliche Aspekt, wobei die zeitliche Grenze des § 126 Nr. 2 GWB (drei Jahre ab dem betreffenden Ereignis, dazu iE → § 126 Rn. 9) zu berücksichtigen ist. Nach dem Grundsatz der Verhältnismäßigkeit kann es im Einzelfall auch erforderlich sein, das betroffene Unternehmen vor einer Entscheidung anzuhören. Eine für jeden Fall bestehende Verpflichtung zur Anhörung besteht aber nicht.[7] Da in § 124 Abs. 1 GWB die Notwendigkeit der Beachtung des Verhältnismäßigkeitsgrundsatzes nunmehr ausdr. geregelt ist, muss in den Vergabeunterlagen hierauf jetzt nicht noch einmal extra hingewiesen werden.[8]

3   Auf der Tatbestandsseite dürfen generell nur solche Umstände berücksichtigt werden, die auf einer **gesicherten Kenntnis** beruhen.[9] Ist einer der genannten Ausschlusstatbestände nachweisbar erfüllt, bedingt dies eine **nachvollziehbar begründete und dokumentierte Ermessensentscheidung** des Auftraggebers unter Abwägung aller maßgeblichen Gesichtspunkte. Der öffentliche Auftraggeber hat, wenn er die Tatbestandsvoraussetzungen einer Ausschlussvorschrift als erfüllt ansieht, unter Berücksichtigung der Umstände des Einzelfalls zu prüfen und abzuwägen, ob der Ausschluss eine sachlich gerechtfertigte und mit dem Verhältnismäßigkeitsgrund-

---

[3] OLG Düsseldorf 14.10.2020 – Verg 36/19, BeckRS 2020, 26890 = VergabeR 2021, 194 mkritAnm Hausmann/Schiefner.
[4] EuGH 19.6.2019 – C-41/18, BeckRS 2019, 11629 = VergabeR 2019, 746 Rn. 28 f.; OLG Düsseldorf 14.11.2018 – Verg 31/18, BeckRS 2018, 34753; Otting VergabeR 2016, 316 (322).
[5] EuGH 19.6.2019 – C-41/18, BeckRS 2019, 11629 = VergabeR 2019, 746 Rn. 31; OLG Celle 13.5.2019 – 13 Verg 2/19, BeckRS 2019, 13155 = VergabeR 2019, 767 (773).
[6] EuGH 19.6.2019 – C-41/18, BeckRS 2019, 11629 = VergabeR 2019, 746 Rn. 32; BT-Drs. 18/6281, 104; Otting VergabeR 2016, 316 (322); Krönke VergabeR 2017, 101; Burgi VergabeR § 16 Rn. 24.
[7] AA Müller-Wrede GWB/Conrad § 124 Rn. 13. Das OLG München 29.1.2021 – Verg 11/20, BeckRS 2021, 4761 nimmt eine Anhörungspflicht in den Fällen des § 124 Abs. 1 Nr. 7 GWB an.
[8] EuGH 14.12.2016 – C-171/15, BeckRS 2016, 82986 = VergabeR 2017, 357 Rn. 42.
[9] BGH 26.10.1999 – X ZR 30/98, NZBau 2000, 35.

satz zu vereinbarende Reaktion auf den Anlass ist.[10] Einer eingehenden Begründung im Vergabevermerk bedarf es insbes. dann, wenn ein Bieter im Wettbewerb belassen wird, obwohl er einen der Ausschlusstatbestände des § 124 GWB erfüllt. In diesem Fall muss nachvollzogen werden können, weshalb der Bieter dennoch für geeignet angesehen wurde, den ausgeschriebenen Auftrag ordnungsgemäß auszuführen. Der öffentliche Auftraggeber kann aber offenlassen, ob der Tatbestand einer Ausschlussvorschrift erfüllt ist, wenn trotz einer Tatbestandsverwirklichung kein Anlass besteht, an der Integrität und Eignung des Bieters zu zweifeln.[11] Die Nachprüfungsinstanzen können die Entscheidung des Auftraggebers, einen Bieter von der Teilnahme am Vergabeverfahren auszuschließen oder hiervon abzusehen, nur auf Ermessensfehler prüfen. Solche liegen vor, wenn die vom Auftraggeber getroffenen Sachverhaltsermittlungen und -feststellungen oder die Anwendung vergaberechtlicher Rechtsbegriffe auf willkürlichen, sachwidrigen Erwägungen beruhen oder aber das Ermessen auf Null reduziert war und der Auftraggeber das verkannt hat.[12] Vor dem Hintergrund, dass ein Ausschluss gem. § 124 Abs. 1 GWB während des gesamten Vergabeverfahrens möglich ist, ist der Beurteilungs- und Ermessensspielraum des Auftraggebers überschritten, wenn er ihm nachträglich bekannt gewordene objektive Anhaltspunkte für Verfehlungen unberücksichtigt lässt.[13]

II. Fakultative Ausschlussgründe (Abs. 1)

Abs. 1 setzt die Vorgaben in Art. 57 Abs. 4 der RL 2014/24/EU um. Liegt einer der normierten Ausschlusstatbestände vor, kann der öffentliche Auftraggeber **unter Berücksichtigung des Grundsatzes der Verhältnismäßigkeit** ein Unternehmen zu jedem Zeitpunkt des Vergabeverfahrens ausschließen. Liegen die Ausschlussgründe bei einem Unterauftragnehmer oder einem Dritten, auf den sich der Bieter im Wege der Eignungsleihe beruft, vor, ist dem Bieter die Möglichkeit zur Ersetzung des Drittunternehmens zu geben.[14]

Die Unternehmen haben zu den Ausschlusstatbeständen idR eine Eigenerklärung abzugeben. Der Auftraggeber kann diesen Erklärungen grds. Glauben schenken.[15] Liegen ihm jedoch hinreichende Anhaltspunkte dafür vor, dass Erklärungen nicht zutreffend sein könnten, muss er dem im Rahmen seiner Möglichkeiten und der zeitlichen Gegebenheiten eines Vergabeverfahrens nachgehen.[16] Dies gilt **zu jedem Zeitpunkt des Vergabeverfahrens**[17] und kann auch schon vor Angebotsabgabe erfolgen.[18]

1. Verstoß gegen geltende umwelt-, sozial- oder arbeitsrechtliche Verpflichtungen (Nr. 1)

Nach Abs. 1 Nr. 1 kann ein Unternehmen ausgeschlossen werden, wenn es bei der Ausführung eines öffentlichen Auftrags **nachweislich** gegen geltende umwelt-,

---

[10] OLG Karlsruhe 16.12.2020 – 15 Verg 4/20, BeckRS 2020, 37786.
[11] OLG Karlsruhe 16.12.2020 – 15 Verg 4/20, BeckRS 2020, 37786.
[12] OLG Celle 13.5.2019 – 13 Verg 2/19, BeckRS 2019, 13155 = VergabeR 2019, 767 (773); OLG Düsseldorf 14.11.2018 – Verg 31/18, ZfBR 2019, 510; OLG Karlsruhe 16.12.2020 – 15 Verg 4/20, BeckRS 2020, 37786.
[13] OLG Düsseldorf 14.11.2018 – Verg 31/18, ZfBR 2019, 510.
[14] EuGH 3.6.2021 – C-210/20, BeckRS 2021, 12603 = VergabeR 2021, 569.
[15] OLG Düsseldorf 2.12.2009 – VII-Verg 39/09, NZBau 2010, 393.
[16] § 48 VgV; BT-Drs. 18/7318, 186.
[17] EuGH 19.6.2019 – C-41/18, BeckRS 2019, 11629 = VergabeR 2019, 746 Rn. 31.
[18] OLG München 19.9.2018 – Verg 6/18, BeckRS 2018, 43797 = VergabeR 2019, 574 (576); OLG Karlsruhe 27.6.2018 – 15 Verg 7/17, BeckRS 2018, 43502 = VergabeR 2019, 411 (418).

sozial- oder arbeitsrechtliche Verpflichtungen verstoßen hat. Die Zurechnung des Verhaltens eines früheren Nachunternehmers bzw. einer für diesen handelnden Person kommt iRd § 124 Abs. 1 Nr. 1 GWB nicht in Betracht. Die Vorschrift erfasst nur Verstöße des Bieterunternehmens, das durch seine Organe handelt.[19] Jedoch kann ein Verstoß des Bieters gegen gesetzliche Kontrollpflichten ggü. Nachunternehmen einen Verstoß iSd § 124 Abs. 1 Nr. 1 GWB darstellen. Voraussetzung wäre aber auch in diesem Fall, dass die Pflichtverletzung im Rahmen eines öffentlichen Auftrags iSv § 124 Abs. 1 Nr. 1 GWB erfolgte.[20]

7 a) Erfasste Vorschriften. Bei europarechtskonformer Auslegung sind davon gem. Art. 18 Abs. 2 der RL 2014/24/EU **alle für das Unternehmen geltenden umwelt-, sozial- und arbeitsrechtlichen Verpflichtungen**, die durch Rechtsvorschriften der Europäischen Union, einzelstaatliche Rechtsvorschriften, aber auch durch für das Unternehmen verbindliche Tarifverträge festgelegt sind, erfasst, ebenso Verstöße gegen die in Anh. X der RL 2014/24/EU aufgeführten internationalen Abkommen. Zu diesen Abkommen gehören die ILO-Kernarbeitsnormen, das Wiener Übereinkommen zum Schutz der Ozonschicht und das iRd Übereinkommens geschlossene Montrealer Protokoll über Stoffe, die zum Abbau der Ozonschicht führen, das Basler Übereinkommen über die Kontrolle der grenzüberschreitenden Verbringung gefährlicher Abfälle und ihrer Entsorgung, das Stockholmer Übereinkommen über persistente organische Schadstoffe und das UNEP/FAO-Übereinkommen v. 10.9.1998 über das Verfahren der vorherigen Zustimmung nach Inkenntnissetzung für bestimmte gefährliche Chemikalien sowie Pflanzenschutz- und Schädlingsbekämpfungsmittel im internationalen Handel und seine drei regionalen Protokolle. Die Regelung des § 124 Abs. 1 Nr. 1 GWB ist richtlinienkonform dahingehend auszulegen, dass sie grds. alle Verstöße gegen die in Anh. X der RL 2014/24/EU aufgeführten Abkommen erfasst – auch solche, die jenseits des Geltungsbereichs des deutschen oder europäischen Rechts begangen wurden.[21] Nach der Gesetzesbegr. sollen auch Verstöße gegen Zahlungsverpflichtungen an tarifvertragliche Sozialkassen umfasst sein.[22]

8 b) Bei Ausführung öffentlicher Aufträge. Verstöße gegen entspr. Verpflichtungen können indes nur dann zum Ausschluss eines Bieters führen, wenn diese **bei der Ausführung öffentlicher Aufträge** erfolgt sind.[23] Es ist mithin darauf abzustellen, ob die Verstöße im Rahmen eines Vertragsverhältnisses mit einem öffentlichen Auftraggeber nach § 99 GWB oder Sektorenauftraggeber nach § 100 GWB erfolgt sind (§ 103 Abs. 1 GWB). Nach der ratio der Vorschrift dürften auch Verstöße iRv **Konzessionsvertragsverhältnissen** iSv §§ 101, 105 GWB erfasst sein. Nicht relevant sind indes Vorkommnisse iRv Vertragsverhältnissen mit Auftraggebern, die nicht in den persönlichen Anwendungsbereich der §§ 97 ff. GWB fallen. Der nachweisliche Verstoß muss indes nicht im Rahmen eines öffentlichen Auftrags des ausschreibenden öffentlichen Auftraggebers erfolgt sein. Es reicht auch ein Verstoß im Rahmen eines öffentlichen Auftrags von einem anderen öffentlichen Auftraggebers, sofern dieser nachgewiesen werden kann. Für eine Zurechnung entspr. Verstöße seitens eines iRd öffentlichen Auftragsverhältnisses eingesetzten Nachunternehmers bietet weder § 124 Abs. 1 Nr. 1 GWB noch Art. 57 Abs. 4a der RL 2014/24/EU eine Grundlage.[24]

---

[19] OLG Celle 13.5.2019 – 13 Verg 2/19, BeckRS 2019, 13155 = VergabeR 2019, 767 (770).
[20] OLG Celle 13.5.2019 – 13 Verg 2/19, BeckRS 2019, 13155 = VergabeR 2019, 767 (770).
[21] Krönke VergabeR 2017, 101.
[22] BT-Drs. 18/6281, 105.
[23] Krönke VergabeR 2017, 101.
[24] S. zur Zurechnung des Fehlverhaltens Dritter EuGH 21.7.2016 – C-542/14, EuZW 2016, 737.

c) Nachweis. Ein Ausschluss nach § 124 Abs. 1 Nr. 1 GWB setzt voraus, dass 9
der öffentliche Auftraggeber einen Verstoß gegen entspr. Verpflichtungen nachweisen kann. Vermutungen oder Anhaltspunkte reichen hierfür ebenso wenig aus, wie laufende Ermittlungs- oder Verwaltungsverfahren oder dringende Verdachtsmomente. Insbes. genügen auch unbelegte Behauptungen anderer Bieter nicht. Eine rechtskräftige bzw. bestandskräftige Feststellung der Pflichtverletzung reicht regelmäßig aus, ist aber nicht zwingend erforderlich.[25] Es müssen aber **Beweismittel vorliegen, die den Verstoß unter Würdigung aller Umstände ohne ernsthafte Zweifel belegen.** Bestehen begründete Zweifel, ist die Nachweislichkeit nicht gegeben.[26] Die möglichen Beweismittel sind nicht beschränkt. Als solche kommen Urkunden, Zeugenaussagen oder Sachverständigengutachten in Betracht.[27]

d) Sonstiges. Anders als der Ausschlussgrund nach Nr. 7, setzt der Ausschluss- 10
grund nach Nr. 1 nicht voraus, dass der Verstoß gegen die genannten Vorschriften eine Rechtsfolge nach sich gezogen hat. Es genügt allein der nachweisliche Verstoß gegen eine hieraus resultierende Verpflichtung, wobei stets der **Verhältnismäßigkeitsgrundsatz** zu berücksichtigen ist. In diesem Zusammenhang ist entspr. dem Ausschlussgrund nach Nr. 3 (schwere Verfehlung) darauf abzustellen, ob durch den Verstoß die **Integrität des gesamten Unternehmens** in Frage gestellt ist. Das ist regelmäßig nicht der Fall, wenn vereinzelte Verstöße durch einzelne Mitarbeiter des Unternehmens begangen wurden.

Zu beachten ist – wie in allen Fällen des § 124 Abs. 1 GWB – die **zeitliche** 11
Grenze der möglichen Berücksichtigung gem. § 126 Nr. 2 GWB. Diese beträgt drei Jahre, gerechnet vom Zeitpunkt der Begehung des Verstoßes → § 126 Rn. 9.

2. Insolvenz oder vergleichbares Verfahren, Liquidation (Nr. 2)

Bei Unternehmen, die sich im Insolvenzverfahren oder in der Liquidation befin- 12
den, steht die finanzielle Leistungsfähigkeit und damit die Gewähr einer ordnungsgemäßen Erfüllung des Auftrags in Frage.[28] Deshalb sieht Abs. 1 Nr. 2 die **Möglichkeit eines Ausschlusses** vor, wenn über das Vermögen des Unternehmens ein Insolvenzverfahren oder ein vergleichbares Verfahren beantragt oder eröffnet worden ist, die Eröffnung eines solchen Verfahrens mangels Masse abgelehnt worden ist, sich das Unternehmen im Verfahren der Liquidation befindet oder seine Tätigkeit eingestellt hat. Mit einem vergleichbaren Verfahren ist ein dem deutschen Insolvenzverfahren nach der InsO vergleichbares Verfahren in anderen Ländern gemeint.[29] In all diesen Fällen kann der Bieter nicht ohne weiteres vom Vergabeverfahren ausgeschlossen werden. Vielmehr ist der Auftraggeber verpflichtet zu prüfen, ob das betreffende Unternehmen trotzdem die Gewähr für die ordnungsgemäße Erfüllung des Auftrags bietet.[30] Für die zu treffende **Prognoseentscheidung** ist die Frage zu stellen, ob davon auszugehen ist, dass der Unternehmer trotz seiner konkreten Situation die vertraglichen Verpflichtungen einschl. der Mängelhaftung erfüllen kann. Dabei kommt dem Auftraggeber ein **Beurteilungsermessen** zu. Eine tragfähige Prognose setzt jedoch voraus, dass sich der Auftraggeber ein umfassendes Bild über

---

[25] RKPP/Hausmann/von Hoff § 124 Rn. 18.
[26] RKPP/Hausmann/von Hoff § 124 Rn. 14.
[27] Krönke VergabeR 2017, 101.
[28] VK Nordbayern 18.9.2003 – 320.VK-3194-31/03, BeckRS 2003, 32437.
[29] RKPP/Hausmann/von Hoff § 124 Rn. 21.
[30] EuGH 28.3.2019 – C-101/18, BeckRS 2019, 4351 = VergabeR 2019, 511; OLG Düsseldorf 5.12.2006 – Verg 56/06, BeckRS 2007, 3830; OLG Schleswig 30.5.2012 – 1 Verg 2/12, BeckRS 2012, 11885; OLG Celle 18.2.2013 – 13 Verg 1/13, BeckRS 2013, 197610.

den Bestand und die Fortführung des betroffenen Unternehmers sowie dessen wirtschaftliche Situation macht und diese Erkenntnisse ergebnisoffen bewertet.[31]

13 Nach der **Eröffnung eines Insolvenzverfahrens** können insbes. die Fortführungsprognose, der Stand des Insolvenzverfahrens, die Höhe der zur Insolvenztabelle angemeldeten Forderungen, die Möglichkeit, geforderte Sicherheiten beizubringen, die aktuelle Personalentwicklung sowie etwaige Verpflichtungen aus anderen Aufträgen eine Rolle spielen.[32] Allein die Möglichkeit, geforderte Sicherheiten beizubringen, steht einem Ausschluss allerdings nicht entgegen.[33] Anhaltspunkte für eine positive Fortführungsprognose können hier insbes. die Anordnung der vorläufigen Eigenverwaltung gem. § 270a InsO,[34] die Anordnung des Schutzschirmverfahrens gem. § 270b InsO und ein auf Sanierung gerichteter Insolvenzplan sein.[35]

14 Ergibt die Prognose der Vergabestelle, dass der betroffene Unternehmer aufgrund seiner konkreten Situation nicht die notwendige Sicherheit für die Erfüllung der vertraglichen Verpflichtungen bietet, ist der Auftraggeber iS einer **Ermessensreduzierung auf Null** verpflichtet, das Angebot auszuschließen, weil nach § 122 Abs. 1 GWB öffentliche Aufträge nur an leistungsfähige Unternehmen vergeben werden dürfen. Dies wird insbes. der Fall sein, wenn die Eröffnung des Insolvenzverfahrens mangels Masse abgelehnt wurde oder sich das Unternehmen in Liquidation befindet[36] oder seine Tätigkeit eingestellt hat. Hat sich der (insolvente) Bieter durch die Übertragung der wesentlichen Betriebsgrundlagen seines Unternehmens auf ein anderes Unternehmen tatsächlich außerstande gesetzt, den Auftrag zu erfüllen, ist ein Ausschluss vom Vergabeverfahren jedenfalls nicht ermessensfehlerhaft.[37] Im Falle einer positiven Prognose ist der Auftraggeber regelmäßig nicht berechtigt, das Unternehmen auszuschließen. In diesem Fall stehen der Verhältnismäßigkeitsgrundsatz einem Ausschluss entgegen. Verbleiben Prognoseunsicherheiten und Risiken, sind diese iRd Ermessensentscheidung zu berücksichtigen. Je stärker verbleibende Prognoseunsicherheiten und Risiken die Erfüllung der vertraglichen Verpflichtungen gefährden, desto eher wird die Ermessensentscheidung zugunsten eines Ausschlusses ausfallen dürfen.[38]

15 Die Ermessensentscheidung muss nachvollziehbar **dokumentiert** werden. Als Mindeststandard wird eine aussagekräftige Begründung verlangt, die auf die konkreten Umstände des Einzelfalls zumindest kurz eingeht. Erwägungen, die nur auf „typisierende" allg. Insolvenzabwicklungsrisiken (unzulängliche Masse, scheiternder Insolvenzplan usw) abstellen, genügen nicht.[39]

16 Erhält der Auftraggeber **nach Abschluss der Auswertung** der Teilnahmeanträge bzw. der Angebote, aber vor Zuschlagserteilung Kenntnis von einem der in § 124 Abs. 1 Nr. 2 GWB genannten Tatbestände oder von neuen Tatsachen, welche die bereits getroffene Entscheidung über die Eignung in Frage stellen könnten (zB neue Entwicklungen im laufenden Insolvenzverfahren), ist er verpflichtet, erneut in die

---

[31] OLG Celle 18.2.2013 – 13 Verg 1/13, BeckRS 2013, 197610.
[32] Schmitz, Die Bauinsolvenz, 6. Aufl. 2015, Rn. 613.
[33] OLG Celle 18.2.2013 – 13 Verg 1/13, BeckRS 2013, 197610.
[34] VK Brandenburg 19.12.2013 – VK 23/13, BeckRS 2014, 1563; VK Sachsen-Anhalt 21.6.2012 – 2 VK LSA 08/12, IBRRS 2012, 3933.
[35] Schmitz, Die Bauinsolvenz, 6. Aufl. 2015, Rn. 614; Heuvels ZIP 2014, 397 (401); Loszynski ZIP 2014, 1614 (1618).
[36] RKPP/Hausmann/von Hoff § 124 Rn. 28.
[37] OLG Schleswig 15.7.2022 – 54 Verg 12/21, BeckRS 2022, 34426 = VergabeR 2023, 119.
[38] OLG Schleswig 30.5.2012 – 1 Verg 2/12, BeckRS 2012, 11885 = VergabeR 2012, 900; s. zu weiteren Abwägungsmerkmalen Schmitz, Die Bauinsolvenz, 6. Aufl. 2015, Rn. 617.
[39] OLG Schleswig 30.5.2012 – 1 Verg 2/12, BeckRS 2012, 11885 = VergabeR 2012, 900.

Eignungsprüfung einzutreten und die Eignung des betroffenen Unternehmens unter Berücksichtigung der neu aufgetretenen Gesichtspunkte nochmals zu prüfen.[40]

Scheidet aus einer **Bietergemeinschaft,** die aus mehr als zwei Bietern besteht, ein Mitglied aufgrund seiner Insolvenz aus, darf das Angebot der Bietergemeinschaft nicht automatisch ausgeschlossen werden. Denn es handelt sich bei einer Bietergemeinschaft um eine teilrechtsfähige (Außen-) GbR,[41] mit der Folge, dass ein Wechsel im Gesellschafterbestand keinen Einfluss auf den Fortbestand der Gesellschaft hat. Der Auftraggeber ist jedoch verpflichtet zu prüfen, ob die Bietergemeinschaft nach dem Ausscheiden dieses Mitglieds die Eignungskriterien noch erfüllt. Nur wenn dies nicht der Fall ist, ist die Bietergemeinschaft auszuschließen.[42] Scheidet hingegen aus einer zweigliedrigen Bietergemeinschaft ein Mitglied insolvenzbedingt aus, führen die Beendigung der Bietergemeinschaft und die „Übernahme" des Angebots durch den verbleibenden Gesellschafter zu einem Wechsel in der Person des Bieters. In diesem Fall war der Auftraggeber nach bisheriger Rspr. grds. verpflichtet, das Angebot auszuschließen.[43] Wendet man auf diese Fälle den Rechtsgedanken des § 132 Abs. 2 Nr. 4 lit. b GWB an, dürfte jedoch etwas anderes gelten, wenn das verbleibende Mitglied die Eignungskriterien auch allein erfüllt.[44] 17

3. Nachweislich schwere Verfehlung (Nr. 3)

Nach Abs. 1 Nr. 3 kann ein Unternehmen ausgeschlossen werden, das im Rahmen seiner beruflichen Tätigkeit nachweislich eine schwere Verfehlung begangen hat, durch die die Integrität des Unternehmens infrage gestellt wird. Dabei ist § 123 Abs. 3 GWB entspr. anzuwenden. Das bedeutet, dass dem Unternehmen nachweislich **schwere Verfehlungen von Personen zuzurechnen sind, wenn diese für die Leitung des Unternehmens gehandelt haben**, wozu auch die Überwachung der Geschäftsführung oder die sonstige Ausübung von Kontrollbefugnissen in leitender Stellung gehört (s. hierzu → § 123 Rn. 9 f. sowie → WRegG § 2 Rn. 12 f.). Eine Zurechnung des Verhaltens anderer, auch konzernverbundener Unternehmen sieht aber weder § 124 GWB noch Art. 57 der RL 2014/24/EU vor.[45] Zur **Zurechnung im Konzern** → WRegG § 2 Rn. 14 f. 18

a) Verhältnis zu anderen Ausschlussgründen. Abs. 1 Nr. 3 setzt Art. 57 Abs. 4 lit. c der RL 2014/24/EU um. In der Gesetzesbegr. wird ausgeführt, dass es sich um einen **Auffangtatbestand** handele.[46] Richtig ist, dass die Ausschlussgründe nach Nrn. 1, 4, 7, 8 und 9 als Spezialregelungen vorgehen.[47] Liegen die Voraussetzungen dieser Ausschlussgründe nicht vollständig vor, kann dies nicht dadurch umgangen werden, dass der Ausschluss auf § 124 Abs. 1 Nr. 3 GWB gestützt wird. Ein Verhalten, das nach einer spezielleren Regelung des Katalogs nur unter weiteren Bedingungen den Ausschluss nach sich ziehen kann, muss nicht zugleich eine schwere Verfehlung darstellen.[48] Das gilt insbes. für den in der Gesetzesbegr. angesprochenen Fall der Verletzung von Auftragsausführungsbedingungen bei früheren 19

---

[40] Schmitz, Die Bauinsolvenz, 6. Aufl. 2015, Rn. 620 mwN.
[41] BGH 29.1.2001 – II ZR 331/00, NJW 2001, 1056.
[42] OLG Celle 5.9.2007 – 13 Verg 9/07, BeckRS 2007, 14248 = VergabeR 2007, 765.
[43] OLG Düsseldorf 24.5.2005 – VII-Verg 28/05, NZBau 2005, 710; OLG Karlsruhe 15.10.2008 – 15 Verg 9/08, BeckRS 2008, 22420 = VergabeR 2009, 164.
[44] IdS EuGH 24.5.2016 – C-396/14, BeckRS 2016, 81035 = VergabeR 2016, 590.
[45] VK Südbayern 6.7.2022 – 3194.Z3-3_01-21-72, BeckRS 2022, 25250 = VergabeR 2022, 786.
[46] BT-Drs. 18/6281, 105; so auch OLG Düsseldorf 22.6.2022 – Verg 36/21, NZBau 2022, 678.
[47] Ulshöfer VergabeR 2016, 327 (332).
[48] Otting VergabeR 2016, 316 (323).

öffentlichen Aufträgen.[49] Dieser Fall ist in § 124 Abs. 1 Nr. 7 GWB abschl. geregelt. Andernfalls würden die insoweit geltenden Voraussetzungen – insbes. die Notwendigkeit einer entspr. Rechtsfolge – leer laufen.[50] Gleiches dürfte auch für das Verhältnis der anderen fakultativen Ausschlusstatbestände gelten.[51] Anders stellt sich das Verhältnis zu den zwingenden Ausschlussgründen nach § 123 GWB dar. Ist es zB noch nicht zu einer rechtskräftigen Verurteilung oder bestandskräftigen Verwaltungsentscheidung iSd Vorschrift gekommen, kommt ein Ausschluss nach § 124 Abs. 1 Nr. 3 GWB in Betracht.[52] Gleiches gilt, wenn eine Straftat begangen wurde, die zwar nicht in § 123 GWB aufgeführt ist, aber durch die die Integrität des Unternehmens infrage gestellt wird. Das betrifft insbes. Betrugstatbestände nach §§ 263, 264 StGB, die nicht von § 123 Abs. 1 GWB erfasst sind.[53]

20 **b) Schwere Verfehlungen im Rahmen der beruflichen Tätigkeit.** Bei dem Begriff „schwere Verfehlung" handelt es sich um einen unbestimmten Rechtsbegriff, bei dessen Auslegung der Vergabestelle ein Beurteilungsspielraum zukommt. „Schwere Verfehlungen" sind **erhebliche Rechtsverstöße, die geeignet sind, die Zuverlässigkeit eines Bewerbers grundlegend in Frage zu stellen**. Sie müssen schuldhaft begangen worden sein und erhebliche Auswirkungen haben.[54] Der Begriff „Verfehlung im Rahmen der beruflichen Tätigkeit" umfasst jedes fehlerhafte Verhalten, das Einfluss auf die berufliche Glaubwürdigkeit des betr. Unternehmens hat, und nicht nur Verstöße gegen berufsethische Regelungen ieS des Berufsstands, dem dieser Wirtschaftsteilnehmer angehört.[55] Schwer ist die Verfehlung, wenn dem Unternehmen bzw. der diesem nach § 123 Abs. 3 GWB zuzurechnenden Person Vorsatz oder zumindest Fahrlässigkeit von gewisser Schwere zur Last zu legen ist.[56] In Betracht kommen vor allem auf den Geschäftsverkehr bezogene Verstöße gegen strafrechtliche oder gewerberechtliche Bestimmungen, aber auch gegen Vorschriften des BGB oder des UWG.[57] Auch die Verletzung eines Patentrechts kann eine schwere berufliche Verfehlung darstellen. Der Umstand, dass vor dem Hintergrund der mit der Vergaberechtsreform erfolgten abschließenden Normierung der Ausschlusstatbestände der §§ 123, 124 GWB für einen Ausschluss aufgrund ungeschriebener Eignungskriterien wie einer „rechtlichen Leistungsfähigkeit" kein Raum mehr ist[58], schließt eine Qualifizierung als schwere berufliche Verfehlung iSd § 124 Abs. 1 Nr. 3 GWB nicht aus.[59] Besteht die Verfehlung in der Verletzung eines fremden Patents, das nicht für nichtig erklärt worden ist, ist die Annahme einer schweren beruflichen Verfehlung gleichwohl dann nicht gerechtfertigt, wenn die Nichtigkeit des Patents geltend gemacht wird und mit der (rückwirkenden) Vernich-

---

[49] BT-Drs. 18/6281, 105.
[50] Otting VergabeR 2016, 316 (323).
[51] AA Ulshöfer VergabeR 2016, 327 zum Verhältnis zwischen Nr. 3 und Nr. 4.
[52] EuGH 20.12.2017 – C-178/16, BeckRS 2017, 136173 = VergabeR 2018, 272; Otting VergabeR 2016, 316 (323); BT-Drs. 18/6281, 105 unter Verweis auf Erwgr. 101 der RL 2014/24/EU.
[53] Ulshöfer VergabeR 2016, 327 (329).
[54] OLG Celle 13.5.2019 – 13 Verg 2/19, BeckRS 2019, 13155 = VergabeR 2019, 767 (771) mwN; OLG München 21.4.2017 – Verg 2/17, BeckRS 2017, 107792 = VergabeR 2017, 525 (537).
[55] EuGH 13.12.2012 – C-465/11, NZBau, 2013, 116; OLG Düsseldorf 22.6.2022 – Verg 36/21, NZBau 2022, 678; BayObLG 9.4.2021 – Verg 3/21, BeckRS 2021, 9135 = VergabeR 2021, 620 (623).
[56] EuGH 13.12.2012 – C-465/11, NZBau, 2013, 116.
[57] RKPP/Hausmann/von Hoff § 124 Rn. 35 mwN.
[58] OLG Düsseldorf 14.10.2020 – Verg 36/19, ZfBR 2021, 84.
[59] OLG Düsseldorf 22.6.2022 – Verg 36/21, NZBau 2022, 678.

tung des Schutzrechts zu rechnen ist.[60] Ferner kommen Verstöße gegen Verpflichtungen zur Vertraulichkeit in Betracht.[61]

Eine schwere Verfehlung muss bei wertender Betrachtung vom Gewicht her den zwingenden Ausschlussgründen des § 123 GWB zumindest nahekommen.[62] Schwer ist die Verfehlung, wenn dem Wirtschaftsteilnehmer **Vorsatz oder Fahrlässigkeit von gewisser Schwere** anzulasten ist. Die Feststellung einer „schweren Verfehlung" erfordert darüber hinaus grds. eine konkrete und auf den Einzelfall bezogene Beurteilung der Verhaltensweise des betr. Wirtschaftsteilnehmers.[63] Schwere Verfehlungen sind also keine erheblichen Rechtsverstöße. Bei Bagatelldelikten ist dies zu verneinen.[64] Bloße Meinungsverschiedenheiten im Rahmen früherer Auftragsverhältnisse oder rechtliche Auseinandersetzungen genügen nicht.[65] Die Einstellung eines Strafverfahrens gemäß § 153a Abs. 2 StGB kann es rechtfertigen, die Verfehlung nicht als „schwer" iSv § 124 Abs. 1 Nr. 3 GWB einzustufen, weil diese voraussetzt, dass das öffentliche Interesse an der Strafverfolgung durch die Erteilung von Auflagen und Weisungen beseitigt werden konnte und die Schwere der Schuld nicht entgegenstand.[66] Die Abwerbung von Mitarbeitern eines Konkurrenten ist idR keine schwere Verfehlung.[67] 21

c) Auswirkungen auf die Integrität des Unternehmens. Ein Auftraggeber kann nicht pauschal von einer schweren Verfehlung auf die Unzuverlässigkeit des Bewerbers schließen. Die schwere Verfehlung muss vielmehr die Integrität des Unternehmens in Frage stellen.[68] Das setzt voraus, dass aufgrund der schweren Verfehlung in der Vergangenheit Zweifel an der Integrität des Bieters in Bezug auf die Ausführung des konkreten Auftrags bestehen.[69] Das kann zB angenommen werden, wenn die Person, die für die schwere Verfehlung verantwortlich war, nach wie vor in leitender Position für das Unternehmen tätig ist. Die Verurteilung zu einer Bewährungsstrafe lässt die Zweifel an der Integrität des Unternehmers nicht entfallen.[70] Auf der anderen Seite genügt es nicht, dass die betroffene Person bereits aus dem Unternehmen ausgeschieden ist. Vielmehr soll es insoweit auf das Gesamtbild der vollzogenen „Distanzierung" von dem verantwortlichen Mitarbeiter ankommen.[71] Wiederum kann die Integrität des Unternehmens trotz schwerer Verfehlungen in der Vergangenheit zu bejahen sein, wenn Selbstreinigungsmaßnahmen ergriffen wurden, die zwar die Voraussetzungen **des § 125 GWB nicht vollständig** 22

---

[60] OLG Düsseldorf 22.6.2022 – Verg 36/21, NZBau 2022, 678.
[61] BT-Drs. 18/6281, 105.
[62] OLG Düsseldorf 9.4.2008 – Verg 2/08, BeckRS 2008, 07456.
[63] EuGH 13.12.2012 – C-465/11, NZBau 2013, 116 Rn. 30; OLG Düsseldorf 22.6.2022 – Verg 36/21, NZBau 2022, 678; BayObLG 9.4.2021 – Verg 3/21, BeckRS 2021, 9135 = VergabeR 2021, 620 (623).
[64] OLG München 22.11.2012 – Verg 22/12, NZBau 2013, 261.
[65] OLG München 21.4.2017 – Verg 2/17, BeckRS 2017, 107792 = VergabeR 2017, 525 (537); Müller-Wrede GWB/Conrad § 124 Rn. 52 mwN.
[66] OLG Celle 13.5.2019 – 13 Verg 2/19, BeckRS 2019, 13155 = VergabeR 2019, 767 (771 f.).
[67] OLG Karlsruhe 30.10.2018 – 15 Verg 6/18, BeckRS 2018, 27498 = VergabeR 2019, 190 (198); BayObLG 9.4.2021 – Verg 3/21, BeckRS 2021, 9135 = VergabeR 2021, 620 (623).
[68] BayObLG 9.4.2021 – Verg 3/21, BeckRS 2021, 9135 = VergabeR 2021, 620 (623).
[69] OLG München 21.4.2017 – Verg 2/17, BeckRS 2017, 107792 = VergabeR 2017, 525 (537); OLG Karlsruhe 30.10.2018 – 15 Verg 6/18, BeckRS 2018, 27498 = VergabeR 2019, 190 (197); RKPP/Hausmann/von Hoff § 124 Rn. 34; OLG Düsseldorf 22.6.2022 – Verg 36/21, NZBau 2022, 678.
[70] OLG München 21.4.2006 – Verg 8/06, ZfBR 2006, 507.
[71] EuGH 20.12.2017 – C-178/16, BeckRS 2017, 136173 = VergabeR 2018, 272.

erfüllen, **weitere schwere Verfehlungen in der Zukunft aber unwahrscheinlich** erscheinen lassen. Auch hier sind die Umstände des konkreten Einzelfalls zu berücksichtigen. Ob eine festgestellte schwere Verfehlung die Integrität des Unternehmens infrage stellt, ist eine Bewertung mit prognostischem Charakter, so dass dem Auftraggeber insoweit ein Beurteilungsspielraum zusteht.[72]

23 **d) Nachweis, Beurteilungs- und Rechtsfolgeermessen.** Die schwere Verfehlung muss dem eindeutigen Wortlaut zufolge nachgewiesen sein. Das bedeutet, dass die Tatsachen, auf die der Auftraggeber eine schwere Verfehlung stützen will, auf der Grundlage zuverlässiger Beweismittel nachweisbar sein müssen.[73] Die bloße Durchführung von kartellbehördlichen Ermittlungsmaßnahmen reicht regelmäßig noch nicht aus.[74] Voraussetzung für die Nachweislichkeit iSd § 124 Abs. 1 Nr. 3 GWB ist, dass konkrete, zB durch schriftlich fixierte Zeugenaussagen, sonstige Aufzeichnungen, Belege oder Schriftstücke **nachweisbare objektivierte Anhaltspunkte** für die in Rede stehenden Verfehlungen bestehen. Eine bereits rechtskräftige Feststellung der Pflichtverletzung oder die Verurteilung wegen einer Straftat ist nicht erforderlich.[75]

23a Erforderlich ist in jedem Fall aber ein **Vollbeweis** iSv § 286 ZPO, wonach im Grundsatz die volle Überzeugung iS persönlicher Gewissheit von einem bestimmten Sachverhalt als wahr gilt, die an sich mögliche Zweifel überwindet.[76] Ob im Zeitpunkt des Ausschlusses nach § 124 Abs. 1 Nr. 3 GWB nachweislich eine schwere berufliche Verfehlung vorlag, ist durch die Nachprüfungsinstanzen voll überprüfbar. Alle zu diesem Zeitpunkt vorliegenden objektiven Anhaltspunkte müssen zu der Überzeugung führen, dass eine schwere berufliche Verfehlung begangen worden ist. Anders als bei der auf der schweren beruflichen Verfehlung aufbauenden Ausschlussentscheidung, kommt dem öffentlichen Auftraggeber im Hinblick auf die Feststellung der schweren beruflichen Verfehlung weder ein Beurteilungsspielraum noch ein Entscheidungsermessen zu.[77]

23b Ob eine festgestellte schwere Verfehlung die **Integrität des Unternehmens infrage stellt**, ist dagegen eine Bewertung mit prognostischem Charakter, so dass dem Auftraggeber insoweit ein **Beurteilungsspielraum** zusteht.[78] Wenn der Auftraggeber von einer schweren Verfehlung idS ausgeht, hat er im nächsten Schritt die Ermessensentscheidung auf der Rechtsfolgenseite – Ausschluss oder nicht – zu treffen und dabei insbes. den Verhältnismäßigkeitsgrundsatz zu berücksichtigen.[79]

23c Beides ist im **Vergabevermerk nachvollziehbar darzulegen und zu begründen**. Bei erst nachträglich bekannt gewordenen Umständen bedarf es eines ergänzenden Vergabevermerks. Die in der mündlichen Verhandlung kundgetane Bewertung eines Verfahrensbevollmächtigten kann die erforderliche dokumentierte Entscheidung des Auftraggebers nicht ersetzen. Auch die Unschuldsvermutung entbindet den öffentlichen Auftraggeber nicht davon, in eigener Verantwortung unter

---

[72] OLG Karlsruhe 30.10.2018 – 15 Verg 6/18, BeckRS 2018, 27498 = VergabeR 2019, 190 (197) mwN.
[73] OLG München 21.5.2010 – Verg 2/10, BeckRS 2010, 13748 = VergabeR 2010, 992.
[74] VK Südbayern 6.7.2022 – 3194.Z3-3_01-21-72, BeckRS 2022, 25250 = VergabeR 2022, 786.
[75] OLG Düsseldorf 14.11.2018 – VII-Verg 31/18, NZBau 2019, 393; Meißner VergabeR 2017, 270 (274).
[76] OLG Düsseldorf 22.6.2022 – Verg 36/21, NZBau 2022, 678; 17.1.2018 – Verg 39/17, BeckRS 2018, 680 Rn. 38.
[77] OLG Düsseldorf 22.6.2022 – Verg 36/21, NZBau 2022, 678.
[78] BayObLG 9.4.2021 – Verg 3/21, BeckRS 2021, 9135 = VergabeR 2021, 620 (623).
[79] Burgi VergabeR § 16 Rn. 24; OLG München 21.4.2017 – Verg 2/17, BeckRS 2017, 107792 = VergabeR 2017, 525 (538).

Berücksichtigung ihm bekannt gewordener Verdachtsmomente und damit auf der Basis aktueller Erkenntnisse zu entscheiden, ob der Bieter weiterhin am Vergabeverfahren teilnehmen kann.[80] Hat der Auftraggeber zunächst das Fehlen von Ausschlussgründen vorbehaltlos festgestellt und beruft er sich später im Nachprüfungsverfahren auf eben solche Ausschlussgründe, ist dies als „unzulässiger Wiedereinstieg in die Eignungsprüfung" zu werten, wenn dies nicht auf erst nachträglich bekannt gewordene Umstände gestützt wird.[81]

4. Wettbewerbsbeschränkende Abreden (Nr. 4)

Nach Abs. 1 Nr. 4 können öffentliche Auftraggeber Unternehmen von der Teilnahme an einem Vergabeverfahren ausschließen, wenn sie über hinreichende Anhaltspunkte dafür verfügen, dass das Unternehmen Vereinbarungen mit anderen Unternehmen getroffen oder Verhaltensweisen aufeinander abgestimmt hat, die eine Verhinderung, Einschränkung oder Verfälschung des Wettbewerbs bezwecken oder bewirken. Ein solcher Ausschluss kann – vorbehaltlich einer Selbstreinigung iSv § 125 GWB – nach § 126 Nr. 2 GWB drei Jahre einen Ausschluss des bzw. der beteiligten Unternehmen nach sich ziehen (→ § 126 Rn. 9). Der Begriff des Unternehmens ist nach Auffassung des OLG Karlsruhe mit dem Begriff des Wirtschaftsteilnehmers gleichzusetzen, so dass Absprachen mit einer Gemeinde von vornherein nicht erfasst werden.[82]

a) Reichweite der Regelung. Die Regelung dient der Umsetzung von Art. 57 Abs. 4 lit. d der RL 2014/24/EU, geht mit dem Aufgreifen der Formulierung in § 1 GWB jedoch über die Richtlinienvorschrift hinaus. Während Art. 57 Abs. 4 lit. d der RL 2014/24/EU von „Vereinbarungen, die auf eine Verzerrung des Wettbewerbes abzielen", spricht und damit nur „gezielte", aber nicht „bewirkte" Wettbewerbsbeschränkungen erfasst, ist der Wortlaut von § 124 Abs. 1 Nr. 4 GWB weiter formuliert worden und erfasst nicht nur „bezweckte", sondern **auch „bewirkte" Wettbewerbsbeschränkungen**.[83] Der Ausschlussgrund soll nach der Gesetzesbegr. auch nicht auf Fälle von wettbewerbsbeschränkenden Vereinbarungen iRd laufenden Vergabeverfahrens beschränkt sein.[84] Weitere Folge der an § 1 GWB angelehnten Formulierung ist, dass der Ausschlussgrund nicht nur Submissionsabsprachen erfasst, die sich gezielt gegen öffentliche Ausschreibungen richten, sondern **alle Kartellabsprachen** – **horizontale wie vertikale Vereinbarungen** – hierunter fallen.[85] § 124 Abs. 1 Nr. 4 GWB erfasst nicht nur explizite Vereinbarungen, sondern – wie § 1 GWB und Art. 101 AEUV – auch aufeinander abgestimmte Verhaltensweisen mehrerer Unternehmen. Hingegen begründen einseitige Kartellrechtsverstöße, wie der Missbrauch einer marktbeherrschenden Stellung oder Verletzungen der Diskriminierungsverbote nach §§ 19, 20 GWB, keinen Ausschlussgrund nach § 124 Abs. 1 Nr. 4.[86] Der Ausschlusstatbestand ist indes nicht auf Kartellrechtsverstöße nach Art. 101 AEUV oder §§ 1 ff. GWB beschränkt. Erforderlich, aber auch ausreichend ist eine Vereinbarung zwischen mehreren Wirtschaftsteilnehmern, die auf die Verzerrung des Wettbewerbs abzielt.[87]

---

[80] OLG Düsseldorf 14.11.2018 – VII-Verg 31/18, NZBau 2019, 393.
[81] OLG München 21.4.2017 – Verg 2/17, BeckRS 2017, 107792 = VergabeR 2017, 525 (538).
[82] OLG Karlsruhe 30.10.2018 – 15 Verg 6/18, BeckRS 2018, 27498 = VergabeR 2019, 190 (197).
[83] Ulshöfer VergabeR 2016, 327 (330).
[84] BT-Drs. 18/6281, 106.
[85] Ulshöfer VergabeR 2016, 327 (330).
[86] Ulshöfer VergabeR 2016, 327 (330).
[87] EuGH 15.9.2022 – C-416/21, NZBau 2022, 750 Rn. 49.

26 **b) Konstellationen im Vergabeverfahren.** Soweit es um wettbewerbsverhindernde, -einschränkende oder -verfälschende Vereinbarungen im konkreten Vergabeverfahren geht, ist der Tatbestand mit Blick auf den – das gesamte Vergabeverfahren beherrschenden – Wettbewerbsgrundsatz (§ 97 Abs. 1 GWB) weit auszulegen und **nicht auf gesetzeswidriges Verhalten beschränkt,** sondern umfasst alle Absprachen und Verhaltensweisen, die mit dem vergaberechtlichen Wettbewerbsgebot unvereinbar sind.[88] Eine wettbewerbsbeschränkende Verhaltensweise stellt zB der gegenseitige **Austausch wesentlicher Angebotsteile** von Mitgliedern konkurrierender Bietergemeinschaften dar.[89]

27 Auch die **Bildung einer Bietergemeinschaft** kann unter bestimmten Voraussetzungen wettbewerbswidrig sein. Anlass für eine kritische Prüfung besteht jedenfalls dann, wenn von vornherein nur wenige (Spezial-)Unternehmen als Bieter in Frage kommen und sich ausgerechnet diejenigen zusammenschließen, denen das größte Leistungspotential zuzuordnen ist. Tatsächlich besteht die Gefahr einer Wettbewerbsbeschränkung, wenn sich gleichartige Unternehmen zu einer Bietergemeinschaft zusammenschließen, obwohl jedes für sich selbst hinreichend leistungsfähig wäre, den Auftrag auszuführen. In einem solchen Fall könnten diese Unternehmen zumindest in einem potenziellen Wettbewerb miteinander stehen, weshalb der Verzicht auf die Abgabe eigener Angebote durch die Gründung einer Bietergemeinschaft dann zu einer Wettbewerbsbeschränkung führen kann. Gleichwohl hat der BGH auch die Gründung einer solchen Bietergemeinschaft für kartellrechtlich zulässig erklärt, sofern diese **„wirtschaftlich sinnvoll und kaufmännisch vernünftig"** erscheint.[90] Vgl. dazu auch → VgV § 53 Rn. 61; → VOB/A § 16 Rn. 6. Auch nach der Rspr. des OLG Düsseldorf[91] ist die Bildung einer Bietergemeinschaft zwischen Unternehmen aus demselben Markt wettbewerbsunschädlich, wenn

(1.) die beteiligten Unternehmen jedes für sich zu einer Teilnahme an der Ausschreibung mit einem eigenständigen Angebot aufgrund ihrer betrieblichen und geschäftlichen Verhältnisse (zB mit Blick auf Kapazitäten, technische Einrichtungen und/oder fachliche Kenntnisse) nicht leistungsfähig sind und erst der Zusammenschluss zu einer Bietergemeinschaft sie in die Lage versetzt, sich daran mit Erfolgsaussicht zu beteiligen, oder

(2.) wenn sich in einer Bietergemeinschaft zwei Unternehmen zusammentun, von denen zwar eines zur Durchführung des Auftrags in der Lage ist, das andere aber nicht, weil in diesem Fall auch ohne Bietergemeinschaft nur ein Unternehmen in der Lage wäre, ein Angebot abzugeben, oder

(3.) die Unternehmen für sich genommen zwar leistungsfähig sind (insbes. über die erforderlichen Kapazitäten verfügen), Kapazitäten aufgrund anderweitiger Bindung aktuell jedoch nicht einsetzbar sind, oder

(4.) die beteiligten Unternehmen für sich genommen leistungsfähig sind, aber im Rahmen einer wirtschaftlich zweckmäßigen und kaufmännisch vernünftigen Entscheidung erst der Zusammenschluss ein erfolgversprechendes Angebot ermöglicht.

Eine Wettbewerbsbeschränkung liegt auch dann nicht vor, wenn feststeht, dass ohne die Bildung der Bietergemeinschaft aus dem Kreis der an ihr beteiligten Unterneh-

---

[88] OLG Düsseldorf 16.9.2003 – VII-Verg 52/03, BeckRS 2004, 02041 = VergabeR 2003, 690; 13.9.2004 – W (Kart) 24/04, BeckRS 2004, 12157 = VergabeR 2005, 117.

[89] OLG München 11.8.2008 – Verg 16/08, BeckRS 2008, 17227 = VergabeR 2009, 61.

[90] BGH 13.12.1983 – KRB 3/83, GRUR 1984, 379; so auch OLG Brandenburg 16.2.2012 – Verg W 1/12, BeckRS 2012, 5195; aA KG 21.12.2009 – 2 Verg 11/09, BeckRS 2010, 3552 = VergabeR 2010, 501.

[91] OLG Düsseldorf 8.6.2016 – VII-Verg 3/16, BeckRS 2016, 13184; 17.1.2018 – VII-Verg 39/17, BeckRS 2018, 680 = VergabeR 2018, 559 (566).

Fakultative Ausschlussgründe **§ 124 GWB**

men nicht mehr als nur ein Angebot abgegeben worden wäre.[92] Außerdem soll eine aus konzernzugehörigen Unternehmen bestehende Bietergemeinschaft nach dem sog. Konzernprivileg zulässig sein.[93] Viel mehr als eine Aufforderung an die Bietergemeinschaft, die Gründe für ihre Bildung darzulegen, kann vom Auftraggeber angesichts der Eilbedürftigkeit von Vergabeverfahren zur Aufklärung nicht verlangt werden.[94]

Mit dem vergaberechtlichen Wettbewerbsprinzip unvereinbar ist es, wenn einem **28** Bieter ganz oder auch nur teilw. das Angebot oder die Angebotsgrundlagen eines Mitbewerbers bekannt sind.[95] Dies kann insbes. bei sog. **Doppelbeteiligungskonstellationen** der Fall sein. So muss ein Bieter, der für die ausgeschriebene Leistung nicht nur ein eigenes Angebot abgibt, sondern sich **zugleich als Mitglied einer Bietergemeinschaft** um denselben Auftrag bewirbt, vom Vergabeverfahren ausgeschlossen werden. In gleicher Weise ist auch die Bietergemeinschaft zwingend auszuschließen.[96] Etwas anderes gilt nur, wenn der Vergabestelle nachvollziehbar dargelegt und nachgewiesen wurde, dass besondere Vorkehrungen bei der Angebotserstellung und Angebotsabgabe getroffen wurden, so dass der Geheimwettbewerb trotz der Doppelbeteiligung gewährleistet war.[97] Unproblematisch ist es hingegen, wenn ein Bieter im Vorfeld der Angebotsabgabe ergebnislose Gespräche über eine Zusammenarbeit mit einem Unternehmen geführt hatte, das sich dann mit einem eigenen Angebot beteiligt hat.[98] Die Doppelbeteiligungs-Problematik stellt sich auch im Falle der Beteiligung als **Bieter mit einem eigenen Angebot und gleichzeitiger Beteiligung am Angebot eines anderen Bieters als Nachunternehmer.** Das OLG Düsseldorf[99] hält diese Konstellation für unproblematisch, soweit dem betr. Bieter die dem anderen Bieter verbliebenen Kalkulationsspielräume beim Gewinn und bei den Kosten, mithin bei der Frage, wie dieser der verlangten Nachunternehmervergütung bei der eigenen Preisgestaltung Rechnung getragen hat, verborgen geblieben ist. Der Entscheidung lässt sich allerdings nicht entnehmen, dass eine solche Doppelbeteiligung unabhängig von den Umständen des Einzelfalls zulässig ist. Vielmehr geht aus ihr hervor, dass es entscheidend auf die jew. Tatsachenlage, insbes. auch auf den Umfang der Kenntnis des jew. anderen Angebots, ankommt. So hat das OLG Düsseldorf den Ausschluss von zwei Bietern angeordnet, bei denen sich der eine mit einem eigenen Angebot und als Nachunternehmer des anderen Bieters beteiligt hat, wobei hinzugekommen ist, dass die beiden Bieter konzernverbundene Unternehmen iSv § 36 Abs. 2 GWB waren und die Angebote identische Rechtschreibfehler enthielten.[100] Generell unschädlich ist es

---

[92] Baudis VergabeR 2022, 360 (370).
[93] OLG Saarbrücken 27.6.2016 – 1 Verg 2/16, BeckRS 2016, 105181; OLG Düsseldorf 17.1.2018 – VII-Verg 39/17, BeckRS 2018, 680 = VergabeR 2018, 559 (566).
[94] OLG Saarbrücken 27.6.2016 – 1 Verg 2/16, BeckRS 2016, 105181; OLG Düsseldorf 17.1.2018 – VII-Verg 39/17, BeckRS 2018, 680 = VergabeR 2018, 559 (566).
[95] OLG Düsseldorf 16.9.2003 – VII-Verg 52/03, BeckRS 2004, 02041 = VergabeR 2003, 690; 13.9.2004 – W (Kart) 24/04, BeckRS 2004, 12157 = VergabeR 2005, 117.
[96] OLG Düsseldorf 16.9.2003 – VII-Verg 52/03, BeckRS 2004, 02041 = VergabeR 2003, 690; 13.9.2004 – W (Kart) 24/04, BeckRS 2004, 12157 = VergabeR 2005, 117; OLG Jena 19.4.2004 – 6 Verg 3/04, IBRRS 2004, 1059; OLG Naumburg 30.7.2004 – 1 Verg 10/04, BeckRS 2004, 11908.
[97] OLG Düsseldorf 13.9.2004 – W (Kart) 24/04, BeckRS 2004, 12157 = VergabeR 2005, 117.
[98] OLG Koblenz 26.10.2005 – 1 Verg 4/05, BeckRS 2005, 12605 = VergabeR 2006, 392.
[99] OLG Düsseldorf 13.4.2006 – Verg 10/06, NZBau 2006, 810; 9.4.2008 – VII-Verg 2/08, BeckRS 2008, 7456 = VergabeR 2008, 865; ebenso OLG Schleswig 19.9.2022 – 54 Verg 3/22, BeckRS 2022, 24787 = VergabeR 2023, 96, 110.
[100] OLG Düsseldorf 27.7.2006 – VII-Verg 23/06, BeckRS 2006, 14197 = VergabeR 2007, 229.

GWB § 124 — Fakultative Ausschlussgründe

hingegen, wenn zwei Bieter für bestimmte Arbeiten den Einsatz desselben Nachunternehmers vorsehen.

29 Weder das GWB noch die Vergabeordnungen sehen vor, dass **mehrere gesellschaftsrechtlich verbundene Unternehmen**, die sich an ein und demselben Vergabeverfahren beteiligen, auszuschließen sind oder diese ihre Verbindung offenlegen müssen. Allerdings wurde in der früheren nationalen Rspr. davon ausgegangen, dass in einem solchen Fall eine widerlegbare Vermutung dafür bestünde, dass der Geheimwettbewerb zwischen diesen Unternehmen nicht gewahrt ist und der Auftraggeber deshalb verpflichtet sei, die betroffenen Unternehmen aufzufordern, die sich aus der Verbundenheit ergebenden Bedenken auszuräumen.[101] Mit Urt. v. 17.5.2018 (C-531-16) hat der EuGH klargestellt, dass die Bieter nicht verpflichtet sind, ggü. dem öffentlichen Auftraggeber ihre Verbindungen zueinander von sich aus offenzulegen.[102] Anders sei dies nur, wenn in den Vergabeunterlagen entspr. Offenlegungsverpflichtungen geregelt sind. Insoweit ist allerdings zu berücksichtigen, dass Unternehmen, die demselben Konzern angehören, nicht zwangsläufig wissen müssen, was andere konzernangehörige Unternehmen tun und deshalb auch nur ein bewusster Verstoß gegen eine ausdr. vorgegebene Offenbarungspflicht den Ausschluss bedingen kann.[103] Der EuGH hat des Weiteren klargestellt, dass nicht vermutet werden kann und muss, dass verbundene Unternehmen ihre Angebote abgesprochen oder abgestimmt haben. Nur dann, wenn der Auftraggeber von Anhaltspunkten Kenntnis erlangt, die **Zweifel an der Eigenständigkeit und Unabhängigkeit eines oder mehrerer Angebote** aufkommen lassen, besteht eine Verpflichtung, alle insoweit relevanten Umstände zu prüfen.[104] Ergeben sich danach Indizien dafür, dass Angebote nicht unabhängig erstellt oder abgestimmt wurden, und sind die verbundenen Bieter nicht in der Lage, den Beweis des Gegenteils zu erbringen, bedingt dies den zwingenden Ausschluss.[105]

29a Allerdings setzt die Anwendung des Ausschlusstatbestandes nach Art. 57 Abs. 4 UAbs. 1 lit. d der RL 2014/24/EU zwingend eine **Willensübereinstimmung zwischen mindestens zwei verschiedenen Wirtschaftsteilnehmern** voraus.[106] Davon ist nicht auszugehen bei zwei Wirtschaftsteilnehmern, deren Entscheidungsfindung über dieselbe natürliche Person läuft, weil es dann idR an einer „Vereinbarung" fehlt, die auf eine Verzerrung des Wettbewerbs abzielt. Entscheidend ist dann nicht, dass es sich juristisch um zwei unterschiedliche Rechtssubjekte handelt, sondern dass die Willensbildung ausschl. über ein und dieselbe natürliche Person möglich ist.[107]

29b In diesem Fall kommt aber ein **Ausschluss nach dem Grundsatz der Gleichbehandlung** in Betracht, wenn die Angebote nicht eigenständig und unabhängig abgegeben worden sind, ohne dass es der Feststellung eines „spezifischen Unrechtselements" bedarf.[108] Welche Konsequenzen aus einer **Doppelbeteiligung konzernverbundener Unternehmen** in einem Teilnahmewettbewerb folgen, ist noch

---

[101] OLG Düsseldorf 13.4.2011 – VII-Verg 4/11, BeckRS 2011, 8603 = VergabeR 2011, 731.
[102] EuGH 17.5.2018 – C-531/16, BeckRS 2018, 8497 = VergabeR 2018, 509 Rn. 23.
[103] Deckers VergabeR 2018, 515.
[104] EuGH 17.5.2018 – C-531/16, BeckRS 2018, 8497 = VergabeR 2018, 509 Rn. 33.
[105] EuGH 17.5.2018 – C-531/16, BeckRS 2018, 8497 = VergabeR 2018, 509 Rn. 37–40; s. auch EuGH 19.5.2009 – C-538/07, BeckRS 2009, 70535 = VergabeR 2009, 756.
[106] OLG München 23.11.2020 – Verg 7/20, NZBau 2021, 489.
[107] BayObLG 11.1.2023 – Verg 2/21, BeckRS 2023, 1170; so auch Baudis VergabeR 2022, 360 (370) im Fall der Abgabe von Parallelangeboten konzernabhängiger Unternehmen unter Verweis auf das Konzernprivileg.
[108] BayObLG 11.1.2023 – Verg 2/21, BeckRS 2023, 1170; EuGH 15.9.2022 – C-416/21, NZBau 2022, 750.

nicht entschieden. Nach hier vertretener Auffassung kann in diesem Fall maximal eines davon für die zweite Stufe des Verfahrens ausgewählt werden, es sei denn, dass die beiden Bewerber vorab glaubwürdig darlegen können, dass eine unabhängige Angebotsabgabe sichergestellt wird. Wenn zwei Bieter an einer Ausschreibung teilnehmen, die erst nach Angebotsabgabe über eine Holdinggesellschaft gesellschaftsrechtlich verbunden werden, ist ein Ausschluss nicht veranlasst.[109] Ebenso wenig ist der Ausschluss von zwei konzernverbundenen Unternehmen veranlasst, die sich auf unterschiedliche Lose bewerben. Das gilt auch im Fall der Loslimitierung, wenn die Konzernverbundenheit nicht zu einer drohenden wirtschaftlichen Abhängigkeit des Auftraggebers führt.[110]

c) Hinreichende Anhaltspunkte. Zum Merkmal „hinreichender Anhaltspunkte" für eine wettbewerbsbeschränkende Vereinbarung wird in der Gesetzesbegr. angeführt, dass diese jedenfalls dann vorliegen, wenn eine Kartellbehörde in einer Entscheidung den Kartellverstoß festgestellt hat.[111] Dort wird weiter ausgeführt, dass die bloße Durchführung von kartellbehördlichen Ermittlungsmaßnahmen, bspw. Durchsuchungen, regelmäßig noch nicht ausreichen soll, um einen Ausschlussgrund nach Nr. 4 zu begründen.[112] Diese Schwelle erscheint indes zu hoch. „Hinreichende Anhaltspunkte" ist graduell **weniger als Nachweislichkeit**, die unter Nr. 3 für eine schwere Verfehlung gefordert wird (zum Verhältnis zwischen Nr. 3 und Nr. 4 → Rn. 19). Es ist jedoch **mehr als ein bloßer Verdacht**, wie vor allem nicht ausreicht. Allerdings sind auch nach Auffassung des OLG Düsseldorf strenge Anforderungen zu stellen. Voraussetzung sei, dass aufgrund objektiver Tatsachen die Überzeugung gewonnen werden kann, dass ein Verstoß gegen § 1 GWB/Art. 101 AEUV mit hoher Wahrscheinlichkeit vorliegt. Die Tatsachen bzw. Anhaltspunkte müssten so konkret und aussagekräftig sein, dass die Verwirklichung eines Kartellverstoßes zwar noch nicht feststeht, jedoch **hierüber nahezu Gewissheit besteht**.[113] Hinreichende Anhaltspunkte für wettbewerbswidriges Verhalten im konkreten Vergabeverfahren können sich auch aus den Angeboten ergeben.[114] Davon kann zB ausgegangen werden, wenn bei mehreren Angeboten bei einer Vielzahl von Preispositionen exakt gleiche Preise enthalten sind oder trotz eines größeren Feldes potentieller Bieter nur ein Angebot mit einem stark überhöhten Preis eingereicht wurde. Auch in den Doppelbeteiligungskonstellationen (→ Rn. 28) ergeben sich die hinreichenden Anhaltspunkte für ein wettbewerbsverfälschendes Verhalten regelmäßig aus den Angeboten selbst. Der öffentliche Auftraggeber muss iRd Prüfung nach § 124 Abs. 1 Nr. 4 GWB aber nur die Anhaltspunkte betrachten und in seine Überlegungen einbeziehen, über die er verfügt. Kartellrechtliche Ermittlungen, wie sie das BKartA durchführt, sind ihm im laufenden Vergabeverfahren weder möglich noch zumutbar.[115] Das gilt auch für die Prüfung der Zulässigkeit von Bietergemeinschaften (→ Rn. 27).

d) Entscheidung über den Ausschluss. Auch bei § 124 Abs. 1 Nr. 4 GWB handelt es sich um einen fakultativen Ausschluss. Dabei wird bei wettbewerbsbeschränkenden Vereinbarungen in Bezug auf das konkrete Vergabeverfahren oder bei früheren Vergabeverfahren mit einem vergleichbaren Auftragsgegenstand regelmä-

---

[109] OLG Dresden 28.3.2006 – WVerg 4/06, BeckRS 2006, 06134.
[110] OLG Dresden 28.3.2006 – WVerg 4/06, BeckRS 2006, 06134.
[111] S. zu den Auswirkungen eines sog. Settlements Ulshöfer VergabeR 2016, 327 (330).
[112] BT-Drs. 18/6281, 106.
[113] OLG Düsseldorf 17.1.2018 – VII-Verg 39/17, BeckRS 2018, 680 = VergabeR 2018, 559 (564).
[114] Müller-Wrede GWB/Conrad § 124 Rn. 97 ff. mwN.
[115] OLG Düsseldorf 17.1.2018 – VII-Verg 39/17, BeckRS 2018, 680 = VergabeR 2018, 559 (566).

ßig von einer Ermessensreduzierung auf Null iS einer Ausschlussentscheidung auszugehen sein.[116] Anders ist dies bei Kartellverstößen ohne konkreten Bezug zum Vergabeverfahren.

5. Interessenkonflikt (Nr. 5)

32 Nach Abs. 1 Nr. 5 kann ein Unternehmen ausgeschlossen werden, wenn ein Interessenkonflikt bei der Durchführung des Vergabeverfahrens besteht, der die Unparteilichkeit und Unabhängigkeit einer für den öffentlichen Auftraggeber tätigen Person bei der Durchführung des Vergabeverfahrens beeinträchtigen könnte und der durch andere, weniger einschneidende Maßnahmen nicht wirksam beseitigt werden kann.[117] Zwar erfasst § 124 Abs. 1 Nr. 5 GWB unmittelbar nur den Fall, dass ein konkretes Vergabeverfahren bereits vorliegt. Die Anforderungen der Norm müssen aber auch gelten, wenn eine Vergabesperre im Vorfeld eines Vergabeverfahrens gegen einen potenziellen Bewerber verhängt wird. Das ergibt sich aus der Bezugnahme auf den Ausschlussgrund des § 124 Abs. 1 Nr. 5 GWB in § 126 Nr. 2 GWB, der Höchstfristen für den generellen Ausschluss von Bewerbern von Vergabeverfahren enthält.[118] Dabei kann nach § 6 Abs. 3 VgV die für den öffentlichen Auftraggeber tätige Person außer einem Mitarbeiter oder einer Mitarbeiterin des öffentlichen Auftraggebers auch ein im Namen des öffentlichen Auftraggebers handelnder Beschaffungsdienstleister sein (s. dazu → VgV § 6 Rn. 14). Die Person muss nach § 6 Abs. 2 VgV an der Durchführung des Vergabeverfahrens beteiligt sein oder Einfluss auf den Ausgang des Verfahrens nehmen können und ein direktes oder indirektes Interesse – gleich welcher Art – haben, das ihre Unparteilichkeit und Unabhängigkeit in Frage stellen könnte (iE → VgV § 6 Rn. 15 ff.). ISd zu beachtenden Verhältnismäßigkeitsgrundsatzes wird in einer solchen Konstellation zunächst zu prüfen sein, ob nicht die Beteiligung der betroffenen, auf Seiten des Auftraggebers tätigen Person zu beenden oder in einer Weise zu organisieren ist, die es ausschließt, dass sich die Tätigkeit auf das Ergebnis des Vergabeverfahrens auswirkt (vgl. → VgV § 6 Rn. 39).[119] Nur wenn dies ausnahmsweise aus besonderen Gründen, die durch den konkreten Beschaffungsgegenstand oder -vorgang begründet sind, nicht möglich oder unzumutbar ist, kommt – als **ultima ratio** – ein **Ausschluss des Unternehmens** in Betracht. Dies ergibt sich auch aus § 6 VgV, wonach es in erster Linie am Auftraggeber liegt, derartige Interessenkonflikte zu vermeiden.[120]

6. Vorbefassung (Nr. 6)

33 Nach Abs. 1 Nr. 6 kann ein Unternehmen, das bereits in die Vorbereitung des Vergabeverfahrens einbezogen war, ausgeschlossen werden, wenn durch dessen Beteiligung eine Wettbewerbsverzerrung resultiert und diese Wettbewerbsverzerrung nicht durch andere, weniger einschneidende Maßnahmen beseitigt werden kann. Die damit angesprochene **„Projektantenproblematik"** kommt häufig – aber nicht nur – im Bereich der Vergabe von Planungsleistungen vor.[121] § 124 Abs. 1 Nr. 6 GWB setzt Art. 57 Abs. 4 lit. f der RL 2014/24/EU um.

---

[116] Ebenso Müller-Wrede GWB/Conrad § 124 Rn. 101.
[117] BGH 3.6.2020 – XIII ZR 22/19, BeckRS 2020, 18476 = VergabeR 2020, 920 (923).
[118] BGH 3.6.2020 – XIII ZR 22/19, BeckRS 2020, 18476 = VergabeR 2020, 920 (923).
[119] BGH 3.6.2020 – XIII ZR 22/19, BeckRS 2020, 18476 = VergabeR 2020, 920 (924); OLG Karlsruhe 30.10.2018 – 15 Verg 6/18, BeckRS 2018, 27498 = VergabeR 2019, 190 (198).
[120] BGH 3.6.2020 – XIII ZR 22/19, BeckRS 2020, 18476 = VergabeR 2020, 920 (924); so auch RKPP/Hausmann/von Hoff § 124 Rn. 52.
[121] Stolz VergabeR 2016, 351 (356).

Haben Bewerber oder Bieter oder mit diesen verbundene Unternehmen[122] vor Einleitung des Vergabeverfahrens Auftraggeber beraten oder sonst unterstützt, stellt dies keinen zwingenden Ausschlussgrund dar. Der Auftraggeber hat aber sicherzustellen, dass der Wettbewerb durch die Teilnahme dieser Bewerber oder Bieter nicht verfälscht wird. Dieser Grundsatz geht auf die Entscheidung des EuGH in der Rs. „Fabricom"[123] zurück, nach der ein **genereller Ausschluss vorbefasster Personen nicht zulässig** ist. Als vorbefasster Bewerber oder Bieter ist anzusehen, wer im Vorfeld eines Vergabeverfahrens für den Auftraggeber Leistungen erbracht hat, etwa eine Machbarkeitsstudie, einen Vorentwurf oder einen Teil der Vergabeunterlagen erarbeitet hat. Erfasst ist jede Tätigkeit im Vorfeld eines Vergabeverfahrens, die einen Bezug zum konkreten Vergabeverfahren aufweist (iE → VgV § 7 Rn. 5).[124] Eine solche **Vorbefassung** ist auch dann gegeben, wenn das Unternehmen den Auftraggeber beraten oder unterstützt hat, ohne dass es einen Vertrag mit dem Auftraggeber gab oder sich dieses Unternehmen als Nachunternehmer eines Bieters an der Ausschreibung beteiligt.[125] In einem solchen Fall ist zu verlangen, dass der Auftraggeber dafür Sorge trägt, dass die Arbeitsergebnisse der Vorbefassung und sonstiges dabei gewonnenes und für den Wettbewerb relevantes Wissen auch allen anderen Bietern lückenlos zur Kenntnis gegeben werden.[126] Welche **Egalisierungsmaßnahmen** im Einzelfall erforderlich sind, entscheidet der öffentliche Auftraggeber nach pflichtgemäßem Ermessen.[127] Es genügt diejenige Bekanntgabe von Informationen, welche die anderen Bieter in die Lage versetzt, zu den gleichen Wettbewerbsbedingungen wie der vorbefasste Bieter ihr Angebot zu legen.[128] Im Hinblick auf die gebotene Transparenz und Gleichbehandlung ist jedoch ein **aktives Handeln des Auftraggebers** im Zeitpunkt der Aufforderung zur Angebotsabgabe zu fordern, wenn der vorbefasste Bieter ebenfalls zur Angebotsabgabe aufgefordert wird (auch → VgV § 7 Rn. 9). Es genügt nicht, wenn lediglich in der Bekanntmachung die Möglichkeit der Einsichtnahme der „Vorarbeiten" beim Auftraggeber erwähnt wird. Vielmehr gebietet es das Gebot der Gleichbehandlung, dass die Arbeitsergebnisse des vorbefassten Bieters den anderen Bietern aktiv zur Verfügung gestellt werden, damit diese bei der Angebotserstellung genauso darauf zurückgreifen können, wie der vorbefasste Bieter selbst.[129] Relevante Unterlagen erst einen Tag vor Angebotsabgabe den Bietern zur Verfügung zu stellen, reicht nicht aus. Das Gebot der Vermeidung von Wettbewerbsverzerrungen schließt es auch aus, Zuschlagskriterien vorzusehen, die dem vorbefassten Bieter einen nicht auszugleichenden Vorteil gewähren würden. Ferner ist bei der **Bemessung der Angebotsfrist** die notwendige Zeit für die Einarbeitung der anderen Bieter in die zur Verfügung gestellten Arbeitsergebnisse zu berücksichtigen. Der öffentliche Auftraggeber muss die ergriffenen Maßnahmen im Vergabevermerk dokumentieren.[130] Vgl. zum Ganzen auch → VgV § 7 Rn. 2 ff.

Nur für den Fall, dass vor Einleitung des Vergabeverfahrens bzw. vor Aufforderung zur Angebotsabgabe festgestellt wird, dass eine Wettbewerbsverzerrung bei Beteiligung des vorbefassten Bieters nicht zu vermeiden ist, kommt der **Ausschluss des vorbefassten Bieters** nach § 124 Abs. 1 Nr. 6 GWB in Betracht

---

[122] OLG Celle 14.4.2016 – 13 Verg 11/15, VPR 2016, 103.
[123] EuGH 3.3.2005 – C-34/03, BeckRS 2005, 70162 = VergabeR 2005, 319.
[124] OLG München 19.12.2013 – Verg 12/13, NZBau 2014, 389.
[125] KG 27.1.2015 – Verg 9/14, ZfBR 2015, 720.
[126] OLG Brandenburg 19.12.2011 – Verg W 17/11, ZfBR 2012, 182; OLG München 10.2.2011 – Verg 24/10, NZBau 2011, 507.
[127] OLG München 19.12.2013 – Verg 12/13, NZBau 2014, 389.
[128] OLG München 25.7.2013 – Verg 7/13, NZBau 2014, 528.
[129] AA Diringer VergabeR 2010, 361 (366).
[130] BT-Drs. 18/6281, 103.

(→ VgV § 7 Rn. 11). Der Ausschluss des vorbefassten Unternehmens kann veranlasst sein, wenn aus der Beteiligung des vorbefassten Unternehmens eine **Wettbewerbsverzerrung** resultieren würde, die nicht durch geeignete Maßnahmen beseitigt werden kann – etwa, weil der vorbefasste Bieter der Überlassung bestimmter Unterlagen und Vorarbeiten nicht zustimmt. Vor einem solchen Ausschluss muss den Bewerbern oder Bietern jedoch die Möglichkeit gegeben werden nachzuweisen, dass ihre Beteiligung an der Vorbereitung des Vergabeverfahrens den Wettbewerb nicht verzerren kann.[131] Gelingt dieser Nachweis nicht, ist das Ermessen des Auftraggebers idR auf Null reduziert und der Bieter nach § 126 Abs. 1 Nr. 6 GWB auszuschließen.[132]

36 Noch nicht abschließend geklärt ist, welche Konsequenzen es hat, wenn sich nach Beteiligung des Bieters herausstellt, dass der **Auftraggeber seiner Verpflichtung zum Ausgleich des Wissensvorsprungs nicht in gehöriger Weise nachgekommen** ist, etwa den anderen Bietern wesentliche Unterlagen nicht zur Verfügung gestellt wurden. In diesem Fall scheidet ein Ausschluss des vorbefassten Bieters jedoch aus. Es kann nicht zu Lasten des vorbefassten Bieters gehen, wenn der Auftraggeber seinen (erfüllbaren) Verpflichtungen zur Sicherstellung eines fairen Wettbewerbs nicht nachgekommen ist. Das in § 7 VgV zum Ausdruck kommende Recht des vorbefassten Bieters, nicht ohne Anlass von Verfahren ausgeschlossen zu werden, spricht dafür, dass der Auftraggeber in einer solchen Konstellation das Verfahren zu wiederholen und alles ihm Mögliche zu tun hat, um eine Wettbewerbsverzerrung auszuschließen (→ VgV § 7 Rn. 13).

7. Mangelhafte Erfüllung eines früheren öffentlichen Auftrags (Nr. 7)

37 Abs. 1 Nr. 7 setzt Art. 57 Abs. 4 lit. g der RL 2014/24/EU um. Dieser fakultative Ausschlussgrund kommt in Betracht, wenn iRd Ausführung eines früheren öffentlichen Auftrags oder Konzessionsvertrags – nicht notwendigerweise desselben Auftraggebers[133] – das Unternehmen eine wesentliche Anforderung erheblich oder fortdauernd mangelhaft erfüllt hat und dies auch zu einer vorzeitigen Beendigung, Schadensersatz oder einer vergleichbaren Rechtsfolge geführt hat. Die Darlegungs- und Beweislast liegt insofern beim Auftraggeber.[134] Nach alter Rechtslage wurden solche Fälle unter dem entfallenen Gesichtspunkt der Zuverlässigkeit behandelt.[135] Eine einmalige mangelhafte Leistung kann dann einen Ausschlussgrund nach dieser Vorschrift begründen, wenn es sich dabei um eine **erhebliche Schlechterfüllung einer wesentlichen Anforderung** handelt.[136] Im Erwgr. 101 der RL 2014/24/EU werden als Beispiele für relevante Mängel Lieferungs- oder Leistungsausfall oder erhebliche Defizite der gelieferten Waren oder Dienstleistungen, die sie für den beabsichtigten Zweck unbrauchbar machen, angeführt. Daraus folgt, dass geringfügige Mängel oder Leistungsverzögerungen nicht genügen.[137] Hingegen ist eine unberechtigte endgültige Leistungsverweigerung idR ausreichend. Der Begriff der mangelhaften Erfüllung ist iRd § 124 Abs. 1 Nr. 7 GWB nicht streng zivilrechtlich

---

[131] Art. 41 UAbs. 2 S. 2 der RL 2014/24/EU, umgesetzt in § 7 Abs. 3 VgV.
[132] Stolz VergabeR 2016, 351 (357); ebenso Müller-Wrede GWB/Conrad § 124 Rn. 137.
[133] S. hierzu VK Südbayern 8.4.2019 – Z3-3-3194-1-46-12/18, BeckRS 2019, 23385.
[134] OLG Düsseldorf 11.7.2018 – VII-Verg 7/18, BeckRS 2018, 19004 = VergabeR 2019, 103 (107).
[135] OLG München 1.7.2013 – Verg 8/13, BeckRS 2013, 11807; OLG Brandenburg 14.9.2010 – Verg W 8/10, BeckRS 2010, 23053; OLG Düsseldorf 25.7.2012 – VII-Verg 27/12, BeckRS 2012, 23819.
[136] BT-Drs. 18/6281, 103.
[137] EuGH 19.6.2019 – C-41/18, BeckRS 2019, 11629 = VergabeR 2019, 746 Rn. 32.

zu interpretieren. Er ist vielmehr umfassend iS einer nicht vertragsgerechten Erfüllung zu verstehen. Erfasst sind sowohl vertragliche Haupt- als auch Nebenpflichten. Die mangelhafte Erfüllung eines früheren Auftrags muss **von beträchtlichem Gewicht** sein, denn gefordert ist eine erhebliche oder fortdauernde Vertragspflichtverletzung. Das Merkmal der Erheblichkeit betrifft den Umfang, die Intensität und den Grad der Vorwerfbarkeit der früheren Vertragsverletzung. Die erheblich oder fortdauernd mangelhafte Vertragserfüllung muss zudem eine wesentliche Anforderung bei der Ausführung eines früheren öffentlichen Auftrags betreffen. Entscheidend für das Merkmal der Wesentlichkeit ist die Bedeutung der vertraglichen Anforderung für den öffentlichen Auftraggeber und infolgedessen, welche Auswirkungen die mangelhafte Leistung für den öffentlichen Auftraggeber hat. Die **mangelhafte Erfüllung einer wesentlichen Anforderung** iSd Vorschrift können auch Verstöße gegen eine Verpflichtung zur Wahrung der Vertraulichkeit oder gegen wesentliche Sicherheitsauflagen sein.[138] Wesentlich ist eine mangelhafte Erfüllung auch dann, wenn sie den Auftraggeber in tatsächlicher und finanzieller Hinsicht deutlich belastet.[139] Technische Mängel können auch vor Abnahme Berücksichtigung finden.[140] Meinungsverschiedenheiten oder das Androhen rechtlich zulässiger Schritte reichen für einen Ausschluss von Vergabeverfahren regelmäßig nicht aus.[141] Dagegen kann ein Nachunternehmereinsatz entgegen § 4 Abs. 8 VOB/B eine erhebliche oder fortdauernde mangelhafte Erfüllung einer wesentlichen Anforderung bei der Ausführung des früheren Vertrags iSv § 124 Abs. 1 Nr. 7 GWB darstellen.[142] Gleiches gilt für einen Verstoß gegen die Abhilfepflicht nach § 5 Abs. 3 VOB/B.[143] Die Vertragspflichtverletzung darf nach § 126 Nr. 2 GWB **nicht länger als drei Jahre zurückliegen.**[144] Auf den Zeitpunkt der Wirksamkeit der Rechtsfolge kommt es ebenso wenig an, wie auf den Zeitpunkt einer etwaigen gerichtlichen Entscheidung über die Vertragspflichtverletzung.

Neben dem Vorliegen einer Verletzung wesentlicher Vertragspflichten ist für das Eingreifen dieses Ausschlussgrundes erforderlich, dass die Mängel zu einer **vorzeitigen Beendigung, Schadensersatz oder einer vergleichbaren Rechtsfolge** geführt haben.[145] Eine Rechtsfolge muss, um eine vergleichbare Rechtsfolge iSd Vorschrift zu sein, hinsichtlich ihres Schweregrades mit einer vorzeitigen Beendigung oder Schadensersatz vergleichbar sein.[146] Bzgl. des Umfangs des Schadensersatzes oder einer vergleichbaren Rechtsfolge enthält die Vorschrift keine Vorgaben. ISd Verhältnismäßigkeitsgrundsatzes können aber im Verhältnis zum Auftragswert untergeordnete Schadensersatzansprüche nicht ausreichen. Als vergleichbare Rechtsfolge kommt bspw. ein Rücktritt, eine Ersatzvornahme nach

38

---

[138] BT-Drs. 18/6281, 104; s. auch OLG Celle 9.1.2017 – 13 Verg 9/16, ZfBR 2017, 407; OLG Karlsruhe 27.6.2018 – 15 Verg 7/17, BeckRS 2018, 43502 = VergabeR 2019, 411 (415).

[139] OLG Düsseldorf 28.3.2018 – VII-Verg 49/17, BeckRS 2018, 12709 = VergabeR 2018, 692 (696); OLG Celle 9.1.2017 – 13 Verg 9/16, ZfBR 2017, 407.

[140] OLG Karlsruhe 27.6.2018 – 15 Verg 7/17, BeckRS 2018, 43502 = VergabeR 2019, 411 (416).

[141] OLG Düsseldorf 11.7.2018 – VII-Verg 7/18, BeckRS 2018, 19004 = VergabeR 2019, 103 (110) mwN.

[142] OLG Frankfurt a. M. 14.3.2018 – 11 Verg 5/18, BeckRS 2018, 43185 = VergabeR 2019, 113 (117).

[143] OLG Düsseldorf 28.3.2018 – VII-Verg 49/17, BeckRS 2018, 12709 = VergabeR 2018, 692 (696).

[144] OLG Hamburg 11.2.2019 – 1 Verg 3/15, BeckRS 2019, 1445 = VergabeR 2019, 390 (401).

[145] Meißner VergabeR 2017, 270 (274).

[146] BT-Drs. 18/6281, 104; s. hierzu auch Niebuhr VergabeR 2017, 335 der nicht jede vom Auftragnehmer verschuldete Vertragsbeendigung für ausreichend erachtet.

erfolgloser Fristsetzung[147] oder eine Minderung der Vergütung in Betracht. Es ist nicht erforderlich, dass die Berechtigung der aus der Vertragspflichtverletzung gezogenen Rechtsfolge gerichtlich bestätigt wurde.[148] Es genügt auch, dass der Bieter diese klaglos hingenommen hat. Wenn ein Rechtsstreit über die Berechtigung der vom Auftraggeber gezogenen Rechtsfolgen anhängig ist oder ein Unternehmen die Kündigung des öffentlichen Auftraggebers nicht akzeptiert, steht dies einem Ausschluss nicht entgegen.[149] Vertragspflichtverletzungen, die keine der geforderten Rechtsfolgen nach sich gezogen haben, können einen Ausschluss nach dieser Vorschrift auch dann nicht rechtfertigen, wenn es sich um ganz gravierende Verletzungen wesentlicher Vertragspflichten gehandelt hat.[150] Ausgenommen sind wesentliche Vertragspflichtverletzungen, die erst nachträglich festgestellt wurden und entspr. Kompensationsansprüche nicht mehr bestehen, etwa bei der Verletzung nachvertraglicher Verschwiegenheitspflichten. Die geforderte Rechtsfolge muss außerdem auf der Schlechtleistung beruhen. Wird der Vertrag aus anderen Gründen beendigt, liegen die Voraussetzungen nicht vor.[151]

38a Unterschiedliche Auffassungen werden dazu vertreten, welche **Anforderungen an den Nachweis** der Voraussetzungen des § 124 Abs. 1 Nr. 7 GWB in diesem Fall zu stellen sind. Nach einer Auffassung soll es für die tatbestandlichen Voraussetzungen des § 124 Abs. 1 Nr. 7 GWB erforderlich sein, dass der öffentliche Auftraggeber mindestens Indiztatsachen vorbringt, die von einigem Gewicht sind, auf gesicherten Erkenntnissen aus seriösen Quellen basieren und die die Entscheidung des Auftraggebers zum Ausschluss des Bieters nachvollziehbar erscheinen lassen.[152] Nach anderer Auffassung soll es wegen des Beschleunigungsgebots des Vergabenachprüfungsverfahrens keiner umfangreichen und langwierigen Beweisaufnahme bedürfen und eine Glaubhaftmachung der Ausschlussgründe ausreichend sein.[153] Zum Teil wird der Vollbeweis durch den öffentlichen Auftraggeber verlangt[154] oder zumindest gefordert, dass der öffentliche Auftraggeber bzgl. der von der Vorschrift verlangten Schlechterfüllung Gewissheit erlangt haben muss, also eine Überzeugung gewonnen hat, die „vernünftigen Zweifeln Schweigen gebietet".[155] Letzteres könne nach OLG Düsseldorf bei einer widersprüchlichen Gutachtenlage nicht angenommen werden.[156]

39 Will der Auftraggeber einen Bieter wegen Schlechterfüllung bei der Ausführung eines früheren öffentlichen Auftrags von der Teilnahme an einem Vergabeverfahren ausschließen, hat er den betroffenen Bieter **vor einer Ausschlussentscheidung anzuhören**.[157]

---

[147] Niebuhr VergabeR 2017, 335.
[148] VK Lüneburg 14.11.2016 – VgK-44/2016, BeckRS 2016, 112800, bestätigt von OLG Celle 9.1.2017 – 13 Verg 9/16, ZfBR 2017, 407; krit. hierzu Niebuhr VergabeR 2017, 335.
[149] OLG München 1.7.2013 – Verg 8/13, BeckRS 2013, 11807; OLG Düsseldorf 11.7.2018 – VII-Verg 7/18, BeckRS 2018, 19004 = VergabeR 2019, 103 (107) mwN; zu den Grenzen des Beurteilungsspielraums Niebuhr VergabeR 2017, 335.
[150] In diesem Fall scheidet auch ein Ausschluss wegen einer schweren Verfehlung nach Nr. 3 aus; → Rn. 18 ff.
[151] OLG Karlsruhe 4.12.2020 – 15 Verg 8/20, NZBau 2021, 200.
[152] OLG Celle 9.1.2017 – 13 Verg 9/16, ZfBR 2017, 407.
[153] Beck VergabeR/Opitz GWB § 124 Rn. 96 und 42.
[154] Niebuhr VergabeR 2017, 335 (346).
[155] OLG Düsseldorf 11.7.2018 – VII-Verg 7/18, BeckRS 2018, 19004 = VergabeR 2019, 103 (108) mwN; OLG Düsseldorf 28.3.2018 – VII-Verg 49/17, BeckRS 2018, 12709 = VergabeR 2018, 692 (696).
[156] OLG Düsseldorf 11.7.2018 – VII-Verg 7/18, BeckRS 2018, 19004 = VergabeR 2019, 103 (108) mwN.
[157] OLG München 29.1.2021 – Verg 11/20, BeckRS 2021, 4761.

Bei der Frage, ob die verletzten Vertragspflichten wesentlich und die Mängel als **40** erheblich zu bewerten sind, kommt dem Auftraggeber ein **Beurteilungsermessen** zu.[158] IRd Ermessensentscheidung auf der Rechtsfolgenseite – Ausschluss oder nicht – ist der Verhältnismäßigkeitsgrundsatz zu beachten.[159] Die Ermessensentscheidung wird allerdings nur daraufhin überprüft, ob das Ermessen überhaupt ausgeübt wurde (Ermessensausfall), ob eine Maßnahme getroffen wurde, die sich nicht mehr in dem durch die Ermächtigungsnorm abgesteckten Rahmen hält (Ermessensüberschreitung) und ob ein Ermessensfehlgebrauch vorliegt. Ein Ermessensfehlgebrauch liegt vor, wenn der öffentliche Auftraggeber relevante Aspekte nicht berücksichtigt, sich auf sachfremde Erwägungen stützt oder Aspekten ein Gewicht beimisst, das ihnen nicht zukommt.[160] Entgegen der Gesetzesbegr.[161] bedarf es hingegen keiner Prognoseentscheidung dahingehend, ob von dem Unternehmen trotz der festgestellten früheren Schlechtleistung im Hinblick auf die Zukunft zu erwarten ist, dass es den nunmehr zu vergebenden öffentlichen Auftrag vertragsgerecht ausführt.[162] Dafür bietet die Vorschrift keinen Anhaltspunkt.[163] Auch systematisch ist dem nicht zu folgen, weil diese Prognose iRd § 125 GWB zu treffen ist und nur dann zum Tragen kommt, wenn sich das Unternehmen auf eine entspr. Selbstreinigung beruft.[164]

Abs. 1 Nr. 7 GWB ist keine Rechtsgrundlage für eine generelle, auch für zukünf- **40a** tige Vergabeverfahren wirkende **„Auftragssperre"**. Auch der einmalige Ausschluss nach § 124 Abs. 1 Nr. 7 GWB kann eine solche Wirkung nicht entfalten. Über den Ausschluss eines Bieters wegen früherer „Schlechtleistungen" iSd § 124 Abs. 1 Nr. 7 GWB muss in jedem Vergabeverfahren gesondert entschieden werden.[165] Fälle des § 124 Abs. 1 Nr. 7 GWB werden nicht in das **Wettbewerbsregister** eingetragen (s. § 2 Abs. 1 WRegG).

8. Täuschung, Zurückhaltung von Auskünften, Nichtübermittlung von Nachweisen (Nr. 8)

Nach Abs. 1 Nr. 8 kann ein Unternehmen ausgeschlossen werden, wenn es in **41** Bezug auf Ausschlussgründe oder Eignungskriterien eine schwerwiegende Täuschung begangen oder Auskünfte zurückgehalten hat oder nicht in der Lage ist, die erforderlichen Nachweise zu übermitteln. Die Vorschrift setzt Art. 57 Abs. 4 lit. h der RL 2014/24/EU um.

Ein Ausschluss nach dieser Vorschrift kommt nur in Betracht, wenn sich die **42** Täuschung oder die Zurückhaltung von Auskünften bzw. die nicht übermittelbaren

---

[158] EuGH 19.6.2019 – C-41/18, BeckRS 2019, 11629 = VergabeR 2019, 746 Rn. 32; OLG Karlsruhe 27.6.2018 – 15 Verg 7/17, BeckRS 2018, 43502 = VergabeR 2019, 411 (416); s. zur dogmatischen Einordnung und Abgrenzung zur Auslegung Niebuhr VergabeR 2017, 335.

[159] OLG Karlsruhe 27.6.2018 – 15 Verg 7/17, BeckRS 2018, 43502 = VergabeR 2019, 411 (417); OLG Frankfurt a. M. 14.3.2018 – 11 Verg 5/18, BeckRS 2018, 43185 = VergabeR 2019, 113 (117); OLG Düsseldorf 28.3.2018 – VII-Verg 49/17, BeckRS 2018, 12709 = VergabeR 2018, 692 (696).

[160] OLG München 29.1.2021 – Verg 11/20, BeckRS 2021, 4761.

[161] BT-Drs. 18/6281, 104.

[162] AA OLG München 29.1.2021 – Verg 11/20, BeckRS 2021, 4761 und wohl auch OLG Frankfurt a. M. 14.3.2018 – 11 Verg 5/18, BeckRS 2018, 43185 = VergabeR 2019, 113 (117), offen gelassen von OLG Düsseldorf 28.3.2018 – VII-Verg 49/17, BeckRS 2018, 12709 = VergabeR 2018, 692 (696).

[163] Ebenso Müller-Wrede GWB/Conrad § 124 Rn. 151.

[164] EuGH 19.6.2019 – C-41/18, BeckRS 2019, 11629 = VergabeR 2019, 746 Rn. 40.

[165] OLG München 19.9.2018 – Verg 6/18, BeckRS 2018, 43797 = VergabeR 2019, 574 (578).

GWB § 124 Fakultative Ausschlussgründe

Nachweise auf die **Ausschlussgründe nach §§ 123, 124 GWB oder die Eignungskriterien nach § 122 GWB** beziehen. Anderweitige Täuschungen, Auskunftsdefizite oder Unterlagen werden hiervon nicht erfasst.[166] Im Falle der Eignungsleihe genügt insofern auch eine vorsätzlich falsche Erklärung des „Eignungsverleihers".[167]

43 Sowohl der Täuschung als auch einer zurückgehaltenen Auskunft muss eine **gewisse Erheblichkeit** zukommen. Eine Täuschung bedingt eine bewusste Irreführung. Für die Zurückhaltung von Auskünften kann insoweit kein anderer Maßstab gelten, so dass auch hier **Vorsatz** vorauszusetzen ist.[168] Fahrlässiges Handeln wird vom Ausschlusstatbestand nach § 124 Nr. 9 lit. c GWB erfasst.

44 Gibt ein Bieter an, dass er die Leistungen im eigenen Betrieb ausführen wird, ist jedoch sein Betrieb auf einen Teil der Leistungen nicht eingerichtet, oder beabsichtigt der Bieter aus anderen Gründen tatsächlich die Weitergabe an Nachunternehmer, kann er wegen dieser wesentlichen Falschangabe ausgeschlossen werden. Die Zurückhaltung von Auskünften kann einem Bieter insbes. dann vorgeworfen werden, wenn er Eigenerklärungen – zB zum Nichtvorliegen von Ausschlussgründen – abgegeben hat, bzgl. derer sich nachträglich eine Änderung ergibt und er diese dem Auftraggeber nicht von sich aus mitteilt. Hierzu ist ein Bieter iRd vorvertraglichen Vertrauensverhältniseses (§ 242 BGB) grds. bis zum Abschluss des Vergabeverfahrens verpflichtet.[169] Auch die Verweigerung eines berechtigten Aufklärungsverlangens kann davon erfasst sein.[170]

45 Ist ein Bieter nicht in der Lage, die zu den Ausschlussgründen oder Eignungskriterien geforderten Nachweise oder Erklärungen beizubringen, ist der Ausschluss nach den untergesetzlichen Vergaberegimen – ggf. nach einer entspr. Nachfristsetzung – idR zwingend.[171] Das steht nicht in Widerspruch zum fakultativen Ausschlussgrund nach § 124 Abs. 1 Nr. 8 GWB, weil das danach eingeräumte Ermessen im Falle der Nichtvorlage von geforderten Erklärungen und Nachweisen schon aufgrund des Gleichbehandlungsgrundsatzes idR auf Null reduziert ist.[172] Zu berücksichtigen ist aber die Möglichkeit der Vorlage anderer geeigneter Unterlagen, die ein Absehen vom Ausschluss wegen Nichtvorlage der geforderten Unterlagen rechtfertigen können.[173]

46 Der Tatbestand muss nach dem Wortlaut nicht im konkreten Vergabeverfahren erfüllt worden sein.[174] Das folgt auch aus § 126 Nr. 2 GWB. Die Tatbestandsalternative der Nichtvorlage von geforderten Nachweisen ist jedoch mangels Vorwerfbarkeit nicht geeignet, einen Ausschluss in späteren Vergabeverfahren zu begründen.[175]

9. Unzulässige Beeinflussung, Informationserlangung, Informationsübermittlung (Nr. 9)

47 Nach Abs. 1 Nr. 9 kann ein Unternehmen ausgeschlossen werden, wenn es versucht hat, (a) die Entscheidungsfindung des öffentlichen Auftraggebers in unzulässi-

---

[166] Ein Ausschluss kann in diesen Fällen nach § 124 Abs. 1 Nr. 3 GWB in Betracht kommen.
[167] OLG Frankfurt a. M. 11.10.2016 – 11 Verg 12/16, BeckRS 2016, 20439 = VergabeR 2017, 210 (213).
[168] OLG Celle 13.5.2019 – 13 Verg 2/19, BeckRS 2019, 13155 = VergabeR 2019, 767 (772) mwN.
[169] Ebenso Müller-Wrede GWB/Conrad § 124 Rn. 172.
[170] → § 15 Abs. 5 VgV sowie § 15 EU Abs. 2 VOB/A.
[171] → §§ 56, 57 Abs. 1 Nr. 2 VgV, § 51 SektVO, § 16a EU VOB/A.
[172] Ebenso Müller-Wrede GWB/Conrad § 124 Rn. 177.
[173] So zB nach § 45 Abs. 5, § 49 Abs. 2 VgV, § 6a EU Nr. 2 VOB/A.
[174] RKPP/Hausmann/von Hoff § 124 Rn. 80.
[175] Ebenso Müller-Wrede GWB/Conrad § 124 Rn. 176.

ger Weise zu beeinflussen, (b) vertrauliche Informationen zu erhalten, durch die es unzulässige Vorteile beim Vergabeverfahren erlangen könnte, oder (c) fahrlässig oder vorsätzlich irreführende Informationen zu übermitteln, die die Vergabeentscheidung des öffentlichen Auftraggebers erheblich beeinflussen könnten. Die Vorschrift setzt Art. 57 Abs. 4 lit. i der RL 2014/24/EU um.

a) Unzulässige Beeinflussung der Entscheidungsfindung. Wann von einem 48 Versuch der unzulässigen Beeinflussung der Entscheidungsfindung des öffentlichen Auftraggebers auszugehen ist, ist weder in den europäischen Vergaberichtlinien noch in den deutschen vergaberechtlichen Vorschriften näher definiert. Von einer unzulässigen Beeinflussung der Entscheidungsfindung ist auszugehen, wenn diese außerhalb der vom Auftraggeber aufgestellten Regelungen in den Teilnahmebedingungen erfolgt. Dies kann durch **unmittelbare oder mittelbare Beeinflussung der für die Vergabeentscheidung zuständigen Personen** erfolgen. Von der Entscheidungsfindung ist nicht nur die Auswahlentscheidung erfasst. Auch die versuchte Einflussnahme auf die Durchführung und Abwicklung des Vergabeverfahrens reicht aus.[176] Erfüllt die versuchte Beeinflussung die Straftatbestände nach §§ 333, 334 StGB, ist der Ausschluss nach § 123 Abs. 1 Nr. 8 GWB zwingend, wenn es bereits zu einer rechtskräftigen Verurteilung gekommen ist. Anderenfalls kann in diesen Fällen der fakultative Ausschlussgrund nach § 124 Abs. 1 Nr. 9 lit. a GWB einschlägig sein. Unter Berücksichtigung des Verhältnismäßigkeitsgrundsatzes und der weiteren fakultativen Ausschlusstatbestände nach § 124 Abs. 1 GWB wird man insges. verlangen müssen, dass die Art und Weise des Versuchs der Beeinflussung der Entscheidungsfindung des öffentlichen Auftraggebers dem Schweregrad nach einer schweren Verfehlung iSv § 124 Abs. 1 Nr. 3 GWB entspricht.

Aus dem Wortlaut ergibt sich zudem, dass es sich um eine **Beeinflussung** 49 **der Entscheidungsfindung des ausschreibenden öffentlichen Auftraggebers** handeln muss. Die versuchte Beeinflussung in Vergabeverfahren anderer öffentlicher Auftraggeber wird nicht erfasst.

b) Unzulässige Vorteilsverschaffung. Der Tatbestand in lit. b erfasst insbes. 50 den Versuch, vertrauliche Informationen aus den Angeboten anderer Bieter zu erhalten, die dem Unternehmen – insbes. bei Verhandlungsverfahren – Vorteile verschaffen können. Erfasst werden auch Informationen über das zu erwartende Teilnehmerfeld, etwa Auskünfte über die Unternehmen, die sich iRd Bewerbungsphase registriert haben. Was in einem Vergabeverfahren der Vertraulichkeit unterliegt und somit **Gegenstand einer unzulässigen Vorteilsverschaffung** iSv § 124 Abs. 1 Nr. 9 lit. b GWB sein kann, ist in **§ 5 VgV** näher definiert. Darunter fallen letztlich alle Inhalte aus Angeboten oder Teilnahmeanträgen anderer Unternehmen sowie die gesamte Kommunikation während des Vergabeverfahrens mit anderen Unternehmen. Der Versuch der unzulässigen Informationsbeschaffung muss vom Auftraggeber nachgewiesen werden können, wenn er von dem Ausschlussgrund Gebrauch machen will.[177] In diesem Fall kann der Ausschluss auch dann erfolgen, wenn der Versuch erfolglos geblieben ist.[178]

Als Tatbestandsvoraussetzung zu prüfen ist immer auch, ob durch die vertrauli- 51 chen Informationen ein Vorteil erlangt werden konnte bzw. hätte erlangt werden können. Sind die vertraulichen Informationen nicht mit einem Vorteil des betreffenden Unternehmens verbunden, kommt allenfalls noch ein Ausschluss nach § 124 Abs. 1 Nr. 3 GWB (schwere Verfehlung) in Betracht.

c) Irreführende Informationen. Lit. c erfasst den Versuch oder die Vollendung 52 der Übermittlung irreführender Informationen zum Zwecke der Beeinflussung der

---

[176] Ebenso Müller-Wrede GWB/Conrad § 124 Rn. 181.
[177] RKPP/Hausmann/von Hoff § 124 Rn. 92.
[178] Müller-Wrede GWB/Conrad § 124 Rn. 185.

Vergabeentscheidung des öffentlichen Auftraggebers. Nach dem Wortlaut muss sich die irreführende Information auf die Vergabeentscheidung auswirken können, so dass Vortrag im nachgelagerten Nachprüfungsverfahren nicht relevant ist.[179] Darunter fallen zB **falsche oder irreführende Angaben zu Ausschlussgründen** anderer Bieter oder Bewerber oder zu deren Eignung. Ein Ausschluss ist in diesem Fall aber nicht zulässig, wenn das Unternehmen die Hinweise für berechtigt erachten durfte und somit weder fahrlässig noch vorsätzlich gehandelt hat. Voraussetzung ist weiter, dass sich die Informationen auf berechtigte Anforderungen des Auftraggebers beziehen.[180] Weitere Tatbestandsvoraussetzung ist, dass die mögliche Beeinflussung erheblich ist. Dies ist immer dann der Fall, wenn sie geeignet ist, den öffentlichen Auftraggeber zu einer anderen – falschen – Vergabeentscheidung zu verleiten.

53 Unter Berücksichtigung von Art. 57 Abs. 4 lit. i der RL 2014/24/EU sind von der Vergabeentscheidung iSd Vorschrift alle Entscheidungen über Ausschluss, Auswahl oder Zuschlagserteilung erfasst. Vergabeentscheidung idS kann auch eine Aufhebungsentscheidung sein.[181]

III. Spezialgesetzliche fakultative Ausschlussgründe (Abs. 2)

54 Die in Abs. 2 genannten spezialgesetzlichen Vorschriften enthalten besondere Regelungen zum Ausschluss von Unternehmen von Vergabeverfahren. Die Vorschrift stellt klar, dass diese spezialgesetzlichen Vorgaben von den allg. vergaberechtlichen Regelungen unberührt bleiben.[182] Es handelt sich vorwiegend um Spezialregelungen im Bereich des Arbeitsrechts, die als solche § 124 Abs. 1 Nr. 1 GWB vorgehen. Zur Eintragung dieser Sanktionsentscheidungen in das Wettbewerbsregister → WRegG § 2 Rn. 7.

55 Genannt ist zunächst **§ 21 AEntG**. Nach dieser Vorschrift sollen öffentliche Auftraggeber nach §§ 99, 100 GWB Unternehmen für eine angemessene Zeit von Vergabeverfahren ausschließen, wenn diese wegen eines Verstoßes gegen Bußgeldvorschriften nach § 23 AEntG mit einer Geldbuße von wenigstens 2.500 Euro belegt worden sind oder die Erfüllung eines entspr. Bußgeldtatbestandes unzweifelhaft gegeben ist. Hinsichtlich des Zeitrahmens des Ausschlusses solcher Unternehmen ist die max. Obergrenze nach § 126 Nr. 2 GWB zu berücksichtigen. Da es sich um eine „Soll-Vorschrift" handelt, müssen besondere Gründe angeführt werden können, wenn in einem solchen Fall von einem Ausschluss abgesehen wird.[183]

56 Als zweite spezialgesetzliche Vorschrift wird **§ 98c AufenthG** genannt. Diese begründet einen fakultativen Ausschlussgrund für öffentliche Auftraggeber nach § 99 GWB, wenn das Unternehmen nach § 104 Abs. 2 Nr. 3 SGB III mit einer Geldbuße von wenigstens 2.500 Euro rechtskräftig belegt worden ist oder nach §§ 10, 10a SchwarzArbG oder § 11 SchwarzArbG zu einer Freiheitsstrafe von mehr als drei Monaten oder einer Geldstrafe von mehr als 90 Tagessätzen rechtskräftig verurteilt worden ist. Der persönliche Anwendungsbereich ist auf öffentliche Auftraggeber nach § 99 GWB beschränkt. Sektorenauftraggeber und Konzessionsgeber haben in entspr. Fällen nach § 124 Abs. 1 Nr. 3 GWB über einen Ausschluss zu befinden. § 98c Abs. 1 S. 2 AufenthG sieht die Möglichkeit eines solchen Ausschlusses für die Dauer von fünf Jahren ab Rechtskraft der Geldbuße bzw. Freiheitsstrafe vor. Dies kollidiert jedoch mit der zeitlichen Begrenzung nach Art. 57 Abs. 7 der RL 2014/

---

[179] OLG Karlsruhe 30.10.2018 – 15 Verg 6/18, BeckRS 2018, 27498 = VergabeR 2019, 190 (198).
[180] KG 27.5.2019 – Verg 4/19, BeckRS 2019, 10963 = VergabeR 2019, 713 (715).
[181] Müller-Wrede GWB/Conrad § 124 Rn. 193.
[182] BT-Drs. 18/6281, 104.
[183] Müller-Wrede GWB/Conrad § 124 Rn. 217.

24/EU, die in § 126 Nr. 2 GWB auch für Fälle nach § 124 Abs. 2 GWB und damit überschießend umgesetzt wurde.

Ferner wird in § 124 Abs. 2 GWB die spezialgesetzliche Regelung nach **§ 19 MiLoG** genannt. Auch hierbei handelt es sich um eine Soll-Vorschrift, die öffentlichen Auftraggebern nach §§ 99, 100 GWB den Ausschluss von Unternehmen abverlangt, die wegen Verstoßes gegen die Vorgaben des Mindestlohngesetzes nach § 21 MiLoG mit einer Geldbuße von wenigstens 2.500 Euro belegt worden sind. Eine spezialgesetzliche Regelung zur zeitlichen Begrenzung eines solchen Ausschlusses enthält § 19 MiLoG nicht. Insoweit gilt § 126 Nr. 2 GWB. 57

Weiterhin wird der Ausschlusstatbestand des **§ 21 SchwarzArbG** in Bezug genommen. Dieser Ausschlusstatbestand setzt eine Freiheitsstrafe von mehr als drei Monaten oder eine Geldstrafe von mehr als 90 Tagessätzen oder eine Geldbuße von wenigstens 2.500 Euro nach den darin explizit aufgeführten Tatbeständen des SchwarzArbG, des SGB III, des AÜG und § 266a Abs. 1–4 StGB voraus. Ist ein entsprechendes Straf- oder Bußgeldverfahren noch nicht durchgeführt oder abgeschlossen, kann der Ausschluss trotzdem erfolgen, wenn kein vernünftiger Zweifel an einem entspr. Verstoß gegeben ist. Die Ausschlussmöglichkeit nach § 21 SchwarzArbG beschränkt sich ausdr. auf Vergaben von Bauleistungen. Die Möglichkeit des Ausschlusses steht öffentlichen Auftraggebern sowie Sektorenauftraggebern offen.[184] Die zeitliche Begrenzung eines entspr. Ausschlusses ergibt sich wiederum aus § 126 Nr. 2 GWB. 58

Neu hinzugekommen ist in Abs. 2 der Verweis auf § 22 des Lieferkettensorgfaltspflichtengesetzes vom 16. Juli 2021 (**LkSG**), das am 1.1.2023 in Kraft getreten ist.[185] Ziel des LkSG ist es, menschenrechtliche und umweltbezogene Standards entlang der gesamten Lieferkette zu gewährleisten. Vom LkSG erfasste Unternehmen werden zur Beachtung bestimmter Sorgfaltspflichten in der gesamten Lieferkette verpflichtet. Diese Sorgfaltspflichten beziehen sich auf den eigenen Geschäftsbereich und unmittelbare Zulieferer und – abgestuft – auch auf mittelbare Zulieferer. Soweit öffentliche Auftraggeber zugleich von LkSG erfasste Unternehmen sind, müssen sie diese Sorgfaltspflichten auch bei der Ausgestaltung der Vergabeunterlagen berücksichtigen. 59

Das LkSG enthält schließlich einen zusätzlichen, von öffentlichen Auftraggebern zu prüfenden **Ausschlussgrund**, der unmittelbar in § 124 Abs. 2 GWB verankert ist. **§ 22 Abs. 1 LkSG** sieht vor, dass Unternehmen, die wegen eines rechtskräftig festgestellten Verstoßes nach § 24 Abs. 1 LkSG mit einer Geldbuße in Höhe von wenigstens 175.000 Euro belegt worden sind, bis zur nachgewiesenen Selbstreinigung nach § 125 GWB von der Teilnahme an einem Verfahren über die Vergabe eines Liefer-, Bau- oder Dienstleistungsauftrags der in §§ 99 und 100 GWB genannten Auftraggeber ausgeschlossen werden sollen. Für bestimmte rechtskräftig festgestellte Verstöße gelten erhöhte Bußgeldschwellen (vgl. § 22 Abs. 2 S. 2 LkSG). Der Ausschluss darf nur innerhalb eines angemessenen Zeitraums von bis zu drei Jahren erfolgen (§ 22 Abs. 1 S. 3 LkSG). Vor der Entscheidung über den Ausschluss ist das Unternehmen anzuhören (§ 22 Abs. 3 LkSG). Zur Bedeutung und zum Inhalt des LkSG ausf. → § 97 Rn. 69a ff. Zur Eintragung von Verstößen gegen das LkSG in das Wettbewerbsregister s. → WRegG § 2 Rn. 8. 60

§ 125 Selbstreinigung

(1) ¹**Öffentliche Auftraggeber schließen ein Unternehmen, bei dem ein Ausschlussgrund nach § 123 oder § 124 vorliegt, nicht von der Teilnahme an dem Vergabeverfahren aus, wenn das Unternehmen dem öffentlichen**

---

[184] Müller-Wrede GWB/Conrad § 124 Rn. 232 unter Verweis auf das Versäumnis des Gesetzgebers einer entspr. Folgeänderung des VergRModG 2016.
[185] Eing. Goldbrunner/Stolz VergabeR 2023, 1.

GWB § 125

Auftraggeber oder nach § 8 des Wettbewerbsregistergesetzes dem Bundeskartellamt nachgewiesen hat, dass es
1. für jeden durch eine Straftat oder ein Fehlverhalten verursachten Schaden einen Ausgleich gezahlt oder sich zur Zahlung eines Ausgleichs verpflichtet hat,
2. die Tatsachen und Umstände, die mit der Straftat oder dem Fehlverhalten und dem dadurch verursachten Schaden in Zusammenhang stehen, durch eine aktive Zusammenarbeit mit den Ermittlungsbehörden und dem öffentlichen Auftraggeber umfassend geklärt hat und
3. konkrete technische, organisatorische und personelle Maßnahmen ergriffen hat, die geeignet sind, weitere Straftaten oder weiteres Fehlverhalten zu vermeiden.

²§ 123 Absatz 4 Satz 2 bleibt unberührt.

(2) ¹Bei der Bewertung der von dem Unternehmen ergriffenen Selbstreinigungsmaßnahmen sind die Schwere und die besonderen Umstände der Straftat oder des Fehlverhaltens zu berücksichtigen. ²Die Entscheidung, dass die Selbstreinigungsmaßnahmen des Unternehmens als unzureichend bewertet werden, ist gegenüber dem Unternehmen zu begründen.

Literatur: Baumann/Gerhard, Konkretisierung der Anforderungen an die vergaberechtliche Selbstreinigung – Pflicht zur aktiven Kooperation mit dem öffentlichen Auftraggeber, NZBau 2019, 565; Brüggemann/Vogel, Wettbewerbsregister und Selbstreinigung im Spannungsfeld zwischen Arbeits- und Vergaberecht, NZBau 2018, 263; Dabringhausen/Fedder, Die Pflicht zur Herausgabe der Beute fördert die Rechtstreue, VergabeR 2013, 30; Dreher/Engel, Vergaberechtliche Selbstreinigung und kartellrechtliche Schadensersatzklagen Teil 1 und 2, WuW 2020, 363, 457; Dreher/Hoffmann, Sachverhaltsaufklärung und Schadensersatzklagen bei der vergaberechtlichen Selbstreinigung, NZBau 2012, 265; dies., Erfolgreiche Selbstreinigung zur Wiedererlangung der kartellvergaberechtlichen Zuverlässigkeit und die vergaberechtliche Compliance, NZBau 2014, 67 (Teil 1) und 150 (Teil 2); Eufinger, Personelle Selbstreinigung nach Compliance-Verstößen, DB 2016, 471; Gabriel/Ziekow, Die Selbstreinigung von Unternehmen nach dem neuen Vergaberecht, VergabeR 2017, 119; Herrlinger/Ahlenstiel, Durch Selbstreinigung aus dem Wettbewerbsregister, WuW 2022, 396; Hölzl/Ritzenhoff, Compliance leicht gemacht! Zu den Voraussetzungen des Verlusts, den Konsequenzen daraus und der Wiedererlangung der Zuverlässigkeit im Vergaberecht, NZBau 2012, 28; Horn/Götz, Ausschluss vom Vergabeverfahren aufgrund von Kartellrechtsverstößen und die vergaberechtliche Selbstreinigung, EuZW 2018, 13; Jürschik/Palatzke, Vergaberechtliche Selbstreinigung nach Kartellverstoß – alle Fragen geklärt oder weiterhin alles offen?, NZKart 2019, 83; Meißner, Wann ist der Bieter geeignet?, VergabeR 2017, 270; Mutschler-Siebert/Baumann, Zulässigkeit und Anfechtbarkeit einer Vergabesperre, NZBau 2016, 678; Mutschler-Siebert/Dorschfeldt, Vergaberechtliche Selbstreinigung und kartellrechtliche Compliance – zwei Seiten einer Medaille, BB 2015, 642; Opitz, Wenn Schlieren bleiben: Die Gründlichkeit einer Selbstreinigung, NZBau 2018, 662; Otting, Eignungs- und Zuschlagskriterien im neuen Vergaberecht, VergabeR 2016, 316; Pfannkuch, Anforderungen an die Selbstreinigung nach der Rechtsprechung des EuGH, VergabeR 2019, 139; Rieder/Dammann de Chapto, Das neue Wettbewerbsregister beim Bundeskartellamt, Ein Anlass für (noch) mehr Compliance im Unternehmen, NZKart 2018, 8; Roth, Selbstreinigung und Wiedergutmachung im Vergaberecht, NZBau 2016, 672; Ulshöfer, Kartell- und Submissionsabsprachen von Bietern – Selbstreinigung und Schadenswiedergutmachung, VergabeR 2016, 327. Vgl. iÜ die Angaben bei Einl. WRegG.

I. Bedeutung der Vorschrift

1 § 125 GWB setzt Art. 57 Abs. 6 der RL 2014/24/EU[1] zur sog. **Selbstreinigung** um. In Deutschland gab es zuvor keine entspr. gesetzliche Regelung, wenn auch

---

[1] S. auch Art. 38 Abs. 9 der RL 2014/23/EU und Art. 80 Abs. 1 der RL 2014/25/EU.

die Möglichkeit der Selbstreinigung in Rspr. und Lit. grds. anerkannt wurde,[2] da diese nicht zuletzt verfassungs- und primärrechtlich geboten ist.[3] Unter Selbstreinigung sind Maßnahmen zu verstehen, die ein Unternehmen ergreift, um seine Integrität wiederherzustellen und eine Begehung von Straftaten oder schweres Fehlverhalten in der Zukunft zu verhindern (dazu auch → WRegG § 8 Rn. 3).[4] Liegt ein zwingender (§ 123 GWB) oder fakultativer (§ 124 GWB) Ausschlussgrund vor und ist der Zeitraum, in dem dieser zu beachten ist (§ 126 GWB), noch nicht abgelaufen, ist ein Unternehmen dennoch nicht vom Vergabeverfahren auszuschließen, wenn es nachgewiesen hat, dass es ausreichende Selbstreinigungsmaßnahmen iSv § 125 GWB durchgeführt hat.[5] Diese Möglichkeit muss dem betroffenen Bieter offen stehen.[6] § 125 GWB regelt – mit Ausnahme des Sondertatbestands nach § 123 Abs. 4 S. 2 GWB – abschl. die **Voraussetzungen für die Durchführung einer erfolgreichen unternehmensinternen Selbstreinigung.**[7]

Gegenüber dem öffentlichen Auftraggeber begründet § 125 GWB für das betroffene Unternehmen ein **Prüfungsrecht** hinsichtlich der von ihm dargelegten Selbstreinigungsmaßnahmen.[8] Nach § 125 GWB steht dem Unternehmen ggü. einem öffentlichen Auftraggeber aber kein abstraktes, von der Durchführung eines konkreten Vergabeverfahrens unabhängiges Prüfungsrecht zu. Öffentliche Auftraggeber müssen Selbstreinigungsmaßnahmen nur im Hinblick auf die Prüfung von Ausschlussgründen in einem konkreten Vergabeverfahren berücksichtigen.[9] Ist ein Unternehmen in das **Wettbewerbsregister** eingetragen worden, so kann es bei der Registerbehörde – unabhängig von einem konkreten Vergabeverfahren – beantragen, dass die Eintragung wegen Selbstreinigung vor Ablauf der Löschungsfrist aus dem Wettbewerbsregister gelöscht wird (§ 8 Abs. 1 WRegG, dazu ausf. → WRegG § 8 Rn. 4 ff.). Der Antrag ist zulässig, wenn das Unternehmen ein berechtigtes Interesse an der vorzeitigen Löschung glaubhaft macht. Die Eintragung ist zu löschen, wenn das Unternehmen ggü. der Registerbehörde die Selbstreinigung entspr. § 125 GWB nachgewiesen hat. Die Löschung – nicht aber die Ablehnung der Löschung – hat Bindungswirkung für die öffentlichen Auftraggeber (§ 7 Abs. 2 S. 1 WRegG, s. dazu → WRegG § 7 Rn. 5 f.). Eine solche Verteilung der Prüfzuständigkeiten liegt – wie der EuGH festgestellt hat – im Ermessen des jew. Mitgliedstaats.[10]

II. Anwendungsbereich

§ 125 GWB gilt für die Vergabe öffentlicher Aufträge durch öffentliche Auftraggeber und Sektorenauftraggeber (§ 142 GWB), bei der Vergabe von verteidigungs- und sicherheitsrelevanten Aufträgen (§ 147 GWB) und für Konzessionsvergaben (§ 154 Nr. 2 GWB).

---

[2] Gesetzesbegr., BT-Drs. 18/6281, 107 unter Verweis auf OLG Düsseldorf 9.4.2003 – Verg 43/02, NZBau 2003, 578; OLG Frankfurt a. M. 20.7.2004 – 11 Verg 6/04, ZfBR 2004, 822; s. weitere Nachw. bei Gabriel/Ziekow VergabeR 2017, 119 (121).
[3] S. RKPP/Stein § 125 Rn. 6 f.
[4] Gesetzesbegr., BT-Drs. 18/6281, 107.
[5] EuGH 24.10.2018 – C-124/17, BeckRS 2018, 26014 = VergabeR 2019, 155 Rn. 40; 11.6.2020 – C-472/19, BeckRS 2020, 11955 = VergabeR 2020, 902.
[6] EuGH 11.6.2020 – C-472/19, BeckRS 2020, 11955 = VergabeR 2020, 902.
[7] Gabriel/Ziekow VergabeR 2017, 119.
[8] Gesetzesbegr., BT-Drs. 18/6281, 107 unter Verweis auf Erwgr. 102 der RL 2014/24/EU.
[9] Gesetzesbegr., BT-Drs. 18/6281, 107.
[10] EuGH 24.10.2018 – C-124/17, BeckRS 2018, 26014 = VergabeR 2019, 155 Rn. 22; Pfannkuch VergabeR 2019, 139 (142).

III. Wirkung und Voraussetzungen (Abs. 1)

4 Da die Ausschlussgründe nach den §§ 123, 124 GWB im Zuge der Vergaberechtsreform das Eignungsmerkmal der Zuverlässigkeit ersetzt haben, betrifft die Selbstreinigung nicht mehr die Wiederherstellung der Zuverlässigkeit, sondern konkret das **Ausräumen von Ausschlussgründen.**[11] Liegen die Voraussetzungen nach § 125 GWB nachweislich vor, ergibt sich ein **Rechtsanspruch** des Unternehmens, trotz des Vorliegens eines Ausschlussgrundes nicht von einem Vergabeverfahren ausgeschlossen zu werden. Dem öffentlichen Auftraggeber steht diesbzgl. kein Ermessen zu (s. aber zum Beurteilungsspielraum bei der Bewertung der Selbstreinigungsmaßnahmen → Rn. 17). Der Ausschluss wäre in einem solchen Fall nicht verhältnismäßig.[12] Jedoch müssen die unter den Nr. 1–3 geregelten Voraussetzungen kumulativ vorliegen.[13]

1. Schadensausgleich

5 Erste Voraussetzung einer hinreichenden Selbstreinigung ist, dass das Unternehmen für jeden durch eine Straftat oder ein Fehlverhalten verursachten Schaden einen Ausgleich gezahlt oder sich zur Zahlung eines Ausgleichs verpflichtet hat. Die Verpflichtung, den Schaden zu ersetzen, der durch die dem Unternehmen zuzurechnende Straftat oder das Fehlverhalten entstanden ist, war umstritten,[14] wurde aber durch Art. 57 Abs. 6 der RL 2014/24/EU verbindlich vorgeschrieben. Diese Voraussetzung greift nur, wenn der betroffene Ausschlussgrund einen **ausgleichungsfähigen materiellen Schaden verursacht** hat.[15] Dabei ist zu berücksichtigen, dass einige der in § 123 GWB genannten Straftatbestände andere Rechtsgüter als das Vermögen schützen und somit nicht jede hiervon erfasste Verurteilung zu einem ausgleichsfähigen Schaden führen muss.[16] Das Gleiche gilt für Ausschlussgründe nach § 124 GWB. Hier kann das Fehlen eines Schadens auch schon dem Ausschluss selbst entgegenstehen. Die Frage, welcher Schaden durch die Straftat verursacht worden ist, ist vor dem Hintergrund der durch die Strafnorm geschützten Rechtsgüter zu beantworten. Nur soweit der Straftatbestand zumindest auch vor diesem Schaden schützen soll, ist der Schaden durch die Straftat verursacht.[17] Wenn aber ein durch die Norm geschützter Schaden entstanden ist, muss ein Ausgleich des verursachten Schadens – dh voller Schadensersatz iSd §§ 249 ff. BGB – geleistet sein oder zumindest eine Verpflichtung zu einem solchen Ausgleich eingegangen worden sein, was auch noch iRd konkreten Vergabeverfahrens oder Nachprüfungsverfahrens erfolgen kann.[18] Eine lediglich symbolische Zahlung ist zur erfolgreichen Selbstreinigung nicht ausreichend.[19] Denn Zweck der Verpflichtung zur Ausgleichszahlung ist die Anerkennung des eigenen Fehlverhaltens, das Unterbeweisstellen von diesbzgl. Reue und das Leisten von Wiedergutmachung.[20]

---

[11] Roth NZBau 2016, 675; Gabriel/Ziekow VergabeR 2017, 119 (121).

[12] Gesetzesbegr., BT-Drs. 18/6281, 107.

[13] Gabriel/Ziekow VergabeR 2017, 119 (121).

[14] S. ua Burgi NZBau 2014, 598 f.; Dabringhausen/Fedder VergabeR 2013, 20; Ulshöfer VergabeR 2016, 327 (335) mwN.

[15] Dabringhausen/Fedder VergabeR 2013, 30 (34); OLG Düsseldorf 22.6.2022 – Verg 36/21, BeckRS 2022, 19134 mwN.

[16] S. hierzu eing. Gabriel/Ziekow VergabeR 2017, 119 (121 f.).

[17] OLG Düsseldorf 22.6.2022 – Verg 36/21, BeckRS 2022, 19134.

[18] VK Südbayern 7.3.2017 – Z3-3-3194-1-45-11/16, NZBau 2017, 509.

[19] Gesetzesbegr., BT-Drs. 18/6281, 108; Gabriel/Ziekow VergabeR 2017, 119 (122).

[20] Gabriel/Ziekow VergabeR 2017, 119 (121); RKPP/Stein § 125 Rn. 24.

Ist unstreitig, dass ein materieller Schaden entstanden ist, steht jedoch die Höhe 6
des Schadens nicht fest, genügt ein **rechtsverbindliches Anerkenntnis der Schadensausgleichspflicht** dem Grunde nach.[21] Die Frage der Höhe spielt dann unter der zweiten Voraussetzung der Selbstreinigung – aktive Zusammenarbeit bei der Klärung des Sachverhalts – eine Rolle. In vielen Fällen ist jedoch innerhalb der Zeiträume des § 126 GWB das Bestehen von Schadensersatzforderungen nicht nur der Höhe, sondern auch dem Grunde nach ausgesprochen umstritten und Gegenstand intensiv geführter gerichtlicher Auseinandersetzungen. Insbes. bei kartellrechtlich begründeten Schadensersatzprozessen ist oftmals bereits umstritten, ob überhaupt und ggf. ggü. wem ein Schaden entstanden ist.[22] Insoweit stellt die Gesetzesbegr. klar, dass das Recht der Unternehmen, einen streitigen Schadensersatzanspruch gerichtlich klären zu lassen, nicht beeinträchtigt werden sollte, da § 125 Abs. 1 Nr. 1 GWB nicht verlange, dass Schadensersatzforderungen anerkannt oder ausgeglichen werden, die nicht substantiiert oder möglicherweise sogar unbegründet sind. Nach der Gesetzesbegr. soll es deshalb ausreichen, wenn sich das Unternehmen **„generell zum Ersatz eines entstandenen Schadens bereit erkläre"**.[23] Das dürfte aber nur ausreichen, wenn das Unternehmen schlüssig begründet, warum es davon ausgeht, dass ein Schadensersatzanspruch schon dem Grunde nach nicht besteht und im Rahmen seiner Mitwirkungspflicht auf etwaige verschriftlichte Gegenauffassungen vorlegt (dazu auch → WRegG § 8 Rn. 15).

2. Mitwirkung bei der Klärung des Sachverhalts

§ 125 Abs. 1 Nr. 2 GWB verlangt des Weiteren, dass der Bieter **aktiv mit den** 7
Ermittlungsbehörden und dem öffentlichen Auftraggeber zusammengearbeitet hat, um die Ursachen seines Fehlverhaltens und den dadurch etwaig verursachten Schaden zu klären. Dahinter steht der Gedanke, dass der ernsthafte Wille zur Vermeidung einer Wiederholung nur dann unterstellt werden kann, wenn das Unternehmen an der Ermittlung der Vorgänge, die zu seinem Fehlverhalten geführt haben, ein eigenes Interesse gezeigt und deshalb aktiv daran mitgewirkt hat. Zu verlangen ist, dass das Unternehmen **aktiv, ernsthaft und erkennbar um eine umfassende Sachverhaltsaufklärung bemüht** und damit befasste Ermittlungsbehörden aktiv unterstützt hat. Dazu muss das Unternehmen eigenständig Initiative zu einer Sachverhaltsaufklärung ergriffen und sich nicht lediglich darauf beschränkt haben, die Aufklärungsarbeiten nicht zu behindern oder zu dulden.[24] Eine umfassende Sachverhaltsaufklärung setzt zunächst voraus, dass das Unternehmen intern die zur Sachverhaltsaufklärung notwendigen Maßnahmen ergriffen hat.[25] Das allein genügt indes nicht. Zusätzlich sind die gewonnenen Erkenntnisse **aktiv mit den Ermittlungsbehörden zu teilen.**[26] Das betrifft Tatsachen und Umstände, die das Vorliegen eines Ausschlussgrundes begründen bzw. mit der Straftat oder dem Fehlverhalten zusammenhängen, einschl. der Schadensermittlung.[27] Dagegen kann nicht verlangt werden, dass das Unternehmen sämtliche Vorwürfe einräumt. Der rechtsstaatliche Grundsatz, dass kein Beschuldigter verpflichtet ist, sich selbst zu belasten, gilt auch im Zusammenhang mit den als Ausschlussgründen normierten Straftaten oder Bußgeldtatbeständen.[28]

---

[21] Gabriel/Ziekow VergabeR 2017, 119 (122); Otting VergabeR 2016, 320 (323); Burgi VergabeR S. 188.
[22] Ulshöfer VergabeR 2016, 327 (335) mwN.
[23] Gesetzesbegr., BT-Drs. 18/6281, 108; krit. dazu Ulshöfer VergabeR 2016, 327 (336).
[24] Gabriel/Ziekow VergabeR 2017, 119 (123).
[25] Gesetzesbegr., BT-Drs. 18/6281, 109.
[26] Ulshöfer VergabeR 2016, 327 (336).
[27] Gesetzesbegr., BT-Drs. 18/6281, 109.
[28] Otting VergabeR 2016, 316 (323).

8 Neben einer Zusammenarbeit mit den Ermittlungsbehörden soll nach § 125 Abs. 1 Nr. 2 GWB erforderlich sein, dass das Unternehmen zusätzlich **aktiv „mit dem öffentlichen Auftraggeber"** bei der Aufklärung **zusammenarbeitet.**[29] Indes kann der Zusatz „und mit dem öffentlichen Auftraggeber" schon systematisch nicht dahingehend verstanden werden, dass das Unternehmen dem Auftraggeber im Vergabeverfahren die für den Ausschluss notwendige Tatsachenkenntnis verschaffen muss.[30] § 125 GWB regelt den Fall, dass der Auftraggeber von einem Ausschlussgrund nach § 123 GWB oder § 124 GWB ausgeht, was eine entsprechende Tatsachenkenntnis (Verurteilung, schwerwiegendes Fehlverhalten etc) voraussetzt. IRd § 125 GWB geht es um die Frage, ob von dem feststehenden Ausschlussgrund ausnahmsweise abgesehen werden kann, weil das Unternehmen bei der Aufklärung des festgestellten Fehlverhaltens von vornherein aktiv mitgewirkt und damit sein ernsthaftes Interesse an der Vermeidung einer Wiederholung belegt hat (s. auch → WRegG § 8 Rn. 16). Hierauf bezieht und beschränkt sich die Nachweispflicht des Unternehmens ggü. dem Auftraggeber im konkreten Vergabeverfahren.

9 Es wurde jedoch generell bezweifelt, ob das Erfordernis der Zusammenarbeit auch mit dem öffentlichen Auftraggeber mit den europarechtlichen Vorgaben in Einklang steht, da diese Voraussetzung in Art. 57 Abs. 6 UAbs. 2 der RL 2014/24/EU nicht enthalten ist.[31] Diese Frage ist durch den EuGH in der Rs. „Vossloh Laeiss" geklärt worden.[32] Dabei verweist der EuGH auf die unterschiedlichen Funktionen der öffentlichen Auftraggeber einerseits und der Ermittlungsbehörden andererseits. Letztere seien zur „unparteiischen" Feststellung des Sachverhalts und zur Verfolgung des Fehlverhaltens berufen. Den öffentlichen Auftraggebern obliege es dagegen, die Risiken einzuschätzen, die mit der Vergabe eines Auftrags an einen Bieter mit zweifelhafter Integrität oder Zuverlässigkeit verbunden sein können. Aus dieser Differenzierung zieht der EuGH den Schluss, dass sich die Zusammenarbeit mit dem öffentlichen Auftraggeber **auf die für die Prüfung der Zuverlässigkeit „unbedingt erforderlichen" Maßnahmen** beschränken müsse. Dies umfasse jedoch die Berechtigung des öffentlichen Auftraggebers, von dem Unternehmen die **Vorlage der Entscheidung der zuständigen Wettbewerbsbehörde** zu verlangen. Insoweit sei irrelevant, ob dem öffentlichen Auftraggeber durch die Vorlage der Entscheidung die Durchsetzung eines Schadensersatzanspruchs gegen das Unternehmen erleichtert werden könne. Mehr als die Vorlage der Entscheidung könne der öffentliche Auftraggeber für den Nachweis der Kooperation aber grds. nicht verlangen.[33]

10 Zu berücksichtigen ist, dass keineswegs alle Ausschlussgründe nach §§ 123, 124 GWB auf Umständen beruhen, die Gegenstand „ermittlungsbehördlicher" Untersuchungen sein können. Was an Zusammenarbeit mit dem öffentlichen Auftraggeber zu verlangen ist, dürfte deshalb **in anderen Fällen vom jew. Ausschlussgrund und der Betroffenheit des öffentlichen Auftraggebers aus zu beantworten** sein. § 125 GWB bezieht sich – wie auch Art. 57 Abs. 6 UAbs. 2 der RL 2014/24/EU – ausdr. auf alle in der RL geregelten und in §§ 123, 124 GWB umgesetzten Ausschlussgründe. Danach kann der öffentliche Auftraggeber oder ein anderer öffentlicher Auftraggeber erfasst sein, wenn dieser selbst von dem Fehlverhalten betroffen und im Vorfeld des Vergabeverfahrens mit dessen Ermittlung befasst

---

[29] S. hierzu die Gesetzesbegr., BT-Drs. 18/6281, 109.
[30] IdS aber wohl RKPP/Stein § 125 Rn. 31, 35.
[31] Ulshöfer VergabeR 2016, 327 (336); VK Südbayern 7.3.2017 – Z3-3-3194-1-45-11/16, NZBau 2017, 509.
[32] EuGH 24.10.2018 – C-124/17, BeckRS 2018, 26014 = VergabeR 2019, 155 Rn. 25 ff.; dazu eing. Pfannkuch VergabeR 2019, 139 f.
[33] EuGH 24.10.2018 – C-124/17, BeckRS 2018, 26014 = VergabeR 2019, 155 Rn. 30 ff.; dazu eing. Pfannkuch VergabeR 2019, 142 f.

Selbstreinigung § 125 GWB

war.[34] Das kann Fälle betreffen, in denen sich der öffentliche Auftraggeber – ggf. neben den zuständigen Ermittlungsbehörden – aufgrund eigener Betroffenheit um eine Klärung des Sachverhalts bemüht hat. Dies gilt ferner für Fälle, in denen das Fehlverhalten ausschl. Gegenstand von Ermittlungen des oder eines anderen öffentlichen Auftraggebers war, etwa im Fall der mangelhaften Erfüllung eines früheren öffentlichen Auftrags iSv § 124 Abs. 1 Nr. 7 GWB. Wenn ein Bieter in einem solchen Fall nicht aktiv an der Aufklärung und Feststellung der vertraglichen Mängel mitgewirkt hat, sondern bspw. versucht hat, den zugrunde liegenden Sachverhalt zu verschleiern oder abzustreiten, scheidet eine Selbstreinigung nach § 125 aus.[35] In diesem Fall hilft es auch nicht mehr, wenn das betreffende Unternehmen den Sachverhalt im Vergabeverfahren offenlegt und unstreitig stellt. Etwas anderes gilt, wenn das Unternehmen bei der Sachverhaltsaufklärung aktiv mitgewirkt hat, diesen aber rechtlich anders bewertet wissen wollte. Die Erhebung rechtlicher Einwände steht einer Selbstreinigung nach § 125 GWB generell nicht entgegen.

3. Maßnahmen zur Vermeidung weiteren Fehlverhaltens

Als dritte Voraussetzung für eine ausreichende Selbstreinigung führt § 125 Abs. 1 Nr. 3 GWB in Übereinstimmung mit Art. 57 Abs. 6 UAbs. 2 der RL 2014/24/EU an, dass das Unternehmen **konkrete technische, organisatorische und personelle Maßnahmen** ergriffen haben muss, die geeignet sind, weitere Straftaten oder Fehlverhalten zu vermeiden. Erwgr. 102 der RL 2014/24/EU enthält zu den infrage kommenden Maßnahmen folgende Hinweise: 11

„*Bei diesen Maßnahmen kann es sich insbesondere um Personal- und Organisationsmaßnahmen handeln, wie den Abbruch aller Verbindungen zu an dem Fehlverhalten beteiligten Personen oder Organisationen, geeignete Personalreorganisationsmaßnahmen, die Einführung von Berichts- und Kontrollsystemen, die Schaffung einer internen Audit-Struktur zur Überwachung der Compliance oder die Einführung interner Haftungs- und Entschädigungsregelungen.*"[36]

Das betreffende Unternehmen muss iE darlegen, **wann es welche Maßnahmen zu Vermeidung weiteren Fehlverhaltens getroffen** hat. Die Absichtserklärung, solche Maßnahmen treffen zu wollen, genügt nicht. Es muss nachgewiesen werden, dass entspr. Maßnahmen bereits vollzogen wurden. Ob diese Maßnahmen zur Vermeidung erneuten Fehlverhaltens geeignet sind, hat der Auftraggeber bzw. die nach § 8 WRegG zuständige Registerbehörde zu beurteilen (§ 125 Abs. 2 GWB). Welche Anforderungen an die ergriffenen Maßnahmen zu stellen sind, hängt von den Umständen des Einzelfalls, insbes. von der Art und Häufigkeit des Fehlverhaltens und der Funktion der handelnden Personen ab. Die ergriffenen technischen, organisatorischen und personellen Maßnahmen müssen geeignet sein, das Ziel der Vermeidung entspr. Straftaten oder Fehlverhalten zu erreichen. Im Vordergrund stehen dabei stets **personelle Maßnahmen,** die von der Versetzung bis zur Entlassung der handelnden Personen gehen können.[37] Ist die handelnde Person zugleich Gesellschafter oder Anteilseigner des Unternehmens, wird man verlangen müssen, dass 12

---

[34] So auch Müller-Wrede GWB/Radu § 125 Rn. 36.
[35] EuGH 20.12.2017 – C-178/16, BeckRS 2017, 136173 = VergabeR 2018, 272; Hausmann/Meyer VergabeR 2018, 280; zum Zielkonflikt mit der zivilprozessualen Darlegungs- und Beweislast Ulshöfer VergabeR 2016, 327 (338), Gabriel/Ziekow VergabeR 2017, 119 (124) und Müller-Wrede GWB/Radu § 125 Rn. 35.
[36] S. auch Dreher/Hoffmann NZBau 2014, 67 ff.
[37] S. zum Absehen solcher Maßnahmen zum Zwecke der Sachverhaltsaufklärung Gabriel/Ziekow VergabeR 2017, 119 (130); RKPP/Stein § 125 Rn. 52.

dieser die Einflussnahme auf den operativen Betrieb einschl. interner Beteiligungs- und Weisungsrechte entzogen worden ist.[38]

13 Das Unternehmen muss außerdem **strukturelle und organisatorische Maßnahmen** ergreifen, die geeignet sind, weitere Straftaten oder Fehlverhalten wirksam zu verhindern. Dazu gehört idR die Einführung eines sog. Compliance Management Systems.[39] **Compliance** ist als unternehmerische Selbstverpflichtung zugunsten einer umfassenden Rechts- und Regelkonformität bei allen Handlungen der Unternehmensführung und der Beschäftigten zu verstehen.[40] Bestandteile eines Compliance Systems können etwa ein Verhaltenskodex, regelmäßige Compliance-Schulungen, die Bestellung eines Ombudsmanns sowie die Einführung eines Vier-Augen-Prinzips in kritischen Unternehmensbereichen sein (→ WRegG § 8 Rn. 17).[41] Hat im Zeitpunkt des Fehlverhaltens bereits ein Compliance-System bestanden, wird man zumindest eine eingehende Analyse der Gründe für dessen Versagen und die Implementierung entspr. Korrekturen verlangen müssen.[42]

IV. Nachweis und maßgeblicher Zeitpunkt

14 § 125 GWB regelt nicht, zu welchem Zeitpunkt die Voraussetzungen des § 125 Abs. 1 GWB vorliegen bzw. nachgewiesen sein müssen.[43] Berücksichtigt man, dass die Bieter **mit ihrem Angebot oder Teilnahmeantrag** Eigenerklärungen zu etwaigen Ausschlussgründen abgeben müssen, wird man für den Fall, dass ein solcher Ausschlussgrund offen gelegt wird, verlangen müssen, dass die Voraussetzungen der Selbstreinigung zu diesem Zeitpunkt bereits vollständig erfüllt sind bzw. eine Löschung nach § 8 WRegG vollzogen war.[44] Später eintretende Umstände können hingegen nicht mehr berücksichtigt werden. Würde man dies zulassen, hätte es der Bieter in der Hand, über entspr. Rügen und Nachprüfungsverfahren das Vergabeverfahren so weit zu verzögern, bis er die Voraussetzungen der Selbstreinigung erfüllt hat.[45]

15 Eine andere Frage ist die Frage des **Zeitpunkts der Nachweisführung**. Sind mit dem Angebot oder dem Teilnahmeantrag nur Eigenerklärungen zu etwaigen Ausschlussgründen verlangt, dürfte dies im ersten Schritt auch für die Darlegung etwaiger Selbstreinigungsmaßnahmen gelten. Deren Nachweis ist dann erst auf gesonderte Anforderung des Auftraggebers zu führen.[46] Etwas anders gilt, wenn entspr. Nachweise ausdr. bereits mit der Abgabe des Angebots oder des Teilnahmeantrags gefordert wurden,[47] wobei im Falle des Fehlens entspr. Nachweise regelmäßig die Vorschriften zur Nachforderung fehlender Erklärungen zu beachten sind. Es obliegt dem Unternehmen, den Nachweis, welche Selbstreinigungsmaßnahmen es vorgenommen hat und dass die vorgenommenen Maßnahmen zur Wiederherstellung seiner Integrität ausreichend sind, zum maßgeblichen Zeitpunkt so zu erbringen, dass der öffentliche Auftraggeber die durchgeführten Selbstreinigungsmaßnahmen gem. § 125 Abs. 2 GWB unter Berücksichtigung der Schwere und besonderen Umstände der Straftat oder des Fehlverhaltens bewerten kann.[48] Dieser wiederum

---

[38] Gabriel/Ziekow VergabeR 2017, 119 (126) mwN.
[39] Gesetzesbegr., BT-Drs. 18/6281, 109.
[40] Gabriel/Ziekow VergabeR 2017, 119 (125).
[41] Gabriel/Ziekow VergabeR 2017, 119 (127).
[42] Ulshöfer VergabeR 2016, 327 (338), Gabriel/Ziekow VergabeR 2017, 119 (127).
[43] Gabriel/Ziekow VergabeR 2017, 119 (128).
[44] AA Müller-Wrede GWB/Radu § 125 Rn. 26.
[45] Dreher/Hoffmann NZBau 2014, 70.
[46] EuGH 14.1.2021 – C-387/19, BeckRS 2021, 82 = VergabeR 2021, 453 (460).
[47] EuGH 14.1.2021 – C-387/19, BeckRS 2021, 82 = VergabeR 2021, 453 (460).
[48] Gesetzesbegr., BT-Drs. 18/6281, 110.

darf sich nicht mit bloßen Eigenerklärungen begnügen. Er muss entspr. Nachweise fordern und diese eingehend würdigen.[49] Dazu kann und muss er ggf. auch die Vorlage der Entscheidung der zuständigen Wettbewerbsbehörde verlangen.[50]

V. Bewertung der Selbstreinigungsmaßnahmen (Abs. 2)

Gem. § 125 Abs. 2 GWB sind bei der Bewertung der von dem Unternehmen ergriffenen Selbstreinigungsmaßnahmen die **Schwere und die besonderen Umstände der Straftat oder des Fehlverhaltens** zu berücksichtigen. Führt dies zu der Entscheidung, dass die Selbstreinigungsmaßnahmen des Unternehmens als unzureichend bewertet werden, ist dies ggü. dem Unternehmen zu begründen. Die Vorschrift setzt Art. 57 Abs. 6 UAbs. 3 der RL 2014/24/EU um. Es richtet sich nach den Umständen des Einzelfalls, insbes. auch nach dem in Frage stehenden Ausschlussgrund, ob die ergriffenen Selbstreinigungsmaßnahmen als ausreichend angesehen werden können, um die Integrität des Unternehmens wiederherzustellen und ausreichende Garantien zu bieten, dass von ihm in Zukunft höchstwahrscheinlich keine Gefahr der Begehung von Straftaten oder eines Fehlverhaltens mehr ausgeht.[51] 16

Allg. gilt, dass umso schwerer ein Verstoß wiegt und umso systematischer ein Fehlverhalten begangen wurde, desto grundlegender und gründlicher die seitens des Unternehmens ergriffenen Maßnahmen sein müssen.[52] Für die hiernach zu treffende **Prognoseentscheidung** steht dem öffentlichen Auftraggeber ein **Beurteilungsspielraum** zu, der lediglich im Hinblick auf Beurteilungsfehler der Nachprüfung unterliegt.[53] Grds. kann diese Beurteilung bei unterschiedlichen Auftraggebern zu unterschiedlichen Ergebnissen führen.[54] Denkbar sind auch von der Beurteilung der Registerbehörde abweichende Ergebnisse. Im Falle der Bewertung der Selbstreinigungsmaßnahmen als unzureichend kann die insoweit geforderte Begründung auch im Informationsschreiben nach § 134 GWB erfolgen. Die **Begründungspflicht** dient dem Beleg einer gehörigen Auseinandersetzung mit den vorgetragenen Selbstreinigungsmaßnahmen. Sie bedeutet nicht, dass der Auftraggeber vor einer endgültigen Entscheidung in einen Dialog mit dem Bieter im Sinne eines Anhörungsrechts eintreten muss. Aus der Begründungspflicht folgt ferner nicht, dass die Beurteilung nach § 125 Abs. 2 GWB „isoliert anfechtbar" wäre.[55] 17

§ 126 Zulässiger Zeitraum für Ausschlüsse

Wenn ein Unternehmen, bei dem ein Ausschlussgrund vorliegt, keine oder keine ausreichenden Selbstreinigungsmaßnahmen nach § 125 ergriffen hat, darf es
1. bei Vorliegen eines Ausschlussgrundes nach § 123 höchstens fünf Jahre ab dem Tag der rechtskräftigen Verurteilung von der Teilnahme an Vergabeverfahren ausgeschlossen werden,
2. bei Vorliegen eines Ausschlussgrundes nach § 124 höchstens drei Jahre ab dem betreffenden Ereignis von der Teilnahme an Vergabeverfahren ausgeschlossen werden.

---

[49] OLG Düsseldorf 22.6.2022 – Verg 36/21, BeckRS 2022, 19134.
[50] EuGH 24.10.2018 – C-124/17, BeckRS 2018, 26014 = VergabeR 2019, 155 Rn. 30 ff.; dazu eing. Pfannkuch VergabeR 2019, 142 f.
[51] Gesetzesbegr., BT-Drs. 18/6281, 110.
[52] Gabriel/Ziekow VergabeR 2017, 119 (129) mwN.
[53] Gabriel/Ziekow VergabeR 2017, 119 (129) Meißner VergabeR 2017, 270 (273).
[54] Otting VergabeR 2016, 316 (323); Müller-Wrede GWB/Radu § 125 Rn. 58.
[55] RKPP/Stein § 125 Fn. 198.

GWB § 126 Zulässiger Zeitraum für Ausschlüsse

Literatur: Niebuhr, Der fakultative Ausschluss vom Vergabeverfahren zwischen Beurteilungsspielraum und Ermessensentscheidung am Beispiel des § 124 Abs. 1 Nr. 7 GWB wegen früherer mangelhafter Auftragsausführung, VergabeR 2017, 335; Otting, Eignungs- und Zuschlagskriterien im neuen Vergaberecht, VergabeR 2016, 316; Pfannkuch, Anforderungen an die Selbstreinigung nach der Rechtsprechung des EuGH VergabeR 2019, 139; Roth, Selbstreinigung und Wiedergutmachung im Vergaberecht, NZBau 2016, 672; Ulshöfer, Kartell- und Submissionsabsprachen von Bietern – Selbstreinigung und Schadenswiedergutmachung, VergabeR 2016, 327. S. iÜ die Angaben bei Einl. WRegG.

I. Bedeutung der Vorschrift

1 § 126 GWB beruht auf Art. 57 Abs. 7 S. 2, 3 der RL 2014/24/EU.[1] Danach darf ein Ausschluss wegen des Vorliegens eines Ausschlussgrundes nur während eines bestimmten maximalen Zeitraums nach der rechtskräftigen Verurteilung bzw. dem betreffenden Ereignis erfolgen, und die Dauer von Auftragssperren darf, sofern sie nicht auf einer gerichtlichen Entscheidung beruhen, bestimmte Fristen nicht überschreiten. Die Regelung zur **zulässigen Höchstdauer einer Auftragssperre** verpflichtet die Mitgliedstaaten indes nicht dazu, die Möglichkeit von Auftragssperren einzuführen. Art. 57 Abs. 7 der RL 2014/24/EU beschränkt sich vielmehr darauf, für den Fall von nach nationalem Recht zulässigen Auftragssperren die Höchstdauer der Auftragssperre zu begrenzen.[2] Dementsprechend wurde mit § 126 GWB keine Ermächtigungsgrundlage für die Verhängung von Auftragssperren eingeführt.[3] Auch das später eingeführte **Wettbewerbsregistergesetz** (WRegG) enthält keine bundesrechtliche Regelung derartiger Auftragssperren (zu dessen Zweck → WRegG § 1 Rn. 2). Soweit derartige Auftragssperren auf der Grundlage anderweitig – zB landesrechtlich oder spezialgesetzlich – geregelter Ermächtigungsgrundlagen verhängt werden können, begrenzt § 126 GWB die zulässige Höchstdauer einer solchen Auftragssperre. Dementsprechend orientieren sich auch die in § 7 WRegG geregelten Fristen für die Löschung entspr. Eintragungen in das Wettbewerbsregister an § 126 GWB (s. → WRegG § 7 Rn. 2). IÜ ergibt sich aus § 126 GWB der maximale Zeitraum, innerhalb dessen das Vorliegen eines Ausschlussgrundes von einem öffentlichen Auftraggeber in einem Vergabeverfahren bei Nichtvorliegen ausreichender Selbstreinigungsmaßnahmen berücksichtigt werden darf. Die Regelung ist Ausfluss des vergaberechtlichen **Verhältnismäßigkeits- und Wettbewerbsgrundsatzes**.[4] Kann der Bieter zu einem früheren Zeitpunkt nachweisen, dass er durch Selbstreinigungsmaßnahmen iSv § 125 GWB seine Integrität wiederhergestellt hat, hat er schon vor Ablauf dieser Fristen einen Anspruch auf Zulassung zum Vergabeverfahren.[5]

2 Die Nichtbeachtung der sich aus § 126 GWB ergebenden maximalen Zeiträume für einen Ausschluss nach §§ 123, 124 GWB kann zum Gegenstand eines Nachprüfungsverfahrens gemacht werden. Nach § 97 Abs. 6 GWB haben die Bieter einen Anspruch darauf, dass sie nach Ablauf dieser Zeiträume nicht mehr wegen der Erfüllung der betr. Ausschlussgründe ausgeschlossen werden. Dagegen kann die unterlassene Löschung der Ausschlussgründe aus dem Wettbewerbsregister nicht im Rahmen eines Nachprüfungsverfahrens geltend gemacht werden. Zu den insoweit gegebenen Rechtsschutzoptionen → WRegG § 11 Rn. 2 ff. Außerhalb eines konkreten Vergabeverfahrens nach §§ 97 ff. GWB besteht die Möglichkeit, im **Zivilrechtsweg gegen**

---

[1] S. auch Art. 38 Abs. 10 RL 2014/23/EU und Art. 80 Abs. 1 RL 2014/25/EU.
[2] Gesetzesbegr., BT-Drs. 18/6281, 111.
[3] Ulshöfer VergabeR 2016, 327 (333); Niebuhr VergabeR 2017, 335.
[4] Müller-Wrede GWB/Radu § 126 Rn. 3; RKPP/Stein § 126 Rn. 6 f.
[5] EuGH 24.10.2018 – C-124/17, BeckRS 2018, 26014 = VergabeR 2019, 155 Rn. 40; Otting VergabeR 2016, 316 (323).

verhängte Vergabesperren vorzugehen. Gestützt werden kann dies auf einen Unterlassungsanspruch nach § 1004 Abs. 1 iVm § 823 Abs. 1 BGB wegen eines rechtswidrigen Eingriffs in den eingerichteten und ausgeübten Gewerbebetrieb.[6]

II. Anwendungsbereich

§ 126 GWB gilt für die Vergabe öffentlicher Aufträge durch öffentliche Auftraggeber und Sektorenauftraggeber (§ 142 GWB), bei der Vergabe von verteidigungs- und sicherheitsrelevanten Aufträgen (§ 147 GWB) und für Konzessionsvergaben (§ 154 Nr. 2 GWB). 3

III. Regelungsinhalt

§ 126 GWB richtet sich an den Auftraggeber des jew. Vergabeverfahrens und untersagt diesem – ohne Möglichkeit einer Wertung – den Ausschluss eines Bewerbers oder Bieters, wenn im Fall eines zwingenden Ausschlussgrundes nach § 123 GWB seit dem Tag der rechtskräftigen Verurteilung fünf Jahre und im Falle eines fakultativen Ausschlussgrundes nach § 124 GWB seit dem „betreffenden Ereignis" drei Jahre vergangen sind. Daraus folgt, dass der Auftraggeber zunächst die **Voraussetzungen der betreffenden Ausschlusstatbestände** zu prüfen hat. Sodann muss er berücksichtigen, ob das betreffende Unternehmen eine hinreichende **Selbstreinigung** iSv § 125 GWB vorgenommen hat (dazu → § 125 Rn. 4ff. sowie → WRegG § 8 Rn. 12ff.). Der Auftraggeber kann dabei auf das mit dem WRegG eingeführte **Wettbewerbsregister** zurückgreifen. Liegen keine Eintragungen vor, kann der Auftraggeber davon ausgehen, dass die darin einzutragenden Ausschlussgründe nicht vorliegen. Liegen entspr. Eintragungen vor, kann der Auftraggeber davon ausgehen, dass keine hinreichenden Selbstreinigungsmaßnahmen vorgenommen wurden. In diesem Fall entscheidet der Auftraggeber nach Maßgabe der vergaberechtlichen Vorschriften in eigener Verantwortung über den Ausschluss des Unternehmens von der Teilnahme an dem Vergabeverfahren (§ 6 Abs. 5 S. 1 WRegG, dazu → WRegG § 6 Rn. 16). Dabei ist nicht ausgeschlossen, dass der öffentliche Auftraggeber vor Ablauf des einschlägigen Zeitraums iRd Ermessensausübung dazu kommt, dass eventuelle Verstöße des Bieters der Bejahung seiner Eignung nicht entgegenstehen.[7] 4

1. Fakultative Ausschlussgründe

Im Falle fakultativer Ausschlussgründe nach § 124 GWB muss der Auftraggeber im Rahmen seines Beurteilungsermessens unter Berücksichtigung des Verhältnismäßigkeitsgrundsatzes (§ 97 Abs. 1 S. 2 GWB) über den Ausschluss entscheiden. Dabei kann er – neben anderen Abwägungsgesichtspunkten, wie zB Schwere und Häufigkeit des Fehlverhaltens – auch die **seit dem „betreffenden Ereignis" vergangene Zeit** berücksichtigen und dabei unabhängig von der zeitlichen Maximalgrenze des § 126 Nr. 2 GWB zu dem Ergebnis gelangen, dass ein Ausschluss nicht (mehr) veranlasst ist.[8] Aus § 126 Nr. 2 GWB lässt sich neben der maximalen zeitlichen Obergrenze der Berücksichtigungsfähigkeit eines fakultativen Ausschlussgrundes auch ableiten, dass dem zeitlichen Moment iRd Abwägung eine umso größere Bedeutung zukommt, je näher die Entscheidung an dieser zeitlichen Obergrenze liegt. Der Regelung lässt sich indes nicht entnehmen, dass ein Ausschluss wegen Erfüllung eines fakultativen Ausschlussgrundes innerhalb der drei Jahre ohne Weite- 5

---

[6] BGH 3.6.2020 – XIII ZR 22/19, BeckRS 2020, 18476 = VergabeR 2020, 920 (921).
[7] OLG Karlsruhe 16.12.2020 – 15 Verg 4/20, BeckRS 2020, 37786.
[8] Roth NZBau 2016, 672 (678); Müller-Wrede GWB/Radu § 126 Rn. 35 ff.

res, insbes. ohne Abwägung im Einzelfall unter Berücksichtigung des Verhältnismäßigkeitsgrundsatzes, zulässig wäre.

2. Zwingende Ausschlussgründe

6 Fraglich ist indes, welche Bedeutung der zeitlichen Obergrenze des § 126 Nr. 1 GWB bei zwingenden Ausschlussgründen zukommt. Bei zwingenden Ausschlussgründen steht dem Auftraggeber grds. **kein Ermessensspielraum** zu. Daraus könnte gefolgert werden, dass zwingende Ausschlussgründe – vorbehaltlich einer allen Voraussetzungen des § 125 GWB entspr. Selbstreinigung – bis zum Erreichen der zeitlichen Obergrenze des § 126 Nr. 1 GWB einen Ausschluss des Unternehmens bedingen, ohne dass der Auftraggeber eine Abwägung im Einzelfall vornehmen müsste oder könnte. Indes steht einer solchen Sichtweise der übergeordnete **Verhältnismäßigkeitsgrundsatz** nach § 97 Abs. 1 S. 2 GWB entgegen. Danach dürfte zB in einem Fall, in dem weitgehende, wenn auch § 125 GWB nicht vollständig entspr. Selbstreinigungsmaßnahmen vorgenommen wurden und im Zeitpunkt der Entscheidung im Vergabeverfahren bereits mehr als vier Jahre seit der Verurteilung vergangen sind, eine Abwägung unter Berücksichtigung dieser Umstände nicht erlässlich sein. Dafür spräche insbes. auch die Formulierung „keine oder keine ausreichenden Selbstreinigungsmaßnahmen" und der Umstand, dass § 126 GWB eine Maximal- und keine Minimalgrenze regelt.[9] Ohne jegliche Reaktionen seitens des Unternehmens iS einer Selbstreinigung dürfte der zwingende Ausschlussgrund hingegen bis zum Ablauf der nach § 126 Nr. 1 GWB bestimmten Obergrenze zu berücksichtigen und vollziehen sein.[10]

IV. Beginn des Zeitraums

7 Der Zeitpunkt des Ereignisses, ab dem der zulässige Zeitraum zu laufen beginnt, bestimmt sich nach den Vorschriften zu den Ausschlussgründen (§§ 123, 124 GWB).[11] Liegen mehrere, zu unterschiedlichen Zeitpunkten verwirklichten Ausschlussgründe vor, schließen die Zeiträume nicht aneinander an, sondern überlagern sich entsprechend.[12]

1. Zwingende Ausschlussgründe (Nr. 1)

8 Relativ unproblematisch lässt sich der Beginn des Fünfjahreszeitraums nach § 126 Nr. 1 GWB bei zwingenden Ausschlussgründen feststellen. Insoweit ist der Tag der rechtskräftigen Verurteilung maßgeblich. Auf den Tatzeitpunkt kommt es nicht an. Im Fall eines Ausschlussgrundes nach § 124 Abs. 4 S. 1 GWB kommt es auf die Bestandskraft der Verwaltungsentscheidung an.

2. Fakultative Ausschlussgründe (Nr. 2)

9 Bei den fakultativen Ausschlussgründen hängt es vom jew. vorliegenden Ausschlussgrund ab, auf welches **„betreffende Ereignis"** abzustellen ist. Mit dem Ereignis ist das in den jew. Ausschlussgründen umschriebene „Fehlverhalten" gemeint.[13] So ist beim Ausschlussgrund der Zahlungsunfähigkeit auf die Beantragung oder Eröffnung des Insolvenzverfahrens abzustellen. Bei Vorliegen einer

---

[9] Gabriel/Ziekow VergabeR 2017, 119 (130); Müller-Wrede GWB/Radu § 126 Rn. 5.
[10] Ebenso Müller-Wrede GWB/Radu § 126 Rn. 38.
[11] Gesetzesbegr., BT-Drs. 18/6281, 111.
[12] RKPP/Stein § 126 Rn. 28.
[13] OLG Düsseldorf 22.6.2022 – Verg 36/21, BeckRS 2022, 19134.

schweren Verfehlung nach § 124 Abs. 1 **Nr. 3** GWB beginnt die Ausschlussfrist mit Begehung der Tat, aber nicht vor ihrer Beendigung. Auf eine rechtskräftige Verurteilung kann es in diesem Fall nicht ankommen, weil für einen Ausschluss aufgrund einer schweren Verfehlung in Gestalt einer Straftat keine rechtskräftige Verurteilung nötig ist und eine Anknüpfung an diese zu einer erheblichen Verlängerung der Ausschlussfrist führen würde. Durch eine Anknüpfung an die rechtskräftige Verurteilung würde das Stufenverhältnis zwischen § 123 und § 124 GWB entgegen der Staffelung der Ausschlussfristen in § 126 Nr. 1 und Nr. 2 GWB in der Praxis in sein Gegenteil verkehrt.[14] Bei dem fakultativen Ausschlussgrund eines Verstoßes gegen Wettbewerbsrecht nach § 124 Abs. 1 **Nr. 4** GWB soll nach der Gesetzesbegr.[15] als das betreffende Ereignis die **Entscheidung der zuständigen Kartellbehörde** über das Vorliegen eines Wettbewerbsverstoßes anzusehen sein. Diese Auffassung findet zwar im Wortlaut der Norm keine Grundlage, wurde aber vom EuGH in der Rs. „Vossloh Laeis" bestätigt.[16] Bei den Ausschlusstatbeständen nach § 124 Abs. 1 **Nr. 5** GWB (Interessenkonflikt) und § 124 Abs. 1 **Nr. 6** GWB (Vorbefassung) ist das „betreffende Ereignis" die Teilnahme am Vergabeverfahren, so dass § 126 Nr. 2 GWB in diesen Fällen regelmäßig keine Anwendung findet.[17] Beim Ausschlusstatbestand nach § 124 Abs. 1 **Nr. 7** GWB kommt es auf den Zeitpunkt der vertragspflichtverletzenden Handlung und nicht auf den Zeitpunkt der Wirksamkeit der Rechtsfolge oder den Zeitpunkt einer etwaigen gerichtlichen Entscheidung über die Vertragspflichtverletzung an.

V. Fristablauf

§ 126 GWB regelt nicht, wie sich der Ablauf des Zeitraums während eines laufenden Vergabeverfahrens auswirkt. Dabei stellt sich insbes. die Frage, auf welchen Zeitpunkt abzustellen ist, wenn der Zeitraum nach Ablauf der Teilnahme- oder Angebotsfrist, aber noch vor Zuschlagserteilung abläuft. Da sowohl § 123 GWB als auch § 124 GWB den „Ausschluss von der Teilnahme an einem Vergabeverfahren" regeln, wird man indes auf den **Zeitpunkt des Ablaufs der Frist für die Abgabe des Angebots** bzw. des Teilnahmeantrags abstellen müssen und einen im Zuge des weiteren Verfahrens eintretenden Ablauf des nach § 126 GWB maßgeblichen Zeitraums unberücksichtigt lassen müssen. Würde man auf den Zeitpunkt der Zuschlagserteilung abstellen, hätte es der Bieter zudem in der Hand, über entspr. Rügen und Nachprüfungsverfahren das Vergabeverfahren so weit hinaus zu zögern, bis das Ende des Zeitraums erreicht ist.[18]

§ 127 Zuschlag

(1) ¹**Der Zuschlag wird auf das wirtschaftlichste Angebot erteilt.** ²Grundlage dafür ist eine Bewertung des öffentlichen Auftraggebers, ob und inwie-

---

[14] OLG Düsseldorf 22.6.2022 – Verg 36/21, BeckRS 2022, 19134 mwN.
[15] Gesetzesbegr., BT-Drs. 18/6281, 111.
[16] EuGH 24.10.2018 – C-124/17, BeckRS 2018, 26014 = VergabeR 2019, 155 Rn. 38 ff.; zustimmend Pfannkuch VergabeR 2019, 139 (144); aA Müller-Wrede GWB/Radu § 126 Rn. 26; RKPP/Stein § 126 Rn. 22; Otting VergabeR 2016, 316 (324); ebenso Ulshöfer VergabeR 2016, 327 (333); s. zur Frage des Beginns der Verjährung der Ordnungswidrigkeit die divergierenden Entscheidungen des BGH 25.8.2020 – KRB 25/20, BeckRS 2020, 22972 (Schlussrechnung) und des EuGH 14.1.2021 – C-450/19, BeckRS 2021, 85 = VergabeR 2021, 468 (Vertragsschluss) mAnm Ulshöfer.
[17] Müller-Wrede GWB/Radu § 126 Rn. 27.
[18] AA Müller-Wrede GWB/Radu § 126 Rn. 15 f.

weit das Angebot die vorgegebenen Zuschlagskriterien erfüllt. [3]Das wirtschaftlichste Angebot bestimmt sich nach dem besten Preis-Leistungs-Verhältnis. [4]Zu dessen Ermittlung können neben dem Preis oder den Kosten auch qualitative, umweltbezogene oder soziale Aspekte berücksichtigt werden.

(2) Verbindliche Vorschriften zur Preisgestaltung sind bei der Ermittlung des wirtschaftlichsten Angebots zu beachten.

(3) [1]Die Zuschlagskriterien müssen mit dem Auftragsgegenstand in Verbindung stehen. [2]Diese Verbindung ist auch dann anzunehmen, wenn sich ein Zuschlagskriterium auf Prozesse im Zusammenhang mit der Herstellung, Bereitstellung oder Entsorgung der Leistung, auf den Handel mit der Leistung oder auf ein anderes Stadium im Lebenszyklus der Leistung bezieht, auch wenn sich diese Faktoren nicht auf die materiellen Eigenschaften des Auftragsgegenstandes auswirken.

(4) [1]Die Zuschlagskriterien müssen so festgelegt und bestimmt sein, dass die Möglichkeit eines wirksamen Wettbewerbs gewährleistet wird, der Zuschlag nicht willkürlich erteilt werden kann und eine wirksame Überprüfung möglich ist, ob und inwieweit die Angebote die Zuschlagskriterien erfüllen. [2]Lassen öffentliche Auftraggeber Nebenangebote zu, legen sie die Zuschlagskriterien so fest, dass sie sowohl auf Hauptangebote als auch auf Nebenangebote anwendbar sind.

(5) Die Zuschlagskriterien und deren Gewichtung müssen in der Auftragsbekanntmachung oder den Vergabeunterlagen aufgeführt werden.

Literatur: Bader, Die Prüfung und Wertung von Liefer- und Dienstleistungsangeboten im Kartellvergaberecht, 2014; Brückner, Das Vergaberecht und seine Beurteilungsspielräume – verfassungsrechtliche Anforderungen, LKV 2015, 534; Burgi/Brandmeier, Quality as an Interacting Award Criterion under Current and Future EU-Law, EPPPL 2014, 12; Delcuvé, Schulbenotung von Angeboten – Roma locuta, causa finita?, NZBau 2017, 646; Dieckmann, Vom Schatten ins Licht – Umweltzeichen in Vergabeverfahren, NVwZ 2016, 1369; Dittmann, Qualität durch Eignungs- und/oder Zuschlagskriterien?, NZBau 2013, 746; Dragos/Neamtu, Sustainable Public Procurement: Life-Cycle Costing in the New EU Directive Proposal, EPPPL 2013, 19; Eßig/von Deimling/Schaupp, Lebenszykluskosten und Wirtschaftlichkeit: Erste empirische Befunde aus betriebswirtschaftlicher Perspektive, VergabeR 2018, 237; Ferber, Bewertungskriterien und -matrizen im Vergabeverfahren, 2015; Goede, Maßgeblicher Zeitpunkt für die Beurteilung der Rechtmäßigkeit von Vergabeentscheidung(en)?, VergabeR 2014, 319; Goldbrunner, Korrektur der Vergabeunterlagen nach Eingang der Angebote, VergabeR 2015, 342; Hattenhauer/Buzert, Die Wirtschaftlichkeit als treibende Kraft in der historischen Entstehung von Vergabeverfahren und ihre Bedeutung im heutigen Vergaberecht, ZfBR 2018, 229; Herrmann, Inhalt, Ausgestaltung und Anwendung von Wertungskriterien, VergabeR 2015, 296; Herrmann, Chancen und Risiken von Beurteilungs- und Ermessensspielräumen für öffentliche Auftraggeber, NZBau 2022, 443; Hertwig, „Erfahrung auf nationalen Märkten" kein zulässiges Wertungskriterium, NZBau 2014, 205; Kiiver/Kodym, Die Ermittlung des Preis-Leistungs-Verhältnisses von Angeboten, NZBau 2015, 59; Knauff, Die Verwendbarkeit von (Umwelt-)Gütezeichen in Vergabeverfahren, VergabeR 2017, 553; Krohn, Leistungsbeschreibung und Angebotswertung bei komplexen IT-Vergaben, NZBau 2013, 79; Kulartz/Scholz, Zuschlagskriterien – Grenzen bei der Gewichtung?, VergabeR 2014, 109; Laumann/Scharf, Die Bestimmung des Auftragsgegenstandes und ihre Überprüfung im Primärrechtsschutz, VergabeR 2013, 539; Otting, Eignungs- und Zuschlagskriterien im neuen Vergaberecht, VergabeR 2016, 316; Petersen, Vergaberechtliche Zulässigkeit personenbezogener Zuschlagskriterien, VergabeR 2015, 8; Probst/Gutmacher, Das Leistungsbestimmungsrecht des öffentlichen Auftraggebers und die Folgen, ZfBR 2021, 238; Probst/Winters, Der (grenzenlose) Beurteilungsspielraum des Auftraggebers im Vergabeverfahren, VergabeR 2014, 115; Rechten/Portner, Wie viel Wettbewerb muss sein? –

Das Spannungsverhältnis zwischen Beschaffungsautonomie und Wettbewerbsprinzip, NZBau 2014, 276; Reichling/Scheumann, Durchführung von Vergabeverfahren (Teil 3); Zuschlagskriterien und Ausführungsbedingungen, GewArch 2016, 332; Ricken, Beurteilungsspielräume und Ermessen im Vergaberecht, 2014; Röwekamp, Zuschlagskriterien der Nachhaltigkeit bei Bauvergaben, NZBau 2022, 707; Rosenkötter, Die Qualifikation als Zuschlagskriterium, NZBau 2015, 609; Roth, Methodik und Bekanntgabe von Wertungsverfahren zur Ermittlung des wirtschaftlichsten Angebots, NZBau 2011, 75; Rung, Die Überprüfung der Beschaffungsautonomie durch Nachprüfungsinstanzen, VergabeR 2017, 440; Schneevogl, Grenzen der Transparenzpflicht öffentlicher Auftraggeber bei Bekanntgabe von Zuschlagskriterien, NZBau 2017, 262; Spinzig, Das Leistungsbestimmungsrecht des öffentlichen Auftraggebers, VergabeR 2019, 267; Steck, Ermittlung des besten Preis-Leistung-Verhältnisses, VergabeR 2017, 240; Stoye/Plantiko, Der reine Preiswettbewerb – wann ist er sinnvoll, wann verboten?, VergabeR 2015, 309; Sulk, Der Preis im Vergaberecht, 2015.

Literatur zu den sozialen und ökologischen Kriterien: Vgl. die Angaben bei § 97 GWB Ziff. 2.

Übersicht

	Rn.
I. Bedeutung der Vorschrift	1
II. Zuschlagskriterien	5
1. Bestimmungsrecht des Auftraggebers	5a
2. Festlegung der Kriterien	12
a) Verbindung mit dem Auftragsgegenstand	15
b) Gewährleistung eines wirksamen Wettbewerbs, Gleichbehandlung und Verhältnismäßigkeit	21
c) Kein beliebiges Ermessen des Auftraggebers	25
d) Wirksame Überprüfung der Erfüllung	26
e) Kriterienkategorien	31
aa) Preis und Kosten	32
bb) Soziale Kriterien	36
cc) Ökologische Kriterien	38
dd) Qualitative und weitere Kriterien	40
f) Zuschlagskriterien bei Nebenangeboten	42
g) Zuschlagskriterium oder Ausführungsbedingung	43
3. Transparenzanforderungen	44
III. Auswahl des wirtschaftlichsten Angebots	45
1. Begriff des wirtschaftlichsten Angebots	45
2. Bestes Preis-Leistungs-Verhältnis	46
IV. Rechtsschutz	49

I. Bedeutung der Vorschrift

§ 127 GWB regelt die Frage, auf **welches von mehreren Angeboten der** 1 **Zuschlag zu erteilen** ist, dh mit welchem Unternehmen der Vertrag über die Erbringung der ausgeschriebenen Leistung zu schließen ist. Die Art. 67 VRL umsetzende Vorschrift wird durch die §§ 58–60 VgV hinsichtlich der Ermittlung des besten Preis-Leistungs-Verhältnisses, der Berechnung von Lebenszykluskosten sowie der Behandlung ungewöhnlich niedriger Angebote ergänzt. Die Vorschrift gilt auch für Vergaben durch Sektorenauftraggeber (§ 143 GWB) und von verteidigungs- bzw. sicherheitsspezifischen Aufträgen (§ 147 GWB). Auf die **Vergabe von Konzessionen** ist § 127 GWB hingegen nicht anwendbar. Hier ist der

GWB § 127   Zuschlag

Zuschlag auf der Grundlage objektiver Kriterien iSv § 152 Abs. 3 GWB zu erteilen (iE → § 152 Rn. 9).

2   Gegenüber der früheren, sehr knappen Regelung des § 97 Abs. 5 GWB aF ist § 127 GWB, insbes. in Verbindung mit den ergänzenden untergesetzlichen Vorschriften, wesentlich ausführlicher. Weiterhin soll das **wirtschaftlichste Angebot** für die Erteilung des Zuschlags maßgebend sein, wobei der Begriff sich in der Novellierung allerdings geändert hat (→ Rn. 45). Die bisher in der deutschen Rspr. vertretene Position, dass der Preis alleiniges Zuschlagskriterium sein kann, ist nunmehr in § 127 Abs. 1 S. 4 GWB ausdr. festgeschrieben. Darüber hinaus bringt die letztgenannte Vorschrift zum Ausdruck, dass der Preis oder die Kosten immer Zuschlagskriterium sein müssen, alle anderen Aspekte zusätzlich als Zuschlagskriterien berücksichtigt werden können.

3   Innerhalb der Prüfung eines von einem Bieter eingereichten Angebots bezeichnet die Ermittlung des wirtschaftlichsten Angebots die **Stufe der angebotsbezogenen Wertung** (→ § 122 Rn. 5). In Verbindung mit der Leistungsbeschreibung iSv § 121 GWB macht der öffentliche Auftraggeber durch die Festlegung und Gewichtung der Zuschlagskriterien nach § 127 GWB für die Bieter deutlich, welche Leistung mit welchen Merkmalen er beschaffen will und welche Merkmale für ihn welche Bedeutung besitzen. Dies ist entscheidende Voraussetzung für eine diskriminierungsfreie Vergabe, weil eine von nichtwirtschaftlichen Erwägungen beeinflusste Zuschlagsentscheidung vermieden wird. Jeder Bieter soll bereits durch die Kenntnisnahme der Zuschlagskriterien und ihrer Gewichtung sich seine **Chancen ausrechnen** und ein konkurrenzfähiges Angebot abgeben können. Wegen der Trennung von bieter- und angebotsbezogenen Kriterien (→ § 122 Rn. 15) dürfen auf das Unternehmen des Bieters bezogene Zuschlagskriterien nur in den engen Grenzen des § 58 Abs. 2 S. 2 Nr. 2 VgV verwendet werden (ausf. → VgV § 58 Rn. 28 ff.).

4   § 127 Abs. 1 GWB enthält die **zentralen Vorgaben** für die Auswahl desjenigen Angebots, das als das wirtschaftlichste bezuschlagt werden muss. Abs. 2 verdeutlicht, dass verbindliche Preisvorschriften insoweit bei der Wertung nicht überwunden werden können. Den Anforderungen an die Gestaltung der Zuschlagskriterien sind die Abs. 3 und 4 gewidmet. Dabei betrifft § 127 Abs. 3 GWB die erforderliche Verbindung der Zuschlagskriterien mit dem Auftragsgegenstand und Abs. 4 die wettbewerbsgerechte und diskriminierungsfreie Festlegung der Zuschlagskriterien. Die Konsequenzen aus dem Transparenzgrundsatz für die Zuschlagskriterien und deren Gewichtung zieht § 127 Abs. 5 GWB.

II. Zuschlagskriterien

5   § 127 Abs. 1 S. 2 GWB verdeutlicht die **zentrale Rolle der Zuschlagskriterien** bei der Ermittlung des wirtschaftlichsten Angebots. Die Bewertung, ob und inwieweit das jew. Angebot die festgelegten Zuschlagskriterien erfüllt, ist die Grundlage für diese Ermittlung. Durch die Festlegung der Zuschlagskriterien und deren Gewichtung hat es der öffentliche Auftraggeber daher in beträchtlichem Umfang in der Hand zu steuern, welcher Kreis von Bietern für die Abgabe eines Angebots mit Zuschlagschancen in Betracht kommt. Aus diesem Grund sind die Anforderungen an die Festlegung der Zuschlagskriterien in § 127 GWB und §§ 58, 59 VgV detailliert geregelt.

1. Bestimmungsrecht des Auftraggebers

5a   Vom Leistungsbestimmungsrecht des Auftraggebers in dem im Folgenden behandelten Sinne ist zunächst die Auswahl zwischen verschiedenen Formen von Lieferungen und Leistungen zur Deckung des Beschaffungsbedarfs zu unterscheiden.

Kommen hierfür verschiedene Formen in Betracht, so ist die Festlegung einer dieser Formen eine Wahl, die dem Anwendungsbereich des Vergaberechts vorausliegt.[1] Erst nach dieser grds. Weichenstellung stellen sich die folgenden Fragen der Reichweite des Bestimmungsrechts.

Ungeachtet der Anforderungen, die § 127 Abs. 3, 4 GWB an die Festlegung der Zuschlagskriterien stellt, hat der öffentliche Auftraggeber das **ausschl. Bestimmungsrecht zur Bestimmung des Leistungsgegenstandes und seiner Eigenschaften.** Wie bisher steht dem Auftraggeber ein weites Bestimmungsrecht hinsichtlich der Auswahl zu, welche Art von Leistung mit welchen Merkmalen er nachfragen will (dazu auch → VgV § 14 Rn. 53 ff.).[2] Sofern die Auswahl ohne Diskriminierung von Wirtschaftsteilnehmern nach sach- und auftragsbezogenen Kriterien erfolgt und der Auftraggeber für seine Entscheidung nachvollziehbare und objektive Gründe angibt, kann ihm die Nachprüfungsinstanz keine andere Leistung aufzwingen.[3] Das Vergaberecht regelt nicht das „Was", sondern das „Wie" der Beschaffung.[4] Die 1. VK Bund hat insoweit ausgeführt: 6

Es ist „grundsätzlich Sache des öffentlichen Auftraggebers …, seinen Bedarf selbst zu definieren und zu entscheiden, welche Produkte er in welchen Mengen nachfragt. Schon in Ermangelung entsprechender vergaberechtlicher Vorschriften, deren Einhaltung überprüft werden könnte, ist es nicht Aufgabe vergaberechtlicher Nachprüfungsinstanzen und liegt auch nicht in deren Kompetenz, zu überprüfen, ob dieser Bedarf in sinnvoller Weise definiert wurde oder ob andere als die nachgefragten Varianten vorteilhafter bzw. wirtschaftlicher wären. … Der öffentliche Auftraggeber muss als späterer Nutzer der nachgefragten Leistung schließlich am besten wissen, was er braucht."[5]

Sofern die Festlegung des Leistungsgegenstandes nach sachlichen Gesichtspunkten und diskriminierungsfrei erfolgt ist, unterfällt es nicht dem Regelungsbereich des 7

---

[1] EuGH 3.10.2019 – C-285/18, NZBau 2020, 173 Rn. 44 – Stadt Kansas.
[2] BayObLG 25.3.2021 – Verg 4/21, NZBau 2022, 180 Rn. 37; OLG Düsseldorf 30.11.2009 – Verg 43/09, BeckRS 2010, 3480; 1.8.2012 – VII-Verg 10/12, NZBau 2012, 785 (789); 22.5.2013 – VII-Verg 16/12, BeckRS 2013, 11703 = VergabeR 2013, 744 (747); 12.2.2014 – Verg 29/13, ZfBR 2014, 517 (518); 24.9.2014 – VII-Verg 17/14, NZBau 2015, 314 (318); 1.6.2016 – VII-Verg 6/16, BeckRS 2016, 13257 = VergabeR 2016, 751 (755); OLG Celle 26.4.2010 – 13 Verg 4/10, NZBau 2010, 715; OLG Karlsruhe 6.4.2011 – 15 Verg 3/11, NZBau 2011, 567 (570); 15.11.2013 – 15 Verg 5/13, NZBau 2014, 378 (380); 14.9.2016 – 15 Verg 7/16, IBR 2017, 93; OLG Naumburg 14.3.2013 – 2 Verg 8/12, BeckRS 2013, 7440 = VergabeR 2013, 777 (786); OLG Frankfurt a. M. 1.9.2016 – 11 Verg 6/16, BeckRS 2016, 17434 = VergabeR 2017, 80 (86).
[3] BayObLG 29.7.2022 – Verg 13/21, NZBau 2023, 135 Rn. 35; OLG Düsseldorf 6.10.2004 – VIII Verg 56/04, NZBau 2005, 169 (171); 14.4.2005 – VII-Verg 93/04, NZBau 2005, 532 (533); 21.12.2011 – VII-Verg 74/11, NZBau 2012, 321 (322); 1.8.2012 – VII-Verg 10/12, NZBau 2012, 785 (789); 9.1.2013 – VII-Verg 33/12, BeckRS 2013, 4078 = VergabeR 2013, 599 (603); 22.5.2013 – VII-Verg 16/12, BeckRS 2013, 11703 = VergabeR 2013, 744 (747); 12.2.2014 – Verg 29/13, ZfBR 2014, 517 (518); 24.9.2014 – VII-Verg 17/14, NZBau 2015, 314 (318); 6.6.2018 – VII-Verg 36/17, NZBau 2019, 134 Rn. 40; OLG Karlsruhe 14.9.2016 – 15 Verg 7/16, IBR 2017, 93; OLG Naumburg 14.3.2013 – 2 Verg 2/12, BeckRS 2013, 7440 = VergabeR 2013, 777 (786); OLG Frankfurt a. M. 1.9.2016 – 11 Verg 6/16, BeckRS 2016, 17434 = VergabeR 2017, 80 (86); OLG München 9.3.2018 – Verg 10/17, NZBau 2018, 427 (429); iE Laumann/Scharf VergabeR 2013, 539 (542).
[4] BayObLG 25.3.2021 – Verg 4/21, NZBau 2022, 180 Rn. 37; OLG Düsseldorf 22.5.2013 – VII-Verg 16/12, BeckRS 2013, 11703 = NZBau 2013, 650; 24.9.2014 – VII-Verg 17/14, NZBau 2015, 314 (318); 31.5.2017 – VII-Verg 36/16, NZBau 2017, 623 Rn. 38; OLG Karlsruhe 15.11.2013 – 15 Verg 5/13, NZBau 2014, 378 (380).
[5] VK Bund 8.1.2004 – VK 1–117/03, IBRRS 2013, 4071.

Vergaberechts, eine dadurch eingetretene **Reduzierung des Kreises möglicher Anbieter** zu korrigieren. Dass für einen anders definierten Leistungsgegenstand mehr Anbieter am Markt agieren, ist unerheblich. Das Vergaberecht zwingt den öffentlichen Auftraggeber nicht dazu, den Markt nach anderen möglichen technischen Lösungen zu erkunden.[6] Dies gilt selbst dann, wenn der Leistungsgegenstand auf ein einziges Erzeugnis fokussiert ist und dadurch nur ein Anbieter in Betracht kommt.[7] Eine solche Verengung auf ein Produkt ist unter technischen Gesichtspunkten bspw. dann gerechtfertigt, „wenn hierdurch im Interesse der Systemsicherheit und Funktion eine wesentliche Verringerung von Risikopotenzialen (Risiko von Fehlfunktionen, Kompatibilitätsproblemen, höherem Umstellungsaufwand) bewirkt wird".[8] Die Grenze einer solchen Verengung wird durch § 31 Abs. 6 VgV bezeichnet[9] (→ VgV § 31 Rn. 49 ff.).

8 Zur Ermöglichung der Nachprüfung, ob der Auftraggeber zumindest objektive und sachlich nachvollziehbare Gründe für die Festlegung seines Beschaffungsbedarfs hatte, hat er zu **dokumentieren,** welche fachlichen Gründe zur Auswahl gerade dieses Beschaffungsgegenstandes geführt haben, ob der öffentliche Auftraggeber selbst über genügend Sachkunde für diese Festlegung verfügte oder welche Beratungsleistungen er hierfür in Anspruch genommen hat. Maßstab für das Nachprüfungsverfahren ist die Dokumentation dieser Gründe im **Vergabevermerk,** welche allerdings erforderlichenfalls im Nachprüfungsverfahren ergänzt werden können.[10]

9 Vom Leistungsbestimmungsrecht des öffentlichen Auftraggebers umfasst ist auch die **Festlegung des Leistungsorts.** Insbesondere kann der Auftraggeber den Leistungsort so bestimmen, wie es für ihn am günstigsten ist und für ihn den geringsten Folgeaufwand verursacht. Die damit möglicherweise verbundene Benachteiligung von Unternehmen, die nicht am Leistungsort ansässig sind, ist mit dem Gleichbehandlungsgebot vereinbar, wenn die Wahl des betreffenden Leistungsorts sachlich legitimiert ist. Vom Leistungsbestimmungsrecht umfasst und damit zulässig ist bspw. die Favorisierung von auf eine ortsnahe Entsorgung abstellenden Abfallentsorgungskonzepten, um aus ökologischen Gründen eine Reduzierung der bei der Anlieferung durch LKW entstehenden Transportemissionen zu erreichen.[11] Hingegen fehlt es an einer sachlichen Legitimierung der Festlegung des Leistungsorts, wenn der Bieter durch die Wahl eines anderen Ortes für die Erbringung der Leistung, zB die Ablagerung von Abfällen, den erkennbaren Interessen des Auftraggebers in gleichem Maße genügen könnte.[12]

9a Hiervon zu unterscheiden ist die Situation, dass der Ort, an dem die Leistung zu erbringen ist, auf einer **organisatorischen Entscheidung des Auftraggebers** beruht, indem zB die entspr. Organisationseinheit an einem bestimmten Ort aufgebaut wird. Diese Entscheidung ist keine Frage des Bestimmungsrechts des Auftraggebers, sondern der Beschaffungsentscheidung vorgelagert und unterliegt deshalb keiner Beurteilung an den Maßstäben des Vergaberechts.[13]

---

[6] OLG Rostock 17.7.2019 – 17 Verg 1/19, NZBau 2020, 120 Rn. 47.
[7] OLG Brandenburg 8.7.2021 – 19 Verg 2/21, ZfBR 2022, 302 (304); OLG Düsseldorf 7.6.2017 – Verg 53/16, ZfBR 2018, 193 (195); OLG Karlsruhe 14.9.2016 – 15 Verg 7/16, IBR 2017, 93.
[8] OLG Düsseldorf 31.5.2017 – VII-Verg 36/16, NZBau 2017, 623 Rn. 42.
[9] OLG Düsseldorf 14.9.2016 – Verg 1/16, ZfBR 2017, 178 (179); VK Bund 9.5.2014 – VK 2–33/14, IBRRS 2014, 1566; 9.2.2016 – VK 1–130/15, ZfBR 2016, 711 (715).
[10] Vgl. OLG Karlsruhe 15.11.2013 – 15 Verg 5/13, NZBau 2014, 378 (381); OLG München 9.3.2018 – Verg 10/17, NZBau 2018, 427 (429).
[11] OLG Frankfurt a. M. 29.3.2018 – 11 Verg 16/17, NZBau 2018, 498 Rn. 60.
[12] OLG Koblenz 20.4.2016 – Verg 1/16, BeckRS 2016, 7918 = VergabeR 2016, 497 (500).
[13] VK Bund 22.8.2019 – VK 1–51/19, BeckRS 2019, 25571 Rn. 32 ff.

Die rechtmäßige Inanspruchnahme des durch das Leistungsbestimmungsrecht 10
eröffneten Beurteilungsspielraums setzt voraus, dass der öffentliche Auftraggeber
unter Beachtung der einschlägigen verfahrensrechtlichen Vorgaben den maßgeblichen **Sachverhalt vollständig ermittelt** und für die Entscheidung relevant unterschiedliche Gesichtspunkte angemessen gewichtet hat.[14] Das Vergaberecht verpflichtet den öffentlichen Auftraggeber jedoch nicht dazu, sich vor der Festlegung des
Beschaffungsgegenstands einen umfassenden Überblick über die auf dem Markt
verfügbaren Angebote zu verschaffen oder sich gar an den Angebotskonzepten auf
dem Markt agierender Unternehmen zu orientieren, um diesen auf die Teilnahme am
Wettbewerb zu ermöglichen (dazu auch → VgV § 28 Rn. 8).[15] Zwar können die
haushaltsrechtlichen Grundsätze der Wirtschaftlichkeit und Sparsamkeit es fordern,
vor der Entscheidung für einen Beschaffungsgegenstand die kostengünstigste Lösung
zu ermitteln. Vergaberechtlich jedoch begrenzt der Gesichtspunkt der **Effektivität
der Beschaffung** derartige Überprüfungspflichten.[16]

Zu beachten sind allerdings **Sonderregelungen,** die die Berücksichtigung 11
bestimmter Kriterien vorgeben.[17] So verpflichtet § 67 VgV für die Beschaffung
bestimmter Lieferleistungen zur Berücksichtigung von **Energieeffizienz-, Energieverbrauchs- und Umweltauswirkungen.**

2. Festlegung der Kriterien

Entspr. seinem Ermessen zur Bestimmung des Leistungsgegenstandes bleibt die 12
Auswahl der Kriterien, auf die er für die Erteilung des Zuschlags abzustellen
beabsichtigt, dem öffentlichen Auftraggeber überlassen.[18] Die **Kontrolldichte der
Nachprüfungsinstanzen** entspricht den für die Festlegung des Beschaffungsgegenstands aufgezeigten Grundsätzen (→ Rn. 6 ff.).[19] Durch diese Zuschlagskriterien soll die **Ermittlung des besten Preis-Leistungs-Verhältnisses** der Angebote, dh „eine vergleichende Beurteilung des Leistungsniveaus jedes einzelnen
Angebots gemessen am Gegenstand des Auftrags" ermöglicht werden (Erwgr. 92
der VRL). § 127 Abs. 1 S. 4 GWB zählt verschiedene Gruppen von Kriterien auf,
die als Zuschlagskriterien herangezogen werden müssen bzw. können, nämlich
Preis oder Kosten, qualitative, umweltbezogene und soziale Aspekte. § 58 Abs. 2
VgV konkretisiert diese Gruppen weiter (→ VgV § 58 Rn. 12 ff.). Die Aufzählung
der möglichen Zuschlagskriterien ist weder nach der VRL[20] noch nach deutschem

---

[14] OLG Düsseldorf 8.2.2017 – Verg 31/16, ZfBR 2017, 718 Rn. 15; 7.6.2017 – Verg 53/16, ZfBR 2018, 193 (195); OLG München 9.3.2018 – Verg 10/17, NZBau 2018, 427 (429).

[15] OLG Düsseldorf 1.8.2012 – VII-Verg 10/12, NZBau 2012, 785 (789); OLG Karlsruhe 15.11.2013 – 15 Verg 5/13, NZBau 2014, 378 (381); VK Sachsen 30.8.2016 – 1/SVK/016-16, IBRRS 2016, 2739 = ZfBR 2017, 194.

[16] OLG Düsseldorf 1.8.2012 – VII-Verg 10/12, NZBau 2012, 785 (789).

[17] OLG Düsseldorf 1.8.2012 – VII-Verg 105/11, BeckRS 2012, 18206 = VergabeR 2013, 71 (74).

[18] BT-Drs. 18/6281, 112; EuGH 20.9.1988 – C-31/87, BeckRS 2004, 70722 Rn. 19; 17.9.2002 – C-513/99, NZBau 2002, 618 Rn. 59; 19.6.2003 – C-315/01, NVwZ 2003, 1106 Rn. 63 f.; 4.12.2003 – C-448/01, NZBau 2004, 105 Rn. 39; 12.3.2015 – C-538/13, NZBau 2015, 306 Rn. 62 f. – eVigilo; 26.3.2015 – C-601/13, NZBau 2015, 312 Rn. 30 – Ambisig Ambiente; OLG Celle 11.6.2015 – 13 Verg 4/15, BeckRS 2015, 11003 = VergabeR 2015, 689 (697); 23.2.2016 – 13 U 148/15, NZBau 2016, 381 (383); 19.3.2019 – 13 Verg 7/18, NZBau 2019, 462 Rn. 56; OLG Düsseldorf 3.3.2010 – Verg 48/09, ZfBR 2013, 287 (289).

[19] OLG Celle 19.3.2019 – 13 Verg 7/18, NZBau 2019, 462 Rn. 56; OLG Düsseldorf 3.3.2010 – Verg 48/09, ZfBR 2013, 287 (289); 19.9.2018 – VII-Verg 37/17, NZBau 2019, 390 Rn. 36.

[20] Erwgr. 92 der VRL.

GWB § 127 Zuschlag

Recht[21] abschließend, sondern kann vom öffentlichen Auftraggeber unter Beachtung der Voraussetzungen der Abs. 3 und 4 des § 127 GWB ergänzt werden.[22]

13 ISv § 127 Abs. 1 S. 2 GWB **„vorgegeben" sind die Zuschlagskriterien mit der Bekanntmachung** nach § 127 Abs. 5 GWB. Mit der Bekanntmachung ist der öffentliche Auftraggeber für die Wertung der Angebote an die bekanntgemachten Zuschlagskriterien und deren Gewichtung gebunden. Andere Zuschlagskriterien darf er nicht mehr berücksichtigen,[23] es sei denn, er hat diese Änderung noch vor Ablauf der Angebotsfrist gem. § 127 Abs. 5 GWB transparent gemacht.[24] Das Verbot der Änderung gilt auch für die vom Auftraggeber vorgenommene Auslegung der Zuschlagskriterien und Gewichtungsregeln.[25] Auch ohne erneute Bekanntmachung zulässig ist nach der Rspr. des EuGH eine Anpassung, sofern die Zuschlagskriterien und deren Gewichtung als solche nicht geändert werden und die Vorbereitung der Angebote durch die Bieter bei Kenntnis von der Änderung nicht beeinflusst worden wäre.[26]

14 § 127 Abs. 1 GWB berechtigt den öffentlichen Auftraggeber nicht nur zur Festlegung von Zuschlagskriterien, sondern **verpflichtet ihn** auch dazu. Unterlässt der Auftraggeber die Benennung von Zuschlagskriterien in der Auftragsbekanntmachung, so bleibt es dabei, dass in diesen Fällen der Wertung nach dem niedrigsten Preis erfolgt.[27] Allerdings liegt ein Unterlassen der Festlegung von Zuschlagskriterien nicht bereits dann vor, wenn der öffentliche Auftraggeber ohne weitere Spezifizierung angegeben hat, der Zuschlag werde auf das wirtschaftlichste Angebot erteilt. Denn in diesem Fall mussten die Bieter nicht damit rechnen, dass die Wertung in einem reinen Preiswettbewerb erfolgt.[28]

15 **a) Verbindung mit dem Auftragsgegenstand.** Unabhängig davon, ob ein Zuschlagskriterium einer der im Gesetz genannten Kriteriengruppen zuzuordnen ist oder nicht, muss es gem. § 127 Abs. 3 S. 1 GWB in jedem Fall mit dem Auftragsgegenstand in Verbindung stehen. Ausweislich Art. 67 Abs. 3 VRL stehen die Zuschlagskriterien mit dem Auftragsgegenstand in Zusammenhang, wenn sie sich **auf die gem. dem Auftrag zu erbringenden Leistungen oder Lieferungen oder Dienstleistungen beziehen** – und zwar unabhängig von dem Lebenszyklus-Stadium. Laut § 127 Abs. 3 S. 2 GWB sind hiervon auch Faktoren umfasst, die mit

---

[21] BT-Drs. 18/6281, 112.

[22] Vgl. schon EuGH 10.5.2012 – C-368/10, NZBau 2012, 445 Rn. 84 – Max Havelaar; 12.3.2015 – C-538/13, NZBau 2015, 306 Rn. 61 – eVigilo.

[23] OLG München 21.5.2010 – Verg 2/10, ZfBR 2010, 606 (614); OLG Düsseldorf 22.12.2010 – Verg 40/10, ZfBR 2011, 388 (391); OLG Frankfurt a. M. 28.5.2013 – 11 Verg 6/13, BeckRS 2013, 10982 = VergabeR 2013, 879 (883).

[24] OLG Frankfurt a. M. 28.5.2013 – 11 Verg 6/13, BeckRS 2013, 10982 = VergabeR 2013, 879 (883); OLG Düsseldorf 15.7.2015 – VII-Verg 11/15, NZBau 2016, 55 (60); 16.12.2015 – VII-Verg 25/15, BeckRS 2016, 2641 = VergabeR 2016, 487 (489); VK Bund 27.10.2014 – VK 1–80/14, VPR 2015, 138.

[25] EuGH 14.7.2016 – C-6/15, BeckRS 2016, 81516 = VergabeR 2016, 721 Rn. 23, 25 – Dimarso.

[26] EuGH 24.11.2005 – C-331/04, NZBau 2006, 194 Rn. 32; OLG Düsseldorf 2.5.2018 – VII-Verg 3/18, NZBau 2018, 779 Rn. 25.

[27] So die Rspr. zur früheren Rechtslage BGH 15.1.2013 – X ZR 155/10, BeckRS 2013, 4954 = VergabeR 2013, 434 (437); KG 4.7.2002 – KartVerg 8/02, IBRRS 2003, 0950; zur Heranziehbarkeit auch für die neue Rechtslage Müller-Wrede GWB/Müller-Wrede § 127 Rn. 237; aM RKPP/Wiedemann § 127 Rn. 87 mit der unzutreffenden (→ Rn. 32) Begründung, im Unterschied zur früheren Rechtslage sei eine Vergabe nach dem niedrigsten Preis nur noch eingeschränkt zulässig.

[28] OLG Düsseldorf 28.1.2015 – VII-Verg 31/14, NZBau 2015, 503 (504 f.).

dem spezifischen **Prozess der Herstellung, Bereitstellung oder Entsorgung** solcher Leistungen oder Lieferungen oder des Handels damit oder einem spezifischen Prozess in Bezug auf ein anderes Lebenszyklus-Stadium zusammenhängen. Unerheblich ist es, ob sich derartige Faktoren auf die materiellen Eigenschaften des Auftragsgegenstandes auswirken oder nicht.

Erwgr. 97 der VRL ergänzt dies für die **Einbeziehung sozialer und ökologischer Überlegungen** dahingehend, dass derartige Überlegungen als Zuschlagskriterien oder Ausführungsbedingungen umfassend genutzt werden können und dass der Lebenszyklus, in dem dies erfolgen kann, „von der Gewinnung der Rohstoffe für die Ware bis zur Entsorgung der Ware" reicht. Dies entspricht der vom EuGH im Havelaar-Urteil[29] entwickelten Linie, auf die Erwgr. 97 der VRL explizit Bezug nimmt. In dem diesem Urteil zugrunde liegenden Fall musste der Bieter einem Anforderungsprofil genügen, das ua verlangte, dass die „Zutaten ... möglichst dem EKO- und/oder MAX HAVELAAR-Gütezeichen entsprechen sollen". Bei beiden Gütezeichen handelt es sich um private Label, die von niederländischen Stiftungen des Zivilrechts vergeben werden: 16

- Die Vergabe des EKO-Gütezeichens setzt voraus, dass das betreffende Erzeugnis sich zu mindestens 95 % aus ökologisch erzeugten Bestandteilen zusammensetzt.
- Das Gütezeichen MAX HAVELAAR ist ein Fair-Trade-Label, soll also den Handel mit Erzeugnissen aus fairem Handel fördern. Zu diesem Zweck zertifiziert es den Erwerb der betreffenden Erzeugnisse zu einem fairen Preis und fairen Bedingungen von Organisationen, die sich aus Kleinerzeugern in Entwicklungsländern zusammensetzen, unter folgenden Voraussetzungen:
- Kostendeckender Preis,
- der einen Zuschlag auf den Weltmarktpreis beinhaltet,
- Vorfinanzierung der Produktion und
- Bestehen langfristiger Handelsbeziehungen zwischen Erzeuger und Importeur.

Der Gerichtshof sah den von der Kommission vermissten Bezug zum Auftragsgegenstand darin, dass die Einhaltung der den Gütezeichen zugrunde liegenden Kriterien **nur für die konkret in Erfüllung des Auftrags zu liefernden Waren** gefordert wurde und deshalb keine Einflussnahme auf die allg. Einkaufspolitik der Bieter vorlag.[30] Unter Berufung auf die Schlussanträge der Generalanwältin wies der EuGH darauf hin, dass sich ein Zuschlagskriterium nicht „auf eine echte innere Eigenschaft eines Erzeugnisses" beziehen müsse, und stellte die „soziale Herkunft" einer Ware der „ökologischen Herkunft" iSd Wienstromurteils[31] gleich.[32] Dementsprechend genügt die Vorgabe, dass die betreffende Ware aus dem fairen Handel stammt, als handelsbezogenes Zuschlagskriterium den Anforderungen des § 127 Abs. 3 GWB (vgl. Erwgr. 97 der VRL). 17

Durch die Novellierung des Vergaberechts 2014/2016 beantwortet wird die bislang nicht abschl. geklärte und für die Praxis bedeutsame Frage der Einbeziehbarkeit von Produktions- und Distributionsstufen, die vor der Herstellung oder dem Erwerb des Produkts durch den Bieter liegen. Soziale Zuschlagskriterien oder Ausführungsbedingungen können sich auch auf diese Phasen, also **Urproduzenten oder Zulieferer des Bieters,** beziehen. 18

Generell unzulässig sind weiterhin Kriterien, die sich nicht auf den konkreten Prozess der Lieferung oder Leistungserbringung in Lebenszyklusbetrachtung, sondern auf das Unternehmen des Bieters als solches und seine **Unternehmenspolitik** mit Blick auf eine bestimmte Politik der sozialen Verantwortung beziehen[33] 19

---

[29] Zu dieser Entscheidung etwa Siegel VergabeR 2013, 370 ff.
[30] EuGH 10.5.2012 – C-368/10, NZBau 2012, 445 Rn. 90.
[31] S. EuGH 4.12.2003 – C-448/01, NVwZ 2004, 201 Rn. 34.
[32] EuGH 10.5.2012 – C-368/10, NZBau 2012, 445 Rn. 91.
[33] Latzel NZBau 2014, 673 (679).

(Erwgr. 97 der VRL). Dementsprechend könnte etwa nicht verlangt werden, dass in den Organen eines Unternehmens eine bestimmte Quote für Frauen reserviert ist (s. auch → VgV § 58 Rn. 21). Wohl aber könnte darauf abgestellt werden, ob Frauen Führungspositionen bei der Erfüllung des konkreten Auftrags innehaben. Dementsprechend kann auch die Beachtung der ILO-Kernarbeitsnormen nur insoweit in das Vergabeverfahren eingeführt werden, wie sich diese Forderung auf die konkrete Leistungserbringung bezieht. Denn in diesem Fall handelt es sich nicht um eine allg. unternehmensbezogene Anforderung.[34]

20 Einen Auftragsbezug iSv § 127 Abs. 3 GWB weisen bspw. die Zuschlagskriterien auf, zur Herstellung der betreffenden Ware keine giftigen Stoffe zu verwenden, die konkret bestellte Ware ressourcen- bzw. energieeffizient zu produzieren oder Abfall zu minimieren (vgl. Erwgr. 97 der VRL). **Ohne Auftragsbezug** bleiben hingegen Anknüpfungen an nicht spezifisch auf den Auftragsgegenstand bezogene Merkmale oder Verhaltensweisen des Bieters, etwa die **umweltfreundliche Bauweise des Produktionsstandorts** oder die Erreichung einer bestimmten Produktionsquote als umweltfreundlich eingeschätzter Güter.

21 b) **Gewährleistung eines wirksamen Wettbewerbs, Gleichbehandlung und Verhältnismäßigkeit.** Die Festlegung von Zuschlagskriterien darf nicht dazu führen, dass ein **wirksamer Wettbewerb** nicht mehr möglich ist (§ 127 Abs. 4 S. 1 GWB). Diese Voraussetzung inkorporiert insbes. die in § 97 Abs. 1, 2 GWB genannten, in § 127 GWB nicht noch einmal explizit aufgegriffenen **Grundsätze der Gleichbehandlung und Verhältnismäßigkeit**. Das Gebot der Ermöglichung eines wirksamen Wettbewerbs zieht einerseits der Bestimmung von Zuschlagskriterien durch den öffentlichen Auftraggeber Grenzen.[35] Andererseits ist zu beachten, dass die Voraussetzung der Gewährleistung eines wirksamen Wettbewerbs nicht dazu führen darf, dass die Freiheit des öffentlichen Auftraggebers zur Bestimmung des Beschaffungsgegenstandes und seiner Merkmale, einschl. der Auswahl und Festlegung der Zuschlagskriterien,[36] ausgeschlossen wird.

21a Unter dem Gesichtspunkt der Wettbewerbsgleichheit problematisch ist es, wenn der öffentliche Auftraggeber mit der Festlegung der Zuschlagskriterien das Ziel verfolgt, die **Wettbewerbsvorteile einzelner Bieter zu nivellieren** und hierdurch einen breiteren Wettbewerb zu ermöglichen. Dies ist nur dann zulässig, wenn die Festlegung entspr. Kriterien durch das auftragsgegenstandsbezogene Leistungsbestimmungsrecht des Auftraggebers gedeckt ist.[37]

22 In **Herstellung eines Ausgleichs** zwischen den beiden vorgenannten Polen darf die Auswahl von Zuschlagskriterien nicht in einer diskriminierenden Weise, dh mit dem Ziel vorgenommen werden, dass nur noch einzelne Unternehmen als Bieter in Betracht kommen.[38] Allerdings wird dies nur höchst ausnahmsweise von den Nachprüfungsinstanzen festgestellt werden können, wenn die Zuschlagskriterien mit dem Auftragsgegenstand in Verbindung stehen und ihre **Festlegung hinreichend dokumentiert** worden ist. Letzteres ist dann der Fall, wenn der Auftraggeber sich mit den Wirkungen der in Betracht kommenden Zuschlagskriterien auseinandergesetzt und geprüft hat, ob sein Beschaffungsziel auch durch eine andere Fassung der

---

[34] OLG Düsseldorf 29.1.2014 – Verg 28/13, IBRRS 2014, 0761 = ZfBR 2014, 502; 25.6.2014 – Verg 29/14, juris Rn. 31.

[35] OLG Celle 19.3.2019 – 13 Verg 7/18, NZBau 2019, 462 Rn. 58; OLG Karlsruhe 15.11.2013 – 15 Verg 5/13, NZBau 2014, 378 (380).

[36] Dies gilt auch für soziale Kriterien, BeckOK/von Bechtolsheim GWB § 127 Rn. 22.

[37] Vgl. dazu VK Südbayern 4.6.2018 – Z3-3-3194-1-08-03/18, IBRRS 2018, 2150 Rn. 143.

[38] OLG Celle 11.9.2018 – 13 Verg 4/18, NZBau 2019, 200 Rn. 13; 19.3.2019 – 13 Verg 7/18, NZBau 2019, 462 Rn. 58; OLG Karlsruhe 15.11.2013 – 15 Verg 5/13, NZBau 2014, 378 (381); OLG Naumburg 20.9.2012 – 2 Verg 4/12, BeckRS 2012, 21448 = VergabeR 2013, 55 (67).

Zuschlagskriterien erreicht werden könnte, wenn diese andere Fassung voraussichtlich eine größere Zahl von Unternehmen ansprechen würde.[39] Wenn iErg dieser Prüfung dann nur ein Unternehmen verbleibt, das die Zuschlagskriterien erfüllen wird, so ist dies nicht zu beanstanden. Etwas anderes gilt allerdings dann, wenn die Festlegung von Zuschlagskriterien in einer Weise erfolgt, dass von vornherein **nur ein einziges Unternehmen eine realistische Aussicht auf den Zuschlag** hat. Eine solche Festlegung von Zuschlagskriterien ist unzulässig.[40]

Mit dem Diskriminierungsverbot hingegen nicht zu vereinbaren sind Kriterien, die zwar bspw. ein ökologisches Ziel verfolgen, zu dessen **Erreichung allerdings nur bedingt geeignet** sind und gleichzeitig Bieter aus anderen Mitgliedstaaten benachteiligen. Dies gilt etwa für das Kriterium der Entfernung, über die eine zu liefernde Ware transportiert wird, gibt doch die **Transportentfernung** allein keine hinreichenden Hinweise auf die durch den Transport entstehenden Gesamtemissionen.[41]

Darüber hinaus müssen die Zuschlagskriterien eine **Differenzierung zwischen den Angeboten ermöglichen.** Dies betrifft insbes. die Gewichtung der einzelnen Zuschlagskriterien (dazu ausf. → VgV § 58 Rn. 37 ff.). Zuschlagskriterien, die wegen ihrer ausnahmslos gleichwertigen Erfüllung durch sämtliche voraussichtliche Bieter oder ihres geringen Gewichts bei der Wertung nichts zu einem Wettbewerb der Angebote beitragen können, belasten die Unternehmen unnötig, können deshalb von der Abgabe von Angeboten abschrecken und sind mit § 127 Abs. 4 S. 1 GWB nicht zu vereinbaren.[42]

c) Kein beliebiges Ermessen des Auftraggebers. Ausweislich des § 127 Abs. 4 S. 1 GWB müssen die Zuschlagskriterien so festgelegt werden, dass der Zuschlag nicht willkürlich erteilt werden kann. Dass die Zuschlagskriterien dem Auftraggeber **keine unbeschränkte Entscheidungsfreiheit** einräumen dürfen, war schon nach bisheriger Rspr. anerkannt.[43] Diese Anforderung korrespondiert der weitgehenden Freiheit des öffentlichen Auftraggebers bei der Auswahl der Zuschlagskriterien. Die Bieter müssen bei der Erstellung ihrer Angebote iW absehen können, in welchem Maße ihre Angebote die Zuschlagskriterien erfüllen. Hieraus ergeben sich auch Anforderungen an die Bestimmtheit der Zuschlagskriterien, die dem Auftraggeber keine vom Bieter nicht absehbare willkürliche Wertung eröffnen dürfen.[44]

d) Wirksame Überprüfung der Erfüllung. Gem. § 127 Abs. 4 S. 1 GWB muss die Festlegung der Zuschlagskriterien eine wirksame Überprüfung ermöglichen, ob und inwieweit die Angebote die Zuschlagskriterien erfüllen. Da die Feststellung, ob und inwieweit die Zuschlagskriterien erfüllt werden, entscheidend für die Auswahl des wirtschaftlichsten Angebots ist (§ 127 Abs. 1 S. 2 GWB), gebietet es das Gleichbehandlungsgebot, dass diese Feststellung für die Angebote aller Bieter in gleichem Umfang verlässlich getroffen werden kann. Zuschlagskriterien, deren Erfüllung oder Nichterfüllung nicht ermittelt werden kann, ermöglichen keine **dem Gleichbehandlungsgebot entspr. Differenzierung** zwischen den Angeboten.

---

[39] OLG Celle 11.9.2018 – 13 Verg 4/18, NZBau 2019, 208 Rn. 14; RKPP/Wiedemann § 127 Rn. 67.

[40] OLG Celle 11.9.2018 – 13 Verg 4/18, NZBau 2019, 208 Rn. 14.

[41] RKPP/Wiedemann § 127 Rn. 71; aM Frenz VergabeR 2013, 13.

[42] BeckOK/von Bechtolsheim GWB § 127 Rn. 27 f.; zu den eine Differenzierung faktisch nicht ermöglichenden Gewichtungen OLG Düsseldorf 27.11.2013 – VII-Verg 20/13, IBRRS 2013, 4933 = VergabeR 2014, 198 (202).

[43] EuGH 17.9.2002 – C-513/99, NZBau 2002, 618 Rn. 69 – Concordia; 4.12.2003 – C-448/01, NZBau 2004, 105 Rn. 33 – Wienstrom; 20.9.2018 – C-546/16, EuZW 2018, 1006 Rn. 31 – Montte.

[44] OLG Celle 23.2.2016 – 13 U 148/15, NZBau 2016, 381 (383).

27 Wegen dieser Bedeutung der Überprüfbarkeit des Maßes der Erfüllung der Zuschlagskriterien kommt der Frage, welche **Nachweise** der öffentliche Auftraggeber von den Bietern für die Erfüllung der Zuschlagskriterien fordern kann, eine wesentliche Bedeutung zu. Hierfür stehen dem öffentlichen Auftraggeber grds. zwei Formen von Nachweisen, die der Bieter beizubringen hat, zur Verfügung:
- die Vorlage eines Gütezeichens iSv § 34 VgV, § 7a EU Abs. 6 VOB/A oder
- der Nachweis in anderer Weise.

28 Die Auswahl, welche **Form des Nachweises** er verlangt, steht grds. im **Ermessen des Auftraggebers**. Es gibt mithin keine grds. Pflicht des öffentlichen Auftraggebers, für den Regelfall die Vorlage eines Gütezeichens zu fordern. Vielmehr führt das **Verlangen nach Vorlage eines Gütezeichens** zu einer – uU erheblichen – Einschränkung des Wettbewerbs[45] und ist deshalb nur unter den ausdr. statuierten Voraussetzungen und in den rechtlich geregelten Grenzen zulässig. Für die Zuschlagskriterien (§§ 58 Abs. 4, 34 VgV, § 7a EU Abs. 6 VOB/A) ist die Forderung nach Vorlage eines Gütezeichens explizit zugelassen (s. → VgV § 58 Rn. 42). Eine Einschränkung dieses Ermessens kommt für den Nachweis der Erfüllung von Zuschlagskriterien unter dem Gesichtspunkt in Betracht, dass der öffentliche Auftraggeber in der Lage sein muss, die Erfüllung der Zuschlagskriterien effektiv zu überprüfen. Da die Gütezeichen-Anforderungen auf objektiv nachprüfbaren Kriterien beruhen müssen (§ 34 Abs. 2 Nr. 2 VgV, § 7a EU Abs. 6 VOB/A), genügen Gütezeichen iSv § 34 VgV, § 7a EU Abs. 6 VOB/A von Gesetzes wegen der Anforderung der effektiven Überprüfbarkeit durch den öffentlichen Auftraggeber. Die in der bisherigen deutschen Rspr. und Lit. zu findende Bewertung, dass Gütezeichen dieser Anforderung nicht genügen,[46] ist daher für die genannte Gruppe von Gütezeichen überholt.[47]

29 Nach der Regelung ist zum Nachweis der Erfüllung des durch das Gütezeichen abgebildeten Zuschlagskriteriums **ausschl. die Vorlage des Gütezeichens durch den Bieter** erforderlich. Hingegen hatte der EuGH in seinem Max Havelaar-Urteil auf der Basis der früheren Rechtslage den Umstand, dass die Vergabeunterlagen nur auf das EKO-Gütezeichen und die unionsrechtliche Vorschrift, auf die die Kriterien des Gütezeichens aufbauten, hinwiesen, ohne die sich hieraus ergebenden detaillierten Spezifikationen selbst aufzuführen, als Verstoß gegen die Vorgaben des Art. 23 Abs. 6 VKR bewertet.[48] Die Inbezugnahme eines Gütezeichens durch die Vergabeunterlagen genügte nach früherem Recht mithin nicht, um für seine Verleihung erforderlichen Voraussetzungen – wie erforderlich – zum Bestandteil der Vergabeunterlagen zu machen. Eine Erleichterung bot Art. 26 Abs. 6 UAbs. 2 VKR lediglich insofern, als dann, wenn die in einem Umweltgütezeichen definierten Spezifikationen angegeben worden waren, vermutet werden konnte, dass die mit diesem Gütezeichen versehenen Waren oder Dienstleistungen diesen Spezifikationen genügten. Demgegenüber stellt Art. 43 VRL eindeutig auf die Vorlage allein des Gütezeichens ab, so dass die **zusätzliche Angabe der Gütezeichen-Anforderungen nicht erforderlich** ist.

30 Existiert ein **anderes Gütezeichen,** das die Einhaltung der Gütezeichen-Anforderungen eines Gütezeichens iSv § 34 VgV, § 7a EU Abs. 6 VOB/A gleich wirksam nachweisen kann, so kann der öffentliche Auftraggeber auf dieses Gütezeichen in der Auftragsbekanntmachung oder den Vergabeunterlagen hinweisen. Da in diesem

---

[45] Zutr. die Begr. des Entwurfs der VgV, http://www.forum-vergabe.de/fileadmin/user_upload/ Rechtsvorschriften/ Referentenentwurf _ Verordnungen _ 11.11.2015/ Referentenwurf_Verordnungen_gesamt_11.11.2015.pdf, S. 167.

[46] BVerwG 16.10.2013 – 8 CN 1/12, NVwZ 2014, 527; VGH BW 29.4.2014 – 1 S 1458/12, VBlBW 2014, 462 ff.; 21.5.2015 – 1 S 383/14, ZfBR 2015, 714 ff.; 21.9.2015 – 1 S 536/14, ZfBR 2016, 100 ff.

[47] Zweifelnd Summa VergabeR 2016, 147 (152).

[48] EuGH 10.5.2012 – C-368/10, NZBau 2012, 445 Rn. 63 ff.

Fall allerdings die Privilegierung für Gütezeichen iSv § 34 VgV, § 7a EU Abs. 6 VOB/A nicht eingreift, müssen – wie nach früherem Recht – zusätzlich die **Gütezeichen-Anforderungen genannt** werden.[49] Voraussetzung ist, dass die Einhaltung dieser Anforderungen durch den Bieter seitens des öffentlichen Auftraggebers verifizierbar und kontrollierbar ist. Gütezeichen, die diesen Anforderungen nicht genügen, können nicht verwendet werden.

e) Kriterienkategorien. § 127 Abs. 1 S. 4 GWB benennt – nicht abschl. **31** (→ Rn. 12) – mehrere **Kategorien von Zuschlagskriterien,** nämlich Preis, Kosten, qualitative, umweltbezogene oder soziale Aspekte.

aa) Preis und Kosten. Anders als § 97 Abs. 5 GWB aF, für den es umstritten **32** war, ob der Auftraggeber im Einzelfall die Wahl hatte, ob er den Zuschlag unter dem Gesichtspunkt des wirtschaftlichsten oder dem des preiswertesten Angebots erteilen wollte,[50] stellt es § 127 Abs. 1 S. 4 GWB dem öffentlichen Auftraggeber frei, ob er den Zuschlag allein nach dem **Gesichtspunkt des niedrigsten Preises oder der geringsten Kosten** erteilen will oder ob für die Ermittlung des wirtschaftlichsten Angebots zusätzlich weitere Zuschlagskriterien berücksichtigt werden sollen. Preis bzw. Kosten haben mithin eine doppelte Bedeutung (vgl. Erwgr. 90 der VRL): *Erstens* können sie die alleinigen Zuschlagskriterien sein; die Bestimmung des **Preises als alleiniges Zuschlagskriterium** ist nach der Novellierung nicht mehr nur dann zulässig, wenn andere Zuschlagskriterien für eine Differenzierbarkeit der zu erwartenden Angebote nicht geeignet oder nicht erforderlich sind.[51] Von der nach Art. 67 Abs. 2 UAbs. 3 VRL bestehenden Möglichkeit vorzugeben, dass die öffentlichen Auftraggeber nicht den Preis oder die Kosten allein als einziges Zuschlagskriterium verwenden dürfen, hat der deutsche Gesetzgeber keinen Gebrauch gemacht. Der Preis kann daher alleiniges Zuschlagskriterium sein (→ VgV § 58 Rn. 9).[52] *Zweitens* müssen Preis oder Kosten als Zuschlagskriterien **zwingend berücksichtigt** werden.

Unter dem **„Preis"** iSv § 127 Abs. 1 S. 4 GWB ist die **Gegenleistung** zu verste- **33** hen, die der Bieter, der den Zuschlag erhält, vom öffentlichen Auftraggeber für die Erbringung der von ihm zu beschaffenden Leistung verlangt. Die Festlegung der Höhe dieser vom Auftraggeber zu erbringenden Leistung liegt nicht zwingend beim Bieter. Vielmehr kann der öffentliche Auftraggeber gem. § 58 Abs. 2 S. 3 VgV **Festpreise** oder Festkosten vorgeben, zu denen die Bieter anbieten müssen (dazu ausf. → VgV § 58 Rn. 36). In diesem Fall müssen zwingend auch andere Zuschlagskriterien festgelegt werden, die eine Auswahl des wirtschaftlichsten Angebots im Wettbewerb ermöglichen. Da bei Vorgabe eines Festpreises oder von Festkosten der Preis bzw. die Kosten als Differenzierungskriterium bei der Ermittlung des wirtschaftlichsten Angebots ausfallen, ist § 58 Abs. 2 S. 3 VgV auch zu entnehmen, dass es gesetzlich keine Mindest- oder Höchstanforderung an die Gewichtung von Preis oder Kosten im Verhältnis zu anderen Zuschlagskriterien gibt.[53] Sieht der öffentliche Auftragge-

---

[49] Zur früheren Rechtslage Baumann VergabeR 2015, 367 ff.
[50] Bejahend OLG Düsseldorf 14.1.2009 – VII-Verg 59/08, NZBau 2009, 398 (399); OLG Frankfurt a. M. 5.6.2012 – 11 Verg 4/12, NZBau 2012, 719 (720 ff.); OLG München 20.5.2010 – Verg 4/10, BeckRS 2010, 12883; OLG Schleswig 15.4.2011 – 1 Verg 10/10, NZBau 2011, 375 (377).
[51] Müller-Wrede GWB/Müller-Wrede § 127 Rn. 53; aM RKPP/Wiedemann § 127 Rn. 28.
[52] VK Bund 29.9.2016 – VK 2–93/16, ZfBR 2017, 180 (184); 9.12.2020 – VK 1–100/20, BeckRS 2020, 37939 Rn. 46 ff.
[53] AM Kularz/Scholz VergabeR 2014, 109 (111) „bedeutendes Kriterium"; Müller-Wrede GWB/Müller-Wrede § 127 Rn. 47 ff. „ausschlaggebende Rolle" bzw. idR mindestens 20 %; für die frühere Rechtslage OLG Düsseldorf 9.1.2013 – VII-Verg 33/12, BeckRS 2013, 4078 = VergabeR 2013, 599 (603), Unzulässigkeit der Gewichtung des Preises mit 90 % bei Ausschreibung auf der Grundlage des wirtschaftlichsten Angebots; OLG Düsseldorf 27.11.2013 – VII-

ber neben dem Preis auch andere Wertungskriterien vor, so unterliegt die **Gewichtung des Preises** seinem Bestimmungsrecht, das anhand der Spezifika des konkreten Auftrags auszuüben ist.[54]

34 Sofern **Vorschriften verbindlich eine bestimmte Preisgestaltung** bei bestimmten Leistungen vorgeben, müssen sie bei der Ermittlung des wirtschaftlichsten Angebots beachtet werden (§ 127 Abs. 2 GWB). „Beachten" meint, dass der öffentliche Auftraggeber Angebote, die von der zwingenden Preisgestaltung abweichen, nur mit dem vorgeschriebenen Preis bei der Wertung berücksichtigen darf. Dies gilt jedenfalls dann, wenn die entspr. Preisregelungen einen Festpreis vorgeben.[55] Beispiele sind gesetzliche Honorar- und Gebührenordnungen.[56] Sehen derartige Ordnungen keinen Fixpreis für die angebotenen Leistungen vor, sondern enthalten einen preislichen Gestaltungsspielraum, so kann das diesen Spielraum unter- bzw. überschreitende Preisangebot nicht etwa auf die Mindest- bzw. Höchsthöhe angesetzt werden. Auf ein solches Angebot darf der Zuschlag vielmehr nicht erteilt werden.[57]

35 Unter den **„Kosten"** sind in Abgrenzung vom „Preis" **andere Effekte** zu verstehen, die durch die Herstellung, Lieferung, Nutzung, Wartung und Entsorgung eines Produkts oder die Erbringung einer Dienstleistung entstehen und im Wege einer **Kosten-Wirksamkeit-Analyse** dargestellt werden. Durch die vergaberechtlichen Regelungen besonders hervorgehoben wird der in § 59 VgV näher beschriebene **Lebenszyklus-Kostenansatz**, ohne dass die Wahl dieses Ansatzes zwingend wäre.

36 **bb) Soziale Kriterien.** Bei der **Berücksichtigung sozialer Kriterien als Zuschlagskriterien** wird es häufig darum gehen, dass die Leistung inhaltlich den Bedürfnissen bestimmter sozialer Gruppen gerecht wird – s. das Bsp. der behindertengerechten Ausgestaltung der Leistung, das in § 58 Abs. 2 S. 2 Nr. 1 VgV ausdr. genannt ist. Dabei handelt es sich um soziale Anforderungen, die die zu beschaffende Leistung unmittelbar charakterisieren und die in technischen Spezifikationen vorgesehen werden können (Erwgr. 99 der VRL). Anders als nach der früheren VKR, können zwar **soziale Kriterien auch als technische Spezifikationen** verwendet werden, soweit es um den Prozess oder die spezifische Methode zur Erfüllung des Auftrags geht.[58] Dies dürfte allerdings nicht der Fall sein für die sozialen Bedingungen der Produktion und Distribution zu liefernder Waren betreffende Zuschlagskriterien, zB die Beachtung der ILO-Kernarbeitsnormen.[59] Dies ändert jedoch nichts daran, dass die frühere Auffassung, dass Gesichtspunkte, die sich auf die **Beschäftigungsbedingungen im Unternehmen** des Bieters oder seiner Lieferanten beziehen, mangels Auftragsbezugs nicht als Zuschlagskriterien berücksichtigt werden können,[60] durch das Havelaar-Urteil des EuGH und Art. 67 Abs. 2 VRL korrigiert ist.

37 Weitere Beispiele für soziale Zuschlagskriterien können als handelsbezogenes Zuschlagskriterium bspw. sein, dass die betreffende Ware aus **fairem Handel** stammt –

Verg 20/13, IBRRS 2013, 4933 = VergabeR 2014, 198 (202), Unzulässigkeit der Gewichtung des Preises mit 95 %; krit. hierzu Kulartz/Scholz VergabeR 2014, 109 (111).

[54] OLG Düsseldorf 22.11.2017 – VII-Verg 16/17, NZBau 2018, 248 Rn. 42.
[55] BT-Drs. 18/6281, 112.
[56] BT-Drs. 18/6281, 112.
[57] IE RKPP/Wiedemann § 127 Rn. 55.
[58] Glaser, Zwingende Mindeststandards bei der Vergabe öffentlicher Aufträge, 2015, S. 42 f.; Latzel NZBau 2014, 673 (675).
[59] Germelmann GewArch 2016, 100 (104); Latzel NZBau 2014, 673 (675).
[60] So schon für die früheren Vergaberichtlinien Bungenberg, Vergaberecht im Wettbewerb der Systeme, 2007, S. 304; Hegele, Soziale Kriterien bei der Vergabe öffentlicher Aufträge, 2005, S. 18; Mohr VergabeR 2009, 543 (548); Ölcüm, Die Berücksichtigung sozialer Belange im öffentlichen Auftragswesen, 2009, S. 238; Varga VergabeR 2009, 535 (540 f.).

einschl. des Erfordernisses, Erzeugern einen Mindestpreis und einen Preisaufschlag zu zahlen (Erwgr. 97 der VRL) –, Kriterien, die den Schutz der Gesundheit der bei der Produktion zu liefernder Waren eingesetzten Arbeitskräfte betreffen (Erwgr. 99 der VRL), Maßnahmen zur Förderung der sozialen Integration benachteiligter Personen (Erwgr. 93 der VRL), etwa die Beschäftigung von Langzeitarbeitslosen oder die Durchführung von Ausbildungsmaßnahmen (Erwgr. 99 der VRL), oder die Beachtung von Mindestarbeitsbedingungen wie etwa der ILO-Kernarbeitsnormen. Zu sozialen Kriterien auch → VgV § 58 Rn. 19.

cc) Ökologische Kriterien. Beispiele für die Einbeziehung von **umweltrelevanten Gesichtspunkten** über die Zuschlagskriterien sind Anforderungen an das Emissionsverhalten der zu beschaffenden Ware oder ihre ökologische Qualität, wenn zB eine Dachkonstruktion in einer mit bestimmten Bepflanzungen begrünten Weise ausgeführt werden soll,[61] die Recyclingfähigkeit der gelieferten Ware, die Vorgabe, zur Herstellung der betreffenden Ware keine giftigen Stoffe zu verwenden, das Kriterium, die konkret bestellte Ware ressourcen- bzw. energieeffizient zu produzieren und Abfall zu minimieren (vgl. Erwgr. 97 der VRL), die Anforderung, dass der zu liefernde Kaffee aus ökologischem Landbau stammen soll[62], oder das Kriterium, **Strom aus erneuerbaren Energien** zu liefern, wobei es der EuGH als unerheblich angesehen hat, ob das Kriterium zur Erreichung des Ziels, zur Erhöhung der Mengen aus erneuerbaren Energieträgern erzeugten Stroms beizutragen, überhaupt geeignet war.[63] Dazu iE auch → VgV § 58 Rn. 20. 38

Allerdings dürften sich aus dem letztgenannten Wienstrom-Urt. auch die Grenzen der Berücksichtigung produktionsbezogener Umweltanforderungen ergeben. Denn die Zulässigkeit des genannten Kriteriums scheiterte dann bei der Prüfung des **Zusammenhangs mit dem Gegenstand des Auftrags**, bezog sich doch das Zuschlagskriterium nicht auf die Lieferung der Menge Strom des iRd ausgeschriebenen Auftrags zu erwartenden jährlichen Verbrauchs, sondern auf die Mengen, die die Bieter anderen Abnehmern als dem Auftraggeber geliefert haben oder zu liefern beabsichtigen.[64] Nicht spezifisch auf den Auftragsgegenstand bezogene Merkmale oder Verhaltensweisen des Bieters, etwa eine umweltfreundliche Bauweise des Produktionsstandorts oder die Erreichung einer bestimmten Produktionsquote als umweltfreundlich eingeschätzter Güter, weisen den erforderlichen Auftragsbezug nicht auf.[65] Anderes gilt aber etwa für die Favorisierung von auf eine ortsnahe Entsorgung abstellenden Abfallentsorgungskonzepten, um aus ökologischen Gründen eine Reduzierung der bei der Anlieferung durch LKWs entstehenden Transportemissionen zu erreichen.[66] Ergänzend dazu → VgV § 58 Rn. 21. 39

dd) Qualitative und weitere Kriterien. Unter den weiteren Aspekten, die als Zuschlagskriterien berücksichtigt werden können, hebt § 127 Abs. 1 S. 4 GWB qualitative Gesichtspunkte besonders hervor. Erwgr. 92 der VRL betont, dass öffentliche Auftraggeber „zur Wahl von Zuschlagskriterien ermutigt werden (sollen), mit denen sie qualitativ hochwertige Bauleistungen, Lieferungen und Dienstleistungen erhalten können, die ihren Bedürfnissen optimal entsprechen". Dies mag zwar als Hinweis darauf gewertet werden können, dass der EU-Richtliniengeber einen **Qualitätswettbewerb als wesentlich** für die Erreichung der mit den Vergaberichtlinien verfolgten Ziele ansieht. Dagegen lässt sich hieraus **kein Optimierungsgebot** der- 40

---

[61] Weitere Beispiele bei Steiff VergabeR 2009, 290 (294).
[62] EuGH 10.5.2012 – C-368/10, NZBau 2012, 445 Rn. 61 – Max Havelaar.
[63] EuGH 4.12.2003 – C-448/01, NVwZ 2004, 201 Rn. 32 ff., 53.
[64] EuGH 4.12.2003 – C-448/01, NVwZ 2004, 201 Rn. 66 ff.
[65] Krohn NZBau 2004, 92 (95).
[66] OLG Frankfurt a. M. 29.3.2018 – 11 Verg 16/17, NZBau 2018, 498 Rn. 60.

GWB § 127

gestalt entnehmen, dass der öffentliche Auftraggeber gehalten wäre, qualitative Zuschlagskriterien bevorzugt zu berücksichtigen.

41 Neben der Qualität eines zu liefernden Produkts kann ein qualitätsbezogenes Zuschlagskriterium bspw. auch die **Qualität von Prozessen,** zB die Ausgestaltung von Risikomanagementsystemen, sein.[67] Als qualitatives Zuschlagskriterium können ausweislich § 58 Abs. 2 S. 2 Nr. 2 VgV in den dort genannten Grenzen auch die **Qualifikation und Erfahrung des eingesetzten Personals** zählen[68] (dazu und zu weiteren qualitativen Aspekten → VgV § 58 Rn. 27 ff.). Der frühere generelle Ausschluss der Verwendung bieterbezogener Zuschlagskriterien, auch wenn diese die fachliche Qualifikation der Bieter betreffen,[69] ist bereits unter der Geltung der VKR vom EuGH relativiert worden. Danach kann die Ermittlung des besten Preis-Leistungs-Verhältnisses in Abhängigkeit von der Art des öffentlichen Auftrags zentral von der beruflichen Qualifikation der den Auftrag ausführenden Personen determiniert werden.[70] Dies gilt jedenfalls dann, wenn die betreffende Leistung einen „intellektuellen Charakter" betrifft,[71] ohne hierauf beschränkt zu sein.[72] Zu beachten ist, dass auch für sich ein auf die Qualifikation des Personals beziehendes Zuschlagskriterium gem. § 127 Abs. 3 S. 1 GWB ein Auftragsbezug erforderlich ist. Hat das Kriterium bspw. den Eindruck, den das vorgesehene Projektteam des Bieters während einer Angebotspräsentation hinterlässt, zum Gegenstand, so kann ein Auftragsbezug nur darin bestehen, dass Gegenstand der beauftragten Leistung auch Präsentationen, Vorträge etc sein sollen.[73]

42 **f) Zuschlagskriterien bei Nebenangeboten.** § 127 Abs. 4 S. 2 GWB enthält eine Regelung für die Konstellation, dass der öffentliche Auftraggeber gem. § 35 Abs. 1 S. 1 VgV Nebenangebote zulässt. In diesem Fall müssen die Zuschlagskriterien so festgelegt werden, dass sie **sowohl auf Haupt- als auch auf Nebenangebote anwendbar** sind. Insoweit ist zunächst zu beachten, dass die Begriffe Haupt- und Nebenangebot nicht legal definiert sind. Diesbzgl. ist auf die zu § 35 VgV zu entwickelnden Grundsätze zu rekurrieren (→ VgV § 35 Rn. 1 f.). Die Bestimmung des § 127 Abs. 4 S. 2 GWB soll sicherstellen, dass zusätzlich zu den gem. § 35 Abs. 2 S. 1 VgV für Nebenangebote festzulegenden Mindestanforderungen keine weiteren nebenangebotsspezifischen Zuschlagskriterien verwendet werden, die die Vergleichbarkeit der eingereichten Angebote gefährden könnten[74] (iE → VgV § 35 Rn. 15 ff.).

43 **g) Zuschlagskriterium oder Ausführungsbedingung.** Verschiedene Aspekte, die der öffentliche Auftraggeber im Zuge der Beschaffung verwirklicht sehen möchte, insbes. ökologische oder soziale Gesichtspunkte, lassen sich häufig **sowohl als Zuschlagskriterien iSv § 127 GWB oder als Ausführungsbedingungen** gem. § 128 Abs. 2 GWB fassen. Daher kommt der Überlegung, welche der beiden Möglichkeiten in concreto gewählt werden soll, beträchtliche Bedeutung zu (zu den dabei leitenden Kriterien → § 128 Rn. 36 ff.).

---

[67] Vgl. Begr. des Entwurfs der VgV, http://www.forum-vergabe.de/fileadmin/user_upload/Rechtsvorschriften/Referentenentwurf_Verordnungen_11.11.2015/Referentenentwurf_Verordnungen_gesamt_11.11.2015.pdf, S. 190.

[68] Dazu Rosenkötter NZBau 2015, 609 ff.

[69] S. noch EuGH 24.1.2008 – C-532/06, EuZW 2008, 187 Rn. 30 – Lianakis; 12.11.2009 – C-199/07, NZBau 2010, 120 Rn. 55 – ERGA OSE; OLG Düsseldorf 28.4.2008 – VII-Verg 1/08, BeckRS 2008, 15517 = VergabeR 2008, 948 (951 f.); 14.1.2009 – VII-Verg 59/08, NZBau 2009, 398 (399).

[70] EuGH 26.3.2015 – C-601/13, NZBau 2015, 312 Rn. 31 – Ambisig Ambiente.

[71] *EuGH 26.3.2015* – C-601/13, NZBau 2015, 312 Rn. 32 – Ambisig Ambiente.

[72] OLG Celle 2.2.2021 – 13 Verg 8/20, BeckRS 2021, 1036 Rn. 54.

[73] VK Südbayern 28.10.2021 – 3194.Z3-3-01-21-27, NZBau 2022, 489 Rn. 67 f.

[74] Müller-Wrede GWB/Müller-Wrede § 127 Rn. 187.

3. Transparenzanforderungen

§ 127 Abs. 5 GWB verlangt, dass sowohl die **Zuschlagskriterien als auch deren** 44 **Gewichtung** in der Auftragsbekanntmachung oder den Vergabeunterlagen angegeben werden müssen. Dabei muss die Nennung der Zuschlagskriterien so klar gefasst sein, „dass alle durchschnittlich fachkundigen Bieter sie bei Anwendung der üblichen Sorgfalt in gleicher Weise auslegen können".[75] Die Bieter müssen aus der Bekanntmachung erkennen können, wann ihr Angebot welchen **Zielerreichungsgrad** für die einzelnen Zuschlagskriterien aufweist.[76] Sofern eine Differenzierung durch die Vergabe von Punkten für den durch das jew. Angebot erreichten Erfüllungsgrad erfolgt, muss für die Bieter klar sein, unter welchen Voraussetzungen welcher Punktwert erreicht wird.[77] EU-rechtlich nicht geboten ist allerdings die Transparentmachung der **Bewertungsmethode,** anhand derer der öffentliche Auftraggeber die Angebote anhand der Zuschlagskriterien und deren Gewichtung konkret bewertet, sofern diese Bewertungsmethode zu keiner materiellen Änderung der Zuschlagskriterien oder ihrer Gewichtung führt.[78] Die Einzelheiten regelt § 58 Abs. 3 VgV. Zu den Transparenzanforderungen iE → VgV § 58 Rn. 32.

III. Auswahl des wirtschaftlichsten Angebots

1. Begriff des wirtschaftlichsten Angebots

Wie § 97 Abs. 5 GWB aF bestimmt § 127 Abs. 1 S. 1 GWB, dass der Zuschlag 45 auf das wirtschaftlichste Angebot erteilt wird. Wie Erwgr. 89 der VRL verdeutlicht, ist jedoch zu beachten, dass der Begriff des wirtschaftlichsten Angebots nach früherem und der nach neuem Recht **nicht vollständig identisch** sind. Aus diesem Grund wird zur Konkretisierung in § 127 Abs. 1 S. 3 GWB der Begriff des besten Preis-Leistungs-Verhältnisses verwendet.

2. Bestes Preis-Leistungs-Verhältnis

Zur Ermittlung, welches Angebot mit Blick auf die festgelegten Zuschlagskrite- 46 rien das beste Preis-Leistungs-Verhältnis bietet, ist eine **Relationierung** des für die zu beschaffende Leistung zu zahlenden Preises bzw. der durch sie entstehenden Kosten einerseits mit dem Grad der Erfüllung der durch den öffentlichen Auftraggeber festgelegten Zuschlagskriterien andererseits vorzunehmen[79] (iE → VgV § 58 Rn. 3 ff.). Mit welcher Methode der Preis in Relation zu den übrigen Zuschlagskriterien gesetzt wird, dh in **welcher Weise der Preis „umgerechnet"** wird, unterliegt dem Bestimmungsrecht des öffentlichen Auftraggebers.[80]

IdR läuft diese Relationierung nicht als Rechenautomatismus ab, sondern 47 erfolgt im Wege der in § 127 Abs. 1 S. 2 GWB vorgesehenen **Wertung durch den öffentlichen Auftraggeber.** Allerdings ist diese Wertung nicht in die Beliebigkeit des Auftraggebers gestellt, sondern hat sich an die im Vorhinein festgelegten

---

[75] EuGH 12.3.2015 – C-538/1, NZBau 2015, 306 Rn. 54 – eVigilo; 14.7.2016 – C-6/15, BeckRS 2016, 81516 = VergabeR 2016, 721 Rn. 23 – Dimarso; OLG Karlsruhe 31.1.2014 – 15 Verg 10/13, BeckRS 2014, 14223 = VergabeR 2014, 598 (605).

[76] Vgl. OLG Brandenburg 28.3.2017 – 6 Verg 5/16, ZfBR 2017, 505 (507).

[77] OLG Düsseldorf 16.12.2015 – VII-Verg 25/15, BeckRS 2016, 2641 = VergabeR 2016, 487 (490).

[78] EuGH 14.7.2016 – C-6/15, BeckRS 2016, 81516 = VergabeR 2016, 721 Rn. 27, 32 – Dimarso.

[79] BT-Drs. 18/6281, 111.

[80] OLG Düsseldorf 2.5.2018 – VII-Verg 3/18, NZBau 2018, 779 Rn. 33.

und bekanntgemachten Zuschlagskriterien und deren Gewichtung (§ 127 Abs. 5 GWB) zu halten. Der öffentliche Auftraggeber muss mithin eine **Skalierung der Wertungskriterien** vornehmen und die Zuordnung für die Einordnung von Angeboten in dieser Wertungsskala festlegen.[81] Dies kann auch in der Form erfolgen, dass die Bewertung der nichtpreislichen Kriterien durch Zuordnung zu einer Notenstufe („**Schulnoten**") und der entspr. Zuordnung eines Punktwerts erfolgt, selbst wenn sich aus den Vergabeunterlagen nicht ersehen lässt, welche Gesichtspunkte für die Zuordnung zu einer Notenstufe in concreto maßgebend sein sollen.[82] Unter Transparenzgesichtspunkten erforderlich ist allerdings, dass die Bieter die zentralen Erwartungen des öffentlichen Auftraggebers an den Leistungsgegenstand aus den Vergabeunterlagen erkennen können.[83] Die Einzelheiten regelt § 58 Abs. 3 VgV (→ VgV § 58 Rn. 37 ff.).

48   Der Auftraggeber hat ein weites Ermessen bei der Auswahl des Verfahrens zur Ermittlung des wirtschaftlichsten Angebots.[84] Bei der Prüfung und Bewertung, welches der **Angebote das wirtschaftlichste** ist, ist dem öffentlichen Auftraggeber ein **Beurteilungsspielraum** eingeräumt.[85] Die Nachprüfungsinstanzen können diese Entscheidung daher nur auf die Grenzen der Einhaltung des Spielraums, mithin daraufhin kontrollieren, ob das vorgeschriebene Verfahren eingehalten sowie von einem zutreffend und vollständig ermittelten Sachverhalt ausgegangen worden ist, keine sachwidrigen Erwägungen in die Entscheidung eingeflossen und allgemeingültige Bewertungsmaßstäbe beachtet worden sind.[86] Der Kontrolle der Nachprüfungsinstanzen mit Ausnahme einer Missbrauchskontrolle, die auch eine Aushöhlung von Zuschlagskriterien durch faktische Bedeutungslosigkeit einzelner Zuschlagskriterien umfasst,[87] entzogen ist das Gewicht, das der Auftraggeber den verschiedenen Wirtschaftlichkeitskriterien zuweist.[88] Fehlgewichtungen sind insoweit erst dann korrigierbar, wenn sich die Unangemessenheit des gewählten Beurteilungsmaßstabs einem wirtschaftlich denkenden Betrachter aufdrängt.

IV. Rechtsschutz

49   § 127 GWB ist **bieterschützend,** Verstöße können im Nachprüfungsverfahren angegriffen werden. Für die Prüfungstiefe der Nachprüfungsinstanzen sind aller-

---

[81] BT-Drs. 18/6281, 111.
[82] BGH 4.4.2017 – X ZB 3/17, NZBau 2017, 366 Rn. 39.
[83] BGH 4.4.2017 – X ZB 3/17, NZBau 2017, 366 Rn. 46.
[84] OLG Düsseldorf 8.2.2017 – Verg 31/16, ZfBR 2017, 718 Rn. 15; Roth NZBau 2011, 75 (78).
[85] BGH 8.11.1984 – VII ZR 51/84, NJW 1985, 1466; 6.2.2002 – X ZR 185/99, NZBau 2002, 344 (345); OLG Brandenburg 28.3.2017 – 6 Verg 5/16, ZfBR 2017, 505 (508); OLG Celle 12.1.2012 – 13 Verg 8/11, BeckRS 2012, 1227 = VergabeR 2012, 514 (516); 11.6.2015 – 13 Verg 4/15, BeckRS 2015, 11003 = VergabeR 2015, 689 (698); 11.9.2018 – 13 Verg 4/18, NZBau 2019, 208 Rn. 13; OLG Düsseldorf 24.2.2005 – Verg 88/04, IBRRS 2005, 0986; OLG Koblenz 2.10.2012 – 1 Verg 4/12, BeckRS 2012, 21296 = VergabeR 2013, 270 (275 f.); OLG München 7.4.2011 – Verg 5/11, ZfBR 2011, 585 (592); 26.2.2021 – Verg 14/20, NZBau 2021, 698 Rn. 71; OLG Rostock 16.5.2001 – 17 W 1/01 u. 17 W 2/01, NZBau 2002, 170 (171); aM BGH 17.2.1999 – X ZR 101/97, NJW 2000, 137 (139 f.); 26.10.1999 – X ZR 30/98, NZBau 2000, 35 (37); Goede VergabeR 2002, 347 (349 f.).
[86] OLG Düsseldorf 24.2.2005 – Verg 88/04, IBRRS 2005, 0986; OLG München 7.4.2011 – Verg 5/11, ZfBR 2011, 585 (592); 26.2.2021 – Verg 14/20, NZBau 2021, 698 Rn. 71; OLG Celle 11.6.2015 – 13 Verg 4/15, BeckRS 2015, 11003 = VergabeR 2015, 689 (698); 11.9.2018 – 13 Verg 4/18, NZBau 2019, 208 Rn. 13.
[87] OLG Düsseldorf 28.6.2017 – VII-Verg 24/17, BeckRS 2017, 119936 Rn. 16.
[88] OLG Düsseldorf 3.3.2010 – Verg 48/09, ZfBR 2013, 287 (289).

dings die bestehenden Beurteilungsspielräume des öffentlichen Auftraggebers (→ Rn. 6 ff.; → Rn. 12, 48) zu beachten.

§ 128 Auftragsausführung

(1) Unternehmen haben bei der Ausführung des öffentlichen Auftrags alle für sie geltenden rechtlichen Verpflichtungen einzuhalten, insbesondere Steuern, Abgaben und Beiträge zur Sozialversicherung zu entrichten, die arbeitsschutzrechtlichen Regelungen einzuhalten und den Arbeitnehmerinnen und Arbeitnehmern wenigstens diejenigen Mindestarbeitsbedingungen einschließlich des Mindestentgelts zu gewähren, die nach dem Mindestlohngesetz, einem nach dem Tarifvertragsgesetz mit den Wirkungen des Arbeitnehmer-Entsendegesetzes für allgemein verbindlich erklärten Tarifvertrag oder einer nach § 7, § 7a oder § 11 des Arbeitnehmer-Entsendegesetzes oder nach § 3a des Arbeitnehmerüberlassungsgesetzes erlassenen Rechtsverordnung für die betreffende Leistung verbindlich vorgegeben werden.

(2) [1]Öffentliche Auftraggeber können darüber hinaus besondere Bedingungen für die Ausführung eines Auftrags (Ausführungsbedingungen) festlegen, sofern diese mit dem Auftragsgegenstand entsprechend § 127 Absatz 3 in Verbindung stehen. [2]Die Ausführungsbedingungen müssen sich aus der Auftragsbekanntmachung oder den Vergabeunterlagen ergeben. [3]Sie können insbesondere wirtschaftliche, innovationsbezogene, umweltbezogene, soziale oder beschäftigungspolitische Belange oder den Schutz der Vertraulichkeit von Informationen umfassen.

Literatur: Bonitz, Die vergaberechtliche Zulässigkeit von Landesmindestlohnvorgaben, NZBau 2016, 418; Faber, Die verfassungs- und europarechtliche Bewertung von Tariftreue- und Mindestentgeltregelungen in Landesvergabegesetzen, NVwZ 2015, 257; Frenz, Die Tariftreueentscheidung im europäischen Rechtssystem, VergabeR 2009, 563; Gabriel/Bärenbrinker, Der „No Spy"-Erlass des Bundesinnenministeriums: Resümee nach 1,5 Jahren Anwendung und Ausblick für die weitere Praxis, VergabeR 2016, 166; Germelmann, Das Mindestlohngesetz des Bundes und seine Auswirkungen auf das Vergaberecht der Länder, NordÖR 2015, 413; Germelmann, Mindestlöhne und ILO-Kernarbeitsnormen: Kernprobleme und Perspektiven sozialer Sekundärziele im Vergaberecht, GewArch 2016, 60, 100; Pfannkuch, Landesrechtlicher vergabespezifischer und bundesweiter Mindestlohn im Vergabeverfahren, VergabeR 2015, 631; Reichling/Scheumann, Durchführung von Vergabeverfahren (Teil 3); Zuschlagskriterien und Ausführungsbedingungen, GewArch 2016, 332; Rödl, Bezifferte Mindestentgeltvorgaben im Vergaberecht, EuZW 2011, 292; Schnieders, EuGH „Bundesdruckerei" – Vorbote neuen Ungemachs für die deutsche Tariftreuegesetzgebung?, VergabeR 2015, 136; Schwabe, Forderung nach sozialversicherungspflichtigem Personal im Vergabeverfahren?, NZBau 2013, 753; Siegel, Mindestlöhne im Vergaberecht und der EuGH, EuZW 2016, 101; Tugendreich, Mindestlohnvorgaben im Kontext des Vergaberechts, NZBau 2015, 395. Vgl. iÜ die Angaben bei § 97 GWB unter Nr. 2.

Übersicht

	Rn.
I. Bedeutung der Vorschrift und Wirkung von Ausführungsbedingungen	1
II. Verpflichtung zur Rechtstreue (Abs. 1)	4
1. Reichweite	4
2. Insbesondere Arbeitnehmerschutzvorschriften	12
III. Weitere Ausführungsbedingungen (Abs. 2)	18
1. Zulässigkeit der Ausführungsbedingung	20

GWB § 128

Auftragsausführung

	Rn.
a) Bezug zum Auftragsgegenstand	23
b) Effektive Überprüfbarkeit?	27
2. Sicherung der Beachtung der Bedingung	28
3. Nachweis der Beachtung der Ausführungsbedingung	29
4. Beispiele	32
5. Fassung als Zuschlagskriterium oder Ausführungsbedingung?	36
IV. Rechtsschutz	40

I. Bedeutung der Vorschrift und Wirkung von Ausführungsbedingungen

1   Wie schon § 97 Abs. 4 S. 2 GWB aF enthält § 128 GWB eine Regelung für die **Beachtung bestimmter Anforderungen durch das beauftragte Unternehmen** bei der Ausführung des Auftrags. Die Vorschrift, durch die die Art. 18 Abs. 2 VRL, Art. 70 VRL, Art. 36 Abs. 2 SRL, Art. 87 SRL, Art. 30 Abs. 3 KVR in deutsches Recht umgesetzt werden, gilt für öffentliche Aufträge und über § 152 Abs. 4 GWB auch für Konzessionen.

2   Die besonderen Bedingungen für die Ausführung eines Auftrags iSv § 128 GWB beziehen sich auf die **Phase nach Zuschlagserteilung.** Erwgr. 104 der VRL **definiert** die Bedingungen für die Auftragsausführung folgendermaßen:

> „Die Bedingungen für die Auftragsausführung dienen der Festlegung konkreter Anforderungen bezüglich der Ausführung des Auftrags. Anders als Zuschlagskriterien, die die Grundlage für eine vergleichende Bewertung der Qualität von Angeboten bilden, sind Bedingungen für die Auftragsausführung festgelegte, objektive Anforderungen, von denen die Bewertung von Angeboten unberührt bleibt. Bedingungen für die Auftragsausführung sollten mit dieser Richtlinie vereinbar sein, sofern sie nicht unmittelbar oder mittelbar eine Diskriminierung bewirken und sie mit dem Auftragsgegenstand in Zusammenhang stehen; dazu gehören alle Faktoren, die mit dem konkreten Prozess der Herstellung, Bereitstellung oder Vermarktung zusammenhängen. Dies schließt Bedingungen in Bezug auf die Ausführung des Auftrags mit ein, jedoch nicht Anforderungen in Bezug auf eine allgemeine Unternehmenspolitik."

3   § 128 GWB unterscheidet **zwei verschiedene Formen von Anforderungen** zur Berücksichtigung bei der Auftragsausführung: Nach Abs. 1 haben die Unternehmen bei der Ausführung des Auftrags alle für sie geltenden rechtlichen Verpflichtungen einzuhalten. Diese Verpflichtung ergibt sich bereits unmittelbar aus den einschlägigen Rechtsnormen, so dass Abs. 1 nur deklaratorisch wirkt. Demgegenüber müssen die Ausführungsbedingungen iSv § 128 Abs. 2 GWB durch den öffentlichen Auftraggeber (konstitutiv) in Form einer Vertragsbedingung in das Vergabeverfahren eingeführt werden. Darüber hinaus eröffnet § 129 GWB dem Bundesgesetzgeber und den Landesgesetzgebern die Möglichkeit, den öffentlichen Auftraggebern durch Gesetz die Verwendung bestimmter Ausführungsbedingungen verbindlich vorzuschreiben.

II. Verpflichtung zur Rechtstreue (Abs. 1)

1. Reichweite

4   Durch § 128 Abs. 1 GWB werden die Unternehmen dazu verpflichtet, bei der Ausführung des öffentlichen Auftrags **alle für sie geltenden rechtlichen Verpflichtungen einzuhalten.** Die in der Norm vorgenommene Aufzählung von einzuhaltenden Vorschriften ist nicht abschl. („insbesondere"). Wenngleich die

Regelung **rein deklaratorisch** wirkt, weil die auftragsausführenden Unternehmen ohnehin zur Befolgung des für sie geltenden Rechts verpflichtet sind, war ihr Erlass zur Umsetzung von Art. 18 Abs. 2 VRL erforderlich.

Ob allerdings die – durch Art. 18 Abs. 2 VRL nicht gebotene – Konstruktion 5 als Verweis auf die **allg. Rechtsbefolgungspflicht der Unternehmen** in vollem Umfang der Ratio der unionsrechtlichen Vorschrift entspricht, ist zumindest zweifelhaft. Ausweislich der Begründung des Entwurfs des VergModG erfolgt „die Sicherstellung der Einhaltung dieser Vorschriften ... dabei über Vorgaben in den einzuhaltenden Regelungen selbst, da diese bereits spezielle Sanktionsmechanismen (wie etwa Straf- oder Bußgeldtatbestände, besondere Ausschlussgründe für künftige Vergabeverfahren, Einrichtung besonderer Kontrollbehörden etc.) enthalten".[1] Demgegenüber verweist Erwgr. 39 der VRL zur Konkretisierung der „geeigneten Maßnahmen" der Mitgliedstaaten iSv Art. 18 Abs. 2 VRL auf die Einführung der gesetzlichen Verpflichtungen durch Auftragserfüllungsklauseln in das Vergabeverfahren. Denn hierdurch in Kombination mit geeigneten Sicherungsmaßnahmen (→ Rn. 28) würde der öffentliche Auftraggeber (und nicht eine zur allg. Durchsetzung der betreffenden Rechtsnormen zuständige Behörde) noch während des laufenden Auftrags (und nicht erst für künftige Auftragsvergaben) Konsequenzen ziehen können. Im Ergebnis muss es daher den öffentlichen Auftraggebern offenstehen, auch die rechtlichen Verpflichtungen iSd § 128 Abs. 1 GWB **zusätzlich in Form von Ausführungsbedingungen** gem. § 128 Abs. 2 GWB einzuführen und zu sichern.[2]

Noch gravierender ist das **Umsetzungsdefizit** hinsichtl. des Art. 18 Abs. 2 Var. 2 6 VRL. Nach dieser unionsrechtlichen Vorgabe haben die Mitgliedstaaten geeignete Maßnahmen zu treffen, damit die Unternehmen bei der Ausführung öffentlicher Aufträge auch die Verpflichtungen einhalten, die durch die in Anh. X der VRL aufgeführten internationalen umwelt-, sozial- und arbeitsrechtlichen Vorschriften festgelegt sind. Bei den Vorschriften nach Anh. X der VRL handelt es sich um die sog. Kernarbeitsnormen der Internationalen Arbeitsorganisation (ILO) und weitere völkerrechtliche Übereinkommen:

– ILO-Übereinkommen Nr. 87 über die Vereinigungsfreiheit und den Schutz des Vereinigungsrechtes;
– ILO-Übereinkommen Nr. 98 über die Anwendung der Grundsätze des Vereinigungsrechtes und des Rechtes zu Kollektivverhandlungen;
– ILO-Übereinkommen Nr. 29 über Zwangs- oder Pflichtarbeit;
– ILO-Übereinkommen Nr. 105 über die Abschaffung der Zwangsarbeit;
– ILO-Übereinkommen Nr. 138 über das Mindestalter für die Zulassung zur Beschäftigung;
– ILO-Übereinkommen Nr. 111 über die Diskriminierung in Beschäftigung und Beruf;
– ILO-Übereinkommen Nr. 100 über die Gleichheit des Entgelts männlicher und weiblicher Arbeitskräfte für gleichwertige Arbeit;
– ILO-Übereinkommen Nr. 182 über das Verbot und unverzügliche Maßnahmen zur Beseitigung der schlimmsten Formen der Kinderarbeit;
– Wiener Übereinkommen zum Schutz der Ozonschicht und das im Rahmen dieses Übereinkommens geschlossene Montrealer Protokoll über Stoffe, die zum Abbau der Ozonschicht führen;
– Basler Übereinkommen über die Kontrolle der grenzüberschreitenden Verbringung gefährlicher Abfälle und ihrer Entsorgung;
– Stockholmer Übereinkommen über persistente organische Schadstoffe;

---

[1] BT-Drs. 18/6281, 113.
[2] Ebenso BeckOK VergabeR/Gabriel/Bärenbrinker GWB § 128 Rn. 12.

– UNEP/FAO-Übereinkommen v. 10.9.1998 über das Verfahren der vorherigen Zustimmung nach Inkenntnissetzung für bestimmte gefährliche Chemikalien sowie Pflanzenschutz- und Schädlingsbekämpfungsmittel im internationalen Handel (PIC-Übereinkommen) und seine drei regionalen Protokolle.

7 Der deutsche Gesetzgeber hat **spezifische Regelungen** zur Erfüllung dieses Auftrags mit Blick auf die Einhaltung der Verpflichtungen aus den in Anh. X der VRL genannten Normen **für nicht erforderlich gehalten,** da er die Beachtung dieser Normengruppe durch § 128 Abs. 1 GWB sichergestellt sieht. Da insbes. die ILO-Kernarbeitsnormen „vollständig in das deutsche Recht sowie die Rechtsordnungen der EU-Mitgliedstaaten umgesetzt" seien, sei ein auf Art. 18 Abs. 2 Var. 2 VRL hinweisender Verweis entbehrlich.[3] Damit dürfte der deutsche Gesetzgeber dem Ansatz des Art. 18 Abs. 2 Var. 2 VRL nicht vollständig gerecht geworden sein. Um die Bedeutung dieser Regelung auszuloten, ist es notwendig, sich mit der **räumlichen Reichweite** der Sicherung der aus den in Anh. X der VRL genannten Normen fließenden Verpflichtungen auseinanderzusetzen. Diese Übereinkommen sind in der Tat von allen EU-Mitgliedstaaten ratifiziert und durch nationales Recht umgesetzt worden. Würde es nur darum gehen, die Einhaltung dieser Vorschriften auf dem Gebiet der Mitgliedstaaten zu sichern, wäre Art. 18 Abs. 2 Var. 2 VRL überflüssig. Denn die Einhaltung der in den Mitgliedstaaten geltenden europäischen und nationalen Regelungen wird durch Art. 18 Abs. 2 Var. 1 VRL ohnehin vorgegeben. Soll der zusätzliche Hinweis auf die Einhaltung der Verpflichtungen aus den in Anh. X der VRL genannten Normen eine eigenständige Funktion haben, so muss er einen weitergehenden Gehalt haben. Dieser Gehalt liegt darin, dass in öffentlichen Beschaffungsprozessen, die im Anwendungsbereich der EU-Vergaberichtlinien erfolgen, keine Leistungen oder Produkte beschafft werden sollen, bei deren Erbringung, Herstellung oder Lieferung **gegen die in Anh. X der VRL genannten Normen verstoßen** worden ist – und zwar unabhängig davon, ob der Verstoß innerhalb oder außerhalb der EU erfolgte.[4]

8 Etwas anderes ließe sich auch nicht aus dem Wort „geltenden" in der Weise entnehmen, dass außerhalb der EU die Übereinkommen nach Anh. X der VRL für ein bietendes Unternehmen aus einem Drittstaat oder dessen Zulieferer eben gerade nicht „gelten", wenn der betreffende Drittstaat die Übereinkommen nicht ratifiziert hat. Die in Anh. X der VRL genannten Übereinkommen gelten als völkerrechtliche Übereinkommen nie unmittelbar für einzelne Unternehmen. Art. 18 Abs. 2 VRL ist eine an die Mitgliedstaaten adressierte Vorschrift. Es dürfte den Regelungsgehalt des Art. 18 Abs. 2 VRL am besten treffen, die Vorschrift als **Verpflichtung der Mitgliedstaaten zur Durchsetzung des darin genannten Rechts** unterschiedlichen Charakters zu verstehen, wobei ihnen hinsichtl. der Auswahl der betreffenden Maßnahmen ein Entscheidungsspielraum zukommt.[5] Erforderlich ist allerdings, dass die ausgewählten Maßnahmen die genannten Bestimmungen effektiv durchzusetzen vermögen.

9 Die durch den deutschen Gesetzgeber vorgenommene Umsetzung der Verpflichtungen aus der VRL verfehlt mithin den Auftrag des Art. 18 Abs. 2 Var. 2 VRL. Insoweit bedarf es einer **richtlinienkonformen Auslegung** der vergaberechtlichen Vorschriften, um der Anforderung des Art. 18 Abs. 2 Var. 2 VRL Rechnung zu tragen.[6]

---

[3] Begr. des RegE eines Gesetzes zur Modernisierung des Vergaberechts, BT-Drs. 18/6281, 113.

[4] Ebenso Glaser, Zwingende Mindeststandards bei der Vergabe öffentlicher Aufträge, 2015, S. 25; Summa VergabeR 2016, 147 (150).

[5] Glaser, Zwingende Mindeststandards bei der Vergabe öffentlicher Aufträge, 2015, S. 27 ff.

[6] Beispiele bei Ziekow, Faires Beschaffungswesen in Kommunen und die Kernarbeitsnormen, 5. Aufl. 2016, S. 50 ff.

Sieht man vom Sonderfall der in Anh. X der VRL genannten völkerrechtlichen Normen ab, so sind ausweislich der Erwgr. 37, 38 der VRL vom Auftragnehmer diejenigen Vorschriften zu beachten, die am **Ort der Ausführung der Bauleistungen oder der Erbringung der Dienstleistungen** gelten. Dies ist bei Dienstleistungen der Ort der Erbringung der charakteristischen Leistungen, also bspw. bei von Call Centern erbrachten Dienstleistungen der Ort der Leistungserbringung, nicht hingegen der Ort, für den die Dienstleistungen bestimmt sind. Zusätzlich soll nach der Begründung des Entwurfs des VergModG bei reinen Lieferaufträgen idR der Ort der Leistungserfüllung (Anlieferung, Übersendung der Ware), also idR der Sitz des öffentlichen Auftraggebers maßgebend sein.[7] Dies ist jedoch nur insoweit zutreffend, wie sich die zu beachtenden Vorschriften auf Eigenschaften der Ware selbst beziehen. Soweit es um die Beachtung von Sozialstandards oder Umweltstandards bei der Produktion geht, sind die am Ort der Herstellung geltenden Vorschriften zu beachten.

Generelle Voraussetzung für die Beachtlichkeit der nach diesen Maßgaben zu ermittelnden einzuhaltenden Vorschriften ist die **Vereinbarkeit dieser Vorschriften mit dem Unionsrecht,** insbes. mit Gleichbehandlungs- und Transparenzgrundsatz. Gleiches gilt für die Art und Weise der Anwendung der Vorschriften im konkreten Fall (Erwgr. 37 der VRL).

2. Insbesondere Arbeitnehmerschutzvorschriften

Unter den vom Auftragnehmer bei der Auftragsausführung zu beachtenden Vorschriften hebt § 128 Abs. 1 GWB besonders die Bestimmungen über **Mindestarbeitsbedingungen** sowie über das **Mindestentgelt** nach dem MiLoG, nach einem gem. TVG mit den Wirkungen des AEntG für allgemein verbindlichen Tarifvertrag oder nach einer auf der Grundlage von §§ 7, 7a AEntG oder § 11 AEntG bzw. einer nach § 3a AÜG erlassenen Rechtsverordnung hervor.

In seinen Urt. v. 3.4.2008 in der Sache Rüffert,[8] v. 18.9.2014 in der Sache Bundesdruckerei[9] und v. 17.11.2015 in der Sache RegioPost[10] hatte der EuGH Gelegenheit, die **Wirkungsweise der Grundfreiheiten** am Beispiel der sog. Tariftreueerklärung und der Verpflichtung zur Zahlung von Mindestentgelten zu verdeutlichen.

Der **Rüffert-Entscheidung** lag ein Vorlagebeschluss des OLG Celle zugrunde, der eine Vorschrift des nds. Landesvergabegesetzes betraf. Diese Vorschrift sah vor, dass Bauaufträge nur an Unternehmen vergeben werden durften, die sich bei der Angebotsabgabe schriftlich verpflichteten, ihren Arbeitnehmern bei der Ausführung der Leistungen mindestens das am Ort der Ausführung tarifvertraglich vorgesehene Entgelt zu bezahlen. Neben Fragen der Entsenderichtlinie[11] wandte sich das Urt. des Gerichtshofs zentral der Auslegung des Art. 49 EGV (= Art. 56 AEUV) zu. Es bewertete das Erfordernis der Zahlung von Tariflöhnen als Beschränkung der Dienstleistungsfreiheit, weil es den in einem anderen Mitgliedstaat, in dem die Mindestlohnsätze niedriger als in Deutschland sind, niedergelassenen Leistungserbringern eine zusätzliche wirtschaftliche Belastung auferlegt, die geeignet ist, die Erbringung ihrer Dienstleistungen in Deutschland zu unterbinden, zu behindern oder weniger attraktiv zu machen.[12] Eine Rechtfertigung dieser Beschränkung kam

---

[7] BT-Drs. 18/6281, 113.
[8] EuGH 3.4.2008 – C-346/06, BeckRS 2008, 70379 = VergabeR 2008, 478.
[9] EuGH 18.9.2014 – C-549/13, NZBau 2014, 647 – Bundesdruckerei.
[10] EuGH 17.11.2015 – C-115/14, NZBau 2016, 46 – RegioPost.
[11] RL 96/71/EG des Europäischen Parlaments und des Rates v. 16.12.1996 über die Entsendung von Arbeitnehmern im Rahmen der Erbringung von Dienstleistungen, ABl. 1997 L 18, 1.
[12] EuGH 3.4.2008 – C-346/06, BeckRS 2008, 70379 = VergabeR 2008, 478 Rn. 37.

nach Auffassung des Gerichtshofs nicht in Betracht: Da die Vorschrift des Landesvergabegesetzes **nur für öffentliche, nicht aber für private Aufträge** und damit nur für einen Teil der Bautätigkeit galt und der Tarifvertrag nicht für allgemein verbindlich erklärt worden war, diente die Beschränkung nicht dem Ziel des Arbeitnehmerschutzes und ebenso wenig der Gewährleistung des Schutzes der autonomen Ordnung des Arbeitslebens durch Koalitionen.[13] Darüber hinaus sei die Regelung nicht erforderlich, um eine erhebliche Gefährdung des finanziellen Gleichgewichts des Systems der sozialen Sicherheit zu verhindern.[14] Dieser EU-rechtlichen Unzulässigkeit kann auch nicht dadurch ausgewichen werden, dass der Auftraggeber den Bietern die Kalkulationsvorgabe macht, für die Laufzeit des Vertrages mit den Tariflöhnen zu kalkulieren.[15]

15   Im Urt. des EuGH in der **Sache Bundesdruckerei** ging es um eine Vorschrift des nrw Tariftreue- und Vergabegesetzes, die eine Vergabe von öffentlichen Aufträgen nur an solche Unternehmen zuließ, die sich bei der Angebotsabgabe durch Erklärung ggü. dem öffentlichen Auftraggeber schriftlich verpflichteten, ihren Beschäftigten bei der Ausführung der Leistung ein Mindeststundenentgelt mindestens des in dem Gesetz genannten Betrags zu zahlen. Der Gerichtshof wies zunächst darauf hin, dass es sich zwar möglicherweise um eine im Vergaberecht vorgesehene Ausführungsbedingung zur Realisierung sozialer Aspekte handele, diese aber nur zulässig sei, wenn sie mit dem europäischen Recht vereinbar sei.[16] Des Weiteren bestätigte der Gerichtshof nunmehr auch für die Pflicht zur Zahlung der am Sitz des öffentlichen Auftraggebers geltenden vergaberechtlichen Mindestentgelte die im Rüffert-Urt. für Tariflöhne vorgenommene Bewertung, dass hierdurch die Leistungserbringung für in einem anderen Mitgliedstaat mit niedrigerem Lohnniveau ansässige Unternehmen weniger attraktiv werden könnte und es sich deshalb um eine Beschränkung der Dienstleistungsfreiheit handelt.[17] Da auch diese Regelung nur für die Vergabe öffentlicher Aufträge, nicht aber für alle Arbeitnehmer in dem betreffenden Mitgliedstaat galt, sah sie der EuGH nicht als geeignet zur Erreichung der Ziele des Arbeitnehmerschutzes und der Stabilität sozialer Systeme an.[18]

16   Diese Rspr. hat der EuGH in seinem Urt. in der **Sache RegioPost**[19] dahingehend weiterentwickelt, dass ein für alle Vergaben öffentlicher Aufträge in einem Bundesland als Ausführungsbedingung zu beachtender Mindestlohn, der nicht über die in anderen Rechtsvorschriften vorgeschriebenen Mindestlöhne hinausgeht, ein Mindestmaß an sozialen Schutz gewährleistet und daher mit dem EU-Recht vereinbar ist.[20]

17   Die **Vergabegesetze der Länder** enthalten weitere Regelungen zur Beachtung von Arbeitnehmerschutzstandards. So werden die Auftraggeber häufig dazu verpflichtet, Aufträge nur an Unternehmen zu vergeben, die den Mindestlohn oder den jew. Tariflohn (§ 9 Abs. 1 BerlAVG; § 6 Abs. 2 BbgVergG; §§ 9 ff. BremTtVG; § 3 Abs. 1 und 2 HmbVgG; § 4 HVTG; § 4 Abs. 1 NTVergG; § 2 TVgG NRW; §§ 3 und 4 LTTG RLP; § 3 Abs. 1, 2 SaarlTFLG; § 11 Abs. 1 TVergG LSA; § 10 Abs. 1 ThürVgG), mindestens aber einen bezifferten Mindestlohn (§ 9 Abs. 1 Nr. 3 BerlAVG; § 6 Abs. 2 BbgVergG; § 9 BremTtVG; § 9 Abs. 4 VgG MV; § 3 LTTG RLP; § 3 Abs. 5 SaarlTFLG iVm § 1 MiLoG; § 4 Abs. 1 VergG SchlH) zu zahlen.

---

[13] EuGH 3.4.2008 – C-346/06, BeckRS 2008, 70379 = VergabeR 2008, 478 Rn. 39 ff.
[14] EuGH 3.4.2008 – C-346/06, BeckRS 2008, 70379 = VergabeR 2008, 478 Rn. 42.
[15] AM OLG Düsseldorf 14.11.2012 – VII-Verg 42/12, BeckRS 2013, 2327 = VergabeR 2013, 723.
[16] EuGH 18.9.2014 – C-549/13, NZBau 2014, 647 Rn. 28 – Bundesdruckerei.
[17] EuGH 18.9.2014 – C-549/13, NZBau 2014, 647 Rn. 30 – Bundesdruckerei; ebenso 17.11.2015 – C-115/14, NZBau 2016, 46 Rn. 69 – RegioPost.
[18] EuGH 18.9.2014 – C-549/13, NZBau 2014, 647 Rn. 31 ff. – Bundesdruckerei.
[19] EuGH 17.11.2015 – C-115/14, NZBau 2016, 46 – RegioPost.
[20] EuGH 17.11.2015 – C-115/14, NZBau 2016, 46 Rn. 74 ff. – RegioPost.

Dabei handelt es sich nicht um Mindestlohnbestimmungen iSv § 128 Abs. 1 GWB, sondern um Anforderungen, die als Ausführungsbedingungen nach § 128 Abs. 2 GWB in das Vergabeverfahren eingebracht werden müssen.[21] Weder § 128 Abs. 1 noch das MiLoG sperren die Anwendung dieser Vorschriften.[22] Ob allerdings über den nach dem MiLoG geltenden Mindestlohn hinausgehende, nur für die Vergabe öffentlicher Aufträge geltende Mindestlöhne mit den vom EuGH entwickelten Grundsätzen vereinbar sind, ist unsicher.[23]

III. Weitere Ausführungsbedingungen (Abs. 2)

§ 128 Abs. 2 GWB ermöglicht es dem öffentlichen Auftraggeber, **besondere Bedingungen für die Ausführung eines Auftrags** festzulegen, sofern bestimmte Voraussetzungen erfüllt sind (→ Rn. 20 ff.). Wie § 128 Abs. 2 S. 2 GWB verdeutlicht, kann es sich dabei insbes. – aber nicht nur – um Ausführungsbedingungen handeln, die sich auf wirtschaftliche, innovationsbezogene, umweltbezogene, soziale oder beschäftigungspolitische Aspekte oder den Schutz der Vertraulichkeit von Informationen beziehen. 18

Regelungstechnisch handelt es sich bei den zusätzlichen Bedingungen für die Auftragsausführung um **Vertragsbedingungen**.[24] Sofern in der Auftragsbekanntmachung oder den Vergabeunterlagen auf den Inhalt der Vertragsbedingung und die Notwendigkeit, sich zu deren Einhaltung zu verpflichten, hingewiesen wird, kann vom Bieter verlangt werden, sich vor Zuschlagserteilung dazu zu verpflichten, die Vertragsbedingung zu akzeptieren. Unterlässt der Bieter die Abgabe einer solchen Erklärung, so greift – nach Nachforderung – der **Ausschlussgrund** des § 57 Abs. 1 Nr. 2 VgV, § 16a EU S. 4 VOB/A ein,[25] wobei das Ausschlussermessen wegen des Verstoßes gegen den Gleichbehandlungsgrundsatz auf Null reduziert ist.[26] Zweckmäßig dürfte es sein, die Abgabe der **Erklärung mit Einreichung des Angebots** zu verlangen. Keineswegs handelt es sich bei dem Verlangen auf Abgabe einer Verpflichtungserklärung um ein EU-rechtlich unzulässiges indirektes Eignungskriterium.[27] Vielmehr wäre es widersinnig, die Ausführungsbedingung in der Bekannt- 19

---

[21] OLG Düsseldorf 15.7.2015 – VII-Verg 11/15, NZBau 2016, 55 (58).

[22] Für das MiLoG VK Rheinland-Pfalz 23.2.2015 – VK 1–39/14, BeckRS 2015, 15439.

[23] Für Vereinbarkeit etwa Bonitz NZBau 2016, 418 (420); Schnieders VergabeR 2015, 136 (140 f.); aM etwa Germelmann NordÖR 2015, 413 (419 f.); Kainer NZA 2016, 394 (400).

[24] Interpretierende Mitteilung der Kommission über die Auslegung des gemeinschaftlichen Vergaberechts und die Möglichkeiten zur Berücksichtigung sozialer Belange bei der Vergabe öffentlicher Aufträge v. 15.10.2001, ABl. 2001 C 333, 27, Ziff. 1.6; OLG Düsseldorf 25.6.2014 – VII-Verg 39/13, BeckRS 2014, 16549 = VergabeR 2014, 803 (805); 15.7.2015 – VII-Verg 11/15, NZBau 2016, 55 (58).

[25] VK Baden-Württemberg 29.1.2010 – 1 VK 73/09, BeckRS 2010, 16213 = VergabeR 2010, 713 (716); vgl. EuGH 17.11.2015 – C-115/14, NZBau 2016, 46 Rn. 87 – RegioPost.

[26] Interpretierende Mitteilung der Kommission über die Auslegung des gemeinschaftlichen Vergaberechts und die Möglichkeiten zur Berücksichtigung sozialer Belange bei der Vergabe öffentlicher Aufträge v. 15.10.2001, ABl. 2001 C 333, 27, Ziff. 1.6; Europäische Kommission, Sozialorientierte Beschaffung, 2011, S. 43; für einen zwingenden Ausschluss bei mangelnder Akzeptierung der Ausführungsbedingung auch die Begr. des Entwurfs eines Gesetzes zur Modernisierung des Vergaberechts, BT-Drs. 18/6281, 113; OLG Düsseldorf 29.1.2014 – Verg 28/13, BeckRS 2014, 4285 = VergabeR 2014, 416 (420); 25.6.2014 – VII-Verg 39/13, BeckRS 2014, 16549 = VergabeR 2014, 803 (805); 15.7.2015 – VII-Verg 11/15, NZBau 2016, 55 (58); van den Eikel, Die zulässige Implementierung „vergabefremder" Kriterien im europäischen Vergaberecht, 2006, S. 307.

[27] AM Bungenberg, Vergaberecht im Wettbewerb der Systeme, 2007, S. 305.

machung oder den Vergabeunterlagen angeben zu müssen, dann jedoch eine entspr. Selbstverpflichtung nicht verlangen zu dürfen und den Zuschlag ggf. einem Bieter erteilen zu müssen, der zur Erfüllung der Ausführungsbedingung überhaupt nicht bereit ist.

1. Zulässigkeit der Ausführungsbedingung

20 Ausführungsbedingungen sind nur solche Bedingungen, die sich auf den **Prozess der Erbringung der Lieferung oder Leistungserbringung** in Erfüllung des erteilten Auftrags beziehen. Sie dürfen also nicht die Eignung des Bieters oder die Kriterien zur wertenden Auswahl aus mehreren Angeboten betreffen.

21 Ob und wenn ja welche Ausführungsbedingungen er den Unternehmen vorgeben will, steht grds. im **Ermessen des Auftraggebers,** das seine Grenzen insbes. in den unionsrechtlichen Vorgaben des Gleichbehandlungsgrundsatzes findet. So dürfen Ausführungsbedingungen nicht so gefasst werden, dass sie von einheimischen Bietern leichter erfüllt werden können als von Bietern aus anderen Mitgliedstaaten. Die Ausführungsbedingungen müssen bereits **in der Auftragsbekanntmachung oder den Vergabeunterlagen benannt** werden, damit alle Bieter die gleiche Chance zur Prüfung haben, ob sie diese Bedingungen bei der Auftragsausführung einhalten können und was dies für die Kalkulation ihres Angebots bedeutet.

22 Da das Erfordernis der Einhaltung von Ausführungsbedingungen eine **Beschränkung der Grundfreiheiten,** insbes. der Warenverkehrsfreiheit (Art. 34 AEUV) bzw. der Dienstleistungsfreiheit (Art. 56 AEUV), darstellt, muss es sich an dem hierdurch aufgestellten Maßstab messen lassen.[28] Diesbezüglich stellt sich die Frage, ob aus den Entscheidungen des EuGH, insbes. dem Rüffert-Urt. (→ Rn. 14), abzuleiten ist, dass eine Einbeziehung von Ausführungsbedingungen nur dann gerechtfertigt sein kann, wenn gleichzeitig eine entspr. Beachtung der verfolgten Ziele für private Beschaffungsprozesse verbindlich vorgegeben würde. Doch dürfte ein solches Verständnis die Reichweite der Entscheidungen des EuGH überdehnen. Denn in den vom Gerichtshof entschiedenen Fällen war zur Rechtfertigung der Beschränkung allein auf den Schutz von Interessen durch nationale Systeme des Arbeitnehmerschutzes und der sozialen Sicherheit rekurriert worden. Insoweit verlangt der EuGH ein konsistentes Schutzsystem. Dementsprechend anders zu beurteilen werden Konstellationen sein, in denen die betreffenden sozialen Gesichtspunkte solche sind, die nahezu ausschl. auf die Beachtung völkerrechtlicher Regelungen in anderen Staaten zielen. In diesen Fällen besteht – anders als bei der Tariftreue – nicht die Gefahr, dass die verfolgten Schutzinteressen iErg zu einer partiellen Marktabschottung führen.[29]

23 **a) Bezug zum Auftragsgegenstand.** § 128 Abs. 2 S. 1 GWB hebt explizit die bereits nach der bisherigen Rspr. des EuGH zu beachtende Anforderung hervor, dass die in concreto einzuhaltende Ausführungsbedingung in **Verbindung mit dem Auftragsgegenstand** stehen muss und hierfür die für § 127 Abs. 3 GWB geltenden Maßstäbe (→ § 127 Rn. 15 ff.) entspr. heranzuziehen sind. Ausweislich Erwgr. 104 der VRL ist diese Verbindung zum Auftragsgegenstand für „alle Faktoren (gegeben), die mit dem konkreten Prozess der Herstellung, Bereitstellung oder Vermarktung zusammenhängen. Dies schließt Bedingungen in Bezug auf die Ausführung des Auftrags mit ein, jedoch nicht Anforderungen in Bezug auf eine allgemeine Unternehmenspolitik". Auf die **allg. Betriebsorganisation** zielende Anforderungen lassen sich auf § 128 Abs. 2 GWB nicht stützen. Es könnte also nicht verlangt werden – wie jetzt auch § 128 Abs. 1 GWB klarstellt –, dass das Unternehmen sich allgemein tariftreu verhält, sondern nur, dass bei der Ausführung des Auftrags Tariflöhne

---

[28] EuGH 17.11.2015 – C-115/14, NZBau 2016, 46 Rn. 56 ff. – RegioPost.
[29] IErg ebenso Germelmann GewArch 2016, 60 (65).

gezahlt werden.³⁰ Entsprechendes gilt bspw. für eine allg. Quotierung von Führungspositionen für Frauen oder eine **Mindestquote** von Ausbildungsplätzen.³¹ Derartige allg. Anforderungen an Unternehmen lassen sich mit Mitteln des Vergaberechts überhaupt nicht verfolgen. Verlangt werden könnte nur, dass bei der Ausführung des Auftrags eine bestimmte Quote Auszubildender zum Einsatz kommt, bestimmte Leitungsfunktionen von Frauen bekleidet werden oder andere Personengruppen beschäftigt werden.³²

Für die Berücksichtigung von **Umweltaspekten** als Ausführungsanforderungen 24 gilt nichts anderes. Eine Limitierung seiner Gesamtemissionen kann einem Unternehmen auch nicht als Ausführungsanforderung vorgegeben werden, wohl aber zB Grenzwerte, die von der **einzurichtenden Baustelle** zur Ausführung eines Bauauftrags nicht überschritten werden dürfen.

Während unter der Rechtslage der früheren europäischen Vergabekoordinierungs- 25 richtlinie für Aufträge über die Lieferung bereits vorhandener Waren der **Prozess der Produktion dieser Waren** als Ausführungsbedingung nicht mehr einbeziehbar war, so dass etwa für die Lieferung von Waren aus Lagerbeständen des Bieters eine auf die Beachtung der ILO-Kernarbeitsnormen bezogene Erklärung nicht mehr in Ausführung des Auftrags gefordert werden konnte,³³ hat sich diese Rechtslage unter der VRL von 2014 geändert. Erwgr. 97 der VRL hebt nunmehr explizit hervor, dass sich die Einbeziehung sozialer Überlegungen in das Vergabeverfahren als Ausführungsbedingung auf jedes „Lebenszyklus-Stadium von der Gewinnung der Rohstoffe für die Ware bis zur Entsorgung der Ware Gebrauch" beziehen kann. Hieraus wird man ableiten können, dass auch **Produktions- und Distributionsschritte vor Erteilung des konkreten Auftrags** in der Weise als Ausführungsbedingung gefasst werden können, dass der Bieter nachweist bzw. erklärt, dass bei Herstellung bzw. Handel die betreffende Ausführungsbedingung, zB die ILO-Kernarbeitsnormen, beachtet worden ist.³⁴

Einen **weitergehenden Gehalt** dergestalt, dass die „Vergabestelle ... gute, sachli- 26 che Gründe" für die Aufnahme der Ausführungsbedingung haben muss³⁵ oder die Ausführungsbedingung geeignet sein muss, die Qualität der Leistungserbringung zu verbessern,³⁶ hat das Erfordernis des Auftragsbezugs nicht. Dies stellt nunmehr die Begründung zu § 128 Abs. 2 GWB ausdr. klar: „Einer gesonderten Begründung des öffentlichen Auftraggebers für die Vorgabe von Auftragsbedingungen bedarf es nicht."³⁷ So besteht für die Ausführungsbedingung, bestimmte Personengruppen – zB sozialversicherungspflichtig Beschäftigte – einzusetzen, der Bezug zum Auftragsgegenstand bereits darin, dass dieser Einsatz gerade bei der Erfüllung des Auftrags erfolgen muss. Eines zusätzlichen inhaltlichen Zusammenhangs zur Qualität der Leistung bedarf es nicht.³⁸ An dem erforderlichen Auftragsbezug fehlt es allerdings, wenn der Auftragnehmer anlässlich der Auftragserfüllung eine Geldleistung an den

---

³⁰ So schon OLG Düsseldorf 30.12.2010 – Verg 24/10, BeckRS 2011, 1266 = ZfBR 2011, 294 (297).

³¹ Kühling/Huerkamp VergabeR 2010, 545 (547).

³² AM Kühling/Huerkamp VergabeR 2010, 545 (548).

³³ Vgl. von diesem Kommentar die 2. Aufl. 2013, → GWB § 97 Rn. 148.

³⁴ Ebenso Krönke VergabeR 2017, 101 (116 f.). Für die ILO-Kernarbeitsnormen OLG Düsseldorf 25.6.2014 – VII-Verg 39/13, BeckRS 2014, 16549 = VergabeR 2014, 803 (806); die Verhältnismäßigkeit bezweifelnd hingegen Burgi NZBau 2015, 597 (600).

³⁵ So Diemon-Wies VergabeR 2010, 317 (320 f.).

³⁶ So OLG Düsseldorf 17.1.2013 – VII-Verg 35/12, BeckRS 2013, 4079 = VergabeR 2013, 605 (607).

³⁷ BT-Drs. 18/6281, 114.

³⁸ AM OLG Düsseldorf 17.1.2013 – VII-Verg 35/12, BeckRS 2013, 4079 = VergabeR 2013, 605 (607).

Auftraggeber erbringen soll, die mit der ausgeschriebenen Leistung inhaltlich nicht zusammenhängt.[39]

27 **b) Effektive Überprüfbarkeit?** Entgegen anders lautenden Stimmen[40] sind die Grundsätze des EuGH zur **effektiven Überprüfbarkeit** der Erfüllung eines Zuschlagskriteriums (→ § 127 Rn. 26 ff.) nicht auf die Ausführungsbedingungen übertragbar.[41] Das Erfordernis der effektiven Kontrolle der Beachtung der Zuschlagskriterien soll die Vergleichbarkeit der Angebote und die Gleichbehandlung der Bieter sicherstellen. Ein Zuschlagskriterium, dessen Erfüllung nicht kontrollierbar ist, ist keine geeignete Grundlage einer Differenzierung. Diese Differenzierungsentscheidung ist hingegen für die Ausführungsbedingungen nicht zu treffen, deren Erfüllung der Auswahlentscheidung vielmehr nachgelagert ist.[42] Hier muss sich der Auftraggeber im Vergabeverfahren von vornherein darauf beschränken, das iRd Beachtung des Grundsatzes der Verhältnismäßigkeit zulässige höchstmögliche Maß an Gewissheit über die Erfüllung der Ausführungsbedingung zu erlangen.

2. Sicherung der Beachtung der Bedingung

28 Vor der Zuschlagserteilung stehen der ausschreibenden Stelle ggü. einem Bieter, der die geforderte Erklärung, dass er bei der Auftragsausführung die zusätzlichen Anforderungen beachten wird, abgegeben hat, keine weiteren **Handlungsoptionen** offen. Ausnahmen gelten nur in den Fällen, in denen der Bieter in einem früheren Verfahren eine falsche Erklärung zur Beachtung von zusätzlichen Anforderungen abgegeben hat und hierdurch seine Eignung für künftige Aufträge in Frage steht.[43] Häufig werden sich Hinweise darauf, dass der Bieter, den der Zuschlag erhalten hat, entgegen seiner Erklärung nicht die Beachtung der Ausführungsbedingung sicherstellt, erst nach Zuschlagserteilung oder sogar nach Leistungsbeginn ergeben. Insoweit sollte darauf geachtet werden, dass der Vertrag ein angemessenes **Instrumentarium zur Sanktionierung von Verstößen** vorsieht, etwa Vertragsstrafen und/oder Kündigungsrechte.

3. Nachweis der Beachtung der Ausführungsbedingung

29 Für die Praxis der Implementation von Ausführungsbedingungen in Beschaffungsprozesse von zentraler Bedeutung ist die Frage, in welcher Weise die Bieter die Erfüllung des betreffenden Kriteriums zu belegen haben. Hierfür stehen dem öffentlichen Auftraggeber grds. **zwei Formen von Nachweisen,** die der Bieter beizubringen hat, zur Verfügung:

- die Vorlage eines Gütezeichens iSv Art. 43 VRL, § 34 VgV, § 7a EU Abs. 6 VOB/A oder
- der Nachweis in anderer Weise.

---

[39] OLG Koblenz 29.11.2012 – 1 Verg 6/12, BeckRS 2012, 24558 = VergabeR 2013, 229 (234).

[40] Stellungnahme des RiOLG Summa zum Entwurf des VergModG, BT-Ausschuss für Wirtschaft und Technologie, Ausschuss-Drs. 16(9)1171 S. 6; Burgi NZBau 2015, 597 (600); Diemon-Wies/Graiche NZBau 2009, 409 (413); Kühling/Huerkamp VergabeR 2010, 545 (551).

[41] VK Münster 21.1.2015 – VK 18/14, VPRRS 2015, 0419; Latzel NZBau 2014, 673 (680); offen gelassen OLG Düsseldorf 29.1.2014 – Verg 28/13, BeckRS 2014, 4285 = VergabeR 2014, 416 (421).

[42] So ausdr. EuGH 7.9.2021 – C-927/19, BeckRS 2021, 25124 = VergabeR 2022, 23 Rn. 89.

[43] OLG Düsseldorf 29.1.2014 – Verg 28/13, BeckRS 2014, 4285 = VergabeR 2014, 416 (420); 25.6.2014 – VII-Verg 39/13, BeckRS 2014, 16549 = VergabeR 2014, 803 (805); 15.7.2015 – VII-Verg 11/15, NZBau 2016, 55 (58).

Die Auswahl, welche Form des Nachweises er verlangt, steht grds. im **Ermessen** 30
des Auftraggebers. Es gibt keine Pflicht des öffentlichen Auftraggebers, als Nachweis für die Einhaltung einer Ausführungsbedingung die **Vorlage eines Gütezeichens** zu fordern.

Verzichtet der öffentliche Auftraggeber auf eine Nachweisführung durch Vorlage 31
eines Gütezeichens, so kann er dem Bieter aufgeben, die Einhaltung der Ausführungsbedingung in anderer, ausdr. benannter und zumutbarer Weise nachzuweisen. Die Begründung des Entwurfs des VergModG weist ausdr. darauf hin, es bleibe „dem öffentlichen Auftraggeber unbenommen, sich die Einhaltung der Ausführungsbedingungen bei Angebotsabgabe durch eine **gesonderte Erklärung seitens des Bieters** oder Bewerbers zusichern zu lassen".[44] Unverhältnismäßig ist es, wenn der Bieter schon zum Zeitpunkt der Angebotsabgabe endgültig nachweisen muss, dass er zB aufgrund seiner Ausrüstung die Ausführungsbedingungen wird erfüllen können. Denn die zur Erfüllung der Ausführungsbedingungen erforderlichen Mittel müssen ihm nicht schon zu diesem Zeitpunkt, sondern erst dann zur Verfügung stehen, wenn er **mit der Ausführung des Auftrags beginnt.** Insoweit muss sich der öffentliche Auftraggeber zum Zeitpunkt der Angebotsabgabe mit einer Verpflichtungserklärung des Bieters begnügen.[45]

4. Beispiele

§ 128 Abs. 2 S. 3 GWB nennt als mögliche Kriterien, die als Ausführungsbedin- 32
gungen in das Vergabeverfahren eingeführt werden, wirtschaftliche, innovationsbezogene, umweltbezogene, soziale und beschäftigungspolitische Belange sowie den Schutz der Vertraulichkeit von Informationen. Ausweislich des Wortlauts („insbesondere") ist die **Zusammenstellung nicht enumerativ** zu verstehen.

Als Beispiele für **umweltbezogene Ausführungsbedingungen** lassen sich nennen 33
- die Nichtverwendung von giftigen Stoffen bei der Herstellung der bestellten Ware (Erwgr. 97 der VRL);
- die Bereitstellung der beauftragten Dienstleistungen unter Einsatz energieeffizienter Maschinen (Erwgr. 97 der VRL);
- ökologische Anforderungen an den Prozess der Lieferung einer Ware und an deren Verpackung und deren Entsorgung oder an den Prozess der Erbringung von Bau- oder Dienstleistungen (Erwgr. 98 der VRL), zB in Gestalt einer Begrenzung der von einer Baustelle ausgehenden Lärmemissionen;
- ein Emissionsverhalten der zur Ausführung des Auftrags eingesetzten Fahrzeuge (Abschleppwagen), das die Einfahrt in Umweltzonen ermöglicht;[46]
- nicht jedoch Merkmale, die wie die „Beschaffung von Elektrofahrzeugen statt herkömmlicher Fahrzeuge oder die Beschaffung von Elektrogeräten mit einem niedrigen Energieverbrauch bzw. mit einer hohen Energieeffizienzklasse oder zB bei Druckern die Beschaffung von Geräten mit geringen Feinstaubemissionen"[47] die Merkmale eines Produkts betreffen, die nur über die Leistungsbeschreibung bzw. als Zuschlagskriterien bei der Vergabe berücksichtigt werden können.

Als auf die Implementation **sozialer und beschäftigungspolitischer Belange** 34
gerichtet lassen sich etwa folgende Kriterien benennen:

---

[44] BT-Drs. 18/6281, 113.
[45] OLG Düsseldorf 7.5.2014 – VII-Verg 46/13, BeckRS 2014, 14161 = VergabeR 2014, 797 (799 f.).
[46] OLG Düsseldorf 7.5.2014 – VII-Verg 46/13, BeckRS 2014, 14161 = VergabeR 2014, 797 (799).
[47] Für die Berücksichtigbarkeit als Ausführungsbedingungen hingegen BeckOK VergabeR/Gabriel/Bärenbrinker GWB § 128 Rn. 30.

GWB § 128 Auftragsausführung

- Maßnahmen zur Förderung der Gleichstellung von Frauen und Männern am Arbeitsplatz (Erwgr. 98 der VRL);
- die verstärkte Beteiligung der Frauen am Erwerbsleben (Erwgr. 98 der VRL);
- die Erfüllung der Kernarbeitsnormen der ILO (Erwgr. 98 der VRL);
- die Beschäftigung von Langzeitarbeitslosen (Erwgr. 98 der VRL);
- die Umsetzung von Ausbildungsmaßnahmen für Arbeitslose oder Jugendliche (Erwgr. 98 der VRL);
- die Einhaltung bestimmter Arbeits- und Gesundheitsschutzstandards bei der Herstellung der bestellten Ware oder Dienstleistung;
- die nicht unter § 128 Abs. 1 GWB fallenden Mindestlohnanforderungen der Landesvergabegesetze (→ Rn. 17);[48]
- die Verpflichtung, bei der Erbringung der Leistung sozialversicherungspflichtig beschäftigtes Personal einzusetzen.[49]

35 **Weitere Aspekte,** die als Ausführungsbedingungen eingeführt werden können, können ua sein
- die Vorgabe, dass der Bieter keine ihm im Zuge der Auftragserfüllung bekannt gewordenen Informationen an Dritte weitergibt;[50]
- das Verlangen, dass bei der Erfüllung des Auftrags bestimmte Lehren nicht zum Einsatz kommen, zB im Zuge der sog. Scientology-Erklärung;[51]
- die Festlegung von Qualitätsstandards (Erwgr. 90 der VRL);
- die Schulung der für die Ausführung des Auftrags eingesetzten Personen im Hinblick auf die für den betreffenden Auftrag benötigten Fähigkeiten (Erwgr. 99 der VRL);
- die Distribution der Ware unter Bedingungen, die denen eines fairen Handels entsprechen (Erwgr. 98 der VRL; → § 127 Rn. 37).

5. Fassung als Zuschlagskriterium oder Ausführungsbedingung?

36 Ob ein Kriterium im Einzelfall als Zuschlagskriterium oder als Ausführungsbedingung zu verstehen ist, richtet sich danach, wie das Kriterium **in der konkreten Ausschreibung** verwendet worden ist. Dem öffentlichen Auftraggeber steht es grds. frei, sich für die eine oder für die andere Möglichkeit zu entscheiden.[52] Allerdings ist diese Entscheidung auch erforderlich. Eine Doppelverwendung eines Kriteriums sowohl als Zuschlagskriterium als auch als Ausführungsbedingung ist unzulässig.[53]

37 Dabei ist zu beachten, dass die Verwendung eines sozialen Aspekts als **Zuschlagskriterium nicht in ja/nein-Form** erfolgen kann. Bei der Ausgestaltung als Zuschlagskriterium könnte bspw. nicht festgelegt werden, dass Angebote, die sich auf unter Verstoß gegen eine ILO-Kernarbeitsnorm hergestellte Produkte beziehen, nicht berücksichtigt werden dürfen. Denn wie Art. 67 Abs. 5 VRL deutlich macht, gehört es grds. zum Wesen der Ermittlung des wirtschaftlichsten Angebots, dass eine Gewichtung der einzelnen Zuschlagskriterien im Verhältnis zueinander vorgenommen wird. Dies kann sich bei der Verwendung eines sozialen Kriteriums als Zuschlagskriterium als Vorteil erweisen, wenn bspw. das Maß der Gewährleistung sozialer Anforderungen bewertet werden soll. In dieser Weise kann der Erfüllungsgrad sozialer Anforderungen bewertet werden. Lautet etwa das soziale Kriterium „Frauen in Führungspositionen bei Tätigkeiten mit Auftragsbezug", so kann eine

---

[48] EuGH 17.11.2015 – C-115/14, NZBau 2016, 46 Rn. 54 – RegioPost.
[49] OLG Düsseldorf 17.1.2013 – VII-Verg 35/12, BeckRS 2013, 4079 = VergabeR 2013, 605 (606).
[50] Zum sog. No spy-Erlass vgl. VK Bund 24.6.2014 – VK 2–39/14, VPRRS 2014, 0443 = ZfBR 2014, 787 (791); Gabriel/Bärenbrinker VergabeR 2016, 166 ff.
[51] Dazu Roth/Erben NZBau 2013, 409 ff.
[52] Wegener/Hahn NZBau 2012, 684 (687).
[53] AM VK Bund 14.3.2018 – VK 1–11/18, BeckRS 2018, 11201 Rn. 36 ff.

höhere Zahl von Frauen in Führungspositionen oder eine höhere Funktion innerhalb der Ebene des Führungspersonals entspr. höher gewichtet werden.

Der Umstand, dass das zu beschaffende Produkt bspw. ohne Verstoß gegen die ILO-Kernarbeitsnormen hergestellt und gehandelt worden ist, kann mithin mit einer auszuweisenden Gewichtung belegt werden und muss dann mit dieser **Gewichtung beim Zuschlag** berücksichtigt werden. Damit verbunden ist allerdings, dass sich andere Wertungskriterien in der Gewichtung gegen die „soziale Herkunft" eines Produkts durchsetzen können. So verhielt es sich auch in dem der Entscheidung des EuGH zugrunde liegenden Sachverhalt, führte doch „der Umstand, dass die zu liefernden Zutaten mit den Gütezeichen EKO und/oder MAX HAVELAAR ausgestattet seien, zur Vergabe einer bestimmten Punktzahl iRd Rangfolge der konkurrierenden Angebote für die Zuschlagserteilung".[54] Das vom EuGH zitierte Wienstrom-Urt. besagt nichts anderes, wurde doch in dem dem Urt. zugrunde liegenden Sachverhalt das Kriterium der Lieferung von Strom aus erneuerbaren Energieträgern eben gerade mit 45 % gewichtet. Dies kann die Konsequenz zeitigen, dass der Zuschlag auf das Angebot eines unter Einsatz ausbeuterischer Kinderarbeit hergestellten Produkts erteilt werden muss, weil dieses Kriterium durch das deutliche Überwiegen anderer Zuschlagskriterien weggewogen wurde. 38

Die Verwendung der Beachtung eines Aspekts als Zuschlagskriterium scheidet also immer dann aus, wenn seine Einhaltung **in jedem Fall sichergestellt** werden soll. In diesem Fall bleibt nur die Fassung als Ausführungsbedingung. 39

IV. Rechtsschutz

§ 128 Abs. 1 GWB ist nicht bieterschützend. Da der Auftragnehmer unmittelbar durch diese Vorschrift zur Einhaltung aller für sie geltenden Rechtsnormen verpflichtet wird, ohne dass diese Normen nochmals durch den öffentlichen Auftraggeber explizit benannt werden müssten, kann nicht über den Hebel des § 97 Abs. 6 iVm § 128 Abs. 1 GWB die Beachtung der gesamten Rechtsordnung durch ein konkurrierendes Unternehmen drittschutzfähig gemacht werden. 40

Schon weil die Festlegung und Einhaltung von im konkreten Auftrag festgelegten Ausführungsbedingungen für die Gleichbehandlung aller Unternehmen relevant ist, sind die Anforderungen des **§ 128 Abs. 2 GWB bieterschützend.** 41

§ 129 Zwingend zu berücksichtigende Ausführungsbedingungen

Ausführungsbedingungen, die der öffentliche Auftraggeber dem beauftragten Unternehmen verbindlich vorzugeben hat, dürfen nur aufgrund eines Bundes- oder Landesgesetzes festgelegt werden.

Literatur: Vgl. die Angaben bei § 128 GWB.

I. Bedeutung der Vorschrift

§ 129 GWB ermöglicht es, dem Bundesgesetzgeber und den Landesgesetzgebern vorzuschreiben, dass öffentliche Auftraggeber, die die entspr. bundes- oder landesrechtlichen Vorschriften anzuwenden haben, dem beauftragten Unternehmen **zwingend bestimmte Ausführungsbedingungen vorschreiben** können. Ausweislich der Begr. des Gesetzentwurfs knüpft die Regelung an den früheren § 97 1

---

[54] EuGH 10.5.2012 – C-368/10, NZBau 2012, 445 Rn. 93.

Abs. 4 S. 3 GWB an.[1] Die Vorschrift bezieht sich ausschl. auf Ausführungsbedingungen. Sie ist **nicht auf Eignungs- oder Zuschlagskriterien anwendbar**.

2 Zur **Vereinbarkeit mit dem Unionsrecht** führt die Gesetzesbegr. zutreffend aus, dass es „im Gestaltungsspielraum des Auftraggebers (liege), ob und welche Ausführungsbedingungen im konkreten Vergabeverfahren bzw. bei der späteren Vertragsausführung vom Auftragnehmer beachtet werden müssen". Doch könne „aus übergeordneten politischen Erwägungen heraus das Bedürfnis entstehen, den öffentlichen Auftraggeber zu verpflichten, bestimmte Bedingungen dem Auftragnehmer obligatorisch für die Ausführung des Auftrags vorzugeben".[2] Inwieweit dieses Bedürfnis eine nicht selbst in den EU-Vergaberichtlinien vorgesehene Obligatorischerklärung von bestimmten Ausführungsbedingungen durch deutsche Gesetzgeber zu rechtfertigen vermag, wird nicht erläutert. Art. 70 VRL, Art. 87 SRL sind auftraggeberadressiert und stellen es dem öffentlichen Auftraggeber in der Tat frei, ob er bestimmte Ausführungsbedingungen verwenden will oder nicht. Wie der Rspr. zur Auslegung des Begriffs des wirtschaftlichsten Angebots nach den früheren Vergaberichtlinien gezeigt hat, können die durch EU-Recht **dem öffentlichen Auftraggeber konkret-individuell vorbehaltenen Entscheidungen** nicht abstrakt-generell durch den Gesetzgeber getroffen werden.[3] Diese Unterscheidung machen die geltenden EU-Vergaberichtlinien für verschiedene Entscheidungen durch die Formulierung deutlich, diese Entscheidungen könnten entweder durch den öffentlichen Auftraggeber getroffen oder diese könnten durch die Mitgliedstaaten zu einer bestimmten Entscheidung verpflichtet werden (vgl. nur Art. 57 Abs. 5 UAbs. 2 VRL).

3 Eine entspr. Ermächtigung an den mitgliedstaatlichen Gesetzgeber, die dem öffentlichen Auftraggeber vorbehaltene Entscheidung über die Verwendung von Ausführungsbedingungen an sich zu ziehen, enthalten Art. 70 VRL, Art. 87 SRL gerade nicht. Die Vereinbarkeit des § 129 GWB in seiner allg. Fassung mit den genannten Vorschriften der EU-Vergaberichtlinien muss daher als zumindest zweifelhaft bezeichnet werden. Sie hat in **unionsrechtskonformer Auslegung** (→ Einl. Rn. 9) allerdings Bedeutung für solche Ausführungsbedingungen, für die das EU-Recht eine verbindliche Vorgabe durch die Mitgliedstaaten vorschreibt oder zulässt. Die für die Praxis wichtigste Gruppe stellen die in Art. 18 Abs. 2 VRL, Art. 36 Abs. 2 SRL, Art. 30 Abs. 3 KVR genannten umwelt-, sozial- und arbeitsrechtlichen Verpflichtungen dar. Ihre Einhaltung – auch soweit sie sich auf die in Anh. X der VRL bzw. Anh. XIV der SRL bzw. Anh. X der KVR aufgeführten internationalen Übereinkommen, wie etwa die Kernarbeitsnormen der Internationalen Arbeitsorganisation (ILO-Kernarbeitsnormen), beziehen – „bei der Ausführung öffentlicher Aufträge" muss von den Mitgliedstaaten durch „geeignete Maßnahmen" durchgesetzt werden. Es liegt im mitgliedstaatlichen Ermessen, unter „geeigneten Maßnahmen" nur legislatorische Vorgaben iSv § 129 GWB zu verstehen.

4 Soweit die **Landesvergabegesetze** Verpflichtungen für die öffentlichen Auftraggeber enthalten, bestimmte Ausführungsbedingungen vorzusehen, dürften diese Vorgaben iW auf der Grundlage der vorstehend dargestellten Ableitung unionsrechtlich zulässig sein.

II. Anforderungen an bundes- bzw. landesrechtliche Regelungen

5 Nach dem unmissverständlichen Wortlaut können Ausführungsbedingungen den öffentlichen Auftraggebern **nur durch formelles Gesetz** verbindlich vorgegeben

---

[1] BT-Drs. 18/6281, 114.
[2] BT-Drs. 18/6281, 114.
[3] Vgl. nur OLG Frankfurt a. M. 5.6.2012 – 11 Verg 4/12, NZBau 2012, 719 (720 ff.).

werden. Eine Rechtsverordnung reicht insoweit ebenso wenig aus wie eine kommunale Satzung oder eine Verwaltungsvorschrift. Soweit derartige untergesetzliche Vorgaben dem Wortlaut nach verbindliche Vorgaben intendieren, sind sie als bloße Anregungen für die adressierten öffentlichen Auftraggeber zu verstehen. Für nicht erforderlich ansehen wird man hingegen eine explizite Regelung, dass die betreffenden Aspekte gerade als Ausführungsbedingungen berücksichtigt werden müssen. Ausreichend sind vielmehr Regelungen, die eine Berücksichtigung der jew. Aspekte, die jedoch **iE spezifiziert** werden müssen, bei der Vergabe vorschreiben.

Eindeutig ist, dass auch die iSv § 129 GWB durch Gesetz verbindlich vorgegebenen Ausführungsbedingungen **mit dem Auftragsgegenstand in Verbindung** stehen müssen.[4] Art. 70 VRL, Art. 87 SRL lassen insoweit keine Ausnahme zu. 6

§ 130 Vergabe von öffentlichen Aufträgen über soziale und andere besondere Dienstleistungen

(1) ¹**Bei der Vergabe von öffentlichen Aufträgen über soziale und andere besondere Dienstleistungen im Sinne des Anhangs XIV der Richtlinie 2014/24/EU stehen öffentlichen Auftraggebern das offene Verfahren, das nicht offene Verfahren, das Verhandlungsverfahren mit Teilnahmewettbewerb, der wettbewerbliche Dialog und die Innovationspartnerschaft nach ihrer Wahl zur Verfügung.** ²**Ein Verhandlungsverfahren ohne Teilnahmewettbewerb steht nur zur Verfügung, soweit dies aufgrund dieses Gesetzes gestattet ist.**

(2) **Abweichend von § 132 Absatz 3 ist die Änderung eines öffentlichen Auftrags über soziale und andere besondere Dienstleistungen im Sinne des Anhangs XIV der Richtlinie 2014/24/EU ohne Durchführung eines neuen Vergabeverfahrens zulässig, wenn der Wert der Änderung nicht mehr als 20 Prozent des ursprünglichen Auftragswertes beträgt.**

Literatur: Anders/Knöbl, In dubio pro Krankenkasse – Ausgewählte Fragestellungen aus dem Bereich der Vergabe von Arzneimittelrabattverträgen gem. § 130a Abs. 8 SGB V, VergabeR 2010, 581; Amelung/Janson, Vergabe von Rettungsdienstleistungen: Keine generelle Freistellung vom Vergaberecht, NZBau 2016, 23; Antweiler, Ausschreibungspflicht und „Bereichsausnahme" bei der Vergabe von Rettungsdienstleistungen, VergabeR 2015, 275; Baudis, Zur Frage der Anwendung des Kartellvergaberechts bei der Beschaffung von Leistungen zur medizinischen Rehabilitation durch die Deutsche Rentenversicherung, VergabeR 2022, 1; Bonhage/Ritzenhoff, Die Vergabe von Rettungsdienstleistungen, NZBau 2012, 218; Braun, Vergabe von Rettungsdienstleistungen, VergabeR 2011, 384; Burgi/Krönke, Es zählt mehr als nur der Preis – Qualität und Nachhaltigkeit sozialer Dienstleistungen, SRa 2017, 222; Csaki, Vergaberechtsfreiheit von Zulassungsverfahren?, NZBau 2012, 35; Dreher/Hoffmann, Der Auftragsbegriff nach § 99 GWB und die Tätigkeit der gesetzlichen Krankenkassen, in von Wietersheim (Hrsg.), Vergaben im Gesundheitsmarkt, 2010, S. 51; Dulle/Brakalov, Aktuelle vergaberechtliche Entwicklungen im Gesundheitssektor, NZBau 2013, 19; Engler, Die Leistungserbringung in den Sozialgesetzbüchern II, III VIII und XII im Spannungsverhältnis zum europäischen und nationalen Vergaberecht, 2010; Gabriel, Krankenkassenausschreibungen nach dem Arzneimittelmarktneuordnungsgesetz (AMNOG), VergabeR 2011, 372; Gabriel/Schulz, Nochmals: Die (Un-)Wirksamkeit nicht ausgeschriebener Rabattvereinbarungen nach der 16. AMG-Novelle, NZBau 2013, 273; Gerner, Die neue EU-Richtlinie über die öffentliche Auftragsvergabe im Bereich sozialer Dienstleistungen und deren Umsetzung in nationales Recht, NZS 2016, 492; Greb/Stenzel, Die Pflicht zur Anwendung des EU-Vergaberechts im Fall von Selektivverträgen am Beispiel der besonderen ambulanten Versorgung nach § 73c SGB V, VergabeR 2012, 409; Gyulai-Schmidt, Entwicklung der europäischen Rechtsprechung zum

---

[4] Offen gelassen in BeckOK VergabeR/Gabriel/Bärenbrinker GWB § 129 Rn. 3.

GWB § 130 Vergabe von öffentlichen Aufträgen über SABD

Vergaberecht im Bereich der Dienstleistungen von allgemeinem wirtschaftlichen Interesse, VergabeR 2012, 809; Höfer/Nolte, Das neue EU Vergaberecht und die Erbringung sozialer Leistungen, NZS 2015, 441; Kern, Vergabe juristischer Beratungsleistungen, NZBau 2012, 421; Koop, Die (Nicht-)Anwendbarkeit des neuen Vergaberechts auf Verträge nach § 21 SGB IX über die Erbringung von Rehabilitationsleistungen, NZS 2017, 103; Landsberg/Struß, Die Vergabe von Rettungsdienstleistungen, KommJur 2011, 321; Latzel, Soziale Aspekte bei der Vergabe öffentlicher Aufträge nach der Richtlinie 2014/24/EU, NZBau 2014, 673; Prieß, Die Vergabe von Rettungsdienstleistungen nach den neuen Vergaberichtlinien, NZBau 2015, 343; Probst/Tews, Ausschreibung von (nachrangigen) Sicherheitsdienstleistungen auf deutschen Flughäfen, VergabeR 2011, 818; Pruns, Öffentliche Auftraggeber im Gesundheitswesen, in von Wietersheim (Hrsg.), Vergaben im Gesundheitsmarkt, 2010, S. 29; Röbke, Hilfsmittel- und Arzneimittelrabattverträgen im Spannungsfeld zwischen GWB und dem Recht der GKV, NZBau 2010, 346; Ruthig, Vergaberechtsfreier Bevölkerungsschutz, NZBau 2016, 3; Steiff/Sdunzig, Der Eintritt der Unwirksamkeit direkt geschlossener Arzneimittelrabattverträge, NZBau 2013, 203; Stolz/Kraus, Ausschreibungspflicht von Verträgen zur hausarztzentrierten Versorgung nach § 73b Abs. 4 S. 1 SGB V, MedR 2010, 86; Stolz/Kraus, Vergabe von Rettungsdienstleistungen – welche Vorschriften sind anzuwenden?, in von Wietersheim (Hrsg.), Vergaben im Gesundheitsmarkt, 2010, S. 187; Willenbruch, Das Vergaberecht im Bereich der sozialen Dienstleistungen, dargestellt am Beispiel der Schuldnerberatung, VergabeR 2010, 395; Zimmermann, Keine Ausschreibungspflicht für Hilfsmittelverträge, NZBau 2010, 739.

I. Bedeutung der Vorschrift

1. Sonderregime

1   Die sozialen und anderen besonderen Dienstleistungen iSd Anh. XIV der RL 2014/24/EU (im Folgenden auch kurz: SABD) haben als Sonderregime das System der sog. **A- und B-Dienstleistungen** (auch: vor- und nachrangige Dienstleistungen) abgelöst, das unter der Geltung der RL 2004/18/EG[1] sowie der VOL/A,[2] der SektVO aF[3] und der VgV aF[4] noch Bestand hatte.

2   Mit diesem Systemwechsel waren einige **inhaltliche Änderungen** verbunden. So ist zunächst der Begriff der SABD[5] gegenüber demjenigen der sog. B-Dienstleistungen enger.[6] Dadurch wurde die Anzahl der Dienstleistungen reduziert, die unter das privilegierte Vergaberechtsregime (Sonderregime) fallen.[7] Aber auch die Privile-

---

[1] Art. 21 sowie Anh. II.
[2] Abschn. 2, dort § 1 EG Abs. 2 und 3 sowie Anh. I.
[3] § 4 Abs. 2 und Anh. I.
[4] § 4 Abs. 2 und Anh. I.
[5] Zum Begriff der SABD → Rn. 10 ff.
[6] Der Katalog der SABD scheint zwar umfassender als derjenige der sog. B-Dienstleistungen zu sein. So enthält der Katalog der SABD in Anh. XIV der RL 2014/24/EU bspw. insgesamt 14 Kategorien ggü. 11 Kategorien in Anh. II Teil B der RL 2004/18/EG. Zudem wurden diese Kategorien durch die Aufnahme zusätzlicher CPV-Codes inhaltlich teilweise stark erweitert (vgl. etwa die Kategorie „Dienstleistungen des Gesundheits- und Sozialwesens ..." in Anh. XIV der RL 2014/24/EU ggü. Kategorie 25 „Gesundheits-, Veterinär- und Sozialwesen" des Anh. II Teil B der RL 2004/18/EG). Tatsächlich wird aber durch den Wegfall der Kategorie „Sonstige Dienstleistungen" des Anh. II Teil B der RL 2004/18/EG als Auffangtatbestand, der sämtliche, nicht in Anh. II Teil A genannten Dienstleistungen dem Teil B zuordnete, der Anwendungsbereich des Sonderregimes jedoch eingeschränkt.
[7] Teilw. gelten für ehemalige B-Dienstleistungen aber auch andere Sonderregeln. So wird durch § 131 GWB für Personenverkehrsleitungen im Eisenbahnverkehr ein eigenes Sonderregime konstituiert.

gierungen als solche wurden – zumindest auf Ebene der Richtlinien – beschränkt. Denn anders als die RL 2004/18/EG, die in Art. 21 unter den Verfahrensvorschriften lediglich die Beachtung der Bestimmungen zu den technischen Spezifikationen (Art. 23) und zur Ex-Post-Bekanntmachung (Art. 35 Abs. 4) vorschrieb, ist in der RL 2014/24/EU in den Art. 74 ff. ein strengeres Sonderregime vorgesehen. Insbes. sind dort auch eine Ex-Ante-Bekanntmachungspflicht (Art. 75 Abs. 1) und Grundsätze für die Vergabe von Aufträgen (Art. 76)[8] geregelt.[9] Hinsichtlich der Umsetzung der Richtlinienvorschriften auf nationaler Ebene ist indessen festzustellen, dass (vor dem Hintergrund der ehemals überschießenden Umsetzung der RL 2004/18/EG) mit der Neuregelung durchaus erhebliche Erleichterungen für den Auftraggeber verbunden sind – insbes. bei der Verfahrenswahl (Abs. 1), bei Auftragsänderungen (Abs. 2), bei der Angebotswertung (vgl. etwa § 65 Abs. 5 VgV) oder bei der Fristbestimmung (vgl. § 65 Abs. 3 VgV). Die für die Praxis bedeutendste Änderung dürfte jedoch – auf europäischer wie nationaler Ebene – die Erhöhung des einschlägigen Schwellenwertes auf 750.000 Euro sein.[10]

2. Begründung

Das Sonderregime für SABD in Art. 74 ff. der RL 2014/24/EU rechtfertigt der Richtliniengeber mit deren beschränkter grenzüberschreitender Bedeutung. Insbes. personenbezogene Dienstleistungen, wie etwa bestimmte **Dienstleistungen im Sozial-, im Gesundheits- und im Bildungsbereich,** werden in einem besonderen Kontext erbracht, der sich aufgrund unterschiedlicher kultureller Traditionen in den einzelnen Mitgliedstaaten stark unterschiedlich darstellt.[11] Für öffentliche Aufträge zur Erbringung dieser Dienstleistungen soll daher eine spezifische Regelung festgelegt werden und ein höherer Schwellenwert gelten als der, der für andere Dienstleistungen gilt.[12] 3

Für die **inhaltliche Ausgestaltung dieses Sonderregimes** gibt der Richtliniengeber als Maßgabe vor, dass angesichts der Bedeutung des kulturellen Kontexts und des sensiblen Charakters der personenbezogenen Dienstleistungen den Mitgliedstaaten ein weiter Ermessensspielraum eingeräumt werden soll, damit sie die Auswahl der Dienstleister in einer Weise organisieren können, die sie für am besten geeignet erachten. Die Vorschriften in Art. 74 ff. der RL 2014/24/EU tragen diesem Erfordernis Rechnung, indem sie lediglich die **Einhaltung von Grundprinzipien der Transparenz und der Gleichbehandlung** verlangen und sicherstellen, dass die öffentlichen Auftraggeber spezifische Qualitätskriterien für die Auswahl von Dienstleistern anwenden können.[13] 4

Für **andere SABD**[14] wie Beherbergungs- und Gaststättendienstleistungen,[15] Rechtsdienstleistungen[16] und weitere Dienstleistungen, wie Rettungsdienste, Feuer- 5

---

[8] Diese Grundsätze dürften allerdings auch unter der Geltung der RL 2004/18/EG (vermittelt über deren Art. 2) ebenso für die sog. B-Dienstleistungen gegolten haben, vgl. von Wietersheim/Stolz/Kraus, Vergaben im Gesundheitsmarkt, 2010, S. 187, 197 f.

[9] Ein direkter Verweis auf die Bestimmungen zu den technischen Spezifikationen (Art. 42 RL 2014/24/EU) findet sich in der RL 2014/24/EU hingegen nicht mehr.

[10] Art. 4 lit. d RL 2014/24/EU sowie § 106 Abs. 2 Nr. 1 GWB. Der Schwellenwert für die SABD (Art. 4 lit. d RL 2014/24/EU) wurde – nachdem diese nicht dem GPA unterfallen – bislang nicht angepasst und liegt weiterhin bei 750.000 Euro.

[11] Erwgr. 114 der RL 2014/24/EU.

[12] Erwgr. 114 der RL 2014/24/EU.

[13] Erwgr. 114 der RL 2014/24/EU.

[14] Als solche im Sozial-, im Gesundheits- und im Bildungsbereich, → Rn. 3, 4.

[15] Erwgr. 115 der RL 2014/24/EU.

[16] Erwgr. 116 der RL 2014/24/EU.

GWB § 130 Vergabe von öffentlichen Aufträgen über SABD

wehrdienste und Strafvollzugsdienste,[17] stellt der Richtliniengeber ähnliche Erwägungen an. Insbes. aufgrund der allg. eingeschränkten „grenzüberschreitenden Dimension" dieser Dienstleistungen erachtet er die Schaffung eines Sonderregimes und insbes. die Geltung eines erhöhten Schwellenwerts hier ebenfalls für gerechtfertigt.

6   Diese Erwägung greift der Gesetzgeber in der Begründung zu § 130 GWB auf und stellt dabei ebenfalls insbes. auf die **eingeschränkt grenzüberschreitende Dimension** dieser oftmals personen- oder ortsgebunden Dienstleistungen ab.[18] Dabei stellt er klar, dass die von der RL 2014/24/EU in den Art. 74 ff. eröffnete Flexibilität für öffentliche Auftraggeber bei der Vergabe sozialer Dienstleistungen im GWB aufgegriffen wird.[19]

3. Systematik

7   Die Regelungen, die für die Vergabe von SABD maßgeblich sind, sind unübersichtlich über die unterschiedlichen Regelwerke verteilt. Zur Systematik dieser Regelungen ist zunächst zu beachten, dass § 130 GWB allein für die Vergabe von öffentlichen Dienstleistungsaufträgen iSd § 103 Abs. 1, 4 GWB gilt. Für die Vergabe von Dienstleistungskonzessionen iSv § 105 GWB Abs. 1 Nr. 2 GWB ist hingegen **§ 153 GWB** einschlägig.

8   Für die Vergabe öffentlicher Aufträge durch öffentliche Auftraggeber iSd § 99 GWB wird § 130 GWB durch die **§§ 64–66 VgV** ergänzt. Für die Vergabe von öffentlichen Aufträgen durch Sektorenauftraggeber gem. § 100 GWB ist hingegen neben § 130 GWB[20] die Bestimmung in **§ 39 SektVO** zu beachten.[21] Der Schwellenwert für Vergaben von öffentlichen Aufträgen nach § 130 GWB folgt aus **§ 106 Abs. 2 Nr. 1 GWB** iVm Art. 4 lit. d RL 2014/24/EU und beträgt 750.000 Euro.[22] Für Aufträge über SABD, deren Auftragswert unterhalb dieses Schwellenwertes liegt, gilt **§ 49 UVgO**. Für die Vergabe von Dienstleistungskonzessionen über SABD gilt ergänzend zu § 153 GWB auch **§ 22 KonzVgV**. Für die Konzessionsvergabe nach § 153 GWB ergibt sich der Schwellenwert aus **§ 106 Abs. 2 Nr. 4 GWB** iVm Art. 8 Abs. 1 RL 2014/23/EU[23] und beläuft sich – wie für alle Konzessionsvergaben[24] – auf aktuell 5.382.000 Euro. Die **VSVgV** enthält keine besonderen Bestimmungen über die Vergabe von SABD.

9   Soweit die vorgenannten Bestimmungen keine Abweichungen vorsehen, kommen für die Vergabe von SABD die **allg. Bestimmungen** zur Anwendung. Für die Vergabe öffentlicher Aufträge durch öffentliche Auftraggeber iSd § 99 GWB heißt dies, dass ergänzend die weiteren Bestimmungen des 4. Teils im 1. und 2. Abschn. (§§ 97–135 GWB) sowie die Verfahrensvorschriften der VgV uneingeschränkt anzuwenden sind. In der Begr. zu § 130 Abs. 1 GWB[25] wird allerdings darauf hingewiesen, dass diese **uneingeschränkte Anwendung der allg. Bestimmungen nur „grundsätzlich"** gelte. Denn Art. 76 Abs. 1 S. 2 der RL 2014/24/EU setze voraus, dass die

---

[17] Erwgr. 117 der RL 2014/24/EU.
[18] BT-Drs. 18/6281, 114, 115.
[19] BT-Drs. 18/6281, 114, 115.
[20] Die Anwendbarkeit von § 130 GWB auf Vergaben von Sektorenauftraggebern folgt aus § 142 GWB.
[21] Zu beachten ist hier ferner der gegenüber der RL 2014/24/EU höhere Schwellenwert, der nach Art. 15 lit. c der RL 2014/25/EU 1.000.000 Euro (anstelle von 750.000 Euro) beträgt.
[22] Der Schwellenwert für die SABD wurde – nachdem diese nicht dem GPA unterfallen – bislang nicht angepasst und liegt weiterhin bei 750.000 Euro.
[23] Geändert durch Art. 1 der VO (EU) Nr. 2021/1953 v. 10.11.2021.
[24] Einen besonderen Schwellenwert für die Vergabe von SABD sieht Art. 8 Abs. 1 RL 2014/23/EU nicht vor.
[25] BT-Drs. 18/6281, 116.

anwendbaren Verfahrensregeln für soziale und andere besondere Dienstleistungen es den öffentlichen Auftraggebern ermöglichen, den Besonderheiten der jew. Dienstleistungen Rechnung zu tragen. Über die Wahl der Verfahrensart hinaus könne es zB bei der Anwendung der Vorschriften zur Leistungsbeschreibung, der Eignungs- und Zuschlagskriterien sowie der Ausführungsbedingungen erforderlich sein, die besonderen Anforderungen an die Erbringung der jeweiligen sozialen und anderen besonderen Dienstleistungen zu beachten. Das bedeute vor allem, dass abhängig von den Besonderheiten der jeweiligen SABD und den unterschiedlichen Möglichkeiten zur Standardisierung dieser Dienstleistungen Qualitäts- und Nachhaltigkeitskriterien in unterschiedlichem Ausmaß zum Tragen kommen könnten. Dieser Vorbehalt hinsichtlich der uneingeschränkten Anwendung der allg. Bestimmungen ist allerdings bezogen auf die Regelungen des GWB problematisch, da er – anders als für die Bestimmungen der VgV in § 64 VgV[26] – **im Gesetzestext des GWB keinerlei Niederschlag** findet. Der EuGH[27] hat insoweit unter Verweis auf den 114. Erwgr. der RL 2014/24/EU zwar klargestellt, dass die Mitgliedstaaten über einen weiten Ermessensspielraum verfügen, um die Auswahl der Dienstleister von SABD in einer Weise organisieren zu können, die sie am besten geeignet erachten. Aus der Regelung in § 130 GWB wird jedoch nicht ersichtlich, dass dieser Spielraum tatsächlich auch in der Weise ausgestaltet worden wäre, wonach die Anwendung der allg. Bestimmungen nur „grundsätzlich" zu erfolgen habe. Es erscheint also fraglich, ob durch die oben wiedergegebene Begründung zu § 130 Abs. 1 GWB tatsächlich ein entspr. Anwendungsvorbehalt wirksam etabliert wurde.

II. Anwendungsbereich

1. Begriff der sozialen und anderen besonderen Dienstleistungen

Der Begriff der SABD wird im GWB nicht abstrakt definiert, sondern durch 10 eine Bezugnahme auf den Katalog im Anh. XIV der RL 2014/24/EU bestimmt. Dieser Katalog enthält eine Aufzählung der betreffenden Dienstleistungen anhand der jew. einschlägigen **CPV-Codes**[28] und unterteilt diese Dienstleistungen in 14 Kategorien. Der Anh. XIV ist unter → Rn. 21 abgedruckt.

Unter den SABD finden sich insbes. die folgenden **praxisrelevanten Dienstleistungen:** 11
– Überlassung von Pflegepersonal und medizinischem Personal (CPV 79624000–4 und 79625000–1)
– Dienstleistungen des Gesundheits- und Sozialwesens (CPV 85000000–9)
– Betreuung in Tagesstätten (CPV 85312100–0)[29]
– Allgemeine und berufliche Bildung (CPV 80000000–4)
– Dienstleistungen iRd gesetzlichen Sozialversicherung (CPV 75300000–9)[30]

---

[26] Dort ist ausdr. vorgesehen, dass die Vergabe „unter Berücksichtigung der Besonderheiten der jeweiligen Dienstleistungen" erfolgen muss. S. dazu → VgV § 64 Rn. 3 f.
[27] EuGH 14.7.2022 – C-436/20, NZBau 2023, 47 (54) Rn. 85.
[28] CPV steht für Common Procurement Vocabulary, also für das gemeinsame Vokabular (iSv Nomenklatur oder Terminologie) für öffentliche Aufträge. Die CPV werden durch die VO (EG) Nr. 213/2008 v. 28.11.2007 bestimmt.
[29] Hierzu zählt insbes. die Kinderbetreuung in Tagesstätten. S. dazu sowie zur Ausschreibungspflicht von Verträgen über den Betrieb eines Kindergartens OLG Jena 9.4.2021 – Verg 2/20, IBR 2021, 429.
[30] Der Katalog in Anh. XIV enthält insoweit jedoch in Übereinstimmung mit Art. 1 Abs. 5 der RL 2014/24/EU folgenden amtlichen Hinweis: „Diese Dienstleistungen unterliegen nicht dieser Richtlinie, wenn sie als nichtwirtschaftliche Dienstleistungen von allgemeinem Interesse organisiert werden. Es steht den Mitgliedstaaten frei, die Erbringung von Dienstleistungen im

GWB § 130 Vergabe von öffentlichen Aufträgen über SABD

- Krankenkassenleistungen (CPV 75311000–9)[31]
- Sonstige gemeinschaftliche, soziale und persönliche Dienste (CPV 98000000–3)
- Verpflegungsdienste für Schulen und Auslieferung von Schulmahlzeiten (CPV 55524000–9 und 55523100–3)[32]
- Juristische Beratung und Vertretung (CPV 79110000–8)[33]
- Kommunale Dienstleistungen (CPV 75200000–8)
- Rettungsdienste (CPV 75252000–7)[34]
- Dienstleistungen von Sicherheitsdiensten (CPV 79710000–4)[35]
- Post- und Fernmeldedienste (CPV 64000000–6).[36]

12 Die Definition der SABD anhand von CPV-Codes ermöglicht nur vermeintlich eine trennscharfe Bestimmung dieses Begriffs.[37] Tatsächlich wird vielmehr durch die Vielzahl und unübersichtliche Zuordnung der aufgenommenen Codes und deren unklaren Abgrenzung untereinander eine **eindeutige Zuordnung erschwert**. Besonders problematisch ist in diesem Zusammenhang die Aufnahme von Codes unterschiedlicher Hierarchiestufen. So werden teilw. ganze Abteilungen als soziale und andere besondere Dienstleistungen definiert (wie etwa die Abteilung 75 bzw. CPV 75000000–6, die Abteilung 98 bzw. CPV 98000000–3 oder die Abteilung 64 bzw. CPV 64000000–6), während die insoweit untergeordneten Codes offenbar

---

Rahmen der gesetzlichen sozialen Dienstleistungen oder anderen Dienstleistungen als Dienstleistungen von allgemeinem Interesse oder als nichtwirtschaftliche Dienstleistungen von allgemeinem Interesse zu organisieren."

[31] Die Abgrenzung zu der vorgenannten Kategorie „Dienstleistungen im Rahmen der gesetzlichen Sozialversicherung" (CPV 75300000–9) ist dabei nicht einfach und in der Rechtsfolge möglicherweise durchaus relevant. Da es sich bei der CPV 75300000–9 um die Bezeichnung der ggü. der CPV 75311000–9 übergeordneten Gruppe handelt (vgl. zu der Systematik VO (EG) Nr. 213/2008 v. 28.11.2007, Anh. I, dort „Aufbau des Klassifikationssystems"), spricht einiges dafür, dass die „Dienstleistungen im Rahmen der gesetzlichen Sozialversicherung" die „Krankenkassenleistungen" umfassen (zumal in der Folge auch alle untergeordneten Klassen und Kategorien dieser Gruppe in Anh. XIV aufgezählt sind) und mithin für Letztere auch die Ausnahme gem. dem amtlichen Hinweise zu CPV 75300000–9 (siehe Fn. 31) gilt. Allerdings ist dieses Ergebnis vor dem Hintergrund des Erwgr. 119 zur RL 2014/24/EU und BT-Drs. 18/6281, 115 nicht zwingend.

[32] Nach VK Baden-Württemberg 21.11.2017 – 1 VK 50/17, VPRRS 2018, 0024 ist hier aber genau zu prüfen, ob nicht der speziellere und mithin vorrangige CPV-Code 15894210–6 („Schulmahlzeiten") einschlägig ist.

[33] Hier ist allerdings die Ausnahme vom Anwendungsbereich nach § 116 Abs. 1 Nr. 1 GWB zu beachten.

[34] BGH 31.1.2017 – X ZB 10/16, NZBau 2017, 230. Hier ist allerdings die Ausnahme vom Anwendungsbereich nach § 107 Abs. 1 Nr. 4 GWB zu beachten. Zur Einordnung von qualifizierten Krankentransportleistungen als SABD, VK Westfalen 15.2.2017 – VK 1–51/16, NZBau 2017, 445. Zur Einordnung einer Bereitstellung von Notärzten für den kommunalen Rettungsdienst als SABD, VK Westfalen 18.6.2018 – VK 1–18/18, IBRRS 2018, 2819.

[35] Hierunter fallen nach VK Sachsen-Anhalt 10.8.2018 – 2 VK LSA 21/17, VPR 2019, 235 keine Empfangs- und Pförtnerdienste. S. zum Begriff der Sicherheitsdienstleistungen auch VK Hessen 17.9.2021 – 69 d – VK -11/2021, BeckRS 2021, 57003.

[36] Wobei aber nach der VK Bund 2.8.2017 – VK 2–74/17, VPR 2017, 235 in dem Fall, dass die auszuschreibenden Leistungen neben der Postzustellung (CPV 64121100–1) und der Postbeförderung auf der Straße (CPV 60160000–7) auch Leistungen umfassen, die nicht im Anhang XIV genannt sind, insgesamt keine Privilegierung nach § 130 GWB besteht. Ebenso VK Niedersachsen 19.3.2020 – VgK-02/2020, BeckRS 2020, 7164.

[37] S. näher zur Problematik der Zuordnung auch VK Südbayern 23.8.2017 – Z3-3-3194-1-24-05/17, IBRRS 2017, 3422. Allg. und konkret zur Auslegung der einschlägigen CPV-Codes s. näher Beck VergabeR/Rixen GWB § 130 Rn. 47 ff. und 60 ff.

nicht vollständig aufgenommen werden sollen.[38] Dieses Vorgehen widerspricht der streng hierarchischen Systematik[39] der CPV-Codes und wirft Zweifelsfragen bei der Zuordnung auf. Auch die fehlende Darstellung nach (aufsteigender) Reihenfolge der CPV-Codes macht die Anwendung schwierig. Eine einfache und rechtssichere Bestimmung, ob eine bestimmte Dienstleistung unter den Anh. XIV und mithin unter den Begriff der SABD fällt, ist so im Einzelfall nicht immer möglich. Zu beachten ist in diesem Zusammenhang auch, dass sich in der aktuellen Rspr.[40] eine restriktive Tendenz bei der Einordnung als SABD abzeichnet. Teilw. wird sogar vertreten, dass neben der Einordnung unter die einschlägigen CPV-Codes ergänzend zu prüfen wäre, ob die Dienstleistungen tatsächlich sozialer oder anderweitig besonderer Natur sind.[41] Diese Auffassung steht aber im Widerspruch zum Wortlaut des § 130 Abs. 1 GWB und der gesetzgeberischen Intention, den Begriff der SABD allein über den Katalog im Anh. XIV der RL 2014/24/EU zu bestimmen.[42] Diese Zweifelsfragen rund um den Begriff der SABD haben übrigens ganz erhebliche praktische Relevanz, denn eine falsche Einordnung und in der Folge die Anwendung des falschen Vergaberegimes wird für das Vergabeverfahren regelmäßig fatale Folgen haben.

2. Weitere Voraussetzungen

Abs. 1 setzt seinem Wortlaut nach die Vergabe von SABD durch einen **öffentlichen Auftraggeber (§ 99 GWB)** voraus. Über § 142 GWB und den Verweis auf Anh. XVII der RL 2014/25/EU sind auch Vergaben von SABD durch **Sektorenauftraggeber** iSv § 100 GWB erfasst. Bei einzelnen typischen Auftraggebern von SABD wie insbes. den Sozialversicherungsträgern, Bildungseinrichtungen, Religionsgemeinschaften, gemeinnützigen Organisationen, Messegesellschaften und der Post kann die Einordnung als öffentlicher Auftraggeber bzw. Sektorenauftraggeber problematisch sein. Vgl. insoweit → § 99 Rn. 138 ff.[43] **13**

§ 130 GWB ist nur auf die Vergabe von **öffentlichen Dienstleistungsaufträgen** (§ 103 Abs. 1, 4 GWB) **oder entspr. Rahmenvereinbarungen** (vgl. § 103 Abs. 5 S. 2 GWB) anwendbar. Bei der Vergabe von Dienstleistungskonzessionen über **14**

---

[38] So sind die CPV-Codes 75131100–4 (Allgemeine Personaldienstleistungen für die öffentliche Verwaltung) bzw. 98100000–4 bis 98113000–8 (Dienstleistungen von Organisationen und Fachverbänden) in Anh. XIV nicht angeführt. In der Abteilung 64 ist sogar die ganze Gruppe 642 (Fernmeldedienste, CPV 64200000–8 bis CPV 64228200–2) ausgenommen. Gem. Erwgr. 119 zur RL 2014/24/EU sind diese nicht explizit benannten CPV-Codes nicht von den übergeordneten Codes der Abteilungen umfasst.
[39] Vgl. VO (EG) Nr. 213/2008 v. 28.11.2007, Anh. I, dort „Aufbau des Klassifikationssystems". Nach dieser Systematik umfassen übergeordnete Abteilungen, Gruppen, Klassen und Kategorien stets auch die untergeordneten Einheiten und deren CPV-Codes.
[40] Vgl. etwa VK Baden-Württemberg 21.11.2017 – 1 VK 50/17, VPRRS 2018, 0024; VK Sachsen-Anhalt 10.8.2018 – 2 VK LSA 21/17, VPR 2019, 235 oder VK Bund 2.8.2017 – VK 2–74/17, VPR 2017, 235. Zu beachten ist insoweit auch, dass nach der vorgenannten Entscheidung der VK Bund eine Einordnung als SABD nur dann in Betracht kommt, wenn ausschl. Leistungen ausgeschrieben werden, die im Anhang XIV genannt sind. Dies folgt auch aus BT-Drs. 18/6281, 115.
[41] So VK Westfalen 29.11.2021 – VK 1–43/21, LSK 2021, 47965, wonach im Einzelfall zu prüfen sei, ob die Leistungen orts- oder personenbezogen erbracht werden und nur eine eingeschränkte grenzüberschreitende Bedeutung aufweisen.
[42] So iErg auch VK Hessen 17.9.2021 – 69 d – VK -11/2021, BeckRS 2021, 57003 und Lange VergabeR 2022, 688 (689).
[43] Hinsichtlich der Einordnung der öffentlichen Auftraggeber im Gesundheitswesen s. auch Pruns in von Wietersheim, Vergaben im Gesundheitsmarkt, 2010, S. 29 ff.

GWB § 130 Vergabe von öffentlichen Aufträgen über SABD

SABD ist hingegen § 153 GWB einschlägig. Allg. zur Abgrenzung zwischen Dienstleistungsaufträgen/-konzessionen → § 105 Rn. 24 ff.[44]

15 Vor allem bei **Dienstleistungen des Sozialwesens** kann die Einordnung als Dienstleistungsauftrag (oder als entspr. Rahmenvereinbarung → VgV § 21 Rn. 3) noch insoweit fraglich sein, als hier bspw. auch reine **Zulassungssysteme** oder andere, vergaberechtsfreie Verträge Grundlage der Erbringung der SABD sein können.[45] So spricht etwa Art. 1 Abs. 5 der RL 2014/24/EU, wonach diese RL nicht die Art und Weise berührt, in der die Mitgliedstaaten ihre Systeme der sozialen Sicherheit gestalten, dafür, dass bei sozialen Dienstleistungen die Ausschreibungspflicht für die betreffenden Verträge künftig jew. eingehend zu prüfen ist. Dabei sind auch der amtliche Hinweis zu der Kategorie „Dienstleistungen iRd gesetzlichen Sozialversicherung" in der Anl. XIV der RL 2014/24/EU sowie die Erwgr. 4 und 6 zu dieser RL[46] zu berücksichtigen. So sollen nach dem Erwgr. 4 der RL 2014/24/EU Fälle, in denen alle Wirtschaftsteilnehmer, die bestimmte Voraussetzungen erfüllen, zur Wahrnehmung einer bestimmten Aufgabe – ohne irgendeine Selektivität – berechtigt sind, wie bspw. bei einer Auswahl durch den Kunden- und bei Dienstleistungsgutscheinsystemen, nicht als Auftragsvergabe verstanden werden, sondern als einfache Zulassungssysteme (zB Zulassungen für Arzneimittel oder ärztliche Dienstleistungen). Der Gesetzgeber folgert hieraus in der Begr. zu § 130 GWB[47] weiter, dass die Zulassung von Dienstleistungserbringern **im sozialhilferechtlichen Dreiecksverhältnis** nicht der RL 2014/24/EU unterfällt. Gleiches gilt für die Zulassung von Pflegeeinrichtungen sowie die Feststellung der fachlichen Eignung iRd Zulassung besonderer Dienste oder besonderer Einrichtungen.[48] Nach alledem dürfte künftig bei der Annahme ausschreibungspflichtiger Aufträge bzw. Konzessionen über soziale

---

[44] Speziell zu dieser Problematik im Sozial- und Gesundheitsbereich Beck VergabeR/Rixen GWB § 130 Rn. 43 ff. und bei Verträgen zwischen Krankenkassen und deren Dienstleistern (nach altem Recht) von Wietersheim/Dreher/Hoffmann, Vergaben im Gesundheitsmarkt, 2010, S. 51 ff.; speziell für Rabattverträge nach § 130a Abs. 8 SGB V Stolz/Kraus VergabeR 2008, 1. Allg. zu dieser Einordnung im Sozialwesen (nach altem Recht) Kingreen VergabeR 2007, 354 (355 ff.); Schröder VergabeR 2007, 418 (423 ff.); sowie Engler, Die Leistungserbringung in den Sozialgesetzbüchern II, III VIII und XII im Spannungsverhältnis zum europäischen und nationalen Vergaberecht, 2010, S. 132 ff.

[45] Dazu nach Maßgabe des alten Rechts Csaki NZBau 2012, 350 mwN.

[46] Der Erwgr. 6 der RL 2014/24/EU lautet: „Ferner sei darauf hingewiesen, dass diese Richtlinie nicht die Rechtsvorschriften der Mitgliedstaaten über die soziale Sicherheit berühren sollte. Ebenso wenig sollte sie die Liberalisierung von Dienstleistungen von allgemeinem wirtschaftlichem Interesse, die öffentlichen oder privaten Einrichtungen vorbehalten sind, oder die Privatisierung öffentlicher Einrichtungen, die Dienstleistungen erbringen, betreffen. Gleichermaßen sei darauf hingewiesen, dass es den Mitgliedstaaten freisteht, die Erbringung von gesetzlichen sozialen Dienstleistungen oder andere Dienstleistungen wie Postdienste entweder als Dienstleistungen von allgemeinem wirtschaftlichem Interesse oder als nichtwirtschaftliche Dienstleistungen von allgemeinem Interesse oder als eine Mischung davon zu organisieren. Es sollte klargestellt werden, dass nichtwirtschaftliche Dienstleistungen von allgemeinem Interesse nicht in den Geltungsbereich dieser Richtlinie fallen sollten."

[47] BT-Drs. 18/6281, 114.

[48] Der Gesetzgeber verweist in diesem Zusammenhang ferner auch auf den Erwgr. 114 der RL 2014/24/EU, wonach es den Mitgliedstaaten und Behörden auch künftig frei stehe, soziale Dienstleistungen in einer Weise zu organisieren, die nicht mit der Vergabe öffentlicher Aufträge verbunden ist, bspw. durch die bloße Finanzierung solcher Dienstleistungen oder durch Erteilung von Lizenzen oder Genehmigungen – ohne Beschränkung oder Festsetzung von Quoten – für alle Wirtschaftsteilnehmer, die die vom öffentlichen Auftraggeber vorab festgelegten Bedingungen erfüllen.

Dienstleistungen[49] mehr Zurückhaltung geboten sein.[50] In diesem Zusammenhang bleibt stets auch die Rspr. des EuGH zum sog. **Open-House-Modell** zu beachten. Nach dieser Rspr. (die nicht nur für SABD gilt) handelt es sich bei einem Zulassungsverfahren, bei dem unter den interessierten Unternehmen keine Auswahl getroffen wird und den Unternehmen zudem während der gesamten Laufzeit der Beitritt zu dem System gestattet ist, weder um eine Rahmenvereinbarung noch um einen öffentlichen Auftrag.[51] Dabei setzt eine solche Auswahl eine angebotsbezogene Auswahl anhand von Zuschlagskriterien und keine Vorauswahl anhand von Eignungskriterien voraus.[52] Eine Ausschreibungspflicht ergibt sich für diese nicht selektiven Verfahren bei Bestehen eines grenzüberschreitenden Interesses allein nach Maßgabe des Primärrechts (AEUV).[53]

Schließlich muss der Auftragswert der Dienstleistungsaufträge noch den **Schwellenwert** von 750.000 Euro überschreiten (§ 106 Abs. 2 Nr. 1 GWB iVm Art. 4 lit. d RL 2014/24/EU)[54], und es dürfen keine allgemeinen oder besonderen **Ausnahmen** nach §§ 107 ff. und 116 GWB vorliegen. Für SABD sind im Bereich öffentliche Sicherheit und Rettungsdienste sowie im Bereich der Rechtsdienstleistungen insbes. die Ausnahmebestimmungen in § 107 Abs. 1 Nr. 4 und § 116 Abs. 1 Nr. 1 GWB zu beachten (→ GWB § 107 Rn. 40 ff.; → GWB § 116 Rn. 4 ff.). Für heilberufliche Tätigkeiten[55] gilt vorrangig § 69 Abs. 4 SGB V. **16**

III. Freie Wahl der Verfahrensart (Abs. 1)

Nach Abs. 1 stehen öffentlichen Auftraggebern und Sektorenauftraggebern (vgl. § 142 GWB) in Abweichung von § 119 Abs. 2 GWB das offene Verfahren, **17**

---

[49] Aber nicht nur dort. So schließt der zweite Absatz im Erwgr. 6 der RL 2014/24/EU neben sozialen Dienstleistungen ausdr. auch „andere Dienstleistungen wie Postdienste" mit ein.

[50] Zur Einordnung von Verträgen nach § 21 SGB IX über die Erbringung von Rehabilitationsleistungen als Zulassungssystem Koop NZS 2017, 103.

[51] EuGH 2.6.2016 – C-410/14, NZBau 2016, 441; vgl. dazu auch das Vorabentscheidungsersuchen des OLG Düsseldorf 13.8.2014 – VII-Verg 13/14, VergabeR 2015, 34 sowie Neun NZBau 2016, 681. Im Anschluss hieran wurde von OLG Düsseldorf 19.12.2018 – VII-Verg 40/18, NZBau 2019, 332, OLG Düsseldorf 31.10.2018 – VII-Verg 37/18, NZBau 2019, 327 und OLG Düsseldorf 20.3.2019 – VII-Verg 65/18, NZBau 2019, 801 für diverse nicht exklusive Vereinbarungen eine Einordnung als Rahmenvereinbarung mangels Auswahlentscheidung verneint. Bejaht wurde das Vorliegen einer Auswahlentscheidung bspw. von OLG Düsseldorf 18.8.2021 – VII-Verg 52/20, NZBau 2022, 482. Allg. zu Open-House-Verfahren s. Dreher NZBau 2019, 275 und → VgV § 21 Rn. 3.

[52] EuGH 1.3.2018 – C-9/17, NZBau 2018, 366 (369) Rn. 32–38. Zum allg. Erfordernis einer Auswahlentscheidung s. auch EuGH 14.7.2022 – C-436/20, NZBau 2023, 47 (53) Rn. 68. Nach VK Bund 25.5.2022 – VK 2- 56/22, NZBau 2022, 766 präjudiziere allerdings die Frage, ob ein Open-House-Verfahren diskriminierungsfrei und verhältnismäßig ausgestaltet wurde, nicht die Frage danach, ob ein öffentlicher Auftrag vorliege, eine diskriminierungsfreie Ausgestaltung und verhältnismäßige Vorgaben sei kein Tatbestandsmerkmale des Open-House-Modells. Zum Fehlen einer Auswahlentscheidung bei der Beschaffung von Leistungen zur medizinischen Rehabilitation durch die Deutsche Rentenversicherung siehe Baudis VergabeR 2022, 1.

[53] EuGH 2.6.2016 – C-410/14, NZBau 2016, 441 (444) Rn. 43 ff.

[54] Zu beachten ist aber, dass der erhöhte Schwellenwert von 750.000 Euro nur gilt, wenn der Auftrag ausschl. Leistungen umfasst, die im Anhang XIV genannt sind, VK Bund 2.8.2017 – VK 2–74/17, VPR 2017, 235 und VK Niedersachsen 19.3.2020 – VgK-02/2020, BeckRS 2020, 7164.

[55] Der Heilberufsbegriff ist weit auszulegen, s. dazu näher BVerfG 24.10.2002 – 2 BvF 1/01 – NJW 2003, 41 (42 ff.).

GWB § 130

Vergabe von öffentlichen Aufträgen über SABD

das nicht offene Verfahren, das Verhandlungsverfahren mit Teilnahmewettbewerb, der wettbewerbliche Dialog und die Innovationspartnerschaft nach ihrer **(freien) Wahl** zur Verfügung.[56] Ein Verhandlungsverfahren ohne Teilnahmewettbewerb steht indessen nur zur Verfügung, soweit dies nach § 14 Abs. 4 VgV bzw. § 13 Abs. 2, 3 SektVO gestattet ist.

IV. Auftragsänderungen während der Vertragslaufzeit (Abs. 2)

18   Abs. 2 hält ggü. § 132 Abs. 3 GWB eine Sonderregelung bereit. Danach ist die Änderung eines öffentlichen Auftrags über SABD ohne Durchführung eines neuen Vergabeverfahrens zulässig, wenn der **Wert der Änderung nicht mehr als 20 % des ursprünglichen Auftragswertes** beträgt.

19   Demgegenüber steht die Vergabefreiheit einer Auftragsänderung nach § 132 Abs. 3 GWB unter den Voraussetzungen, dass der Gesamtcharakter des Auftrags sich durch die Auftragsänderung nicht ändert sowie der Wert der Änderung bei Dienstleistungsaufträgen nicht mehr als 10 % des ursprünglichen Auftragswertes beträgt und den Schwellenwert nach § 106 GWB nicht übersteigt. Ob die **zusätzlichen Voraussetzungen** der Wahrung des Gesamtcharakters und der Nichtübersteigung des Schwellenwertes iRd Sonderregelung in Abs. 2 entfallen, erscheint fraglich. Dafür dürfte der Wortlaut von Abs. 2 sprechen. Denn dieser stellt nicht auf eine Abweichung von § 132 Abs. 3 S. 1 Nr. 2 GWB, die den 10 %-Rahmen vorgibt, sondern von § 132 Abs. 3 GWB insges. ab. Allerdings dürften diese zusätzlichen Voraussetzungen auch bei SABD ihre sachliche Berechtigung haben. Insbes. ist nicht ersichtlich, warum bei SABD auch Auftragsänderungen mit gänzlich abweichendem Gesamtcharakter eine (erweiterte) Privilegierung für Vertragsänderungen genießen sollen. Dafür gibt auch die Begr. zu Abs. 2 (→ Rn. 20), die sich allein auf den abweichenden Prozentrahmen bezieht, keinerlei Anhaltspunkt. Deshalb sind wohl die weiteren Voraussetzungen aus § 132 Abs. 3 GWB auch iRd Sonderregelung in Abs. 2 zu prüfen.[57]

20   Zur **Begründung** dieser Sonderregelungen führt der Gesetzgeber an, dass der Anstieg der Nachfrage nach sozialen und anderen besonderen Dienstleistungen durch äußere, vom Auftraggeber nicht vorhersehbare und beeinflussbare Umstände bewirkt werden könne. Auftraggeber sollten in solchen Sachverhaltskonstellationen vereinbarte Teilnehmerkontingente flexibel in einem höheren Umfang erweitern können, um den Bedürfnissen betroffener Menschen vor allem im Sozial-, Bildungs- und Gesundheitsbereich angemessen Rechnung tragen zu können. Die Begrenzung von Auftragsänderungen während der Vertragslaufzeit auf 10 % des ursprünglichen Auftragswertes iRd des allg. Vergaberegimes trage diesen Besonderheiten nur eingeschränkt Rechnung. Daher sei es sinnvoll, für soziale und andere besondere Dienstleistungen die Begrenzung auf 20 % des ursprünglichen Auftragswertes zu erweitern. Diese Grenze entspreche der bisherigen Wertgrenze in der VOL/A zur freihändigen Vergabe bei nichtprioritären Dienstleistungen.[58]

---

[56] Zu den Besonderheiten gem. § 69 Abs. 4 SGB V für die Vergabe von Dienstleistungsaufträgen nach § 63 und 140a SGB V s. MüKoEuWettbR/Gabriel GWB § 130 Rn. 7.
[57] IErg ebenso Beck VergabeR/Rixen GWB § 130 Rn. 119.
[58] BT-Drs. 18/6281, 116. Anders als nach bisheriger Rechtslage (§ 3 Abs. 5 lit. d VOL/A) steht eine vergaberechtsfreie Auftragsänderung nach Abs. 2 allerdings nicht unter dem Vorbehalt, dass für die Nachbestellung kein höherer Preis als für die ursprüngliche Leistung erwartet wird.

V. Anh. XIV der RL 2014/24/EU (Dienstleistungen nach Art. 74)

CPV-Code	Beschreibung
75200000–8; 75231200–6; 75231240–8; 79611000–0; 79622000–0 [Überlassung von Haushaltshilfen]; 79624000–4 [Überlassung von Pflegepersonal] und 79625000–1 [Überlassung von medizinischem Personal] von 85000000–9 bis 85323000–9 98133100–5, 98133000–4; 98200000–5 und 98500000–8 [Privathaushalte mit Hausangestellten] und 98513000–2 bis 98514000–9 [Bereitstellung von Arbeitskräften für private Haushalte, Vermittlung von Arbeitskräften für private Haushalte, Bereitstellung von Bürokräften für private Haushalte, Bereitstellung von Zeitarbeitskräften für private Haushalte, Dienstleistungen von Haushaltshilfen und Haushaltungsdienste]	Dienstleistungen des Gesundheits- und Sozialwesens und zugehörige Dienstleistungen
85321000-5 und 85322000–2, 75000000–6 [Dienstleistungen der öffentlichen Verwaltung, Verteidigung und Sozialversicherung], 75121000–0, 75122000–7, 75124000–1; von 79995000–5 bis 79995200–7; von 80000000–4 [Allgemeine und berufliche Bildung] bis 80660000–8; von 92000000–1 bis 92700000–8 79950000–8 [Veranstaltung von Ausstellungen, Messen und Kongressen], 79951000–5 [Veranstaltung von Seminaren], 79952000–2 [Event-Organisation], 79952100–3 [Organisation von Kulturveranstaltungen], 79953000–9 [Organisation von Festivals], 79954000–6 [Organisation von Partys], 79955000–3 [Organisation von Modenschauen], 79956000–0 [Organisation von Messen und Ausstellungen]	Administrative Dienstleistungen im Sozial-, Bildungs-, Gesundheits- und kulturellen Bereich
75300000-9	Dienstleistungen im Rahmen der gesetzlichen Sozialversicherung[59]
75310000-2, 75311000–9, 75312000–6, 75313000–3, 75313100–4, 75314000–0, 75320000–5, 75330000–8, 75340000–1	Beihilfen, Unterstützungsleistungen und Zuwendungen
98000000–3; 98120000–0; 98132000–7; 98133110–8 und 98130000–3	Sonstige gemeinschaftliche, soziale und persönliche Dienst-leistungen, einschließlich Dienstleistungen von Gewerkschaften, von politischen

---

[59] **Amtl. Anm.**: Diese Dienstleistungen unterliegen nicht dieser Richtlinie, wenn sie als nichtwirtschaftliche Dienstleistungen von allgemeinem Interesse organisiert werden. Es steht den Mitgliedstaaten frei, die Erbringung von Dienstleistungen im Rahmen der gesetzlichen sozialen Dienstleistungen oder anderen Dienstleistungen als Dienstleistungen von allgemeinem Interesse oder als nichtwirtschaftliche Dienstleistungen von allgemeinem Interesse zu organisieren. Vgl. dazu auch Art. 1 Abs. 5 der RL 2014/24/EU; sowie → Rn. 15.

CPV-Code	Beschreibung
	Organisationen, von Jugendverbänden und von sonstigen Organisationen und Vereinen
98131000-0	Dienstleistungen von religiösen Vereinigungen
55100000-1 bis 55410000-7; 55521000-8 bis 55521200-0 [55521000-8 Verpflegungsdienste für Privathaushalte, 55521100-9 Essen auf Rädern, 55521200-0 Auslieferung von Mahlzeiten] 55520000-1 Verpflegungsdienste, 55522000-5 Verpflegungsdienste für Transportunternehmen, 55523000-2 Verpflegungsdienste für sonstige Unternehmen oder andere Einrichtungen, 55524000-9 Verpflegungsdienste für Schulen, 55510000-8 Dienstleistungen von Kantinen, 55511000-5 Dienstleistungen von Kantinen und anderen nicht öffentlichen Cafeterien, 55512000-2 Betrieb von Kantinen, 55523100-3 Auslieferung von Schulmahlzeiten	Gaststätten und Beherbergungsgewerbe
79100000-5 bis 79140000-7; 75231100-5	Dienstleistungen im juristischen Bereich, sofern sie nicht nach Art. 10 Buchst. d[60] ausgeschlossen sind
75100000-7 bis 75120000-3; 75123000-4; 75125000-8 bis 75131000-3	Sonstige Dienstleistungen der Verwaltung und für die öffentliche Verwaltung
75200000-8 bis 75231000-4	Kommunale Dienstleistungen
75231210-9 bis 75231230-5; 75240000-0 bis 75252000-7; 794300000-7; 98113100-9	Dienstleistungen für Haftanstalten, Dienstleistungen im Bereich öffentliche Sicherheit und Rettungsdienste, sofern sie nicht nach Art. 10 Buchst. h[61] ausgeschlossen sind
79700000-1 bis 79721000-4 [Dienstleistungen von Detekteien und Sicherheitsdiensten, Dienstleistungen von Sicherheitsdiensten, Überwachung von Alarmanlagen, Bewachungsdienste, Überwachungsdienste, Dienstleistungen in Verbindung mit Suchsystemen, Fahndung nach Flüchtigen, Streifendienste, Ausgabe von Mitarbeiterausweisen, Ermittlungsdienste und Dienstleistungen von Detekteien] 79722000-1 [Dienstleistungen von Grafologen], 79723000-8 [Abfallanalyse]	Dienstleistungen von Detekteien und Sicherheitsdiensten

---

[60] Entspricht § 116 Abs. 1 Nr. 1 GWB.
[61] Entspricht § 107 Abs. 1 Nr. 4 GWB.

CPV-Code	Beschreibung
98900000-2 [Von extraterritorialen Organisationen und Körperschaften erbrachte Leistungen] und 98910000–5 [Dienstleistungen von internationalen Organisationen und Körperschaften]	Internationale Dienstleistungen
64000000-6 [Post- und Fernmeldedienste], 64100000–7 [Post- und Kurierdienste], 64110000–0 [Postdienste], 64111000–7 [Postdienste im Zusammenhang mit Zeitungen und Zeitschriften], 64112000–4 [Briefpostdienste], 64113000–1 [Paketpostdienste], 64114000–8 [Post-Schalterdienste], 64115000–5 [Vermietung von Postfächern], 64116000–2 [Dienste im Zusammenhang mit postlagernden Sendungen], 64122000–7 [Interne Bürobotendienste]	Postdienste
50116510-9 [Reifenrunderneuerung], 71550000–8 [Schmiedearbeiten]	Verschiedene Dienstleistungen

§ 131 Vergabe von öffentlichen Aufträgen über Personenverkehrsleistungen im Eisenbahnverkehr

(1) ¹Bei der Vergabe von öffentlichen Aufträgen, deren Gegenstand Personenverkehrsleistungen im Eisenbahnverkehr sind, stehen öffentlichen Auftraggebern das offene und das nicht offene Verfahren, das Verhandlungsverfahren mit Teilnahmewettbewerb, der wettbewerbliche Dialog und die Innovationspartnerschaft nach ihrer Wahl zur Verfügung. ²Ein Verhandlungsverfahren ohne Teilnahmewettbewerb steht nur zur Verfügung, soweit dies aufgrund dieses Gesetzes gestattet ist.

(2) ¹Anstelle des § 108 Absatz 1 ist Artikel 5 Absatz 2 der Verordnung (EG) Nr. 1370/2007 des Europäischen Parlaments und des Rates vom 23. Oktober 2007 über öffentliche Personenverkehrsdienste auf Schiene und Straße und zur Aufhebung der Verordnungen (EWG) Nr. 1191/69 und (EWG) Nr. 1107/70 des Rates (ABl. L 315 vom 3.12.2007, S. 1) anzuwenden. ²Artikel 5 Absatz 5 und Artikel 7 Absatz 2 der Verordnung (EG) Nr. 1370/2007 bleiben unberührt.

(3) ¹Öffentliche Auftraggeber, die öffentliche Aufträge im Sinne von Absatz 1 vergeben, sollen gemäß Artikel 4 Absatz 5 der Verordnung (EG) Nr. 1370/2007 verlangen, dass bei einem Wechsel des Betreibers der Personenverkehrsleistung der ausgewählte Betreiber die Arbeitnehmerinnen und Arbeitnehmer, die beim bisherigen Betreiber für die Erbringung dieser Verkehrsleistung beschäftigt waren, übernimmt und ihnen die Rechte gewährt, auf die sie Anspruch hätten, wenn ein Übergang gemäß § 613a des Bürgerlichen Gesetzbuchs erfolgt wäre. ²Für den Fall, dass ein öffentlicher Auftraggeber die Übernahme von Arbeitnehmerinnen und Arbeitnehmern im Sinne von Satz 1 verlangt, beschränkt sich das Verlangen auf diejenigen Arbeitnehmerinnen und Arbeitnehmer, die für die Erbringung der übergehenden Verkehrsleistung unmittelbar erforderlich sind. ³Der öffentliche Auftraggeber soll Regelungen vorsehen, durch die eine missbräuchliche Anpassung tarifvertraglicher Regelungen zu Lasten des neuen Betreibers zwischen der Veröffentlichung der Auftragsbekanntmachung und der Übernahme des Betriebes ausgeschlossen wird. ⁴Der bisherige Betreiber ist

GWB § 131

Vergabe im Eisenbahnverkehr

nach Aufforderung durch den öffentlichen Auftraggeber verpflichtet, alle hierzu erforderlichen Angaben zu machen.

Literatur: Bayreuther, Die Anordnung eines Betriebsübergangs bei Vergabe von Verkehrsdienstleistungen nach § 131 GWB, NZBau 2016, 459 ff.; Bayreuther, Personalübergang bei Vergaben im SPNV, Der Nahverkehr 5/2017, 28 f.; Bayreuther, Neues zum Betriebsübergang aus Erfurt und Luxemburg, NZA 2020, 1505 ff.; Binder/Jürschik, Vergaberecht und Direktvergabe, Der Nahverkehr 4/2016, S. 37 ff.; Müller/Saxinger, Die Personalübernahme bei der Auftragsvergabe im Öffentlichen Personennahverkehr, VuT 2016, 463 ff. Mutschler-Siebert/Dorschfeldt, Die Vergabe von SPNV-Leistungen nach der Vergaberechtsreform, VergabeR 2016, 385 ff.; Reidt, Die Personalübernahme im Schienenpersonennahverkehr, VergabeR 2018, 387; Reidt/Stickler, Die Neuregelung in § 131 Abs. 3 GWB zur Arbeitnehmerübernahme im Schienenpersonennahverkehr, VergabeR 2016, 708 ff.; Ruge/von Tiling, Die Anordnung der Personalübernahme durch die Vergabestelle im Konflikt mit dem Grundgesetz, NZA 2916, 1055; Zuck, Die Vergabe von Eisenbahnverkehren nach der VO (EG) Nr. 1370/2007, in von Wietersheim (Hrsg.), Vergaben im ÖPNV, 2013, S. 113 ff.

Übersicht

	Rn.
I. Vergabeverfahren für Eisenbahndienste (Abs. 1)	1
1. Rechtslage bis zum 17.4.2016, v. 18.4.2016–2.12.2019 und ab dem 3.12.2019	3
a) Unionsrecht	4
b) Nationales Recht	6
2. Anwendungsbereich (Abs. 1 S. 1 Hs. 1)	12
3. Freie Wahl des Vergabeverfahrens (Abs. 1 S. 1 Hs. 2)	16
4. Vorrang des Wettbewerbs (Abs. 1 S. 2)	17
5. Nationales Verbot der Direktvergabe nach Art. 5 Abs. 6 VO (EG) Nr. 1370/2007 und nach Art. 5 Abs. 3a, 3b, 4, 4a, 4b	18
6. Wettbewerbliches Verfahren nach Art. 5 Abs. 3 VO (EG) Nr. 1370/2007	20
7. Bieterschutz	22
II. Inhouse-Geschäfte im Eisenbahnbereich (Abs. 2)	23
1. Lockerungen und Verschärfungen	24
2. Notmaßnahmen, Bekanntmachungspflichten	28
III. Fiktiver Betriebsübergang (Abs. 3)	29
1. Gesetzgebungsgeschichte	31
a) Gesetzesentwurf der Bundesregierung	31
b) Stellungnahme des Bundesrats	32
c) Behandlung im Bundestag	35
2. Betriebsübergang nach Art. 4 Abs. 5 VO (EG) Nr. 1370/2007	42
3. Betriebsübergang nach § 613a BGB	45
a) Übergang der Arbeitsverhältnisse	46
b) Unterrichtung und Widerspruchsrecht der Arbeitnehmer	49
c) Fortgeltung von Tarifvertrag und Betriebsvereinbarung	50
d) Kontinuität des Betriebsrats	51
e) Weiterhaftung des Betriebsveräußerers	52
4. Kann-, Soll- und Mussregelung	53
5. Modifikationen	55
a) Arbeitnehmerbeschränkung (Abs. 3 S. 2)	55
b) Verbot der missbräuchlichen Anpassung (Abs. 3 S. 3)	61
c) Angabenpflicht des bisherigen Betreibers (Abs. 3 S. 4)	63
6. Verfassungsmäßigkeit, praktische Auswirkungen	72

	Rn.
a) Verhältnismäßigkeit	73
b) Haushälterische Interessen	76
7. Kritik	80
8. Bieterschutz	82

I. Vergabeverfahren für Eisenbahndienste (Abs. 1)

Abs. 1 regelt die Anwendbarkeit des Kartellvergaberechts auf Personenverkehrs- **1**
leistungen im Eisenbahnbereich. Seine Rolle als zentrale Norm im deutschen Vergaberecht endete am 2.12.2019. Seitdem richten sich Vergaben von öffentlichen Aufträgen über Eisenbahndienste ausschl. nach Art. 5 VO (EG) Nr. 1370/2007 (→ VO (EG) Nr. 1370/2007 Art. 5 Rn. 2c). Abs. 1 beschränkt sich hinfort darauf, das wettbewerbliche Vergabeverfahren für Eisenbahndienste nach Art. 5 Abs. 3 VO (EG) Nr. 1370/2007 auszugestalten.

Nach der amtl. Begr. zum Gesetzentwurf schreibt § 131 GWB die bisher beste- **2**
hende Rechtslage bei der Vergabe von öffentlichen Aufträgen über Eisenbahndienste iW fort: Für die Vergabe von öffentlichen Aufträgen über Personenverkehrsdienste im Eisenbahnverkehr hätten bei Überschreiten des Schwellenwerts bisher schon die vergaberechtlichen Vorgaben des Teils 4 des GWB gegolten. In Deutschland stehe nationales Recht der allgemeinen Direktvergabemöglichkeit im Eisenbahndienste nach Art. 5 Abs. 6 VO (EG) Nr. 1370/2007 entgegen. Die Vergabe von öffentlichen Aufträgen im Eisenbahnverkehr solle auch nach § 131 GWB grds. im Wettbewerb erfolgen. Art. 10 lit. i RL 2014/24/EU nehme zwar öffentliche Aufträge, die zum Gegenstand Personenverkehrsdienste auf Schiene oder per Untergrundbahn haben, vom Anwendungsbereich der RL aus. Soweit die VO (EG) Nr. 1370/2007 aber die Möglichkeit einräume, im nationalen Recht von den Vorschriften der VO (EG) Nr. 1370/2007 abzuweichen, sollten die Mitgliedstaaten – wie Erwgr. 27 der RL 2014/24/EU ausdr. klarstellt – weiterhin in ihren nationalen Rechtsvorschriften vorsehen können, dass solche öffentlichen Aufträge durch ein Vergabeverfahren vergeben werden müssen, das ihren allg. Vorschriften für die öffentliche Auftragsvergabe entspricht. § 131 GWB bewirke keine inhaltlich wesentliche Veränderung ggü. den bisherigen Vorgaben. Er stelle sicher, dass die Aufgabenträger im Schienenpersonennahverkehr bei der Wahl der Verfahrensart und der Ausgestaltung des Vergabeverfahrens ebenso wie nach der bisherigen Rechtslage die notwendige Flexibilität haben, um den Besonderheiten und der Komplexität dieser Vergaben Rechnung tragen zu können. Gleichzeitig entspreche diese Regelung den Vorgaben für das wettbewerbliche Vergabeverfahren nach Art. 5 Abs. 3 VO (EG) Nr. 1370/2007.[1]

1. Rechtslage bis zum 17.4.2016, v. 18.4.2016–2.12.2019 und ab dem 3.12.2019

Die Rechtslage bis zur GWB-Novelle 2016 war im Eisenbahnbereich dadurch **3**
geprägt, dass der nationale Gesetzgeber von unionsrechtlichen Freiheiten im Vergaberecht keinen Gebrauch gemacht hatte:

a) Unionsrecht. Beim Personenverkehr mit Eisenbahnen handelte es sich bislang **4**
um sog. nicht-prioritäre bzw. ausgenommene Dienstleistungen. Damit wurde dem Umstand Rechnung getragen, dass die Dienstleistungsfreiheit gem. Art. 56 AEUV im Verkehrsbereich gem. Art. 58 Abs. 1, Art. 90 ff. AEUV nur gilt, wenn und soweit sie im Wege des Art. 91 AEUV über sekundäres Unionsrecht ausdr. eingeführt wird. Dies geschah im Eisenbahnbereich 25 Jahre lang nur sehr eingeschränkt über die

---

[1] Vgl. BT-Drs. 18/6281, 117 f.

GWB § 131 Vergabe im Eisenbahnverkehr

Eisenbahnrichtlinie.[2] Diese Eisenbahnrichtlinie ist durch die RL 2012/34/EU[3] abgelöst worden.

5 Das vierte Eisenbahnpaket der EU[4] unterwirft seit dem 24.12.2017 nunmehr zwar auch Schienenpersonenverkehrsdienste nach Maßgabe von Art. 5 Abs. 3 VO (EG) Nr. 1370/2007 der Pflicht zur Vergabe in wettbewerblichen Vergabeverfahren. Art. 5 Abs. 3a, 3b, 4 VO (EG) Nr. 1370/2007 erlauben davon abweichend jedoch Direktvergaben. Schon das 2. und 3. Eisenbahnpaket waren durch zahlreiche und umfangreiche Ausnahmen gekennzeichnet und in der Praxis weitgehend wirkungslos, soweit nicht einzelne Mitgliedstaaten (wie Deutschland und Großbritannien) von sich aus Schienenpersonenverkehrsdienste in EU-weiten Ausschreibungen vergeben haben und vergeben.

6 **b) Nationales Recht.** Nach der höchstrichterlichen deutschen Rspr. ist der Anwendungsbereich des nationalen Vergaberechts in §§ 97 ff. GWB nach Vertragsarten und -gegenständen prinzipiell umfassend bestimmt. Von ihm sind – unter der Voraussetzung, dass der jew. einschlägige Schwellenwert erreicht ist – lediglich Arbeitsverträge und die Aufträge ausgenommen, die im § 107 GWB bezeichnet sind. Dieser Ausnahmekatalog ist grds. als abschl. anzusehen.[5]

7 Eine weitere Ausnahme regelte bis zur GWB-Novelle 2016 § 4 Abs. 2 VgV aF.[6] Er sah für nicht-prioritäre Dienstleistungen iSd alten EG-Richtlinien einen umfassenden Verzicht auf förmliche Vergabeverfahren vor. § 4 Abs. 3 VgV enthielt dazu jedoch eine eigenständige Regelung für Aufträge, deren Gegenstand Personenverkehrsleistungen der Kategorie Eisenbahnen sind:

8 „(3) Bei Aufträgen, deren Gegenstand Personennahverkehrsleistungen der Kategorie Eisenbahnen sind, gilt Absatz 2 mit folgenden Maßgaben:
1. Bei Verträgen über einzelne Linien mit einer Laufzeit von bis zu drei Jahren ist einmalig auch eine freihändige Vergabe ohne sonstige Voraussetzungen zulässig.
2. Bei längerfristigen Verträgen ist eine freihändige Vergabe ohne sonstige Voraussetzungen im Rahmen des § 15 Abs. 2 des Allgemeinen Eisenbahngesetzes zulässig, wenn ein wesentlicher Teil der durch den Vertrag bestellten Leistungen während der Vertragslaufzeit ausläuft und anschließend im Wettbewerb vergeben wird. Die Laufzeit des Vertrages soll zwölf Jahre nicht überschreiten. Der Umfang und die vorgesehenen Modalitäten des Auslaufens des Vertrages sind nach Abschluss des Vertrages in geeigneter Weise öffentlich bekannt zu machen."

9 Der BGH hat aus § 4 Abs. 3 VgV aF den fehlenden objektiven Willen des Gesetzgebers abgeleitet, die Ausnahme des Eisenbahnsektors von der EU-weiten Aus-

---

[2] Richtlinie des Rates v. 29.7.1991 zur Entwicklung der Eisenbahnunternehmen der Gemeinschaft 91/440/EWG, ABl. 1991 L 237, 25, zuletzt geändert durch RL 2007/58/EG des Europäischen Parlaments und des Rates v. 23.10.2007, ABl. 2007 L 315, 44.
[3] ABl. 2012 L 343, 32.
[4] Bestehend aus der VO (EU) Nr. 2016/2337 des Europäischen Parlaments und des Rates v. 14.12.2016 zur Aufhebung der VO (EWG) Nr. 1192/69 des Rates über gemeinsame Regeln für die Normalisierung der Konten der Eisenbahnunternehmen (ABl. 2016 L 354, 20) und der VO (EU) Nr. 2016/2338 des Europäischen Parlaments und des Rates v. 14.12.2016 zur Änderung der VO (EG) Nr. 1370/2007 hinsichtlich der Öffnung des Marktes für inländische Schienenpersonenverkehrsdienste.
[5] Vgl. zu § 100 Abs. 2 GWB aF – jetzt § 107 GWB – BGH 1.12.2008 – X ZB 31/08, BGHZ 179, 84 Rn. 21 = NVwZ 2009, 605 – Rettungsdienstleistungen.
[6] IdF der Bekanntmachung v. 11.2.2003, BGBl. I 169; zuletzt geändert durch Art. 259 VO v. 31.8.2015, BGBl. I 1474.

schreibungspflicht in das nationale Vergaberecht zu übernehmen.[7] Auch eine Ausnahme vom Anwendungsbereich des Kartellvergaberechts in Gestalt der Regelung in § 15 Abs. 2 AEG und der VO (EWG) Nr. 1191/69 hat der BGH verneint.[8]
Somit bestand nach nationalem Recht im Eisenbahnsektor schon vor dem 18.4.2016 grds. eine Pflicht zur EU-weiten Ausschreibung.[9] Die GWB-Novelle 2016 schreibt mit § 131 Abs. 1 GWB also diesen Rechtsstand fort.

10

Seit dem 3.12.2019 ist neue zentrale Norm für die Vergabe von Eisenbahnverkehrsdiensten der unmittelbar geltende Art. 5 VO (EG) Nr. 1370/2007 (→ VO (EG) Nr. 1370/20007 Art. 5 Rn. 2c). Art. 5 Abs. 3 VO (EG) Nr. 1370/2007 unterwirft Aufträge über Eisenbahnpersonenverkehrsdienste der Pflicht zur Vergabe in wettbewerblichen Vergabeverfahren. Art. 5 Abs. 3a, 3b, 4 VO (EG) Nr. 1370/2007 erlauben aber davon abweichend Direktvergaben. Diese stehen allerdings unter einem Zulässigkeitsvorbehalt („Sofern dies nicht nach nationalem Recht untersagt ist …"). Ohne vorherige entspr. Änderungen zB in § 131 GWB kann von den seit 3.12.2019 geltenden Direktvergabemöglichkeiten bei Eisenbahnverkehrsdiensten in Deutschland also kein Gebrauch gemacht werden. Dies wäre zu bedauern, da jedenfalls für Direktvergaben nach Art. 5 Abs. 3a, 3b VO (EG) Nr. 1370/2007 in Deutschland durchaus Bedarf besteht, wenn Linienbündel neu zugeschnitten werden sollen, und die hinter § 131 GWB stehende ordnungspolitische Grundausrichtung dadurch nicht in Frage gestellt wird.

11

2. Anwendungsbereich (Abs. 1 S. 1 Hs. 1)

Abs. 1 S. 1 Hs. 1 gilt für die Vergabe von öffentlichen Aufträgen, deren Gegenstand **Personenverkehrsleistungen im Eisenbahnverkehr** sind. Im Eisenbahnverkehr kann eine Unternehmensgenehmigung gem. § 6 Abs. 1 Nr. 1 und 3 AEG[10] für das Erbringen von Eisenbahnverkehrsdiensten oder für das Betreiben von Eisenbahninfrastruktur erteilt werden. Eisenbahnverkehrsdienste sind nach § 2 Abs. 1 S. 1 AEG Schienenpersonenfernverkehr, Schienenpersonennahverkehr und Schienengüterverkehr. § 131 GWB gilt daher **nicht für den Schienengüterverkehr.** Weil das Betreiben einer Eisenbahninfrastruktur nach § 6 Abs. 1 Nr. 3 AEG einer eigenständigen, vom Erbringen der Verkehrsleistung unabhängigen Genehmigung bedarf, gilt § 131 GWB auch **nicht für den Betrieb von Eisenbahninfrastruktur.**

12

§ 131 GWB erfasst nur den **schienengebundenen Verkehr.** Keine Schienenbahnen idS sind Straßenbahnen und die nach ihrer Bau- oder Betriebsweise ähnlichen Bahnen, Bergbahnen und sonstige Bahnen besonderer Bauart. Abgrenzungsschwierigkeiten bereiten dabei von der S-Bahn oder Regionalbahn (RB) zu Straßenbahnen und Stadtbahnen iSv § 4 Abs. 1 Nr. 1, 2 PBefG; zu letzteren gehören nach der Fiktion in § 4 Abs. 2 PBefG auch Hoch- und Untergrundbahnen, Schwebebahnen oder ähnliche Bahnen besonderer Bauart. Die Abgrenzung erfolgt nach der in § 4 Abs. 1, 2 PBefG anzutreffenden Einschränkung „der Beförderung von Personen im Orts- und Nachbarschaftsbereich dienen": In der Praxis grenzt man

13

---

[7] BGH 8.2.2011 – X ZB 4/10, BGHZ 188, 200 Rn. 20, 23, 25 = NVwZ 2011, 1024 – S-Bahn-Verkehr Rhein-Ruhr.

[8] BGH 8.2.2011 – X ZB 4/10, BGHZ 188, 200 Rn. 22, 24, 26 = NVwZ 2011, 1024; aA mit guten Gründen zuvor Prieß NZBau 2002, 539 (542).

[9] Siehe dazu v. Wietersheim/Zuck, Vergaben im ÖPNV, 2013, S. 116 f.; gem. Art. 8 Abs. 2 S. 1 lit. iii VO (EG) Nr. 1370/2007 findet Art. 5 Abs. 6 ab dem 25.12.2023 keine Anwendung mehr. Abs. 6 tritt dann zwar nicht außer Kraft, was bedeutet, dass bestehende öffentliche Dienstleistungsaufträge über diesen Zeitpunkt hinaus gültig bleiben. Neuvergaben nach Abs. 6 sind dann aber nicht mehr zulässig.

[10] Allgemeines Eisenbahngesetz v. 27.12.1993, BGBl. I 2378 (2396); BGBl. 1994 I 2439; zuletzt geändert durch Art. 1 G v. 26.7.2023, BGBl. I Nr. 205.

GWB § 131 Vergabe im Eisenbahnverkehr

S-Bahn/RB und Stadtbahn uä nach den typischen Haltestellenzwischenabständen ab (S-Bahn/RB: > 2.000 m, Stadtbahn 500–1.500 m).

14   Bei Verkehren mit **Zweisystemfahrzeugen,** welche sowohl mit Stadtbahnstrom als auch mit Eisenbahnstrom fahren können, grenzt man nach der Art der Stromversorgung (Eisenbahnen: Wechselstrom 16,7 Hz; Straßenbahnen: Gleichstrom), der Genehmigung und dem geltenden Rechtsregime der Infrastruktur ab: Auf Infrastrukturabschnitten, die mit Gleichstrom versorgt, nach dem PBefG genehmigt und nach der BOStrab betrieben werden, liegt Stadtbahnverkehr vor. Auf Infrastrukturabschnitten, die mit 16,7 Hz Wechselstrom versorgt, nach dem AEG genehmigt und nach der EBO betrieben werden, liegt Eisenbahnverkehr vor. Gleichermaßen wird bei den gelegentlich anzutreffenden Verkehren mit Dreisystemfahrzeugen zu verfahren sein.

15   Im Regelfall wird eine getrennte Auftragsvergabe bei Zweisystemverkehren nach § 111 Abs. 1, 2 GWB nicht in Betracht kommen. Wenn der nach dem PBefG und der BOStrab betriebene Teil des Verkehrs der VO (EG) Nr. 1370/2007 unterfällt, welche von der Anwendung des Kartellvergaberechts nach § 149 Nr. 12 GWB ausgenommen ist, greift für den Gesamtverkehr § 111 Abs. 3 Nr. 5 GWB: Der Gesamtverkehr ist also ungeachtet der Wertanteile des PBefG-Verkehrs als Gesamtverkehr nach den §§ 97 ff., § 131 GWB zu vergeben.

3. Freie Wahl des Vergabeverfahrens (Abs. 1 S. 1 Hs. 2)

16   Gem. Abs. 1 S. 1 Hs. 2 stehen öffentlichen Auftraggebern das offene und das nicht offene Verfahren, das Verhandlungsverfahren mit Teilnahmewettbewerb, der wettbewerbliche Dialog und die Innovationspartnerschaft nach ihrer Wahl zur Verfügung.[11] § 119 Abs. 2 S. 2 GWB, welcher das Verhandlungsverfahren mit Teilnahmewettbewerb, den wettbewerblichen Dialog und die Innovationspartnerschaft für nachrangig erklärt, ist daher iRv § 131 GWB **nicht** anwendbar. Diese Vergabeverfahren sind iRv § 131 GWB gleichrangig.

4. Vorrang des Wettbewerbs (Abs. 1 S. 2)

17   Gem. Abs. 1 S. 2 steht das Verhandlungsverfahren ohne Teilnahmewettbewerb nur zur Verfügung, soweit dies aufgrund dieses Gesetzes gestattet ist. § 14 Abs. 4 VgV ist daher auch iRv § 131 GWB uneingeschränkt anwendbar.

5. Nationales Verbot der Direktvergabe nach Art. 5 Abs. 6 VO (EG) Nr. 1370/2007 und nach Art. 5 Abs. 3a, 3b, 4, 4a, 4b

18   Aus Abs. 1 S. 2 folgt wegen des grds. Verbots selbst des Verzichts auf einen Teilnahmewettbewerb, dass Vergaben von Eisenbahnverkehrsleistungen ohne wettbewerbliches Verfahren und somit Direktvergaben iSv Art. 2 lit. h VO (EG) Nr. 1370/2007 (unter Verzicht auf ein vorheriges wettbewerbliches Vergabeverfahren) nicht zulässig sind.

19   Direktvergaben im Eisenbahnverkehr nach Art. 5 Abs. 6 VO (EG) Nr. 1370/2007[12] sind daher nach § 131 Abs. 1 S. 2 GWB unzulässig, sofern nicht § 14 Abs. 4 VgV ein Verfahren ohne Teilnahmewettbewerb erlaubt. Ob die am 3.12.2019 in Kraft tretenden Direktvergabemöglichkeiten gem. Art. 5 Abs. 3a, 3b, 4, 4a, 4b VO (EG) Nr. 1370/2007 genutzt werden können, ist wegen des jew. nationalen Verbotsvorbehalts der Regelungen davon abhängig, was der deutsche Gesetzgeber durch Modifikationen von Abs. 1 S. 1, 2 möglich macht.

---

[11] Siehe dazu § 119 Abs. 1 GWB und §§ 14 ff. VgV.
[12] → VO (EG) Nr. 1370/2007 Art. 5 Rn. 113 ff.; v. Wietersheim/Zuck, Vergaben im ÖPNV, 2013, S. 119 ff., 125 ff.

6. Wettbewerbliches Verfahren nach Art. 5 Abs. 3 VO (EG) Nr. 1370/2007

Abs. 1 S. 1 Hs. 2 stellt den Auftraggebern zwar nur die Wahl zwischen den Vergabeverfahren nach Kartellvergaberecht frei. Art. 5 Abs. 3, 3a, 3b, 4 VO (EG) Nr. 1370/2007 eröffnen allerdings auch im Eisenbahnbereich bei Vorliegen einer Dienstleistungskonzession (→ VO (EG) Nr. 1370/2007 Art. 5 Rn. 13 f.) die Möglichkeit eines wettbewerblichen Vergabeverfahrens (→ VO (EG) Nr. 1370/2007 Art. 5 Rn. 59 ff.) außerhalb des Kartellvergaberechts. 20

Im Einklang mit der amtl. Begr. des Gesetzentwurfs zu § 131 GWB kann das Vergabeverfahren somit grds. auch nach Art. 3 VO (EG) Nr. 1370/2007 iVm zB dem VwVfG oder der VOL/A durchgeführt werden. Abs. 1 S. 1 steht dem nicht entgegen. Dienstleistungskonzessionen im Eisenbahnbereich kommen allerdings nur selten vor.[13] 21

7. Bieterschutz

Abs. 1 ist bieterschützend. 22

II. Inhouse-Geschäfte im Eisenbahnbereich (Abs. 2)

Inhouse-Geschäfte (s. dazu § 108 GWB) sind zwar auch im Eisenbahnbereich zulässig. Die Voraussetzungen dafür gem. Art. 5 Abs. 2 VO (EG) Nr. 1370/2007 werden allerdings teils gelockert, teils verschärft: 23

1. Lockerungen und Verschärfungen

Abs. 2 S. 1 erklärt bei Personenverkehrsleistungen im Eisenbahnverkehr § 108 Abs. 1 GWB für unanwendbar, der das vergaberechtsfreie sog. Inhouse-Geschäft kodifiziert.[14] An seiner Stelle gilt Art. 5 Abs. 2 VO (EG) Nr. 1370/2007, welcher den Beschluss über die Eigenerbringung und die Direktvergabe an einen internen Betreiber regelt.[15] 24

Art. 5 Abs. 1 VO (EG) Nr. 1370/2007 enthält abseits des Vorrangs des EU-Vergaberechts ein bereichsspezifisches Vergaberecht.[16] Das bedeutet, dass bei einer Direktvergabe im Personenverkehr mit Eisenbahnen abweichend von den allg. Inhouse-Grundsätzen auch Fremdkapital über § 108 Abs. 1 Nr. 3 GWB hinaus statthaft ist, und dass die Fremdgeschäftsgrenze des § 108 Abs. 1 Nr. 2 GWB entfällt. 25

Das Kontrollkriterium gem. § 108 Abs. 1 Nr. 1 GWB wird als Restriktion dadurch erweitert, dass nach Art. 2 lit. c VO (EG) Nr. 1370/2007 nur eine zuständige **örtliche** Behörde direkt vergeben kann.[17] Daher verbleiben für Inhouse- oder Direktvergabemöglichkeiten im Personenverkehr mit Eisenbahnen nach Abs. 2 faktisch nur Eisenbahnen der Länder, der Stadtstaaten und der kommunalen Gebietskörperschaften an Eisenbahnen, die in ihrem überwiegenden Anteilsbesitz stehen. Direktvergaben an bundeseigene Eisenbahnen sind dagegen ausgeschlossen. 26

An die Stelle der Fremdgeschäftsgrenze treten das räumliche und zeitliche Tätigkeits- und Wettbewerbsverbot gem. Art. 5 Abs. 2 lit. b, c VO (EG) Nr. 1370/2007.[18] 27

---

[13] Siehe dazu v. Wietersheim/Zuck, Vergaben im ÖPNV, 2013, S. 117 f.
[14] Siehe dazu § 108 Abs. 1 GWB.
[15] → VO (EG) Nr. 1370/2007 Art. 5 Rn. 22.
[16] → VO (EG) Nr. 1370/2007 Art. 5 Rn. 5.
[17] → VO (EG) Nr. 1370/2007 Art. 2 Rn. 4 ff.
[18] → VO (EG) Nr. 1370/2007 Art. 5 Rn. 42 ff.; → VO (EG) Nr. 1370/2007 Art. 5 Rn. 54 ff.

Zusätzlich muss der interne Betreiber den überwiegenden Teil des öffentlichen Personenverkehrsdienstes selbst erbringen.[19]

2. Notmaßnahmen, Bekanntmachungspflichten

28 § 131 Abs. 2 S. 2 GWB lässt Art. 5 Abs. 5 VO (EG) Nr. 1370/2007 (Notmaßnahmen) und Art. 7 Abs. 2 VO (EG) Nr. 1370/2007 (Vorabbekanntmachung) unberührt.[20]

28a Abs. 2 ist bieterschützend.

III. Fiktiver Betriebsübergang (Abs. 3)

29 Abs. 3 regelt den fiktiven Betriebsübergang im Eisenbahnbereich. Abs. 3 ist daher nicht anwendbar, wenn ein Betriebsübergang nach § 613a BGB ohnehin vorliegt.[21] Für **straßengebundene Personenverkehrsleistungen** ist Abs. 3 **nicht** – auch nicht entspr. – **anwendbar:** Art. 4 Abs. 5 VO (EG) Nr. 1370/2007 gilt nur für die nach der VO vergebenen Dienstleistungskonzessionen.[22] Bei öffentlichen Aufträgen iSv § 97 Abs. 1 GWB kann daher kein Betriebsübergang fingiert werden. Eine dem § 131 GWB entspr. Regelung für straßengebundene Personenverkehrsleistungen fehlt.[23] Wegen des Gebrauchmachens von der konkurrierenden Gesetzgebungskompetenz des Bundes nach Art. 72 Abs. 1 GG kann sie auch landesrechtlich nicht eingeführt werden.

30 Die Details des Inhalts des Abs. 3 erschließen sich nicht aus der Regelung selbst, sondern erst durch die Gesetzgebungsgeschichte (**1.**) und durch die arbeitsrechtlichen Voraussetzungen und Schranken (**2. bis 6.**)

1. Gesetzgebungsgeschichte

31 **a) Gesetzesentwurf der Bundesregierung.** Der **Gesetzesentwurf der Bundesregierung**[24] sah ursprünglich folgende Formulierung vor:

„(3) Öffentliche Auftraggeber, die öffentliche Aufträge im Sinne von Absatz 1 vergeben, können gemäß Artikel 4 Absatz 5 der Verordnung (EG) Nr. 1370/2007 verlangen, dass bei einem Wechsel des Betreibers der Personenverkehrsleistung der ausgewählte Betreiber die Arbeitnehmerinnen und Arbeitnehmer, die beim bisherigen Betreiber zur Erbringung der Dienste beschäftigt waren, übernimmt und ihnen die Rechte gewährt, auf die sie Anspruch hätten, wenn ein Übergang gem. § 613a des Bürgerlichen Gesetzbuchs erfolgt wäre."

32 **b) Stellungnahme des Bundesrats.** Vor allem Gewerkschaften hatten in der Anhörung zum Gesetzesentwurf dafür plädiert, den Betriebsübergang im Eisenbahnverkehr verpflichtend anzuordnen. Im Bundesrat, dessen Mitglieder sowohl für die Umsetzung als auch für die Finanzierung zuständig sind, hatten sie damit allerdings nur eingeschränkt Erfolg (zu den mutmaßlichen Gründen → Rn. 76 ff.). Der Bundesrat stimmte dem Gesetzesentwurf mit folgenden Maßgaben zu § 131 zu (BR-Drs. 596/15):

---

[19] Art. 5 Abs. 2 lit. e VO (EG) Nr. 1370/2007, → VO (EG) Nr. 1370/2007 Art. 5 Rn. 56.
[20] → VO (EG) Nr. 1370/2007 Art. 5 Rn. 100 ff.; → VO (EG) Nr. 1370/2007 Art. 7 Rn. 9 ff.
[21] Siehe zu den Voraussetzungen nach der neuesten Rspr. Bayreuther NZA 2020, 1505 ff.
[22] → VO (EG) Nr. 1370/2007 Art. 5 Rn. 13 f.
[23] So auch BT-Drs. 18/9008, 2.
[24] BT-Drs. 18/6281, 32 f.

„§ 131 Absatz 3 wird wie folgt geändert: 33
aa) Das Wort ‚können' wird durch das Wort ‚sollen' und die Wörter ‚zur Erbringung der Dienste' werden durch die Wörter ‚für die Erbringung dieser Verkehrsleistung' ersetzt."

bb) Die folgenden Sätze werden angefügt: 34

„Für den Fall, dass ein öffentlicher Auftraggeber die Übernahme von Arbeitnehmerinnen und Arbeitnehmern im Sinne von Satz 1 verlangt, beschränkt sich das Verlangen auf diejenigen Arbeitnehmerinnen und Arbeitnehmer, die für die Erbringung der übergehenden Verkehrsleistung unmittelbar erforderlich sind. Der öffentliche Auftraggeber soll Regelungen vorsehen, durch die eine missbräuchliche Anpassung tarifvertraglicher Regelungen zu Lasten des neuen Betreibers zwischen der Veröffentlichung der Auftragsbekanntmachung und der Übernahme des Betriebs ausgeschlossen sind. Der bisherige Betreiber ist nach Aufforderung durch den öffentlichen Auftraggeber verpflichtet, alle hierzu erforderlichen Angaben zu machen."

c) Behandlung im Bundestag. Der Bundestag hat sich dem Votum der Länder gebeugt:[25] 35

„Art. 4 Abs. 5 S. 1 der VO (EG) Nr. 1370/2007 sieht vor, dass die zuständige Behörde unbeschadet des nationalen Rechts und des Unionsrechts, einschließlich Tarifverträge zwischen den Sozialpartnern, den ausgewählten Betreiber eines öffentlichen Dienstes verpflichten kann, den Arbeitnehmern, die zuvor zur Erbringung der Dienste eingestellt wurden, die Rechte zu gewähren, auf die sie Anspruch hätten, wenn ein Übergang im Sinne der Richtlinie 2001/23/EG, die in Deutschland durch § 613a BGB umgesetzt wurde, erfolgt wäre. Abs. 3 fügt die sich aus Art. 4 Abs. 5 S. 1 VO (EG) Nr. 1370/2007 ergebende Ermächtigung in das GWB-Vergaberecht nun als Soll-Vorschrift ein und damit über die VO (EG) Nr. 1370/2007 hinaus.

Verpflichtet der öffentliche Auftraggeber den zukünftigen Betreiber eines Eisenbahnverkehrsdienstes zur Gewährung der Rechte nach § 613a BGB, so werden nach Art. 4 Abs. 5 S. 2 VO (EG) Nr. 1370/2007 in den Unterlagen des Vergabeverfahrens und den öffentlichen Dienstleistungsaufträgen die betreffenden Arbeitnehmer aufgeführt und transparente Angaben zu ihren vertraglichen Rechten und zu den Bedingungen gemacht, unter denen sie als in einem Verhältnis zu der betreffenden Verkehrsleistung stehend gelten. 36

Als Folgeregelung zu Abs. 3 S. 1 wird daher in S. 4 eine Auskunftspflicht des bisherigen Betreibers in das Gesetz aufgenommen. 37

S. 2 der Vorschrift macht deutlich, dass für den Regelfall der Anordnung des Personalübergangs hiervon nur diejenigen Arbeitnehmerinnen und Arbeitnehmer betroffen sind, die unmittelbar für die Erbringung der übergehenden Verkehrsleistung erforderlich sind, und richtet sich nach dem Bedarf des neuen Betreibers. Potenzielle Wettbewerbsvorteile neuer Betreiber sollen damit erhalten bleiben. Der Beschäftigtenübergang umfasst ausschl. operativ tätige Mitarbeiter bestimmter Tätigkeitsgruppen. Dieser erfolgt nach vorab definierten, transparenten und nachvollziehbaren Kriterien. Die Regel muss sein, dass die zuzuordnenden Mitarbeiter überwiegend und hinreichend lange in den entspr. Funktionen im Wettbewerbsnetz tätig waren. Wird ein Wettbewerbsnetz bisher innerbetrieblich im Verbund mit anderen Strecken bzw. Netzen bewirtschaftet, sind ggf. weitere Zuordnungskriterien vorzugeben. Der neue Betreiber ist rechtzeitig vor der Betriebsaufnahme darüber in Kenntnis zu setzen, welche Arbeitsverhältnisse auf ihn übergehen werden, in der Regel iRd Auftragsbekanntmachung. 38

Durch bestehende Betreiberwechseltarifverträge dürfen anerkannte Übergangsregeln nicht in Frage gestellt werden. Tarifkollisionen sind zu vermeiden und die Koalitionsfreiheit zu beachten. Wenn der Aufgabenträger den Beschäftigtenübergang 39

---

[25] S. Beschlussbericht mit Beschlussempfehlung des Ausschusses für Wirtschaft und Energie, BT-Drs. 18/7086, 15 f.

GWB § 131 Vergabe im Eisenbahnverkehr

anordnet, muss verbindlich vorgeschrieben werden, dass im Falle der Anordnung des Beschäftigtenübergangs für den Vollzug des Übergangs die Tarifregelungen maßgeblich sind. Beamteten Mitarbeitern dürfen keine Nachteile entstehen (Laufbahnprüfungen und Beförderungen sind zu beachten). Für das übernehmende Unternehmen ist sicherzustellen, dass es diese Mitarbeiter zu den gleichen Bedingungen beschäftigen kann wie das sonstige übernommene Personal.

40   Der Schutz der personenbezogenen Daten sowie der Geschäftsgeheimnisse muss gewahrt werden. Der Umgang mit informationellen Selbstbestimmungsrechten ist zu klären. Der Aufgabenträger übermittelt kalkulationsrelevante Daten als neutrale Clearingstelle. Die vom jeweiligen Altbetreiber übermittelten Daten dienen ausschl. dem jew. Verfahren.

41   Zu den Informationspflichten der Unternehmen und zur Entscheidung der einzelnen Mitarbeiter entspr. § 613a Abs. 5, 6 BGB lassen diese Vorschriften offen, ob der alte oder der neue Betreiber zu informieren hat und ggü. wem der Arbeitnehmer widersprechen kann. Bei einem angeordneten Beschäftigtenübergang muss die Verantwortung klar zugewiesen werden, und zwar mindestens auf Ebene des jew. Vergabeverfahrens. Eine einheitliche Regelung ist anzustreben. Darüber hinaus ist der Übergang von Werkstattpersonal zu regeln, welches für den Weiterbetrieb der Werkstatt des Altbetreibers benötigt wird. Zudem sind beim Übergang nur entgeltrelevante Inhalte zu berücksichtigen, um wettbewerblich schwierige Regelungen (zB erheblich abweichende Vereinbarungen zur Altersversorgung) seitens des Neubetreibers nicht übernehmen zu müssen. S. 3 stellt klar, dass missbräuchliche Änderungen von Tarifverträgen während des Ausschreibungsverfahrens keine Wirkung für den Neubetreiber entfalten. Dies dient dem Erhalt der Planungssicherheit iRd Vergabeverfahrens".[26]

2. Betriebsübergang nach Art. 4 Abs. 5 VO (EG) Nr. 1370/2007

42   Abs. 3 S. 1 verweist zunächst auf Art. 4 Abs. 5 VO (EG) Nr. 1370/2007, der seinerseits auf die RL 2001/23/EG[27] verweist. Dieser eröffnet die Möglichkeit der Verpflichtung des ausgewählten Betreibers, den Arbeitnehmern, die zuvor zur Erbringung der Dienste eingestellt wurden, die Rechte zu gewähren, auf die sie Anspruch hätten, wenn ein Übergang iSd RL 2001/23/EG erfolgt wäre.

43   Abs. 3 S. 1 ordnet im Anschluss an diese Vorgabe jedoch nicht die (fiktive) Geltung der RL 2001/23/EG an, sondern nimmt Bezug auf den Betriebsübergang gem. § 613a BGB. Dieser Unterschied zwischen dem in Bezug genommenem Unionsrecht und dem nationalen Betriebsübergangsrecht wäre unschädlich, wenn Rechte und Pflichten hier wie dort gleich wären. Dies ist jedoch nicht vollständig der Fall.[28]

44   § 131 Abs. 3 S. 1 GWB ist daher insoweit unbestimmt, als er offenlässt, ob sich die Ansprüche der Arbeitnehmer gem. Art. 4 Abs. 5 VO (EG) Nr. 1370/2007 ausschl. aus der RL 2001/23/EG oder darüber hinaus auch aus § 613a BGB ableiten.

3. Betriebsübergang nach § 613a BGB

45   Da § 131 Abs. 3 GWB einen fiktiven Betriebsübergang anordnet,[29] kommt es auf die Übernahmevoraussetzungen nach § 613a Abs. 1 BGB (Betriebsteil und Übergang von Aktiva) nicht an, weil diese durch die Anordnung fingiert werden.

---

[26] S. Beschlussbericht mit Beschlussempfehlung des Ausschusses für Wirtschaft und Energie, BT-Drs. 18/7086, 15 f.
[27] ABl. 2001 L 82, 16; zuletzt geändert durch RL 2015/1794/EU, ABl. 2015 L 263, 1.
[28] S. dazu in ErfK/Preis BGB § 613a Rn. 1–4.
[29] S. zur Anwendung von § 613a Abs. 1 BGB bei einer bloßen Funktionsnachfolge (insbs. ohne Übergang von Betriebsmitteln) Bayreuther NZA 2020, 1505 ff.

§ 131 Abs. 3 GWB beschränkt sich also auf eine Rechtsfolgenverweisung. Diese unterteilt sich in den Übergang der Arbeitsverhältnisse (a), die Unterrichtung und das Widerspruchsrecht der Arbeitnehmer (b), die Fortgeltung von Tarifvertrag und Betriebsvereinbarungen (c), die Kontinuität des Betriebsrats (d) und die Weiterhaftung des Altbetreibers (e):

a) Übergang der Arbeitsverhältnisse. § 613a Abs. 1 S. 1 BGB bewirkt einen Arbeitgeberwechsel. Der Arbeitnehmerbegriff ist auch nach der RL 2001/23/EG nach nationalem Recht zu bestimmen.[30] Erfasst werden Arbeiter, Angestellte, Auszubildende und sogar leitende Angestellte, nicht aber auch selbständige Dienstverhältnisse[31] sowie Beamtenverhältnisse und Heimarbeiter.[32]   46

Nicht in allen Varianten abschl. geklärt ist der Übergang der Arbeitsverhältnisse bei Leiharbeitnehmern eines Entleiherbetriebs.[33] Zur im Eisenbahnbereich nach wie vor relevanten (2019: immer noch ca. 25.500 Beschäftigte) Frage des Übergangs der Arbeitnehmerverhältnisse von zur Dienstleistung überlassenen Beamten des Bundeseisenbahnvermögens (die nicht unter das AÜG fallen) gibt es gar keine Judikatur. Stellt man auf das Arbeitsverhältnis ab, ist ein Betriebsübergang ausgeschlossen. Stellt man dagegen auf das Beschäftigungsverhältnis oder auf die ebenfalls von § 613a BGB in ihrer Kontinuität geschützte Betriebsräte ab, kommt ein Betriebsübergang in Betracht.   47

Zu den Einzelheiten des inhaltlichen Übergangs der Arbeitsverhältnisse muss auf die arbeitsrechtliche Lit. und Rspr. verwiesen werden.   48

b) Unterrichtung und Widerspruchsrecht der Arbeitnehmer. Siehe dazu zB ErfK/Preis BGB § 613a Rn. 84 ff. mwN.   49

c) Fortgeltung von Tarifvertrag und Betriebsvereinbarung. Siehe dazu zB ErfK/Preis BGB § 613a Rn. 111 ff. mwN. Wenn und soweit es einen Tarifvertrag über einen Betreiberwechsel gibt, wie die mit der GDL abgeschlossenen Tarifverträge Betreiberwechsel I (Lokomotivführer) und Betreiberwechsel II (andere Arbeitnehmer),[34] gilt auch dieser.   50

d) Kontinuität des Betriebsrats. Siehe dazu zB ErfK/Preis BGB § 613a Rn. 128 ff. mwN.   51

e) Weiterhaftung des Betriebsveräußerers. Siehe dazu zB ErfK/Preis BGB § 613a Rn. 133 ff. mwN.   52

4. Kann-, Soll- und Mussregelung

§ 131 Abs. 3 GWB enthält nach der Gesetzgebungsgeschichte eindeutig eine Sollvorschrift. Die Rechtsfolge – Anordnung der Rechtsfolgen des § 613a BGB – ist also anders als bei einer Kann-Vorschrift nicht bloß in das pflichtgemäße Ermessen des Auftraggebers gestellt, und anders als bei einer Muss-Vorschrift nicht verpflichtend angeordnet. Sollvorschriften sind im allg. Verwaltungsrecht Rechtsnormen, durch die der Verwaltungsbehörde ein **begrenztes Ermessen** eingeräumt wird. Die Behörde kann von der gesetzlich vorgesehenen Rechtsfolge – hier der Anordnung des § 613a BGB – nur in Ausnahmefällen abweichen. Streitig ist, ob die Sollregelung nur arbeitnehmerschützend ist oder auch den bisherigen Betreiber davor schützt, dass die Anordnung erfolgt oder unterbleibt, oder Bewerbern in   53

---
[30] EuGH 14.9.2000 – C-343/98, NZA 2000, 1279.
[31] BAG 13.2.2003 – 8 AZR 59/02, NZA 2003, 854.
[32] ErfK/Preis BGB § 613a Rn. 67 mwN.
[33] S. dazu in ErfK/Preis BGB § 613a Rn. 67 mwN
[34] Näheres unter www.gdl.de.

einem Ausschreibungsverfahren einen Rechtsanspruch darauf verschafft, dass die Anordnung erfolgt.[35]

54 Die Abweichung von der Sollvorschrift muss als Form der Ermessensausübung begründet werden.[36] Ob dieser Ermessensgebrauch der Nachprüfung nach den §§ 155 ff. GWB unterliegt, ist offen. Dagegen spricht, dass der fingierte Betriebsübergang eine bloße Folge der Erteilung des Zuschlags ist. Inhalt einer Nachprüfung können also allenfalls die Angaben nach Abs. 3 S. 4 sein.

54a Der Rechtsweg gegen die Ausübung des Ermessens richtet sich danach, ob der Verkehrs- oder Betreibervertrag dem Privatrecht oder dem öffentlichen Recht zuzuordnen ist. Aus der Tatsache, dass die Vergabe von Verkehrsdienstleistungen der Erfüllung einer öffentlichen Aufgabe dient, kann nicht ohne weiteres der Schluss gezogen werden, dass sich die öffentliche Hand auch öffentlich-rechtlicher Mittel zur Erreichung dieses Ziels bedient.[37] Einem Verein, dessen Ziel der Schutz von Beschäftigten und Verbrauchern in der Verkehrs- und Mobilitätswirtschaft und den verkehrsnahen Dienstleistungsbereichen ist, fehlt es für einen Anspruch aus § 131 Abs. 3 an der Aktivlegitimation. Aus § 131 Abs. 3 erwächst kein subjektives einklagbares Recht auf Aufnahme einer Betriebsüberganganordnung in die Vergabeunterlagen.[38]

5. Modifikationen

55 a) **Arbeitnehmerbeschränkung (Abs. 3 S. 2).** Gem. § 131 Abs. 3 S. 2 GWB beschränkt sich das Übernahmeverlangen auf diejenigen Arbeitnehmer/innen, die für die Erbringung der übergehenden Verkehrsleistungen unmittelbar erforderlich sind.[39] Diese Regelung ist wegen der Verwendung gleich zweier unbestimmter Rechtsbegriffe – unmittelbar und erforderlich – unscharf, und daher unbestimmt:

56 Der Begriff der Unmittelbarkeit ist unscharf, weil völlig offenbleibt, ob sie nach der Organisation oder nach der Wertschöpfung zu ermitteln ist. Besteht der ausgeschriebene Verkehr aus mehreren Schienenverkehrsleistungen, die bislang von unterschiedlichen Betreibern erbracht wurden, wird das Problem offenbar: Zahlreiche Stellen im Bereich der Betriebs- und Verkehrsleitung, aber auch im Bereich der Verwaltung, Werkstatt und Versorgung sind aus der Sicht des Übernehmers mehrfach besetzt. Von wem und wie dieser Konflikt aufzulösen ist, lässt § 131 Abs. 3 GWB offen.

57 Der Begriff der Erforderlichkeit ist auf den ersten Blick zwar schärfer. Nach der Gesetzgebungsgeschichte soll sich die Zuordnung aber nach dem Bedarf des neuen Betreibers richten, um potenzielle Wettbewerbsvorteile neuer Betreiber zu erhalten. Der Beschäftigtenübergang soll ausschl. operativ tätige Mitarbeiter bestimmter Tätigkeitsgruppen umfassen, muss nicht vorab definieren, transparenten und nachvollziehbaren Kriterien erfolgen. Die Regel muss außerdem sein, dass die zuzuordnenden Mitarbeiter überwiegend und hinreichend lange in den entspr. Funktionen im Wettbewerbsnetz tätig waren. Wird ein Wettbewerbsnetz bisher innerbetrieblich im Verbund mit anderen Strecken bzw. Netzen bewirtschaftet, sind ggf. weitere Zuordnungskriterien vorzugeben.

58 Mit den primären Schutzzwecken des § 613a BGB – Schutz des Arbeitnehmerstatus und der Kontinuität des Betriebsrats – hat § 131 Abs. 3 GWB überhaupt nichts

---

[35] Nur arbeitnehmerschützend: VK Schleswig-Holstein 12.5.2016 – VK-SH 05/16, VPRRS 2016, 0354.
[36] § 39 Abs. 1 VwVfG; den bisherigen Betreiber und andere Bewerber/Bieter schützend: VK Südbayern 12.12.2017 – Z 3–3-3194-1-40-08/17, BeckRS 2017, 137224 = VergabeR 2018, 444, dazu Reidt VergabeR 2018, 387.
[37] So VG Gelsenkirchen 3.2.2021 – 15 L 107/21, BeckRS 2021, 1779.
[38] So LG Essen 22.3.2021 – 1 O 35/21, BeckRS 2021, 44457.
[39] S. zur Notwendigkeit des Übergangs von Betriebsmitteln Bayreuther NZA 2020, 1505 ff.

mehr gemeinsam. Das wird am Bsp. einer betrieblichen Werkstatt deutlich, wenn der neue Betreiber leichte und schwere Instandhaltung von Eisenbahnfahrzeugen nicht mehr selbst vornimmt, sondern durch den Hersteller oder durch einen Dritten vornehmen lässt. Dieser Problemfall macht zugleich deutlich, dass Abs. 3 S. 2 ebenso offenlässt, ob der Bedarf des neuen Betreibers die Einstellung von neuen Mitarbeitern erforderlich macht, oder ob er durch bereits vorhandenes Personal oder (beim Outsourcing) durch Werkverträge abgedeckt werden soll.[40]

Völlig offen bleibt außerdem, nach welchen innerbetrieblichen Kriterien die Personal- und Sozialauswahl zu erfolgen hat, wenn das potenziell übergehende Personal auch andere Aufgaben zu erfüllen hatte, und wie die diesbzgl. Auswahl zu erfolgen hat. Das in der Gesetzgebungsgeschichte angeführte Merkmal der Beschäftigungsdauer kann nicht herangezogen werden, weil es in § 613a BGB keine Stütze findet. Auch den noch in der Probezeit befindlichen Triebwagen- oder Triebfahrzeugführer kann erforderlich sein, die Putzfrau für (entfallende) Sozialräume jedoch nicht, selbst wenn sie dort seit vierzig Jahren tätig ist.[41] 59

Unlösbar sind die damit verbundenen Probleme bei Mitgliedern des Betriebsrats, die (zB auch wegen einer Freistellung) für die Erbringung der übergehenden Verkehrsleistungen nicht unmittelbar erforderlich sind, aber wegen der Schutzzwecke des § 613a BGB (hier: Kontinuität des Betriebsrats) ebenfalls in dessen Schutzbereich fallen könnten. 60

b) Verbot der missbräuchlichen Anpassung (Abs. 3 S. 3). Nach Abs. 3 S. 3 soll der öffentliche Auftraggeber Regelungen vorsehen, durch die eine missbräuchliche Anpassung tarifvertraglicher Regelungen zu Lasten des neuen Betreibers zwischen der Veröffentlichung der Auftragsbekanntmachung und der Übernahme des Betriebes ausgeschlossen wird. 61

Ob diese Regelung der grundrechtlich geschützten Tarifautonomie der Sozialpartner nach Art. 9 Abs. 3 GG gerecht wird, ist anzuzweifeln. Überdies dürfte sie wirkungslos sein. Denn wenn § 131 Abs. 3 GWB nur Rechtsfolgenverweisung ist (→ Rn. 43), dann sind auch die nach § 613a BGB übergehenden tarifvertraglichen Regelungen wirksam. Außerdem ist der vorgesehene Schutzzeitraum zu kurz. Pläne zur Vergabe von Aufträgen im Eisenbahnverkehr sind in Gestalt von sog. Ausschreibungsfahrplänen meistens schon mehrere Jahre vor der jew. Auftragsbekanntmachung bekannt. Die damit verbundene Umgehungs- und Missbrauchsgefahr liegt auf der Hand. 62

c) Angabenpflicht des bisherigen Betreibers (Abs. 3 S. 4). Nach Abs. 3 S. 4 ist der bisherige Betreiber nach Aufforderung durch den öffentlichen Auftraggeber verpflichtet, alle hierzu erforderlichen Angaben zu machen.[42] Das Verlangen soll nach Abs. 3 S. 1 und die Angabenpflicht nach Abs. 3 S. 4 betreffen allerdings unterschiedliche Sachverhalte. Wenn nach der amtl. Gesetzesbegr. das Betreiberkonzept des konkurrierenden Bieters Maßstab für die Erforderlichkeit des Übergangs ist, sind die vom bisherigen Betreiber zu machenden Angaben mit einiger Wahrscheinlichkeit inkongruent zu den vom Bieter für die Kalkulation tatsächlich gebrauchten Angaben. 63

In den meisten Fällen wird sich der bisherige Betreiber an der Ausschreibung seiner Verkehrsleistungen selbst beteiligen. Es ihm zu überlassen, die erforderlichen Angaben zu machen (zumal ohnehin nur der Bedarf des übernehmenden Betreibers maßgeblich sein soll). Dies kann zu Wettbewerbsverfälschungen führen, weil der bisherige Betreiber insoweit als **Projektant** zu betrachten ist.[43] 64

---

[40] Nach VK Südbayern 12.12.2017 – Z 3–3-3194-1-40-08/17, BeckRS 2017, 137224 = VergabeR 2018, 444 räumt ein geplanter Nachunternehmereinsatz die Erforderlichkeit nicht aus.

[41] Weitere Beispiele für Problemfälle nennen Müller/Saxinger VuT 2016, 463 (468).

[42] Müller/Saxinger VuT 2016, 463 (469), wollen die Angabepflichten auf anonymisierte Daten beschränken.

[43] S. dazu § 7 VgV.

65 Um belastbare Angaben des bisherigen Betreibers zu erhalten, müssten dem bisherigen Betreiber in vielen Fällen noch in der Angebotsphase Kenntnisse von Angebotsdetails der Konkurrenten verschafft werden. Das ist aber mit dem Wettbewerbsgrundsatz[44] nicht vereinbar, wenn der bisherige Betreiber selbst ein Angebot abgibt.

66 Ziel und Zweck von Abs. 3 S. 2 können ohne **Kollisionen mit dem Projektantenverbot** und dem Wettbewerbsgrundsatz also nur dann erreicht werden, wenn der bisherige Betreiber nach Abs. 3 S. 4 **sämtliches Personal** mitsamt dem jew. Status (Tätigkeit und Erforderlichkeit in Bezug auf die bisher erbrachten Leistungen) angibt, welches nach ansatzweise mit der zu vergebenden Leistung befasst war oder ist, und der Bieter nachfolgend nach Maßgabe seines Bedarfs eine Auswahl trifft, welche Personale für einen fiktiven Betriebsübergang vorzusehen sind. Hierdurch relativiert sich die Erforderlichkeit der Angaben: Was erforderlich ist, wird durch den Bedarf des Bieters bestimmt und kann von Bieter zu Bieter unterschiedlichen Umfang haben.

67 An diese unvermeidliche Diskrepanz von Angaben und Bedarf knüpfen sich vom Gesetz nicht erkannte und aus diesem heraus auch nicht immer zu lösende weitere Probleme:

68 aa) Sind die Angaben des bisherigen Betreibers unvollständig, dürfte er sich ggü. den nicht angegebenen Personalen wegen Verletzung arbeitsvertraglicher Nebenpflichten schadensersatzpflichtig machen. Die verletzte arbeitsvertragliche Nebenpflicht ergibt sich aus Abs. 3 S. 4 und den Schutzzwecken des Betriebsübergangs. Der bisherige Betreiber trägt also primär die sich aus dem Kriterium der unmittelbaren Erforderlichkeit ergebenden Risiken.

69 bb) Sieht das Betreiberkonzept des konkurrierenden Bieters einen geringeren Personaleinsatz bei der zu vergebenden Leistung vor, ist nach den Ursachen des geringeren Personaleinsatzes zu differenzieren.

70 Entfallen Personalfunktionen im Betrieb des konkurrierenden Bieters völlig, kommt der Vollzug des fingierten Betriebsübergangs nicht in Betracht. Werden Personalfunktionen im Betrieb des konkurrierenden Bieters durch schon vorhandenes Personal (mit-)erbracht, oder sind diese Leistungen outgesourct und werden sie auf der Grundlage von Werkverträgen erbracht, entsteht allerdings ein Konflikt. Unmittelbar erforderlich ist das damit nicht zu übernehmende Personal des bisherigen Betreibers zwar nicht. Der Schutzzweck des § 613 BGB, der nach der Gesetzgebungsbeschichte des Abs. 3 auch bei einer bloßen Rechtsfolgenverweisung prägend ist, könnte die Anordnung des Betriebsübergangs aber dennoch gebieten.[45]

71 Soweit Personalfunktionen im Betrieb des konkurrierenden Bieters quantitativ nur in geringerem Umfang erforderlich sind (zB weil infolge besserer Umlaufplanung weniger Zuggarnituren und damit weniger Triebwagenführer sowie Zugbegleit- und Wartungspersonal gebraucht werden), stellt sich die Frage der sozialen Auswahl durch den konkurrierenden Bieter. Wegen des insoweit gleichen Schutzzwecks bietet es sich dann an, dass der konkurrierende Bieter nach den zu § 1 Abs. 3 KSchG anerkannten Auswahlgrundsätzen entspr. verfährt. Damit verbundene Risiken trägt allerdings der Bieter.

6. Verfassungsmäßigkeit, praktische Auswirkungen

72 § 131 Abs. 3 GWB ist nach seiner Gesetzgebungsgeschichte offensichtlich eine gewerkschaftsfreundliche Regelung. Ihre Verfassungsmäßigkeit ist wegen des mit ihr

---

[44] → § 97 Rn. 3 ff.
[45] So beim geplanten Nachunternehmereinsatz auch VK Südbayern 12.12.2017 – Z 3–3-3194-1-40-08/17, BeckRS 2017, 137224 = VergabeR 2018, 444.

verbundenen Eingriffs in Bietergrundrechte am Grundrecht gem. Art. 12 Abs. 1 GG (Berufsausübungsfreiheit) zu messen. Die mit ihr verbundenen Eingriffe in Bietergrundrechte sind nicht verhältnismäßig, weil weder geeignet noch erforderlich (a). Außerdem schädigen sie die Haushaltsinteressen der Aufgabenträger für den SPNV (b):

a) **Verhältnismäßigkeit.** Betreiberwechsel im SPNV hat es seit 1996 stetig zunehmend gegeben. Es war von Anfang an und ist bis heute die Regel, dass der Altbetreiber dem Personal des Neubetreibers auch ohne gesetzlich fingierten Betriebsübergang nach § 613a BGB eine Personalübernahmeofferte unterbreitet, und dass sich der neue Betreiber der SPNV-Leistungen beim Personal des Altbetreibers zB in einer Betriebsversammlung aktiv um die Personalübernahme bewirbt. Hintergrund ist der generelle Mangel an geschulten Fachkräften im SPNV-Bereich. Die Kosten für die Schulung von arbeitssuchenden oder fachfremden Arbeitskräften sind immens. Dies gilt nicht nur für technisches Fachpersonal wie Triebwagen- und -fahrzeugführer sowie Fahrdienstleiter und Rangierpersonal, sondern insbes. auch für Servicekräfte in den Zügen und am Bahnsteig. Es liegt bei Mangelberufen auf der Hand, dass die betroffenen qualifizierten Arbeitnehmer des Altbetreibers beim Betreiberwechsel ihre Besitzstände effektiv wahren können.[46] 73

Dieses Prozedere hat sich mehr als zwanzig Jahre lang bewährt. Der Arbeitnehmerschutz gebietet § 131 Abs. 3 GWB also nicht. Es geht bei der Regelung somit nur um Gewerkschaftsinteressen. Deren Rechtfertigung ist nicht ersichtlich. Den Gewerkschaften ist es ohne weiteres zuzumuten, Aufbau- und Ablauforganisation ihrer Tätigkeit beim Neubetreiber neu zu errichten, zumal es nur um einen fiktiven und nicht um einen echten Betriebsübergang nach § 613a BGB geht. Wenn der Arbeitgeber des Neubetreibers sich gar nicht ins „gemachte Nest legt", sondern nur ein fingierter Betriebsübergang stattfindet, gibt es auch keinen sachlichen Grund dafür, Gewerkschaften und Betriebsrat in ein „gemachtes Nest" zu legen. 74

Abs. 3 ist daher nicht erforderlich. Überdies bestehen aus den unter 5. genannten Gründen erhebliche Zweifel schon an der Bestimmtheit und der Geeignetheit der getroffenen Regelungen. Die Vorschrift ist daher verfassungswidrig.[47] 75

b) **Haushälterische Interessen.** Der fingierte Betriebsübergang nach § 131 Abs. 3 GWB ist für die SPNV-Branche nichts generell Neues. Es gibt ihn – ob vor der GWB-Novelle 2016 nun erlaubt oder nicht – in Ausschreibungen einiger Aufgabenträger für den SPNV in Deutschland schon seit den 1990er Jahren. 76

Nach den Ausschreibungserfahrungen seit 1996 ist ein echter oder fingierter Betriebsübergang für viele Bieter ein zwingender Grund dafür gewesen, sich an der Ausschreibung nicht mit einem Angebot zu beteiligen. Trotz des zwingenden Übergangs auf bestehende Bieter-Tarifverträge und trotz der Möglichkeit, nach Ablauf der einjährigen Sperrfrist von einem Jahr zB über Änderungskündigungen eine Angleichung der Arbeitsbedingungen an das Personal des Neubetreibers herbeizuführen, galt und gilt der echte oder fingierte Betriebsübergang wegen der generellen Streikgefahr der Gewerkschaften und der Klagegefahr der betroffenen Belegschaft als unkalkulierbares betriebswirtschaftliches Risiko. 77

Wer als Bieter trotzdem ein Angebot abgibt, muss dieses Risiko einpreisen. Die Anordnung des Betriebsübergangs nach § 613a BGB verteuert also die Angebote. 78

Für die Aufgabenträger für den SPNV, die solche Leistungen ausschreiben, sind dies keine attraktiven Rahmenbedingungen für den Zuschlag. Die Anordnung des 79

---

[46] Dies erklärt wohl auch, warum jedenfalls die GDL die Betreiberwechseltarifverträge I und II abschließen konnte; Näheres dazu unter www.gdl.de.
[47] Ebenso Ruge/von Tiling NZA 2016, 1055 (1058 f.).

fiktiven Betriebsübergangs nach § 131 Abs. 3 GWB ist kostentreibend, und belastet letztlich nur ihre Haushalte.

7. Kritik

80 § 131 Abs. 3 GWB ist dem Gesetzgeber völlig misslungen. Die Vorschrift ist hinsichtlich der angeordneten Rechtsfolgen unbestimmt, greift ungerechtfertigt in die Berufsausübungsfreiheit gem. Art. 12 Abs. 1 GG ein, ist nicht missbrauchssicher, und unverhältnismäßig.

81 Seinen verfolgten Zweck wird Abs. 3 in der Praxis aber schon deswegen nicht erreichen, weil er die Auftragsvergaben fiskalisch verteuert. Die Aufgabenträger für den SPNV sind daher zur Wahrung ihrer haushälterischen Interessen und zur Verhinderung rechtlicher Friktionen beim neuen Betreiber gut beraten – Soll-Regelung hin oder her –, auf die Anordnung des Betriebsübergangs zu verzichten.

8. Bieterschutz

82 Abs. 3 schützt jedenfalls Arbeitnehmer und Betriebsräte.[48] Ob er darüber hinaus auch bieter- oder altbetreiberschützend ist, ist offen.

§ 132 Auftragsänderungen während der Vertragslaufzeit

(1) ¹**Wesentliche Änderungen eines öffentlichen Auftrags während der Vertragslaufzeit erfordern ein neues Vergabeverfahren.** ²**Wesentlich sind Änderungen, die dazu führen, dass sich ein öffentlicher Auftrag erheblich von dem ursprünglich vergebenen öffentlichen Auftrag unterscheidet.** ³**Eine wesentliche Änderung liegt insbesondere vor, wenn**
1. **mit der Änderung Bedingungen eingeführt werden, die, wenn sie für das ursprüngliche Vergabeverfahren gegolten hätten,**
   a) **die Zulassung anderer Bewerber oder Bieter ermöglicht hätten,**
   b) **die Annahme eines anderen Angebots ermöglicht hätten oder**
   c) **das Interesse weiterer Teilnehmer am Vergabeverfahren geweckt hätten,**
2. **mit der Änderung das wirtschaftliche Gleichgewicht des öffentlichen Auftrags zugunsten des Auftragnehmers in einer Weise verschoben wird, die im ursprünglichen Auftrag nicht vorgesehen war,**
3. **mit der Änderung der Umfang des öffentlichen Auftrags erheblich ausgeweitet wird oder**
4. **ein neuer Auftragnehmer den Auftragnehmer in anderen als den in Absatz 2 Satz 1 Nummer 4 vorgesehenen Fällen ersetzt.**

(2) ¹**Unbeschadet des Absatzes 1 ist die Änderung eines öffentlichen Auftrags ohne Durchführung eines neuen Vergabeverfahrens zulässig, wenn**
1. **in den ursprünglichen Vergabeunterlagen klare, genaue und eindeutig formulierte Überprüfungsklauseln oder Optionen vorgesehen sind, die Angaben zu Art, Umfang und Voraussetzungen möglicher Auftragsänderungen enthalten, und sich aufgrund der Änderung der Gesamtcharakter des Auftrags nicht verändert,**
2. **zusätzliche Liefer-, Bau- oder Dienstleistungen erforderlich geworden sind, die nicht in den ursprünglichen Vergabeunterlagen vorgesehen waren, und ein Wechsel des Auftragnehmers**

---

[48] VK Schleswig-Holstein 12.5.2016 – VK-SH 05/16, VPRRS 2016, 0354.

a) aus wirtschaftlichen oder technischen Gründen nicht erfolgen kann und
b) mit erheblichen Schwierigkeiten oder beträchtlichen Zusatzkosten für den öffentlichen Auftraggeber verbunden wäre,
3. die Änderung aufgrund von Umständen erforderlich geworden ist, die der öffentliche Auftraggeber im Rahmen seiner Sorgfaltspflicht nicht vorhersehen konnte, und sich aufgrund der Änderung der Gesamtcharakter des Auftrags nicht verändert oder
4. ein neuer Auftragnehmer den bisherigen Auftragnehmer ersetzt
a) aufgrund einer Überprüfungsklausel im Sinne von Nummer 1,
b) aufgrund der Tatsache, dass ein anderes Unternehmen, das die ursprünglich festgelegten Anforderungen an die Eignung erfüllt, im Zuge einer Unternehmensumstrukturierung, wie zum Beispiel durch Übernahme, Zusammenschluss, Erwerb oder Insolvenz, ganz oder teilweise an die Stelle des ursprünglichen Auftragnehmers tritt, sofern dies keine weiteren wesentlichen Änderungen im Sinne des Absatzes 1 zur Folge hat, oder
c) aufgrund der Tatsache, dass der öffentliche Auftraggeber selbst die Verpflichtungen des Hauptauftragnehmers gegenüber seinen Unterauftragnehmern übernimmt.

²In den Fällen des Satzes 1 Nummer 2 und 3 darf der Preis um nicht mehr als 50 Prozent des Wertes des ursprünglichen Auftrags erhöht werden. ³Bei mehreren aufeinander folgenden Änderungen des Auftrags gilt diese Beschränkung für den Wert jeder einzelnen Änderung, sofern die Änderungen nicht mit dem Ziel vorgenommen werden, die Vorschriften dieses Teils zu umgehen.

(3) ¹Die Änderung eines öffentlichen Auftrags ohne Durchführung eines neuen Vergabeverfahrens ist ferner zulässig, wenn sich der Gesamtcharakter des Auftrags nicht ändert und der Wert der Änderung
1. die jeweiligen Schwellenwerte nach § 106 nicht übersteigt und
2. bei Liefer- und Dienstleistungsaufträgen nicht mehr als 10 Prozent und bei Bauaufträgen nicht mehr als 15 Prozent des ursprünglichen Auftragswertes beträgt.

²Bei mehreren aufeinander folgenden Änderungen ist der Gesamtwert der Änderungen maßgeblich.

(4) Enthält der Vertrag eine Indexierungsklausel, wird für die Wertberechnung gemäß Absatz 2 Satz 2 und 3 sowie gemäß Absatz 3 der höhere Preis als Referenzwert herangezogen.

(5) Änderungen nach Absatz 2 Satz 1 Nummer 2 und 3 sind im Amtsblatt der Europäischen Union bekannt zu machen.

Literatur: Bogdanowicz, The Application of the Principle of Proportionality to Modifications of Public Contracts, EPPPL 2016, 194; Brüning/Pfannkuch, Neuausschreibungspflicht bei Vertragsänderung, VergabeR 2015, 144; Csaki/Sieber, Pacta sunt servanda um jeden Preis? Vertragsanpassung bei Kostensteigerung im Einklang mit Vergaberecht. Das dringend notwendige Revival der clausula rebus sic stantibus, ZfBR 2023, 329; Domínguez Olivera, Modification of Public Contracts, EPPPL 2015, 35; Frenz, Ausschreibungspflicht wesentlicher Vertragsverlängerungen und -änderungen, VergabeR 2017, 323; Greb/Stenzel, Die nachträgliche Vertragsanpassung als vergaberechtsrelevanter Vorgang, NZBau 2012, 404; Hausmann/Queisner, Auftragsänderungen während der Vertragslaufzeit, NZBau 2016, 619; Hölzl, Gut, dass wir uns verglichen haben? Zur Frage der primär- und vergaberechtlichen Relevanz von Vergleichen im öffentlichen Auftragswesen, NZBau 2014, 704; Kalte, Die Pflicht für ein neues Vergabeverfahren bei Auftragsänderungen während der Vertragslaufzeit bei Planungsleistungen, VergabeR 2022, 481;

GWB § 132 Auftragsänderungen während der Vertragslaufzeit

Knauff, Vertragsverlängerungen und Vergaberecht, NZBau 2007, 347; Kunde, Nennung von Vertragsanpassungsklauseln in Auftragsbekanntmachung, NZBau 2014, 550; Linke, Auftragsänderungen im Vergaberecht, NVwZ 2017, 510; Malmendier/Wild, Vertragsänderungen versus Vergaberecht. Möglichkeiten und Grenzen der Änderung von ausschreibungspflichtigen Verträgen bei Leistungsstörungen, VergabeR 2014, 12; Meiß, Gesellschaftsrechtliche Umstrukturierungen und die Auswirkungen auf die Vergabe öffentlicher Aufträge, 2018; Müller, Nach dem Zuschlag ist vor dem Zuschlag! Auftragsänderungen nach Zuschlag als vergaberechtlicher Dauerbrenner in der Praxis, VergabeR 2015, 652; Müller, Eine schrecklich nette Vorschrift – Auftragsänderungen während der Vertragslaufzeit (§ 132 GWB), ZfBR 2019, 444; Polster, Die Änderung bestehender öffentlicher Aufträge bei Eintritt außergewöhnlicher Ereignisse, VergabeR 2012, 282; Poschmann, Vertragsänderungen unter dem Blickwinkel des Vergaberechts, 2010; Prieß/Hölzl, Auftragnehmer, wechsel Dich! Vorliegen, Konsequenzen und Handhabung eines vergabe- oder primärrechtlich relevanten Auftragnehmerwechsels, NZBau 2011, 513; Queisner, Auftragsänderungen während der Vertragslaufzeit, VergabeR 2017, 299; Rittwage, Einzel- und Gesamtrechtsnachfolge bei öffentlichen Aufträgen, VergabeR 2006, 327; Rittwage, Unternehmensverschmelzung als unzulässiger Bieterwechsel?, NZBau 2007, 232; Rosenkötter/Fritz, Vertragsänderungen nach den neuen Richtlinien, VergabeR 2014, 290; Scharen, Vertragslaufzeit und Vertragsverlängerung als vergaberechtliche Herausforderung?, NZBau 2009, 679; Sommer, Neue Entwicklungen für Ausschreibungspflichten bei Vertragsänderungen, VergabeR 2010, 568; Wagner/Jürschik, Die Vergaberechtswidrigkeit von Verträgen wegen wesentlicher Vertragsänderung und deren Folgen, VergabeR 2012, 401; Walter, Die Änderung des öffentlichen Auftrags ohne Durchführung eines neuen Vergabeverfahrens beim Ausfall des Auftragnehmers auf der Grundlage der Richtlinie über die öffentliche Auftragsvergabe und der Rechtsprechung des EuGH, VergabeR 2023, 17; Ziekow, Ausschreibungspflicht bei Auftragnehmerwechsel, VergabeR 2004, 430; Ziekow, Auftragsänderungen nach der Auftragsvergabe, VergabeR 2016, 278.

Übersicht

	Rn.
I. Bedeutung der Vorschrift	1
II. Änderungen des Vertragsinhalts	6
1. Änderungen der rechtlichen oder tatsächlichen Rahmenbedingungen	7
2. Einwirkungen der Vertragsparteien auf den Vertragsinhalt	14
a) Benannte wesentliche Änderungen	17
aa) Einführung abweichende Verfahrensergebnisse ermöglichender Bedingungen	18
bb) Änderung des wirtschaftlichen Gleichgewichts zugunsten des Auftragnehmers	22
cc) Erhebliche Ausweitung des Umfangs	23
b) Unbenannte wesentliche Änderungen	27
aa) Änderungen der Laufzeit von Aufträgen	28
bb) Weitere Änderungen	33
c) Ausdrückliche Regelung fehlender Pflicht zur Neuausschreibung	37
aa) Fallgruppen nach § 132 Abs. 2 S. 1 Nr. 1–3 GWB	38
bb) De-minimis-Regelung	55
III. Änderung des Auftragnehmers	59
1. Austausch aufgrund Überprüfungsklausel	60
2. Unternehmensumstrukturierung	65
3. Übernahme der Auftragnehmerverpflichtungen durch Auftraggeber	74
IV. Auftraggeberwechsel	75

I. Bedeutung der Vorschrift

Nach der deutschen monistischen Konstruktion fällt der Zuschlag mit dem Vertragsschluss zusammen (→ § 103 Rn. 14), wobei der Vertrag, sofern es sich dabei um einen zivilrechtlichen Vertrag handelt, den Vorschriften des BGB unterliegt. Da strukturprägendes Merkmal des zivilistischen Vertragsrechts die **Privatautonomie** ist, steht es den Vertragsparteien grds. frei, mit dem geschlossenen Vertrag durch übereinstimmende Willenserklärungen nach Belieben zu verfahren, ihn inhaltlich zu verändern, seine Laufzeit zu verlängern oder zu verkürzen oder ein Vertragspartei durch Forderungsübertragung oder Schuldübernahme auszuwechseln. Dies gilt jedoch für die durch Zuschlag geschlossenen Verträge nur dann, wenn solche oder andere Einwirkungen auf den Vertrag nicht erneut den Anwendungsbereich des Vergaberechts eröffnen. Mit anderen Worten: Ist ein einmal durch ein Vergabeverfahren zustande gekommener Vertrag „frei" iSd vollumfänglichen Geltung der Grundsätze der privatautonomen Vertragsgestaltung oder wird er seine Herkunft nie wieder los? Im letzteren Fall würde das **Vergaberecht weiterhin die zivilrechtlichen Grundsätze überlagern,** obwohl das Vergabeverfahren mit dem Zuschlag beendet war.[1]   1

Vor allem für den öffentlichen Auftraggeber ist diese Frage von beträchtlicher Bedeutung. Je enger das Vergaberecht die Grenzen von Einwirkungen auf den Vertrag ohne Pflicht zur Neuausschreibung zieht, desto geringer werden seine **vertragsrechtliche Flexibilität** und die Möglichkeiten, die Beschaffung durch Vereinbarung ggf. notwendiger oder zumindest sachdienlicher Änderungen zeitnah verwirklichen zu können. Andererseits darf nicht außer Acht gelassen werden, dass die unbeschränkte Zulassung von Änderungen des Vertragsgegenstandes und des Vertragspartners beträchtliche Potentiale einer **Umgehung der Ausschreibungspflicht** eröffnet.   2

Die damit verbundenen rechtlichen Fragen hatten bislang keine gesetzliche Regelung gefunden, sondern wurden iW auf der Grundlage der Grundsätze der sog. Pressetext-Entscheidung des EuGH behandelt.[2] Die EU-Vergaberichtlinien von 2014 enthalten **ausführliche Regelungen zu Auftrags- bzw. Vertragsänderungen** während der Vertragslaufzeit (Art. 72 VRL, Art. 43 KVR, Art. 89 SRL), die durch das Gesetz zur Modernisierung des Vergaberechts in § 132 GWB (bzw. den Verweisungsnormen der §§ 142, 154 GWB) in deutsches Recht umgesetzt wurden.   3

In Anbetracht dessen, dass jede der EU-Richtlinien eine äußerst umfangreiche Regelung zu Auftragsänderungen (so die Terminologie bei den allg. Vergaben und im Sektorenbereich) bzw. Vertragsänderungen (so die Begrifflichkeit bei Konzessionen) während der Vertragslaufzeit trifft, muss die im GWB gefundene Lösung als geglückte **Reduzierung von Komplexität** angesehen werden: § 132 GWB enthält die Regelung für öffentliche Aufträge, die gleichzeitig über Verweise (§§ 142, 154 Nr. 3 GWB) auch für Aufträge im Sektorenbereich und Konzessionen gilt. Diese verweisenden Normen regeln des Weiteren die für Sektorenaufträge und Konzessionen geltenden (geringfügigen) Besonderheiten.   4

Die in § 132 GWB strukturierte **Prüfung der Zulässigkeit einer Auftragsänderung** weicht von dem in den EU-Richtlinien gewählten Aufbau ab, der stringenter erscheint. Zur Vermeidung unnötiger Prüfungsschritte lässt sich die Prüfungsreihenfolge wie folgt skizzieren: 5
1. Ist die De-minimis-Grenze für den Wert der Änderung nach § 132 Abs. 3 GWB nicht überschritten, ist die Änderung bei Wahrung des Gesamtcharakters des Auftrags zulässig.

---

[1] Eing. zum Folgenden Poschmann, Vertragsänderungen unter dem Blickwinkel des Vergaberechts, 2010, S. 55 ff.
[2] EuGH 19.6.2008 – C-454/06, NVwZ 2008, 865 ff. – pressetext.

2. Bei Vorliegen eines der – alternativ zu verstehenden – Tatbestände des § 132 Abs. 2 S. 1 Nr. 1–4 GWB ist die Änderung selbst dann zulässig, wenn sie iSd Abs. 1 wesentlich wäre. Einer Prüfung der Wesentlichkeit der Änderung bedarf es in diesen Fällen also nicht.
3. Nur für Auftragsänderungen, die weder unter Abs. 2 noch Abs. 3 fallen, kommt es darauf an, ob sie wesentlich sind oder nicht. § 132 Abs. 1 GWB unterscheidet insoweit zwischen den in S. 3 Nr. 1–4 explizit benannten Fällen, in denen bei Vorliegen der jew. Voraussetzungen ausnahmslos eine wesentliche Änderung vorliegt, und der – systematisch erst bei Nichteingreifen der benannten Fälle zu prüfenden – offenen Wesentlichkeitsprüfung nach S. 2.

II. Änderungen des Vertragsinhalts

6   Hinsichtl. des Entstehens einer **Ausschreibungspflicht bei bestehenden Vertragsverhältnissen** ist typologisch zwischen einer Änderung der Rahmenbedingungen des Vertrages und einer Änderung des Vertragsinhalts durch Einwirkung der Vertragsparteien zu unterscheiden. Weder unmittelbar noch analog ist § 132 GWB auf eine Änderung der für einen öffentlichen Auftrag vorgesehenen Vergabebedingungen durch den Auftraggeber vor Zuschlagserteilung anwendbar.[3]

1. Änderungen der rechtlichen oder tatsächlichen Rahmenbedingungen

7   Eine Änderung der Rahmenbedingungen kann durch **rechtliche oder tatsächliche Wandlungen** erfolgen. Gedacht werden kann an folgende Konstellationen:

8   • Der betreffende **Vertrag ist vor Erlass der unionsrechtlichen Vergaberichtlinien geschlossen** worden und wäre bei einem Abschluss zum jetzigen Zeitpunkt ausschreibungspflichtig. Nach stRspr des EuGH verpflichtet Unionsrecht einen öffentlichen Auftraggeber nicht, in bestehende, auf unbestimmte Zeit oder für mehrere Jahre abgeschlossene Rechtsverhältnisse einzugreifen, wenn diese Rechtsverhältnisse vor Ablauf der Umsetzungsfrist der Richtlinien begründet worden sind.[4]

9   • **Während der Laufzeit des Vertrages erfolgt eine Änderung des Vergaberechts,** die zu einer geänderten vergaberechtlichen Behandlung führen würde. Nach der Rspr. des EuGH ist für die Frage, welche vergaberechtlichen Normen auf den Abschluss eines Vertrags anzuwenden sind, aus Gründen der Rechtssicherheit grds. auf den **Zeitpunkt der Auftragsvergabe** abzustellen, soweit unionsrechtlich nicht eine andere Behandlung geboten ist.[5] Dies wird nach allg. Grundsätzen nur dann der Fall sein, wenn der geänderten vergaberechtlichen Norm eine entspr. Rückwirkung beigelegt ist und dies mit den unions- und verfassungsrechtlichen Grundsätzen der Rechtssicherheit und des Vertrauensschutzes in Einklang steht. Zu unterscheiden hiervon ist das auf die Durchführung des Vergabeverfahrens anzuwendende Recht. Insoweit kommt es auf den Zeitpunkt der Entscheidung des öffentlichen Auftraggebers an, ein Vergabeverfahren durchzuführen.[6]

10 • **Nach Aufnahme von Verhandlungen** über den Abschluss von Verträgen, auf die das Vergaberecht zu diesem Zeitpunkt nicht anwendbar war, tritt eine

---

[3] OLG Celle 24.10.2019 – 13 Verg 9/19, NZBau 2020, 535 Rn. 24 ff.
[4] EuGH 24.9.1998 – C-76/97, EuZW 1998, 660 Rn. 54 – Tögel; 5.10.2000 – C-337/98, NZBau 2001, 272 Rn. 38.
[5] EuGH 10.11.2005 – C-29/04, NVwZ 2006, 70 Rn. 38 – Gemeinde Mödling.
[6] EuGH 11.7.2013 – C-576/10, BeckRS 2013, 81450 = VergabeR 2013, 711 Rn. 52 f.

Änderung des Vergaberechts ein, durch die der Abschluss des Vertrages vergaberechtspflichtig wird. Gleichgelagert ist das Problem, dass während eines begonnenen, aber noch nicht abgeschlossenen Vergabeverfahrens eine Rechtsänderung eintritt, die zu einer anderen vergaberechtlichen Behandlung im weiteren Verlauf des Vergabeverfahrens führen würde. Zu diesem Problemkomplex enthält § 187 Abs. 2 GWB die Regelung, dass vor dem Inkrafttreten des VergRModG begonnene Vergabeverfahren nach den bisher geltenden Vorschriften zu beenden sind.

- **Rechtliche oder tatsächliche Änderungen** führen nach Einleitung eines Vergabeverfahrens dazu, dass das **Vergaberecht nicht mehr anwendbar** ist. Hier fordert sowohl der Grundsatz der Rechtssicherheit als auch der Schutz der Bieterinteressen, dass das **Vergabeverfahren zu Ende geführt** wird.[7]   11
- Nach Aufnahme von Verhandlungen über den Abschluss von Verträgen, auf die   12
das Vergaberecht zu diesem Zeitpunkt nicht anwendbar war, tritt eine **Änderung von tatsächlichen Umständen** ein, durch die der **Abschluss des Vertrages vergaberechtspflichtig** wird. Denkbare Konstellationen sind insbes. eine Steigerung der Kosten für die nachgefragten Leistungen, die zu einem Erreichen oder Überschreiten der Schwellenwerte des § 106 GWB führen, ein Einrücken des einen Vertragspartners in die Auftraggebereigenschaft nach § 98 GWB oder das Entfallen der Voraussetzungen für das Vorliegen eines Inhouse-Geschäfts (zu ihnen → § 108 Rn. 10 ff.). Während der erstgenannte Fall in § 3 Abs. 3 VgV, § 2 Abs. 5 KonzVgV und § 2 Abs. 3 SektVO ausdr. geregelt ist und für die Beurteilung des Einrückens in die Auftraggebereigenschaft eine Differenzierung nach den verschiedenen Varianten erforderlich ist (→ § 99 Rn. 15 ff.), kommt es für das Vorliegen eines öffentlichen Auftrags iSv § 103 GWB nach allg. Grundsätzen regelm. **auf den Zeitpunkt der Auftragsvergabe an.**[8] Treten daher während der Vertragslaufzeit Änderungen ein, die zum Fortfall der Voraussetzungen eines Inhouse-Geschäfts führen, so handelt es sich nicht um eine zu einer Ausschreibungspflicht führende wesentliche Vertragsänderung.[9]
- Bei langjährig vereinbarten Leistungsbeziehungen ist mittlerweile ein **völlig**   13
anders strukturierter Beschaffungsmarkt als zu Beginn des Vertrages gegeben, der zB einen erheblich erweiterten Bieterkreis umfasst, oder es treten erhebliche Änderungen des Auftragswerts (ohne Erweiterung der Leistungen) ein. Es besteht **keine Verpflichtung des Auftraggebers, einen bestehenden Vertrag zu kündigen,** um einen Neuabschluss im Wege eines Vergabeverfahrens unter den nunmehr bestehenden Rahmenbedingungen durchzuführen,[10] sofern sich eine Kündigungspflicht nicht aus dem für Fehler bei der Vergabe geltenden Fehlerfolgenregime (→ § 133 Rn. 28 ff.) ergibt. Öffentliche Auftraggeber können nicht zur Kündigung selbst langjähriger Dienstleistungsverträge verpflichtet werden, um ein entspr. Ausschreibungsverfahren zu ermöglichen.[11]

2. Einwirkungen der Vertragsparteien auf den Vertragsinhalt

Beruht die Vertragsänderung auf einer Einwirkung der Vertragsparteien auf den   14
Vertragsinhalt, so werden die Grundsätze der Transparenz (→ § 97 Rn. 39 ff.) und der Gleichbehandlung der Bieter (→ § 97 Rn. 9 ff.) berührt. Diese Grundsätze verlangten nach dem früheren Stand der Rspr. eine Vertragsänderung während der

---

[7] Für das Entfallen der Auftraggebereigenschaft EuGH 3.10.2000 – C-380/98, NZBau 2001, 218 Rn. 43 – University of Cambridge.
[8] EuGH 10.11.2005 – C-29/04, NVwZ 2006, 70 Rn. 38 – Gemeinde Mödling.
[9] AM OLG Düsseldorf 28.7.2011 – VII-Verg 20/11, NZBau 2012, 50 (53).
[10] Prieß EurVergabeR-HdB S. 110.
[11] VK Arnsberg 18.7.2000 – VK 2–07/00, VPRRS 2013, 0985.

GWB § 132 Auftragsänderungen während der Vertragslaufzeit

Laufzeit eines Vertrags als den **Anforderungen des Vergaberechts unterliegende Neuvergabe eines Auftrags** zu bewerten, wenn die geänderten Vertragsbestimmungen „wesentlich andere Merkmale aufweisen als der ursprüngliche Auftrag und damit den Willen der Parteien zur Neuverhandlung wesentlicher Bestimmungen dieses Vertrags erkennen lassen".[12] Wie der Gerichtshof klargestellt hat, ist das Abstellen auf den Willen der Parteien nicht in der Weise zu verstehen, dass es auf einen gezielten Willen der Parteien zur Neuverhandlung ankäme. Ausschlaggebend ist vielmehr eine **objektive Bewertung,** ob der geänderte Vertrag zu einer Veränderung des Kreises der Bieter bzw. Interessenten geführt hätte.[13] Dieses entspricht iW der Linie der deutschen Nachprüfungsinstanzen, darauf abzustellen, ob die Vertragsänderung wirtschaftlich dem Abschluss eines neuen Vertrages gleichkommt[14] bzw. ob ein Wille der Parteien zur Neuverhandlung wesentlicher Vertragsbestimmungen erkennbar ist.[15]

15 Die durch die EU-Richtlinien 2014 und deren Umsetzung in § 132 GWB herbeigeführte Neuregelung knüpft hieran an, indem sie für den **Fall wesentlicher Änderungen** eines öffentlichen Auftrags während der Vertragslaufzeit die Durchführung eines neuen Vergabeverfahrens fordert (§ 132 Abs. 1 S. 2 GWB; → Rn. 27 ff.) und hierfür vier Beispiele nennt (§ 132 Abs. 1 S. 3 GWB; → Rn. 17 ff.). Darüber hinaus ist für ausdr. aufgezählte Fälle, zu denen auch eine De-minimis-Regelung gehört (§ 132 Abs. 3 GWB; → Rn. 55 ff.), gesetzlich bestimmt, dass für diese Änderungen kein neues Vergabeverfahren erforderlich ist (§ 132 Abs. 2 S. 1 Nr. 1–3 GWB; → Rn. 38 ff.).

16 In welchem Verfahren die Vertragsänderung erfolgt, ist für die Anwendbarkeit des § 108 GWB unerheblich. Die Vorschrift erfasst daher auch Änderungen, die zur Beilegung eines Rechtsstreits in einem **gerichtlichen Vergleich** vereinbart worden sind.[16]

17 **a) Benannte wesentliche Änderungen.** Regelungssystematisch nennt § 132 Abs. 1 S. 3 GWB **vier Beispiele für wesentliche Änderungen,** ohne dass diese Fälle als abschl. zu verstehen sind. Liegen die im Gesetz genannten Voraussetzungen eines dieser Fälle vor, so ist immer eine die Pflicht zur Neuausschreibung begründende wesentliche Änderung gegeben. Die gewählte Ausdifferenzierung entspricht iW – mit kleineren Nuancierungen – den vom EuGH in der Pressetext-Entscheidung[17] gebildeten Fallgruppen wesentlicher Änderungen.

18 **aa) Einführung abweichende Verfahrensergebnisse ermöglichender Bedingungen.** Gem. § 132 Abs. 1 S. 3 Nr. 1 GWB liegt eine wesentliche Änderung des Auftrags vor, wenn die Änderung **Bedingungen einführt,** die bei einer Geltung bereits im ursprünglichen Vergabeverfahren die Zulassung anderer Bewerber oder Bieter (lit. a) oder die Annahme eines anderen Angebots ermöglicht hätten

---

[12] EuGH 19.6.2008 – C-454/06, NVwZ 2008, 865 Rn. 34 – pressetext; 13.4.2010 – C-91/08, NZBau 2010, 382 Rn. 37 – Wall; 11.7.2013 – C-576/10, BeckRS 2013, 81450 = VergabeR 2013, 711 Rn. 54; vgl. auch schon 5.10.2000 – C-337/98, NZBau 2001, 272 Rn. 44.

[13] EuGH 7.9.2016 – C-549/14, NZBau 2016, 649 Rn. 33 – Finn Frogne; 18.9.2019 – C-526/17, NZBau 2020, 40 Rn. 58.

[14] OLG Düsseldorf 14.2.2001 – Verg 13/00, NZBau 2002, 54 (55); OLG Frankfurt a. M. 30.8.2011 – 11 Verg 3/11, BeckRS 2011, 24232 = VergabeR 2012, 47 (55); OLG Rostock 5.2.2003 – 17 Verg 14/02, NZBau 2003, 457 (458); VK Bund 13.7.2001 – VK 1–19/01, NZBau 2002, 110 (111); VK Baden-Württemberg 16.11.2004 – 1 VK 69/04, IBRRS 2005, 0200; Gruneberg VergabeR 2005, 171 (174).

[15] EuGH 5.10.2000 – C-337/98, NZBau 2001, 272 Rn. 44.

[16] EuGH 7.9.2016 – C-549/14, NZBau 2016, 649 Rn. 34 – Finn Frogne.

[17] EuGH 19.6.2008 – C-454/06, NVwZ 2008, 865 Rn. 35 ff. – pressetext; ebenso 13.4.2010 – C-91/08, NZBau 2010, 282 Rn. 38 – Wall.

(lit. b) oder das Interesse weiterer Teilnehmer am Vergabeverfahren geweckt hätten (lit. c).

Die **Zulassung anderer Bewerber oder Bieter** ggü. dem ursprünglichen Vergabeverfahren (§ 132 Abs. 1 S. 3 Nr. 1 lit. a GWB) hätte eine später eingeführte Bedingung ermöglicht, wenn sie die **Eignungskriterien verändert.** Ob der Bieter, der den Zuschlag erhalten hat, die Bedingung zum Zeitpunkt der ursprünglichen Auftragsvergabe erfüllt hätte oder nicht, ist unerheblich. Ebenso unerheblich ist, ob die Änderung zum Ausscheiden von ursprünglich zugelassenen Bietern geführt hätte, wenn sie schon früher gegolten hätte. Maßgebend ist allein, ob die Änderung Bewerbern oder Bietern, die seinerzeit nicht zugelassen worden sind, die Zulassung ermöglicht hätte. Hierzu bedarf es der Prüfung, ob sich an dem seinerzeitigen Verfahren tatsächlich Bieter beteiligt haben, die nicht zugelassen worden waren, aber aufgrund der Änderung hätten zugelassen werden können.[18] Diese Prüfung bleibt einerseits hinter einer neuen vollständigen Eignungsprüfung für alle seinerzeit nicht zugelassenen Bieter zurück, geht aber über – die kaum jemals auszuschließende – hypothetische Möglichkeit einer Veränderung des Kreises Zugelassener hinaus. Dass die bloße Möglichkeit eines veränderten Kreises zugelassener Bieter nicht ausreicht, ergibt sich aus § 132 Abs. 1 S. 3 Nr. 1 lit. c GWB, der die Öffnung des Verfahrens noch nicht zum Bieter oder Bewerber erstarkter Interessenten am Vergabeverfahren betrifft. Entsprechendes gilt für eine sich auf die **Ausführungsbedingungen** iSv § 128 Abs. 2 GWB beziehende Änderung. Die Ausführungsbedingungen stellen Vertragsbedingungen dar, zu deren Einhaltung sich der Bieter idR vor Zuschlagserteilung verpflichten muss (→ § 128 Rn. 19). Erfolgt nach Zuschlag eine Änderung der Ausführungsbedingungen, die anderen Bietern die Verpflichtung auf die Einhaltung der Ausführungsbedingungen ermöglicht hätte, so ist ebenfalls ein Fall des § 132 Abs. 1 S. 3 Nr. 1 lit. a GWB gegeben.

Durch die Änderung eingeführte **Bedingungen, die die Annahme eines anderen Angebots ermöglicht hätten** (§ 132 Abs. 1 S. 3 Nr. 1 lit. b GWB), beziehen sich auf **Zuschlagskriterien.** Diesbzgl. ist konkret zu prüfen, ob die Änderung dazu geführt hätte, dass sich die Chancen nicht bezuschlagter Angebote im Vergleich mit dem Angebot, auf das der Zuschlag erteilt wurde, soweit verändert hätten, dass sie bei einer Wertung der Angebote auf der veränderten Grundlage den Vorzug bekommen hätten. Der Durchführung einer ins Einzelne gehenden neuen Wertung der seinerzeitigen Angebote bedarf es allerdings nicht.

Die dritte Unterfallgruppe betrifft Änderungen, die bei Geltung im ursprünglichen Vergabeverfahren das **Interesse weiterer Teilnehmer am Vergabeverfahren geweckt** hätten (§ 132 Abs. 1 S. 3 Nr. 1 lit. c GWB). Sie war in der Rspr. des EuGH nicht explizit benannt, von den deutschen Nachprüfungsinstanzen und der Lit. aber auch bisher schon als Fall einer wesentlichen Auftragsänderung eingeordnet worden.[19] Anders als nach § 132 Abs. 1 S. 3 Nr. 1 lit. a, b GWB kommt es hier nicht darauf an, ob sich Entscheidungen im ursprünglichen Vergabeverfahren verändert hätten. Es genügt vielmehr schon, dass die Änderung andere Unternehmen für eine Teilnahme an dem ursprünglichen Vergabeverfahren hätte interessieren können. Allerdings ist auch für diese Feststellung **keine rein hypothetische Betrachtung** ausreichend.[20] Erforderlich ist vielmehr die Prüfung, welche Unternehmen durch die Bedingungen der ursprünglichen Ausschreibung typischerweise angesprochen wurden und ob durch die veränderten Bedingungen typischerweise (auch) andere Unternehmen angesprochen würden.[21] Charakteristisches Beispiel ist eine nachträg-

---

[18] KKPP/Eschenbruch GWB, 4. Aufl. 2016 § 132 Rn. 39.
[19] Vgl. nur VK Bund 12.11.2012 – VK 1–109-12, IBRRS 2013, 0007.
[20] OLG Rostock 25.9.2013 – 17 Verg 3/13, BeckRS 2013, 17782 = VergabeR 2014, 209 (224).
[21] Vgl. in diesem Zusammenhang Malmendier/Wild VergabeR 2014, 12 (17).

liche Reduzierung des Auftragsvolumens, wenn der Auftrag mit dem reduzierten Volumen einen anderen Kreis von Unternehmen (zB nunmehr auch KMU) ansprechen würde.[22]

22 **bb) Änderung des wirtschaftlichen Gleichgewichts zugunsten des Auftragnehmers.** In Anknüpfung an die Rspr. des EuGH[23] ordnet **§ 132 Abs. 1 S. 3 Nr. 2 GWB** eine Änderung, mit der das wirtschaftliche Gleichgewicht des Auftrags zugunsten des Auftragnehmers in einer im ursprünglichen Auftrag nicht vorgesehenen Weise verschoben wird, als wesentlich ein. Relevant sind insoweit **nur Änderungen zugunsten des Auftragnehmers.** Beispiel ist die Erhöhung des Preises, ohne dass dem eine gesteigerte Leistungspflicht des Auftragnehmers korrespondieren würde. Allerdings kann auch eine nachträgliche Preiserhöhung zulässig sein, wenn sie bereits in dem ursprünglichen Auftrag, bspw. über eine Indexierungsklausel, vorgesehen war. Auch eine nachträgliche Reduzierung des Auftragsvolumens, die zu keiner Änderung des wirtschaftlichen Gleichgewichts führt, wenn ihr eine entspr. Reduzierung des Preises gegenübersteht, kann sich andernfalls als relevante Verschiebung zugunsten des Auftragnehmers darstellen. Denkbar ist auch, dass eine Vertragsverlängerung – ungeachtet der weiteren Probleme ihrer Zulässigkeit (→ Rn. 28 ff.) – zu einer Verschiebung der durch den Auftrag zwischen den Vertragsparteien festgeschriebenen Risikoverteilung zugunsten des Auftragnehmers und bereits schon deshalb zu einer Pflicht zur Neuausschreibung führt. Vergaberechtlich unerheblich sind Änderungen des Preises – wie aller anderen Vertragsbedingungen – zugunsten des öffentlichen Auftraggebers, zB Rabattgewährungen und andere Preissenkungen.[24]

23 **cc) Erhebliche Ausweitung des Umfangs.** Dass erhebliche **Ausweitungen des Umfangs** des öffentlichen Auftrags ebenfalls zu einer Neuausschreibung zwingende wesentliche Änderungen sind (§ 132 Abs. 1 S. 3 Nr. 3 GWB), entspricht zwar vom Ansatz, nicht aber in den Einzelheiten der bisherigen Rspr. des EuGH.[25] Wenngleich der Gerichtshof ebenfalls auf den großen Umfang der Auftragserweiterung abstellte, bezog sich diese Fallgruppe jedoch nur „auf ursprünglich nicht vorgesehene" Leistungen.[26] In Anbetracht des deutlich abweichenden Wortlauts ist davon auszugehen, dass § 132 Abs. 1 S. 3 Nr. 3 GWB demgegenüber die **Ausweitung des Volumens von Leistungen, die der Art nach bereits Gegenstand des erteilten Auftrags** sind, meint. Diese Auslegung wird auch durch einen Vergleich mit § 132 Abs. 2 S. 1 Nr. 2 GWB bestätigt.

24 Zur Beantwortung der Frage, wann eine **Ausweitung des Auftrags „erheblich"** ist, ist zunächst auf die De-minimis-Regelung des § 132 Abs. 3 GWB hinzuweisen. Ausweitungen des Auftrags, die unterhalb der dort genannten Werte liegen, können von vornherein nicht erheblich sein. Umgekehrt wird daraus allerdings nicht geschlossen werden können, dass eine Überschreitung der De-minimis-Werte zwingend zu einer nach § 132 Abs. 1 S. 3 Nr. 3 GWB relevanten Auftragsänderung führt.[27] Denn sonst hätte es nahegelegen, eine entsprechende, wertbezogene Rege-

---

[22] EuGH 7.9.2016 – C-549/14, NZBau 2016, 649 Rn. 29 – Finn Frogne; vgl. Polster VergabeR 2012, 282 (284), und die eingehende Prüfung bei OLG Rostock 25.9.2013 – 17 Verg 3/13, BeckRS 2013, 17782 = VergabeR 2014, 209 (223 f.).

[23] EuGH 19.6.2008 – C-454/06, NVwZ 2008, 865 Rn. 37 – pressetext (Hervorhebung durch den Verf.).

[24] EuGH 19.6.2008 – C-454/06, NVwZ 2008, 865 Rn. 85 – pressetext.

[25] EuGH 19.6.2008 – C-454/06, NVwZ 2008, 865 Rn. 36 – pressetext; 29.4.2010 – C-160/08, NZBau 2010, 450 Rn. 99.

[26] EuGH 19.6.2008 – C-454/06, NVwZ 2008, 865 Rn. 36 – pressetext.

[27] OLG Rostock 25.9.2013 – 17 Verg 3/13, BeckRS 2013, 17782 = VergabeR 2014, 209 (223). Anders für die frühere Rechtslage etwa VK Sachsen 27.4.2015 – 1/SVK-012-15, IBRRS 2015, 2549.

lung in § 132 Abs. 1 S. 3 GWB zu verankern. Dies gilt auch für den Fall, dass nur einer der beiden Werte des § 132 Abs. 3 GWB überschritten wird. Erwgr. 107 Abs. 2 der VRL formuliert explizit, dass auch diese Schwellenwerte überschreitende Auftragsänderungen „ohne erneutes Vergabeverfahren möglich sein" können – sofern die übrigen Bedingungen erfüllt sind.

An der Auffassung, dass eine wesentliche Vertragsänderung bereits immer dann 25 vorliegt, wenn der isoliert betrachtete **Wert der Änderung die Schwellenwerte (§ 106 GWB) übersteigt,**[28] wird man daher nicht festhalten können. Vielmehr kann der Wert der Auftragserweiterung im Einzelfall zwar den maßgeblichen Schwellenwert übersteigen, bei größeren Aufträgen jedoch möglicherweise weniger als 1 vH des ursprünglichen Auftragswertes betragen.

Mit Blick auf die primärrechtlichen Grundsätze der Transparenz und Gleichbe- 26 handlung der Bieter wird zur Feststellung des Vorliegens der Voraussetzungen des § 132 Abs. 1 S. 3 Nr. 3 GWB in einer **Gesamtbetrachtung** zu bewerten sein, ob bei Vergabe des ursprünglichen Auftrags nach den Spezifika des jew. Auftragsgegenstands und des in dem betreffenden Markt Üblichen **mit der vorgenommenen Auftragserweiterung gerechnet werden konnte** oder ob es sich aus der Sicht eines verständigen objektiven Marktteilnehmers der Sache nach um einen neuen Auftrag handelt. Wenngleich der Wert der Änderung im Verhältnis zum bisherigen Auftragswert ein Indikator für die Bewertung ist,[29] wird man fixe Grenzen nur schwer ziehen können. Lediglich eine Verdoppelung des Auftragsvolumens, die der Sache nach den gleichen Auftrag noch einmal vergibt, wird man immer als erhebliche Ausweitung iSv § 132 Abs. 1 S. 3 Nr. 3 GWB ansehen müssen. Die Untergrenze wird durch § 132 Abs. 3 S. 1 Nr. 2 GWB bestimmt.

b) Unbenannte wesentliche Änderungen. Da die Beispiele wesentlicher 27 Änderungen in § 132 Abs. 1 S. 3 GWB nicht abschl. sind, ist bei Auftragsänderungen, die auch nicht unter § 132 Abs. 2 GWB oder § 132 Abs. 3 GWB fallen, weiter zu prüfen, ob es sich um eine – unbenannte – wesentliche Änderung nach § 132 Abs. 1 S. 2 GWB handelt. Danach sind solche Änderungen als wesentlich anzusehen, die dazu führen, dass sich der Auftrag **nach der Änderung erheblich von dem ursprünglich vergebenen Auftrag unterscheidet.** Ausweislich Erwgr. 107 Abs. 1 VRL ist für die Beurteilung maßgebend, ob die „Änderungen ... Ausdruck der Absicht der Parteien (sind), wesentliche Bedingungen des betreffenden Auftrags neu zu verhandeln". Dies entspricht der bisherigen Position des EuGH und der deutschen Nachprüfungsinstanzen (→ Rn. 14). Zur Strukturierung der sich im Einzelfall stellenden Abgrenzungsprobleme lassen sich grds. zwei Fallgruppen bilden: Änderungen der Laufzeit von Aufträgen (→ Rn. 28 ff.) und andere wesentliche Änderungen (→ Rn. 33 ff.).

aa) Änderungen der Laufzeit von Aufträgen. Die für die Behandlung von 28 Änderungen des Vertragsinhalts geltenden Grundsätze sind auch für **Einwirkungen auf die Vertragsdauer bestehender öffentlicher Aufträge** anwendbar.[30] Auch hier kommt es darauf an, ob es sich um eine von der ursprünglichen Vergabe umfasste Einwirkung oder um eine wesentliche Änderung handelt. Für die in Betracht kommenden Konstellationen gilt Folgendes:

• Bei **unbefristet geschlossenen Verträgen** ist die Nichtnutzung einer Kündi- 29 gungsmöglichkeit kein vergaberechtlich relevanter Vorgang.[31] Dies gilt selbst dann,

---

[28] OLG Frankfurt a. M. 30.8.2011 – 11 Verg 3/11, BeckRS 2011, 24232 = VergabeR 2012, 47 (55); OLG Schleswig 28.8.2015 – 1 Verg 1/15, NZBau 2015, 718 (724).
[29] Brüning/Pfannkuch VergabeR 2015, 144 (150); Egger EU VergabeR Rn. 1295.
[30] EuGH 19.6.2008 – C-454/06, NVwZ 2008, 865 Rn. 76 – pressetext.
[31] OLG Celle 4.5.2001 – 13 Verg 5/00, NZBau 2002, 53 (54); KG 19.4.2012 – Verg 7/11, IBRRS 2012, 4018 = VergabeR 2012, 783 (791); VK Baden-Württemberg 26.3.2002 – 1

GWB § 132 Auftragsänderungen während der Vertragslaufzeit

wenn der Auftraggeber wegen eines Verstoßes gegen EU-Recht zur Kündigung verpflichtet ist.[32] Dementsprechend stellt auch eine einvernehmliche Rücknahme einer erfolgten Kündigung keinen vergaberechtlich relevanten Vorgang dar.[33] Auch die nachträgliche Vereinbarung eines Verzichts auf eine Kündigung während eines bestimmten Zeitraums begründet keine wesentliche Vertragsänderung, sofern der betreffende Zeitraum im Verhältnis zu der für die Vertragsdurchführung benötigten Zeit nicht übermäßig lang ist und die Kündigungsverzichtsklausel nicht regelm. immer wieder in den Vertrag eingefügt wird.[34]

30 • Die **Verlängerung von Verträgen mit befristeter Laufzeit** stellt eine wesentliche Vertragsänderung dar, wenn der Zeitpunkt der Leistung nicht nur eine bloße Modalität der Leistung darstellt, sondern das Zeitmoment selbst wesentliches Element der geschuldeten Leistung ist, wie es für Dauerschuldverhältnisse oder insbes. Konzessionen, bei der die Refinanzierungsmöglichkeit des Konzessionsnehmers durch eine Vertragsverlängerung verbessert wird, der Fall ist.[35] Die Verlängerung eines zunächst zeitlich befristeten Dauerschuldverhältnisses oder seine Umwandlung in ein unbefristetes ist daher als neuer Beschaffungsvorgang zu werten,[36] allerdings nur noch grds. und nicht mehr ausnahmslos. Da es sich bei der Verlängerung eines Dauerschuldverhältnisses um eine **Ausweitung des Leistungsvolumens** handelt, ist zusätzlich zu fordern, dass es sich um eine erhebliche Ausweitung iSv § 132 Abs. 1 S. 3 Nr. 3 GWB handeln muss (→ Rn. 23 ff.). Um eine unwesentliche Abweichung handelt es sich, wenn für die Durchführung einer Bauleistung in der Ausschreibung eine Befristung vorgesehen ist und der aus projektspezifischen Gründen nicht einzuhaltende Leistungszeitraum einvernehmlich nachträglich verlängert wird.[37]

31 • Ohne neue Ausschreibung ist die Verlängerung befristet geschlossener öffentlicher Aufträge zulässig, wenn dies bereits **in der Ausschreibung, insbes. als Option, vorgesehen** war und beim Zuschlag verbindlich berücksichtigt wurde.[38] Dies ergibt sich nunmehr bereits aus § 132 Abs. 2 S. 1 Nr. 1 GWB (→ Rn. 38 ff.). Entsprechendes gilt für Verträge, für die eine **automatische Verlängerung der Laufzeit,** wenn sie nicht zuvor unter Einhaltung einer bestimmten Kündigungsfrist gekündigt worden sind, von vornherein vorgesehen war. Verträge mit solchen Klauseln können nicht Konstellationen gleichgestellt werden, in denen die Verlängerung auf einer ausdr. Vereinbarung der Vertragsparteien beruht. In diesen letztgenannten Fällen handelt es sich um Einwirkungen auf den Vertragsinhalt in Form beiderseitiger Willenserklärungen, die dem Abschluss eines neuen Vertrags gleichkommen. Demgegenüber fehlt es bei einer automatischen Verlängerung bei

---

VK 7/02, IBRRS 2009, 2034; vgl. auch Wagner/Jürschik VergabeR 2012, 401 (402 ff.); die Zulässigkeit unbefristeter Verträge zu Unrecht abl. VK Bund 9.4.2015 – VK 2–19/15, ZfBR 2015, 600 (603).

[32] KG 19.4.2012 – Verg 7/11, IBRRS 2012, 4018 = VergabeR 2012, 783 (791).

[33] AA OLG Naumburg 26.7.2012 – 2 Verg 2/12, BeckRS 2012, 21426 = VergabeR 2013, 218 (227).

[34] EuGH 19.6.2008 – C-454/06, NVwZ 2008, 865 Rn. 79 – pressetext.

[35] Für die Konzession EuGH 18.9.2019 – C-526/17, NZBau 2020, 40 Rn. 75 f.

[36] OLG Düsseldorf 14.2.2001 – Verg 13/00, NZBau 2002, 54 (55); 21.7.2010 – VII Verg 19/10, BeckRS 2010, 17501 = VergabeR 2010, 955 (959); OLG Jena 14.10.2003 – 6 Verg 5/03, BeckRS 2003, 9274 = VergabeR 2004, 113 (116); VK Sachsen-Anhalt 16.1.2013 – 2 VK-LSA 40/12, IBRRS 90094.

[37] OLG Jena 14.10.2003 – 6 Verg 5/03, BeckRS 2003, 9274 = VergabeR 2004, 113 (116); vgl. OLG Frankfurt a. M. 3.5.2016 – 11 Verg 12/15, NZBau 2016, 511 (513).

[38] OLG Jena 14.10.2003 – 6 Verg 5/03, BeckRS 2003, 9274 = VergabeR 2004, 113 (116); aM wenn die Verlängerung für eine unbestimmte Laufzeit erfolgen soll, VK Bund 9.4.2015 – VK 2–19/15, ZfBR 2015, 600 (603).

Nichtkündigung an einer Einwirkung auf den Vertragsinhalt, die nicht bereits in dem ursprünglichen Vertrag enthalten war.[39] In diesem Fall liegt mithin keine wesentliche Vertragsänderung vor – es sei denn, anlässlich der Verlängerung sind andere Vertragsänderungen vorgenommen worden, die in einer Gesamtschau als wesentlich anzusehen sind.[40]

Selbst wenn eine Einwirkung auf die Vertragslaufzeit nach den vorstehend entwickelten Grundsätzen keine wesentliche Vertragsänderung und keinen ausschreibungspflichtigen öffentlichen Auftrag iSv § 103 GWB darstellt, kann sie unzulässig sein, wenn sie die **Grenzen der insgesamt zulässigen Vertragslaufzeit** (→ § 103 Rn. 26 ff.) übersteigt. 32

bb) Weitere Änderungen. Als weitere typische Fälle, in denen das **Vorliegen einer wesentlichen Änderung des** Auftrags zu prüfen ist, können genannt werden: 33
- **Reine Preisänderungen** sind grds. eine Änderung wesentlicher Vertragsbedingungen,[41] wobei Preiserhöhungen bereits von § 132 Abs. 1 S. 3 Nr. 2 GWB erfasst werden (→ Rn. 22). Anderes gilt für geringfügige Anpassungen, die durch Rundungen – zB im Zuge einer Währungsumstellung – zu einer Erleichterung der Auftragsdurchführung, etwa bei der Rechnungstellung, dienen sollen.[42] Selbst dann, wenn eine Preisänderung sich nicht in diesem Rahmen geringfügiger Anpassungen hält, führt sie nicht zu einer Pflicht zur Neuausschreibung, wenn sie nach den Bestimmungen des ursprünglichen Auftrags ausdr. erlaubt ist.[43] 34
- Um eine Änderung einer wesentlichen Vertragsbedingung handelt es sich auch bei einer **Auswechslung des Auftragsgegenstandes**. Um eine andere Leistung idS handelt es sich nicht, wenn der Bieter eine komplexe Gesamtleistung zu erbringen hat und der Auftraggeber während der Erstellung eine einzelne Komponente von einem anderen als dem in dem Angebot des Bieters benannten Lieferanten eingebaut haben möchte.[44] Im Ergebnis Gleiches gilt für nachträgliche Reduzierungen des Auftragsvolumens, es sei denn, der Auftrag mit dem reduzierten Volumen würde einen anderen Bieterkreis ansprechen (→ Rn. 21), und die Änderung von bloßen Ausführungsmodalitäten der vereinbarten Leistung, die den eigentlichen Leistungsinhalt unberührt lassen, es sei denn, die Änderung wäre für die Angebotskalkulation relevant gewesen. 35
- Keine wesentliche Änderung liegt vor, wenn sie bereits **in dem ursprünglichen Vertrag angelegt** war[45] – ohne auf einer Überprüfungsklausel oder Option iSv § 132 Abs. 2 S. 1 Nr. 1 GWB zu beruhen – und die enge Verbindung der Änderung mit dem Gegenstand des bisherigen Vertrages auf die Unselbständigkeit und den untergeordneten Charakter der Änderung hinweist.[46] Denn in diesem Fall 36

---

[39] OLG Celle 4.5.2001 – 13 Verg 5/00, NZBau 2002, 53 (54); VK Hamburg 27.4.2006 – VgK FB 2/06, IBRRS 2007, 0068; Gruneberg VergabeR 2005, 171 (175); Kulartz/Duikers VergabeR 2008, 728 (737 f.).
[40] OLG Frankfurt a. M. 30.8.2011 – 11 Verg 3/11, BeckRS 2011, 24232 = VergabeR 2012, 47 (55).
[41] EuGH 19.6.2008 – C-454/06, NVwZ 2008, 865 Rn. 59 – pressetext; OLG Celle 29.10.2009 – 13 Verg 8/09, NZBau 2010, 194 (196), für eine Preiserhöhung von mehr als 10 %.
[42] EuGH 19.6.2008 – C-454/06, NVwZ 2008, 865 Rn. 61 ff. – pressetext.
[43] EuGH 19.6.2008 – C-454/06, NVwZ 2008, 865 Rn. 60 – pressetext.
[44] OLG Rostock 5.2.2003 – 17 Verg 14/02, NZBau 2003, 457 (458).
[45] EuGH 19.6.2008 – C-454/06, NVwZ 2008, 865 Rn. 40 – pressetext; OLG Jena 14.10.2003 – 6 Verg 5/03, BeckRS 2003, 9274 = VergabeR 2004, 113 (116).
[46] Gruneberg VergabeR 2005, 171 (174).

unterscheidet sich der geänderte Auftrag nicht erheblich von dem ursprünglich vergebenen.

37 **c) Ausdrückliche Regelung fehlender Pflicht zur Neuausschreibung.** § 132 GWB sieht verschiedene Regelungen vor, nach denen Änderungen des Auftrags als **ohne Durchführung eines neuen Vergabeverfahrens zulässig** anzusehen sind. Dies sind – neben der Ersetzung des Auftragnehmers unter den Voraussetzungen des § 132 Abs. 2 S. 1 Nr. 4 GWB (→ Rn. 59 ff.) – die Fallgruppen nach § 132 Abs. 2 S. 1 Nr. 1–3 GWB (→ Rn. 38 ff.) und die De-minimis-Regelung des § 132 Abs. 3 GWB (→ Rn. 55 ff.).

38 **aa) Fallgruppen nach § 132 Abs. 2 S. 1 Nr. 1–3 GWB. (1) Überprüfungsklauseln/Optionen.** Im Einklang mit der bisherigen Rspr.[47] bedarf eine Auftragsbzw. Vertragsänderung keiner neuen Ausschreibung, wenn sie bereits in einer in den ursprünglichen Vergabeunterlagen enthaltenen Überprüfungsklausel oder Option vorgesehen war (§ 132 Abs. 2 S. 1 Nr. 1 GWB). Dabei besteht der **Unterschied zwischen Überprüfungsklausel und Option** darin, dass letztere den öffentlichen Auftraggeber berechtigt – aber nicht verpflichtet –, unter den in der Option festgelegten Voraussetzungen die dort vorgesehene Änderung zu verlangen. Hingegen führt die Anwendung einer Überprüfungsklausel nicht zwingend zu einer Vertragsänderung, sondern unter den festgelegten Voraussetzungen zunächst nur zu der Überprüfung, ob eine Änderung des Auftrags angezeigt ist.[48]

39 Die Überprüfungsklausel/Option kann sich auf **alle Elemente des Auftrags** beziehen, den Preis – in Form von Preisindexierungs- oder Preisüberprüfungsklauseln – ebenso wie die Laufzeit, die Leistungsmodalitäten oder den eigentlichen Auftragsgegenstand. Als Bsp. für eine sich auf den Leistungsgegenstand beziehende Überprüfungsklausel nennt Erwgr. 111 der VRL, „dass Kommunikationsgeräte, die während eines bestimmten Zeitraums zu liefern sind, auch im Fall veränderter Kommunikationsprotokolle oder anderer technologischer Änderungen weiter funktionsfähig sind".

40 Voraussetzung der Ausschreibungsfreiheit ist, dass die Überprüfungsklausel/Option **Angaben zu Art, Umfang und Voraussetzungen der eventuellen Änderungen** enthält und diese Angaben klar, genau und eindeutig formuliert sind. Maßgebend ist, dass die Klausel dem öffentlichen Auftraggeber **keinen unbegrenzten Ermessensspielraum** einräumt (Erwgr. 111 der VRL), sondern die Voraussetzungen und Reichweite der möglichen Änderung bereits aus den ursprünglichen Vergabeunterlagen ersehen werden konnte. Nicht ausreichend sind dementsprechend allg. Vertragsanpassungsklauseln, die bei Abschluss des ursprünglichen Vertrags nicht bereits die Maßgaben konkretisieren, nach denen zB eine Vertragsverlängerung erfolgen kann, sondern die Entscheidung über die Verlängerung der freien Beurteilung des öffentlichen Auftraggebers unterliegt.[49] Bei Überprüfungsklauseln oder Optionen, die eine Verlängerung des Vertrages ermöglichen, müssen die mögliche Länge und Anzahl von Verlängerungen klar erkennbar sein.[50] Klauseln, die Änderungen der Menge der zu erbringenden Leistungen eröffnen, dürfen keine unbegrenzten Steigerungen zulassen.[51]

---

[47] EuGH 19.6.2008 – C-454/06, NVwZ 2008, 865 Rn. 40 – pressetext; 7.9.2016 – C-549/14, NZBau 2016, 649 Rn. 30 – Finn Frogne.
[48] Ähnlich Queisner VergabeR 2017, 299 (302).
[49] OLG Düsseldorf 28.7.2011 – VII-Verg 20/11, NZBau 2012, 50 (53 f.); 12.2.2014 – VII-Verg 32/13, BeckRS 2014, 8854 = VergabeR 2014, 557 (560); Wagner-Cardenal/Scharf/Dierkes NVwZ 2011, 1297 (1300).
[50] VK Sachsen-Anhalt 16.1.2013 – 2 VK-LSA 40/12, IBRRS 90094.
[51] OLG Dresden 7.7.2015 – Verg 3/15, IBRRS 2015, 2951; VK Sachsen 27.4.2015 – 1-SVK-012-15, IBRRS 2015, 2549.

Selbst wenn diese Voraussetzungen erfüllt sind, darf die aufgrund der Überprü- 41
fungsklausel oder Option erfolgende Auftragsänderung **nicht zu einer Veränderung des Gesamtcharakters des Auftrags** führen. Diese Prüfung ist nicht identisch mit der des Vorliegens einer wesentlichen Vertragsänderung.[52] Zur Handhabbarmachung sinnvoll erscheint eine Anknüpfung an Transparenz- und Gleichbehandlungsgebot. Geht man davon aus, dass bestimmte Elemente einem konkreten öffentlichen Auftrag sein Gepräge geben, die wie die Auftragsart, die Art der Refinanzierung des Auftragnehmers oder die Laufzeit zentral für die Marktansprache sind, so führen **Änderungen dieser zentralen Elemente** dazu, dass es sich nicht mehr um den geänderten ursprünglichen, sondern einen anderen Vertrag handelt: So darf die Änderung bspw. nicht dazu führen, dass über die Anwendung des § 110 GWB aus einem Dienstleistungsauftrag ein Bauauftrag wird, aus einem befristeten Auftrag ein unbefristeter oder wegen einer Änderung des Modus der Refinanzierung des Auftragnehmers aus einem öffentlichen Auftrag eine Konzession wird. Dies entspricht Erwgr. 109 der VRL, wonach eine Veränderung des Gesamtcharakters vorliegt, wenn „beispielsweise die zu beschaffenden Bauleistungen, Lieferungen oder Dienstleistungen durch andersartige Leistungen ersetzt werden oder … sich die Art der Beschaffung grundlegend ändert".

Anders als für die in § 132 Abs. 2 S. 1 Nr. 2, 3 GWB genannten Fälle der fehlen- 42
den Pflicht zur Neuausschreibung ist § 132 Abs. 2 S. 2 GWB nicht anwendbar. Die aufgrund der Option oder Überprüfungsklausel vorgenommene Auftragsänderung ist daher auch dann zulässig, wenn sie zu einer Preiserhöhung von mehr als 50 % des ursprünglichen Auftragswerts führt.

(2) Erforderlichkeit zusätzlicher Leistungen. Die Zulässigkeit der Auftrags- 43
änderung ohne neues Vergabeverfahren nach § 132 Abs. 2 S. 1 Nr. 2 GWB betrifft die Konstellation, dass der Auftraggeber zusätzliche Liefer-, Bau- oder Dienstleistungen benötigt, die **nicht in den ursprünglichen Vergabeunterlagen vorgesehen** waren. Die Erbringung auch dieser Leistungen durch den bisherigen Auftragnehmer ist zulässig, wenn die in der Vorschrift genannten Voraussetzungen erfüllt sind.

Die Aufnahme dieses Ausnahmetatbestands darf insofern als **Änderung der bis-** 44
herigen Rechtslage angesehen werden, als der EuGH die in der früheren Dienstleistungskoordinierungsrichtlinie und später in Art. 31 Nr. 4 lit. a VKR[53] vorgesehenen Voraussetzungen für die Durchführung eines Verhandlungsverfahrens ohne vorherige Bekanntmachung als Bestätigung dafür angesehen hatte, dass derartige Erweiterungen als wesentliche Änderung anzusehen waren.[54] Der insoweit einschlägige Art. 32 VRL enthält keinen vergleichbaren Tatbestand mehr. Stattdessen sind zusätzliche Leistungen unter den folgenden Voraussetzungen nunmehr nicht als die Notwendigkeit eines Vergabeverfahrens auslösende Umstände anzusehen:

Es muss sich um **zusätzliche Liefer-, Bau- oder Dienstleistungen** handeln, 45
also solche, die in den ursprünglichen Vergabeunterlagen nicht vorgesehen waren. Eine bloße Ausweitung bereits im ursprünglich vorgesehenen Auftrag vorgesehener Leistungen ist nach § 132 Abs. 1 S. 3 Nr. 3 GWB zu beurteilen (→ Rn. 23 ff.).

Die **zusätzlichen Leistungen müssen „erforderlich geworden"** sein. Man 46
wird dieses Erforderlichkeitskriterium nicht idS einer ultima ratio verstehen können, dass § 132 Abs. 1 S. 1 Nr. 2 GWB nur eingreift, wenn zur Deckung des Bedarfs des öffentlichen Auftraggebers nicht einmal mehr die Durchführung eines Verhandlungsverfahrens ohne vorherige Veröffentlichung ausreicht. Denn die Möglichkeiten

---

[52] Greb/Stenzel NZBau 2012, 404 (409); Rosenkötter/Fritz VergabeR 2014, 290 (293); anders wohl Müller VergabeR 2015, 652 (658), der weitgehend auf dieselben Kriterien abstellt.
[53] RL 2004/18/EG v. 31.3.2004 über die Koordinierung der Verfahren zur Vergabe öffentlicher Bauaufträge, Lieferaufträge und Dienstleistungsaufträge, ABl. 2004 L 134, 114.
[54] EuGH 19.6.2008 – C-454/06, NVwZ 2008, 865 Rn. 36 – pressetext.

zur erleichterten Durchführung eines Vergabeverfahrens und die Zulässigkeit einer Auftragsänderung nach § 132 Abs. 2 S. 1 Nr. 2 GWB stehen in keiner Korrelation oder gar Hierarchie. Die Frage nach den zulässigen Verfahrensarten stellt sich erst dann, wenn überhaupt eine ausschreibungspflichtige Auftragsänderung vorliegt.

47 Die Erforderlichkeit gem. § 132 Abs. 2 S. 1 Nr. 2 GWB dürfte vielmehr in einem **instrumentellen Sinne** zu verstehen sein. In Anbetracht dessen, dass nach dem zugrundeliegenden Art. 72 Abs. 1 lit. b VRL anders als früher nach Art. 31 Nr. 4 lit. a Alt. 2 VKR für das Verhandlungsverfahren ohne Veröffentlichung die Zusatzleistung nur „erforderlich" und nicht „unbedingt erforderlich" sein muss, wird man davon ausgehen müssen, dass eine Unentbehrlichkeit der Zusatzleistung für die Vollendung der Hauptleistung nicht geboten ist. Es reicht vielmehr aus, dass die weitere **Nutzung der im ursprünglichen Vergabeverfahren beschafften Leistungen verbessert werden kann**. In diesem Sinne wird man den Wortlaut des Art. 72 Abs. 1 lit. b i VRL verstehen dürfen, dass die Zusatzleistungen solche sein können, die mit den ursprünglich beschafften Leistungen austauschbar oder kompatibel sein müssen. Anders als nach § 132 Abs. 2 S. 1 Nr. 3 GWB muss die Erforderlichkeit nicht auf vom Auftraggeber nicht vorhersehbare Umstände zurückzuführen sein.

48 Ein Wechsel des Auftragnehmers kann aus **wirtschaftlichen oder technischen Gründen** nicht erfolgen (§ 132 Abs. 2 S. 1 Nr. 2 lit. a GWB). Erwgr. 108 VRL beschreibt die möglichen technischen Schwierigkeiten dahingehend, „dass der öffentliche Auftraggeber Material, Bau- oder Dienstleistungen mit unterschiedlichen technischen Merkmalen erwerben müsste und dies eine Unvereinbarkeit oder unverhältnismäßige technische Schwierigkeiten bei Gebrauch und Instandhaltung mit sich bringen würde". Insoweit wird man weitgehend auf die Auslegung der früheren § 3 EG Abs. 5 Nr. 5 VOB/A, § 3 EG Abs. 4 lit. e VOL/A zurückgreifen können. Wirtschaftliche Gründe, die einem Auftragnehmerwechsel entgegenstehen, können neben **erhöhten Koordinierungs- und Anpassungsbedarfen** bspw. auch Gesichtspunkte der **Klarheit der Mängelhaftung** sein.[55]

49 Ein Auftragnehmerwechsel wäre mit **erheblichen Schwierigkeiten oder beträchtlichen Zusatzkosten für** den öffentlichen Auftraggeber verbunden (§ 132 Abs. 2 S. 1 Nr. 2 lit. b GWB). Diese Belastungsschwelle war früher in Art. 31 Nr. 4 lit. a Alt. 1 VKR mit dem Begriff des „wesentlichen Nachteils für den öffentlichen Auftraggeber" gekennzeichnet worden. Bei der Ermittlung der durch den Auftragnehmer hinzunehmenden Belastungen durch das Hinzutreten eines weiteren Auftragnehmers von vornherein außer Betracht zu bleiben hat die mit der Durchführung eines weiteren Vergabeverfahrens verbundene Ressourceneinsatz. Entsprechendes gilt für den mit der Beauftragung mehrerer Unternehmen verbundenen erhöhten Koordinierungs- und Abwicklungsaufwand. Erforderlich ist vielmehr, dass die Erbringung der Zusatzleistung durch einen anderen Auftragnehmer entweder zu längeren **Verzögerungen in der Nutzung der Hauptleistung**, auch bei Wartungsbedarfen, und/oder zu **komplexen technischen Anpassungsnotwendigkeiten** und/oder zu **laufenden Überwachungserfordernissen** und/oder **Mehrkosten** führt, die in keinem angemessenen Verhältnis zum Wert der Zusatzleistungen stehen.

50 Der **Preis** darf durch die Zusatzleistungen um **nicht mehr als 50 % des Wertes** des ursprünglichen Auftrags erhöht werden (§ 132 Abs. 2 S. 2 GWB), so dass die frühere Rspr., die eine wesentliche Vertragsänderung schon bei einer Erhöhung der Auftragssumme von 20 % angenommen hatte,[56] nicht mehr herangezogen werden kann. Diese Voraussetzung gilt nicht für Aufträge und Konzessionen im Sektorenbe-

---

[55] Müller-Wrede/von Engelhardt/Kaelble GWB § 132 Rn. 51.
[56] OLG Düsseldorf 12.2.2014 – VII-Verg 32/13, BeckRS 2014, 8854 = VergabeR 2014, 557 (559).

reich (§§ 142 Nr. 3, 154 Nr. 3 lit. a GWB). Bezieht der Auftraggeber mehrfach Zusatzleistungen, so werden deren Einzelwerte nicht addiert (§ 132 Abs. 2 S. 3 GWB). Diese Änderungen bleiben mithin auch dann ausschreibungsfrei, wenn ihre Summe 50 % des Wertes des ursprünglichen Auftrags – nicht des Auftragswerts zum Zeitpunkt der betreffenden Änderung unter Einrechnung früherer Änderungen[57] – übersteigt. Eine Ausnahme gilt nur dann, wenn Ziel der Aufspaltung in mehrere Zusatzleistungen eine **Umgehung der Vorschriften** über die Ausschreibungspflicht ist. Hiervon wird man ausgehen können, wenn die Aufspaltung der Zusatzleistungen mit Blick auf deren inhaltlichem und zeitlichem Zusammenhang sachfremd erscheint.

Eine Auftragsänderung durch Erbringung von Zusatzleistungen bedarf zwar keiner Ausschreibung, ist aber im EU-Amtsblatt bekannt zu machen (§ 132 Abs. 5 GWB). 51

(3) Nicht vorhersehbare Umstände. Keiner Pflicht zur Durchführung eines neuen Vergabeverfahrens unterliegen auch solche Änderungen, die aufgrund von **Umständen** erforderlich geworden sind, die der öffentliche Auftraggeber im Rahmen seiner Sorgfaltspflicht **nicht vorhersehen konnte** (§ 132 Abs. 2 S. 1 Nr. 3 GWB).[58] Die Bestimmung ist iS einer clausula rebus sic stantibus zu verstehen, die eine Auftragsänderung ermöglicht, wenn sich während der Laufzeit des Auftrags die dem Auftrag zugrunde liegenden Umstände in einer Weise ändern, dass eine Anpassung der Bedingungen des ursprünglichen Auftrags erforderlich wird.[59] Eine Dringlichkeit der Auftragsänderung ist nicht notwendig, wohl aber die Erforderlichkeit der Auftragsänderung idS, dass sie eine **Anpassung der Erreichung des ursprünglichen Leistungsziels an veränderte Umstände** erfordert. 52

Wann der öffentliche Auftraggeber die die Änderung erforderlich machenden Umstände nicht vorhersehen konnte, definiert Erwgr. 109 der VRL folgendermaßen: Es handelt sich um „Umstände, die auch bei einer nach vernünftigem Ermessen **sorgfältigen Vorbereitung der ursprünglichen Zuschlagserteilung durch den öffentlichen Auftraggeber** unter Berücksichtigung der diesem zur Verfügung stehenden Mittel, der Art und Merkmale des spezifischen Projekts der bewährten Praxis im betreffenden Bereich und der Notwendigkeit, ein angemessenes Verhältnis zwischen den bei der Vorbereitung der Zuschlagserteilung eingesetzten Ressourcen und dem absehbaren Nutzen zu gewährleisten, nicht hätten vorausgesagt werden können". Handelt es sich um einen Auftrag, der nach seinem Gegenstand von vornherein **Unsicherheiten** deutlich machte, so kann sich der Auftraggeber nicht zur Rechtfertigung einer ausschreibungslosen Vertragsänderung ohne Weiteres darauf zurückziehen, dass die dem Vertrag anhaftende Ungewissheit die Änderung erforderlich mache. Vielmehr ist dies nur dann möglich, wenn der Auftraggeber bei der Vertragsgestaltung alle Möglichkeiten zur Reduzierung der Ungewissheit ausgeschöpft hat und die evtl. aus der Ungewissheit folgenden Notwendigkeiten zur Vertragsanpassung auch nicht als Option oder Überprüfungsklausel nach § 132 Abs. 2 S. 1 Nr. 1 GWB abgebildet werden konnten.[60] Auf ein Verschulden des öffentlichen Auftraggebers kommt es iRd § 132 Abs. 2 S. 1 Nr. 3 GWB nicht an. 53

---

[57] So aber Müller VergabeR 2015, 652 (658); wie hier Rosenkötter/Fritz VergabeR 2014, 290 (293).
[58] Zur Bedeutung dieser Fallgruppe nach früherem Recht Polster VergabeR 2012, 282 (286 f.).
[59] Vgl. Erwgr. 109 der VRL: „wenn sich die Ausführung des Auftrags über einen längeren Zeitraum erstreckt ... (,) ist ein gewisses Maß an Flexibilität erforderlich, um den Auftrag an diese Gegebenheiten anzupassen, ohne ein neues Vergabeverfahren einleiten zu müssen".
[60] EuGH 7.9.2016 – C-549/14, NZBau 2016, 649 Rn. 36 – Finn Frogne.

GWB § 132 Auftragsänderungen während der Vertragslaufzeit

54 Weitere Voraussetzungen der Ausschreibungsfreiheit nach § 132 Abs. 2 S. 1 Nr. 3 GWB sind die Wahrung des Gesamtcharakters des Auftrags auch mit der Änderung (→ Rn. 41), die **Erhöhung des Preises um höchstens 50 % des Wertes** des ursprünglichen Wertes (§ 132 Abs. 2 S. 2, 3 GWB) sowie die Bekanntmachung der Änderung im EU-Amtsblatt (§ 132 Abs. 5 GWB).

55 **bb) De-minimis-Regelung.** § 132 Abs. 3 GWB statuiert **zwei Geringfügigkeitsgrenzen, die kumulativ eingehalten werden müssen,** damit die Änderung des Auftrags nicht zu einer Ausschreibungspflicht führt. Zu betrachten ist jew. nur der Wert der Änderung als solcher, also nicht die Summe aus bisherigem Auftragsbzw. Vertragswert und deren Erhöhung durch die Änderung. Sofern der Vertrag eine **Indexierung** vorsieht, ist Referenzwert der höhere Preis (§ 132 Abs. 4 GWB). Die Wertermittlung für die Änderung richtet sich nach § 3 VgV. Wird der **Auftrag mehrfach geändert,** so bleiben die Änderungen nur dann ausschreibungsfrei, wenn der Gesamtwert die Geringfügigkeitsgrenzen nicht überschreitet (§ 132 Abs. 3 S. 2 GWB). Insoweit wird man unterscheiden müssen: Stehen die vorgesehenen Änderungen in einem unauflöslichen inhaltlichen und zeitlichen Zusammenhang, so dass eine einzelne Änderung ohne die anderen nicht vorgenommen würde, so ist bei Überschreitung einer der Geringfügigkeitsgrenzen durch den Gesamtwert der Änderungen keine der Änderungen von der Pflicht zur Neuausschreibung ausgenommen. Stehen die sukzessiven Änderungen hingegen nicht in einem solchen Konnex, so sind die Änderungen solange zulässig, solange ihr bis dahin erreichter Gesamtwert die Geringfügigkeitsgrenzen einhält. Diejenige Änderung, die zu einer erstmaligen Überschreitung der Geringfügigkeitsgrenzen durch den Gesamtwert der Änderungen führt, muss – wie alle folgenden Änderungen – einem neuen Vergabeverfahren zugeführt werden.

56 Der Wert der Änderung darf zum einen den gem. § 106 GWB jew. anzuwendenden **Schwellenwert maximal erreichen,** jedoch nicht übersteigen (§ 132 Abs. 3 S. 1 Nr. 1 GWB), und zum anderen bei Liefer- und Dienstleistungsaufträgen nicht mehr als 10 %, bei Bauaufträgen höchstens 15 % des ursprünglichen Auftragswertes betragen (§ 132 Abs. 3 S. 1 Nr. 2 GWB); für die Vertragsänderung bei Konzessionen gilt insoweit eine für Bau- und Dienstleistungskonzessionen einheitliche Obergrenze von 10 % des ursprünglichen Wertes (§ 154 Nr. 3 lit. b GWB).

57 Weitere Voraussetzung für eine Zulässigkeit der Änderung ohne neues Vergabeverfahren ist, dass sich der **Gesamtcharakter des Auftrags nicht ändert** (§ 132 Abs. 3 S. 1 GWB). Zur Abgrenzung der Wahrung des Gesamtcharakters gelten die gleichen Grundsätze wie nach § 132 Abs. 2 S. 1 Nr. 1, 3 GWB (→ Rn. 41).

58 Überschreitet der Wert der Änderung eine oder beide Geringfügigkeitsgrenzen, so ist zwar eine Zulässigkeit ohne Neuausschreibung nach § 132 Abs. 3 GWB ausgeschlossen. Allerdings führt dies nicht zwangsläufig zu Pflicht zur Durchführung eines neuen Vergabeverfahrens. Sofern die **Auftragsänderung nach den übrigen Bestimmungen** des § 132 GWB keine wesentliche Änderung darstellt, ist sie auch ohne neues Vergabeverfahren zulässig. Umgekehrt ergibt sich nicht bereits aus einer Überschreitung der Geringfügigkeitsgrenzen die Wesentlichkeit der Änderung (→ Rn. 25).

III. Änderung des Auftragnehmers

59 Wie § 132 Abs. 1 S. 3 Nr. 4 GWB deutlich macht, stellt der **Austausch des Auftragnehmers** immer eine, ein neues Vergabeverfahren erfordernde **wesentliche Vertragsänderung** dar.[61] Eine Ausnahme gilt nur unter den in § 132 Abs. 2

---

[61] So schon für die frühere Rechtslage VK Münster 1.6.2015 – VK 2–7/15, VPRRS 2015, 0244.

S. 1 Nr. 4 GWB genannten Voraussetzungen. Voraussetzung für die Anwendung des § 132 Abs. 1 S. 3 Nr. 4 GWB ist, dass der Auftrag unter Durchführung eines Vergabeverfahrens erteilt wurde. Soll hingegen in einen nach § 108 GWB inhouse vergebenen Auftrag nunmehr ein anderer – privater – Auftragnehmer eintreten, so ist § 132 Abs. 1 S. 3 Nr. 4 GWB nicht anwendbar und es liegt eine wesentliche Vertragsänderung vor.[62] Man wird diese Regelungen entspr. auf die Konstellation des **Austauschs eines Nachunternehmers** anwenden können, wenn der Nachunternehmereinsatz ein ausschlaggebendes Element der Auftragserteilung war.[63] Sie gelten allerdings nur für personelle Änderungen nach Auftragserteilung, nicht für die Ersetzung eines Bieters während des laufenden Vergabeverfahrens.[64] Ein Bsp. ist die Kündigung eines aufgrund eines Vergabeverfahrens geschlossenen Vertrages und die Beauftragung eines neuen Unternehmens.[65]

1. Austausch aufgrund Überprüfungsklausel

Die Ersetzung des Auftragnehmers ist ausweislich des § 132 Abs. 2 S. 1 Nr. 4 lit. a GWB vergaberechtlich unschädlich, wenn sie aufgrund einer Überprüfungsklausel iSv § 132 Abs. 2 S. 1 Nr. 1 GWB erfolgt. In Anbetracht dessen, dass die umzusetzende unionsrechtliche Regelung des Art. 72 Abs. 1 S. 1 lit. d i VRL einen Austausch sowohl **aufgrund einer Überprüfungsklausel als auch aufgrund einer Option** zulässt und die von § 132 Abs. 2 S. 1 Nr. 4 lit. a GWB in Bezug genommene Regelung des § 132 Abs. 2 S. 1 Nr. 1 GWB ebenfalls Überprüfungsklauseln und Optionen nennt, ist von einem Redaktionsversehen auszugehen. Denn häufig werden Auftragnehmerwechsel gerade aufgrund von Optionen und nicht von Überprüfungsklauseln erfolgen. Anhaltspunkte dafür, dass der deutsche Gesetzgeber die Möglichkeit des Auftragnehmerwechsels ggü. dem unionsrechtlich Zulässigen beschneiden wollte, sind nicht ersichtlich. 60

Dies entspricht iW der bisherigen **Rspr. des EuGH,** nach der eine Änderung des Vertragspartners des öffentlichen Auftraggebers „im Allgemeinen" als eine die Pflicht zur Neuausschreibung begründende Änderung einer wesentlichen Vertragsbestimmung anzusehen ist, es sei denn, diese Änderung war bereits in den Bedingungen des ursprünglichen Auftrags vorgesehen.[66] 61

Die Fassung des § 132 Abs. 2 S. 1 Nr. 4 GWB wie auch Art. 72 Abs. 1 S. 1 lit. d VRL lassen es im Unklaren, ob bei einer Ersetzung des Auftragnehmers aufgrund einer Option oder Überprüfungsklausel eine **Prüfung der Eignung des neuen Auftragnehmers** erfolgen muss. Anders als für den Fall der Unternehmensumstrukturierung des ursprünglichen Auftragnehmers, für den § 132 Abs. 2 S. 1 Nr. 4 lit. b GWB, Art. 72 Abs. 1 S. 1 lit. d i VRL voraussetzt, dass das in den Auftrag eintretende Unternehmen die ursprünglich festgelegten Eignungskriterien erfüllen muss, erwähnen § 132 Abs. 2 S. 1 Nr. 4 lit. a GWB, Art. 72 Abs. 1 S. 1 lit. d i VRL die Frage der Eignung des neuen Auftragnehmers nicht. Möglicherweise beruht dieses Schweigen der vergaberechtlichen Vorschriften auf der Annahme, dass eine klare, genaue und eindeutige Formulierung einer Überprüfungsklausel oder Option (§ 132 Abs. 2 S. 1 Nr. 1 GWB) nur dann vorliegen kann, wenn das für eine spätere Auftrags- 62

---

[62] EuGH 12.5.2022 – C-719/20, NZBau 2022, 471 Rn. 43 – Commune di Lerici.
[63] Queisner VergabeR 2017, 299 (306). Für diese Konstellation hatte für die frühere Rechtslage EuGH 13.4.2010 – C-91/08, NZBau 2010, 382 Rn. 39 – Wall, eine wesentliche Vertragsänderung für möglich gehalten; ebenso OLG Frankfurt a. M. 29.1.2013 – 11 U 33/12, BeckRS 2013, 3205 = VergabeR 2013, 762 (765 f.); zum Nachunternehmeraustausch Heuvels NZBau 2013, 485.
[64] Dazu Mösinger/Juraschek NZBau 2017, 76.
[65] VK Brandenburg 23.8.2018 – VK 15/18, BeckRS 2018, 22038.
[66] EuGH 19.6.2008 – C-454/06, NVwZ 2008, 865 Rn. 40 – pressetext.

übernahme in Betracht kommende Unternehmen abschl. bereits bei der Auftragsvergabe benannt und seine Eignung im Zuge dessen schon geprüft worden ist.

63 Für ein derart enges Verständnis des Verweises des § 132 Abs. 2 S. 1 Nr. 4 lit. a GWB auf die Nr. 1 besteht jedoch kein Anlass. Vielmehr reicht es für die Erfüllung der Konkretisierungsanforderungen des § 132 Abs. 2 S. 1 Nr. 1 GWB aus, dass die dort genannten Klauseln dem Auftraggeber **keinen „unbegrenzten Ermessensspielraum"** einräumen (Erwgr. 111 der VRL). Es genügt mithin, dass sich aus der Klausel des ursprünglichen Auftrags die festliegenden Kriterien entnehmen lassen, wann ein Auftragnehmerwechsel erfolgen darf, und nach denen der eintretende Auftragnehmer auszuwählen ist (→ Rn. 40).

64 § 132 Abs. 2 S. 1 Nr. 4 lit. a GWB lässt daher auch die Übernahme eines Vertrages durch ein Unternehmen zu, dessen **Eignung noch nicht im ursprünglichen Vergabeverfahren geprüft** worden ist, ohne dass eine Neuausschreibung des Auftrags geboten wäre. Allerdings darf dies selbstverständlich nicht die Konsequenz eines Leerlaufens der Eignungsprüfung zeitigen. Vielmehr bedarf es in dieser Konstellation einer ergänzenden Prüfung, ob der neue Auftragnehmer die ursprünglich festgelegten Eignungskriterien erfüllt. Angesichts der Transparenzanforderungen des § 132 Abs. 2 S. 1 Nr. 1 GWB wird man verlangen müssen, dass sich die Überprüfungsklausel oder Option zur Frage der Erforderlichkeit einer späteren Prüfung der Eignung eines ggf. eintretenden Auftragnehmers verhält.

2. Unternehmensumstrukturierung

65 § 132 Abs. 2 S. 1 Nr. 4 lit. b GWB betrifft den Fall, dass der bisherige Auftragnehmer „im Zuge einer Unternehmensumstrukturierung" ganz oder teilw. durch ein anderes Unternehmen ersetzt wird. Als Beispiele nennt das Gesetz Übernahme, Zusammenschluss, Erwerb und Insolvenz. Ausweislich Erwgr. 110 der VRL ist ausschl. der Fall erfasst, dass der erfolgreiche Bieter „**strukturelle Veränderungen**" durchläuft. Auffallend ist, dass die zweite Fallgruppe der Pressetext-Entscheidung, in der der EuGH trotz Wechsel des Auftragnehmers keine Pflicht zur Neuausschreibung angenommen hat, nämlich die **Übertragung des Auftrags auf eine nach Zuschlag ausgegründete Tochtergesellschaft**,[67] in den Beispielen des § 132 Abs. 2 S. 1 Nr. 4 lit. b GWB keine Erwähnung findet. Da diese Beispiele jedoch nicht als abschl. zu verstehen sind und Erwgr. 110 der VRL den Fall der „internen Umstrukturierung" ausdr. nennt, ist davon auszugehen, dass auch in einer solchen Konstellation – bei Erfüllung der weiteren Voraussetzungen – keine Pflicht zur Neuausschreibung besteht.

66 Anderes gilt hier, wenn die **Umstrukturierung bereits vor der ursprünglichen Auftragsvergabe abgeschlossen,** also bspw. eine selbständige Tochtergesellschaft ausgegründet worden war und der Auftrag nach Zuschlag an die Muttergesellschaft von dieser an die Tochtergesellschaft weitergereicht wird, ohne dass dies als Option vorgesehen war. Nach dem eindeutigen Wortlaut von Erwgr. 110 der VRL sollen nur „strukturelle Veränderungen" privilegiert werden, die „während des Zeitraums der Auftragsausführung" durchlaufen werden.[68] Sofern Auftragsübernahmen durch zum Zeitpunkt des Zuschlags bereits bestehende andere Konzerngesellschaften ermöglicht werden sollen, muss dies als Option vorgesehen werden.

67 Gegen dieses Ergebnis könnte nicht eingewandt werden, dass zumindest dann, wenn sich das Mutterunternehmen bereits in seinem **Angebot zur Erfüllung der**

---

[67] EuGH 19.6.2008 – C-454/06, NVwZ 2008, 865 Rn. 43 ff. – pressetext; zu dieser Konstellation bereits Ziekow NZBau 2004, 181 ff.

[68] Zur Relevanz gesellschaftsrechtlicher Änderungen während des Vergabeverfahrens Lux NBau 2012, 680 ff.

Eignungskriterien auf Kapazitäten des Tochterunternehmens berufen** hat, eine Neuausschreibung bei Auftragnehmerwechsel nicht erforderlich sei. Zwar setzt § 132 Abs. 2 S. 1 Nr. 4 lit. b GWB in der Tat voraus, dass ein neues Vergabeverfahren nur dann nicht durchgeführt werden muss, wenn das den Auftrag übernehmende Unternehmen die ursprünglich festgelegten Anforderungen an die Eignung erfüllt. Jedoch handelt es sich dabei im Verhältnis zum Tatbestandsmerkmal der Unternehmensumstrukturierung um kein alternatives, sondern um ein zusätzlich zu erfüllendes Kriterium.

Dies zeigt die Konsequenz, dass eine nach § 47 VgV zulässige **Eignungsleihe** allein nicht dazu führt, dass das Unternehmen, auf dessen Eignungsmerkmale sich der erfolgreiche Bieter gestützt hat, ohne neue Ausschreibung den Auftrag übernehmen kann. Insoweit hat sich die Rechtslage durch die Novelle geändert: Bisher war davon auszugehen, dass es für die Beantwortung der Frage, wann eine Änderung des Vertragspartners wesentlich ist, auf eine Bewertung unter dem Gesichtspunkt der Notwendigkeit einer erneuten Eignungsprüfung ankommt. Eine solche Notwendigkeit bestand nicht, wenn die Eignung des potentiellen Übernehmers bereits in einem anderen Vergabeverfahren in einer Weise überprüft worden war, die die Eignung auch für den zu übernehmenden Beschaffungsvertrag zuverlässig feststellte. Davon konnte insbes. ausgegangen werden, wenn im Falle der Eignungsleihe die Eignung desjenigen Unternehmens, auf dessen Leistungsfähigkeit sich der Bieter berufen hat, vollumfänglich geprüft worden ist. Eine in dieser Weise begründete Ausschreibungsfreiheit eines Auftragnehmerwechsels ist nach der Neufassung nicht mehr möglich.

Liegt ein Fall der Umstrukturierung des bisherigen Auftragnehmers vor, ist bspw. über dessen Vermögen der Konkurs eröffnet worden, so ist es für die Eröffnung des Anwendungsbereichs des § 132 Abs. 2 S. 1 Nr. 4 lit. b GWB weder erforderlich, dass das bezuschlagte Unternehmen aufgrund der Insolvenz aufgelöst wird, noch dass das andere Unternehmen sämtliche Rechte und Pflichten des insolventen Auftragnehmers übernimmt. § 132 Abs. 2 S. 1 Nr. 4 lit. b GWB ist vielmehr bereits dann anwendbar, wenn nach der Konkurseröffnung **lediglich die Rechte und Pflichten aus dem öffentlichen Auftrag** durch das andere Unternehmen übernommen werden.[69]

Wie ausgeführt, ist zusätzlich zum Vorliegen einer „Unternehmensumstrukturierung" erforderlich, dass das den Auftrag ganz oder teilw. **übernehmende Unternehmen die ursprünglich festgelegten Anforderungen an die Eignung erfüllt.** Auch insoweit hat die Regelung zu einer Änderung der Rechtslage geführt: Führte ein Auftragnehmerwechsel früher nur dann zu keiner Pflicht zur Neuausschreibung, wenn die Eignung des den Auftrag übernehmenden Unternehmens bereits bei der Auftragsvergabe geprüft worden war, so dass die Notwendigkeit einer zusätzlichen Eignungsprüfung beim Auftragnehmerwechsel zur Wesentlichkeit der Änderung und damit zur Durchführung eines neuen Vergabeverfahrens führte, so kommt es nunmehr nicht auf eine bereits erfolgte Eignungsprüfung, sondern allein auf die materielle Erfüllung der ursprünglichen Eignungsanforderungen an. Erforderlichenfalls ist zur Feststellung der Erfüllung dieser Voraussetzung vor dem Auftragnehmerwechsel eine ergänzende Prüfung der Eignung des den Auftrag übernehmenden Unternehmens durchzuführen.

Als dritte Voraussetzung für die Ausschreibungsfreiheit des Auftragnehmerwechsels nennt § 132 Abs. 2 S. 1 Nr. 4 lit. b GWB das Erfordernis, dass dieser Wechsel **keine weiteren wesentlichen Änderungen** iSd § 132 Abs. 1 GWB zur Folge hat. Der Auftragnehmerwechsel selbst ist also nicht noch zusätzlich am Maßstab des § 132 Abs. 1 GWB zu prüfen, wohl aber inhaltliche Auftragsänderungen, die bei Gelegenheit des Eintritts des neuen Auftragnehmers vorgenommen werden.

---

[69] EuGH 3.2.2022 – C-461/20, NZBau 2022, 231 Rn. 23 ff. – Advania Sverige.

GWB § 132 Auftragsänderungen während der Vertragslaufzeit

71 Erörterungsbedürftig ist schließlich das Verhältnis des privilegierten Auftragnehmerwechsels bei Umstrukturierung nach § 132 Abs. 2 S. 1 Nr. 4 lit. b GWB zur Rspr. der vergaberechtlichen **Relevanz der Veräußerung von Gesellschaftsanteilen**. Auf der Grundlage der Rspr. des EuGH handelte es sich bislang um keine interne Neuorganisation mehr, sondern um eine wesentliche Vertragsänderung, wenn die Gesellschaftsanteile des den Auftrag übernehmenden Unternehmens während der Laufzeit des Vertrages an einen Dritten veräußert werden.[70] Bei Publikumsgesellschaften, insbes. börsennotierten Aktiengesellschaften, aber auch Genossenschaften, bei denen ein Wechsel in der Inhaberschaft einzelner Anteile jederzeit möglich ist, würde dies dazu führen, dass eine Übertragung des Auftrags auf eine solche Gesellschaft praktisch nahezu unmöglich wäre, weil bei jedem Wechsel der Inhaberschaft von Anteilen Ausschreibungspflichtigkeit einträte. Abgesehen von Umgehungskonstellationen führten Anteilswechsel bei derartigen Gesellschaften daher bislang nicht zu dem Ergebnis der Ausschreibungspflichtigkeit.[71] Auch die Übertragung von Geschäftsanteilen einer GmbH stellte keine ausschreibungspflichtige wesentliche Vertragsänderung dar – allerdings nur dann, wenn die Geschäftsanteile so breit gestreut sind, dass es auf den Wechsel einzelner Gesellschafter nicht ankommt.[72]

72 Wendet man § 132 Abs. 2 S. 1 Nr. 4 lit. b GWB auf die Veräußerung von Geschäftsanteilen an, so bleibt die **gesellschaftsrechtliche Identität des Unternehmens** bei der Anteilsveräußerung erhalten, so dass eigentlich kein „anderes Unternehmen" an die Stelle des ursprünglichen Auftragnehmers tritt. Dies allerdings würde dazu führen, dass auch die Veräußerung der Geschäftsanteile von Unternehmen, die keine Publikumsgesellschaften darstellen, bei rechtlicher Identitätswahrung kein neues Vergabeverfahren erfordern würde. Für diese Konstellation jedoch hat der EuGH eine Ausschreibungspflicht daraus abgeleitet, dass es sich um eine tatsächliche Änderung des Vertragspartners des öffentlichen Auftraggebers handelt.[73] Zur Lösung dieses Problems ließen sich zwei Wege beschreiten: So könnte iSd EuGH-Rspr. argumentiert werden, es handele sich nach dem Verkauf von Gesellschaftsanteilen aus tatsächlicher Perspektive grds. um ein „anderes" Unternehmen als vorher, wobei für Publikumsgesellschaften eine Ausnahme bestehen würde. Allerdings würde dies dazu führen, dass der Begriff des „anderen Unternehmens" wertungsoffen würde, was in der Praxis zu Rechtsunsicherheiten führen kann. Die belastbarere Lösung dürfte demgegenüber darin liegen, eine **Veräußerung von Gesellschaftsanteilen ausnahmslos** als eine iRd § 132 Abs. 2 S. 1 Nr. 4 lit. b GWB relevante, **zu einem „anderen" Unternehmen führende Umstrukturierung** anzusehen und eine Lösung über die Erfüllung der Eignungsanforderungen zu suchen. Bei Publikumsgesellschaften kann die Veräußerung von Gesellschaftsanteilen – im Regelfall – von vornherein nicht von Einfluss auf die Erfüllung der **Eignungsanforderungen** sein, so dass keine neue Eignungsprüfung erforderlich ist. Bei anderen Unternehmen als Publikumsgesellschaften ist es eine Frage des Einzelfalls, ob erstens die Anteilsveräußerung überhaupt eignungsrelevant sein kann und – wenn ja – ob zweitens gleichwohl die ursprünglichen Eignungsanforderungen erfüllt sind oder nicht.

73 Anders als früher führt daher die **Veräußerung von Anteilen von Nicht-Publikumsgesellschaften** nicht mehr zwingend zum Erfordernis eines neuen Vergabeverfahrens. Dies allerdings entspricht der gesetzlichen Wertung, dass selbst der vollständige Erwerb eines Unternehmens nur dann zur Ausschreibungspflicht führt, wenn im Einzelfall die Voraussetzungen des § 132 Abs. 2 S. 1 Nr. 4 lit. b GWB

---

[70] EuGH 19.6.2008 – C-454/06, NVwZ 2008, 865 Rn. 47 f. – pressetext.
[71] EuGH 19.6.2008 – C-454/06, NVwZ 2008, 865 Rn. 51 f. – pressetext.
[72] Ohne diese Einschränkung OLG Naumburg 29.4.2010 – 1 Verg 3/10, IBRRS 2010, 2123 = VergabeR 2010, 979 (985 f.).
[73] EuGH 19.6.2008 – C-454/06, NVwZ 2008, 865 Rn. 47 – pressetext.

3. Übernahme der Auftragnehmerverpflichtungen durch Auftraggeber

§ 132 Abs. 2 S. 1 Nr. 4 lit. c GWB bezieht sich auf die Konstellation, dass der erfolgreiche Bieter, der Hauptauftragnehmer, zur Durchführung des Auftrags Unterauftragnehmer eingesetzt hat und der **öffentliche Auftraggeber nach Vertragsschluss an die Stelle des bisherigen Hauptauftragnehmers** tritt, weil dieser zB verstorben ist und der (Haupt-)Auftrag nicht erneut vergeben werden soll. In diesem Fall wird der Wettbewerb um öffentliche Aufträge mit Blick auf Gleichbehandlung und Transparenz von vornherein nicht berührt, weshalb § 132 Abs. 2 S. 1 Nr. 4 lit. c GWB die Ausschreibungsfreiheit dieses Einrückens des Auftraggebers in die Verpflichtungen des bisherigen Hauptauftragnehmers ggü. seinen Unterauftragnehmern statuiert.   74

IV. Auftraggeberwechsel

Von einer Änderung auf Auftragnehmerseite zu unterscheiden ist die Übernahme des öffentlichen Auftrags durch einen anderen öffentlichen Auftraggeber. Keineswegs stellt ein Auftraggeberwechsel generell eine wesentliche Änderung iSd § 132 GWB dar.[74] Hierfür ist es unerheblich, dass ein Auftraggeberwechsel nicht von einer der Ausnahmeregelungen des § 132 Abs. 2 und 3 GWB erfasst wird.[75] Maßgeblich ist vielmehr, ob die vergaberechtlichen **Grundsätze der Gleichbehandlung und der Transparenz** durch den Wechsel beeinträchtigt sein können. Dies ist in der ganz überwiegenden Zahl der Fälle nicht der Fall, weil bei dem bezuschlagten Unternehmen das **Interesse am Auftrag** und nicht die Person des Vertragspartners stehen dürfte. Es bedarf jew. einer Einzelfallprüfung, ob besondere Gründe vorliegen, die eine andere Bewertung gebieten. Solche Gründe können bspw. darin bestehen, dass der Bieter kein oder ein inhaltlich anderes Angebot vorgelegt hätte, wenn der neue Auftraggeber bereits während der Angebotsfrist bekannt gewesen wäre.[76]   75

§ 133 Kündigung von öffentlichen Aufträgen in besonderen Fällen

(1) Unbeschadet des § 135 können öffentliche Auftraggeber einen öffentlichen Auftrag während der Vertragslaufzeit kündigen, wenn
1. eine wesentliche Änderung vorgenommen wurde, die nach § 132 ein neues Vergabeverfahren erfordert hätte,
2. zum Zeitpunkt der Zuschlagserteilung ein zwingender Ausschlussgrund nach § 123 Absatz 1 bis 4 vorlag oder
3. der öffentliche Auftrag aufgrund einer schweren Verletzung der Verpflichtungen aus dem Vertrag über die Arbeitsweise der Europäischen Union oder aus den Vorschriften dieses Teils, die der Europäische Gerichtshof in einem Verfahren nach Artikel 258 des Vertrags über die Arbeitsweise der Europäischen Union festgestellt hat, nicht an den Auftragnehmer hätte vergeben werden dürfen.

(2) ¹Wird ein öffentlicher Auftrag gemäß Absatz 1 gekündigt, kann der Auftragnehmer einen seinen bisherigen Leistungen entsprechenden Teil der

---

[74] So aber VK Bund 12.10.2021 – VK 2–85/21, BeckRS 2021, 35850 Rn. 52.
[75] Anders VK Bund 12.10.2021 – VK 2–85/21, BeckRS 2021, 35850 Rn. 52.
[76] Moro, Nachträgliche Vertragsänderungen im Vergaberecht, 2021, 172 ff.

GWB § 133 Kündigung von öffentlichen Aufträgen in besonderen Fällen

Vergütung verlangen. ²Im Fall des Absatzes 1 Nummer 2 steht dem Auftragnehmer ein Anspruch auf Vergütung insoweit nicht zu, als seine bisherigen Leistungen infolge der Kündigung für den öffentlichen Auftraggeber nicht von Interesse sind.

(3) **Die Berechtigung, Schadensersatz zu verlangen, wird durch die Kündigung nicht ausgeschlossen.**

Literatur: Beck VergabeR/Berger, 4. Aufl. 2022, GWB § 133; Bitterich, Kündigung vergaberechtswidrig zu Stande gekommener Verträge durch öffentliche Auftraggeber, NJW 2006, 1845; Braun, Sekundärrechtsschutz unterhalb der Schwellenwerte?, VergabeR 2008, 360; Braun, Kriterien für ein erfolgreiches Verhandlungsverfahren, KommPraxis spezial 2/2016, 6; Braun, Müller/Wrede-Braun, KonzVgV, 1. Aufl., 2019; Braun, Umgehungsverbote und Grenzen des Konzessionsrechtes, NZBau 2018, 652; Brüning/Pfannkuch, Neuausschreibungspflicht bei Vertragsänderung, VergabeR 2015, 144; Diemon-Wies, Vergabe von Konzessionen, VergabeR 2016, 162; Fehling, Heinze/Fehling/Fiedler, Personenbeförderungsgesetz, 2. Aufl., 2014; Görlich/Conrad, Die neuen Kündigungstatbestände für öffentliche Aufträge, VergabeR 2016, 567; Hausmann/Queisner, Auftragsänderungen während der Vertragslaufzeit, NZBau 2016, 619; Jaeger, Münchener Kommentar Europäisches und Deutsches Wettbewerbsrecht, 4. Aufl., 2022; Knauff/Baudenhausen, Die neue Richtlinie über die Konzessionsvergabe, NZBau 2014, 395; Krönke, Das neue Vergaberecht aus verwaltungsrechtlicher Perspektive, NVwZ 2016, 568; Lausen/Müller, Vergaberecht und Insolvenz, NZBau 2021, 147; Müller-Wrede/Fülling, GWB, 2. Aufl. 2022, § 133; MüKoEuWettbR/Jaeger, 4. Aufl. 2022, GWB § 133; Püstow/Meiners, Vorrang des Unionsrechts bei vergaberechtswidrigen Verträgen, EuZW 2016, 325; Rosenkötter/Fritz, Vertragsänderungen nach den neuen Richtlinien, VergabeR 2014, 209; Schink, Wirtschaftliche Betätigung kommunaler Unternehmen, NVwZ 2002, 129; Willenbruch/Wieddekind/Hübner/Scharen, GWB, 5. Aufl. 2023; Wollenschläger, Vertragsnichtigkeit als Fehlerfolge bei grundrechts- und grundfreiheitswidrigem privatrechtsförmigen Verwaltungshandeln, NVwZ 2015, 1535.

Übersicht

	Rn.
I. Bedeutung der Vorschrift	1
II. Anwendungsbereich der Norm	5
1. Kündigung nur von Dauerschuldverhältnissen	6
2. Kündigung von öffentlichen Aufträgen	9
a) Beschaffungsbezug	10
b) Rahmenvereinbarung	11
3. Kündigung von Sektorenaufträgen	13
4. Kündigung von Konzessionsverträgen	15
5. Kündigung von Personenbeförderungsverträgen	18a
6. Kündigungsregelung in der VOB/B	19
7. Kein Verwaltungsakt	26
III. Kündigungsrecht des Auftraggebers (§ 133 Abs. 1 GWB)	28
1. Kündigungsrechte in der Systematik des Vergaberechts	31
a) § 133 GWB im Spannungsfeld zwischen Beschaffungssicherheit und Rechtmäßigkeit der Auftragsvergabe	32
b) Die allgemeinen Kündigungsrechte aus §§ 313, 314 BGB	35
c) Kündigung gem. § 648 BGB?	38a
2. Kündigungsrecht und Kündigungspflicht des Auftraggebers – Ermessensreduktion auf null	39
3. Die Kündigungsgründe des § 133 Abs. 1 GWB	42
a) Wesentliche Änderung nach § 132 Abs. 1 GWB	43
aa) Ausschreibungspflichtige Vertragsänderung	44

	Rn.
bb) Analoge Anwendung bei Änderungen vor Zuschlag im Vergabeverfahren?	49a
cc) Ausnahmen zur Neuausschreibungspflicht	50
dd) Ermessen und Ermessensreduktion auf null bei § 133 Abs. 1 Nr. 1 GWB	59
ee) Teilweises Kündigungsrecht bei nur teilweise geändertem Vertrag?	60
b) Zwingender Ausschlussgrund nach § 123 Abs. 1–4 GWB	63
aa) Rechtslage bei Auftreten eines Ausschlussgrundes nach Abgabe des Zuschlags	68
bb) Die einzelnen Ausschlussgründe des § 123 GWB	70
cc) Ermessen und Ermessensreduktion bei § 133 Abs. 1 Nr. 2 GWB	74
c) Schwere Verletzung der Verpflichtungen aus dem AEUV	87
aa) Schwere Verletzung von Verpflichtungen	88
bb) Feststellung durch den EuGH in einem Vertragsverletzungsverfahren	91
cc) Intendiertes Ermessens bei § 133 Abs. 1 Nr. 3 GWB	98
4. Verhältnismäßigkeitsgrundsatz	100
5. Treu und Glauben, Sittenwidrigkeit	111
IV. Formelle Vorgaben	112
1. Form	113
2. Frist	116
3. Frühester und spätester Zeitpunkt der Kündigung?	119
4. Pflicht zur Anhörung vor Kündigung und zu deren Begründung	121
5. Ordentliche Kündigung oder Aufhebungsvertrag	129
V. Kündigungsfolgen: Vergütungsanspruch (§ 133 Abs. 2 GWB) und Neuausschreibung	130
1. Beschränkter Vergütungsanspruch	131
2. Bereicherungsrechtliche Ansprüche	136
3. Pflicht zur Neuausschreibung bei fortbestehendem Beschaffungsbedarf	141
4. Kündigungsfolgenregelung in der VOB/B	143
VI. Anspruch des Auftragnehmers auf Schadensersatz (§ 133 Abs. 3 GWB)	144
VII. Verhältnis zwischen Kündigung gem. § 133 Abs. 1 GWB und Anfechtung gem. § 142 Abs. 1 BGB	150
VIII. Nichtigkeit gem. §§ 134, 138 BGB versus Kündigungsmöglichkeiten	152
IX. Kündigungstatbestände außerhalb von § 133 GWB	156
X. Rechtsschutz des gekündigten Vertragsinhabers	159
XI. Subjektives Recht eines Konkurrenten auf Ausübung der Kündigung	162

I. Bedeutung der Vorschrift

§ 133 GWB dient der Umsetzung von Art. 73 VRL.[1] Die Vorschrift legt Bedingungen fest, unter denen öffentliche Auftraggeber, Konzessionsgeber gem. §§ 154 Nr. 4, 133 GWB und Sektorenauftraggeber gem. §§ 142, 133 GWB vergaberecht-

---

[1] Sowie Art. 44 KVR und Art. 90 SRL, die iW denselben Regelungsgehalt haben.

GWB § 133 Kündigung von öffentlichen Aufträgen in besonderen Fällen

lich die Möglichkeit haben, einen öffentlichen Auftrag während der Vertragslaufzeit zu kündigen.[2] Diese Möglichkeit zur Kündigung kann sich nach zutr. Auffassung – **bei bestehendem Drittschutz** – aber auch zu einer Verpflichtung zur Kündigung auswachsen.[3] Insbesondere das Unionsrecht kann sich hierbei als Quelle zwingender Gründe erweisen, wenn im Interesse einer effektiven Umsetzung (effet utile) die Kündigung eines öffentlichen Auftrages vorzunehmen ist. Festzuhalten bleibt aber, dass die Vorschrift in der Rspr. – bis auf ganz wenige Entscheidungen – keinen vertieften Niederschlag gefunden hat, so dass ihre tatsächliche Relevanz beschränkt sein dürfte.[4] Die Funktion der Vorschrift ist daher (noch) im Bereich der Mahnung für Auftrag- und Konzessionsgeber zu sehen, zumal in der Rspr. vertreten wird, dass der öffentliche Auftraggeber in einer eng umgrenzten Ausnahmesituation nicht gezwungen werden könne, einen mit unbestimmter Laufzeit geschlossenen Vertrag zu kündigen. Die fehlende Kündigungsverpflichtung setzt allerdings voraus, dass der Vertrag mit unbestimmter Laufzeit so weiter fortgesetzt werden kann und der konkrete aktuelle Beschaffungsgegenstand nur eine Ergänzung des bereits vertraglich festgelegten Vertragsgegenstands ist.[5] Danach würde es doch die Möglichkeit zur Kündigungsverpflichtung geben. Eine praktische Relevanz von § 133 GWB ist bislang erst in Ansätzen erkennbar.[6]

2 Der EU-Richtliniengeber hatte im Gesetzgebungsprozess erkannt, dass Auftraggeber mit Umständen konfrontiert werden könnten, die eine vorzeitige Kündigung öffentlicher Aufträge erfordern, damit aus dem **Unionsrecht erwachsende Verpflichtungen** im Bereich der öffentlichen Auftragsvergabe eingehalten werden.[7] Nach Ansicht des Richtliniengebers sollten die Mitgliedstaaten daher sicherstellen, dass Auftraggeber, unter den im nationalen Recht festgelegten Bedingungen, über die Möglichkeit verfügen, einen öffentlichen Auftrag während seiner Laufzeit zu kündigen.[8] Hierzu wurde Art. 73 VRL in der Vergaberichtlinie normiert, die vom deutschen Gesetzgeber inhaltlich identisch in § 133 GWB umgesetzt worden ist. Vergleichbare Erwägungen hat der europäische Gesetzgeber auch in Bezug auf Konzessionsvergabeverfahren[9] sowie auf Auftragsvergaben durch Sektorenauftraggeber angestellt.[10] Wenn die Auftrags-, Konzessions- und Sektorenauftraggeber der Kündigungsverpflichtung nach § 133 GWB nicht nachkommen, kann sowohl die Verhängung eines **EU-Zwangsgeldes** als auch **einer pauschalen Strafzahlung** durch die Union drohen.[11]

3 Da früher eine § 133 GWB entsprechende vergaberechtliche Kündigungsmöglichkeit nicht existiert hat, konnten Auftraggeber den Weg zur Vertragsbeendigung über die allg. zivilrechtlichen Regelungen gehen.[12] Die zivilrechtlichen Kündi-

---

[2] Gesetzesentwurf der BReg: Entwurf eines Gesetzes zur Modernisierung des Vergaberechts, BT-Drs. 18/6281, 117; OLG Düsseldorf 12.7.2021 – I-22 U 8/21, NZBau 2021, 743 (749) Rn. 63; vgl. auch Müller-Wrede GWB/Fülling § 133 Rn. 1 f.; HK VergabeR/Ritzenhoff GWB § 133 Rn. 1; Beck VergabeR/Berger GWB § 133 Rn. 2 ff.

[3] AA Müller-Wrede GWB/Fülling § 133 Rn. 40; aA MüKoEuWettbR/Jaeger GWB § 133 Rn. 17, 18; offengelassen bei: VK Bund 4.12.2017 – VK 2–134/17, IBRRS 2018, 0003.

[4] Vgl. nur VK Bund 4.12.2017 – VK 2–134/17, IBRRS 2018, 0003.

[5] Vgl. VK Lüneburg 23.7.2021 – VgK – 19/2021, IBRRS 2021, 2591.

[6] Vgl. Beck VergabeR/Berger GWB § 133 Rn. 2, aber: LG Leipzig 26.7.2021 – 5 O 1698/21, BeckRS 2021, 54636.

[7] Erwgr. 112 der VRL und der SRL; Erwgr. 80 der KVR.

[8] Erwgr. 112 der VRL.

[9] Erwgr. 80 der KVR, umgesetzt durch § 154 Nr. 4 GWB durch Verweisung auf § 133 GWB.

[10] Erwgr. 118 der SRL; umgesetzt durch § 142 GWB durch Verweisung auf § 133 GWB.

[11] Müller-Wrede GWB/Fülling § 133 Rn. 2.

[12] Zusf. zur Kündigung eines öffentlichen Auftrages nach alter Rechtslage Bitterich NJW 2006, 1845.

gungsmöglichkeiten trugen aber nicht immer dem vergaberechtlichen Bedürfnis hinreichend Rechnung, einen rechtswidrig vergebenen Auftrag kündigen zu können. Mangels entspr. Beendigungsmöglichkeiten konnten zuvor die **primär-rechtlichen Verpflichtungen** des Mitgliedstaates, einen **Vertrag aufzulösen,** der entgegen Primärrecht vergeben worden ist, nicht immer eingehalten werden. Dies wurde als Problem erkannt[13] und mit der jetzigen Normierung angegangen. Die fehlende tatsächliche Relevanz der Bestimmung zeigt aber auf, dass immer noch ein Vollziehungsdefizit bei der Durchsetzung der Kündigung besteht. Die fehlende Bedeutung könnte darin liegen, dass die Auftraggeber die mit einer Kündigung regelmäßig einhergehenden Streitigkeiten eher meiden wollen.

Im Ergebnis leistet die Möglichkeit zur Kündigung nach § 133 GWB dem **Wettbewerbsgrundsatz** gem. § 97 Abs. 1 S. 1 GWB Vorschub: Unter den normierten Bedingungen ist ein Auftrag zu kündigen und erneut auszuschreiben, so dass sich erneut alle interessierten Unternehmen um den Auftrag bewerben können. Die Folge dessen ist die Förderung und Intensivierung des Wettbewerbs. Der **Grundsatz „pacta sunt servanda"** und die Bestimmung des § 168 Abs. 2 S. 1 GWB, wonach ein wirksam **erteilter Zuschlag nicht aufgehoben** werden kann, **treten zurück.** Zudem ist § 133 GWB Ausdruck des zivilrechtlichen Dispositionsgrundsatzes, nach dem sich Vertragspartner bei Vorliegen bestimmter Voraussetzungen auch von abgeschlossenen Dauerschuldverhältnissen wieder lösen können. Die Norm sichert damit auch, dass der vergebene Auftrag auch noch im Zeitraum nach der Vergabeentscheidung rechtmäßig und im Einklang mit den Grundsätzen des Unionsrechts ausgeführt wird. § 133 GWB dient letztendlich dem ordnungsgemäßen Funktionieren des Vergabebinnenmarktes, wenn Auftraggeber die Kündigungsmöglichkeit wahrnehmen würden.

II. Anwendungsbereich der Norm

§ 133 GWB ist auf öffentliche Aufträge (und Konzessionen) anwendbar, wenn der Vergabegegenstand den jew. Schwellenwert des § 106 GWB erreicht und keine Bereichsausnahme vorliegt. Zwar spricht § 133 Abs. 1 GWB vom „öffentlichen Auftraggeber" und dem „öffentlichen Auftrag", jedoch ordnet § 154 Nr. 4 GWB die Geltung der Norm entspr. für Konzessionsvergaben und § 142 GWB für Auftragsvergaben durch Sektorenauftraggeber an. Soweit in der Kommentierung von **Auftraggebern** gesprochen wird, sind damit **öffentliche Auftraggeber, Konzessionsgeber und Sektorenauftraggeber** mit umfasst. Ferner sind auch öffentlich-rechtliche Verträge iSv § 54 VwVfG mit umfasst.

1. Kündigung nur von Dauerschuldverhältnissen

Die Vorschrift nimmt tatbestandlich Bezug auf die Kündigung als **Gestaltungsrecht** in einem Vertragsverhältnis. Sie kann dementsprechend nur bei Aufträgen zur Anwendung kommen, bei denen sie überhaupt möglich ist. Nach allg. zivilrechtlichen Grundsätzen ist dies nur dann der Fall, wenn sich aus dem Vertrag fortdauernde Pflichten ergeben[14] – das ist regelmäßig bei Dauerschuldverhältnissen gegeben.[15] Diese werden im Gegensatz zum einmaligen Austausch von Leistungen dadurch ausgezeichnet, dass der zeitliche und quantitative Umfang der geschuldeten Leistung nicht von vornherein präzise feststeht, sondern sich erst über einen gewissen Zeitraum hinweg entwickelt. Das **Dauerschuldverhältnis** wird somit durch seine zeitli-

---

[13] Görlich/Conrad VergabeR 2016, 567 (569).
[14] Gesetzesentwurf der BReg: Entwurf eines Gesetzes zur Modernisierung des Vergaberechts, BT-Drs. 18/6281, 117.
[15] Grüneberg/Grüneberg § 314 Rn. 2.

GWB § 133   Kündigung von öffentlichen Aufträgen in besonderen Fällen

che Dimension und das Merkmal der ständigen Pflichtenanspannung gekennzeichnet.[16]

7   Dementsprechend besteht eine kontinuierliche Leistungsbereitschaft und -anspannung beim Schuldner der jew. Leistung und ein entspr. Leistungsforderungsrecht des Gläubigers. Haben sich dagegen die vertraglichen Beziehungen in einem **einmaligen Austausch** von Leistung und Gegenleistung erschöpft, so ist der Vertrag erfüllt und erlischt gem. § 362 Abs. 1 BGB. Für seine **Kündigung** ist dann **kein Raum** mehr. Hierunter fallen einmalige Lieferaufträge gem. § 103 Abs. 2 GWB, die typischerweise die Beschaffung von Waren beinhalten – insbes. im Rahmen von Kauf- und Ratenlieferungsverträgen.

8   In Hinblick auf **Sukzessivlieferungsverträge** ist danach zu unterscheiden, ob die Gesamtmenge der zu liefernden Leistung von vornherein bestimmt ist oder nicht. Der über eine bestimmte Gesamtmenge abgeschlossene Ratenlieferungsvertrag ist demzufolge kein Dauerschuldverhältnis,[17] so dass § 133 GWB auf einen solchen öffentlichen Auftrag nicht anwendbar wäre.[18] Bei Vorliegen von Dauerschuldverhältnissen ist hingegen der Anwendungsbereich des § 133 GWB für den jew. Vergabegegenstand eröffnet.

2. Kündigung von öffentlichen Aufträgen

9   Bei öffentlichen Aufträgen handelt es sich gem. § 103 Abs. 1 GWB um entgeltliche Verträge, welche die Beschaffung von Leistungen, die Lieferung von Waren, die Ausführung von Bauleistungen oder die Erbringung von Dienstleistungen zum Gegenstand haben. Lieferaufträge sind gem. § 103 Abs. 2 GWB Verträge zur Beschaffung von Waren, die insbes. Kauf, Ratenkauf oder Leasing, sowie Miet- und Pachtverhältnisse mit oder ohne Kaufoption betreffen. Es muss sich bei diesen Leistungen um **Dauerschuldverhältnisse** handeln, wenn der betreffende öffentliche Auftrag der Regelung des § 133 GWB unterfallen soll. Dies trifft von vornherein auf Leasing-, Miet-, Pacht- und Dienstverhältnisse zu. Keine Dauerschuldverhältnisse sind hingegen Kauf- und Werkverträge sowie Werklieferungsverträge.

10   a) **Beschaffungsbezug.** Nicht jeder Vorgang mit **mittelbarem Beschaffungsbezug** unterfällt dem Begriff des öffentlichen Auftrags gem. § 133 Abs. 1 GWB. Kein öffentlicher Auftrag sind zB einfache Zulassungssysteme. Das betrifft Fälle, in denen alle Wirtschaftsakteure, die bestimmte Voraussetzungen erfüllen, zur Wahrnehmung einer bestimmten Aufgabe – ohne Selektivität – berechtigt sind (zB Zulassungen für Arzneimittel oder ärztliche Dienstleistungen). Daraus lässt sich schließen, dass die Zulassung von Dienstleistungserbringern im sozialhilferechtlichen Dreiecksverhältnis nicht dem förmlichen Vergaberecht unterfällt.[19] In solchen Konstellationen ist mangels eines öffentlichen Auftrages gem. § 103 Abs. 1 GWB der § 133 GWB nicht anwendbar. Ohne Beschaffungsbezug liegt lediglich eine Genehmigung zur Wirtschaftsausübung für ein bestimmtes Gebiet, zB durch einen Pachtvertrag, vor.[20]

11   b) **Rahmenvereinbarung.** Da sich § 133 GWB auf den öffentlichen Auftrag, der in § 103 GWB geregelt ist, bezieht, ist diese Vorschrift stets in Bezug zu § 103

---

[16] Grüneberg/Grüneberg § 314 Rn. 2.
[17] Grüneberg/Grüneberg § 314 Rn. 2.
[18] AA Görlich/Conrad VergabeR 2016, 567 (570).
[19] Vgl. für Konzessionen Müller-Wrede/Braun/Braun KonzVgV § 1 Rn. 54 ff.; Erwgr. 4 der VRL; Gesetzesentwurf der BReg: Entwurf eines Gesetzes zur Modernisierung des Vergaberechts, BT-Drs. 18/6281, 70.
[20] EuGH 16.7.2016 – C-67/15, BeckRS 2016, 81515 Rn. 47 – Promoimpresa; Krönke NVwZ 2016, 568 (575); vgl. aber: OLG Koblenz 14.5.2019 – Verg 1/19, BeckRS 2019, 11285.

GWB zu lesen. Die Norm des § 103 GWB regelt neben den öffentlichen Aufträgen die Rahmenvereinbarungen in § 103 Abs. 5 GWB sowie die Wettbewerbe in § 103 Abs. 6 GWB. **Rahmenvereinbarungen** sind gem. § 103 Abs. 5 S. 1 GWB Vereinbarungen zwischen einem oder mehreren öffentlichen Auftraggebern oder Sektorenauftraggebern und einem oder mehreren Unternehmen, die dazu dienen, die Bedingungen für öffentliche Aufträge, die während eines bestimmten Zeitraums vergeben werden sollen, festzulegen, insbes. in Bezug auf den Preis. In der VgV ist die Rahmenvereinbarung in § 21 VgV normiert, wobei die VgV eine Regelung zur Kündigung von Rahmenvereinbarungen nicht enthält.

Obwohl die Definition des öffentlichen Auftrages in § 103 Abs. 1 GWB die Rahmenvereinbarungen nicht erwähnt, **unterfällt auch sie dem Kündigungsrecht** des Auftraggebers gem. § 133 GWB.[21] Der Grund dafür liegt darin, dass die Rahmenvereinbarung keinen eigenständigen Beschaffungsgegenstand hat, wie der öffentliche Auftrag oder die Konzession, sondern lediglich eine Verfahrenserleichterung für die Vergabe von Einzelaufträgen ist.[22] Rahmenvereinbarungen unterliegen mithin auch der Kündigungsverpflichtung.[23] 12

3. Kündigung von Sektorenaufträgen

§ 133 GWB gilt über § 142 GWB **auch für Aufträge, die vom Sektorenauftraggeber** vergeben werden.[24] Sektorenaufträge liegen vor, wenn Sektorenauftraggeber gem. § 100 Abs. 1 GWB einen öffentlichen Auftrag iSv § 103 Abs. 1 GWB im Zusammenhang mit Tätigkeiten, wie bspw. auf dem Gebiet der Energieversorgung, der Gas- und Wärmeversorgung sowie des Verkehrs vergeben. Die Anwendbarkeit des § 133 GWB iRv Sektorenauftragsvergaben ist nicht davon abhängig, auf welchem Sektorengebiet die Auftragsvergabe stattfindet, sondern davon, ob der jew. öffentliche Auftrag ein Dauerschuldverhältnis ist. Insofern muss es sich bei Sektorenaufträgen ebenfalls um ein solches Vertragsverhältnis handeln. Ob dieses Vertragsverhältnis auf dem Gebiet der Energieversorgung, Verkehrsdienstleistungen oder des Betriebs von Häfen und Flughäfen stattfindet, ist hingegen nicht entscheidungserheblich. 13

Weiter ist hinsichtlich der Anwendbarkeit des § 133 GWB **nicht entscheidungserheblich,** ob es sich bei den betreffenden Sektorenauftraggebern um öffentliche Auftraggeber iSd § 99 Nr. 1–3 GWB handelt, oder um „private" Auftraggeber iSv § 100 Abs. 1 Nr. 2 lit. a oder b GWB. Im Bereich der Sektorentätigkeit und bei Vorliegen der Voraussetzungen dieser Norm sind auch private Unternehmen den Vorgaben des Kartellvergaberechts unterworfen und müssen ggf. ein förmliches Vergabeverfahren durchführen. Sie sind in einem solchen Fall dann auch an die Maßgaben des § 133 GWB gebunden. 14

4. Kündigung von Konzessionsverträgen

Für Konzessionen ist der Anwendungsbereich der Norm formal durch Anordnung der entspr. Geltung **in § 154 Nr. 4 GWB eröffnet,** also greift § 133 GWB auch für Konzessionsverträge ein.[25] Ähnlich wie im Falle von öffentlichen Aufträ- 15

---

[21] Vgl. VK Bund 29.7.2019 – VK 2–48/19, BeckRS 2019, 25575; BeckOK Vergaberecht/Mertens/Götze GWB § 133 Rn. 5.
[22] Gesetzesentwurf der BReg: Entwurf eines Gesetzes zur Modernisierung des Vergaberechts, BT-Drs. 18/6281, 71.
[23] Der EuGH 10.4.2014 – C 113/13, BeckRS 2014, 82593 hat eine Rahmenvereinbarung ohne weiteres geprüft.
[24] Vgl. EOR/Dietrich SektVO § 142 Rn. 98–107; HK VergabeR/Ritzenhoff GWB § 133 Rn. 3.
[25] MüKoEuWettbR/Jaeger GWB § 133 Rn. 3.

gen, muss aber auch das Kündigungsrecht als Gestaltungsrecht tatbestandlich auf die Konzession anwendbar sein. Hierzu muss es sich bei der betreffenden Konzession um einen entgeltlichen Vertrag zwischen Konzessionsgeber und Konzessionsnehmer gem. § 105 Abs. 1 GWB handeln, der zudem ein **Dauerschuldverhältnis** iSd genannten Merkmale ist. Konzessionen sollen nach Ansicht des Richtliniengebers für einen begrenzten Zeitraum vergeben werden, damit es nicht zu Marktabschottungen und Wettbewerbsverzerrungen kommt.[26] Dementsprechend wurde diese zeitliche Einschränkung auch in Art. 18 Abs. 1 S. 1 KVR niedergelegt und vom deutschen Gesetzgeber in § 3 Abs. 1 S. 1 KonzVgV umgesetzt.

16 Die **beschränkte Laufzeit** eines Konzessionsvertrags ist allerdings **kein Ausschlussgrund** für dessen Einordnung als Dauerschuldverhältnis – und damit für die Anwendung des Kündigungsrechts nach § 133 GWB. Beim Konzessionsvertrag trifft den Konzessionsnehmer die vertragliche Pflicht, die konzessionseigene Leistung dauerhaft und lückenlos für die vereinbarte Laufzeit zu erbringen.[27] Zwar ist der zeitliche Umfang eines solchen Leistungsverhältnisses von vornherein begrenzt, der konkrete Umfang der zu erbringenden Gesamtleistungsmenge jedoch – im Gegensatz zu einem Ratenlieferungsvertrag – nicht von vornherein zu bestimmen. Vielmehr ist der Konzessionsnehmer dem Zwang zur dauerhaften Bereitschaft zur Leistung ausgesetzt – und damit der konstitutiven dauerhaften Pflichtenanspannung.

17 Zu berücksichtigen ist aber, dass nicht jede Konzession (auch wenn sie so genannt wird) eine Konzession iSd § 105 GWB ist.[28] **Streitig** ist dies zB für die **Glücksspiel-**[29] oder die **Breitbandkonzessionen**.[30] In den Erwgr. zu der KVR wird klargestellt, dass bestimmte Handlungen der Mitgliedstaaten, wie die Erteilung von Genehmigungen oder Lizenzen, in deren Folge sich der Wirtschaftsteilnehmer nach Erteilung der Berechtigung auch wieder eigenmächtig von der Dienstleistungserbringung zurückziehen kann, nicht als Konzessionen iSd KVR anzusehen sind.[31] Vielmehr sei auf solche Auswahlverfahren die RL 2006/123/EG anwendbar.[32] Konzessionen lägen nach der Vorstellung des europäischen Gesetzgebers stets nur dann vor, wenn der der Konzessionsvergabe zugrundeliegende entgeltliche Vertrag wechselseitig bindende Verpflichtungen enthalte.[33] Bei Verwaltungsakten komme eine Rücknahme gem. § 48 VwVfG oder Widerruf gem. § 49 VwVfG in Betracht.

18 Die Kündigung von **Breitbandkonzessionsverträgen** unterfällt ebenfalls nicht § 133 GWB, weil diese nicht dem förmlichen Vergaberecht unterfallen.[34] Art. 11 KVR besagt, dass die Konzessionsvergaberichtlinie nicht für Konzessionen gilt, die „hauptsächlich dazu dienen, dem (Konzessionsgeber) die Bereitstellung oder den

---

[26] Erwgr. 52 der KVR.
[27] Erwgr. 14 der KVR.
[28] Müller-Wrede/Braun/Braun KonzVgV, § 1 KonzVgV Rn. 24 ff.; Braun NZBau 2018, 652.
[29] Vgl. VG Stuttgart 22.10.2021 – 18 K 3337/21, BeckRS 2021, 40276; Müller-Wrede/Braun/Braun KonzVgV, Glücksspielkonzessionen, Rn. 33 ff.
[30] OVG Bautzen 13.10.2022 – 4 B 241/22, BeckRS 2022, 28816; OLG Dresden 21.8.2019 – Verg 5/19, BeckRS 2019, 41675; VG Weimar 28.5.2021 – 8 E 196/21 We, BeckRS 2021, 28790; VK Sachsen 2.9.2022 – 1 SVK 05–22; VK Mecklenburg-Vorpommern 13.12.2018 – 3 VK 09/18, VPR 2019, 2252; Müller-Wrede/Braun/Braun/Zwetkow KonzVgV, Breitbandkonzessionen Rn. 27 ff.
[31] Erwgr. 14 der KVR.
[32] Erwgr. 14 der KVR; RL 2006/123/EG des europäischen Parlaments und des Rates v. 12.12.2006 über Dienstleistungen im Binnenmarkt, ABl. 2006 L 376, 36.
[33] *Erwgr. 14 der KVR.*
[34] OLG Dresden 21.8.2019 – Verg 5/19, BeckRS 2019, 41675; VK Mecklenburg-Vorpommern 13.12.2018 – 3 VK 09/18, VPR 2019, 2252; Müller-Wrede/Braun/Braun/Zwetkow KonzVgV, Breitbandkonzessionen Rn. 27 ff.

Betrieb öffentlicher Kommunikationsnetze oder die Bereitstellung eines oder mehrerer elektronischer Kommunikationsdienste für die Öffentlichkeit zu ermöglichen". Entsprechend wurde diese Bereichsausnahme in § 149 Nr. 8 GWB umgesetzt. Nach Art. 11 KVR ist für die Auslegung der Begriffe „öffentliches Kommunikationsnetz" und „elektronischer Kommunikationsdienst" auf die Regelungen der RL 2002/21/EG[35] zurückzugreifen.

5. Kündigung von Personenbeförderungsverträgen

Für die Kündigung von Personenbeförderungsverträgen gilt § 133 GWB ebenfalls. Sind öffentliche Dienstleistungsaufträge iSd VO (EG) Nr. 1370/2007 für den Verkehr mit Straßenbahnen, Omnibussen oder mit Kraftfahrzeugen zugleich öffentliche Aufträge iSd § 103 GWB, gilt gem. § 8a Abs. 2 S. 1 PBefG der Teil 4 des GWB.[36] § 8a Abs. 2 S. 1 PBefG stellt klar, was sich ohnehin schon aus Art. 5 Abs. 1 S. 2 der VO ergibt: Für öffentliche Dienstleistungsaufträge iSd § 99 Abs. 1, 4 GWB richtet sich das Vergabeverfahren nach dem Kartellvergaberecht, also nach den §§ 97 ff. GWB nebst zugehörigen Rechtsverordnungen.[37] 18a

6. Kündigungsregelung in der VOB/B

Öffentliche Aufträge sind gem. § 103 Abs. 1 GWB entgeltliche Verträge zwischen öffentlichen Auftraggebern oder Sektorenauftraggebern und Unternehmen über die Beschaffung von Leistungen, die die Lieferung von Waren, die Ausführung von Bauleistungen oder die Erbringung von Dienstleistungen zum Gegenstand haben. **§ 133 GWB gilt daher ohne weiteres für Bauaufträge.**[38] Die Änderung von § 8 Abs. 4 VOB/B folgte der Einfügung des § 133 in das GWB, durch den der Art. 73 VRL umgesetzt wird. Die in der VOB/B normierten Gründe für eine außerordentliche Kündigung durch den Auftraggeber sowie die Rechtsfolgen einer solchen Kündigung hinsichtlich Vergütung und Schadensersatz wurden in die VOB/B aufgenommen und in den bisherigen Katalog der Kündigungsgründe und -folgen des **§ 8 VOB/B integriert.**[39] 19

Die VOB/B hat eine zusätzliche Normierung zu der Kündigungsregel des § 133 GWB geschaffen. Der Auftraggeber kann gem. § 8 Abs. 4 S. 1 Nr. 2b S. 1 VOB/B den Vertrag kündigen, sofern dieser im Anwendungsbereich des Teils 4 des GWB geschlossen wurde, bei wesentlicher Änderung des Vertrages oder bei Feststellung einer schweren Verletzung der Verträge über die Europäische Union und die Arbeitsweise der Europäischen Union durch den Europäischen Gerichtshof. Diese Norm entspricht § 133 Abs. 1 Nr. 3 GWB. Die **VOB/B hat keinen eigenen Regelungsinhalt** und ist mithin **deklaratorisch.** Soweit die VOB/B in § 8 Abs. 4 S. 2 VOB/B eine einschränkende Regelung dahingehend enthält, dass die Kündigung innerhalb von 12 Werktagen nach Bekanntwerden des Kündigungsgrundes auszusprechen ist, so tritt diese Bestimmung hinter dem GWB zurück. Bei der VOB/B handelt es sich nicht um eine gesetzliche Vorgabe, sondern lediglich um eine allg. Geschäftsbedingung, die der Auftraggeber in diesem Punkt vorsorglich abbedingen sollte.[40] 20

---

[35] RL 2002/21/EG des Europäischen Parlaments und des Rates v. 7.3.2002 über einen gemeinsamen Rechtsrahmen für elektronische Kommunikationsnetze und -dienste (Rahmenrichtlinie), ABl. 2002 L 108, 33.
[36] Vgl. zur Anwendbarkeit des GWB 4. Teil: VK Westfalen 2.7.2019 – VK 1 17/19, VPRRS 2019, 0206.
[37] Heinze/Fehling/Fiedler/Fehling PBefG § 8a Rn. 28.
[38] Kapellmann/Messerschmid/Lederer VOB/B § 8 Rn. 115 ff; vgl. aber: Ingenstau/Korbion/Joussen VOB/B § 8 Rn. 30 „steht daneben".
[39] Anm. zur VOB/B, Rechtsstand: 18.4.2016.
[40] BeckOK VergabeR/Mertens/Götze GWB § 133 Rn. 16a.

GWB § 133 Kündigung von öffentlichen Aufträgen in besonderen Fällen

21 Die ausgeführten Leistungen sind gem. § 8 Abs. 4 S. 1 Nr. 2b S. 2 VOB/B nach § 6 Abs. 5 VOB/B abzurechnen. Wird die Ausführung für voraussichtlich längere Dauer unterbrochen, ohne dass die Leistung dauernd unmöglich wird, so sind gem. § 6 Abs. 5 VOB/B die ausgeführten Leistungen nach den Vertragspreisen abzurechnen und außerdem die Kosten zu vergüten, die dem Auftragnehmer bereits entstanden und in den Vertragspreisen des nicht ausgeführten Teils der Leistung enthalten sind. Diese Regelung betrifft die Abwicklung der **Kündigungsfolgen** (→ Rn. 130).[41]

22 Etwaige **Schadensersatzansprüche** der Parteien bleiben gem. § 8 Abs. 4 S. 1 Nr. 2b S. 2 VOB/B unberührt. Diese Regelung entspricht § 133 Abs. 3 GWB.

23 Die Kündigung ist gem. § 8 Abs. 4 S. 1 Nr. 2b S. 3 VOB/B innerhalb von 12 Werktagen nach Bekanntwerden des Kündigungsgrundes auszusprechen. Die Kündigung ist gem. § 8 Abs. 6 VOB/B zudem schriftlich zu erklären. Diese Regelungen betrifft die Abwicklung der **Kündigungsfolgen** (→ Rn. 143).

24 Sofern der Auftragnehmer die Leistung, ungeachtet des Anwendungsbereichs des Teils 4 des GWB, ganz oder teilweise an **Nachunternehmer** weitervergeben hat, steht auch ihm nach § 8 Abs. 5 S. 1 VOB/B das Kündigungsrecht gem. § 8 Abs. 4 Nr. 2b VOB/B zu, wenn der ihn als Auftragnehmer verpflichtende Vertrag (Hauptauftrag) gem. § 8 Abs. 4 Nr. 2b VOB/B gekündigt wurde. Entsprechendes gilt gem. § 8 Abs. 5 S. 2 VOB/B für jeden Auftraggeber der Nachunternehmerkette, sofern sein jew. Auftraggeber den Vertrag gem. § 8 Abs. 5 S. 1 VOB/B gekündigt hat.

25 § 8 Abs. 5 VOB/B ermöglicht es dem Auftragnehmer, auch seinem **Nachunternehmer** außerordentlich zu kündigen, sobald der Auftraggeber dem Hauptauftrag wegen einer wesentlichen Vertragsänderung oder eines Vertragsverletzungsverfahrens vor dem EuGH gekündigt hat, sofern auch zwischen Auftragnehmer und Nachunternehmer die Geltung der VOB/B und mithin ihr § 8 Abs. 5 VOB/B vereinbart wurde. Auf diesem Wege bleibt dem Auftragnehmer die Möglichkeit zur ordentlichen Kündigung seines Nachunternehmers. Dieselbe Kündigungsmöglichkeit soll im Rahmen einer **Nachunternehmerkette** mit jeweiliger Vereinbarung der VOB/B allen folgenden Auftraggebern entspr. zustehen.[42] Die zusätzliche Gewährung eines Rechts zur Kündigung aus wichtigem Grund erscheint jedoch überflüssig, weil mit dem Ausspruch der Kündigung durch den Auftraggeber ggü. dem Auftragnehmer als Generalunternehmer im Verhältnis zum Nachunternehmer Unvermögen eintritt.[43]

7. Kein Verwaltungsakt

26 Ein **Verwaltungsakt** iSv § 35 VwVfG kann nicht gem. § 133 GWB gekündigt werden. Zu beachten ist in Bezug auf öffentliche Aufträge und Konzessionen, dass es sich um entgeltliche Verträge handeln muss. Öffentliche Aufträge und Konzessionen, die nicht in der Vertragsform vergeben, sondern per Genehmigung als Verwaltungsakt iSv § 35 S. 1 VwVfG erlassen werden, sind keine öffentlichen Aufträge oder Konzessionen iSd der Vergaberichtlinien und damit des Kartellvergaberechts.[44] Werden diese vollumfänglich per Verwaltungsakt erteilt, kommt § 133 GWB von vornherein nicht zur Anwendung. Anders ist es aber, wenn die Leistungsbeziehungen zwischen der öffentlichen Hand und dem erfolgreichen Bieter in einem darauffolgenden Vertrag erst umfassend und konkret geregelt werden, so dass aufgrund der wirtschaftlichen Bedeutung auf den Vertragsschluss abzustellen ist. Aus einer

---

[41] Ingenstau/Korbion/Joussen VOB/B § 8 Rn. 42 f.
[42] Anm. zur VOB/B, Rechtsstand: 18.4.2016.
[43] BeckOK VergabeR/Mertens/Götze GWB § 133 Rn. 18.
[44] Ausf. Müller-Wrede GWB/Braun § 105 Rn. 21, 22; Müller-Wrede/Braun/Braun KonzVgV § 1 Rn. 54 ff.; Erwgr. 14 der KVR.

wertenden Perspektive heraus ist dann die Leistungsbeziehung gleichwohl als Konzession iSd § 105 Abs. 1 GWB einzuordnen.

Wenn es sich um einen Verwaltungsakt handelt und gegen Primärrecht verstoßen wurde, dann können jedoch die **Rücknahmevorschriften** der §§ 48, 49 VwVfG eingreifen (→ Rn. 17). Zudem kommen Rückforderungen wegen Vergabeverstößen in Frage.[45]

III. Kündigungsrecht des Auftraggebers (§ 133 Abs. 1 GWB)

Die Norm des § 103 Abs. 1 GWB führt **drei Kündigungsgründe** auf, die nicht abschließend sind, sondern die bereits bestehenden Möglichkeiten zur Beendigung von Aufträgen erweitern. Die in § 133 Abs. 1 Nr. 1–3 GWB genannten Kündigungsgründe entfalten somit **keine Sperrwirkung** ggü. anderen Kündigungsvorschriften im Einzelfall. Das zeigt sich auch daran, dass durch § 133 GWB die Vorschrift des § 314 BGB oder andere gesetzliche Kündigungsrechte nicht berührt werden.[46] Damit können nicht nur die allg. zivilrechtlichen Kündigungstatbestände des § 314 BGB sowie des § 313 Abs. 3 BGB zur Anwendung kommen, sondern auch die vertragsspezifischen wie die des Mietverhältnisses gem. §§ 540, 542, 543 BGB, des Pachtverhältnisses gem. §§ 594a ff. BGB sowie des Dienstverhältnisses gem. §§ 621 ff. BGB. Ferner kann bei öffentlich-rechtlicher Natur des jeweiligen Vertrages iSv § 54 VwVfG ein Kündigungsgrund gem. § 60 Abs. 1 VwVfG eingreifen.

Mit Geltung der allg. und weitergehenden Kündigungsvorschriften für erteilte Aufträge wird deutlich, dass eine **Vielzahl von Gründen in der Praxis zur Kündigung** eines Auftrages oder einer Konzession führen kann. § 133 GWB fungiert infolgedessen als **spezielle Kündigungsvorschrift,** welche die drei im vergaberechtlichen Kontext typischen Kündigungsgründe aufzählt. Diejenigen Sachverhalte, in denen ein bereits erteilter öffentlicher Auftrag unwirksam ist bzw. gekündigt werden kann, ergeben sich aus dem Gesetz. Es handelt sich hierbei um § 133 GWB und § 135 GWB, die ihrerseits Art. 73 der RL 2014/24/EU bzw. Art. 2d Absatz 1 lit. a, b, Art. 2f Abs. 1 lit. a der RL 89/665/EWG und 92/13/EWG, jeweils in der Fassung der RL 2007/66/EG, sowie entsprechende Entscheidungen des EuGH umsetzen.[47]

Nach dem Willen des Gesetzgebers soll durch die Vorschrift die durch die Rspr. anerkannte Möglichkeit unberührt bleiben, dass – wenn der Auftraggeber in bewusster Missachtung des Vergaberechts handelt oder er sich einer solchen Kenntnis mutwillig verschließt und **kollusiv** gem. § 138 BGB mit dem Auftragnehmer zusammenwirkt – der zwischen Auftraggeber und Auftragnehmer geschlossene Vertrag nichtig ist.[48] Beachtlich ist ferner, dass im Gegensatz zur Regelung der Unwirksamkeit eines Auftrages in § 135 Abs. 2 S. 1 GWB der § 133 GWB eine Möglichkeit der Beendigung des erteilten Auftrages auch über die ersten sechs Monate hinaus bietet. Bei der Frage der Wirksamkeit des Vertrages sind alle bürgerlich-rechtlichen Unwirksamkeitsgründe zu berücksichtigen, auch § 133 GWB.[49]

---

[45] OVG Schleswig 23.8.2022 – 5 LB 9/20, BeckRS 2022, 29474; BayVGH 22.5.2017 – 4 ZB 16.577, NZBau 2017, 651; Pinkenburg/Zawadke NZBau 2017, 651; OVG NRW 5.10.2010 – 15 A 528/10, BeckRS 2010, 55773.

[46] Gesetzesentwurf der BReg: Entwurf eines Gesetzes zur Modernisierung des Vergaberechts, BT-Drs. 18/6281, 117.

[47] VK Bund 13.6.2022 – VK 1–47/22, BeckRS 2022, 18438 Rn. 23.

[48] Gesetzesentwurf der BReg: Entwurf eines Gesetzes zur Modernisierung des Vergaberechts, BT-Drs. 18/6281, 118.

[49] Vgl. OLG Naumburg 13.7.2020 – 12 U 147/19, BeckRS 2020, 51591.

GWB § 133 Kündigung von öffentlichen Aufträgen in besonderen Fällen

1. Kündigungsrechte in der Systematik des Vergaberechts

31 § 133 Abs. 1 GWB schafft in Umsetzung des Art. 73 VRL **erstmals** ein Kündigungsrecht des Auftraggebers für erteilte öffentliche Aufträge.[50] Diese Norm wird bei EU-Korruptionspräventionsstrategien hervorgehoben.[51] Die Norm steht zudem im **Spannungsfeld zum allg. Grundsatz** des Vergaberechts, wonach gem. § 168 Abs. 2 S. 1 GWB ein erteilter Zuschlag nicht nachträglich aufgehoben werden kann und dem (europarechtlichen) Grundsatz, dass die Auftragsvergabe ordnungsgemäß transparent, nichtdiskriminierend und in einem wettbewerblichen Verfahren erfolgen muss.[52] Dennoch hat die Bestimmung den Weg in die vergaberechtliche Praxis bisher nicht entscheidungserheblich gefunden.

32 **a) § 133 GWB im Spannungsfeld zwischen Beschaffungssicherheit und Rechtmäßigkeit der Auftragsvergabe.** Die **Endgültigkeit der Zuschlagserteilung** schützt das Interesse des Auftraggebers und des erfolgreichen Bieters an einer Beschaffungs- und Rechtssicherheit.[53] Zugleich verlangt aber das Vergaberecht, dass die Auftragsvergabe nicht willkürlich, sondern ordnungsgemäß erfolgen muss. Die Vorgaben des Vergaberechts sowie des europäischen Primärrechts erfordern es, dass der Auftraggeber unmittelbar durch diese Grundsätze sowie Verfahrensvorschriften gebunden wird. Wird ein Auftrag rechtswidrig vergeben, besteht die unionsrechtliche Verpflichtung, die Zuschlagserteilung zu revidieren und demgemäß das Kündigungsrecht auszuüben.[54] Da dem **Unionsrecht Vorrang** ggü. der nationalen Regelung des GWB zukommt, ist es von Seiten des Gesetzgebers nur konsequent gewesen, diesen Grundsatz in § 133 Abs. 1 Nr. 3 GWB aufzunehmen. Die Kündigungstatbestände des § 133 Abs. 1 GWB sind dementsprechend im Lichte dieses Spannungsfeldes zu sehen und auszulegen.

33 Der deutsche Gesetzgeber ging bei der Schaffung der Vorschrift davon aus, dass neben dem Kündigungsrecht gem. § 133 GWB **gleichwertig** auch die **allg. zivilrechtlichen Kündigungstatbestände** bestehen bleiben.[55] Es ist angesichts dessen klärungsbedürftig, in welchem normativen und faktischen Verhältnis der besondere Kündigungstatbestand des § 133 GWB zu den im BGB geregelten steht.

34 § 133 GWB ist nicht **speziellere Norm,** so zB § 648 BGB (→ Rn. 38).[56] Bei Vorliegen der Kündigungsgründe aus § 133 Abs. 1 Nr. 1–3 GWB ist nicht vorrangig auf diese Vorschrift abzustellen. Wenn die Kündigungsgründe des § 133 Abs. 1 GWB tatbestandlich nicht eingreifen, können Auftraggeber auf die Möglichkeiten des BGB zurückgreifen, um vergaberechtswidrig zu Stande gekommene oder geänderte Verträge vorzeitig zu beenden. Neben der außerordentlichen Kündigung steht dem Auftraggeber auch die ordentliche Kündigung oder der Aufhebungsvertrag zur Verfügung.[57] Zu denken ist dabei an § 313 Abs. 3, § 314 BGB sowie an die jew. vertragsartabhängigen Kündigungsbestimmungen.

35 **b) Die allgemeinen Kündigungsrechte aus §§ 313, 314 BGB.** § 313 BGB betrifft die Störung der Geschäftsgrundlage. Haben sich Umstände, die zur Grundlage des Vertrags geworden sind, nach Vertragsschluss schwerwiegend verändert und

---

[50] Krit. an den Neuregelungen Püstow/Meiners EuZW 2016, 325 (329).
[51] Bericht der Kommission über die Korruptionsbekämpfung in der EU /* COM/2014/ 038 final */ unter C. Schlussfolgerungen und Empfehlungen zum öffentlichen Auftragswesen.
[52] Erwgr. 1 der VRL.
[53] EuGH 18.7.2007 – C-503/04, EuZW 2007, 514 Rn. 36.
[54] OLG Schleswig 4.11.2014 – 1 Verg 1/14, BeckRS 2014, 21771; Erwgr. 112 der VRL.
[55] Gesetzesentwurf der BReg: Entwurf eines Gesetzes zur Modernisierung des Vergaberechts, BT-Drs. 18/6281, 117; Müller-Wrede GWB/Fülling § 133 Rn. 16 f.
[56] AA noch Vorauflage, zutreffend: MüKoEuWettbR/Jaeger GWB § 133 Rn. 1, 2.
[57] Müller-Wrede GWB/Fülling § 133 Rn. 15.

hätten die Parteien den Vertrag nicht oder mit anderem Inhalt geschlossen, wenn sie diese Veränderung vorausgesehen hätten, so kann gem. § 313 BGB die **Anpassung des Vertrags** verlangt werden, soweit einem Teil, unter Berücksichtigung aller Umstände des Einzelfalls, insbes. der vertraglichen oder gesetzlichen Risikoverteilung, das Festhalten am unveränderten Vertrag nicht zugemutet werden kann. Einer Veränderung der Umstände steht es gem. § 313 Abs. 2 BGB gleich, wenn wesentliche Vorstellungen, die zur Grundlage des Vertrags geworden sind, sich als falsch herausstellen. Ist eine Anpassung des Vertrags nicht möglich oder einem Teil **nicht zumutbar,** so kann gem. § 313 Abs. 3 S. 1 BGB der benachteiligte Teil vom Vertrag **zurücktreten.** An die Stelle des Rücktrittsrechts tritt gem. § 313 Abs. 3 S. 2 BGB für Dauerschuldverhältnisse das Recht zur Kündigung.

Obgleich dem Rückgriff des Auftraggebers auf diese außerordentlichen Kündigungstatbestände rechtlich gesehen nichts entgegensteht, bestehen nichtsdestoweniger in der Lit. Bedenken hinsichtlich der tatsächlichen Möglichkeiten eines solchen Rückgriffs. So wird zum einen in Bezug auf die Kündigungsmöglichkeit des § 313 Abs. 3 BGB angeführt, dass zwar bei Vorliegen eines unionsrechtswidrigen Vertrages ein Kündigungsrecht gegeben sein kann. Allerdings nur unter der Voraussetzung, dass zum betreffenden Vertrag ein Urteil des EuGH bzgl. dieser Frage ergangen ist.[58] Ein solches Urteil würde aber nur in den **wenigsten Fällen** vorliegen.[59] Der Anwendungsbereich des § 313 Abs. 3 BGB ist damit im vergaberechtlichen Kontext ähnlich begrenzt wie der des § 133 Abs. 1 Nr. 3 GWB. 36

§ 314 BGB betrifft die Kündigung von Dauerschuldverhältnis aus **wichtigem Grund.** Bei einem Dauerschuldverhältnis kann gem. § 314 Abs. 1 S. 1 BGB jeder Vertragsteil aus wichtigem Grund ohne Einhaltung der Kündigungsfrist gekündigt werden. Ein wichtiger Grund liegt gem. § 314 Abs. 1 S. 2 BGB vor, wenn dem kündigenden Teil unter Berücksichtigung aller Umstände des Einzelfalls und unter Abwägung der beiderseitigen Interessen die Fortsetzung des Vertragsverhältnisses bis zur vereinbarten Beendigung oder bis zum Ablauf einer Kündigungsfrist nicht zugemutet werden kann. Auch sei die Möglichkeit des Auftraggebers zur außerordentlichen Kündigung über § 314 BGB **faktisch kaum gegeben.**[60] Eine Kündigung ist nach § 314 Abs. 1 S. 2 BGB nur dann möglich, wenn dem kündigenden Teil unter Berücksichtigung des Einzelfalles und unter Abwägung der beiderseitigen Interesses die Fortsetzung des Vertragsverhältnisses bis zur vereinbarten Beendigung oder bis zum Ablauf einer Kündigungsfrist nicht zugemutet werden kann. Problematisch erscheint,[61] dass ein solcher Kündigungsgrund nach stRspr des BGH nur dann angenommen werden kann, wenn die Gründe, auf die die Kündigung gestützt wird, im Risikobereich des Kündigungsgegners liegen.[62] Andernfalls wäre eine außerordentliche Kündigung über § 314 BGB nur ausnahmsweise gerechtfertigt.[63] Mithin könne der Auftraggeber eine Kündigung über § 314 BGB nicht damit begründen, dass der Auftragnehmer im Wege einer vergaberechtswidrigen Auftragserteilung gegen gesetzliche Vorschriften verstoßen hat.[64] Bei vergaberechtswidrig vergebenen öffentlichen Aufträgen liege nämlich eine einseitige Rechtsverletzung des Auftraggebers vor.[65] 37

Diese Auffassung trifft in Hinblick auf die **Dogmatik** des außerordentlichen Kündigungsrechts zu, wonach sich eine Vertragspartei nur dann durch Kündigung 38

---

[58] LG München 20.12.2005 – 33 O 16465/05, NZBau 2006, 269.
[59] Püstow/Meiners EuZW 2016, 325 (329).
[60] Vgl. GKN VergabeR-HdB/Freytag § 37 Rn. 19–21.
[61] Püstow/Meiners EuZW 2016, 325 (329).
[62] Statt aller nur BGH 7.3.2013 – III ZR 231/12, NJW 2013, 2021.
[63] BGH 7.3.2013 – III ZR 231/12, NJW 2013, 2021.
[64] Püstow/Meiners EuZW 2016, 325 (329).
[65] Püstow/Meiners EuZW 2016, 325 (329).

vom Vertrag lösen können soll, wenn die andere Partei gegen ihr obliegende vertragliche oder gesetzliche Pflichten verstößt.[66] Die Folge der Anwendung dieses Grundsatzes ist aber, dass der Auftraggeber auf das vergaberechtseigene Kündigungsrecht des § 133 GWB angewiesen sein wird, wenn er einen Auftrag vergaberechtswidrig erteilt hat. § 314 BGB wäre nur dann einschlägig, wenn die vergaberechtswidrige Auftragsvergabe (fast) vollständig auf einer Pflichtverletzung des erfolgreichen Bieters beruht. Da aber (fast) jede vergaberechtswidrige Auftragsvergabe eine schuldhafte Pflichtverletzung des Auftraggebers ist, wird ein solcher Fall praktisch nicht vorkommen. Nach § 97 Abs. 6 GWB haben die Unternehmen einen Anspruch, dass der Auftraggeber die Regeln über das Verfahren einhält und nicht umgehert.

38a c) **Kündigung gem. § 648 BGB?** Denkbar wäre auch eine Kündigung gem. § 648 BGB (§ 649 BGB aF). Zutreffend wird im Anwendungsbereich des § 133 GWB von einem Vorrang dieser spezielleren Kündigungsregelung auszugehen sein.[67]

2. Kündigungsrecht und Kündigungspflicht des Auftraggebers – Ermessensreduktion auf null

39 Die Vorschrift des 133 GWB stellt die Ausübung der Kündigung bei Vorliegen der maßgeblichen Tatbestandsvoraussetzungen gem. dem Wortlaut „können" ins Ermessen des Auftraggebers. Es handelt sich dabei um klassisches Verwaltungsermessen, präziser: Um das **Entschließungsermessen** („Ob" der Kündigung). Dementsprechend hat der Auftraggeber im Regelfall einen Entscheidungsspielraum bzgl. der Frage, ob er das Kündigungsrecht ggü. dem Auftragnehmer ausüben möchte.[68]

40 Die Richtliniennorm des Art. 73 VRL weist einen etwas anderen Wortlaut auf als § 133 GWB. In Art. 73 VRL kommt zwar der Begriff „können" nicht vor, sein Regelungsgehalt ist aber so formuliert, dass Auftraggeber über die Möglichkeit verfügen sollen, einen öffentlichen Auftrag während seiner Laufzeit zu kündigen. Auch in seinen Erwägungen bezieht sich der Richtliniengeber auf die Einräumung dieser Möglichkeit.[69] Aus der Formulierung der „Möglichkeit der Kündigung" lässt sich schlussfolgern, dass die Kündigung bei Vorliegen der in Art. 73 lit. a–c VRL genannten Gründe nicht immer automatische Folge des objektiven Vorliegens dieser Gründe sein soll, sondern eben nur „möglich" sein soll – mithin die Entscheidung über das „Ob" der Kündigung dem jeweiligen Auftraggeber überlassen sein soll. Die **Einräumung des Ermessensspielraums** in § 133 Abs. 1 GWB ist insofern **richtlinienkonform.**

41 Die Einräumung der Möglichkeit einer Ermessensentscheidung bedeutet nicht, dass der Auftraggeber ein völlig freies Ermessen hinsichtlich der Erklärung der Kündigung genießt, sondern lediglich, dass er sein **Ermessen pflichtgemäß** ausüben kann. Der Grundsatz der Verhältnismäßigkeit ist ebenfalls zu beachten[70] (zu Einzelfragen → Rn. 100 f.). Die Entscheidung des Auftraggebers, das Kündigungsrecht auszuüben oder es nicht zu tun, ist iRd Ermessensfehlerlehre gerichtlich überprüfbar, also dahin, ob der **Sachverhalt ordnungsgemäß ermittelt** wurde und die **Grenzen des Ermessens** eingehalten wurden (Nichtgebrauch, Über- oder Unterschreitung, Fehlgebrauch). Anders gestaltet sich die Lage, wenn der Ermessensspielraum auf null schrumpft. Im Falle einer solchen Ermessensreduktion auf null wandelt sich das Kündigungsrecht zur Kündigungs-

---

[66] OLG Hamburg 1.10.2015 – 5 U 146/10, BeckRS 2016, 13839.
[67] GKN VergabeR-HdB/Freytag § 37 Rn. 22, 23.
[68] Vgl. Beck VergabeR/Berger GWB § 133 Rn. 12, 13.
[69] Erwgr. 112 der VRL.
[70] Vgl. Beck VergabeR/Berger GWB § 133 Rn. 13.

pflicht des Auftraggebers und das prüfende Gericht hat einen uneingeschränkten Untersuchungsspielraum. Das ist dann gegeben, wenn nur noch **eine** Entscheidung des Auftraggebers ermessensfehlerfrei und damit rechtmäßig ist und alle anderen Entscheidungen ermessensfehlerhaft sind.[71] Gründe für das Vorliegen einer solchen **Ermessensreduktion auf null** können sich insbes. aus höherrangigem Recht ergeben, so aus den Grundrechten und dem europäischen Primärrecht (zur streitigen Kündigungspflicht → Rn. 1).

3. Die Kündigungsgründe des § 133 Abs. 1 GWB

Die drei Kündigungsgründe sind die Grundlagen für eine außerordentliche Kündigung. Der Auftraggeber kann bei tatbestandlichem Vorliegen der Kündigungsvoraussetzungen und **ermessensfehlerfreier Entscheidung** die Kündigung ggü. dem bisherigen Auftragnehmer oder Konzessionsnehmer erklären. 42

a) Wesentliche Änderung nach § 132 Abs. 1 GWB. § 133 Abs. 1 Nr. 1 GWB 43 dient der Umsetzung von Art. 73 lit. a VRL und räumt öffentlichen Auftraggebern eine Kündigungsmöglichkeit ein, wenn eine wesentliche Auftragsänderung iSd § 132 GWB vorgenommen wurde, ohne ein im Anschluss erforderliches neues Vergabeverfahren durchzuführen. Für das Vorliegen dieses Kündigungsgrundes kommt es damit auf das Vorliegen einer ausschreibungspflichtigen **Vertragsänderung** gem. § 132 Abs. 1 GWB an.[72] Wesentlich ist die Änderung solcher Bedingungen hiernach aber nur dann, wenn es im ursprünglichen Vergabeverfahren tatsächlich Bewerber oder Bieter gegeben hat, die an seinerzeit nicht erfüllten Eignungskriterien oder Ausführungsbedingungen gescheitert sind, die aber aufgrund der neuen oder geänderten Bedingungen, wenn sie seinerzeit gegolten hätten, am Vergabeverfahren bis zur Angebotswertung hätten teilnehmen können. Die Beurteilung der Wesentlichkeit ist im Rahmen einer wertenden Betrachtung anhand des Maßstabs zu beurteilen, ob die Änderung hinsichtlich ihres Umfangs und ihrer Wirkung dem Abschluss eines neuen Vertrags gleichsteht.[73]

aa) Ausschreibungspflichtige Vertragsänderung. Nur eine **wesentliche** 44 **Vertragsänderung** gem. § 133 Abs. 1 Nr. 1 GWB kann die Vertragskündigung rechtfertigen. Sinn und Zweck des Rückgriffs des § 133 GWB auf einen Verstoß gegen § 132 GWB ist die Förderung des Transparenz- sowie des Wettbewerbsgrundsatzes. Wesentliche Vertragsänderungen im Auftragsverhältnis sollen nicht insgeheim zwischen Auftraggeber und Auftragnehmer ausgehandelt, sondern – wie die ursprüngliche Auftragsvergabe – ebenfalls publik gemacht werden. Andernfalls handelt es sich um eine rechtswidrige de-facto-Vergabe, da die wesentliche Änderung eines Vertrages nicht mehr vom Ergebnis des ursprünglichen Vergabewettbewerbs gedeckt ist.[74] Zudem entspricht die hieran anschließende erneute Ausschreibung dem **Wettbewerbsgrundsatz,** wonach bei einer wesentlichen Vertragsänderung die Kräfte des Marktes erneut zum Einsatz kommen und dadurch der Wettbewerb zwischen den Unternehmen vollumfänglich wieder eröffnet wird. Ein Auftragnehmerwechsel kann eine Kündigung rechtfertigen.[75] Kommt es während der Laufzeit eines Rahmenvertrages zu einem Produktwechsel, kann dies eine wesentliche Änderung iSv § 132 GWB sein, was dem Auftraggeber die Möglichkeit einer Kündigung nach § 133 GWB eröffnen würde.[76]

---

[71] NK-VwGO/Wolf § 114 Rn. 128.
[72] OLG Frankfurt a. M. 12.7.2016 – 11 Verg 9/16, BeckRS 2016, 13287; vgl. auch Pfannkuch KommJur 2016, 448.
[73] OLG Celle 24.10.2019 – 13 Verg 9/19, BeckRS 2019, 26579.
[74] Brüning/Pfannkuch VergabeR 2015, 144 (145).
[75] Vgl. Lausen/Müller NZBau 2021, 147 (151).
[76] VK Bund 29.5.2020 – VK 2–19/20, BeckRS 2020, 19521 Rn. 46.

GWB § 133 Kündigung von öffentlichen Aufträgen in besonderen Fällen

45 Nach § 132 Abs. 1 S. 2 GWB erfordern wesentliche Änderungen eines öffentlichen Auftrags während der Vertragslaufzeit ein neues Vergabeverfahren. Nach S. 2 sind Änderungen wesentlich, die dazu führen, dass sich der öffentliche Auftrag erheblich von dem ursprünglich vergebenen Auftrag unterscheidet. Die Regelung des § 132 GWB ist nach § 103 Abs. 5 S. 2 GWB grds. auf die Vergabe von Rahmenvereinbarungen, die nach § 103 Abs. 5 S. 1 GWB zwar keine öffentlichen Aufträge sind, diesen aber gleichstehen, anzuwenden, soweit nichts anderes bestimmt ist.[77] Zur Rahmenvereinbarung → Rn. 11, 12; zu Einzelfragen s. die Kommentierung zu → GWB § 132 Rn. 6 f.

46 Bislang basierten die rechtlichen Vorgaben für Auftraggeber auf den durch die Rspr. des EuGH entwickelten **Grundsätzen zu Auftragsänderungen**.[78] Danach waren Vertragsänderungen wesentlich,
– wenn hierdurch Bedingungen eingeführt wurden, die die Zulassung anderer als der ursprünglich zugelassenen Bieter oder die Annahme eines anderen als des ursprünglich angenommenen Angebots erlaubt hätten,
– wenn sie Gegenstand des ursprünglichen Vergabeverfahrens gewesen wären,
– wenn sie den Auftrag in größerem Umfang auf ursprünglich nicht vorgesehene Dienstleistungen erweitert oder
– das wirtschaftliche Gleichgewicht des Vertrages in einer im ursprünglichen Auftrag nicht vorgesehenen Weise zugunsten des Auftragnehmers geändert hatten.[79]

47 Diese von der Rspr. entwickelten Grundsätze wurden iW in die Regelung des § 132 Abs. 1 GWB übernommen. Wesentlich sind nach § 132 Abs. 1 S. 2 GWB alle Änderungen, die dazu führen, dass sich der öffentliche Auftrag erheblich von dem ursprünglich vergebenen öffentlichen Auftrag unterscheidet. § 132 Abs. 1 S. 3 GWB enthält hierzu in Nr. 1–4 Regelbeispiele für wesentliche Vertragsänderungen, deren Aufzählung nicht abschließend ist. Diese beziehen sich im Grunde genommen auf die oben dargestellten, durch die Rspr. entwickelten Fallgruppen. Die **Regelbeispiele** betreffen abstrakt betrachtet alle Änderungen, die den Umfang und die inhaltliche Ausgestaltung der gegenseitigen Rechte und Pflichten der Parteien im Vertragsverhältnis einschl. der Zuweisung der Rechte des geistigen Eigentums betreffen.[80] Derartige Änderungen sind Ausdruck der Absicht der Parteien, wesentliche Bedingungen des betreffenden Auftrags neu zu verhandeln.[81] Auch handelt es sich um eine **wesentliche Vertragsänderung**, wenn eine **Konzession** in einen öffentlichen Auftrag **umgewandelt** wird und umgekehrt.[82] Eine Überschreitung von 150 m für einen Rettungswachenstandort ist unwesentlich.[83] Zu Einzelfragen s. die Kommentierung zu → GWB § 132 Rn. 6 f.

---

[77] VK Bund 29.7.2019 – VK 2–48/19, BeckRS 2019, 25575.
[78] EuGH 19.6.2008 – C-454/06, NZBau 2008, 518 – Pressetext; EuGH 7.9.2016 – C-549/14, NZBau 2016, 649 – Finn Frogne.
[79] So etwa OLG Düsseldorf 1.6.2016 – VII-Verg 6/16, BeckRS 2016, 13257; OLG Frankfurt a. M. 3.5.2016 – 11 Verg 12/15, BeckRS 2016, 09372; VK Sachsen 27.4.2015 – 1/SVK/012-15, BeckRS 2015, 16420; VK Sachsen-Anhalt 17.12.2015 – 2 VK LSA 8/15, IBRRS 2016, 1107; OLG Dresden 7.7.2015 – Verg 3/15, BeckRS 2015, 16532; zur Aufstockung als wesentliche Änderung: OLG Schleswig 4.11.2014 – 1 Verg 1/14, BeckRS 2014, 21771; zusammenfassende Darstellung Brüning/Pfannkuch VergabeR 2015, 144; vgl. EOR/Dietrich GWB § 142 Rn. 98–107.
[80] Gesetzesentwurf der BReg: Entwurf eines Gesetzes zur Modernisierung des Vergaberechts, BT-Drs. 18/6281, 116.
[81] Gesetzesentwurf der BReg: Entwurf eines Gesetzes zur Modernisierung des Vergaberechts, BT-Drs. 18/6281, 116.
[82] Diemon-Wies VergabeR 2016, 162 (164).
[83] OLG Celle 24.10.2019 – 13 Verg 9/19, BeckRS 2019, 26579.

Auch handelt es sich im Regelfall bei der **Verlängerung eines befristeten** 48
Vertrages um eine wesentliche Vertragsänderung.[84] Jedoch erfüllt nicht schlechthin jedwede Laufzeitänderung das Merkmal der Wesentlichkeit, vielmehr bedarf die Feststellung der Wesentlichkeit einer Abwägung im Einzelfall. So ist die Verlängerung der Laufzeit um fünf Monate keine wesentliche Vertragsänderung, wenn die Vertragslaufzeit ursprünglich auf 24 Monate festgelegt worden ist.[85] In § 123 Abs. 3 Nr. 2 GWB ist als Grenze eine Überschreitung von 10 % für Dienstleistungsaufträge, von 15 % für Bauaufträge und in § 130 Abs. 2 GWB von 20 % für soziale und andere Dienstleistungen genannt worden.

Andererseits kommt eine vergaberechtsrelevante Änderung in Betracht, wenn die 49 Parteien keine Änderung eines geschlossenen Vertrages vereinbaren, sondern das **bisherige Auftragsvolumen** durch einseitige Leistungsbestimmung oder Option derartig **erweitert** wird, dass es nicht mehr von dem ursprünglich geschlossenen Vertrag erfasst wird.[86] Dies ist dann der Fall, wenn der ursprüngliche Vertrag ein einseitiges Leistungsbestimmungsrecht nur begrenzt oder gar nicht definiert und damit nunmehr etwas beauftragt wird, was von dem ursprünglichen Vertrag nicht umfasst war.[87]

bb) Analoge Anwendung bei Änderungen vor Zuschlag im Vergabever- 49a
fahren? Es ist umstritten, ob § 132 Abs. 1 GWB analog auf Änderungen von Vergabebedingungen vor Zuschlagserteilung anzuwenden ist, wenn diese Änderungen nicht allen Bietern transparent mitgeteilt und einzelnen Bietern deshalb erst nach Zuschlagserteilung bekannt werden.[88] Es dürfte – so das OLG Celle – bereits keine vergleichbare Interessenlage bestehen, die die analoge Anwendung dieser Vorschrift rechtfertigen könnte. Aus Sicht des betroffenen Bieters, dem eine intransparent erfolgte Änderung von Bedingungen des Vergabeverfahrens oder auch nur ein Abweichen von diesen Bedingungen vor Zuschlagserteilung nicht mitgeteilt worden sei, sei die Interessenlage zwar vergleichbar zu einer Vertragsänderung nach Zuschlagserteilung. Ausgehend von sonstigen gesetzgeberischen Erwägungen und unter Berücksichtigung der Interessen des Rechtsverkehrs iÜ sei die Interessenlage aber wesentlich verschieden. Zwar liege es (auch) im allg. Interesse, dass die Vorschriften betreffend das Vergabeverfahren eingehalten würden. Schon nach der RL 2007/66/EG seien die Mitgliedstaaten verpflichtet, eine wirksame und rasche Überprüfung der Entscheidung öffentlicher Auftraggeber sicherzustellen. Dies erfordere aber nicht notwendig die Gewährung von Primärrechtsschutz in Fällen, in denen Verträge unter Verstoß gegen vergaberechtliche Bestimmungen bereits zustande gekommen seien. Auch das Unionsrecht differenziere insoweit im Grundsatz danach, ob ein Nachprüfungsverfahren vor oder nach Zuschlagserteilung eingeleitet werde.[89]

Der nationale Gesetzgeber habe mit § 168 Abs. 2 S. 1 GWB dementsprechend 49b das Interesse der Vertragsparteien an Investitionssicherheit und dem Vertrauen in den Bestand abgeschlossener Verträge für den Regelfall höher bewertet als das Interesse unterlegener Bieter an der Rückabwicklung oder Beendigung eines unter Verstoß gegen Vergaberecht abgeschlossenen Vertrages. Er habe dies als „ein Prinzip des deutschen Vergaberechts" angesehen. Ausgehend hiervon stünden Verfahrensver-

---

[84] Hausmann/Queisner NZBau 2016, 619 (620).
[85] VK Bund 20.4.2016 – VK 1 – 20/16, BeckRS 2016, 119507.
[86] OLG Schleswig 28.8.2015 – 1 Verg 1/15, BeckRS 2015, 15354.
[87] OLG Schleswig 28.8.2015 – 1 Verg 1/15, BeckRS 2015, 15354.
[88] Ablehnend: OLG Celle 24.10.2019 – 13 Verg 9/19, BeckRS 2019, 26579, bejahend: OLG Rostock 25.9.2013 – 17 Verg 3/13, BeckRS 2013, 17782; HK-VergabeR/Mentzinis § 135 Rn. 15; Beck VergabeR/Dreher/Hoffmann § 135 Rn. 30.
[89] OLG Celle 24.10.2019 – 13 Verg 9/19, BeckRS 2019, 26579.

GWB § 133 Kündigung von öffentlichen Aufträgen in besonderen Fällen

stöße einem wirksamen Vertragsschluss grds. nicht entgegen, selbst wenn es sich um grobe Verstöße handeln würde. Die hiernach durch § 168 Abs. 2 S. 1 GWB mit der Anknüpfung an den Vertragsschluss bestimmte Zäsur lasse dabei eine klar handhabbare und damit Rechtssicherheit bietende Differenzierung zwischen dem Stadium des laufenden Vergabeverfahrens, in dem betroffene Bieter Primärrechtsschutz erlangen könnten, und dem Stadium der Vertragsdurchführung zu, in dem sie regelmäßig auf die Geltendmachung von Sekundäransprüchen beschränkt seien und Primärrechtsschutz grds. nur im Falle einer Änderung des geschlossenen Vertrages beanspruchen könnten. Eine Ausdehnung des Primärrechtsschutzes auch auf Fälle der (intransparenten) Abweichung von Vergabebedingungen vor Vertragsschluss begründe demgegenüber erhebliche Rechtsunsicherheiten. Da die Unwirksamkeit nach § 135 GWB unabhängig von der Motivation bzw. einem möglichen Verschulden des Auftraggebers einträte, könne im Falle einer analogen Anwendung bereits das unvorsätzliche Abweichen von Vergabebedingungen zur Unwirksamkeit des später geschlossenen Vertrages führen.[90]

49c Anknüpfend an die vorstehenden Erwägungen besteht auch keine planwidrige Regelungslücke, die einen Analogieschluss zu § 132 GWB rechtfertige. Soweit im Einzelfall ein Bedürfnis besteht, einen geschlossenen Vertrag wegen Verstößen gegen das Vergaberecht als unwirksam zu behandeln, die zeitlich vor Vertragsschluss erfolgten, Teilen der betroffenen Bieter jedoch aufgrund eines intransparenten Vorgehens der Vergabestelle unbekannt geblieben sind, bietet die Regelung des § 138 BGB eine sachgerechte Möglichkeit der Sanktionierung.

50 **cc) Ausnahmen zur Neuausschreibungspflicht.** § 132 GWB beinhaltet allerdings Ausnahmetatbestände, bei deren Erfüllung trotz Vorliegens einer wesentlichen Vertragsänderung kein neues Vergabeverfahren durchgeführt werden muss. Solche Ausnahmetatbestände sieht § 132 GWB in Abs. 2 und 3 vor. So besagt § 132 Abs. 3 Nr. 1 GWB, dass eine **Vertragsänderung nicht ausschreibungspflichtig** ist, wenn der jew. Schwellenwert nach § 106 GWB infolge der Änderung nicht überschritten wird und zusätzlich die Voraussetzungen der Nr. 2 erfüllt sind. Hinsichtlich des Schwellenwertes ist auf den Wert der Änderung abzustellen. Dieser früher in der Rspr. anerkannte Grundsatz ist in § 132 Abs. 3 GWB normiert worden.[91]

51 Folge der Normierung dieser **Ausnahmetatbestände** ist, dass der Kündigungstatbestand des § 133 Abs. 1 Nr. 1 GWB nicht mehr eingreift, da er neben der Vertragsänderung auch nach der Ausschreibungspflichtigkeit als Tatbestandsvoraussetzung verlangt. Es ist insofern wichtig, dass Auftraggeber im Rahmen einer wesentlichen Auftragsänderung die Ausnahmetatbestände des § 132 Abs. 2, 3 GWB beachten, damit nicht uU ein nur vermeintliches Kündigungsrecht wahrgenommen wird. Dies kann ggf. schadensersatzrechtliche Folgen für den Auftraggeber nach sich ziehen.[92]

52 Ein neues Vergabeverfahren ist nach § 132 Abs. 2 S. 1 Nr. 1 GWB dann nicht durchzuführen, wenn in den ursprünglichen Vergabeunterlagen **klare,** genaue und eindeutig formulierte **Überprüfungsklauseln** oder **Optionen** vorgesehen sind, die Angaben zu Art, Umfang und Voraussetzungen möglicher Auftragsänderungen enthalten, und sich aufgrund der Änderung der Gesamtcharakter des Auftrags nicht verändert. Eine Option ist das Recht, durch einseitige Erklärung einen Vertrag oder eine Vertragsänderung zu Stande zu bringen,[93] mithin handelt es sich um ein

---

[90] OLG Celle 24.10.2019 – 13 Verg 9/19, BeckRS 2019, 26579; → GWB § 135 Rn. 62 f.
[91] So bspw. in OLG Frankfurt a. M. 3.5.2016 – 11 Verg 12/15, BeckRS, 2016, 09372; OLG Schleswig 28.8.2015 – 1 Verg 1/15, BeckRS 2015, 15354.
[92] Görlich/Conrad VergabeR 2016, 567 (577).
[93] Grüneberg/Ellenberger Einf. § 145 Rn. 23.

einseitiges Gestaltungsrecht des Auftraggebers.[94] Unter Überprüfungsklauseln sollen solche Klauseln fallen, die eine spätere (ggf. auch einvernehmliche) Änderung des Leistungsgegenstands, der Vergütung oder der vertraglichen Bedingungen zulassen.[95] Optionen iSd § 132 Abs. 2 S. 1 Nr. 1 GWB müssen insoweit dem Transparenzgebot genügen, als dass sich bereits aus der ursprünglichen Ausschreibung klar ergeben muss, unter welchen Umständen der Vertrag wann und wie geändert werden kann.[96] Zu Einzelfragen s. die Kommentierung zu → § 132 Rn. 37 f.

§ 132 Abs. 2 S. 1 Nr. 2 GWB betrifft hingegen Situationen, in denen Auftraggeber **zusätzliche Liefer-, Bau- oder Dienstleistungen** benötigen.[97] In diesen Fällen kann eine Änderung des ursprünglichen Auftrages ohne neues Vergabeverfahren gerechtfertigt sein, insbes. wenn die zusätzlichen Lieferungen entweder als Teilersatz oder zur Erweiterung bestehender Dienstleistungen, Lieferungen oder Einrichtungen bestimmt sind.[98] Voraussetzung dafür ist, dass ein Wechsel des Lieferanten aus wirtschaftlichen oder technischen Gründen nicht erfolgen kann und mit erheblichen Schwierigkeiten oder beträchtlichen Zusatzkosten für den Auftraggeber verbunden wäre.[99] Diese Vorschrift weist eine Ähnlichkeit mit § 14 Abs. 4 Nr. 5 VgV auf. Nach § 14 VgV kann der öffentliche Auftraggeber Aufträge im Verhandlungsverfahren ohne Teilnahmewettbewerb vergeben, wenn zusätzliche Lieferleistungen des ursprünglichen Auftragnehmers beschafft werden sollen, die entweder zur teilweisen Erneuerung oder Erweiterung bereits erbrachter Leistungen bestimmt sind.

Der Ausnahmegrund des § 132 Abs. 2 S. 1 Nr. 2 GWB fördert die Belange der Wirtschaftlichkeit und Sparsamkeit öffentlicher Haushalte und privilegiert sie in diesem Kontext ggü. dem Wettbewerbsgrundsatz. Gem. dem Wortlaut „und" müssen die Voraussetzungen des § 132 Abs. 2 S. 1 Nr. 2 lit. a, b GWB kumulativ vorliegen.[100] Der Ausnahmetatbestand des § 132 Abs. 2 S. 1 Nr. 2 GWB ist indes dadurch begrenzt, dass der Wert der Auftragsänderung nach § 132 Abs. 2 S. 2 GWB nicht mehr als **50 % des ursprünglichen Auftragswertes** betragen darf. Diese Grenze gilt zwar gem. § 132 Abs. 2 S. 3 GWB bei mehreren Auftragsänderungen für jede Änderung separat – gleichwohl dürfen Änderungen nicht mit dem Ziel vorgenommen werden, die vergaberechtlichen Vorschriften zu unterlaufen.[101] Eine Aufsplittung der Auftragsänderung in zwei oder mehrere Änderungen, um das Überschreiten der Wertgrenze bei einer einheitlichen Änderung zu verhindern, verstößt gegen den allg. Grundsatz des Umgehungsverbots gem. § 14 KonzVgV und ist daher unzulässig.[102]

§ 132 Abs. 2 Nr. 3 GWB betrifft Fälle, in denen öffentliche Auftraggeber mit externen Umständen konfrontiert werden, die sie zum Zeitpunkt der Zuschlagserteilung nicht absehen konnten. Es kommt dabei auf die fehlende Vorhersehbarkeit bei Einhaltung aller Sorgfaltspflichten an. Aufgrund des Ausnahmecharakters der Vorschrift sind hohe Anforderungen an die Vorhersehbarkeit zu stellen.[103] Wegen

---

[94] Hausmann/Queisner NZBau 2016, 619 (621).
[95] Hausmann/Queisner NZBau 2016, 619 (621).
[96] OLG Düsseldorf 12.2.2014 – VII-Verg 32/13, BeckRS 2014, 08854.
[97] Gesetzesentwurf der BReg: Entwurf eines Gesetzes zur Modernisierung des Vergaberechts, BT-Drs. 18/6281, 116.
[98] Gesetzesentwurf der BReg: Entwurf eines Gesetzes zur Modernisierung des Vergaberechts, BT-Drs. 18/6281, 116.
[99] Gesetzesentwurf der BReg: Entwurf eines Gesetzes zur Modernisierung des Vergaberechts, BT-Drs. 18/6281, 116.
[100] Hausmann/Queisner NZBau 2016, 619 (622) mwN.
[101] Hausmann/Queisner NZBau 2016, 619 (622).
[102] Zu § 14 KonzVgV: Braun NZBau 2018, 652; Müller-Wrede/Braun/Braun KonzVgV § 14 Rn. 1 ff.; Braun KommPraxis spezial 2/2016, 6 (7).
[103] OLG Celle 29.10.2009 – 13 Verg 8/09, BeckRS 2009, 86277.

der Definition des Begriffs der „Vorhersehbarkeit" lässt sich an die Auftragsvergaberichtlinie anknüpfen.[104] Dort heißt es, dass **„unvorhersehbare Umstände"** solche Umstände bezeichnen, die auch bei einer nach vernünftigem Ermessen sorgfältigen Vorbereitung der ursprünglichen Zuschlagserteilung durch den öffentlichen Auftraggeber unter Berücksichtigung der diesem zur Verfügung stehenden Mittel, der Art und Merkmale des spezifischen Projekts, der bewährten Praxis im betreffenden Bereich und der Notwendigkeit, ein angemessenes Verhältnis zwischen den bei der Vorbereitung der Zuschlagserteilung eingesetzten Ressourcen und dem absehbaren Nutzen zu gewährleisten, nicht hätten vorausgesagt werden können.[105] Zu Einzelfragen s. die Kommentierung zu → § 132 Rn. 52–54 f.

56 Der Auftraggeber muss jedenfalls im Rahmen seiner Sorgfaltspflicht alle ihm zur Verfügung stehenden Ressourcen nutzen, wie etwa das Knowhow und die Erfahrungen seiner Fach- bzw. Einkaufsabteilungen, um den **Vorwurf der sorgfaltswidrigen Unvorhersehbarkeit** zu vermeiden.[106] Vor diesem Hintergrund kann eine Unvorhersehbarkeit bspw. bei erheblichen Preisschwankungen infolge höherer Gewalt vorliegen, die eine Anpassung des vertraglich vereinbarten Preises erforderlich machen.[107] Der Ausnahmetatbestand sieht angesichts dessen den Vorrang des Grundsatzes der Flexibilität des öffentlichen Beschaffungswesens vor der möglichen umfassenden wettbewerblichen Beteiligung von Interessenten vor.

57 Schlussendlich existiert mit dem Ausnahmetatbestand des § 132 Abs. 2 Nr. 4 GWB eine Möglichkeit, während der Ausführung des Auftrags gewisse interne strukturelle Veränderungen zu vollziehen, ohne dass deswegen ein neues Vergabeverfahren durchgeführt werden muss. Dies betrifft zB **rein interne Umstrukturierungen, Übernahmen, Zusammenschlüsse, Unternehmenskäufe oder Insolvenzen**.[108] So ist bspw. eine Vertragsübernahme dann keine wesentliche Vertragsänderung, wenn nur eine Verschiebung des Auftrags innerhalb des gleichen Konzerns stattfindet, alle wesentlichen, im Angebot benannten Personen von der Schwestergesellschaft übernommen werden und die gemeinsame Muttergesellschaft ausdr. die gemeinsame Haftung und Gewährleistung erklärt.[109] Zu Einzelfragen s. die Kommentierung zu → § 132 Rn. 60 f.

58 § 132 Abs. 3 GWB dient der Umsetzung von Art. 72 Abs. 2 VRL und führt eine de-minimis-Grenze für Auftragsänderungen während der Vertragslaufzeit ein, wonach geringfügige Änderungen des Auftragswertes bis zu einer bestimmten Höhe grds. zulässig sind, ohne dass ein neues Vergabeverfahren durchgeführt werden muss.[110] Ausf. → § 132 Rn. 55 f.

59 **dd) Ermessen und Ermessensreduktion auf null bei § 133 Abs. 1 Nr. 1 GWB.** § 133 Abs. 1 Nr. 1 GWB eröffnet dem Auftraggeber nach seinem Wortlaut einen vollen Ermessensspielraum hinsichtlich der Erklärung der Kündigung bei Vorliegen der Tatbestandsvoraussetzungen. Dieser Ermessensspielraum kann sich aber zu einer Kündigungspflicht verdichten, wenn das Ermessen im Einzelfall auf null reduziert ist. Im Allgemeinen verdichtet sich das Auftraggeberermessen iRd § 133 Abs. 1 Nr. 1 GWB zu einer Kündigungspflicht, je mehr sich der Vertrag infolge der Änderung vom ursprünglich vergebenen Auftrag unterscheidet. Je mehr also die

---

[104] Brüning/Pfannkuch VergabeR 2015, 144 (153).
[105] Erwgr. 109 der VRL.
[106] Hausmann/Queisner NZBau 2016, 619 (623).
[107] Hausmann/Queisner NZBau 2016, 619 (623).
[108] Gesetzesentwurf der BReg: Entwurf eines Gesetzes zur Modernisierung des Vergaberechts, BT-Drs. 18/6281, 117.
[109] VK Bund 26.2.2016 – VK 2–7/16, IBRRS 2016, 0936; zudem auch schon nach alter Rechtslage Brüning/Pfannkuch VergabeR 2015, 144 (150).
[110] Hausmann/Queisner NZBau 2016, 619 (624).

Fallgruppen gem. § 132 Abs. 1 S. 3 Nr. 1–4 GWB im konkreten Fall erfüllt sind, desto mehr streitet das Wettbewerbsprinzip für die Durchführung eines neuen Vergabeverfahrens, und desto eher ist das Vorliegen einer Kündigungspflicht des Auftraggebers anzunehmen. Daher wird idR von einer **Pflicht zur Kündigung** auszugehen sein (zur Pflicht → Rn. 1).[111]

Nach § 133 Abs. 1 Nr. 1 GWB können öffentliche Auftraggeber einen öffentlichen Auftrag während der Vertragslaufzeit unbeschadet des § 135 GWB kündigen, wenn eine wesentliche Änderung vorgenommen wurde, die nach § 132 GWB ein neues Vergabeverfahren erfordert hätte. Dieses Sonderkündigungsrecht geht ersichtlich davon aus, dass der öffentliche Auftraggeber vergaberechtswidrig eine wesentliche Änderung vorgenommen hat, ohne diesen neuen Bedarf in einem eigenen Vergabeverfahren zu beschaffen. Statt eines Auslaufenlassens einer „erschöpften" Rahmenvereinbarung ist auch Kündigung gem. § 133 Abs. 1 Nr. 1 GWB möglich.[112]   59a

ee) Teilweises Kündigungsrecht bei nur teilweise geändertem Vertrag?   60
Angesichts des auftraggeberischen **Ermessensspielraumes** stellt sich die Frage, ob Auftraggeber bei Vorliegen der Tatbestandsvoraussetzungen gem. § 133 Abs. 1 Nr. 1 GWB und einem vollen Ermessensspielraum lediglich zwischen den alternativen Rechtsfolgen „kündigen" und „nicht kündigen" wählen können, oder ob auch eine dritte Variante wie „teilweise kündigen" zulässig sein soll. Zutreffend wird vertreten, dass es in Anlehnung an die BGH-Rspr. zur Nichtigkeit bei Beihilfeverstößen[113] genügen würde, das Kündigungsrecht auf die konkrete Vertragsänderung zu beschränken, wenn der ursprüngliche Vertrag auch ohne die Änderung fortbestehen könnte.[114] In Anlehnung an den Gedanken des § 139 BGB könne bei rechtlicher und tatsächlicher Teilbarkeit des Vertrages in einen geänderten und einen ursprünglichen Teil eine **Teilkündigung** und **Teil-Neuausschreibung** zulässig sein. In diesem Fall würde sich das Kündigungsrecht bzw. die Kündigungspflicht des Auftraggebers bloß auf den wesentlich geänderten Teil des Gesamtvertrages erstrecken.

Dieser Auffassung ist zuzugeben, dass sie zu einer **sachgerechten Lösung** führt.   61
Bei Teilbarkeit des Vertrages iSv § 139 BGB spricht eine bloße Teilkündigung und Teil-Neuausschreibungspflicht für eine wirtschaftliche und haushaltsgerechte Vorgehensweise. Anstatt den gesamten Vertrag zu kündigen und ein neues Vergabeverfahren für den kompletten Auftrag durchzuführen, braucht der Auftraggeber sich in dieser Hinsicht nur bzgl. des kündbaren Teils zu bemühen. Zugleich wird aber auch der Wettbewerbsgrundsatz hinreichend beachtet: Hinsichtlich des geänderten Teiles werden interessierte Unternehmen durch das neue Vergabeverfahren erneut beteiligt. Zwar würde das bei einer Teilkündigung nur in Bezug auf den geänderten Teil des Vertrages der Fall sein; bzgl. des nicht geänderten Teiles ergibt sich aber vergaberechtlich nicht das Bedürfnis, diesen Teil einer erneuten Ausschreibung zu unterziehen.[115]

Da der prinzipiellen **Teil-Kündigung** eines nur teilw. geänderten Vertrages kein   62
übergeordneter vergaberechtlicher bzw. unionsrechtlicher Grundsatz entgegensteht, spricht nichts gegen die Anerkennung einer solchen Rechtsfolge iRd **Auftraggeberermessens.** Zwar beinhaltet der Wortlaut des § 133 Abs. 1 GWB keine nähere Spezifizierung hinsichtlich der Frage, ob der Auftraggeber einen öffentlichen Auftrag nur ganz oder zT kündigen kann. Gleichwohl handelt es sich bei der Teilkündigung

---

[111] Müller-Wrede GWB/Fülling § 133 Rn. 75.
[112] VK Bund 29.7.2019 – VK 2 – 48/19, IBRRS 2019, 3004.
[113] BGH 5.12.2012 – I ZR 92/11, EuZW 2013, 753.
[114] Püstow/Meiners EuZW 2016, 325 (329).
[115] IdS Müller-Wrede GWB/Fülling § 133 Rn. 26–29.

GWB § 133 Kündigung von öffentlichen Aufträgen in besonderen Fällen

rechtlich gesehen ggü. der Gesamtkündigung um ein „weniger". Wenn ein „mehr" an rechtlichen Gestaltungsrechten ausdr. im Gesetz benannt wird, dann ist es nur folgerichtig, dass darunter implizit auch das „weniger" fällt. Das gilt erst recht angesichts des Ermessensspielraumes und des Fehlens entgegenstehender, zwingender Gründe für eine solche Interpretation. Alles in allem ist daher eine nur **teilw. Kündigung** des Vertrages gem. § 133 Abs. 1 Nr. 1 GWB bei Teilbarkeit des Vertrages entspr. § 139 BGB **zulässig**.

63 **b) Zwingender Ausschlussgrund nach § 123 Abs. 1–4 GWB. Der zweite Kündigungsgrund** nach § 133 Abs. 1 Nr. 2 GWB liegt vor, wenn zum Zeitpunkt der Zuschlagserteilung ein zwingender Ausschlussgrund gem. § 123 Abs. 1–4 GWB vorlag. Für das Vorliegen einer Kündigungsmöglichkeit nach § 133 Abs. 1 Nr. 2 GWB ist es nicht erforderlich, dass der öffentliche Auftraggeber zum Zeitpunkt der Zuschlagserteilung Kenntnis vom Vorliegen des zwingenden Ausschlussgrundes gehabt hat.[116] Vielmehr ist die Kündigungsmöglichkeit auch dann gegeben, wenn ein zwingender Ausschlussgrund nach § 123 Abs. 1–4 GWB zum Zeitpunkt der Zuschlagserteilung vorlag, der öffentliche Auftraggeber davon jedoch erst zu einem späteren Zeitpunkt Kenntnis erlangt hat.[117] Zwingend notwendig ist aber angesichts des Wortlautes des § 133 Abs. 1 Nr. 2 GWB, dass der Ausschlussgrund im Zeitpunkt der Zuschlagserteilung vorgelegen hat. Ein Ausschlussgrund, der vor Zuschlagserteilung beim Unternehmen vorlag, aber bis zum Zeitpunkt des Zuschlags beseitigt worden ist, berechtigt nicht zur Vornahme einer Kündigung.

64 Hervorzuheben ist an § 133 Abs. 1 Nr. 2 GWB, dass die Regelung mit dem Verweis auf § 123 Abs. 1–4 GWB **über die Vorgaben des Unionsrechts hinausgeht.** Art. 73 lit. a VRL verweist lediglich auf Art. 57 Abs. 1 VRL, der nach deutschem Recht § 123 Abs. 1–3 GWB entspricht. Der Bezug auch auf § 123 Abs. 4 GWB, welcher Art. 57 Abs. 2 VRL umsetzt, schafft damit in Deutschland eine Kündigungsmöglichkeit bei Verstößen des Auftragnehmers gegen die Verpflichtung zur Zahlung von Steuern, Abgaben oder Beiträgen zur Sozialversicherung.[118] Hierbei handelt es sich damit um eine überschießende Umsetzung der Richtlinie. Allerdings legt Art. 73 VRL aufgrund des Wortlautes, dass „öffentliche Auftraggeber zumindest unter den folgenden Umständen (...) über die Möglichkeit verfügen, einen öffentlichen Auftrag während seiner Laufzeit zu kündigen", fest, dass es sich dabei bloß um ein Mindestregelungsniveau handelt. Eine **überschießende Umsetzung** ist daher unionsrechtlich **zulässig**.

65 Der Kündigungstatbestand des § 133 Abs. 1 Nr. 2 GWB wird kritisiert, weil der Auftraggeber trotz Kenntnis vom zwingenden Ausschlussgrund im Zeitpunkt der Zuschlagserteilung für den Zeitraum danach ggü. dem Auftragnehmer die Kündigung aussprechen kann.[119] Es würde sich dabei um die gesetzliche Legitimierung widersprüchlichen Verhaltens handeln, was mit Blick auf die fehlende zeitliche Begrenzung des Kündigungsrechts und die wirtschaftlichen Folgen für den Auftragnehmer kaum zu rechtfertigen sei.[120] Dies mag auf den ersten Blick zutreffen, tatsächlich sind dem Auftraggeber in Bezug auf ein etwaiges **widersprüchliches Verhalten** mithilfe seines Kündigungsrechts nur iRd **Verhältnismäßigkeitsgebots** des § 97 Abs. 1 S. 2 GWB Grenzen gesetzt. Gleichzeitig ist

---

[116] Gesetzesentwurf der BReg: Entwurf eines Gesetzes zur Modernisierung des Vergaberechts, BT-Drs. 18/6281, 118.
[117] Gesetzesentwurf der BReg: Entwurf eines Gesetzes zur Modernisierung des Vergaberechts, BT-Drs. 18/6281, 118.
[118] Görlich/Conrad VergabeR 2016, 567 (571).
[119] Görlich/Conrad VergabeR 2016, 567 (571).
[120] Görlich/Conrad VergabeR 2016, 567 (571).

die Möglichkeit des Auftraggebers, trotz Kenntnis vom Vorliegen eines Ausschlussgrundes zum Zeitpunkt der Zuschlagserteilung, dem erfolgreichen Bieter hinterher zu kündigen, vom Sinn der Vorschrift, der Wirksamkeit des EU-Rechts Geltung zu verschaffen, richtig.

Der Auftraggeber muss die Möglichkeit haben, einem Auftragnehmer nachträglich noch zu kündigen, der sich **nicht als geeignet** iSv § 122 Abs. 1, 2 GWB zur Durchführung des Auftrages erweist. Eine andere Interpretation würde iErg darauf hinauslaufen, dass der vergaberechtswidrig ausgewählte, ungeeignete Auftragnehmer einen nicht zu rechtfertigenden Bestandsschutz genießen würde. Angesichts der Erfordernisse des Unionsrechts muss hier jedoch der Grundsatz des „pacta sunt servanda" eine Einschränkung erfahren; hierbei handelt es sich ersichtlich um ein wichtiges Anliegen des Richtliniengebers.[121] 66

Da § 133 Abs. 1 Nr. 2 GWB sich konkret auf die Ausschlussgründe nach § 123 Abs. 1–4 GWB bezieht, handelt es sich dabei um eine abschließende Verweisung. Ähnliche Gründe, die bzgl. des Schweregrades den Verstößen in § 123 GWB gleichkommen und zur Ungeeignetheit des Bieters nach § 122 Abs. 1, 2 GWB führen würden, gleichwohl nicht zugleich Eingang in § 123 GWB erhalten haben, sind aus der Warte des § 133 Abs. 1 Nr. 2 GWB gesehen unbeachtlich und rechtfertigen keine außerordentliche Kündigung.[122] 67

aa) Rechtslage bei Auftreten eines Ausschlussgrundes nach Abgabe des Zuschlags. Wenn ein Ausschlussgrund iSd § 123 Abs. 1–4 GWB erst nach Abgabe des Zuschlags, sprich nach Beginn der Vertragsdurchführung, objektiv in der Person bzw. im Unternehmen des Bieters auftritt, ist für die Anwendung des Kündigungsgrundes gem. § 133 Abs. 1 Nr. 2 GWB nach dem eindeutigen **Wortlaut der Norm** kein Platz. Dem Anwendungsbereich des Vergaberechts ist nur das Vergabeverfahren unterworfen – nicht aber der Bereich der Auftragsdurchführung selbst, als Zeitraum nach Abschluss des Vergabeverfahrens (mit Ausnahme von Ausführungsbestimmungen gem. § 128 Abs. 2 GWB). 68

Leistungsstörungen im Nachgang zur Auftragsvergabe treten somit im vertraglichen Verhältnis zwischen grds. gleichrangigen Vertragspartnern auf – die Regeln zu diesen Leistungsstörungen können damit auch nur dem Privatrecht entnommen werden. Kommt es zum Auftreten von Ausschlussgründen iSv § 123 GWB nach Erteilung des Zuschlags, muss der Auftraggeber dementsprechend auf die allg. Regelungen zu § 314 BGB und § 313 BGB zurückgreifen. IRd § 314 Abs. 1 S. 2 BGB muss eine **umfangreiche Interessenabwägung** stattfinden, bei der die Interessen beider Parteien gleichrangig gegeneinander abgewogen werden müssen. Erst wenn das Interesse des Auftraggebers an der Kündigung ggü. dem Interesse des Auftragnehmers an der Aufrechterhaltung des Vertrages überwiegt und das Festhalten am Vertrag dem Auftraggeber ggü. unzumutbar ist, kommt eine außerordentliche Kündigung über § 314 Abs. 1 BGB in Betracht. Mit der ähnlich hohen Hürde des § 313 Abs. 1 BGB ist infolgedessen klar, dass eine Kündigung aufgrund eines Ausschlussgrundes im Nachgang zum Vergabeverfahren wesentlich seltener gelingen wird, als wenn der Ausschlussgrund bereits vorher zum Zeitpunkt des Vertragsschlusses vorgelegen hat (ausf. → § 133 Rn. 70 f.). 69

bb) Die einzelnen Ausschlussgründe des § 123 GWB. § 123 Abs. 1 GWB beinhaltet einen **Katalog von Straftaten,** deren Begehung durch eine dem Unternehmen zurechenbare Person gem. § 123 Abs. 3 GWB erfolgt sein muss. Der Katalog wurde im Vergleich zur RL 2004/18/EG um terroristische Straftaten 70

---

[121] Erwgr. 112 der VRL.
[122] Anders wurde dies noch in Bezug auf § 21 SektVO aF gesehen: VK Lüneburg 13.5.2016 – VgK-10/2016, BeckRS 2016, 17220.

GWB § 133 Kündigung von öffentlichen Aufträgen in besonderen Fällen

und Terrorismusfinanzierung sowie Kinderarbeit und Menschenhandel ergänzt.[123] Im Übrigen enthält der Katalog Wirtschaftsvergehen wie Geldwäsche gem. § 261 StGB, Betrug gem. § 263 StGB, Subventionsbetrug gem. § 264 StGB usw. Der Täter, dessen Verhalten dem bietenden Unternehmen nach § 123 Abs. 3 GWB zurechenbar sein muss, muss für das Vorliegen des Ausschlussgrundes rechtskräftig verurteilt – oder gegen das betreffende Unternehmen muss eine Geldbuße nach § 30 OWiG rechtskräftig festgesetzt worden sein (zu Einzelfragen s. die Kommentierung zu → § 123 Rn. 5 f.).

71 Der Ausschlussgrund des § 123 Abs. 2 GWB knüpft an § 123 Abs. 1 GWB an und erfasst die Verurteilung in anderen Staaten, die naturgemäß nicht auf der Grundlage deutscher Strafnormen erfolgen kann, sofern es sich dabei um zu den in Abs. 1 aufgezählten vergleichbare Strafnormen handelt. Erfasst werden damit **nicht alle Verurteilungen nach ausländischem Strafrecht,** sondern ebenfalls nur Wirtschaftsstraftaten sowie terroristische Straftaten, Terrorismusfinanzierung sowie Kinderarbeit und Menschenhandel.

72 § 123 Abs. 3 GWB regelt, wann das Verhalten einer wegen einer Straftat verurteilten natürlichen Person einem Unternehmen zugerechnet werden kann. Die Formulierung in § 123 Abs. 3 GWB („für die Leitung des Unternehmens Verantwortlicher") erfolgt in Anlehnung an § 30 Abs. 1 Nr. 5 OWiG: Diese Vorschrift regelt, wann aufgrund einer Straftat oder Ordnungswidrigkeit einer natürlichen Person eine Geldbuße gegen eine juristische Person oder eine Personenvereinigung verhängt werden kann. Gem. Art. 57 Abs. 1 UAbs. 2 VRL findet die Verpflichtung zum Ausschluss eines Unternehmens auch dann Anwendung, wenn „die rechtskräftig verurteilte Person Mitglied im Verwaltungs-, Leitungs- oder Aufsichtsgremium dieses Unternehmens ist oder darin Vertretungs-, Entscheidungs- oder Kontrollbefugnisse hat".[124]

73 Der Richtliniengeber ist der Ansicht, dass Auftraggeber die Möglichkeit haben sollen, Unternehmen vom Verfahren auszuschließen, die gegen umwelt- oder sozialrechtliche Verpflichtungen verstoßen und Wettbewerbsregeln oder Rechte des geistigen Eigentums verletzen.[125] In § 123 Abs. 4 GWB ist ein Teil dieser Forderung als **zwingender Ausschlussgrund** umgesetzt worden. Auftraggeber müssen nach § 123 Abs. 4 Nr. 1 GWB ein Unternehmen aus dem Vergabeverfahren ausschließen, wenn das Unternehmen seinen Verpflichtungen zur Zahlung von Steuern, Abgaben oder Beiträgen zur Sozialversicherung nicht nachgekommen ist und dies durch eine rechtskräftige Gerichts- oder bestandskräftige Verwaltungsentscheidung festgestellt wurde. Auch Verurteilungen wegen Steuerhinterziehung nach § 370 AO und wegen Vorenthaltung und Veruntreuung von Sozialversicherungsbeiträgen gem. § 266a StGB werden als Unterfälle von diesem neuen Ausschlusstatbestand erfasst.[126]

74 **cc) Ermessen und Ermessensreduktion bei § 133 Abs. 1 Nr. 2 GWB.** Die Ausübung des Kündigungsrechts gem. § 133 Abs. 1 Nr. 2 GWB steht ebenso im **Ermessen** des Auftraggebers. Zu beachten ist hinsichtlich des Ermessensspielraumes, dass § 133 Abs. 1 Nr. 2 GWB lediglich auf § 123 Abs. 1–4 GWB verweist; der Ausnahmetatbestand zu den Ausschlussgründen in § 123 Abs. 5 GWB wird dabei nicht erwähnt. Angesichts des Regelungsgehalts des § 123 GWB ist das konsequent. § 123 GWB trifft Regelungen zum Ausschluss von Teilnehmern von einem laufen-

---

[123] Gesetzesentwurf der BReg: Entwurf eines Gesetzes zur Modernisierung des Vergaberechts, BT-Drs. 18/6281, 99.
[124] Gesetzesentwurf der BReg: Entwurf eines Gesetzes zur Modernisierung des Vergaberechts, BT-Drs. 18/6281, 100.
[125] Erwgr. 101 der VRL.
[126] Gesetzesentwurf der BReg: Entwurf eines Gesetzes zur Modernisierung des Vergaberechts, BT-Drs. 18/6281, 101.

Kündigung von öffentlichen Aufträgen in besonderen Fällen § 133 GWB

den Vergabeverfahren. § 123 Abs. 5 GWB stellt Ausnahmetatbestände auf, bei deren Vorliegen der Auftraggeber von einem Ausschluss vom Verfahren aufgrund eines zwingenden Ausschlussgrundes absehen kann. Diese Ausnahmetatbestände beziehen sich einzig auf den Ausschluss als Verfahrensmaßnahme und können dementsprechend nicht analog auf eine nachträgliche Kündigung durch den Auftraggeber angewandt werden. Infolgedessen sind die beiden in § 123 Abs. 5 GWB normierten Ausnahmetatbestände im Rahmen einer Kündigung gem. § 133 Abs. 1 Nr. 2 GWB unbeachtlich.[127]

(1) Kündigung aufgrund eines im Vergabeverfahren wirksam nachgesehenen Ausschlussgrundes zulässig? Es ist nun fraglich, welche Auswirkungen ein im Vergabeverfahren erklärtes **Absehen** gem. § 123 Abs. 5 GWB von einem objektiv vorliegenden zwingenden Ausschlussgrund nach § 123 Abs. 1–4 GWB auf das Kündigungsrecht des Auftraggebers für die Zeit nach der Zuschlagserteilung hat. Es könnte zu der Konstellation kommen, dass der Auftraggeber zwar im Vergabeverfahren wirksam von einem Ausschluss absieht, allerdings eine gewisse Zeit nach der Zuschlagserteilung die Entscheidung bereut und sich nunmehr vom Vertragspartner im Wege der Kündigung nach § 133 Abs. 1 Nr. 2 GWB – gestützt auf denselben Ausschlussgrund – lösen will. Die Folge eines solchen Vorgehens wäre für den Auftragnehmer, dass er trotz erklärten Absehens vom Ausschluss keine Gewissheit darüber besitzt, ob der Auftraggeber nicht doch irgendwann, auf den Ausschlussgrund gestützt, die Kündigung erklärt und ihm dadurch den Auftrag wieder entzieht. Eine solche Lösung würde dem Auftraggeber die Möglichkeit zu **widersprüchlichem Verhalten** eröffnen und ist demzufolge abzulehnen. 75

Zum einen kann angenommen werden, dass ein wirksames Absehen von einem zwingenden Ausschlussgrund gem. § 123 Abs. 5 GWB ggü. dem Auftraggeber und allen Teilnehmern objektive Bindungswirkung für das Vergabeverfahren und die Zeit danach entfaltet. Die Bindung bewirkt, dass der Ausschlussgrund bereits tatbestandlich kein **tauglicher Anknüpfungspunkt** für Verfahrensmaßnahmen und Gestaltungsrechten des Auftraggebers ist. Infolgedessen wäre eine Kündigung aufgrund § 133 Abs. 1 Nr. 2 GWB, gestützt auf den wirksam „abgesehenen" Ausschlussgrund, bereits tatbestandlich nicht möglich. 76

Ein zweiter Ansatz würde über den **Ermessensspielraum** des Auftraggebers führen. Danach wäre zwar der ursprünglich vorgelegen habende Ausschlussgrund trotz wirksam erklärten Absehens tatbestandlich ein zulässiger Anknüpfungspunkt für eine Kündigung gem. § 133 Abs. 1 Nr. 2 GWB. Das erklärte Absehen gem. § 123 Abs. 5 GWB würde sich aber auf der Rechtsfolgenseite, im Ermessensspielraum des Auftraggebers dergestalt niederschlagen, dass eine Kündigung aus diesem Grunde ermessensfehlerhaft wäre. 77

Ein dritter Ansatz für die hier vertretene Ansicht wäre die Heranziehung des ua im Zivilrecht vorherrschenden allg. Grundsatzes des **Verbotes widersprüchlichen Verhaltens** zwischen Vertragspartnern gem. § 242 BGB.[128] Bei der Beziehung zwischen Auftraggeber und Auftragnehmer in der Zeit der Vertragsdurchführung nach Zuschlagserteilung handelt es sich um ein privatrechtliches Gleichordnungsverhältnis. In einem solchen entfalten die Grundsätze des § 242 BGB unmittelbare Wirkung, so dass es bei einem widersprüchlichen Verhalten des Auftraggebers zum Einwand der unzulässigen Rechtsausübung gegenüber dem Kündigungsrecht aufgrund des wirksam nachgesehenen Ausschlussgrundes kommt.[129] 78

Es ist davon auszugehen, dass der Entscheidung zum Absehen vom Ausschluss aufgrund § 123 Abs. 5 GWB eine Rechtsbindungswirkung zukommt, da andernfalls 79

---

[127] AA MüKoEuWettbR/Jaeger GWB § 133 Rn. 9.
[128] So Görlich/Conrad VergabeR 2016, 567 (572).
[129] Grüneberg/Grüneberg BGB § 242 Rn. 55.

GWB § 133 Kündigung von öffentlichen Aufträgen in besonderen Fällen

die Norm keine eigene Regelungswirkung entfalten würde. Der Sinn und Zweck des § 123 Abs. 5 GWB, für den Bieter Rechtssicherheit zu schaffen, kann nur zur vollen Geltung kommen, wenn die **Bindungswirkung auch für den Zeitraum nach dem Vergabeverfahren** gilt. Das wirksame Absehen vom Ausschluss bewirkt daher die tatbestandliche Unbeachtlichkeit des jew. Ausschlussgrundes für eine Kündigung. Dafür spricht zudem, dass § 133 Abs. 1 Nr. 2 GWB die Existenz des Ausschlussgrundes „zum Zeitpunkt der Zuschlagserteilung" verlangt; es kann sich dabei nur um einen Ausschlussgrund handeln, der bis zum Zeitpunkt der Zuschlagserteilung vom Auftraggeber unerkannt blieb und demgemäß nicht Gegenstand eines wirksamen Absehens nach § 123 Abs. 5 GWB war. Alles in allem bleibt kein Platz mehr für die Ermessensreduktion auf null oder die Einredebehaftung der Kündigung aufgrund § 242 BGB. Der Auftraggeber hat sich insofern auch nach der Zuschlagserteilung an die einmal nach § 123 Abs. 5 GWB getroffene Entscheidung zu halten.[130]

80   Eine Einschränkung erfährt dieser Grundsatz indessen in der Konstellation, dass sich die zwingenden öffentlichen Interessen, die ursprünglich einen Ausschluss vom Verfahren verhindert hatten, zwischenzeitlich gewandelt haben oder gänzlich entfallen sind. In diesem Fall entfällt die tatbestandliche Bindungswirkung der Entscheidung zum Absehen vom Ausschluss, und der Kündigungsgrund lebt wieder auf. Andere lehnen eine Bindungswirkung einer Entscheidung nach § 123 Abs. 5 GWB ab und folgen stattdessen dem Ansatz über § 242 BGB. Das Ergebnis bleibt identisch.[131]

81   **(2) Bekanntwerden neuer zwingender Ausschlussgründe im Zeitraum nach Zuschlagserteilung – Kündigung zulässig?** Anders gestaltet sich die Rechtslage, wenn der Auftraggeber Kenntnis von zusätzlichen zwingenden Ausschlussgründen erhält, die zum Zeitpunkt der Zuschlagserteilung objektiv beim erfolgreichen Bieter bestanden haben. Die **Bindungswirkung** einer Entscheidung zum Absehen vom Ausschluss gem. § 123 Abs. 5 GWB erstreckt sich nur auf den jew. ausschlaggebenden Grund. Andere Gründe, die nach Zuschlagserteilung erst bekannt werden und in keinem Zusammenhang mit dem ersten Grund stehen, sind deshalb zulässige tatbestandliche Anknüpfungspunkte für eine Kündigung gem. § 133 Abs. 1 Nr. 2 GWB. Auch hat der Auftraggeber ein grds. vollumfängliches Ermessen bzgl. dieser Kündigungsentscheidung. Hinsichtlich der fehlerfreien Gewichtung des Ausschlussgrundes iRd Ermessensentscheidung ist allerdings zwischen **zwei Konstellationen** zu differenzieren.

82   In der ersten Konstellation hat der Auftraggeber wirksam von einem Ausschlussgrund gem. § 123 Abs. 5 GWB abgesehen; im Zeitraum nach der Zuschlagserteilung hat er Kenntnis von einem weiteren Ausschlussgrund erlangt, der zum Zeitpunkt der Zuschlagserteilung bestand. In diesem Fall bindet die Erklärung zum Absehen bzgl. des ersten Ausschlussgrundes den Auftraggeber tatbestandlich, wie auch im Rahmen seines Ermessensspielraumes. Bei der Gewichtung des neu bekannt gewordenen Ausschlussgrundes ist dieser daher nicht kumulativ mit dem ersten Ausschlussgrund zusammen zu gewichten, sondern nur isoliert für sich. Eine kumulative Gesamtgewichtung verstieße gegen die Bindungswirkung des § 123 Abs. 5 GWB und würde iErg zum Fehler des Ermessensfehlgebrauchs führen.[132] Freilich können mehrere neu bekannt gewordene Ausschlussgründe einer **kumulativen Gesamtgewichtung** zugeführt werden, da sich auf diese die Wirkung des § 123 Abs. 5 GWB nicht erstreckt.

83   Bei der anderen Konstellation hat der Auftraggeber wirksam vom ersten Ausschlussgrund abgesehen; nach der Zuschlagserteilung erhält er Kenntnis von weite-

---

[130] Vgl. auch Müller-Wrede GWB/Fülling § 133 Rn. 34.
[131] Görlich/Conrad VergabeR 2016, 567 (572).
[132] Ausf. dazu NK-VwGO/Wolff § 114 Rn. 170.

ren Ausschlussgründen, die zum Zeitpunkt der Zuschlagserteilung vorgelegen haben. Im Gegensatz zur ersten Konstellation ist es nun aber so, dass der Auftragnehmer dem Auftraggeber die Existenz der anderen Ausschlussgründe bis zum Zeitpunkt der Zuschlagserteilung **arglistig** iSv § 123 Abs. 1 BGB **verschwiegen** hat. Das ist dann der Fall, wenn der Bieter objektiv einen Irrtum des Auftraggebers bzgl. des Ausschlussgrundes durch Vorspiegelung falscher oder durch Unterdrückung wahrer Tatsachen erregt oder aufrechterhält[133] und dabei mit Vorsatz gehandelt hat.[134]

Das **„Täuschen"** iSd § 123 Abs. 1 BGB ist auch durch Unterlassen möglich, wenn die Bieter hierbei eine Offenbarungspflicht hinsichtlich etwaiger zwingender oder fakultativer Ausschlussgründe iSv §§ 123, 124 GWB trifft. Eine konkrete Anordnung der Offenbarungspflicht gibt es im Vergaberecht nicht. § 122 Abs. 1 GWB schreibt dazu nur, dass öffentliche Aufträge an fachkundige und leistungsfähige (geeignete) Unternehmen vergeben werden, die nicht nach den §§ 123, 124 GWB ausgeschlossen sind. Auf eine täuschungsrelevante Offenbarungspflicht der Bieter bzgl. etwaiger Ausschlussgründe lässt sich aus dieser Vorschrift noch nicht schließen. § 48 Abs. 1 VgV besagt, dass die „Bewerber und Bieter ihre Eignung (…) und das Nichtvorliegen von Ausschlussgründen zu belegen haben". Die **Darlegungslast** zum Nachweis der Eignung und des Nichtvorliegens von Ausschlussgründen trifft diesem Wortlaut zufolge die **Bieter.** Hierzu fordert der Auftraggeber gem. § 48 Abs. 2 VgV die Vorlage von Eigenerklärungen durch die Bieter an. 84

Aus der Regelung des § 48 VgV ist daher ersichtlich, dass die Bieter offenbarungspflichtig sind, was ua zwingende und fakultative Ausschlussgründe betrifft. Dieses Auslegungsergebnis deckt sich auch mit dem Grundsatz, dass es sich beim Vergabeverfahren um ein vorvertragliches Schuldverhältnis handelt,[135] welches mit gegenseitigen Aufklärungs- und Offenbarungspflichten der Parteien einhergeht.[136] Diese Aufklärungspflichten beziehen sich insbes. auf Umstände, die für die Willensbildung des anderen Teils offensichtlich von ausschlaggebender Bedeutung sind.[137] Solche Umstände müssen dementsprechend ungefragt offengelegt werden.[138] Der Annahme einer **Offenbarungspflicht der Bieter** entspricht darüber hinaus insofern dem Aspekt der Beschaffungssicherheit, dass das Verfahren nicht unnötig in die Länge gezogen wird.[139] Die Annahme einer gegenteiligen Nachforschungsverpflichtung des Auftraggebers würde dieses Ziel indes nur behindern,[140] so dass iErg alle Gesichtspunkte für die Annahme einer Offenbarungspflicht der Bieter sprechen. 85

Ein Verschweigen weiterer Ausschlussgründe von Seiten des Bieters erfüllt daher bei Vorsatz den Tatbestand der arglistigen Täuschung iSd § 123 Abs. 1 BGB. Eine solche Täuschung führt regelmäßig zu einem **grundlegenden Vertrauensverlust** des Auftraggebers hinsichtlich der Eignung des Bieters zur Auftragsdurchführung. Insbes. bei einem arglistigen Verschweigen eines zwingenden Ausschlussgrundes handelt es sich um eine schwerwiegende Pflichtverletzung des Bieters. Diese kann sowohl die Wirksamkeit der Erklärung des Auftraggebers zum Absehen gem. § 123 Abs. 5 GWB in Frage stellen, als auch über die Notwendigkeit dafür schaffen, iRd Ermessensspielraumes gem. § 133 Abs. 1 Nr. 2 GWB nicht nur die arglistig verschwiegenen Ausschlussgründe für sich zu betrachten. Der Auftraggeber kann dann eine 86

---

[133] BeckOK BGB/Wendtland § 123 Rn. 7.
[134] BeckOK BGB/Wendtland § 123 Rn. 17.
[135] Statt aller nur VK Nordbayern 15.3.2016 – 21 VK-3194-42/15, BeckRS 2016, 16205.
[136] Grüneberg/Grüneberg BGB § 311 Rn. 27.
[137] BGH 11.8.2010 – XII ZR 192/08, NJW 2010, 3362.
[138] Grüneberg/Ellenberger BGB § 311 Rn. 5b.
[139] VK Lüneburg 18.12.2015 – VgK-45/2015, BeckRS 2016, 05477.
[140] VK Lüneburg 18.12.2015 – VgK-45/2015, BeckRS 2016, 05477.

GWB § 133 Kündigung von öffentlichen Aufträgen in besonderen Fällen

Gesamtgewichtung aller Ausschlussgründe vornehmen. Dies betrifft dann auch den ursprünglich nachgesehenen Ausschlussgrund. Die **Gesamtgewichtung aller Ausschlussgründe** ist in einem solchen besonderen Fall zulässig und daher ermessensfehlerfrei.

87 **c) Schwere Verletzung der Verpflichtungen aus dem AEUV.** Der dritte **Kündigungsgrund** gem. § 133 Abs. 1 Nr. 3 GWB dient der Umsetzung von Art. 73 lit. c VRL. Ein Kündigungsgrund ist danach gegeben, wenn der öffentliche Auftrag aufgrund einer schweren Verletzung der Verpflichtungen aus dem AEUV oder aus den Vorschriften dieses Teils, die der EuGH in einem Verfahren nach Art. 258 AEUV festgestellt hat, nicht an den Auftragnehmer hätte vergeben werden dürfen. Dieser Kündigungsgrund nimmt damit Bezug auf eine „**schwere Verletzung**" der Verpflichtungen aus dem AEUV oder des Kartellvergaberechts, die zudem durch den EuGH in einem konkreten Verfahren nach Art. 258 AEUV festgestellt worden sein muss.

88 **aa) Schwere Verletzung von Verpflichtungen.** Der Begriff der Verpflichtungen ist nach allg. Auffassung **weit auszulegen;** er umfasst nicht nur die Unionsverträge (EUV und AEUV), sondern das gesamte Primär- und Sekundärrecht, geschriebenes und ungeschriebenes sowie die vom EuGH entwickelten allg. Rechtsgrundsätze.[141] Eine schwere Verfehlung ist insbes. bei Verträgen gegeben, die ohne ein gemeinschaftskonformes Vergabeverfahren vergeben worden sind.[142]

89 Die AEUV-Verpflichtung muss allerdings einschränkend auf schwere Art und Weise verletzt worden sein, eine lediglich „gewöhnliche" Verletzung reicht für das Vorliegen des Kündigungstatbestandes nach § 133 Abs. 1 Nr. 3 GWB nicht aus. Zugleich muss die Verletzung im **vergaberechtlichen Kontext** begangen worden sein. Pflichtverletzungen können sowohl durch Tun als auch durch Unterlassen – bei Vorliegen einer unionsrechtlichen Handlungspflicht – begangen werden.[143] Der Begriff der schweren Verletzung ist allerdings weder in der GWB noch in den Vergaberichtlinien definiert. Allein die Rechtsmittelrichtlinie 2007/66/EG nimmt in Art. 3 Abs. 1 Bezug auf den Begriff „**schwerer Verstoß**". Schwere Verstöße liegen bspw. bei Verträgen vor, die entgegen einer bestehenden Ausschreibungspflicht direkt vergeben werden.[144]

90 Abstrakt betrachtet muss es sich somit um einen groben Verstoß gegen die Grundsätze des Vergaberechts handeln, die ihren Ursprung im europäischen Primär- oder Sekundärrecht haben. Hierzu gehören insbes. die Gebote der Transparenz, des Wettbewerbs und der Gleichbehandlung. Bei der Direktvergabe ohne Ausschreibung handelt es sich etwa um den gröbsten Verstoß gegen das Transparenzgebot. Es reicht folglich nicht jedweder Verstoß gegen vergaberechtliche, „verfahrenslenkende" Vorgaben aus. Ferner muss der Verstoß offensichtlich und eindeutig sein; auch kann die Vorsätzlichkeit der Begehung das Gewicht des Verstoßes bestimmen.[145] Grobe Verstöße liegen immer vor, wenn der Binnenmarkt betroffen ist, also wenn potenziell binnenmarktrelevante Vorgehensweisen vorliegen. Es müssen Geschehnisse sein, die grenzüberschreitend wirken können. Die Mitgliedstaaten übermitteln gem. Art. 83 Abs. 3 S. 4 VRL der Kommission bis zum 18.4.2017 und danach alle drei Jahre einen Überwachungsbericht ua über Fälle von Betrug, Bestechung, Interessenkonflikten und sonstigen schwerwiegenden Unregelmäßigkeiten im Bereich des öffentlichen Auftragswesens. Diese schwerwiegenden Unregelmäßigkeiten sind zugleich schwere Verletzungen iSd § 133 Abs. 1 Nr. 3 GWB.

---

[141] von der Groeben/Wunderlich AEUV Art. 258 Rn. 5.
[142] Müller-Wrede GWB/Fülling § 133 Rn. 36 f.
[143] von der Groeben/Wunderlich AEUV Art. 258 Rn. 6.
[144] Püstow/Meiners EuZW 2016, 326 (330).
[145] Görlich/Conrad VergabeR 2016, 567 (572).

bb) Feststellung durch den EuGH in einem Vertragsverletzungsverfahren. Als einschränkender Faktor ist allerdings zu beachten, dass aufgrund des Wortlautes des § 133 Abs. 1 Nr. 3 GWB der Vergaberechtsverstoß für die Zuschlagserteilung **kausal** gewesen sein muss. Diese Kausalität zwischen dem schweren vergaberechtlichen Verstoß und der Abgabe des Zuschlags erfordert die Feststellung, dass der Auftragnehmer den Zuschlag bei ordnungsgemäßer Anwendung des Vergaberechts nicht erhalten hätte.[146] Das ist mit Blick auf § 133 Abs. 1 Nr. 2 GWB bspw. dann der Fall, wenn der Auftragnehmer wegen einer fehlerhaften Eignungsprüfung als geeignet angesehen worden ist, nicht vom Vergabeverfahren ausgeschlossen wurde und schlussendlich den Zuschlag erhalten hat.[147] Im Umkehrschluss ist der Kündigungsgrund des § 133 Abs. 1 Nr. 3 GWB nicht erfüllt, wenn der Vergaberechtsverstoß sich nicht auf die Zuschlagserteilung ausgewirkt hat. 91

Außerdem erfährt § 133 Abs. 1 Nr. 3 GWB dadurch eine **weitere tatbestandliche Einschränkung,** dass der schwere Verstoß vom EuGH in einem konkreten Verfahren nach Art. 258 AEUV festgestellt worden sein muss. Bei diesem Verfahren handelt es sich um das **Vertragsverletzungsverfahren,** dessen Ziel die Bekämpfung staatlicher Unionsrechtsverletzungen ist.[148] Das Vertragsverletzungsverfahren hat die objektiv-rechtliche Funktion, die Mitgliedstaaten zur Erfüllung ihrer unionsrechtlichen Verpflichtungen anzuhalten.[149] Ein solches Vertragsverletzungsverfahren kann auch auf Antrag von Privatpersonen in Gang gesetzt werden.[150] Dazu können diese das hierzu vorgesehene Beschwerdeformular nutzen und es der Europäischen Kommission zukommen lassen.[151] In der Praxis bilden derartige Beschwerden den häufigsten Fall der Kenntniserlangung von Vertragsverstößen.[152] Auf diesem Wege können Bieter, die der Ansicht sind, dass iRd Auftragsvergabe eine schwere Verletzung von unionsrechtlichen Pflichten durch den Auftraggeber begangen worden ist, die Überprüfung des Verfahrensergebnisses durch die Europäische Kommission und schlussendlich durch den EuGH in Gang setzen. 92

Da der Kündigungsgrund des § 133 Abs. 1 Nr. 3 GWB tatbestandlich erst dann eingreift, wenn die Unionsrechtsverletzung in einem Verfahren nach Art. 258 AEUV konkret durch den EuGH festgestellt worden ist, ist die Feststellung des effektiven Vorliegens dieses Kündigungsgrundes faktisch auf die **Mitwirkung der übergangenen Bieter angewiesen.** Dieses Beschwerdeverfahren ist unentgeltlich. Der Beschwerdeführer braucht formal weder nachzuweisen, dass Handlungsbedarf besteht, noch, dass er selbst von der beanstandeten Zuwiderhandlung hauptsächlich und unmittelbar betroffen ist.[153] Nach stRspr besteht jedoch aufgrund des objektiv-rechtlichen Charakters des Verfahrens kein einklagbarer Anspruch auf Einleitung und Durchführung eines Vertragsverletzungsverfahrens.[154] 93

Obgleich nur wenige Vertragsverletzungsverfahren mit einem EuGH-Urteil enden,[155] sieht die hA im Vertragsverletzungsverfahren eine hohe praktische Bedeutung für die Durchsetzung des Unionsrechts.[156] Zwar ist das Verfahren für die 94

---

[146] Görlich/Conrad VergabeR 2016, 567 (573).
[147] Görlich/Conrad VergabeR 2016, 567 (573).
[148] GHN/Karpenstein AEUV Art. 258 Rn. 1.
[149] GHN/Karpenstein AEUV Art. 258 Rn. 1.
[150] GHN/Karpenstein AEUV Art. 258 Rn. 15.
[151] Das Formular steht im Internet bereit unter: http://ec.europa.eu/atwork/applying-eu-law/make_a_complaint_de.htm.
[152] GHN/Karpenstein AEUV Art. 258 Rn. 15.
[153] GHN/Karpenstein AEUV Art. 258 Rn. 16.
[154] GHN/Karpenstein AEUV Art. 258 Rn. 17.
[155] GHN/Karpenstein AEUV Art. 258 Rn. 9.
[156] GHN/Karpenstein AEUV Art. 258 Rn. 10; Callies/Ruffert/Cremer AEUV Art. 258 Rn. 3; von der Groeben/Wunderlich AEUV Art. 258 Rn. 1.

GWB § 133 Kündigung von öffentlichen Aufträgen in besonderen Fällen

Bewältigung von Einzelproblemen des täglichen Vollzugs von EU-Recht zu **schwerfällig und zeitaufwendig**, nichtsdestotrotz sind die „disziplinierenden" Erfolge zur Kontrolle nationaler Rechtsakte und unionswidriger Verwaltungspraktiken unbestritten.[157] 2018 stellte die Kommission fest, dass alle Mitgliedstaaten die Umsetzung der Richtlinie über Schadensersatzklagen wegen Zuwiderhandlung gegen wettbewerbsrechtliche Bestimmungen abgeschlossen hatten, und beendete daraufhin die 18 noch laufenden Vertragsverletzungsverfahren.[158]

95   Obwohl im Bereich des öffentlichen Beschaffungswesens bei über 23.000 europaweiten Vergabeverfahren in Deutschland pro Jahr[159] gerade einmal drei Urteile des EuGH nach Art. 258 AEUV zur öffentlichen Beschaffung gegen Deutschland im Jahre 2014 ergangen sind,[160] handelt es sich bei der Normierung dieser Kündigungsvoraussetzung um einen wichtigen Schritt zu einer weitergehenden **unionsrechtlichen Disziplinierung** der zuständigen **Beschaffungsstellen**. Mit § 133 Abs. 1 Nr. 3 GWB hat der Gesetzgeber auf den unionsrechtlichen Grundsatz reagiert, wonach der europarechtswidrig handelnde Mitgliedstaat gem. Art. 260 AEUV Maßnahmen ergreifen muss, um den Rechtsverstoß zu beseitigen. Im Kontext des Vergaberechts war daher die öffentliche Hand bereits nach alter Rechtslage dazu verpflichtet, unionsrechtswidrig vergebene Aufträge zu kündigen.[161] Der zivilrechtliche Grundsatz des „**pacta sunt servanda**" **galt dann nicht mehr.** Hierbei bestand indes das Problem, dass der Auftraggeber den Vertrag nur unter den erhöhten Voraussetzungen der §§ 314, 313 BGB außerordentlich kündigen konnte und in gewissen Fällen die Kündigung dementsprechend nicht möglich war. Mit der Normierung des § 133 Abs. 1 Nr. 3 GWB sollten solche Schwierigkeiten der Vergangenheit angehören.

96   Angesichts der Enge der Tatbestandsvoraussetzungen (konkrete Entscheidung des EuGH erforderlich) werden die Voraussetzungen des § 133 Abs. 1 Nr. 3 GWB in der Praxis **selten erfüllt** sein.[162] Die Hauptfunktion der Norm ist weniger die Gewährleistung der Praktikabilität, sondern vielmehr die „unionsrechtliche Disziplinierung" der Beschaffungsstellen, die bei unionsrechtswidriger Auftragsvergabe eine Kündigung befürchten müssen. Das gilt umso mehr, als auch rechtswidrig behandelte Bieter ein Verfahren nach Art. 258 AEUV in Gang bringen können.

97   Im Hinblick auf die **innere Systematik** des § 133 Abs. 1 GWB wird dem Kündigungstatbestand nach § 133 Abs. 1 Nr. 3 GWB gleichwohl eine subsidiäre Rolle als **Auffangtatbestand** zukommen. Nur wenn die speziellen Kündigungsgründe nach § 133 Abs. 1 Nr. 1, 2 GWB nicht vorliegen, entfaltet der allgemeinere § 133 Abs. 1 Nr. 3 GWB noch eine eigene Regelungswirkung als Kündigungsgrund. In der Mehrzahl der Praxisfälle werden Auftraggeber jedenfalls überwiegend auf die Gründe der Nr. 1 und 2 zurückgreifen.

98   **cc) Intendiertes Ermessens bei § 133 Abs. 1 Nr. 3 GWB.** Obgleich § 133 Abs. 1 GWB auch für den Kündigungsgrund wegen schweren Verstoßes gegen unionsrechtliche Verpflichtungen einen Ermessensspielraum zugunsten des Auftrag-

---

[157] GHN/Karpenstein AEUV Art. 258 Rn. 10.

[158] Bericht der Kommission, Kontrolle der Anwendung des EU-Rechts, Jahresbericht 2018 vom 4.7.2019, COM(2019) 319 final.

[159] Die Zahl bezieht sich auf das Jahr 2013, vgl. Kommission EU-Public Procurement Indicaters 2014 v. 2.2.2016, S. 10; die aktuellen Verfahren können auf der Homepage der Europäischen Kommission unter: Europäische Kommission, Anwendung des EU-Rechts, Vertragsverletzungen, Entscheidungen in Verletzungsverfahren abgerufen werden.

[160] Die Zahl bezieht sich auf 2014, vgl. Jahresbericht der Kommission über die Kontrolle der Anwendung des EU-Rechts (2014) v. 9.7.2015, COM(2015) 329 final, S. 16; vgl. aber jüngst: EuGH 4.7.2019 – C-377/19, NJW 2019, 2529.

[161] OLG Schleswig 4.11.2014 – 1 Verg 1/14, NZBau 2015, 186.

[162] Vgl. Müller-Wrede GWB/Fülling § 133 Rn. 36–39.

gebers vorsieht, ist unklar, wann ein solcher Fall gegeben sein kann. Insbesondere bei einem durch den EuGH festgestellten schweren Verstoß gegen Unionsrecht wird aufgrund des **Effektivitätsgrundsatzes des Unionsrechts (effet utile)**[163] gem. Art. 4 Abs. 3 EUV regelmäßig eine **Ermessensreduktion auf null** und damit eine **Pflicht zur Kündigung** anzunehmen sein.[164] Aufgrund dieser primär-rechtlichen Vorgabe handelt es sich beim Ermessensspielraum in Bezug auf § 133 Abs. 1 Nr. 3 GWB faktisch um **intendiertes Ermessen**. Obwohl eine bloß intendierte Ermessensermächtigung idR durch den Wortlaut „soll" eingeräumt wird, kann sich eine solche aber auch aus systematischen und normhierarchischen Erwägungen ergeben.[165]

Im Rahmen des **intendierten Ermessens** besitzt die öffentliche Hand keinen vollen Ermessensspielraum, sondern einen bereits gesetzlich vorgezeichneten. Ein bestimmtes Ergebnis ist dann in den typischen Fällen der Norm als gebundene – „soll" – Entscheidung vorgesehen. Erst bei atypischen Fällen ist von dieser automatischen Rechtsfolge abzusehen und eine vollumfängliche Ermessensprüfung durchzuführen.[166] Erst wenn ein atypischer Fall vorliegt, darf der Auftraggeber daher bei § 133 Abs. 1 Nr. 3 GWB eine volle Ermessensentscheidung treffen. Bei einem typischen Fall des Kündigungsgrundes ist er hingegen hinsichtlich der Erklärung der Kündigung in seiner Entscheidung gebunden (zur streitigen Kündigungspflicht → Rn. 1). 99

4. Verhältnismäßigkeitsgrundsatz

Jedes vergaberechtlich relevante Handeln des Auftraggebers unterliegt auch dem der Verwaltungstätigkeit immanenten Grundsatz der **Verhältnismäßigkeit;** das wird von § 97 Abs. 1 S. 2 GWB spezifisch für das Vergabeverfahren bekräftigt. Dieser Grundsatz gilt auch bei der Kündigung von Verträgen gem. § 133 GWB.[167] Ob und wann der Verhältnismäßigkeitsgrundsatz verletzt ist, ist keiner generalisierenden Prüfung zugänglich, sondern hängt von den Umständen des Einzelfalls ab.[168] Festzuhalten bleibt aber, dass die grundsätzliche Pflicht zur Kündigung auch bei viele Jahre zurückliegenden Vertragsverstößen besteht.[169] Grund dafür ist, dass die Verletzung des AEUV und der Grundfreiheiten während der gesamten Vertragslaufzeit besteht und – während der Vertragslaufzeit – nicht geringer wird. 100

IRd Ermessensentscheidung des Auftraggebers zur Kündigung eines Auftrages aufgrund des Vorliegens eines zwingenden Ausschlussgrundes gem. § 133 Abs. 1 Nr. 2 GWB spielt § 123 Abs. 5 GWB unmittelbar keine Rolle, da die Vorschrift nur für Ausschlussentscheidungen nach § 123 Abs. 1–4 GWB eine Rolle spielt. Aufgrund der Ähnlichkeit von Ausschluss und Kündigung bietet es sich an, die in § 125 Abs. 5 S. 1, 2 GWB genannten Belange der „zwingenden Gründe des öffentlichen Interesses" und der „offensichtlichen Unverhältnismäßigkeit eines Ausschlusses" als beachtliche Aspekte in die Ermessensentscheidung mit einzubeziehen. Da der **Grundsatz der Verhältnismäßigkeit** mit § 123 Abs. 5 S. 2 GWB in die Entscheidung des Auftraggebers Eingang gefunden hat, ist es nur folgerichtig, diesen Grundsatz auch entspr. bei der Kündigung aus denselben Gründen heranzuziehen. 101

Wegen des Verhältnismäßigkeitsgrundsatzes führt nicht jede Änderung zu einer rechtlichen Konsequenz. Änderungen an den Auftragsunterlagen sind bestimmten 102

---

[163] GHN/Mayer AEUV Art. 19 Rn. 58.
[164] Ähnlich auch Görlich/Conrad VergabeR 2016, 567 (572).
[165] NK-VwGO/Wolff § 114 Rn. 139.
[166] NK-VwGO/Wolff § 114 Rn. 138.
[167] Vgl. Beck VergabeR/Berger GWB § 133 Rn. 12, 13.
[168] BVerwG 18.3.2016 – 3 B 16.15, BeckRS 2016, 44978 Rn. 18.
[169] Vgl. Müller-Wrede GWB/Fülling § 133 Rn. 11.

GWB § 133 Kündigung von öffentlichen Aufträgen in besonderen Fällen

Grenzen unterworfen. So dürfen sie etwa nach Erwgr. 81 RL 2014/24/EU nicht so wesentlich sein, dass andere als die ursprünglich ausgewählten Bewerber zugelassen worden wären oder das Interesse zusätzlicher Teilnehmer am Vergabeverfahren geweckt worden wäre. Diese Formulierung knüpft zwar an die der Norm des § 132 GWB zugrunde liegende Bestimmung des Art. 72 RL 2014/24/EU an, erfordert und rechtfertigt es allerdings nicht, diese Bestimmung entgegen des auch dort eindeutigen Wortlauts in Art. 72 Abs. 4 RL 2014/24/EU über Änderungen während der Laufzeit eines Auftrags hinaus anzuwenden. Der bezeichnete Erwgr. bestimmt vielmehr die Rechtsfolge einer nach diesen Erwägungen nicht mehr zulässigen Änderung an den Auftragsunterlagen nicht; dies muss nicht zwingend die Unwirksamkeit eines bereits geschlossenen Vertrages sein.[170]

103 In der Gesamtschau der unionsrechtlichen Bestimmungen kann nicht das Bedürfnis verkannt werden, dass gröbste Verstöße gegen das Vergaberecht, die – wie Direktvergaben – bei Aufrechterhaltung der unter diesem Verstoß zustande gekommenen Vertrages nicht angemessen sanktioniert werden könnten, zur Unwirksamkeit bzw. Nichtigkeit des Vertrages führen müssen. Diesem Bedürfnis kann jedoch durch eine einzelfallbezogene Anwendung insbes. von § 138 BGB sachgerechter und unter Beschränkung der damit unvermeidbar verbundenen Rechtsunsicherheit auf das unvermeidbare Maß Rechnung getragen werden (→ Rn. 152 ff.).[171]

104 Für die Annahme eines „**zwingenden öffentlichen Interesses**" iSd § 123 Abs. 5 S. 1 GWB reicht es nicht aus, dass die fortgesetzte Vertragsdurchführung eines Bieters aus Gründen des öffentlichen Interesses sinnvoll oder wirtschaftlich erscheint, weil das Unternehmen einen günstigeren Preis geboten hat.[172] Vielmehr liegt ein zwingendes öffentliches Interesse nur dann vor, wenn die Auftragsdurchführung durch einen ganz bestimmten Bieter in **Ausnahmesituationen** schlechthin unumgänglich ist.[173] Das könnte bspw. der Fall sein, wenn dringend benötigte Impfstoffe oder Notfallausrüstungen nur von einem Bieter käuflich erworben werden können, dem gegenüber aber die Voraussetzungen der zwingenden Ausschlussgründe gem. § 123 Abs. 1 GWB oder § 123 Abs. 4 GWB erfüllt.[174] Als weitere Beispiele nennt Art. 57 Abs. 3 UAbs. 1 VRL Gründe aus den Bereichen des Umweltschutzes und der öffentlichen Gesundheit.

105 Ein solchermaßen zwingendes öffentliches Interesse, welches einer Kündigung entgegenstünde, könnte sich **darüber hinaus** insbes. aus **verfassungsrechtlichen Schutz- und Gewährleistungspflichten** des Auftraggebers ergeben. Es könnte sich dabei um Leistungen der öffentlichen Daseinsvorsorge handeln, zu deren lückenloser Erbringung die öffentliche Hand verpflichtet ist. Bei der unmittelbaren Gefahr einer Versorgungslücke im Bereich fundamentaler Schutzgüter wie Leben und Gesundheit sowie einer gemeinen Gefahr infolge von großflächigen Katastrophen, Unglücksfällen sowie Terroranschlägen ist ein solches zwingendes öffentliches Interesse spätestens anzunehmen. Dies gilt jedoch nur für einen gewissen Zeitraum. Einem Auftraggeber ist es zB möglich und zumutbar, den zwischen der erst- und zweitinstanzlichen Entscheidung liegenden Zeitraum von annähernd vier Monaten iSd Umsetzung der vergaberechtlichen Grundprinzipien zu nutzen[175] (zu Einzelfragen des Tatbestandsmerkmales der besonderen Dringlichkeit s. die Kommentierung zu → § 134 Rn. 117 ff.).

106 In einem entspr. Licht ist auch die „offensichtliche Unverhältnismäßigkeit" einer Kündigung gem. § 123 Abs. 5 S. 2 GWB zu sehen. Als Beispiele für eine solche

---

[170] OLG Celle 24.10.2019 – 13 Verg 9/19, BeckRS 2019, 26579.
[171] OLG Celle 24.10.2019 – 13 Verg 9/19, BeckRS 2019, 26579.
[172] Vgl. Gesetzesentwurf der BReg: Entwurf eines Gesetzes zur Modernisierung des Vergaberechts, BT-Drs. 18/6281, 101.
[173] Erwgr. 100 der VRL.
[174] Erwgr. 100 der VRL.
[175] VK Sachsen-Anhalt 13.12.20171 – VK LSA 27/17, IBRRS 2018, 1667.

Unverhältnismäßigkeit werden in Art. 57 Abs. 3 UAbs. 2 VRL die Fälle genannt, in denen dem Unternehmen wegen nur geringfügig nicht gezahlter Steuern oder Sozialversicherungsbeiträgen gekündigt wird, oder wenn Unternehmen im Anschluss an die Verletzung ihrer Verpflichtungen im Zusammenhang mit der Zahlung von Steuern oder Sozialversicherungsbeiträgen so spät über den genauen geschuldeten Betrag unterrichtet werden, dass sie keine Möglichkeit hatten, ihrer Zahlungspflicht nachzukommen. Es ist insofern auf sämtliche Umstände des Verstoßes gegen die Ausschlussgründe nach § 123 Abs. 1–4 GWB abzustellen, hierbei insbes. auf die Schwere und den Grund des Verstoßes sowie auf das im Nachgang gezeigte Verhalten. **Compliance-Maßnahmen,** die vom Bieter getroffen werden, um die Folgen etwaiger strafrechtlicher Verstöße oder eines Fehlverhaltens und weiteres Fehlverhalten wirksam zu beheben, sind diesem ggü. zu honorieren und dementsprechend in die Ermessensentscheidung einzustellen.[176]

In dieser Konsequenz könnte ein Ausschluss **unverhältnismäßig sein,** wenn der Ausschlussgrund zwar zum Zeitpunkt der Zuschlagserteilung vorlag, aber zum Zeitpunkt der Kenntniserlangung des Auftraggebers bereits **längere Zeit zurückliegt** und die strafrechtlich verurteilten Mitarbeiter nicht mehr in dem Unternehmen tätig sind.[177] Für diese Sicht spricht zudem, dass § 8 Abs. 4 S. 2 VOB/B für den Bauauftrag vorsieht, dass die Kündigung innerhalb von 12 Werktagen nach Bekanntwerden des Kündigungsgrundes auszusprechen ist. Sind Compliance-Maßnahmen erfolgreich durchgeführt und in dem erforderlichen Umfang umgesetzt worden, kann ein Ausschluss unverhältnismäßig sein[178] (zu Kündigungsregelung der VOB/B → Rn. 19 ff.). Unter solchen Maßnahmen sind Vorgänge zu verstehen, die die Zuverlässigkeit des Bieters wiederherstellen sollen. Dazu gehört insbes. eine lückenlose Aufklärung des Sachverhalts. Vor allem sind personelle und organisatorische Konsequenzen zu ergreifen, um diejenigen, die an den Vorgängen, welche zur Unzuverlässigkeit des Bieterunternehmens geführt haben, an der erneuten Vornahme von inkriminierten Handlungen zu hindern.[179]

Insbes. ist eine Trennung von den betroffenen Personen erforderlich und es muss sichergestellt sein, dass keinerlei Möglichkeit der Einflussnahme mehr auf Vorgänge innerhalb des Bieterunternehmens bestehen.[180] Offensichtlich ist die Unverhältnismäßigkeit jedenfalls spätestens dann, wenn eine Kündigung aus einem zwingenden Grund angesichts der aufgezählten Beispiele völlig unvertretbar erscheint. Die **Unverhältnismäßigkeit** der Kündigung muss dem Sachverhalt somit **„auf der Stirn geschrieben"** stehen und jede andere Bewertung fehlerhaft und nicht verständig erscheinen lassen.

Der Ermessensspielraum hinsichtlich der Erklärung der Kündigung reduziert sich angesichts der **Verhältnismäßigkeitsgrundsatzes,**
– je schwerer der Verstoß gegen einen Ausschlussgrund im Einzelfall ausfällt,
– je grober und eindeutiger das subjektive Verschulden des Unternehmens hierbei besteht, und
– je weniger das Unternehmen Compliance-Maßnahmen im Nachgang treffen will bzw. zu treffen bereit ist.

Ein weiterer Gesichtspunkt ist die Frage, ob es sich bei den erbrachten Leistungen um solche eher allgemeiner Art handelt, die verhältnismäßig breit gestreut auf dem Markt angeboten werden, oder eher um spezielle Produkte, deren alternative Beschaffung zu Problemen und Versorgungsengpässen in womöglich sehr grundrechtssensiblen Bereichen führen könnte. In solchen Konstellationen ist es nicht

---

[176] Erwgr. 102 der VRL.
[177] VK Lüneburg 18.12.2015 – VgK-45/2015, BeckRS 2016, 5477.
[178] VK Lüneburg 18.12.2015 – VgK-45/2015, BeckRS 2016, 5477.
[179] VK Lüneburg 18.12.2015 – VgK-45/2015, BeckRS 2016, 5477.
[180] VK Lüneburg 18.12.2015 – VgK-45/2015, BeckRS 2016, 5477.

GWB § 133   Kündigung von öffentlichen Aufträgen in besonderen Fällen

ausgeschlossen, dass sich das Kündigungsrecht sogar zu einem Kündigungsverbot wandelt mit der Folge, dass allein die Entscheidung, nicht zu kündigen, die **einzig ermessensfehlerfreie Entscheidung** bleibt.

5. Treu und Glauben, Sittenwidrigkeit

111   Auch wenn die Initiative zur Umgehung des Vergaberechts, zB bei der Auftragsänderung, vom Auftraggeber ausging, so ist die Kündigung **nicht gem. § 242 BGB nach Treu und Glauben ausgeschlossen**, selbst wenn die Initiative vom Auftraggeber ausging. Sinn der Normierung ist die Einhaltung der aus dem Unionsrecht erwachsenen Verpflichtungen, so dass für eine Einschränkung des Kündigungsrechts kein Raum ist.[181] Das kollusive Zusammenwirken zwischen Auftraggeber und Auftragnehmer kann sittenwidrig sein[182] (→ GWB § 135 Rn. 132 ff.).

IV. Formelle Vorgaben

112   § 133 GWB enthält **keine formellen Vorgaben** zur Kündigung. Schon aus Nachweis- und Dokumentationsgründen ist die **Schriftform sinnvoll**. Für den Bauauftrag ist diese Frage geklärt. Die Kündigung ist gem. § 8 Abs. 6 VOB/B schriftlich zu erklären, wenn die VOB/B vom Auftraggeber gem. § 2 VgV in den Vergabeunterlagen für anwendbar erklärt wurde.

1. Form

113   Obgleich weder Art. 73 VRL noch § 133 GWB bzgl. der Kündigungserklärung eine zwingend einzuhaltende Form vorsehen, spricht viel dafür, für die Kündigungsmöglichkeit ebenfalls die **Schriftform** anzunehmen. Der Grundsatz der Schriftlichkeit spielt im Vergabeverfahren eine tragende Rolle bei der Dokumentation des Verfahrens, s. hierzu § 8 VgV, § 6 KonzVgV und § 8 SektVO. Das Abfassen sämtlicher Vergabeschritte dient der Beweisbarkeit und damit der Transparenz des Verfahrens. Zwar regelt § 133 GWB mit der Kündigung einen Bereich, der zeitlich nach einem förmlich abgeschlossenen Vergabeverfahren liegt. Doch es ergeben sich ähnliche Bedürfnisse des Kündigungsempfängers zur Beweisbarkeit und Transparenz, wie derjenigen eines Bieters im Verfahren.

114   Der Begriff der **„Schriftlichkeit"** wird in Art. 5 Nr. 6 RL 2014/23/EU definiert. Diese Definition sieht ua „eine aus Wörtern oder Ziffern bestehende Darstellung" vor, „die gelesen, reproduziert und mitgeteilt werden kann". Eine Unterschrift bzw. Signatur sieht sie nicht vor. Obgleich diese Bestimmung keiner der bestehenden Formdefinitionen des BGB vollständig entspricht, kommt sie (abgesehen vom Erfordernis der Signatur) noch der Textform gem. § 126b BGB am nächsten.

115   Der Kündigungsempfänger hat ein berechtigtes Interesse daran, dass die Kündigung ihm ggü. nicht formlos, sondern schriftlich ausgesprochen wird. Die Wahrung der Schriftform des § 126b BGB (oder zumindest derjenigen des Art. 2 Abs. 1 Nr. 5 VRL) dient dem **Interesse des Unternehmens an einer Beweissicherung**. Auch führt die schriftliche Abfassung der Kündigung zur Wahrung der Rechtssicherheit, da das betreffende Unternehmen mit Erhalt der schriftlichen Kündigung unzweifelhaft im Klaren darüber ist, dass die Kündigung endgültig ausgesprochen worden ist – dies wäre bei rein mündlicher Mitteilung unter Abwesenden nicht der Fall. Schlussendlich führt eine schriftlich erklärte Kündigung zu einer greifbaren, übersichtlichen Information des Unternehmens über die vorgesehene Frist sowie über

---

[181] Müller-Wrede GWB/Fülling § 133 Rn. 29.
[182] OLG Celle 24.10.2019 – 13 Verg 9/19, BeckRS 2019, 26579; Müller-Wrede GWB/Fülling § 133 Rn. 12.

die Gründe der Kündigung – im Gegensatz zur rein mündlichen Mitteilung am Telefon oder im Gespräch. Vorsorglich sollte sich der Auftraggeber an der Formvorgabe des § 8 Abs. 6 VOB/B orientieren.

2. Frist

Ebenso wenig ist in den einschlägigen Vorschriften (außer in der VOB/B) eine 116
durch den Auftraggeber einzuhaltende Frist vorgesehen. Die Kündigung ist bei einem Bauauftrag, wenn gem. § 2 VgV die VOB/B vereinbart wurde, gem. § 8 Abs. 4 S. 2 VOB/B innerhalb von 12 Werktagen nach Bekanntwerden des Kündigungsgrundes auszusprechen (→ Rn. 15 ff.). Im Bereich der VOL/B, die gem. § 21 Abs. 2 UVgO idR in den Vertrag einzubeziehen ist, gibt es eine vergleichbare Bestimmung nicht. Das Kündigungsrecht des § 133 Abs. 1 GWB ist unbefristet.[183]

Bei der Kündigungsregelung des § 133 GWB handelt es sich um außerordentliche 117
Kündigungsgründe. Wie bei § 314 BGB ist damit die **Einhaltung einer Kündigungsfrist im Grundsatz nicht erforderlich.**[184] Die Erklärung der außerordentlichen Kündigung beendet das Vertragsverhältnis vielmehr mit sofortiger Wirkung ex-nunc.[185] Im Grundsatz kann daher nicht vom Auftraggeber verlangt werden, die Kündigung nach § 133 Abs. 1 GWB unter Einhaltung einer Frist zu erklären.

In einem Ausnahmefall kann dennoch der **Verhältnismäßigkeitsgrundsatz** das 118
Erfordernis bedingen, dass der Auftraggeber sich im Rahmen seines Ermessens zur Einräumung einer Kündigungsfrist entschließt. Nach allg. zivilrechtlichen Grundsätzen ist dies dann der Fall, wenn die Interessen des Unternehmens die Einräumung einer Frist erfordern und diese Gewährung dem Auftraggeber zumutbar ist.[186] In diesem Fall ist daher die Einräumung einer (Mindest-)Frist zur Ausübung der Kündigung erforderlich, um die Verhältnismäßigkeit der Kündigungserklärung zu wahren. Es müssen **objektiv besondere Umstände** vorliegen, die eine solche Pflicht zur Fristeneinräumung rechtfertigen. Generelle Aussagen hinsichtlich der Fristlänge lassen sich nicht von vornherein treffen, es kommt dabei auf alle relevanten Gesichtspunkte und Umstände des Einzelfalles an, die der Auftraggeber in Ausübung seines Ermessensspielraums berücksichtigen muss.[187] Unbestimmt kann die Frist nicht sein, wobei zur Fristbemessung auf die Rspr. zur Dringlichkeit zurückgegriffen werden kann (→ § 134 Rn. 117 ff.).

3. Frühester und spätester Zeitpunkt der Kündigung?

Der Zeitpunkt der Vornahme der Kündigung steht – anders als bei der VOB/ 119
B – ebenfalls im **Ermessensspielraum** des Auftraggebers. Die Kündigung ist bei einem Bauauftrag gem. § 8 Abs. 4 S. 2 VOB/B innerhalb von 12 Werktagen nach Bekanntwerden des Kündigungsgrundes auszusprechen (→ Rn. 65 ff.). In den anderen Bereichen steht es dem Auftraggeber grds. frei, im Rahmen seines Ermessens die Rechtsfolge „Kündigung erklären" auszuwählen. Hierüber hinausgehend bestehen keine weitergehenden Vorgaben hinsichtlich eines frühestmöglichen Zeitpunktes der Ausübung des Kündigungsrechts. Die Kündigung kann dementsprechend ab dem **Zeitpunkt der Kenntniserlangung** wirksam erklärt werden.

Im Gegensatz zur Anfechtung (s. § 144 BGB) existiert auch **kein spätester Zeit-** 120
punkt der Kündigung. Obgleich in Vertragsverhältnissen der **Grundsatz von Treu und Glauben** in Grenzfällen eine zeitliche Beschränkung der Ausübung des Kündi-

---

[183] Beck VergabeR/Berger GWB § 133 Rn. 19.
[184] Gesetzesentwurf der BReg: Entwurf eines Gesetzes zur Modernisierung des Vergaberechts, BT-Drs. 18/6281, 118; KK-VergR/Scharen GWB 133 Rn. 2.
[185] Grüneberg/Grüneberg BGB § 314 Rn. 10.
[186] Grüneberg/Grüneberg BGB § 314 Rn. 10.
[187] Grüneberg/Grüneberg BGB § 314 Rn. 10.

GWB § 133 Kündigung von öffentlichen Aufträgen in besonderen Fällen

gungsrechts aufgrund der Verwirkung vorsieht, kann dieser Grundsatz wiederum nicht ganz genauso in das vergaberechtliche Vertragsverhältnis übernommen werden. Zwar ist es richtig, dass § 242 BGB regelmäßig im Verhältnis zwischen Auftraggeber und Auftragnehmer Wirkung entfaltet. Allerdings wirkt auf dieses Vertragsverhältnis insbes. auch das Unionsrecht ein. Nach den Grundsätzen des Primärrechts müssen vergaberechtswidrig vergebene Aufträge beendet werden, so dass der Auftraggeber bei Vorliegen eines Kündigungsgrundes stets auch – zeitlich – unbeschränkt – wird kündigen können müssen.[188] Eine zeitliche Beschränkung wird sich dementsprechend lediglich dann ergeben können, wenn eine Ermessensreduktion auf null vorliegt.

4. Pflicht zur Anhörung vor Kündigung und zu deren Begründung

121 Eine **Anhörungspflicht** ist in § 133 GWB für den Zeitraum vor Erklärung der Kündigung **nicht vorgesehen**. Weder das GWB noch die Vergabeverordnungen sehen hierzu Vorgaben und Regelungen vor. Davon ausgehend wäre eine Anhörung nie zwingend vor Erklärung der außerordentlichen Kündigung gem. § 133 Abs. 1 GWB erforderlich. Aus systematischen Erwägungen heraus ist aber von einer Anhörungspflicht auszugehen.

122 Zum einen existiert im Zivilrecht in Hinblick auf außerordentliche Kündigungserklärungen der Grundsatz, dass der kündigende Teil den Kündigungsempfänger regelmäßig vor Ausübung der Kündigung abmahnen muss. Eine solche Mahnung ist immer dann erforderlich, wenn der Kündigungsgrund aus einem vertragswidrigen Verhalten, nämlich aus einer Pflichtverletzung des Schuldners (hier des Auftragnehmers), resultiert.[189] Der Abmahnung kommt hier ua die Warnfunktion ggü. dem Schuldner zu.[190] Obgleich dieser Grundsatz des § 314 BGB nicht ohne weiteres auf den vergaberechtlichen Kontext übertragen werden kann, ergibt sich nichtsdestotrotz ein bestimmtes **Leitbild bzgl. des „typischen" Ablaufs** einer außerordentlichen Kündigung.

123 Zum anderen existiert das **Recht auf Anhörung** als Grundsatz des öffentlichen Rechts, welches in § 28 VwVfG normiert ist. Der Anspruch auf Anhörung ist im Bereich des administrativen Tätigwerdens Ausfluss des Rechtsstaatsprinzips aus Art. 20 Abs. 3 GG und durchdringt das gesamte Verwaltungsrecht (freilich mit Ausnahmetatbeständen versehen).[191] Dies soll nicht nur für den Bereich der klassischen Eingriffsverwaltung gelten, sondern vielmehr auch für das rein fiskalische Tätigwerden der öffentlichen Hand iRd Verwaltungsprivatrechts.[192] § 28 VwVfG ist entspr. heranzuziehen, wenn die öffentliche Hand öffentliche Aufgaben in privatrechtlicher Form wahrnimmt.[193] Ebenso ist dieser Grundsatz im Unionsrecht normiert, wonach das rechtliche Gehör als zentrales Element des Rechts auf eine gute Verwaltung gem. Art. 41 Abs. 2 EUGrCh normiert ist. Obgleich europäische Grundrechte unmittelbar die europäischen Organe binden, sind sie iRd indirekten Vollzugs auch durch die Organe der Mitgliedstaaten zu beachten.[194]

124 Angesichts dessen ist davon auszugehen, dass der rechtsstaatliche **Anspruch auf Gehör** ebenfalls das öffentliche Beschaffungswesen und damit das Vergaberecht durchdringt. Die öffentliche Hand tritt mittels des Vergabeverfahrens als Nachfrager im großen Maßstab auf den Markt auf, so dass dessen vergaberechtliche Tätigkeit in Hinblick auf Art. 12 Abs. 1, Art. 3 Abs. 1 GG unmittelbar Grundrechtsrelevanz

---

[188] OLG Schleswig 4.11.2014 – 1 Verg 1/14, NZBau 2015, 186.
[189] Grüneberg/Grüneberg BGB § 314 Rn. 8.
[190] Grüneberg/Grüneberg BGB § 314 Rn. 8.
[191] Kopp/Ramsauer VwVfG § 28 Rn. 3.
[192] Kopp/Ramsauer VwVfG § 28 Rn. 5.
[193] Kopp/Ramsauer VwVfG § 28 Rn. 5.
[194] Kopp/Ramsauer VwVfG § 28 Rn. 11.

Kündigung von öffentlichen Aufträgen in besonderen Fällen § 133 GWB

entfaltet.[195] Wenn dies für das Tätigwerden im Vergabeverfahren gilt, ist es inkonsequent, die rechtsstaatliche Bindung des Auftraggebers mit Abschluss des Verfahrens – durch Zuschlagserteilung – erlöschen zu lassen. Vielmehr bleibt der Auftraggeber der Bindung des öffentlichen Rechts unterworfen, so dass auch im nachvergaberechtlichen Bereich der Kündigung gem. § 133 Abs. 1 GWB der **Grundsatz des § 28 VwVfG jedenfalls analog** heranzuziehen ist.

Eine **Pflicht zur Anhörung** erscheint hinsichtlich der Kündigungsgründe gem. § 133 Abs. 1 Nr. 1, 2 GWB **verfahrensrechtlich zielführend.** Im Falle des Vorliegens dieser Kündigungsgründe hat der Auftragnehmer ein nachvollziehbares Interesse daran, dass der Auftraggeber diesem vor Ausübung des Kündigungsrechts die bevorstehende Kündigung androht und die Gelegenheit der Stellungnahme zu den Kündigungsgründen bietet. Auch führt eine Anhörung dazu, dass evtl. auftretende Fehler bei der Tatsachenermittlung schon im Vorfeld vermieden werden;[196] diese würden ansonsten zur Rechtswidrigkeit der Kündigung führen. Zwar bewirkt die Anhörung regelmäßig eine Verzögerung der Entscheidung, erzeugt zugleich aber für den Auftraggeber einen Konkretisierungs- und Offenlegungszwang sowie für den Auftragnehmer eine Vorwarnfunktion.[197] IRd Anhörung des Auftragnehmers kann ferner die Begründung des Auftraggebers zur Ausübung des Kündigungsrechts auf den Prüfstand gelegt werden. 125

Neben der **Anhörungspflicht analog § 28 VwVfG** ist aus denselben rechtsstaatlichen Erwägungen auch an eine Begründungspflicht bzgl. der Kündigung entspr. § 39 VwVfG zu denken. Wenn der Staat bei rein fiskalischem Handeln weiterhin den Grundsätzen des Rechtsstaatsprinzips verhaftet bleibt und dementsprechend analog § 28 VwVfG der Auftragnehmer vor Erklärung der Kündigung angehört werden muss, so wird der Auftraggeber die Kündigung als für den Auftragnehmer belastende Maßnahme auch entspr. § 39 VwVfG begründen müssen. Wie § 28 VwVfG, statuiert auch § 39 VwVfG einen allgemeingültigen rechtsstaatlichen Grundsatz, der die öffentliche Gewalt umfassend bindet und das administrative Handeln zugunsten der Betroffenen berechenbarer und nachvollziehbarer gestalten soll. Die Begründungspflicht ist Ausdruck des modernen diskursiven Verständnisses einer Verwaltung, die den Bürger bzw. das Unternehmen als Partner und nicht als Untertanen begreift.[198] 126

In der **Begründung** muss der Auftraggeber **analog § 39 Abs. 1 S. 1 VwVfG** dem Auftragnehmer die wesentlichen tatsächlichen und rechtlichen Gründe mitteilen, die ihn zu seiner Entscheidung bewogen haben. Dabei darf sich die Darstellung des Auftraggebers nicht in formelhaften allgemeinen Darlegungen erschöpfen, vielmehr muss die Begründung auf den konkreten Fall abstellen und die wesentlichen rechtlichen und tatsächlichen Gründe aufführen.[199] 127

Obgleich private **Sektorenauftraggeber** gem. § 100 Abs. 1 Nr. 2 lit. a, b GWB keine Einheiten der öffentlichen Hand sind, gelten für sie **dieselben vergaberechtlichen Grundsätze.** Diese Wertentscheidung spricht dafür, dass solche Auftraggeber generell keinen anderen Vorgaben unterworfen sind als genuin öffentliche Auftraggeber. Insofern haben sie im vergaberechtlichen Kontext ebenfalls die Anhörungs- und Begründungspflicht zu beachten. 128

5. Ordentliche Kündigung oder Aufhebungsvertrag

Wie der Vertrag gem. § 133 GWB beendet werden soll, gibt das Unions- und nationale Recht nicht vor. Denkbar ist auch die **ordentliche Kündigung** oder ein 129

---

[195] Ruthig/Storr Öffentliches Wirtschaftsrecht Rn. 1061.
[196] Stelkens/Bonk/Sachs/Bonk/Kallerhoff VwVfG § 28 Rn. 6.
[197] Stelkens/Bonk/Sachs/Bonk/Kallerhoff VwVfG § 28 Rn. 6.
[198] Kopp/Ramsauer VwVfG § 39 Rn. 4.
[199] Kopp/Ramsauer VwVfG § 39 Rn. 18, 18a.

GWB § 133 Kündigung von öffentlichen Aufträgen in besonderen Fällen

Aufhebungsvertrag.[200] Ziel für den Auftrag- und Konzessionsgeber muss aber die zeitnahe Beendigung des rechtswidrigen Vertragsverhältnisses sein.

V. Kündigungsfolgen: Vergütungsanspruch (§ 133 Abs. 2 GWB) und Neuausschreibung

130 Die **Rechtsfolgen** einer wirksamen Kündigung nach § 133 Abs. 1 GWB sind in § 133 Abs. 2 GWB geregelt. Nach § 133 Abs. 2 S. 1 GWB ist der Auftragnehmer bei Kündigungserklärung durch den Auftraggeber grds. dazu berechtigt, einen seinen bisherigen Leistungen entsprechenden Teil der Vergütung zu verlangen. Dies entspricht der Wertung des § 628 Abs. 1 S. 1 BGB. Die Regelung soll dadurch einen **angemessenen Interessenausgleich** zwischen Auftraggeber und Auftragnehmer ermöglichen.[201]

1. Beschränkter Vergütungsanspruch

131 In § 133 Abs. 2 S. 2 GWB wird der **Vergütungsanspruch** des Auftraggebers für den Fall der Kündigung gem. § 133 Abs. 1 Nr. 2 GWB **beschränkt.** Dies allerdings nur insoweit, als dass die bisher erbrachten Leistungen des Auftragnehmers infolge der Kündigung ohne Wert oder Vorteil für den Auftraggeber sind. Nach Ansicht des Gesetzgebers ist es sachgerecht, den Vergütungsanspruch zu beschränken, wenn die Kündigung vor dem Hintergrund eines zwingenden Ausschlussgrundes nach § 123 Abs. 1–4 GWB erfolgt ist.[202]

132 Wird ein öffentlicher Auftrag gem. § 133 Abs. 1 Nr. 1 GWB oder § 133 Abs. 1 Nr. 3 GWB gekündigt, kann der Auftragnehmer gem. § 133 Abs. 2 S. 1 GWB einen seinen bisherigen Leistungen entsprechenden **Teil der Vergütung** verlangen. Im Fall des § 133 Abs. 1 Nr. 2 GWB steht dem Auftragnehmer ein Anspruch auf Vergütung gem. § § 133 Abs. 2 S. 2 GWB insoweit nicht zu, als seine bisherigen Leistungen infolge der Kündigung für den öffentlichen Auftraggeber nicht von Interesse sind.

133 Die Regelung des § 133 Abs. 2 GWB entspricht der Wertung des § 628 Abs. 1 S. 1 BGB. Zwar ist der öffentliche Auftraggeber unmittelbar durch die Vorschriften des Vergaberechts verpflichtet. Er trägt aber das Risiko dafür, dass vergaberechtliche Gesichtspunkte einer weiteren Durchführung des Vertrags entgegenstehen, bei wirtschaftlicher Betrachtung nicht allein. Mit § 133 Abs. 2 S. 2 GWB wird der Vergütungsanspruch für den in § 133 Abs. 1 Nr. 2 GWB genannten Fall beschränkt, soweit die Leistungen des Auftragnehmers infolge der Kündigung ohne Wert oder Vorteil für den öffentlichen Auftraggeber sind. Der Wortlaut „insoweit" lässt allerdings darauf schließen, dass der Vergütungsanspruch des Auftragnehmers nicht komplett infolge einer Kündigung nach § 133 Abs. 1 Nr. 2 GWB entfällt, sondern bloß anteilig. Soweit der Auftraggeber einen bestimmten Teil der erbrachten Leistungen trotz Kündigung wegen eines zwingenden Ausschlussgrundes **verwerten kann**, besteht auch der **Vergütungsanspruch** des Auftragnehmers.

134 Da § 648 S. 2, 3 BGB im Falle der Kündigung nach § 133 Abs. 1 GWB nicht anwendbar ist, können Auftragnehmer für den noch **nicht erbrachten Teil ihrer Leistungen keine Vergütung** verlangen. Im Unterschied zu § 648 S. 1 BGB handelt es sich bei Kündigungen nach § 133 Abs. 1 GWB um Konstellationen, bei

---

[200] Vgl. Müller-Wrede GWB/Fülling § 133 Rn. 15.
[201] Gesetzesentwurf der BReg: Entwurf eines Gesetzes zur Modernisierung des Vergaberechts, BT-Drs. 18/6281, 118.
[202] Gesetzesentwurf der BReg: Entwurf eines Gesetzes zur Modernisierung des Vergaberechts, BT-Drs. 18/6281, 118.

denen es zur grundlegenden Veränderung der ursprünglich vorgelegenen Umstände bzw. zu gravierenden Verstößen gegen das Vergaberecht gekommen ist und dementsprechend eine außerordentliche Kündigung ausgesprochen wird. Es ist daher gerechtfertigt, auf eine Regelung wie die Norm des § 648 S. 2, 3 BGB bei § 133 GWB zu verzichten. In dieser Konsequenz ist § 648 BGB gedanklich bei der Kündigung nach § 133 GWB nicht heranzuziehen.[203]

In Hinblick auf die Berechnung des Vergütungsanspruchs gem. § 133 Abs. 2 GWB gilt Folgendes: Nach den zu § 628 Abs. 1 S. 1 BGB entwickelten Grundsätzen kann der Auftragnehmer seinen Teilvergütungsanspruch grds. nach einer **Pro-rata-temporis-Betrachtung** geltend machen.[204] Auch können gerade zur Erfüllung des konkreten Vertrages bereits erbrachte besondere Aufwendungen, die nicht mehr rückgängig zu machen und auch nicht für andere Verträge verwendbar sind, ungekürzt in Rechnung gestellt werden.[205] Ferner fallen unter die Kategorie der zu ersetzenden Leistungen auch solche vorbereitender Art bzw. sonst mit der Hauptleistung verbundene Maßnahmen sowie Reisekosten.[206] Aufwendungen, die der Auftragnehmer im Interesse des Auftraggebers getätigt hat, sind diesem analog § 670 BGB zu erstatten.

135

2. Bereicherungsrechtliche Ansprüche

Fraglich ist, ob das gekündigte Unternehmen einen Anspruch auf **Wertersatz für geleistete Dienste** aus § 812 Abs. 1 S. 1 Alt. 1, § 818 Abs. 2 BGB hat. Ein solcher Anspruch setzt voraus, dass der Auftragnehmer die im Wege der Auftragsdurchführung durchgeführten Leistungen von Anfang an ohne rechtlichen Grund (S. 1) oder nach späterem Wegfall des Leistungsgrundes (S. 2) erbracht hat.

136

Die Kündigung bewirkt als **Gestaltungsrecht,** dass das Dauerschuldverhältnis mit **ex-nunc Wirkung** beendet wird. Die Kündigung trifft damit **Rechtsfolgen nur für die Zukunft,** die Zeit des Vertragsverhältnisses für den Zeitraum ab Vertragsschluss bis zur Kündigung bleibt hingegen in ihrer Wirksamkeit unberührt. Wenn keine Gründe vorliegen, welche zur ex-tunc Nichtigkeit des Vertrages insges., vom Zeitpunkt des Vertragsschlusses an, führen, bleibt das Vertragsverhältnis somit für die Vergangenheit wirksam bestehen. In einem solchen Fall fehlt es nicht von Anfang an am Rechtsgrund für die erbrachten Leistungen,[207] womit ein Anspruch des Auftragnehmers aus § 812 Abs. 1 S. 1 Alt. 1 BGB auf Zahlung der Vergütung ausgeschlossen ist. Dieses Ergebnis wird durch § 133 Abs. 2 S. 1 GWB bestätigt. Diese Norm bezieht sich auf den allg. Grundsatz, dass gekündigte Dauerschuldverhältnisse nicht für die Vergangenheit, sondern nur für die Zukunft abgewickelt werden.

137

Ungeachtet dessen stellt sich die Frage, ob bei tatbestandlichem Vorliegen des § 133 Abs. 2 S. 2 GWB der Auftragnehmer nicht doch noch über § 812 Abs. 1 S. 1 Alt. 1 BGB die vereinbarte Vergütung einfordern könnte. § 133 Abs. 2 S. 2 GWB bewirkt, dass bei erfolgter Kündigung im Falle des § 133 Abs. 1 Nr. 2 GWB der Auftraggeber die gem. § 133 Abs. 2 S. 1 GWB grds. anteilig zu zahlende Vergütung endgültig verweigern kann, wenn die bereits erbrachten Leistungen infolge der Kündigung für ihn ohne Wert oder Vorteil geworden sind. Im Falle der Kündigung gem. § 133 Abs. 1 Nr. 2 GWB läuft der Auftragnehmer somit Gefahr, dass er seinem Vergütungsanspruch nicht wird durchsetzen können. Problematisch ist allerdings auch in dieser Konstellation, dass die dauerhafte Einrede nach § 133 Abs. 2 S. 2

138

---

[203] So auch Görlich/Conrad VergabeR 2016, 567 (576).
[204] BGH 8.10.2009 – III ZR 93/09, BeckRS 2009, 29226.
[205] BGH 8.10.2009 – III ZR 93/09, BeckRS 2009, 29226.
[206] Görlich/Conrad VegabeR 2016, 567 (577).
[207] Grüneberg/Sprau BGB § 812 Rn. 21.

GWB § 133 Kündigung von öffentlichen Aufträgen in besonderen Fällen

GWB nicht dazu führt, dass das Vertragsverhältnis rückwirkend unwirksam wird – die daraus resultierenden Ansprüche können lediglich nicht durchgesetzt werden. Der Anwendungsbereich des § 812 Abs. 1 S. 1 Alt. 1 BGB ist dann aber mangels Vorliegens der Tatbestandsvoraussetzungen nicht eröffnet.

139 Aber auch ein Anspruch aus § 812 Abs. 1 S. 2 Alt. 1 BGB kommt nicht in Betracht, da die Leistungserbringung vor Kündigung stattgefunden hat. Ein Anspruch des Auftragnehmers ergäbe sich daraus nur, wenn die Auftragsdurchführung sich noch nach Kündigung fortgesetzt hätte. Dies wird wohl praktisch so gut wie nie vorkommen. Alles in allem existieren daher in § 133 Abs. 2 GWB abschließende Regelungen hinsichtlich des Schicksals des Vergütungsanspruchs des Auftragnehmers, so dass für einen Rückgriff auf Ansprüche aus Leistungskondiktion kein Platz mehr bleibt.[208] Ein anderes Ergebnis würde im Hinblick auf einen Anspruch aus § 812 Abs. 1 S. 1 Alt. 1 BGB nur dann vorliegen, wenn das per Zuschlag abgeschlossene Vertragsverhältnis von Anfang an unwirksam wäre, sei es, weil der Vertragsschluss infolge einer Verbotswidrigkeit gem. § 134 BGB oder Sittenwidrigkeit gem. § 138 Abs. 1 BGB des Vertrages nicht wirksam zustande gekommen ist, oder, weil eine rückwirkende rechtsvernichtende Einwendung vorliegt. Einen eigenständigen Bereich hat das Bereicherungsrecht damit im Falle einer Kündigung nach § 133 Abs. 1 BGB nur noch für **Leistungen, die der Auftragnehmer im Voraus erbracht** hat. Solche Aktivposten können über § 812 Abs. 1 S. 2 Alt. 1, § 818 Abs. 2 BGB geltend gemacht werden – freilich unter der Prämisse, dass der Auftraggeber gem. § 818 Abs. 3 BGB entreichert ist. Entsprechendes gilt für den umgekehrten Fall, dass der Auftraggeber einen Teil der Vergütung im Voraus bezahlt hat.

140 Das Bereicherungsrecht spielt erst dann eine wichtige Rolle bei der Abwicklung des beendeten Vertragsverhältnisses, wenn der Auftraggeber den erteilten Vertrag **wirksam anficht**. In dem Fall ist der Vertrag **ex-tunc unwirksam**, so dass bereits erbrachte Leistungen von beiden Seiten über § 812 Abs. 1 S. 1 Alt. 1, § 818 Abs. 2 BGB gegenseitig herausverlangt werden können.[209] Das gilt freilich nur unter der Prämisse, dass der Anspruchsgegner nicht gem. § 818 Abs. 3 BGB entreichert ist.

3. Pflicht zur Neuausschreibung bei fortbestehendem Beschaffungsbedarf

141 IdR wird der Auftraggeber im Anschluss an eine wirksam erklärte Kündigung ein neues Vergabeverfahren durchführen müssen, wenn der Beschaffungsbedarf besteht und die Schwellenwerte überschritten sind.

142 Hierbei muss er **vollumfänglich die Vorgaben des Vergaberechts einhalten,** so dass ein gemeinschaftskonformes Vergabeverfahren durchzuführen ist. Dementsprechend darf er den gekündigten Auftragnehmer nicht von vornherein von der Teilnahme am neuen Verfahren ausschließen.[210] Zugleich ist es aber dem Auftraggeber unbenommen, bei der Prüfung der Eignung eines Bieters, also der Prognose, ob der Bieter nach seiner personellen, finanziellen und technischen Ausstattung in der Lage sein wird, den Auftrag durchzuführen, Erfahrungen mit einzubeziehen, die er selbst mit einem bestimmten Bieter in der Vergangenheit gemacht hat, ohne dass hierauf gesondert in der Vergabebekanntmachung oder den Ausschreibungsunterlagen hingewiesen werden muss.[211] Der Auftraggeber hat daher die Möglichkeit, ggü. dem vormals gekündigten Bieter die Prognose aufzustellen, dass bei erneuter Beauftragung dieses Bieters nicht mit einer ordnungsgemäßen Leistungsabwicklung

---

[208] Grüneberg/Sprau BGB § 812 Rn. 26.
[209] OLG Brandenburg 16.12.2015 – 4 U 77/14, NZBau 2016, 184.
[210] OLG München 5.10.2012 – Verg 15/12, BeckRS 2012, 21412.
[211] OLG München 5.10.2012 – Verg 15/12, BeckRS 2012, 21412.

zu rechnen ist.[212] Hierzu bedarf es auch keiner Feststellung in einem Nachprüfungsverfahren, dass die außerordentliche Vertragskündigung durch den Auftraggeber gerechtfertigt war.[213] Die Prognoseentscheidung bzgl. der Zuverlässigkeit muss lediglich anhand einer ausreichend ermittelten und bewerteten Tatsachengrundlage ergehen.[214]

4. Kündigungsfolgenregelung in der VOB/B

Die ausgeführten Leistungen sind nach einer Kündigung gem. § 8 Abs. 4 VOB/B gem. § 8 Abs. 4 Nr. 2b S. 3 VOB/B **nach § 6 Abs. 5 VOB/B abzurechnen.**[215] Wird die Ausführung für voraussichtlich längere Dauer unterbrochen, ohne dass die Leistung dauernd unmöglich wird, so sind gem. § 6 Abs. 5 VOB/B die ausgeführten Leistungen nach den Vertragspreisen abzurechnen und außerdem die Aufwendungen zu vergüten, die dem Auftragnehmer bereits entstanden und in den Vertragspreisen des nicht ausgeführten Teils der Leistung enthalten sind (→ Rn. 23–25). 143

VI. Anspruch des Auftragnehmers auf Schadensersatz (§ 133 Abs. 3 GWB)

Die **Berechtigung, Schadensersatz** zu verlangen, wird gem. § 133 Abs. 3 GWB durch die Kündigung **nicht ausgeschlossen.** Sowohl den Auftragnehmer als auch den Auftraggeber können Schadensersatzpflichten treffen. Mit § 133 Abs. 3 GWB wird schlicht klargestellt, dass durch die Kündigung etwaige Schadensersatzansprüche unberührt bleiben. Dies ist ausdr. auch in der VOB/B geregelt. Etwaige Schadensersatzansprüche der Parteien bleiben gem. § 8 Abs. 4 Nr. 2b S. 3 VOB/B unberührt. Die Schadensersatzansprüche regeln sich nach dem BGB, was sachgerecht ist.[216] 144

Im Falle einer rechtswidrigen Kündigung durch den Auftraggeber kommen zunächst Schadensersatzansprüche auf Basis vertraglicher Pflichtverletzungen gem. §§ 280 Abs. 1, 241 Abs. 2 BGB in Frage. Rechtswidrig ist eine Kündigung, wenn sie weder die Tatbestandsvoraussetzungen des § 133 Abs. 1 GWB noch anderer Kündigungsgründe aus dem BGB erfüllt. Zwar entfaltet eine unwirksame Kündigung keine Rechtsfolgen für den Vertrag – das Vertragsverhältnis läuft schlicht weiter. Nichtsdestotrotz können dem Auftragnehmer **unfreiwillige Kosten** entstehen, wenn er die Unwirksamkeit der ausgesprochenen Kündigung verbindlich feststellen lassen will.[217] Solche Kosten können bspw. **Rechtsberatungskosten** oder zusätzliche Kosten für den anderweitigen Einsatz von Personen- und Sachmitteln umfassen.[218] Der Auftraggeber hat dann die Entstehung dieser Kosten aufgrund der rechtswidrig erklärten Kündigung zu vertreten und schlussendlich zu ersetzen. Auftraggeber sind also gut beraten, sich vom Vorliegen aller Voraussetzungen einer wirksamen Kündigung objektiv zu überzeugen, bevor sie tatsächlich die Kündigung geltend machen. Es ist auch vor diesem Hintergrund sinnvoll, dass der Auftraggeber den Auftragnehmer vor rechtsgeschäftlicher Erklärung der Kündigung einer **Anhörung** unterzieht, um etwaige Irrtümer und Fehlvorstellungen diesbzgl. zu vermeiden. 145

---

[212] OLG München 1.7.2013 – Verg 8/13, BeckRS 2013, 11807; 5.10.2012 – Verg 15/12, BeckRS 2012, 21412.
[213] OLG München 5.10.2012 – Verg 15/12, BeckRS 2012, 21412.
[214] VK Südbayern 11.9.2014 – Z3-3-3194-1-34-07/14, ZfBR 2015, 189.
[215] Kritisch: Ingenstau/Korbion/Joussen VOB/B § 8 Rn. 44.
[216] Vgl. Müller-Wrede GWB/Fülling § 133 Rn. 45, 46.
[217] Görlich/Conrad VergabeR 2016, 567 (578).
[218] Görlich/Conrad VergabeR 2016, 567 (578).

GWB § 133 Kündigung von öffentlichen Aufträgen in besonderen Fällen

146 Doch auch bei Rechtmäßigkeit der erklärten Kündigung können sich **Schadensersatzansprüche** des Auftragnehmers aus § 280 Abs. 1 BGB ergeben. Das ist dann möglich, wenn der Auftraggeber den Grund für die Kündigung durch eine von ihm zu vertretende Verletzung der eigenen Pflichten gesetzt hat.[219] Das ist mit Blick auf § 280 Abs. 1 BGB freilich nur bei der Kündigung nach § 133 Abs. 1 Nr. 1 GWB möglich, da nur dieser Kündigungsgrund an ein Verhalten nach Zuschlag anknüpft.[220]

147 Bei **schuldhafter Herbeiführung** der Kündigungsgründe nach § 133 Abs. 1 Nr. 2, 3 GWB durch den Auftraggeber kann wiederum nicht auf § 280 Abs. 1 BGB abgestellt werden, da beide Kündigungsgründe an Umstände anknüpfen, welche die Vertragsanbahnungsphase betreffen und dementsprechend allein vorvertragliche Pflichtverletzungen zur Grundlage von Schadensersatzansprüchen gemacht werden können.[221] Beim Vergabeverfahren handelt es sich um ein vorvertragliches Schuldverhältnis iSd § 311 Abs. 2 BGB, sodass es bei Pflichtverletzungen seitens des Auftraggebers zu Ansprüchen des Auftragnehmers auf Schadensersatz aus § 280 Abs. 1, § 241 Abs. 2, § 311 Abs. 2 BGB kommen kann.[222] Grundsätzlich gilt auch im Vergabeverfahren § 311 Abs. 2 BGB entspr., wonach bei der Aufnahme von Vertragsverhandlungen besondere Rücksichtnahmepflichten gelten und einzuhalten sind.[223] Bei Verstößen des Auftraggebers gegen Vorgaben des Vergaberechts iRd Verfahrensdurchführung handelt es sich um schadensersatzrechtlich relevante Pflichtverletzungen.[224] Zugleich unterliegt der Bieter im Vergabeverfahren der **vorvertraglichen Verpflichtung, wahrheitsgemäße Angaben** zu den für den Vertragsschluss wesentlichen Umständen zu machen.[225]

148 Weitere denkbare Anspruchsgrundlagen aus dem Bereich des Deliktsrechts sind zudem § 823 Abs. 1 BGB **(Eingriff in den eingerichteten und ausgeübten Gewerbebetrieb),** § 823 Abs. 2, § 826 BGB **(vorsätzliche sittenwidrige Schädigung)** und ggf. § 839 BGB iVm Art. 34 S. 3 GG **(Amtspflichtverletzung).**[226] Im Hinblick auf das Schadensersatzrecht müssen die Auftragnehmer allerdings zwei Hürden nehmen, um den Anspruch tatsächlich vor Gericht durchsetzen zu können. Zum einen müssen Auftragnehmer im Falle eines Schadensersatzverlangens über § 280 Abs. 1 BGB bzw. aus vorvertraglichem Vertrauensverhältnis nach bisheriger Rspr. nachweisen, dass ihnen auch bei vergaberechtskonformem Vergabeverfahren der Zuschlag hätte erteilt werden müssen.[227] Auf den Kontext des Schadensersatzbegehrens im Rahmen einer Kündigung übertragen, müsste der Auftragnehmer beweisen, dass er auch bei rechtmäßigem Verhalten des Auftraggebers den Auftrag erhalten hätte und bis zum Ablauf der vereinbarten Vertragslaufzeit gem. der Vereinbarung vergütet worden wäre.[228] Es

---

[219] Görlich/Conrad VergabeR 2016, 567 (578).
[220] Görlich/Conrad VergabeR 2016, 567 (578).
[221] Vgl. GKN VergabeR-HdB/Freytag § 38 Rn. 103–107.
[222] VK Nordbayern 15.3.2016 – 21 VK-3194-42/15, BeckRS 2016, 16205; OLG Celle 23.2.2016 – 13 U 148/15, NZBau 2016, 381; OLG Brandenburg 25.11.2015 – 4 U 7/14, NZBau 2016, 217; OLG Naumburg 25.6.2015 – 2 U 17/15 (Lw), BeckRS 2015, 116196; OLG Köln 23.7.2014 – 11 U 104/13, BeckRS 2014, 21863; GKN VergabeR-HdB/Freytag § 38 Rn. 94–97.
[223] VK Westfalen 8.5.2018 – VK 1–12/18, IBRRS 2018, 2738.
[224] OLG Saarbrücken 15.6.2016 – 1 U 151/15, BeckRS 2016, 13235; OLG Koblenz 6.2.2014 – 1 U 906/13, BeckRS 2014, 08738.
[225] OLG Naumburg 13.7.2020 – 12 U 147/19, NZBau 2022, 156.
[226] Hierzu ausf. GKN VergabeR-HdB/Freytag § 38 Rn. 118–121.
[227] StRspr, vgl. nur BGH 20.11.2012 – X ZR 108/10, BeckRS 2012, 25606; OLG Naumburg 1.8.2013 – 2 U 151/12 Hs., BeckRS 2013, 13770.
[228] Görlich/Conrad VergabeR 2016, 567 (579).

ergibt sich von selbst, dass dieser **doppelte Kausalitätsnachweis** den Auftragnehmer vor hohe Hürden stellt.[229] Auch bestehen diesbzgl. Schwierigkeiten bzgl. der Beweislast des Auftragnehmers, da er ein Recht auf Akteneinsicht nur im Rahmen eines bereits begonnenen gerichtlichen Verfahrens aus § 299 Abs. 1 ZPO geltend machen kann.[230]

Des Weiteren besteht noch der Aspekt der Anspruchskürzung gem. dem Anteil des Mitverschuldens gem. § 254 BGB. Beim Kündigungstatbestand des § 133 Abs. 1 Nr. 2 GWB wird den Auftragnehmer regelmäßig ein **Mitverschulden** treffen, da er Vorliegen der zwingenden Ausschlussgrundes zum Zeitpunkt der Zuschlagserteilung oftmals verschwiegen haben wird.[231] Ebenso trifft ihn Mitverschulden beim wissentlichen Mitwirken an einem Vergaberechtsverstoß.[232] Bei der Bewertung der Höhe des Mitverschuldens kommt es auf alle Umstände des Einzelfalles an. 149

VII. Verhältnis zwischen Kündigung gem. § 133 Abs. 1 GWB und Anfechtung gem. § 142 Abs. 1 BGB

Im Vergaberecht haben die Vertragsparteien ungeachtet der Kündigungsmöglichkeiten auch die Möglichkeit der Anfechtung ihrer Willenserklärungen wegen arglistiger Täuschung. Bei der Frage der (Un-)Wirksamkeit des Bauvertrags sind alle bürgerlich-rechtlichen Unwirksamkeitsgründe zu berücksichtigen.[233] Bei Vorliegen einer **arglistigen Täuschung** gem. § 123 Abs. 1 BGB durch den Bieter oder eines Eigenschaftsirrtums nach § 119 Abs. 2 GWB im Hinblick auf den Bieter und bei Vorliegen der übrigen Voraussetzungen ist es denkbar, anstelle einer ex-nunc wirkenden Kündigung des Vertrages eine ex-tunc Nichtigkeit des Vertrages im Wege einer Anfechtung nach § 142 Abs. 1 BGB herbeizuführen. Darlegungs- und beweisbelastet für die Ursächlichkeit der Täuschung und die weiteren anspruchsbegründende Tatsachen ist der Anfechtende.[234] 150

Im Kontext der Kündigungstatbestände des § 133 Abs. 1 GWB ist dabei vor allem an die Anfechtung aufgrund **arglistiger Täuschung** gem. § 123 Abs. 1 Alt. 1 BGB zu denken. Die Anwendbarkeit der Anfechtungsnormen in Hinblick auf die Beendigung des Vertrages wird zutreffend bejaht.[235] Kommt es zur Anfechtung durch den Auftraggeber, so bleibt für die Kündigung kein Raum mehr. Eine arglistige Täuschung des Auftraggebers kann darin liegen, dass der Auftragnehmer bei Vertragsabschluss beabsichtigt, den zu schließenden Vertrag nicht ordnungsgemäß zu erfüllen. Erkennt der (spätere) Auftragnehmer bereits bei der Abgabe seines Angebots die Ungeeignetheit einer im Leistungsverzeichnis vorgegebenen Teilleistung und legt er seinem Angebot eine andere Teilleistung zugrunde, um den Zuschlag zu erhalten, ist ihm eine arglistige Täuschung durch Verschweigen eines offenbarungspflichtigen Umstands zur Last zu legen.[236] 151

Zwar besteht für den Bieter bei öffentlichen Ausschreibungen über die Rügeobliegenheit im vergaberechtlichen Nachprüfungsverfahren nach § 160 Abs. 3 GWB 151a

---

[229] Ausf. Braun VergabeR 2008, 360.
[230] Ausf. Braun VergabeR 2008, 360.
[231] Görlich/Conrad VergabeR 2016, 567 (579).
[232] Görlich/Conrad VergabeR 2016, 567 (579).
[233] OLG Naumburg 13.7.2020 – 12 U 147/19, NZBau 2022, 156.
[234] OLG Naumburg 13.7.2020 – 12 U 147/19, NZBau 2022, 156.
[235] OLG Naumburg 13.7.2020 – 12 U 147/19, NZBau 2022, 156; Gesetzesentwurf der BReg: Entwurf eines Gesetzes zur Modernisierung des Vergaberechts, BT-Drs. 18/6281, 118; Görlich/Conrad VergabeR 2016, 567 (573); Müller-Wrede GWB/Fülling § 133 Rn. 33.
[236] OLG Naumburg 13.7.2020 – 12 U 147/19, NZBau 2022, 156.

hinaus keine generelle vorvertragliche Hinweispflicht im Ausschreibungs- und Angebotsstadium, da der Bieter die Prüfung der Vergabeunterlagen in Vorbereitung seines eigenen Angebots nur unter kalkulatorischen Aspekten vornimmt. Wenn allerdings die Vergabeunterlagen erkanntermaßen evident fehlerhaft sind, besteht die sich aus den Bewerbungsbedingungen ergebende allg. Pflicht, auf Unklarheiten und etwaige Plausibilitätsdefizite hinzuweisen. Ein Bieter ist gem. § 241 Abs. 2 BGB, § 311 Abs. 2 Nr. 1 BGB mithin dann verpflichtet, auf Mängel der Ausschreibungsunterlagen hinzuweisen, wenn er die Ungeeignetheit der Ausschreibung vor Vertragsabschluss positiv erkennt bzw. etwaige Unstimmigkeiten und Lücken des Leistungsverzeichnisses klar auf der Hand liegen. Über die von ihm erkannten und offenkundigen Mängel der Vergabeunterlagen muss er den Auftraggeber dann aufklären, wenn diese ersichtlich ungeeignet sind, das mit dem Vertrag verfolgte Ziel zu erreichen.[237]

VIII. Nichtigkeit gem. §§ 134, 138 BGB versus Kündigungsmöglichkeiten

152 Zu einer Nichtigkeit des Vertrages kommt es infolge von vergaberechtlichen Verstößen bei Zuschlagserteilung nur selten. Zum einen kommt die Nichtigkeit des abgeschlossenen Vertrags aufgrund **Verstoßes gegen ein Verbotsgesetz** iSd § 134 BGB in Frage, zum anderen kann sich ein vergaberechtswidrig erteilter Vertrag als sittenwidrig gem. § 138 Abs. 1 BGB erweisen. Dies gilt insbes. für Fälle von Änderungen vor dem Zuschlag. Dem Bedürfnis nach Korrektur kann durch eine einzelfallbezogene Anwendung insbes. von § 138 BGB sachgerecht und unter Beschränkung der damit unvermeidbar verbundenen Rechtsunsicherheit auf das unvermeidbare Maß Rechnung getragen werden[238] (zu sittenwidrigen Verträgen → § 135 Rn. 133 f.).

153 Zu § 134 BGB vertritt allerdings die hA, dass ein einseitiger **Verstoß gegen nationales Vergaberecht nicht zur Nichtigkeit** des abgeschlossenen Vertrages führt.[239] Nationale vergaberechtliche Vorschriften sind dementsprechend keine Verbotsgesetze iSd § 134 BGB,[240] weshalb der Fall der Nichtigkeit aufgrund § 134 BGB im vergaberechtlichen Kontext selten gegeben sein wird.

154 Des Weiteren besteht die Möglichkeit, dass der abgeschlossene Vertrag gem. § 138 Abs. 1 BGB wegen Sittenwidrigkeit nichtig ist. Sittenwidrigkeit liegt bei **kollusivem Zusammenwirken** des Auftraggebers mit dem Auftragnehmer unter bewusster Umgehung vergaberechtlicher Vorschriften vor.[241] Zudem kann der geschlossene Vertrag aber auch aufgrund einseitigen Verstoßes durch den Auftraggeber dem Verdikt der Sittenwidrigkeit unterfallen. Dies unter der Voraussetzung, dass das Vergabeverfahren mehrere Verstöße gegen Grundwerte und Grundprinzipien des einschlägigen Vergaberechts aufweist, wenn diese Verstöße ein solches Gewicht erreichen, dass dadurch Dritte und die Allgemeinheit beeinträchtigt werden.[242] Die objektive Sittenwidrigkeit eines Vertrages folgt aus dem **Gesamtcharakter des Rahmenvertrages** iS einer zusammenfassenden Würdigung seines Inhalts, Beweggrundes und Zweckes sowie insbes. der äußeren Umstände, die zu

---

[237] OLG Naumburg 13.7.2020 – 12 U 147/19, NZBau 2022, 156.
[238] OLG Celle 24.10.2019 – 13 Verg 9/19, BeckRS 2019, 26579.
[239] OLG München 7.4.2011 – Verg 5/11, NZBau 2011, 439 (445); KK-VergR/Scharen GWB § 135 Rn. 11.
[240] Bitterich NJW 2006, 1845 (1846).
[241] OLG Saarbrücken 17.8.2016 – 1 U 159/14, BeckRS 2016, 16273.
[242] OLG Brandenburg 16.12.2015 – 4 U 77/14, NZBau 2016, 184.

seiner Vornahme geführt haben.[243] Nichtsdestotrotz sind die Hürden hinsichtlich der Annahme der Sittenwidrigkeit als hoch anzusetzen[244] (→ § 135 Rn. 136 f.).
Bei Nichtigkeit gem. § 134 BGB oder § 138 Abs. 1 BGB ist der Vertrag von Anfang an nichtig. Der Anwendungsbereich des Kündigungsrechts gem. § 133 Abs. 1 GWB ist dann nicht eröffnet, stattdessen richtet sich die Abwicklung des bereits begonnenen Leistungsverhältnisses nach den allg. Grundsätzen des Bereicherungsrechts gem. §§ 812 ff. BGB. Dabei können sich praktische Schwierigkeiten gerade bei der Abwicklung langjähriger Dienstleistungs-, Werk- oder Lieferverträge ergeben.[245] Zudem kann die Abwicklung an § 814 BGB oder an § 817 S. 2 BGB scheitern.[246] **155**

IX. Kündigungstatbestände außerhalb von § 133 GWB

Auch außerhalb von § 133 Abs. 1 GWB besteht eine Möglichkeit bzw. Verpflichtung zur Kündigung eines öffentlichen Auftrages. Nach allg. vergaberechtlichen Grundsatz handelt es sich bei einer in den Vergabeunterlagen enthaltenen Vertragsklausel, die auf die automatische Verlängerung des Vertrages nach Vertragsende zielt, um einen Versuch der **Umgehung der vergaberechtlich gebotenen Neuausschreibung** nach Ablauf der Vertragslaufzeit.[247] Ein Verbot der Umgehung des vergaberechtlichen Regimes ist in § 14 KonzVgV geregelt.[248] Obwohl die Vorschrift nur für Konzessionsvergabeverfahren gilt, handelt es sich bei ihr weniger um eine formale Ordnungsvorschrift, als um einen allgemeingültigen vergaberechtlichen Grundsatz.[249] Dementsprechend ist diese Norm gedanklich auch bei Vergaben von öffentlichen Aufträgen heranzuziehen und zu beachten. **156**

Das Vergabeverfahren darf gem. § 14 S. 1 KonzVgV danach nicht in einer Weise ausgestaltet werden, dass es vom Anwendungsbereich des Teils 4 des GWB ausgenommen wird. Bei möglichst weitgehendem Verständnis des Regelungsbereichs bezieht sich dieser Grundsatz auch auf die Vergabeunterlagen, die ua den Vergabegegenstand enthalten. Infolgedessen darf aber der Vergabegegenstand nicht derart ausgestaltet werden, dass dadurch faktisch die zwingenden Vorgaben des Vergaberechts umgangen werden. Dies ist aber bei einer im Vertrag enthaltenen **automatischen Vertragsverlängerung** der Fall – diese behindert den Wettbewerb auf unbestimmte Zeit und ist damit gem. § 97 Abs. 1 GWB **vergaberechtswidrig.** Demgemäß obliegt dem Auftraggeber bei einer solchen vertraglichen Regelung die Möglichkeit einer Kündigung, die sich bei Nichtbeachtung zu einer Kündigungspflicht auswächst. **157**

Eine Aufhebung der Ausschreibung mit anschließender Neuausschreibung, bei der die vergaberechtswidrige Klausel nicht mehr in den Vergabeunterlagen enthalten wäre, erscheint aus Gründen der Verhältnismäßigkeit aber nicht erforderlich. **158**

X. Rechtsschutz des gekündigten Vertragsinhabers

Da es sich beim Begehren des Gekündigten nicht um ein vergaberechtliches Nachprüfungsverfahren gem. Kap. 2 des Teils 4 des GWB (§§ 155 ff. GWB) handelt, **159**

---

[243] OLG Brandenburg 16.12.2015 – 4 U 77/14, NZBau 2016, 184.
[244] KK-VergR/Scharen GWB § 135 Rn. 12; OLG Karlsruhe 6.2.2007 – 17 Verg 7/06, ZfBR 2007, 511.
[245] Görlich/Conrad VergabeR 2016, 567 (569).
[246] OLG Brandenburg 16.12.2015 – 4 U 77/14, NZBau 2016, 184.
[247] VK Baden-Württemberg 16.11.2004 – 1 VK 69/04, IBR 2005, 1095.
[248] Ausf.: Müller-Wrede/Braun/Braun KonzVgV § 14 Rn. 1 ff.
[249] Braun, KommPraxis spezial 2/2016, 6 (7).

GWB § 133   Kündigung von öffentlichen Aufträgen in besonderen Fällen

kann ein Anspruch des Konkurrenten auf gerichtliche Feststellung und Anordnung der Vornahme der Kündigung **nicht vor den Vergabekammern** geltend gemacht werden.[250] Stattdessen kommen hierfür die **ordentlichen Gerichte**[251] oder die Verwaltungsgerichte je nach der Rechtsnatur des streitigen Verhältnisses in Betracht.[252] Will zB ein Antragsteller einwenden, der Auftraggeber habe die in einem zu vergebenden Rahmenvertrag erfassten Leistungen bereits durch einen anderen Rahmenvertrag gebunden, muss er dies auf der Grundlage zivilrechtlicher Ansprüche geltend machen. Dies gilt auch dann, wenn die Laufzeit des betroffenen Rahmenvertrages noch nicht abgelaufen ist.[253]

160   Die Zuständigkeit der jew. Gerichtsbarkeit hängt hierbei von der Frage ab, welche Rechtsnatur dem angegriffenen Rechtsverhältnis zukommt. Handelt es sich dabei um ein privatrechtliches Verhältnis, so liegt eine zivilrechtliche Streitigkeit vor, die gem. § 13 GVG vor den ordentlichen Gerichten ausgetragen werden muss. Geht ein Vertragsinhaber gegen einen aus seiner Sicht unberechtigt gekündigten Vertrag vor, kann der Verfügungsgrund nach §§ 935, 940 ZPO aus einer Verletzungshandlung und einer unklaren Rechtslage – Vertragsverlängerung oder -beendigung folgen.[254] Liegt stattdessen ein öffentlich-rechtlicher Vertrag gem. § 54 VwVfG vor, so ist der Weg zum Verwaltungsgericht gem. § 40 Abs. 1 S. 1 VwGO geebnet. Dies könnte dann der Rechtsaufsicht der Fall sein.

161   Im Falle eines **gemischten Vertrages,** der sowohl privatrechtliche als auch öffentlich-rechtliche Gesichtspunkte in sich vereint, ist auf den **Schwerpunkt** des gesamten Vertragswerkes abzustellen.[255] Zur Qualifikation als öffentlich-rechtlicher Vertrag reicht es gleichwohl nicht aus, wenn durch den Vertrag allein im Allgemeininteresse liegende Aufgaben erfüllt werden. Maßgeblich für die Bestimmung der Rechtsnatur des Vertrages ist nicht das Ziel der Aufgabenerfüllung, sondern die dafür gewählte Rechtsform.

XI. Subjektives Recht eines Konkurrenten auf Ausübung der Kündigung

162   IRd § 133 Abs. 1 GWB stellt sich zuletzt die Frage nach der Tauglichkeit der Norm zur Gewährleistung subjektiven Drittschutzes zugunsten eines Konkurrenten.[256] Es sind Konstellationen denkbar, in denen ein konkurrierender Bieter im Zeitraum nach Zuschlagserteilung davon erfährt, dass im jew. Fall einer der Kündigungsgründe nach § 133 Abs. 1 GWB erfüllt ist. In einem solchen Fall können die Umstände dazu führen, dass der Auftraggeber nicht nur die Möglichkeit zur Kündigung hat, sondern infolge eines auf null geschrumpften Ermessens sogar dazu verpflichtet ist, ggü. dem Auftragnehmer die Kündigung zu erklären. Der **konkurrierende Bieter** könnte dann den Auftraggeber gerichtlich auf Vornahme der Kündigung verklagen, um damit die Ingangsetzung eines neuen Vergabeverfahrens zu erwirken. Es handelt sich somit nach zutreffender Auffassung um

---

[250] Beck VergabeR/Berger GWB § 133 Rn. 43.
[251] LG Leipzig 26.7.2021 – 5 O 1698/21, BeckRS 2021, 54636; OLG Dresden 19.4.2022 – 14 W 870/21, GRUR-RR 2022, 422; MüKoEuWettbR/Jaeger GWB § 133 Rn. 17.
[252] Vgl. Müller-Wrede GWB/Fülling § 133 Rn. 44; Beck VergabeR/Berger GWB § 133 Rn. 43; bei Kündigung nur die ordentliche Gerichtsbarkeit.
[253] VK Bund 29.7.2019 – VK 2–48/19, IBRRS 2019, 3004.
[254] LG Leipzig 26.7.2021 – 5 O 1698/21, BeckRS 2021, 54636.
[255] BVerwG 11.2.1993 – 4 C 18/91, NJW 1993, 2695.
[256] Offengelassen: VK Bund 4.12.2017 – VK 2–134/17, ZfBR 2018, 200; ablehnend: HK-VergabeR/Ritzenhoff GWB § 133 Rn. 8.

eine **bieterschützende** Vorschrift.[257] Dahinstehen kann, ob die Vorschrift in erster Linie das Verhältnis zwischen der EU und dem Mitgliedstaat betrifft, da es um die Verwirklichung der Grundfreiheiten geht. Subjektiv-öffentliche Rechtspositionen der Bewerber werden betroffen, wenn Verträge vollzogen werden, die – wenn sie vor der Vergabekammer angegriffen worden wären – zwingend aufgehoben worden wären (zur streitigen Kündigungspflicht → Rn. 1).

Da § 133 Abs. 1 GWB eine Ermessensvorschrift ist, kann bei Bestehen des Ermessensspielraums nur die Rechtmäßigkeit der Ermessensentscheidung gerichtlich festgestellt werden – einen unmittelbaren Anspruch auf ein Tun oder Unterlassen kann das Gericht dem Bieter daher regelmäßig nicht einräumen. Demgegenüber ist der Auftraggeber zur Vornahme der Kündigung rechtlich verpflichtet, wenn sein **Ermessensspielraum** dergestalt **auf null** schrumpft, dass nur noch die Entscheidung, die Kündigung zu erklären, die einzig ermessensfehlerfreie und damit rechtmäßige ist. In einem derartigen Fall kann das Bestehen dieser Pflicht gerichtlich festgestellt und deren Umsetzung angeordnet werden (zur streitigen Kündigungspflicht → Rn. 1). 163

Mit Einräumung des Anspruchs auf Kündigung im Falle einer Kündigungspflicht erhält § 133 GWB neben seiner schuldrechtlichen Dimension als Kündigungsvorschrift nach zutreffender Meinung eine **drittschützende, wettbewerbsfördernde Dimension.** Konkurrierende Bieter, die sich infolge der Vergabeentscheidung (womöglich zu Recht) übergangen fühlen, können den erfolgreichen, evtl. vergaberechtswidrig bezuschlagten Bieter aus dem Vertrag herausdrängen und noch dazu zur Korrektur einer vergaberechtswidrigen Zuschlagsentscheidung beitragen. Solange Auftraggeber mit dem Auftragnehmer zufrieden sind und eine **Ermessensreduktion auf null** nicht völlig evident vorliegt, sind sie der Versuchung ausgesetzt, von einer gerechtfertigten Kündigung abzusehen. Nicht sanktionierte Appelle zum rechtmäßigen Verhalten erweisen sich in der Praxis häufig als wirkungslos. 164

Einschränkend muss der konkurrierende Bieter jedoch durch die Weigerung des Auftraggebers, trotz Kündigungspflicht weiter am Vertrag festhalten zu wollen, in eigenen, subjektiv-drittschützenden Rechten betroffen sein, um die prozessuale Klagebefugnis bzw. materiell-rechtlich den subjektiven Anspruch auf Vornahme der Kündigung annehmen zu können.[258] Die Vorschrift des § 133 GWB vermittelt dem Bieter als „schuldrechtliche" Regelung keinen eigenen subjektiven Drittschutz. Gleichwohl verweist § 133 Abs. 1 auf subjektiv-drittschützende Regelungen, deren Verletzung zum Kündigungsrecht des Auftraggebers führt. So dienen die Regelungen zu den zwingenden Ausschlussgründen gem. § 123 Abs. 1–4 GWB der Durchsetzung des **Wettbewerbsgrundsatzes.**[259] Die Regelungen zur Ausschreibungspflichtigkeit von wesentlichen Vertragsänderungen nach § 132 Abs. 1 GWB sollen dem Transparenzgrundsatz gem. § 97 Abs. 1 S. 1 GWB zur Geltung verhelfen. Eine Rechtsbetroffenheit liegt vor, wenn sich das Unternehmen um den Auftrag früher beworben hat und nicht zum Zuge gekommen ist. Es reicht aber auch aus, dass ein glaubhaftes Interesse an dem Auftrag nachvollziehbar dargelegt wird. 165

In Hinblick auf den Kündigungsgrund aufgrund eines schweren Verstoßes gegen Verpflichtungen aus dem Primärrecht gem. § 133 Abs. 1 Nr. 3 GWB kommt es auf das jew. im Einzelfall verletzte vergaberechtliche Prinzip an. Bei den meisten Verfahrensverstößen liegt zugleich ein Verstoß gegen Grundsätze des Vergaberechts 166

---

[257] AA Müller-Wrede GWB/Fülling § 133 Rn. 40, 47 – 50; aA MüKoEuWettbR/Jaeger GWB § 133 Rn. 17 18; HK VergabeR/Ritzenhoff GWB § 133 Rn. 8.
[258] OLG Düsseldorf 30.6.2011 – VII-Verg 25/11, BeckRS 2011, 23803.
[259] OLG Celle 8.7.2016 – 13 Verg 2/16, BeckRS 2016, 15403; vgl. VK Baden-Württemberg 17.2.2016 – 1 VK 51/15, VPRRS 2016, 0277.

GWB § 133 Kündigung von öffentlichen Aufträgen in besonderen Fällen

gem. § 97 Abs. 1, 2 GWB vor, weshalb auch **verfahrenslenkende Vorschriften idR subjektiv-drittschützend** sind. Dies gilt bspw. für Transparenz-, Teilnahme- und Publizitätsvorschriften, die als subjektive Rechte der Bieter fungieren. Dementsprechend haben Bieter einen subjektiven Anspruch auf Einhaltung der vergaberechtlichen Vorschriften durch den Auftraggeber.[260]

167 Regelmäßig ist daher die **subjektive Betroffenheit** eines konkurrierenden Bieters bei tatbestandlichem Vorliegen eines Kündigungsgrundes nach § 133 Abs. 1 GWB **zu bejahen**. Der Bieter kann somit bei Vorliegen eines solchen Grundes und bei einem auf null reduzierten Ermessensspielraum die Anordnung der Vollziehung der Kündigungspflicht gerichtlich geltend machen. Zu beachten ist allerdings, dass es nicht Zweck eines Nachprüfungsverfahrens ist, einen zu Beschaffungszwecken eröffneten Beschaffungsvorgang zu verhindern.[261]

168 Die Norm des § 133 GWB führt zu dem Ergebnis, dass unter den genannten Voraussetzungen eine Ausnahme vom Grundsatz des § 168 Abs. 2 S. 1 GWB besteht, wonach einmal erteilte Aufträge nicht mehr nachträglich auf Betreiben eines konkurrierenden Bieters aufgehoben werden können. Lediglich § 135 GWB sieht eine entspr. Möglichkeit vor, die aber tatbestandlich ausschl. an rechtswidriges Verhalten des Auftraggebers vor Zuschlagserteilung anknüpft und dabei in § 135 Abs. 2 GWB eine äußerste Frist von sechs Monaten zu deren Rüge vorsieht. In Bezug auf den Anspruch des Bieters auf Anordnung der Vornahme der Kündigung nach § 133 GWB existiert hingegen **keine zeitliche Grenze**. Das gilt insbes. für den Kündigungsgrund nach § 133 Abs. 1 Nr. 1 GWB, der womöglich erst mehrere Jahre nach Erteilung des Zuschlags in Erscheinung tritt. Aus bieterschützender Sicht ist dies aber zu begrüßen. Eine Flut von Verfahren ist nicht zu erwarten, wie die sehr wenigen gerichtlichen Verfahren zu § 133 GWB zeigen (zur fehlenden Relevanz → Rn. 1–3). Lediglich in ultima-ratio-Fällen dürften Auftraggeber ein solches Vorgehen Dritter zu erwarten haben.

169 Mit vergaberechtswidriger Zuschlagserteilung an einen Bieter begeht der Auftraggeber eine Pflichtverletzung im Vergabeverfahren als vorvertraglichem Schuldverhältnis iSd § 311 Abs. 2 BGB.[262] Wenn sich infolgedessen der Kündigungsgrund gem. § 133 GWB aus einer vorvertraglichen Pflichtverletzung des Auftraggebers ergibt, kann der **konkurrierende Bieter** das Kündigungsbegehren daneben auch auf den Grundsatz der cic gem. §§ 280 Abs. 1, § 241 Abs. 2, § 311 Abs. 2 BGB stützen. Das gilt namentlich für die Kündigungsgründe nach § 133 Abs. 1 Nr. 2, 3 GWB, welche an eine vorvertragliche Pflichtverletzung im Gegensatz zu § 133 Abs. 1 Nr. 1 GWB, anknüpfen.

170 Die **Zuständigkeit der jeweiligen Gerichtsbarkeit** hängt hierbei von der Frage ab, welche **Rechtsnatur** dem angegriffenen **Rechtsverhältnis** zukommt. Handelt es sich dabei um ein privatrechtliches Verhältnis, so liegt eine zivilrechtliche Streitigkeit vor, die gem. § 13 GVG vor den ordentlichen Gerichten ausgetragen werden muss. Liegt stattdessen ein öffentlich-rechtlicher Vertrag gem. § 54 VwVfG vor, so ist der Weg zum Verwaltungsgericht gem. § 40 Abs. 1 S. 1 VwGO geebnet. Im Falle eines gemischten Vertrages, der sowohl privatrechtliche als auch öffentlich-rechtliche Gesichtspunkte in sich vereint, ist auf den Schwerpunkt des gesamten Vertragswerkes abzustellen.[263] Zur Qualifikation als öffentlich-rechtlicher Vertrag reicht es gleichwohl nicht aus, wenn durch den Vertrag bloß im Allgemeininteresse liegende Aufgaben erfüllt werden. Maßgeblich für die Bestimmung der Rechtsnatur des Vertrages ist nicht das Ziel der Aufgabenerfüllung, sondern die dafür gewählte Rechtsform (zu Rechtswegfragen auch → GWB § 134 Rn. 195).

---

[260] OLG Naumburg 25.6.2015 – 2 U 17/15 Lw, ZfBR 2017, 90.
[261] VK Bund 29.7.2019 – VK 2 – 48/19, BeckRS 2015, 116196.
[262] VK Westfalen 8.5.2018 – VK 1–12/18, IBRRS 2018, 2738.
[263] BVerwG 11.2.1993 – 4 C 18/91, NJW 1993, 2695.

§ 134 Informations- und Wartepflicht

(1) ¹Öffentliche Auftraggeber haben die Bieter, deren Angebote nicht berücksichtigt werden sollen, über den Namen des Unternehmens, dessen Angebot angenommen werden soll, über die Gründe der vorgesehenen Nichtberücksichtigung ihres Angebots und über den frühesten Zeitpunkt des Vertragsschlusses unverzüglich in Textform zu informieren. ²Dies gilt auch für Bewerber, denen keine Information über die Ablehnung ihrer Bewerbung zur Verfügung gestellt wurde, bevor die Mitteilung über die Zuschlagsentscheidung an die betroffenen Bieter ergangen ist.

(2) ¹Ein Vertrag darf erst 15 Kalendertage nach Absendung der Information nach Absatz 1 geschlossen werden. ²Wird die Information auf elektronischem Weg oder per Fax versendet, verkürzt sich die Frist auf zehn Kalendertage. ³Die Frist beginnt am Tag nach der Absendung der Information durch den Auftraggeber; auf den Tag des Zugangs beim betroffenen Bieter und Bewerber kommt es nicht an.

(3) ¹Die Informationspflicht entfällt in Fällen, in denen das Verhandlungsverfahren ohne Teilnahmewettbewerb wegen besonderer Dringlichkeit gerechtfertigt ist. ²Im Fall verteidigungs- oder sicherheitsspezifischer Aufträge können öffentliche Auftraggeber beschließen, bestimmte Informationen über die Zuschlagserteilung oder den Abschluss einer Rahmenvereinbarung nicht mitzuteilen, soweit die Offenlegung den Gesetzesvollzug behindert, dem öffentlichen Interesse, insbesondere Verteidigungs- oder Sicherheitsinteressen, zuwiderläuft, berechtigte geschäftliche Interessen von Unternehmen schädigt oder den lauteren Wettbewerb zwischen ihnen beeinträchtigen könnte.

Literatur: Bartetzky-Olbermann, Das Bundeswehrbeschaffungsbeschleunigungsgesetz – Ein stumpfes Schwert?, UKuR 2022, 340; Baudis, Überblick zu den Rahmenbedingungen binnenmarktrelevanter Vergaben, VergabeR 2019, 589; Braun, Dienstleistungskonzessionen im europäischen Wandel, EuZW 2012, 451; Braun, Sekundärrechtsschutz unterhalb der Schwellenwerte?, VergabeR 2008, 360; Braun, Vergabe von Leistungen im Zusammenhang mit Flüchtlingsunterkünften, APF 2016, 357; Braun, Konzessionsvergaben für Sportwetten – Maßstab für alle verwaltungsrechtlichen Konzessionsauswahlverfahren?, NZBau 2016, 266; Braun, Der Retter in der Not: Dienstleistungskonzession?, NZBau 2011, 400; Braun, Zivilrechtlicher Rechtsschutz bei Vergaben unterhalb der Schwellenwerte, NZBau 2008, 160; Braun, Stand der Konzessionsvergabe, NZBau 2019, 662;, Butzert, Dringlichkeitsvergabe nur in engen Grenzen, NZBau 2021, 720; Chen, Ist das Zuschlagsverbot des § 169 Abs. 1 GWB europarechtskonform?, VergabeR 2019,145; Conrad, Vergaberechtlicher Rechtsschutz auf landesrechtlicher Grundlage, ZfBR 2016, 124; Csaki/Kniha, Ein Petitum für mehr effektiven Rechtsschutz bei Vergaben unterhalb des Schwellenwertes, ZfBR 2021, 138; Dageförde, Die Vorabinformationspflicht im Vergaberechtsschutz: Eine unendliche Geschichte, NZBau 2020, 72; Dreher/Hoffmann, Die Informations- und Wartepflicht sowie die Unwirksamkeitsfolge nach den neuen §§ 101a, 101b GWB, NZBau 2009, 216; Dreher/Hoffmann, Die schwebende Wirksamkeit nach § 101b Abs. 1 GWB, NZBau 2010, 201; Erdmann, Beschleunigung von Vergabeverfahren in Zeiten des Konjunkturpakets II, VergabeR 2009, 844; Ewer/Mutschler-Siebert, Die Unterbringung von Flüchtlingen – Bau-, ordnungs- und vergaberechtliche Aspekte, NJW 2016, 11; Franke/Lintschinger, Das neue österreichische Bundesvergabegesetz 2006 – wichtige Änderungen im Überblick, VergabeR 2006, 443; Kühling/Huerkamp, Ausschreibungsverzicht und Europäische Grundfreiheiten – Das Vergaberecht in der (Wirtschafts-) Krise, NVwZ 2009, 557; Gass, Zuwendungen und Vergaberecht – zu Rückforderungsrichtlinien und Ermessensausübung, ZfBR 2022, 33; Gurlit, Das Vergaberecht im Spannungsfeld von Kommunalwirtschaftsrecht und Wettbewerbsrecht, VergabeR 2017, 221; von Hase/Groß/Pape, Primärrechtsschutz durch zwingende Schiedsgerichtsbarkeit im Ausschreibungsverfahren nach § 23 VerpackG – Gut gemeint, aber verfassungswidrig,

SchiedsVZ 2019, 324; Hömke/Metz, Vergaberechtlicher Rechtsschutz im Unterschwellenbereich – Neue Entwicklungen zur Informations- und Wartepflicht, IR 2020, 131; Jansen/Geitel, OLG Düsseldorf: Informieren und Warten auch außerhalb des GWB – Pflicht oder Kür auf dem Weg zu einem effektiven Primärrechtsschutz?, VergabeR 2018, 376; Kühn, Die Verlängerung der Wartefrist nach § 134 Abs. 2 GWB, oder: Was ist das Wort einer Vergabestelle wert? Zugleich Anmerkung zum Beschluss des OLG Düsseldorf vom 5.10.2016 – VII-Verg 24/16, VergabeR 2017, 708; Laumann/Scharf, Ausschreibungen von Leistungen vor dem Hintergrund des Zuwendungsrechts, NZBau 2013, 208; Meister, In dubio pro Binnenmarktrelevanz? Mehr Transparenz im Unterschwellenbereich – auch bei geringem Auftragswert, NZBau 2015, 757; Mentzinis, Pünder/Schellenberg, Vergaberecht, 3. Aufl. 2019; Müller-Wrede/Gnittke/Hattig, GWB, 2. Aufl. 2022, § 134; Motyka-Mojkowski, Besondere Dringlichkeit der Leistung bei Stadionbau für Fußball-EM 2012, NZBau 2012, 471; Prieß/Simonis, Die künftige Relevanz des Primärvergabe- und Beihilfenrechts, NZBau 2015, 731; Pünder, „Dulde und liquidiere" im Vergaberecht? Zum notwendigen Primärrechtsschutz unterhalb der Schwellenwerte, VergabeR 2016, 693; Redmann, Landesvergaberecht 2.0, LKV 2012, 295; Rosenkötter/Seidler, Praxisprobleme bei Rahmenvereinbarungen, NZBau 2007, 684; Rosenkötter/Seeger, Das neue Geschäftsgeheimnisgesetz, NZBau 2019, 619; Roth/Landwehr, Kein „Freibrief" für Direktvergaben bei pandemiebedingtem Dringlichkeitsbedarf, NZBau 2021, 441; Siegel, Zur funktionalen Annäherung des Haushaltsvergaberechts an das Kartellvergaberecht durch die UVgO: Wächst zusammen, was zusammengehört?, VergabeR 2018, 183; Schwab/Seidel, Revision der Rechtsmittelrichtlinien im Öffentlichen Auftragswesen: Was bringt die weitere Koordinierung der Klagerechte im Binnenmarkt?, VergabeR 2007, 699; Schwintowski, Bieterbegriff – Suspensiveffekt und konkrete Stillhaltefrist im deutschen und europäischen Vergaberecht, VergabeR 2010, 877; Siegel, Das neue Konzessionsvergaberecht, NVwZ 2016, 1672; Sitsen, Ist die Zweiteilung des Vergaberechts noch verfassungskonform?, ZfBR 2018, 654; Stoye/Schoepffer, Versendung der Vorabinformation nach § 134 GWB über Vergabeplattform unzureichend?, NZBau 2020, 357; Strömer, Vergaberechtliche Rahmenbedingungen bei der Beschaffung von Masken als Schutz vor Infektionen, GuP 2021, 178; Stumpf/Götz, Voraussetzungen und Rahmenbedingungen der Dringlichkeitsvergabe, VergabeR 2016, 561; Teufel, Die Dienstleistungskonzession als Erleichterung für öffentliche Auftraggeber bei der Vergabe von Abfallsammlungen, KommJur 2012, 87; Tomerius/Gottwald, Stochern im vergaberechtlichen Nebel – „Binnenmarktrelevanz" von öffentlichen Aufträgen aus Sicht der kommunalen Vergabepraxis, LKV 2019, 289; Vavra, Binnenmarktrelevanz öffentlicher Aufträge, VergabeR 2013, 384; Wichmann, Die Vergabe von Rahmenvereinbarungen und die Durchführung nachgelagerter Wettbewerbe nach neuem Recht, VergabeR 2017, 1; Wollenschläger, Vertragsnichtigkeit als Fehlerfolge bei grundrechts- und grundfreiheitenwidrigem privatrechtsförmigen Verwaltungshandeln, NVwZ 2015, 1535; Zerwell, Unterschwellenvergaben: Effektiver Rechtsschutz durch einstweilige Verfügung!, IBR 2011, 623.

Übersicht

	Rn.
I. Bedeutung der Vorschrift	1
1. Europarechtliche Vorgaben: effektiver Rechtsschutz für unterlegene Unternehmen	6
2. Richtlinienkonforme Auslegung geboten	10
3. Umsetzung in Europa, insbes. Regelung in Österreich	12
II. Persönlicher und sachlicher Anwendungsbereich	15
1. Persönlicher Anwendungsbereich	18
a) Bieter	19
b) Bewerber	21
c) Benachrichtigung von Interessenten	25
d) Nicht berücksichtigte Preisträger und Ausgelobte	32

	Rn.
e) Benachrichtigung von Bevollmächtigten	32a
f) Drittschutz der Regelung	33
2. Sachlicher Anwendungsbereich	37
a) Weitere Informationspflichten oberhalb der Schwellenwerte	40
aa) VgV	42
bb) KonzVgV	44
cc) SektVO	46
dd) VSVgV	47
ee) § 8b Abs. 7 PBefG, VO (EG) Nr. 1370/2007	49a
ff) VOB/A-EU, VOB/A-VS	50
gg) Information des Preisgerichts	53
hh) Informationspflicht und Wartefrist vor Zuschlagserteilung nach § 23 Abs. 6 VerpackG	55a
b) Informationspflicht bei Einzelbeauftragungen innerhalb von Rahmenvereinbarungen	56
c) Aufhebung der Ausschreibung	64
d) Informationspflicht nach Einleitung eines Nachprüfungsverfahrens und neuer Angebotswertung	66
e) Erneute, geänderte Angebotswertung	68
f) Informationspflicht bei Vertragskündigungen	69
g) Informationspflicht bei Interimsvergaben	70
h) Informationspflicht auch bei De-facto-Vergaben	72
i) Auftragsänderungen und -erweiterungen, Optionen	75
j) Informationspflicht bei zusätzlichen (Nach-) lieferungen, Wiederholung gleichartiger Leistungen?	77
k) Entbehrlichkeit der Information aus sonstigen Gründen?	78
III. Umfang und Wirkung der Informationspflicht	79
1. Name des erfolgreichen Bieters	81
2. Gründe der Nichtberücksichtigung	85
3. Frühester Zeitpunkt des Zuschlages	90a
4. Angabe weiterer Informationen	91
5. Nachschieben von Gründen im Vergabenachprüfungsverfahren	93
6. Materielle Wirkung eines Informationsschreibens?	95
IV. Formelle Vorgaben (§ 134 Abs. 2 GWB)	96
1. Textform	98
2. Frist, Fristbeginn	102
3. Frühester Zeitpunkt des Vertragsschlusses (Wartefrist)	104
4. Darlegungs- und Beweislast	109
5. Fakultativer Inhalt der Information	110
6. Informationsvorsprung durch Bieterinformation	110a
V. Folgen einer fehlerhaften oder fehlenden Information	111
VI. Keine Vorabinformationspflicht bei besonderer Dringlichkeit (Abs. 3 S. 1)	113
1. Gesetzgebungsverfahren und unionsrechtliche Vorgaben	114
2. Tatbestandsmerkmal der besonderen Dringlichkeit	117
a) Begriff der Dringlichkeit oberhalb der Schwellenwerte in der VgV, SektVO und KonzVgV	120
b) Begriff der Dringlichkeit unterhalb der Schwellenwerte in der UVgO und der VOB/A	122
c) Objektiver Maßstab der Dringlichkeit	123
d) Keine Vorhersehbarkeit und Zurechenbarkeit	130
e) Ausnahme bei Leistungen der öffentlichen Daseinsvorsorge?	132

	Rn.
f) Selbstverschuldete Dringlichkeit als Hinderungsgrund bei Daseinsvergaben?	134a
g) Beweislast	134d
3. Beispiele für (fehlende) Dringlichkeit	135
4. Dringlichkeit durch konjunkturelle Maßnahmen?	138
5. Dringlichkeit im Zuge der Flüchtlingskrise?	142
6. Dringlichkeit durch die COVID-19-Krise verursachten Notsituation?	145a
7. Dringlichkeit durch Folgen des Ukraine-Krieges	145c
8. Vor der Krise ist nach der Krise	145d
9. Dokumentationsverpflichtungen bei besonderer Dringlichkeit	146
10. Rechtsfolgen bei fehlender Dringlichkeit	148
VII. Keine Vorabinformationspflicht im Falle von verteidigungs- oder sicherheitsspezifischen Aufträgen (Abs. 3 S. 2)	149
1. Offenlegung behindert den Gesetzesvollzug	153
2. Widerspruch zum öffentlichen Interesse (Verteidigung und Sicherheit)	154
3. Schädigung berechtigter geschäftlicher Interessen von Unternehmen	155
4. Beeinträchtigung des lauteren Wettbewerbs	156
VIII. Weitere Ausnahmen	157
IX. Informations- und Wartepflichten außerhalb von § 134 GWB	158
1. Unionsrechtliche Verpflichtungen unterhalb der Schwellenwerte	163
2. Informationspflichten unterhalb der Schwellenwerte	167
a) UVgO	168
b) VOB/A	170
c) Allgemeine Verpflichtungen aus dem Grundgesetz	173a
3. Informationen auf Grund von kartellrechtlichen Verpflichtungen	174
4. Informationen gem. § 46 Abs. 5 EnWG	175a
5. Vorabinformationspflichten bei verwaltungsrechtlichen Auswahlverfahren?	176
6. Landesrechtliche Vorinformationsverpflichtungen	178
a) Vorabinformationspflicht in Mecklenburg-Vorpommern	179
b) Vorabinformationspflicht in Niedersachsen	180a
c) Vorabinformationspflicht in Rheinland-Pfalz	180d
d) Vorabinformationspflicht in Sachsen	181
e) Vorabinformationspflicht in Sachsen-Anhalt	185
f) Vorabinformationspflicht in Schleswig-Holstein	186b
g) Vorabinformationspflicht in Thüringen	187
7. Freiwillige Informationen	189
8. Mitteilung zur Auftragserteilung als Verwaltungsakt?	190
9. Rechtswegfragen außerhalb des förmlichen Vergaberechts	193

I. Bedeutung der Vorschrift

1 § 134 GWB setzt – wie die Vorgängernorm – die Rechtsmittelrichtlinie um.[1] Nach den Rechtsmittelrichtlinien kann ein Rechtsmittel eingelegt werden, bevor

---

[1] RL 2004/17/EG des Europäischen Parlaments und des Rates v. 31.3.2004 zur Koordinierung der Zuschlagserteilung durch Auftraggeber im Bereich der Wasser-, Energie- und Verkehrsversorgung sowie der Postdienste und RL 2004/18/EG des Europäischen Parlaments und des Rates v. 31.3.2004 über die Koordinierung der Verfahren zur Vergabe öffentlicher Bauaufträge,

der Vertrag unterzeichnet wird (vorvertragliche Rechtsmittel) und nachdem der Vertrag unterzeichnet wurde (nachvertragliche Rechtsmittel). Zu den vorvertraglichen Rechtsmitteln zählen das **Recht auf vorläufige Maßnahmen,** eine **obligatorische Stillhaltefrist** zwischen dem Zeitpunkt der Vergabeentscheidung und dem Abschluss des Vertrages und die Anordnung, das Vergabeverfahren für die Dauer der Ermittlungen in dem Rechtsbehelfsverfahren auszusetzen, **um die Vergabe des Vertrages** zu verhindern. Nachvertragliche Rechtsmittel dienen dazu, einen bestehenden Auftrag für unwirksam zu erklären und/oder den betroffenen Parteien nach der Vergabe des jeweiligen Auftrags eine Entschädigung (insbes. Schadensersatz) zuzuerkennen. Weitere Schlüsselelemente der Rechtsmittelrichtlinien sind eine **automatische Unterrichtung** der Bieter, warum ihr Angebot nicht erfolgreich war, die **Festlegung von Fristen** für die Einreichung eines Rechtsmittels und **alternative Sanktionen** (nämlich die Verkürzung der Vertragsdauer oder die Verhängung von Geldbußen), falls die Erklärung der Unwirksamkeit als ungeeignet betrachtet wird.[2]

Durch eine Information nach § 134 GWB werden idS vollendete Tatsachen für das unterlegene Unternehmen im Vergabeverfahren verhindert. Es entspricht dem Sinn und Zweck der Norm, dass der Informationsadressat eindeutig erkennen kann, aufgrund welcher Bewertungskriterien sein Angebot nicht den Zuschlag erhalten soll, um auf dieser Grundlage die Erfolgsaussichten in einem Nachprüfungsverfahren zu beurteilen.[3] Die Informationspflicht dient dazu, die unterlegenen Bieter durch einen Vertragsschluss nicht vor vollendete Tatsachen zu stellen und ihnen so die Möglichkeit zu nehmen, die Zuschlagsentscheidung des Auftraggebers durch die Einleitung eines Nachprüfungsverfahrens vor der Vergabekammer überprüfen zu lassen. Die Gründe, weshalb das Angebot des betroffenen Bieters nicht angenommen werden soll, müssen der Wahrheit entsprechen und dürfen nicht formelhaft in der Art sein, dass sein Angebot nicht das wirtschaftlichste gewesen ist (→ Rn. 79 f.). Sie sollen den Bieter nachvollziehbar und einzelfallbezogen aus der Information seine Stellung im Wettbewerb erkennen lassen, um seine Chancen im Nachprüfungsverfahren einschätzen zu können.

Die Vorabinformation soll den Bieter in die Lage versetzen zu verstehen, weshalb sein Angebot nicht bezuschlagt wurde, um einem möglichen Rechtsverstoß nachgehen zu können und diese durch eine Rüge bzw. ein Nachprüfungsverfahren auszuräumen.[4] Ein betroffener Bewerber oder Bieter kann sich erst darüber klar werden, ob etwa ein Verstoß gegen die anwendbaren Vorschriften vorliegt und die Einleitung eines Nachprüfungsverfahrens angebracht ist, nachdem er von den Gründen in Kenntnis gesetzt worden ist, aus denen seine Bewerbung oder sein Angebot in dem Verfahren zur Vergabe eines öffentlichen Auftrags abgelehnt wurde.[5] Die vollständige und zutreffende Information gem. § 134 Abs. 1 S. 1 GWB ist daher ein zentraler Baustein im vergaberechtlichen Nachprüfungssystem. Dies ist unstreitig. Fraglich ist nur, wie mit Informationen während des Nachprüfungsverfahrens umgegangen

---

Lieferaufträge und Dienstleistungsaufträge. Letztgenannte Richtlinien wurden ersetzt durch KVR, VRL und SRL. Mit der KVR wurden weitere Änderungen an den RL 89/665/EWG und RL 92/13/EWG eingeführt, hauptsächlich zur Erweiterung ihres Geltungsbereichs im Hinblick auf Konzessionen.

[2] VK Südbayern 29.6.2023 – 3194.Z3-3_01-23-3, BeckRS 2023, 25744 Rn. 46; Bericht der Kommission an das europäische Parlament und den Rat über die Wirksamkeit der RL 89/665/EWG und RL 92/13/EWG der durch die RL 2007/66/EG geänderten Fassung hinsichtlich Nachprüfungsverfahren im Bereich der öffentlichen Auftragsvergabe, Brüssel den 24.1.2017, COM(2017) 28 final.
[3] OLG Celle 7.7.2022 – 13 Verg 4/22, BeckRS 2022, 16187 Rn. 68.
[4] VK Brandenburg 12.3.2019 – VK 1/19, BeckRS 2019, 17288.
[5] VK Niedersachsen 27.9.2019 – VgK-34/2019, BeckRS 2019, 26282.

wird. Nach einer teilw. großzügigen Rspr. wird aufgrund einer iRd Akteneinsicht zugänglich gemachten Bewertungsmatrix und der Wertungsvermerke die Wertungsentscheidung überprüfbar, so dass der Sinn und Zweck des § 134 GWB jedenfalls im Wege der Akteneinsicht erfüllt wird[6] (→ Rn. 16 ff., zu den Folgen fehlerhafter Informationen → Rn. 111 ff.).

3 Soweit § 134 GWB nicht beachtet wurde, hat das nicht berücksichtigte Unternehmen die Möglichkeit, ein Nachprüfungsverfahren einzuleiten, bevor durch einen vergaberechtskonformen Zuschlag zugunsten des vermeintlichen Bestbieters vollendete Tatsachen geschaffen werden.[7] Zudem bewirkt ein **völliger Verstoß** gegen die Informationspflicht, dass der infolge des Zuschlags abgeschlossene Vertrag gem. § 135 Abs. 1 Nr. 1 GWB unwirksam ist[8] (zu den Rechtsfolgen → § 135 Rn. 122 f). Mit der erstmaligen Aufnahme der Regelung einer Informationspflicht vor Zuschlagserteilung hatte die Systematisierung eines subjektiven Rechtsschutzes im System des GWB stattgefunden.[9] Zu beachten ist an dem Informations- und Wartepflichtsystem, dass in § 135 Abs. 3 S. 2 GWB **zusätzliche Ausschlussgründe für die Informationspflicht** vorgesehen sind, was die Vergabe von verteidigungs- und sicherheitsspezifischen Aufträgen betrifft. Die §§ 134, 135 GWB sind stets im Zusammenhang zu lesen (ausf. → § 135 Rn. 1 f).

4 Die Regelung des § 134 GWB ist ein **Angelpunkt für den effektiven Primärrechtsschutz** des unterlegenen Unternehmens[10] und dient der Verwirklichung des Transparenzgebotes gem. § 97 Abs. 1 S. 1 GWB im Ausschreibungsverfahren. Was die Wirksamkeit des Rechtsschutzes betrifft, konnte mit den Rechtsmittelrichtlinien das Ziel erreicht werden, Transparenz und Nicht-Diskriminierung zu erhöhen, wirksame und schnelle Maßnahmen bei vermeintlichem Verstoß gegen die Vergaberichtlinien zu ermöglichen und den Wirtschaftsakteuren ggü. die Gleichbehandlung aller Ausschreibungsangebote zu versichern.[11] Der Bieter hat die Möglichkeit, seine Einwendungen gegen die Ordnungsgemäßheit bei einer unabhängigen Instanz geltend zu machen.[12] Seine Chancen auf den Zuschlag dürfen nicht vorzeitig durch einseitige Schaffung vollendeter Tatsachen seitens des Auftraggebers zunichte gemacht werden.[13] Dies verhindert die Rspr. effektiv, wenn sie angerufen wird. Festzuhalten bleibt, dass sich die **Regelung insgesamt bewährt** hat. Sie wird im Grundsatz nicht in Frage gestellt. Str. sind – wie stets – Detailfragen.

5 Nachdem die EU-Evaluierung ergab, dass die Rechtsmittelrichtlinien weder erheblich noch dringend geändert werden mussten, wurde von der Kommission im Jahr 2017 beschlossen, sie in ihrer aktuellen Form beizubehalten und **zum jetzigen Zeitpunkt keine weiteren Änderungen** vorzunehmen. Die Kommission beabsichtigt dennoch, die identifizierten Schwächen bei der Anwendung der Rechtsmittelrichtlinien anzugehen, und strebt eine höhere Konvergenz der Rechtsmittelsysteme in den Mitgliedstaaten an.[14] Zudem hat die Kommission Leitlinien für die Festsetzung von Finanzkorrekturen, die bei Verstößen gegen die Vorschriften für die Vergabe öffentlicher Aufträge auf von der Union finanzierte Projekte anzuwen-

---

[6] VK Bund 4.4.2022 – VK 2–24/22, ZfBR 2022, 612.
[7] OLG Celle 12.5.2016 – 13 Verg 10/15, IBR 2016, 482; VK Baden-Württemberg 12.6.2014 – 1 VK 24/14, IBR 2014, 688; VK Bund 26.11.2013 – VK 2–104/13, IBRRS 2014, 0036.
[8] VK Südbayern 12.8.2016 – Z3-3-3194-1-27-07-16, BeckRS 2016, 15052.
[9] OLG Naumburg 3.9.2009 – 1 Verg 4/09, BeckRS 2009, 26654.
[10] VK Sachsen 8.7.2016 – 1/SVK/012-16, BeckRS 2016, 14107.
[11] Bericht der Kommission v. 24.1.2017, COM(2017) 28 final, 5.
[12] OLG Stuttgart 19.11.2015 – 2 U 60/15, BeckRS 2016, 02751.
[13] OLG München 12.5.2011 – Verg 26/10, NZBau 2011, 630 (634).
[14] Bericht der Kommission v. 24.1.2017, COM(2017) 28 final, 10.

den sind, erlassen.[15] Finanzkorrekturen sollen für mehr Kohärenz bei der Behandlung von Fehlern bei der Vergabe öffentlicher Aufträge seitens der betroffenen Kommissionsdienststellen, des Europäischen Rechnungshofs und der Mitgliedstaaten sorgen. Die Durchsetzung des Vergaberechts erfolgt also durch finanzielle Rückforderungen und Nachprüfungsverfahren.[16]

1. Europarechtliche Vorgaben: effektiver Rechtsschutz für unterlegene Unternehmen

Mit der Übernahme der Regelungen aus den §§ 101a, 101b GWB aF in die jetzigen §§ 134, 135 GWB ist der deutsche Gesetzgeber seiner Pflicht nachgekommen, die diesbzgl. europarechtlichen Vorgaben aus der Richtlinie über die öffentliche Auftragsvergabe ins nationale Recht umzusetzen.[17] Insges. werden die mit dem EU-Recht angestrebten **Garantien** im Hinblick auf **Transparenz** und **Nichtdiskriminierung**[18] im nationalen Recht verstärkt, da es den Grundsatz der richtlinienkonformen Auslegung des nationalen Rechts zu beachten gilt[19] (zu diesem Grundsatz → Einl. § 97 Rn. 11 f.; → Rn. 1 f.). Die Regelung der Informations- und Wartepflicht in § 134 Abs. 1 GWB ist unmittelbarer Ausfluss des vergaberechtlichen Transparenzgebots und notwendige **Voraussetzung für einen effektiven Rechtsschutz**.[20] Es handelt sich dabei um eine Kernableitung des Transparenzgebotes, wonach neben dem Beschaffungsvorhaben, den Verdingungsunterlagen und dem Verfahren auch die Vergabeentscheidung transparent ausgestaltet sein muss.[21] Die Rspr. setzt hierbei den Grundgedanken des effektiven Rechtsschutzes wirkungsvoll durch, so dass Verstöße iSd Gesetzgebers gegen die Informations- und Wartepflicht **wirkungsvoll sanktioniert** werden (→ § 135 Rn. 102 ff.).

6

In der RL 2007/66/EG (aktualisiert durch Art. 46 KVR) wurde noch festgestellt, dass zu den ermittelten Schwächen im Rechtsschutz insbes. das Fehlen einer Frist gehört, die eine wirksame Nachprüfung zwischen der Zuschlagsentscheidung und dem Abschluss des betreffenden Vertrags ermöglicht.[22] Das führte nach damals zutr. Auff. des europäischen Richtliniengebers bisweilen dazu, dass Auftraggeber sehr rasch die Vertragsunterzeichnung vornahmen, um die Folgen einer strittigen Zuschlagsentscheidung unumkehrbar zu machen.[23] Um diese Schwachstelle zu beseitigen, die einen wirksamen Rechtsschutz der betroffenen Bieter, nämlich derjenigen Bieter, die noch nicht endgültig ausgeschlossen wurden, ernstlich behinderte, war es aus Sicht des Gemeinschaftsgesetzgebers erforderlich, eine Mindest-Stillhaltefrist vorzusehen, während der Abschluss des betreffenden Vertrags ausgesetzt wird, und zwar unabhängig davon, ob der Vertragsschluss zum Zeitpunkt der Vertragsunterzeichnung erfolgt oder nicht.[24] Die RL 2007/66/EG bezog sich als Änderungsrichtlinie auf den Inhalt der RL 89/665/EWG. Die **damals erkannten Schwächen im Rechtsschutzsystem** oberhalb der Schwellenwerte **bestehen heute nicht mehr** (→ § 135 Rn. 102 ff.). Der jetzige Streit dreht sich iW darum,

7

---

[15] Bericht der Kommission v. 24.1.2017, COM(2017) 28 final.
[16] Vgl. schon Braun NZBau 2010, 279; Gass ZfBR 2022, 33.
[17] Siehe Art. 55 VRL.
[18] Erwgr. 1 der VRL.
[19] OLG Düsseldorf 1.8.2012 – VII-Verg 15/12, NZBau 2012, 791; OLG Brandenburg 22.4.2010 – Verg W 5/10, BeckRS 2010, 12610.
[20] OLG Brandenburg 16.12.2015 – 4 U 77/14, NZBau 2016, 184.
[21] Vgl. Müller-Wrede GWB/Gnittke/Hattig § 134 Rn. 5 f.
[22] Erwgr. 4 der RL 2007/66/EG.
[23] Erwgr. 4 der RL 2007/66/EG.
[24] Erwgr. 4 der RL 2007/66/EG.

ob und inwieweit unterhalb der Schwellenwerte und außerhalb des förmlichen Vergaberechts vorherige Informationspflichten bestehen (→ Rn. 158).

8 Der Anwendungsbereich des § 134 GWB erstreckt sich über **sämtliche Vergabearten** gem. § 119 GWB und über alle Auftragsformen gem. § 103 GWB (ua Rahmenvereinbarungen, Wettbewerbe) oder Konzessionen gem. § 105 GWB oberhalb der Schwellenwerte. Die früher bemängelte Schutzlücke für Konzessionen[25] wurden durch den Erlass der KVR und die Umsetzung durch die KonzVgV geschlossen. Heute gelten gem. § 154 Nr. 4, § 134 Abs. 1 GWB die Informations- und Wartepflichten auch iRv Verfahren zur Vergabe von Dienstleistungskonzessionen iSv § 105 Abs. 1 Nr. 2 GWB.[26] Für die Vergabe von Konzessionen und öffentlichen Aufträgen unterscheidet sich oberhalb der Schwellenwerte der Rechtsschutz nicht mehr (→ § 154 Rn. 15.).

9 Das jetzige System wird von der Rspr. konsequent genutzt, um intransparente, wettbewerbswidrige Auswahlverfahren zu untersagen.[27] Die Unwirksamkeit der Verträge gem. § 135 Abs. 1 Nr. 1 GWB wird mit den daraus folgenden negativen Konsequenzen festgestellt.[28] Insges. ist daher zu konzedieren, dass die gesetzlichen Ziele **konsequent und zielgerichtet durch die Rechtsprechung** umgesetzt werden.

2. Richtlinienkonforme Auslegung geboten

10 Bei der Auslegung von Umsetzungsrecht ist der allg. Grundsatz der richtlinienkonformen Auslegung zu beachten (→ Einl. § 97 Rn. 9). Nach dem Willen des Richtliniengebers sollen die Folgen einer strittigen Zuschlagsentscheidung umkehrbar sein und es soll **effektiver Rechtsschutz** gewährt werden, der nicht durch eine rasche oder heimliche Zuschlagsentscheidung unterlaufen wird. Einer **richtlinienkonformen Auslegung** kommt **Vorrang** ggü. den nationalrechtlichen Auslegungskriterien zu. Im konkreten Fall bedeutet dies insbes. eine Orientierung an dem Ziel der Schaffung eines tatsächlichen Vergabebinnenmarktes und an dem Vergabewettbewerb als Institution. Hier ist insbes. deshalb eine richtlinienkonforme Auslegung geboten, weil es sich bei der Regelung um Umsetzungsrecht handelt, dh die Richtlinie eine entspr. Regelung enthält.[29]

11 Krit. wird in der Rspr. angemerkt, dass die **richtlinienkonforme Auslegung** den Beurteilungsspielraum, den das nationale Recht einräumt, auch berücksichtigen muss. Grenze der richtlinienkonformen Auslegung ist dabei der Wortlaut der Vorschrift.[30] Zu beachten ist aber, dass der Spielraum der nationalen Interpretation immer geringer wird, da die Vorgaben des Richtliniengebers sehr detailliert sind. Das Heft des Handelns liegt in Europa.[31] Dies führt immer dann zu Irritationen, wenn tief verwurzelte Traditionen bis dato ausschreibungsfreier Bereiche auf den vergaberechtlichen Prüfstand gestellt werden.[32]

3. Umsetzung in Europa, insbes. Regelung in Österreich

12 Im Hinblick auf die EU-rechtlichen Vorgaben zur Schaffung eines effektiven Rechtsschutzes hat der deutsche Gesetzgeber mit der Novellierung des Vergabe-

---

[25] Müller-Wrede GWB/Braun § 105 Rn. 1 f. mwN.
[26] Müller-Wrede GWB/Braun § 154 Rn. 43, 44, 45.
[27] OLG München 2.6.2016 – Verg 15/15, BeckRS 2016, 11378.
[28] Vgl. zB VK Südbayern 12.8.2016 – Z3-3-3194-1-27-07-16, BeckRS 2016, 15052.
[29] Dreher/Hoffmann NZBau 2010, 201 (202).
[30] BVerfG 26.9.2011 – 2 BvR 2216/06 ua, NJW 2012, 669; von der Groeben AEUV/Geismann Art. 288 Rn. 55.
[31] EuG 20.5.2010 – T-258/06, NZBau 2010, 510 = VergabeR 2010, 593 mAnm Braun VergabeR 2010, 614.
[32] Braun EuZW 2012, 451.

rechts eine **unionsrechtskonforme Regelung** gefunden. Die RMRL wurden von allen Mitgliedstaaten umgesetzt. Angesichts der minimalen Harmonisierung der RMRL verabschiedeten die Mitgliedstaaten auf der Grundlage ihrer jeweiligen Rechtstradition verschiedenartige nationale Vorschriften unterschiedlicher Tragweite. Daraus folgte die Einrichtung mehrerer Nachprüfungsinstanzen in den einzelnen Mitgliedstaaten. In 14 Mitgliedstaaten gibt es eine administrative Nachprüfungsinstanz für öffentliche Aufträge (mit oder ohne Spezialisierung). In den anderen Mitgliedstaaten ist eine bestehende gerichtliche Nachprüfungsinstanz für die Nachprüfung der Vergabeverfahren zuständig.[33]

In allen Mitgliedstaaten existieren auch Bestimmungen für die **drei zwingenden** 13 **Arten von Rechtsmitteln** (vorläufige Maßnahmen, Aufhebung und Schadenersatz), wobei sich deren Ansatz je nach Rechtskreis jedoch erheblich unterscheidet.[34] Die österreichische Regelung hat vergleichbare Ansätze zur Umsetzung der RMRL in nationales Recht gewählt, wobei im Jahre 2018 aufgrund der Vielzahl der erforderlichen Adaptionen einer Totalrevision der Vorzug vor einer Einzelnovellierung gegeben wurde. Ziel der Revision des Gesetzes ist die Anpassung an das neu gestaltete Sekundärrecht auf Unionsebene und die Modernisierung des Vergabewesens in Österreich, unter gleichzeitiger Ausnutzung des größtmöglichen Regelungsfreiraumes zur Reduktion der Transaktionskosten bei Wahrung des Niveaus an Rechtssicherheit:[35]

Mitteilung der Zuschlagsentscheidung[36]
§ 143. (1) Der öffentliche Auftraggeber hat den im Vergabeverfahren verbliebenen Bietern mitzuteilen, welchem Bieter der Zuschlag erteilt werden soll. In dieser Mitteilung sind den verbliebenen Bietern das jeweilige Ende der Stillhaltefrist, die Gründe für die Ablehnung ihres Angebotes, der Gesamtpreis sowie die Merkmale und Vorteile des erfolgreichen Angebotes bekannt zu geben, sofern nicht die Bekanntgabe dieser Informationen öffentlichen Interessen oder den berechtigten Geschäftsinteressen von Unternehmern widersprechen oder dem freien und lauteren Wettbewerb schaden würde.
(2) Eine Verpflichtung zur Mitteilung der Zuschlagsentscheidung besteht nicht, wenn
1. der Zuschlag dem einzigen bzw. dem einzigen im Vergabeverfahren verbliebenen Bieter erteilt werden soll, ode8
2. ein Verhandlungsverfahren gemäß §§ 35 Abs. 1 Z 3, 36 Abs. 1 Z 4, 7 oder 8 oder 37 Abs. 1 Z 4 oder 44 Abs. 2 Z 2 durchgeführt wurde, oder
3. eine Leistung auf Grund einer Rahmenvereinbarung oder eines dynamischen Beschaffungssystems vergeben werden soll.

Bei der Novellierung wurde – wie in Deutschland auch – primär an die **Umset-** 14 **zung** der **EU-Vorgaben** gedacht.[37] Mit der vorliegenden Bestimmung werden Art. 2a und 2b der RMRL sowie Art. 55 Abs. 2 und 3 der RL 2014/24/EU mit umgesetzt. Gem. Art. 2a haben die Mitgliedstaaten sicherzustellen, dass gegen eine Zuschlagsentscheidung innerhalb bestimmter Fristen ein wirksames Nachprüfungsverfahren eingeleitet werden kann; Art. 2b sieht von dieser Stillhaltefrist bestimmte,

---

[33] Bericht der Kommission v. 24.1.2017, COM(2017) 28 final, 4.
[34] Bericht der Kommission v. 24.1.2017, COM(2017) 28 final, 4.
[35] Erläuterungen zu Art. 1 (Bundesvergabegesetz 2018 – BVergG 2018) in Nr. 69 der Beilagen XXVI. GP – Regierungsvorlage – Erläuterungen.
[36] Bundesgesetz über die Vergabe von Aufträgen (Bundesvergabegesetz 2018 – BVergG 2018), StF: BGBl. I Nr. 65/2018 (NR: GP XXVI RV 69 AB 96 S. 21. BR: AB 9961 S. 879, CELEX-Nr.: 32014L0023, 32014L0024, 32014L0025].
[37] Vgl. Erörterung im Gesetzgebungsverfahren nachzulesen unter: http://www.parlinkom.gv.at, Stichwort: „Bundesvergabegesetz".

taxative Ausnahmen vor.[38] Die österreichischen Regelungen sind durch die Bezugnahme auf die Rechtsprechung mit den deutschen sowohl in der Regelungssystematik als auch im Aufbau vergleichbar.[39]

II. Persönlicher und sachlicher Anwendungsbereich

15   Im Hinblick auf die unionsrechtlichen Vorgaben und die nationale Novellierung des Vergaberechts ist der erweiterte **persönliche** und **sachliche Anwendungsbereich** der Informations- und Wartepflicht des Auftraggebers beibehalten worden. Die Unterrichtung durch den Auftraggeber muss sowohl gegenüber den Bietern als auch sonstigen Bewerbern erfolgen. Der ursprüngliche Gedanke der Erweiterung des Anwendungsbereichs zielte auf die Erhöhung der Wirksamkeit der einzelstaatlichen Nachprüfungsverfahren, so dass die Möglichkeit der Nachprüfung vor Vertragsschluss im Wege der einstweiligen Verfügung stärker in Anspruch genommen werden konnte.[40] Dass dem Richtliniengeber dieses Anliegen nach wie vor von hohem Gewicht ist, zeigen die vorangestellten Erwägungen[41] sowie die Beibehaltung des erweiterten Anwendungsbereichs in den Richtlinien.[42] Dies führt iErg der aktuellen Rspr. weiterhin zur **Aufrechterhaltung des erhöhten Rechtsschutzes** für unterlegene Unternehmen.

16   § 134 GWB gilt für **alle Vergabeverfahren oberhalb der Schwellenwerte,** jedoch nicht für die Markterkundung gem. § 28 VgV.[43] Die Zuständigkeit wird materiell und nicht formell bestimmt (→ Rn. 17, 24). Nach § 106 Abs. 1 GWB gilt der gesamte Teil 4 des GWB, also auch die Vorschriften über die Zuständigkeit der Vergabekammern, nur für Aufträge, welche die Auftragswerte erreichen. Auch die Konzessionsvergaben sind vom Anwendungsbereich des GWB erfasst und unterliegen damit oberhalb der Schwellenwerte ebenfalls einer Formalisierung, auch wenn die KonzVgV größere Flexibilisierungen im Verfahren ermöglicht. § 106 Abs. 2 GWB verweist zur konkreten Berechnung des Schwellenwertes auf die Vergaberichtlinien[44] (→ KonzVgV § 2 Rn. 5 ff.).

17   Ein Nachprüfungsverfahren nach den §§ 155 ff. GWB wird nicht bereits dadurch eröffnet, dass der Auftrag- oder Konzessionsgeber eine unionsweite Ausschreibung vorgenommen und die Vergabekammer in den Ausschreibungsunterlagen als zuständige Stelle für Rechtsbehelfs- und Nachprüfungsverfahren angegeben hat, sondern **nur, wenn materiell das Vergaberecht** eingreift.[45] Daher greift die GWB-Vorinformationspflicht auch für solche Verfahren ein, bei denen der Auftraggeber fälschlich von einer Unterschreitung der Schwellenwerte ausging und daher ein Vergabeverfahren nur nach den Regelungen des nationalen Vergaberechts durchgeführt oder

---

[38] Erläuterungen § 143 in Nr. 69 der Beilagen XXVI. GP – Regierungsvorlage – Erläuterungen, S. 156.
[39] Erläuterungen § 143 in Nr. 69 der Beilagen XXVI. GP – Regierungsvorlage – Erläuterungen, S. 156, 157 mit Hinweis auf EuGH 28.10.1999 – C-81/98, NZBau 2000, 33.
[40] Erwgr. 4 der RL 2007/66/EG zur Änderung der RL 89/665/EWG und RL 92/13/EWG im Hinblick auf die Verbesserung der Wirksamkeit der Nachprüfungsverfahren bzgl. der Vergabe öffentlicher Aufträge, ABl. 2007 L 335, 31.
[41] Der Grundsatz der Transparenz des Vergabeverfahrens ist weiterhin ein zentraler Baustein des europäischen Vergaberechts: Erwgr. 1, 45, 52, 58, 59 der VRL, Erwgr. 4, 6, 33, 53 der KVR.
[42] Siehe Art. 55 VRL und Art. 40 KVR.
[43] Müller-Wrede GWB/Gnittke/Hattig § 134 Rn. 20.
[44] KVR, VRL, SRL.
[45] OLG Frankfurt a. M. 8.5.2012 – 11 Verg 2/12, BeckRS 2012, 1071; VK Rheinland 28.6.2022 – VK 39/21, BeckRS 2022, 33728.

Informations- und Wartepflicht **§ 134 GWB**

zunächst insges. den Anwendungsbereich des Vergaberechts verkannt hat. Maßgeblich für die Frage der Statthaftigkeit eines Nachprüfungsverfahrens (§§ 155 ff. GWB) wegen Erreichens bzw. Überschreitens der Schwellenwerte iSd § 106 GWB iVm § 3 VgV ist allein die objektive Rechtslage.[46] Rein tatsächlich kann zudem eine Vorinformationspflicht aber auf Grund der Selbstbindung der Verwaltung eintreten, die von der ordentlichen oder der Verwaltungsgerichtsbarkeit entspr. rechtlich gewürdigt wird (→ Rn. 191).

1. Persönlicher Anwendungsbereich

Zu informieren sind nach dem Gesetzeswortlaut des § 134 Abs. 1 GWB Bieter **18** und Bewerber durch den öffentlichen Auftraggeber. Über § 154 Nr. 4 GWB gilt die **Norm auch für Konzessionsgeber** und gem. § 142 GWB auch für Sektorenauftraggeber. Der persönliche Anwendungsbereich ist – iS eines effektiven Rechtsschutzes und der Durchsetzung der allg. vergaberechtlichen Grundsätze gem. § 97 GWB – **weit zu fassen**. Es besteht eine aktive Informationspflicht des Auftraggebers. Eine mehr oder minder zufällige Kenntnisnahme des Vergaberechtsverstoßes durch den nichtberücksichtigten Bieter – zB aufgrund eigener Recherchen oder von dritter Seite zugetragener Informationen – ist irrelevant.[47]

a) Bieter. Der **Wortlaut** des § 134 Abs. 1 GWB bezieht sich auf den durch die **19** Vergaberichtlinien festgelegten Begriff des Bieters, der in den Richtlinien einheitlich als Wirtschaftsteilnehmer definiert wird, „der ein Angebot abgegeben hat".[48] § 134 GWB spricht von einem **nicht berücksichtigten Angebot**. Dieses kann nur dann nicht berücksichtigt werden, wenn es dem Auftraggeber vorgelegen hat. Weitere Voraussetzungen bestehen nach dem Wortlaut nicht. Insbes. ist es nicht relevant, ob das Angebot formgerecht beim Auftraggeber eingegangen ist. Derartige Fragen sind – wenn sie streitig sind – in der Begründetheit des Nachprüfungsantrages zu prüfen. Wer ausdr. erklärt, kein Angebot abgeben zu wollen oder sein Angebot zurückzieht, bringt zum Ausdruck, an dem Auftrag kein Interesse zu haben und kann nicht als Bieter gelten.[49]

Bieter gelten dann als betroffen, wenn sie **noch nicht endgültig ausgeschlossen 20** wurden.[50] Ein Ausschluss ist endgültig, wenn er den betroffenen Bietern mitgeteilt wurde und entweder vor der Vergabekammer als rechtmäßig erkannt wurde oder keinem Nachprüfungsverfahren mehr unterzogen werden kann. Eine Informationspflicht ggü. dem erfolgreichen Bieter besteht hingegen nicht. Dennoch ist es – was in der Praxis auch regelmäßig durchgeführt wird – sinnvoll, den Bestbieter im Hinblick auf den Vertragsschluss zu informieren, damit er sich auf den Leistungsbeginn einstellen kann. Eine Informationspflicht besteht auch dann, wenn zB bei einem erfolglosen offenen Verfahren der Auftraggeber in ein **Verhandlungsverfahren übergeht**, nur noch mit einem Bieter verhandelt und mit diesem einen Vertrag abschließen will.[51]

b) Bewerber. Die Informationspflicht gilt gem. § 134 Abs. 1 S. 2 GWB auch **21** ggü. **Bewerbern.** „Bewerber" ist gem. Art. 2 Nr. 12 VRL ein Wirtschaftsteilnehmer, der sich um eine Aufforderung zur Teilnahme an einem nicht offenen Verfahren, einem Verhandlungsverfahren, einem Verhandlungsverfahren ohne vorherige Bekanntmachung, einem wettbewerblichen Dialog oder einer Innovationspartner-

---

[46] OLG Koblenz 1.9.2021 – Verg 1/21, NZBau 2022, 434.
[47] VK Sachsen 11.6.2021 – 1SVK004/21, BeckRS 2021, 20821 Rn. 103.
[48] Art. 5 Nr. 4 KVR, Art. 2 Abs. 1 Nr. 11 VRL, Art. 2 Nr. 7 SRL.
[49] OLG Brandenburg 25.9.2018 – 19 Verg 1/18, BeckRS 2018, 38089.
[50] Müller-Wrede GWB/Gnittke/Hattig § 134 Rn. 44.
[51] Vgl. Beck VergabeR/Dreher/Hoffmann GWB § 134 Rn. 14–24.

GWB § 134 — Informations- und Wartepflicht

schaft beworben hat oder eine solche Aufforderung erhalten hat. Bewerber sind dann zu informieren, wenn der Auftraggeber ihnen keine Information über die Ablehnung ihrer Bewerbung zur Verfügung gestellt hat, bevor die Mitteilung der Zuschlagsentscheidung an die betroffenen Bieter ergangen ist. **Ein förmliches Angebot ist nicht erforderlich.** Es ist auch nicht maßgeblich, dass der Auftraggeber den Bewerber für ungeeignet hält.[52]

22   Auftrag- und Konzessionsgeber haben ebenfalls Bewerber, deren Angebote im weiteren Verfahren nicht berücksichtigt werden sollen, über den Namen des Unternehmens, dessen Angebot berücksichtigt werden soll, über die Gründe der vorgesehenen Nichtberücksichtigung ihres Angebots und über den Fortgang des Verfahrens unverzüglich in Textform zu informieren.[53] Die Information über den Grund der Nichtberücksichtigung eines Angebotes muss dem Unternehmen, das ein erfolgloses Angebot vorgelegt hat, hinreichend deutlich machen, aus welchen Gründen das Angebot nicht zu berücksichtigen war und welches Unternehmen den Zuschlag erhalten soll. Die Information muss auf den **konkreten Beschaffungsvorgang zugeschnitten** sein. Allein für eine einfache Beschaffung nur mit dem Preis als Zuschlagskriterium reicht eine formularmäßige Begründung.

23   § 134 Abs. 1 S. 1 GWB enthält keine näheren Angaben zum Umfang der zu erteilenden Information. Da der Sinn und Zweck der Begründung darin zu sehen ist, dass der Informationsadressat die **Erfolgsaussichten in einem Nachprüfungsverfahren beurteilen** kann und er dazu in der Lage sein muss, eindeutig zu erkennen, weshalb sein Angebot nicht weiter im Verfahren berücksichtigt werden soll, sind die **Gründe der Nichtberücksichtigung vollständig anzugeben.**[54] Wenn der Preis das einzige Zuschlagskriterium ist, reicht der Hinweis auf ein preislich besseres Angebot aus. In allen anderen Fällen ist eine umfangreichere Begründung geboten. Die Begründung hat insbes. die Komplexität des Auftrages und den daraus resultierenden Aufwand für die Angebotserstellung zu berücksichtigen. Ein bloßer Hinweis auf allgemeine Erwägungen genügt der Informationspflicht nicht. Die Begründung muss auf den konkreten Einzelfall zugeschnitten sein[55] (zum Umfang der Informationspflicht → Rn. 79 ff.). Soweit der Auftraggeber **erst im Nachprüfungsverfahren die angeforderte Information** gibt und dann eine Erledigung erklärt wird, wird der Auftraggeber dennoch die **Kosten des Verfahrens** im Rahmen eines Fortsetzungsfeststellungsverfahrens zu tragen haben.[56] Wenn der Antragsteller nach einer (zusätzlichen) Information nicht zumindest eine teilw. Erledigungserklärung abgibt, kann er einen Teil der Kosten tragen.[57]

24   Auch in einem **nichtförmlichen Vergabeverfahren** ist der Bewerberstatus durch die Abgabe eines nichtförmlichen Angebots begründet, wenn ein materielles Vergabeverfahren oberhalb der Schwellenwerte stattgefunden hat (→ Rn. 17). Der Bewerberstatus kann zB durch ein einfaches Interessenbekundungsschreiben, eine **E-Mail** oder einen **Telefonanruf** begründet werden, wenn die Bewerbung dann den bekanntmachten Verfahrensbedingungen entspricht. Nach einer derartigen Interessenbekundung darf der öffentliche Auftraggeber sie nicht einfach ignorieren, sondern muss eine Information nach § 134 GWB erteilen, wenn der Bewerber noch nicht ausgeschlossen ist. Der Übergang zu dem Status des Interessenten ist fließend.

25   **c) Benachrichtigung von Interessenten.** Es besteht eine **Pflicht zur Information von Interessenten.**[58] Nachgewiesene Interessenten gehören ebenfalls in

---

[52] OLG München 21.2.2013 – Verg 21/12, BeckRS 03964.
[53] VK Niedersachsen 31.7.2014 – VgK-26/14, BeckRS 2014, 20960.
[54] VK Niedersachsen 27.9.2019 – VgK-34/2019, BeckRS 2019, 26282.
[55] Vgl. auch: Beck VergabeR/Dreher/Hoffmann GWB § 134 Rn. 25–31.
[56] VK Sachsen 27.6.2014 – 1/SVK/020-13, BeckRS 2014, 19916.
[57] VK Niedersachsen 2.12.2021 – VgK-42/2021, BeckRS 2021, 42990.
[58] AA Beck VergabeR/Dreher/Hoffmann GWB § 134 Rn. 50, Fn. 165.

Informations- und Wartepflicht **§ 134 GWB**

den weiten Kreis der Bewerber iSd § 134 GWB. Ihr Status ist immer dann problematisch, wenn es um rechtswidrige De-facto-Vergaben geht (→ § 135 Rn. 108 ff.). Es geht um die Frage, wer warum an dem Vergabeverfahren beteiligt werden muss. Popularklagen und vorbeugenden Rechtsschutz[59] gibt es im Vergaberecht nicht. Die Informationspflicht ggü. einem Interessenten berührt diesen Bereich nicht. Dieser hat sich um einen konkreten Auftrag durch eine Interessenbekundung oder Interessenbestätigung bemüht. Es besteht also ein **vorvertragliches, subjektives Näheverhältnis** zwischen dem Interessenten und dem Auftraggeber. In der VgV hat dies seinen regulatorischen Niederschlag gefunden. Lediglich potenzielle Interessenten, deren Interesse dem Auftraggeber ggü. nicht hervorgetreten ist, sind als „unbeteiligte Dritte" von § 134 GWB nicht erfasst.[60]

Für eine **weite Informationspflicht** spricht die Auslegung der VRL. Die RL 89/665/EWG bestimmt, dass bestimmte Nachprüfungsverfahren zumindest jedem zur Verfügung stehen, der ein Interesse an einem bestimmten Auftrag hat oder hatte und dem durch einen behaupteten Verstoß gegen das Unionsrecht im Bereich des öffentlichen Auftragswesens oder gegen die nationalen Vorschriften zur Umsetzung dieses Rechts ein Schaden entstanden ist bzw. zu entstehen droht. Diese Nachprüfungsverfahren sollten von dieser Richtlinie unberührt bleiben. Jedoch haben Bürger, organisierte oder nicht organisierte Interessengruppen und andere Personen oder Stellen, die keinen Zugang zu Nachprüfungsverfahren gem. der RL 89/665/EWG haben, als Steuerzahler dennoch ein begründetes Interesse an soliden Vergabeverfahren.[61] Interessenten haben Interesse an einem bestimmten Auftrag gezeigt. Die Gefahr einer Popularklage droht nicht, wenn Interessenten ein **subjektives Interesse an dem Auftrag** gezeigt haben, von einem unbeteiligten Dritten ist gerade nicht mehr auszugehen.[62] 26

Im Falle von De-facto-Vergaben kann es nicht auf den formalen Bieter- oder Bewerberstatus eines Antragstellers ankommen. Auch **Interessenten,** die wesentliche Teilleistungen ausführen wollen, **können in ihren Rechten verletzt** sein, so dass § 135 GWB mit seinen Wirkungen eingreift[63] (→ Rn. 72). Ein Interessent ist auch ein Unternehmen, welches zB nach einer Interessenbekundung beteiligt werden muss. Es genügt ein glaubhaft gemachtes Interesse am Auftrag. Die Rspr. ist bei der Beurteilung einer Glaubhaftmachung großzügig. Regelmäßig wird ein Interessenbekundungsschreiben (und das folgende Nachprüfungsverfahren) als ausreichend gesehen.[64] Ausreichend ist für den Interessenten der Vortrag, sich bei einer EU-weiten Auftragsbekanntmachung mit einem Angebot um den Gesamtauftrag beworben zu haben, wenn der Interessent nachweisbar im Markt tätig ist. Die **Darlegungs- und Beweislast** liegt nach den allg. Regeln **beim Interessenten.** 27

Festzuhalten ist dennoch, dass der Auftraggeber über mit einer Maßnahmen nach außen mit einem Interessentenkreis, zB durch eine „Vertragsanzeige" („contract notice"), in Kontakt getreten sein muss.[65] Das Wortlautargument der Gegenauffassung[66] überzeugt nicht, da das Entfallen der Informationspflicht in § 134 Abs. 3 GWB abschl. geregelt ist. Soweit nicht ein gesetzlicher Ausnahmetatbestand vorliegt, der die Informationspflicht entfallen lässt, ist die **Information umfassend zu** 28

---

[59] OLG Schleswig 15.3.2013 – 1 Verg 4/1, NZBau 2013, 453.
[60] Beck VergabeR/Dreher/Hoffmann GWB § 134 Rn. 22.
[61] Erwgr. 122 der VRL.
[62] Beck VergabeR/Dreher/Hoffmann GWB § 134 Rn. 22.
[63] OLG Saarbrücken 17.8.2016 – 1 U 159/14, BeckRS 2016, 16273.
[64] OLG Celle 30.10.2014 – 13 Verg 8/14, NZBau 2014, 780; VK Niedersachsen 3.2.2012 – VgK 01/2012, IBRRS 2012, 4206; VK Sachsen-Anhalt 4.10.2011 – 1 VK LSA 17/11, BeckRS 2011, 24299.
[65] VK Bund 20.12.2012 – VK 1–130/12, BeckRS 2013, 01201.
[66] OLG Saarbrücken 17.8.2016 – 1 U 159/14, BeckRS 2016, 16273.

gewähren. Nach einem richtlinienkonformen Verständnis des § 135 Abs. 1 Nr. 2 GWB kann das unterlegene Unternehmen im Wege eines Nachprüfungsverfahrens die Unwirksamkeit des geschlossenen Vertrags geltend machen, wenn der Auftrag ohne vorherige Veröffentlichung einer unionsweiten Bekanntmachung vergeben worden ist, ohne dass dies vergaberechtlich zulässig ist.[67]

29 Hervorzuheben ist, dass das Gebot der Sicherstellung eines **effizienten Rechtsschutzes** nicht daran anknüpft, dass jemand einen Status als Bieter erlangt hat, sondern an die **Beschaffungsentscheidung des Auftraggebers in einem Einkaufsverfahren.** Der Auftrag- und Konzessionsgeber wird durch das Transparenzgebot zu einem offenen, erkennbaren und nachvollziehbaren Beschaffungsverhalten angehalten. Die Informationspflicht ist insoweit umfassend zu verstehen. Sie gilt für Unternehmen, die sich an einem Teilnahmewettbewerb beteiligt haben, jedoch nie den Bieter- oder Bewerberstatus erreicht haben, weil sie nicht zur Angebotsabgabe aufgefordert wurden. Wenn diese Unternehmen vorab eine Mitteilung über das Ausscheiden aus dem Wettbewerb erhalten haben, besteht die Informationspflicht nicht mehr. Eine entspr. Anwendung der §§ 134, 135 GWB kommt in Betracht für **potenzielle Bieter,** die an einer Beteiligung im Vergabeverfahren mit einem Angebot **vergaberechtswidrig gehindert** worden waren. Denn ein Unternehmen, welches im Zusammenhang mit einem konkreten Vergabeverfahren sein Interesse am Auftrag bekundet hat und nur durch ein vergabewidriges Verhalten der Vergabestelle von einer Angebotsabgabe abgehalten wurde, ist bereits Träger von Rechten und Pflichten.[68] Diese Fragen sind dann im Nachprüfungsverfahren wegen einer rechtswidrigen De-Facto-Vergabe zu klären (→ § 135 Rn. 108 ff.).

30 Zudem verletzt die Aufrechterhaltung eines unter Verstoß gegen das Vergaberecht geschlossenen Vertrages das Unionsrecht während der gesamten Laufzeit des Vertrages. Auch deshalb muss **jeder,** der uU eine **Chance auf Erteilung des Zuschlags** hat, die Möglichkeit der Nachprüfung haben. Das setzt in der Praxis notwendigerweise eine Information über die beabsichtigte Zuschlagserteilung voraus, weil wirksam erteilte Zuschläge nach § 168 Abs. 2 S. 1 GWB nicht aufgehoben werden können, was aber gem. § 135 Abs. 1 GWB nicht gilt, wenn die Verträge unter **Umgehung der Vorinformationspflicht** zustande gekommen sind (→ § 135 Rn. 90 ff.).

31 Der Auftraggeber wird sinnvollerweise den zu **informierenden** Kreis der **Unternehmen** möglichst **großzügig** fassen. Alles andere ist mit einem hohen Risiko verbunden, zumal dem rechtswidrig handelnden Auftraggeber Schadensersatzansprüche drohen.[69] Wenn im Nachgang zu dieser Bekanntmachung ein Unternehmen rügt, dass ihm infolge des Verzichts auf die vorherige Veröffentlichung einer Auftragsbekanntmachung die Möglichkeit genommen wurde, sich erfolgreich um die Auftragsvergabe zu bewerben und den Zuschlag zu erlangen, dann liegt die erforderliche Antragsbefugnis vor.[70]

32 **d) Nicht berücksichtigte Preisträger und Ausgelobte.** Nach der Durchführung eines **Planungswettbewerbs** gem. § 79 VgV müssen die Wettbewerber zumindest benachrichtigt werden, wenn nicht zuvor eine abschl. Festlegung getroffen wurde, dass der Zuschlag zwingend an den Gewinner des Wettbewerbes gehen soll, sondern

---

[67] OLG Saarbrücken 29.1.2014 – 1 Verg 3/13, NZBau 2014, 241; OLG Düsseldorf 21.4.2010 – VII-Verg 55/09, NZBau 2010, 390.
[68] OLG Naumburg 4.11.2010 – 1 Verg 10/10, BeckRS 2010, 28396; 22.12.2011 – 2 Verg 10/11, NZBau 2012, 258.
[69] So bspw. aus vorvertraglichem Verschulden OLG Celle 23.2.2016 – 13 U 148/15, IBRRS 2016, 0745 = NZBau 2016, 381; BGH 20.11.2012 – X ZR 108/10, NZBau 2013, 180 – Friedhofserweiterung.
[70] OLG Düsseldorf 21.4.2010 – VII-Verg 55/09, NZBau 2010, 390.

Informations- und Wartepflicht § 134 GWB

auch nach der Bekanntgabe der Preisgerichtsentscheidung die Möglichkeit der Einleitung eines Verhandlungsverfahrens mit den übrigen Preisträgern besteht[71] (→ § 79 VgV Rn. 9). Ein weites, auch die Preisträger eines Architektenwettbewerbs einbeziehendes Verständnis des Begriffs des Bieters iSd ist bereits angesichts der Vorgaben der RL 89/665/EWG sowie der Rspr. des EuGH geboten. Der Begriff umfasst alle für den Auftraggeber erkennbar am Auftrag interessierten Unternehmen.[72] Zudem trifft den **Auslober** gem. § 78 Abs. 3 S. 1, § 70 Abs. 3 VgV auch die Pflicht, die Ergebnisse des Planungswettbewerbs EU-weit bekanntzumachen.

e) Benachrichtigung von Bevollmächtigten. Wenn sich Bevollmächtigte bestellt haben, dann sind diese zu benachrichtigen, ansonsten liegt ein Verstoß gegen §§ 134, 135 GWB vor.[73] Weil der Entscheidung der Vergabekammer gemäß § 168 Abs. 3 GWB durch Verwaltungsakt ergeht, sind jedenfalls auch die Regelungen des VwVfG anwendbar, soweit dies der Interessenlage gerecht wird. Erst recht gilt, dass die Vergabestelle, die als Behörde das Vergabeverfahren betreibt, an die Anforderungen des VwVfG gebunden ist, und zwar zusätzlich zu den Regelungen des Vergaberechts. § 14 Abs. 3 VwVfG bestimmt, dass sich die Behörde an einen Verfahrensbevollmächtigten wenden soll, wenn dieser bestellt ist. Wendet die Behörde sich an den Beteiligten, so soll der Bevollmächtigte aber verständigt werden. Es ist nicht ausreichend, dass nur die Nichtabhilfeentscheidung dem Bevollmächtigten zugeht. Auch das Informationsschreiben iSv § 134 GWB muss an den Bevollmächtigten gesandt werden. Zwar bezieht sich § 134 Abs. 1 GWB auf „Bieter" und nicht auf Bevollmächtigte oder sonstige Dritte. Dennoch gelten auch insoweit die allg. Verfahrensvorschriften und somit § 14 Abs. 3 VwVfG.[74] 32a

f) Drittschutz der Regelung. Die Informationsverpflichtung aus § 134 GWB dient der Normierung des **Grundsatzes der transparenten Vergabeentscheidung** und ist damit unmittelbarer Ausfluss des Transparenzgrundsatzes.[75] Sinn und Zweck der Vorschrift ist, dem unterlegenen Bieter die Möglichkeit zu geben, die beabsichtigte Zuschlagserteilung durch die Vergabekammer überprüfen zu lassen.[76] Es entspricht dem Sinn und Zweck der Norm, dass der Informationsadressat eindeutig erkennen kann, aufgrund welcher Bewertungskriterien sein Angebot nicht den Zuschlag erhalten soll, um auf dieser Grundlage die Erfolgsaussichten in einem Nachprüfungsverfahren zu beurteilen.[77] Damit dient sie der Verwirklichung möglichst effektiven Rechtsschutzes und ist folglich eine drittschützende Vorschrift. Der Gesetzgeber hat den Interessen des unterlegenen Bewerbers Vorrang vor den Interessen des Auftrag- und Konzessionsgebers gegeben. **Bieter, Bewerber und Interessenten sind Beteiligte des Vergabeverfahrens** und somit **Träger subjektiver Rechte** aus § 97 Abs. 6 GWB. Diesen Gruppen steht damit ein Zugang zum Nachprüfungsverfahren zur Durchsetzung ihrer Rechte grds. offen, soweit sie ein Interesse am Auftrag haben und durch die Ausgestaltung des Vergabeverfahrens in ihren subjektiven Rechten verletzt werden.[78] Verstöße gegen drittschützende Verfahrensvor- 33

---

[71] Müller-Wrede GWB/Gnittke/Hattig § 134 Rn. 41.
[72] OLG Düsseldorf 2.12.2009 – VII-Verg 39/09, NZBau 2010, 393; VK Rheinland-Pfalz 27.4.2010 – VK 1 – 04/10, IBRRS 2012, 0463.
[73] VK Westfalen 8.5.2018 – VK 1–12/18, IBRRS 2018, 2738.
[74] VK Westfalen 8.5.2018 – VK 1–12/18, IBRRS 2018, 2738.
[75] VK Brandenburg 12.3.2019 – VK 1/19, BeckRS 2019, 17288.
[76] VK Baden-Württemberg 12.6.2014 – 1 VK 24/14, IBR 2014, 688; VK Bund 26.11.2013 – VK 2–104/13, IBRRS 2014, 0036; OVG Münster 16.12.2022 – 13 B 839/22, BeckRS 2022, 39847 Rn. 55.
[77] OLG Celle 7.7.2022 – 13 Verg 4/22, BeckRS 2022, 16187.
[78] VK Bund 19.8.2016 – VK 2–75/16, BeckRS 2016, 121789; VK Sachsen 26.7.2016 – 1/SVK/014-16, BeckRS 2016, 15610; VK Nordbayern 29.6.2016 – 21.VK-3194-07/16, IBR 2016, 540; vgl. auch Baudis VergabeR 2019, 589.

GWB § 134 Informations- und Wartepflicht

schriften, zB die Einhaltung der Informations- und Wartefrist gem. § 134 GWB, sind für die Schadensdarlegung geeignet.[79]

34 Das Vergaberecht sucht einen **Ausgleich zwischen den ihm immanenten Zielrichtungen** zu schaffen. Auf der einen Seite stehen haushaltsrechtliche Ziele, dh die Beschaffungsinteressen der öffentlichen Hand und das Interesse der Allgemeinheit an einem raschen Abschluss des Vergabeverfahrens. Auf der anderen Seite finden sich wirtschaftliche Ziele in Form von Wettbewerbsinteressen der einzelnen Bieter. Bieterschützend sind deshalb die Vorschriften des Vergaberechts, die der Verwirklichung der vergaberechtlichen Grundsätze – Transparenz, Wettbewerb, Gleichbehandlung – dienen. Im Zweifel ist der Kreis der von § 97 Abs. 6 GWB erfassten Ansprüche weit zu fassen. Zum subjektiven Recht auf Einhaltung der Verfahrensbestimmungen: → GWB § 97 Rn. 110.

34a Besonders deutlich wird dieses **Spannungsverhältnis** bei einer (gering) fehlerhaften Information gem. § 134 GWB.[80] Nach Auffassung des OLG Celle zeige das Erfordernis der Vorabinformation nach § 134 GWB, dass eine Bestandskraft von Verträgen grds. nur dann eintreten solle, wenn eine vorherige Überprüfung möglich sei. Gleichzeitig könne auch durch Erteilung einer ordnungsgemäß begründeten Vorabinformation aber nicht verhindert werden, dass unterlegenen Bietern einzelne Vergaberechtsverstöße unbekannt bleiben würden. Auch das Unionsrecht gebiete nicht, einen bereits geschlossenen Vertrag grds. aufgrund solcher zunächst unerkannt gebliebener Vergaberechtsverstöße aufzuheben. Die Entscheidung des OLG Celle mag für den Einzelfall zutreffend sein, bei dem es sich um eine geringfügige Abweichung des Angebotes des Bestbieters von den Angebotsunterlagen handelt. Richtig ist die Auffassung, dass wenn ein notwendiger Bestandteil des Informationsschreibens fehlt, gegen § 134 Abs. 1 S. 1 GWB verstoßen wurde.[81] Der unterlegene Bewerber muss anhand zutreffender Informationen seine Chancen für das Nachprüfungsverfahren vorab einschätzen können. Zum Nachschieben von Gründen → Rn. 93 ff. Die Information muss zudem wahrhaftig sein. Zum Umfang der Informationspflicht → Rn. 79 f.

34b Die Einleitung eines Nachprüfungsverfahrens ist so lange möglich, wie noch kein wirksamer Vertrag geschlossen wurde. Erst der im Hinblick auf §§ 134 und 135 GWB wirksam zustande gekommene Vertragsschluss wird durch § 168 Abs. 2 S. 1 GWB geschützt. Eine formlose und das Vergaberecht völlig ignorierende Direktvergabe (De-facto-Vergabe) kann daher nur unter den Bedingungen und Fristen der §§ 134, 135 GWB wirksam werden und unterliegt für die Dauer der schwebenden Unwirksamkeit uneingeschränkt der Nachprüfung[82] (→ § 135 Rn. 48 f.).

35 **Drittschutz** wird auch von der ordentlichen Gerichtsbarkeit gewährt. So können Bieter iRd vorvertraglichen Vertrauensverhältnisses einen Anspruch auf Unterlassung eines vergaberechtswidrigen Verhaltens gegen den Auftraggeber aus §§ 280 Abs. 1, 311 Abs. 2, 241 Abs. 2 BGB geltend machen und damit nach einer Auff. verlangen, dass er die Informationspflicht im Verfahren beachtet[83] (→ Rn. 189). Grds. gilt im Vergabeverfahren § 311 Abs. 2 BGB entspr., wonach besondere Rücksichtnahmepflichten bei der Aufnahme von Vertragsverhandlungen gelten und einzuhalten sind. Dazu gehört sicherlich die eindeutige Nennung des Zuschlagstermins. Nachträgliche Änderungen sind somit vor diesem Hintergrund zu bewerten und müssen mit der erforderlichen Transparenz den Bietern mitgeteilt werden.[84]

---

[79] VK Niedersachsen 23.6.2021 – VgK-19/2021, BeckRS 2021, 22041 Rn. 45.
[80] OLG Celle 24.10.2019 – 13 Verg 9/19, BeckRS 2019, 26579.
[81] VK Sachsen 7.7.2023 – 1/SVK/012-23, BeckRS 2023, 19164 Rn. 127.
[82] OLG Schleswig 9.12.2021 – 54 Verg 8/21, NZBau 2022, 427 Rn. 65.
[83] OLG Dresden 13.8.2013 – 16 W 439/13, – 16 W 0439/13, BeckRS 2014, 01041.
[84] VK Westfalen 8.5.2018 – VK 1–12/18, IBRRS 2018, 2738.

Da die Informationspflicht der Vergabestelle letztlich Ausfluss des **Transparenz-** 36
grundsatzes gem. § 97 Abs. 1 S. 1 GWB ist und die Wartepflicht der Vergabestelle vor Zuschlagserteilung der Sicherung der Effektivität des Rechtsschutzes und insbes. der Wahrung der Möglichkeit der Inanspruchnahme von Primärrechtsschutz dient, ist das erweiterte Begriffsverständnis gerade auch im Hinblick auf den Drittschutz der Bestimmung teleologisch geboten. Die Mitgliedstaaten haben sicherzustellen, dass ein Nachprüfungsverfahren zumindest jeder Person zur Verfügung steht, die ein Interesse an einem bestimmten Auftrag hat oder hatte und der durch einen behaupteten Verstoß ein Schaden entstanden ist oder zu entstehen droht.[85] Nach deutschem Rechtsverständnis ist das nur möglich, wenn den Betroffenen ein **subjektiv-öffentliches Recht** zusteht, das sie vor den vergaberechtlichen Nachprüfungsinstanzen effektiv und wirksam durchsetzen können. Also ist von einem weiten Umfang des Drittschutzes auszugehen. Korrektiv bei der hier vertretenen Auff. des umfassenden Verständnisses des Drittschutzes ist die für einen erfolgreichen Rechtsschutz ebenfalls zu bejahende Frage der materiellen Betroffenheit und der kausalen Rechtsverletzung.

2. Sachlicher Anwendungsbereich

Der sachliche Anwendungsbereich erstreckt sich über sämtliche Vergabearten 37
gem. § 119 GWB und über alle Auftragsformen gem. § 103 GWB (Rahmenvereinbarungen, Wettbewerbe) oder Konzessionen gem. § 105 GWB **oberhalb der Schwellenwerte**. Es gilt ein materieller Auftragsbegriff: Nur bei dem objektiven Überschreiten der Schwellenwerte und Vorliegen eines Vertrages, wobei der Auftraggeber einen gerichtlich überprüfbaren Einschätzungsspielraum hat, greift materiell die GWB-Informationspflicht ein.[86] So fehlt zB bei einem Beherrschungs- und Gewinnabführungsvertrag der notwendige Bezug zu einem Vergabeverfahren.[87] Dort besteht also keine Informationspflicht nach dem 4. Teil des GWB.

§ 134 GWB gilt mithin auch bei einem Irrtum des Auftraggebers.[88] Zwar gelten 37a
die §§ 134, 135 GWB unstreitig außerhalb des Anwendungsbereichs des europäischen Vergaberechtsregimes ausdr. nicht. Auch wenn ein Auftraggeber **freiwillig** unionsweit ausschreibt, führt dies **nicht zur Zuständigkeit** der Vergabekammern.[89] Eine fehlende notwendige vorherige Information aus anderen Rechtsgründen kann dann von den zuständigen Nachprüfungsinstanzen überprüft werden (→ Rn. 163). Ob eine Inhouse-Vergabe vorliegt, ist jedoch eine materiell-rechtliche Frage und damit iRd Begründetheit und nicht der Zulässigkeit des Nachprüfungsantrags zu klären.[90]

Sofern die Vergabekammer unzutreffend angerufen wurde, zB bei einer Vergabe 38
unterhalb der Schwellenwerte, wird das in der Beschwerdeinstanz zuständige OLG das Verfahren an das zuständige Landgericht (oder Verwaltungsgericht) **verweisen**, welches dann Rechtsschutz gewähren wird.[91] Im Bereich außerhalb des Kartellvergaberechts ist dem erfolglosen Bieter der Gang zu den Vergabekammern gem. §§ 154, 155 GWB versperrt. Der Rechtsschutz des Bieters vollzieht sich stattdessen iRd ordentlichen Gerichtsbarkeit gem. § 13 GVG, der Verwaltungsgerichtsbarkeit

---

[85] Art. 1 Abs. 2 RL 2007/66/EG.
[86] OLG Frankfurt a. M. 8.5.2012 – 11 Verg. 2/12, BeckRS 2012, 1071.
[87] VK Rheinland 29.7.2019 – VK 16–19/L, BeckRS 2019, 16793.
[88] VK Südbayern 5.8.2019 – Z3-3-3194-1-14-05/19, BeckRS 2019, 23408.
[89] VK Hessen 8.2.2012 – 69-VK-02/2012, IBRRS 84761.
[90] VK Rheinland 20.2.2019 – VK 52/18-L, BeckRS 2019, 6745.
[91] OLG Hamburg 16.4.2020 – 1 Verg 2/20, NZBau 2021, 210; OLG Brandenburg 26.7.2021 – 19 Verg 3/21, BeckRS 2021, 28089; OLG Frankfurt a. M. 8.5.2012 – 11 Verg 2/12, BeckRS 2012, 10701; OLG München 30.6.2011 – Verg 5/09, IBRRS 80940.

gem. § 40 Abs. 1 S. 1 VwGO oder der Sozialgerichtsbarkeit gem. § 51 Abs. 1 SGG. Im Falle eines gemischten Vertrages, der sowohl privatrechtliche als auch öffentlich-rechtliche Gesichtspunkte in sich vereint, ist auf den **Schwerpunkt des gesamten Vertragswerkes** abzustellen. Maßgeblich für die Bestimmung der Rechtsnatur des ausgeschriebenen Vertrages ist nicht das Ziel der Aufgabenerfüllung, sondern die dafür gewählte Rechtsform. Die Rspr. tendiert bei Vergaben unterhalb der Schwellenwerte bei Binnenmarktrelevanz teilw. dazu, Rechtsschutz zu gewähren[92] (→ Rn. 163).

39 Nach dem **Wortlaut** des § 134 Abs. 1 GWB werden zunächst nur öffentliche Auftraggeber iSv § 99 GWB von der Vorschrift betroffen und damit verpflichtet. Allerdings ordnet § 142 GWB für Sektorenauftraggeber gem. § 100 GWB und § 154 Nr. 4 GWB für Konzessionsgeber nach § 101 GWB die entspr. Anwendung des § 134 GWB im Vergabeverfahren an. Infolgedessen kommen die Vorgaben des § 134 GWB bei sämtlichen Vergabeverfahren für öffentliche Auftraggeber gem. § 99 GWB, für Sektorenauftraggeber gem. § 100 GWB und für Konzessionsgeber gem. § 101 GWB oberhalb der Schwellenwerte zur Anwendung.

40 **a) Weitere Informationspflichten oberhalb der Schwellenwerte.** Neben der Regelung in § 134 GWB normieren auch die jeweiligen Vergabeverordnungen Informations- und Wartepflichten, die vom Auftraggeber im Verfahren eingehalten werden müssen. Parallel zu den Ausschlussgründen der Informationspflicht bei verteidigungs- und sicherheitsspezifischen Aufträgen gem. § 134 Abs. 3 S. 2 GWB sind in den Vergabeverordnungen entspr. Ausschlusstatbestände geregelt.[93] Diese Vorschriften sehen einheitlich vor, dass der Auftraggeber nicht verpflichtet ist, einzelne Angaben über den zu vergebenden Auftrag bzw. die zu vergebende Konzession ggü. den Bewerbern oder Bietern zu machen, wenn deren Veröffentlichung einen der in den Vorschriften genannten Ausschlussgründe tangiert.[94] **Rechtsschutzbegründend** iSd § 97 Abs. 6 GWB wirken diese Bestimmungen **nur dann**, wenn über § 134 GWB ein **eigener Regelungscharakter** hinzukommt.

41 Der Sinn zusätzlicher Information kann am Beispiel der Konzessionen verdeutlicht werden. Konzessionen sind danach idR langfristige und komplexe Vereinbarungen, bei denen der Konzessionsnehmer Verantwortlichkeiten und Risiken übernimmt, die üblicherweise vom Konzessionsgeber getragen werden und in dessen Zuständigkeit fallen (→ § 105 Rn. 6 ff.).[95] Dementsprechend ist es wichtig, dass neben dem Grundsatz der **Transparenz** auch der **Grundsatz des Geheimwettbewerbs** zum Zuge kommt, damit **Wettbewerbsverzerrungen unter den Teilnehmern verhindert** werden. Infolgedessen ist es notwendig, dass Informationen über Art und Umfang der Konzession sowie die Weitergabe von Informationen an Bewerber und Bieter gewissen Schranken unterworfen werden.[96]

42 **aa) VgV.** Gem. § 62 Abs. 1 VgV hat der öffentliche Auftraggeber jedem Bewerber und jedem Bieter unverzüglich seine Entscheidung über den Abschluss einer Rahmenvereinbarung, die Zuschlagserteilung oder die Zulassung zur Teilnahme an einem dynamischen Beschaffungssystem mitzuteilen. Der Verordnungsgeber geht

---

[92] OLG Saarbrücken 15.6.2016 – 1 U 151/15, BeckRS 2016, 13235; 16.12.2015 – 1 U 87/15, ZfBR, 2016, 384; OLG Frankfurt a. M. 13.1.2015 – 11 W 32/15, ZfBR 2016, 290; diff. VK Sachsen-Anhalt 26.6.2014 – 3 VK LSA 47/14, BeckRS 2015, 9197.
[93] Siehe §§ 62 Abs. 3, 39 Abs. 6 VgV, § 30 Abs. 3 KonzVgV und §§ 56 Abs. 3, 38 Abs. 6 SektVO.
[94] Ausf. zu den Ausschlusstatbeständen unter Kap. VII: „Keine Informationspflicht im Falle von verteidigungs- und sicherheitsspezifischen Aufträgen".
[95] Erwgr. 68 der KVR; vgl. OLG München 14.10.2019 – Verg 16/19, BeckRS 2019, 28624; vgl. Müller-Wrede/Braun KonzVgV § 1 Rn. 41 ff.
[96] Erwgr. 68 der KVR.

Informations- und Wartepflicht **§ 134 GWB**

von einem etwas anderen und weiteren Umfang der GWB-Informationspflicht aus. Die Informationspflicht des öffentlichen Auftraggebers ist danach nur teilw. in § 134 Abs. 1 GWB geregelt.[97] In § 62 VgV geht es um die proaktive Information der Bewerber und Bieter (→ VgV § 62 Rn. 3 f.).

§ 62 VgV statuiert eine **individuelle unverzügliche Informationspflicht,** dh 43
der Verpflichtung ist ohne schuldhaftes Zögern nachzukommen. § 62 Abs. 2 Nr. 4 VgV regelt die Unterrichtung der Bieter über den Verlauf und die Fortschritte der Verhandlungen und des wettbewerblichen Dialogs mit den Bietern auf deren Verlangen. Diese Regelung geht über § 134 GWB hinaus und ist somit **drittschützend** (→ VgV § 62 Rn. 13). Bei allen gem. § 62 Abs. 1, 2 VgV zu veröffentlichen Angaben gibt es eine Grenze gem. § 62 Abs. 3 VgV iVm § 39 Abs. 6 VgV. Danach ist der Auftraggeber gem. § 39 Abs. 6 GWB nicht verpflichtet, Informationen zu übermitteln, die den Gesetzesvollzug beeinträchtigen, den Interessen zuwiderlaufen, berechtigten geschäftlichen Interessen eines Unternehmens schaden oder den lauteren Wettbewerb beeinträchtigen (→ VgV § 62 Rn. 14).

bb) KonzVgV. Die Mitteilungspflicht gem. **§ 30 KonzVgV besteht unabhän-** 44
gig von der Informationspflicht nach § 134 GWB.[98] § 30 Abs. 1 KonzVgV sieht ebenfalls die unverzügliche Unterrichtung der Bewerber und Bieter über die Entscheidungen des Konzessionsgebers hinsichtlich des Zuschlags vor. Dabei sollen der Name des erfolgreichen Bieters, die Gründe für die Ablehnung der Teilnahmeanträge oder Angebote sowie die Gründe für eine Entscheidung mitgeteilt werden. Nach dem Vorbild des Art. 40 KVR wird iRd § 30 KonzVgV in Bezug auf die Unterrichtungspflichten des Konzessionsgebers nach den von sich aus mitzuteilenden Informationen in Abs. 1 und denjenigen in Abs. 2 unterschieden, die nur auf Anfrage in Textform nach § 126b BGB mitgeteilt werden müssen.

§ 30 Abs. 2 KonzVgV geht über § 134 GWB insoweit hinaus, als dort festgelegt 45
wird, dass über die Merkmale und relativen Vorteile des ausgewählten Angebots berichtet werden muss. Diese Begründungspflicht ist **drittschützend** (→ KonzVgV § 30 Rn. 9).[99] Die zusätzliche Informationspflicht ist richtig, da die Beteiligung an einem Konzessionsauswahlverfahren mit großer Mühe für den potenziellen Konzessionär verbunden ist. Wenn der Vorabinformation alle Vorgaben des § 134 GWB sowie der jeweiligen Ergänzungsregelung aus der für die Vergabe geltenden Verordnungsregelung enthält, bedarf es nur einer Information. Maßgeblich ist die Erfüllung aller gesetzlichen und verordnungsrechtlichen Vorgaben[100] (→ KonzVgV § 30 Rn. 5–7).

cc) SektVO. Weiter besteht auch für **Sektorenauftraggeber** neben § 134 GWB 46
eine Unterrichtungspflicht aus § 56 Abs. 1 SektVO. § 56 SektVO entspricht vom Regelungsgehalt her § 62 VgV. Der Verordnungsgeber geht auch hier von einem etwas anderen und weiteren Umfang der GWB-Informationspflicht aus. Die Informationspflicht des öffentlichen Auftraggebers wird danach nur teilw. in § 134 Abs. 1 GWB geregelt.[101] §§ 134, 135 GWB sind für Sektorenauftraggeber umfassend anwendbar, da § 134 GWB keinerlei Sonderregelung für diese enthält. Auch ein Sektorenauftraggeber, der irrtümlich einen Auftrag oberhalb der Schwellenwerte nicht europarechtskonform ausschreibt, bleibt in der **Informationsverpflichtung.**[102] Nach § 56 Abs. 3 SektVO sind mit Verweis auf § 38 Abs. 6 SektVO bestimmte Angaben von den Unterrichtungspflichten ausgenommen (→ SektVO § 56 Rn. 1, 2).

---

[97] BT-Drs. 18/7318, 198.
[98] BT-Drs. 18/7318, 266; vgl. Müller-Wrede/Braun/Hömke KonzVgV § 30 Rn. 79, 80 ff.
[99] Vgl. Müller-Wrede/Braun/Hömke KonzVgV § 30 Rn. 1 ff.
[100] Vgl. Müller-Wrede/Braun/Hömke KonzVgV § 30 Rn. 2.
[101] BT-Drs. 18/7318, 198.
[102] OLG München 18.4.2013 – Verg 3/13, BeckRS 2013, 07174.

47 **dd) VSVgV.** Auch im Geltungsbereich der VSVgV gilt die **Informationspflicht** gem. § 134 GWB, da § 36 VSVgV ebenso wie die übrigen Vergabeverordnungen ggü. dem Auftraggeber eine Unterrichtungspflicht vorsieht. Der Auftraggeber hat nach § 36 Abs. 1 S. 2 VSVgV die Bieter unverzüglich über die Gründe für die Entscheidung, einen Auftrag oder eine Rahmenvereinbarung, für die eine Bekanntmachung veröffentlicht wurde, nicht zu vergeben oder das Verfahren neu einzuleiten, zu informieren. Auf Verlangen der Bewerber oder Bieter hat der Auftraggeber diese Informationen gem. § 36 Abs. 1 S. 3 VSVgV schriftlich mitzuteilen. Diese Regelung ist wie § 62 VgV **drittschützend**[103] (→ VgV § 62 Rn. 15).

48 Bei Vorliegen eines entspr. Antrages seitens der Bieter/Bewerber statuiert § 36 Abs. 2 Nr. 1–3 VSVgV weitere Informationspflichten des Auftraggebers. So hat der Auftraggeber jeden nicht erfolgreichen Bewerber über die Gründe für die Ablehnung seiner Bewerbung aufzuklären, jeden nicht berücksichtigten Bieter über die Gründe für die Ablehnung des Angebots, insbes. über die Gründe dafür, dass keine Gleichwertigkeit iSd § 15 Abs. 4, 5 VSVgV vorliegt oder dass die Lieferungen oder Dienstleistungen nicht den Leistungs- oder Funktionsanforderungen entsprechen. Zudem hat der Auftraggeber jeden Bieter über die **Merkmale und Vorteile des ausgewählten Angebots** sowie über den **Namen des Zuschlagsempfängers oder des Vertragspartners** der Rahmenvereinbarung aufzuklären. Ausschlussgründe für die Informationspflicht, wie sie in den übrigen Vergabeverordnungen einheitlich vorgesehen sind, existieren in der VSVgV nicht – diese sind vielmehr bereits in § 134 Abs. 3 S. 2 GWB normiert.[104]

49 Es besteht zudem eine **Informationspflicht gem. § 37 Abs. 2 VSVgV.** Danach teilen die Auftraggeber den Bewerbern oder Bietern nach Aufhebung des Vergabeverfahrens mindestens in Textform iSd § 126b BGB unverzüglich die Gründe für ihre Entscheidung mit, auf die Vergabe eines bekannt gemachten Auftrags zu verzichten oder das Vergabeverfahren erneut einzuleiten.

49a **ee) § 8b Abs. 7 PBefG, VO (EG) Nr. 1370/2007.** Ein **wettbewerbliches Vergabeverfahren** nach Art. 5 Abs. 3 VO 1370/2007 muss nach § 8b Abs. 1 PBefG die Anforderungen des § 8 Abs. 2–7 PBefG erfüllen. Der Aufgabenträger hat gem. § 8b Abs. 7 S. 1 PBefG die nicht berücksichtigten Bieter über den Namen des ausgewählten Unternehmens, über die Gründe für ihre Nichtberücksichtigung und über den frühesten Zeitpunkt der Beauftragung unverzüglich zu informieren. Die §§ 134, 135 GWB gelten gem. § 8b Abs. 7 S. 2 PBefG entspr. § 168 Abs. 2 S. 1 GWB ist gemäß § 8a Abs. 2 PBefG auch anwendbar. Denn für öffentliche Dienstleistungsaufträge, die zugleich öffentliche Aufträge iSd § 103 GWB sind, gilt gem. § 8a Abs. 2 PBefG der 4. Teil des GWB ohne Einschränkungen. Dass § 8a Abs. 7 PBefG lediglich auf die §§ 160–184 GWB verweist, bedeutet nur, dass für den Primärrechtsschutz die Vergabekammern und die Oberlandesgerichte zuständig sind und eben nicht der Rechtsweg zu den Verwaltungsgerichten eröffnet ist. Vergaberechtliche Anknüpfungsnorm ist ebenfalls § 135 Abs. 1 GWB.[105]

49b § 135 Abs. 3 GWB findet Anwendung auch auf Direktvergaben öffentlicher Personenverkehrsleistungen iSv Art. 5 Abs. 1 VO (EG) Nr. 1370/2007 sowie § 8a PBefG. Maßgeblich für die Vertretbarkeit der Ansicht iSv § 135 Abs. 3 S. 1 Nr. 1 GWB ist der Zeitpunkt der Veröffentlichung der Absicht und nicht derjenige des Vertragsschlusses. Die Vorinformation des Art. 7 Abs. 1 VO (EG) Nr. 1370/2007 erfüllt die Bekanntmachungspflicht des § 135 Abs. 3 S. 1 Nr. 2 GWB.[106] Jede zuständige Behörde macht gem. Art. 7 Abs. 1 VO (EG) Nr. 1370/2007 einmal jährlich

---

[103] Beck VergabeR/Horn/Hofmann VS-VgV § 36 Rn. 18.
[104] BT-Drs. 18/7318, 278.
[105] VK Westfalen 31.10.2019 – VK 1 – 17/19, BeckRS 2019, 28919.
[106] VK Rheinland 29.7.2019 – VK 16–19/L, BeckRS 2019, 16793.

Informations- und Wartepflicht **§ 134 GWB**

einen Gesamtbericht über die in ihren Zuständigkeitsbereich fallenden gemeinwirtschaftlichen Verpflichtungen, die ausgewählten Betreiber eines öffentlichen Dienstes sowie die diesen Betreibern zur Abgeltung gewährten Ausgleichsleistungen und ausschl. Rechte öffentlich zugänglich. Dieser Bericht unterscheidet nach Busverkehr und schienengebundenem Verkehr, er muss eine Kontrolle und Beurteilung der Leistungen, der Qualität und der Finanzierung des öffentlichen Verkehrsnetzes ermöglichen und ggf. Informationen über Art und Umfang der gewährten Ausschließlichkeit enthalten (→ VO (EG) Nr. 1370/2007 Art. 7 Abs. 1 Rn. 3 f.).

ff) VOB/A-EU, VOB/A-VS. Im Oberschwellenbereich sind in § 19 EU 50 Abs. 1, 2 VOB/A **eigenständige Informationspflichten** des Auftraggebers vorgesehen. Zum einen sind gem. § 19 EU Abs. 1 VOB/A alle Bewerber, deren Angebote abgelehnt wurden, sowie alle Bieter, deren Angebote ausgeschlossen worden bzw. nicht in die engere Wahl gekommen sind, unverzüglich hierüber zu unterrichten (→ VOB/A § 19 Rn. 3 f., → VOB/A § 19 EU Rn. 3 ff.) Weiter muss der Auftraggeber gem. § 19 EU Abs. 2 VOB/A unaufgefordert die betroffenen Bieter, deren Angebote nicht berücksichtigt werden sollen, über den Namen des bezuschlagten Unternehmens, über die Gründe der vorgesehenen Nichtberücksichtigung ihres Angebotes sowie über den frühesten Zeitpunkt des Vertragsschlusses unverzüglich in Textform informieren. Die Informationspflicht aus § 19 EU Abs. 2 VOB/A gilt auch für Bewerber, denen keine Informationen nach § 19 EU Abs. 1 VOB/A über die Ablehnung ihrer Bewerbung zur Verfügung gestellt worden sind. Ein Verstoß gegen § 19 Abs. 2 S. 3 EU/VOB/A kann im Nachprüfungsverfahren festgestellt werden.[107]

Darüber hinaus ist in § 19 EU Abs. 4 VOB/A ein **subjektiver Auskunftsanspruch** 51 der Bieter in Bezug auf Informationen vorgesehen, die inhaltlich über diejenigen in Abs. 1 und 2 hinausgehen. So können die Bieter zB gem. § 19 EU Abs. 4 Nr. 3 VOB/A vom Auftraggeber verlangen, dass dieser die Bieter über den Verlauf und die Fortschritte der Verhandlungen und des Dialogs mit den Bietern in Textform unterrichtet. Insgesamt zeigt sich damit, dass die Informationspflichten des Auftraggebers im Oberschwellenbereich stärker ausgeprägt sind als im Unterschwellenbereich. Dem Transparenzgrundsatz wird mithin iRd VOB/A-EU umfangreicher Rechnung getragen. Die Verletzung der Informationspflicht nach Abs. 1 kann Schadensersatzansprüche nach §§ 241 Abs. 2, 311 Abs. 2 Nr. 1, 280 Abs. 1 BGB begründen (→ VOB/A § 19 EU Rn. 23).

Weiterhin besteht eine **Informationspflicht nach § 19 VS VOB/A.** Diese 52 Form der Informationspflicht entspricht ihrem Grundgedanken her der Informationspflicht nach der VSVgV.

gg) Information des Preisgerichts. Zudem sieht die VgV auch eine **Informa-** 53 **tion des Preisgerichts** vor. Der Ausrichter informiert gem. § 79 Abs. 5 S. 2 VgV die Teilnehmer unverzüglich über das Ergebnis durch Versendung des Protokolls der Preisgerichtssitzung. Der Ausrichter soll gem. § 79 Abs. 5 S. 2 VgV spätestens einen Monat nach der Entscheidung des Preisgerichts alle eingereichten Wettbewerbsarbeiten mit Namensangaben der Verfasser unter Auslegung des Protokolls öffentlich ausstellen (→ VgV § 79 Rn. 8, 9).

Zudem trifft den Auslober gem. §§ 78 Abs. 3 S. 1, 70 Abs. 3 VgV die Pflicht, 54 die Ergebnisse des Planungswettbewerbs EU-weit bekannt zu machen. Der Ausrichter des Planungswettbewerbs informiert gem. § 79 Abs. 5 S. 2 GWB die Teilnehmer unverzüglich über das Ergebnis durch Versendung des Protokolls der Preisgerichtssitzung (→ VgV §§ 78, 79).

Eine **Unterrichtungspflicht** nach § 62 VgV und § 134 GWB zwischen den 55 **einzelnen Phasen mehrphasiger Wettbewerbe** besteht nicht. Dem steht §§ 72

---

[107] OLG Düsseldorf 12.6.2019 – Verg 54/18, BeckRS 2019, 24831.

Abs. 2 S. 4, 78 Abs. 3 S. 1 VgV entgegen, wonach die Anonymität der Wettbewerbsarbeiten bis zur (letzten) Entscheidung des Preisgerichts zu wahren ist.[108] § 79 Abs. 1, 2, 4 S. 1 und 2, 5 VgV sind bieterschützend, während Bieterschutz für § 79 Abs. 3 S. 1, Abs. 5 S. 4 VgV abgelehnt wird.[109] Wettbewerbsteilnehmern muss die Möglichkeit der Nachprüfung zustehen, soweit dieser Wettbewerb der Nachprüfung unterliegt (→ Vor VgV § 78 Rn. 3, 79).

55a **hh) Informationspflicht und Wartefrist vor Zuschlagserteilung nach § 23 Abs. 6 VerpackG.** Ein Primärrechtsschutz durch zwingende Schiedsgerichtsbarkeit im Ausschreibungsverfahren besteht nach § 23 VerpackG.[110] Eine Informationspflicht und Wartefrist vor Zuschlagserteilung ist in § 23 Abs. 6 VerpackG geregelt. Nach der Zuschlagsentscheidung hat gem. § 23 Abs. 6 S. 1 VerpackG der Betreiber der elektronischen Ausschreibungsplattform die Bieter, deren Angebote nicht berücksichtigt werden sollen, unverzüglich über den Namen des Unternehmens, dessen Angebot angenommen werden soll, über die Gründe der vorgesehenen Nichtberücksichtigung ihres Angebots und über den frühesten Zeitpunkt des Vertragsschlusses zu informieren; die hierfür erforderlichen Informationen erhält er vom Ausschreibungsführer. Ein Vertrag darf gem. § 23 Abs. 6 S. 2 VerpackG erst 15 Kalendertage nach Absendung der Information nach S. 1 geschlossen werden. Die Frist beginnt am Tag nach der Absendung der Information; auf den Tag des Zugangs beim betroffenen Bieter kommt es nicht an. Die Rspr. zeigt auf, dass die Auftraggeber dieser Informationspflicht nachkommen.[111]

56 **b) Informationspflicht bei Einzelbeauftragungen innerhalb von Rahmenvereinbarungen.** Es ist **umstritten,** ob bei einer Einzelbeauftragung mit mehreren Unternehmen innerhalb einer ordnungsgemäß ausgeschriebenen Rahmenvereinbarung eine erneute Bekanntmachung nach § 134 GWB zu erfolgen hat.[112] Der Abschluss einer Rahmenvereinbarung erfolgt gem. § 21 Abs. 1 S. 1 VgV im Wege einer nach der VgV anwendbaren Verfahrensart. Wird eine Rahmenvereinbarung gem. § 21 Abs. 3 S. 1 VgV mit nur einem Unternehmen geschlossen, so werden die auf dieser Rahmenvereinbarung beruhenden Einzelaufträge entsprechend den Bedingungen der Rahmenvereinbarung vergeben. § 21 Abs. 1 S. 3 VgV verbietet es einem öffentlichen Auftraggeber, eine Rahmenvereinbarung missbräuchlich oder in einer Art anzuwenden, die den Wettbewerb behindert, einschränkt oder verfälscht (dazu: → VgV § 21 Rn. 9 ff.). Wenn eine Rahmenvereinbarung über § 132 GWB hinaus verändert wird, kann darin eine unzulässige De-Facto-Vergabe liegen[113] (→ § 135 Rn. 48 ff.)

57 Bei einem Unternehmen innerhalb einer Rahmenvertragsvereinbarung ist **keinerlei Information** vor Zuschlag erforderlich. Nach der Bestimmung des § 21 Abs. 5 VgV wendet der Auftraggeber folgendes Verfahren an (Einzelheiten dazu → VgV § 21 Rn. 23 ff.):
1. vor Vergabe jedes Einzelauftrags konsultiert der öffentliche Auftraggeber in Textform nach § 126b BGB die Unternehmen, die in der Lage sind, den Auftrag auszuführen,
2. der öffentliche Auftraggeber setzt eine ausreichende Frist für die Abgabe der Angebote für jeden Einzelauftrag fest; dabei berücksichtigt er ua die Komplexität

---

[108] Vgl. MüKoEuWettbR/Mädler GWB § 103 Rn. 209.

[109] DSW/Ingerowski VgV § 79 Rn. 28.

[110] von Hase/Groß/Pape SchiedsVZ 2019, 324.

[111] OLG Frankfurt a. M. 25.2.2021 – 26 Sch 16/19, BeckRS 2021, 8614 Rn. 3; 26.8.2021 – 26 Sch 17/20, BeckRS 2021, 38108 Rn. 4.

[112] BeckOK VergabeR/Wichmann VgV § 21 Rn. 42–44; vgl. Müller-Wrede GWB/Gnittke/Hattig § 134 Rn. 27, 28; Wichmann VergabeR 2017, 1 (10).

[113] VK Bund 29.7.2019 – VK 2–48/19, BeckRS 2019, 25575 Rn. 34 ff.

des Auftragsgegenstandes und die für die Übermittlung der Angebote erforderliche Zeit,
3. die Angebote sind in Textform nach § 126b BGB einzureichen und dürfen bis zum Ablauf der Einreichungsfrist nicht geöffnet werden,
4. der öffentliche Auftraggeber vergibt die Einzelaufträge an den Bieter, der auf der Grundlage der in der Auftragsbekanntmachung oder den Vergabeunterlagen für die Rahmenvereinbarung genannten Zuschlagskriterien das jeweils wirtschaftlichste Angebot vorgelegt hat.

Diese Bestimmungen lassen aber die Regelungen über Vertragsänderungen unberührt. Nach § 132 Abs. 1 S. 1 GWB erfordern wesentliche Änderungen eines öffentlichen Auftrags während der Vertragslaufzeit ein neues Vergabeverfahren. Nach S. 2 sind Änderungen wesentlich, die dazu führen, dass sich der öffentliche Auftrag erheblich von dem ursprünglich vergebenen öffentlichen Auftrag unterscheidet. Die Regelung des § 132 GWB ist grundsätzlich auch auf die Vergabe von Rahmenvereinbarungen, die nach § 103 Abs. 5 S. 1 GWB zwar keine öffentlichen Aufträge sind, diesen aber gleichstehen, nach § 103 Abs. 5 S. 2 GWB anzuwenden, soweit nichts anderes bestimmt ist. Eine solchermaßen ausdr. gesetzlich bestimmte Ausnahme der Anwendung des § 132 GWB auf Rahmenvereinbarungen gibt es allerdings nicht[114] (zu den Pflichten des Auftraggebers → VgV § 21 Rn. 23, 24).

Eine **Informationspflicht wird angenommen**, wenn **unbestimmte Mehrfach-Rahmenvereinbarungen** Einzelaufträge oberhalb der Schwellenwerte ermöglichen. Dann soll die Nachprüfung für Rechtsverstöße bei der Vergabe der Einzelaufträge oberhalb der Schwellenwerte möglich sein.[115] Gegen eine Informationspflicht spricht, dass in § 21 Abs. 5 VgV keine erneute eigenständige Veröffentlichungspflicht vorgesehen ist. Das Instrument der Rahmenvereinbarung findet breite Anwendung und wird europaweit als effiziente Beschaffungsmethode angesehen.[116] Diese Akzeptanz könnte leiden, wenn auch noch innerhalb der Rahmenvereinbarung eine Informationspflicht auch bei kleineren Einzelabrufen vorgesehen würde. Ein Nachprüfungsverfahren ist nicht eröffnet, wenn ein Rahmenvertrag keine Wettbewerbsentscheidung erhält, sondern nur eine Leistungsbeschreibung für ein in einem weiteren wettbewerblichen Verfahren zu beschaffendes Produkt.[117] Andererseits kann auch ein Rahmenvertrag angegriffen werden, wenn er mehrere Verstöße gegen Grundwerte und -prinzipien des einschlägigen Vergaberechts aufweist. Die objektive Sittenwidrigkeit des Rahmenvertrags folgt insoweit aus dem Gesamtcharakter des Rahmenvertrags iS einer zusammenfassenden Würdigung seines Inhalts, Beweggrunds und Zwecks sowie insbes. der äußeren Umstände, die zu seiner Vornahme geführt haben.[118] 58

Bei der Schaffung der RL 2007/66/EG wurde auch die **Herausnahme der Rahmenvereinbarung** aus der Informationspflicht erörtert. Vor allem wegen der Möglichkeit, diese Totalausnahme einzuführen, gab das Verfahren zum Erlass der Richtlinie Anlass zu Kontroversen. Bei Rahmenvereinbarungen mit mehreren Bietern und erneutem Aufruf zum Wettbewerb entscheiden gerade erst die Konkretisierung und das Verfahren nach Abschluss der Rahmenvereinbarung darüber, welches Unternehmen im Einzelfall mit seinem Angebot zum Zuge kommt. Eine Freistellung dieser Konstellation von der Stillhaltefrist wurde daher als problematisch angesehen, aber ua durch das Engagement Großbritanniens blieb diese Ausnahme gleichwohl im Richtlinientext.[119] Diese (fehlende) Herausnahme im deutschen Recht 59

---

[114] VK Bund 29.7.2019 – VK 2–48/19, BeckRS 2019, 25575 Rn. 32, 33.
[115] BeckOK VergabeR/Wichmann VgV § 21 Rn. 42–44; Wichmann VergabeR 2017, 1 (10).
[116] Erwgr. 60 der VRL.
[117] VK Niedersachsen 20.6.2016 – VgK – 17/2016, IBRRS 2016, 1785.
[118] OLG Brandenburg 16.12.2015 – 4 U 77/14, NZBau 2016, 184.
[119] Schwab/Seidel VergabeR 2007, 699.

wird als Argument dafür herangezogen, eine Informationspflicht zu befürworten.[120] Dies kann nicht überzeugen, weil nach einem durchgeführten Vergabeverfahren gem. § 97 Abs. 1 S. 2 GWB der Grundsatz der Verhältnismäßigkeit zu wahren ist. Es gibt **keine Verpflichtung zur Kettenausschreibung.** Wenn einmal ein Auftrag ordnungsgemäß (und ohne weitere Änderungen) an den Markt gebracht wurde, gibt es keine Verpflichtung zur Durchführung von weiteren Ausschreibungshandlungen.

60 Nach der RL 2007/66/EG können die Mitgliedstaaten vorsehen, dass die Stillhaltefristen bei Aufträgen auf der Grundlage von Rahmenvereinbarungen keine Anwendung finden.[121] Der mit einer Rahmenvereinbarung angestrebte **Effizienzgewinn** könnte durch eine obligatorische Stillhaltefrist beeinträchtigt werden.[122] Nach Art. 2b der RL 89/665/EWG iVm RL 2007/66/EG idF gem. Art. 46 Abs. 3 lit. a ii KVR können die Mitgliedstaaten vorsehen, dass die in Art. 2a Abs. 2 RL 89/665/EWG iVm RL 2007/66/EG genannten Fristen nicht angewendet werden, wenn ein Auftrag in Rede steht, dem eine Rahmenvereinbarung gem. Art. 33 VRL zugrunde liegt.

61 In Deutschland existiert bei der **Rahmenvereinbarung kein genereller Ausschluss der Informationspflicht.** Vielmehr ist in Hinblick auf die Anwendbarkeit der Informationspflicht bei Einzelbeauftragungen zwischen unterschiedlichen Konstellationen zu differenzieren. Es besteht keine Informationspflicht, wenn die Rahmenvereinbarung auf der ersten Stufe vergaberechtskonform zustande gekommen ist und auf der zweiten Stufe des Einzelabrufs von Leistungen mit nur einem Unternehmen besteht.[123] Rahmenvereinbarungen dürfen aber nicht missbräuchlich iSd § 21 Abs. 1 S. 3 VgV angewandt werden. Rahmenvereinbarungen sind öffentlichen Aufträgen gleichgestellt. Auch vergebene öffentliche Aufträge dürfen im Nachhinein mengenmäßig nicht entgegen § 132 GWB abgeändert werden.[124] Eine de-facto Vergabe liegt ua vor, wenn der Einzelauftrag in wesentlichen Aspekten von den Festlegungen der Rahmenvereinbarung abweicht oder von der zuvor angegebenen Höchstmenge nicht mehr gedeckt ist[125] (→ VgV § 21 Rn. 28). Dies kann entspr. von den Vergabekammern überprüft werden (weitergehend → § 135 Rn. 47, 136a, b).

62 Eine Informationspflicht des Auftraggebers gem. § 134 GWB ggü. den Rahmenvertragsteilnehmern besteht, wenn innerhalb der Rahmenvereinbarung ein neuer Wettbewerb in Hinblick auf den Einzelabruf von Leistungen mit mehreren Unternehmen oberhalb der EU-Schwellenwerte eröffnet oder außerhalb des ursprünglichen Rahmenvertrages vergeben wird (dazu auch → VgV § 21 Rn. 27). Findet in einer solchen Konstellation eine **vergaberechtswidrige Direktvergabe unter Verletzung der Informationspflicht** statt, **greift die Unwirksamkeitsregelung** des § 135 Abs. 1 Nr. 1 GWB Platz. Der Einzelvertrag ist dann unwirksam. Ein Auftraggeber ist gehalten, in der Sache eine seriöse Schätzung durchzuführen, die den Vorgaben zur Ermittlung des Auftragswertes aus § 3 VgV entspricht. Denn nur, wenn nach einer Schätzung nach diesen Vorgaben der Schwellenwert nicht überschritten ist, wird ein öffentlicher Auftraggeber nach § 106 Abs. 1 S. 1 GWB von der Anwendung der Vorschriften des GWB und damit einer europaweiten Ausschreibung frei.[126]

63 Gemäß § 134 Abs. 3 S. 2 GWB entfällt jedenfalls die Informationspflicht iRv Rahmenvereinbarungen bei verteidigungs- oder sicherheitsspezifischen Aufträgen,

---

[120] Wichmann VergabeR 2017, 1 (10).
[121] Rosenkötter/Seidler NZBau 2007, 684 (690).
[122] Erwgr. 9 der RL 2007/66/EG.
[123] Müller-Wrede GWB/Gnittke/Hattig § 134 Rn. 26.
[124] VK Bund 29.7.2019 – VK 2–48/19, BeckRS 2019, 25575.
[125] MüKoEuWettbR/Mädler VgV § 21 Rn. 50.
[126] VK Südbayern 5.8.2019 – Z3-3-3194-1-14-05/19, BeckRS 2019, 23408.

wenn die Offenlegung der Rahmenvereinbarung einen der in der Norm genannten Ausschlussgründe betreffen würde. Damit entfällt in dieser Fallkonstellation jegliche Informationspflicht.

c) Aufhebung der Ausschreibung. Bei einer **Aufhebung bestehen die allgemeinen Verpflichtungen** nach den Vergabe- und Vertragsordnungen, nicht jedoch eine Verpflichtung aus § 134 GWB. Es fehlt für die Informationsverpflichtung gem. § 134 Abs. 1 GWB an dem Namen des Unternehmens, dessen Angebot angenommen werden soll. Damit kann keine Informationspflicht bestehen, da insoweit der Wortlaut der Norm eindeutig ist. Für eine **analoge Anwendung ist kein Raum.**[127] Es bestehen aber Informationspflichten außerhalb von § 134 GWB, die Aufhebung betreffend (§§ 62 Abs. 1 S. 2 VgV, 63 Abs. 2 VgV). 64

Aus der VOB/A sowie den Vergabeverordnungen ergibt sich eine ausdr. Verpflichtung zur Mitteilung, wenn das Verfahren aufgehoben wird. Gegen die **rechtswidrige Aufhebung kann vor der Vergabekammer geklagt** werden.[128] (→ § 168 Rn. 19 f.). Eine Unterrichtungspflicht des Auftraggebers über die Gründe der Aufhebung des Verfahrens besteht gem. § 63 Abs. 2 S. 1 VgV, § 32 Abs. 2 S. 1 KonzVgV und § 57 S. 2 SektVO. Ferner sind die Bewerber oder Bieter in den Vergabeordnungen nach §§ 17 Abs. 2 VOB/A sowie § 17 EU Abs. 2 Nr. 1 VOB/A von der Aufhebung des Vergabeverfahrens unter Bekanntgabe der Gründe unverzüglich zu benachrichtigen. Auf Antrag teilen die Auftraggeber die Gründe für die Aufhebung gem. § 46 Abs. 1 S. 2 UVgO mit. Da die entspr. Bestimmungen der Vergabe- und Vertragsordnung **drittschützend** sind, besteht eine umfassende Rechtsschutzmöglichkeit auch für den Fall der Aufhebung, wenn die Aufhebung rechtsmissbräuchlich unter Verstoß gegen die normierten Aufhebungsgründe erfolgt ist (→ § 168 Rn. 19 f.). 65

d) Informationspflicht nach Einleitung eines Nachprüfungsverfahrens und neuer Angebotswertung. Nach Einleitung eines Nachprüfungsverfahrens gibt es **keine Pflicht zur Information** des Antragstellers bzw. **zur Rüge** für den Antragsteller im Nachprüfungsverfahren. Die Information nach § 134 Abs. 1 GWB dient lediglich dem Ziel, den Einstieg in den Primärrechtsschutz eines Nachprüfungsverfahrens zu gewährleisten. Deshalb hat ein Bieter, wenn er in einem noch nicht durch Zuschlagserteilung abgeschlossenen Vergabeverfahren ein Nachprüfungsverfahren einleitet, kein schutzwürdiges Interesse mehr im Hinblick auf die Einhaltung der Vorschriften des § 134 GWB zu.[129] Das Nachprüfungsverfahren dient der **Verwirklichung subjektiver Bieterrechte**, nämlich der Wahrung der Zuschlagschancen im Rahmen eines ordnungsgemäßen Vergabeverfahrens, und nicht einer hiervon losgelösten abstrakten Sicherstellung der Rechtmäßigkeit des Vergabeverfahrens.[130] In einem Nachprüfungsverfahren verteidigt sich der Auftraggeber und trägt gem. § 167 Abs. 1 S. 2 GWB zur Aufklärung des Sachverhalts bei. Bei dieser, idR vertiefenden rechtlichen und tatsächlichen Erörterung besteht schon dem Grunde nach keine Notwendigkeit zur weiteren Information gem. § 134 GWB. Die Rügeobliegenheit entfällt ausnahmsweise, wenn eine Rüge ihren Zweck nicht mehr erfüllen kann und daher „reine Förmelei" wäre. Ihr Zweck ist es, dem öffentlichen Auftraggeber die Möglichkeit der Selbstkontrolle zu geben, Rechtsverstöße ohne Durchführung eines zeitverzögernden Vergabenachprüfungsverfahrens zu korrigieren (dazu → § 160 Rn. 36 ff.).[131] 66

---

[127] Müller-Wrede GWB/Gnittke/Hattig § 134 Rn. 29.
[128] OLG Naumburg 17.12.2021 – 7 Verg 3/21, NZBau 2022, 557; VK Bund 11.12.2020 – VK 2–91/20, ZfBR 2021, 204; VK Baden-Württemberg 25.10.2016 – 1 VK 45/16, BeckRS 2016, 110984; VK Berlin 5.11.2009 – VK-B2-35/09, IBRRS 72977.
[129] Statt vieler VK Sachsen 8.7.2016 – 1/SVK/012-16, BeckRS 2016, 14107.
[130] VK Bund 14.7.2015 – VK 2–57/15, IBRRS 2015, 2661.
[131] OLG Düsseldorf 15.1.2020 – Verg 20/19, BeckRS 2020, 1327 Rn. 33.

67 Für Dritte (außer dem Antragsteller im Nachprüfungsverfahren) entfällt weder die Informationspflicht für den Auftraggeber noch die Rügepflicht. Wenn – nach Einleitung des Nachprüfungsverfahrens – der Auftraggeber die Wertung der Angebote weiter durchführt und – vorbehaltlich der Entscheidung der Vergabekammer – ein seiner Ansicht nach zuschlagsfähiges Angebot ermittelt, dann spricht auch der **Grundsatz der Prozessökonomie** dafür, diesen Punkt mit in das Nachprüfungsverfahren einzubeziehen. Dies ändert aber nichts an der (neu) entstandenen Informationspflicht nach § 134 GWB. Wenn der Auftraggeber die Bewertung nach einer bereits erteilten Vorabinformation, sei es aufgrund einer Rüge oder eines Nachprüfungsverfahrens, wiederholen muss, so entsteht auch die Informations- und Wartepflicht neu, wenn eine neue Angebotswertung durchgeführt wird.[132] Dies gilt auch für den Fall, dass sich iErg keine Abweichung im Hinblick auf den Bestbieter ergibt. Soweit der Auftraggeber erst im Nachprüfungsverfahren die angeforderte Information gibt und dann eine Erledigung erklärt wird, hat der Auftraggeber die Kosten des Verfahrens im Rahmen eines Fortsetzungsfeststellungsverfahrens zu tragen.[133]

68 **e) Erneute, geänderte Angebotswertung.** Eine **Pflicht zur erneuten Information** gem. § 134 GWB besteht, wenn es zB nach einer Nachprüfungsentscheidung zu einer erneuten, geänderten Angebotswertung kommt.[134] Dies ergibt sich schon aus dem **Wettbewerbs- und Transparenzgebot** des § 97 Abs. 1 S. 1 GWB. Dem unterlegenen Bewerber muss vor Abschluss des Vertrages die Gelegenheit zur Überprüfung gegeben werden, ob die geänderte Angebotswertung vergaberechtskonform gem. § 97 Abs. 1, 2, 6 GWB zustande gekommen ist.

69 **f) Informationspflicht bei Vertragskündigungen.** Der Anwendungsbereich des § 134 GWB ist gem. dem Wortlaut der Vorschrift nur bei Abgabe eines Zuschlags iRd Vergabeverfahrens eröffnet. Bei einer Vertragskündigung läuft weder ein Beschaffungsvorgang ab, noch handelt es sich um die unmittelbare Erteilung eines Auftrags iSv § 135 Abs. 1 Nr. 2 GWB. Dieses Ergebnis stimmt auch mit dem Regelungszweck des § 134 GWB überein: Die Informationspflicht soll die **Transparenz der Vergabeentscheidung** sicherstellen und dem Bieter einen effektiven Rechtsschutz im Falle eines rechtswidrigen Zuschlags sichern. Dieser Zweck ist im umgekehrten Fall, bei dem Ausspruch einer Vertragskündigung durch den Auftraggeber, gerade nicht berührt. Dennoch sieht die Kommission auch in diesem Bereich noch Klärungsbedarf.[135] Die VgV statuiert in § 62 Abs. 1 S. 1, § 63 Abs. 2 VgV **drittschützende** nachträgliche Informationspflichten (→ Rn. 64 f.).

70 **g) Informationspflicht bei Interimsvergaben.** Eine Informationspflicht besteht auch bei Interimsvergaben, wenn der EU-Schwellenwert bei der Vergabe überschritten ist. Der öffentliche Auftraggeber ist verpflichtet, auch Interimsvergaben unionsweit bekannt zu machen, wenn der maßgebliche Schwellenwert überschritten ist.[136] Die Rspr. sieht Interimsvergaben sehr kritisch und erlaubt diese nur unter sehr engen Voraussetzungen ohne europaweite Ausschreibung[137] (→ Rn. 117 ff. zur Dringlichkeit; → VgV § 14 Rn. 65 ff.). Es besteht insbes. eine Informationspflicht bei vertraglichen Zwischenlösungen mit Dritten. Interimsvergaben bei der öffentlichen Verwaltung bergen die latente Gefahr, zu Dauerzuständen zu werden. Unternehmen, die zwar im Rahmen der Auftragsverhandlungen

---

[132] Müller-Wrede GWB/Gnittke/Hattig § 134 Rn. 31–34.
[133] VK Sachsen 27.6.2014 – 1/SVK/020-13, BeckRS 2014, 19916.
[134] Müller-Wrede GWB/Gnittke/Hattig § 134 Rn. 32, 33.
[135] Bericht der Kommission v. 24.1.2017, COM(2017) 28 final, 9.
[136] VK Niedersachsen 6.2.2018 – VgK-42/2017, BeckRS 2018, 2548.
[137] OLG München 21.2.2013 – Verg – 21/12, BeckRS 2013, 03964; vgl. Müller-Wrede GWB/Gnittke/Hattig § 134 Rn. 30.

über eine Zwischenlösung bis zur endgültigen Auftragserteilung nicht beteiligt worden waren, sich aber an der vorangegangenen Ausschreibung mit einem Angebot beteiligt hatten, sind ebenfalls zu informieren.[138] **Nicht akzeptiert** wird idR von der Rspr., wenn in dieser Fallkonstellation zur Vergabe ohne vorherige Bekanntmachung wegen besonderer Dringlichkeit gegriffen wird, wenn **Gründe vorliegen, die dem Verantwortungsbereich des Auftraggebers zuzurechnen sind**[139] (→ Rn. 134a; → VgV § 14 Rn. 64a).

Der Auftraggeber ist bei Interimsvergaben – wie bei jeder anderen Vergabe auch – dazu verpflichtet, **soviel Wettbewerb wie möglich zu gewährleisten.**[140] Hat bspw. ein Auftraggeber seit geraumer Zeit auf eine entsprechende Auftragsvergabe hingearbeitet, war er aber aus internen Gründen (Finanznot, Vorrang der Suche nach einem privaten Investor) an einer früheren Bekanntmachung des Wettbewerbes gehindert, rechtfertigen solche internen Gründe es dementsprechend nicht, dann später den Wettbewerb für die Bieter einzuschränken oder auf die Vorinformation zu verzichten (→ Rn. 134a; → VgV § 14 Rn. 66). Insofern sind diejenigen, die sich an einem vorangegangenen Vergabe- und Nachprüfungsverfahren beteiligt hatten, grds. auch an dem Verfahren zur Vergabe der Interimsaufträge zu beteiligen.[141] Getreu dem Regelungszweck des § 134 GWB ist dann aber auch die Informations- und Wartepflicht im Verfahren durch den Auftraggeber zu beachten – zumindest ggü. denjenigen Unternehmen, die in der Vergangenheit schon an Vergabeverfahren des Auftraggebers beteiligt waren. Jedenfalls der **bekannte Interessentenkreis,** bisherige **Leistungserbringer, Interessenten** aus den vorangegangenen Vergabeverfahren, **ist somit zu beteiligen.**[142] 71

h) Informationspflicht auch bei De-facto-Vergaben. Die Informationspflicht besteht auch und gerade bei De-facto-Vergaben. Das mag erstaunen, denn es entspricht gerade dem Wesen der rechtswidrigen De-facto-Vergabe, das unter Umgehung des GWB und insbes. der Informationspflicht der Auftraggeber mit einem bevorzugten Unternehmen heimlich den Vertrag abschließt. **Der Rechtsbruch,** der gerade in der De-facto-Vergabe liegt, **lässt die Informationspflicht indes nicht entfallen.** Im Gegenteil: Als gröbster Verstoß gegen den Transparenzgrundsatz, besteht die Informationspflicht erst recht bei rechtswidrigen Direktvergaben. Zwar trifft es zu, dass der Anwendungsbereich der Vorschrift streng nach dem Wortlaut des § 134 Abs. 1 GWB nicht eröffnet wäre – schließlich liegen bei einer De-facto-Vergabe keine anderen Angebote vor, die man nicht berücksichtigen könnte. Wesentliches Merkmal der De-Facto-Vergabe ist die Geheimhaltung des rechtswidrigen Vertragsabschlusses, die Information eines Dritten wird unterlassen.[143] **Wirksamer Rechtsschutz** wird nur bei einer **umfassenden Informationsverpflichtung** von De-facto-Vergaben iwS gewährt.[144] (→ § 135 Rn. 39 f.). Die Informationspflicht dient zur Verhinderung heimlicher De-facto-Vergaben. 72

Jedoch kommt gerade bei solchen rechtswidrigen Verfahren der **Transparenzgrundsatz** vollumfänglich zum Tragen und stellt mit seinen Ableitungen bestimmte Anforderungen an die Ordnungsgemäßheit eines solchen Verfahrens. Ein Auftraggeber, der rechtswidrig eine De-facto-Vergabe durchführt, darf nicht durch den Entfall 73

---

[138] OLG Naumburg 4.11.2010 – 1 Verg 10/10, BeckRS 2010, 28396.
[139] VK Sachsen 31.8.2011 – 1/SVK/030-11, BeckRS 2011, 21905.
[140] VK Südbayern 12.8.2016 – Z3-3-3194-1-27-07-16, BeckRS 2016, 15052.
[141] VK Südbayern 12.8.2016 – Z3-3-3194-1-27-07-16, BeckRS 2016, 15052.
[142] OLG München 21.2.2013 – Verg 21/12, BeckRS 2013, 03964; VK Sachsen 31.8.2011 – 1/SVK/030-11, BeckRS 2011, 21905.
[143] VK Thüringen 21.5.2015 – 250–4003-2353/2015-E-003-SON, BeckRS 2016, 6068.
[144] Vgl. Beck VergabeR/Dreher/Hoffmann GWB § 134 Rn. 48–50.

der Informations- und Wartepflicht auch noch belohnt werden. Die **Informationspflicht** besteht auch gegenüber dem **Interessenten** (→ Rn. 25). Wenn jeder, der uU eine Chance auf Erteilung des Zuschlags hat, die Möglichkeit der Nachprüfung haben muss, dann muss spiegelbildlich auch die Verpflichtung des Auftraggebers bestehen, diese Unternehmen zu benachrichtigen. In der rechtswidrigen De-facto-Vergabe liegt gerade ein **Verstoß gegen diese Benachrichtigungspflicht.** Im Rahmen einer gemeinschaftsfreundlichen Interpretation des § 134 GWB ist ein solches Verständnis vom Anwendungsbereich geboten, damit den nicht berücksichtigten Interessenten ausreichende Rechtsschutzmöglichkeiten zur Verfügung stehen.

74 Doch selbst die Auff., dass **Interessenten** bei einer De-facto-Vergabe nicht informiert werden sollen, kommt zur Gewährung von Rechtsschutz. Beide Auffass. gelangen im Hinblick auf den möglichen Rechtsschutz zu einer vergleichbaren Rechtsschutzdichte, wenn es sich konkret um ein europaweit auszuschreibendes Verfahren handelt. Von einer strengeren Auff. wird betont, dass lediglich potenzielle Interessenten, deren Interesse dem Auftraggeber ggü. nicht hervorgetreten sei, als „unbeteiligte Dritte" von § 134 GWB nicht erfasst seien.[145] Diese Argumentation enthält einen Zirkelschluss: die fehlende Bekanntmachung hindert den Interessenten an der Teilnahme im Wettbewerb. IÜ entfaltet auch § 135 GWB **subjektiv bieterschützende Wirkung** bei einer De-facto-Vergabe, so dass übergangene Interessenten über § 135 Abs. 1 Nr. 1 GWB die Unterlassung des vergaberechtswidrigen Vertragsabschlusses verlangen können.[146] Es geht bei allen Auffassungen um die Verwirklichung der vergaberechtlichen Grundsätze des Wettbewerbes, der Transparenz und der Gleichbehandlung gem. § 97 Abs. 6, § 12 GWB (→ § 135 Rn. 103 f.).

75 **i) Auftragsänderungen und -erweiterungen, Optionen. Wesentliche Änderungen** eines öffentlichen Auftrags **während** der Vertragslaufzeit erfordern gem. § 132 Abs. 1 S. 1 GWB **ein neues Vergabeverfahren** (→ § 135 Rn. 44–46). In diesem neuen Vergabeverfahren besteht gem. § 134 GWB eine Informationspflicht gem. § 134 GWB, da es sich um eine eigenständige, neue Auftragserweiterung und damit um eine neue Leistungsabfrage handelt. Wenn eine Auftragsänderung vorliegt, die gem. § 132 Abs. 2 GWB kein neues Vergabeverfahren erfordern, entfällt die Informationspflicht gem. § 134 GWB.[147] Es besteht aber eine (nachträgliche) Informationspflicht gem. § 62 Abs. 1 S. 2 VgV, da es sich um die Einleitung eines neues Vergabeverfahrens, wenn auch aus einem bestehenden Vergabeverfahren, handelt. Es ist umstritten, ob § 132 Abs. 1 GWB analog auf Änderungen von Vergabebedingungen vor Zuschlagserteilung anzuwenden ist, wenn diese Änderungen nicht allen Bietern transparent mitgeteilt und einzelnen Bietern deshalb erst nach Zuschlagserteilung bekannt werden[148] (→ § 133 Rn. 49a).

76 Änderungen nach § 132 Abs. 2 Nr. 2, 3 GWB sind gem. § 132 Abs. 5 GWB im Amtsblatt der Europäischen Union bekannt zu machen. § 132 Abs. 5 GWB dient der Umsetzung von Art. 72 Abs. 1 UAbs. 3 S. 1 VRL.[149] Die **Bekanntmachung** enthält gem. Art. 72 Abs. 1 UAbs. 3 S. 2 VRL die in Anh. V Teil G VRL genannten Angaben und wird gem. Art. 51 VRL veröffentlicht (→ § 132 Rn. 41 f.). Diese Formvorgaben sind **drittschützend.** Nachprüfungsverfahren sind bei wesentlichen Auftragsänderungen und -erweiterungen begründet[150] (→ § 145 Rn. 48 f.).

---

[145] Beck VergabeR/Dreher/Hoffmann GWB § 134 Rn. 20–22.
[146] VK Sachsen-Anhalt 17.12.2015 – 2 VK LSA 08/15, IBRRS 2016, 1107.
[147] Müller-Wrede/Gnittke/Hattig GWB § 134 Rn. 35–37.
[148] Ablehnend: OLG Celle 24.10.2019 – 13 Verg 9/19, BeckRS 2019, 26579; bejahend: VK Südbayern 18.11.2014 – Z3-3-3194-1-39-09/14, BeckRS 2015, 7546; OLG Rostock 25.9.2013 – 17 Verg 3/13, BeckRS 2013, 17782; HK-VergabeR/Mentzinis § 135 Rn. 15; Beck VergabeR/Dreher/Hoffmann GWB § 135 Rn. 30.
[149] BT-Drs. 18/6281, 117.
[150] VK Baden-Württemberg 7.6.2018 – 1 VK 10/18, ZfBR 2019, 89.

j) **Informationspflicht bei zusätzlichen (Nach-) lieferungen, Wiederholung gleichartiger Leistungen?** Die VgV sieht nach dem vergebenen Vertrag diverse Möglichkeiten zur **Leistungserweiterung** vor. Es kann sich um
– die Beschaffung zusätzlicher Lieferleistungen des ursprünglichen Auftragnehmers handeln (§ 14 Abs. 4 Nr. 5 VgV);
– oder die Beschaffung der Wiederholung gleichartiger Leistungen (§ 14 Abs. 4 Nr. 9 VgV).
Offen ist, ob eine Beauftragung einer Nachlieferung oder diese Beschaffungen eine Informationspflicht gem. § 134 GWB auslösen.[151] Gegen eine Informationspflicht spricht, dass in diesem konkreten Fall der Auftraggeber rechtlich erlaubt nur mit einem Bewerber verhandelt, so dass eine Informationspflicht entfällt. Die Beauftragung sollte nachträglich aus Transparenzgründen unter Nennung der entspr. Ausnahmetatbestände bekannt gemacht werden, ohne dass dazu allerdings eine **drittschützende Verpflichtung** besteht. Dem Auftraggeber sollte aber bewusst sein, dass auch diese Ausnahmetatbestände nicht die Grundsätze der Wirtschaftlichkeit (sparsame und wirtschaftliche Haushaltsführung) gem. § 97 Abs. 1 S. 2 GWB außer Kraft setzen können.

77

k) **Entbehrlichkeit der Information aus sonstigen Gründen?** Eine **Entbehrlichkeit der Information** aus sonstigen Gründen ist **aus dem Gesetz nicht ableitbar.** So wird das Informationsschreiben nicht aufgrund des Umstandes entbehrlich, dass der Auftraggeber den unterlegenen Bieter zuvor über den Ausschluss seines Angebots informiert hatte. Im Umkehrschluss zu § 134 Abs. 1 S. 2 GWB sind zwar „Bewerber", die bereits eine Mitteilung über die Ablehnung ihrer Bewerbung erhalten haben, nicht noch einmal vor Zuschlagserteilung in Kenntnis zu setzen. Der Auftraggeber darf auf eine förmliche Unterrichtung nach § 134 Abs. 1 S. 1 GWB nur dann verzichten, wenn ein Bewerber oder Bieter endgültig aus dem weiteren Vergabeverfahren ausgeschieden ist, dh, wenn der Auftraggeber sicher sein kann, dass die Ablehnung rügelos hingenommen worden ist oder die Wirksamkeit eines Ausschlusses rechtskräftig festgestellt wurde. Andernfalls würde dem Bewerber oder Bieter die gesetzlich vorgesehene Möglichkeit einer rechtlichen Überprüfung des Vergabeverfahrens abgeschnitten.[152]

78

III. Umfang und Wirkung der Informationspflicht

Entspr. § 134 Abs. 1 S. 1 GWB hat über den Namen des Unternehmens, dessen Angebot angenommen werden soll, über die **Gründe der vorgesehenen Nichtberücksichtigung** des unterlegenen Angebots und über den frühesten Zeitpunkt des Vertragsschlusses eine Information zu erfolgen.[153] Mit diesen Punkten ist der Mindestinhalt der Information definiert.[154] Die Unterrichtung aller Bieter und Bewerber **muss dabei einheitlich erfolgen** und darf nicht je nach Teilnehmer inhaltlich unterschiedlich ausfallen.[155] Diese Regel bezieht sich allerdings nur auf allgemeine Aussagen zum Verfahren. Wenn der Auftraggeber **individuelle Gründe** angibt, warum zB ein Angebot ausgeschlossen wurde, oder warum ein Angebot besonders gut die Anforderung des Auftraggebers erfüllt hat, dann ist die **Bekanntgabe individueller Wertungsbeurteilungen rechtlich ohne weiteres möglich.** Die Verpflichtung zur Information steht nicht zur Dispositionsbefugnis des Auftraggebers, da sie Ausfluss des vergaberechtlichen Transparenzge-

79

---

[151] Vgl. Müller-Wrede GWB/Gnittke/Hattig § 134 Rn. 24, 26.
[152] VK Berlin 29.9.2009 – VK-B2-2-8/09, IBRRS 75307.
[153] Zusf. bzgl. aller erforderlichen Informationen: OLG Celle 12.5.2016 – Verg 10/15, NZBau 2016, 711.
[154] VK Niedersachsen 27.9.2019 – VgK-34/2019, BeckRS 2019, 26282.
[155] VK Thüringen 24.9.2014 – 2 Verg 3/14, IBRRS 2016, 2448.

bots und Voraussetzung für einen effektiven Rechtsschutz ist.[156] Die Rspr. neigt dazu, auch kurze Begründungen zuzulassen, wenn der zu beurteilende Wertungsvorgang einfach ist.[157]

79a Die mitzuteilenden Gründe für die vorgesehene Nichtberücksichtigung des Angebotes des unterlegenen Bieters sind so aussagekräftig und präzise darzustellen, dass der Bieter nachvollziehen kann, welche Umstände konkret zum Misserfolg seines Angebotes geführt haben. Dazu reicht die Wiederholung des Textes der Vergabe- und Vertragsordnungen oder eine formelhafte, nicht den Einzelfall betreffende Begründung nicht aus. Ausweislich der amtl. Begr. zur wortgleichen Vorgängerregelung muss die Information dem Unternehmen, das ein Angebot vorgelegt hat, hinreichend deutlich machen, aus welchem Grund sein Angebot nicht zu berücksichtigen war. Ein bloßer Hinweis darauf, dass das Angebot nicht das wirtschaftlichste gewesen sei, genügt der Informationspflicht nicht.[158] Die notwendigen Informationsbestandteile des § 134 Abs. 1 S. 1 GWB umfassen neben dem Namen des Unternehmens, dessen Angebot angenommen werden soll und dem frühesten Zeitpunkt des Vertragsschlusses auch **die vollständigen und aus Sicht des Auftraggebers zutreffenden Gründe** der vorgesehenen Nichtberücksichtigung eines Angebots.[159]

79b Die Darstellungstiefe muss dem Bieter ermöglichen, die Erfolgsaussichten eines Nachprüfungsverfahrens abwägen zu können. Mitgeteilt werden muss jedoch lediglich der tragende Grund oder die tragenden Gründe für die Ablehnung des konkreten Angebotes. Zwar kann die Angabe, das Angebot sei nicht das günstigste, grundsätzlich ausreichen, jedoch kann dies nur dann gelten, wenn der Preis das einzige Wertungskriterium darstellt. In Abweichung vom Text des ehem. § 13 VgV, in dem lediglich die Angabe des Grundes gefordert war, ist in § 101a GWB seit 2009 und auch in § 134 GWB von der Angabe der Gründe (Plural) die Rede, was schon für die Verstärkung der Pflicht zu einer präzisen einzelfallbezogenen Begründung spricht[160] (→ Rn. 85 f.).

80 Weder an die „Gründe der vorgesehenen Nichtberücksichtigung" iSd § 134 Abs. 1 S. 1 GWB noch an die (konkrete) **Ermessensausübung** im Zusammenhang mit einer Ausschlussentscheidung dürfen überspannte Anforderungen gestellt werden. Dennoch – dies liegt in der Natur der Sache – müssen die Angaben zutreffend und für den unterlegenen Bieter so informativ sein, dass er weiß, warum er den Zuschlag nicht erhalten hat und warum er besser kein Nachprüfungsverfahren einleiten sollte. Dies geschieht dadurch, dass er dem unterlegenen Bewerber mitteilt, dass er den zugrundeliegenden Sachverhalt ordnungsgemäß ermittelt hat. Weiterhin wird dem nicht berücksichtigten Unternehmen mitgeteilt, dass der Auftraggeber die Grenzen seines Ermessens erkannt, eingehalten, nicht überschritten und ausgefüllt hat. Eine positive Rückmeldung gibt dem nicht berücksichtigten Bewerber die Rückmeldung, dass es eine richtige wirtschaftliche Entscheidung war, sich (trotz Nichtberücksichtigung) am Verfahren und so zukünftig am Wettbewerb zu beteiligen. Zukünftiger Wettbewerb liegt im unmittelbaren eigenen Interesse des Auftraggebers, damit er mehr Auswahl für die Verwirklichung der Ziele einer wirtschaftlichen und sparsamen Haushaltsführung hat.

1. Name des erfolgreichen Bieters

81 Die Information über den Grund der Nichtberücksichtigung eines Angebotes muss dem Unternehmen, das ein erfolgloses Angebot vorgelegt hat, **hinreichend**

---

[156] VK Sachsen 8.7.2016 – 1/SVK/012-16, BeckRS 2016, 14107.
[157] OLG Schleswig 30.5.2012 – 1 Verg 2/12, BeckRS 2012, 11885.
[158] Zweifelnd: OLG Karlsruhe 7.9.2022 – 15 Verg 8/22, NZBau 2022, 615 Rn. 22.
[159] VK Südbayern 31.1.2020 – Z3-3-3194-1-51-11/19, BeckRS 2020, 5027 Rn. 52.
[160] VK Niedersachsen 27.9.2019 – VgK-34/2019, BeckRS 2019, 26282.

deutlich machen, aus welchem Grund sein Angebot nicht zu berücksichtigen war und welches Unternehmen den Zuschlag erhalten soll.[161] Welche Angaben erforderlich sind, hängt deshalb von den jeweiligen Umständen ab; zu raten ist dem Auftraggeber eine **möglichst genaue Angabe** des Namens.[162] Fehlt in einem Absageschreiben sowohl der Name des erfolgreichen Bieters, als auch der früheste Zeitpunkt des Zuschlags, hat dies gem. § 135 Abs. 1 Nr. 1 GWB die Unwirksamkeit des Zuschlags zur Folge.[163] Auch hier stellt sich die Frage der nachträglichen Heilung und **Kostentragung des Auftraggebers** (die diesen dann trifft), wenn der Streit nach konkreter zutr. Informationserteilung für erledigt erklärt wurde.[164]

Wenn gegen die aus § 134 Abs. 1 S. 1 GWB folgende Verpflichtung verstoßen **82** wird, den Namen des Bestbieters sprachlich genau mitzuteilen, dessen Angebot berücksichtigt werden soll, kann dies **erfolgreich im Nachprüfungsverfahren angegriffen** werden.[165] **Rechtsschutzhindernd und damit abzulehnen** ist die Auff., dass eine fehlende Mitteilung der Anschrift einer Bietergemeinschaft oder der Anteile und Aufgaben ihrer einzelnen Mitglieder unschädlich ist.[166] Diese Auff. ist weder mit dem Sinn und Zweck der Norm in Einklang zu bringen noch berücksichtigt sie, dass die Einhaltung formeller Vorgaben für den Auftraggeber ohne weiteres im Interesse einer ordnungsgemäßen Verfahrensabwicklung möglich ist. Zutreffend ist daher die Auff., dass iRd Unterrichtung der Bewerber und Bieter gem. § 134 Abs. 1 GWB so viele Informationen wie möglich über das ausgewählte Unternehmen mitzuteilen sind, so dass eine möglichst effektive Beurteilung der Situation durch die nicht berücksichtigten Teilnehmer erfolgen kann.

Die Information soll insoweit die **Identifizierung des obsiegenden Bieters 83 ermöglichen,** um Gründe geltend machen zu können, die in der Person des Bieters liegen.[167] Spätestens dann, wenn die bloße Nennung des Bieternamens ohne weitere Zusätze dessen Identifizierung verhindert oder unzumutbar erschwert, sind jedenfalls nach allen vertretenen Ansichten weitere Informationen mitzuteilen.[168] Zusätzlich sind daher Anschrift, Sitz und womöglich Rechtsform des obsiegenden Bieters zu benennen.[169] Infolgedessen sind iRd Information bei Kaufleuten stets die Firma gem. § 17 HGB und bei natürlichen Personen der Name gem. § 12 BGB mitzuteilen – ggf. zusätzlich zur Firma.[170] Da die Unterscheidungskraft der Firma gem. § 30 HGB örtlich begrenzt ist, ist uU die Anschrift des vorgesehenen Zuschlagsempfängers offen zu legen.[171]

Zutreffend ist daher die Auffassung, dass **Verstöße gegen § 134 GWB zur Nich- 84 tigkeit** eines gleichwohl geschlossenen Vertrages führen können. Ein diesbzgl. Verstoß kann daher auch iRv Vergabenachprüfungsverfahren erfolgreich geltend gemacht werden. Selbst wenn ein (unterstellter) Informationsverstoß jedenfalls iRd Nachprüfungsverfahrens geheilt worden wäre, kann daraus aber nicht gefolgert werden, dass ein – bis dahin – zulässiges Nachprüfungsverfahren rückwirkend unzulässig

---

[161] So schon die Begr. der Vorgängernovellierung: Entwurf eines Gesetzes zur Modernisierung des Vergaberechts, BT-Drs. 16/10117, 31.
[162] OLG Jena 24.9.2014 – 2 Verg 3/14, BeckRS 2014, 127398.
[163] OLG Koblenz 25.9.2012 – 1 Verg 5/12, NZBau 2013, 63; VK Baden-Württemberg 23.1.2012 – 1 VK 67/68/69/11, IBRRS 2012, 0557.
[164] VK Sachsen 27.6.2014 – 1/SVK/020-13, BeckRS 2014, 19916.
[165] OLG München 2.6.2016 – Verg 15/15, BeckRS 2016, 11378; VK Nordbayern 19.8.2019 – RMF-SG21-3194-4-40, BeckRS 2019, 31392 Rn. 82.
[166] So aber OLG Jena 24.9.2014 – 2 Verg 3/14, BeckRS 2014, 127398.
[167] OLG Jena 24.9.2014 – 2 Verg 3/14, BeckRS 2014, 127398.
[168] OLG Jena 24.9.2014 – 2 Verg 3/14, BeckRS 2014, 127398.
[169] OLG Jena 24.9.2014 – 2 Verg 3/14, BeckRS 2014, 127398.
[170] GKN VergabeR-HdB/Conrad § 34 Rn. 35.
[171] GKN VergabeR-HdB/Conrad § 34 Rn. 35.

wird.[172] Im Gegenteil: Nach der hier vertretenen Auffassung ist der Nachprüfungsantrag zulässig eingeleitet worden. Die Information gem. § 134 GWB hat die Funktion zur Rechtschutzeinleitung erfüllt. Nach gegebener (zutr.) Information ist dann der Rechtstreit für erledigt zu erklären; der Auftraggeber trägt dann die Kosten des Verfahrens einschl. der außergerichtlichen Kosten (→ Rn. 111 f.).

2. Gründe der Nichtberücksichtigung

85   Nach dem Gesetzeswortlaut des § 134 Abs. 1 S. 1 GWB sind **Gründe (Plural!) und nicht der Grund der Nichtberücksichtigung anzugeben.** Da der Sinn und Zweck der Begründung darin zu sehen ist, dass der Informationsadressat die Erfolgsaussichten in einem Nachprüfungsverfahren beurteilen kann und er dazu in der Lage sein muss, eindeutig zu erkennen, weshalb sein Angebot nicht den Zuschlag erhalten soll, sind die Gründe der Nichtberücksichtigung **vollständig** anzugeben.[173] Es genügt der Begründungspflicht nicht, wenn dem jeweiligen Bieter/Bewerber telefonisch mitgeteilt wird, dass er den Zuschlag nicht erhalten hat.[174] Auch muss eine den Tatsachen entsprechende Begründung der Nichtberücksichtigung des Angebots gegeben werden, da ansonsten dem Informationsadressaten eine realistische Einschätzung seiner Rechtsschutzmöglichkeiten verwehrt wird, so dass auch darin ein Verstoß gegen § 134 GWB bestehen kann.[175] Voraussetzung für ein ordnungsgemäßes Informationsschreiben nach § 134 GWB ist daher auch, dass der darin angegebene Grund der Nichtberücksichtigung der **Wahrheit** entspricht. Die Vergabestelle darf also nicht bewusst unzutreffende Angaben über den Grund für die Nichtberücksichtigung machen, etwa um den Bieter über die Aussichten eines Nachprüfungsantrages zu täuschen.[176]

86   Die Begründung hat auch die **Komplexität des Auftrages** und den daraus resultierenden Aufwand für die Angebotserstellung zu berücksichtigen. Ein bloßer Hinweis darauf, dass das Angebot nicht das wirtschaftlichste gewesen sei und dass das wirtschaftlichste Angebot den Zuschlag erhalten sollte oder sonstige Leerformeln, genügen der Informationspflicht nicht.[177] Die Vorabinformation darf sich **nicht in einer formelhaften Begründung erschöpfen,** sondern muss den unterlegenen Bieter in die Lage versetzen, seine Position im Vergabeverfahren zu erkennen und die Sinnhaftigkeit eines Nachprüfungsverfahrens zu prüfen.[178] Der Auftraggeber hat zu berücksichtigen, dass die Erstellung der Angebote für die Bewerber mit erheblichem Aufwand verbunden ist. Es entspricht dem Wirtschaftlichkeitsgebot, dass dem Bewerber für zukünftige Verfahren die Möglichkeit des Lernens gegeben wird, so dass die Auftraggeber zukünftig wirtschaftlichere Angebote erhalten werden. Nicht überzeugend ist, den Umfang der Informationspflicht nur von den Umständen des Einzelfalls abhängig machen zu wollen. Im Hinblick auf effektiven Rechtsschutz

---

[172] OLG Naumburg 27.5.2010 – 1 Verg 1/10, BeckRS 2010, 24475.

[173] OLG München 2.6.2016 – Verg 15/15, BeckRS 2016, 11378; VK Niedersachsen 27.9.2019 – VgK-34/2019, BeckRS 2019, 26282; 27.9.2016 – VgK-39/2016, BeckRS 2016, 19809.

[174] OLG München 2.6.2016 – Verg 15/15, BeckRS 2016, 11378.

[175] VK Niedersachsen 27.9.2016 – VgK-39/2016, BeckRS 2016, 19809; VK Schleswig-Holstein 6.5.2015 – VK-SH 04/15, IBRRS 2015, 2431.

[176] VK Schleswig-Holstein 6.5.2015 – VK-SH 04/15, IBRRS 2015, 2431.

[177] OLG Celle 12.5.2016 – 13 Verg 10/15, BeckRS 2016, 10371; VK Brandenburg 12.3.2019 – VK 1/19, BeckRS 2019, 17288; VK Südbayern 9.5.2016 – Z 3–3-3194-1-10-03/16, BeckRS 2016, 15054; VK Rheinland-Pfalz 10.10.2014 – VK 1–25/14, IBRRS 2015, 2523 = BeckRS 2015, 15350.

[178] VK Brandenburg 12.3.2019 – VK 1/19, BeckRS 2019, 17288; VK Rheinland-Pfalz 10.10.2014 – VK 1–25/14, BeckRS 2015, 15350.

und die Vermeidung von Nachprüfungsverfahren können hohe Anforderungen an den Inhalt der Informationspflicht gestellt werden, wobei sie nicht übersteigert werden sollten.[179]

Soweit nicht ausschl. der Preis als Zuschlagskriterium genannt ist und auch 87 Nebenangebote im Verfahren eine Rolle spielen, ist die Information, es liege ein niedriges Hauptangebot vor, nicht ausreichend. Soweit ein Bieter Nebenangebote abgegeben hat, muss er zumindest erfahren, ob diese gewertet wurden.[180] Der Auftraggeber handelt rechtmäßig, wenn das Informationsschreiben die **angekündigten Wertungskriterien iE** aufgreift und er darauf verweist, dass das unterlegene Unternehmen mit seinem Angebot in allen Punkten schlechtere Wertungsergebnisse als die des vermeintlichen Bestbieters, der den Auftrag erhalten soll, erzielt habe.[181]

Je komplexer das Beschaffungsvorhaben ist, je spezieller die in der Auftragsbe- 88 kanntmachung und im folgenden Vergabeverfahren an die Bieter gestellten Anforderungen sind und je mehr Kriterien desto in die Wertung einbezogen werden, desto **größere Anforderungen** sind an die Begründung der **Nichtberücksichtigung** zu stellen. Dies ist die konkrete Ausgestaltung des Grundsatzes, dass die zu verkündende Vergabeentscheidung transparent ausgestaltet sein muss. Eine Information sollte daher das eigene Ergebnis einschl. der Unterkriterien enthalten, die Gesamtpunktzahl des für den Zuschlag vorgesehenen Bieters, möglichst einschl. der Zwischenergebnisse in den Unterkriterien. Je mehr der öffentliche Auftraggeber über das Angebot des Konkurrenten preisgibt, desto höher ist die Wahrscheinlichkeit, dass **der unterlegene Bieter diese Gründe versteht.** Je weniger der Auftraggeber über die Wertung preisgibt, desto geringer sind die Anforderungen an die Substantiiertheit etwaiger Rügen zu stellen. Weiß der unterlegene Bieter nur wegen der Schweigsamkeit des Auftraggebers zu wenig, um konkrete Sachverhalte rügen zu können, so wird die Vergabekammer einer bloßen Verdachtsrüge nicht entgegenhalten, sie sei ins Blaue erhoben worden.[182]

Eine Verletzung der Informationsverpflichtungen kann nach einer entspr. Rüge 89 zu einem erfolgreichen Nachprüfungsverfahren des unterlegenen Bieters führen. Die formellen Begründungspflichten sind kein Selbstzweck, sondern dienen einer **wettbewerblichen und transparenten Verfahrensführung.**[183] Die Begründung gem. § 134 GWB sollte – auch wenn sie kurz sein kann – eine auf den konkreten Einzelfall zugeschnittene Darlegung für die Nichtberücksichtigung seines Angebots erhalten[184] (ausf. → § 135 Rn. 40 f.).

Wenn eine Rüge dazu führt, dass eine ergänzende und umfassende Information 90 erfolgt, kann ein Nachprüfungsverfahren nicht mehr erfolgreich auf die (ursprünglich) rechtswidrige Information gestützt werden. Das ursprünglich mangelbehaftete Informationsschreiben ist damit geheilt und der Schutzzweck des § 134 GWB erfüllt.[185] Ein anhängiges Nachprüfungsverfahren hindert den Auftraggeber nicht, Versäumtes nachzuholen bzw. eine unvollständige Prüfung zu wiederholen und das Ergebnis in das laufende Verfahren einzuführen.[186] Wenn allerdings – in zulässiger Weise – eine Heilung der Informationsverpflichtung des § 134 GWB erst im Nachprüfungsverfahren erfolgen sollte, etwa durch eine **nachgeholte Begründung,** so

---

[179] AA VK Brandenburg 12.3.2019 – VK 1/19, BeckRS 2019, 17288 Einzelfallprüfung und keine übersteigerten Anforderungen.
[180] VK Rheinland-Pfalz 22.6.2010 – VK 1–20/10, IBRRS 2016, 0031.
[181] VK Rheinland-Pfalz 10.10.2014 – VK 1–25/14, BeckRS 2015, 15350.
[182] VK Niedersachsen 27.9.2016 – VgK-39/2016, BeckRS 2016, 19809; Kapellmann/Messerschmidt/Stickler/Mädler VOB/A § 19 EU Rn. 17.
[183] OLG München 12.5.2011 – Verg 26/10, NZBau 2011, 630 (634).
[184] VK Nordbayern 23.1.2018 – RMF-SG 21–3194-2-19, BeckRS 2018, 7894.
[185] OLG Celle 12.5.2016 – 13 Verg 10/15, BeckRS 2016, 10371.
[186] OLG Koblenz 25.9.2012 – 1 Verg 5/12, NZBau 2013, 63 (64).

führt dies zu einer **Kostentragungspflicht des Auftraggebers**[187] (→ Rn. 111 f.). Dieser Anspruch ist zivilrechtlich geltend zu machen, da eine Kostenfestsetzung vor der Vergabekammer nicht stattfindet.

3. Frühester Zeitpunkt des Zuschlages

90a Über den frühesten Zeitpunkt des Vertragsschlusses hat der Auftraggeber gem. § 134 Abs. 1 S. 1 GWB ebenfalls zu informieren. Fehlt in einem Absageschreiben sowohl der Name des erfolgreichen Bieters als auch der früheste Zeitpunkt des Zuschlags, hat dies gem. § 135 Abs. 1 Nr. 1 GWB die Unwirksamkeit des Zuschlags zur Folge.[188] Ein Zuschlag auf ein Angebot verstößt gegen § 132 Abs. 2 S. 1 GWB, wenn der Auftraggeber die Wartepflicht nicht eingehalten hat. Dies ist bei der Angabe einer zu kurzen Frist im Informationsschreiben gem. § 134 Abs. 2 GWB der Fall. Bei einer zu kurzen Frist hat die Wartefrist nicht zu laufen begonnen, ein Zuschlag wäre daher unter Verstoß gegen die Wartepflicht des § 134 Abs. 2 S. 1 GWB erteilt worden und mithin unwirksam.[189]

90b Während die Angabe einer längeren als der gesetzlichen Frist im Informationsschreiben lediglich eine Bindung des Auftraggebers an die mitgeteilte längere Informationsfrist zur Folge hat, steht es einer wirksamen Zuschlagsentscheidung entgegen, wenn das Informationsschreiben keine Angabe zum frühesten Zeitpunkt des Vertragsschlusses enthält. Gleiches gilt, wenn im Informationsschreiben eine kürzere als die gesetzliche Frist bis zum frühesten Zeitpunkt des Vertragsschlusses genannt wird. Auch in diesem Fall wird das Recht des Antragstellers auf effektiven Rechtsschutz beeinträchtigt. Die Wartefrist beginnt infolgedessen nicht zu laufen, dem Auftraggeber bleibt nur, die Information erneut mit der zutreffenden längeren Frist zu versenden.[190] Es genügt gerade nicht, den Bieter über einen irgendwann in der Zukunft geplanten Zuschlag zu informieren, um die Frist beginnen zu lassen.[191]

90c Eine Zuschlagserteilung unter Nichteinhaltung der Wartefrist verletzt einen Antragsteller über die Verletzung der Wartefrist hinaus nur dann in ihren Rechten und beeinträchtigt seine Zuschlagschancen, wenn ein weiterer Fehler vorliegt.[192] Wenn der Zuschlag auf Grund eines rechtzeitig eingeleiteten Nachprüfungsverfahrens nicht erteilt wurde, ist die mitgeteilte zu kurze Entscheidungsfrist nicht relevant.[193] Der Auftraggeber ist also gut beraten, ein weiteres Informationsschreiben mit richtiger Frist zu versenden, woraufhin der Antragsteller (wenn nur dieser eine Fehler vorliegt) den Rechtsstreit für erledigt erklären könnte. Der Auftraggeber hätte dann die Kosten des Verfahrens zu tragen. Dies gilt jedoch nicht, wenn der Antragsteller nicht zumindest teilw. den Streit für erledigt erklärt.[194] Wenn jedoch ein weiterer Fehler vorliegt, dann begründet dies ein berechtigtes Interesse an der Feststellung der Nichtigkeit des geschlossenen Vertrages nach § 135 GWB. Auch

---

[187] VK Baden-Württemberg 26.2.2013 – 1 VK 3/13, IBRRS 2013, 2353; VK Niedersachsen 27.9.2016 – VgK-39/2016, BeckRS 2016, 19809; VK Sachsen 27.6.2014 – 1/SVK/020-13, BeckRS 2014, 19916.

[188] OLG Koblenz 25.9.2012 – 1 Verg 5/12, NZBau 2013, 63; VK Baden-Württemberg 23.1.2012 – 1 VK 67/11, IBRRS 2012, 0557; VK Nordbayern 19.8.2019 – RMF-SG21-3194-4-40, BeckRS 2019, 31392 Rn. 77.

[189] OLG Düsseldorf 12.6.2019 – Verg 54/18, BeckRS 2019, 24831 mit Hinweis auf § 19 EU Abs. 2 VOB/A.

[190] OLG Düsseldorf 12.6.2019 – Verg 54/18, BeckRS 2019, 24831.

[191] VK Nordbayern 19.8.2019 – RMF-SG21-3194-4-40, BeckRS 2019, 31392 Rn. 79.

[192] OLG Düsseldorf 12.6.2019 – Verg 54/18, BeckRS 2019, 24831.

[193] VK Bund 23.4.2021 – VK 2–29/21, BeckRS 2021, 19211 Rn. 44.

[194] VK Niedersachsen 2.12.2021 – VgK-42/2021, BeckRS 2021, 42990.

für den Nachprüfungsantrag nach § 135 GWB gilt, dass die Feststellung einer mindestens nicht ausschließbaren Beeinträchtigung der Auftragschancen des Antragstellers neben einer Rechtsverletzung für den Erfolg des Nachprüfungsantrags unerlässlich ist. Erweist sich die Zuschlagserteilung zugunsten eines anderen Bieters trotz der Verstöße gegen § 134 GWB iErg als die materiell-rechtlich zutreffende Vergabeentscheidung, fehlt ein berechtigtes Interesse des Antragstellers an der Feststellung der Nichtigkeit des mit diesem Bieter geschlossenen Vertrages.[195]

4. Angabe weiterer Informationen

Der Auftrag- und Konzessionsgeber kann **freiwillig** über die in § 134 GWB vorgegebenen Angaben hinaus auch **weitere nützliche Informationen** an die Unternehmen geben. Eine rechtliche Pflicht soll es nach einer strengen Ansicht in der Rspr. nicht geben.[196] In der Praxis hat sich bspw. gezeigt, dass die Angabe auch der Platzierung der jeweiligen Angebote der Unternehmen hilfreich sein kann. Dies kann zB dadurch geschehen, dass in der Antragserwiderung und der Rügezurückweisung weitergehende Informationen mitgeteilt, darüber hinaus frühzeitig geschwärzte Unterlagen zur Akteneinsicht bereitgestellt werden, die ebenfalls zur Erledigung des Einwands führen.[197] Aus der Angabe der Platzierung kann das Unternehmen Rückschlüsse auf die Zulässigkeit eines Nachprüfungsantrages ziehen. Die Weitergabe dieser Informationen ist mit den berechtigen Interessen des Bestbieters an der Wahrung seiner Betriebs- und Geschäftsgeheimnisse **abzuwägen**.[198] Andererseits ist es im allg. Interesse, dass der Einkaufsvorgang verzögerungsfrei und kostengünstig abgeschlossen wird. 91

Nachprüfungsanträge, bei denen der Rechtsschutzsuchende wegen schlechter Platzierung keine Chance auf einen Zuschlag haben kann, sind idR wegen fehlender Antragsbefugnis unzulässig. Eine Angabe der Platzierung schützt daher die Unternehmen vor Verfahrenskosten in Nachprüfungsverfahren, die sie in Kenntnis ihrer Platzierung nicht anstrengen würden. Die **Mitteilung von Rangstellen** in diesem Bereich ist für den Auftraggeber **opportun**, da bei einer zu knappen Begründung die Gründe für eine Nichtberücksichtigung materiell nicht ausreichend sein können. Daher ist der Auftraggeber – schon aus eigenem Interesse – gehalten, neben der durch den Bewerber/Bieter erreichten Punktzahl auch diejenige des erfolgreichen Bieters iRd § 134 GWB mitzuteilen.[199] Wenn schon keine direkte Platzierung durch den Auftraggeber erfolgt, so kann zumindest der Bieter mithilfe der Punktzahlen für sich selbst errechnen, wie groß der Abstand zwischen ihm und dem erfolgreichen Bieter ist. Wenn keine nachvollziehbare Mitteilung der Platzierung erfolgt, kann der Nachprüfungsantrag zulässig sein. Dies gilt aber nur, wenn der Antragsteller Rechtsverstöße geltend macht, die eine Bezuschlagung der erstplatzierten Beigeladenen verhindern würden.[200] 92

5. Nachschieben von Gründen im Vergabenachprüfungsverfahren

Fraglich ist, ob die nach § 134 Abs. 1 S. 1 GWB mitgeteilten „Erläuterungen" durch spätere – **nachgeschobene** – **Ermessensgründe** erweitert oder auch ersetzt werden können. Würde dies verneint, bedürfte es keiner Prüfung von „gedankenrei- 93

---

[195] OLG Düsseldorf 12.6.2019 – Verg 54/18, BeckRS 2019, 24831.
[196] VK Niedersachsen 2.12.2021 – VgK-42/2021, BeckRS 2021, 42990: kein Anspruch auf Übersendung der Bewertungsmatrix.
[197] VK Niedersachsen 2.12.2021 – VgK-42/2021, BeckRS 2021, 42990.
[198] Vgl. Rosenkötter/Seeger NZBau 2019, 619; OLG München 28.4.2016 – Verg 3/16, NZBau 2016, 591.
[199] VK Niedersachsen 18.4.2016 – VgK-08/2016, BeckRS 2016, 11058.
[200] VK Bund 11.11.2021 – VK 2–115/21, BeckRS 2021, 36622.

chen Anwaltsüberlegungen" im Nachprüfungs- und Beschwerdeverfahren auf – eine Ausschlussentscheidung tragende – Ermessensgründe.[201] Die Rspr. akzeptiert erst im Nachprüfungsverfahren vorgetragene Beurteilungsspielraums- und Ermessenserwägungsgründe.[202] Ob dies auch auf Gründe anwendbar ist, die sich in Schriftsätzen des Beschwerdeverfahrens finden, ist offen. Im Verwaltungsrecht ist eine Nachholung oder nachträgliche Ergänzung der Begründung von Ermessensentscheidungen zwar **grds. zulässig** (vgl. § 45 Abs. 1 Nr. 2 VwVfG, § 114 S. 2 VwGO), doch gilt dies nicht bei erstmaliger Ausübung bisher fehlenden Ermessens, wenn es maßgeblich auf den Zeitpunkt der Behördenentscheidung ankommt.

94 Nachträglich vorgebrachte Argumente sind nicht zugleich auch als „Ermessensgründe" anzuerkennen, wenn sie ersichtlich konstruiert wirken und keine sachgerechte Nachholung einer unterlassenen Verschriftlichung von vorhandenen, aber nicht niedergelegten Gedanken sind. Eine sachgerechte Ermessensentscheidung entsteht aus einer **ergebnisoffenen Faktengrundlage und ihrer Bewertung**, nicht aus einer bloßen Abwehr von Argumenten des Prozessgegners.[203] Insofern wird eine Pflichtverletzung des Auftraggebers in Bezug auf die Informationspflicht geheilt, wenn er sachgerechte Gründe im Nachprüfungsverfahren für seine Entscheidung nachschiebt.[204] Richtig an diesen Erwägungen ist, dass das Vergaberecht Verfahrensrecht gem. § 97 Abs. 6 GWB ist. Wenn der Auftraggeber, wenn auch spät, die Regeln über das Verfahren gem. § 97 Abs. 6 GWB einhält und entspr. Maßnahmen durchführt, so ist dies – **unter Übernahme der Kosten für die Antragsteller** im Nachprüfungsverfahren – nach der Rechtsprechung **zulässig**[205] (→ Rn. 111 f.).

6. Materielle Wirkung eines Informationsschreibens?

95 Fraglich ist, ob ein Informationsschreiben auch materielle Wirkungen, zB für einen nachfolgenden Prozess, zeigen kann. **In der Regel dürfte dies zu verneinen sein.** Die Bejahung der Eignung durch ein Informationsschreiben der Vergabestelle bindet diese für das weitere Verfahren allenfalls dann, wenn
– eine Rechtsvorschrift die Bindung ausnahmsweise anordnet oder
– die Vergabestelle im Anschluss an die Eignungsbejahung einen bestimmten Abschnitt des Vergabeverfahrens abgeschlossen und einen neuen Abschnitt eingeleitet hat, so dass ein schutzwürdiges Vertrauen des Bieters darauf entstanden ist, dass das Vergabeverfahren nicht mehr ohne weiteres in den bereits abgeschlossenen Verfahrensabschnitt zurückversetzt wird.[206]

Bei dem Informationsschreiben nach § 134 BGB dürfte dies idR ausgeschlossen sein. Vertrauen erwächst durch das Vorinformationsschreiben, da es mit einer Rüge und einem Nachprüfungsantrag angegriffen werden kann, nicht.[207]

---

[201] OLG Schleswig 30.5.2012 – 1 Verg 2/12, BeckRS 2012, 1185.
[202] OLG Düsseldorf 21.10.2015 – VII-Verg 28/14, NZBau 2016, 235; 12.2.2014 – VII-Verg 29/13, ZfBR 2014, 517; 8.9.2011 – VII-Verg 48/11, BeckRS 2011, 23048; VK Rheinland 10.7.2019 – VK 19/19-L, BeckRS 2019, 17934; VK Niedersachsen 27.9.2019 – VgK-34/2019, BeckRS 2019, 26282.
[203] OLG Schleswig 30.5.2012 – 1 Verg 2/12, BeckRS 2012, 1185; vgl. auch VK Baden-Württemberg 23.1.2012 – 1 VK 67/68/69/11, IBRRS 2012, 0557.
[204] OLG Celle 12.5.2016 – 13 Verg 10/15, BeckRS 2016, 10371.
[205] OLG Karlsruhe 29.5.2020 – 15 Verg 2/20, BeckRS 2020, 26227 Rn. 37; VK Baden-Württemberg 26.2.2013 – 1 VK 3/13, IBRRS 2013, 2353; VK Niedersachsen 27.9.2016 – VgK-39/2016, BeckRS 2016, 19809; VK Sachsen 27.6.2014 – 1/SVK/020-13, BeckRS 2014, 19916.
[206] KG 4.12.2015 – Verg 8/15, NZBau 2016, 317.
[207] VK Bund 1.10.2021 – VK 2 – 101/21, BeckRS 2021, 39920.

IV. Formelle Vorgaben (§ 134 Abs. 2 GWB)

Ein Vertrag darf gem. § 134 Abs. 2 S. 1 GWB erst 15 Kalendertage nach Absendung der Information nach § 134 Abs. 1 S. 1, 2 GWB geschlossen werden. Wird die Information per Fax oder auf elektronischem Weg versendet, verkürzt sich nach § 134 Abs. 2 S. 2 GWB die Frist auf zehn Kalendertage. Die Frist beginnt am Tag nach der Absendung der Information durch den Auftraggeber (§ 134 Abs. 2 S. 3 GWB); auf den Tag des Zugangs beim betroffenen Bieter oder Bewerber kommt es nicht an. Die Bewerber und Bieter müssen bei der Wartepflicht des § 134 Abs. 2 S. 1 GWB indessen beachten, dass sich die **Wartepflicht nur auf die Abgabe des Zuschlags** bezieht, **nicht** aber auf die **allgemeine Aussetzung des Vergabeverfahrens**.[208]

96

Der Regelungszweck der Wartepflicht nach § 134 Abs. 2 S. 1 GWB bezieht sich auf den **Schutz des Bewerbers/Bieters vor irreversiblen Rechtsverletzungen**. Solange eine solche bei Fortsetzung des Vergabeverfahrens iÜ nicht droht, bezieht sich auch die Wartepflicht nicht auf die anderweitigen Verfahrensschritte. Dementsprechend kann der Auftraggeber während der Wartefrist das Verfahren fortsetzen und bspw. den Zuschlag vorbereiten sowie die bevorstehende Vertragsdurchführung planen.[209]

97

1. Textform

Die sekundärrechtliche Regelung der Informationspflicht beinhaltet weder in Art. 55 VRL noch in Art. 40 KVR eine Vorgabe in Bezug auf die Form der Übermittlung der Informationen. § 134 GWB legt sich fest und ordnet in § 134 Abs. 1 S. 1 GWB die Unterrichtung der Bewerber und Bieter in Textform gem. § 126b BGB an. Die Information kann in Papierform, auf Diskette oder CD-ROM, aber auch per Fax, Computer-Fax oder E-Mail erfolgen, nicht jedoch durch interne Information auf einer Bieterplattform.[210] Voraussetzung ist daher die Abgabe einer lesbaren Erklärung, in der die Person des Erklärenden genannt ist, auf einem dauerhaften Datenträger. Bei Erklärungen, die in das Internet eingestellt werden, dem Empfänger aber nicht übermittelt werden, ist die Textform allenfalls gewahrt, wenn es tatsächlich zum Download kommt. Da die Rechtswirksamkeit einer Information nach § 134 GWB aber nicht von der Zufälligkeit abhängen kann, dass ein Bieter sie herunterlädt, kann das bloße Freischalten der Information auf der Vergabeplattform den Anforderungen des § 134 GWB nicht genügen.[211] Bei Benutzung der elektronischen Datenübermittlung hat der Auftraggeber dennoch die Geheimnisschutzinteressen der Bieter und Bewerber zu beachten. Der Auftraggeber hat eine **grundsätzliche Wahlfreiheit**, welchen **Übertragungsweg** er wählt. Bei elektronischen Mitteln muss er allerdings vorab gem. § 10 Abs. 1 S. 1 VgV das erforderliche Schutzniveau festlegen und die weiteren Anforderungen an den Einsatz elektronischer Mittel gem. § 11 VgV beachten.

98

Umstritten ist, ob über eine Bieterplattform die Information erfolgen kann. Nach einer Ansicht ist die Mitteilung nach § 134 GWB vom Auftraggeber dem Wortlaut nach in Textform an den Bieter zu versenden. Eine derartige Textform wird durch die Information über die Vergabeplattform nicht ausgelöst.[212] Nach der anderen Ansicht entsprechen die durch den AI Vergabemanager versendeten Nachrichten

98a

---

[208] GKN VergabeR-HdB/Conrad § 34 Rn. 53.
[209] GKN VergabeR-HdB/Conrad § 34 Rn. 53.
[210] VK Südbayern 29.3.2019 – Z3-3-3194-1-07-03/19, BeckRS 2019, 7484 Rn. 27 ff. = NZBau 2019, 751.
[211] VK Südbayern 29.3.2019 – Z3-3-3194-1-07-03/19, BeckRS 2019, 7484 Rn. 29 = NZBau 2019, 751.
[212] VK Südbayern 29.3.2019 – Z3-3-3194-1-07-03/19, BeckRS 2019, 7484.

dem Textformerfordernis des § 134 Abs. 2 GWB i V m § 126b BGB. Sie können sowohl im Bieterbereich der Vergabeplattform als auch im Bietercockpit für einen angemessenen Zeitraum unverändert wiedergegeben werden sowie aufbewahrt, ausgedruckt und gespeichert werden. Der Auftraggeber kann sie nicht nachträglich löschen, verändern oder zurückrufen. Bei elektronischer Kommunikation liegt eine Absendung dann vor, wenn ohne weiteres Zutun des öffentlichen Auftraggebers unter normalen Umständen mit der Übermittlung der Information an den Adressaten innerhalb des für das konkret verwendeten (elektronischen) Kommunikationsmittels üblichen Zeitraums zu rechnen ist. Entscheidend ist dabei, dass die Nachricht den Machtbereich des Absenders verlässt und so elektronisch in Textform „auf den Weg gebracht" wird, dass bei regelgerechtem Verlauf die Information in den Machtbereich des Empfängers gelangt, sie insbes. nicht mehr vom Absender nachträglich einseitig verändert oder gelöscht werden kann.[213] Für die Ansicht der VK Sachsen spricht, dass bei regelgerechtem Verlauf die Nachricht elektronisch in den Machtbereich des Empfängers gelangt ist. Die Gegenansicht ist zu formell und lässt die tatsächlich erteilte Information außer Betracht.

99 Aus § 134 Abs. 1, 2 GWB geht hervor, dass die Information mit den Mindestinhalten des Namens des erfolgreichen Unternehmens, der Gründe der Nichtberücksichtigung und dem frühesten Zeitpunkt des Vertragsschlusses versandt, also den Bietern aktiv von der Vergabestelle übermittelt werden muss, dh in deren Machtbereich gebracht muss. Dem Formerfordernis wird also nicht genügt, wenn der Auftraggeber die Vorabinformation lediglich auf einer Internetseite (zB unter der Rubrik „Beschaffungen") veröffentlicht oder die Information lediglich auf einer Vergabeplattform zugänglich bereitgestellt wird, so dass ein Bieter, der sich dort einloggt, diese zur Kenntnis nehmen kann.[214] **Unzureichend** sind auch **vorformulierte Standardschreiben** oder **Formulare mit AGB-Charakter.** Sie sind dann insgesamt als unvollständig anzusehen.[215] Es entspricht dem Sinn und Zweck der Norm, dass der Informationsadressat eindeutig erkennen kann, aufgrund welcher Bewertungskriterien sein Angebot nicht den Zuschlag erhalten soll, um auf dieser Grundlage die Erfolgsaussichten in einem Nachprüfungsverfahren zu beurteilen.[216] Eine ordnungsgemäße Information liegt nur vor, wenn der Auftraggeber die Information an den richtigen Empfänger übersandt hat.

100 Die Vorabinformation ist nach § 134 Abs. 1 GWB „unverzüglich" nach der Zuschlagsentscheidung abzusenden. § 121 Abs. 1 S. 1 BGB versteht unter unverzüglich „ohne schuldhaftes Zögern". Der Begriff der Unverzüglichkeit kommt ebenso in § 161 Abs. 1 S. 1, §§ 169 Abs. 4, 176 Abs. 3 GWB vor. Die Bestimmungen sind Ausdruck des vergaberechtlichen **Beschleunigungsgebotes** (vgl. auch § 167 GWB). Auf § 134 Abs. 1 S. 1 GWB übertragen bedeutet das, dass durch den Auftraggeber jedenfalls **innerhalb von wenigen Tagen** die Unterrichtung der Bewerber und Bieter erfolgen muss, sobald er die Zuschlagsentscheidung intern getroffen hat. Eine Verletzung der Pflicht zur unverzüglichen Information **wirkt drittschützend**, wenn der Auftraggeber – trotz einer intern getroffenen Entscheidung – die Versendung der Information nach § 134 GWB zB verzögert, um eine Information kurz vor Feiertagen zu versenden, um Einspruchsfristen zu verkürzen.

101 Nach **Ablauf der Frist** besteht das Zuschlagsverbot nicht mehr. Der Fristablauf bewirkt jedoch nicht die Beendigung des Vergabeverfahrens oder ein Ausscheiden der benachrichtigten Bieter, da das Verfahren erst mit Zuschlag beendet wird. Dies

---

[213] VK Sachsen 28.7.2021 – 1/SVK/043-20, BeckRS 2021, 22497; VK Saarland 22.3.2021 – 1 VK 06/2020, BeckRS 2021, 16317.
[214] VK Südbayern 29.3.2019 – Z3-3-3194-1-07-03/19, BeckRS 2019, 7484 Rn. 28, 29 = NZBau 2019, 751.
[215] Vgl. Müller-Wrede GWB/Gnittke/Hattig § 134 Rn. 60–65.
[216] OLG Celle 7.7.2022 – 13 Verg 4/22, BeckRS 2022, 16187 Rn. 68.

gilt nicht, wenn die Frist so über (Oster-)Feiertage und Wochenenden gelegt wird, dass einem Bieter für die Entscheidung über einen Nachprüfungsantrag keine ausreichende Zeit (nur vier bis fünf Tage) verbleibt.[217] Der Zeitraum für die Überprüfung der Vergabe und die Entscheidung über einen Nachprüfungsantrag kann auch dadurch unzulässig faktisch verkürzt werden, dass der Auftraggeber neben Wochenenden und gesetzlichen Feiertagen auch die beiden einzigen Werktage im Jahr, an denen die Vergabekammer dienstfrei hat (24.12. und 31.12.) und an denen kein Nachprüfungsantrag gestellt werden kann, in die Wartefrist nach § 134 Abs. 2 GWB einbezieht.[218]

2. Frist, Fristbeginn

Die in § 134 GWB vorgesehenen Fristen orientieren sich wiederum an den Vorgaben der RL 2007/66/EG.[219] Die Dauer der **Mindest-Stillhaltefrist** soll den verschiedenen Kommunikationsmitteln Rechnung tragen. Werden schnelle Kommunikationsmittel genutzt, kann eine kürzere Frist vorgesehen werden als beim Einsatz anderer Kommunikationsmittel. Die RMRL sieht lediglich Mindest-Stillhaltefristen vor. Den Mitgliedstaaten steht es frei, längere Fristen als diese Mindestfristen einzuführen oder beizubehalten. Ebenso können die Mitgliedstaaten entscheiden, welche Frist gelten soll, wenn verschiedene Kommunikationsmittel gleichzeitig genutzt werden.[220] Der deutsche Gesetzgeber hat die Mindestfristen der RL 2007/66/EG ohne Änderungen übernommen. Gem. § 134 Abs. 2 S. 1 GWB beträgt die Stillhaltefrist **regelmäßig 15 Kalendertage**. Im Falle der **elektronischen** Versendung der Informationen schrumpft die Frist gem. § 134 Abs. 2 S. 2 GWB auf **zehn Kalendertage**.

102

Die Frist **beginnt** gem. § 134 Abs. 2 S. 3 GWB am **Tag nach der Absendung der inhaltlich zutreffenden Information** durch den Auftraggeber.[221] Dabei kommt es nicht auf den Tag des Zugangs bei den betroffenen Bewerbern und Bietern an. Während die Angabe einer längeren als der gesetzlichen Frist im Informationsschreiben lediglich die Bindung des Auftraggebers an die mitgeteilte längere Informationsfrist zur Folge hat, steht einer wirksamen Zuschlagsentscheidung entgegen, wenn das Informationsschreiben keine Angabe zum frühesten Zeitpunkt des Vertragsschlusses enthält. Gleiches gilt, wenn im Informationsschreiben eine kürzere als die gesetzliche Frist bis zum frühesten Zeitpunkt des Vertragsschlusses genannt wird. Auch in diesem Fall wird das Recht des Antragstellers auf effektiven Rechtsschutz beeinträchtigt. Die Wartefrist beginnt infolgedessen nicht zu laufen, dem Auftraggeber bleibt nur, die Information erneut mit der zutreffenden längeren Frist zu versenden.[222] Die Frist des § 134 Abs. 2 GWB beginnt bei unzutreffender Information nicht zu laufen. Die Nichtigkeit des durch den Zuschlag geschlossenen Vertrags kann – im Falle der sonstigen Begründetheit des Nachprüfungsverfahrens – von der Vergabekammer gem. § 135 Abs. 1 Nr. 1 GWB auch nach Zuschlag festgestellt werden, weil ein wirksamer Fristbeginn nicht vorliegt[223] (→ § 135 Rn. 111 ff.).

102a

Die Stillhaltefrist muss den betroffenen Bietern jedoch **genügend Zeit** geben, um die Zuschlagsentscheidung zu prüfen und zu beurteilen, ob ein Nachprüfungsverfahren eingeleitet werden sollte. Gleichzeitig mit der Mitteilung der Zuschlagsentscheidung müssen den betroffenen Bietern die relevanten Informationen über-

103

---

[217] OLG Düsseldorf 5.10.2016 – Verg 24/16, BeckRS 2016, 19699.
[218] VK Südbayern 4.8.2022 – 3194.Z3-3_01-22-1, BeckRS 2022, 26748.
[219] VK Südbayern 29.3.2019 – Z3-3-3194-1-07-03/19, BeckRS 2019, 7484 Rn. 27, 28 = NZBau 2019, 751.
[220] Erwgr. 5 der RL 2007/66/EG; krit. zur Umsetzung in das deutsche Recht Schwintowski VergabeR 2010, 877 (889).
[221] VK Südbayern 31.1.2020 – Z3-3-3194-1-51-11/19, BeckRS 2020, 5027 Rn. 54, 55.
[222] OLG Düsseldorf 12.6.2019 – Verg 54/18, BeckRS 2019, 24831.
[223] VK Südbayern 31.1.2020 – Z3-3-3194-1-51-11/19, BeckRS 2020, 5027 Rn. 56.

mittelt werden, die für sie unerlässlich sind, um eine **wirksame Nachprüfung** zu beantragen. Gleiches gilt entspr. auch für Bewerber, soweit der öffentliche Auftraggeber die Informationen über die Ablehnung ihrer Bewerbung nicht rechtzeitig zur Verfügung gestellt hat.[224] Der Umstand, dass die streng einzuhaltenden Fristen im Einzelfall zu einer **Mehrschichtigkeit von Nachprüfungsverfahren** führen können und es ggf. zum Lauf sich überschneidender Fristen nach § 134 Abs. 2 GWB und nach § 160 Abs. 3 S. 1 Nr. 4 GWB kommen kann, mag zwar – insbes. aus Sicht der Praxis – fragwürdig sein. Dies ist jedoch als gesetzgeberische Entscheidung, die eine klare Fristenregelung und eine **schnell eintretende Rechtssicherheit** bezweckt, hinzunehmen. Die Beteiligten haben sich hierauf einzustellen.[225]

3. Frühester Zeitpunkt des Vertragsschlusses (Wartefrist)

104   Ein Vertrag darf nach § 134 Abs. 2 S. 1 GWB erst 15 Kalendertage nach Absendung der Information nach Abs. 1 geschlossen werden. Wird die Information per Fax oder auf elektronischem Wege versendet, verkürzt sich gem. § 134 Abs. 2 S. 2 GWB die Frist auf zehn Kalendertage. Die **Frist beginnt** nach § 134 Abs. 2 S. 3 GWB **am Tag nach der Absendung der Information** durch den Auftraggeber; auf den Tag des Zugangs beim betroffenen Bieter und Bewerber kommt es nicht an. Wenn im Informationsschreiben die in § 134 Abs. 1 S. 1 GWB vorgesehene Information über den frühesten Zeitpunkt des Vertragsschlusses fehlt, dann kann dies erfolgreich im Nachprüfungsverfahren angegriffen werden. Der vorliegende Verstoß zieht gem. § 135 Abs. 1 Nr. 1 GWB die Unwirksamkeit des in der Folge geschlossenen Vertrages nach sich. Der festgestellte inhaltliche Mangel verhindert zudem die Erteilung eines wirksamen Zuschlags und schließt somit die Anwendbarkeit des § 168 Abs. 2 S. 2 GWB aus.[226]

105   Bei der Novellierung des § 134 GWB hat der Gesetzgeber von der ihm durch Art. 2a Abs. 2 UAbs. 1 der Rechtsmittelrichtlinie eingeräumten Möglichkeit Gebrauch gemacht, bei der Dauer der Stillhaltefrist nach Art des zur Übermittlung der Information verwendeten Kommunikationsmittels zu differenzieren. Dies dient der **Rechtssicherheit und -klarheit**. Die Stillhaltefrist wird durch eine Rüge nicht unterbrochen, weil dies mit dem vergaberechtlichen Beschleunigungsgrundsatz nicht vereinbar wäre.[227]

106   Eine Fristenberechnung könnte **beispielhaft** wie folgt aussehen: Bei Absendung der Vorabinformation am 3.4.2023 per Telefax zählt die Zeit v. 4.4.2023 bis 13.4.2023 als Wartefrist. Am 14.4.2023 kann der Zuschlag, vorbehaltlich der Zustellung eines Nachprüfungsantrages, wirksam erteilt werden.[228] Bei der Fristberechnung findet § 193 BGB keine Anwendung, da es sich bei der Frist nach § 134 Abs. 2 GWB um eine reine nach Kalendertagen bemessene Wartefrist („Stillhaltefrist" gem. Art. 2a RL 2007/66/EG) für den öffentlichen Auftraggeber handelt, nicht aber um eine Frist, binnen der eine Willenserklärung abzugeben oder eine Leistung zu bewirken ist (dazu → VgV § 82 Rn. 6). Das folgt aus dem unmissverständlichen Wortlaut des § 134 Abs. 2 S. 1, 2 GWB, wonach ein Vertrag erst 10 Kalendertage „nach Absendung der Information nach Abs. 1 geschlossen werden" darf bzw. aus Art. 2a Abs. 2 RL 2007/

---

[224] Erwgr. 6 der RL 2007/66/EG.
[225] OLG München 21.4.2017 – Verg 2/17, BeckRS 2017, 107792.
[226] OLG Düsseldorf 12.6.2019 – Verg 54/18, BeckRS 2019, 24831 mAnm Knickenberg VPR 2019, 3422; VK Brandenburg 15.9.2015 – VK 16/15, BeckRS 2015, 55048; VK Sachsen 9.12.2014 – 1/SVK/032-14, BeckRS 2015, 8357; OLG Celle 24.9.2014 – 13 Verg 9/14, NZBau 2014, 784.
[227] VK Brandenburg 12.3.2019 – VK 1/19, BeckRS 2019, 17288.
[228] Instruktiv zur Fristenberechnung: VK Bund 28.6.2021 – VK 2 – 77/21, BeckRS 2021, 21292.

Informations- und Wartepflicht **§ 134 GWB**

66/EG, dessen Umsetzung § 134 Abs. 2 GWB dient. Dort wird ausdr. bestimmt, dass „der Vertragsabschluss im Anschluss an die Zuschlagsentscheidung ... nicht vor Ablauf einer Frist von mindestens zehn Kalendertagen erfolgen" darf. Der öffentliche Auftraggeber muss also den Ablauf dieser nach Kalendertagen zu bemessenden Frist abwarten und darf den Zuschlag vor deren Ablauf nicht erteilen. § 134 Abs. 2 GWB gewährleistet einem Bieter daher keine „Mindestüberlegungsfrist".[229] Ein auch nur einen Tag zu früh erteilter Zuschlag ist gem. § 135 Abs. 1 Nr. 1 GWB unwirksam.[230] Nach Fristablauf kann der Zuschlag ohne weiteres erteilt werden. Der Auftraggeber ist nicht verpflichtet, auf eine Rüge zu antworten. Nähert sich das Ende der Wartefrist, muss sich ein unterlegener Bieter jederzeit der Gefahr bewusst sein, dass mit Ablauf der Wartefrist der Zuschlag erteilt werden kann. Er ist dann zur Wahrung des Primärrechtsschutzes zum Handeln gezwungen, um durch die Vergabekammer das Zuschlagsverbot des § 169 Abs. 1 GWB herbeizuführen.[231]

Gibt der öffentliche Auftraggeber oder Konzessionsgeber versehentlich eine **längere Frist an,** ist er an diese verlängerte Frist **grds. gebunden.** Der unterlegene Bieter kann sich daher auf die Unwirksamkeit nach § 135 GWB berufen, auch wenn der Zuschlag nach Ablauf der Mindestwartefrist, aber vor dem angegebenen frühesten Zeitpunkt des Zuschlags erfolgt. Eine schriftliche Zusage des Auftraggebers auf eine Rüge des Bieters, dass er den Zuschlag erst später als zu dem in der Bieterinformation mitgeteilten, frühesten Zuschlagstermin erteilen werde, führt nicht automatisch zur Unwirksamkeit eines dennoch „versehentlich" zum ursprünglich mitgeteilten Tag erteilten Zuschlags.[232] Die zehntägige Wartefrist wird nach zutreffender Ansicht nicht wirksam in Lauf gesetzt, wenn die Frist so über (Oster-)Feiertage und Wochenenden gelegt wird, dass einem Bieter für die Entscheidung über einen Nachprüfungsantrag keine ausreichende Zeit (nur vier bis fünf Tage) verbleibt.[233] 107

Bei einem gänzlich fehlenden Zugang der Information beim unterlegenen Bieter ist auf den europarechtlichen Schutzzweck der Informations- und Wartepflicht abzustellen, der darin besteht, dem unterlegenen Bieter **effektiven Rechtsschutz** zu ermöglichen. Der Auftraggeber ist insofern in der Nachweisverpflichtung, dass sein Informationsschreiben zugegangen ist. Die Information hat die Verpflichtung zur effektiven Rechtsschutzgewährung nicht erfüllt, wenn sie dem Bieter nicht innerhalb der Wartefrist zugeht. Bei europarechtskonformer Auslegung kommt es daher für die Fristberechnung auf den Tag des Zugangs nicht an. Ohne den Zugang fehlt es allerdings bereits an einer Information, die den Fristlauf in Gang setzen würde. 108

4. Darlegungs- und Beweislast

Der Auftraggeber trägt nach den allgemeinen Grundsätzen die **Darlegungs- und Beweislast** für das Absenden der Information. 109

5. Fakultativer Inhalt der Information

Zur Vermeidung von Streitigkeiten kann es zielführend sein, **ergänzende Informationen** zu geben.[234] In der Praxis hat sich die Mitteilung der Platzierung sowie zusätzlicher Informationen, warum das Angebot (gerade bei der Verwendung einer 110

---

[229] VK Bund 28.6.2021 – VK 2 – 77/21, BeckRS 2021, 21292 Rn. 20.
[230] VK Südbayern 22.5.2015 – Z3-3-3194-1-13-02/15, NZBau 2016, 126.
[231] VK Brandenburg 12.3.2019 – VK 1/19, BeckRS 2019, 17288.
[232] OLG Düsseldorf 5.10.2016 – Verg 24/16, BeckRS 2016, 1969; VK Südbayern 4.8.2022 – 3194.Z3-3_01-22-1, BeckRS 2022, 26748.
[233] OLG Düsseldorf 5.10.2016 – Verg 24/16, BeckRS 2016, 1969; VK Südbayern 4.8.2022 – 3194.Z3-3_01-22-1, BeckRS 2022, 26748, aA VK Sachsen-Anhalt 21.6.2018 – 1 VK LSA 13/18, IBRS 2018, 3143 mAnm Eberts VPR 2018, 250.
[234] IdS Müller-Wrede GWB/Gnittke/Hattig § 134 Rn. 70, 71.

Wertungsmatrix) nicht ausgewählt wurde, als sinnvoll erwiesen. Es dient dem Wettbewerb, wenn nicht ausgewählte Bewerber sehen, dass sich der Auftrag- und Konzessionsgeber intensiv mit dem abgelehnten Angebot beschäftigt hat. Eine Verpflichtung zur Mitteilung der Platzierung gibt es nicht.[235] Diese erfolgt nur freiwillig.

6. Informationsvorsprung durch Bieterinformation

110a   Im Fall von Zurücksetzungen kann es bei dem informierten Bieter zu Informationsvorsprüngen kommen, die ausgeglichen werden müssen. Zur Wahrung der Chancengleichheit im Vergabeverfahren ist es unerlässlich, einen Informationsausgleich durchzuführen, wenn ein Bieter im Nachprüfungsverfahren Informationen erhält und diese aufgrund einer Zurückversetzung des Verfahrens nutzen kann. Gleiches muss auch gelten, wenn ein Bieter durch ein Informationsschreiben gem. § 134 Abs. 1 S. 1 GWB einen Informationsvorsprung erhalten hat. Wenn ein öffentlicher Auftraggeber weiß, dass die Bieter unterschiedliche Kenntnisse über Aspekte haben, die für die Angebotserstellung hilfreich und damit für die Erhöhung ihrer Zuschlagschancen förderlich sind, ist er verpflichtet, den Informationsstand der Bieter auszugleichen. Anderenfalls ist die gebotene Gleichbehandlung der Bieter in einem wettbewerblichen und transparenten Vergabeverfahren iSd § 97 Abs. 1, 2 GWB nicht gewährleistet. Insoweit steht der vergaberechtliche Grundsatz des Geheimwettbewerbs in einem gewissen Spannungsverhältnis zu dem Gleichbehandlungsgrundsatz (§ 97 Abs. 2 GWB). Das Interesse an dem Geheimwettbewerb muss iErg zurücktreten, wenn auf andere Weise ein fairer Wettbewerb nicht erreicht werden kann. Dabei ist ohne Belang, dass der Auftraggeber mit der Versendung der Informationsschreiben nach § 134 Abs. 1 S. 1 GWB nur seiner gesetzlichen Verpflichtung Genüge getan hat. In der Konsequenz führt dies dazu, dass bei einer Rückversetzung allen Bietern mitgeteilt werden muss, nach welchen Kriterien ihr Angebot nicht die Höchstpunktzahl erhalten hat. Auch eine Information über den Abstand zu dem nächstgünstigsten Angebotspreis müsste in diesem Fall erteilt werden.[236]

V. Folgen einer fehlerhaften oder fehlenden Information

111   Inwieweit ein Nachprüfungsantrag allein auf einen Verstoß gegen § 134 Abs. 1 GWB gestützt werden kann, ist **umstritten**. Einigkeit besteht darin, dass der Weg zu den Nachprüfungsinstanzen zunächst eröffnet ist. Während des Verfahrens besteht nach einer auftraggeberfreundlichen Auff. eine Heilungsmöglichkeit durch das Nachschieben von Gründen.[237] Eine Heilung einer unzureichenden Information nach Zuschlagserteilung kommt nicht in Frage, da hierdurch der Sinn und Zweck der Information nach § 134 GWB unterlaufen würde.[238] Die Folgen einer fehlerhaften oder fehlenden Information liegen nach der hier vertretenen strengen Auff. in der Unwirksamkeit des Zuschlags gem. § 135 GWB (→ § 135 Rn. 40 ff.).

111a   Die Gegenauff. begründet ihre Meinung ua mit § 45 Abs. 1 Nr. 2 VwVfG und § 114 S. 2 VwGO, wonach eine Nachholung oder nachträgliche Ergänzung der Begründung von Ermessensentscheidungen, anders als die erstmalige Ausübung bisher fehlenden Ermessens, zulässig sei. Zudem sei Vergaberecht als Verfahrensrecht zu qualifizieren. Wenn der Auftraggeber, wenn auch spät, die Regeln über das Verfahren gem. § 97 Abs. 6 GWB einhalten und entspr. Maßnahmen durchführen

---

[235] VK Baden-Württemberg 12.11.2019 – 1 VK 62/19, BeckRS 2019, 31852.
[236] OLG Celle 7.7.2022 – 13 Verg 4/22, BeckRS 2022, 16187 Rn. 64, 65.
[237] OLG Celle 12.5.2016 – 13 Verg 10/15, BeckRS 2016, 10371; VK Niedersachsen 22.8.2022 – VgK-15/2022, BeckRS 2022, 28596; VK Niedersachsen 27.9.2019 – VgK-34/2019, BeckRS 2019, 26282; OLG Düsseldorf 16.10.2019 – Verg 6/19, BeckRS 2019, 38897.
[238] VK Südbayern 31.1.2020 – Z3-3-3194-1-51-11/19, BeckRS 2020, 5027 Rn. 55.

würde, so sei dies – unter angemessener Übernahme der Kosten für die Antragsteller im Nachprüfungsverfahren – zulässig.²³⁹ Eine ausführliche Begründung verlange § 134 GWB nicht.²⁴⁰ Selbst wenn eine nicht ordnungsgemäße Bietermittlung für unwirksam erklärt würde, würden sich die Zuschlagschancen des Antragstellers dadurch nicht verbessern.²⁴¹ Es müssen weitere materielle Fehler hinzukommen.

Wenn „nur" eine fehlerhafte Begründung gegeben wurde und keine weiteren Vergabefehler vorliegen, reicht dies nach der Rspr. nicht aus, damit dem Nachprüfungsantrag stattgegeben wird.²⁴² Sie lässt regelmäßig die Frage offen, ob der Auftraggeber seiner Verpflichtung gemäß § 134 Abs. 1 GWB, die Antragstellerin über die Gründe der vorgesehenen Nichtberücksichtigung ihres Angebots zu informieren, ausreichend nachkam, wenn vor Vertragsschluss ein Nachprüfungsantrag eingeleitet und so der Zuschlag verhindert wurde. Folge eines Verstoßes gegen die Informationspflicht ist gem. § 135 Abs. 1 Nr. 1, Abs. 2 GWB die schwebende Unwirksamkeit des Vertrags, den der öffentliche Auftraggeber mit dem Unternehmer, der nach der vorgenommenen Wertung das wirtschaftlichste Angebot abgegeben hat, geschlossen hat. Der Vertragsschluss wird durch den rechtzeitigen Nachprüfungsantrag verhindert.²⁴³ **111b**

Der Einwand eines unzureichenden Informationsschreibens nach § 134 GWB erledigt sich nach der auftraggeberfreundlichen Auff. regelmäßig durch die Einreichung des Nachprüfungsantrags, spätestens aber mit Antragserwiderung. Zweck der Regelung sei die Gewährleistung eines effektiven Primärrechtsschutzes für Bieter gegen eine sie benachteiligende Vergabeentscheidung. Ein Antragsteller mache mit Einreichung des Nachprüfungsantrags umfassend die Verletzung seiner subjektiven Rechte geltend. Was hier aufgrund der Bieterinformation bekannt noch aufgrund der Vergabeunterlagen erkennbar gewesen sei, sei von der Rügepräklusion nicht betroffen. Der Zweck des § 134 GWB sei daher regelmäßig mit einem fristgerechten Nachprüfungsantrag vor Zuschlagserteilung erschöpft.²⁴⁴ Es sei eine überflüssige Förmelei, dass der öffentliche Auftraggeber den Verfahrensschritt nach § 134 GWB wiederhole. Eine Anordnung der Vergabekammer zur Wiederholung der Bieterinformation mit inzwischen bekanntem Inhalt, aber neu anlaufenden Fristen verstieße gegen das Beschleunigungsgebot aus § 163 Abs. 1 S. 4 GWB.²⁴⁵ Ein Fehler in der Vorinformation reiche für sich betrachtet noch nicht aus, um einen Schaden des nicht berücksichtigten Bieters in Gestalt der Verschlechterung seiner Zuschlagschancen zu begründen. Wenn das Vergabeverfahren iÜ fehlerfrei durchgeführt worden ist, könne die Verletzung der Informations- und Wartepflicht keinen Schaden beim Mitbieter herbeiführen, weil sich der für den Zuschlag vorgesehene Bieter auch dann durchgesetzt hätte und sich dementspr. die Chancen des Mitbieters auf den Zuschlag selbst bei Beachtung der gesetzlichen Vorgaben nicht verbessert hätten.²⁴⁶ **111c**

Der Hinweis auf das Beschleunigungsgebot ist zunächst nicht von der Hand zu weisen. Wenn sich aus dem **Wortlaut** des § 135 Abs. 1 Nr. 1 GWB ergibt, dass **111d**

---

²³⁹ VK Niedersachsen 27.9.2019 – VgK-34/2019, BeckRS 2019, 26282.
²⁴⁰ VK Niedersachsen 27.9.2019 – VgK-34/2019, BeckRS 2019, 26282; VK Baden-Württemberg 26.5.2020 – 1 VK 11/20, BeckRS 2020, 48287 Rn. 44.
²⁴¹ VK Westfalen 14.7.2021 – VK 2–20/21, BeckRS 2021, 48069 Rn. 41.
²⁴² VK Rheinland 10.7.2019 – VK 19/19-L, BeckRS 2019, 17934; VK Niedersachsen 27.9.2019 – VgK-34/2019, BeckRS 2019, 26282; VK Baden-Württemberg 26.5.2020 – 1 VK 11/20, BeckRS 2020, 48287 Rn. 44.
²⁴³ OLG Karlsruhe 7.9.2022 – 15 Verg 8/22, NZBau 2022, 615; OLG Karlsruhe 14.8.2019 – 15 Verg 10/19, BeckRS 2019, 21317; VK Rheinland 10.7.2019 – VK 19/19-L, BeckRS 2019, 17934.
²⁴⁴ OLG Karlsruhe 7.9.2022 – 15 Verg 8/22, NZBau 2022, 615 Rn. 20; VK Niedersachsen 22.8.2022 – VgK-15/2022, BeckRS 2022, 28596 Rn. 57.
²⁴⁵ VK Niedersachsen 22.8.2022 – VgK-15/2022, BeckRS 2022, 28596 Rn. 57.
²⁴⁶ OLG Frankfurt a. M. 22.9.2020 – 11 Verg 7/20 NZBau 2021, 205 Rn. 47.

tatsächlich jeder Verstoß gegen § 134 GWB die Unwirksamkeit nach sich zieht, ist daran festzuhalten.[247] Ein Vertrag, der nach einer unvollständigen oder falschen Information abgeschlossen wurde, ist gem. § 135 GWB unwirksam.[248] (→ Rn. 34a). Der Begründetheit des Nachprüfungsantrags steht mithin ein derartiger Vertrag nicht entgegen. Ausgangspunkt ist – wie bei jeder Interpretation – der Gesetzeswortlaut. Der Nachprüfungsantrag wird zwar als zulässig angesehen. Er wird aber als unbegründet abgewiesen, wenn dem Auftraggeber nicht (weitere) Fehler im Verfahren unterlaufen sind. (→ Rn. 79 ff.). Als Fehlerfolge einer unvollständigen Information tritt aber ein, dass die Frist gem. § 135 Abs. 2 S. 1 GWB nicht zu laufen beginnt.[249] Die Pflicht zur vergaberechtskonformen Begründung trifft die Auftraggeber nicht übermäßig. Eine zu weitgehende Lockerung der Pflicht würde der Gefahr von intransparenten Beschaffungen den Weg ebnen und den Sinn und Zweck der Norm unterlaufen.[250]

112 Unvollständige oder falsche Informationen können nach der hier vertretenen Meinung erfolgreich mit einer Rüge gem. § 160 Abs. 3 GWB in einem sich daran anschließenden Nachprüfungsverfahren angegriffen werden. **Unvollständig** ist die Information zB dann, wenn die Angabe des frühesten Zeitpunktes für den Vertragsabschluss fehlt. Auch von der Rspr., die das Nachschieben von Gründen grds. akzeptiert, wird ein zu früher Zuschlag nicht toleriert.[251] Dafür spricht der Wortlaut des § 134 Abs. 1 GWB, wonach über den frühesten Zeitpunkt des Vertragsschlusses zu informieren ist; dh es ist eine tatsächliche Vergabe erforderlich. Als ausreichend wurde in der Rechtsprechung eine Information angesehen, die neben der allg. Aussage, das unterlegene Unternehmen habe nicht das wirtschaftlichste Angebot abgegeben, auch die Information enthielt, dass diese Einschätzung auf den vier Zuschlagskriterien beruhe, die sie in der Vorabmitteilung sämtlich als maßgebende Gründe für die Nichtberücksichtigung aufgelistet habe. Zudem wurde auch der erreichte Rang in der (Gesamt-) Wertung mitgeteilt.[252] Nach einer fehlerhaften Bieterinformation könnte nur eine aktualisierte Information die Antragsbefugnis entfallen lassen.[253] Ob die neue Information zutreffend ist, wäre in einem neuen Verfahren zu überprüfen.

112a Nur eine **am Wortlaut der Vorschrift orientierte Auslegung** entspricht dem Anliegen des Gesetzgebers, für die betroffenen Bieter Rechtsklarheit und damit Rechtssicherheit zu schaffen.[254] Wenn allerdings – in unzulässiger Weise – eine Heilung der Informationsverpflichtung des § 134 GWB erst im Nachprüfungsverfahren erfolgen sollte, etwa durch eine **nachgeholte Begründung,** so führt dies zu einer **Kostentragungspflicht des Auftraggebers**[255] (→ Rn. 94).

VI. Keine Vorabinformationspflicht bei besonderer Dringlichkeit (Abs. 3 S. 1)

113 Die Informationspflicht entfällt in allen Fällen, in denen das **Verhandlungsverfahren ohne vorherige Bekanntmachung** wegen besonderer Dringlichkeit

---

[247] AA OLG München 12.5.2011 – Verg 26/10, NZBau 2011, 630 (634).
[248] AA OLG Celle 24.10.2019 – 13 Verg 9/19, BeckRS 2019, 26579.
[249] OLG Karlsruhe 22.2.2019 – 15 Verg 9/18, BeckRS 2019, 10388.
[250] VK Westfalen 14.7.2021 – VK 2–20/21, BeckRS 2021, 48069 Rn. 41.
[251] OLG München 13.8.2010 – Verg 10/10, NZBau 2011, 59 (60).
[252] VK Brandenburg 12.3.2019 – VK 1/19, BeckRS 2019, 17288.
[253] VK Bund 11.11.2021 – VK 2–115/21, BeckRS 2021, 36622.
[254] OLG Jena 9.9.2010 – 9 Verg 4/10, BeckRS 2010, 22129; aA OLG Rostock 20.10.2010 – Verg 5/10, BeckRS 2011, 05585.
[255] OLG Karlsruhe 29.5.2020 – 15 Verg 2/20, BeckRS 2020, 26227 Rn. 37; VK Baden-Württemberg 26.2.2013 – 1 VK 3/1, IBRRS 2013, 2353; VK Sachsen 27.6.2014 – 1/SVK/020-13, BeckRS 2014, 19916.

gerechtfertigt ist. Die Beweislast für diese Tatsache liegt beim Auftraggeber (→ Rn. 134d). Die Frage der (fehlenden) Dringlichkeit ist Gegenstand zahlreicher Gerichtsentscheidungen (→ Rn. 136, 137), die die Bedeutung der Norm dokumentieren.

1. Gesetzgebungsverfahren und unionsrechtliche Vorgaben

Die Regelung des § 134 Abs. 3 S. 1 GWB wurde aus § 101a Abs. 2 GWB aF iW ohne Änderungen übernommen.[256] Die Bestimmung sollte nach Auffassung des Gesetzgebers schon bei der Vorgängerbestimmung **Flexibilität für besonders dringliche Vergabeverfahren** schaffen. Für die Vergabeverfahren, bei denen besonders dringliche Gründe außerhalb der Einflusssphäre des Auftraggebers (wie bspw. bei Flutkatastrophen) ein Verhandlungsverfahren ohne vorherige Bekanntmachung rechtfertigen, wird mit § 134 Abs. 3 S. 1 GWB klargestellt, dass der öffentliche Auftraggeber dann nicht zu einer vorherigen Information verpflichtet ist. Der Auftraggeber muss in diesen Fällen in der Lage sein, die erforderlichen Aufträge sofort zu vergeben, ohne eine Wartefrist einhalten zu müssen.[257] Es besteht ein **Zielkonflikt** zwischen einem auf unvorhergesehene Ereignisse schnell reagierenden Auftraggeber und dem Transparenzgrundsatz, Wirtschaftlichkeitsgrundsatz und dem Gedanken der Korruptionsprävention. IRd Novellierung 2016 ist darauf Wert gelegt worden, dass der **Transparenzgrundsatz** verstärkt das Vergabeverfahren prägen soll.[258] **Vergaben ohne Veröffentlichung sind per se intransparent.** Es hat eine **Einzelfallabwägung** stattzufinden, welchem Rechtsgut der Vorrang zu gewähren ist. Streitig sind diese Fragen insbes. bei Vergaben im Bereich Daseinsvorsorge und der vom Auftraggeber selbstverschuldeten Dringlichkeit (→ Rn. 132, 134a; dazu auch → VgV § 14 Rn. 64 ff.).

114

Im Jahr 2008 sah der Bundesrat bei den Beratungen zu dem Entwurf eines Gesetzes zur Modernisierung des Vergaberechts das Problem, dass eine Dringlichkeitsausnahme mit dem Gebot des **effektiven Rechtsschutzes** nur schwer zu vereinbaren sei.[259] Eine Notwendigkeit für die Regelung in dieser Form wurde daher vom Bundesrat nicht gesehen. Allerdings haben sich die Bedenken des Bundesrates insoweit teilw. realisiert, als dass die Rspr. die Voraussetzungen für die Annahme eines Dringlichkeitsfalles zwar eng auslegt und dadurch die Möglichkeiten zum Missbrauch dieser Vorschrift erheblich einschränkt, aber dennoch erhebliche Freiräume für Dringlichkeitsvergaben bei der Daseinsvorsorge sieht (→ Rn. 132, 134a). Die Frage, ob ein Fall **der besonderen Dringlichkeit** vorliegt, unterfällt aber stets der **vollständigen und kritischen gerichtlichen Kontrolle im** Einzelfall.

115

Die Dringlichkeitsregelung hat einen **unionsrechtlichen Hintergrund.** Nach Art. 46 Abs. 3 lit. a KVR iVm Art. 2b lit. a RL 89/665/EWG, eingefügt durch RL 2007/66/EG, können ua Ausnahmen von der Stillhaltefrist gemacht werden, wenn nach der VRL oder nach der KVR keine vorherige Veröffentlichung einer Bekanntmachung im Amtsblatt der Europäischen Union erforderlich ist. Nach dem Willen des europäischen Gesetzgebers sollen Aufträge in Verhandlungsverfahren in Fällen einer hinreichend begründeten Dringlichkeit ohne eine vorherige Bekanntmachung zu vergeben sein.[260] Dieses Anliegen hat der Richtliniengeber soweit in Art. 32 Abs. 2 lit. c VRL normiert. Die RL 89/665/EWG konkretisiert den allg.

116

---

[256] Entwurf eines Gesetzes zur Modernisierung des Vergaberechts, BT-Drs. 18/6281, 119.
[257] So schon zur Vorgängerregelung: Gesetzentwurf der BReg: Entwurf eines Gesetzes zur Modernisierung des Vergaberechts, BT-Drs. 16/10117, 31.
[258] Deutscher Bundestag (2015), Plenarprotokoll 18/146 v. 17.12.2015, S. 14422.
[259] Stellungnahme des Bundesrates, Gesetzentwurf der BReg: Entwurf eines Gesetzes zur Modernisierung des Vergaberechts, BT-Drs. 16/10117, 31, 32.
[260] Erwgr. 46, 50, 80 der VRL.

Grundsatz des Rechts auf einen wirksamen Rechtsbehelf im besonderen Bereich des öffentlichen Auftragswesens. Es ist daher erforderlich, bei von der Union selbst erteilten Aufträgen den in den Regelungen dieser Richtlinie enthaltenen Ausdruck dieses allg. Grundsatzes zu berücksichtigen. Entspr. dem Recht auf einen wirksamen Rechtsbehelf nach Art. 47 GRCh verlangt ein effektiver gerichtlicher Rechtsschutz, dass die Beteiligten über die Zuschlagsentscheidung für einen öffentlichen Auftrag eine gewisse Zeit vor dem Vertragsschluss informiert werden, damit sie über eine tatsächliche Möglichkeit verfügen, einen Rechtsbehelf, insbes. einen Antrag auf Erlass vorläufiger Maßnahmen bis zum Vertragsschluss, einzulegen.[261]

2. Tatbestandsmerkmal der besonderen Dringlichkeit

117 Ein Fall der **besonderen Dringlichkeit** ist idR nur **ganz selten gegeben**, weil die Voraussetzungen sehr eng sind und vom Auftraggeber nachgewiesen werden müssen. Dementsprechend lehnt die Rspr. das Vorliegen einer Dringlichkeit idR – bis auf Vergaben der Daseinsvorsorge – ab[262] (→ Rn. 132, 134a, 137). Die Wortwahl der „besonderen" Dringlichkeit zeigt auf, dass eine „normale" Dringlichkeit nicht ausreichend ist. Der europäische Gesetzgeber stellt jedoch klar, dass es sich zugleich aber auch nicht um eine extreme Dringlichkeit wegen unvorhersehbarer und vom Auftraggeber nicht zu verantwortender Ereignisse handeln muss.[263] **Vorhersehbar** sind iA alle Umstände, die bei einer sorgfältigen Risikoabwägung oder Berücksichtigung der aktuellen Situation und deren möglicher Fortentwicklung nach allg. Lebenserfahrung eintreten können[264] (→ zur Vorhersehbarkeit Rn. 130 f.).

118 Auch in der RMRL sind Ausnahmen von der Mindest-Stillhaltefrist geregelt. Diese soll nicht gelten, wenn die KVR und die VRL nicht die vorherige Veröffentlichung einer Bekanntmachung im Amtsblatt der Europäischen Union vorschreibt, insbes. in Fällen **äußerster Dringlichkeit** gem. Art. 32 Abs. 2 lit. c VRL. In diesen Fällen genügt es, wirksame Nachprüfungsverfahren nach dem Vertragsschluss vorzusehen. Ebenso ist eine Stillhaltefrist nicht erforderlich, wenn dem einzigen betroffenen Bieter auch der Zuschlag erteilt wird und wenn es keine betroffenen Bewerber gibt. In diesem Fall gibt es in dem Vergabeverfahren keine weitere Person mit einem Interesse daran, unterrichtet zu werden und die Stillhaltefrist zu nutzen, die eine wirksame Nachprüfung ermöglicht.[265] Äußerste Dringlichkeit ist regelmäßig nur bei unaufschiebbaren, nicht durch den Auftraggeber verursachten Ereignissen anzunehmen, bei denen eine gravierende Beeinträchtigung für die Allgemeinheit und die staatliche Aufgabenerfüllung droht, etwa durch einen schweren, nicht wieder gut zu machenden Schaden. Als dringliche und zwingende Gründe kommen deshalb nur akute Gefahrensituationen und höhere Gewalt in Betracht, die zur Vermeidung von Schäden der Allgemeinheit ein sofortiges, die Einhaltung von Fristen ausschließendes Handeln erfordern; bloße finanzielle Gründe oder wirtschaftliche Erwägungen können demnach eine äußerste Dringlichkeit regelmäßig nicht begründen[266] (dazu die Beispiele → Rn. 136, 137).

119 Die Begriffe der **äußersten und der besonderen Dringlichkeit** sind **synonym** zu verstehen. Da es eine Ausnahmevorschrift zugunsten der Auftraggeber ist, die

---

[261] EuGH 23.4.2015 – C-35/15 P(R), BeckRS 2015, 81410.
[262] Vgl. zB OLG Karlsruhe 22.2.2019 – 15 Verg 9/18, NZBau 2019, 748; VK Rheinland 15.5.2019 – VK 8/19 – B, BeckRS 2019, 16505.
[263] Erwgr. 46 der VRL.
[264] VK Sachsen 17.6.2016 – 1/SVK/011-16, BeckRS 2016, 16631.
[265] Erwgr. 8 der RL 2007/66/EG.
[266] OLG Karlsruhe 22.2.2019 – 15 Verg 9/18, NZBau 2019, 748; OLG Frankfurt a. M. 7.6.2022 – 11 Verg 12/21, BeckRS 2022, 19108 Rn. 45.

unter Umgehung des Wettbewerbsgebots und der Grundsätze einer sparsamen und wirtschaftlichen Haushaltsführung Beschaffungen ermöglicht, ist der Auftraggeber verpflichtet, das Vorliegen der Voraussetzungen dieser Ausnahmevorschrift nachzuweisen[267] (→ Rn. 134d). Es besteht zudem eine umfassende Dokumentationspflicht gem. § 8 VgV.

a) Begriff der Dringlichkeit oberhalb der Schwellenwerte in der VgV, SektVO und KonzVgV. Der öffentliche Auftraggeber kann gem. § 14 Abs. 4 Nr. 3 VgV Aufträge im Verhandlungsverfahren ohne Teilnahmewettbewerb vergeben, wenn äußerst dringliche, zwingende Gründe im Zusammenhang mit Ereignissen, die der betreffende öffentliche Auftraggeber nicht voraussehen konnte, es nicht zulassen, die Mindestfristen einzuhalten, die für das offene sowie für das nicht offene Verfahren sowie für das Verhandlungsverfahren mit Teilnahmewettbewerb vorgeschrieben sind; die Umstände zur Begründung der äußersten Dringlichkeit dürfen dem öffentlichen **Auftraggeber nicht zuzurechnen sein**[268] (→ VgV § 14 Rn. 58 ff.). Eine behauptete aufgeführte Einhaltung haushaltsrechtlicher Wirtschaftlichkeitsgrundsätze reichte nicht aus, um auf eine Bekanntmachung und den Teilnahmewettbewerb zu verzichten.[269] Für den Fall, dass eine hinreichend begründete Dringlichkeit die Einhaltung der Frist gem. § 15 Abs. 2 VgV unmöglich macht, kann der öffentliche Auftraggeber im offenen Verfahren gem. § 15 Abs. 3 VgV eine Frist festlegen, die 15 Tage, gerechnet ab dem Tag nach der Absendung der Auftragsbekanntmachung, nicht unterschreiten darf (→ VgV § 15 Rn. 9 ff.).

Vergleichbare Vorschriften zu § 14 Abs. 4 Nr. 3 VgV finden sich in § 13 Abs. 4 Nr. 3 SektVO (→ SektVO § 13 Rn. 10), § 3a EU Abs. 3 Nr. 4 VOB/A (→ VOB/A § 3a EU Rn. 16) und § 3a VS Abs. 2 Nr. 4 VOB/A. Die **KonzVgV enthält vergleichbare Vorschriften nicht.** Der Verordnungsgeber geht davon aus, dass die komplexe Konzessionsvergabe sich per se nicht für eine Dringlichkeitsvergabe eignet (dazu auch → KonzVgV § 20 Rn. 1). Konzessionsvergaben oberhalb der Schwellenwerte ohne vorherige Bekanntmachungen wegen Dringlichkeit sind daher per se rechtswidrig und können erfolgreich als De-Facto-Vergabe angegriffen werden.[270] Eine Dringlichkeitsvergabe ist also bei einer Konzession niemals möglich.

b) Begriff der Dringlichkeit unterhalb der Schwellenwerte in der UVgO und der VOB/A. Der Begriff der Dringlichkeit findet sich auch in der **VOB/A** und in der **UVgO.** Eine freihändige Vergabe bzw. Verhandlungsvergabe ist nach § 3a Abs. 4 Nr. 2 VOB/A (→ VOB/A § 3a EU Rn. 16), § 8 Abs. 4 Nr. 6 UVgO (→ UVgO § 8 Rn. 31), zulässig, wenn die Leistung aufgrund von Umständen, die die Auftraggeber nicht voraussehen konnten, besonders dringlich ist und die Gründe für die besondere Dringlichkeit **nicht dem Verhalten des Auftraggebers** zuzuschreiben sind. Auch unterhalb der Schwellenwerte bestimmt sich die Auslegung des Begriffs der Dringlichkeit danach, ob eine kurzfristige Angebotsbearbeitung für eine entspr. ebenso kurzfristig erforderlich werdende objektive Ausführung notwendig ist. Sie muss objektiv, nicht vom Auftraggeber subjektiv herbeigeführt sein, dh sie darf nicht auf Gründen beruhen, die der Auftraggeber herbeigeführt hat. Das Tatbestandsmerkmal der Dringlichkeit ist eng auszulegen. Eine vergaberechtliche Dringlichkeit wird insbesondere dann nicht angenommen, wenn das Vergabeverfahren unter einem Zeitdruck steht, den der Auftraggeber selbst verursacht hat oder der ihm zumindest zuzurechnen ist.[271] Die Frage der Dringlichkeit wird also von

---

[267] VK Südbayern 12.8.2016 – Z3-3-3194-1-27-07.16, BeckRS 2016, 15052.
[268] BayObLG 31.10.2022 – Verg 13/22, BeckRS 2022, 35589 Rn. 45.
[269] OLG Karlsruhe 22.2.2019 – 15 Verg 9/18, NZBau 2019, 748.
[270] BeckOK VergabeR/Conrad KonzVgV § 20 Rn. 7; vgl. Müller-Wrede/Braun/Hofmann KonzVgV § 19 Rn. 22.
[271] VG Lüneburg 11.4.2018 – 5 A 330/15, BeckRS 2018, 8682.

der Rspr. in Fällen unterhalb der Schwellenwerte, zumeist im Zusammenhang mit der Rückforderung von Fördermitteln, vergleichbar wie oberhalb der Schwellenwerte gesehen[272] (→ UVgO § 8 Rn. 31–34).

123 **c) Objektiver Maßstab der Dringlichkeit.** Umstritten ist, welcher Maßstab für die Beurteilung der Dringlichkeit anzuwenden ist. Zutreffend wird ein objektiver Maßstab angelegt. Auf der anderen Seite wird iErg auf die Vertretbarkeit der Entscheidung in sachlicher und rechtlicher Hinsicht abgestellt.[273] Da es sich um eine Ausnahmevorschrift handelt, dürfte richtigerweise auf eine objektive Sichtweise abzustellen sein.[274] Die Ausnahmevorschrift setzt voraus, dass für den Auftraggeber ein unvorhergesehenes Ereignis vorliegt, dass dringende und zwingende Gründe gegeben sind, die die Einhaltung der vorgeschriebenen Fristen nicht zulassen und dass zwischen dem unvorhergesehenen Ereignis und den sich daraus ergebenden dringlichen, zwingenden Gründen ein **Kausalzusammenhang** besteht.[275] Solche zwingenden Gründe sind nicht anzunehmen, wenn allein wirtschaftliche und haushaltsrechtliche Belange durch die zu vergebenden Leistungen geschützt werden sollen.[276] Eine **Ausnahme** hiervon kann nur dann gemacht werden, wenn infolge einer verzögerten Beschaffung ein **derart hoher finanzieller Schaden** droht, dass er in keiner Weise mehr gerechtfertigt werden kann.[277]

124 Die Unmöglichkeit der Durchführung eines offenen oder nichtoffenen Verfahrens, eines wettbewerblichen Dialogs oder eines Verhandlungsverfahrens mit Teilnahmewettbewerb muss durch äußerste oder besondere Dringlichkeit, mithin durch **objektive** und **zwingende Gründe** nachweisbar begründet sein.[278] Es muss damit eine **Kausalität** zwischen den zwingenden dringlichen Gründen und der Unmöglichkeit der Fristeinhaltung bestehen. Da idR nicht die Fristen des Verfahrens, sondern die Entscheidungsprozesse darüber, was und wie eingekauft werden soll, die meiste Zeit in Anspruch nehmen, wird in der Praxis die Darlegung der Kausalität nicht möglich sein.

125 Ferner scheiden Gründe als Rechtfertigung aus, die dem Verantwortungsbereich des Auftraggebers zuzurechnen sind.[279] Die Feststellung der besonderen Dringlichkeit erfordert eine **Abwägung im Einzelfall**.[280] In die Abwägung einzustellen sind die grundsätzliche Pflicht des Auftraggebers zur Durchführung eines wettbewerblichen und transparenten Vergabeverfahrens und die durch das Ereignis bedrohten Rechtsgüter.[281] Eine Dringlichkeit ist dann anzunehmen, wenn eine gravierende Beeinträchtigung für die Allgemeinheit und die staatliche Aufgabenerfüllung droht, somit ein hohes Rechtsgut betroffen ist und das unvorhergesehene Ereignis nicht durch Fristverkürzungen im Vergabeverfahren kompensiert werden kann.[282] Dies

---

[272] Vgl. zB VG Münster 7.9.2016 – 9 K 3118/12, BeckRS 2016, 52135.
[273] Offengelassen: OLG Düsseldorf 12.7.2017 – VII-Verg 13/17, NZBau 2017, 679 Rn. 47; OLG Rostock 11.11.2021 – 17 Verg 4/21, BeckRS 2021, 34180 Rn. 19.
[274] OLG Bremen 1.4.2022 – 2 Verg 1/22, NZBau 2022, 548 Rn. 86.
[275] EuGH 7.9.2016 – C-549/14, BeckRS 2016, 82187 – Finn Frogne; OLG Düsseldorf 13.4.2016 – VII-Verg 46/15, BeckRS 2016, 12813; 23.12.2015 – VII-Verg, BeckRS 2016, 2949.
[276] OLG Frankfurt a. M. 7.6.2022 – 11 Verg 12/21, BeckRS 2022, 19108 Rn. 45; VK Bund 7.7.2014 – VK 2–47/14, ZfBR 2014, 715; Stumpf/Götz VergabeR 2016, 561 (563).
[277] VGH BW 17.10.2013 – 9 S 123/12, BeckRS 2013, 58287; Stumpf/Götz VergabeR 2016, 561 (563).
[278] OLG Düsseldorf 10.6.2015 – VII-Verg 39/14, NZBau 2015, 572.
[279] VK Südbayern 12.8.2016 – Z3-3-3194-1-27-07.16, BeckRS 2016, 15052; vgl. VK Niedersachsen 18.9.2014 – VgK-30/2014, VPRRS 2014, 0535.
[280] Stumpf/Götz VergabeR 2016, 561 (563).
[281] VK Niedersachsen 8.10.2014 – VgK-37/2014, BeckRS 2014, 20834.
[282] VK Bund 7.7.2014 – VK 2–47/14, ZfBR 2014, 715.

ist jedenfalls dann der Fall, wenn bedeutende Rechtsgüter, wie etwa Leib und Leben und hohe Vermögenswerte,[283] bspw. durch höhere Gewalt[284] unmittelbar gefährdet sind. Beispiele hierfür sind Notlagen wie **Naturkatastrophen, Überschwemmungen** oder **Waldbrände,** aber auch **Chemieunfälle** oder **terroristische Akte**[285] (Beispiele → Rn. 136, 137). Bei den genannten Ausnahmen ist aber zu beachten, dass die einzelne Katastrophe nicht vorhergesehen werden kann, aber die generelle Gefährdung natürlich schon. Aus der Verpflichtung zur Bekämpfung der generellen Gefahr kann auch der vorsorgliche Einsatz von finanziellen Mitteln zur Bekämpfung der Bedrohung und damit auch die Durchführung von rechtzeitigen Ausschreibungen verlangt werden.

Bei Vorliegen einer Dringlichkeitssituation handelt es sich daher um den Bereich 126 der **klassischen Gefahrenabwehr,** freilich mit gesteigerter Nähe, Intensität und Umfang der Gefahr. Bei Vorliegen einer unmittelbar bevorstehenden Gefährdung von Menschen und der Abwehr bevorstehender terroristischer Angriffe handelt es sich dementsprechend um Umstände, bei denen ein Abwarten des Auftraggebers nicht erlaubt ist.[286] In solchen Ausnahmefällen ist die Auftragsvergabe dringlich und dem Auftraggeber nicht zuzumuten, die (verkürzten) Fristen für das nichtoffene Verfahren bzw. Verhandlungsverfahren mit vorgeschaltetem Teilnahmewettbewerb einzuhalten.[287] Insgesamt sind daher an die Annahme einer Dringlichkeit **hohe Anforderungen** zu stellen. Das ergibt sich zum einen aus dem Wortlaut der sekundärrechtlichen Vorgabe des Art. 32 Abs. 2 lit. c VRL „unbedingt erforderlich", „zwingende Gründe" und zum anderen aus dem **Ausnahmecharakter** der Dringlichkeitsvergabe selbst.[288]

IRd Beurteilung der Gefährdungslage sollen Auftraggeber nach der Rspr. eine 127 **Einschätzungsprärogative** mit der Folge haben, dass ihre Beurteilung der Sicherheitslage von den Betroffenen hingenommen werden muss.[289] Obgleich richtigerweise auf der Tatbestandsseite einer Norm regelmäßig kein Beurteilungsspielraum zugunsten der Verwaltung besteht, existiert weitgehende Übereinstimmung darüber, dass jedenfalls bei Prognoseentscheidungen und Risikobewertungen in den Bereichen des Umwelt- und Wirtschaftsrechts ein verwaltungseigener Beurteilungsspielraum existiert, der ein Bereich eigener, gerichtlich nicht weiter überprüfbarer Wertungen und Entscheidungen der Verwaltung ist.[290] Überprüft werden kann jedoch stets, ob von einem ordnungsgemäß ermittelten Sachverhalt ausgegangen und die Fragen der Kausalität richtig bewertet wurden.

Einschränkend sollen jedoch nicht ausnahmslos alle Prognoseentscheidungen 128 einem Beurteilungsspielraum unterfallen. Vielmehr müsse es sich um einen selbständigen Prognosefreiraum handeln – sprich um **Prognoseentscheidungen,** die mit überindividueller politischer (regionaler, globaler) Natur oder planender Bedeutung versehen sind.[291] Fragen der (polizeirechtlichen) Gefahrenabwehr sind indes nicht mit einer Beurteilungsermächtigung versehen.[292] Bei der Beurteilung einer Gefahrenlage im Rahmen einer „dringlichen" Auftragsvergabe handelt es sich vom Charakter her mehr um eine solche gefahrenabwehrrechtliche Entscheidung und nicht um eine planende Prognoseentscheidung im eigentlichen Sinn. Somit ist die

---

[283] VK Niedersachsen 8.10.2014 – VgK-37/2014, BeckRS 2014, 20834.
[284] VK Baden-Württemberg 17.7.2014 – 1 VK 32/14, VPRRS 2014, 0569.
[285] Stumpf/Götz VergabeR 2016, 561 (563).
[286] VK Sachsen 17.6.2016 – 1/SVK/011-16, BeckRS 2016, 16631.
[287] VK Sachsen 17.6.2016 – 1/SVK/011-16, BeckRS 2016, 16631.
[288] Stumpf/Götz VergabeR 2016, 561 (563).
[289] VK Sachsen 17.6.2016 – 1/SVK/011-16, BeckRS 2016, 16631.
[290] Maurer, Allgemeines Verwaltungsrecht, § 7 Rn. 35.
[291] NK-VwGO/Wolff § 114 Rn. 319.
[292] NK-VwGO/Wolff § 114 Rn. 304.

Annahme einer Einschätzungsprärogative in Bezug auf das Tatbestandsmerkmal der „Dringlichkeit" verfehlt und verkennt die Bedürfnisse der Bieter nach effektivem Rechtsschutz gem. Art. 19 Abs. 4 GG. Die Beurteilung der **Dringlichkeit** einer Auftragsvergabe unterliegt dementsprechend einer **vollen gerichtlichen Kontrolle.**

129 Im Übrigen müssen die dringlichen, zwingenden Gründe stets **objektiv nachprüfbar** vorliegen[293] (→ Rn. 123). Eine nur subjektiv empfundene Dringlichkeit auf Seiten des Auftraggebers ist nicht ausreichend, da ein objektiver Maßstab gilt, der der Überprüfung der Vergabekammer unterliegt. Dieser Maßstab entspricht iW auch den Vorstellungen des europäischen Gesetzgebers.[294] Hat ein Auftraggeber seit geraumer Zeit auf eine entspr. Auftragsvergabe hingearbeitet, war er aber aus internen Gründen (Finanznot, Vorrang der Suche nach einem privaten Investor) an einer früheren Bekanntmachung des Wettbewerbes gehindert, rechtfertigen solche internen Gründe es nicht, später den Wettbewerb für die Bieter einzuschränken.[295] Die Vergabeentscheidung ist **umfassend und nachvollziehbar zu dokumentieren.**

130 **d) Keine Vorhersehbarkeit und Zurechenbarkeit.** Der Auftraggeber kann sich nicht auf Dringlichkeit berufen, wenn er diese selbst verursacht hat und sie ihm dadurch zurechenbar ist.[296] Im Rahmen der Zurechenbarkeit ist nicht auf eine Vorwerfbarkeit oder ein Verschulden des Auftraggebers abzustellen – vielmehr reicht es bereits aus, wenn die dringlichen und zwingenden **Gründe in der Sphäre des Auftraggebers** liegen.[297] Insofern darf er durch Festlegung des Vertragsbeginns einen Zeitplan nicht derart zuspitzen, dass eine nicht zu rechtfertigende Dringlichkeit entsteht,[298] in deren Folge auf die Unterrichtung der Bieter verzichtet werden muss. Dem Auftraggeber ist also dringend davon abzuraten, bei einer selbst verursachten Dringlichkeit sein Heil in einer beschleunigten und rechtswidrigen Vergabe zu suchen. Das zuständige Gericht wird die Zuschlagserteilung untersagen. Zudem drohen Schadensersatzansprüche des erfolgreich um Nachprüfung nachsuchenden Bewerbers.[299]

131 Zudem darf der Auftraggeber die **Dringlichkeit nicht vorhergesehen** haben. Vorhersehbar sind alle Umstände, die bei einer sorgfältigen Risikoabwägung unter Berücksichtigung der aktuellen Situation und deren möglicher Fortentwicklung nach allg. Lebenserfahrung eintreten können.[300] Vorhersehbar sind bspw. die Länge von potenziell durchzuführenden Genehmigungs-[301] und Nachprüfungsverfahren.[302] Auch sind periodisch wiederkehrende Naturereignisse wie Schneefall vorhersehbar[303] (→ Rn. 125). Den **Begriff der Vorhersehbarkeit** gibt es auch in § 132 Abs. 2 Nr. 3 GWB und im 109. Erwgr. der RL 2014/24/EU (→ § 132 Rn. 52– 54). Der Begriff bezeichnet solche Umstände, die auch bei einer nach vernünftigem Ermessen sorgfältigen Vorbereitung der ursprünglichen Zuschlagserteilung durch

---

[293] OLG Düsseldorf 13.4.2016 – VII-Verg 46/15, BeckRS 2016, 12813; VK Niedersachsen 10.7.2014 – VgK-17/2014, IBRRS 2014, 2818.
[294] Erwgr. 46, 50, 80 der VRL.
[295] VK Sachsen 10.7.2014 – VgK-17/2014, BeckRS 2011, 21905.
[296] VK Bund 11.5.2016 – VK 1–22/16, BeckRS 2016, 118859; 10.1.2014 – VK 1–113/13, VPRRS 2014, 0364.
[297] Stumpf/Götz VergabeR 2016, 561 (564).
[298] OLG Düsseldorf 10.6.2015 – VII-Verg 39/14, NZBau 2015, 572.
[299] BGH 9.6.2011 – X ZR 143/10, NZBau 2011, 498 – Rettungsdienstleistungen II.
[300] Stumpf/Götz VergabeR 2016, 561 (564).
[301] VGH BW 17.10.2013 – 9 S 123/12, BeckRS 2013, 58287.
[302] Stumpf/Götz VergabeR 2016, 561 (564).
[303] Motyka-Mojkowski NZBau 2012, 471 (472).

den öffentlichen Auftraggeber unter Berücksichtigung der diesem zur Verfügung stehenden Mittel, der Art und Merkmale des spezifischen Projekts, der bewährten Praxis im betreffenden Bereich und der Notwendigkeit, ein angemessenes Verhältnis zwischen den bei der Vorbereitung der Zuschlagserteilung eingesetzten Ressourcen und dem absehbaren Nutzen zu gewährleisten, nicht hätten vorausgesagt werden können. Unvorhersehbarkeit ist danach nur dann anzunehmen, wenn der Auftraggeber bei der Gestaltung des vorangegangenen Vertrages alle Möglichkeiten zur Reduzierung einer kommenden Dringlichkeitsvergabe ausgeschöpft hat. Denkbare Verzögerungen des künftigen Vergabeverfahrens müssen antizipiert werden.[304]

Dabei kommt es nicht darauf an, dass die Vergabestelle den konkreten Grund der Verzögerung noch nicht kennt. Es genügt, dass der Ablauf eines Vergabeverfahrens vielfältigen Verzögerungen ausgesetzt sein kann. Dazu gehören selbst entdeckte Fehler bei der ursprünglichen Ausschreibung, Neudefinitionen des Bedarfs während des Verfahrens, Nachprüfungsanträge von Bietern, gegen die Vergabestelle ausfallende Entscheidungen der Nachprüfungsinstanzen. Keinesfalls darf die Vergabestelle bei ihrer Planung die rechtsstaatlichen Gewährleistungen ausblenden. Sie hat die Zuschlagsbedingungen daher soweit nötig so zu gestalten, dass derartigen Verzögerungen durch die Laufzeit des Vertrags Rechnung getragen wird.[305] **131a**

e) Ausnahme bei Leistungen der öffentlichen Daseinsvorsorge? Auf der **132** anderen Seite liegt es auf der Hand, dass die Bevölkerung unter dem rechtswidrigen Verzögerungsverhalten des öffentlichen Auftraggebers nicht leiden darf. Dies gilt grds. für die Gewährleistung der **Kontinuität von Dienstleistungen der Daseinsvorsorge** und damit insbes. auch für die Kontinuität der Rettungsdienstleistungen. Insofern existiert neben den Fällen höherer Gewalt eine zweite Fallgruppe von Dringlichkeitsgründen, die sogar von Auftraggebern selbst verschuldet sein können. Bei Auftragsgegenständen aus dem Bereich der öffentlichen Daseinsvorsorge ist im Zweifel die Zurechenbarkeit oder Vorhersehbarkeit der Leistungsstörung durch den Auftraggeber unbeachtlich,[306] soweit verfassungsrechtliche Güter unmittelbar durch ein Abwarten beeinträchtigt wären. Dies ist der Fall bei Leistungen der Daseinsvorsorge, deren Ausfall ggf. gravierende Folgen für die Bevölkerung befürchten lassen[307] und demgemäß der unmittelbaren Verwirklichung der verfassungsrechtlichen Schutz- und Gewährleistungspflichten der öffentlichen Gewalt dienen. Zu diesen gehören Aufgaben, die dem Schutz von Verfassungsgütern wie dem Leben und der körperlichen Unversehrtheit iSv Art. 2 Abs. 2 S. 1 GG[308] sowie der Gewährleistung eines menschenwürdigen, sozialstaatlichen Mindestschutzniveaus iSv Art. 20 Abs. 1 GG dienen. In der wert- und insbes. grundrechtsgebundenen Ordnung des GG und der Unionsverträge muss der Staat immer und unabhängig von früheren Versäumnissen in rechtmäßiger Weise in der Lage sein, auf Notlagen zu reagieren oder sie abzuwenden, mithin unverzichtbare Leistungen zu erbringen. Dies betrifft insbes. Leistungen zur Gewährleistung der öffentlichen Sicherheit und Ordnung einschließlich der Daseinsvorsorge.[309] Dazu auch ausf. → VgV § 14 Rn. 64 ff.

---

[304] OLG Frankfurt a. M. 24.11.2022 – 11 Verg 5/22, BeckRS 2022, 38371 Rn. 51.
[305] OLG Frankfurt a. M. 24.11.2022 – 11 Verg 5/22, BeckRS 2022, 38371 Rn. 53.
[306] OLG Frankfurt a. M. 24.11.2022 – 11 Verg 5/22, BeckRS 2022, 38371 Rn. 56; BayObLG 31.10.2022 – Verg 13/22, BeckRS 2022, 35589 Rn. 48; OLG Karlsruhe 27.3.2015 – 15 Verg 9/14, IBRRS 2015, 0798; OLG Frankfurt a. M. 30.1.2014 – 11 Verg 15/13, BeckRS 2014, 04634; VK Südbayern 12.8.2016 – Z3-3-3194-1-27-07-16, BeckRS 2016, 15052; VK Niedersachsen 8.10.2014 – VgK-37/2014, BeckRS 2014, 20834; 18.9.2014 – VgK-30/2014, VPRRS 2014, 0535.
[307] OLG Karlsruhe 27.3.2015 – 15 Verg 9/14, IBRRS 2015, 0798.
[308] VK Niedersachsen 8.10.2014 – VgK-37/2014, BeckRS 2014, 20834; 18.9.2014 – VgK-30/2014, VPRRS 2014, 0535.
[309] OLG Frankfurt a. M. 24.11.2022 – 11 Verg 5/22, BeckRS 2022, 38371 Rn. 56.

133 In einem solchen Fall kann auch ein Verschulden des Auftraggebers nicht eine Unterbrechung der Dienstleistungen der existenziellen Daseinsvorsorge zulasten der Bevölkerung und damit der Nutzer rechtfertigen.[310] Die vergaberechtlichen Grundsätze der Transparenz und des Wettbewerbs müssen dann vor dem Grundsatz der Kontinuität und der nahtlosen Weiterführung der Leistung der unerlässlichen Daseinsvorsorge aus verfassungs- und primärrechtlichen Gründen zurücktreten.[311] Zwar gilt im Bereich der Daseinsvorsorge, dass der Aspekt der Zurechenbarkeit und Vorhersehbarkeit zwar hinter die Notwendigkeit der Kontinuität der Versorgungsleistung zurücktreten kann. Dennoch ist die Ausnahmevorschrift eng auszulegen und darf damit auch nicht überspannt werden. Vielmehr muss es sich um einen besonders schwerwiegenden Aspekt handelt, etwa wenn Leib und Leben auf dem Spiel steht oder zumindest eine ernsthafte Gesundheitsgefährdung droht.[312] Eine derartige Ausnahme lässt sich jedoch nicht missbräuchlich verwenden, auch wenn im Einzelfall der nachgefragten Leistung überragende Bedeutung zukommt.[313]

134 Eine **freihändige Interimsvergabe** ist allerdings als **gebotene Ultima Ratio** auf den unbedingt für die Durchführung eines vergaberechtsgemäßen förmlichen Vergabeverfahrens notwendigen Zeitraum zu begrenzen.[314] Zulässig ist allein eine Interimsbeauftragung zur Erhaltung der Kontinuität der Dienstleistung. Sie wird naturgemäß den Zeitraum für die Durchführung eines neuen Vergabeverfahrens einbeziehen. Üblicherweise sollte dieser Zeitraum die Dauer eines Jahres nicht überschreiten (dazu ausf. → VgV § 14 Rn. 65).[315]

134a **f) Selbstverschuldete Dringlichkeit als Hinderungsgrund bei Daseinsvergaben?** Umstritten ist, welche Folgen eine selbstverschuldete Dringlichkeit hat. Unstreitig ist, dass Verzögerungen in einem regulären Vergabeverfahren „selbsterklärend" und „keiner näheren Begründung" bedürfend kein Fall einer akuten Gefahrensituation und kein Fall der höheren Gewalt sind. Der Bedarf ist nicht infolge eines akuten Gefahrenszenarios entstanden, ein verzögertes reguläres Vergabeverfahren ist von vornherein ungeeignet, in den Anwendungsbereich der Ausnahmenorm einbezogen zu werden.[316] Etwas anderes soll bei Daseinsvergaben gelten. Nach der einen Auff. darf die Dringlichkeit nicht selbst verschuldet sein, um sich auf die fehlende Informationspflicht berufen zu können.[317] Nach der anderen Auff. ist daran festzuhalten, dass eine Vergabe im Verhandlungsverfahren ohne Teilnahmewettbewerb bei für die Allgemeinheit unverzichtbaren Leistungen auch dann möglich ist, wenn die Dringlichkeit auf Versäumnisse der Vergabestelle zurückzuführen ist; der Aspekt der Zurechenbarkeit und Vorhersehbarkeit tritt dann hinter die Notwendigkeit der Kontinuität der Leistungserbringung zurück.[318] Dieser Ansicht ist nicht zu folgen, weil dadurch die Wirksamkeit des

---

[310] VK Südbayern 12.8.2016 – Z3-3-3194-1-27-07-16, BeckRS 2016, 15052.

[311] Stumpf/Götz VergabeR 2016, 561 (564 f.).

[312] VK Baden-Württemberg 16.5.2018 – 1 VK 13/18, BeckRS 2018, 23641 Rn. 26 mit Hinweis auf § 3a Abs. Abs. 3 Nr. 4 VOB/A EU.

[313] VK Sachsen 27.4.2015 – 1/SVK/012-15, BeckRS 2015, 16420.

[314] VK Niedersachsen 18.9.2014 – VgK-30/2014, VPRRS 2014, 0535; so auch Stumpf/Götz VergabeR 2016, 561 (565).

[315] Vgl. VK Sachsen 4.12.2018 – 1/SVK/023-18, BeckRS 2018, 34847 Rn. 54.

[316] VK Bund 20.7.2022 – VK 2–60/22, IBRRS 2022, 3011; OLG Karlsruhe 4.12.2020 – 15 Verg 8/20, BeckRS 2020, 39962 Rn. 26.

[317] KG 10.5.2022 – Verg 1/22, NZBau 2022, 544 Rn. 28.

[318] OLG Frankfurt a. M. 24.11.2022 – 11 Verg 5/22, BeckRS 2022, 38371; vgl. BayObLG 31.10.2022 – Verg 13/22, BeckRS 2022, 35589 Rn. 48; aA KG 10.5.2022 – Verg 1/22, NZBau 2022, 544; OLG Bremen 1.4.2022 – 2 Verg 1/22, NZBau 2022, 548 Rn. 110.

vergaberechtlichen Rechtsschutzes erheblich reduziert würde. Die Bereitschaft, in krisenhaften Situationen vergaberechtliche Verpflichtungen zu reduzieren, ist sehr groß (→ Rn. 145g).

Zutreffend wird daher angemerkt, dass die Ausnahme wegen der Daseinsvorsorge nicht nur mit dem klaren und eindeutigen Wortlaut des § 14 Abs. 4 Nr. 3 Hs. 2 VgV vereinbar sei, sondern es auch gegen die dieser Regelung zugrunde liegende Vorschrift in Art. 31 Abs. 2 lit. c S. 2 RL 2014/24/EU verstoße. Vielmehr erscheint allenfalls vertretbar, auf der Rechtsfolgenseite § 135 Abs. 1 GWB dahin eingeschränkt auszulegen, dass bei einer unmittelbaren Gefährdung der Versorgungssicherheit im Bereich der Daseinsvorsorge, trotz der nach § 14 Abs. 4 Nr. 3 VgV bestehenden Vergaberechtswidrigkeit der Vergabe im Verhandlungsverfahren ohne Teilnahmewettbewerb, zur Gewährleistung der Kontinuität der Versorgungsleistung von der Feststellung der Unwirksamkeit des Vertrags abgesehen wird. Auch wenn insoweit die Unwirksamkeit des Vertrags nicht festzustellen ist, hindert dies nicht die Feststellung, dass der Vertrag vergaberechtswidrig unter Verstoß gegen § 14 Abs. 4 Nr. 3 VgV zustande gekommen ist.[319] **134b**

Wenn eine interimsweise Beschaffung innerhalb von sechs Wochen durchgeführt werden kann, greift die Ausnahme der Daseinsvorsorge nicht ein. Der zur Rechtfertigung herangezogene Umstand, in derartigen Fällen trete der Aspekt der Zurechenbarkeit und Vorhersehbarkeit hinter die Notwendigkeit der Kontinuität der Versorgungsleistung zurück, erlaubt nicht die Feststellung, dass die ohne Vorliegen der gesetzlichen Voraussetzungen in § 14 Abs. 4 Nr. 3 VgV erfolgte Vergabe im Verhandlungsverfahren ohne Teilnahmewettbewerb vergaberechtmäßig sei.[320] **134c**

g) Beweislast. Die Beweislast für die Tatsache der Dringlichkeit liegt beim Auftraggeber. Sämtliche Ausnahmen vom vorrangig durchzuführenden offenen oder nicht offenen Verfahren mit vorherigen Informationspflichten sind grundsätzlich eng auszulegen. Dies gilt erst recht, wenn nur mit einem Unternehmen verhandelt werden soll, die Vergabe also nicht im Wettbewerb erfolgt. Die Beweislast für das Vorliegen des Ausnahmetatbestands trägt der öffentliche Auftraggeber.[321] Hierbei sind stichhaltige Belege beizubringen, aus denen sich das Vorliegen der Voraussetzungen ergibt.[322] **134d**

3. Beispiele für (fehlende) Dringlichkeit

Eine zwingende Dringlichkeit iSd § 14 Abs. 4 Nr. 3 VgV kann entstehen, wenn Dienstleistungen der Daseinsvorsorge vergeben werden und die Kontinuität der Dienstleistung gegenüber den Nutzern nicht anders als durch die unverzügliche Vergabe gewährleistet werden kann. Diese Auslegung des § 14 Abs. 4 Nr. 3 VgV folgt aus Art. 14 AEUV, der die Union und die Mitgliedstaaten verpflichtet, die Funktionsfähigkeit der Dienstleistungen von allgemeinem wirtschaftlichen Interesse (der Daseinsvorsorge) zu garantieren. Als Bestandteil des Primärrechts ist Art. 14 AEUV bei der Auslegung der sekundärrechtlichen Vergaberichtlinien und der das Unionsrecht umsetzenden Vergabeordnungen zu beachten.[323] Diese Ausnahme greift nicht ein, wenn die Ausschreibung zu spät begonnen wurde. Wenn eine faktische Anschlussbeauftragung zur Vermeidung von Versorgungslücken erfolgt, dann ist sie dennoch rechtswidrig, und der Auftraggeber macht sich schadensersatzpflichtig. **135**

---

[319] KG 10.5.2022 – Verg 1/22, NZBau 2022, 544 (Betrieb von zwölf Testzentren im Dezember 2021 und optional Januar 2022).
[320] KG 10.5.2022 – Verg 1/22, NZBau 2022, 544 Rn. 24.
[321] Vgl. VK Sachsen 4.12.2018 – 1/SVK/023-18, BeckRS 2018, 34847 Rn. 54.
[322] Vgl. OLG Düsseldorf 12.7.2017 – VII-Verg 13/17, NZBau 2017, 679.
[323] Callies/Ruffert EUV/AEUV/Ruffert Art. 288 Rn. 8 f.

136 Das Erfordernis einer **besonderen Dringlichkeit** ist nur dann erfüllt, wenn:
- Fälle höherer Gewalt wie akute Notstands-[324] oder Gefahrensituationen, unvorhergesehene Katastrophenfälle sowie bevorstehende terroristische Angriffe[325] abzuwenden sind, die ein unmittelbares Eingreifen erfordern und bei denen ein verzögerter Einsatz offensichtlich zu spät käme;[326]
- eine Gefährdung der lückenlosen Versorgung im Rahmen der Daseinsvorsorge in unmittelbar grundrechtsrelevanten Bereichen besteht;[327]
- ein vertragsloser Zustand in Fällen der Daseinsvorsorge droht;[328]
- der Auftraggeber Aufgaben der Daseinsvorsorge für Asylbewerber zu erfüllen hat;[329] nicht mehr seit dem Jahr 2016: Die Tätigkeitsbereiche Management/Betreibung, Reinigung, Catering und Objektbetreuung mit Hausmeistertätigkeit zur befristeten Unterbringung von Asylbewerbern sind jeweils eigene Märkte, so dass die einzelnen Leistungen grds. seit 2016 als Fachlose zu vergeben sind;[330]
- es sich wegen einer akuten oder jedenfalls möglicherweise bevorstehenden Gefährdung von Menschen und der Abwehr bevorstehender terroristischer Angriffe regelmäßig um Umstände handelt, bei denen ein Abwarten des Auftraggebers nicht erlaubt ist. In einem solchen (Ausnahme-) Fall ist die Auftragsvergabe dringlich und dem Auftraggeber ist es auch nicht zuzumuten, die (verkürzten) Fristen für das nichtoffene Verfahren bzw. Verhandlungsverfahren mit vorgeschaltetem Teilnahmewettbewerb einzuhalten;[331]
- allg. eine gravierende Beeinträchtigung für die Allgemeinheit und die staatliche Aufgabenerfüllung droht, damit ein hohes Rechtsgut betroffen ist und das unvorhergesehene Ereignis nicht durch Fristverkürzungen im Vergabeverfahren kompensiert werden kann;[332]
- zwingende, dringliche Gründe, die eine Beschaffung in einem regulären Vergabeverfahren nicht zulassen, kommen nicht nur bei akuten Gefahren für Leib und Leben in Betracht, sondern auch bei der Gefährdung der Erfüllung anderer dem Staat obliegender Aufgaben.[333]

137 Die Rspr. betont in ihren Entscheidungen aber stets, dass nur in einem **sehr engen Ausnahmefall** das Tatbestandsmerkmal der Dringlichkeit erfüllt ist.[334] Das Erfordernis einer **besonderen Dringlichkeit** ist **nicht** erfüllt, wenn
- die derzeitigen Patienten vorübergehend in einem nicht mehr zeitgemäßen Gebäude untergebracht werden müssen. Eine Auftragsunterbrechung und eine damit einhergehende Bauverzögerung führt nicht zu einem gravierenden Eingriff in die Versorgungssicherheit der Allgemeinheit, die eine besondere Dringlichkeit zur Umgehung des Wettbewerbs rechtfertigen würde;[335]

---

[324] OLG Karlsruhe 27.3.2015 – 15 Verg 9/14, IBRRS 2015, 0798; VK Baden-Württemberg 17.7.2014 – 1 VK 32/14, VPRRS 2014, 0569.
[325] VK Sachsen 17.6.2016 – 1/SVK/011-16, BeckRS 2016, 16631.
[326] OLG Karlsruhe 27.3.2015 – 15 Verg 9/14, IBRRS 2015, 0798; OLG Frankfurt a. M. 30.1.2014 – 11 Verg 15/13, NZBau 2014, 386; Stumpf/Götz VergabeR 2016, 561 (563).
[327] VK Baden-Württemberg 17.7.2014 – 1 VK 32/14, VPRRS 2014, 0569.
[328] VK Niedersachsen 8.10.2014 – VgK-37/2014, BeckRS 2014, 20834.
[329] OLG Düsseldorf 25.9.2008 – VII-Verg 57/08, BeckRS 2009, 02339.
[330] VK Südbayern 12.8.2016 – Z3-3/3194/1/27/07/16, BeckRS 2016, 15052.
[331] VK Sachsen 17.6.2016 – 1/SVK/011-16, BeckRS 2016, 16631.
[332] VK Bund 7.7.2014 – VK 2–47/14, ZfBR 2014, 715.
[333] BayObLG 31.10.2022 – Verg 13/22, BeckRS 2022, 35589 Rn. 46.
[334] So auch OLG Karlsruhe 22.2.2019 – 15 Verg 9/18, BeckRS 2019, 10388 (ablehnend für das Merkmal der Einhaltung haushaltsrechtlicher Wirtschaftlichkeitsgrundsätze); Stumpf/Götz VergabeR 2016, 561.
[335] VK Rheinland 15.5.2019 – VK 8/19 – B, BeckRS 2019, 16505.

- es um die schlichte Einhaltung haushaltsrechtlicher Wirtschaftlichkeitsgrundsätze geht;[336]
- ein Nachprüfungsverfahren anhängig ist. Einem Auftraggeber ist es möglich und zumutbar, den zwischen der erst- und zweitinstanzlichen Entscheidung liegenden Zeitraum von annähernd vier Monaten iSd Umsetzung der vergaberechtlichen Grundprinzipien zu nutzen;[337]
- eine Stadt zur Feier ihrer Stadtgründung über ein modernisiertes Museum verfügen kann;[338]
- Beauftragungen über einem Jahr hinaus vorliegen;[339]
- durch Untätigkeit entstandener Zeitdruck;[340]
- schlicht verzögertes Vergabeverfahren;[341]
- Termindruck bei der Fertigstellung des Klinikgebäudes, befürchtete wirtschaftliche Schäden;[342]
- Jahreswechsel, zahlreiche Mitarbeiter „in Quarantäne, krank oder im Urlaub", Personal mit der Unterbringung von Flüchtlingen aus der Ukraine ausgelastet.[343]
- zusätzlicher Zeitbedarf für die Einschaltung zuständiger Gremien.[344]

4. Dringlichkeit durch konjunkturelle Maßnahmen?

Krisen kommen und gehen.[345] Auch eine **Finanzkrise** kann eine objektive Dringlichkeit nicht begründen.[346] Bei der Beschaffung im Markt gelten die vergaberechtlichen Grundsätze des Wettbewerbs. Leistungen sind grds. im Wettbewerb zu vergeben. Nach dem Gleichbehandlungsgrundsatz sind alle Bieter gleich zu behandeln, und nach dem Transparenzgrundsatz ist die Vergabe in einem transparenten Verfahren durchzuführen[347] (→ § 97 Rn. 10 ff.). Die EU-Kommission hat ausschl. eine Verkürzung der Fristen zur Beseitigung der wirtschaftlichen Krise anerkannt. Eine Änderung der Vergabegrundsätze sollte nicht bezweckt werden und ist damit auch nicht erreicht worden. Die Geltung **der europäischen Grundfreiheiten wird durch die Wirtschaftskrise nicht beeinträchtigt.**[348] Aber auch unterhalb der EU-Schwellenwerte bleiben die Grundsätze des Wettbewerbs, der Transparenz sowie der Wirtschaftlichkeit und Sparsamkeit unberührt. Es gibt auch in Krisenzeiten kein Vergaberecht „light".[349]

138

Die Vergabe dient der Sicherstellung eines wirtschaftlichen Einkaufs im Markt. Das Konjunkturpaket II wollte eine beschleunigte Wirtschaftsförderung bewirken, da aufgrund der drastisch einbrechenden Konjunktur der Einsatz staatlicher Mittel

139

---

[336] OLG Karlsruhe 22.2.2019 – 15 Verg 9/18, NZBau 2019, 748.
[337] VK Sachsen-Anhalt 13.12.2017 – 1 VK LSA 27/17, IBRRS 2018, 1667; vgl. OLG Karlsruhe 4.12.2020 – 15 Verg 8/20, BeckRS 2020, 39962 Rn. 31.
[338] VK Baden-Württemberg 16.5.2018 – 1 VK 13/18, BeckRS 2018, 23641.
[339] Vgl. VK Sachsen 4.12.2018 – 1/SVK/023-18, BeckRS 2018, 34847 Rn. 54.
[340] VK Lüneburg 23.6.2021 – VgK-19/2021, IBRRS 2021, 2591.
[341] VK Bund 20.7.2022 – VK 2–60/22, IBRRS 2022, 3011.
[342] OLG Frankfurt a. M. 7.6.2022 – 11 Verg 12/21, BeckRS 2022, 19108 Rn. 47.
[343] OLG Frankfurt a. M. 24.11.2022 – 11 Verg 5/22, BeckRS 2022, 38371 Rn. 59.
[344] OLG Karlsruhe 4.12.2020 – 15 Verg 8/20, BeckRS 2020, 39962 Rn. 30.
[345] Hier ist nicht der Krisenbegriff des § 4 Abs. 1 VSVgV gemeint; instruktiv dazu OLG Düsseldorf 13.4.2016 – VII-Verg 46/15, BeckRS 2016, 12813.
[346] Ausf. Braun VergabeR 2010, 279; vgl. auch VK Sachsen 10.2.2012 – 1/SVK/001/12, BeckRS 2012, 50550.
[347] Vgl. statt vieler Müller-Wrede GWB/Müller-Wrede § 97 Rn. 4 ff.
[348] Kühling/Huerkamp NVwZ 2009, 557.
[349] So ausdr. Erdmann VergabeR 2009, 844 (846).

den Abschwung dämpfen oder einen Aufschwung vorbereiten sollte. In aller Regel beansprucht zB bei Baumaßnahmen die Vergabe im Vergleich zur Vorbereitung, Planung und Bauausführung einen ohnehin nur geringen Zeitanteil. Der **Bundesrechnungshof** sieht daher **in einer vermehrten Nutzung nicht öffentlicher Verfahren kein geeignetes Instrument,** um investive Vorhaben nennenswert zu beschleunigen.[350] Es kann daher in Abrede gestellt werden, dass durch Maßnahmen des Konjunkturpakets II eine Wirtschaftsförderung überhaupt gelingen kann. Durch freihändige Vergaben tritt keine oder zumindest nur eine geringe Beschleunigung im Einkauf ein.[351]

140 **Frühere Lockerungen** haben im Vergaberecht die **Gefahr von Preissteigerungen** von zehn bis 20 % aufgezeigt.[352] Die Gefahr von Korruption und faktischer Diskriminierung, insbes. bezogen auf ortsfremde Bieter, steigt erheblich an.[353] Zwar enthielt keine einzige Regelung zum Konjunkturpaket II eine offene Diskriminierung ortsfremder Bieter; im Gegenteil: wenn Regelungen diese Frage aufgriffen, dann nur in der Weise, dass ausdr. die Bevorzugung ortsansässiger Bieter verboten wurde.[354] Die Praxis, insbes. der kommunalen Vergabe, zeigt aber auch, dass zum weitaus größten Teil ortsansässige Bewerber bevorzugt werden. Öffentliche Auftraggeber neigen zur Führung von Listen bekannter und bewährter Bewerber.[355] Einer Vergabe nach § 134 Abs. 3 S. 1 GWB, bei der iErg ein **lokales Unternehmen** bevorzugt wird, haftet bereits der **Makel der Rechtswidrigkeit** an.

141 Der Bundesrechnungshof hat die Inanspruchnahme und die Auswirkungen der im Rahmen des Konjunkturpakets II erlassenen Vergabeerleichterungen untersucht.[356] Er kam dabei zu dem Ergebnis, dass die mit den **Vergabeerleichterungen verfolgten Ziele iW nicht erreicht** wurden. Stattdessen mussten deutliche Nachteile beim Wettbewerb und bei der Wirtschaftlichkeit sowie eine erhöhte Korruptions- und Manipulationsgefahr in Kauf genommen werden. Der Bundesrechnungshof hielt es daher für sachgerecht, dass der Bund die Geltungsdauer der Vergabeerleichterungen nicht verlängert hat.

5. Dringlichkeit im Zuge der Flüchtlingskrise?

142 Der zunächst im Jahr 2015 stark angestiegene Zustrom von Flüchtlingen, Asyl- und Schutzsuchenden stellte die EU und insbes. Deutschland vor große Herausforderungen. Deutschland hatte die Erfüllung der **unmittelbaren Bedürfnisse** der um Schutz Nachsuchenden **angemessen und zügig sicherzustellen.**[357] Die verpflichteten Körperschaften mussten ab 2015 zahlreiche Dienstleistungen und Waren für Flüchtlinge einkaufen (ua Zelte, Container, Kleidung, Decken, Betten und Nah-

---

[350] Bericht des Bundesrechnungshofs gem. § 99 BHO über die Auswirkungen der Vergabeerleichterungen des Konjunkturpakets II auf die Beschaffung von Bauleistungen und freiberuflichen Leistungen bei den Bauvorhaben des Bundes v. 9.2.2012, S. 5.

[351] Braun VergabeR 2010, 279; Dabringhausen VergabeR 2009, 391 (397 f.).

[352] Braun VergabeR 2010, 279; Dabringhausen VergabeR 2009, 391 (399 f.).

[353] Braun VergabeR 2010, 279; Kühling/Huerkamp NVwZ 2009, 557 (558).

[354] Zur Unzulässigkeit der Bevorzugung ortsansässiger Bieter: VK Stuttgart 18.7.2003 – 1 VK 30/03, NZBau 2003, 696; VK Sachsen 2.7.2003 – 1/SVK/62/03, IBRRS 41642; VK Brandenburg 17.7.2001 – 2 VK 56/01, IBRRS 2004 mit Hinweis auf EuGH 20.3.1990 – C-21/88, NVwZ 1991, 1071; 3.6.1992 – C-360/89, BeckRS 2004, 76732.

[355] Vgl. zur Unzulässigkeit als Vergabekriterium: BGH 16.10.2001 – X ZR 100/99, NZBau 2002, 107.

[356] Bericht des Bundesrechnungshofs gem. § 99 BHO über die Auswirkungen der Vergabeerleichterungen des Konjunkturpakets II auf die Beschaffung von Bauleistungen und freiberuflichen Leistungen bei den Bauvorhaben des Bundes v. 9.2.2012.

[357] Ausf. zu Dringlichkeitsvergaben im Kontext der Flüchtlingskrise Braun APF 2015, 257.

rungsmittel). Bauliche Unterkünfte sowie Dienstleistungen wie Reinigungs-, Gesundheits-, Verpflegungs- und Sicherheitsdienste waren rasch zu beschaffen.[358] Diese Beschaffungen fanden im großen Umfang und auch in kürzester Zeit statt. Höchstes Ziel war die Unterbringung und Erstversorgung von Flüchtlingen und Asylsuchenden und Vermeidung von Obdachlosigkeit.[359]

Die besondere Dringlichkeit iSv § 134 Abs. 3 S. 1 GWB kann daher für die **143** Beschaffungen zur Deckung der zwingenden anfänglichen Bedürfnisse als notwendig angesehen werden, soweit die oben skizzierten hohen Anforderungen erfüllt gewesen sind. Anders als dies bei den dringlichen Vergaben von Dienstleistungen für die Erstunterbringung von Flüchtlingen im Jahr 2015 angesichts des damaligen starken Zustroms der Fall gewesen sein mag, **wurden teilw. ab 2016 die Dienstleistungen aufgrund** einer geplanten Verlegung erforderlich und nicht aufgrund eines **nicht vorhersehbaren Ereignisses.**[360] Andere Gerichte sind noch großzügiger.[361] Beschaffungen vor, während und nach der Flüchtlingskrise können als Maßstab für zukünftige Krisenvergaben,[362] auch im Sinne von Krisen iSv § 4 Abs. 1 VSVgV genommen werden. Für NRW wurde mit Erlass vom 11.10. 2023 die Anwendung des Vergaberechts bei der Beschaffung von Leistungen zur Gewährleistung der Kapazitäten zur Unterbringung von Geflüchteten dahingehend erleichtert, dass bei Vergabeverfahren zur Unterbringung und Versorgung von Geflüchteten von einer besonderen Dringlichkeit ausgegangen werden könne. Unterhalb der EU-Schwellenwerte seien damit Direktvergaben möglich. Oberhalb der EU-Schwellenwerte sei ein Verhandlungsverfahren ohne Teilnahmewettbewerb eröffnet. Hier sei grundsätzlich ein Wettbewerb zu eröffnen, wenn nicht besonders akute Gründe hinzutreten.[363] Dieser Runderlass dürfte, ebenso wie der der Runderlass des Ministeriums für Wirtschaft, Verkehr, Landwirtschaft und Weinbau Rheinland-Pfalz zum Thema Unterbringung und Versorgung von Flüchtlingen, Beschleunigung von Investitionen und Beschaffungen durch Vereinfachung der Verfahren zur Vergabe öffentlicher Aufträge vom 4.10.2023 ein Zeichen behördlicher Überforderung zu sein, mit der Rechtsprechung zur Dringlichkeit nicht in Einklang zu bringen sein. (→ Rn. 145d).

Nach **Ansicht der Europäischen Kommission** waren die Voraussetzungen **144** der sorgfaltspflichtgemäßen Unvorhersehbarkeit, der fehlenden Zurechenbarkeit und des Unvermögens zur Einhaltung der einschlägigen Fristen idR erfüllt.[364] Auftraggeber könnten flexibel und schnell auf einen kurzfristig und rasant steigenden Bedarf reagieren und spontan Leistungen abfragen, ohne die Informationspflicht nach § 134 Abs. 1 GWB einhalten zu müssen. Dies sollte sogar bei Beschaffungsbedarf der Fall sein, der für sich gesehen noch nicht dringlich wäre, bei dem sich aber die Beschaffung verzögert und abzusehen ist, dass sie nicht rechtzeitig abgeschlossen werden kann.[365] Dem kann jedenfalls für den Fall zugestimmt wer-

---

[358] Mitteilung der Kommission v. 9.9.2015, COM(2015) 454 final, S. 4.
[359] Ewer/Mutschler-Siebert NJW 2016, 11 (17).
[360] VK Südbayern 12.8.2016 – Z3-3-3194-1-27-07-16, BeckRS 2016, 15052.
[361] OLG Frankfurt a. M. 24.11.2022 – 11 Verg 5/22, BeckRS 2022, 38371 mit folgendem Tenor: I. Der Nachprüfungsantrag wird zurückgewiesen, soweit er die Vertragslaufzeit bis 31.12.2021 betrifft. II. Es wird festgestellt, dass die Antragsgegnerin durch die interimsweise Beauftragung der Beigeladenen mit Wach- und Sicherheitsdienstleistungen für das Erstwohnhaus für Asylsuchende und Flüchtlinge „Straße1" in der Stadt1 ab dem 1.1.2022 in ihren Rechten verletzt worden ist.
[362] Vgl. zu einer fehlgeschlagenen Krisenvergabe OLG Düsseldorf 13.4.2016 – VII-Verg 46/15, BeckRS 2016, 12813.
[363] Ministerium der Finanzen Nordrhein-Westfalen, Erl. v. 11.10.2023 – O 1080 – 19 – IVB7.
[364] Mitteilung der Kommission v. 9.9.2015, COM(2015) 454 final, S. 8.
[365] Stumpf/Götz VergabeR 2016, 561 (563).

den, dass für zwingend zu schützende Rechtsgüter wie Leben und Gesundheit der Asylbewerber eine unvermeidbare konkrete Gefährdung besteht. Spätestens bei **Obdachlosigkeit oder Versorgungsengpässen** bzgl. grundlegender Lebensmittel wäre dies der Fall, was aber auch nicht konturenlose Vertragserweiterungen rechtfertigt.[366]

145 Nichtsdestoweniger sind iRv dringenden Beschaffungen auch im Kontext der Flüchtlingskrise bestimmte vergaberechtliche Mindeststandards (Wettbewerb und Transparenz) einzuhalten, damit gewährleistet wird, dass selbst in dringenden Fällen ein gewisser Wettbewerb herrscht.[367] Dementsprechend muss der Auftraggeber auch bei hochgradiger Dringlichkeit frei von sachfremden Erwägungen und Willkür handeln.[368] Auch ist der Auftraggeber gehalten, iRd zeitlich Möglichen, Vergleichsangebote einzuholen.[369] Aktuell bleibt festzuhalten, dass sämtlicher Nachfragedarf förmlich nach den allg. Regeln ohne Rückgriff auf Ausnahmevorschriften ausgeschrieben werden muss.

6. Dringlichkeit durch die COVID-19-Krise verursachten Notsituation?

145a Die im Frühjahr 2020 plötzlich stark angestiegene Zahl von mit dem Corona-Virus Infizierten und an Sars-CoV-2 Erkrankten stellte die Europäische Union und insbes. Deutschland vor große Herausforderungen.[370] Nach den Daten der WHO (Coronavirus disease 2019 (COVID-19) Situation Report) war vornehmlich seit Ende Februar 2020 ein sprunghafter Anstieg der COVID-19-Infektionen außerhalb der VR China zu verzeichnen. Dieser in seiner Dynamik nicht erwartbare Anstieg führte zu einer sich täglich verstärkenden Belastung der Gesundheitssysteme in der Europäischen Union und auch in Deutschland. Zu Beginn der Corona-Pandemie im Frühjahr 2020 wurden Dringlichkeitsvergaben akzeptiert,[371] wobei die Rspr. im Laufe der Zeit strenger wurde.[372]

145b Auch die Corona-Krise berechtigte den öffentlichen Auftraggeber nicht, ein Unternehmen ohne öffentliche Ausschreibung und Einholung von Angeboten anderer Interessenten interimsweise mit dem Betrieb von zwölf Testzentren zu beauftragen. Dies war bereits deswegen vergaberechtswidrig, weil entgegen § 17 Abs. 5 VgV keine Vergleichsangebote eingeholt wurden und nur ein Unternehmen zur Abgabe eines Angebots aufgefordert wurde.[373]

7. Dringlichkeit durch Folgen des Ukraine-Krieges

145c Auch der Ukrainekrieg wird zwischenzeitlich als Grund für die Dringlichkeit herangezogen. Besonderes Gewicht erlangt das Interesse des Auftraggebers an der Erfüllung seiner öffentlich-rechtlichen Verpflichtungen angesichts der Jahreszeit und der damit verbundenen vorhersehbaren Zunahme an Infektionen mit dem Corona-

---

[366] Vgl. VK Sachsen 4.12.2018 – 1/SVK/023-18, BeckRS 2018, 34847 Rn. 54.
[367] Mitteilung der Kommission v. 9.9.2015, COM(2015) 454 final.
[368] Stumpf/Götz VergabeR 2016, 561 (566).
[369] Stumpf/Götz VergabeR 2016, 561 (566).
[370] Mitteilung der Kommission v. 1.4.2020 – 2020/C 108 I/01; Bundeswirtschaftsministerium (BMWi) Rundschreiben v. 19.3.2020 (20601/000#003); vgl. allg.: Butzert NZBau 2021, 720; Roth/Landwehr NZBau 2021, 441; Strömer GuP 2021, 178.
[371] OLG Frankfurt a. M. 7.6.2022 – 11 Verg 12/21, BeckRS 2022, 19108 Rn. 45; OLG Bremen 1.4.2022 – 2 Verg 1/22, NZBau 2022, 548 Rn. 80 ff.
[372] KG 10.5.2022 – Verg 1/22, NZBau 2022, 544 (Betrieb von zwölf Testzentren im Dezember 2021 und optional Januar 2022).
[373] KG 10.5.2022 – Verg 1/22, NZBau 2022, 544 Rn. 24.

Virus SARS-CoV-2 sowie angesichts des Kriegs in der Ukraine und dessen Auswirkungen auf die Zahlen schutzsuchender und mit Unterkünften zu versorgender Personen.[374]

8. Vor der Krise ist nach der Krise

Es zeigt sich erneut, dass nach der Krise vor der Krise ist.[375] Die Vergabevorschriften sollten auch in Zeiten der Krise bezogen auf die allg. Grundsätze nicht außer Kraft treten. Der Wettbewerbsgrundsatz, das Transparenzgebot und der Gleichbehandlungsgrundsatz sind auch im Zuge der beschleunigten Verhandlungsverfahren ohne vorherigen Teilnahmewettbewerb stets zu beachten. Die haushaltsrechtlichen Grundsätze der Wirtschaftlichkeit und Sparsamkeit der Mittelverwendung sind weiterhin zwingend zu berücksichtigen. Die (vermeintlichen) Freiheiten der Ausnahmeregelungen in den Zeiten der Krisen sind mit sehr großer Vorsicht zu genießen, da bei Leistungserbringern eine „Goldgräberstimmung" ausbrechen kann und ggf. versucht wird, die öffentlichen Auftraggeber zu überteilen. Es droht also erneut eine nachhaltige Verschwendung öffentlicher Mittel. Die Untersuchungen des Bundesrechnungshofs zum Konjunkturpaket II haben aufgezeigt, dass diese Gefahr nicht nur theoretisch, sondern auch praktisch besteht. Die öffentliche Hand kauft zu teuer ein, wenn sie kein förmliches Verfahren durchführt.[376] 145d

9. Dokumentationsverpflichtungen bei besonderer Dringlichkeit

Die besondere Dringlichkeit ist in der Dokumentation (Vergabevermerk) nachvollziehbar zu begründen.[377] Die Verpflichtung zu einer umfassenden Dokumentation ist in jeder untergesetzlichen Verordnung umfassend geregelt.[378] Ein **Verstoß gegen diese Dokumentationspflicht** führt zur **Rechtswidrigkeit des Vergabeverfahrens.** Wenn die Einhaltung einer zehntägigen Wartepflicht möglich ist, dann ist eine Dringlichkeit idR nicht gegeben. Ein Dokumentationsmangel betreffend die Dringlichkeit kann nach zutr. Auff. gesondert angegriffen werden.[379] Er ermöglicht zunächst die Einleitung des Nachprüfungsverfahrens. Wenn sich bereits aus der Vergabedokumentation ergibt, dass kein Ereignis vorlag, das der Auftraggeber nicht voraussehen konnte, ist der Nachprüfungsantrag begründet.[380] Nachträglich vorgebrachte Gründe zur Rechtfertigung der Dringlichkeit sind nur schwer vorstellbar, zumal es Sinn und Zweck der Dokumentationspflichten des Auftraggebers ist, das Verfahren objektiv transparent und überprüfbar zu machen.[381] 146

Bedeutung und Funktion des Vergabevermerks würden **entwertet,** würde man dem Auftraggeber gestatten, den Nachweis für ein Vorgehen, das hätte dokumentiert werden müssen, **nachträglich** zu führen.[382] Nach zutr. Auff. kann sich der Auftraggeber nicht auf die erstmalig iRd Vergabenachprüfungsverfahrens vorgetragenen Umstände berufen.[383] 147

---

[374] BayObLG 31.10.2022 – Verg 13/22, BeckRS 2022, 35589 Rn. 70.
[375] Vgl. Braun VergabeR 2010, 379.
[376] → § 134 Rn. 140.
[377] VK Rheinland-Pfalz 10.10.2014 – VK 1–25/14, BeckRS 2015, 15350.
[378] § 8 VgV, § 6 KonzVgV, § 8 SektVO, § 43 VSVgV, § 20 VOB/A, § 20 EU VOB/A, § 6 UVgO.
[379] VK Berlin 29.9.2009 – VK-B2-28/09, IBRRS 75307.
[380] VK Südbayern 12.8.2016 – Z3-3/3194/1/27/07/16, BeckRS 2016, 15052.
[381] VK Sachsen 26.7.2016 – 1/SVK/014-16, BeckRS 2016, 2202.
[382] OLG München 17.9.2015 – Verg 3/15, NZBau 2015, 711.
[383] VK Sachsen 10.2.2012 – 1/SVK/001 – 12, BeckRS 2012, 50550.

10. Rechtsfolgen bei fehlender Dringlichkeit

148 Die Auftraggeber, die gem. § 134 Abs. 3 S. 1 GWB auf die Bekanntmachung verzichten, gehen das Risiko einer **rechtswidrigen De-facto-Vergabe** ein. Die Unwirksamkeit der Vergabe wird tenoriert (→ § 135 Rn. 111 ff.). Jede nicht nach § 134 Abs. 3 S. 1 GWB bekannt gemachte Vergabe sieht sich potenziell diesem Vorwurf des rechtswidrigen Verhaltens ausgesetzt. Nach der Rspr. gestattet § 134 Abs. 3 S. 1 GWB dem Auftraggeber nicht, im Rahmen einer De-facto-Vergabe auf die Bieterinformation zu verzichten.[384] Die Rechtsfolgen wegen eines Verstoßes richten sich nach § 135 GWB (→ § 135 Rn. 122 ff.). Die Auftraggeber können sich zudem schadensersatzpflichtig machen.[385] Erteilte Zuwendungen können **zurückgefordert** werden.[386]

VII. Keine Vorabinformationspflicht im Falle von verteidigungs- oder sicherheitsspezifischen Aufträgen (Abs. 3 S. 2)

149 § 134 Abs. 3 S. 2 GWB enthält **einen weiteren Ausschlusstatbestand**. Im Falle von verteidigungs- oder sicherheitsspezifischen Aufträgen können danach Auftraggeber beschließen, dass bestimmte Informationen über die Zuschlagserteilung oder den Abschluss einer Rahmenvereinbarung nicht mitgeteilt werden,
– soweit die Offenlegung den Gesetzesvollzug behindert,
– wenn das dem öffentlichen Interesse, insbes. Verteidigungs- oder Sicherheitsinteressen, zuwiderläuft,
– berechtigte geschäftliche Interessen von Unternehmen schädigt oder
– den lauteren Wettbewerb zwischen ihnen beeinträchtigen könnte.

Als Ausschlusstatbestand enthält die Vorschrift eine **Beschränkung des Transparenzgrundsatzes**. Da es sich um eine Ausnahme von der Informationspflicht handelt, muss der Auftraggeber objektiv nachweisen, dass ein Ausnahmegrund vorliegt. Soweit ersichtlich, haben diese Bestimmungen bisher keine vertiefte Relevanz in der Rspr. erfahren. Aus der Rspr. ist ersichtlich, dass Vorabinformationsschreiben (freiwillig) erfolgen.[387]

150 Der gesetzgeberische Grund für die Ausnahme ist, dass die in den einzelnen Tatbeständen aufgeführten Interessen und Gesichtspunkte ggü. dem unionsrechtlichen Transparenzinteresse im **Einzelfall überwiegen**. Die Fallgruppen stellen Ausnahmetatbestände zum Transparenzgrundsatz dar, sie sind dementsprechend abschl. und restriktiv auszulegen.[388] Es ist zu beachten, dass solche Ausnahmetatbestände **nicht die generellen Ziele des Vergaberechts** – neben anderen die Bekämpfung von Korruption und Willkür im öffentlichen Beschaffungswesen – **konterkarieren** dürfen. Wie auch die in anderen Vergabeordnungen enthaltenen Ausnahmetatbestände beruht § 134 Abs. 3 S. 2 GWB auf Art. 50 Abs. 4 VRL und setzt diese Norm wortlautgetreu um.

151 Die Vorschrift des § 134 Abs. 3 S. 2 GWB ist in Bezug auf den Regelungsgehalt nahezu identisch mit den Ausschlusstatbeständen aus der VgV, KonzVgV sowie

---

[384] OLG Karlsruhe 22.2.2019 – 15 Verg 9/18, BeckRS 2019, 10388; OLG Düsseldorf 1.10.2009 – VII-Verg 31/09, BeckRS 2009, 29059; VK Rheinland 15.5.2019 – VK 8/19 – B, BeckRS 2019, 16505.
[385] Bei Vergaberechtsverstößen bspw. aus culpa in contrahendo vgl. VK Nordbayern 15.3.2016 – 21 VK-3194-42/15, BeckRS 2016, 16205.
[386] VG Schleswig 6.4.2017 – 12 A 136/16, BeckRS 2017, 107891; Laumann/Scharf NZBau 2013, 208 (212).
[387] VK Bund 10.6.2021 – VK 1–34/21, BeckRS 2021, 14486 Rn. 20.
[388] HK-VergabeR/Mentzinis VSVgV § 35 Rn. 2.

SektVO.[389] Es handelt sich auch hier („können") um eine Ermessensvorschrift – der Auftraggeber kann somit bestimmte Informationen unter Verschluss halten, muss dies im Regelfall aber nicht tun. Erst bei Vorliegen einer **Ermessensreduktion auf null** hinsichtlich der Geheimhaltung unterliegt er einer Geheimhaltungspflicht. Das bestehende Ermessen bedeutet, dass der Auftraggeber nicht vollständig auf die Informationsweitergabe verzichten kann. Die Vergabestelle hat die Entscheidung im Rahmen eines pflichtgemäßen Ermessens zu treffen. Die Überprüfung der Nachprüfungsinstanzen ist dementsprechend beschränkt. Vgl. zum Ganzen auch → VgV § 39 Rn. 9 ff.

Eine Verpflichtung zur **Geheimhaltung ohne jeglichen Ermessensspielraum** wird lediglich in § 18 EU Abs. 3 Nr. 5 VOB/A statuiert. Der Anwendungsbereich des Ausschlusstatbestandes in § 134 Abs. 3 S. 2 GWB ist gem. § 104 Abs. 1 GWB erst dann eröffnet, wenn es sich bei dem Vergabegegenstand um einen öffentlichen Auftrag iSv § 103 Abs. 1 GWB handelt, der eine der in § 104 Abs. 1 Nr. 1–4 GWB genannten Leistungen umfasst. Es handelt sich dabei durchgängig um **Lieferaufträge mit militärischem Hintergrund**.[390] Aus dem Gesetz zur Beschleunigung von Beschaffungsmaßnahmen für die Bundeswehr vom 11. Juli 2022 (Bundeswehrbeschaffungsbeschleunigungsgesetz – BwBBG) ist zu erkennen, dass der Gesetzgeber der beschleunigten Beschaffung erheblichen Wert beimisst.[391]

1. Offenlegung behindert den Gesetzesvollzug

Die Ausschlusstatbestände des § 134 Abs. 3 S. 2 GWB können zur Anwendung kommen, soweit die Offenlegung bestimmter Informationen über die Zuschlagserteilung oder den Abschluss einer Rahmenvereinbarung der in der Vorschrift aufgezählten Fallgruppen betroffen ist. **Kritisiert wird,** dass die Merkmale **nicht trennscharf** sind.[392] Die erste Fallgruppe ist erfüllt, wenn durch die Unterrichtung der Bieter und Bewerber der Gesetzesvollzug behindert wird. Dies ist etwa dann der Fall, wenn die Offenlegung zur Verletzung gesetzlicher Vorschriften führen würde.[393] Bei diesen Vorschriften kann es sich um Geheimhaltungsvorschriften handeln (zB UWG und UrhG), welche die Weitergabe bestimmter Informationen konkret verbieten.

2. Widerspruch zum öffentlichen Interesse (Verteidigung und Sicherheit)

In Hinblick auf die zweite Fallgruppe kann die Offenlegung bestimmter Angaben dann im Widerspruch zum öffentlichen Interesse stehen, wenn die Informationen etwa der **militärischen oder polizeilichen bzw. geheimdienstlichen Geheimhaltung** unterliegen.[394] Ein solcher Widerspruch kann bspw. dann bestehen, wenn gegen konkrete Geheimhaltungsvorschriften verstoßen wird oder die Offenlegung von Informationen eine Gefahr für die öffentliche Sicherheit und Ordnung im polizeirechtlichen Sinne bewirken könnte. In Bezug auf die hierfür erforderliche Gefahrenstufe wird wohl im **Einzelfall** auf die zeitliche, qualitative sowie wahrscheinlichkeitsbezogene Dimension der Gefahrensituation abzustellen sein.

---

[389] Siehe §§ 62 Abs. 3, 39 Abs. 6 VgV, § 30 Abs. 3 KonzVgV und §§ 56 Abs. 3, 38 Abs. 6 SektVO.

[390] Ausf. zum Anwendungsbereich von verteidigungs- und sicherheitsrelevanten Aufträgen Wegener in HK-VergabeR GWB § 99 Rn. 96 ff.

[391] BGBl. I S. 1078. G tritt gem. § 9 S. 2 BwBBG mWv 1.1.2027 außer Kraft, vgl. Bartetzky-Olbermann, UKuR 2022, 340.

[392] Müller-Wrede GWB/Gnittke/Hattig § 134 Rn. 104, 107.

[393] HK-VergabeR/Mentzinis VSVgV § 35 Rn. 2.

[394] HK-VergabeR/Mentzinis VSVgV § 35 Rn. 2.

3. Schädigung berechtigter geschäftlicher Interessen von Unternehmen

155 Die dritte Fallgruppe der Schädigung berechtigter geschäftlicher Interessen von Unternehmen (gleich ob öffentlicher oder privater) ist insbes. dann erfüllt, wenn durch die Unterrichtung der Teilnehmer **interne Betriebs- oder Geschäftsgeheimnisse des Auftragnehmers** offengelegt werden und dadurch die Gefahr besteht, dass die Wettbewerbsposition des Auftragnehmers ggü. Wettbewerbern nachteilig beeinflusst werden könnte. Bei solchen Informationen kann es sich ua um Kalkulationen und Produktions- sowie Verfahrensabläufe handeln. Als Betriebs- und Geschäftsgeheimnisse sind Tatsachen zu verstehen, die nach dem erkennbaren Willen des Trägers **geheim** gehalten werden sollen, die ferner nur einem **begrenzten Personenkreis bekannt** sind und damit nicht offenkundig sind und hinsichtlich derer der Geheimnisträger deshalb ein sachlich berechtigtes Geheimhaltungsinteresse hat, weil eine Aufdeckung der Tatsachen geeignet ist, ihm wirtschaftlichen Schaden zuzufügen. Geschäftsgeheimnisse beziehen sich auf den kaufmännischen Bereich, Betriebsgeheimnisse betreffen betrieblich-technische Vorgänge und Erkenntnisse[395] (→ § 165 Rn. 7 ff.)

4. Beeinträchtigung des lauteren Wettbewerbs

156 Die letzte Fallgruppe ist einschlägig, wenn die **Offenlegung den fairen bzw. lauteren Wettbewerb** zwischen den Unternehmen **beeinträchtigen** könnte. Infolgedessen kann bzw. muss der Auftraggeber uU sogar bestimmte Informationen zurückhalten, die einzelnen Unternehmen bei künftigen Vergaben Wettbewerbsvorteile einbringen könnten. Dabei zu berücksichtigen ist, dass der Auftraggeber diesen Tatbestand – als Ausnahme zur Informationspflicht – **nachweisbar belegen** muss. Eine Beeinträchtigung des lauteren Wettbewerbs kommt aber auch schon unterhalb dieser Strafbarkeitsgrenze in Betracht, wenn nur die Wettbewerbssituation der Unternehmen beeinflusst wird, zB weil ein Unternehmen aufgrund der ihm übermittelten Informationen in der Lage ist, sich einen Wettbewerbsvorteil für die in der Zukunft liegenden Vergabeverfahren zu verschaffen.[396] Der Nachweis der Beeinträchtigung des lauteren Wettbewerbes setzt Ermittlungen des öffentlichen Auftraggebers voraus, dem insofern die Darlegungs- und Beweislast obliegt.

VIII. Weitere Ausnahmen

157 Eine weitere Ausnahme von der Informationspflicht ergibt sich in Bereichen, die vollständig vom Vergaberecht ausgenommen sind. Dies betrifft die zB allgemeinen Ausnahmen gem. § 107 GWB, die Ausnahmen bei öffentlich-öffentlicher Zusammenarbeit gem. § 108 GWB oder die Ausnahmen für Vergaben auf der Grundlage internationaler Verfahrensregeln gem. § 109 GWB. § 134 GWB ist nicht anzuwenden, da die Anwendung des GWB durch den Wortlaut der jeweiligen Norm „Dieser Teil ist nicht anzuwenden" generell ausgeschlossen ist. Auftraggeber neigen dennoch in diesem Bereich zu Beachtung „freiwilliger" Informationspflichten (→ Rn. 189). Subjektiv-öffentlicher Rechtsschutz ist damit aber nicht verbunden.

---

[395] OLG München 28.4.2016 – Verg 3/16, NZBau 2016, 591; vgl. auch: Rosenkötter/Seeger NZBau 2019, 619.

[396] Vgl. MüKoEuWettbR/Fett GWB § 134 Rn. 95; Müller-Wrede/Gnittke/Hattig GWB § 134 Rn. 109.

IX. Informations- und Wartepflichten außerhalb von § 134 GWB

Auch außerhalb der Regelung des § 134 GWB bestehen Informations- und Wartepflichten. Die Informationspflicht des Auftraggebers nach § 134 GWB gilt nur bei Vergaben oberhalb der Schwellenwerte. Für Aufträge, die nicht dem Regime des GWB unterliegen, gibt es noch kein bundesgesetzlich normiertes Rechtsschutzsystem.[397] Dies bedeutet jedoch nicht, dass keine Vorinformationspflichten bestehen würden. Auf zwei wesentlichen Ebenen wurden diese Verpflichtungen eingeführt. Und zwar einerseits durch die Rspr., die aus unionsrechtlichen Verpflichtungen die Vorinformationspflicht ableitet. Auf der anderen Seite bestehen **landesgesetzliche Vorinformationspflichten** (→ Rn. 178 ff.). 158

Die Frage, ob die dem übergangenen Konkurrenten durch die Rechtsordnung eingeräumten Möglichkeiten des Rechtsschutzes gegen Entscheidungen über die Vergabe öffentlicher Aufträge außerhalb des GWB den Anforderungen des Justizgewährungsanspruchs (Art. 20 Abs. 3 GG) genügen, hatte das BVerfG für die Vergabe öffentlicher Aufträge unterhalb der Schwellenwerte vom GWB bejaht. Das BVerfG hatte 2006 geurteilt, dass **unterhalb der Schwellenwerte** eine **Vorabinformationspflicht aus verfassungsrechtlichen Gründen** nicht zwingend geboten sei.[398] 159

Ob diese Wertung heute noch in dieser Form Bestand haben könnte, ist – gerade im Hinblick auf die Rspr. des OLG Düsseldorf – umstritten wobei das OLG Düsseldorf die bisherige Rechtsprechung aufgegeben hat.[399] Nach zutr. Auff. ist den Bietern auch im Unterschwellenbereich effektiver Rechtsschutz zu gewähren, zumindest wenn eine Binnenmarktrelevanz des Auftrages besteht. Auch dort ist es erforderlich, vom öffentlichen Auftraggeber die Einhaltung einer Informations- und Wartepflicht zu verlangen sowie sämtliche Bieter von der beabsichtigten Zuschlagsentscheidung zu unterrichten und danach eine angemessene Frist bis zum Abschluss des Vertrags abzuwarten. Ein unter Verstoß gegen die Informations- und Wartepflicht geschlossener Vertrag müsste gem. § 134 BGB wegen Verstoßes gegen ein ungeschriebenes Gesetz als nichtig einzustufen sein.[400] 159a

Es war bisher nicht zu beanstanden, dass der Gesetzgeber derartige Verfahrensvorkehrungen nicht getroffen hat, da dies die Verwaltungsarbeit beim „Massenphänomen" der Vergabe im Unterschwellenbereich erheblich beeinträchtigen würde. Dies hindert die Rechtsschutzgewährung bzgl. desjenigen Bieters, der vor Zuschlagserteilung im Einzelfall über die nötigen Informationen verfügt, jedoch nicht.[401] Die **Bieter müssen** – soweit landesgesetzlich noch kein Rechtsschutz eingeführt ist – derzeit als Konsequenz dieser Rspr. **schlicht aufpassen** und eher früher als später um einstweiligen Rechtsschutz vor der ordentlichen Gerichtsbarkeit nachsuchen. Die verwaltungsgerichtliche Rspr. neigt zu nachträglichem Rechtsschutz, was idR – 160

---

[397] Ausf. Siegel VerwArch 2016, 1 (26); Sitsen ZfBR 2018, 654; Siegel NZBau 2019, 353 (356, 357), vgl. Braun NZBau 2019, 622 (624).

[398] BVerfG 13.6.2006 – 1 BvR 1160/03, NZBau 2006, 791; VG Regensburg 9.12.2009 – RN 4 E 09.2360, BeckRS 2010, 46270.

[399] OLG Düsseldorf 21.6.2023 – 27 U 4/22, BeckRS 2023, 15486; früher: OLG Düsseldorf 13.12.2017 – I-27 U 25/17, NZBau 2018, 168; aA OLG Celle 9.1.2020 – 13 W 56/90, IBRRS 2020, 0254; KG 7.1.2020 – 9 U 79/19, IBRRS 2020, 0025 = NZBau 2020, 680; OLG Naumburg 3.9.2020 – 7 W 27/20, BeckRS 2020, 50313; vgl. OVG Münster 16.12.2022 – 13 B 839/22, BeckRS 2022, 39847 (nachrangiger Rechtsschutz im Verwaltungsrecht); vgl. Siegel NZBau 2019, 353 (356, 357); vgl. Braun NZBau 2019, 622 (624).

[400] OLG Düsseldorf 13.12.2017 – I-27 U 25/17, NZBau 2018, 168.

[401] OLG Saarbrücken 13.6.2012 – 1 U 357/11-107, NZBau 2012, 654.

im Gegensatz zu dem effektiveren vergaberechtlichen Rechtschutz – zu erheblichen Rechtsschutzverkürzungen führt (→ Rn. 190 f.).

161 § 134 GWB ist nach zutr. Auff. **analog anzuwenden,** wenn zwar ein förmliches Vergabeverfahren nicht stattgefunden hat, die **Beschaffung aber immerhin zur Beteiligung mehrerer Unternehmen,** zu verschiedenen Angeboten und schließlich zur Auswahl durch den Auftrag- oder Konzessionsgeber geführt hat.[402] Die Gegenansicht betont die fehlende Analogiefähigkeit damit, dass sonst die noch einmal durch § 46 Abs. 1 UVgO bestätigte gesetzgeberische Entscheidung, eine Regelung für den genau abgesteckten Bereich des Kartellvergaberechts einzuführen, unterlaufen würde.[403] Denn dann gibt es neben dem in Aussicht genommenen Unternehmen bestimmte andere „Bieter" sowie Gründe für ihre Nichtberücksichtigung. Diese Gegebenheiten kann der Auftrag- oder Konzessionsgeber wie bei einem geregelten Vergabeverfahren zu einer sachgerechten Information der Unternehmen nutzen, deren Angebote nicht zum Zuge kommen sollen. Dies ergibt sich aus der umfassenden Geltung des **Transparenzgrundsatzes** auch außerhalb des förmlichen Vergaberechts sowie der Bedeutung der transparenten Vergabeentscheidung für die beteiligten Unternehmen.

162 Insbes. muss sich iRv binnenmarktrelevanten Ausschreibungen außerhalb des Kartellvergaberechts der Kerngedanke des § 134 GWB im Verfahren niedergeschlagen haben.[404] Dies gebieten die Grundsätze europäischen Primärrechts. Der „Bieterstatus" wird dadurch begründet, dass das Unternehmen gegenüber dem Auftraggeber ein **Interesse** am Erhalt des Auftrags **bekundet.**[405] § 134 GWB ist auch dann zu beachten, wenn die Vergabestelle fehlerhaft davon ausgegangen ist, dass § 134 GWB nicht zu beachten ist. Der Grund liegt darin, dass die Rechte und damit der Primärrechtsschutz der Bieter durch eine fehlerhafte Handlungsweise des Auftraggebers nicht geschmälert werden sollen, wenn eine Auftragsvergabe im Oberschwellenbereich vorliegt.[406]

1. Unionsrechtliche Verpflichtungen unterhalb der Schwellenwerte

163 Die Frage, ob es Primärrechtsschutz unterhalb der Schwellenwerte geben soll, ist nach wie vor **umstritten.**[407] Die unionsrechtlichen Grundsätze der Effektivität und Äquivalenz sind von den nationalen Auftraggebern bei Binnenmarktrelevanz der jeweiligen Ausschreibung zu beachten. EU-rechtliche Vorgaben (aus Art. 49, 56, 18 AEUV) sind entsprechend effektiv und diskriminierungsfrei im nationalen Recht durchzusetzen. Zu diesen Vorgaben gehört vor allem auch der Grundsatz der **Transparenz,** der im Vergabeverfahren der Verwirklichung der Grundfreiheiten dient.[408] Ein vollständiger Rechtsschutz verlangt nach zutr. Auff., sämtliche Bieter auch

---

[402] VK Sachsen 15.1.2010 – 1/SVK/068/09, BeckRS 2010, 07425.
[403] KG 7.1.2020 – 9 U 79/19, IBRRS 2020, 0025 = NZBau 2020, 680 Rn. 10.
[404] OLG München 31.1.2013 – Verg 31/12, BeckRS 2013, 02622.
[405] VK Hamburg 6.5.2014 – VgK FB 2/14.
[406] OLG München 31.1.2013 – Verg 31/12, BeckRS 2013, 02622.
[407] Früher bejahend: OLG Düsseldorf 13.12.2017 – I-27 U 25/17, NZBau 2018, 168, nunmehr ablehnend: OLG Düsseldorf 21.6.2023 – 27 U 4/22, IBRRS 2023, 1770; vgl. Dageförde NZBau 2020, 72; Pünder VergabeR 2016, 693; Siegel VerwArch 2016, 1 (26); Siegel NZBau 2019, 353 (356, 357); vgl. Braun NZBau 2020, 622 (624) aA OLG Celle 9.1.2020 – 13 W 56/19, NZBau 2020, 679; KG 7.1.2020 – 9 U 79/19, NZBau 2020, 680; KG 7.1.2020 – 9 U 79/19, NZBau 2020, 680; OLG Naumburg 3.9.2020 – 7 W 27/20, BeckRS 2020, 50313; Seidel/Probst/Dauses/Ludwigs EU-WirtschaftsR-HdB, Rn. 298, ausf. Dageförde NZBau 2020, 72.
[408] Prieß/Simonis NZBau 2015, 731 (734).

unterhalb der Schwellenwerte vor Abschluss eines Vertrags von der Zuschlagsentscheidung zu unterrichten[409] (→ Rn. 173a f.).

Diese unionsrechtlichen Verpflichtungen gelten bei **Binnenmarktrelevanz** auch unterhalb der Schwellenwerte und sind dementsprechend von den Vergabestellen zu beachten.[410] Binnenmarktrelevanz und Erreichen der Schwellenwerte können miteinander zusammenhängen, müssen aber nicht. Stattdessen kann sich **Binnenmarktrelevanz auch bereits unterhalb der maßgeblichen Schwelle** ergeben. Auch bei Aufträgen, die in Anbetracht ihres Wertes nicht in den Anwendungsbereich der RL 2014/24 fallen, sind die Grundregeln und die allg. Grundsätze des Vertrags, insbes. die Art. 49 und 56 AEUV sowie die daraus folgenden Grundsätze der Gleichbehandlung, der Nichtdiskriminierung und der Transparenz, zu berücksichtigen, sofern an diesen Aufträgen ein eindeutiges grenzüberschreitendes Interesse besteht.[411] Die Geltung der vergaberechtlichen Grundsätze im Unterschwellenbereich wird in den Vergabeordnungen normativ angeordnet; selbst in völlig ungeregelten Vergabeverfahren ohne Binnenmarktrelevanz sind diese – so zumindest teilw. die Rspr. – aus verfassungsrechtlichen Gründen zu beachten.[412] 164

Bei Binnenmarktrelevanz der Ausschreibung muss diese jedenfalls europaweit bekanntgegeben werden, bspw. über Tenders European Daily.[413] Damit ist aber auch klar, dass es **nationalen Primärrechtsschutz** auch **unterhalb** der **Schwellenwerte** geben muss, da der Gleichbehandlungsgrundsatz, das Verbot der Diskriminierung aus Gründen der Staatsangehörigkeit und das Transparenzgebot stets zu wahren sind.[414] Die Einzelheiten sind aber aufgrund des unbestimmten Rechtsbegriffes der Binnenmarktrelevanz umstritten.[415] Alle normativen Konkretisierungen und Ableitung der vergaberechtlichen Grundsätze sind nach zutr. Auff. bei Binnenmarktrelevanz bei allen Vergabe- und Auswahlverfahren **drittschützend**.[416] 165

Für die **Durchsetzbarkeit primärrechtlicher Ansprüche** gegen rechtswidrige Vergabeverfahren sind Informationspflichten vor der Vergabe von grundlegender Bedeutung. Eine unmittelbare Anwendung des § 134 GWB kommt außerhalb des Vergaberechts nicht in Betracht, aber der darin zum Ausdruck kommende Rechtsgedanke ist entspr. auf Vergabeverfahren, die nicht der VgV und dem GWB unterfallen, anwendbar.[417] Damit kommt der Informationspflicht der Vergabestelle, evtl. verbun- 166

---

[409] AA OLG Düsseldorf 21.6.2023 – 27 U 4/22, IBRRS 2023, 1770, früher: OLG Düsseldorf 13.12.2017 – I-27 U 25/17, NZBau 2018, 168 mit Hinweis auf: BVerwG 4.11.2010 – 2 C 16.09, NJW 2011, 695 = NVwZ 2011, 358 Rn. 27 ff. und OVG Bln-Bbg 30.11.2010 – 1 S 107/10, NVwZ-RR 2011, 293 Rn. 7.

[410] EuGH 28.1.2016 – C-50/14, BeckRS 2016, 80170 Rn. 41; OLG Celle 23.2.2016 – 13 U 148/15, NZBau 2016, 381; OLG Saarbrücken 29.1.2014 – 1 Verg 3/13, NZBau 2014, 241; VG München 13.6.2022 – 7 E 22.2825, BeckRS 2022, 44423 Rn. 36; Tomerius/Gottwald LKV 2019, 289.

[411] EuGH (9. Kammer) 4.4.2019 – C-699/17, NZBau 2019, 457 Rn. 50; vgl. Dageförde NZBau 2020, 72.

[412] VG Darmstadt 10.9.2015 – 4 L 1180/15.DA, BeckRS 2016, 40959; VG München 13.6.2022 – 7 E 22.2825, BeckRS 2022, 44423 Rn. 36; VG München 28.6.2021 – 7 E 21.159, BeckRS 2021, 26859 Rn. 33; vgl. auch Baudis VergabeR 2019, 589; Tomerius/Gottwald LKV 2019, 289 (296).

[413] VG Darmstadt 10.9.2015 – 4 L 1180/15.DA, BeckRS 2016, 40959.

[414] Braun FS Marx, 2013, 39 (45); Braun NZBau 2016, 266; Braun NZBau 2011, 400; Zerwell IBR 2011, 623; Braun NZBau 2008, 160.

[415] Vgl. Dageförde NZBau 2020, 72; Tomerius/Gottwald LKV 2019, 289; Meister NZBau 2015, 757; Vavra VergabeR 2013, 384.

[416] Vgl. BeckOK VergabeR/Friton GWB EU und GPA Rn. 71.

[417] OLG Naumburg 3.9.2020 – 7 W 27/20, BeckRS 2020, 50313 Rn. 27; OLG Karlsruhe 6.2.2013 – 15 Verg 11/12, BeckRS 2004, 150610; LG Köln 22.3.2013 – 90 051/13, BeckRS

den mit einer Wartepflicht für eine gewisse Frist, eine erhebliche Bedeutung zu. Weil die Rechtsfragen nicht abschließend geklärt sind, **neigen Auftraggeber zu freiwilligen Bekanntmachungen.**[418] Wenn der Zuschlag erteilt wurde, ist kein primärer Rechtsschutz möglich.[419] Es verbleibt nur die Möglichkeit des Schadensersatzes.

166a Bei Binnenmarktrelevanz unterhalb der Schwellenwerte muss die Anwendung der das Vergabeverfahren betreffenden Vorschriften ggü. allen Bietern transparent sein. Das Transparenzgebot, das mit dem Gleichheitssatz einhergeht, soll nämlich iW gewährleisten, dass alle interessierten Wirtschaftsteilnehmer die Entscheidung über die Teilnahme an Ausschreibungen auf der Grundlage sämtlicher einschlägiger Informationen treffen können und die Gefahr von Günstlingswirtschaft und Willkür seitens des öffentlichen Auftraggebers ausgeschlossen ist. Es verlangt, dass alle Bedingungen und Modalitäten des Vergabeverfahrens klar, genau und eindeutig formuliert sind, so dass zum einen alle durchschnittlich fachkundigen Bieter bei Anwendung der üblichen Sorgfalt die genaue Bedeutung dieser Informationen verstehen und sie in gleicher Weise auslegen können und zum anderen dem Ermessen des öffentlichen Auftraggebers Grenzen gesetzt werden und dieser tatsächlich überprüfen kann, ob die Gebote der Bieter die für das betreffende Verfahren geltenden Kriterien erfüllen.[420]

2. Informationspflichten unterhalb der Schwellenwerte

167 Es bestehen **Informationspflichten unterhalb der Schwellenwerte.** Die GWB-Informationspflicht berührt die Mitteilungspflichten aus den Vergabe- und Vertragsordnungen nicht. Erfüllt eine auf Antrag erteilte Mitteilung nach § 46 UVgO oder § 19 VOB/A aber gleichzeitig die Anforderungen von § 134 GWB, kann sie zugleich eine Erfüllung dieser Informationspflicht sein.

168 **a) UVgO.** Die **Informationspflicht des Auftraggebers** ist in § 46 UVgO normiert. Nach § 46 Abs. 1 S. 1 UVgO teilt der Auftraggeber jedem Bewerber und jedem Bieter unverzüglich seine Entscheidung über den Abschluss einer Rahmenvereinbarung oder die Zuschlagserteilung mit. Außerdem unterrichtet der Auftraggeber gem. § 46 Abs. 1 S. 3 UVgO die nicht berücksichtigten Bieter auf deren Verlangen hin unverzüglich, spätestens innerhalb von 15 Tagen, über die wesentlichen Gründe für die Ablehnung ihres Angebots, die Merkmale und Vorteile des erfolgreichen Angebotes sowie den Namen des erfolgreichen Bieters und die nicht berücksichtigten Bewerber über die wesentlichen Gründe für ihre Nichtberücksichtigung (ausf. → UVgO § 46 Rn. 1 ff.).

169 Möglichst bald sollen die Beteiligten wissen, wann sie nicht mehr mit einem Zuschlag rechnen können. Sie sollen dadurch in die Lage versetzt werden, über die Ressourcen, die sie durch ihr Angebot gebunden haben, wieder frei zu verfügen und sie für andere Projekte oder Ausschreibungen einzusetzen. Außerdem verfolgt die Vorschrift den Zweck, den Bietern und Bewerbern die **Gründe für ihr „Scheitern" offenzulegen,** so dass sie aus möglichen Fehlern und Mängeln ihres Angebots Schlussfolgerungen ziehen und künftige Angebote optimieren können. Aus dem **Wortlaut** des § 46 Abs. 1 S. 1 UVgO, wonach der Auftraggeber jedem Bewerber und jedem Bieter unverzüglich seine Entscheidung über den Abschluss einer Rah-

---

2013, 6904; VG Regensburg 9.12.2009 – RN 4 E 09.2360, BeckRS 2010, 46270; vgl. Braun FS Marx, 2013, 39 (47 ff.).
[418] IdS auch: Tomerius/Gottwald LKV 2019, 289 (299).
[419] OLG Naumburg 3.9.2020 – 7 W 27/20, BeckRS 2020, 50313 Rn. 27.
[420] EuGH (9. Kammer) 4.4.2019 – C-699/17, NZBau 2019, 457 Rn. 62; VG München 13.6.2022 – 7 E 22.2825, BeckRS 2022, 44423 Rn. 36; VG München 28.6.2021 – 7 E 21.159, BeckRS 2021, 26859 Rn. 33.

menvereinbarung oder die Zuschlagserteilung mitteilt, ist nicht zu entnehmen, dass die **Mitteilung vor Zuschlagserteilung oder zumindest so rechtzeitig erfolgen soll,** dass Rechtsschutz vor Zuschlag gewährt werden soll. Diese Möglichkeit kann jedoch landesgesetzlich ermöglicht werden.

b) VOB/A. In der VOB/A ist ebenfalls eine Informationspflicht geregelt (§ 19 VOB/A). Die Pflichten im VOB/A-Regelungskreis des Auftrag- und Konzessionsgebers sind oberhalb und unterhalb der Schwellenwerte unterschiedlich geregelt. Oberhalb der Schwellenwerte sieht die VOB/A-EU **umfangreichere automatische Informationspflichten** vor als die VOB/A im Unterschwellenbereich. Weiterhin besteht eine Informationspflicht gem. § 19 VS VOB/A, die der in der VSVgV geregelten Pflicht entspricht. 170

Die Informationspflicht des Auftraggebers wird im Unterschwellenbereich in § 19 Abs. 1 VOB/A normiert. Danach hat der Auftraggeber **alle Bieter mit unberücksichtigtem und nicht erfolgreichem Angebot unverzüglich zu unterrichten.** Alle anderen Bieter sollen informiert werden, sobald der Zuschlag erteilt worden ist. In § 19 Abs. 2 VOB/A ist ein subjektiver Auskunftsanspruch der Bieter normiert, wonach dem nicht berücksichtigten Bieter oder Bewerber die Gründe für die Nichtberücksichtigung ihrer Bewerbung oder ihres Angebotes in Textform mitzuteilen sind. Zusätzlich ist dem Bieter mitzuteilen, welche Merkmale und Vorteile das Angebot des erfolgreichen Bieters aufweist. Zum Ganzen ausf. → VOB/A § 19 Rn. 1 ff. 171

Auch für den **Baukonzessionsgeber** besteht gem. § 23 Abs. 1 VOB/A die Verpflichtung, dass für die Vergabe von Baukonzessionen die §§ 1–22 sinngemäß anzuwenden sind, also auch die Informationsverpflichtung gem. § 19 Abs. 1 VOB/A. Eine derartige Bestimmung existiert in der UVgO nicht, da die Unterschwellenkonzession in der UVgO nicht geregelt ist. 172

Die Auftraggeber können die vorgenannten **Informationserteilungen** im Verfahren **vorziehen** und sie auch mit der Information nach § 134 GWB, soweit es sich um Oberschwellenvergabeverpflichtungen handelt, **verbinden.** Ein wichtiger Unterschied in der Verpflichtung besteht aber dennoch: Eine unterlassene Information oberhalb der Schwellenwerte nach § 19 EU VOB/A, soweit sie überhaupt inhaltlich von der Information gem. § 134 GWB getrennt wird, führt für sich genommen nicht zur Unwirksamkeit des Vertrages (→ § 173a f.). 173

c) Allgemeine Verpflichtungen aus dem Grundgesetz. Vorabinformationspflichten werden ua nach einer Auff. aus **Art. 19 Abs. 4, 20 Abs. 3 GG** hergeleitet. Danach steht dem Bewerber ein öffentlich-rechtlicher Bewerbungsverfahrensanspruch zur Seite, der es gebietet, zwischen der Bekanntgabe der Auswahlentscheidung und dem Vertragsabschluss mit dem **ausgewählten Bewerber einen angemessenen Zeitraum, jedenfalls von zwei Wochen,** verstreichen zu lassen, um einen effektiven (Primär-) Rechtsschutz iSd Art. 19 Abs. 4 GG in Bezug auf die Auswahlentscheidung zu ermöglichen[421] (krit. dazu teilw. die verwaltungsgerichtliche Rspr. → § 192a f.). 173a

Auch unterhalb der Schwellenwerte und unterhalb einer Binnenmarkrelevanz erfordert der Gleichbehandlungsgrundsatz gem. Art. 3 GG, Dienstleistungskonzessionen in einem transparenten und diskriminierungsfreien Verfahren zu vergeben.[422] Eine Vertragsnichtigkeit kann daraus resultieren, dass ein Auftraggeber 173b

---

[421] OVG Bln-Bbg 30.11.2010 – 1 S 107/10, NVwZ-RR 2011, 293; Braun NZBau 2011, 400 (402); Braun NZBau 2016, 266; vgl. Dageförde NZBau 2020, 72; Teufel KommJur 2012, 87; Sitsen ZfBR 2018, 654 (657 f.).
[422] OLG Düsseldorf 13.12.2017 – I-27 U 25/17, NZBau 2018, 168; VG München 13.6.2022 – 7 E 22.2825, BeckRS 2022, 44423 Rn. 36; vgl. auch: Sitsen ZfBR 2018, 654 (657 f.).

weder über den beabsichtigten Vertragsschluss informiert noch im Anschluss hieran eine angemessene Wartefrist eingehalten hat. Es sprechen gewichtige Gründe dafür, auch im Unterschwellenbereich die Einhaltung einer Informations- und Wartepflicht durch den öffentlichen Auftraggeber zu verlangen, wenn eine sittenwidrige Benachteiligung des unterlegenen Bewerbers droht. Die gemeinsamen Verfassungen der Mitgliedstaaten und die Konvention zum Schutz der Menschenrechte und Grundfreiheiten fordern einen effektiven und vollständigen Schutz gegen Willkür des öffentlichen Auftraggebers. Dieser vollständige Rechtsschutz verlangt, sämtliche Bieter vor Abschluss eines Vertrags von der Zuschlagsentscheidung zu unterrichten.[423]

173c Ein vollständiger Rechtsschutz verlangt auch, dass zwischen der Unterrichtung abgelehnter Bieter und der Unterzeichnung des Vertrags eine angemessene Frist liegt, innerhalb der für den Bieter ein vorläufiger Schutz gewährt werden kann, wenn er für die volle Wirksamkeit der Entscheidung in der Sache erforderlich ist. Im nationalen Recht ist dies ebenfalls bereits in einigen Rechtsgebieten anerkannt (zB bei Beamten- und Richterbeförderungen ist eine Informations- und Wartepflicht zu beachten). Zur Vergabe von Wochenmarktveranstaltungen hat das OVG Bln-Bbg entschieden, dass effektiver Primärrechtsschutz es gebietet, mindestens zwei Wochen nach Information der Bewerber über den Ausgang des Auswahlverfahrens abzuwarten, bevor mit dem ausgewählten Bewerber der Vertrag geschlossen wird.[424]

173d Andererseits ist festzuhalten, dass eine gesetzlich normierte Pflicht des Auftraggebers, seine Entscheidung vorab Dritten mitzuteilen, derzeit nicht existiert.[425] Zudem ist zu berücksichtigen, dass sich der unterlegene Bewerber stets sehr beeilen muss. Ein Rechtsschutzbedürfnis für die Gewährung eines Primärrechtsschutzes besteht in einem Vergabeverfahren nicht mehr, wenn dieses durch die wirksame Erteilung eines Zuschlags bzw. durch den wirksamen Abschluss eines Vertrages beendet ist. Nach dem Vertragsschluss ist dem Vertrauensschutz des Vertragspartners des Auftraggebers entspr. dem Grundsatz, dass einmal geschlossene Verträge einzuhalten und zu erfüllen sind, grds. der Vorrang zu geben. Der Bieter ist auf den Sekundärrechtsschutz zu verweisen. Ihn trifft gem. § 1004 Abs. 2 BGB eine Duldungspflicht, den unter dem behaupteten Vergabeverstoß geschlossenen Vertrag hinzunehmen.[426]

3. Informationen auf Grund von kartellrechtlichen Verpflichtungen

174 Rechtsstreitigkeiten um Informationen in einem wettbewerblichen Verfahren, gerade im Bereich der Vergabe von Wasserkonzessionen, nehmen zu.[427] Informationen werden zB in Bereichen gegeben, die gem. § 137 GWB vom Vergaberecht

---

[423] OLG Düsseldorf 13.12.2017 – I-27 U 25/17, NZBau 2018, 168; aA OLG Celle 9.1.2020 – 13 W 56/19, NZBau 2020, 679; KG 7.1.2020 – 9 U 79/19, NZBau 2020, 680; OLG Naumburg 3.9.2020 – 7 W 27/20, BeckRS 2020, 50313; vgl. Seidel/Probst/Dauses/Ludwigs EU-WirtschaftsR-HdB, Rn. 298; vgl. Sitsen ZfBR 2018, 654 (657 f.).

[424] OLG Düsseldorf 13.12.2017 – I-27 U 25/17, NZBau 2018, 168 mHa BVerwG 4.11.2010 – 2 C 16.09, NVwZ 2011, 358 Rn. 27 ff. und OVG Bln-Bbg 30.11.2010 – 1 S 107/10, NVwZ-RR 2011, 293 Rn. 7.

[425] Vgl. für Sachsen-Anhalt: OLG Naumburg 3.6.2022 – 7 U 6/22, BeckRS 2022, 29975; GKN VergabeR-HdB/Gabriel § 85 Rn. 2.

[426] OLG Naumburg 3.9.2020 – 7 W 27/20, BeckRS 2020, 50313 Rn. 35.

[427] OLG Naumburg 3.6.2022 – 7 U 6/22, BeckRS 2022, 29975; BGH 26.2.2019 – KZR 22/18, BeckRS 2019, 3270; OLG Düsseldorf 13.6.2018 – VI-2 U 7/16 [Kart], BeckRS 2018, 15885.

ausgenommen werden. Ausgangspunkt für den Rechtsschutz sind kartellrechtliche Verpflichtungen.[428] In diesen Bereichen gewährt die ordentliche Gerichtsbarkeit dann auch vorbeugenden Rechtsschutz (→ Rn. 173a ff.).

Eine mögliche Tenorierung lautet dann wie folgt:[429] 175
Der Antragsgegnerin wird untersagt, aufgrund des Ratsbeschlusses v. 27.10.2016, einen Konzessionsvertrag über den Netzbetrieb und die Versorgung mit Wasser (Wasserkonzessionsvertrag) für das Gebiet der Antragsgegnerin mit der F GmbH oder einer von der Antragsgegnerin und der F GmbH zu gründenden oder bereits gegründeten Gesellschaft oder einem sonstigen zumindest teilw. privaten Dritten abzuschließen, bis in einem neuen, unter Beachtung der Rechtsauffassung des Gerichts durchzuführenden Auswahlverfahren diskriminierungsfrei über die Erteilung der Wasserkonzession entschieden ist.

4. Informationen gem. § 46 Abs. 5 EnWG

Die Gemeinde hat gem. § 46 Abs. 5 S. 1 EnWG die Unternehmen, deren Angebote nicht angenommen werden sollen, über die Gründe der vorgesehenen Ablehnung ihres Angebots und über den frühesten Zeitpunkt des beabsichtigten Vertragsschlusses in Textform zu informieren. Die Gemeinde macht gem. § 46 Abs. 5 S. 2 EnWG bei Neuabschluss oder Verlängerung von Verträgen nach § 46 Abs. 2 EnWG ihre Entscheidung unter Angabe der maßgeblichen Gründe öffentlich bekannt. Hilft die Gemeinde der Rüge gem. § 47 Abs. 1 EnWG nicht ab, so hat sie das rügende Unternehmen hierüber in Textform zu informieren und ihre Entscheidung zu begründen. Beteiligte Unternehmen können gem. § 47 Abs. 4 S. 1 EnWG gerügte Rechtsverletzungen, denen die Gemeinde nicht abhilft, nur innerhalb von 15 Kalendertagen ab Zugang der Information nach Abs. 4 vor den ordentlichen Gerichten geltend machen. Es gelten gem. § 47 Abs. 5 S. 1 EnWG die Vorschriften der ZPO über das Verfahren bei Erlass einer einstweiligen Verfügung. Ein Verfügungsgrund braucht gem. § 47 Abs. 5 S. 2 EnWG nicht glaubhaft gemacht zu werden. 175a

Die Regelung lehnt sich ausweislich der Gesetzesbegründung dem Rechtsgedanken des § 134 GWB an. Daher kann bei der Frage des Umfangs und der inhaltlichen Anforderungen der Informationspflicht auf die Rspr. zu § 134 GWB zurückgegriffen werden.[430] Die Regelungen über die Informationspflicht der Gemeinde sind zentraler Ausdruck des Gleichbehandlungs- und Transparenzgebots und dienen primär der Durchsetzung eines effektiven Primärrechtsschutzes. Dem unterlegenen Bieter soll die Möglichkeit eingeräumt werden, die dem Vertragsschluss vorausgehende Entscheidung, mit welchem Bewerber die Gemeinde den Vertrag schließt, einer Überprüfung zugänglich zu machen.[431] § 46 Abs. 5 EnWG fehlt eine § 135 Abs. 1 GWB entspr. Regelung zu der Frage, welche Rechtsfolgen eine unterbliebene oder unzureichende Bewerberinformation zeitigt. Auch die Gesetzesbegründung schweigt sich hierzu aus. Unterbleibt die Information ganz, ist ein dennoch geschlossener Vertrag wegen Verstoßes gegen ein gesetzliches Verbot gem. § 134 BGB nichtig.[432] 175b

---

[428] BGH 26.2.2019 – KZR 22/18, VPRRS 2019, 0125, vorhergehend: OLG Düsseldorf 21.3.2018 – 2 U (Kart) 6/16, VPRRS 2018, 0204; 13.6.2018 – VI-2 U 7/16 [Kart], BeckRS 2018, 15885.
[429] LG Köln 1.12.2016 – 90 O 57/16, BeckRS 2016, 20602; vgl. auch zur Vergabe von Wasserkonzessionen: BGH 26.2.2019 – KZR 22/18, VPRRS 2019, 0125, vorhergehend: OLG Düsseldorf 21.3.2018 – 2 U (Kart) 6/16, VPRRS 2018, 0204.
[430] Kment/Huber EnWG § 46 Rn. 103.
[431] Kment/Huber EnWG § 46 Rn. 103.
[432] Kment/Huber EnWG § 46 Rn. 109.

175c Schon aus verfassungsrechtlichen Gründen ist erforderlich, eine durch den Beschleunigungsgedanken motivierte Rügeobliegenheit durch eine klare Vorgabe von Informationsrechten und -pflichten zu ergänzen. Ausdr. heißt es in der Gesetzesbegründung insoweit, dass, um eine Rügepflicht in Bezug auf die konkrete Unternehmensauswahl sachgerecht auszugestalten, für einen unterlegenen Bewerber klar erkennbar sein muss, warum ein anderer Bewerber den Vorzug erhalten soll. Der unterlegene Bewerber muss daher den bestmöglichen Einblick in die Erwägungen der Gemeinde für deren diskriminierungsfreie Sachentscheidung erhalten. Eine Rügeobliegenheit in Bezug auf die von der Gemeinde getroffene Auswahlentscheidung setzt folglich voraus, dass dem unterlegenen Bewerber zügig Informationen über sämtliche Tatsachen zugänglich gemacht werden, die eine Verletzung in seinen Rechten begründen könnten.[433]

175d Die Information hat rechtsschutzbegrenzende Funktion. Nach § 47 Abs. 3 EnWG können nach der Auswahlentscheidung im Verfahren nach § 47 EnWG nur Rechtsverletzungen iRd Auswahlentscheidung gerügt werden, die aus der Information nach § 46 Abs. 5 S. 1 EnWG erkennbar sind. Rechtsverletzungen, die bereits aufgrund der Bekanntmachung der Ausgestaltung des Auswahlverfahrens mit den vorangegangenen Verfahrensbriefen erkennbar waren, müssen nach § 47 Abs. 2 EnWG innerhalb von 15 Kalendertagen ab deren Zugang gerügt werden. Dies bedeutet, dass die in der vorangegangenen Stufe rügbaren Rechtsverletzungen nicht erstmals – und im Fall ihrer erfolglosen Geltendmachung (§ 47 Abs. 2 S. 1, 2 EnWG) ggf. einschl. erfolglosen einstweiligen Rechtsschutzantrags (§ 47 Abs. 5 EnWG) auch nicht erneut – in der nachfolgenden Stufe geltend gemacht werden können.[434]

5. Vorabinformationspflichten bei verwaltungsrechtlichen Auswahlverfahren?

176 Bei verwaltungsrechtlichen Auswahlverfahren zur Vergabe von Konzessionen außerhalb vergaberechtlicher Regelungen gibt es regelmäßig keine gesetzlich normierte Vorinformationspflicht. Ausgangspunkt für ein ordnungsgemäßes verwaltungsrechtliches Auswahlverfahren bei Konzessionen ist Art. 3 Abs. 1 GG. Bei kontingentierten Rechten kann es zu Vorabinformationsverpflichtungen kommen.[435] Die Verwaltungsgerichtsbarkeit sieht die Vorabinformationspflicht teilw. kritisch. Die in Teil 4 des GWB verorteten Regelungen der §§ 134, 135 GWB sind unstreitig in einem verwaltungsgerichtlichen Verfahren nicht unmittelbar einschlägig.[436] Sie sind nach dieser unzutr. Auff. nicht analog anzuwenden.[437] Eine Sanktionierung soll nicht erfolgen. Es soll bei nachrangigem Rechtsschutz verbleiben (→ Rn. 192 ff.).

177 Nach der Rspr. ist der Auftraggeber verpflichtet, auch bei der Vergabe von Konzessionen **außerhalb des Anwendungsbereichs des Kartellvergaberechts** die primärrechtlichen Grundregeln des AEUV, insbes. die Art. 49, 56 AEUV sowie die verfassungsrechtlichen Vorgaben aus Art. 12 Abs. 1, Art. 3 Abs. 1 GG, zu beachten und die Auswahlverfahren entspr. anhand der Gebote der **Transparenz, Gleichbehandlung und des Wettbewerbs** auszurichten.[438] Derartige

---

[433] LG München I 11.3.2022 – 37 O 14213/21, BeckRS 2022, 4918 Rn. 65 mHa BT-Drs. 18/8184, 15, 17.
[434] OLG Karlsruhe 22.12.2021 – 6 U 177/21 Kart, EnWZ 2022, 126 Rn. 40.
[435] Braun NZBau 2016, 266.
[436] OVG Münster 16.12.2022 – 13 B 839/22, BeckRS 2022, 39847 Rn. 81; VG Ansbach 10.4.2018 – AN 14 E 18.200, BeckRS 2018, 22396 Rn. 79; vgl. auch: BVerwG 15.12.2020 – 3 B 34.19, NVwZ-RR 2022, 86.
[437] OVG Münster 16.12.2022 – 13 B 839/22, BeckRS 2022, 39847 Rn. 84 f.
[438] Ausf. für Regelungen außerhalb des förmlichen Vergaberechts: Müller-Wrede/Braun/Braun, Gewerbekonzessionen, Breitbandkonzessionen.

Verpflichtungen können aus allg. verwaltungsrechtlichen Vorschriften, wie zB § 25 Abs. 2 S. 2 VwVfG, hergeleitet werden. Nach § 25 Abs. 2 S. 2 VwVfG soll die Behörde, soweit es der Verfahrensbeschleunigung dient, dem Antragsteller nach Eingang des Antrags unverzüglich Auskunft über die Vollständigkeit der Antragsunterlagen geben. Die Vorschrift regelt Betreuungs- und Fürsorgepflichten der Behörde ggü. den Beteiligten im allg. Verwaltungsverfahren, das auch auf Abschluss eines öffentlich-rechtlichen Vertrages gerichtet sein kann. Aus dieser Norm kann die **Verpflichtung zur Vorab-Mitteilung** hergeleitet werden[439] (→ Rn. 192 ff.).

6. Landesrechtliche Vorinformationsverpflichtungen

Unterhalb der Schwellenwerte ist der Rechtschutz unterschiedlich intensiv ausgeprägt. Teilw. besteht eine Verpflichtung zur mittelstandsfreundlichen Vergabe. Weiterhin werden Teile des Kartellvergaberechts für entspr. anwendbar gehalten, ohne den strikten Rechtsschutz zu übernehmen.[440] In Sachsen, Sachsen-Anhalt, Thüringen und neuerdings in Rheinland-Pfalz besteht unterhalb der Schwellenwerte ein „kleines Nachprüfungsverfahren", in Mecklenburg-Vorpommern, Niedersachsen und Schleswig-Holstein zudem eine gesetzliche Pflicht zur Vorabinformation erfolgloser Bieter.[441] Entscheidend ist aber stets die unterschiedlich sanktionierte Vorabinformationspflicht. 178

a) Vorabinformationspflicht in Mecklenburg-Vorpommern. Das Gesetz über die Vergabe öffentlicher Aufträge in Mecklenburg-Vorpommern (Vergabegesetz Mecklenburg-Vorpommern – VgG MV)[442] sieht in § 12 Abs. 1 VgG MV eine Informationspflicht vor. Der Auftraggeber informiert gem. § 12 Abs. 1 S. 1 VgG MV die Bieter, deren Angebote nicht berücksichtigt werden sollen, über den Namen des Bieters, dessen Angebot angenommen werden soll, und über den Grund der vorgesehenen Nichtberücksichtigung ihrer Angebote. Er übermittelt gem. § 12 Abs. 1 S. 2 VgG MV die Information in Textform **spätestens sieben Kalendertage vor dem Vertragsabschluss.** Gem. § 12 Abs. 5 S. 1 VgV findet § 12 Abs. 1 VgG MV keine Anwendung, wenn der Auftragswert einen Mindestbetrag nicht übersteigt. Die Landesregierung wird durch § 12 Abs. 2 S. 2 VgG MV ermächtigt, durch Rechtsverordnung die Höhe des Mindestbetrages festzulegen; sie kann dabei nach unterschiedlichen Leistungsarten differenzieren. 179

Nicht landesgesetzlich geregelt ist, was geschieht, wenn der Auftraggeber dieser Pflicht, die im Gesetz nicht sanktioniert ist, nicht nachkommt. Dem nicht berücksichtigten Bewerber bleibt nur die Möglichkeit, um gerichtlichen Rechtsschutz nachzusuchen. Naheliegend wäre zunächst, an den zwischenzeitlich anerkannten zivilrechtlichen Rechtsschutz unterhalb der Schwellenwerte zu denken.[443] Die Vorabinformationspflicht ist ebenfalls **drittschützend.**[444] 180

b) Vorabinformationspflicht in Niedersachsen. Das Niedersächsische Gesetz zur Sicherung von Tariftreue und Wettbewerb bei der Vergabe öffentlicher Aufträge 180a

---

[439] VG Hannover 18.10.2012 – 7 B 5189/12, BeckRS 2012, 58467 für die Vollständigkeit des Antrages; OVG Berlin-Brandenburg, 30.11.2010 – 1 S 107.10, ZfBR 2011, 803.
[440] Vgl. BeckVergabeR/Dörr Einl. Rn. 114.
[441] Vgl. BeckVergabeR/Dörr Einl. Rn. 104 ff.; Conrad ZfBR 2016, 124; Sitsen ZfBR 2018, 654.
[442] V. 7.7.2011, GVOBl. MV 2011, 41, mehrfach geändert durch Art. 1 des G v. 12.7.2018 (GVOBl. MV 242).
[443] OLG Schleswig 8.1.2013 – 1 W 51/12, BeckRS 2013, 06580; OLG Saarbrücken 13.6.2012 – 1 U 357/11-107, NZBau 2012, 654; idS auch: BeckVergabeR/Dörr Einl. Rn. 122.
[444] Ausf. zu den Landesgesetzen Redmann LKV 2012, 295.

GWB § 134

(Niedersächsisches Tariftreue- und Vergabegesetz – NTVergG)[445] sieht in § 16 NTVergG eine Informations- und Wartepflicht vor. Bei der Vergabe öffentlicher Aufträge, deren geschätzter Auftragswert den jeweiligen Schwellenwert gem. § 106 Abs. 2 Nrn. 1 bis 3 GWB nicht erreicht, haben gem. § 16 Abs. 1 S. 1 NTVergG öffentliche Auftraggeber die Unternehmen, deren Angebote nicht berücksichtigt werden sollen, über den Namen des Unternehmens, auf dessen Angebot der Zuschlag erteilt werden soll, über die Gründe der vorgesehenen Nichtberücksichtigung ihres Angebots und über die Wartefrist bis zur Zuschlagserteilung gem. § 16 Abs. 2 NTVergG in Textform zu informieren. Dies gilt gem. § 16 Abs. 1 S. 2 NTVergG entspr. auch für Unternehmen, denen keine Information über die Ablehnung ihrer Bewerbung im Teilnahmewettbewerb zur Verfügung gestellt wurde, bevor die Mitteilung über die Zuschlagsentscheidung an die Unternehmen nach § 16 Abs. 1 S. 1 NTVergG ergangen ist.

180b Der Zuschlag darf nach § 16 Abs. 2 S. 1 NTVergG frühestens 15 Kalendertage nach Absendung der Information nach § 16 Abs. 1 NTVergG erteilt werden. Wird die Information auf elektronischem Weg oder durch Telefax versendet, verkürzt sich gem. § 16 Abs. 2 S. 2 NTVergG die Frist auf zehn Kalendertage. Die Frist beginnt gem. § 16 Abs. 2 S. 3 NTVergG am Tag nach der Absendung der Information durch den öffentlichen Auftraggeber; auf den Tag des Zugangs beim betroffenen Unternehmen kommt es nicht an. Die Informationspflicht entfällt gem. § 16 Abs. 3 S. 1 NTVergG in Fällen besonderer Dringlichkeit. Im Fall verteidigungs- oder sicherheitsspezifischer Aufträge (§ 104 GWB) und aus Gründen der Geheimhaltung können gem. § 16 Abs. 3 S. 2 NTVergG öffentliche Auftraggeber darauf verzichten, bestimmte Informationen über die vorgesehene Zuschlagserteilung mitzuteilen, wenn die Offenlegung den Gesetzesvollzug behindern, dem öffentlichen Interesse, insbes. Verteidigungs-, Sicherheits- oder Geheimhaltungsinteressen, zuwiderlaufen, berechtigte geschäftliche Interessen von Unternehmen schädigen oder den lauteren Wettbewerb zwischen ihnen beeinträchtigen würde.

180c Auch hier stellt sich die Frage, was geschieht, wenn der Auftraggeber dieser Pflicht, die im Gesetz nicht sanktioniert ist, nicht nachkommt. Dem nicht berücksichtigten Bewerber bleibt nur die Möglichkeit, um gerichtlichen Rechtsschutz nachzusuchen. Naheliegend ist an zivilrechtlichen Rechtsschutz unterhalb der Schwellenwerte zu denken.[446] Die Vorabinformationspflicht ist ebenfalls **drittschützend**.[447]

180d **c) Vorabinformationspflicht in Rheinland-Pfalz.** Neben einer Vorabinformationspflicht in Rheinland-Pfalz ist ein Nachprüfungsverfahren unterhalb der Schwellenwerte eingeführt worden. Das Landesgesetz zur Gewährleistung von Tariftreue und Mindestentgelt bei öffentlichen Auftragsvergaben (Landestariftreuegesetz – LTTG) wurde durch § 7a MFG ergänzt.[448] Die LVO ermächtigt die Landesregierung, Vergabeprüfstellen einzurichten und deren Verfahren durch Rechtsverordnung zu regeln. Die LVO sieht die Einrichtung einer zentralen Vergabeprüfstelle beim zuständigen Landesministerium vor. Sie eröffnet ein Nachprüfungsverfahren ab einem Auftragswert von 75.000 Euro (für Bauleistungen bis

---

[445] V. 31.10.2013 (Nds. GVBl. S. 259), zuletzt geändert d Art. 1 d G v 20.11.2019 (Nds. GVBl. S. 354).

[446] Vgl. BeckVergabeR/Dörr Einl. Rn. 123, aA LG Oldenburg 18.6.2014 – 5 S 610, NZBau 2014, 720.

[447] Ausf. zu den Landesgesetzen Redmann LKV 2012, 295.

[448] GVBl. 2010, 426 durch 7a Abs. 3 d. MittelstandsförderungsG v 9.3.2011 (GVBl. S. 66), zgd Art. 2 d G v 26.11.2019 (GVBl. S. 333), BS 70–3, § 7 Abs. 1 S. 1, Abs. 2 S. 1 d. VerkündungsG v. 3.12.1973 (GVBl. S. 375), zgd Art. 23 d G v 7.2.1983 (GVBl. S. 17), BS 114–1; BeckVergabeR/Dörr Einl. Rn. 126.

30.6.2022 ab 100.000 Euro). § 4 LVO legt eine Pflicht zur Vorabinformation sowie eine Wartepflicht von sieben Kalendertagen fest, die in „Fällen besonderer Dringlichkeit" entfallen kann. Die Vergabeprüfstelle, deren Nachprüfung sich grds. auf die vorgebrachten Rechtsverstöße beschränkt, kann „geeignete Maßnahmen" zur Beseitigung der Vergaberechtsverstöße treffen, insbes. den beabsichtigten Zuschlag untersagen (§ 10 Abs. 1 LVO). Ein pflichtwidrig erteilter Zuschlag ist von Anfang an unwirksam (§ 10 Abs. 2 LVO). Die Regeln treten am 1.6.2021 in Kraft und sind zunächst bis zum 30.6.2024 befristet. Damit besteht ein effektiver Vergaberechtsschutz unterhalb der Schwellenwerte in der Form eines landesrechtlichen Nachprüfungsverfahrens.[449]

d) Vorabinformationspflicht in Sachsen. Das Gesetz über die Vergabe öffentlicher Aufträge im Freistaat Sachsen (Sächsisches Vergabegesetz – SächsVergabeG) v. 14.2.2013 hat die bisher bestehende landesrechtliche Vorinformationspflicht weiterentwickelt.[450] Gem. § 8 Abs. 1 S. 1 SächsVergabeG informiert der Auftraggeber die Bieter, deren Angebote nicht berücksichtigt werden sollen, über den Namen des Bieters, dessen Angebot angenommen werden soll, und über den Grund der vorgesehenen Nichtberücksichtigung ihrer Angebote. Er gibt gem. § 8 Abs. 1 S. 2 SächsVergabeG die Information in Textform **spätestens zehn Kalendertage** vor dem Vertragsabschluss ab. 181

Durch die sächsischen Regelungen wäre aber auch an einen verwaltungsrechtlichen Rechtsschutz zu denken. Beanstandet gem. § 8 Abs. 2 S. 1 SächsVergabeG ein Bieter vor Ablauf der Frist schriftlich beim Auftraggeber die Nichteinhaltung der Vergabevorschriften, hat der Auftraggeber die Nachprüfungsbehörde zu unterrichten, es sei denn, der Beanstandung wurde durch die Vergabestelle abgeholfen. Diese **Vorlageverpflichtung ist öffentlich-rechtlich ausgeprägt.** Der Zuschlag darf gem. § 8 Abs. 2 S. 2 SächsVergabeG in dem Fall nur erteilt werden, wenn die Nachprüfungsbehörde nicht innerhalb von zehn Kalendertagen nach Unterrichtung das Vergabeverfahren unter Angabe von Gründen beanstandet; andernfalls hat der Auftraggeber die Auffassung der Nachprüfungsbehörde zu beachten. Im Gesetz ist nicht festgehalten, ob die Beanstandung als Verwaltungsakt gem. § 35 VwVfG ergeht, was der Regelfall sein dürfte. Gegen diesen Verwaltungsakt wäre dann Rechtsschutz vor den Verwaltungsgerichten möglich. 182

Andererseits sollen die Regelungen nicht dahingehend drittschützend sein, dass ein Anspruch des Bieters auf Tätigwerden der Nachprüfungsbehörde gem. § 8 Abs. 2 S. 3 SächsVergabeG besteht. Nachprüfungsbehörde ist die Aufsichtsbehörde gem. § 8 Abs. 2 S. 4 SächsVergabeG, bei kreisangehörigen Gemeinden und Zweckverbänden die Landesdirektion Sachsen. Bei Zuwendungsempfängern, die nicht öffentliche Auftraggeber sind, tritt gem. § 8 Abs. 2 S. 5 SächsVergabeG an die Stelle der Aufsichtsbehörde die Bewilligungsbehörde. Werden kommunale Gesellschaften in der Form einer GmbH betrieben, so haben gem. § 2 Abs. 3 SächsVergabeG die staatlichen und kommunalen Auftraggeber in Ausübung ihrer Gesellschafterrechte in Unternehmen, an denen sie beteiligt sind, darauf hinzuwirken, dass die Bestimmungen dieses Gesetzes in gleicher Weise beachtet werden. Dies bedeutet aber nicht, dass diese Gesellschaften die Regelungen anwenden müssen. Weiterhin gibt es für diese Gesellschaften keine gesetzlich normierte Aufsichtsbehörde. 183

Rechtsschutz wird nur ab gewissen Wertgrenzen gewährt. § 8 Abs. 1, 2 SächsVergabeG findet gem. § 8 Abs. 3 SächsVergabeG keine Anwendung, wenn der Auftragswert bei Bauleistungen 75.000 Euro (ohne Umsatzsteuer) und bei Lieferungen und 184

---

[449] BeckVergabeR/Dörr Einl. Rn. 126.
[450] SächsGVBl. 2013, Bl.-Nr. 2 S. 109, Fsn-Nr.: 56–4/2, das durch Art. 2 Abs. 18 des G v. 5.4.2019 (SächsGVBl. 245) geändert worden ist. Die geplante Novellierung war zum Redaktionsschluss noch nicht abgeschlossen.

Leistungen 50.000 Euro (ohne Umsatzsteuer) nicht übersteigt. Das SächsVergabeG entfaltet Wirkung über die ANBest und spielt für Rückforderungsbescheide eine Rolle.[451]

185 **e) Vorabinformationspflicht in Sachsen-Anhalt.** Das Vergaberecht wurde im Jahr 2022 novelliert. Das Gesetz des Landes Sachsen-Anhalt zur Sicherung von Tariftreue, Sozialstandards und Wettbewerb bei der Vergabe öffentlicher Aufträge (Tariftreue- und Vergabegesetz Sachsen-Anhalt – TVergG LSA) wurde am 7. Dezember 2022 verkündet.[452] Unterhalb der Schwellenwerte nach § 106 Abs. 2 GWB informiert gem. § 19 Abs. 1 S. 1 TVergG LSA der Auftraggeber die Bieter, deren Angebote nicht berücksichtigt werden sollen, über den Namen des Bieters, dessen Angebot angenommen werden soll, und über die Gründe der vorgesehenen Nichtberücksichtigung ihres Angebotes. Er gibt gem. § 19 Abs. 1 S. 2 TVergG LSA die Information schriftlich **spätestens sieben Werktage** vor dem Vertragsabschluss ab. Ein Nachprüfungsverfahren wird nach § 19 Abs. 2 TVergG LSA nur auf schriftlichen oder elektronischen Antrag vor der Nachprüfungsbehörde durchgeführt. Die bloße Verletzung der Informationspflicht durch den Auftraggeber führt jedoch nicht zur Begründetheit des Antrages, insofern keine weitere Rechtsverletzung vorliegt.[453]

186 Nachprüfungsbehörden sind die Vergabekammern in Sachsen-Anhalt (§ 19 Abs. 5 TVergG LSA).[454] Der Antrag ist unzulässig, soweit gem. § 19 Abs. 4 Nr. 1 TVergG LSA der Antragsteller den geltend gemachten Verstoß gegen Vergabevorschriften vor Einreichen des Nachprüfungsantrages erkannt und ggü. dem öffentlichen Auftraggeber nicht innerhalb einer Frist von zehn Werktagen schriftlich oder elektronisch gerügt hat. Verstöße gegen Vergabevorschriften, die aufgrund der Bekanntmachung erkennbar sind, sind gem. § 19 Abs. 4 Nr. 2 TVergG LSA spätestens bis zum Ablauf der in der Bekanntmachung benannten Frist zur Bewerbung oder zur Angebotsabgabe ggü. dem öffentlichen Auftraggeber schriftlich oder elektronisch zu rügen. Verstöße gegen Vergabevorschriften, die erst in den Vergabeunterlagen erkennbar sind, sind ebenfalls bis zum Ablauf der Frist zur Bewerbung oder zur Angebotsabgabe gegenüber dem öffentlichen Auftraggeber schriftlich oder elektronisch zu rügen. Entspr. § 19 Abs. 4 Nr. 4 TVergG LSA dürfen nicht mehr als 15 Werktage nach Eingang der Mitteilung des öffentlichen Auftraggebers, einer Rüge nicht abhelfen zu wollen, vergangen sein, bevor der Nachprüfungsantrag eingereicht werden muss. Die Nachprüfung findet nur statt, wenn der voraussichtliche Gesamtauftragswert bei Bauleistungen 120.000 Euro (ohne Umsatzsteuer), bei Leistungen und Lieferungen 40.000 Euro (ohne Umsatzsteuer) übersteigt (§ 19 Abs. 3 TVergG LSA). Auch hier bestehen die für Sachsen (→ Rn. 181) genannten Probleme: Welcher **Rechtsschutz** ist möglich, wenn der Auftraggeber seiner Verpflichtung nicht nachkommt? (zu Rechtswegfragen → Rn. 195 ff.).

186a Der Bieter hat aufgrund der landesrechtlichen Regelung keinen durchsetzbaren Anspruch auf eine Nachprüfung.[455] Es kann nach Auff. des OLG Naumburg offenbleiben, ob die Spruchpraxis der 3. Vergabekammer des Landes Sachsen-Anhalt zur Nichtigkeit eines Vertragsschlusses zutreffend ist, wenn der Vertragsschluss entgegen der in § 19 TVergG LSA normierten Wartepflicht erfolgt. Der Landesgesetzgeber hat urspr. uU versäumt, eine den §§ 134, 135 GWB entspr. Regelung zu treffen; er hat inzwischen jedoch auch Gelegenheiten zu einer entspr. Ergänzung der Regelungen ungenutzt verstreichen lassen. Die Vergabekammer hat aus nachvollziehbaren

---

[451] OVG Sachsen 11.5.2017 – 1 A 140/16.
[452] GVBl. LSA 2022, 367; Schaller LKV 2022, 159.
[453] VK Sachsen-Anhalt 25.4.2018 – 3 VK LSA 17/18, IBRRS 2018, 2269.
[454] Richtlinie über die Einrichtung von Vergabekammern in Sachsen-Anhalt, RdErl. des MW v. 4.3.1999 – 63–32570/03.
[455] OLG Naumburg 30.10.2020 – 7 U 47/20.

Gründen, insbes. zur Rechtsdurchsetzung und zur Wahrung der Effektivität des von ihr gewährten Primärrechtsschutzes die landesrechtlichen Vorschriften zur Vorabinformations- und Wartepflicht in § 19 Abs. 1 und 2 TVerfG LSA als ein konkludentes Verbotsgesetz iSv § 134 BGB ausgelegt.[456] In Sachsen-Anhalt hat der Landesgesetzgeber eine Vorabinformations- und Wartepflicht ausdr. normiert, allerdings – in Ausübung seines gesetzgeberischen Gestaltungsspielraumes – eingeschränkt. Er hat, wie den Gesetzesmaterialien eindeutig zu entnehmen ist, die hierdurch verursachte eingeschränkte Effektivität des Primärrechtsschutzes „unterhalb der Schwelle" in seine Abwägung einbezogen und letztlich bewusst in Kauf genommen. Jedenfalls in dieser Konstellation ist für die vom OLG Düsseldorf angestellte Überlegung zur gerichtlichen Rechtsfortbildung kein Raum mehr.[457]

f) Vorabinformationspflicht in Schleswig-Holstein. Im Vergabegesetz Schleswig-Holstein (VGSH) vom 8.2.2019[458] ist in § 5 VGSH eine Verordnungsermächtigung enthalten, von der der Gesetzgeber Gebrauch gemacht hat.[459] Auftraggeber informieren gem. § 5 S. 1 SHVgVO die Bewerber und Bieter, deren Teilnahmeanträge oder Angebote nicht berücksichtigt werden sollen, per E-Mail, elektronisch oder per Telefax über den Namen des Unternehmens, dessen Angebot den Zuschlag erhalten soll und die Gründe der Nichtberücksichtigung (Vorabinformation) spätestens sieben Kalendertage vor Erteilung des Zuschlags. Dies gilt nicht gem. § 5 S. 2 SHVgVO für Bewerber oder Bieter, denen ihre Nichtberücksichtigung bereits vorher in Textform (§ 126b BGB) mitgeteilt worden ist. Für Vergaben mit einem Einzelauftragswert bis 50.000 Euro ist gem. § 5 S. 3 SHVgVO die Vorabinformation fakultativ anwendbar. Die zusätzliche Anwendung von § 19 Abs. 2 VOB/A sowie § 46 Abs. 1 S. 1 und 3 UVgO ist gem. § 5 S. 4 SHVgVO nicht verpflichtend. Die Regelungen sind bis zum 31.3.2024 befristet.

Die Vorabinformationspflicht ist ebenfalls **drittschützend**.[460] Die gerichtliche Überprüfung liegt bei der ordentlichen Gerichtsbarkeit (→ vgl. Rn. 180, 180 a).

g) Vorabinformationspflicht in Thüringen. In Thüringen besteht eine landesgesetzliche Informations- und Wartepflicht nach dem Thüringer Gesetz über die Vergabe öffentlicher Aufträge (Thüringer Vergabegesetz – ThürVgG –).[461] Unterhalb der Schwellenwerte nach § 106 GWB informiert der thüringische Auftraggeber gem. § 19 Abs. 1 S. 1 ThürVgG die Bieter, deren Angebote nicht berücksichtigt werden sollen, über den Namen des Bieters, dessen Angebot angenommen werden soll, und über die Gründe der vorgesehenen Nichtberücksichtigung ihres Angebotes. Er gibt gem. § 19 Abs. 1 S. 2 ThürVgG die Information schriftlich spätestens sieben Kalendertage vor dem Vertragsabschluss ab. Beanstandet gem. § 19 Abs. 2 S. 1 ThürVgG ein Bieter vor Ablauf der Frist schriftlich beim Auftraggeber die Nichteinhaltung der Vergabevorschriften und hilft der Auftraggeber der Beanstandung nicht ab, ist die Nachprüfungsbehörde durch Übersendung der vollständigen Vergabeakten zu unterrichten. Der Zuschlag darf gem. § 19 Abs. 2 S. 2 ThürVgG in dem Fall nur erteilt werden, wenn die Nachprüfungsbehörde nicht **innerhalb von 14 Kalendertagen** nach Unterrichtung

---

[456] OLG Naumburg 3.9.2020 – 7 W 27/20, BeckRS 2020, 50313 Rn. 28 mHa 3. VK Sachsen-Anhalt 13.3.2019 – 3 VK LSA 07/19.

[457] OLG Naumburg 3.9.2020 – 7 W 27/20, BeckRS 2020, 50313 Rn. 28 entgegen OLG Düsseldorf 13.12.2017 – I-27 U 25/17, NZBau 2018, 168.

[458] GVOBl. 2019 40.

[459] Landesverordnung über die Vergabe öffentlicher Aufträge (Schleswig-Holsteinische Vergabeverordnung – SHVgVO) v. 1. April 2019, GVOBl. 2019 72.

[460] Vgl. BeckVergabeR/Dörr Einl. Rn. 131 „effektiver Rechtsschutz".

[461] Thüringer Gesetz über die Vergabe öffentlicher Aufträge (Thüringer Vergabegesetz – ThürVgG) idF der Bekanntmachung v. 23. Januar 2020.

das Vergabeverfahren mit Gründen beanstandet; andernfalls hat der Auftraggeber die Auffassung der Nachprüfungsbehörde zu beachten.

188 Die Frist **beginnt am Tag nach dem Eingang der Unterrichtung** (§ 19 Abs. 2 S. 3 ThürVgG). Ein Anspruch des Bieters auf Tätigwerden der Nachprüfungsbehörde besteht gem. § 19 Abs. 2 S. 4 ThürVgG nicht. Im Falle ihres Tätigwerdens entscheidet die Nachprüfungsbehörde gem. § 19 Abs. 2 S. 5 ThürVgG abschl., ob der Bieter durch die Nichteinhaltung von Vergabevorschriften in seinen Rechten verletzt wurde. Nachprüfungsbehörde ist gem. § 19 Abs. 3 ThürVgG die Vergabekammer. Der landesrechtlichen Überprüfung unterliegen nur Bauleistungen mit einem Wert über 150.000 Euro (ohne Umsatzsteuer), bei Leistungen und Lieferungen oberhalb von 50.000 Euro (ohne Umsatzsteuer).

188a Obwohl ein subjektiver Verfahrensanspruch des erfolglosen Bieters gem.§ 19 Abs. 2 S. 5 ThürVgG nicht besteht, greift die VK Thüringen – wie zahlreiche Entscheidungen zeigen – rechtswidrige Verfahren auf.[462] Ist ein Vergabeverfahren als rechtswidrig zu beanstanden, kann der Auftraggeber nach dem ThürVgG zur Wiederholung von Verfahrensschritten auch dann verpflichtet werden, wenn das Angebot des Beschwerdeführers auszuschließen ist.[463]

7. Freiwillige Informationen

189 Auftraggeber können (freiwillig) dem Bewerber einen Bewerbungsverfahrensanspruch einräumen. Dieser kann aus Art. 3 Abs. 1 GG iVm Art. 20 Abs. 3 GG abgeleitet werden. Dieser kann es gebieten, zwischen der Bekanntgabe der Auswahlentscheidung und dem Vertragsabschluss mit dem ausgewählten Bewerber einen angemessenen Zeitraum von jedenfalls zwei Wochen verstreichen zu lassen, um einen effektiven (Primär-) Rechtsschutz iSd Art. 19 Abs. 4 GG in Bezug auf die Auswahlentscheidung zu ermöglichen.[464] Ob dieser verpflichtend besteht, wird zutreffend bezweifelt.[465] Wenn er aber eingeräumt wird, dann muss er vom Auftraggeber auch beachtet und von den Gerichten über die **bestehende Selbstbindung** auch durchgesetzt werden (→ Rn. 35).

8. Mitteilung zur Auftragserteilung als Verwaltungsakt?

190 Außerhalb der Regelung des § 134 GWB bestehen Informations- und Wartepflichten, wobei die rechtliche Qualität dieser Informationsschreiben umstritten ist.[466] Die Regelung der Informations- und Wartepflicht in § 134 Abs. 1 GWB ist unmittelbarer Ausfluss des vergaberechtlichen Transparenzgebots und notwendige Voraussetzung für einen effektiven Rechtsschutz (→ § 134 Rn. 5).

191 Nach zutr. Auff. wird die Mitteilung zur Auftragserteilung außerhalb des förmlichen GWB-Vergaberechts im Bereich der öffentlich-rechtlichen Beauftragung als

---

[462] VK Thüringen 14.5.2019 – 250–4003-11842/2019-N- 003-GTH; VK Thüringen 23.3.2018 – 250–4002-1304/2018-N-003-HBN; VK Thüringen 18.4.2017 – 250–4002-3905/ 2017-N-006–NDH; VK Thüringen 8.11.2016 – 250–4002-7852/2016-N-012–KYF; VK Thüringen 8.11.2016 – 250–4002-7852/2016-N–012–KYF; VK Thüringen 26.9.2016 – 250–4002-6249/2016-N-074-EF; VK Thüringen 29.8.2016 – 250–4002-6249/2016-N-074–EF; VK Thüringen 10.3.2016 – 250–4002-2350/2016-N-003–SOK; VK Thüringen 25.2.2016 – 250–4002-1839/2016-N-003-EA; VK Thüringen 28.9.2015 – 250–4002-4800/2015-N-006– SON; VK Thüringen 28.9.2015 – 250–4002-4800/2015-N-006–SON.
[463] VK Thüringen 23.3.2018 – 250–4002-1304/2018-N-003-HBN.
[464] OVG Bln-Bbg 30.11.2010 – OVG 1 S 107/10, BeckRS 2010, 56671; Braun NVwZ 2009, 747.
[465] KG 7.1.2020 – 9 U 79/19, NZBau 2020, 680; Siegel VerwArch 2016, 1 (26).
[466] OLG Düsseldorf 13.12.2017 – I-27 U 25/17, NZBau 2018, 168; Sitsen ZfBR 2018, 654.

Verwaltungsakt angesehen, der vorab den unterlegenen Bewerbern bekannt zu geben ist.[467] Nur eine Innenwirkung hat die von der Verbandsversammlung zugunsten des Bestbieters beschlossene Auswahlentscheidung. Ein Schreiben der auswählenden Behörde, mit dem dem unterlegenen Bewerber nach außen wirksam bekannt gemacht wird, dass er nicht ausgewählt worden und beabsichtigt sei, den Zuschlag an die Bestbieterin zu erteilen, ist ein Verwaltungsakt. Die Absage ist mit einer Negativmitteilung im beamtenrechtlichen Auswahlverfahren vergleichbar und mithin ein Verwaltungsakt.[468] Diese Auff. überzeugt, weil sie über § 80 Abs. 5 VwGO ein konsistentes und rechtsschutzintensiveres Überprüfungsverfahren ermöglicht.[469] Dies reicht als Begründung, weil ansonsten – dies zeigt die Zeitdauer der verwaltungsgerichtlichen Verfahren – kein effektiver Rechtsschutz möglich ist.[470]

Das Informationsschreiben habe nach einer Auff. keinen Verwaltungsaktcharakter, weil hierin keine Regelung mit Außenwirkung zu sehen sei. Eine Regelung sei eine Maßnahme mit verbindlicher Festlegung von Rechten und Pflichten oder zur Herbeiführung eines Rechtsstatus. Hieran fehle es bei den Mitteilungen, weil sie die verbindliche Festlegung auf eine Bestbieterin, an die die öffentlichen Mittel weitergeleitet werden sollten, lediglich vorab ankündigen würde.[471] **192**

Diese Meinung ist nicht stringent, weil der Vertragsschluss ein Realakt ist, der zudem in der Regel unter Ausschluss der Öffentlichkeit nach der Mitteilung erfolgt, ohne dass dem unterlegenen Bewerber die (erneute) Chance gegeben wird, dagegen vorzugehen. Auch fehle es an der unmittelbaren Außenwirkung der Mitteilungen, da sie sich nicht auf geschützte Rechtspositionen auswirken würden.[472] Die Gegenmeinung verkennt, dass – gerade auch außerhalb des förmlichen Vergaberechts – ein vorvertragliches Vertrauensverhältnis derart besteht, dass das Verfahren nach den selbst gesetzten Vorgaben durchgeführt wird.[473] Es bestehen bei den beteiligten Unternehmen geschützte Rechtspositionen, in die durch eine rechtswidrige Verfahrensführung eingegriffen wird, was von der Gegenansicht verneint wird.[474] Die in Teil 4 des GWB verorteten Regelungen der §§ 134, 135 GWB sind unstreitig in einem verwaltungsgerichtlichen Verfahren nicht unmittelbar einschlägig.[475] Sie sind aber zumindest analog anzuwenden.[476] Die Gegenauff. führt in letzter Konsequenz zu einem ineffektiven und kaum wirksamen Rechtsschutz, der mit Art. 19 Abs. 4 GG nicht in Einklang zu bringen ist, wenn der abgeschlossene öffentlich-rechtliche Vertrag nicht (mehr) für aufhebbar angesehen wird.[477] **192a**

---

[467] BayVGH 15.11.2018 – 21 CE 18.854, BeckRS 2018, 29069; Entscheidungsanmerkung bei Bühs BayVBl. 2019, 514; Rennert NZBau 2019, 411 (414); aA VG Dresden 23.8.2019 – 4 L 416/19, BeckRS 2019, 18781; VG Darmstadt 10.9.2015 – 4 L 1180/15.DA, BeckRS 2016, 40959; VG Frankfurt a. M. 4.11.2011 – 5 L 2864/11.F, BeckRS 2011, 55664; OVG Münster 16.12.2022 – 13 B 839/22, BeckRS 2022, 39847 Rn. 55 f.

[468] BayVGH 15.11.2018 – 21 CE 18.854, BeckRS 2018, 29069; mHa BayVGH 19.2.2007 – 3 CE 06. 3302, BeckRS 2007, 29263 Rn. 60; aA OVG Münster 16.12.2022 – 13 B 839/22, BeckRS 2022, 39847 Rn. 55 f.

[469] Vgl. Bühs BayVBl. 2019, 514 (517).

[470] AA OVG Münster 16.12.2022 – 13 B 839/22, BeckRS 2022, 39847 Rn. 58.

[471] OVG Münster 16.12.2022 – 13 B 839/22, BeckRS 2022, 39847 Rn. 57; VG Dresden 23.8.2019 – 4 L 416/19, BeckRS 2019, 18781; VG Darmstadt 10.9.2015 – 4 L 1180/15.DA, BeckRS 2016, 40959; VG Frankfurt a. M. 4.11.2011 – 5 L 2864/11.F, BeckRS 2011, 55664.

[472] VG Dresden 23.8.2019 – 4 L 416; OVG Münster 16.12.2022 – 13 B 839/22, BeckRS 2022, 39847 Rn. 57.

[473] Vgl. Müller-Wrede/Braun KonzVgV/Braun § 1 Rn. 190 ff.

[474] OVG Münster 16.12.2022 – 13 B 839/22, BeckRS 2022, 39847 Rn. 73.

[475] OVG Münster 16.12.2022 – 13 B 839/22, BeckRS 2022, 39847 Rn. 81.

[476] OVG Münster 16.12.2022 – 13 B 839/22, BeckRS 2022, 39847 Rn. 84 f.

[477] Vgl. Rennert NZBau 2019, 411 (414).

192b Der Hinweis auf mögliche nachträglichen Rechtsschutz[478] ist im Hinblick auf die Zeitdauer verwaltungsgerichtlicher Verfahren mehr als unbefriedigend.[479] Selbstverständlich verfestigt der idR mehrjährige Vollzug des Vertrags diesen derart, dass die Chancen des unterlegenen Bewerbers bei einer ggf. erneut zu treffenden Auswahlentscheidung sehr stark verschlechtert sind.[480] Realitätsfremd ist die Ansicht, dass nach einer (positiven) Entscheidung in der Hauptsache abgewanderte Mitarbeiter ohne weiteres zurückzugewonnen werden können.[481] Nur eine Informationspflicht und Stillhaltefrist ähnlich wie bei der beamtenrechtlichen Konkurrentensituation, verbunden mit der Festlegung, dass ein unter Verstoß hiergegen geschlossener Vertrag nichtig ist, ist geeignet, die Beendigung des Primärrechtsschutzes durch Vertragsschluss zu verhindern.[482]

9. Rechtswegfragen außerhalb des förmlichen Vergaberechts

193 Außerhalb des förmlichen Vergaberechts stellen sich zahlreiche Rechtswegfragen. Dem nicht berücksichtigten und damit unterlegenen Bewerber stehen in diesem Bereich verschiedene Rechtswege offen. Bei einem zivilrechtlichen Beschaffungsvorgang, wie zB bei der Vergabe einer Wasserkonzession, ist der ordentliche Rechtsweg nach § 13 GVG gegeben.[483] Bei Verstößen steht der betroffene Bieter oder Bewerber der Zivilrechtsweg offen, um im Wege einer einstweiligen Verfügung gem. §§ 935, 940 ZPO ein Zuschlagsverbot erwirken zu können. Ist der Zuschlag bereits erteilt, kann der entspr. Primärrechtsschutz nicht mehr durchgreifen, es sei denn, der geschlossene Vertrag ist unwirksam oder nichtig.[484]

194 Weiter besteht die Möglichkeit der Klage vor den Sozialgerichten[485] oder vor den Verwaltungsgerichten[486] Der Rechtsweg bestimmt sich gem. § 40 Abs. 1 S. 1 VwGO anhand der Rechtsnatur des Teilnahmeverhältnisses, die sich aus dem Rechtscharakter der Auswahlbestimmungen ergibt, wenn es nicht gem. §§ 155, 156 Abs. 1, 158 Abs. 2 GWB den Nachprüfungsinstanzen verbindlich zugewiesen ist.[487] Der hierbei grds. entscheidende Faktor ist die Rechtsnatur des jeweiligen Auftrages. Handelt es sich um einen privatrechtlichen Vertrag zwischen dem Unternehmen und dem öffentlichen Auftraggeber, so ist der ordentliche Rechtsweg eröffnet. Handelt es sich aber um einen öffentlich-rechtlichen Vertrag iSd §§ 54 ff. VwVfG, so ist das Verwaltungsgericht zuständig.[488] Soweit es um die Art und Weise der Durchführung des mit der Ausschreibung eröffneten Vergabeverfahrens geht, sind auch im Bereich des Sozialrechts grds. die Vergabekammern zuständig. Soweit es um die grds. Zulässigkeit der Durchführung des Vergabeverfahrens geht, sind die Fachgerichte zuständig, also im Bereich des Sozialrechts regelmäßig die Sozialgerichte.[489]

---

[478] OVG Münster 16.12.2022 – 13 B 839/22, BeckRS 2022, 39847 Rn. 87.
[479] https://www.destatis.de/DE/Themen/Staat/Justiz-Rechtspflege/Publikationen/Downloads-Gerichte/verwaltungsgerichte-2100240217004.html.
[480] AA OVG Münster 16.12.2022 – 13 B 839/22, BeckRS 2022, 39847 Rn. 92.
[481] AA OVG Münster 16.12.2022 – 13 B 839/22, BeckRS 2022, 39847 Rn. 101.
[482] Schoch/Schneider/Pietzcker/Marsch, 43. EL August 2022, VwGO § 42 Abs. 1 Rn. 79.
[483] OLG Celle 16.6.2022 – 13 U 67/21, BeckRS 2022, 18237; OLG Naumburg 3.9.2020 – 7 W 27/20, BeckRS 2020, 50313.
[484] Vgl. OLG Düsseldorf 13.12.2017 – I-27 U 25/17, NZBau 2018, 168; Sitsen ZfBR 2018, 654.
[485] Vgl. OLG Düsseldorf 31.10.2018 – VII-Verg 37/18, NZBau 2019, 327; Besprechung von Gabriel NZBau 2019, 568.
[486] BayVGH 26.4.2019 – 12 C 19.621, VPRRS 2019, 0150; OVG Münster 16.12.2022 – 13 B 839/22, BeckRS 2022, 39847.
[487] BayVGH 26.4.2019 – 12 C 19.621, VPRRS 2019, 0150.
[488] Vgl. Müller-Wrede KonzVgV/Braun § 1 Rn. 104 ff.
[489] LSG NRW 23.3.2022 – L 12 SO 227/19, BeckRS 2022, 25027.

Eine Verweisung kann nur an das zuständige Gericht des zulässigen Rechtswegs 195 erfolgen.[490] Damit scheidet eine Verweisung an die Vergabekammer aus, weil diese kein Gericht ist, sondern ein Verwaltungsorgan, das durch Verwaltungsakt entscheidet.[491] Die erforderliche Rechtswegfestlegung setzt eine Abgrenzung der Rechtsmaterien gem. § 40 Abs. 1 VwGO, §§ 155, 156 Abs. 1, 158 Abs. 2 GWB voraus. Wenn das GWB eingreift, dann haben andere Prozessordnungen zurückzutreten.[492] Fragen, die einem Vergabeverfahren vor- oder nachgelagert sind, werden von § 156 Abs. 2 GWB daher nicht erfasst. Auch wenn § 156 Abs. 2 GWB eine Zuständigkeitskonzentration auf die Vergabenachprüfungsorgane bewirken soll, folgt daraus nicht die Sperre des Sozialrechtswegs. Eine Sonderzuweisung an die Vergabekammern und -senate ist danach nur gegeben, wenn für die Rechtsbeziehungen zwischen den Beteiligten deutsches oder europäisches Kartell- oder Wettbewerbsrecht maßgeblich ist. Nur dann ist eine fachliche Konzentration der Streitverfahren bei den nach dem GWB zuständigen Spruchkörpern geboten.[493]

Im Detail sind Zuordnungen zu den einzelnen Gerichtsbarkeiten von wenig Strin- 196 genz geprägt. Nach Auffassung des NdsOVG sei für die Zuordnung des streitigen Rechtsverhältnisses zum öffentlichen oder zum bürgerlichen Recht nicht das Ziel, sondern die Rechtsform des staatlichen Handelns maßgeblich. Sei diese privatrechtlich, sei es grds. auch die betreffende Streitigkeit. Umgekehrt sei prinzipiell der Verwaltungsrechtsweg eröffnet, wenn sich das staatliche Handeln in den Bahnen des öffentlichen Rechts vollziehe. Im Ergebnis habe der BGH überzeugend festgestellt, dass bei Vergabe der (unterschwelligen) Dienstleistungskonzession in den Formen des Privatrechts für die vergaberechtliche Nachprüfung die ordentlichen Gerichte zuständig seien, bei Vergabe in den Formen des öffentlichen Rechts sei hingegen der Verwaltungsrechtsweg eröffnet.[494] Die Vergabe der Konzession zum Bau und zur Übernahme der Trägerschaft der Kindertagesstätte erfolge prägend in den Formen des öffentlichen Rechts. Daran ändere auch der abgeschlossene Erbbaurechtsvertrag nichts, weil dieser – im Gegensatz zur Finanzierungsvereinbarung – nachrangig sei. Diese sei aber öffentlich-rechtlicher Natur (§ 53 Abs. 1 SGB X).[495] Das OLG Jena hat wiederum festgestellt, dass für die Vergabe von Verträgen über den Betrieb eines Kindergartens das Vergaberecht keine Einschränkung seines Anwendungsbereichs vorsehe. Vielmehr gebe § 130 GWB iVm Anhang XIV der RL 2014/24/EU zu erkennen, dass öffentliche Aufträge über soziale und andere besondere Dienstleistungen grds. von seinem Anwendungsbereich erfasst würden; insoweit bestünden allein einige Sonderregelungen. Der Betrieb eines Kindergartens unterfalle dabei der Kategorie „Dienstleistungen des Gesundheits- und Sozialwesens und zugehörige Dienstleistungen".[496]

Diese Auffassung bleibt nicht unwidersprochen.[497] Auch in Fällen der Konzessi- 197 onsvergabe gehe es im Kern um die Überprüfung einer Entscheidung des öffentlichen Auftraggebers über die Auswahl des Vertragspartners. Fragen der Vertragsdurchführung, sei es unter privatrechtlicher oder unter öffentlich-rechtlicher Ägide, würden sich richtigerweise in dieser Phase des Vergabeverfahrens nicht stellen. Der eigentliche Vorgang der Bieterauswahl unterfalle der Beschaffungsautonomie des

---

[490] BayVGH 26.4.2019 – 12 C 19.621, VPRRS 2019, 0150 mHa SächsOVG 9.2.2016 – 5 B 315/15, VPRRS 2016, 0500; ThürOVG 18.11.2004 – 2 EO 1329/04, NVwZ 2005, 235.
[491] BayVGH 26.4.2019 – 22 C 19.621, VPRRS 2019, 0150.
[492] Vgl. jüngst BayVGH 26.4.2019 – 12 C 19.621, VPRRS 2019, 0150.
[493] LSG NRW 23.3.2022 – L 12 SO 227/19, BeckRS 2022, 25027 Rn. 27.
[494] NdsOVG 29.10.2018 – 10 ME 363/18, NVwZ 2019, 656 mkritAnm Krist VergabeR 2019, 242.
[495] NdsOVG 29.10.2018 – 10 ME 363/18, NVwZ 2019, 656.
[496] OLG Jena 9.4.2021 – Verg 2/20, BeckRS 2021, 17182.
[497] Krist VergabeR 2019, 242 (243).

öffentlichen Auftraggebers und damit dem Privatrechtsregime. Die Aufgabenträger seien idR frei darin, in welcher Handlungsform sie die ihnen obliegenden Aufgaben erfüllen würden. Das Vergaberecht sei in diesem Zusammenhang ein Vergabeverfahrensrecht des Staates, welches einen regulierten Ablauf für die Findung eines Vertragspartners zur Erfüllung eben solcher Aufgaben zum Inhalt habe. Wenn dieser Vorgang aber unabhängig von der späteren, sich daran erst anschließenden Handlungsform, der Ausgestaltung des konkreten Beschaffungsvorgangs, nicht öffentlich-rechtlicher Natur sei, dann sei er dies richtigerweise in keinem Fall, auch nicht im Fall der (unterschwelligen) Konzessionsvergabe. Das würde dazu führen, dass sämtliche Vertragsanbahnungsrechtsverhältnisse, auch wenn sie „nur" darauf gerichtet seien, eine Dienstleistungskonzession unterhalb der Schwellenwerte abschließen zu wollen, privatrechtlicher Natur wären und daher einheitlich der Überprüfung durch die Zivilgerichte unterliegen würden.[498] Für diese Auffassung spricht, dass schwierige Abgrenzungsfragen vermieden werden.[499] Für die Auffassung des NdsOVG spricht aber, dass mit diesem Ansatz gesamte Bereiche des öffentlich-rechtlichen Verteilungsverfahrens den Verwaltungsgerichten als sachnähere Überprüfungsinstanzen entzogen würden, was nicht der richtige Ansatz ist.

198 Das OLG Dresden hatte sich für die Entscheidung über einen Antrag auf Verlängerung der aufschiebenden Wirkung der sofortigen Beschwerde über den § 173 Abs. 1 S. 2 GWB gegen eine Verweisung entschieden.[500] Der Vergabesenat sei zwar das erste mit dem Verfahren befasste Gericht. Der Rechtsweg sei nicht unzulässig, weil die Antragstellerin eine sofortige Beschwerde gegen eine Entscheidung einer Vergabekammer eingelegt habe, über die der Vergabesenat gem. § 171 Abs. 1 S. 1, Abs. 3 S. 1, 2 GWB zuständig sei. Auch wenn der Senat iRd materieller Begründetheit der sofortigen Beschwerde die Zulässigkeit des Nachprüfungsantrages an die Vergabekammer zu prüfen habe, sei die Zulässigkeit des Nachprüfungsantrages kein Kriterium für die Zulässigkeit des Rechtsweges zum Vergabesenat, die danach bestimmt würde, ob sich der Beschwerdeführer gegen eine Entscheidung der Vergabekammer wende. Da sich die Beschwerdezuständigkeit des Senats auf die Überprüfung der Kammerentscheidung beschränken würde, bestehe daher von vornherein keine Veranlassung zu deren Aufhebung, die allerdings – entspr. dem Antrag der Antragstellerin – erforderlich wäre, damit dem Verwaltungsgericht – nach einer Verweisung – überhaupt die Möglichkeit einer Entscheidung über denselben Verfahrensgegenstand eröffnet wäre.[501]

199 Dagegen ist anzuführen, dass es bisher zutr. hM ist, dass in denjenigen Fällen, in denen der Rechtsweg zu den Vergabenachprüfungsinstanzen nicht eröffnet ist, das Verfahren an das zuständige Fachgericht verwiesen wird.[502] Insofern ist das OLG als erstes mit der Sache befasstes Gericht anzusehen, so dass das OLG allein die Verweisungskompetenz nach § 17a Abs. 2 GVG hat, wobei § 17a Abs. 5 GVG insoweit nicht einschlägig ist. Eine Verweisung des Verfahrens durch den Vergabesenat an das zuständige (Verwaltungs-) gericht ist nach § 17a Abs. 2 GVG stets zulässig. Die Frage des Instanzenzuges der sofortigen Beschwerde gegen den Beschluss der Vergabekammer zum Vergabesenat ist keine Frage des Rechtswegs, sondern eben nur des Instanzenzugs. Dass der Rechtsweg zu den Vergabenachprüfungsinstanzen

---

[498] Krist VergabeR 2019, 242 (243).
[499] Krist VergabeR 2019, 242 (243).
[500] OLG Dresden 21.8.2019 – Verg 5/19, BeckRS 2019, 41675.
[501] OLG Dresden 21.8.2019 – Verg 5/19, BeckRS 2019, 41675.
[502] BGH 23.1.2012 – X ZB 5/11, KommJur 2012, 186; OLG Brandenburg 26.7.2021 – 19 Verg 3/21, BeckRS 2021, 28089; OLG Naumburg 30.3.2022 – 7 Verg 2/22, BeckRS 2022, 7865; OLG Celle. 16.10.2018 – 13 Verg 3/18, NZBau 2019, 268; OLG München 30.6.2011 – Verg 5/09, NZBau 2011, 505; OLG Düsseldorf 19.12.2018 – VII-Verg 40/18, NZBau 2019, 332; BayVGH 26.4.2019 – 12 C 19.621, VPRRS 2019, 0150.

gerade nicht gegeben ist, ist die Konsequenz einer vergaberechtlichen Bereichsausnahme und gerade diese Konsequenz zeigt die Notwendigkeit der Verweisung. Dass die Verweisung von keinem der Verfahrensbeteiligten beantragt worden ist, steht einer Verweisung nicht entgegen. Eine Verweisung in den zulässigen Rechtsweg ist auch ohne und sogar gegen den Willen der Verfahrensbeteiligten auszusprechen.[503]

§ 135 Unwirksamkeit

(1) Ein öffentlicher Auftrag ist von Anfang an unwirksam, wenn der öffentliche Auftraggeber
1. gegen § 134 verstoßen hat oder
2. den Auftrag ohne vorherige Veröffentlichung einer Bekanntmachung im Amtsblatt der Europäischen Union vergeben hat, ohne dass dies aufgrund Gesetzes gestattet ist,

und dieser Verstoß in einem Nachprüfungsverfahren festgestellt worden ist.

(2) [1]Die Unwirksamkeit nach Absatz 1 kann nur festgestellt werden, wenn sie im Nachprüfungsverfahren innerhalb von 30 Kalendertagen nach der Information der betroffenen Bieter und Bewerber durch den öffentlichen Auftraggeber über den Abschluss des Vertrags, jedoch nicht später als sechs Monate nach Vertragsschluss geltend gemacht worden ist. [2]Hat der Auftraggeber die Auftragsvergabe im Amtsblatt der Europäischen Union bekannt gemacht, endet die Frist zur Geltendmachung der Unwirksamkeit 30 Kalendertage nach Veröffentlichung der Bekanntmachung der Auftragsvergabe im Amtsblatt der Europäischen Union.

(3) [1]Die Unwirksamkeit nach Absatz 1 Nummer 2 tritt nicht ein, wenn
1. der öffentliche Auftraggeber der Ansicht ist, dass die Auftragsvergabe ohne vorherige Veröffentlichung einer Bekanntmachung im Amtsblatt der Europäischen Union zulässig ist,
2. der öffentliche Auftraggeber eine Bekanntmachung im Amtsblatt der Europäischen Union veröffentlicht hat, mit der er die Absicht bekundet, den Vertrag abzuschließen, und
3. der Vertrag nicht vor Ablauf einer Frist von mindestens zehn Kalendertagen, gerechnet ab dem Tag nach der Veröffentlichung dieser Bekanntmachung, abgeschlossen wurde.

[2]Die Bekanntmachung nach Satz 1 Nummer 2 muss den Namen und die Kontaktdaten des öffentlichen Auftraggebers, die Beschreibung des Vertragsgegenstands, die Begründung der Entscheidung des Auftraggebers, den Auftrag ohne vorherige Veröffentlichung einer Bekanntmachung im Amtsblatt der Europäischen Union zu vergeben, und den Namen und die Kontaktdaten des Unternehmens, das den Zuschlag erhalten soll, umfassen.

Literatur: Braun, Konzessionsvergaben für Sportwetten – Maßstab für alle verwaltungsrechtlichen Konzessionsauswahlverfahren? NZBau 2016, 266; Braun/Buchmann, Beleihung als Ausstiegsmöglichkeit aus der Ausschreibungsverpflichtung? NZBau 2007, 691; Braun/Zwetkow, Beschaffungsfreiheit versus Technologieneutralität bei Breitbandausschreibungen, VergabeR 2015, 521; Braun, Stand der Konzessionsvergabe, NZBau 2019, 662; Braun/Zwetkow, Keine Bestätigung der Bereichsausnahme für Vergaben von Rettungsdienstleistungen, NZBau 2020, 219; Butzert, Dringlichkeitsvergabe nur in engen Grenzen, NZBau 2021, 720; Chen, Ist das Zuschlagsverbot des § 169 Abs. 1 GWB europarechtskonform?, VergabeR 2019, 145; Dreher/Hoffmann, Die Informations- und Wartepflicht sowie die Unwirksamkeitsfolge nach den neuen §§ 101a, 101b

---

[503] OLG Düsseldorf 19.12.2018 – VII-Verg 40/18, NZBau 2019, 332.

GWB § 135

Unwirksamkeit

GWB, NZBau 2009, 216; Fandrey, Ausschreibungsfreiheit durch Zuwendung?, NZBau 2019, 362; Frenz, Rechtsmitteländerungsrichtlinie und Folgen einer Vergaberechtswidrigkeit, VergabeR 2009, 1; Müller-Wrede/Gnittke/Hattig, GWB, 2. Aufl. 2022, § 135; Janßen/Knoblauch, Vertragsunwirksamkeit nach § 135 GWB im Lichte des Vergabetransformationspakets, NZBau 2023, 211; Kühn, Die Verlängerung der Wartefrist nach § 134 Abs. 2 GWB, oder: Was ist das Wort einer Vergabestelle wert? Zugleich Anmerkung zum Beschluss des OLG Düsseldorf vom 5.10.2016 – VII-Verg 24/16, VergabeR 2017, 708; Mentzinis, Pünder/Schellenberg, Vergaberecht, 3. Aufl. 2019; Linke, Anforderungen an die freiwillige ex ante-Transparenzbekanntmachung nach § 135 III GWB, NZBau 2022, 199; Michaels, Folgen unterlassener Angaben zu Höchstmenge und Höchstwert von Rahmenvereinbarungen in der Bekanntmachung, IR 2021, 256; Opheys, Effektiver Rechtsschutz im Vergabeverfahren, NZBau 2017, 714; Pfannkuch, Vertragsänderungen während der Vertragslaufzeit nach § 132 GWB nF, KommJur 2016, 448; Prieß/Hölzl, Kein Wunder: Architektenwettbewerb „Berliner Schloss" vergaberechtskonform, NZBau 2010, 354; Regler, Investorenvertrag und Vergaberechtsregime: Folgen für die notarielle Praxis, DNotZ 2010, 24; Roth/Landwehr, Kein „Freibrief" für Direktvergaben bei pandemiebedingtem Dringlichkeitsbedarf, NZBau 2021, 441; Siegel, Das Haushaltsvergaberecht – Systematisierung eines verkannten Rechtsgebiets, VerwArch, 2016, 1; Siegel, Zur funktionalen Annäherung des Haushaltsvergaberechts an das Kartellvergaberecht durch die UVgO: Wächst zusammen, was zusammengehört?, VergabeR 2018, 183; Sommer, Neue Entwicklungen für Ausschreibungspflichten bei Vertragsänderungen, VergabeR 2010, 568; Würfel, Keine Ausschreibungspflicht für juristische Beratungsdienstleistungen: Schiffshebewerk Niederfinow, NZBau 2010, 420; Wolf/Wolters, Wirkung und Voraussetzungen der freiwilligen ex ante-Transparenzbekanntmachung, NZBau 2019, 560; Wollenschläger, Vertragsnichtigkeit als Fehlerfolge bei grundrechts- und grundfreiheitenwidrigem privatrechtsförmigen Verwaltungshandeln, NVwZ 2015, 1535.

Übersicht

	Rn.
I. Bedeutung der Vorschrift	1
1. Umsetzung der EU-Richtlinien in deutsches Recht	5
2. Umsetzung in Europa, insbes. Regelung in Österreich	14
II. Persönlicher und sachlicher Anwendungsbereich	15
1. Interesse am Auftrag	19
2. Anknüpfungspunkt: Pflicht zur europaweiten Bekanntmachung	22
3. Abgeschlossener Vertrag steht Nachprüfung nicht entgegen	27
4. Verhandlungen mit mehreren Unternehmen mit umfasst	28
5. Vorliegen eines öffentlichen Auftrags	29
6. Vorliegen eines Sektorenauftrags	29a
7. Abgrenzung zur Beauftragung durch Verwaltungsakt	31
8. Entsprechende Anwendung bei Personenbeförderungsaufträgen	36a
III. Verstoß gegen die Informations- und Wartepflicht gem. § 134 GWB (§ 135 Abs. 1 Nr. 1 GWB)	37
1. Verstoß gegen die Informations- und Wartepflicht	38
a) Gänzlich fehlende Information gem. § 134 GWB	39
b) Verstoß auch bei unvollständiger und mangelhafter Information	40
c) Verschuldensunabhängiger Verstoß	42
2. Wesentliche Vertragsveränderungen	44
3. Unzulässige Erweiterungen eines Rahmenvertrages	47
IV. Vergabe ohne vorherige Veröffentlichung einer Bekanntmachung im Amtsblatt der EU (§ 135 Abs. 1 Nr. 2 GWB)	48
1. Europarechtswidrige, rein nationale Vergabeverfahren, De-facto-Vergaben	50
a) Alle europarechtswidrigen De-facto-Vergaben sind erfasst	53

	Rn.
b) Der Begriff der Bekanntmachung	57
c) Zeitpunkt der vorherigen Veröffentlichung	60
d) Motivation und Verschulden des Auftraggebers irrelevant	62
2. Rechtmäßige Ausnahmen von der Bekanntmachungspflicht	64
a) Erleichterungen in der KonzVgV, SektVO und Bereichsausnahmen	65
b) Beleihung durch Gesetz, Verordnung oder Verwaltungsakt	68
V. Fristen zur Geltendmachung der Unwirksamkeit nach § 135 Abs. 2 GWB	70
1. Beginn und Ende der Frist nach § 135 Abs. 2 GWB	75
2. Fristbeginn bei Ausschlussfristen erst nach ordnungsgemäßer Belehrung	79
3. Umfang der Informationspflicht	84
4. Wiedereinsetzung in die Frist	85
5. Verwirkung, Treu- und Glauben?	88
VI. Ausschluss der Unwirksamkeit nach § 135 Abs. 3 GWB	90
1. Auffassung des Auftraggebers gem. § 135 Abs. 3 S. 1 Nr. 1 GWB	92
2. Bekanntmachung gem. § 135 Abs. 3 S. 1 Nr. 2 GWB	97
3. Frist gem. § 135 Abs. 3 S. 1 Nr. 3 GWB	99
4. Inhalt der Bekanntmachung gem. § 135 Abs. 3 S. 2 GWB	101
VII. Feststellung im Nachprüfungsverfahren	102
1. Statthaftigkeit des Nachprüfungsverfahrens	103
2. Antragsbefugnis, Interesse am Auftrag, Schadenseintritt	104
3. Feststellung von Amts wegen	105a
4. Rügeverpflichtung bei fehlerhafter Information gem. § 134 GWB?	106
5. Keine Rügeverpflichtung bei De-facto-Vergaben	108
6. Tenorierung durch die Nachprüfungsinstanzen	111
7. Schwebende Wirksamkeit bis zur Feststellung	116
8. Ungeschriebene Tatbestandsmerkmale? Treu und Glauben?	119
9. Rechtsfolgen	122
a) Rechtsfolgen für den rechtswidrig ausgewählten Bestbieter	123
b) Rechtsfolgen für den Antragsteller	126
c) Rechtsfolgen für Dritte	129
d) Geeignete Maßnahmen durch die Vergabekammer gem. § 168 Abs. 1 S. 1 GWB	131
VIII. Nichtige, unwirksame und kündbare Verträge außerhalb § 135 GWB	132
1. Sittenwidrige und nichtige Verträge	133
2. Kündigung nach Vertragsverletzungsverfahren gem. § 133 Abs. 1 Nr. 3 GWB	137

I. Bedeutung der Vorschrift

Bei der Vorabinformation gem. § 134 GWB handelt es sich um ein zentrales Element zur Gewährleistung eines effektiven Rechtsschutzes für unterlegene Bieter.[1] § 135 GWB ermöglicht, dass ein vergaberechtswidrig erteilter Auftrag noch **nachträglich einem geordneten Vergabeverfahren** zugeführt werden kann.[2] Mit

---
[1] VK Brandenburg 12.3.2019 – VK 1/19, BeckRS 2019, 17288 Rn. 26.
[2] BGH 14.5.2012 – II ZR 130/10, NZBau 2012, 568.

§ 135 GWB wurden, ebenso wie mit § 134 GWB, die Regelungen der maßgeblichen EU-Vergaberichtlinien[3] sowie der EU-Rechtsmittelrichtlinie[4] iRd Vergaberechtsnovellierung im deutschen Recht umgesetzt.[5] Die Unwirksamkeit einer Vergabe ist nach Auff. des EU-Richtliniengebers das beste Mittel, um den Wettbewerb wiederherzustellen und neue Geschäftsmöglichkeiten für die Wirtschaftsteilnehmer zu schaffen, denen in rechtswidriger Weise Wettbewerbsmöglichkeiten vorenthalten wurden.[6] **Größere Änderungen** wurden bei der Novellierung **nicht vorgenommen,** da sich die Bestimmungen in der Praxis bewährt haben. Ein weites Verständnis entspricht dem Sinn und Zweck der Regelung. Sie soll einen wirksamen Primärrechtsschutz sicherstellen und „heimliche" Vergaben verhindern.[7]

2 Wegen nach alter Rechtslage bestehender Schwächen des Primärrechtsschutzes in den Mitgliedstaaten kam es zu einer Novellierung der ursprünglichen Rechtsmittelrichtlinie durch die RL 2007/66/EG,[8] welche die RL 89/665/EWG gewissen Änderungen unterwarf. Die Vorgaben der RL 2007/66/EG wurden iRd neuen Vergaberichtlinien übernommen und ihrerseits durch Art. 46 KVR an die geänderte Rechtslage angepasst. Die ursprünglich in der RL 2007/66/EG vorgesehenen und weiterhin gültigen Regelungen sollten dem unionsrechtlichen Äquivalenzgrundsatz und Effektivitätsgebot Rechnung tragen, wonach im Unionsrecht wurzelnde Rechtsbehelfe im binnenmarktrelevanten Bereich nicht weniger wirksam sein dürfen als entspr., auf nationales Recht gestützte Ansprüche und der Rechtsschutz nicht praktisch unmöglich oder übermäßig erschwert werden darf. Dieser Ansatz hat sich durchgesetzt. Der **Rechtsschutz** vor den Oberlandesgerichten und den Vergabekammern kann insges. als **wirksam und effektiv** bezeichnet werden. Mit einer weitergehenden Novellierung dieser Norm ist – auch auf Unionsebene – nicht zu rechnen.[9]

3 Die notwendige unionsrechtskonforme Interpretation des § 135 GWB hat sich an diesen Vorgaben messen zu lassen (→ § 134 Rn. 10), wobei der nationale Grundsatz, dass einmal geschlossene Verträge Bestandskraft genießen („pacta sunt servanda"), auch iRd § 133 GWB zu würdigen ist. Dies steht im Spannungsverhältnis zu § 168 Abs. 2 S. 1 GWB, wonach ein wirksam erteilter Zuschlag nicht aufgehoben werden kann. Insgesamt besteht ein **Zielkonflikt zwischen Bieterschutz und Rechtssicherheit.** Diesen Konflikt löst das Zusammenspiel von §§ 133, 134 GWB und § 135 GWB ausgewogen. In den gesetzlich normierten Fällen wird der Grundsatz der **Bestandskraft der Verträge durchbrochen.**

4 Rechtsschutz und Rechtssicherheit stehen stets in einem **Spannungsverhältnis,** denn ein wirksam erteilter Zuschlag kann gem. § 168 Abs. 2 S. 1 GWB nicht aufgehoben werden. Sinn der Fristenregelungen des § 135 Abs. 2 GWB ist es, nach einer gewissen Zeit für Rechtssicherheit zu sorgen, indem ein vergaberechtliches Vorgehen gegen bereits abgeschlossene Verträge nach Ablauf einer gewissen Zeit untersagt wird, so dass die Verträge wirksam sind.[10] Nicht Sinn des § 135 GWB ist

---

[3] KVR und VRL.

[4] RL 89/665/EWG idF des Art. 46 KVR.

[5] Gesetzesentwurf der BReg: Entwurf eines Gesetzes zur Modernisierung des Vergaberechts, BT-Drs. 18/6281.

[6] Erwgr. 14 der RL 2007/66/EG.

[7] OLG Rostock 11.11.2021 – 17 Verg 4/21, BeckRS 2021, 34180 Rn. 24; 9.12.2020 – 17 Verg 4/20, BeckRS 2020, 34546 Rn. 60.

[8] Erwgr. 4 der RL 2007/66/EG.

[9] Bericht der Kommission an das europäische Parlament und den Rat über die Wirksamkeit der RL 89/665/EWG und RL 92/13/EWG der durch die RL 2007/66/EG geänderten Fassung hinsichtlich Nachprüfungsverfahren im Bereich der öffentlichen Auftragsvergabe, Brüssel v. 24.1.2017, COM(2017) 28 final.

[10] VK Westfalen 26.8.2015 – VK 2–23/15, IBRRS 2016, 0337; VK Sachsen 27.4.2015 – 1/SVK/012-15, BeckRS 2015, 16420.

es aber, den vorrangigen Primärrechtsschutz für den Bieter einzuschränken.[11] Im Interesse eines effektiven Vergaberechtsschutzes ist ein **weites Verständnis der Norm** letztlich konsequent und sachgerecht. Anderenfalls blieben Vergaberechtsverstöße im Bereich der De-Facto-Vergabe faktisch weitgehend – allenfalls abgesehen von kaum durchzusetzenden Schadenersatzansprüchen – sanktionslos.[12]

1. Umsetzung der EU-Richtlinien in deutsches Recht

§ 135 Abs. 1 Nr. 1 GWB entspricht iW der Vorgängernorm. Ein Vertrag ist von Anfang an wirksam, wenn die Frist nach § 135 Abs. 2 S. 1 GWB abgelaufen ist und die Unwirksamkeit nicht in einem Nachprüfungsverfahren geltend gemacht wurde. Der Gesetzgeber hat mit dieser Norm die Gedanken der Vorgängerregelung und die hierzu angestellten Erwägungen aufgegriffen, die zum Erlass der EU-Rechtsmittelrichtlinie geführt haben. Um gegen die rechtswidrige freihändige Vergabe von Aufträgen vorzugehen, die der EuGH als die **schwerwiegendste Verletzung** des Unionsrechts im Bereich des öffentlichen Auftragswesens durch öffentliche Auftraggeber oder Auftraggeber bezeichnet hat, sollten wirksame, verhältnismäßige und abschreckende Sanktionen vorgesehen werden. Ein Vertrag, der aufgrund einer **rechtswidrigen freihändigen Vergabe** ohne vorherigen öffentlichen Wettbewerb zustande gekommen ist, sollte daher grds. als **unwirksam** gelten. Die **Unwirksamkeit sollte nicht automatisch** gelten, sondern durch eine unabhängige Nachprüfungsstelle festgestellt werden oder auf der Entscheidung einer unabhängigen Nachprüfungsstelle beruhen.[13]

Durch § 135 Abs. 1 Nr. 2 GWB wird klargestellt, dass **De-facto-Vergaben im weiteren Sinn mit umfasst sind**. Ausschreibungen ohne gebotenes unionskonformes Verfahren werden sanktioniert. Die Regelung des § 135 Abs. 1 Nr. 2 GWB ist vor dem Hintergrund des Art. 2d Abs. 1 lit. a der RL 89/665/EWG idF des Art. 46 KVR auszulegen. Danach greift die Vorschrift bereits dann ein, wenn eine Auftragsvergabe „ohne vorherige Veröffentlichung einer Bekanntmachung im Amtsblatt der Europäischen Union" erfolgt, ohne dass dies nach dem KVR und der VRL zulässig ist.[14] Es gilt der Grundsatz der unionsrechtskonformen Auslegung.[15]

§ 135 Abs. 2 S. 1 GWB entspricht iW der Vorgängerregelung, mit der Änderung, dass nunmehr der Lauf der Frist, innerhalb der ein Unternehmen die Feststellung der Unwirksamkeit eines Vertrags beantragen kann, eine Information der betroffenen Bieter oder Bewerber durch den Auftrag- oder Konzessionsgeber über den Abschluss des Vertrags voraussetzt. Eine anderweitige Kenntniserlangung durch den Bieter oder Bewerber genügt als fristauslösendes Ereignis nicht.[16] Damit die in § 135 Abs. 2 S. 2 GWB vorgesehene Fristverkürzung eintritt, sind über den reinen Wortlaut hinaus sowohl die inhaltlichen Bestimmungen der RMRL als auch die Durchführungsverordnung (EU) 2015/1986 – bzw. mWv 25.10.2023 die Durchführungsverordnung (EU) 2019/1780 der EU-Kommission v. 23. September 2019 zur Einführung von Standardformularen für die Veröffentlichung von Bekanntmachungen für öffentliche Aufträge und zur Aufhebung der Durchführungsverordnung (EU) 2015/1986 zwingend zu beachten. Ansonsten wäre § 135 Abs. 2 GWB aufgrund des Anwendungsvorrangs des Europarechts unanwendbar, mit der Folge, dass der Rückgriff auf die Fristenregelung vollkommen versperrt wäre.[17]

---

[11] VK Sachsen 27.4.2015 – 1/SVK/012-15, BeckRS 2015, 16420.
[12] OLG Rostock 11.11.2021 – 17 Verg 4/21, BeckRS 2021, 34180 Rn. 26.
[13] Erwgr. 3, 13 der RL 2007/66/EG.
[14] OLG Düsseldorf 3.8.2011 – VII-Verg 33/11, BeckRS 2011, 22546; vgl. auch OLG Celle 24.10.2019 – 13 Verg 9/19, BeckRS 2019, 26579 Rn. 29.
[15] OLG Celle 24.10.2019 – 13 Verg 9/19, BeckRS 2019, 26579 Rn. 35.
[16] Entwurf eines Gesetzes zur Modernisierung des Vergaberechts, BT-Drs. 18/6281, 119.
[17] VK Nordbayern 26.7.2018 – RMF-SG21-3194-3-19, VPRRS 2018, 0287.

8 **§ 135 Abs. 3 GWB entspricht ebenfalls einer EU-Vorgabe.** Er übernimmt die in der Rechtsmittelrichtlinie vorgesehene Möglichkeit, die Unwirksamkeit eines öffentlichen Auftrags zu vermeiden, wenn der öffentliche Auftraggeber der Ansicht ist, eine Vergabe sei ohne vorherige Veröffentlichung im EU-Amtsblatt der EU zulässig. Er muss im EU-Amtsblatt die Absicht des Vertragsschlusses bekunden und darf diesen Vertragsschluss nicht vor Ablauf einer Frist von mindestens zehn Kalendertagen, gerechnet ab dem Tag nach der Veröffentlichung der Bekanntmachung, durchführen.[18] Die Präklusionsbestimmungen des § 160 Abs. 3 S. 1 GWB sind gem. ihrem Wortlaut streng auszulegen und anzuwenden, um den durch die Rechtsmittelrichtlinie der EU garantierten Primärrechtsschutz nicht einzuschränken.[19]

9 Die Unwirksamkeit einer Vergabe ist das beste Mittel, um den Wettbewerb wiederherzustellen und neue Geschäftsmöglichkeiten für die Wirtschaftsteilnehmer zu schaffen, denen rechtswidrig Wettbewerbsmöglichkeiten vorenthalten wurden.[20] Gerade in jahrzehntelangen Vertragsbeziehungen haben sich häufig **Nähebeziehungen gebildet,** die nur durch effektive gerichtliche Sanktionen beendet werden können. Um schwere Verstöße gegen die obligatorische Stillhaltefrist und den automatischen Suspensiveffekt, die Voraussetzungen für eine wirksame Nachprüfung sind, zu vermeiden, hat der Gesetzgeber die wirksame Sanktion der vertraglichen Unwirksamkeit geschaffen. **Rechte** und **Pflichten** der Parteien im Rahmen des Vertrags sollen nicht **mehr ausgeübt und nicht mehr durchgesetzt werden können.** Die Folgen, die sich dadurch ergeben, dass ein Vertrag als unwirksam gilt, sollten durch das einzelstaatliche Recht bestimmt werden.[21] Wenn die Parteien die Früchte des unwirksamen Vertrages nicht mehr genießen können (oder zumindest diese Gefahr besteht), reduziert dies den Anreiz für die Umgehung des Vergaberechts erheblich. Die Wirksamkeit der Durchsetzung von EU-Recht wird erhöht.

10 Die einzelstaatlichen Rechtsvorschriften können somit zB vorsehen, dass alle vertraglichen Verpflichtungen rückwirkend aufgehoben werden (ex tunc) oder dass umgekehrt die Wirkung der Aufhebung auf die Verpflichtungen beschränkt ist, die noch zu erfüllen sind (ex nunc). Dies sollte nicht dazu führen, dass strenge Sanktionen fehlen, wenn die Verpflichtungen im Rahmen eines Vertrags bereits vollständig oder fast vollständig erfüllt wurden.[22] Für derartige Fälle sollten die Mitgliedstaaten auch alternative Sanktionen vorsehen, wobei zu berücksichtigen ist, in welchem Umfang ein Vertrag nach dem einzelstaatlichen Recht Gültigkeit behält. Diese **alternativen Sanktionen** sind – neuerdings mWv 19.7.2022 mit der Ausnahme gem. § 3 Abs. 4 S. 1 und 2 BwBBG bei Beschaffungen der Bundeswehr im Anwendungsbereich von § 2 BwBBG – im deutschen Recht nicht vorgesehen.[23] Zwar liegt es (auch) im allg. Interesse, dass die Vorschriften betreffend das Vergabeverfahren eingehalten werden. Schon nach der RL 2007/66/EG sind die Mitgliedstaaten verpflichtet, eine wirksame und rasche Überprüfung der Entscheidungen öffentlicher Auftraggeber sicherzustellen. Dies erfordert aber nicht notwendig die Gewährung von Primärrechtsschutz in Fällen, in denen Verträge unter Verstoß gegen vergaberechtliche Bestimmungen bereits zustande gekommen sind. Auch das Unionsrecht differenziert insoweit im Grundsatz danach, ob ein Nachprüfungsverfahren vor oder nach Zuschlagserteilung eingeleitet wird.[24]

---

[18] Entwurf eines Gesetzes zur Modernisierung des Vergaberechts, BT-Drs. 18/6281, 119 mit Hinweis auf Art. 2d der RL 89/665/EWG, RL 92/13/EWG, idF der RL 2007/66/EG; EuGH 11.9.2014 – C-19/13, BeckRS 2014, 81838 – Fast-web SpA.
[19] OLG Naumburg 14.10.2016 – 7 Verg 3/16, BeckRS 2016, 121904.
[20] Erwgr. 14 der RL 2007/66/EG.
[21] Erwgr. 21 der RL 2007/66/EG.
[22] Erwgr. 21 der RL 2007/66/EG.
[23] Vgl. dazu VK Bund 19.9.2022 – VK 2–80/22, IBRRS 2022, 3448.
[24] OLG Celle 24.10.2019 – 13 Verg 9/19, BeckRS 2019, 26579 Rn. 29.

Gleichermaßen sind die Folgen bzgl. der möglichen Rückerstattung von ggf. 11
gezahlten Beträgen sowie alle anderen Formen möglicher Rückerstattungen –
einschl. Rückerstattungen des Wertes, falls eine Rückerstattung der Sache nicht
möglich ist – durch einzelstaatliche Rechtsvorschriften zu regeln.[25] Eine **spezielle
deutsche Regel** ist dafür **nicht vorgesehen**. Die Abwicklung regelt sich nach den
allg. Regelungen des BGB (→ Rn. 122 ff.).

Zielt ein Rechtsbehelf darauf ab, einen bereits geschlossenen Vertrag für 12
unwirksam zu erklären **(Primärrechtsschutz)**, so ist die Festlegung einer absoluten
Ausschlussfrist von vergleichsweise kurzer Dauer angemessen. Denn die
besonders schwerwiegende Rechtsfolge der Unwirksamkeit eines bereits geschlossenen
Vertrags rechtfertigt es, eine Frist vorzusehen, die auch unabhängig davon
läuft, ob der Antragsteller Kenntnis von der Vergaberechtswidrigkeit der Auftragsvergabe
hatte oder ob er diese wenigstens kennen musste. Sowohl für den öffentlichen
Auftraggeber als auch für seinen Vertragspartner besteht **ein klares und
schützenswertes Bedürfnis nach Rechtssicherheit** hinsichtlich der Wirksamkeit
des geschlossenen Vertrages. Dem Erfordernis einer „möglichst raschen"
Nachprüfung iSv Art. 1 Abs. 1 der RL 89/665/EWG idF des Art. 46 KVR
kommt also im Bereich des Primärrechtsschutzes ein besonderes Gewicht zu.[26]
Diese Grundsätze gelten allerdings nur, wenn kein kollusives Zusammenwirken
zwischen dem Auftraggeber und dem rechtswidrig begünstigten Auftragnehmer
vorliegt.[27]

Insgesamt ist damit festzuhalten, dass die EU-rechtlichen Vorgaben ein **enges** 13
Korsett ziehen, in dem sich der nationale Gesetzgeber zu bewegen hat. Die Rspr.
findet praktikable Lösungen zur Umsetzung der gesetzgeberischen Ziele, was die
zahlreichen gerichtlichen Entscheidungen zeigen, die wirksam die gesetzlichen Vorstellungen
einfordern (→ § 134 Rn. 137).

2. Umsetzung in Europa, insbes. Regelung in Österreich

Die Rechtsmittelrichtlinien wurden von **allen Mitgliedstaaten umgesetzt** 14
(→ Rn. 12).[28] Die unionsrechtlichen Vorgaben zur Schaffung eines effektiven
Rechtsschutzes können unterschiedlich umgesetzt werden. Dies zeigt die österreichische
Regelung, wobei im Jahre 2018 aufgrund der Vielzahl der erforderlichen
Adaptionen einer Totalrevision der Vorzug vor einer Einzelnovellierung gegeben
wurde. Ziel der Revision des Gesetzes war die Anpassung an das neu gestaltete
Sekundärrecht auf Unionsebene und die Modernisierung des Vergabewesens in
Österreich, unter gleichzeitiger Ausnutzung des größtmöglichen Regelungsfreiraumes
zur Reduktion der Transaktionskosten bei Wahrung des Niveaus an Rechtssicherheit:[29]

Stillhaltefrist und Zuschlagserteilung

*§ 144. (1) Der öffentliche Auftraggeber darf den Zuschlag bei sonstiger absoluter Nichtigkeit
nicht innerhalb der Stillhaltefrist erteilen. Die Stillhaltefrist beginnt mit Übermittlung bzw.
Bereitstellung der Mitteilung der Zuschlagsentscheidung. Sie beträgt bei einer Übermittlung
auf elektronischem Weg zehn Tage, bei einer Übermittlung über den Postweg oder einen
anderen geeigneten Weg 15 Tage.*

---

[25] Erwgr. 21 der RL 2007/66/EG.
[26] Generalanwalt beim EuGH 29.10.2009 –, IBRRS 2009, 72184 Rn. 33 – Uniplex (UK) Ltd./NHS Business Services Authority.
[27] OLG Saarbrücken 17.8.2016 – 1 U 159/14, BeckRS 2016, 16265.
[28] Bericht der Kommission v. 24.1.2017, COM(2017) 28 final, 4.
[29] Erläuterungen zu Art. 1 (Bundesvergabegesetz 2018 – BVergG 2018) in Nr. 69 der Beilagen XXVI. GP – Regierungsvorlage – Erläuterungen.

GWB § 135 Unwirksamkeit

(2) Der öffentliche Auftraggeber kann den zum Zeitpunkt der Zuschlagserteilung im Vergabeverfahren verbliebenen Bietern mitteilen, welchem Bieter der Zuschlag erteilt wurde. In dieser Mitteilung sind den verbliebenen Bietern die Gründe für die Ablehnung ihres Angebotes, die Auftragssumme sowie die Merkmale und Vorteile des erfolgreichen Angebotes bekannt zu geben, sofern nicht die Bekanntgabe dieser Informationen öffentlichen Interessen oder den berechtigten Geschäftsinteressen von Unternehmern widersprechen oder dem freien und lauteren Wettbewerb schaden würde.

Zeitpunkt und Form des Vertragsabschlusses

§ 145. (1) Während der Zuschlagsfrist kommt das Vertragsverhältnis zu dem Zeitpunkt zustande, zu dem der Bieter die schriftliche Verständigung von der Annahme seines Angebotes erhält. Wird die Zuschlagsfrist überschritten, so entsteht das Vertragsverhältnis erst mit der schriftlichen Erklärung des Bieters, dass er den Auftrag annimmt. Zur Abgabe dieser Erklärung ist dem Bieter eine angemessene Frist zu setzen.

(2) Der Zuschlag ist durch Auftragsschreiben, Bestellschein oder Schlussbrief zu erteilen. Der öffentliche Auftraggeber kann vom Auftragnehmer eine Auftragsbestätigung (Gegenschlussbrief) verlangen.

(3) Sofern sich der Inhalt des Vertrages außer aus dem Angebot auch aus anderen Schriftstücken, die Zusatzvereinbarungen enthalten, ergibt, sind sämtliche Schriftstücke im Auftragsschreiben, Bestellschein oder Schlussbrief und, wenn eine Auftragsbestätigung verlangt wurde, auch in dieser anzuführen.

14a Die Rechtsmittelrichtlinie erfordert nach der Gesetzesbegr. keine ausnahmslose absolute Nichtigkeit, sondern spricht davon, dass ein Vertrag in bestimmten Fällen zwar grds. für unwirksam erklärt werden muss, aber an die Stelle der Unwirksamkeit auch die Verhängung sogenannter „alternativer Sanktionen" treten kann (vgl. Art. 2d Abs. 2 2. UAbs. der Rechtsmittelrichtlinie). Dieser von der Rechtsmittelrichtlinie eingeräumte Gestaltungsspielraum soll aufgrund von Sachlichkeitserwägungen in differenzierter Form umgesetzt werden: Die Einhaltung der Stillhaltefrist gem. § 144 Abs. 1 BVergG 2018 sowie die Wahrung des Suspensiveffektes gem. § 350 Abs. 5 Z 1 BVergG 2018 sind Verpflichtungen, die ausnahmslos zu beachten sind. Es scheint zum einen wenig zweckmäßig, derartige Verstöße in einem gesonderten gerichtlichen Verfahren feststellen zu lassen und die rechtlichen Folgen – nämlich die Nichtigkeit des Vertrages – von einer entsprechenden Feststellung abhängig zu machen. Zum anderen sind weder der öffentliche Auftraggeber noch der Zuschlagsempfänger bei derartigen Verstößen in einem solchen Ausmaß schützenswert, dass die absolute Nichtigkeit als Rechtsfolge überschießend wäre. Schließlich wäre es aus der Sicht der nicht zum Zug gekommenen Bieter nur schwer verständlich, wieso sie bei einer unbestreitbaren Rechtsverletzung erst ein gesondertes Rechtsschutzverfahren einleiten müssen, um ihre rechtlichen Interessen zu wahren. Das Konzept der absoluten Nichtigkeit wird daher für den Fall der Missachtung der Stillhaltefrist (ebenso wie für den Fall der Missachtung des Suspensiveffektes) beibehalten (Abs. 1 S. 1 bzw. § 351 Abs. 2 BVergG 2018).[30]

14b Anders ist die Lage bei einer Verletzung der Pflicht zur Mitteilung der Zuschlagsentscheidung. Da von dieser Verpflichtung Ausnahmen bestehen, kann die Frage, ob die Mitteilung rechtmäßiger- oder rechtswidrigerweise unterblieben ist, umstritten sein. Es ist daher zweckmäßig, diese Frage in einem gerichtlichen Verfahren klären zu lassen und erst an eine diesbezügliche Feststellung die Rechtsfolge der „Vernichtung" (bzw. der Aufhebung) anzuknüpfen (s. dazu § 356 BVergG 2018).

---

[30] Vgl. § 143 in Nr. 69 der Beilagen XXVI. GP – Regierungsvorlage – Erläuterungen, S. 158; Erörterung im Gesetzgebungsverfahren, nachzulesen unter: http://www.parlinkom.gv.at, Stichwort: „Bundesvergabegesetz".

Durch die Bestimmung wird daher für den Fall eines Verstoßes gegen die Pflicht zur Mitteilung der Zuschlagsentscheidung vom Konzept der absoluten Nichtigkeit abgerückt. Dies ist unionsrechtlich zulässig und begegnet auch innerstaatlich keinen Bedenken, da auch das Konzept der Aufhebung als Folge einer entsprechenden Feststellung einer Vergabekontrollbehörde den Vorgaben eines effektiven Rechtsschutzes Rechnung trägt.[31]

II. Persönlicher und sachlicher Anwendungsbereich

Sinn und Zweck des § 135 GWB ist **die Sanktionierung von rechtswidrigen De-facto-Vergaben**[32] sowie die Ermöglichung der Einleitung eines vergaberechtlichen Nachprüfungsantrages vor Erteilung des Zuschlags. Vor dem unionsrechtlichen Hintergrund der Regelung ergibt sich ein **weites Verständnis** im Hinblick auf den persönlichen und sachlichen Anwendungsbereich der Norm.[33] Die Vorschrift ist nicht nur anwendbar, wenn der Auftrag an ein Unternehmen, sondern auch dann, wenn er an zwei oder mehrere Unternehmen vergeben wurde.[34] Der Sinn und Zweck der Regelung, zum Schutze übergangener Wettbewerber Direktvergaben nur in den gesetzlich zulässigen Fällen zu ermöglichen, greift immer dann, wenn ein Auftrag ohne ein gebotenes wettbewerbliches Verfahren erteilt wird,[35] oder der Auftraggeber irrtümlich glaubt, er könne ein vergabefreies In-House-Geschäft durchführen.[36]

Unzulässig sind über § 135 GWB rein präventive Nachprüfungsanträge in Bezug auf hypothetische, **erst zukünftig stattfindende Vergaben.**[37] Reine Vorbereitungshandlungen des Auftraggebers sind nachprüfungsfrei. Vor der Einleitung eines Vergabeverfahrens darf der öffentliche Auftraggeber gem. § 28 Abs. 1 VgV Marktkundungen, zB zur Vorbereitung der Auftragsvergabe und zur Unterrichtung der Unternehmen über seine Auftragsvergabepläne und -anforderungen, durchführen. Voraussetzung ist daher, dass der Auftraggeber schon hinreichend konkret den Abschluss eines Vertrages plant, also bereits Schritte ergriffen hat, die zum Abschluss eines Vertrages führen sollen.[38] **Rein vorbereitende Handlungen** sind vor der Vergabekammer **nicht angreifbar.**

Die Unwirksamkeit darf gem. § 135 Abs. 2 S. 1 GWB nur geltend gemacht werden, wenn sie in einem Nachprüfungsverfahren festgestellt wurde. Ein erfolgreicher Nachprüfungsantrag setzt eine **Antragsbefugnis** voraus. Da § 135 Abs. 2 GWB keine eigenständige Regelung in Bezug auf den Kreis der antragsbefugten Teilneh-

---

[31] Vgl. § 143 in Nr. 69 der Beilagen XXVI. GP – Regierungsvorlage – Erläuterungen, S. 158.
[32] OLG Rostock 11.11.2021 – 17 Verg 4/21, BeckRS 2021, 34180 Rn. 24; 9.12.2020 – 17 Verg 4/20, BeckRS 2020, 34546 Rn. 60; vgl. auch ursprüngliche Stellungnahme: Gesetzentwurf der BReg: Entwurf eines Gesetzes zur Modernisierung des Vergaberechts, BT-Drs. 16/10117, 31.
[33] OLG Rostock 11.11.2021 – 17 Verg 4/21, BeckRS 2021, 34180 Rn. 24; 9.12.2020 – 17 Verg 4/20, BeckRS 2020, 34546 Rn. 60.
[34] OLG Koblenz 14.5.2019 – Verg 1/19, NZBau 2019, 534 Rn. 22.
[35] OLG Dresden 12.10.2010 – W Verg 9/11, BeckRS 2011, 00918.
[36] OLG Düsseldorf 27.4.2020 – Verg 27/19, BeckRS 2020, 8091 Rn. 37; OLG München 21.2.2013 – Verg 21/12, BeckRS 2013, 03914; vgl. OLG Jena 12.6.2019 – 2 Verg 1/18, BeckRS 2019, 12239; OLG Celle 3.8.2017 – 13 Verg 3/13, BeckRS 2017, 122917.
[37] VK Bund 15.11.2017 – VK 2 – 116/17, BeckRS 2017, 143607 Rn. 35; VK Baden-Württemberg 22.9.2017 – 1 VK 35/17, IBRRS 2017, 3768: VK Sachsen 27.4.2015 – 1/SVK/012-15, BeckRS 2015, 16420; Opheys NZBau 2017, 714 (715).
[38] VK Sachsen 27.4.2015 – 1/SVK/012-15, BeckRS 2015, 16420.

mer oder Interessenten vorsieht, ist der Maßstab der vergabeprozessualen Vorschrift des § 160 Abs. 2 GWB ausschlaggebend. Antragsbefugt ist nach § 160 Abs. 2 S. 1 GWB jedes Unternehmen, das ein **Interesse am Auftrag hat und eine Verletzung in seinen Rechten** nach § 97 Abs. 6 GWB durch Nichtbeachtung von Vergabevorschriften geltend macht.[39] Das ist ua dann gegeben, wenn der übergangene Bieter aufgrund einer Interimsvergabe an der Abgabe eines Angebots gehindert war[40] (→ § 160 Rn. 6 ff.).

18 Mithin kann jedes am Verfahren **interessierte und subjektiv** in seinen Rechten betroffene Unternehmen die Feststellung der Unwirksamkeit des öffentlichen Auftrags gem. § 135 Abs. 1 GWB geltend machen. § 135 GWB gilt gem. dem Normtext genuin für Auftragsvergaben gem. § 103 Abs. 1 GWB, zugleich ordnet § 154 Nr. 4 GWB die Geltung des § 135 GWB auch für die Vergabe von Konzessionen gem. § 105 GWB an. Entsprechendes gilt gem. § 142 GWB für die Vergabe von Aufträgen und Konzessionen durch Sektorenauftraggeber gem. § 100 GWB.

1. Interesse am Auftrag

19 Das nach § 160 Abs. 2 S. 1 GWB erforderliche Interesse am Auftrag ist von Unternehmen, die sich nicht am Vergabeverfahren beteiligt haben oder beteiligen konnten, substantiiert darzulegen.[41] Ein Interesse der Unternehmen am Auftrag besteht idR dann, wenn diese ein **Angebot abgeben;** dies gilt auch iR eines nicht ordnungsgemäß durchgeführten Verfahrens.[42] Das Interesse am Auftrag wird aber auch dadurch belegt, dass das Unternehmen vorträgt, sich bei EU-weiter Auftragsbekanntmachung mit einem Angebot um den Gesamtauftrag beworben zu haben[43] (→ § 160 Rn. 8 ff.). Es reicht also die nach außen kundgetane Behauptung des Interesses, auch ein formloses Bewerbungsschreiben oder ein Anruf. Der potenzielle Schaden liegt darin, keine Chance gehabt zu haben, den streitigen Auftrag zu erhalten. Das Interesse wird durch eine regelmäßige Teilnahme an entspr. Ausschreibungen nachgewiesen, die Abgabe eines Angebots (mangels Kenntnis des vom Auftraggeber verheimlichten Verfahrens) im konkreten Fall ist nicht erforderlich.[44] Die Abgabe eines Angebots vor Einleitung eines Nachprüfungsverfahrens ist nicht notwendig, wenn zugleich ausgeführt wird, dass die rechtswidrige Vergabeunterlage die Abgabe eines Angebots verhindert hat. Eine Teilnahme an einem vorherigen Markterkundungsverfahren ist ausreichend.[45] Auch in der Einleitung eines Nachprüfungsverfahrens oder einem **dokumentierten Telefonanruf** ist ein ausreichend dokumentiertes nachhaltiges Interesse zu sehen. Weitergehende Glaubhaftmachungen sind nicht erforderlich (→ § 160 Rn. 10 ff.).

19a Wer im Verhandlungsverfahren kein finales Angebot abgegeben hat, hat kein Interesse mehr am Auftrag. Zwar kann in Fällen, in denen der Auftraggeber nach einem erfolglos gebliebenen offenen Verfahren bei unverändertem Beschaffungsbedarf anschl. nur mit einem der Bieter des aufgehobenen Verfahrens verhandelt und beabsichtigt, diesem den Zuschlag zu erteilen, der Bieterstatus der zuvor am offenen Verfahren beteiligten Unternehmen bestehen bleiben. Maßgebend für die Beurteilung des Bie-

---

[39] VK Westfalen 5.8.2015 – VK 2–16/15, IBRRS 2016, 0283.
[40] VK Bund 11.5.2016 – VK 1–22/16, VPRRS 2016, 0369.
[41] OLG Düsseldorf 18.8.2021 – VII-Verg 52/20, NZBau 2022, 482 Rn. 29; 30.6.2021 – Verg 43/20, ZfBR 2022, 85.
[42] VK Halle 23.6.2010 – 1 VK LVwA 69/09, BeckRS 2010, 18082.
[43] OLG Düsseldorf 21.4.2010 – VII-Verg 55/09, NZBau 2010, 390; OLG Naumburg 4.11.2010 – Verg 10/10, BeckRS 2010, 28396.
[44] VK Rheinland-Pfalz 16.12.2022 – VK 1–4/22, BeckRS 2022, 45201 Rn. 34; VK Sachsen 11.6.2021 – 1/SVK/004/21, BeckRS 2021, 20821 Rn. 100.
[45] BayObLG 20.1.2022 – Verg 7/21, NZBau 2022, 172 Rn. 52.

terstatus ist dann, ob sich der Bieter ursprünglich an dem materiellen Vergabevorgang beteiligt hatte. Die nach diesen Grundsätzen möglicherweise zu fingierende Bieterstellung ist aber jedenfalls entfallen, nachdem der Bieter erklärt hat, sich nicht länger am Vergabeverfahren beteiligen zu wollen. Wer ausdrücklich erklärt, kein Angebot abgeben zu wollen oder sein Angebot zurückzieht, bringt zum Ausdruck, an dem Auftrag kein Interesse zu haben und kann nicht als Bieter gelten.[46]

Ist der Zuschlag ohne vorherige Durchführung eines geregelten Vergabeverfahrens direkt an ein Unternehmen vergeben worden, hat grds. jedes Unternehmen ein Interesse an dem Auftrag, das sich am Vergabeverfahren hätte beteiligen können. Dazu reicht es idR aus, wenn das Unternehmen zu der in Betracht kommenden Branche gehört und damit generell dafür eingerichtet ist, Aufträge dieser Art auszuführen. Auf der anderen Seite geht es bei dem vom Gesetz verlangten Interesse am Auftrag nicht um eine bloß erklärte Interessenbekundung, sondern um ein objektiv feststellbares wirtschaftliches Interesse der antragstellenden Unternehmens gerade an dem konkreten Auftrag. Diese Anforderung ist geboten, um Vergabenachprüfungsverfahren, die Beschaffungen regelmäßig verzögern, nur denjenigen Unternehmen vorzubehalten, die tatsächlich ein wirtschaftliches Interesse an dem konkreten Auftrag haben. Das Vergabenachprüfungsverfahren soll nicht Unternehmen eröffnet sein, denen es ausschl. um eine objektive Rechtmäßigkeitskontrolle ohne eigenes Interesse an dem konkreten Auftrag geht. Aus diesem Grund ist das Interesse am Auftrag zu plausibilisieren, wenn ernstliche Zweifel bestehen, dass der Antragsteller tatsächlich ein wirtschaftliches Interesse an dem konkreten Auftrag hat[47] (→ § 160 Rn. 15). **19b**

Interessent ist neben den Bewerbern und Bietern jedes Unternehmen, das am Vergabeverfahren rechtswidriger Weise nicht beteiligt worden ist (→ Rn. 25 ff.). Denn ein Unternehmen, welches im Zusammenhang mit einem konkreten Vergabeverfahren sein Interesse am Auftrag bekundet hat und nur durch ein vergabewidriges Verhalten der Vergabestelle von einer Angebotsabgabe abgehalten wurde, ist bereits **Träger von subjektiven Rechten** im Vergabeverfahren.[48] Im Falle von De-facto-Vergaben (sowohl echten als auch unechten, dazu → Rn. 23) kommt es nicht auf den formalen Bieter- oder Bewerberstatus des Unternehmens an, vielmehr können auch **Interessenten,** die wesentliche Teilleistungen ausführen wollen, in ihren Rechten verletzt und mithin antragsbefugt iSd § 160 Abs. 2 S. 1 GWB sein[49] (→ § 160 Rn. 15). Ein Interessentenstatus wird auch dadurch begründet, dass der Auftrag- oder Konzessionsgeber weiß oder hätte wissen müssen, dass im Markt für die nachgefragte Dienstleistung besteht. Der Auftraggeber muss, sofern er von fehlenden Interessenten ausgeht, dies ausf. in der Vergabedokumentation niederlegen. Unterlässt er dies, führt dieser Fehler für sich genommen schon zu einer nachprüfbaren Rechtsverletzung. **20**

Negativ formuliert, fehlt daher nur beim Auftraggeber (er kann nicht seine eigene Entscheidung anfechten), dem Bestbieter und bei Dritten, die **nicht den Interessentenstatus** innehaben, die Antragsbefugnis. Ein Vertragspartner, der sich möglicherweise im Nachhinein aus anderen Gründen von der vertraglichen Verpflichtung lösen möchte, kann sich dagegen nicht auf die Unwirksamkeitsgründe des § 135 Abs. 1 Nr. 2 GWB stützen.[50] Allein die Tatsache, dass der vorangegangene Vertrag von dem Auftraggeber gekündigt wurde, lässt die Antragsbefugnis nicht entfallen. Die ausgesprochene Kündigung schließt den Bieter nicht von vornherein von der **21**

---

[46] OLG Brandenburg 25.9.2018 – 19 Verg 1/18, BeckRS 2018, 38089.
[47] OLG Düsseldorf 18.8.2021 – VII-Verg 52/20, NZBau 2022, 482 Rn. 34; VK Bund 2.12.2021 – VK 1 – 104/21, BeckRS 2021, 44480 Rn. 66.
[48] VK Bund 11.5.2016 – VK 1-22/16, VPRRS 2016, 0369.
[49] VK Münster 18.3.2010 – VK 1/10, BeckRS 2012, 60895.
[50] Gesetzentwurf der BReg: Entwurf eines Gesetzes zur Modernisierung des Vergaberechts, BT-Drs. 16/10117, 31.

Teilnahme am künftigen Ausschreibungsverfahren aus. Die Frage, ob der zuvor gekündigte Bieter an der Vergabe zu beteiligen war, ist als Problem der Eignung des Bieters anzusehen.[51] Diese ist in jedem Fall gesondert zu prüfen.

21a Insbesondere darf **keine teleologische Reduktion** dergestalt vorgenommen werden, dass die Feststellung der Unwirksamkeit des Zuschlags nur zugunsten eines Bieters getroffen werden darf, dessen Ausschluss sich auch ansonsten als vergaberechtswidrig erweist.[52] Diese Auff. findet keine Stütze im Gesetz. Es ist auch wenig wahrscheinlich, dass der Gesetzgeber – die Vorschrift wurde nunmehr wiederholt im GWB normiert – schlichtweg vergessen haben sollte, eine von ihm eigentlich gewollte, derartig wesentliche Einschränkung in dem Gesetzeswortlaut auch niederzulegen.[53]

2. Anknüpfungspunkt: Pflicht zur europaweiten Bekanntmachung

22 § 135 Abs. 1 Nr. 2 GWB stellt allein auf die fehlende Bekanntmachung ab.[54] Ein Auftrag, dessen Auftragswert den betreffenden EU-Schwellenwert gem. § 106 GWB erreicht oder überschreitet, ist in einem förmlichen Verfahren auszuschreiben, zu dem auch die Bekanntmachung im Amtsblatt der EU gehört. Der öffentliche Auftraggeber teilt gem. § 37 Abs. 1 S. 1 VgV seine Absicht, einen öffentlichen Auftrag zu vergeben oder eine Rahmenvereinbarung abzuschließen, in einer Auftragsbekanntmachung mit. Die Auftragsbekanntmachung wird gem. § 37 Abs. 2 VgV mWv 25.10.2023 nach den Vorgaben der Durchführungsverordnung (EU) 2019/1780 erstellt. Der öffentliche Auftraggeber benennt gem. § 37 Abs. 3 VgV in der Auftragsbekanntmachung die Vergabekammer, an die sich die Unternehmen zur Nachprüfung geltend gemachter Vergabeverstöße wenden können. Die **Durchführung** einer **nationalen Ausschreibung statt** einer **europaweiten Ausschreibung** führt zum Rechtsverstoß und begründet schon den Vorwurf der **rechtswidrigen De-facto-Vergabe**[55] (→ Rn. 50 ff.).

23 Die Durchführung des Vergabeverfahrens ohne vorherige europaweite Bekanntmachung hat den nicht berücksichtigten Unternehmen die Möglichkeit genommen, sich erfolgreich um die Auftragsvergabe zu bewerben und den Zuschlag erlangen zu können. Darin liegt neben dem Verstoß gegen den Grundsatz einer sparsamen und wirtschaftlichen Haushaltsführung auch die gröbste Zuwiderhandlung gegen die Verwirklichung des europäischen Binnenmarkts. Hierbei handelt es sich um sog. „unechte" De-facto-Vergaben, die „echten" De-facto-Vergaben funktionell gleichstehen.[56] Zwar wird bei „unechten" De-facto-Vergaben innerhalb des Mitgliedstaates ausgeschrieben, gleichwohl wird der Kreis der Bieter rechtswidrig enger gezogen als geboten und damit faktisch das Vergabeverfahren vor europäischen Mitbewerbern verheimlicht.[57] **Die Unterscheidung zwischen „echten" und „unechten" De-facto-Vergaben kann dahinstehen,** da die §§ 134, 135 GWB für den Anwendungsbereich des GWB die Rechtsschutzmöglichkeiten abschl. geschaffen haben. Eine Differenzierung zwischen „echten" und „unechten" De-facto-Vergaben findet im Gesetzeswortlaut keine Stütze.

---

[51] VK Baden-Württemberg 25.2.2019 – 1 VK 51/18, BeckRS 2019, 31385.
[52] So auch iErg GKN VergabeR-HdB/Freytag § 34 Rn. 5.
[53] OLG München 13.8.2010 – Verg 10/10, BeckRS 2010, 22054.
[54] OLG Frankfurt a. M. 7.6.2022 – 11 Verg 12/21, BeckRS 2022, 19108 Rn. 40.
[55] VK Thüringen 21.5.2015 – 250–4003/2353/2015/E/003/SON, BeckRS 2016, 6068.
[56] OLG Rostock 6.11.2015 – 17 Verg 2/15, IBR 2016, 228; VK Thüringen 21.5.2015 – 250–4003/2353/2015/E/003/SON, BeckRS 2016, 6068; zur Begrifflichkeit: VK Niedersachsen 6.2.2018 – VgK-42/2017, BeckRS 2018, 2548 Rn. 100.
[57] VK Westfalen 5.8.2015 – VK 2–16/15, IBRRS 2016, 0283.

Die Erfahrung zeigt, dass durch rechtswidrige De-facto-Vergaben idR lokale 24
Bieter bevorzugt werden sollen. Demnach ist von einem weiten persönlichen
Anwendungsbereich auszugehen. Insbes. ist es für das nicht berücksichtigte Unternehmen erforderlich, ein Rechtsschutzinteresse darzulegen. Bei Durchführung einer
solchen De-facto-Vergabe liegt ein **objektiver Vergabeverstoß** iSd § 135 Abs. 1
Nr. 2 GWB vor. Der andere relevante Fall liegt vor, wenn der Auftraggeber gegen
seine Verpflichtungen aus § 134 GWB verstößt und damit in den Anwendungsbereich des § 135 Abs. 1 Nr. 1 GWB gerät. Die Tatbestandsmerkmale des § 135 GWB
knüpfen folglich daran an, dass der Auftraggeber es unterlässt, im Verfahren Wettbewerb und Transparenz herzustellen; was dann sanktioniert wird.[58]

§ 135 GWB knüpft daran an, ob ein objektiver Vergabeverstoß iSd § 135 Abs. 1 25
GWB vorliegt. Jedes Unternehmen, das antragsbefugt iSv § 160 Abs. 2 S. 1 GWB
ist, kann einen solchen Verstoß in einem Nachprüfungsverfahren zur Überprüfung
stellen (→ § 160 Rn. 10 ff.). Im Falle von De-facto-Vergaben – gleich welcher
Art – gibt es häufig **keine ordnungsgemäßen Angebote** und damit **auch keine
Vergabeunterlagen,** Vergabevermerke oder entsprechende Dokumentationen, aus
denen sich die Anforderungen ergäben.[59] Dadurch wird der **Transparenzverstoß**
besonders manifestiert. Auch bei einer „freiwilligen" Ex-ante-Transparenzbekanntmachung handelt es sich nicht um eine Bekanntmachung iSd § 135 Abs. 1 Nr. 2
GWB, weil die Bekanntmachung nicht auf eine Vergabe im Wettbewerb gerichtet
ist, sondern nur die Absicht einer Direktvergabe mitgeteilt wird.[60]

Hätte ein Unternehmen beteiligt werden müssen, so ist es nach gefestigter Rspr. 26
möglich, diesen Teilhabeanspruch in einem förmlichen Nachprüfungsverfahren
bestätigen zu lassen.[61] Das **Interesse am Auftrag** ergibt sich ua aus dem Vortrag,
sich bei EU-weiter Auftragsbekanntmachung mit einem Angebot um den Auftrag
beworben zu haben.[62]

3. Abgeschlossener Vertrag steht Nachprüfung nicht entgegen

Ein erteilter Zuschlag steht der Statthaftigkeit des Nachprüfungsverfahrens nicht 27
entgegen, da der Nachprüfungsantrag auf Feststellung der Unwirksamkeit des öffentlichen Auftrags gemäß § 135 GWB gerichtet ist.[63] Ein abgeschlossener Vertrag steht
nur dann der Nachprüfung entgegen, wenn er rechtswirksam erteilt wurde.[64] Zwar
kann ein wirksam erteilter Zuschlag gem. § 168 Abs. 2 S. 1 GWB nicht aufgehoben
werden (→ § 168 Rn. 22). Ein abgeschlossener Vertrag führt aber nicht zur Unzulässigkeit des Nachprüfungsantrages, wenn der Zuschlag nicht wirksam erteilt wurde.
In dem Fall, dass ein Verstoß festgestellt wird, ist der mit dem Zuschlag zunächst
schwebend wirksame Vertrag von Anfang an unwirksam. § 135 Abs. 1 GWB regelt

---

[58] VK Bund 21.1.2015 – VK 2–113/14, VPRRS 2015, 0039.
[59] OLG München 21.2.2013 – Verg 21/12, BeckRS 2013, 03964; VK Münster 18.3.2010 – VK 2/10, IBRRS 74545.
[60] OLG Celle 9.11.2021 – 13 Verg 9/21, BeckRS 2021, 36775 Rn. 26.
[61] VK Südbayern 27.7.2016 – Z 3–3-3194-1-65-12/15, BeckRS 2016, 15053; VK Nordbayern 17.8.2015 – 21 VK-3194-28/16, VPRRS 2015, 0345; OLG München 31.1.2013 – Verg 21/12, BeckRS 2013, 03964; VK Lüneburg 3.2.2012 – VgK 01/2012, IBRRS 2012, 4206; VK Sachsen-Anhalt 4.10.2011 – 1 VK LSA 17/11, BeckRS 2011, 24299; VK Sachsen 31.8.2011 – 1/SVK/030-11, BeckRS 2011, 21905.
[62] VK Südbayern 27.7.2016 – Z 3–3-3194-1-65-12/15, BeckRS 2016, 15053.
[63] OLG Bremen 4.11.2022 – 2 Verg 1/22, BeckRS 2022, 38741 Rn. 25; OLG Düsseldorf 12.6.2019 – Verg 54/18, BeckRS 2019, 24831; VK Rheinland-Pfalz 16.12.2022 – VK 1–4/22, BeckRS 2022, 45201 Rn. 34; VK Bund 2.12.2021 – VK 1 – 104/21, BeckRS 2021, 44480 Rn. 55.
[64] VK Brandenburg 12.3.2019 – VK 1/19, BeckRS 2019, 17288 Rn. 25.

damit den Spezialfall der Statthaftigkeit eines Nachprüfungsantrags trotz eines bereits erteilten Zuschlags.[65] Der Vertrag ist – vorausgesetzt, es handelt sich um einen Auftrag oberhalb der Schwellenwerte gem. § 106 Abs. 1 GWB – gem. § 135 Abs. 1 GWB unwirksam.[66] Sofern der Auftraggeber kollusiv mit dem heimlich bevorzugten Unternehmen kontrahiert hat, ist der Vertrag sogar gem. § 138 Abs. 1 BGB nichtig. Ein **nichtiger Vertrag** kann per se **einem Nachprüfungsverfahren nicht im Weg** stehen (→ Rn. 52, 131).

4. Verhandlungen mit mehreren Unternehmen mit umfasst

28 Verhandlungen mit mehreren Unternehmen sind von § 135 GWB umfasst. Die Bestimmung ist vor dem Hintergrund des Art. 2d Abs. 1 lit. a der RL 89/665/EWG idF des Art. 46 KVR auszulegen. Danach greift die Vorschrift bereits dann ein, wenn eine Auftragsvergabe „ohne vorherige Veröffentlichung einer Bekanntmachung im Amtsblatt der Europäischen Union" erfolgt, ohne dass dies nach der KVR oder der VRL zulässig ist. Dass dies nicht gilt, wenn der Antragsteller trotz der fehlenden Bekanntmachung an dem Vergabeverfahren beteiligt worden ist, geht jedenfalls aus dem Wortlaut des Art. 2d Abs. 1 lit. a der Rechtsmittelrichtlinie nicht hervor.[67] Es geht in § 135 GWB darum, dass umfassender Wettbewerb gewährleistet wird. Auch bei **Verhandlungen mit mehreren Bewerbern,** wenn dadurch der Wettbewerbsgedanke des § 97 Abs. 1 GWB verletzt ist, greift § 135 GWB ein. Entscheidend für die Antragsbefugnis sind Verstöße gegen drittschützende Verfahrensvorschriften. Diese liegen in der unterlassenen Durchführung eines Vergabeverfahrens nach europaweiter Bekanntgabe und der Nicht-Einhaltung der Informations- und Wartefrist.[68]

5. Vorliegen eines öffentlichen Auftrags

29 § 135 Abs. 1 GWB spricht von einem „öffentlichen Auftrag", der von Anfang an unwirksam werden kann. Aufgrund § 154 Nr. 4 GWB gilt dies entspr. auch für eine Konzession und gem. § 142 GWB auch für einen Sektorenauftrag. § 135 GWB ist somit dann anwendbar, wenn ein **selbständiger, vergaberechtsrelevanter Beschaffungsvorgang** iSd § 103 Abs. 1 GWB oder § 105 Abs. 1 GWB vorliegt, wobei eine mündliche, konkludente oder eine nach einer überwiegenden Lebenswahrscheinlichkeit vorliegende Beauftragung ausreicht.[69] Ein Beschaffungsakt eines öffentlichen Auftraggebers kann zwar nicht nur in dem Abschluss eines neuen Vertrages oder einer wesentlichen Vertragsänderung liegen. Ohne Vorliegen eines Beschaffungsvorgangs ist allerdings der Primärrechtsschutz nicht eröffnet. Ein derartiger Beschaffungsvorgang ist auch dann zu bejahen, wenn Auftraggeber und Auftragnehmer einen Beschaffungsvorgang übereinstimmend irrtümlich von einem früher abgeschlossenen und bei zutreffender Würdigung beendeten Vertrag für gedeckt halten und die Vertragsleistungen weiterhin erbringen.[70] Ungeschriebenes Merkmal eines öffentlichen Auftrags iSv § 103 Abs. 1 GWB ist, dass der öffentliche Auftraggeber die Absicht haben muss, eine Auswahl unter zulässigen Angeboten zu treffen,

---

[65] OLG Bremen 4.11.2022 – 2 Verg 1/22, BeckRS 2022, 38741 Rn. 25.
[66] OLG Rostock 6.11.2015 – 17 Verg 2/15, BeckRS 2016, 03773; OLG Koblenz 3.12.2014 – Verg 8/14, BeckRS 2014, 23205; OLG Naumburg 7.1.2014 – Verg 1/14, BeckRS 2014, 02900; OLG Düsseldorf 28.3.2012 – VII-Verg 37/11, NZBau 2012, 518.
[67] OLG Düsseldorf 3.8.2011 – VII-Verg 33/11, BeckRS 2011, 22546 mwN.
[68] VK Niedersachsen 23.6.2021 – VgK-19/2021, BeckRS 2021, 22041 Rn. 45.
[69] OLG Schleswig 9.12.2021 – 54 Verg 8/21, NZBau 2022, 427 Rn. 77; VK Arnsberg 23.10.2012 – VK 15/12, BeckRS 2012, 22029.
[70] OLG Schleswig 9.12.2021 – 54 Verg 8/21, NZBau 2022, 427 Rn. 77.

Unwirksamkeit **§ 135 GWB**

mithin einen Anbieter auszuwählen, an den der Auftrag mit Ausschließlichkeit vergeben werden soll.[71]

6. Vorliegen eines Sektorenauftrags

Ein Sektorenauftraggeber hat gem. § 100 Abs. 1 Nr. 1 GWB zugleich die Eigenschaft als öffentlicher Auftraggeber iSv § 99 GWB inne. In dem Fall handelt es sich um einen öffentlichen Auftraggeber, der eine Sektorentätigkeit gem. § 102 GWB ausübt, § 135 GWB kommt uneingeschränkt zur Anwendung. Öffentliche Auftraggeber, die Aufträge nicht iR ihrer Sektorentätigkeit vergeben, sind dem allg. Vergaberecht unterworfen, selbst wenn sie auch oder vornehmlich eine Sektorentätigkeit ausüben. Eine „Infizierung" aller Tätigkeitsfelder der betreffenden Einheit durch die Sektorentätigkeit findet nicht statt. Maßgeblich ist insoweit, ob eine Beschaffung einer in § 102 GWB aufgeführten Tätigkeit ieS der Sektorentätigkeit dient. Es genügt nicht, dass die Dienstleistungen einen positiven Beitrag zu den Tätigkeiten des Auftraggebers leisten und dessen Rentabilität erhöhen.[72] 29a

Nicht eindeutig ist dies aber dann, wenn kein „öffentlicher" Sektorenauftraggeber gem. § 100 Abs. 1 Nr. 1 GWB, sondern ein „privater" Sektorenauftraggeber gem. § 100 Abs. 1 Nr. 2a GWB oder § 100 Abs. 1 Nr. 2b GWB das Vergabeverfahren durchführt. Obwohl auch „private" Sektorenauftraggeber unter den Begriff des öffentlichen Auftraggebers in § 99 Nr. 2, 4 GWB fallen können, wird dies wohl eher in der Minderzahl der Fälle so sein. Der Großteil der privatrechtlichen Sektorenauftraggeber iSv § 100 Abs. 1 Nr. 2 GWB wird nicht die Merkmale des § 99 Nr. 2 GWB oder § 99 Nr. 4 GWB erfüllen. Damit bleibt eine bestimmte Menge an Sektorenauftraggebern iSv § 100 Abs. 1 Nr. 2 GWB übrig, die weder der Teilmenge der öffentlichen Auftraggeber noch der der Konzessionsgeber unterfallen. **Klarstellend** ordnet aber § 142 GWB an, dass die §§ 132–135 GWB auch für die **Vergabeverfahren von Sektorenauftraggebern** (gleich welcher Rechtsform) Geltung besitzen. 30

Vor dem Hintergrund größtmöglichen Wettbewerbs muss zudem die „Januskörperigkeit" der §§ 100 ff. GWB Berücksichtigung finden. Während die Sektoreneigenschaft einen grds. vom Vergaberecht befreiten privaten Akteur verpflichtet, eine Ausschreibung unter Berücksichtigung vergaberechtlicher Vorgaben durchzuführen, gewährt die Einordnung einer Tätigkeit als Sektorentätigkeit der öffentlichen Hand erhebliche vergaberechtliche Erleichterungen. So soll der private Akteur, der auf Grund seiner Sektorentätigkeit in einem äußerst eng umgrenzten Feld tätig ist, in seiner daraus resultierenden Auswahl- und Durchsetzungsmacht bei Vertragsschlüssen mit Dritten „eingehegt" werden. Andererseits soll die öffentliche Hand nur ausnahmsweise die Privilegierung einer „Sektorenvergabe" genießen dürfen.[73] 30a

7. Abgrenzung zur Beauftragung durch Verwaltungsakt

Bestimmte Dienstleistungskonzessionen unterliegen, wenn sie den Schwellenwert erreichen, nicht nur den Vorgaben des GWB und der KonzVgV, sondern auch weitergehenden fachgesetzlichen Bestimmungen. Dies kann bspw. bei Gewerbekonzessionen der Fall sein; ebenso kann dies auf Glücksspiel- oder Bodenabfertigungskonzessionen zutreffen, wenn die **Konzessionen mittels eines Vertrages** vergeben werden.[74] Auch bei solchen Konzessionierungsverfahren sind die Vorgaben der §§ 134, 135 GWB zu beachten, wenn das Vergaberecht materiell eingreift sowie 31

---

[71] OLG Düsseldorf 20.3.2019 – VII-Verg 65/18, NZBau 2019, 801 Rn. 34.
[72] VK Westfalen 21.10.2021 – VK 2–41/21, BeckRS 2021, 52961 Rn. 39, 40.
[73] VK Westfalen 21.10.2021 – VK 2–41/21, BeckRS 2021, 52961 Rn. 44, 45.
[74] Ausführlich für Regelungen außerhalb des förmlichen Vergaberechts: Müller-Wrede/Braun/Braun, KonzVgV, Glücksspielkonzession, Bodenabfertigungskonzession.

Braun

Verträge geschlossen und nicht durch Verwaltungsakte vergeben werden. Eine verwaltungsrechtliche Ausgestaltung der Beauftragung durch Verwaltungsakt unterfällt aufgrund ihrer Ferne zum klassischen Vertragsschluss selbst bei funktionaler Betrachtungsweise nicht mehr dem Begriff des Vertrags und des öffentlichen Auftrags. Darin liegt keine zur Umgehung des Vergaberechts führende Zerlegung eines einheitlichen Lebenssachverhalts, sondern nur eine einzelfallbezogene notwendige Grenzziehung zwischen Lebenssachverhalten, die bei gebotener funktionaler Betrachtung vergaberechtlich noch als gegenseitiger Vertrag angesehen werden können, und Lebenssachverhalten, bei denen dies nicht mehr möglich ist.[75]

32 Eine vertragliche Handlungsform der einkaufenden Verwaltung führt stets zur Anwendung des Vergaberechts, denn § 97 Abs. 1 GWB unterscheidet nicht nach der Rechtsnatur des abzuschließenden Vertrags.[76] Er weist Rechtsgeschäfte allein deshalb dem GWB-Vergaberechtsregime zu, weil der öffentliche Auftraggeber Leistungen durch einen Dritten für wünschenswert oder notwendig erachtet und dies zum Anlass nimmt, deren Erbringung auf **vertraglichem Wege** und nicht in anderer Weise, etwa durch einen Beleihungsakt, sicherzustellen.[77] Die öffentliche Auftragsvergabe ist abzugrenzen von der bloßen Finanzierung von Tätigkeiten (Zuwendungen), die mit der Verpflichtung verbunden sein kann, erhaltene Beträge bei nicht bestimmungsgemäßer Verwendung zurückzuzahlen. Eine solche Zuwendung (zB für die soziale Betreuung von Flüchtlingen) ist kein öffentlicher Auftrag.[78]

33 Das EU-Recht kennt die im deutschen Recht herrschende strikte Unterscheidung zwischen Verwaltungsakt und Vertrag nicht. Jede vertragliche Vergabe, auch in der Form als öffentlich-rechtlicher Vertrag, unterliegt grds. dem europäischen Vergaberecht[79] (→ § 103 Rn. 119). Dies entspricht der allg. Auffassung, nach der die rechtsformunabhängige Anwendbarkeit des Vergaberechts allg. anerkannt ist.[80] Unionsrechtlich gibt es damit **keinen vergabefreien öffentlich-rechtlichen Vertrag;** es ist stets und unmittelbar Vergaberecht anzuwenden.[81] Die vergaberechtliche Rspr. tendiert zu einem **umfassenden Vertragsbegriff.** Wenn die (verwaltungsrechtliche) Genehmigung lediglich die Erlaubnis zum Betreiben beinhaltet und die konkreten Leistungsbeziehungen aber erst durch einen Vertrag geregelt werden, so dass eine Genehmigung allein ohne wirtschaftliche Bedeutung ist, liegt eine umfassende Vergabepflicht vor.[82] Dies kann insbes. bei Konzessionen relevant werden.

34 Manche Konzessionen werden in der Form einer **verwaltungsrechtlichen Genehmigung** vergeben. Die Glücksspielkonzession ist bspw. eine ordnungsrechtliche Genehmigung und wird dementsprechend als Verwaltungsakt erteilt.[83] Wenn aber die Leistungsbeziehungen zwischen der öffentlichen Hand und dem erfolgreichen Bieter in einem darauffolgenden Vertrag erst umfassend und konkret geregelt werden, ist aufgrund der wirtschaftlichen Bedeutung auf den Vertragsschluss abzustellen, so dass iErg doch von einer Konzession iSd § 105 GWB auszugehen ist. In

---

[75] OLG Düsseldorf 16.10.2019 – VII-Verg 43/18, NZBau 2020, 811 Rn. 58.
[76] OLG Frankfurt a. M. 3.5.2016 – 11 Verg 12/15, NZBau 2016, 511.
[77] Erwgr. 4 der VRL für öffentliche Aufträge und Erwgr. 11 der KVR für Konzessionen; vgl. Braun/Buchmann NZBau 2007, 691.
[78] OLG Düsseldorf 11.7.2018 – Verg 1/18, ZfBR 2019, 289.
[79] EuGH 29.4.2010 – C-160/08, BeckRS 2010, 90518 Rn. 23, 90, 92; OLG Naumburg 4.11.2010 – 1 Verg 10/10, BeckRS 2010, 28396.
[80] BGH 1.12.2008 – X ZB 31/08, NZBau 2009, 201 Rn. 17; OLG Dresden 28.5.2009 – WVerg 0003/08, BeckRS 2009, 23637.
[81] OLG Naumburg 4.11.2010 – Verg 10/10, BeckRS 2010, 28396; vgl. Braun/Zwetkow VergabeR 2015, 521.
[82] OLG Naumburg 4.11.2010 – Verg 10/10, BeckRS 2010, 28396; VK Halle 23.6.2010 – 1 VK LVwA 69/09, BeckRS 2010, 18082.
[83] Vgl. Müller-Wrede/Braun/Braun KonzVgV, GlüStV Rn. 27 ff.

einer solchen Situation ist sorgfältig zu prüfen, ob der Anwendungsbereich des Kartellvergaberechts trotz Vergabe per Verwaltungsakt nicht dennoch eröffnet ist. Das trifft ua auf Glücksspielkonzessionen[84] sowie auf Bodenabfertigungskonzessionen[85] und ggf. auf Gewerbekonzessionen[86] zu.

Unbeachtlich ist aus vergaberechtlicher Sicht insbes., dass der Vertrag öffentlich- 35
rechtliche Komponenten enthält. Ist ein **Teil** des abzuschließenden Vertrags als **ausschreibungspflichtiger Dienstleistungsauftrag** iSd § 103 Abs. 4 GWB zu qualifizieren, ist der **Anwendungsbereich** der §§ 97 ff. GWB grds. **eröffnet.** Denn anderenfalls könnte der öffentliche Auftraggeber ausschreibungspflichtige Leistungen dem Anwendungsbereich des Vergaberechts dadurch entziehen, dass er sie in einem Gesamtauftrag gemeinsam mit nicht dem Vergaberecht unterfallenden Leistungen vergibt[87] (vgl. aber zur Maßgeblichkeit des Hauptgegenstands → § 103 Rn. 59). Wenn also in einem Verwaltungsakt Vertragselemente enthalten sind, dann besteht eine Vorinformationspflicht nach § 134 GWB.

Von einem vergabepflichtigen Vertrag abzugrenzen ist ein einseitiger, vergabe- 36
freier Verwaltungsakt, mit dem öffentlich-rechtliche Rechte und Pflichten übertragen werden. Eine **vergabefreie Beauftragung** liegt nur bei einer **einseitighoheitlichen Verpflichtung vor,** die von den normalen Bedingungen eines kommerziellen Angebots abweicht.[88] Nur in dieser Konstellation, die von dem erkennenden Gericht vollumfänglich überprüft werden kann, wäre grds. nicht von einer Verpflichtung zur Vorinformation gem. § 134 GWB auszugehen. Eine fehlende Vorabinformation iSv § 134 GWB ist dann unschädlich im Auswahlverfahren und kann nicht über § 135 GWB sanktioniert werden. Die Verwaltungsgerichtsbarkeit gewährt dann aber nachträglichen Rechtsschutz.[89]

8. Entsprechende Anwendung bei Personenbeförderungsaufträgen

Obwohl § 8a Abs. 7 S. 1 PBefG – anders als § 8b Abs. 7 S. 2 PBefG – nicht ausdr. 36a
auf § 135 Abs. 1 Nr. 2, Abs. 2 GWB verweist, ist die letztgenannte Vorschrift zum Schließen einer planwidrigen Regelungslücke iRv § 8a Abs. 7 S. 1 PBefG entspr. anwendbar. Nur so ist der von Art. 5 Abs. 7 der VO (EG) Nr. 1370/2007 bzw. Art. 2d Abs. 1 lit. a der RL 2007/66/EG geforderte effektive Primärrechtsschutz gewährleistet. Wenn eine entspr. Anwendung von § 135 Abs. 1 Nr. 2, Abs. 2 GWB unterbleibt, entsteht, soweit die Direktvergabe an Art. 5 Abs. 2 der VO (EG) Nr. 1370/2007 zu messen ist, in bestimmten Konstellationen eine mit Art. 5 Abs. 7 der VO (EG) Nr. 1370/2007 unvereinbare Rechtsschutzlücke.[90]

---

[84] BVerwG 15.6.2016 – 8 C 5.15, NVwZ 2017, 326; OVG Bln-Bbg 12.5.2015 – OVG 1 S 102/14, VPRRS 2016, 0064; Müller-Wrede/Braun/Braun KonzVgV, GlüStV Rn. 27 ff.

[85] BVerwG 13.12.2012 – 3 C 32/11, NVwZ 2013, 507; BGH 16.10.2001 – X ZR 100/99, ZfBR 2002, 145; HmbOVG 16.8.2013 – 1 Es 2/13, VPRRS 2013, 1359; BayVGH 25.2.2010 – 8 AS 10.40000, VPRRS 2013, 1459; Müller-Wrede/Braun/Braun KonzVgV, BADV Rn. 23 ff.

[86] VG Hamburg 20.9.2012 – 11 E 1658/1, GewA 2013, 121; NdsOVG 11.8.2015 – 7 ME 58/15, BeckRS 2015, 50162; VG Oldenburg 29.7.2014 – 12 B 1652/14, BeckRS 2014, 54640; VG Freiburg 11.11.2014 – K 2310/14, BeckRS 2014, 58723; Müller-Wrede/Braun/Braun KonzVgV, Gewerbekonzessionen Rn. 10 ff.

[87] VK Münster 18.3.2010 – VK 1/10, BeckRS 2012, 60895.

[88] EuGH 18.12.2007 – C-220/06, NZBau 2008, 189 Rn. 54 f.; vgl. auch OLG Celle 29.10.2009 – 13 Verg 8/09, BeckRS 2009, 86277; vgl. zur Abgrenzung: OLG Düsseldorf 16.10.2019 – VII-Verg 43/18, NZBau 2020, 811 Rn. 58.

[89] OVG NRW 19.1.2017 – 13 B 1163/16, VPRRS 2017, 0040; Braun NZBau 2016, 266.

[90] OLG Düsseldorf 27.4.2020 – Verg 27/19, BeckRS 2020, 8091 Rn. 20–23.

III. Verstoß gegen die Informations- und Wartepflicht gem. § 134 GWB (§ 135 Abs. 1 Nr. 1 GWB)

37 § 135 Abs. 1 GWB regelt zwei Gründe für die Unwirksamkeit öffentlicher Aufträge oder Konzessionen. Der erste Grund liegt gem. § 135 Abs. 1 Nr. 1 GWB dann vor, wenn der Auftraggeber gegen die Vorgaben des § 134 GWB verstoßen hat. Der **formale Verstoß** ist hierbei nach zutreffender Auff. ausreichend. Für eine **einschränkende Auslegung besteht kein Anlass.** Im Gegenteil: Eine durchgängige Verwirklichung des Binnenmarktes ist nur bei einer wörtlichen Auslegung zu erzielen. Gerade traditionell geschlossene Märkte (zB im Bereich des Rettungsdienstes oder im Bereich der sozialen Vergaben) sind nur durch konsequente Anwendung der §§ 134, 135 GWB zu öffnen. Jegliche andere Sicht führt auf Dauer zur Schaffung eines **unerwünschten Hoflieferantentums.** Der zweite Grund gem. § 135 Abs. 1 Nr. 2 GWB ist der Abschluss des Auftrags ohne vorherige Veröffentlichung ohne gesetzliche Gestattung.

1. Verstoß gegen die Informations- und Wartepflicht

38 Gem. § 135 Abs. 1 Nr. 1 GWB liegt eine Unwirksamkeit vor, wenn der Auftraggeber im Verfahren entweder gegen seine Informationspflicht gem. § 134 Abs. 1 GWB oder gegen seine Wartepflicht gem. § 134 Abs. 2 GWB verstoßen hat. Die Vorgaben des § 134 GWB sind von **hoher Bedeutung für die Gewährleistung eines effektiven Primärrechtsschutzes** der Teilnehmer im Verfahren,[91] da ein einmal erteilter wirksamer Zuschlag gem. § 168 Abs. 2 S. 1 GWB nicht aufgehoben werden kann. Ohne die Unterrichtung der Bieter/Bewerber sowie die entspr. Einhaltung der Wartefrist durch den Auftraggeber wäre es diesen regelmäßig unmöglich, ggf. rechtzeitig ein Nachprüfungsverfahren einzuleiten[92] (→ § 134 Rn. 79 ff.).

39 **a) Gänzlich fehlende Information gem. § 134 GWB.** Die gänzlich fehlende Information gem. § 134 GWB unterfällt schon **unmittelbar** und damit ohne weiteres dem **Wortlaut** des § 135 Abs. 1 Nr. 1 GWB. Dies ist unstreitig.[93] Die Einhaltung der Vorgaben aus § 134 GWB ist die zentrale Verpflichtung des Auftraggebers; bei Verletzung dieser Pflicht greift sodann § 135 Abs. 1 Nr. 1 GWB als erforderlicher Sanktionsmechanismus ein. Ohne eine entsprechende Sanktionierung könnten Auftraggeber ungestraft gegen die essenziellen Verpflichtungen aus § 134 GWB verstoßen. Mithin wird der effektive Bieterschutz erst durch § 135 GWB verwirklicht (→ § 134 Rn. 111 ff.).

40 **b) Verstoß auch bei unvollständiger und mangelhafter Information.** Ein Verstoß liegt nach der hier vertretenen Auff. auch bei **unvollständiger bzw. inhaltlich defizitärer Information** vor.[94] Dies ergibt sich aus der Verweisung auf § 134 GWB in § 135 Abs. 1 Nr. 1 GWB. (ausf. → § 134 Rn. 40, 85, 111 f.). Entspr. § 134 Abs. 1 S. 1 GWB hat über den Namen des Unternehmens, dessen Angebot angenommen werden soll, über die Gründe der vorgesehenen Nichtberücksichtigung des unterlegenen Angebots und über den frühesten Zeitpunkt des Vertrags-

---

[91] VK Sachsen 8.7.2016 – 1/SVK/012-16, BeckRS 2016, 14107.
[92] OLG Celle 12.5.2016 – 13 Verg 10/15, IBR 2016, 482; VK Baden-Württemberg 12.6.2014 – 1 VK 24/14, IBR 2014, 688; VK Bund 26.11.2013 – VK 2–104/13, IBRRS 2014, 0036.
[93] Vgl. Müller-Wrede/Gnittke/Hattig GWB § 135 Rn. 23.
[94] VK Sachsen 7.7.2023 – 1/SVK/012-23, BeckRS 2023, 19164 Rn. 127; VK Bund 30.8.2016 – VK 2–83/1, BeckRS 2017, 113335; Müller-Wrede/Gnittke/Hattig GWB § 134 Rn. 24.

schlusses eine Information zu erfolgen.⁹⁵ Ein formaler Verstoß gegen § 134 GWB ist ausreichend. Eine **teleologische Reduktion der Norm** findet nicht statt, da der Wortlaut des § 135 GWB eindeutig ist.⁹⁶ Grobe Fehler, wie die fehlende Nennung eines Zuschlagsdestinatärs, die fehlende Nennung eines Zeitpunktes für den vorgesehenen Zuschlag und ein objektiv falscher Ablehnungsgrund führen zur Begründetheit des Nachprüfungsantrages, zumal wenn auch das nachfolgende Informationsschreiben fehlerhaft ist.⁹⁷

Eine unvollständige oder mangelhafte Information führt stets zu einem statthaften Nachprüfungsantrag, aber idR nach der hM nicht zu einem begründeten Nachprüfungsantrag⁹⁸ (→ § 134 Rn. 111 ff.). Denn der Antragsteller hat mit der Einleitung des Nachprüfungsverfahrens den Zweck der Vorschrift des § 135 GWB – **Gewährleistung eines effektiven Primärrechtsschutzes** für erfolglose Bieter – bereits erreicht. Die Vorschrift hat darüber hinaus keinen eigenständigen vergaberechtlichen Selbstzweck. Durch die Zustellung des Nachprüfungsantrags an den Auftraggeber werden die rechtlich schutzwürdigen Interessen des Antragstellers bereits vollumfänglich gewahrt.⁹⁹   **41**

Erfolgreich ist der Nachprüfungsantrag auf Feststellung der Unwirksamkeit gem. § 135 Abs. 1 Nr. 1 GWB nach einer Auff. nur dann, wenn dem Antragsteller auch ohne den Verstoß gegen die Informationspflicht ein Schaden entsteht oder entstanden ist. Denn würde das Verfahren lediglich in den Stand nach der Entscheidung des öffentlichen Auftraggebers für ein Angebot und vor der Versendung der Information gem. § 134 GWB zurückversetzt, würde sich die Chance des Bieters auf den Zuschlag nicht verbessern.¹⁰⁰ Sofern der Auftraggeber zB während des Nachprüfungsverfahrens die zutreffende Information abgibt, kann der Antragsteller den Nachprüfungsantrag für erledigt erklären. Der Auftraggeber hat dann die Kosten des Verfahrens zu tragen.¹⁰¹ Nach zutr. Auff. kommt es nicht darauf an, ob dem Antragsteller ein Schaden entstanden ist oder droht, weil § 135 Abs. 1 Nr. 2 GWB allein auf die fehlende Bekanntmachung abstellt.¹⁰²   **41a**

Die Voraussetzung für die Feststellung einer Unwirksamkeit gem. § 135 Abs. 1 Nr. 2 GWB ist nach der hM auch in dem Fall nicht erfüllt, dass der öffentliche Auftraggeber seinen Auftrag im Amtsblatt öffentlich bekannt gibt, aber dann das falsche Verfahren anwendet. Denn das Ziel, effektiven Rechtsschutz zu gewährleisten, wird durch die Bekanntmachung im Amtsblatt erreicht.¹⁰³   **41b**

c) Verschuldensunabhängiger Verstoß. In Hinblick auf den Verstoß gegen § 134 GWB ist zu beachten, dass jeglicher Verstoß von der Unwirksamkeitsfolge erfasst wird. Außerhalb der Ausschlusstatbestände in § 134 Abs. 3 GWB sowie der Vergabeverordnungen¹⁰⁴ existiert **keine ungeschriebene Ausnahme.** Auch kommt es nicht darauf an, ob der Auftraggeber den Verstoß vorsätzlich oder bloß fahrlässig herbeigeführt hat, ob der Verstoß gewichtiger oder leichter ausfällt oder   **42**

---

⁹⁵ Zusf. OLG Celle 12.5.2016 – Verg 10/15, NZBau 2016, 711.
⁹⁶ Differenzierend: Müller-Wrede/Gnittke/Hattig GWB § 134 Rn. 26.
⁹⁷ VK Bund 22.1.2019 – VK 1–109/18, BeckRS 2019, 4582 Rn. 39.
⁹⁸ OLG Karlsruhe 14.8.2019 – 15 Verg 10/19, BeckRS 2019, 21317; VK Rheinland 10.7.2019 – VK 19/19-L, BeckRS 2019, 17934; aA VK Südbayern 31.1.2020 – Z3-3-3194-1-51-11/19, BeckRS 2020, 5027 Rn. 55.
⁹⁹ VK Sachsen 24.8.2016 – 1-SVK/17/16, BeckRS 2016, 19035.
¹⁰⁰ VK Rheinland 10.7.2019 – VK 19/19-L, BeckRS 2019, 17934.
¹⁰¹ VK Sachsen 27.6.2014 – 1/SVK/020-13, BeckRS 2014, 19916.
¹⁰² OLG Frankfurt a. M. 7.6.2022 – 11 Verg 12/21, BeckRS 2022, 19108 Rn. 40.
¹⁰³ OLG Celle 9.11.2021 – 13 Verg 9/21, BeckRS 2021, 36775 Rn. 26; VK Rheinland 15.5.2019 – VK 8/19 – B, BeckRS 2019, 16505.
¹⁰⁴ §§ 62 Abs. 3, 39 Abs. 6 VgV, § 30 Abs. 3 KonzVgV und §§ 56 Abs. 3, 38 Abs. 6 SektVO.

der Auftraggeber schlicht von einer zulässigen Unterschwellenvergabe ausgegangen ist.[105] Den Auftraggeber trifft hierbei die Sorgfaltsanforderung, dass er sich vorab über die einzuhaltenden Verfahrensvorschriften ausreichend informieren muss. Bei verbleibenden rechtlichen Zweifeln bzgl. des ordnungsgemäßen Vorgehens trifft den **Auftraggeber eine Erkundigungspflicht.**[106] In einem solchen Fall muss der Auftrag- und Konzessionsgeber die Rechtslage sorgfältig prüfen, soweit es erforderlich ist, rechtlichen Rat einholen und die höchstrichterliche Rspr. beachten.

43 In dieser Konsequenz besteht das Risiko einer zweifelhaften Rechtslage eindeutig beim Auftrag- und Konzessionsgeber; Risiken in dieser Hinsicht dürfen nicht auf den Bieter abgewälzt werden – das würde uU dessen effektiven Rechtsschutz verhindern. Der Auftraggeber muss insofern **sorgfältig im Einzelfall prüfen,** ob die Voraussetzungen der Ausnahmetatbestände zur Informations- und Wartepflicht in § 134 Abs. 3 GWB und den Vergabeverordnungen auch tatsächlich gegeben sind. Ein diesbezüglicher Irrtum geht stets zu seinen Lasten und ist ein Unwirksamkeitsgrund nach § 135 Abs. 1 Nr. 1 GWB.

2. Wesentliche Vertragsveränderungen

44 Von der Unwirksamkeit nach § 135 Abs. 1 Nr. 1 GWB sind auch **wesentliche Vertragsänderungen** umfasst, die nicht gem. § 134 GWB vorab ordnungsgemäß den interessierten Unternehmen mitgeteilt werden.[107] Die Unwirksamkeit nach § 135 Abs. 1 Nr. 1 GWB betrifft auch wesentliche Vertragsänderungen bei einem entspr. öffentlichen Auftrag, da sich aus § 132 GWB ergibt, dass eine wesentliche Änderung eines öffentlichen Auftrags nicht freihändig von dem öffentlichen Auftraggeber und dem Auftragnehmer vorgenommen werden darf, sondern zu einem neuen Vergabeverfahren über den geänderten Auftrag führen muss.[108] Nach der Rspr. des EuGH stehen der Grundsatz der Gleichbehandlung und die daraus folgende Transparenzpflicht dem entgegen, dass der öffentliche Auftraggeber und der Zuschlagsempfänger nach der Vergabe eines öffentlichen Auftrags dessen Bestimmungen so verändern, dass sie sich von den Bestimmungen des ursprünglichen Auftrags wesentlich unterscheiden. Dies ist der Fall, wenn die beabsichtigten Änderungen den Auftrag in großem Umfang um ursprünglich nicht vorgesehene Bestandteile erweitern, wenn sie das wirtschaftliche Gleichgewicht des Vertrags zu Gunsten des Auftragnehmers ändern oder wenn sie Anlass zu Zweifeln an der Auftragsvergabe geben, und zwar idS, dass, wenn diese Änderungen in den Unterlagen des ursprünglichen Vergabeverfahrens enthalten gewesen wären, entweder ein anderes Angebot den Zuschlag erhalten hätte oder andere Bieter hätten zugelassen werden können.[109] Grds. darf eine wesentliche Änderung eines öffentlichen Auftrags nach dessen Vergabe nicht freihändig vorgenommen werden, sondern sie muss zu einem neuen Vergabeverfahren über den so geänderten Auftrag führen. Etwas anderes kann nur gelten, wenn diese Änderung in den Bestimmungen des ursprünglichen Auftrags eingeplant war[110] (zum Ganzen ausf. → § 132 Rn. 6 ff.).

45 Die Änderung des bestehenden Vertragsverhältnisses kann in wirtschaftlicher Hinsicht bei **wertender Betrachtung** den Wirkungen der Neuvergabe eines öffentlichen Auftrages gleichkommen und eine unionsrechtlich vorgesehene Ausschreibungspflicht begründen.[111] Diese bereits durch die Rspr. konkretisierte Tatsache hat

---

[105] VK Südbayern 5.8.2019 – Z3-3-3194-1-14-05/19, BeckRS 2019, 23408.
[106] HK-VergabeR/Christian/Alexander GWB § 126 Rn. 21.
[107] Linke NVwZ 2017, 510 (511); aA HK-VergabeR/Mentzins GWB § 135 Rn. 15.
[108] OLG Schleswig 9.12.2021 – 54 Verg 8/21 NZBau 2022, 427 Rn. 75.
[109] EuGH 7.9.2016 – C-549/14, NZBau 2016, 649 Rn. 28.
[110] EuGH 7.9.2016 – C-549/14, NZBau 2016, 649 Rn. 30.
[111] OLG Naumburg 29.4.2010 – Verg 3/10, BeckRS 2010, 13763; OLG Celle 29.10.2009 – 13 Verg 8/09, NZBau 2010, 194; Sommer VergabeR 2010, 568 (570).

zum ersten Mal iRd Novellierung des Vergaberechts in § 132 ihren Eingang ins GWB erfahren. § 132 GWB dient der Umsetzung von Art. 72 VRL.[112] Wie sich aus § 132 GWB ergibt, darf eine wesentliche Änderung eines öffentlichen Auftrags nicht freihändig von dem öffentlichen Auftraggeber und dem Auftragnehmer vorgenommen werden, sondern muss zu einem neuen Vergabeverfahren über den geänderten Auftrag führen[113] (ausf. → § 132 Rn. 6 ff.).

Ein neues Vergabeverfahren ist zwingend bei Vorliegen der Fallgruppen in § 132 Abs. 1 Nr. 1–4 GWB durchzuführen. Gedanklicher Hintergrund dieser Neuausschreibungspflicht ist, dass, wenn die Vertragsänderung sich außerhalb der ursprünglichen Vereinbarung bewegt, mit der Leistungserweiterung – erstmals – etwas beauftragt wird, was von dem ursprünglichen Vertrag nicht umfasst war.[114] In diesem Fall liegt eine Neuvergabe vor, die – bei Vorliegen der Voraussetzungen des § 132 GWB – nicht wirksam ohne Durchführung eines Vergabeverfahrens erfolgen darf.[115] Insofern sind **wesentliche Änderungen**, auch an langfristigen Verträgen, als **Defacto-(Neu-) Vergaben** iSd Vergaberechts anzusehen, deren Unwirksamkeit gem. § 135 Abs. 1 GWB bei einem fristgerecht erhobenen Nachprüfungsantrag festgestellt werden kann (→ § 132 Rn. 6 ff.).

3. Unzulässige Erweiterungen eines Rahmenvertrages

Von der Unwirksamkeit nach § 135 Abs. 1 Nr. 1 GWB können auch weitere Fälle des § 134 GWB umfasst sein. Dies kann auch Rahmenvereinbarungen betreffen, die nicht ausgeschrieben wurden oder über den ursprünglich ausgeschriebenen Vertrag hinausgehen[116] (→ § 134 Rn. 56). Ob Zulassungsverfahren – gleich ob Open-House-Verfahren (dazu → VgV § 21 Rn. 3) oder Verfahren nach § 127 Abs. 2 SGB V – dem Vergaberecht unterliegen oder nicht, ist im Einzelfall zu prüfen.[117] Wenn eine Rahmenvereinbarung über § 132 GWB hinaus verändert wird, kann darin eine unzulässige De-facto-Vergabe liegen (→ VgV § 21 Rn. 28).[118] Eine Verletzung der Höchst- und Mindermengenvorgaben bei einem Rahmenvertrag führt nicht zur Anwendung des § 135 Abs. 1 Nr. 2 GWB.[119]

IV. Vergabe ohne vorherige Veröffentlichung einer Bekanntmachung im Amtsblatt der EU (§ 135 Abs. 1 Nr. 2 GWB)

Der zweite Unwirksamkeitstatbestand ist in § 135 Abs. 1 Nr. 2 GWB geregelt. Danach ist ein öffentlicher Auftrag von Anfang an unwirksam, wenn der öffentliche Auftraggeber den betreffenden Auftrag ohne vorherige Veröffentlichung einer Bekanntmachung im Amtsblatt der Europäischen Union vergeben hat, ohne dass dies aufgrund Gesetzes gestattet ist. Eine Ausnahme, die „dies aufgrund Gesetzes gestattet", liegt nicht vor, wenn der Auftraggeber das an die Stelle der rechtswidrig

---

[112] Gesetzesentwurf der BReg: Entwurf eines Gesetzes zur Modernisierung des Vergaberechts, BT-Drs. 18/6281, 116.
[113] OLG Schleswig 9.12.2021 – 54 Verg 8/21 NZBau 2022, 427 Rn. 75.
[114] OLG Schleswig 28.8.2015 – 1 Verg 1/15, BeckRS 2015, 15354.
[115] OLG Schleswig 28.8.2015 – 1 Verg 1/15, BeckRS 2015, 15354.
[116] OLG Düsseldorf 18.8.2021 – VII-Verg 52/20, NZBau 2022, 482 Rn. 18 ff.; VK Südbayern 5.8.2019 – Z3-3-3194-1-14-05/19, BeckRS 2019, 23408; VK Nordbayern 26.7.2018 – RMF-SG21-3194-3-19, BeckRS 2018, 44928; VK Westfalen 21.10.2021 – VK 2–41/21, BeckRS 2021, 52961 Rn. 3.
[117] OLG Düsseldorf 20.3.2019 – VII-Verg 65/18, NZBau 2019, 801.
[118] VK Bund 29.7.2019 – VK 2–48/19, BeckRS 2019, 25575 Rn. 34 ff.
[119] Michels IR 2021, 256.

fehlenden Bekanntmachung tretende, gesetzlich zugelassene Verfahren auch eingehalten hat. § 135 Abs. 1 Nr. 2 GWB erfasst auch diejenigen Fälle, in denen die tatbestandlichen Voraussetzungen für das rechtswidrige Absehen von der Bekanntmachung vorlagen, der Auftraggeber also ohne Ausschreibung in anderer als der konkret gewählten Form hätte vergeben können.[120] Wie beim Unwirksamkeitsgrund nach § 135 Abs. 1 Nr. 1 GWB muss freilich auch dieser **Verstoß in einem Nachprüfungsverfahren festgestellt** worden sein. Im Anwendungsbereich des Kartellvergaberechts (und damit der §§ 134, 135 GWB) gilt der Grundsatz, dass **jede Ausschreibung** zugleich auch **im Amtsblatt der EU** bekannt gegeben werden muss.[121] Es reicht dementsprechend nicht aus, dass der Auftraggeber die Ausschreibung lediglich im nationalen Rahmen bekannt geben lässt – eine vergaberechtswidrige De-facto-Vergabe liegt auch dann vor, wenn die Pflicht zur unionsweiten Bekanntgabe verletzt worden ist.[122]

49 Ebenso wie bei einer **tatsächlichen Direktvergabe ohne jegliche Publizität**, begrenzt der Auftraggeber auch bei rein nationalen Bekanntgaben den Kreis der in Kenntnis gesetzten möglichen Bewerber trotz EU-weit gebotener Publizität und verstößt damit gegen das Verbot der De-facto-Vergaben.[123] § 135 Abs. 1 Nr. 2 GWB dient laut gesetzgeberischer Begr. der Umsetzung der Vorgaben des Art. 2d Abs. 1 lit. a der RL 89/665/EWG und RL 92/13/EWG, jeweils idF des Art. 46 KVR.[124] Damit sind jetzt alle De-facto-Vergaben von § 135 GWB umfasst. Der Schutzzweck des § 135 Abs. 1 Nr. 2 GWB besteht nach einer strengen Auff. darin zu verhindern, dass Unternehmen infolge der unterlassenen Bekanntmachung im Amtsblatt der EU vergaberechtswidrig nicht den Status als Bieter oder Bewerber erlangen können. Diesen soll effektiver Rechtsschutz gewährleistet werden. Hat ein Unternehmen trotz fehlender Bekanntmachung am Verfahren teilgenommen, verschlechtern sich allein durch die fehlende Bekanntmachung weder seine Zuschlagschancen noch seine Rechtsmittelmöglichkeiten.[125] Dies ist im Kern zutreffend, wobei entscheidend sein dürfte, ob der Antragsteller hinreichend dargelegt hat, dass er in einem neu durchzuführenden Vergabeverfahren mit einer unionsweiten Ausschreibung eine bessere Chance auf den Zuschlag hätte[126] (→ Rn. 52).

1. Europarechtswidrige, rein nationale Vergabeverfahren, De-facto-Vergaben

50 Die Pflicht zur unionsweiten Ausschreibung im Oberschwellenbereich ist **unionsrechtlich determiniert**. Nach Art. 51 Abs. 2 S. 1 VRL, Art. 33 Abs. 2 S. 1 KVR und Art. 71 Abs. 2 S. 1 SRL sind sämtliche Bekanntmachungen (bspw. Auftrags- und Vergabebekanntmachungen) dem Amt für Veröffentlichungen der EU zu übermitteln. Art. 52 Abs. 1 S. 1 VRL, Art. 33 Abs. 4 S. 1 KVR sowie Art. 72 Abs. 1 S. 1 SRL sehen zudem einheitlich vor, dass die unionsweite Bekanntmachung des

---

[120] Vgl. OLG Rostock 9.12.2020 – 17 Verg 4/20, BeckRS 2020, 34546 Rn. 60 zum Meinungsstreit.
[121] Siehe hierzu § 40 Abs. 1 S. 1 VgV, § 23 Abs. 1 KonzVgV, § 40 Abs. 1 S. 1 SektVO, § 18 Abs. 4 S. 1 VSVgV, § 11 EU Abs. 2 S. 1 VOB/A – im Oberschwellenbereich besteht stets europaweite Ausschreibungspflicht.
[122] VK Westfalen 5.8.2015 – VK 2–16/15, IBRRS 2016, 0283; VK Thüringen 21.5.2015 – 250–4003-2353/2015-E-003-SCN, BeckRS 2016, 6068; VK Bund 27.5.2014 – VK 2–31/14, IBRRS 2014, 1731.
[123] VK Thüringen 21.5.2015 – 250–4003-2353/2015-E-003-SCN, BeckRS 2016, 6068.
[124] Gesetzesentwurf der BReg: Entwurf eines Gesetzes zur Modernisierung des Vergaberechts, BT-Drs. 18/6281, 119.
[125] OLG Brandenburg 25.9.2018 – 19 Verg 1/18, BeckRS 2018, 38089.
[126] VK Südbayern 5.8.2019 – Z3-3-3194-1-14-05/19, BeckRS 2019, 23408 Rn. 70.

Unwirksamkeit **§ 135 GWB**

Auftrages oder der Vergabe nicht vor der nationalen Veröffentlichung erfolgen darf. Der deutsche Gesetzgeber hat diese Vorgaben in § 40 Abs. 1 S. 1 VgV, § 23 Abs. 1 KonzVgV, § 40 Abs. 1 S. 1 SektVO, § 18 Abs. 4 S. 1 VSVgV, § 11 EU Abs. 2 S. 1 VOB/A, § 11 VS Abs. 2 Nr. 6 S. 2 VOB/A für den Oberschwellenbereich auf der Ebene der Vergabe- und Vertragsordnungen übernommen.

Eine unionsrechtswidrige De-facto-Vergabe liegt damit immer dann vor, wenn 51 ein öffentlicher Auftrag oder eine Konzession **oberhalb der Schwellenwerte** vergeben und **gegen die unionsweite Ausschreibungspflicht verstoßen** wird.[127] Der Auftraggeber muss daher nicht nur sicherstellen, dass die Ausschreibung überhaupt veröffentlicht wird – er muss vielmehr zudem darauf achten, dass sie im Amtsblatt der EU bekanntgegeben wird. Der Sinn liegt darin, dass der europäische Gesetzgeber für das europarechtlich determinierte Kartellvergaberecht nicht nur de jure, sondern insbes. auch de facto sicherstellen will, dass die unionsweite Ausschreibungspflicht tatsächlich eingehalten wird. § 135 Abs. 1 Nr. 2 GWB änderte zwar inhaltlich ggü. den bisherigen Vorgaben wenig, jedoch geht wohl von der heutigen Fassung eine verstärkte Symbolwirkung hin zur Schaffung eines europaweiten Vergabebinnenmarktes aus.[128]

Zwar gilt gem. § 168 Abs. 2 S. 1 GWB der Grundsatz, dass ein bereits abgegebe- 52 ner Zuschlag nicht mehr aufgehoben werden kann. Dieser Grundsatz läuft aber im Rahmen von De-facto-Vergaben ins Leere, da solche Direktvergaben als **gröbste Verstöße** gegen das Vergaberecht ansonsten nie sanktioniert werden könnten. Ein Vertrag, der im Wege der De-facto-Vergabe zustande gekommen ist, ist **unwirksam oder nichtig** und steht einem erfolgreichen Nachprüfungsantrag insofern nicht im Wege.[129] Ein Nachteil infolge eines rein nationalen Verfahrens ist nicht bereits dann ausgeschlossen, wenn die Beteiligung am Wettbewerb möglich war und der Rechtsschutz durch die Nachprüfungsinstanzen gewährleistet ist. Ein Nachteil kann vielmehr auch darin liegen, dass iRd Durchführung des Vergabeverfahrens Normen zur Anwendung kommen, die sich dem Bieter ggü. als nachteilig im Vergleich zu den korrekterweise anzuwendenden Normen darstellen. Es ist daher entscheidend, ob der Antragsteller hinreichend dargelegt hat, dass er in einem neu durchzuführenden Vergabeverfahren mit einer unionsweiten Ausschreibung eine bessere Chance auf den Zuschlag hätte.[130]

a) Alle europarechtswidrigen De-facto-Vergaben sind erfasst. Alle De- 53 facto-Vergaben sind erfasst, gleichgültig, ob eine vorsätzliche oder fahrlässige Missachtung der unionsweiten Ausschreibungspflicht vorliegt.[131] Der Regelungszweck des § 135 Abs. 1 Nr. 2 GWB besteht darin, den stärksten Verstoß gegen das europäische Vergaberecht zu sanktionieren. Ein Wesensmerkmal der De-facto-Vergabe ist die **Heimlichkeit des rechtswidrigen Vertragsverhältnisses**.[132] Es liegt in der

---

[127] BayObLG 26.4.2023 – Verg 16/22, BeckRS 2023, 9868 Rn. 38 f; VK Thüringen 21.5.2015 – 250–4003-2353/2015-E-003-SCN, BeckRS 2016, 6068.

[128] Die Schaffung eines solchen Vergabebinnenmarktes als Ziel des Unionsrechts: vgl. Erwgr. 1 der VRL, Erwgr. 1, 4 der KVR.

[129] VK Südbayern 9.5.2016 – Z3-3-3194-1-04-01/16, VPRRS 2016, 0249; OLG Rostock 6.11.2015 – 17 Verg 2/15, BeckRS 2016, 3773; OLG München 21.2.2013 – Verg 21/12, BeckRS 03964; OLG Brandenburg 29.1.2013 – Verg W 8/12, BeckRS 2013, 03142.

[130] VK Südbayern 5.8.2019 – Z3-3-3194-1-14-05/19, BeckRS 2019, 23408 Rn. 70.

[131] Offengelassen: BayObLG 20.1.2022 – Verg 7/21, BeckRS 2022, 917 Rn. 78; OLG Rostock 9.12.2020 – 17 Verg 4/20, BeckRS 2020, 34546 Rn. 60.

[132] OLG Rostock 11.11.2021 – 17 Verg 4/21, BeckRS 2021, 34180 Rn. 24; 9.12.2020 – 17 Verg 4/20, BeckRS 2020, 34546 Rn. 60; vgl. den Meinungsstreit darstellend: BayObLG 20.1.2022 – Verg 7/21, BeckRS 2022, 917 Rn. 78, 79; VK Bund 3.9.2015 – VK 2–79/15, VPRRS 2015, 0358; VK Thüringen 21.5.2015 – 250–4003/2353/2015/E/003/SON, BeckRS 2016, 6068.

Natur der Sache, dass bei einer De-facto-Vergabe kein Dritter (**„Externer"**) **informiert** wird, sondern dies gerade **sorgfältig vermieden** wird. Es genügt ja, wenn der gewünschte Auftragnehmer informiert ist.[133] Könnte der Auftraggeber aber in der Konstellation der De-facto-Vergabe die als Ausnahme vorgesehene Öffnung des Vergaberechts ausnutzen und den Auftrag unter Missachtung des Vergaberechts direkt an ein Unternehmen vergeben, ohne die Unwirksamkeit des Vertrags fürchten zu müssen, würde der „Heimlichkeit" Vortrieb geleistet und dem Konkurrenten der gebotene Primärrechtsschutz verweigert. Er müsste tatenlos zusehen, wie das vergaberechtswidrig beauftragte Unternehmen den laufenden Auftrag ausführt.[134]

53a Auch Vertragsänderungen können De-facto-Vergaben sein (→ Rn. 44–46). Eine ohne erforderliche Neuvergabe vorgenommene Änderung ist eine De-facto-Vergabe, die zur Rechtswidrigkeit des Gesamtvertrags oder nur der Änderungen und ggf. sogar zur Nichtigkeit des Vertrags führen kann. Insofern ist die Vergabestelle als Adressatin des Vergaberechts gehalten, derartige Rechtsverletzungen zu vermeiden.[135] Auch Interims-Direktvergaben können im Wege eines Nachprüfungsantrages mit der Begründung beanstandet werden, diese seien vom Vergaberecht nicht mehr gedeckt (dazu ausf. → VgV § 14 Rn. 64 ff.).[136]

54 Der Unwirksamkeitstatbestand des § 135 Abs. 1 Nr. 2 GWB sieht neben dem gänzlichen Fehlen einer unionsweiten Ausschreibung noch eine zweite Unwirksamkeitskonstellation vor: Der Auftrag wird zwar im Amtsblatt der EU veröffentlicht, die Auftrags- oder Vergabebekanntmachung erfolgt aber nicht im Vorfeld zur Auftragserteilung, sondern parallel dazu oder gar erst hinterher. Alle Richtlinien und damit die Vergabeverordnungen und -ordnungen sehen **Wartefristen** vor, die der Auftraggeber im Anschluss an die europaweite Bekanntgabe einhalten muss, bevor er im jeweiligen Mitgliedstaat die Auftrags- oder Vergabebekanntmachung veröffentlichen kann. Ein Nachprüfungsantrag ist stets begründet, wenn der Auftrag nicht ohne vorherige Bekanntmachung im Amtsblatt der EU hätte vergeben werden dürfen. Dies ist auch der Fall, wenn zB die Voraussetzungen des § 14 Abs. 4 Nr. 2 iVm Abs. 6 VgV nicht vorgelegen haben.[137]

55 Obgleich bei einer rein nationalen Bekanntgabe keine De-facto-Vergabe ieS erfolgt, da jedenfalls innerhalb des Mitgliedsstaates keine Heimlichkeit hinsichtlich der Auftragsvergabe vorherrscht, wird gleichwohl der **Kreis informierter Unternehmen** und damit der Bieter **kleiner gehalten**, als es eigentlich der Fall sein dürfte.[138] Es besteht damit auf jeden Fall eine rechtswidrige „Verheimlichung" vor der innereuropäischen Konkurrenz, so dass aus deren Sicht nichtsdestoweniger eine De-facto-Vergabe vorliegt. Es handelt sich dabei um „unechte" De-facto-Vergaben, die in ihren Rechtsfolgen den „echten" De-facto-Vergaben gleichgestellt sind[139] (→ Rn. 20, 25). Eine rein nationale Ausschreibung kann daher **nicht die gebotene europaweite Bekanntmachung ersetzen**.[140]

56 De-facto-Vergaben werden durch eine **Gesamtschau und -würdigung der Verträge** festgestellt.[141] Dabei kann zwischen De-facto-Vergaben im **engeren**

---

[133] VK Arnsberg 23.10.2012 – VK 15/12, BeckRS 2012, 22029.
[134] OLG Rostock 11.11.2021 – 17 Verg 4/21, BeckRS 2021, 34180 Rn. 24.
[135] OLG Zweibrücken 1.10.2012 – 7 U 252/11, BeckRS 2012, 22074.
[136] VK Lüneburg 6.2.2018 – VgK-42/2017, IBRRS 2018, 0952.
[137] VK Bund 23.10.2019 – VK 1–75/19, BeckRS 2019, 30967.
[138] VK Thüringen 21.5.2015 – 250–4003-2353/2015-E-003-SCN, BeckRS 2016, 6068.
[139] VK Westfalen 5.8.2015 – VK 2–16/15, IBRRS 2016, 0283; VK Thüringen 21.5.2015 – 250–4003-2353/2015-E-003-SCN, BeckRS 2016, 6068; VK Bund 27.5.2014 – VK 2–31/14, IBRRS 2014, 1731.
[140] VK Thüringen 21.5.2015 – 250–4003-2353/2015-E-003-SCN, BeckRS 2016, 6068; VK Südbayern 5.8.2019 – Z3-3-3194-1-14-05/19, BeckRS 2019, 23408.
[141] OLG Naumburg 29.4.2010 – 1 Verg 3/10, BeckRS 2010, 13763.

Unwirksamkeit § 135 GWB

Sinn, dh Direktvergaben, die unter rechtswidrigem Verzicht auf die Durchführung eines wie auch immer ausgestalteten unionsweiten wettbewerblichen Verfahrens einerseits, und De-facto-Vergaben im **weiteren Sinn**, dh Auswahlverfahren, bei denen es zwar an einem förmlichen Vergabeverfahren fehlt, allerdings ein rein nationales wettbewerbliches Verfahren durchgeführt wurde, andererseits unterschieden werden.[142] (→ Rn. 20, 25). Beide Konstellationen sind eine Verletzung der unionskonformen Ausschreibungspflicht. Ebenso sind Rahmenverträge[143] (→ Rn. 47) oder irrtümlich angenommene vermeintlich vergabefreie In-House-Vergaben umfasst.[144] Für die daraus folgende Konsequenz, nämlich die Unwirksamkeit des rechtswidrigen Vertrages, ergibt sich hieraus kein Unterschied. Nicht zu folgen ist der Auff., dass in einem Verhandlungsverfahren ohne Teilnahmewettbewerb und somit ohne unionsweite Bekanntmachung eine fehlerhafte Auswahl der Bieter nicht zur Unwirksamkeit des Vertrags nach § 135 Abs. 1 Nr. 2 GWB führt.[145] Ausnahmen vom gebotenen Verfahren sind eng auszulegen.

b) Der Begriff der Bekanntmachung. § 135 Abs. 2 Nr. 1 GWB bezieht sich 57 auf die Bekanntmachung, die vor Vergabe des öffentlichen Auftrages (oder der Konzession) durch den Auftraggeber im Amtsblatt der EU gemacht worden sein muss. Der Begriff der Bekanntmachung wird in den Vergaberichtlinien nicht definiert, vielmehr werden unterschiedliche Typen von Bekanntmachungen statuiert: **Vorinformationen, Auftragsbekanntmachungen und Vergabebekanntmachungen** (Art. 48–50 VRL, Art. 31, 32 KVR sowie Art. 69, 70 SRL). § 10a Abs. 1 S. 1 VgV, der mWv 25.10.2023 Anwendung findet, legt zudem fest, dass unter „**Bekanntmachungen**" die **Auftragsbekanntmachung**, die **Vorinformation**, die **Vergabebekanntmachung** sowie die **Bekanntmachung über etwaige Auftragsänderungen** zu verstehen sind (→ VgV § 10a Rn. 1 ff.). Diese Begriffe wurden dementsprechend in die Verordnungen übernommen und dort nachvollziehbar systematisiert.

Das GWB enthält hierzu die Verordnungsermächtigung in § 113 Nr. 2 GWB. 58 Der öffentliche Auftraggeber teilt gem. § 37 Abs. 1 S. 1 GWB seine Absicht, einen öffentlichen Auftrag zu vergeben oder eine Rahmenvereinbarung abzuschließen, in einer Auftragsbekanntmachung mit. Die Auftragsbekanntmachung wird mWv 25.10.2023 gem. § 37 Abs. 2 VgV nach den Vorgaben der Spalte 16 der Tabelle 2 des Anhangs der Durchführungsverordnung (EU) 2019/1780 iVm § 10a VgV erstellt. Der öffentliche Auftraggeber benennt gem. § 37 Abs. 3 VgV in der Auftragsbekanntmachung die Vergabekammer, an die sich die Unternehmen zur Nachprüfung geltend gemachter Vergabeverstöße wenden können. § 135 Abs. 1 Nr. 2 GWB spricht davon, dass die jeweilige Bekanntmachung vor Vergabe des Auftrages (oder der Konzession) im Amtsblatt der EU zu veröffentlichen ist ausf. → VgV § 37 Rn. 3 ff.)

Es können aber nicht alle existierenden **Bekanntmachungstypen** unter § 135 59 Abs. 1 Nr. 2 GWB fallen, da die jeweiligen Bekanntmachungen dem Wortlaut der Norm vor Vergabe des Auftrags, mithin vor dem Zuschlag iSv § 127 GWB, zu veröffentlichen sind. Dies trifft auf die Auftragsbekanntmachung gem. § 37 Abs. 1 S. 1 VgV, § 19 Abs. 1 KonzVgV, § 35 Abs. 1 SektVO, § 12 EU Abs. 3 Nr. 2 S. 3 VOB/A, die Vorinformation gem. § 38 Abs. 1 VgV sowie die Bekanntmachung über Auftragsänderungen gem. § 39 Abs. 5 S. 1 VgV bzw. § 38 Abs. 5 SektVO iVm

---

[142] Dreher/Hoffmann NZBau 2009, 217 (219).
[143] OLG Düsseldorf 27.4.2020 – Verg 27/19, BeckRS 2020, 8091 Rn. 37; OLG Düsseldorf 1.8.2012 – Verg 15/12, BeckRS 2012, 3002; OLG Jena 12.6.2019 – 2 Verg 1/18, BeckRS 2019, 12239; OLG Celle 3.8.2017 – 13 Verg 3/13, BeckRS 2017, 122917.
[144] OLG München 21.2.2013 – Verg 21/12, BeckRS 2013, 03964.
[145] BayObLG 20.1.2022 – Verg 7/21, NZBau 2022, 172.

GWB § 135 — Unwirksamkeit

§ 132 Abs. 2 S. 1 Nr. 2 und Nr. 3 GWB zu. Die Vergabebekanntmachung wird gem. § 39 Abs. 1 VgV, § 21 Abs. 1 S. 1 KonzVgV, § 38 Abs. 1 SektVO spätestens 30 Tage nach Erteilung des Zuschlags veröffentlicht, womit sie keine „Bekanntmachung" iSv § 135 Abs. 1 Nr. 2 GWB ist. Alles in allem greift die Sanktion der Unwirksamkeit, wenn der Auftraggeber im jeweiligen Verfahren keine Auftragsbekanntmachung, Vorinformation oder Änderungsbekanntmachung vor Vergabe eines Auftrages oder einer Konzession veröffentlicht hat. Die Regelungen zu den Bekanntmachungen sind **bieterschützend**. Die Bekanntmachungspflicht sichert und fördert ein transparentes und wettbewerbsorientiertes Vergabeverfahren.

60 **c) Zeitpunkt der vorherigen Veröffentlichung.** § 135 Abs. 1 Nr. 2 GWB spricht davon, dass die jeweilige Bekanntmachung vor Vergabe des Auftrages veröffentlicht worden sein muss. Damit stellt sich die Frage, ob die Sanktionswirkung des § 135 Abs. 1 Nr. 2 GWB bereits dann vermieden wird, wenn der Auftraggeber diese Informationen irgendwann vor Abgabe des Zuschlags veröffentlicht, oder ob dabei auf bekanntmachungsspezifische Zeitpunkte abzustellen ist. Dies ist zu verneinen. Eine freiwillige ex-ante-Transparenzbekanntmachung ist bei richtlinienkonformem Verständnis nicht als Bekanntmachung iSd § 135 Abs. 1 Nr. 2 GWB anzusehen, da es sich nicht um den gebotenen Aufruf zum Wettbewerb, sondern um die Bekanntgabe der Absicht einer Direktvergabe handelt.[146] **Veröffentlichungen** dienen im Vergabeverfahren unmittelbar dem **Transparenzgrundsatz**, wobei jeder Bekanntmachungstyp einem bestimmten Abschnitt des Verfahrens zuzuordnen ist. So sind Vorinformationen gem. § 38 Abs. 1 VgV vor der Veröffentlichung von Auftragsbekanntmachungen bekannt zu geben. Auftragsbekanntmachungen wiederum sind gem. § 37 Abs. 1 VgV als „Startschuss" für das Verfahren vor Beginn des Vergabeverfahrens zu veröffentlichen. Da § 135 Abs. 1 GWB als Sanktionsnorm die tatsächliche Einhaltung der Transparenz- und Publizitätspflichten des Auftraggebers sicherstellen soll, ist die Norm so **drittschützend und transparenzfreundlich** auszulegen wie möglich.

61 IErg führt § 135 Abs. 1 Nr. 2 GWB nicht nur dazu, dass die darunterfallenden Bekanntmachungen irgendwann vor Abgabe des Zuschlags unionsweit veröffentlicht werden, sondern vielmehr dazu, dass diese im jeweilig maßgeblichen Zeitpunkt veröffentlicht werden müssen. Dann erst entfaltet die Norm eine **vollständige Schutzwirkung zugunsten der Bieter gegen De-facto-Vergaben** und ihre „Heimlichkeit". Die Vergabeverordnungen sehen zumeist ein bestimmtes Zeitfenster im Anschluss an die europaweite Veröffentlichung vor, mit dessen Ablauf erst die nationale Veröffentlichung erfolgen darf. § 40 Abs. 3 S. 1 VgV sieht bspw. hierfür zwingend den Ablauf von 48 Stunden vor und das Abwarten der tatsächlichen Veröffentlichung der Bekanntgabe im Amtsblatt der EU (→ VgV § 40 Rn. 6).

62 **d) Motivation und Verschulden des Auftraggebers irrelevant.** Für die Anwendung des § 135 Abs. 1 Nr. 2 GWB ist es nicht von Bedeutung, aus welchen Gründen der Auftraggeber sich zur Vergabe ohne die erforderliche Übermittlung der Bekanntgabe an das Amt für Veröffentlichungen der EU veranlasst gesehen hat.[147] **Weder ein Rechtsirrtum** über das anzuwendende Vergabeverfahren noch eine unzutreffende, aber entschuldbare Fehleinschätzung der tatsächlichen Voraussetzungen **oder eine vertretbar unrichtige Schätzung** des Auftragswertes stehen dem Vorliegen einer **unzulässigen Nichtbekanntmachung** im Amtsblatt der EU entgegen.[148] Die Motivation des Auftraggebers ist schlicht irrelevant.[149]

---

[146] OLG Düsseldorf 12.7.2017 – VII-Verg 13/17, NZBau 2017, 679.
[147] VK Westfalen 5.8.2015 – VK 2–16/15, IBRRS 2016, 0283.
[148] VK Westfalen 5.8.2015 – VK 2–16/15, IBRRS 2016, 0283; OLG Dresden 24.7.2012 – Verg 2/12, NZBau 2012, 794.
[149] OLG Celle 24.10.2019 – 13 Verg 9/19, BeckRS 2019, 26579 = NZBau 2020, 535 Rn. 32.

Der vom Auftraggeber in diesem Fall geschlossene Vertrag ist gem. § 135 Abs. 1 **63**
Nr. 2 GWB iVm § 134 Abs. 1 GWB unwirksam, weil der Auftraggeber von seinem
Standpunkt aus, das streitbefangene Beschaffungsvorhaben sei nicht europaweit
auszuschreiben, folgerichtig die in § 134 GWB geregelten Informations- und Wartepflichten ggü. dem übergangenen Unternehmen nicht eingehalten hat. Wenn
also der Auftraggeber rechtsirrig meint, eine **eigenverschuldete Dringlichkeit**
würde ein Verhandlungsverfahren ohne vorherige Bekanntmachung rechtfertigen,
dann bleibt es dabei, dass es sich um eine **rechtswidrige unwirksame De-facto-
Vergabe** handelt. Bei unionsrechtskonformer Auslegung werden nach zutreffender Auff. **alle Formen der De-facto-Vergaben** von § 135 GWB erfasst
(→ Rn. 53).

2. Rechtmäßige Ausnahmen von der Bekanntmachungspflicht

Nach § 135 Abs. 1 Nr. 2 GWB entfällt die Sanktion der Unwirksamkeit, sofern **64**
das Ausbleiben der unionsweiten Veröffentlichung einer Bekanntmachung aufgrund
Gesetzes gestattet ist. Ein solcher Ausnahmetatbestand kann nur durch eine bundes-
gesetzliche Regelung, nicht aber durch eine untergesetzliche Ausnahmeregelung
zur Ausschreibungspflicht, normiert werden. Die Vergabeverordnungen, die auf
Grund von § 113 GWB als Rechtsverordnungen erlassen wurden, sind schon dem
Wortlaut nach kein Gesetz iSv § 135 Abs. 1 Nr. 2 GWB. Auch ein Landesgesetz
kann die Unwirksamkeit gem. § 135 GWB einschränken. **Der Landesgesetzgeber
verfügt nicht über die Befugnis zur Einschränkung der Reichweite der Ausschreibungspflicht.** Eine Länderkompetenz besteht nicht, nachdem der Bund den
Teil 4 des GWB geschaffen hat.[150] Eine **landesrechtliche Einschränkung** der
bundesrechtlichen Ausschreibungspflicht wäre daher mangels Gesetzgebungskompetenz **formell verfassungswidrig**.

a) Erleichterungen in der KonzVgV, SektVO und Bereichsausnahmen. 65
Ausnahmen von den unionsweiten Bekanntmachungspflichten können im Bereich
des Kartellvergaberechts nur in zwei Konstellationen vorkommen. Zum einen
besteht keine Bekanntmachungspflicht, wenn das **GWB** für das jeweilige Vergabeverfahren nicht anwendbar ist. Es existieren **zahlreiche Bereichsausnahmen** in
Hinblick auf die Vergabe von öffentlichen Aufträgen durch öffentliche Auftraggeber
und Sektorenauftraggeber sowie hinsichtlich Konzessionsvergaben. Allg. Bereichsausnahmen sind in § 107 GWB sowie Ausnahmen bei öffentlich-öffentlicher
Zusammenarbeit gem. § 108 GWB und für Vergaben auf der Grundlage internationaler Verfahrensregeln gem. § 109 GWB vorgesehen. Ob eine Bereichsausnahme
wirklich vorliegt und damit eine Ausnahme von der Ausschreibungspflicht, kann
von den Nachprüfungsinstanzen überprüft werden.[151]

Für Auftragsvergaben durch Sektorenauftraggeber sind in §§ 137–140 GWB **65a**
besondere Bereichsausnahmen vorgesehen. Trotz der im Sektorenbereich möglichen flexiblen Verfahrenswahl (§ 13 Abs. 1 SektVO) des Auftraggebers bleibt festzuhalten, dass die behauptete fehlerhafte Wahl des Vergabeverfahrens die Antragsbefugnis begründet.[152] Ebenso existiert eine besondere Ausnahme in § 145 GWB
für die Vergabe von verteidigungs- oder sicherheitsspezifischen öffentlichen Aufträgen. Schlussendlich existieren Bereichsausnahmen in §§ 149, 150 GWB speziell
für die Vergabe von Konzessionen.[153]

---

[150] BGH 1.12.2008 – X ZB 31/08, NZBau 2009, 201 Rn. 27.
[151] OLG Naumburg 30.3.2022 – 7 Verg 2/22, BeckRS 2022, 7865 Rn. 21; OLG Celle
25.6.2019 – 13 Verg 4/19, VPRRS 2019, 0202; VK Westfalen 2.7.2019 – VK 1–17/19, VPRRS
2019, 0206.
[152] VK Lüneburg 6.2.2018 – VgK-42/2017, IBRRS 2018, 0952.
[153] Vgl. Müller-Wrede/Braun/Braun KonzVgV § 1 Rn. 83 ff.

66 Die zweite Konstellation ist gegeben, wenn zwar das Kartellvergaberecht für das jeweilige Verfahren wegen Fehlens einer einschlägigen Bereichsausnahme anwendbar ist, zugleich aber innerhalb des Kartellvergaberechts ein Ausnahmetatbestand hinsichtlich der **Publizitätspflichten des Auftraggebers** vorgesehen wird. Diese sind freilich selten. Allerdings sind ua in § 20 KonzVgV und § 14 Abs. 4 VgV Ausnahmetatbestände vorgesehen (→ KonzVgV § 20 Rn. 1 ff., → VgV § 14 Rn. 46 ff). Einschränkend ist aber zu beachten, dass der fehlende Wettbewerb nicht das Ergebnis einer künstlichen Einengung der Parameter sein darf. Publizitätsvorschriften haben idR unternehmensschützenden Charakter.[154]

67 Die Bereichsausnahme des § 108 GWB erfasst die sog. **In-House-Vergabe,** bei der sich der öffentliche Auftraggeber an eine rechtlich von ihm verschiedene Person wendet, über die er eine ähnliche Kontrolle ausübt, wie über seine eigenen Dienststellen. Jede – auch nur minderheitliche – Beteiligung eines privaten Unternehmens am Kapital der beauftragenden Gesellschaft schließt eine derartige Kontrolle und damit ein vergabefreies In-House-Geschäft aus.[155] Bei Vorliegen einer solchen In-House-Vergabe kommt das Kartellvergaberecht ebenfalls nicht zur Anwendung, wobei die richtige Anwendung der Vorschrift durch den Auftraggeber überprüft werden kann[156] (→ § 108 Rn. 46).

68 **b) Beleihung durch Gesetz, Verordnung oder Verwaltungsakt.** Die **Beleihung** durch Gesetz, Verordnung oder Verwaltungsakt zeigt sich nach derzeitiger Rechtslage als Möglichkeit, **vergaberechtsfrei** und damit auch ohne Verpflichtung zur Information nach § 134 Abs. 1 GWB bzw. zur unionsweiten Veröffentlichung von Bekanntmachungen iSv § 135 Abs. 1 Nr. 2 GWB Private an der Erfüllung hoheitlicher Aufgaben zu beteiligen.[157] Voraussetzung ist insoweit immer, dass neben der **einseitig öffentlich-rechtlichen Aufgabenübertragung** kein Vertrag zwischen dem Hoheitsträger und dem Beliehenen geschlossen wird. Stehen hinter oder neben der Beleihung zusätzlich vertragliche Vereinbarungen, kann von Vergabefreiheit nicht gesprochen werden. Nicht möglich ist es, bestehende vergabepflichtige Leistungsbeziehungen, die nach Beendigung auszuschreiben wären, durch die o. g. landesrechtlichen Maßnahmen ausschreibungsfrei zu stellen.[158]

69 Eine Informationspflicht nach § 134 Abs. 1 GWB bzw. zur Veröffentlichung von Bekanntmachungen iSv § 135 Abs. 1 Nr. 2 GWB besteht im **Grundsatz bei Beleihung durch Gesetz, Verordnung oder Verwaltungsakt nach dem GWB nicht** (→ Rn. 31 ff). Ein öffentlicher Auftrag und damit eine Informations-/Bekanntmachungspflicht ist jedoch dann anzunehmen, wenn durch die o. g. Maßnahmen im Kern eine vertragliche Exklusivität vereinbart und ein tatsächlicher Wettbewerbsvorteil für den Auftragnehmer bewirkt werden.[159] Es entspricht der allg. Rechtsauffassung im Vergaberecht, dass die Anwendbarkeit des Vergaberegimes von der gewählten Rechtsform unabhängig ist. Eine Vorinformationspflicht besteht daher **bei vertraglichen Elementen** gleich welcher Art[160] (→ Rn. 32, 33; → § 103 Rn. 19–20).

---

[154] Ausführlich für die KonzVgV: Müller-Wrede/Braun/Dewald KonzVgV § 20 Rn. 45 ff.
[155] Vgl. nur EuGH 11.1.2005 – C-26/03, EuZW 2005, 86 – Stadt Halle, RPL Recyclingpark Lochau GmbH/Arbeitsgemeinschaft Thermische Restabfall- und Energieverwertungsanlage TREA Leuna; Braun/Buchmann NZBau 2007, 691.
[156] OLG Düsseldorf 27.4.2020 – Verg 27/19, BeckRS 2020, 8091 Rn. 37; OLG Jena 12.6.2019 – 2 Verg 1/18, BeckRS 2019, 12239.
[157] Braun/Buchmann NZBau 2007, 691; Braun FS Marx, 2013, 39; vgl. Müller-Wrede/Braun/Braun KonzVgV CsgG Rn. 46 ff.
[158] BGH 1.12.2008 – X ZB 31/08, NZBau 2009, 201 Rn. 27.
[159] LSG NRW 10.9.2009 – L 21 KR 53/09 SFB, NZBau 2010, 458.
[160] OLG Naumburg 4.11.2010 – Verg 10/10, BeckRS 2010, 28396.

V. Fristen zur Geltendmachung der Unwirksamkeit nach § 135 Abs. 2 GWB

Nach § 135 Abs. 2 GWB kann Unwirksamkeit nur festgestellt werden, wenn sie im Nachprüfungsverfahren innerhalb von **30 Kalendertagen** nach der Information der betroffenen Bieter und Bewerber durch den öffentlichen Auftraggeber über den Abschluss des Vertrags, jedoch nicht später als sechs Monate nach Vertragsschluss geltend gemacht worden ist. Die zeitlichen Voraussetzungen von § 135 Abs. 2 GWB müssen dabei nicht kumulativ vorliegen, es genügt, dass **eine der Alternativen gegeben** ist.[161] Nach Ablauf der Frist besteht aus vergaberechtlicher Sicht **Rechtssicherheit** über den geschlossenen Vertrag, und die Unwirksamkeit nach § 135 Abs. 1 GWB ist unbeachtlich.[162] Die Geltendmachung kann nach dem ausdr. Willen des Gesetzgebers nur durch Einleitung eines Nachprüfungsverfahrens durch einen Antragsbefugten vor der Vergabekammer erfolgen.[163] Ist die Frist nicht gewahrt, ist der Nachprüfungsantrag unzulässig.[164]

Ein Vertrag darf nach § 135 Abs. 2 S. 1 GWB erst **15 Kalendertage** nach Absendung der Information nach Abs. 1 geschlossen werden. Wird die Information nach § 134 Abs. 2 S. 2 GWB per Fax oder auf **elektronischem Weg** versendet, verkürzt sich die Frist auf **10 Kalendertage.** Eine Verknüpfung zwischen § 134 GWB und § 135 GWB findet immer dann statt, wenn die Information nach § 134 GWB fehlerhaft gewesen ist, zB wenn nicht die Gründe der Nichtberücksichtigung des Angebots mitgeteilt wurden (→ § 134 Rn. 102 ff.).

Insgesamt gibt es mithin **vier verschiedene Fristen,** die beachtet werden müssen:
– 10 Tage bei elektronischer oder Übermittlung per Fax (§ 134 Abs. 2 S. 2 GWB);
– 15 Tage bei Übermittlung per Post (§ 134 Abs. 2 S. 1 GWB);
– 30 Kalendertage ab Bekanntgabe des Vertrages (§ 135 Abs. 2 S. 1 Hs. 1 GWB);
– sechs Monate nach Vertragsschluss (§ 135 Abs. 2 S. 1 Hs. 2 GWB).

Offen ist, wie das **Verhältnis der Fristen untereinander** ist. Umstritten ist, ob bei einer Bekanntmachung iSv § 135 Abs. 2 S. 2 GWB für eine erfolgreiche Nachprüfung nur die in dieser Vorschrift bestimmte Antragsfrist oder sowohl die Antragsfrist des § 135 Abs. 2 S. 1 Hs. 1 GWB, als auch die Antragsfrist des § 135 Abs. 2 S. 1 Hs. 2 GWB zu wahren ist.[165] Gegen letzteres spricht, dass dadurch die Nachprüfung zusätzlich erschwert und die Effektivität des Rechtsschutzes untergraben wird. Bei den Fristen in § 135 Abs. 2 GWB handelt es sich um **autonome Fristen,** die für sich stehen, jedoch gleichwohl einer Überlagerung unterliegen, da jede Fristversäumung schon für sich allein zur Unzulässigkeit eines Nachprüfungsantrages führt.[166] Die 6-monatige Frist nach § 135 Abs. 2 S. 1 Hs. 2 GWB dient der Schaffung von Rechtssicherheit für den Auftraggeber nach einem halben Jahr.[167] Sie kann mithin nicht alternativ genutzt werden, der Antrag ist aufgrund der 30-Tage-Regelung nach § 135 Abs. 2 S. 1 Hs. 1, S. 2 GWB unzulässig.[168]

Im **Unterschied zu den kurzen Fristen** nach § 134 Abs. 2 S. 1, 2 GWB werden Informationen gem. § 134 Abs. 1 GWB direkt an die Unternehmen gegeben, wäh-

---

[161] VK Sachsen 17.6.2016 – 1/SVK/011 – 16, IBRRS 2016, 0283.
[162] VK Lüneburg 5.10.2015 – VgK-37/2015, BeckRS 2015, 19322.
[163] Gesetzentwurf der BReg: Entwurf eines Gesetzes zur Modernisierung des Vergaberechts, BT-Drs. 16/10117, 31.
[164] VK Lüneburg 5.10.2015 – VgK-37/2015, BeckRS 2015, 19322.
[165] Offen gelassen KG 13.9.2012 – Verg 4/12, BeckRS 2012, 21956.
[166] VK Sachsen 17.6.2016 – 1/SVK/011-16, BeckRS 2016, 16631.
[167] VK Sachsen 17.6.2016 – 1/SVK/011-16, BeckRS 2016, 16631.
[168] VK Sachsen 17.6.2016 – 1/SVK/011-16, BeckRS 2016, 16631.

GWB § 135 — Unwirksamkeit

rend die Unternehmen vom Auftraggeber über die Fristen nach § 135 GWB gerade nicht direkt informiert werden. Die Fristen nach § 134 Abs. 2 GWB beginnen gem. § 134 Abs. 2 S. 2 GWB am Tage nach der Absendung der Information durch den Auftraggeber zu laufen; auf den Tag des Zugangs beim betroffenen Bieter und Bewerber kommt es nicht an. Wegen der Einzelheiten wird auf die Kommentierung zu § 134 GWB verwiesen (→ § 134 Rn. 96 ff.).

74   Da bei **Direktvergaben** idR keine Vorabinformation nach § 134 GWB erfolgt, der Bieter folglich für die Berechnung des Fristablaufs in § 135 Abs. 2 GWB auf Spekulationen angewiesen ist, wäre ein Verweis auf Rechtsschutz nach § 135 Abs. 2 GWB eine einschneidende Einschränkung des ihm zustehenden Primärrechtsschutzes.[169] Als Ausnahmevorschrift zu § 168 Abs. 2 S. 1 GWB ist es indes nicht Regelungszweck des § 135 GWB, den Bewerber nach Erteilung des Zuschlags mit der Möglichkeit zu versehen, mit in Bezug auf § 135 GWB nicht durchgreifenden Behauptungen die detaillierte Überprüfung des – mit der Erteilung des Zuschlags grds. abgeschlossenen – Wertungsvorgangs der Vergabestelle verlangen zu können.[170]

1. Beginn und Ende der Frist nach § 135 Abs. 2 GWB

75   Die Ausschlussfristen des § 135 Abs. 2 S. 1 GWB beginnen nach § 187 Abs. 1 BGB am Tag nach der Information der betroffenen Bieter und Bewerber (**30-Tages-Frist**) oder am Tag nach dem Vertragsschluss zu laufen (**Sechs-Monats-Frist**).[171] Das Fristende für die 30-Tages-Frist bestimmt sich nach § 188 Abs. 1 BGB. Die Frist endet mit **Ablauf des letzten Tages der Frist**, also am 30. Kalendertag nach Bekanntgabe um 24.00 Uhr. Für die Sechs-Monats-Frist bestimmt § 188 Abs. 2 BGB das Fristhemmungsende. Danach endet die Frist mit Ablauf des Tages des sechsten Monats, der in seiner Zahl dem Zahl des Tages entspricht, an dem die Frist zu laufen begann. Zur Auslegung von § 135 Abs. 2 S. 1 GWB ist Art. 2f Abs. 1 lit. a Nr. 2 der RL 2007/66/EG heranzuziehen, der durch § 135 GWB umgesetzt wird.[172] Eine fristenauslösende Information kann zB auch durch einen Schriftsatz im Nachprüfungsverfahren erfolgen[173] (zur Fristenberechnung → § 134 Rn. 102 ff.).

76   § 135 Abs. 2 S. 1 GWB entspricht iW der bisherigen Rechtslage mit der Änderung, dass nunmehr der Lauf der Frist, innerhalb der ein Unternehmen die Feststellung der Unwirksamkeit eines Vertrags beantragen kann, eine **Information der betroffenen Bieter oder Bewerber durch den öffentlichen Auftraggeber über den Abschluss des Vertrags** voraussetzt.[174] Eine anderweitige Kenntniserlangung durch den Bieter oder Bewerber genügt als fristauslösendes Ereignis nach zutreffender Auff. nicht. Allerdings verlangt eine europarechtskonforme Auslegung der Vorschrift, dass dem unterlegenen Bieter zumindest eine Zusammenfassung der einschlägigen Gründe mitgeteilt wird.[175] § 135 Abs. 2 S. 1 GWB bezieht sich insoweit auf die in § 135 Abs. 1 GWB genannten Verstöße, also auf einen Vertragsschluss ohne vorherige Mitteilung an die unterlegenen Bieter und Bewerber nach § 134 GWB bzw. ohne Veröffentlichung einer Bekanntmachung im EU-Amts-

---

[169] OLG München 19.7.2012 – Verg 8/12, NZBau 2012, 658.
[170] VK Schleswig-Holstein 6.5.2015 – VK-SH 04/15, IBRRS 2015, 2431.
[171] OLG Schleswig 9.12.2021 – 54 Verg 8/21, NZBau 2022, 427 Rn. 104; VK Sachsen 26.9.2017 – 1/SVK/016-17, VPRRS 2017, 0327.
[172] OLG Karlsruhe 22.2.2019 – 15 Verg 9/18, NZBau 2019, 748.
[173] OLG Bremen 4.11.2022 – 2 Verg 1/22, BeckRS 2022, 38741 Rn. 44.
[174] VK Sachsen 26.9.2017 – 1/SVK/016-17, VPRRS 2017, 0327; offengelassen: OLG Bremen 1.4.2022 – 2 Verg 1/21, NZBau 2022, 548 Rn. 61.
[175] OLG Bremen 1.4.2022 – 2 Verg 1/21, BeckRS 2022, 15528 Rn. 62 mit ausf. Begr..

blatt.[176] Die Frist beginnt zudem erst mit dem Abschluss des angefochtenen Vertrages zu laufen.[177]

Da die Frist mit einer **materiellen Ausschlusswirkung** verbunden ist, müssen die Förmlichkeiten des § 134 Abs. 1 S. 1 GWB eingehalten werden. Der Fristbeginn kann nicht formlos ausgelöst werden. Notwendig ist gem. § 135 Abs. 2 S. 1 1. Hs. GWB ein unaufgefordertes Informieren und kein „Zufallsfund".[178] Ein Auftraggeber kann sich nicht auf ein Fristversäumnis eines Antragstellers berufen, wenn die Bekanntmachung mehrere Fehler enthält und somit keine Rechtswirkung entfaltet.[179] Der Auftraggeber sollte den sichersten Weg wählen und damit eine schriftliche Information wählen, um die Unterrichtung und den entsprechenden Zeitpunkt im Nachhinein belegen zu können.[180]   77

Solange sich jedenfalls der Auftraggeber bedeckt hält und die Leistungserbringung erst nach Ablauf der Sechs-Monats-Frist beginnt, haben betroffene Mitbewerber idR keine Möglichkeit, von dem vergaberechtswidrig geschlossenen Vertrag Kenntnis zu erlangen und dessen Unwirksamkeit feststellen zu lassen. Dies führt zu einer gewollten Beschneidung auch des Sekundärrechtsschutzes.[181] Der Gesetzgeber hat sich an dieser Stelle für den Bestandschutz möglicherweise rechtwidriger Verträge iRd § 133 GWB entschieden. Hinzuweisen ist aber darauf, dass ein bewusstes „**bedecktes**" **Verhalten** des Auftraggebers aus allg. zivilrechtlichen Gesichtspunkten dazu führt, dass der **sittenwidrige Vertrag** nichtig ist (→ Rn. 132 ff.).   78

2. Fristbeginn bei Ausschlussfristen erst nach ordnungsgemäßer Belehrung

Im Bereich der (ex-post-) Transparenz geht es um eine Ausschlussfrist. Für diese Frist ist umstritten, ob es einer ordnungsgemäßen Belehrung über sie bedarf, damit sie in Gang gesetzt wird.[182] **Gegen eine Belehrungspflicht** wird angeführt, dass der Gesetzgeber insoweit davon ausgegangen sei, dass die betroffenen Bieter jedenfalls dann, wenn sie aufgrund der in Art. 2f der RL 89/665/EWG idF des Art. 46 KVR geforderten Angaben erkennen könnten, dass der bekannt gegebene – vergebene – Auftrag für sie von Interesse sei, die weiteren Anforderungen zur Rechtsverfolgung auch ohne Weiteres dem Gesetz entnehmen könnten.[183]   79

Für eine Belehrungspflicht und damit den Beginn der Frist erst nach einer ordnungsgemäßen Belehrung darüber spricht aber, dass gerade die Rechtsschutzmöglichkeiten für den unterlegenen Bieter verbessert werden sollten.[184] Für eine Belehrungspflicht sprechen auch die Regeln des § 37 VgV, in dem formelle Veröffentlichungspflichten normiert wurden. Über die öffentliche Auftraggeber teilt gem. § 37 Abs. 1 S. 1 GWB seine Absicht, einen öffentlichen Auftrag zu vergeben oder eine Rahmenvereinbarung abzuschließen, in einer Auftragsbekanntmachung mit.   80

---

[176] Gesetzesentwurf der BReg: Entwurf eines Gesetzes zur Modernisierung des Vergaberechts, BT-Drs. 18/6281, 119 mit Hinweis auf: OLG Düsseldorf 3.8.2011 – VII-Verg 33/11, BeckRS 2011, 22546.
[177] VK Rheinland 20.2.2019 – VK 52/18-L, BeckRS 2019, 6725 Rn. 50–54.
[178] KG 8.6.2020 – Verg 1002/20, BeckRS 2020, 45994 Rn. 25.
[179] VK Nordbayern 26.7.2018 – RMF-SG21-3194-3-19, BeckRS 2018, 44928.
[180] Zum Fristbeginn: OLG Bremen 4.11.2022 – 2 Verg 1/22, BeckRS 2022, 38741 Rn. 6.
[181] Vgl. die Diskussion zur Vorgängerregelung: Stellungnahme des Bundesrates, Gesetzentwurf der BReg: Entwurf eines Gesetzes zur Modernisierung des Vergaberechts, BT-Drs. 16/10117, 33.
[182] Vgl. VK Nordbayern 26.7.2018 – RMF-SG21-3194-3-19, BeckRS 2018, 44928.
[183] OLG Schleswig 4.11.2014 – 1 Verg 1/14, NZBau 2015, 186.
[184] VK Sachsen 17.6.2016 – 1/SVK/011-16, BeckRS 2016, 16631.

GWB § 135 — Unwirksamkeit

Die Auftragsbekanntmachung wird gem. § 37 Abs. 2 VgV mWv 25.10.2023 nach den Vorgaben der Spalte 16 der Tabelle 2 des Anhangs der Durchführungsverordnung (EU) 2019/1780 iVm § 10a VgV erstellt. Der öffentliche Auftraggeber benennt gem. § 37 Abs. 3 VgV in der Auftragsbekanntmachung die Vergabekammer, an die sich die Unternehmen zur Nachprüfung geltend gemachter Vergabeverstöße wenden können. **Die Kenntnis setzt aber nach zutr. Auff. eine ordnungsgemäße Belehrung voraus.** Fehlt diese, können die sehr kurzen Fristen von entweder 30 Tagen oder einem halben Jahr nicht ordnungsgemäß in Gang gesetzt werden. Der Belehrung liegt ein Schutzbedürfnis des betroffenen Unternehmens zu Grunde. Wird diesem Schutzbedürfnis Genüge getan, dann beginnt die Frist zu laufen.[185] Der Fristbeginn setzt zumindest eine ordnungsgemäße Information voraus.[186]

81 Das OLG Düsseldorf vertritt ebenfalls einen formalen Standpunkt.[187] Der Auftraggeber hat der Informationspflicht gem. Art. 2f Abs. 1 Buchst. a RL 2007/66/EG zu entsprechen, wenn er die ihn schützenden Fristen in Anspruch nehmen will. Diese Auslegung lässt sich auch dem Zusammenspiel von § 135 GWB mit § 134 GWB entnehmen. Gem. § 135 Abs. 1 Nr. 1 GWB ist ein Vertrag unwirksam, wenn Bietern, die sich an einem Vergabeverfahren beteiligt haben und deren Angebot nicht berücksichtigt werden soll, die in § 134 GWB vorgeschriebenen Informationen nicht erteilt werden. Dass an die Information gem. § 135 Abs. 2 S. 1 GWB bei einer Auftragserteilung ohne vorherige Bekanntmachung bei gleichem Begriff andere Anforderungen zu stellen wären als bei bekannt gemachten Vergabeverfahren, ist nicht ersichtlich. Der öffentliche Auftraggeber muss also auch bei einem nicht bekannt gemachten Auftrag, wenn er den Beginn der 30-Tage-Frist erreichen will, Interessenten die Informationen erteilen, die er Bietern, die sich an einem Vergabeverfahren beteiligt haben und deren Angebot nicht berücksichtigt werden soll, hätte gem. § 134 Abs. 1 GWB erteilen müssen.[188]

82 Das OLG Koblenz hebt hervor, dass die 30-Tages-Frist nach § 135 Abs. 2 S. 1 GWB bei Direktvergaben ohne Beteiligung von mindestens zwei Unternehmen keine Rolle spielt.[189] Die Regelung habe auch dann noch einen weiten Anwendungsbereich, zB bei einer Auftragsvergabe in einem unzulässigen Verhandlungsverfahren ohne Bekanntmachung, aber mit mehreren Wirtschaftsteilnehmern, oder nach einer trotz Überschreitung der einschlägigen Schwellenwerts ohne europaweite Bekanntmachung durchgeführten öffentlichen Ausschreibung nach nationalem Recht. Dass die Ausnahmeregelung, die die Anfechtungsfrist (und damit auch den Rechtsschutz) um bis zu fünf Monate verkürzen kann, nicht über den eindeutigen Wortlaut hinaus auf eine Direktvergabe ohne nicht berücksichtigte Bewerber oder Bieter Anwendung finden kann, ergibt sich auch aus dem der nationalen Regelung zugrundeliegenden, aber nur unvollständig in nationales Recht umgesetzten Art. 2f Abs. 1 lit. a, zweiter Spiegelstrich der RL 89/665/EWG. Danach reicht es nicht aus, lediglich den Vertragsschluss mitzuteilen; die Mitteilung muss zudem auch Informationen iSd Art. 41 Abs. 2 der RL 2004/18/EG (heute ähnlich: Art. 55 Abs. 2 lit. d RL 2014/24/EU) enthalten. Diese Informationen setzten aber die Existenz mindestens eines weiteren Wirtschaftsteilnehmers voraus, dessen Bewerbung bzw. Angebot abgelehnt wurde. Diese Auff. ist deutlich strenger als die bisher hier vertre-

---

[185] VK Bund 7.12.2015 – VK 2–105/15, ZfBR 2016, 292.
[186] OLG Karlsruhe 22.2.2019 – 15 Verg 9/18, NZBau 2019, 748 = BeckRS 2019, 10388; offengelassen: VK Nordbayern 19.8.2019 – RMF-SG21-3194-4-40, BeckRS 2019, 31392 Rn. 84; vermittelnd: GKN VergabeR-HdB/Freytag, § 37 Rn. 71–75.
[187] OLG Düsseldorf 1.8.2012 – VII-Verg 15/12, NZBau 2012, 791; 3.8.2011 – Verg 33/11, BeckRS 2011, 22546.
[188] OLG Karlsruhe 22.2.2019 – 15 Verg 9/18, NZBau 2019, 748 = BeckRS 2019, 10388.
[189] OLG Koblenz 14.5.2019 – Verg 1/19, NZBau 2019, 534.

tene Auffassung, wonach an die **analoge Anwendung** von § 58 VwGO zu denken sei. An dieser Auffassung wird nicht mehr festgehalten.

Entscheidend sind auch **unionsrechtliche Überlegungen.** Nationale Ausschlussfristen einschl. der Art und Weise ihrer Anwendung dürfen nicht als solche die Ausübung der Rechte, die dem Betroffenen ggf. nach dem EU-Recht zustehen, praktisch unmöglich machen oder übermäßig erschweren.[190] Zur Erreichung des mit der RL 89/665/EWG verfolgten Ziels zügiger Behandlung steht es den Mitgliedstaaten frei, Rechtsbehelfsfristen vorzusehen, um die Wirtschaftsteilnehmer zu zwingen, in öffentlichen Vergabeverfahren ergangene Vorbereitungshandlungen oder Zwischenbescheide binnen kurzer Frist anzufechten. Jedoch muss das mit der RL 89/665/EWG verfolgte Ziel zügiger Behandlung im innerstaatlichen Recht im Einklang mit den Erfordernissen der Rechtssicherheit verwirklicht werden. Die Mitgliedstaaten haben zu diesem Zweck für die Geltung von Fristen **hinreichend klare, bestimmte und überschaubare Regelungen** zu schaffen, so dass die am Vergabeverfahren Beteiligten ihre Rechte und Pflichten erkennen können.[191] Die Betroffenen müssen hinreichend klar darüber informiert werden, dass sie sachgerecht innerhalb der vorgeschriebenen Fristen Anträge auf Nachprüfung stellen können. Das Fehlen einer solchen Information kann nicht mit dem Ziel zügig zu erlangender Rechtssicherheit im Hinblick auf den abgeschlossenen Vertrag gerechtfertigt werden.

3. Umfang der Informationspflicht

Der Umfang der Informationspflicht ist in § 135 Abs. 2 S. 2 GWB nicht normiert. Die Vorschrift ist **europarechtskonform dahingehend auszulegen,** dass die Information mit Gründen zu versehen ist, die dem betroffenen Unternehmen den Umfang der Nichtberücksichtigung deutlich werden lässt.[192] Die Gründe **müssen zudem der Wahrheit entsprechen. Sie müssen der Komplexität** des Auftrages angepasst sein. Insgesamt dürfte der **Mindeststandard** des Veröffentlichungsumfanges aus § 135 Abs. 3 S. 2 GWB nicht unterschritten werden. „Information" gem. § 135 Abs. 2 S. 1 1. Hs. GWB erfordert ein unaufgefordertes Informieren der Vergabestelle, was bei einem Zufallsfund nicht gegeben ist. Dafür spricht, dass § 135 Abs. 2 GWB über § 135 Abs. 1 Nr. 1 GWB im systematischen Regelungskontext des § 134 GWB steht, wonach die Vergabestelle iRd Vergabeverfahrens die unterlegenen Bieter unaufgefordert über den Ausgang des Vergabeverfahrens zu informieren hat.[193] Die Bekanntmachung muss danach den Namen und die Kontaktdaten des öffentlichen Auftraggebers, die Beschreibung des Vertragsgegenstands, die Begründung der Entscheidung des Auftraggebers, den Auftrag ohne vorherige Veröffentlichung einer Bekanntmachung im Amtsblatt der EU zu vergeben, und den Namen und die Kontaktdaten des Unternehmens, das den Zuschlag erhalten soll, umfassen. Der öffentliche Auftraggeber muss also auch bei einem nicht bekannt gemachten Auftrag, wenn er den Beginn der 30-Tage-Frist erreichen will, Interessenten die Informationen erteilen, die sich an einem Vergabeverfahren beteiligt haben und deren Angebot nicht berücksichtigt werden soll, hätte gemäß § 134 Abs. 1 GWB erteilen müssen[194] (allg. zur Informationspflicht → § 134 Rn. 79 ff.). Eine telefonische Mitteilung, der Zuschlag sei bereits erteilt, ist zu dürftig, um die Voraussetzungen der „Information" über den Abschluss des Vertrags gem. § 135 Abs. 2 S. 1 GWB zu erfüllen. Diese setzt daher nicht den Lauf der 30-Tage-Frist in Gang.

---

[190] EuGH 28.1.2010 – C-456/08, NZBau 2010, 256 Rn. 53 – Kommission/Irland.
[191] EuGH 28.1.2010 – C-456/08, NZBau 2010, 256 Rn. 60 f. – Kommission/Irland.
[192] OLG Bremen 1.4.2022 – 2 Verg 1/21, NZBau 2022, 548 Rn. 62.
[193] KG 8.6.2020 – Verg 1002/20, BeckRS 2020, 45994 Rn. 25.
[194] OLG Karlsruhe 22.2.2019 – 15 Verg 9/18, NZBau 2019, 748 = BeckRS 2019, 10388.

4. Wiedereinsetzung in die Frist

85 Wenn die Frist versäumt wird, erscheint unter gewissen Voraussetzungen eine **Wiedereinsetzung in die Frist sachgerecht.**[195] Die Wiedereinsetzung richtet sich nach den auch im Verwaltungsverfahrensrecht geltenden zivilprozessualen Vorschriften zur Wiedereinsetzung in den vorigen Stand gegen die Versäumung der Frist. Eine andere Möglichkeit, angemessenen Rechtsschutz zu gewähren, ist, dass die Frist für den Antragsteller gem. § 135 Abs. 2 S. 1 GWB bei einer fehlerhaften Belehrung nicht zu laufen beginnt.[196]

86 Verfassungs- und unionsrechtlich bedenklich ist, die Frist des § 135 Abs. 2 S. 2 GWB als eine **Ausschlussfrist** anzusehen, deren Ablauf – ohne Wiedereinsetzungsmöglichkeit – ohne weiteres zum Rechtsverlust betroffener Bieter führt.[197] Weiterhin verdient der betroffene Vertrag dann keinen Schutz, wenn er unter bewusster Missachtung des Vergaberechts zustande gekommen ist. Gegen die hier vertretene Ansicht könnte sprechen, dass die in § 135 Abs. 2 GWB geregelten Fristen formelle Ausschlussfristen seien, die nach der gesetzlich vorgesehenen Frist Rechtssicherheit und Klarheit bringen würden.[198] Den Vorzug verdient die Auff., dass die Frist bei Fehlern in der Belehrung nicht zu laufen beginnt.[199]

87 Dies ist insbes. in Fällen denkbar, in denen der Vertrag heimlich abgeschlossen wird und folgenden Passus enthält: „Der Vertrag wird nach 6 Monaten gem. § 135 Abs. 2 S. 1 GWB wirksam, wenn kein Nachprüfungsverfahren eingeleitet oder eine sonstige Unwirksamkeit des Vertrages festgestellt wird." Eine **Rechtssicherheit** tritt bei einem derartigen Vertragswerk **nicht ein;** er kann unbegrenzt – bis auf eine **mögliche Verwirkung der Ansprüche** – angegriffen werden. Diejenigen, die eine Wiedereinsetzungsmöglichkeit ablehnen, sollten im Gegenzug berücksichtigen, dass in den häufigsten Fällen eine ordnungsgemäße Belehrung über die Frist zur Geltendmachung der Rechte nicht stattgefunden hat. Die Rspr. neigte dazu, „alte" Verträge vom Verdacht des Verstoßes gegen ein gesetzliches Verbot gem. § 134 BGB und der Sittenwidrigkeit gem. § 138 BGB (noch) herauszunehmen.[200] Diese Rspr. ist für Altfälle vertretbar, für Vertragsabschlüsse seit 2008 sicherlich nicht mehr.

5. Verwirkung, Treu- und Glauben?

88 Für eine ausnahmsweise anzunehmende Verwirkung genügt allein der Ablauf eines längeren Zeitraums seit der positiven Kenntnis nicht.[201] Vielmehr erfordert eine Verwirkung zudem, dass der Auftraggeber wegen des Verhaltens des von der Vergaberechtsverletzung betroffenen Unternehmens darauf **vertrauen darf,** dass das Unternehmen seine Ansprüche nicht mehr geltend machen wird, dass er **tatsächlich darauf vertraut hat** und dass deswegen der Nachprüfungsantrag gegen Treu und

---

[195] AA VK Sachsen 17.6.2016 – 1/SVK/011–16, BeckRS 2016, 16631.

[196] OLG Karlsruhe 22.2.2019 – 15 Verg 9/18, NZBau 2019, 748 = BeckRS 2019, 10388.

[197] AA VK Sachsen 17.6.2016 – 1/SVK/011-16, BeckRS 2016, 16631; VK Lüneburg 5.10.2015 – VgK-37/2015, BeckRS 2015, 19322; VK Brandenburg 15.9.2015 – VK 16/15, BeckRS 2015, 55048; VK Westfalen 26.8.2015 – VK 2–23/15, IBRRS 2016, 0337; OLG Schleswig 4.11.2014 – 1 Verg 1/14, BeckRS 2014, 21771.

[198] Vgl. OLG Düsseldorf 16.10.2019 – VII-Verg 43/18, NZBau 2020, 811, uHa VK und dortige Wiedereinsetzung in den vorigen Stand gem. § 160 Abs. 1 Nr. 4 GWB gem. § 32 NRWVwVfG.

[199] Vgl. für § 160 Abs. 3 S. 1 Nr. 4 GWB: VK Südbayern 19.4.2018 – Z3-3-3194-1-61-12/17, BeckRS 2018, 10282.

[200] KG 19.4.2012 – Verg 7/11, BeckRS 2012, 19210.

[201] VK Baden-Württemberg 31.1.2012 – 1 VK 66/11, BeckRS 2015, 55875.

Glauben verstößt.²⁰² Dabei kommt es auch darauf an, dass der Auftraggeber aufgrund seines berechtigten Vertrauens, ein Nachprüfungsantrag werde nicht mehr gestellt, bereits weitreichende Maßnahmen durchgeführt hat, so dass ihm durch die späte Geltendmachung der Ansprüche mittels eines Nachprüfungsverfahrens ein unzumutbarer Nachteil entsteht. Davon ist idR nicht auszugehen (zu diesem Grundsatz auch → Rn. 119 f.).

Aufgrund der Regelungen in § 160 Abs. 3 S. 1 Nr. 4 und § 135 GWB hat die Frage, ob ein Unternehmen sein Recht auf Nachprüfung verwirken kann, ggü. der früher geltenden Rechtslage deutlich an Bedeutung verloren. Eine Verwirkung des Rechts auf Nachprüfung ist nur noch in besonderen Ausnahmefällen denkbar.²⁰³ Erhebt ein Unternehmen eine Rüge, kann dessen Anspruch auf Nachprüfung vor diesem Hintergrund in aller Regel nicht verwirken. Gerade wenn es der Auftraggeber unterlassen hat, in ausreichender Form auf die Rechtswirkungen des § 160 Abs. 3 S. 1 Nr. 4 GWB hinzuweisen, muss er vielmehr bis zum Abschluss des Vergabeverfahrens jederzeit noch damit rechnen, dass ein Nachprüfungsantrag gestellt wird. Ein Vertrauen darauf, dass dies nicht passiert, kann sich idR nicht bilden. Möchte der öffentliche Auftraggeber dieses Risiko vermeiden, steht ihm die Möglichkeit der Mitteilung gemäß § 135 Abs. 3 S. 1 Nr. 4 GWB offen. Nutzt er sie nicht, kann er sich ggü. dem Unternehmen nicht auf eine Verwirkung, also auf die treuwidrige Einleitung eines Nachprüfungsverfahrens, berufen.²⁰⁴ **88a**

Die Frage, ob ein Recht verwirkt ist, richtet sich nach den **Umständen des Einzelfalls,** wobei der Art und Bedeutung des Anspruchs, der Intensität des vom Berechtigten geschaffenen Vertrauenstatbestandes und dem Ausmaß der Schutzbedürftigkeit des Verpflichteten besondere Bedeutung zukommt. Dieser allg., aus § 242 BGB abgeleitete Grundsatz soll auch im Vergaberecht gelten.²⁰⁵ Hierbei ist zu beachten, dass an die Annahme der Rechtsmissbräuchlichkeit oder der Verwirkung eines Antrags nach § 135 Abs. 1 Nr. 2 GWB besonders hohe Anforderungen zu stellen sind, als die Vergabestelle systematisch und vorsätzlich vergaberechtswidrig gehandelt hat.²⁰⁶ Gegen eine Verwirkung spricht, wenn der öffentliche Auftraggeber das geplante Vergabeverfahren recht weitgehend exklusiv und informell mit dem Lieblingsunternehmen abspricht.²⁰⁷ Der Gesetzgeber hat in § 135 Abs. 2 GWB einen gesetzlich detailliert normierten Verwirkungstatbestand geschaffen. Es ist nicht zulässig, wenn die Voraussetzungen für eine Verkürzung der Frist auf 30 Kalendertage gem. § 135 Abs. 2 GWB nicht vorliegen und der Vertragsschluss noch keine sechs Monate zurück liegt, über das Institut der Verwirkung die Zulässigkeit des Nachprüfungsantrages infrage zu stellen.²⁰⁸ Der Gesetzgeber hat in § 135 Abs. 2 GWB ausf. geregelt, unter welchen Umständen ein Antragsteller sich nicht mehr auf die Unwirksamkeit berufen darf²⁰⁹ (→ Rn. 119 f.). **89**

VI. Ausschluss der Unwirksamkeit nach § 135 Abs. 3 GWB

§ 135 Abs. 3 GWB enthält einen Ausschlusstatbestand in Bezug auf den Unwirksamkeitsgrund des § 135 Abs. 1 Nr. 1 GWB. Der Ausschlusstatbestand enthält drei **90**

---

²⁰² Offengelassen: OLG Frankfurt a. M. 7.6.2022 – 11 Verg 12/21, BeckRS 2022, 19108 Rn. 42, 43; vgl. BayObLG 26.4.2023 – Verg 16/22, BeckRS 2023, 9868 Rn. 46–48.
²⁰³ VK Südbayern 19.4.2018 – Z3-3-3194-1-61-12/17, BeckRS 2018, 10282 Rn. 59.
²⁰⁴ VK Südbayern 19.4.2018 – Z3-3-3194-1-61-12/17, BeckRS 2018, 10282 Rn. 60.
²⁰⁵ OLG Dresden 24.7.2012 – Verg 2/12, NZBau 2012, 794; OLG München 19.7.2012 – Verg 8/12, NZBau 2012, 658.
²⁰⁶ VK Südbayern 22.12.2014 – Z 3–3-3194-1-51-11/14.
²⁰⁷ VK Lüneburg 6.2.2018 – VgK-42/2017, IBRRS 2018, 0952.
²⁰⁸ VK Sachsen 11.6.2021 – 1/SVK/004/21, BeckRS 2021, 20821 Rn. 113.
²⁰⁹ VK Südbayern 22.12.2014 – Z 3–3-3194-1-51-11/14.

GWB § 135 — Unwirksamkeit

Voraussetzungen (S. 1 Nr. 1–3 der Vorschrift), die **kumulativ** erfüllt sein müssen.[210] Danach tritt die Unwirksamkeit nicht ein, wenn der Auftrag- oder Konzessionsgeber der Ansicht ist,
- dass die Auftragsvergabe ohne vorherige Veröffentlichung einer Bekanntmachung im Amtsblatt der EU zulässig ist (§ 135 Abs. 3 S. 1 Nr. 1 GWB);
- er dennoch eine Bekanntmachung im Amtsblatt der EU veröffentlicht hat, mit der er die Ansicht bekundet, den Vertrag abzuschließen (§ 135 Abs. 3 S. 1 Nr. 2 GWB);
- der Vertrag nicht vor Ablauf einer Frist von mindestens zehn Kalendertagen, gerechnet ab dem Tag nach der Veröffentlichung der einschlägigen Bekanntmachung, abgeschlossen wurde (§ 135 Abs. 3 S. 1 Nr. 3 GWB).

Generell dient die Regelung in § 135 Abs. 3 GWB, und zwar die anschließende Bekanntmachung im EU-Amtsblatt, nicht dazu, die an sich von den Auftraggebern einzuhaltenden Bestimmungen im 4. Teil des GWB bewusst zu umgehen.[211] Da § 135 Abs. 3 GWB eine Ausnahme von der Regel der Unwirksamkeit des Vertrags nach § 135 Abs. 1 Nr. 2 GWB ist, sind die Voraussetzungen des Ausnahmetatbestands eng auszulegen.[212]

91 § 135 Abs. 3 GWB übernimmt die im Unionsrecht vorgesehene Möglichkeit, die Unwirksamkeit eines öffentlichen Auftrags zu vermeiden, wenn der Auftraggeber der Ansicht ist, eine Vergabe sei ohne vorherige Veröffentlichung im Amtsblatt der Europäischen Union zulässig.[213] **Ziel der Regelung ist ein Interessenausgleich** zwischen dem Auftraggeber und dem interessierten Unternehmen.

1. Auffassung des Auftraggebers gem. § 135 Abs. 3 S. 1 Nr. 1 GWB

92 Der Auftraggeber muss eine „**Ansicht**" zu der Tatsache haben, dass die Auftragsvergabe ohne vorherige Veröffentlichung der Bekanntgabe zulässig ist. Es handelt sich also um eine innere Tatsache, für deren Vorliegen der Auftraggeber **darlegungs- und beweispflichtig** ist.[214] Eine tatsächliche Vermutung des Inhalts, dass der öffentliche Auftraggeber nur dann auf eine europaweite Ausschreibung verzichtet, wenn er den Verzicht für zulässig hält, existiert nicht.[215] Der Auftraggeber muss, als er die Entscheidung gefällt hat, einen Auftrag unter Durchführung des Verhandlungsverfahrens ohne vorherige Veröffentlichung zu vergeben, im Hinblick darauf sorgfältig gehandelt haben, dass die Voraussetzungen dafür tatsächlich erfüllt sind. Es handelt sich hierbei um eine innere Tatsache, die idR nur dann festgestellt werden kann, wenn entspr., nach außen tretende Tatsachen vorliegen. Um eine wirksame Kontrolle im Nachprüfungsverfahren sicherzustellen, dürfen die Anforderungen nicht zu gering sein. Es ist eine mutwillige Umgehung der Pflicht zur unionsweiten Ausschreibung abzugrenzen von einer nach bestem Wissen getroffenen fehlerhaften Entscheidung.[216]

---

[210] BayObLG 26.4.2023 – Verg 16/22, BeckRS 2023, 9868 Rn. 38; OLG Düsseldorf 12.7.2017 – VII-Verg 13/17, NZBau 2017, 679 Rn. 45; VK Rheinland 20.2.2019 – VK 52/18-L, BeckRS 2019, 6725 Rn. 53; VK Nordbayern 26.7.2018 – RMF-SG21-3194-3-19, BeckRS 2018, 44928.
[211] VK Westfalen 28.10.2016 – VK 1 – 33/16, BeckRS 2016, 131656.
[212] OLG Düsseldorf 12.7.2017 – VII-Verg 13/17, NZBau 2017, 679 Rn. 45; vgl. Wolf/Wolters NZBau 2019, 560.
[213] Entwurf eines Gesetzes zur Modernisierung des Vergaberechts, BT-Drs. 18/6281, 119 mit Hinweis auf EuGH 11.9.2014 – C-19/13 Rn. 42, BeckRS 2014, 81838 – Fastweb SpA.
[214] OLG Celle 9.11.2021 – 13 Verg 9/21, NZBau 2022, 236 Rn. 36.
[215] OLG Celle 9.11.2021 – 13 Verg 9/21, NZBau 2022, 236 Rn. 36; OLG Düsseldorf 12.7.2017 – VII-Verg 13/17, NZBau 2017, 679 Rn. 48.
[216] OLG Celle 9.11.2021 – 13 Verg 9/21, NZBau 2022, 236 Rn. 36.

Unwirksamkeit **§ 135 GWB**

Die Regelung des § 135 Abs. 3 GWB besteht aufgrund der Regelung des Art. 2d **93**
der RL 89/665/EWG idF des Art. 46 KVR mit der Intention, die Unwirksamkeit
eines Auftrages, einer Konzession oder eines Sektorenauftrages zu vermeiden.[217]
Art. 46 Abs. 5 lit. b KVR enthält die Maßgabe, dass der öffentliche Auftraggeber
der Ansicht sein muss, dass die Aussparung der grds. zu veröffentlichenden Bekanntmachungen iSv § 135 Abs. 1 Nr. 2 GWB in Gemäßheit der KVR und der VRL
zulässig ist. Insofern muss der Auftraggeber der **subjektiven Überzeugung** sein,
dass im jeweiligen Fall ein Ausschlusstatbestand eingreift, der die grds. bestehenden
Publizitätspflichten ausschließt.

§ 135 Abs. 3 S. 1 Nr. 1 GWB meint damit den Fall, dass der Auftraggeber einem **94**
Rechtsirrtum unterliegt und bspw. einen Ausnahmetatbestand wie § 20 KonzVgV
im Einzelfall falsch anwendet. Die subjektive Überzeugung des Auftraggebers muss
in einem **Vergabevermerk** gem. § 8 VgV ihren **Niederschlag gefunden** haben.
Der öffentliche Auftraggeber dokumentiert das Vergabeverfahren gem. § 8 Abs. 1
S. 1 VgV von Beginn an fortlaufend in Textform nach § 126b BGB, soweit dies für
die Begründung von Entscheidungen auf jeder Stufe des Vergabeverfahrens erforderlich ist. Die Entscheidung des öffentlichen Auftraggebers muss aufgrund der konkreten Umstände in sachlicher und rechtlicher Hinsicht vertretbar sein. Eine tatsächliche
Vermutung des Inhalts, dass der öffentliche Auftraggeber nur dann auf eine europaweite Ausschreibung verzichtet, wenn er den Verzicht für zulässig hält, existiert
nicht. Bleibt bei der Nachprüfung zweifelhaft, ob die vorausgesetzte Ansicht des
Auftraggebers tatsächlich vorlag, muss die Unaufklärbarkeit zu seinen Lasten gehen,
da ihn die Beweislast für das tatsächliche Vorliegen des für ihn positiven Ausnahmetatbestands trifft.[218]

Die Nachprüfungsinstanzen müssen aufgrund konkreter Anhaltspunkte feststellen **94a**
können, dass der öffentliche Auftraggeber, obwohl die getroffene Entscheidung vergaberechtlich falsch war, dennoch der Überzeugung war, den Auftrag ohne vorherige europaweite Ausschreibung vergeben zu dürfen. Welche Voraussetzungen an
diese Feststellungen zu stellen sind, kann nicht generell beantwortet werden, sondern
hängt von den konkreten Umständen des Einzelfalls ab. Um eine wirksame Kontrolle
im Nachprüfungsverfahren sicherzustellen, dürfen die Anforderungen indes nicht
zu gering sein. Es ist zu verhindern, dass sich der öffentliche Auftraggeber den
Ausnahmetatbestand des § 135 Abs. 3 GWB zunutze macht, indem er wider besseres
Wissen vorträgt, er habe ein Vergabeverfahren ohne europaweite Ausschreibung
für zulässig gehalten. Gleiches gilt, wenn er sich der richtigen Erkenntnis bewusst
verschlossen hat. Es ist somit eine mutwillige Umgehung der Pflicht zur europaweiten Ausschreibung von einer nach bestem Wissen getroffenen fehlerhaften Entscheidung abzugrenzen. Der richtige Prüfmaßstab dürfte daher sein, ob die Entscheidung
des öffentlichen Auftraggebers aufgrund der konkreten Umstände in sachlicher und
rechtlicher Hinsicht vertretbar ist. Abzustellen ist dabei auf den Zeitpunkt, zu dem
er seine Entscheidung getroffen hat.[219]

Die Formulierung „… der Ansicht ist …" legt nahe, dass der Auftraggeber gleich- **95**
wohl von der Richtigkeit seiner Rechtsauffassung überzeugt sein muss, insbes. sich
seines Handelns bewusst sein muss. Ein Auftraggeber, der sich der Publizitätspflichten iSv § 135 Abs. 1 Nr. 2 GWB bewusst ist, kann auch nicht der Ansicht
sein, dass die Aussparung der Bekanntmachungen in Gemäßheit des Vergaberechts
zulässig ist. Die Vorschrift ist als Ausnahmevorschrift **insgesamt eng** auszulegen.
Unvertretbare Ansichten des Auftraggebers werden nicht geschützt.[220] Sie erfasst

---

[217] Entwurf eines Gesetzes zur Modernisierung des Vergaberechts, BT-Drs. 18/6281, 119.
[218] OLG Celle 9.11.2021 – 13 Verg 9/21, NZBau 2022, 236 Rn. 36.
[219] OLG Düsseldorf 12.7.2017 – VII-Verg 13/17, NZBau 2017, 679 Rn. 48; OLG Celle
9.11.2021 – 13 Verg 9/21, NZBau 2022, 236 Rn. 36.
[220] Vgl. VK Südbayern 29.6.2023 – 3194.Z3-3_01-23-3, BeckRS 2023, 25744 Rn. 48;
„Sorgfältige rechtliche Bewertung": Linke NZBau 2022, 199 (201).

somit nicht den Auftraggeber, der die Rechtslage zwar verkannt hat, sich aber **seiner Publizitätspflichten** vollauf bewusst ist und diese auch im Rahmen seiner subjektiven Erkenntnisfähigkeit grds. einzuhalten gedenkt. Keine Möglichkeit zur Legalisierung erhält derjenige Auftraggeber, der von vornherein kein Bewusstsein hinsichtlich seiner Bekanntmachungspflichten besitzt. Zulässig dürfte allenfalls bei einer umstrittenen Rechtslage nach einer umfassenden juristischen Begutachtung die Ansicht gem. § 135 Abs. 3 Nr. 1 GWB sein, auf die Veröffentlichung verzichten zu können.

95a   Ist der Entscheidung eine sorgfältige Prüfung der Sach- und Rechtslage vorausgegangen und konnte der Auftraggeber aufgrund des Prüfungsergebnisses zu der Auffassung gelangen, dass der Auftrag ohne vorherige unionsweite Ausschreibung vergeben werden kann, spricht viel dafür, dass er die gewählte Verfahrensart für zulässig hielt und auch für zulässig halten durfte. Von Bedeutung kann in diesem Zusammenhang sein, ob die Frage einer unionsweiten Ausschreibung einfach zu klären oder mit besonderen Schwierigkeiten behaftet war. Ein weiterer Aspekt ist, über welche Erfahrungen der öffentliche Auftraggeber in dem relevanten Beschaffungsbereich verfügt. Geht der öffentliche Auftraggeber richtigerweise davon aus, dass sein Beschaffungsvorgang dem Vergaberechtsregime des GWB unterfällt, will er den Auftrag jedoch im Verhandlungsverfahren ohne Teilnahmewettbewerb und damit ohne unionsweite Ausschreibung vergeben, ist zu beachten, dass dieses Verfahren nur ausnahmsweise in gesetzlich genau festgelegten Fällen zur Anwendung kommt. Da diese Voraussetzungen nur in den seltensten Fällen erfüllt sind, kommt einer nachvollziehbaren Darlegung der maßgeblichen Umstände und Gründe für die gewonnene Überzeugung, der Ausnahmetatbestand sei im konkreten Fall erfüllt, besondere Bedeutung zu.[221]

96   Die Nachprüfungsinstanzen müssen auf Grund konkreter Anhaltspunkte feststellen können, dass der Auftrag- oder Konzessionsgeber, obwohl die getroffene Entscheidung vergaberechtswidrig war, dennoch der Überzeugung war, den Auftrag ohne vorherige Ausschreibung vergeben zu dürfen. Dies wird im Rahmen einer **Einzelfallprüfung** festgestellt. Das GWB hat einen objektiven Anwendungsbefehl, der sich nicht nach der subjektiven Befähigung der Behörde richtet. Maßstab der Prüfung ist der vom Auftraggeber gem. § 8 VgV zu fertigende Vergabevermerk. Die der Entscheidung zugrunde liegenden Überlegungen des Auftrag- und Konzessionsgebers unterliegen der **vollständigen gerichtlichen Überprüfung.**[222] Den Auftrag- und Konzessionsgeber trifft für das Vorliegen eines ihm vorteilhaften Ausnahmetatbestands entspr. die materielle Beweislast.[223] Die Nachprüfungsinstanzen sind damit verpflichtet zu würdigen, ob der öffentliche Auftraggeber, als er die Entscheidung gefällt hat, einen Auftrag unter Durchführung eines Verhandlungsverfahrens ohne vorherige Veröffentlichung einer Bekanntmachung zu vergeben, sorgfältig gehandelt hat und ob er der Ansicht sein durfte, dass die in der Ausnahmevorschrift hierfür aufgestellten Voraussetzungen tatsächlich erfüllt waren. Dies setzt voraus, dass der öffentliche Auftraggeber den seiner Entscheidung zugrunde liegenden Sachverhalt sorgfältig, nämlich vollständig und zutreffend, ermittelt hat und die von ihm hieraus gezogenen tatsächlichen und rechtlichen Schlussfolgerungen zumindest vertretbar sind.[224]

2. Bekanntmachung gem. § 135 Abs. 3 S. 1 Nr. 2 GWB

97   Als **nächste Voraussetzung** fordert § 135 Abs. 3 S. 1 Nr. 2 GWB, dass der Auftraggeber vor Vertragsabschluss, also vor Abgabe des Zuschlags iSv § 127 GWB,

---

[221] OLG Düsseldorf 12.7.2017 – VII-Verg 13/17, NZBau 2017, 679 Rn. 49.
[222] Vgl. Müller-Wrede/Gnittke/Hattig GWB § 135 Rn. 91.
[223] Linke, NZBau 2022, 199 (200).
[224] OLG Düsseldorf 12.7.2017 – VII-Verg 13/17, NZBau 2017, 679 Rn. 52.

Unwirksamkeit **§ 135 GWB**

eine Bekanntmachung im Amtsblatt der EU zu veröffentlichen hat. IRd Bekanntmachung muss er die Absicht bekunden, den Vertrag abzuschließen. § 135 Abs. 3 S. 1 Nr. 2 GWB fordert mithin vom Auftraggeber, vor Abgabe des Zuschlags sicherheitshalber im Amtsblatt der EU die Information bekannt zu geben, dass er in Kürze einen Vertrag abschließen will. Bei dieser Information bzgl. der beabsichtigten Zuschlagserteilung handelt es sich um die Unterrichtung der Bieter bzgl. der Beendigung des Vergabeverfahrens gem. § 134 Abs. 1 S. 1 GWB. (→ § 134 Rn. 79.).

Eine Veröffentlichung nach § 135 Abs. 3 GWB **muss eindeutig erkennen lassen,** ob es um die Bekanntmachung für ein offenes Verfahren oder die Bekanntmachung für ein Beitrittsmodell gehen soll. Außerdem muss diese Bekanntmachung die Gründe dafür enthalten, warum der Auftraggeber meint, ohne Bekanntmachung vergeben zu dürfen. Zur Bekanntmachung gehören klare Aussagen zu den einzuhaltenden Fristen. Verfehlt die Bekanntmachung die Mindestinhalte, tritt die Rechtsfolge des § 135 Abs. 3 GWB, die Wirksamkeit des Vertrags nach verkürzter Einwendungsfrist, nicht ein.[225] Über die Zehn-Tages-Frist des § 135 Abs. 3 Nr. 3 GWB, die eine Rechtsbehelfsfrist ist, ist in der Bekanntmachung zu belehren, außerdem ist auf die zuständige Vergabekammer hinzuweisen.[226] Diese Regeln sind **drittschützend,** weil sie den Interessen potenzieller Bewerber dienen.[227] Eine Verletzung von § 135 Abs. 3 S. 1 GWB löst die Privilegierung nicht aus. IRd Bekanntmachung erfährt der Transparenzgrundsatz auf Höhe eines Mindestschutzniveaus Berücksichtigung, so dass zumindest die Zuschlagsabgabe im Vorfeld EU-weit publik wird; zum anderen kann die Entscheidung des Auftraggebers, das Vergabeverfahren nicht von vornherein unionsweit öffentlich auszuschreiben, von allen interessierten Unternehmen auf den Prüfstand gestellt werden. 98

3. Frist gem. § 135 Abs. 3 S. 1 Nr. 3 GWB

Zuletzt darf der Vertrag nicht vor Ablauf einer Frist von mindestens **zehn Kalendertagen,** gerechnet ab dem Tag nach der Veröffentlichung dieser Bekanntmachung, abgeschlossen werden. Somit statuiert § 135 Abs. 3 S. 1 Nr. 3 GWB – ähnlich wie § 134 Abs. 2 GWB – eine **Stillhaltefrist,** die aber vor dem Hintergrund der Bekanntmachung im Amtsblatt der EU im Gegensatz zu § 134 Abs. 2 GWB nicht auf die Art und Weise der Versendung der Informationen abstellt. Die Regelungen der Nr. 2 und 3 in § 135 Abs. 3 S. 1 GWB erfüllen damit die Funktion von § 134 Abs. 1 und Abs. 2 GWB hinsichtlich der Informations- und Stillhaltefrist iRd Ausschlusstatbestands nach § 135 Abs. 3 GWB (zur Fristberechnung → § 134 Rn. 10 f.). 99

Festzuhalten bleibt, dass § 135 Abs. 3 GWB **Ausfluss des Transparenz- und des Bieterschutzgrundsatzes** ist. Zugleich wird eine Möglichkeit eingeführt, zugunsten der Auftraggeber übergangene Bekanntmachungspflichten auszugleichen und die Unwirksamkeitssanktion des § 135 Abs. 1 Nr. 2 GWB zu vermeiden. Damit soll zum einen die Effizienz des öffentlichen Auftrags- und Beschaffungswesens erhöht und zum anderen ein effektiver Bieterschutz gewährleistet werden. Indem die beabsichtigte Zuschlagserteilung bereits zehn Tage im Voraus europaweit bekannt gegeben wird, erhalten übergangene Unternehmen die Möglichkeit, einen Nachprüfungsantrag gem. §§ 155 ff. GWB einzuleiten und die Zuschlagserteilung ggf. zu verhindern. 100

---

[225] VK Niedersachsen 20.9.2021 – VgK-33/21, BeckRS 2021, 36776 Rn. 70, vgl. Linke NZBau 2022, 199 (202); offengelassen: OLG Celle 9.11.2021 – 13 Verg 9/21, BeckRS 2021, 36775 Rn. 42; vgl. VK Südbayern 29.6.2023 – 3194.Z3_01-23-3, BeckRS 2023, 25744 Rn. 47.

[226] VK Bund 6.2.2017 – VK 2 – 6/17, VPRRS 2017, 0088.

[227] Offengelassen: VK Niedersachsen 20.9.2021 – VgK-33/21, BeckRS 2021, 36776 Rn. 70, 75, 92.

4. Inhalt der Bekanntmachung gem. § 135 Abs. 3 S. 2 GWB

101 Die Bekanntmachung nach § 135 Abs. 3 S. 1 Nr. 2 GWB muss gem. § 135 Abs. 3 S. 2 GWB den Namen und die Kontaktdaten des öffentlichen Auftraggebers, die Beschreibung des Vertragsgegenstands, die Begründung der Entscheidung des Auftraggebers, den Auftrag ohne vorherige Veröffentlichung einer Bekanntmachung im Amtsblatt der Europäischen Union zu vergeben, und den Namen und die Kontaktdaten des Unternehmens, das den Zuschlag erhalten soll, umfassen. Diese Verpflichtung ist **drittschützend**. Wenn die **formellen Voraussetzungen** nicht eingehalten werden, tritt die Privilegierungswirkung nicht ein. Insofern kann auf die Ausführungen bzgl. der unvollständigen oder fehlenden Informationen verwiesen werden (→ Rn. 37 ff.).

VII. Feststellung im Nachprüfungsverfahren

102 Die **Feststellung** muss gem. § 135 Abs. 1 GWB aE **im Nachprüfungsverfahren** erfolgt sein. Die Vergabekammer entscheidet nach § 168 Abs. 1 S. 1 GWB, ob der Antragsteller in seinen Rechten verletzt ist und trifft die geeigneten Maßnahmen, um eine Rechtsverletzung zu beseitigen und eine Schädigung der betroffenen Rechtsgüter zu verhindern. Sie ist gem. § 168 Abs. 1 S. 2 GWB an die Anträge nicht gebunden und kann auch unabhängig davon auf die Rechtmäßigkeit des Vergabeverfahrens hinwirken. Die Zulässigkeit des Nachprüfungsantrags und der Beschwerde hängt nicht davon ab, dass ein konkreter Antrag ausformuliert wird, solange sich das Begehren hinreichend klar aus der Begründung ergibt.[228] Die Feststellung der Unwirksamkeit eines ohne vorherigen öffentlichen Wettbewerb geschlossenen Vertrags auf der Grundlage von § 135 Abs. 1 Nr. 2 GWB scheidet mithin immer dann aus, wenn die in Rede stehende Vergabe iR eines Verhandlungsverfahrens ohne vorherigen Teilnahmewettbewerb ausnahmsweise zulässig ist.[229] Ein Feststellungsinteresse rechtfertigt sich ganz allgemein durch jedes nach vernünftigen Erwägungen und nach Lage des Falles anzuerkennende Interesse rechtlicher, wirtschaftlicher oder ideeller Art, wobei die beantragte Feststellung geeignet sein muss, die Rechtsposition des Antragstellers in einem der genannten Bereiche zu verbessern und eine Beeinträchtigung seiner Rechte auszugleichen oder wenigstens zu mildern[230] (→ Rn. 103a f.).

1. Statthaftigkeit des Nachprüfungsverfahrens

103 Ob der in § 135 Abs. 1 Nr. 2 GWB genannte Vergaberechtsverstoß tatsächlich vorliegt, ist nach der Rspr. keine Frage der Statthaftigkeit, sondern, sofern der Nachprüfungsantrag iÜ zulässig ist, erst im Rahmen der Begründetheit abschließend zu prüfen.[231] Es ist aber von einem **weiten Statthaftigkeitsbegriff** auszugehen. Ein erteilter Zuschlag steht der Statthaftigkeit des Nachprüfungsverfahrens nicht entgegen, da der Nachprüfungsantrag auf Feststellung der Unwirksamkeit des öffentlichen Auftrags gem. § 135 GWB gerichtet ist.[232] Ein Nachprüfungsantrag nach § 135 Abs. 1 Nr. 2 GWB ist nur statthaft, wenn der öffentliche Auftraggeber einen öffentlichen Auftrag vergeben hat.[233] Für ein Nachprüfungsverfahren, das auf die Feststellung der

---

[228] OLG Dresden 12.10.2010 – WVerg 9/10, BeckRS 2011, 00918.
[229] BayObLG 20.1.2022 – Verg 7/21, BeckRS 2022, 917 Rn. 77.
[230] VK Bund 7.7.2015 – 2–49/15, IBRRS 2015, 2723.
[231] OLG Düsseldorf 27.4.2020 – Verg 27/19, BeckRS 2020, 8091 Rn. 27.
[232] OLG Düsseldorf 12.6.2019 – Verg 54/18, BeckRS 2019, 24831.
[233] OLG Düsseldorf 19.12.2018 – VII-Verg 40/18, NZBau 2019, 332.

Unwirksamkeit eines Vertrags gerichtet ist, gelten die in den §§ 160 ff. GWB geregelten allg. Zulässigkeitsvoraussetzungen[234] (→ § 160 Rn. 6 ff.).

103a Der Nachprüfungsantrag ist auch statthaft, wenn sich der öffentliche Auftraggeber bei der Realisierung eines Beschaffungsvorhabens, obwohl ein öffentlicher Auftrag vergeben werden müsste, einer anderen Handlungs- oder Vertragsform bedient, die nicht dem Kartellvergaberecht unterfällt, aber rechtlich ausgeschlossen ist. Zu der mit § 135 GWB gesetzlich ausdr. geregelten vergaberechtswidrigen De-facto-Vergabe eines öffentlichen Auftrags besteht in einem solchen Fall nur ein unerheblicher gradueller Unterschied. Die Konstellation kommt einer De-facto-Vergabe sehr nahe, so dass sie dem Vergaberechtsweg zuzuordnen ist. Die Wahl der nicht dem Kartellvergaberecht unterliegenden unzulässigen Handlungs- oder Vertragsform hat eine mit der unzulässigen De-facto-Vergabe vergleichbare Wirkung. Sie hat zur Folge, dass dem antragstellenden Unternehmen die Chance genommen wird, sich um einen eigentlich in einem förmlichen Vergabeverfahren zu vergebendem öffentlichem Auftrag zu bewerben.[235]

103b Ob es sich um einen Auftrag oder eine Konzession iSd Teils 4 des GWB handelt und ob der gem. § 106 GWB maßgebliche Schwellenwert erreicht oder überschritten ist, ist eine Frage der Begründetheit und nicht der Zulässigkeit des Antrags. Soweit jedoch Umstände betroffen sind, die sowohl die Zulässigkeit als auch die Begründetheit einer Klage oder eines Antrags betreffen (sog. doppelrelevante Tatsachen), ist insoweit nur auf den Vortrag des Klägers bzw. Antragstellers abzustellen. Je nach Fallgestaltung kann es der schlüssigen Darlegung der doppelrelevanten Tatsachen bedürfen, es kann aber auch die bloße Rechtsansicht des Klägers bzw. Antragstellers genügen, um die Zulässigkeitshürde zu überwinden[236] (zur Antragsbefugnis bei einer De-facto-Vergabe → § 160 Rn. 15). Grds. ist ein Nachprüfungsantrag nach § 168 Abs. 2 GWB zwar nur so lange statthaft, wie das Vergabeverfahren noch nicht durch einen wirksamen Zuschlag abgeschlossen ist. Für die Frage der Statthaftigkeit eines auf die Unwirksamkeit des Zuschlags nach §§ 132, 135 GWB gestützten Nachprüfungsantrags kommt es aber nicht darauf an, ob ein solcher zur Unwirksamkeit führender Verstoß iErg zu bejahen ist. Ein solcher Verstoß betrifft als sog. doppelrelevante Tatsache sowohl die Statthaftigkeit als auch die Begründetheit des Nachprüfungsantrags. In solchen Fällen ist eine rechtliche Argumentation, nach der ein solcher Verstoß zu bejahen wäre, nicht schon iRd Statthaftigkeit des Rechtsbehelfs, sondern erst iRd Begründetheit zu prüfen.[237]

2. Antragsbefugnis, Interesse am Auftrag, Schadenseintritt

104 Die Antragsbefugnis gem. § 160 Abs. 2 S. 1 GWB muss vorliegen (→ § 160 Rn. 6 ff.). Die mögliche Rechtsverletzung kann nicht nur in einer **Verschlechterung von Zuschlagschancen** liegen, sondern auch in der Zuschlagerteilung in einem fehlerhaften Verfahren, die im Falle eines Verstoßes gegen § 135 Abs. 1 Nr. 2 GWB nichtig wäre.[238] Wenn der Zuschlag unter Verstoß gegen die Wartepflicht erteilt wurde und durch Abgabe eines Angebots ein Interesse am Auftrag bekundet wurde, ist eine Verschlechterung der Zuschlagschancen gegeben.[239] Ob der Schaden

---

[234] KG 10.5.2022 – Verg 1/22, NZBau 2022, 544 Rn. 16.
[235] OLG Düsseldorf 19.12.2018 – VII-Verg 40/18, NZBau 2019, 332.
[236] OLG Frankfurt a. M. 31.10.2022 – 11 Verg 7/21, BeckRS 2022, 38675; VK Mecklenburg-Vorpommern 4.5.2021 – 3 VK 1/21, BeckRS 2021, 29652 Rn. 42, 43.
[237] OLG Frankfurt a. M. 31.10.2022 – 11 Verg 7/21, BeckRS 2022, 38675; OLG Düsseldorf 27.4.2020 – Verg 27/19, BeckRS 2020, 8091 Rn. 27; OLG Celle 24.10.2019 – 13 Verg 9/19, BeckRS 2019, 26579.
[238] OLG Celle 29.11.2016 – 13 Verg 8/16, IBRRS 2017, 121322 = NZBau 2017, 239.
[239] OLG Düsseldorf 12.6.2019 – Verg 54/18, BeckRS 2019, 24831.

einzutreten droht, ist eine Frage der Begründetheit und nicht der Zulässigkeit, um im oberschwelligen Vergaberecht einen wirksamen Rechtsschutz zu gewährleisten.[240] Die Antragsbefugnis erfüllt die **Funktion eines groben Filters**, dem lediglich die Aufgabe zukommt, von vornherein eindeutige Fälle, in denen eine Auftragserteilung an den Antragsteller aussichtslos ist, auszusondern.[241]

105 Ein Interesse der Unternehmen am Auftrag besteht idR dann, wenn diese ein Angebot abgeben (→ Rn. 19–21). Die Möglichkeit eines Schadenseintrittes muss dargelegt werden, was iA unproblematisch ist. Es reicht idR der Vortrag, durch das Fehlverhalten des Auftraggebers an der Angebotsabgabe gehindert worden zu sein (→ § 160 Rn. 12 ff.). Genügend ist auch der schlüssige Vortrag, dass das Angebot ohne die Vergaberechtsverstöße zumindest einen aussichtsreicheren Platz einnehmen könnte.[242] Es ist entscheidend, ob der Bieter hinreichend dargelegt hat, dass er in einem neu durchzuführenden Vergabeverfahren mit einer unionsweiten Ausschreibung eine bessere Chance auf den Zuschlag hätte.[243] Ausreichend ist die Darlegung, dass der Antragsteller bei einer ordnungsgemäßen unionsweiten Ausschreibung bessere Zuschlagschancen gehabt hätte (→ § 160 Rn. 18 ff.).

3. Feststellung von Amts wegen

105a Verstöße gegen die Informationspflicht können vAw festgestellt werden.[244] Das Vorgehen bei der Erforschung des Sachverhalts liegt zunächst im pflichtgemäßen Ermessen der Vergabekammer. Die in § 163 GWB genannten Grundsätze der Amtsermittlung (Abs. 1 S. 1) einerseits und der Beschleunigung andererseits (Abs. 1 S. 3) sind angemessen miteinander abzuwägen, wobei keine allg. Rechtmäßigkeitskontrolle und keine ungefragte Fehlersuche stattfinden soll (→ § 163 Rn. 1). Erkenntnisse, die sich aus Anlass der Prüfung behaupteter Rechtsverstöße aufdrängen, dürfen – nach rechtlichem Gehör für die Beteiligten – jedoch nicht unberücksichtigt gelassen werden. Ein Aufgreifen eines Vergaberechtsverstoßes vAw kommt jedenfalls in Betracht, wenn der Zugang zur vergaberechtlichen Nachprüfung durch einen zulässigen Nachprüfungsantrag eröffnet ist und der Verstoß, der vAw aufgegriffen werden soll, schwerwiegend und offenkundig ist. Diese Voraussetzungen liegen bei einem Fristenverstoß durch den Auftraggeber vor[245] (→ § 163 Rn. 2 ff.).

4. Rügeverpflichtung bei fehlerhafter Information gem. § 134 GWB?

106 Eine Rügepflicht bei fehlerhafter Information besteht. Sie besteht nur dann nicht, wenn die Rügeverpflichtung eine sinnlose Förmelei wäre (ausf. → § 160 Rn. 54 ff.). Die fehlerhafte, mangelhafte bzw. inhaltlich defizitäre Information ist von einer fehlenden Information, wie sie bei einer heimlichen De-facto-Vergabe regelmäßig vorliegt, abzugrenzen. Wenn der Auftraggeber eine EU-Bekanntmachung durchgeführt hat, in der er ausführt, dass er eine (rechtswidrige) Direktvergabe planen würde, **könnten Sinn und Zweck der Rügeobliegenheit für eine einschränkende**

---

[240] VK Rheinland 10.7.2019 – VK 19/19-L, BeckRS 2019, 17934.
[241] VK Rheinland-Pfalz 16.12.2022 – VK 1–4/22, BeckRS 2022, 45201 Rn. 41.
[242] VK Rheinland-Pfalz 16.12.2022 – VK 1–4/22, BeckRS 2022, 45201 Rn. 33 ff.; VK Mecklenburg-Vorpommern 4.5.2021 – 3 VK 1/21, BeckRS 2021, 29652 Rn. 42; VK Rheinland 10.7.2019 – VK 19/19-L, BeckRS 2019, 17934.
[243] VK Südbayern 5.8.2019 – Z3-3-3194-1-14-05/19, BeckRS 2019, 23408.
[244] OLG Düsseldorf 12.6.2019 – Verg 54/18, BeckRS 2019, 24831.
[245] OLG Düsseldorf 12.6.2019 – Verg 54/18, BeckRS 2019, 24831; differenzierend: VK Westfalen 27.10.2023 – VK 3 – 30/23.

Auslegung des § 160 Abs. 3 S. 2 GWB sprechen.[246] Zur Informationspflicht von Interessenten → § 134 Rn. 34 ff.

Rügt ein Bieter, dass die Vorabinformation nach § 134 GWB inhaltlich nicht **107** den Anforderungen entspricht und begründet der Auftraggeber seine Entscheidung daraufhin so detailliert, dass der Bieter nunmehr einen Nachprüfungsantrag stellen kann, so muss er nach einer strengen Auff. die Vergabeverstöße, die Gegenstand des Nachprüfungsantrags sind, vor oder zugleich mit der Einleitung des Nachprüfungsverfahrens nochmals gesondert rügen.[247] Jeder vorsichtige Bieter wird dieser Verpflichtung schon deshalb nachkommen, um die negativen Konsequenzen eines verlorenen Vergabenachprüfungsverfahrens zu vermeiden. Der nicht berücksichtigte Bewerber ist **nicht zu sinnlosen Rügen verpflichtet,** andererseits kann die Rüge die Warnfunktion für den Auftraggeber erfüllen und ihn zu einem vergaberechtskonformen Verhalten anhalten (zu den Grenzen der Rügepflicht → § 160 Rn. 53a ff.).

5. Keine Rügeverpflichtung bei De-facto-Vergaben

Es besteht nach stRspr **keine Rügeverpflichtung bei De-facto-Vergaben.**[248] **108** Dies gilt sogar für den Fall, dass der Bieter, der keine Möglichkeit hatte, sich am Vergabeverfahren zu beteiligen, das generelle (vergaberechtswidrige) Vorgehen der Vergabestelle seit langem gekannt[249] oder sogar am Vergabeverfahren teilgenommen hat.[250] Die Rügeverpflichtung entfällt insbes. dann, wenn ein Vertragsschluss unmittelbar bevorsteht bzw. vollzogen ist und eine Rüge angesichts des Vorverhaltens des Auftraggebers als in der Sache nutzlose Förmelei anzusehen ist.[251] So besagt § 160 Abs. 3 S. 2 GWB, dass die Verpflichtung zur Erhebung einer Rüge (§ 160 Abs. 3 S. 1 Nr. 1 GWB) nicht bei einem Antrag auf Feststellung der Unwirksamkeit des Vertrages nach § 135 Abs. 1 Nr. 2 GWB gilt. Entspr. der Vorschrift des § 160 Abs. 3 S. 2 GWB bleibt § 134 Abs. 1 S. 2 GWB unberührt. Ausgehend von dem gesetzlichen Wortlaut wird zutreffend angenommen, dass eine **Rügepräklusion** für die Fälle der De-facto-Vergabe nun ausdrücklich **ausgeschlossen** ist[252] (→ § 160 Rn. 59, 59a).

Entgegen dem gesetzlichen Wortlaut besteht aus einem Vertrauensverhältnis **109** heraus keine **Rügeverpflichtung,** da Ausgangspunkt für eine Interpretation – wie stets – der Gesetzeswortlaut ist. Eine anderslautende Auslegung scheitert hier am

---

[246] VK Münster 5.8.2015 – VK 2–16/15, IBRRS 2016, 0283; OLG Düsseldorf 26.1.2012 – VII-Verg 107/11, BeckRS 2012, 06484; 25.4.2012 – VII-Verg 107/11, BeckRS 2012, 1284.

[247] OLG Frankfurt a. M. 8.12.2009 – 11 Verg 6/09, BeckRS 2009, 88827; OLG Rostock 20.10.2010 – 17 Verg 9/10, BeckRS 2011, 05585.

[248] OLG Frankfurt a. M. 31.10.2022 – 11 Verg 7/21, BeckRS 2022, 38675; OLG Karlsruhe 4.12.2020 – 15 Verg 8/20, BeckRS 2020, 39962 Rn. 22; OLG Celle 24.10.2019 – 13 Verg 9/19, BeckRS 2019, 26579; 29.11.2016 – 13 Verg 8/16, NZBau 2017, 239; VK Lüneburg 23.6.2021 – VgK-19/2021, BeckRS 2021, 22041 Rn. 46; VK Rheinland-Pfalz 16.12.2022 – VK 1–4/22, BeckRS 2022, 45201 Rn. 46; VK Lüneburg 20.6.2016 – VgK – 17/2016, BeckRS 2016, 12545; VK Thüringen 21.5.2015 – 250–4003-2353/2015-E-003-SCN, BeckRS 2016, 6068; VK Sachsen 27.4.2015 – 1/SVK/012-15, BeckRS 2015, 16420; VK Südbayern 12.8.2016 – Z 3–3-3194-1-27-07–16, BeckRS 2016, 15052; 5.8.2019 – Z3-3-3194-1-14-05/19, BeckRS 2019, 23408; Linke NZBau 2022, 199 (203).

[249] VK Südbayern 5.8.2019 – Z3-3-3194-1-14-05/19, BeckRS 2019, 23408.

[250] BayObLG 26.4.2023 – Verg 16/22, BeckRS 2023, 9868; VK Lüneburg 6.2.2018 – VgK-42/2017, IBRRS 2018, 0952.

[251] VK Sachsen-Anhalt 17.12.2015 – 2 VK LSA 08/15, BeckRS 2015, 131875.

[252] VK Thüringen 21.5.2015 – 250–4003-2353/2015-E-003-SCN, BeckRS 2016, 6068; VK Sachsen 27.4.2015 – 1/SVK/012-15, BeckRS 2015, 16420; OLG München 21.2.2013 – Verg 21/12, BeckRS 2013, 03964.

klaren Wortlaut der Norm des § 160 Abs. 3 S. 2 GWB. In dem Fall der De-facto-Vergabe kann sofort ein Nachprüfungsantrag vor der Vergabekammer gestellt werden.[253] Dies ist aber nicht unumstritten. Nach einer Auffassung soll eine Rüge nur in absoluten Ausnahmefällen als „Förmelei" entbehrlich sein (→ § 160 Rn. 59).[254]

110 Rein **faktisch** besteht aber eine **Rügeverpflichtung.** Die Rspr. tendiert zu einer Rügeverpflichtung, wenn der Auftraggeber eine EU-Bekanntmachung durchgeführt hat.[255] Dann stellt sich aber die Frage nach der (fehlenden) Verpflichtung zur „sinnlosen" Rüge. Wenn schon eine rechtswidrige De-Facto-Vergabe veröffentlicht wird, kann sich die durchaus berechtigte Frage stellen, ob eine Rüge nach der EU-Bekanntmachung nicht deshalb entbehrlich war, weil der Auftraggeber die bekannten Einwände des nicht berücksichtigten Bewerbers ersichtlich nicht berücksichtigen wollte. Die VK Rheinland hebt hervor, dass auch bei einem Antrag auf Feststellung der Unwirksamkeit der Zuschlagserteilung gem. § 135 GWB die Rügepflicht bestehen würde.[256] Im Übrigen spricht gerade die Fristenregelung des § 135 Abs. 2 S. 1 GWB für ein generelles **Entfallen der Rügeobliegenheit in Fällen des § 135 Abs. 1 Nr. 2 GWB.** Denn § 135 Abs. 2 S. 1 GWB stellt hinsichtlich des Fristbeginns ausdr. auf die Information „der betroffenen Bieter und Bewerber" ab.[257]

110a § 160 Abs. 3 S. 2 GWB nimmt nur die Konstellation des § 135 Abs. 1 Nr. 2 GWB von der Rügepflicht aus. Hingegen wird der § 135 Abs. 1 Nr. 1 GWB in dieser Vorschrift nicht genannt, was für eine Rügeobliegenheit bei einem Verstoß gegen die Informations- und Wartepflicht spricht. Ausgehend vom Sinn und Zweck der Rügeobliegenheiten für einen Antragsteller ist eine differenzierte Betrachtung erforderlich. Mit der Rüge eines Bieters soll dem öffentlichen Auftraggeber frühzeitig die Möglichkeit gegeben werden, eventuelle Verstöße gegen vergaberechtliche Vorschriften erkennen und korrigieren zu können. Das setzt grds. ein begonnenes und noch nicht mit der Auftragserteilung abgeschlossenes Vergabeverfahren voraus. Ist der Zuschlag bereits erteilt worden, hat der öffentliche Auftraggeber keine Chance mehr, behauptete Vergabeverstöße zu prüfen und zu heilen. Aus diesem Grund entfällt die Rügeobliegenheit, wenn das Vergabeverfahren durch die Zuschlagserteilung beendet wurde.[258]

110b **Vorsorglich sollte jeder nicht berücksichtigte Bewerber dennoch eine Rüge erheben,** um es nicht auf diesen Meinungsstreit ankommen zu lassen. Nach der Rspr. wird das Interesse an der Auftragsvergabe durch Rüge und Einleitung des Nachprüfungsverfahrens zum Ausdruck gebracht.[259] Es besteht aber die Hoffnung, dass sich der auf dem Weg zur rechtswidrigen De-facto-Vergabe befindliche Auftraggeber nach anwaltlichem Hinweis eines Besseren besinnt.[260] Wenn also ein Bieter eine De-facto-Vergabe befürchtet, sich dessen aber nicht sicher ist (was der Regelfall sein dürfte), sollte er vorher rügen. Wenn der Auftraggeber sich negativ oder gar nicht in angemessener Zeit äußert, dann ist der statthafte Nachprüfungsantrag begründet, wenn der Auftraggeber nicht im Nachprüfungsverfahren abhilft.

6. Tenorierung durch die Nachprüfungsinstanzen

111 Die Vergabeinstanzen tenorieren unterschiedlich, gleichlautend wird die „Unwirksamkeit" oder „Nichtigkeit" der Verträge festgestellt. Von der Rspr. wird

---

[253] OLG Dresden 12.10.2010 – WVerg 9/10, BeckRS 2011, 00918.
[254] Vgl. Darstellung des Meinungsstreites: OLG Bremen 1.4.2022 – 2 Verg 1/21, NZBau 2022, 548 Rn. 56, OLG Saarbrücken 27.6.2016 – 1 Verg 2/16, BeckRS 2016, 105181.
[255] OLG Düsseldorf 25.4.2012 – VII-Verg 107/11, BeckRS 2012, 12844.
[256] VK Rheinland 10.7.2019 – VK 19/19-L, BeckRS 2019, 17934.
[257] OLG Koblenz 1.9.2021 – Verg 1/21, NZBau 2022, 434 Rn. 43.
[258] VK Rheinland 10.7.2019 – VK 19/19-L, BeckRS 2019, 17934.
[259] OLG Karlsruhe 4.12.2020 – 15 Verg 8/20, BeckRS 2020, 39962 Rn. 19.
[260] Vgl. aber VK Arnsberg 23.10.2012 – VK 15/12, BeckRS 2012, 22029.

Unwirksamkeit **§ 135 GWB**

idR festgestellt, dass der beanstandete Vertrag von Anfang an unwirksam ist (§ 135 Abs. 1 Nr. 2 GWB). Darüber hinaus wird – in entspr. Anwendung von § 168 Abs. 1 GWB – die Verpflichtung des Antragsgegners tenoriert, im Falle fortbestehender Beschaffungsabsicht die hier in Rede stehenden Leistungen in einem europarechtskonformen Vergabeverfahren EU-weit auszuschreiben.[261] So wird bei dem Fortbestehen der Vergabeabsicht zB wie folgt tenoriert:

1. *Es wird festgestellt, dass der Gemeinderatsbeschluss vom XX.XX.2018 eine wesentliche Änderung des öffentlichen Auftrags mit Datum vom XX.XX.2017/XX.XX.2017 darstellt.*
2. *Die Antragsgegnerin wird bei fortbestehender Beschaffungsabsicht dazu verpflichtet, die Planungsleistungen für die Kindertagesstätte nebst Schulerweiterung auf dem Freigelände neben der XXX-Schule, XXX, EU-weit auszuschreiben.*[262]

Der Tenor der Feststellung der Unwirksamkeit könnte bspw. lauten: 112

Es wird festgestellt, dass der am 9.8.2021 in der hessischen Ausschreibungsdatenbank unter der Referenznummer HAD ... bekannt gemachte Vertrag zwischen dem Antragsgegner und der Beigeladenen vom 4.8.2021 von Anfang an unwirksam ist.

Der Antragsgegner wird im Falle des Fortbestehens der Beschaffungsabsicht verpflichtet, den Auftrag unter Berücksichtigung der Rechtsauffassung des Senats im Wege eines Vergabeverfahrens nach Teil 4 des Gesetzes gegen Wettbewerbsbeschränkungen auszuschreiben.[263]

Es wird festgestellt, dass der am 23.4.2019 geschlossene Rahmenvertrag zwischen der Antragsgegnerin und dem Beigeladenen über Primärkodierung nichtig ist.[264]

Die sofortige Beschwerde des Antragsgegners gegen den Beschluss der Vergabekammer Rheinland, Spruchkörper Köln, vom 10.9.2015 VK VOL 15/2014, wird mit der Maßgabe zurückgewiesen, dass dem Antragsgegner untersagt wird, im Vergabeverfahren betreffend „Diverse Leistungen im Bereich Bevölkerungsschutz, Schwerpunkt Rettungsdienst: Notfallrettung und Krankentransport (inklusive Bewältigung von Großschadensereignissen)" im Rhein-Sieg-Kreis auf die Gebietslose 4, 6 und 7 einen Zuschlag zu erteilen.[265]

1. *Es wird festgestellt, dass*
   a) *der zwischen dem Antragsgegner und der Beigeladenen geschlossene Vertrag vom 20.2.2019 über die Trockenbauleistungen unwirksam ist und*
   b) *die Aufhebung des Vergabeverfahrens vom 8.3.2019 die Antragstellerin in ihren Rechten verletzt.*[266]

Hinter den aufgezeigten Tenorierungen steht die Überlegung, dass mit ihnen zur 113 Beseitigung der Rechtsverletzung des nicht berücksichtigten Unternehmens die Verträge gem. § 135 GWB iVm §§ 134, 97 GWB für unwirksam zu erklären sind. Um die festgestellte Vergaberechtsverletzung zu beseitigen und eine Schädigung der betroffenen Bieterinteressen zu verhindern, ist die **Anordnung der Rückabwick-**

---

[261] OLG Koblenz 1.9.2021 – Verg 1/21, NZBau 2022, 434 Rn. 80, 81.
[262] VK Baden-Württemberg 7.6.2018 – 1 VK 10/18, IBRRS 2018, 2214; vgl. auch: OLG München 21.2.2013 – Verg 21/12, BeckRS 2013, 03964.
[263] OLG Frankfurt a. M. 7.6.2022 – 11 Verg 12/21, BeckRS 2022, 19108.
[264] VK Südbayern 5.8.2019 – Z3-3-3194-1-14-05/19, BeckRS 2019, 23408; vgl. auch: VK Südbayern 12.8.2016 – Z 3–3-3194-1-27-07-16, BeckRS 2016, 15052.
[265] OLG Düsseldorf 15.6.2016 – VII Verg 49/15, NZBau 2016, 653.
[266] VK Rheinland 15.5.2019 – VK 8/19 – B, BeckRS 2019, 16505; vgl. auch: VK Baden-Württemberg 31.1.2012 – 1 VK 66/11, VPRRS 2012, 0452.

lung nicht erforderlich.[267] Auch der Vergabesenat kann eine Feststellung der Unwirksamkeit treffen, wenn zB die Vergabekammer den Nachprüfungsantrag abgewiesen hat.[268]

114 Nach einer vereinzelten Stimme könnte in seltenen Fällen die Feststellung der Unwirksamkeit untragbar sein, insbes. dann, wenn die Verzögerung von Bauprojekten mit einem erheblichen Anstieg der Kosten verbunden wäre. In diesem Fall sollten die alternativen Sanktionen des Art. 2e der RL 89/665/EWG idF des Art. 46 KVR angewendet werden. Auf Grundlage dieses Art. 2e der RL 89/665/EWG ist es zulässig, Geldbußen oder -strafen gegen den öffentlichen Auftraggeber zu verhängen oder die Laufzeit des Vertrags zu verkürzen.[269] Die Tatbestandsvoraussetzung der Untragbarkeit hat der Auftraggeber darzulegen. Der Nachweis für eine „**Untragbarkeit**" dürfte aber nur in **sehr seltenen Ausnahmefällen** gelingen. Gegen die Möglichkeit von Sanktionen wird generell eingewandt, dass Sanktionen, die über die Anordnung der Unwirksamkeit eines vergaberechtswidrigen und unter Verstoß gegen § 135 Abs. 1 GWB zu Stande gekommenen Vertrags hinausgehen, von § 135 GWB nicht vorgesehen sind. Gesetz- und Verordnungsgeber gehen idealistisch davon aus, dass sich der öffentliche Auftraggeber rechtstreu verhält, die Rechtsfolgen der Vertragsnichtigkeit eigenständig beachtet und die erforderlichen Konsequenzen zieht.[270]

115 Von der Rückabwicklung des vergaberechtswidrig abgeschlossenen Vertrages ist aber die Verpflichtung zur Durchführung eines rechtmäßigen Vergabeverfahrens bei bestehender Vergabeabsicht zu unterscheiden. Nach § 168 Abs. 1 GWB kann die Vergabekammer für den Fall der zukünftigen Leistungserbringung durch Dritte den Auftraggeber zur Durchführung eines offenen Verfahrens verpflichten. Dies gilt insbes. dann, wenn das durchgeführte Verhandlungsverfahren wegen Missachtung des Wettbewerbsgrundsatzes als vergaberechtswidrig einzustufen gewesen ist und wenn insbes. die tenorierten Verpflichtungen dazu dienen sollen, rechtlich durchaus fragwürdigen Initiativen des Auftraggebers vorzubeugen.[271] Wenn rechtlich „**fragwürdige Initiativen des Auftraggebers**" vorliegen, ist **eine verpflichtende Tenorierung durch die Vergabekammer unumgänglich**. IdR dürfte die **Tenorierung, dass die Rechtsauffassung des Senats (oder der Vergabekammer) zu beachten** ist und bei bestehendem Beschaffungsbedarf EU-weit auszuschreiben ist, die zutreffende sein[272] (→ Rn. 111, 112).

7. Schwebende Wirksamkeit bis zur Feststellung

116 Umstritten war die Geltung des Vertrages bis zur Feststellung der Unwirksamkeit durch die Vergabekammer. Zutreffend geht die hM davon aus, dass bis zu deren Feststellung von einer schwebenden Wirksamkeit auszugehen ist.[273] Während im

---

[267] OLG Karlsruhe 12.11.2008 – 15 Verg 4/08, NZBau 2009, 403 (404); VK Sachsen 15.1.2010 – 1/SVK/068/09, BeckRS 2010, 07425.

[268] OLG Dresden 24.7.2012 – Verg 2/12, NZBau 2012, 794.

[269] Prieß/Hölzl NZBau 2010, 354 (359).

[270] OLG Karlsruhe 12.11.2008 – 15 Verg 4/08, NZBau 2009, 403 (404), noch zur alten Rechtslage.

[271] VK Halle 23.6.2010 – 1 VK LVwA 69/09, BeckRS 2010, 18082.

[272] OLG München 21.2.2013 – Verg. 21/12, BeckRS 2013, 03964; VK Baden-Württemberg 7.6.2018 – 1 VK 10/18, IBRRS 2018, 2214.

[273] VK Bund 7.7.2015 – VK 2–49/15, IBRRS 2015, 2723; VK Südbayern 18.11.2014 – Z3-3-3194-1-40-09/14, IBRRS 2014, 3198 mAnm Eydner VPR 2015, 51; Müller-Wrede/Gnittke/Hattig GWB § 135 Rn. 100, 101; aA VK Brandenburg 15.9.2015 – VK 16/15, BeckRS 2015, 55048.

Gesetzgebungsverfahren zur ursprünglichen Regelung in § 101 Abs. 1 GWB aF als Begr. ausgeführt wurde, dass die Feststellung des Verstoßes in einem Nachprüfungsverfahren nach § 135 Abs. 2 GWB die schwebende Unwirksamkeit beendet und der Vertrag damit unwirksam werde,[274] hat die **nachfolgende Analyse** zutreffend ergeben, dass die Auslegung von § 135 GWB ergibt, dass der Vertrag im Zeitraum vom Vertragsschluss bis zur Feststellung eines Verstoßes im Nachprüfungsverfahren schwebend wirksam ist.[275]

Hervorzuheben ist, dass nur **die schwebende Wirksamkeit** und nicht eine schwebende Unwirksamkeit den Normvorstellungen des Gesetzgebers entspricht und in objektiv-teleologischer Hinsicht eine sachgerechte Lösung bietet.[276] Die schwebende Wirksamkeit des Vertrags hat zur Folge, dass die gegenseitigen Leistungspflichten aus dem Vertrag ab Vertragsschluss bestehen. Den Vertragsparteien steht kein aus den §§ 134, 135 GWB **abgeleitetes Leistungsverweigerungsrecht zu, da der Vertrag seine volle Wirksamkeit entfaltet.** Somit können erbrachte Leistungen während des Schwebezustands wegen des bestehenden Rechtsgrundes auch nicht nach Bereicherungsrecht zurückgefordert werden.[277] AA ist zT die Rspr., wenn eine schwebende Unwirksamkeit des Vertrages bis zur endgültigen Klärung durch die Vergabekammer angenommen wird.[278]

117

Abschließend ist darauf hinzuweisen, dass auch vertreten wird, dass durch die Schaffung des § 135 GWB von dem im deutschen Recht von Widerspruch und Anfechtungsklage bekannten Institut der aufschiebenden Wirkung (§ 80 Abs. 1 VwGO) Gebrauch gemacht worden sei.[279] Das bietet den Vorteil, dass in verwaltungsrechtlichen Kategorien eine Lösung gesucht wird. Die zivilrechtliche Sicht der **schwebenden Wirksamkeit** erscheint aber als die **stringentere Lösung**. Große Praxisrelevanz hat die aufgezeigte Problematik aber nicht aufzeigen können, da bisher – soweit ersichtlich – keine gerichtlichen Entscheidungen zu dieser Frage existieren. Dies dürfte schlicht in der Tatsache begründet liegen, dass sich die Partner einer gescheiterten De-facto-Vergabe gut kennen dürften und die Abwicklung möglichst geräuschlos über die Bühne gehen soll.

118

8. Ungeschriebene Tatbestandsmerkmale? Treu und Glauben?

Der Anwendungsbereich des § 135 GWB ist **durch ungeschriebene Tatbestandsmerkmale nicht zu reduzieren**[280] (zu diesem Grundsatz → Rn. 88 f.). Derartige Bestrebungen gehen am Sinn und Wortlaut der Norm vorbei. Es kommt nicht darauf an, ob das Unternehmen im Zeitpunkt der De-facto-Vergabe Bieter oder Interessent war, sondern darauf, ob es Träger von Rechten und Pflichten sein konnte. § 135 GWB enthält lediglich Regelungen zu ungerechtfertigten De-facto-Vergaben, aber keine Vorschriften, die sich auf die Antragsbefugnis beziehen. Aus § 135 Abs. 2 GWB ergibt sich aber, dass die Unwirksamkeit des Vertrages nur in einem Nachprüfungsverfahren festgestellt werden kann. Mithin muss eine solche Nachprüfung zulässig und begründet sein.[281] Ein Auftraggeber ist nicht schutzwürdig, wenn er willkürlich die Veröffentlichungspflichten verletzt

119

---

[274] Stellungnahme des Bundesrates, Gesetzentwurf der BReg: Entwurf eines Gesetzes zur Modernisierung des Vergaberechts, BT-Drs. 16/10117, 32.
[275] Dreher/Hoffmann NZBau 2009, 217 (219); 2010, 201 (206).
[276] Dreher/Hoffmann NZBau 2010, 201 (206).
[277] Dreher/Hoffmann NZBau 2010, 201 (206).
[278] VK Brandenburg 15.9.2015 – VK 16/15, BeckRS 2015, 55048.
[279] Grabitz/Hilf/Nettesheim/Pietzcker Kap. B 18 Rn. 70 f.
[280] Offengelassen: OLG Frankfurt a. M. 7.6.2022 – 11 Verg 12/21, BeckRS 2022, 19108 Rn. 42; vgl. BayObLG 26.4.2023 – Verg 16/22, BeckRS 2023, 9868 Rn. 46–48.
[281] VK Münster 18.3.2010 – VK 2/10, IBRRS 74545.

hat.[282] Neben den in § 135 GWB genannten Voraussetzungen müssen auch die Bestimmungen des § 160 Abs. 2 GWB erfüllt sein[283] (→ § 160 Rn. 6 ff.).

120 Diese Voraussetzungen dürfen aber nicht so verstanden werden, dass der Rechtsschutz für den Unterlegenen unmöglich gemacht wird. Insbes. erscheint es auch **verfehlt, den Rechtsschutz im Hinblick auf Treu und Glauben einzuschränken.** Aus § 242 BGB solle im Hinblick auf das vorvertragliche Treueverhältnis die Rechtsmissbräuchlichkeit gefolgert werden.[284] Dagegen spricht, dass erkannte Fehler gem. § 160 Abs. 3 GWB gerügt werden müssen. Auf ein Treueverhältnis kommt es in diesem Zusammenhang nicht an. Konsequenterweise lehnt die Rspr. regelmäßig auch eine vermeintlich eingetretene Verwirkung ab[285] (→ Rn. 88 ff.).

121 Das **Interesse am Auftrag** folgt aus dem **Vortrag des übergangenen Bieters,** dass er sich mit einem Angebot beteiligt hätte, in Verbindung damit, dass eine Verletzung von Vergabevorschriften vorprozessual gerügt und deswegen ein Nachprüfungsverfahren angestrengt wird.[286] Eine Darlegung, welches Angebot im Falle einer Beteiligung am Vergabeverfahren abgegeben worden wäre, ist nicht erforderlich, da geltend gemacht wird, gerade durch das gerügte Unterbleiben einer Vergabebekanntmachung an der Einreichung eines Angebotes gehindert worden zu sein[287] (→ 160 Rn. 10 ff.).

9. Rechtsfolgen

122 Mit der Feststellung eines Verstoßes iSd § 135 GWB im Nachprüfungsverfahren ist der **Vertrag von Anfang an unwirksam.**[288] Die Rückabwicklung steht nicht im Belieben des Auftrag- und Konzessionsgebers. Sie hat zwingend zu erfolgen.[289] Im Hinblick auf die Rechtsfolgen sind die verschiedenen Rechtskreise des ausgewählten Bestbieters, des Antragstellers und Dritter zu unterscheiden (zur Tenorierung → Rn. 110 ff).

123 **a) Rechtsfolgen für den rechtswidrig ausgewählten Bestbieter.** Wenn der rechtswidrig ausgewählte Bestbieter noch nicht mit der Leistungserbringung angefangen hat, ist die (Rück-) Abwicklung **unproblematisch.** Mögliche Schadensersatzansprüche richten sich nach allg. zivilrechtlichen Grundsätzen.[290]

124 Schwieriger wird es, wenn bereits Leistungen erbracht wurden. In Hinblick auf die Rückabwicklung eines bereits begonnenen Leistungsverhältnisses trifft § 135 GWB keine Regelungen. Die Anordnung der Unwirksamkeit des Vertrages ex tunc drückt aber den Willen des Gesetzgebers aus, dass ein Leistungsaustausch auf Grundlage des Vertrages nicht dauerhaft Bestand haben soll. Andernfalls hätte auch die Anordnung einer Unwirksamkeit ex nunc genügt. Zudem entspricht die vollständige Rückabwicklung eines rechtswidrig begonnenen Leistungsverhältnisses den Grundsätzen des Vergaberechts: Das rechtswidrig bezuschlagte Unternehmen soll nicht mangels einer fehlenden Rückgewährpflicht das Privileg erhalten, bereits empfangene Entgelte behalten zu können. Dies wäre ansonsten eine **Beeinträchtigung**

---

[282] Vgl. OLG Frankfurt a. M. 7.6.2022 – 11 Verg 12/21, BeckRS 2022, 19108 Rn. 42.
[283] VK Münster 18.3.2010 – VK 2/10, IBRRS 74545.
[284] OLG München 31.1.2013 – Verg 31/12, ZfBR 2013, 296.
[285] VK Südbayern 19.4.2018 – Z3-3-3194-1-61-12/17, BeckRS 2018, 10282.
[286] OLG Düsseldorf 21.4.2010 – VII-Verg 55/09, NZBau 2010, 390; vgl. Würfel NZBau 2010, 420.
[287] OLG Düsseldorf 21.4.2010 – VII-Verg 55/09, NZBau 2010, 390 Rn. 30.
[288] VK Westfalen 1.6.2015 – VK 2–7/15, VPRRS 2015, 0244.
[289] OLG Bremen 1.4.2022 – 2 Verg 1/21, NZBau 2022, 548 Rn. 66.
[290] BGH 6.10.2020 – XIII ZR 21/19, NZBau 2021, 57; LG Köln 27.9.2022 – 5 O 112/22, ZfBR 2023, 203.

Unwirksamkeit **§ 135 GWB**

des Wettbewerbsgrundsatzes. Nach der Rspr. ist daher die Anordnung bzgl. des rechtswidrig ausgewählten Anbieters im Hinblick auf die geschlossenen Verträge von Anfang an (ex tunc) auszusprechen, da der Leistungsaustausch auf Grundlage dieser Verträge nach dem Willen des Gesetzgebers keinen Bestand haben soll.[291] Der weitergehende Vollzug des rechtswidrig bezuschlagten Vertrages wird untersagt. Dies wird verbunden mit der Verpflichtung, bei bestehendem Bedarf EU-weit auszuschreiben[292] (→ Rn. 111 f.).

Die Unwirksamkeit des Vertrages ex tunc führt dazu, dass die während des Schwebezustands vorgenommenen Leistungen ohne Rechtsgrund erfolgten. Auch die übrigen Voraussetzungen des § 812 Abs. 1 S. 1 Alt. 1 BGB liegen vor. Die **Rückabwicklung** hat daher nach den **allg. bereicherungsrechtlichen Grundsätzen** zu erfolgen.[293] In den wenigsten Fällen dürfte es dem öffentlichen Auftraggeber möglich sein, das Erlangte in natura herauszugeben. Dann hat er jedoch nach § 818 Abs. 2 BGB dessen Wert zu ersetzen. Maßgeblich dafür ist der objektive Verkehrswert, der seinen Ausdruck in einer üblichen und angemessenen Vergütung findet.[294] Somit halten sich in diesen Fällen die Nachteile sowie die Vorteile für den erfolgreichen Bieter, der während der Schwebezeit Leistungen erbracht hat, in Grenzen.[295]

b) Rechtsfolgen für den Antragsteller. Die Unternehmen haben nach § 97 Abs. 6 GWB einen Anspruch darauf, dass der Auftraggeber die Bestimmungen über das Vergabeverfahren einhält. Die Beseitigung der Rechtsverletzung des nicht berücksichtigten Unternehmens erfolgt dadurch, dass die **Verträge** gem. § 135 Abs. 1 GWB (ggf. iVm § 134 GWB), § 97 GWB für **unwirksam**[296] oder nichtig[297] erklärt werden (→ Rn. 111 f.).

Der erfolgreiche Antragsteller hat einen Anspruch darauf, dass das bisherige, ggf. national durchgeführte Vergabeverfahren insges. aufgehoben wird. Er hat weiter einen Anspruch darauf, dass der Auftraggeber bei Fortbestehen der Absicht der Beschaffung zur Auftragserteilung ein (neues) Vergabeverfahren nach §§ 97, 119 GWB unter Beachtung der Rechtsansichten der Vergabekammer oder des Vergabesenats durchführt.[298] Die tenorierten Verpflichtungen können **vollstreckt** werden (→ § 168 Rn. 56 f.) Eine solche Verpflichtung zur erneuten Ausschreibung setzt aber voraus, dass der Beschaffungsbedarf noch nicht unumkehrbar befriedigt ist. Wenn also der Auftraggeber die Leistung erhalten hat und sie auch nicht mehr herausgeben kann, sondern allenfalls Wertersatz schuldet, der Beschaffungsbedarf deshalb unumkehrbar erfüllt ist, so ist ein primärer Rechtsschutz, der aus Sicht des unterlegenen Bieters vor allem auf die erneute Ausschreibung gerichtet ist, nicht mehr erreichbar, so dass sich der ursprüngliche Nachprüfungsantrag in sonstiger Weise iSd § 168 Abs. 2 GWB erledigt hat. In diesem Fall ist jedoch die Fortsetzung des Verfahrens gem. § 178 S. 4 GWB, § 168 Abs. 2 S. 2 GWB als Feststellungsantrag statthaft.[299]

Ein Rückabwicklungsanspruch für das die Nachprüfung begehrende Unternehmen besteht nicht.[300] Dieser Meinung liegt die Vorstellung zugrunde, dass Gesetzge-

---

[291] OLG Brandenburg 19.1.2013 – Verg W 8/12, BeckRS 2013, 3142.
[292] VK Baden-Württemberg 7.6.2018 – 1 VK 10/18, IBRRS 2018, 2214.
[293] OLG Brandenburg 16.12.2015 – 4 U 77/14, NZBau 2016, 184.
[294] Grüneberg/Sprau BGB § 818 Rn. 19.
[295] Dreher/Hoffmann NZBau 2010, 201 (206).
[296] OLG Düsseldorf 12.7.2017 – VII-Verg 13/17, NZBau 2017, 679; VK Südbayern 9.5.2016 – Z3-3-3194-1-04-1/16.
[297] VK Südbayern 5.8.2019 – Z3-3-3194-1-14-05/19, BeckRS 2019, 23408.
[298] OLG Bremen 1.4.2022 – 2 Verg 1/21, NZBau 2022, 548 Rn. 66; OLG Karlsruhe 22.2.2019 – 15 Verg 9/18, NZBau 2019, 748 Rn. 34; OLG Düsseldorf 23.12.2015 – VII-Verg 34/15, BeckRS 2016, 2949.
[299] OLG Bremen 1.4.2022 – 2 Verg 1/21, NZBau 2022, 548 Rn. 66, 67.
[300] OLG Karlsruhe 12.11.2008 – 15 Verg 4/08, NZBau 2009, 403 (404).

ber und Verordnungsgeber davon ausgehen, dass sich der öffentliche Auftraggeber **rechtstreu** verhält, die Rechtsfolgen der Vertragsnichtigkeit eigenständig beachtet und die erforderlichen Konsequenzen zieht. Dies mag in der überwiegenden Anzahl der Fälle zutreffen, aber es gibt auch Auftraggeber mit „rechtlich durchaus fragwürdigen Initiativen",[301] so dass der Hinweis auf die zu erwartende Rechtstreue in manchen Fällen problematisch und zweifelhaft erscheinen mag.

129 **c) Rechtsfolgen für Dritte.** Es ist ebenso falsch wie ungenau, dass sich nur derjenige auf die Unwirksamkeit nach § 135 GWB berufen könne, der den Verstoß gegen das Vergaberecht innerhalb enger zeitlicher Grenzen in einem Nachprüfungsverfahren geltend macht und der über die notwendige Antragsbefugnis verfügt. Es ist zu unterscheiden zwischen dem Personenkreis, der durch §§ 134, 135 GWB geschützt wird, und der Frage, welche **Rechtswirkungen** die Entscheidung der Vergabekammer und des Vergabesenats **ggü. Dritten** hat. Wenn die Vergabekammer oder der Vergabesenat die Unwirksamkeit eines Vertrages feststellen, dann wird sich selbstverständlich ein Gebührenzahler auf diese Entscheidung vor dem Verwaltungsgericht berufen können. Ohne eine ordnungsgemäße Ausschreibung kann etwa die Festsetzung von Abfallgebühren problematisch sein. Die Kläger können sich auf jeden Fall darauf berufen, dass die Gebühren unangemessen hoch sind, da eine Ausschreibung unterblieben ist.[302] Also entfaltet die **Entscheidung,** auch im Hinblick auf § 181 S. 1 GWB, **unmittelbare Wirkung für Dritte.**

130 Verstöße gegen die Informations- und Wartepflicht sowie De-facto-Vergaben widersprechen zwingendem Recht und bezwecken die Umgehung des Vergaberechts. Bei notariellen Verträgen ist die notarielle Mitwirkung zudem dann zu versagen, wenn das Rechtsgeschäft gem. § 138 Abs. 1 BGB sittenwidrig ist, was bei **kollusivem Zusammenwirken** der Beteiligten zur Umgehung der Vergabepflicht der Fall ist.[303] Die berufsrechtliche Beurteilung hat sich daher an den Fallgruppen der nicht rechtmäßigen und unredlichen Rechtsgeschäfte der Beteiligten zu orientieren, so dass ein Mitwirkungsverbot zu bejahen ist. Erlangt der Notar erst nach der Beurkundung Kenntnis von diesen Vergaberechtsverstößen, hat er den Vollzug des Vertrages nicht mehr weiter zu betreiben.[304]

131 **d) Geeignete Maßnahmen durch die Vergabekammer gem. § 168 Abs. 1 S. 1 GWB.** Die Vergabekammer achtet gem. § 163 Abs. 1 S. 3 GWB bei ihrer gesamten Tätigkeit darauf, dass der Ablauf des Vergabeverfahrens **nicht unangemessen beeinträchtigt** wird. Die Vergabekammer ist gem. § 168 Abs. 1 S. 2 GWB an die Anträge nicht gebunden und kann auch unabhängig davon auf die Rechtmäßigkeit des Vergabeverfahrens einwirken. Sie kann also auch Hinweise geben, so zB es dränge sich der Eindruck auf, dass nach Abschluss des Vertrags eine neue Leistung entwickelt worden sei und der Beförderungsvertrag über die geänderte Leistung nach § 135 Abs. 1 Nr. 2 GWB nichtig sei.[305] Gemäß § 168 Abs. 1 S. 1 GWB trifft die Vergabekammer die geeigneten Maßnahmen, um eine Rechtsverletzung zu beseitigen und eine Schädigung der betroffenen Interessen zu verhindern. Sie ist dabei an die Anträge nicht gebunden und kann auch unabhängig davon auf die Rechtmäßigkeit des Vergabeverfahrens einwirken. Es ist

---

[301] So wörtlich VK Halle 23.6.2010 – 1 VK LVwA 69/09, BeckRS 2010, 18082; vgl. insbes. auch VK Arnsberg 23.10.2012 – VK 15/12, BeckRS 2012, 22029.
[302] OVG RhPf 1.12.1994 – 12 A 11892/92, NVwZ-RR 1996, 230; NdsOVG 22.1.1999 – 9 L 1803/97, NVwZ 1999, 1128; NdsOVG 22.6.2009 – 9 LC 409/06, NVwZ-RR 2009, 898.
[303] VK Westfalen 3.8.2021 – VK 2 – 41/21, BeckRS 2021, 35581 Rn. 42.
[304] Regler DNotZ 2010, 24 (47) mwN.
[305] VK Südbayern 31.1.2012 – Z3-3-3194-1-32-10/11, IBRRS 84517.

nicht erlaubt, ohne ausreichenden sachlichen Grund eine Interimsvergabe durchzuführen. Die schlichte Annahme einer besonderen Dringlichkeit ist rechtswidrig[306] (weitergehend → § 168 Rn. 9 f.).

VIII. Nichtige, unwirksame und kündbare Verträge außerhalb § 135 GWB

Die Unwirksamkeit eines Vertrages, die nach Maßgabe der Bestimmungen der §§ 134, 135 GWB besteht, bleibt aus anderen Gründen unberührt.[307] § 138 BGB gehört zu den gem. § 160 Abs. 2 S. 1 GWB zu beachtenden Verfahrensvorschriften.[308] Grds. ergibt sich eine Vertragsnichtigkeit nicht aus dem Verstoß gegen Vorschriften, die allein für das Vergabeverfahren relevant sind. Abw. von diesem Grundsatz kann ein Vertrag aber sittenwidrig und damit nichtig sein, wenn er ohne Durchführung eines förmlichen Vergabeverfahrens vergeben wird und der öffentliche Auftraggeber in bewusster Missachtung des Vergaberechts handelt, also entweder weiß, dass der betreffende Auftrag dem Vergaberecht unterfällt, oder sich einer solchen Kenntnis mutwillig verschließt, bzw. auch kollusiv mit dem Auftragnehmer zusammenarbeitet. Auch darüber hinaus kann eine Nichtigkeit bei groben Vergaberechtsverstößen – insbes. gegen Transparenzvorschriften – in Betracht kommen, was allerdings voraussetzt, dass gezielt bestimmte Unternehmen benachteiligt werden, sowie der Auftraggeber und Auftragnehmer kollusiv zusammenwirken.[309]

132

1. Sittenwidrige und nichtige Verträge

Denkbar ist bspw., dass ein De-facto-Vertrag **nichtig** ist. Das kann dann der Fall sein, wenn der öffentliche Auftraggeber in **bewusstem** und **gewolltem Zusammenwirken** mit einem Bieter die Direktvergabe an diesen bewirkt. Das ist zB dann der Fall, wenn ein Zuschlag trotz eines durch einstweilige Verfügung ausgesprochenen Zuschlagsverbots erfolgt. Ein solcher Vertrag ist nach § 138 Abs. 1 BGB wegen **Sittenwidrigkeit** nichtig.[310] Ferner dürfte grds. auch ein Schadensersatzanspruch nach § 826 BGB in Betracht kommen. § 138 BGB ist unproblematisch neben § 135 GWB anwendbar, da die Wertung eines auf einer **De-facto-Vergabe** beruhenden Vertrages als sittenwidrig das Vorliegen weiterer besonderer Umstände voraussetzt, die von der Regelung in § 135 GWB nicht erfasst werden.[311] Andere als die von § 135 Abs. 1 GWB erfassten Vergaberechtsverstöße führen im Nachprüfungsverfahren nicht zur Unwirksamkeit des Zuschlags – insbes. nicht nach Maßgabe des § 134 BGB –, weil anderenfalls die Wertung des § 135 GWB unterlaufen würde.[312] Die Feststellung der Nichtigkeit nach § 138 BGB bleibt der ordentlichen Gerichtsbarkeit vorbehalten.

133

Der Teil 4 des GWB soll prinzipiell nur die öffentlich-rechtlichen Vorschriften im Vergabeverfahren und zum Rechtsschutz enthalten. Die Frage der Anwendbarkeit der zivilrechtlichen Vorschriften – wie bspw. der Regelungen der §§ 313 f. BGB – ist nach den tatsächlichen Umständen des jeweiligen Einzelfalls zu beant-

134

---

[306] VK Lüneburg 6.2.2018 – VgK-42/2017, IBRRS 2018, 0952.
[307] Müller-Wrede/Gnittke/Hattig GWB § 135 Rn. 103 ff.
[308] Vgl. zum Prüfungsumfang von § 138 BGB: OLG Celle 24.10.2019 – 13 Verg 9/19, BeckRS 2019, 26579; OLG Saarbrücken 17.8.2016 – 1 U 159/14, BeckRS 2016, 16273.
[309] OLG Celle 24.10.2019 – 13 Verg 9/19, BeckRS 2019, 26579.
[310] OLG Saarbrücken 17.8.2016 – 1 U 159/14, BeckRS 2016, 16273.
[311] OLG Saarbrücken 17.8.2016 – 1 U 159/14, BeckRS 2016, 16273.
[312] OLG Rostock 9.12.2020 – 17 Verg 4/20, BeckRS 2020, 34546 Rn. 48.

worten. Dazu zählt insbes. die Klärung des Umstandes, ob der Verstoß der Auftragsvergabe gegen das EU-Recht im Einzelfall der Risikosphäre des Auftraggebers zuzuordnen ist. Eine pauschalierte Betrachtung durch gesetzliche Verweisung würde eine vertragliche Lösung ausschließen und könne sachgerechte Lösungen im Einzelfall nicht gleichermaßen sicherstellen. Für den Fall der **mutwilligen Herbeiführung des Fristablaufs** bleibt die **Anwendung der zivilrechtlichen Vorschriften,** insbes. von § 826 BGB, **unberührt.** Einer gesetzlichen Klarstellung im GWB bedarf es dafür nicht.[313]

135 Nach einer Meinung kann ein einmal geschlossener Vertrag nicht allein wegen seiner Vergaberechtswidrigkeit aus allg. zivilrechtlichen Gründen als nichtig angesehen werden.[314] Ein Verstoß gegen vergaberechtliche Vorschriften oder der Umstand einer De-facto-Vergabe allein könne die Sittenwidrigkeit nicht begründen. Zur Bejahung eines objektiven und subjektiven Sittenverstoßes seien vielmehr die **positive Kenntnis** von der Vergabepflicht des Vorgangs oder ein **mutwilliges Sich-Verschließen** vor dieser Kenntnis und ein kollusives Zusammenwirken mit dem in Aussicht genommenen Auftragnehmer erforderlich.[315] Die bewusste Steuerung von Verfahren entgegen den gesetzlichen Bestimmungen und zur Vermeidung der gesetzlich vorgesehenen Sanktion begründe regelmäßig keinen Sittenverstoß.[316] Problematisch ist auch, dass der Antragsteller die Sittenwidrigkeit beweisen muss.[317] Wenn die Sittenwidrigkeit des Rechtsgeschäfts auf einem verwerflichen Verhalten gegenüber Dritten oder der Allgemeinheit beruht, wird die Kenntnis bzw. grob fahrlässige Unkenntnis der den Sittenverstoß begründenden Tatsachen grds. bei allen am Geschäft Beteiligten erforderlich sein.[318] Davon wird zB bei der Anwesenheit von Personen mit Interessenkonflikten gem. § 6 VgV auszugehen sein.

136 Richtig ist die Auff., dass das Vorliegen von mehrfachen Verstößen gegen vergaberechtliche Vorschriften auch ohne Vergabenachprüfungsverfahren dann zur Nichtigkeit eines geschlossenen Vertrags führt, wenn die Verstöße gegen vergaberechtliche Vorschriften ein erhebliches Gewicht haben und auch iU die Tatbestandsvoraussetzungen des § 138 Abs. 1 BGB gegeben sind. Verträge oder Beauftragungen, die unter **bewusster Umgehung** der Veröffentlichungspflicht zustande gekommen sind, sind nichtig, da durch diesen Verstoß vorsätzlich unionsrechtliche Vorgaben bewusst umgangen werden.[319] Die **(drittschützende)** Regelung des § 135 GWB zur Unwirksamkeit und nachträglichen Heilung greift nicht ein, da das GWB nur für Vergaben oberhalb der Schwellenwerte gilt. Auch eine Nichtigkeit nach § 134 BGB iVm mit einem Schutzgesetz ist möglich.[320] Ein vergaberechtswidriger Vertrag allein verstößt nicht gegen ein gesetzliches Verbot. Die Vergaberechtsvorschriften sind keine Verbotsgesetze iSv § 134 BGB, die zur Nichtigkeit des Vertrages führen.[321]

---

[313] Zur Vorgängerregelung: Erwiderung der BReg auf die Vorschläge des Bundesrates, Gesetzentwurf der BReg: Entwurf eines Gesetzes zur Modernisierung des Vergaberechts, BT-Drs. 16/10117, 41.
[314] OLG Düsseldorf 13.1.2010 – 27 U 1/09, VergabeR 2010, 531 mAnm Braun VergabeR 2010, 537; Frenz VergabeR 2009, 1 (3).
[315] OLG Saarbrücken 17.8.2016 – 1 U 159/14, BeckRS 2016, 16273.
[316] Regler DNotZ 2010, 24 (44) mwN.
[317] OLG Brandenburg 16.12.2015 – 4 U 77/14, NZBau 2016, 184; OLG München 10.3.2011 – Verg 1/11, ZfBR 2011, 600.
[318] OLG Brandenburg 16.12.2015 – 4 U 77/14, NZBau 2016, 184.
[319] OLG Saarbrücken 17.8.2016 – 1 U 159/14, BeckRS 2016, 16273.
[320] OLG Brandenburg 16.12.2015 – 4 U 77/14, NZBau 2016, 184 (189).
[321] OLG Celle 24.10.2019 – 13 Verg 9/19, BeckRS 2019, 26579; VG Berlin 26.4.2017 – VG 4 L 716.16, BeckRS 2017, 108015.

Unwirksamkeit § 135 GWB

Auch ein Rahmenvertrag kann nichtig sein, wenn er mehrere Verstöße gegen Grundwerte und -prinzipien des einschlägigen Vergaberechts aufweist.[322] Verstöße mit ihren Auswirkungen auf Dritte sowie die Allgemeinheit führen zur Sittenwidrigkeit eines daraufhin abgeschlossenen Vertrags, wenn sie ein solches Gewicht erreichen, dass es für den zugeschlagenen Vertrag die Nichtigkeitsfolge im Einzelfall zeitigt. Die objektive Sittenwidrigkeit des Rahmenvertrags folgt insoweit aus dem Gesamtcharakter des Rahmenvertrags iS einer zusammenfassenden Würdigung seines Inhalts, Beweggrunds und Zwecks sowie insbes. der äußeren Umstände, die zu seinem Abschluss geführt haben.[323] **136a**

Das Vergaberecht zielt insoweit nicht nur darauf ab, der öffentlichen Hand einen möglichst kostengünstigen Einkauf zu sichern. Es schützt auch – und das ist nicht von minderer Bedeutung – die allg. Rechts- und Werteordnung iSv Korruptionsprävention, Öffnung bzw. Erhalt eines freien Marktzugangs und Wettbewerbsschutzes durch Herstellung und Bewahrung einer wettbewerblichen Beschaffungsordnung sowie die damit verbundenen subjektiven Rechte Dritter, insbes. anderer Marktteilnehmer. Der mit der Herstellung eines Marktes durch die öffentliche Bekanntmachung bewirkte Interessenausgleich besitzt in einer marktwirtschaftlichen Ordnung eine wesentliche Allgemeinwohlfunktion und genießt damit als objektives Rechtsgut den Schutz der demokratischen Rechtsordnung (rechtsstaatliche Funktion). Indem die gesetzlichen Beschaffungsregeln für den Einzelnen auch justitiabel sind, haben sie zudem freiheits- und grundrechtssichernde Funktion. Flankiert werden diese Regelungszwecke durch umfassende Transparenzanforderungen iSv Informations-, Dokumentations- und Mitteilungspflichten.[324] **136b**

2. Kündigung nach Vertragsverletzungsverfahren gem. § 133 Abs. 1 Nr. 3 GWB

Unbeschadet des § 135 GWB können öffentliche Auftraggeber einen öffentlichen Auftrag während der Vertragslaufzeit gem. § 133 Abs. 1 Nr. 3 GWB kündigen, wenn der öffentliche Auftrag aufgrund einer **schweren Verletzung der Verpflichtungen** aus dem AEUV oder aus den Vorschriften dieses Teils, die der EuGH in einem Verfahren nach Art. 258 AEUV festgestellt hat, nicht an den Auftragnehmer hätte vergeben werden dürfen. Die Kommission kann abgeschlossene unionsrechtswidrige Verträge iRv Vertragsverletzungsverfahren angreifen.[325] Sie ist in Anbetracht ihrer Rolle als **Hüterin des AEUV** allein für die Entscheidung zuständig, ob es angebracht ist, ein Vertragsverletzungsverfahren einzuleiten und wegen welcher dem betroffenen Mitgliedstaat zuzurechnenden Handlung oder Unterlassung dieses Verfahren zu eröffnen ist (ausf. → § 133 Rn. 2 ff.). **137**

Vergabenachprüfungsverfahren, die darauf gestützt werden, dass ein vergaberechtswidrig zustande gekommener Vertrag gekündigt werden muss, sind idR erfolglos.[326] Dem nicht berücksichtigten Bewerber bleiben in diesem Zusammenhang nur **formlose Rechtsbehelfe mit zB dem Hinweis an die Aufsicht oder den Rechnungshof,** dass unter Umgehung des Haushaltsrechts ein wirtschaftlicher Einkauf unter Nutzung des Vergaberechts unterblieben ist. Weiterhin kann bei der Kommission die Einleitung eines Vertragsverletzungsverfahrens angeregt werden (ausf. → § 133 Rn. 91 ff.). In der Durchführung eines vergaberechtswidrigen Vertrages kann auch ein Beihilfeverstoß liegen, der mit einer Eingabe vor der Kommission angezeigt werden könnte. **138**

---

[322] OLG Brandenburg 16.12.2015 – 4 U 77/14, NZBau 2016, 184.
[323] OLG Brandenburg 16.12.2015 – 4 U 77/14, NZBau 2016, 184.
[324] OLG Brandenburg 16.12.2015 – 4 U 77/14, NZBau 2016, 184.
[325] EuGH 21.1.2010 – C-17/09, BeckRS 2010, 90055.
[326] KG 19.4.2012 – Verg 7/11, BeckRS 2012, 19210.

Abschnitt 3. Vergabe von öffentlichen Aufträgen in besonderen Bereichen und von Konzessionen

Unterabschnitt 1. Vergabe von öffentlichen Aufträgen durch Sektorenauftraggeber

§ 136 Anwendungsbereich

Dieser Unterabschnitt ist anzuwenden auf die Vergabe von öffentlichen Aufträgen und die Ausrichtung von Wettbewerben durch Sektorenauftraggeber zum Zweck der Ausübung einer Sektorentätigkeit.

I. Bedeutung der Vorschrift

1 § 136 GWB legt den Anwendungsbereich des UAbschn. 1 des Abschn. 3 des 4. Teils des GWB fest. UAbschn. 1 regelt das Sektorenvergaberecht, dh die besonderen Vorschriften für die Vergabe von öffentlichen Aufträgen und die Ausrichtung von Wettbewerben im Bereich der Trinkwasser- oder Energieversorgung sowie des Verkehrs durch Sektorenauftraggeber nach § 100 GWB für die Ausführung von Sektorentätigkeiten nach § 102 GWB, um die wesentlichen Bestimmungen der SRL im GWB umzusetzen. Nach § 142 GWB finden auf die Vergabe von öffentlichen Aufträgen im Sektorenbereich grds. die allgemeinen Vorschriften des Abschn. 2 entsprechende Anwendung, sofern in den §§ 137–141 GWB nicht etwas Abweichendes geregelt ist. Ergänzend gilt die SektVO.[1] Die unionsrechtlichen Vorgaben dafür sind vor allem in Art. 1, 7–35 SRL enthalten.

II. Persönlicher Anwendungsbereich

2 Der persönliche Anwendungsbereich für die Anwendung des UAbschn. 1 ist für Sektorenauftraggeber nach § 100 GWB eröffnet.[2] Diese Verweisung ist – wie üblicherweise am zweckmäßigsten[3] – dynamisch zu interpretieren.

3 Durch diese Verweisung in § 136 GWB auf § 100 GWB mit dortiger Weiterverweisung auf § 99 GWB wird klargestellt, dass auch für sog. **klassische öffentliche Auftraggeber** iSd § 99 GWB das Sektorenvergaberecht anwendbar sein kann. Demgegenüber war nach alter Rechtslage teilw. davon ausgegangen worden, dass für die staatsnahen Auftraggeber immer die ggü. dem Sektorenvergaberecht strengeren, allgemeinen Vergaberegelungen anzuwenden seien.[4] Im Gegensatz zur vorvorherigen Rechtslage unterscheidet das Sektorenvergaberecht auch grds. nicht zwischen den sog. klassischen öffentlichen und sonstigen, ausschließlichen Sektorenauftraggebern (→ SektVO Einl. Rn. 9).

4 Auch wenn der Anwendungsbereich von den Eigenschaften des Auftraggebers und dem zu vergebenden Auftrag im Zusammenhang mit Sektorentätigkeiten (→ Rn. 5 ff.) abhängt und damit dieser Begriff relativ zu verstehen ist, wurde in § 102 GWB der Begriff „Sektorenauftraggeber" eingeführt.

---

[1] BReg., BT-Drs. 18/6281, 122.
[2] BReg., BT-Drs. 18/6281, 122.
[3] Dazu Debus, Verweisungen in deutschen Rechtsnormen, 2008, S. 63 ff., 70.
[4] So bspw. BayObLG 5.11.2002 – Verg 22/02, NZBau 2003, 342 (343); demgegenüber den Vorrang des Sektorenvergaberechts betonend EuGH 16.6.2005 – C-462/03 und C-463/03, NZBau 2005, 474 (476).

III. Sachlicher Anwendungsbereich

Das Sektorenvergaberecht gilt grds. für die Vergabe von Aufträgen, Wettbewerben 5
und Rahmenvereinbarungen (→ Rn. 6 ff.), die zum Zweck der Ausübung
(→ Rn. 10 f.) einer Sektorentätigkeit (→ Rn. 9) vergeben werden und sonstige
sich aus Abschn. 1 des 4. Teils des GWB ergebende Voraussetzungen erfüllen
(→ Rn. 12 f.). Ausnahmen bestehen für einige Spezialbereiche (→ Rn. 14 f.) und
es sind weitere Sonderregeln (→ Rn. 16 ff.) zu beachten.

1. Aufträge, Wettbewerbe und Rahmenvereinbarungen

Der **Auftragsbegriff** des § 136 GWB entspricht dem des § 103 Abs. 1 GWB 6
(→ GWB § 103 Rn. 6–67).

Der Begriff der **Wettbewerbe** ist in § 103 Abs. 6 GWB bestimmt (→ GWB 7
§ 103 Rn. 124–126).

Auch ohne Anhaltspunkt im Wortlaut von § 136 GWB sind **Rahmenvereinbarungen** davon umfasst,[5] denn andernfalls würde dafür eine Regelung im Sektorenvergaberecht und damit eine Umsetzung von Art. 51 SRL fehlen. Auch sind Rahmenvereinbarung nach deren Definition in § 103 Abs. 5 S. 1 GWB „Vereinbarungen zwischen einem oder mehreren öffentlichen Auftraggebern oder Sektorenauftraggebern und einem oder mehreren Unternehmen", und nach § 103 Abs. 5 S. 2 GWB gelten auch für die Vergabe von Rahmenvereinbarungen, soweit nichts anderes bestimmt ist, dieselben Vorschriften wie für die Vergabe entsprechender öffentlicher Aufträge. 8

2. Ausübung einer Sektorentätigkeit

Nach dem Gesetzeswortlaut des § 136 GWB und dessen Begründung gilt die 9
Regelung nur für die Ausübung von Sektorentätigkeiten nach § 102 GWB.[6]

Der Begriff „**Ausübung**" von Sektorentätigkeiten setzt – wie bereits zur früheren Rechtslage vertreten[7] – voraus, dass der Auftraggeber selbst Sektorendienstleistungen erbringen muss, während die bloße Organisation solcher Dienstleistungen nicht ausreicht.[8] Allerdings ergibt sich aus § 104 Abs. 4 GWB, dass eine Sektorentätigkeit auch dann vorliegt, wenn der Auftraggeber ein Netz zur Versorgung der Allgemeinheit mit Verkehrsleistungen per Bus betreibt, indem er die Strecken, die Transportkapazitäten oder die Fahrpläne festlegt.[9] Aus der SRL ergibt sich, dass der Anwendungsbereich nicht nur auf die Tätigkeiten der Erbringung von Sektorentätigkeiten als solche beschränkt werden kann, sondern er schließt zudem Tätigkeiten ein, die mit der Erbringung solcher Dienste im Zusammenhang stehen.[10] Dabei müssen die Tätigkeiten der Ausübung der Tätigkeit im Sektor tatsächlich dienen, indem sie es ermöglichen, diese Tätigkeit im Hinblick auf die üblichen Ausübungsbedingungen angemessen zu bewerkstelligen.[11] Teilweise werden 10

---

[5] IErg ebenso, aber einen Widerspruch zum Wortlaut annehmend Greb/Müller/Dietrich GWB § 136 Rn. 7.
[6] BReg., BT-Drs. 18/6281, 122.
[7] OLG Düsseldorf 7.11.2012 – VII Verg 11/12, BeckRS 2012, 23575 = VergabeR 2013, 251 (252) insoweit mzustAnm Opitz VergabeR 2013, 253 (254).
[8] Beck VergabeR/Lausen GWB § 136 Rn. 8.
[9] OLG Celle 8.5.2019 – 13 Verg 10/18, NZBau 2019, 674 (679) Rn. 46.
[10] EuGH 28.10.2020 – C-521/18, NZBau 2021, 53 (56) Rn. 37 – Pegaso, zust. OLG Düsseldorf 17.8.2022 – Verg 50/21, ZfBR 2022, 822 (823).
[11] EuGH 28.10.2020 – C-521/18, NZBau 2021, 53 (57) Rn. 43 – Pegaso, zust. OLG Düsseldorf 17.8.2022 – Verg 50/21, ZfBR 2022, 822 (823).

bereits solche Aufträge der Sektorentätigkeit zugerechnet, die äußerlich neutral sind, sie also auch der Sektorentätigkeit im weitesten Sinne dienen (sog. Hilfsgeschäfte).[12] Bei der Vergabe von öffentlichen Aufträgen, die verschiedene Leistungen zum Gegenstand haben, deren Teile unterschiedlichen rechtlichen Regelungen unterliegen oder die verschiedene Tätigkeiten umfassen, ist §§ 110, 111 GWB bzw. § 112 GWB anzuwenden.

Beispiele:

11 Hausmeister-, Empfangs- und Zugangskontrolldienste für die Räumlichkeiten eines mit der Erbringung einer Sektorentätigkeit befassten Auftraggebers sind erfasst, weil schwer vorstellbar sei, dass diese Sektorentätigkeit ohne Hausmeister-, Empfangs- und Zugangskontrolldienste für die Räumlichkeiten des betreffenden Anbieters angemessen erbracht werden können.[13] Eine Gemeinde, welche die Trinkwasserversorgung über ihren Regiebetrieb betreibt, fällt nur für die Aufträge, die im Zusammenhang mit der Trinkwasserversorgung stehen, in den Anwendungsbereich des Sektorenvergaberechts. Vergibt sie Aufträge in einem anderen – außerhalb des Sektorenvergaberechts liegenden – Bereich, gilt die VgV.[14] Ebenfalls unanwendbar ist die SektVO auf Fahrradverleihsysteme, da Sektorentätigkeiten im Bereich Verkehrsleistungen immer netzgebundene Verkehrsleistungen zum Gegenstand haben.[15] Demgegenüber wurden die Abschlepp- und Inkassodienstleistungen für das Gelände eines Flughafens als Sektorentätigkeiten bewertet.[16] Der Zusammenhang zur Sektorentätigkeit kann bei dem Bau eines Verwaltungsgebäudes[17] und bei der Lieferung von PDA-Geräten zur mobilen Datenerfassung eines Stromnetzbetreibers zu bejahen sein.[18] Eine Sektorentätigkeit wurde auch angenommen, wenn der öffentliche Auftraggeber ein Netz zur Versorgung der Allgemeinheit mit Verkehrsleistungen per Bus betreibt, indem er die Strecken, die Transportkapazitäten oder die Fahrpläne festlegt, wohl unabhängig davon, ob der öffentliche Auftraggeber auch die Verkehrsleistungen selbst erbringt.[19] Die Ausführung von Fahrzeug-/Stadtbahnreinigung dient unmittelbar dem Verkehrsbetrieb,[20] und der Zusammenhang kann auch bei Pächtern von Eisenbahninfrastrukturvorhaben zu bejahen sein.[21]

3. Sonstige Voraussetzungen, insbes. Schwellenwerte

12 Die Anwendung des Sektorenvergaberechts darf nicht durch die **besonderen Ausnahmen der §§ 137–140 GWB** ausgeschlossen sein. Weiter ergeben sich Anwendungsvoraussetzungen aus den im Abschn. 1 des 4. Teils des GWB enthaltenen Regeln über Grundsätze, Definitionen und Anwendungsbereich, die auch ohne eine § 142 GWB entsprechende Verweisung aufgrund der systematischen Stellung für das Sektorenvergaberecht bedeutsam sind.

---

[12] VK Sachsen 9.12.2014 – 1/SVK/032-14, BeckRS 2015, 8357 = VPRRS 2015, 0050.
[13] EuGH 28.10.2020 – C-521/18, NZBau 2021, 53 (57) Rn. 45 – Pegaso, zust. OLG Düsseldorf 17.8.2022 – Verg 50/21, ZfBR 2022, 822 (823).
[14] BReg, BR-Drs. 522/09, 39 zur Vorgängerregelung.
[15] VK Nordbayern 26.7.2018 – RMFSG21-3194-3-19, BeckRS 2018, 44928, Ls. 1.
[16] OLG Düsseldorf 24.3.2010 – VII-Verg 58/09, BeckRS 2010, 18823 = NZBau 2010, 649.
[17] Sektorenvergaberecht angewendet von OLG Düsseldorf 21.5.2008 – VII-Verg 19/08, ZfBR 2008, 834; OLG München 13.3.2017 – Verg 15/16, NZBau 2017, 371 (372 f.); FA-VerwR/Terwiesche, Kap. 35, Rn. 788. Die noch in der 4. Aufl. vertretene Gegenansicht wird im Hinblick auf die neuere Rechtsprechung (EuGH 28.10.2020 – C-521/18, NZBau 2021, 53 ff.) aufgegeben.
[18] Sektorenvergaberecht angewendet von OLG München 12.7.2005 – Verg 8/05, ZfBR 2005, 714.
[19] OLG Celle 8.5.2019 – 13 Verg 10/18, NZBau 2019, 674 (679).
[20] VK Lüneburg 5.11.2010 – VgK-54/2010, BeckRS 2011, 9164 Rn. 34.
[21] Conrad Vergabe-News 4–2011, 45 (47).

Dementsprechend müssen für die Anwendung des Sektorenvergaberechts insbes. die **Schwellenwerte** nach § 106 Abs. 2 Nr. 2 GWB erreicht oder überschritten werden. Beschaffungen unterhalb der Schwellenwerte sind von der Anwendung der SektVO freigestellt, aber es gelten die Grundprinzipien des Unionsrechts (→ GWB Einl. Rn. 11–15). Außerdem sind häufig nach Haushalts- oder Fördermittelrecht die VOB/A oder UVgO anzuwenden, was zu der absurden Situation führen kann, dass bei Sektorenvergaben unterhalb der Schwellenwerte strengere Regeln befolgt werden müssen als bei Vergaben oberhalb der Schwellenwerte. 13

4. Unanwendbarkeit bei verteidigungs- und sicherheitsrelevanten Aufträgen

Für verteidigungs- und sicherheitsrelevante Aufträge gilt aufgrund der systematischen Stellung der UAbschn. 2 mit den §§ 144 ff. GWB. Dementsprechend gilt für diese Aufträge gem. deren Abs. 3 die SektVO nicht, vielmehr ist die VSVgV anzuwenden, welche die Umsetzung der VSVKR bezweckt. 14

5. Nichtanwendung bei Konzessionen

Das Sektorenvergaberecht findet aufgrund der systematischen Stellung der Sonderregeln in UAbschn. 3 keine Anwendung auf die dort in §§ 148 ff. GWB geregelten Konzessionen. Vielmehr umfasst der Adressatenkreis des § 148 GWB entspr. der Systematik der §§ 98 f. GWB und im Einklang mit Art. 1 Nr. 17 VSVKR nicht nur öffentliche Auftraggeber iSd § 99 GWB, sondern auch Sektorenauftraggeber iSd § 100 GWB.[22] Dementsprechend gilt nach § 1 Abs. 3 SektVO für die Beschaffung im Wege von Konzessionen iSd § 105 GWB die KonzVgV und damit nicht die SektVO. 15

6. Weitere Sonderregeln

Vor Anwendung des UAbschn. 1 sind die allgemeinen Ausnahmen nach § 107 GWB und § 108 GWB sowie die besonderen Ausnahmen der §§ 137–140 GWB zu prüfen. Die Ausnahmen bei öffentlich-öffentlicher Zusammenarbeit nach § 108 GWB gelten nach dem Wortlaut nur bei öffentlichen Auftraggebern iSd § 99 Nr. 1–3 GWB, mithin nicht für die privaten Sektorenauftraggeber nach § 100 Abs. 1 Nr. 2 GWB. Allerdings können sich öffentliche Sektorenauftraggeber iSd § 100 Abs. 1 Nr. 1 GWB auf § 108 GWB berufen, weil es vom vergaberechtlichen Grundgedanken der freieren Gestaltung des Sektorenvergaberechts nicht gedeckt wäre, wenn öffentliche Auftraggeber nach § 99 Nr. 1–3 GWB bei einer öffentlich-öffentlichen Zusammenarbeit außerhalb der Sektorentätigkeit nicht dem Vergaberecht unterliegen, bei einer solchen im Sektorenbereich aber schon.[23] 16

Eine Spezialregelung für Auftraggeber nach dem **Bundesberggesetz** enthält § 143 GWB, wonach das Sektorenvergaberecht nur teilw. anzuwenden ist. 17

Auch sind im Bereich des **öffentlichen Personenverkehrs** die VO (EG) Nr. 1370/2007 v. 23.10.2007[24] und die Landesgesetze[25] über die Planung, Organisation und Gestaltung des öffentlichen Personalverkehrs (ÖPNVG) zu beachten. 18

---

[22] BReg, BT-Drs. 18/6281, 127.
[23] Greb/Müller/Dietrich GWB § 136 Rn. 29.
[24] ABl. 2007 L 315, 1, geändert durch VO (EU) Nr. 2016/2338 v. 14.12.2016, ABl. 2016 L 354, 22; Eichhorn/Heinbruch IR 2010, 53 ff.
[25] Vgl. etwa § 9 Gesetz über den öffentlichen Personennahverkehr in Hessen (ÖPNVG) v. 1.12.2005, zuletzt geändert durch Art. 10 Gesetz v. 4.9.2020 (GVBl. 2020, 573).

IV. Rechtsschutz

19 Zwar ist die Bestimmung des Anwendungsbereichs des Sektorenvergaberechts als objektive Abgrenzungsregeln grds. nicht bieterschützend, jedoch vermittelt die Regelung insoweit **Bieterschutz,** als durch dessen fehlerhafte Anwendung ein bieterschützendes Vergabeverfahren nicht oder nicht ordnungsgemäß durchgeführt wird.[26]

§ 137 Besondere Ausnahmen

(1) Dieser Teil ist nicht anzuwenden auf die Vergabe von öffentlichen Aufträgen durch Sektorenauftraggeber zum Zweck der Ausübung einer Sektorentätigkeit, wenn die Aufträge Folgendes zum Gegenstand haben:
1. Rechtsdienstleistungen im Sinne des § 116 Absatz 1 Nummer 1,
2. Forschungs- und Entwicklungsdienstleistungen im Sinne des § 116 Absatz 1 Nummer 2,
3. Ausstrahlungszeit oder Bereitstellung von Sendungen, wenn diese Aufträge an Anbieter von audiovisuellen Mediendiensten oder Hörfunkmediendiensten vergeben werden,
4. finanzielle Dienstleistungen im Sinne des § 116 Absatz 1 Nummer 4,
5. Kredite und Darlehen im Sinne des § 116 Absatz 1 Nummer 5,
6. Dienstleistungen im Sinne des § 116 Absatz 1 Nummer 6, wenn diese Aufträge aufgrund eines ausschließlichen Rechts vergeben werden,
7. die Beschaffung von Wasser im Rahmen der Trinkwasserversorgung,
8. die Beschaffung von Energie oder von Brennstoffen zur Energieerzeugung im Rahmen der Energieversorgung oder
9. die Weiterveräußerung oder Vermietung an Dritte, wenn
   a) dem Sektorenauftraggeber kein besonderes oder ausschließliches Recht zum Verkauf oder zur Vermietung des Auftragsgegenstandes zusteht und
   b) andere Unternehmen die Möglichkeit haben, den Auftragsgegenstand unter den gleichen Bedingungen wie der betreffende Sektorenauftraggeber zu verkaufen oder zu vermieten.

(2) Dieser Teil ist ferner nicht anzuwenden auf die Vergabe von öffentlichen Aufträgen und die Ausrichtung von Wettbewerben, die Folgendes zum Gegenstand haben:
1. Liefer-, Bau- und Dienstleistungen sowie die Ausrichtung von Wettbewerben durch Sektorenauftraggeber nach § 100 Absatz 1 Nummer 2, soweit sie anderen Zwecken dienen als einer Sektorentätigkeit, oder
2. die Durchführung von Sektorentätigkeiten außerhalb des Gebietes der Europäischen Union, wenn der Auftrag in einer Weise vergeben wird, die nicht mit der tatsächlichen Nutzung eines Netzes oder einer Anlage innerhalb dieses Gebietes verbunden ist.

Literatur: Donhauser, Ausschreibungspflichten bei Lieferverträgen für Strom und Gas, VergabeR 2013, 531; Linke, Die Vergabe von Subunternehmerleistungen im öffentlichen Personenverkehr, NZBau 2012, 338; Opitz, Was bringt die neue Sektorenvergaberichtlinie?, VergabeR 2014, 369; Prieß/Stein, Die neue EU-Sektorenrichtlinie, NZBau 2014, 323; Schröder, Rechtlich privilegierte Sektorenauftraggeber nach § 98 Nr. 4 GWB, NZBau 2012, 514. Vgl. auch die Angaben bei § 116 GWB.

---

[26] IdS Beck VergabeR/Seidel SektVO § 1 Rn. 13 f.

Besondere Ausnahmen § 137 GWB

I. Bedeutung der Vorschrift

1. Unionsrechtliche Vorgaben

Die Art. 18–23, 32 SRL normieren spezielle Ausnahmetatbestände vom Anwen- 1
dungsbereich des Vergaberechts für die Vergabe von Aufträgen und zT auch für die
Ausrichtung von Wettbewerben durch Sektorenauftraggeber (dazu → § 100 Rn. 2
und → § 136 Rn. 2).[1] Im Vergleich zur RL 2004/17/EG wurde der Katalog der
Dienstleistungen, die nicht dem Vergaberecht unterliegen, etwas erweitert; er umfasst
nun insbes. auch forensische juristische Dienstleistungen sowie Rechtsdienstleistungen
von Notaren und Treuhändern.[2] Allerdings ist der rechtspolitische Nutzen einiger
Ausnahmetatbestände zweifelhaft; so verhält es sich zB bei Art. 21 lit. i SRL und
Art. 18 SRL (→ Rn. 6, 13). Aus Art. 1 Abs. 2 SRL folgt, dass die Vorschriften dieser
Richtlinie und damit auch die dort normierten Ausnahmetatbestände nur eingreifen,
„sofern die Bauleistungen, Lieferungen oder Dienstleistungen für einen der in Artikel 8 bis 14 genannten Zwecke bestimmt sind"; die jew. Beschaffung muss also auf
die **Ausübung einer Sektorentätigkeit bezogen sein** (iE → § 136 Rn. 9 ff.). § 137
GWB dient der Umsetzung der **Art. 18, 19, 21–23, 32 SRL**,[3] nicht aber des Art. 20
SRL. Grund dafür ist, dass diese Vorschrift bereits durch § 109 GWB in nationales
Recht umgesetzt wurde (→ § 109 Rn. 1). Die Ausnahmetatbestände des § 137 GWB
sind eng auszulegen; die Darlegungs- und Beweislast dafür, dass die jew. Tatbestandsvoraussetzungen erfüllt sind, trägt der Auftraggeber (→ § 107 Rn. 5 ff.).

2. Normzweck

Bereits im GWB aF waren die nur für Sektorenaufträge geltenden Ausnahmen 2
in einer Spezialregelung zusammengefasst, nämlich in § 100b GWB aF. Damit wollte
der Gesetzgeber deutlich machen, „welche Tatbestände für klassische Aufträge und
welche für die Vergabe von Aufträgen im Sektorenbereich einschlägig sind."[4] Ziel
des § 137 GWB war es, noch mehr **Übersichtlichkeit** zu schaffen.[5]

3. Entstehungsgeschichte

Der Inhalt des § 137 GWB stimmt teilw. mit dem des **§ 100b Abs. 2 Nr. 1–3,** 3
Abs. 4 Nr. 1–3 GWB aF überein.[6] Eine § 137 Abs. 1 Nr. 3 GWB entspr. Vorschrift
gab es früher nicht: § 100a Abs. 2 Nr. 1 GWB aF betraf nur Kauf, Entwicklung
und Produktion von Programmen zur Ausstrahlung durch Rundfunk oder Fernsehanstalten; dieser Ausnahmetatbestand war allein bei nicht sektorspezifischen Aufträgen anwendbar.

II. Anwendungsbereich

§ 137 Abs. 1 GWB bezieht sich auf **Aufträge** mit näher bezeichneten Gegen- 4
ständen, die Sektorenauftraggeber „zum Zweck der Ausübung einer Sektorentätig-

---

[1] Zum Begriff des Sektorenauftraggebers vgl. EuGH 28.2.2019 – C-388/17, BeckRS 2019, 2445; OLG München 28.8.2019 – Verg 15/19, BeckRS 2019, 30608; Schröder NZBau 2012, 541 (543 ff.). Vgl. auch OLG Düsseldorf 17.8.2022 – Verg 50/21, BeckRS 2022, 22941 zur Reichweite der Sektoren(hilfs)tätigkeit. Dazu auch → § 136 Rn. 9 ff.
[2] Opitz VergabeR 2014, 369 (375); Prieß/Stein NZBau 2014, 323 (324).
[3] BT-Drs. 18/6281, 123.
[4] So bereits BT-Drs. 17/7275, 16 in Bezug auf § 100b GWB aF.
[5] BT-Drs. 18/6281, 124.
[6] Vgl. iE BT-Drs. 18/6281, 123.

Antweiler

keit" vergeben. In § 137 Abs. 2 Nr. 1 GWB geht es dagegen gerade um die Vergabe öffentlicher Aufträge, die anderen Zwecken als einer Sektorentätigkeit dienen. Während § 137 Abs. 1 GWB nur bei der Vergabe von Aufträgen durch Sektorenauftraggeber gilt, ist **§ 137 Abs. 2 GWB** auch dann anwendbar, wenn Sektorenauftraggeber **Wettbewerbe** mit den dort genannten Inhalten vergeben. Denn Art. 19 SRL, dessen Umsetzung Art. 137 Abs. 2 GWB dient, erfasst ausdr. auch die Ausrichtung von Wettbewerben. Im Gegensatz dazu stellen die Art. 18, 21–23, 32 SRL nur Aufträge mit bestimmten Inhalten von der Anwendbarkeit des Vergaberechts frei, nicht aber entspr. Wettbewerbe.

III. Leistungen iSd § 116 Nr. 1–6 GWB (Abs. 1 Nr. 1–6)

5   Ausgenommen vom Teil 4 des GWB sind gem. **§ 137 Nr. 1, 2, 4–6 GWB** öffentliche Aufträge, die von Sektorenauftraggebern mit dem Ziel der Ausübung einer Sektorentätigkeit vergeben werden und außerdem Leistungen iSd § 116 Nr. 1, 2 GWB oder § 116 Nr. 4–6 GWB zum Gegenstand haben. Damit wurden **Art. 21 lit. c, 32, 21 lit. d, e SRL sowie Art. 22 SRL** umgesetzt.[7] Für Anwendung und Auslegung der Vorschriften des nationalen Rechts gilt nichts anderes als bei den entspr. Ausnahmetatbeständen des § 116 GWB (→ § 116 Rn. 3–13; → § 116 Rn. 18–27).

6   Mit **§ 137 Abs. 1 Nr. 3 GWB** ist die Umsetzung des **Art. 21 lit. i SRL** erfolgt. Damit gibt es erstmals einen Ausnahmetatbestand für Aufträge über Ausstrahlungszeit oder Bereitstellung von Sendungen an Anbieter von audiovisuellen Mediendiensten oder Hörfunkdiensten. Anders als nach § 116 Nr. 3 GWB werden Aufträge über Erwerb, Entwicklung, Produktion oder Koproduktion von Sendematerial für audiovisuelle Mediendienste oder Hörfunkmediendienste nicht freigestellt.[8] Die Begriffe der audiovisuellen Mediendienste und der Hörfunkdienste sind aber ebenso zu verstehen wie in § 116 Abs. 1 Nr. 3 GWB (→ § 116 Rn. 14–17). Welche praktische Relevanz dieser Ausnahmetatbestand haben könnte, bleibt im Dunkeln. Zwar wird vertreten, unter Sendungen iSd § 137 Abs. 1 Nr. 3 GWB fielen „Spielfilme, Sportberichte, Fernsehkomödien, Dokumentarfilme, Kindersendungen und Originalfernsehspiele".[9] Was aber soll ein Sektorenauftraggeber damit zu tun haben? Ist es wirklich denkbar, dass Sportberichte, Fernsehkomödien oder Kindersendungen zum Zweck der Ausübung einer Sektorentätigkeit vergeben werden? Und selbst wenn man diese Frage bejahte: Gibt es hier einen Sachgrund für die Unanwendbarkeit des Vergaberechts? Ein solcher ist nicht erkennbar; daher wäre es sinnvoll, Art. 21 lit. i SRL bei der nächsten Reform der Vergaberichtlinien ersatzlos zu streichen.

IV. Beschaffung von Wasser oder Energie (Abs. 1 Nr. 7, 8)

7   Die Ausnahmetatbestände des **§ 137 Abs. 1 Nr. 7, 8 GWB** betreffen bestimmte Beschaffungsmaßnahmen von Sektorenauftraggebern innerhalb des jew. Sektors. Sie bezwecken die Umsetzung des **Art. 23 SRL**.[10] Inhaltlich – allerdings nicht unverändert[11] – wurde **§ 100b Abs. 2 Nr. 2, 3 GWB aF** übernommen.[12] Danach ist Teil 4 des GWB nicht anwendbar auf

---

[7] BT-Drs. 18/6281, 123.
[8] BT-Drs. 18/6281, 123.
[9] Müller-Wrede GWB/Röbke § 137 Rn. 21.
[10] BT-Drs. 18/6281, 123.
[11] Unzutreffend daher BT-Drs. 18/6281, 123.
[12] BT-Drs. 18/6281, 123.

Besondere Ausnahmen **§ 137 GWB**

- die Beschaffung von Wasser durch Sektorenauftraggeber iRd Trinkwasserversorgung (§ 137 Abs. 1 Nr. 7 GWB) und[13]
- die Beschaffung von Energie oder Brennstoffen zur Energieerzeugung durch Sektorenauftraggeber iRd Energieversorgung (§ 137 Abs. 1 Nr. 8 GWB).

Aus Art. 23 lit. b SRL folgt, dass sich der Zusatz „zur Energieerzeugung" nur auf die Beschaffung von Brennstoffen bezieht, nicht aber auf die Beschaffung von Energie.[14]

Auf der Ebene des Unionsrechts war bereits in **Art. 26 der RL 2004/17/EG** 8 ein entspr. Ausnahmetatbestand normiert. Dieser war ursprünglich in § 9 Abs. 5 VgV aF umgesetzt und mit dem Gesetz zur Modernisierung des Vergaberechts v. 20.4.2009[15] erstmals in das GWB eingefügt worden. Bei diesen Aufträgen sah der Normgeber keinen Bedarf für eine Anwendung des Vergaberechts, zumal es im europäischen Sekundärrecht Spezialvorschriften zur Überwindung bestehender Hindernisse im Energiesektor gibt.[16]

§ 137 Abs. 1 Nr. 7, 8 GWB erfordern, dass der jew. Auftraggeber eine Tätigkeit 9 im Bereich der **Trinkwasserversorgung** bzw. der **Energieversorgung** ausübt. Das wird zwar in beiden Vorschriften nicht ausdr. gesagt, ergibt sich aber aus dem Wortlaut des Art. 23 SRL. Voraussetzung für eine Ausnahme nach § 137 Abs. 1 Nr. 7 GWB ist daher eine Tätigkeit des Auftraggebers iSd § 102 Abs. 1 GWB; im Falle des § 137 Abs. 1 Nr. 8 muss der Auftraggeber eine Tätigkeit gem. § 102 Abs. 2 GWB oder § 102 Abs. 3 GWB ausüben. Der Einkauf von Brennstoffen wie Öl, Gas und Holz ist nur dann freigestellt, wenn diese ausschl. zur Energieerzeugung eingesetzt werden.[17] Ist Regelungsgegenstand eines Vertrags nicht nur die Lieferung von Energie, sondern auch der Bau und Betrieb von Kraftwerken, fällt er nicht unter § 137 Abs. 1 Nr. 8 GWB.[18]

Im Gegensatz zur Vergabe von Aufträgen über die Lieferung von Wasser oder 10 Energie in den Bereichen Trinkwasserversorgung und Energieversorgung ist die Vergabe von Aufträgen im Sektor **Verkehr nicht privilegiert,** und zwar weder bei der Beschaffung von Energie oder Brennstoffen für Fahrzeuge noch bei der Vergabe von Subunternehmerleistungen im öffentlichen Personennahverkehr.[19] Deshalb müssen Verkehrsunternehmen Verträge über die Beschaffung von Verkehrsleistungen – zB Nachunternehmerverträge – europaweit ausschreiben, und zwar auch dann, wenn der jew. Vertrag gerade dazu dienen soll, dem jew. Sektorenauftraggeber eine Tätigkeit zu ermöglichen, die er auf der Grundlage besonderer oder ausschließlicher Rechte ausübt.[20]

Wegen des Gebots der **engen Auslegung** von Ausnahmetatbeständen (→ Rn. 1) 11 entfällt die Ausschreibungspflicht nur für solche Aufträge, die ausschl. die genannten Beschaffungsmaßnahmen zum Gegenstand haben. Wenn ein Auftraggeber im Zusammenhang mit den in § 137 Abs. 1 Nr. 7, 8 GWB genannten Tätigkeiten nicht nur Trinkwasser bzw. Energie bezieht, sondern weitere Leistungen beschafft – zB Dienstleistungen im Rahmen eines Contracting-Vertrages – sind die Ausnahmetat-

---

[13] Zu den kartellrechtlichen Anforderungen an die Vergabe von Trinkwasserkonzessionen vgl. OLG Düsseldorf 13.6.2018 – VI-2 U 7/16 [Kart], NZBau 2019, 70 ff.
[14] Ebenso in Bezug auf § 100b Abs. 2 Nr. 2, 3 GWB aF Donhauser VergabeR 2013, 531 (533).
[15] BGBl. I 790.
[16] Egger EuVergabeR S. 193.
[17] Frenz EuropaR-HdB III Rn. 2285.
[18] OLG München 9.3.2020 – Verg 27/19, NZBau 2022, 57.
[19] Zur Vergabe von Subunternehmerleistungen nach der VO (EG) Nr. 1370/2007 vgl. Linke NZBau 2012, 238 ff.; viel zu großzügig in Bezug auf die Beachtung des Art. 4 Abs. 7 S. 1 VO (EG) Nr. 1370/2007 bei Subunternehmerleistungen OLG Düsseldorf 19.2.2020 – VII-Verg 2/19, BeckRS 2020, 40450.
[20] LG Münster 6.2.2017 – 26 O 55/16, BeckRS 2017, 101699.

bestände nicht erfüllt.[21] Auf die Frage, wo der Hauptzweck des Vertrages liegt, kommt es dabei nicht an.[22]

V. Aufträge zur Weiterveräußerung oder Weitervermietung (Abs. 1 Nr. 9)

12   In Umsetzung des **Art. 18 SRL**[23] begründet **§ 137 Abs. 1 Nr. 9 GWB** einen **§ 100b Abs. 4 Nr. 3 GWB aF** entspr. Ausnahmetatbestand für Aufträge, die mit dem Ziel der Weiterveräußerung oder Weitervermietung des Auftragsgegenstandes vergeben werden. Die Ausnahme setzt *erstens* voraus, dass dem Sektorenauftraggeber weder ein besonderes noch ein ausschließliches Recht zum Verkauf oder zur Vermietung des Auftragsgegenstandes zusteht; *zweitens* müssen andere Unternehmen die Möglichkeit haben, diesen Auftragsgegenstand unter den gleichen Bedingungen wie der betr. Sektorenauftraggeber zu verkaufen oder zu vermieten. Ob ein besonderes oder ausschließliches Recht iSd § 137 Abs. 1 Nr. 9 lit. a GWB vorliegt, beurteilt sich nach § 100 Abs. 2 GWB.

13   Da § 100 Abs. 1 Nr. 9 lit. a GWB ausdr. verlangt, dass der Auftraggeber **kein besonderes oder ausschließliches Recht** zum Verkauf oder zur Anmietung des Auftragsgegenstandes hat, beschränkt sich der Ausnahmetatbestand iErg auf solche Märkte, auf denen ein hinreichender Wettbewerb besteht und auf denen die betr. Auftragsgegenstände allgemein angeboten werden.[24] Praxisrelevant wird das eher selten sein. Das zeigt sich schon daran, dass die Kommission als Anwendungsbeispiel für diesen Ausnahmetatbestand nur den Kauf von Gas- oder Stromversorgungsbetriebe zum Weiterverkauf an private Endkunden im direkten Wettbewerb mit dem Einzelhandel aufgeführt hat.[25] Sofern die Kommission dies verlangt, müssen Sektorenauftraggeber dieser ggü. gem. Art. 18 Abs. 2 SRL die Waren und Tätigkeiten mitteilen, die nach ihrer Auffassung unter den Ausnahmetatbestand fallen.

VI. Aufträge zu sektorenfremden Zwecken (Abs. 2 Nr. 1)

14   Nach **Art. 19 Abs. 1 SRL** gilt diese Richtlinie ua nicht für „Aufträge, die die Auftraggeber zu anderen Zwecken als der Ausübung ihrer in den Artikeln 8 bis 14 beschriebenen Tätigkeiten (...) vergeben". § 137 Abs. 2 Nr. 1 GWB setzt Art. 19 Abs. 1 SRL in nationales Recht um, soweit es um die Erteilung von Aufträgen für sektorenfremde Tätigkeiten geht. Die Vorschrift stimmt inhaltlich mit **§ 100b Abs. 4 Nr. 1 GWB aF** überein.[26] Ihr persönlicher Anwendungsbereich beschränkt sich auf private Sektorenauftraggeber iSd § 100 Abs. 1 Nr. 2 GWB; für öffentliche Sektorenauftraggeber nach § 100 Abs. 1 Nr. 1 GWB gilt sie nicht.[27] In sachlicher Hinsicht erfasst der Ausnahmetatbestand nur Aufträge, die **„anderen Zwecken** dienen **als einer der Sektorentätigkeit"**. Allerdings setzt die Anwendbarkeit des

---

[21] VK Brandenburg 8.3.2007 – 2 VK 4/07, IBRRS 2007, 3427.
[22] Vgl. dazu in anderem Zusammenhang BGH 1.2.2005 – X ZB 27/04, BGHZ 162, 116 = NZBau 2005, 290.
[23] BT-Drs. 18/6281, 123.
[24] Ebenso Immenga/Mestmäcker/Kling GWB § 137 Rn. 17.
[25] Geänderter Vorschlag für eine Richtlinie des Rates betr. die Auftragsvergabe durch Auftraggeber im Bereich der Wasser-, Energie- und Verkehrsversorgung sowie im Telekommunikationssektor, KOM(89), endg. v. 31.8.1989, 7.
[26] BT-Drs. 18/6281, 123.
[27] Vgl. Immenga/Mestmäcker/Kling GWB § 137 Rn. 21.

Vergaberechts auf die Beschaffungsmaßnahmen von Sektorenauftraggebern gem. Art. 1 Abs. 2 SRL und § 136 GWB gerade voraus, dass der jew. Auftrag zum Zweck der Ausübung einer Sektorentätigkeit vergeben wird. Auch der EuGH hat zur RL 2004/17/EG festgestellt, dass diese ausschl. für Aufträge gilt, die im Zusammenhang mit einer Sektorentätigkeit vergeben werden.[28] Im Hinblick darauf ist § 137 Abs. 2 Nr. 1 GWB überflüssig.

Bei der Beurteilung, ob ein Auftrag **keinen Zusammenhang mit einer Sektorentätigkeit** aufweist und deshalb unter § 137 Abs. 2 Nr. 1 GWB fällt, ist vom Grundsatz der engen Auslegung vergaberechtlicher Ausnahmetatbestände auszugehen (→ § 107 Rn. 5). Zweck des europäischen Vergaberechts ist es, das öffentliche Auftragswesen für den unionsweiten Wettbewerb zu öffnen;[29] deshalb soll es grds. in möglichst vielen Fällen zu einem europaweiten Vergabeverfahren kommen. Im Hinblick darauf kann der Ausnahmetatbestand des § 137 Abs. 2 Nr. 1 GWB nur bei Aufträgen erfüllt sein, die ausschl. sektorenfremden Zwecken dienen und die bei funktionaler Betrachtung weder unmittelbar noch mittelbar in einem Zusammenhang mit der Sektorentätigkeit stehen (s. dazu auch → § 136 Rn. 9 ff.).[30] Daher fällt zB der Bau eines Verwaltungsgebäudes für einen Sektorenauftraggeber nicht unter § 137 Abs. 2 Nr. 1 GWB; auf einen solchen Auftrag ist Teil 4 des GWB anwendbar. Für Sektorenauftraggeber iSd § 100 Abs. 1 Nr. 1 GWB ist § 137 Abs. 2 Nr. 1 GWB von vornherein ohne jede Bedeutung: Diese Sektorenauftraggeber müssen Aufträge, die keinen Zusammenhang mit einer Sektorentätigkeit aufweisen, nach den allg. Regeln ausschreiben.[31]

VII. Aufträge für Sektorentätigkeiten außerhalb der EU (Abs. 2 Nr. 2)

Aufträge zur Durchführung von Sektorentätigkeiten außerhalb des Gebiets der EU sind nach § 137 Abs. 2 Nr. 2 GWB vom Kartellvergaberecht ausgenommen, sofern sie nicht mit der tatsächlichen Nutzung eines Netzes oder einer Anlage innerhalb dieses Gebietes verbunden sind. Der Ausnahmetatbestand geht ebenfalls auf **Art. 19 Abs. 1 SRL** zurück.[32] Er hat einen § 100b Abs. 4 Nr. 2 GWB aF vergleichbaren Wortlaut. Entscheidend für die Ausnahme ist nach Art. 19 Abs. 1 SRL, dass die Sektorentätigkeit „nicht mit der physischen Nutzung eines Netzes oder geografischen Gebiets in der Union verbunden ist". Damit sind nur Sektorentätigkeiten in Bezug auf **Netze oder Anlagen** freigestellt, **die sich in einem Drittland befinden und ausschließlich dort betrieben werden.** Nach Art. 19 Abs. 2 SRL sollen Sektorenauftraggeber der Kommission auf deren Verlangen alle Tätigkeiten mitteilen, die nach ihrer Auffassung unter den Ausnahmetatbestand fallen.

§ 138 Besondere Ausnahme für die Vergabe an verbundene Unternehmen

(1) **Dieser Teil ist nicht anzuwenden auf die Vergabe von öffentlichen Aufträgen,**

---

[28] EuGH 10.4.2008 – C-393/06, NZBau 2008, 393 Rn. 33.
[29] EuGH 8.12.2016 – C-553/15, NZBau 2017, 109 Rn. 28; 13.12.2007 – C-337/06, NZBau 2008, 130 Rn. 38.
[30] IdS auch Opitz NZBau 2002, 19 (21); aA Egger EuVergabeR Rn. 751 Fn. 1658.
[31] EuGH 10.4.2008 – C-393/06, NZBau 2008, 393 Rn. 49 ff.; OLG Düsseldorf 4.5.2009 – VII-Verg 68/08, BeckRS 2009, 24305.
[32] BT-Drs. 18/6281, 123.

Antweiler

GWB § 138 — Ausnahme bei verbundenen Unternehmen

1. die ein Sektorenauftraggeber an ein verbundenes Unternehmen vergibt oder
2. die ein Gemeinschaftsunternehmen, das ausschließlich mehrere Sektorenauftraggeber zur Durchführung einer Sektorentätigkeit gebildet haben, an ein Unternehmen vergibt, das mit einem dieser Sektorenauftraggeber verbunden ist.

(2) Ein verbundenes Unternehmen im Sinne des Absatzes 1 ist
1. ein Unternehmen, dessen Jahresabschluss mit dem Jahresabschluss des Auftraggebers in einem Konzernabschluss eines Mutterunternehmens entsprechend § 271 Absatz 2 des Handelsgesetzbuchs nach den Vorschriften über die Vollkonsolidierung einzubeziehen ist, oder
2. ein Unternehmen, das
   a) mittelbar oder unmittelbar einem beherrschenden Einfluss nach § 100 Absatz 3 des Sektorenauftraggebers unterliegen kann,
   b) einen beherrschenden Einfluss nach § 100 Absatz 3 auf den Sektorenauftraggeber ausüben kann oder
   c) gemeinsam mit dem Auftraggeber aufgrund der Eigentumsverhältnisse, der finanziellen Beteiligung oder der für das Unternehmen geltenden Bestimmungen dem beherrschenden Einfluss nach § 100 Absatz 3 eines anderen Unternehmens unterliegt.

(3) Absatz 1 gilt für Liefer-, Bau- oder Dienstleistungsaufträge, sofern unter Berücksichtigung aller Liefer-, Bau- oder Dienstleistungen, die von dem verbundenen Unternehmen während der letzten drei Jahre in der Europäischen Union erbracht wurden, mindestens 80 Prozent des im jeweiligen Leistungssektor insgesamt erzielten durchschnittlichen Umsatzes dieses Unternehmens aus der Erbringung von Liefer-, Bau- oder Dienstleistungen für den Sektorenauftraggeber oder andere mit ihm verbundene Unternehmen stammen.

(4) Werden gleiche oder gleichartige Liefer-, Bauoder Dienstleistungen von mehr als einem mit dem Sektorenauftraggeber verbundenen und mit ihm wirtschaftlich zusammengeschlossenen Unternehmen erbracht, so werden die Prozentsätze nach Absatz 3 unter Berücksichtigung des Gesamtumsatzes errechnet, den diese verbundenen Unternehmen mit der Erbringung der jeweiligen Liefer-, Dienst- oder Bauleistung erzielen.

(5) Liegen für die letzten drei Jahre keine Umsatzzahlen vor, genügt es, wenn das Unternehmen etwa durch Prognosen über die Tätigkeitsentwicklung glaubhaft macht, dass die Erreichung des nach Absatz 3 geforderten Umsatzziels wahrscheinlich ist.

Literatur: Drömann, Das Konzernprivileg im Lichte der neuen Sektorenkoordinierungsrichtlinie, NZBau 2015, 202; Greb, Das Konzernprivileg für Sektorenauftraggeber nach den §§ 138, 139 GWB, VergabeR 2016, 303; Greb, Das Konzernprivileg für Sektorenauftraggeber, VergabeR 2009, 140; Knauff, Möglichkeiten der Direktvergabe im ÖPNV (Schiene und Straße), NZBau 2012, 65; Linke, Die Vergabe von Subunternehmerleistungen im öffentlichen Personenverkehr, 2012, 328; Opitz, Die neue Sektorenverordnung, VergabeR 2009, 689; Opitz, Was bringt die neue Sektorenvergaberichtlinie?, VergabeR 2014, 369; Prieß/Stein, Die neue EU-Sektorenrichtlinie, NZBau 2014, 323; Rosenkötter/Plantiko, Die Befreiung der Sektorentätigkeit vom Vergaberechtsregime, NZBau 2010, 78; Schröder, Die Digitalisierung der Energiewende und das Vergaberecht, NZBau 2017, 532; Schröder, Rechtlich privilegierte Sektorenauftraggeber nach § 98 Nr. 4 GWB, NZBau 2012, 514; Stickler, Ausgewählte Fragen der In-house-Vergabe durch Sektorenauftraggeber (§ 100b Abs. 6 bis 9 GWB), FS Marx, 2013, 729.

I. Bedeutung der Vorschrift

1. Unionsrechtliche Vorgaben

Art. 29 SRL normiert ausweislich seiner Überschrift Spezialregelungen über die **1** „**Auftragsvergabe an ein verbundenes Unternehmen**". Aus Art. 1 Abs. 2 SRL folgt, dass es auch hier um eine Beschaffung zum Zweck der Ausübung einer Sektorentätigkeit gehen muss. Was ein verbundenes Unternehmen ist, wird in Art. 29 Abs. 1, 2 SRL definiert. Die konkreten Voraussetzungen für die Freistellung von Verträgen zwischen Sektorenauftraggebern und verbundenen Unternehmen vom Anwendungsbereich des Vergaberechts ergeben sich aus Art. 29 Abs. 3–6 SRL. Wie bei allen Ausnahmetatbeständen ist auch hier eine enge Auslegung geboten (→ § 107 Rn. 5 ff.).

Gem. Art. 29 Abs. 3 SRL beziehen sich die Ausnahmetatbestände zum einen **2** auf die Auftragsvergabe durch einen „**Auftraggeber**" an ein verbundenes Unternehmen, zum anderen auf Aufträge eines aus mehreren Auftraggebern gebildeten **Gemeinschaftsunternehmens** an ein mit einem dieser Auftraggeber verbundenes Unternehmen. Unter den Begriff des Auftraggebers fallen dabei gem. Art. 3 Abs. 1 SRL neben öffentlichen Auftraggebern bzw. öffentlichen Unternehmen auch private Unternehmen, jew. unter der Voraussetzung, dass sie eine Sektorentätigkeit ausüben.

2. Normzweck

Ebenso wie mit § 137 GWB wollte der Gesetzgeber mit § 138 GWB mehr **3** **Übersichtlichkeit** bei den Ausnahmetatbeständen erreichen.[1] Der persönliche Anwendungsbereich der Vorschrift erstreckt sich sowohl auf **Sektorenauftraggeber** iSd § 100 Abs. 1 Nr. 1 GWB als auch auf solche gem. § 100 Abs. 1 Nr. 2 GWB (→ Rn. 2). Die ausschl. für öffentliche Sektorenauftraggeber nach § 100 Abs. 1 Nr. 1 GWB geltenden Sondervorschriften des § 108 GWB über die öffentlich-öffentliche Zusammenarbeit sind neben § 128 GWB anwendbar; dies folgt aus § 108 Abs. 8 GWB.[2]

Normzweck ist der **Schutz konzerninterner Leistungsbeziehungen**:[3] Da **4** Sektorenauftraggeber häufig als eine Wirtschaftsgruppe aus mehreren rechtlich selbständigen Unternehmen organisiert sind, sollen Beschaffungen für die eigene Unternehmensgruppe nicht dem Vergaberecht unterliegen.[4] Denn im Falle des Rückgriffs auf Unternehmen derselben Unternehmensgruppe treten Sektorenauftraggeber nicht auf dem Nachfragemarkt auf.[5]

3. Entstehungsgeschichte

Vergleichbare Ausnahmetatbestände für Verträge zwischen Sektorenauftraggebern **5** und verbundenen Unternehmen gab es bereits in **§ 100b Abs. 6, 7 GWB aF**.[6] Auf nationaler Ebene neu ist, dass der Begriff des verbundenen Unternehmens nun ausdr. definiert wird, und zwar in § 138 Abs. 2 GWB.

---

[1] BT-Drs. 18/6281, 124.
[2] BT-Drs. 18/6281, 124; vgl. Prieß/Stein NZBau 2014, 323 (324 f.).
[3] Drömann NZBau 2015, 202 (203); Greb VergabeR 2016, 303; Stickler FS Marx, 2013, 729 (731 ff.); EOR/Opitz SektVO § 1 Rn. 33.
[4] Erwgr. 39 der SRL.
[5] Drömann NZBau 2015, 202 (203).
[6] BT-Drs. 18/6281, 124; Drömann NZBau 2015, 202 (203 ff.); ausf. zur Entstehungsgeschichte – auch aus der Zeit vor In-Kraft-Treten des § 100b Abs. 6, 7 GWB aF – Stickler FS Marx, 2013, 729 (730 f.).

II. Freigestellte Aufträge (Abs. 1)

6 Freigestellt von den Vorschriften des Teils 4 des GWB sind gem. § 138 Abs. 1 GWB **zwei Kategorien von Aufträgen,** nämlich – *erstens* – Aufträge eines Sektorenauftraggebers an ein verbundenes Unternehmen und – *zweitens* – Aufträge eines aus mehreren Sektorenauftraggebern zur Durchführung einer Sektorentätigkeit gebildeten Gemeinschaftsunternehmens an ein mit einem dieser Sektorenauftraggeber verbundenes Unternehmen. Die Unterschiede zwischen den beiden Kategorien bestehen auf der Auftraggeberseite: Während § 138 Abs. 1 Nr. 1 GWB keine besonderen Anforderungen an die Person des Sektorenauftraggebers stellt, wird im Fall des § 138 Abs. 1 Nr. 2 GWB ein von mehreren Sektorenauftraggebern gegründetes gemeinsames Unternehmen auf Auftraggeberseite tätig. Weiter ist erforderlich, dass der Auftrag zum Zweck der Ausübung einer Sektorentätigkeit vergeben wird; dies ergibt sich aus Art. 1 Abs. 2 SRL. Im Zeitpunkt der Beauftragung des verbundenen Unternehmens muss der Auftraggeber bereits Sektorenauftraggeber sein.

7 Inhaltlich handelt es sich bei § 138 GWB um eine **spezielle Inhouse-Regelung für sektorspezifische Aufträge.**[7] Bei Beschaffungen innerhalb einer Unternehmensgruppe ist die Erteilung eines Auftrags iErg als konzerninterner Vorgang zu qualifizieren, so dass die Anwendung des Vergaberechts nicht erforderlich ist.[8] Damit werden konzerninterne Leistungsbeziehungen begünstigt (**Konzernprivileg**).[9] Allerdings gilt dieses Privileg nicht bei Aufträgen, die den Messstellenbetrieb und die Datenkommunikation in intelligenten Energienetzen betreffen; insoweit ordnet § 41 Abs. 2 S. 2 MsbG ausdr. die entspr. Anwendung des allgemeinen Vergaberechts an.[10]

III. Verbundene Unternehmen (Abs. 2)

8 Für den Begriff des **verbundenen Unternehmens** kommt es nach Art. 29 Abs. 1 SRL in erster Linie darauf an, ob der Jahresabschluss des jew. Unternehmens nach den Vorschriften der RL 2013/34/EU mit dem Jahresabschluss des Auftraggebers konsolidiert wurde. Nur dort, wo die RL 2013/34/EU nicht anwendbar ist, soll nach Art. 29 Abs. 2 SRL der beherrschende Einfluss entscheidend sein. Davon weicht § 138 Abs. 2 GWB in zwei Punkten ab: *Erstens* wird dort wegen der Konsolidierung des Jahresabschlusses allein auf § 271 Abs. 2 HGB Bezug genommen, nicht auf die RL 2013/34/EU. Soweit die Anwendung des § 271 Abs. 2 HGB zu Ergebnissen führen sollte, die mit der RL 2013/34/EU nicht vereinbar sind, hat das Unionsrecht Vorrang. Entscheidend ist iRd § 138 Abs. 2 Nr. 1 GWB, dass nach der RL 2013/34/EU im konkreten Fall ein konsolidierter Jahresabschluss vorgeschrieben ist und dass dieser auch tatsächlich erstellt wurde. Bei Unanwendbarkeit der RL 2013/34/EU haben Sektorenauftraggeber deshalb nicht die Möglichkeit, durch bloße Vorlage eines konsolidierten Jahresabschlusses die Voraussetzungen für den Ausnahmetatbestand des § 138 GWB zu schaffen.[11] *Zweitens* verlangt § 138 Abs. 2 Nr. 2 GWB für die Qualifizierung eines Unternehmens als verbundenes Unternehmen aufgrund der Beherrschung durch ein anderes Unternehmen abweichend von Art. 29 Abs. 2 SRL nicht, dass die RL 2013/34/EU auf diese Einrichtungen unanwendbar ist. Daher ist insoweit eine unionsrechtskonforme Auslegung erforderlich: Ein verbundenes Unternehmen nach § 138 Abs. 2 Nr. 2 GWB kann

---

[7] Drömann NZBau 2015, 202 (203); Stickler FS Marx, 2013, 729 ff.
[8] Greb VergabeR 2009, 140 ff.
[9] Drömann NZBau 2015, 202 (203); EOR/Opitz SektVO § 1 Rn. 33.
[10] Schröder NZBau 2017, 532 (533).
[11] Drömann NZBau 2015, 202 (204 f.).

nur dann vorliegen, wenn die jew. Einrichtungen nicht unter die RL 2013/34/EU fallen.[12]

IErg handelt es sich bei § 138 Abs. 2 Nr. 2 GWB damit um einen Auffangtatbestand: Soweit nach der RL 2013/34/EU kein konsolidierter Jahresabschluss vorgeschrieben ist, kann ein Unternehmen dadurch zu einem mit einem Sektorenauftraggeber verbundenen Unternehmen werden, dass dieser einen **beherrschenden Einfluss** ausübt. Wann ein beherrschender Einfluss vorliegt, richtet sich nach § 100 Abs. 3 GWB, auf den § 138 Abs. 2 Nr. 2 GWB verweist (dazu ausf. → § 100 Rn. 17 ff.). Entscheidend ist danach, dass ein Sektorenauftraggeber

– unmittelbar oder mittelbar die Mehrheit des gezeichneten Kapitals des Unternehmens besitzt,
– über die Mehrheit der mit den Anteilen am Unternehmen verbundenen Stimmrechte verfügt oder
– mehr als die Hälfte der Mitglieder des Verwaltungs-, Leitungs- oder Aufsichtsorgans des Unternehmens bestellen kann.

IV. Umsatzschwelle (Abs. 3–5)

Der Ausnahmetatbestand greift gem. **§ 138 Abs. 3 GWB** nur bei Überschreitung einer bestimmten **Umsatzschwelle** ein: Mindestens 80 % des von dem verbundenen Unternehmen im jew. Leistungssektor insges. mit Liefer-, Bau- oder Dienstleistungen erzielten Umsatzes muss aus Geschäften mit dem verbundenen Sektorenauftraggeber oder anderen mit ihm verbundenen Unternehmen stammen.[13] Eine auf einzelne Unternehmenssparten bezogene Betrachtung der Umsätze sollte damit ausgeschlossen werden.[14]

Sofern mehrere mit einem Sektorenauftraggeber verbundene Unternehmen gleiche oder gleichartige Liefer-, Bau- oder Dienstleistungen erbringen, kommt es für die Prüfung, ob die 80 %-Schwelle nach § 138 Abs. 3 GWB überschritten ist, auf den Gesamtumsatz der verbundenen Unternehmen bei den jew. Liefer-, Dienst- oder Bauleistungen an. **§ 138 Abs. 4 GWB** stellt dies klar. Inhaltlich ist damit dasselbe geregelt wie in § 100b Abs. 7 S. 3 GWB aF.[15]

Falls für das verbundene Unternehmen die Umsatzzahlen der letzten drei Jahre nicht vorliegen, genügt es gem. **§ 138 Abs. 5 GWB,** wenn die Überschreitung der 80 %-Schwelle iSd § 138 Abs. 3 GWB durch Prognosen glaubhaft gemacht wird. Mit dieser Vorschrift wollte der Gesetzgeber Art. 29 Abs. 5 SRL umsetzen.[16] Der Inhalt entspricht weitgehend dem des § 100b Abs. 7 S. 2 GWB aF. Einen Unterschied gibt es allerdings: Im Gegensatz zu § 100b Abs. 7 S. 2 GWB aF macht § 138 Abs. 5 GWB die Zulässigkeit einer bloßen Prognose über das Erreichen der Umsatzschwelle gem. § 138 Abs. 3 GWB nicht davon abhängig, dass das verbundene Unternehmen noch keine drei Jahre besteht. In diesem Punkt weicht die Vorschrift auch von Art. 29 Abs. 5 SRL ab: Danach kommt eine Prognose nur dann in Betracht, wenn für die letzten drei Jahre keine Umsatzzahlen vorliegen, „weil das verbundene Unternehmen gerade gegründet wurde oder erst vor kurzem seine Tätigkeit aufgenommen hat". Im Hinblick darauf ist § 138 Abs. 5 GWB unionsrechtskonform auszulegen: Die bloße Glaubhaftmachung genügt nur dann, wenn Umsatzzahlen für die letzten drei Jahre gerade deshalb fehlen, weil es sich um ein neu gegründetes Unternehmen handelt.

---

[12] Ebenso BT-Drs. 18/6281, 124.
[13] Zu den Berechnungsmethoden für die Ermittlung des Umsatzes vgl. Drömann NZBau 2015, 202 (205 ff.); Greb VergabeR 2016, 303 (306 f.); Stickler FS Marx, 2013, 729 (735 ff.).
[14] BT-Drs. 18/6281, 124; Drömann NZBau 2015, 202 (206 f.).
[15] BT-Drs. 18/6281, 124.
[16] BT-Drs. 18/6281, 124.

§ 139 Besondere Ausnahme für die Vergabe durch oder an ein Gemeinschaftsunternehmen

(1) Dieser Teil ist nicht anzuwenden auf die Vergabe von öffentlichen Aufträgen,
1. die ein Gemeinschaftsunternehmen, das mehrere Sektorenauftraggeber ausschließlich zur Durchführung von Sektorentätigkeiten gebildet haben, an einen dieser Auftraggeber vergibt oder
2. die ein Sektorenauftraggeber, der einem Gemeinschaftsunternehmen im Sinne der Nummer 1 angehört, an dieses Gemeinschaftsunternehmen vergibt.

(2) Voraussetzung ist, dass
1. das Gemeinschaftsunternehmen im Sinne des Absatzes 1 Nummer 1 gebildet wurde, um die betreffende Sektorentätigkeit während eines Zeitraums von mindestens drei Jahren durchzuführen, und
2. in dem Gründungsakt des Gemeinschaftsunternehmens festgelegt wird, dass die das Gemeinschaftsunternehmen bildenden Sektorenauftraggeber dem Gemeinschaftsunternehmen mindestens während desselben Zeitraums angehören werden.

Literatur: Stickler, Ausgewählte Fragen der In-house-Vergabe durch Sektorenauftraggeber (§ 100 Abs. 6 bis 9 GWB), FS Marx, 2013, 729. Vgl. iÜ die Angaben bei § 138 GWB.

I. Bedeutung der Vorschrift

1. Unionsrechtliche Vorgaben

1 Gem. **Art. 30 SRL** ist diese Richtlinie unter näher bezeichneten Voraussetzungen dann nicht anwendbar, wenn entweder ein von mehreren Sektorenauftraggebern errichtetes Gemeinschaftsunternehmen einen Auftrag an einen dieser Sektorenauftraggeber vergibt oder wenn umgekehrt einer dieser Sektorenauftraggeber das Gemeinschaftsunternehmen beauftragt. Einen entspr. Ausnahmetatbestand gab es bereits in Art. 23 Abs. 4 der RL 2004/17/EG.

2. Normzweck

2 Durch § 139 GWB wurde Art. 30 SRL in nationales Recht umgesetzt.[1] Der Sache nach geht es auch hier um eine Freistellung vom Vergaberecht in Fällen, in denen ein Sektorenauftraggeber nicht auf dem Nachfragemarkt in Erscheinung tritt (→ § 138 Rn. 3).

3. Entstehungsgeschichte

3 Inhaltlich stimmt § 139 GWB mit § 100b Abs. 7 und 8 GWB aF überein.[2]

II. Aufträge eines Gemeinschaftsunternehmens (Abs. 1 Nr. 1)

4 Von § 139 **Abs. 1 Nr. 1** GWB werden Aufträge erfasst, die ein Gemeinschaftsunternehmen, welches von mehreren Sektorenauftraggebern gegründet wurde, einem dieser Sektorenauftraggeber erteilt. Bei dem Gemeinschaftsunternehmen muss es

---

[1] BT-Drs. 18/6281, 124.
[2] Vgl. BT-Drs. 18/6281, 124; näher zur älteren Entstehungsgeschichte Stickler FS Marx, 2013, 729 (730 f.).

sich um eine rechtlich selbständige Einheit handeln.³ Erforderlich ist außerdem, dass die Tatbestandsvoraussetzungen des § 139 Abs. 2 GWB erfüllt sind. Die Beteiligung eines privaten Dritten, der nicht Sektorenauftraggeber ist, an dem Gemeinschaftsunternehmen schließt die Anwendbarkeit des Ausnahmetatbestands aus.⁴

III. Aufträge an ein Gemeinschaftsunternehmen (Abs. 1 Nr. 2)

Unter § 139 **Abs. 1 Nr. 2** GWB fallen Aufträge eines Sektorenauftraggebers an 5 ein Gemeinschaftsunternehmen iSd § 139 Abs. 1 Nr. 1. IErg sind damit Verträge zwischen einem von mehreren Sektorenauftraggebern gegründeten Gemeinschaftsunternehmen und einem dieser Sektorenauftraggeber insges. vom Anwendungsbereich des Vergaberechts freigestellt, und zwar ohne Rücksicht darauf, wer Auftraggeber und wer Auftragnehmer ist.

IV. Gründungsvoraussetzungen (Abs. 2)

Für die Gründung des Gemeinschaftsunternehmens gelten gem. § 139 Abs. 2 6 GWB besondere Anforderungen: Ziel des Gemeinschaftsunternehmens muss es sein, die jew. Sektorentätigkeit für mindestens drei Jahre durchzuführen. Außerdem muss in dem Gründungsakt ausdr. festgelegt sein, dass alle Sektorenauftraggeber, die das Gemeinschaftsunternehmen gebildet haben, diesem für mindestens drei Jahre angehören. Damit soll verhindert werden, dass ein Gemeinschaftsunternehmen nur deshalb gegründet wird, um einen bestimmten Auftrag dem Anwendungsbereich des Vergaberechts zu entziehen.⁵

§ 140 Besondere Ausnahme für unmittelbar dem Wettbewerb ausgesetzte Tätigkeiten

(1) ¹**Dieser Teil ist nicht anzuwenden auf öffentliche Aufträge, die zum Zweck der Ausübung einer Sektorentätigkeit vergeben werden, wenn die Sektorentätigkeit unmittelbar dem Wettbewerb auf Märkten ausgesetzt ist, die keiner Zugangsbeschränkung unterliegen.** ²**Dasselbe gilt für Wettbewerbe, die im Zusammenhang mit der Sektorentätigkeit ausgerichtet werden.**

(2) ¹**Für Gutachten und Stellungnahmen, die aufgrund der nach § 113 Satz 2 Nummer 8 erlassenen Rechtsverordnung vorgenommen werden, erhebt das Bundeskartellamt Kosten (Gebühren und Auslagen) zur Deckung des Verwaltungsaufwands.** ²**§ 62 Absatz 1 Satz 3 und Absatz 2 Satz 1, Satz 2 Nummer 1, Satz 3 und 4, Absatz 5 Satz 1 sowie Absatz 6 Satz 1 Nummer 2, Satz 2 und 3 gilt entsprechend.** ³**Hinsichtlich der Möglichkeit zur Beschwerde über die Kostenentscheidung gilt § 73 Absatz 1 und 4 entsprechend.**

Literatur: Ohrtmann, Vom Vergaberecht befreit – Private Energieerzeuger sind keine Sektorenauftraggeber mehr, VergabeR 2007, 565; Opitz, Die neue Sektorenverordnung, VergabeR 2009, 689; Rosenkötter/Plantiko, Die Befreiung der Sektorentätigkeiten vom Vergaberechtsregime, NZBau 2010, 78; Schwintowski/Klaue, Wettbewerbsbeschränkungen durch Vergaberecht auf Arzneimittelmärkten, PharmR 2011, 469; Tugendreich/Heller, Freistellung vom Vergabe-

---

³ Ebenso Beck VergabeR/Lausen GWB § 139 Rn. 8.
⁴ Frenz EuropaR-HdB III Rn. 2279.
⁵ Vgl. EOR/Opitz GWB § 139 Rn. 10.

GWB § 140 — Ausnahmen bei unmittelbarem Wettbewerb

recht für den Strom- und Gaseinzelhandel, NZBau 2017, 387; Zeiss, Sektorenverordnung verfassungswidrig – Gebührenerhebung durch Bundeskartellamt unzulässig?, NVwZ 2010, 556.

I. Bedeutung der Vorschrift

1   Die Anwendbarkeit des Sektorenvergaberechts setzt das Vorliegen der Voraussetzungen des § 136 GWB voraus. Der Anwendung des Vergaberechts bedarf es jedoch nicht in Bereichen, in denen bereits ausreichender **Wettbewerb** herrscht.[1] Dementsprechend wurde bei dem Übergang von der RL 93/38/EWG zur SKR der Telekommunikationssektor aus dem Anwendungsbereich herausgenommen.[2] Die Märkte in den anderen, ehemals staatsnahen Sektorenbereichen entwickeln sich in den Mitgliedstaaten unterschiedlich schnell. Für diese Bereiche, die unmittelbar dem Wettbewerb ausgesetzt sind, eröffneten – in Weiterentwicklung einzelner Ausnahmeregeln[3] – Art. 30 SKR und der diese Regelung umsetzende § 3 SektVO aF eine Freistellung vom Vergaberecht. Nunmehr dient § 140 GWB der Umsetzung von Art. 34 Abs. 1 SRL, wobei sich § 140 GWB auf die Regelung des reinen Ausnahmetatbestands beschränkt, während die dazugehörigen Verfahrensvorschriften in Art. 34 Abs. 2, 3 SRL sowie Art. 35 SRL und § 3 SektVO enthalten sind.[4]

2   Die wesentlichen Regelungen über das Freistellungsverfahren ergeben sich bereits aus Art. 34 f. SRL. Die Vorgängerregelung in Art. 30 SKR war bereits vor Ablauf der Umsetzungsfrist anwendbar (Art. 71 Abs. 1 UAbs. 4 SKR), wodurch ersichtlich ist, dass **keine Umsetzungsnotwendigkeit** besteht.[5] Unmittelbar nach Außerkrafttreten des Art. 30 SKR war die Regelung der Art. 34 f. SRL anwendbar (vgl. Art. 107, 109 SRL). Neben den die unionsrechtlichen Regelungen wiederholenden Aussagen normiert § 140 Abs. 2 GWB die Kosten des nationalen Teils des Verfahrens. Daneben sind in § 3 SektVO weitere Einzelheiten des Antragsverfahrens geregelt.

II. Freistellungsvoraussetzungen (Abs. 1)

3   Voraussetzung für die Freistellung vom Vergaberecht ist nach Abs. 1, dass die Sektorentätigkeit[6] auf Märkten mit freiem Zugang unmittelbar dem Wettbewerb ausgesetzt ist. Der unmittelbare Einfluss des Wettbewerbs sollte nach objektiven Kriterien festgestellt werden; dabei sind die besonderen Merkmale des betreffenden Sektors zu berücksichtigen.[7]

4   Gem. Art. 34 Abs. 3 UAbs. 1 SRL bzw. Art. 34 Abs. 3 UAbs. 2 SRL gilt der Zugang zu einem Markt als nicht beschränkt, wenn der Mitgliedstaat die in Anhang III zur SRL genannten Vorschriften umgesetzt hat und anwendet oder der Nachweis erbracht wurde, dass der Zugang zu diesem Markt de jure und de facto frei ist.[8] Insoweit ist der Kommission ein Beurteilungsspielraum eingeräumt.[9] Als

---

[1] Müller VergabeR 2010, 302 (304); vgl. auch EuGH 10.11.1998 – C-360/96, IBR 1998, 505.
[2] Erwgr. 5 der SKR.
[3] Siehe dazu Prieß EurVergabeR-HdB Rn. 169.
[4] BReg., BT-Drs. 18/6281, 125.
[5] Rosenkötter/Plantiko NZBau 2010, 78 (80).
[6] Schwintowski/Klaue PharmR 2011, 469 (478), reduzierten in kreativer Weise die im Wortlaut festgeschriebene Beschränkung auf den Sektorenbereich, um vor dem Hintergrund der damals in § 100b Abs. 4 Nr. 4 GWB (jetzt in § 140 GWB) geregelten Ausnahme Vergaben im Pharmabereich vom Vergaberecht auszunehmen.
[7] So früher Erwgr. 41 S. 1 der SKR. IdS auch Tugendreich/Heller NZBau 2017, 387.
[8] Dazu Erwgr. 44 bis 47 der SRL. Ausf. Müller-Wrede GWB/Sudbrock § 140 Rn. 12 ff.
[9] Beck VergabeR/Lausen GWB § 140 Rn. 17.

Bewertungsgrundlage hat der Antrag nach Art. 35 Abs. 3 UAbs. 2 SRL (ebenso § 3 Abs. 1 S. 3 SektVO) alle sachdienlichen Informationen, insbes. über Gesetze, Verordnungen, Verwaltungsvorschriften oder Vereinbarungen, die die Einhaltung der Bedingungen nach Art. 34 Abs. 1 SRL betreffen, zu enthalten.

Detailliertere Kriterien für die Beurteilung des Wettbewerbs hat die Kommission in Abschn. 6 des Anh. II des Durchführungsbeschlusses (EU) 2016/1804 v. 10.10.2016 (ABl. 2016 L 275, 39) zusammengestellt. 5

III. Kostentragung (Abs. 2)

Für das Verfahren erhebt das BKartA vom Antragsteller die **Kosten** (Gebühren und Auslagen) gem. § 140 Abs. 2 S. 1, 2 GWB nach den in Kartellverfahren üblichen Regelungen (§ 62 Abs. 1 S. 3, Abs. 2 S. 1, S. 2 Nr. 1, S. 3, 4, Abs. 5 S. 1, Abs. 6 S. 1 Nr. 2, S. 2, 3 GWB). Ergänzend ermächtigt § 113 Nr. 3 GWB zur Regelung durch Rechtsverordnung, nachdem zunächst nach Zweifeln an der Ermächtigungsgrundlage für diese Kostenregelung in der SektVO[10] mit § 127a Abs. 2 GWB aF insoweit eine klarere gesetzliche Grundlage geschaffen worden war.[11] Statt des kostenpflichtigen Verfahrens besteht auch die Möglichkeit, kostenfrei die Freistellung bei der Kommission oder dem Bundeswirtschaftsministerium (→ SektVO § 3 Rn. 9) anzuregen. 6

Gegen eine **Kostenentscheidung** ist aufgrund § 140 Abs. 2 S. 3 GWB die Beschwerde gem. § 73 Abs. 1, 4 GWB gegeben. 7

IV. Freistellungsfolgen

1. Nichtanwendung des Vergaberechts

Auch wenn nur ein Auftraggeber die Freistellung beantragt, so wirkt eine Freistellungsentscheidung der Kommission zugunsten aller Auftraggeber bei der entspr. Sektorentätigkeit. Die Freistellungsentscheidung der Kommission befreit aber nicht bestimmte Auftraggeber, sondern bestimmte Aufträge, so dass es stets einer Einzelfallbeurteilung bedarf, ob die Befreiung für einen konkreten Auftrag greift.[12] Wenn aber ein Auftraggeber „gemischte" Aufträge vergibt, dh Aufträge für die Durchführung sowohl von Tätigkeiten, die freigestellt sind, als auch von Tätigkeiten, die nicht freigestellt sind, ist darauf zu achten, welche Tätigkeit Hauptgegenstand des Auftrags ist. Nur wenn das Beschaffungsvorhaben unzweifelhaft überwiegend freigestellte Tätigkeiten betrifft, ist dieser Beschaffungsvorgang freigestellt. Bei gemischten Aufträgen hingegen ist, wenn der Auftrag in erster Linie nicht die freigestellte Tätigkeit betrifft, die SektVO anzuwenden. Lässt sich objektiv nicht feststellen, welche Tätigkeit der Hauptgegenstand des Auftrags ist, ist der Auftrag ebenfalls nach der SektVO zu vergeben.[13] Da die Entscheidung seinem Wesen nach eine Ausnahme vom Vergaberecht statuiert, ist es grds. geboten, dessen Anwendungs- bzw. Wirkbereich eng auszulegen.[14] 8

Abs. 1 (bzw. für Auftraggeber nach dem Bundesberggesetz gem. § 143 Abs. 2 S. 2 GWB) stellt die Vergabe dieser Aufträge von den Vorgaben des GWB und der SektVO frei. Gleichzeitig erfolgt eine Freistellung von der SRL nach Art. 34 Abs. 1 SRL und von der VRL nach Art. 7 VRL. Für öffentliche Auftraggeber verbleibt es 9

---

[10] Zeiss NVwZ 2010, 556 (557).
[11] BReg, BR-Drs. 464/11, 29.
[12] VK Sachsen 9.12.2014 – 1/SVK/032-14, BeckRS 2015, 8357 = VPRRS 2015, 0050, zur Freistellung von der Erzeugung und den Erstabsatz von konventionellem Strom.
[13] VK Sachsen 9.12.2014 – 1/SVK/032-14, BeckRS 2015, 8357 = VPRRS 2015, 0050.
[14] RKPP/Röwekamp GWB § 140 Rn. 4.

bei der Bindung an die Grundrechte und an die **primärrechtlichen Grundsätze des Vergaberechts** (→ GWB Einl. Rn. 11–15).[15] Soweit die Vergabepflichtigkeit aus anderen Gründen besteht, etwa aufgrund Haushaltsrechts oder eines Fördermittelbescheides, führt § 140 GWB nicht automatisch zu einer Befreiung.[16]

2. Keine Bindungswirkung für das Wettbewerbsrecht (§ 3 Abs. 4 SektVO)

10   Nach Erwgr. 4 des Durchführungsbeschlusses (EU) 2016/1804 v. 10.10.2016 (ABl. 2016 L 275, 39) lässt eine Entscheidung nach Art. 34 f. SRL die Anwendung der Wettbewerbsvorschriften unberührt. In diesem Sinne ordnet § 3 Abs. 4 SektVO an, dass auch die Stellungnahmen des BKartA keine Bindungswirkung für deren Entscheidungen nach dem GWB besitzen.

3. Weitergeltung bereits getroffener Kommissionsentscheidungen

11   Erwgr. 43 der SRL stellt im Interesse der Rechtssicherheit klar, dass alle Entscheidungen,[17] die vor Inkrafttreten der SRL bzgl. der Anwendbarkeit der entspr. Bestimmungen in Art. 30 SKR getroffen wurden, weiterhin gelten.[18]

§ 141 Verfahrensarten

(1) **Sektorenauftraggebern stehen das offene Verfahren, das nicht offene Verfahren, das Verhandlungsverfahren mit Teilnahmewettbewerb und der wettbewerbliche Dialog nach ihrer Wahl zur Verfügung.**

(2) **Das Verhandlungsverfahren ohne Teilnahmewettbewerb und die Innovationspartnerschaft stehen nur zur Verfügung, soweit dies aufgrund dieses Gesetzes gestattet ist.**

Literatur: Opitz, Was bringt die neue Sektorenvergaberichtlinie?, VergabeR 2014, 369; Prieß/Stein, Die neue EU-Sektorenrichtlinie NZBau 2014, 323. Vgl. auch die Angaben bei § 119 GWB.

I. Bedeutung der Vorschrift

1. Unionsrechtliche Vorgaben

1   Nach **Art. 44 Abs. 2, 3 SRL** stehen Sektorenauftraggebern bei der Vergabe von Sektorenaufträgen das offene Verfahren, das nicht offene Verfahren, das Verhandlungsverfahren mit vorherigem Aufruf zum Wettbewerb, der wettbewerbliche Dialog und die Innovationspartnerschaft zur Verfügung. Das Verhandlungsverfahren ohne vorherigen Aufruf zum Wettbewerb kommt dagegen nur ausnahmsweise in Betracht. Wie diese Verfahren iE ablaufen, ist in Art. 45–50 SRL geregelt.

2. Normzweck

2   Zweck des § 141 GWB ist allein die **Umsetzung des Art. 44 SRL.** Für die Vergabe von Aufträgen von Sektorenauftraggebern hat die Vorschrift dieselbe Funk-

---

[15] Wohl aM Tugendreich/Heller NZBau 2017, 387 (391): kein strukturiertes Bieterverfahren erforderlich.
[16] Tugendreich/Heller NZBau 2017, 387 (392).
[17] Zur Auflistung der Entscheidungen → SektVO § 3 Rn. 17.
[18] BReg., BR-Drs. 18/7318, 210.

tion wie § 119 GWB bei Beschaffungsmaßnahmen durch öffentliche Auftraggeber (→ § 119 Rn. 6).

3. Entstehungsgeschichte

Die für Sektorenauftraggeber maßgeblichen Vergabearten waren bisher in **§ 101 Abs. 7 S. 2 GWB aF** normiert; schon danach hatten Sektorenauftraggeber die freie Wahl zwischen dem offenen Verfahren, dem nicht offenen Verfahren, dem Verhandlungsverfahren mit vorherigem Teilnahmewettbewerb und dem wettbewerblichen Dialog.[1]

3

II. Vergabearten

§ 141 GWB nennt die für Sektorenauftraggeber zulässigen Vergabearten, ohne die Verfahrensschritte näher zu beschreiben. Dass die **freie Wahl** zwischen dem offenen Verfahren, dem nicht offenen Verfahren, dem Verhandlungsverfahren mit Teilnahmewettbewerb und dem wettbewerblichen Dialog möglich ist, ergibt sich aus **§ 13 Abs. 1 SektVO.** Dazu iE → SektVO § 13 Rn. 2 ff. Die Innovationspartnerschaft und das Verhandlungsverfahren ohne Teilnahmewettbewerb sind dann zulässig, wenn die SektVO dies ausdr. vorsieht (§ 13 Abs. 1 S. 2, Abs. 2 SektVO). Der Ablauf der einzelnen Vergabearten richtet sich nach den §§ 14–18 SektVO.

4

§ 142 Sonstige anwendbare Vorschriften

Im Übrigen gelten für die Vergabe von öffentlichen Aufträgen durch Sektorenauftraggeber zum Zweck der Ausübung von Sektorentätigkeiten die §§ 118 und 119, soweit in § 141 nicht abweichend geregelt, die §§ 120 bis 129, 130 in Verbindung mit Anhang XVII der Richtlinie 2014/25/EU sowie die §§ 131 bis 135 mit der Maßgabe entsprechend, dass
1. **Sektorenauftraggeber abweichend von § 122 Absatz 1 und 2 die Unternehmen anhand objektiver Kriterien auswählen, die allen interessierten Unternehmen zugänglich sind,**
2. **Sektorenauftraggeber nach § 100 Absatz 1 Nummer 2 ein Unternehmen nach § 123 ausschließen können, aber nicht ausschließen müssen,**
3. **§ 132 Absatz 2 Satz 2 und 3 nicht anzuwenden ist.**

I. Bedeutung der Vorschrift

Nach § 142 GWB sind für die Vergabe von Aufträgen im Bereich der Trinkwasser- oder Energieversorgung sowie des Verkehrs neben den Vorschriften des UAbschn. 1 („Vergabe von öffentlichen Aufträgen durch Sektorenauftraggeber") von Abschn. 3 („Vergabe von öffentlichen Aufträgen in besonderen Bereichen und von Konzessionen") die allgemeinen Vorschriften des Abschn. 2 („Vergabe von öffentlichen Aufträgen durch öffentliche Auftraggeber") entspr. anzuwenden. Hintergrund davon ist, dass die **VRL und SRL weitestgehend inhaltsgleiche Regelungen enthalten,** so dass auf die Vorschriften des Abschn. 2 verwiesen werden kann. Bestehende Abweichungen von den allgemeinen Regelungen des Abschn. 2 sind in § 142 GWB aufgeführt und gehen insofern den allgemeinen Vorschriften

1

---

[1] BT-Drs. 18/6281, 125; Opitz VergabeR 2014, 369 (378); Prieß/Stein NZBau 2014, 323 (326).

des Abschn. 2 als Spezialregelung vor.[1] Konkretisierend gilt daneben die SektVO (→ SektVO Einl. Rn. 18).

II. Anwendungsbereich

2 Der **Anwendungsbereich** setzt nach dem Wortlaut des § 142 GWB die „Vergabe von öffentlichen Aufträgen durch Sektorenauftraggeber zum Zweck der Ausübung von Sektorentätigkeiten" voraus. Dies knüpft an den durch § 136 GWB eröffneten Anwendungsbereich (→ § 136 Rn. 2 ff.) an.

3 Anders als in § 136 GWB enthält § 142 GWB keinen Hinweis darauf, dass die Regelung auch auf **Wettbewerbe** anzuwenden ist. Nichtsdestoweniger ist der Anwendungsbereich des § 142 GWB auch auf Wettbewerbe zu erstrecken, weil anderfalls dafür Regelungen im Sektorenvergaberecht und damit eine Umsetzung von Art. 95 ff. SRL fehlen würden.[2]

4 Ebenso gilt § 142 GWB auch für **Rahmenvereinbarungen,** selbst wenn – wie bei § 136 GWB (→ GWB § 136 Rn. 8) – ein Hinweis im Wortlaut darauf fehlt.[3]

III. Verweisungsobjekte

5 Nicht der gesamte Abschn. 2 („Vergabe von öffentlichen Aufträgen durch öffentliche Auftraggeber"), sondern **nur dessen allgemeine Vorschriften** sind nach § 142 GWB entspr. (→ Rn. 7 ff.) anzuwenden.[4] Verweisungsobjekte sind nach dem Wortlaut:
- § 118 Bestimmten Auftragnehmern vorbehaltene öffentliche Aufträge
- § 119 Verfahrensarten (→ Rn. 6),
- § 120 Besondere Methoden und Instrumente in Vergabeverfahren,
- § 121 Leistungsbeschreibung,
- § 122 Eignung (→ Rn. 12),
- § 123 Zwingende Ausschlussgründe (→ Rn. 13 f.),
- § 124 Fakultative Ausschlussgründe,
- § 125 Selbstreinigung,
- § 126 Zulässiger Zeitraum für Ausschlüsse,
- § 127 Zuschlag,
- § 128 Auftragsausführung,
- § 129 Zwingend zu berücksichtigende Ausführungsbedingungen,
- § 130 Vergabe von öffentlichen Aufträgen über soziale und andere besondere Dienstleistungen iVm Anh. XVII der SRL (→ Rn. 8 ff.),
- § 131 Vergabe von öffentlichen Aufträgen über Personenverkehrsleistungen im Eisenbahnverkehr,
- § 132 Auftragsänderungen während der Vertragslaufzeit (→ Rn. 10, 15),
- § 133 Kündigung von öffentlichen Aufträgen in besonderen Fällen,
- § 134 Informations- und Wartepflicht sowie
- § 135 Unwirksamkeit.

6 Auf die **Regelung über die Verfahrensarten** in § 119 GWB ist nur insoweit verwiesen, als in § 141 GWB nichts Abweichendes geregelt ist, wobei bereits § 141 GWB ggü. § 119 Abs. 1, 2 GWB die Verfahrenswahl erleichtert (→ Rn. 8 ff.). Dagegen liegt keine Abweichung von § 141 GWB hinsichtlich der Definitionen

---

[1] BReg., BT-Drs. 18/6281, 125.
[2] Immenga/Mestmäcker/Kling GWB § 142 Rn. 6.
[3] Immenga/Mestmäcker/Kling GWB § 142 Rn. 5.
[4] BReg., BT-Drs. 18/6281, 125.

der Verfahrensarten in § 119 Abs. 3–7 GWB vor, so dass diese auch im Sektorenvergaberecht anzuwenden sind.[5]

IV. Entsprechende Anwendung

Bei der entsprechenden Anwendung nach § 142 GWB sind alle Verweisungsobjekte zumindest insoweit **zu modifizieren,** als an die Stelle des im jew. Wortlaut verwendeten Ausdrucks „öffentliche Auftraggeber" der Begriff „Sektorenauftraggeber" tritt. 7

1. Vergabe sozialer und anderer besonderer Dienstleistungen (§ 142 GWB iVm § 130 GWB iVm Anh. XVII der SRL)

Nach § 142 GWB wird § 130 GWB bei der entspr. Anwendung insoweit modifiziert, als an die Stelle des § 130 GWB genannten Anh. XIV der VRL über die Dienstleistungen nach Art. 74 der VRL („Vergabe von Aufträgen für soziale und andere besondere Dienstleistungen") der entspr. Anh. XVII der SRL über die Dienstleistungen nach Art. 91 VRL tritt.[6] Da sich die Vorschriften der Art. 91 ff. der SRL – abgesehen von der Höhe des Schwellenwertes – inhaltlich mit den Art. 74 ff. der VRL decken, setzt § 144 GWB die Art. 91 ff. der SRL über eine entspr. Anwendbarkeit des § 130 GWB um.[7] Dabei hebt Erwgr. 120 der SRL hervor, dass es den Mitgliedstaaten und Auftraggebern auch künftig frei stehe, diese Dienstleistungen selbst zu erbringen oder soziale Dienstleistungen in einer Weise zu organisieren, die nicht mit der Vergabe öffentliche Aufträge verbunden ist, wenn ein solches System eine ausreichende Bekanntmachung gewährleistet und den Grundsätzen der Transparenz und Nichtdiskriminierung genügt.[8] Als besondere Beschaffungsregelung sieht die SRL für diese sozialen und anderen besonderen Dienstleistungen ein **vereinfachtes Vergabeverfahren** vor. Dieses vereinfachte Vergabeverfahren zeichnet sich dadurch aus, dass öffentliche Auftraggeber nach Art. 93 Abs. 1 S. 2 SRL lediglich verpflichtet sind, im Vergabeverfahren die Grundsätze der Transparenz und der Gleichbehandlung der Unternehmen einzuhalten. Nach Art. 91 iVm Art. 15 lit. c SRL greift für soziale und andere besondere Dienstleistungen iSd Anh. XVII der SRL ein besonderer Schwellenwert von 1.000.000 Euro.[9] 8

Die für öffentliche Auftraggeber nach § 130 Abs. 1 GWB, auf den § 142 GWB verweist, erleichterte **Verfahrenswahl** stellt ggü. der im Sektorenrecht nach § 141 GWB geltenden Wahlmöglichkeiten keinen Vorteil dar.[10] 9

Durch die Verweisung auf § 130 Abs. 2 GWB gilt, dass abweichend von § 132 Abs. 3 S. Nr. 2 GWB, der § 142 GWB grds. anwendbar ist, die **Änderung eines öffentlichen Auftrags** ohne Durchführung eines neuen Vergabeverfahrens zulässig ist, wenn der Wert der Änderung nicht mehr als 20 % des ursprünglichen Auftragswertes beträgt. Daneben darf die Änderung nach § 132 Abs. 2 S. 1 Nr. 1 GWB insges. den Schwellenwert für soziale und andere besondere Dienstleistungen nach § 106 Abs. 2 Nr. 2 iVm Art. 15 lit. c SRL nicht überschreiten.[11] Außerdem 10

---

[5] Greb/Müller/Müller GWB § 142 Rn. 49.
[6] IdS BReg., BT-Drs. 18/6281, 126; kritisch zur teilweise unsinnigen Übernahme des Anhangs der VRL in den Anhang der SRL: Beck VergabeR/Jansen GWB § 142 Rn. 8.
[7] BReg., BT-Drs. 18/6281, 126, wo anstatt Art. 91, fehlerhaft Art. 90 ff. SRL geschrieben ist.
[8] BReg., BT-Drs. 18/6281, 125.
[9] BReg., BT-Drs. 18/6281, 126.
[10] IdS Greb/Müller/Müller GWB § 142 Rn. 28 f., 31 auch zur Innovationspartnerschaft.
[11] IdS Greb/Müller/Müller GWB § 142 Rn. 32 f.

sind die S. 2 und 3 von § 132 Abs. 3 GWB nach § 142 Nr. 3 GWB nicht anzuwenden (→ Rn. 15).

11 Darüber hinaus sind nach Art. 92 SRL die beabsichtigte Vergabe sowie die Ergebnisse des Vergabeverfahrens **EU-weit bekannt zu machen**,[12] was durch § 39 SektVO umgesetzt wird.

2. Erweiterte Eignungskriterien (§ 142 Nr. 1 GWB iVm § 122 Abs. 1, 2 GWB)

12 Sektorenauftraggeber können nach § 142 Nr. 1 GWB abweichend von § 122 Abs. 1, 2 GWB die Unternehmen anhand **objektiver Kriterien** auswählen, die allen interessierten Unternehmen zugänglich sind, womit Art. 78 SRL Rechnung getragen wird. Diese Regelung ist ggü. dem klassischen Vergaberecht der VRL weniger streng und lässt bzgl. der Festlegung der Kriterien Spielräume.[13] Entsprechendes ist in § 46 Abs. 1 SektVO vorgeschrieben. Dabei ist der Begriff der objektiven Kriterien so zu verstehen, dass – ggf. auch durch Dritte – überprüfbar sein muss, ob das jew. Kriterium erfüllt wird.[14] Da nur von Abs. 1 und 2 des § 122 GWB, nicht aber von dessen Abs. 4 S. 2 suspendiert wurde, sind die Kriterien in der Auftragsbekanntmachung, der Vorinformation oder der Aufforderung zur Interessensbestätigung aufzuführen.[15] Die Anforderungen an die Unternehmen werden schließlich in §§ 45–50 SektVO konkretisiert.

3. Fakultative statt zwingende Ausschlussgründe (§ 142 Nr. 2 GWB iVm § 123 GWB)

13 Für „**private**" **Sektorenauftraggeber** iSd § 100 Abs. 1 Nr. 2 GWB sind nach § 142 Nr. 2 GWB (ähnlich § 46 Abs. 2 S. 1 SektVO) die Regelungen des zwingenden Ausschlusses in § 123 GWB nicht obligatorisch, sondern – wie in Art. 80 SRL – fakultativ ausgestaltet.[16] Dabei wird davon ausgegangen, dass die Sektorenauftraggeber nicht selektiv einzelne Ausschlussgründe des § 123 GWB auswählen, sondern nur insges. über die Anwendung von § 123 GWB entscheiden.[17]

14 Demgegenüber haben die **öffentlichen Auftraggeber** iSd § 100 Abs. 1 Nr. 1 GWB bei Vorliegen eines zwingenden Ausschlussgrundes nach § 123 GWB das Unternehmen vom Vergabeverfahren auszuschließen, wie sich aus Art. 80 Abs. 1 UAbs. 2 SLR iVm Art. 57 Abs. 1, 2 VRL ergibt.[18] Dies ist auch in § 46 Abs. 2 S. 2 SektVO festgeschrieben.

4. Erleichterte Auftragsänderung während Vertragslaufzeit (§ 142 Nr. 3 GWB)

15 Die erleichterte Auftragsänderung während der Vertragslaufzeit nach § 142 Nr. 3 GWB durch Ausschluss der Anwendung von § 132 Abs. 2 S. 2, 3 GWB ergibt sich aus Art. 89 Abs. 1 SRL, denn anders als in Art. 72 Abs. 1 VRL, der durch § 132 Abs. 2 S. 2, 3 GWB umgesetzt wird, findet sich in der SRL bei der zulässigen Vertragsverlängerung wegen zusätzlicher Dienstleistungen keine Einschränkung auf

---

[12] BReg., BT-Drs. 18/6281, 126.
[13] BReg., BT-Drs. 18/6281, 125.
[14] Beck VergabeR/Jansen GWB § 142 Rn. 13 unter Hinweis auf EuGH 4.12.2003 – C-448/01, Slg. 2003, I-14558 Rn. 50 = NZBau 2004, 105 – Wienstrom.
[15] Beck VergabeR/Jansen GWB § 142 Rn. 15.
[16] BReg., BT-Drs. 18/6281, 125.
[17] Beck VergabeR/Jansen GWB § 142 Rn. 18 mwN auch zur Gegenansicht.
[18] Greb/Müller/Müller GWB § 142 Rn. 53.

maximal 50 % des ursprünglichen Preises.[19] In der SektVO ist keine entspr. Regelung ersichtlich.

§ 143 Regelung für Auftraggeber nach dem Bundesberggesetz

(1) [1]Sektorenauftraggeber, die nach dem Bundesberggesetz berechtigt sind, Erdöl, Gas, Kohle oder andere feste Brennstoffe aufzusuchen oder zu gewinnen, müssen bei der Vergabe von Liefer-, Bau- oder Dienstleistungsaufträgen oberhalb der Schwellenwerte nach § 106 Absatz 2 Nummer 2 zur Durchführung der Aufsuchung oder Gewinnung von Erdöl, Gas, Kohle oder anderen festen Brennstoffen die Grundsätze der Nichtdiskriminierung und der wettbewerbsorientierten Auftragsvergabe beachten. [2]Insbesondere müssen sie Unternehmen, die ein Interesse an einem solchen Auftrag haben können, ausreichend informieren und bei der Auftragsvergabe objektive Kriterien zugrunde legen. [3]Die Sätze 1 und 2 gelten nicht für die Vergabe von Aufträgen, deren Gegenstand die Beschaffung von Energie oder Brennstoffen zur Energieerzeugung ist.

(2) [1]Die Auftraggeber nach Absatz 1 erteilen der Europäischen Kommission über das Bundesministerium für Wirtschaft und Energie Auskunft über die Vergabe der unter diese Vorschrift fallenden Aufträge nach Maßgabe der Entscheidung 93/327/EWG der Kommission vom 13. Mai 1993 zur Festlegung der Voraussetzungen, unter denen die öffentlichen Auftraggeber, die geographisch abgegrenzte Gebiete zum Zwecke der Suche oder Förderung von Erdöl, Gas, Kohle oder anderen Festbrennstoffen nutzen, der Kommission Auskunft über die von ihnen vergebenen Aufträge zu erteilen haben (ABl. L 129 vom 27.5.1993, S. 25). [2]Sie können über das Verfahren gemäß der Rechtsverordnung nach § 113 Satz 2 Nummer 8 unter den dort geregelten Voraussetzungen eine Befreiung von der Pflicht zur Anwendung dieser Bestimmung erreichen.

I. Bedeutung der Vorschrift

Für die Auftraggeber nach dem Bundesberggesetz enthält § 143 GWB weitgehende **Privilegierungen** bei der Vergabe. Zwar werden auch diese Bereiche grds. von Art. 14 lit. a SRL erfasst, jedoch besteht aufgrund einer (auf Art. 3 RL 93/38/EWG[1] gestützten) Entscheidung der Kommission (2004/73/EG v. 15.1.2004)[2] eine weitgehende Befreiung von dem europäischen Vergaberecht. Nur bei Auftragsvergaben oberhalb der Schwellenwerte ist der Grundsatz der Nichtdiskriminierung und der wettbewerbsorientieren Auftragserteilung einzuhalten.[3] Dies wurde durch Art. 27 SKR und Art. 33 SRL perpetuiert und mittels Abs. 1 und Abs. 2 S. 1 umgesetzt. Dazu wurde der Inhalt des § 11 VgV aF durch die VgRModG mit marginalen Änderungen zunächst in § 129b GWB und später in § 143 GWB (vgl. BT-Drs. 18/6281, 126) übernommen. 1

Eine noch weitergehende Befreiungsmöglichkeit vom Vergaberecht setzt Abs. 2 S. 2 im Hinblick auf Art. 34 f. SRL um (→ Rn. 11). Anderseits kann im subventi- 2

---

[19] BReg., BT-Drs. 18/6281, 125.
[1] RL 93/38/EWG des Rates v. 14.6.1993 zur Koordinierung der Auftragsvergabe durch Auftraggeber im Bereich der Wasser-, Energie- und Verkehrsversorgung sowie im Telekommunikationssektor (ABl. 1993 L 199, 84).
[2] ABl. 2004 L 16, 57.
[3] BReg, BT-Drs. 16/10117, 25.

onierten Bergbau besonderes, verschärftes Vergaberecht aufgrund des Zuwendungsrechts bestehen.[4]

II. Anwendungsbereich

3 Zur Beschreibung des **persönlichen Anwendungsbereichs** verweist Abs. 1 S. 1 dynamisch auf die Definition der Sektorenauftraggeber in § 100 GWB.[5] Weiter muss ein Auftraggeber über eine Berechtigung nach dem Bundesberggesetz (vgl. dort §§ 6 ff. BBergG[6]) verfügen, um in den Genuss der Privilegierungen gem. § 143 GWB zu gelangen.

4 Der **sachliche Anwendungsbereich** setzt nach dem Wortlaut des Abs. 1 S. 1 voraus, dass der Wert des Auftrags die in § 106 Abs. 2 Nr. 2 GWB iVm Art. 15 SRL festgelegten Schwellenwerte überschreitet. Ausreichend ist aber – wie auch sonst üblich und sich aus der SRL ergibt –, wenn dieser Schwellenwert erreicht wird.[7] Diese **dynamisch-heteronome Verweisung** ist ausnahmsweise verfassungsrechtlich unproblematisch, weil sie ausschl. der Umsetzung von EU-Recht ohne Umsetzungsspielraum dient.[8] Die **aktuellen Schwellenwerte** (Anpassung regelmäßig alle zwei Jahre) betragen ab dem 1.1.2022:
– 431.000 Euro bei Liefer- und Dienstleistungsaufträgen,
– 5.382.000 Euro bei Bauaufträgen und
– 1.000.000 Euro bei Dienstleistungsaufträgen betreffend soziale und andere besondere Dienstleistungen, die in Anh. XVII aufgeführt sind.[9]

5 Weiter müssen die Aufträge „zur Durchführung der Aufsuchung oder Gewinnung von Erdöl, Gas, Kohle oder anderen Festbrennstoffen" erfolgen. Damit wird an § 4 BBergG angeknüpft.[10] Erfasst sind auch Tätigkeiten aufgrund des Abschlussbetriebsplans.[11] Bei mehreren Tätigkeiten erfolgt eine Abgrenzung entspr. § 110 GWB. Für die konzessionsfremden Tätigkeiten gelten die strengeren allgemeinen Regelungen des Kartellvergaberechts.[12]

6 Bei der **Beschaffung von Energie oder Brennstoffen (vgl. § 102 Abs. 6 GWB) zur Energieerzeugung** ist § 143 GWB gem. dessen Abs. 1 S. 3 unanwendbar. Diese Ausnahme beruht auf Art. 23 lit. b SRL.

III. Rechtsfolgen des Abs. 1

7 Für die Vergaben im Anwendungsbereich des Abs. 1 (→ Rn. 3–6) sind die bereits allg. in § 97 Abs. 1, 2 GWB angeordneten **Grundsätze der Nichtdiskriminierung** (→ GWB § 97 Rn. 9–38) und der **wettbewerbsorientierten Auftragsver-**

---

[4] RKPP/Verfürth GWB § 143 Rn. 6.
[5] Immenga/Mestmäcker/Kling GWB § 143 Rn. 5. Dagegen auch nach Änderung des Wortlauts noch von einer Verweisung auf den Begriff der öffentlichen Auftraggeber iSv § 100 Abs. 1 Nr. 1 GWB annehmend Greb/Müller/Müller GWB § 143 Rn. 6.
[6] Bundesberggesetz, zuletzt geändert durch Art. 4 Gesetz v. 22.3.2023 (BGBl. 2023 I Nr. 88).
[7] Greb/Müller/Müller GWB § 143 Rn. 11; Immenga/Mestmäcker/Kling GWB § 143 Rn. 7; Beck VergabeR/Gröning GWB § 143 Rn. 6.
[8] Dazu allg. Debus, Verweisungen in deutschen Rechtsnormen, 2008, S. 243 ff.
[9] Art. 15 SRL iVm Delegierte Verordnung (EU) Nr. 2021/1953 der Kommission v. 10.11.2021, ABl. 2021 L 398, 257.
[10] IdS Beschlussempfehlung und Bericht des Ausschusses für Wirtschaft und Technologie (9. Ausschuss), BT-Drs. 16/11428, 34.
[11] Terwiesche NuR 2019, 168 (169).
[12] HK-VergabeR/Schellenberg GWB § 143 Rn. 6.

gabe (→ GWB § 97 Rn. 2–8) zu beachten. Abs. 1 S. 2 erwähnt als dementsprechende Verfahrensweisen beispielhaft die Pflicht zur ausreichenden Information und die Verwendung objektiver Kriterien bei der Auftragsvergabe.

Fraglich ist, ob für die von Abs. 1 S. 1 erfassten Aufträge nur die dort genannten **8** Grundsätze oder ob daneben **weitere Regelungen des GWB** anzuwenden sind. So wird insbes. die Anwendung der §§ 134 f. GWB aus Gründen des effektiven Rechtsschutzes befürwortet.[13] Außerdem sei auch eine Nachprüfung gem. §§ 155–184 GWB möglich.[14] Auch sollen Regelungen der SektVO zum Verständnis der in Abs. 1 genannten Vergabeprinzipien herangezogen werden können.[15] Überdies wird eine Anlehnung an die KonzVgV empfohlen.[16]

Für eine **abschließende Sonderregelung** spricht aber der Wortlaut von Art. 1 **9** UAbs. 1 der Entscheidung 2004/73/EG, wonach die entspr. Nutzung geografisch abgegrenzter Gebiete in Deutschland nicht als Tätigkeit iSd Anwendungsbereichsnorm gelte.[17] Weiter deutet die Begründung zur Vorgängerregelung in § 129b GWB auf eine abschl. Sonderregelung hin. Die Auftraggeber „sind lediglich gehalten, bei Auftragsvergaben oberhalb der Schwellenwerte den Grundsatz der Nichtdiskriminierung und der wettbewerbsorientierten Auftragserteilung einzuhalten."[18]

IV. Auskunftspflicht (Abs. 2 S. 1)

In Abs. 2 S. 1 wird eine **umfassende Auskunftspflicht** für von Abs. 1 erfasste **10** Auftraggeber statuiert, deren Anwendungsbereich und Inhalt durch die Verweisung auf die Entscheidung 93/327/EWG festgelegt wird. Gem. Art. 1 der Entscheidung müssen Auftraggeber „der Kommission für jeden von ihnen vergebenen Auftrag mit einem Wert (s. Art. 12 RL 90/531/EWG) von über 5 Mio. ECU alle im Anhang genannten Auskünfte innerhalb einer Frist von 48 Tagen nach der Vergabe des Auftrags erteilen." In Hinblick auf Art. 2 Abs. 1 S. 1 VO (EG) Nr. 1103/97 liegt eine Umrechnung zum Kurs von 1 Euro für 1 ECU nahe.[19] Allerdings wurde in der Entscheidung auf den damaligen Schwellenwert für Bauaufträge in Art. 12 RL 90/531/EWG abgestellt, und der entspr. Schwellenwert ist heute in Art. 15 lit. b SRL festgelegt. Auch in § 143 Abs. 1 GWB iVm § 106 Abs. 2 Nr. 2 GWB wird auf die Schwellenwerte in Art. 15 SRL abgestellt, so dass sich Friktionen zwischen Abs. 1 und 2 sowie der aktuellen SRL nur vermeiden lassen, wenn Art. 1 der Entscheidung 93/327/EWG als dynamische Verweisung auf den Schwellenwert

---

[13] IdS Greb/Müller/Müller GWB § 143 Rn. 18; Müller-Wrede GWB/Müller-Wrede § 143 Rn. 20.

[14] VK Arnsberg 11.3.2010 – VK 1/10, VPRRS 2010, 0325 = IBRRS 2010, 3682; Byok/Jaeger/Franßen GWB § 143 Rn. 30, der keine weitergehende Anwendung des allgemeinen Vergaberechts befürwortet; Müller-Wrede GWB/Müller-Wrede § 143 Rn. 28 f.

[15] OLG Düsseldorf 17.12.2014 – VII-Verg 18/14, BeckRS 2016, 15869.

[16] Greb/Müller/Müller GWB § 143 Rn. 13.

[17] IdS Byok/Jaeger/Franßen GWB § 143 Rn. 24; dagegen begründet Müller-Wrede GWB/Müller-Wrede § 143 Rn. 207, mit Details aus der Entstehungsgeschichte, dass diese Entscheidung der ergänzenden Anwendung der Rechtsschutzregeln des GWB nicht entgegenstehe. Weitergehend für eine uneingeschränkte Geltung des GWB und der VgV: Terwiesche NuR 2019, 168 (170).

[18] BT-Drs. 16/10117, 25. § 143 GWB entspricht nach dessen Begr. (BT-Drs. 18/6281, 126) § 129b GWB aF.

[19] So Byok/Jaeger/Franßen GWB § 143 Rn. 34; Immenga/Mestmäcker/Kling GWB § 143 Rn. 16; Müller-Wrede GWB/Müller-Wrede § 143 Rn. 23.

für Bauaufträge ausgelegt wird.[20] Dementsprechend gilt die **eingeschränkte Auskunftspflicht** gem. Abs. 2 S. 1 iVm Art. 2 der Entscheidung 93/327/EWG nur für Aufträge mit einem Volumen zwischen den Schwellenwerten von Art. 15 lit. a, b SRL (zu den aktuellen Beträgen → Rn. 4).

V. Befreiung (Abs. 2 S. 2)

11   Gem. Abs. 2 S. 2 können die Auftraggeber „eine Befreiung von der Pflicht zur Anwendung dieser Bestimmung erreichen." Die systematische Stellung im selben Absatz wie die Auskunftspflicht in Abs. 2 S. 1 könnte dazu verführen, S. 2 als Befreiungsmöglichkeit lediglich von der Auskunftspflicht zu interpretieren.[21] Demgegenüber wird nach der Begründung zur Vorgängerregelung[22] „die Möglichkeit eröffnet, sich gänzlich von der Anwendungsverpflichtung dieser Vorschrift zu befreien." Für diese Interpretation spricht auch die Verweisung in Abs. 2 S. 2 auf das Verfahren gem. der Rechtsverordnung nach § 113 S. 2 Nr. 8 GWB, worin geregelt werden kann, welche „Auftraggeber nach dem Bundesberggesetz von der Verpflichtung zur Anwendung dieses Teils befreit werden können".[23] Eine entspr. Regelung erfolgt in § 3 Abs. 7 SektVO (→ SektVO § 3 Rn. 16), womit von der vollständigen Befreiungsmöglichkeit von den Vorgaben der SRL gem. Art. 34 f. SRL Gebrauch gemacht wurde. Entspr. **erfolgreiche Befreiungsverfahren** für das Aufsuchen von Erdölvorkommen und/oder Erdgasvorkommen und deren Förderung in den Niederlanden (2009/546/EG v. 8.7.2009) sowie in England, Schottland und Wales (2010/192/EU v. 29.3.2010), in Italien (2011/372/EU v. 24.6.2011), in Dänemark (2011/481/EU v. 28.7.2011), in Zypern (2013/39/EU v. 18.1.2013), in Griechenland ((EU) 2015/1120 v. 8.7.2015) sowie in Portugal ((EU) 2015/2177 v. 20.11.2015) wurden bereits durchgeführt. Entspr. gilt auch für den Abbau bitumenhaltiger Steinkohle in der Tschechischen Republik (2011/306/EU v. 20.5.2011).

Unterabschnitt 2. Vergabe von verteidigungs- oder sicherheitsspezifischen öffentlichen Aufträgen

§ 144 Anwendungsbereich

Dieser Unterabschnitt ist anzuwenden auf die Vergabe von verteidigungs- oder sicherheitsspezifischen öffentlichen Aufträgen durch öffentliche Auftraggeber und Sektorenauftraggeber.

1   § 144 GWB regelt den Anwendungsbereich des 2. Unterabschn. des 3. Abschn. des GWB. Dieser Unterabschn. ist dann anwendbar, wenn ein verteidigungs- oder sicherheitsspezifischer Auftrag iSd § 104 GWB von einem öffentlichen Auftraggeber iSd § 99 GWB oder einem Sektorenauftraggeber iSd § 100 GWB vergeben wird. Auf die Kommentierungen der §§ 99, 100, 104 GWB wird verwiesen.
2   Zu beachten ist die allg. Ausnahme des § 107 Abs. 2 GWB, die zu einer Unanwendbarkeit der §§ 144–147 GWB führen kann, wenn wesentliche Sicherheitsinte-

---

[20] IdS RKPP/Verfürth GWB § 143 Rn. 17 f.; Beck VergabeR/Gröning GWB § 143 Rn. 18; differenzierend EOR/Opitz GWB § 143 Rn. 17; für eine statische Verweisung: Immenga/Mestmäcker/Kling GWB § 143 Rn. 16.
[21] So RKPP/Verfürth GWB § 143 Rn. 20.
[22] BT-Drs. 16/10117, 25.
[23] So iErg Greb/Müller/Müller GWB § 143 Rn. 17; Immenga/Mestmäcker/Kling GWB § 143 Rn. 18 auch mN zur Gegenansicht; Müller-Wrede GWB/Müller-Wrede § 143 Rn. 26.

ressen der Bundesrepublik Deutschland iSd Art. 346 Abs. 1 AEUV betroffen sind (dazu iE → § 107 Rn. 44 ff.).[1]

§ 145 Besondere Ausnahmen für die Vergabe von verteidigungs- oder sicherheitsspezifischen öffentlichen Aufträgen

Dieser Teil ist nicht anzuwenden auf die Vergabe von verteidigungs- oder sicherheitsspezifischen öffentlichen Aufträgen, die
1. den Zwecken nachrichtendienstlicher Tätigkeiten dienen,
2. im Rahmen eines Kooperationsprogramms vergeben werden, das
   a) auf Forschung und Entwicklung beruht und
   b) mit mindestens einem anderen Mitgliedstaat der Europäischen Union für die Entwicklung eines neuen Produkts und gegebenenfalls die späteren Phasen des gesamten oder eines Teils des Lebenszyklus dieses Produkts durchgeführt wird;
   beim Abschluss eines solchen Abkommens teilt die Europäische Kommission den Anteil der Forschungs- und Entwicklungsausgaben an den Gesamtkosten des Programms, die Vereinbarung über die Kostenteilung und gegebenenfalls den geplanten Anteil der Beschaffungen je Mitgliedstaat mit,
3. in einem Staat außerhalb der Europäischen Union vergeben werden; zu diesen Aufträgen gehören auch zivile Beschaffungen im Rahmen des Einsatzes von Streitkräften oder von Polizeien des Bundes oder der Länder außerhalb des Gebiets der Europäischen Union, wenn der Einsatz es erfordert, dass im Einsatzgebiet ansässige Unternehmen beauftragt werden; zivile Beschaffungen sind Beschaffungen nicht-militärischer Produkte und Beschaffungen von Bau- oder Dienstleistungen für logistische Zwecke,
4. die Bundesregierung, eine Landesregierung oder eine Gebietskörperschaft an eine andere Regierung oder an eine Gebietskörperschaft eines anderen Staates vergibt und die Folgendes zum Gegenstand haben:
   a) die Lieferung von Militärausrüstung im Sinne des § 104 Absatz 2 oder die Lieferung von Ausrüstung, die im Rahmen eines Verschlusssachenauftrags im Sinne des § 104 Absatz 3 vergeben wird,
   b) Bau- und Dienstleistungen, die in unmittelbarem Zusammenhang mit dieser Ausrüstung stehen,
   c) Bau- und Dienstleistungen speziell für militärische Zwecke oder
   d) Bau- und Dienstleistungen, die im Rahmen eines Verschlusssachenauftrags im Sinne des § 104 Absatz 3 vergeben werden,
5. Finanzdienstleistungen mit Ausnahme von Versicherungsdienstleistungen zum Gegenstand haben,
6. Forschungs- und Entwicklungsdienstleistungen zum Gegenstand haben, es sei denn, die Ergebnisse werden ausschließlich Eigentum des Auftraggebers für seinen Gebrauch bei der Ausübung seiner eigenen Tätigkeit und die Dienstleistung wird vollständig durch den Auftraggeber vergütet,
7. besonderen Verfahrensregeln unterliegen,
   a) die sich aus einem internationalen Abkommen oder einer internationalen Vereinbarung ergeben, das oder die zwischen einem oder mehreren Mitgliedstaaten der Europäischen Union und einem oder meh-

---

[1] Beck VergabeR/von Wietersheim GWB § 144 Rn. 7; MüKoEuWettbR/Hindelang/Eisenhut GWB § 144 Rn. 2.

reren Staaten, die nicht Vertragsparteien des Übereinkommens über den Europäischen Wirtschaftsraum sind, geschlossen wurde,
b) die sich aus einem internationalen Abkommen oder einer internationalen Vereinbarung im Zusammenhang mit der Stationierung von Truppen ergeben, das oder die Unternehmen eines Mitgliedstaates der Europäischen Union oder eines anderen Staates betrifft, oder
c) die für eine internationale Organisation gelten, wenn diese für ihre Zwecke Beschaffungen tätigt oder wenn ein Mitgliedstaat öffentliche Aufträge nach diesen Regeln vergeben muss.

Literatur: Antweiler, Umgehungsverbote im Vergaberecht, FS Marx, 2013, 1; Byok, Reformierter Regelungsrahmen für Beschaffungen im Sicherheits- und Verteidigungssektor, NVwZ 2012, 70; Eisenhut, Das Vergaberecht der Verteidigungsgüterbeschaffung, NJW 2022, 3270; Friton, Verteidigungsbeschaffungen über internationale Organisationen, NZBau 2021, 362; Höfler, Beschaffung und Betrieb von Waffensystemen im Spannungsfeld von Vergabe- und Beihilfenrecht, NZBau 2015, 736; Hölzl, Neu: Der Konkurrent im Sicherheits- und Verteidigungsbereich – Zu den praktischen Auswirkungen des „Gesetzes zur Änderung des Vergaberechts für die Bereiche Verteidigung und Sicherheit", VergabeR 2012, 141; Rosenkötter, Die Verteidigungsrichtlinie 2009/81/EG und ihre Umsetzung, VergabeR 2012, 267; Roth/Lamm, Die Umsetzung der Verteidigungsgüter-Beschaffungsrichtlinie in Deutschland, NZBau 2012, 609; Scherer-Leydecker, Verteidigungs- und sicherheitsrelevante Aufträge – Eine neue Auftragskategorie im Vergaberecht, NZBau 2012, 533; Stöß/Zech, Das Gesetz zur Beschleunigung von Beschaffungsmaßnahmen der Bundeswehr, GSZ 2022, 209; Voll, Der novellierte Regelungsrahmen zur Vergabe verteidigungs- und sicherheitsrelevanter öffentliche Aufträge, NVwZ 2013, 120. Vgl. iÜ die Angaben bei Einl. VSVgV.

I. Bedeutung der Vorschrift

1. Unionsrechtliche Vorgaben

1   Bereits im Jahr 2004 hatte die Kommission in einem Grünbuch zur Beschaffung von Verteidigungsgütern[1] die Verwirklichung eines europäischen Marktes für Verteidigungsgüter in Aussicht gestellt. Am 5.12.2007 hatte sie dann ein Maßnahmenpaket für die Verteidigungsindustrie (**„Defence Package"**) angekündigt, um einen rechtsverbindlichen Rahmen für die Vergabe von Rüstungsaufträgen zu schaffen.[2] Als Teil dieses Maßnahmenpakets trat am 20.8.2009 die VSVKR in Kraft.[3] Sie hat neues Sekundärvergaberecht für die Vergabe öffentlicher Aufträge im Verteidigungsbereich geschaffen.[4] Auch für den Rechtsschutz enthält sie besondere Regeln, die sich allerdings an der RL 89/665/EWG orientieren.[5] Bis zum 21.8.2011 hätte die VSKR in nationales Recht umgesetzt werden müssen. Diese Frist hat der Gesetzgeber nicht eingehalten; die Umsetzung ist erst durch das Gesetz zur Änderung des Vergaberechts für die Bereiche Verteidigung und Sicherheit v. 7.12.2011[6] erfolgt,[7]

---

[1] KOM(2004), 608.

[2] Mitteilung „Eine Strategie für eine stärkere und wettbewerbsfähigere europäische Verteidigungsindustrie" v. 5.12.2007, KOM(2007), 764 endg., S. 7 ff.; vgl. hierzu Gabriel VergabeR 2009, 380.

[3] ABl. 2009 L 216, 76; vgl. hierzu Höfler NZBau 2015, 736 (737 f.); Hertel/Schöning NZBau 2009, 684 ff.

[4] Vgl. Eisenhut NJW 2022, 3270 (3271).

[5] Wagner/Bauer VergabeR 2009, 856 (868); Gabriel VergabeR 2009, 380 (388 f.).

[6] BGBl. I 2570.

[7] Vgl. dazu Byok NVwZ 2012, 70 ff.; Hölzl VergabeR 2012, 141 (143); Rosenkötter VergabeR 2012, 267 (278); Roth/Lamm NZBau 2012, 609; Scherer-Leydecker NZBau 2012, 533 (534).

und zwar iW in § 100 Abs. 1 Nr. 3 GWB aF sowie in § 100c GWB aF. Dazu ausf. → VSVgV Einl. Rn. 1 ff.

Unter welchen Voraussetzungen verteidigungs- oder sicherheitsspezifische Aufträge nicht dem Sekundärvergaberecht unterliegen, ergibt sich aus **Art. 11–13 VSVKR.** § 145 GWB setzt diese Vorschriften nicht insges. um, sondern nur insoweit, als es in der VRL und der SRL keine inhaltlich entspr. Ausnahmetatbestände gibt. Konkret geht es um die Umsetzung des Art. 12 VSVKR sowie der Art. 13 lit. b, c, d, f, h, j VSVKR. Diejenigen Ausnahmetatbestände der VSVKR, für die sich in der VRL oder der SRL vergleichbare Vorschriften finden, sind dagegen in § 107 GWB geregelt. So ist zB der Ausnahmetatbestand für Schieds- und Schlichtungsleistungen (Art. 13 lit. g VSVKR) in § 107 Abs. 1 Nr. 1 GWB umgesetzt; die Ausnahme für Arbeitsverträge (Art. 13 lit. i VSVKR) ist Regelungsgegenstand des § 107 Abs. 1 Nr. 3 GWB. Die allg. Ausnahmetatbestände nach § 107 GWB sind neben § 145 GWB anwendbar.[8] 2

Art. 11 VSVKR normiert ein ausdr. **Umgehungsverbot:**[9] Die in Art. 12, 13 VSVKR dieser RL genannten Vorschriften, Verfahren, Programme, Vereinbarungen, Regelungen oder Verträge dürfen nicht zur Umgehung des in der RL normierten Sekundärvergaberechts angewandt werden. Daraus folgt, dass die Ausnahmetatbestände der VSVKR **besonders eng auszulegen** sind[10] (→ § 107 Rn. 5 ff.). 3

2. Normzweck

§ 145 GWB dient der **Umsetzung der Art. 12, 13 VSVKR,** soweit deren Ausnahmeregelungen entweder nur in dieser RL vorgesehen oder dort abweichend von den Ausnahmetatbeständen der VRL bzw. der SRL formuliert sind.[11] Daher ist der Anwendungsbereich auf die Vergabe verteidigungs- oder sicherheitsspezifischer öffentlicher Aufträge iSd § 104 Abs. 1 GWB begrenzt. 4

3. Entstehungsgeschichte

Der Sache nach übernimmt § 145 GWB insbes. die Abs. 2–4 des **§ 100c GWB aF,** der durch das Gesetz zur Änderung des Vergaberechts für die Bereiche Verteidigung und Sicherheit v. 7.12.2011[12] eingefügt worden war. In dieser Vorschrift waren diejenigen in der VSVKR normierten Ausnahmetatbestände zusammengefasst, die ausschl. bei der Vergabe verteidigungs- oder sicherheitsrelevanter Aufträge eingreifen. Das **BwBBG** v. 11.7.2022[13] hat in seinem § 3 Abs. 6 eine Klarstellung für den Anwendungsbereich des § 145 Nr. 7 lit. c GWB gebracht.[14] 5

II. Aufträge zum Zweck nachrichtendienstlicher Tätigkeiten (Nr. 1)

Die VSVKR geht davon aus, dass Beschaffungsmaßnahmen im Zusammenhang mit **nachrichtendienstlichen Tätigkeiten** besonders sensibel sind, so dass die 6

---

[8] BT-Drs. 18/6281, 126.
[9] Näher zur Bedeutung und Wirkung vergaberechtlicher Umgehungsverbote Antweiler FS Marx, 2013, 1 ff.
[10] Vgl. EuGH 20.3.2018 – C-187/16, NZBau 2018, 478 Rn. 77; RKPP/Hölzl GWB § 145 Rn. 2; Wagner/Bauer VergabeR 2009, 856 (860); Ziekow VergabeR 2007, 711 (712 f.).
[11] BT-Drs. 18/6281, 126; vgl. auch BT-Drs. 17/7275, 17; sowie Roth/Lamm NZBau 2012, 609 (610).
[12] BGBl. I 2570; vgl. dazu Voll NVwZ 2013, 120 ff.
[13] BGBl. I 1078.
[14] Vgl. dazu Stöß/Zech GSZ 2022, 209 (211).

Anwendung des Vergaberechts unangebracht wäre.[15] Deshalb normiert Art. 13 lit. b VSVKR einen Ausnahmetatbestand für Aufträge zum Zweck nachrichtendienstlicher Tätigkeiten. Dieser Ausnahmetatbestand wurde durch § 145 Nr. 1 GWB in nationales Recht umgesetzt.[16] Inhaltlich stimmt die Vorschrift mit § 100c Abs. 2 Nr. 2 GWB aF überein. Damit soll bei nachrichtendienstlichen Tätigkeiten ein Höchstmaß an Geheimhaltung gewährleistet werden.[17]

7   Unter § 145 Nr. 1 GWB fallen sowohl die Beschaffung durch **Nachrichtendienste** als auch die Beschaffung für Maßnahmen zur **Abwehr nachrichtendienstlicher Tätigkeit.**[18] Im Gegensatz zum Bundesnachrichtendienst, dem Bundesamt für Verfassungsschutz, dem Militärischen Abschirmdienst und den Verfassungsschutzbehörden der Länder sind die Bundeswehr, das Bundeskriminalamt, die Bundespolizei sowie die Landeskriminalämter keine Nachrichtendienste; daher können ihre Beschaffungsmaßnahmen nur dann unter § 145 Nr. 1 GWB fallen, wenn es im Einzelfall um die Abwehr einer nachrichtendienstlichen Tätigkeit geht. Wann eine nachrichtendienstliche Tätigkeit vorliegt, ist auf unionsrechtlicher Ebene nicht geregelt; die VSVKR überlässt diese Definition den Mitgliedstaaten.[19] Erforderlich für das Eingreifen des Ausnahmetatbestands ist immer ein hinreichend enger Zusammenhang zwischen der jew. Beschaffungsmaßnahme und einer nachrichtendienstlichen Tätigkeit;[20] es muss also ein unmittelbarer Bezug zu den Kernaufgaben von Nachrichtendiensten bzw. zur Abwehr nachrichtendienstlicher Tätigkeit bestehen. Ein nur mittelbarer Zusammenhang genügt nicht.[21]

III. Aufträge im Rahmen eines auf Forschung und Entwicklung beruhenden Kooperationsprogramms (Nr. 2)

8   § 145 Nr. 2 GWB dient der Umsetzung des Art. 13 lit. c VSVKR und entspr. § 100c Abs. 2 Nr. 3 GWB aF.[22] Welche Motive für den Ausnahmetatbestand maßgeblich waren, ergibt sich aus den Erwgr. 28 und 55 der VSVKR: Einige Mitgliedstaaten führen für die Entwicklung von Verteidigungsausrüstung **Kooperationsprogramme** durch, um die Entwicklungskosten zu senken; Aufträge zur Entwicklung von Verteidigungsausrüstung sollten nicht unter die VSVKR fallen.[23] Hinzu kommt, dass die Förderung von **Forschung und Entwicklung** ein Maximum an Flexibilität bei der Auftragsvergabe erfordert.[24] Deshalb stellt Art. 13 lit. c VSVKR solche Aufträge frei, wenn sie im Rahmen eines auf Forschung und Entwicklung beruhenden Kooperationsprogramms von mindestens zwei Mitgliedstaaten für die Entwicklung eines neuen Produkts vergeben werden. Dabei greift der Ausnahmetatbestand nur dann ein, wenn die in § 145 Nr. 2 lit. a, b GWB genannten Tatbestandsvoraussetzungen kumulativ erfüllt sind. Zu Forschung und Entwicklung iSd § 145 Nr. 2 lit. a GWB zählen Grundlagenforschung, angewandte Forschung und experimentelle Entwicklung[25] (→ § 116 Rn. 12).

---

[15] Erwgr. 27 der VSVKR.
[16] BT-Drs. 18/6281, 126.
[17] Byok NVwZ 2012, 70 (73).
[18] Erwgr. 27 der VSVKR.
[19] Erwgr. 27 der VSVKR.
[20] OLG Düsseldorf 13.4.2016 – VII-Verg 46/15, NZBau 2016, 659 (661).
[21] Vgl. Beck VergabeR/Otting § 145 Rn. 5.
[22] BT-Drs. 18/6281, 126.
[23] Erwgr. 18 der VSVKR.
[24] Erwgr. 55 der VSVKR.
[25] Erwgr. 13 der VSVKR.

IV. Aufträge außerhalb der Europäischen Union (Nr. 3)

Art. 13 lit. d VSVKR normiert einen Ausnahmetatbestand für „Aufträge, die in einem Drittland vergeben werden, einschließlich ziviler Beschaffung im Rahmen des Einsatzes von Truppen außerhalb des Gebiets der Union, wenn der Einsatz es erfordert, dass sie mit im Einsatzgebiet ansässigen Wirtschaftsteilnehmern geschlossen werden". Dieser Ausnahmetatbestand sollte durch § 145 Nr. 3 GWB, der § 100c Abs. 3 GWB aF entspricht, in nationales Recht umgesetzt werden.[26]

Allerdings erweckt der Wortlaut des § 145 Nr. 3 GWB den Eindruck, die Vergabe von Aufträgen für militärische Zwecke in einem Land außerhalb der Europäischen Union sei generell vom Anwendungsbereich des Kartellvergaberechts freigestellt; nur bei zivilen Beschaffungen im Rahmen eines Einsatzes der Streitkräfte müsse hinzukommen, dass ein im Einsatzgebiet ansässiges Unternehmen beauftragt wird. Dagegen lässt der Wortlaut des Art. 13 lit. d VSVKR auch die Auslegung zu, dass die Beschaffung von Leistungen für militärische Zwecke in einem Drittland ebenfalls nur dann freigestellt ist, wenn ein im Einsatzgebiet ansässiger Wirtschaftsteilnehmer beauftragt wird. Für diese Auslegung spricht auch der Erwgr. 29 der VSVKR, in welchem die Hintergründe des Ausnahmetatbestands erläutert werden: „Für den Fall, dass die Streitkräfte oder die Sicherheitskräfte der Mitgliedstaaten außerhalb der Grenzen der Union Operationen durchführen, sollten die im **Einsatzgebiet** stationierten Auftraggeber, wenn der Einsatz dies erfordert, die Erlaubnis erhalten, bei der Vergabe von Aufträgen an im Einsatzgebiet ansässige Marktteilnehmer von der Anwendung dieser Richtlinie abzusehen, und zwar auch für zivile Beschaffungen, die im unmittelbaren Zusammenhang mit der Durchführung dieses Einsatzes stehen."[27] Diese Formulierung lässt keinen Zweifel daran, dass Art. 13 lit. d VSVKR die Vergabe von Aufträgen in einem Drittland nicht generell freistellt, sondern nur dann, wenn zwei Voraussetzungen erfüllt sind: *Erstens* muss der Auftrag **aufgrund eines Einsatzes der Streitkräfte erforderlich** sein; *zweitens* muss ein **im Einsatzgebiet ansässiger Marktteilnehmer** beauftragt werden. Diese Vorgaben sind auch iRd § 145 Nr. 3 GWB zu beachten; insofern ist eine unionsrechtskonforme Auslegung geboten. IErg. erleichtert § 145 Nr. 3 GWB somit ausschl. „Vor-Ort-Beschaffungen" bei Einsätzen der Bundeswehr oder von Sicherheitskräften des Bundes oder eines Landes außerhalb der EU.[28]

V. Aufträge an andere Staaten (Nr. 4)

Gem. § 145 Nr. 4 GWB ist Teil 4 des GWB dann nicht anwendbar, wenn die Bundesregierung, eine Landesregierung oder eine Gebietskörperschaft bestimmte verteidigungs- oder sicherheitsrelevante Leistungen bei einer anderen Regierung oder einer Gebietskörperschaft eines anderen Staates beschafft. Bereits in § 100c Abs. 2 Nr. 4 GWB aF war das so geregelt. Nicht vorausgesetzt wird, dass es sich bei dem betr. Staat um einen Mitgliedstaat der EU handelt. Aufträge mit anderen Staaten sollen wegen der Besonderheiten des Verteidigungs- und Sicherheitssektors nicht dem Vergaberecht unterliegen.[29] Mit der Vorschrift wurde Art. 13 lit. f VSVKR umgesetzt.[30] Danach sind Aufträge über verteidigungs- oder sicherheitsrelevante Leistungen, „die eine Regierung an eine andere Regierung vergibt", vom Anwendungsbereich der RL ausgenommen.

---

[26] BT-Drs. 17/7275, 17.
[27] Erwgr. 29 der VSVKR.
[28] Müller-Wrede GWB/Sterner § 145 Rn. 13.
[29] Erwgr. 30 der VSVKR.
[30] BT-Drs. 18/6281, 126; vgl. BT-Drs. 17/7275, 17.

GWB § 145   Besondere Ausnahmen nach der VSVKR

12   Der Begriff der **Regierung** ist in Art. 1 Nr. 9 VSVKR weit definiert; darunter fallen „nationale, regionale oder lokale Gebietskörperschaften eines Mitgliedstaats oder eines Drittlands". Im Hinblick darauf bestimmt § 145 Nr. 4 GWB, dass auch die näher bezeichneten Aufträge über verteidigungs- oder sicherheitsspezifische Leistungen, die eine Gebietskörperschaft an einen Staat vergibt, freigestellt sind.

13   Nicht jede Beschaffung militärischer oder sensibler Ausrüstungen bei einem anderen Staat ist vom Anwendungsbereich des Kartellvergaberechts ausgenommen.[31] Vielmehr beschränkt sich der Ausnahmetatbestand auf solche Aufträge an andere Staaten, die unter einen der in § 145 Nr. 4 lit. a–d GWB genannten **Leistungsgegenstände** fallen.[32] Die Aufzählung dieser Leistungsgegenstände hat abschließenden Charakter.

VI. Aufträge über Finanzdienstleistungen (Nr. 5)

14   Art. 13 lit. h VSVKR bestimmt, dass diese RL nicht für Finanzdienstleistungen mit Ausnahme von Versicherungsdienstleistungen gilt. § 145 Nr. 5 GWB setzt Art. 13 lit. h VSVKR in nationales Recht um.[33] Die Vorschrift hat denselben Regelungsgegenstand wie § 100c Abs. 2 Nr. 1 GWB aF.

15   Von dem nur im Falle der Vergabe öffentlicher Aufträge durch „klassische" öffentliche Auftraggeber anwendbaren § 116 Abs. 1 Nr. 4 GWB und dem ausschl. bei der Vergabe von Aufträgen im Sektorenbereich geltenden § 137 Abs. 1 Nr. 4 GWB unterscheidet sich § 145 Nr. 5 GWB deutlich. § 116 Abs. 1 Nr. 4 GWB und § 137 Abs. 1 Nr. 4 GWB beziehen sich zwar ebenfalls auf finanzielle Dienstleistungen. Sie setzen aber voraus, dass es sich um kapitalmarktbezogene Finanzdienstleistungen handelt; es muss also ein Zusammenhang mit Ausgabe, Verkauf, Ankauf oder Übertragung von Wertpapieren oder anderen Finanzinstrumenten bestehen (→ § 116 Rn. 18). Im Gegensatz dazu ist bei § 145 Nr. 5 GWB ein **Kapitalmarktbezug nicht erforderlich.** Daraus folgt gleichwohl nicht, dass alle Finanzdienstleistungen „im Verteidigungs- und Sicherheitsbereich" der Anwendbarkeit des Vergaberechts entzogen sind.[34] Vielmehr unterliegen Finanzdienstleistungen – und zwar sowohl solche kapitalmarktbezogener als auch solche nicht kapitalmarktbezogener Art – nur dann nicht den Vorschriften des Teils 4 des GWB, wenn es sich bei dem Vertrag über die jew. Finanzdienstleistung selbst um einen verteidigungs- oder sicherheitsspezifischen Auftrag handelt. Wann Dienstleistungen als verteidigungs- oder sicherheitsspezifisch zu qualifizieren sind, ergibt sich aus § 104 Abs. 1 GWB.

VII. Aufträge über Forschungs- und Entwicklungsdienstleistungen (Nr. 6)

16   Die Vergabe von Forschungs- und Entwicklungsdienstleistungen ist unter den in Art. 13 lit. j VSVKR genannten Voraussetzungen vom Anwendungsbereich des Vergaberechts ausgenommen. Bisher gab es in § 100 Abs. 4 Nr. 2 GWB aF einen allg. Ausnahmetatbestand für Forschungs- und Entwicklungsdienstleistungen, der auch bei verteidigungs- oder sicherheitsrelevanten Aufträgen anwendbar war. Allerdings sind die für Forschungs- und Entwicklungsdienstleistungen geltenden Ausnahmetatbestände in Art. 25 KVR, Art. 14 VRL und Art. 32 SRL nun etwas weiter gefasst als Art. 13 lit. j VSVKR. Aus diesem Grund dient § 116 Abs. 1 Nr. 2 GWB

---

[31] So aber zu Unrecht BT-Drs. 17/7275, 17.
[32] Ebenso Byok NVwZ 2012, 70 (73).
[33] BT-Drs. 18/6281, 126.
[34] So aber missverständlich Byok NVwZ 2012, 70 (73).

nicht der Umsetzung des Art. 13 lit. j VSVKR; insoweit war vielmehr eine gesonderte Umsetzung erforderlich.[35] Diese ist mit § 145 Nr. 6 GWB erfolgt.[36] Im Entwurf des Gesetzes zur Modernisierung des Vergaberechts hat die Bundesregierung zur Begr. des § 145 Nr. 6 GWB gleichwohl auf § 116 Abs. 1 Nr. 2 GWB verwiesen.[37] Die Ausführungen zu dieser Vorschrift geltend daher weitgehend entspr. (→ § 116 Rn. 12 f.).

VIII. Besonderen Verfahrensregeln unterliegende Aufträge (Nr. 7)

Gem. Art. 12 VSVKR gilt diese RL nicht für Aufträge, die näher bezeichneten besonderen Verfahrensregeln unterliegen. § 145 Nr. 7 GWB setzt diesen Ausnahmetatbestand in nationales Recht um. Ausgenommen vom Anwendungsbereich des Teils 4 des GWB sind danach solche Aufträge, bei denen aufgrund der in § 145 Nr. 7 lit. a–c GWB genannten Regelwerke besondere Vorschriften über das Verfahren zur Auswahl des Vertragspartners zu beachten sind.[38]   17

Der Ausnahmetatbestand hat **Parallelen zu § 117 Nr. 4, 5 GWB,** weicht aber inhaltlich davon ab:[39] Während die Ausnahmen nach § 117 Nr. 4 und 5 GWB jew. voraussetzen, dass aufgrund eines internationalen Abkommens besondere Verfahrensregeln gelten, genügt iRd § 145 Nr. 7 lit. a, b GWB eine internationale Vereinbarung; darunter fallen auch Vereinbarungen zwischen Ministerien verschiedener Staaten.[40] § 145 Nr. 7 lit. c GWB ist dagegen enger formuliert als § 117 Nr. 5 GWB. Denn § 145 Nr. 7 lit. c GWB erfasst nur die Vergabe öffentlicher Aufträge durch internationale Organisationen oder durch Mitgliedstaaten;[41] bei § 117 Nr. 5 GWB genügt es demgegenüber, dass ein beliebiger öffentlicher Auftraggeber bei der Vergabe die Verfahrensregeln einer internationalen Organisation einhält.   18

§ 146 Verfahrensarten

¹**Bei der Vergabe von verteidigungs- oder sicherheitsspezifischen öffentlichen Aufträgen stehen öffentlichen Auftraggebern und Sektorenauftraggebern das nicht offene Verfahren und das Verhandlungsverfahren mit Teilnahmewettbewerb nach ihrer Wahl zur Verfügung.** ²Das Verhandlungsverfahren ohne Teilnahmewettbewerb und der wettbewerbliche Dialog stehen nur zur Verfügung, soweit dies aufgrund dieses Gesetzes gestattet ist.

Literatur: Vgl. die Angaben bei den §§ 119, 145 GWB.

I. Bedeutung der Vorschrift

1. Unionsrechtliche Vorgaben

Für die Vergabe verteidigungs- oder sicherheitsrelevanter Aufträge werden die zulässigen Vergabearten in **Art. 25 VSVKR** genannt. Demnach sind grds. entweder   1

---

[35] BT-Drs. 18/6281, 94.
[36] BT-Drs. 18/6281, 126.
[37] BT-Drs. 18/6281, 126.
[38] Näher hierzu Friton NZBau 2021, 362 (364 ff.); Stöß/Zech GSZ 2022, 209 (211).
[39] Vgl. bereits BT-Drs. 17/7275, 17; RKPP/Hölzl GWB § 145 Rn. 42.
[40] BT-Drs. 17/7275, 17.
[41] BT-Drs. 17/7275, 18.

das nicht offene Verfahren oder das Verhandlungsverfahren mit Veröffentlichung einer Bekanntmachung anzuwenden. Der wettbewerbliche Dialog und das Verhandlungsverfahren ohne Veröffentlichung einer Bekanntmachung kommen nur dann in Betracht, wenn die VSVKR diese Vergabearten ausdr. erlaubt.

2. Normzweck

2 Ziel des § 146 GWB ist die Umsetzung des Art. 25 VSVKR.[1]

3. Entstehungsgeschichte

3 Die Vorschrift stimmt mit dem durch das Gesetz zur Änderung des Vergaberechts für die Bereiche Verteidigung und Sicherheit v. 7.12.2011[2] eingefügten **§ 101 Abs. 7 S. 3 GWB aF** überein.

II. Verfahrensarten

4 Für das Rangverhältnis zwischen den einzelnen Vergabearten gelten gem. § 146 GWB bei der Vergabe von verteidigungs- oder sicherheitsspezifischen öffentlichen Aufträgen Besonderheiten: Öffentliche Auftraggeber und Sektorenauftraggeber haben hier die **freie Wahl zwischen dem nicht offenen Verfahren und dem Verhandlungsverfahren mit Teilnahmewettbewerb.** Grund für die die Gleichrangigkeit des nicht offenen Verfahrens mit dem Verhandlungsverfahren ist die besondere Sensibilität verteidigungs- und sicherheitsrelevanter Aufträge.[3] Der Transparenzgrundsatz muss aber auch hier beachtet werden.[4] Entscheidet sich der Auftraggeber für ein Verhandlungsverfahren, ist grds. eine vorherige Bekanntmachung erforderlich. Daher kommt das **Verhandlungsverfahren ohne Teilnahmewettbewerb nur ausnahmsweise** in Betracht.[5] Auf eine Bekanntmachung darf nur unter den in § 12 VSVgV genannten Voraussetzungen verzichtet werden (dazu iE → VSVgV § 12 Rn. 6 ff.); die Darlegungs- und Beweislast für das Vorliegen der dafür maßgeblichen tatsächlichen Umstände trägt der Auftraggeber.[6] Der **wettbewerbliche Dialog** wird in § 146 GWB nicht als eine der Vergabearten genannt, zwischen denen öffentliche Auftraggeber und Sektorenauftraggeber für die Vergabe verteidigungs- und sicherheitsspezifischer Aufträge wählen dürfen. Er ist nur zulässig, wenn die Voraussetzungen des § 13 VSVgV erfüllt sind.

§ 147 Sonstige anwendbare Vorschriften

¹Im Übrigen gelten für die Vergabe von verteidigungs- oder sicherheitsspezifischen öffentlichen Aufträgen die §§ 119, 120, 121 Absatz 1 und 3 sowie die §§ 122 bis 135 mit der Maßgabe entsprechend, dass ein Unternehmen gemäß § 124 Absatz 1 auch dann von der Teilnahme an einem Vergabeverfahren ausgeschlossen werden kann, wenn das Unternehmen nicht die erforderliche Vertrauenswürdigkeit aufweist, um Risiken für die nationale Sicherheit auszuschließen. ²Der Nachweis, dass Risiken für die nationale

---

[1] Müller-Wrede GWB/Dippel § 146 Rn. 2.
[2] BGBl. I 2517; vgl. dazu Byok NVwZ 2012, 70 ff.; Rosenkötter VergabeR 2012, 267 ff.; Scherer-Leydecker NZBau 2012, 533 ff.
[3] BT-Drs. 17/7275, 18.
[4] OLG Düsseldorf 21.10.2015 – VII-Verg 28/14, NZBau 2016, 235 (237).
[5] Vgl. OLG Düsseldorf 31.5.2017 – VII-Verg 36/16, NZBau 2017, 623; Hindelang/Eisentraut EuZW 2019, 149 (152).
[6] OLG Düsseldorf 13.4.2016 – VII-Verg 46/15, NZBau 2016, 659 (662).

Anwendungsbereich § 148 GWB

Sicherheit nicht auszuschließen sind, kann auch mit Hilfe geschützter Datenquellen erfolgen.

§ 147 GWB regelt, in welchem Umfang und mit welcher Maßgabe die Vorschriften des Teils 4 des GWB auf die Vergabe von verteidigungs- und sicherheitsspezifischen öffentlichen Aufträgen anwendbar sind. Es gelten im Bereich Verteidigung und Sicherheit grds. die §§ 119–135 GWB mit Ausnahme des § 121 Abs. 2 GWB, weil im Bereich der verteidigungs- oder sicherheitsspezifischen Aufträge die RL 2009/81/EU keine vergleichbare Vorgabe trifft.[1] 1

Im Interesse der Rechtssicherheit werden die Regelungen der §§ 123, 124 GWB zu den zwingenden und fakultativen Ausschlussgründen für verteidigungs- oder sicherheitsspezifische Aufträge vollständig für anwendbar erklärt. Allerdings ist die in Art. 39 RL 2009/81/EG enthaltene Regelung zu zwingenden und fakultativen Ausschlussgründen mit der in Art. 57 Abs. 1–5 RL 2014/24/EU getroffenen Regelung nicht vollständig deckungsgleich.[2] Weiterhin beinhaltet § 147 S. 1 GWB den früher in § 24 Abs. 1 Nr. 5 VSVgV aF geregelten verteidigungs- und sicherheitsspezifischen Ausschlussgrund, wonach ein Unternehmen auch dann von der Teilnahme am Verfahren ausgeschlossen werden kann, wenn es nicht die **erforderliche Vertrauenswürdigkeit** aufweist, um Risiken für die nationale Sicherheit auszuschließen. Die Vertrauenswürdigkeit eines Bieters hängt insbes. von der Fähigkeit ab, die Anforderungen der Auftraggeber an die Informations- und die Versorgungssicherheit zu erfüllen.[3] Für den Nachweis, dass Risiken für die nationale Sicherheit nicht auszuschließen sind, darf sich der Auftraggeber geschützter Datenquellen bedienen. Als solche kommen Informationen der Sicherheitsbehörden oder Geheimdienste in Betracht. In einem Nachprüfungsverfahren kann die Einsicht in diese Informationen verweigert werden.[4] Der Auftraggeber hat hier einen Beurteilungsspielraum.[5] 2

§ 7 Abs. 2 des am 19.7.2022 in Kraft getretenen und bis zum 31.12.2026 befristeten BwBBG erweitert diese Regelung. Danach haben Auftraggeber die Möglichkeit, Bewerber oder Bieter von der Teilnahme an einem Vergabeverfahren auszuschließen, wenn diese ihren Sitz in einem Staat außerhalb der Europäischen Union haben, der „nicht die notwendige Gewähr für die Wahrung der Sicherheitsinteressen der Bundesrepublik Deutschland bietet".[6] 3

Unterabschnitt 3. Vergabe von Konzessionen

§ 148 Anwendungsbereich

Dieser Unterabschnitt ist anzuwenden auf die Vergabe von Konzessionen durch Konzessionsgeber.

Literatur: 1. Unionsrechtliche Vorgaben: Burgi, Die Vergabe von Dienstleistungskonzessionen: Verfahren, Vergabekriterien, Rechtsschutz, NZBau 2005, 610; Burgi, Europa- und verfassungsrechtlicher Rahmen der Vergaberechtsreform, VergabeR 2016, 261; Glaser, Zwingende soziale Mindeststandards bei der Vergabe öffentlicher Aufträge, 2015; Hettich/Soudry, Das neue Vergaberecht, 2014; Knauff/Badenhausen, Die neue Richtlinie über die Konzessionsvergabe, NZBau 2014, 395; Opitz, Die Zukunft der Dienstleistungskonzession, NVwZ 2014, 753; Prieß/Stein, Die neue Konzessionsvergaberichtlinie, VergabeR 2015, 499; Siegel, Die

---

[1] BT-Drs. 18/6281, 127.
[2] BT-Drs. 18/6281, 127.
[3] RL 2009/81/EG, Erwgr. 65.
[4] Dippel/Sterner/Zeiss/Gramlich VSVgV § 147 Rn. 9; HK-VergabeR/Schellenberg GWB § 147 Rn. 5.
[5] Leinemann/Kirch/Büdenbender VSVgV § 24 Rn. 8.
[6] BT-Drs. 20/2353, 24.

GWB § 148 Anwendungsbereich

Grundfreiheiten als Auffangordnung im europäischen Vergaberecht, EWS 2008, 66; Siegel, Der neue Rechtsrahmen für die Vergabe von Dienstleistungskonzessionen, VergabeR 2015, 265; Tomerius/Gottwald, Stochern im vergaberechtlichen Nebel – „Binnenmarktrelevanz" von öffentlichen Aufträgen aus Sicht der kommunalen Vergabepraxis, LKV 2019, 289; Wollenschläger, Das EU-Vergaberegime unterhalb der Schwellenwerte, NVwZ 2007, 388; Ziekow, Soziale Aspekte in der Vergabe, DÖV 2015, 897.

2. Nationale Umsetzungsregeln: Bartelt, Der Anwendungsbereich des neuen Vergaberechts, 2017; Bergmann/Vetter, Das Vergaberechtsmodernisierungsgesetz und die Vergaberechtsmodernisierungsverordnung, VBlBW 2016, 221; Braun, Elektronische Vergaben, VergabeR 2016, 179; Braun, Umgehungsverbote und Grenzen des Konzessionsrechts, NZBau 2018, 652; Braun, Neues von der Konzessionsvergabe, NZBau 2020, 251; Brüning, Die ubiquitäre Zuverlässigkeitsprüfung im neuen Vergaberecht, NZBau 2016, 723; Byok, Die Entwicklung des Vergaberechts seit 2018, NJW 2019, 1650; Burgi, Entwicklungstendenzen und Handlungsnotwendigkeiten im Vergaberecht, NZBau 2018, 579; Donhauser, Die Anwendung des EU-Vergaberechts auf die Beschaffungspraxis der bayerischen Kommunen, KommunalPraxis Bay 2016, 238; Goldbrunner, Das neue Recht der Konzessionsvergabe, VergabeR 2016, 365; Görlich/Conrad, Die neuen Kündigungstatbestände für öffentliche Aufträge, VergabeR 2016, 567; Hausmann/Queisner, Auftragsänderungen während der Vertragslaufzeit, NZBau 2016, 619; Keller/Hellstein, Öffentliches Interesse und Wettbewerb in der Daseinsvorsorge, NZBau 2018, 323; Krist, Änderungen im Vergabeprozessrecht, VergabeR 2016, 396; Krönke, Das neue Vergaberecht aus verwaltungsrechtlicher Perspektive, NVwZ 2016, 568; Kruse, Die Vergabe von Konzessionen, 2017; Michaelis, Zur Bedeutung der Vergaberechtsreform 2016 für kommunale Versorgungsunternehmen, IR 2016, 77, 100; Otting, Eignungs- und Zuschlagskriterien im neuen Vergaberecht, VergabeR 2016, 316; Püstow/Meiners, Vorrang des Unionsrechts bei vergaberechtswidrigen Verträgen, EuZW 2016, 325; Schippel, eVergabe, VergabeR 2016, 434; Rennert, Konzessionen vor dem Verwaltungsgericht, NZBau 2019, 411; Siegel, Das neue Konzessionsvergaberecht, NVwZ 2016, 1672; Siegel, jurisPR-VergR 6/2019 Anm. 2 (Konzessionsvergabe im Glücksspielbereich); Tugendreich/Heller, Freistellung vom Vergaberecht für den Strom und Gaseinzelhandel, NZBau 2017, 387; von Wietersheim, Aufbau und Struktur des neuen Vergaberechts, VergabeR 2016, 269; Wollenschläger, Konzessionen im Umweltrecht, EurUP 2016, 380; Ziekow, Auftragsänderungen nach der Auftragsvergabe, VergabeR 2016, 278.

3. Ausnahmen vom Anwendungsbereich: Antweiler, Ausschreibungspflicht und „Bereichsausnahme" bei der Vergabe von Rettungsdienstleistungen, VergabeR 2015, 275; Braun/Zwetkow, Anmerkung zu EuGH, Urt. v. 21.3.2019 – C-465/17 („Falk Rettungsdienste"), VergabeR 2019, 492; Bühs, Die Vergabe von Rettungsdienstleistungen nunmehr vor dem Verwaltungsgericht: Hauptsache einstweiliger Rechtsschutz, NVwZ 2017, 440; Bühs, Ende das „Bürokratie- und Ausschreibungswahnsinns" bei Rettungsdienstvergaben?, EuZW 2019, 415; Bühs, Geltung des Primärvergaberechts auch für Rettungsdienstvergaben!, NZBau 2021, 312; Dreher, Die Open-House-Verfahren, NZBau 2019, 275; Gaus, Der neue § 108 GWB, VergabeR 2017, 418; Gerlach, Keine vergaberechtsfreie Zusammenarbeit zwischen öffentlichen Auftraggebern bei bloßer Leistung gegen Kostenerstattung, NVwZ 2020, 1574; Höfler, Beschaffung und Vertrieb von Waffensystemen im Spannungsfeld von Vergabe- und Beihilfenrecht, NZBau 2015, 736; Jaeger, Bestätigung der Bereichsausnahme für Vergaben von Rettungsdienstleistungen, NZBau 2020, 7; Jaeger, Und doch: Bestätigung der Bereichsausnahme für Vergaben von Rettungsdienstleistungen, NZBau 2020, 223; Knauff, Die vergaberechtsfreie öffentlich-öffentliche Zusammenarbeit im Lichte aktueller Entscheidungspraxis, NZBau 2022, 261; Kulartz/Boecker, Vergaberechtsfreie Zusammenarbeit öffentlicher Auftraggeber, NZBau 2020, 16; Otting, Grenzen von Inhouse – Geschäften, NZBau 2023, 219; Schröder, Das Verfahren zur Vergabe von Wasserkonzessionen, NVwZ 2017, 504; Siegel, Instate-Geschäfte – Die Ausschreibungspflicht horizontaler öffentlich-öffentlicher Kooperationen, NZBau 2018, 507; Ziekow, Die Wirkung von Bereichsausnahmen vom Vergaberecht, VergabeR 2007, 711; Ziekow, Inhouse-Geschäft und öffentlich-öffentliche Kooperationen: neues vom europäischen Vergaberecht?, NZBau 2015, 258.

Anwendungsbereich **§ 148 GWB**

4. Unterschwellenbereich: Jansen, Die VOB/A 2019 – Änderungen und Hintergründe, NZBau 2019, 147; Jansen/Geitel, OLG Düsseldorf: Informieren und Warten auch außerhalb des GWB, VergabeR 2018, 376; Lausen, Die Unterschwellenvergabeordnung – UVgO, NZBau 2017, 3; Ollmann, Von der VOL/A zur UVgO, VergabeR 2016, 687; Siegel, Das Haushaltsvergaberecht – Systematisierung eines verkannten Rechtsgebiets, VerwArch 2016, 1; Siegel, Zur funktionalen Annäherung des Haushaltsvergaberechts an das Kartellvergaberecht durch die UVgO – Wächst zusammen, was zusammengehört?, VergabeR 2018, 183; Siegel, Die Konzessionsvergabe im Unterschwellenbereich, NZBau 2019, 353.

5. Sonstiges: Braun, Konzessionen und Klimaschutz, NZBau 2021, 707; Bühs, Grundzüge für ein Vergabeverwaltungsprozessrecht, DVBl. 2017, 1525; Burgi, 20 Jahre Rechtsschutz durch Vergabekammern, NZBau 2020, 3; Jansen/Knoblauch, Vertragsunwirksamkeit nach § 135 GWB im Lichte des Vergabetransformationspakets, NZBau 2023, 211; Keller/Hellstern, Öffentliches Interesse und Wettbewerb in der Daseinsvorsorge, NZBau 2018, 323; Knauff, Elektronische öffentliche Auftragsvergabe, NZBau 2020, 421; Pitschas, Die schrittweise Weiterentwicklung des „Agreement on Government Procurement" (GPA 2012), VergabeR 2014, 255; Pünder, „Dulde und liquidiere" um Vergaberecht?, VergabeR 2016, 693; Reichling/Scheumann/Lampe, „eVergabe" – Ist das Vergaberecht im Zeitalter der Digitalisierung angekommen? (Teil I) GewArch 2020, 248; (Teil II) GewArch 2020, 308; Reuber, Die neue VOB/A, VergabeR 2016, 339; Schröder, Beschaffung von Carsharing-Dienstleistungen, NZBau 2023, 447; Siegel, Mindestlöhne im Vergaberecht und der EuGH, EuZW 2016, 101; Siegel, Elektronisierung des Vergabeverfahrens, LKV 2017, 351; Siegel, Das Berücksichtigungsgebot des Bundes-Klimaschutzgesetzes und seine Relevanz im Vergaberecht, NZBau 2022, 315; Siegel/Eisentraut, Der Vertrag im Öffentlichen Wirtschaftsrecht, VerwArch 2018, 454; Siegel/Jaster/Knoblauch, Strukturen und aktuelle Probleme des Straßenrechts, VerwArch 2023, 1; Sulk, Der Preis im Vergaberecht, 2015; Vogt, E-Vergabe, 2019, Wollenschläger, Verteilungsverfahren, 2010.

Übersicht

	Rn.
I. Bedeutung der Vorschrift	1
II. Unionsrechtliche Rahmenbedingungen	2
1. Vorherige Rechtslage	2
a) Sekundärrecht	2
b) Primärrecht	3
2. Aktuelle Rechtslage	5
a) Sekundärrecht	5
b) Anwendungsbereich der KVR	6
c) Relevanz der Vergabegrundsätze	9
III. Regelungen im nationalen Recht	11
1. Zielsetzungen	11
2. Systematik der Regelungen im GWB	12
3. Grundsätze der Vergabe	13
4. Regelungen der KonzVgV	14
5. Bedeutung der Vergabeordnungen	15
IV. Anwendungsbereich der §§ 148 ff. GWB	16
1. Begriff der Konzession	16
2. Konzessionsgeber	22
3. Schwellenwerte	23
4. Ausnahmen	24
V. Rechtsschutz	25
VI. Anhang: Die Konzessionsvergabe im Unterschwellenbereich	27
1. Rechtsgrundlagen	27
a) Spezifische Vorschriften	27
b) Auffangordnungen	28

# GWB § 148

Anwendungsbereich

	Rn.
2. Rückwirkungen auf den Konzessionsbegriff	29
3. Baukonzessionen	30
4. Dienstleistungskonzessionen	32
5. Unmittelbare Fehlerfolgen	33
6. Rechtsschutz	35
a) Primärrechtsschutz	35
b) Sekundärrechtsschutz	36

I. Bedeutung der Vorschrift

1 In § 148 GWB wird in Umsetzung der KVR[1] der **Anwendungsbereich des UAbschn. 3** des Abschn. 3 zur Vergabe von Konzessionen definiert. Durch die Bezugnahme auf die Vergabe von Konzessionen durch Konzessionsgeber knüpft er zugleich an die jew. Legaldefinitionen in § 105 GWB (→ § 105 Rn. 4ff.) sowie in § 101 GWB an (→ § 101 Rn. 3). Maßgeblich bestimmt wird der Anwendungsbereich zudem durch das Erreichen der Schwellenwerte gem. § 106 GWB (→ § 106 Rn. 1ff.) sowie durch die allg. Ausnahmen nach §§ 107 ff. und die besonderen Ausnahmen nach §§ 149 f. GWB (→ § 149 Rn. 1 ff.; → § 150 Rn. 1 ff.). In § 1 KonzVgV werden die Regelungen zum Anwendungsbereich erneut aufgegriffen (→ KonzVgV § 1 Rn. 2 f.). Im praktischen Ergebnis wird damit die Vergabe von Konzessionen einem im Vergleich zum allg. Vergaberecht abgemilderten Rechtsregime unterstellt.

II. Unionsrechtliche Rahmenbedingungen

1. Vorherige Rechtslage

2 **a) Sekundärrecht.** Die vorherige Rechtslage zur Vergabe von Konzessionen war auf Unionsebene durch eine **geringe Regelungsdichte** geprägt. Zwar haben Baukonzessionen in Art. 56 ff. VKR eine gesonderte, ggü. „normalen" öffentlichen Bauaufträgen reduzierte Regelung erfahren. Hingegen wurden Dienstleistungskonzessionen grds. nicht erfasst von der -RL 2004/18/EG. Lediglich deren Art. 17 verwies auf Art. 3 dieser RL und damit auf das Verbot der Diskriminierung aus Gründen der Staatsangehörigkeit. Die Gründe für diese grds. Ausblendung der Dienstleistungskonzessionen waren indessen keineswegs zwingend: Denn der Rat hatte im Jahre 2003 sogar die Aufnahme eines Prüfauftrages abgelehnt, da er dies für „zu spezifisch im Hinblick auf den Bedarf an künftigen Legislativinitiativen"[2] hielt. Die Kommission hatte dies in einer Stellungnahme aus dem Jahre 2005 als „schwer nachvollziehbar" bewertet.[3]

3 **b) Primärrecht.** Als Folge der grds. Ausblendung im Sekundärrecht waren für die Vergabe von Dienstleistungskonzessionen die Grundfreiheiten von besonderer Relevanz. Während sie innerhalb des Anwendungsbereichs der Vergabe-Richtlinien diese (zumindest auch) konkretisieren,[4] fungieren sie außerhalb des Anwendungsbe-

---

[1] BT-Drs. 18/6281, 127; zum unionsrechtlichen Rahmen Burgi VergabeR 2016, 261 ff.

[2] Gemeinsamer Standpunkt (EG) Nr. 33/2003, vom Rat festgelegt am 20.3.2003, ABl. 2003 C 147, 1 (132).

[3] Mitteilung der Kommission an das Europäische Parlament, den Rat, den Europäischen Wirtschafts- und Sozialausschuss und den Ausschuss der Regionen zu öffentlich-privaten Partnerschaften und dem gemeinschaftlichen Rechtsvorschriften für das öffentliche Beschaffungswesen und Konzessionen v. 15.11.2005, KOM(2005) 569 endg., S. 9.

[4] Prominent hervorgehoben in Erwgr. 2 der VKR 2004/18/EG.

reichs der Richtlinien als „Auffangordnung".[5] Insoweit hat der EuGH in einer langen Rechtsprechungslinie gewisse **Rechtsgrundsätze aus den Grundfreiheiten** abgeleitet, die mit den Schlagworten Wettbewerb, Transparenz, Gleichbehandlung und Rechtsschutz zusammengefasst werden können.[6] Von besonderer Bedeutung waren hier die Entscheidungen „Telaustria"[7] und „Parking Brixen".[8] Diese Rechtsprechungslinie ist bis in die Gegenwart von Relevanz.[9] Von Beginn an bestand jedoch weitgehend Einigkeit, dass diese Grundsätze eng auszulegen waren.[10] Denn eine weite Auslegung hätte eine Annäherung an die Rechtslage im Anwendungsbereich der Vergabe-Richtlinien bewirkt und damit zugleich die Wertungen des europäischen Gesetzgebers nivelliert. Im praktischen Ergebnis führt dies zu einem „Vergaberecht light".[11]

Allg. Voraussetzung für die Einschlägigkeit der Grundfreiheiten im Allgemeinen und der Ableitungen aus den Grundfreiheiten im Besonderen ist ein **grenzüberschreitendes Interesse.**[12] Die Interpretation des grenzüberschreitenden Interesses hat in der Rspr. des EuGH eine wechselhafte Geschichte durchlebt: Zunächst hatte der Gerichtshof die **Binnenmarktrelevanz** weit ausgelegt und lediglich bei einer „sehr geringfügigen wirtschaftlichen Bedeutung" verneint.[13] Damit war das grenzüberschreitende Interesse in Zweifelsfällen zu bejahen. Später ist der Gerichtshof jedoch dazu übergegangen, das grenzüberschreitende Interesse eng auszulegen, und hat ein „eindeutiges" grenzüberschreitendes Interesse gefordert.[14] Diese enge Auslegung hat sich bis in die jüngste Vergangenheit verfestigt. So wird auch in aktuellen Entscheidungen ein „eindeutiges" grenzüberschreitendes Interesse gefordert.[15] Kriterien zur Bestimmung des grenzüberschreitenden Bezugs sind etwa die wirtschaftliche Bedeutung des Gegenstandes, der Ort der Ausführung oder die technischen Merkmale.[16] Vgl. zum Ganzen auch → Vor § 155 Rn. 19.

2. Aktuelle Rechtslage

a) Sekundärrecht. Die geringe sekundärrechtliche Regelungsdichte sowie die Ableitung der Vergabegrundsätze aus den Grundfreiheiten haben in der Praxis zu einer beträchtlichen Rechtsunsicherheit geführt. Im Richtlinienpaket von 2014 hat der europäische Gesetzgeber deshalb die Vergabe von Konzessionen in der eigenständigen **RL 2014/23/EU (KVR)** geregelt. Ein zentrales Anliegen der KVR ist die Beseitigung der bislang bestehenden Rechtsunsicherheit.[17] In der KVR werden Baukonzessionen und Dienstleistungskonzessionen grds. gleich behandelt. Damit hat

---

[5] So die Umschreibung bei Siegel EWS 2008, 66.
[6] Übersicht bei Müller-Wrede GWB/Braun § 105 Rn. 113; Wollenschläger NVwZ 2007, 388 ff. Ausf. MüKoEuWettbR/Kühling/Huerkamp Einl. VergabeR Rn. 1 ff.
[7] EuGH 7.12.2000 – C-324/98, NZBau 2001, 148 (151) – Telaustria.
[8] EuGH 13.10.2005 – C-458/03, NVwZ 2005, 1407 (1410) – Parking Brixen.
[9] EuGH 14.7.2022 – C-436/20, NZBau 2023, 47 (52) – ASADE. Innerstaatlich etwa OLG Naumburg 3.6.2022 – 7 U/22 Kart, NZKart 2023, 175 (176).
[10] So etwa Siegel EWS 2008, 66 (69 ff.).
[11] So die treffende Umschreibung bei Burgi NZBau 2005, 610 (613); unzutreffend ist hingegen die Einordnung bei Plagemann/Ziegler DVBl 2016, 1432 (1440) als „vergaberechtsfrei".
[12] Hierzu Tomerius/Gottwald LKV 2019, 289 ff.
[13] EuGH 21.7.2005 – C-231/03, NVwZ 2005, 1052 f. – Coname.
[14] EuGH 13.11.2007 – C-507/03, NZBau 2008, 71 (73) – Irische Post.
[15] EuGH 5.4.2017 – C-298/15, NZBau 2017, 748 (752) – Borta; 4.4.2019 – C-699/17, NZBau 2019, 457 (459) – Allianz Vorsorgekasse; 14.7.2022 – C-436/20, NZBau 2023, 47 (52) – ASADE.
[16] OLG Naumburg 3.6.2022 – 7 U/22 Kart, NZKart 2023, 175 (176) mwN.
[17] Erwgr. 1 der KVR.

sich die Regelungsdichte bei der Vergabe von Dienstleistungskonzessionen erheblich erhöht. Zugleich knüpft der europäische Gesetzgeber folgerichtig an die bisherige Rspr. des EuGH an.[18] Die KVR ist als Vollregelung ausgestaltet und weist unter Einbeziehung der Anhänge 64 Seiten auf. Zugleich besitzt die KVR einen hohen Bestimmtheitsgrad und belässt dem nationalen Gesetzgeber geringe Gestaltungsspielräume bei der Umsetzung. Ist die RL 2014/23/24/EU in zeitlicher oder sachlicher Hinsicht nicht einschlägig, so können sich jedoch Anforderungen aus der EU-Dienstleistungs-RL 2006/123/EG ergeben.[19]

6 **b) Anwendungsbereich der KVR.** Der Anwendungsbereich (auch) der KVR wird maßgeblich geprägt durch das Erreichen der **Schwellenwerte.** Diese liegen seit dem 1.1.2022 für die Vergabe von Konzessionen bei 5.382.000 Euro.[20] Dieser Wert gilt einheitlich für Bau- und Dienstleistungskonzessionen. Er ist – ebenso wie die Schwellenwerte nach Art. 4 der allg. VRL 2014/24/EU – auf die Verzahnung mit dem 2015 in Kraft getretenen Government Procurement Agreement (GPA 2012) zurückzuführen.[21] Bei Erreichen der Schwellenwerte wird zugleich ein grenzüberschreitendes Interesse unwiderleglich vermutet.[22]

7 Der Anwendungsbereich wird zudem dadurch geprägt, dass keine **Ausnahme** eingreift.[23] Dies gilt zunächst für „unechte" Ausnahmen. Damit sind solche Vorgänge gemeint, die von vornherein nicht unter den Begriff der Konzession fallen, etwa Finanzdienstleistungen[24] oder Shared Mobility-Dienste.[25] Allerdings gibt es auch „echte" Ausnahmen, die trotz Vorliegens einer Konzession nicht der KVR unterliegen. Sie sind in Art. 10 ff. KVR aufgeführt. Die Debatte um mögliche Ausnahmen ist vor dem Hintergrund zu sehen, dass die Einbeziehung oder Ausblendung einzelner Bereiche zwar nicht gleichzusetzen ist mit der Entscheidung für oder gegen eine Privatisierung.[26] Die Aufnahme in die RL kann aber als „Privatisierungsimpuls" aufgefasst werden.[27]

8 Einige der Ausnahmen waren jedoch sehr umstritten. Dies gilt zunächst für die **Rettungsdienste.**[28] Sie sind nach Art. 10 Abs. 8 lit. g KVR grds. ausgenommen vom Anwendungsbereich der KVR. Nachdem dies zuvor umstritten war,[29] hat der EuGH im Jahre 2019 judiziert, dass die Ausnahme neben der Notfallrettung auch den qualifizierten Krankentransport erfasst.[30] Dieser unterscheidet sich vom einfachen Krankentransport dadurch, dass neben der Transportleistung die Betreuung und Versorgung durch einen Rettungssanitäter erforderlich ist. Nicht ausge-

---

[18] Erwgr. 4 der KVR.
[19] EuGH 19.1.2023 – C-292/21, NZBau 2023, 466 (470 f.) – CNAE; 20.4.2023 – C-348/22, NZBau 2023, 535 (539 ff.) – AGCM.
[20] Art. 8 Abs. 1 KVR iVm VO (EU) Nr. 2019/1827 v. 30.10.2019, ABl. 2019 L 237, 23 f.
[21] Hierzu Pitschas VergabeR 2014, 255 ff.
[22] Siegel EuZW 2016, 101 (102).
[23] Übersicht bei Knauff/Badenhausen NZBau 2014, 395 (397 ff.); Prieß/Stein VergabeR 2015, 499 (503).
[24] Erwgr. 11–17 der KVR.
[25] Siegel/Jaster/Knoblauch VerwArch 2023, 1 (35). Zur Einordnung des Carsharing als Dienstleistungskonzession EuGH 10.11.2022 – C-482/21, NZBau 2023, 112 ff. – SHARENGO. Hierzu Schröder NZBau 2023, 447 ff.
[26] Art. 2 Abs. 2 KVR; hierzu Hettich/Soudry/Braun VergabeR Rn. 166.
[27] Siegel VergabeR 2015, 265 (268).
[28] Eing. Antweiler VergabeR 2015, 275 ff.
[29] Zsf. Jaeger NZBau 2018, 14 ff.
[30] EuGH 21.3.2019 – C-465/17, NZBau 2019, 314 (317) – Falck Rettungsdienste. Hierzu Bühs EuZW 2019, 415 ff.; Jaeger NZBau 2020, 7 ff.; krit. Braun/Zwetkow VergabeR 2019, 492 ff.

nommen ist damit der einfache Krankentransport, bei dem der Rettungscharakter vom Transportcharakter überlagert wird. Diese nicht mehr von der Ausnahme erfassten „unechten" Rettungsdienstleistungen unterliegen nach Art. 19 KVR allerdings einem innerhalb der KVR abgemilderten Rechtsregime.[31] Zudem muss die „echte" Rettungsdienstleistung von einer gemeinnützigen Organisation erbracht werden; die Erbringung durch gewinnorientierte Stellen reicht daher nicht aus.[32] Ist eine Bereichsausnahme einschlägig, so kommt allerdings das EU-Primärvergaberecht zur Anwendung, sofern eine Binnenmarkrelevanz vorliegt.[33] Besonders umstritten war auch der Bereich der **Wasserversorgung**.[34] Er ist nunmehr zwar nach Art. 12 KVR grds. vom Anwendungsbereich ausgenommen (→ § 149 Rn. 16 f.).[35] Allerdings wird diese Bereichsausnahme nach Art. 53 UAbs. 3 KVR von der Kommission überprüft im Hinblick auf die wirtschaftlichen Auswirkungen auf den Binnenmarkt.

c) **Relevanz der Vergabegrundsätze.** Neben dem im Bereich der KVR besonders bedeutsamen Ziel der Schaffung von Rechtssicherheit (→ Rn. 5) dienen die sekundärrechtlichen Bestimmungen der KVR auch der Verwirklichung der Grundfreiheiten.[36] Dies hat zur Folge, dass im Anwendungsbereich der KVR die aus den Grundfreiheiten abgeleiteten Vergabegrundsätze (→ Rn. 3) grds. verdrängt werden. Allerdings haben diese Grundsätze in **Art. 3 KVR** eine **sekundärrechtliche Konkretisierung** erfahren. Auf diese Grundsätze wird teilw. ausdr. Bezug genommen, etwa bei der Ermittlung der zulässigen Zuschlagskriterien nach Art. 41 KVR. Aber auch iÜ können die Grundsätze des Art. 3 KVR zur Schließung etwaiger sekundärrechtlicher Lücken herangezogen werden. 9

Anders verhält es sich bei den sachlichen **Ausnahmen vom Anwendungsbereich** der KVR. Hier behalten die Grundfreiheiten ihre Funktion als Auffangordnung bei.[37] Denn sie dienen auch hier der Wahrung eines gewissen Mindeststandards.[38] Dies hat allerdings zur weiteren Folge, dass es insoweit bei der bestehenden Rechtsunsicherheit verbleibt.[39] 10

III. Regelungen im nationalen Recht

1. Zielsetzungen

Die §§ 148 ff. GWB dienen in erster Linie der **Umsetzung der Vorgaben aus der KVR**.[40] Zugleich partizipieren sie an den allg. Zielsetzungen der GWB- 11

---

[31] Hierzu auch Erwgr. 36 der KVR.

[32] EuGH 21.3.2019 – C-465/17, NZBau 2019, 314 (319) – Falck Rettungsdienste. Daran anschließend VGH München 26.4.2019 – 12 C 19/621, VPRRS 2019, 0150; OVG Lüneburg 12.6.2019 – 13 ME 164/19, NVwZ-RR 2019, 931; OLG Celle 25.6.2019 – 13 Verg 4/19, NZBau 2020, 57 (58); OLG München 21.10.2019 – Verg 13/19, BeckRS 2019, 25348 mAnm Siegel jurisPR-VergR 1/2020 Anm. 2.

[33] EuGH 6.2.2020 – C-11/19, NZBau 2021, 269 (275) – Azienda ULSS. Hierzu Bühs NZBau 2021, 312 ff.

[34] Eing. Mosters IR 2013, 296 ff.; Sudbrock KommJur 2014, 41 ff.

[35] Hierzu auch Erwgr. 40 der KVR.

[36] Erwgr. 4 der KVR.

[37] Am Beispiel der Rettungsdienstleistungen EuGH 6.2.2020 – C-11/19, NZBau 2021, 269 (275) – Azienda ULSS. Hierzu Bühs NZBau 2021, 312 ff.

[38] Ziekow VergabeR 2007, 711 (719); zur parallelen Frage der Anwendbarkeit des Haushaltsvergaberechts Siegel VerwArch 2016, 1 (13).

[39] Mosters IR 2013, 296; Sudbrock KommJur 2014, 41 (42).

[40] Goldbrunner VergabeR 2016, 365; eing. Bartelt, Der Anwendungsbereich des neuen Vergaberechts, 2017, S. 115 ff.

GWB § 148

Anwendungsbereich

Novelle.[41] Zu diesen zählen insbes. die effizientere, einfachere und flexiblere Gestaltung des Vergabeverfahrens, die Erleichterung der Teilnahme kleiner und mittlerer Unternehmen sowie die verstärkte Ausrichtung an strategischen Zielen.[42] Zwar wird in der Gesetzesbegr. auf die den Mitgliedstaaten verbleibenden Handlungsspielräume verwiesen.[43] Aufgrund der bereits angesprochenen hohen Regelungsdichte der KVR (→ Rn. 5) sind diese jedoch vergleichsweise gering.

2. Systematik der Regelungen im GWB

12 Die Bestimmungen des GWB zur Konzessionsvergabe werden zunächst durch den in § 148 GWB iVm §§ 101, 105 GWB sowie § 110 ff. GWB definierten persönlichen und sachlichen Anwendungsbereich geprägt. Die Vorschriften des § 149 GWB und § 150 GWB normieren sodann besondere Ausnahmen vom Anwendungsbereich, welche die in §§ 107 ff. GWB normierten allg. Ausnahmen ergänzen. Die zentralen verfahrensmäßigen und inhaltlichen Vorgaben zur Konzessionsvergabe sind in § 151 GWB und § 152 GWB geregelt. Dabei normiert § 151 GWB die Grundsätze der Bekanntgabe sowie der freien Verfahrensgestaltung; § 152 GWB enthält sodann die zentralen Anforderungen zur Konzessionsvergabe, nämlich zur Leistungsbeschreibung, zur Vergabe an geeignete Unternehmen, zur Zuschlagserteilung sowie zur Auftragsausführung. Insges. können die Grundsätze des § 151 GWB und des § 152 GWB als **„Eckpfeiler der Konzessionsvergabe"**[44] bezeichnet werden. § 153 GWB regelt Besonderheiten für soziale und andere besondere Dienstleistungen. Schließlich werden in § 154 GWB weitere Bestimmungen des allg. Vergaberechts für entspr. anwendbar erklärt.

3. Grundsätze der Vergabe

13 Zwar statuiert § 151 S. 3 GWB den Grundsatz der freien Verfahrensgestaltung. Aber abgesehen von den Einschränkungen dieses Grundsatzes nach §§ 151 f. GWB (→ § 151 Rn. 2 ff.) sowie durch die KonzVgV (→ Rn. 14) kommen auch im Konzessionsvergabeverfahren die in **§ 97 GWB** geregelten allg. Grundsätze der Vergabe zur Anwendung.[45] Ausgenommen ist insoweit lediglich die Mittelstandsklausel nach § 97 Abs. 4 GWB, da diese sich explizit auf „öffentliche Aufträge" bezieht.[46] Insoweit kann auf die Kommentierung zu § 97 GWB verwiesen werden (→ § 97 Rn. 2 ff.). Aufgrund der geringeren Regelungsdichte bei der Konzessionsvergabe ist die Bedeutung dieser Grundsätze im Ausgangspunkt größer als bei der allg. Vergabe. Allerdings dürfen sie auch nicht allzu weit **ausgelegt** werden, da anderenfalls der Grundsatz der freien Verfahrensgestaltung relativiert und zugleich eine Annäherung an die allg. Vergabe bewirkt würde (→ § 151 Rn. 9). Konkretisiert und spezifiziert werden die Grundsätze in § 12 KonzVgV (→ KonzVgV § 12 Rn. 1).

4. Regelungen der KonzVgV

14 Hinzu kommen die Bestimmungen der KonzVgV, die auf der Grundlage der Ermächtigung nach § 113 GWB erlassen wurde. Dies führt bei der Konzessionsvergabe zu einer **zweistufigen Kaskade,** die aus §§ 148 ff. GWB als erster Stufe und der KonzVgV als zweiter Stufe besteht.[47] Die KonzVgV enthält insbes. Bestimmun-

---

[41] Hierzu Krönke NVwZ 2016, 568 ff.
[42] BT-Drs. 18/6281, 1.
[43] BT-Drs. 18/6281, 1.
[44] Siegel NVwZ 2016, 1672.
[45] BT-Drs. 18/6281, 130.
[46] Beck VergabeR/Bergmann GWB § 151 Rn. 15. AA RSG/Rafii GWB § 151 Rn. 19.
[47] Siegel NVwZ 2016, 1672 (1673); v. Wietersheim VergabeR 2016, 269 (270 f.).

gen zur Verfahrensgestaltung. Zugleich wird damit der in § 151 S. 3 GWB normierte Grundsatz der freien Verfahrensgestaltung nicht unerheblich relativiert (→ KonzVgV § 12 Rn. 3 ff.). Die KonzVgV enthält darüber hinaus aber auch Regelungen mit materiellem Gehalt, etwa zur möglichen Laufzeit von Konzessionen in § 3 KonzVgV (→ KonzVgV § 3 Rn. 4 ff.).

5. Bedeutung der Vergabeordnungen

Keine Bedeutung für die Konzessionsvergabe im Oberschwellenbereich entfalten hingegen die Vergabeordnungen. Die UVgO ist in ihrem Anwendungsbereich von vornherein beschränkt auf den Unterschwellenbereich. Und die im Jahre 2019 neu gefasste VOB/A enthält zwar in § 23 eine Regelung zu Baukonzessionen. Diese Vorschrift erfasst jedoch ebenfalls lediglich den Unterschwellenbereich (dazu → Rn. 30).[48]   15

IV. Anwendungsbereich der §§ 148 ff. GWB

1. Begriff der Konzession

Der sachliche Anwendungsbereich (auch) des Konzessionsvergaberechts wird geprägt durch den Begriff der Konzession. Konzessionen sind nach der **Legaldefinition des § 105 Abs. 1 GWB** im Oberschwellenbereich (zum Unterschwellenbereich → Rn. 29) entgeltliche Verträge, mit denen ein oder mehrere Konzessionsgeber ein oder mehrere Unternehmen mit der Erbringung von Bauleistungen (Abs. 1 Nr. 1) oder mit der Erbringung und Verwaltung von Dienstleistungen (Abs. 1 Nr. 2) betrauen.[49] Dabei kann die Gegenleistung jew. entweder im Recht zur Nutzung der Leistung bestehen oder in diesem Recht zzgl. einer Zahlung. An einer Gegenleistungsverpflichtung fehlt es etwa bei der Genehmigung zur Erprobung einer neuen Verkehrsart nach § 2 Abs. 7 PBefG.[50] Ein **entgeltlicher Vertrag** im vergaberechtlichen Sinne liegt auch hier nur bei wechselseitig bindenden und einklagbaren Verpflichtungen vor.[51] Dass der Betrieb aus rein wirtschaftlichen Gründen nicht aufgegeben wird, kann dem nicht gleichgestellt werden.[52]   16

Der mit der KVR eingeführte Begriff des „Betrauens"[53] erfordert zudem nach Sinn und Zweck einen **Beschaffungsbezug** und ist damit von schlichten Gestattungen abzugrenzen.[54] Intensiv erörtert wird diese Frage gegenwärtig bei Konzessionen im **Glücksspielbereich**. Für die Annahme eines Beschaffungsbezugs reicht es hier nicht aus, dass mit der Konzessionsvergabe eine öffentliche Aufgabe wahrgenommen wird.[55] Denn dieser Begriff ist weit auszulegen und erfasst neben der Daseinsvorsorge auch ordnungsrechtliche Aspekte. Würde dies bereits genügen, könnte nahezu jede Konzession im gewerberechtlichen Sinne „vergaberechtlicht" werden.[56] Viel-   17

---

[48] Burgi VergabeR § 24 Rn. 10.
[49] Zur Abgrenzung nach Leistungsarten vgl. § 110 GWB und BT-Drs. 18/6218, 83 f.; zur Vergabe von Konzessionen im Umweltrecht Wollenschläger EurUP 2016, 380 ff.
[50] OLG Celle 16.10.2018 – 13 Verg 3/18, NZBau 2019, 268 ff.
[51] Opitz NVwZ 2014, 753 (756).
[52] So zu Recht OLG Düsseldorf 21.1.2019 – VII Verg 22/18, NZBau 2019, 605 (608); zust. Siegel jurisPR-VergR 6/2019 Anm. 2. AA OLG Hamburg 1.11.2017 – 1 Verg 2/17, NZBau 2018, 122 (125).
[53] Krit. unter dem Aspekt der Rechtssicherheit Knauff/Badenhausen NZBau 2014, 395 (396).
[54] GKN VergabeR-HdB/Braun § 63 Rn. 20 ff.
[55] So aber OLG Hamburg 1.11.2017 – 1 Verg 2/17, NZBau 2018, 122 (124).
[56] Siegel NZBau 2019, 353.

mehr handelt es sich lediglich dann, wenn die betreffende Aufgabe der öffentlichen Hand gesetzlich zugewiesen ist, um „ihre" Aufgabe, mit der wiederum ein Unternehmen betraut werden kann.[57] Aber auch die Koppelung des Anbietens von **Shared Mobility-Diensten** an die Erteilung einer Erlaubnis begründet für sich keinen Beschaffungszweck.[58]

18 Der zentrale Unterschied zu einer herkömmlichen Vergabe liegt nach wie vor darin, dass der Unternehmer das **wirtschaftliche Risiko bzw. das Betriebsrisiko** trägt, welches in § 105 Abs. 2 GWB definiert und konkretisiert wird.[59] Erforderlich, aber auch ausreichend ist, dass der Unternehmer das überwiegende Betriebsrisiko trägt (→ § 105 Rn. 24).[60] Dies ist dann zu verneinen, wenn nach vernünftigem Ermessen Verluste während der Vertragslaufzeit ausgeschlossen sind.[61] Wegen der Einzelheiten wird auf die Kommentierung zu § 105 GWB verwiesen (→ § 105 Rn. 4 ff.).

19 Umstritten ist oftmals auch, ob bei Konzessionen, welche nach Fachrecht vergeben werden, §§ 148 ff. GWB zur ergänzenden Anwendung gelangen.[62] Dies gilt insbes. für **Wegenutzungsverträge nach § 46 EnWG**. Hier wird teilw. aus Erwgr. 16 der KVR abgeleitet, dass die allg. Bestimmungen zur Konzessionsvergabe verdrängt werden.[63] Richtigerweise ist jedoch zu differenzieren: Wird zugleich eine Lieferverpflichtung oder der Erwerb von Dienstleistungen vorgesehen, so liegt ein Beschaffungsbezug vor.[64] Denn der Betrieb und die Sicherstellung des öffentlichen Stromnetzes weisen Beschaffungsbezug auf.[65] Allerdings sind die Vorgaben der §§ 46 f. EnWG vorrangig und belassen vergleichsweise geringe Regelungslücken.[66]

20 Um den stetigen Expansionsdrang des Vergaberechts einzudämmen, werden oftmals **teleologische Reduktionen** vorgenommen. Ein prominentes Beispiel für diese Entwicklung bildeten lange Zeit die Inhouse- und Instate-Geschäfte, die allerdings in § 108 GWB eine explizite Regelung erfahren haben (→ Rn. 24 und ausf. → § 108 Rn. 8 ff.). Eine ähnliche Entwicklung ist gegenwärtig bei den sog. **Open-House-Verfahren** zu beobachten.[67] Sie sind – ebenso wie die Grundsätze zur Inhouse- und Instate-Vergabe – auf die Rspr. des EuGH zurückzuführen.[68] Dabei handelt es sich um ein Verfahren, bei dem ein öffentlicher Auftraggeber zu vorgegebenen Konditionen mit allen interessierten Unternehmen einen Vertrag über Liefer- oder Dienstleistungen schließen will. Bei dieser insbes. im Gesundheitswesen verbreiteten Praxis wird somit keine Auswahlentscheidung getroffen, so dass kein öffent-

---

[57] OVG Münster 8.6.2017 – 4 B 307/17, BeckRS 2017, 112407 = NWVBl. 2017, 431 (437); OLG Düsseldorf 21.1.2019 – VII Verg 22/18, NZBau 2019, 605 (606 f.). Zust. Siegel jurisPR-VergR 6/2019 Anm. 2.

[58] Ausf. Siegel/Jaster/Knoblauch VerwArch 2023, 1 (35). Zur Einordnung des Carsharing als Dienstleistungskonzession EuGH 10.11.2022 – C-482/21, NZBau 2023, 112 ff. – SHARENGO. Hierzu Schröder NZBau 2023, 447 ff.

[59] Hierzu Goldbrunner VergabeR 2016, 365 (366 ff.).

[60] Gegenbeispiel bei OLG Celle 9.11.2021 – 13 Verg 9/21, NZBau 2022, 236 (237) – Fahrradverleihsystem.

[61] OLG Koblenz 10.7.2018 – Verg 1/18, NZBau 2018, 636 (638). Hierzu Byok NJW 2019, 1650 (1653).

[62] Ausf. zum besonderen Konzessionsvergaberecht Müller-Wrede/Braun/Braun KonzVgV, Sonderregelungen, S. 653 ff.

[63] Burgi VergabeR § 24 Rn. 6; Zinger VergabeR 2020, 20 (21).

[64] Stelkens/Bonk/Sachs/Siegel § 54 Rn. 161 mwN.

[65] OLG Karlsruhe 30.10.2018 – 15 Verg 5/18, NZBau 2019, 200 (201). Zust. Braun VergabeR 2019, 199 f.

[66] Ausf. Müller-Wrede/Braun/Jung/Kräber KonzVgV, EnWG Rn. 13 ff.

[67] Hierzu Dreher NZBau 2019, 275 ff.

[68] EuGH 2.6.2016 – C-410/14, NZBau 2016, 441 ff. – Dr. Falk Pharma; 1.3.2018 – C-9/17, NZBau 2018, 366 ff. – Maria Tirkonnen.

licher Auftrag iSd § 103 GWB vorliegt (dazu auch → VgV § 21 Rn. 3).[69] Auch bei der **Konzessionsvergabe** entfalten die Open-House-Verfahren keine Bedeutung, da bei ihnen sowohl die Leistung als auch die Gegenleistung standardisiert sind.

Die **Zuordnung gemischter Verträge,** welche sowohl Elemente eines (herkömmlichen) öffentlichen Auftrags als auch einer Konzession enthalten, richtet sich nach § 111 Abs. 6 GWB. Dabei ist zunächst zu prüfen, ob die Auftragsteile objektiv trennbar sind gem. § 111 Abs. 6 iVm Abs. 1–3 und 5 GWB (→ § 111 Rn. 7 ff.). Wird trotz der Möglichkeit zur Trennung ein Gesamtauftrag vergeben, so kommen gem. § 111 Abs. 3 Nr. 4 GWB die Bestimmungen zur herkömmlichen Auftragsvergabe zur Anwendung, wenn der herkömmliche Auftragsteil den einschlägigen Schwellenwert erreicht oder überschreitet.[70] Ist eine Trennung nicht möglich, so ist gem. § 111 Abs. 6 iVm Abs. 4 GWB der Hauptgegenstand des Auftrags maßgebend (→ § 111 Rn. 19). Kommt eine Sektorentätigkeit hinzu, so richtet sich die Abgrenzung nach § 112 Abs. 6 GWB (→ § 112 Rn. 10 ff.).[71] Da die Schwellenwerte und auch die sonstigen rechtlichen Rahmenbedingungen grds. übereinstimmen, ist die **Abgrenzung zwischen Dienstleistungen und Bauleistungen** bei der Konzessionsvergabe weitaus weniger bedeutsam als bei der herkömmlichen Vergabe.[72]

21

2. Konzessionsgeber

Der persönliche Anwendungsbereich des neuen Konzessionsvergaberechts wird bestimmt durch den Begriff des Konzessionsgebers gem. **§ 101 GWB.** Dabei handelt es sich zunächst um öffentliche Auftraggeber iSd § 99 Nr. 1–3 GWB, die eine Konzession vergeben (§ 101 Nr. 1 GWB). Die Abgrenzung richtet sich hier also nach der zuvor umschriebenen Übernahme des wirtschaftlichen Risikos durch den Unternehmer (→ Rn. 18). Als Konzessionsgeber werden in § 101 Nr. 2, 3 GWB aber auch Sektorenauftraggeber gem. § 100 Abs. 1 Nr. 1, 2 GWB legaldefiniert, die eine Sektorentätigkeit iSd § 102 Abs. 2–6 GWB[73] ausüben und zum Zwecke der Ausübung dieser Tätigkeit eine Konzession vergeben.[74] Wegen der Einzelheiten kann auf die Kommentierung zu § 101 GWB verwiesen werden (→ § 101 Rn. 3 ff.).

22

3. Schwellenwerte

Einschlägig ist das neue Konzessionsvergaberecht erst ab Erreichen der Schwellenwerte. Diese liegen seit dem 1.1.2022 für Bau- und Dienstleistungskonzessionen **einheitlich bei 5.382.000 Euro.**[75] Die Berechnung des geschätzten Vertragswertes richtet sich nach § 2 KonzVgV (→ KonzVgV § 2 Rn. 5 ff.).[76] Unterhalb der Schwellenwerte kommt auch insoweit das Haushaltsvergaberecht zur Anwendung, welches bei Baukonzessionen ergänzt wird durch § 23 VOB/A (→ Rn. 27 ff.).[77]

23

---

[69] OLG Düsseldorf 30.10.2018 – VII Verg 37/18, NZBau 2019, 327 (331); Müller-Wrede GWB/v. Engelhardt/Kaelble § 103 Rn. 90. AA Dreher NZBau 2019, 275 (278 ff.).
[70] VK Münster 25.1.2018 – VK 1–43/17, IBRRS 2018, 0959.
[71] Hierzu BT-Drs. 18/6281, 84 ff.
[72] Zu Abgrenzung bei der herkömmlichen Vergabe OLG Düsseldorf 16.10.2019 – VII Verg 66/18, BeckRS 2019, 27237 Rn. 21 ff.
[73] Also für die Bereiche Elektrizität, Gas und Wärme, Verkehr, Häfen und Flughäfen sowie fossile Brennstoffe. Nicht erfasst ist somit der Bereich Wasser iSd § 102 Abs. 1 GWB.
[74] Zur Abgrenzung zwischen beiden Sonderrechtsregimen vgl. § 112 Abs. 6 GWB und BT-Drs. 18/6281, 87 f.
[75] VO (EU) 2021/1951 v. 10.11.2021, ABl. 2021 L 398, 21.
[76] BT-Drs. 18/7318, 250 f. Ausf. GKN VergabeR-HdB/Braun § 62 Rn. 16 ff.
[77] Hierzu Siegel VerwArch 2016, 1 (14 f.).

4. Ausnahmen

24 Eingeschränkt wird der Anwendungsbereich der §§ 148 ff. GWB durch allgemeine und besondere Ausnahmen.[78] Die **allgemeinen Ausnahmen** sind in §§ 107 ff. GWB geregelt und erfassen über die Konzessionsvergabe hinaus auch die anderen Bereiche des Kartellvergaberechts.[79] Zu diesen gehören etwa die – in der Entstehung besonders umstrittenen – echten Rettungsdienstleistungen (→ Rn. 8).[80] Aber auch die allgemeine Ausnahme für Inhouse- und Instate-Geschäfte nach Maßgabe des § 108 GWB ist bei der Konzessionsvergabe einschlägig (→ § 108 Rn. 8 ff. und 72 ff.).[81] Bei Letzteren liegt keine Zusammenarbeit iSd § 108 Abs. 6 GWB vor im Falle einer bloßen Leistungserbringung gegen Kostenerstattung.[82] Die **besonderen Ausnahmen** für den Bereich der Konzessionsvergabe sind hingegen in §§ 149 f. GWB normiert. Allerdings bleiben bei den Ausnahmen vom Anwendungsbereich der KVR die Ableitungen aus den Grundfreiheiten relevant (→ Rn. 3 f.).[83] Darüber hinaus darf ein Auftraggeber auch bei Vorliegen einer Ausnahme gleichsam „freiwillig" die Bestimmungen zur Konzessionsvergabe anwenden.[84]

V. Rechtsschutz

25 Nach vorheriger Rechtslage war das **Nachprüfungsverfahren** gem. §§ 102 ff. GWB aF beschränkt auf das allg. Vergaberecht im Oberschwellenbereich. (Dienstleistungs-)Konzessionen waren damit nicht erfasst.[85] Dies hat sich durch das Richtlinienpaket 2014 grdl. geändert. Denn Art. 46 f. der KVR nehmen ausdr. auf die Rechtsmittel-Richtlinien Bezug.[86] Folglich steht das Nachprüfungsverfahren gem. §§ 155 GWB auch bei der Vergabe von Konzessionen im Oberschwellenbereich offen (dazu ausf. → Vor § 155 Rn. 10 ff.; zum Unterschwellenbereich → Rn. 35 ff.).[87] Da damit der Vorabinformations- und Wartepflichten gem. § 134 GWB einschlägig sind, werden die Rechtsschutzmöglichkeiten unterlegener Bieter in besonderer Weise effektiviert.[88] Was die Reichweite der rügefähigen Bestimmungen anbelangt, so haben die Bieter gem. § 97 Abs. 6 GWB einen Anspruch auf Einhaltung der Bestimmungen über das Vergabeverfahren.[89]

26 Bei sachlichen **Ausnahmen vom Anwendungsbereich** des Kartellvergaberechts kommen hingegen auch die §§ 155 ff. GWB nicht zur Anwendung (dazu

---

[78] Ausf. GKN VergabeR-HdB/Braun § 63 Rn. 37 ff.; zu Ausnahmen im Bereich des Umweltrechts Wollenschläger EurUP 2016, 380 (385 ff.).

[79] Am Beispiel eines Mietvertrags iSd § 107 Abs. 1 Nr. 2 GWB bei VK Rheinland 28.6.2022 – VK 39/21-l, BeckRS 2022, 33728 Rn. 36.

[80] Zur Reichweite EuGH 21.3.2019 – C-465/17, NZBau 2019, 314 (317) – Falck Rettungsdienste. Hierzu Bühs EuZW 2019, 415 ff.; Jaeger NZBau 2020, 7 ff.; krit. Braun/Zwetkow VergabeR 2019, 492 ff.

[81] Zu Inhouse-Geschäften Ziekow NZBau 2015, 258 ff.; Otting NZBau 2023, 219 ff. Zu Instate-Geschäften Siegel NZBau 2018, 507 ff.; Knauff NZBau 2022, 261 ff.

[82] EuGH 4.6.2020 – C.429/19, NZBau 2020, 457 (459) – Remondis II. Hierzu Gerlach NVwZ 2020, 1574 ff.; Knauff NZBau 2022, 261 (263 f.).

[83] Ziekow VergabeR 2007, 711 (719).

[84] OVG Bautzen 13.10.2022 – B 241/22, ZfBR 2023, 205.

[85] Zur Entwicklung Burgi NZBau 2020, 1 ff.

[86] Knauff/Badenhausen NZBau 2014, 395 (401).

[87] BT-Drs. 18/6281, 130. Übersicht über das Vergabeprozessrecht bei Krist VergabeR 2016, 396 ff.

[88] Siegel NVwZ 2016, 1672 (1677).

[89] Müller-Wrede GWB/Braun § 105 Rn. 127.

→ Vor § 155 Rn. 15 ff.). Hier ist – ebenso wie im Unterschwellenbereich (→ Rn. 35) – zu differenzieren: Der Rechtsweg bei der Auftragsvergabe außerhalb des Anwendungsbereichs des GWB führt nach der Grundsatzentscheidung des BVerwG aus dem Jahre 2007 grds. vor die Zivilgerichte. Zugleich hat das Gericht der zuvor von einigen OVG vertretenen Zwei-Stufen-Theorie eine berechtigte Absage erteilt.[90] Überträgt man diese Wertungen auf die Konzessionsvergabe, so vermag schließlich auch die Verlagerung des wirtschaftlichen Risikos alleine – also ohne Hinzutreten weiterer Umstände – noch keine Zuordnung zum Öffentlichen Recht zu rechtfertigen.[91] Allerdings sind viele Konzessionsbereiche **durch fachgesetzliche Vorgaben in spezifischer Weise öffentlich-rechtlich geprägt.**[92] Dies gilt insbes. für die Konzessionsvergabe im Bereich der Rettungsdienstleistungen (→ Rn. 8).[93] Dort wird oftmals das Auswahlverfahren durch einen öffentlich-rechtlichen Vertrag abgeschlossen.[94]

VI. Anhang: Die Konzessionsvergabe im Unterschwellenbereich

1. Rechtsgrundlagen

a) Spezifische Vorschriften. Eine vollkommen andere Rechtslage ist bei der Konzessionsvergabe im Unterschwellenbereich anzutreffen.[95] Hier sind wegen Nichterreichens der Schwellenwerte weder §§ 148 ff. GWB noch die KonzVgV unmittelbar einschlägig. Mit einer gewissen Vorsicht können jedoch einzelne Bestimmungen aus dem Oberschwellenbereich, welche auf teleologischen Überlegungen beruhen, auf den Unterschwellenbereich übertragen werden. Dies gilt etwa für die Grundsätze zur Inhouse-Vergabe oder zu Instate-Geschäften.[96] Allerdings sind im Unterschwellenbereich die allg. Bestimmungen des Haushaltsvergaberechts einschlägig, insbes. **§§ 55 BHO/LHO.**[97] Gerade für den Bereich der Konzessionsvergabe ist schließlich zu berücksichtigen, dass eine Vielzahl bereichsspezifischer Fachgesetze zur Anwendung kommen, etwa im Bereich des Rettungsdienstwesens.[98] Schließlich erklärt **§ 23 Abs. 2 VOB/A** bei der Vergabe von Baukonzessionen ausdr. §§ 1–22 VOB/A für entspr. anwendbar. Hingegen werden Dienstleistungskonzessionen von der UVgO nicht erfasst. Denn deren Anwendungsbereich bezieht sich auf öffentliche Aufträge, welche nach der neueren Terminologie gerade von Konzessionen abzugrenzen sind.[99]

27

---

[90] BVerwG 2.5.2007 – 6 B 10/07, NZBau 2007, 389 (390). Zust. etwa Siegel DVBl 2007, 924 f.; krit. etwa Burgi NVwZ 2007, 737 ff. Zum Rechtsweg – auch de lege ferenda – Keller/Hellstern NZBau 2018, 323 (325); Rennert NZBau 2019, 411 ff.

[91] Siegel NZBau 2019, 353 (357).

[92] Zu den Folgerungen für den Rechtsschutz vor den Verwaltungsgerichten Müller-Wrede/Braun/Braun KonzVgV § 1 Rn. 118 f.; Bühs DVBl 2017, 1525 ff.

[93] BGH 23.1.2012 – X ZB 5/11, NZBau 2012, 248 (251) mzustAnm Braun NZBau 2012, 251 f.; VGH München 26.4.2019 – 12 C 19.621, NVwZ-RR 2020, 256 ff.

[94] Hierzu Bühs NVwZ 2017, 440 ff. Weiteres Bsp. bei OVG Lüneburg 29.10.2019 – 10 ME 363/18, NVwZ 2019, 656 ff. (Bau und Betrieb einer Kita); krit. Braun VergabeR 2020, 251 (256 f.).

[95] Eing. Siegel NZBau 2019, 353 ff.

[96] Siegel NZBau 2019, 353 (355).

[97] Hierzu HK-VergabeR/Pache BHO § 55 Rn. 97 ff. In Bayern Art. 55 LHO, in Hamburg § 58 LHO. In Mecklenburg-Vorpommern wird in § 55 LHO auf das Landesvergabegesetz verwiesen.

[98] Übersicht bei Müller-Wrede/Braun/Braun KonzVgV § 1 Rn. 182.

[99] Eing. Begründung bei Siegel VergabeR 2018, 183 (184).

28 b) Auffangordnungen. Zur Schließung etwaig verbleibender Lücken kann bei Binnenmarktrelevanz (→ Rn. 4) auf die aus den **Grundfreiheiten** abzuleitenden Vergabegrundsätze zurückgegriffen werden.[100] Gerade hier kommt die Funktion der Grundfreiheiten als Auffangordnung zum Tragen. Wenn die Binnenmarktrelevanz nicht vorliegt,[101] kommen die **verfassungsrechtlichen Verfahrensgarantien** zum Tragen.[102] Hier ist aus den Grundrechten das Erfordernis einer transparenten und fairen Ausgestaltung des Verfahrens abzuleiten.[103] Dieses Recht findet seinen Ausgangspunkt in Art. 12 Abs. 1 GG,[104] wird jedoch in Verteilungsverfahren durch Art. 3 Abs. 1 GG angereichert.[105] Flankiert werden diese grundrechtlichen Vergabegrundsätze durch Rechtsschutzgarantien. Da der Staat bei der Auftragsvergabe als Nachfrager am Markt tätig wird, ist insoweit nicht auf Art. 19 Abs. 4 GG, sondern auf den allg. Justizgewährleistungsanspruch zurückzugreifen, der in Art. 2 Abs. 1 GG iVm dem Rechtsstaatsprinzip verankert ist.[106]

2. Rückwirkungen auf den Konzessionsbegriff

29 Die abw. Rechtsgrundlagen haben teilw. Rückwirkungen auf den Konzessionsbegriff. Vergleichsweise unkompliziert verhält es sich mit Baukonzessionen im Unterschwellenbereich, die in § 23 VOB/A explizit geregelt sind. Da die Vergabe- und Vertragsordnungen zugleich als „Richtlinien" iSd § 55 Abs. 2 BHO/LHO einzuordnen sind,[107] kann der Begriff der **Baukonzession** auf den Unterschwellenbereich übertragen werden (→ VOB/A § 23 Rn. 19). Komplizierter verhält es sich, wenn explizite Regelungen fehlen, und damit für **Dienstleistungskonzessionen.** Denn die UVgO erfasst gerade nicht Dienstleistungskonzessionen.[108] Und § 55 Abs. 1 BHO/LHO als Schlüsselnorm des Haushaltsvergaberechts knüpft an den Begriff der „Verträge über Leistungen und Lieferungen" an und differenziert damit nicht zwischen öffentlichen Aufträgen und Konzessionen. Hier ist abzustellen auf das allg. im Haushaltsrecht relevante Kriterium der **Haushaltsrelevanz.** Dafür ist es ausreichend, aber auch erforderlich, dass die Leistungen des Unternehmers zumindest teilw. vergütet werden.[109] Insoweit erfasst § 55 Abs. 1 BHO/LHO auch Verträge, die im Oberschwellenbereich als Dienstleistungskonzessionen einzustufen sind. Zu verneinen ist die Haushaltsrelevanz hier allenfalls in Bagatellfällen, die jedoch bei der Konzessionsvergabe kaum einschlägig sein werden.[110]

3. Baukonzessionen

30 Für Baukonzessionen erklärt **§ 23 Abs. 2 VOB/A** die Bestimmungen der Vergabe herkömmlicher Bauaufträge für entspr. anwendbar.[111] Aus der entspr. Anwen-

---

[100] Eing. MüKoEuWettbR/Kühling/Huerkamp Einl. VergabeR Rn. 62 ff.
[101] Zu dieser Differenzierung Müller-Wrede GWB/Braun § 105 Rn. 110 ff.
[102] Hierzu Bühs DVBl 2017, 1525 (1527); eing. Wollenschläger, Verteilungsverfahren, 2010, S. 32 ff.
[103] Müller-Wrede/Braun/Braun KonzVgV § 1 Rn. 114 mwN.
[104] BayVGH 22.4.2013 – 22 BV 12/1728, BeckRS 2013, 51437 Rn. 30; OVG LSA 3.12.2009 – 3 M 307/09, BeckRS 2010, 46260. Zur Abgrenzung zu Art. 14 GG insoweit BVerfG 8.6.2010 – 1 BvR 2011 2959/07, NVwZ 2010, 1212 (1214).
[105] OVG Berlin-Brandenburg 30.11.2010 – OVG 1 S 107/10, KommJur 2011, 263 (264); OLG Düsseldorf 13.12.2017 – I-27 U 25/17, NZBau 2018, 168.
[106] Zu dieser Abgrenzung BVerfG 13.6.2006 – 1 BvR 1160/03, NZBau 2006, 791 (793).
[107] MüKoEuWettbR/Siegel Haushaltsvergaberecht Rn. 27.
[108] Siegel VergabeR 2018, 183 (184).
[109] HK-VergabeR/Pache BHO § 55 Rn. 103 und 106; MüKoEuWettbR/Siegel Haushaltsvergaberecht Rn. 44.
[110] HK-VergabeR/Pache BHO § 55 Rn. 102. Vgl. etwa § 3 Abs. 4 VOB/A 2019.
[111] Hierzu GKN VergabeR-HdB/Braun § 68 Rn. 3 ff.

dung folgt, dass einerseits die Bestimmungen grds. herangezogen werden können, andererseits die Besonderheiten der Konzession zu beachten sind. Insbesondere „passen" diejenigen Bestimmungen der VOB/A nicht, welche primär die Vergütung zum Gegenstand haben (→ VOB/A § 23 Rn. 32). Die meisten Bestimmungen der VOB/A können jedoch auf die Vergabe von Baukonzessionen übertragen werden (→ VOB/A § 23 Rn. 33). Dies gilt grds. auch für das im Zuge der Vereinheitlichung des Vergaberechts in § 3a Abs. 1 S. 1 VOB/A aufgenommene **Wahlrecht zwischen einer Öffentlichen Ausschreibung und einer Beschränkten Ausschreibung mit Teilnahmewettbewerb.**[112] Allerdings wird gerade bei Baukonzessionen wegen der regelmäßig hohen Leistungsanforderungen eine Ausnahme vom Vorrang dieser beiden publizitätsintensiven Verfahrensarten in Betracht kommen.[113] Eine Diskrepanz bleibt allerdings bei der E-Vergabe bestehen: Während im Anwendungsbereich der UVgO in Anlehnung an den Oberschwellenbereich nunmehr die obligatorische E-Vergabe den Regelfall bildet,[114] hält die VOB/A in § 13 Abs. 1 auch idF 2019 an der lediglich fakultativen E-Vergabe fest.[115]

Ergänzt werden die Bestimmungen der VOB/A – soweit dort geregelt – durch spezifische Vorgaben der Landesvergabegesetze.[116] Zur Schließung etwaiger Lücken können bei Binnenmarktrelevanz die aus den **Grundfreiheiten** abgeleiteten Vergabegrundsätze (→ VOB/A § 23 Rn. 35) sowie bei fehlender Binnenmarktrelevanz die **grundrechtlichen Vergabegrundsätze** herangezogen werden (→ Rn. 27). Allerdings bleiben diese in ihrem inhaltlichen Bestand oftmals hinter den Anforderungen der §§ 1–22 VOB/A zurück. In rechtspraktischer Hinsicht bedarf es daher nach objektivem Recht grds. keines Rückgriffs mehr auf die allg. Vergabegrundsätze.[117] Relevant werden die allg. Vergabegrundsätze jedoch dann, wenn zugleich ein Verstoß gegen die allg. Vergabegrundsätze von einem unterlegenen Bieter vor dem EuGH bzw. den Verwaltungsgerichten geltend gemacht wird. Denn hierfür bedarf es nach allg. Grundsätzen eines subjektiven öffentlichen Rechts.[118] 31

4. Dienstleistungskonzessionen

Komplizierter gestaltet sich die Vergabe von Dienstleistungskonzessionen im Unterschwellenbereich.[119] Denn Dienstleistungskonzessionen werden von der UVgO nicht erfasst.[120] Bei Vorliegen einer Haushaltsrelevanz kommt allerdings die Bestimmung des **§ 55 BHO/LHO** zur Anwendung. Deren Abs. 1 statuiert zwar einen Vorrang der Öffentlichen Ausschreibung bzw. – gleichgestellt – einer Beschränkten Ausschreibung mit Teilnahmewettbewerb. Wegen der regelmäßig hohen Leistungsanforderungen wird allerdings auch bei Dienstleistungskonzessionen eine Ausnahme von diesem Grundsatz in Betracht kommen.[121] Soweit wegen fehlender Haushaltsrelevanz § 55 BHO/LHO nicht einschlägig ist, also auch keine Teilvergütung geleistet wird (→ Rn. 29), ist bei Binnenmarktrelevanz auf die Grundfreiheiten, iU auf die grundrechtlichen Verfahrensgarantien zurückzugreifen (→ Rn. 28). Ergänzend zu § 55 BHO/LHO gelten – soweit dort geregelt – spezifische Vorgaben der Landesvergabegesetze. Auf einfach-gesetzlicher Ebene werden 32

---

[112] Hierzu Janssen NZBau 2019, 147 f.
[113] HK-VergabeR/Pache BHO § 55 Rn. 105.
[114] Siegel LKV 2017, 385 (391).
[115] Janssen NZBau 2019, 147 (150). Krit. hierzu Vogt, E-Vergabe, 2019, S. 298 f.
[116] Müller-Wrede GWB/Braun § 105 Rn. 109.
[117] MüKoEuWettbR/Siegel Haushaltsvergaberecht Rn. 70.
[118] Siegel NZBau 2019, 353 (356).
[119] Hierzu auch GKN VergabeR-HdB/Braun § 68 Rn. 11 ff.
[120] Siegel VergabeR 2018, 183 (184 ff.).
[121] HK-VergabeR/Pache BHO § 55 Rn. 106.

Konzessionen zudem oftmals durch spezifische **Vorgaben des jeweiligen Fachrechts** gesteuert, etwa im Rettungsdienstwesen.[122]

5. Unmittelbare Fehlerfolgen

33 Aktuell umstritten ist, ob die Bestimmungen der **§§ 134 f. GWB** auf den Unterschwellenbereich übertragen werden können.[123] Das OLG Düsseldorf hatte dies in einem obiter dictum zunächst bejaht.[124] Diese Entscheidung ist aber überwiegend auf Kritik gestoßen.[125] Für eine analoge Anwendung des § 134 GWB fehlt es bereits an einer planwidrigen Lücke.[126] Denn Informations- und Wartepflichten sind auch außerhalb des GWB normiert und könnten auch im Unterschwellenbereich durch den Bundesgesetzgeber geregelt werden (→ § 134 Rn. 158 ff.).[127] Darüber hinaus sind Informations-Wartepflichten auch nicht zwingend aus dem Gebot effektiven Rechtsschutzes abzuleiten. Denn in seiner Grundsatzentscheidung aus dem Jahre 2006 hat das BVerfG die vorhandenen Primärrechtsschutzmöglichkeiten im Unterschwellenbereich, welche gerade nicht durch Informations- und Wartepflichten flankiert werden, als vereinbar mit diesem Gebot erachtet (→ Vor § 155 Rn. 15).[128]

34 Aber selbst wenn man die Informations- und Wartepflichten im Unterschwellenbereich für einschlägig hielte, wäre damit nicht automatisch die **Fehlerfolge** der Nichtigkeit verbunden.[129] Dies belegen bereits die Informations- und Wartepflichten nach den Landesvergabegesetzen (→ § 134 Rn. 179 ff.). Denn dort wird die Nichtigkeit nicht explizit angeordnet, sondern kann sich lediglich aus allg. Gründen ergeben.[130] Auch das EuG geht in seiner Entscheidung, auf welche sich das OLG Düsseldorf maßgeblich stützt, gerade nicht von der Nichtigkeitsfolge aus: Denn das Gericht hält eine Vorabinformationspflicht gerade für erforderlich, um einen Rechtsbehelf mit dem Ziel der Nichtigerklärung zu erheben.[131] Gegen eine Übertragbarkeit der Nichtigkeitsfolge sprechen zudem allg. Überlegungen: Denn wirksame Verträge können in vielen Bereichen auch dann wirksam zustandekommen, wenn sie nicht mit der Rechtsordnung in Einklang stehen. Dies gilt nicht nur für das Privatrecht, sondern auch für das öffentliche Recht.[132] Zwar

---

[122] Übersicht bei Müller-Wrede/Braun/Braun KonzVgV § 1 Rn. 182.

[123] Zu den Einschränkungsmöglichkeiten im Oberschwellenbereich Jansen/Knoblauch NZBau 2023, 211 ff.

[124] OLG Düsseldorf 13.12.2017 – I-27 U 25/17, NZBau 2018, 168 f. Ebenso bereits OVG Berlin-Brandenburg 30.11.2010 – 1 S 107/10, NVwZ-RR 2011, 293 (294).

[125] Jansen/Geitel VergabeR 2018, 376 ff.; Siegel NZBau 2019, 353 (356 f.); zurückhaltender Burgi NZBau 2018, 579 (584). Aus der Rspr. ebenso VG Lüneburg 12.11.2012 – 13 ME 231/12, NVwZ-RR 2013, 144; KG 7.1.2020 – 9 U 79/19, BeckRS 2020, 680 (681 f.); OLG Celle 9.1.2020 – 13 W 56/19, BeckRS 2020, 28 Rn. 25.

[126] Siegel VerwArch 2016, 1 (24 f.). Ebenso nunmehr OLG Düsseldorf 21.6.2023 – 27 U 4/22, VPRRS 2023, 0130.

[127] Dies räumen sogar diejenigen ein, welche grds. eine Gesetzgebungskompetenz des Bundes im Unterschwellenbereich verneinen, vgl. Burgi NZBau 2018, 579 (584, dort Fn. 65 einerseits und Fn. 66 andererseits).

[128] BVerfG 13.6.2006 – 1 BvR 1160/03, NZBau 2006, 791 (794).

[129] Burgi NZBau 2018, 579 (584).

[130] HK-VergabeR/Pache BHO § 55 Rn. 112; MüKoEuWettbR/Siegel Haushaltsvergaberecht Rn. 101.

[131] EuGH 20.9.2011 – T-461/08, BeckRS 2011, 81495 Rn. 120. Auch das OVG Berlin-Brandenburg 30.11.2010 – 1 S 107/10, NVwZ-RR 2011, 293 (294), geht trotz angenommener Informationspflichten von der Wirksamkeit des Vertrags aus.

[132] Stelkens/Bonk/Sachs/Siegel § 59 Rn. 3, auch zu den – im Öffentlichen Recht allerdings wesentlich weiter reichenden – Ausnahmen.

kann auch ein Verstoß gegen grundfreiheitliche oder grundrechtliche Verfahrensgarantien im Allgemeinen grds. die Nichtigkeit eines Vertrages bewirken.[133] Für die Auftragsvergabe im Besonderen hat das BVerfG jedoch entschieden, dass die Bestandsinteressen des Auftraggebers sowie der erfolgreichen Bewerbers das Rechtsschutzinteresse unterlegener Bieter überwiegen können.[134] Diese Interessenabwägung spricht letztlich auch gegen die Vertragsnichtigkeit.[135]

6. Rechtsschutz

a) Primärrechtsschutz. Während bei der Konzessionsvergabe im Oberschwellenbereich das Nachprüfungsverfahren grds. offensteht (→ Rn. 25), verbleibt es im Unterschwellenbereich bei den bisherigen Rechtsschutzmöglichkeiten.[136] Insbesondere ist hier nach der Rspr. des BVerfG eine Ausweitung des Nachprüfungsverfahrens nicht verfassungsrechtlich geboten.[137] Der Rechtsweg bei der Auftragsvergabe im Unterschwellenbereich führt nach der **Grundsatzentscheidung des BVerwG aus dem Jahre 2007** grds. vor die Zivilgerichte; zugleich hat das Gericht der zuvor von einigen OVG vertretenen Zwei-Stufen-Theorie eine berechtigte Absage erteilt.[138] Die Verlagerung des wirtschaftlichen Risikos alleine – also ohne Hinzutreten weiterer Umstände – vermag noch keine Zuordnung zum öffentlichen Recht zu rechtfertigen.[139] Auch hier ist – ebenso wie bei den sachlichen Ausnahmen vom Kartellvergaberecht (→ Rn. 26) – aber zu beachten, dass viele Konzessionsbereiche **durch fachgesetzliche Vorgaben in spezifischer Weise öffentlich-rechtlich geprägt** sind.[140] Dies gilt insbes. für die Konzessionsvergabe im Bereich der Rettungsdienstleistungen (→ Rn. 8).[141] 35

b) Sekundärrechtsschutz. Erachtet man richtigerweise die Vorabinformationspflicht nach § 134 GWB im Unterschwellenbereich als nicht anwendbar (→ Rn. 33), scheiden auf Unterlassung der Vergabe gerichtete Möglichkeiten des Primärrechtsschutzes im praktischen Ergebnis oftmals aus. Dann kommt der Grundsatz „pacta sunt servanda" zur Anwendung: Sofern kein Nichtigkeitsgrund vorliegt, ist der abgeschlossene Vertrag wirksam. Dann kommen lediglich **Schadensersatzansprüche** aus §§ 241 Abs. 2, 311 Abs. 2 BGB in Betracht. Diese sind grds. auf das negative Interesse beschränkt. Etwas anderes – also ein Ersatz des positiven Interesses – gilt lediglich dann, wenn dem Kläger bei ordnungsgemäßem Vergabeverfahren der Zuschlag hätte erteilt werden müssen (dazu → Vor § 155 Rn. 17).[142] 36

---

[133] BVerfG 19.7.2016 – 2 BvR 470/08, NVwZ 2016, 1553 (1555) mAnm Becker NVwZ 2016, 1557 ff.
[134] BVerfG 13.6.2006 – 1 BvR 1160/03, NZBau 2006, 791 (794 f.).
[135] Wollenschläger NVwZ 2016, 1535 (1538).
[136] Hierzu Siegel VerwArch 2016, 1 (26 ff.) mwN; zu den Reformüberlegungen Burgi VergabeR § 26 Rn. 6 ff.
[137] BVerfG 13.6.2006 – 1 BvR 1160/03, NZBau 2006, 791 (795).
[138] BVerwG 2.5.2007 – 6 B 10/07, NZBau 2007, 389 (390). Zust. etwa Siegel DVBl 2007, 924 f.; kritisch etwa Burgi NVwZ 2007, 737 ff. Zum Rechtsweg – auch de lege ferenda – Keller/Hellstern NZBau 2018, 323 (325); Rennert NZBau 2019, 411 ff.
[139] Siegel NZBau 2019, 353 (357).
[140] Zu den Folgerungen für den Rechtsschutz vor den Verwaltungsgerichten Müller-Wrede/Braun/Braun KonzVgV § 1 Rn. 118 f.; Bühs DVBl 2017, 1525 ff.
[141] BGH 23.1.2012 – X ZB 5/11, NZBau 2012, 248 (251) mAnm Braun NZBau 2012, 251 ff; VGH München 26.4.2019 – 12 C 19.621, NVwZ-RR 2020, 256 ff. Zu dieser Rechtswegzersplitterung GKN VergabeR-HdB/Braun § 68 Rn. 15 ff.
[142] BGH 26.1.2010 – X ZR 86/08, NZBau 2010, 387 (388 f.).

§ 149 Besondere Ausnahmen

Dieser Teil ist nicht anzuwenden auf die Vergabe von:
1. Konzessionen zu Rechtsdienstleistungen im Sinne des § 116 Absatz 1 Nummer 1,
2. Konzessionen zu Forschungs- und Entwicklungsdienstleistungen im Sinne des § 116 Absatz 1 Nummer 2,
3. Konzessionen zu audiovisuellen Mediendiensten oder Hörfunkmediendiensten im Sinne des § 116 Absatz 1 Nummer 3,
4. Konzessionen zu finanziellen Dienstleistungen im Sinne des § 116 Absatz 1 Nummer 4,
5. Konzessionen zu Krediten und Darlehen im Sinne des § 116 Absatz 1 Nummer 5,
6. Dienstleistungskonzessionen, die an einen Konzessionsgeber nach § 101 Absatz 1 Nummer 1 oder Nummer 2 aufgrund eines auf Gesetz oder Verordnung beruhenden ausschließlichen Rechts vergeben werden,
7. Dienstleistungskonzessionen, die an ein Unternehmen aufgrund eines ausschließlichen Rechts vergeben werden, das diesem im Einklang mit den nationalen und unionsrechtlichen Rechtsvorschriften über den Marktzugang für Tätigkeiten nach § 102 Absatz 2 bis 6 gewährt wurde; ausgenommen hiervon sind Dienstleistungskonzessionen für Tätigkeiten, für die die Unionsvorschriften keine branchenspezifischen Transparenzverpflichtungen vorsehen; Auftraggeber, die einem Unternehmen ein ausschließliches Recht im Sinne dieser Vorschrift gewähren, setzen die Europäische Kommission hierüber binnen eines Monats nach Gewährung dieses Rechts in Kenntnis.
8. Konzessionen, die hauptsächlich dazu dienen, dem Konzessionsgeber im Sinne des § 101 Absatz 1 Nummer 1 die Bereitstellung oder den Betrieb öffentlicher Kommunikationsnetze oder die Bereitstellung eines oder mehrerer elektronischer Kommunikationsdienste für die Öffentlichkeit zu ermöglichen,
9. Konzessionen im Bereich Wasser, die
    a) die Bereitstellung oder das Betreiben fester Netze zur Versorgung der Allgemeinheit im Zusammenhang mit der Gewinnung, dem Transport oder der Verteilung von Trinkwasser oder die Einspeisung von Trinkwasser in diese Netze betreffen oder
    b) mit einer Tätigkeit nach Buchstabe a im Zusammenhang stehen und einen der nachfolgend aufgeführten Gegenstände haben:
        aa) Wasserbau-, Bewässerungs- und Entwässerungsvorhaben, sofern die zur Trinkwasserversorgung bestimmte Wassermenge mehr als 20 Prozent der Gesamtwassermenge ausmacht, die mit den entsprechenden Vorhaben oder Bewässerungs- oder Entwässerungsanlagen zur Verfügung gestellt wird, oder
        bb) Abwasserbeseitigung oder -behandlung,
10. Dienstleistungskonzessionen zu Lotteriedienstleistungen, die unter die Referenznummer des Common Procurement Vocabulary 92351100–7 fallen, und die einem Unternehmen auf der Grundlage eines ausschließlichen Rechts gewährt werden,
11. Konzessionen, die Konzessionsgeber im Sinne des § 101 Absatz 1 Nummer 2 und 3 zur Durchführung ihrer Tätigkeiten in einem nicht der Europäischen Union angehörenden Staat in einer Weise vergeben, die nicht mit der physischen Nutzung eines Netzes oder geografischen Gebiets in der Europäischen Union verbunden ist, oder

Besondere Ausnahmen **§ 149 GWB**

12. **Konzessionen, die im Bereich der Luftverkehrsdienste auf der Grundlage der Erteilung einer Betriebsgenehmigung im Sinne der Verordnung (EG) Nr. 1008/2008 des Europäischen Parlaments und des Rates vom 24. September 2008 über gemeinsame Vorschriften für die Durchführung von Luftverkehrsdiensten in der Gemeinschaft (ABl. L 293 vom 31.10.2008, S. 3) vergeben werden, oder von Konzessionen, die die Beförderung von Personen im Sinne des § 1 des Personenbeförderungsgesetzes betreffen.**

Literatur: Vgl. die Angaben bei § 148 GWB (dort insbes. Ziff. 3).

Übersicht

	Rn.
I. Bedeutung der Vorschrift	1
II. Auf die Ausnahmen anwendbares Recht	2
III. Rechtsdienstleistungen (Nr. 1)	3
1. Unionsrechtlicher Hintergrund	3
2. Reichweite	4
IV. Forschungs- und Entwicklungsleistungen (Nr. 2)	5
1. Unionsrechtlicher Hintergrund	5
2. Reichweite	6
V. Mediendienste (Nr. 3)	7
1. Unionsrechtlicher Hintergrund	7
2. Reichweite	8
VI. Finanzdienstleistungen (Nr. 4 und 5)	9
1. Unionsrechtlicher Hintergrund	9
2. Reichweite	10
VII. Ausschließliche Rechte (Nr. 6 und 7)	11
1. Unionsrechtlicher Hintergrund	11
2. Reichweite	12
VIII. Elektronische Kommunikation (Nr. 8)	13
1. Unionsrechtlicher Hintergrund	13
2. Zweck	14
3. Reichweite	15
IX. Wasserwirtschaft (Nr. 9)	16
1. Unionsrechtlicher Hintergrund	16
2. Reichweite	17
3. Anwendbares Recht	18
X. Lotteriedienstleistungen (Nr. 10)	19
1. Unionsrechtlicher Hintergrund	19
2. Reichweite	20
XI. „EU-externe" Konzessionen (Nr. 11)	21
XII. Verkehrsdienste (Nr. 12)	22
1. Unionsrechtlicher Hintergrund	22
2. Reichweite	23

I. Bedeutung der Vorschrift

In § 149 GWB **werden besondere Ausnahmen vom Anwendungsbereich** 1
der §§ 148 ff. GWB aufgelistet.[1] Sie ergänzen die allgemeinen Ausnahmen nach

---

[1] Ausf. GKN VergabeR-HdB/Braun § 63 Rn. 36 ff.

§§ 107–109 GWB, welche auch bei der Konzessionsvergabe einschlägig sind.[2] Weitere besondere Ausnahmen enthält § 150 GWB für den Bereich der Verteidigung. Der **Begriff der „besonderen" Ausnahme** findet seine Rechtfertigung darin, dass aufgrund der Besonderheiten in anderen Zweigen des Kartellvergaberechts keine allgemeine Ausnahme iSd § 107 GWB formuliert werden konnte. Gleichwohl bestehen viele Parallelen zu den besonderen Ausnahmen im Bereich des allg. Kartellvergaberechts gem. § 116 GWB. Die Einschlägigkeit der besonderen Ausnahmen nach § 149 GWB ist nicht davon abhängig, dass sich ein Konzessionsgeber vor den **Nachprüfungsinstanzen** auf sie beruft.[3]

II. Auf die Ausnahmen anwendbares Recht

2   Zu beachten ist, dass einige der besonderen Ausnahmen ihrerseits sachlich eingegrenzt werden. Aber auch die Normierung einer (besonderen) Ausnahme führt nicht zu einer völligen Befreiung von vergaberechtlichen Anforderungen; vielmehr kommen insoweit die aus den **Grundfreiheiten sowie den Grundrechten** abgeleiteten Vergabegrundsätze zur Anwendung (→ § 148 Rn. 24).[4] Zudem können – neben dem jew. einschlägigen Fachrecht – auch die Bestimmungen des Verwaltungsverfahrensrechts sowie des Verwaltungsprozessrechts zur Anwendung kommen.[5]

III. Rechtsdienstleistungen (Nr. 1)

1. Unionsrechtlicher Hintergrund

3   Die besondere Ausnahme für Rechtsdienstleistungen gem. § 149 Nr. 1 GWB dient der **Umsetzung von Art. 10 Abs. 8 lit. d KVR,** der wiederum Art. 10 lit. d VRL entspricht.[6] Da die RL 2009/81/EG keine Ausnahme für Rechtsdienstleistungen enthält, kam die Normierung einer allgemeinen Ausnahme nicht in Betracht.[7] Der sachliche Grund für die Ausnahme liegt in den Besonderheiten bei der Bestellung und Auswahl dieser Personen bzw. Organisationen.[8] Erwgr. 25 der VRL benennt hier beispielhaft die Ernennung von Staatanwälten in einigen Mitgliedstaaten. Dies verdeutlicht zugleich, dass nicht alle Rechtsdienstleistungen von der besonderen Ausnahme erfasst werden.

2. Reichweite

4   Die besondere Ausnahme des § 149 Nr. 1 GWB nimmt Bezug auf **§ 116 Abs. 1 Nr. 1 GWB,** so dass auf die dortige Kommentierung verwiesen werden kann (→ § 116 Rn. 4 ff.).[9] Hier wie dort werden aber nur die in § 116 Abs. 1 Nr. 1 GWB explizit aufgelisteten Rechtsdienstleistungen erfasst. Für **sonstige juristische Dienstleistungen** im allg. Vergaberecht ist in § 130 GWB ab einem besonderen Schwellenwert von 750.000 Euro[10] ein vereinfachtes Verfahren vorgesehen

---

[2] Übersicht über die allg. Ausnahmen bei Goldbrunner VergabeR 2016, 365 (369 ff.).
[3] MüKoEuWettbR/Mohr GWB § 149 Rn. 1.
[4] Beck VergabeR/Germelmann GWB § 149 Rn. 10 ff.; Siegel VergabeR 2015, 265 (268).
[5] MüKoEuWettbR/Mohr GWB § 149 Rn. 1.
[6] BT-Drs. 18/6281, 127.
[7] BT-Drs. 18/6281, 93.
[8] Erwgr. 25 der VRL.
[9] BT-Drs. 18/6281, 93.
[10] Vgl. Art. 4 lit. d VRL iVm Anh. XIV, dort die CPV-Nummern 79100000-5 bis 79140000-7; 75231100-5.

Besondere Ausnahmen **§ 149 GWB**

(→ § 130 Rn. 17 ff.).[11] Trägt die sonstige juristische Dienstleistung den Charakter einer Konzession, so kommen gem. § 153 GWB ab dem für die Konzessionsvergabe höheren Schwellenwert von 5,382 Mio. Euro (→ § 148 Rn. 23) die Grundsätze der § 151 GWB und § 152 GWB zur Anwendung (→ § 153 Rn. 10).[12]

IV. Forschungs- und Entwicklungsleistungen (Nr. 2)

1. Unionsrechtlicher Hintergrund

Die besondere Ausnahme für Forschungs- und Entwicklungsleistungen gem. 5
§ 149 Nr. 2 GWB dient der **Umsetzung von Art. 25 KVR,** der wiederum Art. 14 VRL entspricht.[13] Der sachliche Grund für diese besondere Ausnahme liegt darin, die öffentliche Beschaffung von Innovationen zu erleichtern.[14] Allerdings werden Forschungs- und Entwicklungsleistungen nicht (mehr) einschränkungslos vom Vergaberecht ausgenommen: Vielmehr kommt die KVR bei den in Art. 25 KVR genannten CPV-Nummern zur Anwendung, sofern die Ergebnisse ausschl. Eigentum des Auftraggebers werden und die Dienstleistung vollständig durch den Auftraggeber vergütet wird.[15] Durch diese zusätzlichen inhaltlichen Anforderungen wird sichergestellt, dass auch die aufgeführten Tätigkeiten nicht dem Vergaberecht unterfallen, sofern eine Kofinanzierung durch die Industrie erfolgt.[16]

2. Reichweite

Die besondere Ausnahme des § 149 Nr. 2 GWB nimmt Bezug auf **§ 116 Abs. 1** 6
Nr. 2 GWB, so dass auf die dortige Kommentierung verwiesen werden kann (→ § 116 Rn. 12 f.).[17] Zuvor waren Forschungs- und Entwicklungsleistungen als allgemeine Ausnahme in § 100 Abs. 4 Nr. 2 GWB aF normiert. Insbes. wegen einer Sonderbestimmung in der RL 2009/81/EG konnten Forschungs- und Entwicklungsleistungen nicht als allgemeine Ausnahme iSd § 107 GWB eingeordnet werden.[18] Auch inhaltlich sind Forschungs- und Entwicklungsleistungen nur noch **grds. ausgenommen.** Anders verhält es sich mit den in § 116 Abs. 1 Nr. 2 GWB genannten Tätigkeiten, die wiederum Art. 25 KVR nachgebildet wurden.[19] Diese unterliegen dem Konzessionsvergaberecht, wenn die Ergebnisse ausschl. Eigentum des Auftraggebers werden und die Dienstleistung vollständig durch den Auftraggeber vergütet wird.[20]

V. Mediendienste (Nr. 3)

1. Unionsrechtlicher Hintergrund

Die besondere Ausnahme für audiovisuelle Medien- und Hörfunkmediendienste 7
gem. § 149 Nr. 3 GWB dient der **Umsetzung von Art. 10 Abs. 8 lit. b KVR,** der

---

[11] BT-Drs. 18/6281, 93. Hierzu auch HK-VergabeR/Mußgnug GWB § 130 Rn. 12 ff.
[12] Vgl. Art. 19 KVR iVm Anh. IV, dort die CPV-Nummern 79100000–5 bis 79140000–7; 75231100–5; hierzu auch Müller-Wrede GWB/Tugendreich/Heller § 149 Rn. 9.
[13] BT-Drs. 18/6281, 127 iVm 94.
[14] Erwgr. 47 der VRL.
[15] Hierzu MüKoEuWettbR/Mohr GWB § 149 Rn. 14.
[16] Erwgr. 35 der VRL.
[17] BT-Drs. 18/6281, 127. Hierzu auch Löwisch OdW (Ordnung der Wissenschaft) 2016, 153 ff.
[18] BT-Drs. 18/6281, 94.
[19] BT-Drs. 18/6281, 94.
[20] Hierzu auch Müller-Wrede GWB/Tugendreich/Heller § 149 Rn. 45.

wiederum Art. 10 lit. b VRL entspricht.[21] Der sachliche Grund für diese besondere Ausnahme liegt in der angemessenen Berücksichtigung kultureller und gesellschaftspolitischer Erwägungen.[22]

2. Reichweite

8   Die besondere Ausnahme des § 149 Nr. 3 GWB nimmt Bezug auf **§ 116 Abs. 1 Nr. 3 GWB,** so dass auf die dortige Kommentierung verwiesen werden kann (→ § 116 Rn. 14 ff.).[23] Diese stimmt wiederum grds. mit der bisherigen besonderen Ausnahme des § 100a Abs. 2 Nr. 1 GWB aF überein, wurde jedoch den technischen Entwicklungen der jüngeren Vergangenheit angepasst.[24] Die Begrifflichkeiten entsprechen gem. Art. 10 Abs. 8 lit. b KVR denjenigen der RL 2010/13/EU über audiovisuelle Mediendienste.[25]

VI. Finanzdienstleistungen (Nr. 4 und 5)

1. Unionsrechtlicher Hintergrund

9   Die besondere Ausnahme für finanzielle Dienstleistungen im Zusammenhang mit Wertpapieren und anderen Finanzinstrumenten gem. § 149 Nr. 4 GWB dient der **Umsetzung von Art. 10 Abs. 8 lit. e KVR,** der wiederum Art. 10 lit. e VRL entspricht.[26] Der sachliche Grund für die Ausnahme dieser kapitalmarktbezogenen Finanzdienstleistungen liegt in der Schnelllebigkeit und Volatilität des Kapitalmarktes (→ § 116 Rn. 19). Die besondere Ausnahme für Kredite und Darlehen gem. § 149 Nr. 5 GWB dient der **Umsetzung von Art. 10 Abs. 8 lit. f KVR,** der wiederum Art. 10 lit. f VRL entspricht.[27] Die Bedeutung dieser neuen besonderen Ausnahme liegt darin, dass Kredite und Darlehen unabhängig von der Kapitalmarktbezogenheit ausgenommen werden.[28] Hingegen waren zuvor lediglich kapitalmarktbezogene Finanzdienstleistungen ausgenommen; nicht kapitalmarktbezogene Finanzdienstleistungen – insbes. Beratungsleistungen – unterlagen hingegen zuvor grds. dem Vergaberecht.

2. Reichweite

10 Die besondere Ausnahme des § 149 Nr. 4 GWB nimmt Bezug auf **§ 116 Abs. 1 Nr. 4 GWB,** so dass auf die dortige Kommentierung verwiesen werden kann (→ § 116 Rn. 18 ff.).[29] Diese stimmt wiederum teilw. mit der bisherigen besonderen Ausnahme des § 100a Abs. 2 Nr. 2 GWB aF überein, allerdings wurde die besondere Ausnahme auf Transaktionen mit der neu geschaffenen Finanzstabilisierungsfazilität und dem Europäischen Stabilitätsmechanismus erweitert.[30] Die besondere Ausnahme des § 149 Nr. 5 GWB nimmt Bezug auf **§ 116 Abs. 1 Nr. 5 GWB,** so dass auf die dortige Kommentierung verwiesen werden kann (→ § 116 Rn. 25 ff.).[31]

---

[21] BT-Drs. 18/6281, 127.
[22] Erwgr. 43 der KVR.
[23] BT-Drs. 18/6281, 94.
[24] BT-Drs. 18/6281, 94.
[25] ABl. 2010 L 95, 1; BT-Drs. 18/6281, 94.
[26] BT-Drs. 18/6281, 128 iVm BT-Drs. 18/6281, 95.
[27] BT-Drs. 18/6281, 128 iVm BT-Drs. 18/6281, 95.
[28] BT-Drs. 18/6281, 95.
[29] BT-Drs. 18/6281, 128.
[30] Erwgr. 26 der VRL; BT-Drs. 18/6281, 95.
[31] BT-Drs. 18/6281, 128 iVm BT-Drs. 18/6281, 95.

VII. Ausschließliche Rechte (Nr. 6 und 7)

1. Unionsrechtlicher Hintergrund

Die besondere Ausnahme für die Vergabe von Dienstleistungskonzessionen aufgrund eines ausschließlichen Rechts an Konzessionsauftraggeber nach § 101 Abs. 1 Nr. 1, 2 GWB (→ § 101 Rn. 3) gem. § 149 Nr. 6 GWB dient der **Umsetzung von Art. 10 Abs. 1 UAbs. 1 KVR,** der wiederum Art. 11 VRL entspricht.[32] Der sachliche Grund für diese Ausnahme liegt darin, dass eine Ausschreibung nicht sachgerecht erschiene, wenn die Leistung – wegen des ausschließlichen Rechts – nur durch einen Auftragnehmer erbracht werden kann.[33] **11**

2. Reichweite

Die besondere Ausnahme des § 149 Nr. 6 GWB entspricht – abgesehen von den jew. unterschiedlichen Auftraggebern – grds. derjenigen des § 116 Abs. 1 Nr. 6 GWB, so dass auf die dortige Kommentierung verwiesen werden kann (→ § 116 Rn. 26 f.). Diese wiederum entspricht der bisherigen Ausnahme des § 100a Abs. 3 GWB aF.[34] In § 149 Nr. 7 GWB wird die Ausnahme konsequenterweise auf entsprechende Dienstleistungskonzessionen im Sektorenbereich ausgedehnt.[35] Der **Begriff des ausschließlichen Rechts** zeichnet sich dadurch aus, dass dieses auf einem Gesetz oder einer Verordnung beruhen muss und es zudem mit dem AEUV in Einklang stehen muss.[36] **12**

VIII. Elektronische Kommunikation (Nr. 8)

1. Unionsrechtlicher Hintergrund

Die besondere Ausnahme im Bereich der öffentlichen Kommunikationsnetze sowie elektronischer Kommunikationsdienste für die Öffentlichkeit gem. § 149 Nr. 8 GWB dient der **Umsetzung von Art. 11 KVR,** der wiederum Art. 8 VRL entspricht.[37] Bereits in Art. 11 UAbs. 2 KVR wird klargestellt, dass die Begriffe der „öffentlichen Kommunikationsnetze" sowie der „elektronischen Kommunikationsdienste für die Öffentlichkeit" die gleiche Bedeutung haben wie in der RL 2002/21/EG über einen gemeinsamen Rechtsrahmen für elektronische Kommunikationsnetze und -dienste.[38] **13**

2. Zweck

Infolge der Liberalisierung vormaliger staatlicher Monopolstrukturen unterliegt die Vergabe von Telekommunikationsdienstleistungen inzwischen grds. dem Kartellvergaberecht (→ § 116 Rn. 29). § 149 Nr. 8 GWB statuiert – ähnlich wie § 116 Abs. 2 GWB – eine Ausnahme für den Fall, dass Hauptzweck der Dienstleistungskonzession die Bereitstellung oder der Betrieb öffentlicher Kommunikationsnetze bzw. die Bereitstellung elektronischer Kommunikationsdienstleistungen ist. Diese **14**

---

[32] BT-Drs. 18/6281, 128 iVm BT-Drs. 18/6281, 95.
[33] So zur Vorgängerregelung des § 100a Abs. 3 GWB aF HK-VergabeR/Schellenberg, 2. Aufl. 2015, § 100a Rn. 18.
[34] BT-Drs. 18/6281, 95.
[35] BT-Drs. 18/6281, 128 iVm BT-Drs. 18/6281, 95.
[36] BT-Drs. 18/6281, 128.
[37] BT-Drs. 18/6281, 128 iVm BT-Drs. 18/6281, 95.
[38] ABl. 2002 L 108, 33.

besondere Ausnahme findet ihren **sachlichen Grund** darin, dass die Konzessionsgeber hier spezifische öffentliche Aufgaben wahrnehmen, aber ohnehin bereits im Wettbewerb mit anderen Anbietern stehen.[39]

3. Reichweite

15 Die Begriffe der „öffentlichen Kommunikationsnetze" sowie der „elektronischen Kommunikationsdienste für die Öffentlichkeit" haben die gleiche Bedeutung wie in der RL 2002/21/EG über einen gemeinsamen Rechtsrahmen für elektronische Kommunikationsnetze und -dienste (→ Rn. 13). Zu ihnen zählen etwa Kommunikationsnetze iSd § 3 Nr. 16a, 27 TKG aF bzw. nunmehr § 3 Nr. 42, 65 TKG nF oder Kommunikationsnetze iSd § 3 Nr. 17a, 24 TKG aF bzw. nunmehr § 3 Nr. 44, 61 TKG nF.[40] Ein aktuelles Bsp. bilden Konzessionen für den Breitbandausbau.[41] Die besondere Ausnahme des § 149 Nr. 8 GWB ist nur dann gerechtfertigt, wenn die Bereitstellung bzw. der Betrieb dieser öffentlichen Netze oder Dienste für die Öffentlichkeit den **Hauptzweck** der Konzession bilden.[42] Die Ausnahme greift aber nicht nur ein, wenn ein Konzessionsgeber selbst die das betreffende Netz bereitstellen will und hierfür Leistungen einkauft; erfasst werden vielmehr auch Konstellationen, in denen ein anderer als der Konzessionsgeber die Bereitstellung bzw. den Betrieb durchführt.[43] Zudem muss in Abgrenzung zu § 116 Abs. 2 GWB der Konzessionsnehmer das überwiegende wirtschaftliche Risiko tragen (→ § 148 Rn. 18).[44] Auch wenn der sachliche Grund für die besondere Ausnahme im Allgemeinen in dem vorhandenen Wettbewerb mit anderen Anbietern liegt (→ § 149 Rn. 14), bedarf es nicht der Feststellung einer spezifischen Wettbewerbssituation im Besonderen.[45]

IX. Wasserwirtschaft (Nr. 9)

1. Unionsrechtlicher Hintergrund

16 Die besondere Ausnahme für den Bereich der Wasserwirtschaft gem. § 149 Nr. 9 GWB dient der **Umsetzung von Art. 12 KVR**.[46] Mit ihr soll dem hohen Stellenwert der Wasserversorgung insbes. auf kommunaler Ebene Rechnung getragen werden.[47] Die Aufnahme einer besonderen Ausnahme für den Bereich der Wasserwirtschaft war jedoch ausgesprochen umstritten.[48] Allerdings wird diese Bereichsausnahme nach Art. 53 UAbs. 3 KVR von der Kommission überprüft im Hinblick auf die wirtschaftlichen Auswirkungen auf den Binnenmarkt.[49]

---

[39] MüKoEuWettbR/Mohr GWB § 149 Rn. 46.
[40] BT-Drs. 18/6281, 95. Ausf. Beck VergabeR/Germelmann GWB § 149 Rn. 74.
[41] Hierzu OLG Dresden 21.8.2019 – Verg 5/19, BeckRS 2019, 41675 = VergabeR 2020, 59 ff.; Braun VergabeR 2020, 251 (254).
[42] Müller-Wrede GWB/Tugendreich/Heller § 149 Rn. 95.
[43] VK Mecklenburg-Vorpommern 13.12.2018 – 3 VK 9/18, BeckRS 2018, 35904 Rn. 11 f.; VK Sachsen 2.9.2022 – 1/SVK/015-22, BeckRS 2022, 30648 = MMR 2023, 237 (238 f.).
[44] VK Münster 25.1.2018 – VK 1 1–43/17, IBRRS 2018, 0959; VG Dresden 14.8.2019 – 4 L 416/19, BeckRS 2019, 18781 Rn. 24 f.
[45] OLG München 22.7.2019 – Verg 14/18, NZBau 2020, 53 (54 f.) zur Parallelbestimmung des § 116 Abs. 2 GWB.
[46] BT-Drs. 18/6281, 128. Bsp. bei OLG Naumburg 3.6.2022 – 7 U/22 Kart, NZKart 2023, 175.
[47] Erwgr. 40 der KVR; MüKoEuWettbR/Mohr GWB § 149 Rn. 51.
[48] Knauff/Badenhausen NZBau 2014, 395 (397).
[49] Siegel VergabeR 2015, 265 (268); hierzu auch Erwgr. 84 der KVR.

2. Reichweite

Bei der Bestimmung der Reichweite des § 149 Nr. 9 GWB ist zu beachten, dass 17 lediglich das **Wasserversorgung** erfasst wird, nicht jedoch die Wasser*entsorgung*.[50] Allerdings kann die Bereichsausnahme auch dann eingreifen, wenn ein Vorhaben sowohl der Wasserversorgung als auch der Abwasserbeseitigung dient und zwischen beiden Bereichen ein organisatorischer und unternehmerischer Zusammenhang nachgewiesen wird.[51]

3. Anwendbares Recht

Das Eingreifen der Bereichsausnahme führt auch hier – ebenso wie bei den 18 anderen Ausnahmen (→ Rn. 2) – nicht zur „Vergaberechtsfreiheit".[52] Insbes. sind bei Vorliegen eines grenzüberschreitenden Bezugs die aus den **Grundfreiheiten** abzuleitenden Vergabegrundsätze der Transparenz, Gleichheit und Verhältnismäßigkeit zu beachten (→ § 148 Rn. 3 f.).[53] Desweiteren kann auch das allg. **Kartellrecht** zur Anwendung kommen, insbes. § 19 GWB.[54]

X. Lotteriedienstleistungen (Nr. 10)

1. Unionsrechtlicher Hintergrund

Die besondere Ausnahme für Lotteriedienstleistungen auf Grundlage eines aus- 19 schließlichen Rechts gem. § 149 Nr. 10 GWB dient der **Umsetzung von Art. 10 Abs. 9 KVR**.[55] Der sachliche Grund für diese Ausnahme liegt darin, dass bei einem ausschließlichen Recht kein wettbewerbliches Verfahren entsteht und die Mitgliedstaaten die Möglichkeit erhalten sollen, Spieltätigkeiten auf nationaler Ebene zu regeln.[56]

2. Reichweite

Die besondere Ausnahme gem. § 149 Nr. 10 GWB ist jedoch beschränkt auf 20 **Lotteriedienstleistungen** iSd CPV-Codes 92351100-7. Nicht erfasst werden damit etwa ähnliche Dienstleistungen des Spiel- und Wettbetriebs, denen andere CPV-Codes zugeordnet sind.[57] Dies ergibt sich nicht nur aus dem eindeutigen Wortlaut, sondern steht auch in Einklang mit der KVR. Zwar spricht Erwgr. 35 der KVR unpräzise (auch) vom „Spiel- und Wettbetrieb". Die Beschränkung auf Lotteriedienstleistungen ergibt sich jedoch zweifelsfrei aus Art. 10 Abs. 9 der KVR.[58] Dies hat zur weiteren Folge, dass die Vergabe von Spielbanken- und Spielhallenkonzessio-

---

[50] Beck VergabeR/Germelmann GWB § 149 Rn. 82.
[51] VK Sachsen 12.4.2017 – 1/SVK/003-17, VPRRS 2017, 0171 = BeckRS 2017, 110419 Rn. 112.
[52] Ausf. Schröder NVwZ 2017, 504 ff.; Gesterkamp VergabeR 2020, 705 ff.
[53] Siegel VergabeR 2015, 265 (268); BT-Drs. 18/6218, 128. Ausf. Schröder NVwZ 2017, 504 ff.
[54] OLG Düsseldorf 21.3.2018 – VI-2 U (Kart) 6/16, BeckRS 2018, 11739 Rn. 50; 13.6.2018 – VI-2 U 7/16 (Kart), BeckRS 2018, 15885 Rn. 57.
[55] BT-Drs. 18/6218, 128.
[56] Erwgr. 35 der KVR.
[57] Ebenso RSG/Rafii GWB § 149 Rn. 23; Müller-Wrede GWB/Tugendreich/Heller § 149 Rn. 133. AA HK-VergabeR/Schellenberg GWB § 149 Rn. 13. Ebenso aA für Sportwettkonzessionen Braun NZBau 2016, 266 (267).
[58] MüKoEuWettbR/Mohr GWB § 149 Rn. 60.

nen in den Anwendungsbereich der §§ 148 ff. GWB fallen, sofern die Merkmale einer Konzession nach § 105 GWB erfüllt sind (→ § 148 Rn. 16 f.).[59] Zusätzliche Voraussetzung auch bei Vorliegen einer Lotteriedienstleistung ist, dass die betreffende Dienstleistung **auf Grundlage eines ausschließlichen Rechts** ausgeübt wird. Dazu müssen die Möglichkeiten der anderen Wirtschaftsteilnehmer zur Ausübung dieser Tätigkeit wesentlich eingeschränkt sein.[60] Allerdings wird in Art. 10 Abs. 9 S. 2 KVR klargestellt, dass der Begriff des ausschließlichen Rechts nicht mit demjenigen des Art. 7 Abs. 2 KVR identisch ist.[61]

XI. „EU-externe" Konzessionen (Nr. 11)

21 In § 149 Nr. 11 GWB wird eine weitere besondere Ausnahme statuiert für Tätigkeiten in einem Nicht-EU-Staat, die nicht mit einer physischen Nutzung eines Netzes oder geographischen Gebiets der EU verbunden sind. Die Ausnahme dient der **Umsetzung des Art. 10 Abs. 10 KVR**.[62]

XII. Verkehrsdienste (Nr. 12)

1. Unionsrechtlicher Hintergrund

22 § 149 Nr. 12 GWB enthält eine besondere Ausnahme für Verkehrsdienste im Bereich des Luftverkehrs und der Personenbeförderung. Die Ausnahme setzt **Art. 10 Abs. 3 KVR** in nationales Recht um.[63] Der systematische Grund für diese besonderen Ausnahme liegt darin, dass für Luftverkehrsdienste mit der VO (EG) Nr. 1008/2008 über gemeinsame Vorschriften für die Durchführung von Luftverkehrsdiensten in der Gemeinschaft[64] und für Personenbeförderungsdienste mit der VO (EG) Nr. 1370/2007[65] über öffentliche Personenverkehrsdienste auf Schiene und Straße jew. Sonderregelungen bestehen.[66]

2. Reichweite

23 Die Ausnahme ist begrenzt auf **Luftverkehrsdienste** iSd VO (EG) Nr. 1008/2008 sowie auf **Personenverkehrsdienste** iSd VO (EG) Nr. 1370/2007. Letztere werden auf nationaler Ebene definiert durch den in § 1 PBefG geregelten sachlichen Anwendungsbereich des PBefG.[67] Dieser erfasst die entgeltliche oder geschäftsmäßige Beförderung von Personen mit Straßenbahnen, Oberleitungsomnibussen und mit Kraftfahrzeugen.[68] Insoweit gelten die Anforderungen nach § 8b PBefG iVm Art. 5 Abs. 3 der VO (EG) Nr. 1370/2007 (→ VO (EG) Nr. 1370/2007 Art. 5 Rn. 59 ff.). Der Vorrang dieses spezifischen Vergaberechtsregimes ist jedoch beschränkt auf Dienstleistungskonzessionen, erstreckt sich also nicht auf herkömmli-

---

[59] Hierzu OLG Düsseldorf 23.1.2019 – Verg 22/18, NZBau 2019, 605 (607); zust. Siegel jurisPR-VergR 6/2019 Anm. 2.
[60] Müller-Wrede GWB/Tugendreich/Heller § 149 Rn. 135.
[61] BT-Drs. 18/6218, 128.
[62] BT-Drs. 18/6218, 128.
[63] BT-Drs. 18/6218, 129.
[64] ABl. 2008 L 293, 3.
[65] ABl. 2007 L 315, 1.
[66] Müller-Wrede GWB/Tugendreich/Heller § 149 Rn. 143.
[67] BT-Drs. 18/6281, 129.
[68] Zu den einzelnen Begriffen Fromm/Sellmann/Zuck § 1 Rn. 1 ff., § 4 Rn. 1 ff.

che Dienstleistungsaufträge.⁶⁹ Fehlt es bei der Erteilung einer Genehmigung nach dem PBefG an der Gegenleistung, so sind bereits die Merkmale einer Konzession nach § 105 GWB nicht erfüllt.⁷⁰

Bei der Vergabe von Dienstleistungskonzessionen im Bereich des **Eisenbahnverkehrs** bleiben hingegen die Bestimmungen des allg. Konzessionsvergaberechts anwendbar.⁷¹ Dies führt allerdings zu einem Wertungswiderspruch zur Regelung des § 131 GWB, da der Eisenbahnverkehr dort sogar privilegiert wird.⁷²

24

§ 150 Besondere Ausnahmen für die Vergabe von Konzessionen in den Bereichen Verteidigung und Sicherheit

Dieser Teil ist nicht anzuwenden auf die Vergabe von Konzessionen in den Bereichen Verteidigung und Sicherheit,
1. bei denen die Anwendung der Vorschriften dieses Teils den Konzessionsgeber verpflichten würde, Auskünfte zu erteilen, deren Preisgabe seines Erachtens den wesentlichen Sicherheitsinteressen der Bundesrepublik Deutschland zuwiderläuft, oder wenn die Vergabe und Durchführung der Konzession als geheim zu erklären sind oder von besonderen Sicherheitsmaßnahmen gemäß den geltenden Rechts- oder Verwaltungsvorschriften begleitet werden müssen, sofern der Konzessionsgeber festgestellt hat, dass die betreffenden wesentlichen Interessen nicht durch weniger einschneidende Maßnahmen gewahrt werden können, wie beispielsweise durch Anforderungen, die auf den Schutz der Vertraulichkeit der Informationen abzielen, die Konzessionsgeber im Rahmen eines Konzessionsvergabeverfahrens zur Verfügung stellen,
2. die im Rahmen eines Kooperationsprogramms vergeben werden, das
   a) auf Forschung und Entwicklung beruht und
   b) mit mindestens einem anderen Mitgliedstaat der Europäischen Union für die Entwicklung eines neuen Produkts und gegebenenfalls die späteren Phasen des gesamten oder eines Teils des Lebenszyklus dieses Produkts durchgeführt wird,
3. die die Bundesregierung an eine andere Regierung für in unmittelbarem Zusammenhang mit Militärausrüstung oder sensibler Ausrüstung stehende Bau- und Dienstleistungen oder für Bau- und Dienstleistungen speziell für militärische Zwecke oder für sensible Bau- und Dienstleistungen vergibt,
4. die in einem Staat, der nicht Vertragspartei des Übereinkommens über den Europäischen Wirtschaftsraum ist, im Rahmen des Einsatzes von Truppen außerhalb des Gebiets der Europäischen Union vergeben werden, wenn der Einsatz erfordert, dass diese Konzessionen an im Einsatzgebiet ansässige Unternehmen vergeben werden,
5. die durch andere Ausnahmevorschriften dieses Teils erfasst werden,
6. die nicht bereits gemäß den Nummern 1 bis 5 ausgeschlossen sind, wenn der Schutz wesentlicher Sicherheitsinteressen der Bundesrepublik Deutschland nicht durch weniger einschneidende Maßnahmen garantiert werden kann, wie beispielsweise durch Anforderungen, die auf den

---

⁶⁹ EuGH 8.5.2019 – C-253/18, NZBau 2019, 658 (661) – Rhenus Veniro (hierzu auch → VO (EG) 1370/2007 Art. 5 Rn. 12 f.).
⁷⁰ Am Bsp. der Erprobung einer neuen Verkehrsart nach § 2 Abs. 7 PBefG OLG Celle 16.10.2018 – 13 Verg 3/17, NZBau 2019, 268 ff.
⁷¹ BT-Drs. 18/6218, 129; KKPP/Fandrey GWB § 149 Rn. 16; MüKoEuWettbR/Mohr GWB § 149 Rn. 70.
⁷² Müller-Wrede GWB/Tugendreich/Heller § 149 Rn. 154.

Schutz der Vertraulichkeit der Informationen abzielen, die Konzessionsgeber im Rahmen eines Konzessionsvergabeverfahrens zur Verfügung stellen, oder
7. die besonderen Verfahrensregeln unterliegen,
    a) die sich aus einem internationalen Abkommen oder einer internationalen Vereinbarung ergeben, das oder die zwischen einem oder mehreren Mitgliedstaaten der Europäischen Union und einem oder mehreren Staaten, die nicht Vertragsparteien des Übereinkommens über den Europäischen Wirtschaftsraum sind, geschlossen wurde,
    b) die sich aus einem internationalen Abkommen oder einer internationalen Vereinbarung im Zusammenhang mit der Stationierung von Truppen ergeben, das oder die Unternehmen eines Mitgliedstaates der Europäischen Union oder eines anderen Staates betrifft, oder
    c) die für eine internationale Organisation gelten, wenn diese für ihre Zwecke Beschaffungen tätigt oder wenn ein Mitgliedstaat der Europäischen Union Aufträge nach diesen Regeln vergeben muss.

Literatur: Eisenhut, Das Vergaberecht der Verteidigungsgüterbeschaffung, NJW 2022, 3270; Eßig, Beschaffungsstrategien der öffentlichen Hand in den Bereichen Verteidigung und Sicherheit am Beispiel der Bundeswehr, ZfBR 2016, 33; Höfler, Beschaffung und Betrieb von Waffensystemen im Spannungsfeld von Vergabe- und Beihilfenrecht, NZBau 2015, 736; Knauff, Rüstungsbeschaffung in Krisenzeiten, NVwZ 2022, 529; Voll, Der novellierte Regelungsrahmen zur Vergabe verteidigungs- und sicherheitsrelevanter öffentlicher Aufträge, NVwZ 2013, 120. Vgl. iÜ die Angaben bei § 145 GWB und VSVgV Einl.

I. Bedeutung der Vorschrift

1 Die **besonderen Ausnahmen für die Bereiche der Verteidigung und Sicherheit** tragen der besonderen Interessenlage in den Sektoren Verteidigung und Sicherheit Rechnung, da Verteidigungs- und Sicherheitsinteressen in einem naturgemäßen Spannungsverhältnis zum vergaberechtlichen Transparenzprinzip stehen.[1] Durch die besondere Ausnahme des § 150 GWB wird deshalb im praktischen Ergebnis das Vergaberecht weitgehend ausgeschlossen. Insges. enthält § 150 GWB sieben Konstellationen, welche die besondere Ausnahme begründen können.[2] In § 150 Nr. 1, 6 GWB wird deutlich, dass die Ausblendung des allg. Konzessionsvergaberechts insoweit nicht (mehr) gerechtfertigt ist, wenn weniger einschneidende Maßnahmen in Betracht kommen.

II. Unionsrechtlicher Hintergrund

2 Die Bestimmung des § 150 GWB dient der **Umsetzung des Art. 10 Abs. 5–7 KVR**.[3] Bereits im Jahre 2009 wurde der besonderen Interessenlage in den Bereichen Verteidigung und Sicherheit durch den Erlass der gesonderten RL 2009/81/EG Rechnung getragen. In Art. 10 Abs. 5–7 KVR wird sichergestellt, dass diese Besonderheiten auch bei der nunmehr sekundärrechtlich geregelten Konzessionsvergabe berücksichtigt werden.[4] Von erheblicher Bedeutung ist insoweit auch Art. 21 KVR, der die Vergabe gemischter Konzessionen regelt, die neben Verteidigungs- und

---

[1] Hierzu Eßig ZfBR 2016, 33 ff. Zur Rüstungsbeschaffung in Krisenzeiten Knauff NVwZ 2022, 529 ff.

[2] Zur früheren Rechtslage Voll NVwZ 2013, 120 (122 f.).

[3] BT-Drs. 18/6281, 129.

[4] S. auch Erwgr. 30 der KVR.

Sicherheitsaspekten auch andere Bau- oder Dienstleistungen enthalten. Parallele Vorschriften auf Unionsebene finden sich in Art. 15 ff. VRL sowie in Art. 24 ff. SRL. Den **primärrechtlichen Hintergrund** für die sekundärrechtlichen Lockerungen des Vergaberechts bildet **Art. 346 AEUV**. Danach sind die Erfordernisse eines funktionsfähigen Binnenmarktes und die Sicherheitsinteressen der Mitgliedstaaten in einen angemessenen Ausgleich zu bringen.[5] Zu Art. 346 AEUV ausf. → § 107 Rn. 44 ff. und → VSVgV Einl. Rn. 10 ff.

III. Begriff der Konzession iSd § 150 GWB

1. Bereiche der Verteidigung und Sicherheit

Der Begriff der Konzession im Allgemeinen entspricht grds. demjenigen des § 105 GWB (→ § 105 Rn. 4 ff.). Allerdings enthalten weder die KVR noch die RL 2009/81/EG eine Definition für eine Konzession in den Bereichen Verteidigung und Sicherheit im Besonderen. Bereits aus einer Zusammenschau mit Art. 2 RL 2009/81/EG ergibt sich jedoch, dass die Bau- oder Dienstleistung in **unmittelbarem Zusammenhang** mit Militärausrüstung stehen oder sie **speziell** für militärische Zwecke erbracht werden muss.[6] Zudem werden die besonderen Vertragsgegenstände der Verteidigung und Sicherheit in § 104 GWB legaldefiniert (→ § 104 Rn. 1). 3

2. Gemischte Konzessionen

Probleme bereiten Bau- und Dienstleistungen, die nur teilw. diese Zweckausrichtung erfüllen. In einem ersten Schritt ist hier gem. § 111 Abs. 1 GWB zu prüfen, ob eine **Trennung** objektiv **möglich** ist. Die Feststellung der Untrennbarkeit muss auf objektive Anhaltspunkte gestützt werden.[7] Bei objektiver Trennbarkeit dürfen die Aufträge wahlweise getrennt oder als Gesamtauftrag vergeben werden (→ § 111 Rn. 10 f.).[8] Wird in solchen Fällen ein Gesamtauftrag vergeben, so richten sich die Anforderungen nach § 111 Abs. 3 Nr. 1 und 3 GWB (→ § 111 Rn. 13 f.). Ist eine Trennung objektiv **nicht möglich,** so wird der Gesamtauftrag gem. § 111 Abs. 4 GWB vergeben: Nach dessen Nr. 1 ist zwar grds. ebenfalls der Hauptgegenstand des Auftrags maßgebend. Nr. 2 eröffnet jedoch die Möglichkeit einer Vergabe nach dem verteidigungs- und sicherheitsspezifischen Sondervergaberecht, sofern der Auftrag Elemente aus diesem Bereich enthält (→ § 111 Rn. 20). 4

IV. Einzelne Gründe für die besondere Ausnahme

1. Besondere Sicherheitsinteressen (Nr. 1)

§ 150 Nr. 1 GWB enthält in Anlehnung an Art. 10 Abs. 6 lit. 6a KVR die praktisch wohl bedeutsamste Konstellation und schlüsselt sie in **drei Fallgruppen** auf:[9] Danach müssen entweder die Preisgabe von Auskünften nach Erachten des Konzessionsgebers wesentlichen Sicherheitsinteressen der Bundesrepublik Deutschland zuwiderlaufen (§ 150 Nr. 1 Var. 1 GWB),[10] oder die Vergabe oder Durchführung der Konzession sind für geheim zu erklären (§ 150 Nr. 1 Var. 2 GWB), oder sie müssen 5

---

[5] Hierzu ausf. MüKoEuWettbR/Mohr GWB § 150 Rn. 9 ff.
[6] BT-Drs. 18/6281, 129.
[7] Erwgr. 29 der KVR.
[8] BT-Drs. 18/6281, 84; s. auch Art. 21 Abs. 2 KVR.
[9] BT-Drs. 18/6281, 129. Ausf. MüKoEuWettbR/Mohr GWB § 150 Rn. 30 ff.
[10] Zum Begriff der wesentlichen Sicherheitsinteressen Höfler NZBau 2015, 736 (738).

GWB § 150 Besondere Ausnahmen für die Vergabe von Konzessionen

gem. den geltenden Rechts- oder Verwaltungsvorschriften von besonderen Sicherheitsmaßnahmen begleitet werden (§ 150 Nr. 1 Var. 3 GWB).

6 Die – ebenfalls Art. 10 Abs. 6 lit. a KVR entnommene – Formulierung „**seines Erachtens**" deutet bei § 150 Nr. 1 Var. 1 GWB auf einen – allerdings begrenzten – Beurteilungsspielraum des Konzessionsgebers hin. Dies ergibt sich auch aus der Gegenüberstellung zu § 117 Nr. 1 GWB, wo ein entspr. Zusatz fehlt.[11] Im Übrigen kann auf die inhaltlich grds. entspr. Kommentierung zur allg. Ausnahme des § 117 Nr. 1 GWB (im Falle des § 150 Nr. 1 Var. 1 GWB, → § 117 Rn. 8 ff.), sowie zu § 117 Nr. 3 GWB (im Falle des § 150 Nr. 1 Var. 2, 3 GWB, → § 117 Rn. 13 ff.) verwiesen werden.

7 Alle drei Varianten des § 150 Nr. 1 GWB werden durch den abschl. Konditionalsatz begrenzt: Danach greift die besondere Ausnahme des § 150 Nr. 1 GWB nicht ein, sofern die Wahrung der wesentlichen Interessen durch **weniger einschneidende Maßnahmen** erreicht werden kann (dazu auch → VSVgV Einl. Rn. 11 ff.). Beispielhaft genannt werden Maßnahmen, die auf den Schutz der Vertraulichkeit der Informationen abzielen. Diese Einschränkung dient der Wahrung des Verhältnismäßigkeitsgebots (allg. hierzu → § 97 Rn. 56 ff.).

2. Kooperationsprogramm (Nr. 2)

8 In § 150 Nr. 2 GWB wird als weiterer Grund für eine besondere Ausnahme ein Kooperationsprogramm auf dem Gebiet der Verteidigung und Sicherheit genannt. Die Vorschrift dient der **Umsetzung des Art. 10 Abs. 6 lit. b KVR**.[12] Deshalb kann auch auf den dort in Bezug genommenen Begriff des Kooperationsabkommens gem. Art. 13 lit. c RL 2009/81/EG verwiesen werden.[13] Inhaltlich entspricht § 150 Nr. 2 GWB der besonderen Ausnahme des § 145 Nr. 2 GWB, so dass auf die dortige Kommentierung verwiesen werden kann (→ § 145 Rn. 8).

3. Spezifische Militärausrichtung (Nr. 3)

9 Weiterhin kommt gem. § 150 Nr. 3 GWB eine besondere Ausnahme in Betracht, wenn die Leistung in unmittelbarem Zusammenhang mit Militärausrüstung bzw. anderer sensibler Ausrüstung steht (§ 150 Nr. 3 Var. 1 GWB) oder speziell für militärische Zwecke (§ 150 Nr. 3 Var. 2 GWB) oder sensible Bau- und Dienstleistungen vergeben wird (§ 150 Nr. 3 Var. 3 GWB). Die Vorschrift dient der **Umsetzung des Art. 10 Abs. 6 lit. c KVR**.[14]

10 Der Begriff der **Militärausrüstung** wird in § 104 Abs. 2 GWB legal definiert (→ § 104 Rn. 1 sowie → VSVgV § 1 Rn. 4). Das zweifach verwendete Adjektiv „**sensibel**" entstammt Art. 10 Abs. 6 lit. c KVR, der sich wiederum an den Begrifflichkeiten der Art. 1 Nr. 7 RL 2009/81/EG orientiert.[15] Darunter sind solche Leistungen zu verstehen, bei denen sog. „**Verschlusssachen**" iSd Art. 1 Nr. 8 RL 2009/81/EG verwendet werden. Nach der dortigen Legaldefinition handelt es sich um Informationen bzw. Material, denen (dem) unabhängig von Form, Beschaffenheit oder Art der Übermittlung ein Geheimhaltungsgrad zugewiesen ist oder für die (das) eine Schutzbedürftigkeit anerkannt wurde und die (das) im Interesse der nationalen Sicherheit und nach den in dem betreffenden Mitgliedstaat geltenden Rechts- und Verwaltungsvorschriften gegen Missbrauch, Zerstörung, Entfernung, Bekanntgabe, Verlust oder Zugriff durch Unbefugte oder jede andere Art der Preisgabe an Unbe-

---

[11] Ebenso Müller-Wrede GWB/Sterner § 150 Rn. 13.
[12] BT-Drs. 18/6281, 129.
[13] S. auch Erwgr. 28 der RL 2009/81/EG.
[14] BT-Drs. 18/6281, 129.
[15] Erwgr. 34 der KVR.

4. EU-externer Truppeneinsatz (Nr. 4)

In § 150 Nr. 4 GWB wird eine Ausnahme für die Konzessionen geregelt, die in einem Staat außerhalb des EWR iR eines Truppeneinsatzes außerhalb der EU vergeben werden. Zusätzlich muss jedoch der Einsatz eine Vergabe an im Einsatzgebiet ansässige Unternehmen erfordern. Die Vorschrift dient der **Umsetzung des Art. 10 Abs. 6 lit. d KVR**.[16]

5. Gesondert geregelte Ausnahmen (Nr. 5)

In § 150 Nr. 5 GWB wird klargestellt, dass die besonderen Ausnahmen für Verteidigung und Sicherheit in § 150 GWB nicht abschl. normiert sind, sondern auch außerhalb der Bestimmung zu finden sein können. Die Vorschrift dient der **Umsetzung des Art. 10 Abs. 6 lit. e KVR**.[17] Besondere Bestimmungen für verteidigungs- oder sicherheitsspezifische Aufträge enthalten iRd 4. Teils etwa § 134 Abs. 3 S. 2 GWB zu den Informationspflichten (→ § 134 Rn. 149 ff.) oder § 146 GWB zu den Verfahrensarten (→ § 146 Rn. 4).

6. Sonstige Sicherheitsinteressen (Nr. 6)

Die Bestimmung des § 150 Nr. 6 GWB enthält einen Auffangtatbestand zum Schutz wesentlicher Sicherheitsinteressen der Bundesrepublik Deutschland (dazu → § 107 Rn. 44 ff.). Die Vorschrift dient der **Umsetzung des Art. 10 Abs. 7 KVR**.[18] Das Wesen als **Auffangtatbestand** äußert sich darin, dass § 150 Nr. 6 GWB bereits tatbestandlich (erst) dann eingreifen kann, wenn die Ausnahme nicht bereits aus den Nr. 1–5 resultiert. Dabei handelt es sich um eine konzessionsspezifische Besonderheit; denn § 145 GWB enthält für die herkömmliche Vergabe keine vergleichbare Regelung.[19]

Dies wirft die Frage der Auslegung im Einzelfall auf. Gerade um die spezifischen Wertungen der Nr. 1–5 nicht zu nivellieren, ist eine **enge Auslegung** geboten. Zudem stellt sich die – allerdings durch Art. 10 Abs. 6 lit. a und Abs. 7 KVR vorgezeichnete – Abgrenzungsfrage zu § 150 Nr. 1 Var. 1 GWB. Denn in beiden Fällen müssen wesentliche Sicherheitsinteressen tangiert sein. § 150 Nr. 1 Var. 1 GWB ist aber insoweit spezieller, da dort die Beeinträchtigung der Sicherheitsinteressen gerade durch die Preisgabe von Informationen erfolgen muss. Im Gegensatz dazu erfasst § 150 Nr. 6 GWB sonstige Beeinträchtigungen der Sicherheitsinteressen.

Aus der Einordnung als Ausnahmetatbestand folgt auch, dass die Ausnahme ausscheidet, wenn **weniger einschneidende Maßnahmen** in Betracht kommen (dazu auch → § 107 Rn. 46).[20] Im Gesetzestext beispielhaft benannt werden – ebenso wie in § 150 Nr. 1 GWB (→ Rn. 7) – Anforderungen, die auf den Schutz der Vertraulichkeit abzielen.

7. Internationale Abkommen (Nr. 7)

Schließlich statuiert § 150 Nr. 7 GWB eine Ausnahme für besondere Verfahrensregelungen, die sich aus internationalen Abkommen und Vereinbarungen sowie

---

[16] BT-Drs. 18/6281, 129.
[17] BT-Drs. 18/6281, 130.
[18] BT-Drs. 18/6281, 130.
[19] Vgl. MüKoEuWettbR/Hindelang/Eisenhut GWB § 145 Rn. 1 („enumerativ").
[20] BT-Drs. 18/6281, 130.

Tätigkeiten für internationale Organisationen auf den Gebieten der Verteidigung und Sicherheit ergeben. Die Vorschrift dient der **Umsetzung des Art. 10 Abs. 5 KVR**.[21] Inhaltlich entspricht die Ausnahme des § 150 Nr. 7 GWB derjenigen des § 145 Nr. 7 GWB, so dass auf die dortige Kommentierung verwiesen werden kann (→ § 145 Rn. 17 f.).

§ 151 Verfahren

¹Konzessionsgeber geben die Absicht bekannt, eine Konzession zu vergeben. ²Auf die Veröffentlichung der Konzessionsvergabeabsicht darf nur verzichtet werden, soweit dies aufgrund dieses Gesetzes zulässig ist. ³Im Übrigen dürfen Konzessionsgeber das Verfahren zur Vergabe von Konzessionen vorbehaltlich der aufgrund dieses Gesetzes erlassenen Verordnung zu den Einzelheiten des Vergabeverfahrens frei ausgestalten.

Literatur: Vgl. die Angaben bei § 148 GWB (dort insbes. Ziff. 2 u. 5).

I. Bedeutung der Vorschrift

1 § 151 GWB bildet die **Grundsatznorm zur Verfahrensgestaltung** bei der Konzessionsvergabe. Zugleich enthält sie mit dem grds. Bekanntmachungserfordernis nach § 151 S. 1 GWB und dem Grundsatz der freien Verfahrensgestaltung nach § 151 S. 3 GWB die beiden **verfahrensrechtlichen Eckpfeiler** der Konzessionsvergabe. Ergänzt werden diese verfahrensbezogenen Eckpfeiler durch die primär materiell-rechtlichen Anforderungen des § 152 GWB (→ § 152 Rn. 2 ff.). Beide verfahrensrechtlichen Grundsätze erfahren jedoch Einschränkungen: So ermächtigt § 151 S. 2 GWB den Verordnungsgeber zur Regelung einer Ausnahme vom Bekanntmachungserfordernis; und § 151 S. 3 GWB stellt den Grundsatz der freien Verfahrensgestaltung ausdr. unter den Vorbehalt der KonzVgV. Die Verfahrensanforderungen nach § 151 GWB und der KonzVgV vermitteln wegen § 97 Abs. 6 GWB zumindest grds. ein subjektives Recht auf deren Einhaltung (→ § 97 Rn. 107 ff.).[1]

II. Erfordernis der Bekanntgabe (S. 1, 2)

1. Unionsrechtlicher Hintergrund

2 Mit dem Bekanntgabeerfordernis gem. § 151 S. 1 GWB wird **Art. 31 Abs. 1 KVR**[2] in nationales Recht umgesetzt; zugleich wird damit das in Art. 3 Abs. 1 KVR verankerte Transparenzgebot konkretisiert.[3] Die Mindestanforderungen an eine ordnungsgemäße Bekanntmachung sind in Anh. V der KVR aufgelistet. Zur Erleichterung der Umsetzung in der Praxis hat die Kommission Durchführungsverordnungen erlassen, in deren Anhänge sich Standardformulare befinden. Die VO (EU) 2015/1986[4] wurde hier inzwischen von der VO (EU) 2019/1780 („eForms") abgelöst.[5] Die in § 151 S. 2 GWB angelegten Ausnahmemöglichkei-

---

[21] BT-Drs. 18/6281, 130.
[1] MüKoEuWettbR/Mohr GWB § 151 Rn. 8.
[2] Hierzu auch Erwgr. 50 der KVR.
[3] BT-Drs. 18/6281, 130.
[4] VO (EU) 2015/1986, ABl. 2015 L 296, 1 (135 ff.).
[5] VO (EU) 2019/1780, ABl. 2019 L 272, 7. Sie gilt zwar nach Art. 4 bereits seit dem 14.11.2022; allerdings wird die vormalige VO nach Art. 3 erst mWv 25.10.2023 aufgehoben.

Verfahren   **§ 151 GWB**

ten vom Grundsatz der Bekanntmachung sind in Art. 31 **Abs. 4, 5** KVR angelegt.[6]

2. Grundsatz nach S. 1

Gemäß § 151 S. 1 GWB ist die Absicht, eine Konzession zu vergeben, grds. **3** bekanntzugeben. Ebenso wie Art. 31 Abs. 1 KVR das in Art. 3 Abs. 1 KVR normierte Transparenzgebot konkretisiert, dient § 151 S. 1 GWB auch der Verwirklichung des in § 97 Abs. 1 S. 1 GWB normierten **Transparenzgrundsatzes** (→ § 97 Rn. 39 ff.). Aufgegriffen wird das Bekanntgabeerfordernis in **§ 19 Abs. 1 KonzVgV** (→ KonzVgV § 19 Rn. 1).[7] Die genauen Anforderungen ergeben sich aus § 19 Abs. 2 KonzVgV, der auf die VO (EU) 2019/1780 („eForms") verweist (→ KonzVgV § 19 Rn. 2), sowie aus § 19 Abs. 3 KonzVgV (→ KonzVgV § 19 Rn. 4).[8] Zur allg. Bekanntmachungspflicht nach § 151 S. 1 GWB gesellen sich **weitere Bekanntmachungspflichten** während des Verfahrens nach § 13 Abs. 3 KonzVgV (→ KonVgV § 13 Rn. 7), nach § 31 Abs. 2 S. 3 KonzVgV (→ KonzVgV § 31 Rn. 6), bei bestimmten Änderungen während der Laufzeit einer Konzession nach § 154 Nr. 3 iVm § 132 Abs. 5 GWB sowie nach Zuschlagserteilung nach § 21 Abs. 1 KonzVgV (→ KonzVgV § 21 Rn. 2).[9]

3. Ausnahmen nach S. 2

Die Ausnahmen vom Grundsatz der Bekanntgabe sind in § 151 S. 2 GWB angelegt. **4** Die eigentlichen Regelungen zu den Ausnahmen trifft jedoch – in Anlehnung an Art. 31 Abs. 4, 5 KVR – **§ 20 KonzVgV**. Dabei sind die Ausnahmen des § 20 Abs. 1 KonzVgV Art. 31 Abs. 4 KVR nachgebildet, diejenigen des § 20 Abs. 2 KonzVgV Art. 31 Abs. 5 KVR. Wegen der Einzelheiten wird auf die Kommentierung zu § 20 KonzVgV verwiesen (→ KonzVgV § 20 Rn. 2 ff.).[10] Keine echten Ausnahmen, aber **abgemilderte Vorabinformationspflichten** sieht § 22 Abs. 1 KonzVgV bei sozialen und anderen besonderen Dienstleistungen iSd § 153 GWB vor (→ KonzVgV § 22 Rn. 3).[11]

III. Verfahrensgestaltung (S. 3)

1. Unionsrechtlicher Hintergrund

Das Verfahren zur Konzessionsvergabe wird auf unionsrechtlicher Ebene in **5** **Art. 30 ff. KVR** konturiert. Dabei sieht Art. 30 Abs. 1 KVR den Grundsatz der freien Verfahrensgestaltung vor. Dieser Grundsatz wird durch die nachfolgenden Bestimmungen jedoch eingeschränkt. Besonders bedeutsame Einschränkungen des Grundsatzes sind das Bekanntmachungserfordernis gem. Art. 31 KVR, die

---

Zur Anpassung des innerstaatlichen Vergaberechts BT-Drs. 20/6118. Vgl. ausf. → VgV § 10a Rn. 1 ff.

[6] Hierzu Knauff/Badenhausen NZBau 2014, 395 (400); Prieß/Stein VergabeR 2015, 499 (507).

[7] BT-Drs. 18/7318, 260. Bemerkenswerterweise ist in §§ 19 ff. KonzVgV nicht von einer Bekanntgabe die Rede, sondern von einer Bekanntmachung, jedoch ohne Unterschiede in der Sache.

[8] Hierzu auch Goldbrunner VergabeR 2016, 365 (377).

[9] HK-VergabeR/Friton/Stein GWB § 151 Rn. 8.

[10] Hierzu auch Goldbrunner VergabeR 2016, 365 (377 f.).

[11] HK-VergabeR/Friton/Stein GWB § 151 Rn. 10.

Verfahrensgarantien gem. Art. 37 KVR[12] sowie das Erfordernis der Zuschlagsbekanntmachung gem. Art. 32 KVR. Aber auch jenseits expliziter Einschränkungen ist die „Freiheit" des Verfahrens eine relative:[13] Denn gem. Art. 30 Abs. 2 S. 1 KVR ist das Verfahren unter Beachtung der Grundsätze des Art. 3 KVR zu konzipieren.[14]

2. Grundsatz der „freien" Verfahrensgestaltung

6   In § 151 S. 3 GWB wird – ebenso wie nochmals in § 12 Abs. 1 S. 1 KonzVgV[15] – der unionsrechtlich vorgegebene Grundsatz der freien Verfahrensgestaltung aufgegriffen.[16] Er hat insbes. zur Folge, dass die Konzessionsgeber **nicht an die Verfahrensarten des § 119 GWB gebunden** sind.[17] Darüber hinaus ermöglicht der Grundsatz der freien Verfahrensgestaltung vor dem unionsrechtlichen Hintergrund des Art. 37 Abs. 6 KVR gem. § 12 Abs. 2 S. 2 KonzVgV auch das Führen von Verhandlungen; allerdings dürfen dabei gem. § 12 Abs. 2 S. 3 KonzVgV der Konzessionsgegenstand, die Zuschlagskriterien und die Mindestanforderungen während der Verhandlungen nicht geändert werden (→ KonzVgV § 12 Rn. 5).

3. Grenzen der freien Verfahrensgestaltung

7   **a) Einschränkungen nach dem GWB.** Die freie Verfahrensgestaltung bildet allerdings nur den Grundsatz, der in vielfältiger Weise Einschränkungen erfährt.[18] Solche ergeben sich teilw. bereits aus dem GWB selbst.[19] Abgesehen vom grds. Bekanntgabeerfordernis nach § 151 S. 1 GWB (→ Rn. 3 f.) enthalten auch die §§ 152-154 GWB zumindest indirekte Modifizierungen des Verfahrens. Insbes. verweist § 154 Nr. 4 GWB für die Konzessionsvergabe auf § 134 GWB, so dass die dort normierten Vorabinformations- und Wartepflichten bei der Konzessionsvergabe im Oberschwellenbereich einschlägig sind.[20]

8   **b) Einschränkungen nach der KonzVgV.** Vor allem aber normiert die auf Grundlage des § 113 GWB erlassene KonzVgV Vorgaben zur Gestaltung des Verfahrens. Besonders bedeutsame Einschränkungen enthalten die Verfahrensgarantien gem. § 13 KonzVgV (→ KonzVgV § 13 Rn. 3 ff.)[21] sowie das Erfordernis der Zuschlagsbekanntmachung gem. § 21 KonzVgV (→ KonzVgV § 21 Rn. 2).[22]

9   **c) Allgemeine Vergabegrundsätze.** Schließlich kommen auch im Konzessionsvergabeverfahren die in § 97 Abs. 1, 2 GWB geregelten allg. Grundsätze des Vergabeverfahrens zur Anwendung (→ § 97 Rn. 2 ff.).[23] Fraglich erscheint deren genaue Reichweite bei der Konzessionsvergabe. Möchte man hier den Grundsatz der freien Verfahrensgestaltung nicht allzu sehr relativieren und zugleich die Wertungen des Gesetzgebers zu den expliziten Verfahrensvorgaben nivellieren, so empfiehlt

---

[12] Hierzu auch Erwgr. 68 der KVR.
[13] Siegel VergabeR 2015, 265 (269).
[14] Knauff/Badenhausen NZBau 2014, 395 (400); hierzu auch Erwgr. 53, 61 der KVR.
[15] BT-Drs. 18/7318, 257.
[16] Hierzu VK Rheinland 28.6.2022 – VK 39/21-L, BeckRS 2022 33728 Rn. 64.
[17] BT-Drs. 18/7281, 130; Siegel NVwZ 2016, 1672 (1675).
[18] Zu den Grenzen auch GKN VergabeR-HdB/Braun § 64 Rn. 9 ff.
[19] BGH 9.3.2021 – KZR 55/19, NZBau 2021, 625 (628 ff.).
[20] Hierzu Siegel NVwZ 2016, 1672 (1675).
[21] Hierzu auch Siegel NVwZ 2016, 1672 (1674 f.); BT-Drs. 18/7318, 258 f.
[22] Hierzu Goldbrunner VergabeR 2016, 365 (378).
[23] BT-Drs. 18/6281, 130. Am Bsp. des Gleichbehandlungsgrundsatzes nach § 97 Abs. 2 GWB VK Rheinland 28.6.2022 – VK 39/21-L, BeckRS 2022, 33728 Rn. 62 ff.

Verfahren **§ 151 GWB**

sich eine **enge Auslegung**. Im praktischen Ergebnis kommt damit eine behutsame Ergänzung oder die Schließung evidenter Lücken in Betracht (hierzu auch → § 148 Rn. 13.).

4. Auswirkungen auf die Verfahrensart

Trotz der zuvor genannten Einschränkungen ist das Verfahren bei der Konzessionsvergabe wesentlich freier ausgestaltbar als im allgemeinen Vergaberecht.[24] Dies hat auch zur Folge, dass keine „Regelverfahrensart" vorgegeben ist. Die normativen Mindestanforderungen der KVR haben vor Erlass des GWB nF und der KonzVgV zu einer unterschiedlichen Bewertung geführt: Teilw. wurde ein nicht offenes Verfahren mit Teilnahmewettbewerb als normatives Grundmodell angenommen,[25] teilw. ein strukturiertes Verhandlungsverfahren.[26] Inzwischen hat sich der Verordnungsgeber dieser Frage angenommen: Gem. § 12 Abs. 2 S. 1 KonzVgV kann das Verfahren entweder **einstufig oder zweistufig** ausgestaltet werden: Neben einem einstufigen (Verhandlungs-) Verfahren kann sich der Konzessionsgeber nach § 12 Abs. 1 S. 2 KonzVgV auch am Verhandlungsverfahren mit vorgeschaltetem Teilnahmewettbewerb orientieren.[27] Gerade dies wäre jedoch ein Einlasstor für die Vergabegrundsätze des § 97 Abs. 1, 2 GWB: Möchte man die wettbewerbsrechtliche Ausrichtung auch der Konzessionsvergabe nicht zu sehr vernachlässigen, so empfiehlt sich deshalb im Zweifelsfalle ein zweistufiges Verhandlungsverfahren mit Teilnahmewettbewerb (→ KonzVgV § 12 Rn. 5).[28]

10

IV. E-Vergabe

1. Von der fakultativen zur obligatorischen E-Vergabe

In konsequenter Fortführung des Grundsatzes der freien Verfahrensgestaltung besteht im Konzessionsvergaberecht auf Unionsebene – anders als im allgemeinen Vergaberecht[29] – der Grundsatz der Formfreiheit.[30] Allerdings ermöglicht Art. 29 Abs. 1 UAbs. 2 KVR es den Mitgliedstaaten, auch bei der Konzessionsvergabe die Verwendung elektronischer Kommunikationsmittel vorzuschreiben. Nicht zuletzt da die Konzessionsgeber regelmäßig zugleich öffentliche Auftraggeber sind,[31] hat der Verordnungsgeber von dieser Möglichkeit Gebrauch gemacht und auch im Bereich der Konzessionsvergabe in § 7 Abs. 1 KonzVgV eine **grds. Verpflichtung zur Verwendung elektronischer Kommunikationsmittel** begründet (→ KonzVgV § 7 Rn. 1).[32] Die grds. Verpflichtung zur Nutzung elektronischer Mittel richtet sich sowohl an die Konzessionsgeber als auch an die Unternehmen[33] und ist nach der Übergangsregelung des § 34 KonzVgV seit dem 18.10.2018 zu beachten (→ KonzVgV § 34 Rn. 1).

11

---

[24] Krönke NVwZ 2016, 568 (575).
[25] Siegel VergabeR 2015, 265 (270).
[26] Hettich/Soudry/Braun VergabeR Rn. 181 f.
[27] BT-Drs. 18/6281, 130 (Begr. zum GWB); BT-Drs. 18/7318, 257 (Begr. zur KonzVgV).
[28] Siegel NVwZ 2016, 1672 (1673). Ähnlich MüKoEuWettbR/Mohr GWB § 151 Rn. 24; RKPP/Fandry GWB § 151 Rn. 18.
[29] Siehe Art. 22 VKR und § 9 Abs. 1 VgV; hierzu Braun VergabeR 2016, 179 ff.
[30] Art. 29 Abs. 1 UAbs. 1 KVR; hierzu auch Erwgr. 74 der KVR.
[31] Zur Begr. BT-Drs. 18/7318, 254.
[32] § 7 Abs. 2 KonzVgV gestattet eine (begrenzte) mündliche Kommunikation; hierzu auch Schippel VergabeR 2016, 434 (438); Siegel LKV 2017, 351 (353).
[33] Goldbrunner VergabeR 2016, 365 (374).

2. Anforderungen an die E-Vergabe

12 **a) Reichweite.** Die E-Vergabe hat Auswirkungen auf diverse Verfahrensschritte.[34] Im Folgenden sollen besonders wichtige Verfahrenselemente hervorgehoben werden, zu denen Rspr. der Nachprüfungsinstanzen vorliegt. Den ersten insoweit bedeutsamen Verfahrensschritt bildet die Veröffentlichung der Bekanntmachung nach § 23 KonzVgV (→ KonVgV § 23 Rn. 1 ff.).[35]

13 **b) Bereitstellung der Vergabeunterlagen.** Von besonderer Bedeutung ist zunächst die Bereitstellung der Vergabeunterlagen nach § 17 KonzVgV. Diese müssen nach Abs. 1 unentgeltlich, uneingeschränkt, vollständig und direkt abgerufen werden können. Die **Vollständigkeit** wird nicht gewahrt, wenn ein Teil der Vergabeunterlagen lediglich über eine zweite elektronische Adresse abrufbar ist.[36] Das Gleiche gilt, wenn die Eignungskriterien sich nicht aus der Konzessionsbekanntmachung selbst ergeben, sondern lediglich aus einem in der Bekanntmachung enthaltenen Link.[37] Nicht zu beanstanden ist es jedoch, wenn mehrere Klicks benötigt werden, um die die Eignungskriterien betreffenden Dokumente aufzurufen.[38] Allerdings ist die **Direktheit** zu verneinen, wenn die betreffenden Unterlagen per E-Mail angefordert werden müssen.[39]

14 **c) Umfang der einzustellenden Unterlagen.** Der Umfang der einzustellenden Unterlagen bemisst sich nach **§ 16 KonzVgV**. Sie umfassen nach dessen S. 1 jede Unterlage, die vom Konzessionsgeber erstellt wird, auf die er sich bezieht, um Bestandteile der Konzession oder des Verfahrens zu beschreiben oder festzulegen. Zu ihnen zählen insbes. die Leistungsbeschreibung, der Entwurf der Vertragsbedingungen, Vorlagen für die Einreichung von Unterlagen sowie Informationen über allgemeingültige Verpflichtungen. Die genaue Reichweite bestimmt sich nach den Umständen des Einzelfalls und hängt insbes. davon ab, welche Verfahrensart der Konzessionsgeber gewählt hat und welche Bedeutung die Angaben für die Entscheidung des Unternehmens hat, sich an dem Verfahren zu beteiligen.[40]

15 **d) Verschlüsselung der Erklärungen.** Gem. § 9 Abs. 2 KonzVgV sind zudem bei der Verwendung elektronischer Mittel die Unversehrtheit, Vertraulichkeit und Echtheit der Daten zu gewährleisten. Die einzureichenden Erklärungen müssen daher verschlüsselt werden.[41] Eine fortgeschrittene oder qualifizierte Siegel[42] ist nach § 28 Abs. 3 KonzVgV nur dann erforderlich, wenn der Konzessionsgeber dies verlangt.[43] Das Erfordernis der Verschlüsselung darf nicht dadurch umgangen werden, dass die Erklärung parallel unverschlüsselt auf eine cloud hochgeladen wird.[44]

---

[34] Übersicht bei Knauff NZBau 2020, 421 ff. Hierzu umfassend Vogt, E-Vergabe, 2019, S. 59 ff. Zur (weiteren) Reform der E-Vergabe Reichling/Scheumann/Lampe GewArch 2020, 248 ff. und 308 ff.
[35] Hierzu Vogt, E-Vergabe, 2019, S. 183 ff.
[36] OLG Düsseldorf 13.5.2019 – Verg 47/18, NZBau 2019, 665 (667) zu § 41 Abs. 1 VgV.
[37] OLG Düsseldorf 11.7.2018 – Verg 24/18, NZBau 2019, 64 (66); OLG München 25.2.2019 – Verg 11/18, NZBau 2019, 471 (472), beide zu § 41 Abs. 1 VgV.
[38] OLG Dresden 15.2.2019 – Verg 5/18, NZBau 2019, 745 (747) zu § 41 Abs. 1 VgV.
[39] OLG Düsseldorf 13.5.2019 – Verg 47/18, NZBau 2019, 665 (667) zu § 41 Abs. 1 VgV.
[40] OLG Düsseldorf 17.10.2018 – Verg 26/18, NZBau 2019, 129 (132) zu § 29 VgV.
[41] Müller-Wrede/Braun/Grünhagen KonzVgV § 9 Rn. 52.
[42] Der Begriff des „Siegels" ersetzt nach der neuen eIDAS-Verordnung den vormaligen Begriff der „Signatur" nach dem Signaturgesetz.
[43] Siegel LKV 2017, 385 (389).
[44] VK Niedersachsen 30.11.2018 – VgK-46/2018, ZfBR 2019, 728.

e) Fristgerechte Einreichung der Erklärungen. Zudem müssen Teilnahme- 16
anträge und Angebote vollständig **innerhalb der Einreichungsfrist hochgeladen**
werden. Ein unmittelbar vor deren Ablauf beginnendes und deshalb nicht (mehr)
erfolgreiches Hochladen liegt zumindest grds. in der Sphäre des Unternehmens.[45]
Auch die **Verwendung veralteter Software** liegt grds. in der Sphäre des Unternehmens. Zumindest bei Unternehmen, die an EU-weiten Vergabeverfahren teilnehmen, muss der Konzessionsgeber daher nicht darauf hinweisen, dass eine aktualisierte Software zu nutzen ist.[46]

f) Ausschluss nicht frist- und formgerechter Erklärungen. Nicht frist- und 17
formgerechte Teilnahmeanträge und Angebote sind auch bei der Konzessionsvergabe
auszuschließen. Anders als nach § 57 Abs. 1 Nr. 1 VgV und § 16 EU VOB/A ist
dies zwar nicht ausdr. geregelt. Das Erfordernis des Ausschlusses ergibt sich jedoch
aus dem allg. Grundsatz der Gleichbehandlung nach § 97 Abs. 2 GWB.[47] Auch
unverschlüsselte Angebote sind zumindest grds. auszuschließen. Fraglich ist, ob
eine Ausnahme anzuerkennen ist, wenn das Unternehmen den Formmangel oder
die Verspätung nicht zu vertreten hat.[48] Zwar enthält § 57 Abs. 1 Nr. 1 VgV eine
entspr. Ausnahmeregelung. Allerdings verkörpert eine solche Ausnahme keinen allg.
Rechtsgrundsatz, wie sich aus § 16 EU VOB/A ergibt.[49] Daher sprechen gute
Gründe dafür, dass es bei der Konzessionsvergabe nicht darauf ankommt, ob das
Unternehmen den Mangel verschuldet oder zu vertreten hat.

§ 152 Anforderungen im Konzessionsvergabeverfahren

(1) **Zur Leistungsbeschreibung ist § 121 Absatz 1 und 3 entsprechend anzuwenden.**

(2) **Konzessionen werden an geeignete Unternehmen im Sinne des § 122 vergeben.**

(3) **¹Der Zuschlag wird auf der Grundlage objektiver Kriterien erteilt, die sicherstellen, dass die Angebote unter wirksamen Wettbewerbsbedingungen bewertet werden, sodass ein wirtschaftlicher Gesamtvorteil für den Konzessionsgeber ermittelt werden kann. ²Die Zuschlagskriterien müssen mit dem Konzessionsgegenstand in Verbindung stehen und dürfen dem Konzessionsgeber keine uneingeschränkte Wahlfreiheit einräumen. ³Sie können qualitative, umweltbezogene oder soziale Belange umfassen. ⁴Die Zuschlagskriterien müssen mit einer Beschreibung einhergehen, die eine wirksame Überprüfung der von den Bietern übermittelten Informationen gestatten, damit bewertet werden kann, ob und inwieweit die Angebote die Zuschlagskriterien erfüllen.**

(4) **Die Vorschriften zur Auftragsausführung nach § 128 und zu den zwingend zu berücksichtigenden Ausführungsbedingungen nach § 129 sind entsprechend anzuwenden.**

Literatur: Vgl. die Angaben bei § 148 GWB (dort insbes. Ziff. 2).

---

[45] OLG Düsseldorf 12.6.2019 – Verg 8/19, BeckRS 2019, 39059 Rn. 56. Hierzu auch VK Südbayern 15.11.2021 – 3194.Z3-3_01-21-20, BeckRS 2021, 55182 Rn. 38.
[46] VK Südbayern 19.3.2018 – Z3-3-3194-1-54-11/17, IBRRS 2018, 1236 = BeckRS 2018, 4960 Rn. 111.
[47] Müller-Wrede/Braun/Micus-Zurheide KonzVgV § 29 Rn. 30.
[48] So Müller-Wrede/Braun/Micus-Zurheide KonzVgV § 29 Rn. 33.
[49] OLG Karlsruhe 17.3.2017 – 15 Verg 2/17, BeckRS 2017, 111933 = VergabeR 2017, 512 (518 f.).

I. Bedeutung der Vorschrift

1 Während die beiden primär verfahrensgezogenen Eckpfeiler der Konzessionsvergabe in § 151 GWB normiert sind (→ § 151 Rn. 1), stehen bei § 152 GWB die **materiell-rechtlichen Anforderungen** im Mittelpunkt.[1] Dabei wird in Abs. 1, 2 und 4 jew. auf die betreffenden Regelungen zum allg. Vergaberecht Bezug genommen, nämlich auf § 121 GWB für die Leistungsbeschreibung, auf § 122 GWB für die Bietereignung sowie auf § 128 f. GWB für die Ausführungsbedingungen. Hingegen wird in § 152 Abs. 3 GWB eine eigenständige Regelung für die Zuschlagskriterien getroffen. Diese verschiedenen Anforderungsebenen sind – ebenso wie bei der allg. Auftragsvergabe – grds. **getrennt** zu behandeln. Daher dürfen etwa Ausführungsbedingungen nicht zu Eignungskriterien umfunktioniert werden.[2] Das Gleiche gilt für die Abgrenzung von Eignungs- und Zuschlagskriterien.[3] Ebenso wie die sonstigen Bestimmungen der §§ 97 ff. GWB entfalten die Anforderungen des § 152 GWB drittschützenden Wirkung.[4]

II. Leistungsbeschreibung (Abs. 1)

1. Unionsrechtlicher Hintergrund

2 Die Regelung zur Leistungsbeschreibung in § 152 Abs. 1 GWB dient der **Umsetzung des Art. 36 Abs. 1 KVR**.[5] Danach werden in den technischen und funktionellen Anforderungen die für die vertragsgegenständlichen Bau- oder Dienstleistungen geforderten Merkmale festgelegt und in den Konzessionsunterlagen dargelegt.[6] Diese Anforderungen entsprechen im Grundsatz dem Begriff der technischen Spezifikationen gem. Art. 42 Abs. 1 VRK.[7] Soweit der Entstehungsgeschichte der KVR ein etwas größerer Gestaltungsspielraum bei der Konzessionsvergabe zu entnehmen ist, kann dies bei der Interpretation des § 121 GWB angemessen berücksichtigt werden.[8]

2. Verweisung auf § 121 GWB

3 Wegen der grds. inhaltlichen Entsprechung verweist § 152 Abs. 1 GWB folgerichtig auf die entspr. Bestimmung für Leistungsbeschreibung in § 121 Abs. 1 und 3 GWB. Zwar erstreckt sich die Verweisung – anders als noch im Referentenentwurf – nicht (mehr) auf § 121 Abs. 2 GWB. Da der Entstehungsgeschichte kein sachlicher Grund für eine Einschränkung der Verweisung zu entnehmen ist, handelt es sich wohl um ein Redaktionsversehen.[9] Daher kann insbes. auf die **Kommentierung zu § 121 GWB** verwiesen werden (→ § 121 Rn. 4 ff.).[10] Darüber hinaus werden die Anforderungen an die Leistungsbeschreibung in § 15 KonzVgV konkretisiert (→ KonzVgV § 15 Rn. 1). Hier wie dort folgt aus den Grundsätzen

---

[1] Hierzu auch Siegel NVwZ 2016, 1672 (1675 f.).
[2] VK Südbayern 24.7.2018 – Z3-3-3194-1-11-04/18, BeckRS 2018, 18118 Rn. 99 ff.
[3] Insoweit ist auf den Schwerpunkt abzustellen: OLG Rostock 12.8.2020 – 17 Verg 2/20, NZBau 2021, 132 (134).
[4] MüKoEuWettbR/Mohr GWB § 152 Rn. 9.
[5] BT-Drs. 18/6281, 131.
[6] Hierzu auch Erwgr. 67 der KVR.
[7] BT-Drs. 18/6281, 131. HK-VergabeR/Friton/Stein GWB § 152 Rn. 3.
[8] Müller-Wrede GWB/Tugendreich/Heller § 152 Rn. 5 f.
[9] Beck VergabeR/Burgi/Wolff GWB § 152 Rn. 10.
[10] Hierzu sowie zu den Vergabeunterlagen nach §§ 16 ff. KonzVgV Goldbrunner VergabeR 2016, 365 (375 ff.).

der **Transparenz und der Gleichbehandlung,** dass die Anforderungen so abgefasst sein müssen, dass der Wettbewerb nicht künstlich eingeengt wird. Deshalb dürfen die Anforderungen nicht genau den wesentlichen Merkmalen der von einem bestimmten Wirtschaftsteilnehmer üblicherweise angebotenen Lieferungen, Dienstleistungen oder Bauleistungen entsprechen.[11]

3. Öffnung des Vergaberechts

Bereits in der Leistungsbeschreibung kommt die zunehmende Öffnung des Vergaberechts für vormals als „vergabefremd" bezeichnete Aspekte insbes. sozialer Art zum Tragen.[12] Hier hatte der EuGH im Jahre 2012 die Verwendung von Erzeugnissen aus fairem Handel zwar nicht als technische Spezifikationen iSd Anh. VI der RL 2004/18/EG anerkannt, aber sehr wohl als Bedingungen für die Auftragsausführung iSd Art. 26 dieser RL.[13] Diese Rechtsprechungslinie wird (auch) in Art. 36 Abs. 1 UAbs. 2 KVR aufgegriffen und in **§ 15 Abs. 2 S. 2 KonzVgV** in nationales Recht umgesetzt.[14] Danach ist es ausreichend, dass ein zu erfüllendes Merkmal sich auf den Prozess oder die Methode zur Erbringung der Leistung oder auf ein anderes Stadium im Lebenszyklus des Konzessionsgegenstandes bezieht.[15] Dies ermöglicht es etwa, die Einhaltung der ILO-Kernarbeitsnormen in die Leistungsbeschreibung aufzunehmen (→ KonzVgV § 15 Rn. 1).[16] Dieser Öffnungsprozess ist mittlerweile so weit vorangeschritten, dass der „negative" Begriff der vergabefremden Zwecke inzwischen durch eine positive Umschreibung als **strategische Beschaffung** abgelöst worden ist. Einer allzu weiten „Aufladung" des Vergaberechts setzt indessen der – auch bei der Konzessionsvergabe einschlägige – Verhältnismäßigkeitsgrundsatz des § 97 Abs. 1 S. 2 GWB Grenzen.[17]

III. Eignungskriterien (Abs. 2)

1. Unionsrechtlicher Hintergrund

In § 152 Abs. 2 GWB wird **Art. 38 Abs. 1 S. 1 KVR** umgesetzt.[18] Die dort geregelte Bietereignung setzt die berufliche und fachliche Befähigung sowie die finanzielle und wirtschaftliche Leistungsfähigkeit voraus. Sie dient zugleich der Schaffung angemessener, nichtdiskriminierender und gerechter Eignungskriterien.[19] Die Formulierung weicht jedoch etwas von derjenigen in Art. 58 Abs. 1 S. 1 VKR ab. Dort werden die Befähigung zur Berufsausübung, die wirtschaftliche und finanzielle Leistungsfähigkeit sowie die technische und berufliche Leistungsfähigkeit als Eignungskriterien benannt.

---

[11] Erwgr. 67 der KVR.
[12] Zur Öffnung des Vergaberechts als übergreifendes Strukturelement MüKoEuWettbR/Mohr GWB § 152 Rn. 3 und 7.
[13] EuGH 10.5.2012 – C-368/10, NZBau 2012, 445 (452); hierzu Siegel EuZW 2012, 592 (599 f.).
[14] BT-Drs. 18/7318, 259.
[15] Hierzu Glaser, Zwingende soziale Mindeststandards bei der Vergabe öffentlicher Aufträge, 2015, S. 42 ff.; Ziekow DÖV 2015, 897 (902).
[16] Krönke NVwZ 2016, 568 (574).
[17] Burgi VergabeR § 12 Rn. 12 iVm § 6 Rn. 24 f. Zu den Grenzen auch MüKoEuWettbR/Mohr GWB § 152 Rn. 4 ff.
[18] BT-Drs. 18/6281, 131.
[19] Erwgr. 63 der KVR.

2. Verweisung auf § 122 GWB

6 Trotz der leicht unterschiedlichen Formulierungen in den beiden Richtlinienbestimmungen hat der Gesetzgeber in § 152 Abs. 2 GWB auf die entspr. Bestimmung des § 122 GWB verwiesen; denn er sieht in der Sache zwischen beiden Formulierungen keinen Unterschied.[20] Daher kann grds. auf die **Kommentierung zu § 122 GWB** verwiesen werden (→ § 122 Rn. 7 ff.).[21] Die Verweisung ist zwar nach dem Wortlaut nicht eingeschränkt. Allerdings kommt im Konzessionsvergabeverfahren eine **Bekanntmachung** der Eignungskriterien lediglich bei einer Auftragsbekanntmachung in Betracht; hingegen ist eine – in § 122 Abs. 4 S. 2 GWB alternativ benannte – Veröffentlichung in einer Vorabinformation oder die Angabe in einer Aufforderung zur Interessensbekundung ausgeschlossen. Deshalb ist § 122 Abs. 4 S. 2 GWB mit der Maßgabe anzuwenden, dass die Teilnahmebedingungen stets in der Veröffentlichung nach § 151 S. 1 GWB enthalten sein müssen.[22] Die Einzelheiten des Auswahlverfahrens richten sich nach §§ 24 ff. KonzVgV.[23] Wegen der eingangs dargelegten Trennung der Anforderungsebenen (→ Rn. 1) dürfen Ausführungsbedingungen nicht zu Eignungskriterien umfunktioniert werden[24]

3. Ergänzung durch § 154 Nr. 2 GWB

7 Die (positiven) Eignungskriterien stehen in **engem sachlichem Zusammenhang** mit den (negativen) Ausschlusskriterien. Im allg. Teil des GWB kommt dies darin zum Ausdruck, dass die Ausschlussgründe gem. §§ 123 ff. GWB im unmittelbaren Anschluss an die Vorschrift des § 122 GWB zur Bietereignung aufgeführt werden.[25] Hingegen wurden die beiden Regelungskomplexe im Recht der Konzessionsvergabe ohne ersichtlichen sachlichen Grund auseinanderdividiert: Die (positive) Bietereignung ist in § 152 Abs. 2 GWB geregelt, während die (negativen) Ausschlussgründe an eher „versteckter" Stelle in § 154 Nr. 2 GWB Erwähnung finden (→ § 154 Rn. 5).[26]

IV. Zuschlagskriterien (Abs. 3)

1. Unionsrechtlicher Hintergrund

8 In § 152 Abs. 3 GWB wird **Art. 41 KVR** in nationales Recht umgesetzt.[27] Anders als bei den anderen drei Regelungskomplexen des § 152 GWB weicht die Rechtslage im Unionsrecht bei den Zuschlagskriterien nicht unerheblich von der VRL ab: Während gem. Art. 67 Abs. 2 S. 1 VRL der Zuschlag auf das wirtschaftlich günstigste Angebot zu erteilen ist, benennt Art. 41 Abs. 1 KVR – gleichsam abstrakter – objektive Kriterien, die den in Art. 3 KVR normierten Grundsätzen genügen und eine Bewertung unter wirksamen Wettbewerbsbedingungen sicherstellen, als Zuschlagskriterien.[28]

---

[20] BT-Drs. 18/6281, 131. Ebenso HK-VergabeR/Friton/Stein GWB § 152 Rn. 8.
[21] Hierzu auch Brüning NZBau 2016, 723 ff.; Otting VergabeR 2016, 316 ff.
[22] BT-Drs. 18/6281, 131.
[23] Zu den Besonderheiten bei der Konzessionsvergabe GKN VergabeR-HdB/Braun § 66 Rn. 9 ff.
[24] VK Südbayern 24.7.2018 – Z3-3-3194-1-11-04/18, BeckRS 2018, 18118 Rn. 99.
[25] Zu den Ausschlussgründen Otting VergabeR 2016, 316 (321 ff.).
[26] Siegel NVwZ 2016, 1672 (1675 f.); unklar insoweit Michaelis IR 2016, 100 (106).
[27] BT-Drs. 18/6281, 131.
[28] Hierzu Siegel VergabeR 2015, 265 (270); hierzu auch die Erwgr. 64, 73 der KVR.

2. Maßstäbe der Erzielung eines wirtschaftlichen Gesamtvorteils (Abs. 3 S. 1)

In Umsetzung dieser unterschiedlichen Maßstäbe sind die Zuschlagskriterien bei 9 der Konzessionsvergabe anders zu bestimmen als im allg. Vergaberecht. Dort ist gem. § 127 Abs. 1 S. 1 GWB der Zuschlag auf das wirtschaftlichste Angebot und damit nach dem Preis-Leistungsverhältnis zu erteilen (→ § 127 Rn. 45 ff.).[29] Hingegen wird der Zuschlag bei der Konzessionsvergabe gem. § 153 Abs. 3 S. 1 GWB aufgrund objektiver Kriterien erteilt, die eine Bewertung der Angebote unter wirksamen Wettbewerbsbedingungen sicherstellen, so dass ein wirtschaftlicher Gesamtvorteil für den Konzessionsgeber entsteht.[30] Zentrale Bedeutung kommt insoweit dem **Begriff des „wirtschaftlichen Gesamtvorteils"** zu.[31] Er entstammt Art. 41 Abs. 1 KVR, bedarf jedoch noch weiterer Konturierung.[32] Er weist zwar eine gewisse Nähe auf zum Begriff des „wirtschaftlichsten Angebots" iSd § 127 Abs. 1 S. 1 GWB, belässt dem Konzessionsgeber jedoch größere Beurteilungsspielräume (→ Rn. 14).[33] Insbesondere kann der **Preis** unberücksichtigt bleiben oder zumindest mit geringerem Gewicht versehen werden.[34] Umgekehrt kann der Preis aber auch bei der Ermittlung des wirtschaftlichen Gesamtvorteils ein bedeutendes Zuschlagskriterium bilden.[35]

3. Öffnung des Vergaberechts (Abs. 3 S. 3)

Auch bei der Ermittlung des wirtschaftlichen Gesamtvorteils kommt der Öffnung 10 des Vergaberechts für (zumindest vermeintlich) vergabefremde Zwecke bzw. der **strategischen Beschaffung** eine wichtige Funktion zu. Der Preis bildet(e) zwar das klassische Zuschlagskriterium im Vergaberecht.[36] In einer langen Rechtsprechungslinie hat der EuGH jedoch bereits früh Umweltbelange als zuschlagsfähige Kriterien anerkannt.[37] In jüngerer Zeit hat der Gerichtshof diesen Öffnungsprozess sodann auf soziale Belange ausgeweitet.[38] Diese Öffnung wird in § 152 Abs. 3 S. 3 GWB ausdr. aufgegriffen: Danach können die Zuschlagskriterien auch qualitative, umweltbezogene und soziale Belange umfassen.[39] Dies ermöglicht es dem Konzessionsgeber, auch **nicht rein wirtschaftliche Faktoren** zu berücksichtigen[40] und gilt gerade auch bei der Konzession, die als Gegenleistung nicht zwingend eine Zahlung voraussetzt.[41] Auch die Qualität des eingesetzten Personals

---

[29] Hierzu auch Burgi VergabeR § 17 Rn. 3 ff.
[30] Ausf. GKN VergabeR-HdB/Braun § 66 Rn. 24 ff.
[31] Hierzu OLG Düsseldorf 9.6.2021 – Verg 3/21, BeckRS 2021, 56909 Rn. 37; ausf. Manzke ZfBR 2021, 724 (725 ff.). Burgi VergabeR § 24 Rn. 26 ordnet ihn als „Leitbegriff" ein.
[32] Burgi VergabeR § 24 Rn. 26; hierzu auch Erwgr. 73 der KVR.
[33] VK Sachsen-Anhalt 27.6.2018 – 2 VK LSA 20/17, BeckRS 2018, 44293 Rn. 78 ff.
[34] Müller/Wrede GWB/Tugendreich/Heller § 152 Rn. 48.
[35] Siegel NVwZ 2016, 1672 (1676); ähnlich bereits Hettich/Soudry/Braun VergabeR Rn. 195 f., mit der allerdings überzogenen Schlussfolgerung, dass der Preis „alleine" relevant sein kann. Denn hierzu müsste das Recht zur Nutzung der Leistung bzw. des Bauwerks „eingepreist" werden.
[36] Ausf. Sulk, Der Preis im Vergaberecht, 2015, S. 197 ff.
[37] EuGH 17.9.2002 – C-513/99, NVwZ 2002, 1356 ff. – Concordia; 4.12.2003 – C-448/01, NVwZ 2004, 201 ff. – Wienstrom.
[38] EuGH 10.5.2012 – C-368/10, NZBau 2012, 445 (455 f.) – Max Havelaar.
[39] Zur Reichweite iE Manzke ZfBR 2021, 724 (727 ff.).
[40] Erwgr. 73 der KVR.
[41] Goldbrunner VergabeR 2016, 365 (382); missverständlich insoweit Burgi VergabeR § 24 Rn. 25, mit der Einschätzung, dass bei einer Konzession „kein Entgelt" entrichtet werde.

ist berücksichtigungsfähig.[42] Anders als bei der allg. Bestimmung des § 97 Abs. 3 GWB (→ § 97 Rn. 68) werden zwar innovationsbezogene Aspekte nicht ausdr. erwähnt. Da die Gestaltungsspielräume bei der Konzessionsvergabe aber größer sind als bei der herkömmlichen Vergabe, sind sie auch hier berücksichtigungsfähig.[43]

4. Verbindung mit dem Konzessionsgegenstand (Abs. 3 S. 2)

11 Der zuvor beschriebene Öffnungsprozess weist jedoch auch Grenzen auf. Denn nach § 152 Abs. 3 S. 2 GWB müssen die Kriterien in Verbindung mit dem Konzessionsgegenstand stehen.[44] Diese Verbindung ist jedoch nicht zu eng zu verstehen. Vielmehr kann sie sich in jedem Stadium des Lebenszyklus ergeben.[45] Die Verbindung darf aber umgekehrt auch nicht zu weit ausgelegt werden. Unzureichend ist daher eine lediglich abstrakte und ungesicherte Hoffnung, dass sich ein Zuschlagskriterium erfüllen werde.[46]

5. Transparente Beschreibung (Abs. 3 S. 4)

12 Gerade die wenig spezifische Regelung der Zuschlagskriterien macht die Schaffung von Transparenz umso bedeutsamer. Deshalb müssen gem. § 152 Abs. 3 S. 4 GWB die Kriterien in einer Weise beschrieben werden, welche den Bietern eine **Bewertung gestattet,** ob und inwieweit ihre Angebote die Zuschlagskriterien erfüllen. Damit werden die Vorgaben des Art. 41 Abs. 2 UAbs. 2, 3 KVR umgesetzt.[47]

6. Angabe der Rangfolge, aber keine Gewichtung (§ 31 KonzVgV)

13 In Anlehnung an Art. 41 Abs. 3 UAbs. 1 KVR sind zudem gem. § 31 Abs. 1 KonzVgV die Zuschlagskriterien in absteigender **Rangfolge** anzugeben (→ KonzVgV § 31 Rn. 3f.).[48] Im Unterschied zur herkömmlichen Vergabe nach § 58 Abs. 3 S. 1 VgV (→ VgV § 58 Rn. 37 ff.) bedarf es jedoch **keiner Gewichtung.** Eine Gewichtung bleibt aber gleichwohl möglich und ist vor dem Hintergrund der Vergabegrundsätze des § 97 GWB zumindest sinnvoll.[49]

7. Gestaltungsspielräume

14 Insges. verfügt damit der Konzessionsgeber beim Zuschlag über größere Gestaltungsspielräume als im allg. Vergaberecht.[50] Andererseits sind diese **nicht unbegrenzt.** Denn die Kriterien müssen nach § 152 Abs. 3 S. 1 GWB objektiver Natur

---

[42] HK-VergabeR/Friton/Stein GWB § 152 Rn. 25.
[43] MüKoEuWettbR/Mohr GWB § 152 Rn. 104.
[44] Knauff/Badenhausen NZBau 2014, 395 (400).
[45] Goldbrunner VergabeR 2016, 365 (382).
[46] OLG Rostock 12.8.2020 – 17 Verg 2/20, NZBau 2021, 132 (133) am Beispiel der „Flottenstärke" im Rettungsdienstwesen.
[47] BT-Drs. 18/6281, 131.
[48] Hierzu Goldbrunner VergabeR 2016, 365 (382 f.); BT-Drs. 18/7318, 267.
[49] Siegel NVwZ 2016, 1672 (1676); strenger Müller-Wrede GWB/Tugendreich/Heller § 152 Rn. 67, die einen Verzicht auf eine Gewichtung als „praktisch schwierig bzw. ausgeschlossen" erachten.
[50] Manzke ZfBR 2021, 724 (729 f.); VK Sachsen-Anhalt 27.6.2018 – 2 VK LSA 20/17, BeckRS 2018, 44293 Rn. 78. Zu Chancen und Risiken solcher Einschätzungsspielräume Herrmann NZBau 2022, 443 ff.

sein und räumen gem. S. 2 dem Konzessionsgeber keine Wahlfreiheit ein. Sie dürfen damit nicht willkürlich sein, was etwa ein Kriterium „zur Zufriedenheit des Auftraggebers" ausschließt.[51] Gesteigerte Gestaltungsspielräume bestehen gem. **§ 31 Abs. 2 KonzVgV** bei innovativen Angeboten mit außergewöhnlich hoher funktioneller Leistungsfähigkeit:[52] Hier darf die Reihenfolge der Zuschlagskriterien nach § 31 Abs. 1 KonzVgV geändert werden.

V. Ausführungsbestimmungen (Abs. 4)

1. Unionsrechtlicher Hintergrund

Im Unterschied zu Art. 70 VKR sieht die KVR zwar keine ausdr. Regelung zu den Ausführungsbedingungen vor. Sie werden jedoch in den Erwgr. 64, 65, 66 der KVR **indirekt vorausgesetzt.**[53]

15

2. Verweisung auf §§ 128, 129 GWB

Der nationale Gesetzgeber hat deshalb **in der Sache keinen Unterschied** zwischen der allg. Vergabe von Bau- oder Dienstleistungen und der Vergabe in Form einer Konzession gesehen.[54] Folgerichtig sind gem. § 152 Abs. 4 GWB die Vorschriften zur Auftragsausführung nach § 128 GWB sowie zu den zwingend zu berücksichtigenden Ausführungsbestimmungen nach § 129 GWB entspr. anwendbar. Damit kann auf die Kommentierung zu §§ 128, 129 GWB verwiesen werden (→ § 128 Rn. 4 ff.; → § 129 Rn. 5 f.). Wegen der eingangs dargelegten Trennung der Anforderungsebenen (→ Rn. 1) dürfen Ausführungsbedingungen nicht zu Eignungskriterien umfunktioniert werden.[55]

16

§ 153 Vergabe von Konzessionen über soziale und andere besondere Dienstleistungen

Für das Verfahren zur Vergabe von Konzessionen, die soziale und andere besondere Dienstleistungen im Sinne des Anhangs IV der Richtlinie 2014/23/EU betreffen, sind die §§ 151 und 152 anzuwenden.

Literatur: Vgl. die Angaben bei § 130 GWB.

I. Bedeutung der Vorschrift

Die sozialen und anderen besonderen Dienstleistungen iSd Anh. IV der RL 2014/23/EU (im Folgenden auch kurz: **SABD**) sind als Sonderregime an die Stelle des früheren Systems der sog. A- und B-Dienstleistungen (auch: vor- und nachrangige Dienstleistungen) getreten. Zu den mit diesem Systemwechsel verbundenen inhaltlichen Änderungen, zur Begründung[1] sowie der Systematik des neuen Sonderregimes → GWB § 130 Rn. 2 ff.

1

---

[51] Burgi VergabeR § 24 Rn. 27.
[52] Damit wird Art. 41 Abs. 3 UAbs. 2 KVR umgesetzt.
[53] BT-Drs. 18/6281, 131.
[54] BT-Drs. 18/6281, 131 f.
[55] VK Südbayern 24.7.2018 – Z3-3-3194-1-11-04/18, BeckRS 2018, 18118 Rn. 99.
[1] Zur Begr. speziell bezogen auf die RL 2014/23/EU s. deren Erwgr. 53 und BT-Drs. 18/6281, 132.

2 § 153 GWB gilt allein für die Vergabe von **Dienstleistungskonzessionen** über SABD iSv § 105 Abs. 1 Nr. 2 GWB. Für die Vergabe von öffentlichen Aufträgen iSv § 103 Abs. 1, 4 GWB ist hingegen § 130 GWB einschlägig. Ergänzt wird § 153 GWB durch § 22 **KonzVgV**, der die Bekanntmachung der Konzessionsvergabe betrifft.

3 Anders als das Sonderregime nach § 130 GWB, ist das Sonderregime nach § 153 GWB nur **von geringer praktischer Bedeutung**, da die Vergabe von Konzessionen ggü. einer Auftragsvergabe ohnehin weitreichende Privilegierungen genießt, so dass sich die weiteren Privilegierungen für die Vergabe von SABD in Besonderheiten hinsichtlich des Bekanntmachungserfordernisses erschöpfen, → Rn. 10.

II. Anwendungsbereich

1. Begriff der sozialen und anderen besonderen Dienstleistungen

4 Der **Begriff** der SABD wird in § 153 GWB nicht abstrakt definiert, sondern durch eine Bezugnahme auf den Katalog im Anh. IV der RL 2014/23/EU bestimmt. Zum Begriff der SABD kann grds. auf die Kommentierung zu § 130 GWB, → GWB § 130 Rn. 10 ff. verwiesen werden.

5 Zu beachten ist aber, dass die Begriffe der SABD in § 130 GWB und § 153 GWB **nicht identisch** sind, da sich die Kataloge in Anh. IV der RL 2014/24/EU einerseits und in Anh. XIV der RL 2014/24/EU andererseits zwar ganz überwiegend, aber nicht vollkommen decken. So sind bspw. die Dienstleistungen des Spiel- und Wettbetriebs mit den CPV-Codes 92350000–9 bis 92352200–5 zwar von Anh. XIV der RL 2014/24/EU, nicht aber von Anh. IV der RL 2014/23/EU erfasst.[2] Deshalb ist für die Konzessionsvergaben immer genau anhand des einschlägigen Katalogs in Anh. IV der RL 2014/23/EU (→ Rn. 10) das Vorliegen einer SABD zu prüfen.

2. Weitere Voraussetzungen des Anwendungsbereichs

6 Das Sonderregime nach § 153 Abs. 1 GWB setzt die Vergabe von SABD durch einen **Konzessionsgeber (§ 101 GWB)** voraus. Bei einzelnen Konzessionsgebern, die typischerweise SABD vergeben, wie bspw. den Sozialversicherungsträgern, Bildungseinrichtungen oder gemeinnützigen Organisationen, kann die Einordnung als Konzessionsgeber nach § 101 GWB problematisch sein. Insoweit wird auf die Kommentierung zu → § 99 Rn. 138 ff. verwiesen.

7 § 153 GWB ist nur auf die Vergabe von **Dienstleistungskonzessionen (§ 105 Abs. 1 Nr. 2 GWB)** anwendbar. Allg. zur Abgrenzung zwischen Dienstleistungsaufträgen/-konzessionen → § 105 Rn. 24 ff.[3]

8 Bei Dienstleistungen im Bereich des Sozialwesens ist die Feststellung einer ausschreibungspflichtigen Dienstleistungskonzession mitunter problematisch. Der Gesetzgeber[4] weist hierzu unter Verweis auf den Erwgr. 13 der RL 2014/23/EU darauf hin, dass Regelungen, nach denen ohne gezielte Auswahl alle Unternehmen,

---

[2] Die Ausnahme nach Art. 10 Abs. 9 der RL 2014/23/EU bzw. § 149 Nr. 10 GWB gilt dabei nur für den CPV-Code 92351100–7; s. zur Organisation und Kontrolle des Spiel- und Wettbetriebs auf nationaler Ebene allerdings Erwgr. 35 der RL 2014/23/EU.

[3] Speziell zu dieser Problematik bei Verträgen zwischen Krankenkassen und deren Dienstleistern (nach altem Recht) von Wietersheim/Dreher/Hoffmann, Vergaben im Gesundheitsmarkt, 2010, S. 51 ff.; speziell für Rabattverträge nach § 130a Abs. 8 SGB V Stolz/Kraus VergabeR 2008, 1; allg. zu dieser Einordnung im Sozialwesen (nach altem Recht) Kingreen VergabeR 2007, 354 (355 ff.); Schröder VergabeR 2007, 418 (423 ff.); sowie Engler, Die Leistungserbringung in den Sozialgesetzbüchern II, III VIII und XII im Spannungsverhältnis zum europäischen und nationalen Vergaberecht, 2010, S. 132 ff.

[4] BT-Drs. 18/6281, 76.

die bestimmte Voraussetzungen erfüllen, berechtigt sind, eine bestimmte Aufgabe wahrzunehmen, nicht als Konzessionen gelten. So unterfällt nach der Begr. zu § 105 GWB die Zulassung von Dienstleistungserbringern im **sozialhilferechtlichen Dreiecksverhältnis** nicht der RL 2014/23/EU. Gleiches gelte für die **Zulassung** von Pflegeeinrichtungen sowie die Feststellung der fachlichen Eignung iRd Zulassung besonderer Dienste oder besonderer Einrichtungen. Vgl. ergänzend → § 130 Rn. 15; sowie → VgV § 21 Rn. 3.

Der **Schwellenwert** für Vergaben von Konzessionen über SABD beläuft sich – wie für alle Konzessionsvergaben – auf aktuell 5.382.000 Euro.[5] Einen besonderen Schwellenwert für die Vergabe von SABD sieht Art. 8 Abs. 1 der RL 2014/23/EU nicht vor. Zu beachten sind zudem die allgemeinen oder besonderen **Ausnahmen** nach §§ 107 ff., § 149 GWB. Für SABD sind im Bereich öffentliche Sicherheit und Rettungsdienste sowie im Bereich der Rechtsdienstleistungen insbes. die Ausnahmebestimmungen in § 107 Abs. 1 Nr. 4 GWB und § 149 GWB iVm § 116 Abs. 1 Nr. 1 GWB zu beachten (→ § 107 Rn. 40 ff.; → § 116 Rn. 4 ff.). 9

III. Anwendbare Vorschriften

Für Vergabeverfahren, die unter den bei → Rn. 4–9 beschriebenen Anwendungsbereich fallen, sind nach § 153 GWB die §§ 151, 152 GWB anzuwenden. Nachdem sich die „sonstigen anwendbaren Vorschriften" nach § 154 GWB – wie sich aus dessen Wortlaut ausdr. ergibt – uneingeschränkt auch auf die Vergabe von Konzessionen über SABD erstreckt, sind damit sämtliche Verfahrensvorschriften des GWB zur Konzessionsvergabe auch auf die Vergabe von Konzessionen über SABD anzuwenden. Das Sonderregime für SABD schafft also auf Ebene des GWB **keine Privilegierungen.** Solche Privilegierungen werden vielmehr nur auf Verordnungsebene in § 22 KonzVgV festgelegt.[6] Da diese Privilegierungen allerdings allein das Bekanntmachungserfordernis betreffen, haben SABD im Bereich der Konzessionsvergaben für die anzuwenden Verfahrensvorschriften nur eine sehr eingeschränkte praktische Relevanz, → KonzVgV § 22 Rn. 2 ff. 10

IV. Anh. IV der RL 2014/23/EU (Dienstleistungen nach Art. 19)

CPV-Code	Beschreibung
79611000-0; 75200000-8; 75231200-6; 75231240-8; 79622000-0 [Überlassung von Haushaltshilfen]; 79624000-4 [Überlassung von Pflegepersonal] und 79625000-1 [Überlassung von medizinischem Personal] von 85000000-9 bis 85323000-9; 85143000-3; 98133100-5, 98133000-4 und 98200000-5 und 98500000-8 [Privathaushalte mit Hausangestellten] und 98513000-2 bis 98514000-9 [Bereitstellung von Arbeitskräften für private Haushalte, Vermittlung von Arbeitskräften für private Haushalte, Bereitstellung von Bürokräften für private Haushalte, Bereitstellung von	Dienstleistungen des Gesundheits- und Sozialwesens und zugehörige Dienstleistungen

---

[5] Vgl. Art. 8 Abs. 1 der RL 2014/23/EU, geändert durch Art. 1 der VO (EU) Nr. 2021/1953 v. 10.11.2021.
[6] Vgl. auch BT-Drs. 18/6281, 132.

GWB § 153 — Vergabe von Konzessionen über SABD

CPV-Code	Beschreibung
Zeitarbeitskräften für private Haushalte, Dienstleistungen von Haushaltshilfen und Haushaltungsdienste]	
85321000-5 und 85322000-2, 75000000-6 [Dienstleistungen der öffentlichen Verwaltung, der Verteidigung und der Sozialversicherung], 75121000-0, 75122000-7, 75124000-1; von 79995000-5 bis 79995200-7; von 80000000-4 Allgemeine und berufliche Bildung bis 80660000-8; von 92000000-1 bis 92342200-2; von 92360000-2 bis 92700000-8 79950000-8 [Veranstaltung von Ausstellungen, Messen und Kongressen], 79951000-5 [Veranstaltung von Seminaren], 79952000-2 [Event-Organisation], 79952100-3 [Organisation von Kulturveranstaltungen], 79953000-9 [Organisation von Festivals], 79954000-6 [Organisation von Partys], 79955000-3 [Organisation von Modenschauen], 79956000-0 [Organisation von Messen und Ausstellungen]	Verwaltungsdienstleistungen im Sozial-, Bildungs- und Gesundheitswesen- und im Bereich Kultur
75300000-9	Dienstleistungen im Rahmen der gesetzlichen Sozialversicherung[7]
75310000-2, 75311000-9, 75312000-6, 75313000-3, 75313100-4, 75314000-0, 75320000-5, 75330000-8, 75340000-1	Beihilfen, Unterstützungsleistungen und Zuwendungen
98000000-3, 98120000-0, 98132000-7, 98133110-8 und 98130000-3	Sonstige öffentliche und persönliche Dienstleistungen, einschließlich Dienstleistungen von Arbeitnehmervereinigungen, politischen Organisationen, Jugendverbänden und anderen Mitgliederorganisationen
98131000-0	Dienstleistungen von religiösen Vereinigungen
55100000-1 bis 55410000-7, 55521000-8 bis 55521200-0 [55521000-8 Verpflegungsdienste für Privathaushalte, 55521100-9 Essen auf Rädern, 55521200-0 Auslieferung von Mahlzeiten] 55520000-1 Verpflegungsdienste, 55522000-5 Verpflegungsdienste für Transportunternehmen, 55523000-2	Gaststätten und Beherbergungsgewerbe

---

[7] **Amtl. Anm.**: Diese Dienstleistungen unterliegen nicht dieser Richtlinie, wenn sie als nichtwirtschaftliche Dienstleistungen von allgemeinem Interesse organisiert werden. Es steht den Mitgliedstaaten frei, die Erbringung von Dienstleistungen im Rahmen der gesetzlichen sozialen Dienstleistungen oder anderen Dienstleistungen als Dienstleistungen von allgemeinem Interesse oder als nichtwirtschaftliche Dienstleistungen von allgemeinem Interesse zu organisieren.

CPV-Code	Beschreibung
Verpflegungsdienste für sonstige Unternehmen oder andere Einrichtungen, 55524000–9 Verpflegungsdienste für Schulen 55510000–8 Dienstleistungen von Kantinen, 55511000–5 Dienstleistungen von Kantinen und anderen nicht öffentlichen Cafeterias, 55512000–2 Betrieb von Kantinen, 55523100–3 Auslieferung von Schulmahlzeiten	
von 79100000–5 bis 79140000–7, 75231100–5	Dienstleistungen im juristischen Bereich, sofern sie nicht nach Art. 10 Abs. 8 lit. d[8] ausgeschlossen sind
von 75100000–7 bis 75120000–3, 75123000–4, von 75125000–8 bis 75131000–3	Sonstige Dienstleistungen der Verwaltung und für die öffentliche Verwaltung
75200000–8 bis 75231000–4	Dienstleistungen für das Gemeinwesen
75231210-9 bis 75231230–5; 75240000–0 bis 75252000–7; 794300000–7; 98113100–9	Dienstleistungen für den Strafvollzug, Dienstleistungen im Bereich öffentliche Sicherheit, Rettungsdienste, soweit nicht aufgrund des Art. 10 Abs. 8 lit. g[9] ausgeschlossen
79700000-1 bis 79721000–4 [Ermittlungs- und Sicherheitsdienstleistungen, Dienstleistungen von Sicherheitsdiensten, Überwachung von Alarmanlagen, Bewachungsdienste, Überwachungsdienste, Dienstleistungen in Verbindung mit Suchsystemen, Fahndung nach Flüchtigen, Streifendienste, Ausgabe von Mitarbeiterausweisen, Ermittlungsdienste und Dienstleistungen von Detekteien], 79722000–1 [Dienstleistungen von Grafologen], 79723000–8 [Abfallanalyse]	Ermittlungs- und Sicherheitsdienstleistungen
64000000–6 [Post- und Fernmeldedienste], 64100000–7 [Post- und Kurierdienste], 64110000–0 [Postdienste], 64111000–7 [Postdienste im Zusammenhang mit Zeitungen und Zeitschriften], 64112000–4 [Briefpostdienste], 64113000–1 [Paketpostdienste], 64114000–8 [Post-Schalterdienste], 64115000–5 [Vermietung von Postfächern], 64116000–2 [Dienste im Zusammenhang mit postlagernden Sendungen], 64122000–7 [Interne Bürobotendienste]	Postdienste

---

[8] Entspr. § 149 Nr. 1 GWB iVm § 116 Abs. 1 Nr. 1 GWB.
[9] Entspr. § 107 Abs. 1 Nr. 4 GWB.

CPV-Code	Beschreibung
50116510-9 [Reifenrunderneuerung], 71550000-8 [Schmiedearbeiten]	Sonstige Dienstleistungen
98900000-2 [Von extraterritorialen Organisationen und Körperschaften erbrachte Leistungen] und 98910000-5 [Dienstleistungen von internationalen Organisationen und Körperschaften]	Internationale Dienstleistungen

§ 154 Sonstige anwendbare Vorschriften

Im Übrigen sind für die Vergabe von Konzessionen einschließlich der Konzessionen nach § 153 folgende Vorschriften entsprechend anzuwenden:
1. § 118 hinsichtlich vorbehaltener Konzessionen,
2. die §§ 123 bis 126 mit der Maßgabe, dass
   a) Konzessionsgeber nach § 101 Absatz 1 Nummer 3 ein Unternehmen unter den Voraussetzungen des § 123 ausschließen können, aber nicht ausschließen müssen,
   b) Konzessionsgeber im Fall einer Konzession in den Bereichen Verteidigung und Sicherheit ein Unternehmen von der Teilnahme an einem Vergabeverfahren ausschließen können, wenn das Unternehmen nicht die erforderliche Vertrauenswürdigkeit aufweist, um Risiken für die nationale Sicherheit auszuschließen; der Nachweis kann auch mithilfe geschützter Datenquellen erfolgen,
3. § 131 Absatz 2 und 3 und § 132 mit der Maßgabe, dass
   a) § 132 Absatz 2 Satz 2 und 3 für die Vergabe von Konzessionen, die Tätigkeiten nach § 102 Absatz 2 bis 6 betreffen, nicht anzuwenden ist,
   b) die Obergrenze des § 132 Absatz 3 Nummer 2 für Bau- und Dienstleistungskonzessionen einheitlich 10 Prozent des Wertes der ursprünglichen Konzession beträgt
   und
   c) bei Fehlen einer vertraglichen Indexierungsklausel im Sinne des § 132 Absatz 4 der aktualisierte Wert unter Berücksichtigung der durchschnittlichen Inflationsrate in Deutschland berechnet wird,
4. die §§ 133 bis 135,
5. § 138 hinsichtlich der Vergabe von Konzessionen durch Konzessionsgeber im Sinne des § 101 Absatz 1 Nummer 2 und 3 an verbundene Unternehmen,
6. § 139 hinsichtlich der Vergabe von Konzessionen durch Konzessionsgeber im Sinne des § 101 Absatz 1 Nummer 2 und 3 an ein Gemeinschaftsunternehmen oder durch Gemeinschaftsunternehmen an einen Konzessionsgeber im Sinne des § 101 Absatz 1 Nummer 2 und 3 und
7. § 140 hinsichtlich der Vergabe von Konzessionen durch Konzessionsgeber im Sinne des § 101 Absatz 1 Nummer 2 und 3 für unmittelbar dem Wettbewerb ausgesetzte Tätigkeiten.

Literatur: Vgl. die Angaben bei § 148 GWB (dort insbes. Ziff. 2).

I. Bedeutung der Vorschrift

1   In § 154 GWB werden weitere wesentliche Vorgaben der KVR in nationales Recht umgesetzt. Sie haben **weit reichende Entsprechungen im allgemeinen Vergaberecht,** so dass der Gesetzgeber grds. auf die betreffenden Bestimmungen

verweisen konnte.[1] Sie sind nach der Regelung des § 153 GWB angesiedelt, da sich ihr Anwendungsbereich auch auf soziale und andere Dienstleistungen iSd § 153 GWB erstreckt.[2] Inhaltlich erfassen die einzelnen Ziffern regelmäßig besondere Verfahrenskonstellationen. Etwas anderes gilt für die Regelung der Ausschlussgründe in § 154 Nr. 2 GWB, die einen engen sachlichen Zusammenhang mit der Bietereignung gem. § 152 Abs. 2 GWB aufweisen (→ § 152 Rn. 7).

II. Vorbehaltene Konzessionen (Nr. 1)

1. Unionsrechtlicher Hintergrund

Gem. § 154 Nr. 1 iVm § 118 GWB können öffentliche Auftraggeber das 2 Recht zur Teilnahme an Konzessionsvergabeverfahren bestimmten sozial ausgerichteten Werkstätten, Unternehmen und Programmen vorbehalten. Mit der Vorschrift wird **Art. 24 KVR** in nationales Recht umgesetzt.[3] Inhaltlich entspricht Art. 24 KVR der Parallelregung des Art. 20 Abs. 1 VRL. Beide Vorschriften dienen der **Integration** von Personen mit Behinderungen oder anderen benachteiligten Personen.[4]

2. Verweisung auf § 118 GWB

Da sich die unionsrechtlichen Vorgaben inhaltlich entsprechen, wird in § 154 3 Nr. 1 GWB auf § 118 GWB verwiesen. Der Vorbehalt beschränkt sich auf **bestimmte Einrichtungen.** Erfasst vom möglichen Vorbehalt werden Werkstätten für Menschen mit Behinderung (§ 118 Abs. 1 Var. 1 GWB), Unternehmen, deren Hauptzweck die soziale und berufliche Integration von behinderten oder benachteiligten Menschen ist (§ 118 Abs. 1 Var. 2 GWB) sowie Programme mit geschützten Beschäftigungsverhältnissen (§ 118 Abs. 1 Var. 3 GWB). Zusätzliche Voraussetzung ist gem. § 154 Nr. 1 GWB iVm § 118 Abs. 2 GWB, dass **mindestens 30 %** der in diesen Einrichtungen Beschäftigten behindert oder benachteiligt sind. Diese zusätzliche Anforderung gilt nicht nur für die erfassten Werkstätten und Unternehmen, sondern auch für die erfassten Programme.[5] IÜ kann auf die Kommentierung zu § 118 GWB verwiesen werden (→ § 118 Rn. 9 ff.).

III. Ausschlussgründe (Nr. 2)

1. Unionsrechtlicher Hintergrund

Die Vorschrift des § 154 Nr. 2 GWB regelt iVm §§ 123–126 GWB den Ausschluss 4 vom Verfahren. Zugleich dient sie der Umsetzung des **Art. 38 Abs. 4–9 KVR**.[6] Diese wiederum entsprechen weitgehend Art. 57 Abs. 2–5 VRL. Auch an dieser Stelle ist zu betonen, dass die (negativen) Ausschlussgründe in einem engen sachlichen Zusammenhang mit der (positiven) Bietereignung stehen (→ § 152 Rn. 7). Zum Ausdruck kommt dieser Zusammenhang in der einheitlichen Regelung des Art. 38 KVR, der beide Regelungsaspekte erfasst, sowie in §§ 122 ff. GWB, wo der

---

[1] BT-Drs. 18/6281, 132.
[2] BT-Drs. 18/6281, 132.
[3] BT-Drs. 18/6281, 132.
[4] Erwgr. 36 der VKR.
[5] So eindeutig Art. 24 KVR. Hingegen fehlt in § 118 Abs. 2 GWB die explizite Bezugnahme auf die Programme.
[6] BT-Drs. 18/6281, 132 f.; hierzu Prieß/Stein VergabeR 2014, 499 (508 ff.).

Ausschluss im unmittelbaren Anschluss an die Bietereignung geregelt wird. Die „Abkoppelung" der Ausschlussgründe in § 154 Nr. 2 GWB von der Bietereignung des § 152 Abs. 2 GWB ist daher wenig geglückt.[7]

2. Verweisung auf §§ 123–126 GWB

5 Da sich die unionsrechtlichen Vorgaben weitgehend entsprechen, konnte der nationale Gesetzgeber in § 154 Nr. 2 GWB grds. auf die §§ 123–126 GWB verweisen. Hier wie dort ist also grdl. zu unterscheiden zwischen **zwingenden** Ausschlussgründen (§ 154 Nr. 2 GWB iVm § 123 GWB; → § 123 Rn. 5 ff.) und lediglich **fakultativen** Ausschlussgründen (§ 154 Nr. 2 GWB iVm § 124 GWB; → § 124 Rn. 4 ff.).[8] Darüber hinaus besteht auch bei der Konzessionsvergabe die Möglichkeit einer **Selbstreinigung** (§ 154 Nr. 2 GWB iVm § 125 GWB; → § 125 Rn. 4 ff.),[9] und der mögliche Zeitraum eines Ausschlusses ist gem. § 154 Nr. 2 GWB iVm § 126 GWB begrenzt (→ § 126 Rn. 4 ff.).

3. Einschränkungen der Verweisung

6 Die Verweisung auf §§ 123–126 GWB wird allerdings in zweierlei Hinsicht eingeschränkt. Zum einen werden gem. **§ 154 Nr. 2a GWB** für Konzessionsgeber iSd § 101 Abs. 1 Nr. 3 GWB (aber nur für diese, → § 101 Rn. 3) die zwingenden Ausschlussgründe des § 123 GWB in fakultative Ausschlussgründe umgewandelt.[10] Zum anderen wird in **§ 154 Nr. 2b GWB** ein zusätzlicher fakultativer Ausschlussgrund für Konzessionsvergaben im Verteidigungs- oder Sicherheitsbereich geschaffen:[11] Danach kann ein Ausschluss auch erfolgen, wenn ein Unternehmen nicht die erforderliche Vertrauenswürdigkeit aufweist, um Risiken für die nationale Sicherheit auszuschließen (dazu → § 147 Rn. 2).[12]

IV. Personenverkehrsleistungen (Nr. 3 Alt. 1)

7 In § 154 Nr. 3 Alt. 1 iVm § 131 Abs. 2, 3 GWB wird den Besonderheiten der Personenverkehrsdienste Rechnung getragen.[13] Hier findet gem. § 131 Abs. 2 GWB anstelle des § 108 Abs. 1 GWB Art. 5 Abs. 2 der **VO (EG) Nr. 1370/2007 Anwendung** (→ § 131 Rn. 23 ff.). Zudem muss gem. § 131 Abs. 3 GWB iVm Art. 4 Abs. 4 der VO (EG) Nr. 1370/2007 verlangt werden, dass bei einem Betreiberwechsel eine Übernahme der Arbeitnehmerinnen und Arbeitnehmer erfolgt (→ § 131 Rn. 29 ff.).

V. Vertragsänderungen (Nr. 3 Alt. 2)

1. Bedeutung der Vorschrift

8 Im EU-Legislativpaket 2014 hat der europäische Gesetzgeber in Art. 72 VRL sowie in Art. 43 KVR ausf. Vorschriften zu den Rechtsfolgen von Vertragsänderungen eingeführt, die sich weitgehend entsprechen und inhaltlich grds. an die Rspr. des EuGH

---

[7] Siegel NVwZ 2016, 1672 (1675).
[8] Hierzu auch Otting VergabeR 2016, 316 (321 ff.). Zum Nachweis fakultativer Ausschlussgründe OLG Celle 13.5.2019 – 13 Verg 2/19, NZBau 2019, 819 ff.
[9] Hierzu auch Otting VergabeR 2016, 316 (332 f.).
[10] BT-Drs. 18/6281, 133. Damit werden Art. 38 Abs. 4 UAbs. 3, Abs. 5 UAbs. 2 KVR umgesetzt. Zum Nachweis fakultativer Ausschlussgründe OLG Celle 13.5.2019 – 13 Verg 2/19, NZBau 2019, 819 ff.
[11] BT-Drs. 18/6281, 133. Damit wird Art. 38 Abs. 7 KVR umgesetzt.
[12] Zu diesen Sonderregelungen Müller-Wrede GWB/Braun § 154 Rn. 21 ff.
[13] BT-Drs. 18/6281, 133.

anknüpfen.[14] Umgesetzt worden ist Art. 43 KVR in § 154 Nr. 3 Alt. 2 GWB. Wegen der weitgehenden inhaltlichen Entsprechung zu § 132 GWB kann grds. auf die dortige Kommentierung verwiesen werden (→ § 132 Rn. 6 ff.).[15] Besonderheiten für die Konzessionsvergabe sind in § 154 Nr. 3 Alt. 2 lit. a bis c geregelt.[16]

2. Systematik des § 132 GWB

In § 132 Abs. 1 S. 1 GWB stellt der Gesetzgeber zunächst klar, dass wesentliche Vertragsänderungen (zumindest grds.) eine erneute Ausschreibungspflicht auslösen. Wesentlich sind nach der Definition des Abs. 1 S. 2 Änderungen, die dazu führen, dass sich der Vertrag erheblich von dem ursprünglichen unterscheidet. In Abs. 1 S. 3 werden sodann Regelbeispiele für die Wesentlichkeit benannt (**Positivliste**). § 132 Abs. 2 GWB definiert Änderungskonstellationen, in denen keine erneute Ausschreibungspflicht besteht (**Negativliste**). Diese enthält teilw. auch Konstellationen, die bislang als wesentliche Änderung eine Ausschreibungspflicht ausgelöst haben.[17] In Abs. 3 der Vorschrift wird schließlich eine **De-Minimis-Klausel** eingeführt: Werden die dort aufgeführten Wertgrenzen nicht überschritten, so ist eine Änderung ohne erneute Ausschreibung zulässig, sofern sich der Gesamtcharakter des Vertrages nicht ändert.[18] 9

3. Prüfungsreihenfolge

In der Praxis empfiehlt sich eine **umgekehrte Prüfungsreihenfolge:**[19] Denn wenn die in Abs. 3 genannten Wertgrenzen nicht erreicht werden, erübrigt sich die teilw. komplexe Prüfung der Negativliste des Abs. 2.[20] Sodann ist die abschl. konzipierte Negativliste des Abs. 2 zu prüfen, da es bei diesen Änderungen unerheblich ist, ob sie wesentlich sind oder nicht.[21] Greifen weder Abs. 2 noch Abs. 3 ein, so ist die Positivliste nach Abs. 1 S. 3 mit den dort ausdr. als wesentlich eingeordneten Konstellationen heranzuziehen. Sind auch diese nicht einschlägig, so muss gem. § 132 Abs. 1 S. 2 GWB nach den Einzelfallumständen geprüft werden, ob eine Änderung wesentlich ist.[22] Dazu ausf. → § 132 Rn. 5. 10

4. Indexierungsklausel

In § 154 Nr. 3, Alt. 2 GWB wird auch auf § 132 Abs. 4 GWB mit der dort genannten Indexierungsklausel Bezug genommen (→ § 132 Rn. 55). Allerdings enthält Art. 43 Abs. 3 S. 2 KVR im Unterschied zur VRL eine Bestimmung für den Fall, dass keine Indexierungsklausel vorgesehen ist: Danach wird bei Fehlen einer vertraglichen Indexierungsklausel iSd § 132 Abs. 3 GWB der aktualisierte Wert unter Berücksichtigung der durchschnittlichen Inflationsrate berücksichtigt. Durch Gesetz vom 25.10.2023[23] wird diese Richtlinienbestimmung nunmehr mit Verspä- 10a

---

[14] Erwgr. 75 der KVR; grdl. EuGH 19.6.2008 – C-454/06, NVwZ 2008, 865 ff. – Pressetext.
[15] Zu § 132 GWB auch Hausmann/Queisner NZBau 2016, 619 ff.; Ziekow VergabeR 2016, 278 ff.
[16] Hierzu BT-Drs. 18/6281, 133; Goldbrunner VergabeR 2016, 365 (383 f.); ausf. MüKoEuWettbR/Mohr GWB § 154 Rn. 34 f.
[17] Ziekow VergabeR 2016, 278 (285).
[18] Hierzu BT-Drs. 18/6281, 118 ff.
[19] Siegel NVwZ 2016, 1672 (1676 f.); für eine Prüfung nach Abfolge der Absätze hingegen Burgi VergabeR § 10 Rn. 11.
[20] Art. 43 Abs. 2 KVR; BT-Drs. 18/6281, 120.
[21] Ziekow VergabeR 2016, 278 (279).
[22] Zu den verbleibenden unbenannten Fällen der Wesentlichkeit Ziekow VergabeR 2016, 278 (282 ff.).
[23] BGBl. 2023 I, Nr. 294.

tung in § 154 Nr. 3 Alt. 2 lit c GWB nF umgesetzt.[24] Da indexierte wie auch inflationsbedingte Preise typischerweise höher sind als der Ausgangspreis, führt dies im praktischen Ergebnis zu einer Ausweitung zulässiger Vertragsänderungen.[25]

VI. Kündigungen (Nr. 4 Var. 1)

1. Bedeutung der Vorschrift

11   Nach vormaliger Rechtslage bestanden lediglich begrenzte Kündigungsmöglichkeiten des Auftraggebers. Neben vereinbarten Kündigungsrechten kam hier lediglich eine Kündigung unter den qualifizierten Anforderungen des § 314 BGB oder über den Wegfall der Geschäftsgrundlage in Betracht.[26] Diese begrenzten Lösungsmöglichkeiten standen jedoch in einem Spannungsverhältnis zum Effektivitätsgebot des Unionsrechts.[27] Vor diesem Hintergrund hat der europäische Gesetzgeber in Art. 73 VRL sowie in Art. 44 KVR[28] ein besonderes Kündigungsrecht eingeführt. Umgesetzt worden sind diese unionsrechtlichen Vorgaben in § 133 GWB und § 154 Nr. 4 GWB, der auf § 133 GWB ohne Einschränkung verweist.[29] Die bislang bestehenden Kündigungsrechte bleiben davon unberührt.[30] Ist die Konzessionsvergabe dem öffentlichen Recht zuzuordnen (→ § 148 Rn. 35), so wird durch § 154 Nr. 4 iVm § 133 GWB allerdings die allgemeinere Auflösungsmöglichkeit nach § 60 VwVfG verdrängt.[31]

2. Einzelne Kündigungsgründe

12   In § 133 Abs. 1 GWB werden **drei Kündigungsgründe** aufgeführt (→ § 133 Rn. 28 ff.).[32] Gem. Ziff. 1 kann gekündigt werden, wenn eine wesentliche Auftragsänderung iSd § 132 GWB vorgenommen wurde. Da hier erneut ausgeschrieben werden muss, soll der Auftraggeber die Möglichkeit haben, den bisherigen Vertrag zu kündigen (iE → § 133 Rn. 43 ff.). Weiterhin ist gem. Abs. 1 Nr. 2 eine Kündigung zulässig, wenn zum Zeitpunkt der Zuschlagserteilung ein Ausschlussgrund nach § 123 Abs. 1–4 GWB vorlag. Damit wird auch bei nachträglicher Feststellung eines Ausschlussgrundes die Bindung des Auftraggebers gelockert (dazu → § 133 Rn. 63 ff.).

13   Schließlich ermöglicht **§ 133 Abs. 1 Nr. 3 GWB** eine Kündigung, wenn der EuGH in einem Vertragsverletzungsverfahren gem. Art. 258 AEUV eine schwere Verletzung der Bestimmungen des AEUV oder der Vorschriften „dieses Teils"[33] festgestellt hat und der Auftrag deshalb nicht an den Auftragnehmer hätte vergeben werden dürfen (dazu → § 133 Rn. 87 ff.). Abgesehen davon, dass der Begriff der „schweren Verletzung" einer Konturierung bedarf,[34] erscheint bemerkenswert, dass in Art. 44 lit. c KVR von einer „Verletzung" ohne zusätzliche Einstufung als

---

[24] BT-Drs. 20/6824, S. 45 f.
[25] Beck VergabeR/Hüttinger GWB § 132 Rn. 82.
[26] BT-Drs. 18/6281, 120.
[27] EuGH 18.7.2007 – C-503/04, NZBau 2007, 594 (596) – Abfallentsorgung Braunschweig II.
[28] Hierzu auch Erwgr. 80 der KVR.
[29] BT-Drs. 18/6281, 133; zu § 133 GWB auch Görlich/Conrad VergabeR 2016, 567 ff.; Püstow/Meiners EuZW 2016, 325 ff.
[30] BT-Drs. 18/6281, 120.
[31] Siegel/Eisentraut VerwArch 2018, 454 (471).
[32] Hierzu auch Beck VergabeR/Berger GWB § 133 Rn. 20 ff.; Görlich/Conrad VergabeR 2016, 567 (570 ff.); Püstow/Meiners EuZW 2016, 325 (328 ff.).
[33] Genau genommen: Bestimmungen der Vergaberichtlinien, die im GWB umgesetzt wurden.
[34] Püstow/Meiners EuZW 2016, 325 (329).

"schwer" die Rede ist.[35] Dieser etwaige Wertungswiderspruch könnte aber dadurch aufgelöst werden, dass ein Verstoß gegen die KVR wegen deren geringeren Regelungsdichte im Vergleich zur VRL die Schwere impliziert.[36]

3. Rechtsfolgen

In § 133 Abs. 1 GWB wird dem Auftraggeber grds. lediglich ein Kündigungsrecht **14** eingeräumt; die Kündigung steht also in seinem **Ermessen** ("können"). Anders verhält es sich indessen mit einer Kündigung nach § 133 Abs. 1 Nr. 3 GWB. Vor dem Hintergrund des Effektivitätsgebots verdichtet sich hier das Ermessen zu einer **Kündigungspflicht** (→ § 133 Rn. 39 ff.).[37] § 133 Abs. 2, 3 GWB enthalten Folgeregelungen für den Fall einer Kündigung (→ § 133 Rn. 130 ff.).

VII. Informations- und Wartepflichten; Unwirksamkeit (Nr. 4 Var. 2, 3)

In § 154 Nr. 4 Var. 2, 3 wird auch auf die Informations- und Wartepflichten **15** des § 134 GWB sowie auf die Nichtigkeitsfolge des § 135 GWB verwiesen. Diese Verweisung ist vor dem **unionsrechtlichen Hintergrund** zu sehen, dass die Konzessionsvergabe bei den Fehlerfolgen dem allg. Vergaberecht grds. gleichgestellt wird.[38] Dies äußert sich nicht nur beim eigentlichen Rechtsschutz (→ § 148 Rn. 25), sondern auch bei den eng damit verbundenen Regelungen.[39] Wegen der inhaltlichen Übereinstimmung kann bzgl. der Einzelheiten auf die Kommentierungen zu § 134 GWB und § 135 GWB verwiesen werden.

VIII. Besondere Ausnahmen im Sektorenbereich

1. Verbundene Unternehmen (Nr. 5)

In § 154 Nr. 5 GWB wird auf § 138 GWB verwiesen. Dieser statuiert eine beson- **16** dere Ausnahme für eine Vergabe an verbundene Unternehmen iSd § 138 Abs. 2 GWB. Damit wurde **Art. 13 KVR** in nationales Recht umgesetzt.[40] Die Regelung ist vor dem Hintergrund zu sehen, dass einige Auftraggeber als eine Wirtschaftsgruppe organisiert sind und aus mehreren getrennten Unternehmen bestehen. Wird die Leistung dieser Unternehmen nicht am Markt angeboten, sondern hauptsächlich für die eigene **Unternehmensgruppe**, wird der Regelungszweck des Vergaberechts nicht ausgelöst.[41] Der Begriff des verbundenen Unternehmens wird in § 138 Abs. 2 GWB legaldefiniert (→ § 138 Rn. 8 f.).[42] Die Ausnahme des § 154 Nr. 5 GWB ist allerdings beschränkt auf Konzessionsgeber iSd **§ 101 Abs. 1 Nr. 2, 3 GWB** (→ § 101 Rn. 3).[43]

---

[35] Zur Problematik unterschiedlicher Formulierungen auf beiden Rechtsebenen Knauff NZBau 2016, 195 (197).
[36] Siegel NVwZ 2016, 1672 (1677).
[37] BT-Drs. 18/6281, 121.
[38] Anwendungsbeispiel bei VK Sachsen-Anhalt 27.6.2018 – 2 VK LSA 20/17, BeckRS 2018, 44293 Rn. 27.
[39] Knauff/Badenhausen NZBau 2014, 395 (401).
[40] BT-Drs. 18/6281, 133.
[41] Erwgr. 38 der KVR.
[42] S. auch Erwgr. 39 der KVR.
[43] BT-Drs. 18/6281, 133.

2. Gemeinschaftsunternehmen (Nr. 6)

17 Gem. § 154 Nr. 6 GWB iVm § 139 GWB ist Teil 4 des GWB nicht anzuwenden bei der Vergabe durch oder für ein Gemeinschaftsunternehmen, sofern der Auftraggeber diesem angehört. **Gemeinschaftsunternehmen** sind solche, die von mehreren Sektorenauftraggebern gebildet werden (→ § 139 Rn. 4).[44] Sofern der Auftraggeber diesem Gemeinschaftsunternehmen angehört, wird die Leistung ebenfalls nicht am Markt angeboten.[45] Mit der Regelung des § 154 Nr. 6 GWB wird **Art. 14 KVR** umgesetzt.[46] Auch iRd § 154 Nr. 6 GWB ist die Ausnahme jedoch beschränkt auf Konzessionsgeber iSd **§ 101 Abs. 1 Nr. 2, 3 GWB** (→ § 101 Rn. 3).[47]

3. Unmittelbar dem Wettbewerb ausgesetzte Tätigkeiten (Nr. 7)

18 Schließlich wird in § 154 Nr. 7 GWB **Art. 16 KVR** in nationales Recht umgesetzt.[48] Darin wird eine besondere Ausnahme für die Vergabe zur Ausübung einer Sektorentätigkeit begründet, wenn die Tätigkeit unmittelbar dem Wettbewerb an Märkten ausgesetzt ist, die unbeschränkt zugänglich sind. Damit soll im Falle einer Wettbewerbsöffnung aus Gründen der Rechtssicherheit das nach der SKR vorgesehene Verfahren beibehalten werden.[49] Wegen der Bezugnahme auf **§ 140 GWB** kann grds. auf die dortige Kommentierung verwiesen werden (→ § 140 Rn. 3 ff.).[50] Zentrale Voraussetzung ist ein Freistellungsverfahren vor der Kommission nach Art. 34 f. SRL iVm § 3 SektVO.[51] Dies impliziert trotz des grds. Vorrangs der KonzVgG ggü. der SektVO nach § 1 Abs. 3 SektVO (→ KonzVgV § 1 Rn. 5) die Möglichkeit einer Antragstellung nach § 3 SektVO.[52] Ebenso wie iRd § 154 Nr. 5, 6 GWB ist die Ausnahme des § 154 Nr. 7 GWB jedoch beschränkt auf Konzessionsgeber iSd **§ 101 Abs. 1 Nr. 2, 3 GWB** (→ § 101 Rn. 3).[53]

Kapitel 2. Nachprüfungsverfahren

Abschnitt 1. Nachprüfungsbehörden

Vor § 155 GWB

Literatur: André/Sailer, Zwischen Stillstand und Erneuerung – vergabespezifischer Unterschwellenrechtsschutz in der rechtspolitischen Debatte, NZBau 2011, 394; Baudis, Überblick zu den Rahmenbedingungen binnenmarktrelevanter Vergaben, VergabeR 2019, 589; Burgi, Vergaberechtsschutz unterhalb der Schwellenwerte aus der Hand des Bundesgesetzgebers?, NVwZ 2011, 1217; Deling, Kriterien der „Binnenmarktrelevanz" und ihre Konsequenzen unterhalb der Schwellenwerte, NZBau 2011, 725 und NZBau 2012, 17; Dicks, Nochmals: Primärrechtsschutz

---

[44] S. auch Erwgr. 39 der KVR.
[45] Erwgr. 38 der KVR.
[46] BT-Drs. 18/6281, 133.
[47] BT-Drs. 18/6281, 133.
[48] BT-Drs. 18/6281, 133.
[49] Erwgr. 41 der KVR.
[50] Erwgr. 41 der KVR.
[51] Ausf. zum Verfahren und zu den freigestellten Unternehmen Tugendreich/Heller NZBau 2017, 387 ff.
[52] HK-VergabeR/Friton/Stein GWB § 154 Rn. 18 f.
[53] BT-Drs. 18/6281, 133.

Vorbemerkung **Vor § 155 GWB**

bei Aufträgen unterhalb der Schwellenwerte, VergabeR 2012, 531; Emme/Schrotz, Mehr Rechtsschutz bei Vergaben außerhalb des Vergaberechts, NZBau 2012, 216; Herz, Die Kommissionsmitteilung zum Unterschwellenvergaberecht im Lichte der Rechtsprechung, EWS 2010, 261; Jansen/Geitel, OLG Düsseldorf: Informieren und Warten auch außerhalb des GWB – Pflicht oder Kür auf dem Weg zu einem effektiven Primärrechtsschutz?, VergabeR 2018, 367; Jansen/Geitel, Rügen und richten auch außerhalb des Kartellvergaberechts, VergabeR 2015, 117; Knauff/Badenhausen, Die neue Richtlinie über die Konzessionsvergabe, NZBau 2014, 395; Krist, Vergaberechtsschutz unterhalb der Schwellenwerte, VergabeR 2011, 163; Meister, In dubio pro Binnenmarktrelevanz, NZBau 2015, 757; Ollmann, Von der VOL zur UVgO, VergabeR 2016, 687; Prieß/Stein, Die neue EU-Konzessionsvergaberichtlinie, VergabeR 2014, 499; Probst/Winters, Die Unterschwellenvergabeverordnung (UVgO) – Rechtssicherheit bei Beschaffungen unterhalb der Schwellenwerte? VergabeR 2017, 311; Pünder, „Dulde und liquidiere" im Vergaberecht?, VergabeR 2016, 693; Scharen, Rechtsschutz bei Vergaben unterhalb der Schwellenwerte, VergabeR 2011, 653; Siegel, Das Haushaltsvergaberecht: Vergaberecht oder doch Haushaltsrecht?, VergabeR 2021, 283; Summa, Primärrechtsschutz im Unterschwellenbereich – quo vadis?, VergabeNews 2010, 26; Wagner/Pfohl, Die neue Richtlinie 2014/23/EU über die Konzessionsvergabe: Anwendungsbereich, Ausnahmevorschriften und materielle Regelungen, ZfBR 2014, 745; Vavra, Binnenmarktrelevanz öffentlicher Aufträge, VergabeR 2013, 384.

Übersicht

	Rn.
I. Bedeutung des Kapitels	1
1. Sog. „haushaltsrechtliche Lösung"	3
2. Sog. „kartellrechtliche Lösung"	9
II. Rechtsschutz oberhalb der Schwellenwerte	10
III. Rechtsschutz unterhalb der Schwellenwerte	15
IV. Bewertung	21
V. Ausblick	22

I. Bedeutung des Kapitels

Kapitel 2 des Teils 4 des GWB regelt das vergaberechtliche Nachprüfungsverfahren. Hierbei handelt es sich um einen besonderen Rechtsschutz, mit dem Unternehmen Vergabeverfahren von einer gerichtsähnlichen Nachprüfungsbehörde (bzw. in zweiter Instanz dem Beschwerdegericht) überprüfen lassen können. Dieser Rechtsschutz besteht nur bei Aufträgen mit einem Wert oberhalb der in § 106 GWB iVm § 3 VgV bzw. § 2 SektVO, § 3 VSVgV, § 2 KonzVgV geregelten Beträge („Schwellenwerte"). 1

Im Gegensatz dazu ist der Rechtsschutz unterhalb dieser Schwellenwerte sowohl materiell als auch verfahrensrechtlich vollkommen anders ausgestaltet. Diese Unterschiede beruhen auf der Herkunft und damit der Rechtsnatur der jew. einschlägigen Vorschriften, insbes. den EU-rechtlichen Vorgaben, die durch den Teil 4 des GWB umgesetzt werden und nur oberhalb der Schwellenwerte gelten (iE → Rn. 10 ff.). 2

1. Sog. „haushaltsrechtliche Lösung"

Traditionell ist das deutsche Vergaberecht ausschl. dem **öffentlichen Haushaltsrecht** zuzuordnendes Verwaltungsrecht. Dieses liegt auch heute noch sämtlichen Vergabeverfahren zugrunde, wird oberhalb der Schwellenwerte jedoch inzwischen von EU-rechtlichen Vorgaben überlagert. 3

Die einschlägigen haushaltsrechtlichen Vorschriften sollen die sparsame und wirtschaftliche Verwendung öffentlicher Gelder sichern (vgl. § 6 Abs. 1 HGrG). Gem. § 30 HGrG sollen daher öffentliche Aufträge regelmäßig im Wege einer öffentlichen 4

GWB Vor § 155   Vorbemerkung

Ausschreibung vergeben werden. Zudem ist nach den Haushaltsordnungen des Bundes und der Länder bzw. den landesrechtlichen Gemeindehaushaltsverordnungen beim Abschluss von Verträgen nach einheitlichen Richtlinien zu verfahren.[1] Dementsprechend haben die zuständigen Ministerien Verwaltungsvorschriften erlassen, die die Anwendung des 1. Abschn. der Vergabe- und Vertragsordnung für Bauleistungen (VOB) bzw. der Unterschwellenvergabeordnung (UVgO) vorschreiben.[2] Alle nachgeordneten Behörden sind hieraufhin verwaltungsintern an die VOB und UVgO gebunden (iE → Einl. Rn. 22 ff.). Bieter oder Bewerber konnten hieraus zunächst jedoch grds. keine Rechte herleiten, gerichtlicher Rechtsschutz wurde idR nicht gewährt.

5   Dies änderte sich erst durch die Umsetzung mehrerer europäischer Richtlinien. Seit Anfang der 1990er Jahre sind Rahmenbedingungen für die Auftragsvergabe geregelt in der Bau-, Liefer- bzw. Dienstleistungskoordinierungsrichtlinie sowie der Sektorenrichtlinie 93/73/EWG, RL 93/36/EWG, RL 92/50/EWG, RL 93/38/EWG.[3] Hinzu kommen zwei sog. Rechtsmittelrichtlinien (für öffentliche bzw. Sektorenauftraggeber) RL 89/665/EWG und RL 92/13/EWG.[4] Seit dem 17.4.2014 ist auch die Vergabe von Konzessionen EU-rechtlich geregelt[5] (bzw. genauer: nur von Dienstleistungskonzessionen, denn Baukonzessionen wurden auch bisher schon ua über Art. 3 RL 93/37/EWG iVm Art. 1 lit. d RL 93/37/EWG vom EU-Vergaberecht erfasst; → § 155 Rn. 6). Diese RL (und deren Nachfolger) sehen für die Vergabe von öffentlichen Aufträgen **oberhalb der** hierin europaweit einheitlich festgesetzten **Schwellenwerte** besondere Verfahrensregeln vor und räumen den Bietern subjektive Rechte ein, die in von den Mitgliedstaaten einzurichtenden förmlichen Nachprüfungsverfahren durchgesetzt werden können. Mit dem Zweiten Gesetz zur Änderung des Haushaltsgrundsätzegesetzes (HGrG)

---

[1] BVerfG 13.6.2006 – 1 BvR 1160/03, BVerfGE 116, 135 (153 ff.) = NZBau 2006, 791.

[2] Vgl. BVerfG 13.6.2006 – 1 BvR 1160/03, BVerfGE 116, 135 (153 ff.) = NZBau 2006, 791.

[3] Baukoordinierungsrichtlinie: RL 93/37/EWG des Rates v. 14.6.1993 über die Koordinierung der Verfahren zur Vergabe öffentlicher Bauaufträge, ABl. 1993 L 199, 54 ff.; Lieferkoordinierungsrichtlinie: RL 93/36/EWG des Rates v. 14.6.1993 über die Koordinierung der Verfahren zur Vergabe öffentlicher Lieferaufträge, ABl. 1993 L 199, 1 ff.; Dienstleistungskoordinierungsrichtlinie: RL 92/50/EWG des Rates v. 18.6.1992 über die Koordinierung der Verfahren zur Vergabe öffentlicher Dienstleistungsaufträge, ABl. 1992 L 209, 1 ff.; Sektorenrichtlinie: RL 93/38/EWG des Rates v. 14.6.1993 zur Koordinierung der Zuschlagserteilung durch Auftraggeber im Bereich der Wasser-, Energie- und Verkehrsversorgung sowie im Telekommunikationssektor, ABl. 1993 L 199, 84 ff. Heute ersetzt durch: RL 2014/24/EU über die öffentliche Auftragsvergabe und zur Aufhebung der RL 2004/18/EG, ABl. 2014 L 94, 65 ff., bzw. RL 2014/25/EU des Europäischen Parlaments und des Rates über die Vergabe von Aufträgen durch Auftraggeber im Bereich der Wasser-, Energie- und Verkehrsversorgung sowie der Postdienste und zur Aufhebung der RL 2004/17/EG, ABl. 2014 L 94, 243 ff.

[4] RL 89/665/EWG des Rates v. 21.12.1989 zur Koordinierung der Rechts- und Verwaltungsvorschriften für die Anwendung der Nachprüfungsverfahren im Rahmen der Vergabe öffentlicher Liefer- und Bauaufträge, ABl. 1989 L 395, 33 ff.; RL 92/13/EWG des Rates v. 25.2.1992 zur Koordinierung der Rechts- und Verwaltungsvorschriften für die Anwendung der Gemeinschaftsvorschriften über die Auftragsvergabe durch Auftraggeber im Bereich der Wasser-, Energie- und Verkehrsversorgung sowie im Telekommunikationssektor, ABl. 1992 L 76, 14 ff. Heute idF der RL 2007/66/EG des Europäischen Parlaments und des Rates v. 1.12.2007 zur Änderung der RL 89/665/EWG und RL 92/13/EWG, ABl. 2007 L 335, 31 ff., und der RL 2014/23/EU des Europäischen Parlaments und des Rates über die Konzessionsvergabe, ABl. 2014 L 94, 1 ff.

[5] RL 2014/23/EU des Europäischen Parlaments und des Rates über die Konzessionsvergabe, ABl. 2014 L 94, 1 ff.

v. 26.11.1993[6] und der hierauf basierenden Vergabeverordnung (VgV)[7] sowie der Nachprüfungsverordnung (NPV),[8] jew. v. 22.2.1994, wurde ein einheitliches Nachprüfungsverfahren für sämtliche Vergabeverfahren eingeführt, die öffentliche Auftraggeber oberhalb der Schwellenwerte durchführen. Gem. §§ 57b, 57c HGrG 1993 iVm der Nachprüfungsverordnung wurden für die Nachprüfung zwei Instanzen geschaffen, die Vergabeprüfstellen und die Vergabeüberwachungsausschüsse:

ie **Vergabeprüfstellen** waren dafür zuständig, die Einhaltung der Verdingungsordnungen zu überprüfen, und konnten ggf. die Vergabestelle (den öffentlichen Auftraggeber) verpflichten, rechtswidrige Maßnahmen oder Entscheidungen aufzuheben oder rechtmäßige Maßnahmen oder Entscheidungen zu treffen (§ 57b Abs. 4 HGrG 1993). Diese Prüfungsverfahren hatten nur dann einen Suspensiveffekt, dh sie führten nur dann zu einer „Aussetzung" einer laufenden Ausschreibung, sofern die Vergabeprüfstelle die Vergabestelle dementsprechend anwies, bis zur Entscheidung das Vergabeverfahren nicht weiterzuführen, insbes. den Zuschlag nicht zu erteilen (§ 2 NPV). 6

Die sowohl vom Bund als auch den Ländern als zweite Instanz eingerichteten **Vergabeüberwachungsausschüsse** durften die Entscheidungen der Vergabeprüfstelle lediglich auf ihre Rechtmäßigkeit hin überprüfen, nicht jedoch hinsichtlich der entscheidungserheblichen Tatsachen (§ 57c Abs. 5 HGrG 1993). Einen Suspensiveffekt hatten die Verfahren vor dem Vergabeüberwachungsausschuss nicht (§ 3 Abs. 4 NPV). 7

„Individuelle, einklagbare Rechtsansprüche der Bieter" sollten nach dem Willen des Gesetzgebers durch diese sog. **„haushaltsrechtliche Lösung"** ausdr. „nicht entstehen".[9] 8

2. Sog. „kartellrechtliche Lösung"

Der EuGH entschied am 11.8.1995,[10] dass die – nur oberhalb der Schwellenwerte geltenden – unionsrechtlichen Vorgaben in Deutschland nicht hinreichend umgesetzt seien, weil ein Bieter die Verletzung vergaberechtlicher Vorschriften durch einen öffentlichen Auftraggeber nicht vor den nationalen Gerichten geltend machen konnte. Nachdem die EU-Kommission hieraufhin mehrere Vertragsverletzungsverfahren gegen Deutschland eingeleitet hatte, führte der deutsche Gesetzgeber mit dem VgRÄG v. 26.8.1998 (in Kraft seit dem 1.1.1999)[11] zur Verbesserung des Rechtsschutzes vergaberechtliche Nachprüfungsverfahren ein,[12] in denen zwei Instanzen entscheiden: Verwaltungsinterne, aber zumindest gerichtsähnliche[13] Vergabekammern (iE → § 157 Rn. 4 ff.) und iRd sofortigen Beschwerde – als einzige gerichtliche Instanz – die Oberlandesgerichte. Die Verfahrensregeln befinden sich 9

---

[6] BGBl. 1993 I 1928 ff.

[7] BGBl. 1994 I 321 ff., geändert durch die Erste Verordnung zur Änderung der VgV v. 29.9.1997, BGBl. 1997 I 2384 ff.

[8] BGBl. 1994 I 324 ff.

[9] Begr. zum Entwurf der BReg. des Zweiten Gesetzes zur Änderung des Haushaltsgrundsätzegesetzes (HGrG), BT-Drs. 12/4636, 12 zu Kap. A.

[10] EuGH 11.8.1995 – C-433/93, Slg. 1995, I-2303 (2317 ff.) = NVwZ 1996, 367.

[11] BGBl. I 2512.

[12] Begr. zum Entwurf der BReg. eines Gesetzes zur Änderung der Rechtsgrundlagen für die Vergabe öffentlicher Aufträge (Vergaberechtsänderungsgesetz – VgRÄG), BT-Drs. 13/9340, 12 zu Kap. A 2, 3.

[13] S. Begr. zum Entwurf der BReg. eines Gesetzes zur Änderung der Rechtsgrundlagen für die Vergabe öffentlicher Aufträge (Vergaberechtsänderungsgesetz – VgRÄG), BT-Drs. 13/9340, 20 zu Kap. III; BGH 25.10.2011 – X ZB 5/10, BeckRS 2012, 2820 = NZBau 2012, 186; OLG Düsseldorf 12.5.2011 – VII-Verg 32/11, BeckRS 2011, 23543 = IBRRS 2012, 2351; der EuGH hat anerkannt, dass die Vergabekammern „Gerichte" iSd Art. 267 Abs. 2 AEUV sind, EuGH 18.9.2014 – C-549/13, BeckRS 2014, 81861 = NZA 2014, 1129.

GWB Vor § 155 Vorbemerkung

im Teil 4 des Gesetzes gegen Wettbewerbsbeschränkungen, GWB (sog. **„kartellrechtliche Lösung"**). Nach Auffassung des Gesetzgebers sprach für diese systematische Einordnung des vergaberechtlichen Rechtsschutzes in das GWB nicht nur die wettbewerbspolitische Relevanz des öffentlichen Auftragswesens, sondern auch die Tatsache, dass der Vergaberechtsschutz ähnlich ausgestaltet wurde wie der Rechtsschutz gegen Entscheidungen der Kartellbehörde und dass auf „erprobte Begriffe und Verfahrensregelungen des Kartellrechts unmittelbar Bezug genommen werden" könne.[14] Die entspr. Regelungen traten am 1.1.1999 in Kraft und gelten von ihrer Struktur her bis heute fort.

II. Rechtsschutz oberhalb der Schwellenwerte

10 Das seither oberhalb der Schwellenwerte statthafte Nachprüfungsverfahren zeichnet sich dementsprechend dadurch aus, dass die Unternehmen – wie in § 97 Abs. 6 GWB ausdr. geregelt – ein **subjektives Recht** auf Einhaltung der Bestimmungen über das Vergabeverfahren haben, das sie gem. §§ 155 ff. GWB in einem besonderen Nachprüfungsverfahren vor unabhängigen Spruchkörpern durchsetzen können.[15] Verfahrensgegenstand vor den Nachprüfungsbehörden und -gerichten sind dabei in erster Linie Primäransprüche, dh ein Antragsteller hat die Möglichkeit, sein primäres Interesse auf Erhalt des ausgeschriebenen Auftrags bzw. der Konzession durchzusetzen (s. § 168 Abs. 1 S. 1 GWB), er ist nicht auf die Geltendmachung von Schadensersatzansprüchen beschränkt.[16]

11 Für die Nachprüfung wurden auf Bundes- und Landesebene **Vergabekammern** eingerichtet (§ 156 GWB), die ihre Tätigkeit iRd Gesetze unabhängig und in eigener Verantwortung ausüben (§ 157 GWB). Zielsetzung des VgRÄG v. 26.8.1998 war aber nicht nur die Ermöglichung effektiven Rechtsschutzes. Gleichermaßen hatte der Gesetzgeber von Anfang an stets die Gewährleistung einer möglichst raschen Vergabe im Blick, die neuen Rechtsschutzmöglichkeiten sollten aufgrund ihrer Dauer nicht zu „Investitionshindernissen" führen.[17] Zahlreiche Verfahrensregeln sind vor diesem Hintergrund zu verstehen. So müssen die Vergabekammern im Interesse des raschen Abschlusses des Verfahrens ihre Entscheidungen in fünf Wochen treffen, § 167 Abs. 1 S. 1 GWB. Das Nachprüfungsverfahren wird auf Antrag eingeleitet (§§ 160 f. GWB), antragsbefugt ist gem. § 160 Abs. 2 GWB jedes Unternehmen, das ein Interesse an dem öffentlichen Auftrag oder der Konzession hat und eine Verletzung in seinen Rechten nach § 97 Abs. 6 GWB geltend macht, durch die ihm ein Schaden entstanden ist oder zu entstehen droht. Die Vergabekammer untersucht gem. § 163 Abs. 1 GWB den Sachverhalt vAw, kann sich aber auf

---

[14] Begr. zum Entwurf der BReg. eines Gesetzes zur Änderung der Rechtsgrundlagen für die Vergabe öffentlicher Aufträge (Vergaberechtsänderungsgesetz – VgRÄG), BT-Drs. 13/9340, 12 f. zu Kap. A 4.

[15] Begr. zum Entwurf der BReg. eines Gesetzes zur Änderung der Rechtsgrundlagen für die Vergabe öffentlicher Aufträge (Vergaberechtsänderungsgesetz – VgRÄG), BT-Drs. 13/9340, 12, 47 zu Kap. A 3 bzw. Nr. 2; Stellungnahme des Bundesrates hierzu, BT-Drs. 13/9340, 35 zu Nr. 1.

[16] S. zu den beiden weiteren Verfahren vor der Vergabekammer, dem Verfahren iSd § 168 Abs. 2 S. 2 GWB auf Feststellung, dass eine Rechtsverletzung vorgelegen hat, und dem Verfahren auf Feststellung der Unwirksamkeit eines Vertrages gem. § 135 GWB, die Kommentierung zu → § 155 Rn. 17, 40.

[17] Begr. zum Entwurf der BReg. eines Gesetzes zur Änderung der Rechtsgrundlagen für die Vergabe öffentlicher Aufträge (Vergaberechtsänderungsgesetz – VgRÄG), BT-Drs. 13/9340, 12 zu Kap. A 3; s. auch die Stellungnahme des Bundesrats hierzu, BT-Drs. 13/9340, 40 zu § 117 Abs. 2 S. 2 GWB-RegE.

das beschränken, was von den Beteiligten vorgebracht wird oder ihr sonst bekannt sein muss. Eigene Mitwirkungs- und Verfahrensförderungspflichten der Verfahrensbeteiligten sind hierüber hinaus in § 167 Abs. 2 GWB geregelt mit der Folge, dass die Vergabekammer Sachvortrag nicht berücksichtigen muss, wenn dieser unter Verstoß etwa der Verfahrensförderungspflicht spät in das Verfahren eingebracht wurde (iE → § 167 Rn. 15 ff.).

Da die Vergabekammer einen bereits wirksam erteilten Zuschlag nicht aufheben darf (§ 168 Abs. 2 S. 1 GWB) und somit ein Antrag auf Nachprüfung regelmäßig zu spät käme, sieht § 134 GWB vor, dass die unterlegenen Bieter zehn bzw. 15 Kalendertage vor dem Vertragsschluss insbes. über den Namen des Unternehmens, dessen Angebot angenommen werden soll, und über die Gründe der vorgesehenen Nichtberücksichtigung ihres Angebots vom Auftraggeber **informiert** werden. Ein vor Fristablauf oder ohne diese Information geschlossener Vertrag ist von Anfang an unwirksam, wenn die Rechtsverletzung rechtzeitig vor der Vergabekammer geltend gemacht wird (§ 135 GWB). Nachdem die Vergabekammer den Auftraggeber über das Vorliegen eines Nachprüfungsantrags in einer bestimmten Sache informiert hat, besteht ein **Zuschlagsverbot**, dh der Auftraggeber darf den Zuschlag nicht erteilen und dadurch vollendete Tatsachen schaffen; dieses Zuschlagsverbot endet erst mit Ablauf der Beschwerdefrist nach § 172 Abs. 1 GWB gegen die Entscheidung der Vergabekammer (§ 169 Abs. 1 GWB). 12

Gegen die Entscheidung der Vergabekammer ist nach § 171 GWB die **sofortige Beschwerde** zum Oberlandesgericht eröffnet, die gem. § 172 Abs. 1 GWB in einer Notfrist von zwei Wochen einzulegen ist. Die sofortige Beschwerde entfaltet nach § 173 Abs. 1 GWB aufschiebende Wirkung, die zwei Wochen nach Ablauf der Beschwerdefrist entfällt. Hat die Vergabekammer den Antrag auf Nachprüfung abgelehnt, so kann das Beschwerdegericht auf Antrag des Beschwerdeführers die aufschiebende Wirkung bis zur Entscheidung über die Beschwerde verlängern (§ 173 Abs. 1 S. 3 GWB). Ist die Beschwerde begründet, kann das Beschwerdegericht gem. § 178 S. 2 GWB selbst in der Sache entscheiden oder die Vergabekammer zur erneuten Entscheidung verpflichten. 13

§ 181 GWB enthält eine besondere Anspruchsgrundlage des übergangenen Bieters auf Ersatz des Vertrauensschadens; weiterreichende **Schadensersatzansprüche** bleiben unberührt. 14

III. Rechtsschutz unterhalb der Schwellenwerte

Ganz anders als oberhalb der Schwellenwerte iSd § 106 GWB iVm § 3 VgV bzw. § 2 SektVO, § 3 VSVgV, § 2 KonzVgV sind die Rechtsschutzmöglichkeiten für einen Bewerber oder Bieter einer öffentlichen Ausschreibung unterhalb der Schwellenwerte. Einige Bundesländer habe zwar bereits einen eigenen Rechtsschutz für Ausschreibungen unterhalb der Schwellenwerte eingeführt (iE → Rn. 22 und → § 134 Rn. 178 ff.). Abgesehen davon verblieb es für Vergaben unterhalb der unionsrechtlich festgesetzten Schwellen aber grds. bei der traditionellen, **haushaltsrechtlich geprägten Rechtslage** (→ Rn. 3 ff.).[18] Auf solche Verfahren sind gem. den einschlägigen Haushaltsordnungen die Basisparagrafen des jew. 1. Abschn. des Teils A der Vergabe- und Vertragsordnungen anzuwenden. Ein subjektives Recht eines Unternehmens auf Einhaltung der Vergaberegeln, wie es oberhalb der Schwellenwerte § 97 Abs. 6 GWB vorsieht, besteht bei diesen Aufträgen grds. nicht (zu den bei Vergaben unterhalb der Schwellenwerte bestehenden subjektiven Rechten der Bieter auch → § 134 Rn. 158 ff.). Ein Unternehmen kann sich lediglich auf seinen Anspruch auf Gleichbehandlung, Art. 3 Abs. 1 GG, berufen (→ Rn. 16 f.). 15

---

[18] Vgl. zur Entwicklung auch RKPP/Kus GWB § 155 Rn. 5 ff. mwN.

Hiernach ist es der Vergabestelle verwehrt, das Verfahren oder die Kriterien der Vergabe willkürlich zu bestimmen. Außerdem kann die tatsächliche Vergabepraxis zu einer Selbstbindung der Verwaltung führen. Jeder Mitbewerber muss eine faire Chance erhalten, nach Maßgabe der für den spezifischen Auftrag wesentlichen Kriterien und des vorgesehenen Verfahrens berücksichtigt zu werden. Hierfür muss ein effektiver Rechtsschutz offenstehen.[19]

16 Zuständig sind die **Zivilgerichte** (zum Rechtsschutz unterhalb der Schwellenwerte → § 134 Rn. 163 ff., 193 ff.);[20] bei der Vergabe von Konzessionen allerdings die **Verwaltungsgerichte**.[21] Soweit einem Unternehmen überhaupt Primäransprüche, insbes. etwaige Unterlassungsansprüche, zugestanden werden,[22] sind diese faktisch regelmäßig allein schon deshalb nicht durchsetzbar, weil ein Bieter mangels Informationspflicht (vgl. § 134 GWB) des öffentlichen Auftraggebers vor Erteilung des Zuschlags gar nicht von der Nichtberücksichtigung seines Angebots erfährt. Um effektiven Rechtsschutz zu gewährleisten, wird inzwischen vereinzelt vertreten, dass öffentliche Auftraggeber auch bei Ausschreibungen unterhalb der Schwellenwerte eine Informations- und Wartepflicht haben; wenn sie hiergegen verstoßen, soll der Vertrag sogar nichtig sein[23] (s. zu den einzelnen landesgesetzlichen Regelungen → Rn. 22 und → § 134 Rn. 178 ff). Abgesehen hiervon ist umstritten, ob ein Unternehmen im Wege des einstweiligen Rechtsschutzes (per einstweiliger Verfügung nach §§ 935 ff. ZPO) einen drohenden Zuschlag verhindern kann. Die meisten Gerichte bejahen einen Unterlassungsanspruch aufgrund des vorvertraglichen Vertrauensverhältnisses zwischen Bieter und Vergabestelle mit entspr. Sorgfalts- und Schutzpflichten (§§ 311 Abs. 2, 241 Abs. 2, 280 Abs. 1 BGB)[24] oder aus einem bevorstehenden rechtswidrigen

---

[19] BVerfG 13.6.2006 – 1 BvR 1160/03, BVerfGE 116, 135 (153 ff.) = NZBau 2006, 791; vgl. auch BVerfG 23.5.2006 – 1 BvR 2530/04116, BVerfGE 1 (18) = NJW 2006, 2613.

[20] BVerwG 2.5.2007 – 6 B 10/07, NJW 2007, 2275 (2276) mwN; OVG NRW 7.2.2011 – 15 E 1485/10, NZBau 2011, 319; vgl. zu etwaigen Ausnahmen Antweiler VergabeR 2008, 352 (353 ff.) mwN; Kallerhoff NZBau 2008, 97 (99 ff.); RKPP/Kus GWB § 155 Rn. 27 ff.

[21] NdsOVG 29.10.2018 – 10 ME 363/18, NVwZ 2019, 656; Siegel VergabeR 2021, 283 (292) mwN.

[22] Nach Auffassung des LG Potsdam 14.11.2007 – 2 O 412/07, BeckRS 2007, 19106 = IBR 2008, 1040, stehen einem Bieter unterhalb der Schwellenwerte nur Schadensersatzansprüche zu; zweifelnd auch OLG Brandenburg 10.12.2012 – 6 U 172/12, ZfBR 2013, 503 (504); s. zur aA sogleich sowie Dicks VergabeR 2012, 531 (535); Losch VergabeR 2006, 293 (305); Pünder VergabeR 2016, 693 (696 ff.); Siegel DÖV 2007, 237 (241) jeweils mwN.

[23] Hierfür sprächen „gewichtige Gründe", so: OLG Düsseldorf 13.12.2017 – 27 U 25/17, NZBau 2018, 168; **aA** OLG Düsseldorf 21.6.2023 – 27 U 4/22, IBRRS 2023, 1770 = IBR 2023, 2483; OLG Celle 9.1.2020 – 13 W 56/19, BeckRS 2020, 28 = NZBau 2020, 679; kritisch dazu ebenfalls Jansen/Geitel VergabeR 2018, 376 ff. mwN; Siegel VergabeR 2021, 283 (290 f.).

[24] BGH 5.6.2012 – X ZR 161/11, VergabeR 2012, 842 (843) = NZBau 2012, 652; OLG München 19.6.2017 – 21 W 314/17, BeckRS 2017, 113365 = VergabeR 2017, 682; OLG Saarbrücken 15.6.2016 – 1 U 151/15, BeckRS 2016, 13235 mwN = VPR 2016, 198; LG Bielefeld 27.2.2014 – 1 O 23/14, BeckRS 2014, 7098 = VPR 2014, 270; OLG Brandenburg 10.12.2012 – 6 U 172/12, BeckRS 2013, 7531 = VergabeR 2013, 738 (742); OLG Dresden 13.8.2013 – 16 W 439/13, ZfBR 2014, 512; OLG München I 15.5.2012 – 11 O 7897–12, BeckRS 2012, 23493 = BauR 2012, 1697 (Ls.); LG Berlin 5.12.2011 – 52 O 254/11, BeckRS 2013, 5544 = IBR 2012, 98; OLG Jena 8.12.2008 – 9 U 431/08, BeckRS 2009, 1181 = VergabeR 2009, 524 ff.; OLG Düsseldorf 15.10.2008 – 27 W 2/08, BeckRS 2009, 4167 = NJW-Spezial 2009, 142; vgl. LG Wiesbaden 12.7.2012 – 4 O 17/12, IBRRS 2012, 3893 = IBR 2012, 723; LG Oldenburg 6.5.2010 – 1 O 717/10, BeckRS 2010, 17095 = IBR 2011, 99; dazu Jansen/Geitel VergabeR 2015, 117 (121 ff.) mwN; Krist VergabeR 2011, 163 (166 f.); jurisPK-VergabeR/Summa GWB § 155 Rn. 17 ff mwN.

Vorbemerkung **Vor § 155 GWB**

Handeln der Vergabestelle, etwa wegen eines Verstoßes gegen die VOB/A bzw. VOL/
A, jew. iVm Art. 3 Abs. 1 GG,[25] wenn sich der öffentliche Auftraggeber selbst an die
Einhaltung der einschlägigen Vergabe- und Vertragsordnung gebunden hat und der
betreffende Bieter glaubhaft darlegt, dass er bei ordnungsgemäßer Ausschreibung eine
Chance auf den Zuschlag gehabt hätte.[26] Einige Gerichte setzen insoweit zusätzlich
voraus, dass der öffentliche Auftraggeber vorsätzlich rechtswidrig, sonst in unredlicher
Absicht oder willkürlich gehandelt hat,[27] andere beschränken die Ansprüche eines
Bieters nicht auf ein willkürliches Vorgehen des öffentlichen Auftraggebers.[28] Aus
diesen Regelungen folgt jedoch allenfalls ein Unterlassungsanspruch, der vor
Zuschlagserteilung geltend zu machen ist – nach Erteilung des Zuschlags ist einstweiliger Rechtsschutz nicht mehr möglich.[29]

---

[25] OLG Schleswig 8.1.2013 – 1 W 51/12, ZfBR 2013, 308 f.; OLG Saarbrücken 13.6.2012 – 1 U 357/11-107, NZBau 2012, 654; LG Potsdam 20.11.2009 – 4 O 371/09, BeckRS 2010, 11367 = IBR 2010, 55; OLG Jena 8.12.2008 – 9 U 431/08, BeckRS 2009, 1181 = VergabeR 2009, 524 ff.; LG Augsburg 5.6.2008 – 6 O 1562/08, BeckRS 2010, 17641 = IBR 2008, 468; OLG Brandenburg 17.12.2007 – 13 W 79/07, BeckRS 2008, 02029 = IBR 2008, 106; vgl. auch OLG Stuttgart 9.8.2010 – 2 W 37/10, BeckRS 2010, 23482 = IBR 2011, 98; OLG Brandenburg 2.10.2008 – 12 U 91/08, BeckRS 2009, 4827 = VergabeR 2009, 530 ff.; offen gelassen LG Bad Kreuznach 20.4.2012 – 2 O 77/12, IBRRS 2012, 2288 = IBR 2012, 1186; OLG Koblenz 21.1.2011 – 1 W 35/11, BeckRS 2012, 20539 = IBR 2011, 543; OLG Schleswig 9.4.2010 – 1 U 27/10, BeckRS 2010, 14430 = IBR 2010, 351; aA LG Düsseldorf 29.10.2008 – 14c O 264/08, NZBau 2009, 142 ff.

[26] OLG Frankfurt a. M. 13.10.2015 – 11 W 32/15, BeckRS 2016, 1845 = IBR 2016, 161; LG Bielefeld 27.2.2014 – 1 O 23/14, BeckRS 2014, 7098 = VergabeR 2014, 832; LG Potsdam 20.11.2009 – 4 O 371/09, BeckRS 2010, 11367 = VergabeR 2010, 539; OLG Jena 8.12.2008 – 9 U 431/08, BeckRS 2009, 1181 = VergabeR 2009, 524 ff.; OLG Brandenburg 2.10.2008 – 12 U 91/08, BeckRS 2009, 04827 = BauR 2009, 983; LG Augsburg 5.6.2008 – 6 O 1562/08, BeckRS 2010, 17641 = IBR 2008, 468; LG Frankfurt (Oder) 14.11.2007 – 13 O 360/07, NZBau 2008, 208; LG Cottbus 24.10.2007 – 5 O 99/07, NZBau 2008, 207; vgl. auch OLG Stuttgart 9.8.2010 – 2 W 37/10, BeckRS 2010, 23482 = VergabeR 2011, 236; OLG Oldenburg 2.9.2008 – 8 W 117/08, ZfBR 2008, 819 (820); OLG Brandenburg 2.10.2008 – 12 U 91/08, BeckRS 2009, 4827 = VergabeR 2009, 530 ff.; Braun NZBau 2008, 160 ff.; Grams VergabeR 2008, 474 (475 ff.); Scharen VergabeR 2011, 653 (658 f.); OLG Düsseldorf 13.1.2010 – I-27 U 1/09, NZBau 2010, 328; Dicks VergabeR 2012, 531 (538 ff.) mwN.

[27] So OLG Jena 8.12.2008 – 9 U 431/08, BeckRS 2009, 1181 = VergabeR 2009, 524 ff.; LG Düsseldorf 29.10.2008 – 14c O 264/08, NZBau 2009, 142 ff.; OLG Brandenburg 13.9.2011 – 6 W 73/11, VergabeR 2012, 133 (135 f.); 2.10.2008 – 12 U 91/08, BeckRS 2009, 4827 = BauR 2009, 983; OLG Hamm 12.2.2008 – 4 U 190/07, VergabeR 2008, 682 (683); LG Landshut 11.12.2007 – 73 O 2576/07, VergabeR 2008, 298 (299); LG Bad Kreuznach 6.6.2007 – 2 O 198/07, NZBau 2007, 471 (472); vgl. auch OLG Brandenburg 24.4.2012 – 6 W 149/11, ZfBR 2012, 508 (512); Jansen/Geitel VergabeR 2015, 117 (121 f.) mwN; Scharen VergabeR 2011, 653 (656).

[28] So OLG Saarbrücken 28.1.2015 – 1 U 138/14, VergabeR 2015, 623 (625) mwN; OLG Düsseldorf 19.10.2011 – I-27 W 1/11, VergabeR 2012, 669 (670); 13.1.2010 – I-27 U 1/09, NZBau 2010, 328; 15.10.2008 – 27 W 2/08, BeckRS 2009, 4167 = LSK 2012, 310019; offen gelassen OLG Rostock 2.10.2014 – 2 W 10/14, VergabeR 2016, 121 (123); OLG Frankfurt a. M. 13.10.2015 – 11 W 32/15, BeckRS 2016, 1845 = LSK 2016, 110362; OLG Stuttgart 9.8.2010 – 2 W 37/10, BeckRS 2010, 23482 = VergabeR 2011, 236; dazu Dicks VergabeR 2012, 531 (536 ff.); Jansen/Geitel VergabeR 2015, 117 (123 f.) mwN; Krist VergabeR 2011, 163 (166 f.).

[29] OLG Saarbrücken 15.6.2016 – 1 U 151/15, BeckRS 2016, 13235 = VPR 2016, 198; OLG Stuttgart 9.8.2010 – 2 W 37/10, BeckRS 2010, 23482 = IBR 2011, 98; OLG Jena 8.12.2008 – 9 U 431/08, VergabeR 2009, 524 ff.; OLG Oldenburg 2.9.2008 – 8 W 117/08, ZfBR 2008, 819

17 Praktisch kommen für einen Bieter unterhalb der Schwellenwerte somit in erster Linie lediglich **Schadensersatz- oder Feststellungsklagen** (vor allem bei Wiederholungsgefahr) in Betracht.[30] Eine Schadensersatzpflicht wird insbes. aufgrund der Verletzung des vertragsähnlichen Vertrauensverhältnisses angenommen (§§ 280 Abs. 1, 311 Abs. 2, 241 Abs. 2 BGB), das bereits mit der Ausschreibung und der Beteiligung des geschädigten Bieters hieran zustandekommt und gewisse Sorgfalts-, Rücksichtnahme- und Schutzpflichten begründet.[31] Im Rahmen der einzuhaltenden Rücksichtnahme- und Schutzpflichten kann den Vergabe- und Vertragsordnungen gem. Art. 3 Abs. 1 GG iVm der Selbstbindung der Verwaltung mittelbare Außenwirkung zukommen, wenn die betreffende Ausschreibung auf der Grundlage der VOB/A oder UVgO erfolgte. Die Verletzung des Vertrauens eines Bieters, dass der öffentliche Auftraggeber diese Regelungen einhält, kann somit Ersatzansprüche begründen. Der Umfang des Schadensersatzes ist grds. auf das negative Interesse beschränkt;[32] das positive Interesse bekommt ein Bieter nur dann ersetzt, wenn der Auftrag erteilt worden ist und ihm bei rechtmäßigem Verlauf der Ausschreibung der Zuschlag hätte erteilt werden müssen.[33]

18 **Deliktsrechtliche Ansprüche** iVm der VOB/A oder der UVgO scheitern bereits daran, dass die Vergabe- und Vertragsordnungen grds. nicht drittschützend sind; auch die haushaltsrechtlichen Vorschriften dienen lediglich der sparsamen Mittelverwendung, jedoch nicht dem Schutz einzelner Bieter.[34] Ansprüche gegen die Vergabestelle aus dem **Gesetz gegen den unlauteren Wettbewerb (UWG)** kommen grds. deshalb nicht in Betracht, weil ein öffentlicher Auftraggeber bei einer Vergabe nicht zu Zwecken des Wettbewerbs handelt, sondern seine im öffentlichen Interesse übertragenen Aufgaben wahrnimmt.[35]

---

(820). Nach Auffassung des OLG Düsseldorf (13.12.2017 – I-27 U 25/17, BeckRS 2017, 137490 = NZBau 2018, 168) sprechen jedoch „gewichtige Gründe" dafür, dass ein Vertrag, der ohne Einhaltung einer Vorabinformation und Wartezeit zustande gekommen ist, gem. § 134 BGB nichtig ist (kritisch dazu Jansen/Geitel VergabeR 2018, 376 ff. mzN). Anders nunmehr OLG Düsseldorf 21.6.2023 – 27 U 4/22, IBRRS 2023, 1770 = IBR 2023, 2483.

[30] Vgl. auch das Gutachten im Auftrag des Bundesministeriums für Wirtschaft „Möglichkeiten einer Begrenzung gerichtlichen Rechtsschutzes auf die Beachtung bzw. Einhaltung EG-rechtlicher Vergaberegeln zum Schutz von Unternehmen im Recht der Vergabe öffentlicher Aufträge", Anlage 1 zur Begr. zum Entwurf der BReg. eines Gesetzes zur Änderung der Rechtsgrundlagen für die Vergabe öffentlicher Aufträge (Vergaberechtsänderungsgesetz – VgRÄG), BR-Drs. 646/97, 56.

[31] BGH 8.12.2020 – XIII ZR 19/19, BeckRS 2020, 41957 = NZBau 2021, 279; 15.1.2013 – X ZR 155/10, NZBau 2013, 319; 30.8.2011 – X ZR 55/10, NZBau 2012, 46; 9.6.2011 – X ZR 143/10, VergabeR 2011, 703 (704 ff.); 3.4.2007 – X ZR 19/06, NZBau 2007, 523 (524); OLG Köln 29.1.2020 – 11 U 14/19, BeckRS 2020, 1608 = NZBau 2020, 684; OLG Saarbrücken 15.6.2016 – 1 U 151/15, BeckRS 2016, 13235 = VPR 2016, 198; LG Saarbrücken 7.1.2021 – 4 O 409/20, BeckRS 2021, 40614 = LSK 2021, 40614; Braun VergabeR 2008, 360 (362 ff.) jeweils mwN; Emme/Schrotz NZBau 2012, 216 (217); vgl. auch BGH 22.2.2008 – V ZR 56/07, NZBau 2008, 407 (408); OLG Schleswig 9.4.2010 – 1 U 27/10, BeckRS 2010, 14430 = IBR 2010, 351.

[32] BGH 8.12.2020 – XIII ZR 19/19, BeckRS 2020, 41957 = NZBau 2021, 279; Braun VergabeR 2008, 360 (367) mwN.

[33] BGH 8.12.2020 – XIII ZR 19/19, BeckRS 2020, 41957 = NZBau 2021, 279; 3.4.2007 – X ZR 19/06, NZBau 2007, 523 (524); OLG Köln 29.1.2020 – 11 U 14/19, BeckRS 2020, 1608 mwN. = NZBau 2020, 684; vgl. auch LG Köln 27.9.2022 – 5 O 112/22, BeckRS 2022, 41540 = ZfBR 2023, 203; Braun VergabeR 2008, 360 (365, 367) jeweils mwN.

[34] OLG Oldenburg 2.9.2008 – 8 W 117/08, ZfBR 2008, 819 (820); Braun VergabeR 2008, 360 (361); Fett VergabeR 2007, 298 (299); Irmer ZfBR 2007, 233 (238 f.); Klingner Vorabinformationspflicht S. 593 ff. jeweils mwN; aA wohl Losch VergabeR 2006, 298 (300 ff.).

[35] LG Arnsberg 19.10.2007 – 8 O 134/07, NZBau 2008, 206 mwN; Fett VergabeR 2007, 298 (299) mwN.

Hierüber hinaus kann sich ein Bieter auch unterhalb der Schwellenwerte auf eine 19
Verletzung der grundlegenden Vorschriften der Art. 34, 49, 56 des **Vertrags über die Arbeitsweise der Europäischen Union (AEUV)** sowie insbes. auf das Verbot der Diskriminierung aus Gründen der Staatsangehörigkeit berufen[36] (→ Einl. Rn. 11 ff.). So muss ein Auftraggeber zugunsten potenzieller Bieter einen angemessenen Grad von Öffentlichkeit sicherstellen (also Auftragsvergaben grds. vorher bekannt machen) und ein transparentes, wettbewerbsorientiertes sowie unparteiisches Vergabeverfahren durchführen.[37] Eine Berufung auf diese Normen setzt allerdings voraus, dass der betreffende Auftrag (bzw. die Konzession) eine sog. „grenzüberschreitende Bedeutung" hat.[38] Eine solche **„Binnenmarktrelevanz"** ist dann anzunehmen, wenn der geschätzte Auftragswert, die technischen Merkmale oder der für die Durchführung der ausgeschriebenen Leistung vorgesehene Ort für ausländische Wirtschaftsteilnehmer eindeutig interessant sein könnte (zB weil sich der Leistungsort über mehrere Mitgliedstaaten erstreckt).[39] Allein auf einen bestimmten

---

[36] StRspr, s. nur EuGH 4.4.2019 – C-699/17, ECLI:EU:C:2019:290 = VergabeR 2019, 634 (639) mzN; 2.6.2016 – C-410/14, NZBau 2016, 441 Rn. 44 f., zur vorherigen Bekanntmachung; 16.5.2015 – C-278/14, VergabeR 2015, 555 (558) mwN, zur Bindung an die Zuschlagskriterien; 18.12.2014 – C-470/13, VergabeR 2015, 561 (565); EuG 29.5.2013 – T-384/10 Rn. 110, 119, NZBau 2013, 648 mwN; EuGH 15.5.2008 – C-147/06 und C-148/06, VergabeR 2008, 625 (628) mwN, zum Ausschluss ungewöhnlich niedriger Angebote; 21.2.2008 – C-412/04, Slg. 2008, I-619 (671 f.) = ZfBR 2008, 404, zur vorherigen Bekanntmachung; 13.11.2007 – C-507/03, Slg. 2007, I-9777 (9806 f.) = NZBau 2008, 71, zur vorherigen Bekanntmachung; 3.12.2001 – C-59/00, Slg. 2001, I-9505 (9513 ff.) = ZfBR 2002, 610, zum Grundsatz der produktneutralen Ausschreibung, vgl. auch 21.7.2005 – C-213/03, Slg. 2005, I-7287 (7316 f.) = NZBau 2005, 592, zur vorherigen Bekanntmachung; 7.1.2000 – C-324/98, Slg. 2000, I-10745 (10794) = NZBau 2001, 148, zur vorherigen Bekanntmachung; EuG 20.9.2011 – R-461/08 Rn. 88 f., 121 ff., IBRRS 2013, 0790, zur begründeten Vorabinformation vor Zuschlagserteilung; vgl. BGH 7.2.2006 – KVR 5/05, BGHZ 166, 165 (188) = NJW-RR 2006, 836; LG Frankfurt a. M. 28.1.2008 – 2-4 O 201/06, NZBau 2008, 599 ff.; hierzu Baudis VergabeR 2019, 589 f.; Bitterich NVwZ 2007, 890 (892 f.); Braun VergabeR 2007, 17 (18 ff.); Dicks VergabeR 2012, 531 (534); Müller-Wrede/Spinzig GWB § 155 Rn. 43 ff.; Frenz VergabeR 2007, 1 ff.; Irmer ZfBR 2007, 233 (242 f.); RKPP/Kus GWB § 155 Rn. 33 f. mwN; Meister NZBau 2015, 757 (759 f.); Leinemann/Lazay VergabeNews 2010, 74 ff.; Scharen VergabeR 2011, 653 (657); Siegel VergabeR 2021, 283 (285); ders. EWS 2008, 66 (69 ff.) mwN; vgl. auch das Gutachten im Auftrag des Bundesministeriums für Wirtschaft „Möglichkeiten einer Begrenzung gerichtlichen Rechtsschutzes auf die Beachtung bzw. Einhaltung EG-rechtlicher Vergaberegeln zum Schutz von Unternehmen im Recht der Vergabe öffentlicher Aufträge", Anl. 1 zur Begr. zum Entwurf der BReg. eines Gesetzes zur Änderung der Rechtsgrundlagen für die Vergabe öffentlicher Aufträge (Vergaberechtsänderungsgesetz – VgRÄG), BR-Drs. 646/97, 56 ff., 62.

[37] EuGH 21.7.2005 – C-231/03, Slg. 2005, I-7287 (7316 f.) = NZBau 2005, 592; 7.12.2000 – C-324/98, Slg. 2000, I-10745 (10794) = NZBau 2001, 148; BGH 30.8.2011 – X ZR 55/10, NZBau 2012, 46; dazu Deling NZBau 2012, 17 ff.; Emme/Schrotz NZBau 2012, 216 (217 f.).

[38] EuGH 4.4.2019 – C-699/17, ECLI:EU:C:2019:290 = VergabeR 2019, 634 (639). Dabei muss das grenzüberschreitende Interesse konkret belegt sein, es reicht nicht aus, dass sich ein solches Interesse nicht ausschließen lässt, so EuGH 6.10.2016 – C-318/15, NZBau 2016, 781 – Tecnoedi Costruzioni Srl.

[39] EuGH 20.3.2018 – C-187/16, ECLI:EU:C:2018:194 = NZBau 2018, 478; 5.4.2017 – C-298/15, VergabeR 2017, 448 (453) = BeckRS 2017, 105869; 14.7.2016 – C-458/14, NZBau 2016, 775 (780); 16.4.2015 – C-278/14, VergabeR 2015, 555 (558) = BeckRS 2015, 80504 mwN; EuG 29.5.2013 – T-384/10 Rn. 114 f., NZBau 2013, 648; vgl. auch EuGH 23.12.2009 – C-376/08 Rn. 24, IBRRS 2009, 4122 = EuZW 2010, 150; BGH 30.8.2011 – X ZR 55/10, NZBau 2012, 46; OLG Düsseldorf 30.12.2010 – VII-Verg 24/10, ZfBR 2011, 294; 27.10.2010 – VII-Verg 25/08, BeckRS 2011, 1656 = IBR 2011, 228; 13.1.2010 – I-27 U 1/09, NZBau 2010, 328; vgl. auch

Auftragswert abzustellen, um ein grenzüberschreitendes Interesse zu bejahen, dürfte jedoch nicht ausreichen.[40]

20 Die **Europäische Kommission** hat die Rspr. der Gemeinschaftsgerichte 2006 in einer – nicht rechtsverbindlichen – **Auslegungsmitteilung** zusammengefasst und konkretisiert.[41] Hiernach ist ein Vergabeverfahren grds. vorher hinreichend zugänglich bekannt zu machen, der Auftragsgegenstand ist diskriminierungsfrei zu beschreiben, das Vergabeverfahren muss für die Wirtschaftsteilnehmer aus allen Mitgliedstaaten gleichermaßen zugänglich sein, Diplome und andere Befähigungsnachweise sind gegenseitig anzuerkennen, Fristen für Interessensbekundungen und Angebotsabgaben müssen hinreichend lang und alle Teilnehmer in der Lage sein, sich im Voraus über die geltenden Verfahrensregeln zu informieren, und auf deren gleichmäßige Anwendung vertrauen können, schließlich muss die Entscheidung über die Auftragsvergabe in einem diskriminierungsfreien Verfahren stattfinden.

IV. Bewertung

21 Die o. g. erheblichen Unterschiede im Rechtsschutz oberhalb bzw. unterhalb der Schwellenwerte sind auch mit den Novellierungen des GWB zum 14.12.2011 bzw. zum 18.4.2016 beibehalten worden.[42] Diese Differenzierung ist auch **verfassungsrechtlich** nicht zu beanstanden.[43] So hat das BVerfG am 13.6.2006[44] entschieden, dass die vom Gesetzgeber vorgenommene Unterscheidung durch das vorrangig zu bewertende Interesse des öffentlichen Auftraggebers an einer raschen Vergabeentscheidung und einer sofortigen Ausführung der Maßnahme gerechtfertigt sei. Ein Primärrechtsschutz würde bei der großen Anzahl von öffentlichen Ausschreibungen unterhalb der Schwellenwerte zudem den Verwaltungsaufwand erheblich erhöhen und es könnte zu Engpässen bei der Erfüllung öffentlicher Aufgaben kommen, für die Waren oder Leistungen, die mittels öffentlicher Ausschreibung beschafft werden, benötigt werden. Der Gesetzgeber hat nach Auffassung des BVerfG bei der unterschiedlichen Ausgestaltung des Rechtsschutzsystems ober- und unterhalb der

---

OLG Düsseldorf 7.3.2012 – VII-Verg 78/11, IBRRS 2012, 1383 = NZBau 2012, 382; Baudis VergabeR 2019, 589 (591 ff.); Deling NZBau 2011, 725 (729 ff.); Frenz VergabeR 2007, 1 (3); Jansen/Geitel VergabeR 2015, 117 (119 f.); Meister NZBau 2015, 757 (758 f.); Siegel EWS 2008, 66 (67 ff.); Vavra VergabeR 2013, 384 (387 ff.) jeweils mwN.

[40] EuGH 20.3.2018 – C-187/16, ECLI:EU:C:2018:194 = NZBau 2018, 478; BGH 30.8.2011 – X ZR 55/10, NZBau 2012, 46.

[41] Mitteilung der Europäischen Kommission „zu Auslegungsfragen in Bezug auf das Unionsrecht, das für die Vergabe öffentlicher Aufträge gilt, die nicht oder nur teilweise unter die Vergaberichtlinien fallen", ABl. 2006 C 179, 2 ff.; bestätigt von EuG 20.5.2010 – T-258/06, NZBau 2010, 510; hierzu Baudis VergabeR 2019, 589 (593 ff.); Bitterich NVwZ 2007, 890 (891 ff.); Braun VergabeR 2007, 17 (20 f.); Deling NZBau 2011, 725 (728 f.); Herz EWS 2010, 261 (263 ff.); Köster ZfBR 2007, 127; Lutz WuW 2006, 890 ff.; Siegel EWS 2008, 66 (72 f.) jeweils mwN.

[42] S. Begr. zum Entwurf der BReg. eines Gesetzes zur Modernisierung des Vergaberechts, BT-Drs. 16/10117, 5 zu Nr. 7.

[43] Vgl. auch das Gutachten im Auftrag des Bundesministeriums für Wirtschaft „Möglichkeiten einer Begrenzung gerichtlichen Rechtsschutzes auf die Beachtung bzw. Einhaltung EG-rechtlicher Vergaberegeln zum Schutz von Unternehmen im Recht der Vergabe öffentlicher Aufträge", Anl. 1 zur Begr. zum Entwurf der BReg. eines Gesetzes zur Änderung der Rechtsgrundlagen für die Vergabe öffentlicher Aufträge (Vergaberechtsänderungsgesetz – VgRÄG), BR-Drs. 646/97, 56 ff.

[44] BVerfG 13.6.2006 – 1 BvR 1160/03, BVerfGE 116, 135 (159 ff.) = NZBau 2006, 791; hierzu Siegel DÖV 2007, 237 ff.

Schwellenwerte den ihm zustehenden Gestaltungsspielraum nicht verletzt, die Anknüpfung an die europarechtlich anhand bestimmter Schwellenwerte vorgenommene Typisierung sei sachgerecht. Auch die Rechtsschutzgarantie iSd Art. 19 Abs. 4 GG werde nicht verletzt, weil die Vergabestelle bei der Deckung ihres Bedarfs an bestimmten Gütern oder Leistungen nicht als Trägerin öffentlicher Gewalt tätig werde. Schließlich sei der dem Rechtsstaatsprinzip innewohnende allg. Justizgewährungsanspruch (Art. 20 Abs. 3 GG) grds. nur insoweit verletzt, wie ein Unternehmen in seinem Anspruch auf Gleichbehandlung bei Vergabeentscheidungen beeinträchtigt sei (→ Rn. 15 f.).

V. Ausblick

In einigen Bundesländern gibt es bereits Regelungen über den Rechtsschutz unterhalb der Schwellenwerte.[45] So kann nach dem **Sächsischem Vergabegesetz** die beabsichtigte Vergabe ab einer bestimmten Bagatellschwelle in einem zehn Kalendertage dauernden Verfahren von der zuständigen Nachprüfungsbehörde überprüft werden, der Zuschlag darf währenddessen nicht erteilt werden.[46] Ähnliche Regelungen gibt es in **Thüringen, Sachsen-Anhalt und Rheinland-Pfalz**, wo die zuständige Nachprüfungsbehörde nach erfolgloser Rüge eines Bieters oder Bewerbers ggü. dem öffentlichen Auftraggeber innerhalb von 14 Kalendertagen (Thüringen) bzw. vier Wochen (Sachsen-Anhalt) bzw. zwei Wochen (Rheinland-Pfalz) die Nichteinhaltung von Vergabevorschriften durch einen öffentlichen Auftraggeber beanstanden kann.[47] In allen diesen landesgesetzlichen Regelungen gibt es zudem eine Stillhaltefrist von sieben (Thüringen, Sachsen-Anhalt, Rheinland-Pfalz) bis zehn Kalendertagen (Sachsen), innerhalb der der öffentliche Auftraggeber nach entspr. Information der Bieter über den Zuschlagsdestinatär keinen Zuschlag erteilen darf (vgl. oberhalb der Schwellenwerte § 134 GWB). In **Hessen** können Bewerber oder Bieter bei Aufträgen ab einem bestimmten Wert einen behaupteten Vergaberechtsverstoß bei der Vergabekompetenzstelle beanstanden. Voraussetzung ist, dass sie diesen Verstoß vorher beim öffentlichen Auftraggeber beanstandet haben und dieser der Beanstandung nicht innerhalb einer angemessenen Frist abgeholfen hat. Nach Information und etwaiger Stellungnahme des Auftraggebers prüft die Vergabekompetenzstelle den Verstoß und teilt dem Bewerber oder Bieter sowie dem öffentlichen Auftraggeber unverzüglich in Textform eine Empfehlung mit. Soweit die Vergabekompetenzstelle ihn dazu aufgefordert hat, soll der Auftraggeber den Zuschlag während dieses Verfahrens aussetzen.[48] Eine Vorabinformation der Bieter mit anschl. Wartepflicht des öffentlichen Auftraggebers wie in den anderen Bundesländern gibt es in Hessen nicht. In den Vergabegesetzen **Mecklenburg-Vorpommerns und Niedersachsens** ist zwar kein Rechtsschutz vorgesehen, aber eine Pflicht der Auftraggeber, die Bieter spätestens sieben Kalendertage (Mecklenburg-Vorpommern) bzw. je nach Übermittlungsweg zehn bis 15 Kalendertage (Niedersachsen) vor dem Vertragsabschluss ua über den Namen des Zuschlagsdestinatärs

22

---

[45] Dazu Jansen/Geitel VergabeR 2015, 117 (127 ff.).
[46] § 8 des Gesetzes über die Vergabe öffentlicher Aufträge im Freistaat Sachsen (Sächsisches Vergabegesetz) v. 14.2.2013, SächsGVBl. 2013, 109 ff.
[47] S. § 19 des Thüringer Vergabegesetzes v. 23.1.2020, GVBl. 2020, 29 ff. (Thüringer Gesetz über die Vergabe öffentlicher Aufträge) bzw. § 19 des Landesvergabegesetzes Sachsen-Anhalt v. 19.11.2012, GVBl. LSA 2012, 536 ff. (Gesetz über die Vergabe öffentlicher Aufträge in Sachsen-Anhalt) bzw. §§ 4 ff. der Landesverordnung über die Nachprüfung von Vergabeverfahren durch Vergabeprüfstellen Rheinland-Pfalz v. 26.2.2021, GVBl. Rh-Pf 2021, 123 ff.
[48] S. § 18 Abs. 2–4 des Hessischen Vergabe- und Tariftreuegesetzes v. 12.7.2021, GVBl. 2021, 338 ff.

zu informieren.[49] Das im **Koalitionsvertrag zwischen CDU, CSU und FDP** v. 26.10.2009[50] vereinbarte Vorhaben, „bis Ende 2010" einen „wirksamen Rechtsschutz bei Unterschwellenaufträgen" einzuführen, wurde nicht verwirklicht (→ 2. Aufl. 2013, GWB Vor § 102 Rn. 22).[51] Zwar werden Vergaben unterhalb der EU-Schwellenwerte in der Unterschwellenvergabeordnung (UVgO) geregelt, diese Verordnung enthält aber keine Regelungen zum Rechtsschutz.

§ 155 Grundsatz

Unbeschadet der Prüfungsmöglichkeiten von Aufsichtsbehörden unterliegt die Vergabe öffentlicher Aufträge und von Konzessionen der Nachprüfung durch die Vergabekammern.

Übersicht

	Rn.
I. Bedeutung der Vorschrift	1
1. Änderungen gegenüber dem früheren Recht	6
2. Regelungsgehalt	11
II. Wesentliche Voraussetzungen eines Nachprüfungsverfahrens vor der Vergabekammer	17
1. Statthaftigkeit eines Nachprüfungsverfahrens	18
a) Erreichen oder Überschreiten der Schwellenwerte	19
b) Statthafter Verfahrensgegenstand	21
aa) Materielles Verständnis	22
bb) Reichweite	27
cc) Ende der Statthaftigkeit	31
2. Besondere Zulässigkeitsvoraussetzungen eines Nachprüfungsverfahrens	35
a) Ordnungsgemäßer Antrag, § 161 GWB	35
b) Antragsbefugnis, § 160 Abs. 2 GWB	36
c) Rechtzeitige Rüge, § 160 Abs. 3 S. 1 Nr. 1–3 GWB	37
d) Besondere Frist im Falle einer Nichtabhilfemitteilung, § 160 Abs. 3 S. 1 Nr. 4 GWB	38
3. Weitere Zulässigkeitsvoraussetzungen bei besonderen Verfahrensarten	39
4. Weitere Ansprüche eines Unternehmens	41
5. Verfahrensrecht der Vergabekammern	42

I. Bedeutung der Vorschrift

1 Wesentlicher Gegenstand der sog. **„kartellrechtlichen Lösung"**, mit der 1999 das auch heute noch gültige Vergabenachprüfungsverfahren eingeführt wurde, war

---

[49] § 12 des Vergabegesetzes Mecklenburg-Vorpommern v. 7.7.2011, GVOBl. 2011, 411 ff. (Gesetz über die Vergabe öffentlicher Aufträge in Mecklenburg-Vorpommern) bzw. § 16 des Niedersächsischen Tariftreue- und Vergabegesetzes v. 31.10.2013, Nds. GVBl. 2013, 259 ff. (Niedersächsisches Gesetz zur Sicherung von Tariftreue und Wettbewerb bei der Vergabe öffentlicher Aufträge). Zu den in einzelnen Bundesländern bestehenden Vorabinformationspflichten auch → § 134 Rn. 178 ff.
[50] S. http://www.cdu.de/system/tdf/media/dokumente/091026-koalitionsvertrag-cducsufdp_0.pdf?file=1, S. 17.
[51] Jansen/Geitel VergabeR 2015, 117 (118 ff.).

Grundsatz **§ 155 GWB**

vor allem die Einrichtung der beiden unabhängigen Nachprüfungsinstanzen mit weitreichenden verfahrensgestaltenden Kompetenzen, den Vergabekammern und den zuständigen Beschwerdegerichten (→ Vor § 155 Rn. 9).

Zwar hatte auch nach der **vorherigen, sog. „haushaltsrechtlichen Lösung"** bereits ein zweistufiges Prüfungsverfahren bestanden, die Vergabeprüfstellen und die Vergabeüberwachungsausschüsse. Beide Instanzen waren jedoch keine Gerichte,[1] sondern trotz institutioneller Unabhängigkeit des Vergabeüberwachungsausschusses Teil der Exekutive mit nur begrenzten Kompetenzen. Vor allem konnten beide Behörden keinen Primärrechtsschutz gewähren. Nach der Entscheidung des EuGH v. 11.8.1995 musste dies geändert werden, die entspr. unionsrechtlichen Vorgaben wären nur dann ordnungsgemäß umgesetzt, wenn den Unternehmen ein subjektives Recht auf Einhaltung der Vergabevorschriften eingeräumt werde (→ Vor § 155 Rn. 9). Auch aus rechtsstaatlichen Gründen entsprachen die Vergabeprüfstellen und die Vergabeüberwachungsausschüsse den unionsrechtlichen Vorgaben nicht.[2] 2

Die Besonderheit des mit dem VgRÄG zum 1.1.1999 neu gestalteten Nachprüfungsverfahrens bestand darin, dass mit der ersten Instanz bei (je nach Zurechenbarkeit des verfahrensgegenständlichen öffentlichen Auftrags bzw. der Konzession) Bundes- oder Landesbehörden eine Entscheidungsinstanz eingerichtet wurde, die – für die deutsche Rechtslage bis dahin ungewöhnlich – trotz ihrer Zugehörigkeit zur Exekutive gerichtsähnliche Aufgaben[3] wahrnimmt, indem sie über einen Vergaberechtsstreit zwischen einem Unternehmen und einem Auftraggeber unabhängig entscheidet und hierbei unmittelbar rechtsgestaltend in das Vergabeverfahren eingreifen darf (zu den Kompetenzen der Vergabekammern iE → Rn. 11 ff.). Wesentliche Voraussetzung und gleichzeitig daher charakteristisches Merkmal der **Vergabekammern** ist daher ihre Unabhängigkeit sowohl in institutioneller Hinsicht als auch im Hinblick auf den Inhalt ihrer zu treffenden Entscheidung gem. § 157 GWB (→ § 157 Rn. 5 ff.). 3

Als zweite und endgültig entscheidende Instanz wurde mit der sog. kartellrechtlichen Lösung der Weg zu den Gerichten iSd Art. 92 GG eingeräumt. Die **Eröffnung des Rechtswegs** war zwingend geboten, damit ein Unternehmen die von den EU-Rechtsmittel-Richtlinien geforderte Möglichkeit, seine subjektiven Rechte durchzusetzen, effektiv wahrnehmen kann. Die Vergabeüberwachungsausschüsse entsprachen diesen Vorgaben nicht.[4] 4

Die Grundzüge des **Vergaberechtswegs** sind in den §§ 155–159 GWB niedergelegt. Hierbei regelt § 155 GWB, dass Vergabekammern beim Bund und den Ländern eingerichtet werden müssen, § 156 GWB sagt etwas über den Prüfungsumfang, § 157 GWB etwas über deren Besetzung und Unabhängigkeit, § 158 GWB regelt die Einrichtung und Organisation, § 159 GWB schließlich grenzt die Zuständigkeiten der Vergabekammern des Bundes einerseits und der Länder andererseits iE 5

---

[1] Auch wenn der EuGH einen Vergabeüberwachungsausschuss als vorlageberechtigtes „Gericht" iSd Art. 177 EG aF (heute: Art. 267 AEUV) angesehen hatte, s. EuGH 17.9.1997 – C-54/96, Slg. 1997, I-4961 (4995 f.) = NJW 1997, 3365 = BeckRS 2004, 77550.

[2] Begr. zum Entwurf der BReg eines Gesetzes zur Änderung der Rechtsgrundlagen für die Vergabe öffentlicher Aufträge (Vergaberechtsänderungsgesetz – VgRÄG), BT-Drs. 13/9340, 47 f. (zu Nr. 1, 2).

[3] Die Vergabekammer sei eine „gerichtsähnliche Instanz", s. Begr. zum Entwurf der BReg eines Gesetzes zur Änderung der Rechtsgrundlagen für die Vergabe öffentlicher Aufträge (Vergaberechtsänderungsgesetz – VgRÄG), BT-Drs. 13/9340, 20 (zu III.). BGH 25.10.2011 – X ZB 5/10, NZBau 2012, 186 = BeckRS 2012, 2820; OLG Düsseldorf 12.5.2011 – VII-Verg 32/11, BeckRS 2011, 23543.

[4] Begr. zum Entwurf der BReg eines Gesetzes zur Änderung der Rechtsgrundlagen für die Vergabe öffentlicher Aufträge (Vergaberechtsänderungsgesetz – VgRÄG), BT-Drs. 13/9340, 47 f. (zu Nr. 1–3).

GWB § 155

voneinander ab. Die wesentlichen prozessrechtlichen Fragen eines Nachprüfungsverfahrens vor der Vergabekammer sind in §§ 160–170 GWB geregelt.

1. Änderungen gegenüber dem früheren Recht

6   Seit dem VergRModG, das am 24.4.2009 in Kraft getreten ist, wurde § 155 GWB iW nicht mehr geändert (vgl. § 102 GWB aF). Als neuer Prüfungsgegenstand in Nachprüfungsverfahren sind im April 2016 allerdings die Konzessionen hinzugekommen. Baukonzessionen waren jedoch schon früher als „öffentliche Aufträge" iSd § 99 Abs. 1 GWB aF gem. § 102 GWB aF nachprüfbar, lediglich die Nachprüfung von Dienstleistungskonzessionen war nicht möglich.[5] Nachdem gem. der RL 2014/23/EU Bau- und Dienstleistungskonzessionen gleichermaßen dem Vergaberecht unterfallen, unterliegen solche Konzessionsvergaben konsequent gem. § 155 GWB ausdr. der Nachprüfung durch die Nachprüfungsinstanzen (vgl. Art. 46, 47 RL 2014/23/EU).

7   Die bisher grundlegendste Änderung für die Nachprüfungsbehörden, die auch heute noch von Bedeutung ist, war die Abschaffung der Vergabeprüfstellen. Früher war § 102 GWB aF so formuliert, dass die Nachprüfung der Vergabe öffentlicher Aufträge neben den Vergabekammern den **Vergabeprüfstellen** obliegt. Die Bundesregierung führte zur vorgeschlagenen Streichung dieser Einrichtungen aus, dass diese bisher praktisch kaum eine Rolle gespielt hätten.[6] Dies kann auf die erheblich geringeren Befugnisse zurückgeführt werden, die Vergabeprüfstellen im Gegensatz zu den Vergabekammern hatten: Gem. **§ 103 GWB aF** prüften die Vergabeprüfstellen auf Antrag oder vAw die Einhaltung der von den Auftraggebern iSd § 98 Nr. 1–3 GWB aF (vgl. heute: § 99 Nr. 1–3 GWB) anzuwendenden Vergabevorschriften. Sie durften die Vergabestelle verpflichten, rechtswidrige Maßnahmen aufzuheben und rechtmäßige Maßnahmen zu treffen, außerdem durften die Vergabeprüfstellen diese Stellen und Unternehmen bei der Anwendung der Vergabevorschriften beraten und streitschlichtend tätig werden. Gegen eine Entscheidung der Vergabeprüfstelle konnte die Vergabekammer angerufen werden. Soweit für einzelne Auftraggeber überhaupt Vergabeprüfstellen eingerichtet wurden, waren diese meistens bei der zuständigen Fach- und Rechtsaufsichtsbehörde angesiedelt. Häufig wurden die Vergabeprüfstellen bereits zB bei der Bearbeitung einer Rüge von der Vergabestelle zu einem Vergabeverfahren hinzugezogen, auch ohne von einem Bieter/Bewerber besonders angerufen worden zu sein.

8   Den Vergabeprüfstellen kam eine durchaus anzuerkennende **„Filter- und Bereinigungsfunktion"** zu, die Vergabekammern von Verfahren zu entlasten und Streitigkeiten möglichst frühzeitig zu schlichten, so dass Vergabeverfahren zügig und effizient abgeschlossen werden konnten. Der Bundesrat hatte iRd Vergaberechtsnovelle 2009 in seiner Stellungnahme zum Vorschlag der Bundesregierung, die Regelungen über die Vergabeprüfstellen zu streichen, daher „dringend empfohlen", das bisherige „unbürokratische, kostengünstige und Streit schlichtende Verfahren beizubehalten".[7] Gegen die Beibehaltung der Vergabeprüfstellen sprach nach den bisherigen praktischen Erfahrungen jedoch Folgendes: Allein schon, weil ein Antrag bei einer Vergabeprüfstelle im Gegensatz zur Übermittlung eines Nachprüfungsantrags durch eine Vergabekammer keinen Suspensiveffekt hatte, so dass der Zuschlag nach Ablauf von 14 Kalendertagen seit der Absendung der Information nach § 13 VgV aF (vgl. jetzt § 134 GWB) erteilt werden konnte, waren Unternehmen aus Zeitgründen

---

[5] EuGH 14.11.2013 – C-221/12, EuZW 2014, 69 = BeckRS 2013, 82155; BGH 18.6.2012 – X ZB 9/11, VergabeR 2012, 839 (840) = BeckRS 2013, 82155.

[6] BT-Drs. 16/10117, 23 (zu § 103 GWB-RegE).

[7] S. BT-Drs. 16/10117, 48 (zu Art. 1 Nr. 8, 9 RegE). Die BReg hat dies abgelehnt (BT-Drs. 16/10117, 66, zu Nr. 15), s. hierzu unten.

praktisch gehalten, etwaige Vergabeprüfstellen entweder gar nicht erst anzurufen[8] oder zumindest den Ausgang eines solchen Prüfungsverfahrens nicht vor Einleitung eines Nachprüfungsverfahrens iSd §§ 155 ff. GWB abzuwarten.[9]

Bereits die Streichung aus dem Wortlaut des § 102 GWB aF 2009 bedeutete jedoch **9** nicht, dass bestehende **Vergabeprüfstellen** aufgelöst werden müssten bzw. gar nicht mehr eingerichtet werden dürften. So hatte die Bundesregierung in der Begr. zu ihrem entspr. Gesetzentwurf ausdr. betont, dass die grds. Prüfungsmöglichkeit durch solche Stellen durchaus **weiterhin vorgesehen** werden könne, auch wenn diese Prüfstellen jetzt nicht mehr ausdr. im GWB erwähnt werden.[10] Entgegen der anderslautenden Stellungnahme des Bundesrates[11] vertrat die Bundesregierung die Auffassung, dass vor allem kein Bedarf für eine bundeseinheitliche Regelung der Einrichtung und des Verfahrens von Vergabeprüfstellen vorhanden sei, so dass die entspr. GWB-Regelung aufgehoben werden könne.[12] Im aktuellen GWB sowie den entspr. Diskussionen und Entwürfen hierzu wurden die Vergabeprüfstellen zwar nicht mehr erwähnt. Auch hier gilt jedoch das oben Gesagte entspr. fort: Die fehlende Erwähnung von Vergabeprüfstellen im Gesetz heißt nicht, dass diese bei Bedarf nicht eingerichtet (oder beibehalten) werden dürften. Einige Behörden verfügen derzeit dementsprechend noch über solche streitschlichtenden Einrichtungen.

Sofern noch eine Vergabeprüfstelle besteht, kann diese **parallel** zu einer Vergabe- **10** kammer angerufen werden. Wegen der hiermit verbundenen Verfahrensverzögerungen wäre es jedoch unionsrechtlich unzulässig, die Anrufung der Vergabekammer von der vorherigen Befassung der Vergabeprüfstelle abhängig zu machen.[13] In § 103 Abs. 3 GWB in der bis zum 23.4.2009 geltenden Fassung war dies so auch ausdr. geregelt.

2. Regelungsgehalt

§ 155 GWB begründet zunächst den besonderen Vergaberechtsweg und die hier- **11** mit verbundene **ausschließliche Zuständigkeit der Vergabekammern**: Die Überprüfung der Vergabe öffentlicher Aufträge (vgl. zum weiten, materiellen Verständnis dieses Begriffs → Rn. 22 ff.) und auch der Vergabe von Konzessionen obliegt den Vergabekammern (bzw. anschl. dem zuständigen Beschwerdegericht), s. auch § 156 Abs. 2 GWB.[14] Die Aufgabe der Nachprüfungsinstanzen besteht gem.

---

[8] Gem. § 103 Abs. 3 S. 2 GWB aF war die vorherige Prüfung durch eine Vergabeprüfstelle keine Voraussetzung für die Anrufung der Vergabekammer.

[9] In der Praxis wurde auf eine Rüge oder einen Antrag an eine Vergabeprüfstelle iSd § 103 Abs. 2 GWB aF hin häufig die Zuschlagsfrist verlängert. Wegen der in § 13 VgV aF geregelten 14-Tage-Frist war ein öffentlicher Auftraggeber jedoch nicht an eine etwaige Terminverschiebung gebunden, dh ein Unternehmen konnte sich nicht darauf berufen, der Auftraggeber habe ihm mitgeteilt, erst an einem bestimmten späteren Tag nach Abschluss des Verfahrens vor der Vergabeprüfstelle den Zuschlag zu erteilen; OLG Düsseldorf 23.5.2007 – VII-Verg 14/07, BeckRS 2016, 21210 mwN; OLG Bremen 17.11.2003 – Verg 6/2003, IBRRS 2003, 3190.

[10] BT-Drs. 16/10117, 23, 66 (zu § 103 GWB-RegE bzw. zu Nr. 15).

[11] Stellungnahme des Bundesrats zum Entwurf der BReg eines Gesetzes zur Modernisierung des Vergaberechts, BT-Drs. 16/10117, 48 (zu Art. 1 Nr. 8, 9 RegE).

[12] BT-Drs. 16/10117, 66 (zu Nr. 15).

[13] EuGH 12.2.2004 – C-230/02, Slg. 2004, I-1841 (1858) = NVwZ 2004, 460 = BeckRS 2004, 75262; 19.6.2003 – C-410/01, Slg. 2003, I-6413 (6442 f.) = EuZW 2003, 638= BeckRS 2004, 77103.

[14] So schon die Begr. der BReg in ihrem Entwurf eines Vergaberechtsänderungsgesetzes 1997, BT-Drs. 13/9340, 17 (zu § 114 GWB-RegE); vgl. auch BGH 15.7.2008 – X ZB 17/08, NZBau 2008, 662 f. = BeckRS 2008, 17062; OLG Düsseldorf 16.6.2008 – VII-Verg 13/08, IBRRS 2013, 2605.

§ 168 Abs. 1 GWB darin, auf die Rechtmäßigkeit eines Vergabeverfahrens einzuwirken und insbes. die geeigneten Maßnahmen zu treffen, um eine Rechtsverletzung des Antragstellers zu beseitigen und eine Schädigung der betroffenen Interessen zu verhindern. Zu den Grundzügen eines solchen Nachprüfungsverfahrens → Vor § 155 Rn. 10 ff.

12 Sog. **Primäransprüche** gegen Auftraggeber, die mithin auf Erhalt des ausgeschriebenen öffentlichen Auftrags bzw. der Konzession gerichtet sind, können also nicht außerhalb dieses Rechtswegs geltend gemacht werden, s. auch § 156 Abs. 2 GWB.[15] Welche konkreten Rechte oder Ansprüche in diesem Zusammenhang von der Vergabekammer geprüft werden können, ergibt sich aus § 156 Abs. 2, 3 GWB (→ § 156 Rn. 6 ff.).

13 Zur Durchsetzung reiner **Sekundäransprüche** (Schadensersatz) sind die Vergabekammern demgegenüber nicht befugt. Solche Ansprüche müssen ggf. vor dem zuständigen Zivilgericht geltend gemacht werden (§ 13 GVG), vgl. auch § 156 Abs. 3 GWB.

14 Im Übrigen stellt § 155 GWB ausdr. klar, dass neben den speziell im 4. Teil des GWB geregelten Nachprüfungsmöglichkeiten durch Vergabekammern und -gerichte die Kontrollbefugnisse der zuständigen Aufsichtsbehörden (**Dienst-, Fach- und Rechtsaufsicht**) ggü. den behördlichen Vergabestellen selbstverständlich weiterhin bestehen.[16] Dieser Schutz unterscheidet sich von einem Nachprüfungsverfahren vor den Vergabekammern jedoch insbes. darin, dass der Einzelne in materieller Hinsicht keinen Anspruch auf ein Einschreiten der Rechts- bzw. Fachaufsichtsbehörde hat und dass deren Prüfung keinen Suspensiveffekt hat (vgl. demgegenüber § 169 Abs. 1 GWB). Das bedeutet rein praktisch, dass ein Zuschlag grds. auch trotz und während eines aufsichtsbehördlichen Verfahrens wirksam erteilt und dann nicht einmal mehr in einem Nachprüfungsverfahren iSd § 155 ff. GWB aufgehoben werden könnte (§ 168 Abs. 2 S. 1 GWB).[17]

15 Neben den in § 155 GWB genannten Rechtsschutzmöglichkeiten besteht trotz der Streichung des § 103 GWB in der bis zum 23.4.2009 geltenden Fassung die Möglichkeit fort, **Vergabeprüfstellen** einzurichten (→ Rn. 9).

16 Schließlich bleiben gem. § 156 Abs. 3 GWB die Zuständigkeiten der **ordentlichen Gerichte** für die Geltendmachung von Schadensersatzansprüchen und die Befugnisse der **Kartellbehörden** zur Verfolgung von Verstößen insbes. gegen §§ 19, 20 GWB unberührt (→ § 156 Rn. 21).

II. Wesentliche Voraussetzungen eines Nachprüfungsverfahrens vor der Vergabekammer

17 Die Besonderheit der vergaberechtlichen Nachprüfungsbehörden besteht nach der sog. „kartellrechtlichen Lösung" (→ Vor § 155 Rn. 9) darin, vor allem **Primäransprüche** durchsetzen zu können, dh das primäre Interesse eines Antragstellers auf Erhalt des ausgeschriebenen Auftrags bzw. der Konzession (s. § 168 Abs. 1 S. 1 GWB). Darüber hinaus sieht der 4. Teil des GWB jedoch noch zwei verschiedene Verfahrensarten vor, bei denen das Interesse des Antragstellers auf ein anderes Rechtsschutzziel gerichtet ist: So kann ein Unternehmen erstens unter bestimmten

---

[15] Vgl. auch BGH 3.7.2008 – I ZR 145/05, VergabeR 2008, 925 (926 f.) = BeckRS 2008, 15038.

[16] Vgl. hierzu Byok/Jaeger/Noch GWB § 155 Rn. 8 ff.; jurisPK-VergabeR/Summa GWB § 155 Rn. 104 ff.

[17] S. zu den Kompetenzen der Dienst-, Fach- und Rechtsaufsichtsbehörden nur Müller-Wrede/Spinzig GWB § 155 Rn. 9 f., 50 ff.; Immenga/Mestmäcker/Stockmann GWB § 155 Rn. 15 ff., jew. mwN.

Grundsatz **§ 155 GWB**

Voraussetzungen gem. § 168 Abs. 2 S. 2 GWB die **Feststellung** verlangen, **ob eine Rechtsverletzung vorgelegen hat**, wenn sich das Nachprüfungsverfahren bereits durch Erteilung des Zuschlags, durch Aufhebung oder durch Einstellung des Vergabeverfahrens oder in sonstiger Weise erledigt hat. Da die ordentlichen Gerichte an die bestandskräftige Entscheidung der Vergabekammer gebunden sind (vgl. § 179 Abs. 1 GWB), dient dieses Verfahren insbes. der Vorbereitung von Schadensersatzprozessen (→ § 168 Rn. 37 ff.). Die zweite besondere Verfahrensart in den §§ 155 ff. GWB ist die Möglichkeit, gem. § 135 GWB die **Unwirksamkeit eines Vertrages feststellen** zu lassen, wenn ein Auftraggeber gegen seine Informationspflichten aus § 134 GWB verstoßen hat oder einen öffentlichen Auftrag ohne vorherige Veröffentlichung einer Bekanntmachung im Amtsblatt der Europäischen Union vergeben hat, ohne dass dies aufgrund Gesetzes gestattet ist.

1. Statthaftigkeit eines Nachprüfungsverfahrens

Neben den allg. verfahrensrechtlichen Voraussetzungen (Beteiligtenfähigkeit etc) (zu den anzuwendenden Verfahrensvorschriften → Rn. 42 f.) ist ein Nachprüfungsverfahren iSd §§ 155 ff. GWB insbes. nur dann statthaft, wenn 18
- die **Schwellenwerte** iSd § 106 GWB iVm § 3 VgV bzw. § 2 SektVO, § 3 VSVgV, § 2 KonzVgV erreicht oder überschritten werden (vgl. § 106 Abs. 1 GWB);
- es sich um einen statthaften Verfahrensgegenstand **(Vergabevorgang)** handelt, insbes., wie es in § 155 GWB heißt, die Vergabe öffentlicher Aufträge iSd § 103 Abs. 1–4 GWB, zu denen gem. § 103 Abs. 5 GWB auch Rahmenvereinbarungen zählen, sowie die Vergabe von Konzessionen iSd § 105 GWB; da „Wettbewerbe" iSd § 103 Abs. 6 GWB (anders als im früheren Recht gem. § 99 Abs. 1 GWB aF) weder öffentliche Aufträge noch Rahmenvereinbarungen sind, für die die Vorschriften für die Vergabe öffentlicher Aufträge gem. § 103 Abs. 5 S. 2 GWB entspr. gelten, unterliegen solche Auslobungsverfahren nicht der Nachprüfung gem. § 155 ff. GWB;
- schließlich darf es sich **nicht** um einen Auftrag oder eine Konzession iSd §§ 107–109 GWB handeln.

a) Erreichen oder Überschreiten der Schwellenwerte. Maßgeblich für die Frage, ob ein Nachprüfungsverfahren iSd §§ 155 ff. GWB wegen Erreichens bzw. Überschreitens der Schwellenwerte iSd § 106 GWB iVm § 3 VgV bzw. § 2 SektVO, § 3 VSVgV, § 2 KonzVgV statthaft ist, ist die **objektive Rechtslage**. Das heißt, ein Auftraggeber selbst kann zB dadurch, dass er einen Auftrag oder eine Konzession unterhalb der Schwellenwerte europaweit ausschreibt, den Vergaberechtsweg nicht eröffnen.[18] Umgekehrt ist ein Nachprüfungsverfahren auch dann statthaft, wenn eine Vergabestelle rechtswidrig trotz Erreichens oder Überschreitens der Schwellenwerte keine europaweite Ausschreibung durchgeführt hat.[19] Anderenfalls könnte ein öffentlicher Auftraggeber, Sektorenauftraggeber oder Konzessionsgeber die vergaberechtliche Kontrolle durch sein eigenes Vorgehen umgehen. Diese Auslegung wird durch § 3 Abs. 2 VgV bestätigt, wonach die Wahl der Methode zur Berechnung des geschätzten Auftragswerts nicht in der Absicht erfolgen oder eine Auftragsvergabe 19

---

[18] OLG München 28.9.2005 – Verg 19/05, BeckRS 2005, 11622; OLG Düsseldorf 31.3.2004 – VII-Verg 74/03, BeckRS 2004, 18443; VK Bund 25.5.2012 – VK 3–54/12, IBRRS 2012, 2265; Müller-Wrede/Spinzig GWB § 155 Rn. 18; RKPP/Kus GWB § 155 Rn. 21 mwN.

[19] OLG Düsseldorf 6.4.2022 – Verg 34/21, VPRRS 2023, 0040; OLG Karlsruhe 12.11.2008 – 15 Verg 4/08, NZBau 2009, 403 = BeckRS 2009, 8821 mwN; VK Bund 31.7.2006 – VK 2–65/06, BeckRS 2006, 136092; 27.4.2006 – VK 3–21/06, BeckRS 2006, 136075; vgl. auch BGH 1.2.2005 – X ZB 27/04, BGHZ 162, 116 (121, 130 f.) = NJW-RR 2005, 1439 = BeckRS 2005, 2748.

nicht so unterteilt werden darf, dass der betreffende Auftrag nicht den vergaberechtlichen Bestimmungen ua des 4. Teils des GWB unterfällt (vgl. auch § 2 Abs. 2 SektVO, § 3 Abs. 2 VSVgV).

20 Die Prüfung, ob der Vergaberechtsweg eröffnet ist, hat durch die angerufene Nachprüfungsinstanz vAw zu erfolgen.

21 **b) Statthafter Verfahrensgegenstand.** Weitere Statthaftigkeitsvoraussetzung eines Nachprüfungsverfahrens ist, dass es sich um einen zulässigen Verfahrensgegenstand („Vergabevorgang") handelt.

22 **aa) Materielles Verständnis.** § 155 GWB erwähnt in diesem Zusammenhang „die Vergabe öffentlicher Aufträge" (→ § 103 Rn. 6 ff.) sowie „von Konzessionen" (→ § 105 Rn. 4 ff.). Abgesehen von der wegen § 105 GWB konsequenten Erweiterung um Konzessionen ist diese Formulierung nach der bisherigen Rspr., die zT sogar mit den letzten Novellen Einzug ins GWB gefunden hat, aber längst zu eng, zumindest wenn man hierunter lediglich die Durchführung eines förmlichen Vergabeverfahrens versteht. Maßgeblich für die Eröffnung des Vergaberechtswegs ist vielmehr ein weites, **materielles Verständnis**[20] des relevanten Verfahrensgegenstands:

23 Allein schon aus EU-rechtlichen Gründen müssen von der Vergabekammer alle **„Entscheidungen der [öffentlichen] Auftraggeber"** (s. Art. 1 Abs. 1 UAbs. 4 der Rechtsmittel-Richtlinie 89/665/EWG idF der RL 2007/66/EG und RL 2014/23/EU[21]) nachprüfbar sein. Das Gleiche ergibt sich aus dem nationalen Vergaberecht: Wie § 160 Abs. 2 GWB zeigt, ist das Nachprüfungsverfahren vor den Vergabekammern eröffnet, wenn die Einhaltung von Vergabevorschriften nachzuprüfen ist, deren Nichtbeachtung ein Unternehmen in seinen Rechten nach § 97 Abs. 6 GWB verletzen kann. Dies ist nicht nur bei Maßnahmen eines Auftraggebers der Fall, die die eigentliche Vergabe, also den Zuschlag, betreffen.[22]

24 Nachprüfbar vor der Vergabekammer ist daher ebenfalls – wie ausdr. in § 135 Abs. 1 Nr. 2 GWB iVm Abs. 2 GWB geregelt (vgl. früher: § 101b Abs. 1 Nr. 2 iVm Abs. 2 GWB aF) – die Vergabe eines Auftrags ohne vorherige Veröffentlichung einer Bekanntmachung im Amtsblatt der Europäischen Union, ohne dass dies aufgrund Gesetzes gestattet ist. Dieser Tatbestand umfasst insbes. die Fälle, in denen ein Auftraggeber vergaberechtswidrig kein förmliches Vergabeverfahren durchführt, etwa weil er meint, hierzu nicht verpflichtet zu sein (sog. **De facto-Vergabe**). Gerade dieser „besonders schwerwiegende Vergabeverstoß",[23] nämlich vergaberechtswidrig nicht auszuschreiben, darf der Kontrolle durch die Nachprüfungsinstanzen nicht entzogen sein.[24] Die Unwirksamkeit eines solchen Vertrags-

---

[20] OLG Düsseldorf 19.7.2006 – VII-Verg 26/06, BeckRS 2007, 00389; 11.3.2002 – Verg 43/01, NZBau 2003, 55 = BeckRS 2002, 5216 mwN.

[21] Bzw. Art. 1 Abs. 1 UAbs. 4 der Rechtsmittel-RL „Sektoren" 92/13/EWG idF der RL 2007/66/EG und RL 2014/23/EU.

[22] BGH 18.2.2003 – X ZB 43/02, BGHZ 154, 32 (37) = NVwZ 2003, 1149 = BeckRS 2003, 2527.

[23] BayObLG 22.1.2002 – Verg 18/01, NZBau 2002, 397 = BeckRS 2002, 1914.

[24] EuGH 2.6.2005 – C-15/04, VergabeR 2005, 472 (475) = BeckRS 2005, 70403; 11.1.2005 – C-26/03, Slg. 2005, I-26 (41 ff.) = VergabeR 2005, 44 (48 ff.) = BeckRS 2005, 70003; BGH 1.2.2005 – X ZB 27/04, BGHZ 162, 116 (121) = NJW-RR 2005, 1439 = BeckRS 2005, 2748; OLG Düsseldorf 2.12.2009 – VII-Verg 39/09, NZBau 2010, 393 = BeckRS 2010, 4716 mwN; OLG Karlsruhe 12.11.2008 – 15 Verg 4/08, NZBau 2009, 403 = BeckRS 2009, 8821; OLG München 7.6.2005 – Verg 4/05, ZfBR 2005, 597 = BeckRS 2005, 18761; RKPP/Kus GWB § 155 Rn. 21; Immenga/Mestmäcker/Stockmann GWB § 155 Rn. 19 ff. mwN.

schlusses kann vor der Vergabekammer innerhalb der in § 135 Abs. 2 GWB iE genannten Fristen geltend gemacht werden (→ § 135 Rn. 48 ff., 70 ff.).[25]

Außerdem ist nicht nur die reine Vergabe eines öffentlichen Auftrags, also der Abschluss eines Vertrags, statthafter Verfahrensgegenstand vor der Vergabekammer, sondern auch die Frage, ob ein Vergabeverfahren zu Recht aufgehoben wurde (angeordnet wird dann ggf. die **„Aufhebung der Aufhebung"**).[26] Auch hierbei handelt es sich im o. g. unionsrechtlichen Sinne um eine „Entscheidung der [öffentlichen] Auftraggeber" im Zusammenhang mit einem öffentlichen Auftrag, die gem. Art. 1 Abs. 1 UAbs. 4 der Rechtsmittel-Richtlinie 89/665/EWG idF der RL 2007/66/EG und RL 2014/23/EU[27] nachprüfbar sein muss,[28] bzw. um eine Maßnahme eines Auftraggebers, die einen Bieter in seinen Rechten aus § 97 Abs. 6 GWB (hier iVm § 17 EU VOB/A, § 63 VgV, § 37 VSVgV) verletzen kann.[29] Ein Unternehmen kann also ggf. geltend machen, die (bereits erfolgte)[30] Aufhebung einer Ausschreibung durch den Auftraggeber sei rechtswidrig erfolgt, das Vergabeverfahren müsse – unter Einbeziehung des Angebots des Antragstellers – fortgeführt werden. Umgekehrt kann ein Antragsteller ggf. ebenfalls erfolgreich geltend machen, eine Ausschreibung sei **aufzuheben**, etwa weil nicht nur sein eigenes Angebot nicht berücksichtigt werden durfte, sondern sogar sämtliche Angebote nicht den Ausschreibungsbedingungen entsprechen (vgl. zu den Anordnungsbefugnissen der Vergabekammer in so einem Fall → § 168 Rn. 19 ff.[31]

Aus denselben o. g. Erwägungen, wonach jede „Entscheidung der (öffentlichen) Auftraggeber" bzw. jede Maßnahme, die einen Bieter in seinen Rechten nach § 97 Abs. 6 GWB verletzen kann, nachprüfbar sein muss, ist es für die Statthaftigkeit eines Nachprüfungsverfahrens außerdem **unerheblich**, ob es sich bei der zu vergebenden Leistung um die Ausübung einer **hoheitlichen Betätigung** (wie zB in einigen Bundesländern die Wahrnehmung rettungsdienstlicher Leistungen) handelt.[32] Auch

---

[25] Nach der früheren Rechtslage konnte sich ein Unternehmen unter bestimmten Voraussetzungen gem. § 13 S. 5, 6 VgV aF analog auf die Nichtigkeit eines de facto abgeschlossenen Vertrags berufen; vgl. nur BGH 1.2.2005 – X ZB 27/04, BGHZ 162, 116 (131 f.) = NJW-RR 2005, 1439 = BeckRS 2005, 2748; OLG Düsseldorf 2.12.2009 – VII-Verg 39/09, NZBau 2010, 393 = BeckRS 2010, 4716 mwN; OLG Celle 29.10.2009 – 13 Verg 8/09, NZBau 2010, 194 = BeckRS 2009, 86277.

[26] EuGH 18.6.2002 – C-92/00, VergabeR 2002, 361 (365 ff.) = BeckRS 2004, 77900; BGH 18.2.2003 – X ZB 43/02, BGHZ 154, 32 (37 f.) = NVwZ 2003, 1149 = BeckRS 2003, 2527; OLG Frankfurt a. M. 28.6.2005 – 11 Verg 21/04, BeckRS 2005, 32165; OLG Düsseldorf 3.1.2005 – VII-Verg 72/04, BeckRS 2005, 03165; OLG Naumburg 13.5.2003 – 1 Verg 2/03, NZBau 2004, 62 = BeckRS 2003, 7417.

[27] Bzw. Art. 1 Abs. 1 UAbs. 4 der Rechtsmittel-RL „Sektoren" 92/13/EWG idF der RL 2007/66/EG und RL 2014/23/EU.

[28] EuGH 2.6.2005 – C-15/04, Slg. 2005, I-4855 (4887 ff.), BeckRS 2005, 70403; 18.6.2002 – C-92/00, VergabeR 2002, 361 ff. = BeckRS 2004, 77900.

[29] BGH 18.2.2003 – X ZB 43/02, BGHZ 154, 32 (37 f.) = NVwZ 2003, 1149 = BeckRS 2003, 2527.

[30] Vgl. dazu, dass ein Antragsteller trotz § 168 Abs. 2 S. 2 GWB auch bereits durch Aufhebung erledigte Vergabeverfahren nachprüfen lassen darf: BGH 18.2.2003 – X ZB 43/02, BGHZ 154, 32 (39) = NVwZ 2003, 1149 = BeckRS 2003, 2527; OLG Celle 10.3.2016 – 13 Verg 5/15, NZBau 2016, 385 = BeckRS 2016, 5125 mwN.

[31] In diesem Fall wäre der Antragsteller in seinem Recht darauf verletzt, dass auch die Auftragsvergabe an einen der anderen Bieter unterbleibt, s. BGH 26.9.2006 – X ZB 14/06, VergabeR 2007, 59 (66 ff.) = BeckRS 2006, 12317; vgl. hierzu jurisPK-VergabeR/Summa GWB § 156 Rn. 64 ff.

[32] BGH 1.12.2008 – X ZB 31/08, NZBau 2009, 201 = BeckRS 2008, 26912 mwN zur früher vertretenen aA; BayObLG 28.5.2003 – Verg 7/03, BeckRS 2003, 07750 mwN zur aA.

sonst ist es mangels entspr. Differenzierung im EU- oder deutschen Vergaberecht unerheblich, ob es um die Nachprüfung der Vergabe eines **öffentlich-rechtlichen oder** des Abschlusses eines **privatrechtlichen Vertrages** geht.[33] Zur Vergaberechtsfreiheit sog. Inhouse-Vergaben → § 108 Rn. 8 ff.

27 **bb) Reichweite. Kein** statthafter Verfahrensgegenstand vor einer Vergabekammer ist demgegenüber die reine **Markterkundung**[34] (vgl. § 28 VgV) oder andere rein vorbereitende Maßnahmen, die sich im Rahmen bloßer interner Überlegungen des Auftraggebers im Zusammenhang mit der Vergabe eines öffentlichen Auftrags abspielen.[35]

28 Positiv formuliert, setzt ein Nachprüfungsverfahren voraus, dass ein Vergabevorgang, sei es als förmliches Vergabeverfahren, sei es als De facto-Vergabe, **bereits begonnen** hat. Um einen zulässigen Verfahrensgegenstand zuverlässig und objektiv von rein internen Vorbereitungshandlungen eines Auftraggebers abgrenzen zu können, setzt dies zweierlei voraus: *Erstens* den Entschluss eines Auftraggebers, eine bestimmte Liefer-, Bau- oder Dienstleistung zu beschaffen bzw. eine Konzession zu vergeben, *zweitens* muss die externe Umsetzung dieses Entschlusses erkennbar begonnen haben, indem der Auftraggeber bestimmte Maßnahmen ergriffen hat, das leistende Unternehmen mit dem Ziel eines Vertragsschlusses zu ermitteln und auszuwählen (hier kommen insbes. zB die Einholung von Angeboten oder die Aufnahme konkreter Vertragsverhandlungen mit einem Interessenten in Betracht).[36] S. grds. zur Nachprüfbarkeit von Handlungen eines Auftraggebers vor einem Vergabeverfahren (zB die Festlegung der zu beschaffenden Leistung) → § 156 Rn. 18 f.

29 Hieraus folgt umgekehrt, dass vor den Nachprüfungsinstanzen **kein vorbeugender Rechtsschutz** auf Unterlassung bzw. Durchführung eines zukünftigen Vergabeverfahrens mit einem bestimmten Inhalt gewährt wird,[37] auch nicht, wenn die

---

[33] EuGH 18.11.2004 – C-126/03, Slg. 2004, I-11197 (11215 f.) = IBRRS 2004, 3592; BGH 1.12.2008 – X ZB 31/08, NZBau 2009, 201 = BeckRS 2008, 26912 mwN; OLG Düsseldorf 13.6.2007 – VII-Verg 2/07, NZBau 2007, 530 = BeckRS 2007, 9926; OLG Frankfurt a. M. 7.9.2004 – 11 Verg 11/04, NZBau 2004, 692 = BeckRS 2004, 9213.

[34] BGH 1.2.2005 – X ZB 27/04, BGHZ 162, 116 (122) = NJW-RR 2005, 1439 = BeckRS 2005, 2748; OLG München 19.7.2012 – Verg 8/12, ZfBR 2012, 715 = BeckRS 2012, 16370; 7.6.2005 – Verg 4/05, ZfBR 2005, 597 = BeckRS 2005, 18761; OLG Düsseldorf 8.5.2002 – Verg 8/01, IBRRS 2003, 0298; BayObLG 22.1.2002 – Verg 18/01, NZBau 2002, 397 = BeckRS 2002, 1914; VK Bund 2.2.2006 – VK 2–2/06, BeckRS 2006, 136071.

[35] EuGH 11.1.2005 – C-26/03, Slg. 2005, I-26 (41 ff.) = VergabeR 2005, 44 (49) = BeckRS 2005, 70003; OLG Düsseldorf 19.7.2006 – VII-Verg 27/06, BeckRS 2007, 00389 mwN; Müller-Wrede/Spinzig GWB § 155 Rn. 24 f mwN.

[36] OLG Düsseldorf 16.6.2021 – VII-Verg 8/21 mwN; 27.6.2018 – VII-Verg 59/17, NZBau 2018, 696 = BeckRS 2018, 19915; OLG Celle 30.10.2014 – 13 Verg 8/14, ZfBR 2015, 410 = BeckRS 2014, 20382; OLG München 19.7.2012 – Verg 8/12, NZBau 2014, 780 = BeckRS 2012, 16370; OLG Düsseldorf 21.7.2010 – VII-Verg 19/10, NZBau 2010, 582 = BeckRS 2010, 17501 mwN; vgl. auch EuGH 11.1.2005 – C-26/03, Slg. 2005, I-26 (41 ff.) = VergabeR 2005, 44 (49) = BeckRS 2005, 70003, eine Nachprüfungsmöglichkeit steht einem Unternehmen „von dem Zeitpunkt an zur Verfügung, zu dem der Wille des öffentlichen Auftraggebers, der Rechtswirkungen entfalten kann, geäußert wird"; Müller-Wrede/Spinzig GWB § 155 Rn. 24 ff., § 156 Rn. 40 ff.; jurisPK-VergabeR/Summa GWB § 156 Rn. 43 ff. mit weiteren Beispielen.

[37] OLG Düsseldorf 16.6.2021 – VII-Verg 8/21; 10.3.2014 – VII-Verg 11/14, BeckRS 2014, 8972; OLG Frankfurt a. M. 25.9.2000 – 11 Verg 2/99, IBRRS 2003, 0986; OLG Naumburg 13.5.2003 – 1 Verg 2/03, NZBau 2004, 62 = BeckRS 2003, 7417; BayObLG 22.1.2002 – Verg 18/01, NZBau 2002, 397 = BeckRS 2002, 1914; jurisPK-VergabeR/Summa GWB § 155 Rn. 5.

Grundsatz **§ 155 GWB**

Gefahr besteht, ein Auftraggeber werde einen Auftrag oder eine Konzession ohne ein förmliches Vergabeverfahren vergeben.[38]

Aus allg. vertragsrechtlichen Grundsätzen, die auch bei der Vergabe öffentlicher 30 Aufträge und von Konzessionen gelten, folgt ein Weiteres: Ein Auftraggeber ist nicht verpflichtet, überhaupt etwas zu beschaffen, ebenso wenig muss er eine öffentliche Ausschreibung zu Ende führen, wenn er – aus welchen Gründen auch immer – von der Beschaffung einer Leistung bzw. der Vergabe einer Konzession Abstand nehmen will; auch ein öffentlicher Auftraggeber unterliegt **keinem Kontrahierungszwang**. Auch solche Ansprüche können also in einem Nachprüfungsverfahren nicht erfolgreich geltend gemacht werden.[39] Damit ein Auftraggeber seine Ausschreibungspflicht nicht unterlaufen kann, ist ein Nachprüfungsantrag im Falle der Beendigung eines Vergabeverfahrens ohne Zuschlagserteilung aber nur dann nicht erfolgreich, wenn der Auftraggeber endgültig das Vergabeverfahren beendet und seine Beschaffungsabsicht auch anderweitig nicht mehr umsetzen will.[40] Zumindest dies kann also von den Nachprüfungsinstanzen überprüft und ggf. eine Rechtsverletzung festgestellt werden (iE → § 168 Rn. 19 ff.).

cc) Ende der Statthaftigkeit. Ein Nachprüfungsverfahren ist **nicht (mehr)** 31 **statthaft**, wenn der Zuschlag „wirksam" erteilt worden ist, § 168 Abs. 2 S. 1 GWB. Das heißt, die Vergabekammer kann einen wirksamen Zuschlag nicht aufheben, selbst wenn das Vergabeverfahren vergabefehlerhaft durchgeführt worden sein sollte.[41] Ein Nachprüfungsantrag, der nach wirksamer Zuschlagserteilung bei der Vergabekammer eingeht, ist grds. Unzulässig. Auch ein zulässiger Feststellungsantrag nach § 168 Abs. 2 S. 2 GWB setzt voraus, dass der Zuschlag erst nach Eingang des Nachprüfungsantrags bei der Vergabekammer erteilt wurde (iE → § 168 Rn. 22, 31).

Bei Durchführung eines förmlichen Vergabeverfahrens hängt die **Wirksamkeit** 32 **der Zuschlagserteilung** vor allem von der ordnungsgemäßen Information nach § 134 GWB ab (vgl. § 135 Abs. 1 Nr. 1 GWB). Sowohl in diesem Fall, aber auch wenn überhaupt kein förmliches Vergabeverfahren durchgeführt wurde (also im Fall der vergaberechtswidrigen De facto-Vergabe), sieht § 135 Abs. 2 GWB vor, dass die Unwirksamkeit eines Vertrages innerhalb einer bestimmten Frist geltend gemacht werden muss. Sind die in § 135 Abs. 2 GWB genannten Fristen abgelaufen, ist auch ein rechtswidrig ohne ordnungsgemäße Information nach § 134 GWB oder de facto abgeschlossener Vertrag im Interesse der Rechtssicherheit von Anfang an wirksam.

---

[38] OLG Düsseldorf 29.10.2008 – VII-Verg 35/08, BeckRS 2009, 12538.

[39] EuGH 11.12.2014 – C-440/13, ECLI:EU:C:2014:2435 = NZBau 2015, 109 = IBRRS 2014, 3171; EuG 17.12.1998 – T-203/96, Slg. 1998, II-4242 (4259 f.) = BeckRS 1998, 155408; BGH 20.3.2014 – X ZB 18/13, NZBau 2014, 310 = BeckRS 2014, 7310; 18.2.2003 – X ZB 43/02, BGHZ 154, 32 (40 f.) = NVwZ 2003, 1149 = BeckRS 2003, 2527; 8.9.1998 – X ZR 48/97, NJW 1998, 3636 (3639) = BeckRS 1998, 30023538; 8.9.1998 – X ZR 99/96, NJW 1998, 3640 (3643) = BeckRS 1998, 30023562; OLG Frankfurt a. M. 28.6.2005 – 11 Verg 21/04, BeckRS 2005, 32165; OLG Naumburg 13.5.2003 – 1 Verg 2/03, NZBau 2004, 62 = BeckRS 2003, 7417; OLG Düsseldorf 15.3.2000 – Verg 4/00, NZBau 2000, 306 (307 f.) = BeckRS 2000, 3783.

[40] BGH 18.2.2003 – X ZB 43/02, BGHZ 154, 32 (41 f.) = NVwZ 2003, 1149 = BeckRS 2003, 2527; OLG Düsseldorf 19.11.2003 – VII-Verg 59/03, ZfBR 2004, 202 = BeckRS 2003, 17898; OLG Naumburg 13.5.2003 – 1 Verg 2/03, NZBau 2004, 62 = BeckRS 2003, 7417.

[41] S. hierzu die Begr. zum Entwurf der BReg eines Gesetzes zur Änderung der Rechtsgrundlagen für die Vergabe öffentlicher Aufträge (Vergaberechtsänderungsgesetz – VgRÄG), BT-Drs. 13/9340, 17 (zu § 114 GWB-RegE); vgl. auch BGH 1.2.2005 – X ZB 27/04, BGHZ 162, 116 (125) = NJW-RR 2005, 1439 = BeckRS 2005, 2748; 19.12.2000 – X ZB 14/00, BGHZ 146, 202 (206 f.) = NJW 2001, 1492 = BeckRS 2001, 861; VK Bund 13.6.2022 – VK 1–47/22, BeckRS 2022, 18438.

GWB § 155

33 Nach wirksamer Zuschlagserteilung kann ein Unternehmen nur noch **Sekundäransprüche** geltend machen, insbes. auf Schadensersatz; zuständig sind die Zivilgerichte (§ 13 GVG), vgl. auch § 156 Abs. 3 GWB.[42] Dies ist auch EU-rechtskonform. Art. 2 Abs. 7 UAbs. 2 der Rechtsmittel-Richtlinie 89/665/EWG idF der RL 2007/66/EG und RL 2014/23/EU[43] gestattet es den Mitgliedstaaten ausdrücklich, die Ansprüche eines Unternehmens nach Zuschlagserteilung auf Schadensersatz zu beschränken.[44]

34 Allein eine **Aufhebung der Ausschreibung** beendet ein Vergabeverfahren jedoch ggf. nicht. Auch eine solche Entscheidung eines Auftraggebers ist daher in einem Nachprüfungsverfahren überprüfbar (→ Rn. 25). Zur Statthaftigkeit eines Nachprüfungsverfahrens im Falle der Geltendmachung von Rechtsverletzungen, die erst nach Abschluss des Vergabeverfahrens eintreten → § 156 Rn. 18.

2. Besondere Zulässigkeitsvoraussetzungen eines Nachprüfungsverfahrens

35 a) **Ordnungsgemäßer Antrag, § 161 GWB.** Das Nachprüfungsverfahren wird auf schriftlichen Antrag eingeleitet, §§ 160 Abs. 1, 161 Abs. 1 GWB. Die hierbei einzuhaltenden formalen Voraussetzungen ergeben sich aus § 161 GWB (iE → § 161 Rn. 2 ff.). Sofern der Antrag nicht offensichtlich unzulässig oder unbegründet ist, übermittelt die Vergabekammer dem Auftraggeber eine Kopie hiervon (§ 163 Abs. 2 S. 3 GWB). Hierdurch wird ein Zuschlagsverbot ausgelöst, dh der Auftraggeber darf vor einer Entscheidung der Vergabekammer und dem Ablauf der Beschwerdefrist nach § 172 Abs. 1 GWB den Zuschlag nicht erteilen (§ 169 Abs. 1 GWB).

36 b) **Antragsbefugnis, § 160 Abs. 2 GWB.** Ein Nachprüfungsantrag ist nur dann zulässig, wenn das antragstellende Unternehmen antragsbefugt ist. Das heißt, das Unternehmen muss ein Interesse am Auftrag oder der Konzession haben und „eine Verletzung in seinen Rechten nach § 97 Abs. 6 GWB durch Nichtbeachtung von Vergabevorschriften" geltend machen (vgl. dazu, welche Ansprüche in einem Nachprüfungsverfahren geltend gemacht werden können, → § 156 Rn. 6 ff.). Hieran sind aus Gründen des effektiven Rechtsschutzes grds. keine hohen Anforderungen zu stellen.[45] So wird das erforderliche Interesse regelmäßig ggf. allein schon durch die Abgabe eines Angebots belegt. Eine Rechtsverletzung ist idR dann hinreichend iSd § 160 Abs. 2 GWB geltend gemacht, wenn der Tatsachenvortrag des Antragstellers geeignet ist, die Missachtung von Vergabevorschriften darzutun (iE → § 160 Rn. 17 ff.).[46]

---

[42] So schon die BReg in ihrer Begr. zum Entwurf eines Vergaberechtsänderungsgesetzes 1997 sowie in ihrer Gegenäußerung zur Stellungnahme des Bundesrats hierzu, BT-Drs. 13/9340, 17, 50 (zu § 114 GWB-RegE bzw. zu Nr. 21); BGH 19.12.2000 – X ZB 14/00, BGHZ 146, 202 (206) = NJW 2001, 1492 = BeckRS 2001, 861; OLG Düsseldorf 26.1.2022 – VII-Verg 30/21; OLG Naumburg 29.10.2009 – 1 Verg 5/09, BeckRS 2010, 1733; OLG Düsseldorf 23.5.2007 – VII-Verg 14/07, BeckRS 2016, 21210 mwN.

[43] Bzw. Art. 2 Abs. 6 UAbs. 2 der Rechtsmittel-RL „Sektoren" 92/13/EWG idF der RL 2007/66/EG und RL 2014/23/EU.

[44] EuGH 9.9.2004 – C-125/03, NZBau 2004, 563 = BeckRS 2004, 75711; BGH 19.12.2000 – X ZB 14/00, BGHZ 146, 202 (209) = NJW 2001, 1492 = BeckRS 2001, 861; OLG Düsseldorf 23.5.2007 – VII-Verg 14/07, BeckRS 2016, 21210; 23.1.2006 – VII-Verg 96/05, NZBau 2005, 537 = BeckRS 2006, 2918 mwN.

[45] BVerfG 29.7.2004 – 2 BvR 2248/03, NZBau 2004, 564 f. = BeckRS 2004, 24226; BGH 26.9.2006 – X ZB 14/06, VergabeR 2007, 59 (61 ff.) = BeckRS 2006, 12317 mwN.

[46] Siehe nur BGH 26.9.2006 – X ZB 14/06, VergabeR 2007, 59 (62 ff.) = BeckRS 2006, 12317.

Grundsatz **§ 155 GWB**

c) Rechtzeitige Rüge, § 160 Abs. 3 S. 1 Nr. 1–3 GWB. Der Antragsteller 37 muss außerdem die in seinem Nachprüfungsantrag geltend gemachten Verstöße gegen Vergabevorschriften rechtzeitig gerügt haben. Die hierbei einzuhaltenden Fristen ergeben sich aus § 160 Abs. 3 S. 1 Nr. 1–3 GWB (→ § 160 Rn. 36 ff.).

d) Besondere Frist im Falle einer Nichtabhilfemitteilung, § 160 Abs. 3 38 **S. 1 Nr. 4 GWB.** Mit der GWB-Novelle 2009 wurde eine besondere Frist eingeführt, innerhalb der ein Nachprüfungsverfahren eingeleitet werden muss: Ein Nachprüfungsantrag ist unzulässig, wenn mehr als 15 Kalendertage nach Eingang der Mitteilung des Auftraggebers, einer Rüge nicht abhelfen zu wollen, vergangen sind. Wie § 160 Abs. 3 S. 1 Nr. 1 GWB aE nunmehr klarstellt, wird die Stillhaltefrist des § 134 Abs. 2 GWB hierdurch jedoch nicht verlängert. Das heißt, der Auftraggeber darf den Zuschlag ggf. bereits zehn Kalendertage nach Absendung der Information nach § 134 Abs. 1 GWB erteilen, auch wenn die 15-Tage-Frist (die ihrem Wortlaut nach ohnehin nur für den Antragsteller läuft und daher schon aus diesem Grund nicht den Auftraggeber binden kann) noch nicht abgelaufen ist (→ § 160 Rn. 55 ff.).

3. Weitere Zulässigkeitsvoraussetzungen bei besonderen Verfahrensarten

In einem Nachprüfungsverfahren geht es im Regelfall um die Wahrnehmung von 39 Primäransprüchen, also um das Interesse des Antragstellers auf Erhalt des öffentlichen Auftrags oder der Konzession. Das Verfahrensziel besteht daher grds. darin, dass die Vergabekammer in ein laufendes Vergabeverfahren eingreift und im Falle des Rechtsverletzung des Antragstellers zur Beseitigung des Vergaberechtsverstoßes das Vergabeverfahren soweit wie erforderlich zurückversetzt, so dass ggf. eine fehlerhafte Angebotsaufforderung oder die Angebotswertung vom Auftraggeber wiederholt werden muss. Solche Nachprüfungsanträge sind bereits dann zulässig, wenn die unter → Rn. 18 ff. genannten Voraussetzungen erfüllt sind.

Demgegenüber erfordern einige Verfahrensarten vor der Vergabekammer die 40 Erfüllung weiterer besonderer Zulässigkeitsvoraussetzungen:
- Im Falle von Verstößen gegen die Informations- und Wartepflicht nach § 134 GWB und der rechtswidrigen **De facto-Vergabe** iSd § 135 Abs. 1 Nr. 2 GWB ist ein Nachprüfungsverfahren nur dann zulässig, wenn dieser Verstoß rechtzeitig innerhalb der in **§ 135 Abs. 2 GWB** genannten Fristen geltend gemacht worden ist (iE → § 135 Rn. 70 ff.).
- Wenn sich das Nachprüfungsverfahren durch wirksame Erteilung des Zuschlags, durch Aufhebung oder durch Einstellung des Vergabeverfahrens oder in sonstiger Weise erledigt hat, kann die Vergabekammer auf Antrag eines Beteiligten feststellen, ob eine Rechtsverletzung vorgelegen hat, **§ 168 Abs. 2 S. 2, 3 GWB**. Ein solches Feststellungsverfahren setzt *erstens* voraus, dass der ursprüngliche Nachprüfungsantrag, wenn keine Erledigung eingetreten wäre, zulässig und begründet gewesen wäre. Das bedeutet, dass sich das Nachprüfungsverfahren nach dessen Einleitung erledigt haben darf, indem zB die Aufhebung des Vergabeverfahrens erst nach Einreichung des Nachprüfungsantrags erfolgt ist.[47] *Zweitens* muss der Antragsteller ein besonderes **Feststellungsinteresse** darlegen, etwa einen Anspruch auf Schadensersatz (iE → § 168 Rn. 38 ff.).[48]

4. Weitere Ansprüche eines Unternehmens

Die ausschl. Zuständigkeit der Vergabekammer bezieht sich grds. nur auf den 41 Primärrechtsschutz gegen die Vergabe öffentlicher Aufträge oder von Konzessionen

---

[47] OLG Düsseldorf 5.4.2023 – VII-Verg 27/22.
[48] BGH 17.9.2019 – X ZR 124/18, BeckRS 2019, 26913; OLG Düsseldorf 26.1.2022 – VII-Verg 30/21; VK Bund 13.6.2022 – VK 1–47/22, BeckRS 2022, 18438.

(im hier weit zu verstehenden Sinne, → Rn. 22 ff.). Unberührt bleiben die einem Unternehmen ggf. ebenfalls zustehenden **kartell- oder wettbewerbsrechtlichen Ansprüche** sowie **Ansprüche auf Schadensersatz** aus anderen Vorschriften, vgl. § 156 Abs. 3 GWB. Für die Durchsetzung von Sekundäransprüchen sind die ordentlichen Gerichte zuständig (§ 13 GVG).

5. Verfahrensrecht der Vergabekammern

42 Die Befugnisse der Vergabekammern sowie die wesentlichen verfahrensrechtlichen Grundsätze ergeben sich unmittelbar aus dem **GWB**: Die Zulässigkeitsvoraussetzungen eines Nachprüfungsverfahrens (→ Rn. 18–40), die einzuhaltenden Vorgaben an die Beiladung (§ 162 GWB), die Grundsätze der Amtsermittlung (§ 163 GWB), die Voraussetzungen für die Durchführung einer Akteneinsicht (§ 165 GWB) und einer mündlichen Verhandlung (§ 166 GWB), die Vorgaben an den raschen Abschluss des Verfahrens (§ 167 GWB), an die Entscheidung der Vergabekammer (§ 168 GWB) und deren Vollstreckung und schließlich an die besonderen Befugnisse der Vergabekammern im Zusammenhang mit dem aufgrund des Nachprüfungsverfahrens grds. bestehenden Zuschlagsverbot (§ 169 GWB).

43 Soweit diese Vorschriften jedoch keine Regelungen enthalten, ist umstritten, auf welche Normen ergänzend zurückzugreifen ist. So wird zT zumindest für den Fall der Ablehnung eines Mitglieds der Vergabekammer wegen des Besorgnisses der Befangenheit vertreten, dass wegen des gerichtsähnlichen Vergabenachprüfungsverfahrens die VwGO anzuwenden sei.[49] Zutreffend ist jedoch grds. der Rückgriff auf das **Verwaltungsverfahrensgesetz** (VwVfG) des Bundes bzw. des betreffenden Bundeslandes[50] (speziell zur Absetzung wegen Befangenheit → § 157 Rn. 13). Die Vergabekammern sind zwar mit gerichtsähnlichen Befugnissen ausgestattet und auch ihr Verfahren ist wie bei einem Gericht kontradiktorisch ausgestaltet. Dies ändert jedoch nichts daran, dass die Vergabekammern keine Gerichte iSd Art. 92 GG, sondern Verwaltungsbehörden sind.[51] Dies verdeutlicht nicht nur deren Bezeichnung als Nachprüfungs„behörden" (s. die Überschrift des Kapitels 2, Abschn. 1, des 4. Teils des GWB), sondern vor allem § 168 Abs. 3 S. 1 GWB, wonach die Entscheidung der Vergabekammer als Verwaltungsakt ergeht. Ein Rückgriff auf die

---

[49] OLG Düsseldorf 23.1.2006 – VII-Verg 96/05, NZBau 2005, 537 = BeckRS 2006, 2918; VK Bund 4.10.2012 – VK 3–111/12, BeckRS 2013, 806; 5.10.2012 – VK 3–114/12, BeckRS 2013, 799; aA OLG Naumburg 3.3.2000 – 1 Verg 2/99, BeckRS 2000, 30471210; OLG Jena 22.12.1999 – 6 Verg 3/99, NZBau 2000, 349 (350) = BeckRS 2000, 2552; vgl. auch (zur Abberufung eines Vergabekammermitglieds) HmbOVG 30.6.2005 – 1 Bs 182/05, NVwZ 2005, 1447 = BeckRS 2005, 28654: Anwendbarkeit des VwVfG.

[50] BGH 9.12.2003 – X ZB 14/03, VergabeR 2004, 414 (416) = BeckRS 2004, 2243; HmbOVG 30.6.2005 – 1 Bs 182/05, NVwZ 2005, 1447 = BeckRS 2005, 28654; OLG Düsseldorf 14.11.2012 – VII-Verg 42/12, BeckRS 2013, 2327; 12.5.2011 – VII-Verg 32/11, BeckRS 2011, 23543, mwN; OLG Naumburg 3.3.2000 – 1 Verg 2/99, BeckRS 2000, 30471210; OLG Jena 22.12.1999 – 6 Verg 3/99, NZBau 2000, 349 (350) = BeckRS 2000, 2552; Begr. zum Entwurf der BReg eines Gesetzes zur Änderung der Rechtsgrundlagen für die Vergabe öffentlicher Aufträge (Vergaberechtsänderungsgesetz – VgRÄG), BT-Drs. 13/9340, 18 (zu § 120 GWB-RegE); Immenga/Mestmäcker/Dreher GWB Vor §§ 97 ff. Rn. 190; RKPP/Kus GWB § 155 Rn. 17; Immenga/Mestmäcker/Stockmann GWB § 102 Rn. 8 mwN.

[51] Vgl. deutlich auch BGH 25.10.2011 – X ZB 5/10, NZBau 2012, 186 = BeckRS 2012, 2820; 29.9.2009 – X ZB 1/09, VergabeR 2010, 66 (68) = BeckRS 2009, 28938; 9.12.2003 – X ZB 14/03, VergabeR 2004, 414 (416) = BeckRS 2004, 2243; HmbOVG 30.6.2005 – 1 Bs 182/05, NVwZ 2005, 1447 = BeckRS 2005, 28654; OLG Naumburg 3.3.2000 – 1 Verg 2/99, BeckRS 2000, 30471210; RKPP/Kus GWB § 155 Rn. 17; Immenga/Mestmäcker/Stockmann GWB § 102 Rn. 8.

ZPO oder die VwGO ist daher mangels Vergleichbarkeit der Sachverhalte nicht angezeigt.[52] Auch unionsrechtlich ist dies nicht geboten, denn alle wesentlichen Regelungen und Befugnisse, die gem. den EU-Rechtsmittel-Richtlinien 89/665/ EWG und 92/13/EWG jew. idF der RL 2007/66/EG und RL 2014/23/EU auf jeden Fall den Vergabekammern zur Verfügung stehen müssen, sind bereits wie oben aufgezeigt im 4. Teil des GWB selbst enthalten.[53] Vgl. dazu, welche Vorschriften auf die Entscheidungen der Vergabekammern anzuwenden sind (insbes. §§ 48, 49 VwVfG), → § 168 Rn. 49 ff.

§ 156 Vergabekammern

(1) **Die Nachprüfung der Vergabe öffentlicher Aufträge und der Vergabe von Konzessionen nehmen die Vergabekammern des Bundes für die dem Bund zuzurechnenden öffentlichen Aufträge und Konzessionen, die Vergabekammern der Länder für die diesen zuzurechnenden öffentlichen Aufträge und Konzessionen wahr.**

(2) **Rechte aus § 97 Absatz 6 sowie sonstige Ansprüche gegen Auftraggeber, die auf die Vornahme oder das Unterlassen einer Handlung in einem Vergabeverfahren gerichtet sind, können nur vor den Vergabekammern und dem Beschwerdegericht geltend gemacht werden.**

(3) **Die Zuständigkeit der ordentlichen Gerichte für die Geltendmachung von Schadensersatzansprüchen und die Befugnisse der Kartellbehörden zur Verfolgung von Verstößen insbesondere gegen die §§ 19 und 20 bleiben unberührt.**

Literatur: Antweiler, Verwaltungsgerichtlicher Rechtsschutz gegen Vergaberechtsverstöße in Genehmigungsverfahren, NZBau 2009, 362; Burgi, 20 Jahre Rechtsschutz durch Vergabekammern, NZBau 2020, 3; Byok/Dissmann/Müller-Kabisch, Wettbewerbsrechtliche Rechtsschutzmöglichkeiten des Bieters bei Auftragsvergaben der öffentlichen Hand, WuW 2009, 269; Ennuschat, Kommunalwirtschaftsrecht – Prüfungsmaßstab im Vergaberechtsschutz, NVwZ 2008, 966; Ennuschat, Rechtsschutz privater Wettbewerber gegen kommunale Konkurrenz, WRP 2008, 883; Hertwig, Der Staat als Bieter, NZBau 2008, 355; Hertwig, Uneingeschränkte Relevanz des Gemeindewirtschaftsrechts im Vergabenachprüfungsverfahren, NZBau 2009, 355; Jaeger, Reichweite und Grenzen der Beschaffungsfreiheit des öffentlichen Auftraggebers, ZWeR 2011, 365; Ortner, Wirtschaftliche Betätigung des Staates und Vergaberecht, VergabeR 2009, 850; Scharen, Patentschutz und öffentliche Vergabe, GRUR 2009, 345.

Übersicht

	Rn.
I. Bedeutung der Vorschrift	1
1. Änderungen gegenüber dem früheren Recht	2
2. Regelungsgehalt	3
II. Zuständigkeitsabgrenzung zwischen den Vergabekammern des Bundes und der Länder (Abs. 1)	4
III. Prüfungsumfang der Vergabekammern (Abs. 2)	5
1. Ausschließliche Zuständigkeit der Vergabekammern	5
2. Prüfungsumfang iE: Rechte aus § 97 Abs. 6 GWB und „sonstige Ansprüche"	6
a) Rechte aus § 97 Abs. 6 GWB	7
b) Sonstige Ansprüche	8

---

[52] BGH 9.12.2003 – X ZB 14/03, VergabeR 2004, 414 (415 f.) = BeckRS 2004, 2243.
[53] BSG 22.4.2008 – B 1 SF 1/08 R, VergabeR 2008, 693 (701) = BeckRS 2008, 53022.

GWB § 156

	Rn.
aa) Anspruchsgegner	11
bb) Handlung in einem Vergabeverfahren	13
IV. Zuständigkeit der ordentlichen Gerichte und der Kartellbehörden (Abs. 3)	21

I. Bedeutung der Vorschrift

1 § 156 GWB ist die Grundnorm für die Abgrenzung der Zuständigkeiten der Vergabekammern des Bundes und der Länder sowie für den Umfang der von diesen zu prüfenden Ansprüche.

1. Änderungen gegenüber dem früheren Recht

2 Gegenüber § 104 GWB aF wurde § 156 GWB zum 18.4.2016 insoweit geändert, als dass in § 156 Abs. 1 GWB konsequent auch die seinerzeit neu eingeführte Nachprüfung der Konzessionsvergabe erwähnt wird.[1] Mit der Erweiterung der nachprüfbaren Vergabeverfahren hängt ebenfalls die Änderung der potenziellen Antragsgegner in Abs. 2 zusammen: Nachdem sich ein Nachprüfungsantrag früher nur gegen „öffentliche Auftraggeber" richtete (s. § 104 Abs. 2 GWB aF), wurde das Adjektiv „öffentlich" jetzt gestrichen. Denn auch der Auftraggeberbegriff in § 98 GWB wurde mit der letzten GWB-Novelle in „öffentliche Auftraggeber" iSd § 99 GWB, Sektorenauftraggeber iSd § 100 GWB und Konzessionsgeber iSd § 101 GWB aufgeteilt. Die weitere Änderung ggü. § 104 GWB aF ist ebenfalls eine Folgeänderung: Da sich die Ansprüche von Unternehmen in Vergabeverfahren jetzt nicht mehr aus § 97 Abs. 7 GWB aF, sondern aus § 97 Abs. 6 GWB ergeben, wurde der Verweis in Abs. 2 (regelungsgleich) entspr. geändert. Da der Regelungsgehalt dieser Norm sonst nicht geändert wurde, kann bei der Anwendung und Auslegung dieser Vorschrift auf die Rspr. und Lit. zur früheren Rechtslage zurückgegriffen werden.

2. Regelungsgehalt

3 § 156 Abs. 1 GWB grenzt grob die **Zuständigkeiten** der Vergabekammern des Bundes einerseits und der Vergabekammern der Länder andererseits voneinander ab (die Einzelheiten folgen aus § 159 GWB). In Abs. 2 wird geregelt, **welche Ansprüche** ein Unternehmen vor den Vergabekammern geltend machen kann und bestimmt damit den Prüfungsumfang, der den Vergabekammern bei der Beurteilung der Rechtmäßigkeit einer Entscheidung eines Auftraggebers in einem Vergabeverfahren zusteht. Abs. 3 schließlich stellt klar, dass die Zuständigkeit der ordentlichen Gerichte für die Geltendmachung von Schadensersatzansprüchen (vgl. § 13 GVG) und der Kartellbehörden zur Verfolgung von Verstößen insbes. gegen die §§ 19 und 20 GWB (selbstverständlich) von der Zuständigkeit der Vergabekammern unberührt bleiben.

II. Zuständigkeitsabgrenzung zwischen den Vergabekammern des Bundes und der Länder (Abs. 1)

4 § 156 Abs. 1 GWB enthält eine erste grobe Regel, wie die Zuständigkeiten der Vergabekammern des Bundes einerseits und die der Länder andererseits voneinander abzugrenzen sind: Maßgeblich ist, wem der nachzuprüfende Auftrag bzw. die Konzession **„zuzurechnen"** ist – dem Bund oder den Ländern. Wie § 159 GWB zeigt,

---

[1] Begr. zum Entwurf der BReg eines Vergaberechtsmodernisierungsgesetzes, BT-Drs. 18/6281, 134 (zu § 156 GWB-E).

bestimmt sich dies wiederum nach dem jew. Auftraggeber: Ist dies der Bund selbst oder insbes. ein Auftraggeber iSd § 99 Nr. 2 GWB, an dem der Bund iSd § 159 Abs. 1 Nr. 2 GWB überwiegend beteiligt ist (sei es über die Verwaltung, Finanzierung, Aufsicht, Bestimmung der Geschäftsführung oder des zur Aufsicht berufenen Organs), oder ein Sektorenauftraggeber oder Konzessionsgeber, auf den der Bund einen beherrschenden Einfluss iSd § 159 Abs. 1 Nr. 3 GWB ausübt, sind die Vergabekammern des Bundes für die Nachprüfung etwaiger Vergabevorgänge zuständig (vgl. zum für die Statthaftigkeit eines Nachprüfungsverfahrens weit zu fassenden Auftragsbegriff → § 155 Rn. 22 ff.). Liegen diese Voraussetzungen nicht vor, ist dementsprechend eine Vergabekammer des betreffenden Bundeslands zuständig. Die Einzelheiten ergeben sich aus § 159 GWB (→ § 159 Rn. 1 ff.).

III. Prüfungsumfang der Vergabekammern (Abs. 2)

1. Ausschließliche Zuständigkeit der Vergabekammern

§ 156 Abs. 2 GWB betont zunächst noch einmal die ausschließliche Zuständigkeit der Vergabekammern,[2] die sich bereits aus der Schaffung des besonderen Vergaberechtswegs in § 155 GWB ergibt: Vergaberechtliche Ansprüche können **„nur" vor den Vergabekammern und dem zuständigen Beschwerdegericht** geltend gemacht werden. Entspr. Anträge auf einstweilige Verfügung vor dem Zivilgericht zB auf Untersagung der Zuschlagserteilung sind daher bereits aus diesem Grund unzulässig.[3] Durchbrochen wird dieser Ausschließlichkeitsgrundsatz nur von der „unbeschadet" bleibenden Prüfungsmöglichkeit der Aufsichtsbehörden (Dienst-, Fach- und Rechtsaufsicht) und der weiterhin bestehenden Möglichkeit, Vergabeprüfstellen einzurichten bzw. beizubehalten (→ § 155 Rn. 9, 14 f.).

2. Prüfungsumfang iE: Rechte aus § 97 Abs. 6 GWB und „sonstige Ansprüche"

Darüber hinaus stellt § 156 Abs. 2 GWB klar, **welche Ansprüche** ein Antragsteller im Vergaberechtsweg geltend machen kann, nämlich „Rechte aus § 97 Abs. 6" GWB „sowie sonstige Ansprüche gegen Auftraggeber, die auf die Vornahme oder das Unterlassen einer Handlung in einem Vergabeverfahren gerichtet sind". Sofern die Vergabekammern Vergaberechtsverstöße feststellt und der Antragsteller hierdurch in seinen Rechten verletzt ist, trifft die Vergabekammer die geeigneten Maßnahmen, um eine Rechtsverletzung zu beseitigen und eine Schädigung der betroffenen Interessen zu verhindern (§ 168 Abs. 1 S. 1 GWB).

a) Rechte aus § 97 Abs. 6 GWB. „Rechte aus § 97 Abs. 6" GWB iSd § 156 Abs. 2 GWB sind alle „Bestimmungen über das Vergabeverfahren". Insbes. also die Regelungen der Vergabeverordnung (VgV), der Vergabe- und Vertragsordnung für Bauleistungen (VOB/A, Abschn. 2 und 3), der Vergabeverordnung Verteidigung und Sicherheit (VSVgV), der Sektorenverordnung (SektVO) und der Konzessionsvergabeverordnung (KonzVgV), aber auch die allg. Grundsätze des § 97 Abs. 1–5 GWB und die übrigen im GWB und im unionsrechtlichen Vergaberecht niedergelegten allgemeinen und besonderen Vorgaben (zB also auch etwaige Verstöße gegen unmittelbar anwendbare Regelungen in den RL 2014/23/EU, RL 2014/24/EU und RL 2014/25/EU, in der RL 2009/81/EG oder in den Rechtsmittel-Richtli-

---

[2] S. hierzu auch die Begr. zum Entwurf der BReg eines Gesetzes zur Änderung der Rechtsgrundlagen für die Vergabe öffentlicher Aufträge (Vergaberechtsänderungsgesetz – VgRÄG), BT-Drs. 13/9340, 17 (zu § 114 GWB-RegE).
[3] jurisPK-VergabeR/Summa GWB § 156 Rn. 4.

nien 89/665/EWG oder RL 92/13/EWG, jew. idF der RL 2007/66/EG und RL 2014/23/EU).[4] Dass inzwischen deutlich mehr vergaberechtliche Regelungen ins GWB „hochgezont" wurden, bedeutet jedoch keinesfalls, dass (jedenfalls) alle Normen des GWB nachprüfbare Ansprüche iSd § 97 Abs. 6 GWB begründen. Dies stellt nicht nur § 97 Abs. 6 GWB durch die Formulierung „Bestimmungen über das Vergabeverfahren", sondern auch § 156 Abs. 2 GWB klar, wonach nur Ansprüche auf Handlungen „in einem Vergabeverfahren" vor den Nachprüfungsinstanzen geltend gemacht werden können (iE → Rn. 13 ff.). Abgesehen davon ist ein Antragsteller nur dann antragsbefugt iSd § 160 Abs. 2 GWB, wenn die verletzte Norm drittschützend ist (iE → § 160 Rn. 17).

8 **b) Sonstige Ansprüche.** Wie § 156 Abs. 2 GWB ausdr. betont, sind die Nachprüfungsinstanzen jedoch nicht auf die Prüfung solcher originär dem Vergaberecht zuzuordnenden Ansprüche beschränkt. Hierüber hinaus können unter bestimmten Voraussetzungen vielmehr ausdr. auch „sonstige Ansprüche" geltend gemacht werden.

9 Dem scheint allerdings zunächst **§ 160 Abs. 2 GWB** entgegen zu stehen, wonach ein Unternehmen ua nur dann antragsbefugt ist, wenn es „eine Verletzung in seinen Rechten nach § 97 Abs. 6" GWB geltend macht – anderenfalls ist sein Nachprüfungsantrag unzulässig. Die Geltendmachung weiterer „sonstiger Ansprüche" wird in § 160 Abs. 2 GWB (so wie schon früher in § 107 Abs. 2 GWB aF) nicht erwähnt, so dass ein Nachprüfungsantrag, der sich auf solche Ansprüche stützt, insoweit möglicherweise schon wegen Unzulässigkeit verworfen werden könnte. Eine solche Auslegung widerspricht jedoch dem Sinn und Zweck der §§ 155 ff. GWB, mit der Errichtung der Vergabenachprüfungsinstanzen einen speziellen und ausschließlichen Rechtsweg zu schaffen, in dem in einem besonderen Verfahren rasch über Primäransprüche im Rahmen eines Vergabeverfahrens entschieden wird, so dass der Auftrag bzw. die Konzession ggf. schnellstmöglich vergeben werden kann (Rechtswegkonzentration). Hierzu ist im Gesetzgebungsverfahren des VgRÄG v. 26.8.1998 gerade § 104 GWB aF (heute: § 156 GWB) auch noch einmal geändert und neben der Geltendmachung von Rechten nach § 106 Abs. 6 GWB-RegE (heute: § 97 Abs. 6 GWB) um die Verfolgung „sonstiger Ansprüche" ergänzt worden.[5] Dass § 107 Abs. 2 GWB aF bzw. § 160 Abs. 2 GWB nicht entspr. angepasst wurde, ist daher als reines Redaktionsversehen zu werten.[6] Auch ein Antragsteller, der vor den Vergabenachprüfungsinstanzen „sonstige Ansprüche" iSd § 156 Abs. 2 GWB geltend macht, kann daher antragsbefugt iSd § 160 Abs. 2 GWB sein. § 160 Abs. 2 GWB steht also der ggf. erfolgreichen Geltendmachung von „sonstigen Ansprüchen" iSd § 156 Abs. 2 GWB nicht entgegen.

10 Die Geltendmachung „sonstiger Ansprüche" setzt allerdings dem Wortlaut des § 156 Abs. 2 GWB nach voraus, dass diese
• gegen Auftraggeber gerichtet sind
• und die Vornahme oder das Unterlassen einer Handlung in einem Vergabeverfahren betreffen.

---

[4] Müller-Wrede/Spinzig GWB § 156 Rn. 17 f. mwN; Immenga/Mestmäcker/Stockmann GWB § 156 Rn. 7.

[5] S. die Stellungnahme des Bundesrates zum Entwurf eines Gesetzes zur Änderung der Rechtsgrundlagen für die Vergabe öffentlicher Aufträge (Vergaberechtsänderungsgesetz – VgRÄG), BT-Drs. 13/9340, 39 (zu § 114 Abs. 2, 3 GWB-RegE); sowie die Gegenäußerung der BReg hierzu, BT-Drs. 13/9340, 49 (zu Nr. 17).

[6] Byok/Jaeger/Bormann GWB § 156 Rn. 9; RKPP/Kus GWB § 156 Rn. 12 mwN; einschränkend auf mit den in § 97 Abs. 6 GWB erfassten Rechten inhaltsgleiche Ansprüche Immenga/Mestmäcker/Stockmann GWB § 156 Rn. 10 ff.; einschränkend auch jurisPK-VergabeR/Summa GWB § 156 Rn. 24 ff.

aa) Anspruchsgegner. Anspruchsgegner kann hiernach immer nur ein **Auftrag-** 11
geber iSd § 98 GWB sein.[7] Damit ist die Geltendmachung von Ansprüchen, die sich
unmittelbar gegen ein anderes Unternehmen, insbes. einen in einem Vergabeverfahren
konkurrierenden Bieter richten, vor den Vergabekammern und den Beschwerdegerichten
ausgeschlossen.[8] Wettbewerbsrechtliche Unterlassungsklagen, Ansprüche
gegen Konkurrenten nach dem UWG usw sind daher schon aus diesem Grund nicht
von den Vergabekammern zu prüfen – zuständig hierfür sind die ordentlichen
Gerichte (§ 13 GVG).[9] Ausgeschlossen ist damit gleichermaßen die Geltendmachung
von Ansprüchen gegen andere Unternehmen als Teilnehmer an Wettbewerbsverstößen
eines Auftraggebers in einem vergaberechtlichen Nachprüfungsverfahren.[10]

Rechtsverstöße der anderen Bieter können aber über § 97 Abs. 1 GWB **mit-** 12
telbar Gegenstand einer Nachprüfung durch die Vergabekammern sein, wenn es
nämlich um die Frage geht, ob der Auftraggeber seiner Pflicht nachgekommen ist,
bei der Vergabe eines öffentlichen Auftrags Wettbewerbsbeschränkungen zu unterbinden
(vgl. auch § 2 EU Abs. 1 S. 3 VOB/A). Als Vorfrage kann in diesem Zusammenhang
daher von der Vergabekammer zB zu prüfen sein, ob sich ein anderer
Bieter überhaupt an einem Vergabeverfahren beteiligen durfte, ohne die Schranken
der kommunalwirtschaftlichen Betätigung aus §§ 107 bis 108 Gemeindeordnung
(GO) NRW zu überschreiten,[11] oder ob ein Bieter durch seine Teilnahme am
Vergabeverfahren gegen § 1 GWB verstoßen hat.[12] Sollte dies zu verneinen sein,
hätte der Auftraggeber zB dadurch gegen „Bestimmungen über das Vergabeverfahren"
iSd § 97 Abs. 6 GWB verstoßen, dass er den betreffenden Bieter nicht gem.
§ 97 Abs. 1 GWB iVm § 2 EU Abs. 1 S. 3 VOB/A[13] oder einer wettbewerbsbeschränkenden
Abrede iSd § 124 Abs. 1 Nr. 4 GWB[14] aus dem Vergabeverfahren

---

[7] BGH 3.7.2008 – I ZR 145/05, BeckRS 2008, 15038 = VergabeR 2008, 925 (927) mwN.

[8] So auch VK Bund 18.2.2016 – VK 2–137/15, NZBau 2016, 514; VK Münster 8.6.2012 – VK 6/12, NZBau 2012, 521.

[9] BGH 3.7.2008 – I ZR 145/05, BeckRS 2008, 15038 = VergabeR 2008, 925 (927); Byok/Jaeger/Bormann GWB § 156 Rn. 9, 25 ff. mwN; RKPP/Kus GWB § 156 Rn. 7.

[10] BGH 3.7.2008 – I ZR 145/05, BeckRS 2008, 15038 = VergabeR 2008, 925 (927); RKPP/Kus GWB § 156 Rn. 7; vgl. auch OLG Düsseldorf 7.11.2012 – VII-Verg 69/11, BeckRS 2013, 1936.

[11] OLG Düsseldorf 9.11.2011 – VII-Verg 35/11, NZBau 2012, 252; 4.5.2009 – Verg 68/08, BeckRS 2009, 24305 = VergabeR 2009, 905 (916) mwN; vgl. auch OLG Düsseldorf 23.3.2005 – VII-Verg 68/04, BeckRS 2005, 4881; vgl. hierzu Hertwig NZBau 2008, 355 (357 ff.); Ortner VergabeR 2009, 850 (853 ff.) mwN; Müller-Wrede/Spinzig GWB § 156 Rn. 35 ff.; aA OVG NRW 1.4.2008 – 15 B 122/08, NVwZ 2008, 1031, wonach sich in Abgrenzung zur Zuständigkeit der Verwaltungsgerichte der vergaberechtliche Rechtsschutz auf eine Prüfung offensichtlicher Rechtsverstöße zu beschränken habe; Burgi NZBau 2003, 539 (543 f.); Ennuschat NVwZ 2008, 966 f. mwN; offen gelassen OLG Celle 9.4.2009 – 13 Verg 7/08, NZBau 2009, 394 zu § 108 NGO; OLG Naumburg 9.9.2003 – 1 Verg 5/03, NZBau 2004, 350 (351).

[12] OLG Düsseldorf 30.10.2019 – VII-Verg 17/19; 9.11.2011 – VII-Verg 35/11, NZBau 2012, 252; KG 21.12.2009 – 2 Verg 11/09, IBRRS 2010, 0543; OLG Frankfurt a. M. 27.6.2003 – 11 Verg 2/03, NZBau 2004, 60; OLG Naumburg 21.12.2000 – 1 Verg 10/00, LSK 2002, 080459.

[13] OLG Düsseldorf 13.8.2008 – Verg 42/07, IBRRS 2009, 2531; 23.3.2005 – VII-Verg 68/04, BeckRS 2005, 4881; 9.4.2003 – VII-Verg 66/02, BeckRS 2003, 17910; 17.6.2002 – Verg 18/02, ZIP 2002, 1651 mwN; vgl. auch OLG Naumburg 21.12.2000 – 1 Verg 10/00, LSK 2002, 080459; Ortner VergabeR 2009, 850 (854); zweifelnd Ennuschat WRP 2008, 883 (887) mwN.

[14] OLG Düsseldorf 30.10.2019 – VII-Verg 17/19; 27.7.2005 – VII-Verg 108/04, BeckRS 2005, 13254; 23.3.2005 – VII-Verg 68/04, BeckRS 2005, 4881; OLG Frankfurt a. M. 27.6.2003 – 11 Verg 2/03, NZBau 2004, 60; OLG Naumburg 21.12.2000 – 1 Verg 10/00, LSK 2002, 080459.

ausgeschlossen hat. Der Auftraggeber unterstützt sozusagen den Wettbewerbsverstoß des betreffenden Unternehmens, indem er dieses nicht aus dem Vergabeverfahren ausschließt, sondern ihm sogar noch den ausgeschriebenen Auftrag erteilen will. Auch wenn es in den Regelungen über die Beschaffung von Leistungen, Waren und Dienstleistungen bereits seit der Novellierung 2009 keine ausdr. Regelung mehr gibt, dass der Auftraggeber wettbewerbsbeschränkende Verhaltensweisen zu unterbinden hat, gilt dieses Verbot heute über den allg. Wettbewerbsgrundsatz (§ 97 Abs. 1 GWB) immer noch auch in diesem Bereich fort.[15]

13 **bb) Handlung in einem Vergabeverfahren.** Außerdem muss ein „sonstiger", von den Vergabekammern zu prüfender Anspruch eines Antragstellers die Vornahme oder das Unterlassen einer Handlung des Auftraggebers **„in einem Vergabeverfahren"** betreffen. Dieser Begriff ist einerseits weit zu verstehen: Richtlinienkonform ist § 155 GWB so auszulegen, dass alle „Entscheidungen der [öffentlichen] Auftraggeber" (Art. 1 Abs. 1 UAbs. 4 der Rechtsmittel-Richtlinie 89/665/EWG idF der RL 2007/66/EG[16] und RL 2014/23/EU) nachprüfbar sein müssen. Geboten ist also ein weites, materielles Verständnis des statthaften Verfahrensgegenstands, der nicht nur die Erteilung des Zuschlags, sondern jede Verhaltensweise mit Vergabebezug („Vergabevorgang") betrifft (→ § 155 Rn. 22 ff.). Konsequent ist daher auch § 156 GWB so auszulegen, dass ein Antragsteller nicht nur ein bestimmtes Vorgehen eines Auftraggebers in einem konkreten Vergabeverfahren verlangen kann, sondern sein Anspruch zB auch darauf gerichtet sein kann, dass ein Auftraggeber überhaupt erst ein ordnungsgemäßes Vergabeverfahren durchführt (s. aber dazu, dass ein Unternehmen wegen der auch einem Auftraggeber zustehenden Kontrahierungsfreiheit nicht beanspruchen kann, dass dieser eine bestimmte Leistung überhaupt beschafft oder auf eine beabsichtigte Beschaffung verzichtet, → § 155 Rn. 30).[17] Dementsprechend sind auch die Vorschriften, auf denen ein solcher Anspruch beruhen kann, im Rahmen eines Nachprüfungsverfahrens überprüfbar.

14 Um aber den Zweck der Rechtswegkonzentration in § 156 Abs. 2 GWB nicht zu konterkarieren, schnellen und effektiven Rechtsschutz in Vergabeverfahren zu gewährleisten, ist der Begriff „in einem Vergabeverfahren" andererseits auch als Einschränkung zu verstehen. Als „sonstige" Ansprüche außerhalb des Vergaberechts zu prüfen sind daher nur solche, die von ihrem Regelungsgehalt her einen **Bezug zu einem Vergabeverfahren** haben. Es muss sich also um Vorschriften handeln, die in irgendeiner Weise das Verfahren zur Vergabe öffentlicher Aufträge und Konzessionen, seine nähere Ausgestaltung und vor allem die Rechtsstellung der an einem solchen Verfahren Beteiligten als (zumindest potentielle) Bieter oder Bewerber regeln, also das Verfahren, in dem eine Zuschlagsentscheidung zustande kommt.[18] Hiervon abzugrenzen sind

---

[15] OLG Düsseldorf 11.1.2001 – VII-Verg 92/11, NZBau 2012, 255 mwN.

[16] Bzw. Art. 1 Abs. 1 UAbs. 4 der Rechtsmittel-RL „Sektoren" 92/13/EWG idF der RL 2007/66/EG und RL 2014/23/EU.

[17] BGH 8.6.2012 – X ZB 9/11, NZBau 2012, 586; OLG Düsseldorf 27.6.2018 – VII-Verg 59/17, NZBau 2018, 696; OLG München 19.7.2012 – Verg 8/12, ZfBR 2012, 715; OLG Brandenburg 16.1.2012 – Verg W 19/11, NZBau 2012, 326; OLG Düsseldorf 19.10.2011 – VII-Verg 51/11, NZBau 2012, 190.

[18] BGH 8.6.2012 – X ZB 9/11, NZBau 2012, 586; OLG Düsseldorf 27.6.2018 – VII-Verg 59/17, NZBau 2018, 696; 20.3.2019 – VII-Verg 65/18, BeckRS 2019, 8280; 1.12.2015 – VII Verg 20/15, BeckRS 2016, 2948; 19.10.2015 – VII-Verg 30/13, BeckRS 2015, 17713 = VergabeR 2016, 44 (47), zu tarifvertraglichen Regelungen; 4.5.2009 – VII-Verg 68/08, BeckRS 2009, 24305 = VergabeR 2009, 905 (908); 5.5.2008 – VII-Verg 5/08, NZBau 2009, 269; 26.7.2002 – Verg 22/02, NZBau 2002, 634; 22.5.2002 – Verg 6/02, NZBau 2002, 583; LSG NRW 9.4.2009 – L 21 KR 34/09 SFB; VK Münster 8.6.2012 – VK 6/12, NZBau 2012, 521; Diemon-Wies/Graiche NZBau 2009, 409 (410). Dieselben Erwägungen wirken sich regelmäßig auch auf die Antragsbefugnis des betreffenden Antragstellers aus, so: OLG Düsseldorf 27.6.2018 –

Vergabekammern **§ 156 GWB**

selbständige Verbotsnormen materiell-rechtlichen Inhalts und hierbei wiederum insbes. Normen, die die spätere Abwicklung eines öffentlichen Auftrags oder einer Konzession und die Unternehmen damit nicht in ihrer Rolle als Teilnehmer an einem Vergabeverfahren, sondern als Marktteilnehmer iÜ betreffen (also vor allem Normen über die Vertragsdurchführung und etwaige Vertragsstörungen).[19]

Nicht nachprüfbar sind daher Fragen im Zusammenhang mit der **Kündigung** 15 eines öffentlichen Auftrags gem. **§ 133 GWB.**[20] Die in § 133 Abs. 1 GWB genannten Kündigungsgründe haben zwar alle einen vergaberechtlichen Hintergrund – anders als bspw. eine Kündigung wegen mangelhafter Vertragserfüllung. § 133 GWB betrifft jedoch einen Zeitpunkt, in dem das Vergabeverfahren, das zum streitgegenständlichen Vertrag geführt hat, bereits durch den nunmehr gekündigten Vertragsschluss beendet wurde. Nicht zuletzt auch im Hinblick auf § 168 Abs. 2 S. 1 GWB sind für solche Streitigkeiten daher nicht die Vergabenachprüfungsbehörden, sondern die Zivilgerichte zuständig. Regelmäßig dürften in Streitfragen über die Rechtmäßigkeit einer Kündigung iSd § 133 GWB auch die vergabenachprüfungsrechtlichen prozessualen Besonderheiten (Beschleunigungsgebot iSd § 167 GWB, Konzentrationsmaxime des § 156 Abs. 2 GWB, verkürzter Rechtsweg mit nur zwei Instanzen gem. § 171 GWB) nicht erforderlich sein.

In Betracht kommt jedoch die Prüfung von Verstößen eines Auftraggebers gegen 16 **lizenz- oder patentrechtliche Vorschriften,** wenn die Annahme eines Angebots nur über die Verletzung solcher Vorschriften möglich wäre: Ein Bieter ändert mit seinem Angebot die Vergabeunterlagen ab iSd (zB) § 57 Abs. 1 Nr. 4 VgV, da er die ordnungsgemäße Vertragserfüllung zwar verspricht, aber tatsächlich nicht erbringen kann. Darüber hinaus können in einem Nachprüfungsverfahren Ansprüche daraus geltend gemacht werden, etwa weil das Vergabeverfahren gegen entsorgungs- oder abfallrechtliche Vorschriften verstößt.[21] Grds. können auch **kartellrechtliche Ansprüche** nachgeprüft werden, zB aus dem GWB (zu den hierbei wegen Sinn und Zweck des Nachprüfungsverfahrens und der Kompetenzen der Nachprüfungsinstanzen zu ziehenden Grenzen s. sogleich). **Wettbewerbsverfälschende Verhaltensweisen** anderer Unternehmen aufgrund deren Teilnahme an einem Vergabeverfahren, zB iSd § 1 UWG oder § 1 GWB, können ggü. einem Auftraggeber ggf. bereits iVm § 97 Abs. 1 GWB, § 2 EU Abs. 1 S. 3 VOB/A geltend gemacht werden, wonach der Auftraggeber verpflichtet ist, derartige Wettbewerbsbeeinträchtigungen zu unterbinden und den Bieter gem. § 124 Abs. 1 Nr. 4 GWB auszuschließen (insbes. auch zu Fragen des Kommunalwirtschaftsrechts → Rn. 11 f.). Eine solche Ausdehnung des Prüfungsumfangs im Rahmen eines besonderen Rechtswegs ist in der deutschen Rechtspraxis durchaus nicht ungewöhnlich. Gem. § 17 Abs. 2 GVG entscheidet das Gericht des zulässigen Rechtswegs den Rechtsstreit immer „unter allen in Betracht kommenden rechtlichen Gesichtspunkten". S. zu den aus verfahrenspraktischen Erwägungen gebotenen Einschränkungen → Rn. 20.

Wie im SGB V mittlerweile ausdr. klargestellt, können die von den Vergabekammern zu prüfenden Ansprüche auch **sozialrechtlicher Natur** sein. Bereits durch 17

VII-Verg 59/17, NZBau 2018, 696; VK Bund 21.9.2018 – VK 1–83/18, BeckRS 2018, 26798; 15.8.2018 – VK 1–69/18, BeckRS, 2018, 26806.

[19] OLG Düsseldorf 20.3.2019 – VII-Verg 65/18, BeckRS 2019, 8280; 27.6.2018 – VII-Verg 59/17, NZBau 2018, 696; 9.4.2003 – VII-Verg 66/02, BeckRS 2003, 17910; VK Bund 16.1.2020 – VK 1–93/19, BeckRS 2020, 9887; 15.8.2018 – VK 1–69/18, BeckRS, 2018, 26806; 6.7.2006 – VK 1–52/06.

[20] Ebenso Müller-Wrede/Spinzig GWB § 155 Rn. 21.

[21] OLG Düsseldorf 1.12.2015 – VII-Verg 20/15, BeckRS 2013, 1936; 1.8.2012 – VII-Verg 105/11, ZfBR 2012, 826 (827); 9.11.2011 – VII-Verg 35/11, NZBau 2012, 252; 17.11.2008 – VII-Verg 52/08, BeckRS 2009, 05996; aA OLG Karlsruhe 1.4.2011 – 15 Verg 1/11, BeckRS 2011, 14152.

das Gesetz zur Weiterentwicklung der Organisationsstrukturen in der gesetzlichen Krankenversicherung (GKV-OrgWG) v. 15.12.2008[22] wurde § 69 Abs. 2 SGB V ua so geändert, dass der Teil 4 des GWB[23] anzuwenden ist, „soweit die dort genannten Voraussetzungen erfüllt sind"; heute verweist § 69 Abs. 3 SGB V auf den Teil 4 des GWB insgesamt.[24] Diese Rechtsänderung war konsequent, nachdem sich in der vergaberechtlichen Entscheidungspraxis die Auffassung durchgesetzt hatte, dass auch die Vergaben gesetzlicher Krankenkassen „öffentliche Aufträge" von öffentlichen Auftraggebern iSd § 99 Nr. 2 GWB sind (→ § 99 Rn. 182 ff.), so dass die Voraussetzungen für die Nachprüfbarkeit durch die Vergabekammern grds. eröffnet sind.[25] Die Rechtsbeziehungen der gesetzlichen Krankenkassen und ihrer Verbände zu Ärzten, Zahnärzten, Psychotherapeuten, Apotheken sowie sonstigen Leistungserbringern und ihren Verbänden (vgl. § 69 Abs. 1 SGB V) sind daher vor den Vergabekammern nachprüfbar, wenn die o. g. Voraussetzungen des § 156 Abs. 2 GWB erfüllt sind, es sich also insbes. um Ansprüche im Zusammenhang mit einem Vergabevorgang handelt.

18 In den letzten Jahren ist die Rspr. darüber hinaus deutlich strenger geworden, was die Reichweite des § 156 Abs. 2 GWB und damit des statthaften Verfahrensgegenstandes in einem Nachprüfungsverfahren **in zeitlicher Hinsicht** angeht. Hiernach sind Entscheidungen eines Auftraggebers, die vor Beginn eines Vergabeverfahrens erfolgt sind, nicht durch die Vergabekammern nachprüfbar. Beispielhaft ist hier der Zusammenschluss mehrerer Auftraggeber zu nennen, die einen Auftrag gemeinsam vergeben wollen. Ein Nachprüfungsantrag mit dem Inhalt, hierbei handele es sich um ein rechtswidriges Kartell iSd § 1 GWB, Art. 101 AEUV oder die Auftraggeber missbrauchten ihre marktbeherrschende Stellung iSd §§ 19, 20 GWB, Art. 102 AEUV, ist danach schon deshalb zu verwerfen, weil der Zusammenschluss zeitlich vor Beginn des Vergabeverfahrens erfolgte (zu dieser Fallkonstellation aber auch → Rn. 20 aE).[26] Das gleiche gilt für die Entscheidung des Auftraggebers, an welchem Ort die ausgeschriebene Leistung für ihn zu erbringen ist.[27] Auch hier gilt, dass ein Nachprüfungsverfahren nur dann statthaft ist, wenn die beanstandete Vorgehensweise eines Auftraggebers bereits einen konkreten Vergabebezug aufweist, also nach außen objektiv erkennbar im Zusammenhang mit einer

---

[22] BGBl. 2008 I 2426 ff.

[23] Mit Ausnahme der Zuständigkeit der Oberlandesgerichte als Beschwerdeinstanz (stattdessen: Landessozialgerichte).

[24] Vgl. hierzu Beschlussempfehlung und Bericht des Ausschusses für Gesundheit (14. Ausschuss) zum Entwurf eines Arzneimittelmarktneuordnungsgesetzes – AMNOG –, BT-Drs. 17/3698, 23 (zu Nr. 9).

[25] Grdl. EuGH 11.6.2009 – C-300/07, DÖV 2009, 679 = VergabeR 2009, 744 (750 ff.); LSG NRW 9.4.2009 – L 21 KR 34/09 SFB; OLG Düsseldorf 17.1.2008 – VII-Verg 57/07, BeckRS 2008, 13111; VK Bund 9.5.2007 – VK 1–26/07, SRa 2007, 144; Beschlussempfehlung und Bericht des Ausschusses für Gesundheit (14. Ausschuss) zu dem Entwurf der BReg eines GKV-OrgWG, BT-Drs. 16/10609, 65 (zu § 69 SGB V-RegE). Früher war insbes. umstritten, ob gesetzliche Krankenkassen öffentliche Auftraggeber sind, s. BayObLG 24.5.2004 – Verg 6/04, BayObLGZ 2004, 122.

[26] So LSG NRW 9.4.2009 – L 21 KR 34/09 SFB; OLG Schleswig 30.10.2012 – 1 Verg 5/12, ZfBR 2013, 69; OLG Frankfurt a. M. 24.2.2009 – 11 Verg 19/08, BeckRS 2009, 7443 = VergabeR 2009, 629 (638); OLG Düsseldorf 26.7.2002 – Verg 22/02, NZBau 2002, 634; 22.5.2002 – Verg 6/02, NZBau 2002, 583; BayObLG 17.2.2005 – Verg 27/04, NZBau 2005, 595; VK Bund 27.7.2016 – VK 2–65/16, BeckRS 2016, 127382; vgl. auch OLG Jena 23.12.2011 – 9 Verg 3/11, NZBau 2012, 386, zum Personenbeförderungsgesetz; OLG Düsseldorf 17.1.2011 – VII-Verg 3/11, BeckRS 2011, 02627 = GWR 2011, 193; 4.5.2009 – VII-Verg 68/08, BeckRS 2009, 24305 = VergabeR 2009, 905 (908); VK Bund 21.9.2016 – VK 2–87/16, VPRRS 2016, 0427; Byok/Jaeger/Bormann GWB § 156 Rn. 14 ff.

[27] VK Bund 22.8.2019 – VK 1–51/19, VPR 2020, 2037.

konkreten Beschaffung steht. Dies heißt in zeitlicher Hinsicht, dass der Verfahrensgegenstand ein bereits begonnenes Vergabeverfahren betreffen muss (→ § 155 Rn. 27 ff.). Unstatthaft ist ebenfalls die Nachprüfung der vor der Einleitung des Vergabeverfahrens getroffenen Entscheidung eines Auftraggebers, dass er überhaupt ein Vergabeverfahren durchführt, um seinen Beschaffungsbedarf zu befriedigen.[28] Dasselbe gilt für Rechtsverletzungen, die erst nach Ende eines Vergabeverfahrens eintreten. Rechtsverletzungen, die den Antragsteller und seine Zuschlagschancen nicht in einem Vergabeverfahren betreffen, sondern die spätere Vertragsdurchführung, oder die Frage, ob sich sein Angebot während der Vertragslaufzeit tatsächlich amortisiert, sind nicht im Vergaberechtsweg nachprüfbar.[29] Nicht nur in inhaltlicher Hinsicht („in einem Vergabeverfahren", dazu → Rn. 13 ff.), sondern auch in zeitlicher Hinsicht **beginnt** der **Bieterschutz im Nachprüfungsverfahren** also erst, wenn der Auftraggeber seinen internen Beschaffungsentschluss durch bestimmte Maßnahmen nach außen umsetzt, mit dem Ziel des Vertragsschlusses den Auftragnehmer zu ermitteln, und **endet mit dem Zuschlag**; in einem Nachprüfungsverfahren muss es also um Rechtsverletzungen gehen, die den Antragsteller in seiner Rechtsstellung zwischen Erstellung seines Angebots/Teilnahmeantrags und dem Zuschlag (oder sonstigen Ende des Vergabeverfahrens) betreffen.[30] Anderenfalls **fehlt** die sog. „**vergaberechtliche Anknüpfungsnorm**" (→ § 160 Rn. 21).

Das heißt jedoch nicht, dass alle zeitlich vor Beginn eines Vergabeverfahrens liegenden Vorgänge grds. nicht von den Vergabenachprüfungsinstanzen überprüft werden dürfen. Erforderlich ist jedoch der oben dargestellte Bezug zu einem Vergabeverfahren und der Rolle des Antragstellers als Bewerber oder Bieter in inhaltlicher und zeitlicher Hinsicht. Eine solche, in der Praxis häufig relevante vergaberechtliche Anknüpfungsnorm, die zur Statthaftigkeit des Vergaberechtswegs führt, ist § 31 Abs. 6 VgV bzw. § 7 EU Abs. 2 VOB/A, der die (selbstverständlich) zeitlich vor der Einleitung eines konkreten Vergabeverfahrens liegende **Festlegung des Beschaffungsgegenstands** durch den Auftraggeber betrifft. Die genannten Vorschriften verdeutlichen, dass gerade die Bestimmung der ausgeschriebenen Ware oder Leistung zu den „Entscheidungen" eines Auftraggebers im in → Rn. 13 genannten Sinne zählt, aus denen ein Antragsteller bestimmte Rechte herleiten und diese in einem Nachprüfungsverfahren geltend machen kann. Zwar sind in diesen Vorschrif-

---

[28] So OLG Düsseldorf (27.6.2018 – VII-Verg 59/17, NZBau 2018, 696) unter ausdr. Aufgabe seiner nur zwei Jahre vorher grds. vertretenen Auffassung (OLG Düsseldorf 21.12.2016 – VII-Verg 26/16, NZBau 2017, 303). Sich dieser Rspr. anschl.: VK Bund 21.9.2018 – VK 1–83/18, BeckRS 2018, 26798.

[29] OLG Düsseldorf 20.3.2019 – VII-Verg 65/18, NZBau 2019, 801; 27.6.2018 – VII-Verg 59/17, NZBau 2018, 696; 6.9.2017 – VII-Verg 9/17, VPRRS 2018, 0338 = VergabeR 2019, 128; OLG Celle 19.3.2019 – 13 Verg 7/18, NZBau 2019, 462; VK Bund 16.1.2020 – VK 1–93/19, BeckRS 2020, 9887; 29.7.2019 – VK 2–48/19, VPR 2020, 2035; 15.8.2018 – VK 1–69/18, IBRRS 2018, 3006. Eine Ausnahme gilt, falls doch eine vergaberechtliche Anknüpfungsnorm besteht, insbes. wenn dem Antragsteller eine kaufmännisch vernünftige Kalkulation unzumutbar ist (früher sog. „**Wagnis**"). Dies ist jedoch dann grds. nicht der Fall, wenn zB die beanstandete Klausel alle Bieter gleichermaßen in ihrer Kalkulation betrifft, inhaltlich klar und eindeutig ist und der betreffende Bieter etwaige Mengenrisiken durch Risikoaufschläge einkalkulieren kann (so: OLG Celle 19.3.2019 – 13 Verg 7/18, NZBau 2019, 462; OLG Düsseldorf 6.9.2017 – VII-Verg 9/17, VPRRS 2018, 0338 = VergabeR 2019, 128; VK Bund 19.7.2019 – VK 1–39/19, BeckRS 2019, 19883; 15.8.2018 – VK 1–69/18, IBRRS 2018, 3006).

[30] Instruktiv: OLG Düsseldorf 16.6.2021 – VII-Verg 8/21; 27.6.2018 – VII-Verg 59/17, NZBau 2018, 696. Vgl. hierzu bereits früher: OLG Düsseldorf 31.5.2017 – VII-Verg 36/16, BeckRS 2017, 114322; 25.6.2014 – VII-Verg 47/13, BeckRS 2015, 6307; 12.2.2014 – VII-Verg 29/13, ZfBR 2014, 517 mwN; OLG Jena 25.6.2014 – 2 Verg 1/14, ZfBR 2015, 404; ähnlich auch Scharen GRUR 2009, 345 (346).

ten die rechtlichen Anforderungen an die Beschreibung der Leistung bzw. die Erstellung der ausgeschriebenen technischen Spezifikationen geregelt. Hieraus wird jedoch ebenfalls das allg. Gebot der produktneutralen Ausschreibung entnommen. Denn wenn ein Auftraggeber den Beschaffungsgegenstand schon in der Leistungsbeschreibung nicht in einer bestimmten Art und Weise beschreiben darf, dann darf er ihn vorher auch gar nicht erst dementsprechend festgelegt haben. Auch die Entscheidung eines Auftraggebers darüber, was er beschafft, ist daher grds. von den Vergabenachprüfungsinstanzen überprüfbar (s. hierzu → VgV § 31 Rn. 49 ff.).

20 Gerade was die Nachprüfung **kartellrechtlicher Ansprüche** etwa aus §§ 1, 19, 20 GWB oder Art. 102 AEUV betrifft oder **streitiger patent- oder lizenzrechtlicher Fragen**, ist jedoch für die Prüfungsmöglichkeit der Vergabekammern aus rein verfahrenspraktischen Erwägungen folgende Einschränkung zu machen: Um Vergabeverfahren nicht übermäßig zu verzögern, ist das gesamte Nachprüfungsverfahren dem Beschleunigungsgrundsatz unterworfen (vgl. § 167 Abs. 1 S. 1 GWB).[31] Umfangreiche Ermittlungen und Markterhebungen sowie die Klärung komplexer kartellrechtlicher Vorfragen, wie sie erforderlich wären, um einen Verstoß gegen das Kartellverbot oder das Verbot der missbräuchlichen Ausnutzung von Nachfragemacht durch einen Auftraggeber festzustellen, sind in der einer Vergabekammer zustehenden Entscheidungsfrist von fünf Wochen (iE → § 167 Rn. 4 ff.) jedoch nicht zuverlässig zu leisten. § 156 Abs. 2 GWB ist hier daher im Gesamtzusammenhang mit Abs. 3 zu lesen, wonach „die Befugnisse der Kartellbehörden ... unberührt" bleiben. Diese Regelung ist mithin so zu verstehen, dass – wenn die Befugnisse einer Kartellbehörde erforderlich sind, um belastbar einen Verstoß etwa gegen § 1 oder §§ 19, 20 GWB festzustellen – ausschl. eben diese Behörden dafür zuständig sind, diese Verstöße zu verfolgen, – auch wenn sie sich in einem Vergabeverfahren ereignen.[32] Das vergaberechtliche Nachprüfungsverfahren als Sonderrechtsweg für die rasche Klärung vergaberechtlicher Sachverhalte ist hierfür ungeeignet.[33] Etwas anderes kann dann aus denselben Gründen auch nicht aus der Prüfungskompetenz

---

[31] Keine „Investitionshindernisse", s. Begr. zum Entwurf der BReg eines Gesetzes zur Änderung der Rechtsgrundlagen für die Vergabe öffentlicher Aufträge (Vergaberechtsänderungsgesetz – VgRÄG), BT-Drs. 13/9340, 12 (zu A.3). S. auch die Stellungnahme des Bundesrats hierzu, BT-Drs. 13/9340, 40 (zu § 117 Abs. 2 S. 2 GWB-RegE).

[32] AA OLG Düsseldorf 27.6.2012 – VII-Verg 7/12, BeckRS 2012, 15939, wonach die Formulierung „im Übrigen" so zu verstehen sei, dass die ordentlichen Gerichte und Kartellbehörden parallel neben den Nachprüfungsinstanzen zuständig sind; vgl. auch OLG Frankfurt a. M. 16.9.2015 – 3–10 O 119/15, NZBau 2015, 728; Müller-Wrede/Spinzig GWB § 156 Rn. 55.

[33] BGH 18.1.2000 – KVR 23/98, NZBau 2000, 189 (193); OLG Schleswig 20.11.2012 – 1 Verg 7/12, IBRRS 2013, 0369; OLG Düsseldorf 1.8.2012 – VII-Verg 10/12, NZBau 2012, 785; 3.4.2008 – VII-Verg 54/07, BeckRS 2009, 05462; 6.12.2004 – VII-Verg 79/04, BeckRS 2005, 1007 = VergabeR 2005, 212; 22.5.2002 – Verg 6/02, NZBau 2002, 583; VK Bund 21.9.2016 – VK 2–87/16, BeckRS 2016, 121883; iErg auch LSG NRW 9.4.2009 – L 21 KR 34/09 SFB; LSG BW 23.1.2009 – L 11 WB 5971/08, BeckRS 2009, 50726; VK Bund 21.9.2016 – VK 3–135/10, VPRRS 2016, 0427; 27.7.2016 – VK 2–65/16, BeckRS 2016, 127382; 1.2.2011 – VK 3–135/10, VPRRS 2013, 0626; 23.1.2009 – VK 3–194/08, IBRRS 2009, 2992 mwN; Müller-Wrede VergabeR 2011, 46 (47 f.); Immenga/Mestmäcker/Stockmann GWB § 156 Rn. 20 ff.; wohl aA OLG Düsseldorf 29.7.2015 – VII-Verg 6/15, BeckRS 2015, 18294 mwN; OLG Düsseldorf 7.3.2012 – VII-Verg 82/11, IBRRS 2012, 1062; 17.1.2011 – VII-Verg 3/11, GWR 2011, 193; Byok/Jaeger/Bormann GWB § 156 Rn. 6; weiter auch OLG Düsseldorf 27.6.2012 – VII-Verg 7/12, BeckRS 2012, 15939, es könnte „einiges dafür sprechen, kartellrechtliche Verstöße des Auftraggebers, die ohne zeitaufwendige Untersuchung festzustellen sind, in einem Vergabenachprüfungsverfahren zu berücksichtigen."; dem hat sich das OLG Saarbrücken 27.6.2016 – 1 Verg 2/16, BeckRS 2016, 105181, angeschlossen; vgl. hierzu RKPP/Kus GWB § 156 Rn. 23.

der Vergabekammern hinsichtlich des allg. Wettbewerbsgrundsatzes aus § 97 Abs. 1 GWB bzw. § 97 Abs. 6 GWB iVm § 2 EU Abs. 1 VOB/A (hierzu → Rn. 12) entnommen werden.[34] Ebenso wenig kann der Amtsermittlungsgrundsatz (§ 163 Abs. 1 S. 1 GWB) dazu führen, dass die Vergabekammern zB über einen wissenschaftlichen Streit entscheiden.[35] Aufgrund unionsrechtskonformer Auslegung des deutschen Vergaberechts sind die Prüfungspflichten der Vergabekammern jedoch möglicherweise weiter wegen Erwgr. 61 der RL 2014/24/EU, wonach „das Instrument der Rahmenvereinbarung (...) nicht missbräuchlich oder in einer Weise angewandt werden (darf), durch die der Wettbewerb behindert, eingeschränkt oder verfälscht wird" (vgl. § 21 Abs. 1 S. 3 VgV, § 4a EU Abs. 1 S. 3 VOB/A). Aber selbst wenn hiernach bei der Vergabe von Rahmenvereinbarungen eine Prüfung kartellrechtlicher Ansprüche erfolgen muss, deckt dies wegen der o. g. Erwägungen nur einen bestimmten, engen Bereich ab. Die ggf. rechtswidrige wettbewerbliche Behinderung etc muss nach der o. g. Richtlinienvorschrift nämlich gerade durch das Instrument der Rahmenvereinbarung erfolgen. Allein also zB die Tatsache, dass sich mehrere Auftraggeber zusammenschließen, um gemeinsam Rahmenvereinbarungen zu vergeben, wäre somit nicht überprüfbar, denn die hiervon ggf. ausgehenden Behinderungen würden ebenso dann vorliegen, wenn diese Auftraggeber gemeinsam andere als Rahmenverträge ausgeschrieben hätten.

Im Hinblick auf die Entscheidung des OLG Düsseldorf, die sich im Zusammenhang mit der Überprüfung des Ausschlusses eines Bieters wegen einer schweren beruflichen Verfehlung iSd § 124 Abs. 1 Nr. 3 GWB ausf. mit von den zuständigen und parallel befassten Patentgerichten bisher nicht abschl. entschiedenen Fragen auseinandergesetzt hat,[36] ist zu überlegen, ob die Prüfungsbefugnisse der ersten Nachprüfungsinstanz (Vergabekammer) und die der zweiten Instanz (Beschwerdegericht) nicht auseinanderfallen können. Eine patentrechtliche Überprüfung, wie sie das OLG Düsseldorf hier innerhalb von mehr als zwölf Monaten unter Würdigung mehrerer widerstreitender Sachverständigengutachten angestellt hat, ist eine der Vergabekammern innerhalb der gesetzlich vorgeschriebenen Entscheidungsfrist von fünf (+ ggf. zwei Wochen, § 167 Abs. 1 GWB, → § 167 Rn. 4 ff.) nicht zu leisten.[37] So unerfreulich es ist, wenn die Entscheidung einer Vergabekammer ggf. allein deshalb in der Beschwerdeinstanz aufgehoben wird, weil Patentrecht nicht vertieft genug geprüft werden konnte, könnte man argumentieren, dass der Gesetzgeber dies mit dem Beschleunigungsgebot des § 167 Abs. 1 GWB bewusst so entschieden und im Interesse einer schnellstmöglichen Beschaffung in Kauf genommen hat (→ vgl. Rn. 20). 20a

IV. Zuständigkeit der ordentlichen Gerichte und der Kartellbehörden (Abs. 3)

§ 156 Abs. 3 GWB dient der **Klarstellung**, dass Schadensersatzansprüche (etwa 21 aus §§ 311 Abs. 2, 241 Abs. 2, 280 ff. BGB oder § 823 BGB) weiterhin vor den ordentlichen Gerichten geltend gemacht werden können. Für Sekundärrechtsschutz

---

[34] VK Bund 2.9.2011 – VK 1–108/11, IBRRS 85493; 23.1.2009 – VK 3–194/08, IBRRS 2009, 2992; Müller-Wrede VergabeR 2011, 46 (48, 50 f.).
[35] OLG Düsseldorf 25.11.2020 – VII-Verg 35/19, BeckRS 2020, 49601.
[36] OLG Düsseldorf 22.6.2022 – VII-Verg 36/21, BeckRS 2022, 19134.
[37] Auch Scharen GRUR 2009, 345 (347 f.), stellt bereits für den Prüfungsumfang des Auftraggebers eine Zumutbarkeitsgrenze auf, so dass sich der Auftraggeber nur dann mit der Verletzung gewerblicher Schutzrechte befassen muss, wenn er Anhaltspunkte dafür hat, dass zB ein bestimmtes Patent betroffen sein könnte (etwa aufgrund von Hinweisen des Patentinhabers) (vgl. auch OLG Düsseldorf 17.2.2016 – VII-Verg 28/15, ZfBR 2016, 709; 21.10.2015 – VII-Verg 28/14, NZBau 2016, 235 jew. mwN; Müller-Stoy GRUR 2006, 184 (188 ff.)).

sind die Vergabekammern ohnehin nicht zuständig (→ § 155 Rn. 13). Außerdem können Verstöße gegen kartellrechtliche Vorschriften, „insbesondere gegen die §§ 19 und 20" GWB, weiterhin von den Kartellbehörden iSd § 48 GWB verfolgt werden. Deren Befugnisse nach §§ 1–90a GWB bleiben von den Kompetenzen der Vergabekammern unberührt, bestehen also – ggf. parallel – fort.[38]

§ 157 Besetzung, Unabhängigkeit

(1) **Die Vergabekammern üben ihre Tätigkeit im Rahmen der Gesetze unabhängig und in eigener Verantwortung aus.**

(2) [1]**Die Vergabekammern entscheiden in der Besetzung mit einem Vorsitzenden und zwei Beisitzern, von denen einer ein ehrenamtlicher Beisitzer ist.** [2]**Der Vorsitzende und der hauptamtliche Beisitzer müssen Beamte auf Lebenszeit mit der Befähigung zum höheren Verwaltungsdienst oder vergleichbar fachkundige Angestellte sein.** [3]**Der Vorsitzende oder der hauptamtliche Beisitzer muss die Befähigung zum Richteramt haben; in der Regel soll dies der Vorsitzende sein.** [4]**Die Beisitzer sollen über gründliche Kenntnisse des Vergabewesens, die ehrenamtlichen Beisitzer auch über mehrjährige praktische Erfahrungen auf dem Gebiet des Vergabewesens verfügen.** [5]**Bei der Überprüfung der Vergabe von verteidigungs- oder sicherheitsspezifischen Aufträgen im Sinne des § 104 können die Vergabekammern abweichend von Satz 1 auch in der Besetzung mit einem Vorsitzenden und zwei hauptamtlichen Beisitzern entscheiden.**

(3) [1]**Die Kammer kann das Verfahren dem Vorsitzenden oder dem hauptamtlichen Beisitzer ohne mündliche Verhandlung durch unanfechtbaren Beschluss zur alleinigen Entscheidung übertragen.** [2]**Diese Übertragung ist nur möglich, sofern die Sache keine wesentlichen Schwierigkeiten in tatsächlicher oder rechtlicher Hinsicht aufweist und die Entscheidung nicht von grundsätzlicher Bedeutung sein wird.**

(4) [1]**Die Mitglieder der Kammer werden für eine Amtszeit von fünf Jahren bestellt.** [2]**Sie entscheiden unabhängig und sind nur dem Gesetz unterworfen.**

Literatur: Burgi, 20 Jahre Rechtsschutz durch Vergabekammern, NZBau 2020, 3; Braun, Zur Stellung der Vergabekammer und zur Haftung ihrer Mitglieder, ZVgR 2000, 111; Horn/Graef, Die Geltung des Spruchrichterprivilegs des § 839 II BGB für die Mitglieder der Vergabekammern, NZBau 2002, 142.

Übersicht

	Rn.
I. Bedeutung der Vorschrift	1
1. Änderungen gegenüber dem früheren Recht	2
2. Regelungsgehalt	3
II. Unabhängigkeit der Vergabekammern (Abs. 1 und 4)	5
1. Institutionelle Unabhängigkeit (Abs. 1)	6
2. Persönliche Unabhängigkeit (Abs. 4)	7
III. Besetzung der Vergabekammern (Abs. 2)	17
IV. Übertragung eines Verfahrens zur Alleinentscheidung (Abs. 3)	27
V. Unabhängigkeit der Mitglieder der Vergabekammer (Abs. 4)	32

---

[38] Begr. zum Entwurf der BReg eines Gesetzes zur Modernisierung des Vergaberechts, BT-Drs. 16/10117, 23 (zu § 104 GWB-RegE); vgl. BGH 3.7.2008 – I ZR 145/05, BeckRS 2008, 15038 = VergabeR 2008, 925 (927).

I. Bedeutung der Vorschrift

§ 157 GWB regelt die **personelle Zusammensetzung** der Vergabekammern 1 und als wesentlichen Grundsatz ihrer Tätigkeit die **Unabhängigkeit** dieser Spruchkörper und der einzelnen Mitglieder.

1. Änderungen gegenüber dem früheren Recht

Mit dem Inkrafttreten des Gesetzes „zur Änderung des Vergaberechts für die 2 Bereiche Verteidigung und Sicherheit" am 14.12.2011 wurde § 105 Abs. 2 S. 5 GWB aF (jetzt: § 157 Abs. 2 S. 5 GWB) neu eingefügt, wonach die Vergabekammern in bestimmten Fällen auch in der Besetzung mit einem Vorsitzenden und zwei hauptamtlichen Beisitzern entscheiden können. Gegenüber der früheren Fassung blieb diese Regelung abgesehen von der rein formalen Folgeänderung zu § 99 Abs. 7 GWB aF inhaltlich unverändert.[1] In sprachlicher Hinsicht wurde lediglich der Verweis auf die Legaldefinition der verteidigungs- oder sicherheitsspezifischen Aufträge in § 157 Abs. 2 S. 5 GWB an die nunmehrige Regelung in § 104 GWB angepasst, gleichzeitig wurde der früher verwendete Begriff („verteidigungs- und sicherheitsrelevante Aufträge") an die neue Formulierung angeglichen. Auf die frühere Rspr. und Lit. zu § 105 GWB aF kann daher bei der Anwendung und Auslegung dieser Vorschrift zurückgegriffen werden.

2. Regelungsgehalt

In § 157 Abs. 1, 4 GWB ist die Unabhängigkeit der Vergabekammern und ihrer 3 Mitglieder geregelt. Außerdem sieht § 157 GWB die Besetzung der Vergabekammern grds. als Dreiergremium vor (Vorsitzender – hauptamtlicher Beisitzer – ehrenamtlicher Beisitzer, s. § 157 Abs. 2 GWB), wobei ein Verfahren unter bestimmten Voraussetzungen auch auf den Vorsitzenden oder den hauptamtlichen Beisitzer zur Alleinentscheidung übertragen werden kann (§ 157 Abs. 3 GWB).

Die Regelungen des § 157 GWB sind insbes. durch die **EU-Rechtsmittel-** 4 **Richtlinien** vorgegeben, damit ein Unternehmen seine vergaberechtlichen Ansprüche effektiv geltend machen und durchsetzen kann. Die „Vorgänger" der Vergabekammern, die Vergabeüberwachungsausschüsse, hatten diesen Vorgaben nicht genügt (zur Entstehung der Vergabekammern → Vor § 155 Rn. 9). So wird an mehreren Stellen der Rechtsmittel-Richtlinie 89/665/EWG bzw. der Rechtsmittel-Richtlinie „Sektoren" 92/13/EWG, jew. idF der RL 2007/66/EG und RL 2014/23/EU, gefordert, dass die Nachprüfungsstelle, die sich mit der Wahrnehmung seiner Rechte wenden kann, unabhängig zu sein hat (vgl. zB Art. 2 Abs. 3, 9 RL 89/665/EWG idF der RL 2007/66/EG und RL 2014/23/EU[2]). Außerdem enthält Art. 2 Abs. 9 UAbs. 2 der RL 89/665/EWG idF der RL 2007/66/EG und RL 2014/23/EU[3] Vorgaben hinsichtlich der Dauer der Amtszeit, der Absetzbarkeit und der beruflichen Qualifikation der Mitglieder der Vergabekammern („**wie für Richter**"), die in § 157 GWB umgesetzt werden. Abgesehen von diesen unionsrechtlichen Vorgaben ergibt sich die Unabhängigkeit einer Entscheidungsinstanz, der solche weitreichenden Eingriffsbefugnisse in ein Vergabeverfahren zustehen wie den Vergabekammern, samt den iE hieraus folgenden Regelungen

---

[1] Begr. zum Entwurf der BReg eines Vergaberechtsmodernisierungsgesetzes, BT-Drs. 18/6281, 134 (zu § 157 GWB-E).
[2] Bzw. Art. 2 Abs. 3, 9 der Rechtsmittel-RL „Sektoren" 92/13/EWG idF der RL 2007/66/EG und RL 2014/23/EU.
[3] Bzw. Art. 2 Abs. 9 UAbs. 2 der Rechtsmittel-RL „Sektoren" 92/13/EWG idF der RL 2007/66/EG und RL 2014/23/EU.

(insbes. Weisungsfreiheit, Unabsetzbarkeit etc) aber auch aus allg. rechtsstaatlichen Erwägungen, wie sie in Deutschland ähnlich auch für Richter gelten. Soweit sich der Vergabegesetzgeber dafür entschieden hat, für die Vergabekammern ähnliche Vorschriften vorzusehen wie für Richter iSd rechtsprechenden Gewalt des Art. 92 GG, kann daher grds. auch auf die Entscheidungspraxis zu den entspr. gerichtsverfassungsrechtlichen oder prozessrechtlichen Normen zurückgegriffen werden. Der EuGH hat anerkannt, dass die Vergabekammern iSd GWB im funktionalen Sinn „Gerichte" sind (und somit berechtigt sind, Auslegungsfragen zum EU-Recht gem. Art. 267 Abs. 2 AEUV dem EuGH vorzulegen).[4]

II. Unabhängigkeit der Vergabekammern (Abs. 1 und 4)

5   Um einen effektiven Rechtsschutz gegen Vergaberechtsverstöße von Auftraggebern zu gewährleisten, müssen die Spruchkörper aus allg. rechtsstaatlichen Erwägungen unabhängig sein (vgl. auch Art. 2 Abs. 9 UAbs. 2 der Rechtsmittel-Richtlinie 89/665/EWG idF der RL 2007/66/EG und RL 2014/23/EU[5]). Dies gilt seit dem VgRÄG v. 26.8.1998[6] sowohl für die zweite und letzte Instanz in Vergabenachprüfungsverfahren, aber auch für die erste Instanz, die zwar von den der Exekutive zugehörigen Vergabekammern ausgeübt wird, die ihrerseits aber weitergehend als andere Teile der Verwaltung unabhängig sind. Diese Unabhängigkeit wird in § 157 GWB sowohl in **institutioneller** als auch in **persönlicher Hinsicht** gewährleistet:

1. Institutionelle Unabhängigkeit (Abs. 1)

6   *Erstens* üben die **Vergabekammern** gem. § 157 Abs. 1 GWB „ihre Tätigkeit im Rahmen der Gesetze unabhängig und in eigener Verantwortung aus", sie sind also keinen Weisungen unterworfen. Die Bindung an den „**Rahmen der Gesetze**" umfasst alle in Deutschland geltenden Rechtsnormen, also sowohl nationaler wie auch unionsrechtlicher oder sonst internationaler Herkunft; lediglich Verwaltungsvorschriften zählen nicht hierzu.[7] IÜ stellt § 157 Abs. 1 GWB klar, dass die Vergabekammer über die ohnehin bestehende Bindung der Exekutive an Recht und Gesetz hinaus (Art. 20 Abs. 3 GG) wie ein Gericht **weisungsunabhängig** entscheidet. Da die Vergabekammern in Behörden eingebunden sind (s. o.), gilt dies insbes. in dienstrechtlicher Hinsicht. Weder Weisungen für den Einzelfall noch allg. Weisungen, wie sie zB ggü. den Beschlussabteilungen des Bundeskartellamts unter bestimmten Voraussetzungen ausgesprochen werden können (§ 52 GWB), sind also ggü. den Vergabekammern zulässig – auch nicht ggü. den Vergabekammern des Bundes, die beim Bundeskartellamt eingerichtet sind.[8]

---

[4] EuGH 18.9.2014 – C-549/13, NJW 2014, 3769.

[5] Bzw. Art. 2 Abs. 3, 9 der Rechtsmittel-RL „Sektoren" 92/13/EWG idF der RL 2007/66/EG und RL 2014/23/EU.

[6] In Kraft getreten am 1.1.1999.

[7] RKPP/Steck GWB § 157 Rn. 36 f.; Immenga/Mestmäcker/Stockmann GWB § 157 Rn. 12; s. zur identischen Rechtslage bei Richtern: BVerfG 31.5.1988 – 1 BvR 520/83, BVerfGE 78, 214 (227) = NJW 1989, 666 mwN; Kissel/Mayer GVG Einl. Rn. 211 f., GVG § 1 Rn. 117 ff. mwN; bei der Nachprüfung, ob ein öffentlicher Auftraggeber seine Ermessensgrenzen eingehalten hat, ist jedoch ggf. zu prüfen, ob eine geltende Verwaltungsvorschrift ihrerseits rechtmäßig ist; s. zur identischen Rechtslage bei Richtern Kissel/Mayer GVG § 1 Rn. 127.

[8] Immenga/Mestmäcker/Stockmann GWB § 157 Rn. 4 mwN.

2. Persönliche Unabhängigkeit (Abs. 4)

Zweitens wird gem. § 157 Abs. 4 GWB die persönliche Unabhängigkeit jedes 7
einzelnen **Mitglieds** der Vergabekammer in seiner Entscheidung gewährleistet. So
wird gem. § 157 Abs. 4 S. 1 GWB jedes Mitglied, also sowohl Vorsitzende wie auch
hauptamtliche und ehrenamtliche Beisitzer, auf **fünf Jahre** fest bestellt, kann also
in dieser Zeit nicht etwa wegen einer bestimmten getroffenen oder zu treffenden
Entscheidung oder einer sonst vertretenen Auffassung gegen seinen Willen abberufen, umgesetzt oder versetzt werden (vgl. aber zum Ausschluss wegen der Besorgnis
der Befangenheit oder zum Widerruf der Bestellung → Rn. 13 f.).[9] Diese Regelung
dient nicht nur der Unabhängigkeit eines einzelnen Vergabekammermitglieds in
seiner Entscheidung, vielmehr soll auf diese Weise gleichzeitig die Kontinuität in
der Spruchpraxis gewährleistet und so zur Rechtssicherheit im Vergabewesen insges.
beigetragen werden.[10]

Auch wenn dies in § 157 GWB nicht besonders erwähnt wird, spricht andererseits 8
nichts dagegen, dass ein Mitglied einer Vergabekammer über seine fünfjährige
Bestellung hinaus für eine weitere Amtszeit **wieder bestellt** wird – der o. g. Regelungszweck wird hierdurch nicht beeinträchtigt, im Gegenteil aufgrund der entspr.
Kontinuität der konkreten Besetzung sogar gefördert.[11] Umgekehrt wird die Unabhängigkeit eines Vergabekammermitglieds nicht tangiert, wenn dieses mit seiner
Umsetzung etc einverstanden ist. Freiwillige Wechsel zB innerhalb der Behörde,
der die Vergabekammer zugeordnet ist, sind also ohne Weiteres zulässig.[12]

Außerdem ist in § 157 Abs. 4 **S. 2** GWB vorgesehen, dass die Mitglieder einer 9
Vergabekammer **unabhängig entscheiden** und **nur dem Gesetz unterworfen**
sind. Das Mitglied einer Vergabekammer darf also nicht zu einer bestimmten Entscheidung angewiesen oder sonst beeinflusst werden. Dies gilt erstens für die Stellung
der Mitglieder einer Vergabekammer innerhalb der Behörde, der sie angehören (bzw.
bei ehrenamtlichen Beisitzern innerhalb der entsendenden Organisation). Soweit es
sich beim Vorsitzenden einer Vergabekammer und/oder dem hauptamtlichen Beisitzer um Beamte handelt (vgl. § 157 Abs. 2 S. 2 GWB), ist § 157 Abs. 4 S. 2 GWB
eine „besondere gesetzliche Vorschrift" iSd § 62 Abs. 1 S. 3 BBG (bzw. der entspr.
landesbeamtenrechtlichen Regelungen, § 35 Abs. 1 S. 3 BeamtStG[13]), die den
Beamten von seiner generellen Pflicht, dienstliche Anordnungen seines Vorgesetzten
auszuführen und dessen allg. Richtlinien zu befolgen, entbindet. Davon zu trennen
ist die – bei Beamten dienstrechtliche, ansonsten arbeitsrechtliche – Einbindung
jedes Mitglieds der Vergabekammer in die Verwaltungsbehörde, der es angehört
bzw. bei den ehrenamtlichen Beisitzern in die sie entsendende Organisation. Soweit
hiervon die Entscheidung in einer Vergabenachprüfungssache nicht beeinflusst wird
(s. o.), wird die gesetzlich gewährleistete Unabhängigkeit des Mitglieds einer Vergabekammer zB durch die Vornahme dienstlicher Beurteilungen nicht berührt.[14]

Die gem. § 157 Abs. 4 S. 2 GWB geltende Unabhängigkeit gilt darüber hinaus 10
aber auch innerhalb des Entscheidungsgremiums; auch die anderen Kammermitglie-

---

[9] HmbOVG 30.6.2005 – 1 Bs 182/05, NVwZ 2005, 1447; Immenga/Mestmäcker/Stockmann GWB § 157 Rn. 10.

[10] S. hierzu auch die Begr. zum Entwurf der BReg eines Gesetzes zur Änderung der Rechtsgrundlagen für die Vergabe öffentlicher Aufträge (Vergaberechtsänderungsgesetz – VgRÄG), BT-Drs. 13/9340, 17 (zu § 115 GWB-RegE).

[11] RKPP/Steck GWB § 157 Rn. 56; Immenga/Mestmäcker/Stockmann GWB § 157 Rn. 10.

[12] Vgl. Müller-Wrede/Spinzig GWB § 157 Rn. 40.

[13] Beamtenstatusgesetz.

[14] So wie auch bei Richtern im Rahmen ihrer Einbindung in die Justizverwaltung anerkannt, Kissel/Mayer GVG § 1 Rn. 87 ff. mwN.

der dürfen also einen zur Entscheidung berufenen Angehörigen einer Vergabekammer nicht in seiner Entscheidung beeinflussen.[15] Dieser Grundsatz findet sich darin wieder, dass jede Stimme innerhalb des Dreier-Gremiums Vergabekammer (Vorsitzender – hauptamtlicher Beisitzer – ehrenamtlicher Beisitzer) gleichwertig ist. Die Unabhängigkeit eines Kammermitglieds wird allerdings nicht dadurch in Frage gestellt, dass es ggf. von den anderen beiden Mitgliedern **überstimmt** werden kann.[16] Die Entscheidung wird dann mit der Mehrheit der Stimmen gefällt.

11 Die Unabhängigkeit und Unabsetzbarkeit der Vergabekammer bzw. ihrer Mitglieder ist auch in Art. 2 Abs. 9 UAbs. 2 **Rechtsmittel-Richtlinie** 89/665/EWG idF der RL 2007/66/EG und RL 2014/23/EU[17] so vorgegeben. Hier ist geregelt, dass insoweit „die gleichen Bedingungen wie für Richter" gelten müssen.[18] Diese Vorgabe ist durch § 157 Abs. 1, 4 GWB gewahrt. Die RL fordert allerdings „die gleichen Bedingungen wie für Richter" auch für die Dauer der Amtszeit der Vergabekammermitglieder. Richter werden in Deutschland grds. auf Lebenszeit ernannt, §§ 28, 29 DRiG. Die auf fünf Jahre beschränkte Amtszeit der Mitglieder der Vergabekammern erscheint daher zunächst EU-rechtlich bedenklich. Die deutsche Umsetzung der Rechtsmittel-Richtlinie dürfte jedoch auch insoweit unionsrechtskonform sein, denn auch bei Richtern gilt deren verfassungsrechtlich gebotene Unabhängigkeit grds. bereits dann als gewährleistet, wenn diese (noch) nicht auf Lebenszeit ernannt wurden.[19]

12 Da eine Vergabekammer einerseits Teil der Exekutive ist, andererseits jedoch in ihrer Entscheidung wie ein Richter unabhängig, ist fraglich, ob das sog. **Spruchrichterprivileg des § 839 Abs. 2 BGB** auf die Mitglieder der Vergabekammern anzuwenden ist, wonach Schadensersatzansprüche ggü. einem einzelnen Beamten „bei dem Urteil in einer Rechtssache" ausgeschlossen sind. Auch diese Norm dient ua der Sicherung der Unabhängigkeit eines Richters, der seine Entscheidung auch unbeeinflusst von etwaigen Haftungsrisiken fällen können soll.[20] Nach Sinn und Zweck dieser Regelung dürfte also einiges dafür sprechen, § 839 Abs. 2 BGB auch auf Vergabekammern (analog) anzuwenden.[21] Allerdings ist in der höchstrichterlichen Rspr. festzustellen, dass die Ausdehnung von Regelungen, deren Anwendungsbereich sich speziell auf die rechtsprechende Gewalt erstreckt, auf die Vergabekammern bzw. ihre Mitglieder bisher stets restriktiv gehandhabt und immer wieder betont wurde, dass die Vergabekammern trotz ihrer Gerichtsähnlichkeit „nur" Teil der Exekutive sind.[22] Auch § 839 Abs. 2 BGB dürfte als eine solche Vorschrift anzusehen sein, die nicht auf die Vergabekammern übertragen werden kann.[23] Auch die Rechtsmittel-Richtlinien 89/665/EWG oder RL 92/13/EWG, jew. idF der RL 2007/66/EG und RL 2014/23/EU, verlangen einen solchen Haftungsausschluss zur Gewährleistung der Unabhängigkeit der Vergabenachprüfungsinstanzen nicht.

---

[15] Immenga/Mestmäcker/Stockmann GWB § 157 Rn. 6.

[16] Vgl. zur entspr. Auffassung bei Richtern Kissel/Mayer GVG § 1 Rn. 140.

[17] Bzw. Art. 2 Abs. 9 UAbs. 2 der Rechtsmittel-RL „Sektoren" 92/13/EWG idF der RL 2007/66/EG und RL 2014/23/EU.

[18] Nahezu wörtlich identisch war bisher Art. 2 Abs. 8 UAbs. 2 Rechtsmittel-RL 89/665/EWG formuliert.

[19] Kissel/Mayer GVG § 1 Rn. 149; Zöller/Lückemann GVG § 1 Rn. 8 mwN; vgl. auch BVerfG 3.7.1962 – 2 BvR 628/60, 247/61, BVerfGE 14, 156 (162) = NJW 1962, 1495.

[20] RKPP/Steck GWB § 157 Rn. 24; Grüneberg/Sprau BGB § 839 Rn. 63 mwN.

[21] Horn/Graef NZBau 2002, 142 (145 f.); RKPP/Steck GWB § 157 Rn. 27; Immenga/Mestmäcker/Stockmann GWB § 157 Rn. 7 f.

[22] BGH 25.1.2012 – X ZB 5/10, BeckRS 2012, 2820; 9.12.2003 – X ZB 14/03, BeckRS 2004, 2243 = VergabeR 2004, 414 (416); vgl. auch Horn/Graef NZBau 2002, 142 (143 ff.).

[23] Vgl. zur (erfolglosen) Gesetzesinitiative, mit dem VergRModG ein Spruchrichterprivileg für die Vergabekammern einzuführen Müller-Wrede/Spinzig GWB § 157 Rn. 6, 10.

Anwendbar sind in einem etwaigen Amtshaftungsverfahren jedoch auf jeden Fall § 839 Abs. 3 BGB und § 254 Abs. 2 BGB bei einem Mitverschulden des Geschädigten an der Nichtabwendung seines Schadens, wenn er keine sofortige Beschwerde gegen eine angeblich schadensursächliche Vergabekammerentscheidung einlegt.[24]

Die Unabhängigkeit eines Vergabekammermitglieds ist jedoch kein Selbstzweck. Sie ist vielmehr in engem Zusammenhang mit der institutionellen Unabhängigkeit der Vergabekammer an sich (§ 157 Abs. 1 GWB) zu sehen. Dh, dass das einzelne Kammermitglied nicht nur unbeeinflusst von außen entscheiden können soll, sondern auch, dass es selbst diese Unabhängigkeit wahren und sich somit unbefangen und neutral verhalten muss.[25] In § 157 Abs. 4 GWB findet sich diese Neutralitätspflicht in der Unterwerfung des einzelnen Vergabekammermitglieds „unter das Gesetz" wieder (§ 157 Abs. 4 S. 2 GWB). Wenn also ein Grund vorliegt, der geeignet ist, Misstrauen gegen eine unparteiische Amtsausübung eines Vergabekammermitglieds zu rechtfertigen, so dass es nicht unabhängig ist, sondern im Gegenteil **befangen** entscheiden könnte, ist es daher nicht nur möglich, sondern sogar geboten, die betreffende Person aus einem konkreten Nachprüfungsverfahren abberufen zu können. Denn schließlich wurde § 157 GWB gerade geschaffen, um die Unabhängigkeit der Vergabekammern zu stärken, es wäre also sachwidrig, die Regelungen zB über die Amtsdauer eines Vergabekammermitglieds von fünf Jahren so auszulegen, dass sie auch dann gelten, wenn dessen Unabhängigkeit gefährdet ist.[26] Da das GWB insoweit keine Regelungen enthält, ist auf die Vorschriften des Verwaltungsverfahrensrechts (des Bundes bzw. des betreffenden Bundeslandes) zurückzugreifen (zur Anwendbarkeit der Verwaltungsverfahrensgesetze auf Nachprüfungsverfahren → § 155 Rn. 43). Ein Ausschluss wegen Befangenheit kommt daher gem. §§ 88, 71 iVm **§ 21 VwVfG analog** dann in Betracht, wenn aufgrund objektiv feststellbarer Tatsachen die subjektiv vernünftigerweise mögliche Besorgnis nicht auszuschließen ist, ein bestimmter Amtsträger werde in der Sache nicht unparteiisch, unvoreingenommen oder unbefangen entscheiden.[27] Dabei kommt es allein auf das Näheverhältnis eines Mitglieds der Vergabekammer zu einem Verfahrensbeteiligten an, nicht darauf, ob die entspr. Kontakte entscheidungserheblich waren oder nicht.[28] Allein vorläufige Meinungsäußerungen im laufenden Nachprüfungsverfahren oder andere sachverhaltsklärende oder verfahrensleitende Maßnahmen begründen jedoch noch keine solche Besorgnis, das entspr. Kammermitglied sei befangen, selbst wenn dieses Verhalten in der Sache selbst unrichtig gewesen sein sollte.[29] Verfahrensrechtlich sind die Vorgaben der §§ 88, 71 iVm § 20 Abs. 4, § 21 Abs. 2 VwVfG analog bzw. der entspr. Vorschriften der einschlägigen Verwaltungsverfahrensgesetze der Länder einzuhalten, dh die Entscheidung fällt durch die Vergabe-

---

[24] Byok/Jaeger/Noch GWB § 157 Rn. 6; RKPP/Steck GWB § 157 Rn. 26.

[25] S. zur vergleichbaren Unabhängigkeit von Richtern Zöller/Lückemann GVG § 1 Rn. 9 mwN.

[26] HmbOVG 30.6.2005 – 1 Bs 182/05, NVwZ 2005, 1447; OLG Naumburg 3.3.2000 – 1 Verg 2/99, BeckRS 2000, 30471210.

[27] OLG Düsseldorf 19.9.2018 – VII-Verg 17/18, BeckRS 2018, 58390; 14.11.2012 – VII-Verg 42/12, BeckRS 2013, 2327; OLG Frankfurt a. M. 26.8.2008 – 11 Verg 8/08, BeckRS 2008, 25109; 2.3.2007 – 11 Verg 15/06, BeckRS 2007, 06815; OLG Jena 22.12.1999 – 6 Verg 3/99, NZBau 2000, 349 (350); Stelkens/Bonk/Sachs/Schmitz VwVfG § 21 Rn. 9 f.; Kopp/Ramsauer/Ramsauer VwVfG § 21 Rn. 14 mwN; Byok/Jaeger/Noch GWB § 157 Rn. 19 f.; jurisPK-VergabeR/Summa GWB § 157 Rn. 22; vgl. zum Meinungsstreit Müller-Wrede/Spinzig GWB § 157 Rn. 46 ff. mwN.

[28] OLG Düsseldorf 14.11.2012 – VII-Verg 42/12, BeckRS 2013, 2327.

[29] OLG Frankfurt a. M. 26.8.2008 – 11 Verg 8/08, BeckRS 2008, 25109; 2.3.2007 – 11 Verg 15/06, BeckRS 2007, 06815; Müller-Wrede/Spinzig GWB § 157 Rn. 46.

GWB § 157 Besetzung, Unabhängigkeit

kammer selbst, jedoch ohne das angeblich befangene Mitglied.[30] Darüber hinaus sind aus denselben Erwägungen die gesetzlichen Ausschlussgründe des **§ 20 Abs. 1, 5 VwVfG analog** (bzw. der entspr. Verwaltungsverfahrensgesetze der Länder) auf die Mitglieder der Vergabekammer anzuwenden.[31] Aus den dort genannten Befangenheitsgründen (zB wenn ein Vergabekammermitglied selbst Beteiligter oder Angehöriger eines am Verfahren Beteiligten ist), ist es daher dem betreffenden Mitglied bereits kraft Gesetzes verboten, an einem Nachprüfungsverfahren mitzuwirken.

14 Sofern die Besorgnis besteht, ein Mitglied einer Vergabekammer werde sich nicht nur in einem einzelnen laufenden Nachprüfungsverfahren, sondern auch in allen künftigen Verfahren nicht unparteiisch verhalten, kommt unter den engen Voraussetzungen des § 49 Abs. 2 Nr. 3 VwVfG analog (bzw. der entspr. landesverwaltungsverfahrensrechtlichen Regelungen) ausnahmsweise auch der gleichsam vorsorgliche **Widerruf der Bestellung** in Betracht.[32] Um auch hier die Unabhängigkeit der Vergabekammern vor Einflussnahme Dritter weitestgehend zu wahren, sollte in einem solchen Fall ebenfalls das Verfahren der § 21 Abs. 2, § 20 Abs. 4 VwVfG angewendet werden, so dass die Vergabekammer selbst entscheidet, ob die Widerrufsvoraussetzungen vorliegen.[33]

15 Entscheidungen der Vergabekammer im Zusammenhang mit der Befangenheit ihrer Mitglieder sind als **reine Zwischenentscheidungen** nicht selbständig anfechtbar. Sie können also ggf. nur gemeinsam mit der Hauptsacheentscheidung angegriffen werden.[34]

16 Sofern eine Vergabekammerentscheidung in fehlerhafter Besetzung erfolgte, entweder da ein befangenes Mitglied hieran mitgewirkt hat oder weil über dessen Befangenheit in einem fehlerhaften Verfahren entschieden wurde, kann dies nach **§ 46 VwVfG analog** unbeachtlich sein. Dies ist dann der Fall, wenn offensichtlich ist, dass sich die Befangenheit eines Vergabekammermitglieds nicht auf die Entscheidung der Vergabekammer ausgewirkt hat,[35] insbes. also dann, wenn die Sache selbst rechtsfehlerfrei beschieden wurde und keine andere Entscheidung hätte getroffen werden müssen.[36] Nur in schweren Fällen ist die Entscheidung einer Vergabekammer aus diesen Gründen nichtig, etwa wenn die Befangenheit eines Mitglieds der Vergabekammer offenkundig war.[37]

---

[30] HmbOVG 30.6.2005 – 1 Bs 182/05, NVwZ 2005, 1447; OLG Naumburg 3.3.2000 – 1 Verg 2/99, BeckRS 2000, 30471210; OLG Jena 22.12.1999 – 6 Verg 3/99, NZBau 2000, 349 (350); BayObLG 29.9.1999 – Verg 4/99, BeckRS 1999, 31047535; jurisPK-VergabeR/ Summa GWB § 157 Rn. 19, 25 ff.; offen gelassen OLG Frankfurt a. M. 2.3.2007 – 11 Verg 15/06, BeckRS 2007, 06815; nach aA sind inzoweit §§ 45 Abs. 1, 46 Abs. 1 iVm § 41 ff. ZPO anzuwenden, so OLG Düsseldorf 23.1.2006 – VII-Verg 96/05, NZBau 2006, 598 (599); Müller-Wrede/Spinzig GWB § 157 Rn. 45; RKPP/Steck GWB § 157 Rn. 17 f.

[31] jurisPK-VergabeR/Summa GWB § 157 Rn. 16 ff.

[32] HmbOVG 30.6.2005 – 1 Bs 182/05, NVwZ 2005, 1447.

[33] HmbOVG 30.6.2005 – 1 Bs 182/05, NVwZ 2005, 1447.

[34] OLG Düsseldorf 23.1.2006 – VII-Verg 96/05, NZBau 2006, 598 (599); OLG Jena 22.12.1999 – 6 Verg 3/99, NZBau 2000, 349 (350); Stelkens/Bonk/Sachs/Schmitz VwVfG § 21 Rn. 26; Kopp/Ramsauer/Ramsauer VwVfG § 21 Rn. 31 mwN; jurisPK-VergabeR/ Summa GWB § 157 Rn. 33.

[35] Kopp/Ramsauer/Ramsauer VwVfG § 20 Rn. 69 f., § 21 Rn. 33, 36, § 46 Rn. 30.

[36] Kopp/Ramsauer/Ramsauer VwVfG § 20 Rn. 69 f., 72, § 21 Rn. 36; Stelkens/Bonk/ Sachs/Schmitz VwVfG § 21 Rn. 26; Stelkens/Bonk/Sachs/Sachs VwVfG § 46 Rn. 23 ff.; vgl. für den Fall der fehlerhaften Besetzung der Vergabekammer bei der Entscheidung über die Befangenheit eines ihrer Mitglieder OLG Frankfurt a. M. 2.3.2007 – 11 Verg 15/06, BeckRS 2007, 06815.

[37] Kopp/Ramsauer/Ramsauer VwVfG § 20 Rn. 53, § 21 Rn. 34.

III. Besetzung der Vergabekammern (Abs. 2)

Gem. § 157 Abs. 2 GWB sind die Vergabekammern als **Dreier-Gremium** ausgestaltet, sie entscheiden in der Besetzung mit einem Vorsitzenden und zwei Beisitzern, § 157 Abs. 2 S. 1 GWB. Von den beiden Beisitzern ist einer hauptamtlich tätig (als Berichterstatter), der andere ist ein ehrenamtlicher Beisitzer. Nur ausnahmsweise kann das Verfahren gem. § 157 Abs. 3 GWB dem Vorsitzenden oder dem hauptamtlichen Beisitzer zur alleinigen Entscheidung übertragen werden (→ Rn. 27 ff.). 17

Bei der Überprüfung der Vergabe von **verteidigungs- oder sicherheitsspezifischen Aufträgen** iSv § 104 GWB können die Vergabekammern seit dem 14.12.2011 abweichend von § 157 Abs. 2 S. 1 GWB auch in der Besetzung mit einem Vorsitzenden und zwei hauptamtlichen Beisitzern entscheiden. Hintergrund war die Umsetzung der RL 2009/81/EG,[38] die die Nachprüfung der Vergabe von verteidigungs- oder sicherheitsspezifischen Aufträgen einführte. Da solche Nachprüfungsverfahren Verschlusssachen betreffen können, die nur von sicherheitsüberprüften Personen bearbeitet werden dürfen, kann es praktisch schwierig sein, geeignete ehrenamtliche Beisitzer am Verfahren zu beteiligen. Auch diese müssen entspr. der Vorgaben des Sicherheitsüberprüfungsgesetzes des Bundes (SÜG) bzw. des Sicherheitsüberprüfungsrechts des jew. Bundeslandes sicherheitsüberprüft sein, außerdem ist bei Verschlusssachen ein wie sonst in Vergabenachprüfungsverfahren üblicher Versand der entscheidungserheblichen Unterlagen zur zeitnahen Information des ehrenamtlichen Beisitzers über den Verfahrensstand nicht per Fax oder E-Mail möglich. Bei solchen Schwierigkeiten eröffnet § 157 Abs. 2 S. 5 GWB den Vergabekammern die Möglichkeit, anstelle eines ehrenamtlichen einen weiteren hauptamtlichen Beisitzer vor Ort zur Entscheidung hinzuzuziehen.[39] Das Erfordernis einer vorherigen Sicherheitsüberprüfung besteht jedoch nicht nur bei verteidigungs- und sicherheitsspezifischen Aufträgen iSv § 104 GWB, sondern immer dann, wenn das streitgegenständliche Vergabeverfahren Verschlusssachen enthält, die höher als „VS-NUR FÜR DEN DIENSTGEBRAUCH" eingestuft sind (s. § 2 Abs. 1 iVm § 1 Abs. 2 Nr. 1 SÜG). Der Verweis in § 157 Abs. 2 S. 5 GWB auf Aufträge iSd § 104 GWB ist daher in der Praxis zu eng und sollte, um die hier geschilderten praktischen Schwierigkeiten der ordnungsgemäßen Besetzung der Vergabekammern zu beseitigen, vom Gesetzgeber erweitert werden. Zum Umgang mit VS vgl. auch → § 164 Rn. 7 ff. 18

Darüber hinaus wird in § 157 Abs. 2 S. 2–4 GWB eine **besondere fachliche Qualifikation** der Mitglieder der Vergabekammern vorgeschrieben. Hierdurch wollte der Gesetzgeber die Akzeptanz der Entscheidungen der Vergabekammern erhöhen und Beschwerdeverfahren nach Möglichkeit vermeiden.[40] Zugleich ergeben sich aber gewisse Vorgaben auch bereits aus den Rechtsmittel-Richtlinien (s. sogleich). § 157 Abs. 2 S. 2–4 GWB stellen diesbzgl. detaillierte Anforderungen: Der Vorsitzende und der hauptamtliche Beisitzer müssen Beamte auf Lebenszeit mit der Befähigung zum höheren Verwaltungsdienst oder vergleichbar fachkundige Angestellte sein. 19

- Die **„Befähigung zum höheren Verwaltungsdienst"** setzt voraus, dass die Person ein mit einem Master abgeschlossenes Hochschulstudium oder einen gleichwertigen Abschluss hat und als sonstige Voraussetzung einen mit einer Lauf- 20

---

[38] „Über die Koordinierung der Verfahren zur Vergabe bestimmter Bau-, Liefer- und Dienstleistungsaufträge in den Bereichen Verteidigung und Sicherheit", ABl. 2009 L 216, 76 ff.

[39] Vgl. hierzu die Begr. des Gesetzesentwurfs der BReg „Zur Änderung des Vergaberechts in den Bereichen Verteidigung und Sicherheit", BT-Drs. 17/7275 (zu Art. 1 Nr. 5).

[40] S. die Begr. der BReg sowie deren Gegenäußerung zur Stellungnahme des Bundesrats zum Entwurf eines Gesetzes zur Änderung der Rechtsgrundlagen für die Vergabe öffentlicher Aufträge (Vergaberechtsänderungsgesetz – VgRÄG), BT-Drs. 13/9340, 17, 49 (zu § 115 GWB-RegE bzw. zu Nr. 18).

bahnprüfung abgeschlossenen Vorbereitungsdienst oder eine hauptberufliche Tätigkeit vorweisen kann (§§ 16, 17 BBG bzw. die entspr. Bestimmungen der Landesbeamtengesetze). Ein fehlender Beamtenstatus kann gem. § 157 Abs. 2 S. 2 GWB durch die vergleichbare Fachkunde, also einschlägige Verwaltungserfahrung, eines Angestellten ausgeglichen werden.

21 • Darüber hinaus müssen der Vorsitzende oder der hauptamtliche Beisitzer die **„Befähigung zum Richteramt"** haben, also ein rechtswissenschaftliches Studium an einer Universität absolviert und beide juristischen Staatsprüfungen abgelegt haben (s. § 5 Abs. 1 DRiG). „In der Regel" „soll" diese Voraussetzung gem. § 157 Abs. 2 S. 3 Hs. 2 GWB der Vorsitzende erfüllen. Diese Sollregelung zeigt, dass von diesem Grundsatz nur in besonderen Fällen abgewichen werden kann. Dann muss jedoch zumindest der hauptamtliche Beisitzer die Befähigung zum Richteramt haben,[41] so dass der juristische Sachverstand des Spruchkörpers auf jeden Fall sichergestellt ist[42] (vgl. zu den bis zur Novellierung des GWB zum 24.4.2009 für die Bundesländer eröffneten Sonderregelungen → Rn. 24). Dies ist auch in den durch § 157 GWB umgesetzten **Rechtsmittel-Richtlinien** so vorgesehen: Gem. Art. 2 Abs. 9 UAbs. 2 RL 89/665/EWG bzw. Art. 2 Abs. 2 UAbs. 2 RL 92/13/EWG, jew. idF der RL 2007/66/EG und RL 2014/23/EU, muss „zumindest der Vorsitzende ... die juristischen und beruflichen Qualifikationen eines Richters besitzen".[43]

22 Der Bundesrat hatte in seiner Stellungnahme zum VgRÄG, mit der zum 1.1.1999 § 105 GWB aF (jetzt: § 157 GWB) geschaffen wurde, vorgeschlagen, dass nur der Vorsitzende Beamter sein muss. Diese geringeren Qualifikationsanforderungen wurden damit begründet, dass die Vergabekammer keine gerichtsäquivalente letzte Instanz sei.[44] Die Bundesregierung lehnte diesen Vorschlag ab. Sie gehe „von einer hohen Qualität und Akzeptanz der Entscheidungen der Vergabekammern aus", „wodurch sich eine Anrufung der Gerichte im Regelfall" erübrige.[45] Dazu bedürfe es entspr. hoher Anforderungen an die Qualifikation der Mitglieder der Vergabekammer, und zwar auch für die hauptamtlichen Beisitzer.[46]

23 Die Beisitzer ihrerseits sollen über **„gründliche Kenntnisse des Vergabewesens"** verfügen. Auf entspr. Beschlussempfehlung des Ausschusses für Wirtschaft (9. Ausschuss) ist für die ehrenamtlichen Beisitzer bereits seit dem 1.1.1999 vorgesehen, dass diese zusätzlich („auch") über „mehrjährige praktische Erfahrungen" verfügen müssen.[47] Über den ehrenamtlichen Beisitzer soll somit vor allem der ebenfalls

---

[41] S. hierzu auch Begr. zum Entwurf der BReg eines Gesetzes zur Änderung der Rechtsgrundlagen für die Vergabe öffentlicher Aufträge (Vergaberechtsänderungsgesetz – VgRÄG), BT-Drs. 13/9340, 17 (zu § 115 GWB-RegE).

[42] S. Begr. zum Entwurf der BReg eines Gesetzes zur Änderung der Rechtsgrundlagen für die Vergabe öffentlicher Aufträge (Vergaberechtsänderungsgesetz – VgRÄG), BT-Drs. 13/9340, 17 (zu § 115 GWB-RegE).

[43] Wörtlich identisch bisher in Art. 2 Abs. 8 UAbs. 2 Rechtsmittel-RL 89/665/EWG geregelt.

[44] S. die Stellungnahme des Bundesrats zum Entwurf der BReg eines Gesetzes zur Änderung der Rechtsgrundlagen für die Vergabe öffentlicher Aufträge (Vergaberechtsänderungsgesetz – VgRÄG), BT-Drs. 13/9340, 39 (zu § 115 Abs. 2 GWB-RegE).

[45] S. die Gegenäußerung der BReg zur Stellungnahme des Bundesrats zum Entwurf eines Gesetzes zur Änderung der Rechtsgrundlagen für die Vergabe öffentlicher Aufträge (Vergaberechtsänderungsgesetz – VgRÄG), BT-Drs. 13/9340, 49 (zu Nr. 18).

[46] S. die Gegenäußerung der BReg zur Stellungnahme des Bundesrats zum Entwurf eines Gesetzes zur Änderung der Rechtsgrundlagen für die Vergabe öffentlicher Aufträge (Vergaberechtsänderungsgesetz – VgRÄG), BT-Drs. 13/9340, 49 (zu Nr. 18).

[47] S. Beschlussempfehlung und Bericht des Ausschusses für Wirtschaft (9. Ausschuss), BT-Drs. 13/10328, 10 (zu § 115 Abs. 2 GWB-RegE).

für erforderlich gehaltene fachpraktische Sachverstand in das Nachprüfungsverfahren einfließen.[48] Mangels entspr. Hervorhebung bei den hauptamtlichen Beisitzern können deren Erfahrungen grds. auch eher theoretischer bzw. in erster Linie vergaberechtlicher Natur sein.

Einzelheiten zur **Ernennung** der Mitglieder der Vergabekammer ergeben sich aus § 158 GWB (ggf. iVm den Landesvergabegesetzen) und den Geschäftsordnungen der Vergabekammern. Um die Unabhängigkeit zu gewährleisten, werden die zur Entscheidung eines Verfahrens berufenen Mitglieder einer Vergabekammer auf fünf Jahre fest bestellt (hierzu sowie auch zu deren Abberufung → Rn. 7 ff.). Hinsichtlich der Besetzung der Vergabekammern der Länder war in § 106 Abs. 2 S. 2 GWB aF den Ländern ausdr. die Möglichkeit eröffnet worden, dass in Abweichung von den bundesrechtlichen Regelungen des § 105 Abs. 2 S. 3, 4 GWB aF nur (irgend)ein Mitglied die Befähigung zum Richteramt haben muss und dass lediglich „nach Möglichkeit" gründliche Kenntnisse des Vergabewesens bei den Mitgliedern der Vergabekammer vorhanden sein müssen.[49] Mit der Novellierung des GWB zum 24.4.2009 wurden die besonderen Vorgaben an die fachliche Qualifikation der Mitglieder der Vergabekammern jedoch bundesweit vereinheitlicht, dh auch die Bundesländer sind seitdem verpflichtet, die Vorgaben der (jetzt:) § 157 Abs. 2 S. 2–4 GWB bei der Besetzung ihrer Vergabekammern einzuhalten (iE → § 158 Rn. 17 f.).

§ 157 Abs. 2 GWB regelt lediglich die Besetzung der Vergabekammern, die diese zu entscheiden haben. Die Erwähnung des Dreier-Gremiums in § 157 Abs. 2 GWB bedeutet daher selbstverständlich nicht, dass eine Vergabekammer nicht über **weitere Mitglieder** verfügen darf (Geschäftsstelle, Registratur, Sachbearbeiter, Referenten etc), die an einem Nachprüfungsverfahren beteiligt sein können, ohne jedoch (wegen § 157 Abs. 2 S. 1 GWB) an der eigentlichen Entscheidung mitwirken zu dürfen.[50]

Sofern gegen § 157 Abs. 2 GWB verstoßen wird und an der Entscheidung einer Vergabekammer zB eine Person beteiligt war, die nicht über die vorgeschriebene Qualifikation verfügt, ist diese Entscheidung gem. **§ 44 Abs. 3 Nr. 3 VwVfG analog** (bzw. gem. den entspr. Verwaltungsverfahrensgesetzen der Bundesländer) nichtig. Auch kann die Vergabekammerentscheidung nicht allein aus diesem Grund aufgehoben werden, wenn der Besetzungsfehler offensichtlich nicht zu einer fehlerhaften Entscheidung geführt hat, vgl. **§ 46 VwVfG analog** (bzw. die entspr. Verwaltungsverfahrensgesetze der Bundesländer).[51]

IV. Übertragung eines Verfahrens zur Alleinentscheidung (Abs. 3)

Gem. § 157 Abs. 3 GWB kann die Vergabekammer ein Verfahren dem Vorsitzenden oder dem hauptamtlichen Beisitzer zur alleinigen Entscheidung **übertragen**. Dies ist nur dann möglich, sofern die Sache keine wesentlichen Schwierigkeiten in tatsächlicher oder rechtlicher Hinsicht aufweist und die Entscheidung nicht von grundsätzlicher Bedeutung ist. Ähnliche Regelungen enthalten § 348 Abs. 3 ZPO und § 6 Abs. 1 S. 1 VwGO. § 105 Abs. 3 GWB aF (jetzt: § 157 Abs. 3 GWB) wurde bereits durch das VgRÄG v. 26.8.1998 auf Vorschlag des Bundesrates in das Gesetz mit aufgenommen. Hierdurch sollte „in unproblematischen Fällen" eine

---

[48] S. hierzu auch Begr. zum Entwurf der BReg eines Gesetzes zur Änderung der Rechtsgrundlagen für die Vergabe öffentlicher Aufträge (Vergaberechtsänderungsgesetz – VgRÄG), BT-Drs. 13/9340, 17 (zu § 115 GWB-RegE).
[49] Vgl. hierzu nur Immenga/Mestmäcker/Stockmann GWB § 157 Rn. 19, § 158 Rn. 11.
[50] Immenga/Mestmäcker/Stockmann GWB § 157 Rn. 18.
[51] RKPP/Steck GWB § 157 Rn. 42 mwN.

GWB § 157 Besetzung, Unabhängigkeit

„Verfahrensvereinfachung" geschaffen werden, um so zu einer „Verfahrensbeschleunigung" zu gelangen und die vorgesehene fünfwöchige Entscheidungsfrist der Vergabekammern auch dann einhalten zu können, wenn mehrere Verfahren bei der Kammer anhängig sind.[52]

28 **Verfahrensrechtlich** sieht § 157 Abs. 3 GWB diesbzgl. eine Entscheidung der gesamten „Kammer" (also im üblichen Dreier-Gremium aus Vorsitzendem, hauptamtlichem und ehrenamtlichem Beisitzer) vor. Eine Anhörung der Verfahrensbeteiligten ist hierbei ebenso wenig vorgesehen wie die Durchführung einer mündlichen Verhandlung, § 157 Abs. 3 S. 1 GWB. Der entspr. Beschluss ist **unanfechtbar**, § 157 Abs. 3 S. 1 GWB.

29 Die Übertragung eines Nachprüfungsverfahrens auf eine einzelne Person setzt gem. § 157 Abs. 3 S. 2 GWB voraus, dass die Sache keine wesentlichen Schwierigkeiten in tatsächlicher oder rechtlicher Hinsicht aufweist und die Entscheidung nicht von grundsätzlicher Bedeutung sein wird (vgl. § 348 Abs. 3 ZPO, § 6 Abs. 1 S. 1 VwGO). Die Sache muss also entweder tatsächlich oder rechtlich nicht wesentlich schwierig sein, hinzukommen muss kumulativ, dass die Entscheidung über diese Sache selbst nicht von grundsätzlicher Bedeutung sein wird. Etwaige **„wesentliche Schwierigkeiten"** idS können bei einem umfangreichen, komplexen Sachverhalt vorliegen, dessen Bearbeitung und Entscheidung weit über das übliche Maß hinausgehen,[53] oder wenn Rechtsfragen zu beurteilen sind, zu denen noch keine gefestigte Entscheidungspraxis besteht.[54] **„Grundsätzliche Bedeutung"** hat eine Entscheidung über eine Sache dann, wenn sie über den betreffenden Einzelfall hinaus aufgrund der festzustellenden Tatsachen oder der zu entscheidenden Rechtsfragen auch für andere Verfahren gleichsam vorentscheidend sein kann.[55] Nur wenn beide Voraussetzungen (kumulativ!) vorliegen, ist eine Übertragung auf den Einzelrichter zulässig. Zusammenfassend lässt sich insoweit festhalten, dass die Übertragung eines Nachprüfungsverfahrens auf den Vorsitzenden oder den hauptamtlichen Beisitzer praktisch nur in tatsächlich und rechtlich einfach gelagerten Fällen in Betracht kommt.[56]

30 Durch einen Beschluss iSd § 157 Abs. 3 GWB kann das Verfahren entweder dem **Vorsitzenden oder dem hauptamtlichen Beisitzer** zur Alleinentscheidung übertragen werden. Eine Übertragung auf den ehrenamtlichen Beisitzer sieht das Gesetz nicht vor und wäre aufgrund dessen rein ehrenamtlicher Beteiligung am Nachprüfungsverfahren und dessen im Regelfall geringerer verfahrensrechtlicher Fachkenntnis praktisch auch kaum sachgerecht.

31 Zwar ist dies im Gesetz nicht ausdr. vorgesehen. Jedoch würde es Sinn und Zweck der besonderen Regelungen, die die Übertragung auf einen Alleinentscheider nur unter den o. g. engen Voraussetzungen erlauben, widersprechen, wenn die Übertragung des Verfahrens zur Alleinentscheidung iSd § 157 Abs. 3 S. 1 GWB nicht wieder **rückgängig** gemacht werden könnte, wenn die Voraussetzungen nicht mehr vorliegen. Dies könnte insbes. dann der Fall sein, wenn sich im Laufe des Nachprüfungsverfahrens herausstellt, dass die Sache doch größere und damit „wesentliche" Schwierigkeiten in tatsächlicher oder rechtlicher Hinsicht iSd § 157 Abs. 3 S. 2

---

[52] S. die Stellungnahme des Bundesrats zum Entwurf der BReg eines Gesetzes zur Änderung der Rechtsgrundlagen für die Vergabe öffentlicher Aufträge (Vergaberechtsänderungsgesetz – VgRÄG), BT-Drs. 13/9340, 39 (zu § 115 Abs. 2a GWB-E), sowie die Gegenäußerung der BReg hierzu, BT-Drs. 13/9340, 49 (zu Nr. 19).
[53] MüKoZPO/Stackmann § 348 Rn. 11; Kopp/Schenke/Ruthig VwGO § 6 Rn. 5ff. mwN.
[54] RKPP/Steck GWB § 157 Rn. 53 mwN.
[55] MüKoZPO/Stackmann § 348 Rn. 15; Kopp/Schenke/Ruthig VwGO § 6 Rn. 9; RKPP/Steck GWB § 157 Rn. 54 mwN; Immenga/Mestmäcker/Stackmann GWB § 157 Rn. 29 f.
[56] RKPP/Steck GWB § 157 Rn. 55 mwN.

GWB aufweist als nach ursprünglichem Rechts- und Sachstand der Angelegenheit angenommen.⁵⁷

V. Unabhängigkeit der Mitglieder der Vergabekammer (Abs. 4)

In Ergänzung zu § 157 Abs. 1 GWB regelt Abs. 4 die Unabhängigkeit nicht der Vergabekammer als Spruchkörper insges., sondern **deren einzelner Mitglieder** (→ Rn. 7 ff.). 32

§ 158 Einrichtung, Organisation

(1) ¹**Der Bund richtet die erforderliche Anzahl von Vergabekammern beim Bundeskartellamt ein.** ²**Einrichtung und Besetzung der Vergabekammern sowie die Geschäftsverteilung bestimmt der Präsident des Bundeskartellamts.** ³**Ehrenamtliche Beisitzer und deren Stellvertreter ernennt er auf Vorschlag der Spitzenorganisationen der öffentlich-rechtlichen Kammern.** ⁴**Der Präsident des Bundeskartellamts erlässt nach Genehmigung durch das Bundesministerium für Wirtschaft und Energie eine Geschäftsordnung und veröffentlicht diese im Bundesanzeiger.**

(2) ¹**Die Einrichtung, Organisation und Besetzung der in diesem Abschnitt genannten Stellen (Nachprüfungsbehörden) der Länder bestimmen die nach Landesrecht zuständigen Stellen, mangels einer solchen Bestimmung die Landesregierung, die die Ermächtigung weiter übertragen kann.** ²**Die Länder können gemeinsame Nachprüfungsbehörden einrichten.**

I. Bedeutung der Vorschrift

§ 158 GWB regelt die **Grundzüge der Einrichtung und Organisation** der Vergabekammern des Bundes und der Länder und enthält im Fall der Vergabekammern des Bundes die Ermächtigungsgrundlage zum Erlass einer Geschäftsordnung zur Selbstorganisation dieser Spruchkörper durch den Präsidenten des Bundeskartellamtes. 1

1. Änderungen gegenüber dem früheren Recht

Nachdem in der letzten umfassenden Vergaberechtsnovelle 2016 die Bezeichnung des zuständigen Bundeswirtschaftsministeriums in Abs. 1 S. 4 aktualisiert worden war, ist dies bis jetzt nicht erfolgt (richtig wäre jetzt: „Bundesministerium für Wirtschaft und Klimaschutz"). Seit 2009 blieb die Vorschrift inhaltlich unverändert, so dass die Rspr. und Lit. zur früheren Rechtslage weiterhin zur Auslegung herangezogen werden kann. Die letzte bedeutende Änderung dieser Norm erfolgte zum 24.4.2009. Durch die damalige GWB-Novelle wurden die **Möglichkeiten für die Länder eingeschränkt,** selbst über die Einrichtung, Organisation und Besetzung ihrer Vergabekammern zu entscheiden: § 106 Abs. 2 S. 2 GWB aF, der länderspezifische Sonderregelungen hinsichtlich der fachlichen Qualifikation der Mitglieder der Vergabekammern gestattete, wurde auf Vorschlag der Bundesregierung gestrichen. Diesbzgl. gelten bundeseinheitlich die Regelungen des § 157 Abs. 2 S. 2–4 GWB (→ Rn. 17 f.). 2

---

⁵⁷ Müller-Wrede/Spinzig GWB § 157 Rn. 31; Immenga/Mestmäcker/Stockmann GWB § 157 Rn. 27; aA jurisPK-VergabeR/Summa GWB § 157 Rn. 14.

2. Regelungsgehalt

3 In § 158 Abs. 1 GWB werden die **Grundzüge** der Einrichtung und Organisation der Vergabekammern des Bundes geregelt, einschl. der Ernennung der ehrenamtlichen Beisitzer durch den Präsidenten des Bundeskartellamts und des Erlasses einer Geschäftsordnung. § 158 Abs. 2 GWB enthält Sonderregelungen für die Vergabekammern der Länder. Ob für ein konkretes Nachprüfungsverfahren die Vergabekammern des Bundes oder der Länder zuständig sind, ergibt sich jedoch nicht aus § 158 GWB, sondern aus §§ 156 Abs. 1, 159 GWB.

II. Einrichtung, Organisation und Besetzung der Vergabekammern des Bundes (Abs. 1)

1. Sitz beim Bundeskartellamt (Abs. 1 S. 1, 2)

4 Die Vergabekammern des Bundes sind beim Bundeskartellamt mit Sitz in Bonn eingerichtet, § 158 Abs. 1 S. 1 GWB. Dies war bereits bei deren „Vorgängern", den Vergabeüberwachungsausschüssen, der Fall (§ 57c Abs. 7 HGrG). Gleichzeitig jedoch wird hierdurch der Grundgedanke der sog. „kartellrechtlichen Lösung" weiterverfolgt, den Vergaberechtsschutz ähnlich auszugestalten wie den Rechtsschutz gegen Entscheidungen der Kartellbehörde, um gleichermaßen die **wettbewerbspolitische Relevanz des öffentlichen Auftragswesens** zu betonen (zur Entstehung → Vor § 155 Rn. 9).

5 § 158 Abs. 1 S. 1 GWB bestimmt jedoch nicht nur den Standort der Vergabekammern des Bundes, sondern enthält hierüber hinaus die gesetzliche Maßgabe, **„die erforderliche Anzahl"** von Vergabekammern einzurichten. Derzeit gibt es zwei (bis Juli 2013: drei) Vergabekammern des Bundes beim Bundeskartellamt. Je nach Arbeitsbelastung der Vergabekammern, die seit deren Einrichtung deutlich gestiegen ist (2000: ca. 50 Verfahren; 2005: ca. 170 Verfahren; 2009: über 230 Verfahren; seither ca. 120 Verfahren pro Jahr), kann hieraus eine Verpflichtung des Bundes abgeleitet werden, ggf. weitere Vergabekammern zu schaffen. Die entspr. verpflichtende Vorgabe folgt auch aus dem EU-Recht: Gem. Art. 1 Abs. 1 UAbs. 4 der Rechtsmittel-Richtlinie 89/665/EWG idF der RL 2007/66/EG und RL 2014/23/EU[1] ist die Bundesrepublik Deutschland verpflichtet, „die erforderlichen Maßnahmen" zu ergreifen, „um sicherzustellen, dass … die Entscheidungen der [öffentlichen] Auftraggeber wirksam und vor allem möglichst rasch" auf Verstöße gegen das Vergaberecht nachgeprüft werden können – hierzu zählt auch die Einrichtung der „erforderlichen Anzahl" von Vergabekammern, um die eingehenden Nachprüfungsanträge effektiv und in der vorgesehenen (Fünf-Wochen-) Frist zu bescheiden.[2]

6 Für die Einrichtung und Besetzung der Vergabekammern des Bundes sowie deren Geschäftsverteilung ist der **Präsident des Bundeskartellamtes** zuständig (§ 158 Abs. 1 S. 2 GWB). Dies folgt schon aus seiner Stellung als Behördenleiter aus § 51 GWB und seinen hieraus resultierenden Befugnissen das Bundeskartellamt insges. betreffend. Von diesen organisatorischen Maßnahmen iRd allg. Weisungsrechts des Vorgesetzten zu trennen sind aber die besonderen Vorgaben an die Unabhängigkeit der Vergabekammern in ihrer Entscheidung über ein Nachprüfungsverfahren selbst und die hierzu in § 157 GWB geschaffenen Regelungen: Das Organisations- und Weisungsrecht des Präsidenten des Bundeskartellamts einerseits und die Folgepflicht der Mitglieder der Vergabekammern als Beschäftigte des Bundeskartellamts andererseits finden ihre Grenze in den Spezialregelungen des **§ 157 GWB** (was das Bundes-

---

[1] Bzw. Art. 1 Abs. 1 UAbs. 4 der Rechtsmittel-RL „Sektoren" 92/13/EWG idF der RL 2007/66/EG und RL 2014/23/EU.
[2] Vgl. auch Immenga/Mestmäcker/Stockmann GWB § 158 Rn. 5.

beamtenrecht ausdr. zulässt, s. § 62 Abs. 1 S. 3 BBG[3]). So sind die Mitglieder der Vergabekammern für fünf Jahre fest bestellt und können gegen ihren Willen nicht versetzt, umgesetzt oder abberufen werden, außerdem kann auch der Präsident des Bundeskartellamtes den Vergabekammern oder deren Mitgliedern keine Weisungen erteilen oder sonst die Entscheidungen der Vergabekammern beeinflussen; schließlich ist in § 157 Abs. 2 S. 2–4 GWB eine bestimmte berufliche Mindestqualifikation der zur Entscheidung berufenen Mitglieder einer Vergabekammer vorgesehen, die auch für den Präsidenten bei seiner Entscheidung über die Besetzung einer Vergabekammer verbindlich ist (→ § 157 Rn. 7 ff., 19 ff.).

Was die **Anzahl der Mitglieder** einer Vergabekammer betrifft, ist auch hier der 7 Gedanke des § 158 Abs. 1 S. 1 GWB zu beachten: Es muss „die erforderliche Anzahl" vorhanden sein, um den vom europäischen und nationalen Gesetzgeber für geboten gehaltenen effektiven und raschen Rechtsschutz im Vergaberecht zu gewährleisten (→ Rn. 5). In der Geschäftsordnung der Vergabekammern des Bundes ist insoweit vorgesehen, dass jeder Vergabekammer neben dem Vorsitzenden „mindestens zwei" hauptamtliche Beisitzer angehören.[4]

Die rein **interne Geschäftsverteilung** innerhalb einer Vergabekammer, nach 8 welchem am Beginn eines Geschäftsjahres festzulegenden Plan Verfahren den einzelnen hauptamtlichen Beisitzern als Berichterstatter zugewiesen werden, obliegt gem. § 2 Abs. 2 der Geschäftsordnung der Vergabekammern des Bundes dem Vorsitzenden der betreffenden Vergabekammer.[5] Wegen des Prinzips des gesetzlichen Richters, das wegen der Unabhängigkeit und Neutralität der Mitglieder der Vergabekammern auch hier zu beachten ist (→ § 157 Rn. 4), wird grds. ein Rotationsverfahren ohne Anschauung des konkreten Verfahrensgegenstands praktiziert.

2. Ernennung der ehrenamtlichen Beisitzer (Abs. 1 S. 3)

Die Vergabekammern entscheiden regelmäßig in der Besetzung mit einem Vorsit- 9 zenden, einem hauptamtlichen und einem ehrenamtlichen Beisitzer (§ 157 Abs. 2 S. 1 GWB). Die Beteiligung des ehrenamtlichen Beisitzers dient insbes. der Gewährleistung eines hinreichenden fachpraktischen Sachverstands (→ § 157 Rn. 23). Die ehrenamtlichen Beisitzer werden gem. § 158 Abs. 1 S. 3 GWB vom Präsidenten des Bundeskartellamts **auf Vorschlag der Spitzenorganisationen der öffentlichrechtlichen Kammern** ernannt. Hierzu gehören ua der Deutsche Industrie- und Handelskammertag (DIHK), der Zentralverband des Deutschen Handwerks (ZDH), die Bundesarchitektenkammer (BAK), die Bundesingenieurkammer (BIngK), etc.[6] Ein solches Vorschlagsrecht hatte bereits bei den Vorgängern der Vergabekammern, den Vergabeüberwachungsausschüssen, bestanden (§ 57c Abs. 7 S. 5 HGrG), dies sollte absichtlich so beibehalten werden.[7]

Auch bei der Besetzung der ehrenamtlichen Beisitzer sind jedoch weder der 10 Präsident des Bundeskartellamts noch die oben genannten Spitzenorganisationen in ihrem Vorschlagsrecht völlig frei. Wie bei der Besetzung und Organisation der

---

[3] Bundesbeamtengesetz; „Dies (die Verpflichtung, dienstliche Anordnungen auszuführen und allgemeine Richtlinien der Vorgesetzten zu befolgen) gilt nicht, soweit die Beamtinnen und Beamten nach besonderen gesetzlichen Vorschriften an Weisungen nicht gebunden und nur dem Gesetz unterworfen sind."
[4] § 1 Abs. 1 der Geschäftsordnung der Vergabekammern des Bundes, BAnz. AT 24.4.2019 B4 (in Kraft getreten am 1.7.2017).
[5] Geschäftsordnung der Vergabekammern des Bundes, BAnz. AT 24.4.2019 B4.
[6] RKPP/Steck GWB § 158 Rn. 11.
[7] S. hierzu die Begr. zum Entwurf der BReg eines Gesetzes zur Änderung der Rechtsgrundlagen für die Vergabe öffentlicher Aufträge (Vergaberechtsänderungsgesetz – VgRÄG), BT-Drs. 13/9340, 17 (zu § 116 Abs. 2 GWB-RegE).

Vergabekammern insges. (→ Rn. 6), sind hierbei die besonderen Vorgaben des § 157 GWB einzuhalten. Speziell bei den ehrenamtlichen Beisitzern ist daher vor deren Ernennung deren besondere Qualifikation iSd § 157 Abs. 2 S. 4 GWB („gründliche Kenntnisse des Vergabewesens" und „mehrjährige praktische Erfahrungen" auf diesem Gebiet) zu prüfen sowie, dass deren Unabhängigkeit und Unbefangenheit hinreichend gewährleistet ist (→ § 157 Rn. 23).[8]

11 Von der **Anzahl der ehrenamtlichen Beisitzer** her muss der Präsident des Bundeskartellamts nicht jede der vorgeschlagenen Personen ernennen, andererseits darf aber gem. § 158 Abs. 1 S. 3 GWB nur jemand ernannt werden, der auch vorgeschlagen wurde. Auch hier dürfte über § 158 Abs. 1 S. 1 GWB gelten, dass die „erforderliche Anzahl" von ehrenamtlichen Beisitzern vorzuhalten ist, damit effektiver und rascher Rechtsschutz durch die Vergabekammern gewährleistet ist. In der Geschäftsordnung der Vergabekammern des Bundes ist insoweit vorgesehen, dass zu jeder Vergabekammer „mindestens vier ehrenamtliche Beisitzer" zählen, wobei diese auch mehreren Kammern angehören können.[9] Welcher ehrenamtliche Beisitzer zu einem bestimmten Nachprüfungsverfahren hinzugezogen wird, bestimmt das Rotationsprinzip – dies gebietet allein schon das Prinzip des gesetzlichen Richters (→ Rn. 8).

3. Geschäftsordnung der Vergabekammern des Bundes (Abs. 1 S. 4)

12 Die Vorschrift über die Geschäftsordnung der Vergabekammern des Bundes sollte an die entspr. Regelungen für die Beschlussabteilungen des Bundeskartellamts angelehnt werden[10] (vgl. § 51 Abs. 2 S. 2 GWB). Dies ist sachgerecht, denn die Vergabekammern des Bundes sind (von den Sonderregelungen über deren Unabhängigkeit abgesehen) organisatorisch und personell **Teil des Bundeskartellamts,** so dass sich die jew. geschäftsordnenden Regelungen zT decken (die Geschäftsordnung des Bundeskartellamts gilt deshalb für die Vergabekammern des Bundes zumindest ergänzend[11]), Sonderregelungen enthält die Geschäftsordnung der Vergabekammern insbes. hinsichtlich des Ablaufs eines Nachprüfungsverfahrens.

13 Zuständig für den Erlass der Geschäftsordnung der Vergabekammern des Bundes ist gem. § 158 Abs. 1 S. 4 GWB der Präsident des Bundeskartellamts als Leiter dieser Behörde. Nach Genehmigung durch das Bundesministerium für Wirtschaft und Klimaschutz, zu deren Geschäftsbereich das Bundeskartellamt gehört, wird die Geschäftsordnung im BAnz. veröffentlicht (§ 158 Abs. 1 S. 4 GWB). **Die aktuelle Fassung** gilt seit dem **1.7.2017**.[12] Sie enthält besondere Vorgaben an die Organisation, das Geschäftsjahr, die Geschäftsverteilung und Vertretung innerhalb der Vergabekammer und der Kammern untereinander (Abschn. I), im Abschn. II allg. Vorschriften über das Verfahren zwischen Antragseingang und mündlicher Verhandlung (ua über den Nachweis eines Kostenvorschusses iHd Mindestgebühr von 2.500 Euro vor Übermittlung eines Nachprüfungsantrags an den Antragsgegner (den Auftraggeber), die Unterrichtung des ehrenamtlichen Beisitzers, die Übersendung von Schriftsätzen etc), Abschn. III regelt die mündliche Verhandlung (ua die Ladung samt

---

[8] Hierauf verweist auch RKPP/Steck GWB § 158 Rn. 11.
[9] § 1 Abs. 1 der Geschäftsordnung der Vergabekammern des Bundes, BAnz. AT 24.4.2019 B4.
[10] S. hierzu die Begr. zum Entwurf der BReg eines Gesetzes zur Änderung der Rechtsgrundlagen für die Vergabe öffentlicher Aufträge (Vergaberechtsänderungsgesetz – VgRÄG), BT-Drs. 13/9340, 17 (zu § 116 Abs. 2 GWB-RegE).
[11] S. Geschäftsordnung der Vergabekammern des Bundes unter „Anwendungsbereich", BAnz. AT 24.4.2019 B4.
[12] BAnz. AT 24.4.2019 B4.

einzuhaltender Frist, Sitzungsleitung, Inhalt des Protokolls), Abschn. IV den Beschluss (insbes. dessen Inhalt), Abschn. V den Geschäftsgang und Abschn. VI das Inkrafttreten der Geschäftsordnung.[13]

III. Einrichtung, Organisation und Besetzung der Vergabekammern der Länder (Abs. 2)

§ 158 Abs. 2 GWB enthält **Sonderregelungen** für die Vergabekammern **der** 14 **Länder**. Solche Sonderregelungen in Bundesgesetzen sind verfassungsrechtlich geboten, da die Einrichtung der Behörden und das Verwaltungsverfahren grds. Sache der Länder ist (vgl. Art. 83, 84 Abs. 1 GG). Bundesrecht soll daher entspr. „offen" gefasst werden und es den Ländern überlassen bleiben, wie die zuständigen Behörden ausgestaltet werden. Ähnliche besondere Vorschriften hatte bereits die Vorgängerregelung des § 57c Abs. 9 HGrG[14] enthalten. Im Vordergrund standen insbes. Kosten- und Zweckmäßigkeitserwägungen zugunsten der Bundesländer.[15]

1. Länderspezifische Bestimmungen an die Einrichtung, Organisation und Besetzung ihrer Vergabekammern (Abs. 2 S. 1)

§ 158 Abs. 2 S. 1 GWB enthält eine **Öffnungsklausel** zugunsten der Bundeslän- 15 der, wonach „die Einrichtung, Organisation und Besetzung" der Nachprüfungsbehörden der Länder durch die nach Landesrecht zuständigen Stellen bestimmt wird, mangels einer solchen Bestimmung durch die Landesregierung, die die Ermächtigung weiter übertragen kann.

Die Einzelheiten, wie weit die Länder von den bundesgesetzlichen Vorgaben 16 abweichen dürfen, waren bereits seit dem Vergaberechtsänderungsgesetz (RegE v. 3.12.1997) zwischen Bundesregierung und Bundesländern umstritten. Hier ging es vor allem um die Frage, inwieweit die Bundesländer von den bundesrechtlichen Vorgaben an **die fachliche Qualifikation** der Mitglieder der Vergabekammern (vgl. jetzt § 157 Abs. 2 S. 2–4 GWB) abweichen durften. Nachdem die Länder bereits erfolglos vorgeschlagen hatten, die Anforderungen an die fachliche Qualifikation des Vorsitzenden und des hauptamtlichen Beisitzers gem. § 157 Abs. 2 S. 2 GWB generell zu verringern (→ § 157 Rn. 19 ff.), konnte der Bundesrat im Vergaberechtsänderungsgesetz über den Vermittlungsausschuss zumindest Ausnahmen für die Bundesländer mit der bis zum 24.4.2009 geltenden Formulierung in § 106 Abs. 2 GWB aF durchsetzen, dass bei der Besetzung der Vergabekammer lediglich gewährleistet sein muss, dass „mindestens ein Mitglied" der Vergabekammer die Befähigung zum Richteramt besitzt und „nach Möglichkeit gründliche Kenntnisse des Vergabewesens vorhanden sind"[16] (gem. der für die Vergabekammern des Bun-

---

[13] S. zu den Regelungen der nahezu identischen Vorgängerfassung v. 15.7.2005 iE Byok/Jaeger/Noch GWB § 158 Rn. 7 ff.

[14] S. hierzu die Begr. zum Entwurf der BReg eines Gesetzes zur Änderung der Rechtsgrundlagen für die Vergabe öffentlicher Aufträge (Vergaberechtsänderungsgesetz – VgRÄG), BT-Drs. 13/9340, 17 (zu § 116 Abs. 2 GWB-RegE).

[15] S. hierzu die Begr. zum Entwurf der BReg eines Gesetzes zur Änderung der Rechtsgrundlagen für die Vergabe öffentlicher Aufträge (Vergaberechtsänderungsgesetz – VgRÄG), BT-Drs. 13/9340, 17 (zu § 116 Abs. 2 GWB-RegE) sowie die Stellungnahme des Bundesrates hierzu, BT-Drs. 13/9340, 40 (zu § 116 GWB-RegE); sowie die Stellungnahme des Bundesrats zum Entwurf der BReg eines Gesetzes zur Modernisierung des Vergaberechts, BT-Drs. 16/10117, 49 (zu Art. 1 Nr. 11 RegE).

[16] S. den Beschluss des Bundesrats zur Anrufung des Vermittlungsausschusses wegen des Entwurfs eines Gesetzes zur Änderung der Rechtsgrundlagen für die Vergabe öffentlicher Auf-

des auch damals schon hierüber hinausgehenden bundesgesetzlichen Regelung des § 105 Abs. 2 S. 3, 4 GWB aF ((jetzt: § 157 GWB)) „soll" der Vorsitzende die Befähigung zum Richteramt haben und gründliche Kenntnisse des Vergabewesens „sollen" bei den Beisitzern vorhanden sein). Die Bundesregierung hatte diese Vorschläge des Bundesrats stets mit dem Argument zurückgewiesen, dass eine „anspruchsvolle Besetzung der Vergabekammern" auch in den Ländern erforderlich sei, um eine hohe Qualität und Akzeptanz der Vergabekammerentscheidungen zu erreichen und die Anrufung der Beschwerdegerichte auf möglichst wenige Fälle zu begrenzen; die zu befürchtende Vielzahl uneinheitlicher Regelungen widerspreche zudem dem Gebot der Rechtssicherheit und Rechtsklarheit und sei in- und ausländischen Unternehmen nicht zuzumuten.[17]

17   Nach der GWB-Novelle v. 20.4.2009 wurde § 106 Abs. 2 GWB aF (jetzt unverändert: § 158 GWB) nahezu so gefasst, wie es die Bundesregierung bereits in ihrem Entwurf des Vergaberechtsänderungsgesetzes v. 3.12.1997 vorgeschlagen hatte.[18] Es gibt keine Regelung mehr, die den Ländern speziell eine Abschwächung der Mindestqualifikation der Mitglieder der Vergabekammern der Länder gestattet. Seitdem werden also auch für die Vergabekammern der Länder die Anforderungen des § 157 Abs. 2–4 GWB an die Besetzung der Vergabekammern **bundeseinheitlich vorgegeben**, § 106 Abs. 2 S. 2 GWB aF wurde so, wie von der Bundesregierung in ihrem Entwurf vorgesehen, aufgehoben. Hintergrund war, dass eine Umfrage des damaligen Bundesministeriums für Wirtschaft und Arbeit hinsichtlich der Auswirkungen des Vergaberechtsänderungsgesetzes v. 26.8.1998 ergeben hatte, dass Unternehmen häufig mit der Qualität der Entscheidungen der Vergabekammern der Länder unzufrieden gewesen seien.[19] Der Bundesrat hatte erfolglos versucht, die Neuregelung insbes. mit dem Verweis auf Personalprobleme und Haushaltsrestriktionen der Länder zu verhindern. Der Bundesrat meinte, § 106 Abs. 2 S. 2 GWB aF müsse in der bisherigen Form weiterhin gelten, ein Eingreifen des Bundesgesetzgebers sei nicht angezeigt.[20]

18   Nach der heute gültigen Regelung ist somit der **Spielraum der Länder**, die „Einrichtung, Organisation und Besetzung" ihrer Nachprüfungsbehörden selbst zu bestimmen, deutlich kleiner geworden.[21] Die auch von den Bundesländern auf jeden Fall zu beachtenden Vorgaben sind § 157 GWB zu entnehmen. Auch in den Vergabekammern der Länder sind daher die Grundvorgaben an die Unabhängigkeit und Unabsetzbarkeit der Mitglieder der Vergabekammern für die Amtsdauer von fünf Jahren zu gewährleisten sowie die Anforderungen an die berufliche Qualifikation der Mitglieder der Vergabekammer nach § 157 Abs. 2 S. 2–4 GWB zu beachten.

---

träge (Vergaberechtsänderungsgesetz – VgRÄG), BT-Drs. 13/10711, 1 (zu § 116 Abs. 2 GWB-RegE), sowie die insoweit gleichlautende Beschlussempfehlung des Vermittlungsausschusses, BT-Drs. 13/10876, 2 (zu § 116 Abs. 2 GWB-RegE).

[17] S. die Gegenäußerung der BReg zur Stellungnahme des Bundesrates zum Entwurf eines Gesetzes zur Änderung der Rechtsgrundlagen für die Vergabe öffentlicher Aufträge (Vergaberechtsänderungsgesetz – VgRÄG), BT-Drs. 13/9340, 49 f. (zu Nr. 20).

[18] S. § 116 Abs. 2 GWB-RegE: „Die Einrichtung und Organisation der Vergabekammern der Länder bestimmen die nach Landesrecht zuständigen Stellen, mangels einer solchen Bestimmung die Landesregierung, die die Ermächtigung weiter übertragen kann. Die Länder können gemeinsame Nachprüfungsbehörden einrichten.", BT-Drs. 13/9340, 6.

[19] S. Entwurf der BReg eines Gesetzes zur Modernisierung des Vergaberechts sowie die Gegenäußerung der BReg zur anderslautenden Stellungnahme des Bundesrats hierzu, BT-Drs. 16/10117, 23, 67 (zu § 106 Abs. 2 GWB-RegE bzw. zu Nr. 17).

[20] Stellungnahme des Bundesrats zum Entwurf der BReg eines Gesetzes zur Modernisierung des Vergaberechts, BT-Drs. 16/10117, 49 (zu Art. 1 Nr. 11 RegE).

[21] S. zur früheren Rechtslage Immenga/Mestmäcker/Stockmann GWB § 157 Rn. 19, § 158 Rn. 11.

Unabhängig davon, dass nach der heutigen Regelung die bundesgesetzlichen Vorgaben einheitlich auch in den Bundesländern gelten, ist darauf hinzuweisen, dass die Bundesländer auch bisher schon über den Bund an die entspr. Vorgaben aus den EU-Rechtsmittel-Richtlinien, insbes. Art. 2 Abs. 9 UAbs. 2 und Art. 1 Abs. 1 UAbs. 4 der Rechtsmittel-Richtlinie 89/665/EWG idF der RL 2007/66/EG und RL 2014/23/EU[22], gebunden waren, die ebenfalls ua eine bestimmte Mindestqualifikation und Anforderungen an die Unabhängigkeit der Mitglieder der Vergabekammern enthalten,[23] sowie die generelle Verpflichtung, „die erforderlichen Maßnahmen" zu ergreifen, „um sicherzustellen, dass ... die Entscheidungen der Auftraggeber wirksam und vor allem möglichst rasch" auf Verstöße gegen das EU-Vergaberecht nachgeprüft werden können.

2. Gemeinsame Nachprüfungsbehörden der Länder (Abs. 2 S. 2)

Die Möglichkeit, gemeinsame Nachprüfungsbehörden („Vergabeüberwachungsausschüsse") einzurichten, war den Ländern gem. § 57c Abs. 1 HGrG bereits vor dem Inkrafttreten der sog. „kartellrechtlichen Lösung" durch das VgRÄG am 1.1.1999 eingeräumt worden. Grund hierfür waren Kosten- und Zweckmäßigkeitserwägungen.[24] Aus den gleichen Erwägungen besteht diese Regelung auch heute noch fort, auch wenn es **derzeit keine** solchen gemeinsamen Nachprüfungsbehörden mehrerer Bundesländer gibt.[25]

19

§ 159 Abgrenzung der Zuständigkeit der Vergabekammern

(1) **Die Vergabekammer des Bundes ist zuständig für die Nachprüfung der Vergabeverfahren**
1. **des Bundes;**
2. **von öffentlichen Auftraggebern im Sinne des § 99 Nummer 2, von Sektorenauftraggebern im Sinne des § 100 Absatz 1 Nummer 1 in Verbindung mit § 99 Nummer 2 und Konzessionsgebern im Sinne des § 101 Absatz 1 Nummer 1 in Verbindung mit § 99 Nummer 2, sofern der Bund die Beteiligung überwiegend verwaltet oder die sonstige Finanzierung überwiegend gewährt hat oder über die Leitung überwiegend die Aufsicht ausübt oder die Mitglieder des zur Geschäftsführung oder zur Aufsicht berufenen Organs überwiegend bestimmt hat, es sei denn, die an dem Auftraggeber Beteiligten haben sich auf die Zuständigkeit einer anderen Vergabekammer geeinigt;**
3. **von Sektorenauftraggebern im Sinne des § 100 Absatz 1 Nummer 2 und von Konzessionsgebern im Sinne des § 101 Absatz 1 Nummer 3, sofern der Bund auf sie einen beherrschenden Einfluss ausübt; ein beherrschender Einfluss liegt vor, wenn der Bund unmittelbar oder mittelbar die Mehrheit des gezeichneten Kapitals des Auftraggebers besitzt oder über die Mehrheit der mit den Anteilen des Auftraggebers verbundenen Stimmrechte verfügt oder mehr als die Hälfte der Mitglieder des Verwal-**

---

[22] Bzw. Art. 2 Abs. 9 UAbs. 2, Art. 1 Abs. 1 UAbs. 4 der Rechtsmittel-RL „Sektoren" 92/13/EWG idF der RL 2007/66/EG und RL 2014/23/EU.
[23] „Zumindest der Vorsitzende ... muss die juristischen und beruflichen Qualifikationen eines Richters besitzen."
[24] S. Begr. zum Entwurf der BReg eines Gesetzes zur Änderung der Rechtsgrundlagen für die Vergabe öffentlicher Aufträge (Vergaberechtsänderungsgesetz – VgRÄG), BT-Drs. 13/9340, 17 (zu § 116 Abs. 2 GWB-RegE).
[25] Müller-Wrede/Maaser-Siemers GWB § 158 Rn. 43.

tungs-, Leitungs- oder Aufsichtsorgans des Auftraggebers bestellen kann;
4. von Auftraggebern im Sinne des § 99 Nummer 4, sofern der Bund die Mittel überwiegend bewilligt hat;
5. die im Rahmen der Organleihe für den Bund durchgeführt werden;
6. in Fällen, in denen sowohl die Vergabekammer des Bundes als auch eine oder mehrere Vergabekammern der Länder zuständig sind.

(2) [1]Wird das Vergabeverfahren von einem Land im Rahmen der Auftragsverwaltung für den Bund durchgeführt, ist die Vergabekammer dieses Landes zuständig. [2]Ist in entsprechender Anwendung des Absatzes 1 Nummer 2 bis 5 ein Auftraggeber einem Land zuzuordnen, ist die Vergabekammer des jeweiligen Landes zuständig.

(3) [1]In allen anderen Fällen wird die Zuständigkeit der Vergabekammern nach dem Sitz des Auftraggebers bestimmt. [2]Bei länderübergreifenden Beschaffungen benennen die Auftraggeber in der Vergabebekanntmachung nur eine zuständige Vergabekammer.

Literatur: Brauer, Das Verfahren vor der Vergabekammer, NZBau 2009, 297, 299; Gabriel, Die Vergaberechtsreform 2009 und die Neufassung des vierten Teils des GWB, NJW 2009, 2011; Roth, Reform des Vergaberechts – der große Wurf?, VergabeR 2009, 404.

I. Bedeutung der Vorschrift

1 § 159 GWB grenzt die Zuständigkeiten der Vergabekammer des Bundes von der der Länder verbindlich ab. Danach ist die Vergabekammer des Bundes zuständig für die dem Bund zuzurechnenden Aufträge oder Konzessionen, eine Vergabekammer der Länder dementsprechend für Vergabeverfahren der Länder (vgl. bereits § 156 Abs. 1 GWB). Maßgeblich ist – wie bei allen Sachurteilsvoraussetzungen – die **objektive Rechtslage** (hier: nach § 159 GWB), nicht die ggf. unzutreffende Auffassung der Verfahrensbeteiligten oder die Angabe als „zuständige Stelle für Nachprüfungsverfahren" in der Bekanntmachung (→ § 155 Rn. 19). Bejaht eine Vergabekammer ihre Zuständigkeit zu Unrecht, kann allerdings die Beschwerde nicht allein hierauf erfolgreich gestützt werden. Bei der Abgrenzung der Zuständigkeiten zwischen Vergabekammer Bund und Land handelt es sich nicht um eine Frage der örtlichen Zuständigkeit, § 46 VwVfG ist daher im Falle der unzutreffenden Entscheidung nicht anwendbar.[1]

2 Die Einzelheiten zur Zuständigkeitsabgrenzung zwischen Vergabekammer Bund und Land ergeben sich aus den Abs. 1–3 und richten sich iW danach, von welchem Auftraggeber iSd § 98 GWB das Vergabeverfahren durchgeführt wird.

3 Die meisten **Änderungen** ggü. der Vorgängernorm des § 106a GWB aF sind darauf zurückzuführen, dass der Begriff des Auftraggebers in § 98 GWB geändert wurde und seitdem auch Konzessionsgeber iSd § 101 GWB unter diesen Begriff fallen.[2] Die aktuellen Formulierungen sind demgemäß regelmäßig lediglich verweisungstechnische Anpassungen, so dass zur Auslegung grds. auf die frühere Rspr. und Lit. zu § 106a GWB aF zurückgegriffen werden kann. Die wesentliche Änderung bzgl. der Zuständigkeit der Vergabekammer des Bundes nach Abs. 1 bezieht sich darauf, dass diese kraft Gesetzes auch dann (allein-) zuständig ist, wenn nach den Regelungen des § 159 GWB iÜ sowohl sie selbst als auch eine oder mehrere Verga-

---

[1] So OLG Düsseldorf 19.12.2007 – VII-Verg 48/07, BeckRS 2008, 4423; aA (die Zuständigkeitsabgrenzung Vergabekammer Bund/Land ist eine Frage der örtlichen Zuständigkeit iSd § 46 VwVfG): OLG Schleswig 13.4.2006 – 1 (6) Verg 10/05, IBRRS 2006, 1108.

[2] Begr. zum RegE eines VergRModG, BT-Drs. 18/6281, 134 (zu § 159 GWB-E).

bekammern der Länder zuständig wären (§ 159 Abs. 1 Nr. 6 GWB). Früher hatte der Antragsteller in solchen Fällen ein Wahlrecht (entspr. § 35 ZPO), an welche Vergabekammer er sich mit seinem Nachprüfungsantrag wendet; in der Praxis dürfte dies vor allem Nachprüfungsverfahren gegen Vergaben gesetzlicher Krankenkassen betreffen (iE → Rn. 16).

Wenn **mehrere Vergabekammern** gem. § 159 GWB zuständig wären, darf der Antragsteller entspr. § 35 ZPO (§ 73 Nr. 2, § 175 Abs. 2 GWB) **wählen,** an welche er seinen Nachprüfungsantrag richtet.[3] Sofern ein Vergabeverfahren allerdings eines oder mehrere Länder und daneben den Bund betrifft, gilt die Alleinzuständigkeitsregelung des § 159 Abs. 1 Nr. 6 GWB zugunsten der Vergabekammer des Bundes (→ Rn. 16), eine „Doppelzuständigkeit" gibt es insoweit nicht (mehr).[4] 4

Sofern ein Antragsteller seinen Nachprüfungsantrag bei einer **unzuständigen Vergabekammer** einreicht, **verweist** diese das Nachprüfungsverfahren in entspr. Anwendung der § 83 VwGO, § 17a GVG an die zuständige Vergabekammer.[5] Diese Entscheidung ist für die zugewiesene Vergabekammer grds. bindend (außer bei schweren Verfahrensfehlern oder Willkür) und kann nicht mit der sofortigen Beschwerde angegriffen werden.[6] 5

II. Zuständigkeit der Vergabekammer des Bundes (Abs. 1)

1. Vergabeverfahren des Bundes (Abs. 1 Nr. 1)

Die Vergabekammer des Bundes ist zuständig, wenn der **Bund alleiniger Auftraggeber ist**, also durch eine Bundesbehörde oder sonstige Bundeseinrichtungen tätig wird, wie zB die Bundesregierung mit ihren Ministerien, § 159 Abs. 1 Nr. 1 GWB. 6

2. Vergabeverfahren von Auftraggebern iSd § 99 Nr. 2 GWB (Abs. 1 Nr. 2)

Die Vergabekammer des Bundes ist gem. § 159 Abs. 1 Nr. 2 GWB ferner zuständig für die Nachprüfung von Vergabeverfahren von Auftraggebern iSd § 99 Nr. 2 GWB. Dabei handelt es sich also um **juristische Personen** des öffentlichen oder privaten Rechts, die zu dem besonderen Zweck gegründet wurden, im Allgemeininteresse liegende Aufgaben nichtgewerblicher Art zu erfüllen, sofern der **Bund** derjenige ist, der die Beteiligung jedenfalls überwiegend verwaltet, die sonstige Finanzierung jedenfalls überwiegend gewährt hat oder über die Leitung jedenfalls überwiegend die Aufsicht ausübt oder die Mitglieder des zur Geschäftsführung oder zur Aufsicht berufenden Organs jedenfalls überwiegend bestimmt hat. Die entspr. Begriffe und 7

---

[3] OLG Düsseldorf 11.12.2013 – VII-Verg 25/13, BeckRS 2014, 2146 mwN; VK Bund 24.7.2013 – VK 3–62/13, VPRRS 2013, 1223; RKPP/Ohlerich GWB § 159 Rn. 29 ff. mwN; aA OLG Dresden 26.6.2012 – Verg 3/12, BeckRS 2012, 20904; 26.6.2012 – Verg 4/12, IBRRS 2013, 5369, konstitutive Festlegung durch den Auftraggeber.

[4] Vgl. zum Meinungsstreit zur früheren Rechtslage → 2. Aufl. 2013, GWB § 106a Rn. 13.

[5] VK Südbayern 13.6.2023 – 3194.Z3-3_01-23-11, VPRRS 2023, 0144; OLG Dresden 26.6.2012 – Verg 3/12, BeckRS 2012, 20904; 26.6.2012 – Verg 4/12, IBRRS 2013, 5369; OLG Jena 16.7.2007 – 9 Verg 4/07, ZfBR 2007, 817; OLG Düsseldorf 18.1.2005 – VII-Verg 104/04, BeckRS 2005, 03568; OLG Bremen 17.8.2000 – Verg 2/00, IBRRS 2002, 2131; VK Bund 21.2.2023 – VK 2–4/23, VPRRS 2023, 0049.

[6] VK Südbayern 13.6.2023 – 3194.Z3-3_01-23-11, VPRRS 2023, 0144; OLG Dresden 26.6.2012 – Verg 3/12, BeckRS 2012, 20904; 26.6.2012 – Verg 4/12, IBRRS 2013, 5369; OLG Düsseldorf 18.1.2005 – VII-Verg 104/04, BeckRS 2005, 03568; VK Bund 9.5.2007 – VK 1–26/07, SRa 2007, 144; Müller-Wrede/Spinzig GWB § 156 Rn. 12 f.

GWB § 159 Abgrenzung der Zuständigkeit der Vergabekammern

Tatbestandsmerkmale stammen ausdr. aus § 99 Nr. 2 GWB, so dass diesbzgl. auf die dortige Kommentierung verwiesen werden kann (iE → § 99 Rn. 33 ff.).

8 Neu, aber konsequent, ist, dass entspr. der Änderung des Auftraggeberbegriffs in § 98 GWB auch **Sektorenauftraggeber** iSd § 100 Abs. 1 Nr. 1 GWB und **Konzessionsgeber** iSd § 101 Abs. 1 Nr. 1 GWB unter § 159 Abs. 1 Nr. 2 GWB fallen, sofern sie zusätzlich (also neben der Ausübung einer Sektorentätigkeit iSd § 102 GWB bzw. der Vergabe einer Konzession) die Voraussetzungen des § 99 Nr. 2 GWB erfüllen und der Bundesverwaltung, Bundesfinanzierung oder Bundesaufsicht im o. g. Sinne unterliegen (→ Rn. 7).

9 § 159 Abs. 1 Nr. 2, letzter Hs. GWB erlaubt es den an dem Auftraggeber Beteiligten, die **Zuständigkeit abweichend festzulegen**, indem sie sich auf eine andere Vergabekammer, also die eines Landes, einigen. Die überwiegende Beteiligung, Finanzierung oder Aufsicht des Bundes führt also nicht in jedem Fall zur Zuständigkeit der Vergabekammer des Bundes. Im Hinblick auf die übrigen Regelungen des § 159 GWB und weil für Sachurteilsvoraussetzungen wie die Zuständigkeit des Spruchkörpers die objektive Rechtslage entscheidend ist (→ Rn. 1), dürfte es jedoch unzulässig sein, sich auf eine ansonsten unzuständige Vergabekammer zu einigen.[7] Es muss also wenigstens ein Tatbestand des § 159 GWB erfüllt sein, indem zB diejenige Vergabekammer eines Landes als zuständig festgelegt wird, in der dem betreffende Auftraggeber seinen Sitz hat (vgl. § 159 Abs. 3 S. 1 GWB). Die aufgrund dieser Einigung bestimmte „zuständige Stelle für Nachprüfungsverfahren" ist in der Bekanntmachung anzugeben.

3. Vergabeverfahren von Sektorenauftraggebern iSd § 100 Abs. 1 Nr. 2 GWB und von Konzessionsgebern iSd § 101 Abs. 1 Nr. 3 GWB (Abs. 1 Nr. 3)

10 Für die Nachprüfung von Vergabeverfahren anderer **Sektorenauftraggeber oder Konzessionsgeber** (iÜ → Rn. 8) ist die Vergabekammer des Bundes unter den Voraussetzungen des § 159 Abs. 1 Nr. 3 GWB zuständig. Hiernach muss erstens „der Bund auf sie einen **beherrschenden Einfluss**" ausüben. Ein solcher beherrschender Einfluss des Bundes liegt gem. § 159 Abs. 1 Nr. 3 Hs. 2 GWB vor, wenn er unmittelbar oder mittelbar die Mehrheit des gezeichneten Kapitals des Auftraggebers besitzt, über die Mehrheit der mit den Anteilen des Auftraggebers verbundenen Stimmrechte verfügt oder mehr als die Hälfte der Mitglieder des Verwaltungs-, Leitungs- oder Aufsichtsorgans des Auftraggebers bestellen kann. Da dieselbe Legaldefinition in § 100 Abs. 3 GWB verwendet wird (der gem. § 101 Abs. 2 GWB auch auf Konzessionsgeber anwendbar ist), kann für die Auslegung dieser Begriffe auf die dortige Kommentierung verwiesen werden (→ § 100 Rn. 17 ff.). § 159 Abs. 1 Nr. 3 GWB gilt allerdings nur für solche Sektorenauftraggeber, die unter § 100 Abs. 1 Nr. 2 GWB fallen, bzw. nur für Konzessionsgeber iSd § 101 Abs. 1 Nr. 3 GWB, also nur für natürliche oder juristische Personen des privaten Rechts, die eine Sektorentätigkeit gem. § 102 GWB ausüben und bei denen die weiteren Voraussetzungen des § 100 Abs. 1 Nr. 2a) GWB vorliegen (die Tatbestandsvoraussetzungen des § 100 Abs. 1 Nr. 2b) GWB sind hier bereits durch § 159 Abs. 1 Nr. 3 GWB – beherrschender Einfluss des Bundes – abgedeckt). Dh die Sektorentätigkeit muss auf der Grundlage von besonderen oder ausschließlichen Rechten iSd § 100 Abs. 2 GWB ausgeübt werden, die von einer zuständigen Behörde gewährt wurden (zu diesen Tatbestandsvoraussetzungen iE → § 100 Rn. 6 ff.).

11 Mangels einer entspr. gesetzlichen Regelung können sich die am Auftraggeber Beteiligten in den Fällen des § 159 Abs. 1 Nr. 3 GWB (anders als bei § 159 Abs. 1

---

[7] Müller-Wrede/Maaser-Siemers GWB § 159 Rn. 29; jurisPK-VergabeR/Summa GWB § 159 Rn. 14.

Nr. 2 Hs. 2 GWB, → Rn. 9) nicht auf eine abweichende Zuständigkeit, also die einer Vergabekammer eines Landes, einigen.

Was Sektorenauftraggeber angeht, sind damit in § 159 Abs. 1 Nr. 1, 2 GWB alle 12 denkbaren Fallkonstellationen erfasst: Ob die Vergabekammer des Bundes für die Nachprüfung von Vergabeverfahren eines Sektorenauftraggebers zuständig ist, ergibt sich entweder aus § 159 Abs. 1 Nr. 1 GWB oder § 159 Abs. 1 Nr. 2 GWB – wenn der Sektorenauftraggeber danach nicht dem Bund zuzurechnen ist, ist die Vergabekammer des betreffenden Landes zuständig, § 159 Abs. 2 S. 2 GWB iVm § 159 Abs. 1 Nr. 1 GWB oder § 159 Abs. 1 Nr. 2 GWB. Für Konzessionsgeber iSd § 101 Abs. 1 Nr. 2 GWB gibt es in § 159 Abs. 1 GWB oder § 159 Abs. 2 GWB allerdings keine besondere Zuständigkeitsregel – solche Fälle unter § 159 Abs. 1 Nr. 2 GWB zu subsumieren, widerspräche (selbst wenn die Voraussetzungen des § 99 Nr. 2 GWB erfüllt wären) dem ausdr. Wortlaut dieser Norm, der sich nur auf Konzessionsgeber iSd § 101 Abs. 1 Nr. 1 GWB bezieht. Die zuständige Vergabekammer ergibt sich daher in diesen Fällen aus der Auffangnorm des § 159 Abs. 3 S. 1 GWB, also aus dem Sitz des Konzessionsgebers.

4. Vergabeverfahren von Auftraggebern iSd § 99 Nr. 4 GWB (Abs. 1 Nr. 4)

Bei Vergaben der in § 99 Nr. 4 GWB genannten Vorhaben durch natürliche oder 13 juristische Personen des privaten Rechts sowie juristische Personen des öffentlichen Rechts, die nicht unter § 99 Nr. 2 GWB fallen, ist die Vergabekammer des Bundes zuständig, sofern der Bund die **Mittel überwiegend bewilligt hat**, mit denen diese Vorhaben subventioniert werden.[8] Zu diesen Tatbestandsvoraussetzungen → § 99 Rn. 117 ff.

5. Vergabeverfahren, die im Rahmen der Organleihe für den Bund durchgeführt werden (Abs. 1 Nr. 5)

Wenn eine andere öffentliche Stelle für den Bund ein Vergabeverfahren durchführt 14 und dabei nach außen im Namen des Bundes auftritt (**Organleihe**), ist ebenfalls die Vergabekammer des Bundes für etwaige Nachprüfungen zuständig. In der Praxis kommt dies häufig bei Bauaufgaben des Bundes vor, die im Wege einer Organleihe durch die Finanzbauverwaltungen der Länder durchgeführt werden (vgl. § 5b des Gesetzes über die Finanzverwaltung – Finanzverwaltungsgesetz).

Die Vorgängerregelung in § 106a Abs. 1 Nr. 5 GWB aF, wonach die Vergabekam- 15 mern des Bundes unter bestimmten Voraussetzungen ebenfalls zuständig waren, wenn mit dem Bund ein **Baukonzessionsvertrag** abgeschlossen wurde, wurde konsequent gestrichen, weil es für die Vergaben von Konzessionen (nicht nur im Baubereich) in § 159 Abs. 1 Nr. 2, 3 GWB ggf. iVm § 159 Abs. 3 GWB besondere Zuständigkeitsregelungen gibt; dies beruht darauf, dass Konzessionsgeber gem. § 98 GWB vergaberechtlich genauso behandelt werden wie andere Auftraggeber (→ Rn. 8, 10, 20).

6. Doppelzuständigkeit der Vergabekammer des Bundes und der Vergabekammer der Länder (Abs. 1 Nr. 6)

Neu ist § 159 Abs. 1 Nr. 6 GWB, nach dem die Vergabekammer des Bundes auch 16 in den Fällen (allein) zuständig ist, in denen nach den übrigen Regelungen des § 159 Abs. 2, 3 GWB ebenfalls eine oder mehrere Vergabekammern der Länder zuständig wären. Früher hatte der Antragsteller in solchen Fällen ein Wahlrecht (entspr. § 35

---

[8] VK Bund 3.7.2007 – VK 2–45/07, BeckRS 2007, 142863; 3.7.2007 – VK 2–51/07, BeckRS 2007, 142870.

ZPO), ob er sich mit seinem Nachprüfungsantrag an eine Vergabekammer des Landes oder des Bundes wendet (→ Rn. 3 f.). Solche Fälle gibt es nicht mehr, zuständig ist **ausschließlich die Vergabekammer des Bundes**. Praktische Anwendungsfälle solcher „Doppelzuständigkeiten" waren früher insbes. die Vergabeverfahren gesetzlicher Krankenkassen (zB über den Abschluss von Rahmenvereinbarungen über Rabatte für bestimmte Arzneimittelwirkstoffe), in denen die Vergabekammer des Landes zuständig war, wenn die Krankenkasse als landesunmittelbare Körperschaft des öffentlichen Rechts gem. Art. 87 Abs. 2 S. 2 GG iVm § 90 SGB IV der Aufsicht durch Landesbehörden unterstand (vgl. § 159 Abs. 2 S. 2 GWB iVm § 159 Abs. 1 Nr. 2 GWB), und daneben die Vergabekammer des Bundes, weil der Bund kraft eines Bundesgesetzes (§§ 220 ff., 266, 270 ff. SGB V) die Finanzierung der gesetzlichen Krankenkassen gewährleistete.[9] Die Bundesregierung begründete ihren Vorschlag der heutigen Alleinzuständigkeit der Vergabekammer des Bundes mit der Verfahrenskonzentration und -beschleunigung sowie der Gefahr divergierender Entscheidungen, wenn unterschiedliche Gerichte für die Beschwerde zuständig wären.[10]

III. Zuständigkeit der Vergabekammern der Länder (Abs. 2, Abs. 3 S. 2)

1. Auftragsverwaltung für den Bund (Abs. 2 S. 1)

17   Der erste Fall, in dem ein Vergabeverfahren einem Land zuzurechnen ist, so dass die Vergabekammer der betreffenden Landes für die Nachprüfung zuständig ist, ist die **Auftragsverwaltung für den Bund** (Art. 85 GG). Die Länder handeln bei einem solchen Vollzug von Bundesgesetzen regelmäßig mit eigenen Personal- und Sachmitteln im Auftrag des Bundes, unterliegen hierbei den Weisungen der zuständigen obersten Bundesbehörden (s. Art. 85 Abs. 3, 4 GG), üben aber Landesstaatsgewalt aus, so dass das Land die entspr. gerichtliche Vertretung übernimmt.[11] Hauptanwendungsfall in der Praxis ist die Verwaltung der Bundesfernstraßen (vgl. Art. 90 Abs. 3 GG),[12] demgegenüber werden die Bundesautobahnen und Bundeswasserstraßen grds. durch den Bund selbst verwaltet (vgl. Art. 90 Abs. 2, Art. 89 Abs. 2 GG).[13]

2. Zuordnung des Auftraggebers zu einem Land (Abs. 2 S. 2)

18   Des Weiteren ist die Vergabekammer des jew. Landes zuständig, wenn in entspr. Anwendung des Abs. 1 Nr. 2–5 GWB das betreffende Vergabeverfahren einem bestimmten Land zuzuordnen ist (zu den einzelnen Tatbestandsvoraussetzungen → Rn. 7 ff.).

---

[9] OLG Düsseldorf 11.12.2013 – VII-Verg 25/13, BeckRS 2014, 2146 mwN; OLG Dresden 26.6.2012 – Verg 4/12, IBRRS 2013, 5369; VK Baden-Württemberg 19.12.2008 – 1 VK 67/08, IBRRS 2009, 3055; VK Sachsen 19.12.2008 – 1/SVK/064-08, BeckRS 2009, 22704; VK Bund 14.11.2007 – VK 3–124/07, VPRRS 2013, 1514.

[10] S. Begr. zum RegE eines VergRModG, BT-Drs. 18/6281, 134 (zu § 159 GWB-E).

[11] BGH 20.3.2014 – X ZB 18/13, NZBau 2014, 310 mwN; OLG München 9.4.2015 – Verg 1/15, NZBau 2015, 446.

[12] OLG Düsseldorf 25.11.2009 – VII-Verg 27/09, BeckRS 2010, 02863; 14.9.2009 – VII-Verg 20/09, BeckRS 2009, 28982; OLG Brandenburg 19.2.2008 – Verg W 22/07, ZfBR 2009, 296; VK Bund 25.5.2012 – VK 3–54/12, IBRRS 2012, 2265; 3.3.2004 – VK 2–142/03, IBRRS 2005, 0798; s. zur bis dahin streitigen Frage des richtigen Antragsgegners grdl. BGH 20.3.2014 – X ZB 18/13, NZBau 2014, 310.

[13] Vgl. nur VK Bund 3.3.2004 – VK 2–142/03, IBRRS 2005, 0798.

3. Länderübergreifende Beschaffungen (Abs. 3 S. 2)

Bei länderübergreifenden Beschaffungen müssen die Auftraggeber gem. § 159 Abs. 3 S. 2 GWB in der **Vergabebekanntmachung** „nur" eine einzige **zuständige Vergabekammer benennen**. Aufgrund eines Vorschlags des Bundesrats wurde diese Regelung wortgleich bereits mit der GWB-Novelle 2009 vor allem für Fälle im Schienenpersonennahverkehr eingeführt, bei denen früher häufig die Vergabekammern aller beteiligten Länder als zuständig benannt worden waren.[14] Anders als seit 2009 war die frühere Benennungsmöglichkeit nach § 17 VgV aF für die Zuständigkeit der genannten Vergabekammer nicht konstitutiv.[15] Weil sich die Zuständigkeit des Spruchkörpers nach der objektiven Rechtslage richtet (→ Rn. 1), dürfte es unzulässig sein, eine unzuständige Vergabekammer als zuständig zu benennen. Benannt werden darf also nur die Vergabekammer eines Landes, die nach einem Tatbestand des § 159 Abs. 2, 3 GWB zuständig wäre.[16]

19

IV. Auffangzuständigkeit: Sitz des Auftraggebers (Abs. 3 S. 1)

Führt die Abgrenzung der Zuständigkeiten nach den vorgenannten Kriterien zu keinem Ergebnis, so bestimmt sich die Zuständigkeit der Vergabekammer gem. § 159 Abs. 3 S. 1 GWB nach dem Sitz des Auftraggebers. Diese Auffangregelung wird in der Praxis iW für Vergabeverfahren auf kommunaler Ebene Anwendung finden. Hat ein Auftraggeber mehrere Sitze, steht dem Antragsteller auch hier ein Wahlrecht zu, bei welcher Vergabekammer er seinen Nachprüfungsantrag stellt (→ Rn. 4).[17] Des Weiteren ist der Sitz des Auftraggebers für die Zuständigkeit der Vergabekammer bei Vergabeverfahren von **Konzessionsgebern iSd § 101 Abs. 1 Nr. 2 GWB** maßgeblich (→ Rn. 12).

20

Abschnitt 2. Verfahren vor der Vergabekammer

§ 160 Einleitung, Antrag

(1) **Die Vergabekammer leitet ein Nachprüfungsverfahren nur auf Antrag ein.**

(2) **¹Antragsbefugt ist jedes Unternehmen, das ein Interesse an dem öffentlichen Auftrag oder der Konzession hat und eine Verletzung in seinen Rechten nach § 97 Absatz 6 durch Nichtbeachtung von Vergabevorschriften geltend macht. ²Dabei ist darzulegen, dass dem Unternehmen durch die behauptete Verletzung der Vergabevorschriften ein Schaden entstanden ist oder zu entstehen droht.**

(3) **¹Der Antrag ist unzulässig, soweit**
1. **der Antragsteller den geltend gemachten Verstoß gegen Vergabevorschriften vor Einreichen des Nachprüfungsantrags erkannt und gegenüber dem Auftraggeber nicht innerhalb einer Frist von zehn Kalendertagen gerügt hat; der Ablauf der Frist nach § 134 Absatz 2 bleibt unberührt,**

---

[14] Stellungnahme des Bundesrates zum Entwurf eines Gesetzes zur Modernisierung des Vergaberechts, BR-Drs. 349/08, 16 (zu § 106a Abs. 3 S. 2 – neu – GWB).
[15] S. zur früheren Rechtslage → 2. Aufl. 2013, → GWB § 106a Rn. 11 mwN.
[16] So auch → 2. Aufl. 2013, → GWB § 106a Rn. 11 mwN; RKPP/Ohlerich GWB § 159 Rn. 26.
[17] Müller-Wrede/Maaser-Siemers GWB § 159 Rn. 60.

2. Verstöße gegen Vergabevorschriften, die aufgrund der Bekanntmachung erkennbar sind, nicht spätestens bis zum Ablauf der in der Bekanntmachung benannten Frist zur Bewerbung oder zur Angebotsabgabe gegenüber dem Auftraggeber gerügt werden,
3. Verstöße gegen Vergabevorschriften, die erst in den Vergabeunterlagen erkennbar sind, nicht spätestens bis zum Ablauf der Frist zur Bewerbung oder zur Angebotsabgabe gegenüber dem Auftraggeber gerügt werden,
4. mehr als 15 Kalendertage nach Eingang der Mitteilung des Auftraggebers, einer Rüge nicht abhelfen zu wollen, vergangen sind.

²Satz 1 gilt nicht bei einem Antrag auf Feststellung der Unwirksamkeit des Vertrags nach § 135 Absatz 1 Nummer 2. ³§ 134 Absatz 1 Satz 2 bleibt unberührt.

Literatur: Antweiler, Neues zur Rügeobliegenheit und zu öffentlich-rechtlichen Marktzugangsbeschränkungen, NZBau 2020, 761; Berneke/Schüttpelz, Die einstweilige Verfügung in Wettbewerbssachen, 4. Aufl. 2018; Csaki, Die Entwicklung des Vergaberechts seit 2022, NJW 2023, 1478; Dirksen, Fristablauf nach § 107 Abs. 3 Satz 1 Nr. 4 GWB – Muss der Auftraggeber auf die 15-Tage-Frist hinweisen?, VergabeR 2013, 410; Greb, Der Ermessens- und Beurteilspielraum öffentlicher Auftraggeber unter Druck, NZBau 2020, 147; Herrmann, Anmerkung zu OLG Celle 4.3.2010 – 13 Verg 1/10 – Fahrscheindrucker, VergabeR 2010, 660; Heuvels, Welche Rügefristen sollen künftig gelten?, NZBau 2015, 521; Hövelberndt, Bereitstellung der Vergabeunterlagen in zweistufigen Verfahren und Folgeprobleme, ZfBR 2020, 352; Hübner, Das Ende der „unverzüglichen" und uneingeschränkten Rügeobliegenheit (§ 107 Abs. 3 S. 1 Nr. 1 GWB), VergabeR 2010, 414; Kessal, Die Bereitstellung von Vergabeunterlagen in Vergabeverfahren mit Teilnahmewettbewerb – Anmerkung zu OLG Düsseldorf, Beschl. vom 17.10.2018 – Verg 26/18, ZfBR 2019, 347; Krumenaker, Schadensersatz vor den Zivilgerichten wegen Vergaberechtsverstoßes ohne vorherige Rüge und Nachprüfungsantrag, NZBau 2020, 429; Opitz, Wenn es schlau ist, sich dumm zu stellen – Die Rügeobliegenheit im Vergaberecht, NZBau 2019, 617; Scharen, Patentschutz und öffentliche Vergabe, GRUR 2009, 345; Steck, Aktuelle Entwicklungen und ungeklärte Fragen zum vergaberechtlichen Nachprüfungsverfahren, VergabeR 2022, 300; Tresselt/Braren: „Raus bist du noch lange nicht!" – Stärkung des Rechtsschutzes ausschlusswürdiger Bieter durch EuGH, NZBau 2020, 562.

Übersicht

	Rn.
I. Bedeutung der Vorschrift	1
II. Einleitung des Nachprüfungsverfahrens (Abs. 1)	5
III. Antragsbefugnis (Abs. 2)	6
1. Interesse am Auftrag	10
a) Angebotsabgabe	11
b) Angebotshindernde Vergaberechtsverstöße	12
c) De-facto-Vergaben, Direktvergaben, Beschaffungen ohne geregeltes Vergabeverfahren	15
d) Teilnahmeantrag	16
e) Insolvenz des Antragstellers	16a
2. Rechtsverletzung	17
a) Anforderungen an die Darlegung einer Rechtsverletzung	18
b) Verstöße gegen nicht-vergaberechtliche Vorschriften	21
3. Entstandener oder drohender Schaden	22
4. Fallgruppen	27
IV. Rügeobliegenheit (Abs. 3)	36
1. Tatbestände	39
2. Erkannte Rechtsverstöße (Abs. 3 S. 1 Nr. 1)	40

	Rn.
a) Voraussetzungen der Rüge nach Nr. 1	40
b) Lauf und Wahrung der zehntägigen Rügefrist nach Nr. 1	45
3. Erkennbare Rechtsverstöße (Abs. 3 S. 1 Nr. 2 und 3)	48
4. Form und Inhalt der Rügen nach Nr. 1–3	52
5. Grenzen der Rügeobliegenheit nach Nr. 1–3	53a
6. 15-Tage-Frist für den Nachprüfungsantrag nach Nr. 4	55
7. De-facto-Vergaben (Abs. 3 Sätze 2 und 3)	59
8. Darlegungs- und Beweislast	60
V. Rechtsmissbrauch / Verwirkung	61

I. Bedeutung der Vorschrift

§ 160 GWB ist – neben § 97 Abs. 6 GWB, der Bietern einen materiell-rechtlichen **1** Anspruch auf Einhaltung der Bestimmungen über das Vergabeverfahren gewährt – die zentrale verfahrensrechtliche Vorschrift für den Primärrechtsschutz in den Vergabeverfahren, die dem Vergaberechtsregime des Teils 4 des GWB (§ 97 ff.) unterliegen.[1] Er regelt die prozessualen Kernvoraussetzungen für den Zugang zum erstinstanzlichen Nachprüfungsverfahren vor den nach §§ 155, 156 Abs. 2 GWB für den Primärrechtsschutz ausschließlich zuständigen Vergabekammern.[2] Die Vorschrift ist zurückzuführen auf Art. 1 **Rechtsmittelrichtlinie** 89/665/EWG[3] und der Sektorenrechtsmittelrichtlinie 92/13/EWG[4] der EU. Nachfolge- und Änderungsbestimmungen befinden sich in der zusammenfassenden Rechtsmittelrichtlinie 2007/66/

---

[1] Im Gegensatz zum Sekundärrechtsschutz (Schadensersatz) ist der Primärrechtsschutz auf Beseitigung von Rechtsverletzungen im Vergabeverfahren und Schadensverhinderung gerichtet, vgl. § 168 Abs. 1 S. 1 GWB.

[2] Dies gilt für Auftrags- und Konzessionsvergaben, die die maßgebenden Schwellenwerte erreichen (oder überschreiten), ohne ein Ausnahmefall nach §§ 107–109 GWB zu sein. Für sog. Unterschwellenwertvergaben ist für den Primärrechtsschutz der Rechtsweg zu den ordentlichen Gerichten gegeben (vgl. BVerwG 2.5.2007 – 6 B 10/07, NZBau 2007, 389) und gilt für die Zuständigkeit sowie für das Verfahren die ZPO, wobei idR nur das Verfahren auf Erlass einer einstweiligen Verfügung ernsthaft in Betracht kommt. Die Vorschrift des früheren § 103 GWB über die Vergabeprüfstellen ist durch das VergRModG 2009 gestrichen worden. Dies schließt freilich nicht aus, dass Bieter bei Auftragsvergaben „oberhalb" wie unterhalb der Schwellenwerte weiterhin bei den jew. Aufsichtsbehörden um eine Nachprüfung nachsuchen können (so zB bei Kommunalaufsichtsbehörden). Dies kann unterhalb der Schwellenwerte zudem den Vorteil haben, dass der Sachverhalt amtswegig aufgeklärt und dem Antragsteller im Bescheid Informationen für einen Verfügungsantrag nach den §§ 935, 940 ZPO an die Hand gegeben werden. Mit dem Anbringen eines Verfügungsantrags darf von der Kenntniserlangung über die Tatsachenumstände an, die einen Vergaberechtsverstoß begründen, freilich nicht allzu lange, sondern nur eine angemessene Zeit zugewartet werden, weil der Antragsteller anderenfalls dringlichkeitsschädlich zu erkennen gibt, dass ihm die Angelegenheit selbst nicht so eilig, mithin nicht so bedeutsam und eilbedürftig ist, dass sie im Wege einer einstweiligen Verfügung geregelt werden muss, womit der Verfügungsgrund entfällt (s. wegen der Einzelheiten ua Berneke/Schüttpelz, Rn. 141 ff. mwN).

[3] RL 89/665/EWG des Rates v. 21.12.1989 zur Koordinierung der Rechts- und Verwaltungsvorschriften für die Anwendung der Nachprüfungsverfahren iRd Vergabe öffentlicher Liefer- und Bauaufträge, ABl. 1989 L 395, 33.

[4] RL 92/13/EWG des Rates v. 25.2.1992 zur Koordinierung der Rechts- und Verwaltungsvorschriften für die Anwendung der Gemeinschaftsvorschriften über die Auftragsvergabe im Bereich der Wasser-, Energie- und Verkehrsversorgung sowie im Telekommunikationssektor, ABl. 1992 L 076, 14.

GWB § 160

Einleitung, Antrag

EG.[5] Danach haben die Mitgliedstaaten jeder Person, die ein Interesse an einem bestimmten öffentlichen Auftrag hat und der durch einen behaupteten Rechtsverstoß ein Schaden entstanden ist oder zu entstehen droht, das Nachprüfungsverfahren zur Verfügung zu stellen. Die Rechtsmittelrichtlinien wollen sicherstellen, dass bei Verstößen des öffentlichen Auftraggebers gegen das Unionsrecht[6] oder gegen nationale Vorschriften, die zur Umsetzung des Unionsrechts ergangen sind,[7] Möglichkeiten einer raschen und wirksamen Nachprüfung bestehen, um die tatsächliche Anwendung der EU-Richtlinien über die Koordinierung der Verfahren zur Vergabe öffentlicher Aufträge zu gewährleisten (Garantie eines **effektiven Rechtsschutzes**). Die von den Mitgliedstaaten zur Umsetzung des Postulats der Rechtsmittelrichtlinien geschaffenen Rechtschutzmöglichkeiten dürfen die praktische Wirksamkeit der Richtlinien (den sog. effet utile) nicht beeinträchtigen.[8]

2   Das durch § 160 GWB eröffnete Nachprüfungsverfahren dient dem **Primärrechtsschutz**. Es ermöglicht die Einwirkung auf das noch laufende Vergabeverfahren; Rechtsverletzungen sollen beseitigt und Schädigungen geschützter Interessen, namentlich der Chance auf Auftragserlangung, verhindert werden.[9] Hat das Vergabeverfahren noch nicht begonnen oder ist es bereits durch – rechtswirksame (→ Rn. 4a) – Erteilung des Zuschlags beendet, ist der Nachprüfungsantrag unzulässig. Schadensersatzansprüche wegen in einem beendeten Vergabeverfahren erfolgter Rechtsverletzungen sind gem. § 13 GVG vor den ordentlichen Gerichten zu verfolgen.[10] Dies kommt in § 156 Abs. 2 GWB zum Ausdruck, wonach Rechte aus § 97 Abs. 6 GWB sowie sonstige Ansprüche gegen öffentliche Auftraggeber, die auf Vornahme oder Unterlassen einer Handlung „in einem Vergabeverfahren" gerichtet sind, nur im Vergabenachprüfungsverfahren vor den Vergabekammern und dem Beschwerdegericht geltend gemacht werden können.[11] Auch **vorbeugender Rechtsschutz** wird im Vergabenachprüfungsverfahren nicht gewährt.[12] Die Zuständigkeit liegt auch insoweit bei den ordentlichen Gerichten.

3   Was den **Beginn des Vergabeverfahrens** anbelangt, legen die Vergabesenate diesem Begriff nahezu ausnahmslos immer schon ein **materielles Verständnis** zugrunde, welches nicht voraussetzt, dass der Auftraggeber bestimmte Verfahrens-

---

[5] RL 2007/66/EG des Europäischen Parlaments und des Rates v. 11.12.2007 zur Änderung der RL 89/665/EWG und 92/13/EWG des Rates im Hinblick auf die Verbesserung der Wirksamkeit der Nachprüfungsverfahren bezüglich der Vergabe öffentlicher Aufträge, ABl. 2007 L 335, 31.

[6] RL 2014/23/EU des Europäischen Parlaments und des Rates v. 26.2.2014 über die Konzessionsvergabe; RL 2014/24/EU des Europäischen Parlaments und des Rates v. 26.2.2014 über die öffentliche Auftragsvergabe und zur Aufhebung der RL 2004/18/EG; Richtlinie 2014/25/EU des Europäischen Parlaments und des Rates v. 26.2.2014 über die Vergabe von Aufträgen durch Auftraggeber im Bereich der Wasser-, Energie- und Verkehrsversorgung sowie der Postdienste und zur Aufhebung der RL 2004/17/EG.

[7] GWB, Vergabeverordnung (VgV), Konzessionsvergabeverordnung (KonzVgV), Sektorenverordnung (SektVO), Vergabeverordnung Verteidigung und Sicherheit (VSVgV); Vergabe- und Vertragsordnung für Bauleistungen Teil A, Abschn. 2 (VOB/A-EU) und Abschn. 3, VOB/A-VS.

[8] Vgl. EuGH 28.1.2010 – C-406/08, NZBau 2010, 183 Rn. 26 f., 29 – Uniplex; 12.12.2002 – C-470/99, NZBau 2003, 162 Rn. 71 f. – Universale-Bau AG.

[9] BGH 19.12.2000 – X ZB 14/00, NZBau 2001, 151 (152).

[10] BGH 19.12.2000 – X ZB 14/00, NZBau 2001, 151 (152).

[11] Vgl. ua BayObLG 22.1.2002 – Verg 18/01, NZBau 2002, 397; OLG Düsseldorf 11.3.2002 – Verg 43/01, NZBau 2003, 55; OLG Rostock 5.2.2003 – 17 Verg 14/02, NZBau 2003, 457.

[12] So BayObLG 22.1.2002 – Verg 18/01, NZBau 2002, 397; OLG Düsseldorf 11.3.2002 – Verg 43/01, NZBau 2003, 55; OLG Rostock 5.2.2003 – 17 Verg 14/02, NZBau 2003, 457.

förmlichkeiten beachtet, insbes. die Vergabe bekannt gemacht hat. IdS hat ein Vergabeverfahren begonnen, wenn zwei Elemente kumulativ gegeben sind:
- **Interner Beschaffungsentschluss**: Der öffentliche Auftraggeber entschließt sich, einen (gegenwärtigen oder künftigen) Bedarf nicht durch Eigenleistung, sondern durch Beschaffen von Lieferungen oder Leistungen als Nachfrager auf dem Markt zu decken.
- **Externe Umsetzung**: Der Auftraggeber trifft darüber hinaus zweckbestimmt äußerlich wahrnehmbar Anstalten, den Auftragnehmer mit dem Ziel eines Vertragsabschlusses auszuwählen (nicht notwendig durch eine vorherige Bekanntmachung).[13]

Wegen der Einzelheiten wird auf die Kommentierungen zu § 155 GWB (→ § 155 Rn. 27 ff.) und zu § 156 Abs. 2 GWB (→ § 156 Rn. 18) verwiesen. Dabei steht der Annahme eines begonnenen Vergabeverfahrens nicht entgegen, dass der öffentliche Auftraggeber kein geregeltes Vergabeverfahren einleitet, weil er meint, der Auftrag unterfalle nicht den vergaberechtlichen Regelungen des Unionsrechts und des GWB.[14]

Das Vergabeverfahren ist **beendet**, wenn einem Bieter der Auftrag wirksam durch Zugang des Zuschlags des Auftraggebers erteilt ist.[15] Da ein wirksam erteilter Zuschlag gem. § 168 Abs. 2 S. 1 GWB nicht aufgehoben werden kann, schließt er die Gewährung von Primärrechtsschutz aus, der nur solange möglich ist, wie das Vergabeverfahren andauert und auf seine Rechtmäßigkeit noch eingewirkt werden kann. Dies führt grds. zur Unzulässigkeit des Nachprüfungsantrags.[16] Der Zuschlag ist idR, nämlich wenn er dem Bieter innerhalb der Zuschlags- und Bindefrist zugeht, 4

---

[13] Vgl. BayObLG 28.5.2003 – Verg 7/03, BeckRS 2003, 07750 = VergabeR 2003, 563 (564); 27.2.2003 – Verg 25/02, NZBau 2003, 634 – Rüstungsaltlast-Verdachtsstandorte; 22.1.2002 – Verg 18/01, NZBau 2002, 397 (398); OLG Düsseldorf 1.8.2012 – VII-Verg 10/12, NZBau 2012, 785 (786) – MoWaS; 12.1.2004 – VII-Verg 71/03, NZBau 2004, 343; 11.3.2002 – Verg 43/01, NZBau 2003, 55; 20.6.2001 – Verg 3/01, NZBau 2001, 696 (698); OLG Jena 14.10.2003 – 6 Verg 5/03, ZfBR 2004, 193, (194); OLG Rostock 5.2.2003 – 17 Verg 14/02, NZBau 2003, 457 (458).
Bsp.: Aufnahme von Verhandlungen mit einem oder mehreren für die Lieferung/Leistung in Betracht kommenden Unternehmen. Eine zweckmäßige Kontrollfrage ist stets: Darf dasjenige, was der Auftraggeber konkret und inhaltlich unternimmt, an sich nur in einem geregelten Vergabeverfahren geschehen, insbes. nach Auftragsbekanntmachung? Dabei ist unerheblich, ob die Initiative vom öffentlichen Auftraggeber ausgegangen ist. Auch eine Akquise kann materiell in ein Vergabeverfahren umschlagen.
Gegenstück: Solche Aktivitäten des öffentlichen Auftraggebers, die – ohne ein konkretes Beschaffungsvorhaben – lediglich Markterkundungen sind, leiten kein Vergabeverfahren ein. Dasselbe hat für die Bedarfsermittlung des öffentlichen Auftraggebers und für das Aufstellen einer Leistungsbeschreibung zu gelten.
[14] EuGH 11.1.2005 – C-26/03, NZBau 2005, 111 Rn. 33 – Stadt Halle; BGH 1.2.2005 – X ZR 27/04, NZBau 2005, 290 (291) – Altpapierverkauf. Mit der genannten Entscheidung des EuGH ist das formelle Begriffsverständnis des Vorlagebeschlusses OLG Naumburg 8.1.2003 – 1 Verg 7/02, NZBau 2003, 224 (226) überholt. Zur nach der EuGH-Entscheidung ergangenen, erneut an ein formales Begriffsverständnis anknüpfenden Entscheidung des OLG Naumburg 8.10.2009 – 1 Verg 9/09, BeckRS 2009, 28647 = VergabeR 2010, 219 (221 f.) s. OLG Düsseldorf 1.8.2012 – VII-Verg 10/12, BeckRS 2012, 18205 = VergabeR 2012, 846 (848 f.).
[15] BGH 19.12.2000 – X ZB 14/00, NZBau 2001, 151 (152), allgM. sa BayObLG 22.1.2002 – Verg 18/01, NZBau 2002, 397 (398); OLG Düsseldorf 11.3.2002 – Verg 43/01, NZBau 2003, 55 (57); OLG Jena 28.6.2000 – 6 Verg 2/00, BeckRS 2000, 167147 = BauR 2000, 1611; vgl. ebenso BT-Drs. 13/9340, 17.
[16] OLG Düsseldorf 6.4.2022 – VII-Verg 34/21, NZBau 2023, 471 Rn. 35 – VEFK Oberrhein.

als Annahmeerklärung zu werten. Ist der Zuschlag jedoch erst nach Antragstellung erteilt worden (oder hat sich das bislang zulässige Nachprüfungsverfahren anderweitig erledigt), kann sich das zunächst nur dem Primärrechtsschutz dienende Nachprüfungsverfahren in einem **Fortsetzungsfeststellungsverfahren** nach § 168 Abs. 2 S. 2 GWB fortsetzen (→ § 168 Rn. 37 ff.).

4a Nur der **wirksame Zuschlag** steht einem Primärrechtsschutz entgegen. Im Nachprüfungsverfahren kann daher – bei Wahrung der Fristen des § 135 Abs. 2 GWB – geltend gemacht werden, ein erteilter Zuschlag sei nach § 135 Abs. 1 GWB von Anfang an unwirksam und für den Fall fortbestehender Beschaffungsabsicht die Durchführung eines ordnungsgemäßen Vergabeverfahrens begehrt werden. Die Norm setzt die Möglichkeit der Geltendmachung im Nachprüfungsverfahren ausdr. voraus.[17] Dabei ist für die Zulässigkeit des Nachprüfungsverfahrens die Unwirksamkeit des Zuschlags nach der Lehre über die **doppelrelevanten Tatsachen** (→ Rn. 6; → § 135 Rn. 103b)[18] zu unterstellen.

II. Einleitung des Nachprüfungsverfahrens (Abs. 1)

5 Die Einleitung des in seinem weiteren Verlauf vom Untersuchungsgrundsatz des § 163 GWB (→ § 163 Rn. 1 ff.) beherrschten Nachprüfungsverfahrens vor der Vergabekammer erfolgt nur auf **Antrag** (zur Zuständigkeit der Vergabekammern und zu Verweisungen → § 159 Rn. 1 ff.). Insoweit, also für das „Ob" eines Nachprüfungsverfahrens, gilt die **Dispositionsmaxime.** Der Nachprüfungsantrag kann in jeder Lage des Nachprüfungsverfahrens (auch noch in der Beschwerdeinstanz), sofern noch keine bestands- oder rechtskräftige Entscheidung darüber ergangen ist, **erweitert,**[19] eingeschränkt oder – wie in § 182 Abs. 3 S. 4 GWB vorausgesetzt – **zurückgenommen** werden. Einer Einwilligung des Antragsgegners (oder erst recht des Beigeladenen) in eine Antragsrücknahme bedarf es nicht.[20] Ein zurückgenommener Nachprüfungsantrag darf **erneut angebracht** werden.[21] Der Einleitungsantrag muss nicht zwingend ausdr. gestellt werden. Es genügt, dass sich ihm ergibt, dass der Antragsteller Nachprüfung begehrt. An die Sachanträge ist die Vergabekammer indessen gem. § 168 Abs. 1 S. 2 GWB infolge des Untersuchungsgrundsatzes nicht gebunden (→ § 168 Rn. 10 ff.). Anforderungen an Form und Inhalt des Nachprüfungsantrags sind ansonsten in § 161 GWB geregelt. Das Gesetz sieht zwar keine allg. **Antragsfrist** vor, doch folgen mit dem Antrag zu wahrende Fristen aus § 160 Abs. 3 S. 1 Nr. 4 und § 135 Abs. 2 GWB. Eine **Wartefrist** zwischen Rüge (§ 160 Abs. 3 GWB) und Anbringen des Nachprüfungsantrags besteht nicht; eine solche ist im Gesetz nicht vorgesehen.[22] Ob die Rüge spätestens unmittelbar vor

---

[17] S. OLG Bremen 1.4.2022 – 2 Verg 1/21, NZBau 2022, 548 Rn. 65 – Immobilien Bremen; OLG Düsseldorf 6.4.2022 – VII-Verg 34/21, NZBau 2023, 471 Rn. 36 – VEFK Oberrhein.

[18] BayObLG 20.1.2022 – Verg 7/21, NZBau 2022, 172 Rn. 95 – Antigen-Schnelltest; OLG Düsseldorf 6.4.2022 – VII-Verg 34/21, NZBau 2023, 471 Rn. 37 – VEFK Oberrhein; 19.4.2017 – VII-Verg 38/16, BeckRS 2017, 116312 Rn. 20.

[19] Vgl. OLG Koblenz 10.8.2000 – 1 Verg 2/00, NZBau 2000, 534 (537).

[20] BGH 24.3.2009 – X ZB 29/08, NZBau 2009, 466 Rn. 12 mwN; OLG Düsseldorf 19.3.2008 – VII-Verg 13/08, BeckRS 2009, 8822 = VergabeR 2009, 193 (196); OLG Naumburg 17.8.2007 – 1 Verg 5/07, BeckRS 2007, 18468 = VergabeR 2008, 291.

[21] Vgl. OLG Düsseldorf 29.12.2001 – Verg 22/01, NZBau 2002, 578.

[22] So ua OLG Karlsruhe 15.1.2021 – 15 Verg 11/20, NZBau 2021, 560 Rn. 27 – Lernfabrik; OLG Düsseldorf 11.5.2011 – VII-Verg 10/11, NZBau 2011, 566 (567) – Krankentransportleistungen; KG 15.4.2002 – Kart Verg 3/02, ZfBR 2002, 614 = VergabeR 2002, 398; OLG Dresden 17.8.2001 – W Verg 5/01, IBRRS 2003, 0293; OLG Frankfurt a. M. 16.5.2000 – 11 Verg 1/99, NZBau 2001, 101 (103 f.); RKPP/Wiese GWB § 160 Rn. 163; aA RSG/Reidt GWB § 160 Rn. 77 f.

Einreichen des Nachprüfungsantrags ausgesprochen werden muss, ist streitig (→ Rn. 47). Dass eine Rüge erst unmittelbar vor Einreichen des Nachprüfungsantrags (und ggf. erst recht eine **Rüge nach Antragseinreichung**) die Rüge der ihr vom Gesetz zugedachten Funktion, dem Auftraggeber im Sinn einer „letzten Chance"[23] Gelegenheit zu einer Fehlerkorrektur zu geben, beraubt, ist als Folge der gesetzlichen Regelung hinzunehmen. Den Interessen eines sofort abhelfenden Auftraggebers ist durch eine entspr. Kostenregelung gem. § 182 Abs. 3 S. 4, 5 GWB in der Nachprüfungsentscheidung Rechnung zu tragen. Die wesentliche Funktion der Rügeobliegenheit liegt auch nicht in der „letzten Chance", sondern darin, die Fehlerkorrektur ggf. möglichst früh und nicht kurz vor dem Zuschlag vorzunehmen und einer Spekulation von Bietern auf sich zu ihren Gunsten auswirkende Fehler entgegenzutreten (→ Rn. 37).[24] Durch Einreichen (Anhängigwerden) bei der Vergabekammer tritt (genauso wie im Verwaltungsgerichtsprozess) **Rechtshängigkeit** des Nachprüfungsantrags ein und beginnt das Nachprüfungsverfahren.[25] Das Nachprüfungsverfahren vor den Vergabekammern ist **gerichtsähnlich** ausgestaltet.[26] Stellen mehrere Bieter/Bewerber einen Nachprüfungsantrag, sind sie im Fall einer Verbindung der Verfahren einfache **Streitgenossen** (vgl. § 60 ZPO, § 64 VwGO). Notwendige Streitgenossenschaft (§ 62 ZPO, § 64 VwGO) scheidet regelmäßig aus, weil die Entscheidung den Streitgenossen ggü. nicht einheitlich ergehen muss.[27] Streitgenössische Antragsteller stehen dem Antragsgegner in der Weise als Einzelne ggü., dass Handlungen des einen Streitgenossen dem anderen weder zum Vorteil noch zum Nachteil gereichen (§ 61 ZPO, § 64 VwGO).

III. Antragsbefugnis (Abs. 2)

Indem das Gesetz die Antragsbefugnis (ähnlich § 42 Abs. 2 VwGO) zur Zulässigkeits- bzw. **Sachentscheidungsvoraussetzung** des Nachprüfungsantrags erhebt, durchbricht es die ansonsten gegebene Trennung zwischen Zulässigkeits- und Begründetheitsvoraussetzungen eines Rechtsbehelfs. Weil danach schon auf Zulässigkeitsebene eine erste Überprüfung der Erfolgsaussicht vorzunehmen ist, greift auch die bei den übrigen Zulässigkeitsvoraussetzungen (zu diesen → § 155 Rn. 17 ff.) zu beachtende Lehre von den **doppelrelevanten Tatsachen**[28] nicht ein. Gleichwohl ist der Prüfung der Antragsbefugnis das tatsächliche Vorbringen des Antragstellers zu Grunde zu legen,[29] das jedoch einer **Schlüssigkeits- und Plausi-** 6

---

[23] So treffend OLG Brandenburg 17.2.2005 – Verg W 11/04, BeckRS 2011, 16822 = VergabeR 2005, 660 (663).
[24] Vgl. die Begr. des RegE zum Vergaberechtsänderungsgesetz, BT-Drs. 13/9340, 17 (zu § 117).
[25] BGH 9.2.2004 – X ZB 44/03, NZBau 2004, 229 (230); OLG Düsseldorf 26.5.2008 – VII-Verg 14/08, ZfBR 2008, 823 (824); 19.3.2008 – VII-Verg 13/08, BeckRS 2009, 8822 = VergabeR 2009, 193 (195).
[26] So ua BGH 29.9.2009 – X ZB 1/09, NZBau 2010, 129 Rn. 17; 9.12.2003 – X ZB 14/03, NZBau 2004, 285 (286) jew. mwN. Auch unionsrechtlich sind die Vergabekammern als Gerichte anzusehen und als solche zu Vorabentscheidungsersuchen an den EuGH befugt, vgl. EuGH 18.9.2014 – C-549/13, NZA 2014, 1129 Rn. 20 ff. – Bundesdruckerei.
[27] Vgl. OLG Düsseldorf 19.12.2007 – VII-Verg 51/07, BeckRS 2008, 743 Rn. 82.
[28] Vgl. dazu OLG Frankfurt a. M. 31.10.2022 – 11 Verg 7/21, BeckRS 2022, 38675 Rn. 50 f.; sa BayObLG 20.1.2022 – Verg 7/21, NZBau 2022, 172 Rn. 95 – Antigen-Schnelltest; OLG Düsseldorf 19.4.2017 – VII-Verg 38/16, BeckRS 2017, 116312 Rn. 20.
[29] S. OLG Schleswig 28.10.2021 – 54 Verg 5/21, NZBau 2022, 114 Rn. 206 – DB Regio; OLG Koblenz 4.2.2009 – 1 Verg 4/08, ZfBR 2009, 292; Beck VergabeR/Horn/Hofmann GWB § 160 Rn. 33.

bilitätskontrolle unterzogen wird. Die Antragsbefugnis kann auch als eine besondere Ausformung des Rechtsschutzinteresses verstanden werden.[30] Sie ist vAw auf Grundlage der Darlegungen des Antragstellers zu prüfen und erfordert kumulativ
- die Darlegung eines Interesses am Auftrag durch den Antragsteller,
- die Geltendmachung einer Verletzung des Antragstellers in seinen Rechten nach § 97 Abs. 6 GWB und
- die Darlegung eines durch die behauptete Rechtsverletzung (kausal) beim Antragsteller entstandenen oder drohenden Schadens. Die Darlegung eines Schadens ist **für jeden einzelnen** beanstandeten **Vergaberechtsverstoß** erforderlich.[31]

Entfällt eine dieser Voraussetzungen, zB das Interesse des Antragstellers an einem Auftrag, im Laufe des Nachprüfungsverfahrens, wird der Nachprüfungsantrag unzulässig.[32]

7   Der Entstehungsgeschichte zufolge **bezweckt die Norm** zu verhindern, dass ein Bieter, der auch bei einem vorschriftsgemäß durchgeführten Vergabeverfahren keine Aussicht auf eine Berücksichtigung seines Angebots und auf Erteilung des Zuschlags gehabt hätte, erfolgreich um eine die Beschaffung hemmende (investitionshindernde) Nachprüfung nachsuchen kann.[33] Diese Zweckbestimmung hatte dazu geführt, dass die Sachprüfung zum Teil systemwidrig in die Zulässigkeitsebene (in die Antragsbefugnis) vorverlagert worden ist.[34]

8   Dem ist das **BVerfG** mit seiner Entscheidung vom **29.7.2004**[35] entgegengetreten. Danach und nach der Rspr. des **BGH**[36] hat die Antragsbefugnis (nur) die Funktion eines **groben Filters,** durch den nur von vornherein eindeutige Fälle, in denen eine Auftragsvergabe für den Antragsteller aussichtslos ist, ausgesondert werden.[37] Die damit gebotene Neuorientierung ist in der Entscheidungspraxis der Vergabenachprüfungsinstanzen „angekommen".[38] Bei der Auslegung des § 160 Abs. 2 GWB ist zu beachten, dass die Norm den Zugang zum vergaberechtlichen Rechtsschutzsystem regelt, das den Anforderungen der Rechtsschutzgarantie des Unionsrechts (→ Rn. 1), des Art. 19 Abs. 4 GG und des sich aus Art. 2 Abs. 1 GG iVm dem Rechtsstaatsprinzip ergebenden allg. Justizgewährungsanspruchs[39] genügen muss und dass der **Rechtsschutz im Grundsatz über eine Sachentscheidung** zu gewähren ist.

9   Deshalb ist das Interesse am Auftrag **weit auszulegen**, eine **Rechtsverletzung** nur zu verneinen, wenn sie **ausgeschlossen** erscheint und kann ein (drohender) Schaden nicht mit der Begründung ausgeschlossen werden, das Angebot des Antragstellers sei aus anderen als den mit dem Nachprüfungsantrag zur Überprüfung gestellten Gründen auszuscheiden gewesen.[40] Letzteres ist vielmehr (aber nur,

---

[30] So ua OLG Naumburg 15.3.2001 – 1 Verg 11/00, NZBau 2001, 579 (580).

[31] So ua OLG Karlsruhe 29.4.2022, NZBau 2023, 200 Rn. 13 – Komm.ONE; OLG Schleswig 30.6.2005 – 6 Verg 5/05, IBRRS 2005, 2230 = OLGR Schleswig 2005, 573; OLG Naumburg 15.3.2001 – 1 Verg 11/00, NZBau 2001, 579 (580).

[32] OLG Düsseldorf 8.7.2020 – VII-Verg 17/16, NZBau 2020, 806 Rn. 31.

[33] BT-Drs. 13/9340, 40 (Nr. 22 zu Art. 1 (§ 117 Abs. 2 S. 2 GWB).

[34] Dazu und zu den Entscheidungen des BVerfG v. 29.7.2004 und nachf. des BGH → 4. Aufl. 2020, Rn. 7 mwN.

[35] BVerfG 29.7.2004 – 2 BvR 2248/03, NZBau 2004, 564 – Uni-Dachabdichtung.

[36] BGH 10.11.2009 – X ZB 8/09, NZBau 2010, 124 Rn. 24 ff.; 26.9.2006 – X ZB 14/06, NZBau 2006, 800 Rn. 17 ff. – Polizeianzüge; 18.5.2004 – X ZB 7/04, NZBau 2004, 457 (458).

[37] OLG Düsseldorf 1.8.2012 – VII-Verg 10/12, NZBau 2012, 785, (787) – MoWaS.

[38] Vgl. ua OLG München 19.7.2012 – Verg 8/12, NZBau 2012, 658 (662) – Einkaufsgenossenschaft C-eG; OLG Brandenburg 20.9.2011 – Verg W 11/11, BeckRS 2011, 23533 = VergabeR 2012, 110 (114).

[39] Vgl. BeckOK GG/Enders GG Art. 19 Rn. 51 ff.

[40] BGH 18.5.2004 – X ZB 7/04, NZBau 2004, 457 (458) – Mischkalkulationen; OLG Frankfurt a. M. 7.6.2022 – 11 Verg 12/21, ZfBR 2022, 705 (709). Sa EuGH 19.6.2003 – C-249/01, NZBau 2003, 509 – Hackermüller.

wenn es darauf auch ankommt) eine Frage der Begründetheit des Nachprüfungsantrags.[41]

1. Interesse am Auftrag

Das Interesse des **antragstellenden Unternehmens** (zum Unternehmensbegriff → § 97 Rn. 109, → § 103 Rn. 65) ist in Bezug auf die Erlangung des fraglichen Auftrags, nicht in Bezug auf den Zuschlag in dem betreffenden und als rechtswidrig gerügten Vergabeverfahren, zu ermitteln. Ein Interesse am Auftrag haben nur **potentielle Auftragnehmer**; das sind jedenfalls, aber nicht zwingend nur, diejenigen Unternehmen, die fristgemäß einen Teilnahmeantrag oder ein Angebot eingereicht haben.[42] Die Vergabenachprüfungsinstanzen haben nach zutr. hM[43] nur deren Interessen zu schützen, nicht hingegen jene von lediglich **mittelbar** an der Auftragserteilung interessierten Dritten (zB von Vorlieferanten, Nachunternehmern,[44] Beratern oder Projektanten). Anderenfalls besteht die Gefahr, dass ein Dritter ohne oder sogar gegen den Willen des Bieters/Bewerbers das Angebot/den Teilnahmeantrag weiterverfolgt, obwohl dieser, zB wegen anderweiter Bindung seiner Kapazitäten, am Auftrag nicht mehr interessiert ist. Rechtsähnlich verhält es sich bei **Bietergemeinschaften**[45]: Nur die Bietergemeinschaft als solche, nicht ein einzelnes Mitglied, hat ein Interesse am Auftrag und kann einen Nachprüfungsantrag zulässig stellen.[46] Einzelnen Mitgliedern einer Bietergemeinschaft bleibt danach nur übrig, sich ggf. von jedem Mitglied der Bietergemeinschaft zur Anbringung eines Nachprüfungsantrags ermächtigen zu lassen (**gewillkürte Prozessstandschaft**), was prozessual statthaft ist, sofern der Antragsteller daran ein, idR ein bejahendes, rechtlich schutzwürdiges Eigeninteresse hat.[47] Genauso können sonstige mittelbar Interessierte vorgehen.

Veränderungen auf Seiten eines zunächst antragsbefugten Unternehmens können zwar Ursache für einen Wegfall des Auftragsinteresses sein. Bleibt das Interesse aber bestehen, lassen diese Veränderungen die Antragsbefugnis unter dem

---

[41] Vgl. BGH 18.5.2004 – X ZB 7/04, NZBau 2004, 457 – Rudower Höhe; OLG Frankfurt a. M. 7.6.2022 – 11 Verg 12/21, ZfBR 2022, 705 (709).

[42] Vgl. OLG Düsseldorf 29.10.2008 – VII-Verg 35/08, BeckRS 2009, 12538; 18.6.2008 – VII-Verg 23/08, ZfBR 2009, 197 (198); 14.5.2008 – VII-Verg 27/08, ZfBR 2008, 820 (822); 6.9.2006 – VII-Verg 40/06, BeckRS 2007, 2778; OLG Rostock 5.2.2003 – 17 Verg 14/02, NZBau 2003, 457, jew. mwN.

[43] Vgl. BVerfG 23.4.2009 – 1 BvR 3424/08, NZBau 2009, 464; Beck VergabeR/Horn/Hofmann GWB § 160 Rn. 26 mwN; RSG/Reidt GWB § 160 Rn. 24; aA Immenga/Mestmäcker/Dreher GWB § 160 Rn. 19 mwN, sa Byok/Jaeger/Byok GWB § 160 Rn. 39.

[44] Vgl. dazu OLG Düsseldorf 5.11.2014 – VII-Verg 20/14, BeckRS 2014, 20873 Rn. 17 mwN; 13.11.2000 – Verg 25/00, BeckRS 2000, 167129 Rn. 22 f. = IBRRS 2003, 0653.

[45] Vgl. zu diesen Beck VergabeR/Horn/Hofmann GWB § 160 Rn. 27; BeckOK VergabeR/Gabriel/Mertens GWB § 160 Rn. 45 ff.; Byok/Jaeger/Byok GWB § 160 Rn. 12 ff.; Immenga/Mestmäcker/Dreher GWB § 160 Rn. 12; MüKoEuWettbR/Jaeger GWB § 160 Rn. 30; Müller-Wrede/Hofmann GWB § 160 Rn. 18; RKPP/Schäfer GWB § 160 Rn. 32 ff.; KK-VergR/Kadenbach GWB § 160 Rn. 22 ff.

[46] Vgl. EuGH 4.10.2007 – C-492/06, ZfBR 2008, 202 (203 f.) – Consorcio Elisocorso San Raffaele; 16.12.2004 – C-129/04, NZBau 2005, 707 Rn. 22 – Espace Trianon; OLG Düsseldorf 30.3.2005 – VII-Verg 101/04, BeckRS 2005, 4880 Rn. 7; s. dazu ebenfalls Ohrtmann VergabeR 2008, 426 (441); Gabriel VergabeR 2008, 211 (212), jew. mwN.

[47] Vgl. OLG Düsseldorf 30.3.2005 – VII-Verg 101/04, BeckRS 2005, 4880; Zöller/Vollkommer Vor ZPO § 50 Rn. 38 ff. In den gerichtsähnlich ausgestalteten Vergabenachprüfungsverfahren vor den Vergabekammern dürfen – auch entspr. § 173 VwGO – Bestimmungen der ZPO analog herangezogen werden.

Gesichtspunkt der **Bieteridentität (Bewerberidentität)** nicht entfallen, solange „Deckungsgleichheit"[48] zwischen dem Unternehmen, auf dessen Interesse am Auftrag sich der Antrag bezieht und dem Unternehmen besteht, für das der Nachprüfungsantrag gestellt wurde. Das ist zu bejahen, wenn die Unternehmensträger rechtlich identisch sind oder im Fall des Rechtsübergangs oder der Rechtsnachfolge vorliegt.[49] Ob die Veränderung einem Zuschlag entgegensteht, weil der Inhalt des Angebots wegen des vergaberechtlichen Nachverhandlungsverbots (vgl. zB § 15 EU Abs. 3 VOB/A) nicht durch Auswechseln der Leistungserbringer verändert werden darf,[50] ist regelmäßig eine Frage der Begründetheit des Nachprüfungsantrags (dazu auch → 4. Aufl. 2020, Rn. 10).

Hinsichtlich des Auftragsinteresses können folgende **Fallgruppen** unterschieden werden:

11 a) **Angebotsabgabe.** Eine **Angebotsabgabe** (oder das Einreichen eines Teilnahmeantrags) durch den Antragsteller belegt regelmäßig das erforderliche Interesse am Auftrag.[51] Der Ablauf der **Bindefrist** für das Angebot allein lässt das Interesse des Antragstellers am Auftrag nicht entfallen (iÜ: ebenso wenig einen drohenden Schaden).[52]

12 b) **Angebotshindernde Vergaberechtsverstöße.** Das Interesse am Auftrag kann auch **ohne Angebotsabgabe** – trotz Kenntnis des Antragstellers von der Ausschreibung – zu bejahen sein. Nach der Rspr. des EuGH ist ein Unternehmen, das „*deshalb kein Angebot gelegt hat, weil es sich durch angeblich diskriminierende Spezifikationen in den Ausschreibungsunterlagen oder im Pflichtenheft gerade daran* **gehindert** *gesehen hat, die ausgeschriebene Gesamtleistung zu erbringen, (…) berechtigt, ein Nachprüfungsverfahren unmittelbar gegen diese Spezifikationen einzuleiten, noch bevor das Vergabeverfahren für den betreffenden öffentlichen Auftrag abgeschlossen ist*".[53] Der Rechtssatz „Antragsbefugnis auch ohne Angebotsabgabe" kann auf sämtliche geltend gemachten (und nach § 160

---

[48] Beck VergabeR/Horn/Hofmann GWB § 160 Rn. 27.
[49] Vgl. OLG Schleswig 13.4.2006 – 1 (6) Verg 10/05, BeckRS 2006, 135129 Rn. 19 f.
[50] Vgl. BGH 11.5.2009 – VII ZR 11/08, NZBau 2009, 370 Rn. 25, 34.
[51] So BGH 10.11.2009 – X ZB 8/09, NZBau 2010, 124 Rn. 25 – Endoskopiesysteme; 26.9.2006 – X ZB 14/06, NZBau 2006, 800 Rn. 18 – Polizeianzüge.
[52] Vgl. OLG Frankfurt a. M. 24.2.2009 – 11 Verg 19/08, ZfBR 2009, 394 (398); OLG Jena 30.10.2006 – 9 Verg 4/06, NZBau 2007, 195 (196); OLG Düsseldorf 25.4.2007 – VII-Verg 3/07, BeckRS 2007, 146608 Rn. 11.
Der Ablauf der Bindefrist führt nur zivilrechtlich (§§ 146, 148 BGB), nicht aber vergaberechtlich zum Erlöschen des Angebots. Der Auftraggeber ist nicht gehindert und der Geltung des öffentlichen Haushaltsrechts (Gebot sparsamer Verwendung öffentlicher Mittel) sogar gehalten, ein verfristetes Angebot nach Maßgabe von § 150 Abs. 1 BGB zu bezuschlagen, es sei denn, die Vergabeunterlagen schreiben vor, dass verfristete Angebote (zwingend) von der Wertung auszuschließen sind (daran ist der Auftraggeber dann gebunden). Davon abgesehen kann der ausgewählte Bieter den als neues Angebot zu wertenden Zuschlag des Auftraggebers annehmen (s. auch § 18 EU Abs. 2 VOB/A), vgl. BGH 28.10.2003 – X ZR 248/02, NZBau 2004, 166 – Regierungsneubau; BayObLG 15.7.2002 – Verg 15/02, NZBau 2002, 689; 21.5.1999 – Verg 1/99, NZBau 2000, 49 (50 f.); OLG Düsseldorf 29.12.2001 – Verg 22/01, IBRRS 2003, 0278 = VergabeR 2002, 267 (269); OLG Frankfurt a. M. 5.8.2003 – 11 Verg 1/02, IBRRS 2003, 2206 = VergabeR 2003, 726; OLG Naumburg 13.10.2006 – 1 Verg 7/06, BeckRS 2006, 12149 Rn. 48; OLG Rostock 8.3.2006 – 17 Verg 16/05, ZfBR 2006, 388 (392); aA OLG Jena 30.10.2006 – 9 Verg 4/06, NZBau 2007, 195 (196). Vgl. aber auch OLG Koblenz 23.5.2018 – Verg 2/18, NZBau 2018, 639: Gibt ein Bieter sein Interesse am Auftrag auf, weil er seine Kapazitäten inzwischen anderweitig gebunden hat, und stimmt er einer Bindefristverlängerung deswegen nicht zu, so entfällt seine Antragsbefugnis.
[53] EuGH 12.2.2004 – C-230/02, NZBau 2004, 221 Rn. 28 – Grossmann Air Service.

Abs. 3 GWB zu rügenden) Vergaberechtsverstöße des Auftraggebers übertragen werden, deren Eignung nicht verneint werden kann, den Antragsteller an der Einreichung eines chancenreichen Angebots gehindert oder insoweit **erheblich beeinträchtigt** zu haben.[54] Der Antragsteller dokumentiert sein Interesse am Auftrag in solchen Fällen hinreichend durch eine vorprozessuale Rüge gem. § 160 Abs. 3 GWB[55] und den Nachprüfungsantrag.[56]

Beispiele: Der Antragsgegner schrieb eine Gesamtvergabe von Straßenbau- und Nebenleistungen aus. Ein Lärmschutzwandhersteller rügte Unterlassen einer gebotenen Fachlosvergabe, ohne für ein solches (fiktives) Los ein Angebot eingereicht zu haben.[57] Oder: Bei der Ausschreibung von Fernmeldetechnik für den Neubau eines Schulzentrums nahm der Auftraggeber aufgrund Beanstandung durch die Vergabekammer Leitfabrikate aus der Leistungsbeschreibung heraus. An der überarbeiteten Leistungsbeschreibung rügte der Antragsteller, diese nenne nun zwar keine Leitfabrikate mehr, doch zielten Aufbau und Beschreibung der Leistung weiterhin ungerechtfertigt auf bestimmte Fabrikate ab. Ein Angebot legte der Antragsteller zur überarbeiteten Leistungsbeschreibung nicht vor.[58] Weitere Beispiele: unbestimmte Leistungsbeschreibung; unterlassene Bekanntgabe von Wertungskriterien, Unterkriterien und Gewichtungen; erheblich zu kurze Angebotsfrist; Festlegen unstatthafter Zuschlagskriterien (zB Verwendung von Eignungskriterien als Zuschlagskriterien).[59] 13

Vom Antragsteller kann in solchen Fällen nicht verlangt werden, ein Angebot abzugeben oder auch nur iE darzulegen, welches Angebot er bei vergaberechtskonformer Ausschreibung eingereicht hätte. Eine Angebotserstellung oder -darlegung ist aus hinzunehmender Sicht des Antragstellers nutzlos, sofern die Ausschreibung entspr. den vorgenannten Beispielen an einem **gewichtigen Vergaberechtsverstoß** leidet. Dem Antragsteller ist dann nicht zuzumuten, ein Angebot allein für Zwecke des Nachprüfungsverfahrens auszuarbeiten,[60] er muss aber leistungsfähig und leistungswillig sein, wofür im Allg. genügt, dass das Unternehmen des Antragstellers der für den Auftrag in Betracht kommenden gewerblichen Branche angehört.[61] Ein gewichtiger Vergaberechtsverstoß kann ferner in unterbliebener, aber gebotener Fach- oder Teil- 14

---

[54] StRspr der OLGe, vgl. ua BayObLG 4.2.2003 – Verg 31/02, BeckRS 2003, 2434 Rn. 7 f. = VergabeR 2003, 345; OLG Düsseldorf 21.3.2012 – VII-Verg 73/11, NZBau 2012, 515 (516); 14.1.2009 – VII-Verg 59/08, NZBau 2009, 398; 18.6.2008 – VII-Verg 23/08, ZfBR 2009, 197, (199); 14.5.2008 – Verg 27/08, ZfBR 2008, 820 (822); OLG Jena 28.1.2004 – 6 Verg 11/03, BeckRS 2004, 150152 Rn. 21; OLG München 2.8.2007 – Verg 7/07, ZfBR 2007, 732 (733); OLG Naumburg 22.12.2011 – 2 Verg 10/11, NZBau 2012, 258 = VergabeR 2012, 445 (454). S. auch BVerfG 29.7.2004 – 2 BvR 2248/03, NZBau 2004, 564.

[55] Allerdings kann die Rüge auch in diesen Fällen entbehrlich sein, → Rn. 53 a ff.

[56] Vgl. OLG Celle 11.10.2019 – 13 Verg 13/19, ZfBR 2021, 96 (98); OLG Frankfurt a. M. 17.2.2022 – 11 Verg 8/21, NZBau 2022, 367 Rn. 34 – Abschleppaufträge; OLG Karlsruhe 29.4.2022, NZBau 2023, 200 Rn. 11 – Komm.ONE; 7.5.2021 – 15 Verg 14/20, MPR 2022, 95 (97).

[57] Vgl. OLG Düsseldorf 25.11.2009 – VII-Verg 27/09, BeckRS 2010, 2863; OLG Brandenburg 27.11.2008 – Verg W 15/08, NZBau 2009, 337 (339 f.); OLG Jena 6.6.2007 – 9 Verg 3/07, NZBau 2007, 730 für den Fall einer Gesamtvergabe von technischen, wirtschaftlichen und juristischen Beratungsleistungen.

[58] Vgl. den Fall des OLG München 2.8.2007 – Verg 7/07, ZfBR 2007, 732.

[59] Vgl. ua EuGH 12.11.2009 – C-199/07, NZBau 2010, 120 – ERGA OSE; BGH 15.4.2008 – X ZR 129/06, NZBau 2008, 505 – Sporthallenbau.

[60] Vgl. OLG Celle 11.10.2019 – 13 Verg 13/19, ZfBR 2021, 96 (98); OLG Jena 6.6.2007 – 9 Verg 3/07, NZBau 2007, 730 (731); OLG Frankfurt a. M. 29.5.2007 – 11 Verg 12/06, BeckRS 2007, 65165 Rn. 7; OLG Düsseldorf 9.7.2003 – Verg 26/03, BeckRS 2006, 01806.

[61] OLG Schleswig 16.9.2021 – 54 Verg 1/21, BeckRS 2021, 44140 Rn. 116.

losvergabe (§ 97 Abs. 4 GWB) und in unzulässiger (verdeckter) produktspezifischer Ausschreibung liegen. Dies erzwingt bei Fortbestehen des Beschaffungsvorhabens ggf. zumindest eine teilweise Rückversetzung des Vergabeverfahrens, bei der nach Fehlerbeseitigung in den Vergabeunterlagen jedenfalls alle teilnehmenden Bieter erneut Gelegenheit zur Einreichung eines neuen Angebots erhalten müssen. Anders kann es bei lediglich **geringfügigen** Vergaberechtsverstößen liegen (zB Unklarheiten bei nur einzelnen, unbedeutenden Positionen des Leistungsverzeichnisses). Dann wird der Antragsteller die Gründe, welche die Vorbereitung eines Angebots unzumutbar erscheinen lassen, iRd Antragsbefugnis näher darzulegen haben.

15 c) **De-facto-Vergaben, Direktvergaben, Beschaffungen ohne geregeltes Vergabeverfahren.** Hat der Antragsteller infolge unterlassener Bekanntmachung **keine Kenntnis vom Vergabeverfahren** erlangt und dementsprechend kein Angebot abgegeben, sind an das Auftragsinteresse keine hohen Anforderungen zu stellen. Auch insoweit gilt, dass Leistungsfähigkeit und Leistungswilligkeit im Allg. anzunehmen sind, wenn das Unternehmen des Antragstellers der für den Auftrag in Betracht kommenden gewerblichen Branche angehört.[62] In Verbindung damit geht das Interesse am Auftrag dann aus dem Anbringen des Nachprüfungsantrags hervor.[63] Doch können Probleme bei dem Antragsteller auftreten, dessen Unternehmen auf die **Ausführung des Auftrages nicht eingerichtet** ist. Beispiel: Der Auftraggeber will im unmittelbaren wirtschaftlichen Eigeninteresse Grundstücke verkaufen, verbunden mit einer Bauverpflichtung und Entgeltlichkeit.[64] Ein bislang nur als Projektant, nicht aber als Investor in Erscheinung getretenes Unternehmen, reicht einen Nachprüfungsantrag ein und macht geltend, ihm sei die Vergabeabsicht des Auftraggebers bis zum Ablauf der Angebotsfrist nicht bekannt geworden. Als bloßer Projektant ist der Antragsteller nicht antragsbefugt (→ Rn. 10). Wie ist dies aber zu beurteilen, wenn der Antragsteller geltend macht, er hätte sich bei gehöriger Bekanntmachung um den Auftrag beworben? Die Frage, ob solches nur vorgeschoben ist, um das Vergabeverfahren aus eigennützigen Gründen zu Fall zu bringen (Fall einer möglichen Schadensersatzpflicht nach § 180 GWB), ist nicht einfach zu entscheiden. Jedenfalls hat mit Blick auf das Interesse am Auftrag eine **Plausibilitätskontrolle des Antragstellervortrags** stattzufinden. Dabei reicht der bloße Umstand, dass der Betrieb des Antragstellers (ggf. zur Zeit) auf das Projekt nicht eingerichtet ist, zur Verneinung eines Interesses nicht aus, weil er sich bei der Ausführung sowohl Unterauftragnehmern als auch einer Eignungsleihe bedienen darf (vgl. §§ 36, 47 VgV; § 6d, § 8 EU Abs. 2 Nr. 2 VOB/A).[65] Freilich wird der Antragsteller ein Interesse am Auftrag durch einen nachvollzieh-

---

[62] OLG Schleswig 16.9.2021 – 54 Verg 1/21, BeckRS 2021, 44140 Rn. 116.

[63] Vgl. ua OLG Düsseldorf 20.6.2001 – Verg 3/01, NZBau 2001, 696 (702). Soweit das OLG Düsseldorf ausführt, der Antragsteller habe sein Interesse am Auftrag zusätzlich durch entspr. Auftragsanfragen beim öffentlichen Auftraggeber oder bei übergeordneten Dienststellen zu bekunden, ist dies für die Annahme des Interessenelements nicht konstitutiv, sondern vor dem rechtlichen Hintergrund zu sehen, dass sich der Antragsteller, um die Unwirksamkeitsfolge des damaligen § 13 VgV in Anspruch nehmen zu können, nach dem Wortlaut der Norm in der einem Bieter vergleichbaren Lage befinden musste.

[64] Ein öffentlicher Bauauftrag, vgl. EuGH 25.3.2010 – C-451/08, NZBau 2010, 321 – Helmut Müller.

[65] S. dazu ferner EuGH 18.3.2004 – C-314/01, NZBau 2004, 340 – Siemens, ARGE Telekom; 2.12.1999 – C-176/98, NZBau 2000, 149; 18.12.1997 – C-5/97, BeckRS 2004, 77499 = Slg. 1997, I-07549; 14.4.1994 – C-389/92, BeckRS 1994, 125105 = Slg. 1994, I-01289; OLG Saarbrücken 21.4.2004 – 1 Verg 1/04, NZBau 2004, 690; OLG Frankfurt a. M. 30.5.2003 – 11 Verg 3/03, NZBau 2003, 636 – JVA Hünfeld; OLG Düsseldorf 5.7.2000 – Verg 5/99, NZBau 2001, 106 – Restabfallbehandlungsanlage II; Boesen/Upleger NVwZ 2004, 919; Bartl NZBau 2005, 195; Pauly VergabeR 2005, 312; Schneevogl NZBau 2004, 418.

baren Vortrag, sich die Mittel zur Ausführung auf vorgenannte Weise beschaffen zu können, darzulegen haben. Gelingt dies, ergibt sich das Interessemoment zusätzlich auch aus der Anbringung eines Nachprüfungsantrags.

d) Teilnahmeantrag. Die Auffassung, dass ein Interesse am Auftrag ohne Angebotsabgabe angenommen werden kann, ist auch auf **Teilnahmeanträge** (zB in nicht offenen Verfahren oder Verhandlungsverfahren) zu erstrecken, dies jedenfalls dann, wenn die Teilnahmebedingungen einen Vergaberechtsverstoß aufweisen, der den Antragsteller daran hindert, einen erfolgreichen Teilnahmeantrag zu stellen, oder der seine Teilnahmechancen erheblich verschlechtert.[66] Bewerber sind nicht gehalten, einen aus ihrer Sicht sinnlosen (nutzlosen) Teilnahmeantrag anzubringen. Das Auftragsinteresse wird durch Rüge (§ 160 Abs. 3 GWB) und den Nachprüfungsantrag dokumentiert. 16

e) Insolvenz des Antragstellers. Wird über das Vermögen des (bisherigen) Antragstellers das **Insolvenzverfahren** eröffnet, muss der nunmehr antragstellende Insolvenzverwalter darlegen, dass das Geschäft trotz des Insolvenzgrundes fortgeführt werden wird und der Insolvenzverwalter bereit ist, sich an dem zu überprüfenden Vergabeverfahren zu beteiligen und Interesse an der Befriedigung des Bedarfs hat.[67] 16a

2. Rechtsverletzung

Eine Rechtsverletzung ist geltend gemacht, wenn auf der Grundlage der **Sachdarstellung des Antragstellers** ein Verstoß des Auftraggebers gegen vergaberechtliche Vorschriften und eine **Verletzung der Rechte des Antragstellers möglich** erscheinen.[68] Dabei ist allein auf den Vortrag des Antragstellers abzustellen, der für die Antragsbefugnis als zutr. zu behandeln ist. Keinesfalls hat bereits auf dieser Ebene eine Auswertung der Vergabeakten, eine Beweisaufnahme oder eine Tatsachenwürdigung (§ 286 ZPO, § 173 VwGO) stattzufinden. Aus Gründen des effektiven Rechtsschutzes kann die Antragsbefugnis danach nur demjenigen Antragsteller fehlen, bei dem eine Rechtsbeeinträchtigung offensichtlich nicht gegeben ist.[69] Stets ist aber erforderlich, dass sich der Antragsteller auf eine Verletzung **bieterschützender** Vergabevorschriften berufen kann. Bieterschützend sind im Zweifel sämtliche Bestimmungen über das Vergabeverfahren iSd § 97 Abs. 6 GWB.[70] Behauptet der Antragsteller eine Verletzung der Bestimmungen über das Vergabeverfahren durch den Auftraggeber, kommt daher regelmäßig in Betracht, dass er davon in subjektiven Rechten betroffen ist. **„Popularklagen"**, mithin Nachprüfungsanträge, mit denen 17

---

[66] OLG Düsseldorf 8.9.2004 – VII-Verg 38/04, NZBau 2004, 688 (688 f.) – Gebäudemanagement.

[67] OLG Düsseldorf 8.7.2020 – VII-Verg 17/16, NZBau 2020, 806 Rn. 32 – Hüttebräucker.

[68] OLG Karlsruhe 29.4.2022 – 15 Verg 2/22, NZBau 2023, 200 Rn. 12 – Komm.ONE; RKPP/Schäfer GWB § 160 Rn. 62.

[69] Vgl. zum Ganzen BVerfG 29.7.2004 – 2 BvR 2248/03, NZBau 2004, 564; BGH 10.11.2009 – X ZB 8/09, NZBau 2010, 124 – Endoskopiesystem; 26.9.2006 – X ZB 14/06, NZBau 2006, 800 – Polizeianzüge; OLG Düsseldorf 4.2.2009 – VII-Verg 70/08, ZfBR 2013, 289 (290); 8.12.2008 – VII-Verg 55/08, BeckRS 2009, 6214 und → Rn. 7 ff. sowie → Rn. 10.

[70] Problematisch ist dies allerdings zB bei den Vorschriften über die Wertung von Angeboten mit unangemessen oder ungewöhnlich niedrigem Preis, vgl. ua OLG Brandenburg 14.1.2013 – Verg W 13/12, ZfBR 2013, 818 (820); 16.2.2012 – Verg W 1/12, BeckRS 2012, 5195 = VergabeR 2012, 866; OLG Düsseldorf 23.1.2008 – VII-Verg 36/07, BeckRS 2008, 13109 Rn. 56 ff.; OLG München 11.5.2007 – Verg 4/07, ZfBR 2007, 599 (600). Vgl. zu Angeboten, die aufgrund einer staatlichen Beihilfe ungewöhnlich niedrig sind, § 60 Abs. 4 VgV, § 16d EU Abs. 1 Nr. 3 VOB/A.

Rechtsverletzungen dritter, insbes. unbeteiligter, Unternehmen geltend gemacht werden, sind auch in vergaberechtlichen Nachprüfungsverfahren unstatthaft.[71]

18 **a) Anforderungen an die Darlegung einer Rechtsverletzung.** Eine Rechtsverletzung und der zugrunde liegende Sachverhalt sind vom Antragsteller vorzutragen. Allerdings ist dafür nicht vorauszusetzen, dass der Antragsteller positive Kenntnis von den tragenden Tatsachen hat und einen Vergaberechtsverstoß im Rechtssinn schlüssig vorbringt. In vielen Fällen fehlt ihm die dazu erforderliche Sachverhaltskenntnis, und kann er eine solche auch gar nicht erlangen, weil zB die Wertungsvorgänge der Sphäre des Auftraggebers angehören und über Einzelheiten auch mit der Bieterinformation nach § 134 Abs. 1 GWB weder unterrichtet werden muss, noch in der Praxis tatsächlich unterrichtet wird. Als Regel kann daher gelten: Soweit der Antragsteller keine eigene Kenntnis hat und haben kann, kann er auch **nur vermutete Tatsachen** behaupten, doch sind insoweit auch die Anhaltspunkte vorzutragen, die die Behauptungen so weit plausibilisieren, dass sie mehr sind als eine nur abstrakte Möglichkeit; der Vortrag darf nicht willkürlich „ins Blaue hinein" erfolgen. Ist diese Schwelle überwunden, gehen die Substantiierungsanforderungen nicht über das hinaus, was der Antragsteller über den geltend gemachten Verstoß wissen kann.[72] Je weniger der Auftraggeber an tatsächlichen Gründen für einen Ausschluss des Angebots des Antragstellers oder für eine sonst abschlägige Wertung seines Angebots in der Bieterinformation preisgibt, desto geringer sind die Anforderungen an die Darlegung einer Rechtsverletzung.[73] Deshalb genügt ein Vortrag solcher, auf eine Rechtsverletzung hindeutender Tatsachen, die der Antragsteller aus seiner Sicht der Dinge für **wahrscheinlich oder möglich** halten darf,[74] weil dafür objektive Anhaltspunkte vorliegen.[75] Die prozessuale **Wahrheitspflicht**[76] steht diesem Verständnis nicht entgegen. Sie gebietet lediglich eine subjektive Wahrhaftigkeit und untersagt nur Erklärungen wider besseres Wissen[77] sowie willkürliche, aufs Geratewohl oder ins Blaue hinein aufgestellte Behauptungen, die dann prozessual unbeachtlich sind.[78]

19 Wenn es dem Antragsteller infolge der kurz bemessenen Angebotsfrist zB nicht gelingt, vom Auftraggeber geforderte Prüfprotokolle eines unabhängigen Prüfinstituts für neue Polizeianzüge beizubringen, darf er daraus nicht schließen, dass auch kein anderer Bieter diese hat vorlegen können.[79] Genauso kann der Antragsteller aufgrund seiner Marktkenntnis (→ Rn. 53) Anhaltspunkte für Zweifel an der **Leistungsfähigkeit**

---

[71] Vgl. OLG Düsseldorf 16.12.2015 – VII-Verg 25/15, NZBau 2016, 232 Rn. 21 – Interner Service I; 7.5.2014 – VII-Verg 46/13, BeckRS 2014, 14161 = VergabeR 2014, 797.

[72] OLG Rostock 30.9.2021 – 17 Verg 3/21, NZBau 2022, 182 Rn. 39 – Abfalllogistikleistungen; OLG Düsseldorf 1.4.2020 – VII-Verg 30/19, NZBau 2020, 739 Rn. 41.

[73] So auch OLG Naumburg 31.3.2008 – 1 Verg 1/08, BeckRS 2008, 8304 = VergabeR 2008, 971 (974), wenn auch erst im Zusammenhang mit der Erforderlichkeit einer Substantiierung der Rüge.

[74] Vgl. ua BGH 19.9.1985 – IX ZR 138/84, NJW 1986, 246 (247).

[75] BGH 26.9.2006 – X ZB 14/06, NZBau 2006, 800 Rn. 39 – Polizeianzüge.

[76] BGH 26.9.2006 – X ZB 14/06, NZBau 2006, 800 Rn. 39 – Polizeianzüge, geht von einer selbstverständlichen Geltung der Wahrheitspflicht im Vergabenachprüfungsverfahren „auch ohne eine § 138 Absatz 1 ZPO entsprechende Norm" aus, weil sonst „ein geordneter Rechtsschutz im Rahmen eines förmlichen Verfahrens nicht möglich" sei.

[77] BGH 26.9.2006 – X ZB 14/06, NZBau 2006, 800 Rn. 39 – Polizeianzüge; 19.3.2004 – IXa ZB 229/03, NJW 2004, 2096 (2097).

[78] BGH 26.9.2006 – X ZB 14/06, NZBau 2006, 800 Rn. 39; 25.4.1995 – VI ZR 178/94, NJW 1995, 2111.

[79] Vgl. BGH 26.9.2006 – X ZB 14/06, NZBau 2006, 800 Rn. 21, 24, 36 – Polizeianzüge; zu vorliegenden Anhaltspunkten ebenfalls OLG München 29.9.2009 – Verg 12/09, BeckRS 2009, 27005 = VergabeR 2010, 238.

oder **Zuverlässigkeit** eines Wettbewerbers gewinnen, die er anbringen darf. Verlangt der Auftraggeber zahlreiche Eignungsnachweise, Erklärungen oder Preisangaben und versäumt der Antragsteller, diese – wie gefordert – mit dem Angebot vollständig einzureichen oder vorzunehmen (mit der Folge, dass sein Angebot von einem Ausschluss bedroht ist),[80] stellt dies allerdings noch kein zureichendes Anzeichen dafür dar, dass keinem Bieter eine vollständige Beibringung aller geforderten Nachweise, Erklärungen oder Angaben gelungen ist. Nicht einfach umzugehen ist mit einer Behauptung des Antragstellers, bei der **Wirtschaftlichkeitswertung** seines Angebots könne „etwas nicht stimmen". Der Antragsteller stößt damit in einen Bereich vor, der seiner Kenntnis (und wegen auf dem Spiel stehender Geschäftsgeheimnisse von Wettbewerbern auch einer späteren Kenntniserlangung durch Akteneinsicht) weitgehend entzogen ist. Nimmt man das Gebot effektiven Rechtsschutzes ernst, sind die Anforderungen an die Darlegung in solchen Fällen herabzustufen. Eine Rechtsverletzung ist dargelegt, wenn der Antragsteller dafür einigermaßen plausible Anhaltspunkte vorweisen kann (zB anhand einer Erläuterung seiner eigenen Preiskalkulation). Der ihm obliegenden Darlegung einer Rechtsverletzung kann sich der Antragsteller nicht unter Berufung auf den im Nachprüfungsverfahren herrschenden Untersuchungsgrundsatz entziehen (→ Rn. 60).[81] Die Untersuchungspflicht der Vergabenachprüfungsinstanzen greift erst bei einem zulässigerweise gestellten (dh ausreichend begründeten) Nachprüfungsantrag ein; sie gebietet nicht, dass die Vergabekammer einen möglichen Vergaberechtsverstoß selbst erstmals recherchiert.[82]

Die **praktische Bedeutung** einer „Schlüssigkeitsprüfung" des Nachprüfungsantrags im vorverstandenen Sinn ist nicht gering zu erachten. Erfolgt sie allzu oberflächlich und übermittelt die Vergabekammer dem Auftraggeber vorschnell gem. § 163 Abs. 2 S. 3 GWB eine Kopie des Antrags (→ § 163 Rn. 12 ff.), ist das Nachprüfungsverfahren eingeleitet und steht dem Antragsteller das Recht auf **Akteneinsicht** zu (§ 165 GWB), mittels derer er sich Kenntnis von weiteren Vergaberechtsverstößen verschaffen kann. Diese darf der Antragsteller im laufenden Vergabenachprüfungsverfahren bekämpfen, ohne dass er – und zwar aus prozessökonomischen Gründen – darauf verwiesen werden darf, aufgrund gewährter Akteneinsicht erstmals aufgedeckte Rechtsverstöße mit einem neuerlichen Nachprüfungsantrag anzugreifen.[83] 20

b) Verstöße gegen nicht-vergaberechtliche Vorschriften. Verletzungen außervergaberechtlicher Normen sind im Vergabenachprüfungsverfahren grds, nicht zu überprüfen. Gegenstand eines Nachprüfungsverfahrens können nur solche Beanstandungen sein, mit denen behauptet wird, der öffentliche Auftraggeber habe „in einem Vergabeverfahren" (§ 156 Abs. 2 S. 1 GWB, dazu → § 156 Rn. 6 ff.) gegen „Bestimmungen über das Vergabeverfahren" (§ 97 Abs. 6 GWB) verstoßen und den Antragsteller „durch Nichtbeachtung von Vergabevorschriften" in seinen Rechten verletzt (§ 160 Abs. 2 S. 1 GWB).[84] Jedoch können Verletzungen außervergaberechtlicher Vorschriften bei Vorliegen einer **vergaberechtlichen Anknüpfungsnorm** (oder Brückennorm)[85] im Nachprüfungsverfahren entscheidungsrelevant 21

---

[80] Vgl. § 53 Abs. 7, § 57 Abs. 1 Nr. 2 VgV; § 13 EU Abs. 1 Nr. 4, § 16a EU VOB/A.

[81] So zutr. OLG München 7.8.2007 – Verg 8/07, ZfBR 2007, 718 (719).

[82] OLG München 7.8.2007 – Verg 8/07, BeckRS 2007, 16152.

[83] So auch OLG Koblenz 26.10.2005 – 1 Verg 4/05, BeckRS 2005, 12605 Rn. 52 = VergabeR 2006, 392; OLG Frankfurt a. M. 21.4.2005 – 11 Verg 1/05, BeckRS 2005, 18672 Rn. 22 = VergabeR 2005, 487; OLG Celle 23.2.2001 – 13 Verg 3/01, BeckRS 2001, 31053374 = VergabeR 2001, 252 f.

[84] Vgl. ua OLG Düsseldorf 13.8.2008 – VII-Verg 42/07, BeckRS 2008, 21712 sowie 22.5.2002 – Verg 6/02, NZBau 2002, 583 – Feststellungsinteresse, letztere zur Beanstandung einer unzulässigen Kartellbildung auf Seiten des Auftraggebers.

[85] Krit. dazu Immenga/Mestmäcker/Dreher GWB § 160 Rn. 29; vgl. aber MüKoEu-WettbR/Jaeger GWB § 160 Rn. 31.

werden, so zB, wenn die zu beschaffende Sache aus technischen Gründen nur von einem Unternehmen geliefert werden kann oder diese einem gewerblichen Schutzrecht unterliegt (Zulässigkeit eines Verhandlungsverfahrens ohne Teilnahmewettbewerb, vgl. § 14 Abs. 4 Nr. 2 VgV), wenn der Antragsteller solche technischen Gründe bestreitet oder behauptet, das Angebot des Beigeladenen mache unzulässig von einem ihm, dem Antragsteller, erteilten Patent Gebrauch (mögliche Leistungsunfähigkeit des Beigeladenen aus rechtlichen Gründen, vgl. § 46 VgV; dazu auch ausf. → § 156 Rn. 16).[86] Genauso kann der Antragsteller geltend machen, der Beigeladene beteilige sich trotz eines ihn treffenden kommunalwirtschaftsrechtlichen Betätigungsverbots unzulässig an der Ausschreibung (möglicher Verstoß gegen den Wettbewerbsgrundsatz, § 97 Abs. 1).[87] Letztlich muss die außervergaberechtliche Norm aus vergaberechtlichen Gründen Auswirkungen auf das Vergabeverfahren haben, womit auch der Textunterschied zwischen § 160 Abs. 2 GWB und dem auf „sonstige Ansprüche" abstellenden § 156 Abs. 2 GWB entschärft wird.[88] Die außervergaberechtliche Regelung ist dann iS einer vorgelagerten Rechtsfrage iRd vergaberechtlichen Anknüpfungsnorm **inzident** zu prüfen.[89] Beruft sich der Antragsteller darauf, ist eine mögliche Rechtsverletzung nicht zu verneinen, deren Vorliegen freilich der Begründetheitsprüfung zu überlassen ist (zum Ganzen ausf. → § 156 Rn. 8 ff.).[90]

3. Entstandener oder drohender Schaden

22 Um bereits **entstandene Schäden** geht es bei dem im Grundsatz auf Primärrechtsschutz ausgerichteten Nachprüfungsverfahren allenfalls im Zuge des Fortsetzungsfeststellungsverfahrens nach § 168 Abs. 2 GWB (→ § 168 Rn. 37 ff.), ansonsten können diese nur vor den Zivilgerichten verfolgt werden. Das zentrale Anliegen des Primärrechtsschutzes ist immer nur die Verhinderung eines dem Antragsteller **drohenden Schadens**. Schaden ist der **Verlust des Auftrags,** unabhängig davon,

---

[86] Vgl. OLG Düsseldorf 21.2.2005 – VII-Verg 91/04, BeckRS 2005, 02765 – Dienstpistolen = WuW 2005, 467.

[87] Vgl. OLG Düsseldorf 13.8.2008 – VII-Verg 42/07, BeckRS 2008, 21712; Hertwig NZBau 2008, 355 (358) sowie andererseits OVG NRW 1.4.2008 – 15 B 122/08, NVwZ 2008, 1031 (1033). Zu möglichen Verstößen gegen zwingende Bestimmungen der HOAI vgl. ua OLG Brandenburg 8.1.2008 – Verg W 16/07, NZBau 2008, 451 – Kreuzungsbauwerke; OLG Düsseldorf 21.5.2008 – Verg 19/08, NZBau 2009, 67 – Energieversorgungsunternehmen.

[88] Vgl. MüKoEuWettbR/Jaeger GWB § 160 Rn. 32.

[89] So BGH 18.6.2012 – X ZB 9/11, NZBau 2012, 586 Rn. 14 – Abfallentsorgung II; OLG Düsseldorf 9.11.2011 – VII-Verg 35/11, NZBau 2012, 252 (253) – HMV-Rohschlackeentsorgung; 13.8.2008 – VII-Verg 42/07, BeckRS 2008, 21712.

[90] Das eigentliche Problem bei behaupteter Verletzung außervergaberechtlicher Normen liegt freilich in der materiell-rechtlich zu beantwortenden Frage, ob dem öffentlichen Auftraggeber in der zur Verfügung stehenden, bestimmungsgemäß begrenzten Zeit, in der das Vergabeverfahren durch einen Zuschlag zum Abschluss gebracht werden soll, und bei seinen im Allg. begrenzten kognitiven Möglichkeiten und Ressourcen zuzumuten ist, solche mitunter hochdiffizilen Rechtsfragen im Vergabeverfahren vollständig und abschl. zu klären, oder ob die Vergabeentscheidung – kurz zusammengefasst – nicht schon hinzunehmen ist, wenn sie methodisch vertretbar getroffen worden ist, sich auf eine befriedigende Erkenntnisgrundlage stützt und sie unter Berücksichtigung der aufgrund zumutbarer Aufklärung gewonnenen Erkenntnisse vertretbar erscheint (vgl. dazu insbes. Scharen GRUR 2009, 345). OLG Düsseldorf 27.6.2012 – VII-Verg 7/12, BeckRS 2012, 15939, hat sich dafür ausgesprochen, außervergaberechtliche (im damaligen Streitfall kartellrechtliche) Verstöße, die iS einer „acte clair", dh ohne eine zeitaufwändige Untersuchung einwandfrei festzustellen sind, in einem Vergabenachprüfungsverfahren zu berücksichtigen.

ob dieser im angefochtenen oder in einem neuen Vergabeverfahren erteilt wird; ein Schaden droht, wenn es nach dem Vorbringen des Antragstellers möglich erscheint, dass er ohne den geltend gemachten Vergaberechtsverstoß den Bedarf des Auftraggebers gegen Entgelt befriedigen kann.[91] Die Antragsbefugnis kann nicht mangels drohenden Schadens mit der Begründung verwehrt werden, das Angebot des Antragstellers sei aus anderen als mit dem Nachprüfungsantrag zur Überprüfung gestellten Gründen auszuscheiden gewesen, weshalb dem Antragsteller wegen der von ihm behaupteten Rechtswidrigkeit kein Schaden erwachsen sei oder drohe (→ Rn. 9).[92]

23 Damit droht dem Antragsteller, der sich mit einem Angebot am beanstandeten Vergabeverfahren beteiligt hat (aber auch einem am Auftrag interessierten Unternehmen, welches kein Angebot eingereicht hat, → Rn. 12–14) dann ein Schaden, wenn sich seine Zuschlagschance (genauer: Auftragschance) durch eine Verletzung von Vergabevorschriften verschlechtert hat.[93] Dies ist auch zu bejahen, wenn wegen des Vergaberechtsverstoßes nicht nur eine (teilweise) **Rückversetzung**, sondern eine **Neuausschreibung** in Betracht kommt.[94] Jenseits der so verstandenen Zuschlagschance liegende Beeinträchtigungen rechtlicher oder wirtschaftlicher Art begründen die Antragsbefugnis demgegenüber nicht.[95] Ein Vortrag, wonach der Antragsteller wegen eines Vergabeverstoßes an einem besseren als dem unterbreiteten Angebot gehindert gewesen sei,[96] kann die Antragsbefugnis daher nur begründen, wenn er sich auf die bessere Zuschlagschance und nicht die bessere Wirtschaftlichkeit des Angebots für den Antragsteller bezieht. Auch für den drohenden Schaden ist allein auf den Vortrag des Antragstellers abzustellen (→ Rn. 17). An die Darlegung sind keine übertriebenen Anforderungen zu stellen; es genügt, dass ein Schadenseintritt **nicht offensichtlich ausgeschlossen** ist.[97] Stellt sich die Rüge nach Meinung der Vergabekammer aus Rechtsgründen als unbegründet dar, rechtfertigt dies die Verneinung der Antragsbefugnis nur, wenn ohne den Vorrang der Zulässigkeitsprüfung auch die Voraussetzungen einer Ablehnung als offensichtlich unbegründet gem. § 163 Abs. 2 GWB (→ § 163 Rn. 12 ff.) gegeben wären. Eine unvollständige Bieterinformation (§ 134 Abs. 1 GWB) vermag mangels Schädigung eine Antragsbefugnis für einen Antragsteller, der das Nachprüfungsverfahren trotz des Verstoßes noch rechtzeitig vor dem Zuschlag eingeleitet hat, nicht (mehr) zu begründen.[98]

---

[91] BGH 10.11.2009 – X ZB 8/09, NZBau 2010, 124 Rn. 32 – Endoskopiesystem; OLG Koblenz 12.12.2022 – Verg 3/22, BeckRS 2022, 37797 Rn. 23; sa BVerfG 29.7.2004 – 2 BvR 2248/03, NZBau 2004, 564 – Uni-Dachabdichtung.
[92] BGH 18.5.2004 – X ZB 7/04, NZBau 2004, 457 (458) – Mischkalkulationen; OLG Frankfurt a. M. 7.6.2022 – 11 Verg 12/21, ZfBR 2022, 705 (709). Sa EuGH 19.6.2003 – C-249/01, NZBau 2003, 509 – Hackermüller.
[93] OLG Karlsruhe 29.4.2022 – 15 Verg 2/22, NZBau 2023, 200 Rn. 13 – Komm.ONE; OLG Düsseldorf 22.12.2021 – VII-Verg 16/21, NZBau 2023, 194 Rn. 28 – Luftrettung W.-M.
[94] BGH 10.11.2009 – X ZB 8/09, NZBau 2010, 124 Rn. 31 f. – Endoskopiesysteme; 26.9.2006 – X ZB 14/06, NZBau 2006, 800 Rn. 30 f. – Polizeianzüge.
[95] OLG Celle 7.7.2022 – 13 Verg 4/22, NZBau 2023, 268 Rn. 29 – Fahrkartenautomaten; Beck VergabeR/Horn/Hofmann GWB § 160 Rn. 33.
[96] Vgl. OLG Frankfurt a. M. – 11 Verg 13/20, NZBau 2021, 349 Rn. 39 – BASt.
[97] OLG Düsseldorf 6.4.2022 – VII-Verg 34/21, NZBau 2023, 471 Rn. 46 – VEFK Oberrhein; 22.12.2021 – VII-Verg 16/21, NZBau 2023, 194 Rn. 28 – Luftrettung W.-M.; OLG Schleswig 28.10.2021 – 54 Verg 5/21, NZBau 2022, 114 Rn. 201 – DB Regio.
[98] OLG Brandenburg 16.2.2012 – Verg W 1/12, BeckRS 2012, 5195 = VergabeR 2012, 866 (870); Immenga/Mestmäcker/Dreher GWB § 160 Rn. 40; aA → 4. Aufl. 2020.

24 Das Tatbestandselement des drohenden Schadens ist das Anwendungsfeld der sog. „**zweiten Chance**". Kommt nämlich im beanstandeten Vergabeverfahren, und zwar ursächlich wegen der behaupteten Rechtsverletzung, in Betracht, einen Zuschlag zu untersagen, können Bieter, deren Angebote, aus welchen Gründen auch immer, bislang auszuschließen gewesen sind, sich an einer erneuten Ausschreibung mit einem neuen Angebot wiederum beteiligen.[99] Dasselbe ist der Fall, wenn das Vergabeverfahren wegen des geltend gemachten Rechtsverstoßes nicht vollständig neu „aufgerollt" werden muss, sondern eine teilweise Rückversetzung, etwa bis zum Stand einer erneuten Angebotsaufforderung (unter Verwendung berichtigter Vergabeunterlagen), genügt. Dass die Zuschlagschancen des Antragstellers für das neue (vergaberechtsfehlerfreie) Verfahren nicht abschätzbar sind, steht der Bejahung der Antragsbefugnis nicht entgegen, weil eine Verschlechterung der Zuschlagschancen durch den Vergaberechtsfehler jedenfalls nicht sicher ausgeschlossen werden kann.[100]

25 Als **Beispiele** können dafür gelten: Der Antragsteller greift das vom Auftraggeber beschrittene Verhandlungsverfahren als vergaberechtswidrig an.[101] Geforderte Eignungsnachweise sind nicht schon in der Auftragsbekanntmachung, sondern erst in den Vergabeunterlagen angegeben. Die Leistungsbeschreibung ist nach dem Vortrag des Antragstellers nicht hinreichend bestimmt und muss nachgebessert werden. Der Auftraggeber hat unstatthafte Zuschlagskriterien festgelegt (zB solche, die ungerechtfertigt mit der Eignung der Bieter zusammenhängen) oder von ihm aufgestellte Wertungskriterien nicht ordnungsgemäß bekannt gegeben.[102] In all diesen Fällen darf kein Zuschlag ergehen, ohne dass der Auftraggeber den behaupteten Rechtsverstoß zuvor beseitigt hat. Zur Beseitigung, bei der der Auftraggeber nach seinem Ermessen die Wahl der Mittel hat, kommen eine Neuausschreibung oder eine teilweise Rückversetzung (und Wiederholung) des Vergabeverfahrens bis zu dem Stand in Betracht, in dem der geltend gemachte Rechtsverstoß behoben werden kann. Ist eine falsche Vergabeverfahrensart gewählt worden oder die Angabe verlangter Eignungsnachweise in der Auftragsbekanntmachung unterblieben, wird idR neu auszuschreiben sein. Weisen die Leistungsbeschreibung oder die bekannt gegebenen Zuschlagskriterien Mängel auf, genügt im Allg. eine Wiederholung des Verfahrens von der Aufforderung zur Angebotsabgabe an, mit der zumindest den Unternehmen, welche ein Angebot abgegeben haben, eine berichtigte Leistungsbeschreibung zu übersenden und korrigierte Zuschlagskriterien bekannt zu geben sind.

---

[99] Vgl. zB BGH 10.11.2009 – X ZB 8/09, NZBau 2010, 124 Rn. 31 f. – Endoskopiesysteme; 26.9.2006 – X ZB 14/06, NZBau 2006, 800 Rn. 30 f. – Polizeizüge; OLG Frankfurt a. M. 30.3.2021 – 11 Verg 18/20, NZBau 2021, 478 Rn. 51 – Jobcenter Main-Kinzig-Kreis; aA wohl BayObLG 26.4.2023 – Verg 16/22, ZfBR 2023, 492 (498) (dort nicht tragend) und OLG Bremen 4.11.2022 – 2 Verg 1/22, NZBau 2023, 616 Rn. 64 – Rechencluster, beide zur Unwirksamkeitskontrolle nach § 135 Abs. 1 GWB, wonach es nicht Sinn des Nachprüfungsverfahrens sein soll, einem Antragsteller, dessen Angebot zu Recht nicht berücksichtigt worden sei, zu ermöglichen, seine Position durch ein neues Ausschreibungsverfahren und ein geändertes Angebot zu verbessern; das Nachprüfungsverfahren diene dem Individualrechtsschutz und ermögliche keine „abstrakte Unwirksamkeitskontrolle". Die diese Frage iRd Begründetheit des Nachprüfungsantrags behandelnden Entscheidungen widersprechen auch der – zutr. – Entscheidung OLG Frankfurt a. M. 7.6.2022 – 11 Verg 12/21, ZfBR 2022, 705 (710), wonach es für die Rechtsfolge des § 135 Abs. 1 Nr. 2 GWB materiell-rechtlich nicht darauf ankommt, ob dem Antragsteller ein Schaden entstanden ist oder droht.

[100] OLG Koblenz 12.12.2022 – Verg 3/22, BeckRS 2022, 37797 Rn. 23.

[101] Vgl. BGH 10.11.2009 – X ZB 8/09, NZBau 2010, 124 Rn. 29, 33 – Endoskopiesysteme.

[102] Vgl. OLG Düsseldorf 9.4.2008 – VII-Verg 2/08, BeckRS 2008, 7456 = VergabeR 2008, 865; 18.2.2008 – VII-Verg 2/08, BeckRS 2009, 6123.

Bei diesem Befund schadet der Antragsbefugnis und der „zweiten Chance" nicht, 26
wenn behauptet wird, dem Angebot des Antragstellers hafte ein zwingender **Ausschlussgrund** an oder es sei sonst nicht wertungsfähig. Wenn der Antragsteller aus einem der genannten Gründen ohnehin Gelegenheit erhalten muss, sich an der Ausschreibung mit einem neuen Angebot zu beteiligen, kommt es darauf nicht an.[103] Ob der Ausschlussgrund besteht, kann dann auch bei der Begründetheitsprüfung dahingestellt bleiben. Denn mit dem neuen Angebot kann der Antragsteller bislang beanstandete Mängel vermeiden. Genauso ist die Rechtslage, wenn **kein wertbares Angebot** eingereicht worden ist, sondern zB sämtliche Angebote unter Mängeln leiden, die einen Ausschluss von der Wertung gebieten, oder wenn aus anderen Gründen nach dem Vorbringen des Antragstellers nicht auszuschließen ist, dass der Auftraggeber ein anderes als das bislang für den Zuschlag vorgesehene Angebot nicht bezuschlagen, sondern das Vergabeverfahren wiederholen wird (→ Rn. 34).[104]

4. Fallgruppen

Beanstandet der Antragsteller die Durchführung einer lediglich **nationalen** statt 27
einer **EU-weiten Ausschreibung** (zB weil der Auftragswert fehlerhaft ermittelt worden ist), ist eine mögliche Rechtsverletzung zu bejahen, droht aber nicht ohne Weiteres ein Schaden. Hat der Auftraggeber ansonsten die Vorschriften des GWB-Vergaberechts eingehalten, ist dem Antragsteller die Ausschreibung gleichwohl (zB durch Veröffentlichung im Ausschreibungsblatt) rechtzeitig bekannt geworden und hat er sich daran sogar beteiligt, ist ein drohender Schaden wohl zu verneinen. Ohne eine eigene Beteiligung an der Ausschreibung könnte er jedoch geltend machen, die Beteiligung an einem offensichtlich unzulässigen und daher mit erhöhten Risiken des Scheiterns verbundenen Verfahren sei ihm nicht zumutbar. Ansonsten genügt es, wenn der in der Wahl der falschen Veröffentlichungsform liegende Rechtsverstoß seiner Art nach geeignet ist, die Aussichten des Antragstellers auf eine Erteilung des Zuschlags zu verschlechtern oder seine Angebotsmöglichkeiten einzuschränken oder sonst nachteilig zu beeinflussen. In einem noch nicht unmittelbar vor dem Zuschlag an den bereits ausgewählten Bieter stehenden Verfahren sind den Antragsteller benachteiligende künftige Folgefehler regelmäßig nicht auszuschließen und liegt ein drohender Schaden zu bejahen, und sei es nur wegen einer zu *befürchtenden* (→ Rn. 23 aE) Verletzung der Informations- und Wartepflicht aus § 134 GWB.[105]

Liegt der behauptete Rechtsverstoß in der Wahl einer **falschen Vergabeverfah-** 28
rensart (Verhandlungsverfahren statt gebotenen offenen Verfahrens), ist die Antragsbefugnis gegeben.[106] Ungeachtet dessen, ob der Antragsteller durch Einreichen eines Angebots an dem nach seiner Darstellung fehlerhaften Verfahren teilgenommen hat, ist keine Darlegung erforderlich, aus der sich (erst recht schlüssig und nachvollziehbar) ergibt, dass seine Aussichten auf die Erteilung des Zuschlags durch den gerügten Vergaberechtsverstoß tatsächlich beeinträchtigt worden sind. Für die Antragsbefugnis genügt die Eignung des Rechtsverstoßes, die Angebotsmöglichkeiten des Antragstellers einzuschränken oder sonst negativ zu beeinflussen. Hat sich der Antragsteller an der Ausschreibung nicht beteiligt, muss er auch nicht darlegen, welches (fiktive)

---

[103] Vgl. ua OLG Düsseldorf 24.3.2004 – VII-Verg 7/04, NZBau 2004, 463 = VergabeR 2004, 517 (518); KG 15.4.2004 – 2 Verg 22/03, IBRRS 2004, 3531 = VergabeR 2004, 762 (764 f.).
[104] Vgl. EuGH 5.9.2019 – C-233/18, NZBau 2019, 734 Rn. 29 – Lombardi; s. dazu Tresselt/Braren NZBau 2020, 562 (insb. 564); Steck VergabeR 2022, 300 (301).
[105] Vgl. KG 17.10.2002 – 2 KartVerg 13/02, NZBau 2003, 338 (338 f.) = VergabeR 2003, 50; sa BGH 10.11.2009 – X ZB 8/09, NZBau 2010, 124 Rn. 32 f. – Endoskopiesystem = VergabeR 2010, 210.
[106] BGH 10.11.2009 – X ZB 8/09, NZBau 2010, 124 Rn. 24 ff. – Endoskopiesysteme.

Angebot er in einem fehlerfreien Vergabeverfahren abgegeben hätte.[107] Sein Interesse am Auftrag (§ 160 Abs. 2 S. 1 GWB) ergibt sich in diesen Fällen aus einer Rüge und dem Umstand, dass er einen Nachprüfungsantrag angebracht hat (→ Rn. 12).

29 Enthalten die Auftragsbekanntmachung oder die Vergabeunterlagen **nicht erfüllbare, unzumutbare** oder sonst vergaberechtlich beanstandete **Anforderungen** oder Mängel, deren Eignung nicht verneint werden kann, den Antragsteller an der Einreichung eines chancenreichen Angebots gehindert oder erheblich beeinträchtigt zu haben, steht die Antragsbefugnis nicht in Zweifel. Eine detaillierte Darlegung der Auswirkungen auf die Angebotskalkulation und die Zuschlagschancen[108] ist nicht erforderlich.

30 Greift der Antragsteller den **Ausschluss** seines Angebots durch den Auftraggeber oder die **Angebotswertung** an, ist die Antragsbefugnis nicht zu verneinen. Die behaupteten Rechtsverstöße sind auf der Begründetheitsstufe zu überprüfen.[109]

31 Erweist sich der vom Auftraggeber herangezogene Ausschlussgrund im Nachprüfungsverfahren als stichhaltig, fehlt dem Antragsteller für die Geltendmachung eines **weiteren,** anderen **Rechtsverstoßes** die Antragsbefugnis,[110] es sei denn, dieser Rechtsverstoß führt dazu, dass ihm eine „zweite Chance" einzuräumen ist (→ Rn. 24).

32 Hat der Auftraggeber das Angebot des Antragstellers von der Wertung ausgeschlossen und ergibt sich im Nachprüfungsverfahren ungeachtet dessen, ob der vom Auftraggeber vorgenommene Ausschluss rechtens war, ein **weiterer,** durchgreifender **Ausschlussgrund,** ist wegen dieses vom Antragsteller bekämpften Grundes die Antragsbefugnis nicht abzulehnen (→ Rn. 7 ff., → Rn. 22).

33 Ist das Angebot des Antragstellers vom Auftraggeber mit Recht ausgeschlossen worden, kann er durch den Vortrag, es sei **kein wertbares Angebot eingegangen,** eine „zweite Chance" erlangen, um sich mit einem dann wertungsfähigen neuen Angebot an einer erneuten Ausschreibung zu beteiligen (→ Rn. 24).[111] Bei derartiger Begründung ist die Antragsbefugnis nicht zu verneinen, sofern der Vortrag des Antragstellers, was die anderen Angeboten anhaftenden Ausschlussgründe oder Mängel anbelangt, das prozessuale Gebot zu wahrheitsgemäßem Vortrag beachtet (→ Rn. 18). Aus welchen Gründen die übrigen Angebote nicht wertbar sind, ist unerheblich. Unter dem Gesichtspunkt des Gleichbehandlungsgebots müssen sie nicht unter denselben oder gleichartigen Mängeln leiden wie das des Antragstellers. Es genügt, wenn auf sie aus irgendeinem, auf welcher Wertungsstufe auch immer zu prüfenden (und dann gleichwertigen) Grund ein Zuschlag nicht ergehen darf.[112]

34 Gehen dem Angebot des Antragstellers aufgrund seiner **Platzierung** bei der Wirtschaftlichkeitsbewertung die Angebote anderer Bieter vor, hat er zur Darlegung der Antragsbefugnis vorzutragen, dass und aufgrund welcher Umstände jene Angebote nicht bezuschlagt werden dürften, mit der Folge, dass sein Angebot eine aus-

---

[107] OLG Düsseldorf 28.2.2002 – Verg 40/01, NZBau 2003, 173 f.
[108] So noch OLG Frankfurt a. M. 5.8.2003 – 11 Verg 1/02, NZBau 2004, 176 (Ls.) = VergabeR 2003, 725 (728), aufgrund BVerfG 29.7.2004 – 2 BvR 2248/03, NZBau 2004, 564 aber überholt.
[109] BayObLG 27.7.2004 – Verg 14/04, ZfBR 2005, 98 (99); OLG Düsseldorf 7.7.2004 – VII-Verg 15/04, BeckRS 2004, 12149 = VergabeR 2004, 657 (659 f.); OLG Koblenz 7.7.2004 – 1 Verg 1 u. 2/04, NZBau 2004, 571 (572); OLG Naumburg 10.9.2002 – 1 Verg 5/02, NZBau 2003, 296 (Ls.).
[110] Vgl. OLG Frankfurt a. M. 11.5.2004 – 11 Verg 8 u. 9/04, NZBau 2004, 567 (569 f., 571) – Omnibus-Teilprivatisierung; OLG Dresden 31.3.2004 – WVerg 2/04, NZBau 2004, 574 (575).
[111] Vgl. OLG Frankfurt a. M. 7.8.2007 – 11 Verg 3/07, 11 Verg 4/07, BeckRS 2008, 13765 = BeckRS 2008, 2857 = VergabeR 2007, 776.
[112] Vgl. BGH 26.9.2006 – X ZB 14/06, NZBau 2006, 800 Rn. 27, 51 ff. – Polizeianzüge.

sichtsreiche Rangstelle, nicht unbedingt den ersten Platz, erringt.[113] Rückt das Angebot des Antragstellers bei ordnungsgemäßer Wertung freilich nur von Rang 20 auf Rang 19 vor, ist ein Fall gegeben, bei dem offensichtlich ein Schadenseintritt ausgeschlossen ist. Allerdings genügt, wie auch aus der Rspr. des EuGH[114] folgt, für den Zugang zum Nachprüfungsverfahren und damit für die Antragsbefugnis eines den (angekündigten) Zuschlag an einen anderen Bieter bekämpfenden Antragstellers auch, dass es nach dem Vorbringen des Antragstellers möglich (nicht: sicher) ist, dass der Auftraggeber ein anderes als das bislang für den Zuschlag vorgesehene Angebot nicht bezuschlagen, sondern das Vergabeverfahren wiederholen wird.

Im Fall von **De-facto-Vergaben** reicht zur Annahme der Antragsbefugnis eine 35 Darlegung aus, wonach das Unternehmen des Antragstellers der jew. gewerblichen Branche angehört und darum als generell darauf eingerichtet angesehen werden kann, den Auftrag auszuführen. Weitere Darlegungen, insbes. die Vorlage eines (fiktiven) Angebots, sind nicht vonnöten (→ Rn. 15).[115]

IV. Rügeobliegenheit (Abs. 3)

§ 160 Abs. 3 GWB begründet für den Antragsteller – unabhängig von der 36 Abgabe eines Angebots[116] – (zur Abwendung eines „Verschuldens gegen sich selbst") eine **Rügeobliegenheit** (keine Rechtspflicht).[117] Der Antragsteller erleidet bei einer Verletzung den verfahrensrechtlichen Nachteil, im Vergabenachprüfungsverfahren mit der Beanstandung nicht mehr gehört zu werden; die Geltendmachung des Fehlers wird ihm prozessual abgeschnitten (**prozessuale**

---

[113] S. BayObLG 20.1.2023 – Verg 14/22, BeckRS 2023, 3158 Rn. 36; OLG Frankfurt a. M. 12.4.2022 – 11 Verg 11/21, NZBau 2022, 693 Rn. 80 – Hochschulunterhaltsreinigung; OLG Schleswig 28.10.2021 – 54 Verg 5/21, NZBau 2022, 114 Rn. 201 – DB Regio; ebenso → 4. Aufl. 2020.

[114] EuGH 5.9.2019 – C-233/18, NZBau 2019, 734 Rn. 29 – Lombardi; s. dazu Tresselt/Bären NZBau 2020, 562 (insb. 564); Steck VergabeR 2022, 300 (301). Nach der Entscheidung des EuGH darf einem den Zuschlag an einen anderen Bieter bekämpfenden Antragsteller der Zugang zum Nachprüfungsverfahren nicht deshalb verwehrt werden, weil sein Angebot auszuschließen ist und neben dem bezuschlagten Angebot weitere (dort: ggü. dem Angebot des Antragstellers schlechter platzierte) Angebote vorliegen, für die sich aus dem Vorbringen des Antragstellers nicht ergibt, dass sie ebenfalls auszuschließen sind. Nach dem EuGH kann auch nicht verlangt werden, dass nachgewiesen wird, dass der öffentliche Auftraggeber gehalten ist, das Vergabeverfahren zu wiederholen. Es reicht aus, dass diese Möglichkeit besteht. Diese Erwägungen des EuGH sind auch auf Fälle zu übertragen, in denen ein Ausschluss des Angebots des Antragstellers nicht in Rede steht, sein Angebot aber auch bei Erfolg des Nachprüfungsantrags nicht aussichtsreich platziert wäre.

[115] Vgl. ua OLG Düsseldorf 20.6.2001 – Verg 3/01, NZBau 2001, 696 (702).

[116] OLG München 19.9.2018 – Verg 6/18, BeckRS 2018, 43797 Rn. 23.

[117] Vgl. zum Begriff der Obliegenheit Grüneberg/Grüneberg BGB Einl. vor § 241 Rn. 13 mwN. Neben der Obliegenheit nach Abs. 3 wird erwogen, bei erkennbaren Vergaberechtsverstößen aus dem im Zuge des Vergabeverfahrens begründeten vorvertraglichen Schuldverhältnis (§ 241 Abs. 2, § 311 Abs. 2 Nr. 1 BGB) eine bürgerlich-rechtliche Hinweispflicht für Unternehmen mit einem der Rügeobliegenheit entspr. Inhalt herzuleiten (vgl. BayObLG 26.4.2023 – Verg 16/22, ZfBR 2023, 492 (496); OLG München 19.7.2012 – Verg 8/12, NZBau 2012, 658 (662) mwN; bejahend → 4. Aufl. 2020, Fn. 106 zu Rn. 36). Eine solche bürgerlich-rechtliche Hinweispflicht oder -obliegenheit kann im Sekundärrechtsschutz oder nach dem Zuschlag bei vertraglichen Auseinandersetzungen zwischen Auftraggeber und (dann) Auftragnehmer relevant werden. Eine Begrenzung der Zulässigkeit des Nachprüfungsantrags über Abs. 3 hinaus ist aber als gesetzwidrig abzulehnen.

Präklusion). Die Wahrung der Rügeobliegenheit ist eine zwingende **Sachentscheidungs- oder Zugangsvoraussetzung** für das Nachprüfungsverfahren; eine Verletzung löst aber **keine materielle Präklusion** aus und steht daher einer Berücksichtigung des Vergaberechtsfehlers in anderem Zusammenhang, insbes. bei der Geltendmachung von Schadensersatzansprüchen, nicht entgegen.[118] Für einen anschließenden Schadensersatzprozess gilt, dass nach § 179 Abs. 1 GWB nur die Sachentscheidungen der Vergabenachprüfungsinstanzen Bindungswirkung entfalten können,[119] zu denen es hinsichtlich präkludierter Rügen wegen der Unzulässigkeit des Nachprüfungsantrags nicht kommt. Für das Nachprüfungsverfahren führt die verfahrensrechtliche Rügepräklusion jedoch im Grundsatz dazu, dass der präkludierte Fehler auch in der sonstigen Begründetheitsprüfung nicht berücksichtigt, insoweit also der etwaige Fehler als vergaberechtskonform behandelt (ggf. fingiert) wird.[120] Dies gilt nur dann nicht, wenn der Fehler so schwer wiegt, dass eine vergaberechtskonforme Wertung und damit ein Zuschlag auf Grundlage der vorliegenden Ausschreibung nicht mehr möglich ist (→ § 163 Rn. 7). Die Beachtung der Rügeobliegenheit ist ausweislich des „soweit" in Abs. 3 S. 1 für jede im Vergabenachprüfungsverfahren erhobene Beanstandung **einzeln zu prüfen.**[121] Im Lichte der unionsrechtlich gewährten Rechtsschutzgarantie (→ Rn. 1) sind die Bestimmungen über die Rügepräklusion als Ausnahmevorschriften **restriktiv** (eng) auszulegen.[122] Auftraggeberseitige **Verschärfungen** der Rügeobliegenheit durch Aufnahme gewillkürter weiterer Präklusionstatbestände in die Vergabeunterlagen sind unzulässig.[123] Auf die Rügeobliegenheiten nach Nr. 1–3 (zu Nr. 4 → Rn. 57) muss vom Auftraggeber in der Bekanntmachung, den Vergabeunterlagen und auch sonst nicht hingewiesen werden.[124]

36a Die den Zugang zum Nachprüfungsverfahren regelnde Bestimmung des Abs. 3 S. 1 gilt – soweit nicht Abs. 3 S. 2 eingreift – grds. **neben der Frist des § 135 Abs. 2 GWB** (vgl. dazu auch → § 135 Rn. 110a).[125] Der Frist des § 135 Abs. 2 GWB kommt materiell-rechtliche Wirkung zu, da sie den bis zum Fristablauf beste-

---

[118] BGH 17.9.2019 – X ZR 124/18, NZBau 2019, 798 Rn. 15 ff. – Lärmschutzwände; 18.6.2019 – X ZR 86/17, NZBau 2019, 661 Rn. 29 f.; OLG Düsseldorf 15.12.2008 – I-27 U 1/07, BeckRS 2009, 8102; Beck VergabeR/Horn/Hofmann GWB § 160 Rn. 83; MüKoEuWettbR/Jaeger GWB § 160 Rn. 72; iErg auch RKPP/Wiese GWB § 160 Rn. 99; für materielle Präklusion: OLG Celle 18.1.2018 – 11 U 121/17, ZfBR 2018, 400 (402 f.); OLG Dresden 7.5.2010 – WVerg 6/10, NZBau 2010, 526 (527); OLG Naumburg 28.8.2000 – 1 Verg 5/00, BeckRS 2000, 31024406; HK-VergabeR/Nowak GWB § 160 Rn. 51; KK-VergR/Kadenbach GWB § 160 Rn. 47; Kühnen NZBau 2004, 427 (428).

[119] So auch Byok/Jaeger/Jaeger GWB § 179 Rn. 2; RKPP/Wiese GWB § 160 Rn. 99.

[120] OLG Koblenz 7.11.2007 – 1 Verg 6/07, BeckRS 2008, 8767 Rn. 27; Byok/Jaeger/Byok, GWB § 160 Rn. 67.

[121] Vgl. ua OLG Naumburg 5.12.2008 – 1 Verg 9/08, BeckRS 2009, 2589 = VergabeR 2009, 486 (489); BeckOK VergabeR/Gabriel/Mertens GWB § 160 Rn. 139; RSG/Reidt GWB § 160, Rn. 46; RKPP/Wiese GWB § 160 Rn. 96; KK-VergR/Kadenbach GWB § 160 Rn. 46.

[122] OLG Düsseldorf 31.5.2017 – VII-Verg 36/16, NZBau 2017, 623 Rn. 34 – MALE UAS Brückenlösung; Beck VergabeR/Horn/Hofmann GWB § 160 Rn. 41; Jaeger NZBau 2009, 558 (560).

[123] OLG Düsseldorf 12.3.2008 – VII-Verg 56/07, BeckRS 2008, 21252 unter B III 1 b = VergabeR 2008, 671: in Ermangelung einer Dispositionsbefugnis des Auftraggebers; 21.11.2007 – VII-Verg 32/07, NZBau 2008, 201 (203) – Hafen Krefeld.

[124] Vgl. OLG Frankfurt a. M. 23.6.2020 – 11 Verg 2/20, BeckRS 2020, 37626 Rn. 68 aE = VergabeR 2021, 234; OLG München 19.9.2018 – Verg 6/18, BeckRS 2018, 43797; 4.4.2008 – Verg 4/08, NZBau 2008, 542 (543) – P-Baumarkt.

[125] So iErg auch OLG Rostock 6.11.2015 – 17 Verg 2/15, BeckRS 2016, 3773 Rn. 30; Byok/Jaeger/Byok GWB § 160 Rn. 118.

henden Schwebezustand (→ § 135 Rn. 116 ff.) beendet; die Unwirksamkeit nach § 135 Abs. 1 GWB kann nur mit dem fristgebundenen Nachprüfungsantrag geltend gemacht werden (→ § 135 Rn. 70).

Das Vergabeverfahren ist ein Vertragsanbahnungsverfahren, mit dem eine **schuldrechtliche Sonderverbindung** (§§ 241 Abs. 2, 311 Abs. 2 BGB) zwischen dem Auftraggeber und den am Auftrag interessierten Unternehmen einhergeht, die nach Treu und Glauben (§ 242 BGB) zu gegenseitiger Rücksichtnahme, Loyalität und Kooperation verpflichtet[126] und die demzufolge auch Hinweispflichten der Bieter begründet.[127] Die Sonderverbindung entsteht spätestens nach § 311 Abs. 2 Nr. 1 BGB mit der Einreichung eines Angebots, idR aber nach § 311 Abs. 2 Nr. 2 BGB schon früher durch die erste, den Auftraggeber erreichende, auf eine Beteiligung am Vergabeverfahren zielende Reaktion des Bieters auf ein bereits begonnenes Vergabeverfahren. Dafür genügt der Abruf der Vergabeunterlagen durch ein eine Beteiligung erwägendes Unternehmen (vgl. § 41 Abs. 1 VgV, § 12a EU Abs. 1 VOB/A), denn die Digitalisierung rechtfertigt keine andere Interessenbewertung als bei einer Anforderung der Ausschreibungsunterlagen mittels Briefpost oder Telefax.[128] Nach deutschem Recht ist in dieser Sonderverbindung der innere Grund für die Rügeobliegenheit zu sehen, die sich **unionsrechtlich** im Einklang mit der RL 2007/66/EG befindet (vgl. Art. 1 Abs. 4 RL und Erwgr. 3).[129] Durch die Rüge soll der Auftraggeber im Sinn einer „letzten Chance"[130] die Möglichkeit bekommen, Rechtsverstöße in einem Verfahrensstadium zu beseitigen, in dem diese noch unkompliziert korrigiert werden können. Es geht darum, Verzögerungen der Auftragsvergabe durch (unnötige) Vergabenachprüfungsverfahren zu vermeiden. Zugleich soll spekulativen Erwartungen von Bietern begegnet werden, dass sich ein Rechtsverstoß möglicherweise zu ihren Gunsten auswirken kann. Sie sollen die Rechtmäßigkeit des Vergabeverfahrens nicht erst einfordern dürfen, wenn diese Spekulation nicht aufgeht.[131] Gleichwohl sieht das Gesetz keine vom Antragsteller zu wahrende Wartefrist zwischen Rüge und Nachprüfungsantrag vor (→ Rn. 5).

Folge der Rügepräklusion ist im Grundsatz neben der Unzulässigkeit des Antrags hins. der präkludierten Rüge selbst, dass der Antragsteller auch mit der Geltendmachung anderer (späterer) Vergaberechtsfehler ausgeschlossen ist, die sich als reine Folgefehler des nicht oder verspätet gerügten Fehlers darstellen, dh in denen sich der präkludierte Fehler nur fortsetzt.[132] Dies meint die Fälle, in denen die

---

[126] StRspr des BGH, vgl. BGH 7.6.2005 – X ZR 19/02, NZBau 2005, 709 – Treppenanlage; 8.9.1998 – X ZR 48–97, NJW 1998, 3636 (3640); 8.9.1998 – X ZR 109/96, NJW 1998, 3644; 11.11.1993 – VII ZR 47/93, NJW 1994, 850; 25.11.1992 – VIII ZR 170/91, NJW 1993, 520.

[127] So BGH 18.12.2008 – VII ZR 201/06, NZBau 2009, 232 Rn. 15, 23; 25.6.1987 – VII ZR 107/86, NJW-RR 1987, 1306 (1307); OLG Frankfurt a. M. 23.12.2005 – 11 Verg 13/05, BeckRS 2006, 12422 unter II.2.b mwN = VergabeR 2006, 212.

[128] S. insoweit OLG München 15.3.2012 – Verg 2/12, NZBau 2012, 460 (461) – Tiefendrainage O.

[129] Zur unionsrechtlichen Zulässigkeit von Präklusionsfristen vgl. EuGH 11.10.2007 – C 241/06, NZBau 2007, 798 Rn. 50, 52 – Lämmerzahl; 27.2.2003 – C-327/00, NZBau 2003, 284 – Santex SpA. Grenze: Unmöglichmachen oder übermäßiges Erschweren des Rechtsschutzes (effet utile, stRspr des EuGH).

[130] OLG Brandenburg 17.2.2005 – Verg W 11/04, BeckRS 2011, 16822 = VergabeR 2005, 660 (663).

[131] Vgl. die Begr. des RegE zum Vergaberechtsänderungsgesetz, BT-Drs. 13/9340, 17 (zu § 117).

[132] OLG Celle 12.10.2021 – 13 Verg 7/21, BeckRS 2021, 36773 Rn. 31 = VergabeR 2022, 210; OLG Rostock 30.9.2021 – 17 Verg 3/21, NZBau 2022, 182 Rn. 58 – Abfalllogistikleistungen; OLG Schleswig 13.6.2019 – 54 Verg 2/19, NZBau 2019, 806 Rn. 148 – Vergabe SH-

Berechtigung der zweiten Rüge mit der der (präkludierten) ersten Rüge **steht und fällt**. Die **Reichweite** dieses Grundsatzes ist aufgrund der Rspr. des EuGH jedoch unklar.[133] Der EuGH[134] hat bereits 2007 auf ein im Anschluss an die Rspr. des KG[135] erfolgtes Vorabentscheidungsersuchen des OLG Bremen[136] entschieden, dass eine Ausschlussfrist wie in § 160 Abs. 3 GWB nicht auf Rechtsverstöße angewandt werden kann, zu denen es erst nach dem Zeitpunkt gekommen ist, auf den die Fristenregelung abstellt. Dabei ging es um die Reichweite der Rügepräklusion, wenn der Schwellenwert vom Auftraggeber zu gering angesetzt und deshalb die Vergabevorschriften des GWB („europaweite Ausschreibung") nicht angewandt worden sind. Nach der Entscheidung des EuGH ergreift eine Präklusion für die Schwellenwertfestsetzung betreffenden Rüge nicht alle Entscheidungen, die der öffentliche Auftraggeber gerade wegen der Nichtanwendung des GWB-Vergaberechts im weiteren Verfahrensgang nicht oder fehlerhaft trifft. Solches laufe der Rechtsmittelrichtlinie zuwider und schränke den Primärrechtsschutz iSd effet utile ungerechtfertigt ein. Die unter Berücksichtigung des Untersuchungsgrundsatzes sachgemäße Begrenzung der Präklusion bei Folgefehlern dürfte darin liegen, auch nicht gerügte und sogar an sich (aber nur prozessual) präkludierte Verfahrensfehler bei der Rüge von Folgefehlern zu berücksichtigen, wenn ansonsten **keine vergaberechtskonforme Wertung** und damit **kein Zuschlag möglich** ist (vgl. → § 163 Rn. 7). Insbes. darf die Rügepräklusion nicht dazu führen, dass das gesamte Verfahren im Verhältnis zu einem Bieter – und auch insoweit nur für das Vergabenachprüfungsverfahren, nicht aber für Schadensersatzansprüche – an einem an sich nicht anwendbaren Regelungsregime gemessen wird.

1. Tatbestände

39   Die Norm ist mit dem VergRModG v. 20.4.2009[137] sowie nochmals mit dem VergRModG v. 17.2.2016[138] geändert worden. Abs. 3 S. 1 Nr. 1–3 betreffen im Vergabeverfahren zu wahrende **Rügeobliegenheiten**, wobei Nr. 1 vom Antragsteller tatsächlich **erkannte** Rechtsverstöße betrifft, während Nr. 2 und Nr. 3 nur **erkennbare** Rechtsverstöße zum Gegenstand haben. Im **Überblick:** Zu rügen sind
– Nr. 1: im Vergabeverfahren erkannte Rechtsverstöße (Rüge innerhalb einer Frist von zehn Kalendertagen von der Kenntniserlangung an);
– Nr. 2: aufgrund der Bekanntmachung erkennbare Rechtsverstöße (Rüge spätestens bis zum Ablauf der in der Bekanntmachung benannten Frist zur Bewerbungs- oder Angebotsabgabe);
– Nr. 3: in den Vergabeunterlagen erkennbare Rechtsverstöße (Rüge spätestens bis zum Ablauf der Bewerbungs- oder Angebotsfrist);
– Nr. 4: Nachprüfungsantrag 15 Kalendertage nach Eingang einer Nichtabhilfeentscheidung des Auftraggebers.
Im Blick zu halten ist, dass Nr. 2 und Nr. 3 unterfallende Rügen bei Erkennen des Verstoßes auch unter Nr. 1 fallen. Nr. 2 und Nr. 3 können vom Rügetatbestand der Nr. 1 **überlagert** werden, wenn der Antragsteller vor Ablauf der Angebotsabgabe-

---

XMU; jurisPK-VergabeR/Summa GWB § 160 Rn. 388 ff.; Müller-Wrede/Hofmann GWB § 160 Rn. 43; RKPP/Wiese GWB § 160 Rn. 97; aA MüKoEuWettbR/Jaeger GWB § 160 Rn. 71; RSG/Reidt § 160 GWB, Rn. 46.
[133] Vgl. dazu auch jurisPK-VergabeR/Summa GWB § 160 Rn. 388 ff.
[134] EuGH 11.10.2007 – C 241/06, NZBau 2007, 798 Rn. 58 f. – Lämmerzahl.
[135] KG 10.10.2002 – 2 KartVerg 13/02, NZBau 2003, 338 (339); gegen diese bereits OLG Düsseldorf 18.10.2006 – Verg 35/06, BeckRS 2007, 456 = VergabeR 2007, 200.
[136] OLG Bremen 18.5.2006 – Verg 3/05, NZBau 2006, 527.
[137] BGBl. I 790.
[138] BGBl. I 203.

oder Bewerbungsfrist in der Auftragsbekanntmachung oder den Vergabeunterlagen einen Rechtsverstoß positiv erkennt.[139] Letztlich ist damit in diesen Fällen immer die früher ablaufende Frist maßgeblich. Das **VergRModG 2009** hat die mit der Rügeobliegenheit des Antragstellers zusammenhängenden Anforderungen an die Zulässigkeit eines Nachprüfungsantrags durch die Einführung der Frist nach Nr. 4 verschärft;[140] bei Nr. 4 handelt es sich um keinen Rügetatbestand, sondern um eine Vorschrift, die den Nachprüfungsantrag im Fall abschlägiger Bescheidung einer Rüge zu einem fristgebundenen Rechtsbehelf macht (→ Rn. 5).[141] Umgekehrt behebt das **VergRModG 2016** eine gravierende Rechtsunsicherheit, soweit es bei Nr. 1 die Obliegenheit zu einer unverzüglichen Rüge entfallen und an ihre Stelle eine Rügefrist von zehn Kalendertagen treten lässt.[142]

2. Erkannte Rechtsverstöße (Abs. 3 S. 1 Nr. 1)

a) Voraussetzungen der Rüge nach Nr. 1. Das OLG Dresden[143] hat die Voraussetzungen der Rügeobliegenheit nach Nr. 1 zutr. dahin herausgearbeitet, dass die Rügeobliegenheit nur ausgelöst wird, wenn der Antragsteller sowohl über eine feststellbare vom Streitfall vom öffentlichen Auftraggeber nachzuweisende[144] volle (nicht nur zu vermutende) **positive Kenntnis** der einen Vergaberechtsverstoß begründenden tatsächlichen Umständen verfügt, als auch aufgrund laienhafter, vernünftiger Bewertung die positive Vorstellung von einem Verstoß gegen Vergabevorschriften gewonnen hat.[145] Die positive Kenntnis muss mithin **zwei Komponenten** umfassen. Grds. muss der Antragsteller keine Nachforschungen oder **Prüfungen** anstellen, um sich in tatsächlicher oder rechtlicher Hinsicht Kenntnis von einem Rechtsverstoß zu verschaffen.[146] Holt er anwaltlichen **Rechtsrat** ein, hat dies auf die jetzt nach Tagen bemessene „Rügefrist" selbst keinen Einfluss, kann aber den Zeitpunkt einer Kenntniserlangung vom Vergaberechtsverstoß „nach hinten" verschieben. Der Antragsteller darf in tatsächlicher oder rechtlicher Unkenntnis nur nicht in einer

---

[139] OLG Düsseldorf 7.12.2011 – VII-Verg 81/11, BeckRS 2012, 4919 = VergabeR 2012, 664 (666); Beck VergabeR/Horn/Hofmann GWB § 160 Rn. 57; BeckOK VergabeR/Gabriel/Mertens GWB § 160 Rn. 181; Byok/Jaeger/Byok GWB § 160 Rn. 69, 70; HK-VergabeR/Nowak GWB § 160 Rn. 50; RSG/Reidt GWB § 160 Rn. 49; RKPP/Wiese GWB § 160 Rn. 107, 140; MüKoEuWettbR/Jaeger GWB § 160 Rn. 52; aA Immenga/Mestmäcker/Dreher GWB § 160 Rn. 54, 84.

[140] So auch BGH 10.11.2009 – X ZB 8/09, NZBau 2010, 124 Rn. 36 – Endoskopiesysteme.

[141] So auch OLG Celle 4.3.2010 – 13 Verg 1/10, NZBau 2010, 333 (335) – Elektronische Fahrscheindrucker; OLG Düsseldorf 9.12.2009 – Verg 37/09, BeckRS 2010, 5178; Jaeger NZBau 2009, 558 (562).

[142] In Anlehnung an Art. 2a Abs. 2 RL 2007/66/EG.

[143] OLG Dresden 23.4.2009 – WVerg 11/08, ZfBR 2009, 610.

[144] BGH 1.2.2005 – X ZB 27/04, NZBau 2005, 290 (292) – Altpapierverkauf.

[145] So ua BGH 26.9.2006 – X ZB 14/06, NZBau 2006, 800 Rn. 35 – Polizeianzüge; OLG Celle 7.7.2022 – 13 Verg 4/22, NZBau 2023, 268 Rn. 67; OLG Frankfurt a. M. 23.6.2020 – 11 Verg 2/20, BeckRS 2020, 37626 Rn. 68 = VergabeR 2021, 234; OLG Düsseldorf 25.3.2020 – Verg 25/19, BeckRS 2020, 44667 Rn. 26; 19.2.2020 – VII-Verg 27/17, BeckRS 2020, 8810 Rn. 24; OLG München 16.4.2009 – Verg 3/09, NZBau 2009, 467 (468).

[146] Vgl. OLG Brandenburg 28.11.2002 – Verg W 8/02, BeckRS 2003, 4344 = VergabeR 2003, 242; OLG Dresden 23.4.2009 – WVerg 11/08, ZfBR 2009, 610 (611); OLG Düsseldorf 18.10.2006 – Verg 35/06, BeckRS 2007, 456 = VergabeR 2007, 200; 16.2.2005 – VII-Verg 74/04, BeckRS 2005, 17313 = VergabeR 2005, 364; OLG München 23.6.2009 – Verg 8/09, BeckRS 2009, 17241 = VergabeR 2009, 942 (945); OLG Naumburg 5.12.2008 – 1 Verg 9/08, BeckRS 2009, 2589 = VergabeR 2009, 486. Ebenso Beck VergabeR/Horn/Hofmann GWB § 160 Rn. 44; RKPP/Wiese GWB § 160 Rn. 111.

Weise verharren, die mit Blick auf einen möglichen Vergaberechtsverstoß als ein mutwilliges **Sich-der-Erkenntnis-Verschließen** zu bewerten ist.[147] Letztlich ist es einerseits so, dass auf bloßen **Verdacht** oder **Vermutung** keine Rüge nach Nr. 1 ausgebracht werden muss und selbst grob fahrlässige Unkenntnis die Rügeobliegenheit nach Nr. 1 nicht begründet;[148] andererseits bedarf es nicht der Kenntnis eines völlig zweifelfreien und in jeder Beziehung sicher nachweisbaren Vergaberechtsfehlers, vielmehr genügt das Wissen um einen Sachverhalt, der den Schluss auf einen Vergaberechtsverstoß erlaubt.[149] Dieser scheinbare Widerspruch ist dahingehend aufzulösen, dass im letztgenannten Fall ein mutwilliges Sich-Verschließen zu verlangen ist. Ist Kenntnis des Antragstellers von einem Vergaberechtsverstoß (oder ein mutwilliges Sich-der-Erkenntnis-Verschließen) zu verneinen, unterliegt der Antragsteller keiner Rügeobliegenheit nach Nr. 1.[150] Um die Notwendigkeit einer Rüge beurteilen zu können, bedarf es deshalb der Feststellung, dass und ab wann der Antragsteller die Umstände gekannt hat, aus denen sich eine Verletzung von Vergabevorschriften ergibt, und dass er damit zumindest laienhaft tatsächlich die Annahme eines Vergaberechtsverstoßes verbunden hat bzw. ab wann ein Sich-der-Erkenntnis-Verschließen vorlag. Die Feststellungs- oder Beweislast dafür trägt der Auftraggeber (oder der Beigeladene), der eine Verletzung der Rügeobliegenheit einwendet. Ist dem Antragsteller nicht zu widerlegen, dass er auf den behaupteten Vergaberechtsverstoß nur geschlossen oder ihn vermutet hat, ohne davon positive Kenntnis zu haben, ist eine Rüge nach Nr. 1 vor Anbringung des Nachprüfungsantrags entbehrlich. Von daher kann ein Nachprüfungsantrag auch **ohne** vorherige **Rüge** zulässig sein.[151] Ein erst **im Nachprüfungsverfahren erkannter** Vergaberechtsverstoß löst keine, genauso wenig eine erneute, Rügeobliegenheit aus (→ Rn. 53a).

---

[147] Vgl. ua BGH 26.9.2006 – X ZB 14/06, NZBau 2006, 800 Rn. 35 – Polizeianzüge; OLG Düsseldorf 25.3.2020 – Verg 25/19, BeckRS 2020, 44667 Rn. 26; 19.2.2020 – VII-Verg 27/17, BeckRS 2020, 8810 Rn. 24; OLG Frankfurt a. M. 15.7.2008 – 11 Verg 4/08, ZfBR 2009, 86 (89); OLG Koblenz 5.6.2003 – 1 Verg 2/03, ZfBR 2003, 618. Ebenso Beck VergabeR/Horn/Hofmann GWB § 160 Rn. 44; Byok/Jaeger/Byok GWB § 160 Rn. 76; MüKoEuWettbR/Jaeger GWB § 160 Rn. 57; RKPP/Wiese GWB § 160 Rn. 114; s. auch BeckOK VergabeR/Gabriel/Mertens GWB § 160 Rn. 146 ff.; HK-VergabeR/Nowak GWB § 160 Rn. 69.

[148] So auch OLG Düsseldorf 25.3.2020 – Verg 25/19, BeckRS 2020, 44667 Rn. 26; OLG Frankfurt a. M. 10.6.2008 – 11 Verg 3/08, BeckRS 2008, 20396; BayObLG 15.9.2004 – Verg 26/03, BeckRS 2004, 09730 = VergabeR 2005, 130; Beck VergabeR/Horn/Hofmann GWB § 160 Rn. 44. Hat der Antragsteller nur den Verdacht einer Rechtsverletzung, entsteht die Rügeobliegenheit nach Nr. 1 des § 160 Abs. 3 S. 1 GWB erst dann, wenn der Verdacht sich zu ausreichender Gewissheit verdichtet hat, vgl. OLG Düsseldorf 22.8.2000 – Verg 9/00, IBRRS 2003, 0982. Die wiederholt zu lesende Ansicht, bloße Verdachtsrügen seien unzulässig, ist unzutreffend. Der Rechtssatz, dass Rügen nicht auf bloßen Verdacht auszubringen sind, bezweckt den Schutz des Antragstellers, der durch eine solche Auslegung in sein Gegenteil verkehrt wird. Die Ansicht verkennt zudem die Koinzidenz zwischen der Darlegung einer Rechtsverletzung iRd § 160 Abs. 2 GWB und den inhaltlichen Anforderungen an eine Rüge gem. § 160 Abs. 3 GWB, → Rn. 18, → Rn. 41, → Rn. 53. Was – gemessen am Kenntnisstand des Antragstellers – iRd Antragsbefugnis – als möglich oder wahrscheinlich behauptet werden darf, unterliegt auch bei der Rügeobliegenheit keinem weitergehenden Substantiierungserfordernis. Vgl. zu diesbzgl. typischen Unklarheiten KG 13.3.2008 – 2 Verg 18/07, NZBau 2008, 466 – Havelunterquerung; OLG Frankfurt a. M. 7.8.2007 – 11 Verg 3/07, BeckRS 2008, 13765; OLG München 26.6.2007 – Verg 6/07, BeckRS 2008, 8701 = VergabeR 2007, 684 (687).

[149] OLG Düsseldorf 19.2.2020 – VII-Verg 27/17, BeckRS 2020, 8810 Rn. 24.

[150] BGH 26.9.2006 – X ZB 14/06, NZBau 2006, 800 Rn. 37 – Polizeianzüge.

[151] So auch BGH 26.9.2006 – X ZB 14/06, NZBau 2006, 800 Rn. 37 – Polizeianzüge; genauso wenig hat der Antragsteller einen Vergaberechtsverstoß zu rügen, wenn ihm dadurch individuell kein Schaden droht (→ Rn. 41).

Gegenstand einer Rüge nach § 160 Abs. 3 S. 1 Nr. 1 GWB ist der Rechtsverstoß, der in einer dem Antragsteller zur Kenntnis gelangten **Vergabeentscheidung** des Auftraggebers[152] oder in der **Auftragsvergabe**[153] zum Ausdruck kommt. Dies gilt, wie aus Abs. 3 S. 1 mit zureichender Deutlichkeit entnommen werden kann, auch für **Zwischenentscheidungen (Vorfestlegungen)** des Auftraggebers.[154] Da dies damit aus den Vorschriften, mittels derer Deutschland die Bestimmungen der Rechtsmittelrichtlinie umgesetzt hat, klar und eindeutig hervorgeht, ist eine solche weite Rügeobliegenheit auch unionsrechtlich zulässig.[155] Die Rügeobliegenheit wird im Gesetz durch einen vom Antragsteller erkannten Verstoß gegen Vergabevorschriften begründet, steht jedoch im Zusammenhang mit der Antragsbefugnis nach Abs. 2. Nur Vergaberechtsfehler, die die Zuschlagschancen verschlechtern und damit einen Schaden iSd Abs. 2 begründen können, bedürfen der Rüge, wenn sich der Antragsteller insoweit die Möglichkeit eines Nachprüfungsantrags offenhalten will.[156] Da Rechtsverstöße auch bei Zwischenentscheidungen vorkommen können, begründen diese bei Vorliegen der übrigen Voraussetzungen die Rügeobliegenheit. Zwischenentscheidungen des Auftraggebers können zB liegen in der Auftragsbekanntmachung, in der Bekanntgabe der Vergabeunterlagen nebst Leistungsbeschreibung und Leistungsverzeichnis (einschl. deren Änderung im laufenden Vergabeverfahren) oder in der dem Antragsteller vor einer Bieterinformation mitgeteilten Verfügung, seinen Teilnahmeantrag oder sein Angebot von der Wertung auszuschließen. Wesensmerkmal ist, dass es sich dabei um Entscheidungen des Auftraggebers handelt, die geeignet sind, mit Blick auf die Auftragschancen der Bewerber oder Bieter Rechtswirkungen zu entfalten. Diese Eigenschaft fehlt den eine Entscheidung lediglich **vorbereitenden Akten** des Auftraggebers (zB Ausschuss- oder Ratsentscheidungen einer Kommune). Sie unterliegen keiner Rügeobliegenheit. Es darf vielmehr abgewartet werden, ob sie sich denn in einem Vergaberechtsverstoß realisieren. Der Antragsteller ist nicht gehalten, ein künftig mögliches Fehlverhalten des Auftraggebers vorsorglich und gewissermaßen „auf Vorrat" zu rügen.[157] Bringt der

---

[152] Die Bekanntgabe erfolgt typischerweise durch Bieterinformation nach § 134 GWB.

[153] ZB Fälle des § 135 Abs. 1 Nr. 1 und 2 GWB.

[154] OLG Schleswig 19.9.2022 – 54 Verg 3/22, BeckRS 2022, 24787 Rn. 85; MüKoEuWettbR/Jaeger GWB § 160 Rn. 55; aA Hübner VergabeR 2010, 414 (418). Für die hier vertretene Auffassung spricht indes auch die Systematik des § 160 Abs. 3 S. 1 GWB: Bestimmte Zwischenentscheidungen, nämlich solche in der Auftragsbekanntmachung (Nr. 2) und in den Vergabeunterlagen (Nr. 3), sind – wenn auch in anderer Hinsicht – im Gesetz ausdr. zum Gegenstand der Rügeobliegenheit gemacht worden.

[155] EuGH 28.1.2010 – C-456/08, NZBau 2010, 256 Rn. 57 ff. mwN – NRA. Vgl. zur Übertragbarkeit der eine Ausschlussregelung („Klagefrist") betreffenden Ausführungen des EuGH auf die Rügeobliegenheit zutr. Herrmann VergabeR 2010, 660 (661); Hübner VergabeR 2010, 414 (417).

[156] OLG Schleswig 19.9.2022 – 54 Verg 3/22, BeckRS 2022, 24787 Rn. 88 = VergabeR 2023, 96; OLG Düsseldorf 18.10.2006 – Verg 35/06, BeckRS 2007, 456 = VergabeR 2007, 200 (203); Beck VergabeR/Horn/Hofmann GWB § 160 Rn. 66.

[157] So mit Recht OLG Frankfurt a. M. 15.3.2022 – 11 Verg 10/21, NZBau 2022, 417 Rn. 94 – Stadtinfrastruktur; OLG Koblenz 18.9.2003 – 1 Verg 4/03, ZfBR 2003, 822 (824). S. auch OLG Düsseldorf 30.4.2002 – Verg 3/02, IBRRS 2002, 0840 = VergabeR 2002, 528 (530): Keine Rüge auf bloße Information des beauftragte Ingenieurbüro; der Antragsteller darf die Entscheidung des Auftraggebers abwarten; OLG Naumburg 2.7.2009 – 1 Verg 2/09, BeckRS 2009, 25401: Keine Rüge eines bloßen Aufklärungsverlangens des Auftraggebers erforderlich; OLG Naumburg 2.3.2006 – 1 Verg 1/06, BeckRS 2006, 6798 = VergabeR 2006, 406 (409 f.): Keine Rügeobliegenheit bei lediglich internen Vorüberlegungen des Auftraggebers; OLG Frankfurt a. M. 26.5.2009 – 11 Verg 2/09, NZBau 2010, 134 – Türdrückergarnitur: Keine Rüge gegen eine bloße Meinungsäußerung des Auftraggebers. AA OLG Brandenburg

Antragsteller indes eine solche „Vorratsrüge" aus, muss er diese nicht wiederholen, nachdem sich der Rechtsverstoß realisiert hat.[158] Ein ggf. ausschreibungs- oder vergaberechtswidriges **Verhalten von Mitbewerbern** um den Auftrag begründet keine Rügeobliegenheit. Der Antragsteller darf abwarten, wie der Auftraggeber darauf reagiert (uU – lege artis – nämlich durch einen Ausschluss von deren Teilnahmeanträgen oder Angeboten).[159]

42 Das Entstehen der Rügeobliegenheit nach § 160 Abs. 3 S. 1 Nr. 1 GWB setzt positive Kenntnis des **vertretungsberechtigten Organs**[160] des Antragstellers, eines sonst beauftragten **Vertreters** (§ 166 Abs. 1 BGB) oder eines sog. **Wissensvertreters** (analog § 166 Abs. 1 BGB) voraus.[161] Wissensvertreter ist, wer nach der Geschäftsorganisation des Antragstellers dazu berufen ist, im Rechtsverkehr als dessen **Repräsentant** bestimmte Aufgaben in eigener Verantwortung zu erledigen, die dabei anfallenden Informationen zur Kenntnis zu nehmen und an die Geschäftsleitung weiterzugeben. Eine rechtsgeschäftliche Vertretungsmacht ist dazu nicht erforderlich, ebenso wenig eine Bestellung zum Wissensvertreter.[162] Keine Wissensvertreter sind Bedienstete, die den Antragsteller lediglich intern beraten oder an der Vorbereitung des Angebots oder Teilnahmeantrags mitwirken. Einem lediglich fachkundigen Mitarbeiter des Antragstellers kommt deshalb nicht ohne weiteres die Eigenschaft zu, Wissensvertreter zu sein,[163] ebenso wenig generell einem Kalkulator und erst recht nicht einfachen Sachbearbeitern oder Bürokräften.[164] Wissensvertretung entfällt, wenn der Antragsteller klarstellt, dass er nur für eigenes Wissen und Tun einstehen will.[165] Jedoch sind Unternehmen nach § 242 BGB gehalten, den internen Informationsaustausch so zu organisieren, dass Informationen über Vergaberechtsverstöße des Auftraggebers an die zur Kenntnisnahme berufenen Vertreter gelangen, anderenfalls eine **Wissenszurechnung** analog § 166 Abs. 1 BGB erfolgen kann.[166] Die Annahme eines Verstoßes gegen die Organisationsobliegenheit muss freilich auf einer gesicherten Erkenntnisgrundlage beruhen.[167]

43 **Kenntniserlangung** ist bei Nr. 1 an einem **individuellen Maßstab** zu messen, weil der Wortlaut der Norm fordert, dass „der Antragsteller" einen Rechtsverstoß

19.1.2009 – Verg W 2/09, ZfBR 2009, 390, (392): Rüge einer Klarstellung von Mindestanforderungen mit der Begründung, davon könnten einzelne Bieter profitieren; OLG Dresden 21.10.2005 – WVerg 5/05, BeckRS 2005, 13430 = VergabeR 2006, 249 (250): an kommunales Gremium gerichtete Beschlussvorlage ist zu rügen; OLG Karlsruhe 8.1.2010 – 15 Verg 1/10, BeckRS 2010, 26785: Rüge, dass dem Angebot eines Mitbewerbers die geforderte Urkalkulation nicht beigelegen habe; VK Baden-Württemberg 2.2.2010 – 1 VK 75/09, IBRRS 2010, 2187: Rüge der Beschlussvorlage für einen kommunalen Ausschuss.

[158] OLG Brandenburg 19.2.2008 – Verg W 22/07, ZfBR 2009, 296 (298); RKPP/Wiese GWB § 160 Rn. 116.

[159] OLG München 15.3.2012 – Verg 2/12, NZBau 2012, 460 (461) – Tiefendrainage O.

[160] BayObLG 22.1.2002 – Verg 18/01, NZBau 2002, 397.

[161] OLG Düsseldorf 25.3.2020 – Verg 25/19, BeckRS 2020, 44667 Rn. 26.

[162] Grüneberg/Ellenberger BGB § 166 Rn. 6–7 mwN; MüKoBGB/Schubert BGB § 166 Rn. 28 f.

[163] So aber OLG Naumburg 5.12.2008 – 1 Verg 9/08, BeckRS 2009, 2589 = VergabeR 2009, 486 (490 f.).

[164] Zu letzteren wiederum zutr. OLG Naumburg 5.12.2008 – 1 Verg 9/08, BeckRS 2009, 2589 = VergabeR 2009, 486 (490 f.).

[165] Grüneberg/Ellenberger BGB § 166 Rn. 6.

[166] Grüneberg/Ellenberger BGB § 166 Rn. 8 mwN; MüKoBGB/Schubert BGB § 166 Rn. 58 ff.

[167] So BGH 26.10.1999 – X ZR 30/98, NJW 2000, 661; zum Erfordernis einer gesicherten Erkenntnisgrundlage ebenso wohl auch OLG Celle 7.6.2007 – 13 Verg 5/07, ZfBR 2007, 611.

erkannt hat. Dass andere, zB ein „redlich Denkender"[168], vom Verstoß Kenntnis gehabt bzw. genommen hätten, kann nur hinsichtlich des mutwilligen Sich-Verschließens Bedeutung gewinnen (→ Rn. 40). Solche positive Kenntnis festzustellen, wirft in der Praxis einige bis erhebliche Probleme auf, weil es zum einen um innere, mithin ohnedies nicht einfach feststellbare Tatsachen geht und zum anderen die gebotenen Feststellungen zugleich auf zwei Feldern getroffen werden müssen, nämlich bei der Kenntnis der Tatumstände, aus denen der Vergaberechtsverstoß abzuleiten ist, und zusätzlich noch einmal beim Bewusstsein eines Rechtsverstoßes. **Tatsachenkenntnis** ist leichter feststellbar als die Kenntnis eines Rechtsverstoßes. Die Vergabevorgänge sind schriftlich dokumentiert. Sie liegen Bietern (wie der Auftragsbekanntmachung und die Vergabeunterlagen) schriftlich vor und nach der Lebenserfahrung kann im Allg. – ggf. abhängig vom Umfang – ebenso angenommen werden, dass sie Bietern bekannt sind.[169] Ferner enthält die Bieterinformation (§ 134 GWB) idR zumindest gewisse weitere Tatsacheninformationen über die Angebotswertung. Bietern steht im Vergabeverfahren indes kein Recht auf Akteneinsicht zu. Insbes. bleiben ihnen die die Angebotswertung betreffenden Vorgänge verborgen. Auch ist das dem Antragsteller beim Nachprüfungsantrag obliegende Maß der Darlegung einer Rechtsverletzung mit der hier erforderlichen Tatsachenkenntnis nicht zu verwechseln. Der Antragsteller darf den Nachprüfungsantrag ohne Verstoß gegen die Wahrheitspflicht zwar mit Tatsachenbehauptungen unterlegen, die er für wahrscheinlich oder möglich hält (→ Rn. 18), doch ist dies nicht mit der hier erforderlichen Kenntnis gleichzusetzen.

Viel schwieriger ist, das **Bewusstsein eines Vergaberechtsverstoßes** festzustellen. Dies kann idR nur anhand von Beweisanzeichen (Indizien) und einer Einzelfallwürdigung in Verbindung mit der Lebenserfahrung geschehen (§ 286 ZPO),[170] wobei folgende **Orientierungshilfen** gegeben werden können: 44
- Bloße Unterstellungen des Bewusstseins eines Rechtsverstoßes sind selbstverständlich unstatthaft.
- Lediglich für möglich gehaltene oder vermutete Rechtsverstöße lösen keine Rügeobliegenheit aus.
- Ebenso wenig ist positive Kenntnis eines Vergaberechtsverstoßes allein deshalb anzunehmen, weil aufgrund der in den Vergabeunterlagen erteilten Informationen ein wettbewerbsfähiges Angebot oder ein aussichtsreicher Teilnahmeantrag nicht vorbereitet werden kann.
- Auch bei **ausschreibungserfahrenen Unternehmen** darf – allein aufgrund der Tatsache einer häufigen Beteiligung an Vergabeverfahren – nicht ungeprüft auf eine Kenntnis vom Rechtsverstoß geschlossen werden. Dafür kann maßgebend sein, auf welcher **Rechtsebene** sich der Vergaberechtsverstoß zugetragen haben soll. Während von einem bei Ausschreibungen erfahrenen Unternehmen bei auftragsbezogenen Rechtsfragen im Einzelfall noch eine Kenntnis der iÜ nur maßvoll übersichtlichen Vorschriften der VgV oder der VOB/A-EU erwartet werden kann, ist dies bei aufsteigender Rechtsebene zunehmend fragwürdig. Bieter müssen nicht die Bestimmungen des GWB, ihre Auslegung und die einschlägigen EU-Vergabe-

---

[168] Vgl. BayObLG 21.5.1999 – Verg 1/99, NZBau 2000, 49; OLG Naumburg 14.12.2004 – 1 Verg 17/04, BeckRS 2005, 520 Rn. 43 f.; OLG Koblenz 5.6.2003 – 1 Verg 2/03, ZfBR 2003, 618.

[169] Davon kann auch ausgegangen werden, wenn Bieter beim Ausfüllen des Leistungsverzeichnisses oder bei der Kalkulation zB auf Unbestimmtheiten/Ungereimtheiten, ungewöhnliche Wagnisse, Bedarfspositionen oder produktorientierte Angaben gestoßen sind, die sie dann notwendig zur Kenntnis genommen haben müssen, wobei dies freilich noch keine generelle Aussage darüber erlaubt, ob sie dabei zugleich auch bereits die Vorstellung von einem Vergaberechtsverstoß entwickelt haben; dies bedarf vielmehr weitergehender Feststellungen.

[170] So können Bieterfragen und Antworten des Auftraggebers gelegentlich Aufschluss geben.

richtlinien (eingeschlossen die Regeln einer richtlinienkonformen Auslegung), erst recht nicht die **Rspr.** der Nachprüfungsinstanzen[171] kennen und die Vergabevorgänge darunter subsumieren können. Dasselbe hat im Anwendungsbereich der Sektorenverordnung (SektVO) zu gelten. Die SektVO enthält nur grundlegende und weiträumig ausfüllungsbedürftige Regelungen über das Vergabeverfahren. Konkretisierende Rspr. muss der Antragsteller nicht kennen, und zwar weder in Bezug auf die SektVO noch auf die VgV, die VOB/A-EU und das GWB. Auch bei Großunternehmen mit eigener Rechtsabteilung ist Kenntnis von einem Rechtsverstoß stets einzelfallabhängig zu prüfen und tendenziell nur zurückhaltend anzunehmen, weil ihnen die fallpraktische Expertise oftmals fehlt.[172]
- Die Rügeobliegenheit nach Nr. 1 wird freilich nicht erst durch Vergaberechtsverstöße ausgelöst, die rechtlich eindeutig als solche zu qualifizieren sind. Bei der Prüfung des Abs. 3 S. 1 ist das Vorliegen eines Vergaberechtsverstoßes nach der Lehre von den **doppelrelevanten Tatsachen** (→ Rn. 6) zu unterstellen (und daher für die Zulässigkeit nur iRd Abs. 2 und dann in der Begründetheit zu prüfen). Deshalb kann eine Rügeobliegenheit für im Nachprüfungsverfahren geltend gemachte (vermeintliche) Verstöße nicht deshalb verneint werden, weil die Kenntnis von einem Verstoß einen objektiv vorhandenen Verstoß voraussetzt. Entscheidend ist vielmehr allein die **Überzeugung des Antragstellers von einem Verstoß**, die entspr. der – immer schwierigen – Abgrenzung zwischen bedingtem Vorsatz und bewusster Fahrlässigkeit auch dann zu bejahen ist, wenn der Antragsteller von seiner Ansicht überzeugt war, eine andere Bewertung aber für denkbar hielt, und zu verneinen ist, wenn er an der Rechtslage noch zweifelte. Anders gewendet: Der Antragsteller unterlag einer Rügeobliegenheit nach Nr. 1 (nur) dann, wenn er vor Einreichung des Nachprüfungsantrags das, was er im Nachprüfungsantrag als (möglichen) Sachverhalt und Vergaberechtsfehler geltend macht, in tatsächlicher und rechtlicher Hinsicht als (vermeintlich) sicher erkannt zu haben glaubte. Nur wenn sich der Rechtsverstoß auf Grundlage der dem Antragsteller bekannten Tatsachen auch dem juristischen Laien geradezu aufdrängt, kann ein **mutwilliges Sich-Verschließen** anzunehmen sein. Allein, dass ein vernünftiger Bieter eine Rüge als nicht aussichtslos (nicht einmal notwendig als überwiegend aussichtsreich) ansähe, kann nicht genügen,[173] weil sonst letztlich iRd Nr. 1 nicht auf tatsächliches Erkennen, sondern auf ein „für Vertretbar halten" oder auf bloße Erkennbarkeit abgestellt würde.
- Bieter sind nicht aufgrund der Nr. 1 gehalten, die Vergabeunterlagen gewissermaßen routinemäßig auf etwaige Rechtsverstöße zu **überprüfen** oder sie – erst recht – durch Einholen externen Rechtsrats darauf prüfen zu lassen (→ Rn. 40).

---

[171] So auch OLG Frankfurt a. M. 15.7.2008 – 11 Verg 4/08, ZfBR 2009, 86 (89); 10.6.2008 – 11 Verg 3/08, BeckRS 2008, 20396; anders, soweit in Rspr. und Lit. unstreitig, OLG Celle 16.6.2011 – 13 Verg 3/11, ZfBR 2012, 176 (178).

[172] OLG Frankfurt a. M. 10.6.2008 – 11 Verg 3/08, BeckRS 2008, 20396; aA wohl jurisPK/Summa GWB § 160 Rn. 271.

[173] So aber → 4. Aufl. 2020 Rn. 44 unter Berufung auf die nachf. Entscheidungen: OLG Koblenz 3.4.2008 – 1 Verg 1/08, BeckRS 2010, 10524; OLG Karlsruhe 6.2.2007 – 17 Verg 7/06, NZBau 2007, 395 (397), dieses unter unzutr. Berufung auf BGH 1.2.2005 – X ZB 27/04, NZBau 2005, 290 (292), wo es heißt: *„Der gerügte Vergabeverstoß war jedoch erst bekannt, wenn die Ast. aus den ihr bekannten Umständen auch geschlossen hatte, dass ein geregeltes Vergabeverfahren erforderlich ist, es hierzu aber nicht kommen würde, oder, was nach ständiger Rechtsprechung Wissen regelmäßig gleichsteht, wenn sie sich dieser Erkenntnis, obwohl sie sich aufdrängte, verschlossen oder entzogen hatte"*; OLG Celle 5.7.2007 – 13 Verg 8/07, BeckRS 2007, 12331 = VergabeR 2007, 794, wo es allerdings heißt: *„Deshalb bedeutet Kenntnis im Sinn des § 107 Absatz 3 Satz 1 GWB, dass der Antragsteller die Tatsachen kennt, die einen Vergaberechtsverstoß begründen können, und dass er hieraus den Schluss gezogen hat, dass ein Vergaberechtsfehler gegeben sei."*; OLG Schleswig 5.4.2005 – 6 Verg 1/05, ZfBR 2005, 616; OLG Jena 16.1.2002 – 6 Verg 7/01, BeckRS 2016, 16761.

Einleitung, Antrag **§ 160 GWB**

- IdR ist ein Bieter/Bewerber, der einen Vergaberechtsverstoß vermutet, auch nicht gehalten, seine in rechtlicher Hinsicht ungenügenden Kenntnisse zu vervollständigen und dazu **rechtlichen Rat** einzuholen (→ Rn. 40).
- Die Anforderungen an die Rügeobliegenheit müssen, um einen effektiven Rechtsschutz zu gewährleisten, im Ergebnis **realitätsnah** und praktisch erfüllbar bleiben. Sie dürfen an den Gegebenheiten der Praxis nicht vorbeigehen. So ist zu wissen, dass an Aufträgen interessierte Unternehmen bei Ausschreibungen einem erheblichen Zeitdruck unterliegen, und dass von ihnen erfahrungsgemäß im Allg. erst auf zahlreiche Angebote ein öffentlicher Auftrag erlangt werden kann.[174] Angebote sind in rascher zeitlicher Abfolge abzuarbeiten, wobei die rechtlich vorgesehenen Angebotsfristen in aller Regel faktisch auf einen Bruchteil reduziert sind und keine Gelegenheit für eine Prüfung der Vergabeunterlagen auf etwaige Vergaberechtsverstöße besteht.[175] Davon abgesehen ist nicht alles, was sich einem erfahrenen Vergabejuristen gewissermaßen auf erste Sicht als ein Vergaberechtsverstoß erschließt, einem Vergabepraktiker genauso vertraut.[176]

b) Lauf und Wahrung der zehntägigen Rügefrist nach Nr. 1. Die Rüge 45 nach Nr. 1 ist seit dem **VergRModG 2016** binnen einer Frist von 10 Kalendertagen[177] ggü. dem Auftraggeber anzubringen. Die mit der früheren, eine unverzügliche Rüge verlangenden Regelung des § 107 Abs. 3 Nr. 1 GWB aF einhergehenden Rechtsunsicherheiten sind damit entfallen (zu diesen → 4. Aufl. 2020, Rn. 45 ff.). Gegen die aktuelle Regelung lassen sich gewiss wiederum Vorbehalte anbringen, wie der, dass dann in der Praxis die Rügefrist und die unberührt bleibende und daher in keiner Abhängigkeit von der Frist der Nr. 1 stehende[178] Wartefrist nach § 134 Abs. 2 GWB bei einer Bieterinformation auf elektronischem Weg oder per Telefax gleich laufen,[179] was die mit der Rüge intendierte Möglichkeit des Auftraggebers zu einer unkomplizierten Beseitigung von vergaberechtlichen Fehlern ggf. leerlaufen lässt.[180] Öffentliche Auftraggeber werden sich freilich auch überlegen können, ob sie ihren Entscheidungsspielraum bei einer vorprozessualen Abhilfe nicht auch auf andere Weise sicherstellen wollen, zB durch eine maßvolle, transparente, dh allen Bietern bekannt gegebene, und diskriminierungsfreie Verlängerung der Wartefrist, durch die keinem Beteiligten Unrecht geschieht.[181]

Die Rügefrist berechnet sich nach den allg. Regeln des § 31 VwVfG und 46 §§ 187 ff. BGB.[182] Sie **beginnt** mit der (im Streitfall vom Auftraggeber nachzuwei-

---

[174] Branchen- und konjunkturspezifische Besonderheiten sind konzediert.

[175] Auch das OLG Dresden 23.4.2009 – WVerg 11/08, ZfBR 2009, 610 (611) scheint deshalb einer Obliegenheit der Bieter zu einer umfassenden Prüfung auf Rechtsverstöße reserviert gegenüberzustehen.

[176] Beispiele für fragliches Erkennen eines Vergaberechtsverstoßes (oder zumindest eines mutwilligen Sich-der-Erkenntnis-Verschließens): OLG Brandenburg 14.12.2007 – Verg W 23/07, BeckRS 2008, 8322: Zulässigkeit einer produktorientierten Ausschreibung; OLG Düsseldorf 28.2.2008 – Verg 57/06, BeckRS 2010, 6333: Zulässigkeit von Bedarfspositionen und Modalitäten der Ausschreibung; OLG Schleswig 20.3.2008 – 1 Verg 6/07, BeckRS 2008, 08129: Rügen gegen eine Bewertungsmatrix.

[177] In Anlehnung an Art. 2a Abs. 2 RL 2007/66/EG.

[178] S. MüKoEuWettbR/Jaeger GWB § 160 Rn. 61.

[179] S. dazu RSG/Reidt GWB § 160 Rn. 57.

[180] Vgl. Heuvels NZBau 2015, 521 (522), der demgegenüber vorgeschlagen hat, zeitlich gestaffelte Rügefristen vor Versenden der Bieterinformation (10 bis 14 Tage) und nach deren Versenden (5 bis 7 Tage) vorzusehen, was iS einer bestmöglichen Vereinfachung des Vergaberechts weniger ratsam erscheint.

[181] Vgl. BGH 26.9.2006 – X ZB 14/06, NZBau 2006, 800 Rn. 23 – Polizeianzüge.

[182] OLG Karlsruhe 15.1.2021 – 15 Verg 11/20, NZBau 2021, 560 Rn. 25 – Lernfabrik; HK-VergabeR/Nowak GWB § 160 Rn. 65.

senden) positiven Kenntnis des Antragstellers von einem Vergaberechtsverstoß des Auftraggebers. Sie **endet** mit Ablauf von zehn Kalendertagen (dh mit dem Ablauf des letzten Tages der Frist), die Regelung des § 193 BGB bzw. § 31 Abs. 3 VwVfG (Sonn- und Feiertage, Sonnabende) findet ebenfalls Anwendung.[183] Die Rüge muss beim Auftraggeber mithin vor Ablauf[184] von zehn Tagen nach Kenntniserlangung von einem Verstoß gegen Vergabevorschriften eingehen, und zwar in einer Weise, dass er sie **zur Kenntnis nehmen kann.** Daran ist zB die Rechtzeitigkeit einer Rüge gescheitert, die der Antragsteller seinem Angebot in einem verschlossenen Umschlag beigefügt hatte, den der Auftraggeber erst bei der Submission hat öffnen können (→ Rn. 52).[185] Im Zeitalter der E-Vergabe darf der Antragsteller die Rüge analog dazu nicht erst mit seinem Angebot auf eine Plattform hochladen. Ob neben einem solchen, die Möglichkeit der Kenntnisnahme verschaffenden **Eingang** für die Fristwahrung auch iSd zivilrechtlichen **Zugang**sbegriffs auf den Zeitpunkt abzustellen ist, zu dem der Empfänger unter normalen Umständen Kenntnis nehmen kann, so dass die Rüge bei Eingang nach Dienstschluss erst am nächsten Arbeitstag zugeht, wird zu Recht in Frage gestellt.[186] Es ist in der Rspr. des BVerfG geklärt, dass der Zugang zu den Gerichten und zu den in den Verfahrensordnungen eingeräumten Instanzen nicht in unzumutbarer, aus Sachgründen nicht mehr zu rechtfertigender Weise erschwert werden darf und dass deshalb vom Gesetz eingeräumte prozessuale Fristen bis zu ihrer Grenze ausgenutzt werden dürfen und für die Rechtzeitigkeit des Eingangs eines fristwahrenden Schriftstücks allein entscheidend ist, dass es innerhalb der Frist tatsächlich in die Verfügungsgewalt des Empfängers gelangt, ohne dass es auf das Ende der Dienstzeit ankommt.[187] Gemessen an diesen Grundsätzen, ist **für die Fristen des Abs. 3 S. 1 auf den Eingang bei der zuständigen Stelle abzustellen.** Denn bei den Rügefristen geht es um die Wahrung von Rechtsbehelfsmöglichkeiten (Nr. 1–3) und um die Rechtsbehelfsfrist (Nr. 4) selbst, wobei ihre Einhaltung auch Voraussetzung erstmaliger richterlicher Kontrolle durch das Beschwerdegericht ist. Sowohl die Versäumung der Frist nach Nr. 4 als auch der Fristen nach Nr. 1–3 wirkt sich letztlich genauso aus, wie die Versäumung einer Klage- oder Rechtsmittelfrist. Für die Fristen nach Nr. 2 und Nr. 3 wäre wegen des vom Gesetz erstrebten Gleichlaufs der Rügefrist mit der Bewerbungs- bzw Angebotsfrist anderes anzunehmen, wenn man für die Einhaltung der letztgenannten Fristen nicht den Eingang[188] im hier dargestellten Sinne, sondern einen rechtzeitigen Zugang iSd allg. (deutschen) Zivilrechts verlangen wollte. Dabei richtet sich der Lauf der nach Nr. 2 und Nr. 3 maßgeblichen Frist zur Bewerbung oder Angebotsab-

---

[183] So auch Beck VergabeR/Horn/Hofmann GWB § 160 Rn. 48; Byok/Jaeger/Byok GWB § 160 Rn. 79; Immenga/Mestmäcker/Dreher GWB § 160 Rn. 80; Müller-Wrede/Hofmann GWB § 160 Rn. 67; aA MüKoEuWettbR/Jaeger GWB § 160 Rn. 60; → 4. Aufl. 2020, Rn. 47b unter Hinweis auf § 134 Abs. 2 GWB, dort geht es aber nicht um eine Handlung innerhalb, sondern nach Ablauf der mit § 160 Abs. 3 S. 1 Nr. 1 GWB ohnehin nicht zwingend gleichlaufenden Frist von (dort) 15 bzw. 10 Kalendertagen.
[184] Vgl. OLG Düsseldorf 21.12.2011 – VII-Verg 84/11, BeckRS 2012, 13695.
[185] Vgl. OLG Düsseldorf 7.12.2011 – VII-Verg 81/11, BeckRS 2012, 4919 = VergabeR 2012, 664.
[186] Für Eingang OLG München 19.12.2013 – Verg 12/13, BeckRS 2014, 957 (nicht tragend), ausf. Byok/Jaeger/Byok GWB § 160 Rn. 110 ff. mN zur bisherigen Rspr.; ebenso Beck VergabeR/Horn/Hofmann GWB § 160 Rn. 48; Immenga/Mestmäcker/Dreher GWB § 160 Rn. 80; KK-VergR/Kadenbach GWB § 160 Rn. 57; für Zugang BeckOK VergabeR/Gabriel/Mertens GWB § 160 Rn. 204 f. S. auch jurisPK-VergabeR/Summa GWB § 160 Rn. 213 ff.
[187] BVerfG 14.5.1985 – 1 BvR 370/84, NJW 1986, 244; 3.10.1979 – 1 BvR 726/78, NJW 1980, 580.
[188] Vgl. insoweit auch BeckOK VergabeR/von Wietersheim VgV § 57 Rn. 29; außerdem → VgV § 57 Rn. 19 (Vorliegen an der angegebenen Stelle).

Einleitung, Antrag **§ 160 GWB**

gabe, die auch zu einer anderen (festgesetzten) Uhrzeit als um 24 Uhr (Ende des letzten Tages der Frist) ablaufen kann, nach **Unionsrecht**[189], vgl. §§ 82 VgV, 65 SektVO, 36 KonzVgV (→ VgV § 82 Rn. 1 ff.; → VOB/A § 10a EU Rn. 2 ff.). Doch dürfte die Fristsetzung durch den Auftraggeber so zu verstehen sein, dass er bis zur bezeichneten Uhrzeit – und mangels einer solchen Bezeichnung bis Tagesablauf – eingehende Anträge als fristgerecht ansehen will.

In der Rspr. der Vergabesenate und der Lit. unterschiedlich beantwortet wird die Frage, ob die zehntägige **Rügefrist** nach Nr. 1 dadurch **verkürzt** wird, dass der Antragsteller den **Nachprüfungsantrag vor ihrem Ablauf** stellt.[190] Während zB das OLG Frankfurt a. M. im Beschl. v. 23.6.2020[191] davon ausgegangen ist, die Rüge müsse vor Stellung des Nachprüfungsantrags erhoben worden sein, hat das OLG Karlsruhe mit Beschl. v. 15.1.2021 darauf abgestellt, dass Abs. 3 S. 1 Nr. 1 keine Wartefrist vorsieht (→ Rn. 5) und nicht ausdr. bestimmt, dass die Rüge vor dem Nachprüfungsantrag erhoben werden muss.[192] Sollte letzterer Ansicht zu folgen sein, dürfte die Rügefrist auch noch durch einen dem Auftraggeber innerhalb der Zehntagesfrist zugehenden Nachprüfungsantrag zu wahren sein, in ihm läge dann zugleich eine fristwahrende Rüge.[193] Da der Antragsteller jedoch keinen Einfluss auf den Zeitpunkt des Eingangs des Nachprüfungsantrags beim Auftraggeber hat, würde sich dennoch empfehlen, die Rüge vor Ablauf der Zehntagesfrist selbst anzubringen.

3. Erkennbare Rechtsverstöße (Abs. 3 S. 1 Nr. 2 und 3)

Vergaberechtsverstöße, die in der Auftragsbekanntmachung erkennbar sind, sind spätestens bis zum Ablauf der Bewerbungs- oder Angebotsabgabefrist zu rügen. Es geht dabei um den bekannt gemachten Inhalt der Ausschreibung.[194] **Auftragsbekanntmachung** iSd § 160 Abs. 3 S. 1 Nr. 2 GWB ist daher jede Bekanntgabe einer öffentlichen Ausschreibung zB in Tageszeitungen, einem amtlichen Veröffentlichungsblatt, oder im Internet, nicht nur die Bekanntmachung im Supplement zum Amtsblatt der EU.[195] Diese Weite des Bekanntmachungsbe-

---

[189] VO (EWG, EURATOM) Nr. 1182/71 des Rates v. 3.6.1971 zur Festlegung der Regeln für die Fristen, Daten und Termine (ABl. 1971 L 124, 1).

[190] Aus dem Wortlaut folgt eine noch vor Einreichung des Nachprüfungsantrags zu beachtende Rügeobliegenheit nicht: „Vor Einreichen des Nachprüfungsantrags" bezieht sich auf die Kenntnis, nicht auf Abgabe oder Eingang/Zugang der Rüge und der Zeitpunkt, zu dem die Rüge erfolgt sein muss („hat"), knüpft an den Fristablauf und nicht an den Nachprüfungsantrag an; vgl. dazu MüKoEuWettbR/Jaeger GWB § 160 Rn. 65.

[191] OLG Frankfurt a. M. 23.6.2020 – 11 Verg 2/20, BeckRS 2020, 37626 Rn. 68 = VergabeR 2021, 234. Ebenso Beck VergabeR/Horn/Hofmann GWB § 160 Rn. 76 ff.; BeckOK VergabeR/Gabriel/Mertens GWB § 160 Rn. 127, 206; jurisPK-VergabeR/Summa GWB § 160 Rn. 201 ff. (nahezu zeitgleich, aber in richtiger Reihenfolge); KK-VergR/Kadenbach GWB § 160 Rn. 146; Müller-Wrede/Hofmann GWB § 160 Rn. 42; ähnlich Byok/Jaeger/Byok GWB § 160 Rn. 114 (vor oder zeitgleich); MüKoEuWettbR/Jaeger GWB § 160 Rn. 65, 68; RKPP/Wiese GWB § 160 Rn. 98, 140, 163 (spätestens gleichzeitig mit dem Antrag, aber gesondert).

[192] OLG Karlsruhe 15.1.2021 – 15 Verg 11/20, NZBau 2021, 560 Rn. 27 – Lernfabrik; iErg ähnlich RSG/Reidt GWB § 160 Rn. 77 f. (ohne besondere Umstände muss eine „kurze Frist" zwischen Rüge und Antragseinreichung liegen, doch heilt der bis zur Entscheidung der Vergabekammer erfolgende Ablauf der gebotenen „kurzen Frist" den Zulässigkeitsmangel). Gegen eine Heilung jedoch BeckOK VergabeR/Gabriel/Mertens GWB § 160 Rn. 127.

[193] Vgl. insoweit OLG München 7.8.2007 – Verg 8/07, ZfBR 2007, 718 (719).

[194] BGH 26.9.2006 – X ZB 14/06, NZBau 2006, 800 Rn. 34 – Polizeianzüge.

[195] KG 17.10.2002 – 2 KartVerg 13/02, BeckRS 2008, 11298; Beck VergabeR/Horn/Hofmann GWB § 160 Rn. 51; Byok/Jaeger/Byok GWB § 160 Rn. 91; KK-VergR/Kadenbach GWB § 160 Rn. 75.

GWB § 160 Einleitung, Antrag

griffs wird in ihren Auswirkungen auf die Reichweite der Rügeobliegenheit allerdings durch Abs. 3 S. 2 iVm § 135 Abs. 1 Nr. 2 GWB relativiert (→ Rn. 59 ff.). Vergaberechtsverstöße, die in den Vergabeunterlagen erkennbar sind, hat der Antragsteller spätestens bis zum Ablauf der Frist zur Bewerbung oder zur Angebotsabgabe zu rügen. Die **Vergabeunterlagen** umfassen nach der Definition des § 29 Abs. 1 S. 1 VgV alle Angaben, die erforderlich sind, um den Bewerber oder Bieter eine Entscheidung zur Teilnahme am Vergabeverfahren zu ermöglichen (vgl. im Einzelnen → VgV § 29 Rn. 1 ff.; → VOB/A § 8 EU Rn. 1 ff.). Erkennbarkeit ist auf die einen Rechtsverstoß begründenden **Tatsachen und** auf deren **rechtliche Bewertung** als Vergaberechtsverstoß zu beziehen.[196] Rechtsverstöße müssen unmittelbar aus der Bekanntmachung oder den Vergabeunterlagen zu erkennen sein.[197] **Aufgrund der Bekanntmachung** erkennbare Rechtsverstöße (**Nr. 2**) haben in der Vergabenachprüfungspraxis bislang keine große Rolle gespielt. Dies hat damit zu tun, dass die in der Auftragsbekanntmachung vorgesehenen Angaben bereits in tatsächlicher Hinsicht im Allg. zu dürftig sind, einen Vergaberechtsverstoß erkennen zu lassen, und allein in der knappen Bekanntmachung noch kein Rechtsverstoß zu sehen ist.[198] Die Auftragsbekanntmachung hat auch lediglich die Aufgabe, potentiell am Auftrag interessierten Unternehmen die Entschließung zu ermöglichen, ob sie sich durch Anfordern (Herunterladen) der Vergabeunterlagen am Vergabeverfahren beteiligen wollen oder nicht. Infolgedessen werden sich eine unzutr. Ermittlung des Auftragswerts und demzufolge die Wahl einer falschen Bekanntmachungs- oder Vergabeverfahrensart oder unrichtige rechtliche Einordnung des Auftrags (Bau-, Dienstleistungs- oder Lieferauftrag) idR nicht aus der Bekanntmachung, sondern erst aus den Vergabeunterlagen, insbes. aus der Leistungsbeschreibung und dem Leistungsverzeichnis, ergeben.[199] Auch eine mögliche Nichtbeachtung des Gebots, dass geforderte Eignungskriterien und -nachweise vom Auftraggeber in der Auftragsbekanntmachung anzugeben sind und in den Vergabeunterlagen nicht erstmals gefordert werden dürfen, begründet für Bieterunternehmen in Normalfällen noch keinen erkennbaren Vergaberechtsverstoß, weil sie dazu – idR nicht zuzumuten – das GWB heranziehen müssten (str.).[200] In solchen Fällen ist zunächst abzuwarten, ob der Auftraggeber in den Vergabeunterlagen überhaupt Eignungsnachweise verlangt. Größere Relevanz haben die **in den Vergabeunterlagen** erkennbaren Vergaberechtsverstöße (**Nr. 3**). Dass bloße Erkennbarkeit eines Rechtsverstoßes unionsrechtlich betrachtet zum Anlass für einen Ausschluss bei Nachprüfungsrechtsbehelfen genommen werden darf, ist vom EuGH bejaht worden.[201] Die nachfolgenden Ausführungen gelten sowohl für aufgrund der Bekanntmachung als auch aus den Vergabeunterlagen erkennbare Verstöße gegen Vergabevorschriften.

---

[196] So zutr. auch OLG Celle 11.2.2010 – 13 Verg 16/09, BeckRS 2010, 4938 = VergabeR 2010, 669 (672).
[197] Vgl. BGH 26.9.2006 – X ZB 14/06, NZBau 2006, 800 Rn. 34 – Polizeianzüge.
[198] Vgl. BGH 26.9.2006 – X ZB 14/06, NZBau 2006, 800 Rn. 34 – Polizeianzüge.
[199] S. auch OLG Frankfurt a. M. 5.6.2012 – 11 Verg 4/12, NZBau 2012, 719 (720): Rechtswidrigkeit einer Niedrigstpreisvergabe ist in der Auftragsbekanntmachung (noch) nicht erkennbar.
[200] So auch KK-VergR/Kadenbach GWB § 160 Rn. 80; aA zB OLG Schleswig 12.11.2020 – 54 Verg 2/20, ZfBR 2021, 194 (199) – Fahrzeugreserve; OLG Celle 4.3.2010 – 13 Verg 1/10, NZBau 2010, 333 (334); OLG Koblenz 7.11.2007 – 1 Verg 6/07, BeckRS 2008, 8767 Rn. 26 = VergabeR 2008, 264.
[201] EuGH 28.1.2010 – C-406/08, NZBau 2010, 183 Rn. 32, 47 – Uniplex; 11.10.2007 – C 241/06, NZBau 2007, 798 Rn. 56 – Lämmerzahl; aA MüKoEuWettbR/Jaeger GWB § 160 Rn. 75; Jaeger NZBau 2009, 558 (560).

Der an die **Erkennbarkeit** anzulegende **Maßstab**[202] ist objektiv zu bestimmen, was nicht ausschließt, dabei auf den jew. in Betracht kommenden Bieterkreis abzustellen. Erkennbar sind Vergaberechtsverstöße, die ein **durchschnittlicher Bieter bei üblicher Sorgfalt und üblichen Kenntnissen** erkennen kann. Dies muss sich auf die den Verstoß begründenden Tatsachen sowie deren **laienhafte rechtliche Beurteilung** beziehen. Der Verstoß muss so offensichtlich sein, dass er einem verständigen Bieter bei der Vorbereitung seines Angebots auffallen muss. Die Rügepräklusion nach Nr. 2 und Nr. 3 kommt daher idR nur in Betracht, wenn die Annahme eines Verfahrensfehlers auf der allg. Überzeugung der Vergabepraxis beruht und der Fehler klar erkennbar ist. Dabei ist davon auszugehen, dass der durchschnittliche Bieter bei üblicher Sorgfalt die Bekanntmachung und die Vergabeunterlagen liest und ihm sich aus einem bloßen Textvergleich mit im Bieterkreis allg. bekannten einschlägigen Bestimmungen ergebende Verstöße auffallen. **Prüfungsobliegenheiten,** insbes. einer Obliegenheit, (ggf. externen) Rechtsrat einzuholen, sind Bieter auch im Anwendungsbereich der Nr. 2 und der Nr. 3 nicht unterworfen (→ Rn. 44 Spiegelstr. 7, 8; → Rn. 40).[203] Wird solches gefordert, steht der in der RL 2007/66/EG garantierte Rechtsschutz in der Gefahr, übermäßig erschwert zu werden. Was sich dem durchschnittlichen Bieter erst durch Einholung von Rechtsrat erschließt, ist für ihn nicht erkennbar. Auch muss er die Rspr. der Nachprüfungsinstanzen nicht kennen. Andererseits muss der Bieter, um den Verstoß erkennen zu können, die Rechtslage nicht vollständig durchdringen; die laienhafte Bewertung genügt. Letztlich geht es um in der Vergabepraxis gängige Probleme, die den Bietern üblicherweise bekannt sind.[204] Bei lebensnaher und realistischer Betrachtung dürfen die Kognitionsmöglichkeiten der Bieter nicht überschätzt werden (→ Rn. 44 aE). So sind die VgV und die VOB/A-EU für einen Vergabepraktiker keineswegs so lese- und verständnisfreundlich zu nennen, dass der Antragsteller zB ohne Weiteres erkennen kann, in welcher Phase des Vergabeverfahrens geforderte Eignungsnachweise vom Auftraggeber namhaft zu machen sind. Ein durchschnittlicher Bieter muss insbes. nicht die vergaberechtliche Rspr. kennen (→ Rn. 44 Spiegelstr. 4; → Rn. 44 Spiegelstr. 8), dass in der Auftragsbekanntmachung nicht verlangte Eignungsnachweise in den Vergabeunterlagen nicht mehr erstmals gefordert werden dürfen, sondern nur noch Konkretisierungen statthaft sind (→ Rn. 48, str.). Auch sind Verstöße gegen das Gebot zu produktneutraler Ausschreibung bei Bezeichnung von Referenzprodukten tendenziell eher weniger erkennbar, zumal die Praxis unklar und die Rspr. uneinheitlich ist.[205] Dasselbe hat für die Zulässigkeit von Bedarfspositi-

49

---

[202] Vgl. dazu Beck VergabeR/Horn/Hofmann GWB § 160 Rn. 53; BeckOK VergabeR/Gabriel/Mertens GWB § 160 Rn. 160 ff.; Byok/Jaeger/Byok GWB § 160 Rn. 92 f.; HK-VergabeR/Nowak GWB § 160 Rn. 73 f.; Immenga/Mestmäcker/Dreher GWB § 160 Rn. 87 ff.; MüKoEuWettbR/Jaeger GWB § 160 Rn. 81 ff.; Müller-Wrede/Hofmann GWB § 160 Rn. 73 ff.; KK-VergR/Kadenbach GWB § 160 Rn. 77 f.

[203] So auch Jaeger NZBau 2009, 558 (561); kritisch Opitz NZBau 2019, 617 (618).

[204] S. zunächst OLG Schleswig 12.11.2020 – 54 Verg 2/20, ZfBR 2021, 194 (198) – Fahrzeugreserve sowie OLG Koblenz 12.12.2022 – Verg 3/22, BeckRS 2022, 37797 Rn. 31; außerdem OLG Bremen 1.4.2022 – 2 Verg 1/21, NZBau 2022, 548 Rn. 53 – Immobilien Bremen; OLG Celle 27.2.2020 – 13 Verg 5/19, BeckRS 2020, 14745 Rn. 37; OLG Düsseldorf 15.1.2020 – VII-Verg 20/19, BeckRS 2020, 1327 Rn. 37 = VergabeR 2020, 652; OLG Frankfurt a. M. 30.3.2021 – 11 Verg 18/20, NZBau 2021, 478 Rn. 53 – Jobcenter Main-Kinzig-Kreis; OLG München 24.3.2021 – Verg 12/20, BeckRS 2021, 7719 Rn. 77 f. = VergabeR 2021, 596; OLG Naumburg 1.3.2021 – 7 Verg 1/21, BeckRS 2021, 23388 Rn. 35; OLG Schleswig 19.9.2022 – 54 Verg 3/22, BeckRS 2022, 24787 Rn. 87 = VergabeR 2023, 96, alle mwN.

[205] Vgl. zur Rspr. allein OLG Brandenburg 10.1.2012 – Verg W 18/11, BeckRS 2012, 1665 = VergabeR 2012, 521 (523): Verbotene Produktorientierung im Wiederholungsfall erkennbar; OLG Brandenburg 14.12.2007 – Verg W 23/07, BeckRS 2008, 8322; OLG Düssel-

onen zu gelten,[206] genauso für Wahlpositionen.[207] Ferner sind in den Zuschlagskriterien[208] liegende Rechtsverstöße, was ihre Erkennbarkeit anbelangt, mit Vorsicht zu behandeln.[209] Schätzt ein Bieter die ihm vom Auftraggeber erteilten Informationen hingegen so ein, dass er sich außerstande sieht, einen wettbewerbsfähigen Teilnahmeantrag oder ein ebensolches Angebot zu erstellen, kann von einem erkennbaren Rechtsfehler gesprochen werden.[210] Werden Nebenangebote vom Auftraggeber zugelassen, ohne dass inhaltliche Mindestanforderungen daran gerichtet werden, lässt sich Erkennbarkeit eines Rechtsverstoßes ebenfalls vertreten.[211] Dasselbe wird bei Verstößen gegen die in den Vergabeordnungen festgelegten Fristen anzunehmen sein. Die Vergabeunterlagen (auch abgesehen vom Leistungsverzeichnis) sind namentlich bei Bauauftragsvergaben idR umfangreich. Der bei der Vorbereitung der Angebote herrschende Zeitdruck ist oben bereits angesprochen worden (→ Rn. 44 aE). Je umfangreicher die Vergabeunterlagen sind und sie nicht offenkundige Rechtsverstöße aufweisen, desto eher wird von einer Präklusion abzusehen sein.

50   Ob bei der Prüfung der Erkennbarkeit auf den objektiven Maßstab des durchschnittlich fachkundigen Bieters abzustellen ist oder die **subjektiven Fähigkeiten** des einzelnen Bieters oder seines hinzugezogenen Rechtsberaters zu berücksichtigen sind, war jedenfalls in der Vergangenheit streitig, ohne dass eine überw. Meinung auszumachen war. Es wird auch in der neueren Rspr. mitunter offengelassen.[212] Nach dem Urt. des EuGH v. 12.3.2013 – C-538/13[213] ist jedoch auf den **durchschnittlich fachkundigen Bieter** abzustellen.[214] Dies entspricht der Rspr. zu § 276 BGB, wonach bei dem zivilrechtlichen Fahrlässigkeitsbegriff von einem objektiv-abstrakten Maßstab auszugehen ist.[215] IErg spricht für die objektive Auff. auch der Wortlaut der Norm: Während beim Rügetatbestand der Nr. 1 explizit auf den Erkenntnisstand des Antragstellers abgestellt wird (→ Rn. 43), wird die individuelle Ausprägung in den Tatbeständen der Nr. 2 und 3 nicht wiederholt, sondern soll bloße Erkennbarkeit maßgebend sein. Auf dieser Grundlage unterliegt der unterdurchschnittlich fachkundige Bieter keinen geringeren Anforderungen und wirken

---

dorf 17.2.2010 – VII-Verg 42/09, BeckRS 2010, 6143 mwN; 1.10.2012 – VII-Verg 34/12, BeckRS 2012, 23822; OLG München 5.11.2009 – Verg 15/09, BeckRS 2009, 86656 = VergabeR 2010, 677 (683).

[206] Vgl. dazu § 7 EU Abs. 1 Nr. 4 VOB/A: Bedarfspositionen sind grds. nicht in die Leistungsbeschreibung aufzunehmen. Hierzu und zu den zugelassenen Ausnahmen → VOB/A § 7 EU Rn. 7; → VgV § 31 Rn. 38.

[207] OLG Düsseldorf 13.4.2011 – Verg 58/10, ZfBR 2011, 508 (512).

[208] OLG Düsseldorf 3.8.2011 – VII-Verg 16/11, ZfBR 2012, 72 (74); 10.9.2009 – Verg 12/09, BeckRS 2009, 86765 = VergabeR 2010, 83 (89); OLG München 29.7.2010 – Verg 9/10, BeckRS 2010, 23564 = VergabeR 2011, 130 (133); OLG Naumburg 12.4.2012 – 2 Verg 1/12, BeckRS 2012, 10195 = VergabeR 2012, 749 (755): Unzulässige Vermengung von Eignungs- und Zuschlagskriterien (und „Mehr" an Eignung) ist nicht erkennbar.

[209] Vgl. dazu OLG Schleswig 20.3.2008 – 1 Verg 6/07, BeckRS 2008, 08129.

[210] So OLG Naumburg 8.10.2009 – 1 Verg 9/09, BeckRS 2009, 28647 = VergabeR 2010, 219 (224) zu § 107 Abs. 3 S. 1 Nr. 3 GWB aF.

[211] So in OLG Celle 11.2.2010 – 13 Verg 16/09, BeckRS 2010, 4938 = VergabeR 2010, 669 (672) zu § 107 Abs. 3 S. 1 Nr. 3 GWB aF angenommen.

[212] So OLG Schleswig 12.11.2020 – 54 Verg 2/20, ZfBR 2021, 194 (198 f.); OLG Düsseldorf 15.1.2020 – VII-Verg 20/19, BeckRS 2020, 1327 Rn. 38 = VergabeR 2020, 652.

[213] EuGH 12.3.2015 – C-538/13, NZBau 2015, 306 Rn. 54, 55 – eVigilo.

[214] So auch RKPP/Wiese GWB § 160 Rn. 126; jurisPK-VergabeR/Summa GWB § 160 GWB Rn. 304 ff.

[215] So ausdr. jurisPK-VergabeR/Summa GWB § 160 Rn. 305; iErg auch RSG/Reidt GWB § 160 Rn. 58, 61.

sich überdurchschnittliche Kenntnisse und gesteigerte Sorgfalt nur dann auf die Rügeobliegenheiten aus, wenn sie zum Erkennen des Verstoßes iSd Nr. 1 führen.[216]
Nach dem Wortlaut des § 107 Abs. 3 S. 1 Nr. 3 GWB aF knüpfte die Rügepflicht für aus den Vergabeunterlagen erkennbare Vergaberechtsverstöße an die „in der Bekanntmachung benannte" Frist an (was heute nur noch bei der Rügeobliegenheit nach Nr. 2 der Fall ist). Mit der Neufassung der Regelung durch das VergRModG 2016 im heutigen § 160 Abs. 3 S. 1 Nr. 3 GWB hat der Gesetzgeber klargestellt, dass die Bestimmung sowohl auf ein-, als auch auf zweistufige Vergabeverfahren Anwendung findet,[217] für **Verhandlungsverfahren** ohne vorgeschalteten Teilnahmewettbewerb bedarf es demnach keiner Analogiebildung zu Nr. 3.[218] Für Verhandlungsverfahren mit vorgeschaltetem Teilnahmewettbewerb, bei denen die Vergabeunterlagen bereits zum Zeitpunkt der Bekanntmachung elektronisch abrufbar sind (vgl. § 41 Abs. 1 VgV, § 41 Abs. 1 SektVO, § 17 Abs. 1 KonzVgV, § 12a EU Abs. 1 VOB/A), kommt eine Rügeobliegenheit sowohl zum Ablauf der Frist zur Bewerbung, als auch der Frist zur Abgabe des Angebots in Betracht. Maßgeblich ist jew., ob der Vergaberechtsfehler für den Antragsteller nach dem dargestellten Maßstab (→ Rn. 49) erkennbar war. Dabei ist zu berücksichtigen, dass es aus Sicht des interessierten Unternehmens zunächst nur um die grds. Entscheidung der Teilnahme am Wettbewerb geht und die Aufmerksamkeit deshalb vor allem der Auftragsbekanntmachung und den Teilnahmebedingungen gilt.[219] Letztlich ist zu fragen, ob der Vergaberechtsfehler für den durchschnittlichen Bieter bei üblicher Sorgfalt und üblichen Kenntnissen bereits vor Ablauf der Bewerbungsfrist, erst später, aber noch vor Ablauf der Angebotsfrist, oder allenfalls noch später (dann kommt nur eine Präklusion nach Nr. 1 in Betracht) erkennbar war. **50a**

Verlängert der Auftraggeber die Frist zur Bewerbung oder Angebotsabgabe, verlängert sich auch die entspr. **Rügefrist**.[220] Für Nr. 3 folgt dies heute zwanglos daraus, dass sie nur an die Frist und nicht mehr an ihre (wie § 107 Abs. 3 S. 1 Nr. 3 GWB aF) Benennung in der Bekanntmachung anknüpft. Es folgt aber auch unabhängig hiervon aus der Ratio der Norm und gilt daher auch für Nr. 2. Danach soll es einem Bieter zumutbar sein, zu einer Beschleunigung der Vergabeverfahren und Vermeidung von Nachprüfungsverfahren durch rechtzeitige Rüge beizutragen. Da sich Bieter bis zum Ablauf der Angebotsfrist mit den Vergabeunterlagen auf jeden Fall auseinanderzusetzen haben, sich diese Zeit aber auch nehmen dürfen, ist ihnen auch eine Präklusion (erst) mit Ablauf dieser Frist zuzumuten. Maßgeblich für das Einhalten der der – nach Unionsrecht zu berechnenden (→ Rn. 46) – **51**

---

[216] Demgegenüber nimmt OLG München 2.6.2016 – Verg 15/15, BeckRS 2016, 11378 Rn. 37 = VergabeR 2016, 775 auf Grundlage eines (vermeintlich) objektiven Maßstabs eine Berücksichtigung der betrieblichen Verhältnisse des einzelnen Bieters (Unternehmenszuschnitt, Rechtsabteilung, Häufigkeit der Teilnahme an Vergabeverfahren) an.
[217] BT-Drs. 18/6281, 135 (oben, noch zu § 160).
[218] Beck VergabeR/Horn/Hofmann GWB § 160 Rn. 55.
[219] OLG Celle 25.5.2023 – 13 Verg 2/23, BeckRS 2023, 12110 Rn. 17; OLG Düsseldorf 28.3.2018 – VII Verg 54/17, NZBau 2018, 548 Rn. 14 – Cannabislieferung II. S. dazu auch Beck VergabeR/Horn/Hofmann GWB § 160 Rn. 55; jurisPK-VergabeR/Summa § 160 GWB Rn. 326; Müller-Wrede/Hofmann GWB § 160 Rn. 84; Hövelberndt ZfBR 2020, 352 (355 f.); Kessal ZfBR 2019, 347 (350 ff.).
[220] Byok/Jaeger/Byok GWB § 160 Rn. 94; MüKoEuWettbR/Jaeger GWB § 160 Rn. 84; Müller-Wrede/Hofmann GWB § 160 Rn. 81; aA RKPP/Wiese GWB § 160 Rn. 132. IErg wie hier für das frühere Recht OLG Düsseldorf 29.4.2009 – Verg 76/08, BeckRS 2009, 13975; Jaeger NZBau 2001, 289 (296); zum alten Recht aA KG 11.7.2000 – KartVerg 7/00, BeckRS 2008, 12121 = BauR 2000, 1620 (1622). Vgl. auch BeckOK VergabeR/Gabriel/Mertens GWB § 160 Rn. 171 ff. mwN.

GWB § 160

Einleitung, Antrag

Bewerbungs- oder Angebotsfrist entspr. Rügefrist nach Nr. 2 und Nr. 3 ist der Eingang (nicht der Zugang, → Rn. 46) der Rüge beim Auftraggeber.

4. Form und Inhalt der Rügen nach Nr. 1–3

52 Die Rüge kann in Ermangelung diesbezüglicher Vorschriften **formlos,** dh in jeder Form (schriftlich, per Telefax, elektronisch, aber auch mündlich[221] oder telefonisch – was allerdings den Zugangsnachweis wesentlich erschweren kann), angebracht werden.[222] Die Rügeobliegenheit kann – sofern nicht schon früher hätte gerügt werden müssen – durch die Übermittlung des Nachprüfungsantrags durch den Antragsteller an den Auftraggeber gewahrt werden.[223] Wird die Rüge von einem Bevollmächtigten erklärt, kann sie vom Auftraggeber nicht deswegen zurückgewiesen werden, weil ihr keine Vollmachtsurkunde beigelegen hat (§ 174 S. 1 BGB).[224] Daran hat sich durch § 97 Abs. 5 GWB iVm § 9 Abs. 1 VgV nichts geändert. Die Rügeobliegenheit betrifft in der Sache und auch unionsrechtlich nicht unmittelbar das Vergabeverfahren (auf das sie aber bei Abhilfe durch den Auftraggeber und durch Entscheidungen der Nachprüfungsinstanzen zurückwirkt), sondern das (künftige) Rechtsbehelfsverfahren,[225] dem sie voranzugehen hat. Die Rüge soll den Ablauf einer rein prozessualen (→ Rn. 36) Ausschlussfrist abwenden. Sie ist deshalb keine rechtsgeschäftliche, sondern eine prozessuale Erklärung (zur **Rügerücknahme** → Rn. 54a). Die Rüge muss ggü. dem **Auftraggeber** erklärt werden. Eine Rüge ggü. dem beauftragten Ingenieur- oder Planungsbüro genügt idR nicht.[226] Die Rüge kann ggf. auch im Zuge des Angebots erhoben werden,[227] droht dann aber verfristet zu sein, weil der Auftraggeber erst mit Ablauf der Abgabefrist und der Öffnung der Angebote die Möglichkeit der Kenntnisnahme erhält.[228]

53 **Inhaltlich** setzt eine Rüge, die nicht zwingend als solche bezeichnet werden muss, voraus, dass aus der Mitteilung für den Auftraggeber unmissverständlich hervorgeht, welches konkrete Verhalten als Vergaberechtsverstoß angesehen wird und inwiefern der Bieter Abhilfe verlangt.[229] Letzteres begrenzt den im Ansatz großzügi-

---

[221] OLG Brandenburg 13.9.2011 – Verg W 10/11, BeckRS 2011, 25288 = VergabeR 2012, 242 (246 f.).

[222] Vgl. ua BayObLG 29.4.2002 – Verg 10/02, BeckRS 2002, 04950 Rn. 9 = VergabeR 2002, 504; OLG Dresden 17.8.2001 – WVerg 5/01, IBRRS 2003, 0293; OLG Düsseldorf 30.4.2003 – Verg 67/02, NZBau 2003, 400 (406) – Bekleidungsmanagement der Bundeswehr (g.e.b.b./LHBw).

[223] Vgl. OLG München 7.8.2007 – Verg 8/07, ZfBR 2007, 718 (719).

[224] OLG Düsseldorf 5.12.2001 – Verg 32/01, IBRRS 2002, 0839.

[225] S. dazu Immenga/Mestmäcker/Dreher GWB § 160 Rn. 55 ff.; jurisPK-VergabeR/Summa GWB § 160 Rn. 209 ff; MüKoEuWettbR/Jaeger GWB § 160 Rn. 62.

[226] Vgl. OLG Düsseldorf 8.10.2003 – Verg 49/03, BeckRS 2011, 29096. Anders kann dies nur zu beurteilen sein, wenn das Ingenieurbüro als Wissensvertreter des Auftraggebers anzusehen (→ Rn. 42) oder von ihm zur Entgegennahme von Beanstandungen der Bieter bevollmächtigt worden ist. Darüber kann Aufschluss geben, wer vom Auftraggeber in der Auftragsbekanntmachung oder in den Vergabeunterlagen als „Ansprechstelle" benannt worden ist.

[227] Vgl. OLG Düsseldorf 7.12.2011 – VII-Verg 81/11, BeckRS 2012, 4919 = VergabeR 2012, 664 (666 f.); OLG Jena 31.8.2009 – 9 Verg 6/09, BeckRS 2009, 86481.

[228] Vgl. OLG Düsseldorf 7.12.2011 – VII-Verg 81/11, BeckRS 2012, 4919 = VergabeR 2012, 664; MüKoEuWettbR/Jaeger GWB § 160 Rn. 85; Müller-Wrede/Hofmann GWB § 160 Rn. 82; KK-VergR/Kadenbach GWB § 160 Rn. 79.

[229] OLG Düsseldorf 7.12.2011 – VII-Verg 81/11, BeckRS 2012, 4919 = VergabeR 2012, 664 (666); OLG Frankfurt a. M. 2.12.2014 – 11 Verg 7/14, NZBau 2015, 448 Rn. 37 – Hessisches Baumanagement (hbm); 5.3.2002 – 11 Verg 2/01, BeckRS 2002, 04481 = VergabeR 2002, 394; OLG München 7.8.2007 – Verg 8/07, ZfBR 2007, 718 (719 f.); Byok/Jaeger/

gen Maßstab an die Rüge. Das OLG Düsseldorf fasst diesen zutr. wie folgt zusammen:

„Da ein Bieter naturgemäß nur begrenzten Einblick in den Ablauf des Vergabeverfahrens hat, darf er im Vergabenachprüfungsverfahren behaupten, was er auf der Grundlage seines – oft nur beschränkten – Informationsstands redlicherweise für wahrscheinlich oder möglich halten darf, etwa wenn es um Vergabeverstöße geht, die sich ausschließlich in der Sphäre der Vergabestelle abspielen oder das Angebot eines Mitbewerbers betreffen. Der Antragsteller muss aber – wenn sich der Vergaberechtsverstoß nicht vollständig seiner Einsichtsmöglichkeit entzieht – zumindest tatsächliche Anknüpfungstatsachen oder Indizien vortragen, die einen hinreichenden Verdacht auf einen bestimmten Vergaberechtsverstoß begründen. Ein Mindestmaß an Substantiierung ist einzuhalten; reine Vermutungen zu eventuellen Vergabeverstößen reichen nicht aus. Da die Rüge einerseits den öffentlichen Auftraggeber in die Lage versetzen soll, einen etwaigen Vergaberechtsverstoß zeitnah zu korrigieren (Beschleunigung des Vergabeverfahrens, Selbstkontrolle des öffentlichen Auftraggebers), und andererseits Zugangsvoraussetzung zum Nachprüfungsverfahren ist, ist es unabdingbar, dass der Antragsteller – um unnötige Verzögerungen des Vergabeverfahrens zu vermeiden und einem Missbrauch des Nachprüfungsverfahrens vorzubeugen – bereits frühzeitig diejenigen Umstände benennt, aufgrund derer er vom Vorliegen eines Vergaberechtsverstoßes ausgeht. Aus Gründen der Beschleunigung wie auch zur Vorbeugung gegen den Missbrauch der Rüge bzw. des Nachprüfungsverfahrens ist dem öffentlichen Auftraggeber in der Regel nicht zuzumuten, auf gänzlich unsubstantiierte Rügen hin in eine (ggf. erneute) Tatsachenermittlung einzutreten. Ähnlich dem dem Untersuchungsgrundsatz des § 163 GWB zugrunde liegenden Gedanken kann er sich vielmehr auf das beschränken, was von den Bietern vorgebracht wird oder ihm sonst bekannt sein muss. Daher ist der Antragsteller gehalten, schon bei Prüfung der Frage, ob ein Vergaberechtsverstoß zu rügen ist, Erkenntnisquellen auszuschöpfen, die ihm ohne großen Aufwand zur Verfügung stehen. Zudem muss er, um eine Überprüfung zu ermöglichen, angeben, woher seine Erkenntnisse stammen."[230]

Keinesfalls darf die Rüge **rein spekulativ ins Blaue hinein**,[231] völlig pauschal und undifferenziert sein oder sich auf den bloßen Hinweis beschränken, das Vergabeverfahren sei fehlerhaft.[232] Auch pauschale Bezugnahmen auf die „Kenntnis" oder „Informationslage"[233] oder der Hinweis auf eine durchgeführte „intensive Prüfung"[234] genügen nicht. Beruft sich ein am Markt bereits tätiger Bieter als Quelle für seine Erkenntnisse jedoch nachvollziehbar auf seine eigene Branchen- oder Marktkenntnis, ist die Rüge insoweit nicht ins Blaue hinein erhoben.[235] Darlegungen zu den **Erkenntnisquellen** sind auch bei behaupteten Tatsachen zu verlangen,

---

Byok GWB § 160 Rn. 108; HK-VergabeR/Nowak GWB § 160 Rn. 58 f.; jurisPK-VergabeR/Summa GWB § 160 Rn. 192; Müller-Wrede/Hofmann GWB § 160 Rn. 52; RKPP/Wiese GWB § 160 Rn. 141.

[230] OLG Düsseldorf 14.10.2020 – VII-Verg 36/19, NZBau 2020, 732 Rn. 40 – Kolpingstadt Kerpen; 15.1.2020 – VII-Verg 20/19, BeckRS 2020, 1327 Rn. 29 = VergabeR 2020, 652, beide mwN aus Rspr. und Lit.

[231] OLG Karlsruhe 21.5.2021 – 15 Verg 4/21, NZBau 2022, 303 Rn. 28, 31 – Bioabfallvergärungsanlage.

[232] Vgl. OLG Karlsruhe 15.1.2021 – 15 Verg 11/20, NZBau 2021, 560 Rn. 16 f. – Lernfabrik.

[233] OLG Düsseldorf 14.10.2020 – VII-Verg 36/19, NZBau 2020, 732 Rn. 40 – Kolpingstadt Kerpen; 15.1.2020 – VII-Verg 20/19, BeckRS 2020, 1327 Rn. 29 = VergabeR 2020, 652.

[234] OLG Düsseldorf 1.4.2020 – VII-Verg 30/19, NZBau 2020, 739 Rn. 60 – Rohrvortrieb.

[235] OLG Schleswig 12.11.2020 – 54 Verg 2/20, ZfBR 2021, 194 (200) – Fahrzeugreserve; sa BayObLG 20.1.2023 – Verg 14/22, BeckRS 2023, 3158 Rn. 48 f., 59.

die dem Auftraggeber – sollte der Rügevorwurf zutreffen – zwingend bekannt sind.[236] Es bleibt insoweit bei den allg. Anforderungen, weil der Auftraggeber der Darlegungen zwar nicht zur Prüfung des Vergaberechtsfehlers bedarf, sie aber bei der Prüfung einer Präklusion nach Abs. 3 Nr. 1 relevant werden können (vgl. auch → Rn. 60) und daher nicht offensichtlich entbehrlich sind. Sähe man dies anders, müsste der Bieter den Vorwurf jedoch jedenfalls später im Zuge der ggü. der Vergabekammer und nicht dem Auftraggeber darzulegenden Antragsbefugnis näher untermauern (→ Rn. 18). Die Rüge kann auch in einem (vor den ordentlichen Gerichten zu stellenden) Antrag auf Erlass einer einstweiligen Verfügung liegen.[237] Es genügt nicht, dass der Rügende nur die Möglichkeit eines, wenn auch bestimmten, Fehlers in den Raum stellt; seine Erklärung muss erkennen lassen, dass er das **Vorliegen eines Fehlers rügen** und diesen **beseitigt sehen** will.[238] Sind diese Voraussetzungen gewahrt, muss der Rügende entgegen einer Formulierung des OLG Brandenburg[239] nicht außerdem noch zum Ausdruck bringen, seine Rüge sei die „letzte Chance" zur Fehlerbeseitigung vor einem Vergaberechtsverstoß. Vielmehr darf er annehmen, dass der Auftraggeber mit dem vergaberechtlichen Rechtsschutzsystem so vertraut ist, dass er erkennt, dass die Mitteilung der Erfüllung der Rügeobliegenheiten und dazu dient, die Zulässigkeitsvoraussetzungen für einen etwaigen Nachprüfungsantrag zu wahren. Ob ein konkretes Bieterverhalten eine Rüge darstellt, ist von den Vergabenachprüfungsinstanzen objektiv zu beurteilen und steht nicht zur Disposition der Verfahrensbeteiligten.[240]

5. Grenzen der Rügeobliegenheit nach Nr. 1–3

53a In dem Umfang, in dem das Unterlassen der Rüge zur Rügepräklusion geführt hätte (→ Rn. 38), muss eine angebrachte Rüge bei Folgefehlern in demselben Vergabeverfahren durch denselben Bieter **nicht wiederholt** werden, weil jeder Fehler nur einmal[241] gerügt werden muss. Dies gilt nicht, wenn der von der Rüge betroffene Verfahrensabschnitt später wiederholt worden ist, der Fehler dabei oder danach aber erneut begangen wurde.[242] Davon zu unterscheiden ist der Fall, dass der Auftraggeber im Zuge der Zurückweisung oder der Abhilfe der Rüge einen neuen Vergaberechtsverstoß begeht. Nach dem klaren Wortlaut der Nr. 1 müssen Vergaberechtsverstöße, die der Antragsteller **erst nach Einreichen eines Nachprüfungsantrags erkannt** hat, nicht nach Nr. 1 gerügt werden, um zulässiger Gegenstand des bereits begonnenen Nachprüfungsverfahrens zu werden.[243] Dabei

---

[236] Abl. Antweiler NZBau 2020, 761 zu OLG Düsseldorf 14.10.2020 – VII-Verg 36/19, NZBau 2020, 732.

[237] S. OLG Düsseldorf 30.4.2003 – Verg 67/02, ZfBR 2003, 605 (611); Byok/Jaeger/Byok GWB § 160 Rn. 108.

[238] KK-VergR/Kadenbach GWB § 160 Rn. 52.

[239] OLG Brandenburg 17.2.2005 – Verg W 11/04, BeckRS 2011, 16822 Rn. 40; wie hier wohl KK-VergR/Kadenbach GWB § 160 Rn. 54.

[240] So zutr. VK Sachsen 7.7.2021 – 1/SVK/7/21, BeckRS 2021, 35739 Rn. 61; VK Bund 28.5.2020 – VK 1–34/20, BeckRS 2020, 24255 Rn. 30.

[241] Müller-Wrede/Hofmann GWB § 160 Rn. 47.

[242] So auch OLG Koblenz 18.9.2003 – 1 Verg 4/03, NJOZ 2004, 1839 (1842) – Abfalleinsammlung; BeckOK VergabeR/Gabriel/Mertens GWB § 160 Rn. 140, 142; Byok/Jaeger/Byok GWB § 160 Rn. 122; Immenga/Mestmäcker/Dreher GWB § 160 Rn. 82; jurisPK-VergabeR/Summa GWB § 160 Rn. 206; Müller-Wrede/Hofmann GWB § 160 Rn. 47; KK-VergR/Kadenbach GWB § 160 Rn. 56.

[243] OLG Celle 12.10.2021 – 13 Verg 7/21, BeckRS 2021, 36773 Rn. 49 = VergabeR 2022, 210; OLG Karlsruhe 15.1.2021 – 15 Verg 11/20, NZBau 2021, 560 Rn. 24 – Lernfabrik; Beck VergabeR/Horn/Hofmann GWB § 160 Rn. 47, 65; BeckOK VergabeR/Gabriel/Mertens GWB § 160 Rn. 213 f.; Byok/Jaeger/Byok GWB § 160 Rn. 78, 121; HK-VergabeR/Nowak

Einleitung, Antrag **§ 160 GWB**

kommt es nicht darauf an, ob der Nachprüfungsantrag bislang zulässig war,[244] wie schon daraus folgt, dass die Zulässigkeit der einzelnen Rügen getrennt voneinander zu prüfen ist. Der Antragsteller unterliegt bei diesen Rügen zwar der Verfahrensförderungspflicht des § 167 Abs. 2 GWB, aber nicht der nach Tagen bemessenen Frist nach § 160 Abs. 3 S. 1 Nr. 1 GWB.[245] Allerdings können auch solche Rügen nach Nr. 2 oder Nr. 3 präkludiert sein.

Jenseits der auch die Frist nach Nr. 4 betreffenden Regelung des Abs. 3 S. 2 **54** (→ Rn. 59) kann eine Rüge ansonsten nach **Treu und Glauben** (§ 242 BGB) aufgrund der Umstände des Einzelfalls entbehrlich sein.[246] Dies wird angenommen, wenn der Bieter aufgrund des Verhaltens des Auftraggebers davon ausgehen durfte, die Rüge sei offensichtlich aussichtslos, der Auftraggeber werde nicht umzustimmen sein.[247] Dies wird damit begründet, dass die Rüge in diesen Fällen eine „**sinnentleerte Förmelei**" sei, die ihren Zweck, dem Auftraggeber die Möglichkeit der Selbstkontrolle und der Korrektur von Rechtsverstößen ohne Durchführung eines zeitverzögernden Vergabenachprüfungsverfahrens zu geben, nicht erreichen könne. Diese Argumentation überzeugt. Sie widerspricht nicht dem Umstand, dass Abs. 3 S. 1 Nr. 1–3 den Antragsteller keiner Wartefrist unterwerfen (→ Rn. 5) und daher die tatsächliche Möglichkeit einer Selbstkontrolle vor Einreichung des Nachprüfungsantrags nicht voraussetzen. Denn in den hier maßgeblichen Fällen ist es nicht der Antragsteller, sondern der von der Rügepflicht begünstigte Auftraggeber, dessen Verhalten eine Abhilfe vor Antragstellung ausschließt. Auf eine die Rüge zur „sinnentleerten Förmelei" machende Haltung des Auftraggebers ist in aller Regel nicht allein deshalb zu schließen, weil der Auftraggeber einen Vergaberechtsverstoß im Nachprüfungsverfahren in Abrede stellt. Dergleichen kann lediglich verfahrenstaktische Gründe haben, besagt aber nicht unbedingt etwas oder nur sehr wenig darüber, ob sich der Auftraggeber einer vorprozessualen Rüge verschlossen hätte. Maßgeblich ist vielmehr im Grundsatz das Verhalten des Auftraggebers vor Antragseinreichung. Steht jedoch aufgrund des Verhaltens des Auftraggebers im Nachprüfungsverfahren sicher fest, dass er sich auch bei vorheriger Rüge einer eigenen Überprüfung des Verfahrens verweigert und unumstößlich an seiner Vergabeentscheidung festgehalten haben würde und unter keinen Umständen gewillt gewesen wäre, einen behaupteten

---

GWB § 160 Rn. 52, 53; Immenga/Mestmäcker/Dreher GWB § 160 Rn. 118; Müller-Wrede/Hofmann GWB § 160 Rn. 63; RSG/Reidt GWB § 160 Rn. 50, 68; KK-VergR/Kadenbach GWB § 160 Rn. 48. Für § 107 Abs. 3 GWB aF war dies streitig, insoweit → 4. Aufl. 2020, Fn. 139 zu Rn. 40.

[244] Byok/Jaeger/Byok GWB § 160 Rn. 121; RSG/Reidt GWB § 160, Rn. 68; RKPP/Wiese GWB § 160 Rn. 152 ff.

[245] So auch Byok/Jaeger/Byok GWB § 160 Rn. 121; Müller-Wrede/Hofmann GWB § 160 Rn. 63; RKPP/Wiese GWB § 160 Rn. 118, 152 ff. Die abweichende Entscheidung des OLG Brandenburg 10.1.2012 – Verg W 18/11, BeckRS 2012, 1665 betrifft § 107 Abs. 3 S. 1 Nr. 1 GWB aF, der eine Begrenzung auf vor Einreichung des Nachprüfungsantrags erkannte Verstöße noch nicht (ausdr.) enthielt; sie ist durch den geänderten Wortlaut überholt.

[246] S. BayObLG 26.4.2023 – Verg 16/22, ZfBR 2023, 492 (496); Byok/Jaeger/Byok GWB § 160 Rn. 120; aA Beck VergabeR/Horn/Hofmann GWB § 160 Rn. 63.

[247] OLG Brandenburg 2.12.2003 – Verg W 6/03, IBRRS 2004, 0015 = VergabeR 2004, 210; OLG Düsseldorf 1.4.2020 – VII-Verg 30/19, NZBau 2020, 739 Rn. 45 – Kanalbauarbeiten T.; 19.2.2020 – VII-Verg 27/17, BeckRS 2020, 8810 Rn. 31; 15.1.2020 – VII-Verg 20/19, BeckRS 2020, 1327 Rn. 33, 40 (dort bejaht) = VergabeR 2020, 652; 16.2.2005 – VII-Verg 74/04, BeckRS 2005, 17313 Rn. 37 = VergabeR 2005, 364; OLG Koblenz 18.9.2003 – 1 Verg 4/03, ZfBR 2003, 822 (824); OLG Saarbrücken 29.5.2002 – 5 Verg 1/01, IBRRS 2003, 0486 = VergabeR 2002, 493; OLG Stuttgart 11.7.2000 – 2 Verg 5/00, NZBau 2001, 462 (463); HK-VergabeR/Nowak GWB § 160 Rn. 54; KK-VergR/Kadenbach GWB § 160 Rn. 49; Müller-Wrede/Hofmann GWB § 160 Rn. 91; RKPP/Wiese GWB § 160 Rn. 155.

GWB § 160 Einleitung, Antrag

Vergaberechtsverstoß abzustellen, kann die Entbehrlichkeit der Rüge auch allein aufgrund des Verhaltens des Auftraggebers im Nachprüfungsverfahren angenommen werden.

54a Anders als Abs. 3 S. 1 Nr. 1 stehen Nr. 2 und Nr. 3 der Zulässigkeit eines Nachprüfungsantrags auch dann nicht entgegen, wenn der Verfahrensfehler nicht vom Antragsteller, sondern **von einem anderen Bieter gerügt** worden ist.[248] Nach dem Wortlaut der Norm verlangt nur Nr. 1 die Rüge gerade durch den Antragsteller. Nr. 2 und Nr. 3 knüpfen sprachlich nicht an die Erwähnung des Antragstellers in Nr. 1 an und deuten auch aufgrund der Passivkonstruktion darauf hin, dass es nur auf die fristgemäße Rüge durch einen beliebigen Bieter ggü. dem Auftraggeber ankommt, die iÜ auch in einer Rüge des anderen Bieters nach Nr. 1 liegen kann. Dieses wortlautgetreue Verständnis ist interessengerecht. Die Frist nach Nr. 1 knüpft an die Kenntniserlangung an und ist daher denknotwendig für jeden Bieter getrennt zu bestimmen, der Antragsteller könnte bei der Rüge des Dritten bereits nach Nr. 1 präkludiert gewesen sein.[249] Zugleich ist einem Bieter bei positiver Kenntnis eine eigene Rüge ohne weiteres zuzumuten. In den Fällen der Nr. 2 und der Nr. 3 liegt demgegenüber keine Kenntnis, sondern nur Erkennbarkeit vor, die auch für den Auftraggeber gegeben ist. Hier besteht kein Grund, einen Auftraggeber, der bereits durch die Rüge eines Bieters auf den möglicherweise zunächst trotz Erkennbarkeit übersehenen Verstoß aufmerksam gemacht worden ist, dem aber nicht nachgeht, vor diesbezüglichen Nachprüfungsanträgen anderer Bieter zu schützen, zumal es zuvörderst Sache des Auftraggebers ist, das Vergabeverfahren vergaberechtskonform zu gestalten[250] und die weiteren Bieter eine eigene Rüge nach Treu und Glauben für sinnlos und daher entbehrlich halten dürfen (→ Rn. 54), wenn die gleiche Rüge eines anderen Bieters erfolglos geblieben ist.[251] Hinzu kommt, dass identische Rügen mehrerer Bieter das Vergabeverfahren nicht fördern, sondern unnötig belasten. Auf dieser Grundlage ist der Auffassung des OLG Dresden[252], die **Rüge** könne **vom Rügenden zurückgenommen** werden und der Auftraggeber habe dann keine Veranlassung mehr, sein weiteres Vergabeverhalten darauf einzustellen, so nicht zu folgen. Den anderen Bietern, die von einer eigenen Rüge innerhalb der möglicherweise vor der Frist nach Nr. 1 endenden Fristen nach Nr. 2 und Nr. 3 abgesehen haben, darf die Grundlage für ihren Nachprüfungsantrag nicht nachträglich entzogen werden. Die „Rücknahme" oder das „Fallenlassen" der Rüge durch den Rügenden ist daher nur dessen verbindliche prozessuale Erklärung, er selbst werde sich behandeln lassen, als sei nicht gerügt worden. Ob darin auch ein Verzicht auf eine erneute eigene Rüge liegt, ist eine Frage des Einzelfalls. Da die Geltendmachung der eigenen Rechtsverletzung ausweislich der Rügeobliegenheit nach Abs. 3 S. 1 auf der Antragspflicht nach Abs. 1 zur Disposition des Bieters steht, ist dies zulässig.

54b Nach einer Entscheidung der 2. VK des Bundes[253] wird die Rügeobliegenheit außerdem durch eine Erklärung des Auftraggebers **suspendiert**, wonach dieser das Vorliegen eines bestimmten, aus seiner Sicht nur möglichen Vergaberechtsverstoßes

---

[248] So (wohl auch für Nr. 1) OLG Celle 15.12.2005 – 13 Verg 14/05, NJOZ 2006, 606 (607); aA (Rüge eines anderen Bieters reicht in keinem der Fälle des Abs. 3 S. 1) Beck VergabeR/Horn/Hofmann GWB § 160 Rn. 64; BeckOK VergabeR/Gabriel/Mertens GWB § 160 Rn. 141; Immenga/Mestmäcker/Dreher GWB § 160 Rn. 131; KK-VergR/Kadenbach GWB § 160 Rn. 53.
[249] Vgl. MüKoEuWettbR/Jaeger GWB § 160 Rn. 67.
[250] Vgl. dazu Müller-Wrede/Hofmann GWB § 160 Rn. 72.
[251] Insoweit auch RSG/Reidt § 160 GWB Rn. 70.
[252] OLG Dresden 25.2.2014 – Verg 9/13, BeckRs 2014, 10027; zustimmend Byok/Jaeger/Byok GWB § 160 Rn. 128.
[253] VK Bund 29.12.2006 – VK 2–128/06, BeckRS 2006, 135391 Rn. 59; zustimmend KK-VergR/Kadenbach GWB § 160 Rn. 50.

prüfe und ihn ggf. beseitigen werde. Darin liege eine **"Selbstmahnung"** des Auftraggebers, der Antragsteller habe zu einer eigenen Rüge erst wieder Veranlassung, wenn der Auftraggeber mitteile, den vom Antragsteller angenommenen Vergaberechtsfehler nicht beseitigen zu wollen. Hinsichtlich der Rügen nach **Nr. 2 und Nr. 3** ist im Falle einer solchen Selbstmahnung von einem **endgültigen Wegfall der Rügeobliegenheiten** auszugehen, weil die Rüge dort nicht zwingend vom Antragsteller erfolgen muss und der Rügende die Rüge nur mit Wirkung für sich selbst „zurücknehmen" kann (→ Rn. 54a). Der Auftraggeber ist insoweit durch das sich in der „Selbstmahnung" ausdrückende eigene Problembewusstsein ebenso wie durch die Rüge eines beliebigen Bieters hinreichend gewarnt, und nach der Mitteilung, man werde den etwaigen Vergaberechtsfehler nicht beseitigen, erscheint eine neuerliche Rüge nicht erfolgversprechender als bei einer die Rüge eines anderen Bieters betreffenden Erklärung des Auftraggebers nach Nr. 2 und Nr. 3 (→ Rn. 54a). Gegen eine nur vorübergehende Suspendierung der Rügeobliegenheit spricht iÜ der feststehende Zeitpunkt, bis zu dem die Rüge jew. angebracht sein muss. Entschließt sich der Auftraggeber erst nach diesem Zeitpunkt zur Nichtabhilfe bzgl. des „selbstgemahnten" Fehlers, können die Bieter die Fristen nicht wahren. Die Rügeobliegenheit nach **Nr. 1** kann durch die Selbstmahnung hinsichtlich eines vom Auftraggeber **nur als möglich** angesehenen Vergaberechtsfehlers indessen **nicht suspendiert** werden, da der Fristlauf individuell ist (→ Rn. 54a). Geht die Erklärung des Auftraggebers (von der er später wieder Abstand nimmt) indessen dahin, er werde einen bestimmten, von ihm **erkannten** (und nicht nur für möglich gehaltenen und noch zu prüfenden) **Vergaberechtsverstoß** beseitigen, kann er sich nach Treu und Glauben nicht darauf berufen, ein Antragsteller, dessen Rügefrist nach Nr. 1 bei der Mitteilung nicht abgelaufen war, hätte noch vor Mitteilung des Sinneswandels des Auftraggebers rügen müssen. In diesen Fällen ist eine die **Rügeobliegenheit begründende Kenntnis** nach Nr. 1 erst ab der Mitteilung des Auftraggebers anzunehmen, er werde den (vermeintlichen) Fehler doch nicht beseitigen.

Die Rügeobliegenheit kann auch deshalb entbehrlich sein, weil eine Rüge den **54c** **Rechtsschutz** des Antragstellers zu **vereiteln** droht.[254] Insoweit ist an Fälle zu denken, in denen der Auftraggeber die Rüge zum Anlass für einen sofortigen Zuschlag nehmen könnte, um einem Zuschlagsverbot zuvorzukommen. Dass mit einem Zuschlag nur zeitnah (aber nicht sofort und erst anlässlich der Rüge) zu rechnen ist, genügt nicht, da der Antragsteller keine Wartefrist einhalten muss (→ Rn. 5).[255] In einer solchen Rüge liegt, auch wenn sie weniger sinnvoll ist, als es eine frühere Rüge gewesen wäre, keine „sinnentleerte Förmelei" (→ Rn. 54), weil es nicht in der Hand des Antragstellers liegt, wann es zum Zuschlagsverbot kommt und wann dem Auftraggeber die Antragsschrift übermittelt wird und es deshalb nicht ausgeschlossen ist, dass es die Rüge und nicht das dem Auftraggeber erst später bekanntwerdende Nachprüfungsverfahren ist, das den Auftraggeber zur Abhilfe veranlasst.

Schließlich kann dem Auftraggeber die **Berufung auf die Rügepräklusion** nach **54d** Treu und Glauben **verwehrt** sein, wenn er die Vornahme einer Rüge unangemessen erschwert. Das hat das OLG Düsseldorf[256] in einem Fall bejaht, in dem die Bieterinformation nach § 134 GWB so (per Telefax am Gründonnerstag gegen Abend)

---

[254] So auch Byok/Jaeger/Byok GWB § 160 Rn. 119; Müller-Wrede/Hofmann GWB § 160 Rn. 92; RSG/Reidt GWB § 160 Rn. 71.

[255] Vgl. OLG Frankfurt a. M. 23.6.2020 – 11 Verg 2/20, BeckRS 2020, 37626 Rn. 68 = VergabeR 2021, 234.

[256] OLG Düsseldorf 5.11.2014 – VII-Verg 20/14, BeckRS 2014, 20873 Rn. 19 ff. = VergabeR 2015, 473; abl. dazu Byok/Jaeger/Byok GWB § 160 Rn. 117.

übermittelt worden war, dass in der (wegen der Faxübermittlung nur 10-tägigen) Wartefrist nur drei Werktage zur Prüfung zur Verfügung standen.

6. 15-Tage-Frist für den Nachprüfungsantrag nach Nr. 4

55 Der Begr. des RegE zufolge bezweckt Nr. 4, frühzeitig Klarheit über die Rechtmäßigkeit des Vergabeverfahrens zu schaffen.[257] Sie setzt – auch hinsichtlich der Rechtsfolgen – ungeschrieben voraus, dass der Bieter im Rechtssinn einer **Rügeobliegenheit** unterliegt und eine Rüge erhoben hat. Bei dieser Rüge handelt es sich nicht immer auch um eine solche nach Abs. 3 S. 1 Nr. 1,[258] weil die Bieter iRd Rügeobliegenheiten nach Nr. 2 und Nr. 3 gehalten sind, erkennbare Fehler (objektiver Maßstab, → Rn. 49) unabhängig davon zu rügen, ob sie subjektiv (individueller Maßstab, → Rn. 43) sicher von einem Vergaberechtsfehler ausgehen oder ihnen die Rechtslage zweifelhaft erscheint (und sie daher keine Kenntnis iSd Nr. 1 haben, → Rn. 44), wobei sie aber einen Vergaberechtsfehler behaupten, ihre Zweifel also verbergen müssen (→ Rn. 53). Ist bei dahingehender Obliegenheit eine Rüge angebracht worden und hält der Auftraggeber diese für unbegründet, kann er dem betreffenden Bieter eine entspr. **Mitteilung** machen. Diese muss unmissverständlich (eindeutig[259]) zum Ausdruck bringen, dass der Auftraggeber der Rüge nicht abhelfen will. Den Auftraggeber trifft jedoch keine Verpflichtung zu einer derartigen Mitteilung, die es dem Auftraggeber allerdings ermöglicht, den Zeitpunkt der Einreichung von Nachprüfungsanträgen zu beeinflussen (→ Rn. 58).[260] Eine bestimmte Form ist für diese dem Rechtsbehelfsrecht zuzuordnende (→ Rn. 52) Mitteilung nicht vorgeschrieben, doch sollte sie aus Gründen der Dokumentation immer in Textform (§ 126b BGB) und möglichst gegen Empfangsbekenntnis erfolgen, weil sowohl der Inhalt der Mitteilung als auch der Eingang beim Antragsteller im Streitfall vom Auftraggeber nachzuweisen sind. Erhebt der Bieter hingegen eine Rüge, ohne dass eine entspr. Obliegenheit bestanden hat, und lehnt der Auftraggeber diese ab, ist die **Vorschrift nicht anzuwenden**, mit der Folge, dass auch die 15-tägige Antragsfrist nicht läuft.[261] Dieses Verständnis folgt aus dem Gebot einer **restriktiven Auslegung** (→ Rn. 36) der Präklusionsvorschriften.[262] Außerdem würden andernfalls die Rechtsschutzmöglichkeiten des Antragstellers durch seinen Rechtsirrtum oder seine Vorsicht beschränkt, obwohl sich der Auftraggeber hierdurch nicht schlechter steht, als wenn der Antragsteller von der entbehrlichen Rüge abgesehen hätte. Dasselbe gilt, wenn der Auftraggeber eine die inhaltlichen Mindestanforderungen an eine Rüge (→ Rn. 53) nicht wahrende Mitteilung bescheidet. Folgt man der Auffassung, dass zur Wahrung der Rügeobliegenheiten nach Nr. 2 und Nr. 3 die **Rüge eines anderen Bieters** genügt (→ Rn. 54a), setzt ein die Zurückweisung einer solchen Rüge anknüpfender Fristlauf nach Nr. 4 voraus, dass dem Antragsteller vor der Antragseinreichung vom Auftraggeber sowohl der Inhalt

---

[257] Vgl. BT-Drs. 16/10117, 22 (zu Nr. 13).
[258] So aber → 4. Aufl. 2020.
[259] OLG München 21.4.2017 – Verg 2/17, BeckRS 2017, 107792 Rn. 73 f. = VergabeR 2017, 525; OLG Celle 4.3.2010 – 13 Verg 1/10, NZBau 2010, 333 (334) – Elektronische Fahrscheindrucker; Beck VergabeR/Horn/Hofmann GWB § 160 Rn. 60.
[260] Vgl. Beck VergabeR/Horn/Hofmann GWB § 160 Rn. 81.
[261] OLG Düsseldorf 31.5.2017 – VII-Verg 36/16, NZBau 2017, 623 Rn. 34 – MALE UAS Brückenlösung; 7.11.2012 – Verg 11/12, NZBau 2013, 187 – Omnibuslinien; Beck VergabeR/Horn/Hofmann GWB § 160 Rn. 60; HK-VergabeR/Nowak GWB § 160 Rn. 82; Immenga/Mestmäcker/Dreher GWB § 160 Rn. 111; MüKoEuWettbR/Jaeger GWB § 160 Rn. 90; aA Byok/Jaeger/Byok GWB § 160 Rn. 133.
[262] S. dazu OLG Düsseldorf 21.10.2015 – VII-Verg 28/14, NZBau 2016, 235 Rn. 16 – BSI; Immenga/Mestmäcker/Dreher GWB § 160 Rn. 47; Jaeger NZBau 2009, 558 (560).

der Rüge als auch die Mitteilung des Auftraggebers, ihr nicht abhelfen zu wollen, mitgeteilt worden ist.[263] Unter dieser Voraussetzung ist der Fristlauf die konsequente Folge daraus, dass der Antragsteller von seiner Obliegenheit durch die Rüge des anderen Bieters befreit worden ist.

Die **Fristberechnung** ist nach §§ 187 ff. BGB vorzunehmen.[264] Für den **Beginn** 56 der Frist ist der Tag des „Eingangs" der Mitteilung maßgeblich, der nicht mitgezählt wird (§ 187 Abs. 1 BGB). Insoweit ist, anders als beim Eingang der Rügen beim Auftraggeber (→ Rn. 46, → Rn. 51) und entgegen dem Wortlaut, auf den **Zugang** beim Antragsteller abzustellen.[265] Denn einerseits stellt das deutsche Recht auch sonst, soweit es nicht um die förmliche Zustellung gegen Zustellungsurkunde geht und nicht die durch die Mitteilung erfolgende Fristwahrung ggü. Behörden und Gerichten betroffen ist, regelmäßig auf den Zugang ab, andererseits muss der unionsrechtlich gebotene Rechtsschutz zu für alle Bieter gleichwertigen Bedingungen gewährleistet sein. Wäre der Eingang maßgeblich, wäre bei einem Bieter bei einem Bieter noch am Freitag kurz vor Geschäftsschluss mit der Folge sofortiger Kenntnisnahme(möglichkeit), bei einem anderen Bieter aber erst nach Geschäftsschluss, nur der erste Bieter in der Lage, bereits die ersten beiden Tage der Frist (Samstag und Sonntag) zur Vorbereitung seines Nachprüfungsantrages zu nutzen. Dies würde angesichts der insgesamt kurzen Frist zu einer spürbaren Verschlechterung des Rechtsschutzes des zweiten Bieters im Vergleich zum ersten führen. Die nach Kalendertagen bestimmte Frist **endet** mit dem Ablauf des letzten Tages der Frist (§ 188 Abs. 1 BGB). Ist der 15. Tag ein Sonn- oder Feiertag oder ein Sonnabend, gilt § 193 BGB: Die Frist endet dann erst mit dem Ablauf des nächsten Werktags (→ Rn. 46).[266] Maßgeblich für die Fristwahrung ist der Eingang des Nachprüfungsantrags bei der Vergabekammer (→ Rn. 46). Zu beachten ist, dass der Nachprüfungsantrag in jedem Fall innerhalb der 15-Tage-Frist bei der Vergabekammer anzubringen ist. Ein am 16. Tag nach Fristbeginn anhängig gemachter Antrag ist verspätet.[267] Droht wegen Ablaufs der **Wartefrist nach § 134 Abs. 2 GWB** der Zuschlag, läuft die Fristbestimmung nach § 160 Abs. 3 S. 1 Nr. 4 GWB letztlich

---

[263] Vgl. (ohne Beschränkung auf die obliegenheitsbefreiende Wirkung) RSG/Reidt GWB § 160 Rn. 89; RKPP/Wiese GWB § 160 Rn. 165; aA (Fristlauf nur bei Ablehnung einer Rüge des Antragstellers) Byok/Jaeger/Byok GWB § 160 Rn. 136; anders auch → 4. Aufl. 2020, Rn. 56.

[264] Die VO (EWG, EURATOM) Nr. 1182/71 des Rates v. 3.6.1971 zur Festlegung der Regeln für die Fristen, Daten und Termine (ABl. 1971 L 124, 1) ist nicht anzuwenden, weil nach Art. 2f Abs. 2 RL 2007/66/EG in allen anderen Fällen als jenen des Art. 2d der RL (Unwirksamkeitserklärung eines Vertragsschlusses) die Fristen – vorbehaltlich des Art. 2c (Mindestfristen) – durch das einzelstaatliche Recht geregelt werden (so auch EuGH 28.1.2010 – C-406/08, NZBau 2010, 183 Rn. 26 – Uniplex; 11.10.2007 – C-241/06, NZBau 2007, 798 Rn. 50 – Lämmerzahl), was zugleich die Unionsrechtskonformität der Fristenregelung belegt.

[265] Byok/Jaeger/Byok GWB § 160 Rn. 143; Müller-Wrede/Hofmann GWB § 160 Rn. 97; RSG/Reidt GWB § 160 Rn. 83. Von „Zugang" sprechen auch OLG Karlsruhe 8.1.2010 – 15 Verg 1/10, BeckRS 2010, 26785 und VK Bund 30.1.2015 – VK 2–115/14, BeckRS 2015, 116005 Rn. 56 sowie MüKoEuWettbR/Jaeger GWB § 160 Rn. 92; KK-VergR/Kadenbach GWB § 160 Rn. 87.

[266] Für die Frist der Nr. 4 auch bereits → 4. Aufl. 2020.

[267] Fristberechnung am Beispiel des Falles OLG Karlsruhe 8.1.2010 – 15 Verg 1/10, BeckRS 2010, 26785: Der Antragsteller hatte am 8.12.2009 gerügt. Die Rüge war mit am selben Tag eingegangenem Telefax zurückgewiesen worden. Die 15-Tage-Frist lief folglich vom 9.12.2009 an (erster Tag). Sie lief am Mittwoch, dem 23.12.2009, ab (15. Tag). Der Nachprüfungsantrag hätte also bis zum 23.12.2009 (vor 0:00 Uhr des 24.12.2009, vgl. BGH 8.5.2007 – VI ZB 74/06, NJW 2007, 2045 Rn. 10 ff.) angebracht werden müssen. Tatsächlich war er erst am 29.12.2009 gestellt worden.

teilweise leer.[268] Der Umstand, dass die Frist noch nicht abgelaufen ist, hindert nach Ablauf der Wartefrist die Erteilung des Zuschlags durch den Auftraggeber nicht.

57 Während im Allgemeinen kein **Hinweis** auf die Rügeobliegenheit vonnöten ist (→ Rn. 36), hat der Auftraggeber aufgrund unionsrechtlicher Vorgaben[269] in der Auftragsbekanntmachung auf die 15-Tage-Frist, da es sich um eine **Rechtsbehelfsfrist** handelt, hinzuweisen.[270] Unterbleibt dies, ist die Ausschlussfrist nicht anzuwenden und der Nachprüfungsantrag selbst dann nicht unzulässig, wenn er erst nach Fristablauf bei der Vergabekammer eingereicht wird.[271] Dem dürfte eine fehlerhafte Belehrung gleichstehen.[272] Nach dem OLG Celle[273] soll die in der Auftragsbekanntmachung fehlende Belehrung im Zuge einer Rügezurückweisung geheilt werden können. Ob bei fehlender Belehrung auf eine „Auffangfrist" analog § 58 Abs. 2 VwGO (über die ebenfalls nicht belehrt wurde) zurückzugreifen ist, ist streitig.[274]

58 Aus praktischer Sicht bleibt darauf aufmerksam zu machen, dass, sofern der Auftraggeber im Laufe des Vergabeverfahrens erhobene Bieterrügen abschlägig bescheidet, mehrschichtig übereinander gelagerte **Nachprüfungsverfahren** drohen,[275] die Bieter allein deswegen beantragen, um beim Primärrechtsschutz keine Nachteile zu erleiden. In solchen Verfahren wird dann nach und nach zwar Klarheit über die Rechtmäßigkeit des Vergabeverfahrens gewonnen, dies indes zu Lasten einer möglichst zügigen Auftragsvergabe. Auftraggeber, die Verzögerungen des Vergabeverfahrens gering halten wollen, sollten daher genau überlegen, ob und in welchem Zeitpunkt sie eine Rüge zurückweisen. Abzulehnen ist indessen die Auffassung zum „**atypischen Nachprüfungsverfahren**", wonach die sich im vorgenannten Sinne überlagernden Nachprüfungsanträge unzulässig seien, wenn ihnen keine Mitteilung des Auftraggebers nach Nr. 4 vorausgegangen ist.[276] Ohne Mitteilung nach Nr. 4 unterliegt der Antragsteller keiner Antragsfrist hinsichtlich des gerügten Verstoßes, ist aber an der Antragstellung auch nicht gehindert. Das Gesetz lässt nicht erkennen, dass die Zurückweisung der Rüge Voraussetzung des Nachprüfungsantrags sein soll.

---

[268] So auch Byok NJW 2010, 817 (821); Herrmann VergabeR 2010, 660 (661).

[269] Nach Spalte 16 in Tabelle 2 des Anhangs der DurchführungsVO (EU) 2019/1780 der Kommission v. 23.9.2019, ABl. L 272 S. 8 (die die Durchführungsverordnung (EU) 2015/1986 der Kommission ersetzt) handelt es sich bei der „Beschreibung der Fristen für Nachprüfungsverfahren" um eine obligatorische Angabe („M") in der Auftragsbekanntmachung, vgl. auch § 37 Abs. 2 VgV und § 12 EU Abs. 3 Nr. 2 VOB/A. Daneben spricht Anhang V Teil C Nr. 25 der RL 2014/24/EU von „*Name und Anschrift der für Nachprüfungen und gegebenenfalls für Mediationsverfahren zuständigen Stelle; genaue Angaben zu den Fristen für Nachprüfungsverfahren beziehungsweise gegebenenfalls Name, Anschrift, Telefon- und Faxnummer und E-Mail-Adresse der Stelle, bei der diese Informationen erhältlich sind.*" Die Anhänge sind Bestandteil der Richtlinien. Sie haben Rechtsnormqualität (so Jaeger NZBau 2009, 558 (562); Dicks ZfBR 2010, 235 (242)).

[270] Vgl. dazu Byok/Jaeger/Byok GWB § 160 Rn. 139; MüKoEuWettbR/Jaeger GWB § 160 Rn. 89; RSG/Reidt GWB § 160 Rn. 86 ff.

[271] Vgl. OLG Brandenburg 13.9.2011 – Verg W 10/11, BeckRS 2011, 25288 = VergabeR 2012, 242 (247); OLG Celle 4.3.2010 – 13 Verg 1/10, NZBau 2010, 333 (334 f.). – Elektronische Fahrscheindrucker; OLG Düsseldorf 9.12.2009 – Verg 37/09, BeckRS 2010, 5178; Jaeger NZBau 2009, 558 (562).

[272] AA (nur Wiedereinsetzungsantrag) Müller-Wrede/Hofmann GWB § 160 Rn. 95.

[273] OLG Celle 19.3.2019 – 13 Verg 7/18, NZBau 2019, 462 Rn. 24 – Postzustellung Niedersachsen II; zustimmend RSG/Reidt § 160 GWB Rn. 88 aE; RKPP/Wiese GWB § 160 Rn. 169; Greb NZBau 2020, 147 (149); abl. dazu MüKoEuWettbR/Jaeger GWB § 160 Rn. 89.

[274] Abl. Müller-Wrede/Hofmann GWB § 160 Rn. 95; Dirksen VergabeR 2013, 410 (413); bejahend KK-VergR/Kadenbach GWB § 160 Rn. 88; Greb NZBau 2020, 147 (149).

[275] Vgl. dazu auch Jaeger NZBau 2009, 558 (561 f.).

[276] So OLG München 2.11.2012 – Verg 24/12, BeckRS 2012, 24380 = VergabeR 2013, 654 (nicht tragend); Byok/Jaeger/Byok GWB § 160 Rn. 148.

Einleitung, Antrag **§ 160 GWB**

Ein weiteres Zuwarten vor Antragstellung beschleunigt auch nicht zwingend das weitere Vergabeverfahren, sondern kann zu weiterem Zeitverlust führen, wenn das Verfahren aufgrund einer begründeten Rüge in den Zeitpunkt vor dem Verstoß zurückversetzt wird.

7. De-facto-Vergaben (Abs. 3 Sätze 2 und 3)

Abs. 3 S. 2 nimmt sog. Direkt- oder **De-facto-Vergaben** vom Anwendungsbereich des Abs. 3 S. 1 aus, sofern es um die Feststellung der Unwirksamkeit des Vertrages nach § 135 Abs. 1 Nr. 2 GWB, also wegen **fehlender Veröffentlichung einer Bekanntmachung im Amtsblatt der EU**, geht. In diesen Fällen gilt auch nicht die für den Nachprüfungsantrag maßgebliche Frist des S. 1 Nr. 4, doch enthält § 135 Abs. 2 GWB eine weitere Fristbestimmung. § 160 Abs. 3 S. 2 GWB erfasst unmittelbar De-facto-Vergaben, in denen es bereits zu einem – nach Auffassung des Antragstellers unwirksamen – Vertragsschluss gekommen ist und eben diese Unwirksamkeit festgestellt werden soll. Die Regelung gilt „bei" und nicht nur „für" einen entspr. Feststellungsantrag, dh sie befreit nicht nur den Feststellungsantrag selbst, sondern auch das den Primärrechtsschutz erst vermittelnde Begehren, (bei fortbestehender Beschaffungsabsicht) ein den Vergabebestimmungen des GWB entspr. Vergabeverfahren durchzuführen, von den Rügeerfordernissen. Im Unterschied dazu greift die Rügeobliegenheit bei mit einer Unwirksamkeit nach § 135 Abs. 1 Nr. 2 GWB in keinem Zusammenhang stehenden **anderen Vergaberechtsfehlern** auch dann ein, wenn zugleich ein Antrag auf Feststellung der Unwirksamkeit nach dieser Norm gestellt wird.[277] Die Befreiung von der Rügeobliegenheit ist nicht teleologisch auf Fälle zu reduzieren, in denen der Antragsteller vor der Auftragsvergabe keine hinreichende Kenntnis von der bevorstehenden Direktvergabe hatte und sich nicht am Verfahren beteiligt hat.[278] Dagegen steht für erfolgte Direktvergaben der eindeutige Wortlaut der Norm, von dem nicht anzunehmen ist, dass er auf einem Redaktionsversehen beruht. Das zur Begründung der teleologischen Reduktion angeführte, durch die Unterrichtung des Antragstellers über die beabsichtigte Direktvergabe begründete Nähe- oder Vertrauensverhältnis rechtfertigt – von besonderen, eine Verwirkung begründenden Umständen des Einzelfalls abgesehen – keine Abweichung vom eindeutigen Gesetzeswortlaut, zumal diese Beschränkung nicht auf etwaige Sekundäransprüche (Schadensersatzansprüche) des Antragstellers durchschlüge. Darüber hinaus geht es bei § 135 Abs. 1 Nr. 2 GWB um einen ggf. gravierenden vergaberechtlichen Verstoß. Folgt man dem, ist Abs. 3 S. 2 jedoch im Interesse der Verfahrensökonomie über seinen Wortlaut hinaus auch auf diejenigen Fälle anzuwenden, in denen sich der Antragsteller gegen eine **noch bevorstehende**

59

---

[277] AA BayObLG 26.4.2023 – Verg 16/22, ZfBR 2023, 492 (495 f.), doch besteht bei einem unbegründeten Feststellungsantrag nach § 135 Abs. 1 Nr. 2 GWB kein Anlass, hinsichtlich anderer geltend gemachter Vergaberechtsfehler auf eine Rüge insb. nach Abs. 3 Nr. 1 zu verzichten und kommt es bei einem erfolgreichen Feststellungsantrag hierauf nicht mehr an, weil es (bei fortbestehender Beschaffungsabsicht) ohnehin eines (erstmaligen) Kartellvergabeverfahrens bedarf. In diesem Vergabeverfahren wird über die dort eingereichten neuen Angebote nach Maßgabe der dann bestehenden tatsächlichen und rechtlichen Gegebenheiten zu befinden sein, vgl. → Rn. 26.

[278] So auch OLG Düsseldorf 6.4.2022 – VII-Verg 34/21, NZBau 2023, 471 Rn. 39 f. – VEFK Oberrhein unter Aufgabe seiner früheren Rspr. zu § 107 Abs. 3 S. 2 GWB aF; MüKoEuWettbR/Jaeger GWB § 160 Rn. 96; aA BeckOK VergabeR/Gabriel/Mertens GWB § 160 Rn. 211; zweifelnd Müller-Wrede/Hofmann GWB § 160 Rn. 89; offengelassen in OLG Bremen 1.4.2022 – 2 Verg 1/21, NZBau 2022, 548 Rn. 56 mwN – Immobilien Bremen.

GWB § 160 Einleitung, Antrag

Direktvergabe wendet.[279] Denn ansonsten wäre der Antragsteller an der Verhinderung der Auftragsvergabe mangels Rüge gehindert, könnte die später erfolgte Vergabe aber angreifen.[280]

59a Nach Abs. 3 S. 3 bleibt die Bewerber iSd Art. 2 Nr. 12 VRL[281] (nicht Bieter, die nach Art. 2 Nr. 11 VRL ein Angebot abgegeben haben müssen) betreffende Regelung des § 134 Abs. 1 S. 2 GWB unberührt. Was der Gesetzgeber damit bezweckt hat, liegt im Dunkeln.[282] Zunächst ist aber davon auszugehen, dass § 160 Abs. 3 S. 3 GWB voraussetzt, dass § 134 Abs. 1 und Abs. 2 GWB (Informations- und Wartepflicht) auch bei De-facto-Vergaben iSd § 160 Abs. 3 S. 2 GWB Anwendung finden. Ein diesbezüglicher Verstoß vermag die Unwirksamkeit des erteilten Auftrags nach § 135 Abs. 1 Nr. 1 GWB selbständig zu begründen. Der Antragsteller ist insoweit allerdings nicht gem. § 160 Abs. 3 S. 2 GWB von der Rügeobliegenheit nach Nr. 1–3 und einer etwaigen Antragsfrist nach Nr. 4 befreit (→ Rn. 59).[283] Die unmittelbare Bedeutung des § 160 Abs. 3 S. 3 GWB kann vor diesem Hintergrund in der (weiteren) Klarstellung gesehen werden, dass die De-facto-Vergabe und die in Übereinstimmung mit Abs. 3 S. 2 unterbliebene Rüge der Annahme einer Bewerberstellung in dem angefochtenen, von Art. 2 Nr. 12 VRL erfassten Verfahren nicht entgegenstehen. Diese (weitere) Klarstellung mag überflüssig erscheinen, doch ist dies auch bei § 160 Abs. 3 S. 1 Nr. 1 Hs. 2 GWB der Fall.

59b Für angekündigte Direktvergaben nach der VO (EG) Nr. 1370/2007 vom 23.10.2007 soll eine Rüge nach § 160 Abs. 3 S. 1 Nr. 1 GWB aufgrund der Verweisung in § 8a Abs. 2 S. 1, Abs. 7 S. 1 PBefG nach dem OLG Düsseldorf[284] nicht entbehrlich sein.

8. Darlegungs- und Beweislast

60 Das dem Untersuchungsgrundsatz unterliegende Vergabenachprüfungsverfahren wird durch den die Reichweite der Amtsermittlungen wesentlich bestimmenden Sachvortrag der Beteiligten geprägt. Es kennt aber an sich **keine prozessuale Darlegungslast**, sehr wohl aber eine **materielle Beweislast** (oder Feststellungslast), aus der sich der im Falle der Unaufklärbarkeit zugrunde zu legende Sachverhalt ableitet (→ § 163 Rn. 11). Die Beweislast trägt, wer sich auf einen für ihn günstigen Normtatbestand beruft. Dabei ist zu beachten, dass iRd § 160 Abs. 3 S. 1 GWB nicht eine Zulässigkeitsvoraussetzung, sondern die zur Unzulässigkeit führende Verfristung positiv festzustellen ist und der Antragsteller nach § 161 Abs. 2 GWB nur die Rüge

---

[279] So auch OLG Celle 29.11.2016 – 13 Verg 8/16, NZBau 2017, 239 Rn. 25 – Hubschrauberlandeplatz; OLG Hamburg 14.12.2010 – 1 Verg 5/10, NZBau 2011, 185 (188) – energiewirtschaftliche Leistungen; Immenga/Mestmäcker/Dreher GWB § 160 Rn. 115; MüKoEuWettbR/Jaeger GWB § 160 Rn. 97; Müller-Wrede/Hofmann GWB § 160 Rn. 86; RSG/Reidt GWB § 160 Rn. 66; aA Beck VergabeR/Horn/Hofmann GWB § 160 Rn. 62; jurisPK-VergabeR/Summa GWB § 160 Rn. 346.

[280] S. MüKoEuWettbR/Jaeger GWB § 160 Rn. 97.

[281] Bewerber ist danach ein „*Wirtschaftsteilnehmer, der sich um eine Aufforderung zur Teilnahme an einem nichtoffenen Verfahren, einem Verhandlungsverfahren, einem Verhandlungsverfahren ohne vorherige Bekanntmachung, einem wettbewerblichen Dialog oder einer Innovationspartnerschaft beworben hat oder eine solche Aufforderung erhalten hat*".

[282] Vgl. zu den Schwierigkeiten der Interpretation des Abs. 3 S. 3: Byok/Jaeger/Byok GWB § 160 Rn. 124 f.; HK-VergabeR/Nowak GWB § 160 Rn. 85; Müller-Wrede/Hofmann GWB § 160 Rn. 40; KK-VergR/Kadenbach GWB § 160 Rn. 92.

[283] So auch BeckOK VergabeR/Gabriel/Mertens GWB § 160 Rn. 212.

[284] OLG Düsseldorf 19.2.2020 – VII-Verg 27/17, BeckRS 2020, 8810 Rn. 20 ff. mit Nachweisen auch zur Rspr. anderer Obergerichte.

Einleitung, Antrag § 160 GWB

als solche sowie ihren Inhalt und Zeitpunkt darzulegen hat (→ § 161 Rn. 8). Daraus kann gefolgert werden:
Der Auftraggeber hat nachzuweisen:
– Kenntnis des Antragstellers vom Vergaberechtsverstoß, den Zeitpunkt einer Kenntniserlangung und die Erkennbarkeit eines Vergaberechtsverstoßes (Nr. 1, 2 und 3 von § 160 Abs. 3 S. 1 GWB); gem. seiner prozessualen Mitwirkungspflicht hat der Antragsteller jedoch in einer zu einer Widerlegung geeigneten Weise anzugeben, wann er Kenntnis von einem Vergaberechtsverstoß erlangt haben will;[285]
– einen Verstoß gegen Organisationsobliegenheiten des Bieters (vgl. → Rn. 42);
– die Rügeverspätung;[286] im Rahmen seiner prozessualen Mitwirkungspflicht hat der Antragsteller jedoch den Zeitpunkt seiner Rüge anzugeben;
– die Mitteilung nach § 160 Abs. 3 S. 1 Nr. 4 GWB und ihres Zugangs beim Antragsteller einschl. seines Zeitpunkts.
Dem Antragsteller obliegt der Nachweis
– einer Rüge,[287] dh der Tatsache, überhaupt gerügt zu haben, des Inhalts der Rüge, sowie ihres Eingangs beim Auftraggeber einschl. des Eingangszeitpunktes (vgl. § 161 Abs. 2 GWB).

V. Rechtsmissbrauch / Verwirkung

Der Nachprüfungsantrag kann nach **Treu und Glauben** (§ 242 BGB) wegen Rechtsmissbrauchs als unzulässig anzusehen sein,[288] insbes. kann das Antragsrecht verwirkt werden.[289] Letzteres ist der Fall, wenn der Antragsteller mit dem Anbringen des Nachprüfungsantrags derart lange zuwartet (Zeitmoment), dass der Auftraggeber berechtigterweise davon ausgehen darf, der Antragsteller wolle sich nicht (mehr) an der Ausschreibung beteiligen, und er, der Auftraggeber, sich darauf eingestellt und entspr. Dispositionen getroffen hat (Umstandsmoment). Dies kann in Betracht kommen, wenn der Antragsteller trotz ihm bekannten Sachverhalts erst nach mehreren Monaten[290] oder Jahren[291] einen Nachprüfungsantrag anbringt. 61

Nach einer Entscheidung des OLG Naumburg[292] ist eine Klausel in den Vergabeunterlagen, wonach Bieter mit der Abgabe ihres Angebots die Bewerbungs-, Vergabe- und **Vertragsbedingungen des Auftraggebers anerkennen** (und damit auf einen Primärrechtsschutz verzichten), unzulässig und unwirksam. Ein dennoch 62

---

[285] BGH 1.2.2005 – X ZB 27/04, NZBau 2005, 290 (292) – Altpapierverkauf, mAnm Dicks NZBau 2005, 295 (296).
[286] OLG Düsseldorf 18.7.2001 – VII-Verg 16/01, BeckRS 2001, 17504 = VergabeR 2001, 419.
[287] OLG Düsseldorf 16.10.2019 – VII-Verg 13/19, NZBau 2020, 670 Rn. 33 – CiBo-System.
[288] BGH 1.2.2005 – X ZB 27/04, NZBau 2005, 290 (295) – Altpapierverkauf: Noch kein treuwidriges Verhalten stellt dar, wenn ein Unternehmen ein Angebot abgibt, ohne hierbei auf die ihm nur erkennbare Notwendigkeit eines geregelten Vergabeverfahrens hinzuweisen.
[289] OLG Dresden 6.6.2002 – WVerg 4/02, BeckRS 2002, 9837 Rn. 20 = WuW 2003, 215.
[290] OLG Karlsruhe 13.6.2008 – 15 Verg 3/08, NZBau 2008, 537 (538) – Lebensmittelverbrauchermarkt 2004; OLG Dresden 11.9.2003 – WVerg 7/03, BeckRS 2004, 1219.
[291] OLG Düsseldorf 18.6.2008 – VII-Verg 23/08, ZfBR 2009, 197 (199); 30.4.2008 – Verg 23/08, NZBau 2008, 461 (464) – O.-Berg; vgl. jedoch auch OLG Düsseldorf 2.10.2008 – VII-Verg 25/08, NZBau 2008, 727 (729) – Husaren-Kaserne Sontra, mAnm Greb NZBau 2008, 735.
[292] OLG Naumburg 5.12.2008 – 1 Verg 9/08, BeckRS 2009, 2589 = VergabeR 2009, 486 (492).

gestellter Nachprüfungsantrag sei prozessual nicht verwirkt. Dasselbe – zutr. – Ergebnis wird auch durch Anwenden des Grundsatzes erreicht, dass dem Auftraggeber Verschärfungen der Rügeobliegenheit (hier eine mittelbare) in Ermangelung einer Dispositionsbefugnis darüber rechtlich untersagt sind (→ Rn. 36).

§ 161 Form, Inhalt

(1) ¹**Der Antrag ist schriftlich bei der Vergabekammer einzureichen und unverzüglich zu begründen.** ²**Er soll ein bestimmtes Begehren enthalten.** ³**Ein Antragsteller ohne Wohnsitz oder gewöhnlichen Aufenthalt, Sitz oder Geschäftsleitung im Geltungsbereich dieses Gesetzes hat einen Empfangsbevollmächtigten im Geltungsbereich dieses Gesetzes zu benennen.**

(2) **Die Begründung muss die Bezeichnung des Antragsgegners, eine Beschreibung der behaupteten Rechtsverletzung mit Sachverhaltsdarstellung und die Bezeichnung der verfügbaren Beweismittel enthalten sowie darlegen, dass die Rüge gegenüber dem Auftraggeber erfolgt ist; sie soll, soweit bekannt, die sonstigen Beteiligten benennen.**

Literatur: Steck, Aktuelle Entwicklungen und ungeklärte Fragen zum vergaberechtlichen Nachprüfungsverfahren, VergabeR 2022, 300.

I. Bedeutung der Vorschrift

1   Die Vorschrift, die wortlautgleich mit § 108 GWB aF ist, dient der **Beschleunigung** der Vergabenachprüfungsverfahren und der Schaffung baldmöglicher Klarheit über die Rechtmäßigkeit des von einem Nachprüfungsantrag betroffenen Vergabeverfahrens.[1] Der Vergabekammer sollen möglichst zügig alle Entscheidungsgrundlagen an die Hand gegeben werden, um über eine offensichtliche Unzulässigkeit oder Unbegründetheit des Antrags und seine Übermittlung an den ggf. mit der Folge des Zuschlagsverbots zu informierenden Auftraggeber (vgl. §§ 163 Abs. 2, 169 Abs. 1 GWB; → § 163 Rn. 12) befinden zu können. Darüber hinaus fördert die Vorschrift, dass innerhalb der fünfwöchigen Frist des § 167 Abs. 1 GWB eine Sachentscheidung getroffen werden kann.

II. Nachprüfungsantrag (Abs. 1)

2   § 161 Abs. 1 S. 1 GWB unterscheidet zwischen dem Nachprüfungsantrag und seiner Begründung, die nicht bereits im Zuge der Antragstellung erfolgen muss. Der Nachprüfungsantrag ist nach dem Wortlaut der Norm **schriftlich** bei der Vergabekammer einzureichen. Eine allg. **Antrags- oder Ausschlussfrist** besteht nicht, doch können einzelne Rügen einer Fristbindung unterliegen (→ § 160 Rn. 5).[2] Der Nachprüfungsantrag muss nicht ausdr. als solcher bezeichnet werden (→ § 160 Rn. 5) und auch Falschbezeichnungen (zB als Beschwerde oder Klage) sind unschädlich. Die Schriftform verlangt analog §§ 173 S. 1 VwGO; 130 Nr. 6 ZPO grds. die eigenhändige **Unterzeichnung** des Nachprüfungsantrags durch die ihn verantwortende Person.[3] Die Schriftform wird nach § 130 Nr. 6 ZPO auch durch ein **Telefax** gewahrt, allerdings muss dieses die Unterschrift in der Kopie wiedergeben; beim sog. „Computerfax", bei dem kein zuvor ausgedrucktes und

---

[1] Vgl. die Begr. des RegE zum VergRModG BT-Drs. 13/9340, 18 zu § 118.
[2] Zur Grenze der Verwirkung → § 160 Rn. 61 f.
[3] Vgl. zu Einzelheiten und Kritik Zöller/Greger ZPO § 130 Rn. 6 ff.

eigenhändig unterzeichnetes Original zur Übermittlung genutzt wird, bedarf es daher der Anbringung eines eingescannten handschriftlichen Namenszugs, die Wiedergabe des Namens in Computerschrift genügt nicht.[4] Unterschriftsmängel können die Übermittlung des Nachprüfungsantrags durch die Vergabekammer und den Eintritt des Zuschlagsverbots verzögern, doch kann die **Unterschrift** während des gesamten Verfahrens vor der Vergabekammer **nachgeholt** werden.[5] Allerdings wirkt die Nachholung der Unterschrift nicht zurück, weshalb der nunmehr formgerechte Antrag nach § 160 Abs. 3 S. 1 Nr. 4 GWB verfristet sein kann.[6] Eine fehlende Unterschrift lässt die Wirksamkeit des Antrags jedoch nicht entfallen, wenn auch ohne sie aufgrund anderer, eine Beweisaufnahme nicht erfordernder Umstände zweifelsfrei feststeht, dass der Absender oder eine andere zur Vertretung des Antragstellers berechtigte Person die Verantwortung für den Inhalt des Antrags übernommen hat.[7] Ist der Mangel unbemerkt geblieben und wurde über den bislang unzulässigen Antrag vor der Vergabekammer verhandelt, kann mit der Bezugnahme des Antragsteller(vertreter)s auf den Nachprüfungsantrag Heilung ex nunc eintreten.[8] Antragstellung zur Niederschrift der Geschäftsstelle der Vergabekammer ist gesetzlich nicht vorgesehen. Der Umgang mit fremdsprachigen Anträgen richtet sich nach § 23 VwVfG.

Im Unterschied zu den Verwaltungsverfahrensgesetzen des Bundes und der Länder (§ 3a VwVfG) sowie den §§ 55a ff. VwGO und den §§ 130a ff. ZPO enthält das GWB bislang keine Regelungen zur **elektronischen Einreichung von Schriftsätzen**.[9] Insoweit wird häufig ein Rückgriff auf § 3a VwVfG[10] oder die analoge Anwendung der Prozessordnungen[11] befürwortet. Dabei ist indessen zu beachten, dass das VwVfG des Bundes häufig nicht anwendbar ist und die bundesrechtliche Formvorschrift des § 161 Abs. 1 GWB gem. § 170 GWB nicht zur Disposition des Landesgesetzgebers steht.[12] Gleichwohl erfüllt eine die Anforderungen des § 3a VwVfG erfüllende Übermittlung die Schriftform des § 161 Abs. 1 S. 1 GWB. Die verfahrensrechtliche Schriftform ist im Unterschied zur materiellrechtlichen gesetzlichen Schriftform des § 126 Abs. 1 BGB seit jeher für technische Entwicklungen offen. Im Rahmen einer Einreichung nach § 3a VwVfG ist gewährleistet, was die höchstrichterliche Rspr.[13] von modernen, formwahrenden Kommunikationsmitteln verlangt, nämlich dass aus dem Schriftstück der Inhalt

---

[4] BGH 10.5.2005 – XI ZR 128/04, NJW 2005, 2086 (2087); Zöller/Greger ZPO § 130 Rn. 18b.
[5] OLG Frankfurt a. M. 24.11.2022 – 11 Verg 5/22, BeckRS 2022, 38371 Rn. 28; OLG Dresden 16.10.2001 – WVerg 7/01, NJOZ 2003, 2708 (2710) = VergabeR 2002, 142.
[6] So iErg auch MüKoEuWettbR/Jaeger GWB § 161 Rn. 2, der die Zulässigkeit des Nachholens der Unterschrift entspr. beschränken will.
[7] BGH 15.10.2019 – VI ZB 22/19, NJW-RR 2020, 309 Rn. 12 mwN.
[8] OLG Frankfurt a. M. 24.11.2022 – 11 Verg 5/22, BeckRS 2022, 38371 Rn. 28.
[9] Vgl. dazu auch Steck VergabeR 2022, 300 (308 ff.).
[10] VK Niedersachsen 11.3.2021 – VgK-08/2021, BeckRS 2021, 22023 Rn. 57; Beck VergabeR/Horn/Hofmann GWB § 161 Rn. 6; Byok/Jaeger/Byok, GWB § 161 Rn. 3; HK-VergabeR/Nowak GWB § 161 Rn. 6; jurisPK-VergabeR/Summa GWB § 161 Rn. 20; Müller-Wrede/Steck GWB § 161 Rn. 11; KK-VergR/Kadenbach GWB § 161 Rn. 8; wohl auch Immenga/Mestmäcker/Dreher GWB § 161 Rn. 3 „denkbar" und MüKoEuWettbR/Jaeger GWB § 161 Rn. 2 „kommt in Betracht". Offengelassen OLG Frankfurt a. M. 24.11.2022 – 11 Verg 5/22, BeckRS 2022, 38371 Rn. 27.
[11] VK Rheinland 18.11.2022 – VK 35/22, BeckRS 2022, 33724 Rn. 17; VK Südbayern 28.9.2020 – 3194.Z3-3_01-20-11, IBRRS 2020, 3063; jurisPK-VergabeR/Summa GWB § 161 Rn. 20.1; Müller-Wrede/Steck GWB § 161 Rn. 12; RKPP/Schäfer GWB § 161 Rn. 9.
[12] So auch Steck VergabeR 2022, 300 (308).
[13] Vgl. GmS-OGB 5.4.2000 – GmS-OGB 1/98, NJW 2000, 2340 = BGHZ 144, 160.

der Erklärung, die abgegeben werden soll, und die Person, von der sie ausgeht, hinreichend zuverlässig entnommen werden kann und dass es sich bei dem Schriftstück nicht nur um einen Entwurf handelt, sondern es mit Wissen und Willen des Berechtigten der Vergabekammer zugeleitet worden ist. Daher wahrt eine solche Übermittlung die verfahrensrechtliche Schriftform ebenso, wie eine Übermittlung per Telefax oder – früher – Telegramm oder Fernschreiben. Die Eröffnung eines Zugangs für Dokumente nach § 3a VwVfG oder in gleichwertiger Form entspr. §§ 55a ff. VwGO, 130a ff. ZPO ist nicht anders zu beurteilen als die Bereithaltung eines Telefaxgeräts. Demgegenüber wahrt die Übersendung des Antrags durch einfache E-Mail die Schriftform nicht.[14]

3 **Inhaltliche Anforderungen**, die bereits mit dem Antrag und nicht erst im Zuge der Begründung zu beachten sind, stellt das Gesetz in Abs. 1 S. 2 zunächst insoweit auf, als dass der Antrag ein bestimmtes **Begehren** enthalten „soll". Auch wenn die Bestimmung als Sollvorschrift formuliert ist, muss der – möglicherweise unzutreffend bezeichnete (→ Rn. 2) – Nachprüfungsantrag, um inhaltlich als solcher erkennbar zu sein, zum Ausdruck bringen, dass auf ein **hinreichend individualisiertes Vergabeverfahren** durch die Vergabekammer im Rahmen einer Fehlerkontrolle einzuwirken sei. Nähere Darlegungen können der Begründung überlassen werden. Auch der Antragsgegner muss nicht bereits in der Antragsschrift angegeben werden, sofern sich nur das betroffene Vergabeverfahren feststellen lässt. Wünschenswert („soll") sind aber weitergehende Angaben.

4 Unter den Voraussetzungen des Abs. 1 S. 3 „hat" der ausländische Antragsteller mit dem Nachprüfungsantrag einen inländischen **Empfangsbevollmächtigten** zu benennen. Nach dem Wortlaut und dem aufgrund der Gesetzesbegr.[15] anzunehmenden Willen des Gesetzgebers führt ein Verstoß entgegen einer Entscheidung des OLG Düsseldorf[16] zur Unzulässigkeit des Antrags.[17] Allerdings ist dem Antragsteller, sofern er erreichbar ist, vor der Bescheidung seines Antrags rechtliches Gehör zu gewähren. Im Zuge dessen kann er den Mangel mit Wirkung ex nunc heilen, doch kann der Antrag durch die verzögerte Benennung nach § 160 Abs. 3 S. 1 Nr. 4 GWB verfristet sein (→ Rn. 2). Ist ein **Beigeladener** im Ausland ansässig, ist Abs. 1 S. 3 GWB auf ihn entspr. anzuwenden.[18]

III. Antragsbegründung (Abs. 1 S. 1, Abs. 2)

5 Der Nachprüfungsantrag ist nicht notwendig bereits mit der Anbringung des Antrags, sondern (nur) **unverzüglich** (dh ohne schuldhaftes Zögern, § 121 Abs. 1 S. 1 BGB) zu **begründen**. Ungeachtet einer ihm dafür zuzubilligenden Zeitspanne wird der Antragsteller indes gut daran tun, den Nachprüfungsantrag sogleich zu begründen oder dies binnen sehr weniger Tage nachzuholen. Von der Begründung hängen das Ergebnis der Zulässigkeits- und Begründetheitsprüfung der Vergabekammer, die Übermittlung des Nachprüfungsantrags an den Auftraggeber (vgl. § 163 Abs. 2 GWB) und das Eintreten des Zuschlagsverbots (vgl. § 169 Abs. 1

---

[14] Vgl. OLG Frankfurt a. M. 24.11.2022 – 11 Verg 5/22, BeckRS 2022, 38371 Rn. 27.

[15] BT-Drs. 13/9340, 18.

[16] OLG Düsseldorf 14.9.2016 – VII-Verg 7/16, BeckRS 2016, 119587 Rn. 13 = VergabeR 2017, 757.

[17] So auch Byok/Jaeger/Byok GWB § 161 Rn. 6; Immenga/Mestmäcker/Dreher GWB § 161 Rn. 23; jurisPK-VergabeR/Summa GWB § 161, Rn. 27 ff.; Müller-Wrede/Steck GWB § 161 Rn. 35 ff.; RSG/Reidt GWB § 161 Rn. 20; aA → 4. Aufl. 2020; MüKoEuWettbR/Jaeger GWB § 161 Rn. 6; KK-VergR/Kadenbach GWB § 161 Rn. 19.

[18] So auch Beck VergabeR/Horn/Hofmann GWB § 161 Rn. 22; aA BeckOK VergabeR/Fett GWB § 161 Rn. 6.

GWB) ab (→ § 163 Rn. 12). Deshalb werden Nachprüfungsanträge in der Praxis sogleich mit der Antragstellung begründet. Geschieht dies nicht und wird die Begründung in der Folge nicht vorgelegt, ist der Nachprüfungsantrag als unzulässig abzulehnen.[19] Dies setzt jedoch die Feststellung einer nicht unverzüglichen Begründung bzw. eines schuldhaften Zögerns des Antragstellers voraus, weshalb dem Antragsteller zuvor rechtliches Gehör zu gewähren ist.[20] Vor Fristablauf entsprach das Vorgehen des Antragstellers den gesetzlichen Vorgaben und war sein Antrag daher nicht unzulässig.[21] Was gilt, wenn die Begründung zwar **nicht mehr unverzüglich**, aber noch vor Ablehnung des Nachprüfungsantrags vorgelegt wird, ist im Gesetz nicht ausdr. geregelt. Da der Antragsteller seinen Antrag auch zurücknehmen und neu einreichen könnte (→ § 160 Rn. 5), gebietet es die Verfahrensökonomie, das Verfahren fortzusetzen und den nunmehr begründeten Antrag dabei so zu behandeln, als sei er erst mit Eingang der Antragsbegründung gestellt worden. Dies führt dann dazu, dass bei der Prüfung nach § 160 Abs. 3 S. 1 Nr. 4 GWB nicht wie bei rechtzeitiger Begründung auf den Antrag[22], sondern auf die Antragsbegründung abzustellen ist. Dafür spricht auch, dass in der Antragsbegründung eine wiederholende Bestätigung des Antrags liegt. Wann die Vorlage der Begründung nicht mehr unverzüglich ist, ist eine Frage des Einzelfalls. Zu berücksichtigen sind insbes. die Komplexität des Vergabeverfahrens und der vergaberechtlichen Probleme, aber auch die persönlichen Verhältnisse des Antragstellers. Ein den Nachprüfungsantrag als unzulässig ablehnender Beschluss ist, weil anfechtbar, zu begründen.

Die Begründung des Nachprüfungsantrags unterliegt ebenfalls der verfahrensrechtlichen **Schriftform**,[23] die obigen Ausführungen (→ Rn. 2 f.) gelten entsprechend. Die Formulierung des § 161 Abs. 1 S. 1 GWB dürfte insoweit auf ein Redaktionsversehen zurückzuführen sein, denn eine andere Form für die außerhalb eines Verhandlungstermins vorzunehmende Begründung sieht das Gesetz nicht vor. Darüber hinaus kommt der Begründung eine den Antrag konkretisierende Funktion zu. 5a

Die Antragsbegründung muss den **Antragsgegner** zutreffend, jedenfalls amtswegig nach § 163 Abs. 1 GWB ermittelbar, **bezeichnen**, anderenfalls ist der Nachprüfungsantrag als unzulässig abzulehnen. Antragsgegner ist der öffentliche Auftraggeber, in dessen Namen der Auftrag erteilt werden soll, nicht hingegen die Vergabestelle[24] oder das Ingenieur-, Planungs- oder Projektsteuerungsbüro, dessen sich der Auftraggeber zur Abwicklung des Vergabeverfahrens bedient.[25] 5b

Während der Nachprüfungsantrag ein bestimmtes Begehren nur enthalten „soll", muss es jedenfalls im Zuge der Begründung konkretisiert werden. Denn die Begrün- 6

---

[19] Im auf den Erlass eines Verwaltungsaktes gerichteten, gerichtsähnlich ausgestalteten Verfahren vor den Vergabekammern ist bei der Tenorierung – ebenso wie sonst beim Erlass von Ausgangs- und Widerspruchsbescheiden (zu letzteren HK-VerwR/Kastner VwGO § 73 Fn. 4 zu Rn. 7) sowie erstinstanzlichen verwaltungs- (HK-VerwR/Bostedt VwGO § 117 Rn. 21) und zivilgerichtlichen (BeckOK ZPO/Elzer ZPO § 313 Rn. 79) Urteilen - nicht zwischen einer Verwerfung als unzulässig und einer Zurückweisung als unbegründet zu unterscheiden; nach § 173 Abs. 1 S. 3 GWB lautet der Tenor in beiden Fällen auf **Ablehnung** des Nachprüfungsantrags.

[20] AA → 4. Aufl. 2020 Rn. 2.

[21] So aber MüKoEuWettbR/Jaeger GWB § 161 Rn. 7; RKPK/Schäfer GWB § 161 Rn. 16.

[22] Immenga/Mestmäcker/Dreher GWB § 161 Rn. 13; MüKoEuWettbR/Jaeger GWB § 161 Rn. 7.

[23] So auch MüKoEuWettbR/Jaeger GWB § 161 Rn. 9.

[24] Die Verwaltungseinheit oder Beschaffungsstelle, der die Durchführung des Vergabeverfahrens übertragen ist.

[25] So auch BayObLG 1.7.2003 – Verg 3/03, BeckRS 2003, 7748.

dung des Nachprüfungsantrags muss eine Beschreibung der behaupteten **Rechtsverletzung** mit **Sachverhaltsdarstellung** enthalten. Aus ihr muss jedenfalls im Wege der Auslegung hervorgehen, welche Rechtsverletzungen der Antragsteller beseitigt sehen will, um seine Auftragschancen zu wahren.[26] Er hat also zu beschreiben, aus welchen tatsächlichen und/oder rechtlichen Gründen er eine Rechtsverletzung annimmt. Weitergehende Anforderungen an die Überzeugungskraft oder gar Schlüssigkeit der Darlegung enthält § 161 GWB nicht; auch inhaltlich unzureichender, gar abwegiger Vortrag führt nicht wegen § 161 GWB, sondern, soweit für die Zulässigkeit relevant, mangels Antragsbefugnis gem. § 160 Abs. 2 GWB[27] (→ § 160 Rn. 6 ff.) zur Unzulässigkeit.[28] Deshalb können diesbzgl. **Unzulänglichkeiten** im Sachvortrag noch nach Ablauf der Frist zur unverzüglichen Begründung **behoben** werden. Auch die **Stellung eines bestimmten Sachantrags** ist nur zu empfehlen, aber nicht notwendig, zumal die Vergabekammer bei der Entscheidung ohnedies nicht an Anträge gebunden ist, vgl. § 168 Abs. 1 S. 2 GWB.

7   Auch sind die verfügbaren **Beweismittel** anzugeben. Welche Beweismittel dies sein können, erschließt sich durch den in § 163 Abs. 2 S. 5 GWB enthaltenen Verweis auf § 57 GWB (einer Vorschrift betreffend Kartellverwaltungsverfahren). Gem. § 57 Abs. 1 GWB kann die Kartellbehörde alle Ermittlungen führen und alle Beweise erheben, die erforderlich sind. § 57 Abs. 2 GWB verweist insofern auf Vorschriften der ZPO für einen Beweis durch
– Vornahme von Augenschein,
– Vernehmung von Zeugen sowie
– Einholung von Sachverständigengutachten.
§ 57 Abs. 2 GWB katalogisiert die der Kartellbehörde (und demnach auch der Vergabekammer) zugestandenen Ermittlungsmöglichkeiten und die zugelassenen Beweismittel ausweislich § 57 Abs. 1 GWB freilich nicht abschließend. Es können daher auch Urkundsbeweise erhoben und Auskünfte jeder Art und auf jede Weise eingeholt und im Verfahren verwertet werden (zB Inhalt von Telefongesprächen sowie von E-Mails; → § 163 Rn. 2).[29] Damit unterliegt das Verfahren vor der Vergabekammer dem **Freibeweis**.[30] Im Nachprüfungsverfahren hat eine **umfassende Tatsachenwürdigung** stattzufinden (§ 286 ZPO, § 173 VwGO).[31] Das Erfordernis einer Benennung der **verfügbaren** Beweismittel bezieht sich auf die dem Antragsteller bekannten und greifbaren Beweismittel. Benennt der Antragsteller keine Beweismittel, führt dies nicht zur Unzulässigkeit des Nachprüfungsantrags, doch darf die Vergabekammer zunächst davon ausgehen, dass es dem Antragsteller bekannte Beweismittel nicht gibt.[32]

8   Außerdem muss in der Begründung des Nachprüfungsantrags dargelegt werden, dass die nach § 160 Abs. 3 S. 1 GWB gebotene **Rüge** ggü. dem Auftraggeber erfolgt ist. Zwingend darzulegen sind nur die Rüge als solche sowie deren Zeitpunkt und

---

[26] Vgl. OLG München 3.11.2011 – Verg 14/11, BeckRS 2011, 26151 = VergabeR 2012, 218 (222).
[27] Dem die Antragsbefugnis betreffenden § 160 Abs. 2 GWB ist ein ggü. dem Begründungserfordernis des § 161 Abs. 2 GWB eigenständiger Anwendungsbereich zuzumessen.
[28] Vgl. BGH 18.5.2004 – X ZB 7/04, NZBau 2004, 457 (458) (Prüfung nach § 107 Abs. 2 S. 1 und nicht § 108 Abs. 2 GWB aF), aA (Begründungsmangel) OLG Koblenz 22.6.2022 – Verg 1/22, BeckRS 2022, 45915 Rn. 27 = IBR 2023, 2195; OLG Düsseldorf 13.4.2011 – Verg 58/10, ZfBR 2011, 508 (511); HK-VergabeR/Summa GWB § 161 Rn. 2; MüKoEu-WettbR/Jaeger GWB § 161 Rn. 11; Müller-Wrede/Steck GWB § 161 Rn. 49 ff.; RKPP/Schäfer GWB § 161 Rn. 19 f.; KK-VergR/Kadenbach GWB § 161 Rn. 30.
[29] So auch Bechtold/Bosch/Bechtold/Bosch GWB § 57 Rn. 3 (allg. Meinung).
[30] So ebenfalls Byok/Jaeger/Byok GWB § 161 Rn. 15; RKPP/Schäfer GWB § 161 Rn. 22.
[31] Vgl. dazu ua Zöller/Greger ZPO § 286 Rn. 9 ff. mwN.
[32] Vgl. RSG/Reidt GWB § 161 Rn. 31.

Inhalt,³³ nicht hingegen die deren Bewertung als rechtzeitig und damit die Erfüllung der Rügeobliegenheit tragenden Umstände. Dafür fehlt es an einer gesetzlichen Grundlage. Eine Kopie des Rügeschreibens selbst muss – obgleich sinnvoll – nicht mit dem Nachprüfungsantrag vorgelegt werden.³⁴ Weitergehende Darlegungen sind allerdings sinnvoll. Dies gilt auch für eine vom Antragsteller für entbehrlich gehaltene Rüge, insbes. wenn eine solche dann auch nicht erfolgt ist. Der Nachprüfungsantrag wird aber nicht allein deshalb unzulässig, weil seine Begründung zu einer entbehrlichen Rüge schweigt.³⁵

Schließlich sollen im Nachprüfungsantrag die sonstigen **Beteiligten** benannt werden. Dabei handelt es sich um keine zwingende Zulässigkeitsvoraussetzung, sondern lediglich um eine solche, die der Vergabekammer iS einer Ordnungsvorschrift die Entscheidung über eine Beiladung von Mitbewerbern um den Auftrag nach § 162 GWB erleichtern soll.³⁶ Die Vergabekammer ist aufgrund der Vergabeakten, insbes. des Vergabevermerks, iÜ unschwer in der Lage, für eine Beiladung in Betracht kommende Unternehmen selbst zu ermitteln. 9

Hält die Vergabekammer den Antrag mangels hinreichender Begründung für unzulässig, ist hierauf vor seiner Ablehnung hinzuweisen und **Gelegenheit zur Stellungnahme** zu geben.³⁷ Der im Verwaltungsverfahren und damit im Nachprüfungsverfahren vor der Vergabekammer zu wahrende Anspruch auf rechtliches Gehör aus Art. 2, 20 Abs. 3 GG³⁸ betrifft sowohl die tatsächlichen als auch die rechtlichen Grundlagen der zu treffenden Entscheidung; er ist daher nicht davon abhängig, ob die Vergabekammer den Mangel für heilbar hält (→ § 163 Rn. 13). 10

§ 162 Verfahrensbeteiligte, Beiladung

Verfahrensbeteiligte sind der Antragsteller, der Auftraggeber und die Unternehmen, deren Interessen durch die Entscheidung schwerwiegend berührt werden und die deswegen von der Vergabekammer beigeladen worden sind. Die Entscheidung über die Beiladung ist unanfechtbar.

Literatur: Freund, Sonstige Verfahrensbeteiligte und ihre Rechtsstellung – Rechtsfragen der Beiladung im Vergabenachprüfungsverfahren, NZBau 2005, 266; Lausen, Die Beiladung im Nachprüfungsverfahren, VergabeR 2002, 117.

I. Bedeutung der Vorschrift

§ 162 GWB hat durch das Vergaberechtsmodernisierungsgesetz 2016¹ keine Änderung erfahren. Die Vorschrift dient der **Verfahrensbeschleunigung und** 1

---

³³ So auch Immenga/Mestmäcker/Dreher GWB § 161 Rn. 18; MüKoEuWettbR/Jaeger GWB § 161 Rn. 13; aA HK-VergabeR/Nowak GWB § 161 Rn. 22; jurisPK-VergabeR/Summa GWB § 161 Rn. 56 ff.; KK-VergR/Kadenbach GWB § 161 Rn. 34. Vgl. insoweit auch BGH 1.2.2005 – X ZB 27/04, NZBau 2005, 290 (282) – Altpapierverkauf.

³⁴ Die Tatsache einer Rüge kann die Vergabekammer auf Vorlage der Vergabeakten (vgl. § 163 Abs. 2 S. 4 GWB) iRd Untersuchungspflicht nachprüfen.

³⁵ Str., vgl. RSG/Reidt § 161 GWB Rn. 33; aA Beck VergabeR/Horn/Hofmann GWB § 161 Rn. 19; Immenga/Mestmäcker/Dreher GWB § 161 Rn. 18; jurisPK-VergabeR/Summa GWB § 161 Rn. 59; MüKoEuWettbR/Jaeger GWB § 161 Rn. 13.

³⁶ So auch OLG Düsseldorf 20.5.2008 – VII-Verg 27/08, BeckRS 2008, 11323; RKPP/Schäfer GWB § 161 Rn. 30.

³⁷ So auch Immenga/Mestmäcker/Dreher GWB § 161 Rn. 20. Siehe auch MüKoEuWettbR/Jaeger GWB § 161 Rn. 15; aA Müller-Wrede/Steck GWB § 161 Rn. 53, 62.

³⁸ BayObLG 9.11.2022 – Verg 5/21, NZBau 2022, 308 Rn. 61.

¹ BGBl. I 203.

-konzentration.[2] Durch das Institut der Beiladung sollen parallele Nachprüfungsverfahren und nicht ausschließbar widersprüchliche Entscheidungen vermieden werden. Die Norm fördert daher **Rechtssicherheit.** Sie gewährleistet Dritten – was einen ungenannten, nichtsdestoweniger aber wichtigen Aspekt darstellt –, deren Interessen durch die Entscheidung berührt werden, außerdem **rechtliches Gehör.**[3] Neben den Anforderungen an eine Beiladung legt die Vorschrift den Kreis der Verfahrensbeteiligten im Prinzip **abschließend** fest.[4]

II. Rechtsstellung des Beigeladenen

2   Verfahrensbeteiligt sind der Antragsteller, der das Vergabenachprüfungsverfahren durch einen Nachprüfungsantrag in Gang gebracht hat, der gem. § 161 Abs. 2 GWB im Nachprüfungsantrag bezeichnete öffentliche Auftraggeber (Antragsgegner) und der Beigeladene (wobei zu einem Nachprüfungsverfahren auch mehrere Unternehmen beigeladen werden können). Der Nennung des Antragstellers sowie des Antragsgegners als Verfahrensbeteiligte kommt in § 162 GWB ein rein deklaratorischer Charakter zu.[5] Im Hinblick auf den Beigeladenen definiert dagegen § 162 GWB zwei Voraussetzungen dafür, dass ein Dritter Verfahrensbeteiligter wird: die schwerwiegende Berührung seiner Interessen durch die Entscheidung der Kammer in der Hauptsache sowie die Beiladung dieses Unternehmens durch die Kammer.

3   Im Gesetz sind, was die **Beteiligungsrechte** des Beigeladenen anbelangt, keine Abstufungen zu den Hauptbeteiligten des Nachprüfungsverfahrens vorgenommen worden. Der Beigeladene kann seine Interessen im anhängigen Nachprüfungsverfahren umfassend vertreten. So hat er dieselben Antrags- sowie Angriffs- und Verteidigungsmöglichkeiten wie die Hauptbeteiligten. Er kann mithin Akteneinsicht nehmen (§ 165 GWB), im erstinstanzlichen Nachprüfungsverfahren selbst oder durch einen bevollmächtigten Rechtsanwalt vortragen und (nicht notwendig) eigenständige Sachanträge stellen.

4   Als Grenze ist anzusehen, dass der Nachprüfungsantrag des Antragstellers den entscheidungserheblichen Streitstoff vorgibt, denn die Kammer entscheidet nach § 168 Abs. 1 GWB, ob der Antragsteller in seinen Rechten verletzt ist. Insoweit kann der Beigeladene etwa die Antragsbefugnis des Antragstellers in Frage stellen aufgrund bislang nicht thematisierter Ausschluss- oder Ablehnungsgründe. Dem Auftraggeber vorzuhalten, sein eigenes Angebot sei noch besser zu bewerten, ist

---

[2] S. die Begründung des Regierungsentwurfs zum Vergaberechtsänderungsgesetz 2009, BT-Drs. 13/9340, 18, welche die Begründung zum Vergaberechtsmodernisierungsgesetz 2016 durch keine neue ersetzt hat.

[3] So auch RKPP/Dittmann GWB § 162 Rn. 3; Immenga/Mestmäcker/Dreher GWB § 162 Rn. 3.

[4] Vgl. dazu auch RKPP/Dittmann GWB § 162 Rn. 6; Immenga/Mestmäcker/Dreher GWB § 162 Rn. 2; Müller-Wrede/Gaus GWB § 162 Rn. 1. Dennoch hat das OLG Düsseldorf aus Gründen der Gewährung rechtlichen Gehörs in Einzelfällen mehrfach auch mittelbar Betroffenen eine Beteiligung in Nachprüfungsverfahren gewährt, so einer Kommune, mit der der Grundstückserwerber einen städtebaulichen Vertrag abschließen sollte (OLG Düsseldorf 13.2.2007 – VII-Verg 2/07, BeckRS 2007, 4814) oder dem zuständigen Ministerium des Landes NRW in einem Verfahren, in dem es um die Wirksamkeit der Verordnung zur Feststellung der Repräsentativität von Tarifverträgen im Bereich des ÖPNV ging (in jenem Fall analog § 122 FGO, vgl. OLG Düsseldorf 19.10.2015 – VII-Verg 30/13, BeckRS 2015, 17713).

[5] Vgl. RKPP/Dittmann GWB § 162 Rn. 5.

ihm dagegen verwehrt.[6] Alle Schriftsätze der anderen Verfahrensbeteiligten sind dem Beigeladenen zu übermitteln, und zu Terminen ist er zu laden, auch wenn er sich bis dahin nicht aktiv am Verfahren beteiligt hat. Sich nicht aktiv durch eigenes schriftsätzliches Vorbringen oder durch Antragstellung am Verfahren zu beteiligen, steht dem Beigeladenen frei. Er vermeidet hierdurch das Risiko, mit Verfahrenskosten nach § 182 Abs. 3 GWB belastet zu werden und nach § 182 Abs. 4 GWB anteilig zur zweckentsprechenden Rechtsverfolgung notwendige Aufwendungen des Antragstellers tragen zu müssen.

Die durch Beiladung erlangte Rechtsstellung setzt sich im Beschwerdeverfahren fort (§ 174 GWB). Der Beigeladene ist, sofern er durch die Entscheidung der Vergabekammer zumindest materiell beschwert ist (dazu → § 171 Rn. 12),[7] auch **beschwerdebefugt**,[8] denn die rechtliche **Bindungswirkung** einer rechts- oder bestandskräftigen Entscheidung über den Nachprüfungsantrag erstreckt sich auch auf ihn.[9]

Selbstverständlich behält der Antragsteller im anhängigen Nachprüfungsverfahren aber die alleinige Herrschaft über den Verfahrensgegenstand. Einer Erklärung der **Hauptsacheerledigung** durch den Antragsteller hat daher nicht der Beigeladene, sondern nur der Antragsgegner zuzustimmen. Umstritten ist, ob der Beigeladene, nachdem er Akteneinsicht genommen hat, berechtigt ist, in einem dann neuen Nachprüfungsverfahren einen **eigenen Nachprüfungsantrag** anzubringen.[10] Dabei handelt es sich um ein Problem des Rechtsschutzbedürfnisses. Insoweit bestehen sicher keine Bedenken gegen einen Nachprüfungsantrag des Beigeladenen, wenn das Nachprüfungsverfahren durch rechts- oder bestandskräftige Entscheidung oder Erledigung geendet hat, ohne dass über eine vom Beigeladenen behauptete und seine Auftragschancen beeinträchtigende Rechtsverletzung entschieden worden ist.[11] Aber auch vorher verhindert das Nachprüfungsverfahren, zu dem die Beiladung ausgesprochen worden ist, nicht einen eigenen Nachprüfungsantrag des Beigeladenen,[12] zumal eine Verweisung auf spätere Zeit einer baldmöglichen Klärung der Rechtmäßigkeit des Verfahrens und Beschleunigung zuwiderläuft. Eine ausgesprochene Beiladung erhöht, was stets zu bedenken sein sollte, das **Kostenrisiko** des Antragstellers merklich.[13]

---

[6] jurisPK-VergabeR/Summa GWB § 162 Rn. 32.

[7] OLG Düsseldorf 19.12.2018 – VII-Verg 40/18, BeckRS 2018, 38296; OLG München 28.8.2019 – Verg 10/19, BeckRS 2019, 20413 = VergabeR 2020, 125 (127); 3.11.2011 – Verg 14/11, BeckRS 2011, 26151 = VergabeR 2012, 218 (221).

[8] OLG München 28.8.2019 – Verg 10/19, BeckRS 2019, 20413 = VergabeR 2020, 125 (128).

[9] Immenga/Mestmäcker/Dreher GWB § 162 Rn. 26; Lausen VergabeR 2002, 117 (122).

[10] Dies wird bejaht von OLG Frankfurt a. M. 20.12.2000 – 11 Verg 1/00, IBRRS 37261 = VergabeR 2001, 243 (245 f.). Gegenteiliger Auffassung sind: VK Hessen 31.1.2000 – 69d-VK 02/2000; Immenga/Mestmäcker/Dreher GWB § 162 Rn. 20; Freund NZBau 2005, 266 (268); Lausen VergabeR 2002, 117 (123) (Letztgenannte iÜ auch instruktiv zu anderen Beiladungsfragen).

[11] So auch jurisPK-VergabeR/Summa GWB § 160 Rn. 34; ebenso wohl Immenga/Mestmäcker/Dreher GWB § 162 Rn. 20.

[12] Vgl. OLG Frankfurt a. M. 20.12.2000 – 11 Verg 1/00, BeckRS 2000, 30469938; RSG/Reidt § 162 Rn. 31.

[13] Vgl. § 182 Abs. 4 S. 2 GWB: Anwaltskosten des Beigeladenen im Verfahren vor der Vergabekammer sind vom unterliegenden Antragsteller zu erstatten, wenn dies der Billigkeit entspricht, was idR anzunehmen ist, wenn sich der Antragsteller im Nachprüfungsverfahren zum Beigeladenen in einen Interessengegensatz gestellt hat, der Beigeladene sich auf Seiten des Auftraggebers am Verfahren mit eigenem Sachvortrag (nicht notwendig mit einem eigenen Antrag) beteiligt und der Auftraggeber im Verfahren obsiegt hat, dazu → § 182 Rn. 37.

III. Voraussetzungen der Beiladung

1. Allgemeines

7   Prinzipiell sind nur **Unternehmen** einer Beiladung fähig. Eine Verbandsbeteiligung ist nach dem Wortlaut der Norm ausgeschlossen. Das beizuladende Unternehmen muss zum laufenden Vergabeverfahren einen nicht bestandskräftig ausgeschlossenen Teilnahmeantrag oder ein ebensolches Angebot abgegeben haben und mithin **potenzieller Auftragnehmer** sein. Erforderlich ist insoweit, dass das beizuladende Unternehmen zumindest potenziell eigene Rechte iSv § 97 Abs. 6 GWB in Bezug auf das konkrete Vergabeverfahren haben muss.[14] Von der Norm geschützt sind nur unmittelbare, nicht lediglich mittelbare Interessenberührungen.[15] Vorlieferanten, Unterauftragnehmer, Berater oder Projektanten sind deshalb nicht beizuladen (→ § 160 Rn. 10 mwN).[16] Gleiches gilt für einen Betreiber einer E-Vergabeplattform, der eine Beiladung nicht deshalb für sich beanspruchen kann, weil es in dem Verfahren um die korrekte Umsetzung des Vergaberechts auf seiner E-Vergabeplattform geht. Dieser hat insofern nur ein mittelbares Interesse am Vergabeverfahren.[17] Über den Wortlaut der Norm hinaus (kraft entspr. Anwendung) kann die Vergabekammer indes auch **sonstige Dritte** beiladen, deren Interessen durch die Entscheidung schwerwiegend berührt werden und denen deswegen vor einer Entscheidung rechtliches Gehör zu gewähren ist, zB Beiladung einer Kommune, wenn ein städtebaulicher Vertrag mit dem Erwerber eines Grundstücksareals geschlossen werden soll, das ein dritter öffentlicher Auftraggeber veräußert.[18]

8   Zur Anordnung einer Beiladung können **Anlass** geben: Angaben des Antragstellers im Nachprüfungsantrag (vgl. § 161 Abs. 2 GWB, → § 161 Rn. 9), eine Anregung des Antragsgegners oder die nach Eingang der Vergabeakten anzustellenden eigenen Untersuchungen der Vergabekammer (§ 163 Abs. 1 GWB).[19] Eine Beiladung kann auch auf Antrag eines Unternehmens erfolgen, wenn die Voraussetzungen bei diesem vorliegen. Einem solchen Beiladungspetenten und dem gegnerischen Hauptbeteiligten ist dann vor einem Beiladungsbeschluss grds. **rechtliches Gehör** zu gewähren (Art. 103 Abs. 1 GG). Eine grds. Pflicht der Kammer, vor einer Beiladung stets alle Verfahrensbeteiligten anzuhören, ergibt sich aus dem Gesetz nicht und wäre aus verfahrensökonomischen Gründen auch kritisch zu sehen. Der voraussichtliche **Verfahrensausgang** ist für die Anordnung rechtlich nicht maßgebend,[20] obgleich die Nachprüfungsstelle darauf praktischerweise immer in dem Sinn „schie-

---

[14] OLG München 28.8.2019 – Verg 10/19, BeckRS 2019, 20413 = IBRRS 2019, 2801.

[15] RSG/Reidt § 162 Rn. 15; jurisPK-VergabeR/Summa GWB § 162 Rn. 3. Zwischen einer Interessenberührung iSd § 162 GWB und dem Element des Interesses am Auftrag iRd Antragsbefugnis (vgl. → § 160 Rn. 10) besteht iÜ ein Gleichlauf, dh eine rechtliche Wertungseinheit.

[16] So ebenfalls RKPP/Dittmann GWB § 162 Rn. 15; vgl. auch Beck VergabeR/Horn/Hofmann GWB § 162 Rn. 16, wonach eine Interessenberührung auch bei Lieferanten oder Subunternehmern zwar denkbar sei, idR aber nicht schwerwiegend sei; idS auch Immenga/Mestmäcker/Dreher GWB § 162 Rn. 11.

[17] OLG München 28.8.2019 – Verg 10/19, BeckRS 2019, 20413.

[18] Vgl. OLG Düsseldorf 13.2.2007 – VII-Verg 2/07, BeckRS 2007, 4814 = VergabeR 2007, 406.

[19] So gehört der Vergabevermerk in aller Regel zu dem, worüber die Vergabekammer sich amtswegig Kenntnis verschaffen muss. Daraus lassen sich die Auftragsprätendenten, die für eine Beiladung in Frage kommen, im Allgemeinen ohne weiteres ermitteln. Davon abgesehen kann die Vergabekammer Beizuladende auch vom Nachprüfungsverfahren unterrichten.

[20] So auch zum weitgehend rechtsähnlichen § 54 Abs. 2 Nr. 3 GWB: Loewenheim/Meessen/Riesenkampff/Becker GWB § 54 Rn. 15 mwN.

len" sollte, dass von einer Beiladung abgesehen werden sollte, wenn der Nachprüfungsantrag nach gewissenhafter Voraussicht keinen Erfolg hat. Die Beiladung kann (anders als in Kartellverwaltungsverfahren, denen das Vergabenachprüfungsverfahren ansonsten weitgehend nachgebildet ist) iÜ erstmals auch noch vom **Beschwerdegericht** ausgesprochen werden.[21]

2. Schwerwiegende Interessenberührung

Die Beiladung setzt eine **kausal durch die Hauptsacheentscheidung** möglich 9 werdende schwerwiegende Interessenberührung des Beizuladenden voraus.[22] Dabei muss es sich um Interessen handeln, die denen des Antragstellers entgegenstehen.[23] Eine so zu bewertende Betroffenheit kann in zwei Konstellationen vorkommen, nämlich
– bei einer schwerwiegenden Berührung wirtschaftlicher Interessen des Beizuladenden (**fakultative Beiladung**) und/oder[24]
– bei einer rechtsgestaltenden Wirkung der Hauptsacheentscheidung für den Beizuladenden (**notwendige, dh prinzipiell zwingende Beiladung**).[25]

Eine schwerwiegende **Berührung wirtschaftlicher Interessen** ist anzunehmen, 10 wenn die Entscheidung über den Nachprüfungsantrag in dem anhängigen Vergabeverfahren nachteilige Auswirkungen auf die Zuschlags- oder die Bewerbungschancen des Beizuladenden haben kann.[26] Dies trifft auf solche Bieter zu, die nicht nur in die vierte Wertungsphase (in die engere Wahl) gekommen sind, sondern die darüber hinaus eine **echte Chance auf den Zuschlag** haben.[27] Ein Angebot hat eine echte Chance auf den Zuschlag, wenn es unter Berücksichtigung der festgelegten Auftragskriterien innerhalb des Wertungsspielraums des Auftraggebers liegt,

---

[21] OLG Karlsruhe 25.11.2008, BeckRS 2009, 1519; OLG Düsseldorf 13.6.2007 – VII-Verg 2/07, BeckRS 2007, 9926; 13.11.2000 – Verg 14/00, BeckRS 2001, 00567 = VergabeR 2001, 59; 26.6.2002 – Verg 24/02, NZBau 2002, 639 = VergabeR 2002, 671; OLG Rostock 20.9.2000 – 17 W 12/00, BeckRS 2000, 31155841 = IBRRS 2003, 1011; OLG Naumburg 9.12.2004 – 1 Verg 21/04, BeckRS 2005, 1682 = NJOZ 2005, 1630. Die Zulässigkeit einer Beiladung durch das Beschwerdegericht wird heute nicht mehr bezweifelt, vgl. RKPP/Dittmann § 162 Rn. 20.
[22] OLG Düsseldorf 19.2.2020 – Verg 26/17, BeckRS 2020, 2221 = VPRRS 2020, 0097.
[23] KG 10.10.2016 – Verg 16/15, BeckRS 2016, 108145 = IBRRS 2017, 0086.
[24] Vgl. ua OLG Düsseldorf 13.11.2000 – Verg 14/00, BeckRS 2001, 00567 = VergabeR 2001, 59; Beck VergabeR/Horn/Hofmann GWB § 162 Rn. 11; jurisPK-VergabeR/Summa GWB § 162 Rn. 14.
[25] Vgl. ua OLG Düsseldorf 13.11.2000 – Verg 14/00, BeckRS 2001, 00567 = VergabeR 2001, 59; vgl. RKPP/Dittmann § 162 Rn. 12. Immenga/Mestmäcker/Dreher GWB § 162 Rn. 7 will die Interessenberührung auf solche rechtlicher Art reduzieren sehen und eine wirtschaftliche Interessenberührung nur ausnahmsweise genügen lassen, wobei unklar bleibt, was einen Ausnahmefall darstellen kann. Eine Ausblendung wirtschaftlicher Interessenberührung widerspricht indes der Wertungseinheit des Vergaberechts mit dem Kartellverwaltungsrecht (vgl. zur kartellrechtlichen Sicht Loewenheim/Meessen/Riesenkampff/Kersting/Meyer-Lindemann/Quellmalz GWB § 54 Rn. 18). Sie beschränkt eine Beiladung faktisch zudem auf Fälle einer möglichen rechtsgestaltenden Wirkung der Hauptsacheentscheidung für den Beigeladenen. In tatsächlicher Hinsicht ist der Meinungsunterschied in vielen Fällen freilich kaum relevant. Denn oft geht es darum, ob das Angebot des Beigeladenen – aus welchen Gründen auch immer – von der Wertung auszuschließen ist. Dann steht immer auch eine für den Beigeladenen rechtsgestaltend wirkende Entscheidung an.
[26] OLG Düsseldorf 19.2.2020 – Verg 26/17, BeckRS 2020, 2221 = VPRRS 2020, 0097.
[27] So ebenfalls OLG Düsseldorf 13.11.2000 – Verg 14/00, BeckRS 2001, 00567 = VergabeR 2001, 59 (60 f.) mwN.

GWB § 162

darauf den Zuschlag zu erteilen (dazu ausf. → § 181 Rn. 20 ff.).[28] Eine echte Zuschlagschance ist im Allgemeinen nur den bis zu drei rangbesten Angeboten zuzuerkennen.[29] Unterhalb dieser Schwelle rangierende, genauso preislich abgeschlagene Angebote können zwar eine wirtschaftliche Betroffenheit, nicht aber die vorausgesetzte **schwerwiegende Interessenberührung** begründen. Dasselbe hat für Angebote zu gelten, die von der Wertung ausgeschlossen worden sind.[30] Das Merkmal der schwerwiegenden Interessenberührung zeichnet sich also dadurch aus, dass die Entscheidung über den Nachprüfungsantrag iS einer bloßen Eignung dazu die tatsächliche Position eines Bieters im Wettbewerb, dh seine echte Chance, im laufenden Vergabeverfahren den Zuschlag zu erhalten, verschlechtern kann.[31]

11   Ist das Vergabeverfahren noch nicht so weit fortgeschritten, dass konkrete Aussagen über die Zuschlagschancen getroffen werden können,[32] ist der Kreis der für eine schwerwiegende Berührung wirtschaftlicher Interessen in Betracht kommenden Bieter unter Umständen weiter zu ziehen. In solchen Fällen genügt eine ernsthafte Aussicht des Angebots auf den Zuschlag, mit der Folge, dass die erforderliche schwerwiegende Betroffenheit möglicherweise keinem der beteiligten Bieter abgesprochen werden kann.[33] In Fällen, in denen der Nachprüfungsantrag wegen vermeintlicher Mängel der Vergabeunterlagen bereits vor Ablauf der Frist zur Angebotsabgabe eingelegt wurde, ist dagegen regelmäßig gar nicht feststellbar, bei welchen Unternehmen mit Interesse am Auftrag eine schwerwiegende Berührung ihrer Interessen vorliegt. Prüft und wertet der Auftraggeber anschließend die gleichwohl eingegangenen Angebote und teilt das Ergebnis der Kammer mit, ist dies ggf. anders zu beurteilen. In einem Teilnahmewettbewerb können durch die Entscheidung solche Bewerber in wirtschaftlichen Interessen schwerwiegend berührt sein, die der öffentliche Auftraggeber ausgewählt hat, zur Abgabe eines Angebots aufgefordert zu werden. Hat eine Auswahl noch nicht stattgefunden, können sämtliche Bewerber beizuladen sein.

12   In Anlehnung an den Rechtsgedanken des § 13 Abs. 2 S. 2 VwVfG[34] ist eine Beiladung **notwendig**, wenn die Entscheidung **rechtsgestaltende Wirkung** für

---

[28] Zum Begriff der echten Chance vgl. BGH 27.11.2007 – X ZR 18/07, BeckRS 2008, 1230 = VergabeR 2008, 219 (222) mwN.

[29] Der Kreis der für einen Zuschlag in Frage kommenden Angebote kann sich freilich maßvoll erweitern, je enger die Angebote wertungsmäßig beieinander liegen. Vgl. aber auch OLG Düsseldorf 14.11.2018 – VII-Verg 31/18, BeckRS 2018, 34753 = IBRRS 2019, 0361: Im Beschwerdeverfahren keine Beiladung des drittplatzierten Bieters bei noch nicht abgeschlossener Wertung durch den Auftraggeber.

[30] Es sei denn, der Ausschluss ist Gegenstand des Nachprüfungsverfahrens; vgl. auch OLG Rostock 9.9.2003 – 17 Verg 11/03, IBRRS 2003, 2580 = VergabeR 2003, 724.

[31] Vgl. auch Byok/Jaeger/Byok GWB § 162 Rn. 9; Immenga/Mestmäcker/Dreher GWB § 162 Rn. 9.

[32] Dies kann der Fall sein, wenn eine Angebotswertung noch nicht stattgefunden hat. Der dem Auftraggeber vorbehaltenen Angebotswertung dürfen die Vergabenachprüfungsinstanzen, auch wenn es (nur) um eine Beiladung geht, nicht vorgreifen.

[33] Vgl. zu solchen Fällen OLG Düsseldorf 26.6.2002 – Verg 24/02, NZBau 2002, 639; OLG Naumburg 25.9.2003 – 1 Verg 11/03, BeckRS 2010, 03712 (Beiladung von 23 „Zuschlagsaspiranten" bei gewerkeweiser Ausschreibung). Der Gefahr „massenhafter" Beiladungen kann nur durch eine Ermessensbetätigung der Vergabekammer begegnet werden, die im Fall notwendiger Beiladung freilich im Grundsatz ausscheidet.

[34] Vgl. zur lückenfüllenden Heranziehung der Grundsätze des VwVfG und der VwGO im Verfahren vor der Vergabekammer Gröning ZIP 1999, 52 (58); Byok/Jaeger/Jaeger GWB § 175 Rn. 17 ff. sowie BayObLG 1.7.2003 – Verg 3/03, BeckRS 2003, 7748 = IBRRS 2003, 2147; OLG Düsseldorf 13.4.1999 – Verg 1/99, BeckRS 1999, 3908 = NZBau 2000, 45 (48); 15.6.2000 – Verg 6/00, BeckRS 2000, 6281 = NZBau 2000, 440 (444); OLG Jena 28.2.2001 – 6 Verg 8/00, BeckRS 2001, 2588 = NZBau 2001, 281 (283).

andere Bieter oder Bewerber haben kann. Dabei geht es um Fälle, in denen ein Eingriff in die Rechtsstellung eines oder mehrerer Mitbewerber im laufenden Vergabeverfahren möglich erscheint. In seinen Interessen schwerwiegend berührt ist daher dasjenige Unternehmen, das für den Zuschlag im konkreten Vergabeverfahren vorgesehen ist und dementsprechend im Informationsschreiben des Antragsgegners gem. § 134 GWB aufgeführt ist.[35] Ihm droht der Verlust des Auftrags. Weiterhin ist dies zB zu bejahen, wenn wegen eines Angriffs gegen die Wahl und die Durchführung eines nicht offenen Verfahrens[36] oder gegen die Vollständigkeit und Bestimmtheit der Vergabeunterlagen[37] ein Zuschlag zu untersagen sein kann und – aus welchen Gründen auch immer – eine Aufhebung des Verfahrens[38] sowie eine Neuausschreibung oder zumindest eine weitgehende Rückversetzung des Vergabeverfahrens in Frage kommt. Genauso ist der Fall zu beurteilen, dass der Antragsteller den Ausschluss des Angebots eines Mitbewerbers von der Wertung anstrebt oder sich sonst gegen dessen Beteiligung wendet.[39] Geht es in einem Nachprüfungsverfahren um die Unwirksamkeit nach § 135 GWB, ist das Unternehmen beizuladen, das bereits den Auftrag erhalten hat. Dies gilt auch, wenn letzteres als eigentlich öffentlicher Auftraggeber „Auftragnehmer" einer nach § 108 Abs. 6 GWB geschlossenen Vereinbarung ist.[40] Hat bei einem Teilnahmewettbewerb der Auftraggeber die Zahl der Bewerber begrenzt, die zur Angebotsabgabe aufzufordern sind, ist bei einem Nachprüfungsantrag, der gegen die Nichtbeteiligung des Antragstellers an der Verhandlungsphase gerichtet ist, zumindest derjenige Bewerber beizuladen, der bei stattgebender Entscheidung der Kammer nicht mehr zur Angebotsabgabe aufzufordern wäre.

IV. Entscheidung über die Beiladung und Anfechtbarkeit

Die Beiladung erfolgt durch Beschluss der Kammer.[41] Eine mündliche Verhandlung ist hierfür nicht erforderlich. Der Beschluss ist nach § 168 Abs. 3 GWB iVm § 61 GWB den anderen Verfahrensbeteiligten zuzustellen. Frühere Bestrebungen, wonach der Vorsitzende der Vergabekammer die Beiladung allein verfügen sollte, sind im Gesetzgebungsverfahren zum Vergaberechtsmodernisierungsgesetz 2016 nicht wieder aufgegriffen worden. Dies ist bei denjenigen Vergabekammern der Länder, die nicht als „stehende" Kammern organisiert sind, nicht unproblematisch. Denn hierdurch wird die Festlegung der Besetzung erforderlich, auch wenn das weitere Verfahren noch offen und insbes. der Termin zur mündlichen Verhandlung noch nicht bestimmt ist. Erfolgt etwa eine Beiladung nur durch den Vorsitzenden, liegt aber in der Hauptsacheentscheidung der vollständig besetzten Kammer nach § 168 GWB, die einen Beigeladenen als solchen bezeichnet und im Tenor berücksichtigt, eine Bestätigung der Beiladung und gleichzeitig eine Heilung des Verfahrensmangels ex-nunc.[42]

13

---

[35] RKPP/Dittmann GWB § 162 Rn. 12; Müller-Wrede/Gaus GWB § 162 Rn. 25.
[36] Vgl. BayObLG 21.5.1999 – Verg 1/99, BeckRS 1999, 0009 = NZBau 2000, 49 (50).
[37] OLG Düsseldorf 13.11.2000 – Verg 14/00, BeckRS 2001, 00567 = VergabeR 2001, 59 (60 f.).
[38] Vgl. OLG Düsseldorf 26.6.2002 – Verg 24/02, BeckRS 2002, 6721 = NZBau 2002, 639.
[39] OLG Düsseldorf 13.11.2000 – Verg 14/00, BeckRS 2001, 00567 = VergabeR 2001, 59 (61).
[40] Vgl. OLG Koblenz 27.1.2021 – Verg 1/19, BeckRS 2021, 10061.
[41] Ebenso RKPP/Dittmann GWB § 162 Rn. 17; HK-VergabeR/Bungenberg GWB § 162 Rn. 13; aA Müller-Wrede/Gaus GWB § 162 Rn. 5.
[42] OLG Frankfurt a. M. 24.11.2022 – 11 Verg 5/21, BeckRS 2022, 38371; 31.10.2022 – 11 Verg 7/21, BeckRS 2022, 38675; 7.6.2022 – 11 Verg 12/21, BeckRS 2022, 19108.

GWB § 162   Verfahrensbeteiligte, Beiladung

14   Bei schwerwiegender Berührung wirtschaftlicher Interessen steht die Beiladung im pflichtgemäßen **Ermessen** der Vergabekammer.[43] Die Ermessensentscheidung ist unter Berücksichtigung der Interessen des Antragstellers, des Auftraggebers und des Beizuladenden sowie der gebotenen Verfahrensbeschleunigung zu treffen.[44] Für den Fall **massenhaft drohender,** das Nachprüfungsverfahren in die Länge ziehender und mit dem Beschleunigungs- und Verhältnismäßigkeitsgebot (§§ 167, 163 Abs. 1 GWB) nicht vereinbarer **Beiladung**[45] sind in Anlehnung an das Kartellverwaltungsrecht[46] Auswahlkriterien zu finden, um die Anzahl der Beizuladenden auf ein prozessual erträgliches Maß zu begrenzen.

15   In Nachprüfungsverfahren, in denen die Vergabekammer innerhalb kurzer Frist (§ 167 Abs. 1 GWB) über nicht selten komplexe Sachverhalte entscheiden muss, ist darauf zu achten, dass das Verfahren nicht durch eine übergroße Zahl von Verfahrensbeteiligten behindert wird. Statt vorsorglich alle Bewerber bzw. Bieter beizuladen, die nur theoretische Zuschlagschancen im Vergabeverfahren haben, kommt insoweit zB eine Auswahl danach in Betracht, ob eine Beiladung (auf entspr. Benachrichtigung) und in welcher Reihenfolge diese beantragt worden ist. Auch kann versucht werden, die Interessen der betroffenen Unternehmen anhand bestimmter Merkmale (zB Marktstellung, Unternehmenszuschnitt und -größe, Marktanteil) zu gruppieren und zu bündeln, um dann jew. nur ein Unternehmen beizuladen, welches eine Interessengruppe repräsentiert. Ferner kann ggf. hinsichtlich Art und Grad einer wirtschaftlichen Betroffenheit und/oder nach der voraussichtlichen Fähigkeit, das Verfahren durch sachdienlichen Vortrag zu fördern, differenziert werden.[47] Der voraussichtliche Verfahrensausgang ist indes ungeeignet, als Auswahlkriterium verwendet zu werden.[48] Die Kammer sollte bei ihrer Entscheidung aber auch berücksichtigen, dass ein nicht beigeladenes Unternehmen bei einer stattgebenden Entscheidung und der entspr. Umsetzung durch den Auftraggeber hiergegen möglicherweise selbst einen Nachprüfungsantrag einreicht. Damit wäre eine größere Verzögerung des Vergabeverfahrens verbunden als mit der Erweiterung des Kreises der Verfahrensbeteiligten. Das Kostenrisiko des Antragstellers, welches mit einer Beiladung mehrerer Unternehmen verbunden ist, ist ebenfalls zu berücksichtigen.

16   Ist die Beiladung **notwendig,** weil die Entscheidung rechtsgestaltende Wirkung haben kann, hat der betreffende Bieter grds. einen **Anspruch** darauf, beigeladen zu werden und ist für eine Ermessensbetätigung kein Raum.[49] Droht die even. von § 13 Abs. 2 S. 2 VwVfG (→ Rn. 12) nicht geregelte Beiladung sehr zahlreicher

---

[43] So ua BayObLG 21.5.1999 – Verg 1/99, BeckRS 1999, 5100 = NZBau 2000, 49 (50); vgl. auch VK Schleswig-Holstein 20.4.2010 – VK-SH 3/10, BeckRS 2010, 19643 = IBRRS 2010, 3334; aA RKPP/Dittmann GWB § 162 Rn. 21.

[44] RSG/Reidt GWB § 162 Rn. 25. Ebenso bereits zu § 109 GWB aF: Bechtold/Otting GWB § 109 Rn. 4; Loewenheim/Meessen/Riesenkampff/Heuvels GWB § 109 Rn. 11.

[45] Dergleichen kann neben dem bereits erwähnten Fall einer gewerkeweisen Ausschreibung auch bei der Ausschreibung von Hilfsmittel- und Rabattverträgen durch gesetzliche Krankenkassen (§§ 127, 130a Abs. 8 SGB V) vorkommen.

[46] Vgl. Bechtold/Bosch/GWB § 54 Rn. 12; Loewenheim/Meessen/Riesenkampff/Kersting/Meyer-Lindemann/Quellmalz GWB § 54 Rn. 20.

[47] Vgl. OLG Düsseldorf 21.9.2005 – VI-Kart 10/05 (V), BeckRS 2005, 30363051 = WuW/E DE-R 1607 (1608).

[48] So ebenfalls RKPP/Dittmann GWB § 162 Rn. 8 sowie zum rechtsähnlichen § 54 Abs. 2 Nr. 3 GWB Loewenheim/Meessen/Riesenkampff/Kersting/Meyer-Lindemann/Quellmalz GWB § 54 Rn. 17 mwN.

[49] Vgl. KG 27.5.2019 – Verg 4/19, BeckRS 2019, 10963 = IBRRS 2019, 1799; BayObLG 21.5.1999 – Verg 1/99, BeckRS 1999, 5100 = NZBau 2000, 49 (50); RSG/Reidt GWB § 162 Rn. 22.

Unternehmen, die eine Einhaltung der Entscheidungsfrist nach § 167 Abs. 1 GWB von vornherein aussichtslos werden lässt, ist aus übergeordneten Erwägungen, die den Geboten der Verhältnismäßigkeit und der Beschleunigung geschuldet sind,[50] freilich zu überlegen, ob unter den für eine Beiladung in Betracht kommenden Unternehmen nach den unter → Rn. 15 genannten Kriterien gem. dem rechtlichen Maßstab eines Beurteilungsspielraums nicht doch eine sachgerechte Auswahl vorgenommen werden kann (die Erfahrung hat gezeigt, dass solches insbes. bei der Ausschreibung von Rabattverträgen durch gesetzliche Krankenkassen veranlasst sein kann). Auch hier hat zu gelten, dass das Nachprüfungsverfahren nicht durch eine übergroße Zahl daran Beteiligter behindert werden darf. Dass das Vergabenachprüfungsverfahren gemessen an seinem Zweck und der Zielsetzung bestimmte Sonderregelungen erfordern kann, ist anerkannt.[51]

In **zeitlicher** Hinsicht kann die Beiladung bis zur Bestands- oder Rechtskraft der Hauptsacheentscheidung ausgesprochen werden.[52] Um dem Beschleunigungsgebot zu entsprechen, sollte sie jedoch möglichst früh im Nachprüfungsverfahren erfolgen. Allerdings muss die Kammer hinreichend mit dem Verfahrensstoff vertraut sein, um über eine Beiladung entscheiden zu können. Hierfür ist regelmäßig erforderlich, dass die Vergabeakten sowie die Antragserwiderung des Auftraggebers vorliegen. Es ist darauf zu achten, dass nach der Beiladung dem Beigeladenen ein ausreichender Zeitraum zur Einarbeitung in den Verfahrensstoff bis zur mündlichen Verhandlung zur Verfügung steht. Insoweit ist ein Zeitraum von zwei Wochen für ausreichend angesehen worden.[53] Eine Beiladung scheidet nach Rücknahme des Nachprüfungsantrags aus, auch wenn über die Kosten noch nicht entschieden wurde, denn eine dem Nachprüfungsantrag stattgebende Entscheidung kann nach dessen Rücknahme nicht mehr ergehen.[54] Aus denselben Erwägungen ist ein Zuschlagsdestinatär im Verfahren nach § 168 Abs. 2 S. 2 GWB nicht beizuladen, denn ein stattgebender Feststellungsantrag kann keinesfalls zu einer Aufhebung des Zuschlags oder zu irgendwelchen rechtlichen Auswirkungen auf den geschlossenen Leistungsvertrag führen.[55] Bei Wegfall der Voraussetzungen kann die Beiladung – nach vorheriger Gewährung rechtlichen Gehörs – jederzeit **aufgehoben** werden.[56] Das ist ua der Fall, wenn der Beigeladene entgegen der ursprünglichen Annahme der Vergabekammer die gleichen Interessen verfolgt wie der Antragsteller. Denn in einer solchen Situation werden die wirtschaftlichen oder rechtlichen

17

---

[50] Dies iÜ auch in Übereinstimmung mit der RL 2007/66/EG, Erwgr. 2.
[51] Ein beredtes Zeugnis dafür legt gerade die Rspr. zum Institut der Beiladung ab. Während die Beiladung im kartellbehördlichen Verfahren (§ 54 Abs. 2 Nr. 3 GWB) in erster Linie der Förderung des Verwaltungsverfahrens und der individuellen Interessen des Beizuladenden dient (vgl. ua BGH 7.11.2006 – KVR 37/05, BeckRS 2006, 15093 = IBRRS 2007, 2524 Rn. 12), stehen bei der vergaberechtlichen Beiladung die individuelle Interessenwahrnehmung sowie die Gewährung rechtlichen Gehörs einschl. der Möglichkeit, sich gegen eine evtl. nachteilige Entscheidung der Vergabenachprüfungsstelle zu verteidigen, im Vordergrund. Was die Erlangung des Auftrags anbelangt, stehen der Antragsteller und das beizuladende Unternehmen idR in einem direkten Interessengegensatz. Auch bei der Zulassung der Beiladung durch das Beschwerdegericht ist das Vergaberecht andere Wege als das Kartellrecht gegangen (vgl. OLG Düsseldorf 13.11.2000 – Verg 14/00, BeckRS 2001, 00567 = VergabeR 2001, 59).
[52] So auch Immenga/Mestmäcker/Dreher GWB § 162 Rn. 16.
[53] OLG Schleswig 15.4.2014 – 1 Verg 4/13, BeckRS 2014, 12004 = IBBRS 2014, 1502.
[54] So OLG München 28.8.2019 – Verg 10/19, BeckRS 2019, 20413 = VergabeR 2020, 125 (128).
[55] OLG München 28.8.2019 – Verg 10/19, BeckRS 2019, 20413 = VergabeR 2020, 125 (128); RKPP/Dittmann GWB § 162 Rn. 13.
[56] KG 10.10.2016 – Verg 16/15, BeckRS 2016, 108145 = IBRRS 2017, 0086; OLG Düsseldorf 20.5.2008 – VII-Verg 27/08, BeckRS 2008, 11323; RKPP/Dittmann GWB § 162 Rn. 22.

Interessen des Beigeladenen auch durch eine Stattgabe des Nachprüfungsantrags nicht berührt.[57]

18 Sowohl die eine Beiladung aussprechende Entscheidung als auch deren Ablehnung sind **unanfechtbar**.[58] Dies geht unmittelbar aus S. 2 von § 162 GWB hervor, der nach seinem Wortlaut „die Entscheidung über die Beiladung" einer Anfechtung entzieht und nicht lediglich „die Beiladung". Das Nachprüfungsverfahren und die Auftragsvergabe sollen nicht durch Rechtsmittel gegen eine die Beiladung betreffende Entscheidung der Vergabekammer und deren Anfechtung aufgehalten werden können. Davon abgesehen handelt es sich auch bei der die Beiladung betreffenden Entscheidung der Vergabekammer um eine sog. Zwischenentscheidung, die grds. nicht selbständig anfechtbar ist.[59]

§ 163 Untersuchungsgrundsatz

(1) [1]**Die Vergabekammer erforscht den Sachverhalt von Amts wegen.** [2]**Sie kann sich dabei auf das beschränken, was von den Beteiligten vorgebracht wird oder ihr sonst bekannt sein muss.** [3]**Zu einer umfassenden Rechtmäßigkeitskontrolle ist die Vergabekammer nicht verpflichtet.** [4]**Sie achtet bei ihrer gesamten Tätigkeit darauf, dass der Ablauf des Vergabeverfahrens nicht unangemessen beeinträchtigt wird.**

(2) [1]**Die Vergabekammer prüft den Antrag darauf, ob er offensichtlich unzulässig oder unbegründet ist.** [2]**Dabei berücksichtigt die Vergabekammer auch einen vorsorglich hinterlegten Schriftsatz (Schutzschrift) des Auftraggebers.** [3]**Sofern der Antrag nicht offensichtlich unzulässig oder unbegründet ist, übermittelt die Vergabekammer dem Auftraggeber eine Kopie des Antrags und fordert bei ihm die Akten an, die das Vergabeverfahren dokumentieren (Vergabeakten).** [4]**Der Auftraggeber hat die Vergabeakten der Kammer sofort zur Verfügung zu stellen.** [5]**Die §§ 57 bis 59 Absatz 1 bis 4, § 59a Absatz 1 bis 3 und § 59b sowie § 61 gelten entsprechend.**

Literatur: Berneke/Schüttpelz, Die einstweilige Verfügung in Wettbewerbssachen, 4. Aufl. 2018; Steck, Aktuelle Entwicklungen und ungeklärte Fragen zum vergaberechtlichen Nachprüfungsverfahren, VergabeR 2022, 300.

Übersicht

	Rn.
I. Bedeutung der Vorschrift	1
II. Untersuchungsgrundsatz (Abs. 1)	2
1. Grundsätze	2
2. Pflichtgemäßes Ermessen	3
3. Grenzen der Untersuchungspflicht	4
a) Ausschluss des Angebots	5
b) Keine allgemeine Rechtmäßigkeitskontrolle	6
c) Keine ungefragte Fehlersuche	7
d) Mitwirkungsobliegenheit der Beteiligten	8

---

[57] KG 10.10.2016 – Verg 16/15, BeckRS 2016, 108145 = IBRRS 2017, 0086.

[58] Vgl. zur Ablehnung einer Beiladung OLG Karlsruhe 25.11.2008 – 15 Verg 13/08, BeckRS 2009, 1519; OLG Frankfurt a. M. 28.6.2005 – 11 Verg 9/05, BeckRS 2005, 10513; RKPP/Dittmann GWB § 162 Rn. 27–29; Immenga/Mestmäcker/Dreher GWB § 162 Rn. 17; Müller-Wrede/Gaus GWB § 162 Rn. 58.

[59] Vgl. ua OLG Düsseldorf 28.12.2007 – VII-Verg 40/07, BeckRS 2008, 742 = VergabeR 2008, 281 (282).

	Rn.
e) Keine unangemessene Beeinträchtigung des Vergabeverfahrens	10
4. Darlegungs- und Beweislast	11
III. Offensichtliche Erfolglosigkeit des Nachprüfungsantrags und Übermittlung des Nachprüfungsantrags an den Auftraggeber (Abs. 2 S. 1, 3)	12
IV. Aktenanforderung und Übersendung (Abs. 2 S. 3, 4)	14
V. Schutzschrift (Abs. 2 S. 2)	15
VI. Verweisung auf kartellrechtliche Regelungen (Abs. 2 S. 5)	17

I. Bedeutung der Vorschrift

Das VergRModG 2016 hat die frühere Bestimmung des § 110 GWB aF unverändert übernommen. Eine ggü. der Vorläufernorm andere Akzentuierung hat ihr bereits das Änderungsgesetz aus dem Jahr 2009 verliehen.[1] Es ist um die Klarstellung gegangen, dass im Nachprüfungsverfahren vor der Vergabekammer nicht allen denkbaren Möglichkeiten zur Aufklärung des Sachverhalts vAw nachzugehen und das Vergabeverfahren keiner allg. Rechtmäßigkeitskontrolle zu unterziehen ist. Damit sollte insbes. einer **„ungefragten" Fehlersuche** durch die Nachprüfungsstelle entgegengewirkt werden.[2] Zu dem Zweck sind in Abs. 1 die S. 2 und 3 eingefügt worden. Durch Abs. 2 S. 2 ist das aus einstweiligen Verfügungsverfahren vor den Zivilgerichten bekannte, dort insbes. im gewerblichen Rechtsschutz genutzte Institut der **Schutzschrift** im Vergabeprozessrecht kodifiziert worden. Nach Abs. 2 S. 3 übermittelt die Vergabekammer dem Auftraggeber eine Kopie des Nachprüfungsantrags. Auf das Erfordernis einer Postzustellung ist schon im VergRModG 2009 verzichtet worden. Dies steht im Zusammenhang mit dem Zuschlagsverbot nach § 169 Abs. 1 GWB. Um dieses im Interesse des Primärrechtsschutzes möglichst rasch entstehen zu lassen, wählten die Vergabekammern zuvor bereits oft den Weg einer Telefaxzustellung. Diese war freilich nicht in allen Fällen zugelassen (vgl. § 5 Abs. 4 VwZG), ist nach der Änderung jedoch uneingeschränkt statthaft. Die Übersendung einer Fotokopie des Nachprüfungsantrags an die Vergabeprüfstelle ist mit der Streichung des früheren § 103 GWB aF entfallen. 1

---

[1] In der damaligen Entwurfsbegründung der Bundesregierung heißt es insoweit zum Untersuchungsgrundsatz (BT-Drs. 16/10117, 22 (zu Nr. 14, § 110)): *„Die Pflicht zur Erforschung des Sachverhalts von Amts wegen bedeutet, dass die Kammer alle Tatsachen aufzuklären hat, die für ihre Entscheidung objektiv erforderlich sind. Die Vergabekammer bestimmt dabei nach pflichtgemäßem Ermessen die Art und den Umfang der Ermittlungen und hat alle in der von § 113 Abs. 1 S. 1 GWB vorgegebenen Frist zur Verfügung stehenden, rechtlich zulässigen Möglichkeiten einer Aufklärung des relevanten Sachverhalts auszuschöpfen. Absatz 1 Satz 2 konkretisiert, inwieweit die Vergabekammer dabei über das Vorbringen der Beteiligten hinaus verpflichtet ist, Nachforschungen anzustellen. Die Vergabekammer darf sich auf die Vergabeakten oder sonstige Umstände beschränken, die dem sorgfältig ermittelnden Beamten zur Kenntnis gelangt wären. Zu solchen sonstigen Umständen zählen beispielsweise Indizien wie Pressemeldungen darüber, dass der öffentliche Auftraggeber mit dem obsiegenden Bieter Nachverhandlungen geführt hat, ohne dass diese zum Bestandteil der Vergabeakte wurden. Der Gesetzgeber stellt nunmehr weiterhin klar, dass die Vergabekammer nicht zu einer umfassenden Rechtmäßigkeitskontrolle verpflichtet ist. Auch im Nachprüfungsverfahren ist nicht allen denkbaren Möglichkeiten zur Aufklärung des Sachverhalts von Amts wegen nachzugehen"*.

[2] Vgl. wegen einer dahingehenden Ermahnung in vergleichbaren verwaltungsgerichtlichen Verfahren auch BVerwG 17.4.2002 – 9 CN 1.01, NJW 2002, 2807: Eine „ungefragte" Fehlersuche ist im Zweifel dann nicht sachgerecht, wenn sie das Rechtsschutzbegehren des Klägers aus dem Auge verliert.

II. Untersuchungsgrundsatz (Abs. 1)

1. Grundsätze

2   Die Amtsermittlungspflicht der Vergabekammer in **erstinstanzlichen** Nachprüfungsverfahren entspricht derjenigen der Kartellbehörde nach § 57 GWB, auf die in Abs. 2 S. 5 verwiesen ist. Sie ist abzugrenzen gegen den im **Beschwerdeverfahren** geltenden Untersuchungsgrundsatz (§ 75 Abs. 1, § 175 Abs. 2 GWB). Jener veranlasst im Ansatz keine erstmalige Aufklärung des Sachverhalts, sondern, weil dies bereits in der ersten Nachprüfungsinstanz geschehen soll, lediglich ergänzende Ermittlungen zur Schließung etwaiger Lücken im Tatsachenstoff,[3] die erst dann anzustellen sind, wenn der Vortrag der Verfahrensbeteiligten oder der Sachverhalt als solcher bei sorgfältiger Überlegung der sich aufdrängenden Möglichkeiten dazu Anlass gibt.[4] Demgegenüber hat die Vergabekammer – genauso wie die Kartellbehörde, aber mit den daran durch § 163 Abs. 1 GWB angebrachten Einschränkungen – den entscheidungserheblichen Sachverhalt erstmals zusammenzutragen, worin sich einfügt, dass sich die Verfahrensbeteiligten im erstinstanzlichen Nachprüfungsverfahren nicht durch Rechtsanwälte vertreten lassen müssen. In den Ausprägungen des Untersuchungsgrundsatzes nach § 57 und § 75 GWB, aber auch der in verwaltungsgerichtlichen Verfahren geltenden Untersuchungspflicht gem. § 86 Abs. 1 VwGO, bestehen sachliche Übereinstimmungen. Von daher ist vom kartellverwaltungsrechtlichen Verständnis der Untersuchungsmaxime auszugehen. Danach hat die Vergabekammer – mit den oben angebrachten Einschränkungen – den **Sachverhalt** ohne Bindung an den Vortrag der Verfahrensbeteiligten **von sich aus zu erforschen** und dazu die Ermittlungen anzustellen, die zur Aufklärung objektiv erforderlich sind. Dabei sind alle vernünftigerweise zu Gebote stehenden Aufklärungsmöglichkeiten auszuschöpfen, die geeignet sind, die für die Entscheidung notwendige Überzeugung der Vergabekammer zu begründen.[5] Als **Erkenntnismittel** kommen nicht nur die in § 57 Abs. 2 GWB aufgeführten (strengbeweislichen) Beweismittel (Augenschein, Zeugen oder Sachverständigengutachten), sondern, weil die Vorschrift keinen abschl. Charakter hat, iS eines Freibeweises auch darüber hinausgehende Erkenntnisquellen in Betracht (zB Urkundenbeweis, Befragung der Verfahrensbeteiligten, Auskünfte jeder Art, Briefwechsel, sonstige Schriftstücke, Inhalt von Telefonvermerken, Nachforschungen im Internet, eidesstattliche Versicherungen). Es herrscht der Grundsatz der **freien Beweiswürdigung** (§ 286 ZPO, § 173 VwGO). Eine **vorweggenommene Beweiswürdigung** ist prozessual unzulässig und stellt einen Verfahrensfehler dar.[6] Hinsichtlich der eine Zurückweisung eines – vor einer Beweisanregung durch die bloße (insbes. schriftsätzliche) Benennung des Beweismittels zu unterscheidenden – ausdr. gestellten Beweisantrags[7] tragenden Gründe sind die Grundsätze des Verwaltungsprozessrechts heranzuziehen, so dass letztlich insbes. auf die Bestimmungen der ZPO und § 244 StPO abzustellen ist.[8] Dass es sich um einen

---

[3] Bechtold/Bosch/Bechtold/Bosch GWB § 75 Rn. 2 f. mwN.

[4] So BGH 11.11.2008 – KVR 60/07, NJW-RR 2009, 264 Rn. 32 mwN zur vergleichbaren gerichtlichen Untersuchungspflicht in Kartellverwaltungsverfahren; OLG Düsseldorf 29.12.2001 – Verg 22/01, NZBau 2002, 578 (580) zum Vergabenachprüfungsverfahren.

[5] So auch die Gesetzesbegr., vgl. BT-Drs. 16/10117, 22 (zu Nr. 14, § 110).

[6] Vgl. ua BVerwG 22.9.1992 – 7 B 40/92, NVwZ 1993, 377 (378); Bader/Funke-Kaiser/Stuhlfauth/von Albedyll/Stuhlfauth VwGO § 86 Rn. 35; Zöller/Greger ZPO § 286 Rn. 12 mwN.

[7] Zum Begriff Eyermann/Schübel-Pfister/Schübel-Pfister VwGO § 86 Rn. 52; BeckOK VwGO/Breunig VwGO § 86 Rn. 64.

[8] Vgl. BeckOK VwGO/Breunig VwGO § 86 Rn. 69.

förmlichen Beweisantrag handelt, ist spätestens in der mündlichen Verhandlung klarzustellen (und zu protokollieren).[9] Nähere Regelungen zur Beweiserhebung ergeben sich aus Abs. 2 S. 5 (→ Rn. 17).

2. Pflichtgemäßes Ermessen

Das Vorgehen bei der Erforschung des Sachverhalts liegt im **pflichtgemäßen Ermessen** der Vergabekammer.[10] Dies bedeutet freilich keine Beliebigkeit idS, dass sich die Vergabekammer nach Belieben auf eine Prüfung des Vortrags der Verfahrensbeteiligten beschränken oder weitergehende Ermittlungen anstellen kann. Das liefe auf vom Gesetz nicht zugelassene willkürliche und unterschiedliche Verfahrensweisen der Vergabekammern hinaus. § 163 Abs. 1 S. 2 GWB sagt demgegenüber, dass die Vergabekammer sich bei der Aufklärung auf dasjenige beschränken kann, was von den Beteiligten vorgebracht wird oder ihr sonst bekannt sein muss. Bei dem, was der Vergabekammer sonst bekannt sein muss, handelt es sich nach der Gesetzesbegr.[11] um die Vergabeakten oder sonstige Umstände, die einem sorgfältig ermittelnden Beamten zur Kenntnis gelangt wären (wobei in der Begr. als nicht sehr praxisnahes Beispiel Pressemeldungen über unzulässige Nachverhandlungen genannt werden). Das heißt: So weit wie der **Vortrag der Verfahrensbeteiligten** reicht, er mithin ausdr. oder stillschweigend auf die Vergabeakten Bezug nimmt, verlangt eine pflichtgemäße Ausübung des Aufklärungsermessens und mithin eine sorgfältige Ermittlung, dass die Vergabekammer die **Vergabeakten** als sachnächste Erkenntnisquelle zu Rate zieht und den Vortrag der Beteiligten mit deren Inhalt abgleicht. Denn allzu häufig lehrt die Erfahrung, dass die Verfahrensbeteiligten eben doch nicht so genau und vollständig dasjenige wiedergeben, was in den Vergabeakten zu lesen steht oder wie zB die Vergabeunterlagen aus der maßgebenden Sicht eines fachkundigen Bieters zu verstehen sind. Ohne Ermessensfehler (Ermessensnichtgebrauch) kann sich die Vergabekammer demzufolge im Allgemeinen nicht auf eine bloße Prüfung des Vortrags der Verfahrensbeteiligten zurückziehen. Infolgedessen wird sie sich bspw. in einem offenen Verfahren idR Kenntnis zu verschaffen haben vom Inhalt der Auftragsbekanntmachung, der Angebotsaufforderung, der Vergabeunterlagen, mindestens von den Eckpunkten oder beanstandeten Inhalten des Angebots des Antragstellers[12] und/oder des Beigeladenen sowie von der Angebotswertung und der Dokumentation (Vergabevermerk). Zu **weitergehenden Ermittlungen** ist die Vergabekammer nur auf Vortrag der Verfahrensbeteiligten gehalten (zB auf das Vorbringen eines Verstoßes gegen den Geheimwettbewerb bei der Angebotsvorbereitung oder gegen das Verbot wettbewerbsbeschränkender oder unlauterer Verhaltensweisen). Auf verfügbare Erkenntnismöglichkeiten darf die Vergabekammer nur **verzichten,** wenn ein Beweismittel untauglich oder für die Entscheidung unerheblich ist, oder wenn sie vom Vorliegen oder Fehlen entscheidungserheblicher Tatsachen bereits überzeugt ist – ohne dass dem davon nachteilig Betroffenen die Möglichkeit genommen werden darf, eine vorläufige Überzeugung durch einen Gegenbeweis zu entkräften.

3. Grenzen der Untersuchungspflicht

Die Amtsermittlungspflicht der Vergabekammer ist, auch unter dem Gesichtspunkt einer gebotenen Beschleunigung der Nachprüfungsverfahren (§ 167 GWB), in mehrfacher Hinsicht eingeschränkt.

---

[9] Vgl. BeckOK VwGO/Breunig VwGO § 86 Rn. 67.
[10] S. auch die Gesetzesbegründung BT-Drs. 16/10117, 22 (zu Nr. 14, § 110).
[11] Zum VergRModG 2009, BT-Drs. 16/10117, 22 (zu Nr. 14, § 110).
[12] Dieses allein auch wegen der Höhe der Gebühr (§ 182 Abs. 2 GWB).

GWB § 163 — Untersuchungsgrundsatz

5   a) **Ausschluss des Angebots.** Ist das **Angebot** des Antragstellers – aus welchen Gründen auch immer – von der Wertung **auszuschließen,** sind abgesehen von einer Überprüfung des Ausschlussgrundes keine weiteren Ermittlungen anzustellen, es sei denn, der Antragsteller greift das Vergabeverfahren mit einer prozessual zulässigen Begründung an, die ihm eine **„zweite Chance"** eröffnet, sich mit einem dieses Mal fehlerlosen Angebot an einem neu eröffneten Bieterwettbewerb zu beteiligen (→ § 160 Rn. 24).

6   b) **Keine allgemeine Rechtmäßigkeitskontrolle.** Die Vergabekammer hat das Vergabeverfahren **keiner allg. Rechtmäßigkeitskontrolle** zu unterziehen.[13] Gem. der Untersuchungsmaxime sind immer nur solche Vorgänge in den Blick zu nehmen, durch die spezifisch der Antragsteller in Rechten verletzt worden sein kann und er iSd § 160 Abs. 2 GWB einen Schaden zu gewärtigen hat. Auch sind Nachprüfungsanträge, soweit sie **„Popularklagen"** sind, vergaberechtlich unzulässig (→ § 160 Rn. 17).

7   c) **Keine ungefragte Fehlersuche.** Die Nachprüfungsstelle hat sich auf keine **„ungefragte"** Fehlersuche zu begeben.[14] Die Untersuchungspflicht ist nicht so auszulegen und zu verstehen, dass die Vergabekammer eine Sache in einer alle denkbaren Streitpunkte abschl. klärenden Weise einer Entscheidung zuzuführen hat. Ermittlungen sind unter dem Aspekt des nachgesuchten effektiven Primärrechtsschutzes prinzipiell immer nur mit Blick auf das **zulässige Rechtsschutzbegehren** des Antragstellers vorzunehmen. Die Amtsermittlung darf deshalb im Grundsatz nicht dazu führen, dass der Antrag aufgrund von Verfahrensfehlern erfolgreich ist, die der Antragsteller nicht nach § 160 Abs. 2, 3 GWB zulässig zum Gegenstand seines Antrags gemacht hat. Davon wird lediglich bei besonders schwerwiegenden Verstößen eine Ausnahme gemacht, auf Grund der eine vergaberechtskonforme Wertung und damit ein Zuschlag auf Grundlage der vorliegenden Ausschreibung nicht mehr möglich ist.[15] Insoweit wird dem Umstand Rechnung getragen, dass es sich bei den Bestimmungen des § 160 Abs. 2, 3 S. 1 GWB nur um prozessuale Regelungen handelt, die die materielle Rechtslage unberührt lassen. Auch die Versäumung der Rügefrist führt zu keiner materiellen Präklusion (→ § 160 Rn. 36). Eine solche Ausnahme kommt insbes. in Betracht, wenn der Antrag ohnehin (teilw.) erfolgreich ist, es aber ausgeschlossen erscheint, dass eine auf den gerügten Mangel beschränkte Wiederholung zu einer vergaberechtskonformen Entscheidung führen kann,[16] ist hierauf aber nicht beschränkt. Doch ist mindestens zu verlangen, dass der Nachprüfungsantrag nicht vollständig unzulässig ist, denn erst ein **zulässiger**

---

[13] So ua OLG Düsseldorf 15.6.2005 – VII-Verg 5/05, BeckRS 2005, 7946 Rn. 16 = VergabeR 2005, 670 (671).

[14] OLG Düsseldorf 12.6.2019 – Verg 54/18, NZBau 2020, 109 Rn. 55 – Rheinbrücke Leverkusen; BeckOK VergabeR/Queisner GWB § 163 Rn. 15; Immenga/Mestmäcker/Dreher GWB § 163 Rn. 18; sa Gröning VergabeR 2003, 638 (639 ff.) hinsichtlich ungefragter Suche nach Fehlern im Angebot des Antragstellers.

[15] Vgl. OLG Düsseldorf 11.7.2018 – VII Verg 24/18, NZBau 2019, 64 Rn. 42 – Poppelsdorfer Schloss; OLG Rostock 30.9.2021 – 17 Verg 3/21, NZBau 2022, 182 Rn. 28 – Abfalllogistikleistungen; Beck VergabeR/Horn/Hofmann GWB § 163 Rn. 9; BeckOK VergabeR/Queisner GWB § 163 Rn. 17; Byok/Jaeger/Byok GWB § 163 Rn. 5; HK-VergabeR/Bungenberg, GWB § 163 Rn. 9; jurisPK-VergabeR/Summa GWB § 163 Rn. 14; Müller-Wrede/Gaus GWB § 163 Rn. 19, alle mwN; ablehnend MüKoEuWettbR/Jaeger GWB § 163 Rn. 9; sa RKPP/Ohlerich GWB § 163 Rn. 13.

[16] Vgl. das Beispiel bei jurisPK-VergabeR/Summa GWB § 163 Rn. 14: Jedenfalls ist die Angebotswertung wegen gerügter Dokumentationsmängel zu wiederholen, doch weisen die nicht gerügten Zuschlagskriterien Mängel auf, die eine diskriminierungsfreie Wertung ausschließen.

Untersuchungsgrundsatz **§ 163 GWB**

Nachprüfungsantrag begründet eine Sachentscheidungskompetenz der Vergabekammer. Demgegenüber hat die Vergabekammer sich aus dem ihr bekannten Sachverhalt ergebende oder sonst aufdrängende, vom Auftraggeber nicht geltend gemachte weitere Ausschlussgründe zu berücksichtigen, ist aber nach Abs. 1 S. 2 nicht verpflichtet, diesen auch dann vAw nachzugehen, wenn sie sich eben nicht aufdrängen.[17] Im Ergebnis wird die Handhabung der Fehlersuche freilich eine Frage des Fingerspitzengefühls im Einzelfall bleiben.[18] Dabei geht es darum, die richtige Balance zwischen materiell-rechtlich richtiger Entscheidung, dem Rechtsschutzbegehren des Antragstellers und der gebotenen Beschleunigung des Verfahrens zu finden. Geht die Vergabekammer über ihre durch Abs. 1 S. 2, 3 beschränkte Verpflichtung zur Sachaufklärung hinaus, liegt darin allerdings nicht ohne weiteres ein Verfahrensfehler. Die Regelung beschränkt nur die Aufklärungsplicht, macht aber eine weitergehende Aufklärung nicht grds. rechtswidrig.[19] Selbst wenn die Vergabekammer die Reichweite der Ermittlungen einmal doch ermessensfehlerhaft überspannt hat, bleiben dabei gewonnene Erkenntnisse bei den folgenden Entscheidungen stets zu berücksichtigen, eine Entscheidung wider besseres Wissen wäre mit Art. 20 Abs. 3 GG unvereinbar. Dies hat indessen nicht zur Folge, dass Vergaberechtsfehler nicht nach § 160 Abs. 3 S. 1 GWB oder aus anderen Gründen für das konkrete Nachprüfungsverfahren unbeachtlich bleiben können. Selbstverständlich ist stets **rechtliches Gehör** zu gewähren.

d) Mitwirkungsobliegenheit der Beteiligten. Nach § 167 Abs. 2 GWB unterliegen die Verfahrensbeteiligten einer Mitwirkungsobliegenheit; sie haben sich iRd Möglichen und Zumutbaren an der Aufklärung des entscheidungserheblichen Sachverhalts zu beteiligen (→ § 167 Rn. 15 ff.). Dem können sich weder der Antragsteller noch der Auftraggeber unter Berufung auf den Untersuchungsgrundsatz entziehen. Die Amtsermittlungspflicht setzt zunächst einen in jeder Hinsicht zulässigen und hinreichend begründeten Nachprüfungsantrag voraus (→ § 160 Rn. 17 ff.). Sie dient nicht dazu, die Nachprüfungsinstanz Vergaberechtsverstöße erstmals recherchieren zu lassen.[20] Kommt ein Beteiligter seiner Verfahrensförderungsobliegenheit nicht nach, kann sich die Aufklärungspflicht der Nachprüfungsinstanzen zu seinen Lasten reduzieren.[21] Ferner kann die Vergabekammer den Beteiligten (angemessene) **Fristen** setzen, innerhalb derer eine Äußerung zu klärungsbedürftigen Fragen zu erfolgen hat sowie Schriftstücke oder Beweismittel bezeichnet und iS einer Präsenz spätestens bis zum Verhandlungstermin herbeizuschaffen sind, sofern diese noch berücksichtigt werden sollen (§ 167 Abs. 2 S. 2 GWB).

Als **unselbständige Zwischenentscheidung** ist eine dahingehende Aufforderung nicht isoliert, sondern nur zusammen mit der Hauptsacheentscheidung anfechtbar. Kommen die Verfahrensbeteiligten ihr nicht nach, darf ohne Rücksicht auf die nicht beigebrachten Beweismittel nach dem bei Schluss der mündlichen Verhandlung gegebenen Sach- und Streitstand entschieden werden (zur Frage einer **Darlegungs- und Beweislast** → Rn. 11). Nach Fristablauf, aber noch vor Schluss der mündlichen Verhandlung angebrachtes Vorbringen oder eingereichte Beweismittel sind bei der Entscheidung grds. zu berücksichtigen, es sei denn, sie werden erst zu einem so späten Zeitpunkt angebracht, dass den übrigen Verfahrensbeteiligten eine

8

9

---

[17] Vgl. dazu (zT weitergehend) OLG Schleswig 28.4.2021 – 54 Verg 02/21, BeckRS 2021, 47379 Rn. 25 ff; sa Immenga/Mestmäcker/Dreher GWB § 163 Rn. 18.
[18] Vgl. auch BVerwG 17.4.2002 – 9 CN 1.01, NJW 2002, 2807.
[19] So auch MüKoEuWettbR/Jaeger GWB § 163 Rn. 10; RSG/Reidt GWB § 163 Rn. 6; RKPP/Ohlerich GWB § 163 Rn. 23.
[20] So OLG München 7.8.2007 – Verg 8/07, ZfBR 2007, 718 (719).
[21] OLG Düsseldorf 23.2.2005 – VII-Verg 92/04, BeckRS 2005, 151013 Rn. 6; 19.11.2003 – Verg 22/03, ZfBR 2004, 98 (98 f.).

Erwiderung unter zumutbaren Bedingungen nicht mehr möglich ist. Dann dürfen sie der Entscheidung iS einer **Präklusion** nicht zugrunde gelegt werden.[22]

10 **e) Keine unangemessene Beeinträchtigung des Vergabeverfahrens.** Schließlich hat die Vergabekammer bei ihrer gesamten Tätigkeit und daher auch bei ihren Ermittlungen darauf zu achten, dass der Ablauf des Vergabeverfahrens nicht unangemessen beeinträchtigt wird (Abs. 1 S. 4). Die Vorschrift fordert eine Beachtung der **Verhältnismäßigkeit** im Vergabenachprüfungsverfahren.[23] Danach soll das Vergabeverfahren über die gewöhnliche, mit der Durchführung eines Nachprüfungsverfahrens notwendig verbundene Verzögerung hinaus nicht über Gebühr weiter verzögert werden, zB durch aufwändige oder zeitraubende Ermittlungen oder Beweisaufnahmen, solche mit zweifelhaftem Erkenntnisgewinn oder durch umständliches Herbeischaffen von Beweismitteln. Die Vergabekammer darf sich – im Rahmen ihres im Einzelfall jew. auszuübenden pflichtgemäßen Ermessens – darauf beschränken, nur bestimmte, objektiv für besonders aussagekräftig zu erachtende Beweismittel auszuschöpfen, sofern weitere Beweise nicht aufgrund von Beweisanträgen zu erheben sind (→ Rn. 2).

4. Darlegungs- und Beweislast

11 Infolge des geltenden Untersuchungsgrundsatzes (§ 163 Abs. 1 GWB und in der Beschwerdeinstanz §§ 75 Abs. 1, 175 Abs. 2 GWB) kennt das Vergabenachprüfungsverfahren an sich keine prozessuale **Darlegungslast**, doch beeinflusst der Sachvortrag der Beteiligten gem. Abs. 1 S. 2 die Reichweite der vAw durchzuführenden Untersuchungen (→ Rn. 3, → Rn. 8 f.), weil sich die Vergabekammer danach auf das beschränken kann, was von den Beteiligten vorgebracht wird oder ihr sonst bekannt sein muss. Davon zu trennen ist die (im deutschen Recht) aus dem materiellen Recht folgende[24] **Beweislast (oder Feststellungslast)**,[25] die dann zum Tragen kommt, wenn die Nachprüfungsinstanzen trotz aller iRd Untersuchungspflicht gebotenen Aufklärung nicht mit zureichender Gewissheit – dh mit einem für das praktische Leben brauchbaren Grad von Gewissheit, der vernünftigen Zweifeln Schweigen gebietet, ohne sie völlig auszuschließen –[26] zu erwiesenen Feststellungen gelangen können. Die Beweislast trägt, wer sich auf einen ihm günstigen Normtatbestand beruft.

III. Offensichtliche Erfolglosigkeit des Nachprüfungsantrags und Übermittlung des Nachprüfungsantrags an den Auftraggeber (Abs. 2 S. 1, 3)

12 Nach Eingang des Nachprüfungsantrags hat die Vergabekammer eine „Offensichtlichkeitsprüfung" anzustellen und darüber in voller, geschäftsordnungsgemäßer

---

[22] OLG Düsseldorf 9.2.2009 – Verg 66/08, BeckRS 2009, 11172 = VergabeR 2009, 956; 19.11.2003 – Verg 22/03, ZfBR 2004, 98 (98 f.); großzügiger möglicherweise OLG Koblenz 10.8.2000 – 1 Verg 2/00, NZBau 2000, 535 (537 f.).

[23] Vgl. Beck VergabeR/Horn/Hofmann GWB § 163 Rn. 17; BeckOK VergabeR/Queisner GWB § 163 Rn. 14; HK-VergabeR/Bungenberg GWB § 163 Rn. 12.

[24] Zöller/Greger ZPO Vor § 284 Rn. 15.

[25] Vgl. OLG Celle 17.12.2014 – 13 Verg 3/13, NZBau 2015, 178 Rn. 31 – Abfallwirtschaft Region H.; BeckOK VergabeR/Queisner GWB § 163 Rn. 18; Byok/Jaeger/Byok GWB § 163 Rn. 11; HK-VergabeR/Bungenberg GWB § 163 Rn. 23 f.; Immenga/Mestmäcker/Dreher GWB § 163 Rn. 20; MüKoEuWettbR/Jaeger GWB § 163 Rn. 12.

[26] Vgl. BGH 6.5.2015 – VIII ZR 161/14, NJW 2015, 2111 Rn. 11; 14.1.1993 – IX ZR 238/91, NJW 1993, 935 (937).

Besetzung[27] zu befinden. Die Vorschriften stehen im Zusammenhang mit dem Zuschlagsverbot des § 169 Abs. 1 GWB. Ist der Nachprüfungsantrag **nicht offensichtlich unzulässig oder offensichtlich unbegründet,** übermittelt die Vergabekammer dem Auftraggeber eine Kopie des Antrags[28] (Abs. 2 S. 3). Dies steht in Zusammenhang mit § 169 Abs. 1 GWB, wonach die Vergabekammer den Auftraggeber in Textform über den Antrag auf Nachprüfung informiert. Die Textform setzt nach § 126b BGB die Nennung der Person des Erklärenden voraus, weshalb letztlich nur die – bei gleichzeitiger Übermittlung der Antragskopie: zusätzliche – Information durch die Vergabekammer, bei ihr sei ein Nachprüfungsantrag zu dem (konkret bezeichneten) Vergabeverfahren eingegangen, das Zuschlagsverbot des § 169 Abs. 1 GWB (→ § 169 Rn. 6 ff.) auslöst.[29] Es ist ratsam, einen Zugangsnachweis zu schaffen, also zB gegen Empfangsbekenntnis zu versenden, um den Zeitpunkt zu dokumentieren, ab dem das Zuschlagsverbot besteht. Besteht die Auftraggeberseite aus einer Mehrheit von öffentlichen Auftraggebern, hat Übermittlung und Information an jeden von ihnen zu erfolgen, es sei denn, einem von ihnen ist die Federführung (Außenvertretung) übertragen worden. Ist der Nachprüfungsantrag **offensichtlich unzulässig oder unbegründet,** unterbleiben sowohl die Übermittlung einer Kopie als auch die Information nach § 169 Abs. 1 GWB. Vor einer etwaigen Information nach § 169 Abs. 1 GWB und damit auch im Zuge der Prüfung nach Abs. 2 S. 1 verbieten sich Nachfragen bei der Auftraggeberseite, die diese zu einem zügigen Zuschlag noch vor Bewirkung eines etwaigen Zuschlagsverbots veranlassen könnten.[30] „**Offensichtlich**" ist als unbestimmter Rechtsbegriff im Ansatz so zu verstehen wie in § 522 Abs. 2 S. 1 Nr. 1 ZPO. Danach ist der Nachprüfungsantrag offensichtlich unzulässig oder unbegründet, wenn sich – **nach Lage der Akten** (vgl. § 166 Abs. 1 S. 3 GWB) und **ohne** dass die Vergabekammer in diesem Verfahrensstadium eine weitere **Tatsachenaufklärung** (§ 163 Abs. 1 GWB) zu betreiben hat – die Unzulässigkeit oder Unbegründetheit einem fachkundigen Betrachter, wenn auch möglicherweise erst nach **eingehender Prüfung** der Sache, **aufdrängt**.[31] Zwar ist eine Einhelligkeit der Beantwortung der betreffenden Rechtsfrage(n) keine Voraussetzung,[32] doch ist zu berücksichtigen, dass das Durchlaufen des Verfahrens vor der Vergabekammer Voraussetzung für den gerichtlichen Rechtsschutz ist. Da der effektive Rechtsschutz aufgrund der unionsrechtlichen Rechtsschutzgarantie (→ § 160 Rn. 1), der Art. 19 Abs. 4 S. 1 GG und dem aus Art. 2 Abs. 1 GG iVm dem Rechtsstaatsprinzip ergebenden allg. Justizgewährungsanspruchs[33] nicht übermäßig erschwert werden darf, kommt eine **Ablehnung des Antrags**[34] wegen

---

[27] So zutreffend Beck VergabeR/Horn/Hofmann GWB § 163 Rn. 19; RKPP/Ohlerich GWB § 163 Rn. 50; aA, weil es sich um eine Behördenentscheidung handele, Müller-Wrede/Gaus GWB § 163 Rn. 30, doch ist zuständige Behörde die vollständig besetzte, gerichtsähnlich agierende Kammer. Entscheidungen „im Auftrag" durch ein einzelnes Mitglied oder gar einen Mitarbeiter sieht das Gesetz nicht vor.

[28] Eine Übermittlung der Anlagen zum Antrag ist verzichtbar, weil der Auftraggeber darüber selbst verfügt.

[29] BeckOK VergabeR/Welker GWB § 169 Rn. 16; RKPP/Ohlerich GWB § 163 Rn. 56.

[30] Byok/Jaeger/Byok GWB § 163 Rn. 26; RKPP/Ohlerich GWB § 163 Rn. 45.

[31] Vgl. zur Offensichtlichkeit bei § 522 Abs. 2 S. 1 Nr. 1 ZPO: MüKoZPO/Rimmelspacher ZPO § 522 Rn. 21 f.; Musielak/Voit/Ball ZPO § 522 Rn. 21 f.

[32] Byok/Jaeger/Byok GWB § 163 Rn. 25.

[33] Vgl. BeckOK GG/Enders GG Art. 19 Rn. 51 ff.

[34] Im auf den Erlass eines Verwaltungsaktes gerichteten, gerichtsähnlich ausgestalteten Verfahren vor den Vergabekammern ist bei der Tenorierung – ebenso wie sonst beim Erlass von Ausgangs- und Widerspruchsbescheiden (zu letzteren HK-VerwR/Kastner VwGO § 73 Fn. 4 zu Rn. 7) sowie erstinstanzlichen verwaltungs- (HK-VerwR/Bostedt VwGO § 117 Rn. 21) und zivilgerichtlichen (BeckOK ZPO/Elzer ZPO § 313 Rn. 79) Urteilen – nicht zwischen einer Verwerfung als unzuläs-

offensichtlicher Unzulässigkeit oder Unbegründetheit mit der Folge eines Absehens von der Antragsübermittlung und von einem Zuschlagsverbot durch Information nach § 169 Abs. 1 GWB nicht in Betracht, wenn die Vergabekammer mit der **ernsthaften Möglichkeit einer abweichenden Beurteilung durch das Beschwerdegericht** rechnen muss. Die Rechtsfrage muss daher entweder eindeutig zu beantworten oder aufgrund früherer Entscheidungen hinreichend, wenn auch nicht unter Verstummen jeglicher Gegenstimmen aus der Lit. und von den Vergabekammern, geklärt sein. Ist eine entscheidungserhebliche Rechtsfrage zwischen mehreren Vergabesenaten umstritten und ist mit einer Vorlage an den Bundesgerichtshof nach § 179 Abs. 2 GWB zu rechnen, scheidet eine Antragsablehnung nach Abs. 2 S. 1 aus. Zugleich werden der im Grundsatz zulässigen **eingehenden Prüfung** iRd Abs. 2 S. 1 dadurch **Grenzen** gesetzt, dass die Prüfung so zügig vorzunehmen und abzuschließen ist, dass das Zuschlagsverbot bei Verneinung der Offensichtlichkeit noch zeitnah zum Antragseingang bewirkt werden kann. Der Anwendungsbereich für die Ablehnung als offensichtlich unbegründet ist dadurch erheblich reduziert, dass aus Sachgründen von vornherein aussichtslose Anträge regelmäßig schon mangels Antragsbefugnis gem. § 160 Abs. 2 GWB als – offensichtlich – unzulässig abzulehnen sind (→ § 160 Rn. 6).[35] Es bleiben aber jedenfalls die Fälle, in denen das Angebot aus anderen als mit dem Nachprüfungsantrag geltend gemachten Gründen im Vergabeverfahren auszuscheiden war, was allerdings iRd Prüfung nach Abs. 2 S. 1 kaum zu Tage treten dürfte.

12a Um eine **Ablehnung** als offensichtlich unzulässig oder unbegründet **zu vermeiden**, muss der Antragsteller prozessual zulässig gem. den Anforderungen des § 160 Abs. 2 und 3 GWB vortragen, insbes. eine Rechtsverletzung und auch eine Rüge behaupten (→ § 160 Rn. 17 ff.). Dies zeigt, dass Evidenz gradweise verschieden gelagert sein kann. Während zB das Fehlen einer Rüge idR rasch beantwortet werden kann, sind andere Rechtsfragen, wie das Vorliegen eines öffentlichen Auftrags oder einer Konzession, das Erreichen des Auftragsschwellenwerts oder eine Rechtsverletzung, nicht immer einfach zu bejahen oder zu verneinen. Zuweilen wird die **Prüfungsdichte** mit Wendungen wie „summarische Prüfung", „ohne weitere gründliche Prüfung", und „auf Anhieb erkennbare" Erfolgslosigkeit beschrieben.[36] Soweit dies nicht auf die Prüfung beweisbedürftiger tatsächlicher Fragen, sondern die rechtliche Würdigung der in der Antragsbegründung dargelegten Tatsachen abzielt, spricht gegen die Annahme einer kraft Gesetzes begrenzten Prüfungstiefe, dass der Prüfungsaufwand immer auch davon abhängt, wie vertraut die Vergabekammer mit den maßgeblichen Rechtsfragen ist. Wirft das Verfahren ähnliche Rechtsfragen auf, wie eine vor Kurzem abgeschlossene Sache, steht der Vergabekammer die offensichtliche Erfolglosigkeit möglicherweise unmittelbar vor Augen, obwohl dies bei der entspr. Prüfung des vorangegangenen Verfahrens noch nicht der Fall war und die Rechtsfragen objektiv nicht einfach geworden sind. Dann besteht kein Grund, auch im neuen Verfahren ein Zuschlagsverbot auszulösen. Deshalb ist die rechtliche Prüfungstiefe nach Abs. 2 S. 1 GWB nur durch die Notwendigkeit zu begrenzen, ein **Zuschlagsverbot ggf. noch rechtzeitig auslösen** zu können. Diese Begrenzung kann (bei nicht erkennbar schuldhaft verzögerter Antragstellung) indessen erheblich ausfallen, wenn die Vergabekammer infolge Krankheit, Urlaub oder anderweitigen Geschäftsanfalls oder deshalb an einer zeitnahen tieferen Prüfung gehindert ist, weil die Wartefrist des § 134 Abs. 2 GWB eine höhere Zahl arbeitsfreier Tage umfasst.[37]

---

sig und einer Zurückweisung als unbegründet zu unterscheiden; nach § 173 Abs. 1 S. 3 GWB lautet der Tenor in beiden Fällen auf **Ablehnung** des Nachprüfungsantrags.

[35] So auch RKPP/Ohlerich GWB § 163 Rn. 44.

[36] Vgl. zB Byok/Jaeger/Byok GWB § 163 Rn. 25; HK-VergabeR/Bungenberg GWB § 163 Rn. 28.

[37] Vgl. zu letzterem Steck VergabeR 2022, 300 (305 f.).

§ 163 GWB

12b Die Vergabekammer ist iÜ im Grundsatz auch dann nicht verpflichtet, einen Nachprüfungsantrag zu übermitteln und den Auftraggeber darüber zu informieren, wenn ein nach ihrer Geschäftsordnung geforderter **Kostenvorschuss** nicht sogleich mit der Antragstellung eingezahlt worden ist.[38] Dies folgt aus § 182 Abs. 1 S. 2 GWB iVm der Kannbestimmung des § 16 des dort weiter für maßgeblich erklärten, aufgehobenen, (Bundes-) Verwaltungskostengesetzes (VwKostG). Dabei bezieht sich § 16 VwKostG allerdings auf die „Amtshandlung" und damit nicht erst auf die Antragsübermittlung, sondern letztlich schon auf das Betreiben des Verfahrens selbst, so dass schon die Prüfung nach Abs. 2 S. 1 GWB zurückgestellt werden könnte. Ein Abhängigmachen der Amtshandlung von der Vorschusszahlung scheidet jedoch aus, soweit dem eine besondere Eilbedürftigkeit entgegensteht, dh bei (nicht erkennbar schuldhaft verzögerter) Antragstellung mit einem so unmittelbar bevorstehenden Zuschlag zu rechnen ist, dass ein Abwarten den Primärrechtsschutz vereiteln würde.[39] Dann kann allerdings auch die Fortsetzung des Nachprüfungsverfahrens nicht mehr von einem Vorschuss abhängig gemacht werden,[40] weil sonst das Zuschlagsverbot zugunsten eines nicht oder verzögert zahlenden Antragstellers fortbestünde.

13 Ist anzunehmen, dass der Antragsteller die **Mängel im Laufe des weiteren Verfahrens beheben** kann, ist iRd Prüfung nach Abs. 2 S. 1 keine offensichtliche Unzulässigkeit oder Unbegründetheit anzunehmen und dem Verfahren gem. Abs. 2 S. 3 Fortgang zu geben. Das schließt nicht aus, im weiteren Verfahrensverlauf und nach rechtlichem Gehör hinsichtlich der Mängel doch noch von einer offensichtlichen Unzulässigkeit oder Unbegründetheit auszugehen und deshalb nach § 166 Abs. 1 S. 3 GWB nach Lage der Akten zu entscheiden (→ § 166 Rn. 8 ff.).[41] Nur hier kann sich die offensichtliche Erfolglosigkeit aus Sachverhaltselementen ergeben, die noch nicht Gegenstand einer Einsicht in die Vergabeakte waren und zu denen zunächst Akteneinsicht bzw. rechtliches Gehör zu gewähren ist.[42] Ist iRd Prüfung nach Abs. 2 S. 1 indessen von einer offensichtlichen Unzulässigkeit oder Unbegründetheit auszugehen, ist dem Antragsteller ebenfalls – binnen kurzer Frist – **Gelegenheit zur Stellungnahme** zu geben (→ § 161 Rn. 10). Dies ist zur Wahrung des rechtlichen Gehörs aus Art. 2, 20 Abs. 3 GG[43], das sowohl die tatsächlichen, als auch die rechtlichen Grundlagen der zu treffenden Entscheidung betrifft, geboten, weil mit dem Zuschlag ein endgültiger Schaden droht und regelmäßig zu Gunsten des Antragstellers davon auszugehen ist, dass er die erwogene Ablehnung tragenden maßgeblichen Gesichtspunkte übersehen und nicht bewusst einen offensichtlich erfolglosen Nachprüfungsantrag gestellt hat.[44] Der Antragsteller erhält so Gelegenheit, auf etwaige Verständnis- oder Rechtsfehler der Vergabekammer hinzuweisen oder den Mangel entgegen der Erwartung der Vergabekammer doch noch zu behe-

---

[38] Vgl. § 4 Abs. 1 Geschäftsordnung der Vergabekammern des Bundes (BAnz AT 24.4.2019 B4): *„Geht ein nicht offensichtlich unzulässiger oder unbegründeter Antrag ein und ist die Zahlung eines Vorschusses in Höhe der Mindestgebühr von 2500 Euro nachgewiesen, so übermittelt die Kammer dem Auftraggeber eine Kopie des Antrags und fordert ihn zur sofortigen Übergabe der Vergabeakten auf. Der Zahlungsnachweis kann durch Übersendung des Zahlungsbelegs, auch per Telefax, De-Mail, E-Mail oder durch schriftliche Versicherung erfolgen."* S. auch das Informationsblatt und die Checkliste auf der Internetseite des Bundeskartellamts <https://www.bundeskartellamt.de/DE/Vergaberecht/Materialien/Materialien_node.html>.

[39] Byok/Jaeger/Byok GWB § 163 Rn. 30; MüKoEuWettbR/Jaeger GWB § 163 Rn. 17.

[40] So aber Byok/Jaeger/Byok GWB § 163 Rn. 30; MüKoEuWettbR/Jaeger GWB § 163 Rn. 17.

[41] Immenga/Mestmäcker/Dreher GWB § 163 Rn. 31.

[42] Vgl. dazu OLG Schleswig 20.3.2008 – 1 Verg 6/07, BeckRS 2008, 8129.

[43] BayObLG 9.11.2022 – Verg 5/21, NZBau 2022, 308 Rn. 61.

[44] AA → 4. Aufl. 2020.

ben. Überdies kann er ggf. zu den die offensichtliche Erfolglosigkeit begründenden Ausführungen der Schutzschrift des Auftraggebers (→ Rn. 15 f.) Stellung nehmen. Der Hinweis sollte das jeweilige Problem klar und konkret benennen, muss aber die voraussichtlichen (ausführlicheren) Entscheidungsgründe nicht vorwegnehmen. Räumt der Antragsteller die Mängel, wie nun von der Vergabekammer erwartet, nicht aus, kann gem. § 166 Abs. 1 S. 3 GWB nach Lage der Akten ohne mündliche Verhandlung entschieden werden.

13a Eine **teilw. Ablehnung** und nur teilw. Übermittlung des Antrags ist wegen der damit einhergehenden Verfahrenstrennung mit der Verfahrensökonomie nur dann vereinbar, wenn dies zu einer beschränkten Reichweite des Zuschlagverbots führt. Der streitgegenständliche Beschaffungsgegenstand muss daher teilbar sein, so dass das Zuschlagverbot beschränkt auf einzelne Teile (Lose) ausgelöst werden kann.[45]

13b Gegen eine ablehnende Entscheidung der Vergabekammer ist sofortige Beschwerde des Antragstellers nach §§ 171 ff. GWB statthaft.[46] Bei Erfolgsaussicht ist das **Beschwerdegericht** nicht nur befugt, sondern verpflichtet, dem Auftraggeber noch während des Beschwerdeverfahrens eine **Kopie des Nachprüfungsantrags zu übermitteln** (§ 163 Abs. 2 S. 3 GWB) sowie ihn über den Nachprüfungsantrag zu informieren (§ 169 Abs. 1 GWB) und – sofern der Zuschlag nicht bereits wirksam erteilt worden ist (→ § 160 Rn. 4)[47] – das Zuschlagverbot auszulösen.[48] Auf Antrag ist außerdem über eine Verlängerung der aufschiebenden Wirkung gem. § 173 Abs. 1 S. 3 GWB zu befinden. Bei der Übermittlung des Nachprüfungsantrags durch die Vergabekammer und Information des Auftraggebers darüber handelt es sich iÜ lediglich um eine nicht anfechtbare **unselbständige Zwischenentscheidung**.[49]

IV. Aktenanforderung und Übersendung (Abs. 2 S. 3, 4)

14 Auf Aufforderung der Vergabekammer hat der Auftraggeber der Kammer „sofort", ausnahmslos **vollständig** und im **Original** die Vergabeakten zur Verfügung zu stellen. „**Sofort**" meint eine umgehende, noch zügiger als nur iSd § 121 Abs. 1 BGB unverzüglich erfolgende, Übersendung auf dem raschest möglichen Weg.[50] Der Auftraggeber hat deshalb der Aktenübersendung grds. Priorität vor anderen Tätigkeiten einzuräumen. Allerdings hat er vor der Übersendung nach § 165 Abs. 2 GWB die Geschäftsgeheimnisse, auf die auch hinzuweisen ist, kenntlich zu machen und ist er berechtigt, eine ihm verbleibende Kopie der Vergabeakten

---

[45] So RKPP/Ohlerich GWB § 163 Rn. 46; aA (ohne besondere Voraussetzungen möglich) → 4. Aufl. 2020, Rn. 13a; grds. ablehnend Byok/Jaeger/Byok GWB § 163 Rn. 27.

[46] Vgl. aber OLG Dresden 4.7.2002 – WVerg 11/02, BeckRS 2002, 17326 = VergabeR 2002, 544 (545): Unzulässigkeit einer sofortigen Beschwerde gegen die Ankündigung der Vergabekammer, den Nachprüfungsantrag nicht zuzustellen; siehe dazu auch Gröning VergabeR 2002, 435.

[47] Zur Sicherstellung des Primärrechtsschutzes für den Antragsteller verbietet sich darum eine Übermittlung des ablehnenden Beschlusses vor seiner Bestandskraft an den Auftraggeber.

[48] Vgl. KG 26.10.1999 – Kart Verg 8/99, NZBau 2000, 262 (263); 15.11.2000 – KartVerg 16/00, BeckRS 2000, 9529 Rn. 4; OLG Düsseldorf 13.11.2000 – Verg 25/00, BeckRS 2000, 167129 Rn. 21 = IBRRS 2003, 0653.

[49] Vgl. OLG Düsseldorf 18.1.2000 – Verg 2/00, NZBau 2000, 596 sowie die Rechtsprechungsübersicht hinsichtlich Zwischenentscheidungen bei OLG Düsseldorf 28.12.2007 – Verg 40/07, BeckRS 2008, 742 = VergabeR 2008, 281.

[50] Vgl. Beck VergabeR/Horn/Hofmann GWB § 163 Rn. 22; BeckOK VergabeR/Queisner GWB § 163 Rn. 32; Byok/Jaeger/Byok GWB § 163 Rn. 40; RKPP/Ohlerich GWB § 163 Rn. 61.

anzufertigen.[51] Weitergehende Prüfungs- und Überlegungsfristen stehen ihm nicht zu. Dadurch soll der Vergabekammer einerseits die Ausübung von Amtsermittlungspflichten sowie andererseits die Einhaltung des Beschleunigungsgebots und der Entscheidungsfrist erleichtert werden (vgl. § 167 GWB). Kommt der Auftraggeber seiner Verpflichtung nicht nach, ist es Sache der vAw ermittelnden Vergabekammer, die **Vorlage zu erzwingen** oder die **Nichtvorlage zu sanktionieren**. So kann sie nach ihrem Ermessen – ggf. nach Setzung einer Frist nach § 167 Abs. 2 S. 2 GWB[52] – annehmen, es gebe keine Vergabeakte und damit keine Dokumentation des Vergabeverfahrens. Sie kann auch die Vorlage der Akten durch Beschlagnahme (§§ 163 Abs. 2 S. 5, 58 GWB) erzwingen.[53] Die verzögerte und auch die völlig ausbleibende Vorlage der Akte kann eine Verlängerung der Entscheidungsfrist nach § 167 Abs. 1 S. 2 GWB rechtfertigen. Indem der Auftraggeber die Vergabeakte zur Verfügung stellt, erfüllt er eine eigene verfahrensrechtliche Pflicht, es handelt sich um keinen Fall der behördlichen Amtshilfe zu Gunsten der Vergabekammer.[54] Nach dem Wortlaut der Norm ist der Auftraggeber selbst bei umfangreichen Vergabeakten nicht befugt, unter den zu übersendenden Schriftstücken und Urkunden eine Auswahl vorzunehmen. Werden die Vergabeakten nur unvollständig zur Verfügung gestellt, stehen der Vergabekammer dieselben Instrumente zur Verfügung, wie bei vollständiger Verweigerung der Vorlage. Mangels abweichender Anhaltspunkte darf die Vergabekammer jedoch davon ausgehen, dass die vorgelegte Akte vollständig ist und es keine weiteren Unterlagen gibt oder gab.

Nach neuem Recht dürfen die **Vergabeakten** – was bislang schon eine weitgehende Praxis ist – vom öffentlichen Auftraggeber (oder von dem für ihn tätig werdenden Vergabestelle) **elektronisch** geführt werden.[55] Daraus folgt, dass sie der Vergabekammer (und genauso dem Beschwerdegericht) nicht zusätzlich in Papierform vorzulegen sind, wenn in der elektronischen Akte sämtliche das Vergabeverfahren betreffenden Vorgänge lückenlos dokumentiert sind. Es genügt die Vorlage auf einem oder mehreren Datenträger(n) oder das Einrichten eines Zugangs auf einer Internetplattform, die alle Vorgänge des Vergabeverfahrens für die Nachprüfungsstelle lesbar und ggf. ausdruckbar macht. 14a

V. Schutzschrift (Abs. 2 S. 2)

Die aus dem einstweiligen Rechtsschutz vor den Zivilgerichten bekannten Schutzschriften sind auch im Nachprüfungsverfahren möglich und zu beachten. Durch das VergRModG 2009 ist angeordnet worden, dass die Vergabekammer eine vom **Auftraggeber** angebrachte Schutzschrift auch bereits bei der Prüfung berücksichtigt, ob der Nachprüfungsantrag offensichtlich unzulässig oder unbegründet ist. Selbstverständlich kann – über den Wortlaut der Norm hinaus – auch der **Beigeladene** eine Schutzschrift hinterlegen. Schutzschriften werden vom potenziellen Antragsgegner – gewissermaßen als vorweggenommene Antragserwiderung – in einstweiligen Rechtsschutzverfahren vor den Zivilgerichten dazu eingesetzt, einen im Beschlussweg drohenden Erlass einer einstweiligen Verfügung zu verhindern, und zwar durch Beschlussabweisung des Verfügungsantrags oder zumindest durch 15

---

[51] Beck VergabeR/Horn/Hofmann GWB § 163 Rn. 22; Byok/Jaeger/Byok GWB § 163 Rn. 40; Immenga/Mestmäcker/Dreher GWB § 163 Rn. 32; MüKoEuWettbR/Jaeger GWB § 163 Rn. 18; RKPP/Ohlerich GWB § 163 Rn. 61.

[52] Immenga/Mestmäcker/Dreher GWB § 163 Rn. 34.

[53] jurisPK-VergabeR/Summa GWB § 163 Rn. 64; MüKoEuWettbR/Jaeger GWB § 163 Rn. 18.

[54] So aber RSG/Reidt § 163 GWB Rn. 45.

[55] Vgl. ua §§ 8, 9 ff. VgV; §§ 11 EU, 20 EU VOB/A.

eine Entscheidung erst nach mündlicher Verhandlung. Schutzschriften werden in **Nachprüfungsverfahren** bezwecken, dass die Vergabekammer den Nachprüfungsantrag nach der von ihr gem. § 163 Abs. 2 S. 1 GWB anzustellenden Offensichtlichkeitsprüfung iVm § 166 Abs. 1 S. 2 GWB als unzulässig oder als unbegründet ablehnt, ihn dem Auftraggeber nicht übermittelt (§ 163 Abs. 2 S. 3 GWB) und den Auftraggeber darüber auch nicht informiert (§ 169 Abs. 1 GWB), dies mit dem Erfolg, dass ein gesetzliches Zuschlagsverbot nicht eintritt. Schutzschriften können vom Auftraggeber auch dazu eingesetzt werden, einer in bestimmten Situationen ohne gegnerische Anhörung zulässigen Zwischenverfügung der Vergabekammer nach § 169 Abs. 3 GWB[56] vorzubeugen.

16   Nicht die **Einreichung einer Schutzschrift**, sondern erst der Nachprüfungsantrag des Antragstellers führt zur Einleitung eines Nachprüfungsverfahrens. Mit dessen Eingang wird dieser – auch ohne Zustellung – rechtshängig (→ § 160 Rn. 5),[57] und ist die Schutzschrift zu beachten.[58] Sie ist dann prozessual wie ein gewöhnlicher Schriftsatz zu behandeln[59] und – wie § 163 Abs. 2 S. 2 GWB bestimmt – von der Vergabekammer zur Kenntnis zu nehmen. Will die Vergabekammer den Inhalt der Schutzschrift bei der Prüfung des Nachprüfungsantrags auf offensichtliche Unzulässigkeit oder Unbegründetheit zu Lasten des Antragstellers berücksichtigen, muss sie ihm die Schutzschrift unter dem Gesichtspunkt der Gewährung **rechtlichen Gehörs** vor einer Entscheidung in jedem Fall abschriftlich übersenden[60] und ihm darauf eine Replik ermöglichen (→ Rn. 13). Droht eine Auftragsvergabe, wird die Vergabekammer zur **Sicherstellung des Primärrechtsschutzes** iZw die erforderliche Übermittlung und Information vornehmen, um das Zuschlagsverbot eintreten zu lassen. Verwertet die Vergabekammer eine Schutzschrift iRd Offensichtlichkeitsprüfung nicht zu Ungunsten des Antragstellers, ist sie – wie jeder gewöhnliche Schriftsatz auch – dem Antragsteller alsbald zu übermitteln und im Verfahren als Vortrag des Auftraggebers oder des Beigeladenen zu berücksichtigen.

VI. Verweisung auf kartellrechtliche Regelungen (Abs. 2 S. 5)

17   Abs. 2 S. 5 verweist für das Verfahren auf die (kartellrechtlichen) Regelungen der §§ 57–59 Abs. 1–4, § 59a Abs. 1–3 und § 59b sowie des § 61 GWB, die ihrerseits auf weitere Bestimmungen der ZPO, der StPO und des Verwaltungszustellungsgesetzes verweisen. § 57 Abs. 1 GWB bestimmt, dass die Kartellbehörde – und damit die Vergabekammer – alle Ermittlungen führen und alle Beweise erheben kann, die erforderlich sind (→ Rn. 2). Danach regeln die nachfolgenden Bestimmungen die Beweismittel nicht abschl.; es gilt das **Freibeweisverfahren**. § 57 Abs. 2 ff. GWB betrifft die Beweisaufnahme durch Augenschein, Zeugen und Sachverständige, § 58 GWB die Beschlagnahme, § 59 GWB Auskunftsverlangen, § 59a GWB die Prüfung geschäftlicher Unterlagen und § 59b GWB Durchsuchungen.

18   § 61 GWB, auf dessen Abs. 1 und 2 auch in § 168 Abs. 3 S. 4 GWB verwiesen wird, betrifft den Verfahrensabschluss, die **Entscheidungsbegründung** sowie die **Zustellungen**. Die Verweisung in Abs. 2 S. 5 bestätigt, dass auch die Entscheidung nach Abs. 2 S. 1 zu begründen und zuzustellen ist, an den Auftraggeber – um einen Primärrechtsschutz durch eine etwaige Beschwerde nicht zu vereiteln (→ Rn. 12) – allerdings erst nach Bestandskraft bzw. mit oder nach einer das Zuschlagsverbot auslösenden Benachrichtigung nach § 169 Abs. 1 GWB. Verfügungen iSd § 61

---

[56] Vgl. OLG Düsseldorf 30.4.2008 – Verg 23/08, NZBau 2008, 461 (463).
[57] So BGH 9.2.2004 – X ZB 44/03, NZBau 2004, 229 (230).
[58] Vgl. BGH 13.2.2003 – I ZB 23/02, GRUR 2003, 456 – Kosten einer Schutzschrift I.
[59] Teplitzky GRUR 1988, 405 (406).
[60] So auch Berneke/Schüttpelz Rn. 294.

GWB sind Verwaltungsakte.[61] Schon deshalb erfasst die Norm im Grundsatz keine Anordnungen iRv Beweiserhebungen,[62] soweit diese nicht unmittelbare Rechtswirkungen entfalten, sondern nur die zu treffende Entscheidung vorbereiten. Soweit sie mit Eingriffen in Rechte einhergehen, sind die für das jew. Beweismittel geltenden Regelungen vorrangig zu beachten.

§ 164 Aufbewahrung vertraulicher Unterlagen

(1) **Die Vergabekammer stellt die Vertraulichkeit von Verschlusssachen und anderen vertraulichen Informationen sicher, die in den von den Parteien übermittelten Unterlagen enthalten sind.**

(2) **Die Mitglieder der Vergabekammern sind zur Geheimhaltung verpflichtet; die Entscheidungsgründe dürfen Art und Inhalt der geheim gehaltenen Urkunden, Akten, elektronischen Dokumente und Auskünfte nicht erkennen lassen.**

I. Bedeutung der Vorschrift

§ 164 GWB regelt den Umgang der Vergabekammer mit Verschlusssachen und anderen vertraulichen Informationen, die in den von den Verfahrensbeteiligten übermittelten Unterlagen enthalten sind. Nach Abs. 1 hat die Kammer deren Vertraulichkeit sicherzustellen. Darüber hinaus sind nach Abs. 2 die Mitglieder der Vergabekammer zur Geheimhaltung verpflichtet und es wird angeordnet, dass die Entscheidungsgründe Art und Inhalt der vertraulich zu haltenden Informationen nicht erkennen lassen dürfen. 1

§ 164 GWB entspricht dem früheren § 110a GWB aF. § 110a GWB aF wurde durch das Gesetz zur Änderung des Vergaberechts für die Bereiche Verteidigung und Sicherheit vom 7.12.2011 mit Wirkung zum 14.12.2011 in das GWB aufgenommen[1] und ergänzte die damals ebenfalls neu geschaffenen materiell-rechtlichen Vorschriften über **verteidigungs- oder sicherheitsrelevante** Aufträge in § 99 Abs. 7–9, § 100 Abs. 6 und § 100c Abs. 2–4 GWB aF sowie über **nicht verteidigungs- oder sicherheitsrelevante Aufträge** in § 100 Abs. 8 GWB aF in verfahrensrechtlicher Hinsicht. Hintergrund der Norm war das Bemühen des Unionsgesetzgebers zur Schaffung eines europäischen Binnenmarkts auch für verteidigungs- und sicherheitsrelevante Aufträge.[2] Mit deren Einbeziehung in das Kartellvergaberecht entstand die Notwendigkeit, den Umgang mit Verschlusssachen und anderen vertraulichen Informationen im Nachprüfungsverfahren zu regeln.[3] 2

§ 110a GWB aF bzw. nunmehr § 164 GWB dienen der Umsetzung von Art. 56 RL 2009/81/EG in nationales Recht. Art. 56 RL 2009/81/EG steht im rechtsmittelrechtlichen Titel IV der RL. Davon ist – ua, weil das Übrige in den einschlägigen Bestimmungen des GWB ohnehin bereits geregelt ist – in § 110a Abs. 1 GWB aF bzw. § 164 Abs. 1 GWB lediglich ein Teil umgesetzt worden, und zwar Art. 56 3

---

[61] OLG Düsseldorf 20.6.2007 – Kart 21/06 (V), BeckRS 2007, 14821.
[62] Vgl. dazu Immenga/Mestmäcker/Bach GWB § 61 Rn. 8.
[1] BGBl. I 2570. Die – lediglich kurze – Begründung zu § 110a GWB im RegE befindet sich in BT-Drs. 17/7275, 18.
[2] RL 2009/81/EG des Europäischen Parlaments und des Rates v. 13.7.2009, Abl.EU 2009, Nr. L 216, 76.
[3] Immenga/Mestmäcker/Dreher § 164 Rn. 3. Nach Erwgr. 2 dient die RL ua dem schrittweisen Aufbau eines europäischen Markts für Verteidigungsgüter. Nach Erwgr. 4 setzt dieser einen auf dessen Bedürfnisse zugeschnittenen rechtlichen Rahmen sowie eine Koordinierung der Vergabeverfahren voraus.

Abs. 10 UAbs. 1 der RL 2009/81/EG,[4] der speziell die Anforderungen an den **Geheimnisschutz im Nachprüfungsverfahren** betrifft. Von den Ermächtigungen in UAbs. 2, wonach die Nachprüfung von Aufträgen in den Bereichen Verteidigung und Sicherheit von den Mitgliedstaaten bei einer speziellen Stelle konzentriert werden kann, ebenso in UAbs. 3, der vorzusehen gestattet, dass nur persönlich für den Umgang mit Verschlusssachen befugte Mitglieder der Nachprüfungsstellen Anträge auf Nachprüfung bearbeiten, ist kein Gebrauch gemacht worden. Die Mitglieder der Vergabekammern müssen sich nach dem GWB folglich keiner Sicherheitsüberprüfung stellen, wohl aber nach den Sicherheitsüberprüfungsgesetzen (SÜG) des Bundes und der Länder (vgl. zB § 1 Abs. 2 Nr. 1 SÜG Bund sowie auch § 157 Abs. 2 S. 5 GWB) (→ Rn. 10).

4 § **164 Abs.** 2 GWB hat die Geheimhaltungspflicht nach § 99 Abs. 2 S. 10 VwGO wortlautgleich in das Gesetz überführt.[5] § 99 VwGO begründet die behördliche Pflicht zur Vorlage von Akten sowie Erteilung von Auskünften ggü. dem Verwaltungsgericht und regelt diesbezügliche Konflikte, mithin eine Materie, die im Vergabeprozessrecht in § 164 Abs. 2 GWB behandelt ist. Kraft Gesetzes sind die Mitglieder der Vergabekammer dadurch zur Geheimhaltung, und zwar auch bei den Gründen der Entscheidung, verpflichtet.

5 Das Recht auf **Akteneinsicht** wird durch § 164 GWB nicht zusätzlich beschränkt.[6] Aus Gründen des Geheimschutzes ist Akteneinsicht ohnehin zu verweigern (§ 165 Abs. 2 GWB). § 164 GWB hat auch eine andere Zielrichtung. Er regelt ausschl. die Handhabung von Verschlusssachen und anderer vertraulicher Informationen durch die Vergabekammer (→ Rn. 11).

6 § 164 GWB ist in der **Beschwerdeinstanz** entspr. anzuwenden, obwohl in § 175 Abs. 2 GWB darauf nicht verwiesen ist. Von der Zielsetzung her (Sicherung des Geheimschutzes) sind dergleichen grundlegende Bestimmungen des Gesetzes im Prinzip aber als instanzübergreifend aufzufassen.[7] Dass die Gesetzestechnik hinter dem gebotenen Standard zurückbleibt (wie sich an dem aus Art. 56 RL 2009/81/EG übernommenen Begriff der „Parteien" in § 164 Abs. 1 GWB zeigt, wohingegen diese in Nachprüfungsverfahren „Verfahrensbeteiligte" sind, § 162 GWB), setzt einem solchen Verständnis keine Schranken. Für die Richter des Beschwerdegerichts ist allerdings keine Sicherheitsüberprüfung durchzuführen; sie erhalten Zugang zu Verschlusssachen kraft Amtes.[8] Dieses Privileg gilt nicht für Rechtspfleger, Geschäftsstellenbeamte, Justizangestellte und Wachtmeister bei der Beschwerdeinstanz.

II. Vertraulichkeit (Abs. 1)

7 Das Gebot der Vertraulichkeit gilt für Verschlusssachen sowie für andere, in den von den Verfahrensbeteiligten übermittelten Unterlagen enthaltene vertrauliche

---

[4] Die Bestimmung lautet: Die Mitgliedstaaten stellen sicher, dass die für Nachprüfungsverfahren zuständigen Stellen ein angemessenes Maß an Vertraulichkeit von Verschlusssachen oder anderer Informationen, die in den von den Parteien übermittelten Unterlagen enthalten sind, garantieren und während des gesamten Verfahrens im Einklang mit den Verteidigungs- und/oder Sicherheitsinteressen handeln.

[5] So die Regierungsbegründung BT-Drs. 17/7275, 18.

[6] Ebenso jurisPK-VergabeR/Summa GWB § 164 Rn. 27; HK-VergabeR/Schellenberg GWB § 164 Rn. 9; Beck VergabeR/Wittschurky GWB § 164 Rn. 26; Müller-Wrede/Hofmann GWB § 164 Rn. 18; aA HHKW/Steiff GWB § 164 Rn. 6.

[7] So auch HHKW/Steiff GWB § 164 Rn. 11; jurisPK-VergabeR/Summa GWB § 164 Rn. 3; Beck VergabeR/Wittschurky GWB § 164 Rn. 6.

[8] Vgl. § 2 Abs. 3 Nr. 2 SÜG Bund sowie zB § 3 Abs. 3 Nr. 2 SÜG NRW: Dieses Gesetz gilt nicht für Richter, soweit sie Aufgaben der Rspr. wahrnehmen.

Informationen. Was **Verschlusssachen** sind, ist gem. dem Erfordernis autonomer Auslegung des Unionsrechts der Definition in Art. 1 Nr. 8 RL 2009/81/EG zu entnehmen.[9] Danach sind Verschlusssachen Informationen oder Materialien, denen unabhängig von Form, Beschaffenheit oder Art der Übermittlung ein Geheimhaltungsgrad zugewiesen oder für die eine Schutzbedürftigkeit anerkannt worden ist und die im Interesse der nationalen Sicherheit und nach den in dem betreffenden Mitgliedstaat geltenden Rechts- und Verwaltungsvorschriften gegen Missbrauch, Zerstörung, Entfernung, Bekanntgabe, Verlust oder Zugriff durch Unbefugte oder jede andere Art der Preisgabe an Unbefugte geschützt werden müssen. Die Definition stimmt mit der in § 4 SÜG Bund iW überein (genauso zB § 5 SÜG NRW; vgl. auch § 104 Abs. 3 Nr. 1 GWB). Danach sind Verschlusssachen im öffentlichen Interesse geheimhaltungsbedürftige Tatsachen, Gegenstände oder Erkenntnisse, unabhängig von ihrer Darstellungsform. Sie werden entspr. ihrer Schutzbedürftigkeit von einer amtlichen Stelle oder auf deren Veranlassung als „STRENG GEHEIM", „GEHEIM", „VS-VERTRAULICH" oder als „VS-NUR FÜR DEN DIENSTGEBRAUCH" eingestuft.[10] Zum Ganzen auch → VSVgV § 1 Rn. 14. Eine Verschlusssache erfordert mithin eine solche Klassifizierung, Zuweisung eines Geheimhaltungsgrads oder eines Anerkenntnisses der Schutzwürdigkeit, folglich einen konstitutiven behördlichen Akt. Liegt diese Einstufung vor, ist sie von der Kammer zu beachten. Ohne diese Einstufung handelt es sich nicht um eine Verschlusssache, auch wenn die Einstufung fälschlicherweise unterblieben ist.

Ein solcher behördlicher Akt liegt bei anderen vertraulichen Informationen nicht vor und ist insoweit nicht erforderlich. Die Nachprüfungsstelle hat – wie iRd § 165 Abs. 2 GWB (vgl. → § 165 Rn. 11d) – **andere Informationen** vielmehr selbständig und eigenverantwortlich auf ihre Vertraulichkeit zu prüfen. Dabei ist der Begriff der anderen vertraulichen Informationen zumindest theoretisch enger als jener der Verschlusssachen: Nach dem Wortlaut der Norm müssen die Informationen in einer Unterlage, die geeignet ist, zu einem Bestandteil der Verfahrensakte zu werden, verfestigt sein („in übermittelten Unterlagen enthalten"). Dies können – worauf Abs. 2 Hs. 2 der Norm hinweist – Urkunden, Akten, elektronische Dokumente und (schriftliche) Auskünfte sein. Praktisch betrachtet werden jedoch auch Verschlusssachen in solchen Unterlagen manifestiert sein. Ihrem Rang nach müssen andere Informationen indes genauso schutzwürdig sein wie Verschlusssachen, was zu bejahen ist, wenn im materiellen Sinn einer mindestens untersten Einstufung als „VS-NUR FÜR DEN DIENSTGEBRAUCH" eine Kenntniserlangung durch Unbefugte für die Interessen der Bundesrepublik Deutschland oder eines ihrer Länder nachteilig sein kann. Insoweit können insbes. Angebotsinhalte bei Verschlusssachenaufträgen nach § 104 Abs. 3 GWB, die der Kammer übermittelt wurden, praktisch relevant sein. Ist davon auszugehen, dass der Auftraggeber diese Angebotsinhalte, sobald er sie erlangt, ebenfalls als Verschlusssache einstufen würde, liegen „andere vertrauliche Informationen vor".[11] Bloße Betriebs- und Geschäftsgeheimnisse eines Unternehmens, deren Offenlegung zwar für die Unternehmensinteressen des Bundes oder eines Bundeslandes nachteilig sind, reichen dagegen nicht aus.[12] **Inhaltlich** können Verschlusssachen und andere

8

---

[9] Ebenso RKPP/Dittmann GWB § 164 Rn. 3; Beck VergabeR/Wittschurky GWB § 164 Rn. 8; Müller-Wrede/Hofmann GWB § 164 Rn. 9.

[10] Vgl. § 4 Abs. 2 SÜG Bund.

[11] Vgl. jurisPK-VergabeR/Summa GWB § 164 Rn. 21; Beck VergabeR/Wittschurky GWB § 164 Rn. 9; HK-VergabeR/Schellenberg GWB § 164 Rn. 4; RSG/Reidt GWB § 164 Rn. 6; Müller-Wrede/Hofmann GWB § 164 Rn. 11; KK-VergR/Kadenbach GWB § 164 Rn. 3.

[12] Vgl. § 2 Abs. 1 S. 2 VSA Bund v. 13.3.2023. Ebenso jurisPK-VergabeR/Summa GWB § 164 Rn. 21; RKPP/Dittmann GWB § 164 Rn. 4; KK-VergR/Kadenbach GWB § 164 Rn. 3; aA RSG/Reidt GWB § 164 Rn. 6.

vertrauliche Informationen Aufträge aus den Bereichen Verteidigung und Sicherheit, aber auch nicht verteidigungs- oder sicherheitsrelevante Aufträge betreffen (insbes. Fälle des § 117 GWB).[13]

9 Die Vergabekammer hat die Vertraulichkeit von Verschlusssachen und anderen, gleichrangigen Informationen während der Dauer des bei ihr anhängigen Verfahrens **sicherzustellen**. Für die Frage, wie diese Sicherstellung zu erfolgen hat, kann für die Vergabekammern des Bundes auf die „Allgemeine Verwaltungsvorschrift zum materiellen Geheimschutz (Verschlusssachenanweisung – VSA)" vom 13.3.2023[14] verwiesen werden.[15] Für die Vergabekammern in den Ländern gelten entspr. Verwaltungsvorschriften der jew. Bundesländer.

10 In personeller Hinsicht bedeutet Sicherstellung zunächst, dass Zugang zu Verschlusssachen nur **sicherheitsüberprüfte Personen** haben dürfen. Dies ergibt sich bereits aus § 2 Abs. 1 SÜG Bund, wonach eine Person, die mit einer sicherheitsempfindlichen Tätigkeit betraut werden soll, vorher einer Sicherheitsüberprüfung zu unterziehen ist. Eine sicherheitsempfindliche Tätigkeit liegt nach § 1 Abs. 2 Nr. 1 SÜG Bund vor, wenn die Person Zugang zu Verschlusssachen hat oder sich verschaffen kann, die STRENG GEHEIM, GEHEIM oder VS-VERTRAULICH eingestuft wurden.[16] Sind in den Verfahrensakten Verschlusssachen mit dieser Einstufung enthalten, müssen mithin die Mitglieder der Vergabekammer, dh Vorsitzender, hauptamtlicher Beisitzer und ehrenamtlicher Beisitzer, sicherheitsüberprüft worden sein.[17] Gleiches wird gelten für die Beschäftigten in den Geschäftsstellen der Kammern, da diese regelmäßig sich zumindest Zugang zu den Verschlusssachen verschaffen könnten. Welcher Art die Sicherheitsüberprüfung[18] für diese Personen sein muss, hängt davon ab, wie die Verschlusssachen des konkreten Verfahrens eingestuft wurden. Zu beachten ist allerdings, dass die Durchführung einer Sicherheitsüberprüfung in der Praxis regelmäßig nicht weniger als zwei Monate dauert. In den und für die Kammern sollten daher grds. sicherheitsüberprüfte Personen tätig sein, wobei kammerspezifisch zu prognostizieren ist, welcher Zugang zu Verschlusssachen erforderlich werden wird. Die Beantragung einer Sicherheitsüberprüfung nach Eingang des Nachprüfungsantrags sowie der Vergabeakten führt höchstwahrscheinlich nicht zu einem positiven Abschluss des Überprüfungsverfahrens innerhalb der Entscheidungsfrist nach § 167 Abs. 1 GWB. Hinzu kommt noch, dass die Akten bis dahin gesperrt wären.

11 Bieter in einem Vergabeverfahren, in dem Verschlusssachen des Geheimhaltungsgrades VS-VERTRAULICH oder höher enthalten sind, dürfen Zugang zu diesen erhalten, wenn sie in der Geheimschutzbetreuung des Bundes sind und durch einen aktuell gültigen Sicherheitsbescheid bestätigt wird, dass das Unternehmen über Verwahrungsmöglichkeiten für Verschlusssachen des jew. Geheimhaltungsgrades verfügt.[19] Werden diese Bieter als Verfahrensbeteiligte im Nachprüfungsverfahren von

---

[13] Ebenso: HHKW/Steiff GWB § 164 Rn. 5.
[14] GMBl. 2023 S. 542–620 v. 12.4.2023.
[15] RKPP/Dittmann GWB § 164 Rn. 5; Beck VergabeR/Wittschurky GWB § 164 Rn. 17; Immenga/Mestmäcker/Dreher GWB § 164 Rn. 11.
[16] Entsprechendes regeln die SÜG der Länder. UU erfordert auch bereits der Zugang zu Verschlusssachen VS-NUR FÜR DEN DIENSTGEBRAUCH eine Sicherheitsüberprüfung, vgl. § 1 Abs. 2 Nr. 2–4 SÜG Bund.
[17] Im Fall des § 157 Abs. 2 S. 5 GWB kann die Kammer auch in der Besetzung mit einem Vorsitzenden und zwei hauptamtlichen Beisitzern entscheiden.
[18] Vgl. §§ 7 ff. SÜG Bund.
[19] Vgl. § 25 VSA Bund, wonach die Weitergabe von Verschlusssachen an nicht öffentliche Stellen nur zulässig ist, wenn sie im staatlichen Interesse erforderlich ist, zB zur Durchführung eines staatlichen Auftrags. Nähere Erläuterungen zur Geheimschutzbetreuung finden sich unter www.bmwk-sicherheitsforum.de und insbes. in dem dort veröffentlichten Geheimschutzhandbuch.

externen Verfahrensbevollmächtigten vertreten, stellt sich dies hinsichtlich der **Rechtsanwälte** anders dar. Die Kammer muss die Vertraulichkeit der Verschlusssachen nach § 4 Abs. 4 S. 2 SÜG Bund auch bei deren Weitergabe an nichtöffentliche Stellen schützen. Daher kann die Kammer den Verfahrensbevollmächtigten nur dann Einsicht in Verschlusssachen mit einer Einstufung VS-VERTRAULICH oder höher gewähren, wenn die Rechtsanwälte vorher für den zutreffenden Gefährdungsgrad sicherheitsüberprüft wurden.[20] Bei Verschlusssachen mit der Einstufung VS-NUR FÜR DEN DIENSTGEBRAUCH reicht es dagegen nach § 4 Abs. 1 VSA Bund aus, eine nicht sicherheitsüberprüfte Person vor Zugang zu der Verschlusssache gem. Anlage V zur VSA (VS-NfD-Merkblatt) zu verpflichten und gem. Anlage VIII VSA insbes. über einschlägige Strafvorschriften bei Verstoß gegen die Regelungen zu belehren.[21]

In materieller Hinsicht sieht die VSA Bund eine Reihe von Maßnahmen vor, wie die **Verschlusssachen** vor unberechtigtem Zugriff **geschützt** werden sollen.[22] Nach § 23 VSA Bund sind Akten und sonstige Informationsträger im Geschäftsbereich der Vergabekammer demnach so zu lagern und zu transportieren, dass nur sicherheitsüberprüfte Personen mit ihnen in Berührung kommen und sich Kenntnis von ihrem Inhalt verschaffen können. Akten mit der Einstufung VS-VERTRAULICH sind – während sie außerhalb der an sich für die Aufbewahrung zuständigen VS-Registratur der Behörde für die Bearbeitung des Verfahrens in der Kammer fortgesetzt erforderlich sind – mindestens in einem verriegelten Raum oder verschließbaren Schränken unter Verschluss zu halten. Eine Aufbewahrung in der Registratur der Geschäftsstelle, wo sie in einem unbeobachteten Augenblick jedem anderen Bediensteten oder sogar Dritten (Publikum) zugänglich wären, scheidet aus. Regelungen zur Weitergabe von Verschlusssachen finden sich gestaffelt nach dem Gefährdungsgrad in § 24 VSA Bund. Nach § 55 VSA Bund müssen zudem Verschlusssachen bei der Weitergabe über technische Kommunikationsverbindungen grds. durch IT-Sicherheitsprodukte nach Vorgaben des Bundesamts für Sicherheit in der Informationstechnik verschlüsselt werden. Bei **anderen vertraulichen Informationen** iSd Abs. 1, die also (noch) keine Verschlusssachen darstellen, hat die Kammer im Einzelfall zu entscheiden, welche Sicherungsmaßnahmen sie ergreift, um die Vertraulichkeit zu gewährleisten. Hierbei sind einerseits die schützenswerten, durch unberechtigte Kenntniserlangung möglicherweise gefährdeten Interessen, andererseits aber auch verfahrensökonomische Aspekte gegeneinander abzuwägen. Eine an den Vorgaben der VSA Bund orientierte Behandlung solcher Unterlagen kommt aufgrund der sehr aufwendigen Vorgaben nur ausnahmsweise in Betracht.[23]

III. Geheimhaltungspflicht (Abs. 2)

Abs. 2 **Hs. 1** begründet zusätzlich zur **Amtsverschwiegenheit** eine Pflicht zur Geheimhaltung für die (haupt- und ehrenamtlichen) Mitglieder der Vergabekammer. Diese erstreckt sich auf alle Unterlagen und den Mitgliedern der Vergabekammer kraft Amtes sonst zuteil gewordenen Informationen. Konsequenterweise (und so gesehen selbstverständlich) dürfen nach dem **2. Hs.** der Vorschrift dem Geheimnis-

---

[20] Ebenso RKPP/Dittmann GWB § 164 Rn. 5; jurisPK-VergabeR/Summa GWB § 164 Rn. 12 ff.; Beck VergabeR/Wittschurky GWB § 164 Rn. 16; Immenga/Mestmäcker/Dreher § 164 Rn. 19 f. Letzterer weist zudem darauf hin, dass insoweit keine durchschlagenden verfassungsrechtlichen Bedenken bestehen; aA Byok NVwZ 2012, 70 (75).
[21] So auch RKPP/Dittmann GWB § 164 Rn. 5.
[22] Vgl. §§ 20 ff. VSA Bund.
[23] So Immenga/Mestmäcker/Dreher GWB § 164 Rn. 11.

schutz unterliegende Tatsachen und Informationen auch in den **Entscheidungsgründen** nicht offengelegt werden. Der Begriff „Entscheidungsgründe" ist dabei verfehlt, denn die Entscheidung der Kammer stellt nach § 168 Abs. 3 S. 1 GWB einen Verwaltungsakt dar, der „Gründe I. und II." enthält, nicht jedoch „Tatbestand und Entscheidungsgründe".[24] Außerdem muss die Kammer nach dem Sinn und Zweck der Regelung die Geheimhaltung auch im Tenor sowie bei der Darstellung der „Gründe I." in ihrer Entscheidung beachten.[25] Die Entscheidungsbegründung bewegt sich infolgedessen in einem Spannungsfeld. Einerseits dürfen geheimhaltungsbedürftige Umstände in ihr weder unmittelbar noch mittelbar (so dass die Beteiligten sie erkennen können) offenbart werden. Andererseits hat die Vergabekammer die Entscheidung kraft Gesetzes zu begründen (§ 167 Abs. 1 S. 1 GWB, Art. 2 Abs. 9 RL 2007/66/EG). Die Begründung muss so konkret und aussagekräftig sein, dass sie „rechtsmittelfähig" ist und Beschwerdeangriffe daran angebracht werden können. Umgekehrt muss die Begründung dem öffentlichen Auftraggeber ggf. auch ermöglichen, Verstöße gegen Vergabevorschriften noch im laufenden Vergabeverfahren zu korrigieren. Die einwirkenden „Fliehkräfte" sind vom europäischen Gesetzgeber erkannt worden, denn nach Art. 56 Abs. 10 UAbs. 4 RL 2009/81/EG haben die Mitgliedstaaten festzulegen, wie die Nachprüfungsstellen die Vertraulichkeit von Verschlusssachen mit der Einhaltung der Verteidigungsrechte in Einklang bringen, damit ein insgesamt faires Verfahren gewährleistet ist. Deshalb darf sich die Begründung nicht darin erschöpfen, lediglich das Entscheidungsergebnis zu wiederholen. Sie darf sich ebenso wenig auf die bloße Feststellung beschränken, geheim gehaltene Akten berücksichtigt und verwertet zu haben. Vielmehr ist der Gegenstand der geheimhaltungsbedürftigen Umstände in den Gründen in einer Weise bekanntzugeben, dass das Geheimhaltungsbedürfnis von den Verfahrensbeteiligten nachvollzogen werden kann.[26]

§ 165 Akteneinsicht

(1) **Die Beteiligten können die Akten bei der Vergabekammer einsehen und sich durch die Geschäftsstelle auf ihre Kosten Ausfertigungen, Auszüge oder Abschriften erteilen lassen.**

(2) **Die Vergabekammer hat die Einsicht in die Unterlagen zu versagen, soweit dies aus wichtigen Gründen, insbesondere des Geheimschutzes oder zur Wahrung von Betriebs- oder Geschäftsgeheimnissen, geboten ist.**

(3) [1]**Jeder Beteiligte hat mit Übersendung seiner Akten oder Stellungnahmen auf die in Absatz 2 genannten Geheimnisse hinzuweisen und diese in den Unterlagen entsprechend kenntlich zu machen.** [2]**Erfolgt dies nicht, kann die Vergabekammer von seiner Zustimmung auf Einsicht ausgehen.**

(4) **Die Versagung der Akteneinsicht kann nur im Zusammenhang mit der sofortigen Beschwerde in der Hauptsache angegriffen werden.**

Literatur: Dageförde, Die Vorabinformationspflicht im Vergaberecht – eine unendliche Geschichte, NZBau 2020, 77; Gröning, Das vergaberechtliche Akteneinsichtsrecht, NZBau 2000, 366; Gröning, Prozessuale Behandlung von Geschäftsgeheimnissen im Nachprüfungsverfahren, NZBau 2023, 291; Opheys/Timini, Das Recht auf Akteneinsicht im Vergabeverfahren, VergabeR 2021, 426; Rosenkötter/Seeger, Das neue Geschäftsgeheimnisgesetz, NZBau 2019,

---

[24] Immenga/Mestmäcker/Dreher GWB § 164 Rn. 14.
[25] Vgl. Immenga/Mestmäcker/Dreher GWB § 164 Rn. 14; Beck VergabeR/Wittschurky GWB § 164 Rn. 25; Müller-Wrede/Hofmann GWB § 164 Rn. 23.
[26] Vgl. beispielhaft zu einer nach § 100 Abs. 2 lit. d GWB aF für geheim erklärten Auftragsvergabe OLG Düsseldorf 30.3.2005 – VII-Verg 101/04, BeckRS 2005, 4880.

619; Rosenkötter, Wissen ist Macht – Akteneinsicht bei der Überprüfung von Vergabeentscheidungen, NZBau 2021, 96; Wiebe, Der Geschäftsgeheimnisschutz im Informationsfreiheitsrecht unter besonderer Berücksichtigung des Gesetzes zum Schutz von Geschäftsgeheimnissen, NVwZ 2019, 1705.

Übersicht

	Rn.
I. Bedeutung der Vorschrift	1
II. Gegenstand der Akteneinsicht und Berechtigte	2
III. Recht auf Akteneinsicht (Abs. 1)	4
1. Statthaftes und zulässiges Nachprüfungsverfahren	4a
2. Erforderlichkeit / Entscheidungserheblichkeit der Akteneinsicht?	5
IV. Geheimschutz – Betriebs- und Geschäftsgeheimnisse (Abs. 2)	7
1. Begriff	7
2. Entscheidung über den Umfang der Akteneinsicht	8
V. Verfahren und Entscheidung	11
1. Antrag und praktische Durchführung	11
2. Hinweisobliegenheit der Beteiligten auf Geheimnisse (Abs. 3)	11c
3. Entscheidung im Zwischenverfahren	12
VI. Rechtsschutz	13

I. Bedeutung der Vorschrift

§ 165 GWB regelt das Recht auf Akteneinsicht der Beteiligten im Nachprüfungsverfahren. Die Akteneinsicht für die Verfahrensbeteiligten ist ein zentraler Baustein des Rechtsschutzes im GWB. Die Beteiligten haben gem. § 165 Abs. 1 GWB das Recht, die Akten bei der Vergabekammer einzusehen und sich durch die Geschäftsstelle auf ihre Kosten Ausfertigungen, Auszüge oder Abschriften erteilen lassen. Das Recht auf Akteneinsicht fußt auf den Grundrechten auf **Gewährung rechtlichen Gehörs** nach Art. 103 Abs. 1 GG und auf **effektiven Rechtsschutz** nach Art. 19 Abs. 4 GG und dient der Umsetzung des europarechtlichen **Transparenzgebots** gem. Art. 18 Abs. 1 RL 2014/24/EU. § 165 GWB gilt aufgrund der Verweisung in § 175 Abs. 2 GWB auch für das Beschwerdeverfahren vor dem Vergabesenat. 1

Die Norm ist seit der Schaffung des Teils 4 des GWB inhaltlich praktisch unverändert geblieben. Es erfolgte lediglich im Jahr 2016 eine Anpassung an die geänderte Paragraphenzählung (vorher § 111 GWB aF) im Zuge der Reform des GWB durch das VgRÄG. Systematisch gewährt § 165 Abs. 1 GWB ein im Grundsatz uneingeschränktes Akteneinsichtsrecht. Abs. 2 schränkt dieses Recht bei Vorliegen wichtiger Gründe ein.[1] Die Abs. 3 und 4 treffen verfahrensrechtliche Regelungen. 1a

Die Norm hat in den **EU-Vergabe- und Rechtsmittelrichtlinien** kein direktes Vorbild. Art. 21 RL 2014/14/EU richtet sich nicht an die Nachprüfungsinstanzen, sondern nur an den Auftraggeber und die Bieter im Vergabeverfahren, doch ist sein Sinn und Zweck, den Schutz der Geheimnisse aller Beteiligter zu gewährleisten, auch bei der Frage nach dem Umfang der Akteneinsicht zu beachten.[2] Art. 47 Abs. 1 und Abs. 2 der Charta der Grundrechte der EU und Art. 1 Abs. 1 der RL 2007/66/EG (Rechtsmittelrichtlinie) bestimmen demgegenüber, dass jede Person, deren durch das Recht der Union garantierte Rechte oder Freiheiten verletzt worden sind, das Recht auf einen wirksamen Rechtsbehelf hat. Das bei der Aktenein- 1b

---

[1] So auch RKPP/Kus GWB § 165 Rn. 23.
[2] Beck VergabeR/Vavra/Willner GWB § 165 Rn. 3.

sicht bestehende Spannungsverhältnis zwischen Geheimnisschutz auf der einen und fairem Verfahren bzw. effektivem Rechtsschutz auf der anderen Seite findet sich damit bereits in den europarechtlichen Vorgaben.[3] Der EuGH hat allerdings mittlerweile Grundsätze zum Verfahrensrecht auf Akteneinsicht[4] und zum Verhältnis von Geheimnisschutz und den Informationen, die Bietern, deren Angebote abgelehnt wurden, zu erteilen sind[5], aufgestellt.

1c Der Gesetzgeber hat die Regelungen zum Akteneinsichtsrecht im vergaberechtlichen Nachprüfungsverfahren in Anlehnung an die in **§ 70 GWB** enthaltenen Vorschriften zur Akteneinsicht bei Beschwerden in Kartellverwaltungssachen gestaltet.[6] Die Regelungen des § 70 GWB sind daher zur Auslegung des § 165 GWB heranzuziehen, soweit nicht Unterschiede durch Besonderheiten des Vergaberechts veranlasst und geboten sind.[7] § 29 VwVfG des Bundes und die entspr. Vorschriften der Verwaltungsverfahrensgesetze der Länder, die das Akteneinsichtsrecht ggü. Verwaltungsbehörden regeln, sowie die **Informationsfreiheitsgesetze** sind **im vergaberechtlichen Nachprüfungsverfahren** infolge des spezialgesetzlichen Charakters des § 165 GWB nicht anzuwenden.[8] Aufgrund der Vorrangregelung des § 1 Abs. 2 GeschGehG geht § 165 GWB bei Auseinandersetzungen um den Geheimnisschutz im Nachprüfungsverfahren auch den Regelungen des **GeschGehG** vor. Bei der Frage, ob eine bestimmte Information ein Geschäftsgeheimnis darstellt, kann allerdings die **Legaldefinition des Geschäftsgeheimnisses in § 2 Nr. 1 GeschGehG** ergänzend herangezogen werden (→ Rn. 7a).[9]

1d Das Recht auf Akteneinsicht nach § 165 GWB entsteht mit der **Anbringung des Nachprüfungsantrags bei der Vergabekammer**, durch die der Antrag rechtshängig wird.[10] Es ist von zentraler Bedeutung für einen effektiven Rechtsschutz und die Durchsetzung der Bieterrechte im öffentlichen Auftragswesen.[11] Die Akteneinsicht dient dazu, die typischerweise nur eingeschränkte Kenntnis der beteiligten Unternehmen von den Vorgängen im Vergabeverfahren so weit zu beheben, dass diese wirksam, mit substantiiertem Vortrag und in einem fairen Prozess fehlerhafte Vergabeentscheidungen angreifen können.

II. Gegenstand der Akteneinsicht und Berechtigte

2 Das Akteneinsichtsrecht erstreckt sich auf „die Akten". Dies sind zum einen die von der Vergabekammer angelegten Verfahrensakten und zum anderen die Vergabeakten des Auftraggebers.[12] Die **Einsicht in die Verfahrensakten der Vergabekammer** hat in der Praxis nur eine geringe Bedeutung, da diese iW den Nachprüfungsantrag sowie die Schriftsätze der Verfahrensbeteiligten nebst Anlagen enthalten, die den Verfahrensbeteiligten ohnehin durch die Vergabekammer übermittelt werden. Relevant wird die Akteneinsicht in die Verfahrensakten der Vergabekammer

---

[3] RKPP/Kus GWB § 165 Rn. 9 ff.; Beck VergabeR/Vavra/Willner GWB § 165 Rn. 6.
[4] EuGH 14.2.2008 – C-450/06, EuZW 2008, 209.
[5] EuGH 17.11.2022 – C-54/21, NZBau 2023, 397.
[6] Vgl. dazu ua Gröning NZBau 2000, 366 (367).
[7] Vgl. BGH 31.1.2017 – X ZB 10/16, NZBau 2017, 230.
[8] So auch MüKoEuWettbR/Gröning GWB § 165 Rn. 9; RKPP/Kus GWB § 165 Rn. 18.
[9] MüKoEuWettbR/Gröning GWB § 165 Rn. 10.
[10] Vgl. BGH 9.2.2004 – X ZB 44/03, NJW 2004, 2092; OLG Düsseldorf 19.3.2008 – VII-Verg 13/08, VPRRS 2008, 0314; 26.5.2008 – VII-Verg 14/08, VPRRS 2008, 0276.
[11] Begr. des RegE zum Vergaberechtsänderungsgesetz 2009, BT-Drs. 13/9340, 18. Beim Vergaberechtsmodernisierungsgesetz 2016 hat der Gesetzgeber von einer erneuten Begründung abgesehen.
[12] MüKoEuWettbR/Gröning GWB § 165 Rn. 13.

allenfalls dann, wenn es um die Wahrung von Fristen geht, wie zB im Fall des § 160 Abs. 3 S. 1 Nr. 4 GWB oder die Frist für die Einlegung der sofortigen Beschwerde gem. § 172 Abs. 1 S. 1 GWB. Sie wird in der Praxis auch nur selten beantragt. Von der Einsicht in die Verfahrensakten der Vergabekammer ausgeschlossen sind lediglich Entscheidungsentwürfe, Voten, interne Vermerke und andere, ausschl. der Entscheidungsvorbereitung der Vergabekammer dienende Schriftstücke.[13]

Von zentraler Bedeutung für die Beteiligten ist dagegen die **Einsicht in die Akten des Auftraggebers**, die im Zuge der Ausschreibung von der Vergabestelle angelegt worden sind (vgl. Art. 84 RL 2014/24/EU, § 8 VgV) und das Vergabeverfahren dokumentieren. Diese definiert § 163 Abs. 3 GWB als die **Vergabeakten**. Bei korrekter Führung (an der es in Praxis häufig fehlt) enthalten die Vergabeakten die Auftragsbekanntmachung, die Vergabeunterlagen, die Angebote, etwaige Korrespondenz mit den Bietern/Bewerbern sowie Unterlagen, die die Prüfung und Wertung der Angebote und etwaige Nachforderungen von Unterlagen bzw. etwaige Aufklärungsmaßnahmen des Auftraggebers betreffen. Dokumentiert muss weiterhin die Zuschlagsentscheidung der Vergabestelle sein, sowie die Vorabinformationsschreiben und der Schriftverkehr, der sich an erhobene Rügen anschließt. Der **Vergabevermerk** muss in jeden Fall enthalten sein. Im Einzelfall können die Vergabeakten auch bisher lediglich intern gebliebene Vorgänge umfassen, zB Entwürfe von Vergabevermerken, interne Besprechungsprotokolle (auch über sog. Bietergespräche und Nachverhandlungen), amtsinternen Schriftverkehr oder Schriftwechsel des Auftraggebers mit einem beauftragten Ingenieurbüro oder Projektsteuerer, sofern diese für die Auftragsvergabe von Bedeutung waren.

2a

Nach hier vertretener Ansicht werden auch Schriftsätze und sonstige Unterlagen, die Beteiligte im Vergabenachprüfungsverfahren mit der Maßgabe zu den Akten reichen, dass sie ganz oder teilw. den übrigen Beteiligten oder einem Teil von ihnen nicht zur Kenntnis gelangen sollen (sog. „geschwärzte" Unterlagen), Gegenstand der Akten, die der Akteneinsicht unterliegen können.[14] Die Rechtsauffassung des KG[15], wonach solche Unterlagen weder Gegenstand der Akten der Vergabekammer noch Bestandteil der Gerichtsakten werden, ist nicht mit § 165 Abs. 3 GWB und auch nicht mit dem Amtsermittlungsgrundsatz nach § 163 Abs. 1 S. 1 GWB vereinbar.[16] Zu den Einzelheiten → Rn. 10.

2b

Akteneinsicht steht nach dem Wortlaut der Norm **allen am Vergabenachprüfungsverfahren Beteiligten** zu. Dies sind gem. § 162 GWB der **Antragsteller**, der **Antragsgegner** und die **beigeladenen Unternehmen**. Unternehmen, die (noch) nicht beigeladen sind, haben kein Recht auf Akteneinsicht. Der Antragsgegner, der im Regelfall die Vergabeakten geführt und erstellt hat, benötigt – wenn überhaupt – allenfalls Akteneinsicht in die Verfahrensakten der Vergabekammer. Praktisch relevant sind vor allem das „Ob" und der Umfang des dem Antragsteller und den beigeladenen Unternehmen zustehenden Akteneinsichtsrechts.

3

III. Recht auf Akteneinsicht (Abs. 1)

Nach § 165 Abs. 1 GWB steht den Verfahrensbeteiligten ein im Ausgangspunkt uneingeschränktes Recht auf Akteneinsicht zu, das nach Abs. 2 nur dann eine Einschränkung erfährt, wenn wichtige Gründe, insbes. des Geheimschutzes oder zur

4

---

[13] Siehe auch § 29 Abs. 2 VwVfG; so auch Beck VergabeR/Vavra/Willner GWB § 165 Rn. 12.
[14] Ebenso BGH 31.1.2017 – X ZB 10/16, NZBau 2017, 230.
[15] KG 18.5.2022 – Verg 7/21, NZBau 2023, 134; KG 6.7.2022 – Verg 6/22, VPRRS 2023, 0124.
[16] Gröning NZBau 2023, 291 (292).

Wahrung von Betriebs- oder Geschäftsgeheimnissen, die Versagung der Akteneinsicht gebieten.[17] Das grds. unumschränkte Akteneinsichtsrecht unterliegt allerdings bestimmten immanenten und gewissermaßen von vornherein gegebenen Begrenzungen.

1. Statthaftes und zulässiges Nachprüfungsverfahren

4a Zunächst setzt Gewährung von Akteneinsicht durch die Vergabekammer voraus, dass diese überhaupt ein **Nachprüfungsverfahren** dadurch **eingeleitet** hat, dass sie nach § 163 Abs. 2 S. 3 GWB bzw. § 169 Abs. 1 GWB den Nachprüfungsantrag an den Auftraggeber übermittelt und dabei zugleich die Akten anfordert. Wird der Nachprüfungsantrag wegen offensichtlicher Unzulässigkeit bzw. Unbegründetheit gar nicht übermittelt, besteht auch kein Anspruch auf Akteneinsicht,[18] der von der Vergabekammer iÜ mangels eingeholter Akten auch nicht zu erfüllen wäre.

4b Für das im Ausgangspunkt uneingeschränkte Recht auf Akteneinsicht nach § 165 Abs. 1 GWB muss der **Nachprüfungsantrag** allerdings **statthaft** und **zulässig** sein.[19] Ist jedoch nicht auszuschließen, dass Inhalt der Vergabeakten für die Beurteilung der Zulässigkeit eines Nachprüfungsantrags relevant sein kann, kann dem Antragsteller die Akteneinsicht nicht völlig versagt werden.[20] In solchen Fällen besteht das Akteneinsichtsrecht nur in dem Umfang, in dem die Vergabeakte zur Beantwortung der die Statthaftigkeit oder die Zulässigkeit betreffenden Fragen einzusehen ist.[21]

2. Erforderlichkeit / Entscheidungserheblichkeit der Akteneinsicht?

5 Darüber hinaus soll nach verbreiteter Ansicht in der Rspr. der Vergabekammern und Vergabesenate sowie eines Teils der Lit. das Akteneinsichtsrecht von vornherein nur in dem Umfang bestehen, in dem es zur Durchsetzung der subjektiven Rechte des betreffenden Verfahrensbeteiligten erforderlich sei.[22] Das nach dem Wortlaut des § 165 Abs. 1 GWB im Ansatz unbeschränkte Recht auf Akteneinsicht sei **teleologisch zu reduzieren**.[23] Diese Auffassung entspricht der subjektiven Ausrichtung des Nachprüfungsverfahrens, die den Rechtsschutz des antragstellenden Bieters auf die Geltendmachung der Verletzung eigener Rechte begrenzt (vgl. § 160 Abs. 2 GWB). Damit soll einem Bieterverhalten entgegengewirkt werden, bei dem ein Bieter „ins Blaue hinein" angebliche Fehler rügt und dann im Wege der Akteneinsicht erst auf Fehlersuche gehen kann.[24]

---

[17] KG 10.2.2020 – Verg 6/19, VPRRS 2020, 0119; OLG Hamburg 30.3.2020 – 1 Verg 1/20, NZBau 2020, 683.

[18] KG 10.2.2020 – Verg 6/19, VPRRS 2020, 0119; VK Brandenburg 12.3.2019 – VK 1/19, ZfBR 2020, 310.

[19] OLG Naumburg 15.4.2016 – 7 Verg 1/16, BeckRS 2016, 7813; KG 13.9.2012 – Verg 4/12, BeckRS 2012, 21956; so auch schon BayObLG 19.12.2000 – Verg 7/00, NZBau 2002, 294; BayObLG 10.10.2000 – Verg 5/00, ZfBR 2001, 189.

[20] Beck VergabeR/Vavra/Willner GWB § 165 Rn. 16.

[21] KG 10.2.2020 – Verg 6/19, VPRRS 2020, 0119; OLG Frankfurt a. M. 12.12.2014 – 11 Verg 8/14, NZBau 2015, 514; OLG München 8.11.2010 – Verg 20/10, VPRRS 2010, 0403.

[22] OLG München 19.3.2019 – Verg 3/19, NZBau 2019, 670; OLG Düsseldorf 29.6.2017 – VII-Verg 7/17, NZBau 2017, 619; OLG Celle 24.9.2014 – 13 Verg 9/14, NZBau 2014, 784; Beck VergabeR/Vavra/Willner GWB § 165 Rn. 18.

[23] ZB RKPP/Kus GWB § 165 Rn. 29 ff.

[24] OLG München 8.11.2010 – Verg 20/10, VPRRS 2010, 0403; OLG Brandenburg 14.1.2013 – Verg W 12/12, VPRRS 2013, 0896.

Allerdings ist das Tatbestandselement der **Erforderlichkeit** oder **Entscheidungserheblichkeit** nicht unproblematisch, weil es für den Antragsteller die Gefahr einer Einschränkung des Akteneinsichtsrechts und des Rechtsschutzes mit sich bringt.[25] Es ist schon kein rechtlich anerkennenswertes Interesse von Auftraggebern ersichtlich, einem Bieter in den Vergabeunterlagen enthaltene Hinweise auf ihn benachteiligende Vergabeverstöße (die mangels Kenntnis auch nicht der Präklusion nach § 160 Abs. 3 GWB unterfallen) vorzuenthalten. Zum anderen bekämen die Vergabenachprüfungsinstanzen damit faktisch die Möglichkeit, die Erfolgsaussichten eines Nachprüfungsverfahrens dadurch zu steuern, dass sie Unterlagen als für den Rechtsschutz relevant oder nicht relevant einstufen. Beides ist – zumindest bei zulässigen Nachprüfungsanträgen – weder mit dem Grundrecht auf **Gewährung rechtlichen Gehörs** noch mit dem Grundrecht auf **effektiven Rechtsschutz** vereinbar. Zudem hat der BGH[26] darauf hingewiesen, dass sich die Frage der Entscheidungserheblichkeit in die Einsicht von Aktenbestandteilen **nur bei solchen** Unterlagen stellt, für die ein Geheimhaltungsinteresse nachvollziehbar dargetan wurde.[27] In diesem Fall ist die Beschränkung auf entscheidungserhebliche Unterlagen im Beschwerdeverfahren aufgrund von § 175 Abs. 2 iVm § 70 Abs. 2 S. 4 GWB gesetzlich geregelt. Im Verfahren vor der Vergabekammer ist – trotz einer fehlenden Verweisung – § 70 Abs. 2 S. 4 GWB sinngemäß ebenso anzuwenden.[28] Einer allg. teleologischen Reduktion des Akteneinsichtsrechts gerade im Hinblick auf Unterlagen, für die kein Geheimhaltungsinteresse nachvollziehbar dargetan wurde, bedarf es daher nicht.

Bejaht man dennoch das ungeschriebene Tatbestandselement der Entscheidungserheblichkeit oder Erforderlichkeit, darf es jedenfalls nicht schematisch angewandt werden. Eine allg. **Bedürfnisprüfung** des Inhalts, ob der Verfahrensbeteiligte, insbes. der Antragsteller, Informationen durch Akteneinsicht benötigt,[29] ist abzulehnen. Die Vergabenachprüfungsinstanzen würden sich damit anmaßen, abschl. beurteilen zu können, in welchen Umfang Akteneinsicht ein Bieter zur Durchsetzung seiner subjektiven Rechte im Nachprüfungsverfahren braucht. Es ist aber nicht auszuschließen, dass ein Bieter nach erfolgter Akteneinsicht neue, nicht der Rügepräklusion unterliegende Vergabeverstöße vorbringt, die ihn in seinen Rechten nach § 97 Abs. 6 GWB verletzen und die die Nachprüfungsinstanzen bisher nicht erkannt haben. Hat der Antragsteller einen zur Sachprüfung führenden Nachprüfungsantrag gestellt und bezieht er weitere mögliche, ihm aber nicht in Einzelheiten bekannte Rechtsverstöße ein, ist sein Akteneinsichtsrecht darauf zu erstrecken.[30] Das Akteneinsichtsrecht ist deshalb nicht generell auf dasjenige begrenzt, was zur Überprüfung prozessual zulässig vorgebrachter Vergaberechtsverstöße eingesehen werden muss. Für eine derartige Einschränkung gibt auch der Wortlaut des § 165 Abs. 1 GWB nichts her.

Bei einem statthaften und zulässigen Nachprüfungsantrag ist in einem mit dem **Rechtsschutzbegehren** des Antragstellers (dem Rechtsschutzziel) deckungsgleichen Umfang Akteneinsicht zu gewähren. Dies bedeutet, dass auch wegen lediglich vermuteter Rechtsverstöße Akteneinsicht zu erteilen sein kann, wenn der Antragsteller eine „zweite Chance" auf den Auftrag begehrt und diese beim Vorliegen einer so behaupteten Vergaberechtsverletzung auch erlangen kann. Die

---

[25] KG 21.12.2018 – Verg 7/18, ZfBR 2019, 516.
[26] BGH 31.1.2017 – X ZB 10/16, NZBau 2017, 230.
[27] Vgl. hierzu OLG München 28.4.2016 – Verg 3/16, NZBau 2016, 591.
[28] BGH 31.1.2017 – X ZB 10/16, NZBau 2017, 230.
[29] So aber möglicherweise: OLG Naumburg 11.6.2003 – 1 Verg 6/03, BeckRS 9998, 04708; OLG Jena 16.12.2002 – 6 Verg 10/02, VPRRS 2003, 0003.
[30] MüKoEuWettbR/Gröning GWB § 165 Rn. 22.

GWB § 165 Akteneinsicht

Akteneinsicht darf jedenfalls nicht allein mit der Begründung abgelehnt werden, der Antragsteller habe
– die behauptete Rechtsverletzung, wegen der um Akteneinsicht nachgesucht wird, nicht den durch die §§ 160 Abs. 2, 161 Abs. 2 GWB bestimmten Anforderungen gemäß vorgetragen,
– er habe insoweit keine vorprozessuale Rüge nach § 160 Abs. 3 S. 1 Nr. 1–3 GWB ausgebracht,[31]
– sein Angebot sei aus Gründen der Vergabeverordnung oder der VOB/A-EU von der Wertung auszunehmen,[32]
dies freilich immer unter der Voraussetzung, dass der Antragsteller
– jedenfalls einen überhaupt statthaften und zulässigen Nachprüfungsantrag gestellt hat (was die Darlegung einer Rechtsverletzung und deren gehörige Rüge einschließt),
– und sein Rechtsschutzbegehren (Rechtsschutzziel) darüber hinaus weitere für ihn in den Einzelheiten nicht bekannte oder erkennbare Rechtsverstöße umfasst.

6b   Wegen des darauf gerichteten gesetzlichen Anspruchs ist die Gewährung von Akteneinsicht im Verfahren der Vergabekammer eine gebundene, **keine Beurteilungs- oder Ermessensentscheidung**.[33] Auch für einen Beurteilungsspielraum ist im Anwendungsbereich des § 165 GWB kein Raum.[34] Die Norm enthält, auch soweit es um Einschränkungen des Akteneinsichtsrechts nach Abs. 2 geht, ausschl. unbestimmte Rechtsbegriffe, die auf der Rechtsfolgenseite nicht mehrere Entscheidungsmöglichkeiten eröffnen.

IV. Geheimschutz – Betriebs- und Geschäftsgeheimnisse (Abs. 2)

1. Begriff

7   Die Vergabekammer hat die Akteneinsicht iS einer gebundenen Entscheidung zu versagen, soweit dies aus wichtigen Gründen, insbes. des Geheimnisschutzes oder zur Wahrung von Betriebs- oder Geschäftsgeheimnissen geboten ist. Versagungsgründe sind in der Norm nicht abschl. aufgeführt, sondern nur exemplarisch benannt („insbesondere"). § 165 Abs. 1 GWB enthält auch keine Definition der Begriffe „Geheimschutz" und „Betriebs- oder Geschäftsgeheimnisse". Dabei ist zu beachten, dass insbes. die Wahrung der Betriebs- oder Geschäftsgeheimnisse grundrechtlich garantiert ist. Art 14 GG schützt die wirtschaftliche Handlungsfreiheit und das geistige Eigentum, während Art. 12 GG iRd Berufsfreiheit auch den Schutz von Betriebs- und Geschäftsgeheimnissen umfasst.[35]

7a   Nach bisheriger nationaler Rspr. sind als **Betriebs- oder Geschäftsgeheimnis** Tatsachen zu verstehen, die nach dem erkennbaren Willen des Trägers geheim gehalten werden sollen, die ferner nur einem begrenzten Personenkreis bekannt und damit nicht offenkundig sind und hinsichtl. derer der Geheimnisträger deshalb

---

[31] Die Aussage des OLG Jena 5.6.2009 – 9 Verg 5/09, BeckRS 2009, 23538, nicht Gerügtes sei nicht entscheidungsrelevant und könne kein Akteneinsichtsrecht begründen, ist in dieser Allgemeinheit nicht richtig. Vergaberechtsverstöße, die er nicht kennt, muss ein Antragsteller nach § 160 Abs. 3 S. 1 Nr. 1 GWB nicht rügen.
[32] Dabei handelt es sich um eine logisch nachgelagerte Frage der Begründetheit des Nachprüfungsantrags, vgl. auch OLG Düsseldorf 28.12.2007 – Verg 40/07, VPRRS 2008, 0029.
[33] OLG München 8.11.2010 – Verg 20/10, VPRRS 2010, 0403.
[34] OLG Düsseldorf 5.3.2008 – VII Verg 12/08, VPRRS 2013, 0141.
[35] BVerfG 14.3.2006 – 1 BvR 2087/03, NZBau 2006, 523; BGH 31.1.2017 – X ZB 10/16, NZBau 2017, 230.

Akteneinsicht **§ 165 GWB**

ein sachlich berechtigtes Geheimhaltungsinteresse hat, weil eine Aufdeckung der Tatsachen geeignet ist, ihm wirtschaftlichen Schaden zuzufügen.[36] Diese Definition deckt sich überwiegend, aber nicht vollständig mit der **Definition des Geschäftsgeheimnisses in § 2 GeschGehG**, der Art. 2 der RL (EU) 2016/943 umsetzt. Nach § 2 Nr. 1 lit. b GeschGehG muss über die og Anforderungen der nationalen Rspr. hinaus die Information Gegenstand von den Umständen nach angemessenen **Geheimhaltungsmaßnahmen** durch ihren rechtmäßigen Inhaber sein. Der EuGH hat darauf hingewiesen, dass sich der Begriff „Geschäftsgeheimnis", so wie er in Art. 2 Nr. 1 der RL 2016/943 oder in einer entspr. Bestimmung des nationalen Rechts wie § 2 GeschGehG definiert ist, nur teilw. mit dem Begriff der „übermittelten und als vertraulich eingestuften Informationen" in Art. 21 Abs. 1 der RL 2014/24 deckt und der Schutz der Vertraulichkeit nach der RL 2014/24 über den Schutz allein der Geschäftsgeheimnisse hinausgeht. Dem Gesetzgeber der Mitgliedstaaten ist es allerdings nicht verwehrt, die einheitliche Definition entspr. Art. 2 Nr. 1 der RL 2016/943 zur Abgrenzung der Tragweite von Art. 21 Abs. 1 RL 2014/24/EU zu verwenden.[37] Dies hat der deutsche Gesetzgeber allerdings nicht getan. § 165 GWB enthält keine Verweisung auf das GeschGehG. Es sprechen daher gute Gründe dafür, sich für den Begriff der Betriebs- und Geschäftsgeheimnisse zwar grds. an § 2 GeschGehG zu orientieren, die Einstufung als Betriebs- oder Geschäftsgeheimnis aber nicht von ergriffenen Geheimhaltungsmaßnahmen abhängig zu machen.[38]

Begrifflich beziehen sich Geschäftsgeheimnisse auf den kaufmännischen Bereich. Betriebsgeheimnisse, zu denen auch Fabrikationsgeheimnisse zählen, betreffen dagegen betrieblich-technische Vorgänge und Erkenntnisse. Konkret handelt es sich bei den Informationen, an denen konkurrierende Bieter ein Geheimhaltungsinteresse haben, regelmäßig um die **Bestandteile ihrer Angebote**, wie zB Angaben zur technischen Ausstattung von Unternehmen, Preis- oder Produktangaben, Kalkulationsgrundlagen, Lösungsvorschläge bei funktionalen Ausschreibungen, Inhalte von Nebenangeboten oder Änderungsvorschläge in Verhandlungsverfahren. 7b

Anerkannt ist, dass auch der öffentliche **Auftraggeber** einen Geheimnisschutz beanspruchen kann, sofern eigene Geheimschutzbereiche berührt sind.[39] Diese Fälle sind aber in der Beschaffungspraxis eher selten und kommen insbes. in Fällen des § 29 Abs. 2 VwVfG in Betracht, wenn durch die Akteneinsicht zB die ordnungsgemäße Erfüllung der Aufgaben der Behörde beeinträchtigt oder das Bekanntwerden des Inhalts der Akten dem Wohl des Bundes oder eines Landes Nachteile bereiten würde. Kein Geschäftsgeheimnis des öffentlichen Auftraggebers ist allerdings das Ergebnis seiner Auftragswertschätzung, da dieses nach Anhang V Teil C Nr. 8 RL 2014/24/EU zu den Pflichtangaben der Auftragsbekanntmachung zählt.[40] 7c

Wer an einem Aktenbestandteil ein Geheimhaltungsinteresse in Anspruch nimmt oder nehmen kann, hat dieses, wenn das Geheimhaltungsbedürfnis nicht offensicht- 7d

---

[36] Vgl. BVerfG 14.3.2006 – 1 BvR 2087/03, NZBau 2006, 523; BGH 31.1.2017 – X ZB 10/16, NZBau 2017, 230.

[37] EuGH 17.11.2022 – C-54/21, NZBau 2023, 397.

[38] So auch Beck VergabeR/Vavra/Willner GWB § 165 Rn. 26 f. mit dem Hinweis, dass der Gesetzgeber sowohl auf unionsrechtlicher Ebene als auch auf nationaler Ebene durch die neuen Regelungen den Schutz der Geschäftsgeheimnisse und des Know-hows verbessern und nicht einschränken wollte; aA Rosenkötter/Seeger NZBau 2019, 619 (620).

[39] Vgl. BGH 31.1.2017 – X ZB 10/16, NZBau 2017, 230; 10.5.1995 – 1 StR 764/94, NJW 1995, 2301 (2302) mwN; OLG Düsseldorf 28.12.2007 – Verg 40/07, VPRRS 2008, 0029.

[40] Vgl. auch OLG Düsseldorf 28.12.2007 – Verg 40/07, VPRRS 2008, 0029.

lich ist, anhand der oben (→ Rn. 7a) aufgeführten Tatbestandsmerkmale des Betriebs- oder Geschäftsgeheimnisses nachvollziehbar zu **begründen**.[41] Verbleibende Zweifel gehen zu seinen Lasten.[42]

2. Entscheidung über den Umfang der Akteneinsicht

8   Das bloße Vorliegen von Geheimnissen besagt freilich noch nichts darüber, ob diese sich auch ggü. dem Recht anderer Verfahrensbeteiligter auf Akteneinsicht durchsetzen können. Die Regelung, die § 165 Abs. 2 GWB darüber trifft, ist unvollkommen. Allerdings deutet der Wortlaut der Norm, wonach eine Akteneinsicht zu versagen ist, soweit dies aus wichtigen Gründen „geboten" ist, an, dass im Konfliktfall zwischen den Belangen der Akteneinsicht, der davon abhängenden Wirksamkeit des Rechtsschutzes sowie dem Anspruch auf rechtliches Gehör (Art. 103 Abs. 1 GG) einerseits und des Geheimnisschutzes andererseits **abzuwägen** ist. Keinem der widerstreitenden Interessen kommt dabei ein genereller Vorrang zu, sondern stets ist auf die Umstände des Einzelfalls abzustellen.[43]

8a   Der **Abwägungsvorgang** und die **Prüfungsmaßstäbe** werden in **§ 70 Abs. 2 S. 4 GWB**, der die Akteneinsicht im kartellverwaltungsrechtlichen Beschwerdeverfahren vor dem OLG regelt und der nach § 175 Abs. 2 GWB im Beschwerdeverfahren vor den Vergabesenaten entspr. anzuwenden ist, näher beschrieben. Nach zutr. Rspr. des BGH ist die Norm trotz fehlender Verweisungsnorm genauso im Nachprüfungsverfahren vor den Vergabekammern zu beachten.[44] Nach § 70 Abs. 2 S. 4 GWB kann die Offenlegung von Tatsachen, deren Geheimhaltung aus wichtigen Gründen, insbes. zur Wahrung von Betriebs- oder Geschäftsgeheimnissen, verlangt wird, nach **Anhörung** des von der Offenlegung Betroffenen angeordnet werden, soweit es für die Entscheidung auf diese Tatsachen ankommt, andere Möglichkeiten der Sachaufklärung nicht bestehen und nach Abwägung aller Umstände des Einzelfalls die Bedeutung der Sache für die Sicherung des Wettbewerbs das Interesse des Betroffenen an der Geheimhaltung überwiegt.[45] Dabei ist das vom Akteneinsichtsrecht gesicherte Schutzgut eines **effektiven Rechtsschutzes** gegen das auf dem Spiel stehende **Geheimhaltungsinteresse des von der Akteneinsicht Betroffenen** abzuwägen.[46] So sind zugunsten des Inhabers unternehmensbezogener Geheimnisse die mit einiger Wahrscheinlichkeit zu erwartenden Nachteile zu berücksichtigen, die er im **zukünftigen Wettbewerb** durch die Offenlegung der fraglichen Informationen erleiden könnte. Er hat deshalb im Streit um die Akteneinsicht plausibel – wenn auch ohne inhaltliche Preisgabe seiner Geheimnisse – aufzuzeigen, inwieweit die Kenntnis des Gegners von den fraglichen Informationen seine Stellung im zukünftigen Wettbewerb außerhalb des konkreten Nachprüfungsverfahrens beeinträchtigen könnte.[47] Zugunsten des Akteneinsicht begehrenden Beteiligten ist zu berücksichtigen, dass es ihm regelmäßig erst die Kenntnis dieser Informati-

---

[41] OLG München 28.4.2016 – Verg 3/16, NZBau 2016, 591; OLG Düsseldorf 5.3.2008 – VII Verg 12/08, VPRRS 2013, 0141.

[42] Vgl. OLG Düsseldorf 5.3.2008 – VII-Verg 12/08, VPRRS 2013, 0141.

[43] OLG München 28.4.2016 – Verg 3/16, NZBau 2016, 591; OLG Düsseldorf 5.3.2008 – VII Verg 12/08, VPRRS 2013, 0141; aA OLG Jena 8.10.2015 – 2 Verg 4/15, ZfBR 2016, 415: idR Vorrang des Interesses auf Akteneinsicht vor dem Interesse auf Geheimschutz.

[44] BGH 31.1.2017 – X ZB 10/16, NZBau 2017, 230.

[45] BGH 31.1.2017 – X ZB 10/16, NZBau 2017, 230; so auch OLG Naumburg 1.6.2011 – 2 Verg 3/11, VPRRS 2011, 0260.

[46] BGH 31.1.2017 – X ZB 10/16, NZBau 2017, 230; so auch EuGH 14.2.2008 – C-450/06, EuZW 2008, 209 und 17.11.2022 – C-54/21, NZBau 2023, 397 zu Informationen, die der Auftraggeber erfolglosen Bietern zur Verfügung stellen muss.

[47] Ähnlich EuGH 17.11.2022 – C-54/21, NZBau 2023, 397.

onen ermöglicht, durch detailliertes und von der eigenen Sachkunde getragenes Vorbringen etwa zu der Preisbildung beim ungewöhnlich günstigen Angebot zum richtigen Ausgang des Nachprüfungsverfahrens und damit mittelbar auch zu einer vergaberechtskonformen Zuschlagserteilung beizutragen. Bei der Abwägung im durchzuführenden **Zwischenverfahren über den Umfang der Akteneinsicht** (→ Rn. 12) steht der Vergabekammer genauso wenig wie bei anderen nach dem Gesetz vorzunehmenden Interessenabwägungen ein Beurteilungsspielraum zu.[48]

Bei der Abwägung setzen sich diejenigen Belange durch, die das konkurrierende Interesse **überwiegen**. Darin ist einzubeziehen, wie sich die Geheimhaltung entscheidungserheblicher Tatsachen auf den Ausgang des Nachprüfungsverfahrens rechtlich auswirkt.[49] Hätte die Geheimhaltung kausal zur Folge, dass der Nachprüfungsantrag abzulehnen ist (weil der Nachweis eines Vergaberechtsverstoßes nicht gelingt), würde der gebotene effektive Rechtsschutz verweigert werden. Dies kann im Abwägungsprozess ausschlaggebend ins Gewicht fallen und zur Annahme eines überwiegenden Interesses an der Offenlegung der entscheidungserheblichen Vorgänge zwingen.[50] Dies kann – je nach Einzelfall – zur Folge haben, dass uU der Geheimschutz zurückzutreten hat und eine **Offenlegung** von Betriebs- oder Geschäftsgeheimnissen anzuordnen ist, weil es darauf für die Entscheidung ankommt und andere Möglichkeiten einer Sachaufklärung nicht bestehen (§ 70 Abs. 2 S. 4 GWB).[51] Danach ist nicht von vornherein ausgeschlossen, dass sogar Teile des Inhalts der Angebote von Mitbewerbern offen gelegt werden, dies zB dann, wenn es um die vom Antragsteller geltend gemachte Unvollständigkeit solcher Angebote im Hinblick auf geforderte **Preisangaben** sowie Erklärungen und Nachweise geht. Auch kann je nach Zielrichtung des Nachprüfungsantrags eine Einsichtnahme in den die **Angebotswertung** betreffenden Teil des Vergabevermerks oder in die durch Zuteilung von Wertungspunkten vorgenommene Angebotsauswertung sowie in entspr. Angebotsunterlagen in Betracht kommen, dies bspw., wenn die Wertung der Angebote bemängelt wird.[52] Eine Einsichtnahme in Einheitspreise, Kalkulationsgrundlagen und gegenständliche Inhalte von Wettbewerbsangeboten wird allerdings so gut wie immer ausgeschlossen sein.[53] Das Akteneinsichtsrecht soll den Antragsteller in die Lage versetzen, das Vergabeverfahren auf geltend gemachte Rechtsverstöße zu überprüfen, nicht aber sollen ihm mit seiner Hilfe vertiefende Marktkenntnisse oder Kenntnisse vom Leistungsvermögen der Wettbewerber verschafft werden. Zu beachten ist allerdings, dass **Angebotsendpreise in Verfahren nach der VOB/A** keine Geschäftsgeheimnisse sind, da nach § 14 EU Abs. 6 VOB/A der Auftraggeber den Bietern nach Submission Angaben ua über die Endbeträge der Angebote unverzüglich elektronisch zur Verfügung stellt (anders nach § 55 VgV). Auch wenn ein ungewöhnlich niedriges Preisangebot in Rede steht, wird sich eine Bekanntgabe zumindest der ungefähren Größenordnung des Gesamtpreises idR kaum vermeiden lassen.[54] In der Praxis, aber auch wegen der „Soweit"-Regelung in § 165 Abs. 2 Hs. 2 GWB, lässt sich zumeist und ohne Beschädigung schutzwürdiger Belange ein sachgerechter **Mittelweg** in der Weise beschreiben, dass sensible Inhalte in den zur Kenntnis zu bringenden Angebots- oder Wertungsunterlagen unkenntlich gemacht

---

[48] Vgl. zum Ganzen auch OLG Düsseldorf 28.12.2007 – Verg 40/07, VPRRS 2008, 0029.
[49] So auch Gröning NZBau 2000, 366 (368).
[50] So BVerwG 15.8.2003 – 20 F 8/03, NVwZ 2004, 105 (107).
[51] Vgl. etwa den Fall OLG Düsseldorf 28.12.2007 – Verg 40/07, VPRRS 2008, 0029: Einsicht in die Auftragswertermittlung des öffentlichen Auftraggebers.
[52] Vgl. zB OLG Düsseldorf 29.12.2001 – Verg 22/01, NZBau 2002, 578: Bewertungsmatrix nach UfAB.
[53] OLG Düsseldorf 29.12.2001 – Verg 22/01, NZBau 2002, 578.
[54] So auch Gröning NZBau 2000, 366 (368).

9a („geschwärzt") werden und so ein jedenfalls partieller Geheimnisschutz gewahrt wird.

Bei der Frage der Erteilung oder Versagung der Einsicht in bestimmte Unterlagen ist die **Rspr. des EuGH** zur Vertraulichkeit von Bieterinformationen gem. Art. 21 Abs. 1 RL 2014/24/EU und den Informationsrechten von Bietern nach Art. 55 Abs. 2 und 3 RL 2014/24/EU maßgeblich zu berücksichtigen.[55] Auch wenn sich diese Rspr. insbes. um die Frage dreht, welche Informationen der öffentliche Auftraggeber den Bietern zur Verfügung stellen muss, so ist sie doch ausdr. im Hinblick auf die Sicherstellung des effektiven Rechtsschutzes ergangen und daher ohne Weiteres auf die Akteneinsicht im Nachprüfungsverfahren zu übertragen. Art. 18 Abs. 1, Art. 21 Abs. 1 und Art. 55 Abs. 3 der RL 2014/24 sind dahin auszulegen, dass der öffentliche Auftraggeber bei der Entscheidung darüber, ob er einem Bieter, dessen ordnungsgemäßes Angebot abgelehnt wurde, den Zugang zu den Informationen verweigert, die die anderen Bieter zu ihrer einschlägigen Erfahrung und den entspr. Referenzen, zur Identität und zu den beruflichen Qualifikationen der für die Ausführung des Auftrags vorgeschlagenen Personen oder von Unterauftragnehmern, zur Konzeption der Projekte, die iRd öffentlichen Auftrags durchgeführt werden sollen, und zur Art und Weise seiner Ausführung vorgelegt haben, zu beurteilen hat, ob diese **Informationen einen wirtschaftlichen Wert haben, der sich nicht auf den fraglichen öffentlichen Auftrag beschränkt**, so dass ihre Offenlegung berechtigte geschäftliche Interessen oder den lauteren Wettbewerb beeinträchtigen kann. Dies sieht der Gerichtshof – anders die bisherige Praxis der nationalen Rspr. – zB für Referenzen idR nicht als gegeben an.[56] Bzgl. der Informationen über die natürlichen und juristischen Personen einschl. der Unterauftragnehmer, auf die sich ein Bieter seinen Angaben nach bei der Ausführung des Auftrags stützen kann, ist zwischen den Angaben, anhand deren diese Personen identifiziert werden können, und denjenigen zu unterscheiden, die sich ohne die Möglichkeit einer solchen Identifizierung auf die beruflichen Qualifikationen oder Fähigkeiten dieser Personen beziehen. Bei letzteren gebietet es der Grundsatz der Transparenz und das Recht auf einen wirksamen Rechtsbehelf regelmäßig, dass zumindest der wesentliche Inhalt dieser Daten für alle Bieter zugänglich ist.[57] Regelmäßig, aber **nicht ohne Einzelfallprüfung,** vertraulich zu behandeln sind dagegen die Konzeption der Projekte, die iRd öffentlichen Auftrags durchgeführt werden sollen und die Beschreibung der Art und Weise der Auftragsausführung.[58] Zudem macht der Gerichtshof deutlich, dass einem Bieter, wenn der vollständige Zugang zu den Informationen verweigert wird, **Zugang zum wesentlichen Inhalt der betreffenden Informationen** gewährt werden muss, damit die Wahrung des Rechts auf einen wirksamen Rechtsbehelf gewährleistet ist.[59] Auch einer Entscheidungspraxis, die die Einsicht stets ablehnt, wenn Beteiligte geltend machen, dass bestimmte Informationen, deren Offenlegung sie nicht wünschen, als Geschäftsgeheimnisse einzustufen seien, erteilt der EuGH eine Absage.[60]

10 Im Gegensatz zur oben dargestellten hM hat das KG in mehreren Entscheidungen die Rechtsauffassung vertreten, dass Schriftsätze oder Unterlagen eines Verfahrensbeteiligten, die nach seinen Erklärungen anderen Verfahrensbeteiligten nicht zugänglich gemacht werden sollen (sog. **„geschwärzte" Unterlagen"**), insoweit weder Gegenstand der Akten der Vergabekammer noch Bestandteil der Gerichtsakten werden und grds. der Entscheidung und Verhandlung nicht zugrunde gelegt werden

---

[55] Ausführlich hierzu EuGH 17.11.2022 – C-54/21, NZBau 2023, 397.
[56] EuGH 17.11.2022 – C-54/21, NZBau 2023, 397 Rn. 73 ff.
[57] EuGH 17.11.2022 – C-54/21, NZBau 2023, 397 Rn. 77 ff.
[58] EuGH 17.11.2022 – C-54/21, NZBau 2023, 397 Rn. 81 ff.
[59] So auch EuGH 7.9.2021 – C-927/19, NZBau 2021, 799.
[60] EuGH 17.11.2022 – C-54/21, NZBau 2023, 397 Rn. 64.

Akteneinsicht **§ 165 GWB**

können.[61] Derartige, als **geheimhaltungsbedürftig deklarierte Unterlagen** bzw. Inhalte müssten bei der Verhandlung und Entscheidung der Nachprüfungsinstanzen **unberücksichtigt bleiben**. Das KG geht von einem absoluten Vorrang des in Art. 103 Abs. 1 GG grundrechtlich geschützten rechtlichen Gehörs aus, das einer Relativierung durch Abwägung mit grundrechtlich unterlegten Geheimhaltungsinteressen nicht zugänglich sei. Ein Konflikt des Anspruchs auf Akteneinsicht mit geltend gemachten Geheimhaltungsinteressen tritt nach Auffassung des KG gar nicht auf, weil alle als Geschäftsgeheimnisse gekennzeichneten Inhalte als prozessual nicht beachtlich gelten. Es obliege der autonomen Entscheidung jedes Beteiligten, ob er Sachvortrag und ggf. bestimmte Unterlagen zur Grundlage des Nachprüfungsverfahrens machen oder aber wegen eines aus seiner Sicht überwiegenden Geheimhaltungsinteresses lieber verbergen möchte.[62]

Die **Rechtsauffassung des KG ist abzulehnen**. Sie ist weder mit dem in § 163 Abs. 1 S. 1 GWB verankerten Untersuchungsgrundsatz noch mit dem Sinn und Zweck des § 165 Abs. 2 und 3 GWB vereinbar.[63] Sie ist weiterhin nicht mit der Rspr. des BVerfG zur Berücksichtigung von Betriebs- und Geschäftsgeheimnissen im Verwaltungsstreitverfahren vereinbar.[64] Auch der EuGH geht von der Zulässigkeit und Notwendigkeit einer Abwägung zwischen den Geheimhaltungsinteressen eines Beteiligten und dem Grundrecht auf rechtliches Gehör eines anderen Beteiligten aus.[65] Könnten die Informationen, für die ein Geheimhaltungsinteresse geltend gemacht wurde, im Nachprüfungsverfahren grds. nicht berücksichtigt werden, käme es in vielen Fällen zu Beweislastentscheidungen[66], die in Verfahren, die dem Untersuchungsgrundsatz unterliegen, möglichst zu vermeiden sind, auch wenn dies nicht immer möglich ist.[67] Effektiver Rechtsschutz bedeutet die umfassende **Prüfung des Rechtsschutzbegehrens** nicht nur in rechtlicher, sondern **auch in tatsächlicher Hinsicht**.[68] Es kann schlechterdings nicht mit dem in Art. 18 Abs. 1, Art. 21 Abs. 1 und Art. 55 Abs. 3 der RL 2014/24 betonten **Schutz der Vertraulichkeit von Informationen** vereinbar sein, wenn ein Beteiligter im Nachprüfungsverfahren Betriebs- und Geschäftsgeheimnisse offenlegen müsste, um gravierende prozessuale Nachteile zu vermeiden. Weiterhin kann aus § 165 Abs. 3 S. 2 GWB nicht der Gegenschluss gezogen werden, dass als geheimhaltungsbedürftig gekennzeichnete Unterlagen so zu behandeln sind, als wären sie nicht existent.[69]

V. Verfahren und Entscheidung

1. Antrag und praktische Durchführung

Die Akteneinsicht ist regelmäßig nur auf **Antrag** des jew. Verfahrensbeteiligten zu gewähren. In der Praxis wird die Gewährung von Akteneinsicht – zumindest von anwaltlich vertretenen Beteiligten – oft bereits mit Einreichung des Nachprü-

---

[61] KG 6.7.2022 – Verg 6/22, VPRRS 2023, 0124; KG 18.5.2022 – Verg 7/21, NZBau 2023, 134; 1.7.2020 – Verg 1001/20, BeckRS 2020, 57967.
[62] KG 18.5.2022 – Verg 7/21, NZBau 2023, 134.
[63] Siehe auch Gröning NZBau 2023, 291.
[64] BVerfG 14.3.2006 – 1 BvR 2087/03, NZBau 2006, 523.
[65] EuGH 17.11.2022 – C-54/21, NZBau 2023, 397.
[66] Darauf hat zu Recht BGH 31.1.2017 – X ZB 10/16, NZBau 2017, 230 hingewiesen. So auch Beck VergabeR/Vavra/Willner GWB § 165 Rn. 36.
[67] Siehe zB den atypischen Fall von VK Südbayern 14.10.2019 – Z3-3-3194-1-15-05/19, VPRRS 2019, 0353.
[68] Vgl. BVerfG 27.10.1999 – 1 BvR 385/90, NJW 2000, 1175.
[69] Gröning NZBau 2023, 291.

GWB § 165   Akteneinsicht

fungsantrags beantragt. Der Antrag kann aber auch in einem späteren Verfahrensstadium erfolgen.[70] Da sich das Antragserfordernis jedoch nicht aus dem Wortlaut des § 165 GWB ergibt, ist ein Antrag nicht in allen Fällen zwingend vorauszusetzen. Drängt sich der Vergabekammer bei der Auswertung der Vergabeakten ein Rechtsverstoß auf (→ § 163 Rn. 7) und ist dieser entscheidungserheblich, hat sie die Verfahrensbeteiligten von Amts wegen darüber zu unterrichten und ihnen insoweit rechtliches Gehör sowie Akteneinsicht zu gewähren.

11a   Der noch **nicht an die Digitalisierung der Vergabeverfahren** (vgl. § 9 VgV) **angepasste Gesetzeswortlaut** sieht vor, dass die Beteiligten die Akten bei der Vergabekammer einsehen und sich durch die Geschäftsstelle auf ihre Kosten Ausfertigungen, Auszüge oder Abschriften erteilen lassen können. Eine Übersendung der Akten zB an den Verfahrensbevollmächtigten des Antragstellers oder Beigeladenen scheidet aus, weil sie das Verfahren verzögern würde und dann nicht gewährleistet werden könnte, dass sich die tatsächlich wahrgenommene Akteneinsicht iRd von der Vergabekammer festgelegten Umfangs hält oder nicht doch weitere, einem möglichen Geheimschutz unterliegende Aktenbestandteile eingesehen würden.[71] Aus diesem Grund wird in der Praxis der Nachprüfungsinstanzen die Akteneinsicht **regelmäßig durch Übersenden** von ggf. teilweise zu „schwärzenden" **Auszügen aus der Vergabeakte** gewährt. Eine Einsichtnahme bei der Geschäftsstelle ist völlig unüblich.

11b   Wird die **Vergabeakte** mittels einer E-Vergabe-Plattform **elektronisch in Textform geführt**, was heute der Regelfall und bei elektronischer Durchführung des Vergabeverfahrens auch sinnvoll ist, kann die Akteneinsicht generell **nur durch Übersenden von (digitalen) Auszügen** aus der Vergabeakte durchgeführt werden. Keine am Markt befindliche E-Vergabe-Software ermöglicht derzeit eine elektronische Akteneinsicht unter Ausschluss bestimmter, nach § 165 Abs. 2 GWB von der Akteneinsicht auszunehmender Unterlagen bzw. unter Schwärzung bestimmter Inhalte.

2. Hinweisobliegenheit der Beteiligten auf Geheimnisse (Abs. 3)

11c   Nach § 165 Abs. 3 S. 1 GWB hat jeder Beteiligte mit Übersendung seiner Akten oder Stellungnahmen auf die in Abs. 2 genannten Geheimnisse **hinzuweisen** und diese in den Unterlagen entspr. **kenntlich zu machen.** Im Rechtsinn handelt es sich um eine Mitwirkungsobliegenheit[72] bei der von der Vergabekammer vorzunehmenden Sichtung der Vergabeakten auf solche Unterlagen, die aus wichtigen Gründen iSd Abs. 2 von einer Akteneinsicht auszunehmen sind. Unterbleibt die Mitwirkung, kann die Vergabekammer nach § 165 Abs. 3 S. 2 GWB von der Zustimmung des betr. Beteiligten auf Einsicht ausgehen.

11d   In der Praxis trifft diese Obliegenheit zunächst in erster Linie den Auftraggeber, der gem. § 163 Abs. 2 S. 4 GWB der Vergabekammer seine Vergabeakten übermitteln muss. Allerdings ist der **Auftraggeber nicht berechtigt, über die Betriebs- und Geschäftsgeheimnisse der Bieter zu verfügen**.[73] Aus einer Nichtkennzeichnung von Angebotsinhalten der Bieter durch den Auftraggeber kann die Vergabekammer deshalb nicht nach § 165 Abs. 3 S. 2 GWB auf die Zustimmung der Bieter zur Einsicht schließen. Die verfahrensbeteiligten Bieter (Antragsteller und Beigeladene) trifft insoweit die Obliegenheit, in ihren Schriftsätzen im Nachprüfungsverfahren auf ihre Betriebs- und Geschäftsgeheimnisse hinzuweisen. Trotz der Regelung des § 165 Abs. 3 S. 2 GWB ist die Vergabekammer zu einer **eigenverant-**

---

[70] HK-VergabeR/Bungenberg GWB § 165 Rn. 5.
[71] Beck VergabeR/Vavra/Willner GWB § 165 Rn. 13; RKPP/Kus GWB § 165 Rn. 43.
[72] HK-VergabeR/Bungenberg GWB § 165 Rn. 25.
[73] OLG München 28.4.2016 – Verg 3/16, NZBau 2016, 591.

Akteneinsicht **§ 165 GWB**

wortlichen Prüfung der Vergabeakte auf wichtige Gründe, die einer Akteneinsicht entgegenstehen können, insbes. auf Betriebs- und Geschäftsgeheimnisse, verpflichtet.[74] Dies gilt auch dann, wenn Beteiligte ihre Unterlagen als generell geheimhaltungsbedürftig oder als keinem Geheimschutz unterliegend bezeichnet haben.[75]

Die Kennzeichnung nach § 165 Abs. 3 S. 1 GWB hat **keine Bindungswirkung** für die Nachprüfungsinstanzen, dh die Vergabekammer bzw. der Vergabesenat prüfen in eigener Zuständigkeit, ob Akteneinsicht zu gewähren ist und in welchem Umfang.[76] In der Praxis deklarieren Beteiligte, va Auftraggeber und Beigeladene, des Öfteren missbräuchlich pauschal den gesamten Inhalt oder weite Teile der Vergabeakte als geheimhaltungsbedürftig. Durch eine solche Verhaltensweise ist die Vergabekammer gezwungen, ein an sich überflüssiges Zwischenverfahren über die Gewährung der Akteneinsicht durchzuführen, das zu einer erheblichen Verlängerung der Verfahrensdauer eines Nachprüfungsverfahrens führen kann. 11e

3. Entscheidung im Zwischenverfahren

Beantragt der Antragsteller im Nachprüfungsverfahren Akteneinsicht in Unterlagen, für die ein Geheimhaltungsinteresse bestehen kann, ist zunächst in einem **Zwischenverfahren** über die Offenlegung oder Geheimhaltung zu entscheiden. Dabei handelt es sich aus der Natur der Sache heraus um ein sog. **In-camera-Verfahren**, an dem grds. nur der betroffene Bieter und der Akteneinsicht begehrende Beteiligte, regelmäßig der Antragsteller oder der Beigeladene, beteiligt sind.[77] In diesem Verfahren ist dem von einer Akteneinsicht Betroffenen **rechtliches Gehör** zu gewähren.[78] Werden keine Einwendungen erhoben oder erfolgt keine Rückäußerung, darf die Vergabekammer durch Beschluss, dem die freigegebenen Unterlagen bereits als Anlage beigefügt sind, ohne Abwarten der Beschwerdefrist Akteneinsicht im angekündigten Umfang erteilen. Bei Widersprüchen muss die Vergabekammer über den Antrag auf Erteilung von Akteneinsicht bzw. den konkreten Umfang der Akteneinsicht durch einen begründeten **Beschluss** entscheiden. Aus diesem Beschluss dürfen die geschützten Informationen nicht in der Weise hervorgehen, dass ihr Geheimnischarakter verloren geht.[79] Aufgrund der Möglichkeit der isolierten Anfechtung der Gewährung der Akteneinsicht (→ Rn. 13a) muss in diesem Fall vor Übermittlung der im Beschluss freigegebenen Unterlagen die Beschwerdefrist nach § 172 Abs. 1 GWB abgewartet werden.[80] 12

Von einer dem Antragsteller zu gewährenden Akteneinsicht betroffen können nicht nur die Verfahrensbeteiligten (Auftraggeber, Beigeladene), sondern auch dritte, am Vergabeverfahren bislang **nicht**, aber **am Nachprüfungsverfahren beteiligte Unternehmen** sein (zB wenn zur Überprüfung der Vollständigkeit Einsicht in deren Angebote erteilt werden soll). Werden diese nicht aus diesem Anlass beigeladen, sind sie von der Vergabekammer unter Bezeichnung der Aktenstücke, die der Einsicht 12a

---

[74] Eine solche Prüfung empfiehlt sich auch im eigenen Interesse, da die Verletzung von Privatgeheimnissen, zu denen auch Betriebs- oder Geschäftsgeheimnisse zählen, durch Amtsträger einen Straftatbestand nach § 203 Abs. 2 StGB darstellt (Antragsdelikt).

[75] RKPP/Kus GWB § 165 Rn. 58; OLG Jena 16.12.2002 – 6 Verg 10/02, VPRRS 2003, 0003; OLG Frankfurt a. M. 28.2.2002 – 11 Verg 3/01, IBRRS 2002, 0824.

[76] EuGH 14.2.2008 – C-450/06, NZBau 2008, 403; OLG Celle 24.9.2014 – 13 Verg 9/14, NZBau 2014, 784; Beck VergabeR/Vavra/Willner GWB § 165 Rn. 30.

[77] BGH 31.1.2017 – X ZB 10/16, NZBau 2017, 230.

[78] EuGH 14.2.2008 – C-450/06, NZBau 2008, 403; Beck VergabeR/Vavra/Willner GWB § 165 Rn. 30.

[79] RKPP/Kus GWB § 165 Rn. 61.

[80] BGH 31.1.2017 – X ZB 10/16, NZBau 2017, 230; OLG Düsseldorf 5.3.2008 – VII Verg 12/08, VPRRS 2013, 0141.

unterliegen sollen, und zweckmäßigerweise unter Bestimmung einer Frist zur Anmeldung von Einwendungen von dem Vorhaben der Gestattung von Akteneinsicht zu unterrichten.

VI. Rechtsschutz

13 Die **Versagung** von Akteneinsicht kann als unselbständige Zwischenentscheidung kraft ausdr. gesetzlicher Vorschrift nur im Zusammenhang mit der sofortigen Beschwerde in der Hauptsache bekämpft werden (§ 165 Abs. 4 GWB). **Eine isolierte Beschwerde ist unstatthaft.** Dadurch soll einer Verzögerung des Nachprüfungsverfahren, die sich letztlich auch auf die Auftragsvergabe auswirkt, begegnet werden.[81]

13a Im Gegensatz dazu kann die Entscheidung über die **Gewährung der Akteneinsicht** isoliert mit der sofortigen Beschwerde angefochten werden[82], obwohl es sich auch hierbei um eine Zwischenentscheidung handelt. Dies ist erforderlich, weil mit der Akteneinsicht Informationen irreversibel bekannt werden und dies nachträglich iRd Beschwerdeentscheidung in der Hauptsache nicht rückgängig gemacht werden kann. Die sofortige Beschwerde ist nach Maßgabe der §§ 171 ff. GWB an den zuständigen Vergabesenat zu richten.

§ 166 Mündliche Verhandlung

(1) ¹**Die Vergabekammer entscheidet aufgrund einer mündlichen Verhandlung, die sich auf einen Termin beschränken soll.** ²**Alle Beteiligten haben Gelegenheit zur Stellungnahme.** ³**Mit Zustimmung der Beteiligten oder bei Unzulässigkeit oder bei offensichtlicher Unbegründetheit des Antrags kann nach Lage der Akten entschieden werden.**

(2) **Auch wenn die Beteiligten in dem Verhandlungstermin nicht erschienen oder nicht ordnungsgemäß vertreten sind, kann in der Sache verhandelt und entschieden werden.**

I. Bedeutung der Vorschrift

1 § 166 GWB entspricht der Vorgängervorschrift des § 112 GWB aF und ist seit dem Gesetzgebungsverfahren zum Vergaberechtsänderungsgesetz 1998 nahezu unverändert geblieben. Indem in § 166 Abs. 1 S. 1 und 2 GWB eine grds. obligatorische mündliche Verhandlung sowie die Gelegenheit zur Stellungnahme für alle Beteiligten vorgesehen ist, hat der Gesetzgeber das Verfahren vor den Vergabekammern den Verfahren vor den Gerichten angeglichen. Dabei dient der Grundsatz der Mündlichkeit nicht nur der verfahrensrechtlichen Sicherung des Anspruchs der Beteiligten auf **rechtliches Gehör**, sondern durch die Beschränkung auf – im Regelfall – eine einzige Verhandlung auch der **Umsetzung des in § 167 GWB enthaltenen Beschleunigungsgebots.** Durch die Anordnung in S. 2 wird das in Art. 103 Abs. 1 GG verfassungsrechtlich verankerte Recht auf rechtliches Gehör konkretisiert.

1a Die Verletzung des Anspruchs auf rechtliches Gehör kann im Beschwerdeverfahren zur Aufhebung der angefochtenen Entscheidung und Zurückverweisung der

---

[81] OLG Jena 13.10.2015 – 2 Verg 6/15, ZfBR 2016, 415; RKPP/Kus GWB § 165 Rn. 61 f.
[82] BGH 31.1.2017 – X ZB 10/16, NZBau 2017, 230; OLG München 28.4.2016 – Verg 3/16, NZBau 2016, 591; OLG Düsseldorf 28.12.2007 – Verg 40/07, VPRRS 2008, 0029.

Sache an die Vergabekammer führen.[1] Einen eigenständigen verfahrensrechtlichen **Anspruch auf eine Verhandlung vor der Vergabekammer** hat der Antragsteller aber nicht. Der Anspruch auf rechtliches Gehör, der die Gelegenheit zur Stellungnahme in einer mündlichen Verhandlung umfasst, wird durch die mündliche Verhandlung vor dem über die Beschwerde entscheidenden Vergabesenat erfüllt.[2] Allein die Verletzung des § 166 GWB vermag eine Aufhebung und Zurückverweisung demnach nicht zu rechtfertigen. Der Grundsatz der Beschleunigung des Vergabeverfahrens lässt eine Aufhebung und Zurückverweisung zudem nur in Ausnahmefällen zu.[3] Nur wenn keine Entscheidungsreife besteht, steht dem Beschwerdegericht eine Ermessensentscheidung dahingehend zu, ob es in der Hauptsache selbst entscheidet oder die Sache zurückverweist. Ist nach vollständiger Aufklärung des Sachverhalts und ggf. Beweisaufnahme Spruchreife eingetreten, muss das Gericht selbst entscheiden.[4]

Soweit Ablauf und Inhalt der mündlichen Verhandlung in den Verfahrensregelungen der Vorschriften über das Nachprüfungsverfahren (§§ 160 ff. GWB) oder in den Normverweisungen innerhalb des GWB auf Verfahrensvorschriften vor den Kartellbehörden nicht geregelt werden – so lässt § 166 GWB offen, ob die Verhandlung öffentlich stattfinden soll und trifft keine Aussagen zu den Ladungsfristen – ist fraglich, auf welches Verfahrensrecht subsidiär zurückzugreifen ist.[5] Eine ausdrückliche Verweisung etwa auf das Verwaltungsverfahrensrecht oder die Verwaltungs- bzw. Zivilprozessordnung enthält das GWB nicht. In der Gesetzesbegr. nimmt der Gesetzgeber aber ausdr. auf das **Verwaltungsverfahrensrecht als subsidiär anzuwendende Regelung** Bezug.[6] Im Hinblick auf die in § 163 GWB angeordnete Untersuchungsmaxime und die in § 168 GWB enthaltenen Grundsätze zur Entscheidungsfindung ist die Ausgestaltung des Verfahrens vor der Vergabekammer dem verwaltungsprozessualen Verfahren angenähert, so dass auch eine **Anwendung der Vorschriften der VwGO** zur Schließung verbleibender Lücken in Betracht zu ziehen ist.[7] Insoweit sollte eine schematische Übertragung nicht erfolgen, sondern im Einzelfall geprüft und entschieden werden, welche Verfahrensordnung die für die Zwecke der Vergabenachprüfung geeignetste Lösung bietet.[8]

II. Mündliche Verhandlung (Abs. 1 S. 1, 2)

Die mündliche Verhandlung strukturiert den Ablauf des Verfahrens dergestalt, dass nur bis zur mündlichen Verhandlung Schriftsätze eingereicht werden sollen und auf die mündliche Verhandlung die Entscheidung der Vergabekammer getroffen wird. Die Vergabekammer kann den Beteiligten wegen des Beschleunigungsgebots nach § 167 Abs. 2 S. 2 GWB Fristen setzen, innerhalb derer umfassend zu sämtlichen

---

[1] KG 14.11.2018 – Verg 7/18, BeckRS 2018, 3215.

[2] OLG Brandenburg 12.1.2010 – Verg W 5/09, BeckRS 2010, 1942.

[3] RKPP/Schäfer GWB § 178 Rn. 17 mwN.

[4] OLG Brandenburg 12.1.2010 – Verg W 5/09, BeckRS 2010, 1942; RKPP/Möllenkamp GWB § 178 Rn. 18; dementsprechend hat auch das OLG Düsseldorf 2.3.2005 – Verg 70/04, IBRRS 2005, 1208 eine Sachentscheidung getroffen und von der erwogenen Aufhebung und Zurückverweisung wegen einer objektiv groben Verletzung von Verfahrensrechten der dortigen Antragstellerin abgesehen.

[5] RKPP/Ohlerich GWB § 166 Rn. 2.

[6] Begr. zum RegE, BT-Drs. 13/9340 zu § 120 und § 137 GWB-E.

[7] Zur verwaltungsrechtlichen Natur des Nachprüfungsverfahrens: BGH 9.12.2003 – X ZB 14/03, NZBau 2004, 285.

[8] Beck VergabeR/Gröning GWB § 166 Rn. 1, 2.

relevanten Gesichtspunkten vorzutragen ist und bei deren Nichteinhaltung die Nichtberücksichtigung verspäteten Vorbringens droht (iE → § 167 Rn. 15). Im Regelfall soll nur ein **einziger, ordnungsgemäß vorbereiteter Termin** stattfinden, damit die **Entscheidung in der Fünf-Wochen-Frist** des § 167 Abs. 1 S. 1 GWB ergehen kann. Ausnahmsweise kann sich die mündliche Verhandlung bei sachlich und rechtlich komplexen Fällen über mehrere Termine erstrecken.[9] Mit Zustimmung der Verfahrensbeteiligten kann die Vergabekammer in entspr. Anwendung der § 128 ZPO, § 102a VwGO die mündliche Verhandlung auch in digitaler Form durchführen.[10]

4 Den Termin für die mündliche Verhandlung bestimmt die Vergabekammer nach **pflichtgemäßem Ermessen** unter Berücksichtigung der Terminlage der Verfahrensbeteiligten und unter Beachtung des Beschleunigungsgrundsatzes. Streitig ist, ob die Beteiligten förmlich zu laden sind.[11] Entspr. § 67 Abs. 1 S. 2 VwVfG, wonach die Beteiligten unter angemessener Frist schriftlich zu laden sind, sowie angesichts der gerichtsähnlichen Ausgestaltung des Verfahrens vor der Vergabekammer ist zwar eine schriftliche Bekanntgabe erforderlich. Da das GWB keinen Formzwang für die Ladung der Beteiligten vorsieht, genügt jedoch die bloße schriftliche Bekanntgabe ggü. den Beteiligten, während eine förmliche Zustellung der Ladung nicht erforderlich ist.[12] Unter Berücksichtigung des das Verfahren vor der Vergabekammer prägenden Beschleunigungsgebots sind **kurze Fristen** zu bestimmen. Gem. § 6 Abs. 2 der Geschäftsordnung der Vergabekammern des Bundes beträgt die Ladungsfrist mindestens drei Tage nach Eingang bei den Beteiligten.

5 Auch wenn eine § 101 Abs. 2 VwGO entspr. **Hinweispflicht** im GWB nicht ausdr. vorgesehen ist, sollten die Beteiligten angesichts der mit der kurzen Ladungsfrist einhergehenden Verkürzung des rechtlichen Gehörs in der Terminladung auf die Möglichkeit, auch ohne sie verhandeln zu können (§ 166 Abs. 2 GWB), hingewiesen werden.[13]

6 Die mündliche Verhandlung ist **nicht öffentlich.** Dies ergibt sich aus einer entspr. Anwendung des § 68 Abs. 1 S. 1 VwVfG,[14] der zum Schutz der persönlichen Sphäre und zur Wahrung der Objektivität der die Entscheidung treffenden Amtsträger in förmlichen Verwaltungsverfahren nur eine beschränkte Öffentlichkeit in Form der sog. **Beteiligtenöffentlichkeit** vorsieht.[15] Da auch im Vergabenachprüfungsverfahren vor der Vergabekammer die Wahrung von Geschäfts- und Betriebsgeheimnissen erforderlich ist, ist der Grundsatz der Beteiligtenöffentlichkeit auf die mündliche Verhandlung vor der Vergabekammer übertragbar.[16] Die Vergabekammern sind – wenngleich sie gerichtsähnlich organisiert sind und rechtsprechende Aufgaben wahrnehmen – formal nicht der Judikative zuzuordnen, so dass die entspr. Anwendung der Vorschriften über die Öffentlichkeit von Gerichtsverhandlungen nicht geboten ist. Für die Vergabekammern des Bundes bestimmt § 6 Abs. 1 der Geschäftsordnung ausdr., dass in nicht öffentlicher Verhandlung entschieden wird.

7 Im Verfahren vor der Vergabekammer herrscht anders als im Beschwerdeverfahren vor dem jew. zuständigen Oberlandesgericht (§ 175 Abs. 1 GWB) **kein Anwaltszwang.**

---

[9] Begr. zum RegE, BT-Drs. 13/9340 zu § 122 GWB-E.
[10] VK Niedersachsen 5.2.2021 – VgK-50/2020, VPRRS 2021, 0156.
[11] So wohl Beck VergabeR/Gröning GWB § 166 Rn. 6.
[12] RKPP/Ohlerich GWB § 166 Rn. 8; jurisPK-VergabeR/Summa § 166 Rn. 11 f.; KK-VergR/Gause GWB § 166 Rn. 3; VK Südbayern 14.8.2015 – Z3-3-3194-1-33-05/15, VPRRS 2016, 0024.
[13] RKPP/Ohlerich GWB § 166 Rn. 8; auch RSG/Reidt GWB § 166 Rn. 8 hält einen solchen Hinweis aus Fairnessgründen für geboten, wenngleich nicht für zwingend.
[14] RKPP/Ohlerich GWB § 166 Rn. 9; RSG/Reidt GWB § 166 Rn. 9.
[15] Kopp/Ramsauer/Wysk VwVfG § 68 Rn. 3.
[16] RKPP/Ohlerich GWB § 166 Rn. 9.

III. Entscheidung ohne mündliche Verhandlung (Abs. 1 S. 3)

Gem. Abs. 1 S. 3 ist die Durchführung einer mündlichen Verhandlung in drei bestimmten bezeichneten Ausnahmefällen entbehrlich. Die infolge der Corona-Pandemie eingetretene Ausnahmesituation rechtfertigte dagegen einen Verzicht auf die Durchführung der mündlichen Verhandlung nicht[17] – es sei denn mit Zustimmung der Verfahrensbeteiligten. Dies gilt umso mehr, als die Durchführung der mündlichen Verhandlung in digitaler Form entspr. § 128 ZPO, § 102a VwGO die coronabedingten Risiken für die Teilnehmer ausschließt. Vor der Entscheidung der Vergabekammer, mündlich zu verhandeln oder nach Lage der Akten zu entscheiden, ist den Beteiligten rechtliches Gehör zu gewähren.[18] Liegen die Voraussetzungen eines Ausnahmetatbestands vor, steht es im **pflichtgemäßen Ermessen der Vergabekammer,** auf die Durchführung einer mündlichen Verhandlung zu verzichten. Für die Entscheidung ist maßgeblich, ob von einer mündlichen Verhandlung zusätzliche Erkenntnisse zu erwarten sind, die eine andere Beurteilung rechtfertigen könnten.[19]

Die mündliche Verhandlung ist gem. Abs. 1 S. 3 Alt. 1 entbehrlich, wenn **alle Beteiligten zustimmen.** Auch wenn die Formulierung eine „Zustimmung" der Beteiligten zu einer Entscheidung nach Lage der Akten verlangt, ist ausweislich der Gesetzesbegr. die Vorschrift ausdr. an die Regelung des § 128 Abs. 2 ZPO angelehnt, wonach eine Zustimmung zu einer Entscheidung ohne bzw. ein Verzicht auf eine mündliche Verhandlung zu erklären ist.[20] Dementsprechend werden in der ständigen Praxis der Vergabekammern beim Bundeskartellamt die Beteiligten unter Hinweis auf Abs. 1 S. 3 Alt. 1 um Mitteilung gebeten, ob ohne mündliche Verhandlung entschieden werden kann. Die Zustimmung kann mangels gesetzlicher Vorgaben formlos und mündlich erteilt werden.[21] Als Verfahrenshandlung ist die Zustimmungserklärung wie eine Prozesserklärung bedingungsfeindlich und mit Zugang an die anderen Beteiligten bindend.[22]

Außerdem kann gem. Abs. 1 S. 3 Alt. 2 bei **Unzulässigkeit oder offensichtlicher Unbegründetheit** eine mündliche Verhandlung auch ohne Zustimmung der Beteiligten unterbleiben. Die Vorschrift nimmt inhaltlich Bezug auf § 163 Abs. 2 S. 1, 3 GWB, wonach offensichtlich unzulässige oder unbegründete Nachprüfungsanträge nicht zugestellt werden müssen (→ § 163 Rn. 12). Nach der Vorstellung des Gesetzgebers ist die Anberaumung eines Termins überflüssig, wenn der Nachprüfungsantrag auf Grund der Aktenlage eindeutig zurückgewiesen werden muss und sich durch eine mündliche Verhandlung keine andere Bewertung ergeben könnte.[23]

---

[17] AA VK BW 26.5.2020 – 1 VK 11/20, BeckRS 2020, 48287; wie hier jurisPK-VergabeR/Summa § 166 Rn. 11.

[18] KG 19.12.2019 – Verg 9/19, IBRRS 2020, 1177; aA jurisPK-VergabeR/Summa § 166 Rn. 19.

[19] BayObLG 20.8.2001 – Verg 11/01, BeckRS 2001, 8208 = VergabeR 2002, 77; RSG/Reidt GWB § 166 Rn. 16 RKPP/Ohlerich GWB § 166 Rn. 16.

[20] Vgl. Begr. zum RegE, BT-Drs. 13/9340 zu § 122 GWB-E; krit. dazu Dreher/Stockmann/Dreher GWB § 112 Rn. 8 unter Verweis auf § 69 Abs. 1 Hs. 2 GWB.

[21] Str., wie hier RSG/Reidt GWB § 166 Rn. 14, aA RKPP/Ohlerich GWB § 166 Rn. 19; KK-VergR/Gause GWB § 166 Rn. 6.

[22] HK-VergabeR/Bungenberg GWB § 166 Rn. 18; RKPP/Ohlerich GWB § 166 Rn. 19; Müller-Wrede/Horn GWB § 166 Rn. 6; RSG/Reidt GWB § 166 Rn. 14; aA Kopp/Ramsauer/Wysk VwVfG § 67 Rn. 16, wonach ein Widerruf möglich ist, solange die Behörde noch nicht entschieden hat, ob trotz der Zustimmungserklärungen eine mündliche Verhandlung stattfinden soll.

[23] Begr. zum RegE, BT-Drs. 13/9340 zu § 122 GWB-E.

11 Ist die Unzulässigkeit des Nachprüfungsantrags – wie etwa bei erkennbar fehlender Zuständigkeit der Vergabekammer – **offensichtlich**, muss bereits nicht zugestellt werden. Ist ein derart klarer Fall nicht gegeben, sondern stellt sich erst nach Prüfung der Sach- und Rechtslage heraus, dass die Voraussetzungen der §§ 160, 161 GWB nicht erfüllt sind, und ist der Nachprüfungsantrag dementsprechend zugestellt worden, kann über ihn nach Lage der Akten ohne mündliche Verhandlung entschieden werden, wenn sich die Unzulässigkeit ohne weiteres eindeutig ergibt.

12 Auch über offensichtlich unbegründete Nachprüfungsanträge kann die Vergabekammer ohne mündliche Verhandlung entscheiden. Folgt die offensichtliche Unbegründetheit schon aus dem **Inhalt der Antragsschrift**, muss diese bereits nicht zugestellt werden (§ 163 Abs. 2 S. 3 GWB). Bei der Frage des Verzichts auf eine mündliche Verhandlung ist dagegen ein anderer Prüfungsmaßstab anzuwenden.[24] Da der Vergabekammer bereits die Vergabeakten sowie die schriftlichen Stellungnahmen der Verfahrensbeteiligten vorliegen, muss der sich auf dieser Basis ergebende Sach- und Streitstand geprüft und bewertet werden. Eine offensichtliche Unbegründetheit kann nur angenommen werden, wenn nach der Prüfung der Sach- und Rechtslage **eindeutig und unzweifelhaft** feststeht, dass der Nachprüfungsantrag zurückzuweisen ist und sich durch eine mündliche Verhandlung keine andere Bewertung ergeben kann.[25] Dazu muss der maßgebliche Sachverhalt hinreichend aufgeklärt sein, so dass die mündliche Verhandlung keinen zusätzlichen Erkenntnisgewinn verspricht. Hält die Vergabekammer den Antrag für offensichtlich unzulässig oder unbegründet, steht es in ihrem pflichtgemäßen Ermessen, von der Durchführung der mündlichen Verhandlung abzusehen. Allerdings sollte die Zurückweisung eines Nachprüfungsantrags ohne mündliche Verhandlung die **Ausnahme** darstellen.[26] Eine entspr. Anwendung auf **offensichtlich begründete** Nachprüfungsanträge kommt nicht in Betracht. Während die Möglichkeit des Verzichts auf die mündliche Verhandlung in den Fallgestaltungen des Abs. 1 S. 3 der Beschleunigung des Verfahrens bei erkennbar aussichtslosen Nachprüfungsanträgen dient, besteht ein derartiges Bedürfnis in der umgekehrten Fallkonstellation gerade nicht. Hier kommt es infolge der erforderlichen Nachbesserungen durch den öffentlichen Auftraggeber ohnehin zu Verzögerungen.[27]

IV. Entscheidung in Abwesenheit der Beteiligten (Abs. 2)

13 Im Nachprüfungsverfahren vor der Vergabekammer gibt es **kein Säumnisverfahren**. Erscheinen die Beteiligten in dem Verhandlungstermin nicht oder sind sie nicht ordnungsgemäß vertreten, kann die Vergabekammer gem. Abs. 2 in der Sache verhandeln und entscheiden, wenn die Beteiligten ordnungsgemäß unter Einhaltung einer angemessenen Ladungsfrist geladen worden sind (→ Rn. 4). Auf die **Ursachen der Säumnis oder der Vertretungsmängel**, insbes. auf ein Verschulden, kommt es nicht an.

14 Erscheint kein Beteiligter bzw. ist keiner der Beteiligten ordnungsgemäß vertreten, entfällt die mündliche Verhandlung insgesamt. Erscheinen einzelne Beteiligte bzw. sind nur einzelne ordnungsgemäß vertreten, andere aber nicht, ist fraglich, ob die Vergabekammer die mündliche Verhandlung mit den Erschienenen oder ordnungsgemäß Vertretenen durchführen muss oder darüber nach pflichtgemäßem Ermessen entscheidet. Dafür, dass die Vergabekammer mit den Erschienenen ver-

---

[24] RSG/Reidt GWB § 166 Rn. 18; RKPP/Ohlerich GWB § 166 Rn. 22.
[25] Begr. zum RegE, BT-Drs. 13/9340 zu § 122 GWB-E; VK Berlin 17.10.2017 – VK-B 1–15/17, BeckRS 2017, 156131.
[26] OLG Schleswig 20.3.2008 – 1 Verg 6/07, BeckRS 2008, 8129.
[27] RSG/Reidt GWB § 166 Rn. 21.

handeln muss und ihr insoweit kein anderweitiges Ermessen zusteht, spricht das im Vergabenachprüfungsverfahren geltende Beschleunigungsgebot.[28]

§ 167 Beschleunigung

(1) [1]Die Vergabekammer trifft und begründet ihre Entscheidung schriftlich innerhalb einer Frist von fünf Wochen ab Eingang des Antrags. [2]Bei besonderen tatsächlichen oder rechtlichen Schwierigkeiten kann der Vorsitzende im Ausnahmefall die Frist durch Mitteilung an die Beteiligten um den erforderlichen Zeitraum verlängern. [3]Dieser Zeitraum soll nicht länger als zwei Wochen dauern. [4]Er begründet diese Verfügung schriftlich.

(2) [1]Die Beteiligten haben an der Aufklärung des Sachverhalts mitzuwirken, wie es einem auf Förderung und raschen Abschluss des Verfahrens bedachten Vorgehen entspricht. [2]Den Beteiligten können Fristen gesetzt werden, nach deren Ablauf weiterer Vortrag unbeachtet bleiben kann.

Übersicht

	Rn.
I. Bedeutung der Vorschrift	1
II. Die Fünf-Wochen-Frist (Abs. 1)	4
1. Fristbeginn und Fristende	4
2. Einhaltung der Frist	7
3. Ablehnungsfiktion	10
4. Fristverlängerung	11
III. Die Mitwirkungspflicht der Beteiligten (Abs. 2)	15

I. Bedeutung der Vorschrift

§ 167 GWB entspricht wortgleich der Vorgängervorschrift des § 113 GWB, die 1 durch das VergRModG 2009 um die jetzt in S. 3 der Vorschrift enthaltene Regelung ergänzt wurde. Gem. § 167 Abs. 1 GWB trifft und begründet die Vergabekammer ihre Entscheidung schriftlich innerhalb von fünf Wochen. Die Vorschrift stellt die zentrale Regelung für die zügige Durchführung des Nachprüfungsverfahrens vor der Vergabekammer dar und ist als **Ausprägung des im Verfahren geltenden Beschleunigungsgebots** zu verstehen. Mit der Anordnung, dass grds. jeder Vergabeberechtsstreit innerhalb einer Frist von max. fünf Wochen zu entscheiden ist, setzt die Vorschrift zum einen die Vorgaben der europäischen Rechtsmittelrichtlinien nach einer „dringlichen Behandlung" sowie einer „wirksamen und raschen Nachprüfung" von etwaigen Verstößen im Vergabeverfahren um.[1] Zum anderen dient sie ausweislich der ausdr. Begr. des RegE zum VgRÄG dem Ziel, Investitionsblockaden zu verhindern.[2]

Es handelt sich insoweit um eine sehr anspruchsvolle zeitliche Vorgabe, die hohe 2 Anforderungen an die Verfahrensorganisation stellt. So erfolgen regelmäßig nach Akteneinsicht (§ 165 GWB) ergänzende Ausführungen. Vor der Gewährung von Akteneinsicht hat die Vergabekammer Geheimhaltungsinteressen zu berücksichtigen. Die Vergabekammer muss zudem prüfen, ob und wer beizuladen ist. Allen Verfahrensbeteiligten ist iRd rechtlichen Gehörs Gelegenheit zur Stellungnahme zu geben. Schließlich muss die Vergabekammer den Sachverhalt ermitteln und ggf.

---

[28] So auch BeckOK VergabeR/Fett GWB § 166 Rn. 22.
[1] Vgl. Art. 1 Abs. 1 der Rechtsmittelrichtlinie.
[2] Begr. zum RegE, BT-Drs. 13/9340 zu § 123 GWB-E.

Beweis erheben. Im Regelfall ist eine mündliche Verhandlung anzuberaumen und durchzuführen, nach Verhandlung zu beraten und zu entscheiden. Die Vergabekammer hat durch **zügige Terminierung, kurze Ladungsfristen und rechtzeitige Durchführung der mündlichen Verhandlung** sicherzustellen, dass die für das erforderliche prozessuale Programm knapp bemessene Frist eingehalten werden kann. Gem. § 167 Abs. 2 GWB sind auch die Beteiligten verpflichtet, das Verfahren zu fördern und an der Aufklärung des Sachverhaltes mitzuwirken. Um diesen **Mitwirkungspflichten** Nachdruck zu verleihen, hat die Vergabekammer die Befugnis, **Fristen** für weiteres Vorbringen zu setzen und Versäumnisse durch **Nichtberücksichtigung verspäteten Vorbringens** zu sanktionieren.

3   Gem. § 168 Abs. 2 S. 3 GWB gilt die Fünf-Wochen-Frist **nicht für Feststellungsverfahren** iSd § 168 Abs. 2 S. 2 GWB. Auch auf Verfahren zur Kostenfestsetzung oder zur Feststellung der Notwendigkeit der Hinzuziehung eines Verfahrensbevollmächtigten findet die Frist keine Anwendung, da insoweit das Beschleunigungsgebot nicht eingreift.

II. Die Fünf-Wochen-Frist (Abs. 1)

1. Fristbeginn und Fristende

4   Die **Berechnung der Entscheidungsfrist** richtet sich mangels spezieller Bestimmungen in den Vorschriften über das Nachprüfungsverfahren nach § 31 Abs. 1 VwVfG iVm §§ 187 ff. BGB. Die Frist beginnt mit dem Eingang des gem. § 161 Abs. 1 S. 1 GWB schriftlich einzureichenden Nachprüfungsantrags bei der Vergabekammer. Nicht ausreichend ist die Verweisung eines gerichtlichen Eilantrags.[3] Wird der Antragsschriftsatz per Fax übermittelt und geht das Original später per Post ein, kommt es für den Fristbeginn auf den Faxeingang an. Auch wenn der Antrag noch keine Begründung enthält, diese aber unverzüglich (vgl. dazu → § 161 Rn. 2) nachgereicht wird, ist für den Fristbeginn allein der Eingang des Antrags maßgeblich.

5   Soweit in der Lit. vertreten wurde, dass in den Fällen, in denen die **Begründung des Antrags nicht unverzüglich** nachgereicht wird, die Entscheidungsfrist der Vergabekammer erst mit dem Eingang der Begründung[4] zu laufen beginnt, ist dem entgegen zu halten, dass dann der Antragsteller, der einen nicht begründeten Antrag einreicht, im Hinblick auf die ihm zur Verfügung stehende Begründungsfrist ggü. demjenigen privilegiert wäre, der einen nur unvollständig begründeten Antrag einreicht.[5] Zudem sieht das Gesetz eine automatische Verlängerung nicht vor. Die Befürchtung, dass der Antragsteller es in der Hand hätte, die ohnehin sehr knappe Frist weiter zu verkürzen und die Vergabekammer unter Druck zu setzen, ist unbegründet, da dieser das in § 167 Abs. 2 S. 2 GWB vorgesehene **Instrument der Fristsetzung** zur Verfügung steht. Geht ein unbegründeter Antrag ein, ist der Gefahr einer unangemessenen Verkürzung der Kammer zur Verfügung stehenden Bearbeitungsfrist durch die Setzung **sehr knapper Fristen** zu begegnen.

6   Die Frist endet gem. § 31 Abs. 1 VwVfG iVm § 188 Abs. 2 BGB fünf Wochen nach Eingang des Antrags mit dem Ablauf des entspr. Wochentages, in den das maßgebliche Ereignis, dh der Eingang des Antrags bei der Vergabekammer, gefallen

---

[3] OLG Düsseldorf 11.3.2002 – Verg 43/01, NZBau 2003, 55.
[4] So Boesen GWB § 113 Rn. 10 unter Hinweis darauf, dass es anderenfalls der Antragsteller in der Hand hätte, das Verfahren unnötig zu verzögern und die ohnehin knapp bemessene Frist unangemessen zu verkürzen.
[5] jurisPK-VergabeR/Summa GWB § 167 Rn. 7, 10.

ist. Fällt das Fristende auf einen Samstag, Sonntag oder gesetzlichen Feiertag, endet die Frist gem. § 31 Abs. 3 S. 1 VwVfG iVm § 193 BGB erst mit Ablauf des nächsten Werktages.[6]

2. Einhaltung der Frist

Innerhalb der Frist hat die Vergabekammer die Entscheidung zu treffen und schriftlich zu begründen[7] (zu den Anforderungen an die Begründung → GWB § 168 Rn. 9 ff.). Der Beschluss muss mit den nach dem für die jew. Vergabekammer einschlägigen **Bundes- oder Landesrecht und/oder der maßgeblichen Geschäftsordnung notwendigen Unterschriften** versehen sein.[8] Ist ein Mitglied der Vergabekammer an der Unterschriftsleistung gehindert, so ist dies unter Angabe des Verhinderungsgrundes vom Vorsitzenden bzw. bei dessen Verhinderung vom hauptamtlichen Beisitzer zu vermerken. Der Mangel einer fehlenden Unterschrift kann nicht durch Nachholung nach Fristablauf geheilt werden.[9] 7

Umstritten ist, ob die Entscheidung den Beteiligten auch innerhalb der Frist **zugestellt** sein muss. Dies wird mit der Begründung bejaht, dass erst durch die Bekanntgabe der Entscheidung für den Antragsteller erkennbar werde, ob die Frist des § 167 Abs. 1 GWB eingehalten wurde oder ob die Ablehnungsfiktion des § 171 Abs. 2 GWB mit der Folge des Beginns der Beschwerdefrist nach § 172 GWB eingreife.[10] Zum Teil wird angenommen, die Notwendigkeit der Zustellung innerhalb der Frist ergebe sich bereits daraus, dass die Entscheidung der Kammer gem. § 168 Abs. 3 S. 1 GWB durch Verwaltungsakt ergeht, der gem. § 43 VwVfG zu seiner Wirksamkeit der Bekanntgabe und damit des Zugangs bei den Beteiligten bedarf.[11] 8

Gegen das Erfordernis einer Zustellung innerhalb der Frist spricht aber, dass die **Zustellung nicht im Einflussbereich der Vergabekammer** liegt und sie als Normadressatin des Beschleunigungsgebotes nur für den von ihr auch kontrollierbaren Bereich zur Einhaltung der Entscheidungsfrist verpflichtet werden kann. Zur Einhaltung der Frist reicht es demnach aus, dass die Entscheidung vollständig mit Gründen abgesetzt, unterschrieben und aktenkundig zur Geschäftsstelle gelangt ist.[12] 9

3. Ablehnungsfiktion

Entscheidet die Vergabekammer innerhalb der Fünf-Wochen-Frist nicht in der Sache (und ist die Frist auch nicht verlängert, → Rn. 11), gilt der Nachprüfungsantrag gem. § 171 Abs. 2 GWB als abgelehnt, mit der Folge, dass der Antragsteller gegen die fiktive Ablehnung sofortige Beschwerde einlegen kann und die Prüfung in das Beschwerdeverfahren verlagert wird. Die Frage, ob die **Ablehnungsfiktion automatisch eintritt** und die **Frist damit die absolute zeitliche Grenze** für eine Entscheidung der Vergabekammer bildet, dh der Vergabekammer nach Ablauf 10

---

[6] RKPP/Ohlerich GWB § 167 Rn. 10; jurisPK-VergabeR/Summa GWB § 167 Rn. 12; MüKoEuWettbR/Knauff/Frischmuth § 167 Rn. 3; aA BeckVergabeR/Gröning GWB § 167 Rn. 8.
[7] RKPP/Ohlerich GWB § 167 Rn. 6.
[8] BGH 12.6.2001 – X ZB 10/01, NZBau 2001, 517.
[9] jurisPK-VergabeR/Summa GWB § 167 Rn. 18.
[10] RSG/Reidt GWB § 167 Rn. 5; MüKoEuWettbR/Knauff/Frischmuth § 167 Rn. 2.
[11] Kulartz/Kus/Portz/Maier, 2. Aufl. 2014, GWB § 113 Rn. 2.
[12] So auch BeckVergabeR/Gröning GWB § 167 Rn. 16; jurisPK-VergabeR/Summa GWB § 167 Rn. 19; RKPP/Ohlerich GWB § 167 Rn. 25; HK-VergabeR/Bungenberg § 167 Rn. 9; Müller-Wrede/Horn GWB § 167 Rn. 3; OLG Düsseldorf 8.5.2002 – Verg 8–15/01, IBRRS 2003, 1074; OLG Naumburg 13.10.2006 – 1 Verg 7/06, BeckRS 2006, 12149.

der Frist eine Entscheidung über den Nachprüfungsantrag verwehrt ist, wurde von dem überwiegenden Teil der Vergabesenate in der Vergangenheit bejaht.[13] Diese Betrachtung hatte zur Folge, dass der Antragsteller zwecks **Vermeidung einer bestandskräftigen Ablehnung** sofortige Beschwerde einlegen musste, was deswegen nicht unproblematisch war, weil die Vergabekammer innerhalb der (verlängerten) Frist zwar eine begründete Entscheidung treffen, diese aber nicht zustellen muss. Um das Risiko einer Versäumung der Frist nach § 172 Abs. 1 GWB zu vermeiden, sollte es danach dem Antragsteller obliegen, nach Fristablauf zu erfragen, ob eine Entscheidung vorliegt. Dieser Auffassung ist der BGH mit seiner Entscheidung v. 14.7.2020[14] entgegengetreten. Auf der Grundlage einer ausführlichen Analyse des Wortlauts des § 172 Abs. 2 GWB, der systematischen Stellung der Norm, der Gesetzeshistorie sowie der Ratio der Regelung hat er darauf erkannt, dass der Nachprüfungsantrag mit Ablauf der Frist nur dann **als abgelehnt gilt, wenn der Antragsteller innerhalb der Notfrist des § 172 Abs. 1 GWB sofortige Beschwerde** einlegt. Damit kann der Antragsteller entscheiden, ob er das Vergabenachprüfungsverfahren wegen Untätigkeit der Vergabekammer vor den Vergabesenat bringen will. Legt er nicht sofortige Beschwerde ein, bleibt das Verfahren vor der Vergabekammer anhängig.[15] Gegen die nach Fristablauf getroffene Sachentscheidung ist die sofortige Beschwerde statthaft.

4. Fristverlängerung

11   Gem. § 167 Abs. 1 S. 2 GWB kann die Frist bei besonderen tatsächlichen und rechtlichen Schwierigkeiten im Ausnahmefall verlängert werden. Neben **besondere, dh überdurchschnittliche, das normale Maß nicht unerheblich übersteigende Schwierigkeiten** in rechtlicher oder tatsächlicher Hinsicht müssen demnach **weitere Gesichtspunkte** treten, die einen Verfahrensabschluss binnen fünf Wochen nicht erlauben und eine Fristverlängerung unvermeidlich erscheinen lassen. Der restriktive Charakter der Norm legt das Verständnis nahe, dass neben verfahrensspezifischen Gründen nur unvorhergesehene Ereignisse – zB die Erkrankung von Kammermitgliedern – eine Fristverlängerung rechtfertigen können, nicht aber strukturelle, behördeninterne Gründe, wie eine allg. personelle Unterbesetzung oder eine unzureichende Arbeitsorganisation.[16]

12   Besondere **rechtliche Schwierigkeiten** können sich ergeben, wenn über eine Vielzahl komplexer und noch nicht hinreichend geklärter Rechtsfragen zu entscheiden ist. In **tatsächlicher Hinsicht** können besondere Schwierigkeiten bei ungewöhnlich umfangreichen Vergabeverfahren auftreten, aber auch dann, wenn eine Sachaufklärung durch ein Sachverständigengutachten erforderlich ist.

13   Liegen die eine Fristverlängerung rechtfertigenden Voraussetzungen vor, kann der Vorsitzende die Frist von fünf Wochen um den **erforderlichen** Zeitraum, also eine exakt bestimmte Frist, verlängern. Nach der mit der Novellierung des GWB 2009[17] eingefügten Bestimmung der wortgleichen Vorgängervorschrift des § 113 Abs. 1 S. 3 GWB soll die Verlängerung **nicht mehr als zwei Wochen** betragen. Auch rechtlich und/oder tatsächlich überdurchschnittlich schwierige Verfahren sol-

---

[13] OLG München 4.4.2008 – Verg 4/08, NZBau 2008, 542; OLG Dresden 17.6.2005 – WVerg 8/05, BeckRS 2005, 07768; OLG Düsseldorf 5.9.2001 – Verg 18/01, IBRRS 2003, 1489; 12.3.2003 – Verg 49/02, BeckRS 2004, 02039; OLG Celle 20.4.2001 – WVerg 8/05, IBR 2005, 1160.
[14] BGH 14.7.2020 – XIII ZB 135/19, BeckRS 2020, 23361.
[15] BeckVergabeR/Gröning GWB § 167 Rn. 16,17.
[16] AA wohl Bechtold/Bosch/Otting GWB § 113 Rn. 4.
[17] § 113 GWB idF v. 15.7.2005 wurde durch Art. 1 Nr. 15 des Gesetzes v. 20.4.2009 (BGBl. I 790) mit Wirkung zum 24.4.2009 geändert.

len damit im Regelfall innerhalb eines Zeitraums von sieben Wochen abgeschlossen werden. Daraus folgt, dass eine darüberhinausgehende Verlängerung nur bei Vorliegen **außergewöhnlicher, verfahrensspezifischer Umstände**, die die Angelegenheit weit über den Durchschnitt anderer Vergabenachprüfungsverfahren herausheben, erfolgen kann.[18] Entscheidet die Vergabekammer innerhalb der nach § 167 Abs. 1 GWB vom Vorsitzenden verlängerten Entscheidungsfrist, ist im Vergabenachprüfungsverfahren nicht zu prüfen, ob die zur Verlängerung der Entscheidungsfrist herangezogenen Gründe tragen. Die Rechtswirksamkeit der Entscheidungsfristverlängerung hängt nicht von der Art und Qualität ihrer Begründung ab.[19] Andernfalls wären Antragsteller gehalten, in jedem Fall einer Verlängerung der Entscheidungsfrist allein zur Rechtswahrung eine sofortige Beschwerde einzulegen. Dies liefe sowohl der Rechtssicherheit als auch dem vom Gesetz angestrebten raschen Abschluss des Vergabeverfahrens zuwider.

Über die Verlängerung ist innerhalb der Fünf-Wochen-Frist zu entscheiden. **14** Nach **Ablauf** kann eine **Verlängerung der Frist nicht mehr erfolgen**, weil nicht ein erneuter oder ein zweiter Entscheidungszeitraum eröffnet werden darf.[20] Zudem wird durch die Einlegung der sofortigen Beschwerde die gesetzliche Ablehnungsfiktion ausgelöst (→ Rn. 10), die nicht rückwirkend durch eine Entscheidung des Vorsitzenden, die Frist zu verlängern, aufgehoben werden kann.[21] Falls der Antragsteller unmittelbar nach Ablauf der Fünf-Wochen-Frist sofortige Beschwerde eingelegt hat und das Rechtsmittel eingegangen ist, bevor die Verlängerungsverfügung in den Geschäftsgang gelangt ist, entfaltet die Verfügung keine Wirkung. Lässt sich indes der frühere Eingang der sofortigen Beschwerde nicht sicher feststellen, ist das Rechtsmittel unzulässig. Insoweit gilt, dass sich unbehebbare Zweifel an der Zulässigkeit zu Lasten des Rechtsmittelführers auswirken.[22]

Die Verlängerungsentscheidung ist in den Verfahrensakten schriftlich zu **14a** begründen und den Parteien mitzuteilen. Ebenso wie bei der Sachentscheidung (→ Rn. 7) kommt es auf den Zugang bei den Verfahrensbeteiligten nicht an.[23] Erkennt der Vorsitzende, dass innerhalb der verlängerten Frist nicht entschieden werden kann und liegen die besonderen Rechtfertigungsgründe vor, ist auch eine **weitere Fristverlängerung** zulässig.[24] Dies ergibt sich bereits aus dem Grundsatz der Verfahrensökonomie und dem Gebot der Rechtsstaatlichkeit: Kann eine Entscheidung innerhalb der erstmals verlängerten Frist nicht oder nicht in rechtsstaatlich vertretbarer Weise ergehen, ist eine weitere Verlängerung zur Ermöglichung einer abschließenden Entscheidung sogar geboten. Dagegen ist eine **Aussetzung des Nachprüfungsverfahrens** weder ausdr. vorgesehen noch wäre sie mit dem das Nachprüfungsverfahren prägenden Beschleunigungsgebot zu vereinbaren.[25]

---

[18] jurisPK-VergabeR/Summa GWB § 167 Rn. 44.
[19] OLG Düsseldorf 2.1.2012 – VII-Verg 70/11, NZBau 2012, 318; OLG Naumburg 13.8.2007 – 1 Verg 8/07, BeckRS 2007, 18469; OLG Brandenburg 9.9.2004 – Verg W 9/04, NZBau 2005, 236; 30.11.2004 – Verg W 10/04, NZBau 2005, 238; RKPP/Ohlerich GWB § 167 Rn. 15; RSG/Reidt GWB § 167 Rn. 20.
[20] BeckVergabeR/Gröning GWB § 167 Rn. 16,17.
[21] jurisPK-VergabeR/Summa GWB § 167 Rn. 45.
[22] BeckVergabeR/Gröning GWB § 167 Rn. 12.
[23] OLG Düsseldorf 9.6.2010 – Verg 9/10, ZfBR 2010, 602; RKPP/Ohlerich GWB § 167 Rn. 16; jurisPK-VergabeR/Summa GWB § 167 Rn. 47.
[24] Wie hier auch jurisPK-VergabeR/Summa GWB § 167 Rn. 43; HK-VergabeR/Bungenberg § 167 Rn. 19; RKPP/Ohlerich GWB § 167 Rn. 20; aA Müller-Wrede/Horn GWB § 167 Rn. 5.
[25] VK Bund 27.5.2019 – VK 2–24/19, BeckRS 2019, 16125.

III. Die Mitwirkungspflicht der Beteiligten (Abs. 2)

15 Gem. § 167 Abs. 2 S. 1 GWB sind alle Verfahrensbeteiligten im Interesse eines möglichst raschen Abschlusses des Nachprüfungsverfahrens zur **Mitwirkung und Förderung des Verfahrens** verpflichtet. Dazu haben sie alle Angriffs- und Verteidigungsmittel so schnell und umfassend wie möglich vorzutragen sowie Anfragen der Vergabekammer zügig zu beantworten. S. 1 findet gem. § 175 Abs. 2 GWB – im Unterschied zu S. 2 – auch Anwendung im Beschwerdeverfahren. Kommt ein Beteiligter seiner Förderungspflicht nicht nach, hat er die sich daraus ergebenden Verfahrensnachteile zu tragen. Diese verfahrensrechtlichen Nachteile bestehen allerdings nicht ohne weiteres in der Präklusion des betreffenden Angriffs- oder Verteidigungsmittels, denn das Gesetz sieht in § 167 Abs. 2 S. 2 GWB die Möglichkeit, Sachvortrag unberücksichtigt zu lassen, ausdr. nur für den Fall vor, dass die Vergabekammer dem Beteiligten für seinen Sach- und Rechtsvortrag eine angemessene Frist gesetzt hat und diese Frist fruchtlos verstrichen ist. Daraus folgt aber nicht, dass eine Missachtung der allg. Verfahrensförderungspflicht des § 167 Abs. 2 S. 1 GWB folgenlos bleibt. Die Pflicht der Beteiligten zur Verfahrensförderung und die Verpflichtung der Nachprüfungsinstanzen, den relevanten Sachverhalt vAw zu ermitteln, stehen in einer **Wechselwirkung.** Kommt ein Verfahrensbeteiligter seiner Förderungspflicht nicht nach, reduziert sich zu seinen Lasten die **Aufklärungspflicht der Kontrollinstanzen.** Daraus folgt, dass die Vergabenachprüfungsinstanzen von sich aus nicht alle nur denkbaren Rechtsverstöße in Erwägung ziehen und sie in tatsächlicher und rechtlicher Hinsicht überprüfen müssen. Die Aufklärungs- und Ermittlungspflicht reicht vielmehr nur so weit, wie das Vorbringen der Beteiligten oder der sonstige Tatsachenstoff bei verständiger Betrachtung dazu einen hinreichenden Anlass bieten. Ohne einen – iRd Möglichen und Zumutbaren geforderten – detaillierten Sachvortrag ist das Beschwerdegericht nicht zur Amtsermittlung verpflichtet.

16 Dies gilt iErg auch für den Fall, dass ein Beteiligter unter Missachtung seiner Verfahrensförderungspflicht derart **spät zur Sache vorträgt,** dass den anderen Verfahrensbeteiligten bis zum Schluss der mündlichen Verhandlung, auf die die Entscheidung der Nachprüfungsinstanz ergeht, eine Erwiderung unter zumutbaren Bedingungen nicht mehr möglich ist. Ein solches Vorbringen muss schon aus verfassungsrechtlichen Gründen **bei der Entscheidungsfindung unberücksichtigt** bleiben, weil die anderen Verfahrensbeteiligten in der zur Verfügung stehenden Zeitspanne bis zum Verhandlungsschluss ihren verfassungsrechtlich verbürgten Anspruch auf rechtliches Gehör nicht wahrnehmen können. Daraus folgt zugleich, dass das verspätete Vorbringen – weil es nicht zum Nachteil der anderen Verfahrensbeteiligten verwertet werden darf – auch nicht die Amtsermittlungspflicht der Nachprüfungsinstanzen auslösen kann.[26] Nach **Schluss der mündlichen Verhandlung** eingereichte Schriftsätze können somit ohne weiteres als verspätet zurückgewiesen werden. Es besteht allerdings ein **Anlass zur Wiedereröffnung** der mündlichen Verhandlung, wenn die Vergabekammer vAw nach Schluss der mündlichen Verhandlung Vergaberechtsverstöße erkennt, auf die bis zum Schluss der mündlichen Verhandlung nicht hingewiesen worden ist und die Beteiligten auf eine Wiederaufnahme der mündlichen Verhandlung nicht verzichtet haben.[27]

16a Vorbringen, das bereits im Verfahren vor der Vergabekammer ohne weiteres hätte eingeführt werden können, kann unter den genannten Voraussetzungen im Beschwerdeverfahren unberücksichtigt bleiben. Eine Zurückweisung derartigen Vorbringens mit der Begründung, es widerspreche dem in § 167 Abs. 2 S. 1 GWB

---

[26] OLG Düsseldorf 19.11.2003 – VII-Verg 22/03, BeckRS 2003, 9977 = VergabeR 2004, 248.

[27] OLG Düsseldorf 16.12.2015 – VII-Verg 24/15, BeckRS 2016, 6611; VK Bund 3.6.2018 – VK2-44/18, ZfBR 2018, 811.

Beschleunigung **§ 167 GWB**

für das Nachprüfungsverfahren normierten Beschleunigungsgebot, dass das Beschwerdegericht Vorbringen würdige, das schon vor der Vergabekammer hätte vorgebracht werden können,[28] scheidet dagegen aus (→ Rn. 20).[29]

Nach § 167 Abs. 2 S. 2 GWB können den Beteiligten für ihr weiteres tatsächliches Vorbringen sowie zur Benennung von Beweismitteln **Fristen** gesetzt werden, mit der Folge, dass **nicht fristgerechter Vortrag unberücksichtigt** bleiben kann. Die Vorschrift klärt nicht ausdr., wer für die Fristsetzung zuständig ist. Zwar wird in der Begr. zum GE von einer Fristsetzung durch die Kammer gesprochen, doch ergibt sich daraus nicht, dass der Gesetzgeber die interne Zuständigkeit innerhalb des Kollegialorgans für Fristsetzungen abweichend von den Bestimmungen der anderen Prozessordnungen treffen wollte. Vielmehr ist in entspr. Anwendung des § 87b VwGO eine Fristsetzung allein durch den Vorsitzenden zulässig.[30] Neben dem Umstand, dass die Prozessordnungen für das verwaltungs- und das zivilgerichtliche Verfahren[31] eine Zuständigkeit des Vorsitzenden annehmen, sprechen dafür nicht zuletzt **verfahrensökonomische Gründe**. Das ohnehin sehr straff zu führende Verfahren würde organisatorisch unnötig verkompliziert und belastet, wenn die Kammer über jede Fristsetzung als Kollegialorgan beraten und entscheiden müsste. Als verfahrensgestaltende Verfügung des Vorsitzenden ist die Fristsetzung nicht selbständig anfechtbar. **17**

Die Frist muss **angemessen** sein. Maßgeblich ist der erforderliche Arbeits- und Zeitaufwand, der von der Schwierigkeit und dem Umfang der Sache abhängt. Bei der Bemessung der Frist ist somit zwischen dem erwarteten Aufwand für den Beteiligten sowie dem Gebot der Beschleunigung und der Pflicht, innerhalb der Frist des Abs. 1 eine Entscheidung zu treffen, abzuwägen.[32] Angesichts der einschneidenden Folgen einer Fristversäumung sowie des Umstandes, dass die Beteiligten im Nachprüfungsverfahren vor der Vergabekammer nicht notwendig anwaltlich vertreten sind, muss in der Verfügung auf die **möglichen Rechtsfolgen hingewiesen** werden.[33] **18**

Ob **verspätetes Vorbringen unbeachtet** bleibt, steht nach dem Wortlaut der Vorschrift im **Ermessen** der Vergabekammer. Da die Vorschrift der Verzögerung des Verfahrens entgegenwirken soll, ist iRd pflichtgemäß auszuübenden Ermessens vor allem zu berücksichtigen, ob sich durch die Zulassung die Erledigung des Nachprüfungsverfahrens **verzögern** würde und ob es dem Beteiligten möglich gewesen wäre, schon früher vorzutragen. **19**

Beachtet die Vergabekammer verspätetes Vorbringen bei ihrer Entscheidungsfindung nicht, führt dies nicht dazu, dass dieser Vortrag auch im **Beschwerdeverfahren** unberücksichtigt bleibt. Die Nichtberücksichtigung durch die Vergabekammer kann zwar nicht gesondert angegriffen werden. Wird aber gegen den Beschluss der Vergabekammer Beschwerde eingelegt, berücksichtigt das Beschwerdegericht sämtliches Vorbringen, das ihm vor oder in der mündlichen Verhandlung zur Kenntnis gebracht wird. Es fehlt an einer § 528 Abs. 3 ZPO, § 128 Abs. 2 VwGO entspr. Vorschrift, wonach Angriffs- und Verteidigungsmittel, die von der ersten Instanz zu Recht zurückgewiesen worden sind, auch vom Berufungsgericht nicht zu berück- **20**

---

[28] So aber OLG Brandenburg 10.1.2012 – Verg W 18/11, BeckRS 2012, 1665.
[29] OLG Celle 21.1.2016 – 13 Verg 8/15, ZfBR 2016, 386.
[30] jurisPK-VergabeR/Summa GWB § 167 Rn. 39; für die Fristsetzung auch durch den Berichterstatter RKPP/Ohlerich GWB § 167 Rn. 37.
[31] Auch § 273 Abs. 1 Nr. 1 ZPO sieht eine Fristsetzung durch den Vorsitzenden bzw. durch ein von ihm ermächtigtes Kammermitglied vor.
[32] RKPP/Ohlerich GWB § 166 Rn. 38.
[33] So auch jurisPK-VergabeR/Summa GWB § 167 Rn. 65; zu den Einzelheiten der an den Inhalt der Belehrung zu stellenden Anforderungen vgl. Kopp/Schenke/Schenke VwGO § 87b Rn. 8; Sodan/Ziekow/Peters/Müller VwGO § 87b Rn. 33.

sichtigen sind. Die verfahrensrechtliche Gestaltung des Vergabenachprüfungsverfahrens ist insoweit mit der eines zivil- oder verwaltungsgerichtlichen Verfahrens nicht vergleichbar. Das vor der Vergabekammer unter einem erheblichen Zeitdruck (§ 167 Abs. 1 GWB) stattfindende Verfahren ist kein gerichtliches Verfahren, so dass das nicht an eine Entscheidungsfrist gebundene Oberlandesgericht die erste und zugleich letzte Gerichtsinstanz bildet.[34] Mangels einer dem Regelungsinhalt der § 528 Abs. 3 ZPO, § 128a Abs. 2 VwGO vergleichbaren Verfahrensgestaltung kommt auch eine entspr. Anwendung der Präklusionsvorschriften anderer Verfahrensordnungen nicht in Betracht. Die Zurückweisung von Vorbringen, das im Verfahren vor der Vergabekammer verspätet war, durch das Beschwerdegericht allein im Hinblick auf die Verspätung im Nachprüfungsverfahren ist somit nicht möglich.[35]

§ 168 Entscheidung der Vergabekammer

(1) [1]Die Vergabekammer entscheidet, ob der Antragsteller in seinen Rechten verletzt ist und trifft die geeigneten Maßnahmen, um eine Rechtsverletzung zu beseitigen und eine Schädigung der betroffenen Interessen zu verhindern. [2]Sie ist an die Anträge nicht gebunden und kann auch unabhängig davon auf die Rechtmäßigkeit des Vergabeverfahrens einwirken.

(2) [1]Ein wirksam erteilter Zuschlag kann nicht aufgehoben werden. [2]Hat sich das Nachprüfungsverfahren durch Erteilung des Zuschlags, durch Aufhebung oder durch Einstellung des Vergabeverfahrens oder in sonstiger Weise erledigt, stellt die Vergabekammer auf Antrag eines Beteiligten fest, ob eine Rechtsverletzung vorgelegen hat. [3]§ 167 Absatz 1 gilt in diesem Fall nicht.

(3) [1]Die Entscheidung der Vergabekammer ergeht durch Verwaltungsakt. [2]Die Vollstreckung richtet sich, auch gegen einen Hoheitsträger, nach den Verwaltungsvollstreckungsgesetzen des Bundes und der Länder. [3]Die Höhe des Zwangsgeldes beträgt mindestens 1 000 Euro und höchstens 10 Millionen Euro. [4]§ 61 Absatz 1 und 2 gilt entsprechend.

Literatur: Antweiler, Erledigung des Nachprüfungsverfahrens iSv § 114 Abs. 2 S. 2 GWB, NZBau 2005, 35; Bischoff, Vollstreckung von Vergabekammerentscheidungen und Rechtsschutz gegen Vollstreckungsentscheidungen, VergabeR 2009, 433; Brauer, Das Verfahren vor der Vergabekammer, NZBau 2009, 297; Burgi, 20 Jahre Rechtsschutz durch Vergabekammern, NZBau 2020, 3; Byok, Die Vollstreckung von Entscheidungen der Vergabekammern, NJW 2003, 2642; Conrad, Rechtsfragen des Vergleichs im Vergabenachprüfungsverfahren ZfBR 2014, 658; Conrad, Der Rechtsschutz gegen die Aufhebung eines Vergabeverfahrens bei Fortfall des Vergabewillens, NZBau 2007, 287; Dageförde, Die Vorabinformationspflicht im Vergaberechtsschutz: Eine unendliche Geschichte, NZBau 2020, 72; Fett, Die Hauptsacheentscheidung durch die Vergabekammer, NZBau 2005, 141; Müller-Wrede, Kausalität des Vergaberechtsverstoßes als Voraussetzung für den Rechtsschutz, NZBau 2011, 650; Shirvani Vorlagerecht der Vergabekammern gem. Art. 267 AEUV, ZfBR 2014, 31; Summa, Rechtsschutz bei grenzüberschreitender Auftragsvergabe durch mehrere Auftraggeber, VPR 2015, 149.

Übersicht

	Rn.
I. Bedeutung der Vorschrift	1
II. Entscheidung der Vergabekammer (Abs. 1)	3

---

[34] jurisPK-VergabeR/Summa GWB § 167 Rn. 74.
[35] So auch RSG/Stickler GWB § 167 Rn. 18; RKPP/Ohlerich GWB § 167 Rn. 35; OLG Celle 21.1.2016 – 13 Verg 8/15, ZfBR 2016, 386 ff.; aA OLG Frankfurt a. M. 13.12.2011 – 11 Verg 8/11, BeckRS 2012, 8327.

	Rn.
1. Verfahrensentscheidungen	3
a) Verweisung bei Unzuständigkeit	4
b) Aussetzung des Verfahrens	7
2. Sachentscheidung	9
a) Wiederholung der Wertung bzw. der Eignungsprüfung	13
b) Korrektur der Vergabeunterlagen	17
c) Aufhebung der Ausschreibung	18
d) „Aufhebung" der Aufhebung einer Ausschreibung	19
III. Keine Aufhebung des wirksam erteilten Zuschlags (Abs. 2 S. 1)	22
1. Zuschlag	24
2. Wirksamkeit des Zuschlags	27
IV. Fortsetzungsfeststellung nach Erledigung (Abs. 2 S. 2)	30
1. Erledigung	30a
a) Zuschlagserteilung	31
b) Aufhebung oder Einstellung des Vergabeverfahrens	32
c) Erledigung in sonstiger Weise	34
2. Fortsetzungsfeststellungsverfahren	37
a) Ursprünglich statthafter Nachprüfungsantrag und Erledigung	37a
b) Kein isolierter Fortsetzungsfeststellungsantrag	37c
c) Besonderes Feststellungsinteresse	38
d) Wegfall des Beschleunigungsgebots	44
3. Feststellender Beschluss	45
V. Rechtsnatur der Entscheidung (Abs. 3 S. 1)	48
1. Formale Voraussetzungen	49
2. Berichtigung oder Ergänzung des Beschlusses	52
3. Entfallen der Wirksamkeit des Beschlusses	54
VI. Vollstreckung (Abs. 3 S. 2, 3)	55
1. Vollstreckung der Handlungsanordnung des Hauptsachebeschlusses	60
2. Vollstreckung der Kosten der Vergabekammer	62
3. Kosten des Vollstreckungsverfahrens	63
4. Rechtsschutz gegen die Vollstreckung	64

I. Bedeutung der Vorschrift

§ 168 GWB enthält in Abs. 1 die Ermächtigungsgrundlage und grundlegende Regelungen für den Beschluss der Vergabekammer, der das Nachprüfungsverfahren in erster Instanz abschließt. Der Beschluss ergeht nach Abs. 3 S. 1 in Gestalt eines Verwaltungsakts. Die Vergabekammer ordnet bei Vorliegen einer Rechtsverletzung des Antragstellers zu Lasten des öffentlichen Auftraggebers den geringstmöglichen Eingriff zur Beseitigung der Rechtsverletzung an.[1] Dieser sog. **Primärrechtsschutz** ist nach Abs. 1 S. 1 allerdings nur statthaft, solange der Zuschlag nicht bereits wirksam erteilt wurde.[2] 1

§ 168 Abs. 2 S. 2 und 3 GWB regeln den Fall, dass sich das zunächst statthafte Nachprüfungsverfahren zwischenzeitlich erledigt hat. In dieser Situation hat der Antragsteller bei Vorliegen bestimmter Voraussetzungen die Möglichkeit, feststellen zu lassen, ob eine Rechtsverletzung vorgelegen hat. Dies geschieht nur auf Antrag durch Umstellung des bisherigen Rechtsschutzbegehrens auf einen Fortsetzungsfeststellungsantrag. Der Sinn und Zweck der Feststellungsentscheidung besteht – wie 2

---

[1] OLG Düsseldorf 30.4.2003 – VII-Verg 64/02, ZfBR 2003, 721.
[2] OLG Düsseldorf 19.4.2017 – VII-Verg 38/16, IBRRS 2017, 2434.

GWB § 168   Entscheidung der Vergabekammer

im übrigen Prozessrecht auch − in der Vorbereitung und Durchsetzung etwaiger Schadensersatz- oder Unterlassungsansprüche **(Sekundärrechtsschutz)**, die aus einer Rechtsverletzung des Antragstellers herrühren. § 168 Abs. 3 S. 2 und 3 GWB ordnet die Vollstreckbarkeit der Entscheidung der Vergabekammer auch ggü. Hoheitsträgern an und trifft Regelungen zum Zwangsgeld.

II. Entscheidung der Vergabekammer (Abs. 1)

1. Verfahrensentscheidungen

3   § 168 Abs. 1 GWB geht davon aus, dass die Vergabekammer zum Abschluss des Nachprüfungsverfahrens eine Sachentscheidung trifft. Je nach Sachlage kann aber auch eine förmliche, das Verfahren betreffende Entscheidung der Vergabekammer notwendig sein, ohne dass es zu einer Sachentscheidung kommen muss.

4   **a) Verweisung bei Unzuständigkeit.** Für den Fall, dass ein Nachprüfungsverfahren bei einer **örtlich unzuständigen Vergabekammer** anhängig gemacht wird, sieht das GWB keine Verweisungsregelung unter den Vergabekammern vor. In der Praxis wird unter analoger Heranziehung des § 17a Abs. 2 S. 3 GVG iVm § 83 S. 1 VwGO eine zuständigkeitsbedingte Verweisung zwischen den Vergabekammern des Bundes und der Länder als statthaft angesehen.[3] Die Vergabekammer hat ihre Unzuständigkeit nach Anhörung der Beteiligten vAw auszusprechen und die Sache an die zuständige Vergabekammer zu verweisen. Dies ist − zumindest, wenn der Auftraggeber bereits gem. § 169 Abs. 1 GWB über den Nachprüfungsantrag informiert wurde − aus verfahrensökonomischen Gründen sinnvoll, insbes. weil aufgrund des Zuschlagsverbots das Vergabeverfahren „gesperrt" ist und gleichzeitig die Fünf-Wochen-Frist nach § 167 Abs. 1 GWB läuft. Ansonsten lehnt die örtlich unzuständige Vergabekammer schlicht die Übermittlung des unzulässigen Nachprüfungsantrags nach § 163 Abs. 2 GWB ab und weist den Antragsteller auf die Unzulässigkeit hin.

5   Bei einer **sachlichen Unzuständigkeit der Vergabekammer**, etwa bei Einreichung einer zivil- oder verwaltungsgerichtlichen Klage bei der Vergabekammer, kommt allerdings keine Verweisung nach der einschlägigen Norm, § 17a GVG, in Betracht. Da Vergabekammern keine Gerichte, sondern Verwaltungsbehörden sind, können sie Rechtsstreitigkeiten nicht an das zuständige Gericht verweisen. Genauso wenig können Gerichte, wenn eigentlich der Rechtsweg zur Vergabekammer eröffnet wäre, einen Rechtsstreit, der bei einem Zivil- oder Verwaltungsgericht anhängig gemacht wurde, unter Anwendung des § 17a GVG an die zuständige Vergabekammer zu verweisen.[4]

6   Die **Verweisungsentscheidung** einer Vergabekammer an eine andere ist analog § 17a Abs. 2 S. 3 GVG **bindend,** soweit sie nicht auf offensichtlicher Willkür, dh der Abwesenheit jeglicher aus einer tragfähigen Rechtsgrundlage abgeleiteter Entscheidungskriterien, beruht.[5] Vermieden werden sollen langwierige Verzögerungen. Auch eine fehlerhafte Verweisung ist daher bindend, solange sie nicht offensichtlich willkürlich war. Eine Kontaktaufnahme der verweisenden mit der Vergabekammer, an die verwiesen werden soll, vor der Verweisung ist aber anzuraten und in der Praxis üblich.

7   **b) Aussetzung des Verfahrens.** Eine Aussetzung des Verfahrens vor der Vergabekammer zB wegen einer entscheidungserheblichen Vorfrage, die im Rahmen

---

[3] LSG NRW 28.4.2009 − L 21 KR 40/09 SFB, BeckRS 2009, 63843; OLG Jena 16.7.2007 − 9 Verg 4/07, ZfBR 2007, 817; VK Bund 25.5.2012 − VK 3−54/12, IBRRS 2012, 2265.

[4] BayVGH 26.4.2019 − 12 C 19.621, VPRRS 2019, 0150.

[5] OLG Jena 16.7.2007 − 9 Verg 4/07, ZfBR 2007, 817.

einer sofortigen Beschwerde oder Divergenzvorlage obergerichtlich anhängig ist, hat der GWB-Gesetzgeber in den §§ 160–169 GWB nicht vorgesehen. Dies spricht dafür, **keine Aussetzungsbefugnis** der Vergabekammer in Analogie zu den entspr. prozessualen Vorschriften von § 94 VwGO und § 148 ZPO anzunehmen. Gerade das in § 167 GWB angeordnete Beschleunigungsgebot und das Zuschlagsgestattungsverfahren in § 169 Abs. 2 GWB zeigen, dass der Gesetzgeber eine Aussetzung des Verfahrens und damit eine entspr. lange Verzögerung der Auftragsvergabe nicht wünscht. Für eine Analogie ist angesichts fehlender planwidriger Regelungslücke kein Raum. Die Vergabekammer hat daher über eine noch offene Vorfrage inzident mitzuentscheiden.[6] Allerdings kann die Vergabekammer in der Praxis selbstverständlich – insbesondere mit Zustimmung aller Beteiligten – durch Verlängerung der Entscheidungsfrist nach § 167 Abs. 1 S. 2 GWB eine unmittelbar bevorstehende präjudizielle Entscheidung eines OLG oder des BGH abwarten, wenn dies für die Entscheidung zweckmäßig ist.

Zulässig – wegen des Beschleunigungsgebots aber sehr selten – ist allerdings eine Aussetzung des Verfahrens zum Zwecke einer **Vorlage an den Europäischen Gerichtshof**.[7] Nach dem Urt. d. EuGH in der Sache „Bundesdruckerei"[8] ist geklärt, dass die Vergabekammer aufgrund ihrer gerichtsähnlichen Entscheidungsbefugnisse grds. befugt ist, gem. Art. 267 AEUV ein Verfahren dem EuGH zur Vorabentscheidung vorzulegen.

2. Sachentscheidung

Gegenstand der Entscheidung der Vergabekammer kann gem. § 156 Abs. 2 GWB nur die **Beseitigung einer Verletzung des Antragstellers in seinen Rechten** aus § 97 Abs. 6 GWB sein sowie sonstige Anordnungen gegen öffentliche Auftraggeber, die auf **Vornahme oder Unterlassen einer Handlung in einem Vergabeverfahren** gerichtet sind. Jedwede vorbeugende, nicht in einem Vergabeverfahren ergehende und auf ein künftiges Beschaffungsverhalten des Auftraggebers gerichtete Entscheidung ist der Vergabekammer (sowie dem Beschwerdegericht) untersagt. Für solche Zwecke gibt das Vergabeprozessrecht keine Handhabe. Vielmehr muss sich der Antragsteller dazu, weil die Beschaffung sog. Fiskalhandeln der öffentlichen Hand ist,[9] einer Klage von den Zivilgerichten bedienen.[10] Die Vergabekammer kann daher dem Auftraggeber nicht aufgeben, umgehend mit einer Auftragsbekanntmachung ein förmliches Vergabeverfahren zu beginnen.[11]

Ist der Antragsteller in seinen Rechten verletzt, hat die Vergabekammer die **geeigneten Maßnahmen** zu treffen, um die Rechtsverletzung zu beseitigen und eine Schädigung der betroffenen Interessen zu verhindern. Der Vergabekammer steht allerdings keine allg. Rechtmäßigkeitskontrolle zu.[12] Die Kammer ist nicht befugt, ungeachtet einer Rechtsverletzung des Antragstellers auf die Rechtmäßigkeit des Vergabeverfahrens einzuwirken. Rahmenbedingung für die Entscheidung ist zudem stets die Zulässigkeit des Nachprüfungsantrags. Diejenigen Vergabefehler, die – zB mangels Antragsbefugnis oder wegen der unterbliebenen rechtzeitigen Rüge – nicht zulässigerweise zum Gegenstand eines Nachprüfungsverfahrens

---

[6] OLG Düsseldorf 11.3.2002 – Verg 43/01, NZBau 2003, 55.
[7] EuGH 17.10.2013 – C-391/12, RIW 2014, 749 – Bundesdruckerei; OLG München 18.10.2012 – Verg 13/12, NZBau 2013, 189.
[8] EuGH 17.10.2013 – C-391/12, RIW 2014, 749 – Bundesdruckerei.
[9] BVerwG 2.5.2007 – 6 B 10/07, NJW 2007, 2275.
[10] OLG Düsseldorf 10.3.2014 – Verg 11/14, ZfBR 2014, 404.
[11] BayObLG 14.3.2023 – Verg 1/23, VPRRS 2023, 0067.
[12] OLG Koblenz 4.2.2009 – 1 Verg 4/08, ZfBR 2009, 292; OLG Düsseldorf 15.6.2005 – VII-Verg 5/05, BeckRS 2005, 7946.

GWB § 168   Entscheidung der Vergabekammer

gemacht werden können, sind einer Sachentscheidung durch die Vergabekammer entzogen.[13] Maßnahmen sind ferner nicht anzuordnen, wenn der Vergabeverstoß für den Bieter folgenlos geblieben ist und sich nicht auf seine Bieterchancen ausgewirkt hat.[14]

10   Der Vergabekammer steht bei ihrer Entscheidung ein **weiter Ermessensspielraum** bei der Auswahl der geeigneten Maßnahmen zu. Sie ist gem. § 168 Abs. 1 S. 2 GWB **an die Anträge nicht gebunden** und kann auch unabhängig davon auf die Rechtmäßigkeit des Vergabeverfahrens einwirken. Die Regelung steht im Zusammenhang mit dem in § 163 GWB geregelten eingeschränkten Untersuchungsgrundsatz. Sie soll der Vergabekammer eine flexible Reaktion ermöglichen, um zB dem Auftraggeber die Möglichkeit der Fehlerkorrektur auch im Hinblick auf dritte Bieter zu geben. Nach Möglichkeit sollen weitere Nachprüfungsverfahren, die einer zügigen Auftragsvergabe entgegenstehen, vermieden werden.[15] Das Ermessen wird durch den Verhältnismäßigkeitsgrundsatz begrenzt.[16] Die Vergabekammer hat daher diejenige Maßnahme zu ergreifen, die die Rechtsverletzung des Bieters beseitigt, aber so geringfügig wie möglich in das Vergabeverfahren eingreift.

11   **Haupt- und Hilfsanträge** haben aufgrund der fehlenden Bindung der Vergabekammer an die Anträge nicht die Bedeutung, die ihnen im gerichtlichen Verfahren zukommt. Dennoch können Haupt- und Hilfsanträge das Begehren der Beteiligten und damit auch ihr wirtschaftliches Interesse am Verfahren aufzeigen. Dies ist insbes. auch für die Kostenentscheidung gem. § 182 GWB, nämlich für den Grad des Obsiegens oder Unterliegens der Beteiligten im Nachprüfungsverfahren, von Bedeutung.

12   Die Anordnungen der Vergabekammer zielen darauf ab, auf eine rechtmäßige Entscheidungsfindung durch den öffentlichen Auftraggeber hinzuwirken. Grundsätzlich kann nämlich die **Entscheidung** des Auftraggebers **nicht durch die Vergabekammer ersetzt** werden.[17] Dies gilt insbes. bei Entscheidungen, bei denen dem Auftraggeber ein Beurteilungs- oder Ermessensspielraum zusteht, zB bei der Bewertung von nichtpreislichen Zuschlagskriterien. Solche Entscheidungen können nach den allg. Grundsätzen nur daraufhin überprüft werden, ob von der Vergabestelle das vorgeschriebene Verfahren eingehalten wurde, ob von einem zutreffend und vollständig ermittelten Sachverhalt ausgegangen wurde, ob keine sachwidrigen Erwägungen einbezogen wurden und ob der sich im Rahmen

---

[13] OLG Naumburg 18.8.2011 – 2 Verg 3/11, ZfBR 2012, 85; OLG Celle 11.2.2010 – 13 Verg 16/09, BeckRS 2010, 4938; OLG Düsseldorf 30.6.2011 – VII-Verg 25/11, BeckRS 2011, 23803; Beck VergabeR/Antweiler GWB § 168 Rn. 25; aA OLG Schleswig 15.4.2011 – 1 Verg 10/10, NZBau 2011, 375, Korrektur des Vergabefehlers trotz Präklusion, wenn Nachprüfungsverfahren aus anderen Gründen zulässig.

[14] OLG Naumburg 12.4.2012 – 2 Verg 1/12, BeckRS 2012, 10195; OLG Düsseldorf 28.7.2011 – VII-Verg 20/11, NZBau 2012, 50; 3.8.2011 – Verg 6/11, BeckRS 2011, 22094; 19.10.2011 – VII-Verg 54/11, NZBau 2011, 762, das Vergabenachprüfungsverfahren dient nicht der Interessenwahrung Dritter am Auftrag interessierter Unternehmen, die selbst nicht Bieter sind; vgl. Müller-Wrede NZBau 2011, 650 ff. zur Herleitung der Kausalität des Vergaberechtsverstoßes.

[15] Vgl. Gesetzesbegründung v. 3.12.1997, BT-Drs. 13/9340 zu § 124 GWB (entspricht heute § 168 GWB).

[16] OLG Düsseldorf 5.9.2018 – VII-Verg 32/18, NZBau 2019, 193; OLG Stuttgart 28.11.2002 – 2 Verg 14/02, NZBau 2003, 517; OLG Schleswig 7.10.2011 – 1 Verg 1/11, BeckRS 2015, 20222, Anordnung eines – bisher nicht durchgeführten – Vergabeverfahrens bei sicherem Beschaffungsbedarf und fortbestehender Vergabeabsicht.

[17] BGH 18.2.2003 – X ZB 43/02, NZBau 2003, 293; MüKoEuWettbR/Fett GWB § 168 Rn. 122.

der Beurteilungsermächtigung haltende Beurteilungsmaßstab zutreffend angewandt wurde.[18] Die Maßnahmen der Vergabekammer richten sich nach der jew. subjektiven Rechtsverletzung und können daher unterschiedlich weitgehend in das Vergabeverfahren eingreifen. Das Verfahren ist jeweils **in den Stand vor dem fehlerhaften Verfahrensschritt zurückzuversetzen** und von dort aus weiterzuführen.[19]

a) Wiederholung der Wertung bzw. der Eignungsprüfung. Finden sich Fehler in der Wertung der Angebote, wie zB bei einer nicht nachvollziehbaren Wertung nichtpreislicher Zuschlagskriterien, so ist anzuordnen, dass die Vergabestelle die eingegangenen **Angebote** unter Beachtung der Rechtsauffassung der Vergabekammer **neu zu werten** hat.[20] 13

Auch iRd **Prüfung der Eignung** bzw. der **Ausschlussgründe der §§ 123, 124 GWB** kann eine Wiederholung nötig werden, wenn zB nicht nachvollziehbar ist, warum eine Referenz als vergleichbar bewertet wurde oder aus welchen Gründen ein Ausschlussgrund bejaht oder verneint wurde.[21] Gleiches gilt bei einer fehlerhaften Bewertung von Teilnahmeanträgen im Rahmen eines Teilnahmewettbewerbs.[22] 13a

Zwingende Ausschlussgründe können durch die Vergabekammer selbst festgestellt und der Ausschluss des entspr. Angebots angeordnet werden. Ist das Unternehmen, das für den Zuschlag vorgesehen ist, zwingend von der Wertung auszuschließen, kann der Zuschlag auf dieses Angebot ausdr. untersagt werden.[23] 14

Ein Unterfall der Wiederholung der Wertung ist die Anordnung der Vergabekammer, ein zu Unrecht ausgeschlossenes **Angebot wieder in die Wertung aufzunehmen.**[24] 15

Es kann allerdings grds. nicht angeordnet werden, dass der Zuschlag auf das Angebot eines bestimmten Unternehmens zu ergehen hat. Alle Maßnahmen der Vergabekammer stehen regelmäßig unter der Prämisse, dass eine Beschaffungsabsicht des öffentlichen Auftraggebers weiterbesteht. Da vertragsrechtlich **kein Kontrahierungszwang** besteht, kann ein Auftraggeber nicht gezwungen werden, einen der Ausschreibung entsprechenden Auftrag an einen geeigneten Bieter zu erteilen, wenn zB nach den maßgeblichen Vorschriften (§ 63 VgV) kein vergaberechtskonformer Grund zur Aufhebung des Vergabeverfahrens vorliegt.[25] Sollte sich in einem Nachprüfungsverfahren ergeben, dass unter Beachtung aller dem Auftraggeber zustehenden Wertungs- und Beurteilungsspielräume die Erteilung des Zuschlags an den Antragsteller die einzig rechtmäßige Entscheidung ist, kann im Ausnahmefall eine entspr. Anweisung der Vergabekammer an den Auftraggeber in Betracht kommen, allerdings nur unter dem Vorbehalt der Durchführung der Auftragsvergabe (dazu → VgV § 63 Rn. 24, 25 und → VOB/A § 18 EU Rn. 32).[26] 16

---

[18] MüKoEuWettbR/Fett GWB § 168 Rn. 20; HK-VergabeR/Nowak GWB § 168 Rn. 4; OLG München 26.2.2021 – Verg 14/20, NZBau 2021, 698; OLG Koblenz 25.2.2015 – Verg 5/14, NZBau 2015, 519.
[19] Müller-Wrede/Kadenbach GWB § 168 Rn. 26; MüKoEuWettbR/Fett GWB § 168 Rn. 21 f.
[20] RKPP/Blöcker GWB § 168 Rn. 13.
[21] BayObLG 29.7.2022 – Verg 16/21, VPRRS 2022, 0241.
[22] OLG München 17.9.2015 – Verg 3/15, NZBau 2015, 711.
[23] S. zB VK Südbayern 6.7.2022 – 3194.Z3-3_01-21-72, VPRRS 2022, 0210; OLG München 17.4.2019 – Verg 13/18, ZfBR 2020, 296.
[24] Müller-Wrede/Kadenbach GWB § 168 Rn. 25; VK Lüneburg 9.9.2020 – VgK-32/2020, VPRRS 2021, 0005.
[25] BGH 20.3.2014 – X ZB 18/13, NZBau 2014, 310; 18.2.2003 – X ZB 43/02, NZBau 2003, 293.
[26] OLG Celle 10.1.2008 – 13 Verg 11/07, BeckRS 2008, 01740; OLG Naumburg 13.10.2006 – 1 Verg 7/06, BeckRS 2006, 12149.

17 **b) Korrektur der Vergabeunterlagen.** Sind aufgrund von fehlerhaften Vergabeunterlagen, zB unerfüllbaren technischen Spezifikationen, alle Angebote von der Wertung auszuschließen, kann der Antragsteller trotz seines eigenen mangelbehafteten Angebots verlangen, dass ein Zuschlag in dem Vergabeverfahren unterbleibt. Dies ergibt sich aus seinem Anspruch auf Gleichbehandlung gem. § 97 Abs. 2 GWB (→ § 97 Rn. 9 ff.). Da in solchen Fällen die Möglichkeit zur Aufhebung der Ausschreibung besteht, muss dem Auftraggeber überlassen bleiben, wie er sich entscheidet. Die Vergabekammer darf lediglich anordnen, dass auf der Grundlage der bisherigen Ausschreibungsbedingungen keinem Bieter der Zuschlag erteilt werden darf.[27]

18 **c) Aufhebung der Ausschreibung.** Eine **Aufhebung der Ausschreibung** durch die Vergabekammer oder die Anweisung an den Auftraggeber, das eingeleitete Vergabeverfahren auf diese Weise zu beenden, kommt als „ultima ratio" nur dann in Betracht, wenn eine Korrektur im laufenden Vergabeverfahren nicht mehr möglich ist.[28] Dies ist der Fall, wenn keine milderen Mittel zur Verfügung stehen, um den festgestellten Vergabefehler zu beseitigen. Beispiele hierfür sind bereits in der Bekanntmachung angelegte Fehler wie die Wahl eines unzulässigen Vergabeverfahrens oder das Unterlassen einer gebotenen losweisen Vergabe.[29] Das OLG München ist der Auffassung, dass auch in solchen Fällen lediglich die Anordnung einer Rückversetzung des Vergabeverfahrens in den Stand vor der Bekanntmachung auszusprechen ist.[30] Praktisch bedeutsame Unterschiede zur Anordnung einer Aufhebung erheben sich hieraus aber nicht. Zu weiteren Fällen → VgV § 63 Rn. 19. Eine Verpflichtung zur Neuausschreibung kann und darf aus den oben genannten Gründen mit der Aufhebung der Ausschreibung nicht verbunden werden.

19 **d) „Aufhebung" der Aufhebung einer Ausschreibung.** Auch die Entscheidung eines öffentlichen Auftraggebers über die Aufhebung eines Ausschreibungsverfahrens ist überprüfbar.[31] Prüfungsmaßstab sind die zB in § 63 VgV oder § 17 EU VOB/A enthaltenen Regelungen zur Aufhebung der Ausschreibung (→ VgV § 63 Rn. 26–28). Das vergaberechtliche Gebot, ein Vergabeverfahren nur aus den dort genannten Gründen aufzuheben, hat bieterschützende Wirkung.

20 War die Aufhebung rechtswidrig, weil ein vergaberechtlich statthafter Aufhebungsgrund nicht bestanden hat, kann der öffentliche Auftraggeber gleichwohl **nicht dazu gezwungen werden,** einen der Ausschreibung entsprechenden **Auftrag zu erteilen.**[32] Dies stellt § 63 Abs. 1 S. 2 VgV ausdrücklich klar (ausf. → VgV § 63 Rn. 24, 25). Der BGH[33] hat entschieden, dass Bieter die Aufhebung des Vergabeverfahrens, von engen Ausnahmen abgesehen, nicht nur dann hinnehmen müssen, wenn sie von einem der in den einschlägigen Bestimmungen der VgV oder VOB/

---

[27] BGH 26.9.2006 – X ZB 14/06, NZBau 2006, 800; OLG München 29.9.2009 – Verg 12/09, BeckRS 2009, 27005; OLG Koblenz 4.7.2007 – 1 Verg 3/07, ZfBR 2007, 712; ausnahmsweise Anordnung der Aufhebung der Ausschreibung zulässig, wenn der Auftraggeber im Verfahren vorbehaltlos zu erkennen gegeben, dass er aufheben will: OLG Düsseldorf 14.10.2005 – Verg 40/05, NZBau 2006, 525.

[28] OLG München 8.7.2019 – Verg 2/19, NZBau 2020, 331; 9.8.2010 – Verg 13/10, BeckRS 2010, 20438; OLG Koblenz 4.7.2007 – 1 Verg 3/07, ZfBR 2007, 712.

[29] ZB OLG München 9.4.2015 – Verg 1/15, NZBau 2015, 446.

[30] OLG München 8.7.2019 – Verg 2/19, NZBau 2020, 331.

[31] EuGH 2.6.2005 – C-15/04, EuZW 2005, 446 – Koppensteiner; EuGH 18.6.2002 – C-92/00, EuZW 2002, 497 – Krankenhaustechnik; BGH 20.3.2014 – X ZB 18/13, NZBau 2014, 310; BGH 18.2.2003 – X ZB 43/02, NZBau 2003, 293.

[32] OLG Hamburg 21.11.2003 – 1 Verg 3/03, NZBau 2004, 164, ausnahmsweise Verpflichtung zur Zuschlagserteilung statthaft, wenn sich Auftraggeber nur durch rechtlichen Umstand gehindert sah, sich das später als irrelevant erweist.

[33] BGH 20.3.2014 – X ZB 18/13, NZBau 2014, 310.

A-EU aufgeführten Gründe gedeckt und deshalb rechtmäßig ist. Vielmehr bleibt es der Vergabestelle aus sachlichen Gründen, insbes. bei einem **geänderten Beschaffungsbedarf**, grds. unbenommen, von einem Beschaffungsvorhaben auch dann Abstand zu nehmen, wenn dafür kein in den Vergabe- und Vertragsordnungen anerkannter Aufhebungsgrund vorliegt. Eine Überprüfung der Aufhebung einer Ausschreibung wird daher im Regelfall lediglich zu der **Feststellung einer Rechtsverletzung** infolge der Aufhebung der Ausschreibung führen.[34]

Eine Aufhebung der Aufhebungsentscheidung kommt nur ausnahmsweise dann in Betracht, wenn der **Vergabewille** des Auftraggebers **unverändert fortbesteht**.[35] Dies manifestiert sich zB, wenn der Auftraggeber nach Aufhebung ein Verhandlungsverfahren mit vollständig identischer Leistungsbeschreibung einleitet (zu dieser Verfahrenssituation → VgV § 63 Rn. 26).[36] Geboten ist die Aufhebung der Aufhebungsentscheidung dann, wenn die **Aufhebung nur zum Schein erfolgt ist**, zB wenn der Auftraggeber das Vergabeverfahren nur deshalb aufhebt, weil das Angebot des von ihm gewünschten Unternehmens nicht das wirtschaftlichste ist oder einen Ausschlussgrund erfüllt.[37] Die Anordnung, auf ein bestimmtes Angebot den Zuschlag zu erteilen, ist allerdings auch in diesen Fällen nicht möglich.[38] 21

III. Keine Aufhebung des wirksam erteilten Zuschlags (Abs. 2 S. 1)

Ein wirksam erteilter Zuschlag kann im Rahmen eines Nachprüfungsverfahrens **nicht aufgehoben** werden, § 168 Abs. 2 S. 1 GWB. Die Vorschrift stellt eine strikte Grenze für die Entscheidungsmöglichkeiten der Nachprüfungsinstanzen dar. Dies gilt unabhängig davon, ob das durchgeführte Vergabeverfahren rechtmäßig oder rechtswidrig war.[39] 22

Ein übergangener Bieter kann sich bei wirksam erteiltem Zuschlag grds. **nicht** mehr auf das **vergaberechtswidrige Zustandekommen** des Vertrages berufen. Das Vergabeverfahren ist mit der Zuschlagserteilung abgeschlossen.[40] Aus diesem Grund ist ein Nachprüfungsantrag mit dem Ziel, den Auftraggeber zu verpflichten, den mit dem beauftragten Bieter geschlossenen Vertrag zum nächstmöglichen Zeitpunkt zu kündigen, auch dann unstatthaft, wenn einer der Kündigungsgründe des § 133 Abs. 1 Nr. 1–3 GWB vorliegt. Allerdings muss ein Mitbewerber die Entscheidung des Auftraggebers über die Ausübung seines Kündigungsrechts gerichtlich überprüfen können. Gerade im Falle einer Feststellung schwerer Vergabeverstöße durch den EuGH in einem Vertragsverletzungsverfahren (§ 133 Abs. 1 Nr. 3 GWB) ist die bisherige Ansicht, eine Kündigungsverpflichtung bestehe nur primärrechtlich ggü. der EU,[41] mit der Gewährung effektiven Rechtsschutzes nicht zu vereinbaren (→ § 133 Rn. 164). Für derartige Streitigkeiten sind allerdings die ordentlichen 23

---

[34] BGH 18.2.2003 – X ZB 43/02, NZBau 2003, 293, zu einer der seltenen Ausnahmen VK Südbayern 15.3.2016 – Z3-3-3194-1-03-01/16, BeckRS 2016, 44455.

[35] OLG München 4.4.2013 – Verg 4/13, ZfBR 2013, 506.

[36] S. zB die Fallgestaltung von OLG München 6.12.2012 – Verg 29/12, BeckRS 2012, 26033.

[37] BGH 20.3.2014 – X ZB 18/13, NZBau 2014, 310; OLG Celle 10.3.2016 – 13 Verg 5/15, NZBau 2016, 385.

[38] RSG/Reidt GWB § 168 Rn. 28.

[39] RKPP/Blöcker GWB § 168 Rn. 51 f.; RSG/Reidt GWB § 168 Rn. 33; BGH 19.12.2000 – X ZB 14/00, NJW 2001, 1492.

[40] OLG Düsseldorf 19.4.2017 – VII-Verg 38/16, IBRRS 2017, 2434.

[41] OLG Düsseldorf 18.6.2008 – VII-Verg 23/08, BeckRS 2008, 21321; so auch OLG Celle 4.5.2001 – 13 Verg 5/00, NZBau 2002, 53.

Gerichte oder – im Falle eines öffentlich-rechtlichen Vertrags – die Verwaltungsgerichte zuständig.[42]

1. Zuschlag

24 Der vergaberechtliche Zuschlag ist im deutschen Recht gleichzeitig die **zivilrechtliche Annahmeerklärung** des Angebots nach §§ 145 ff. BGB. Der Vertrag ist abgeschlossen, wenn ein Angebot rechtzeitig und ohne Abänderungen angenommen wird. Der Zuschlag iS einer verfahrensbeendenden Maßnahme der Vergabestelle ist damit stets zugleich der Vertragsschluss (→ VOB/A § 18 EU Rn. 2).

25 Die Erteilung des Zuschlags unterliegt an sich keinem vergaberechtlichen Formerfordernis.[43] Allerdings verbietet § 9 Abs. 2 VgV, der gem. § 2 VgV auch für Bauaufträge gilt, die mündliche Kommunikation über die Angebote, wozu auch deren Annahme gehört. Der Zuschlag ist daher mindestens in Textform gem. § 126b BGB zu erteilen. **Zivil- und öffentlich-rechtliche Formerfordernisse,** zB aus den Kommunalgesetzen oder dem VwVfG für öffentlich-rechtliche Verträge, sind aber **selbstverständlich zu beachten** (→ VOB/A § 18 EU Rn. 11–13). So bedürfen Erklärungen, durch die eine Gemeinde verpflichtet werden soll, in vielen Bundesländern der Schriftform.[44] Die Schriftform kann regelmäßig nur durch die elektronische Form des § 126a BGB mit einer qualifizierten elektronischen Signatur ersetzt werden. Wird hiervon kein Gebrauch gemacht, muss in Fällen von einzuhaltender Schriftform nach dem elektronischen in Textform durchgeführten Zuschlag der Vertrag noch schriftlich abgeschlossen werden.

26 Der **modifizierte Zuschlag** – der vergaberechtlich idR eine unzulässige Nachverhandlung darstellt[45] – ist zivilrechtlich gem. § 150 BGB als **Ablehnung verbunden mit einem neuen Antrag** anzusehen und damit (noch) kein verfahrensbeendender Zuschlag.[46] Er bedarf einer expliziten Annahme durch den Bieter.[47] Ähnlich ist die Lage bei einem verspäteten Zuschlag nach Ablauf der Bindefrist des Angebots. Der Auftraggeber ist nicht daran gehindert, ein Angebot anzunehmen, das aufgrund des **Ablaufs der Bindefrist** nach §§ 146, 148 BGB erloschen ist (→ VOB/A § 10a EU Rn. 32). Der Zuschlag unter diesen Voraussetzungen stellt dann ein **neues Angebot seitens des Auftraggebers** zu, welches der Auftragnehmer nicht annehmen verpflichtet ist, aber durchaus annehmen kann (vgl. § 150 Abs. 1 BGB).[48] Auch hier bedarf es einer expliziten Annahme durch den Bieter, bevor die Rechtswirkungen des § 168 Abs. 2 S. 1 GWB eintreten. Nach § 18 EU Abs. 2 VOB/A ist der Bieter bei Erteilung des verspäteten oder modifizierten „Zuschlags" aufzufordern, sich unverzüglich über die Annahme zu erklären. Er muss den neuen Antrag der Vergabestelle seinerseits annehmen, damit der Vertrag wirksam wird[49] (zum Ganzen → VOB/A § 18 EU Rn. 16 ff.).

2. Wirksamkeit des Zuschlags

27 Die Bezugnahme auf die Wirksamkeit des erteilten Zuschlags stellt eine Verknüpfung zur Unwirksamkeit des Vertrages gem. § 135 GWB her. Ein Zuschlag ist daher nicht wirksam erteilt, wenn entweder gegen die **Informations- und Wartepflicht des § 134 GWB verstoßen** wurde oder aber ein **Auftrag ohne vorherige gebo-

---

[42] So auch RSG/Reidt GWB § 168 Rn. 33.
[43] OLG Düsseldorf 23.5.2007 – Verg 14/07, IBRRS 2007, 4463.
[44] Mittlerweile in Bayern aber Textform ausreichend: Art. 38 Abs. 2 S. 4 BayGO.
[45] BGH 3.7.2020 – VII ZR 144/19, NZBau 2020, 609.
[46] OLG Naumburg 16.10.2007 – 1 Verg 6/07, ZfBR 2008, 83.
[47] BGH 3.7.2020 – VII ZR 144/19, NZBau 2020, 609.
[48] OLG Düsseldorf 9.12.2008 – Verg 70/08, BeckRS 2009, 10367.
[49] OLG Celle 29.12.2022 – 13 U 3/22, VPRRS 2023, 0011.

tene **Veröffentlichung einer Bekanntmachung im EU-Amtsblatt** vergeben wurde (sog. de facto-Vergabe).[50] § 168 Abs. 2 S. 1 GWB steht daher nicht der Feststellung der Unwirksamkeit eines abgeschlossenen Vertrags nach § 135 Abs. 1 Nr. 1 oder 2 GWB entgegen. Die Unwirksamkeit des abgeschlossenen Vertrags kann in diesen Fällen in einem Nachprüfungsverfahren festgestellt werden. Rechtsfolge derartiger Verstöße ist die **schwebende Unwirksamkeit** des abgeschlossenen Vertrags. Die Unwirksamkeit kann nur in einem bestimmten Zeitfenster in einem Nachprüfungsverfahren geltend gemacht werden (→ § 135 Rn. 70 ff.).

Nach den Regelungen des GWB wirksam ist hingegen ein Zuschlag, der – nach Ablauf der Wartefrist des § 134 GWB – in dem **Zeitraum zwischen dem Eingang des Nachprüfungsantrags und der Übermittlung des Antrags** durch die Vergabekammer an den Auftraggeber erteilt wird. Ein Nachprüfungsverfahren wird zwar mit Antragstellung gem. § 161 GWB bei der Vergabekammer anhängig, **die Anhängigkeit allein löst** jedoch nach § 163 Abs. 2 S. 3 GWB und § 169 Abs. 1 GWB **kein Zuschlagsverbot aus.** Erforderlich ist hierzu immer ein Tätigwerden der Vergabekammer, nämlich die Durchführung der Vorprüfung nach § 163 Abs. 2 S. 1 GWB und die Übermittlung des Nachprüfungsantrags in Textform (in der Praxis mit einem Begleitschreiben, in dem auf das Zuschlagsverbot hingewiesen wird) nach § 163 Abs. 2 S. 3 GWB und § 169 Abs. 1 GWB. Erfolgt die Übermittlung des bereits anhängigen Nachprüfungsantrags nicht vor Zuschlagserteilung, so ist der Vertrag mangels Inkrafttretens des Zuschlagsverbots nach § 169 Abs. 1 GWB wirksam zustande gekommen. Der Antragsteller verliert hierdurch seinen Anspruch auf Primärrechtsschutz und kann nur noch die Feststellung der Rechtswidrigkeit nach § 168 Abs. 2 S. 2 GWB beantragen, falls er hierfür ein Feststellungsinteresse geltend machen kann.

Diese Systematik ist **europarechtlich zweifelhaft**, da Art. 2 Abs. 3 S. 1 der RL 2007/66/EG auf das deutsche Vergabenachprüfungsverfahren anwendbar ist. Danach sorgen die Mitgliedstaaten dafür, dass der öffentliche Auftraggeber den Vertragsschluss nicht vornehmen kann, bevor die Nachprüfungsstelle eine Entscheidung über einen Antrag auf vorläufige Maßnahmen oder eine Entscheidung in der Hauptsache getroffen hat, wenn eine ggü. dem öffentlichen Auftraggeber unabhängige Stelle, wie die Vergabekammern, in erster Instanz mit der Nachprüfung einer Zuschlagsentscheidung befasst wird. In diesem Fall muss das Zuschlagsverbot durch den Nachprüfungsantrag also automatisch eintreten und der Auftraggeber den Zuschlag nicht vor einer Entscheidung der Vergabekammer erteilen können. Art. 2 Abs. 3 S 2 RL 2007/66/EG besagt lediglich, dass daneben natürlich auch noch die Wartefrist des Art. 2a Abs. 2 RL 2007/66/EG (§ 134 Abs. 1 GWB) eingehalten werden muss. Er erlaubt aber nicht, im Falle der Erhebung eines Nachprüfungsantrags nach Ablauf der Wartefrist, aber vor Entscheidung der Nachprüfungsbehörde unaufhebbar den Zuschlag zu erteilen. Genau dies ermöglichen aber die deutschen Regelungen der §§ 163 Abs. 2, § 169 Abs. 1 und § 168 Abs. 2 S. 1 GWB.

Neben den vergaberechtlichen Regelungen sind die **zivilrechtlichen Grundsätze**, wie § 134 BGB (ein Rechtsgeschäft ist nichtig, das gegen ein gesetzliches Verbot verstößt) oder § 138 Abs. 1 BGB (ein Rechtsgeschäft, das gegen die guten Sitten verstößt, ist nichtig), einzuhalten und führen ggf. zu einer Unwirksamkeit des Vertragsschlusses.[51] Allerdings ergibt sich regelmäßig keine Nichtigkeit des Vertrags aus einem Verstoß gegen Vorschriften, die allein für das Vergabeverfahren relevant sind.[52] Anders kann dies nur in Ausnahmefällen sein, wenn gezielt bestimmte Unternehmen durch massive Vergaberechtsverstöße benachteiligt werden

---

[50] OLG Düsseldorf 19.4.2017 – VII-Verg 38/16, IBRRS 2017, 2434.
[51] OLG Düsseldorf 18.6.2008 – VII-Verg 23/08, BeckRS 2008, 21321.
[52] RSG/Reidt GWB § 168 Rn. 37; VK Bund 13.7.2001 – VK 1–19/01, NZBau 2002, 110.

oder wenn der Auftraggeber mit dem Auftragnehmer kollusiv zusammengewirkt hat.[53] Ein **wirksam erteilter Zuschlag** ist auch dann anzunehmen, wenn der Vertrag **nachträglich beendet**[54] oder mit einem **Rücktrittsrecht** für den Auftraggeber abgeschlossen wurde. Eine ausstehende, für die Wirksamkeit erforderliche behördliche Genehmigung führt dagegen nicht zu einem wirksam erteilten Zuschlag iSd § 168 Abs. 2 S. 1 GWB, da der abgeschlossene Vertrag zivilrechtlich noch keine Wirkungen entfalten kann.[55]

29   Gem. § 134 BGB unwirksam ist der Vertragsschluss wegen Verstoßes gegen das Zuschlagsverbot im Nachprüfungsverfahren nach § 169 Abs. 1 GWB, wenn der Zuschlag trotz vorheriger Information des Auftraggebers durch die Vergabekammer über den Nachprüfungsantrag erteilt wurde.[56]

IV. Fortsetzungsfeststellung nach Erledigung (Abs. 2 S. 2)

30   Hat sich das Nachprüfungsverfahren durch Erteilung des Zuschlags, durch Aufhebung oder durch Einstellung des Vergabeverfahrens oder in sonstiger Weise erledigt, kann der Antragsteller auf ausdrücklichen Antrag, wenn er ein Interesse an der Entscheidung hat, gem. § 168 Abs. 2 S. 2 GWB durch die Vergabekammer feststellen lassen, ob eine Rechtsverletzung vorgelegen hat.

1. Erledigung

30a Ein Nachprüfungsverfahren kann sich durch Erteilung des Zuschlags, durch Aufhebung, durch Einstellung des Vergabeverfahrens oder in sonstiger Weise erledigen. IRd Primärrechtsschutzes ist dem **Rechtsschutzbegehren des Antragstellers** damit – mit Ausnahme von Anträgen zur Rückgängigmachung einer Aufhebungsentscheidung – **die Grundlage entzogen**. Die Erledigung der Hauptsache tritt kraft Gesetzes ein.[57] Es bedarf keiner ausdr. Erledigungserklärung durch die Beteiligten, es sei denn, die Beteiligten führen durch eine beiderseitige Erledigungserklärung selbst den Grund für die Erledigung herbei.

31   a) **Zuschlagserteilung.** Ein Nachprüfungsverfahren wird mit Antragstellung gem. § 161 GWB bei der Vergabekammer anhängig. Da die Anhängigkeit jedoch nach § 163 Abs. 2 S. 3 GWB und § 169 Abs. 1 GWB kein Zuschlagsverbot auslöst (→ vgl. Rn. 27 a f.), kommt der Vertrag mangels Eintretens des Zuschlagsverbots wirksam zustande, wenn – nach Ablauf der Wartefrist des § 134 GWB – der **Zuschlag im Zeitraum zwischen Eingang des Nachprüfungsantrags und Übermittlung des Antrags** durch die Vergabekammer an den Auftraggeber erteilt wird. Weil nach § 168 Abs. 2 S. 1 GWB ein wirksam erteilter Zuschlag von den Nachprüfungsinstanzen nicht mehr aufgehoben werden kann, hat sich das Nachprüfungsverfahren in diesem Fall in der Hauptsache erledigt.

32   b) **Aufhebung oder Einstellung des Vergabeverfahrens.** Die Vergabeverordnungen, insbes. die VgV und die VOB/A-EU, normieren jeweils die Voraussetzungen für eine **Aufhebung** der Ausschreibung. Gegen die Aufhebungsentscheidung ist Primärrechtsschutz statthaft, die Vergabenachprüfungsinstanzen können eine Auf-

---

[53] RSG/Reidt GWB § 168 Rn. 37; BGH 19.12.2000 – X ZB 14/00, NJW 2001, 1492.
[54] VK Lüneburg 3.7.2009 – VgK-30/2009, VgK-30/09, BeckRS 2009, 23612.
[55] AA OLG Düsseldorf 12.1.2000 – Verg 4/99, NZBau 2000, 391; offen gelassen VK Südbayern 2.5.2016 – Z3-3-3194-1-07-02/16, BeckRS 2016, 52529.
[56] VergabeR/Antweiler GWB § 168 Rn. 53; OLG Düsseldorf 27.3.2013 – Verg 53/12, ZfBR 2015, 408.
[57] RKPP/Blöcker GWB § 168 Rn. 65; OLG Frankfurt a. M. 16.5.2000 – 11 Verg 1/99, NZBau 2001, 101.

hebungsentscheidung rückgängig machen,[58] dazu → VgV § 63 Rn. 60. Die Aufhebung einer Ausschreibung ist aber regelmäßig auch dann wirksam, wenn sie zwar rechtswidrig ist, der Auftraggeber aber aus sachlich gerechtfertigten Gründen an der Vergabe nicht mehr festhalten will.[59] Auch dann tritt eine Erledigung des auf Primärrechtsschutz ausgerichteten Nachprüfungsverfahrens ein.

Die **Einstellung** eines Vergabeverfahrens ist eine Form der Aufhebung der Ausschreibung, bei der der Auftraggeber gänzlich von der ursprünglichen Beschaffung Abstand nimmt. Die rechtlichen Voraussetzungen bestimmen sich auch in diesem Fall nach den Vorschriften zur Aufhebung der Ausschreibung.[60] Die gänzliche Aufgabe des Beschaffungswillens durch die Vergabestelle ist – sofern sie nicht nur zum Schein erfolgt – von den Nachprüfungsinstanzen zu respektieren und führt daher zur Erledigung des Nachprüfungsverfahrens. 33

c) Erledigung in sonstiger Weise. Eine Erledigung in sonstiger Weise liegt vor, wenn das Nachprüfungsverfahren aus anderen als den in → Rn. 31–33 genannten Gründen **gegenstandslos** wird. Ein typischer Fall der Erledigung in sonstiger Weise ist die **Abhilfe** durch den Auftraggeber im laufenden Nachprüfungsverfahren. Der Antragsteller wird insoweit klaglos gestellt, seine Beschwer entfällt und der Nachprüfungsantrag wird damit gegenstandslos.[61] Eine Erledigung kann auch aus objektiven Gründen eintreten, wenn die Durchführung der Dienstleistung, die auszuschreiben war, inzwischen weitgehend oder vollständig abgeschlossen ist.[62] 34

Eine **übereinstimmende Erledigungserklärung** von Antragsteller und Antragsgegner, etwa durch einen Vergleich, führt ebenfalls zu einer Erledigung des Verfahrens in sonstiger Weise. Die Beteiligten können eine beiderseitige Erledigungserklärung im laufenden Verfahren schriftlich erklären oder aber ggf. in der mündlichen Verhandlung vor der Vergabekammer zu Protokoll geben. Einer Zustimmung des Beigeladenen bedarf es nicht, es kann aber zur Wahrung des Rechtsfriedens sinnvoll sein, den Beigeladenen vorher einzubeziehen.[63] Denn dem Beigeladenen steht die Möglichkeit eines eigenen Nachprüfungsverfahrens offen, sofern es zu einer neuen Zuschlagsentscheidung kommt, bei der er keine Berücksichtigung mehr findet. 35

Die **Rücknahme** des Nachprüfungsantrags durch den Antragsteller stellt dagegen keine Form der Erledigung des Verfahrens aus sonstigen Gründen iSd § 168 Abs. 2 S. 2 GWB dar. Die Rücknahme des Nachprüfungsantrags kann grds. jederzeit vor rechtskräftigem Abschluss des Nachprüfungsverfahrens – auch noch in der Beschwerdeinstanz – erfolgen.[64] Nach Rücknahme des Nachprüfungsantrags ist der ursprüngliche Prüfungsgegenstand der Entscheidungskompetenz der Vergabekammer entzogen. Die Vergabekammer kann im Falle der Rücknahme weder nach § 168 Abs. 1 S. 1 GWB über den Nachprüfungsantrag noch gem. § 168 Abs. 2 S. 2 GWB über einen Feststellungsantrag entscheiden, sondern lediglich das Nachprüfungsverfahren einstellen und bestimmen, wer die Kosten trägt.[65] 36

---

[58] EuGH 2.6.2005 – C-15/04, EuZW 2005, 446 – Koppensteiner; EuGH 18.6.2002 – C-92/00, EuZW 2002, 497 – Krankenhaustechnik; BGH 18.2.2003 – X ZB 43/02, NZBau 2003, 293.

[59] BGH 20.3.2014 – X ZB 18/13, NZBau 2014, 310.

[60] RKPP/Blöcker GWB § 168 Rn. 66.

[61] Beck VergabeR/Antweiler GWB § 168 Rn. 62; BayObLG 20.9.2004 – Verg 21/04, BeckRS 2004, 9729.

[62] KG 10.5.2022 – Verg 1/22, NZBau 2022, 544; VK Bund 24.7.2007 – VK 2–69/07, IBRRS 2013, 4596.

[63] RKPP/Blöcker GWB § 168 Rn. 86.

[64] OLG Düsseldorf 9.11.2009 – Verg 35/09, BeckRS 2009, 86911; OLG Frankfurt a. M. 10.4.2008 – 11 Verg 10/07, 13/07, BeckRS 2008, 24461.

[65] Beck VergabeR/Antweiler GWB § 168 Rn. 62; aA RKPP/Blöcker GWB § 168 Rn. 81 f.

2. Fortsetzungsfeststellungsverfahren

37 Hat sich der zunächst statthafte Nachprüfungsantrag zwischenzeitlich erledigt, kann der Antragsteller, wenn er ein Interesse an der Entscheidung hat, gem. § 168 Abs. 2 S. 2 GWB durch die Vergabekammer feststellen lassen, ob eine Rechtsverletzung vorgelegen hat.

37a **a) Ursprünglich statthafter Nachprüfungsantrag und Erledigung.** Voraussetzung für einen Fortsetzungsfeststellungsantrag bei der Vergabekammer ist, dass sich das Nachprüfungsverfahren nach **Eingang des Nachprüfungsantrags** erledigt hat.[66] Ansonsten fehlt es an einem erledigenden Ereignis. Für die Frage der Erledigung und der Zulässigkeit des Fortsetzungsfeststellungsantrags kommt es nicht darauf an, ob der ursprüngliche Nachprüfungsantrag zulässig und begründet war. Es reicht vielmehr aus, dass der auf Vornahme oder Unterlassung gerichtete Antrag des Antragstellers gegenstandslos geworden ist.[67] Allerdings muss der Nachprüfungsantrag **ursprünglich** zum Zeitpunkt seines Eingangs bei der Vergabekammer **statthaft** gewesen sein.[68] Dies ist beispielsweise nicht der Fall, wenn die entsprechenden Schwellenwerte nicht erreicht wurden.[69] Geht der Nachprüfungsantrag allerdings **vor dem Zuschlag bei der Vergabekammer ein,** wird er aber erst nach Zuschlagserteilung der Vergabestelle gem. § 169 Abs. 1 GWB übermittelt, kann zwar die Vergabekammer wegen § 168 Abs. 2 S. 1 GWB den Zuschlag nicht mehr aufheben, aber dennoch auf **Antrag des Antragstellers eventuelle Rechtsverstöße feststellen.**[70]

37b Eine entspr. Anwendung des § 168 Abs. 2 S. 2 GWB soll möglich sein, wenn der Antragsteller zunächst einen zulässigen Antrag auf Primärrechtsschutz nach § 135 Abs. 1 Nr. 2 GWB gestellt hat, sich aber iRd Nachprüfungsverfahrens ergibt, dass zwar keine Unwirksamkeit vorliegt, die Rechte des Antragstellers aber gleichwohl verletzt sein können. Der Zuschlag wurde in diesem Fall zwar bereits (wirksam) erteilt, bevor der Nachprüfungsantrag gestellt wurde. Gleichwohl sind im Nachprüfungsverfahren im Hinblick auf die Unwirksamkeit des Auftrags nach § 135 Abs. 1 Nr. 2 GWB bereits Feststellungen zu treffen. Gerade der Aspekt der Prozesswirtschaftlichkeit spricht hier dafür, dass diese bereits erarbeiteten Ergebnisse erhalten bleiben.[71]

37c **b) Kein isolierter Fortsetzungsfeststellungsantrag.** Unzulässig, weil nicht vom Wortlaut des § 168 Abs. 2 S. 2 GWB gedeckt, ist ein lediglich isoliert auf die Feststellung der Rechtswidrigkeit einer Verfahrensaufhebung gerichteter Nachprüfungsantrag.[72] In einem solchen Fall würde der Feststellungsantrag ausschl. der Vorbereitung der Geltendmachung von Schadensersatzansprüchen wegen eines Verstoßes gegen Vergabevorschriften dienen. Schadensersatzansprü-

---

[66] BGH 19.12.2000 – X ZB 14/00, NJW 2001,1492; OLG Düsseldorf 23.5.2007 – Verg 14/07, BeckRS 2016, 21210; RSG/Reidt GWB § 168 Rn. 40.
[67] Beck VergabeR/Antweiler GWB § 168 Rn. 63; OLG Jena 23.12.2011 – 9 Verg 3/11, NZBau 2012, 386; OLG Düsseldorf 11.5.2011 – Verg 8/11, ZfBR 2011, 789; 13.1.2011 – Verg 64/10, BeckRS 2011, 18632.
[68] RKPP/Blöcker GWB § 168 Rn. 92; OLG Düsseldorf 11.5.2011 – Verg 10/11, NZBau 2011, 566.
[69] OLG Düsseldorf 30.4.2014 – Verg 35/13, NZBau 2014, 589.
[70] BGH 19.12.2000 – X ZB 14/00, NJW 2001,1492; OLG München 30.1.2020 – Verg 28/19, BeckRS 2020, 5806; zur europarechtlichen Problematik → Rn. 27a f.
[71] BayObLG 20.1.2022 – Verg 7/21, NZBau 2022, 172 unter Bezugnahme auf BGH 20.3.2014 – X ZB 18/13, NZBau 2014, 310.
[72] OLG München 30.1.2020 – Verg 28/19, BeckRS 2020, 5806; OLG Celle 19.3.2019 – 13 Verg 1/19, BeckRS 2019, 4741.

che gegen den Auftraggeber wegen Vergaberechtsverstößen können jedoch auch unmittelbar vor den Zivilgerichten geltend gemacht werden; der Feststellungsantrag nach § 168 Abs. 2 S. 2 GWB ist keine Zulässigkeitsvoraussetzung für eine Schadensersatzklage.[73] Die Durchführung eines Nachprüfungsverfahrens ist regelmäßig auch unter dem Gesichtspunkt des § 839 BGB keine Voraussetzung für einen erfolgversprechenden Schadensersatzprozess.[74]

Diese dogmatisch nachvollziehbare Rspr. führt allerdings in den praktisch häufigen Fällen, in denen der Auftraggeber das Vergabeverfahren aufhebt, weil er die Kosten zu niedrig prognostiziert hat und daher nicht über das notwendige Budget für die Auftragserteilung verfügt, zu **unbilligen Kostenentscheidungen**. Ein Bieter, der sich an einem solchen Vergabeverfahren beteiligt hat, wegen der Aufhebung nicht zum Zuschlag kommen kann und nunmehr gerade im Hinblick auf die Bindungswirkung des § 179 Abs. 1 GWB die Feststellung der Rechtswidrigkeit der Aufhebung anstrebt, muss einen – in dieser Konstellation praktisch immer offensichtlich aussichtslosen[75] – Antrag auf „Aufhebung der Aufhebung" stellen, um hilfsweise den einzig sinnvollen Antrag auf Feststellung der Rechtswidrigkeit der Aufhebung stellen zu können. Die vorhersehbare Zurückweisung des Hauptantrags führt regelmäßig zu einem – im Hinblick auf das Fehlverhalten des Auftraggebers bei der Erstellung der Kostenprognose – unbilligen Teilunterliegen des Antragstellers. Dessen Kostenbelastung kann allerdings durch eine **Gebührenermäßigung** nach § 182 Abs. 2 S. 1 GWB in Grenzen gehalten werden, da zu berücksichtigen ist, dass das wirtschaftliche Interesse des Antragstellers, das er verfolgt, nicht auf die Zuschlagserteilung, sondern nur auf die Vorbereitung von Schadensersatzansprüchen gerichtet ist. Dieses (geringere) wirtschaftliche Interesse ist sachgerecht dadurch zu berücksichtigen, dass eine Gebührenermäßigung nach § 182 Abs. 2 S. 1 GWB erfolgt. Maßstab für diese Gebührenermäßigung kann dabei § 182 Abs. 3 S. 3 GWB sein.[76]

c) Besonderes Feststellungsinteresse. Weitere ungeschriebene Zulässigkeitsvoraussetzung für den Fortsetzungsfeststellungsantrag ist das Vorliegen des **sog. Feststellungsinteresses**. Ein solches Feststellungsinteresse rechtfertigt sich durch jedes Interesse rechtlicher, wirtschaftlicher oder ideeller Art und muss geeignet sein, die Rechtsposition des Antragstellers in einem der genannten Bereiche zu verbessern und eine Beeinträchtigung seiner Rechte auszugleichen oder zu mildern.[77] Ein Feststellungsinteresse kann insbes. gegeben sein, wenn der Feststellungsantrag der Vorbereitung einer Schadensersatzforderung dient.[78] Insgesamt soll mithilfe des Feststellungsverfahrens sichergestellt werden, dass der Antragsteller der Früchte des von ihm angestrengten Nachprüfungsverfahrens nicht verlustig geht.

Ein Schadensersatzanspruch kommt nicht nur dann in Betracht, wenn dem übergangenen Bieter bei einer entsprechenden Fortsetzung des Vergabeverfahrens der Zuschlag zwingend zu erteilen gewesen wäre. Für das Bestehen des Feststellungsinteresses genügt die **nicht auszuschließende Möglichkeit eines Schadensersatzanspruchs** des Bieters gegen den öffentlichen Auftraggeber im Falle des Vorliegens eines Vergaberechtsverstoßes, es sei denn, ein Schadensersatzanspruch ist offensichtlich nicht gegeben und eine auf seine Durchsetzung gerichtete Klage aussichtslos.[79] Im Falle

---

[73] Beck VergabeR/Antweiler GWB § 168 Rn. 57.
[74] BGH 17.9.2019 – X ZR 124/18, NZBau 2019, 798.
[75] BGH 20.3.2014 – X ZB 18/13, NZBau 2014, 310.
[76] OLG Celle 19.3.2019 – 13 Verg 1/19, BeckRS 2019, 4741.
[77] OLG Düsseldorf 7.8.2019 – VII-Verg 9/19, NZBau 2020, 190; OLG Karlsruhe 7.5.2014 – 15 Verg 4/13, BeckRS 2015, 08088; OLG München 19.7.2012 – Verg 8/12, ZfBR 2012, 715.
[78] Vgl. Gesetzesbegründung zu § 124 Abs. 2 GWB (heute § 168 GWB), BT-Drs. 13/9340; OLG München 19.7.2012 – Verg 8/12, ZfBR 2012, 715.
[79] BayObLG 20.1.2022 – Verg 7/21, NZBau 2022, 172; OLG Düsseldorf 30.4.2014 – Verg 35/13, NZBau 2014, 589.

einer rechtswidrigen Aufhebung eines Vergabeverfahrens entfällt das Feststellungsinteresse für einen Antrag nach § 168 Abs. 2 S. 2 GWB nicht zwingend dadurch, dass der Antragsgegner vorträgt, das Angebot des Antragstellers sei vor der Aufhebung zwingend auszuschließen gewesen, da der Ersatz des Vertrauensschadens (negatives Interesse) über §§ 280 Abs. 1, 311 Abs. 2 Nr. 1 BGB und § 241 Abs. 2 BGB auch in einem solchen Fall bestehen kann.[80] Die Erfolgsaussichten eines Schadensersatzbegehrens werden hingegen nicht von der Vergabekammer geprüft. Es reicht, wenn die **möglichen Schadensersatzansprüche** näher begründet werden. Die eigentliche Prüfung obliegt dem mit einer Schadensersatzklage befassten ordentlichen Gericht.[81]

40 Ein Feststellungsinteresse ist auch gegeben, wenn eine hinreichende konkrete **Wiederholungsgefahr** besteht.[82] Eine solche Widerholungsgefahr liegt jedenfalls dann vor, wenn das Risiko besteht, dass der Auftraggeber im streitgegenständlichen Vergabeverfahren oder bei der Neuausschreibung desselben Beschaffungsgegenstands bei gleicher Sachlage voraussichtlich dieselbe rechtswidrige Entscheidung erneut trifft.[83] Über diese sehr engen Voraussetzungen hinaus besteht nach richtiger Ansicht eine konkrete Wiederholungsgefahr auch dann, wenn sich der Antragsteller auf Rechtsverletzungen berufen hat, die ihrer Art nach eine gleichartige Wiederholung besorgen lassen.[84] Nicht abschließend geklärt ist dabei noch, ob diese Wiederholungsgefahr vom Antragsgegner des konkreten Nachprüfungsverfahrens ausgehen muss[85], oder die Gefahr insbesondere bei umstrittenen und bislang ungeklärten Rechtsfragen auch von anderen Auftraggebern in künftigen Vergabeverfahren ausgehen kann.[86]

41 Ein Feststellungsinteresse kann auch gegeben sein, wenn die Feststellung zur **Rehabilitation** des Bieters erforderlich ist, weil der angegriffenen Entscheidung ein diskriminierender Charakter zukommt. Zu denken ist hierbei insbes. an Ausschlüsse von Wirtschaftsteilnehmern nach § 123 oder § 124 GWB.

42 Kein zulässiges Feststellungsinteresse liegt auch vor, wenn der Antragsteller allein eine Entscheidung in der Sache anstrebt, damit die Vergabekammer zB im Fall der Abhilfe durch den Auftraggeber eine für ihn **günstige Kostenentscheidung** trifft,[87] da die Vergabekammer nach § 182 Abs. 3–5 GWB die Möglichkeit hat, die Kostentragung nach Billigkeitsgrundsätzen zu regeln. Dies gilt gem. § 182 Abs. 4 S. 3 GWB auch für die Aufwendungen zur zweckentsprechenden Rechtsverfolgung und -verteidigung. Auch ein Feststellungsantrag lediglich zur Klärung abstrakter Rechtsfragen wie der zivilrechtlichen Wirksamkeit eines Vertrages ist nicht statthaft.[88]

43 Das Feststellungsinteresse ist durch den Antragsteller mit der Umstellung der ursprünglichen Anträge auf den Feststellungsantrag explizit zu begründen.

---

[80] VK Südbayern 22.5.2015 – Z3-3-3194-1-63-12/14, ZfBR 2016, 75 unter Hinweis auf OLG Naumburg 27.11.2014 – 2 U 152/13, BeckRS 2015, 3598; vgl. auch RSG/Glahs GWB § 181 Rn. 56.

[81] OLG Düsseldorf 2.10.2008 – Verg 25/08, NJW-Spezial 2008, 684.

[82] OLG Düsseldorf 4.5.2009 – VII-Verg 68/08, BeckRS 2009, 24305; 10.4.2002 – Verg 6/02, IBRRS 2003, 0652.

[83] VK Brandenburg 9.9.2005 – 1 VK 33/05, BeckRS 2005, 151651; VK Bund 24.5.2004 – VK2-22/04, VPRRS 2013, 0754.

[84] Beck VergabeR/Antweiler § 168 Rn. 67; OLG Düsseldorf 23.3.2005 – Verg 77/04, IBRRS 2005, 1255; VK Südbayern 29.6.2017 – Z3-3-3194-1-13-04/17, NZBau 2017, 766; aA OLG Celle 30.10.2014 – 13 Verg 8/14, NZBau 2014, 780.

[85] So RKPP/Blöcker GWB § 168 Rn. 105.

[86] In diese Richtung Beck VergabeR/Antweiler § 168 Rn. 67; OLG Düsseldorf 23.3.2005 – Verg 77/04, IBRRS 2005, 1255.

[87] Vgl. nur VK Bund 21.5.2008 – VK 2–40/08, IBRRS 2008, 2501.

[88] OLG Düsseldorf 4.5.2009 – VII-Verg 68/08, BeckRS 2009, 24305; OLG Naumburg 18.7.2006 – 1 Verg 4/06, ZfBR 2006, 707.

d) Wegfall des Beschleunigungsgebots. Stellt der Antragsteller wegen Erledi- 44
gung auf einen Fortsetzungsfeststellungsantrag um, gilt das Beschleunigungsgebot,
dh die Verpflichtung der Vergabekammer, über den Nachprüfungsantrag innerhalb
einer Frist von fünf Wochen zu entscheiden, nicht mehr, § 168 Abs. 2 S. 3 GWB.
Es besteht aufgrund der Erledigung für die Beteiligten kein besonderes Interesse an
einer beschleunigten Entscheidung der Vergabekammer. Einer Fristverlängerung
gem. § 167 Abs. 1 S. 2 GWB bedarf es daher nicht mehr, da auch die Ablehnungsfiktion des § 171 Abs. 1 GWB nicht mehr eintreten kann.[89]

3. Feststellender Beschluss

Die Vergabekammer stellt – soweit der Feststellungsantrag zulässig und in der 45
Sache begründet ist – fest, dass der Antragsteller durch das Vorgehen des Auftraggebers in seinen Rechten aus § 97 Abs. 6 GWB verletzt wurde.

Statthaft ist zudem eine **Zwischenentscheidung** der Vergabekammer, dass sich 46
das Nachprüfungsverfahren erledigt hat. Eine solche Entscheidung ist im Gesetz
zwar nicht vorgesehen. Dennoch dürfte eine Zwischenentscheidung bei Streit der
Beteiligten zB über die Wirksamkeit eines erteilten Zuschlags aus verfahrensökonomischen Gründen zulässig sein, weil damit das regelmäßig eilbedürftige Primärrechtsschutzverfahren einer schnellen Klärung zugeführt werden kann und die Vergabekammer sodann, ohne unter dem Zeitdruck der Fünf-Wochen-Frist zu stehen,
über den Antrag eines Beteiligten entscheiden kann, ob eine Rechtsverletzung vorgelegen hat.[90]

Die Entscheidung über den Feststellungsantrag entfaltet gem. § 179 Abs. 1 GWB 47
Bindungswirkung in einem späteren Prozess vor einem ordentlichen Gericht, dazu
→ § 179 Rn. 2 ff.

V. Rechtsnatur der Entscheidung (Abs. 3 S. 1)

Die Entscheidung der Vergabekammer ergeht durch Verwaltungsakt, § 168 Abs. 3 48
S. 1 GWB. Die Entscheidung ergeht also nicht durch ein Gerichtsurteil, wirkt aber
materiell ähnlich wie ein solches. Die Entscheidungen der Vergabekammern sind
nicht unter die gesetzliche Definition des Verwaltungsakts gem. § 35 S. 1 VwVfG
subsumierbar.[91] Nur um die EU-rechtlich geforderte Durchsetzbarkeit der Entscheidung der Vergabekammern sicherzustellen, hat der Gesetzgeber angeordnet, dass die
Entscheidung als **vollstreckbarer Verwaltungsakt** ergeht.[92] Er hat zugleich in
der Gesetzesbegründung klargestellt, dass eine Klage gegen Entscheidungen der
Vergabekammer vor den Verwaltungsgerichten ausgeschlossen ist.[93] Als Rechtsmittel
steht nur die sofortige Beschwerde zum OLG zur Verfügung, § 171 Abs. 1, 3 GWB.

1. Formale Voraussetzungen

Aus der Anordnung der entsprechenden Geltung des § 61 GWB in § 168 Abs. 3 49
S. 3 GWB iVm § 167 Abs. 1 GWB ergibt sich, dass der Beschluss der Vergabekammer **schriftlich getroffen und begründet wird** sowie eine **Rechtsbehelfsbeleh-**

---

[89] Nach BGH 14.7.2020 – XIII ZB 135/19, NZBau 2020, 798 kann die Ablehnungsfiktion
ohnehin nur eintreten, wenn der Antragsteller innerhalb der Notfrist des § 172 Abs. 1 GWB
sofortige Beschwerde einlegt.
[90] RKPP/Blöcker GWB § 168 Rn. 100; OLG Jena 9.9.2002 – 6 Verg 4/02, ZfBR 2003,
75.
[91] VK Südbayern 11.3.2015 – Z3-3-3194-1-65-12/14, IBRRS 2015, 0861.
[92] Summa VPR 2015, 149 (150).
[93] Gesetzesbegründung zu § 124 Abs. 3 GWB-Entwurf (heute § 168 GWB).

GWB § 168 Entscheidung der Vergabekammer

rung enthalten muss. Die Schriftform kann durch die **elektronische Form nach § 126a BGB** ersetzt werden, wenn die Mitglieder der Vergabekammer ihren Namen hinzufügen und das elektronische Dokument mit ihrer qualifizierten elektronischen Signatur versehen. Zudem muss gem. § 37 Abs. 3 S. 2 VwVfG auch das der Signatur zugrunde liegende qualifizierte Zertifikat oder ein zugehöriges qualifiziertes Attributzertifikat die erlassende Behörde erkennen lassen. Ferner ist die Entscheidung nach dem Verwaltungszustellungsgesetz zuzustellen.

50   Die Vergabekammer entscheidet gem. § 157 Abs. 2 GWB in der Besetzung mit einem **Vorsitzenden und zwei Beisitzern, von denen einer ein ehrenamtlicher Beisitzer** ist. Der Beschluss der Kammer ist in der Besetzung, die an der Entscheidungsfindung mitgewirkt hat, zu unterzeichnen. Hat eine mündliche Verhandlung stattgefunden, darf die Entscheidung nur durch die teilnehmenden Mitglieder der Vergabekammer erfolgen. Die Unterzeichnung muss zumindest durch den Vorsitzenden und einen der Beisitzer erfolgen.[94] Da sich keine ausdr. Regelung dazu findet, ob der ehrenamtliche Beisitzer den Beschluss unterzeichnen muss, reicht es aus, dass dieser sein schriftliches Einverständnis mitteilt. Unter den Voraussetzungen des § 157 Abs. 3 GWB ist die Übertragung des Verfahrens an den Vorsitzenden oder den hauptamtlichen Beisitzer zur alleinigen Entscheidung möglich (zu den Einzelheiten → § 157 Rn. 27 ff.).

51   Die Zustellung des Beschlusses kann in schriftlicher Form nach § 3 VwZG durch Zustellung durch die Post mit Zustellungsurkunde, nach § 4 VwZG durch Zustellung durch die Post mittels Einschreiben oder nach § 5 Abs. 4 VwZG gegen Empfangsbekenntnis bzw. elektronisch erfolgen.

51a Nach § 168 Abs. 3 S. 3 GWB iVm § 61 Abs. 1 S. 2 GWB ist die sog. **vereinfachte Zustellung** nach § 5 Abs. 4 VwZG nicht nur auf **Behörden**, Körperschaften, Anstalten und Stiftungen des öffentlichen Rechts sowie **Rechtsanwälte**, Patentanwälte, Notare, Steuerberater, Steuerbevollmächtigte, Wirtschaftsprüfer, vereidigte Buchprüfer und deren Berufsausübungsgesellschaften, Wirtschaftsprüfungsgesellschaften und Buchprüfungsgesellschaften, sondern auch auf **Unternehmen** sowie auf **Auftraggeber iSv § 98 GWB** anwendbar. Damit kann – abgesehen von den im Nachprüfungsverfahren nur selten vorkommenden natürlichen Personen – an alle Beteiligten nach § 5 Abs. 4 VwZG auch elektronisch gegen Empfangsbekenntnis zugestellt werden. Sinnvollerweise sollten dazu in der Kommunikation mit Rechtsanwälten und Behörden die **elektronischen Anwalts- und Behördenpostfächer** (EGVP) als im Rechtsverkehr übliche und sichere Übermittlungswege iSd § 173 ZPO genutzt werden. Trotz der gravierenden Sicherheitsbedenken und der wachsenden technischen Probleme mit der obsoleten Faxtechnologie kann der Beschluss an den og Personenkreis auch nach wie vor per Fax gegen Empfangsbekenntnis zugestellt werden. Weiterhin wäre auch eine elektronische Zustellung gegen Abholbestätigung über De-Mail-Dienste nach § 5a VwZG zulässig, die aber bei einer Zustellung an Behörden und Anwälte ggü. den elektronischen Anwalts- und Behördenpostfächern keine Vorteile hat und im Rechtsverkehr unüblich ist, so dass von ihrer Nutzung derzeit abgeraten werden muss. Zum **Nachweis der Zustellung** genügt das mit Datum und Unterschrift versehene Empfangsbekenntnis, das an die Vergabekammer zurückzusenden ist, § 5 Abs. 4 S. 2 VwZG.

2. Berichtigung oder Ergänzung des Beschlusses

52   Berichtigungen oder Ergänzungen des wirksam zugestellten Beschlusses sind nur analog den **prozessualen Vorschriften** (§§ 118–120 VwGO) statthaft. Eine Anwendung der einschlägigen Regelungen der VwVfG von Bund (§§ 48 f. VwVfG) und Ländern ist nicht möglich, weil die Vergabekammer gerichtsähnlich entscheidet

---

[94] Vgl. § 8 Abs. 1 letzter Spiegelstrich der Geschäftsordnung der VK des Bundes.

und damit nicht „Herrin" des Verfahrens wie eine Verwaltungsbehörde ist.[95] Rücknahme oder Widerruf des Beschlusses nach Zustellung scheiden daher aus.

Berichtigt werden können von der Vergabekammer analog § 118 VwGO Schreibfehler, Rechenfehler oder ähnliche offenbare Unrichtigkeiten. § 118 VwGO erfasst die Korrektur von Irrtümern in der Erklärung, nicht aber in der Willensbildung.[96] Korrigierbar sind zB fehlerhafte Parteibezeichnungen, versehentliche Auslassungen im Tenor des Beschlusses, die sich insbes. aus dem Vergleich zwischen Tenor und Entscheidungsgründen ergeben können, oder aber etwa eine fehlende oder offensichtlich unrichtige Rechtsbehelfsbelehrung.[97] Eine Berichtigung des Tatbestands ist analog § 119 VwGO zu beantragen. Eine Ergänzung des Beschlusses kann analog § 120 VwGO beantragt werden, wenn zB nicht über den Kostenpunkt entschieden wurde. 53

3. Entfallen der Wirksamkeit des Beschlusses

Der Beschluss der Vergabekammer wird mit der Aufhebung durch das Beschwerdegericht iRd sofortigen Beschwerde unwirksam. Ebenfalls wirkungslos wird der Beschluss der Vergabekammer – abgesehen von der Gebührenfestsetzung –, wenn der Antragsteller den Nachprüfungsantrag in der Beschwerdeinstanz zurücknimmt.[98] 54

VI. Vollstreckung (Abs. 3 S. 2, 3)

Nach § 168 Abs. 3 S. 2 GWB richtet sich die Vollstreckung des Beschlusses der Vergabekammer nach den VwVG des Bundes bzw. der Länder. Die Vollstreckung gegen einen Hoheitsträger ist für zulässig erklärt, die Vorschrift bildet damit eine Ausnahme vom Verbot der Vollstreckung gegen Behörden und juristische Personen des öffentlichen Rechts in § 17 VwVG-Bund[99] bzw. in den entspr. Vorschriften der Vollstreckungsgesetze der Länder. Eine Vollstreckbarkeit auch ggü. Hoheitsträgern ist aufgrund von Art. 2 Abs. 8 RL 2007/66/EG geboten, da ein Auftraggeber faktisch die Möglichkeit hat, dem Beschluss der Vergabekammer zuwiderzuhandeln.[100] 55

Es sind zweierlei Vollstreckungsziele denkbar. Zum einen ist Ziel der Vollstreckung die **Handlungsanweisung** im Tenor des Hauptsachebeschlusses. Die Vollstreckung richtet sich hier **gegen den öffentlichen Auftraggeber.** Zum anderen kann die **Vollstreckung der Gebührenfestsetzung** hinsichtlich der Kosten und Auslagen der Vergabekammer notwendig werden. Hier richtet sich die Vollstreckung durch die Vergabekammer (bzw. ihren Rechtsträger) gegen die jeweiligen Gebührenschuldner. Dies können – je nach Kostenentscheidung – alle Beteiligten am Nachprüfungsverfahren sein. 56

Die Vollstreckung des Hauptsachebeschlusses wird von der Vergabekammer **nur auf Antrag** eingeleitet. Dies ergibt sich insbes. daraus, dass die Vollstreckung der Hauptsacheentscheidungen der Vergabekammer nicht im originären staatlichen Interesse liegen, sondern die subjektiven Rechte der Bieter durchsetzen soll.[101] 57

---

[95] OLG Düsseldorf 12.5.2011 – Verg 32/11, BeckRS 2011, 23543; RKPP/Blöcker GWB § 168 Rn. 117f.

[96] Eyermann/Rennert VwGO § 118 Rn. 3.

[97] Kopp/Schenke/W.-R. Schenke VwGO § 118 Rn. 6; Eyermann/Rennert VwGO § 118 Rn. 3.

[98] BayObLG 26.10.2021 – Verg 4/21, NZBau 2022, 61; OLG Brandenburg 18.5.2010 – Verg W 1/08, BeckRS 2010, 14421; OLG Düsseldorf 29.4.2003 – Verg 47/02, BeckRS 2003, 4761.

[99] Im Folgenden bezeichnet als: VwVG.

[100] RKPP/Blöcker § 168 GWB Rn. 122.

[101] RKPP/Blöcker GWB § 168 Rn. 150; OLG Naumburg 27.4.2005 – 1 Verg 3/05, NZBau 2005, 485.

57a Durch die Vollstreckung des Hauptsachebeschlusses darf allerdings **kein Kontrahierungszwang** für den Auftraggeber geschaffen werden. Nach Auffassung des OLG Düsseldorf ist den Vergabekammern jede vorbeugende, nicht in einem Vergabeverfahren ergehende und auf ein künftiges Beschaffungsverhalten des Auftraggebers gerichtete Entscheidung der Vergabekammer untersagt. Daher dürfe selbst eine bestandskräftige Nachprüfungsentscheidung, die dem Auftraggeber aufgibt, umgehend mit einer Zuschlagsbekanntmachung ein förmliches Vergabeverfahren zu beginnen, nicht mit Zwangsgeld vollstreckt werden.[102] Jedenfalls kann eine bestandskräftige Entscheidung einer Vergabekammer, die dem Antragsgegner aufgibt, die streitgegenständliche Leistung bei fortbestehender Beschaffungsabsicht unter Beachtung der Rechtsauffassung der Vergabekammer in einem vergaberechtskonformen Verfahren auszuschreiben, nicht mit einem Zwangsgeld vollstreckt werden, wenn der Auftraggeber nicht zeitnah die entspr. Ausschreibung beginnt.[103] Aus einer solchen Entscheidung ergibt sich keine sofort durchsetzbare Verpflichtung des Antragsgegners, durch Veröffentlichung einer Auftragsbekanntmachung im Supplement zum Amtsblatt der EU ein Vergabeverfahren einzuleiten. Aufgrund der Vertragsfreiheit kann und darf der öffentliche Auftraggeber grds. nicht dazu gezwungen werden, einen Auftrag an einen geeigneten Bieter zu erteilen. Es liegt damit nicht in der Kompetenz der Vergabekammer, zur Beseitigung einer Rechtsverletzung eine Maßnahme zu treffen, die einen rechtlichen oder tatsächlichen Kontrahierungszwang bedeutet.[104]

58 **Zuständig** für die Vollstreckung der Vergabekammerentscheidung ist gem. § 7 Abs. 1 Hs. 1 VwVG bzw. den entspr. Landesvorschriften die **Vergabekammer** als Behörde, die den Verwaltungsakt erlassen hat. Die Zuständigkeit für Zwangsmaßnahmen verbleibt auch beim Übergang in das Beschwerdeverfahren gem. § 7 Abs. 1 Hs. 2 VwVG bei der Vergabekammer.[105]

59 Voraussetzung für die Vollstreckung durch die Vergabekammer ist nach § 6 Abs. 1 VwVG ein **unanfechtbarer Beschluss.** Bei fehlender Bestandskraft, also bei Einlegung einer sofortigen Beschwerde, darf die Vollstreckung nur eingeleitet werden, wenn **keine aufschiebende Wirkung** mehr besteht, vgl. dazu § 173 Abs. 1, 3 GWB.

1. Vollstreckung der Handlungsanordnung des Hauptsachebeschlusses

60 Da auch hinsichtlich der Vollstreckung der Verhältnismäßigkeitsgrundsatz gilt, ist das **geeignete Zwangsmittel** im Nachprüfungsverfahren das **Zwangsgeld** gem. § 9 VwVG bzw. den entspr. Regelungen der Länder. Untaugliche Vollstreckungsmittel sind angesichts des Charakters des Nachprüfungsverfahrens als Parteienverfahren die Ersatzvornahme und der unmittelbare Zwang gem. § 9 Abs. 1 lit. a, c VwVG.[106] Nach § 168 Abs. 3 S. 2 GWB darf die Vergabekammer ein Zwangsgeld von mindestens 1.000 Euro und höchstens 10 Mio. Euro festsetzen. Bei der Festsetzung der Höhe des Zwangsgelds ist der **Grundsatz der Verhältnismäßigkeit** der Vollstreckung zu beachten.

61 Nach § 13 VwVG bzw. nach den entspr. Regelungen der Länder ist das Zwangsmittel zunächst mit Fristsetzung **anzudrohen.** Wird die Verpflichtung innerhalb der Frist nicht erfüllt, erfolgt eine Festsetzung des Zwangsmittels, § 14 VwVG.

---

[102] OLG Düsseldorf 10.3.2014 – Verg 11/14, ZfBR 2014, 404.
[103] BayObLG 14.3.2023 – Verg 1/23, VPRRS 2023, 0067.
[104] BayObLG 14.3.2023 – Verg 1/23, VPRRS 2023, 0067; vgl. auch BGH 20.3.2014 – X ZB 18/13, NZBau 2014, 310; 18.2.2003 – X ZB 43/02, NZBau 2003, 293.
[105] RKPP/Blöcker GWB § 168 Rn. 127; VK Bund 2.9.2011 – VK 3–62/11, VPRRS 2013, 0702.
[106] So auch RKPP/Blöcker GWB § 168 Rn. 147 f.; Beck VergabeR/Antweiler GWB § 168 Rn. 80.

Aussetzung des Vergabeverfahrens § 169 GWB

2. Vollstreckung der Kosten der Vergabekammer

Die Vollstreckung von **öffentlich-rechtlichen Geldforderungen,** hierunter fallen die Gebühren der Vergabekammer nach § 182 Abs. 1 GWB iVm VwKostG, richtet sich nach § 1 VwVG bzw. den entspr. Regelungen der Länder. Die Voraussetzungen der Vollstreckung richten sich nach § 3 VwVG. Danach muss der Schuldner mit einem Leistungsbescheid zur Zahlung aufgefordert werden. Die notwendige Fälligkeit der Gebühr tritt nach § 17 VwKostG mit der Bekanntgabe des Leistungsbescheids an den Kostenschuldner ein. Die Vollstreckung kann mit Ablauf einer Frist von einer Woche seit Bekanntgabe des Leistungsbescheids eingeleitet werden. 62

3. Kosten des Vollstreckungsverfahrens

Die jew. **unterliegende Partei** trägt die Kosten des Vollstreckungsverfahrens gem. § 182 Abs. 3 S. 1 GWB.[107] Dies gilt auch für die zur zweckentsprechenden Rechtsverfolgung oder Rechtsverteidigung notwendigen Auslagen. Nach § 182 Abs. 4 S. 1 GWB hat ein Beteiligter, soweit er im Verfahren vor der Vergabekammer unterliegt, die Kosten der anderen Seite zu tragen. 63

4. Rechtsschutz gegen die Vollstreckung

Gegen die Androhung der Vollstreckung (§ 13 VwVG) ist gem. § 18 Abs. 1 VwVG bzw. den entspr. Regelungen der Länder das Rechtsmittel gegeben, das gegen den Verwaltungsakt zulässig ist. Dies ist die **sofortige Beschwerde** nach § 171 GWB. Die sofortige Beschwerde ist zudem gegen eine Entscheidung der Vergabekammer statthaft,[108] mit der die Einleitung von Vollstreckungsmaßnahmen abgelehnt worden ist. Über das Rechtsmittel kann ohne mündliche Verhandlung entschieden werden, weil es sich gegen die Entscheidung der Vergabekammer in einem Nebenverfahren richtet, sodass § 175 Abs. 2 iVm § 65 Abs. 1 GWB nicht gilt.[109] 64

Bei der eigentlichen Festsetzung des Zwangsgelds handelt es sich ebenfalls um einen anfechtbaren Verwaltungsakt. Gegen diesen sind die Rechtmittel zulässig, die gegen Verwaltungsakte allgemein gegeben sind.[110] Dies ist aufgrund der Sonderregeln nach § 171 Abs. 1 GWB wiederum die sofortige Beschwerde.[111] 65

§ 169 Aussetzung des Vergabeverfahrens

(1) **Informiert die Vergabekammer den Auftraggeber in Textform über den Antrag auf Nachprüfung, darf dieser vor einer Entscheidung der Vergabekammer und dem Ablauf der Beschwerdefrist nach § 172 Absatz 1 den Zuschlag nicht erteilen.**

(2) [1]**Die Vergabekammer kann dem Auftraggeber auf seinen Antrag oder auf Antrag des Unternehmens, das nach § 134 vom Auftraggeber als das Unternehmen benannt ist, das den Zuschlag erhalten soll, gestatten, den Zuschlag nach Ablauf von zwei Wochen seit Bekanntgabe dieser Entscheidung zu erteilen, wenn unter Berücksichtigung aller möglicherweise geschädigten Interessen sowie des Interesses der Allgemeinheit an einem**

---

[107] OLG Düsseldorf 27.10.2003 – Verg 23/03, IBRRS 2004, 0520.
[108] BayObLG 14.3.2023 – Verg 1/23, VPRRS 2023, 0067; RSG/Reidt GWB § 168 Rn. 87.
[109] BayObLG 14.3.2023 – Verg 1/23, VPRRS 2023, 0067; Beck VergabeR/Vavra/Willner GWB § 175 Rn. 1.
[110] Engelhardt/App/Schlatmann VwVG § 18 Rn. 10.
[111] RKPP/Blöcker GWB § 168 Rn. 167.

raschen Abschluss des Vergabeverfahrens die nachteiligen Folgen einer Verzögerung der Vergabe bis zum Abschluss der Nachprüfung die damit verbundenen Vorteile überwiegen. ²Bei der Abwägung ist das Interesse der Allgemeinheit an einer wirtschaftlichen Erfüllung der Aufgaben des Auftraggebers zu berücksichtigen; bei verteidigungs- oder sicherheitsspezifischen Aufträgen im Sinne des § 104 sind zusätzlich besondere Verteidigungs- und Sicherheitsinteressen zu berücksichtigen. ³Die besonderen Verteidigungs- und Sicherheitsinteressen überwiegen in der Regel, wenn der öffentliche Auftrag oder die Konzession im unmittelbaren Zusammenhang steht mit
1. einer Krise,
2. einem mandatierten Einsatz der Bundeswehr,
3. einer einsatzgleichen Verpflichtung der Bundeswehr oder
4. einer Bündnisverpflichtung.

⁴Die Vergabekammer berücksichtigt dabei auch die allgemeinen Aussichten des Antragstellers im Vergabeverfahren, den Auftrag oder die Konzession zu erhalten. ⁵Die Erfolgsaussichten des Nachprüfungsantrags müssen nicht in jedem Fall Gegenstand der Abwägung sein. ⁶Das Beschwerdegericht kann auf Antrag das Verbot des Zuschlags nach Absatz 1 wiederherstellen; § 168 Absatz 2 Satz 1 bleibt unberührt. ⁷Wenn die Vergabekammer den Zuschlag nicht gestattet, kann die Beschwerdegericht auf Antrag des Auftraggebers unter den Voraussetzungen der Sätze 1 bis 4 den sofortigen Zuschlag gestatten. ⁸Für das Verfahren vor dem Beschwerdegericht gilt § 176 Absatz 2 Satz 1 und 2 und Absatz 3 entsprechend. ⁹Eine sofortige Beschwerde nach § 171 Absatz 1 ist gegen Entscheidungen der Vergabekammer nach diesem Absatz nicht zulässig.

(3) ¹Sind Rechte des Antragstellers aus § 97 Absatz 6 im Vergabeverfahren auf andere Weise als durch den drohenden Zuschlag gefährdet, kann die Kammer auf besonderen Antrag mit weiteren vorläufigen Maßnahmen in das Vergabeverfahren eingreifen. ²Sie legt dabei den Beurteilungsmaßstab des Absatzes 2 Satz 1 zugrunde. ³Diese Entscheidung ist nicht selbständig anfechtbar. ⁴Die Vergabekammer kann die von ihr getroffenen weiteren vorläufigen Maßnahmen nach den Verwaltungsvollstreckungsgesetzen des Bundes und der Länder durchsetzen; die Maßnahmen sind sofort vollziehbar. ⁵§ 86a Satz 2 gilt entsprechend.

(4) ¹Macht der Auftraggeber das Vorliegen der Voraussetzungen nach § 117 Nummer 1 bis 3 oder § 150 Nummer 1 oder 6 geltend, entfällt das Verbot des Zuschlags nach Absatz 1 fünf Werktage nach Zustellung eines entsprechenden Schriftsatzes an den Antragsteller; die Zustellung ist durch die Vergabekammer unverzüglich nach Eingang des Schriftsatzes vorzunehmen. ²Auf Antrag kann das Beschwerdegericht das Verbot des Zuschlags wiederherstellen. ³§ 176 Absatz 1 Satz 1, Absatz 2 Satz 1 sowie Absatz 3 und 4 ist entsprechend anzuwenden.

Literatur: Erdmann, Die Interessenabwägung im vergaberechtlichen Eilrechtsschutz gem. § 115 Abs. 2 S. 1, § 118 Abs. 2 S. 2 und § 121 Abs. 1 S. 2 GWB, VergabeR 2008, 908; Gottwald/Gaus, Vergaberechtsanwendung in der Krise, NZBau 2023, 498; Hsi-Ping, Ist das Zuschlagsverbot des § 169 Abs. 1 GWB europarechtskonform?, VergabeR 2019, 145; Pauka, Interimsvergabe: Welche Pflicht zur Abwehr einer Gefahr für Leib und Leben hat der öAG im Rahmen der Beschaffung?, VergabeR 2023, 475; Stein/Ebel, Die BwBBG- „Fast Lane" – beschleunigte Bundeswehrbeschaffungen oder nur ein schnellerer Verbrauch des Sondervermögens?, VergabeR 2022, 709.

Übersicht

	Rn.
I. Bedeutung der Vorschrift	1
II. Zuschlagsverbot (Abs. 1)	6
1. Beginn und Wirkung	6
2. Ende	9
III. Vorzeitige Gestattung des Zuschlags (Abs. 2)	11
1. Grundlagen	11
2. Maßstab der Abwägung	14
a) Interessen des Antragstellers	15
b) Interessen der Allgemeinheit	16
c) Interessen des Auftraggebers, des Beigeladenen und sonstige Interessen	18
d) Wesentliches Überwiegen der nachteiligen Folgen der Zuschlagsverzögerung	23
aa) Zeitdauer	24
bb) Mehrkosten	25
cc) Daseinsvorsorge	26
dd) Andere Fälle	27
e) Berücksichtigung der Erfolgsaussichten des Nachprüfungsantrages und der Aussichten des Antragstellers auf Zuschlagserteilung	28
f) Verfahrensfragen	29
3. Rechtsschutz gegen die Entscheidung der Vergabekammer	33
IV. Sonstige Eilmaßnahmen, Vollstreckung (Abs. 3)	39
1. Anwendungsbereich	39
2. Einzelmaßnahmen	40
3. Vollstreckung	44
V. Ausnahmebestimmung für sicherheitsrelevante Beschaffungen (Abs. 4)	45

I. Bedeutung der Vorschrift

Die Regelung normiert die gesetzgeberische Entscheidung, den Bietern bei Vergaben oberhalb der Schwellenwerte durch das Vergabenachprüfungsverfahren **effektiven Primärrechtsschutz** zu gewähren. Dies verlangt Art. 2 Abs. 3 RMR.[1] Zugleich regelt die Bestimmung die Voraussetzungen, unter denen der während eines Nachprüfungsverfahrens fortdauernde Suspensiveffekt ausnahmsweise durchbrochen werden kann. **1**

§ 169 GWB ist mit dem Inkrafttreten des VergRModG unverändert geblieben. Die Rspr. zum früheren § 115 GWB kann daher weiterhin uneingeschränkt zur Auslegung von § 169 GWB herangezogen werden. Der Gesetzgeber hat durch zwei Beschleunigungsgesetze dennoch den Regelungsgehalt modifiziert: Nach § 9 Abs. 2 Nr. 4 **LNGG**[2] ist bei der Abwägung nach § 169 Abs. 2 S. 1 GWB zusätzlich der Zweck der nationalen Energiesicherung und das besondere Interesse der besonderen Dringlichkeit der in § 3 LNGG definierten Vorhaben für die sichere **2**

---

[1] RL 89/665/EWG und RL 92/13/EWG idF von Art. 47 der RL 2014/23/EU v. 26.2.2014, ABl. 2014 L 94, 1 ff.
[2] Gesetz zur Beschleunigung des Einsatzes verflüssigten Erdgases (LNG-Beschleunigungsgesetz – LNGG) v. 24.5.2022, BGBl. I 802.

Gasversorgung Deutschlands zu berücksichtigen. Nach § 5 Abs. 3 **BwBBG**[3] gilt das Gleiche im Hinblick auf den Zweck der zeitnahen Erreichung eines breiten, modernen und innovationsorientierten Fähigkeitsspektrums der Bundeswehr.

3 Abs. 2 regelt die Möglichkeiten zur Anbringung eines **Antrags auf Vorabgestattung des Zuschlags** bei der Vergabekammer. Ein solcher Antrag kann auch von dem Unternehmen gestellt werden, das in der Vorabmitteilung nach § 134 GWB als Unternehmen genannt wurde, welches den Zuschlag erhalten soll. Die S. 2–5 stellen klar, dass die Erfolgsaussichten des Nachprüfungsverfahrens bei der Abwägungsentscheidung nicht die maßgebliche oder alleinige Rolle spielen. Nach Abs. 2 S. 2 Hs. 2 sind bei sicherheitsrelevanten Aufträgen auch die besonderen Verteidigungs- und Sicherheitsinteressen bei der Abwägung über einen Antrag auf Vorabgestattung des Zuschlags zu berücksichtigen. Das Gleiche gilt bei der Vergabe von Konzessionen, insbes. für wesentliche Sicherheitsinteressen der Bundesrepublik Deutschland. Für den Fall, dass **besondere Verteidigungs- und Sicherheitsinteressen** betroffen sind, wurde durch das Gesetz zur beschleunigten Beschaffung im Bereich der Verteidigung und Sicherheit und zur Optimierung der Vergabestatistik[4] eine **Regelvermutung** begründet, nach der diese Interessen idR überwiegen. Dies kommt dann zum Tragen, wenn der öffentliche Auftrag oder die Konzession im unmittelbaren Zusammenhang mit einer der dafür enumerativ aufgezählten Situationen steht (Krise, mandatierter Einsatz der Bundeswehr, einsatzgleiche Verpflichtung der Bundeswehr oder Bündnisverpflichtung). Diese Regelvermutung wird nach § 9 Abs. 2 Nr. 4 LNGG und nach § 5 Abs. 3 BwBBG auf die dort in Bezug genommenen Gegenstände erweitert. Wird die Zuschlagserteilung von der Vergabekammer nach § 169 Abs. 2 S. 1 GWB freigegeben, kann der Zuschlag nach § 9 Abs. 2 Nr. 4 S. 4 LNGG auch sofort und nicht erst nach zwei Wochen erteilt werden, wenn die Wartefrist aus § 134 GWB bereits abgelaufen ist. Diese Bestimmung findet in dem BwBBG keine Entsprechung.

4 Abs. 3 enthält die Befugnis der Vergabekammer, unter bestimmten Voraussetzungen auch in das Vergabeverfahren einzugreifen, bevor die Entscheidung über den Zuschlag getroffen worden ist. Überdies werden Befugnisse zur Durchsetzung ihrer Entscheidungen für die Vergabekammern eingeräumt.

5 In Abs. 4 wird schließlich für **sicherheitsrelevante Vergaben** der Grundsatz des automatisch eintretenden Suspensiveffekts umgekehrt und sein Eintritt davon abhängig gemacht, dass vom Beschwerdegericht (eine eigene Entscheidung der Vergabekammer ist nicht vorgesehen) das Zuschlagsverbot wiederhergestellt wird.[5] Die Regelung ist durch das VergRModG für die Vergabe von Konzessionen erweitert worden. Der Auftraggeber kann sich dafür auch auf die in § 150 Nr. 1, 6 GWB enthaltenen wesentlichen Sicherheitsinteressen der Bundesrepublik Deutschland berufen. Die Länge der Frist für den automatischen Entfall des Suspensiveffekts von fünf Werktagen wurde beibehalten.

---

[3] Gesetz zur Beschleunigung von Beschaffungsmaßnahmen für die Bundeswehr (Bundeswehrbeschaffungsbeschleunigungsgesetz – BwBBG) v. 11.7.2022, BGBl. I 1078.

[4] Gesetz zur beschleunigten Beschaffung im Bereich der Verteidigung und Sicherheit und zur Optimierung der Vergabestatistik v. 25.3.2020, BGBl. I 674, in Kraft getreten zum 2.4.2020.

[5] Zu den europarechtlichen Bedenken gegen die damit bewirkten Verkürzungen im Primärrechtsschutz Stoye/v. Münchhausen VergabeR 2008, 871 ff.; Beck VergabeR/Antweiler GWB § 169 Rn. 10 (einschränkende Auslegung dahin, dass auch nach § 169 Abs. 2 S. 1 GWB nur vorläufige Maßnahmen angeordnet werden können). Die vormalige Gesetzesbegr. sprach davon, dass die Möglichkeiten des öffentlichen Auftraggebers zur Beschleunigung des Verfahrens bei der Vergabekammer gestärkt und die öffentlichen Interessen besser zur Geltung gebracht werden sollen. Hierzu waren ursprünglich noch weitergehende Möglichkeiten im zunächst diskutierten Gesetzesentwurf vorgesehen, vgl. RKPP/Kus GWB § 169 Rn. 4–18.

II. Zuschlagsverbot (Abs. 1)

1. Beginn und Wirkung

Der öffentliche Auftraggeber unterliegt für Beschaffungsvorhaben, deren Wert 6
die Schwellenwerte erreicht oder überschreitet, einem grds. Zuschlagsverbot. Es
ergibt sich aus § 135 Abs. 1 GWB und gilt der Sache nach während des gesamten
Vergabeverfahrens. Einzige[6] Ausnahme ist nach § 135 Abs. 1 Nr. 2 GWB der Fall,
in dem ein Auftrag zulässigerweise ohne vorherige Veröffentlichung einer Bekanntmachung im EU-Amtsblatt vergeben werden darf. Erst durch eine Mitteilung nach
§ 134 Abs. 1 GWB werden die Voraussetzungen dafür geschaffen, dass das Zuschlagsverbot (nach Ablauf der Wartefrist aus § 134 Abs. 2 GWB) endet. Für die Dauer
der Wartefrist wird dieses Zuschlagsverbot nochmals ausdr. in § 134 Abs. 2 GWB
bekräftigt. Entschließt sich der Bieter, dessen Angebot nicht für den Zuschlag ausgewählt worden ist, einen Vergabenachprüfungsantrag zu stellen, wird das Zuschlagsverbot gem. § 169 Abs. 1 GWB ab dem Zeitpunkt der Information des öffentlichen
Auftraggebers durch die Vergabekammer[7] verlängert. Wird der Zuschlag nach
Ablauf der Wartefrist aus § 134 Abs. 2 GWB nicht erteilt, entsteht das Zuschlagsverbot durch die Information der Vergabekammer über einen Vergabenachprüfungsantrag neu. Das Zuschlagsverbot aus § 169 Abs. 1 GWB stellt ein **gesetzliches Verbot**
dar.[8] Ein dennoch versuchter Zuschlag ist daher gem. § 134 BGB nichtig.[9] Mit ihm
kann ein Angebot nicht wirksam angenommen und der ausgeschriebene Vertrag
nicht zustande gebracht werden. Die Unwirksamkeit nach § 169 Abs. 1 GWB ist –
anders als die bedingte (Un-) Wirksamkeit nach § 135 GWB – unbedingt. Eine
Interimsvergabe kann allerdings dennoch zulässig und wirksam sein.[10] Sie betrifft
ein anderes Beschaffungsvorhaben, für das separat zu prüfen ist, welche Regelungen
darauf zur Anwendung gelangen und ob Zuschlagsverbote bestehen.[11] Das
Zuschlagsverbot ist weit auszulegen und umfasst alle Willenserklärungen, durch die
irgendwelche Bindungswirkungen ausgelöst werden könnten.[12] Es ist aber nicht
entspr. auf Entscheidungen auszudehnen, durch die der Auftraggeber vor Zuschlagserteilung das Feld der Interessenten, Bewerber oder Bieter beschränkt, auch wenn
dies für die Betroffenen ähnliche Auswirkungen haben kann[13] (zur Frage der notwendigen Vorabmitteilung in diesen Konstellationen → § 134 Rn. 70 ff.).

Ausgelöst wird das Zuschlagsverbot aus § 169 Abs. 1 GWB mit der **Information** 7
des öffentlichen Auftraggebers über den Antrag auf Nachprüfung durch die Vergabe-

---

[6] § 135 GWB gilt auch außerhalb des Anwendungsbereiches des 4. Teils des GWB nicht, Derzeit werden Rüstungsvergaben lebhaft diskutiert (in Betracht kommt die Ausnahme nach § 107 Abs. 2 S. 1 Nr. 2 GWB). Vgl. dazu OLG Düsseldorf 18.8.2021 – VII-Verg 51/20, NZBau 2022, 480.

[7] Die Information der Vergabestelle durch den Antragsteller selbst reicht nicht aus, OLG Frankfurt a. M. 6.3.2013 – 11 Verg 7/12, BeckRS 2013, 6833; VK Bund 22.12.2017 – VK 1–135/17, VPR 2018, 1030.

[8] OLG Düsseldorf 17.2.2016 – VII-Verg 37/14, BeckRS 2016, 13665.

[9] BGH 10.11.2009 – X ZB 8/09, NZBau 2010, 124 Rn. 21; KG 10.5.2022 – Verg 2/22, VPR 2022, 105.

[10] Dies kann der Fall sein, wenn die ausgeschriebene Leistung nur teilw. (oder nur zeitlich begrenzt) vergeben wird, OLG Brandenburg 6.3.2012 – Verg W 16/11, BeckRS 2012, 8121; ebenso dürfte dies gelten, wenn andernfalls wichtige Gemeinwohlinteressen nicht befriedigt würden, KG 29.2.2012 – Verg 8/11, BeckRS 2012, 7248, bejaht für eine de facto Interimsvergabe von Abfallbeseitigungsleistungen für den Zeitraum des Vergabeverfahrens.

[11] OLG Koblenz 24.3.2015 – Verg 1/15, NZBau 2015, 386.

[12] Beck VergabeR/Antweiler GWB § 169 Rn. 17.

[13] BayObLG 20.1.2023 – Verg 17/22, BeckRS 2023, 12141.

GWB § 169   Aussetzung des Vergabeverfahrens

kammer **in Textform.** Einer (förmlichen) Zustellung des Antrags bedarf es dafür nicht (mehr). Die Textform ist gewahrt, wenn eine schriftliche Erklärung erfolgt, die die Person des Erklärenden durch Nachbildung der Namensunterschrift oder anders erkennbar werden lässt, § 126b BGB. Eine eigenständige Unterschrift oder eine qualifizierte elektronische Signatur ist nicht erforderlich. Ausreichend sind ein Telefax, ein Computerfax oder auch eine E-Mail.[14] Soweit der Auftraggeber bereits im Vergabeverfahren durch einen Bevollmächtigten vertreten wird, kann auch eine diesem erteilte Information (auch per beA) das Zuschlagsverbot auslösen. Zur Vermeidung von Zweifelsfällen wird die Information indes dem Auftraggeber selbst zu übermitteln sein.

8   Zwar sieht § 163 Abs. 2 S. 3 GWB vor, dass die Information des öffentlichen Auftraggebers idR mit der Übermittlung einer Kopie des Vergabenachprüfungsantrags und der Anforderung der Vergabeakten einzuhergehen hat. Dennoch wird das Zuschlagsverbot schon bei einer bloßen **Information in Textform** ausgelöst (dazu iE → § 163 Rn. 12 ff.). Dies gilt auch dann, wenn der Nachprüfungsantrag offensichtlich unzulässig oder unbegründet sein sollte. § 169 Abs. 1 GWB ist als speziellere Norm vorrangig. Dadurch kann die Vergabekammer auch dann, wenn etwa eine Schutzschrift hinterlegt ist, ohne sonst drohenden Zuschlag des öffentlichen Auftraggebers, die Frage der offensichtlichen Unzulässigkeit oder Unbegründetheit prüfen.[15] Das Zuschlagsverbot wird durch die Information einer unzuständigen Vergabekammer ebenfalls ausgelöst.[16] Unterbleibt die Information des öffentlichen Auftraggebers über den Nachprüfungsantrag gem. § 169 Abs. 1 GWB, kommt in aller Regel die Anrufung des Beschwerdegerichts mit dem Ziel, diese Information nachzuholen und das Zuschlagsverbot auszulösen,[17] zu spät.

2. Ende

9   Das allg. Zuschlagsverbot endet idR mit dem Ablauf der Frist aus § 134 Abs. 2 GWB. Das durch die Information über einen Vergabenachprüfungsantrag ausgelöste Zuschlagsverbot endet frühestens mit dem **Ablauf der Beschwerdefrist** nach § 172 Abs. 1 GWB, also zwei Wochen nach ordnungsgemäßer Zustellung der Entscheidung der Vergabekammer beim Antragsteller des Nachprüfungsverfahrens.[18] Wird eine sofortige Beschwerde erhoben, endet es erst zwei Wochen nach Ablauf der Beschwerdefrist (§ 173 Abs. 1 S. 2 GWB, iE → § 173 Rn. 11 ff.). Diese Verlängerung hängt nicht davon ab, dass die übrigen Beteiligten, insbes. der Auftraggeber, gem. § 172 Abs. 4 GWB über die Einlegung der Beschwerde informiert worden sind.[19] Ein Ende des Zuschlagsverbots tritt nicht automatisch mit dem Verstreichen der – ggf. auch verlängerten – Entscheidungsfrist ein, weil das Nachprüfungsverfahren auch in diesem Fall bei der Vergabekammer anhängig bleibt.[20] Eine erfolgreiche Wiedereinsetzung in die Beschwerdefrist führt dazu, dass die Beschwerde als rechtzeitig eingelegt gilt. In diesem Fall ist ein unterdessen erteilter Zuschlag (ebenfalls) nichtig.[21] Wird die

---

[14] Zum Teil wird unter Berufung auf eine defizitäre Umsetzung der RMRL eine Information des Auftraggebers für die Auslösung des Zuschlagsverbotes nicht einmal für nötig gehalten, vgl. Hsi-Ping VergabeR 2019, 145.
[15] RKPP/Kus GWB § 169 Rn. 23.
[16] OLG Koblenz 24.3.2015 – Verg 1/15, NZBau 2015, 386.
[17] Zu einem solchen Fall KG 29.3.2007 – 2 Verg 6/07, IBRRS 2007, 4355 = VergabeR 2007, 551; vgl. auch BayObLG 9.9.2004 – Verg 18/04, BeckRS 2004, 9727.
[18] OLG München 24.1.2012 – Verg 16/11, BeckRS 2012, 3288; Beck VergabeR/Antweiler GWB § 169 Rn. 21.
[19] OLG Düsseldorf 17.2.2016 – VII-Verg 37/14, BeckRS 2016, 13665.
[20] BGH 14.7.2020 – XIII ZB 135/19, NZBau 2020, 798.
[21] BayObLG 13.8.2014 – Verg 17/04, IBR 2004, 593.

aufschiebende Wirkung der sofortigen Beschwerde nicht vom Vergabesenat verlängert,[22] entfällt sie zwei Wochen nach Ablauf der Beschwerdefrist, § 173 Abs. 1 S. 2 GWB. Verletzt der Vergabesenat bei einer Entscheidung, mit der die Verlängerung der aufschiebenden Beschwerde abgelehnt wird, das rechtliche Gehör des antragstellenden Bieters, kann – soweit der Auftrag in der Zwischenzeit nicht erteilt worden ist – die Erteilung des Zuschlags in entspr. Anwendung von § 169 Abs. 3 GWB erneut untersagt werden.[23] Hat die Vergabekammer den Zuschlag in der Entscheidung über den Nachprüfungsantrag untersagt, endet das Zuschlagsverbot erst mit einer (anderweitigen) Entscheidung des Beschwerdegerichts in der Hauptsache (§ 178 GWB) oder durch Vorabgestattung des Zuschlags (§ 176 GWB), § 173 Abs. 3 GWB. Hat die Vergabekammer gem. § 169 Abs. 1 S. 1 GWB bestimmte Maßnahmen angeordnet, endet das Zuschlagsverbot nicht vor Vollzug dieser Vorgaben.[24] Wird die **aufschiebende Wirkung** einer sofortigen Beschwerde gem. § 173 Abs. 1 S. 3 GWB verlängert, endet das Zuschlagsverbot ebenfalls erst mit dem Erlass der Beschwerdeentscheidung gem. § 178 GWB oder mit Aufhebung der Verlängerungsentscheidung, etwa wenn diese zunächst als Zwischenentscheidung ergangen war. Wird im Nachprüfungsverfahren die Aufhebung der Ausschreibung angeordnet,[25] steht dies einem dauerhaften Zuschlagsverbot gleich.[26] Verweist der Vergabesenat das Nachprüfungsverfahren an die Vergabekammer zurück (§ 178 S. 2 GWB), tritt das Zuschlagsverbot nach § 169 Abs. 1 GWB wieder in Kraft, ohne dass es einer erneuten Information des Auftraggebers über den Nachprüfungsantrag bedarf.[27] Mit der Rücknahme des Nachprüfungsantrages (auch in der Beschwerdeinstanz), einer übereinstimmenden Erledigungserklärung oder einem wirksamen Vergleich endet das Zuschlagsverbot.[28] Eines Einstellungsbeschlusses bedarf es darüber hinaus für den Entfall des Zuschlagsverbotes nicht. Auch ein mit der Beschwerdeentscheidung beendetes Zuschlagsverbot kann im Zusammenhang mit einer hiergegen erhobenen Anhörungsrüge[29] auf Antrag (wieder) angeordnet werden, §§ 175 Abs. 2, 71 Abs. 6 GWB iVm § 149 Abs. 1 S. 2 VwGO.[30]

Das Zuschlagsverbot kann vom öffentlichen Auftraggeber nicht umgangen werden. Ein dennoch erteilter Zuschlag ist nichtig.[31] Ein nichtiger Zuschlag kann auch

10

---

[22] Oder erneut angeordnet bzw. wiederhergestellt, vgl. Düsseldorf 26.9.2018 – Verg 50/18, BeckRS 2018, 23791; OLG Frankfurt a. M. 24.8.2017 – 11 Verg 12/17, VPR 2018, 87.

[23] BayObLG 25.1.2023 – Verg 17/22.

[24] OLG Düsseldorf 29.11.2005 – VII-Verg 82/05, VergabeR 2006, 424.

[25] Zu einem solchen Fall OLG München 22.1.2016 – Verg 13/15, BeckRS 2016, 121692.

[26] OLG Naumburg 1.6.2011 – 2 Verg 3/11, BeckRS 2011, 21710 = VergabeR 2012, 253.

[27] BayObLG 9.8.2004 – Verg 15/04, BeckRS 2004, 08250.

[28] VK Münster 26.10.2007 – VK 25/07, IBR 2008, 49; Beck VergabeR/Antweiler GWB § 169 Rn. 24.

[29] Die Anwendbarkeit dieses Rechtsbehelfes hatte auch das BVerfG schon vor der Aufnahme der zunächst versehentlich unterbliebenen Verweisung auf § 71a GWB in § 175 Abs. 2 GWB anerkannt, BVerfG 26.2.2008 – 1 BvR 2327/07, NZBau 2008, 456.

[30] Da die Anhörungsrüge grds. keine Auswirkungen auf die Rechtskraft hat, OLG München 2.4.2012 – Verg 2/12, (nicht veröffentlicht) unter Verweis auf Zöller/Vollkommer ZPO § 321a Rn. 19, dürfte eine solche Anordnung nur in seltenen Ausnahmefällen ergehen. Ist die Anhörungsrüge möglicherweise begründet, kann eine derartige Anordnung jedoch ergehen: OLG Düsseldorf 20.6.2017 – VII-Verg 36/16, BeckRS 2017, 114321 = VPR 2017, 203.

[31] Den Schwebezustand und die Abhängigkeit der Unwirksamkeit der Verträge von einer nach rechtzeitigem Antrag ausgesprochenen Feststellung der Vergabekammer ordnet § 135 GWB nur für die dort in Abs. 1 Nr. 1 und Nr. 2 genannten Fälle an. Dies gilt etwa bei unzulässigen de facto-Vergaben, OLG Düsseldorf 1.10.2009 – Verg 31/09, BeckRS 2009, 29059. Die Rechtsfolgen des § 134 BGB bei einem Rechtsgeschäft, das gegen ein gesetzliches Verbot verstößt (Zuschlag entgegen Zuschlagsverbot), sind dagegen nicht disponibel, sondern von der rechtzeitigen Geltendmachung eines Dritten abhängig.

während der Fortdauer des Zuschlagsverbots nicht wirksam erneuert oder bestätigt werden. Ebenso kann eine nachträgliche Genehmigung die Wirkung des Zuschlagsverbots nicht beseitigen.[32] Zweifelhaft ist auch, ob eine Heilung der nichtigen Zuschlagserteilung durch erneute Vornahme (§ 141 Abs. 1 BGB) möglich ist.[33]

III. Vorzeitige Gestattung des Zuschlags (Abs. 2)

1. Grundlagen

11 Grds. trägt der öffentliche Auftraggeber das **Vergabeverfahrensrisiko**. Er hat die für ein Beschaffungsvorhaben notwendigen Realisierungsvoraussetzungen (Vergabereife, § 41 Abs. 1 VgV, § 12a EU Abs. 1 Nr. 1 VOB/A, dazu → VOB/A § 2 EU Rn. 13) zu schaffen. Ebenso hat er die für ein Vergabeverfahren mit anschl. Rechtsbehelfsverfahren notwendigen Zeiträume zu berücksichtigen.[34] Die finanziellen Folgen eines verzögerten Zuschlags hat er deshalb ebenfalls zu tragen.[35] Zugleich hat der Gesetzgeber die Grundentscheidung getroffen, dass die Antragsteller von Nachprüfungsanträgen effektiven Rechtsschutz erhalten und während der Dauer dieser Verfahren keine vollendeten Tatsachen durch Auftragserteilungen geschaffen werden sollen. Zum Vergabeverfahrensrisiko → VOB/A § 10a EU Rn. 33 ff.

12 Eine **Vorabgestattung** der Zuschlagserteilung nach § 169 Abs. 2 GWB stellt eine **Ausnahme** von diesen Grundsätzen dar. Dies ist bei der Beurteilung der Tatbestandsvoraussetzungen zu berücksichtigen. Gleichzeitig ist zu beachten, dass eine vorzeitige Gestattung des Zuschlags den Primärrechtsschutz des Antragstellers irreversibel beseitigt. Die Möglichkeit einer Gestattung des Zuschlags vor Abschluss des Nachprüfungsverfahrens stellt aber keine unionsrechtlich unzulässige Beschränkung des Bieterrechtsschutzes dar.[36] Gegen diese systemimmanenten Belange und Interessen des Antragstellers kann sich ein Auftraggeber mit seinem Wunsch nach Zuschlagserteilung nur dann durchsetzen, wenn eine mögliche Schädigung seiner

---

[32] Es ist noch nicht entschieden worden, ob § 169 GWB insoweit eine „anderweitige Bestimmung" iSv § 184 Abs. 1 BGB darstellt. Das BayObLG 10.10.2000 – Verg 5/00, BeckRS 2000, 9229 =VergabeR 2001, 55 hat diese Frage offengelassen. In diesem Fall stand jedoch die rückwirkende Genehmigung einer Willenserklärung des Bieters (Annahme eines unter Abänderung erteilten Zuschlags) im Mittelpunkt. Für die Vergabestelle dürfte eine solche Möglichkeit als Umgehung des auf effektiven Rechtsschutz ausgerichteten Bieterschutzes ausscheiden. Das OLG Düsseldorf 14.3.2001 – Verg 30/00, BeckRS 2014, 14639 = VergabeR 2001, 226, hat den Rechtsgedanken des § 182 Abs. 2 BGB als einschlägig erachtet.

[33] Das OLG Düsseldorf 12.6.2019 – VII Verg 8/19, BeckRS 2019, 39059, hält einen Verstoß gegen § 134 Abs. 1 GWB nur bis zum Zeitpunkt der Zuschlagserteilung heilbar.

[34] OLG Jena 22.3.2005 – 8 U 318/04, NZBau 2005, 341; BayObLG 23.1.2003 – Verg 2/03, BeckRS 2003, 1871 = VergabeR 2003, 368.

[35] BGH 6.9.2012 – VII ZR 193/10, NZBau 2012, 694 = VergabeR 2013, 212; 8.3.2012 – VII ZR 202/09, NZBau 2012, 287; 10.9.2009 – VII ZR 82/08, NZBau 2009, 777 = VergabeR 2010, 70; 10.9.2009 – VII ZR 152/08, NZBau 2009, 771 = VergabeR 2010, 75; 26.11.2009 – VII ZR 131/08, NZBau 2010, 102; 11.5.2009 – VII ZR 11/08, NZBau 2009, 370.

[36] BayObLG 31.10.2022 – Verg 13/22, BeckRS 2022, 35589. Vgl. dazu ebenfalls: OLG München 9.9.2010 – Verg 16/10, IBR 2010, 651; OLG Celle 17.1.2003 – 13 Verg 2/03, BeckRS 2003, 1243 = VergabeR 2003, 367; Opitz NZBau 2005, 213. Zu den europarechtlichen Bedenken dagegen Beck VergabeR/Antweiler GWB § 169 Rn. 29. Mit dem Inkrafttreten von § 80c VwGO nach dem Gesetz zur Beschleunigung verwaltungsgerichtlicher Verfahren im Infrastrukturbereich (vgl. BR-Drs. 57/23 v. 10.2.2023) dürfte die dort in Rn. 30 angeführte Relativierung zu den Bestimmungen der §§ 80 VwGO an Bedeutung verlieren.

oder anderer Interessen oder der Interessen der Allgemeinheit durch die Verzögerung der Vergabe bis zum Abschluss der Nachprüfung die damit verbundenen Vorteile überwiegt.[37]

Die Erfolgsaussichten des Nachprüfungsantrages sind bei dieser **Interessenabwägung** nicht zwingend mit einzubeziehen. Dies kann aber geschehen. Dies ist europarechtlich zulässig.[38] Sie können iR einer Gesamtabwägung auch ohne besonderes Beschleunigungsinteresse zur Freigabe des Zuschlags ausreichen.[39] Ist der Nachprüfungsantrag bei der im Eilverfahren gebotenen summarischen Prüfung aber mit hoher Wahrscheinlichkeit unbegründet und wurde die Eilbedürftigkeit glaubhaft gemacht, ist idR von der Statthaftigkeit der Zuschlagsentscheidung auszugehen.[40] Jedenfalls einzubeziehen sind die Aussichten des Antragstellers, im Vergabeverfahren den Auftrag zu erhalten. Dies ist nicht bereits bei Erfolg des Nachprüfungsantrags der Fall. Der Auftraggeber ist nicht gezwungen, den Auftrag überhaupt oder an einen bestimmten Bieter zu erteilen. Auch dann, wenn das Vergabeverfahren an erheblichen Mängeln leidet, kommt eine Vorabgestattung des Zuschlages nicht in Betracht.[41] Dies gilt erst recht, wenn die Vergabeunterlagen einen vergaberechtskonformen Zuschlag nicht zulassen. 13

2. Maßstab der Abwägung

Um eine ordnungsgemäße Gewichtung durchführen zu können, ist zunächst die **Ermittlung der beteiligten Interessen** von Antragsteller und der Allgemeinheit sowie ggf. sonstiger möglicherweise geschädigter Interessen (etwa des öffentlichen Auftraggebers oder von bestimmten Dritten) erforderlich. § 169 Abs. 2 S. 1–5 GWB regelt, welche Interessen bei der notwendigen Abwägung als schutzwürdig und damit abwägungserheblich anzusehen sind. 14

a) Interessen des Antragstellers. Die Interessen des Antragstellers sind neben den Vorteilen einer Verzögerung der Vergabe bis zum Abschluss des Nachprüfungsverfahrens (effektiver Primärrechtsschutz) zu berücksichtigen. Der Antragsteller hat nicht zuletzt auch das **wirtschaftliche Interesse an einer Auftragserteilung an ihn selbst.** Dieses Interesse ist jedoch bei der Abwägung nach Abs. 2 nur schutzwürdig, soweit es um Chancen aus einem ordnungsgemäßen Wettbewerb geht. Der Antragsteller hat keinen Anspruch darauf, dass sein Interesse am Auftrag mit einem besonderen Gewicht berücksichtigt wird. Interessen von Dritten, die hinter dem Antragsteller stehen (Verbände oder Hersteller bestimmter Produkte), sind nicht in die Abwägung einzustellen. 15

b) Interessen der Allgemeinheit. Öffentliche Auftraggeber verfolgen mit dem zum Gegenstand des Vergabeverfahrens gemachten Beschaffungsbedarf idR öffentliche Interessen. Diesen Zusammenhang greift auch § 169 Abs. 2 S. 2 GWB auf. 16

---

[37] VK Schleswig-Holstein 15.2.2007 – VK-SH 3/07, IBRRS 2007, 0671.
[38] EuGH 9.4.2003 – C-424/01, IBRRS 2003, 2502 = VergabeR 2003, 649.
[39] OLG Düsseldorf 8.6.2022 – VII-Verg 19/22, BeckRS 2022, 15401; BayObLG 31.10.2022 – Verg 13/22, BeckRS 2022, 35589; 17.6.2021 – Verg 6/21, BeckRS 2021, 21102 = VergabeR 2021, 714; OLG Frankfurt a. M. 26.1.2017 – 11 Verg 1/17, NZBau 2017, 309; OLG Düsseldorf 12.2.2013 – VII-Verg 1/13, BeckRS 2013, 5998; 9.7.2012 – VII-Verg 18/12, BeckRS 2012, 23825, jew. zu einem Antrag auf Vorabgestattung nach § 176 GWB (ehemals § 121 GWB; aA noch OLG Naumburg 22.11.2019 – 7 Verg 7/19, VPR 2020, 130 und OLG München 9.9.2010 – Verg 16/10, IBR 2010, 651, die ein besonderes Beschleunigungsinteresse für notwendig gehalten haben.
[40] OLG Düsseldorf 8.6.2022 – VII-Verg 19/22, BeckRS 2022, 15401; OLG Frankfurt a. M. 26.1.2017 – 11 Verg 1/17, NZBau 2017, 309.
[41] OLG Düsseldorf 26.1.2017 – 11 Verg 1/17, BeckRS 2015, 14053.

Schutzwürdig und damit abwägungserheblich ist deshalb das Interesse der Allgemeinheit an einer **wirtschaftlichen Erfüllung der Aufgaben des Auftraggebers.** Ebenso besteht ein schutzwürdiges Interesse der Allgemeinheit an einem raschen Abschluss des Vergabenachprüfungsverfahrens. Das Interesse der Allgemeinheit an einer wirtschaftlichen Aufgabenerfüllung des öffentlichen Auftraggebers ist anhand des konkreten Beschaffungsprojektes zu ermitteln. Das Interesse der Allgemeinheit an einem sicheren und geordneten Verlauf einer Großveranstaltung kann das Interesse des Antragstellers daran, bis zum Ende des Nachprüfungsverfahrens mit der Zuschlagserteilung zuzuwarten, überwiegen.[42]

17 Ein besonderes Gewicht kann das Interesse der Allgemeinheit – für sich allein genommen – dann erhalten, wenn es sich um außergewöhnliche und überregional wirtschaftlich äußerst bedeutsame Beschaffungsvorhaben handelt oder um Beschaffungsvorhaben, denen international bindende Verpflichtungen zugrunde liegen. Das allgemeine, generell bestehende und in den Haushaltsordnungen normierte Interesse an einer wirtschaftlichen Aufgabenerfüllung (also einer möglichst sparsamen Beschaffung) reicht indes nicht aus. Auch die von der Rspr.[43] anerkannten **Mehrvergütungsansprüche bei verzögerten Vergaben** stellen keine schutzwürdigen Belange für eine Eilentscheidung dar. Die beabsichtigte Vorgabe, dass die Gefährdung der wirtschaftlichen Erfüllung der Aufgaben des Auftraggebers als überwiegendes Interesse der Allgemeinheit gelten soll, hat der Gesetzgeber schon im Gesetzgebungsverfahren zur vorletzten Vergaberechtsänderung wieder aufgegeben.[44] Besondere Bedeutung erhalten **verteidigungs- und sicherheitsrelevante Aufträge** (Aufträge iSd § 104 GWB). Das Gleiche gilt für besondere Verteidigungs- und Sicherheitsinteressen. Um welche Interessen es dabei iE geht und welche Weise und mit welchem Gewicht die zusätzliche Berücksichtigung erfolgen soll, lässt das Gesetz offen. Einen Anhaltspunkt der betroffenen Interessen liefert § 104 GWB. Ebenso dürfte **wesentlichen Sicherheitsinteressen der Bundesrepublik Deutschland** ein besonderes Gewicht zukommen. Sie werden zwar in § 169 Abs. 2 S. 2 GWB nicht gesondert erwähnt. Jedoch reicht die Berufung darauf nach § 169 Abs. 4 S. 1 GWB aus, um einen automatischen Entfall des Zuschlagsverbotes innerhalb von fünf Werktagen herbeiführen zu können. Dies belegt die besondere Bedeutung, die solchen Interessen zukommen soll. Dies dürfte auch iRd Abwägung zu beachten sein. Im Übrigen wird es auf den jew. Einzelfall ankommen. Ohnehin dürfte eine darauf basierende Interessenabwägung weniger bei Anträgen auf Vorabgestattung des Zuschlages, sondern umgekehrt eher bei Entscheidungen zur Wiederherstellung oder Aufrechterhaltung des gesetzlich endenden Zuschlagsverbots nach § 169 Abs. 4 GWB zur Anwendung kommen.

17a Bereits seit 2.4.2020 enthält § 169 Abs. 2 S. 3 GWB eine normierte **Regelvermutung.** Danach sollen die besonderen Verteidigungs- und Sicherheitsinteressen idR bei der Abwägung überwiegen, wenn der öffentliche Auftrag oder die Konzession in unmittelbarem Zusammenhang mit einer **Krise,** einem mandatierten Einsatz der Bundeswehr, einer einsatzgleichen Verpflichtung der Bundeswehr oder einer Bündnisverpflichtung steht. Die Anordnung, dass derartige Interessen (nur) idR überwiegen, begründet zwar eine entspr. Vermutung. Bei Vorliegen der genannten Regelbeispiele aus Abs. 2 S. 3 Nr. 1–4 soll aber regelmäßig ein besonders eilbedürftiger Beschaffungsbedarf bestehen.[45] Die Nachprüfungsinstanzen haben derartige Fälle deshalb besonders zu berücksichtigen, wenn abzuwägen ist, ob die Vor- oder

---

[42] VK Hessen 24.2.2014 – 69d-VK-05/2014, VPRRS 2014, 0563.
[43] BGH 11.5.2009 – VII ZR 11/08, NZBau 2009, 370; OLG Düsseldorf 23.11.2011 – U (Kart) 12/11, IBR 2012, 316 (317, 382).
[44] Hierzu RKPP/Kus GWB § 169 Rn. 77.
[45] Wenn nicht der 4. Teil des GWB wegen der Ausnahme in § 107 Abs. 2 Nr. 1 GWB unanwendbar bleibt, OLG Düsseldorf 18.8.2021 – VII-Verg 51/20, NZBau 2022, 480.

die Nachteile einer Zuschlagserteilung vor Abschluss des Nachprüfungsverfahrens überwiegen. Wegen des gesetzlich verliehenen starken Gewichts soll der Vorabzuschlag idR gestattet werden.[46]

In unmittelbarem Zusammenhang mit einer der aufgezählten Konstellationen steht die Beschaffung dann, wenn sie einen Beschaffungsbedarf bedienen soll, der aufgrund einer der genannten Konstellationen entstanden ist oder sich mengenmäßig erhöht hat.[47] Eine **Krise** iSv § 169 Abs. 2 S. 3 Nr. 1 GWB liegt nach der Definition aus Art. 1 Nr. 10 der RL 2009/81/EG[48] vor, wenn in einem Mitgliedstaat oder einem Drittland eine Situation gegeben ist, in der ein Schadensereignis eingetreten ist, welches deutlich über die Ausmaße von Schadensereignissen des täglichen Lebens hinausgeht und dabei Leben und Gesundheit zahlreicher Menschen erheblich gefährdet oder einschränkt, eine erhebliche Auswirkung auf Sachwerte hat oder lebensnotwendige Versorgungsmaßnahmen für die Bevölkerung erforderlich macht; eine Krise liegt auch vor, wenn das Eintreten eines solchen Schadensereignisses als unmittelbar bevorstehend angesehen wird; bewaffnete Konflikte und Kriege sind Krisen in diesem Sinne. Die Abgrenzung zu „zivilen Beschaffungen" in Art. 1 Nr. 28 RL 2009/81/EG legt nahe, dass die Bezeichnung „Krise" nach dem vom Normgeber beabsichtigten Zweck allein auf militärische und in diesem Zusammenhang sicherheitsrelevante Krisensituationen abhebt. Indes dürfte eine entspr. Regelvermutung nach Abs. 2 S. 3 auch dann zum Tragen kommen, wenn eine den Voraussetzungen von Art. 1 Nr. 10 RL 2009/81/EG entspr. Situation im zivilen Bereich vorliegt. IdS dürfte die „**COVID-19-Krise**" und die dadurch verursachte Notsituation ebenfalls erfasst worden sein.[49] Die Kommission hatte mit Mitteilung vom 1.4.2020 Leitlinien zur Nutzung des Rahmens für die Vergabe öffentlicher Aufträge in der durch die COVID-19-Krise verursachten Notsituation veröffentlicht.[50] Auch in den entspr. nationalen Erlassen, etwa dem Rundschreiben zur Anwendung des Vergaberechts im Zusammenhang mit der Beschaffung von Leistungen zur Eindämmung der Ausbreitung des neuartigem Corona-Virus SARS-CoV-2, sind entspr. Erleichterungen vorgegeben worden.[51] Ein mandatierter Einsatz der Bundeswehr ist ein Auslandseinsatz auf Grundlage einer Resolution des Sicherheitsrats der Vereinten Nationen und eines entspr. Mandats des deutschen Bundestags. Eine einsatzgleiche Verpflichtung ist eine mit einem solchen Einsatz vergleichbare Tätigkeit der Bundeswehr ohne entspr. förmliches Mandat. Bündnisverpflichtungen betreffen Beiträge der Bundeswehr, die sich aus ihrer Zugehörigkeit zu einem Verteidigungsbündnis (insbes. NATO) ergeben. Trotz der Normierung der Regelbeispiele bleibt iRd Abwägung eine Ablehnung der Zuschlagserteilung möglich, wenn die damit verbundenen nachteiligen Folgen die hiermit angestrebten Vorteile überwiegen könnten.[52]

In § 9 Abs. 2 Nr. 4 **LNGG** und § 5 Abs. 3 **BwBBG** werden nun ebenfalls Regelvermutungen gesetzlich normiert. Danach sind bei der Abwägung nach § 169 Abs. 2 Satz 1 GWB zusätzlich die in diesen Gesetzen normierten Zwecke zu berücksichtigen. Dies betrifft einmal die nationale Energiesicherung und die daraus resultierende

---

[46] So die Begr., BT-Drs. 19/15603, 59.
[47] BT-Drs. 19/15603, 59.
[48] RL 2009/81/EG des Europäischen Parlaments und des Rates vom 13.7.2009 über die Koordinierung der Verfahren zur Vergabe bestimmter Bau-, Liefer-, und Dienstleistungsaufträge in den Bereichen Verteidigung und Sicherheit oder zur Änderung der RL 2004/17/EG und 2004/18/EG.
[49] Ebenso: König/Neun/Görlich COVuR 2020, 25, 28. AA Beck VergabeR/Antweiler GWB § 169 Rn. 42.
[50] Mitteilung der Kommission v. 1.4.2020 (2020/C 108 I/01), ABl. Nr. C I 108, 1.
[51] Rundschreiben des BMWI (20601/000#003) v. 19.3.2020.
[52] Dies stellt auch Art. 56 Abs. 5 RL 2009/81/EG klar, auf den die Gesetzesbegr. ausdr. verweist, BT-Drs. 19/15603, 59.

besonderen Dringlichkeit der in § 3 LNGG definierten Vorhaben für die sichere Gasversorgung Deutschlands. Zum anderen betrifft dies nach § 5 Abs. 3 BwBBG die zeitnahe Erreichung eines breiten, modernen und innovationsorientierten Fähigkeitsspektrums der Bundeswehr (→ BwBBG Rn. 34).

18 **c) Interessen des Auftraggebers, des Beigeladenen und sonstige Interessen.** Ein besonderes Gewicht der Interessen des Beigeladenen an der Zuschlagserteilung an ihn sowie des Auftraggebers an einem Abschluss des Vergabeverfahrens durch Zuschlagserteilung erkennt § 169 Abs. 2 GWB nicht an. Die Belange von Beigeladenen und Auftraggeber sind in die Abwägung „aller möglicherweise geschädigten" Interessen nach § 169 Abs. 2 S. 1 GWB einzubeziehen.

19 Der **Auftraggeber** kann insbes. seine eigene **Zeitnot** im Ausschreibungsverfahren idR nicht als schutzwürdiges Interesse geltend machen.[53] Dem steht bereits das ihn treffende Vergabeverfahrensrisiko entgegen. Nur solche Umstände, die in der Planung des Auftraggebers von vornherein nicht berücksichtigt werden konnten, weil sie nicht vorhersehbar waren, können als schutzwürdige Interessen in die Abwägung einbezogen werden. Eine **selbst herbeigeführte Dringlichkeit** hat bei der Interessenabwägung zu Lasten des Auftraggebers außer Betracht zu bleiben.[54] Der Maßstab für die **Zeitdauer eines Nachprüfungsverfahrens,** die der öffentliche Auftraggeber einkalkulieren muss, kann aus § 167 GWB entnommen werden. Danach ist von einer Dauer des Nachprüfungsverfahrens vor der Vergabekammer von fünf Wochen mit einer Verlängerungsmöglichkeit von möglichst nicht mehr als zwei weiteren Wochen auszugehen.[55] Eine erhebliche, über diesen Zeitraum hinausgehende Verzögerung, etwa infolge starker Arbeitsbelastung der Vergabekammer, fällt nicht mehr in die Risikosphäre des Auftraggebers.[56] Im Bereich der Daseinsvorsorge kann die Dringlichkeit einer (Interims-) Vergabe jedoch – zumindest für einen gewissen Zeitraum – sogar dann gegeben sein, wenn sie auf vom Auftraggeber zu vertretenden Umständen beruht.[57]

20 Für den Auftraggeber können neben dem (nicht mehr gesondert berücksichtigungsfähigen) Interesse der Allgemeinheit auch eigenständige – wirtschaftliche – Interessen zu berücksichtigen sein. Ein solches Interesse besteht bei nicht zeitweilig zur Verfügung stehenden finanziellen Möglichkeiten oder dem nachweislich drohenden **Verlust von EU-Fördergeldern.**[58] Im Übrigen fallen nur ganz erhebliche oder solche Mehrkosten ins Gewicht, die die Erfüllung der Aufgaben des öffentlichen Auftraggebers gefährden.[59]

21 Dem Interesse des **Beigeladenen** an der Erteilung des Zuschlags auf sein Angebot kommt kein eigenes Gewicht bei der Abwägung zu. Die Belange des Beigeladenen sind durch den Bestand eines eigenen Antragsrechts in § 169 Abs. 2 S. 1 GWB ausreichend gewahrt. Dadurch können die den Beigeladenen betreffenden Interessen in das Verfahren eingeführt werden. Die finanziellen Auswirkungen der Zeitverzöge-

---

[53] Ob dieser Grundsatz auch für die der Vorabgestaltung vorrangigen (OLG Frankfurt a. M 12.10.2017 – 11 Verg 13/17) Interimsvergaben gilt, ist derzeit Gegenstand einer Vorlage zum EuGH: OLG Düsseldorf 15.2.2023 – Verg 9/22, BeckRS 2023, 3362 = VergabeR 2023, 516.

[54] OLG Jena 24.10.2003 – 6 Verg 9/03, BeckRS 2003, 152297 = IBR 2004, 43; OLG Celle 17.1.2003 – 13 Verg 2/03, BeckRS 2003, 1243 = VergabeR 2003, 367.

[55] Auch in der Fassung des Vergaberechtsmodernisierungsgesetzes ist eine Sanktion bei unbegründeter oder über die Vorgabe des § 167 Abs. 1 GWB hinausgehender Fristverlängerung durch die Vergabekammer nicht vorgesehen. So schon für den alten Rechtszustand OLG Brandenburg 30.11.2004 – Verg W 10/04, NZBau 2005, 238.

[56] BayObLG 31.10.2022 – Verg 13/22, BeckRS 2022, 35589.

[57] BayObLG 31.10.2022 – Verg 13/22, BeckRS 2022, 35589.

[58] Erdmann VergabeR 2008, 908 (911).

[59] Beck VergabeR/Antweiler GWB § 169 Rn. 40.

rung durch das Nachprüfungsverfahren müssen auch im Hinblick auf den Beigeladenen außer Betracht bleiben, weil der Auftraggeber diesen Aspekt des Vergabeverfahrensrisikos trägt, so dass erlittene Mehrkosten dort geltend gemacht werden können.[60]

In die Interessensabwägung können auch **andere Interessen** einbezogen werden. § 169 Abs. 2 S. 1 GWB sieht ausdr. vor, dass bei der Abwägung alle möglicherweise geschädigten Interessen berücksichtigt werden. Solche Interessen können etwa internationale Verpflichtungen für grenzüberschreitende Projekte oder anderweitige nationale Interessen sein.[61] Die Rspr. hat noch keine Einzelfallentscheidungen zu diesem Tatbestandsmerkmal getroffen. Es ist als Auffangtatbestand zu verstehen, um zu verhindern, dass im Einzelfall ausschlaggebende besondere Interessen bei einer Abwägung unberücksichtigt bleiben müssen.

d) Wesentliches Überwiegen der nachteiligen Folgen der Zuschlagsverzögerung. Ein Antrag auf Vorabgestattung des Zuschlags kann nur dann erfolgreich sein, wenn das Interesse an einer Zuschlagsgestattung die nachteiligen Folgen der Zuschlagsverzögerung erheblich überwiegt. Dabei kommt es iRd Grenzen für die Berücksichtigung der einzelnen Interessen auf die konkreten **Umstände des Einzelfalls** an. Nachfolgende Aspekte haben dabei in den bisher hierzu ergangenen Entscheidungen eine besondere Bedeutung erlangt:

aa) Zeitdauer. Eine besondere Eilbedürftigkeit und damit ein besonderes Interesse an der Vorabgestattung des Zuschlags bestehen idR nicht, wenn das Vergabeverfahren bereits längere Zeit andauert.[62] Die Eilbedürftigkeit reduziert sich umso mehr, je länger das Vergabenachprüfungsverfahren fortdauert.[63] Die Dauer eines Nachprüfungsverfahrens iRd Vorgabe aus § 167 GWB ist grds. vom Auftraggeber bei seiner Planung zu berücksichtigen. Die Berufung darauf kann daher eine Vorabgestattung des Zuschlags nicht rechtfertigen (→ vgl. aber Rn. 19 und → Rn. 29). Das Gleiche gilt für die mögliche zusätzliche Verzögerung durch ein sich anschließendes Beschwerdeverfahren. Ein solches Verfahren ist zum Zeitpunkt der Eilentscheidung durch die Vergabekammer noch hypothetischer Natur. Überdies ist das Zuschlagsverbot im Beschwerdeverfahren zeitlich begrenzt (§ 173 GWB) bzw. kann gesondert beseitigt werden (§ 173 Abs. 1 GWB).[64] Eine erheblich über die Vorgabe des § 167 GWB hinausgehende **Verlängerung der Entscheidungsfrist** durch die Vergabekammer kann jedoch einen Grund für die Vorabgestattung des Zuschlags darstellen.[65] Auch ein Wegfall des Interesses und des Beschaffungsbedarfs in Konstellationen, die mit einem **Fixgeschäft** vergleichbar sind, weil nach Ablauf eines bestimmten Zeitfensters die Leistung keinen Sinn mehr macht, kann zu

---

[60] RKPP/Kus GWB § 169 Rn. 70.
[61] Soweit solche Vergabeverfahren nicht vom Anwendungsbereich des GWB ohnehin ausgenommen sind, vgl. zB nach § 117 Nr. 4 GWB.
[62] OLG Celle 21.3.2001 – 13 Verg 4/01, BeckRS 2001, 31053390 = VergabeR 2001, 338. Dies gilt allerdings nicht für komplexe und gestufte Vergabeverfahren wie ÖPP-Vergaben, die einen besonderen Zeitbedarf erfordern.
[63] RKPP/Kus GWB § 169 Rn. 61.
[64] OLG Rostock 11.11.2021 – 17 Verg 8/21, VPR 2021, 186; RKPP/Kus GWB § 169 Rn. 75.
[65] BayObLG 31.10.2022 – Verg 13/22, BeckRS 2022, 35589; OLG Celle 31.1.2011 – 13 Verg 21/10, IBRRS 2011, 0420, bei zugleich unabsehbarer weiterer Dauer des Nachprüfungsverfahrens: VK Südbayern 29.7.2010 – Z3-3-3194-1-39-06/10, BeckRS 2010, 37312, jedoch aufgehoben durch OLG München 9.9.2010 – Verg 16/10, IBR 2010, 651; RKPP/Kus GWB § 169 Rn. 67, 68; in besonders gravierenden Fällen kann dazu auch eine Untätigkeitsbeschwerde erhoben werden, OLG Düsseldorf 23.9.2008 – 5 W 46/08, BeckRS 2009, 9664 = BauR 2009, 1933; 7.3.2012 – Verg 82/11, IBRRS 2012, 1062.

einem Überwiegen des Interesses an einer vorzeitigen Zuschlagsgestattung führen.[66] Allerdings darf sich der Auftraggeber durch die Ausgestaltung des Vergabeverfahrens nicht selbst in die Zwangslage gebracht haben. Ob ein Fixgeschäft vorliegt, muss an objektiven Gesichtspunkten festgemacht werden.

25 **bb) Mehrkosten.** Drohende Mehrkosten rechtfertigen grds. keine Vorabgestattung des Zuschlags.[67] Etwas anderes kann dann gelten, wenn der drohende Mehraufwand nahezu ausschl. durch das Nachprüfungsverfahren entstehen und eine **erhebliche Höhe** erreichen wird.[68] Die Höhe der durch das Nachprüfungsverfahren entstehenden Mehrkosten allein ist dagegen nicht ausschlaggebend, wenn sie zwangsläufige Folge des vom Auftraggeber selbst festgelegten finanziellen Umfangs der Ausschreibung ist. Andernfalls könnte der Auftraggeber durch die Wahl eines ausreichend großen Beschaffungsumfangs den Grundsatz aus § 169 Abs. 1 GWB außer Kraft setzen.[69]

26 **cc) Daseinsvorsorge.** Als vorrangiges Interesse der Allgemeinheit hat auch die Sicherung der Daseinsvorsorge grds. Berücksichtigung zu finden. Dies gilt vor allem im **hygienischen Bereich,** wie dem gesicherten Transport von Schmutzwasser, der Sicherung der Abfallentsorgung sowie der ordnungsgemäßen Lagerung und Verwertung von Klärschlamm.[70] Auch andere Bereiche der Versorgung der Allgemeinheit (Daseinsvorsorge) und des Gesundheitsschutzes (vgl. dazu auch → Rn. 17a) können ein dringendes Bedürfnis für eine sofortige Auftragserteilung begründen.[71] Das gleiche wird für Rettungsdienstleistungen gelten, soweit sie nicht nach § 107 Abs. 1 Nr. 4 GWB vom Anwendungsbereich des GWB ausgenommen sind. Ebenfalls fällt der Betrieb von Gemeinschaftsunterkünften für Asylsuchende bzw. Flüchtlingen darunter.[72] Das Interesse an einer ordnungsgemäßen Altpapierentsorgung, deren Unterbleiben weder die Gesundheit noch die sonstige Versorgung der Bevölkerung ernsthaft gefährdet, rechtfertigt vor allem dann keine Vorabgestattung des Zuschlags, wenn der Auftraggeber den entstandenen Zeitdruck größtenteils selbst herbeigeführt hat.[73]

27 **dd) Andere Fälle.** Die Zuschlagsgestattung kann auch durch eine sonst drohende Versagung von bereits bewilligten **Fördermitteln** gerechtfertigt sein. Maßgeblich ist der Einzelfall. Für **Verkehrsprojekte** ist davon auszugehen, dass iA die Dringlichkeit durch eine entspr. Ausweisung des Projekts im Bundesverkehrswegeplan als vordringlich allein nicht dazu ausreicht, eine Vorabgestattung des Zuschlags zu rechtfertigen. Das Gleiche gilt grds. für Großbauvorhaben.[74] Es obliegt dem Auftraggeber, den dringenden Verkehrsbedarf durch eine entspr. Gestaltung der Vergabeverfahren in überschaubaren Zeitfenstern zu realisieren. Vor diesem Hintergrund ist auch die

---

[66] Zu einem ähnlichen Fall OLG Düsseldorf 22.12.2011 – Verg 101/11, BeckRS 2012, 2835; VK Bund 30.6.1999 – VK 2–14/99, IBRRS 2013, 3237.
[67] OLG Dresden 14.6.2001 – WVerg 4/01, BeckRS 2001, 17465 = VergabeR 2001, 342.
[68] VK Sachsen 25.2.2002 – 1/SVK/012-02g, IBR 2002, 565, verneint.
[69] LSG NRW 30.1.2009 – L 21 KR 1/08 SFB, BeckRS 2009, 51726.
[70] VK Sachsen 24.10.2018 – 1/SVK/039-18G, VPR 2019, 121; VK Sachsen-Anhalt 2.2.2018 – 1 VK LSA 45/17 – 48/17, VPRRS 2018, 0245–0248 (Abfallentsorgung); grdl. zu typischen Fallgruppen: Beck VergabeR/Antweiler GWB § 169 Rn. 37 f. auch mit Nachweisen aus der Spruchpraxis.
[71] Beck VergabeR/Antweiler GWB § 169 Rn. 38; Vgl. auch VK Sachsen-Anhalt 4.9.2017 – 3 VK LSA 70/17, VPR 2018, 1037 (Beseitigung von Ölverunreinigungen auf Verkehrsflächen, obwohl zur Frage des zulässigen Vergabeverfahrens ergangen).
[72] BayObLG 31.10.2022 – Verg 13/22, BeckRS 2022, 35589.
[73] BayObLG 23.1.2003 – Verg 2/03, IBRRS 2003, 0508 = VergabeR 2003, 368.
[74] OLG Rostock 16.9.2021 – 17 Verg 7/21, VPR 2022, 10.

Aussetzung des Vergabeverfahrens § 169 GWB

Beseitigung eines Unfallschwerpunktes kein Aspekt, dem ein besonderes Gewicht bei der Entscheidung über die Vorabgestattung eines Zuschlags zukommt.[75] Nur in außergewöhnlichen Konstellationen, wie bei **kurz bevorstehenden Großereignissen,** können die Interessen an der Vorabgestattung des Zuschlags ein solches Gewicht erreichen, dass der Antrag Aussicht auf Erfolg hat.[76] Besteht die Möglichkeit, die Zeitnot durch einen Interimsvertrag zu lindern, reduziert sich in gleichem Maße das Interesse an einer Vorabgestattung des Zuschlags für den Ausschreibungsgegenstand.[77] Die hieraus entstehenden Mehrkosten hat der Auftraggeber hinzunehmen. Die in Abs. 2 S. 2 und 3 erwähnten besonderen **Verteidigungs- und Sicherheitsinteressen** bei verteidigungs- oder sicherheitsrelevanten Aufträgen oder die wesentlichen Sicherheitsinteressen der Bundesrepublik Deutschland, die über die Verweisung auf § 150 Nr. 1 und 6 GWB in Abs. 4 besonders herausgehoben werden, stellen schon aufgrund dieser ausdr. gesetzlichen Erwähnung gewichtige Interessen dar. Ihr (allerdings vom Auftraggeber darzulegendes und ggf. nachzuweisendes) Vorliegen wird eine Freigabe des Zuschlages damit idR rechtfertigen (vgl. dazu auch → Rn. 17a). Basieren diese besonderen Interessen auf Umständen, die mit einem entspr. Geheimhaltungsgrad klassifiziert sind, kommt den Nachprüfungsinstanzen eine besondere Verantwortung zu. Ihnen obliegt es, die Vertraulichkeit sicherzustellen, § 164 Abs. 1 GWB.[78] Auch die Fälle des **LNGG** und des **BwBBG** fallen darunter (vgl. dazu auch → Rn. 17c).

e) Berücksichtigung der Erfolgsaussichten des Nachprüfungsantrages 28 **und der Aussichten des Antragstellers auf Zuschlagserteilung.** § 169 Abs. 2 S. 4, 5 GWB setzen die zuvor zu der Frage der Berücksichtigung der Erfolgsaussichten der Hauptsache ergangene Rspr.[79] um. Die Erfolgsaussichten des Nachprüfungsantrages müssen nicht in jedem Fall Gegenstand der Abwägung sein, sondern nur dann, wenn bei eindeutigem Sachverhalt eine **summarische Prüfung** unschwer eine Prognose über die Erfolgsaussichten des Nachprüfungsantrages zulässt.[80] Daneben wird jedoch ein besonderes Beschleunigungsinteresse selbst bei nach summarischer Prüfung fehlenden Erfolgsaussichten als notwendig angesehen.[81] Die allg. Aus-

---

[75] Vgl. aber – in Verbindung mit fehlenden Erfolgsaussichten eines Nachprüfungsantrages: OLG Düsseldorf 8.6.2022 – VII-Verg 19/22, BeckRS 2022, 15401.

[76] Dies ist für die Fußballweltmeisterschaft (VK Hamburg 27.10.2005 – VK BSU-3/05, IBRRS 2005, 3879) oder andere Großveranstaltungen (Hessentag) (VK Hessen 27.4.2009 – 69d VK 10/09, BeckRS 2011, 2905) bereits ausgesprochen worden. Generell für Großveranstaltungen mit erheblicher Breitenwirkung VK Hessen 24.2.2014 – 69d-VK-05/2014, VPRRS 2014, 0563.

[77] BayObLG 23.1.2003 – Verg 2/03, IBRRS 2003, 0508 = VergabeR 2003, 368.

[78] Diese Bestimmung war offenbar nur wegen eines Redaktionsversehens nicht in die für das Verfahren vor den Vergabesenaten anzuwendenden Regelungen nach § 120 Abs. 2 GWB aF aufgenommen worden. Dies wurde auch mit dem VergRModG nicht behoben. § 175 Abs. 2 GWB verweist nicht auf § 164 GWB.

[79] Hierzu BayObLG 23.1.2003 – Verg 2/03, IBRRS 2003, 0508 = VergabeR 2003, 368; OLG Jena 14.11.2001 – 6 Verg 6/01, BeckRS 2001, 9317 = VergabeR 2002, 165; OLG Dresden 14.6.2001 – WVerg 4/01, BeckRS 2001, 17465 = VergabeR 2001, 342; OLG Celle 21.3.2001 – 13 Verg 4/01, BeckRS 2001, 31053390 = VergabeR 2001, 338.

[80] Zu einer solchen Konstellation: OLG Düsseldorf 22.12.2011 – Verg 101/11, BeckRS 2012, 2835, (Zuschlagsgestattung abgelehnt).

[81] OLG Düsseldorf 8.6.2022 – VII-Verg 19/22, BeckRS 2022, 15401; BayObLG 31.10.2022 – Verg 13/22, BeckRS 2022, 35589; 17.6.2021 – Verg 6/21, NZBau 2021, 821 = VergabeR 2021, 714; OLG Frankfurt a. M. 26.1.2017 – 11 Verg 1/17, NZBau 2017, 309; OLG Düsseldorf 12.2.2013 – VII-Verg 1/13, BeckRS 2013, 5998; 9.7.2012 – VII-Verg 18/12, BeckRS 2012, 23825, jew. zu einem Antrag auf Vorabgestattung nach § 176 GWB; aA noch: OLG Naumburg 22.11.2019 – 7 Verg 7/19, VPR 2020, 130 und OLG München

sichten des Antragstellers im Vergabeverfahren, den Auftrag zu erhalten, sind dagegen zu berücksichtigen. Wie sich diese Berücksichtigung auf das Ergebnis der Interessenabwägung auswirkt, wird damit zwar nicht vorgegeben. Jedoch verleiht eine hohe Aussicht des Bieters, den Auftrag zu erhalten, der Abwägung ein besonderes Gewicht. Leidet das Vergabeverfahren dagegen an erheblichen Mängeln, kommt die Gestattung einer vorzeitigen Zuschlagserteilung nicht in Betracht.[82] Als eigenständiges Interesse der Allgemeinheit gilt auch die Zuschlagserteilung an den günstigsten Bieter.[83] Eine Vorabgestattung des Zuschlages ohne Einbeziehung der Erfolgsaussichten des Nachprüfungsantrages in die dazu notwendige Abwägung kommt nur in besonderen Ausnahmefällen in Betracht. Dies kann etwa geschehen, wenn die Klärung der Erfolgsaussichten nicht zeitnah möglich und zugleich der Auftraggeber (bzw. die Allgemeinheit) besonders dringlich auf die Leistung angewiesen ist.[84]

29 **f) Verfahrensfragen.** Der Antrag auf Vorabgestattung des Zuschlags kann zwar **während der gesamten Dauer des Nachprüfungsverfahrens gestellt** werden. Je später der Eilantrag im Verfahren vor der Vergabekammer gestellt wird, desto weniger plausibel ist allerdings die Eilbedürftigkeit und desto geringer werden seine Erfolgsaussichten sein.[85] Unschädlich ist eine Antragstellung jedoch auch dann, wenn aufgrund der Umstände des Einzelfalles (später) erkennbar wird, dass die Notwendigkeit zu einer vorzeitigen Zuschlagserteilung gegeben ist.[86]

30 Der Antrag kann vom Auftraggeber und von dem Unternehmen, das für die Erteilung des Zuschlags ausgewählt worden ist, gestellt werden (§ 169 Abs. 2 GWB). Er ist nur zulässig, wenn der Antragsteller das **erforderliche Rechtsschutzinteresse** hat. Dieses fehlt in einem Nachprüfungsverfahren, das sich allein gegen die Aufhebung der Ausschreibung wendet. Der Antrag erledigt sich durch eine Entscheidung der Vergabekammer in der Hauptsache.[87] Auch ein nach Zurückweisung eines ersten Vorabgestattungsantrages gestellter erneuter Eilantrag bedarf eines besonderen Rechtsschutzbedürfnisses, weil grds. die Rechtskraft der Erstentscheidung entgegensteht.[88]

31 § 169 Abs. 2 GWB setzt der Vergabekammer für die **Verbescheidung** des Antrages auf Vorabgestattung des Zuschlags **keine ausdr. Frist.** Der Antragsteller des Nachprüfungsverfahrens wird gem. § 169 Abs. 2 S. 1 GWB vor der Schaffung vollendeter Tatsachen geschützt, da ein Zuschlag erst nach Ablauf von zwei Wochen nach Bekanntgabe einer entspr. Eilentscheidung der Vergabekammer erteilt werden kann. Diese Regelung begründet – wie § 169 Abs. 1 GWB – ein gesetzliches Zuschlagsverbot. Das Gesetz konkretisiert nicht, es dabei auf die Bekanntgabe beim Antragsteller oder beim Antragsgegner (dem Antragsteller des Vorabgestattungsverfahrens) ankommt. Nachdem sich § 169 Abs. 2 S. 1 GWB an den Auftraggeber richtet, ist davon auszugehen, dass die Bekanntgabe beim Auftraggeber für den Beginn der Frist maßgeblich ist.[89] Wird der Zuschlag von der Vergabekammer wegen eines Vorhabens nach dem LNGG freigegeben, kann dieser sofort und nicht

---

9.9.2010 – Verg 16/10, IBR 2010, 651, die ein besonderes Beschleunigungsinteresse für notwendig gehalten haben..

[82] OLG Düsseldorf 26.1.2017 – 11 Verg 1/17, BeckRS 2015, 14053.
[83] OLG Düsseldorf 7.1.2010 – Verg 61/09, IBR 2010, 585.
[84] OLG Düsseldorf 9.5.2011 – Verg 40/11, IBR 2011, 660.
[85] RKPP/Kus GWB § 169 Rn. 61.
[86] Etwa wenn sich die Überschreitung der Regelfrist eines Nachprüfungsverfahrens abzeichnet: OLG Celle 31.1.2011 – 13 Verg 21/10, IBR 2011, 165.
[87] BayObLG 16.7.2004 – Verg 16/04, BeckRS 2004, 8251.
[88] RKPP/Kus GWB § 169 Rn. 62.
[89] AA in Beck VergabeR/Antweiler GWB § 169 Rn. 46.

erst nach zwei Wochen erteilt werden, wenn die Wartefrist aus § 134 GWB bereits abgelaufen ist, § 9 Abs. 2 Nr. 4 Satz 4 LNGG. Diese Bestimmung findet in dem BwBBG keine Entsprechung. Für den Antragsteller des Vergabenachprüfungsverfahrens ergeben sich damit in jedem Fall besondere Sorgfaltspflichten, will er nicht im Fall einer Vorabgestattung des Zuschlags von einem solchen Zuschlag überrascht und damit auf Ansprüche im Sekundärrechtsschutz verwiesen werden (§ 168 Abs. 2 S. 1 GWB). Ein Zustellungserfordernis, noch dazu beim Antragsteller des Nachprüfungsverfahrens, normiert § 169 Abs. 2 S. 1 GWB nicht.

Wegen der Eilbedürftigkeit des Verfahrens auf Vorabgestattung des Zuschlags 32 innerhalb des ohnehin dem Beschleunigungsgebot nach § 167 GWB unterworfenen Nachprüfungsverfahrens kann ein Auftraggeber damit rechnen, dass ein Antrag auf Vorabgestattung des Zuschlags innerhalb von etwa zwei Wochen verbeschieden wird.[90] Das Beschleunigungsgebot hält jedoch auch die Verfahrensbeteiligten zu einem rechtzeitigen Vortrag an. Andernfalls laufen sie Gefahr, dass ihr Vortrag unberücksichtigt bleibt.[91]

3. Rechtsschutz gegen die Entscheidung der Vergabekammer

§ 169 Abs. 2 S. 6 GWB ermöglicht es dem Antragsteller des Nachprüfungsverfah- 33 rens, beim **Beschwerdegericht** einen **Antrag auf Wiederherstellung des Zuschlagsverbots** zu stellen. Umgekehrt kann der Auftraggeber bei dem Beschwerdegericht gegen die Ablehnung eines Antrags auf Vorabgestattung des Zuschlags vorgehen (§ 169 Abs. 2 S. 7 GWB). Dem Beigeladenen steht ein solches Vorgehen zum Beschwerdegericht nach dem Inhalt des Gesetzes nicht offen. Dies erscheint inkonsequent. In der Gesetzesbegr. wird diese Diskrepanz nicht behandelt. Es ist daher von einem (immer noch fortbestehenden) Redaktionsversehen auszugehen. Ein inhaltlicher Grund dafür, die Anfechtbarkeit der Entscheidung der Vergabekammer über den Antrag auf Vorabgestattung des Zuschlags nur dem Antragsgegner und dem Antragsteller vorzubehalten, das Antragsrecht selbst jedoch dem Antragsgegner und dem Beigeladenen zu gewähren, ist nicht erkennbar. Der Antrag auf Wiederherstellung des Zuschlagsverbots kann deshalb auch vom Beigeladenen gestellt werden.[92]

§ 169 Abs. 2 S. 9 GWB stellt klar, dass die Anfechtung einer Entscheidung über 34 einen Antrag auf Vorabgestattung des Zuschlags **keine sofortige Beschwerde** nach § 171 Abs. 1 GWB darstellt. Dadurch wird der Charakter als Instrument des Eilrechtsschutzes deutlich hervorgehoben. Die Entscheidung soll nicht eine Entscheidung in der Hauptsache vorwegnehmen oder obsolet machen.

Im Verfahren vor dem Beschwerdegericht über das Rechtsmittel gegen eine Eil- 35 entscheidung der Vergabekammer gelten die wesentlichen **Verfahrensvorschriften** aus dem Eilrechtsschutzverfahren für einen Antrag des Auftraggebers auf Vorabgestattung des Zuschlags vor dem Beschwerdegericht selbst, § 176 Abs. 2 S. 1, 2, Abs. 3 GWB. Der Rechtsmittelführer hat seinen Antrag schriftlich zu stellen und gleichzeitig zu begründen. Die zur Begründung des Antrages vorzutragenden Tatsachen und der Grund für die Eilbedürftigkeit sind glaubhaft zu machen (§ 294 ZPO). Die Notwendigkeit zur Glaubhaftmachung der Gründe für die Eilbedürftigkeit betrifft in erster Linie ein Rechtsmittel des Auftraggebers, dessen Antrag auf Vorabgestattung

---

[90] So (wenn auch ohne Begr.) BayObLG 23.1.2003 – Verg 2/03, BeckRS 2003, 1871 = VergabeR 2003, 368.
[91] OLG Düsseldorf 20.2.2013 – VII-Verg 47/12, BeckRS 2013, 6000; 19.11.2003 – VII-Verg 22/03, BeckRS 2003, 9977 = VergabeR 2004, 248.
[92] Bei mehreren Beigeladenen können auch die nicht zum Zuschlag vorgesehenen Bieter in gleicher Weise wie ein Antragsteller des Nachprüfungsverfahrens durch den bevorstehenden Zuschlag von Rechtsverlusten bedroht sein, RKPP/Kus GWB § 169 Rn. 59.

GWB § 169 Aussetzung des Vergabeverfahrens

des Zuschlags abgelehnt worden ist. Die Entscheidung des Beschwerdegerichtes ist nach § 169 Abs. 2 S. 8 GWB iVm § 176 Abs. 3 GWB unverzüglich, längstens innerhalb von fünf Wochen, zu treffen und zu begründen. Die Entscheidungsfrist kann ausnahmsweise verlängert werden. Die Entscheidung kann ohne mündliche Verhandlung ergehen. In der Begründung sind Rechtmäßigkeit oder Rechtswidrigkeit des Vergabeverfahrens zu erläutern. Die allg. Vorschriften für das Verfahren vor dem Beschwerdegericht sind über die Verweisung in § 176 Abs. 3 S. 4 GWB auf § 175 GWB ebenfalls anwendbar.

36 Auch wenn dem Beschwerdegericht für die Entscheidung über das Rechtsmittel gegen den Beschluss der Vergabekammer nach einem Antrag auf Vorabgestattung des Zuschlags eine **Frist von fünf Wochen** (ggf. mehr) zusteht, erledigt sich allein dadurch die Eilbedürftigkeit eines Antrags auf Vorabgestattung des Zuschlags nicht. Andernfalls würde diese gesetzlich eingeräumte Möglichkeit von vornherein leerlaufen.

37 Bei der Anfechtung der Entscheidung der Vergabekammer über den Vorabgestattungsantrag handelt es sich um ein **eigenständiges Rechtsmittel** (eigenständiges Beschwerdeverfahren).[93] Es zieht auch eine eigenständige Kostenentscheidung nach sich.[94] Die Bestimmungen des § 176 GWB finden nur im Umfang der Verweisung Anwendung. Das Verfahren wird dadurch nicht selbst zu einem Verfahren nach § 176 GWB. Daher tritt auch bei Ablehnung des Rechtsmittels zu Lasten des Auftraggebers durch den Vergabesenat die Rechtsfolge des § 177 GWB nicht ein, nach der das Vergabeverfahren nach Ablauf von zehn Tagen nach Zustellung der Entscheidung als beendet gilt, wenn der Auftraggeber nicht die Maßnahmen zur Herstellung der Rechtmäßigkeit des Verfahrens ergreift, die sich aus der Entscheidung ergeben. Der Vergabesenat hat im Antragsverfahren nach § 169 Abs. 2 Satz 5 GWB die Abwägung der widerstreitenden Interessen in eigener Verantwortung selbst vorzunehmen und ist nicht etwa darauf beschränkt, die Ermessensentscheidung der Vergabekammer auf Ermessensfehler zu prüfen.[95]

38 Hat die Vergabekammer dem Auftraggeber den Zuschlag gestattet, hat das gem. § 169 Abs. 2 S. 6 GWB angerufene Beschwerdegericht innerhalb der nach § 169 Abs. 2 S. 1 GWB laufenden 2-Wochen-Frist eine Entscheidung zu treffen, damit kein Zuschlag und damit ein Verlust des effektiven Rechtsschutzes für den Antragsteller droht. Ist innerhalb dieser Frist eine sachgerechte Abwägungsentscheidung nicht möglich, kann im Wege einer **Zwischenverfügung** angeordnet werden, dass das Zuschlagsverbot zunächst einstweilig bis zur Entscheidung über den Antrag nach § 169 Abs. 2 S. 6 GWB verlängert wird.[96] Sowohl die Wiederherstellung des Zuschlagsverbots als auch die sofortige Zuschlagsgestattung nach Ablehnung eines entspr. Antrags durch die Vergabekammer stellen Entscheidungen dar, die nicht mehr weiter angefochten werden können. Dies entspricht dem im Vergabenachprüfungsverfahren vom GWB vorgesehenen Instanzenzug. Mit einer sofortigen Beschwerde gegen die Hauptsacheentscheidung erledigt sich ein Antrag auf Vorabgestattung des Zuschlages aus der Erwiderung des Auftraggebers.[97] Der Senat hat nur über die Kosten des Verfahrens nach § 169 Abs. 2 S. 6 bzw. 7 GWB zu entscheiden, §§ 169 Abs. 2 S. 8 iVm 176 Abs. 3 S. 4, 175 Abs. 2, 71 S 1. Das zuvor durchgeführte Verfahren nach § 169 Abs. 2 S. 1 GWB ist Bestandteil des Hauptsacheverfahrens vor der Vergabekammer.[98] Der Antrag auf Vorabgestattung des Zuschlages ist

---

[93] OLG Frankfurt a. M. 26.1.2017 – 11 Verg 1/17, NZBau 2017, 309.
[94] OLG München 9.9.2010 – Verg 16/10, IBR 2010, 651.
[95] OLG Naumburg 22.11.2019 – 7 Verg 7/19, NZBau 2020, 478.
[96] OLG München 9.9.2010 – Verg 16/10, BeckRS 2010, 22055; RKPP/Kus GWB § 169 Rn. 101.
[97] OLG Düsseldorf 13.3.2020 – Verg 10/20, BeckRS 2020, 56073.
[98] OLG München 9.9.2010 – Verg 16/10, BeckRS 2010, 22055; OLG Düsseldorf 9.5.2011 – VII-Verg 45/11, BeckRS 2011, 18630 = VergabeR 2011, 884 (886).

Aussetzung des Vergabeverfahrens **§ 169 GWB**

in entspr. Anwendung von § 96 ZPO wie ein neues Angriffsmittel anzusehen. Bleibt er erfolglos, können die dafür angefallenen Kosten dem Auftraggeber auferlegt werden, auch wenn der Nachprüfungsantrag iÜ zurückgewiesen wurde.[99] Gebührenrechtlich wird das Gestattungsverfahren nach § 169 Abs. 2 GWB vor der Vergabekammer kein selbstständiges Verfahren.[100] Ob dies auch für die Beurteilung der Rechtsanwaltsvergütung gilt, dürfte vor dem Hintergrund der grds. Trennung von einstweiligem Rechtsschutz und Hauptsacheverfahren (§ 17 Nr. 4 RVG) zweifelhaft sein. Das Verfahren nach § 169 Abs. 2 S. 6 GWB ist als eigene Angelegenheit anzusehen.[101]

IV. Sonstige Eilmaßnahmen, Vollstreckung (Abs. 3)

1. Anwendungsbereich

Die Rechte eines Antragstellers können auch durch Zwischenentscheidungen im Vergabeverfahren gefährdet werden. Eine Gefährdung muss nicht immer durch einen drohenden Zuschlag eintreten.[102] Die Vergabekammer kann in diesem Fall auf besonderen Antrag weitere **vorläufige Maßnahmen** treffen und damit in das Vergabeverfahren eingreifen (§ 169 Abs. 3 S. 1 GWB). Der Beurteilungsmaßstab für das Ergreifen solcher anderweitigen vorläufigen Maßnahmen ist die Vorgabe aus Abs. 2 S. 1, § 169 Abs. 3 S. 2 GWB.[103] Er ist vor dem Hintergrund des Zweckes von § 169 Abs. 3 GWB als Erweiterung des ohnehin zugunsten des Antragstellers bestehenden Zuschlagsverbots anzusehen. Die Regelung soll in denjenigen Fällen effektiven Rechtsschutz vermitteln, in denen das Zuschlagsverbot nicht ausreicht, um eine drohende Rechtsverletzung zu verhindern. Der Bieter soll davor geschützt werden, dass trotz bestehendem Zuschlagsverbot Fakten geschaffen werden, die seine Zuschlagschancen unwiederbringlich vermindern, oder gar vollendete Tatsachen geschaffen werden, die eine Zuschlagserteilung trotz laufendem Nachprüfungsverfahren verhindern.[104] § 169 Abs. 3 GWB bietet keine Rechtsgrundlage, um die weitere **Durchführung eines geschlossenen Vertrags**, der unter Verstoß gegen die Verpflichtung zur Durchführung eines europaweiten Vergabeverfahrens geschlossen wurde, zu **untersagen**.[105] Ob die Bestimmung die Vergabekammer dazu befugt, **39**

---

[99] OLG München 24.1.2012 – Verg 16/11, BeckRS 2012, 328 = VergabeR 2012, 525; 28.2.2011 – Verg 23/10, IBR 2011, 1137; nach OLG Düsseldorf 9.5.2011 – VII-Verg 45/11, BeckRS 2011, 18630 = VergabeR 2011, 884 (886), folgt dies aus § 78 GWB.

[100] VK Rheinland 28.5.2019 – VK 55/17, VPRRS 2019, 0269.

[101] OLG Naumburg 25.2.2015 – 2 Verg 2/14, BeckRS 2015, 10374; OLG München 28.2.2011 – Verg 23/10, BeckRS 2011, 4664. Dies zeigt auch die Vorb. 3.2 Abs. 2 S. 3 iVm S. 1 VV zum RVG.

[102] Dies kann etwa durch eine beabsichtigte Verlängerung auslaufender (und deshalb neu ausgeschriebener) Verträge geschehen, OLG Düsseldorf 11.1.2012 – Verg 58/11, IBRRS 2012, 1250.

[103] Hierin wird zT ein Redaktionsversehen erblickt, etwa RKPP/Kus GWB § 169 Rn. 111. Ob dies tatsächlich zutrifft, ist zweifelhaft; vgl. dazu auch VK Rheinland-Pfalz 22.10.2010 – VK 2–34/10, BeckRS 2010, 144983; 30.8.2010 – VK 2–34/10. Der Antrag nach § 169 Abs. 3 S. 1 GWB betrifft in erster Linie die Wahrung der Rechte des Antragstellers. Nach § 169 Abs. 1 S. 1 GWB sind alle möglicherweise geschädigten Interessen und das Interesse der Allgemeinheit an einem raschen Abschluss des Vergabeverfahrens zu berücksichtigen. Ein umfassenderer Maßstab für die Entscheidung nach § 169 Abs. 3 S. 1 GWB kann auch durch die zusätzliche Einbeziehung von Abs. 2 S. 2–5 nicht erreicht werden.

[104] OLG München 6.9.2019 – Verg 19/19.

[105] VK Südbayern 3.5.2021 – 3194.Z3-3_01-21-26, VPR 2022, 40.

dem Auftraggeber zu untersagen, einen unwirksamen Interimsauftrag durch Inanspruchnahme einer im Interimsvertrag vereinbarten Verlängerungsoption fortzusetzen[106], ist deshalb fraglich. Die Regelung kann auch nicht über den Wortlaut hinaus in den Zeitraum vor Beginn des Vergabeverfahrens ausgedehnt werden. Ein vorbeugender Rechtsschutz wird nicht vermittelt. Umgekehrt wirken vorläufige Anordnungen nach § 169 Abs. 3 S. 1 GWB nur in die Zukunft und kommen deshalb nur in einem noch nicht abgeschlossenen Vergabeverfahren in Betracht.[107] Die Bestimmung findet **entspr. Anwendung im Beschwerdeverfahren** vor dem Vergabesenat.[108] Auf dieser Grundlage kann auch ein Zuschlagsverbot wieder hergestellt werden.[109] Eine Anordnung einstweiliger Maßnahmen durch das Beschwerdegericht in entspr. Anwendung von § 169 Abs. 3 GWB kommt nur in Betracht, wenn vor der Vergabekammer ein solcher Antrag nicht oder nicht mehr gestellt werden kann. Dem Bieter steht kein Wahlrecht zu, den Antrag je nach Einschätzung der Erfolgsaussichten entweder vor der Vergabekammer oder vor dem Vergabesenat oder ggf. vor beiden Nachprüfungsinstanzen zu stellen.[110]

2. Einzelmaßnahmen

40   Die ergehenden Anordnungen sollen eine bevorstehende Entscheidung der Vergabekammer absichern. Sie können daher nicht weiter reichen als eine danach mögliche endgültige Entscheidung und können auch keine zukünftigen Vergabeverfahren betreffen.[111] Zu diesem Zweck sind auch **Zwischenverfügungen in dringenden Fällen** möglich, wenn besondere Gründe vorliegen, die es rechtfertigen, nicht bis zu einer geregelten Entscheidung nach § 169 Abs. 2 GWB abwarten zu können.

41   Die Maßnahmen der Vergabekammer nach § 169 Abs. 3 GWB bzw. des Vergabesenates nach § 169 Abs. 3 GWB analog, die an den Antragsgegner gerichtet werden, können **keine Einwirkung auf Dritte** verlangen. Der Antragsgegner kann nicht dazu verpflichtet werden, die Beigeladene bspw. zu einem Baustopp anzuhalten. Die Anordnungen können den Antragsgegner nicht über das hinausgehend verpflichten, was in dessen Rechtsmacht steht, etwa nach dem im bürgerlichen Recht bestehenden Anspruchsgrundlagen.[112] Soweit erforderlich, kann eine Anordnung nach § 169 Abs. 3 GWB jedoch **direkt gegen einen (unwirksam) von der Vergabestelle Beauftragten** gerichtet werden, selbst dann, wenn dieser noch nicht Verfahrensbeteiligter ist.[113]

42   Als Maßnahme nach § 169 Abs. 3 GWB kommt ua die **vorläufige Untersagung der Submission** in einem Vergabeverfahren in Betracht.[114] Ob eine Kündigung

---

[106] So: VK Nordbayern 31.5.2022 – RMF-SG21-3194-7-15, VPRRS 2022, 0220.

[107] In ein bereits mit einer Beauftragung abgeschlossenes Vergabeverfahren kann deshalb nicht rückwirkend mit vorläufigen Anordnungen eingegriffen werden, VK Rheinland 28.1.2020 – VK 3/20, VPR 2020, 2460.

[108] OLG Düsseldorf 16.11.2016 – Verg 40/16, IBRRS 2017, 0712; 30.4.2008 – Verg 23/08, NZBau 2008, 461; 14.5.2008 – VII-Verg 27/08, BeckRS 2008, 9282 = VergabeR 2008, 661 (663 f.); OLG Naumburg 9.8.2006 – 1 Verg 11/06, IBR 2006, 1477; OLG Celle 15.7.2004 – 13 Verg 11/04, BeckRS 2004, 08184.

[109] BayObLG 25.1.2023 – Verg 17/22.

[110] OLG München 6.9.2019 – Verg 19/19.

[111] OLG Düsseldorf 20.10.2008 – VII-Verg 46/08, BeckRS 2009, 4981 = VergabeR 2009, 173 (174).

[112] OLG Düsseldorf 14.5.2008 – VII-Verg 27/08, BeckRS 2008, 9282 = VergabeR 2008, 661 (664).

[113] OLG Düsseldorf 30.4.2008 – Verg 23/08, NZBau 2008, 461.

[114] OLG Naumburg 9.8.2006 – 1 Verg 11/06, IBR 2006, 1477; VK Brandenburg 23.2.2010 – VK 8/10, IBR 2010, 234.

Aussetzung des Vergabeverfahrens **§ 169 GWB**

von Verträgen angeordnet[115] und ihre (beabsichtigte) Fortführung untersagt werden kann,[116] oder ob dem öffentlichen Auftraggeber untersagt werden kann, einen vergaberechtswidrig erteilten Auftrag durchzuführen,[117] ist fraglich (vgl. → Rn. 39). Die Anordnung der Auftragserteilung an einen geeigneten Bieter oder anderer Maßnahmen, die einen rechtlichen oder faktischen Kontrahierungszwang darstellen, scheidet aus.[118] Die beantragte vorläufige Maßnahme muss unter Abwägung aller betroffenen Interessen zur Sicherung der Rechte des Antragstellers notwendig sein. Vorläufige Maßnahmen kommen nicht Betracht, wenn der Nachprüfungsantrag eindeutig keine Aussicht auf Erfolg hat. Eine vorläufige Maßnahme nach § 169 Abs. 3 GWB kann grds. auch dahin gehen, eine im freihändigen Verfahren vorgenommene übergangsweise Auftragserteilung, die bis zu Entscheidung in der Hauptsache gelten soll, zu untersagen.[119] Dies gilt zumindest dann, wenn der faktische Vollzug des gesamten Auftrags oder zumindest wesentlicher Teile davon droht. Eine vorläufige Maßnahme nach § 169 Abs. 3 GWB bzgl. einer Interimsbeauftragung darf die Voraussetzungen des § 135 Abs. 1 Nr. 2 GWB nicht unterlaufen.[120] Maßnahmen nach § 169 Abs. 3 GWB (analog) können auch dann unterbleiben, wenn die entspr. Eilverfahren selbst noch nicht zur Entscheidung reif sind und eine weitergehende Gefährdung als durch die ohnehin bereits begonnene Vorbereitung des für den Zuschlag vorgesehenen Bieters nicht droht.[121]

Entscheidungen nach § 169 Abs. 3 GWB sind **nicht selbständig anfechtbar** 43 (§ 169 Abs. 3 S. 3 GWB).[122] Über die Kosten von Anträgen nach § 169 Abs. 3 GWB wird iRd **Kostenentscheidung** der Hauptsache befunden. Erledigt sich der Antrag, weil der Auftraggeber den beantragten Maßnahmen durch eigene Entschließungen zuvorgekommen ist, trägt der Auftraggeber dennoch die angefallenen Kosten.[123] Für den Antrag auf einstweiligen Rechtsschutz nach § 169 Abs. 3 GWB vor der Vergabekammer ist eine Erhöhung der Geschäftsgebühr nach VV Nr. 2300 RVG iHv 0,2 gerechtfertigt.[124] Der Antrag auf Erlass einer einstweiligen Anordnung vor dem Beschwerdegericht löst eine 1,3 Verfahrensgebühr aus, Vorb. 3.2 Abs. 2 S. 2 analog iVm Nr. 3100 VV zum RVG. Es handelt sich um eine vom (Haupt-) Nachprüfungsantrag verschiedene Angelegenheit iSv § 17 Nr. 4 RVG.

3. Vollstreckung

Die vorläufig angeordneten Maßnahmen können mit dem Instrumentarium der 44 **Verwaltungsvollstreckungsgesetze** des Bundes und der Länder durchgesetzt werden. Die Maßnahmen sind sofort vollziehbar (§ 169 Abs. 3 S. 4 GWB). Durch die angeordnete Verweisung auf § 86a GWB besteht ein effektiverer Zwangsgeldrahmen, als er nach den Verwaltungsvollstreckungsgesetzen zur Verfügung steht. Die allg. Bestimmungen über die Vollstreckung von Entscheidungen der Vergabenach-

---

[115] Vgl. dazu § 133 GWB.
[116] Im entschiedenen Fall jedoch abgelehnt OLG Rostock 21.7.2017 – 17 Verg 3/17, VPRRS 2019, 0116; OLG Düsseldorf 11.1.2012 – Verg 58/11, IBRRS 2012, 1250.
[117] So: OLG Düsseldorf 16.11.2016 – Verg 40/16, IBRRS 2017, 0712.
[118] BayObLG 14.3.2023 – Verg 1/23, BeckRS 2023, 4498.
[119] So: OLG Brandenburg 6.10.2006 – Verg W 6/06, NZBau 2007, 329; OLG Celle 15.7.2004 – 13 Verg 11/04, BeckRS 2004, 08184.
[120] VK Südbayern 29.12.2016 – Z3-3-3194-1-47-11/16, BeckRS 2016, 121043.
[121] OLG Celle 25.6.2019 – 13 Verg 4/19, NZBau 2020, 57 = VergabeR 2019, 764 (766).
[122] Eine Anfechtbarkeit wird auch ggü. Zwischenverfügungen in Verfahren des einstweiligen Rechtsschutzes (Antrag auf Erlass einer einstweiligen Anordnung nach der ZPO) verneint, OLG Stuttgart 21.7.2015 – 10 W 31/15, NJW-RR 2016, 187.
[123] OLG Düsseldorf 7.12.2011 – Verg 79/11, BeckRS 2012, 4019, unter C. der Gründe.
[124] VK Hessen 22.7.2009 – 69d-VK-11/2008, IBR 2009, 1298.

GWB § 169 Aussetzung des Vergabeverfahrens

prüfungsinstanzen aus § 168 Abs. 3 S. 2, 3 GWB bleiben iÜ unberührt. Auch iRd Zwangsvollstreckung darf kein faktischer Kontrahierungszwang geschaffen werden (→ Rn. 42).

V. Ausnahmebestimmung für sicherheitsrelevante Beschaffungen (Abs. 4)

45 Mit der Regelung in § 169 Abs. 4 GWB normiert der Gesetzgeber selbst Fälle, in denen er den automatischen Suspensiveffekt des § 169 Abs. 1 GWB für unangemessen hält, weil Zeitverzögerungen zu Lasten der **wesentlichen Sicherheitsinteressen des Staates** führen können. Deshalb kehrt § 169 Abs. 4 GWB das Regel-Ausnahme-Verhältnis um und ordnet an, dass bereits **fünf Werktage**[125] nach Zustellung eines entspr. Schriftsatzes, in dem sich der Auftraggeber auf Sicherheitsinteressen nach § 117 Nr. 1–3 GWB oder auf wesentliche Sicherheitsinteressen der Bundesrepublik Deutschland nach § 150 Nr. 1, 6 GWB beruft,[126] das Verbot des Zuschlags automatisch entfällt.

46 Der Anwendungsbereich von § 169 Abs. 4 GWB ist nach dem Gesetzeswortlaut bereits dann eröffnet, wenn der Auftraggeber das Vorliegen der **Voraussetzungen aus § 117 Nr. 1–3 GWB oder § 150 Nr. 1 GWB oder § 150 Nr. 6 GWB** behauptet. Dies gilt auch, wenn sie von anderen Beteiligten am Vergabeverfahren bestritten werden und damit **insges. streitig** sind. Da den Sicherheitsbelangen des Staates auch bei der Gestaltung des Nachprüfungsverfahrens rechtlich und praktisch Rechnung zu tragen ist, können die (bestrittenen) Umstände ggf. von den anderen Verfahrensbeteiligten nicht nachvollzogen werden, weil die Akteneinsicht beschränkt wird. Dieser Schutz gilt besonders bei vertraulichen Informationen oder Informationen aus Verschlusssachen (VS), § 164 GWB.[127] Ebenso sieht die Bestimmung (weiterhin) den Entfall des Zuschlagsverbotes allein durch Zeitablauf vor. Ob damit ein effektiver Rechtsschutz iSd Vorgaben aus Art. 1 Abs. 1 UAbs. 3 der RMRL noch gewährt wird, kann daher mit guten Gründen bezweifelt werden.[128] Selbst Art. 56 Abs. 3 der RL 2009/81/EG sieht eine Zuschlagssperre bis zu dem Zeitpunkt vor, bis zu dem eine Nachprüfungsstelle über vorläufige Maßnahmen entschieden hat. Die Möglichkeit zur Anrufung des Beschwerdegerichtes reicht dazu nicht aus.[129]

47 Die **Kritik** ist auch deshalb berechtigt, weil allein die (möglicherweise bewusst unzutreffende) Berufung des Auftraggebers auf sicherheitsrelevante Belange zu einer automatischen Verkürzung des Zuschlagsverbots auf fünf Werktage[130] führt und damit der Primärrechtsschutz nahezu außer Kraft gesetzt wird.[131]

---

[125] Nach der bis zum 13.12.2011 geltenden und auf Vergabeverfahren, die bis zu diesem Zeitpunkt begonnen haben, noch anzuwendenden Rechtslage war dies schon nach zwei Kalendertagen der Fall.

[126] Zu Streitfällen, in denen der Auftraggeber sich auf den Ausnahmetatbestand des früheren § 100 Abs. 2 lit. d GWB berufen hat; OLG Koblenz 15.9.2010 – 1 Verg 7/10, NZBau 2010, 778; OLG Düsseldorf 10.9.2009 – VII-Verg 12/09, BeckRS 2009, 86765 = VergabeR 2010, 83; OLG Dresden 18.9.2009 – WVerg 3/09, BeckRS 2009, 88331 = VergabeR 2010, 90; OLG Celle 3.12.2009 – 13 Verg 14/09, BeckRS 2010, 4962 = VergabeR 2010, 230.

[127] Ggf. kann auch die Darstellung in den Gründen der gerichtlichen Entscheidung eingeschränkt werden, §§ 175 Abs. 2, 71 Abs. 1 GWB.

[128] Stoye/v. Münchhausen VergabeR 2008, 871; RKPP/Kus GWB § 169 Rn. 123, 125; Wiedemann VergabeR 2009, 302 (313); OLG Koblenz 15.9.2010 – 1 Verg 7/10, NZBau 2010, 778.

[129] So schon OLG Düsseldorf 8.6.2011 – VII-Verg 49/11, BeckRS 2011, 18449 = VergabeR 2011, 843 (846).

[130] Dies gilt auch nach der Verlängerung der Frist. Die für die gerichtliche Überprüfung erforderliche Abwägung aller Belange wird weder in zwei Kalendertagen noch in fünf Werktagen

Gegen die drohende Beendigung des Zuschlagsverbots kann (nur) das Beschwerdegericht mit einem **Antrag auf Wiederherstellung des Zuschlagsverbots** angerufen werden. Für dieses Verfahren finden neben § 176 Abs. 1 S. 1, Abs. 2 S. 1, Abs. 3 GWB auch die Bestimmungen des § 176 Abs. 4 GWB Anwendung. Damit besteht als Rechtsschutzmöglichkeit nur die Anrufung des OLG. Ein eigenes Verfahren vor der Vergabekammer findet nicht statt. Ihre Tätigkeit beschränkt sich auf die Zustellung des Schriftsatzes, in dem der Auftraggeber Sicherheitsinteressen geltend macht. Die (damit erstinstanzliche) Entscheidung des OLG wird auf die Prüfung beschränkt sein, ob die geltend gemachten Sicherheitsinteressen tatsächlich vorliegen. Eine umfassende Interessenabwägung aller bestehenden Gesichtspunkte wird in der bis zum gesetzlichen angeordneten Entfall des Zuschlagsverbotes verbleibenden Zeit idR nicht möglich sein. Andere Gesichtspunkte als Sicherheitsinteressen können daher nur bei Offensichtlichkeit oder dann berücksichtigt werden können, wenn nicht (rechtzeitig) geklärt werden kann, ob die Voraussetzungen von §§ 117 Nr. 1–3 GWB oder von § 150 Nr. 1 GWB oder § 150 Nr. 6 GWB vorliegen.[132] Die Entscheidung ist ihrerseits nicht weiter anfechtbar. 48

Die weitere Spruchpraxis wird darüber befinden, inwieweit die Bestimmung des § 169 Abs. 4 GWB zu Rechtsschutzlücken und Missbrauchsmöglichkeiten führt.[133] 49

Der Anwendungsbereich der Ausnahmebestimmung des Abs. 4 ist durch das Gesetz zur beschleunigten Beschaffung im Bereich der Verteidigung und Sicherheit und zur Optimierung der Vergabestatistik (vgl. hierzu auch → Rn. 17a, b) nicht erweitert worden. Eine Berufung auf die in § 169 Abs. 2 Nr. 3 GWB enthaltene Aufzählung besonderer Verteidigungs- und Sicherheitsinteressen nimmt an den angeordneten weiteren Erleichterungen zu Gunsten des öffentlichen Auftraggebers nach Abs. 4 nicht teil. Allerdings können die Voraussetzungen für das Vorliegen einer Krise nach § 169 Abs. 2 S. 3 Nr. 1 GWB nach dem hier vertretenen Verständnis (vgl. → Rn. 17b) zu einer Übereinstimmung iS einer Schnittmenge zu den Voraussetzungen des § 117 Nr. 1 GWB (Schutz wesentlicher Sicherheitsinteressen der Bundesrepublik Deutschland, der Schutz durch weniger einschneidende Maßnahmen gewährleistet werden kann) führen. Dies kann jedenfalls dann der Fall sein, wenn die Sicherheitsinteressen auch den nicht militärischen Bereich umfassen können.[134] 50

§ 170 Ausschluss von abweichendem Landesrecht

Soweit dieser Abschnitt Regelungen zum Verwaltungsverfahren enthält, darf hiervon durch Landesrecht nicht abgewichen werden.

Literatur: Bischoff, Vollstreckung von Vergabekammerentscheidungen und Rechtsschutz gegen Vollstreckungsentscheidungen, VergabeR 2009, 433.

---

möglich sein, zumal die Vergabeakten dem Beschwerdesenat idR nicht vorliegen dürften, vgl. dazu OLG Düsseldorf 8.6.2011 – VII-Verg 49/11, BeckRS 2011, 18449 = VergabeR 2011, 843 (846).

[131] Allerdings hat die Diskussion über die Reduzierung von Anfechtungsfristen im Asylrecht zu § 18a Asylverfahrensgesetz auf drei Kalendertage gezeigt, dass auch weitreichende Verkürzungen mit dem Anspruch auf Gewährung effektiven Rechtsschutzes nach Art. 19 Abs. 4 GG (noch) vereinbar sein können, BVerfG 14.5.1996 – 2 BvR 1516/93, BVerfGE 94, 166. Dass die RMRL insoweit strengere Anforderungen stellt und Mindestfristen verlangt, ist ihr zumindest nicht ausdr. zu entnehmen. Eine Argumentation kann aber am „effet utile" ansetzen.

[132] OLG Düsseldorf 8.6.2011 – VII-Verg 49/11, BeckRS 2011, 18449 = VergabeR 2011, 843 (846).

[133] Solche befürchtet etwa Beck VergabeR/Antweiler GWB § 169 Rn. 55.

[134] So erlaubt § 117 Nr. 1 GWB Ausnahmen vom Vergaberecht auch dann, wenn ein Auftrag nicht der Erzeugung oder dem Handel mit Kriegsmaterial dient, sondern nur Verteidigungs- oder Sicherheitsaspekte umfasst, vgl. → § 117 Rn. 8.

GWB § 170 — Ausschluss von abweichendem Landesrecht

I. Bedeutung der Vorschrift

1   Die Vorschrift ist durch das VergRModG v. 17.2.2016 nicht geändert worden. Mit der Regelung macht der Gesetzgeber von der Möglichkeit des Art. 84 Abs. 1 S. 5 GG Gebrauch. Danach kann der Bund in Ausnahmefällen wegen eines besonderen Bedürfnisses nach bundeseinheitlicher Regelung das Verwaltungsverfahren ohne Abweichungsmöglichkeit für die Länder regeln. Ein besonderes **Bedürfnis nach bundeseinheitlicher Regelung** besteht insbes. dann, wenn die Anwendung unterschiedlichen Verfahrensrechts zu unterschiedlichen Anwendungen materiellen Bundesrechts führen kann. Für § 170 GWB hat die Bundesregierung darauf verwiesen, dass Abweichungen der Länder bei den Verfahren zur Nachprüfung der Vergabeverfahren für die Betroffenen ein hohes Maß an Rechtsunsicherheit bedeuten würden, weil anderenfalls unterschiedliche Ausgestaltungen in 16 Ländern und beim Bund zu bewältigen wären. Die Notwendigkeit einer Berücksichtigung unterschiedlichen Landesrechts würde eine erhebliche wirtschaftliche Belastung – insbes. für kleine und mittlere Unternehmen – darstellen und die Wahrnehmung von Rechtsschutz faktisch behindern.[1]

2   Das Verfahren vor der Vergabekammer ist überdies als **gerichtsähnliches Verfahren** ausgestaltet und grds. den bundesrechtlichen Regelungen aus §§ 155 ff. GWB, insbes. den §§ 160–169 GWB, unterworfen. Auch dieser Aspekt schafft ein – in der Gesetzesbegr. nicht gesondert erwähntes – Bedürfnis nach bundeseinheitlicher Ausgestaltung.

II. Anwendungsbereich

3   Die Anwendung von § 170 GWB betrifft zunächst nur die Verweisungen auf die Verwaltungsvollstreckungsgesetze in § 168 Abs. 3 S. 2 GWB sowie in § 168 Abs. 3 S. 3 GWB. Ebenso betrifft sie der Sache nach die Definition des Verwaltungsaktes (§ 35 VwVfG) zur Bestimmung der Entscheidungsform der Vergabekammer (§ 168 Abs. 3 S. 1 GWB). Darüber hinaus betrifft der Anwendungsbereich auch das **allg. Verfahrensrecht** vor der Vergabekammer, auf das die Regelungen des VwVfG anzuwenden sind (→ GWB Einl. Rn. 35). Da die Entscheidung der Vergabekammer nach § 168 Abs. 3 S. 1 GWB als Verwaltungsakt ergeht, beschreibt das GWB mit dem zu dieser Entscheidung führenden Verfahren ein Verwaltungsverfahren (vgl. § 9 VwVfG).[2] Die Vorrangregel des § 170 GWB betrifft nach ihrem Wortlaut nur das Verhältnis zu landesrechtlichen Bestimmungen über das Vergabenachprüfungsverfahren. Die Organisation der Nachprüfungsbehörden bestimmen nach § 158 Abs. 2 GWB die Länder. Durch § 170 GWB soll damit auch verhindert werden, dass unterschiedliche Vorschriften über das Verfahren vor der Vergabekammer entstehen.[3] Das gleiche gilt für landesrechtliche Regelungen zur elektronischen Kommunikation.[4] Das allg. Verfahrensrecht der §§ 9 ff. VwVfG ist auf das Verfahren vor der Vergabekammer nachrangig zu den Verfahrensregelungen des §§ 160 ff. GWB anzuwenden.[5]

4   Außerhalb des Anwendungsbereichs von § 170 GWB verweist § 182 Abs. 4 S. 4 GWB auf Bestimmungen des VwVfG und die entspr. (ggf. unterschiedlichen)

---

[1] BT-Drs. 16/10117, Anl. 1, S. 33 zu Nr. 27.
[2] Das Verfahren vor der Vergabekammer wird auch als dem verwaltungsgerichtlichen Verfahren vergleichbar angesehen, BGH 9.2.2004 – X ZB 44/03, BeckRS 2004, 1815 = VergabeR 2004, 201 (204).
[3] Beck VergabeR/Antweiler GWB § 170 Rn. 6.
[4] VK Südbayern 28.9.2020 – 3194.Z3-3_01-20-11, VPR 2021,39.
[5] BGH 9.12.2003 – X ZB 14/03, BeckRS 2004, 2243 = VergabeR 2004, 414 (416).

Vorbemerkung **Vor § 171 GWB**

Vorschriften der VwVfG der Länder. Dies betrifft die Frage der **Erstattungspflicht** von zur zweckentsprechenden Rechtsverfolgung notwendigen Aufwendungen von Antragsgegner und Beigeladenem bei Rücknahme eines Nachprüfungsantrags. Insoweit besteht eine dem § 170 GWB vergleichbare Vorrangregel nicht.

Abschnitt 3. Sofortige Beschwerde

Vor § 171 GWB

I. Erste gerichtliche Nachprüfungsinstanz

Neben den Bestimmungen der §§ 155 ff. GWB über die Einrichtung, Besetzung und das Verfahren vor den Vergabekammern bilden die §§ 171 ff. GWB gewissermaßen das zweite „Herzstück" der prozessualen Vorschriften des 4. (vergaberechtlichen) Teils des GWB. Darin ist das **Beschwerdeverfahren** geregelt. Gegen Entscheidungen der Vergabekammer kann mit sofortiger Beschwerde das zuständige OLG angerufen werden. Das OLG ist im Beschwerdeverfahren zugleich die erste und einzige **gerichtliche Nachprüfungsinstanz**.[1] Demgegenüber gewährt das Nachprüfungsverfahren vor den Vergabekammern zwar einen Rechtsschutz in einem gerichtsähnlich ausgestalteten Verfahren.[2] Auch wenn die Vergabekammern ihre Tätigkeit danach unabhängig und in eigener Verantwortung ausüben (§ 157 Abs. 1 GWB) und sie Vorabentscheidungsersuchen an den EuGH richten können[3], sind sie dennoch Einrichtungen der Verwaltung und zählen nicht zur rechtsprechenden Gewalt iSv Art. 92 ff. GG.[4] So gehören die Vergabekammern des Bundes dem BKartA an; Einrichtung, Besetzung und die Geschäftsverteilung bestimmt der Präsident des BKartA, der ebenso die Geschäftsordnung der Vergabekammern erlässt (§ 158 Abs. 1 GWB). Nichts anderes ist in Landesvorschriften geregelt. Auch zielt das Verfahren vor der Vergabekammer nicht darauf ab, lediglich ein abgeschlossenes Vergabeverfahren auf seine Rechtmäßigkeit zu überprüfen. Vielmehr erlässt die Vergabekammer durch ihre Entscheidung in einem noch laufenden Vergabeverfahren einen Verwaltungsakt (§ 168 Abs. 3 S. 1 GWB, dazu → § 168 Rn. 48 ff.). Trotz seiner gerichtsähnlichen Ausgestaltung handelt es sich bei dem Verfahren vor der Vergabekammer demnach um ein Verwaltungsverfahren.[5] Mit der Schaffung des Beschwerderechtszugs zum OLG wurde zugleich der Forderung nach einer gerichtlichen Überprüfungsinstanz in Art. 2 Abs. 8 der RMR 89/665/EWG[6]

1

---

[1] Nur im Fall einer sog. Divergenzvorlage nach § 179 Abs. 2 GWB tritt der BGH an die Stelle des Beschwerdegerichts und entscheidet über die Beschwerde (vgl. § 179 Abs. 2 S. 2 GWB).

[2] So auch die Begr. des RegE des VgRÄG, BT-Drs. 13/9340, 20.

[3] EuGH 27.10.2016 – C-295/15, NZBau 2017, 48; 18.9.2014 – C-549/13, NJW 2014, 3769 (Vergabekammer ist „Gericht" iSd Art. 267 AEUV).

[4] BGH 10.12.2019 – XIII ZB 119/19, NZBau 2020, 313 (zur Verweisung nach § 17a GVG); OLG Rostock 3.2.2021 – 17 Verg 7/20, NZBau 2021, 423.

[5] So ua BGH 17.6.2014 – X ZB 8/13, NJW 2014, 3163 Rn. 10; 29.9.2009 – X ZB 1/09, NJW 2010, 76 Rn. 17; BayObLG 9.11.2021 – Verg 5/21, NZBau 2022, 308 Rn. 59.

[6] Art. 1 und Art. 2 Abs. 9 RL 2007/66/EG. Danach haben die Mitgliedstaaten eine Überprüfung der Vergabeentscheidung durch ein unabhängiges Gericht iSd Art. 267 AEUV sicherzustellen.

und dem in Art. 6 Abs. 1 EMRK geregelten Anspruch jeder Person auf ein faires Verfahren Rechnung getragen.[7]

2   Die Einrichtung des **OLG** als erster gerichtlicher Nachprüfungsinstanz ist dem kartellverwaltungsrechtlichen Beschwerdeverfahren nachgebildet. Auch gegen Verfügungen der Kartellbehörde ist – allerdings binnen einer Frist von einem Monat (§ 74 Abs. 1 GWB) – die Beschwerde an das zuständige OLG vorgesehen (vgl. § 73 Abs. 1, 4 GWB). Gerechtfertigt wurde die Anlehnung mit Parallelen zwischen den Vergabe- und Kartellsachen, der Bewährtheit des Rechtswegs zum OLG sowie mit der Eilbedürftigkeit der Nachprüfungsverfahren. Das Beschwerdeverfahren wurde überdies deshalb der ordentlichen Gerichtsbarkeit zugewiesen, weil sich die öffentlichen Auftraggeber bei der Vergabe von Aufträgen idR zivilrechtlich betätigten[8] und Schadensersatzansprüche aus einer Verletzung vorvertraglicher Pflichten dementsprechend auch bisher schon vor den ordentlichen Gerichten zu verfolgen seien.[9] Dass die Beschwerde im Vergabenachprüfungsverfahren, anders als im Kartellverwaltungsrecht, als eine „sofortige" bezeichnet ist, hängt mit der kurzen, zweiwöchigen Beschwerdefrist zusammen (§ 172 Abs. 1 GWB). Die zweifelsohne der Konzentration und Einheitlichkeit der Rspr. förderliche Rechtswegbestimmung war nur vom 1.1.2008 bis zum 31.12.2010 durch das Gesetz zur Weiterentwicklung der Organisationsstrukturen in der gesetzlichen Krankenversicherung vom 15.12.2008 (**GKV-OrgWG**)[10] zeitweise durchbrochen, das für einen zweiten Hs. in § 171 Abs. 3 S. 1 GWB aF gesorgt hatte. Danach waren für Beschwerden gegen Entscheidungen der Vergabekammern in Sachen, die Rechtsbeziehungen nach § 69 SGB V betrafen, die **Landessozialgerichte** zuständig.[11]

II. Vorschriften über das Beschwerdeverfahren

3   Die **Vorschriften über das Verfahren** der sofortigen Beschwerde in den §§ 171 ff. GWB weisen lediglich eine geringe Regelungsdichte auf; sie beschränken sich auf einige Kernbestimmungen sowie iÜ auf eine Verweisung auf Normen des kartellverwaltungsrechtlichen Beschwerdeverfahrens und des Verfahrens vor der Vergabekammer.
- **§ 171 GWB** enthält grundlegende Vorschriften über die Statthaftigkeit der sofortigen Beschwerde und das zuständige Beschwerdegericht.
- **§ 172 GWB** regelt die Beschwerdefrist, die Form der Beschwerdeschrift und die daran zu stellenden Begründungsanforderungen.
- **§ 173 GWB** trifft Regelungen über die **aufschiebende Wirkung der Beschwerde** und über deren Verlängerung durch das Beschwerdegericht – eine

---

[7] Konvention zum Schutze der Menschenrechte und Grundfreiheiten – Europäische Menschenrechtskonvention (EMRK):
Artikel 6 Recht auf ein faires Verfahren.
Jede Person hat ein Recht darauf, dass über Streitigkeiten in Bezug auf ihre zivilrechtlichen Ansprüche und Verpflichtungen oder über eine gegen sie erhobene strafrechtliche Anklage von einem unabhängigen und unparteiischen, auf Gesetz beruhenden Gericht in einem fairen Verfahren, öffentlich und innerhalb angemessener Frist verhandelt wird.
[8] So ebenfalls BVerwG 2.5.2007 – 6 B 10/07, NZBau 2007, 389; aA Beck VergabeR/Dörr GWB Einl. Rn. 136 mwN.
[9] Vgl. BT-Drs. 13/9340, 20.
[10] BGBl. I 2426, geändert durch das Arzneimittelmarktneuordnungsgesetz – AMNOG, BGBl. I 2262.
[11] Seinerzeit divergierende Entscheidungen des BSG 22.4.2008 – B 1 SF 1/08 R, NZBau 2008, 527, des BGH 15.7.2008 – X ZB 17/08, NZBau 2008, 662 mwN, hinsichtlich der Nachprüfungszuständigkeit der jew. Obergerichte haben nur noch rechtshistorische Bedeutung.

Vorbemerkung **Vor § 171 GWB**

Vorschrift von außerordentlicher praktischer Tragweite. Es geht faktisch um eine Verlängerung des gesetzlichen Zuschlagsverbots in § 169 Abs. 1 GWB bis zum Abschluss des Beschwerdeverfahrens. Wird der dahingehende Antrag des Antragstellers abgelehnt, kann ein wirksamer Zuschlag erteilt werden, womit der Auftrag für ihn verloren ist. Der Rechtsschutz beschränkt sich dann auf die Möglichkeit, im Wege einer Antragsänderung einen Feststellungsantrag nach § 178 S. 3 und 4 GWB anzubringen, um – zur Vermeidung von Wiederholungen oder zur Vorbereitung von Schadensersatzansprüchen – vom Beschwerdegericht, so dieses seine in der Eilentscheidung nach § 173 Abs. 1 S. 3 GWB eingenommene Auffassung denn aufgibt oder korrigiert, wenigstens noch die Feststellung einer Rechtsverletzung durch den Auftraggeber zu erlangen.

- **§ 174 GWB** nennt (unter stillschweigender Bezugnahme auf § 162 GWB) die am Beschwerdeverfahren **Beteiligten**. Wer am Verfahren vor der Vergabekammer beteiligt war, ist dies automatisch auch im Beschwerdeverfahren.
- **§ 175 Abs. 1 GWB** (mit einem Gegenstück in § 172 Abs. 3 GWB) regelt die Vertretung vor dem Beschwerdegericht. **§ 175 Abs. 2 GWB** ordnet wegen des gerichtlichen Verfahrens eine entspr. Anwendung übrigbleibender Vorschriften des kartellrechtlichen Beschwerdeverfahrens an und verdeutlicht so nochmals den Zusammenhang zwischen dem Vergabe- und Kartellrecht. Außerdem gelten die Bestimmungen über die **Akteneinsicht** (§ 165 GWB) und über die im Interesse der Beschleunigung der Nachprüfungsverfahren bestehenden **Mitwirkungsobliegenheiten** der Verfahrensbeteiligten (§ 167 Abs. 2 S. 1 GWB) im Beschwerdeverfahren entsprechend.
- **§ 176 GWB** überträgt die im Verfahren vor der Vergabekammer geltende Regelung des § 169 Abs. 2 GWB sinngemäß in das Beschwerdeverfahren und erlaubt auf Antrag des Auftraggebers oder – seit 2009[12] – ebenso des Unternehmens, das nach der Vorabinformation gem. § 134 GWB den Zuschlag erhalten soll,[13] auch dem Beschwerdegericht, vor der Beschwerdeentscheidung durch eine Vorabentscheidung den Zuschlag zu gestatten. Die Vorschrift soll der – im Allgemeinen nur abstrakt zu erkennenden – Gefahr einer unerträglichen Verzögerung der Vergabeverfahren sowie von Investitionsbehinderungen durch die Gewährung gerichtlichen Rechtsschutzes begegnen.[14] Das durch den Antrag eingeleitete Zwischenverfahren will der Gesetzgeber ua in die Nähe zu den auf Erlass einer einstweiligen Verfügung (§ 940 ZPO) und einer einstweiligen Anordnung (§ 123 VwGO) gerichteten Verfahren gerückt sehen.[15] Dabei handelt es sich um ein summarisches Verfahren mit vergleichsweise geringerer Richtigkeitsgewähr, was im Interesse einer raschen Auftragsvergabe jedoch in Kauf genommen werden soll. Der Umstand, dass Anträge nach § 176 GWB in der Praxis der Vergabesenate bisher keine numerisch erwähnenswerte Rolle spielen, spricht dafür, dass das Antragsrecht von Auftraggeber- oder von Unternehmensseite – aus welchen Gründen auch immer – nicht recht „angenommen" worden ist.
- Wird der Antrag nach § 176 GWB abgelehnt, ist gem. **§ 177 GWB** das Vergabeverfahren nach Ablauf von zehn Tagen nach Zustellung der Entscheidung kraft Gesetzes beendet, wenn innerhalb dieser Frist der Auftraggeber nicht die Maßnahmen zur Herstellung der Rechtmäßigkeit des Verfahrens ergreift, die sich aus der Entscheidung ergeben. Dies gilt jedoch nur, wenn der Auftraggeber mit einem

---

[12] Eingefügt durch das VgRÄG v. 20.4.2009.
[13] Die Antragsbefugnis des Unternehmens ist unabhängig von einer Beiladung (aA Voraufl.), mag eine solche auch regelmäßig vorliegen, vgl. jurisPK-VergabeR/Summa GWB § 176 Rn. 8.
[14] BT-Drs. 13/0340, 21.
[15] Vgl. BT-Drs. 13/9340, 21.

Antrag nach § 176 GWB unterliegt, nicht bei einem erfolglosen Antrag des designierten Auftragnehmers.[16]
- **§ 178 GWB** trifft Regelungen über die Beschwerdeentscheidung, ua über die im Beschwerdeverfahren zulässigen Feststellungsanträge. Nach der Gesetzesbegr. soll die Vorschrift die Beschwerdeentscheidung zu strukturieren helfen.[17]
- Mit der Bindungswirkung der Entscheidungen der Vergabenachprüfungsinstanzen und der Vorlagepflicht an den BGH befasst sich **§ 179 GWB**. Im Schadensersatzprozess wegen eines Verstoßes gegen Vergabevorschriften ist das angerufene Zivilgericht an die bestandskräftige Entscheidung der Vergabekammer, die Entscheidung des OLG und ggf. des BGH gebunden. Dadurch soll eine wiederholte Prüfung von Rechtsfragen, welche die ohnedies sachkundigeren Vergabenachprüfungsinstanzen bereits entschieden haben, ausgeschlossen sein (Abs. 1).[18] Mit der Vorlagepflicht der OLG bei Divergenzen soll eine bundeseinheitliche Rspr. in Vergabesachen sichergestellt werden (Abs. 2).[19]

III. Lückenausfüllung

4   In der gerichtlichen Praxis haben sich die Vorschriften über das Beschwerdeverfahren einschl. der Verweisungen in § 175 Abs. 2 GWB wiederholt als unvollständig erwiesen. Zur **Lückenausfüllung** sind mit Rücksicht auf § 72 Nr. 2 GWB[20] von den der Zivilgerichtsbarkeit zugehörigen Gerichten denn auch Bestimmungen der **ZPO** herangezogen worden, wobei in erster Linie, weil die Beschwerde ein berufungsähnliches Rechtsmittel ist, auf Vorschriften über die Berufung oder die Beschwerde abgestellt wird. Häufig werden prozessuale Probleme in Anlehnung an die Rspr. zum ähnlich strukturieren kartellverwaltungsrechtlichen Beschwerdeverfahren gelöst, dabei sind stets die Besonderheiten des Nachprüfungsverfahrens im Blick zu behalten. In der Lit. wird auch die Heranziehung der Vorschriften der **VwGO** befürwortet.[21] Das Beschwerdeverfahren nach den §§ 171 ff. GWB gleicht allein wegen des gesetzlichen Gebots einer mündlichen Verhandlung (vgl. § 65, § 175 Abs. 2 GWB) eher dem zivilrechtlichen Berufungs- (§§ 511 ff. ZPO) als dem Beschwerdeverfahren nach §§ 567 ff. ZPO. Beispielsfälle für eine entspr. Anwendung von Normen der ZPO sind die Zulassung einer **Anschlussbeschwerde** analog § 524 ZPO (vgl. → § 171 Rn. 8 f.),[22] die Berichtigung des Rubrums[23] und die Korrektur offenbarer Unrichtigkeiten[24] analog § 319 ZPO oder die Behandlung von Vorbringen nach Schluss der mündlichen Verhandlung entspr. § 156 ZPO.[25]

---

[16] AA Voraufl.
[17] BT-Drs. 13/9340, 22.
[18] BT-Drs. 13/9340, 22.
[19] BT-Drs. 13/9340, 22.
[20] § 72 Nr. 2 GWB erlaubt keineswegs nur eine entspr. Anwendung der darin beschriebenen Vorschriften der ZPO. Bei weiterhin bestehenden Regelungslücken ist ein Rückgriff auch auf andere Bestimmungen der ZPO nicht ausgeschlossen.
[21] Byok/Jaeger/Jaeger GWB § 175 Rn. 18; MüKoEuWettbR/von Werder GWB § 175 Rn. 30; RSG/Stickler, Vorb. zu §§ 171–179 Rn. 4.
[22] BGH 4.4.2017 – X ZB 3/17 – Postdienstleistungen, NZBau 2017, 366 (368): zulässig ist die Anschlussbeschwerde nur, wenn sie bis zum Ablauf der Beschwerdeerwiderungsfrist eingelegt wird.
[23] OLG Düsseldorf 16.10.2019 – Verg 13/19, NZBau 2020, 670 Rn. 27; OLG Schleswig 26.9.2019 – 54 Verg 4/19, BeckRS 2019, 29962 (zur Berichtigung durch die Vergabekammer).
[24] OLG Düsseldorf 27.5.2020 – Verg 2/19, BeckRS 2020, 22122 Rn. 19.
[25] OLG Düsseldorf 16.10.2019 – Verg 66/18, BeckRS 27237 Rn. 56; OLG Rostock 12.8.2020 – 17 Verg 3/20, BeckRS 2020, 26600 Rn. 44.

Wie sich schon aus § 175 GWB iVm § 65 GWB ergibt, ergeht eine Sachentscheidung in der Hauptsache regelmäßig aufgrund mündlicher Verhandlung, weswegen eine **Zurückweisung** der Beschwerde **durch Beschluss** entspr. § 522 Abs. 2 ZPO (ohne mündliche Verhandlung) auch dann nicht in Betracht kommt, wenn das OLG die Beschwerde für offensichtlich unbegründet hält. Damit wird auch die Einhaltung der unter → Rn. 1 dargestellten Bestimmungen der RMR und der EMRK gewährleistet, wonach jede Person ein Recht darauf hat, dass über ihre zivilrechtlichen Ansprüche – und als solche sind Ansprüche auf Beseitigung von Rechtsverletzungen in dem Vertragsanbahnungsverfahren, das durch die Ausschreibung eingeleitet worden ist, anzusehen – vor einem Gericht öffentlich verhandelt wird. Eine solche Verhandlung kann erstmals vor dem OLG als Beschwerdegericht stattfinden, weil die Vergabekammer (nach nationalem Verständnis) kein Gericht, sondern bloße Stelle einer Verwaltungsbehörde ist (vgl. dazu näher → Rn. 1). Über unzulässige Beschwerden entscheidet die Rspr. dagegen entspr. § 522 Abs. 1 ZPO ohne mündliche Verhandlung[26], ebenso ergehen Beschwerden gegen Nebenentscheidungen im Büroweg.[27]

Auch in der Systematik der §§ 171 ff. GWB bleibend, sind Lückenschließungen veranlasst gewesen. Zu erinnern ist an die Zulassung einer selbständigen **Beiladung** durch das Beschwerdegericht (vgl. → § 162 Rn. 7 und → § 174 Rn. 2 ff.).[28] Darüber hinaus kann einem Beiladungspetenten, der die Voraussetzungen einer Beiladung nach § 162 GWB erfüllt (vgl. → § 162 Rn. 8 ff.), der von der Vergabekammer jedoch nicht beigeladen worden ist, gegen die Entscheidung, sofern er durch sie unmittelbar und individuell betroffen ist, mithin eine materielle Beschwer gegeben wäre, ein **Beschwerderecht** zuzuerkennen sein (vgl. → § 171 Rn. 14).[29] Auf seinen Antrag ist er zum Beschwerdeverfahren beizuladen.[30]

§ 171 Zulässigkeit, Zuständigkeit

(1) ¹**Gegen Entscheidungen der Vergabekammer ist die sofortige Beschwerde zulässig.** ²**Sie steht den am Verfahren vor der Vergabekammer Beteiligten zu.**

(2) **Die sofortige Beschwerde ist auch zulässig, wenn die Vergabekammer über einen Antrag auf Nachprüfung nicht innerhalb der Frist des § 167 Absatz 1 entschieden hat; in diesem Fall gilt der Antrag als abgelehnt.**

(3) ¹**Über die sofortige Beschwerde entscheidet ausschließlich das für den Sitz der Vergabekammer zuständige Oberlandesgericht.** ²**Bei den Oberlandesgerichten wird ein Vergabesenat gebildet.**

---

[26] BayObLG 26.7.2022 – Verg 4/22; BeckRS 2022, 20975 Rn. 23; OLG Düsseldorf 17.3.2009 – Verg 1/09, BeckRS 2009, 29005; ebenso BGH 29.4.1971– KVR 1/71, BGHZ 56,155 für das kartellverwaltungsrechtliche Beschwerdeverfahren.

[27] OLG Brandenburg 23.1.2023 – 19 Verg 1/22, BeckRS 2023, 2128; OLG Celle 29.6.2022 – 13 Verg 3/22, BeckRS 2022, 15868; OLG Düsseldorf 8.10.2020 – Verg 13/20, BeckRS 2020, 30332; aA jurisPK- VergabeR/Summa GWB § 175 Rn. 33.

[28] So die einhellige Rspr., vgl. RKPP/Röwekamp § 174 Rn. 6 mwN.; zur Problematik der Beiladung im kartellverfahrensrechtlichen Beschwerdeverfahren: BGH 7.11.2006 – KVR 37/05, NJW 2007, 607 Rn. 18 und BGH 7.4.2009 – KVR 58/08, BeckRS 2009, 25970 Rn. 9; MüKoEuWettbR/Johanns/Roesen GWB § 63 Rn. 8 mwN.

[29] Keine Beiladung (und keine Beschwerdebefugnis) eines Vertragspartners der Vergabestelle, der sich nach Rücknahme des Nachprüfungsantrags gegen nachteilige Ausführungen in den Gründen eines Kostenbeschlusses wendet, vgl. OLG München 28.8.2019 – Verg 11/19, BeckRS 2019, 20410.

[30] OLG Düsseldorf 29.4.2010 – Verg 14/10, BeckRS 2010, 19463.

GWB § 171

(4) ¹Rechtssachen nach den Absätzen 1 und 2 können von den Landesregierungen durch Rechtsverordnung anderen Oberlandesgerichten oder dem Obersten Landesgericht zugewiesen werden. ²Die Landesregierungen können die Ermächtigung auf die Landesjustizverwaltungen übertragen.

Literatur: Bulla/Schneider, Das novellierte Vergaberecht zwischen Beschleunigungsgrundsatz und effektivem Bieterschutz, VergabeR 2011, 664; Eiermann, Primärrechtsschutz gegen öffentliche Auftraggeber bei europäischen Ausschreibungen durch Vergabenachprüfungsverfahren – Teil 1 und Teil 2, NZBau 2016, 13 u. 76; Giedinghagen/Schoop, Zwingendes Ende vor dem Oberlandesgericht? – Zu den Rechtsschutzmöglichkeiten gegen eine ablehnende Entscheidung des Oberlandesgerichts im Beschwerdeverfahren gem. §§ 116 ff. GWB, VergabeR 2007, 32; Gröning, Die Untätigkeitsbeschwerde nach § 171 Abs. 2 GWB – Was gilt nach BGH „Fahrscheindrucker"?, VergabeR 2021, 552; Krist, Änderungen im Vergabeprozessrecht, VergabeR 2016, 396; Kühnen, Das Verfahren vor dem Vergabesenat, NZBau 2009, 357; Peshteryanu, Prüfungsumfang des Beschwerdegerichts bei Verstoß gegen die Fünf-Wochen-Frist des § 167 Abs. 1 GWB („Fahrscheindrucker"), jurisPK-VergabeR 11/2020 Anm. 1; Wilke, Das Beschwerdeverfahren vor dem Vergabesenat beim OLG, NZBau 2005, 326.

Übersicht

	Rn.
I. Bedeutung der Vorschrift	1
II. Statthaftigkeit der Beschwerde – Beschwerderecht (Abs. 1)	2
1. Entscheidungen der Vergabekammer	2
2. Zwischenentscheidungen	5
3. Anschlussbeschwerde	8
4. Beschwerderecht	10
III. Sonderfall: Ablehnungsfiktion (Abs. 2)	16
IV. Zuständigkeit des OLG (Abs. 3)	19
V. Weitere Zuständigkeitskonzentration (Abs. 4)	20

I. Bedeutung der Vorschrift

1 § 171 Abs. 1 GWB regelt die **Statthaftigkeit der Beschwerde**[1] gegen Entscheidungen der Vergabekammern und die Beschwerdeberechtigung. Die in Anlehnung an § 63 Abs. 2 GWB aF (nunmehr § 73 Abs. 2 GWB) erlassene Vorschrift ist auch mit Rücksicht auf sonstige Bestimmungen im Abschn. über die sofortige Beschwerde und die in § 175 Abs. 2 GWB ausgesprochenen Verweisungen auf Normen des kartellverwaltungsrechtlichen Beschwerdeverfahrens nicht lückenlos. Abs. 2 befasst sich mit dem (heute eher selten vorkommenden) Fall, in dem die Vergabekammer über den Nachprüfungsantrag nicht innerhalb der Frist des § 167 Abs. 1 GWB entschieden hat (Fiktion der Ablehnung des Nachprüfungsantrags). Abs. 3 weist die Zuständigkeit bei Beschwerdeentscheidungen den OLG zu. Abs. 4 ermächtigt die Landesregierungen, die Entscheidungszuständigkeit durch Rechtsverordnung bei bestimmten OLG oder einem Obersten Landesgericht zu konzentrieren.

II. Statthaftigkeit der Beschwerde – Beschwerderecht (Abs. 1)

1. Entscheidungen der Vergabekammer

2 Die sofortige Beschwerde ist statthaft gegen eine (instanzabschließende) **Endentscheidung** der Vergabekammer, folglich gegen den Beschluss,

---

[1] Der Zusatz „sofortige" knüpft sprachlich an § 567 Abs. 1 ZPO an und kennzeichnet die kurze, zweiwöchige Einlegungsfrist.

- mit dem die Vergabekammer auf den Nachprüfungsantrag in das Vergabeverfahren eingreift und Maßnahmen trifft, um eine Rechtsverletzung zu beseitigen (§ 168 Abs. 1 S. 1 GWB), oder
- mit dem der Nachprüfungsantrag vollumfänglich oder teilweise abgelehnt wird.[2]
- Auch die Entscheidung, mit der die Vergabekammer den Nachprüfungsantrag gem. § 166 Abs. 1 S. 3 GWB (iVm § 163 Abs. 2 S. 1 GWB) im schriftlichen Verfahren ablehnt, ist mit der sofortigen Beschwerde angreifbar.
- Dasselbe gilt für die Entscheidung über einen Feststellungsantrag nach § 168 Abs. 2 S. 2 GWB sowie für einen Beschluss, mit dem die Erledigung der Hauptsache festgestellt wird.[3]
- Auch gegen „Scheinbeschlüsse"[4] oder nichtige Beschlüsse[5] der Vergabekammer ist die sofortige Beschwerde zulässig.
- Die Beschwerde kann sich auch gegen einen **abtrennbaren Teil** der Entscheidung der Vergabekammer richten.[6]
- **Kostenentscheidungen** der Vergabekammer sowie Teile daraus unterliegen der Beschwerde, was auch aus § 22 Abs. 1 VwKostG, § 182 Abs. 1 S. 2 GWB folgt.[7]

---

[2] Dies gilt selbstverständlich auch für die Ablehnung des Nachprüfungsantrags als unzulässig, vgl. OLG Jena 22.7.2015 – 2 Verg 2/15, BeckRS 2015, 12959.

[3] OLG Jena 9.9.2002 – 6 Verg 4/02, BeckRS 2002, 7785 (das allerdings zu Unrecht von einer bloßen „Zwischenentscheidung" der Vergabekammer ausgegangen ist); RKPP/Ulbrich GWB § 171 Rn. 17; Byok/Jaeger/Jaeger GWB § 171 Rn. 8.

[4] OLG Koblenz 27.1.2021 – Verg 1/19, BeckRS 2021, 10061 und 17.6.2020 – Verg 1/20, BeckRS 2020, 20131, das angenommen hat, alle Mitglieder der Kammer müssten zur Wahrung der Schriftform des § 167 GWB den Originalbeschluss unterzeichnen. Das OLG hat den nach Rücknahme des Nachprüfungsantrag erlassenen Kostenbeschluss als „Scheinbeschluss" aufgehoben und die Sache an die VK Rheinland-Pfalz zurückverwiesen. Diese hat im nachfolgenden Beschluss vom 6.1.2021 – VK 1- 22/19, BeckRS 2021, 1605 der Rechtsansicht des OLG ausf. unter Hinweis auf § 37 VwVfG widersprochen.

[5] Vgl. OLG Düsseldorf 10.3.2014 – Verg 11/14, BeckRS 2014, 8972 (nichtige Zwangsgeldandrohung).

[6] Dies kann eigenständige Abschnitte des Vergabeverfahrens (zB eines von mehreren Losen), einzelne Rügen oder die angeordneten Rechtsfolgen betreffen (vgl. OLG Düsseldorf 26.11.2003 – Verg 53/03, BeckRS 2004, 3897); vgl. auch → § 172 Rn. 10 mwN.

[7] So sind anfechtbar:
die Kostengrundentscheidung (zusammen mit der Hauptsacheentscheidung oder isoliert), vgl. OLG Düsseldorf 11.4.2022 – Verg 5/22, NZBau 2022, 763; 16.3.2021 – Verg 38/18, BeckRS 2020, 29123; Byok/Jaeger/Jaeger GWB § 171 Rn. 11; jurisPK-VergabeR/Summa GWB § 171 Rn. 14; Müller-Wrede GWB/Lischka GWB § 171 Rn. 24;
die Kostenentscheidung nach Hauptsacheerledigung, BGH 9.12.2003 – X ZB 14/03, NZBau 2004, 285; OLG München 18.1.2021 – Verg 5/20, BeckRS 2021, 8133, ebenso bei übereinstimmender Erledigungserklärung, OLG Düsseldorf 13.9.2018 – Verg 35/17, ZfBR 2019, 402, und nach Zurücknahme des Nachprüfungsantrags, BGH 25.10.2005 – X ZB 26/05, ZfBR 2006, 187; OLG Celle 19.11.2020 – 13 Verg 2/20, BeckRS 2020, 34904;
die Entscheidung über die Notwendigkeit der Zuziehung eines anwaltlichen Bevollmächtigten durch Verfahrensbeteiligte (vgl. § 80 Abs. 2 VwVfG, § 182 Abs. 4 S. 4 GWB), BayObLG 20.10.2022 – Verg 1/22, BeckRS 2022, 28587 Rn. 14; OLG Düsseldorf 14.5.2021 – Verg 7/21, BeckRS 2021, 49383; OLG Celle 5.11.2020 – 13 Verg 7/20, BeckRS 2020, 31736; OLG Karlsruhe 10.3.2015 – 15 Verg 11/14, BeckRS 2016, 12268;
die Festsetzung der Gebühren und Auslagen der Vergabekammer, BGH 25.10.2011 – X ZB 5/10, NZBau 2012, 186; OLG München 6.11.2020 – Verg 9/20, BeckRS 2020, 47006; OLG Frankfurt a. M. 20.8.2020 – 11 Verg 10/20, BeckRS 2020, 37614; OLG Brandenburg 3.1.2019 – 19 Verg 5/18, BeckRS 2019, 129.

GWB § 171 — Zulässigkeit, Zuständigkeit

– Statthaft ist die Beschwerde ebenso gegen Entscheidungen der Vergabekammer im Zusammenhang mit der **Vollstreckung** ihrer Beschlüsse.[8]

3 Anfechtbar sind ferner die nach § 171 Abs. 2 GWB **fingierte Antragsablehnung** sowie die Entscheidung, welche die Vergabekammer trotz Ablaufs der Entscheidungsfrist gem. § 167 Abs. 1 S. 1 GWB – uU sogar mit gegenteiligem Ergebnis – gleichwohl noch getroffen hat. Der vormals hM, mit dem Verstreichen der Entscheidungsfrist gelte der Nachprüfungsantrag zwingend als abgelehnt, das Verfahren vor der Vergabekammer sei damit unwiderruflich beendet, hat der BGH in der „Fahrscheindruckerentscheidung" eine Absage erteilt.[9] Es ist nun höchstrichterlich geklärt, dass die Fiktion des § 171 Abs. 2 GWB nur dann eintritt, wenn der Antragsteller binnen der Notfrist des § 172 Abs. 1 GWB sofortige Beschwerde einlegt; lässt er die Beschwerdefrist ungenutzt verstreichen, ist die Vergabekammer weiterhin entscheidungsbefugt. Bleibt die Vergabekammer nach Erledigung des Nachprüfungsverfahrens bei der Entscheidung über einen Feststellungsantrag nach § 168 Abs. 2 S. 2 GWB säumig – in diesem Fall gilt weder die Entscheidungsfrist des § 167 Abs. 1 S. 1 GWB noch greift die Ablehnungsfiktion nach § 171 Abs. 2 GWB –, kann (sofern nicht mit einer Dienstaufsichtsbeschwerde) als ultima ratio mit dem außerordentlichen Rechtsbehelf einer an den zuständigen Vergabesenat zu richtenden **Untätigkeitsbeschwerde** geholfen werden.[10]

4 Der Beschwerdeführer kann ggü. dem Beschwerdegericht bis zur Verkündung der Beschwerdeentscheidung die (auch teilw.) **Rücknahme der Beschwerde** erklären. Dies ist im GWB nicht geregelt, folgt aber aus einer analogen Anwendung des § 516 Abs. 1, 2 ZPO (einer Vorschrift über die Berufung). Einer Zustimmung der übrigen Verfahrensbeteiligten bedarf die Rücknahme vor dem OLG nicht.[11] Entscheidet der BGH nach § 179 Abs. 2 S. 2 GWB anstelle des OLG, kann die sofortige Beschwerde in entspr. Anwendung des § 565 S. 2 ZPO (einer Vorschrift über die Revision) ohne Einwilligung des Beschwerdegegners jedoch nur bis zum

---

Da das VgRModG v. 20.4.2009 die vormals bestehende Möglichkeit einer Kostenfestsetzung durch die Vergabekammer beseitigt hat (vgl. § 182 Abs. 4 S. 5 GWB), ist die frühere Rspr. zur Anfechtbarkeit von sog. Kostenfestsetzungsbescheiden der Vergabekammer gegenstandslos. Gleiches gilt für die früher von den Vergabekammern vorgenommene Streitwertfestsetzung (als Grundlage für die Berechnung der Rechtsanwaltsvergütung). Nach Durchführung eines Beschwerdeverfahrens können die Beteiligten allerdings beim OLG eine Festsetzung ihrer Aufwendungen für das Verfahren vor der Vergabekammer zusammen mit den außergerichtlichen Kosten der Beschwerde beantragen, § 104 ZPO, §§ 71 S. 3, 175 Abs. 2 GWB. Der Kostenfestsetzungsbeschluss unterliegt der befristeten Erinnerung, § 11 Abs. 2 S. 1 RPflG, vgl. OLG Frankfurt a. M. 26.9.2022 – 11 Verg 2/21, BeckRS 2022, 29435.

[8] BayObLG 14.3.2023 – Verg 1/23, BeckRS 2023, 4498 Rn. 20 mwN.; OLG Düsseldorf 10.3.2014 – Verg 11/14, BeckRS 2014, 8972.

[9] BGH 14.7.2020 – XIII ZB 135/19, NZBau 2020, 798 – Fahrscheindrucker.

[10] Allg. zum Rechtsschutz bei längerer Untätigkeit der Vergabekammer: OLG Düsseldorf 5.9.2016 – Verg 19/16, BeckRS 2016, 125653; OLG Düsseldorf 23.9.2008 – 5 W 46/08, BeckRS 2009, 9664; KG 31.3.2007 – 2 Verg 6/07, BeckRS 2008, 1368; OLG Bremen 12.3.2007 – Verg 3/06, BeckRS 2007, 10371; Byok/Jaeger/Jaeger GWB § 171 Rn. 10; MüKo-EuWettbR/Gröning GWB § 171 Rn. 34; RKPP/Ulbrich GWB § 171 Rn. 30; MüKoEuWettbR/Fett GWB § 168 Rn. 68 befürwortet dagegen eine Untätigkeitsbeschwerde nach drei Monaten gem. § 75 VwGO.

[11] So die ganz hM, vgl. OLG München 6.11.2020 – Verg 9/20, BeckRS 2020, 47006; OLG Düsseldorf 13.5.2015 – Verg 38/14, BeckRS 2016, 18626; jurisPK-VergabeR/Summa § 171 Rn. 82; RSG/Stickler GWB § 171 Rn. 28; RKPP/Schäfer GWB § 175 Rn. 47; aA Byok/Jaeger/Jaeger GWB § 171 Rn. 36 und Immenga/Mestmäcker/Stockmann GWB § 171 Rn. 27 (nach Beginn der mündlichen Verhandlung nur mit Zustimmung der Gegenseite).

Beginn der mündlichen Verhandlung zur Hauptsache zurückgenommen werden.[12] Die Kostenentscheidung nach Rücknahme der Beschwerde ist vom Beschwerdegericht entspr. § 71 GWB zu treffen (vgl. § 175 Abs. 2 GWB).[13] Auch der Nachprüfungsantrag steht in der freien Disposition des Antragstellers und kann bis zur formellen Bestandskraft der Entscheidung der Nachprüfungsinstanz zurückgenommen werden, ohne dass es einer Zustimmung der übrigen Verfahrensbeteiligten bedarf.[14]

2. Zwischenentscheidungen

Zwischenentscheidungen, also Verfahrenshandlungen der Vergabekammer, die keine Endentscheidungen darstellen, sondern diese nur vorbereiten, sind mit der Beschwerde nach § 171 GWB **prinzipiell nicht selbständig angreifbar.** Sie können nur mit dem gegen die Sachentscheidung zugelassenen Rechtsmittel bekämpft werden. Bestimmte Zwischenentscheidungen im Vergabenachprüfungsverfahren sind schon kraft Gesetzes nicht isoliert anfechtbar:
– Beiladungsentscheidungen (§ 162 S. 2 GWB),
– Eilentscheidungen nach § 169 Abs. 2 GWB (vgl. Abs. 2 S. 8),[15]
– Entscheidungen über vorläufige Maßnahmen nach § 169 Abs. 3 GWB (vgl. Abs. 3 S. 3),
– Entscheidungen über die Versagung von Akteneinsicht (§ 165 Abs. 4 GWB) sowie
– die Übertragung einer Sache zur alleinigen Entscheidung an den Vorsitzenden oder das hauptamtliche Mitglied der Vergabekammer (§ 157 Abs. 3 S. 1 GWB).

Diese gesetzlichen Regelungen rechtfertigen nicht den Schluss, in allen anderen Fällen könnten Zwischenentscheidungen mit der Beschwerde angefochten werden. Dann bliebe nicht nur unberücksichtigt, dass Entscheidungen mit lediglich entscheidungsvorbereitendem Charakter nach allg. prozessualen Grundsätzen keinem gesonderten Rechtsmittel unterliegen, sondern auch, dass der Ausschluss der Beschwerde gegen Zwischenentscheidungen im Nachprüfungsverfahren seinen guten Grund hat. Das Nachprüfungsverfahren unterliegt, um die anstehenden Auftragsvergaben und die Investitionen nicht unnötig aufzuhalten, dem mit besonderer Geltung ausgestatteten Gebot der Beschleunigung (vgl. §§ 163 Abs. 1 S. 4, 167 GWB). Dieses würde ausgehöhlt, wollte man Zwischenentscheidungen ungehindert der Möglichkeit einer Beschwerde unterwerfen.[16] Damit ist zwar nicht durchweg, aber idR eine Anfechtbarkeit von Zwischenentscheidungen zu verneinen. Vor einzelfallabhängigen Entscheidungen, mit denen je nach Grad einer durch das Rechtsmittel eintreten-

---

[12] BGH 4.4.2017 – X ZB 3/17, NZBau 2017, 366 Rn. 19 ff – Postdienstleistungen.

[13] Die Kostenentscheidung muss zwar nicht zwingend zu Lasten des die Rücknahme erklärenden Beschwerdeführers ausfallen (anders als früher nach § 516 Abs. 3 ZPO), idR treffen ihn aber die Kosten, da er sich „in die Rolle des Unterlegenen begeben hat", außer Gesichtspunkte der Billigkeit gebieten eine andere Kostenverteilung, vgl. BayObLG 5.8.2022 – Verg 7/22, BeckRS 2022, 10743; OLG Schleswig 15.8.2022 – 54 Verg 5/22, IBRRS 2023, 292 und OLG Düsseldorf 8.10.2020, Verg 13/20, BeckRS 2020, 30332 (jew. zur Rücknahme des Nachprüfungsantrags).

[14] BGH 24.3.2009 – X ZB 29/08, NZBau 2009, 466; BayObLG 26.10.2021 – Verg 4/21, BeckRS 2021, 32577; OLG Naumburg 8.5.2019 – 13 Verg 10/18, NZBau 2019, 674.

[15] Bei der in § 169 Abs. 2 S. 7 GWB (bzw. § 169 Abs. 4 S. 2 GWB) geregelten Beschwerde handelt es sich um ein eigenständiges Rechtsbehelfsverfahren, vgl. BayObLG 31.10.2022 – Verg 13/22, BeckRS 2022, 25589 Rn. 29; OLG Naumburg 11.9.2018 – 7 Verg 8/14, BeckRS 2018, 44020.

[16] OLG Celle 25.5.2010 – 13 Verg 7/10, BeckRS 2010, 16079; RKPP/Ulbrich GWB § 171 Rn. 24; RSG/Stickler GWB § 171 Rn. 24; jurisPK-VergabeR/Summa GWB § 179 Rn. 29 sowie in anderem Zusammenhang ebenfalls Byok/Jaeger/Jaeger GWB § 171 Rn. 8.

GWB § 171

den Beeinträchtigung des Beschleunigungsgebots über die Statthaftigkeit der Beschwerde befunden wird, ist aus Gründen der Rechtssicherheit jedoch zu warnen. Erforderlich sind vielmehr allg., objektivierbare Kriterien, anhand derer die Zulässigkeit des Rechtsmittels zu beurteilen ist. Betrachtet man die Fallgruppen, mit denen die Rspr. bislang befasst war, erscheint als ein taugliches Abgrenzungskriterium, ob eine selbständige oder unselbständige Zwischenentscheidung angegriffen wird. **Unselbständige** Zwischenentscheidungen bereiten die zu treffende Endentscheidung lediglich vor. Gegen sie ist die Beschwerde unstatthaft, weil sie keine irgendwie gearteten abschl. Rechtswirkungen mit sich bringen. Als **selbständige** Zwischenentscheidungen sind hingegen solche anzusehen, die über eine Rechtsfrage für das weitere Verfahren in der Weise verbindlich entscheiden, dass der Betroffene durch eine spätere Sachentscheidung keinen effektiven Rechtsschutz gegen die Zwischenentscheidung mehr erlangen kann oder damit selbständige nachteilige Rechtsfolgen oder Folgewirkungen für ihn verbunden sind, ohne dass sicher zu stellen ist, dass diese durch eine künftige Sachentscheidung ausreichend rückgängig gemacht werden können. Selbständige Zwischenentscheidungen unterliegen deshalb der Beschwerde.[17] In diesem Sinn hält die Rspr. zB eine **Aussetzung** des Nachprüfungsverfahrens wegen der dadurch eintretenden und nicht mehr korrigierbaren Auswirkung einer faktischen Antragsablehnung auf Zeit für anfechtbar.[18] Höchstrichterlich geklärt ist mittlerweile, dass zwar nicht die Versagung (§ 165 Abs. 4 GWB), wohl aber die **Bewilligung von Akteneinsicht** der sofortigen Beschwerde unterliegt, weil das Geheimschutzrecht des Betroffenen durch tatsächliches Erteilen von Akteneinsicht in einer später nicht mehr wiedergutzumachenden Weise beschädigt werden kann.[19]

7 Als unselbständige und damit nicht anfechtbare Zwischenentscheidungen gelten dagegen:
- Die **Zustellung des Nachprüfungsantrags** durch die Vergabekammer[20] nach § 163 Abs. 2 S. 3 GWB, ebenso wenig die bloße Ankündigung, den Auftraggeber nicht über den Nachprüfungsantrag zu informieren und ihn nach § 166 Abs. 1 S. 2 GWB abzulehnen;[21]

---

[17] Ähnlich RKPP/Ulbrich GWB § 171 Rn. 26; Müller-Wrede GWB/Lischka, GWB § 171 Rn. 34; KK-VergR/Raabe, GWB § 171 Rn. 12.

[18] OLG Düsseldorf 11.3.2002 – Verg 43/01, NZBau 2003, 55 (57). Nicht anfechtbar ist allerdings die mit einem Vorabentscheidungsersuchen an den EuGH verbundene Aussetzung des Verfahrens durch die Vergabekammer (vgl. OLG München 18.10.2012 – Verg 13/12, NZBau 2013, 189), ansonsten würde die nächsthöhere Instanz in die europarechtlich geregelte, eigenverantwortliche Vorlagebefugnis nach Art. 267 AEUV eingreifen (vgl. Immenga/Mestmäcker/Stockmann GWB § 171 Rn. 9.

[19] BGH 31.7.2017 – X ZB 10/16, BeckRS 2017, 102839 Rn. 52 – notärztliche Dienstleistungen; so schon ua OLG München 28.4.2016 – Verg 3/16, NZBau 2016, 591; OLG Frankfurt a. M. 12.12.2014 – 11 Verg 8/14, NZBau 2015, 514; OLG Düsseldorf 28.12.2007 – Verg 40/07, BeckRS 2008, 742.

[20] OLG Düsseldorf 18.1.2000 – Verg 2/00, NZBau 2000, 596.

[21] So die hM, vgl. KG 29.3.2007 – 2 Verg 6/07, IBRRS 2007, 4355; OLG Dresden 4.7.2002 – WVerg 11/02, BeckRS 2002, 17326; vgl. aber auch OLG Düsseldorf 18.2.2010 – Verg 18/10, BeckRS 2010, 15889 (Anfechtbarkeit der Ankündigung, den Nachprüfungsantrag erst nach Zahlung des Kostenvorschusses zuzustellen). Bei längerer Verzögerung der Entscheidung können sich bedenkliche Rechtsschutzlücken bis hin zu einem der Rechtsverweigerung gleichkommenden Verfahrensstillstand ergeben, da erst die Übermittlung des Nachprüfungsantrags das Zuschlagsverbot auslöst (§ 169 Abs. 1 GWB). Es ist umstritten, ob und unter welchen Voraussetzungen dann doch eine Untätigkeitsbeschwerde möglich ist, vgl. Byok/Jaeger/Jaeger GWB § 171 Rn. 7; Müller-Wrede GWB/Lischka, GWB § 171 Rn. 37; RKPP/Ulbrich GWB

– die **Anforderung der Vergabeakten** beim Auftraggeber;[22]
– **terminvorbereitende** Maßnahmen des Vorsitzenden der Vergabekammer analog § 273 ZPO, fristsetzende **Verfügungen** nach § 167 Abs. 2 S. 2 GWB, **Beweisbeschlüsse** oder -anordnungen (klassische Zwischenschritte, die die Hauptsacheentscheidung lediglich vorbereiten);
– die Verlängerung der **Entscheidungsfrist** nach § 167 Abs. 1 GWB;[23]
– die **Verweisung** der Sache von Vergabekammer zu Vergabekammer;[24]
– die Entscheidung der Vergabekammer über ein **Ablehnungsgesuch** betr. ihre **Mitglieder**.[25] Dagegen ist der eine Befangenheit des Sachverständigen verneinende Beschluss der Vergabekammer kraft Gesetzes (§§ 163 Abs. 2 S. 5, 57 Abs. 2 GWB iVm § 406 Abs. 5 ZPO) anfechtbar.[26]

3. Anschlussbeschwerde

Anstelle einer selbständigen Beschwerde können die Verfahrensbeteiligten bei gegenläufigen Interessen im Beschwerdeverfahren auch eine Anschlussbeschwerde[27] erheben. Die §§ 171 ff. GWB sehen eine solche Beschwerde zwar nicht vor. Sie wird – praktischem Bedürfnis entspr. – von der höchst- und obergerichtlichen Rspr. sowie im Schrifttum in Anlehnung an die Vorschriften der ZPO über die Berufung indes einhellig für zulässig gehalten,[28] dies jedoch mit den gebotenen, in der Praxis von den Verfahrensbeteiligten freilich nicht durchweg beachteten Einschränkungen, dass sich die Beschwerde und die Anschlussbeschwerde gegen **dieselbe Entscheidung** richten müssen,[29] und zulässigerweise nur der Beschwerdegegner, somit derjenige eine Anschlussbeschwerde erheben kann, der ein der Beschwerde **entgegengesetztes Rechtsschutzziel** verfolgt.[30] Als Beschwerdegegner können sich der Antragsteller und der Auftraggeber, aber auch Antragsteller und Beigeladener gegenüber stehen,[31] wegen der Gleichlage ihrer Interessen idR hingegen nicht der Beige-

8

---

§ 171 Rn. 30; Beck VergabeR/Vavra/Willner GWB § 171 Rn. 35; MüKoEuWettbR/Gröning GWB § 171 Rn. 24 sowie ders. VergabeR 2002, 435.

[22] OLG Jena 9.9.2002 – 6 Verg 4/02, ZfBR 2003, 75 (76).

[23] OLG Düsseldorf 5.9.2016 – Verg 19/16, BeckRS 2016, 125653 (auch zur Frage einer Untätigkeitsbeschwerde); OLG Naumburg 13.8.2007 – 1 Verg 8/07, BeckRS 2007, 18469; OLG Brandenburg 9.9.2004 – Verg W 9/04, BeckRS 2005, 116.

[24] OLG Dresden 26.6.2012 – Verg 3/12, BeckRS 2012, 20904; OLG Düsseldorf 18.1.2005 – Verg 104/04, BeckRS 2005, 3568.

[25] OLG Düsseldorf 23.1.2006 – Verg 96/05, NZBau 2006, 598; dagegen verneinen OLG Rostock 3.2.2021 – Verg 7/20, NZBau 2021, 423 und OLG Naumburg 31.1.2011 – 2 Verg 1/11, BeckRS 2011, 4404 unter Hinweis auf VwVfG-Normen schon ihre Zuständigkeit.

[26] OLG Celle 25.5.2010 – 13 Verg 7/10, BeckRS 2010, 16079; aA RKPP/Ulbrich GWB § 171 Rn. 32; Müller-Wrede GWB/Lischka GWB § 171 Rn. 31 (Beschwerde unzulässig).

[27] Häufig auch als „unselbständige Anschlussbeschwerde" bezeichnet, obwohl bereits mit dem Begriff „Anschlussbeschwerde" die Abhängigkeit vom gegnerischen Rechtsmittel deutlich wird.

[28] BGH 12.11.2019 – XII ZB 120/19, NVwZ 2020, 330 Rn. 64; BGH 4.4.2017 – X ZB 3/17, NZBau 2017, 366 Rn. 16 ff – Postdienstleistungen; OLG Celle 7.7.2022 – 13 Verg 4/22, NZBau 2022, 268 Rn. 57; OLG Frankfurt a. M. 12.4.2022 – 11 Verg 11/21, NZBau 2022, 693 Rn. 75; KK-VergR/Raabe GWB § 171 Rn. 35 mwN.

[29] OLG Düsseldorf 25.3.2020 – Verg 25/19, BeckRS 2020, 44667 Rn. 38.

[30] Vgl. ua OLG Koblenz 16.1.2017 – Verg 5/16, BeckRS 2017, 100983 Rn. 21; OLG München 21.5.2010 – Verg 2/10, BeckRS 2010, 13748; MüKoEuWettbR/Gröning GWB § 171 Rn. 12.

[31] Byok/Jaeger/Jaeger GWB § 171 Rn. 27; MüKoEuWettbR/Gröning GWB § 171 Rn. 11; RKPP/Ulbrich GWB § 171 Rn. 76.

ladene und der Auftraggeber. Die Anschlussbeschwerde kann nur im Verhältnis zum Beschwerdeführer erhoben werden, eine Erstreckung auf Dritte ist nicht möglich.[32] Hat zB die Vergabekammer dem Auftraggeber aufgegeben, die Vergabeunterlagen nach Rückversetzung des Verfahrens zu überarbeiten und neue Angebote zu erholen, und legt der Antragsteller sofortige Beschwerde mit dem Ziel ein, eine bereits bei der Vergabekammer beantragte Fortsetzung des Verfahrens unter Ausschluss des Angebots des Beigeladenen zu erwirken, können Antragsgegner und Beigeladener (nur) mit einer Anschlussbeschwerde das Ziel einer vollständigen Zurückweisung des Nachprüfungsantrags erreichen.[33] Ohne Anschlussbeschwerde verbleibt es bei erfolgloser Beschwerde ohne weitergehende Sachprüfung bei der angeordneten Pflicht zur Rückversetzung und Überarbeitung der Vergabeunterlagen.

9 Da es sich bei der Anschlussbeschwerde um ein berufungsähnliches Rechtsmittel handelt,[34] zieht die Rspr. für deren Zulässigkeit die Vorschriften der ZPO über die Anschlussberufung heran. Sie kann von einer innerprozessualen Bedingung abhängig gemacht werden[35] und bedarf keiner eigenen Beschwer. Analog § 524 Abs. 2 S. 2 ZPO muss sie **bis zum Ablauf der** (gesetzten) **Beschwerdeerwiderungsfrist** erhoben werden.[36] Sie verliert ihre Wirkung, wenn die Beschwerde zurückgenommen oder als unzulässig verworfen wird (§ 524 Abs. 4 ZPO).[37] Die im Berufungsrecht vorgesehene Möglichkeit, das Rechtsmittel des Berufungsführers ohne mündliche Verhandlung durch Beschluss nach § 522 Abs. 2 ZPO als unbegründet zurückzuweisen, gibt es im Vergabebeschwerdeverfahren nicht. Zu beachten ist auch: Die Zurücknahme der Beschwerde vor dem OLG ist an keine Voraussetzungen gebunden (vgl. § 516 ZPO). Entscheidet der BGH jedoch aufgrund einer Divergenzvorlage anstelle des OLG über die Beschwerde, kann die sofortige Beschwerde in entspr. Anwendung des § 565 S. 2 ZPO ohne Einwilligung des Beschwerdegegners nur bis zum Beginn der mündlichen Verhandlung zur Hauptsache zurückgenommen werden.[38]

4. Beschwerderecht

10 Nach § 171 Abs. 1 S. 2 GWB steht die sofortige Beschwerde den am Verfahren vor der Vergabekammer **Beteiligten** zu, dh dem Antragsteller, dem Auftraggeber und solchen Unternehmen, die die Vergabekammer zum Verfahren beigeladen hat (vgl. § 162 GWB). Ist am Verfahren eine **Bietergemeinschaft** beteiligt, hat ein Beschwerderecht nur die Bietergemeinschaft als solche.[39] Daneben setzt die Zulässig-

---

[32] OLG München 21.5.2010 – Verg 2/10, BeckRS 2010, 13748.
[33] OLG Schleswig 21.12.2018 – 54 Verg 1/18, NZBau 2018, 474.
[34] MüKoEuWettbR/Gröning GWB § 171 Rn. 11.
[35] BayObLG 11.1.2023 – Verg 2/21, BeckRS 2023, 1170 Rn. 122; OLG München 9.8.2012 – Verg 10/12, BeckRS 2012, 20301; jurisPK-VergabeR/Summa GWB § 171 Rn. 70.
[36] Dies war lange umstritten, ist aber nunmehr höchstrichterlich geklärt, vgl. BGH 4.4.2017 – X ZB 3/17, NZBau 2017, 366 Rn. 18 – Postdienstleistungen; vgl. auch OLG Schleswig 21.12.2018 – 54 Verg 1/18, NZBau 2018, 474 (unbefristet, wenn keine Erwiderungsfrist gesetzt worden ist); dagegen befürworten KK-VergR/Raabe GWB § 171 Rn. 36 und RKPP/Ulbrich GWB § 171 Rn. 79 weiterhin eine Frist von zwei Wochen ab Zustellung der Beschwerdebegründung.
[37] BayObLG 7.9.2022 – Verg 8/22, ZfBR 2023, 101 zu Kosten- und Streitwertfragen, insbes. bei einem mit der Anschlussbeschwerde gestellten Antrag auf Verlängerung der aufschiebenden Wirkung des vor der Vergabekammer unterlegenen Antragstellers.
[38] BGH 4.4.2017 – X ZB 3/17, NZBau 2017, 366 Rn. 19 ff – Postdienstleistungen.
[39] Analog der Antragsbefugnis nach § 160 Abs. 2 GWB, vgl. → § 160 Rn. 10 mwN; zur gewillkürten Prozessstandschaft bei einem Antrag eines Mitglieds einer Bietergemeinschaft vgl. OLG München 14.1.2015 – Verg 15/14, NZBau 2015, 576; OLG Düsseldorf 27.11.2013 – Verg 20/13, IBRRS 2013, 4933.

keit der Beschwerde als Beleg für das Rechtsschutzbedürfnis eine **Beschwer** des Rechtsmittelführers durch die anzufechtende Entscheidung voraus, sowie das Petitum, die Beschwer mit dem Rechtsmittel zu beseitigen. Das vorinstanzliche Begehren muss mit der Beschwerde also zumindest teilw. weiterverfolgt werden. Ein völlig neues Begehren führt zur Unzulässigkeit der Beschwerde.[40] Die Beschwer ist dadurch gekennzeichnet, dass der bestandskraftfähige Inhalt der anzufechtenden Entscheidung für den Rechtsmittelführer sachlich nachteilig ist. Sie muss im Zeitpunkt der Beschwerdeeinlegung gegeben sein und darf nicht vor der Beschwerdeentscheidung entfallen.[41] In der Praxis ist eine Beschwer nur in seltenen Ausnahmefällen zu verneinen.

Im Allgemeinen wird zwischen formeller und materieller Beschwer unterschieden. **Formelle Beschwer** ist anzunehmen, wenn die angefochtene Entscheidung von einem gestellten Antrag zu Ungunsten des Antragstellers abweicht, was durch einen Vergleich des Beschlusstenors mit dem angebrachten Antrag oder Begehren des Antragstellers festgestellt werden kann. Das Vorliegen einer formellen Beschwer genügt, das Merkmal der Beschwer auszufüllen.[42] Eine solche Beschwer ist im Unterliegensfall für den **Antragsteller**, der üblicherweise im Verfahren vor der Vergabekammer einen Antrag stellt, regelmäßig gegeben. Umgekehrt fehlt eine formelle Beschwer des Antragstellers, wenn die Vergabekammer nach seinem Antrag erkannt hat. Auf die Begründung der Entscheidung kommt es dabei nicht an (→ Rn. 13).[43] Zieht man die Parallele zur Rspr. des BGH, der für den Beklagten nicht auf die formelle, sondern die materielle Beschwer abstellt,[44] lässt sich allein aus der Tatsache, dass die Vergabekammer von einem etwaigen Antrag des **Antragsgegners** und/oder des **Beigeladenen** abweicht, den Nachprüfungsantrag zu verwerfen oder abzulaufen, noch nicht der Schluss auf deren Beschwer ziehen. Gleichwohl wird in diesen Fällen häufig zugleich eine materielle Beschwer zu bejahen sein, auf die es für den Antragsgegner und den Beigeladenen ankommt. Für die materielle Beschwer des Antragstellers und des Beigeladenen ist unerheblich, ob sie im Verfahren der Vergabekammer überhaupt Anträge gestellt haben. Da der Gesetzgeber das Antragserfordernis im Nachprüfungsverfahren deutlich abgeschwächt hat, ist auch bei einem **Antragsteller**, der keinen Antrag gestellt hat,[45] seine materielle Beschwer maßgebend. Die materielle Beschwer bemisst sich danach, ob und inwieweit der betreffende Verfahrensbeteiligte dann, wenn die anzufechtende Entscheidung bestandskräftig würde, dadurch unmittelbar und individuell nachteilig betroffen ist.[46]

11

---

[40] OLG Düsseldorf 16.5.2018 – Verg 24/17, BeckRS 2018, 26764.

[41] BGH 29.6.2004 – X ZB 11/04, NJW-RR 2004, 1365 mwN.

[42] Zumal bei Vorliegen einer formellen in aller Regel auch eine materielle Beschwer gegeben ist; MüKoEuWettbR/Gröning GWB § 171 Rn. 26.

[43] OLG München 9.4.2015 – Verg 1/15, NZBau 2015, 446. Die Entscheidungsgründe sind als solche nicht beschwerend, gleichviel, ob sie den vom Beschwerdeführer geltend gemachten Argumenten folgen oder nicht, RKPP/Ulbrich GWB § 171 Rn. 63.

[44] Vgl. BGH 11.3.2015 – XII ZB 553/14, NJW-RR 2015, 1203: notwendig, aber auch ausreichend ist, dass die angefochtene Entscheidung ihrem Inhalt nach für den Beklagten nachteilig ist.

[45] Der Antragsteller (genauso wenig die übrigen Verfahrensbeteiligten) ist im Verfahren vor der Vergabekammer prozessual nicht verpflichtet, einen Antrag zu stellen. Nach § 161 Abs. 1 S. 2 GWB soll der Nachprüfungsantrag lediglich ein bestimmtes (prozessuales) Begehren enthalten (vgl. → § 161 Rn. 2). Auch im Beschwerdeverfahren ist eine förmliche Antragstellung durch den Rechtsmittelführer nicht vorausgesetzt, sein Rechtsschutzziel muss aber gleichwohl erkennbar sein, vgl. § 172 GWB.

[46] OLG Düsseldorf 19.12.2018 – Verg 40/18, BeckRS 2018, 38296 Rn. 59; OLG München 3.11.2011 – Verg 14/11, BeckRS 2011, 26151.

12 Hat die Vergabekammer dem Nachprüfungsantrag stattgegeben, verstehen sich Betroffenheit und materielle Beschwer des **Antragsgegners** in aller Regel von selbst, weil er das Vergabeverfahren nicht so wie geplant, vielmehr nur unter teilw. Wiederholung oder Neuausschreibung, mit höherem Sach-, Personal- und/oder Kostenaufwand, auch zeitlich verzögert und ggf. nur zu höheren Beschaffungskosten oder wegen einer inzwischen veränderten Haushaltslage vorläufig gar nicht mehr durchführen kann. Auch für den **Beigeladenen** ist bei einer dem Nachprüfungsantrag stattgebenden Entscheidung eine materielle Beschwer nur ausnahmsweise zu verneinen: Bei ihm genügt jede schwerwiegende Berührung wirtschaftlicher Interessen wie nach § 162 S. 1 GWB (vgl. → § 162 Rn. 10), dh eine Schlechterstellung bei der vorher gegebenen Chance auf den Auftrag.[47] Kann dies nicht schon als auf der Hand liegend angesehen werden, ist zur weiteren Aufklärung sein Vortrag vor der Vergabekammer heranzuziehen und dann die Entscheidung der Vergabekammer mit seiner Interessenlage abzugleichen. Hat sich der Beigeladene im Verfahren vor der Vergabekammer nicht geäußert, ist ihm allein deswegen eine Beschwer nicht abzuerkennen,[48] sondern eine Betroffenheit nach Lage der Vergabeakten und Ergebnis der mündlichen Verhandlung zu beurteilen. Die materielle Beschwer des **Antragstellers** bestimmt sich danach, ob die Entscheidung der Vergabekammer bei wertender Betrachtung hinter dem aus seinem Vortrag erkennbaren Rechtsschutzziel (der begehrten Rechtsfolge) zurückgeblieben ist.

13 Ob iÜ die **Entscheidungsbegründung** der Vergabekammer den Erwartungen der Beteiligten entspricht oder unerwünschte Feststellungen oder Rechtsausführungen enthält, ist für die Betroffenheit und die Beschwer unerheblich. Maßgebend ist allein, ob die Entscheidung die vom Antragsteller begehrte Rechtsfolge bejaht oder verneint, nicht hingegen, wie die Vergabekammer das Ergebnis begründet hat. Entscheidungen über präjudizielle Rechtsverhältnisse oder einzelne Entscheidungselemente einschl. der Bejahung oder Verneinung von Normtatbeständen erwachsen nicht in Bestandskraft, können also auch niemanden beschweren.[49] Eine Beschwerde, mit der der Rechtsmittelführer lediglich eine andere Begründung der Entscheidung der Vergabekammer erreichen will, ist darum unzulässig. Unerheblich und keine Beschwer begründend ist (aus der Sicht des Antragsgegners) auch, wenn die Vergabekammer den Nachprüfungsantrag als unzulässig anstatt als unbegründet (oder umgekehrt) abgelehnt hat.[50]

---

[47] Die Beiladung zielt auf die aussichtsreiche Konkurrenz um den Auftrag ab; bloß mittelbar Betroffene, wie Dienstleister des Auftraggebers, sind nicht beizuladen, selbst wenn deren Leistungen im Nachprüfungsverfahren im Streit stehen, vgl. OLG München 28.8.2019 – Verg 10/19, BeckRS 2019, 20413.

[48] Der Beigeladene verliert seine Beschwerdemöglichkeit nicht dadurch, dass er die Möglichkeit, sich vor der Vergabekammer zu äußern oder einen Antrag zu stellen, nicht wahrgenommen hat, vgl. OLG Düsseldorf 19.12.2018 – Verg 40/18, BeckRS 2018, 38296; OLG Naumburg 18.8.2011 – 2 Verg 2/10, ZfBR 2012, 85; Müller-Wrede GWB/Lischka GWB § 171 Rn. 58 mwN.

[49] Aus diesem Grund ist für die Beschwer ebenso wenig maßgebend, ob die Vergabekammer den Streit rechtlich zutreffend entschieden hat.

[50] Im Fall einer Sachablehnung anstelle einer Verwerfung ist dies unmittelbar einleuchtend, weil eine Sachablehnung weiter reicht als eine bloße Prozessabweisung. Im umgekehrten Fall (Prozessabweisung anstelle begehrter Sachabweisung) würde man in anderen Prozessordnungen eine Beschwer bejahen (vgl. auch MüKoEuWettbR/Gröning GWB § 171 Rn. 32), doch sind im Nachprüfungsverfahren Besonderheiten zu berücksichtigen. Dem Antragsgegner droht bei einer Verwerfung des Nachprüfungsantrags kein zweites Nachprüfungsverfahren. Nach Ablauf des Zuschlagsverbots (§ 173 Abs. 1 S. 2 GWB) kann er den Auftrag erteilen, damit hat er sein primäres Ziel im Nachprüfungsverfahren erreicht.

Problematisch ist das Beschwerderecht des **Beiladungspetenten**, dh des Unternehmens, dessen Interessen iSd § 162 S. 1 GWB von der Entscheidung schwerwiegend berührt werden, das von der Vergabekammer jedoch zu Unrecht nicht beigeladen oder dessen Beiladungsantrag von der Vergabekammer abgelehnt worden ist. Wendet sich dieser mit einer sofortigen Beschwerde an das OLG und beantragt (vorsorglich) seine Beiladung, ist die rechtliche Beurteilung bis heute umstritten.[51] Das Problem stellt sich nur, wenn die Vergabekammer dem Nachprüfungsantrag ganz oder teilweise stattgegeben hat; nur dann kann das nicht beigeladene Unternehmen durch die Entscheidung (materiell) beschwert sein. Zwar sieht § 171 Abs. 1 GWB eine Beschwerdebefugnis bislang am Nachprüfungsverfahren nicht Beteiligter nicht ausdr. vor. Dies steht der Zulässigkeit einer Beschwerde eines (echten) Beiladungspetenten jedoch nicht zwingend entgegen. So enthält auch § 174 GWB keine unmittelbare Aussage zur erstmaligen Beiladung von Unternehmen durch das Beschwerdegericht, gleichwohl haben sich die OLG dazu durchgerungen, solche Beiladungen vorzunehmen.[52] Überträgt man die Rechtssätze der zum Kartellverwaltungsrecht ergangenen Entscheidung „pepcom" des BGH[53] ins Vergaberecht, kann die Problematik zudem in einem anderen Licht erscheinen, weil danach einem Petenten, der die Voraussetzungen einer Beiladung nach § 162 GWB erfüllt (vgl. → § 162 Rn. 7 ff.), der von der Vergabekammer jedoch nicht beigeladen worden ist, gegen die Entscheidung, sofern er durch sie unmittelbar und individuell betroffen ist, eine Beschwer und ein **Beschwerderecht** zuzuerkennen sein kann. Praktische Schwierigkeiten, insbes. Rechtsunsicherheit über den Eintritt formeller Bestandskraft der Entscheidung der Vergabekammer sowie über die Dauer des Zuschlagsverbots nach § 169 Abs. 1 GWB, stehen einer Auslegung des § 171 Abs. 1 GWB, mit der Beiladungspetenten unter bestimmten Voraussetzungen ein Beschwerderecht eingeräumt würde, nicht entscheidend entgegen.[54] Mit Blick auf ihre Beschwerdebefugnis kann die Vergabekammer den Beschluss, mit welchem dem Nachprüfungsantrag stattgegeben wird, solchen Unternehmen, die eine echte Chance auf den Zuschlag haben (vgl. → § 162 Rn. 10) oder deren Beiladungsantrag sie abgelehnt hat, zustellen, um das Eintreten einer formellen Bestandskraft sicherzustellen. Ein unzumutbarer Aufwand, erst recht eine nicht zu akzeptierende Verzögerung der Auftragsvergabe, ist damit nicht verbunden. Eine Verzögerung, zu der es dadurch kommt, dass ein Beiladungspetent sofortige Beschwerde erhebt, ist vergaberechtlich hinzunehmen.

Bei pragmatischer Sicht der Dinge muss die Frage einer Übertragung der „pepcom"-Entscheidung des BGH ins Vergaberecht in der Praxis nicht abschl. beantwortet werden. Bis heute sind keine Entscheidungen veröffentlicht, bei denen hierüber zu entscheiden gewesen wäre[55], was für eine sachgerechte Handhabung der Beiladung durch die Vergabekammern spricht. Die fehlende Rspr. legt zudem nahe, dass am Auftrag interessierte Unternehmen zeitnah Rechtsmittel einlegen, auch wenn sie nicht ordnungsgemäß von der Vergabekammer am Verfahren betei-

---

[51] KK-VergR/Raabe GWB § 171 Rn. 42 ff mwN.
[52] So die gefestigte Rspr., vgl. OLG Schleswig 19.8.2016 – 54 Verg 8/16, IBRRS 2016, 2493; KG 7.12.2009 – 2 Verg 10/09, BeckRS 2010, 03783; OLG Düsseldorf 13.1.2000 – Verg 14/00, BeckRS 2001, 567; RKPP/Röwekamp GWB § 174 Rn. 2 ff. mwN.
[53] BGH 7.11.2006 – KVR 37/05, NJW 2007, 607 Rn. 18 ff.
[54] Vgl. BGH 7.11.2006 – KVR 37/05, NJW 2007, 607 Rn. 22; trotz unterschiedlicher Ansätze wird die Beschwerde eines zu Unrecht von der Vergabekammer nicht Beigeladenen überwiegend für zulässig erachtet, vgl. jurisPK VergabeR/Summa GWB § 171 Rn. 55; MüKo-EuWettbR/Gröning GWB § 171 Rn. 8; Müller-Wrede GWB/Lischka GWB § 171 Rn. 55 mwN; ablehnend dagegen Byok/Jaeger/Jaeger GWB § 174 Rn. 3 ff.
[55] Im Fall des OLG München 28.8.2019 – Verg 10/19, BeckRS 2019, 20413 lag aus anderen Gründen die Unzulässigkeit der Beschwerde auf der Hand.

ligt worden sind. Damit ist weiterhin ungeklärt, welche Beschwerdefrist für denjenigen gilt, der zu Unrecht von der Vergabekammer nicht beigeladen oder dem die Entscheidung, da er kein Interesse am Verfahren gezeigt hat, nicht zugestellt worden ist. Teils wird eine entspr. Anwendung des § 58 VwGO befürwortet.[56] Sachgerechter erscheint, auf den Fristenlauf beim Antragsgegner abzustellen, auf dessen Seite der Beiladungspetent bei wertender Betrachtung steht und von dem er in aller Regel über den Verlauf des Nachprüfungsverfahrens informiert wird.[57] Über eine ergänzende Anwendung der Regelungen zur **Wiedereinsetzung** analog den §§ 230 ff. ZPO können Lösungen erzielt werden, die einen angemessenen Ausgleich zwischen den berechtigten Belangen des Beiladungspetenten und dem Interesse der übrigen Verfahrensbeteiligten an einem raschen und rechtssicheren Abschluss des Nachprüfungsverfahrens ermöglichen (vgl. → § 172 Rn. 4).

III. Sonderfall: Ablehnungsfiktion (Abs. 2)

16 § 171 Abs. 2 GWB verstärkt den auf den Nachprüfungsverfahren vor der Vergabekammer ohnehin lastenden Beschleunigungsdruck, indem eine Nichteinhaltung der fünfwöchigen **Entscheidungsfrist** des § 167 Abs. 1 S. 1 GWB mit dem Mittel einer fingierten Antragsablehnung sanktioniert wird. Die **Fiktion der Antragsablehnung** („gilt") tritt allerdings – wie der BGH zwischenzeitlich entschieden hat[58] – **nicht durch bloßen Ablauf der Frist des § 172 Abs. 1 GWB** ein, sondern erfordert zusätzlich die fristgerechte Einlegung einer sofortigen Beschwerde durch den Antragsteller. Die frühere obergerichtliche Rspr., die angenommen hat, die Vergabekammer sei zum Erlass einer Hauptsacheentscheidung nicht mehr berechtigt, sobald sie die Entscheidungsfrist ungenutzt habe verstreichen lassen, mit Ablauf der Beschwerdefrist werde die (fingierte) Ablehnungsentscheidung bestandskräftig, ist damit überholt (dazu auch → § 167 Rn. 10).[59] Die Rspr. des BGH entlastet zweifelsfrei den Antragsteller, dem nicht mehr aufgebürdet wird, sich über den – zumeist nur durch aktive Nachfrage ermittelbaren – Beginn der kurzen Rechtsmittelfrist zu informieren. Zu begrüßen ist, dass ihm damit nicht mehr ein unbeabsichtigter Verlust seines Rechtsschutzes droht, allerdings führt die Entscheidung für den Antragsgegner und den Beigeladenen zu empfindlichen Nachteilen. Denn das Gesetz eröffnet eine Untätigkeitsbeschwerde nur für den Antragsteller, nicht für die Gegenseite. § 171 Abs. 2 GWB kann aufgrund seiner Struktur (fingierte Antragsablehnung) auch nicht sinngemäß für andere Beteiligte herangezogen werden.[60] Effektive Möglichkeiten zur Durchsetzung des Beschleunigungsgrundsatzes, der auch den Wahrung der Interessen des Auftraggebers und der Zuschlagsprätendenten dient, stehen diesen Verfahrensbeteiligten damit nicht zur Verfügung.[61] Es ist nicht zu erwarten, dass die Rspr. § 75 VwGO entspr. heranzieht (Untätigkeitsbeschwerde nach Ablauf von drei Monaten), allenfalls kommt bei einem langen, einer Rechtsverweigerung gleichkommenden Verfahrensstillstand als ultima ratio eine Untätigkeitsbeschwerde in

---

[56] RKPP/Ulbrich GWB § 172 Rn. 18.
[57] So MüKoEuWettbR/Gröning GWB § 172 Rn. 13; Beck VergabeR/Vavra/Willner GWB § 172 Rn. 10.
[58] BGH 14.7.2020 – XIII ZB 135/19, NZBau 2020, 798 – Fahrscheindrucker.
[59] So ua OLG München 4.4.2008 – Verg 4/08, BeckRS 2008, 7165; OLG Dresden 17.6.2005 – WVerg 8/05, NJOZ 2005, 4233; OLG Düsseldorf 12.3.2003 – Verg 49/02, BeckRS 2004, 2039.
[60] Zu den Konsequenzen der BGH-Rspr. vgl. auch MüKoEuWettbR/Gröning GWB § 171 Rn. 38 ff; ders. VergabeR 2021, 552 ff.
[61] Krit. auch jurisPK-VergabeR/Summa GWB § 171 Rn. 45.

Betracht.[62] Wollte man den Beschleunigungsgrundsatz in diesem Punkt stärken, müsste der Gesetzgeber die Möglichkeiten einer sofortigen Beschwerde ausweiten, etwa indem er zumindest (auch) dem Auftraggeber ein Rechtsmittel bei ergebnislosem Ablauf der Entscheidungsfrist an die Hand gibt.

16a In Verfahren auf Feststellung nach Erledigung ist der Anwendungsbereich des § 171 Abs. 2 GWB nicht eröffnet (§ 168 Abs. 2 S. 3 GWB). Gleiches gilt, wenn nur noch Nebenentscheidungen anstehen, wie etwa die Kostenentscheidung oder die Entscheidung über die Hinzuziehung eines Verfahrensbevollmächtigten nach Rücknahme des Nachprüfungsantrags.[63]

17 Auch wenn der Anwendungsbereich des § 171 Abs. 2 GWB durch die neue Rspr. an Bedeutung verloren haben dürfte, bleibt die Frage, was auf Seiten der Vergabekammer geschehen muss, um die Fiktion einer Antragsablehnung abzuwenden. Nach § 167 Abs. 1 S. 2 und 3 GWB kann bei besonderen tatsächlichen oder rechtlichen Schwierigkeiten im Ausnahmefall der Vorsitzende der Vergabekammer die **Entscheidungsfrist** um den erforderlichen Zeitraum, der nicht länger als zwei Wochen betragen soll, unanfechtbar (→ Rn. 7) **verlängern** (iE → § 167 Rn. 11 ff.).

– Innerhalb der regulären oder so verlängerten Frist hat die Vergabekammer die in Beschlussform ergehende **Entscheidung** zu **treffen und** zu **begründen** (§ 167 Abs. 1 S. 1 GWB), dh sie muss innerhalb der (verlängerten) Entscheidungsfrist vollständig (Beschlussausspruch und Gründe umfassend) in schriftlicher Form vorliegen.

– Der in der Sache ergehende schriftlich abgefasste Beschluss muss von den Mitgliedern der Vergabekammer **unterzeichnet** werden.[64] Von wem der Beschluss zu unterschreiben ist – von den drei Mitgliedern der Vergabekammer in der planmäßigen Besetzung nach § 157 Abs. 2 S. 1 GWB, vom Vorsitzenden und vom hauptamtlichen Beisitzer oder vom Vorsitzenden allein – ergibt sich nicht aus § 167 Abs. 1 S. 1 GWB, sondern unterliegt der Bestimmung durch die **Geschäftsordnung** der Vergabekammer (dazu auch → § 167 Rn. 7).[65] Die Geschäftsordnungen sehen zumeist eine Unterschrift nur durch den Vorsitzenden und den hauptamtlichen Beisitzer der Vergabekammer vor (zumal die Einholung der Unterschrift des oftmals auswärtigen ehrenamtlichen Beisitzers innerhalb der Entscheidungsfrist mit einigen tatsächlichen Schwierigkeiten verbunden sein kann).[66] Bei Verhinderung eines der zur Unterzeichnung berufenen Kammermitglieder ist wie im Fall der Verhinderung eines Richters zu verfahren (Verhinderungsvermerk nebst Unterschrift des verbleibenden Kollegen).

– Nicht ganz einhellig wird beurteilt, ab welchem Zeitpunkt die Entscheidung als getroffen gilt (§ 167 Abs. 1 S. 1 GWB). Entscheidend ist die wirksame Enttäußerung, die bereits dann vorliegen soll, wenn der Beschluss vollständig schriftlich abgesetzt und unterzeichnet zur Abholung und Versendung an die Beteiligten im Büro des Letztunterzeichners bereitgelegt oder zur Geschäftsstelle gelangt ist.[67]

---

[62] OLG Düsseldorf 5.9.2016 – Verg 19/16, BeckRS 2016, 125653 hat eine Untätigkeitsbeschwerde in anderem Zusammenhang erwogen, die Voraussetzungen jedoch im konkreten Fall verneint; vgl. auch → Fn. 21.
[63] KG 10.8.2011 – Verg 5/11, BeckRS 2011, 22536.
[64] Vgl. OLG Koblenz 27.1.2021 – Verg 1/19, BeckRS 2021, 10061: alle notwendigen Unterschriften müssen auf einer Urschrift sein; VK Rheinland-Pfalz 6.1.2021 – VK 1- 22/19, BeckRS 2021, 1605 hat hierzu allerdings eine abw. Rechtsauffassung.
[65] Vgl. BGH 12.6.2001 – X ZB 10/01, NZBau 2001, 517 (518); OLG Düsseldorf 5.9.2001 – Verg 18/01, IBRRS 2003, 1489.
[66] OLG Düsseldorf 22.1.2001 – Verg 24/00, BeckRS 9998, 03926.
[67] OLG Saarbrücken 29.4.2003 – 5 Verg 4/02, BeckRS 9998, 26340; OLG Düsseldorf 22.1.2001 – Verg 24/00, BeckRS 9998, 03926.

GWB § 171 — Zulässigkeit, Zuständigkeit

Es mag vor dem Hintergrund des hohen Zeitdrucks verständlich sein, dass die Rspr. diesen Vorgang als ausreichend erachtet, dagegen spricht jedoch, dass die Entscheidung bis zur Versendung des Beschlusses durch die Geschäftsstelle noch abänderbar, der Entschließungsprozess der Vergabekammer also noch nicht unwiderruflich beendet ist. Abgestellt werden sollte deshalb auf den (möglichst genau zu dokumentierenden) Moment der Versendung des Beschlusses, da erst damit die Entscheidung den Bereich der Vergabekammer verlässt.[68] Dagegen ist unerheblich, wann die Entscheidung den Verfahrensbeteiligten zugegangen oder zugestellt worden ist.[69] Zum Ganzen auch → § 167 Rn. 9.

18 Die „Fahrscheindruckerentscheidung" des BGH wirft neue Fragen auf, wobei abzuwarten bleibt, ob problematische Konstellationen, wie sie derzeit in der Kommentarliteratur diskutiert werden[70], tatsächlich in der Praxis auftreten. Geklärt ist zwar der Fall, dass der Antragsteller die Beschwerdefrist ungenutzt verstreichen lässt, obwohl die Vergabekammer die Entscheidungsfrist nicht eingehalten hat. Erlässt die Vergabekammer später einen Beschluss, kann und muss jeder beschwerte Beteiligte diesen nach den allg. Regeln anfechten, um eine Bestandskraft zu seinen Lasten zu verhindern. Abzuwarten bleibt, wie bei zeitlich überlagernden Entscheidungen zu verfahren ist, etwa wenn die Vergabekammer trotz eingelegter sofortiger Beschwerde des Antragstellers eine (ggf. inhaltlich abweichende) Sachentscheidung trifft,[71] oder wie bei ungeklärtem Zeitablauf zu verfahren ist.[72] Ebenso werden zu den Folgen einer Rücknahme des Rechtsmittels durch den Antragsteller unterschiedliche Standpunkte vertreten.[73]

IV. Zuständigkeit des OLG (Abs. 3)

19 Nach § 171 Abs. 3 S. 1[74] Hs. 1 und S. 2 GWB entscheidet über die sofortige Beschwerde das für den Sitz der Vergabekammer zuständige OLG; bei den OLG sind **Vergabesenate** zu bilden. Deren Zuständigkeit ist (einschl. einer möglichen Beschwerdezuständigkeit des BGH nach § 179 Abs. 2 GWB) eine **ausschließliche**. Die Beschwerdesachen sollen bei besonders sachkundigen und erfahrenen Spruchkörpern konzentriert werden. Dies soll die Zügigkeit der Entscheidungen[75] und die Einheitlichkeit der Rspr. fördern. Der Vergabesenat muss in personenidentischer Besetzung nicht zugleich ein Kartellsenat sein, obwohl dies in der Regierungsbegründung zum Entwurf des VgRÄG für die Senatsbesetzung mit Recht angeregt und mehrfach auch umgesetzt worden ist.[76]

V. Weitere Zuständigkeitskonzentration (Abs. 4)

20 Innerhalb der Beschwerdezuständigkeit der OLG ermächtigt § 171 Abs. 4 GWB die Länder (übertragbar auf die Landesjustizverwaltungen) insofern zu weiteren

---

[68] So auch HK-VergabeR/Dieck-Bogatzke GWB § 171 Rn. 36; aA Voraufl.
[69] OLG Naumburg 13.10.2006 – 1 Verg 7/06, BeckRS 2006, 12148; OLG Düsseldorf 8.5.2002 – Verg 8–15/01, IBRRS 2003, 1074; RKPP/Ulbrich GWB § 171 Rn. 46.
[70] Zu div. Anschlussfragen vgl. Gröning VergabeR 2021, 552 ff.
[71] Vgl. Müller-Wrede GWB/Lischka GWB § 171 Rn. 49 (nur Rechtsmittel gegen den fingierten Beschluss); KK-VergR/Raabe GWB § 171 Rn. 33; Beck VergabeR/Vavra/Willner GWB § 171 Rn. 32 ff.
[72] MüKoEuWettbR/Gröning GWB § 171 Rn. 44 (Prioritätsgrundsatz).
[73] MüKoEuWettbR/Gröning GWB § 171 Rn. 42: kein Entfallen der einmal eingetretenen Ablehnungsfiktion; zweifelnd dagegen jurisPK-VergabeR/Summa GWB § 171 Rn. 46.
[74] Dem im kartellverwaltungsrechtlichen Beschwerdeverfahren geltenden § 73 Abs. 4 GWB nachgebildet.
[75] So die Begr. des RegE des VgRÄG, BT-Drs. 13/9430, 20.
[76] BT-Drs. 13/9430, 20.

Zuständigkeitskonzentrationen, als bei mehreren in einem Land errichteten OLG die Zuständigkeit einem oder einigen OLG oder dem Obersten Landesgericht durch **Rechtsverordnung** zugewiesen werden kann.[77] Bayern hat von der letztgenannten Möglichkeit nach Wiedererrichtung des BayObLG mWv 1.1.2021 Gebrauch gemacht[78], ebenso ist in allen Ländern, die über mehrere OLG verfügen, eine Konzentration erfolgt, so dass derzeit folgende Gerichte in Vergabebeschwerdesachen zuständig sind:
- Bund: OLG Düsseldorf,
- Baden-Württemberg: OLG Karlsruhe (bis 31.12.2004: OLG Stuttgart),
- Bayern: BayObLG (von 1.1.2005 bis 31.12.2020: OLG München),
- Berlin: Kammergericht,
- Brandenburg: OLG Brandenburg,
- Bremen: OLG Bremen,
- Hamburg: OLG Hamburg,
- Hessen: OLG Frankfurt a. M.,
- Mecklenburg-Vorpommern: OLG Rostock,
- Niedersachsen: OLG Celle,
- Nordrhein-Westfalen: OLG Düsseldorf,
- Rheinland-Pfalz: OLG Koblenz,
- Saarland: OLG Saarbrücken,
- Sachsen: OLG Dresden,
- Sachsen-Anhalt: OLG Naumburg,
- Schleswig-Holstein: OLG Schleswig,
- Thüringen: OLG Jena.

§ 172 Frist, Form, Inhalt

(1) **Die sofortige Beschwerde ist binnen einer Notfrist von zwei Wochen, die mit der Zustellung der Entscheidung, im Fall des § 171 Absatz 2 mit dem Ablauf der Frist beginnt, schriftlich bei dem Beschwerdegericht einzulegen.**

(2) ¹**Die sofortige Beschwerde ist zugleich mit ihrer Einlegung zu begründen.** ²**Die Beschwerdebegründung muss enthalten:**
1. **die Erklärung, inwieweit die Entscheidung der Vergabekammer angefochten und eine abweichende Entscheidung beantragt wird,**
2. **die Angabe der Tatsachen und Beweismittel, auf die sich die Beschwerde stützt.**

(3) ¹**Die Beschwerdeschrift muss durch einen Rechtsanwalt unterzeichnet sein.** ²**Dies gilt nicht für Beschwerden von juristischen Personen des öffentlichen Rechts.**

(4) **Mit der Einlegung der Beschwerde sind die anderen Beteiligten des Verfahrens vor der Vergabekammer vom Beschwerdeführer durch Übermittlung einer Ausfertigung der Beschwerdeschrift zu unterrichten.**

Literatur: Gröning, Die Untätigkeitsbeschwerde nach § 172 II GWB – was gilt nach BGH „Fahrscheindrucker"?, VergabeR 2021, 552.

I. Bedeutung der Vorschrift

§ 172 GWB hat (ggü. der Vorläufernorm § 117 GWB aF) durch das VergRModG 2016 keine inhaltliche Änderung erfahren. Die Beschwerdeschrift kann von jedem, **1**

---

[77] Vgl. § 92 Abs. 1 GWB.
[78] § 33 Abs. 3 BayGZVJu iVm § 1 Nr. 3 der BayÄndV v. 24.11.2020 (BayGVBl. 2020, 654).

nicht mehr nur von einem bei einem deutschen Gericht zugelassenen Rechtsanwalt unterzeichnet werden (§ 172 Abs. 3 GWB).[1] Die Vorschrift regelt Form, Frist und Adressat der Beschwerde sowie den Zeitpunkt und den Inhalt der Beschwerdebegründung. Mehrere darin enthaltene Elemente machen deutlich, dass der Gesetzgeber auch hier durch Anforderungen an eine möglichst effektive Aufbereitung des Streitstoffs auf eine **Konzentration,** eine **Beschleunigung** des Beschwerdeverfahrens und auf eine **rasche Entscheidung** hinwirken will.[2] Dazu zählen das Erfordernis einer Begründung der Beschwerde schon in der Beschwerdeschrift, das Gebot, die anderen Verfahrensbeteiligten von der Einlegung der Beschwerde durch Übermitteln einer Abschrift der Beschwerdeschrift zu unterrichten sowie der Anwaltszwang.

II. Form, Frist und Einlegung der Beschwerde (Abs. 1)

2   Die Beschwerde ist bei dem Beschwerdegericht binnen einer **Notfrist von zwei Wochen** einzulegen (zur Frist für die Einlegung einer Anschlussbeschwerde vgl. → § 171 Rn. 9). Abweichend hiervon regelt das zum 1.6.2022 in Kraft getretene Gesetz zur Beschleunigung des Einsatzes verflüssigten Erdgases (LNNG) in § 9 Abs. 3 Nr. 2 für Vorhaben nach **§ 2 LNNG,** dass die **Notfrist lediglich eine Woche** beträgt. Die Frist ist **nicht verlängerbar.**[3] Sie beginnt mit der nach § 168 Abs. 3 S. 3, § 61 Abs. 1 S. 1, GWB von der Vergabekammer amtswegig vorzunehmenden Zustellung der Entscheidung (zur Zustellung → § 168 Rn. 51 f.).[4] Die **Fristberechnung,** die für jeden Verfahrensbeteiligten gesondert erfolgt, hat nach §§ 187 Abs. 1, 188 Abs. 2, 193 BGB[5] stattzufinden. Der Tag, in den das Ereignis der Zustellung der Entscheidung fällt, wird nicht mitgerechnet. Die Beschwerdefrist endet mit dem Ablauf desjenigen Tages der letzten Woche, welcher durch seine Benennung dem Tag entspricht, in den das Ereignis fällt.[6] Fällt der bestimmte Tag auf einen Sonntag, einen am Ort des Beschwerdegerichts[7] staatlich anerkannten allg. Feiertag oder einen Sonnabend, tritt an die Stelle eines solchen Tages der nächste Werktag. Gegen die Versäumung der Beschwerdefrist kann gem. § 175 Abs. 2, § 72 Nr. 2 GWB, §§ 233 ff. ZPO Wiedereinsetzung in den vorigen Stand gewährt werden, vorausgesetzt die Versäumung ist unverschuldet.[8]

---

[1] Aufgrund des Gesetzes zur Stärkung der Selbstverwaltung der Rechtsanwaltschaft v. 26.3.2007, BGBl. I 358; vgl. auch § 2 EuRAG (Berufsausübung als niedergelassener europäischer Rechtsanwalt).

[2] Vgl. die Begr. des RegE des VgRÄG, BT-Drs. 13/9430, 21.

[3] Das ergibt sich schon aus ihrer Eigenschaft als Notfrist, für die im Gesetz eine Verlängerung nicht vorgesehen ist, § 175 Abs. 2, § 72 Nr. 2 GWB iVm § 224 Abs. 2 ZPO.

[4] Wird eine ablehnende Entscheidung der Vergabekammer lediglich zur Information vorab übersandt, löst dies die Beschwerdefrist noch nicht aus, vgl. BGH 10.11.2009 – X ZB 8/09, NZBau 2010, 124 Rn. 21 ff.; OLG Celle 31.3.2020 – 13 Verg 13/19, NZBau 2021,136.

[5] Vgl. § 175 Abs. 2, § 72 Nr. 2 GWB, § 222 ZPO.

[6] Ist die Entscheidung an einem Dienstag zugestellt worden, läuft die Beschwerdefrist – zwei Wochen danach – am Dienstag ab. Sie endet mit Ablauf dieses Tages, also um 24 Uhr, vgl. BGH 8.5.2007 – VI ZB 74/06, NZBau 2007, 2045. Dabei kommt es nicht darauf an, ob die anzufechtende Entscheidung an einem Sonn-, Feiertag oder Sonnabend zugestellt worden ist, sondern darauf, ob der letzte Tag der Frist auf einen solchen Tag fällt.

[7] Da die Beschwerde beim Beschwerdegericht einzulegen ist, vgl. BGH 10.1.2012 – VI ZA 27/11, NJW-RR 2012, 254.

[8] BayObLG 13.6.2022 – Verg 4/22, BeckRS 2022, 20974 und nachf. BayObLG 26.7.2022 – Verg 4/22, BeckRS 2022, 20975: ein anwaltliches Verschulden muss sich die Partei zurechnen lassen, der Maßstab ist kein anderer als in anderen Prozessordnungen.

Frist, Form, Inhalt **§ 172 GWB**

Bei **Zustellungsmängeln** oder Mängeln des Zustellungsnachweises gilt die 3
Entscheidung der Vergabekammer nach § 8 VwZG, § 61 Abs. 1 S. 1 GWB, § 168
Abs. 3 S. 3 GWB als in dem Zeitpunkt zugestellt, in dem die beglaubigte
Abschrift der Person, an die die Zustellung gerichtet war, tatsächlich zugegangen
ist. § 8 VwZG entspricht § 189 ZPO, so dass zum Verständnis die dazu ergangene
Rspr. herangezogen werden kann. Danach setzt eine Heilung voraus, dass eine
Zustellung gewollt war[9] und der Empfänger die beglaubigte Abschrift der Entscheidung, die ihm zugestellt werden sollte, tatsächlich erhalten („in die Hand
bekommen") hat. Die erfolgreiche Übermittlung einer (elektronischen) Kopie
des zuzustellenden Originals ist ebenfalls ausreichend.[10] Gem. § 5 Abs. 4 VwZG
kann auch eine elektronische Zustellung der Entscheidung gegen Empfangsbekenntnis an die dort genannten Adressaten erfolgen. Der Beweis des Zugangs
kann mit allen Beweismitteln geführt werden.[11] Die Beschwerdefrist ist dann
vom tatsächlichen Zugang der Entscheidung an zu berechnen (§§ 187 Abs. 1,
188 Abs. 2, 193 BGB).

Leidet die Entscheidung der Vergabekammer selbst an einem Mangel, weil sie 4
entgegen § 168 Abs. 3 S. 3 GWB, § 61 Abs. 1 S. 1 GWB keine oder keine ordnungsgemäße **Rechtsmittelbelehrung** aufweist, ist umstritten, ob die Beschwerdefrist analog § 58 Abs. 2 VwGO ein Jahr beträgt[12], mit der Folge, dass ebenso
lange (zzgl. zwei Wochen) die aufschiebende Wirkung nach § 173 Abs. 1 S. 2
GWB andauern würde, außer die Vergabekammer bemerkt den Fehler und holt
eine Zustellung mit ordnungsgemäßer Rechtsmittelbelehrung nach. Nach der
hier vertretenen Auffassung[13] liegt es dagegen näher, auf die Vorschriften der
ZPO zurückzugreifen, da gem. den §§ 175 Abs. 2, 72 Nr. 2 GWB für das
Beschwerdeverfahren die Normen der ZPO über Termine und Fristen und über
die **Wiedereinsetzung in den vorigen Stand** anwendbar sind.[14] Dies hat zur
Folge, dass die Beschwerdefrist auch bei fehlerhafter oder unterbliebener Rechtsmittelbelehrung zu laufen beginnt, aber Wiedereinsetzung in den vorigen Stand
nach §§ 233 ff. ZPO beantragt werden kann. Ob ein solcher Antrag erfolgreich
ist, hängt von den Einzelfallumständen ab.[15]

Tritt wegen Nichteinhaltens der Entscheidungsfrist die **Ablehnungsfiktion** nach 5
§ 171 Abs. 2 GWB ein, beginnt die Beschwerdefrist mit dem Ablauf der Entscheidungsfrist (§ 171 Abs. 1 GWB). Die Beschwerdefrist berechnet sich auch in diesem
Fall nach den §§ 187 Abs. 2, 188 Abs. 2, 193 BGB, wobei maßgebend für den
Beginn der Frist der dem Ablauf der Frist folgende Tag ist, der mitzurechnen ist.
Die Beschwerdefrist endet mit dem Ablauf desjenigen Tages der letzten Woche,
welcher dem Tag vorhergeht, der durch seine Benennung dem Anfangstag der Frist

---

[9] Zöller/Schultzky ZPO § 189 Rn. 2 mwN.
[10] BGH 12.3.2020 – I ZB 64/19, BeckRS 2020, 6358.
[11] Zöller/Schultzky ZPO § 189 Rn. 14 mwN; vgl. BayObLG 9.11.2021 – Verg 5/21,
NZBau 2022, 308 zur Zustellung gegen Empfangsbekenntnis und zum Beweiswert bzgl. des
Zustellungszeitpunkts.
[12] So die wohl hM, vgl. OLG Düsseldorf 2.11.2011 – Verg 76/11, BeckRS 2011, 26649;
OLG Celle 31.5.2007 – 13 Verg 1/07, BeckRS 2008, 2604; ebenso ua Byok/Jaeger/Jaeger
GWB § 172 Rn. 7; Immenga/Mestmäcker/Stockmann GWB § 172 Rn. 3; jurisPK-VergabeR/
Summa GWB § 172 Rn. 6; RKPP/Ulbrich GWB § 172 Rn. 13 ff. mwN.
[13] AA die Voraufl.
[14] Beck VergabeR/Vavra/Willner GWB § 172 Rn. 8; insoweit zustimmend MüKoEuWettbR/Gröning GWB § 172 Rn. 6; umstritten ist weiterhin die Frage, ob ein zwischenzeitlich
erteilter Zuschlag trotz Gewährung von Wiedereinsetzung wirksam ist (so MüKoEuWettbR/
Gröning GWB § 172 Rn. 9) oder nicht (so Beck VergabeR/Vavra/Willner GWB § 172 Rn. 12).
[15] Vgl. Fallbeispiele bei Zöller/Greger ZPO § 233 Rn. 23.31 mwN, insbes. zur Problematik
der Kausalität zwischen mangelnder/mangelhafter Belehrung und Fristversäumnis.

entspricht.[16] Auch hier verschiebt sich der Fristablauf nur dann auf den nächsten Werktag, wenn das **Ende der Frist** auf einen Sonn-, Feiertag oder Sonnabend fällt; beginnen kann die Frist dagegen auch am Wochenende oder an einem Feiertag.

6 Um für die Einlegung und Begründung einer Beschwerde nicht zu viel Zeit zu verlieren, tut der durch eine Ablehnungsfiktion beschwerte Antragsteller gut daran, spätestens am Tag nach Ablauf der Entscheidungsfrist bei der Vergabekammer in Erfahrung zu bringen, ob innerhalb der Frist eine Entscheidung ergangen ist. Der Umstand, dass sich der Antragsteller faktisch selbst darum kümmern muss, ob die kurze Beschwerdefrist des § 172 Abs. 1 GWB zu laufen begonnen hat, obwohl die Ursache dafür – rechtswidrige Überschreitung der Entscheidungsfrist – in der Sphäre der Vergabekammer liegt, ist in der Vergangenheit unter den Gesichtspunkten der Rechtsstaatlichkeit und einer möglichen Ungleichbehandlung zu den Fällen **unterbliebener oder fehlerhafter Rechtsmittelbelehrung** kritisch gesehen worden. Denn die nach § 171 Abs. 2 GWB kraft Gesetzes fingierte Ablehnung des Nachprüfungsantrags ist naturgemäß mit keiner Rechtsmittelbelehrung verbunden.[17] Nachdem aber der BGH mittlerweile entschieden hat, dass der Nachprüfungsantrag im Falle der Nichteinhaltung der Frist des § 167 Abs. 1 GWB durch die Vergabekammer nur dann als abgelehnt gilt, wenn der Antragsteller innerhalb der Notfrist des § 172 Abs. 1 GWB sofortige Beschwerde einlegt[18], droht ihm durch die Versäumung der Beschwerdefrist kein gravierender Rechtsverlust mehr. Im Übrigen kann auch gegen die Versäumung der Beschwerdefrist bei Ablehnungsfiktion Wiedereinsetzung beantragt werden.[19] Doch wird der Antragsteller, der keine Nachforschung darüber angestellt hat, ob die Vergabekammer innerhalb der Entscheidungsfrist entschieden hat, nur selten schuldlos gehandelt haben.[20]

7 Die Beschwerde ist **bei dem Beschwerdegericht** (§ 171 Abs. 3, 4 GWB) einzulegen, das in der Rechtsmittelbelehrung zu nennen ist. Die Einlegung bei der Vergabekammer wahrt die Frist nicht, ebenso wenig der Eingang der Beschwerde bei einem unzuständigen Gericht.[21] Leitet die Vergabekammer oder das Gericht, wozu beide ohne weiteres befugt sind, die Beschwerdeschrift an das zuständige OLG weiter, ist der Mangel geheilt, wenn die Beschwerdeschrift noch vor Ablauf der Beschwerdefrist bei diesem eingeht.[22]

8 Die Beschwerde ist durch Einreichen einer Beschwerdeschrift zwingend **schriftlich** einzulegen. Dies bedeutet Einhaltung der Schriftform nach §§ 126, 126a BGB. Die Beschwerdeschrift muss aus diesem Grund unterzeichnet[23] oder mit dem Namen des Ausstellers und seiner qualifizierten elektronischen Signatur versehen sein (§ 172 Abs. 3 S. 1 GWB). Zu beachten ist, dass im Vergabebeschwerdeverfahren die **Vorschriften der Zivilprozessordnung über den elektronischen Rechtsverkehr entspr. gelten**, §§ 175 Abs. 2 GWB, 72 Nr. 2 GWB. Dieser ist mittlerweile flächendeckend bei den Gerichten eingeführt. Es sind somit seit dem 1.1.2022 Rechtsanwälte, Behörden und juristische Personen des öffentli-

---

[16] Endet die Entscheidungsfrist an einem Montag, beginnt die Beschwerdefrist am Dienstag und läuft – zwei Wochen später – am Montag (vor 0.00 Uhr des Dienstags) ab.
[17] OLG Düsseldorf 5.9.2001 – Verg 18/01, BeckRS 2001, 160800 Rn. 30; MüKoEuWettbR/Gröning GWB § 172 Rn. 17.
[18] BGH 14.7.2020 – XIII ZB 135/19, NZBau 2020, 798 – Fahrscheindrucker.
[19] OLG Düsseldorf 5.9.2001 – Verg 18/01, BeckRS 2001, 160800 Rn. 31 ff (im konkreten Fall abgelehnt).
[20] So auch Byok/Jaeger/Jaeger GWB § 172 Rn. 10.
[21] BayObLG 26.7.2022 – Verg 4/22, BeckRS 2022, 20974 Rn. 13.
[22] BayObLG 9.11.2021 – Verg 5/21, NZBau 2022, 308 Rn. 44.
[23] OLG Frankfurt a. M. 7.6.2022 – 11 Verg 12/21, BeckRS 2022, 19108 Rn. 15 (zur „unbesehenen" anwaltlichen Unterzeichnung einer vom Sekretariat korrigierten, fehlerhaften Beschwerdeschrift).

chen Rechts gem. § 130d ZPO verpflichtet, vorbereitende Schriftsätze und deren Anlagen sowie schriftlich einzureichende Anträge und Erklärungen als elektronische Dokumente zu übermitteln. Das bedeutet, dass eine Beschwerdeschrift fristwahrend idR nur noch über beA oder das besondere elektronische Behördenpostfach eingereicht werden kann. Für andere Übermittlungsformen (insbes. Telefax oder Versand per Post) bleibt kaum noch Raum. Dies wirft neue Zweifelsfragen auf[24], die unter Heranziehung der Rspr. des BGH zum elektronischen Rechtsverkehr zu lösen sind.

8a Da die Beschwerde ein berufungsähnliches (nur durch den geltenden Untersuchungsgrundsatz modifiziertes[25]) Rechtsmittel ist,[26] **muss die Beschwerdeschrift enthalten** (entspr. § 519 Abs. 2 ZPO):
– die Bezeichnung des Beschlusses der Vergabekammer, gegen den die Beschwerde gerichtet wird (und zweckmäßigerweise auch das Datum der Zustellung zur Prüfung der Wahrung der Beschwerdefrist und der Dauer des Zuschlagsverbots);[27]
– die Erklärung, dass gegen diesen Beschluss sofortige Beschwerde eingelegt werde.

8b Die Beschwerdeschrift muss ferner die Verfahrensbeteiligten bezeichnen (entspr. §§ 253 Abs. 2 Nr. 1, 525 S. 1 ZPO).[28] Die Beifügung **der angefochtenen Entscheidung** als Anlage zur Beschwerdeschrift ist nicht zwingend vorgeschrieben, aber dringend anzuraten, da dies die Zuordnung des Rechtsmittels erleichtert und zur Verfahrensbeschleunigung beiträgt. Das Beschwerdegericht hat den übrigen Verfahrensbeteiligten vAw die **Beschwerdeschrift zuzustellen** (analog § 521 Abs. 1 ZPO).[29] Die Pflicht zur Beifügung von (beglaubigten und einfachen) Abschriften entfällt bei elektronisch übermittelten Dokumenten (§ 133 Abs. 1 S. 2 ZPO).

III. Begründung der Beschwerde und Inhalt (Abs. 2)

9 S. 1. Die Beschwerde ist zugleich mit ihrer Einlegung zu **begründen,** was in den meisten Fällen gelingt. Sollten hingegen tatsächlich einmal die Beschwerdeschrift und die Begründungsschrift zeitversetzt beim Beschwerdegericht eingehen, ist dies unschädlich, wenn die Begründungsschrift dem Gericht noch innerhalb der Beschwerdefrist zugeht. Dann ist die begründungslos eingelegte Beschwerde zwar unzulässig, doch ist dieser Mangel durch die später eingehende Begründungsschrift dergestalt als geheilt anzusehen, dass diese als eine erneute und mit der zuerst eingereichten Beschwerdeschrift zu einer Einheit zu verbindende Beschwerdeeinlegung verstanden werden kann.[30]

10 S. 2 Nr. 1. Die Vorschrift ist § 74 Abs. 4 GWB wörtlich nachgebildet. Nach dem Willen des Gesetzgebers bestimmt S. 2 iS eines vorgeschriebenen **Mindestinhalts** abschl. dasjenige, was die Beschwerdebegründung enthalten muss.[31] Trotz des Geset-

---

[24] BayObLG 11.1.2023 – Verg 2/21, BeckRS 2023, 1170 Rn. 40 (falsches Dateiformat).
[25] Vgl. §§ 175 Abs. 2, 75 Abs. 1–3 GWB.
[26] → Vor § 171 Rn. 4.
[27] Es genügt allerdings, dass dem Beschwerdegericht eine eindeutige Zuordnung möglich ist, vgl. BGH 26.11.2019 – IX ZR 207/18, NJW 2020, 1062 (zur Berufung).
[28] Falschbezeichnungen (etwa die Nennung der Vergabestelle statt der dahinterstehenden juristischen Person) sind häufig und unschädlich, solange der richtige Adressat (ggf. durch Auslegung) klar erkennbar ist. Das Rubrum kann in diesen Fällen entspr. § 319 ZPO berichtigt werden, vgl. OLG Düsseldorf 16.10.2019 – Verg 13/19, NZBau 2020, 60; OLG Schleswig 26.9.2019 – 54 Verg 4/19, BeckRS 2019, 29962.
[29] OLG Brandenburg 18.5.2010 – Verg W 1/08, IBRRS 2010, 2884.
[30] So auch Byok/Jaeger/Jaeger GWB § 172 Rn. 4.
[31] Vgl. BT-Drs. 13/9430, 21.

zeswortlauts ("beantragt") muss der Beschwerdeführer **keinen** ausdr. formulierten, erst recht nicht einen tenorierungsfähigen **Antrag** anbringen[32] (obwohl dies in der Praxis, erklärbar durch den Anwaltszwang, in der überwiegenden Zahl der Fälle geschieht). Die Begründung muss nur das bestimmte **Begehren** enthalten, inwieweit die Entscheidung der Vergabekammer angefochten und eine abweichende Entscheidung angestrebt wird. Sie muss also das **Rechtsschutzziel** herausarbeiten, womit der Gegenstand und Rahmen des Beschwerdeverfahrens bestimmt wird.[33] Da dem Beschwerdeführer freisteht, die Entscheidung der Vergabekammer teilw. zu akzeptieren, muss sein Rechtsmittel insbes. erkennen lassen, in welchem Umfang er Rügen bzw. Ziele weiterverfolgt und aus welchen Gründen er insoweit die angefochtene Entscheidung für unzutreffend hält.[34] Das Beschwerdeziel kann auch in der Korrektur einer vom Beschwerdeführer nicht geteilten Rechtsauffassung der Vergabekammer liegen. Dabei muss das erstinstanzliche Begehren mit der Beschwerde zumindest teilw. weiterverfolgt werden (vgl. → § 171 Rn. 10). Ein völlig neues Begehren lässt die Beschwerde unzulässig werden.[35] Bestehen Unklarheiten hinsichtlich des Rechtsschutzbegehrens, ist darüber iRd Prozessleitungspflicht des Beschwerdegerichts (analog § 139 ZPO) aufzuklären.

11 Innerhalb des durch die Beschwerde festgelegten Rahmens ist das Gericht an den **Beschwerdeantrag**, resp. an das vom Beschwerdeführer zur Entscheidung gestellte Begehren bei der Entscheidung **nicht gebunden.**[36] Dem Gesetz, insbes. § 178 GWB, aus dem eine solche Bindung von einer Gegenmeinung abgeleitet wird,[37] ist nicht zu entnehmen, es habe das Beschwerdegericht mit anderer, vor allem geringerer Entscheidungskompetenz ausstatten wollen als die Vergabekammer, die nach § 168 Abs. 1 GWB an Anträge nicht gebunden ist und im Rahmen einer Rechtsverletzung des Antragstellers auf deren Beseitigung sowie iSd Verhinderung eines drohenden Schadens zur Herstellung seiner Rechtmäßigkeit auf das Vergabeverfahren einzuwirken hat.

12 Der Beschwerdeführer, namentlich der Antragsteller, darf das **Begehren** nach Ablauf der Beschwerdefrist auch in gewissem Umfang **erweitern.** So kann er etwa – vorbehaltlich einer etwaigen Präklusion nach § 160 Abs. 3 GWB – Vergabeverstöße, die ihm erst im Laufe des Beschwerdeverfahrens bekannt werden[38], in das Beschwerdeverfahren einführen, muss also nicht deswegen ein weiteres Nachprüfungsverfahren anstrengen. Hat der Antragsteller dagegen von der Vergabekammer für unzulässig oder unbegründet erachtete Rügen nicht zum Gegenstand einer ordnungsgemäßen Beschwerdebegründung gemacht, kann er dieses Versäumnis nicht dadurch beheben, dass er die Rügen nach Ablauf der Beschwerdefrist wieder aufgreift.

13 S. 2 Nr. 2. An die Angabe der **Tatsachen und Beweismittel,** auf die sich die Beschwerde stützt, sind wegen des lediglich geforderten Mindestinhalts (→ Rn. 10) keine hohen Anforderungen zu richten. Es sind lediglich die für das Rechtsschutzziel relevanten Tatsachen und Beweismittel darzulegen, die nach Ansicht des Beschwerdeführers eine abweichende Entscheidung gebieten, so etwa das Beweismittel zu

---

[32] OLG Jena 15.3.2017 – 2 Verg 3/16, BeckRS 2017, 128365; OLG Düsseldorf 11.12.2013 – Verg 22/13, NZBau 2014, 374.
[33] OLG Koblenz 22.7.2014 – 1 Verg 3/14, BeckRS 2014, 14960.
[34] OLG Rostock 17.7.2019 – 17 Verg 1/19, NZBau 2020, 120 Rn. 27; MüKoEuWettbR/Gröning GWB § 172 Rn. 31; HK-VergabeR/Dieck-Bogatzke GWB § 172 Rn. 12.
[35] OLG Düsseldorf 16.5.2018 – Verg 24/17, BeckRS 2018, 26764 (Fortsetzungsfeststellungsantrag betr. Rügen, die nicht Gegenstand der Beschwerdeschrift waren).
[36] OLG Saarbrücken 15.10.2014 – 1 Verg 1/14, BeckRS 2014, 19905 Rn. 53 f.; OLG Düsseldorf 1.8.2012 – Verg 15/12, IBRRS 2012, 3285; MüKoEuWettbR/Gröning GWB § 178 Rn. 8.
[37] Byok/Jaeger/Jaeger GWB § 172 Rn. 16.
[38] OLG Düsseldorf 28.6.2017 – Verg 24/17, VPRRS 2017, 306.

nennen, das zu Unrecht nicht berücksichtigt wurde. In diesem Zusammenhang sind pauschale Verweise auf erstinstanzliches Vorbringen oder auf Rügeschreiben unzureichend, wenn sich nicht erschließt, aus welchen tatsächlichen oder rechtlichen Gründen die angefochtene Entscheidung falsch sein soll.[39] Selbstverständlich erübrigt sich ein Vortrag von Tatsachen und Beweismitteln, soweit die Beschwerde die Rechtsmeinung der Vergabekammer angreift und diese korrigiert sehen will. Letztlich muss die Beschwerdebegründung zumindest in den Grundzügen erkennen lassen, dass und warum der Beschwerdeführer die Rechtsansichten, Beurteilungen oder Schlussfolgerungen der Vergabekammer für fehlerhaft hält.[40]

Der Beschwerdeführer kann die Beschwerde auch mit **neuem Tatsachenvortrag** 14 begründen, selbst wenn er diesen bereits im Verfahren vor der Vergabekammer hätte vortragen können, da im GWB Präklusionsvorschriften wie die §§ 530 f ZPO fehlen und diese auch nicht analog herangezogen werden können (→ § 167 Rn. 20).[41] **Neue Angriffs- und Verteidigungsmittel** können vom Beschwerdeführer selbst noch nach Ablauf der Beschwerdefrist in das Beschwerdeverfahren eingeführt werden.[42] Das erklärt sich zum einen aus der geltenden **Untersuchungsmaxime** (§§ 75 Abs. 1–3, 175 Abs. 2 GWB),[43] zum anderen aus der Tatsache, dass die Beschwerde die Kontrolle des Vergabeverfahrens durch ein unabhängiges Gericht iSv Art. 92 GG gewährleistet. Allein aus der Verletzung der in § 167 Abs. 1 GWB normierten Verfahrensförderungspflicht lässt sich regelmäßig keine Präklusion für neuen Vortrag in der Beschwerdeinstanz ableiten (→ § 167 Rn. 20). Grenzen zieht die Rspr. allerdings, wenn sich der Gegner auf den neuen Tatsachenvortrag schlechterdings nicht (mehr) zumutbar einlassen kann.[44]

Das Beschwerdegericht hat als Rechtsmittelgericht vorrangig die Aufgabe der 15 Überprüfung der vom Beschwerdeführer, namentlich vom Antragsteller, in der Beschwerde geltend gemachten Beanstandungen in Bezug auf die Entscheidung der Vergabekammer bzw. das Vergabeverfahren. Auch aus dem gem. den §§ 175 Abs. 2 GWB, 75 GWB geltenden Untersuchungsgrundsatz folgt – ebenso wie im kartellrechtlichen Beschwerdeverfahren – nicht, dass das gesamte Vergabeverfahren vAw auf Fehler oder Versäumnisse zu überprüfen wäre.[45] In aller Regel muss das Beschwerdegericht den entscheidungserheblichen Sachverhalt nicht erstmals aufklären, weil bereits die Vergabekammer erledigt hat. Geboten sind lediglich ergänzende Ermittlungen zur Schließung etwaiger Lücken im Tatsachenstoff, die erst anzustellen sind, wenn der Vortrag der Verfahrensbeteiligten oder der Sachverhalt als solcher bei sorgfältiger Überlegung der sich aufdrängenden Möglichkeiten dazu Anlass bietet. In Betracht kommt auch, dass eine von der Vergabekammer abweichende rechtliche Beurteilung eine ergänzende Sachverhaltsaufklärung durch das OLG erfordert. Die für erforderlich gehaltenen Beweise kann es auch durch förmlichen Beweisantrag erheben. Wie die Vergabekammer hat auch das Beschwerdegericht **keine „ungefragte" Fehlersuche** anzustellen. Sofern sich dem Gericht Rechtsverstöße aufdrängen, sind sie bei der Beschwerdeentscheidung zu verwerten

---

[39] OLG Frankfurt a. M. 7.6.2022 – 11 Verg 12/21, BeckRS 2022, 19108 Rn. 13; OLG Düsseldorf 29.5.2020 – Verg 26/19, BeckRS 2020, 47402 Rn. 24.

[40] OLG Düsseldorf 15.1.2020 – Verg 20/19, BeckRS 2020, 1327 Rn. 22.

[41] OLG Celle 21.1.2016 – 13 Verg 8/15, BeckRS 2016, 7773 Rn. 24.

[42] Auf § 167 Abs. 2 S. 2 GWB verweist § 175 Abs. 2 GWB nicht; möglich ist zwar, nach § 75 Abs. 3 GWB Fristen zur Vorlage von Beweismitteln zu setzen, nach fruchtlosem Ablauf kann aber nur nach Lage der Akten entschieden werden.

[43] Vgl. Byok/Jaeger/Jaeger GWB § 172 Rn. 18 f.

[44] OLG Naumburg 6.12.2012 – 2 Verg 5/12, BeckRS 2013, 1041; OLG Düsseldorf 19.11.2003 – Verg 22/03, BeckRS 2003, 09977; etwas enger OLG Frankfurt a. M. 2.12.2014 – 11 Verg 7/14, NZBau 2015, 449.

[45] Vgl. Bechtold/Bosch GWB § 75 Rn. 2 ff.

(vgl. → § 163 Rn. 7). Ein Aufgreifen eines nicht gerügten Vergaberechtsfehlers vAw kommt allerdings nur in eng begrenzten Ausnahmefällen in Betracht.[46]

IV. Unterzeichnung der Beschwerdeschrift (Abs. 3)

16 Die Beschwerdeschrift ist zur Verbürgung der Authentizität von einem zugelassenen **Rechtsanwalt** zu unterzeichnen (§ 172 Abs. 3 GWB, → Rn. 1). Für die Beschwerde einer juristischen Person des öffentlichen Rechts, typischerweise also des öffentlichen Auftraggebers, soll dies nicht gelten. Dies hat eine Meinungsverschiedenheit darüber hervorgebracht, ob juristische Personen des öffentlichen Rechts, als die in diesem Sinn auch Gebietskörperschaften sowie deren Sondervermögen nach § 99 Nr. 1 GWB anzusehen sind, ihre Beschwerde, um einer Verwerfung als unzulässig zu entgehen, von einem Beamten oder Angestellten mit Befähigung zum Richteramt (einem sog. **Volljuristen**) unterzeichnen lassen müssen oder ob die Unterschrift des Behördenleiters oder eines sonstigen Beauftragten, der die genannte Qualifikation nicht hat, genügt.[47] Abgesehen davon, dass diese Rechtsfrage praktisch keine Bedeutung hat, weil Beschwerdeschriften öffentlicher Auftraggeber durchweg von Volljuristen verfasst und auch verantwortlich unterschrieben werden, ist die Unterzeichnung der Beschwerdeschrift durch einen Volljuristen geboten. § 175 Abs. 1 GWB normiert für das Beschwerdeverfahren Anwaltszwang. Anwaltszwang gilt generell für das gesamte gerichtliche Verfahren, für das er angeordnet ist, mithin für alle Prozesshandlungen, insbes. auch für bestimmende Schriftsätze wie die Beschwerdeschrift.[48] Wenn das so ist und das Gesetz in § 175 Abs. 1 GWB nur den öffentlichen Auftraggeber davon ausgenommen und ersatzweise eine Vertretung durch einen Juristen mit Befähigung zum Richteramt zugelassen hat, überlagert diese Bestimmung § 172 Abs. 3 GWB und ist ihr vorrangig. Öffentliche Auftraggeber müssen die Beschwerdeschrift daher von einem Volljuristen unterschreiben lassen.[49]

V. Unterrichtung der anderen Beteiligten (Abs. 4)

17 Die Unterrichtungspflicht (nicht lediglich eine bloße Obliegenheit des Beschwerdeführers) beruht auf der vom Gesetzgeber intendierten Konzentration auf den entscheidungserheblichen Streitstoff und Beschleunigung des Beschwerdeverfahrens. Eine **Verletzung** macht die Beschwerde jedoch weder unzulässig,[50] noch schränkt sie irgendwie die aufschiebende Wirkung der Beschwerde und das fortdauernde Zuschlagsverbot ein.[51]

---

[46] OLG Celle 2.2.2021 – 13 Verg 8/20, NZBau 2021, 554 Rn. 44.; OLG München 10.8.2017 – Verg 3/17, BeckRS 2017, 125474.

[47] Byok/Jaeger/Jaeger GWB § 172 Rn. 3; HK-VergabeR/Dieck-Bogatzke GWB § 172 Rn. 9.

[48] Vgl. Zöller/Althammer ZPO § 78 Rn. 16 mwN.

[49] So die hM, vgl. MüKoEuWettbR/Gröning GWB § 172 Rn. 38; jurisPK-VergabeR/Summa GWB § 172 Rn. 54; RKKP/Ulbrich GWB § 172 Rn. 40.

[50] Vgl. ua OLG Brandenburg 30.4.2013 – Verg W 3/13, BeckRS 2013, 8486; OLG Naumburg 2.8.2012 – 2 Verg 3/12, BeckRS 2012, 21447; OLG Düsseldorf 5.7.2012 – Verg 13/12, BeckRS 2012, 23823.

[51] OLG Brandenburg 30.4.2013 – Verg W 3/13, BeckRS 2013, 8486; OLG Frankfurt a. M. 20.2.2003 – 11 Verg 1/02, NZBau 2004, 173; die gegenteilige Ansicht des OLG Naumburg 2.6.1999 – 10 Verg 1/99, NZBau 2000, 96 und 16.1.2003 – 1 Verg 10/02, IBRRS 2003, 1089 wird durchgängig abgelehnt, weil für die Dauer des Zuschlagsverbots im Interesse der

§ 173 Wirkung

(1) ¹Die sofortige Beschwerde hat aufschiebende Wirkung gegenüber der Entscheidung der Vergabekammer. ²Die aufschiebende Wirkung entfällt zwei Wochen nach Ablauf der Beschwerdefrist. ³Hat die Vergabekammer den Antrag auf Nachprüfung abgelehnt, so kann das Beschwerdegericht auf Antrag des Beschwerdeführers die aufschiebende Wirkung bis zur Entscheidung über die Beschwerde verlängern.

(2) ¹Das Gericht lehnt den Antrag nach Absatz 1 Satz 3 ab, wenn unter Berücksichtigung aller möglicherweise geschädigten Interessen die nachteiligen Folgen einer Verzögerung der Vergabe bis zur Entscheidung über die Beschwerde die damit verbundenen Vorteile überwiegen. ²Bei der Abwägung ist das Interesse der Allgemeinheit an einer wirtschaftlichen Erfüllung der Aufgaben des Auftraggebers zu berücksichtigen; bei verteidigungs- oder sicherheitsspezifischen Aufträgen im Sinne des § 104 sind zusätzlich besondere Verteidigungs- und Sicherheitsinteressen zu berücksichtigen. ³Die besonderen Verteidigungs- und Sicherheitsinteressen überwiegen in der Regel, wenn der öffentliche Auftrag oder die Konzession im unmittelbaren Zusammenhang steht mit
1. einer Krise,
2. einem mandatierten Einsatz der Bundeswehr,
3. einer einsatzgleichen Verpflichtung der Bundeswehr oder
4. einer Bündnisverpflichtung.

⁴Das Gericht berücksichtigt bei seiner Entscheidung auch die Erfolgsaussichten der Beschwerde, die allgemeinen Aussichten des Antragstellers im Vergabeverfahren, den öffentlichen Auftrag oder die Konzession zu erhalten, und das Interesse der Allgemeinheit an einem raschen Abschluss des Vergabeverfahrens.

(3) Hat die Vergabekammer dem Antrag auf Nachprüfung durch Untersagung des Zuschlags stattgegeben, so unterbleibt dieser, solange nicht das Beschwerdegericht die Entscheidung der Vergabekammer nach § 176 oder § 178 aufhebt.

Literatur: Burgi, Beschleunigte Vergabe bei LNG-Terminals, Bundeswehr – und sonst?, NZBau 2022, 497; Burgi/Nischwitz/Zimmermann, Beschleunigung bei Planung, Genehmigung und Vergabe – zehn Thesen für ein ambitionierteres Sofortprogramm – Klima-Infrastruktur und Bundeswehr, NVwZ 2022, 1321; Csaki, Die Entwicklung des Vergaberechts seit 2021, NJW 2022, 1502; Erdmann, Die Interessenabwägung im vergaberechtlichen Eilrechtsschutz gem. § 115 Abs. 2 S. 1, § 118 Abs. 2 S. 2, § 121 Abs. 1 S. 2 GWB, VergabeR 2008, 908; Goede, Zu den Anforderungen an eine Beschwerdeschrift im vergaberechtlichen Nachprüfungsverfahren sowie zur Pflicht zur Berücksichtigung aller in der Ausschreibung genannten Zuschlagskriterien, VergabeR 2010, 292; Scherer-Leydecker, Verteidigungs- und sicherheitsrelevante Aufträge – Eine neue Auftragskategorie im Vergaberecht, NZBau 2012, 533; Siegismund, Das Gesetz zur Beschleunigung von Beschaffungsmaßnahmen der Bundeswehr (Bundeswehrbeschaffungsbeschleunigungsgesetz – BwBBG) – Impulse für das Beschaffungswesen, VergabeR 2023, 289; 1; Stöß/Zech, Das Gesetz zur Beschleunigung von Beschaffungsmaßnahmen der Bundeswehr, GSZ 2022, 209; Wilke, Die Beschwerdeentscheidung im Vergaberecht, NZBau 2005, 380.

Rechtssicherheit nur objektive Kriterien, nicht jedoch die subjektive Anschauung des Auftraggebers maßgebend sein dürfen; so auch Byok/Jaeger/Jaeger GWB § 172 Rn. 21; MüKoEuWettbR/Gröning GWB § 172 Rn. 40.

GWB § 173

Übersicht

	Rn.
I. Bedeutung der Vorschrift	1
II. Befristung der aufschiebenden Wirkung (Abs. 1)	6
1. Die aufschiebende Wirkung von Amts wegen (S. 1)	6
2. Befristung der aufschiebenden Wirkung (S. 2)	11
3. Antrag auf Verlängerung (S. 3)	17
4. Rechtsschutzbedürfnis	26
5. Gesonderte Anfechtung einer Kostenentscheidung	27
6. Gesonderte Anfechtbarkeit der Entscheidung zur Akteneinsicht	29
7. Wirkungen einer Wiedereinsetzung	33
8. Kreis der Antragsbefugten gem. § 173 Abs. 1 S. 3	39
III. Interessenabwägung (Abs. 2)	44
IV. Verbot des Zuschlags (Abs. 3)	54
V. Rechtsschutz	58
VI. Kosten	59

I. Bedeutung der Vorschrift

1 Der **Anwendungsbereich** des § 173 GWB ist mit Eintritt der Ablehnungsfiktion gem. § 171 Abs. 2 GWB sowie mit Zustellung einer rechtlich nachteiligen Entscheidung der Vergabekammer an die Vergabestelle als Antragsgegner eröffnet. Der Anwendungsbereich ist auch dann eröffnet, wenn die Wirksamkeit einer Zuschlagsentscheidung in Streit steht.[1] Öffentliche Auftraggeber sind verpflichtet, die Bieter, deren Angebote nicht beauftragt werden sollen, gem. § 134 Abs. 1 GWB zu informieren. Ein Zuschlag, der innerhalb der Stillhaltefrist des § 134 Abs. 2 GWB erteilt wird, ist aufgrund des **Verstoßes gegen das Zuschlagsverbot gem. § 134 BGB nichtig.** Das nichtige Rechtsgeschäft kann nach allg. zivilrechtlichen Grundsätzen nach Maßgabe des § 141 BGB mit Wirkung für die Zukunft geheilt werden, indem der Zuschlag nach Wegfall des Zuschlagsverbotes bestätigt wird.[2]

2 § 173 GWB formt den nationalen Primärrechtsschutz in unionsrechtlich zulässiger Weise aus. Gem. Art. 2 Abs. 1 lit. a der RL 89/665/EWG[3] haben die Mitgliedstaaten sicherzustellen, dass so schnell wie möglich im Wege der einstweiligen Verfügung vorläufige Maßnahmen ergriffen werden können, um den behaupteten Verstoß zu beseitigen. Die Mitgliedstaaten dürfen gem. § 2 Abs. 5 der RL 89/665/EWG regeln, dass bei der Prüfung der Frage, ob vorläufige Maßnahmen zu ergreifen sind, deren voraussehbaren Folgen für alle möglicherweise geschädigten Interessen sowie das Interesse der Allgemeinheit zu berücksichtigen sind und dass vorläufige Maßnahmen nicht zu ergreifen sind, wenn deren nachteilige Folgen die mit ihnen verbundenen Vorteile überwiegen könnten. Somit können betroffene Interessen und etwaige Nachteile einer Vergabeverzögerung bei der Entscheidung über die Gewährung vorläufigen Rechtsschutzes berücksichtigt werden. Gem. Erwgr. 4 und 5 der RL 89/665/EWG ist jedoch Sorge dafür zu tragen, dass ein effektiver vorläufiger Rechtsschutz besteht. Zu beachten sind insbes. der Äquivalenzgrundsatz, gem. dem

---

[1] OLG Jena 8.6.2000 – 6 Verg 2/00, NZBau 2001, 163.
[2] OLG Düsseldorf 12.6.2019 – Verg 8/19, BeckRS 2019, 39059.
[3] Richtlinie des Rates zur Koordinierung der Rechts- und Verwaltungsvorschriften für die Anwendung der Nachprüfungsverfahren im Rahmen der Vergabe öffentlicher Liefer-, Bau- und Dienstleistungsaufträge v. 21.12.1989, ABl. 1989 L 395, 33 ff., geändert durch RL 2007/66/EG v. 11.12.2007, ABl. 2007 L 335, 31, zuletzt geändert d. Art. 46 ÄndRL 2014/23/EU v. 26.2.2014, ABl. 2014 L 94, 1.

Unionssachverhalte nicht ungünstiger als Inlandssachverhalte geregelt werden dürfen, sowie der Effektivitätsgrundsatz.[4] Ein effektiver vorläufige Rechtsschutz wird etwa dann nicht gewährleistet, wenn eine nationale Regelung vorsieht, dass ein Rechtsmittelführer die Art des betreffenden Vergabeverfahrens, den geschätzten Wert des fraglichen Auftrags sowie die Summe der gesondert anfechtbaren Entscheidungen in seinem Rechtsschutzbegehren auch dann mitteilen muss, wenn der öffentliche Auftraggeber sich für ein Vergabeverfahren ohne vorherige Bekanntmachung entschieden hat und die Auftragsbekanntmachung zum Zeitpunkt der Stellung des Antrags auf Aufhebung der Entscheidung im Zusammenhang mit diesem Verfahren noch nicht veröffentlicht ist.[5] Der Anspruch auf effektiven Rechtsschutz erstreckt sich auch auf den Zugang zu Informationen, die die Wahrung des Rechts auf einen wirksamen Rechtsbehelf erst ermöglichen.[6] Durch G. v. 25.3.2020 (BGBl. I 674) ist der damalige Abs. 2 S. 3 zu S. 4 modifiziert und S. 3 mit der Vorrangregelung besonderer Verteidigungs- und Sicherheitsinteressen eingefügt worden.

§ 173 GWB regelt die zeitlich befristete **aufschiebende Wirkung der** 3 **Beschwerde** (Suspensiveffekt) sowie die Voraussetzungen ihrer Verlängerung auf besonderen Antrag gem. § 173 Abs. 1 S. 3 GWB. § 173 Abs. 1 GWB bildet das Pendant zu § 169 GWB mit der dort angeordneten aufschiebenden Wirkung des Nachprüfungsantrags und normiert die aufschiebende Wirkung im Beschwerdeverfahren. Die gesetzlich angeordnete Begrenzung der aufschiebenden Wirkung dient der Verfahrensbeschleunigung.[7] Sie ist beschränkt auf den Umfang der eingelegten Beschwerde.[8] § 173 Abs. 3 GWB regelt wiederum den Fall, dass die Vergabekammer dem Antrag auf Nachprüfung durch Untersagung des Zuschlags oder in sonstiger Weise stattgegeben hat. In diesem Fall bleibt diese Wirkung bestehen, solange kein Antrag auf vorzeitige Zuschlagsentscheidung gestellt und dem stattgegeben ist bzw. keine anderweitige Beschwerdeentscheidung gem. § 178 GWB getroffen wurde.

Der Vergabesenat hat vor der Entscheidung über die Verlängerung der aufschie- 4 benden Wirkung allen Beteiligten **rechtliches Gehör** zu gewähren.[9] Rechtliches Gehör ist gewährt, wenn den Beteiligten die Gelegenheit zur Stellungnahme gewährt wird. Einer mündlichen Verhandlung im Verfahren über die Bescheidung des Verlängerungsantrags bedarf es nicht.[10] Entscheidungen ohne mündliche Verhandlung sind nach wohl einhelliger Ansicht in Rspr. und Lit. auch möglich und zulässig, wenn es sich um Zwischenentscheidungen im Beschwerdeverfahren, etwa in Bezug auf die Versagung oder Gewährung von Akteneinsicht, handelt.[11]

---

[4] EuGH 21.12.2021 – C-497/20 (Randstad Italia), EuZW 2022, 127 Rn. 58; EuG 1.12.2021 – T-546/20, BeckEuRS 2021, 78728 Rn. 35.

[5] EuGH 14.7.2022 – C-274/21 und C-275/21 (EPIC), NZBau 2022, 670; der EuGH bestätigt darin seine Rspr., dass eine Rahmenvereinbarung keine Wirksamkeit entfaltet, wenn keine Höchstmenge bekanntgegeben oder die bekanntgegebene Höchstmenge erreicht ist, vgl. dazu auch OLG Koblenz 12.12.2022 – Verg 3/22, BeckRS 2022, 37797 sowie → VgV § 21 Rn. 6 ff.

[6] EuGH 17.11.2022 – C-54/21, ZfBR 2023, 179.

[7] BT-Drs. 16/10117, 24 f.

[8] Vgl. hierzu auch Müller-Wrede GWB/Stoye/Thomas § 173 Rn. 10.

[9] BayObLG 4.2.2002 – Verg 1/02, BeckRS 2002, 1915 = VergabeR 2002, 305; Tilmann WuW 1999, 342.

[10] Vgl. OLG Düsseldorf 16.3.2020 – VII-Verg 38/18, BeckRS 2020, 29123; OLG Jena 26.10.1999 – 6 Verg 3/99, NZBau 2000, 354; KG 4.7.2002 – KartVerg 8/02, IBRRS 2003, 0950 = VergabeR 2003, 84.

[11] OLG Jena 8.6.2000 – 6 Verg 2/00, NZBau 2001, 163; OLG Frankfurt a. M. 12.12.2014 – 11 Verg 8/14, NZBau 2015, 514; OLG Jena 8.10.2015 – 2 Verg 4/15, VPRRS 2016, 0023; OLG Düsseldorf 9.1.2020 – Verg 10/18, BeckRS 2020, 188.

5 Die bei der Entscheidung über einen Verlängerungsantrag gem. § 173 Abs. 1 S. 3 GWB vorzunehmende Interessenabwägung gem. § 173 Abs. 2 GWB ist durch die **Vergaberechtsreform 2009** sowie durch G. v. 25.3.2020 (BGBl. I 674) modifiziert worden. Nach dem Wortlaut der Norm steht seither die Abwägung der Nach- und Vorteile der Vergabeverzögerung im Vordergrund. Die Erfolgsaussichten sind iRd Interessenabwägung **„auch"** zu berücksichtigen, ferner die allg. Aussichten des Bieters auf Erhalt des Zuschlags. Eingeflossen sind seitdem in den Gesetzestext auch die besonderen Interessenlagen im Bereich Verteidigung und Sicherheit, die unter den Voraussetzungen des § 173 Abs. 2 S. 3 GWB vorrangig zu berücksichtigen sind. Die Vergabeverordnung für die Bereiche Verteidigung und Sicherheit ist mit Wirkung zum 19.7.2012 in Kraft getreten.[12] Die Vorrangregelung wurde d. G. v. 25.3.2020 (BGBl. II 674) eingefügt.

5a Infolge des russischen Angriffskriegs sind im Jahr 2022 insbes. zwei Gesetze in Kraft getreten, die direkt auf die Regelung des § 173 GWB einwirken.[13] MWv 11. Juli 2022 ist das Gesetz zur Beschleunigung von Beschaffungsmaßnahmen für die Bundeswehr (BwBBG)[14] in Kraft getreten. Ziel des BwBBG ist eine unverzügliche und schnellstmögliche Stärkung der Einsatzfähigkeit der Bundeswehr durch die Beschleunigung der Beschaffungsmaßnahmen, die diesem Ziel dienen.[15] Gem. § 6 BwBBG ist bei der Abwägung nach § 173 Abs. 2 GWB auch der Zweck des § 1 BwBBG zu berücksichtigen. Ergänzend dazu regelt § 4 BwBBG für die Vergabe von öffentlichen Aufträgen iRv Kooperationsprogrammen, dass die besonderen Verteidigungs- und Sicherheitsinteressen idR im Abwägungsprozess gem. § 173 Abs. 2 GWB überwiegen, sofern die gemeinsame Durchführung sonst von einem anderen teilnehmenden Mitgliedstaat abgebrochen würde. Das BwBBG tritt mit Ablauf des 31.12.2026 außer Kraft.

5b MWv 24. Mai 2022 ist das Gesetz zur Beschleunigung des Einsatzes verflüssigten Erdgases (LNGG)[16] in Kraft getreten. Das LNGG dient gem. § 1 LNGG der Sicherung der nationalen Energieversorgung durch die zügige Einbindung verflüssigten Erdgases in das bestehende Fernleitungsnetz. Es soll nach der Gesetzesbegr. den umgehenden Ausbau der LNG-Importinfrastruktur ermöglichen, um die Abhängigkeit von russischen Gaslieferungen zu beenden.[17] § 2 Abs. 3 LNGG regelt, dass das LNGG für die Vergabe öffentlicher Aufträge und Konzessionen für Vorhaben gem. § 2 Abs. 2 LNGG gilt. § 3 LNGG regelt, dass die Vorhaben nach § 2 Abs. 2 LNGG für die sichere Gasversorgung Deutschlands besonders dringlich sind.[18] Die Auswirkungen für das Beschwerdeverfahren sind in § 9 Abs. 3 LNGG geregelt und beziehen sich zum einen auf § 173 Abs. 1 GWB und zum anderen auf § 173 Abs. 2 GWB. Die Geltungsdauer ist in § 14 LNGG geregelt.

II. Befristung der aufschiebenden Wirkung (Abs. 1)

1. Die aufschiebende Wirkung von Amts wegen (S. 1)

6 Die aufschiebende Wirkung tritt **mit der Einlegung der Beschwerde** vAw ein. Wesen der aufschiebenden Wirkung eines Rechtsmittels ist, dass die angefochtene

---

[12] BGBl. 2012 I 1509.
[13] Sehr instruktiv dazu Burgi/Nischwitz/Zimmermann NVwZ 2022, 1321; Bartezky-Olbermann UKuR 2022, 340.
[14] BGBl. 2022 I 1078.
[15] BT-Drs. 20/2353.
[16] BGBl. 2022 I 802, zuletzt geänd. durch Art. 6 G zur Änd. des EnergiesicherungsG und anderer energiewirtschaftlicher Vorschriften v. 8.10.2022 (BGBl. 2022 I 1726).
[17] BT-Drs. 20/1742.
[18] BT-Drs. 20/1742, S. 18.

Entscheidung nicht vollstreckt werden darf. Dabei ist unter Vollstreckung nicht nur die zwangsweise Durchsetzung zu verstehen, vielmehr ist **jede Maßnahme zur Verwirklichung** der angefochtenen Entscheidung untersagt, die sich zum Nachteil des Rechtsmittelführers auswirken könnte. Dementsprechend darf die Entscheidung der Vergabekammer nicht durch- oder umgesetzt werden.[19] Einen Antrag auf Verlängerung der aufschiebenden Wirkung können nur die Parteien des Nachprüfungsverfahrens stellen. Die Frage, wer in einem Nachprüfungsverfahren beizuladen ist und somit Partei wird, wurde in der jüngeren Rspr. in Bezug auf einen Betreiber einer Vergabeplattform, über die die Vergabe abgewickelt worden ist, diskutiert. Der Vergabesenat des OLG München betonte, dass durch eine Beiladung sichergestellt werden soll, dass all diejenigen beigeladen werden, die eine Verletzung eigener Rechte erfahren können. Voraussetzung ist, dass die Interessen des Beigeladenen durch die Entscheidung über den Nachprüfungsantrag schwerwiegend berührt werden können. Dabei sind der gestellte Nachprüfungsantrag und das mit ihm verfolgte Ziel entscheidend.[20] Der Betreiber einer Vergabeplattform wird allenfalls mittelbar betroffen und ist nicht beiladungsberechtigt.[21]

Die aufschiebende Wirkung der Beschwerde ist **gesetzlich umfassend angeordnet.** Dies ergibt sich aus dem Gesetzeswortlaut und aus der Regelungssystematik: Da der Vergabesenat ebenso wie die Vergabekammer nicht an die Anträge gebunden ist, sondern die Entscheidung der Vergabekammer gem. § 175 Abs. 2 GWB iVm § 75[22] Abs. 1 GWB umfassend überprüfen kann, ist eine antragsgebundene aufschiebende Wirkung ausgeschlossen.[23] Die aufschiebende Wirkung tritt daher auch dann umfassend ein, wenn die Vergabeentscheidung vom unterlegenen Bieter nur teilw. angefochten wird, sofern es sich um einen einheitlichen Lebenssachverhalt handelt.[24] Dementsprechend ist auch das gesetzlich angeordnete Zuschlagsverbot des § 173 Abs. 3 GWB weit auszulegen und greift stets dann, wenn die Vergabekammer dem Nachprüfungsantrag zumindest teilw. stattgegeben hat. Diese Grundsätze gelten jedoch nur, wenn die Entscheidung der Vergabekammer einen einheitlichen Lebenssachverhalt betrifft. Ist ein zur Entscheidung gestellter **Sachverhalt teilbar**, etwa weil die Vergabe verschiedener Lose angegriffen wird, greift die aufschiebende Wirkung nur so weit als die Beschwerde reicht. Wird etwa die Vergabe bestimmter Lose nicht angegriffen und ist die Vergabeentscheidung teilbar, erwächst der nicht angefochtene Teil in Bestandskraft und wird dann auch von der aufschiebenden Wirkung nicht erfasst. Der Beschwerdeführer bestimmt nach Maßgabe des § 172 Abs. 2 GWB den Gegenstand seiner Beschwerde und somit auch die **Reichweite der aufschiebenden Wirkung,** sofern der Streitgegenstand teilbar ist.[25]

Nach dem Gesetzeswortlaut ist der Antrag auf „Verlängerung" an keine Frist gebunden. § 173 Abs. 1 S. 2 GWB besagt zwar, dass die aufschiebende Wirkung zwei Wochen nach Ablauf der Beschwerdefrist entfällt, jedoch verpflichtet § 173 Abs. 1 S. 3 GWB den Beschwerdeführer nicht, einen Antrag binnen dieser zweiwöchigen Frist zu stellen.[26] Umstritten ist, ob die Verlängerungsfiktion der aufschieben-

---

[19] Müller-Wrede GWB/Stoye/Thomas § 173 Rn. 10.
[20] OLG München 28.8.2019 – Verg 11/19, BeckRS 2019, 20410.
[21] OLG München 28.8.2019 – Verg 11/19, BeckRS 2019, 20410.
[22] Aufgrund des Art. 1 GWBDigiG befindet sich die Regelung des § 70 GWB aF nun in § 75 GWB, vgl. BGBl. 2021 I 2.
[23] Müller-Wrede GWB/Stoye/Thomas § 173 Rn. 4; RSG/Stickler GWB § 173 Rn. 6; Immenga/Mestmäcker/Stockmann GWB § 173 Rn. 7.
[24] VK Lüneburg 16.9.2011 – VgK-35/2011, BeckRS 2011, 23553; Beck VergabeR/Vavra/Willner § 173 Rn. 9.
[25] Weitergehend und ohne Differenzierung nach der Teilbarkeit von Lebenssachverhalten Müller-Wrede GWB/Stoye/Gielen § 173 Rn. 10.
[26] Vgl. RSG/Stickler GWB § 173 Rn. 16; anders Müller-Wrede GWB/Stoye/Thomas § 173 Rn. 34; Beck VergabeR/Vavra/Willner § 173 Rn. 23; vgl. → Rn. 21 ff.

den Wirkung auch dann gilt, wenn die **Beschwerde offensichtlich unzulässig** ist.[27] Das OLG Jena hat in einem obiter dictum vertreten, dass die aufschiebende Wirkung im Fall einer offensichtlich unzulässigen oder offensichtlich unbegründeten Beschwerde nicht eintreten soll.[28] Dies steht allerdings dem Gesetzeswortlaut entgegen und ist abzulehnen. Der Auftraggeber, der eine Beschwerde für offensichtlich unzulässig hält und umgehend den Zuschlag erteilen möchte, kann und muss einen Antrag auf vorzeitige Zuschlagserteilung gem. § 176 GWB stellen.

9   Das gesetzliche Zuschlagsverbot während der Dauer der aufschiebenden Wirkung der sofortigen Beschwerde besteht nach zutreffender hM auch unabhängig davon, ob die Vergabestelle **Kenntnis von der Einlegung einer Beschwerde** hat.[29] Dies gilt trotz der Vorgabe des § 172 Abs. 4 GWB, dass mit der Einlegung der Beschwerde den anderen Verfahrensbeteiligten eine Ausfertigung der Beschwerdeschrift übermittelt werden soll. Dabei handelt es sich um eine bloße Informationspflicht, deren Verletzung keine Sanktionen nach sich zieht.[30] Anders entschied jedoch das OLG Naumburg. Danach soll die aufschiebende Wirkung nur dann einsetzen, wenn der Beschwerdeführer die Beteiligten und insbes. den Auftraggeber entspr. der Regelung des § 172 Abs. 4 GWB ordnungsgemäß informiert.[31] Diese Auffassung steht jedoch in Widerspruch zum Gesetzeswortlaut des § 173 Abs. 1 S. 1 GWB, der die aufschiebende Wirkung allein an die Einlegung der Beschwerde knüpft und entspricht auch nicht dem Gebot der Rechtssicherheit.

10 Ein öffentlicher Auftraggeber ist aufgrund einer sofortigen Beschwerde nicht gehindert, der Entscheidung der Vergabekammer noch während des andauernden Beschwerdeverfahrens nachzukommen und eine etwa angeordnete Wertung unter Beachtung der Rechtsauffassung der Vergabekammer zu wiederholen. Er trägt das Risiko, dass die Entscheidung der Vergabekammer aufgehoben oder modifiziert wird und das Verfahren zurückversetzt wird. Untersagt ist ihm allerdings die Zuschlagserteilung aufgrund des Zuschlagsverbotes gem. § 173 Abs. 3 GWB.[32] Ein innerhalb der „Sperrfrist dennoch erteilter Zuschlag ist gem. § 134 BGB nichtig".[33] Die aufschiebende Wirkung entfällt, wenn das Beschwerdeverfahren sich **durch Rücknahme oder anderweitig erledigt**.[34]

2. Befristung der aufschiebenden Wirkung (S. 2)

11 Die gesetzlich angeordnete aufschiebende Wirkung entfällt zwei Wochen **nach Ablauf der Beschwerdefrist**, sofern der Nachprüfungsantrag nicht vorher zurückgenommen wird.[35] Die Beschwerdefrist läuft wiederum gem. § 172 Abs. 1 GWB binnen einer Notfrist von **zwei Wochen nach Zustellung** der Vergabeentscheidung ab. Somit ist die Zustellung der Entscheidung der Vergabekammer an den jew. Verfahrensbeteiligten erforderlich, um die aufschiebende Wirkung auszulösen.

---

[27] So RSG/Stickler GWB § 173 Rn. 15; Müller-Wrede GWB/Stoye/Thomas § 173 Rn. 8; aA Boesen GWB § 118 Rn. 11.

[28] OLG Jena 8.6.2000 – 6 Verg 2/00, NZBau 2001, 163.

[29] BayObLG 13.8.2004 – Verg 17/04, BeckRS 2004, 8252; Müller-Wrede GWB/Stoye/Thomas § 173 Rn. 6; Beck VergabeR/Vavra/Willner § 173 Rn. 7.

[30] Müller-Wrede GWB/Stoye/Thomas § 173 Rn. 6.

[31] OLG Naumburg 2.6.1999 – 10 Verg 1/99, NZBau 2000, 96; 16.1.2003 – 1 Verg 10/02, BeckRS 2003, 30471163 = VergabeR 2003, 360.

[32] VK Bund 6.7.2007 – VK 3–58/07, VPRRS 2013, 0865.

[33] Müller-Wrede GWB/Stoye/Thomas GWB § 173 Rn. 2; aA OLG Naumburg 16.1.2003 – 1 Verg 10/02, BeckRS 2003, 30471163 = VergabeR 2003, 360.

[34] Müller-Wrede GWB/Stoye/Thomas § 173 Rn. 18.

[35] OLG Naumburg 16.1.2003 – 1 Verg 10/02, BeckRS 2003, 30471163 = VergabeR 2003, 360; Müller-Wrede GWB/Stoye/Thomas § 173 Rn. 19.

Unterbleibt die Zustellung des Beschl., tritt dementsprechend kein Zuschlagsverbot ein, das in der Beschwerdeinstanz verlängert werden könnte.[36] Unterbleibt die Zustellung einer Vergabekammerentscheidung, kann vorläufiger Rechtsschutz nur durch erstmaliges Inkraftsetzen eines Zuschlagsverbotes entspr. § 169 Abs. 1 GWB mit der Nachholung der Zustellung des Nachprüfungsantrages durch das Beschwerdegericht gewährt werden.[37]

Im **Anwendungsbereich des LNGG** wird die aufschiebende Wirkung gem. § 9 Abs. 3 Nr. 3 LNGG nur für eine Woche nach Ablauf der Beschwerdefrist gesetzlich angeordnet und kann nur für maximal sechs Wochen verlängert werden. Diese Regelung bezieht sich auf Vorhaben nach § 2 LNGG. Der Anwendungsbereich des LNGG beschränkt sich auf die in der Anlage des Gesetzes bezeichneten Vorhabenstandorte sowie auf öffentliche Aufträge und Konzessionen, die sich auf Vorhaben nach § 2 Abs. 1 Nr. 4 und 5 LNGG beziehen. Dabei handelt es sich um Gewässerausbauten und Gewässerbenutzungen, die für die Errichtung und den Betrieb der Anlagen nach § 2 Abs. 1 Nr. 1 oder 2 erforderlich sind, insbes. Häfen und Landungsstege sowie Dampf- oder Warmwasserpipelines. Diese Regelung ist nicht von § 14 Abs. 2 LNGG erfasst und tritt somit nicht mit Ablauf eines Stichtages außer Kraft. Mit Ablauf des 30. Juni 2025 tritt jedoch § 2 LNGG außer Kraft mit der Folge, dass es nach Ablauf des Stichtages keine weiteren Vorhaben iSd § 2 Abs. 2 LNGG mehr gibt. Somit gilt § 9 LNGG nicht terminlich beschränkt bis zu einem bestimmten Stichtag. Insoweit greifen die Übergangsregelungen des § 13 LNGG. Der Anwendungsbereich wird durch § 13 Abs. 1 und 2 LNGG zeitlich vor den Zeitpunkt des Inkrafttretens verlagert und durch § 13 Abs. 3 LNGG zeitlich beschränkt. Für Vergabeverfahren, die mit Ablauf des 31. Juni 2025 noch nicht abgeschlossen sind, gelten gem. § 13 Abs. 3 LNGG die Bestimmungen des LNGG bis zum Abschluss des jew. Verfahrensschrittes weiter. Die Regelungen der §§ 3 und 9 LNGG stellen somit mitgliedstaatliche Ausnahmeregelungen iSd Art. 2 Abs. 5 und Art. 2d Abs. 2 RMR zu den unionsrechtlichen Anforderungen eines effektiven Rechtsschutzes dar. Anderweitige Sanktionen iSd Art. 2d RMR sind in § 9 Abs. 1 Nr. 4, 5 und 6 LNGG normiert.[38] Die Möglichkeit eines Antragstellers, Schadensersatz geltend zu machen, soll nach der Gesetzesbegründung explizit unberührt bleiben.[39] Allerdings beschränkt § 9 Abs. 1 Nr. 6 S. 2 LNGG die maximal mögliche Geldstrafe auf 15 Prozent des Auftragswertes. Wird ein Vertrag teilw. für unwirksam erklärt, ist die Höchstgrenze von der Auftragssumme des nicht aufgehobenen Teils des Vertrages zu berechnen.[40]

Die Vergabesenate haben im Fall eines Antrags auf Verlängerung der aufschiebenden Wirkung eine Abwägungsentscheidung darüber zu treffen, ob und wie lange die aufschiebende Wirkung aufrecht erhalten werden soll.[41] Angesichts der in § 3 LNGG gesetzlich normierten überragenden öffentlichen Interessen wird eine Verlängerung der aufschiebenden Wirkung nur in besonderen Ausnahmefällen in Betracht kommen, etwa dann, wenn die Vergabeentscheidung für die Erreichung der in § 1 LNGG normierten Zielsetzung nicht entscheidend ist oder eine Verzögerung der Zuschlagsentscheidung um maximal sechs Wochen die Zielsetzung gem. § 1 LNGG unberührt lässt. In jedem Fall werden die Vergabesenate zu einer starken Beschleunigung der Beschwerdeverfahren gezwungen, da eine Verlängerung über den gesetzlich normierten Zeitraum nicht zugelassen ist.

Hat die Vergabekammer binnen der gesetzlichen Frist des § 167 Abs. 1 GWB nicht entschieden, gilt der Nachprüfungsantrag als abgelehnt, wenn der Antragsteller

---

[36] Müller-Wrede GWB/Stoye/Thomas § 173 Rn. 10.
[37] OLG Koblenz 25.3.2002 – 1 Verg. 1/02, BeckRS 2002, 2998 = VergabeR 2002, 384.
[38] BT-Drs. 20/1742, S. 27.
[39] BT-Drs. 20/1742, S. 29.
[40] BT-Drs. 20/1742, S. 28.
[41] BT-Drs. 20/1742, S. 27.

GWB § 173   Wirkung

innerhalb der Notfrist des § 172 Abs. 1 GWB sofortige Beschwerde einlegt.[42] Es erfolgt dann naturgemäß keine Zustellung, so dass sich die Frage nach dem Beginn der Beschwerdefrist stellt. Hat die Vergabekammer über einen Nachprüfungsantrag nicht innerhalb der Frist des § 167 Abs. 1 GWB entschieden, ist die Beschwerde gem. § 171 Abs. 2 Hs. 2 GWB zulässig. In dem Fall muss die Beschwerdefrist mit Ablauf des Tages beginnen, zu dem die Entscheidungsfiktion des § 171 Abs. 2 S. 2 GWB eintritt.

13   Die vAw angeordnete aufschiebende Wirkung endet, soweit der Anwendungsbereich des LNGG nicht eröffnet ist, nach Ablauf von zwei Wochen. Für die **Berechnung der Zwei-Wochen-Frist** gilt die Regelung des § 187 Abs. 2 S. 1 BGB, dh die Frist ist eine Ereignisfrist, mit der Folge, dass Fristbeginn der nächstfolgende Kalendertag ist. Fällt das Fristende auf einen Sonn- oder Feiertag, gilt die gesetzliche Regelung der §§ 188, 193 BGB, dh die Frist endet dann erst am nächsten Werktag.

14   Umstritten ist die **Rechtsfolge einer fehlenden, falschen oder unvollständigen Rechtsbehelfsbelehrung.** Teilw. wird vertreten, dass die Beschwerdefrist nicht ausgelöst wird, sondern stattdessen analog die Jahresfrist des § 58 Abs. 2 VwGO gilt.[43] Nach aA ist Wiedereinsetzung in den vorigen Stand gem. §§ 175 Abs. 2, 73 Nr. 2 GWB iVm §§ 233 f. ZPO zu gewähren. Zur Begründung wird auf die erheblichen Rechtsunsicherheiten verwiesen, die sich aus einer einjährigen Beschwerdefrist ergäben.[44] Vertreten wird auch, dass bei fehlerhafter Rechtsmittelbelehrung die Frist des § 172 Abs. 1 Alt. 2 GWB eingreifen soll.[45]

15   Das OLG Celle hat hierzu zur Rechtslage vor der Vergaberechtsmodernisierung entschieden, dass bei einer **fehlenden, unrichtigen oder unvollständig abgefassten Rechtsmittelbelehrung** die Beschwerdefrist nicht in Gang gesetzt wird. Das gebiete ein effektiver Primärrechtsschutz. Würde dem Beschwerdeführer nur das Recht zur Wiedereinsetzung in den vorigen Stand zugebilligt, so könnte der Auftraggeber nach dem automatischen Ablauf der Zuschlagsperre aus § 115 Abs. 1 GWB aF (nach Ablauf der Beschwerdefrist) wirksam den Zuschlag erteilen. Dem beschwerten Bieter blieben allenfalls Sekundäransprüche. Wird hingegen die Beschwerdefrist bei fehlerhafter/unvollständiger Rechtsmittelbelehrung nicht in Gang gesetzt, so läuft auch die Zuschlagssperre nicht ab, weil deren Ende in § 115 Abs. 1 GWB aF – § 169 Abs. 1 GWB – ausdr. an das Ende der Beschwerdefrist gekoppelt ist. Die Folge ist, dass ein dennoch erfolgter Zuschlag gem. § 134 BGB unwirksam ist.[46]

16   Diese Rechtsansicht ist überzeugend. Eine ordnungsgemäße Rechtsbehelfsbelehrung ist unabdingbare Voraussetzung für einen effektiven Rechtsschutz. Die Interessen der Verfahrensbeteiligten werden dadurch auch nicht unverhältnismäßig beeinträchtigt. Der Auftraggeber ist gehalten, ebenso wie der Antragsteller die Rechtmäßigkeit der Entscheidung der Vergabekammer einschl. der Rechtsbehelfsbelehrung zu prüfen. Auch erscheint die Gefahr, dass sich ein erteilter Zuschlag **noch nach Monaten als unwirksam herausstellt,** eher gering. Ein Bieter, der einen Misserfolg im Nachprüfungsverfahren hinnehmen will, wird regelmäßig von sich aus kurzfristig aktiv werden, weil ihm bewusst ist, dass Vergabeverfahren eilbedürftig sind und er das Risiko, dass ein Zuschlag für wirksam erklärt wird, nicht eingehen möchte.

---

[42] BGH 14.7.2020 – XIII ZB 135/19, NZBau 2020, 798.
[43] Byok/Jaeger/Jaeger § 173 Rn. 4; vgl. Müller-Wrede GWB/Stoye/Thomas, § 173 Rn. 25 f.
[44] RSG/Stickler GWB § 173 Rn. 9.
[45] RSG/Stickler GWB § 173 Rn. 9.
[46] OLG Celle 20.4.2001 – 13 Verg 7/01, BeckRS 2001, 31053405; OLG Celle 31.5.2007 – 13 Verg 1/07, BeckRS 2008, 02604; aA RSG/Stickler GWB § 173 Rn. 9.

3. Antrag auf Verlängerung (S. 3)

In dem Fall, dass die Vergabekammer den Antrag auf Nachprüfung abgelehnt hat, kann das Beschwerdegericht auf besonderen Antrag hin die aufschiebende Wirkung bis zur **Entscheidung über die Beschwerde verlängern.** Erfolgt dies, darf die Vergabestelle die angeordneten Maßnahmen der Vergabekammer nicht umsetzen, auch sind Vollstreckungsmaßnahmen ausgeschlossen.[47] **17**

Im Anwendungsbereich des LNGG besteht gem. § 9 Abs. 3 Nr. 3 LNGG nur die Möglichkeit einer Verlängerung der aufschiebenden Wirkung bis zu sechs Wochen.[48] **17a**

Der Antrag unterliegt nach der Regelung des § 173 Abs. 1 S. 3 GWB **keinen besonderen Frist- oder Formvorschriften.**[49] Die Regelung des § 175 GWB, die auf anzuwendende Verfahrensvorschriften im Beschwerdeverfahren verweist, enthält zum Antrag gem. § 173 Abs. 1 S. 3 GWB gleichfalls keine speziellen Regelungen. Vertreten wird in der Lit. dementsprechend zT, dass der Antrag formfrei gestellt werden könne,[50] teilw. wird die Regelung des § 176 Abs. 2 GWB analog herangezogen.[51] **18**

Gem. § 72 GWB gelten im Anwendungsbereich des GWB ua die Regelungen der ZPO über die **Zustellung** von Amts wegen, über Ladungen, Termine und Fristen. Gem. § 270 ZPO müssen neben der Klageschrift auch solche Schriftsätze, die Sachanträge enthalten, zugestellt werden. Die Zustellung setzt gem. § 166 ZPO ein Dokument voraus, so dass iErg ein zustellungsfähiger Antrag gem. § 173 Abs. 1 S. 3 GWB nur in Form eines Schriftsatzes vorliegen kann, der gem. den zivilprozessualen Vorschriften – dh per beA – einzureichen ist. Um dem Vergabesenat eine umfassende Interessenabwägung zu ermöglichen, ist dem Beschwerdeführer dringend anzuraten, die zu berücksichtigenden Interessen umfassend vorzutragen. **19**

Umstritten ist, ob eine Verlängerung nur dann vorliegt, wenn innerhalb der zweiwöchigen Frist des § 173 Abs. 1 S. 2 GWB ein Antrag gem. § 173 Abs. 1 S. 3 GWB gestellt wird und somit eine **Verlängerung der aufschiebenden Wirkung ohne Unterbrechung** vorliegt, oder, ob ein Antrag nach § 173 Abs. 1 S. 3 GWB auch dann noch gestellt werden kann, wenn die gesetzliche Fiktion der aufschiebenden Wirkung weggefallen ist, der Zuschlag jedoch noch nicht erteilt wurde. **20**

Aus der Auslegung des Wortlautes – **Verlängerung** der aufschiebenden Wirkung – wird teilw. geschlossen, dass ein Antrag gem. § 173 Abs. 1 S. 3 GWB nur binnen der 14 Tage eingereicht werden kann, in denen der Suspensiveffekt gilt.[52] In dem Fall, dass die aufschiebende Wirkung entfallen ist, würde die aufschiebende Wirkung „wiederhergestellt" und nicht „verlängert".[53] In diesem Sinn entschied bis zum Jahr 2015 auch das KG. Das KG kündigte jedoch bereits in einem Beschl. v. 4.12.2015 in einem obiter dictum an, von seiner früheren Rspr. Abstand zu nehmen. Dafür spreche zum einen, dass keine Frist zur Stellung des Antrags normiert sei. Zum anderen müsse berücksichtigt werden, dass es Konstellationen gäbe, in denen zunächst die Stellung eines Antrags gem. § 173 Abs. 1 S. 3 GWB nicht erfor- **21**

---

[47] Müller-Wrede GWB/Stoye/Thomas § 173 Rn. 47.
[48] BT-Drs. 20/1742, S. 34.
[49] Vgl. KG 27.5.2019 – Verg 4/19, BeckRS 2019, 10963.
[50] Müller-Wrede GWB/Stoye/Thomas § 173 Rn. 33.
[51] RSG/Stickler GWB § 173 Rn. 15.
[52] OLG Koblenz 6.11.2008 – 1 Verg 3/08, ZfBR 2009, 93.
[53] Vgl. Beck VergabeR/Vavra/Willner § 173 Rn. 23; OLG Düsseldorf 6.11.2000 – Verg 20/00, IBRRS 2013, 3345 = VergabeR 2001, 162; OLG Naumburg 7.3.2008 – 1 Verg 1/08, BeckRS 2008, 10396 = VergabeR 2008, 710 mkritAnm Reidt; Müller-Wrede GWB/Stoye/Thomas § 173 Rn. 33; aA OLG Stuttgart 11.7.2000 – 2 Verg 5/00, NZBau 2001, 462; vgl. auch RSG/Stickler GWB § 173 Rn. 16.

derlich sei, da keine Zuschlagserteilung droht. Ändere sich dies, müsse der Primärschutz gewährleistet werden. Versage man in solchen Fällen den Primärrechtsschutz, würden mit entspr. Kostenfolge vorsorglich entspr. Anträge gestellt würden, obwohl es an einem Rechtsschutzbedürfnis fehlt und es in dem Moment der Antragstellung keinen Bedarf für sie gäbe.[54] Nunmehr nimmt das KG an, dass ein Antrag auf Verlängerung der aufschiebenden Wirkung auch nach Verstreichen der 14-Tages-Frist gestellt werden kann.[55]

22 Für ein **restriktives Verständnis** spricht zunächst der Wortlaut der Regelung. § 173 Abs. 1 S. 3 GWB regelt wie oben dargestellt eine „Verlängerung" der aufschiebenden Wirkung. Dagegen spricht jedoch, dass keine Frist zur Stellung eines entspr. Antrags normiert ist und es der gesetzlichen Zielsetzung des Eilrechtsschutzes entspricht, die Möglichkeit der Wiederherstellung der aufschiebenden Wirkung so lange zu ermöglichen, solange der Zuschlag nicht erteilt ist.[56] Die praktische Bedeutung dieser Streitfrage dürfte eher gering sein, da ein Bieter zur Wahrung seiner Chancen auf den Zuschlag regelmäßig einen entspr. Antrag stellen und sich regelmäßig nicht auf eine Zusage des öffentlichen Auftraggebers verlassen wird, den Zuschlag vorerst nicht zu erteilen. Liegt eine solche Konstellation jedoch vor und begehrt der Antragsteller dann nach Ablauf der Zwei-Wochen-Frist Eilrechtsschutz, erscheint es als Gebot des effektiven Rechtsschutzes, den Eilrechtsschutz zu gewähren. Dagegen sprechen dann auch keine übergeordneten Grundsätze, wie etwa der Beschleunigungsgrundsatz; auch spricht der Wortlaut der Norm nicht gegen eine teleologische Auslegung und enthält gerade keine Vorgabe, dass die Stellung eines Antrags nach Ablauf der Zwei-Wochen-Frist unzulässig ist.[57] Im Rahmen der Entscheidung über den Eilrechtsschutz würde den bestehenden widerstreitenden Interessen, iRd Interessenabwägung zu berücksichtigen sind, Rechnung getragen.

23 Die Vergabesenate des OLG Frankfurt a. M.[58], des OLG Düsseldorf[59] und des KG[60] bejahen ebenfalls die Zulässigkeit eines Antrags auf Wiederherstellung der aufschiebenden Wirkung auch nach Verstreichen der in § 173 Abs. 1 S. 3 GWB geregelten Frist. Sie begründen diese Rechtsauffassung damit, dass es dem Gebot des effektiven Bieterschutzes entspricht, die aufschiebende Wirkung anzuordnen, wenn die materiellen Voraussetzungen für eine Verlängerung/Wiederherstellung der aufschiebenden Wirkung erfüllt sind. Dies gilt auch im Verlauf eines bereits fortgeschrittenen Beschwerdeverfahrens. Angeführt werden Beschleunigungs- und Effizienzgesichtspunkte. Durch diese Möglichkeit wäre die Zeitdauer zwischen Eil- und Endentscheidung regelmäßig kürzer als bei einem bei Verfahrensbeginn gestellten Antrag. Würde man die Zulässigkeit eines solchen nachträglichen Eilantrages generell verneinen, könne dies den Antragsteller zur Einleitung eines weiteren Nachprüfungsverfahrens veranlassen, um die Zuschlagsentscheidung zu verzögern. Auch

---

[54] KG 4.12.2015 – Verg 8/15, NZBau 2016, 317; anders jedoch OLG Rostock 30.9.2021 – 17 Verg 5/21, BeckRS 2021, 35393.

[55] KG 27.5.2019 – Verg 4/19, IBRRS 2019, 1799.

[56] Vgl. Gesetzesbegr. zur Ursprungsregelung des § 128 GWB: BT Drs. 13/9340 v. 3.12.1997, aus der Begr. des VergRModG ergibt sich nicht, dass eine Reduzierung des Rechtsschutzes in der Beschwerdeinstanz angestrebt werden sollte, vgl. BT Drs. 367/15 vom 14.8.2015; ebenso so iErg Beck VergabeR/Vavra/Willner § 173 Rn. 22 f.; ebenso OLG Rostock 30.9.2021 – 17 Verg 5/21, BeckRS, 35293.

[57] OLG Düsseldorf 6.11.2000 – Verg 20/00, IBRRS 2013, 3345 = VergabeR 2001, 162; aA Müller-Wrede GWB/Stoye/Thomas § 173 Rn. 34 mwN; aA RSG/Stickler GWB § 173 Rn. 16, der aber aus Gründen des Bieterschutzes dennoch einen Verlängerungsantrag nach Fristablauf für zulässig erachtet.

[58] OLG Frankfurt a. M. 24.8.2017 – 11 Verg 12/17, NZBau 2018, 253.

[59] OLG Düsseldorf 26.9.2018 – Verg 50/18, ZfBR 2019, 296.

[60] KG 27.5.2019 – Verg 4/19, IBRRS 2019, 1799.

würden durch die Zulassung weder die Interessen der Beteiligten noch die der Öffentlichkeit eingeschränkt. Das OLG Düsseldorf hatte sich im Jahre 2000 anders geäußert und sich der restriktiven Meinung angeschlossen, stellte jedoch durch Beschl. v. 26.9.2018 klar, dass es diese Rspr. aufgibt.[61] Dem ist aus den in → Rn. 22 dargestellten Gründen zu folgen. Das OLG Düsseldorf hat sich auch mit der Frage befasst, ob ein Vergabesenat seine Entscheidung über die **Verlängerung der aufschiebenden Wirkung** der sofortigen Beschwerde **von Amts wegen aufheben** und den Verlängerungsantrag zurückweisen kann. Die Frage wurde relevant in einem Verfahren, das sich über Jahre hinzog und zwischenzeitlich aufgrund eines Vorlagebeschl. an den EuGH ausgesetzt wurde. Im Anschluss an die EuGH-Entscheidung stellte sich heraus, dass die Beschwerde geringe Erfolgsaussichten hat. In diesem Fall prüfte der Vergabesenat, auf welcher Rechtsgrundlage eine Abänderung einer einmal getroffenen Entscheidung über die Verlängerung der aufschiebenden Wirkung möglich war. Der Vergabesenat vertrat die Auffassung, dass hier § 80 Abs. 7 S. 1 VwGO analog angewandt werden kann und hob seine Entscheidung über die Verlängerung der aufschiebenden Wirkung der sofortigen Beschwerde auf.[62] Der BGH entschied im Kontext dieses Rechtsstreits, dass er jedenfalls nicht befugt ist, eine Entscheidung zur Frage der Verlängerung der aufschiebenden Wirkung zu erlassen, wenn das Beschwerdegericht bereits eine diesbezügliche Entscheidung getroffen hat.[63]

Zulässig und in der Praxis üblich ist eine **vorläufige Untersagung der** 24 **Zuschlagserteilung** durch das Beschwerdegericht.[64] Solche Zwischenentscheidungen, die auch im Verwaltungsprozess üblich sind, sind zulässig, wenn der jew. eingelegte Rechtsbehelf nicht offensichtlich unzulässig ist, weil etwa die für die Vollziehbarkeit sprechenden Gründe und nach dem bereits überschaubaren Sachverhalt überwiegen und andererseits zu befürchten ist, dass ohne die Zwischenentscheidung vollendete Tatsachen geschaffen werden.[65] Diese Zwischenentscheidung ist an keine weiteren Voraussetzungen geknüpft. Das Beschwerdegericht ist insbes. nicht verpflichtet, das Prüfungsprogramm des § 173 Abs. 2 GWB in diese Zwischenentscheidung einfließen zu lassen.[66]

Aufgrund der Kürze der Beschwerdefrist dürfte es sich in Fällen, in denen der 25 Zuschlag verhindert werden soll, regelmäßig empfehlen, den Antrag auf Verlängerung der aufschiebenden Wirkung mit der Beschwerde zu verbinden und rein vorsorglich einen entspr. **Antrag im Sinn einer Interimslösung** dahingehend zu stellen, dass das Gericht bis zu einer Entscheidung über die Verlängerung der aufschiebenden Wirkung vorläufige Entscheidungen idS trifft.[67] Erforderlich ist die **Anhörung aller Beteiligten** vor der Entscheidung.[68]

4. Rechtsschutzbedürfnis

Voraussetzung des Antrags auf Verlängerung der aufschiebenden Wirkung ist gem. 26 § 173 Abs. 1 S. 3 GWB, dass eine **für den Antragsteller negative Entscheidung der Vergabekammer** ergangen ist. Diese Voraussetzung ist gegeben, wenn die Ent-

---

[61] OLG Düsseldorf 26.9.2018 – Verg 50/18, ZfBR 2019, 296.
[62] OLG Düsseldorf 3.7.2019 – VII Verg 51/16, BeckRS 2019, 17034; vgl. Kopp/Schenke/Schenke § 80 Rn. 118.
[63] BGH 22.7.2019 – X ZB 8/19, NZBau 2019, 604.
[64] Müller-Wrede GWB/Stoye/Thomas § 173 Rn. 34.
[65] Kopp/Schenke/Schenke VwGO § 80 Rn. 170, § 123 Rn. 29, § 146 Rn. 11.
[66] RSG/Stickler GWB § 173 Rn. 11 mwN.
[67] Müller-Wrede GWB/Stoye/Thomas § 173 Rn. 34 mwN; vgl. RSG/Stickler GWB § 173 Rn. 17.
[68] OLG Hamburg 8.7.2008 – 1 Verg 1/08, BeckRS 2009, 08988.

scheidung ihn in seinen vorgetragenen Interessen nachteilig berührt. Eine Beschwerdebefugnis liegt auch vor, wenn die Vergabekammer den Antrag auf **Aufhebung einer Ausschreibung** etwa aufgrund behaupteter schwerwiegender Vergabeverstöße abgelehnt hat, solange die Vergabeabsicht der Vergabestelle fortbesteht und die Vergabestelle das Verfahren somit wieder aufgreifen und fortführen kann. Ein Rechtsschutzbedürfnis liegt auch vor, wenn die Vergabekammer zwar eine Wiederholung von Verfahrensschritten angeordnet hat, ohne jedoch den Zuschlag zu verbieten und die Rügen teilweise in einem Nachprüfungsantrag zurückgewiesen hat.[69] Denn insoweit bleibt dem Antragsteller nur die Einlegung der Beschwerde, um die Bestandskraft zu verhindern.[70] Im Fall der endgültigen Aufgabe des Vorhabens entfällt allerdings das Rechtsschutzbedürfnis, da der Antragsteller eine Zuschlagsentscheidung nicht erzwingen kann.[71] Die erforderliche Beschwer besteht auch im Fall des Angriffs einer Direktvergabe.[72] Teilweise wird vertreten, das Rechtsschutzbedürfnis für einen Antrag nach § 173 Abs. 1 S. 3 GWB fehle, wenn und solange sich das Vergabeverfahren in einem Stadium befindet, in welchem es nicht oder zumindest nicht auf absehbare Zeit zu einem wirksamen Zuschlag kommen kann.[73] Das OLG München hat in einem Beschl. aus dem Jahr 2019 bekräftigt, an dieser Rechtsauffassung festzuhalten.[74] Dem Beschl. lag ein Sachverhalt zugrunde, in dem eine europaweite Ausschreibung durchgeführt, ein Absageschreiben gem. § 134 GWB jedoch nicht versandt worden war. Insoweit erscheint eine differenzierte Betrachtung erforderlich. In Fällen, in denen eine neue Vergabeentscheidung mit einem neuen Absageschreiben gem. § 134 GWB erforderlich wird, um den Auftrag vergeben zu können, erscheint die Auffassung des Vergabesenats zutreffend. Die Auffassung erscheint jedoch in solchen Fällen nicht zutreffend und bürdet dem Wettbewerbsteilnehmer oder Antragsteller und Beschwerdeführer nicht hinnehmbare und den Rechtsschutz beschränkende Risiken auf, wenn die Vergabestelle etwa im Fall einer Direktvergabe zunächst nur erklärt hat, auf den Zuschlag zu verzichten und es unklar ist, ob sich die Vergabestelle daran hält oder wann wieder mit einer Zuschlagsentscheidung zu rechnen ist. Zur Sicherstellung effektiven Rechtsschutzes ist ein Antrag auf Verlängerung der aufschiebenden Wirkung daher im Regelfall stets zulässig, wenn und solange eine belastende Entscheidung der Vergabekammer existiert. Hat ein Vergabesenat aufgrund einer erhobenen Beschwerde die Verlängerung der aufschiebenden Wirkung getroffen, besteht kein Raum für eine erneute Entscheidung des BGH im Rahmen einer Vorlage gem. § 124 Ab. 2 GWB.[75]

5. Gesonderte Anfechtung einer Kostenentscheidung

27 Gesetzlich nicht geregelt ist die Frage, ob die aufschiebende Wirkung auch ausgelöst wird, wenn lediglich die Kostenentscheidung angefochten wird. Die Lit. vertritt hierzu mehrheitlich die Auffassung, dass im Fall einer isolierten Anfechtung der Kostenentscheidung die gesetzlich angeordnete **aufschiebende Wirkung nur in Bezug auf die Kostscheidung** und nicht in Bezug auf die (nicht angefochtene) Hauptsacheentscheidung entsteht.[76] Auch lehnt die Rspr. den Eintritt der aufschie-

---

[69] OLG Schleswig 4.2.2022 – 54 Verg 9/21, NZBau 2022, 363.
[70] Vgl. dazu OLG Celle 17.6.2021 – 13 Verg 2/21, NZBau 2022, 189.
[71] Müller-Wrede GWB/Stoye/Thomas § 173 Rn. 18.
[72] OLG München 5.5.2009 – Verg 5/09, BeckRS 2009, 12019.
[73] OLG München 5.11.2007 – Verg 12/07, ZfBR 2008, 82; OLG Celle 26.4.2010 – 13 Verg 4/10, NZBau 2010, 715; aA OLG Naumburg 7.3.2008 – 1 Verg 1/08, BeckRS 2008, 10396.
[74] OLG München 30.10.2019 – Verg 22/19, BeckRS 2019, 31784.
[75] BGH 22.7.2019 – X ZB 8/19, NZBau 2019, 604.
[76] Beck VergabeR/Vavra/Willner § 173 Rn. 9 aE; krit. KK-VergR/Raabe § 173 Rn. 5.

benden Wirkung ab, wenn ausschl. die Kostenentscheidung angefochten wird, da dann kein Zuschlag „droht". Der Normzweck besteht in der Aufrechterhaltung des Zuschlagsverbots während des Beschwerdeverfahrens.[77] Der Wortlaut des § 173 Abs. 1 S. 1 GWB differenziert nicht nach der Reichweite der Beschwerde, jedoch erscheint die Differenzierung sachgerecht. Greift der Beschwerdeführer nur die Kostenentscheidung und nicht die Hauptsacheentscheidung an, fehlt der rechtliche Grund der aufschiebenden Wirkung, die die Schaffung vollendeter Fakten vor einer abschließenden Entscheidung verhindern will.

Davon zu unterscheiden ist die Frage, ob ein Antrag auf Verlängerung der aufschiebenden Wirkung **allein gegen die Kostenentscheidung** überhaupt zulässig ist. Dies ist nicht der Fall. Ziel und Zweck des § 173 GWB ist die Aufrechterhaltung der Zuschlagssperre und Verhinderung unumkehrbarer tatsächlicher Verhältnisse. Diese Gefahr besteht im Fall des Angriffs einer Kostenentscheidung nicht, sodass ein Antrag gem. § 173 Abs. 1 S. 3 GWB gegen eine Kostenentscheidung unzulässig ist.[78] 28

6. Gesonderte Anfechtbarkeit der Entscheidung zur Akteneinsicht

Eine **elementare Voraussetzung für einen effektiven Rechtsschutz** ist die Akteneinsicht. Erst dadurch ist ein Bieter in der Lage, seine Zweifel an der Richtigkeit einer Vergabeentscheidung und eine von ihm befürchtete Rechtsverletzung zu bewerten. Dementsprechend ist der Umfang der gewährten Akteneinsicht oder eine Versagung der Akteneinsicht ein häufiger Streitpunkt in Nachprüfungsverfahren. § 165 Abs. 4 GWB regelt, dass die Versagung der Akteneinsicht nur im Zusammenhang mit der sofortigen Beschwerde in der Hauptsache angegriffen werden kann. Umstritten ist, ob es dennoch Fälle gibt, in denen die Gewährung oder auch die Versagung der Akteneinsicht für sich der Beschwerde zugänglich ist. 29

Nach nationalem Recht ließe sich im Gegenschluss aus o. g. Regelungen folgern, dass jedenfalls die Versagung der Akteneinsicht nicht gesondert angegriffen werden kann. Die Rspr. nimmt dies für den Regelfall auch an, hat jedoch bereits mehrfach entschieden, dass die Versagung der Akteneinsicht dann gesondert mit der Beschwerde angegriffen werden kann, wenn ansonsten ein unumkehrbarer Rechtsnachteil entstünde bzw. zu befürchten ist (→ s. auch § 165 Rn. 12 ff., → § 171 Rn. 6).[79] 30

Die Akteneinsicht ist ein zentrales Recht des Bieters, das einen effektiven Rechtsschutz erst ermöglicht. Es obliegt dem Bieter, diesen Zusammenhang in Bezug auf die jew. Ausschreibung darzulegen. Trägt der Bieter vor, dass er zur Prüfung, ob eine Rechtsverletzung zu seinen Lasten vorliegt, der Prüfung konkreter Tatsachen, die sich nur aus der Vergabeakte ergeben, bedarf und andererseits eine unumkehrbare Entscheidung mit schwerwiegenden wirtschaftlichen Nachteilen droht, rechtfertigt dies nach der Rspr. die Zulässigkeit einer sofortigen Beschwerde in Bezug auf die Entscheidung zur Akteneinsicht.[80] 31

Die Rspr. zur ausnahmsweisen **gesonderten Anfechtbarkeit der Versagung oder Gewährung der Akteneinsicht** überzeugt und wird durch Art. 24 der RL 2014/24/EU bestätigt, der von den Mitgliedstaaten fordert, sicher zu stellen, dass 32

---

[77] Vgl. OLG Düsseldorf 31.3.2004 – VII-Verg 10/04, BeckRS 2016, 8661; OLG Düsseldorf 13.11.2000 – Verg 25/00, IBRRS 2003, 0653; OLG Rostock 17.5.2000 – 17 W 7/00, NZBau 2001, 464.

[78] OLG Rostock 17.5.2000 – 17 W 7/00, NZBau 2001, 464 ff.; Müller-Wrede GWB/Stoye/Thomas § 173 Rn. 9; RSG/Stickler GWB § 173 Rn. 4.

[79] OLG Jena 13.10.2015 – 2 Verg 6/15, BeckRS 2016, 2750 mwN; OLG Düsseldorf 28.12.2007 – VII-Verg 40/07, VergabeR 2008, 281; 5.3.2008 – Verg 12/08, BeckRS 2008, 10359; OLG Frankfurt a. M. 12.12.2014 – 11 Verg 8/14, NZBau 2015, 514.

[80] Anders und weitergehend OLG Jena 13.10.2015 – 2 Verg 6/15, BeckRS 2016, 2750.

effektive Maßnahmen getroffen werden, um Wettbewerbsverzerrungen zu vermeiden und eine Gleichbehandlung aller Wirtschaftsteilnehmer zu gewährleisten. Um diese Ziele zu erreichen, bedarf es eines effizienten Rechtsschutzes und damit der Möglichkeit, Zweifel an der Rechtmäßigkeit eines Vergabeverfahrens überprüfen zu können. Zu beachten ist jedoch das Regel-Ausnahme-Verhältnis. Da die Versagung der Akteneinsicht grds. nicht gesondert angegriffen werden kann, müssen besondere Umstände vorgetragen und geltend gemacht werden, dass und warum durch die Versagung der Akteneinsicht unumkehrbare Rechtsnachteile befürchtet werden.[81]

7. Wirkungen einer Wiedereinsetzung

33   Umstritten ist die Frage, welche **Wirkung eine erfolgreiche Wiedereinsetzung** bzgl. der Notfrist des § 172 Abs. 1 GWB im Hinblick auf die aufschiebende Wirkung besitzt. Nach dem **Wortlaut des § 173 Abs. 1 S. 2 GWB** dauert die gesetzlich angeordnete aufschiebende Wirkung lediglich zwei Wochen und entfällt dann automatisch, sofern das Beschwerdegericht nicht auf besonderen Antrag hin die aufschiebende Wirkung verlängert.

34   Die Regelungen über die Wiedereinsetzung in den vorigen Stand beziehen sich auf die einzuhaltenden Fristen vorzunehmender Prozesshandlungen zur Vermeidung von Rechtsnachteilen. Den Regelungen der §§ 97 ff. GWB ist nicht eindeutig zu entnehmen, welche prozessualen Vorschriften im Vergabeverfahren bzw. im Beschwerdeverfahren Anwendung finden. § 175 GWB ordnet die entspr. Anwendung einzelner Normen an, zu denen die Regelungen über die Wiedereinsetzung in den vorigen Stand der §§ 230 ff. ZPO nicht gehören. Jedoch verweist die im allg. Kartellrecht enthaltene Regelung des § 73 Nr. 2 GWB explizit auf die Vorschriften über die Wiedereinsetzung in den vorigen Stand, so dass diese **entspr. anzuwenden** sind.[82]

35   Die Wirkung einer Wiedereinsetzung führt jedoch nur zu einer **Heilung der Fristversäumnis** und der sich aus dieser Heilung zwingend ergebenden Rechtsfolgen. Ein auf der vermeintlichen Fristversäumnis beruhender gerichtlicher Beschl. bedarf daher keiner förmlichen Aufhebung.[83]

36   Die aufschiebende Wirkung knüpft jedoch nicht an eine fristgerechte Beschwerde, sondern an die Zustellung der Vergabekammerentscheidung an. Versäumt der Beschwerdeführer die **rechtzeitige Einlegung der Beschwerde** und beantragt erfolgreich Wiedereinsetzung in den vorherigen Stand, betrifft dies lediglich die Notfrist des § 172 Abs. 1 GWB, ohne dass sich gesetzlich angeordnete oder zwingende Konsequenzen für die aufschiebende Wirkung gem. § 173 Abs. 1 S. 1 GWB oder § 173 Abs. 1 S. 2 GWB ergeben.[84] Mit der Rspr. der Vergabesenate des OLG Düsseldorf und OLG Frankfurt a. M. kann ein Antrag gem. § 173 Abs. 1 S. 3 GWB auch nach Ablauf der zweiwöchigen Frist gestellt werden, da der Antrag nicht fristgebunden ist.[85]

37   In der Lit. wird hierzu allerdings auch vertreten, dass mit der Wiedereinsetzung auch die aufschiebende Wirkung rückwirkend entstehe. Differenziert äußern sich diese Vertreter dazu, ob ein zwischenzeitlich erteilter Zuschlag nichtig sein soll.[86]

---

[81] OLG Düsseldorf 27.4.2022 – Verg 25/21, VPRRS 2022, 0285; 29.3.2021 – VII-Verg 9/21, NZBau 2021, 632; 20.12.2019 – VII-Verg 35/19, NZBau 2020, 194.

[82] Müller-Wrede GWB/Stoye/Thomas § 173 Rn. 12; KK-VergR/Raabe GWB § 173 Rn. 9.

[83] BGH 8.10.1986 – VIII ZB 41/86, BGHZ 98, 325 ff. = NJW 1987, 327; 25.4.2006 – IV ZB 20/05, NJW 2006, 2263; BLAH/Hartmann ZPO § 238 Rn. 10.

[84] Ebenso KK-VergR/Raabe GWB § 173 Rn. 9.

[85] → Rn. 23.

[86] Kritisch Müller-Wrede GWB Stoye/Thomas § 173 Rn. 13; KK-VergR/Raabe GWB § 173 Rn. 9.

Die danach teilw. vertretene **rückwirkende Anordnung der aufschiebenden Wirkung** wird danach verknüpft mit dem Aufleben des Zuschlagverbotes. Danach soll das im Zeitpunkt der Zuschlagserteilung nicht mehr existierende Verbot durch die Wiedereinsetzung rückwirkend wieder in Kraft gesetzt werden.[87] In diesem Sinn entschied auch das BayObLG in einem Beschl. v. 13.8.2004.[88] Danach sollen im Fall der Wiedereinsetzung das verspätete Rechtsmittel als rechtzeitig eingelegt und damit auch die an diese rechtzeitige Einlegung geknüpften gesetzlichen Folgen gelten. In einem späteren Beschl. stellte das BayObLG allerdings klar, dass bzgl. des Antrags gem. § 118 Abs. 1 S. 3 GWB aF keine Wiedereinsetzung möglich sei, da für die Stellung dieses Antrags keine Notfrist normiert sei.[89]

Die für eine rückwirkende Inkraftsetzung der aufschiebenden Wirkung aufgrund eines erfolgreichen Wiedereinsetzungsantrags eintretende Rechtsauffassung verkennt, dass die gesetzlich angeordnete aufschiebende Wirkung gerade nicht an eine frist- und formgerecht eingelegte Beschwerde anknüpft. Durch eine entspr. Rückwirkung würden erhebliche Rechtsunsicherheiten eintreten, die mit dem Gesetzeswortlaut nicht in Einklang stehen und daher abzulehnen sind. Der Wettbewerbsteilnehmer, der sich – dank einer erfolgreichen Wiedereinsetzung – einem bereits erteilten und wirksamen Zuschlag ausgesetzt sieht, muss seinen ursprünglichen Antrag auf einen **Feststellungsantrag umstellen**. 38

8. Kreis der Antragsbefugten gem. § 173 Abs. 1 S. 3

§ 173 Abs. 1 S. 3 GWB billigt dem Beschwerdeführer, dessen Antrag auf Nachprüfung abgelehnt wurde, die Möglichkeit des Antrags auf Verlängerung der aufschiebenden Wirkung bis zur Entscheidung über die Beschwerde zu. Antragsbefugt ist nach dem Wortlaut der Norm lediglich der **Beschwerdeführer.** Die Vergabestelle, die in einem Nachprüfungsverfahren unterliegt, hat die Tenorierung der Entscheidung der Vergabekammer zu beachten und darf den Zuschlag schon aus dem Grund nicht erteilen. Ihr stehen gem. § 173 Abs. 3 GWB die Instrumente des Antrags auf vorzeitige Zuschlagsgestattung gem. § 176 GWB oder auf Anordnung von Maßnahmen auf Grundlage des § 178 GWB zur Verfügung.[90] Die Zielsetzung der Regelung als Beschleunigungsmaßnahme wird durch die Regelungssystematik der §§ 169, 173, 176, 178 GWB umgesetzt, so dass iErg auch kein Bedürfnis einer Regelung iSd § 173 Abs. 1 S. 3 GWB für den öffentlichen Auftraggeber besteht. IdS hatte sich auch der Gesetzgeber dahingehend geäußert, dass die Regelung über die aufschiebende Wirkung nur dem Bieterschutz dienen solle.[91] 39

Dem **Beigeladenen** steht nach dem Wortlaut der Regelung ein Antragsrecht auf Verlängerung der aufschiebenden Wirkung nicht zu: Hat die Vergabekammer den Nachprüfungsantrag abgelehnt, besteht die Beschwerdebefugnis des Antragstellers, anderenfalls hat die Zuschlagserteilung gem. § 173 Abs. 3 GWB zu unterbleiben. Ist eine Zuschlagserteilung untersagt, besteht für einen Antrag des Beigeladenen gem. § 173 Abs. 1 S. 3 GWB kein Raum, da der (Primär-) Rechtsschutz sichergestellt ist.[92] 40

---

[87] Vgl. KK-VergR/Raabe GWB § 173 Rn. 9.
[88] BayObLG 13.8.2004 – Verg 17/04, BeckRS 2004, 8252 = BayObLGZ 2004, 229.
[89] BayObLG 10.9.2004 – Verg 19/04, BeckRS 2004, 9728 = VergabeR 2005, 143.
[90] Müller-Wrede GWB/Stoye/Thomas § 173 Rn. 29.
[91] BT-Drs. 13/9340, 21; vgl. Müller-Wrede GWB/Stoye/Thomas § 173 Rn. 29.
[92] OLG Brandenburg 18.2.2010 – Verg W 2/10, BeckRS 2010, 5231; OLG Düsseldorf 29.12.2000 – Verg 31/00, NZBau 2001, 582; 12.7.2004 – VII-Verg 39/04, NZBau 2004, 520; OLG Jena 13.10.1999, NZBau 2001, 39; OLG München 17.5.2005 – Verg 9/05, BeckRS 2005, 08028.

41 Etwas anderes muss jedoch in dem Fall gelten, dass eine Entscheidung die Interessenlage des **Beigeladenen unmittelbar beeinträchtigt.** Gibt die Vergabekammer der Vergabestelle etwa direkt den Ausschluss des Angebotes des Beigeladenen auf, so entfaltet dies für den Beigeladenen eine unmittelbar nachteilige Wirkung.[93] Im Sinne eines umfassenden und effektiven Bieterschutzes muss sich auch der Beigeladene gegen eine ihn **unmittelbar benachteiligende** Entscheidung wehren können.[94] Die zu beantwortende Kernfrage ist, welche Entscheidung einen Beigeladenen unmittelbar beeinträchtigt. Die Vergabesenate beurteilen insbes. die Frage, ob und inwieweit das Zuschlagsverbot gem. § 173 Abs. 3 GWB greift und ein Beigeladener durch eine Entscheidung der Vergabekammer rechtlich beeinträchtigt werden kann, unterschiedlich. Das OLG Düsseldorf und das OLG München[95] vertreten die Auffassung, dass das Zuschlagsverbot gem. § 118 Abs. 3 GWB aF generell gelte, wenn die Vergabekammer dem Antrag des Antragstellers auf Nachprüfung stattgebe. Das Zuschlagsverbot und die Rechtswirkung des § 118 Abs. 3 GWB aF würden automatisch mit einer Entscheidung der Vergabekammer eintreten, die dem Antrag auf Nachprüfung stattgebe, ein explizites Zuschlagsverbot müsse nicht verhängt werden.[96] Somit bestehe grds. kein Rechtsschutzbedürfnis des Beigeladenen.[97] Anders beurteilen dies das OLG Naumburg, das OLG Koblenz und das OLG Jena.[98] Sie vertreten die Auffassung, dass es einer Vergabestelle durchaus möglich ist, den Entscheidungsprozess fortzusetzen, wenn kein explizites Zuschlagsverbot verhängt wurde, und legen die Wirkung des Zuschlagsverbots des § 118 Abs. 3 GWB aF entspr. eng aus. Der Beigeladene ist auch dann befugt, einen Antrag gem. § 118 Abs. 1 S. 3 GWB aF zu stellen, wenn er sich dem Nachprüfungsantrag angeschlossen hat.[99]

42 Die Regelung des § 173 Abs. 3 GWB ist **vor dem Hintergrund des Ziels eines Antragstellers auszulegen.** Obsiegt er mit Haupt- und Hilfsanträgen, besteht ein Zuschlagsverbot und der Beigeladene ist unmittelbar in seinen Rechten beeinträchtigt. Verliert er – sei es mit einem Haupt- oder einem Hilfsantrag –, steht dem Antragsteller der Rechtsweg der Beschwerde offen und er hat die Möglichkeit, im einstweiligen Rechtsschutz durch einen Antrag auf Verlängerung der aufschiebenden Wirkung gegen die Entscheidung anzugehen. Ist auch der Beigeladene durch die Entscheidung unmittelbar beschwert, besteht für ihn nach dieser Maßgabe gleichfalls die Möglichkeit der sofortigen Beschwerde. In dem Fall, dass der Antragsteller mit seinem Nachprüfungsantrag ganz oder teilw. obsiegt, unterliegt notwen-

---

[93] OLG Düsseldorf 9.3.2007 – VII Verg 5/07, VergabeR 2007, 662; OLG Frankfurt a. M. 5.5.2008 – 11 Verg 1/08, VPRRS 2013, 0780; OLG Naumburg 5.2.2007 – 1 Verg 1/07, BeckRS 2007, 5642 = VergabeR 2007, 554; vgl. Müller-Wrede GWB/Stoye/Thomas § 173 Rn. 29.

[94] OLG Naumburg 3.4.2012 – 2 Verg 3/12, ZfBR 2012, 501; OLG Düsseldorf 22.12.2010 – VII-Verg 57/10, BeckRS 2011, 1616; OLG Jena 30.10.2001 – 6 Verg 3/01, BeckRS 2001, 9122; OLG München 17.5.2005 – Verg 9/05, BeckRS 2005, 08028; OLG Naumburg 5.2.2007 – 1 Verg 1/07, BeckRS 2007, 5642.

[95] OLG Düsseldorf 12.7.2004 – VII-Verg 39/04, NZBau 2004, 520; OLG München 17.5.2005 – Verg 9/05, BeckRS 2005, 08028.

[96] Ebenso VK Lüneburg 16.9.2011 – VgK-35/2011, BeckRS 2011, 23553.

[97] Anders beurteilte dies das OLG Düsseldorf in einem Sonderfall, in dem es nur zwei Angebote gab: OLG Düsseldorf 22.12.2010 – VII-Verg 57/10, BeckRS 2011, 1616.

[98] OLG Naumburg 3.4.2012 – 2 Verg 3/12, ZfBR 2012, 501; OLG Koblenz 29.8.2003 – 1 Verg 7/03, BeckRS 2004, 260 = VergabeR 2003, 699; OLG Naumburg 5.5.2004 – 1 Verg 7/04, IBRRS 2004, 1270 = ZfBR 2004, 830 (Ls.); OLG Jena 22.4.2004 – 6 Verg 2/04, BeckRS 2004, 150203; OLG Jena 30.10.2001 – 6 Verg 3/01, BeckRS 2001, 9122 = VergabeR 2002, 104.

[99] OLG Naumburg 3.4.2012 – 2 Verg 3/12, ZfBR 2012, 501.

digerweise die Vergabestelle, was wiederum die Rechtsfolge des § 173 Abs. 3 GWB und dementsprechend das Zuschlagsverbot auslöst. Die Rechtmäßigkeit der Vergabekammerentscheidung wird dann in der Beschwerdeinstanz überprüft und der Rechtsposition des Beigeladenen vollumfänglich Rechnung getragen. Eine Zuschlagsentscheidung vor Abschluss des Beschwerdeverfahrens wäre nichtig und nicht etwa nur gem. § 134 GWB anfechtbar. Dem Gebot des effektiven Rechtsschutzes ist damit Rechnung getragen. Die streitige „Erstentscheidung" der Vergabekammer wird in der Beschwerdeinstanz umfassend überprüft und kann sich durch eine neue Zuschlagsentscheidung aufgrund des Zuschlagsverbotes nicht erledigen.

In dem Fall, dass ein Beigeladener sich nicht bereits gegen die Entscheidung als solche, sondern erst gegen daraus resultierende Konsequenzen, wie zB eine für ihn nachteilige Neuvergabe, wenden möchte, erscheint es demgegenüber sachgerecht, sich mit einem Nachprüfungsantrag gegen diese Entscheidung zu wenden und ihm ein Rechtsschutzbedürfnis in entspr. Anwendung des § 173 Abs. 1 S. 3 GWB für einen Antrag auf aufschiebende Wirkung nicht zuzubilligen.[100] **43**

III. Interessenabwägung (Abs. 2)

Die Regelung des § 173 Abs. 2 GWB ist durch G. v. 25.3.2020 (BGBl. I 674) ergänzt worden. Streitig diskutiert wird die Priorität der Kriterien iRd Interessenabwägung. Vor der Vergaberechtsreform 2009 waren gem. § 118 Abs. 2 S. 1 GWB aF zunächst gesondert die Erfolgsaussichten der Beschwerde zu berücksichtigen.[101] Erst im Anschluss daran wurde eine grds. den Erfolgsaussichten nachrangige Interessenabwägung vorgenommen. Der Antrag war nur dann abzulehnen, wenn die nachteiligen Folgen einer Verzögerung die damit verbundenen Vorteile überwogen. IRd Abwägung waren „alle möglicherweise geschädigten Interessen" und das Interesse der Allgemeinheit an einem raschen Abschluss des Vergabeverfahrens zu berücksichtigen. Die Priorität der besonderen Verteidigungs- und Sicherheitsinteressen hatte der Gesetzgeber in § 173 Abs. 2 S. 3 GWB klargestellt. **44**

Im **Anwendungsbereich des LNGG** greift die in § 9 Abs. 3 Nr. 3 S. 2 LNGG angeordnete Vermutung, dass der mit einem öffentlichen Auftrag verfolgte Zweck nach § 1 LNGG sowie das besondere Interesse nach § 3 LNGG zu berücksichtigen sind, die idR überwiegen. Aus der Gesetzesbegründung ergibt sich, dass insbes. der nach § 1 LNGG verfolgte Zweck zu berücksichtigen ist. Der in § 1 LNGG normierte Zweck besteht in der Sicherung der nationalen Energieversorgung durch die zügige Einbindung verflüssigten Erdgases in das bestehende Fernleitungsnetz. Die Dringlichkeit wird durch § 3 LNGG normiert. Die Gesetzesbegr. unterstreicht, dass die Entscheidung des Beschwerdegerichts „angesichts der äußersten Dringlichkeit von Vorhaben nach § 2 und der Gefährdung überragender öffentlicher Interessen regelmäßig zugunsten der Vorabgestattung des Zuschlags bzw. der Ablehnung eines Antrags auf Verlängerung der aufschiebenden Wirkung ausfallen".[102] Ziel des Gesetzgebers ist es, die Abwägungsentscheidung in die Richtung zu lenken, dass regelmäßig das Allgemeininteresse an einer raschen Vergabeentscheidung deutlich überwiegt und unterlegene Wettbewerber auf die Geltendmachung sonstiger Sanktionen und Schadensersatz beschränkt werden.[103] **44a**

Weitere Sonderregeln greifen im **Anwendungsbereich des BwBBG**.[104] Liegt eine gemeinsame europäische Beschaffung iR eines Kooperationsprogramms vor, **44b**

---

[100] Ebenso Müller-Wrede GWB/Stoye/Thomas § 173 Rn. 49.
[101] OLG Naumburg 13.5.2008 – 1 Verg 3/08, BeckRS 2008, 14157.
[102] BT-Drs. 20/1742, S. 35.
[103] BT-Drs. 20/1742, S. 18.
[104] Vgl. dazu Burgi Ausschussdrucksache 20(9)82 und Dippel Ausschussdrucksache 20(9)86 (https://www.bundestag.de/ ausschuesse/ a09 _ wirtschaft/ Anhoerungen/ 901256 - 901256); Stöß/Zech GSZ 2022, 209.

gilt gem. § 4 Abs. 2 Nr. 4 BwBBG die gesetzliche Regelvermutung, dass die besonderen Verteidigungs- und Sicherheitsinteressen idR überwiegen. Gem. der Gesetzesbegr. sollen dadurch wichtige Zukunftsvorhaben gemeinsamer europäischer Beschaffungen für ein verteidigungsfähiges und sicheres Europa gestärkt werden.[105] Daneben regelt § 6 Abs. 1 BwBBG, dass bei der Abwägung nach § 173 Abs. 2 S. 1 GWB auch der Zweck des § 1 BwBBG zu berücksichtigen ist. Gem. § 6 Abs. 1 S. 2 BwBBG überwiegen die besonderen Verteidigungs- und Sicherheitsinteressen idR, wenn der öffentliche Auftrag im unmittelbaren Zusammenhang mit der unmittelbaren Stärkung der Einsatzfähigkeit der Bundeswehr steht. Ein unmittelbarer Zusammenhang liegt nach der Gesetzesbegr. vor, wenn der Auftrag der in § 1 genannten Zweckbestimmung, also dem zeitnahen Erreichen eines breiten, modernen und innovationsorientierten Fähigkeitsspektrums der Bundeswehr und damit der Stärkung der Bündnis- und Verteidigungsfähigkeit, dient.[106] Nach der Gesetzesbegr. soll die richterliche Unabhängigkeit bei der Entscheidungsfindung zwar gewahrt werden, jedoch werden die Maßstäbe für Abwägungen explizit angepasst und ergänzt.[107]

45 Im Rahmen der Neufassung durch die Vergaberechtsreform 2009 wurde der frühere S. 2 nach vorne gezogen. Nach wie vor ist der Antrag abzulehnen, wenn die nachteiligen Folgen einer Vergabeverzögerung mit den damit verbundenen Vorteile überwiegen. Explizit ist neben den Interessen der Allgemeinheit nun deren Interesse an einer wirtschaftlichen Erfüllung der Aufgaben des Auftraggebers erwähnt. Die Erfolgsaussichten der Beschwerde sind „auch" zu berücksichtigen und ebenso die „allgemeinen Aussichten des Antragstellers im Vergabeverfahren, den Auftrag zu erhalten". Somit sind die zu berücksichtigenden Interessen der Allgemeinheit[108] konkretisiert und die Erfolgsaussichten der Beschwerde auf eine Stufe mit den insgesamt zu berücksichtigenden Interessen gestellt worden. Mit Erlass der VSVgV wurden gem. § 99 Abs. 7 GWB aF und § 104 GWB im Anwendungsbereich der VSVgV besondere Verteidigungs- und Sicherheitsinteressen ergänzt und durch G. v. 25.3.2020 die enumerativ aufgezählten Tatbestände aufgenommen, deren Vorliegen dazu führt, dass die besonderen Verteidigungs- und Sicherheitsinteressen, die im unmittelbaren Zusammenhang mit einer Krise, einem mandatierten Einsatz der Bundeswehr, einer einsatzgleichen Verpflichtung der Bundeswehr oder einer Bündnisverpflichtung stehen, idR bei der Abwägungsentscheidung gem. § 173 Abs. 2 S. 1 GWB überwiegen.

46 In der Lit. wird vertreten, dass die Regelungsänderung des § 173 Abs. 2 S. 1, 2 und 4 GWB zu einer Schwächung des Bieterrechtsschutzes führe.[109] Zwar sei eine Wertigkeit der Interessen nicht normiert worden, jedoch habe der Gesetzgeber das Interesse der Allgemeinheit unterstrichen. In der Abwägung der nachteiligen Folgen einer Vergabeverzögerung mit den Vorteilen seien die Erfolgsaussichten der Beschwerde nicht mehr mit der früheren Bedeutung belegt.[110] Die Rspr. ist dieser Ansicht nicht gefolgt.[111] Das OLG Düsseldorf betont in seiner Rspr., dass sich durch die Änderung des Wortlautes keine inhaltliche Änderung ergeben habe. Die Erfolgsaussichten einer Beschwerde beeinflussen maßgebend das bei der Interessen-

---

[105] BT-Drs. 20/2353, S. 20 zu § 4.
[106] BT-Drs. 20/2353, S. 14 zu § 2 und S. 22 zu § 6.
[107] BT-Drs. 20/2353, S. 22 zu § 6.
[108] Erdmann VergabeR 2008, 908 ff.; ob die darin aufgeführten Aspekte sämtlich iRd Eilentscheidung gewürdigt werden können, erscheint fraglich.
[109] Vgl. Müller-Wrede GWB/Stoye/Thomas § 173 Rn. 38.
[110] Müller-Wrede GWB/Stoye/Thomas § 173 Rn. 38.
[111] OLG Frankfurt a. M. 21.2.2012 – 11 Verg 11/11, BeckRS 2012, 16589; OLG Düsseldorf 16.6.2011 – Verg 34/11, BeckRS 2011, 19114; OLG Frankfurt a. M. 26.10.2011 – 11 Verg 7/11, BeckRS 2012, 8955; OLG Celle 3.6.2010 – 13 Verg 6/10, BeckRS 2010, 16078.

Wirkung § 173 GWB

abwägung zu berücksichtigende Gewicht der Interessen des Beschwerdeführers.[112] Die übrigen Vergabesenate entscheiden gleichfalls in diesem Sinn.[113] Die Neuregelung des § 173 Abs. 2 S. 3 GWB aufgrund des G. v. 25.3.2020 (BGBl. I 674) bestätigt diese Einschätzung. Denn durch die seinerzeit vorgenommene Neufassung des S. 3 hat der Gesetzgeber klargestellt, dass die Vorrangregelung nur für die in § 173 Abs. 2 S. 3 GWB geregelten Interessen gilt. In der Gesetzesbegr. verweisen die Erwägungen darauf, dass die neu eingefügten Regelfälle „besonders berücksichtigt" werden sollen und mit „derart starkem Gewicht in die Abwägung eingehen, dass der Vorabzuschlag in der Regel gewährt wird".[114] Diese Präferenz gilt für alle anderen Interessen, die in die Abwägungsentscheidung gem. § 173 Abs. 2 S. 1, S. 2 und S. 4 GWB eingehen, gerade nicht.

Zielsetzung war es ausweislich der Gesetzesmaterialien, auch **wirtschaftliche Folgen,** wie etwa enge Fristen zum Erhalt von Fördermitteln iRd Beschwerdeinstanz zu berücksichtigen; jedoch nicht, den Bieterrechtsschutz gem. § 173 Abs. 2 S. 1, 2 und 4 GWB zu schwächen. Bei der Auslegung der Norm ist das unionsrechtliche **Gebot eines effektiven Rechtsschutzes** zu berücksichtigen. Daraus folgt, dass die Erfolgsaussichten entscheidendes Gewicht besitzen und nur ausnahmsweise und in besonderes Fällen durch andere Gründe des Allgemeinwohls bzw. den in der Norm genannten Interessen überragt werden können.[115] Die bloße Reihenfolge der Aufzählung von Parametern, die iRd Interessensabwägung zu berücksichtigen sind, kann nicht entscheidend sein für die Bedeutung der Rechtsposition des Beschwerdeführers. Deutlich wird aus der Norm, dass eine umfassende Interessenabwägung stattzufinden hat, jedoch ist das Gebot des effektiven Rechtsschutzes von herausragender Bedeutung und kann nur durch Interessen überlagert werden, die von besonderer Bedeutung sind und das Gebot des effektiven Rechtsschutzes überwiegen. 47

Die **Aussicht des Beschwerdeführers** auf den Zuschlag war auch bisher schon von der Rspr. berücksichtigt worden und stellt daher keine inhaltliche Verschiebung der Wertigkeiten dar. So lehnte das OLG Naumburg einen Antrag ab, da durch die Beseitigung der Vergaberechtsverletzung eine Verbesserung der Zuschlagschancen des Antragstellers nicht zu erwarten war.[116] Ähnlich entschied das OLG Düsseldorf in einer Konstellation, in der der Antragsteller objektiv keine realistische Chance auf Zuschlagserteilung hatte, weil mit dem Scheitern der angegriffenen Vergabe das Vergabeverfahren endgültig gescheitert wäre.[117] 48

Ziel des Gesetzgebers im Zuge der Vergaberechtsreform war es, die berücksichtigungsfähigen Interessen des öffentlichen Auftraggebers zu Gunsten der im öffentlichen Interesse liegenden Auftragsvergabe zu konkretisieren und das **Interesse des öffentlichen Auftraggebers** an der Erfüllung seiner öffentlichen Aufgabe in wirtschaftlicher und verzögerungsfreier Weise zu stärken.[118] Auch ist zu berücksichtigen, dass dem Interesse der Allgemeinheit kein genereller Vorrang eingeräumt wurde. 49

---

[112] OLG Düsseldorf 9.4.2014 – VII-Verg 12/14, BeckRS 2014, 8973 mwN; OLG Düsseldorf 20.12.2019 – VII-Verg 35/19, NZBau 2020, 194; vgl. auch Prüfinhalte zu den Erfolgsaussichten ohne weitergehende Interessenabwägung OLG Düsseldorf 10.6.2015 – VII-Verg 39/14, NZBau 2015, 572.

[113] OLG Frankfurt a.M. 12.11.2020 – 11 Verg 13/20, NZBau 2021, 349; BayObLG 17.6.2021 – Verg 6/21, NZBau 2021, 821; BayObLG 9.4.2021 – Verg 3/21, BeckRS 2021, 9135; KG 21.11.2014 – Verg 22/13, BeckRS 2015, 145; 1.9.2014 – Verg 18/13, ZfBR 2014, 804; OLG Celle 14.12.2015 – 13 Verg 9/15, ZfBR 2016, 309.

[114] BT-Drs. 19/15603, 59.

[115] OLG Frankfurt a. M. 30.8.2017 – 11 Verg 10/17, BeckRS 2017, 126874.

[116] OLG Naumburg 13.5.2008 – 1 Verg 3/08, BeckRS 2008, 14157.

[117] OLG Düsseldorf 26.1.2012 – VII-Verg 107/11, BeckRS 2012, 6484.

[118] BT-Drs. 16/10117, 23.

§ 173 Abs. 2 GWB wurde bewusst wortgleich zu § 169 Abs. 2 GWB gestaltet.[119] In der Begründung zu § 115 Abs. 2 GWB aF wurde wiederum entscheidend auf die Erfolgsaussichten des Nachprüfungsantrags abgestellt.[120] Daraus ergibt sich für die Interessenabwägung des § 173 Abs. 2 S. 1, 2 und 4 GWB, dass die Erfolgsaussichten und damit das Gebot des effektiven Rechtsschutzes durch die gesetzliche Neuregelung keine Abwertung erhalten sollten.[121]

50 Das Beschwerdegericht hat iR seiner Entscheidung somit zunächst die betroffenen Interessen der Allgemeinheit, des Auftraggebers und des Beschwerdeführers zu ermitteln. Im Rahmen der betroffenen Interessen der Allgemeinheit und der Verfahrensbeteiligten sind insbes. auch die Erfolgsaussichten der Beschwerde zu erfassen. Sodann sind die nachteiligen Folgen einer Vergabeverzögerung mit den Vorteilen einer Verzögerung und somit dem Rechtsschutzinteresse des Antragstellers abzuwägen. Nur im Fall des **Überwiegens der nachteiligen Folgen einer Vergabeverzögerung** ggü. den **Vorteilen einer Verlängerung der aufschiebenden Wirkung** ist der Antrag auf Verlängerung der aufschiebenden Wirkung abzulehnen. Wie bisher hat das Beschwerdegericht eine summarische Prüfung vorzunehmen.[122]

51 Auf **Seiten der Vergabestelle** kommen als wirtschaftliche Nachteile insbes. konkrete finanzielle Schäden aus der verzögerten Vergabe und Fertigstellung in Betracht, die allerdings auch konkret darzulegen sind. Ggf. fallen darunter auch Mehrkosten aufgrund des Auslaufens von Zuwendungsbescheiden.[123] Allerdings wird insoweit jew. eine Einzelfallprüfung erforderlich sein. Der öffentliche Auftraggeber wird sich jedoch kaum auf Mehrkosten und Schäden aufgrund einer Vergabeverzögerung berufen können, wenn er nicht gleichzeitig vorträgt, das Vergabeverfahren ohne Verzögerung eingeleitet und durchgeführt zu haben. Es obliegt der Vergabestelle, substantiiert zur Eilbedürftigkeit der Zuschlagsentscheidung vorzutragen.[124]

52 Der Vergabesenat hat entspr. dem Wortlaut des Gesetzes auch im Fall einer **Beschwerde mit hohen Erfolgsaussichten** eine Folgenbetrachtung und Interessenabwägung vorzunehmen.[125] Regelmäßig wird einem Antrag auf Verlängerung der aufschiebenden Wirkung dann stattzugeben sein.[126] Die aufschiebende Wirkung der Beschwerde wird in diesen Fällen nur versagt werden dürfen, wenn eine **summarische Überprüfung** ergibt, dass überwiegende gewichtige Belange der Allgemeinheit, etwa im Bereich der Daseinsvorsorge, einen raschen Abschluss des Vergabeverfahrens erfordern[127] oder wenn die Verzögerung der Auftragsvergabe zu

---

[119] BT-Drs. 16/10117, 24 zu Nr. 18.
[120] BT-Drs. 16/10117, 23 zu Nr. 17.
[121] KG 21.12.2009 – 2 Verg 11/09, BeckRS 2010, 3552; OLG Schleswig 8.12.2010 – 1 Verg 12/10, BeckRS 2011, 5581; aA RSG/Stickler GWB § 173 Rn. 19 ff., der die Auffassung vertritt, dass nun höhere Anforderungen an die Erfolgsaussichten zu stellen sind.
[122] OLG Frankfurt a. M. 5.3.2012 – 11 Verg 3/12, BeckRS 2012, 16590; RSG/Stickler GWB § 173 Rn. 23 mwN.
[123] Erdmann VergabeR 2008, 908 (911).
[124] Vgl. etwa OLG Frankfurt a. M. 29.5.2012 – 11 Verg 5/12, BeckRS 2012, 15748; OLG Frankfurt a. M. 21.2.2012 – 11 Verg 11/11, BeckRS 2012, 16589; OLG Brandenburg 10.11.2011 – Verg W 13/11, BeckRS 2012, 18273; OLG Düsseldorf 12.10.2011 – VII-Verg 74/11, BeckRS 2011, 26422.
[125] OLG Frankfurt a. M. 10.6.2011 – 11 Verg 4/11, BeckRS 2011, 21886; OLG Brandenburg 29.5.2012 – Verg W 5/12, ZfBR 2012, 615.
[126] OLG Frankfurt a. M. 21.2.2012 – 11 Verg 11/11, BeckRS 2012, 16589; OLG Düsseldorf 16.6.2011 – Verg 34/11, BeckRS 2011, 19114; OLG Frankfurt a. M. 26.10.2011 – 11 Verg 7/11, BeckRS 2012, 8955; OLG Celle 3.6.2010 – 13 Verg 6/10, BeckRS 2010, 16078.
[127] OLG Stuttgart 9.8.2001 – 2 Verg 3/01, NZBau 2002, 292; vgl. auch OLG Hamburg 19.7.2010 – 1 Verg 4/10, BeckRS 2011, 5170 zur Sicherstellung einer Messeausstellung.

erheblichen Mehrkosten führt.[128] Überwiegende öffentliche Interessen wurden in einer solchen Konstellation etwa bejaht für die Durchführung von Rettungsdienstleistungen[129] oder aufgrund des überwiegenden Interesses der Vergabestelle an einer gesicherten und modernen Kommunikationsstruktur bei Auslandseinsätzen.[130] Die aufschiebende Wirkung kann im Fall einer entspr. Folgenabwägung zu Gunsten des Antragstellers auch in Fällen angeordnet werden, wenn eine Vorlage an den EuGH erfolgt.[131]

Hat die **Beschwerde nur geringe Erfolgsaussichten** und lässt sich dies bereits aus einer summarischen Prüfung heraus erkennen, ist ein schutzwürdiges Interesse des Antragstellers an der Verlängerung der aufschiebenden Wirkung idR kaum anzunehmen.[132] Ist etwa ein Bieter mit einzelnen Rügen materiell präkludiert, weil er sich nicht aktiv und rechtzeitig um die Wahrung seiner vermeintlich verletzten subjektiven Rechte bemüht hat, oder sind die erhobenen Rügen offensichtlich unbegründet, so kommt der letztgenannten Aspekt der Rechtsverwirklichung auch im Interesse der Allgemeinheit ein geringes Gewicht zu.[133] Entsprechend der Zielsetzung des Gesetzgebers, mit einem Nachprüfungsantrag nicht generell eine aufschiebende Wirkung zu verbinden, sondern diese nur dann anzuordnen, wenn sich im Einzelfall zur Gewährleistung eines effektiven Rechtsschutzes ein Überwiegen der individuellen Interessen des Bieters ergibt, wird dann das Interesse der Vergabestelle, anderer Bieter und der Allgemeinheit an einem raschen Abschluss des Vergabeverfahrens überwiegen.[134] Hat ein Antragsteller objektiv keine Chance auf eine Zuschlagserteilung, selbst wenn er in der Beschwerdeinstanz obsiegt, überwiegen regelmäßig die Interessen an einer Vergabe ohne Verzögerung.[135] 53

Der Interessenvorrang gilt nur für „**besondere Verteidigungs- und Sicherheitsinteressen**" iSd § 104 GWB. Daraus folgt, dass es sich entweder um Aufträge oder Konzessionen handeln muss, die als „Militärausrüstung" gem. § 104 Abs. 2 GWB oder als „Verschlusssachenauftrag" gem. § 104 Abs. 3 GWB einzuordnen sind. Nicht jeder Einsatz der Bundeswehr innerhalb einer Krise stellt somit einen Krisenfall iSd § 173 Abs. 2 S. 3 Nr. 1 GWB dar. Es muss sich um einen Krisenfall iSd § 4 VSVgV und um einen daraus resultierenden Einsatzfall handeln. Der Einsatz der Bundeswehr in zivilen Krisen, wie etwa der Corona-Krise aufgrund des Virus 53a

---

[128] OLG Düsseldorf 25.11.2002 – Verg 56/02, BeckRS 2004, 12170; aA Erdmann VergabeR 2008, 908 ff., der von einer prinzipiellen Gleichwertigkeit ausgeht. Dagegen dürfte jedoch § 173 Abs. 2 S. 1 GWB sprechen, der nur im Fall eines Überwiegens des öffentlichen Interesses an dem Sofortvollzug eine Ablehnung des Antrags auf Verlängerung der aufschiebenden Wirkung ermöglicht.

[129] OLG München 2.7.2009 – Verg 5/09, NZBau 2009, 666; OLG Naumburg 15.7.2008 – 1 Verg 5/08, BeckRS 2008, 14718; OLG Naumburg 3.7.2009 – 1 Verg 4/09, BeckRS 2009, 29084.

[130] OLG Düsseldorf 11.4.2011 – Verg 27/11, BeckRS 2011, 18709.

[131] OLG Düsseldorf 30.5.2011 – Verg 39/11, BeckRS 2011, 18924; 28.7.2011 – VII-Verg 38/11, BeckRS 2011, 24578.

[132] OLG Frankfurt a.M. 12.11.2020 – 11 Verg 13/20, NZBau 2021, 349; OLG Düsseldorf 20.12.2019 – VII-Verg 35/19, BeckRS 2019, 33802; 30.1.2012 – VII-Verg 102/11, BeckRS 2012, 6481; 22.12.2011 – Verg 101/11, ZfBR 2012, 388; 7.12.2011 – Verg 96/11, ZfBR 2012, 308; OLG Brandenburg 10.1.2012 – Verg W 18/11, BeckRS 2012, 1665; OLG Naumburg 3.7.2009 – 1 Verg 4/09, BeckRS 2009, 29084; 15.7.2008 – 1 Verg 5/08, BeckRS 2008, 14718; HessLSG 15.12.2009 – L 1 KR 337/09 ER Verg, BeckRS 2009, 74943.

[133] OLG Naumburg 8.10.2009 – 1 Verg 9/09, BeckRS 2009, 28647.

[134] OLG Naumburg 16.1.2003 – 1 Verg 10/02, ZfBR 2003, 293; 3.7.2009 – 1 Verg 4/09, BeckRS 2009, 29084.

[135] OLG Düsseldorf 26.1.2012 – VII-Verg 107/11, BeckRS 2012, 6484; OLG Düsseldorf 12.5.2011 – Verg 29/11, BeckRS 2011, 18922.

COVID-19, kann keinen Bedarf an Militärausrüstung gem. § 104 Abs. 2 GWB auslösen, denkbar wäre allenfalls einen Bedarf iS eines Verschlusssachenauftrags gem. § 104 Abs. 3 GWB. Liegt ein Beschaffungsbedarf vor, der aus einem Sachverhalt resultiert, der einem Tatbestand des § 104 GWB zuzuordnen ist, handelt es sich um besondere Verteidigungs- und Sicherheitsinteressen.

53b Die Vorrangregelung des § 173 Abs. 2 S. 3 GWB greift jedoch nur dann, wenn der öffentliche Auftrag oder die Konzession in einem unmittelbaren Zusammenhang mit einem der vier definierten Tatbestände stehen. Das **Tatbestandsmerkmal des unmittelbaren Zusammenhangs** ist eng auszulegen und nur anzunehmen, wenn der Beschaffungsbedarf gerade der Abwehr typischer Gefährdungen dient, die aus dem Einsatz im Krisenfall resultieren.[136] Der Bedarf muss unmittelbar aus einem der in § 173 Abs. 2 S. 3 GWB definierten Tatbestände resultieren und die Leistungen dürfen ohne die militärische Ausrüstung bzw. den Verschlusssachenauftrag keine sinnvolle Verwendung finden.[137] Ebenso wie bei der Prüfung des § 104 GWB ist eine enge, unmittelbare Kausalität zwischen der Bedarfsdeckung und einer Krise iSd § 4 VSVgV, einem mandatierten Einsatz der Bundeswehr, einer einsatzgleichen Verpflichtung der Bundeswehr oder einer Bündnisverpflichtung erforderlich.[138]

53c Der Begriff der **Krise** ist in § 4 VSVgV legaldefiniert, der die Begriffsdefinition des Art. 1 der RL 2009/81/EG übernimmt. Der Begriff der Krise ist danach „jede Situation in einem Mitgliedstaat oder einem Drittland, in der ein Schadensereignis eingetreten ist, welches deutlich über die Ausmaße von Schadensereignissen des täglichen Lebens hinausgeht und dabei Leben und Gesundheit zahlreicher Menschen erheblich gefährdet oder einschränkt, eine erhebliche Auswirkung auf Sachwerte hat oder lebensnotwendige Versorgungsmaßnahmen für die Bevölkerung erforderlich macht; eine Krise liegt auch vor, wenn das Eintreten eines solchen Schadensereignisses als unmittelbar bevorstehend angesehen wird; bewaffnete Konflikte und Kriege sind Krisen im Sinne dieser Richtlinie".[139] Eine Krise liegt somit auch im Fall eines drohenden terroristischen Anschlags vor. In der Gesetzesbegr. ist erläutert, dass es sich sowohl um öffentliche Aufträge oder Konzessionen zur Deckung der Bedarf der militärischen als auch der nicht militärischen Sicherheitskräfte handeln kann. Dies setzt allerdings voraus, dass es sich um einen Verschlusssachenauftrag iSd § 104 Abs. 3 GWB handelt. Dies ist auch entspr. zu dokumentieren. Relevant ist in diesem Kontext, dass das **„Nachschieben" von Gründen** auch insoweit nach der Rspr. des OLG Düsseldorf zulässig ist.[140]

53d Die drei übrigen Tatbestände sind nicht legaldefiniert, werden aber in der Gesetzesbegr. erläutert: Unter einem **mandatierten Einsatz** ist ein Auslandseinsatz der Bundeswehr zu verstehen, der auf der Grundlage einer Resolution des Sicherheitsrats der Vereinten Nationen erfolgt und für den ein entspr. Mandat des Deutschen Bundestags vorliegt. Als **einsatzgleiche Verpflichtung** sind Tätigkeiten der Bundeswehr anzusehen, die einem Einsatz vergleichbar sind, ohne dass ein förmliches Mandat des Deutschen Bundestages vorliegt. Bei einer **Bündnisverpflichtung** handelt es sich um Beiträge der Bundeswehr, die sich aus ihrer Zugehörigkeit zu einem Verteidigungsbündnis (insbes. NATO) ergeben.

53e Liegt eine der genannten Konstellationen vor, obliegt es nach der Gesetzesbegr. aber entspr. Art. 56 Abs. 5 der RL 2009/81/EG weiterhin dem zuständigen Spruchkörper, im Wege der Abwägung über die Gestattung des Zuschlags vor

---

[136] Vgl. OLG Düsseldorf 13.4.2016 – VII-Verg 46/15, NZBau 2016, 659 (661).
[137] → VSVgV § 1 Rn. 19.
[138] Vgl. → VSVgV § 1 Rn. 4 ff.; Beck VergabeR/von Wietersheim GWB § 104 Rn. 17–22.
[139] Art. 1 Nr. 10 der RL 2009/81/EG.
[140] Vgl. OLG Düsseldorf 13.4.2016 – VII-Verg 46/15, NZBau 2016, 659 (661).

Abschluss des Nachprüfungsverfahrens zu entscheiden. Ausweislich der Gesetzesbegr. dient die Neuregelung dem Ziel, den Besonderheiten der in § 173 Abs. 2 S. 3 GWB genannten Fallkonstellationen angemessen Rechnung zu tragen. In diesen Fällen besteht danach regelmäßig ein besonders eilbedürftiger Beschaffungsbedarf. Die neu eingefügten Regelbeispiele bezwecken deshalb, dass das Oberlandesgericht diese Fälle besonders berücksichtigt, wenn eine Abwägungsentscheidung zu treffen ist, ob die Vor- oder die Nachteile einer Zuschlagsgestattung vor Abschluss des Nachprüfungsverfahrens überwiegen. Liegt eine der genannten Fallkonstellationen vor, sollte dies mit derart starkem Gewicht in die Abwägung eingehen, dass der **Vorabzuschlag in der Regel** gewährt wird. So soll eine Verzögerung der Beschaffung möglichst vermieden oder weitestmöglich minimiert werden. Voraussetzung ist, dass der öffentliche Auftrag oder die Konzession in unmittelbarem Zusammenhang mit einer der aufgezählten Konstellation stehen, also im Regelfall ein Beschaffungsbedarf aufgrund einer solchen Konstellation entstanden ist oder sich mengenmäßig erhöht hat. Die Neuregelung des § 173 Abs. 2 S. 3 GWB führt somit für besondere Verteidigungs- und Sicherheitsinteressen eine neue Qualität der zu berücksichtigenden Interessen ein, deren Vorliegen ebenso wie der erforderliche Kausalitätszusammenhang zu dokumentieren ist. Auch dann, wenn die besonderen Verteidigungs- und Sicherheitsinteressen danach vorliegen und überwiegen, bedarf es einer Abwägungsentscheidung des Vergabesenats in dem konkreten Einzelfall, bei der auch die Erfolgsaussichten der Beschwerde zu würdigen sind.

IV. Verbot des Zuschlags (Abs. 3)

In dem Fall, dass die **Vergabestelle Beschwerde einlegt** und durch die Vergabekammer an der Zuschlagsentscheidung gehindert ist, regelt § 173 Abs. 3 GWB, dass der Zuschlag zu unterbleiben hat, wenn die Vergabekammer dem Antrag auf Nachprüfung durch Untersagung des Zuschlags stattgegeben hat. 54

Voraussetzung des § 173 Abs. 3 GWB ist nach dem Wortlaut eine dem Nachprüfungsantrag stattgebende Entscheidung mit einer ausdr. Zuschlagsuntersagung. In der Praxis erfolgt in der Regel eine Tenorierung demgegenüber dahingehend, dass der Vergabestelle aufgegeben wird, eine Angebotswertung unter **Beachtung der Rechtsauffassung der Vergabekammer** zu wiederholen. Eine förmliche Untersagung des Zuschlags wird regelmäßig eher selten angeordnet. 55

Fraglich ist, was daraus für Rechtswirkungen im Hinblick auf den einstweiligen Rechtsschutz resultieren. Vorzunehmen ist insoweit eine sachgerechte Auslegung unter Berücksichtigung des Gebotes eines effektiven Rechtsschutzes.[141] Zur **Gewährleistung eines effektiven Rechtsschutzes** steht die Zulässigkeit der Erteilung des Zuschlags in einer entspr. Tenorierung dann unter der aufschiebenden Bedingung, dass die Vergabestelle zunächst den von der Vergabekammer angeordneten Maßnahmen nachkommt.[142] Entsprechendes gilt, wenn eine Verpflichtung zur Wiederholung der Angebotswertung erfolgt. Auch in diesem Fall gilt § 173 Abs. 3 GWB.[143] Das Zuschlagsverbot besteht, bis das Beschwerdegericht die Entscheidung der Vergabekammer aufhebt oder dem Auftraggeber auf seinen Antrag hin den Vorabzuschlag gestattet oder der Auftraggeber eine ihm auferlegte Auflage erfüllt und nicht aus anderen Gründen rechtlich an der 56

---

[141] Müller-Wrede GWB/Stoye/Thomas § 173 Rn. 37.
[142] BayObLG 1.10.2001 – Verg 06/01, BeckRS 2001, 9796 = VergabeR 2002, 63.
[143] OLG Düsseldorf 12.7.2004 – VII-Verg 39/04, IBRRS 2004, 3590 = VergabeR 2004, 663; 27.7.2006 – Verg 33/06, BeckRS 2007, 02777; VK Lüneburg 16.9.2011 – VgK-35/2011, BeckRS 2011, 23553.

Zuschlagserteilung gehindert ist.[144] Hinderungsgründe können sich aus den Rechten anderer Beteiligter ergeben. Hat etwa die Vergabekammer der Vergabestelle aufgegeben, neben einer bestimmten Bescheidung auch das Angebot eines Beigeladenen auszuschließen, so hat auch dessen sofortige Beschwerde aufschiebende Wirkung, die eine Auftragsvergabe an einen anderen Bieter nicht zulassen würde.

57 Wird gegen die Entscheidung der Vergabekammer in der Sache kein Rechtsmittel eingelegt, wird diese mit Ablauf der zweiwöchigen Beschwerdefrist bestandskräftig.

V. Rechtsschutz

58 Die Entscheidungen des Vergabesenates im Eilverfahren sind **nicht anfechtbar.**[145]

VI. Kosten

59 Entscheidungen im Eilverfahren enthalten keine eigene Kostenentscheidung. Über die Kosten wird in der Kostenentscheidung in der Hauptsache entschieden. Hinsichtlich der Details wird auf die Ausführungen zu § 182 GWB verwiesen.

§ 174 Beteiligte am Beschwerdeverfahren

An dem Verfahren vor dem Beschwerdegericht beteiligt sind die an dem Verfahren vor der Vergabekammer Beteiligten.

I. Beteiligte am Beschwerdeverfahren

1 § 174 GWB entspricht wortgleich der Vorgängervorschrift des § 119 GWB aF und bestimmt den Kreis der am Beschwerdeverfahren Beteiligten. Danach sind die Beteiligten des Nachprüfungsverfahrens vor der Vergabekammer auch im Beschwerdeverfahren beteiligt (**Grundsatz der Kontinuität der Beteiligung**). Durch die Regelung wird zugunsten der bisherigen Beteiligten gewährleistet, dass die Entscheidung der Vergabekammer nicht ohne ihr Wissen ergeht; sie konkretisiert damit den Anspruch auf effektiven Rechtsschutz (Art. 19 Abs. 4 GG) sowie auf rechtliches Gehör (Art. 103 Abs. 1 GG).[1] Beteiligt am Beschwerdeverfahren sind neben dem **Antragsteller** und dem **Antragsgegner** auch die von der Vergabekammer zum Nachprüfungsverfahren **Beigeladenen**, unabhängig davon, ob sie sich am Nachprüfungsverfahren vor der Vergabekammer aktiv beteiligt haben. Die Beiladungsentscheidung wirkt fort, auch wenn der Beigeladene kein Rechtsmittel eingelegt hat; eine erneute Beiladung ist nicht erforderlich.[2] Die Vergabekammer selbst ist nicht beteiligt.

---

[144] Vgl. hierzu etwa OLG Naumburg 5.5.2011 – 2 Verg 3/11, BeckRS 2011, 21709, dort war die Aufhebung angeordnet worden, was eine wirksame Zuschlagsentscheidung ausschloss.

[145] OLG Brandenburg 25.8.2008 – Verg W 12/08, BeckRS 2008, 22020; Müller-Wrede GWB/Stoye/Thomas § 173 Rn. 45.

[1] Beck VergabeR/Vavra/Willner GWB § 174 Rn. 4.

[2] RKPP/Röwekamp GWB § 174 Rn. 1.

II. Beiladung durch das Beschwerdegericht

Ist eine Beiladung durch die Vergabekammer selbst nicht erfolgt, stellt sich die Frage, ob das Beschwerdegericht berechtigt ist, **erstmalig im Beschwerdeverfahren** die Beiladung Dritter anzuordnen. Bei wortlautgetreuer Anwendung der §§ 162, 171 Abs. 1 S. 2 und § 174 GWB könnte ein Dritter, der von der Vergabekammer rechtsfehlerhaft nicht beigeladen worden ist, am Beschwerdeverfahren nicht teilnehmen und damit keinen Einfluss auf die Entscheidung des Beschwerdegerichts nehmen. Während in der mittlerweile gefestigten Rspr. der Vergabesenate sowie Teilen der Lit. eine Befugnis zur nachträglichen Beiladung angenommen wird,[3] lehnen andere Stimmen unter Hinweis auf den vermeintlich entgegenstehenden Wortlaut des § 174 GWB, die Gesetzesmaterialien und die Regelung der entspr. Frage im Kartellrecht durch § 63 Abs. 1 Nr. 3 GWB eine eigene Befugnis zur Beiladung ab und räumen dem zu Unrecht von der Vergabekammer nicht Beigeladenen und durch die Entscheidung beschwerten Unternehmen ein selbständiges Beschwerderecht ein.[4]

Die gegen die Annahme einer eigenen **Beiladungsbefugnis des Beschwerdegerichts** erhobenen Einwände vermögen nicht zu überzeugen. So schließt der Wortlaut des § 174 GWB eine Beiladung im Beschwerdeverfahren keineswegs aus, sondern verhält sich schlichtweg nicht zu dieser Frage. Die Vorgabe des § 174 GWB, wonach zu den am Beschwerdeverfahren Beteiligten die am Verfahren vor der Vergabekammer Beteiligten gehören, ist schon nach ihrem Wortsinn nicht als Ausschlussregelung, sondern dahingehend zu verstehen, dass jedenfalls die früheren Beteiligten auch am Beschwerdeverfahren zu beteiligen sind. Auf die Gesetzesbegr. lässt sich die Ablehnung einer Beiladungsbefugnis gleichfalls nicht stützen. In den Ausführungen zu der wortgleichen Vorgängervorschrift des § 119 GWB aF[5] wird die Möglichkeit einer späteren Beiladung durch den Vergabesenat nicht angesprochen, aber eben auch nicht ausgeschlossen. Der Hinweis, die Beiladung solle die Beteiligung all derer sicherstellen, die durch eine für sie nachteilige Entscheidung der Vergabekammer eine Verletzung ihrer eigenen Rechte erfahren, betont vielmehr die **Bedeutung der Beiladung für die Gewährung effektiven Vergaberechtsschutzes** und spricht demnach eher für eine Erweiterung der Beiladungsmöglichkeiten.

Soweit in der Begr. des GE auf die Regelung des § 67 Abs. 1 Nr. 3 GWB aF (§ 63 Abs. 1 Nr. 3 GWB nF) ausdr. Bezug genommen wird, folgt auch daraus nicht, dass im Nachprüfungsverfahren eine Parallele zu der zum Kartellverfahren entwickelten, dort herrschenden Auffassung zu ziehen ist, wonach eine Erweiterung des Kreises der Verfahrensbeteiligten durch Beiladung des Beschwerdegerichts nicht möglich ist. Der Hinweis, dass es einer Wiederholung der Beiladung nicht bedürfe und die Gründe für die Beteiligung im Beschwerdeverfahren die gleichen seien wie im Nachprüfungsverfahren, verdeutlicht lediglich, dass im Vergabeverfahren wie im Kartellverfahren die **erstinstanzliche Beiladung fortwirkt**.[6]

---

[3] OLG Düsseldorf 13.11.2000 – Verg 14/00, BeckRS 2001, 00567 = VergabeR 2001, 59; 26.6.2002 – VII-Verg 24/02, BeckRS 2002, 6721 = VergabeR 2002, 671; 13.2.2007 – VII-Verg 2/07, BeckRS 2007, 4814 = VergabeR 2007, 406 f.; OLG Rostock 18.10.2000 – 17 W 12/00, BeckRS 2000, 31155841; OLG Koblenz 23.11.2004 – 1 Verg 6/04, IBRRS 2005, 1973; OLG Naumburg 9.12.2004 – 1 Verg 21/04, BeckRS 2005, 1682; 15.7.2008 – 1 Verg 5/08, BeckRS 2008, 14718; RKPP/Röwekamp GWB § 174 Rn. 5; MüKoWettbR/Wilke § 174 Rn. 7; RSG/Stickler GWB § 174 Rn. 3; Beck VergabeR/Vavra/Willner GWB § 174 Rn. 9.

[4] So Boesen GWB § 119 Rn. 5, § 116 Rn. 38 ff.; Immenga/Mestmäcker/Stockmann GWB § 174 Rn. 10.

[5] BT-Drs. 13/9340, 21.

[6] So auch RKPP/Röwekamp GWB § 174 Rn. 3.

5   In der Sache ist eine Übertragung des zu der Vorschrift des § 63 Abs. 1 Nr. 3 GWB entwickelten Verständnisses nicht geboten. Das Vergaberecht beruht auf der Anerkennung subjektiver Rechte der Teilnehmer an einem Vergabeverfahren (→ § 97 Rn. 107 ff.). Zugleich wird subjektiver Rechtsschutz in einem förmlich ausgestalteten Verfahren gewährt. Unabhängig davon, ob man entgegen dem Wortlaut des § 171 Abs. 1 S. 2 GWB (§ 116 Abs. 1 S. 2 GWB aF) eine eigene Beschwerdebefugnis des im Verfahren vor der Vergabekammer zu Unrecht nicht beigeladenen, aber durch die Entscheidung beschwerten Unternehmens annehmen möchte (zu den Einzelheiten → § 171 Rn. 14), entspricht die Anerkennung einer **eigenen Beiladungsbefugnis des Beschwerdesenats** dem Sinn und Zweck des Vergabenachprüfungsverfahrens.[7]

6   Auch wenn die Beiladung im Nachprüfungsverfahren nur versehentlich unterblieben ist oder sich die Gründe für eine notwendige Beiladung erst im Beschwerdeverfahren ergeben, bedarf es einer eigenen Beiladungsbefugnis des Beschwerdegerichts, da mit der Anhängigkeit des Verfahrens vor dem Beschwerdegericht die Vergabekammer selbst keine Beiladung mehr vornehmen kann.[8] Wird ein Bieter durch die Entscheidung der Vergabekammer erstmalig beschwert, ohne von dieser beigeladen worden zu sein, oder könnte er durch die Beschwerdeentscheidung materiell beschwert werden, muss ihm in einem **förmlichen Verfahren rechtliches Gehör** gewährt werden, was nur durch eine Beiladung im Beschwerdeverfahren sichergestellt werden kann.[9]

7   Für die Entscheidung des Beschwerdegerichts über die Beiladung gelten dieselben **Maßstäbe und Kriterien** wie im Nachprüfungsverfahren vor der Vergabekammer (zu den Einzelheiten → § 162 Rn. 2 ff.). Über den Wortlaut des § 162 GWB hinaus können nicht nur Unternehmen, sondern auch sonstige Dritte zum Nachprüfungs- bzw. erstmalig zum Beschwerdeverfahren beigeladen werden, wenn durch die Entscheidung ihre Interessen schwerwiegend betroffen werden oder in ihre Rechtsposition gar rechtsgestaltend eingegriffen wird.[10]

III. Rechtsstellung der Beteiligten

8   Allen am Beschwerdeverfahren Beteiligten stehen die **gleichen verfahrensmäßigen Rechte** zu. Sie haben Anspruch auf rechtliches Gehör, Akteneinsicht und Teilnahme an der mündlichen Verhandlung. Allen Beteiligten sind sämtliche Entscheidungen und Verfügungen des Beschwerdegerichts zuzustellen,[11] es sei denn, ein Beigeladener erklärt, dass er an dem Beschwerdeverfahren nicht aktiv teilnehmen wolle und an seinem Ausgang kein Interesse habe. In diesem Fall kann auf seine Unterrichtung verzichtet werden.[12] Der Beigeladene hat allerdings keine Dispositionsbefugnis über das Nachprüfungsverfahren und das Beschwerdeverfahren. So muss er die Beendigung des Nachprüfungs- bzw. Beschwerdeverfahrens durch Antrags- oder Beschwerderücknahme oder durch übereinstimmende Erledigungserklärungen von Antragsteller und Antragsgegner hinnehmen.[13] Die rechtskräftige Beschwerde-

---

[7] OLG Düsseldorf 13.11.2000 – Verg 14/00, BeckRS 2001, 00567 = VergabeR 2001, 59 f.
[8] RKPP/Röwekamp GWB § 174 Rn. 4.
[9] OLG Koblenz 23.11.2004 – 1 Verg 6/04, IBRRS 2005, 1973.
[10] OLG Düsseldorf 13.2.2007 – VII-Verg 2/07, BeckRS 2007, 4814 = VergabeR 2007, 406 f. zur Beiladung einer durch das Vergabeverfahren in ihrer Planungshoheit betroffenen Gemeinde.
[11] RKPP/Röwekamp GWB § 174 Rn. 6; MüKoEuWettbR/von Werder GWB § 174 Rn. 11.
[12] Beck VergabeR/Vavra/Willner GWB § 174 Rn. 15.
[13] MüKoEuWettbR/von Werder GWB § 172 Rn. 11.

entscheidung entfaltet Bindungswirkung für und gegen den Beigeladenen.[14] Kostenrechtlich ist ein Beigeladener nur dann wie ein Antragsteller oder Antragsgegner zu behandeln, wenn er sich am Verfahren aktiv beteiligt.[15] Hat eine mündliche Verhandlung stattgefunden, setzt dies die Stellung eines Antrags voraus, ansonsten schriftsätzliche inhaltliche Einlassungen zum Beschwerdegegenstand.[16]

§ 175 Verfahrensvorschriften

(1) ¹**Vor dem Beschwerdegericht müssen sich die Beteiligten durch einen Rechtsanwalt als Bevollmächtigten vertreten lassen.** ²**Juristische Personen des öffentlichen Rechts können sich durch Beamte oder Angestellte mit Befähigung zum Richteramt vertreten lassen.**

(2) **Die §§ 65, 69 bis 72 mit Ausnahme der Verweisung auf § 227 Absatz 3 der Zivilprozessordnung, § 75 Absatz 1 bis 3, § 76 Absatz 1 und 6, die §§ 165 und 167 Absatz 2 Satz 1 sind entsprechend anzuwenden.**

Übersicht

	Rn.
I. Bedeutung der Vorschrift	1
II. Anwaltszwang (Abs. 1)	2
III. Verfahrensbestimmungen (Abs. 2)	5
1. Vorbereitung, Durchführung und Abschluss der mündlichen Verhandlung	5
2. Akteneinsichtsrecht	18
3. Kosten des Beschwerdeverfahrens	21
IV. Schließung verbleibender Lücken	31

I. Bedeutung der Vorschrift

§ 175 Abs. 1 GWB entspricht wortgleich der Vorschrift des § 120 GWB aF und statuiert für das Beschwerdeverfahren vor dem Vergabesenat einen **Anwaltszwang**. Durch das Gesetz zur Stärkung der Selbstverwaltung der Rechtsanwaltschaft v. 26.3.2007 wurde die Vorschrift europarechtskonform dahingehend geändert, dass nicht nur ein bei einem deutschen Gericht zugelassener Rechtsanwalt im Beschwerdeverfahren auftreten kann. Ausgenommen vom Anwaltszwang sind juristische Personen des öffentlichen Rechts. **1**

§ 175 Abs. 2 GWB regelt durch Verweisung auf Vorschriften über das kartellrechtliche Beschwerdeverfahren und das Verfahren vor den Vergabekammern verfahrensrechtliche Fragen. Im Rahmen der Neufassung durch das Vergaberechtsmodernisierungsgesetz v. 20.4.2009 wurde der Verweis in Abs. 2 auf die Regelung zur Kostentragung (§ 78 GWB aF, § 71 GWB nF) erstreckt. **1a**

Durch die an die Bestimmung des § 64 GWB – Begründung des Anwaltszwangs in allgemeinen Kartellsachen – angelehnte Regelung in Abs. 1¹ sowie insbes. durch die Verweisung in Abs. 2 verfolgt der Gesetzgeber erkennbar das bereits in der **1b**

---

[14] OLG Düsseldorf 4.11.2010 – Verg 49/10, BeckRS 2011, 1661.
[15] BGH 26.9.2006 – X ZB 14/06, BeckRS 2006, 12317 = VergabeR 2007, 59 (70); OLG Celle 27.8.2008 –13 Verg 2/08, BeckRS 2008, 20090 = VergabeR 2009, 105.
[16] Beck VergabeR/Vavra/Willner GWB § 174 Rn. 15.
¹ In der Begr. des RegE heißt es dazu, dass die Vorschrift den auch in anderen Kartellsachen geltenden Anwaltszwang regle; zudem wird die Anwendbarkeit der Verfahrensgrundsätze des Kartellbeschwerdeverfahrens betont (BT-Drs. 13/9340 zu § 130 Abs. 2 GWB-E).

Frister

GWB § 175 Verfahrensvorschriften

Aufnahme des Vergaberechts in das GWB zum Ausdruck kommende verfahrensrechtliche Ziel, das Beschwerdeverfahren in Vergabesachen dem Beschwerdeverfahren in allgemeinen Kartellsachen anzugleichen.

II. Anwaltszwang (Abs. 1)

2 Anders als im Verfahren vor der Vergabekammer müssen sich die Beteiligten im Beschwerdeverfahren durch einen Rechtsanwalt als Bevollmächtigten vertreten lassen, der entweder bei einem deutschen Gericht zugelassen ist (§ 4 BRAO) oder als Anwalt aus einem anderen EU-Mitgliedstaat die Voraussetzungen des Gesetzes über die Tätigkeit europäischer Rechtsanwälte in Deutschland (EuRAG) erfüllt und damit zur Vertretung berechtigt ist.[2] Mit dem Anwaltszwang soll die angesichts des Beschleunigungsinteresses im Primärrechtsschutzverfahren erforderliche fachkundige und effektive Aufbereitung des Sach- und Streitstoffes gewährleistet werden.[3] Erforderlich ist die Zulassung bei einem beliebigen deutschen Gericht. Anders als im Verwaltungsprozess (§ 67 VwGO) und im Straf- und Bußgeldverfahren (§ 138 Abs. 1 StPO) sind Hochschullehrer nicht als Prozessbevollmächtigte zugelassen.[4] Gem. § 172 Abs. 3 GWB muss bereits die Beschwerdeschrift durch einen Anwalt unterzeichnet sein.

2a Fraglich ist, ob **Syndikusrechtsanwälte im Beschwerdeverfahren** für ihren Arbeitgeber tätig werden können. Nach § 46a Abs. 1 BRAO können Syndikusrechtsanwälte zur Rechtsanwaltschaft zugelassen werden. Der Syndikusrechtsanwalt ist zwar wie der niedergelassene Rechtsanwalt nach § 3 Abs. 2 BRAO allg. für seinen Arbeitgeber vertretungsbefugt. Allerdings enthält § 46c Abs. 2 Nr. 1 BRAO ein partielles Vertretungsverbot vor den Landgerichten, Oberlandesgerichten und dem Bundesgerichtshof in zivilrechtlichen Verfahren und Verfahren der freiwilligen Gerichtsbarkeit, in denen Anwaltszwang herrscht. Auch wenn das Verfahren vor der Vergabesenat kein originär zivilrechtliches Verfahren darstellt, wird durch die Verweisung in § 175 Abs. 2, § 72 Nr. 2 GWB auf § 78 Abs. 1 ZPO, wonach die Parteien sich vor dem Oberlandesgericht von einem Rechtsanwalt vertreten lassen müssen, deutlich, dass es insoweit einem solchen angenähert oder nachgebildet ist. Dies spricht gegen die Annahme, dass ein zur Anwaltschaft zugelassener Syndikusrechtsanwalt seinen Arbeitgeber vor dem Vergabesenat vertreten darf.[5] Verfügt der Syndikusrechtsanwalt neben seiner Syndikuszulassung auch über eine Zulassung als niedergelassener Rechtsanwalt (sog. Doppelzulassung, vgl. § 46c Abs. 4 S. 2 BRAO), kann er in dieser Eigenschaft seinen Arbeitgeber außerhalb des Arbeitsverhältnisses vertreten.

3 Der Anwaltszwang gilt für alle Beteiligten, auch für die Beigeladenen. Beteiligte, die sich nicht anwaltlich vertreten lassen, verlieren dadurch nicht ihre Beteiligteneigenschaft. Sie erhalten sämtlichen Schriftverkehr und die Terminladung, sind aber nicht handlungs- und postulationsfähig.[6] Somit können sie zwar an der mündlichen Verhandlung teilnehmen, jedoch keinen Antrag stellen. Für den Beschwerdegegner und die Beigeladenen hat dies keine nachteiligen Konsequenzen, denn das Beschwerdegericht verhandelt nach Maßgabe des Untersuchungsgrundsatzes und der daraus folgenden Verpflichtung zur Sachaufklärung über den Antrag des Beschwerdeführers unabhängig davon, ob die anderen Verfahrensbeteiligten Anträge stellen. Auch über die Beschwerde des nicht mehr vertretenen und damit nicht mehr postulationsfähigen Beschwerdeführers, der eine zulässige Beschwerde eingelegt hat,

---

[2] RKPP/Wiese GWB § 175 Rn. 4; Beck VergabeR/Vavra/Willner GWB § 175 Rn. 5.
[3] RKPP/Wiese GWB § 175 Rn. 2.
[4] jurisPK-VergabeR/Summa GWB § 175 Rn. 5.
[5] AA Beck VergabeR/Vavra/Willner GWB § 175 Rn. 5.
[6] Beck VergabeR/Vavra/Willner GWB § 175 Rn. 6; RKPP/Wiese GWB § 175 Rn. 6.

aber keinen Antrag stellen kann, ergeht eine Sachentscheidung. Die Beschwerde wird zurückgewiesen, weil es infolge des fehlenden Antrags in der mündlichen Verhandlung an einer Begründung fehlt. Auch wenn überhaupt kein Verfahrensbeteiligter erscheint, erfolgt die Zurückweisung der Beschwerde.[7]

Juristische Personen des öffentlichen Rechts können sich durch Beamte oder Angestellte mit **Befähigung zum Richteramt** vertreten lassen.[8] Dadurch soll gewährleistet werden, dass eine sachgerechte Bearbeitung erfolgt. Mit Rücksicht darauf, dass Personen des öffentlichen Rechts häufig über eigene Rechtsabteilungen verfügen, ist eine Vertretung durch Rechtsanwälte zum einen nicht erforderlich. Durch das Erfordernis des zweiten juristischen Staatsexamens ist sichergestellt, dass die Qualifikation der Behördenvertreter der eines Rechtsanwalts entspricht.[9] Zum anderen dient die Vorschrift der Kostenersparnis.[10] Juristische Personen des öffentlichen Rechts können sich indes für die Vertretung durch einen Rechtsanwalt entscheiden, ohne Nachteile bei der Kostenfestsetzung befürchten zu müssen.[11] Die **Erstattungsfähigkeit der Rechtsanwaltskosten** für das Beschwerdeverfahren setzt im Unterschied zu dem Verfahren vor der Vergabekammer nicht voraus, dass der Beschwerdesenat die Notwendigkeit der Hinzuziehung eines anwaltlichen Verfahrensbevollmächtigten feststellt oder bestätigt, sondern folgt unmittelbar kraft Gesetzes aus § 175 Abs. 1 S. 1 GWB.[12] **4**

Auch wenn in § 172 Abs. 3 S. 2 GWB nicht ausdr. bestimmt ist, dass die Beschwerde einer juristischen Person von einem Beamten oder Angestellten mit der Befähigung zum Richteramt unterzeichnet sein muss, sondern die Norm nur bestimmt, dass die Unterzeichnung durch einen Rechtsanwalt nicht erforderlich ist, gelten für die Einlegung der Beschwerde die gleichen Anforderungen an die Vertretung wie für die weiteren Verfahrenshandlungen. Es muss sichergestellt sein, dass die Beschwerde insbes. mit Blick auf das Verfahrens- und Kostenrisiko auf der Grundlage einer fundierten Bewertung des Sach- und Rechtsstandes erhoben wird. Durch § 172 Abs. 3 S. 2 GWB wird lediglich klargestellt, dass das Erfordernis des Anwaltszwangs auch insoweit für juristische Personen nicht gilt, weil für diese eine spezielle Vertretungsregelung eingreift.[13] **4a**

III. Verfahrensbestimmungen (Abs. 2)

1. Vorbereitung, Durchführung und Abschluss der mündlichen Verhandlung

Aus der Verweisung auf § 65 Abs. 1 GWB ergibt sich, dass der Vergabesenat wie der Kartellsenat des Oberlandesgerichts eine Hauptsacheentscheidung über die Begründetheit der sofortigen Beschwerde grds. auf Grund einer **mündlichen Verhandlung** trifft. Dies gilt für Sachentscheidungen in der Hauptsache. Nebenentscheidungen können dagegen im schriftlichen Verfahren getroffen werden. **Ohne mündliche Verhandlung** kann danach über eine sofortige Beschwerde gegen die **5**

---

[7] Beck VergabeR/Vavra/Willner GWB § 175 Rn. 6.
[8] Abschluss eines rechtswissenschaftlichen Studiums mit der ersten und eines anschl. Vorbereitungsdienstes mit der zweiten Staatsprüfung, vgl. § 5 Abs. 1 DRiG.
[9] Beck VergabeR/Vavra/Willner GWB § 175 Rn. 7.
[10] RSG/Stickler GWB § 175 Rn. 4.
[11] Beck VergabeR/Vavra/Willner GWB § 175 Rn. 7.
[12] OLG Koblenz 27.1.2021 – Verg 1/19, BeckRS 2021, 10061; OLG Rostock 9.12.2020 – 17 Verg 4/20 BeckRS 2020, 34546.
[13] RKPP/Wiese GWB § 175 Rn. 8; RSG/Stickler GWB § 172 Rn. 23; Beck VergabeR/Vavra/Willner GWB § 175 Rn. 8.

Entscheidung der Vergabekammer über die Notwendigkeit der Hinzuziehung von Verfahrensbevollmächtigten[14] sowie die Kostengrundentscheidung der Vergabekammer entschieden werden.[15] Eine Entscheidung ohne mündliche Verhandlung kann auch über ein Wiedereinsetzungsgesuch,[16] Rechtsmittel im Kostenfestsetzungsverfahren,[17] Verlängerung der aufschiebenden Wirkung[18] sowie über die Kosten nach Beschwerderücknahme oder Erledigung[19] ergehen. Entspr. § 125 Abs. 2 VwGO und § 522 Abs. 2 ZPO kann die Entscheidung, ob das Rechtsmittel statthaft und form- und fristgerecht eingelegt worden ist, ohne mündliche Verhandlung ergehen und die Beschwerde bei fehlender Zulässigkeit als unzulässig verworfen werden (dazu auch → Vor § 171 Rn. 4). Nach zutreffender Ansicht sollte diese Vorgehensweise nur bei offensichtlichen Zulässigkeitsmängeln angewandt werden. Ist die Frage der Zulässigkeit nur nach komplexer Prüfung zu beantworten, besteht Anlass zur Durchführung einer mündlichen Verhandlung, dies gilt umso mehr, wenn ein Beteiligter dies ausdr. beantragt hat.[20]

6 Schließlich kann über die Beschwerde **ohne mündliche Verhandlung** entschieden werden, wenn die Beteiligten dieser Verfahrensweise **zugestimmt** haben (§§ 175 Abs. 2, 65 Abs. 1 GWB). Die Verzichtserklärung ist unwiderruflich und bedingungsfeindlich. Wie im Verfahren vor der Vergabekammer (→ § 166 Rn. 10 ff.) ist auch im Beschwerdeverfahren eine mündliche Verhandlung in Abwesenheit der ordnungsgemäß geladenen Verfahrensbeteiligten und eine Entscheidung in der Sache zulässig, §§ 175 Abs. 2, 65 Abs. 2 GWB. Aus dem Beschleunigungsgebot folgt, dass eine kurzfristige Ladung zur mündlichen Verhandlung möglich ist. Grds. ist die sich aus **§ 217 ZPO ergebende Ladungsfrist** einzuhalten.[21] Innerhalb dieser Fristen können sich die Beteiligten im Regelfall angemessen äußern und auf die mündliche Verhandlung vorbereiten. Bei besonders umfangreichen und komplexen Verfahren können die Fristen unter Beachtung des Beschleunigungsgrundsatzes verlängert werden.[22]

6a Allerdings kann auch bei Einhaltung der Ladungsfrist im Hinblick auf das Gebot der Gewährung rechtlichen Gehörs eine Vertagung oder Wiedereröffnung der mündlichen Verhandlung veranlasst sein, so wenn ein Verfahrensbeteiligter glaubhaft geltend macht, ohne sein Verschulden am Erscheinen oder an einer ordnungsgemäßen Vertretung im Verhandlungstermin gehindert gewesen zu sein.[23]

7 Aus §§ 175 Abs. 2, 76 Abs. 1 S. 2 GWB folgt, dass das Beschwerdegericht seine Entscheidung nur auf Gesichtspunkte stützen darf, zu denen die Beteiligten Stellung nehmen konnten. Der Anspruch auf Gewährung rechtlichen Gehörs verlangt aber nicht, dass das Gericht in seinen Entscheidungsgründen auf alle von den Verfahrensbeteiligten vorgebrachten Einwendungen eingeht. Vielmehr ist davon auszugehen, dass das Gericht auch ohne ausdr. Erwähnung jeder Einzelheit das von ihm entgegengenommene Vorbringen der Verfahrensbeteiligten in seine Erwägungen einbezogen hat.[24] Insbes. stellt es keine Verletzung des Anspruchs auf Gewährung rechtlichen

---

[14] OLG Düsseldorf 26.9.2003 – Verg 31/03, BeckRS 2004, 12168; aA jurisPK-VergabeR/Summa GWB § 175 Rn. 29.
[15] OLG Jena 4.4.2003 – 6 Verg 4/03, BeckRS 2003, 3740 = VergabeR 2003, 475; aA jurisPK-VergabeR/Summa GWB § 175 Rn. 29.
[16] Beck VergabeR/Vavra/Willner GWB § 175 Rn. 10.
[17] OLG Naumburg 28.6.2004 – 1 Verg 5/04, BeckRS 2004, 08663.
[18] OLG Koblenz 25.3.2002 – 1 Verg 1/02, NZBau 2002, 526.
[19] OLG Düsseldorf 20.7.2000 – Verg 2/99, NZBau 2001, 165.
[20] BeckVergabeR/Vavra/Willner GWB § 175 Rn. 10.
[21] Byok/Jaeger/Jaeger GWB § 175 Rn. 4; RKPP/Wiese GWB § 175 Rn. 11.
[22] BeckVergabeR/Vavra/Willner GWB § 175 Rn. 11.
[23] Byok/Jaeger/Jaeger GWB § 175 Rn. 4; RKPP/Wiese GWB § 175 Rn. 14.
[24] OLG München 19.3.2012 – Verg 14/11, BeckRS 2012, 6432.

Verfahrensvorschriften § 175 GWB

Gehörs dar, wenn das Gericht seiner Entscheidung eine andere Rechtsauffassung zugrunde legt als ein Verfahrensbeteiligter oder die Verfahrensbeteiligten übereinstimmend.[25] Der Anspruch auf Gewährung rechtlichen Gehörs verlangt auch nicht, dass der Beschwerdesenat die Verfahrensbeteiligten vor seiner verfahrensabschließenden Sachentscheidung auf das Ergebnis der Beweiswürdigung hinzuweisen hat.[26] Zwar sind Überraschungsentscheidungen unzulässig. Dass das Beschwerdegericht die erhobenen Beweise in die eine wie die andere Richtung würdigen kann, ergibt sich indes aus der Natur der Sache und ist für die Verfahrensbeteiligten deswegen nicht überraschend.

Die Beschwerde kann entspr. § 73 Abs. 1 S. 2 GWB grds. auch auf neue Tatsachen und Beweismittel gestützt werden.[27] Für die **Terminierung, Ladung, Vorbereitung und Durchführung** des Termins gelten gem. §§ 175 Abs. 2, 72 GWB die Vorschriften der ZPO (§§ 214–229 ZPO, mit Ausnahme der Verweisung auf § 227 Abs. 3 ZPO) sowie die Vorschriften der §§ 169–197 des GVG. Die mündliche Verhandlung vor dem Vergabesenat ist gem. §§ 175 Abs. 2, 72 Nr. 1 GWB, § 169 GVG öffentlich, es sei denn, der Senat hat die Öffentlichkeit aus den Gründen des § 172 GVG ausgeschlossen. **8**

Entspr. anwendbar sind über § 72 Nr. 2 GWB auch die Vorschriften der §§ 233 ff. ZPO über die **Wiedereinsetzung in den vorigen Stand** gegen die Versäumung der Notfrist zur Einlegung der Beschwerde gegen die Entscheidung der Vergabekammer bzw. im Falle des Eintritts der Ablehnungsfiktion des § 171 Abs. 2 GWB.[28] **9**

Aus der Verweisung auf § 75 Abs. 1 GWB ergibt sich, dass im Beschwerdeverfahren – wie gem. § 163 GWB im Nachprüfungsverfahren vor der Vergabekammer – der **Untersuchungsgrundsatz** gilt. Der Vergabesenat hat den Sachverhalt vAw aufzuklären und zu erforschen. Allerdings ist diese Verpflichtung nicht schrankenlos, sondern steht mit der Pflicht der Beteiligten zur Verfahrensförderung in einer **Wechselwirkung**. Kommt ein Verfahrensbeteiligter seiner Förderungspflicht nicht nach, reduziert sich zu seinen Lasten die Aufklärungspflicht der Kontrollinstanzen.[29] Somit sind die Vergabenachprüfungsinstanzen nicht gehalten, von sich aus alle nur denkbaren Rechtsverstöße in Erwägung zu ziehen und sie in tatsächlicher und rechtlicher Hinsicht zu überprüfen. Die Aufklärungs- und Ermittlungspflicht reicht vielmehr nur so weit, wie das Vorbringen der Beteiligten (oder der sonstige Tatsachenstoff) bei verständiger Betrachtung dazu einen hinreichenden Anlass bietet. Ohne einen – iRd Möglichen und Zumutbaren – detaillierten Sachvortrag ist das Beschwerdegericht nicht zur Amtsermittlung verpflichtet. Es muss deshalb bloßen Mutmaßungen eines Beteiligten ebenso wenig nachgehen wie pauschalen, nicht durch konkreten Sachvortrag untermauerten Vorwürfen einer Partei. **10**

Die Amtserforschung bezieht sich nicht auf **außerhalb des Sachvortrags und Rechtsschutzziels des Antragstellers liegende Vergaberechtsverstöße**.[30] Der Streitgegenstand und damit der Prüfungsumfang des Nachprüfungsverfahrens werden dadurch bestimmt, dass der Antragsteller Anhalts- und Gesichtspunkte für ein vergaberechtswidriges Verhalten aufzeigt und eine entspr. Korrektur begehrt. Das Beschwerdegericht hat den Sachverhalt nicht vAw darüber hinaus auf alle erdenklichen Fehler hin zu untersuchen und zu überprüfen. Der Untersuchungsgrundsatz **11**

---

[25] Vgl. zB BGH 26.1.2012 – III ZR 101/11, BeckRS 2012, 3916.
[26] KG 14.3.2014 – Verg 10/13, BeckRS 2014, 8185.
[27] jurisPK-VergabeR/Summa GWB § 175 Rn. 16.
[28] OLG Düsseldorf 5.9.2001 – Verg 18/01, BeckRS 2001, 160800 = VergabeR 2002, 89.
[29] OLG Düsseldorf 13.6.2001 – Verg 2/01, BeckRS 2001, 160705 = VergabeR 2001, 418; 19.11.2003 – VII-Verg 22/03, BeckRS 2003, 9977 = VergabeR 2004, 248; ebenso RKPP/Wiese GWB § 175 Rn. 18.
[30] Vgl. dazu und zum folgenden Beck VergabeR/Vavra/Willner GWB § 175 Rn. 12 ff.; jurisPK-VergabeR/Summa GWB § 178 Rn. 8 ff.

verlangt vielmehr, dass das Beschwerdegericht innerhalb dieses Rahmens alle relevanten Tatsachen ermittelt und Beweise auch ohne entspr. Beweisanträge der Verfahrensbeteiligten erhebt. Erkennt das Beschwerdegericht über den aufgezeigten Prüfungsrahmen hinaus weitere Mängel, sind die Vorgaben des § 163 Abs. 1 S. 2 GWB maßgeblich.[31] Nur bei konkreten und offensichtlichen Anhaltspunkten für gravierende Vergabeverstöße sind diese in die rechtliche Bewertung des streitgegenständlichen Vergabevorgangs einzubeziehen.

12   Für die Anordnung einer **Beschlagnahme von Unterlagen** durch den Vergabesenat besteht keine rechtliche Handhabe. § 58 GWB, der die Beschlagnahme regelt, ist in diesem Verfahren nicht anzuwenden. In § 175 Abs. 2 GWB, der die im Beschwerdeverfahren entspr. anzuwendenden Vorschriften bezeichnet, wird § 58 GWB nicht genannt. Durch die Verweisung in § 175 Abs. 2 GWB wird deutlich, dass im Beschwerdeverfahren nur Bestimmungen über das kartellverwaltungsrechtliche Beschwerdeverfahren entspr. herangezogen werden sollen. § 58 GWB ist hingegen im Verfahren der Kartellbehörde anzuwenden. Er richtet sich an die Kartellbehörde, nicht jedoch an das Beschwerdegericht, das lediglich über die Zulässigkeit und Begründetheit von Beschwerden sowie von sog. Eilanträgen entscheidet, nicht aber Beschlagnahmen vorzunehmen hat. Schließlich bedarf es einer Beschlagnahmeanordnung durch das Oberlandesgericht im kartell- und vergaberechtlichen Beschwerdeverfahren auch deswegen nicht, weil bei Nichtbeachtung einer Aufforderung des Gerichts, Urkunden und andere Beweismittel vorzulegen, nach Lage der Sache ohne Berücksichtigung der nicht beigebrachten Beweismittel entschieden werden kann (§ 75 Abs. 3 GWB).[32]

13   Zugleich gilt im Beschwerdeverfahren die **Dispositionsmaxime**. Danach kann der Beschwerdeführer, der über den Verfahrensgegenstand bestimmt, die Beschwerde in jeder Phase des Verfahrens zurücknehmen. Zudem ist das Gericht daran gehindert, den Antragsteller belastende, den Rahmen seines Rechtsschutzbegehrens überschreitende Entscheidungen zu treffen.[33]

14   Durch den Verweis auf § 75 Abs. 2 GWB gelten auch im Beschwerdeverfahren vor dem Vergabesenat **Hinweispflichten** des oder der Vorsitzenden. Gem. §§ 175 Abs. 2, 75 Abs. 3 GWB kann der Vergabesenat den Beteiligten aufgeben, sich innerhalb einer bestimmten Frist über aufklärungsbedürftige Punkte zu äußern, Beweismittel zu bezeichnen und in ihren Händen befindliche Urkunden sowie andere Beweismittel vorzulegen. Diese Regelung ergänzt die durch den Verweis auf § 167 Abs. 2 S. 1 GWB angeordnete Mitwirkungspflicht der Beteiligten und dient – ebenso wie die sich aus der Anwendung des § 75 Abs. 2 GWB ergebenden Hinweispflichten – dazu, vermeidbare Verzögerungen des Verfahrens möglichst auszuschließen.[34] Auch wenn eine Fristsetzung unterblieben ist, folgt aus der Mitwirkungspflicht der Verfahrensbeteiligten, dass Vorbringen, auf das die anderen Beteiligten nicht mehr reagieren können, bei der Entscheidung unberücksichtigt bleiben kann (vgl. zur Verfahrensförderungspflicht und zur Ausschließung verspäteten Vorbringens → GWB § 167 Rn. 15).[35]

15   Gem. §§ 175 Abs. 2, 76 Abs. 1 GWB entscheidet das Beschwerdegericht durch Beschluss nach seiner **freien, aus dem Gesamtergebnis des Verfahrens gewonnenen Überzeugung.** Feste Beweisregeln existieren nicht. Wird der

---

[31] Beck VergabeR/Vavra/Willner GWB § 175 Rn. 13; OLG München 29.9.2009 – Verg 12/09, BeckRS 2009, 27005.

[32] OLG Düsseldorf 10.8.2011 – VII-Verg 37/11, NZBau 2011, 698 mAnm Braun NZBau 2011, 698.

[33] Immenga/Mestmäcker/Stockmann GWB § 175 Rn. 8.

[34] Immenga/Mestmäcker/Stockmann GWB § 175 Rn. 11.

[35] RKPP/Wiese GWB § 175 Rn. 24; OLG Düsseldorf 19.11.2003 – VII-Verg 22/03, BeckRS 2003, 9977 = VergabeR 2004, 248.

Beweis nicht erfolgreich geführt, ergeht die Entscheidung nach den allg. Beweislastregeln. Insoweit trifft den Antragsteller die Beweislast für alle ihm günstigen, dh die den behaupteten Vergaberechtsverstoß begründenden Umstände.[36] Der Beschluss darf nur auf Tatsachen und Beweismittel gestützt werden, zu denen sich die Beteiligten äußern konnten. Davon kann das Beschwerdegericht abweichen, soweit Beigeladenen aus wichtigen Gründen, insbes. zur Wahrung von Betriebs- oder Geschäftsgeheimnissen, Akteneinsicht nicht gewährt wurde und der Akteninhalt ihnen auch nicht vorgetragen werden kann. Diese Ausnahme greift allerdings nicht bei solchen Beigeladenen, die an dem streitigen Vergaberechtsverhältnis derart beteiligt sind, dass die Entscheidung auch ihnen ggü. nur einheitlich ergehen kann.

Die Entscheidung ist gem. §§ 175 Abs. 2, 76 Abs. 6 GWB zu begründen und den Parteien zuzustellen. **16**

Durch den Verweis auf § 69 GWB (§ 71 GWB aF) wird gewährleistet, dass im Beschwerdeverfahren vor dem Vergabesenat eine **Anhörungsrüge** erhoben und dadurch bei einer Verletzung des Anspruchs auf rechtliches Gehör auch die Korrektur rechtskräftiger Entscheidungen erfolgen kann. Eine Anhörungsrüge ist nur statthaft gegen verfahrensbeendende Entscheidungen des Vergabesenats, nicht gegen Eil- und Zwischenentscheidungen (§ 69 Abs. 1 S. 2 GWB). **17**

2. Akteneinsichtsrecht

Im Hinblick auf das Akteneinsichtsrecht verweist § 175 Abs. 2 GWB gleichermaßen, ohne das Verhältnis der Verweisungen zueinander zu regeln, sowohl auf die für die Beschwerde in allg. Kartellsachen geltende Bestimmung des § 70 GWB als auch auf die für das Verfahren vor der Vergabekammer geltende Vorschrift des § 165 GWB. **18**

Die Vorschriften **unterscheiden sich erheblich:** Während § 165 Abs. 1 GWB den Beteiligten, darunter auch den Beigeladenen, ein umfassendes, die entscheidungsrelevanten Aktenbestandteile erfassendes Einsichtsrecht in die Gerichts- und die Verfahrensakten der Vergabekammer sowie in die beigezogenen Akten der Vergabestelle einräumt, das nur aus den in § 165 Abs. 2 GWB genannten wichtigen Gründen, insbes. des Geheimnisschutzes und zur Wahrung von Betriebs- oder Geschäftsgeheimnissen versagt werden kann, gewährt § 70 Abs. 1 GWB ein unbeschränktes Einsichtsrecht nur in die Gerichtsakte. Bei entspr. Anwendung des § 70 GWB auf das Beschwerdeverfahren wäre die Einsicht in die Verfahrensakten der Vergabekammer sowie die Akten der Vergabestelle nur mit Zustimmung der aktenführenden Stellen zulässig, es sei denn, das Beschwerdegericht ordnet die Offenlegung an (§ 70 Abs. 2 S. 4 GWB). **19**

Da angesichts der ausdr. Verweisung auf einander teilw. **widersprechende gesetzliche Bestimmungen** nicht von einem gesetzgeberischen Versehen ausgegangen werden kann, ist es naheliegend, § 165 GWB als der spezielleren, weil im selben Rechtsweg geltenden Norm den Vorrang einzuräumen (zu den Einzelheiten des Akteneinsichtsrechts → GWB § 165 Rn. 1 ff.).[37] Es ist nicht ersichtlich, weshalb die im Verfahren vor der Vergabekammer anzuwendende Bestimmung des § 165 GWB nicht auch im Beschwerdeverfahren gelten und stattdessen dort eine Umkehrung des in § 165 GWB angeordneten Regel-Ausnahme-Verhältnisses stattfinden sollte. Nur soweit § 70 GWB widerspruchsfrei zu den Bestimmungen des § 165 GWB ergänzende Regelungen trifft, bleibt die Vorschrift für das Beschwerdeverfahren von Bedeutung. **20**

---

[36] Beck VergabeR/Vavra/Willner GWB § 175 Rn. 17.
[37] So RKPP/Wiese GWB § 175 Rn. 28; Beck VergabeR/Vavra/Willner GWB § 175 Rn. 21; Ramm VergabeR 2007, 739 (742); aA jurisPK-VergabeR/Summa GWB § 175 Rn. 34.

3. Kosten des Beschwerdeverfahrens

21 Im Vergaberechtsänderungsgesetz aus dem Jahr 1998 fehlte eine Bestimmung über die Verteilung der Kosten des Beschwerdeverfahrens. Nachdem der BGH zunächst die entspr. Anwendung der Vorschriften der ZPO unter Hinweis darauf angeordnet hatte, dies entspreche dem Charakter des Beschwerdeverfahrens als einem streitigen Verfahren vor einem ordentlichen Gericht[38] – und diese Vorgabe von den Beschwerdesenaten umgesetzt worden war –, wurde durch die Vorgängerregel des § 120 Abs. 2 GWB idF des am 24.4.2009 in Kraft getretenen Gesetzes zur Modernisierung des Vergaberechts v. 20.4.2009 bestimmt, dass für die Entscheidung über die Kosten des Beschwerdeverfahrens die Grundsätze des § 78 GWB gelten sollen. Nach der Neufassung des GWB enthält § 71 GWB die maßgeblichen Grundsätze zur Kostentragung. Entspr. ist der Verweis in § 175 Abs. 2 GWB gestaltet. Die Kostengrundentscheidung ergeht vAw, ohne dass ein entspr. Antrag erforderlich ist. Für die Festsetzung der Kosten gelten die §§ 103–107 ZPO entsprechend. Zuständig ist gem. § 21 Nr. 1 RPflG der Rechtspfleger beim OLG, dessen Entscheidung mit der Erinnerung nach § 11 Abs. 2 RPflG binnen einer Frist von zwei Wochen (§ 569 Abs. 1 ZPO) anfechtbar ist.

22 Zu den Kosten des Beschwerdeverfahrens zählen auch die Kosten der Verfahren nach § 173 Abs. 1 S. 3 GWB und § 176 GWB,[39] nicht dagegen die der Verfahren nach § 169 Abs. 2 S. 2, 3 GWB. Diese Entscheidungen ergehen nicht iRd Beschwerdeverfahrens, sondern während das Nachprüfungsverfahren noch vor der Vergabekammer anhängig ist. Da zum Zeitpunkt der Entscheidung über einen Antrag nach § 169 Abs. 2 S. 2 GWB oder § 169 Abs. 2 S. 3 GWB nicht feststeht, ob sich ein Beschwerdeverfahren anschließen wird, ist eine Entscheidung über die Kosten entspr. § 182 Abs. 3, 4 GWB zu treffen.[40]

23 In entspr. Anwendung des § 71 S. 2 Alt. 1 GWB ergibt sich zunächst, dass bei **erfolgloser Beschwerde** der Beschwerdeführer die Kosten des Beschwerdeverfahrens einschl. der außergerichtlichen[41] Kosten des Gegners zu tragen hat. Diese Rechtsfolge tritt nicht nur bei einer unbegründeten Beschwerde, sondern über den Wortlaut der Vorschrift hinaus auch bei Zurückweisung einer Beschwerde als unzulässig ein.[42]

24 In allg. Kartellsachen wird § 71 S. 2 Alt. 1 GWB nicht zugunsten eines **mitobsiegenden Beigeladenen** angewandt,[43] denn angesichts der Vielzahl möglicher Beigeladener würde deren potentieller Erstattungsanspruch ein unkalkulierbares Kostenrisiko und damit faktisch ein Rechtsschutzhindernis für den Beschwerdeführer darstellen.[44] Obgleich im Nachprüfungs- und Beschwerdeverfahren wegen der typischerweise überschaubaren Anzahl von Beigeladenen eine andere Situation vorliegt, ist nach zutreffender Auffassung auf die Frage der Kostenerstattung des Beigeladenen nicht S. 2, sondern S. 1 anzuwenden, weil nur die Billigkeitsregelung des S. 1 eine Differenzierung zwischen dem sich aktiv beteiligenden und dem passiven Beigeladenen ermöglicht.[45]

---

[38] BGH 19.12.2000 – X ZB 14/00, NZBau 2001, 151.

[39] OLG Schleswig 8.5.2007 – 1 Verg 2/07, BeckRS 2008, 7858.

[40] OLG Düsseldorf 23.8.2002 – VII-Verg 44/02, BeckRS 2002, 17404.

[41] Zu der Frage, ob bei der Erstattung außergerichtlicher Kosten die Geschäftsgebühr, die der Rechtsanwalt für seine Tätigkeit im Nachprüfungsverfahren vor der Vergabekammer erhält, auf die Verfahrensgebühr des Beschwerdeverfahrens anzurechnen ist, BGH 17.9.2009 – IX ZR 74/08, NJW 2010, 75 f.

[42] Bechtold/Bosch/Bechtold GWB § 78 Rn. 5; Immenga/Mestmäcker/Stockmann GWB § 78 Rn. 13.

[43] OLG Düsseldorf 19.9.2001 – Kart 22/01 (V), WuW/E DE-R 759–765.

[44] BGH 14.3.1990 – KVR 4/88, NJW 1990, 2815.

[45] jurisPK-VergabeR/Summa GWB § 175 Rn. 80.

Der **erfolgreiche Beschwerdeführer** hat in entspr. Anwendung des § 71 S. 1 25
GWB keinen unbedingten Anspruch auf Erstattung der Kosten, sondern das Gericht
kann eine Kostenerstattung anordnen, wenn dies der Billigkeit entspricht. Im
Beschwerdeverfahren wird das regelmäßig der Fall sein. Ist das Rechtsmittel eines
Beschwerdeführers, der um Rechtsschutz wegen Verletzung seiner Rechte durch
den öffentlichen Auftraggeber nachsucht, erfolgreich, so ist ebenso wie in den Fällen,
in denen sich der Beigeladene bzw. der Auftraggeber gegen eine belastende Entscheidung der Vergabekammer erfolgreich wehren, regelmäßig kein Grund ersichtlich,
die Erstattung der Kosten und Auslagen zu versagen. Nur in untypischen Einzelfällen, etwa wenn der Erfolg der Beschwerde auf neuem Vorbringen beruht, das bereits
im Verfahren vor der Vergabekammer hätte vorgetragen werden können, kommt
eine Versagung der Erstattung in Betracht.[46]

Die außergerichtlichen Aufwendungen des Beigeladenen sind nur erstattungs- 26
fähig, wenn er sich durch Einlassungen zur Sache und/oder Sach- oder Verfahrensanträge aktiv an dem Verfahren beteiligt hat.[47] In diesem Fall entspricht es
regelmäßig der Billigkeit, den unterlegenen Beschwerdeführer mit den Auslagen
des Beigeladenen zu belasten. Gleichfalls entspricht es in der Regel der Billigkeit,
einen unterliegenden Beigeladenen gesamtschuldnerisch an den Verfahrenskosten
sowie entspr. § 100 Abs. 1 ZPO nach Kopfteilen an den Auslagen des Gegners zu
beteiligen.[48]

IRd Billigkeitsabwägung kann auch **Verschulden** in Form leichter oder mittlerer 27
Fahrlässigkeit berücksichtigt werden: Eine Belastung des in der Sache obsiegenden
Auftraggebers mit Kosten ist demnach möglich, wenn er den Nachprüfungsantrag
durch falsche Auskünfte etc provoziert hat. Soweit Kosten durch grobes Verschulden
veranlasst wurden, können einem obsiegenden Beteiligten Kosten und notwendige
Aufwendungen des Gegners auch gem. § 71 S. 2 Alt. 2 GWB auferlegt werden.
Grobes Verschulden liegt nur bei Versäumung jeder prozessualen Sorgfalt vor.

Tritt im Beschwerdeverfahren **Erledigung** ein und wird das Verfahren nicht mit 28
einem Feststellungsantrag nach § 168 Abs. 2 S. 2 GWB fortgesetzt, ist über die
Kosten des gesamten Verfahrens einschl. des Verfahrens vor der Vergabekammer in
entspr. Anwendung des § 71 S. 1 GWB (bzw. § 182 GWB für das Verfahren vor
der Vergabekammer) nach den Grundsätzen des § 91a ZPO zu entscheiden.[49] IRd
billigen Ermessens ist der bisherige Sach- und Streitstand zu berücksichtigen. Es
genügt eine summarische Prüfung der Erfolgsaussichten in rechtlicher und tatsächlicher Hinsicht. Ist der Verfahrensausgang danach offen, entspricht es idR billigem
Ermessen, die Kosten gegeneinander aufzuheben, eine Erstattung außergerichtlicher
Kosten findet nicht statt.[50]

Der vermutliche Verfahrensausgang ist dann maßgeblich, wenn er bei summari- 29
scher Prüfung des Sach- und Streitstandes mit hinreichender Sicherheit abzusehen
ist.[51] Tritt Erledigung ein, weil der öffentliche Auftraggeber eine Rüge als berechtigt
anerkannt und das Vergabeverfahren umgestaltet – zB die Wertung wiederholt –

---

[46] jurisPK-VergabeR/Summa GWB § 175 Rn. 65, 66.
[47] BGH 26.9.2006 – X ZB 14/06, BeckRS 2006, 12317 = VergabeR 2007, 59 (70); OLG Celle 27.8.2008 – 13 Verg 2/08, BeckRS 2008, 20090 = VergabeR 2009, 105; RKPP/Wiese GWB § 182 Rn. 70.
[48] jurisPK-VergabeR/Summa GWB § 175 Rn. 85; OLG Düsseldorf 1.8.2012 – VII-Verg 15/12, BeckRS 2012, 18543.
[49] OLG Brandenburg 8.11.2011 – Verg W 3/11, BeckRS 2012, 1108; OLG Düsseldorf 11.5.2011 – Verg 1/11, BeckRS 2011, 18921; 11.5.2011 – Verg 8/11, ZfBR 2011, 789.
[50] Für den Bereich der allg. Kartellsachen vgl. BGH 16.11.1999 – KZR 12/97, NJW-RR 2000, 776.
[51] BGH 16.11.1999 – KZR 12/97, NJW-RR 2000, 776; OLG Düsseldorf 15.8.2007 – 2 Kart 2/06, LSK 2012, 260001.

hat, wird es idR der Billigkeit entsprechen, ihn mit den Kosten zu belasten.[52] Der Rechtsgedanke des § 93 ZPO ist iRd Billigkeitserwägungen nicht anzuwenden.[53]

30 Auch auf die **Rücknahme der Beschwerde** findet nicht § 71 S. 2 GWB, sondern wie im Falle der Erledigung S. 1 Anwendung. Wird nicht die Beschwerde, sondern der Nachprüfungsantrag zurückgenommen, ist über die Kosten des Verfahrens vor der Vergabekammer nach § 182 GWB, über die Kosten des Beschwerdeverfahrens gem. § 71 S. 1 GWB zu entscheiden.

IV. Schließung verbleibender Lücken

31 Trotz der recht umfänglichen Verweise ist die verfahrensrechtliche Gestaltung des Beschwerdeverfahrens **nur unvollständig** geregelt. Ob die verbleibenden Lücken vornehmlich durch Rückgriff auf die **Regelungen der VwGO** zu schließen sind[54] oder wegen der Ausgestaltung als streitiges Verfahren vor einem ordentlichen Gericht in erster Linie die **Vorschriften der ZPO** anzuwenden sind,[55] ist umstritten. Dem mittels der Integration des Vergaberechts in das GWB verfolgten verfahrensrechtlichen Ziel des Gesetzgebers, das Beschwerdeverfahren in Vergabesachen dem Beschwerdeverfahren in allg. Kartellsachen möglichst anzugleichen, entspricht es am ehesten, dort wo es möglich ist, Lücken durch einen Rückgriff auf das gerichtsähnlich ausgestaltete Verfahren vor den Vergabekammern und das Beschwerdeverfahren in allg. Kartellverwaltungssachen zu schließen und in zweiter Linie auf die Regelungen der VwGO und der ZPO zurückzugreifen.[56] Dabei ist die Frage nach der Schließung der Lücken im Einzelfall danach vorzunehmen, ob die in Frage kommenden Bestimmungen in § 175 Abs. 2 GWB und den dort genannten Normen absichtlich nicht in Bezug genommen worden sind.[57] S. zum Ganzen auch → Vor § 171 Rn. 4.

32 Durch §§ 171 ff. GWB nicht geregelt ist die Frage der Zulässigkeit einer **Anschlussbeschwerde.** Diese Lücke hat die Rspr. durch Anwendung der entspr. Vorschriften der ZPO und der VwGO geschlossen: Danach ist auch im Nachprüfungsverfahren in entspr. Anwendung der §§ 524, 574 ZPO und des § 127 VwGO die Anschlussbeschwerde statthaft, wenn ein vor der Vergabekammer unterlegener Beteiligter die Entscheidung der Vergabekammer innerhalb der Beschwerdefrist nicht angefochten hat und nach Beschwerdeerhebung durch die Gegenseite seinerseits noch Beschwerde einlegen will (iE → § 171 Rn. 8 f.).[58]

§ 176 Vorabentscheidung über den Zuschlag

(1) ¹**Auf Antrag des Auftraggebers oder auf Antrag des Unternehmens, das nach § 134 vom Auftraggeber als das Unternehmen benannt ist, das den Zuschlag erhalten soll, kann das Gericht den weiteren Fortgang des Vergabeverfahrens und den Zuschlag gestatten, wenn unter Berücksichtigung aller möglicherweise geschädigten Interessen die nachteiligen Folgen**

---

[52] jurisPK-VergabeR/Summa GWB § 175 Rn. 71.
[53] OLG Frankfurt a. M. 4.8.2015 – 11 Verg 4/15, NZBau 2015, 794; MüKoEuWettbR/von Werder GWB § 175 Rn. 43.
[54] MüKoEuWettbR/von Werder GWB § 175 Rn. 30; RSG/Stickler GWB § 175 Rn. 8.
[55] RKPP/Wiese GWB § 175 Rn. 39.
[56] Wie hier Immenga/Mestmäcker/Stockmann GWB § 175 Rn. 25; RSG/Stickler GWB § 175 Rn. 8; KK-VergR/Raabe GWB § 175 Rn. 35.
[57] RKPP/Wiese GWB § 175 Rn. 41.
[58] OLG München 15.3.2005 – Verg 2/05, BeckRS 2005, 33682; OLG Düsseldorf 23.12.2009 – Verg 30/09, BeckRS 2010, 4614; RKPP/Wiese GWB § 175 Rn. 43.

einer Verzögerung der Vergabe bis zur Entscheidung über die Beschwerde die damit verbundenen Vorteile überwiegen. ²Bei der Abwägung ist das Interesse der Allgemeinheit an einer wirtschaftlichen Erfüllung der Aufgaben des Auftraggebers zu berücksichtigen; bei verteidigungs- oder sicherheitsspezifischen Aufträgen im Sinne des § 104 sind zusätzlich besondere Verteidigungs- und Sicherheitsinteressen zu berücksichtigen. ³Die besonderen Verteidigungs- und Sicherheitsinteressen überwiegen in der Regel, wenn der öffentliche Auftrag oder die Konzession im unmittelbaren Zusammenhang steht mit
1. einer Krise,
2. einem mandatierten Einsatz der Bundeswehr,
3. einer einsatzgleichen Verpflichtung der Bundeswehr oder
4. einer Bündnisverpflichtung.
⁴Das Gericht berücksichtigt bei seiner Entscheidung auch die Erfolgsaussichten der sofortigen Beschwerde, die allgemeinen Aussichten des Antragstellers im Vergabeverfahren, den öffentlichen Auftrag oder die Konzession zu erhalten, und das Interesse der Allgemeinheit an einem raschen Abschluss des Vergabeverfahrens.

(2) ¹Der Antrag ist schriftlich zu stellen und gleichzeitig zu begründen. ²Die zur Begründung des Antrags vorzutragenden Tatsachen sowie der Grund für die Eilbedürftigkeit sind glaubhaft zu machen. ³Bis zur Entscheidung über den Antrag kann das Verfahren über die Beschwerde ausgesetzt werden.

(3) ¹Die Entscheidung ist unverzüglich, längstens innerhalb von fünf Wochen nach Eingang des Antrags zu treffen und zu begründen; bei besonderen tatsächlichen oder rechtlichen Schwierigkeiten kann der Vorsitzende im Ausnahmefall die Frist durch begründete Mitteilung an die Beteiligten um den erforderlichen Zeitraum verlängern. ²Die Entscheidung kann ohne mündliche Verhandlung ergehen. ³Ihre Begründung erläutert Rechtmäßigkeit oder Rechtswidrigkeit des Vergabeverfahrens. ⁴§ 175 ist anzuwenden.

(4) Gegen eine Entscheidung nach dieser Vorschrift ist ein Rechtsmittel nicht zulässig.

Literatur: Eiermann, Primärrechtsschutz gegen öffentliche Auftraggeber bei europaweiten Ausschreibungen durch Vergabenachprüfungsverfahren – Teil 1 und 2, NZBau 2016, 13 und 76; Krist, Änderungen im Vergabeprozessrecht, VergabeR 2016, 396; Kühnen, Das Verfahren vor dem Vergabesenat, NZBau 2009, 357; Pauka, Interimsvergabe: Welche Pflicht zur Abwehr einer Gefahr für Leib und Leben hat der öAG im Rahmen der Beschaffung?, VergabeR 2023, 475; Peters, Die behindernde Wirkung eines Nachprüfungsverfahrens, NZBau 2010, 156. Stein/Ebel, Die BwBBG – „Fast Lane" – beschleunigte Bundeswehrbeschaffungen oder nur ein schnellerer Verbrauch des Sondervermögens?, VergabeR 2022, 709.

Übersicht

	Rn.
I. Bedeutung der Vorschrift	1
II. Zulässigkeit des Eilantrags	4
1. Statthaftigkeit	4
2. Antragsberechtigung und Frist	6
3. Rechtsschutzinteresse	8
III. Entscheidung des Oberlandesgerichts	10
1. Ablauf des Eilverfahrens	10
2. Inhalt der Entscheidung	13
3. Rechtsfolgen der Entscheidung	18

GWB § 176   Vorabentscheidung über den Zuschlag

I. Bedeutung der Vorschrift

1   Durch das VergRModG v. 17.2.2016 ist § 176 GWB im Vergleich zu § 121 Abs. 1 S. 1 GWB aF nur redaktionell an die neue Nummerierung des GWB angepasst worden. In Abs. 1 S. 3 ist die Bezeichnung an die Vertragsarten (öffentlicher Auftrag und Konzession) angepasst worden. Beibehalten wurde vor allem die Befugnis des Unternehmens, das für die Zuschlagserteilung benannt worden ist, ebenfalls einen **Antrag auf Vorabgestattung des Zuschlags** beim Vergabesenat zu stellen.[1] Da eine dem § 169 Abs. 3 GWB vergleichbare Vorschrift fehlt, findet § 150 Nr. 1 GWB oder § 150 Nr. 6 GWB in § 176 GWB keine Erwähnung. In bestimmten Konstellationen kann jedoch auch der Vergabesenat § 169 Abs. 3 GWB entspr. anwenden.[2] Abs. 1 S. 2 der Vorschrift schreibt vor, dass bei verteidigungs- und sicherheitsrelevanten Aufträgen für die Abwägung über die Gestattung des Verfahrensfortgangs und der Zuschlagserteilung zusätzlich besondere Verteidigungs- und Sicherheitsinteressen zu berücksichtigen sind. Eine vergleichbare **Regelvermutung** begründen § 9 Abs. 3 Nr. 4 LNGG[3] und § 6 Abs. 3 BwBBG.[4]

2   Die Voraussetzungen für den Erfolg eines Eilantrages nach § 176 GWB entsprechen den Vorgaben aus § 169 Abs. 2 GWB. § 176 Abs. 1 S. 3 GWB betont weiter besonders die **Erfolgsaussichten der sofortigen Beschwerde** als entscheidungsrelevant. Sie stehen dabei auf der gleichen Ebene wie die allg. Aussichten des Auftraggebers auf den Zuschlag und das Interesse der Allgemeinheit an einem raschen Abschluss des Vergabeverfahrens. Der Gleichklang für den Erfolg eines Eilantrags nach § 169 Abs. 2 GWB und § 176 GWB ist auch durch das zum 2.4.2020 in Kraft getretene Gesetz zur beschleunigten Beschaffung im Bereich der Verteidigung und Sicherheit und zur Optimierung der Vergabestatistik[5] beibehalten worden. Die in § 169 Abs. 2 GWB aufgenommene Ergänzung des S. 3 entspricht wortgleich dem in § 176 Abs. 1 S. 3 GWB ergänzten S. 3.

3   Die Möglichkeit zur Vorabgestattung des Zuschlags ist mit dem **europäischen Recht,** insbes. der Rechtsmittelrichtlinie, vereinbar.[6]

II. Zulässigkeit des Eilantrags

1. Statthaftigkeit

4   Der Antrag auf Vorabgestattung des Zuschlags setzt voraus, dass die Vergabekammer zuvor dem Antrag auf Vergabenachprüfung stattgegeben hat und damit das **Zuschlagsverbot fortdauert** (§ 173 Abs. 3 GWB).

---

[1] Dies war früher nicht geregelt und wurde in der Rspr. abgelehnt: OLG Düsseldorf 13.1.2003 – Verg 67/02, IBRRS 2003, 0837.

[2] So zur (erneuten) Untersagung des Zuschlags bei einer auf Verletzung des rechtlichen Gehörs beruhenden Ablehnung der Verlängerung der aufschiebenden Wirkung nach § 173 Abs. 1 S. 3 GWB, BayObLG 25.1.2023 – Verg 17/22.

[3] Gesetz zur Beschleunigung des Einsatzes verflüssigten Erdgases (LNG-Beschleunigungsgesetz – LNGG) v. 24.5.2022, BGBl. I 802.

[4] Gesetz zur Beschleunigung von Beschaffungsmaßnahmen für die Bundeswehr (Bundeswehrbeschaffungsbeschleunigungsgesetz – BwBBG) v. 11.7.2022, BGBl. I 1078.

[5] Gesetz zur beschleunigten Beschaffung im Bereich der Verteidigung und Sicherheit zur Optimierung der Vergabestatistik v. 25.3.2020, BGBl. I 674.

[6] EuGH 9.4.2003 – C-424/01, IBRRS 2003, 2502 = VergabeR 2003, 649 (zur RL 89/665/EWG aF); OLG Celle 13.3.2002 – 13 Verg 4/02, IBR 2002, 324 (zu § 121 GWB aF). Daran hat sich weder durch die Änderungen der RL 89/665/EWG noch durch die Anpassung des § 176 GWB etwas geändert; ebenso Beck VergabeR/Vavra/Willner GWB § 176 Rn. 3; KK-VergR/Raabe GWB § 176 Rn. 3.

Vorabentscheidung über den Zuschlag **§ 176 GWB**

Ein Vorabgestattungsantrag ist nur dann statthaft, wenn die Entscheidung der 5
Vergabekammer mit einer sofortigen Beschwerde angefochten wird.[7] Wird die Entscheidung der Vergabekammer sowohl vom Antragsteller des Nachprüfungsantrags als auch vom Auftraggeber (oder dem Beigeladenen) angegriffen und entscheidet das Beschwerdegericht auf einen Antrag des Antragstellers hin, dass die aufschiebende Wirkung seiner sofortigen Beschwerde gem. § 173 Abs. 2 GWB verlängert (oder eine beendete aufschiebende Wirkung erneut angeordnet bzw. wiederhergestellt)[8] wird, ist ein Antrag auf Vorabgestattung des Zuschlags nach § 176 Abs. 1 GWB erst dann wieder zulässig, wenn zugunsten des Auftraggebers **neue Tatsachen** auftreten oder bekannt werden, die Einfluss auf die Sach- und Rechtslage haben könnten.[9] Ist über einen Antrag auf Verlängerung der aufschiebenden Wirkung noch nicht entschieden, kann die Vorabgestattung des Zuschlags nicht beantragt werden, wenn damit die gesetzlich angeordnete Suspensivwirkung nach § 173 Abs. 1 S. 2 GWB verkürzt werden würde. Ist die aufschiebende Wirkung durch eine **Zwischenentscheidung** nur einstweilen verlängert worden, ist ein Antrag auf Vorabgestattung des Zuschlags statthaft.[10] Gem. § 176 Abs. 1 GWB analog kann der Auftraggeber ausnahmsweise auch die Feststellung beantragen, dass das Vergabeverfahren bereits durch eine wirksame Zuschlagserteilung abgeschlossen ist, bevor über die sofortige Beschwerde in der Hauptsache entschieden wird.[11] Eine analoge Anwendbarkeit von § 176 GWB im besonderen Nachprüfungsverfahren zur Feststellung der Nichtigkeit von vergaberechtswidrig geschlossenen Verträgen nach § 135 Abs. 2 GWB scheidet aus. Selbst wenn überragend wichtige und äußerst dringende Gründe für einen sofortigen Vertragsschluss vorliegen sollten, kann eine gerichtliche Anordnung ohne dazu ermächtigende gesetzliche Grundlage die gesetzlich angeordnete Nichtigkeitsfolge nicht beseitigen.[12] Anordnungen nach § 176 GWB können nur das gesetzliche Zuschlagsverbot überwinden.

2. Antragsberechtigung und Frist

Antragsberechtigt sind nach § 176 Abs. 1 S. 1 GWB sowohl der **Auftraggeber** als 6
auch der für den Zuschlag nach der Mitteilung gem. § 134 GWB vom Auftraggeber **ausgewählte Unternehmer**.

Der Antrag auf Gestattung des Zuschlages ist nicht fristgebunden.[13] 7

3. Rechtsschutzinteresse

Der Antrag auf Vorabgestattung des Zuschlags setzt voraus, dass tatsächlich ein 8
durch diesen Antrag zu überwindendes Zuschlagsverbot besteht. Der öffentliche

---

[7] OLG Frankfurt a. M. 5.3.2014 – 11 Verg 1/14, BeckRS 2014, 21806 = VergabeR 2014, 734. Unerheblich ist, welcher Beteiligte das Rechtsmittel eingelegt hat. Insbesondere muss der Antragsteller eines Antrags nach § 176 GWB nicht der Rechtsmittelführer der sofortigen Beschwerde sein, OLG Frankfurt a. M. 6.6.2013 – 11 Verg 8/13, BeckRS 2013, 13101; OLG Saarbrücken 2.4.2013 – 1 Verg 1/13, ZfBR 2013, 608; OLG Düsseldorf 6.5.2011 – Verg 26/11, BeckRS 2011, 18447.

[8] OLG Düsseldorf 26.9.2018 – Verg 50/18, VPR 2019, 34; OLG Frankfurt a. M. 24.8.2017 – 11 Verg 12/17, VPR 2018, 87.

[9] Beck VergabeR/Vavra/Willner GWB § 176 Rn. 9; OLG Naumburg 28.10.2002 – 1 Verg 9/02, IBR 2003, 217.

[10] Beck VergabeR/Vavra/Willner GWB § 176 Rn. 7; BayObLG 23.3.2004 – Verg 3/04, BeckRS 2004, 5080 = VergabeR 2004, 530; OLG Saarbrücken 30.7.2007 – 1 Verg 3/07, BeckRS 2007, 33029.

[11] Beck VergabeR/Vavra/Willner GWB § 176 Rn. 7; RKPP/Hänisch GWB § 176 Rn. 8.

[12] So schon zu § 13 VgV aF: OLG Frankfurt a. M. 10.7.2007 – 11 Verg 5/07, ZfBR 2008, 88.

[13] OLG Frankfurt a. M. 6.6.2013 – 11 Verg 8/13, BeckRS 2013, 13101.

GWB § 176 Vorabentscheidung über den Zuschlag

Auftraggeber ist an der Fortsetzung des Verfahrens nicht gehindert.[14] Hat der Auftraggeber die Anordnungen der Vergabekammer nach § 168 Abs. 1 S. 1 GWB vollzogen, gegen den Beschluss dennoch sofortige Beschwerde eingelegt, fehlt dem Eilantrag das Rechtsschutzbedürfnis und er ist unzulässig. Mit dem **Vollzug der angeordneten Maßnahmen** ist das Zuschlagsverbot entfallen.[15] Dagegen beseitigt eine bereits ergangene Entscheidung des Beschwerdegerichts gem. § 169 Abs. 2 S. 5 GWB das Rechtsschutzinteresse für einen Antrag auf Vorabgestattung des Zuschlags im späteren Hauptsacheverfahren nicht.[16] Es ist kein Grund ersichtlich, ein gesetzlich vorgesehenes Rechtsschutzinstrument zu versagen. Im Vergleich zur Sach- und Rechtslage bei einer Entscheidung nach § 169 Abs. 2 S. 6 GWB dürfte auch eine erheblich weitreichendere Ausermittlung der Sach- und Rechtslage (und damit eine für die Beteiligten anzunehmende Änderung der Verhältnisse) gegeben sein.

9   Sobald das Beschwerdegericht in der **Hauptsache** entschieden hat, erledigt sich das Rechtsschutzinteresse an einem Antrag auf Vorabgestattung des Zuschlags.[17]

III. Entscheidung des Oberlandesgerichts

1. Ablauf des Eilverfahrens

10 Bei dem Eilverfahren handelt es sich um ein **eigenständiges Verfahren.** Es steht neben dem Hauptsacheverfahren, in dem über die sofortige Beschwerde entschieden wird.[18] Das Hauptsacheverfahren kann deshalb bis zur Entscheidung über den Antrag nach § 176 GWB ausgesetzt werden (§ 176 Abs. 2 S. 3 GWB). Das Eilverfahren beginnt mit der Erhebung eines entspr. **Antrags** bei dem Beschwerdegericht. Die dem Beschwerdegericht nach § 176 Abs. 3 S. 1 GWB auferlegte **Frist** zur Entscheidung (unverzüglich, längstens innerhalb von fünf Wochen)[19] beginnt mit dem Eingang des Antrags zu laufen. Der Antrag ist schriftlich zu stellen und gleichzeitig zu begründen (§ 176 Abs. 2 S. 1 GWB). Er muss nicht mit der sofortigen Beschwerde verbunden werden, sondern kann auch noch in einem späteren Stadium angebracht werden. Die zu seiner Begründung vorzutragenden Tatsachen und der Grund für die Eilbedürftigkeit sind **glaubhaft zu machen** (§ 176 Abs. 2 S. 2 GWB).[20] Als Beweismittel kann daher sowohl für die Tatsachen als auch für den Grund für die Eilbedürftigkeit auf eine eidesstattliche Versicherung Bezug genommen werden (§ 294 ZPO).[21] Im Übrigen ist der entscheidungserhebliche Sachverhalt vAw zu ermitteln (§ 176 Abs. 3 S. 4, § 175 GWB iVm § 70 Abs. 1 GWB). § 163 GWB

---

[14] Beck VergabeR/Vavra/Willner GWB § 176 Rn. 5.

[15] OLG Düsseldorf 29.11.2005 – Verg 82/05, BeckRS 2006, 01791 = VergabeR 2006, 424.

[16] RKPP/Hänisch GWB § 176 Rn. 14; aA Beck VergabeR/Vavra/Willner GWB § 176 Rn. 10, die darauf verweisen, dass das Beschwerdegericht damit die gleiche Abwägung erneut vornehmen müsste, weshalb ein Rechtsschutzbedürfnis nur bei geänderten Verhältnissen bestehe.

[17] OLG München 9.8.2010 – Verg 13/10, BeckRS 2010, 20438; BayObLG 16.7.2004 – Verg 16/04, BeckRS 2004, 8251 = VergabeR 2005, 141.

[18] Dies ergibt sich aus der notwendigen Verweisung auf die Bestimmungen des Beschwerdeverfahrens auch für das Eilverfahren (§ 176 Abs. 3 S. 4 GWB); ebenso bringt das RVG die Selbständigkeit zum Ausdruck, indem es eigene Gebührentatbestände für Eilverfahren und Hauptsache schafft – wie auch für das Eilverfahren nach § 169 Abs. 2 GWB und das Verfahren nach § 173 Abs. 1 S. 3 GWB.

[19] Zur Frage der Verfassungsmäßigkeit dieser Frist Beck VergabeR/Vavra/Willner GWB § 176 Rn. 21.

[20] Es handelt sich dabei um eine Beweismittelerweiterung, vgl. OLG Düsseldorf 24.3.2021 – Verg 10/20, BeckRS 2021, 32704.

[21] Beck VergabeR/Vavra/Willner GWB § 176 Rn. 13.

wird von dieser Verweisungskette nicht umfasst. Dennoch unterliegt die dem Beschwerdegericht obliegende Amtsermittlung bestimmten Beschränkungen. Sie ergeben sich aus der Mitwirkungspflicht der Beteiligten (§ 176 Abs. 3 S. 4, §§ 175 Abs. 2, 167 Abs. 2 S. 1 GWB).[22] Nachdem für den Tatsachenvortrag und die Gründe für die Eilbedürftigkeit eine Glaubhaftmachung ausreicht, sind die Anforderungen an die Überzeugungsbildung beim Beschwerdegericht über den für die Entscheidung zugrunde zulegenden Sachverhalt ebenfalls herabgesetzt.[23]

Ob das Beschwerdegericht im Verfahren über den Eilantrag eine **mündliche** **Verhandlung** durchführt, steht in seinem Ermessen (§ 176 Abs. 3 S. 2 GWB). Den Beteiligten ist vor der Entscheidung allerdings in jedem Fall rechtliches Gehör zu gewähren. 11

Ebenso steht es im Ermessen des Beschwerdegerichts, ob für das Verfahren über die beantragte Vorabgestattung des Zuschlags das (Hauptsache-) **Verfahren über die Beschwerde ausgesetzt** wird (§ 176 Abs. 2 S. 3 GWB). 12

2. Inhalt der Entscheidung

Die Vorgaben aus § 176 Abs. 1 GWB, die für eine Gewährung der Zuschlagserteilung maßgeblich werden, entsprechen den Vorgaben für die Gewährung des Zuschlags durch die Vergabekammer nach § 169 Abs. 2 GWB.[24] Diese Übereinstimmung gilt seit der Geltung des GWB in der Fassung des VergRModG.[25] Dies gilt auch durch die zuletzt aufgenommene Notwendigkeit zur Berücksichtigung zusätzlicher Verteidigungs- und Sicherheitsinteressen bei verteidigungs- oder sicherheitsrelevanten Aufträgen. Zu den Einzelheiten der vorzunehmenden Interessenabwägung sowie den dabei einzubeziehenden schutzwürdigen Interessen der Beteiligten oder Dritter → GWB § 169 Rn. 11 ff.. Dies gilt ebenfalls (und weiterhin) für die Voraussetzungen, unter denen Anträge, die auf die Vorabgestattung des Zuschlags gerichtet sind, öffentliche Aufträge oder Konzessionen betreffen, die in unmittelbarem Zusammenhang mit einer Krise, einem mandatierten Einsatz der Bundeswehr, einer einsatzgleichen Verpflichtung der Bundeswehr oder einer Bündnisverpflichtung stehen und deshalb Interessen betreffen, die als besondere Verteidigungs- und Sicherheitsinteressen idR bei der Abwägung überwiegen. Auf die Kommentierung → GWB § 169 Rn. 17a und b und zum → BwBBG wird insoweit verwiesen. 13

§ 176 GWB in seiner ursprünglichen Fassung hatte noch in erster Linie auf die Erfolgsaussichten der sofortigen Beschwerde und nur ergänzend auf eine Abwägung aller möglicherweise geschädigten Interessen für den Inhalt der Vorabentscheidung über den Zuschlag abgestellt.[26] Seit dem Inkrafttreten der Änderungen durch das VgRÄG schrieb § 121 Abs. 1 GWB aF eine **einheitliche Interessenabwägung** vor, bei der die Erfolgsaussichten der sofortigen Beschwerde „auch" zu berücksichtigen sind. Dies ist auch in § 176 Abs. 1 S. 3 GWB beibehalten worden.[27] 14

---

[22] Zu den Begrenzungen des Amtsermittlungsgrundsatzes im Verfahren vor der Vergabekammer OLG München 10.12.2009 – Verg 16/09, BeckRS 2010, 2617 = VergabeR 2010, 246. Im Verfahren vor dem Beschwerdegericht gelten der Sache nach die gleichen Grundsätze.

[23] BGH 11.9.2003 – IX ZB 37/03, BGHZ 156, 139 (142) = NJW 2003, 3558. Soweit eine Glaubhaftmachung zugelassen ist, genügt ein geringerer Grad richterlicher Überzeugungsbildung (überwiegende Wahrscheinlichkeit) dafür, dass die glaubhaft gemachte Tatsache zutrifft; ebenso RKPP/Hänisch GWB § 176 Rn. 20.

[24] OLG Düsseldorf 9.5.2011 – Verg 40/11, IBR 2011, 660.

[25] Dies war das ausdr. erklärte Ziel des Gesetzgebers, BT-Drs. 16/10117, Anl. 1, Begr. zu Nr. 20 (§ 121 Abs. 1 GWB aF), S. 29.

[26] OLG Saarbrücken 30.7.2007 – 1 Verg 3/07, BeckRS 2007, 33029; OLG Düsseldorf 1.8.2005 – Verg 41/05, BeckRS 2005, 12246; BayObLG 23.3.2004 – Verg 3/04, BeckRS 2004, 5080 = VergabeR 2004, 530; OLG Bremen 4.9.2003 – Verg 5/2003, NZBau 2004, 119.

[27] KK-VergR/Raabe GWB § 176 Rn. 27.

15 Dadurch ändern sich der Sache nach die Maßstäbe, nach denen eine Eilentscheidung nach § 176 GWB zu treffen ist, nicht.[28] Bei der Entscheidung über eine vorzeitige Gestattung des Zuschlags besteht eine **Wechselbeziehung** zwischen den **Erfolgsaussichten der Beschwerde und dem Ergebnis der Interessenabwägung.** Je größer die Wahrscheinlichkeit für den Erfolg der Beschwerde ist, desto geringere Anforderungen sind an die Eilbedürftigkeit des Zuschlags zu stellen.[29] IdR ist dem Antrag stattzugeben, wenn die sofortige Beschwerde des Auftraggebers gegen die Entscheidung der Vergabekammer begründet erscheint oder zumindest eine hohe Wahrscheinlichkeit für den Erfolg der Beschwerde besteht.[30] Können die Erfolgsaussichten bereits im Eilverfahren weitgehend abschl. beurteilt werden und ist die sofortige Beschwerde danach nicht mit überwiegender Wahrscheinlichkeit begründet, ist eine Interessenabwägung entbehrlich und der Eilantrag bleibt erfolglos.[31] Eine Vorabgestattung des Zuschlags ist aber auch dann möglich, wenn zwar im Vergabeverfahren eine Rechtsverletzung des Antragstellers eingetreten ist, die Gründe für eine rasche Vergabe jedoch besonders schwer wiegen. Dies ist allerdings nur in solchen Ausnahmefällen möglich, in denen das Allgemeininteresse an einem raschen Abschluss des Vergabeverfahrens das Gewicht des festgestellten Vergaberechtsverstoßes übertrifft.[32] Bei einem schwerwiegenden Vergabeverstoß ist dies nicht anzunehmen.[33]

16 Soweit bei der Interessenabwägung auch die **allgemeinen Aussichten des Antragstellers,** im Vergabeverfahren den Auftrag zu erhalten, einzubeziehen sind, besteht die soeben dargestellte Wechselbeziehung gleichfalls. Je größer die allgemeinen Zuschlagschancen des Antragstellers einzuschätzen sind, desto schwerer wird eine Entscheidung getroffen werden können, durch die ihm die Aussicht auf den Auftrag und der effektive Rechtsschutz gegen eine anderweitig beabsichtigte Entscheidung des Auftraggebers genommen werden. Wegen der mit der Vorabgestattung des Zuschlags einhergehenden irreversiblen Beseitigung des Primärrechtsschutzes kann jedoch die mangelnde Erfolgsaussicht des Nachprüfungsantrages allein die Gestattung des Zuschlages nicht rechtfertigen.[34]

17 Das **Interesse der Allgemeinheit** an einem raschen Abschluss des Vergabeverfahrens kann auch in beschäftigungspolitischen Aspekten bestehen.[35] Eine allg. Berufung darauf genügt indes für sich genommen idR nicht.[36] Ebenso kann die gesamtwirtschaftliche Auswirkung wesentlicher Infrastrukturprojekte die Interessen-

---

[28] Weiterhin kommt den Erfolgsaussichten der Beschwerde erhebliches Gewicht zu: OLG Düsseldorf 28.6.2017 – 24/17, VPR 2017, 1038; ebenso schon OLG Celle 3.6.2010 – 13 Verg 6/10, IBR 2010, 408; KKPP/Hänisch GWB § 176 Rn. 27, 28.

[29] OLG Düsseldorf 8.6.2022 – VII-Verg 19/22, BeckRS 2022, 15401; BayObLG 31.10.2022 – Verg 13/22, BeckRS 2022, 35589; 17.6.2021 – Verg 6/21, BeckRS 2021, 21102 = VergabeR 2021, 714.

[30] OLG Düsseldorf 9.7.2012 – VII-Verg 18/12, BeckRS 2012, 23785.

[31] OLG Rostock 6.3.2009 – 17 Verg 1/09, BeckRS 2009, 8166 = VergabeR 2009, 660 (667); dies gilt vor allem dann, wenn keine besonders dringende Eilbedürftigkeit besteht, OLG Düsseldorf 18.10.2010 – Verg 39/10, IBR 2011, 38.

[32] OLG Düsseldorf 20.7.2015 – VII-Verg 37/15, BeckRS 2015, 14053 = VergabeR 2015, 797; Beck VergabeR/Vavra/Willner GWB § 176 Rn. 16.

[33] OLG Düsseldorf 1.8.2005 – Verg 41/05, BeckRS 2005, 12246; ein anderes Ergebnis ist indes bei ganz besonders gewichtigen Interessen der Allgemeinheit nicht ausgeschlossen: OLG Frankfurt a. M. 5.3.2014 – 11 Verg 1/14, BeckRS 2014, 21806 = VergabeR 2014, 734.

[34] OLG Frankfurt a. M. 5.3.2014 – 11 Verg 1/14, BeckRS 2014, 21806 = VergabeR 2014, 734.

[35] KKPP/Hänisch GWB § 176 Rn. 31 unter Verweis auf Erdmann VergabeR 2008, 908 (912).

[36] Beck VergabeR/Vavra/Willner GWB § 176 Rn. 19.

abwägung beeinflussen. Gleichfalls kann berücksichtigt werden, dass ein Auftragsstopp für einzelne Lose solcher Projekte Auswirkungen auf Folgeaufträge und damit auf das Gesamtprojekt haben wird.[37] Diese und andere Belange sind mit einem umso größeren Gewicht in die Abwägung einzustellen, wenn nicht nur eine Verzögerung bis zur Entscheidung über die sofortige Beschwerde zu erwarten ist, sondern noch weitere Verfahren abzuwarten sind (etwa ein Vorlageverfahren zum EuGH).[38] Auch eine extreme Verlängerung der Entscheidungsfrist kann im Einzelfall als Gesichtspunkt des Beschleunigungsinteresses des öffentlichen Auftraggebers berücksichtigt werden.[39]

3. Rechtsfolgen der Entscheidung

Wird der Antrag auf Vorabgestattung des Zuschlags zurückgewiesen und beruht 18 dies auf den fehlenden Erfolgsaussichten der sofortigen Beschwerde, weil das Vergabeverfahren (nach Auffassung des Beschwerdegerichts) fehlerhaft war, löst dies beim Auftraggeber die Notwendigkeit aus, innerhalb von 10 Tagen die beschriebenen **Vergabefehler zu beseitigen** und Maßnahmen zur Herstellung der Rechtmäßigkeit des Verfahrens zu ergreifen (§ 177 GWB).[40]

Ein **Rechtsmittel** gegen die Entscheidung über die Vorabgestattung des 19 Zuschlags ist nicht (mehr) zulässig (§ 176 Abs. 4 GWB). Entsteht die Eilbedürftigkeit nach einer ablehnenden Entscheidung des Gerichts allerdings mit einer neuen oder anderen Sachverhaltsgrundlage, kann ein Antrag auf Vorabgestattung des Zuschlags nochmals gestellt werden.

In einer Entscheidung über die Vorabgestattung des Zuschlags kann das Beschwer- 20 degericht auch von einer Entscheidung eines anderen Oberlandesgerichts oder des Bundesgerichtshofs abweichen oder eine grundsätzliche Bedeutung wegen beabsichtigter **Abweichung von Entscheidungen** eines Landessozialgerichts oder des Bundessozialgerichts annehmen, ohne dass eine Vorlagepflicht zum Bundesgerichtshof besteht (§ 179 Abs. 2 S. 4 GWB). Auch eine Bindung iSv § 179 Abs. 1 GWB an die – lediglich in summarischer Prüfung ergangene – Entscheidung nach § 176 GWB tritt nicht ein.[41]

Das Verfahren ist löst beim Rechtsanwalt eine 1,3 Verfahrensgebühr nach Vorbe- 21 merkung 3.2 Abs. 2 Satz 3 iVm Satz 1, Nr. 3100 VV zum RVG aus. Es handelt sich um ein gesondertes Angriffsmittel, das eine eigene Kostenlast begründen kann, § 96 ZPO analog. Über die Kosten des Verfahrens wird jedoch erst iRd Kostenentscheidung über die Hauptsache befunden.[42]

§ 177 Ende des Vergabeverfahrens nach Entscheidung des Beschwerdegerichts

Ist der Auftraggeber mit einem Antrag nach § 176 vor dem Beschwerdegericht unterlegen, gilt das Vergabeverfahren nach Ablauf von zehn Tagen

---

[37] OLG Düsseldorf 30.11.2009 – Verg 41/09, IBR 2010, 1091.
[38] OLG Naumburg 28.10.2002 – 1 Verg 9/02, IBR 2003, 217; ebenso OLG Düsseldorf 30.11.2009 – Verg 41/09, IBR 2010, 1091; OLG München 2.7.2009 – Verg 5/09, BeckRS 2009, 18430 = VergabeR 2009, 781, jeweils in einem Verfahren nach § 118 Abs. 2 GWB aF (entspricht § 173 Abs. 2 GWB nF); KK-VergR/Raabe GWB § 176 Rn. 30. Das OLG Düsseldorf 11.9.2000 – Verg 7/00, IBRRS 2003, 0983, hat nach einer Vorlage an den EuGH, durch die die Hauptsache für unbestimmte Zeit ausgesetzt wurde, einen für ein Jahr befristeten Interimsvertrag zugelassen.
[39] Beck VergabeR/Vavra/Willner GWB § 176 Rn. 17.
[40] Dies gilt nicht nach § 9 Abs. 3 Nr. 5 LNGG und nach § 6 Abs. 4 BwBBG.
[41] KKPP/Hänisch GWB § 179 Rn. 5.
[42] BayObLG 23.3.2004 – Verg 3/04, IBR 2004, 336 (zu § 121 GWB aF).

GWB § 177

nach Zustellung der Entscheidung als beendet, wenn der Auftraggeber nicht die Maßnahmen zur Herstellung der Rechtmäßigkeit des Verfahrens ergreift, die sich aus der Entscheidung ergeben; das Verfahren darf nicht fortgeführt werden.

Literatur: Vgl. die Angaben bei § 176 GWB.

I. Bedeutung der Vorschrift

1   Die Bestimmung dient dem Zweck, das **Beschleunigungsgebot für Vergabenachprüfungsverfahren** umzusetzen. Es soll in einem kurzen Zeitraum Klarheit darüber bestehen, ob das laufende Vergabeverfahren ohne Eingriffe zur (Wieder-)Herstellung seiner Rechtmäßigkeit fortgesetzt werden kann. Die Beendigungsfiktion ist nach dem Inhalt der Gesetzesbegr. dadurch gerechtfertigt, dass es nach Prüfung durch Vergabekammer und Beschwerdegericht äußerst unwahrscheinlich ist, dass eine weitere Entscheidung (die noch ausstehende Hauptsacheentscheidung des Beschwerdegerichts) zu einem anderen Ergebnis gelangt und die nach Abweisung des Antrags nach § 176 GWB negative Prognose über die Rechtmäßigkeit des Vergabeverfahrens noch revidiert wird.[1]

II. Anwendungsbereich

2   Die **Beendigungsfiktion** aus § 177 GWB tritt nur dann ein, wenn der Auftraggeber mit einem Antrag nach § 176 GWB unterlegen ist. Die Zurückweisung eines Antrags des Unternehmens, das für die Erteilung des Zuschlags in der Vorabmitteilung nach § 134 GWB benannt worden ist, führt nicht zum Eintritt der Rechtsfolge aus § 177 GWB.

3   Die Beendigungsfiktion tritt weiter nur dann ein, wenn in der Entscheidung über die Ablehnung des Antrags nach § 176 GWB **Erläuterungen über die Rechtswidrigkeit** des Verfahrens enthalten sind (§ 176 Abs. 3 S. 3 GWB) und sich aus der Entscheidung (dem Tenor oder den Entscheidungsgründen) zugleich die zu ergreifenden Maßnahmen für die Herstellung der Rechtmäßigkeit des Verfahrens ergeben. Unterliegt der Auftraggeber mit seinem Antrag nach § 176 GWB nur aus formalen Gründen oder mangels Eilbedürftigkeit, ohne dass die Entscheidung des Beschwerdegerichts Aussagen zur Rechtmäßigkeit des Vergabeverfahrens enthält, greift die Frist des § 177 GWB nicht ein und droht die Beendigungsfiktion nicht.[2]

4   Die Beendigungsfiktion tritt schließlich nur dann ein, wenn der Auftraggeber die ihm auferlegten Maßnahmen nicht (rechtzeitig) ergreift. Hierzu reicht es aus, dass die gebotenen **Maßnahmen fristgemäß eingeleitet** werden.[3] Dies ergibt sich aus dem Wortlaut des Gesetzes, wonach das unterbleibende Ergreifen der Maßnahmen Voraussetzung für die Beendigungsfiktion ist. Dass die Maßnahmen zur Wiederherstellung der Rechtmäßigkeit des Verfahrens innerhalb von zehn Tagen (erfolgreich) abgeschlossen sein müssten, schreibt § 177 GWB nicht vor. Auch eine Anzeige der ergriffenen Maßnahmen ggü. dem Beschwerdegericht oder den Verfahrensbeteilig-

---

[1] BT-Drs. 13/9340, 16 zu § 111 GWB des ursprünglichen RegE.
[2] OLG Düsseldorf 29.9.2008 – Verg 50/08, BeckRS 2009, 04982, das dies in einem Fall, in dem das Rechtsschutzbedürfnis eines Antrags nach § 121 GWB aF mangels Verlängerung der aufschiebenden Wirkung nach § 118 Abs. 1 S. 2 GWB aF weggefallen war, vorsorglich klargestellt hat.
[3] RKPP/Hänisch GWB § 177 Rn. 8; Beck VergabeR/Vavra/Willner GWB § 177 Rn. 12.

ten wird vom Gesetz nicht verlangt.[4] Die Maßnahmen sind aber in den Vergabeakten zu dokumentieren. Ist streitig, ob die erforderlichen Maßnahmen ergriffen wurden, ob dies rechtzeitig geschehen ist und ob das Vergabeverfahren damit geheilt worden ist, ist darüber innerhalb des noch anhängigen Hauptsacheverfahrens über die sofortige Beschwerde zu entscheiden.[5] Verstöße, die das Beschwerdegericht in seiner Vorabentscheidung nicht beanstandet hat, müssen zur Abwendung der Beendigungsfiktion nicht behoben werden. Das Beschwerdegericht kann den Auftraggeber dazu auffordern, ihm nach Ablauf von zehn Tagen nach Zustellung des Beschlusses über die Zurückweisung des Antrages nach § 176 GWB die ergriffenen Maßnahmen zur Herstellung der Rechtmäßigkeit des Verfahrens anzuzeigen.[6]

Gemäß § 9 Abs. 3 Nr 5 LNGG[7] und § 6 Abs. 4 BwBBG[8] ist § 177 GWB in Beschwerdeverfahren über Vergabenachprüfungsanträge gegen LNG-Vergaben oder gegen Bundeswehrbeschaffungen nicht anwendbar. **4a**

III. Rechtsfolgen

Bleibt der **Auftraggeber untätig,** gilt das Vergabeverfahren nach Ablauf von **5** zehn Tagen nach Zustellung der ablehnenden Entscheidung zum Antrag nach § 176 GWB als beendet. Die **Beendigungsfiktion** tritt unabhängig davon ein, ob Maßnahmen zur Behebung der Rechtmäßigkeit des Verfahrens objektiv möglich sind oder nicht. Auch wenn die vom Beschwerdegericht festgestellten Verstöße so schwerwiegend sind, dass sie nicht durch Wiederholung bestimmter Verfahrensschritte geheilt werden können, tritt die Beendigungsfiktion nicht sofort, sondern erst nach zehn Tagen[9] ein.[10] Mit dem Eintritt der Fiktion gilt das Vergabeverfahren der Sache nach wie bei einer wirksamen Aufhebung als beendet. Ein Vergabeverfahren, mit dem der Abschluss eines Vertrages angestrebt werden kann, existiert sodann nicht mehr. Die erteilten Angebote können nicht mehr angenommen werden. Es ist ein neues Vergabeverfahren einzuleiten, in dem neue Angebote abgegeben werden können, wenn der Auftraggeber an seinem Beschaffungsbedarf festhalten will. Mög-

---

[4] Soweit allerdings die Wiederherstellung der Rechtmäßigkeit des Verfahrens Bekanntmachungen oder Mitteilungen bzw. Informationen verlangt, trifft § 177 GWB darüber keine Aussage. Sie sind daher nach materiellem Vergaberecht zu ergreifen.

[5] Immenga/Mestmäcker/Stockmann GWB § 122 Rn. 8.

[6] OLG Düsseldorf 9.7.2012 – VII-Verg 18/12, BeckRS 2012, 23825.

[7] Gesetz zur Beschleunigung des Einsatzes verflüssigten Erdgases (LNG-Beschleunigungsgesetz – LNGG) v. 24.5.2022, BGBl. I 802.

[8] Gesetz zur Beschleunigung von Beschaffungsmaßnahmen für die Bundeswehr (Bundeswehrbeschaffungsbeschleunigungsgesetz – BwBBG) v. 11.7.2022, BGBl. I 1078.

[9] Dies wird verbreitet abweichend beurteilt: Beck VergabeR/Vavra/Willner GWB § 177 Rn. 12; RKPP/Hänisch GWB § 177 Rn. 10; Immenga/Mestmäcker/Stockmann GWB § 122 Rn. 7. Dabei bleibt unberücksichtigt, dass § 177 GWB eine gesetzliche Fiktion enthält, die nicht durch Umstände beeinflusst (insbes. verkürzt) werden kann, die in den Fiktionsvoraussetzungen nicht geregelt sind. Der Wortlaut des Gesetzes („nach" Ablauf von zehn Tagen) lässt auch keinen Spielraum für einen „erst-Recht-Schluss". Zudem kann auch noch durch eine Zurückversetzung in den Stand vor Bekanntmachung der Sache nach ein völlig neues Verfahren gestartet werden. Schließlich bleibt es dem Auftraggeber benommen, bei Vorliegen der Voraussetzungen das Vergabeverfahren bereits vor Ablauf der Zehn-Tages-Frist aufzuheben. Damit verstößt er nicht gegen die Vorgabe, dass das Verfahren nicht fortgeführt werden darf.

[10] Dem Beschwerdegericht bleibt es aber unbenommen, iRd für einen Antrag nach § 176 GWB notwendig anhängigen Beschwerde in der Hauptsache die Aufhebung des Verfahrens, vgl. → VgV § 63 Rn. 19, oder eine Zurückversetzung anzuordnen, KG 4.6.2019 – Verg 8/18, VPR 2019, 177.

liche Schadenersatzansprüche, die aus den von der Vergabestelle verursachten Verstößen resultieren, bleiben unberührt.

6   Das Verbot aus § 177 Hs. 2 GWB, das Vergabeverfahren fortzuführen, betrifft lediglich die Zuschlagserteilung. Insoweit begründet es ein **gesetzliches Verbot**. Seine Nichtbeachtung hat die Nichtigkeit eines dennoch erfolgenden (bzw. versuchten) Vertragsschlusses zur Folge, § 134 BGB.[11] Eine Fortführung durch Umsetzung der angeordneten Maßnahmen, durch Aufklärungen oder Nachforderungen im Übrigen zur Vorbereitung der angeordneten Maßnahmen oder Schaffung einer dafür notwendigen Tatsachenbasis, bleibt jedoch zulässig. Ebenso bleibt eine (freiwillige) weitergehende (über die Anordnungen des Beschwerdegerichts hinausgehende) Fehlerkorrektur durch eine Zurückversetzung oder Aufhebung oder eine Abstandnahme vom Beschaffungsvorhaben insgesamt nach § 177 GWB möglich.[12]

7   Tritt die Beendigung des Vergabeverfahrens kraft Gesetzes ein, erledigt sich zugleich das noch anhängige Beschwerdeverfahren in der Hauptsache, da die mit der Beschwerde angegriffene Entscheidung der Vergabekammer wegen Wegfall des ihr zugrundeliegenden Regelungsgegenstandes (des fehlerhaften Vergabeverfahrens) obsolet geworden ist. Damit entfällt auch die Beschwer des Auftraggebers, und es tritt eine **Erledigung des Nachprüfungsverfahrens** ein.[13] Mit der Erledigung des Nachprüfungsverfahrens erwächst den Verfahrensbeteiligten die Befugnis, gem. § 168 Abs. 2 S. 2 GWB die Feststellung zu beantragen, dass (entgegen der Sichtweise von Vergabekammer und Beschwerdegericht in der Eilentscheidung) das Vergabeverfahren (doch) rechtmäßig gewesen war (für den Auftraggeber) bzw. dass das Vergabeverfahren Rechte des Antragstellers tatsächlich verletzt hat. Eine solche Feststellung kann für den Antragsteller wegen der nur durch eine Hauptsacheentscheidung herbeiführbaren Bindungswirkung nach § 179 Abs. 1 GWB von Bedeutung sein.

§ 178 Beschwerdeentscheidung

[1]Hält das Gericht die Beschwerde für begründet, so hebt es die Entscheidung der Vergabekammer auf. [2]In diesem Fall entscheidet das Gericht in der Sache selbst oder spricht die Verpflichtung der Vergabekammer aus, unter Berücksichtigung der Rechtsauffassung des Gerichts über die Sache erneut zu entscheiden. [3]Auf Antrag stellt es fest, ob das Unternehmen, das die Nachprüfung beantragt hat, durch den Auftraggeber in seinen Rechten verletzt ist. [4]§ 168 Absatz 2 gilt entsprechend.

Literatur: Conrad, Rechtsfragen des Vergleichs im Vergabenachprüfungsverfahren, ZfBR 2014, 658; Czaudera, Erledigung des Nachprüfungsantrags im Verfahren vor der Vergabekammer und Kostenentscheidung, VergabeR 2011, 421; Dreher/Glöckle, Der Vergleich im Vergabenachprüfungsverfahren, NZBau 2015, 459, 529; Eiermann, Primärrechtsschutz gegen öffentliche Auftraggeber bei europaweiten Ausschreibungen durch Vergabenachprüfungsverfahren – Teil 1 und 2, NZBau 2016, 13 und 76; Rittwage, Vergleichsvereinbarungen bei der Vergabe öffentlicher Aufträge, NZBau 2007, 484; Steck, Aktuelle Entwicklungen und ungeklärte Fragen zum vergaberechtlichen Nachprüfungsverfahren, VergabeR 2022, 300; Wilke, Die Beschwerdeentscheidung im Vergaberecht, NZBau 2005, 380. Vgl. auch die Angaben bei § 176 GWB.

---

[11] RKPP/Hänisch GWB § 177 Rn. 11; zur Rechtsfolge der Beendigungsfiktion auch OLG Naumburg 4.9.2001 – 1 Verg 8/01, VPRRS 2003, 0246.

[12] Diese (Aufhebung bzw. Zurückversetzung) kann gem. § 178 S. 3, 4 GWB zum Gegenstand eines (Fortsetzungs-) Feststellungsantrag gemacht werden.

[13] OLG Naumburg 4.9.2001 – 1 Verg 8/01, VPRRS 2003, 0246; RKPP/Hänisch GWB § 177 Rn. 13.

Übersicht

Rn.

I. Bedeutung der Vorschrift 1
II. Entscheidung über die Beschwerde 2
   1. Umfang der Prüfung 2
   2. Form der Beschwerdeentscheidung 7d
   3. Inhalt der Beschwerdeentscheidung 8
      a) Erfolglose Beschwerde 8
      b) Begründete Beschwerde 9
      c) Rücknahme der Beschwerde 12
      d) Rücknahme des Nachprüfungsantrags 12a
III. Feststellung der Rechtsverletzung 13
   1. Erledigendes Ereignis erforderlich 13
   2. Besonderes Feststellungsinteresse 17
   3. Feststellender Beschluss 18
IV. Kostenentscheidung 19
V. Rechtskraft 22

I. Bedeutung der Vorschrift

§ 178 GWB enthält unvollständige Regelungen für die Entscheidung des Vergabesenats im Falle einer begründeten Beschwerde. Die Vorschrift enthält keine expliziten Regelungen für eine erfolglose, dh unzulässige oder unbegründete Beschwerde. Ferner werden die Voraussetzungen für eine feststellende Entscheidung geregelt. Weitere Einzelheiten im Hinblick auf das Verfahren und die Beschwerdeentscheidung selbst ergeben sich aus den §§ 171 ff. GWB, insbes. aus der Verweisungsnorm des § 175 Abs. 2 GWB, die iW auf die Verfahrensvorschriften des Kartellbeschwerdeverfahrens im Teil 3 des GWB und über § 72 GWB auf zahlreiche Regelungen des GVG und der ZPO Bezug nimmt. Nach wie vor bestehende Lücken sind durch sinngemäße Heranziehung passender Vorschriften der ZPO und VwGO zu schließen.[1]

II. Entscheidung über die Beschwerde

1. Umfang der Prüfung

Das Beschwerdegericht überprüft als **volle Tatsacheninstanz** auf die sofortige Beschwerde die Sach- und Rechtslage (§ 175 Abs. 2 GWB iVm §§ 75 Abs. 1–3, 76 Abs. 1 GWB). Es gilt gem. § 175 Abs. 2 GWB iVm § 75 Abs. 1 GWB der **Untersuchungsgrundsatz**. Im Gegensatz zum Verfahren vor der Vergabekammer handelt es sich beim Beschwerdeverfahren um ein **gerichtliches Verfahren,** bei dem ergänzend zu den Vorschriften des GWB die ZPO entspr. anzuwenden ist. Genauso wie die Vergabekammer kann das Beschwerdegericht einen erteilten Zuschlag nicht aufheben, § 178 S. 4 GWB iVm § 168 Abs. 2 S. 1 GWB. Über die sofortige Beschwerde entscheidet der Vergabesenat gem. § 175 Abs. 2 GWB iVm § 76 Abs. 1 S. 1 GWB durch **Beschluss.**

Die **Fünf-Wochen-Frist des § 167 Abs. 1 GWB gilt für den Vergabesenat nicht,** da § 175 Abs. 2 GWB ausschl. auf § 167 Abs. 2 S. 1 GWB verweist. Der Vergabesenat unterliegt damit keiner gesetzlichen Zeitvorgabe für die Entscheidung,

---

[1] RKPP/Schäfer GWB § 178 Rn. 2.

wohl aber dem besonderen vergaberechtlichen **Beschleunigungsgebot**. Zumindest bei einer Beschwerde des erstinstanzlich unterlegenen Antragstellers ist wegen des regelmäßig mit der Beschwerde einzulegenden Antrags auf Verlängerung der aufschiebenden Wirkung der sofortigen Beschwerde gem. § 173 Abs. 1 S. 3 GWB eine schnelle Befassung mit der Sache und Entscheidung über diesen Antrag erforderlich (dazu → § 173 Rn. 17 ff.).[2]

4   Der Vergabesenat prüft zunächst die **Zulässigkeit der sofortigen Beschwerde** gem. § 172 GWB (dazu → § 172 Rn. 2 ff.). Verneint der Senat die Zulässigkeit der sofortigen Beschwerde, verwirft er sie abw. vom Wortlaut des § 175 Abs. 2 iVm § 65 Abs. 1 Hs. 1 GWB ohne mündliche Verhandlung. Die Rspr. wendet aufgrund des vom Beschleunigungsgrundsatz geprägten Vergabenachprüfungsverfahrens § 522 Abs. 1 S. 3 ZPO entspr. an, wonach eine unzulässige Berufung ohne mündliche Verhandlung durch Beschluss verworfen werden kann.[3]

4a Im Falle der Zulässigkeit der sofortigen Beschwerde muss dagegen nach § 175 Abs. 2 GWB iVm § 65 GWB eine **mündliche Verhandlung** durchgeführt werden – außer in Fällen, in denen sich die Beschwerde ausschl. gegen eine Kostenentscheidung der Vergabekammer richtet.[4]

5   Umfang und Inhalt der Entscheidung des Beschwerdegerichts werden durch den **Streitgegenstand der Beschwerde** vorgegeben. Der Beschwerdeführer bestimmt mit der Erklärung, inwieweit die Entscheidung der Vergabekammer angefochten und eine abw. Entscheidung beantragt wird (vgl. § 172 Abs. 2 S. 2 Nr. 1 GWB), den Gegenstand der Entscheidungsfindung, also den Streitgegenstand.[5] Das Beschwerdegericht ist insoweit gebunden. So wird eine Entscheidung der Vergabekammer, soweit sie teilbar ist und dagegen von den anderen Beteiligten angefochten wurde (zB durch eine Anschlussbeschwerde), bestandskräftig und ist damit der Überprüfung durch das Beschwerdegericht entzogen.[6] Richtet der Beschwerdeführer zB die Beschwerde allein gegen die Kostengrundentscheidung der Vergabekammer, ohne die Entscheidung der Vergabekammer in der Hauptsache anzugreifen, ist diese einer Entscheidung des Beschwerdegerichts entzogen.

6   IRd so vorgegebenen Streitgegenstands prüft das Beschwerdegericht gem. § 175 Abs. 2 GWB iVm § 75 Abs. 1–3 GWB die Sach- und Rechtslage **von Amts wegen in vollem Umfang**. Die Einschränkung des Amtsermittlungsgrundsatzes ergibt sich ausschl. aus dem Streitgegenstand und nicht aus § 163 Abs. 1 S. 2, 3 GWB, der für den Vergabesenat nicht gilt.

7   IRd Streitgegenstands der Beschwerde hat das Beschwerdegericht allerdings die gleichen **umfassenden Entscheidungsbefugnisse** wie die Vergabekammer. Es ist insofern nicht an den Vortrag in der Beschwerdebegründung oder an den von der Vergabekammer behandelten Streitstoff gebunden.[7] Das Gericht entscheidet vielmehr gem. §§ 175 Abs. 2, 76 Abs. 1 GWB nach seiner freien, aus dem Gesamtergebnis des Verfahrens gewonnenen Überzeugung. Es ist nicht gehindert, den mit der Beschwerde festgelegten Sachverhalt unter einem **anderen bzw. neuen rechtlichen Gesichtspunkt** abw. zu würdigen und die Entscheidung auf einen – vom antragstellenden Bieter selbst rechtlich so nicht erkannten – Vergaberechtsverstoß

---

[2] RKPP/Schäfer GWB § 178 Rn. 5.
[3] BayObLG 26.7.2022 – Verg 4/22, BeckRS 2022, 20975.
[4] RKPP/Schäfer GWB § 178 Rn. 4; Müller-Wrede/Stoye/Thomas GWB § 175 Rn. 20.
[5] OLG Brandenburg 12.1.2010 – Verg W 5/09, BeckRS 2010, 1942; OLG Frankfurt a. M. 15.7.2008 – 11 Verg 4/08, ZfBR 2009, 86; Müller-Wrede/Anger GWB § 178 Rn. 15.
[6] OLG Düsseldorf 27.4.2005 – Verg 10/05, BeckRS 2005, 05607; RKPP/Schäfer GWB § 178 Rn. 8.
[7] OLG Naumburg 6.12.2012 – 2 Verg 5/12, BeckRS 2013, 1041; OLG Düsseldorf 28.4.2008 – Verg 1/08, BeckRS 2008, 15517; Müller-Wrede/Anger GWB § 178 Rn. 35.

zu stützen.[8] In diesem Fall hat es entspr. § 139 Abs. 2 S. 1 ZPO die Beteiligten auf den rechtlichen Gesichtspunkt hinzuweisen und ihnen Gelegenheit zur Äußerung zu geben.

Das Beschwerdegericht überprüft auch die **Zulässigkeit des Nachprüfungsantrags** iSd § 160 Abs. 3 GWB neu. Es kann durchaus anders als die Vergabekammer und damit auch zum Nachteil des Beschwerdeführers entscheiden. 7a

Der Antragsteller als Beschwerdeführer kann **neue Rügen und Tatsachen,** insbes. nach einer ggf. erweiterten Akteneinsicht im Beschwerdeverfahren, ins Verfahren einbringen, solange nicht die Rügepräklusion und die Verspätungsregelung des § 175 Abs. 2 GWB iVm § 75 Abs. 3 S. 2 GWB entgegenstehen. Ebenso können – in den Grenzen des § 175 Abs. 2 GWB iVm § 75 Abs. 3 S. 2 GWB – die übrigen Beteiligten **neue Tatsachen zur Abwehr des Nachprüfungsantrags** einbringen.[9] 7b

Da das Beschwerdeverfahren keine mit § 531 Abs. 1 ZPO bzw. § 128a VwGO vergleichbare Regelung kennt, ist im Beschwerdeverfahren auch Tatsachenvortrag zu beachten, der im Verfahren vor der Vergabekammer **wegen verspäteten Vorbringens** zu Recht gem. § 167 Abs. 2 S. 2 GWB unbeachtet geblieben ist. Dieses Versäumnis des Gesetzgebers entwertet die Mitwirkungsobliegenheit der Parteien im Verfahren vor der Vergabekammer, wo teilw. nur oberflächlich und verspätet zur Sache vorgetragen wird, da in jedem Fall eine „**Flucht in die Beschwerde**" möglich ist.[10] 7c

2. Form der Beschwerdeentscheidung

Das Beschwerdegericht entscheidet gem. § 175 Abs. 2 iVm § 76 Abs. 1 GWB durch **Beschluss,** unabhängig davon, ob eine mündliche Verhandlung stattgefunden hat oder nicht. Auch wenn mündlich verhandelt worden ist, bedarf der Beschluss keiner Verkündung. Das GWB ordnet eine solche nicht an, und es existiert auch kein allg. prozessuales Prinzip, wonach Entscheidungen, die nach einer mündlichen Verhandlung ergehen, zwingend der Verkündung bedürften.[11] 7d

Nach § 175 Abs. 2 iVm § 76 Abs. 6 GWB ist der Beschluss zu begründen. Gerade weil der Beschluss durch ein weiteres Rechtsmittel nicht mehr angreifbar und damit sogleich mit seinem Erlass rechtskräftig wird, bedarf er einer eingehenden Begründung, mit der die Beteiligten die wesentlichen Erwägungen des Vergabesenats, die die Entscheidung tragen, nachvollziehen können.[12] 7e

Da kein Rechtsmittel gegen den Beschluss des Vergabesenats mehr gegeben ist, bedarf es trotz des Wortlauts von § 175 Abs. 2 iVm § 76 Abs. 6 GWB **keiner Rechtsbehelfsbelehrung.** Der Verweis auf § 76 Abs. 6 GWB beruht auf einem Redaktionsversehen des Gesetzgebers.[13] 7f

3. Inhalt der Beschwerdeentscheidung

a) Erfolglose Beschwerde. Den Fall der **unzulässigen** oder **unbegründeten** Beschwerde regelt § 178 GWB nicht. Die erfolglose Beschwerde ist aber selbstverständlich nach der prozessual üblichen Terminologie bei Unzulässigkeit zu verwerfen, bei Unbegründetheit zurückzuweisen. Die Entscheidung der Vergabekammer wird in einem solchen Fall bestandskräftig. Die Beschwerde ist ebenfalls unbegrün- 8

---

[8] RKPP/Schäfer GWB § 178 Rn. 11; HK-VergabeR/Dieck-Bogatzke GWB § 178 Rn. 3.
[9] RKPP/Schäfer GWB § 178 Rn. 10; Müller-Wrede/Anger GWB § 178 Rn. 19.
[10] Beck VergabeR/Vavra/Willner GWB § 178 Rn. 7; differenzierend Müller-Wrede/Anger GWB § 178 Rn. 19.
[11] RKPP/Schäfer GWB § 178 Rn. 13f. mwN.
[12] RKPP/Schäfer GWB § 178 Rn. 15; Müller-Wrede/Anger GWB § 178 Rn. 68.
[13] RKPP/Schäfer GWB § 178 Rn. 16; Beck VergabeR/Vavra/Willner GWB § 178 Rn. 23.

GWB § 178

det, wenn das Beschwerdegericht von der Entscheidung der Vergabekammer zwar in der Begründung, nicht aber im Tenor abweicht.[14]

9 **b) Begründete Beschwerde.** Hält das Beschwerdegericht die Beschwerde für begründet, so hebt es die Entscheidung der Vergabekammer auf und **entscheidet in der Sache selbst** oder spricht die **Verpflichtung der Vergabekammer** aus, unter Berücksichtigung der Rechtsauffassung des Gerichts **über die Sache erneut zu entscheiden.**

10 Ob das Beschwerdegericht **selbst entscheidet** oder **an die Vergabekammer zurückverweist,** steht in seinem Ermessen. Dabei nimmt der Vergabesenat eine Gesamtabwägung der von seiner Entscheidung tangierten, berechtigten Interessen vor.[15]

10a Die Entscheidungsalternativen stehen dabei allerdings nicht gleichrangig nebeneinander. Die Grundsätze der Beschleunigung des Vergabeverfahrens und der Prozessökonomie lassen vielmehr eine **Zurückverweisung nur in Ausnahmefällen** zu. Denn die mit einer Zurückverweisung verbundene erhebliche Verzögerung läuft dem im Gesetz verankerten Ziel einer möglichst raschen Beendigung des Vergabeverfahrens zuwider. Ist die Sache spruchreif, hat daher das Gericht selbst zu entscheiden.[16] Eine Zurückverweisung kommt insbes. in Fallkonstellationen in Betracht, in denen die Vergabekammer den Nachprüfungsantrag aus formellen Gründen verworfen hat, ohne sich mit den materiell-rechtlichen Fragen auseinandergesetzt zu haben (vgl. auch § 538 Abs. 2 ZPO)[17], oder das Verfahren vor der Vergabekammer an schwerwiegenden Mängeln litt, weil zB zwingend gebotene Beiladungen unterblieben sind.[18]

10b Im Fall der Zurückverweisung ist die Vergabekammer an die im Beschluss des Senats dargelegte Rechtsauffassung gebunden, zB wenn der Senat den Nachprüfungsantrag – anders als vorher die Vergabekammer – für zulässig erachtet. Der Umfang der Bindungswirkung muss sich aus den Entscheidungsgründen der zurückverweisenden Entscheidung ergeben. Die Bindungswirkung entfällt nur dann, wenn und soweit sich die entscheidungserhebliche Sach- und Rechtslage nachträglich geändert hat (vgl. § 563 Abs. 1 S. 2 ZPO). Das Verfahren vor der Vergabekammer ist nach Zurückverweisung in dem Umfang neu durchzuführen, wie es sich aus der zurückverweisenden Entscheidung ergibt.[19] Fehlerfrei durchgeführte Verfahrensschritte der Vergabekammer müssen nicht zwingend wiederholt werden.

11 Trifft das Beschwerdegericht bei begründeter Beschwerde **eine eigene Sachentscheidung,** so stehen ihm die gleichen Befugnisse wie der Vergabekammer zu. Zwar findet sich in § 178 GWB keine ausdr. Verweisung auf § 168 Abs. 1 GWB, der die weitgehenden Entscheidungsbefugnisse der Vergabekammer regelt. Es besteht jedoch kein Zweifel, dass das Beschwerdegericht, wenn es in der Sache selbst entscheidet, die geeigneten Maßnahmen treffen darf, um eine Rechtsverletzung zu beseitigen und eine Schädigung der betroffenen Interessen zu verhin-

---

[14] OLG Naumburg 7.5.2002 – 1 Verg 19/01, ZfBR 2002, 618; OLG Rostock 6.6.2001 – 17 W 6/01, BeckRS 2010, 27090; Wilke NZBau 2005, 380 (382).
[15] OLG Frankfurt a. M. 5.10.2010 – 11 Verg 7/10, ZfBR 2011, 394; OLG Celle 3.12.2009 – 13 Verg 14/09, VPRRS 2009, 0432.
[16] OLG Brandenburg 12.1.2010 – Verg W 5/09, BeckRS 2010, 1942; OLG Schleswig 19.2.2007 – 1 Verg 14/06, BeckRS 2007, 08500; OLG Düsseldorf 21.12.2005 – Verg 69/05, BeckRS 2006, 01787; OLG Naumburg 7.5.2002 – 1 Verg 19/01, ZfBR 2002, 618; RKPP/Schäfer GWB § 178 Rn. 19 f.
[17] KG 21.12.2018 – Verg 7/18, BeckRS 2018, 35248.
[18] KG 27.5.2019 – Verg 4/19, BeckRS 2019, 10963.
[19] RKPP/Schäfer GWB § 178 Rn. 21 f.

dern.[20] Weist der Vergabesenat eine sofortige Beschwerde des Antragstellers zurück, kann der Auftraggeber nach Zustellung der Entscheidung an die Beteiligten den Zuschlag erteilen.[21]

Da das Gericht sich ebenso wenig wie die Vergabekammer an die Stelle des öffentlichen Auftraggebers setzen und insbes. für diesen kein Ermessen ausüben darf, kommen idR nur Anordnungen in Betracht, die in der Wiederholung der entspr. betroffenen Verfahrensabschnitte (unter Beachtung der Rechtsauffassung des Beschwerdegerichts) bestehen; → § 168 Rn. 9 ff. Eine Verurteilung des Auftraggebers zur Zuschlagserteilung an den Antragsteller ist idR ausgeschlossen (→ § 168 Rn. 16). 11a

c) Rücknahme der Beschwerde. Bei einer **Rücknahme der sofortigen Beschwerde** endet das Beschwerdeverfahren. Die angefochtene Entscheidung der Vergabekammer wird durch die Rücknahme der Beschwerde bestandskräftig. Eine etwaige Anschlussbeschwerde verliert entspr. § 524 Abs. 4 ZPO ihre Wirkung. Die Rücknahme der sofortigen Beschwerde bedarf nicht der Zustimmung der übrigen Beteiligten.[22] Nur im Verfahren vor dem BGH nach § 179 Abs. 2 GWB kann die Beschwerde nach Beginn der mündlichen Verhandlung nur mit Einwilligung des Gegners zurückgenommen werden.[23] 12

d) Rücknahme des Nachprüfungsantrags. Im Falle einer **Rücknahme des Nachprüfungsantrags** im Beschwerdeverfahren wird der angefochtene Beschluss der Vergabekammer – abgesehen von der Kostenentscheidung – insges. wirkungslos.[24] Das Beschwerdegericht trifft in einem solchen Fall nur noch eine Kostenentscheidung. Ggf. spricht es zudem aus, dass eine stattgebende Entscheidung der Vergabekammer wirkungslos geworden ist. Die Antragsrücknahme bedarf keiner Zustimmung der übrigen Beteiligten.[25] 12a

III. Feststellung der Rechtsverletzung

1. Erledigendes Ereignis erforderlich

Auf Antrag stellt das Beschwerdegericht gem. § 178 S. 3 GWB fest, ob das Unternehmen, das die Nachprüfung beantragt hat, durch den Auftraggeber in seinen Rechten verletzt ist. Die Feststellung dient insbes. der **Vorbereitung** von **Schadensersatzverfahren**.[26] 13

Aufgrund des Verweises in § 178 S. 4 GWB auf die entspr. Geltung des § 168 Abs. 2 GWB, der den Fortsetzungsfeststellungsantrag vor der Vergabekammer regelt, ist str., ob die in S. 3 geregelte Feststellung der Rechtsverletzung über die in § 168 Abs. 2 GWB geregelten Entscheidungsbefugnisse iRd Fortsetzungsfeststellungsantrags hinausgeht. Nach § 168 Abs. 2 GWB ist konstitutive Voraussetzung für eine Feststellungsentscheidung, dass sich das Nachprüfungsverfahren durch Zuschlag oder in sonstiger Weise erledigt hat. 14

---

[20] Beck VergabeR/Vavra/Willner GWB § 178 Rn. 8; BayObLG 5.11.2002 – Verg 22/02, BeckRS 2002, 9325; OLG Celle 10.1.2008 – 13 Verg 11/07, BeckRS 2008, 01740.
[21] RKPP/Schäfer GWB § 178 Rn. 23.
[22] RKPP/Wiese GWB § 175 Rn. 47; OLG Naumburg 13.2.2012 – 2 Verg 14/11, BeckRS 2012, 5942.
[23] BGH 4.4.2017 – X ZB 3/17, NZBau 2017, 366.
[24] BayObLG 26.10.2021 – Verg 4/21, NZBau 2022, 61.
[25] BGH 24.3.2009 – X ZB 29/08, NZBau 2009, 466; BayObLG 26.10.2021 – Verg 4/21, NZBau 2022, 61; Beck VergabeR/Vavra/Willner GWB § 178 Rn. 18.
[26] Gesetzesbegründung zu § 132 GWB-Entwurf (heute § 178 GWB), BT-Drs. 13/9340.

15 Teilw. wurde ein Feststellungsantrag gem. § 178 S. 3 GWB als **Zwischenfeststellungsantrag** im Beschwerdeverfahren auch ohne eine Erledigung des Nachprüfungsverfahrens für zulässig gehalten.[27] Es sei denkbar, dass der Antragsteller ebenso wie der Auftraggeber auch dann Interesse an der Feststellung habe, wenn das Vergabeverfahren noch nicht abgeschlossen sei und das Gericht neben der Feststellungs- auch eine Sachentscheidung treffe.

16 Zutreffend erscheint aber trotz der redaktionellen Unklarheit der § 178 S. 3, 4 GWB die Auff.[28], dass das Beschwerdeverfahren dem Unternehmen oder dem Auftraggeber keinen über das Nachprüfungsverfahren vor der Vergabekammer hinausgehenden Rechtsschutz einräumen möchte. Das eigentliche Rechtsschutzziel liegt auch vor dem Beschwerdegericht in der Beseitigung eines Vergaberechtsfehlers, der die Zuschlagschancen des Antragstellers beeinträchtigen kann. Nur bei einer echten Erledigung sind daher überhaupt Schadensersatzansprüche (oder Unterlassungsansprüche wegen Wiederholungsgefahr) denkbar. Daher ist es praktisch nicht vorstellbar, dass das zwingend erforderliche Feststellungsinteresse iR eines noch nicht abgeschlossenen Vergabeverfahrens bejaht werden kann (zu den Voraussetzungen → § 168 Rn. 39 ff.). Im Regelfall ist daher eine Erledigung des Nachprüfungsverfahrens als Voraussetzung für eine Umstellung auf einen Feststellungsantrag zu fordern.

2. Besonderes Feststellungsinteresse

17 Ungeschriebene Zulässigkeitsvoraussetzung für den Feststellungsantrag ist das Vorliegen des sog. **Feststellungsinteresses.** Ein solches Feststellungsinteresse rechtfertigt sich durch jedes Interesse rechtlicher, wirtschaftlicher oder ideeller Art und muss geeignet sein, die Rechtsposition des Antragstellers in einem der genannten Bereiche zu verbessern oder eine Beeinträchtigung seiner Rechte auszugleichen oder zu mildern.[29] Ein Feststellungsinteresse kann insbes. gegeben sein, wenn der Feststellungsantrag der Vorbereitung einer Schadensersatzforderung dient (→ § 168 Rn. 40 ff.).

3. Feststellender Beschluss

18 Das Beschwerdegericht stellt auf Antrag – soweit der Feststellungsantrag zulässig und in der Sache begründet ist – fest, dass der Antragsteller durch das Vorgehen des Auftraggebers in seinen Rechten aus § 97 Abs. 6 GWB verletzt wurde. Die Entscheidung über den Feststellungsantrag entfaltet gem. § 179 Abs. 1 GWB **Bindungswirkung** in einem späteren Prozess vor einem ordentlichen Gericht. Die Rechtswidrigkeit muss im Beschluss des Beschwerdegerichts daher möglichst konkret festgestellt werden.[30]

IV. Kostenentscheidung

19 Über die Verweisungsnorm des § 175 Abs. 2 GWB wird die **entspr. Anwendung des § 71 GWB,** der die Kostentragung und -festsetzung im Kartellbe-

---

[27] OLG Düsseldorf 29.7.2009 – Verg 18/09, BeckRS 2009, 23467; 29.4.2009 – Verg 76/08, BeckRS 2009, 13975; s. aber OLG Düsseldorf 26.7.2018 – Verg 23/18, VPRRS 2018, 0404.

[28] Kein selbständiges Feststellungsverfahren: OLG Schleswig 15.3.2013 – 1 Verg 4/12, NZBau 2013, 453; Müller-Wrede/Anger GWB § 178 Rn. 54.

[29] OLG Frankfurt a. M. 21.7.2020 – 11 Verg 9/19, VPRRS 2020, 0269; OLG Düsseldorf 12.6.2019 – Verg 52/18, NZBau 2020, 258; OLG München 19.7.2012 – Verg 8/12, NZBau 2012, 658.

[30] Wilke NZBau 2005, 380 (383).

schwerdeverfahren regelt, angeordnet. § 71 GWB regelt nach hA die Tragung sowohl der Gerichts- als auch der außergerichtlichen Kosten der Beteiligten.[31] Die Erstattung der außergerichtlichen Kosten des Beigeladenen richtet sich – wie auch im Verfahren vor der Vergabekammer, vgl. § 182 Abs. 4 S. 2 GWB – gem. § 71 S. 1 GWB nach billigem Ermessen, also letztendlich nach dessen Beteiligung an dem Verfahren.[32]

Bei einer **erfolglosen Beschwerde** hat der unterliegende Beschwerdeführer entspr. § 71 S. 2 GWB die Gerichtskosten sowie die notwendigen Auslagen des Beschwerdegegners zu tragen.

Bei einer **erfolgreichen Beschwerde** ist § 71 S. 2 GWB von seinem Wortlaut her nicht anwendbar. Es wird daher zT auf eine entspr. Anwendung des § 91 ZPO zurückgegriffen.[33] Da § 71 S. 1 GWB aber eine **eigenständige Billigkeitsregelung** enthält, ist ein Rückgriff auf eine analoge Anwendung des § 91 ZPO nicht notwendig.[34] Dies gilt entspr. auch für ein Teilobsiegen.[35] Im Fall einer erfolgreichen Beschwerde entspricht es regelmäßig der Billigkeit, den Beschwerdeführer nicht mit den Gerichtskosten zu belasten und seine außergerichtlichen Kosten zu erstatten.[36] Anders kann dies allenfalls in atypischen Fallgestaltungen sein, insbes. wenn einem Beteiligten ein grobes Verschulden iSd § 71 S. 2 GWB vorzuwerfen ist, zB durch falsche Auskünfte oder unvollständiges Vorbringen.[37] Gleiches kann entspr. § 97 Abs. 2 ZPO gelten, wenn die Beschwerde deshalb erfolgreich ist, weil der Beschwerdeführer nunmehr Tatsachenvortrag nachschiebt, den er bereits vor der Vergabekammer hätte vorbringen können.[38]

Bei **Erledigung der Hauptsache im Beschwerdeverfahren** kann entspr. §§ 175 Abs. 2, 71 S. 3 GWB auf eine analoge Anwendung des § 91a ZPO zurückgegriffen werden. Über die Kostenverteilung ist danach nach billigem Ermessen unter Berücksichtigung des bisherigen Sach- und Streitstandes zu entscheiden.[39] Dies gilt auch für die außergerichtlichen Kosten der Verfahrensbeteiligten.[40] Der voraussichtliche Ausgang des Verfahrens ist nur dann entscheidend, wenn bereits aus dem Sach- und Streitstand zum Zeitpunkt der Erledigung absehbar ist, ob die Beschwerde ohne das erledigende Ereignis erfolgreich gewesen wäre. Ist dies nicht der Fall, entspricht regelmäßig eine Kostenentscheidung dahingehend der Billigkeit, dass die Gerichtskosten hälftig geteilt und die außergerichtlichen Kosten nicht erstattet werden.[41] Hilft der Auftraggeber erst im Beschwerdeverfahren der Rüge des Antragstellers ab und erledigt sich dadurch das Beschwerdeverfahren, ist es regelmäßig gerechtfertigt, dem Auftraggeber die Kosten aufzuerlegen, weil er sich materiell in die Position des Unterlegenen begeben hat.[42]

---

[31] RKPP/Wiese GWB § 182 Rn. 75; aA (zur vor 2016 geltenden Rechtslage) OLG München 29.9.2009 – Verg 12/09, BeckRS 2009, 27005, außergerichtliche Kosten analog §§ 91, 92 Abs. 1 S. 2 ZPO.
[32] RKPP/Wiese GWB § 182 Rn. 94; OLG Düsseldorf 9.12.2009 – Verg 38/09, BeckRS 2010, 14549, Beteiligung des Beigeladenen am Verfahren entscheidend.
[33] OLG München 29.9.2009 – Verg 12/09, BeckRS 2009, 27005; OLG Düsseldorf 2.12.2009 – Verg 39/09, BeckRS 2010, 4716.
[34] So auch RKPP/Wiese GWB § 182 Rn. 74 f.
[35] RKPP/Wiese GWB § 182 Rn. 82; aA OLG München 29.9.2009 – Verg 12/09, BeckRS 2009, 27005, § 92 ZPO analog anzuwenden.
[36] RKPP/Wiese GWB § 182 Rn. 80.
[37] Müller-Wrede/Anger GWB § 178 Rn. 70; RKPP/Wiese GWB § 182 Rn. 81.
[38] OLG Celle 3.7.2018 – 13 Verg 8/17, NZBau 2019, 213.
[39] RKPP/Wiese GWB § 182 Rn. 84.
[40] OLG Düsseldorf 31.10.2012 – Verg 14/12, BeckRS 2012, 24283.
[41] BGH 23.1.2013 – X ZB 8/11, NZBau 2013, 389; RKPP/Wiese GWB § 182 Rn. 84.
[42] OLG Düsseldorf 10.5.2012 – Verg 5/12, VPRRS 2012, 0228.

V. Rechtskraft

22 Die Beschwerdeentscheidung ist abschließend. Ein weiteres Rechtsmittel ist nicht gegeben. Es kommen nur die üblichen Korrekturmöglichkeiten der Berichtigung des Urteils, des Tatbestands oder der Ergänzung des Urteils (analog §§ 319–321 ZPO) in Betracht.[43]

23 Ferner gibt es den außerordentlichen Rechtsbehelf der **Anhörungs- oder Gehörsrüge** nach dem Gesetz über die Rechtsbehelfe bei Verletzung des Anspruchs auf rechtliches Gehör (Anhörungsrügengesetz).[44] § 175 Abs. 2 GWB verweist insoweit auf § 69 GWB. Eine Abänderung der Beschwerdeentscheidung kommt nur dann in Betracht, wenn wesentliche Prozessgrundrechte, also iW das Recht auf rechtliches Gehör, in grober Hinsicht verletzt worden sind, § 69 Abs. 1 S. 1 Nr. 2 GWB.[45] Die Entscheidung obliegt allein dem Beschwerdegericht. Sie ist unanfechtbar, § 69 Abs. 4 S. 3 GWB.

§ 179 Bindungswirkung und Vorlagepflicht

(1) **Wird wegen eines Verstoßes gegen Vergabevorschriften Schadensersatz begehrt und hat ein Verfahren vor der Vergabekammer stattgefunden, ist das ordentliche Gericht an die bestandskräftige Entscheidung der Vergabekammer und die Entscheidung des Oberlandesgerichts sowie gegebenenfalls des nach Absatz 2 angerufenen Bundesgerichtshofs über die Beschwerde gebunden.**

(2) **[1]Will ein Oberlandesgericht von einer Entscheidung eines anderen Oberlandesgerichts oder des Bundesgerichtshofs abweichen, so legt es die Sache dem Bundesgerichtshof vor. [2]Der Bundesgerichtshof entscheidet anstelle des Oberlandesgerichts. [3]Der Bundesgerichtshof kann sich auf die Entscheidung der Divergenzfrage beschränken und dem Beschwerdegericht die Entscheidung in der Hauptsache übertragen, wenn dies nach dem Sach- und Streitstand des Beschwerdeverfahrens angezeigt scheint. [4]Die Vorlagepflicht gilt nicht im Verfahren nach § 173 Absatz 1 Satz 3 und nach § 176.**

Literatur: Calliess, Auf dem Weg zu einer kohärenten Kontrolle der unionsrechtlichen Vorlagepflicht? NJW 2013, 1905; Eiermann, Primärrechtsschutz gegen öffentliche Auftraggeber bei europaweiten Ausschreibungen durch Vergabenachprüfungsverfahren – Teil 1 NZBau 2016, 13; Herrmann, Die Reichweite der gemeinschaftsrechtlichen Vorlagepflicht in der neueren Rechtsprechung des EuGH, EuZW 2006, 231; Krumenaker, Schadensersatz vor den Zivilgerichten wegen Vergaberechtsverstoßes ohne vorherige Rüge und Nachprüfungsantrag, NZBau 2020, 429; Pilarski, Bindungswirkung der Entscheidung der Vergabekammer für das Verwaltungsgericht gem. § 179 I GWB, VergabeR 2019, 607; Shirvani, Vorlagerecht der Vergabekammern gem. Art. 267 AEUV, ZfBR 2014, 31; Ziegler, Anforderungen an die Bekanntmachung von Eignungskriterien und Divergenzvorlagen, NZBau 2019, 702.

---

[43] Wilke NZBau 2005, 380 (384); allg. hierzu OLG Bremen 11.12.2003 – Verg 5/2003, IBRRS 2004, 0831.

[44] V. 9.12.2004, BGBl. I 3220.

[45] Dazu OLG Düsseldorf 3.7.2017 – VII-Verg 36/16, BeckRS 2017, 151420; 20.6.2017 – VII-Verg 36/16, BeckRS 2017, 114321. Es muss sich um eine unanfechtbare Endentscheidung handeln: OLG Düsseldorf 19.3.2020 – Verg 17/16, VPRRS 2020, 0200. Ein Beschluss, mit dem das Verfahren bis zum Abschluss eines beim BGH anhängigen **Divergenzvorlageverfahren** ausgesetzt wird, stellt eine der Endentscheidung vorausgehende Entscheidung dar, gegen die die Anhörungsrüge nicht statthaft ist.

I. Bedeutung der Vorschrift

Der im Gesetzgebungsverfahren des VergRModG 2016 (ggü. § 124 GWB aF) inhaltlich unverändert gebliebene § 179 GWB regelt zwei unterschiedliche, aber in einem mittelbaren Zusammenhang stehende Tatbestände: Abs. 1 ordnet die Bindungswirkung in Vergabenachprüfungsverfahren getroffener Entscheidungen der Vergabekammer, des Vergabesenats eines OLG und des BGH für spätere Schadensersatzprozesse an[1] und will damit eine wiederholte Prüfung durch die damit befassten Zivilgerichte vermeiden.[2] Die Vorlagepflicht bei sog. Divergenzen nach Abs. 2 soll eine bundeseinheitliche Rspr. in Vergabesachen sicherstellen.[3] Mittelbar wird die **Rechtseinheit** freilich auch durch die Bindung der Zivilgerichte an die Entscheidungen der Vergabenachprüfungsinstanzen gefördert,[4] deren Einheitlichkeit ihrerseits die Vorlagepflicht dient. Die Bindungswirkung hat folglich nicht nur prozessökonomische Gründe. Zumindest tendenziell ist sie, wenn eine Vergabenachprüfungsinstanz bestandskräftig bereits über die Rechtmäßigkeit des Vergabeverfahrens entschieden hat, auch geeignet, die Anzahl von Schadensersatzprozessen zu begrenzen. Durch das VergRModG vom 20.4.2009 ist in Abs. 2 der S. 3 eingefügt worden, wonach der **BGH** auf eine Vorlage – nunmehr als Beschwerdegericht und Tatsacheninstanz – nicht unbedingt selbst mehr die Beschwerdeentscheidung treffen muss, sondern sich nach seinem Ermessen unter **Zurückgabe der Sache** an das vorlegende OLG auf eine Entscheidung der Divergenzfrage beschränken kann – eine Klarstellung, die der chronisch hohen Geschäftsbelastung des BGH Rechnung tragen soll. Eine Zurückgabe kommt namentlich in Betracht, wenn die Sache nach Auffassung des BGH weiterer Aufklärung bedarf.[5] Die frühere Rechtslage, wonach der BGH generell über die Beschwerde selbst zu entscheiden hatte,[6] ist damit aufgegeben worden.

II. Bindungswirkung (Abs. 1)

Die Bindung an Entscheidungen der Vergabenachprüfungsinstanzen gilt für **Schadensersatzprozesse** (sog. Sekundärrechtsschutz). Diese sind nach § 13 GVG vor den Gerichten der ordentlichen Gerichtsbarkeit, also vor den Zivilgerichten, zu führen, wohingegen die Vergabenachprüfungsinstanzen nicht die Kompetenz haben, sich mit Schadensersatzansprüchen zu befassen (vgl. § 156 Abs. 3 GWB). Ihnen obliegt ausschl. die Gewährung von Primärrechtsschutz in Vergabeverfahren, bei dem es dem am Auftrag interessierten Unternehmen um die Erlangung des Auftrags geht. Bieter oder Bewerber um den Auftrag sind nicht analog § 839 Abs. 3 BGB gehalten oder sogar verpflichtet, vor einer Schadensersatzklage den beanstandeten Rechtsverstoß zu rügen oder die zuständige Vergabenachprüfungsinstanz anzurufen.[7]

---

[1] Eine Bindungswirkung kann sich unabhängig von § 179 GWB im Nachprüfungsverfahren selbst aus der materiellen Bestands- bzw. Rechtskraft ergeben, zB wenn über eine Rüge bereits in einem vorangegangenen Nachprüfungsverfahren entschieden worden ist, vgl. OLG Celle 17.6.2021 – 13 Verg 2/21, BeckRS 2021, 15998 Rn. 28; iErg ebenso OLG München 26.2.2021 – Verg 14/20, NZBau 2021, 698 Rn. 47 und 10.8.2017 – Verg 3/17, BeckRS 2017, 125474 Rn. 68.
[2] Vgl. die Begr. des RegE des VgRÄG, BT-Drs. 13/9430, 22.
[3] Vgl. die Begr. des RegE des VgRÄG, BT-Drs. 13/9430, 22.
[4] HK-Vergabe/Dieck-Bogatzke GWB § 179 Rn. 2; Müller-Wrede GWB/Anger § 179 Rn. 1.
[5] Vgl. BT-Drs. 16/10117, 24.
[6] Vgl. BGH 10.11.2009 – X ZB 8/09, NZBau 2010, 124 Rn. 18.
[7] BGH 17.9.2019 – X ZR 124/18, NZBau 2019, 798 Rn. 26 – Lärmschutzwände; 18.6.2019 – X ZR 86/17, NZBau 2019, 661 Rn. 29 – Straßenbauarbeiten.

1. Gegenstand und sachlicher Umfang der Bindungswirkung

3   Einer Bindung im Schadensersatzprozess unterliegt nach dem Wortlaut der Norm die bestandskräftige **Entscheidung** der Vergabekammer, des OLG oder ggf. des BGH (sofern er über die Beschwerde gegen die Entscheidung der Vergabekammer oder auch nur über die Divergenzfrage entschieden hat), wenn **wegen eines Verstoßes gegen Vergabevorschriften** Schadensersatz begehrt wird. Damit ist gekennzeichnet, dass sich der Umfang der Bindungskraft danach richtet, worüber die Vergabenachprüfungsinstanzen in Nachprüfungsverfahren kraft ihrer Zuständigkeit zu befinden und tatsächlich befunden haben. Nur dies kann in Bestandskraft erwachsen. Nach § 168 Abs. 1 GWB ist im Vergabenachprüfungsverfahren zu entscheiden über eine **Rechtsverletzung des Antragstellers** und eine ihm dadurch drohende, zumindest nicht ausschließbare Schädigung bei dem der Erlangung des Auftrags geltenden Interesse.[8] Ob ein Schaden tatsächlich eingetreten ist, ist im Nachprüfungsverfahren nicht zu prüfen, gleiches gilt für die Frage, ob der Antragsteller den Zuschlag erhalten hätte. Diesbezügliche Feststellungsanträge sind unzulässig.[9] Selbst wenn sich hierzu Aussagen im Beschluss der Nachprüfungsinstanz finden, bleiben sie unverbindlich. Bindend ist die Entscheidung über einen **vom Auftraggeber begangenen Rechtsverstoß** gegen als bieterschützend zu qualifizierende Bestimmungen über das Vergabeverfahren (vgl. § 97 Abs. 6 GWB), ggf. ist auch der Einwand rechtmäßigen Alternativverhaltens als Voraussetzung für den Angebotsausschluss von der Bindung erfasst.[10] Nach Sinn und Zweck der Norm nehmen an der Bindungswirkung sowohl der Tenor der Entscheidung als auch aus den Gründen die zugehörigen Tatsachenfeststellungen sowie die den Rechtsverstoß und die dadurch beim Antragsteller eingetretene Rechtsverletzung betreffenden Ausführungen teil.[11] Konsequenterweise sind damit im Schadensersatzprozess auch abweichende Tatsachenbehauptungen zum Sachverhalt, der Grundlage der maßgeblichen rechtlichen Würdigung im Nachprüfungsverfahren war, grds. ausgeschlossen.[12] Die Bindungswirkung nach § 179 Abs. 1 GWB ähnelt der für Amtshaftungsprozesse bedeutsamen Rechtskraftwirkung verwaltungsgerichtlicher Sachurteile, kann aber auch weitergehen.[13]

4   Ob die Entscheidung auf einen Antrag oder ein Begehren des Antragstellers nach **§ 168 Abs. 1 GWB** oder auf einen **Feststellungsantrag** nach §§ 168 Abs. 2, 178 S. 3 und 4 GWB ergeht, ist für die Bindung unerheblich. Bindend ist sowohl die positive Feststellung eines Rechtsverstoßes/einer Rechtsverletzung als auch die Verneinung (durch Ablehnung des Nachprüfungsantrags). Eine **Verwerfungsentscheidung** (als unzulässig, zB wegen Fehlens der Antragsbefugnis oder Nichterfüllung der Rügeobliegenheit) kann keine Bindungskraft entfalten, weil sie sich über einen erst iRd Begründetheit zu prüfenden Rechtsverstoß und eine Rechtsverletzung

---

[8] Vgl. → § 160 Rn. 23.
[9] OLG Frankfurt a. M. 8.8.2019 – 11 Verg 3/19, BeckRS 2019, 41780 Rn. 58.
[10] BGH 29.11.2016 – X ZB 122/14, ZfBR 2017, 247 Rn. 37; zur Präklusion nicht geltend gemachter Ausschlussgründe vgl. MüKoEuWettbR/Gröning GWB § 179 Rn. 12.
[11] Darüber besteht – soweit ersichtlich – iErg Einigkeit: vgl. ua BGH 29.11.2016 – X ZB 122/14, ZfBR 2017, 247 Rn. 37; Byok/Jaeger/Jaeger GWB § 179 Rn. 2; Immenga/Mestmäcker/Stockmann GWB § 179 Rn. 6; RKPP/Hänisch GWB § 179 Rn. 7; MüKoEuWettbR/Gröning GWB § 179 Rn. 3–5.
[12] RKPP/Hänisch GWB § 179 Rn. 8, der allerdings unstreitige oder zugestandene Sachverhaltsabweichungen für berücksichtigungsfähig hält; vgl. auch MüKoEuWettbR/Gröning GWB § 179 Rn. 5 f.
[13] Müller-Wrede GWB/Anger GWB § 179 Rn. 3.

nicht verhält.[14] Hat sich die Vergabekammer oder das OLG hingegen nicht an den Grundsatz gehalten, dass Zulässigkeitsfragen zwingend[15] einer Entscheidung bedürfen, bevor in die Sachprüfung eingetreten wird, sind zB Bedenken an der Antragsbefugnis oder an der Einhaltung der Rügeobliegenheit offengelassen und ist statt einer Prozessentscheidung eine Sachentscheidung über den geltend gemachten Rechtsverstoß getroffen worden, dann ist diese bindend. Genauso wenig ist Bindungswirkung zu verneinen, wenn die Nachprüfungsinstanz bei der Entscheidung iRd § 168 Abs. 1 GWB über einen Antrag oder das Rechtsfolgebegehren des Antragstellers hinausgegangen ist und etwa eine von ihm nicht entdeckte Rechtsverletzung festgestellt hat.

Gegenstand der Bindungswirkung ist die auf den gestellten Nachprüfungsantrag 5 ergangene Hauptsacheentscheidung. Von **Eilentscheidungen** nach § 169 Abs. 2, Abs. 3, Abs. 4 S. 2, § 173 Abs. 1 S. 3, § 176 GWB geht hingegen selbst dann keine Bindungskraft aus, wenn sie sich über Rechtsverstöße verhalten.[16] Das ergibt sich zwar nicht schon daraus, dass Eilentscheidungen in einem summarischen Verfahren getroffen werden. Auch in solchen Verfahren ergangene Entscheidungen können in einem beschränkten Umfang Bindungswirkung haben. Die genannten Eilentscheidungen haben aber einen anderen Streitgegenstand als die Hauptsacheentscheidung. Bei ihnen geht es nicht um die Feststellung eines Rechtsstoßes, sondern um eine Vorabgestattung des Zuschlags und um eine Sicherung des Zuschlagsverbots. Nach Erledigung der Hauptsache kann es auch in isolierten **Kostenentscheidungen** zu Ausführungen über einen Verstoß gegen Vergabevorschriften kommen. Wegen ihres abweichenden Gegenstandes binden auch diese jedoch keine Bindungswirkung.[17] Ebenso wenig entfaltet die **Antragsablehnung nach § 171 Abs. 2** GWB Bindung.[18] Dabei handelt es sich um keine Entscheidung iSd § 179 Abs. 1 GWB, sondern um die bloße Fiktion einer solchen, noch dazu aus rein verfahrenstechnischen Gründen. Auf Entscheidungen der vom Antragsteller eingeschalteten Aufsichtsbehörde ist die Vorschrift nicht anwendbar.

Das Merkmal der „**bestandskräftigen**" Entscheidung ist in Abs. 1 iSd formellen 6 Bestands- und Rechtskraft gebraucht. Entscheidungen der Vergabekammer (Verwaltungsakte, § 168 Abs. 3 GWB) werden, sofern dagegen nicht binnen zwei Wochen von der Zustellung an sofortige Beschwerde erhoben wird, formell bestandskräftig.[19] Entscheidungen des OLG und des BGH werden mit ihrer Verkündung formell rechtskräftig, weil gegen sie kein Rechtsmittel stattfindet. Zwar unterliegen Gerichtsbeschlüsse, die einer formellen Rechtskraft fähig sind und eine materiell

---

[14] BGH 29.11.2016 – X ZB 122/14, ZfBR 2017, 247 Rn. 37; aABeck VergabeR/Antweiler GWB § 179 Rn. 14.

[15] Ob Zulässigkeitsfragen dahingestellt bleiben dürfen, ist umstritten, dagegen OLG Düsseldorf 2.11.2015 – Verg 28/14, NZBau 2016, 235 Rn. 32; dafür KG 20.3.2020 – Verg 7/19, BeckRS 2020, 52745 Rn. 97.

[16] So die hM, vgl. RKPP/Hänisch GWB § 179 Rn. 5; Müller-Wrede GWB/Anger GWB § 179 Rn. 12; MüKoEuWettbR/Gröning GWB § 179 Rn. 9; aA HK-VergabeR/Dieck-Bogatzke GWB § 179 Rn. 2.

[17] OLG München 8.7.2015 – Verg 4/15, BeckRS 2015, 12983 Rn. 12; Immenga/Mestmäcker/Stockmann GWB § 179 Rn. 6.

[18] Vgl. auch Müller-Wrede GWB/Anger GWB § 179 Rn. 17.

[19] Gegen eine von lediglich formeller Bestandskraft ausgehende Bindungswirkung von Beschlüssen der Vergabekammer sind in der Vergangenheit verfassungsrechtliche Bedenken erhoben worden, die mittlerweile im Hinblick auf die jedem beschwerten Beteiligten offenstehende sofortige Beschwerde zum OLG als ausgeräumt gelten können, vgl. MüKoEuWettbR/Gröning GWB § 179 Rn. 13; RKPP/Hänisch GWB § 179 Rn. 1; RSG/Stickler GWB § 179 Rn. 8. Auch die Entscheidungen der OLG und des BGH enthalten keine Anhaltspunkte für diesbezügliche Zweifel.

rechtskraftfähige Entscheidung enthalten, der materiellen Rechtskraft. Doch ist die materielle Rechtskraft auf die Entscheidung über das Rechtsschutzbegehren, also die Bejahung oder Verneinung der begehrten Rechtsfolge, beschränkt. Auf die Begründung, insbes. auf die zugrunde gelegten Tatsachen und die rechtlichen Schlussfolgerungen, mithin gerade auf dasjenige, woran nach § 179 Abs. 1 GWB eine Bindung eintreten soll, erstreckt sie sich idR nicht. Solches ist ebenso wenig von der materiellen Bestandskraft von Verwaltungsakten umfasst. So betrachtet geht die Bindungswirkung nach § 179 Abs. 1 GWB weiter als die Bestands- oder Rechtskraft.

7   Trotz Bindung an die Entscheidung der Vergabenachprüfungsinstanz bleibt – über einen feststehenden Rechtsverstoß hinaus – vom **Gericht des Schadensersatzersatzprozesses** über sämtliche übrigen Tatbestandsmerkmale der Anspruchsnorm sowie über Einreden zu entscheiden (zB über den Schaden, die Kausalität, das Verschulden und/oder eine eventuelle Mitverursachung durch den Anspruchsteller).

2. Geltungskraft der Bindung

8   Eine Bindungswirkung kommt nur zwischen den Beteiligten des Vergabenachprüfungsverfahrens in Betracht (**inter partes**).[20] Der Schadensersatzprozess, in dem die Bindung an die (Vor-) Entscheidung der Vergabenachprüfungsinstanz besteht, muss zwischen ihnen stattfinden, was sich eigentlich von selbst versteht. Dritte, die sich am Vergabeverfahren, nicht aber am Nachprüfungsverfahren beteiligt haben, sind in die Bindungswirkung nicht einbezogen. Mithin muss unter den Parteien des Schadensersatzprozesses und unter ihrer Beteiligung vorher ein Vergabenachprüfungsverfahren stattgefunden haben, das mit einer bestandskräftigen Hauptsacheentscheidung der Nachprüfungsinstanz geendet und nunmehr wegen eines Verstoßes gegen Vergabevorschriften zur Schadensersatzklage hervorgebracht hat. Das **Schadensersatzbegehren** stellt der **Antragsteller** gegen den Auftraggeber. Praktisch relevant sind Schadensersatzansprüche nach § 181 GWB (Vertrauensschaden), §§ 280 Abs. 1, 241 Abs. 2, 311 Abs. 2 und 3 BGB (kodifizierte frühere culpa in contrahendo, Vertrauensschaden, aber auch positives Interesse) oder wegen unerlaubter Handlung.[21] § 179 Abs. 1 GWB wird gelegentlich allerdings so interpretiert, dass er gleichermaßen in Schadensersatzprozessen des **Auftraggebers** gegen den Antragsteller – so nach § 180 Abs. 1 oder 3 GWB (Schadensersatz bei Rechtsmissbrauch) – zu gelten habe.[22] In der genannten Konstellation wird freilich nicht „wegen eines Verstoßes gegen Vergabevorschriften" (so der Wortlaut der Norm), sondern deswegen prozessiert, weil gerade ein solcher Rechtsverstoß gegeben sein soll, und der Antragsteller den Auftraggeber trotzdem mit einem Nachprüfungsantrag oder einem Eilantrag nach § 169 GWB überzogen hat. Im Schadensersatzprozess des Auftraggebers bleibt die Nachprüfungsentscheidung nach dem Wortlaut der Norm deshalb ohne Bindungswirkung.[23] Eine Rechtsanalogie ist unstatthaft, weil die Bindung nach dem Willen des Gesetzgebers auf die wegen eines Vergaberechtsverstoßes geführten Schadensersatzprozesse begrenzt sein soll.[24] Eine planwidrige Regelungslücke liegt nicht vor. Ob sich die Bindungswirkung auch auf Aktivprozesse des **Beigeladenen**

---

[20] RKPP/Hänisch GWB § 179 Rn. 6; KK-VergR/Raabe GWB § 179 Rn. 9.
[21] Vgl. zu letztgenannten Ansprüchen KK-VergR/Scharen GWB § 181 Rn. 69 ff. mwN.
[22] RKPP/Hänisch GWB § 179 Rn. 3; RSG/Stickler GWB § 179 Rn. 11.
[23] Vgl. OLG Naumburg 14.3.2014 – 2 Verg 1/14, BeckRS 2014, 14968: ein entspr. Feststellungsantrag ist unzulässig; jurisPK-VergabeR/Summa GWB § 179 Rn. 12; KK-VergR/Raabe GWB § 179 Rn. 7, 11.
[24] Vgl. BT-Drs. 13/9430, 22.

erstreckt, ist umstritten.²⁵ Zwar steht im Nachprüfungsverfahren eine mögliche Verletzung der Rechte des Antragstellers durch den Antragsgegner im Vordergrund, der seinerseits vom Beigeladenen unterstützt wird. Gleichwohl stehen weder der Wortlaut noch die Systematik des Gesetzes der Annahme entgegen, dass § 179 Abs. 1 GWB auch in Bezug auf den Beigeladenen gilt. Er ist Beteiligter am Verfahren (§ 162 GWB) und muss die Entscheidung der Nachprüfungsinstanz, wie etwa die Beurteilung seines Angebots als nicht zuschlagsfähig oder die Feststellung korrekturbedürftiger Fehler der Vergabeunterlagen, gegen sich gelten lassen. Abgesehen von prozessökonomischen Erwägungen und der gesetzgeberischen Zielsetzung der Vermeidung von widersprüchlichen Entscheidungen spricht auch § 168 Abs. 2 GWB für eine Bindungswirkung. Demnach kann bei einer Erledigung des Verfahrens nicht nur der Antragsteller, sondern jeder Beteiligte (somit auch der Beigeladene) die Feststellung beantragen, ob eine Rechtsverletzung vorgelegen hat. Auch wenn die praktische Bedeutung gering sein mag, ist deshalb eine Bindungswirkung der Nachprüfungsentscheidung in einem wegen eines Vergaberechtsverstoßes vom Beigeladenen gegen den Antragsgegner angestrengten Schadensersatzprozess zu bejahen, sofern sie Aussagen in Bezug auf eine (bejahte oder verneinte) Verletzung der Rechte des Beigeladenen enthält.²⁶

III. Vorlagepflicht (Abs. 2)

Die Vorlagepflicht besteht nur für das OLG als Beschwerdegericht. Sie steht 9 nicht in seinem Ermessen, sondern ist bei Vorliegen des im Gesetz verwendeten unbestimmten Rechtsbegriffs zwingend zu beachten.²⁷ Der Vorlagebeschluss selbst ist **unanfechtbar**.²⁸ Neben der Vorlage an den BGH ist im Gesetz kein gesondertes Rechtsmittel gegen die Entscheidung des OLG vorgesehen.²⁹ Eine Vorlagepflicht besteht kraft gesetzlicher Regelung ab. 2 S. 4 nicht in **Eilverfahren** nach § 173 Abs. 1 S. 3 und § 176 GWB (dazu aber auch → Rn. 12), sowie nach Sinn und Zweck der Norm ebenso wenig bei Eilentscheidungen nach § 169 Abs. 2 und Abs. 4 GWB oder wegen einer Divergenz bei der Entscheidung über eine für zulässig gehaltene (vgl. → § 171 Rn. 3) Beschwerde gegen eine **Zwischenentscheidung** der Vergabekammer.³⁰ Hält das OLG den Nachprüfungsantrag nicht für statthaft, da ein Gericht eines anderen Rechtswegs zur Entscheidung berufen ist, kann es

---

²⁵ Gegen eine Bindungswirkung: KK-VergR/Raabe GWB § 179 Rn. 7 und die Vorauft.
²⁶ So mittlerweile die ganz hM, vgl. Beck VergabeR/Antweiler GWB § 179 Rn. 15; Byok/Jaeger/Jaeger GWB § 179 Rn. 4; Immenga/Mestmäcker/Stockmann GWB § 179 Rn. 7; MüKoEuWettbR/Gröning GWB § 179 Rn. 8 (unter Aufgabe der gegenteiligen Ansicht); Müller-Wrede GWB/Anger GWB § 179 Rn. 22; RKPP/Hänisch GWB § 179 Rn. 6; RSG/Stickler GWB § 179 Rn. 11.
²⁷ Nichtbeachtung verletzt bei Willkür oder grdl. Verkennung von Art. 101 Abs. 1 GG das Recht auf den gesetzlichen Richter nach Art. 101 Abs. 1 GG; vgl. BVerfG 29.7.2004 – 2 BvR 2248/03, NZBau 2004, 564.
²⁸ Wohl auch keine Anhörungsrüge statthaft, vgl. Müller-Wrede GWB/Anger GWB § 179 Rn. 32.
²⁹ BGH 16.9.2003 – X ZB 12/03, ZfBR 2004, 90.
³⁰ OLG Rostock 3.2.2021 – 17 Verg 5/20, NZBau 2021, 423 (Befangenheitsantrag betreffend die Mitglieder der Vergabekammer); OLG Düsseldorf 28.12.2007 – Verg 40/07, BeckRS 2008, 742 (Beschwerde gegen die Gewährung von Akteneinsicht); dies wird in Bezug auf die Akteneinsicht kritisch gesehen, vgl. HK-VergabeR/Dieck-Bogatzke GWB § 179 Rn. 12; Immenga/Mestmäcker/Stockmann GWB § 179 Rn. 10. Ob eigene Zwischenentscheidungen des OLG (insbes. zur Akteneinsicht) von § 179 Abs. 2 GWB ausgenommen sind, ist ebenfalls strittig, vgl. Müller-Wrede/Anger GWB § 179 Rn. 52, Fn. 100.

anstelle einer Divergenzvorlage entspr. § 17a Abs. 2 GVG einen Verweisungsbeschluss erlassen und die Rechtsbeschwerde zum BGH zulassen.[31]

10 Die Vorlagepflicht greift auch bei beabsichtigter Abweichung von Entscheidungen eines **Landessozialgerichts** oder des **BSG** ein, auch wenn die diesbzgl. Anordnung in § 124 Abs. 2 S. 1 GWB aF weggefallen ist.

1. Entscheidung, von der abgewichen werden soll

11 Eine Abweichung muss nach dem Wortlaut der Norm von einer Entscheidung eines anderen OLG oder des BGH beabsichtigt sein. Dafür kommen in erster Linie Entscheidungen der **Vergabesenate** der OLG oder solche des X. oder XIII. Zivilsenats des BGH in Betracht, die auf eine Vorlage nach Abs. 2 ergangen sind. Die Entscheidung, von der abgewichen werden soll, muss jedoch nicht in einem Vergabenachprüfungsverfahren getroffen worden sein.[32] Auch in anderen Rechtsstreitigkeiten werden vergaberechtliche Fragen entschieden, so in **Schadensersatzprozessen** wegen Rechtsverstößen in Vergabeverfahren von OLG oder den Zivilsenaten des BGH. Grds. kann jedoch gesagt werden, dass die Vorlagepflicht nur besteht, wenn von einer die **Hauptsache** betreffenden Entscheidung abgewichen werden soll (nicht von einer Zwischenentscheidung, → Rn. 9, vgl. aber auch → Fn. 24). Hat ein OLG eine **Divergenzvorlage** an den BGH gerichtet und will ein anderes OLG zwar nicht von der in der Vorlage zum Ausdruck gebrachten Rechtsauffassung des vorlegenden Gerichts, aber ebenfalls von der den Anlass zur Vorlage bildenden Entscheidung eines anderen OLG abweichen, hat es, was sich von selbst versteht, entweder seinerseits dem BGH vorzulegen oder aber sein Verfahren bis zur Entscheidung des BGH über die Vorlage **auszusetzen** (ruhen zu lassen).[33] Dies gilt ebenso, wenn bei dem vorlegenden OLG noch ein weiteres Beschwerdeverfahren anhängig ist, bei dem sich auch die Divergenzproblematik stellt.[34] Ebenso sollte die Divergenzentscheidung abgewartet werden[35], wenn sich ein OLG der strittigen Rechtsauffassung des „Erst"-Gerichts anschließen will, mithin der Rechtsauffassung des vorlegenden OLG nicht teilt.

12 Als geklärt kann inzwischen angesehen werden, dass die **Vorlagepflicht** ebenfalls besteht bei einer beabsichtigten Abweichung
– von der Entscheidung eines Obergerichts oder obersten Gerichts einer **anderen Gerichtsbarkeit**, vorausgesetzt, dieses hat über eine vergaberechtlich relevante Frage entschieden (Vorlagepflicht analog § 179 Abs. 2 GWB); anders ist der Zweck der Norm – die Gewährleistung einer bundeseinheitlichen Rspr. in Vergabesachen – nicht erreichbar;[36]
– **von der Eilentscheidung** eines anderen Obergerichts (auch nach § 173 Abs. 1 S. 3, § 176, § 169 Abs. 2, Abs. 4 GWB); die eng auszulegende Ausnahmevor-

---

[31] BGH 10.12.2019 – XIII ZB 119/19, NZBau 2020, 313; 23.1.2012 – X ZB 5/11, NZBau 2012, 186 (der offen gelassen hat, ob eine Divergenzvorlage vorrangig wäre).

[32] RKPP/Hänisch GWB § 179 Rn. 11; KK-VergR/Raabe GWB § 179 Rn. 21; MüKoEuWettbR/Gröning GWB § 179 Rn. 16; aA Beck VergabeR/Antweiler GWB § 179 Rn. 20; RSG/Stickler GWB § 179 Rn. 11 unter Hinweis auf OLG Hamburg 4.11.2002 – 1 Verg 3/02, IBRRS 2002, 2207.

[33] Die gegenteilige Auffassung des OLG Brandenburg 27.2.2003 – Verg W 2/03, IBRRS 2003, 1287 trägt dem Sinngehalt des § 179 GWB (Sicherung einer einheitlichen Rspr.) nicht hinreichend Rechnung.

[34] OLG Düsseldorf 19.3.2020 – Verg 17/16, NZBau 2020, 809 Rn. 19.

[35] AA KK-VergR/Raabe GWB § 179 Rn. 24.

[36] Insbesondere Divergenzen zur sozialgerichtlichen Rspr. gaben Anlass für eine Divergenzvorlage, vgl. ua BGH 15.7.2008 – X ZB 17/08, NZBau 2008, 662; OLG Rostock 2.7.2008 – 17 Verg 4/07, BeckRS 13899 (Abweichung vom BSG).

schrift des § 179 Abs. 2 S. 4 GWB soll lediglich dem Eilcharakter der dort genannten Verfahren Rechnung tragen, die durch eine Vorlage der Sache an den BGH und die damit verbundene Verzögerung im Eilverfahren konterkariert würde. Dieser Grund gilt aber von vornherein nicht, wenn ein Vergabesenat bei einer Hauptsacheentscheidung von einer in einem Eilverfahren ergangenen Entscheidung eines anderen Obergerichts abweichen will;[37]
- von einer in **Kostensachen** getroffenen Entscheidung eines anderen OLG oder des BGH. Aufgrund des Streits der Verfahrensbeteiligten wird die Kostenfrage gewissermaßen zur Hauptsache.[38]
- in Fragen der Streitwertberechnung.[39]

2. Voraussetzungen einer Abweichung

Gem. der Formel des BGH liegen die Voraussetzungen des Abs. 2 vor, wenn das vorlegende Gericht als **tragende Begründung** seiner Entscheidung einen Rechtssatz zugrunde legen will, der mit einem die Entscheidung eines anderen OLG tragenden Rechtssatz unvereinbar ist.[40] Die Voraussetzungen für die Entscheidung durch den BGH nach § 179 Abs. 2 GWB entfallen nicht nachträglich, wenn das andere OLG in einer neueren Entscheidung von seiner zur Divergenzvorlage führenden Rspr. Abstand genommen hat. Für eine Rückgabe des Verfahrens an den vorlegenden Vergabesenat wegen Wegfalls der Vorlagevoraussetzungen ist nach § 179 Abs. 2 S. 2 GWB kein Raum, weil der BGH anstelle des vorlegenden OLG zu entscheiden hat.[41] Eine Divergenz ist auch nicht dadurch ausgeräumt, dass die Entscheidung, von der abgewichen werden soll, älteren Datums ist und sich zeitlich danach bei anderen Vergabesenaten eine gegenteilige (möglicherweise sogar herrschende) Gegenauffassung zu der Streitfrage herausgebildet hat.[42] Ebenso wenig kommt es für das Bestehen einer Divergenz darauf an, ob der andere Vergabesenat seine abweichende Auffassung nicht begründet hat, sondern nur darauf, dass ein abweichender Rechtssatz angewendet worden ist.[43] Entspr. § 132 Abs. 3 S. 1 GVG kann die Notwendigkeit einer Divergenzvorlage entfallen, wenn das OLG, von dessen Entscheidung abgewichen werden soll, auf Nachfrage erklärt, es halte an dem strittigen Rechtssatz nicht (mehr) fest. Erforderlich ist insoweit eine klare, nachvollziehbare Distanzierung und eine Wiedergabe des Vorgangs in der Entscheidung iRd Begründung der Ablehnung einer Vorlage an den BGH.[44]

Es scheiden aber sog. **obiter dicta** für eine Divergenzvorlage aus, weil diese die Entscheidung nicht tragen. Zurückhaltung ist anzuraten, wenn das OLG seine Entscheidung tragend auf mehrere **gleichrangige Gründe** gestützt hat, von denen jedenfalls einer im Widerspruch zur tragenden Begründung eines anderen OLG steht. Mehrere Begründungen stehen grds. gleichberechtigt nebeneinander und

---

[37] BGH 31.1.2017 – X ZB 10/16, NZBau 2017, 230 Rn. 8.
[38] BGH 17.6.2014 – X ZB 8/13, NZBau 2014, 652 Rn. 6 (zur anwaltlichen Gebührenrechnung im Kostenfestsetzungsverfahren); 25.10.2005 – X ZB 22/05, NZBau 2006, 196 (zur Kostenfolge bei Rücknahme des Nachprüfungsantrags).
[39] BGH 29.11.2022 – XIII ZB 64/21, NZBau 2023, 189; 18.3.2014 – X ZB 12/13, NZBau 2014, 452.
[40] Vgl. ua BGH 4.4.2017 – X ZB 3/17, NZBau 2017, 366 Rn. 23 – Postdienstleistungen; 8.2.2011 – X ZB 4/10, NZBau 2011, 175 Rn. 9.
[41] BGH 4.4.2017 – X ZB 3/17, NZBau 2017, 366 Rn. 24 – Postdienstleistungen.
[42] BGH 31.1.2017 – X ZB 10/16, NZBau 2017, 230 Rn. 7.
[43] BGH 31.1.2017 – X ZB 10/16, NZBau 2017, 230 Rn. 8.
[44] Müller-Wrede GWB/Anger GWB § 179 Rn. 48; kritisch RKPP/Hänisch GWB § 179 Rn. 16.

lösen mithin die Vorlagepflicht aus.[45] Wenn in solchen Fällen eine Vorlage vermieden werden soll, muss das OLG die divergente Begründung für seine Entscheidung dahingestellt sein lassen; es darf nur im Sinn eines obiter dictum seine Meinung dazu äußern. Genauso bedarf der in der Rspr. häufig zu lesende Satz einer Erläuterung, die divergente Entscheidung eines anderen Gerichts, von der abgewichen werden soll, müsse auf demselben oder einem vergleichbaren **Sachverhalt** beruhen.[46] Indes darf präzisierend nur, wenn das vorlagepflichtige OLG über die Sache bei gleichen Tatsachenfeststellungen, die einer möglicherweise abweichenden Entscheidung zugrunde gelegen haben, genauso befunden hätte wie das andere Gericht (und dies zum Ausdruck bringt), aber der Sachverhalt in einem zusätzlichen und entscheidungserheblichen Punkt anders liegt, von einer Vorlage abgesehen werden.[47] Tatbestandsabweichungen sind in der Entscheidung zu begründen.[48] Die Abweichung bei der Rechtsauffassung muss **entscheidungserheblich** sein, also die Entscheidung des Prozesses iErg in die eine oder andere Richtung lenken. Eine Vorlage kann durch eine zwischenzeitliche andere Entscheidung des BGH oder eine Entscheidung des EuGH **überholt** sein. Dies darf indes nur mit Vorsicht und nur in eindeutigen Fällen angenommen werden.[49]

13b Das vorlegende OLG darf die Divergenzvorlage auf einen **Teil des Streitstoffs** des Beschwerdeverfahrens beschränken. Dies ist wegen der Gefahr widersprechender Entscheidungen jedoch nur in dem Umfang zulässig, in dem im Zivilprozess ein Teilurteil ergehen oder die Revision wirksam beschränkt werden kann.[50] Auch wenn sich der BGH darauf beschränken kann, die Divergenzfrage zu entscheiden und dem Beschwerdegericht die Entscheidung in der Hauptsache zu überlassen, kann das OLG seinerseits nicht mit der Vorgabe einer vorformulierten Frage die Prüfungs- und Entscheidungskompetenz des BGH auf die Beantwortung dieser Frage reduzieren. IdR fällt dann der gesamte Streitstoff beim BGH an.

3. Verfahren

14 Kommt eine Vorlage an den BGH in Betracht, ist den Verfahrensbeteiligten vom OLG zuvor unverzichtbar **rechtliches Gehör** zu gewähren,[51] gleichviel, ob dies im schriftlichen Verfahren oder in einer mündlichen Verhandlung geschieht. Die Vorlageentscheidung muss demzufolge nicht aufgrund einer mündlichen Verhandlung ergehen, es muss den Beteiligten jedoch in sonstiger geeigneter Weise Gelegenheit zur Äußerung gewährt worden sein. Dem BGH ist die Sache durch einen begründeten Beschluss des OLG vorzulegen, aus dem sich die beabsichtigte Abweichung von der Rspr. eines anderen OLG oder des BGH und die Entscheidungserheblichkeit der divergent beantworteten Rechtsfrage ergibt. Verneinendenfalls (sofern die Vorlage unzulässig ist) gibt der BGH die Sache an das vorlegende OLG zurück.

---

[45] BGH 10.11.2009 – X ZB 8/09, BeckRS 2009, 87528 Rn. 17.
[46] Vgl. BGH 4.4.2017 – X ZB 3/17, NZBau 2017, 366 Rn. 23 – Postdienstleistungen („vergleichbarer Sachverhalt"); 18.2.2003 – X ZB 43/02, NZBau 2003, 293; KG 20.3.2020 – Verg 7/19, BeckRS 2020, 52745 Rn. 152 ff. (Vorlagepflicht verneint).
[47] So auch RKPP/Hänisch GWB § 179 Rn. 15.
[48] Die zurückhaltende Vorlagepraxis der OLG stößt auf verbreitete Kritik, vgl. Beck VergabeR/Antweiler GWB § 179 Rn. 19; Immenga/Mestmäcker/Stockmann GWB § 179 Rn. 19; MüKoEuWettbR/Gröning GWB § 179 Rn. 20.
[49] RKPP/Hänisch GWB § 179 Rn. 17.
[50] BGH 4.4.2017 – X ZB 3/17, NZBau 2017, 366 Rn. 11 ff. – Postdienstleistungen; 20.3.2014 – X ZB 18/13, NZBau 2014, 310 Rn. 13 ff – Fahrbahnerneuerung.
[51] BGH 20.3.2014 – X ZB 18/13, NZBau 2014, 310 Rn. 8 – Fahrbahnerneuerung; 24.2.2003 – X ZB 12/02, NZBau 2003, 337.

Der BGH entscheidet **Divergenzvorlagen** idR ohne mündliche Verhandlung 15 im schriftlichen Verfahren.[52] Dies ist, wenn das OLG die Sache ohne mündliche Verhandlung vorgelegt hat, nicht unproblematisch, weil Art. 6 EMRK jeder Person bei Streitigkeiten über ihre zivilrechtlichen Ansprüche – und als solche sind auch die aus Rechtsverletzungen in Vergabeverfahren als einem bürgerlich-rechtlichen Vertragsanbahnungsverfahren resultierenden Forderungen anzusehen – eine öffentliche Verhandlung vor einem Gericht garantiert. Vor der Vergabekammer hat eine solche nicht stattgefunden; die Vergabekammer ist im Rechtssinn kein Gericht (vgl. → Vor § 171 Rn. 1). Im Verfahren vor dem BGH müssen sich die Beteiligten nicht durch einen beim BGH zugelassenen **Rechtsanwalt** vertreten lassen. Es gelten vielmehr dieselben Regeln wie in § 175 Abs. 1 GWB, weil der BGH auf eine Vorlage – wie das OLG – Beschwerdegericht ist. Für die Rücknahme der sofortigen Beschwerde greift der BGH wiederum auf revisionsrechtliche Vorschriften zurück, sie ist nach Beginn der mündlichen Verhandlung vor dem BGH ohne Einwilligung des Beschwerdegegners nicht mehr möglich ist (§ 565 S. 2 ZPO).[53]

Neben einer Vorlage an den BGH kommt fallweise auch ein **Vorabentschei-** 16 **dungsersuchen** des OLG an den EuGH nach Art. 267 AEUV in Betracht, sofern es entscheidungserheblich um die autonome Auslegung unionsrechtlicher Vergabevorschriften geht.[54] Da die öffentliche Auftragsvergabe stark vom Unionsrecht geprägt wird, müssen sich die OLG relativ häufig damit auseinandersetzen, ob Anlass für solches Ersuchen besteht.[55] Bei einem danach gebotenen Vorabentscheidungsersuchen ist der EuGH iSd Art. 101 Abs. 1 S. 2 GG **gesetzlicher Richter.**[56] Dieselbe Stellung hat im Fall einer nach § 179 Abs. 2 GWB erforderlichen Divergenzvorlage iÜ der BGH.

§ 180 Schadensersatz bei Rechtsmissbrauch

(1) **Erweist sich der Antrag nach § 160 oder die sofortige Beschwerde nach § 171 als von Anfang an ungerechtfertigt, ist der Antragsteller oder der Beschwerdeführer verpflichtet, dem Gegner und den Beteiligten den Schaden zu ersetzen, der ihnen durch den Missbrauch des Antrags- oder Beschwerderechts entstanden ist.**

(2) **Ein Missbrauch des Antrags- oder Beschwerderechts ist es insbesondere,**
1. **die Aussetzung oder die weitere Aussetzung des Vergabeverfahrens durch vorsätzlich oder grob fahrlässig vorgetragene falsche Angaben zu erwirken;**
2. **die Überprüfung mit dem Ziel zu beantragen, das Vergabeverfahren zu behindern oder Konkurrenten zu schädigen;**
3. **einen Antrag in der Absicht zu stellen, ihn später gegen Geld oder andere Vorteile zurückzunehmen.**

---

[52] Vgl. BGH 19.12.2000 – X ZB 14/00, NZBau 2001, 151 (155): es gelten nicht die Verfahrensvorschriften des GWB; kritisch ua jurisPK-VergabeR/Summa GWB § 179 Rn. 39; RSG/Stickler GWB § 179 Rn. 19.

[53] BGH 4.4.2017 – X ZB 3/17, NZBau 2017, 366 Rn. 19 – Postdienstleistungen.

[54] Zum Verhältnis Divergenzvorlage und Vorabentscheidungsersuchen vgl. BGH 12.11.2019 – XIII ZB 120/19, NZBau 2020, 16 ff.

[55] Vgl. nur OLG Naumburg 3.6.2022 – 7 Verg 1/22, BeckRS 2022, 41643 Rn. 48; BayObLG 9.11.2021 – Verg 5/21, NZBau 2022, 308 Rn. 90 ff.; OLG Koblenz 27.1.2021 – Verg 1/19, BeckRS 2021, 10061 Rn. 56; KG 20.3.2020 – Verg 7/19, BeckRS 2020, 52745 Rn. 166 ff.

[56] Vgl. BVerfG 28.1.2014 – 2 BvR 1561/12, NVwZ 2014, 645, Rn. 177 mwN; 24.5.2022 – 1 BvR 2342/17, NJW 2022, 2828 Rn. 13 (zu den Voraussetzungen einer Vorlageverpflichtung).

GWB § 180 — Schadensersatz bei Rechtsmissbrauch

(3) **Erweisen sich die von der Vergabekammer entsprechend einem besonderen Antrag nach § 169 Absatz 3 getroffenen vorläufigen Maßnahmen als von Anfang an ungerechtfertigt, hat der Antragsteller dem Auftraggeber den aus der Vollziehung der angeordneten Maßnahme entstandenen Schaden zu ersetzen.**

Literatur: Conrad, Rechtsfragen des Vergleichs im Vergabenachprüfungsverfahren, ZfBR 2014, 658; Dreher/Glöckle, Der Vergleich im Nachprüfungsverfahren – Teil 1 und 2; NZBau 2015, 459 und 529; Hesshaus, Schadensersatzansprüche des Auftraggebers wegen Blockierung der Auftragsvergabe durch Nachprüfungsverfahren, VergabeR 2008, 372; Horn, Neues zum Schadensersatz bei der Vergabe öffentlicher Aufträge, NZBau 2000, 63; Horn/Graef, Vergaberechtliche Sekundäransprüche – Die Ansprüche aus §§ 180, 126 GWB und dem BGB, NZBau 2005, 505; Wagner, Haftung der Bieter für Culpa in Contrahendo in Vergabeverfahren, NZBau 2005, 436.

Übersicht

	Rn.
I. Bedeutung der Vorschrift	1
II. Abs. 1 und 2	3
1. Ungerechtfertigter Nachprüfungsantrag oder ungerechtfertigte sofortige Beschwerde (Abs. 1)	3
a) Anspruchsverpflichtete	5
b) Anspruchsberechtigte	6
c) Ungerechtfertigtheit des Nachprüfungsantrags/der sofortigen Beschwerde	9
d) Zeitpunkt der Ungerechtfertigtheit	11
e) Missbräuchliche Ausnutzung eines Rechtsmittels	13
2. Beispielsfälle der missbräuchlichen Ausnutzung (Abs. 2)	14
a) Rechtsmissbrauch durch eine Erwirkung einer Aussetzung durch falsche Angaben	15
b) Überprüfung mit dem Ziel der Behinderung/Schädigung	17
c) Nachprüfungsantrag mit dem Ziel, ihn später gegen Geld oder andere Vorteile zurückzunehmen	21
d) Unbenannte Missbrauchsfälle	23
3. Ersatzfähiger Schaden	24
4. Darlegungs- und Beweislast	27
5. Rechtsschutz	29
III. Ungerechtfertigte vorläufige Maßnahme (Abs. 3)	30
1. Tatbestandsvoraussetzungen	32
2. Umfang des Schadensersatzanspruchs	33
3. Darlegungs- und Beweislast/Rechtsschutz	35
4. Verjährung	36

I. Bedeutung der Vorschrift

1   Die Norm dient nach dem Willen des Gesetzgebers der Vermeidung des Missbrauchs der vergaberechtlichen Rechtsschutzmöglichkeiten durch willkürliche Nachprüfungsanträge und Beschwerden.[1] Sie hat in der Praxis als eigene Anspruchsgrundlage kaum Bedeutung erlangt,[2] dient jedoch als **Prüfungsmaßstab für**

---

[1] BT-Drs. 13/9340, 22 f.
[2] Müller-Wrede GWB/Gnittke/Hattig § 180 Rn. 6.

rechtsmissbräuchliches Verhalten.[3] Die Regelung des § 180 GWB bildet die Ausformung des Rechtsgedankens, dass derjenige, der treuwidrig eine formale Rechtsposition rücksichtslos ausnutzt, daraus keine Vorteile ziehen soll.[4] § 180 GWB begründet als eine spezielle Ausprägung der sittenwidrigen Schädigung gem. § 826 BGB und des Prozessbetruges gem. § 823 Abs. 2 BGB iVm § 263 StGB einen Schadensersatzanspruch als Sanktion für missbräuchliches Verhalten.[5] Der Anwendungsbereich der Norm ist restriktiv auszulegen, um den unions- und verfassungsrechtlichen Anspruch auf effektiven Rechtsschutz zu gewährleisten.[6]

§ 180 Abs. 1 und 2 GWB normieren einen Schadensersatzanspruch aufgrund eines **Missbrauchs des Antrags- oder Beschwerderechts**, während § 180 Abs. 3 GWB einen Ersatzanspruch für Schäden regelt, die dem Auftraggeber aus der **Vollziehung besonderer, vorläufiger Maßnahmen** entstanden sind.

II. Abs. 1 und 2

1. Ungerechtfertigter Nachprüfungsantrag oder ungerechtfertigte sofortige Beschwerde (Abs. 1)

Nach § 180 Abs. 1 GWB ist derjenige, der einen von Anfang an ungerechtfertigten Nachprüfungsantrag stellt bzw. eine sofortige Beschwerde ungerechtfertigt einlegt, verpflichtet, dem Gegner und den Beteiligten den hieraus entstandenen **Schaden zu ersetzen**. Abs. 2 führt enumerativ Beispielsfälle rechtsmissbräuchlichen Verhaltens auf. Der Anwendungsbereich des § 180 Abs. 1 und 2 GWB ist entspr. dem klaren Wortlaut beschränkt auf die Einleitung von Nachprüfungsverfahren und Einlegung einer sofortigen Beschwerde, erfasst somit nicht den Fall, dass eine Divergenzvorlage zum BGH oder ein Vorabvorlageverfahren an den EuGH beantragt wird.[7]

Voraussetzung für den Schadensersatzanspruch ist zunächst ein Nachprüfungsantrag gem. § 160 GWB oder eine sofortige Beschwerde nach § 171 GWB. Dieser Nachprüfungsantrag bzw. die sofortige Beschwerde müssen sich als **von Anfang an ungerechtfertigt** erweisen und **rechtsmissbräuchlich** sein.

a) Anspruchsverpflichtete. Anspruchsverpflichtet sind der **Antragsteller des Nachprüfungsantrags** sowie der **Beschwerdeführer der sofortigen Beschwerde**. Während der Antragsteller eines Nachprüfungsantrags nur ein Wettbewerbsteilnehmer sein kann, der die Verletzung bieterschützender Bestimmungen nach § 97 Abs. 6 GWB rügt, kann die sofortige Beschwerde auch von der Vergabestelle und etwaigen Beigeladenen eingereicht werden, so dass auch diese grds. gleichfalls anspruchsverpflichtet sein können.

b) Anspruchsberechtigte. Anspruchsberechtigt ist der **Gegner des jew. Rechtsmittels**. Im Falle des Nachprüfungsantrags sind dies der öffentliche Auftraggeber und etwaige Beigeladene. Im Fall der sofortigen Beschwerde scheidet jew.

---

[3] OLG Düsseldorf 14.5.2008 – Verg 27/08, BeckRS 2008, 9282 = VergabeR 2008, 661; VK Sachsen 21.3.2002 – 1/SVK/011-02, BeckRS 2002, 03615; OLG Dresden 14.6.2001 – WVerg 4/01, BeckRS 2001, 17465 = VergabeR 2001, 342; Müller-Wrede GWB/Gnittke/Hattig § 180 Rn. 3; BayObLG 20.12.1999 – Verg 8/99, NZBau 2000, 259.
[4] VK Baden-Württemberg 16.1.2009 – 1 VK 65/08, BeckRS 2011, 01112.
[5] Vgl. BT-Drs. 13/9340, 22; Müller-Wrede GWB/Gnittke/Hattig § 180 Rn. 5 mwN.
[6] Vgl. Byok/Jaeger/Franßen GWB § 180 Rn. 8; Beck VergabeR/Antweiler GWB § 180 Rn. 10; EuGH 28.1.2010 – C-406/08, NZBau 2010, 183; 28.1.2010 – C-456/08, NZBau 2010, 256.
[7] Vgl. BeckOK VergabeR/Bonitz GWB § 180 Rn. 10.

Losch

derjenige als Anspruchsberechtigter aus, der die Beschwerde eingelegt hat. Der verbleibende Kreis der Beteiligten kann jew. grds. anspruchsberechtigt sein.

7 § 180 GWB regelt, dass die „Beteiligten" anspruchsberechtigt sind. Umstritten ist, wie der **Begriff der Beteiligten auszulegen** ist. Vertreten wird einerseits, dass der Begriff der Beteiligten die an dem Nachprüfungsverfahren Beteiligten iSd § 162 GWB erfasse.[8] Vertreten wird jedoch auch, dass der Begriff der Beteiligten weiter zu verstehen ist und sämtliche Beteiligte des Vergabeverfahrens erfasst.[9]

8 Der Beteiligtenbegriff ist in § 162 GWB legaldefiniert, auf den auch § 174 GWB für das Beschwerdeverfahren verweist. „**Verfahrensbeteiligte**" sind danach der Antragsteller, der Auftraggeber und die Unternehmen, deren Interessen durch die Entscheidung schwerwiegend berührt werden und daher beigeladen werden. Es erscheint nicht schlüssig, auch solche Unternehmen, deren Interessen durch das Nachprüfungs- und/oder Beschwerdeverfahren nicht schwerwiegend berührt werden, in den Schutzbereich des § 180 Abs. 1 GWB einzubeziehen, dessen Ziel es ist, vor rechtsmissbräuchlichen Anträgen auf Grundlage des GWB zu schützen. Eine Ausweitung des Begriffs der Beteiligten auf sämtliche Teilnehmer des Vergabeverfahrens wäre mit dem Gesetzeswortlaut nicht in Einklang zu bringen und ist daher abzulehnen.

9 **c) Ungerechtfertigtheit des Nachprüfungsantrags/der sofortigen Beschwerde.** „Ungerechtfertigt" ist nach der hL ein Antrag oder die sofortige Beschwerde, wenn am Ende des Verfahrens feststeht, dass das Rechtsmittel von Beginn an **unzulässig und/oder unbegründet** war.[10] Es ist danach zunächst zu prüfen, ob das Rechtsmittel objektiv nicht gerechtfertigt war.[11]

10 Teilw. wird in der Lit. eine offensichtliche Unzulässigkeit oder offensichtliche Unbegründetheit gefordert.[12] Diese Rechtsauffassung ist nicht überzeugend. Dagegen spricht bereits der Wortlaut, der lediglich einen ungerechtfertigten Antrag voraussetzt, ohne dass das Tatbestandsmerkmal der Offensichtlichkeit normiert ist. Der Anwendungsbereich des § 180 Abs. 1 GWB würde entgegen dem Wortlaut eingeschränkt. Auch verbliebe aus rein praktischen Überlegungen kaum ein Geltungsbereich, denn ein offensichtlich unzulässiger und/oder offensichtlich unbegründeter Antrag würde von der Vergabekammer gem. § 163 Abs. 2 GWB gar nicht zugestellt. Denn gem. § 163 Abs. 2 GWB prüft die Vergabekammer den Nachprüfungsantrag darauf, ob er offensichtlich unzulässig oder unbegründet ist und stellt ihn erst zu, wenn sie beides verworfen hat. Der Anwendungsbereich des § 180 GWB würde somit voraussetzen, dass die Vergabekammer die Zustellung verweigert hat, denn aus der Zustellung folgt bereits, dass der Nachprüfungsantrag nicht offensichtlich unzulässig ist. Den Gesetzesmaterialien lässt sich die Beschränkung auf eine offensichtliche Unzulässigkeit oder Unbegründetheit gleichfalls nicht entnehmen. Entsprechend der hM genügt daher ein **objektiv unzulässiger oder objektiv unbegründeter Nachprüfungsantrag**, um einen ungerechtfertigten Antrag bzw. eine ungerechtfertigte sofortige Beschwerde anzunehmen. Dem Charakter des § 180

---

[8] Beck VergabeR/Antweiler GWB § 180 Rn. 15; Byok/Jaeger/Franßen GWB § 180 Rn. 9 f.; Müller-Wrede GWB/Gnittke/Hattig § 180 Rn. 9.

[9] Vgl. Müller-Wrede GWB/Gnittke/Hattig § 180 Rn. 10 ff.

[10] Byok/Jaeger/Franßen GWB § 180 Rn. 12; RSG/Glahs GWB § 180 Rn. 8; BeckOK VergabeR/Bonitz GWB § 180 Rn. 11–12.

[11] BayObLG 20.12.1999 – Verg 8/99, NZBau 2000, 259; VK Brandenburg 20.12.2005 – 1 VK 75/05, IBRRS 2006, 1307; RSG/Glahs GWB § 180 Rn. 7; Müller-Wrede GWB/Gnittke/Hattig § 180 Rn. 9; Beck VergabeR/Antweiler GWB § 180 Rn. 12.

[12] So auch Byok/Jaeger/Franßen GWB § 180 Rn. 13 mwN; für das Erfordernis eines offensichtlich unzulässigen/unbegründeten Rechtsmittels: Noch VergabeR S. 384.

GWB als Missbrauchstatbestand wird erst durch das Tatbestandsmerkmal des Missbrauchs Rechnung getragen.

d) Zeitpunkt der Ungerechtfertigtheit. Das Tatbestandsmerkmal der Ungerechtfertigtheit liegt nach einhM vor, wenn das Rechtsmittel **bereits im Zeitpunkt der Einlegung** unbegründet oder unzulässig gewesen ist.[13] Der Wortlaut des § 180 GWB sieht keine weiteren Einschränkungen vor, so dass einzig objektiv darauf abzustellen ist, ob das Rechtsmittel im Zeitpunkt seiner Einlegung materiell ungerechtfertigt war.[14] Somit scheiden die Fälle aus, bei denen das Rechtsmittel erst im Laufe des Nachprüfungs- oder Beschwerdeverfahrens unzulässig und/oder unbegründet wird. Zu prüfen ist allerdings jede Instanz für sich. Von einem Nachprüfungsantrag, der im Laufe eines Verfahrens unzulässig wird, zu unterscheiden ist der Fall, dass gegen diese Entscheidung (in rechtsmissbräuchlicher Weise) sofortige Beschwerde eingelegt wird, die also im Zeitpunkt der Einlegung ungerechtfertigt war.

11

Diese Rechtsauffassung trägt der **gesetzgeberischen Zielsetzung** hinreichend Rechnung und erscheint auch vor dem Hintergrund der Regelungssystematik des GWB schlüssig.[15] Der Gesetzgeber lehnte sich iRd Gestaltung des § 180 GWB ausweislich der Gesetzesbegr. an die Vorschrift des § 945 ZPO an. Ein Schadensersatzanspruch ist danach gegeben, wenn der Arrest-(Verfügungs-)Anspruch oder Arrest-(Verfügungs-)Grund von Anfang an fehlten.[16] Eine andere Rechtsauffassung erscheint nicht vertretbar, da ein Rechtsmittel, das ursprünglich zulässig und begründet war, nicht von Anfang an ungerechtfertigt sein kann.

12

e) Missbräuchliche Ausnutzung eines Rechtsmittels. Der Schadensersatzanspruch kann nur bestehen, wenn das von Anfang an ungerechtfertigte Rechtsmittel missbräuchlich eingelegt wurde. Der Missbrauchstatbestand setzt eine **Missbrauchs- bzw. Schädigungsabsicht** voraus und ist nur erfüllt, wenn das Ziel der Behinderung des Vergabeverfahrens das Leitmotiv des Rechtsmittelführers ist. Ihm muss es bereits im Zeitpunkt der Antragstellung auf die Behinderung des Vergabeverfahrens ankommen.[17] Ein Verfahren wird selbst bei einer negativen Erfolgsprognose grds. nicht rechtsmissbräuchlich geführt, wenn sich aus den konkreten Umständen des Sachverhalts Besonderheiten ableiten lassen, die die bisherige, ggf. entgegenstehende, Rspr. als nicht anwendbar oder zumindest fraglich erscheinen lassen. Zudem ist der redlich handelnden und ihre Rechte wahrnehmenden Partei nach hL ein Recht auf „fahrlässigen" Irrtum zuzubilligen.[18] Dies gilt insbes. im Vergaberecht, das als komplexe und schwierige Rechtsmaterie anerkannt ist, → § 182 Rn. 1 ff. Der Nachweis einer missbräuchlichen Ausnutzung eines Rechtsmittels dürfte daher nur schwer zu erbringen sein, was sich in der geringen praktischen Relevanz der Norm zeigt.

13

2. Beispielsfälle der missbräuchlichen Ausnutzung (Abs. 2)

Die Frage, ob ein Rechtsmissbrauch vorliegt, ist mittels einer wertenden **Betrachtung des jew. Sachverhalts** anhand der Beispielsfälle des § 180 Abs. 2 GWB zu beantworten.

14

---

[13] Byok/Jaeger/Franßen GWB § 180 Rn. 12; RSG/Glahs GWB § 180 Rn. 7; Müller-Wrede GWB/Gnittke/Hattig § 180 Rn. 15; BeckOK VergabeR./Bonitz GWB § 180 Rn. 24.
[14] So nunmehr auch Müller-Wrede GWB/Gnittke/Hattig § 180 Rn. 17.
[15] Vgl. dazu Gesetzesbegr. BT Drs. 13/9340, 22.
[16] BGH 7.6.1988 – IX ZR 278/87, NJW 1988, 3268; 13.4.1989 – IX ZR 148/88, NJW 1990, 122; Zöller/Vollkommer ZPO § 945 Rn. 14a, § 1041 Rn. 5; BLAH/Hartmann ZPO § 945 Rn. 19; iErg ebenso Müller-Wrede GWB/Gnittke/Hattig § 180 Rn. 14 ff.
[17] Müller-Wrede GWB/Gnittke/Hattig § 180 Rn. 28.
[18] Müller-Wrede GWB/Gnittke/Hattig § 180 Rn. 25 mwN.

GWB § 180

15 **a) Rechtsmissbrauch durch eine Erwirkung einer Aussetzung durch falsche Angaben.** Nach § 180 Abs. 2 Nr. 1 GWB liegt ein Missbrauch insbes. dann vor, wenn die (weitere) Aussetzung des Vergabeverfahrens durch vorsätzlichen oder grob fahrlässigen Vortrag falscher Angaben erwirkt wird. Erforderlich zur Erfüllung dieser Tatbestandsvoraussetzung sind somit ein **falscher Sachverhaltsvortrag** und eine erwirkte **Aussetzung des Vergabeverfahrens**. Angaben sind falsch, wenn sie nicht der objektiven Wahrheit entsprechen. Die Begriffe des Vorsatzes und der groben Fahrlässigkeit sind wie im Zivilrecht auszulegen. Vorsätzlich handelt der Beteiligte, der sicher weiß oder billigend in Kauf nimmt, dass seine Angaben ganz oder teilw. falsch sind und sie dennoch vorträgt. Grobe Fahrlässigkeit setzt eine besonders grobe Verletzung der im Verkehr erforderlichen Sorgfalt voraus und liegt vor, wenn ganz naheliegende Überlegungen zur Vermeidung der Pflichtverletzung nicht angestellt wurden.[19]

16 Der Antragsteller oder Beschwerdeführer muss ferner eine **Verfahrensaussetzung erwirkt** haben. Denkbar ist dies als Folge der Zustellung des Nachprüfungsantrags durch die Vergabekammer gem. § 169 Abs. 1 GWB, der Wiederherstellung des Zuschlagsverbots durch das Beschwerdegericht aufgrund eines gesonderten Antrags des ursprünglichen Antragstellers oder eines Beigeladenen gem. § 169 Abs. 2 S. 2 GWB, der Erwirkung der weiteren Aussetzung des Vergabeverfahrens aufgrund eines im Beschwerderechtszug gestellten Antrags auf Verlängerung der aufschiebenden Wirkung durch den ursprünglichen Antragsteller bzw. den Beigeladenen gem. § 173 Abs. 1 S. 3 GWB oder der Beeinflussung der Entscheidung des Beschwerdegerichts über die Vorabentscheidung über den Zuschlag gem. § 176 GWB. Erforderlich ist ferner ein **kausaler Zusammenhang** der Falschangaben mit der weiteren Verfahrensaussetzung.[20]

17 **b) Überprüfung mit dem Ziel der Behinderung/Schädigung.** Ein Missbrauchsfall ist ferner zu bejahen, wenn die Überprüfung der Vergabeentscheidung bzw. eines Beschlusses der Vergabekammer mit dem Ziel beantragt wird, das **Vergabeverfahren zu behindern** oder **Konkurrenten zu schädigen**. Der Begriff der „**Überprüfung**" erfasst sowohl die Stellung eines Nachprüfungsantrags als auch die Einlegung der sofortigen Beschwerde. Damit kann auch derjenige missbräuchlich handeln, der zwar den Nachprüfungsantrag nicht rechtsmissbräuchlich gestellt hat, dann aber die offensichtlich erfolglose sofortige Beschwerde einlegt.

18 Eine **Behinderung** ist automatische Folge eines Nachprüfungsantrags bzw. einer sofortigen Beschwerde, mit dem/der jew. ein (im Beschwerdeverfahren befristetes) Zuschlagsverbot (gem. § 169 Abs. 1 GWB bzw. § 173 Abs. 1 GWB) verbunden ist. Weitere Behinderungen können in den weiteren gesetzlich vorgesehenen Rechtsbehelfen liegen.

19 Die **Schädigungsabsicht** liegt vor, wenn die Zuschlagserteilung im Vergabeverfahren an den Konkurrenten verhindert werden soll, ohne dass ein eigenes Interesse des Antragstellers an dem Auftrag vorliegt. Auch bei dieser Variante muss die Schädigungsabsicht im Vordergrund stehen.[21] Dieser Fall wird nur schwer nachzuweisen sein. Eine Schädigungsabsicht liegt nicht vor, wenn der unterlegene Bieter von dem Erfolg seines Antrags überzeugt ist und die Zuschlagserteilung auf sein Angebot erreichen möchte. Die daraus resultierende Folge, dass der Konkurrent den Zuschlag nicht erhält, genügt nicht, um eine Schädigungsabsicht anzunehmen.[22]

---

[19] Eine restriktive Auslegung zum Verschulden vertritt Beck VergabeR/Antweiler GWB § 180 Rn. 17 f; weitergehend KK-VergR Scharen GWB § 180 Rn. 11.
[20] Byok/Jaeger/Franßen GWB § 180 Rn. 22; Beck VergabeR/Antweiler GWB § 180 Rn. 14.
[21] BeckOK VergabeR/Bonitz GWB § 180 Rn. 20–22; Müller-Wrede GWB/Gnittke/Hattig § 180 Rn. 31.
[22] Müller-Wrede GWB/Gnittke/Hattig § 180 Rn. 27.

IRd § 180 Abs. 2 Nr. 2 GWB kommt der **öffentliche Auftraggeber als** 20 **Anspruchsverpflichteter** nicht in Betracht, da er in keiner Verfahrenslage die Überprüfung des Vergabeverfahrens beantragt und keinen Konkurrenten schädigt.

c) Nachprüfungsantrag mit dem Ziel, ihn später gegen Geld oder andere 21 **Vorteile zurückzunehmen.** Ein Missbrauchsfall liegt ebenfalls vor, wenn ein Nachprüfungsantrag oder ein Beschwerdeantrag mit dem Ziel gestellt werden, einen Beteiligten zu veranlassen, eine wirtschaftliche Kompensation vorzunehmen und den Antragsteller dadurch zu einer Antragsrücknahme zu bewegen.[23] Der Begriff des Antrags in § 180 Abs. 2 Nr. 3 GWB nimmt Bezug auf das in § 180 Abs. 2 GWB im ersten Hs. erfasste Antrags- und Beschwerderecht („Ein Missbrauch des Antrags- und Beschwerderechts ist es ...") und ist sowohl im Nachprüfungs- als auch im Beschwerdeverfahren anwendbar.[24] Der Tatbestand setzt eine nachweisbare und dokumentierte **Kausalität zwischen Antragstellung und der Absicht der Rücknahme** aus missbräuchlichen Motiven voraus.[25] Die tatsächliche Rücknahme des Antrags ist weder Voraussetzung, noch reicht sie für die Annahme des Missbrauchs aus. Die Regelung kann iRv Vergleichsverhandlungen relevant werden.[26] Auch im Nachprüfungs- und Beschwerdeverfahren können unstreitig Vergleiche geschlossen werden, wenn die vergaberechtlichen Normen beachtet werden. Die Tatsache, dass eine Partei in einem Nachprüfungs- oder Beschwerdeverfahren einen Vergleich anregt, kann nicht generell den Tatbestand des § 180 Abs. 2 Nr. 3 GWB erfüllen. Vielmehr muss die Absicht, einen Nachprüfungsantrag nur mit dem Ziel der Verfahrensverzögerung und des Aufbaus von Druck zur Erzielung eines Vergleichs über finanzielle Kompensationen einzuleiten, bereits mit Antragstellung vorgelegen haben.[27]

Die Regelung hat in der Praxis vor allem durch eine **entspr. Anwendung** 22 **iRd Zulässigkeitsprüfung** des § 160 Abs. 2 GWB Bedeutung gewonnen. Nach der Rspr. ist bereits der Primärrechtsschutz zu versagen, wenn das Nachprüfungsverfahren dazu verwendet wird, die Vergabestelle in grob eigennütziger Weise zu einer Leistung zu veranlassen, auf die kein Anspruch besteht und billigerweise auch nicht erhoben werden kann, was insbes. vorliegt, wenn ein Antragsteller anbietet, sich gegen eine Geldzahlung aus dem Verfahren endgültig zurückzuziehen und der zeitliche Ablauf zwischen Geltendmachung der Forderung und der Einreichung des Nachprüfungsantrages den Schluss auf ein rechtsmissbräuchliches Verhalten zulässt.[28]

d) Unbenannte Missbrauchsfälle. Bei den Beispielsfällen nach § 180 Abs. 2 23 Nr. 2 GWB muss die Behinderung oder die Schädigung das vordringliche Motiv des Handelns sein. Diese Absicht muss schon bei Stellung des Antrages vorgelegen haben.[29] Andere unbenannte Gründe müssen ebenso schwer wiegen und **mit den**

---

[23] VK Brandenburg 20.12.2005 – 1 VK 75/05, IBRRS 2006, 1307.
[24] Vgl. dazu aber BeckOK VergabeR/Bonitz GWB § 180 Rn. 11–12.
[25] VK Sachsen 21.3.2002 – 1/SVK/011-02, BeckRS 2002, 03615; 12.7.2000 – 1/SVK/52-00, BeckRS 2000, 168051.
[26] Vgl. auch die kartellrechtliche Dimension, dargestellt in: Dreher/Glöckle NZBau 2015, 459 (533).
[27] Ebenso Beck VergabeR/Vavra/Willner GWB § 178 Rn. 20; BeckOK VergabeR/Bonitz GWB § 180 Rn. 11–12.
[28] OLG Düsseldorf 14.5.2008 – Verg 27/08, BeckRS 2008, 9282 = VergabeR 2008, 661; VK Baden-Württemberg 16.1.2009 – 1 VK 65/08, BeckRS 2011, 01112; VK Brandenburg 20.12.2005 – 1 VK 75/05, IBRRS 2006, 1307; BayObLG 20.12.1999 – Verg 8/99, NZBau 2000, 259.
[29] VK Sachsen 10.1.2001 – 1/SVK/110-00, VPRRS 2013, 1305; KK-VergR/Scharen GWB § 180 Rn. 7; Beck VergabeR/Antweiler GWB § 180 Rn. 17.

benannten Tatbeständen vergleichbar sein.[30] Dies sind etwa die Sachverhalte, die den Tatbestand der Urteilserschleichung gem. § 826 BGB oder eines Prozessbetrugs erfüllen. In sämtlichen Fällen ist erforderlich, dass dem Anspruchsgegner sein objektives Fehlverhalten auch subjektiv vorgeworfen werden kann. Erforderlich ist daher, dass dem zum Schadensersatz Verpflichteten subjektiv vorgeworfen werden kann, dass er die rechtlichen Möglichkeiten bewusst in zweckwidriger Weise aus Eigeninteresse ausschöpft. Wenn und soweit das Bewusstsein des Antragstellers vorliegt, dass sein Antrag/Rechtsmittel chancenlos ist, wird man das rücksichtslose Eigeninteresse unterstellen können. Der Nachweis des Geschädigten, dass die Voraussetzungen vorliegen, ist allerdings schwer zu erbringen. Der Vorwurf missbräuchlichen Verhaltens erfolgt in der Praxis durchaus im Parteivortrag, ohne dass jedoch bislang ein entspr. Anspruch geltend gemacht wurde.[31]

3. Ersatzfähiger Schaden

24   Der Ersatzpflichtige hat den Schaden zu ersetzen, der durch den Missbrauch entstanden ist. Erforderlich ist ein **kausaler Zusammenhang** zwischen dem eingetretenen Schaden und dem missbräuchlichen Stellen des Nachprüfungsantrags bzw. der Einreichung der sofortigen Beschwerde. Dies ist nur dann der Fall, wenn die missbräuchliche Handlung nicht hinweg gedacht werden kann, ohne dass der eingetretene Schaden entfiele.[32]

25   Hinsichtlich des **Umfangs des Schadensersatzanspruchs** gelten daher die zivilrechtlichen Regelungen der §§ 249 ff. BGB. Der Geschädigte ist so zu stellen, wie er gestanden hätte, wenn der zum Ersatz verpflichtende Umstand nicht eingetreten wäre.[33] Der Schaden kann etwa im Nutzungsausfall, in Vorhaltekosten oder in der Bereitstellung einer Zwischenlösung liegen.

26   Die zivilrechtlichen Regelungen, wie etwa das des Mitverschuldens gem. § 254 BGB, sind anzuwenden.[34] **Mitverschulden** kann etwa in Fällen vorliegen, in denen der öffentliche Auftraggeber dem rügenden Bieter seine Platzierung nicht mitteilt und ihn dadurch zur Einleitung eines Nachprüfungsverfahrens veranlasst.[35]

4. Darlegungs- und Beweislast

27   Die Darlegungs- und Beweislast trägt nach den allg. zivilprozessualen Regeln der, der Ansprüche für sich geltend macht.[36] Die Erfüllung der Tatbestandsvoraussetzungen wird sich in der Regel schwer darstellen und nachweisen lassen. Der **Anspruchsteller** muss darlegen und beweisen, dass und warum die Antragstellung im Bewusstsein der Chancenlosigkeit mit der Schädigungs- bzw. Missbrauchsabsicht erfolgte. Der **Anspruchsgegner** hat dann darzulegen und zu beweisen, dass und warum die Antragstellung nicht im rücksichtslosen Eigeninteresse erfolgt ist.

28   Im Hinblick auf die **Sachverhaltsfeststellungen** und die **Entscheidungen zu Rügen** kann sich eine **Bindungswirkung aus Vergabeentscheidungen** ergeben. Insbes. gilt dies für die Frage, ob der Nachprüfungsantrag oder die Beschwerde von

---

[30] VK Baden-Württemberg 16.1.2009 – 1 VK 65/08, BeckRS 2011, 01112.

[31] Vgl. etwa VK Bund 12.5.2020 – VK 2–27/20, BeckRS 2020, 24265; VK Sachsen 27.12.2019 – 1/SVK/037-19, BeckRS 2019, 39463.

[32] Byok/Jaeger/Franßen GWB § 180 Rn. 25.

[33] Beck VergabeR/Antweiler GWB § 180 Rn. 16; Müller-Wrede GWB/Gnittke/Hattig § 180 Rn. 28.

[34] KK-VergR/Scharen GWB § 180 Rn. 13; Müller-Wrede GWB/Gnittke/Hattig § 180 Rn. 29.

[35] Müller-Wrede GWB/Gnittke/Hattig § 180 Rn. 29.

[36] KK-VergR/Scharen GWB § 180 Rn. 15; Müller-Wrede GWB/Gnittke/Hattig § 180 Rn. 29.

Anfang an unberechtigt war. Die Bindungswirkung ergibt sich allerdings nicht direkt aus der Regelung des § 179 Abs. 1 GWB, die nach ihrem Wortlaut nur den Fall eines Schadensersatzanspruches erfasst, der sich auf einen Vergabeverstoß stützt. Mit der hM ist eine Bindungswirkung iRd § 180 GWB auf Grundlage einer entspr. Anwendung des § 179 GWB anzunehmen. Sie ist sachgerecht, prozessökonomisch und vermeidet widerstreitende Entscheidungen.[37] Das OLG Celle entschied bereits 2003, dass Entscheidungen der Vergabekammer materielle Rechtskraft entfalten.[38] Art und Umfang der Bindung ergeben sich aus dem Tenor der Entscheidung und den tragenden Gründen. Da die Vergabekammer selten Ausführungen zu dem Zeitpunkt der Unbegründetheit des Nachprüfungsantrags vornimmt, wird eine Bindungswirkung allerdings nur in Ausnahmefällen anzunehmen sein.

5. Rechtsschutz

Die Ansprüche gem. § 180 GWB sind nach den Regelungen der ZPO vor der **ordentlichen Gerichtsbarkeit** geltend zu machen. Für Ansprüche gem. § 180 Abs. 1 GWB greift die Regelung des § 32 ZPO über die besondere Zuständigkeit für unerlaubte Handlungen. 29

III. Ungerechtfertigte vorläufige Maßnahme (Abs. 3)

Gemäß § 180 Abs. 3 GWB hat der Antragsteller dem Auftraggeber den aus der Vollziehung der auf seinen Antrag hin angeordneten vorläufigen Maßnahmen entstandenen Schaden zu ersetzen, wenn sich die von der Vergabekammer entspr. einem gesonderten Antrag nach § 169 Abs. 3 GWB getroffene vorläufige Maßnahme als von Anfang an ungerechtfertigt erweist. Der Anspruch greift somit nur bei denjenigen Schäden ein, die nicht schon durch die bloße Aussetzung des Vergabeverfahrens iRd Nachprüfungsantrages entstanden sind, sondern auf **gesondert angeordneten vorläufigen Maßnahmen** beruhen. 30

In der Vorschrift ist ein dem § 945 ZPO nachgebildeter Schadensersatzanspruch für den Fall statuiert, dass der **Antragsteller vorläufig bremsend in das Vergabeverfahren eingreift** und sich im Hauptsacheverfahren herausstellt, dass der Eingriff in den Beschaffungsvorgang nicht gerechtfertigt war.[39] Ein Missbrauchstatbestand ist nicht erforderlich.[40] 31

1. Tatbestandsvoraussetzungen

Der Schadensersatzanspruch setzt voraus, dass sich die getroffenen vorläufigen Maßnahmen als **von Anfang an ungerechtfertigt** erweisen, was dann der Fall sein wird, wenn aus Sicht eines objektiven Betrachters bereits zum Zeitpunkt der Anordnung die Voraussetzungen der vorläufigen Maßnahme nicht vorlagen. Umstände, die später eintreten, finden insoweit keine Berücksichtigung.[41] Voraussetzung des Anspruchs ist zunächst, dass die erwirkten vorläufigen Maßnahmen von Anfang an ungerechtfertigt waren. Dies ist der Fall, wenn zum Zeitpunkt der Anordnung aus der Sicht eines objektiven Betrachters die Voraussetzungen der vorläufigen 32

---

[37] KK-VergR/Scharen GWB § 180 Rn. 15; Müller-Wrede GWB/Gnittke/Hattig § 180 Rn. 35.
[38] OLG Celle 5.9.2003 – 13 Verg 19/03, BeckRS 2004, 263; OLG Celle 17.6.2021 – 13 Verg 2/21, NZBau 2022, 189.
[39] BT-Drs. 13/9340, 22 zu § 134; Müller-Wrede GWB/Gnittke/Hattig § 180 Rn. 61.
[40] KK-VergR/Scharen GWB § 180 Rn. 1; Müller-Wrede GWB/Gnittke/Hattig § 180 Rn. 61.
[41] Müller-Wrede GWB/Gnittke/Hattig § 180 Rn. 64.

GWB § 181 Anspruch auf Ersatz des Vertrauensschadens

Maßnahmen objektiv nicht vorlagen. Der Schadensersatzanspruch ist verschuldensunabhängig und wie dargestellt dem Schadensersatzanspruch iRd einstweiligen Verfügung gem. § 945 ZPO nachgebildet.[42] Die zu § 945 ZPO entwickelten Grundsätze können entspr. herangezogen werden.[43] Die Tatbestandsvoraussetzungen des von „Anfang an ungerechtfertigten Antrags" sind somit wie in § 180 Abs. 1 GWB auszulegen.[44] Weitere Voraussetzung ist die **Entstehung eines Schadens** durch die vorläufige Maßnahme.

2. Umfang des Schadensersatzanspruchs

33 Nach dem Wortlaut des § 180 Abs. 3 GWB ist allein der den Auftrag vergebende **Auftraggeber schadensersatzberechtigt.** Dies erscheint sachgerecht, da der Auftraggeber aufgrund der Verzögerung keinen Auftrag vergeben und außer ihm niemand geschädigt werden kann.

34 Zu ersetzen ist der durch die Vollziehung der angeordneten Maßnahmen adäquat kausal verursachte Schaden, der nach den allg. Grundsätzen gem. §§ 249 ff. BGB zu bestimmen ist. Somit gilt das **Prinzip der Totalreparation und das Restitutionsprinzip.** In erster Linie werden hier kausal durch die Vollziehung der angeordneten Maßnahmen verursachte Mehrkosten oder etwa der Verlust von Fördermitteln/Zuwendungen erstattungsfähig sein.

3. Darlegungs- und Beweislast/Rechtsschutz

35 Hinsichtlich der Darlegungs- und Beweislast sowie zur Frage des Rechtswegs kann auf die Ausführungen zu § 180 Abs. 1 GWB verwiesen werden, → Rn. 27. Der Anspruch gem. § 180 Abs. 3 GWB setzt jedoch keinen Missbrauch und somit kein Verschulden voraus.[45]

4. Verjährung

36 Ergänzend sind sowohl auf den Schadensersatzanspruch gem. § 180 Abs. 1 GWB als auch auf den Anspruch nach § 180 Abs. 3 GWB die §§ 823 ff. BGB anzuwenden, soweit sie kein Verschulden voraussetzen. Insbes. gilt dies für die Verjährung, die gem. §§ 195, 199 BGB entspr. der regelmäßigen **Verjährung drei Jahre** beträgt.

§ 181 Anspruch auf Ersatz des Vertrauensschadens

¹Hat der Auftraggeber gegen eine den Schutz von Unternehmen bezweckende Vorschrift verstoßen und hätte das Unternehmen ohne diesen Verstoß bei der Wertung der Angebote eine echte Chance gehabt, den Zuschlag zu erhalten, die aber durch den Rechtsverstoß beeinträchtigt wurde, so kann das Unternehmen Schadensersatz für die Kosten der Vorbereitung des Angebots oder der Teilnahme an einem Vergabeverfahren verlangen. ²Weiterreichende Ansprüche auf Schadensersatz bleiben unberührt.

Literatur: Ackermann, Vergaberechtlicher Rechtsschutz gem. § 126 GWB, WRP 2009, 28; Csaki, Die Entwicklung des Vergaberechts seit 2021, NJW 2022, 1502; Finke/Hangebrauck/Geberding, Anmerkung zu OLG Düsseldorf v. 13.1.2010 – I-27 U 1/09, EWiR 2010, 295; Gabriel/Schulz, Die Rechtsprechung des EuGH auf dem Gebiet des Vergaberechts in den Jahren

---

[42] Vgl. BT-Drs. 13/9340, 22.
[43] Müller-Wrede GWB/Gnittke/Hattig § 180 Rn. 61 f.
[44] RSG/Glahs GWB § 180 Rn. 17 ff.
[45] KK-VergR/Scharen GWB § 180 Rn. 20; Beck VergabeR/Antweiler GWB § 180 Rn. 23; Müller-Wrede GWB/Gnittke/Hattig § 180 Rn. 71; RSG/Glahs GWB § 180 Rn. 17.

Anspruch auf Ersatz des Vertrauensschadens **§ 181 GWB**

2021/2022, EWS 2023, 1; Gerlach/Manske, Das Gebot der eindeutigen Leistungsbeschreibung zwischen Vergaberecht und Allgemeiner Rechtsgeschäftslehre, VergabeR 2016, 443; Glahs, Einflüsse des Vergaberechts auf die Auslegung von öffentlichen Bauaufträgen, NZBau 2020, 213; Graevenitz/Rabus, Ein frischer Blick auf die Anwendung der c.i.c. im Unterschwellenbereich, VergabeR 2022, 595; Gröning, Erstattungsfähigkeit des positiven Interesses und des innerbetrieblichen Aufwands für die Angebotserstellung, NZBau 2021, 233; Gröning, Ersatz des Vertrauensschadens ohne Vertrauen? – Zur Dogmatik des vergaberechtlichen Schadensersatzanspruchs auf das negative Interesse, GRUR 2009, 266 sowie VergabeR 2009, 839; Mann, Kommunales Wirtschaftsrecht als Vorgabe des Vergaberechts?, NVwZ 2010, 857; Popoescu, Vergaberechtliche Schadensersatzhaftung für defizitäre Aufhebungen öffentlicher Ausschreibungen, NZBau 2013, 648; Prieß/Bonitz, Das Sonderrechtsregime für Schadensersatz bei Vergabefehlern, NZBau 2013, 477; Römling, Zur unionsrechtskonformen Auslegung des § 280 I Satz 2 BGB in Bezug auf kartellvergaberechtliche Schadensersatzansprüche, VergabeR 2021, 34; Schneevogl/Müller, Schadensersatzrisiken bei Anwendung des § 124 Abs. 1 Nr. 7 GWB, NZBau 2020, 345; Simonis, Vergaberechtliche Compliance – Die Folgen von Rechtsverstößen bei der Vergabe öffentlicher Aufträge, CCZ 2016, 70; Zirkel, Schadensersatz auf Grund der Übernahme einer guten Idee?, VergabeR 2006, 321.

Übersicht

	Rn.
I. Bedeutung der Vorschrift	1
II. Schadensersatzanspruch (S. 1)	4
1. Anspruchsvoraussetzungen	4
a) Kreis der Anspruchsberechtigten	4
b) Verstoß gegen eine den Schutz von Unternehmen bezweckende Vorschrift	6
c) Echte Chance auf den Zuschlag	20
d) Beeinträchtigung der Chance durch den Zuschlag	28
e) Verschulden	30
f) Ersatzpflichtige	32
g) Rechtmäßiges Alternativverhalten	34
h) Mitverschulden	37
2. Höhe des Schadensersatzes	43
3. Beweislast und Rechtsschutz	46
III. Weitergehende Schadensersatzansprüche (S. 2)	49
1. Vertragsähnliche Ansprüche gem. § 280 Abs. 1 iVm § 311 Abs. 2, § 241 Abs. 2GB	51
a) Allgemeines	51
b) Anspruchsvoraussetzungen	52
aa) Vertragsähnliches Schuldverhältnis	53
bb) Schutzwürdigkeit des Bietervertrauens	54
cc) Pflichtverletzung	57
dd) Verschulden	59
ee) Haftungsausfüllende Kausalität	62
ff) Rechtmäßiges Alternativverhalten/Verjährung	66
c) Beweislast	68
2. Deliktsrechtliche Ansprüche	71
a) § 823 Abs. 1 BGB	71
b) § 823 Abs. 2 BGB iVm Schutzgesetzen	72
c) § 826 BGB	73
d) § 839 BGB iVm Art. 34 GG	74
3. Sonstige, insbes. kartellrechtliche Ansprüche	75

GWB § 181   Anspruch auf Ersatz des Vertrauensschadens

I. Bedeutung der Vorschrift

1   Der Anwendungsbereich der §§ 97 ff. GWB ist durch die Vergaberechtsmodernisierung im Jahr 2016 auf Konzessionen ausgeweitet worden mit der Folge, dass die Regelung des § 181 GWB auch auf Konzessionsvergaben anzuwenden ist. Mit dem Kartellvergaberecht der §§ 97 ff. GWB führte der Gesetzgeber einen primären Rechtsschutz ein, der auf eine Überprüfung der Vergabeentscheidung selbst abzielt. Ist der Zuschlag wirksam erteilt, ist eine Rückabwicklung nach nationalem Recht ausgeschlossen, in diesem Fall bestehen nur Schadensersatzansprüche. Bereits vor dieser Neuregulierung gestand die Rspr. den Teilnehmern an einem Vergabeverfahren Schadensersatzansprüche insbes. auf der Rechtsgrundlage der culpa in contrahendo (cic) zu, wenn die Normen der Verdingungsordnungen schuldhaft nicht eingehalten wurden und dem Bieter dadurch ein Schaden entstand.[1] Danach wurde mit der Einleitung eines Ausschreibungsverfahrens ein Vertrauensverhältnis begründet. Wettbewerbsteilnehmer durften aufgrund der Einleitung eines Ausschreibungsverfahrens darauf vertrauen, dass der öffentliche Auftraggeber die Grundsätze und Normen der Verdingungs- bzw. Vertrags- und Vergabeordnungen einhielt.[2] Diese Rspr. hat der **BGH** im Jahr 2011 aufgegeben und den Schadensersatzanspruch auf die Verletzung einer aus dem Schuldverhältnis resultierenden **Rücksichtnahmepflicht** der beteiligten Parteien gestützt. Ein Vertrauenselement existierte seither nicht mehr.[3] Unentschieden ließ der BGH bisher die Frage, ob der Schadensersatzanspruch aus § 280 Abs. 1 iVm 241 Abs. 2 und § 311 Abs. 2 Nr. 1 BGB ein Verschulden der anspruchsberechtigten Partei voraussetzt.[4] § 181 S. 1 GWB gewährt dem unterlegenen Bieter im Fall eines Vergabeverstoßes des Auftraggebers im Vergabeverfahren einen verschuldensunabhängigen **Anspruch auf Schadensersatz** für die durch Vorbereitung des Angebots oder Teilnahme am Verfahren entstehenden Kosten. Erstattungsfähig sind iRd § 181 GWB nur tatsächlich entstandene Kosten, nicht jedoch der entgangene Gewinn.

2   Die Regelung war ursprünglich als Beweisregelung[5] zur Umsetzung des Art. 2 Abs. 7 der RMR im Sektorenbereich 92/13/EWG[6] konzipiert worden. Art. 2 Abs. 7 RL 92/13/EWG gibt vor, dass eine Person, die Schadensersatz für die Kosten der Vorbereitung eines Angebots oder für die Kosten der Teilnahme an einem Auftragsvergabeverfahren verlangt, lediglich nachzuweisen hat, dass eine echte Chance auf der Zuschlagserteilung durch den Vergabeverstoß beeinträchtigt wurde. Trotz der damaligen Kritik des BR im Gesetzgebungsverfahren[7] wurde die Geltung auf die klassischen Auftraggeber ausgeweitet und die Regelung als allg. eigene Anspruchsgrundlage ausgestaltet. § 181 GWB normiert **über die europäischen Vorgaben hinausgehende Ansprüche** auf Ersatz des Vertrauensschadens.[8]

---

[1] BGH 8.9.1998 – X ZR 48–97, BGHZ 139, 259 = NJW 1998, 3636; 8.9.1998 – X ZR 99–96, BGHZ 139, 280 = NJW 1998, 3640; vgl. Übersicht bei RSG/Glahs GWB § 181 Rn. 5 ff.
[2] Vgl. MüKoBGB/Emmerich § 311 Rn. 57; vgl. dazu OLG München 15.3.2012 – Verg 2/12, NZBau 2012, 460. Im konkreten Fall wurde es der Vergabestelle versagt, sich auf den Zugang der E-Mail-Benachrichtigung gem. § 101a GWB aF bei einem unterlegenen Bieter zu berufen. Die Vergabestelle hatte die Abwesenheitsnachricht des abwesenden Adressaten erhalten.
[3] BGH 9.6.2011 – X ZR 143/10, NZBau 2011, 498 Rn. 14.
[4] BGH 9.6.2011 – X ZR 143/10, NZBau 2011, 498 Rn. 15.
[5] Vgl. BT-Drs. 13/9340, 44 zu § 135 GWB.
[6] RL 92/13/EWG v. 25.2.1992, Rechtsmittelrichtlinie für Auftraggeber im Bereich der Wasser-, Energie- und Verkehrsversorgung sowie im Telekommunikationssektor, ABl. 1992 L 76, 1 ff.
[7] Anl. 2 zur BT-Drs. 13/9340, 44.
[8] Vgl. Byok/Jaeger/Franßen GWB § 181 Rn. 7; Jebens DB 1999, 1741.

Anspruch auf Ersatz des Vertrauensschadens **§ 181 GWB**

Die Regelung des § 181 GWB ist im Geltungsbereich der §§ 97 ff. GWB anwend- 3
bar und unter Berücksichtigung der europäischen Vorgaben, insbes. der RMR[9],
auszulegen. Ist der Anwendungsbereich der §§ 97 ff. GWB nicht eröffnet, ist der
Wettbewerbsteilnehmer auf das allg. Zivilrecht verwiesen.[10]

II. Schadensersatzanspruch (S. 1)

1. Anspruchsvoraussetzungen

a) Kreis der Anspruchsberechtigten. Entsprechend der gesetzgeberischen 4
Zielsetzung erstreckt sich der Tatbestand des § 181 S. 1 GWB auf Unternehmen,
die eine echte Chance auf den Zuschlag hatten und aufgrund der Verletzung dieser
Chance Schadensersatz „für die Kosten der Vorbereitung des Angebots oder der
Teilnahme an einem Vergabeverfahren" fordern. Somit setzt der Schadensersatzanspruch grds. die **Teilnahme an einem Vergabeverfahren** voraus, da anderenfalls
kein ersetzbarer Schaden entsteht. Offen ist, ob die Norm auch dann anwendbar
ist, wenn sich ein Unternehmen gar nicht an einem Vergabeverfahren beteiligt hat.
Mit der hM ist § 181 GWB zwar auch in Fällen einschlägig, in denen sich ein
Unternehmen aufgrund von Verfahrensverstößen nicht beteiligt hat oder eine ordnungsgemäße Ausschreibung unterblieb. In diesen Fällen dürfte ein gem. § 181
S. 1 GWB erstattungsfähiger Schaden allerdings kaum vorliegen geschweige denn
nachweisbar sein.[11]

In § 181 GWB nicht geregelt ist, ob und unter welchen Voraussetzungen auch 5
einzelne **Mitglieder einer Bietergemeinschaft** Schadensersatz erfolgreich durchsetzen können. Unter Berücksichtigung der Rspr. des EuGH wird man iRd Sekundärrechtsschutzes davon ausgehen müssen, dass einzelnen Bietergemeinschaftsmitgliedern der Rechtsweg zur Geltendmachung von Schadensersatzansprüchen
eröffnet sein muss. Hintergrund ist eine Entscheidung des EuGH[12] zur Frage, wie
die RMR im Hinblick auf den Sekundärrechtsschutz auszulegen ist. Der EuGH hat
klargestellt, dass der Sekundärrechtsschutz auch für einzelne Bietergemeinschaftsmitglieder eröffnet sein muss, die einen **individuellen Schaden nachweisen** können.
Anders ist dies im Hinblick auf den Primärrechtsschutz. Insoweit hat der EuGH
eine nationale Vorgabe zur einheitlichen Klageeinreichung aller Bietergemeinschaftsmitglieder nicht beanstandet.[13]

b) Verstoß gegen eine den Schutz von Unternehmen bezweckende Vor- 6
schrift. Voraussetzung ist zunächst, dass der Auftraggeber **gegen eine bieterschützende Vorschrift** verstößt. Offen ist, welche Vorschriften iSd S. 1 bieterschützend
sind. Einigkeit besteht darüber, dass die verwaltungsprozessuale Schutznormtheorie,
vermittels der die Klagebefugnis gem. § 42 Abs. 2 VwGO bestimmt wird,[14] auf das

---

[9] RL 89/665/EWG v. 21.12.1989, ABl. 1989 L 395, 33 ff., geändert durch Art. 1 RL 2007/66/EG, ABl. 2007 L 335, 31 ff.
[10] Vgl. OLG Düsseldorf 13.1.2010 – I-27 U 1/09, NZBau 2010, 328, 332; anders BVerfG 13.6.2006 – 1 BvR 1160/03, NZBau 2006, 791; 27.2.2008 – 1 BvR 437/08, BeckRS 2008, 40349; vgl. etwa zum Anspruch auf Akteneinsicht LG Oldenburg 1.10.2019 – 501810/19, BeckRS 2019, 30016; OLG Köln 29.1.2020 – 11014/19, BeckRS 2020, 1608.
[11] Beck VergabeR/Antweiler GWB § 181 Rn. 8; Byok/Jaeger/Franßen GWB § 181 Rn. 9; aA KK-VergR/Scharen GWB § 181 Rn. 16 ff.
[12] EuGH 6.5.2010 – C-145, 149/08, NVwZ 2010, 825.
[13] EuGH 16.12.2004 – C-129/04, NVwZ 2005, 1291; 4.10.2007 – C-492/06, ZfBR 2008, 202.
[14] BVerwG 25.2.1977 – IV C 22/75, VerwGE 52, 122 = NJW 1979, 2378; 19.9.1986 – 4 C 8/84, NVwZ 1987, 409.

Losch 1051

GWB § 181 Anspruch auf Ersatz des Vertrauensschadens

Vergaberecht nicht übertragbar ist.[15] Dies ist zutreffend, da das materielle Verwaltungsrecht vorrangig der Aufgabenerfüllung der öffentlichen Hand dient und nicht, wie das Vergaberecht, der Wettbewerbsöffnung. Eine Beschränkung des Bieterrechtsschutzes auf die verwaltungsrechtliche Schutznormtheorie wäre daher zu restriktiv.

7   Der Schutz von Unternehmen im Vergabeverfahren ist zentral in § 97 Abs. 6 GWB normiert. Seine Überprüfung fällt gem. § 159 Abs. 2 GWB, der neben den Rechten aus § 97 Abs. 6 GWB auch „sonstige Ansprüche gegen Auftraggeber, die auf die Vornahme oder das Unterlassen einer Handlung in einem Vergabeverfahren gerichtet sind" einbezieht, in den ausschl. **Zuständigkeitsbereich der Vergabekammern und Vergabesenate.** Die Normsetzung ist widersprüchlich, da nicht alle Normen, die den Auftraggeber zur Vornahme oder Unterlassung einer Handlung verpflichten, automatisch das Vergabeverfahren und die damit verbundenen Grundsätze des Wettbewerbs, der Transparenz und der Gleichbehandlung aller Bieter betreffen.

8   Unstreitig gehören sämtliche **bieterschützende Normen iSd § 97 Abs. 6 GWB** zu den unternehmensschützenden Normen iSd § 181 GWB. Da § 181 GWB den sekundären Rechtsschutz für die Teilnehmer an einem Vergabeverfahren gewährleistet, muss sein Anwendungsbereich mindestens so weit reichen wie der des primären Rechtsschutzes.[16] Die entscheidende Frage ist, wie die in § 97 Abs. 6 GWB erfassten „Bestimmungen über das Vergabeverfahren" zu definieren sind und ob die Teilnehmer an einem Vergabeverfahren gem. § 97 Abs. 6 GWB einen Anspruch auf Einhaltung aller Bestimmungen über das Vergabeverfahren haben.

9   Einigkeit besteht iW[17] darüber, dass ein einklagbarer Anspruch der Unternehmen auf Einhaltung **sämtlicher Normen des Kartellvergaberechts**, dh ua des GWB, der VgV und der Vertrags- und Verdingungsordnung für Bauleistungen, besteht, die entspr. der Zielsetzung des Kartellvergaberechts „zumindest" auch dem Schutz des Wettbewerbs dienen. Dazu zählen sämtliche Vorschriften, die der Realisierung eines fairen, transparenten und diskriminierungsfreien Wettbewerbs dienen und Ausdruck der in § 97 Abs. 1–4 GWB dargelegten Grundsätze sind.[18]

10 Durch die **Einbeziehung von Konzessionsvergaben** in den Anwendungsbereich der §§ 97 ff. GWB erweitert sich auch der Kreis der relevanten Normen, die bieterschützend sind oder sein können. Neben den Normen, die in den §§ 97 ff. GWB enthalten sind, sind die Regelungen der RL 2014/23/EU auf ihren bieterschützenden Charakter zu prüfen.[19] Darüber hinaus wird nach den entwickelten Grundsätzen der Rspr. zu prüfen sein, ob und welche Vorschriften aus jew. betroffenen Gesetzen bieterschützend sind.[20] Entscheidend ist darauf abzustellen, ob ein Wettbewerbsteilnehmer substantiiert vorträgt, durch ein Handeln oder Unterlassen des Auftraggebers in seinen Rechten gem. § 97 Abs. 1–4

---

[15] Wohl auch Müller-Wrede GWB/Gnittke/Hattig § 181 Rn. 25; Byok/Jaeger/Franßen GWB § 181 Rn. 16.

[16] AA wohl Schnorbus BauR 1999, 77 (95), der die Prüfung des Schutznormcharakters für entbehrlich hält und rein auf die Verletzung einer Norm abstellen möchte, die dem Unternehmen die echte Chance des Zuschlags nahm.

[17] Vgl. KK-VergR/Scharen GWB § 181 Rn. 7 ff.; Byok/Jaeger/Franßen GWB § 181 Rn. 16; Beck VergabeR/Antweiler GWB § 181 Rn. 10 f.

[18] BGH 1.2.2005 – X ZB 27/04, BGHZ 162, 116 = ZfBR 2005, 398; vgl. KK-VergR/Scharen GWB § 181 Rn. 7 ff.

[19] RL 2014/23/EU des Europäischen Parlaments und des Rates v. 26.2.2014 über die Konzessionsvergabe, ABl. 2014 L 94, 1 ff.

[20] Vgl. dazu VK Bund 14.7.2015, IBRRS 2015, 2661; VK Südbayern 14.8.2015 – Z3-3-3194-I-34-05/15, IBRRS 2015, 2539.

GWB auf Transparenz und Gleichbehandlung in dem eröffneten Wettbewerb verletzt zu sein. Dies gilt auch und erst recht, wenn der Auftraggeber rechtlich normierte Pflichten nicht beachtet. Es ist dann im Einzelfall zu prüfen, ob und inwieweit dies zu einer Beeinträchtigung oder Verletzung von Chancen eines Wettbewerbsteilnehmers auf den Zuschlag führt. Nicht erforderlich für die Annahme des bieterschützenden Charakters ist, dass die jew. Norm ausschl. den Wettbewerb schützt, es genügt, dass sie neben öffentlichen Schutzgütern **zumindest auch dem Wettbewerbsschutz dient**.[21] Dies hat das OLG Celle für eine Tariftreuepflicht gem. dem NTVergG angenommen.[22] Hinsichtlich des Schutznormcharakters der einzelnen vergaberechtlichen Normen wird auf die jew. Kommentierung der einzelnen Normen verwiesen.

Nicht erfasst vom Schutzbereich des GWB und den §§ 97 Abs. 7, 181 GWB sind unstreitig solche Regelungen, die ausschl. einen haushaltsrechtlichen oder gesamtwirtschaftspolitischen Inhalt haben, ausschl. den Auftraggeber schützen oder reine Ordnungsvorschriften sind.[23] **11**

Die Verletzung einer Schutznorm iSd § 181 GWB liegt auch vor, wenn die Vergabestelle rechtswidrig nicht europaweit ausgeschrieben hat.[24] Der BGH entschied, dass in dem Fall einer **unterbliebenen Ausschreibung** die Regelung des § 17a VOB/A aF nicht verletzt werde. Die Bestimmung schütze die Unternehmen vor unzulänglicher Publizität der Planung von öffentlichen Bauvorhaben und ihrer Ausschreibung. Im Fall einer unterbliebenen europaweiten Ausschreibung liege der Verstoß gegen Schutzvorschriften in der Verletzung des § 2 Abs. 1 VgV aF v. 22.2.1994.[25] Danach war die Vergabestelle verpflichtet, ein den in § 1a VOB/A aF genannten Schwellenwert erreichendes Bauvorhaben europaweit auszuschreiben. Der BGH stellte weiter explizit fest, dass § 181 GWB auch bei einem vergaberechtswidrig nur auf nationaler Ebene eingeleiteten Verfahren zur Anwendung kommt. Als unternehmensschützend hat der BGH etwa auch die Zulässigkeitsvoraussetzung bzgl. der Wahl des Verhandlungsverfahrens eingeordnet.[26] **12**

Die **kommunalrechtlichen Wettbewerbsvorschriften für die kommunale Wirtschaftstätigkeit** dienen nicht dem Schutz der Wettbewerbsteilnehmer iRd Vergabeverfahrens, sondern dem Schutz der Allgemeinheit vor den Risiken aus der wirtschaftlichen Betätigung kommunaler Einrichtungen.[27] **13**

Das OLG Düsseldorf[28] hat seine insoweit abw. Rspr. mit dem Beschl. v. 14.10.2020[28] aufgegeben und klargestellt, dass ein Marktzutritt von Unternehmen der öffentlichen Hand als solcher keinen Verstoß gegen den Wettbewerbsgrundsatz darstellt. Bis zu dieser Entscheidung hatte das OLG Düsseldorf die Rechtsauffassung vertreten, dass die kommunalwirtschaftlichen Bestimmungen innerhalb des Nachprüfungsverfahrens zu prüfen seien, wenn der Antragsteller behauptet, dass durch die kommunale Betätigung das Verbot der wettbewerbsbeschränkenden **14**

---

[21] Vgl. VK Bund 14.7.2015 – VK 2–57/15, IBRRS 2015, 2661; VK Südbayern 14.8.2015 – Z3-3-3194-I-34-05/15, IBRRS 2015, 2539.

[22] OLG Celle 8.5.2019 – 13 Verg 10/18, NZBau 2019, 674.

[23] hM, vgl. Beck VergabeR/Antweiler GWB § 181 Rn. 10 f.; Byok/Jaeger/Franßen GWB § 181 Rn. 16; Müller-Wrede GWB/Gnittke/Hattig GWB § 181 Rn. 25; RSG/Glahs GWB § 181 Rn. 16 ff.; vgl. BGH 27.11.2007 – X ZR 18/07, BeckRS 2008, 1230 = VergabeR 2008, 219, der sich mit den unterschiedlichen Ansätzen im Detail gar nicht befasst.

[24] BGH 27.11.2007 – X ZR 18/07, BeckRS 2008, 1230 = VergabeR 2008, 219.

[25] BGBl. I 321.

[26] BGH 10.11.2009 – X ZB 8/09, BGHZ 183, 95 = NZBau 2010, 124.

[27] BGH 25.4.2002 – I ZR 250/00, BGHZ 150, 343 = NJW 2002, 2645; 26.9.2002 – I ZR 293/99, NJW 2003, 586; OLG Celle 12.2.2001 – 13 Verg 2/01, NZBau 2001, 648; NdsOVG 14.8.2008 – 10 ME 280/08, NVwZ 2009, 258; Mann NVwZ 2010, 857.

[28] OLG Düsseldorf 14.10.2020 – VII-Verg 36/19, NZBau 2020, 732.

GWB § 181 Anspruch auf Ersatz des Vertrauensschadens

und unlauteren Verhaltensweise in § 2 EG VOL/A 2009 bzw. § 2 VOB/A aF verletzt werde. Dazu zählte das OLG Düsseldorf auch die kommunalrechtlichen Vorschriften über die wirtschaftliche Betätigung, die regeln, ob sich eine kommunale Unternehmung überhaupt wirtschaftlich betätigen darf.[29]

15   Bieterschützend iSd § 181 GWB kann eine Norm nur dann sein, wenn ihr Adressat der öffentliche Auftraggeber ist. Die kommunalwirtschaftlichen Normen des landesrechtlichen Kommunalrechts richten sich gegen das Unternehmen, das in kommunalwirtschaftsrechtlich unzulässiger Weise tätig wird, und damit nicht gegen den oder die kommunalen Gesellschafter. Somit scheiden kommunalwirtschaftsrechtliche Normen als bieterschützende Normen iSd § 181 GWB aus.

16   Davon zu unterscheiden ist eine **Verletzung der vergaberechtlichen Verfahrensvorschriften**. Um eine solche Verletzung der früheren Verfahrensvorschrift des § 19 Abs. 3 lit. a EG VOL – aktuell § 60 VgV – und eine Nichtbeachtung der Anforderungen der Vergabeunterlagen ging es in einem Nachprüfungsverfahren vor der VK Südbayern. In dem Ausgangssachverhalt hatte der Auftraggeber keine Auskömmlichkeitsprüfung vorgenommen, obgleich die übliche Aufgreifschwelle von rund 20 % vorlag. Die im Wettbewerb unterlegene Bieterin rügte, dass sie mit dem für die ordnungsgemäße Leistungserbringung erforderlichen Personalaufwand kalkuliert habe, der begünstigte Wettbewerbsteilnehmer jedoch nicht. Die Vergabekammer nahm aufgrund dieses Vortrags den bieterschützenden Charakter der Rechtspflicht zur Prüfung der Auskömmlichkeit zutreffend an und schlussfolgerte, dass die geforderte Leistung nicht angeboten und das Angebot des vermeintlichen Wettbewerbssiegers auszuschließen sei.[30] Der BGH hat mittlerweile klargestellt, dass Mitbewerber einen Anspruch auf Prüfung der Auskömmlichkeit haben.[31]

17   Gleichermaßen umstritten ist, ob und wie **Verstöße gegen unionsrechtliche Beihilfevorschriften** zu würdigen sind. Die entscheidende Frage ist, ob es sich bei den unionsrechtlichen Beihilfevorschriften um „Bestimmungen über das Vergabeverfahren" handelt, die gem. § 156 GWB der Prüfungskompetenz der Vergabekammern unterliegen (dazu allg. → § 156 Rn. 6). Entscheidend ist, wie die Anforderungen an den Wettbewerb auszulegen sind und wie sich das Verfahren zur Vergabe öffentlicher Aufträge abgrenzt von der generellen Wettbewerbssituation. Es ist nicht Aufgabe der Vergaberegeln, einen funktionierenden Wettbewerb herzustellen, vielmehr setzt das Vergaberecht als Vergabeverfahrensrecht diesen voraus. Rechtsverstöße gegen unionsrechtliche Beihilfevorschriften sind in einem sehr viel früheren Stadium angesiedelt und stellen die Funktionsfähigkeit des jew. Wettbewerbs in Frage. Derartige Verstöße unterliegen der Kontrollkompetenz der Europäischen Kommission, die die Einhaltung des unionsrechtlichen Beihilferechts kontrolliert und überwacht. Auch besteht weder unionsrechtlich noch national eine Verpflichtung für den Auftraggeber, nicht notifizierte Beihilfen bei der Angebotswertung zu neutralisieren.[32] Es ist somit nicht Aufgabe der Vergabestellen, die Einhaltung von unionsrechtlichen Beihilfeverstößen zu prüfen. Damit kann das unionsrechtliche Beihilferechtsregime auch kein Normenkomplex sein, der von einer Vergabekammer zu überprüfen ist. Auch könnte eine solche Prüfung weder iRd Eignungsprüfung noch iRd Angebotswertung erfolgen. Denn die Gründe und Tatbestände, die einen zwingenden Ausschluss nach sich ziehen oder einen fakultativen Ausschluss ermöglichen, sind in den §§ 123 und 124 GWB abschl. normiert und ermöglichen

---

[29] OLG Düsseldorf 13.8.2008 – Verg 42/08, IBR 2008, 1226; 4.5.2009 – VII-Verg 68/08, VergabeR 2009, 905.
[30] VK Südbayern 14.8.2015 – Z3-3-3194-I-34-05/15, IBRRS 2015, 2539.
[31] BGH 31.1.2017 – X ZB 10/16, NZBau 2017, 230; vgl. dazu auch VK Bund 7.5.2018 – VK 2 – 38/18, VPR 2018, 1028.
[32] Näher OLG Düsseldorf 26.7.2002 – Verg 22/02, NZBau 2002, 634.

keinen Ausschluss eines Wirtschaftsteilnehmers, der eine nicht notifizierte Beihilfe erhalten hat. Ebenso wenig stellt eine erhaltene, nicht notifizierte Beihilfe einen Ausschlussgrund in Bezug auf das Angebot dar, vgl. § 57 VgV. Auch erscheint eine Prüfung beihilferelevanter Begünstigungen nicht möglich, da die Prüfung des Angebots dazu nicht genügt, sondern eine Prüfung der Kalkulationsansätze im gesamten Unternehmen erfolgen müsste, was weder rechtlich noch tatsächlich umsetzbar erscheint. Die einzige Pflicht des Auftraggebers besteht darin, gem. § 60 Abs. 4 VgV im Fall des Vorliegens eines ungewöhnlich niedrigen Angebots aufzuklären, ob das Angebot so ungewöhnlich niedrig ist, weil der Bieter eine staatliche Beihilfe erhalten hat (dazu ausf. → VgV § 60 Rn. 19 ff.). Stellt der öffentliche Auftraggeber fest, dass dieser Zusammenhang besteht, lehnt der öffentliche Auftraggeber das Angebot ab, wenn der Bieter nicht nachweisen kann, dass die staatliche Beihilfe rechtmäßig gewährt wurde.

Das **nationale und das unionsrechtliche Kartellverbot** gem. Art. 101 AEUV **18** stellen gleichfalls keine Bestimmungen über das Vergabeverfahren dar. Hierbei handelt es sich vielmehr um selbständige Verbotsnormen materiell-rechtlichen Inhalts, nicht aber um Vorschriften, die in irgendeiner Weise das Vergabeverfahren, seine nähere Ausgestaltung oder die Rechtsstellung der am Verfahren Beteiligten regeln.[33]

Schadensersatzansprüche können nur aus der Verletzung der Normen hergeleitet **19** werden, die sich auf das Vergabeverfahren beziehen und die Wettbewerbsteilnehmer schützen. Somit gelten die im Recht der **culpa in contrahendo** (Verschulden bei Vertragsschluss) entwickelten Rechtsgrundsätze auch bei der Auslegung des § 181 GWB, der ausdrücklich den Ersatz des „Vertrauens"schadens normiert.[34] Schutzvorschriften sind insbes. sämtliche, die sich auf die Teilnahme, Chancengleichheit und Transparenz des Verfahrens beziehen.[35]

c) Echte Chance auf den Zuschlag. Der Begriff der „echten Chance" ist im **20** nationalen Recht nicht definiert und entstammt der unionsrechtlichen Regelung des Art. 2 Abs. 7 RL 92/13/EG. In der Lit. entwickelte sich nach Inkrafttreten des § 181 GWB eine intensive **Diskussion** darüber, wie der Begriff der echten Chance auszulegen sei. Vertreten wurde vereinzelt eine Gleichsetzung mit dem aus der Angebotswertung nach der VOB/A bekannten Begriff der engeren Wahl, was jedoch überwiegend als zu weitgehend abgelehnt wurde.[36] Nach aA sollte entscheidend sein, ob das fragliche Angebot zu einer nahe zusammenliegenden Spitzengruppe gehöre.[37] Nach einer restriktiven Auff. sollte es entscheidend darauf ankommen, ob es innerhalb des Wertungsspielraums der Vergabestelle gelegen hätte, dem Angebot den Zuschlag zu erteilen.[38]

Der letztgenannten Auff. schloss sich der **BGH** im Jahre 2007[39] mit überzeugen- **21** den Argumenten an: Nach dem Willen des Gesetzgebers ist der Begriff der echten Chance enger auszulegen als der Begriff der engeren Wahl iSd Vergabeordnungen. Das Kriterium der engeren Wahl findet sich nur in § 16d Abs. 1 Nr. 3 VOB/A bzw. § 16d EU Abs. 1 Nr. 4 VOB/A EU, nicht aber in der VgV, was zeigt, dass es sich nicht als eigenständige Wertungsstufe eignet. Selbst nach der Systematik des Wer-

---

[33] OLG Düsseldorf 4.5.2009 – Verg 68/08, BeckRS 2009, 24305 = VergabeR 2009, 905.
[34] OLG Koblenz 15.1.2007 – 12 U 1016/05, BeckRS 2008, 8802.
[35] RSG/Reidt GWB § 181 Rn. 18.
[36] Vgl. dazu Beck VergabeR/Antweiler GWB § 181 Rn. 12; RSG/Glahs GWB § 181 Rn. 20 ff.; vgl. BGH 1.8.2006 – X ZR 146/03, BeckRS 2006, 12644 = VergabeR 2007, 194 Rn. 12; 27.11.2007 – X ZR 18/07, BeckRS 2008, 1230 = VergabeR 2008, 219 Rn. 26.
[37] RSG/Glahs GWB § 181 Rn. 24.
[38] Byok/Jaeger/Franßen GWB § 181 Rn. 19; KG 14.8.2003 – 27 U 264/02, BeckRS 2003, 10603 = VergabeR 2004, 496; ähnlich Schnorbus BauR 1999, 77 (93).
[39] BGH 27.11.2007 – X ZR 18/07, BeckRS 2008, 1230 = VergabeR 2008, 219–226.

GWB § 181   Anspruch auf Ersatz des Vertrauensschadens

tungsprozesses nach der VOB/A handelt es sich bei der engeren Wahl erst um eine **Vor-Sichtung,** die noch keinen Rückschluss darauf zulässt, ob jedes darin einbezogene Angebot große Aussichten auf den Zuschlag hat.[40]

22   Der Wortlaut der „echten Chance" ist wie dargestellt aus Art. 2 Abs. 7 RL 92/13/EWG übernommen worden. Die anstelle dessen zunächst im RegE vorgesehene (an § 25 Nr. 3 Abs. 3 VOB/A aF angelehnte) Formulierung, dass der Bieter „in die engere Wahl" hätte gelangen müssen, war vom BR explizit als zu weitgehend abgelehnt worden.[41] Dementsprechend hat der BGH zutreffend ein damit vergleichbar offenes Begriffsverständnis unter Hinweis auf die **historische Auslegung** verworfen. Der BGH verwarf auch den Ansatz der Zugehörigkeit zu einer eng zusammenliegenden Spitzengruppe, da diese generell sowie insbes. in Verfahren mit kleiner Teilnehmerzahl wenig Aussagekraft besitzt.

23   Dem Attribut „echt" ist mit dem BGH vielmehr zu entnehmen, dass das Angebot **besonders qualifizierte Aussichten auf den Zuschlag** aufweisen muss. Davon kann erst dann ausgegangen werden, wenn der Auftraggeber unter ermessensfehlerfreier Berücksichtigung der für die Auftragserteilung vorgesehenen Wertungskriterien und deren Gewichtung den Zuschlag hätte erteilen dürfen, denn erst eine solche Betrachtung lässt die tatsächliche Rangfolge der Angebote erkennen.[42]

24   Die Prüfung, ob die Erteilung des Zuschlags an den Schadensersatz begehrenden Bieter innerhalb des dem Auftraggeber eröffneten Wertungsspielraums gelegen hätte, muss im Einzelfall unter **Berücksichtigung der gewählten und bekanntgegebenen Wertungskriterien** ermittelt werden. Vorzunehmen ist zum einen die Prüfung, ob überhaupt wertbare und vergleichbare Angebote vorliegen,[43] und zum anderen, ob die Erteilung des Zuschlags iRd Beurteilungsspielraums des Auftraggebers gelegen hätte.[44]

25   Ist die **Leistungsbeschreibung fehlerhaft und konnten infolgedessen bereits keine vergleichbaren Angebote eingereicht werden,** fehlt es an einer echten Chance, da mangels Vergleichbarkeit der daraufhin abgegebenen Angebote diese von vornherein nicht beauftragt werden können.[45] Ein Wettbewerbsteilnehmer wird in einer solchen Fallgestaltung nicht darlegen und beweisen können, dass er ohne den Verstoß des Auftraggebers ein wertbares und zuschlagsfähiges Angebot eingereicht hätte, das eine echte Chance auf den Zuschlag gehabt hätte. Denn im Fall der Aufstellung einer vergaberechtskonformen Leistungsbeschreibung hätten alle Wettbewerbsteilnehmer neu und ggf. anders kalkuliert. Gleiches gilt, wenn eine Ausschreibung aufgrund einer unzulässigen Vermischung von Eignungs- und Zuschlagskriterien rechtsfehlerhaft und aufzuheben ist.[46] Wird eine Ausschreibung rechtmäßig aufgehoben, scheidet ein Anspruch nach § 181 GWB mangels Vorliegens echter Chancen auf den Zuschlag gleichfalls aus.[47]

---

[40] BGH 8.9.1998 – X ZR 109–96, BGHZ 139, 273 = NJW 1998, 3644; vgl. Ingenstau/Korbion/von Wietersheim VOB/A § 16d Rn. 13.

[41] Vgl. BT-Drs. 13/9340, 44 zu Nr. 37.

[42] BGH 8.9.1998 – X ZR 109–96, BGHZ 139, 273 = NJW 1998, 3644.

[43] BGH 7.6.2005 – X ZR 19/02, NZBau 2005, 709.

[44] BGH 8.9.1998 – X ZR 109–96, BGHZ 139, 273 = NJW 1998, 3644; OLG Düsseldorf 22.6.2006 – Verg 2/06, BeckRS 2006, 12724; OLG Koblenz 4.2.2009 – 1 Verg 4/08, ZfBR 2009, 292; Alexander WRP 2009, 28 (34); OLG Stuttgart 27.2.2018 – 10 U 98/17, BeckRS 2018, 5758.

[45] BGH 1.8.2006 – X ZR 146/03, BeckRS 2006, 12644 = VergabeR 2007, 194; vgl. zum Auslegungsmaßstab Gerlach/Manzke VergabeR 2016, 443.

[46] LG Magdeburg 2.6.2010 – 36 O 25/10 (007), BeckRS 2011, 688.

[47] VK Bund 13.10.2004 – VK 2-151/04, BeckRS 2004, 151084; VK Sachsen 17.1.2007 – 1/SVK/002-05, IBRRS 2007, 0566.

Wurde das Angebot des Wettbewerbsteilnehmers **rechtswidrig ausgeschlossen,** 26
so muss dieser Ausschluss bei der Beurteilung des Vorliegens einer echten Chance
iR einer hypothetischen Betrachtung hinweg gedacht werden. Eine echte Chance
läge vor, wenn, den rechtswidrigen Ausschluss hinweg gedacht, das ausgeschlossene
Angebot in den Kreis derjenigen Angebote gekommen wäre, auf das der Auftraggeber ohne Überschreitung seines Beurteilungsspielraumes den Zuschlag hätte erteilen können.

Hat die Vergabestelle **pflichtwidrig die Durchführung eines europaweiten** 27
Vergabeverfahrens gem. den §§ 97 ff. GWB **unterlassen,** kann eine echte
Chance auf die Zuschlagserteilung iSd § 181 GWB kaum vorliegen. In der Rspr.
wird zur Begründung der gegenteiligen Rechtsauffassung angeführt, dass es im
Belieben der Vergabestelle stünde, sich den Vorschriften des Kartellvergaberechts,
einschl. der erweiterten Schadensersatzpflicht, zu entziehen.[48] Im Ergebnis wird
dann das Vorliegen der Tatbestandsvoraussetzungen kaum darzulegen und nachzuweisen sein.

d) Beeinträchtigung der Chance durch den Zuschlag. Zwingende Voraus- 28
setzung eines Schadensersatzanspruchs ist weiter, dass die echte Chance beeinträchtigt wurde. Erforderlich ist ein **Kausalzusammenhang** zwischen dem
Rechtsverstoß und der Beeinträchtigung der Chance auf den Zuschlag. Der Kausalzusammenhang liegt entspr. den allg. zivilrechtlichen Grundsätzen vor, wenn
er nicht hinweg gedacht werden kann, ohne dass die Beeinträchtigung in der
konkreten Gestaltung entfiele.[49]

Der Begriff der Beeinträchtigung ist nicht legal definiert und auch von der Rspr. 29
noch nicht konkretisiert worden. Eine Beeinträchtigung liegt nach der überwiegenden Auff. in der Lit. vor, wenn die Chancen auf die Zuschlagsentscheidung sich
verschlechtern, etwa wenn ein Angebot des Unternehmens aufgrund des Vergabeverstoßes **die letzte Wertungsstufe nicht erreicht** oder in dem Vergabeverfahren
die **Bieter ungleich behandelt** werden.[50]

e) Verschulden. Der Schadensersatzanspruch ist nach dem Wortlaut **verschul-** 30
densunabhängig. Das Verschuldensmerkmal darf nach der höchstrichterlichen
Rspr. auch nicht um ein Verschuldenselement ergänzt werden.[51] Diese Auff. hat
sich auch in der Literatur durchgesetzt.[52]

S. 1 erfordert bereits seinem **Wortlaut** nach kein Verschulden. Die vom Gesetzge- 31
ber gewählte Formulierung entspricht mit Blick auf die Verschuldensunabhängigkeit
derjenigen in gesetzlichen Bestimmungen, in denen eine solche Haftungsverschärfung des Schuldners angeordnet ist.[53] Die **Entstehungsgeschichte der Norm**
zeigt zudem, dass der Gesetzgeber von Anfang an eine verschuldensunabhängig
konzipierte spezialgesetzliche Regelung schaffen wollte. Nach § 135 des RegE für
das Vergaberechtsänderungsgesetz 2009, aus dem die wortgleiche Vorgängerfassung
des § 126 GWB aF hervorgegangen ist, sollte ein Schadensersatz für die Kosten
des Angebots oder die Teilnahme am Vergabeverfahren verlangendes Unternehmen
lediglich nachweisen müssen, dass eine seinen Schutz bezweckende Vergabevorschrift verletzt wurde und dass es ohne diesen Rechtsverstoß bei der Wertung der

---

[48] OLG Bremen 14.12.2021 – 2 Verg 1/21, BeckRS 2022, 15528 = VergabeR 2022, 743, 753; OLG Koblenz 15.1.2007 – 12 U 1016/05, IBR 2007, 272.
[49] Müller-Wrede GWB/Gnittke/Hattig § 181 Rn. 47.
[50] Müller-Wrede GWB/Gnittke/Hattig § 181 Rn. 47; RSG/Reidt GWB § 181 Rn. 26.
[51] St Rspr seit BGH 27.11.2007 – X ZR 18/07, BeckRS 2008, 1230 = VergabeR 2008, 219.
[52] KK-VergR/Scharen GWB § 181 Rn. 14; Byok/Jaeger/Franßen GWB § 181 Rn. 30; Beck VergabeR/Antweiler GWB § 181 Rn. 21.
[53] Vgl. § 833 BGB, § 7 Abs. 1 StVG; §§ 1, 2 HPflG; § 1 ProdHaftG; § 1 UmweltHaftG.

Angebote in die engere Wahl gekommen wäre.[54] Soweit die Bestimmung im Verlauf des Gesetzgebungsverfahrens umformuliert worden ist, diente das dem Zweck, den eigentlichen Charakter der Norm als Anspruchsgrundlage zum Ausdruck zu bringen[55] und dazu, den Begriff der engeren Wahl durch den der echten Chance zu ersetzen. Dass der Nachweis des Verschuldens der Auftraggeberseite nicht vorgesehen war, wurde dagegen nicht infrage gestellt und nicht korrigiert. Somit ist ein **Verschulden nicht erforderlich.**

32 f) **Ersatzpflichtige.** Ersatzverpflichtet können **alle Normadressaten** des Kartellvergaberechts gem. §§ 97 ff. GWB sein, die nach diesen **Regelungen zur Ausschreibung verpflichtet** sind.[56]

33 Die Regelung kann **unterhalb der Schwellenwerte** nicht entspr. angewandt werden, da sich der Anwendungsbereich auf Vergaben beschränkt, für die der Anwendungsbereich der §§ 97 ff. GWB eröffnet ist. Das BVerfG entschied bereits im Jahr 2006, dass unterhalb der Schwellenwerte nur ein Anspruch auf Gleichbehandlung besteht und der zweigeteilte Rechtsschutz nicht gegen die Verfassung verstößt (dazu iE → Vor § 155 Rn. 15).[57] Der Anspruch auf Gleichbehandlung wird nach der Rspr. des BVerfG erst bei willkürlichen Entscheidungen verletzt.[58] Diese Ansicht wird von den Instanzgerichten allerdings überwiegend nicht geteilt.[59]

34 g) **Rechtmäßiges Alternativverhalten.** Umstritten ist, ob der ursächliche Zusammenhang durch den **Einwand des rechtmäßigen Alternativverhaltens** unterbrochen wird. In der Lit. wird hier teilw. eine bejahende, teils eine verneinende Auff. vertreten.[60]

35 Die **Rspr.** hat sich bisher zur Anwendbarkeit des Einwandes des rechtmäßigen Alternativverhaltens innerhalb des § 181 BGB noch nicht explizit geäußert. Für einen Schadensersatzanspruch gem. §§ 280 Abs. 1, 311 Abs. 2, 241 Abs. 2 BGB hat die Rspr. entschieden, dass der Auftraggeber den Einwand des rechtmäßigen Alternativverhaltens erheben kann und der Schadensersatzanspruch dann ausgeschlossen ist.[61] Entschieden hat das OLG Düsseldorf für einen Schadensersatzanspruch auf entgangenen Gewinn gem. §§ 280 Abs. 1, 311 Abs. 2, 241 Abs. 2 BGB jedoch bereits, dass der Einwand nicht greift, wenn das rechtmäßige Alternativverhalten nicht angewandt wurde.[62]

36 Die Frage des rechtmäßigen Alternativverhaltens wird in der Praxis insbes. relevant, wenn eingewandt wird, dass der **Auftraggeber die Ausschreibung vergaberechtskonform hätte aufheben können** und der eingetretene Schaden dann vermieden worden wäre. Würde man in diesem Fall eine Schadensersatzverpflichtung vermeiden, würde dies den Tatbestand unterlaufen. Denn der Schadensersatzanspruch setzt lediglich die Beeinträchtigung einer echten Chance aufgrund eines

---

[54] Vgl. BT-Drs. 13/9340, 9.
[55] Vgl. BT-Drs. 13/9340, 44 zu Nr. 36.
[56] KK-VergR/Scharen GWB § 181 Rn. 3.
[57] BVerfG 13.6.2006 – 1 BvR 1160/03, BVerfGE 116, 135 = NZBau 2006, 791.
[58] BVerfG 27.2.2008 – 1 BvR 437/08, ZfBR 2008, 816; anders OLG Düsseldorf 13.1.2010 – I-27 U 1/09, NZBau 2010, 328; s. Meinungsstand bei OLG Schleswig 9.4.2010 – 1 U 27/10, IBR 2010, 351.
[59] Vgl. etwa OLG Schleswig 8.1.2013 – 1 W 51/12, ZfBR 2013, 308; OLG Brandenburg 10.12.2012 – 6 U 172/12, ZfBR 2013, 503.
[60] Vgl. Übersicht bei Beck VergabeR/Antweiler GWB § 181 Rn. 18; KK-VergR/Scharen GWB § 181 Rn. 24. Byok/Jaeger/Franßen GWB § 181 Rn. 29.
[61] BGH 9.6.2011 – X ZR 143/10, NZBau 2011, 498; 25.11.1992 – VIII ZR 170/91, BGHZ 120, 281 = NJW 1993, 520.
[62] OLG Düsseldorf 15.12.2008 – I-27 U 1/07, BeckRS 2009, 8102 = VergabeR 2009, 501; vgl. KK-VergR/Scharen GWB § 181 Rn. 24.

Vergabeverstoßes voraus. Hat der Auftraggeber gegen vergaberechtliche Vorschriften, die dem Wettbewerbsschutz dienen, verstoßen, schuldet er nach § 181 GWB die Erstattung der Angebots- bzw. Teilnahmekosten. Er hat sich dann schadensersatzpflichtig verhalten und kann sich grds. nicht darauf berufen, dass er sich rechtmäßig anders hätte verhalten können und der Schaden dann auch eingetreten wäre. Denkbar erscheint es allenfalls, dass die Vergabestelle die Kausalität des Schadens in Frage stellt und nachweisen kann, dass durch den Vergabeverstoß kein Schaden entstanden ist. In jedem Fall sind die Voraussetzungen von der Vergabestelle nachzuweisen und zu belegen.[63]

h) Mitverschulden. Offen ist die Frage, ob und unter welchen Voraussetzungen ein Mitverschulden eines (tatsächlichen oder potenziellen) Wettbewerbsteilnehmers schadensmindernd zu berücksichtigen ist, etwa dann, wenn er vor Beanspruchung von Schadensersatz **keinen Primärrechtsschutz** vor der Vergabekammer gesucht bzw. den Vergabeverstoß trotz Kenntnis **nicht beim Auftraggeber gerügt** hatte.[64] 37

Teilw. wird in der **Lit.** ein Mitverschulden zu Lasten desjenigen Bieters vertreten, der ein Nachprüfungsverfahren anzustrengen schuldhaft unterlassen habe.[65] Mitunter wird dies aus einer Analogie zum Grundsatz beim enteignungsgleichen Eingriff geschlussfolgert, der ein „Dulden und Liquidieren" untersagt.[66] Auch sei ein Vorzug des Sekundärrechtsschutzes nicht im Interesse der Auftraggeber, das vielmehr auf rechtmäßige Vergabeverfahren und Vermeidung von Schadensersatzansprüchen gerichtet sei. **Andere Stimmen** lehnen ein Mitverschulden in diesem Zusammenhang ab, insbes. mit dem Hinweis, dem Anspruchsteller sei ein Kosten auslösendes Nachprüfungsverfahren nicht immer zuzumuten. Dies betreffe etwa solche Bieter, deren Ablehnung innerhalb des Wertungsspielraumes der Vergabestelle gelegen und deren Nachprüfungsverfahren damit keine Erfolgsaussicht gehabt hätte.[67] 38

Mitunter wird zwar kein Nachprüfungsantrag, aber zumindest eine **Rüge gefordert.** Mitverschulden soll danach daran geknüpft werden, dass der Bieter den erkannten Vergaberechtsverstoß nicht bei der Vergabestelle gerügt hat und so das ihm Mögliche zur Schadensverhinderung beitrage.[68] Anderes könne gelten, wenn der Bieter nachweisen könne, ein Hinweis hätte den Auftraggeber ohnehin nicht zu einer Korrektur bewegen können; in Betracht käme etwa die vorherige Rüge des entspr. Verstoßes durch einen anderen Bieter. 39

Gegen die Einordnung einer unterlassenen Rüge oder das Unterlassen der Einreichung eines Nachprüfungsantrags als schadensminderndes Mitverschulden spricht der Wortlaut der Norm, der nicht vorsieht, dass nur nach erfolgter Rüge bzw. im Fall eines erfolglosen Nachprüfungsverfahrens Schadensersatzansprüche begründet seien.[69] Eine **Pflicht zur Nachprüfung** lässt sich dem GWB und insbes. § 181 GWB **nicht entnehmen**.[70] Diese Rechtsauffassung wird durch die **Rspr.** 40

---

[63] OLG Düsseldorf 15.12.2008 – I-27 U 1/07, BeckRS 2009, 8102 = VergabeR 2009, 501; vgl. zur cic-Haftung BGH 25.11.1992 – VIII ZR 170/91, BGHZ 120, 281 = NJW 1993, 520.
[64] Vgl. Beck VergabeR/Antweiler GWB § 181 Nr. 42; OLG Jena 27.2.2002 – 6 U 360/01, BeckRS 2002, 30243188 = VergabeR 2002, 419.
[65] RSG/Glahs GWB § 181 Rn. 35 ff.
[66] KK-VergR/Scharen GWB § 181 Rn. 25.
[67] OLG Dresden 10.2.2004 – 20 U 169/03 IBRRS 2004, 0334 = VergabeR 2004, 500.
[68] RSG/Glahs GWB § 181 Rn. 33 ff.
[69] OLG Düsseldorf 15.12.2008 – I-27 U 1/07, BeckRS 2009, 8102 = VergabeR 2009, 501 (511) für die cic-Haftung.
[70] Vgl. auch BGH 18.6.2019 – X ZR 86/17, BeckRS 2019, 18911 = VergabeR 2019, 753; OLG Dresden 10.2.2004 – 20 U 1697/03, IBRRS 2004, 0334 = VergabeR 2004, 500; RSG/Glahs GWB § 181 Rn. 33; BeckOGK/Bulla § 631 Rn. 1731.

des BGH bestätigt, nach der ein Bieter, der Schadensersatzansprüche geltend macht, nicht generell den Vergaberechtsverstoß, der ihn in seinen Rechten verletzt, rügen und mit einem Nachprüfungsantrag angreifen musste. Eine unterlassene Rüge kann allenfalls unter dem **Gesichtspunkt des Mitverschuldens** relevant werden, wenn dem Anspruchsteller entgegengehalten werden kann, dass der ihm entstandene Schaden durch eine Rüge und Einleitung eines Nachprüfungsverfahrens verhindert worden wäre.[71] Die unterlassene Rüge muss danach adäquat kausal für die Vergabe des Auftrags an einen Wettbewerber und einen daraus entstehenden Schaden des Anspruchsstellers geworden sein. Darüber könne, so der BGH, „naturgemäß eine Prognoseentscheidung getroffen werden, die tragfähig begründet werden muss".[72]

41 Die Rechtsauffassung des BGH steht im Einklang mit dem Gesetzeswortlaut und der Gesetzessystematik: Die Obliegenheit zur (unverzüglichen und vorangehenden) Rüge ist einzig als Zulässigkeitsvoraussetzung eines Nachprüfungsantrags in § 160 Abs. 3 S. 1 GWB normiert. Auch fehlt eine dem § 839 Abs. 3 BGB entspr. Norm im Kartellvergaberecht. Zudem spielt der Einwand des Mitverschuldens gem. § 254 BGB zivilrechtlich nur dann eine Rolle, wenn die Grundsätze der Naturalrestitution der §§ 249 ff. BGB gelten. Dies ist iRd § 181 GWB gerade nicht der Fall. Der Wettbewerbsteilnehmer erhält lediglich die ihm aufgrund der Teilnahme und der Angebotserstellung entstandenen **tatsächlichen Kosten**. Dies spricht gegen die Berücksichtigung des Mitverschuldenseinwandes.

42 Die unionsrechtliche Ausgangsvorschrift des Art. 2 Abs. 7 RL 92/13/EWG bestätigt diese Einschätzung. Die Regelung sieht, wie ausgeführt, explizit vor, dass von der Schadensersatz fordernden Person **nur nachzuweisen** ist, dass sie **in ihrer echten Chance auf den Zuschlag beeinträchtigt** wurde.

2. Höhe des Schadensersatzes

43 Gem. § 181 S. 1 GWB kann das Unternehmen als Vertrauensschaden die **Kosten für die Vorbereitung des Angebots oder die Teilnahme an einem Vergabeverfahren** verlangen. Die Verwendung des Wortes „oder" ist hier nicht alternativ zu verstehen. Die Vorschrift stellt einen insoweit umfassenden Schadensersatzanspruch sicher und umfasst unstreitig sowohl den Aufwand für die Teilnahme am Vergabeverfahren als auch für die Erstellung der Angebote.[73] Nicht erstattungsfähig sind Schäden, die durch ein Verhalten entstanden sind, das vor der Angebotsvorbereitung oder vor einer Wettbewerbsteilnahme lag. Der Anwendungsbereich der Norm ist im offenen Verfahren somit spätestens mit der Angebotsabgabe, im nicht offenen und im Verhandlungsverfahren mit der Aufforderung zur Angebotsabgabe eröffnet.[74]

44 Gemäß § 252 BGB umfasst der zu ersetzende Schaden zwar grds. auch den entgangenen Gewinn, welcher nach dem gewöhnlichen Lauf der Dinge oder nach den besonderen Umständen erwartet werden könnte. Die Tatsachen jedoch, aus denen sich die Prognose eines zukünftigen Gewinns ergeben, muss der Geschädigte darlegen und in den durch § 287 ZPO gezogenen Grenzen beweisen.[75] Denkbar sind hier etwa innerbetriebliche **Materialkosten, Personalkosten, Kosten von Vor-Ort-Besichtigungen** und Kosten für die Verhandlungen mit Nachunternehmen, soweit diese durch die Teilnahme am Vergabeverfahren bzw. bei der Angebotserstel-

---

[71] BGH 18.6.2019 – X ZR 86/17, BeckRS 2019, 18911 = VergabeR 2019, 753.
[72] BGH 18.6.2019 – X ZR 86/17, BeckRS 2019, 18911 = VergabeR 2019, 753 Rn. 32.
[73] RSG/Glahs GWB § 181 Rn. 38 ff.
[74] Vgl. dazu KK-VergR/Scharen GWB § 181 Rn. 25.
[75] OLG Köln 18.6.2010 – 19 U 98/09, BeckRS 2011, 4163 sowie 23.7.2014 – 11 U 104/13, ZfBR 2015, 101.

lung verursacht worden sind.[76] Informiert die Vergabestelle einen Bieter pflichtwidrig nicht über die begründete Vergaberüge eines Dritten und die dadurch drohende Aufhebung eines Vergabeverfahrens, kann sie gleichfalls auf Aufwendungsersatz haften.[77] Dies kann jedoch nur für solche Aufwendungen gelten, die durch die Nichtaufklärung verursacht wurden.

Beauftragt ein Wettbewerbsteilnehmer einen **Rechtsanwalt** iR einer Ausschreibung mit einer Prüfung der Ausschreibungsunterlagen, erscheinen die daraus entstehenden Kosten als ersatzfähiger Schaden, wenn die Einschaltung eines Rechtsanwalts sachgerecht und erforderlich war. 45

3. Beweislast und Rechtsschutz

Gem. § 181 S. 1 GWB muss das Unternehmen als Nachweis der **haftungsbegründenden Kausalität** belegen, dass der Vergabeverstoß seine Chancen auf den Erhalt des Zuschlags beeinträchtigt hat. Kausal ist der Verstoß dann, wenn er nicht weggedacht werden kann, ohne dass die Beeinträchtigung der echten Chance entfiele. Es trägt die Beweislast für diesen Umstand. 46

Der Anspruchsteller hat darzulegen und zu beweisen, dass die Zuschlagserteilung an ihn **innerhalb des Bewertungsspielraums** der Vergabestelle gelegen hätte. Den öffentlichen Auftraggeber trifft aber nach den Grundsätzen der sekundären Darlegungslast[78] die Pflicht, die zugrunde gelegten Wertungskriterien, sofern sie nicht in der Bekanntmachung oder in den Vergabeunterlagen mitgeteilt worden sind, sowie ggf. deren Gewichtung vorzutragen und ggf. substantiiert darzulegen, warum er dem Angebot des Schadensersatz begehrenden Bieters den Zuschlag nicht wertungsfehlerfrei hätte erteilen können. 47

Zuständig für Schadensersatzsprüche sind die ordentlichen Gerichte. Die ganz hM in Lit. und Rspr.[79] folgert aus § 87 GWB, dass die Landgerichte ausschl. zuständig sind. § 87 S. 2 GWB besagt, dass die Landgerichte ausschl. zuständig sind für Schadensersatzansprüche, die auf vorgreiflichen Entscheidungen nach der Anwendung des GWB beruhen. Eine Bindungswirkung ist allerdings nur in § 179 GWB für Schadensersatzansprüche nach einem durchgeführten Nachprüfungsverfahren normiert. Fraglich erscheint nach einer Grundsatzentscheidung des BGH[80] jedoch, ob die Anwendung des § 87 S. 2 GWB auch greift, wenn Schadensersatzansprüche ohne vorheriges Nachprüfungs-/Beschwerdeverfahren geltend gemacht werden, was nach der Rspr. des BGH naheliegt. Denn der BGH betont in der Grundsatzentscheidung, dass ein Wettbewerbsteilnehmer Schadensersatzansprüche geltend machen und erfolgreich durchsetzen kann, ohne zuvor primärrechtlichen Rechtsschutz nachgesucht zu haben. Der BGH fordert eine Kausalität zwischen unterlassener Rüge und eingetretenem Schaden.[81] 48

Ungeachtet dessen erscheint eine differenzierte Betrachtung geboten. Entscheidend ist, ob die Tatbestandsvoraussetzungen des § 87 S. 2 GWB vorliegen. 48a

---

[76] BGH 8.12.2020 – VIII ZR 19/19, NZBau 2021, 279.
[77] OLG Dresden 10.1.2008 – 20 U 1697/03, IBRRS 2009, 1048, die Nichtzulassungsbeschwerde wies der BGH 3.3.2009 – X ZR 22/08, BeckRS 2009, 44694 zurück; vgl. Beck VergabeR/Antweiler GWB § 181 Rn. 44.
[78] BGHZ 140, 156 (158 f.) = NJW 1999, 579.
[79] Vgl. nur BeckOK VergabeR/Bonitz § 181 Rn. 28; KK-VergR/Scharen GWB § 181 Rn. 27 mit Verweis auf LG Bonn 24.6.2004 – 1 O 112/04, VergabeR 2004, 665; Byok/Jaeger/Franßen GWB § 181 Rn. 37; Beck VergabeR/Antweiler GWB § 181 Rn. 28.
[80] BGH 18.6.2019 – X ZR 86/17, BeckRS 2019, 18911 = VergabeR 2019, 753; bestätigt durch BGH 17.9.2019 – X ZR 124/18, NZBau 2019, 798 (799).
[81] BGH 18.6.2019 – X ZR 86/17, BeckRS 2019, 18911 = VergabeR 2019, 753, Rn. 32; bestätigt durch BGH 17.9.2019 – X ZR 124/18, NZBau 2019, 798 (799).

§ 87 S. 1 GWB besagt, dass für bürgerliche Rechtsstreitigkeiten, die die Anwendung von Vorschriften des Teils 1 des GWB, der Art. 101 und 102 AEUV oder der Art. 53 und 54 des Abkommens über den Europäischen Wirtschaftsraum betreffen, ohne Rücksicht auf den Wert des Streitgegenstandes die Landgerichte ausschl. zuständig sind. Dies gilt gleichfalls gem. S. 2, wenn die Entscheidung eines Rechtsstreits ganz oder teilw. von einer Entscheidung, die nach diesem Gesetz (= dem GWB) zu treffen ist, oder von der Anwendbarkeit des Art. 101 oder 102 AEUV oder des Art. 53 oder 54 des Abkommens über den europäischen Wirtschaftsraum abhängt. Das Kartellvergaberecht ist im 4. und nicht im 1. Teil des GWB geregelt. Da auch keiner der übrigen normierten Tatbestände des § 87 S. 1 GWB im Fall eines Nachprüfungs- oder Beschwerdeverfahrens zutrifft, liegt keiner der in § 87 S. 1 GWB erfassen Fälle vor. Entscheidend ist daher, wie das Tatbestandsmerkmal in § 87 S. 2 GWB auszulegen ist, dass die ausschl. Zuständigkeit auch für Entscheidungen eines Rechtsstreits normiert, die „ganz oder teilweise von einer Entscheidung, die nach diesem Gesetz zu treffen ist", abhängen. Hängt der geltend gemachte Anspruch entscheidend von Normen des GWB ab, etwa der Fall einer Entschädigung gem. § 77 Abs. 2 VgV, liegt der Tatbestand vor.[82] Anders kann dies in Fallgestaltungen sein, die nicht von der Rechtmäßigkeit des durchgeführten Vergabeverfahrens abhängen. Der BGH hat im Jahr 2019[83] entschieden, dass die Bindungswirkung des § 179 GWB nur in dem in § 179 GWB geregelten Rahmen besteht. Die Zuständigkeitsregelung basiert auf dem Rechtsgedanken, dass für kartellrechtliche Streitigkeiten eine einheitliche Zuständigkeit und Rspr. sichergestellt werden soll. Dieser Rechtsgedanke ist jedoch nicht anwendbar, wenn eine Schadensersatzforderung nicht von der Entscheidung über die Rechtmäßigkeit des Vergabeverfahrens abhängt und ausschl. auf sonstigen zivilrechtlichen Normen basiert. Im Regelfall wird es jedoch bei Schadensersatzansprüchen um die Verletzung von Pflichten gehen, die in §§ 97 ff. GWB geregelt sind und deren Anwendung Einfluss auf die Rechtmäßigkeit des Vergabeverfahrens haben und somit „nach dem GWB" getroffen werden. In diesen Fällen gilt die Sonderzuständigkeit. IÜ gelten die allg. Zuständigkeitsregeln der ordentlichen Gerichtsbarkeit.[84]

III. Weitergehende Schadensersatzansprüche (S. 2)

49 Der Schadensersatzanspruch gem. § 181 Abs. 1 GWB berührt weitergehende Schadensersatzansprüche nicht. Somit können neben dem Schadensersatzanspruch gem. § 181 Abs. 1 GWB **sämtliche weiteren Schadensersatzansprüche** geltend gemacht werden, insbes. Ansprüche aufgrund der Verletzung von Rücksichtnahmepflichten aus dem vorvertraglichen Schuldverhältnis gem. § 280 Abs. 1, § 311 Abs. 2, § 241 Abs. 2 BGB, Ansprüche aus unerlaubter Handlung gem. § 823 Abs. 1 BGB und wegen Verstoßes gegen Schutzgesetze gem. § 823 Abs. 2 BGB sowie Ansprüche aus Amtshaftung gem. § 839 BGB iVm Art. 34 GG.

50 Sehr umstritten sind jedoch **über Schadensersatz hinausgehende, weitergehende Ansprüche** des Bieters. Mit seiner Entscheidung v. 5.6.2012 hat der BGH etwa klargestellt, dass ein Bieter von einer Vergabestelle nicht fordern kann, in einem künftigen Vergabeverfahren vergaberechtswidrige Vergabebedingungen zu unterlassen.[85] Das OLG Stuttgart hat demgegenüber im Unterschwel-

---

[82] BGH 19.4.2016 – X ZR 77/14, NZBau 2016, 368 (371).
[83] BGH 17.9.2019 – X ZR 124/18, NZBau 2019, 798 (799).
[84] Dies verkennt GKN VergabeR-HdB/Freytag § 38 Rn. 89.
[85] BGH 5.6.2012 – X ZR 161/11, NZBau 2012, 652.

lenbereich einem Bieter zur Sicherung des effektiven Rechtsschutzes durch eine Zwischenverfügung effektiven Schutz vor der Zuschlagsentscheidung bis zum Abschluss der erstinstanzlichen Gerichtsentscheidung gewährt und eine sofortige Beschwerde des öffentlichen Auftraggebers dagegen für unstatthaft erklärt.[86]

1. Vertragsähnliche Ansprüche gem. § 280 Abs. 1 iVm § 311 Abs. 2, § 241 Abs. 2GB

a) **Allgemeines.** Nach gefestigter Rspr. können Schadensersatzansprüche aufgrund der **Verletzung von Rücksichtnahmepflichten** aus dem vorvertraglichen Schuldverhältnis, das mit der Einleitung eines Ausschreibungsverfahrens begründet wird, geltend gemacht werden, wenn der Auftraggeber iR eines Vergabeverfahrens gegen Vergabevorschriften verstößt.[87] Der BGH stellte in seiner Grundsatzentscheidung „Rettungsdienstleistungen II"[88] klar, dass mit der Begründung des vorvertraglichen Schuldverhältnisses Rücksichtnahmepflichten entstehen, die in der Einhaltung der vergaberechtlichen Normen bestehen. Der BGH stellte in dem Beschluss vom 8.12.2020 fest, dass die Bieter die Beachtung aller für das Verfahren und die Zuschlagsentscheidung maßgeblichen Vorschriften erwarten können.[89] Somit stellt sich insoweit nicht die Frage, welche der vergaberechtlichen Normen bieterschützenden Charakter haben.[90] 51

b) **Anspruchsvoraussetzungen.** Erforderlich ist zur Bejahung eines Schadensersatzanspruchs zunächst das Vorliegen der Verletzung einer vergaberechtlichen Norm. Sodann sind die weiteren Tatbestandsmerkmale zu prüfen, insbes., ob eine schadensverursachende Kausalität zwischen der Pflichtverletzung und dem entstandenen Schaden besteht.[91] Die Einleitung eines Ausschreibungsverfahrens begründet, unabhängig von der Anwendbarkeit der Regelungen im GWB, ein **vertragsähnliches Schuldverhältnis,** das zur gegenseitigen Rücksichtnahme und Loyalität verpflichtet.[92] Derjenige, der die Pflichten verletzt, haftet auf Schadensersatz, wenn er schutzwürdiges Vertrauen schuldhaft verletzt und daraus ein Schaden entsteht.[93] Ein daraus abgeleiteter Anspruch ist iA auf einen Ersatz des sog. negativen Interesses, dh auf den Ersatz der durch Beteiligung an der Ausschreibung entstandenen Aufwendungen, beschränkt, kann in besonderen – seltenen – Fällen aber auch den Ersatz des sog. positiven Interesses, insbes. den durch Nichterteilung des Auftrags entgangenen Gewinn erfassen.[94] 52

---

[86] OLG Stuttgart 21.7.2015 – 10 W 31/15, NJW-RR 2016, 187.
[87] BGH 1.8.2006 – X ZR 146/03, WRP 2006, 1531; 8.9.1998 – X ZR 48–97, BGHZ 139, 259 = NJW 1998, 3636; OLG Saarbrücken 24.6.2008 – 4 U 478/07, NZBau 2009, 265; zutr. betont Wagner NZBau 2005, 436, dass auch dem Auftraggeber Ansprüche aus cic ggü. dem Bewerber/Bieter entstehen können.
[88] BGH 9.6.2011 – X 143/10, NZBau 2011, 498.
[89] BGH 8.12.2020 – VIII ZR 19/19, NZBau 2021, 279 (281) Rn. 21.
[90] Vgl. auch MüKoBGB/Emmerich § 311 Rn. 57.
[91] Dies verkennen Graevenitz/Rabus VergabeR 2022, 595 (597); vgl. BGH 9.6.2011 – X ZR 143/10, NZBau 2011, 498 (499) Rn. 12.
[92] BGH 16.11.1967 – III ZR 12/67, BGHZ 49, 79 = NJW 1968, 547; 22.2.1973 – VII ZR 119/71, BGHZ 60, 223 = NJW 1973, 752; 26.10.1999 – X ZR 30/98, NJW 2000, 661; 16.12.2003 – X ZR 282/02, NJW 2004, 2165; vgl. Horn/Graef NZBau 2005, 505 ff.; OLG München 15.3.2012 – Verg 2/12, NZBau 2012, 460.
[93] Grüneberg/Grüneberg BGB § 311 Rn. 37 mwN; MüKoBGB/Emmerich § 311 Rn. 57 ff.
[94] BGH 13.9.2022 – XIII ZR 9/20, NZBau 2023, 57; 25.11.1992 – VIII ZR 170/91, BGHZ 120, 281 (284) = NJW 1993, 520; OLG Schleswig 25.9.2009 – 1 U 42/08, ZfBR 2010, 597.

53 **aa) Vertragsähnliches Schuldverhältnis.** Mit der Einleitung einer Ausschreibung wird zwischen dem Auftraggeber und einem interessierten Bieter ein vertragsähnliches Schuldverhältnis begründet. Die frühere Rspr., die auf die Begründung eines vorvertraglichen Vertrauensverhältnisses abstellte[95], ist durch die Grundsatzentscheidung des BGH im Jahre 2011 überholt. Verstößt der Auftraggeber gegen Vergaberegelungen, deren Einhaltung er durch die Einleitung des Ausschreibungsverfahrens angekündigt hat, oder kommt er seinen Pflichten zur Information und Aufklärung nicht nach, verletzt er die ihm obliegenden Pflichten.[96]

54 **bb) Schutzwürdigkeit des Bietervertrauens.** Bis zu der Grundsatzentscheidung des BGH im Jahr 2011 (→ Rn. 53) forderte die Rspr., dass der Bieter, der Schadensersatz forderte, auf die Rechtmäßigkeit des Vergabeverfahrens vertraut haben musste.[97] Der Wettbewerbsteilnehmer wurde danach grds. nur insoweit geschützt, als sein Interesse auch schutzwürdig war. Grds. musste der Teilnehmer eines Vergabeverfahrens damit rechnen, dass es **nur ein Anbieter unter vielen** ist und sein Aufwand somit nicht durch einen Auftrag refinanziert wird.[98] Er durfte jedoch auf einen rechtmäßigen Umgang mit seiner Bewerbung/seinem Angebot vertrauen und mit der daraus resultierenden Chance auf den Zuschlag rechnen.[99] Wies der Bieter die Vergabestelle auf bestehende Unklarheiten hin und reichte ein wertbares Angebot ein, konnte ein Schadensersatzanspruch begründet sein,[100] da der Bieter dann berechtigterweise darauf vertraute, dass der mit der Herstellung des Angebotes und der Teilnahme am Verfahren verbundene Aufwand nicht nutzlos ist.

55 An einem Vertrauenstatbestand fehlte es nach dieser Rspr., wenn **dem Bieter bekannt** war bzw. sein musste, dass die Ausschreibung fehlerhaft war.[101] Erkannte der Bieter, dass die Leistung nicht ordnungsgemäß ausgeschrieben war und wies auf bestehende Widersprüche und Unklarheiten hin, so handelte er bei der Abgabe des Angebotes nicht in Vertrauen darauf, dass das Vergabeverfahren nach den einschlägigen Vorschriften des Vergaberechts abgewickelt werden kann. Das Bestehen eines schutzwürdigen Vertrauens wurde in diesen Fällen abgelehnt.[102] Eine cic-Haftung kam nur für den potenziell erfolgreichen Bieter in Betracht, wenn der **Bieter tatsächlich darlegen und nachweisen** konnte, dass er bei rechtzeitigem Erkennen des Vergabeverstoßes den Aufwand zur Angebotserarbeitung nicht aufgebracht hätte.[103]

56 Der BGH stellte mit Urt. v. 9.6.2011[104] klar, dass seit der Kodifikation der gewohnheitsrechtlichen Rechtsfigur der culpa in contrahendo durch das Schuldrechtsmodernisierungsgesetz **kein Vertrauenstatbestand des Bieters** mehr erforderlich ist. Anlass dafür war eine Entscheidung des OLG Naumburg.[105] Ein Bieter

---

[95] BGH 1.8.2006 – X ZR 146/03, WRP 2006, 1531; 8.9.1998 – X ZR 48–97, BGHZ 139, 259 = NJW 1998, 3636; 7.6.2005 – X ZR 19/02, ZfBR 2005, 704; OLG Düsseldorf 16.2.2005 – 2 U (Kart) 6/04, BeckRS 2005, 13902.
[96] OLG Frankfurt a. M. 30.4.2012 – 24 U 63/11, NZBau 2012, 505; Gröning VergabeR 2009, 839; Horn/Graef NZBau 2005, 505.
[97] BGH 3.6.2004 – X ZR 30/03, BeckRS 2004, 6770 = VergabeR 2004, 604 (607) mwN.
[98] BGH 27.6.2007 – X ZR 34/04, NZBau 2007, 727; Gröning VergabeR 2009, 839.
[99] BGH 8.9.1998 – X ZR 48–97, NJW 1998, 3636.
[100] OLG Schleswig 25.9.2009 – 1 U 42/08, ZfBR 2010, 597; OLG Koblenz 4.2.2009 – 1 Verg 4/08, ZfBR 2009, 292.
[101] BGH 27.6.1996 – VII ZR 59/95, NJW 1997, 61 f.; 3.6.2004 – X ZR 30/03, BeckRS 2004, 6770 = VergabeR 2004, 604 (607) mwN; OLG Stuttgart 30.4.2007 – 5 U 4/06, BeckRS 2008, 02508.
[102] BGH 1.8.2006 – X ZR 146/03, WRP 2006, 1531 ff.
[103] MüKoBGB/Emmerich § 311 Rn. 86; Gröning VergabeR 2009, 839.
[104] BGH 9.6.2011 – X ZR 143/10, NZBau 2011, 498.
[105] OLG Naumburg 28.10.2010 – 1 U 52/10, IBRRS 2010, 4780.

machte ggü. der Vergabestelle Rechtsanwaltskosten geltend, die im Zuge einer Prüfung von Vergabeunterlagen entstanden waren. Der Bieter hatte die Vergabeunterlagen einem Rechtsanwalt übersandt mit der Bitte um Prüfung. Die Prüfung ergab Vergaberechtsverstöße, die im Vergabeverfahren gerügt wurden. Das LG wies die Klage mit der Begründung ab, dass der Bieter nicht auf die Rechtmäßigkeit des Vergabeverfahrens vertraut habe. Das OLG gab der Berufung statt und argumentierte im Einklang mit der bis dahin geltenden Rspr. des BGH, dass der Bieter durch die Einschaltung eines Rechtsanwalts nicht schon sein Misstrauen ggü. den Vergabeunterlagen zum Ausdruck bringe. Der BGH bestätigte die Entscheidung des OLG Naumburg und wies gleichzeitig darauf hin, dass er seine Rspr. hinsichtlich des nachzuweisenden Vertrauens ändere. Er stellte klar, dass mit der Einleitung eines Ausschreibungsverfahrens schutzwürdiges Vertrauen der Wettbewerbsteilnehmer entsteht und sich daraus entspr. Rücksichtnahmepflichten der Vergabestelle ergeben. Es sei weder nach dem Gesetzeswortlaut noch unter Berücksichtigung der betroffenen Interessen geboten oder erforderlich, ein zusätzliches Vertrauenselement der Wettbewerbsteilnehmer zu fordern.[106] Offen ließ der BGH, ob und inwieweit der Vertrauenstatbestand in besonderen Fallgruppen oder iRd Mitverschuldens noch Bedeutung hat.

cc) Pflichtverletzung. Der Auftraggeber verpflichtet sich mit der Einleitung eines Ausschreibungsverfahrens, die vergaberechtlichen Normen einzuhalten. Verstößt er gegen Normen oder Verfahrensgrundsätze, die das Vergabeverfahren normieren, verletzt er die Pflicht zur Rücksichtnahme gem. § 311 Abs. 2, § 241 Abs. 2 BGB. Davon zu unterscheiden ist die Frage, ob die Pflichtverletzung kausal für einen Schaden des Anspruchsstellers war. Eine Pflichtverletzung des Auftraggebers kann auch darin liegen, festgestellte Irrtümer nicht zu korrigieren.[107] Bieter müssen grds. davon ausgehen, dass der Auftraggeber die Leistung so angeboten haben möchte, wie er sie in den Vergabeunterlagen definiert hat. Andere Leistungsinhalte dürfen nur – sofern zugelassen – als Nebenangebot eingereicht werden. Eine Pflichtverletzung wird in den Fällen, in denen ein Auftraggeber zwar objektiv rechtsfehlerhaft agiert hat, ein **Kollegialgericht** das Verhalten jedoch gebilligt hat, in entspr. Anwendung der Grundsätze zur Amtshaftung nicht anzunehmen sein, wenn ein mit mehreren Rechtskundigen besetztes Kollegialgericht das Verhalten nach sorgfältiger Prüfung und Würdigung als objektiv rechtmäßig gebilligt hat.[108] 57

Der Schadensersatzanspruch kann sich auch auf die Verletzung einer leistungsbezogenen Rücksichtnahmepflicht gründen, wenn diese dazu dient, die Rechte und sonstigen Rechtsgüter der anderen Partei zu schützen.[109] 58

dd) Verschulden. Ein Schadensersatzanspruch gem. § 280 BGB setzt, anders als § 181 GWB, Verschulden voraus.[110] Teilw. wird vertreten, dass der in § 181 GWB normierte verschuldensunabhängige Anspruch auf Schadensersatz auch auf nationale Regelungen anzuwenden ist, die Schadensersatzansprüche außerhalb des Anwendungsbereiches der RMR 89/665/EWB, modifiziert durch RL 2007/66/EG, regelt.[111] Verwiesen wird dazu auf den Beschluss des EuGH v. 30.9.2010 zur Rs. 59

---

[106] BGH 9.6.2011 – X ZR 143/10, NZBau 2011, 498.
[107] MüKoBGB/Emmerich § 311 Rn. 105; OLG Stuttgart 9.2.2010 – 10 U 76/09, IBRRS 2010, 1562.
[108] LG Leipzig 31.5.2007 – 6 O 2003/06, IBRRS 2007, 3381.
[109] Vgl. Grüneberg/Grüneberg BGB § 241 Rn. 6; MüKoBGB/Emmerich § 311 Rn. 52.
[110] BGH 27.6.1996 – VII ZR 59/95, NJW 1997, 61; RSG/Glahs GWB § 181 Rn. 52; KK-VergR/Scharen GWB § 181 Rn. 50; anders Beck VergabeR/Antweiler GWB § 181 Rn. 38.
[111] Beck VergabeR/Antweiler GWB § 181 Rn. 38; ebenso Römling VergabeR 2021, 34 (36); wohl auch Glahs NZBau 2020, 213 (218), die aus der Entscheidung des BGH ableitet, dass dieser dazu neige, eine verschuldensunabhängige Haftung zu bejahen.

C-314/09.[112] Diese Mindermeinung, die vertritt, dass aus dem Beschluss des EuGH abzuleiten sei, dass auch außerhalb des Anwendungsbereichs der RMR ein Verschuldensnachweis nicht gefordert werden darf, widerspricht dem Regelungsregime des Unionsrechts einerseits und dem des nationalen Rechts andererseits. Der Anwendungsbereich der RMR ist beschränkt auf die Koordinierungsrichtlinien und somit auf Auftragsvergaben im Anwendungsbereich oberhalb der jew. geltenden Schwellenwerte. Außerhalb dieses Anwendungsbereichs sind weder die RMR noch die hierzu ergangene Rspr. des EuGH anwendbar. Es gelten dann das EU-Primärrecht im Fall binnenmarktrelevanter Vergaben und das nationale Recht, das jedoch in § 276 BGB eine verschuldensabhängige Haftung normiert.[113] Aus der Entscheidung des BGH lässt sich weder ableiten, dass dieser eine verschuldensunabhängige Haftung bejaht, noch lässt sich aus der Rspr. des EuGH zur Haftung der Mitgliedstaaten bei Verstößen gegen das Unionsrecht ableiten, dass die im deutschen Zivilrecht normierte Schadensersatzregelung des § 280 BGB unionsrechtswidrig ist. In diesem Kontext wird insbes. eine Entscheidung des EuGH aus 2010 diskutiert.[114] In Fällen, in denen ein Binnenmarktbezug zu bejahen ist, fordert der EuGH, dass ein Entschädigungsanspruch bestehen muss, wenn eine den Anspruchsteller schützende Rechtsnorm verletzt wurde, der Rechtsverstoß „hinreichend qualifiziert ist" und zwischen dem Rechtsverstoß gegen die dem Mitgliedstaat obliegende Verpflichtung und dem den geschädigten Personen entstandenen Schaden ein unmittelbarer Kausalzusammenhang besteht.[115] Das Tatbestandselement eines „hinreichend qualifizierten" Rechtsverstoßes wiederum knüpft insbes. daran an, ob der Verstoß vorsätzlich begangen oder der Schaden vorsätzlich zugefügt wurde sowie der Entschuldbarkeit eines etwaigen Rechtsirrtums.[116] In dem Sachverhalt, den der EuGH in der Rs. C-314/09 zu entscheiden hatte, war es der Vergabestelle aufgrund einer speziellen nationalen (österreichischen) Norm möglich, sich zu entlasten. Der öffentliche Auftraggeber muss in Deutschland sämtliche wesentlichen Vergabeentscheidungen selbst treffen und das gesamte Verfahren selbst verantworten.[117] Somit erscheint die Rechtslage in Deutschland nicht vergleichbar zu dem vom EuGH entschiedenen Rechtslage. Es erscheint kaum denkbar, dass ein „hinreichend qualifizierter Rechtsverstoß" einer Vergabestelle vorliegt, ohne dass ein schuldhafter Pflichtverstoß zu bejahen ist.

59a Nachzuweisen und zu belegen ist daher, dass die **Vergabestelle schuldhaft pflichtwidrig** handelte. Insoweit gelten die allg. zivilrechtlichen Grundsätze, insbes. der Haftungsmaßstab des § 276 BGB, die Haftung für Erfüllungsgehilfen gem. § 278 BGB und auch der **Mitverschuldenseinwand** gem. § 254 BGB. Der Mitverschuldenseinwand greift dann, wenn der Geschädigte diejenige Sorgfalt außer Acht lässt, die jedem ordentlichen und verständigen Menschen obliegt, um sich selbst vor Schaden zu bewahren, wobei die Zurechnung des Mitverschuldens durch den Schutzzweck der Norm begrenzt wird.[118] Die Einholung (falschen) externen Rechtsrates entschuldigt den Auftraggeber regelmäßig nicht.[119]

60 Der BGH hat lediglich in einer besonderen Fallkonstellation, in der eine Rechtsfrage durch die Rspr. nicht abschl. geklärt war, ein Verschulden der Vergabestelle auf Grundlage eingeholten externen Rechtsrats verneint. Besonderheit des Verfah-

---

[112] EuGH 30.9.2010 – C-314/09, NZBau 2010, 773 – Graz.
[113] Ebenso KK-VergR/Scharen GWB § 181 Rn. 50.
[114] EuGH 30.9.2010 – C-314/09, NZBau 2010, 773.
[115] Vgl. EuGH 5.3.1996 C-46/93 und C-48/93, NJW 1996, 1270 Rn. 51.
[116] EuGH 5.3.1996 – C-46/93 und C-48/93, NJW 1996, 1270 Rn. 56.
[117] Vgl. OLG Koblenz 7.5.2020 – 1 U 772/19, BeckRS 2020, 8153 = VergabeR 2020, 860.
[118] Grüneberg/Grüneberg BGB § 254 Rn. 8 und 13.
[119] OLG Zweibrücken 24.1.2008 – 6 U 25/06, ZfBR 2009, 202.

rens war die Dringlichkeit einer Entscheidung und die Tatsache, dass bei jedweder Entscheidung Bieterrechte verletzt zu werden drohten. In dieser besonderen Situation wertete der BGH die Befolgung der Empfehlung des Rechtsgutachtens eines als sachkundig ausgewiesenen Gutachters nicht als schuldhaft pflichtwidrig.[120]

Gegenüber einem **Schadensersatzanspruch der Vergabestelle gegen einen Bieter** gem. §§ 280 Abs. iVm 311 Abs. 2, 241 Abs. 2 BGB nach Zuschlagserteilung wegen Erteilung einer unrichtigen Auskunft iRd Ausschreibung kann der Bieter der Vergabestelle grds. nicht nach § 254 BGB entgegenhalten, sie habe auf die Auskunft nicht vertrauen dürfen.[121] Der Schadensersatzanspruch wird in einem solchen Fall nicht bereits dann wegen eines Mitverschuldens reduziert, wenn die ausschreibende Stelle die nicht ausreichend kenntlich gemachte Abänderung der Ausschreibungsunterlagen im Angebot übersehen und das Angebot nicht ausgeschlossen hat. 61

ee) Haftungsausfüllende Kausalität. Der iR einer öffentlichen Ausschreibung nicht berücksichtigte Bieter hat im Fall des Vorliegens einer Pflichtverletzung gegen die ausschreibende Stelle einen Schadensersatzanspruch, der idR auf das **Vertrauens- bzw. negative Interesse und ausnahmsweise auf das Erfüllungsinteresse bzw. das positive Interesse** gerichtet ist. Letzteres kommt nur in Betracht, wenn der Vertrag bei rechtmäßigem Verhalten des Auftraggebers ordnungsgemäß zustande gekommen wäre, der Bieter also mit an Sicherheit grenzender Wahrscheinlichkeit den Zuschlag erhalten hätte oder hätte erhalten müssen.[122] Ein Anspruch auf Ersatz des entgangenen Gewinns setzt allerdings grds. voraus, dass der ausgeschriebene Auftrag auch tatsächlich erteilt worden ist.[123] Zu betrachten sind dabei, vorbehaltlich eines der Vergabestelle zukommenden Wertungsspielraums, die Verfahrensanforderungen, die tatsächlich durch den öffentlichen Auftraggeber definiert wurden.[124] Der BGH hatte mehrfach Gelegenheit, seine Rspr. insoweit fortzuentwickeln. Entscheidend für die Frage, ob der ausgeschriebene Auftrag tatsächlich erteilt wurde, ist eine wirtschaftliche Betrachtungsweise. Der später vergebene Auftrag muss den gleichen Auftragsgegenstand betreffen und die Auftragsvergabe wertungsmäßig als Zuschlag im ersten Vergabeverfahren an einen in dem ersten Verfahren nicht zuschlagsberechtigten Bieter anzusehen sein. Das ist regelmäßig der Fall, wenn der öffentliche Auftraggeber die (erste) Ausschreibung nicht aus sachlichen und willkürfreien Gründen aufhebt, sondern um den Auftrag außerhalb des eingeleiteten Vergabeverfahrens an einen anderen Bieter vergeben zu können.[125] Leitet der öffentliche Auftraggeber ein neues Ausschreibungsverfahren **aus sachlichen und willkürfreien Gründen** ein, wurde der ursprünglich ausgeschriebene Auftragsgegenstand nicht tatsächlich vergeben. Diese Voraussetzung bejahte der BGH in einem Sachverhalt, in dem der öffentliche Auftraggeber eine Ausschreibung aufhob, bei der unklar war, ob der Bedarf unverändert fortbestand, da die Verlängerung der Bindefrist durch die Wettbewerbsteilnehmer verweigert wurde. Ziel des öffentlichen Auftraggebers war es nicht, die 62

---

[120] BGH 20.1.2009 – X ZR 113/07, NZBau 2009, 262.
[121] BGH 26.9.1997 – V ZR 65–96, NJW-RR 1998, 16.
[122] St. Rspr., BGH 23.11.2021 – XIII ZR 20/19, ZfBR 2022, 294 mwN.; 1.8.2006 – X ZR 115/04, BeckRS 2006, 12112; OLG Saarbrücken 24.6.2008 – 4 U 478/07, NZBau 2009, 265; Schnorbus BauR 1999, 77 (87).
[123] St. Rspr. BGH 3.7.2020 – VII ZR 144/19, BeckRS 2020, 17330 = VergabeR 2020, 757; 8.9.1998 – X ZR 48–97, BGHZ 139, 259 = NJW 1998, 3636; LG Köln 27.9.2022 – 5 O 112/22, ZfBR 2023, 203; OLG Schleswig 19.12.2017 – 3 U 15/17, NZBau 2018, 431.
[124] BGH 6.10.2020 – XIII ZR 21/19, NZBau 2021, 57.
[125] BGH 3.7.2020 – VII ZR 144/19, BeckRS 2020, 17330 = VergabeR 2020, 757; 8.12.2020 – VIII ZR 19/19, NZBau 2021, 279 Rn. 28.

GWB § 181 Anspruch auf Ersatz des Vertrauensschadens

Zuschlagserteilung an den zuschlagsberechtigten Bieter zu verhindern, sondern Zeit zu gewinnen, um den Bedarf zu überprüfen. Der BGH erkannte dies als sachlichen und willkürfreien Grund der Aufhebung und Neuausschreibung an mit der Folge, dass die Zuschlagserteilung im nachgelagerten Ausschreibungsverfahren nicht als „tatsächliche Auftragserteilung" im aufgehobenen ersten Ausschreibungsverfahren einzuordnen war.[126] Nach der gebotenen wirtschaftlichen Betrachtung ist auch ein Auftrag in einem vergaberechtskonform durchgeführten nachgelagerten Ausschreibungsverfahren nicht als tatsächlicher Zuschlag in einem zuvor durchgeführten Ausschreibungsverfahren einzuordnen, in dem der Zuschlag aufgrund eines Wertungsfehlers durch einen Aufhebungsvertrag rückabgewickelt wurde.[127] Ein Kontrahierungszwang der Vergabestelle besteht nicht.[128] Zum Ganzen ausf. → VgV § 63 Rn. 63 ff.

63 Offen blieb nach der Änderung der Rspr. des BGH im Jahr 2011 zunächst,[129] wie der Schaden zu bestimmen ist. Der BGH entschied im Jahr 2020, dass jeder Wettbewerbsteilnehmer einen Wettbewerb unter fairen, transparenten und nichtdiskriminierenden Bedingungen und die dadurch vermittelte Chance auf einen Zuschlag erwarten kann. Nicht erwarten kann ein Wettbewerbsteilnehmer den Zuschlag selbst.[130]

64 Ausgangspunkt der Schadensermittlung muss zunächst sein, welche Aufwände und Kosten der Wettbewerbsteilnehmer zur Erstellung des Angebots bzw. Teilnahmeantrags sowie zur Beteiligung an dem Ausschreibungsverfahren investiert hat. Die eingesetzte Arbeitskraft eigenen Personals kann angesetzt werden, da sie einen Marktwert hat.[131] Der ersatzfähige Schaden kann nicht höher sein als die dem Wettbewerbsteilnehmer tatsächlich entstandenen Kosten. Somit werden die Personalkosten anteilig entspr. dem entstandenen Zeitaufwand durch den geschädigten Wettbewerbsteilnehmer darzulegen und zu beweisen sein. Ansatzfähig sind ferner Kosten anwaltlicher Beratung, der Hinzuziehung externer Expertise sowie Kosten von Sub- und Nachunternehmen. Nicht mehr relevant ist, ob ein Wettbewerbsteilnehmer **auf die Rechtmäßigkeit des Vergabeverfahrens vertraut hat.**

65 Wie ausgeführt, hat sich der BGH noch nicht zu der Frage geäußert, ob der Mitverschuldenseinwand gem. § 254 BGB innerhalb der Ermittlung des ansatzfähigen Schadens gem. § 280 BGB greift. Entsprechend der zivilrechtlichen Systematik erscheint es zutreffend, den Mitverschuldenseinwand zu berücksichtigen. Die Berücksichtigung des Mitverschuldens erschwert den Rechtsschutz nicht in einem Umfang, der unionsrechtlich als Aushebelung des Rechtsschutzes[132] zu werten ist, da der Mitverschuldenseinwand einem durch den EuGH[133] anerkannten allg., den Rechtsordnungen der Mitgliedstaaten gemeinsamen Grundsatz beruht, dass der Geschädigte sich in angemessener Form um die Begrenzung des Schadensumfangs bemühen muss, wenn er nicht Gefahr laufen will, den Schaden selber tragen zu müssen.

---

[126] BGH 8.12.2020 – VIII ZR 19/19, NZBau 2021, 279 Rn. 40; ebenso 3.7.2020 – VII ZR 144/19, BeckRS 2020, 17330 = VergabeR 2020, 757.

[127] BGH 23.11.2021 – XIII ZR 20/19, ZfBR 2022, 294.

[128] St. Rspr., vgl. BGH 23.11.2021 – XIII ZR 20/19, ZfBR 2022, 294 Rn. 11; OLG Rostock 30.9.2021 – 17 Verg 5/21, BeckRS 2021, 35393; OLG Frankfurt a. M. 4.8.2015 – 11 Verg 4/15, NZBau 2015, 794.

[129] BGH 9.6.2011 – X ZR 143/10, NZBau 2011, 498.

[130] BGH 8.12.2020 – VIII ZR 19/19, NZBau 2021, 279 Rn. 21; vgl. bereits BGH 31.1.2017 – X ZR 93/15, ZfBR 2017, 612; zustimmend iErg Gröning NZBau 2021, 233 (236).

[131] BGH 8.12.2020 – VIII ZR 19/19, NZBau 2021, 279 Rn. 23.

[132] Vgl. dazu etwa EuGH 5.3.1996 – C-46/93 und C-48/93, NJW 1996, 1267.

[133] EuGH 5.3.1996 – C-46/93 und C-48/93, NJW 1996, 1267, 1271 Rn. 85.

ff) Rechtmäßiges Alternativverhalten/Verjährung. Die Vergabestelle kann 66
nach Maßgabe der Rspr. iRd cic-Haftung ggü. dem Schadensersatzanspruch einwenden, dass der geltend gemachte Schaden auch bei **rechtmäßigem Verhalten
der Vergabestelle** entstanden wäre und somit nicht kausal auf die Pflichtverletzung
zurückzuführen ist. Der Auftraggeber hat jedoch darzulegen, dass die Aufhebung
tatsächlich erfolgt wäre, mithin intendiertes Ermessen vorlag.[134] Hätte etwa ein
Aufhebungsgrund vorgelegen und die Vergabestelle die Ausschreibung danach aufheben dürfen, wird entgangener Gewinn – vorbehaltlich der übrigen Voraussetzungen – nicht erfolgreich durchgesetzt werden können.[135]

Für die **Verjährung** gelten die allg. bürgerlich-rechtlichen Grundsätze. Nach 67
§ 195 BGB aF galt eine Verjährungsfrist von 30 Jahren, die seit der Schuldrechtsform,
dh für Ansprüche, die nach dem 1.1.2002 entstanden sind, gem. Art. 229 § 6 Abs. 4
EGBGB auf die dreijährige Regelverjährungsfrist des § 195 BGB verkürzt wurde.[136]

c) Beweislast. Die Beweislast regelt sich nach den allg. zivilprozessualen Grund- 68
sätzen. Der **Anspruchsteller** hat danach die anspruchsbegründenden Tatsachen
darzulegen und im Bestreitensfall zu beweisen. Die **Vergabestelle** trifft nach den
Grundsätzen der sekundären Darlegungslast die Pflicht, die zugrunde gelegten Wertungskriterien vorzutragen und ggf. substantiiert darzulegen, warum sie auf das
Angebot des klagenden Bieters keinen Zuschlag erteilen konnte.[137] Teilw. wird in
der Rspr. angenommen, dass der Bieter auch außerhalb des Kartellvergaberechts
einen Anspruch auf Einsichtnahme in die Vergabedokumentation habe.[138]

Zur **Bestimmung des entgangenen Gewinns** gibt es grds. zwei Möglichkeiten. 69
Zum einen kann der Bieter/Bewerber konkret berechnen, welchen Gewinn er bei
der Auftragserteilung gehabt hätte. Zum anderen kann der Geschädigte den Schaden
auch anhand eines üblicherweise bei vergleichbaren Aufträgen einkalkulierten
Gewinnprozentsatzes bestimmen, der etwa unter Zuhilfenahme eines Sachverständigen nachgewiesen werden kann. Regelmäßig wird der Bieter sich auf die gesetzliche
Regelvermutung des Interesses an einem Auftrag iHv 5 % des Auftragsvolumens
berufen können. Das Gericht ist gem. § 287 ZPO befugt, eine Schätzung vorzunehmen. Die Darlegungs- und Beweislast obliegt dem Bieter.

Wird der **Vertrauensschaden** – mithin also das negative Interesse – geltend 70
gemacht, ist der Schaden, der durch den Vergabefehler entstanden ist, darzulegen.
IRd negativen Interesses werden die Kosten des Bewerbers/Bieters erfasst, die ihm
durch die Erstellung des Angebotes und der Teilnahme an dem Wettbewerb entstanden sind. Regelmäßig wird hier ein Vergleich der aktuellen Vermögenslage mit der,
wie sie ohne den Vergabefehler bestünde, erforderlich sein.[139]

2. Deliktsrechtliche Ansprüche

a) § 823 Abs. 1 BGB. In Betracht kommt im Fall von Vergabeverstößen auch 71
eine Schadensersatzhaftung aus unerlaubter Handlung gem. § 823 Abs. 1 BGB.
Voraussetzung für einen solchen Schadensersatzanspruch ist insbes. die Verletzung

---

[134] BGH 25.11.1992 – VIII ZR 170/91, BGHZ 120, 281 = NJW 1993, 520; vgl. dazu auch Alexander HK-VergabeR GWB § 181 Rn. 36 ff.

[135] BGH 8.9.1998 – X ZR 48–97, BGHZ 139, 259 = NJW 1998, 3636.

[136] OLG Stuttgart 9.2.2010 – 10 U 76/09, IBRRS 2010, 1562; Grüneberg/Grüneberg BGB § 311 Rn. 59.

[137] BGH 27.11.2007 – X ZR 18/07, BeckRS 2008, 1230 = VergabeR 2008, 219; Gröning NZBau 2021, 233 (235).

[138] LG Oldenburg 2.10.2019 – 5 O 1810/19, VPR 2019, 3378; 18.6.2014 – 5 S 610/13, NZBau 2014, 720.

[139] BGH 26.1.2010 – X ZR 86/08, NZBau 2010, 387; vgl. KK-VergR/Scharen GWB § 181 Rn. 54 ff.

eines absoluten Rechtes des Bieters und Bewerbers. Im Bereich der Auftragsvergabe kommt allenfalls der **Eingriff in den eingerichteten und ausgeübten Gewerbebetrieb** in Betracht. Ein solcher Eingriff erfordert einen betriebsbezogenen Eingriff und wird nur ausnahmsweise zu bejahen sein, etwa in Fällen von Vergabesperren.[140]

72 **b) § 823 Abs. 2 BGB iVm Schutzgesetzen.** Im Hinblick auf eine Schadensersatzverpflichtung gem. § 823 Abs. 2 BGB iVm Schutzgesetzen kann auf die Schutzgesetzthematik verwiesen werden (→ Rn. 6 ff.). Die Vorschriften der Vergabeordnungen und des Kartellvergaberechts (GWB, VgV, SektVO etc.) stellen innerhalb des Anwendungsbereichs **Schutzgesetze** iSd § 823 Abs. 2 BGB dar.[141]

73 **c) § 826 BGB.** Theoretisch kommt weiter ein Anspruch aufgrund einer sittenwidrigen vorsätzlichen Schädigung gem. § 826 BGB in Betracht, wenn Vergabevorschriften verletzt werden. Erforderlich ist der **Nachweis einer vorsätzlichen Schädigungshandlung,** die gegen die guten Sitten verstößt und zu einem Schaden führt.[142]

74 **d) § 839 BGB iVm Art. 34 GG.** Amtshaftungsansprüche gem. § 839 BGB iVm Art. 34 GG wegen der rechtswidrigen Behandlung eines Bieters in einem Vergabeverfahren sind **grds. ausgeschlossen,** da die Vergabestelle keine hoheitliche Tätigkeit ausübt, sondern im Fall der Beschaffung schlicht hoheitlich agiert.[143]

3. Sonstige, insbes. kartellrechtliche Ansprüche

75 In Betracht kommen je nach Sachverhalt auch kartellrechtliche Ansprüche. Verfügt ein öffentlicher Auftraggeber über eine **marktbeherrschende Nachfragemacht** und nutzt er diese missbräuchlich aus, kann ein Schadensersatzanspruch gem. §§ 19, 20 Abs. 1, 33a GWB bestehen.[144] Marktbeherrschende Stellungen kommen insbes. in Betracht im Straßen- und Brückenbau, im Tiefbau und im Bereich der Bundeswehr bei der militärischen Beschaffung.[145] Von entscheidender Bedeutung ist dabei, ob die unterschiedliche Behandlung oder Behinderung sachlich gerechtfertigt ist, was unter Berücksichtigung aller beteiligten Interessen zu ermitteln ist.[146]

76 **Ansprüche aus § 1 UWG** dürften idR nicht in Betracht kommen. Zu beachten ist die in § 159 GWB normierte ausschl. Zuständigkeit der Vergabekammern und Vergabesenate bzgl. der Prüfung von Normen des Kartellvergaberechts.[147]

§ 182 Kosten des Verfahrens vor der Vergabekammer

(1) ¹**Für Amtshandlungen der Vergabekammern werden Kosten (Gebühren und Auslagen) zur Deckung des Verwaltungsaufwandes erhoben.** ²**Das Verwaltungskostengesetz vom 23. Juni 1970 (BGBl. I S. 821) in der am 14. August 2013 geltenden Fassung ist anzuwenden.**

(2) ¹**Die Gebühr beträgt mindestens 2 500 Euro; dieser Betrag kann aus Gründen der Billigkeit bis auf ein Zehntel ermäßigt werden.** ²**Die Gebühr**

---

[140] KK-VergR/Scharen GWB § 181 Rn. 69; Schnorbus BauR 1999, 77.
[141] Vgl. HK-VergabeR/Alexander GWB § 181 Rn. 20.
[142] Grüneberg/Sprau BGB § 826 Rn. 10.
[143] BVerfG 13.6.2006 – 1 BvR 1160/03, BVerfGE 116, 135 = NZBau 2006, 791.
[144] Grüneberg/Grüneberg BGB Einl. § 311 Rn. 76.
[145] OLG Frankfurt a. M. 26.7.1988 – 6 U 53/87, BauR 1990, 91 f.; Grüneberg/Grüneberg BGB Einl. § 311 Rn. 76; RSG/Reidt GWB § 181 Rn. 74.
[146] Vgl. die Auseinandersetzung zum Berliner Tariftreuegesetz: BVerfG 13.6.2006 – 1 BvR 1160/03, BVerfGE 116, 202 = NZBau 2007, 53.
[147] OLG München 20.1.2020 – Verg 19/19, BeckRS 2020, 7125 = VergabeR 2020, 824.

soll den Betrag von 50 000 Euro nicht überschreiten; sie kann im Einzelfall, wenn der Aufwand oder die wirtschaftliche Bedeutung außergewöhnlich hoch ist, bis zu einem Betrag von 100 000 Euro erhöht werden.

(3) [1]Soweit ein Beteiligter im Verfahren unterliegt, hat er die Kosten zu tragen. [2]Mehrere Kostenschuldner haften als Gesamtschuldner. [3]Kosten, die durch Verschulden eines Beteiligten entstanden sind, können diesem auferlegt werden. [4]Hat sich der Antrag vor Entscheidung der Vergabekammer durch Rücknahme oder anderweitig erledigt, ist die Hälfte der Gebühr zu entrichten. [5]Die Entscheidung, wer die Kosten zu tragen hat, erfolgt nach billigem Ermessen. [6]Aus Gründen der Billigkeit kann von der Erhebung von Gebühren ganz oder teilweise abgesehen werden.

(4) [1]Soweit ein Beteiligter im Nachprüfungsverfahren unterliegt, hat er die zur zweckentsprechenden Rechtsverfolgung oder Rechtsverteidigung notwendigen Aufwendungen des Antragsgegners zu tragen. [2]Die Aufwendungen der Beigeladenen sind nur erstattungsfähig, soweit sie die Vergabekammer aus Billigkeit der unterlegenen Partei auferlegt. [3]Hat sich der Antrag durch Rücknahme oder anderweitig erledigt, erfolgt die Entscheidung, wer die zur zweckentsprechenden Rechtsverfolgung oder Rechtsverteidigung notwendigen Aufwendungen anderer Beteiligter zu tragen hat, nach billigem Ermessen; in Bezug auf die Erstattung der Aufwendungen der Beigeladenen gilt im Übrigen Satz 2 entsprechend. [4]§ 80 Absatz 1, 2 und 3 Satz 2 des Verwaltungsverfahrensgesetzes und die entsprechenden Vorschriften der Verwaltungsverfahrensgesetze der Länder gelten entsprechend. [5]Ein gesondertes Kostenfestsetzungsverfahren findet nicht statt.

Literatur: Bischoff, Vollstreckung von Vergabekammerentscheidungen und Rechtsschutz gegen Vollstreckungsentscheidungen; VergabeR 2009, 433; Conrad, Auswirkungen des 2. Kostenrechtsmodernisierungsgesetzes auf die Rechtsanwaltsvergütung in Vergabesachen, ZfBR 2014, 228; Conrad, Rechtsfragen des Vergleichs im Nachprüfungsverfahren, ZfBR 2014, 658; Czauderna, Erledigung des Nachprüfungsantrag im Verfahren vor der Vergabekammer und Kostenentscheidung, VergabeR 2011, 421; Dreher/Glöckle, Der Vergleich im Nachprüfungsverfahren, Teil 1, NZBau 2015, 459, und Teil 2, NZBau 2015, 529; Schneider, Anwalts- und Gerichtskosten in Vergabeverfahren, AGS 2014, 545; Zinger, Kosten des Rechtsschutzes im Vergaberecht, NZBau 2020, 695.

Übersicht

	Rn.
I. Bedeutung der Vorschrift	1
II. Anwendbarkeit des Verwaltungskostengesetzes (Abs. 1)	4
1. Kostengrundsätze	4
2. Kostenfreiheit	6
III. Höhe der Gebühren (Abs. 2)	9
IV. Kostenerstattung (Abs. 3)	15
1. Kostenerstattung im Unterliegensfall	16
2. Kostenerstattung im Vergabeverfahren ohne Nachprüfungsantrag?	21
3. Verschuldensabhängige Kostenhaftung gem. Abs. 3	22
4. Erledigung des Antrags durch Rücknahme oder in sonstiger Weise	26
5. Aufwendungserstattungsanspruch und Kostenhaftung des Beigeladenen (Abs. 4)	35
6. Kostentragung im Beschwerdeverfahren	41
7. Kosten des Eilrechtsschutzes	43

GWB § 182 — Kosten des Verfahrens vor der Vergabekammer

	Rn.
a) Anträge gem. § 169 GWB	43
b) Verfahren gem. § 173 Abs. 1 S. 3, § 176 GWB	46
V. Umfang der Kostenerstattung	48
VI. Gebühren- und Kostenfestsetzung im Nachprüfungsverfahren	60
VII. Höhe der erstattungsfähigen Rechtsanwaltsgebühren	64
VIII. Kostengrundbescheid	69
IX. Verjährung	72

I. Bedeutung der Vorschrift

1   § 182 GWB regelt die **Kostenerhebung und Kostenerstattung im Nachprüfungsverfahren.**[1] In Abs. 1 ist die Rechtsgrundlage zur Deckung des Verwaltungsaufwandes und in Abs. 2 der Gebührenrahmen für die Tätigkeit der Vergabekammer geregelt. Abs. 3 normiert, wer die Kosten zu tragen hat und Abs. 4 bestimmt den Umfang der erstattungsfähigen Kosten. Die Gerichtsgebühren im Beschwerdeverfahren richten sich demgegenüber nach dem GKG.

2   Die Kostenregelungen des § 182 GWB wurden bereits durch die Vergaberechtsreform im Jahr 2009 **erheblich geändert.** Der Gebührenrahmen wurde angehoben und der Vergabekammer Ermessen bei der Kostenfestsetzung eingeräumt. Die Befugnis der Ermessensentscheidung wurde auch auf die Entscheidung zur Kostentragungspflicht für Aufwendungen sämtlicher Beteiligter erstreckt. Die Regelungen der Abs. 3 und 4 des § 182 GWB ermöglichen für Kosten, Gebühren und Aufwendungsersatzansprüche den Ausspruch einer differenzierten Kostenentscheidung unter Berücksichtigung von Billigkeitsgrundsätzen. Die Vergabekammer ist verpflichtet, die Entscheidung über die zur zweckentsprechenden Rechtsverfolgung oder Rechtsverteidigung notwendigen Aufwendungen unter Berücksichtigung von Billigkeitsgrundsätzen zu treffen. Die Regelungskompetenz der Kostentragung erstreckt sich über den Fall der Antragsrücknahme hinaus auch auf den Fall der sonstigen Erledigung. Der Beigeladene ist einem Kostenrisiko ausgesetzt, da die Kostenerstattungspflicht von der Ermessensentscheidung der Vergabekammer abhängt.

3   Die Norm wurde ferner durch die **Vergaberechtsmodernisierung 2016** in Abs. 1, 3 und 4 geändert. Abs. 1 wurde geringfügig modifiziert und ergänzt. § 182 Abs. 1 GWB verweist statisch auf die Geltung des VwKostG v. 14.8.2013 und damit auf die Fassung vor Inkrafttreten des Gesetzes zur Strukturreform des Gebührenrechts des Bundes.[2] Ziel der gesetzlichen Regelung war es, in § 182 Abs. 4 S. 3 GWB die Regelvermutung zu normieren, dass der Antragsteller die Kosten und Gebühren zu tragen hat, wenn eine Antragsrücknahme oder eine anderweitige Erledigung erfolgt.[3]

II. Anwendbarkeit des Verwaltungskostengesetzes (Abs. 1)

1. Kostengrundsätze

4   Das Nachprüfungsverfahren stellt ein Verwaltungsverfahren dar. Die Vergabekammern sind Verwaltungsbehörden, die Verwaltungsakte erlassen (§ 168 Abs. 3 GWB). Dementsprechend handelt es sich um Amtshandlungen, für die gem. § 182 Abs. 1 GWB Kosten zur Deckung des Verwaltungsaufwandes erhoben werden. Zu den Kosten gehören Gebühren und Auslagen. Die Höhe der **Gebühren** ist in Abs. 2

---

[1] Müller-Wrede/Radu GWB § 182 Rn. 5.
[2] Gesetz zur Strukturreform des Gebührenrechts des Bundes v. 7.8.2013, BGBl. 2013 I 3154, Nr. 48 v. 14.8.2013.
[3] BT-Drs. 367/15, 165.

geregelt, die Bemessung der **Auslagen** ist im Kostenrecht in § 10 VwKostG geregelt.[4] § 182 Abs. 1 GWB verweist statisch auf das VwKostG idF v. 14.8.2013.[5]

Umstritten ist, ob eine Gebühr bereits mit **Stellung des Nachprüfungsantrags** 5 oder erst mit einer Amtshandlung der Vergabekammer entstehen kann. Die Gebührenerhebung nach dem VwKostG knüpft an die Existenz öffentlich-rechtlicher Verwaltungstätigkeit an und setzt somit eine Amtshandlung voraus. Diese wird allerdings durch die Stellung und spätestens mit der Rücknahme eines Nachprüfungsantrags ausgelöst.[6]

2. Kostenfreiheit

Die **Regelungen zur persönlichen Kostenfreiheit** sind durch das BGebG 6 geschärft worden. Für die Kostenerstattung im Nachprüfungsverfahren gelten jedoch aufgrund der statischen Verweisung die Altregelungen des VwKostG. Gem. § 8 VwKostG sind Bund und Länder sowie die bundesunmittelbaren juristischen Personen des öffentlichen Rechts von der Zahlung von Gebühren befreit, deren Ausgaben zumindest teilw. aus dem Haushalt des Bundes getragen oder nach den Haushaltsplänen eines Landes verwaltet werden. Gebührenbefreit sind gem. § 8 Abs. 1 Nr. 3 VwKostG auch die Gemeinden und Gemeindeverbände, jedoch sind davon die Amtshandlungen der wirtschaftlichen Unternehmen ausgenommen. Eine solche Ausnahme ist für die wirtschaftlichen Unternehmen der Länder im VwKostG nicht normiert. Das Tatbestandsmerkmal in § 8 Abs. 1 Nr. 2 VwKostG haben das BVerwG und die verwaltungsrechtliche Rspr. einschränkend ausgelegt. Die Gebührenbefreiung gilt danach nur, wenn die jew. betroffene juristische Person nach den Haushaltsplänen eines Landes verwaltet wurde. Das BVerwG setzte dafür voraus, dass die Einnahmen und Ausgaben der juristischen Person des öffentlichen Rechts im Haushaltsplan des Landes selbst konstitutiv geführt und nicht etwa nur nachrichtlich erfasst wurden.[7] Diese Rspr. wurde durch die Instanzgerichte aufgenommen.[8] Wirtschaftliche Unternehmen verwalten sich idR selbst und unterliegen nicht der Vermögensverwaltung des jew. Landes. Dementsprechend gilt die Gebührenfreiheit nicht für wirtschaftliche Unternehmen eines Landes oder eine kommunale Gebietskörperschaft.[9]

Keine Gebührenbefreiung besteht für **Sozial- und Unfallversicherungsträger,** da 7 diese durch ihre Mitglieder finanziert werden und nicht durch den Haushalt des Bundes.[10] Von der Pflicht zur Zahlung von Gebühren für Amtshandlungen und dementsprechend von der Pflicht zur Erstattung der Verwaltungskosten befreit sind gem. § 8 Abs. 1 VwKostG der Bund und die bundesunmittelbaren juristischen Personen des öffentlichen Rechts, die Länder und die juristischen Personen des öffentlichen Rechts, die nach den Haushaltsplänen eines Landes für Rechnung eines Landes verwaltet werden, und die Gemeinden und Gemeindeverbände, sofern die Amtshandlungen nicht ihre wirtschaftlichen Unternehmen betreffen. Die Gebührenfreiheit der oben genannten **Einrichtungen der öffentlichen Hand** gilt auch in Fällen, in denen die Vergabestelle gesamtschuldnerisch mit dem **Beigeladenen** haftet, und auch dann, wenn die Vergabestelle nur teilw. unterliegt, wie etwa im Hinblick auf einen Antrag auf Gestattung des vorzeitigen Zuschlags gem. § 169 Abs. 2 GWB, oder der Antrag zurückge-

---

[4] Vgl. § 128 GWB aF RSG/Glahs GWB § 182 Rn. 1.
[5] Vgl. OLG Koblenz 26.8.2020 – Verg 5/20, ZfBR 2021, 189, 190.
[6] OLG Hamburg 3.11.2008 – 1 Verg 3/08, BeckRS 2010, 26820; RSG/Glahs GWB § 182 Rn. 6; vgl. Müller-Wrede/Radu GWB § 182 Rn. 21.
[7] BVerwG 16.12.2010 – 3 C 43.09, LKV 2011, 134.
[8] OLG München 30.11.2015 – Verg 07/15, BeckRS 2015, 20261.
[9] So auch OLG München 30.11.2015 – Verg 07/15, BeckRS 2015, 20261; OLG Brandenburg 12.7.2012 – Verg W 6/12, BeckRS 2013, 1392.
[10] OLG Düsseldorf 7.9.2012 – VII-Verg 21/12, BeckRS 2012, 23816.

GWB § 182

nommen wird. In diesem Fall wird zunächst die Verwaltungsverfahrensgebühr ermittelt und dann die Befreiung von der Entrichtung der Gebühr festgestellt.[11] Der Beigeladene wird nur hinsichtlich seines Anteils in Anspruch genommen.[12]

8 Gebührenfreiheit nach § 8 Abs. 1 VwKostG besteht gem. § 8 Abs. 3 VwKostG nicht für **Sondervermögen und Bundesbetriebe** iSd Art. 110 Abs. 1 GG, für gleichartige Einrichtungen der Länder sowie für öffentlich-rechtliche Unternehmen, an denen der Bund oder ein Land beteiligt ist.[13] Der Tatbestand der Ausnahme von der Gebührenpflicht ist nun gem. § 8 Abs. 2 S. 2 BGebG explizit normiert für die wirtschaftlichen Unternehmen der Länder sowie der Gemeinden und Gemeindeverbände. Damit entspricht das Kostenrecht der Vorgabe des Unionsrechts[14] zur Gleichstellung der wirtschaftlichen Unternehmen der öffentlichen Hand mit denen der Privatwirtschaft. Wirtschaftliche Unternehmen der öffentlichen Hand sind nicht anders als wirtschaftliche Unternehmen der Privatwirtschaft zu behandeln und dürfen unionsrechtlich nicht bessergestellt werden.[15] IdS ist auch die Regelung in § 8 Abs. 1 VwKostG einschränkend und unionsrechtskonform auszulegen.

III. Höhe der Gebühren (Abs. 2)

9 Die Höhe der Gebühr für das Verfahren vor der Vergabekammer ist iS einer generalisierenden Betrachtung unter Berücksichtigung des Aufwands und der wirtschaftlichen Bedeutung der Sache zu bestimmen. Auszugehen ist dabei von dem Wert des Verfahrensgegenstandes.[16] Die Gebühr ist nicht nach dem im Einzelfall entstandenen personellen und sachlichen Aufwand zu bestimmen, sondern entspr. dem **Kostendeckungsprinzip.** Dieses besagt, dass der finanzielle Aufwand der in einem bestimmten Zeitabschnitt anfallenden personellen und sachlichen Verwaltungsaufwendungen durch die erhobenen Gebühren gedeckt sein muss.[17] Gestrichen wurde iRd Vergaberechtsreform 2009 § 128 Abs. 2 S. 1 GWB, nach dem sich die Höhe der Gebühren nach dem personellen und sachlichen Aufwand der Vergabekammer unter Berücksichtigung der wirtschaftlichen Bedeutung des Nachprüfungsverfahrens bestimmte. Geregelt ist seitdem nur noch die **Mindestgebühr** iHv 2.500 Euro, die **regelmäßige Höchstgebühr,** die von 25.000 Euro auf 50.000 Euro angehoben wurde, und die Höchstgebühr im Einzelfall, die von 50.000 Euro auf 100.000 Euro angehoben wurde.[18] Die Berücksichtigung von **Billigkeitserwägungen** iRd Festsetzung der

---

[11] VK Sachsen 22.3.2004 – 1/SVK/014-04, BeckRS 2004, 07375.

[12] Lausen VergabeR 2003, 527 (529).

[13] Vgl. dazu OLG Schleswig 28.10.2021 – 54 Verg 5/21, NZBau 2022, 114; VK Niedersachsen 17.8.2009 – VgK 36/2009, VPRRS 2010, 0360; OLG Düsseldorf 14.9.2009 – VII-Verg 20/09, BeckRS 2009, 28982, in dem das OLG die Gebührenbefreiung für die landeseigene Straßenbaugesellschaft StraßenNRW bejaht; OLG Frankfurt a. M. 12.7.2016 – 11 Verg 9/16, NZBau 2016, 705 für den Fall einer gegründeten Projektgesellschaft, die als gebührenbefreit eingeordnet wurde; OLG Dresden 25.1.2005 – WVerg 14/04, BeckRS 2005, 1718; VK Niedersachsen 17.8.2009 – VgK-36/2009, IBRRS 2010, 4102.

[14] Vgl. dazu BFH 10.11.2011 – V R 41/10, DStR 2012, 348; Belcke/Westermann BB 2015, 1500 (1502).

[15] Vgl. zu der Gleichstellung öffentlicher Unternehmen im Hinblick auf die Mehrwertsteuersystemrichtlinie EuGH 29.10.2015 – C-174/14, BeckEuRS 2015, 486982 – Saudacor.

[16] BGH 25.10.2011 – X ZB 5/10, BeckRS 2012, 2820; OLG Hamburg 3.11.2008 – 1 Verg 3/08, BeckRS 2010, 26820.

[17] BVerwG 24.3.1961 – BVerwG VII C 109/60, BVerwGE 12, 162 (165 f.) = NJW 1961, 2128.

[18] Zur Festsetzung der Höchstgebühr VK Sachsen 29.2.2004 – 1/SVK/157-03, BeckRS 2004, 07376.

Gebühren wurde ausdr. gestrichen und ist stattdessen gem. § 182 Abs. 3 S. 5, 6 GWB als Befreiungstatbestand vorgesehen: Aus Gründen der Billigkeit „kann" von der Erhebung von Gebühren ganz oder teilw. abgesehen werden.

Abs. 2 normiert den **Gebührenrahmen** für die Amtshandlungen der Vergabekammern, der im Regelfall bis 50.000 Euro reicht. Aus Gründen der Billigkeit kann die Gebühr auf mindestens 500 Euro ermäßigt werden, was etwa in Betracht kommt, wenn der Nachprüfungsantrag zurückgenommen wird, noch ehe die Vergabekammer nennenswerten Aufwand hatte,[19] oder bei einer sofortigen Antragsverwerfung wegen offensichtlicher Unzulässigkeit oder Unbegründetheit oder bei sehr schlechten wirtschaftlichen Verhältnissen des Antragstellers.[20] Gem. § 182 Abs. 2 S. 2 Hs. 2 GWB kann wegen des außergewöhnlichen Aufwandes und/oder der außergewöhnlich hohen wirtschaftlichen Bedeutung der Angelegenheit die Höhe der Gebühr auf bis zu 100.000 Euro erhöht werden.[21] Aus dem Gesetzeswortlaut folgt, dass eine **Gebührenerhöhung** ausschl. mit dem Aufwand und/oder der wirtschaftlichen Bedeutung der Angelegenheit gerechtfertigt werden kann.

Die Vergabekammern sind verpflichtet, das ihnen zustehende Ermessen ermessensfehlerfrei auszuüben.[22] Sie greifen iRd Ermessensausübung auf **Gebührenstaffeln** zurück, was der BGH gebilligt hat.[23] Die Mehrzahl der Vergabekammern orientiert sich an der Gebührentabelle, die die Vergabekammern des Bundes erarbeitet haben.[24] Diese Gebührenstaffel knüpft an die streitbefangene Auftragssumme an, was regelmäßig sachgerecht ist, da sich danach regelmäßig auch die Komplexität einer Vergabe richtet und so der personelle und sachliche Aufwand, den die Vergabekammer zur Erledigung des Nachprüfungsbegehrens aufzuwenden hat, in hinreichender Weise berücksichtigt wird. Der in der Gebührentabelle der VK Bund maßgebliche Auftragswert ist in gleicher Weise zu bestimmen, wie der Begriff der Auftragssumme in § 50 Abs. 2 GKG. Der Begriff ist nicht legaldefiniert und nach dem wirtschaftlichen Wert des Auftrags für den Antragsteller zu bestimmen.[25] Sofern im Einzelfall der Sach- und Personalaufwand aus dem Rahmen dessen fällt, was ein Nachprüfungsantrag der betreffenden wirtschaftlichen Größenordnung und Bedeutung üblicherweise mit sich bringt, ist dem durch eine angemessene Erhöhung oder Herabsetzung der in der Gebührenstaffel ausgewiesenen

---

[19] Vgl. dazu OLG München 28.1.2021 – Verg 9/20, BeckRS 11119; KG 12.5.2021 – Verg 1008/20, BeckRS 2021, 22227; OLG Frankfurt a. M. 29.8.2014 – 11 Verg 3/14, BeckRS 2015, 8028; VK Saarland 7.2.2018 – 3 VK 04/2017, BeckRS 2019, 25917.

[20] BVerwG 24.3.1961 – BVerwG VII C 109/60, NJW 1961, 2128; OLG Düsseldorf 9.2.2006 – Verg 80/05, BeckRS 2006, 3675; RSG/Glahs GWB § 182 Rn. 11.

[21] OLG Düsseldorf 6.10.2003 – Verg 33/03, IBRRS 2004, 0529.

[22] OLG Koblenz 16.2.2006 – 1 Verg 2/06, BeckRS 2006, 2633.

[23] BGH 17.6.2014 – X ZB 8/13, NZBau 2014, 652; BVerwG 24.3.1961 – VII C 109/60, NJW 1961, 2128; OLG Düsseldorf 9.2.2006 – Verg 80/05, BeckRS 2006, 3675; OLG Frankfurt a. M. 4.6.2008 – 11 Verg 8/07, BeckRS 2008, 20399; OLG Hamburg 3.11.2008 – 1 Verg 3/08, BeckRS 2010, 26820; VK Lüneburg 28.1.2016 – VgK-50/2015, BeckRS 2016, 5584; vgl. RSG/Glahs GWB § 182 Rn. 8; Müller-Wrede/Radu GWB § 182 Rn. 24 ff.

[24] VK Berlin 14.10.2011 – VK-B 2–24/11, BeckRS 2012, 11412; 21.2.2011 – VK-B2-18/2011, IBRRS 2011, 3604; VK Baden-Württemberg 11.2.2011 – 1 VK 76/10, IBRRS 2011, 1104; VK Hessen 22.2.2018 – 69d VK-2-04/2018, VPRRS 2018, 0386; VK Nordbayern 14.2.2003 – 320.VK-3194-02/03, BeckRS 2003, 32424; VK Niedersachsen 3.7.2009 – VgK-30/2009, VgK-30/09, BeckRS 2009, 23612; VK Sachsen 18.6.2009 – 1/SVK/017-09, IBRRS 2009, 2520; VK Saarland 2.2.2009 – 1 VK 10/2008, IBRRS 2009, 0947; VK Südbayern 17.6.2009 – Z3-3-3194-1-21-05/09, BeckRS 2009, 45798.

[25] Anders OLG Frankfurt a. M. 21.10.2021 – 11 Verg 5/21, BeckRS 2021, 34114, das auf den Wert des vergebenen Auftrags abstellt. Danach wäre das Angebot des Beizuladenden im Regelfall maßgeblich. Das wirtschaftliche Interesse des Antragstellers zielt jedoch darauf ab, den Zuschlag abzuwehren, um selbst den Zuschlag zu erhalten.

GWB § 182   Kosten des Verfahrens vor der Vergabekammer

Basisgebühr Rechnung zu tragen.[26] In **Sachsen-Anhalt** hingegen werden Richtwerte für die zu erhebenden Gebühren vorgegeben. Vorgegeben ist als niedrigster Gebührenwert 2.500 Euro, der mit Erreichen eines Auftragswertes in Höhe des Schwellenwertes von 200.000 Euro anfällt, und ein höchster Gebührenwert iHv 25.000 Euro, der an den Maximalwert, der in Sachsen-Anhalt bisher ausgefochten wurde, iHv 45 Mio. Euro anknüpft. Die dazwischen liegenden Auftragswerte sind diesem Rahmen entspr. zuzuordnen. Das OLG Naumburg hat dies gebilligt mit der Maßgabe, dass die Staffelung nur als Richtwert zu verstehen ist und die Vergabekammer das ihr zustehende Ermessen ausübt. Denn die Orientierung an einer solchen Gebührenstaffel trage zur höheren Transparenz bei, da die Wettbewerbsteilnehmer die Kosten eines Vergabenachprüfungsverfahrens aufgrund der vorgegebenen Richtwerte verlässlicher kalkulieren können.[27] **Thüringen** hat gleichfalls eine eigene Gebührentabelle erlassen.[28] Der EuGH hat sich anlässlich eines Rechtsstreits zu dem italienischen Gebührensystem dahin geäußert, dass die Verknüpfung von Rechtsbehelfen an Einheitsgebühren der Rechtsmittelrichtlinie nicht entgegensteht und eine Beeinträchtigung des Rechtsschutzes nicht zu besorgen ist, wenn sich die Gebühren unterhalb von 2 % des Auftragswertes bewegen.[29] Das italienische Gebührensystem sieht starre Gebührensätze, jew. abhängig vom Auftragswert, vor. Da das deutsche Gebührensystem weite Festsetzungsspielräume belässt, Gebühren weit unterhalb von 2 % des Auftragswertes vorsieht und zudem die Berücksichtigung der Umstände des Einzelfalles möglich ist, bestehen keine Bedenken gegen die in Deutschland praktizierte Gebührenfestsetzung.

12 Die Gründe, die zur Festsetzung des Gebührenrahmens geführt haben, stellen keine Gründe dar, die innerhalb der Billigkeitsentscheidung gem. § 182 Abs. 2 S. 1 Hs. 2 GWB erneut berücksichtigt werden dürfen. Eine **Ermäßigung aus Billigkeitsgründen** kommt etwa in Betracht, wenn die Vergabekammer bei unzulässigen Nachprüfungsanträgen nach Aktenlage entscheidet[30], oder der Antrag auf Einleitung eines Nachprüfungsverfahrens zurückgenommen wird, noch ehe eine mündliche Verhandlung stattgefunden hat.[31]

13 Bei der **Festsetzung der Gebühren** ist neben dem Kostendeckungsprinzip der Äquivalenzgrundsatz zu beachten, nach dem zwischen der Gebühr für die Amtshandlung und dem Wert dieser Tätigkeit für die Beteiligten ein angemessenes Verhältnis bestehen muss.[32] Die Gebührenfestsetzung liegt im **Ermessen der Vergabekammer** und ist nur eingeschränkt überprüfbar. Dem Vergabesenat ist lediglich eine Kontrolle dahin eröffnet, ob die erfolgte Gebührenfestsetzung frei von Ermessensfehlern ist.[33] Dies bedeutet nach den allg. Verwaltungsrechtsgrundsätzen, dass

---

[26] BGH 25.10.2011 – X ZB 5/10, BeckRS 2012, 2820.

[27] OLG Naumburg 3.9.2001 – 1 Verg 6/00, BeckRS 2001, 31356950; 25.9.2003 – 1 Verg 11/03, BeckRS 2010, 3712; 22.9.2003 – 1 Verg 10/03, BeckRS 2003, 09134; ebenso OLG Koblenz 16.2.2006 – 1 Verg 2/06, BeckRS 2006, 2633; OLG Hamburg 3.11.2008 – 1 Verg 3/08, BeckRS 2010, 26820.

[28] VK Thüringen 20.5.2008 – 250–4003.20-1121/2008-011-EF, IBRRS 2008, 4230; 4.1.2019 – 250–4002-8706/2018-E-027-EF, VPRRS 2019, 0184 (aktueller Stand damals: Gebührentabelle von 2010.

[29] EuGH 6.10.2015 – C-61/14, IBRRS 2015, 2729 – Orizzonte Salute.

[30] Müller-Wrede/Radu GWB § 182 Rn. 29; vgl. auch zur Situation der anderweitigen Erledigung vor Entscheidung der Vergabekammer VK Thüringen 14.6.2017 – 250–4002-5002/ 2017-E-004-SHK, VPRRS 2017, 0245.

[31] VK Rheinland 17.6.2019 – VK 23/19, BeckRS 2019, 28685.

[32] OLG Koblenz 16.2.2006 – 1 Verg 2/06, NZBau 2006, 740 ff.; Müller-Wrede/Radu GWB § 182 Rn. 46 ff.; RSG/Glahs GWB § 182 Rn. 6.

[33] OLG Naumburg 9.4.2009 – 1 Verg 1/09, BeckRS 2009, 18432; BayObLG 13.4.2004 – Verg 5/04, BeckRS 2004, 05081; OLG Frankfurt a. M. 25.8.2008 – Verg W 12/08, ZfBR 2009, 206 (Ls.).

zu prüfen ist, ob die Vergabekammer das ihr zustehende Ermessen ausgeübt, den zutreffenden Sachverhalt vollständig zugrunde gelegt und sachliche Erwägungen willkürfrei angestellt hat. IRd Ermessenserwägungen dürfen auch Prognosen berücksichtigt werden.[34] Zu berücksichtigen ist das geschätzte Auftragsvolumen, etwaige Unsicherheiten hinsichtlich des Auftragsvolumens sowie die Wahrscheinlichkeit der Ziehung vereinbarter Optionen sind in der Prognoseentscheidung durch prozentuale Abschläge zu berücksichtigen.[35]

Die Vergabekammern des Bundes fordern einen **Kostenvorschuss.** In der Praxis wird zwar die Zusage der Vorschusszahlung gefordert, die Zustellung jedoch nicht von der Vorschusszahlung abhängig gemacht.[36] Ganz überwiegend verlangen die Vergabekammern der Länder keinen Kostenvorschuss, sondern stellen die Gebühren erst nach ihrer Entscheidung demjenigen in Rechnung, der die Kosten nach der Vergabekammerentscheidung zu tragen hat. Die Rechtmäßigkeit der Forderung eines Kostenvorschusses wird verschiedentlich durchaus in Frage gestellt.[37] Es dürfte sich jedoch in der Praxis aus Sicht eines Antragstellers empfehlen, durch eine rechtzeitige Anweisung die fristgerechte Zustellung des Nachprüfungsantrags nicht zu gefährden. 14

IV. Kostenerstattung (Abs. 3)

Die **Pflicht zur Kostenerstattung** ist sowohl hinsichtlich des Umfangs als auch hinsichtlich des Personenkreises ggü. der bisherigen Regelung ausgeweitet worden. 15

1. Kostenerstattung im Unterliegensfall

Es verbleibt gem. § 182 Abs. 3 S. 1 GWB zunächst bei dem Grundsatz, dass die Kosten insoweit von einem Beteiligten zu tragen sind, wie er im Verfahren **unterliegt.** Der Kostenbegriff ist, wie nachfolgend noch dargestellt wird, eng iSd § 182 Abs. 1 GWB zu verstehen und erfasst nicht die Kosten und finanziellen Aufwendungen der Beteiligten. Die Vergabekammer entscheidet gem. § 182 Abs. 1, Abs. 3 S. 5 GWB nach billigem Ermessen, wer die Kosten zu tragen hat. Aus Billigkeitsgründen kann die Gebühr auf ein Zehntel reduziert werden.[38] 16

Das Nachprüfungsverfahren ist ein Verwaltungsverfahren eigener Art. Ebenso wie im Verwaltungsprozess gilt der Untersuchungsgrundsatz. Auch ist die Vergabekammer gem. § 168 Abs. 1 S. 2 GWB an Anträge nicht gebunden. Der **Begriff des Unterliegens** ist im Nachprüfungsverfahren dementsprechend nicht wie im Zivilprozess, sondern wie im Verwaltungsprozess zu verstehen. Das Begehren des Antragstellers wird vAw ermittelt und ausgelegt.[39] 17

Die **Bedeutung der Anträge** wird im Zusammenhang mit der Beurteilung des Unterliegens in der Rspr. unterschiedlich beurteilt. Teilw. wird darauf abgestellt, in welchem Umfang die Beteiligten das mit ihrem jew. Antrag verfolgte Verfahrensziel erreicht haben.[40] Dies wird im Fall des Antragstellers in der Aufhebung der Vergabeentscheidung und der Feststellung einer Rechtsverletzung und im Fall der Vergabestelle in der Zurückweisung des Nachprüfungsantrags bestehen. Ein teilw. Unterliegen der Vergabestelle wäre danach anzunehmen, wenn der Antragsteller zwar mit seinen Anträgen nicht durchdringt, die Vergabestelle jedoch verpflichtet wird, eine 18

---

[34] OLG Celle 29.6.2017 – 13 Verg 1/16, NZBau 2017, 687 in Bezug auf den Auftragswert.
[35] OLG Celle 29.6.2017 – 13 Verg 1/16, NZBau 2017, 687.
[36] Vgl. § 4 Abs. 1 S. 1 der Geschäftsordnung der Vergabekammern des Bundes v. 15.7.2005.
[37] So RSG/Glahs GWB § 182 Rn. 14 mwN.
[38] Vgl. KG 9.10.2018 – Verg 5/18, BeckRS 2018, 30723; vgl. auch Müller-Wrede/Radu GWB § 182 Rn. 28 mwN.
[39] Vgl. VK Bund 2.6.2017 – VK 2–52/17, VPRRS 2017, 0217.
[40] VK Mecklenburg-Vorpommern 21.2.2012 – 1 VK 7/11, IBRRS 2012, 2771.

Neubescheiden vorzunehmen.[41] In diesem Fall wären die Kosten im Verhältnis der Verfahrenserfolge zu quoteln. Dies soll nicht gelten, wenn ein zusätzlich gestellter Hilfsantrag neben dem erfolglosen Hauptantrag kein eigenständiges Gewicht besitzt und der Antrag auch innerhalb des Nachprüfungsverfahrens nur von untergeordneter Bedeutung war.[42] Nach aA soll es allein darauf ankommen, ob ein Bieter in seinen Rechten verletzt ist. Die Anträge sind danach irrelevant.[43]

19 Unter Berücksichtigung dessen, dass Vergabekammern und Vergabesenate an Anträge nicht gebunden sind, der Antragsteller mit seinen Anträgen und seinem Vortrag das Verfahren jedoch durchaus entscheidend steuert, erscheint es sachgerecht, mit der erstgenannten und überwiegenden Meinung bei der **Beurteilung des Verfahrenserfolges** neben den Anträgen auf das Vorliegen eines Vergabeverstoßes und die Rechtsverletzung des Bieters unter Berücksichtigung des verfolgten Rechtsschutzziels abzustellen.[44]

20 **Mehrere Kostenschuldner** haften gem. § 182 Abs. 3 S. 2 GWB als Gesamtschuldner. Beantragen daher mehrere Bieter das Nachprüfungsverfahren und werden die Anträge zurückgewiesen, tragen sie die Verfahrenskosten als Gesamtschuldner. Es ist sodann ein Innenausgleich gem. § 426 BGB vorzunehmen.[45]

2. Kostenerstattung im Vergabeverfahren ohne Nachprüfungsantrag?

21 Die Regelungen über die Kostenerstattung sind explizit nur in § 182 GWB normiert, der erst mit Einleitung eines Nachprüfungsverfahrens zur Anwendung gelangt. Somit können für die **Phase des Vergabeverfahrens** keine Kosten auf Grundlage des § 182 GWB geltend gemacht werden.

3. Verschuldensabhängige Kostenhaftung gem. Abs. 3

22 Gem. § 182 Abs. 3 S. 3 GWB können Kosten, die durch **Verschulden eines Beteiligten** entstanden sind, diesem auferlegt werden. Der BGH hat auf eine Divergenzvorlage des OLG Dresden klargestellt, dass die Regelung des § 182 Abs. 3 GWB nur die Kosten der Vergabekammer erfasst.[46] Die Regelung erweitert die Kostenhaftung aller Beteiligten und insbes. auch des Beigeladenen dahin, dass die Kosten einem Beteiligten auferlegt werden können, durch dessen Verschulden sie entstanden sind. Nach dem Willen des Gesetzgebers soll durch die Änderung insbes. auch ein „Verschulden" einer Antragstellung iRd Kostenfestsetzung berücksichtigt werden können. Die Mehrkosten müssen konkret ermittelbar und quantifizierbar sein und der Vergabekammer durch das schuldhafte Handeln eines Verfahrensbeteiligten entstanden sein. Der Vergabesenat des OLG Düsseldorf wendet insoweit die Regelungen des § 155 Abs. 4 VwGO entspr. an. Die Mehrkosten müssen danach in zurechenbarer Weise durch einen Beteiligten schuldhaft verursacht worden sein. Ein Verschulden ist zu bejahen, wenn der Beteiligte unter Außerachtlassung der erforderlichen und ihm zumutbaren Sorgfalt durch sein Verhalten einen anderen

---

[41] Vgl. OLG München 28.7.2008 – Verg 9/08, BeckRS 2008, 17228.
[42] KG 18.3.2010 – 2 Verg 7/09, BeckRS 2010, 8250.
[43] OLG Frankfurt a. M. 16.5.2000 – 11 Verg 1/99, BeckRS 2000, 5421 = BauR 2000, 1595.
[44] OLG Düsseldorf in st. Rspr., vgl. 25.3.2020 – Verg 25/19, BeckRS 2020, 44667; OLG Schleswig 28.10.2021 – 54 Verg 5/21, NZBau 2022, 114; OLG München 9.2.2009 – Verg 27/08, ZfBR 2009, 288; VK Sachsen 20.9.2011 – 1/SVK/035-11, IBRRS 2011, 4836; OLG Celle 29.6.2017 – 13 Verg 1/17, NZBau 2017, 687.
[45] RSG/Glahs GWB § 182 Rn. 18.
[46] BGH 25.1.2012 – X ZB 3/11, NZBau 2012, 380.

Beteiligten oder das Gericht zu Prozesshandlungen oder Entscheidungen veranlasst und an sich nicht erforderliche Kosten verursacht. Diese Voraussetzungen, die für § 155 Abs. 4 VwGO, entwickelt wurden, überträgt der Vergabesenat auf § 182 Abs. 3 GWB. Ausscheidbare Mehrkosten liegen nicht bereits vor, wenn eine Vergabestelle innerhalb eines Nachprüfungsverfahrens weitere Argumente anführt, die ihre Vergabeentscheidung rechtfertigen.[47] Eine Verweisung auf die verwaltungsprozessuale Vorschrift des § 155 Abs. 4 VwGO, wonach Kosten, die durch Verschulden eines Beteiligten entstanden sind, diesem auferlegt werden können, findet sich in der Gesetzesbegr. allerdings nicht. Stattdessen wird in den Gesetzesmaterialien bzgl. der Neuregelung zur Antragsrücknahme lediglich auf die § 155 Abs. 2 VwGO und § 162 Abs. 1 VwGO verwiesen.[48]

§ 182 GWB lässt – wie das OLG Frankfurt a. M. zutr. entschied – auch keinen **23** Raum für eine entspr. Anwendung der zivilprozessualen Regelungen zum **sofortigen Anerkenntnis** gem. §§ 93, 307 ZPO. Das OLG Frankfurt a. M. hatte sich mit einem Sachverhalt zu befassen, in dem die Vergabestelle eine fehlerhafte Leistungsbeschreibung zum Anlass für eine endgültige Aufhebung nahm. Gegen diese Aufhebung wehrte sich der Antragsteller mit einem Nachprüfungsantrag. Die Vergabekammer entschied, dass der Antragsteller keinen Anspruch auf eine Zuschlagserteilung habe und wies den Antrag zurück.[49] Der Antragsteller legte Beschwerde ein und stellte nur noch einen Feststellungsantrag mit dem Ziel festzustellen, dass die Aufhebung seine Rechte verletzte. Daraufhin erklärte der Auftraggeber das sofortige Anerkenntnis und verwahrte sich gegen die Kostenlast. Das OLG Frankfurt a. M. hob die Entscheidung der Vergabekammer auf und stellte antragsgemäß fest, dass die Aufhebung den Beschwerdeführer in seinen Rechten verletzte, entschied jedoch auch, dass der Beschwerdeführer mit seinem ursprünglichen Begehr vor der Vergabekammer unterlag und die Kosten des Nachprüfungsverfahrens zu tragen habe. Die Hinzuziehung eines Rechtsanwalts auf Seiten des Antragsgegners erklärte das OLG Frankfurt a. M. jedoch nicht für notwendig und verwies den Auftraggeber darauf, dass nur Aspekte streitbefangen gewesen seien, die er beherrschen müsse. Die Kosten der Beschwerdeinstanz legte das OLG Frankfurt a. M. dem Auftraggeber auf, da er das Vergabeverfahren aufgehoben habe, ohne dass ein Aufhebungsgrund gem. § 20 EG VOL/A aF vorgelegen habe. Das sofortige Anerkenntnis sei unerheblich, für eine entspr. Anwendung der §§ 93, 307 ZPO bestehe kein Raum. Im vergaberechtlichen Nachprüfungsverfahren gelte der Amtsermittlungsgrundsatz und die Vergabekammer sei wie der Vergabesenat nicht an gestellte Anträge gebunden. Dementsprechend besitze ein Antrag eine andere Bedeutung als im Zivilprozess. Die gesetzlichen Gestaltungsmöglichkeiten der Antragsumstellung gem. §§ 114 Abs. 2 S. 2, 123 S. 3 GWB aF würden unterlaufen, wenn sich ein Auftraggeber nach Antragsänderung durch ein sofortiges Anerkenntnis der Kostenlast entziehen könne. Die Gesamtumstände könnten iRd Billigkeitsentscheidung in der Kostenentscheidung berücksichtigt werden.[50]

Der Entscheidung ist zuzustimmen. Die Vergabekammer ist ebenso wenig wie **24** der Vergabesenat an Anträge gebunden. Die Antragsumstellung besitzt daher nicht die Bedeutung wie im Zivilprozess.[51] Die **entspr. Anwendung des § 155 Abs. 4 VwGO** erscheint insbes. vor dem Hintergrund der gesetzlichen Zielsetzung sachgerecht. Zwar bezieht sich die Regelung auf zusätzliche, ausscheidbare (Verfahrens-)

---

[47] BT-Drs. 16/10117, 25 zu lit. aa; vgl. OLG Düsseldorf 16.3.2020 – VII-Verg 38/18, BeckRS 2020, 29123.

[48] BT-Drs. 16/10117, 25 zu lit. c.

[49] Vgl. hierzu BGH 5.11.2002 – X ZR 232/00, NZBau 2003, 168; VK Südbayern 16.9.2015 – Z3-3-3194-1-27-04/15, VPRRS 2016, 0020.

[50] OLG Frankfurt a. M. 4.8.2015 – 11 Verg 4/15, NZBau 2015, 794.

[51] Vgl. hierzu OLG Celle 14.12.2015 – 13 Verg 9/15, ZfBR 2016, 309.

GWB § 182   Kosten des Verfahrens vor der Vergabekammer

Mehrkosten. Hat das Verschulden eines Beteiligten jedoch ein Rechtsmittel an sich verursacht, so kann § 155 Abs. 4 VwGO auch die Kosten des gesamten Prozesses erfassen.[52] Verschulden kann nach dem Wortlaut der gesetzlichen Regelung jedoch nur dann vorliegen, wenn der jew. Beteiligte durch sein Verhalten **zurechenbar Mehrkosten** verursacht hat.[53]

25   In der Rspr. wurde idS bereits vor der Vergaberechtsreform die Regelung des § 155 Abs. 4 VwGO entspr. angewandt. Danach hat der Auftraggeber die Kosten des Rechtsstreits zu tragen, wenn durch sein Verschulden ein Bieter zur Einleitung des Nachprüfungsverfahrens veranlasst worden ist. Angenommen wurde dies etwa dann, wenn er **erst im Nachprüfungsverfahren den Verfahrensfehler geheilt** hat[54], oder der Nachprüfungsantrag durch unzureichende Informationen des Auftraggebers veranlasst wurde.[55] Seit Inkrafttreten der Vergaberechtsreform 2009 fließen diese Aspekte aufgrund der durch die Vergabekammer zu treffenden Billigkeitsentscheidung in die Kostengrundentscheidung bzgl. der Verfahrensgebühr ein.[56]

4. Erledigung des Antrags durch Rücknahme oder in sonstiger Weise

26   Nimmt ein Antragsteller seinen Nachprüfungsantrag zurück, entspricht es regelmäßig der Billigkeit, ihm die Verfahrenskosten und die zur zweckentsprechenden Rechtsverteidigung notwendigen Auslagen des Antragsgegners und des Beigeladenen aufzuerlegen.[57] § 182 Abs. 3 S. 4 GWB überlässt die Regelung der Kostentragungspflicht der Kostengrundentscheidung der Vergabekammer, die gem. Abs. 3 S. 5 „nach billigem Ermessen" zu entscheiden hat. Damit kann die Ursache der Antragsrücknahme bzw. der Erledigung berücksichtigt werden. Eine **Erledigung** liegt vor, wenn eine Fortsetzung des Vergabeverfahrens mit dem Ziel, es zu einem rechtmäßigen Abschluss zu bringen, nicht mehr möglich ist, oder etwa dann, wenn sich das Anliegen des Antragstellers anderweitig, etwa durch ein Abhilfe der Vergabestelle, erledigt hat und die Verfahrensparteien das Nachprüfungsverfahren für erledigt erklären.[58] Die Berücksichtigung des entstandenen Verwaltungsaufwandes ist iRd Gebührenfestsetzung ausgeschlossen.[59] Eine darüber hinausgehende Minderung der Gebühr aus Billigkeitsgründen ist nur gem. § 182 Abs. 3 S. 6 GWB möglich. Die Billigkeitsgründe dürfen sich jedoch nicht auf den Umstand des aufgrund der Antragsrücknahme verminderten Verwaltungsaufwandes beziehen, da dieser bereits in der Gebührenhalbierung berücksichtigt wird.[60] Die Billigkeitsregelung in § 182 Abs. 3 S. 5 GWB ermöglicht der Vergabekammer wie auch bisher eine anderweitige Kostenentscheidung. So ist die Vergabekammer wie bisher befugt, die Kosten im Fall der sonstigen Erledigung einer anderen Partei, etwa dem Antragsgegner, aufzu-

---

[52] Kopp/Schenke/Schenke VwGO § 155 Rn. 20 ff.
[53] Vgl. dazu Kopp/Schenke/Schenke VwGO § 155 Rn. 21.
[54] VK Bund 10.12.2003 – VK 2–116/03, IBRRS 2005, 0795.
[55] VK Baden-Württemberg 4.4.2002 – 1 VK 8/02, IBRRS 2014, 0013; VK Brandenburg 29.5.2006 – 2 VK 16/06, IBRRS 2007, 3117; VK Düsseldorf 2.3.2006 – VK-06/2006-B, IBRRS 2006, 1363; OLG Dresden 14.2.2003 – WVerg 0011/01, IBRRS 2003, 1090; vgl. Müller-Wrede/Radu GWB § 128 Rn. 38.
[56] VK Bund 16.5.2012 – VK 2–26/12, IBRRS 2014, 1925; VK Nordbayern 19.1.2011 – 21.VK-3194-43/10, BeckRS 2011, 32820.
[57] HM: BayObLG 26.10.2021 – Verg 4/21, BeckRS 2021, 32577; OLG München 6.11.2020 – Verg 9/20, BeckRS 2020, 47006; OLG Celle 19.11.2020 – 13 2/20, BeckRS 2020, 34904; OLG Düsseldorf 8.10.2020 – Verg 13/20, BeckRS 2020, 30332.
[58] VK Südbayern 16.9.2015 – Z3-3-3194-1-27-04/15, VPRRS 2016, 0020.
[59] RSG/Glahs GWB § 182 Rn. 12; Müller-Wrede/Radu GWB § 182 Rn. 30, 38.
[60] Müller-Wrede/Radu GWB § 182 Rn. 38; Lausen VergabeR 2003, 527 (531 f.).

erlegen, wenn er durch sein Verhalten Anlass zur Einleitung des Nachprüfungsverfahrens gegeben hat.[61]

Umstritten war seit der Vergaberechtsreform 2009, ob die Vergabekammer aufgrund der Regelung in § 128 Abs. 3 S. 4 GWB aF auch befugt war, im **Fall der sonstigen Erledigung** des Nachprüfungsantrags eine **Kostenerstattungsregelung zu Gunsten des Beigeladenen** zu treffen und somit auch die Kosten der weiteren Beteiligten entspr. geregelt werden können. Die hierzu ergangene Rspr. kann dahingehend zusammengefasst werden, dass § 128 Abs. 3 GWB aF ausschl. die Verteilung der Kosten der Vergabekammer regelte und der Gesetzgeber dies zum Anlass nahm, § 182 Abs. 4 S. 3 GWB neu zu regeln. Der Aufwendungsersatzanspruch ist wie auch in Abs. 1 auf die notwendigen Aufwendungen einer zweckentsprechenden Rechtsverfolgung oder Rechtsverteidigung beschränkt.[62]

27

Eine **Billigkeitsregelung,** etwa wie im Zivilprozess in § 269 Abs. 3 ZPO, fehlte in § 128 Abs. 4 GWB aF. Ziel des Gesetzgebers war es, für den Fall der Antragsrücknahme eine Kostentragungsregelung zu schaffen, die dem Gedanken Rechnung trägt, dass die Rücknahme des Antrags regelmäßig nur in den Fällen erfolgt, in denen die Abweisung des Nachprüfungsantrags vermieden werden soll. Beabsichtigt war explizit die Anwendung der verwaltungsrechtlichen Kostengrundsätze gem. §§ 155 Abs. 2, 162 Abs. 1 VwGO.[63]

28

Bis zur Neuregelung durch das 2009 in Kraft getretene Gesetz zur Modernisierung des Vergaberechts waren die **Kostenhaftung des Antragstellers und die Frage der Kostenerstattung an die weiteren Beteiligten** im Fall von Antragsrücknahmen umstritten. Teilw. wurde eine entspr. Anwendung des § 269 Abs. 3 S. 2 letzter Hs. ZPO vertreten mit der Einschränkung, dass der Antragsteller im Fall der Antragsrücknahme die Gebühren der Vergabekammer zu tragen hatte, jedoch nicht die Kosten der übrigen Verfahrensbeteiligten.[64] Etwas anderes galt nur in Situationen, in denen die Verfahrensbeteiligten eine andere Kostenverteilung im Vergleichswege vereinbarten.[65]

29

Diese Streitfrage wurde **im Hinblick auf die Kosten der Vergabekammer** iRd Vergaberechtsreform 2009 durch den Gesetzgeber entschieden. Die gesetzliche Regelung ermöglicht der Vergabekammer eine Billigkeitsentscheidung über die Kostentragungspflicht. Die Vergabekammer hat die jew. **Umstände des Einzelfalles** iRd Kostenentscheidung zu berücksichtigen. Hilft etwa die Vergabestelle aufgrund des Nachprüfungsantrags gerügten Vergabeverstößen ab, wird eine sachgerechte Kostenentscheidung nur darin bestehen können, dass dann, wenn der Antragsteller nach erfolgloser Rüge erst aufgrund des Nachprüfungsantrags eine Abhilfeentscheidung erwirkt, das Ermessen iRd Billigkeitsentscheidung im Sinn einer **Ermessensreduzierung** auf „0"[66] reduziert ist, nur eine Gebührenbefreiung zulässig ist. Eine Ermessensreduzierung auf „0" kann sich insbes. aus den Umständen des Einzelfalles ergeben, wenn bis auf eine Entscheidung alle übrigen Varianten zu unverhältnismäßigen oder unzumutbaren Ergebnissen führen. Dies ist bereits dann anzunehmen, wenn Handlungsalternativen sachlich nicht hinreichend

30

---

[61] BGH 25.1.2012 – X ZB 3/11, NZBau 2012, 380; OLG Düsseldorf 19.6.2013 – VII-Verg 55/12, NZBau 2013, 653; 10.5.2012 – VII-Verg 5/12, BeckRS 2012, 12845.

[62] BT-Drs. 367/15, 165.

[63] BT-Drs. 16/10117, 25 zu lit. c.

[64] VK Schleswig-Holstein 6.6.2006 – VK-SH 16/06, BeckRS 2006, 08411; 21.6.2007 – VK-SH 12/07, BeckRS 2007, 12566; näher dazu Lausen VergabeR 2003, 527 (531 f.); anders OLG Düsseldorf 18.2.2013 – VII-Verg 39/12, BeckRS 2013, 6041 für die Rechtslage vor der Reform 2009; VK Sachsen 10.5.2001 – 1/SVK/15-01 k, IBRRS 2013, 3900.

[65] VK Schleswig-Holstein 21.2.2007 – VK-SH 2/07, BeckRS 2007, 10641; VK Sachsen 21.3.2002 – 1/SVK/011-02, BeckRS 2002, 03615; VK Brandenburg 25.4.2003 – VK 21/03, IBRRS 2003, 3220.

[66] Dazu Kopp/Ramsauer/Ramsauer VwVfG § 40 Rn. 30 ff.

begründbar sind.[67] Ist der Antragsteller seinen Obliegenheiten umfänglich nachgekommen, hat einen Vergabeverstoß rechtzeitig und erfolglos gerügt und hilft die Vergabestelle erst im Nachprüfungsverfahren den gerügten Vergabeverstößen ab, erscheint nur eine Gebührenbefreiung vertretbar, sachgerecht und verhältnismäßig.

31 § 128 Abs. 3 GWB aF enthielt jedoch, wie der BGH explizit entschieden hatte, keine Rechtsgrundlage zur Verteilung der für den Beteiligten entstandenen Kosten und Aufwendungen. Dies galt sowohl für den Antragsgegner als auch für den Beigeladenen. Der BGH entschied, dass § 128 Abs. 3 S. 5 GWB aF keine Rechtsgrundlage für eine Kostenerstattung zu Gunsten des Beigeladenen enthielt.[68] Dem Rechtsstreit lag ein Sachverhalt zugrunde, in dem die Vergabestelle während eines laufenden Nachprüfungsverfahrens die streitgegenständliche Ausschreibung aufgehoben hatte, die Parteien die Hauptsache übereinstimmend für erledigt erklärt und widerstreitende Kostenanträge gestellt hatten. Der BGH stellte klar, dass § 128 Abs. 3 GWB aF die Vergabekammer lediglich zu einer Entscheidung über die Verteilung der Kosten entspr. der Legaldefinition in § 128 Abs. 1 GWB aF ermächtigt.[69] Kosten sind danach **Gebühren und Auslagen der Vergabekammer.** Davon seien die **notwendigen Aufwendungen** des § 128 Abs. 4 GWB aF zu unterscheiden. Diese waren gem. § 128 Abs. 4 S. 3 GWB aF nur dann dem erfolglosen Antragsteller aufzuerlegen, wenn der Antragsteller seinen Antrag zurückgenommen hatte. Im Fall der sonstigen Erledigung existierte es keine entspr. Regelung. In diesem Fall musste der Beigeladene nach der Altregelung seine Verfahrenskosten selbst tragen.[70]

32 Die Vergabesenate hatten zu dieser Frage unterschiedlich entschieden. Das OLG Dresden hatte die Regelung in § 182 Abs. 3 S. 5 GWB dahin ausgelegt, dass die Vergabekammer iR ihrer Ermessensentscheidung auch auf Grundlage des § 182 Abs. 3 S. 5 GWB befugt sei, **im Fall der sonstigen Erledigung** eine Kostenerstattung zu Gunsten des Beigeladenen festzusetzen.[71] Anders beurteilte dies das OLG Naumburg und legte dem BGH diese Frage im Wege der Divergenzvorlage zur Entscheidung vor.[72] Die VK Lüneburg entschied, dass bis zum Inkrafttreten des § 182 GWB die alte Rechtslage fort galt und auch angesichts der anstehenden Novelle zur Modernisierung des Vergaberechts die Regelung des § 128 Abs. 4 GWB aF entspr. dem Wortlaut anzuwenden und eine Kostenentscheidung nach Billigkeitsgrundsätzen nicht zulässig war. Die Vergabekammer Lüneburg stellte fest, dass ein Antragsteller selbst dann keinen Anspruch auf Kostenerstattung hatte, wenn er in zulässiger und begründeter Weise einen Nachprüfungsantrag eingeleitet hatte, der Antragsgegner daraufhin den Rügen abhalf und sich infolgedessen das Nachprüfungsverfahren „in sonstiger Weise" erledigt hatte, da § 128 Abs. 3 S. 5 GWB aF eine Kostenentscheidung unter Berücksichtigung von Billigkeitsgründen nur im Hinblick auf die Gebühren und Auslagen für die Amtshandlungen der Vergabekammern gem. § 128 Abs. 1 GWB aF zuließ.[73]

---

[67] Kopp/Ramsauer/Ramsauer VwVfG § 40 Rn. 31a mwN.
[68] BGH 25.1.2012 – X ZB 3/11, NZBau 2012, 380; OLG Düsseldorf 10.5.2012 – VII-Verg 5/12, BeckRS 2012, 12845.
[69] OLG Naumburg 14.4.2011 – 2 Verg 2/11, BeckRS 2011, 17002; anders VK Mecklenburg-Vorpommern 20.3.2012 – 1 VK 1/11, IBRRS 2012, 2513.
[70] BGH 25.1.2012 – X ZB 3/11, NZBau 2012, 380; vgl. auch OLG München 30.11.2015 – Verg 07/15, BeckRS 2015, 20261; VK Lüneburg 28.5.2015 – VgK-10/2015, BeckRS 2015, 14557; OLG Naumburg 14.4.2011 – 2 Verg 2/11, BeckRS 2011, 17002.
[71] OLG Dresden 10.8.2010 – WVerg 8/10, BeckRS 2010, 23056.
[72] OLG Naumburg 14.4.2011 – 2 Verg 2/11, BeckRS 2011, 17002; anders VK Mecklenburg-Vorpommern 20.3.2012 – 1 VK 1/11, IBRRS 2012, 2513.
[73] VK Lüneburg 28.5.2015 – VgK-10/2015, BeckRS 2015, 14557; OLG München 2.9.2015 – Verg 06/15, BeckRS 2015, 15362; anders VK Sachsen 12.11.2015 – 1/SVK/033-15, BeckRS 2015, 20711; VK Bund 8.4.2015 – VK 2–21/15, VPRRS 2015, 0159.

Diese unglückliche und mit dem Gerechtigkeitsgedanken kaum in Einklang zu bringende Gesetzeslage ist im Zuge der Vergaberechtsmodernisierung im Jahr 2016 durch die **Modifizierung des § 182 Abs. 3 S. 3 GWB** und durch die Neuregelung des § 182 Abs. 4 GWB bereinigt worden. In § 182 Abs. 3 S. 3 GWB ist klargestellt, dass die Regelung der Frage, wer die Kosten im Fall der Rücknahme oder der anderweitigen Erledigung zu tragen hat, der Kostengrundentscheidung der Vergabekammer unterliegt. Abs. 4 ermöglicht auch eine Kostengrundentscheidung unter Billigkeitsgesichtspunkten hinsichtlich der Aufwendung des Antragsgegners und der Beigeladenen. Seitdem kann iRd Kostengrundentscheidung von der Vergabekammer berücksichtigt werden, wenn einem Nachprüfungsantrag durch Beschluss durch die Vergabestelle abgeholfen wird.[74] Die Vergabekammern und Vergabesenate nehmen nach einer übereinstimmend erklärten Erledigung eine summarische Betrachtung der Erfolgsaussichten in rechtlicher und tatsächlicher Hinsicht vor. Ist der Verfahrensausgang offen, sind die Kosten gegeneinander aufzuheben.[75] Unerheblich ist dabei, ob der Antragsteller mit den Rügen, die er im Nachprüfungsverfahren vortrug, präkludiert ist.[76] Das OLG Frankfurt a. M. hat die Gebühren des Nachprüfungsverfahrens etwa der Vergabestelle auferlegt, die eine falsche Rechtsbehelfsbelehrung veröffentlicht hatte.[77] Das OLG Düsseldorf hatte in einem Sachverhalt, in dem es zwei parallele Ausschreibungsverfahren gab und die Vergabestelle in einem dieser Verfahren eine Rückversetzung des Verfahrens angeordnet hatte, dem Antragsteller die Kosten unter Billigkeitsgesichtspunkten auferlegt, da er aufgrund des Verhaltens der Vergabestelle davon ausgehen konnte, dass die Vergabestelle von sich aus auch das zweite Ausschreibungsverfahren zurückversetzt und den Vergabeverstoß in beiden Verfahren behob.[78]

Wird ein Nachprüfungsverfahren iR eines **Vergleichs** geregelt, liegt ein Fall der sonstigen Erledigung vor, auf den die vorstehenden Regelungen Anwendung finden und die Vergabekammer eine Kostenentscheidung nach billigem Ermessen trifft.[79] In diesem Fall regelt sich die Kostentragungspflicht nach § 160 VwGO, dh die Kosten werden gegeneinander aufgehoben. Im Fall einer anderen Kostenvereinbarung kann nur über die anteilige Kostenverteilung, nicht jedoch über die Höhe der Gebühr der Vergabekammer eine Regelung getroffen werden.[80] Das KG bejaht hingegen die analoge Anwendung des § 278 Abs. 6 ZPO auch im Vergabenachprüfungsverfahren, wenn Gegenstand des Nachprüfungsverfahrens nur ein Antrag auf Fortsetzungsfeststellung gem. § 178 S. 3 GWB ist.[81]

5. Aufwendungserstattungsanspruch und Kostenhaftung des Beigeladenen (Abs. 4)

§ 182 Abs. 4 GWB regelt die Pflicht zur **Erstattung der notwendigen Auslagen** zur zweckentsprechenden Rechtsverfolgung oder Rechtsverteidigung des Antragsgegners und der Beigeladenen. Soweit ein Beteiligter unterliegt, hat er die zur zweckentsprechenden Rechtsverfolgung oder Rechtsverteidigung notwendigen Aufwendungen des Antragsgegners zu tragen. Die Regelung des § 182 Abs. 4 GWB regelt die Ansprüche der Verfahrensbeteiligten auf Erstattung der notwendigen eige-

---

[74] Vgl. hierzu auch Müller-Wrede/Radu GWB § 182 Rn. 93.
[75] OLG Düsseldorf 13.9.2018 – Verg 35/17, ZfBR 2019, 402; OLG München 2.5.2019 – Verg 5/19, VPRRS 2019, 0167 = VergabeR 2019, 826.
[76] OLG München 2.5.2019 – Verg 5/19, VPRRS 2019, 0167 = VergabeR 2019, 826.
[77] OLG Frankfurt a. M. 16.4.2018 – 11 Verg 1/18, BeckRS 2018, 8202.
[78] OLG Düsseldorf 13.9.2018 – Verg 35/17, ZfBR 2019, 402.
[79] VK Thüringen 10.10.2017 – 250-4002-7947/2017-E-013-GTH, VPRRS 2017, 0344.
[80] Müller-Wrede/Radu GWB § 182 Rn. 80 f.; KK-VergR/Schneevogl GWB § 182 Rn. 59.
[81] KG 9.10.2018 – Verg 5/18, BeckRS 2018, 32124.

nen Aufwendungen. Der Vergabekammer ist auch hinsichtlich der Kostengrundentscheidung bzgl. der Aufwendungsersatzansprüche eine Entscheidung unter Berücksichtigung von Billigkeitsaspekten möglich. Dies gilt sowohl für die Ansprüche ggü. dem Antragsteller als auch für Ansprüche des Antragstellers ggü. dem Beigeladenen.

36 Unterschiedlich beurteilt wird die Frage, unter welchen Voraussetzungen der Beigeladene an dem Kostenrisiko teilnimmt. Explizit geregelt ist lediglich die Erstattungsfähigkeit der Kosten des Beigeladenen in § 182 Abs. 4 S. 2 GWB. Die Kosten des Beigeladenen sind danach nur dann erstattungsfähig, soweit die Vergabekammer sie aus **Billigkeit** der unterlegenen Partei auferlegt. Damit wollte der Gesetzgeber den verschiedenen Vergabekammern die **Aufrechterhaltung der jew. Spruchpraxis** ermöglichen.

37 § 182 Abs. 4 S. 2 GWB sieht zwar keine Differenzierung zwischen einem aktiven und einem passiven Beigeladenen vor. Die überwiegende Spruchpraxis bejahte jedoch schon nach früherem Recht einen **Kostenerstattungsanspruch** und damit einhergehend eine **Kostenhaftung des Beigeladenen,** wenn der Beigeladene auf Seiten der obsiegenden Partei das Verfahren entweder durch einen Antrag oder in sonstiger Weise wesentlich **aktiv fördert,** sich also schriftsätzlich in relevanter Weise äußert oder an der mündlichen Verhandlung teilnimmt. Die Antragstellung allein ist danach nicht entscheidend.[82] Daran hat die Vergaberechtsreform nichts geändert.[83] Ebenso wie bei den Hauptbeteiligten nicht auf die Antragstellung, sondern auf das jew. Rechtsschutzziel iSd § 168 Abs. 1 GWB abzustellen ist, muss dies auch für den Beigeladenen gelten. Im jew. Einzelfall ist zu prüfen, ob der Beigeladene das Verfahren durch Stellung eines Antrags oder durch seinen Vortrag in einer solchen Weise gefördert und beeinflusst hat, dass es sachgerecht erscheint, ihn am Kostenrisiko teilhaben zu lassen.[84] Irrelevant ist, ob der Beigeladene neben sachlichen Gesichtspunkten auch reine Vermutungen „ins Blaue hinein" aufstellt.[85]

38 Nach dem Wortlaut der Regelung des § 182 Abs. 4 GWB besitzt die Vergabekammer **hinsichtlich der Kostengrundentscheidung einen von ihr auszuübenden Ermessensspielraum.** Dies bedeutet, dass der Antragsteller nicht automatisch im Fall der Antragsrücknahme die Aufwendungen der weiteren Beteiligten zu tragen hat, sondern die Ursache der Antragstellung und der Antragsrücknahme berücksichtigt werden können. Dementsprechend wäre es nicht sachgerecht, den Antragsteller etwa im Fall einer falschen Rechtsbehelfsbelehrung über den Anwendungsbereich des Kartellvergaberechts der Vergabestelle oder in Fällen der freiwilligen Abhilfe eines gerügten Vergabeverstoßes die Aufwendungen der weiteren Beteiligten tragen zu lassen.[86] Umstritten ist, ob die Befugnis zur Ermessensentscheidung unter Billigkeitsaspekten

---

[82] OLG Düsseldorf 10.5.2012 – VII-Verg 5/12, BeckRS 2012, 12845; OLG Celle 29.6.2010 – 13 Verg 4/10, BeckRS 2010, 16892; OLG Brandenburg 9.2.2010 – Verg W 10/09, BeckRS 2010, 3986; aA BayObLG 8.2.2001 – Verg 13/00, NZBau 2001, 344; sodann aber BayObLG 23.5.2002 – Verg 7/02, BeckRS 2002, 4949 = VergabeR 2002, 510; OLG Dresden 14.2.2003 – WVerg 11/01, ZfBR 2003, 410.

[83] OLG Celle 29.6.2010 – 13 Verg 4/10, BeckRS 2010, 16892; vgl. auch VK Mecklenburg-Vorpommern 21.2.2012 – 1 VK 7/11, IBRRS 2012, 2771; VK Bund 16.5.2012 – VK 2–26/12, IBRRS 2014, 1925.

[84] Vgl. VK Bund 23.8.2022 – VK 2–66/22, BeckRS 2022, 25262; 2.8.2022 – VK 2–64/22, IBR 2023, 3008; 23.11.2015 – VK 2–103/15, VPRRS 2015, 0424; VK Mecklenburg-Vorpommern 21.2.2012 – 1 VK 7/11, IBRRS 2012, 2771; VK Brandenburg 29.11.2011 – VK 50/11, IBRRS 2012, 0734, als Negativbeispiel: In dem entschiedenen Sachverhalt beschränkte sich der Beigeladene auf eine schriftsätzliche Unterstützung der Vergabestelle ohne Antragstellung. Dies genügte nicht für eine Teilnahme am Kostenrisiko.

[85] OLG München 16.7.2012 – Verg 06/12, BeckRS 2012, 15622.

[86] OLG Karlsruhe 29.5.2020 – 15 Verg 2/20, VPR 2020, 164; OLG Rostock 21.7.2017 – 17 Verg 2/17, NZBau 2018, 318; ähnlich Müller-Wrede/Radu GWB § 182 Rn. 79 ff.

gem. § 183 Abs. 3 S. 5 GWB auch auf § 182 Abs. 4 GWB übertragen werden kann. Dies lehnen das OLG Frankfurt a. M.[87] und das OLG Koblenz[88] mit der Begründung ab, dass dies dem Gesetzeswortlaut nicht zu entnehmen sei. In dem Ausgangssachverhalt, der dem Beschl. des OLG Frankfurt a. M. zugrunde lag, hatte der öffentliche Auftraggeber einen falschen Rechtsweg bekannt gegeben. In dem Ausgangssachverhalt des OLG Koblenz hatte der öffentliche Auftraggeber ein intransparentes Informations- und Absageschreiben gem. § 134 GWB versandt und dadurch einen Nachprüfungsantrag provoziert. Dem jew. öffentlichen Auftraggeber wurde durch beide Senate mit unterschiedlichen Gründen die Feststellung verwehrt, dass die Hinzuziehung eines Rechtsbeistandes notwendig war. Beide Vergabesenate ordneten die unzureichende Aufklärung als Verletzung der Rücksichtnahmepflicht gem. § 241 Abs. 2 BGB ein. Informiere ein öffentlicher Auftraggeber einen unterlegenen Bieter nicht über erkennbar entscheidungserhebliche Punkte und führe dies zu dem kostenauslösenden Umstand, wie zB der Einschaltung des Rechtsbeistandes, sei die Hinzuziehung nicht notwendig mit der Folge, dass dem öffentlichen Auftraggeber die Kostenerstattung verwehrt wird.[89] Beide Vergabesenate entschieden jedoch weiter, dass es an einer Rechtsgrundlage fehle, die Kosten des Verfahrens dem öffentlichen Auftraggeber aufzuerlegen, da § 182 Abs. 4 S. 3 GWB anders als § 182 Abs. 3 S. 2 GWB keine Rechtsgrundlage zur Kostenentscheidung unter Berücksichtigung von Verschuldensaspekten enthalte. Eine solche Rechtsgrundlage sei auch den Landesgesetzen, auf die § 182 Abs. 4 S. 4 GWB verweist, nicht zu entnehmen. Diese böten nur die Rechtsgrundlage, einer grds. erstattungsberechtigten Partei den Ersatz verschuldeter Aufwendungen zu versagen.[90] Die Auff. der beiden Senate überzeugt nicht, da § 182 Abs. 4 S. 3 GWB nach dem Gesetzeswortlaut gerade eine Ermessensentscheidung ermöglicht. Denn eine Partei, die unverschuldet zu einem Rechtsstreit „gezwungen" wird, unterliegt nicht iSd § 182 Abs. 3 S. 1 GWB und hat dementsprechend gem. § 182 Abs. 4 S. 1 GWB die Kosten des Verfahrens nicht zu tragen.[91]

Das OLG Düsseldorf hatte sich schon während der Geltung des § 128 Abs. 4 **39** GWB aF in Fällen, in denen die Antragstellung und der Antragsrücknahme durch die Vergabestelle zurechenbar veranlasst war, über den Wortlaut der Altregelung hinweggesetzt und die in § 182 Abs. 3 S. 5 GWB enthaltene **Befugnis zur Ausübung einer Ermessensentscheidung entspr. auch auf den Anwendungsbereich des § 182 Abs. 4 GWB** aF erstreckt.[92] Dies stand allerdings in einem klaren Widerspruch zum Wortlaut und zu dem Willen des Gesetzgebers. Die gesetzliche Regelung war allerdings ausweislich der Gesetzgebungsmaterialien bewusst ohne jeden Ermessensspielraum eingeführt worden. Während der BR in seiner Stellungnahme[93] angeregt hatte, die Kostenerstattungspflicht für den Fall der Antragsrücknahme zu streichen, normierte der Gesetzgeber die aktuelle Regelung mit dem Hinweis, dass die Rücknahme eines Antrags regelmäßig nur in Fällen erfolgt, in denen die Abweisung des Nachprüfungsantrags vermieden werden soll.[94] Das OLG

---

[87] OLG Frankfurt a.M. 16.4.2018 – 11 Verg 1/18, NJOZ 2019, 131.
[88] OLG Koblenz 26.8.2020 – Verg 5/20, ZfBR 2021, 189.
[89] OLG Koblenz 26.8.2020 – Verg 5/20, ZfBR 2021, 189, 193.
[90] OLG Koblenz 26.8.2020 – Verg 5/20, ZfBR 2021, 189, 193.
[91] So iErg auch Beck VergabeR/Krohn GWB § 182 Rn. 56. aE und Zinger NZBau 2020, 695 (698); vgl. OLG Düsseldorf 25.6.2020 – Verg 32/20, BeckRS 2020, 51384, das besondere Umstände für die Auferlegung der Kosten an den Auftraggeber aufgrund des Vorwurfes der Provokation ablehnt, wenn der Antragsteller zu erkennen gibt, dass er an dem Nachprüfungsantrag aus weiteren Gründen festhält, ebenso OLG Düsseldorf 4.3.2020 – Verg 11/18, VPRRS 2020, 0232.
[92] OLG Düsseldorf 13.4.2011 – Verg 14/11, BeckRS 2011, 18705; vgl. auch OLG Düsseldorf 28.1.2011 – Verg 62/10, BeckRS 2011, 3267.
[93] Empfehlung des BR in der BR-Drs. 349/1/08.
[94] BT-Drs. 16/10117, 25.

GWB § 182 Kosten des Verfahrens vor der Vergabekammer

Düsseldorf argumentierte, dass diese Zielsetzung durch die Aufnahme des § 128 Abs. 3 S. 5 GWB aF aufgegeben und der gesetzgeberische Wille damit nicht realisiert wurde. Daher seien in solchen Fällen die Kosten der Vergabekammer aus Billigkeitsgründen nach § 128 Abs. 3 S. 3, 5 GWB aF dem Antragsgegner ganz oder teilw. aufzuerlegen. Entsprechendes gelte auch für die zweckentsprechenden Aufwendungen der Verfahrensbeteiligten – und zwar sowohl für Fälle der Antragsrücknahme als auch für Fälle der beiderseitigen Erledigung.[95] IdS hatte auch das OLG Dresden entschieden und vertrat die Auff., dass § 182 Abs. 3 S. 5 GWB auch im Hinblick auf die Kostenerstattung der Antragsgegnerin und Beigeladenen eine Ermessensentscheidung ermögliche.[96] Auch das OLG Celle hatte in einer offeneren Auslegung des § 128 Abs. 4 S. 3 GWB aF entschieden, dass die Regelung des § 128 Abs. 4 S. 2 GWB aF in den Folgesatz hineinzulesen sei. Ein Kostenerstattungsanspruch des Beigeladenen bestehe nur im Fall der aktiven Beteiligung.[97] Anders beurteilte die Rechtslage das OLG Naumburg und vertrat die Auff., dass die Regelung des § 128 Abs. 3 GWB aF sich ausschl. auf die Kosten der Vergabekammer bezieht und auf die Kosten der Beteiligten nicht angewandt werden kann.[98]

40 Der **BGH** hatte die Frage des Vorlagebeschlusses, wie in → Rn. 31 zu Abs. 3 ausgeführt, iSd des OLG Naumburg entschieden und die unterschiedlichen Regelungsbereiche der § 128 Abs. 3 GWB aF und § 128 Abs. 4 GWB aF herausgestellt.[99] Die Befugnis einer Ermessensentscheidung im Fall der Antragsrücknahme könne somit nicht in § 128 Abs. 4 S. 3 GWB aF hineingelesen werden. § 128 Abs. 3 GWB aF bezog sich danach **ausschl. auf die Kosten der Vergabekammer** und könne nicht auf § 128 Abs. 4 GWB aF ausgeweitet werden, der die Kostenerstattung der weiteren Beteiligten regelte. Der Vergabekammer stand im Hinblick auf die Kostenentscheidung insoweit kein Ermessensspielraum zu.[100] Das OLG Düsseldorf hatte sich der Rspr. des BGH dann angeschlossen und seine frühere Rspr. aufgegeben.[101] Die Umstellung auf einen Fortsetzungsfeststellungsantrag anstelle einer Antragsrücknahme half dem Antragsteller nach alter Rechtslage nicht, da sich aus dem Interesse an einer günstigen Kostenentscheidung kein Feststellungsinteresse ableiten ließ.[102] Diese Rechtslage ist durch die Regelung des § 182 Abs. 4 GWB dahingehend bereinigt, dass auch hinsichtlich des Aufwendungsersatzanspruchs Billigkeitsaspekte berücksichtigt werden dürfen und dies für die Kostengrundentscheidung insges. gilt.

6. Kostentragung im Beschwerdeverfahren

41 Durch die Vergaberechtsreform 2009 eingeführt wurde die Verweisung in § 120 Abs. 2 GWB aF – jetzt § 175 Abs. 2 GWB – auf § 71 GWB, der die Kostentragung

---

[95] OLG Düsseldorf 28.1.2011 – Verg 62/10, BeckRS 2011, 3267; 11.5.2011 – VII-Verg 10/11, NZBau 2011, 566.
[96] OLG Dresden 10.8.2010 – WVerg 8/10, BeckRS 2010, 23056.
[97] OLG Celle 29.6.2010 – 13 Verg 4/10, BeckRS 2010, 16892; ebenso VK Baden-Württemberg 11.2.2011 – 1 VK 76/10, IBRRS 2011, 1104; VK Mecklenburg-Vorpommern 20.3.2012 – 1 VK 1/11, IBRRS 2012, 2513; aA jedoch OLG München 10.8.2010 – Verg 7/10, BeckRS 2010, 20439.
[98] OLG Naumburg 25.1.2012 – X ZB 3/11, NZBau 2012, 380.
[99] BGH 25.1.2012 – X ZB 3/11, NZBau 2012, 380, Nr. 26b.
[100] BGH 25.1.2012 – X ZB 3/11, NZBau 2012, 380.
[101] OLG Düsseldorf 10.5.2012 – VII-Verg 5/12, BeckRS 2012, 12845; 25.4.2012 – VII-Verg 107/11, BeckRS 2012, 12844.
[102] Vgl. etwa VK Mecklenburg-Vorpommern 20.3.2012 – 1 VK 1/11, IBRRS 2012, 2513; VK Niedersachsen 1.9.2011 – VgK-42/2011, BeckRS 2011, 26953; VK Schleswig-Holstein 25.1.2012 – VK-SH 24/11, BeckRS 2012, 17705; OLG München 19.7.2012 – Verg 8/12, NZBau 2012, 658.

und die Kostenfestsetzung im Beschwerdeverfahren regelt. Geregelt ist in § 71 S. 1 GWB die Befugnis des Beschwerdegerichts, die Erstattungspflicht für notwendige Kosten zur zweckentsprechenden Erledigung einer Angelegenheit zu regeln.[103] In S. 3 wird iÜ auf die Vorschriften der ZPO über das Kostenfestsetzungsverfahren und die Zwangsvollstreckung aus Kostenfestsetzungsbeschlüssen verwiesen. Mit der Verweisung auf § 71 GWB in § 175 Abs. 2 GWB gibt es somit eine gesetzliche Grundlage für die Anwendung der §§ 91 ff. ZPO im Beschwerdeverfahren. Entspr. ist auch bislang schon von der Rspr. verfahren worden.[104] Dies gilt entspr. auch für die Kosten Beigeladener.[105] Die Stellung von Sach- und Verfahrensanträgen ist somit nicht mehr erforderlich. Die Kosten hat jew. die **unterlegene Partei** zu tragen; unterliegen mehrere, haben diese die Kosten jew. entspr. dem Grad des Unterliegens zu tragen.[106] Das Unterliegen wird dabei durchaus wertend und nicht rein formal ermittelt. Nimmt der Antragsteller seinen Antrag zurück, nachdem der Auftraggeber seinem Antragsziel oder den gerügten Vergaberechtsverstößen abgeholfen hat, wird der Auftraggeber zur Kostentragung verpflichtet.[107] Bei übereinstimmenden Erledigungserklärungen wird, ebenso wie im Zivilprozess, auf den mutmaßlichen Ausgang des Verfahrens abgestellt, wenn dieser bei einer summarischen Prüfung des bisherigen Sach- und Streitstandes hinreichend sicher prognostiziert werden kann.[108] Gleiches gilt, wenn eine Angebotswertung innerhalb des Nachprüfungsverfahrens iRd vergaberechtlich Zulässigen nachgeholt wird.[109] Dabei können durchaus auch wettbewerbswidrige Verhaltensweisen berücksichtigt werden.[110] Obsiegt der Antragsteller nur teilw., erfolgt eine Kostenquotelung.[111] Wird im Beschwerdeverfahren iR eines **Vergleichs** beendet, wird über die Kostentragungspflicht nach § 71 GWB entschieden, dh die Kosten werden gegeneinander aufgehoben, sofern keine andere Kostenregelung durch die Parteien getroffen wird.[112]

In dem Fall der **Beschwerderücknahme** sind die Kosten des Beschwerdeverfahrens einschl. der notwendigen Aufwendungen der weiteren Hauptbeteiligten dem Beschwerdeführer aufzuerlegen. Hinsichtlich der Kosten des Beigeladenen wenden verschiedene Vergabesenate die Regelungen der Nebenintervention gem. § 101 ZPO an. Danach haftet der Beigeladene nur in dem Fall, dass er einen Antrag gestellt hat und damit unterliegt.[113] Nach Auff. anderer Vergabesenate ist wie im Nachprüfungsverfahren darauf abzustellen, ob der Beigeladene das Verfahren aktiv gefördert hat.[114]

---

[103] OLG Düsseldorf 25.4.2012 – VII-Verg 107/11, BeckRS 2012, 12844.
[104] BGH 9.3.2006 – III ZR 143/05, NZBau 2006, 375; 19.12.2000 – X ZB 14/00, BGHZ 146, 202 (216) = BeckRS 2001, 861; OLG Celle 27.8.2008 – 13 Verg 2/08, BeckRS 2008, 20090; OLG Düsseldorf 26.11.2007 – Verg 53/05, BeckRS 2009, 5400; OLG Karlsruhe 13.6.2008 – 15 Verg 3/08, NZBau 2008, 537; OLG München 22.1.2009 – Verg 26/08, BeckRS 2009, 04246; OLG Schleswig 16.7.2009 – 1 Verg 1/09, BeckRS 2009, 20281; OLG Jena 30.3.2009 – 9 Verg 12/08, BeckRS 2010, 4965.
[105] OLG Celle 27.8.2008 – 13 Verg 2/08, BeckRS 2008, 20090; OLG Schleswig 16.7.2009 – 1 Verg 1/09, BeckRS 2009, 20281.
[106] Zutreffend weist das KG 8.6.2020 – Verg 1002/20, BeckRS 2020, 45994 darauf hin, dass es sich dabei nur eine Teilschuld handelt.
[107] OLG München 10.4.2019 – Verg 8/18, BeckRS 2019, 10745; 2.5.2019 – Verg 5/19, VPRRS 2019, 0167; OLG Düsseldorf 13.9.2018 – Verg 35/17, VPRRS 2018, 0368.
[108] OLG Schleswig 15.7.2022 – 54 Verg 12/21, BeckRS 2022, 34426.
[109] VK Münster 1.2.2018 – VK 1–39/17, VPRRS 2018, 0069.
[110] Vgl. VK Lüneburg 6.2.2018 – VgK-42/2017, VPRRS 2018, 1040.
[111] Vgl. OLG München 10.8.2017 – Verg 3/17, BeckRS 2017, 125474.
[112] Vgl. HK-VergabeR/Dieck-Bogatzke GWB § 175 Rn. 15 aE.
[113] OLG Koblenz 10.8.2000 – 1 Verg 2/00, NZBau 2000, 534 (539); OLG Naumburg 17.8.2007 – 1 Verg 5/07, BeckRS 2007, 18468.
[114] OLG Stuttgart 19.7.2000 – 2 Verg 4/00, NZBau 2000, 543; OLG Düsseldorf 12.1.2000 – Verg 3/99, NZBau 2000, 155 (158); OLG Dresden 21.7.2000 – WVerg 0005/00, BeckRS

GWB § 182 Kosten des Verfahrens vor der Vergabekammer

Dies erscheint sachgerecht und entspricht dem gesetzgeberischen Willen sowie der gesetzlichen Regelung. Die Kostenentscheidung des Vergabesenates erstreckt sich auch auf das vorangegangene Nachprüfungsverfahren vor der Vergabekammer.[115]

7. Kosten des Eilrechtsschutzes

43 a) **Anträge gem. § 169 GWB.** Zu unterscheiden sind auch insoweit die Kosten der Vergabekammer von den Kosten der Beteiligten, insbes. die Kosten der eingeschalteten Rechtsanwälte. Hinsichtlich der **Kosten der Vergabekammer** wird die Kostenerstattungsverpflichtung innerhalb des Nachprüfungsverfahrens im Fall eines **Antrags gem. § 169 Abs. 2 GWB** unterschiedlich beurteilt. Zum Teil wird die Durchführung des Eilverfahrens als eigenständiges Zwischenverfahren mit eigener Gebühr eingeordnet,[116] teils wird die Gebühr für das Hauptsacheverfahren erhöht,[117] teils wird vertreten, dass keine gesonderte Gebühr ausgelöst wird, da es sich bei diesem Antrag nicht um einen Rechtsbehelf handele.[118] Die Rspr. behandelt die Kosten des **Eilrechtsschutzes** als Kosten der Hauptsache.[119]

44 Die Prüfung und Entscheidung über einen Antrag auf vorzeitige Zuschlagsentscheidung erfordert eine **eigenständige Prüfung der Vergabesituation** am Maßstab des § 169 Abs. 2 GWB und erhöht regelmäßig den Aufwand der Vergabekammer.[120] Dementsprechend erscheint es vor dem Hintergrund des Kostendeckungsprinzips erforderlich, diesen Mehraufwand auch kostenrechtlich zu erfassen.[121] Das Gestattungsverfahren ist jedoch hinsichtlich des Verwaltungsaufwandes im Verhältnis zum Hauptsacheverfahren mit einem erheblich geringeren Aufwand verbunden und wird regelmäßig mit der Hälfte der Gebühr in der Hauptsache angesetzt.[122] Dies mag im Einzelfall anders sein, etwa wenn der Gestattungsantrag noch vor einer Entscheidung zurückgenommen wird und keinen erhöhten Verwaltungsaufwand verursacht hat.[123] Es erscheint jedoch nicht erforderlich, im Gestattungsverfahren eine gesonderte Kostenentscheidung zu treffen. Der Aufwand des Gestattungsverfahrens kann innerhalb der Kostenentscheidung zur Hauptsache

---

2000, 16648; OLG Saarbrücken 24.1.1999 – 5 Verg 1/99, LSK 2001, 100284; OLG Celle 29.6.2010 – 13 Verg 4/10, BeckRS 2010, 16892; OLG Brandenburg 9.2.2010 – Verg W 10/09, BeckRS 2010, 3986.

[115] OLG Düsseldorf 14.2.2001 – Verg 13/00, NZBau 2002, 54 ff.; RSG/Glahs GWB § 182 Rn. 32.

[116] VK Sachsen 23.12.2002 – 1/SVK/109-02, IBRRS 2003, 0169; VK Schleswig-Holstein 12.7.2005 – VK-SH 18/05, BeckRS 2005, 09498; OLG München 28.2.2011 – Verg 23/10, BeckRS 2011, 4664.

[117] VK Südbayern 5.2.2003 – 53–12/02, IBRRS 2003, 1387.

[118] OLG Naumburg 15.6.2006 – 1 Verg 5/06, IBRRS 2006, 2071.

[119] BayObLG 31.10.2022 – Verg 13/22, BeckRS 2022, 35589; BayObLG 16.7.2004 – Verg 16/04, BeckRS 2004, 8251; OLG München 15.3.2005 – Verg 2/05, BeckRS 2005, 33682; VK Rheinland 28.5.2019 – VK K 55/17, BeckRS 2019, 19407.

[120] Vgl. etwa OLG München 28.2.2011 – Verg 23/10, BeckRS 2011, 4664; 9.9.2010 – Verg 16/10, NZBau 2010, 720: in dem Beschluss stellt das OLG München klar, dass über die mangelnden Erfolgsaussichten hinaus ein besonderes Beschleunigungsinteresse dargelegt und nachgewiesen werden muss.

[121] OLG München 9.9.2010 – Verg 16/10, NZBau 2010, 720, das im Fall eines erfolglosen Gestattungsverfahrens § 96 ZPO analog anwendet und dem Auftraggeber die Kosten des Verfahrens nach § 115 Abs. 2 S. 5 GWB aF auferlegt.

[122] VK Berlin 15.4.2011 – VK-B2-12/11, BeckRS 2012, 57919; 20.5.2010 – VK-B2-3/10, IBRRS 2010, 2523; VK Sachsen 17.9.2007 – 1/SVK/058-07, 1-SVK/58/07, BeckRS 2007, 19493; ähnlich VK Schleswig-Holstein 9.12.2011 – VK-SH 22/11, BeckRS 2012, 17746.

[123] VK Sachsen 18.7.2003 – 1/SVK/082-03, BeckRS 2004, 03928.

berücksichtigt werden. Konsequenterweise ist entspr. auch im Verfahren nach § 169 Abs. 2 GWB zu verfahren, wenn zugleich Beschwerde in der Hauptsache eingelegt ist. Einer gesonderten Kostenentscheidung bedarf es somit nicht.[124] Den Besonderheiten durch divergierende Kostentragungspflichten, etwa, wenn der Antragsteller im Hauptsacheverfahren unterliegt, im Eilverfahren jedoch obsiegt, kann iRd Kostenbeschlusses Rechnung getragen werden.[125]

Im Hinblick auf die Kosten der Beteiligten und deren Bevollmächtigten stellt das **Vergütungsverzeichnis** klar, welche Gebühren auf Basis des RVG in Ansatz zu bringen sind. Die gebührenrechtliche Beurteilung des OLG Naumburg, wonach es sich bei der Stellung eines Antrags gem. § 169 Abs. 2 S. 1 GWB um dieselbe Angelegenheit iSd § 16 Nr. 1 RVG handeln soll,[126] steht in Widerspruch zu der Gebührenregelung des Vergütungsverzeichnisses des RVG. Gem. der Vorb. 3.2 Abs. 2 (zu Teil 3 Abschn. 2 VV-RVG) ist auf Eilverfahren nach § 169 Abs. 2 S. 2, 3 GWB, § 173 Abs. 1 S. 3, § 176 GWB Teil 3 Abschn. 1 VV-RVG entspr. anwendbar. Somit entstehen die in Teil 3 Abschn. 1 geregelten Gebühren gesondert für den Antrag auf vorzeitige Zuschlagsgestattung.

b) Verfahren gem. § 173 Abs. 1 S. 3, § 176 GWB. Das **Verfahren zur Verlängerung der aufschiebenden Wirkung** gem. § 173 Abs. 1 S. 3 GWB stellt im Verhältnis zum Beschwerdeverfahren eine **kostenrechtlich verschiedene Angelegenheit** dar.[127] Das Kostenverzeichnis zum GKG[128] und das Vergütungsverzeichnisses (VV) zum RVG ordnen das Hauptsacheverfahren gem. § 169 GWB, das Eilverfahren gem. § 173 Abs. 1 S. 3 GWB und ebenso das Eilverfahren gem. § 176 GWB als verschiedene Verfahren ein.[129] Dementsprechend fallen eine gesonderte Verfahrensgebühr und gesonderte Rechtsanwaltskosten an.

Grds. handelt es sich bei den Kosten des Verfahrens gem. § 173 Abs. 1 S. 3 GWB um Kosten des Beschwerdeverfahrens, über die in der Hauptsache zu entscheiden ist.[130] Im Regelfall entspricht es der Billigkeit, den in der Beschwerdeinstanz Unterlegenen mit den Gerichtskosten und den außergerichtlichen Kosten anderer Verfahrensbeteiligter zu belasten, soweit nicht die besonderen Umstände des Einzelfalles ausnahmsweise eine abw. Entscheidung gebieten.[131] In entspr. Anwendung des § 96 ZPO können jedoch die durch einen erfolglosen Eilantrag nach den § 173 Abs. 1 S. 3, § 176 GWB entstandenen **ausscheidbaren Kosten** auch dann dem im Eilverfahren Unterlegenen auferlegt werden, wenn er in der Hauptsache obsiegt.[132] Hatte die Vergabestelle einen erfolglosen Antrag auf Vorabgestattung des Zuschlags gem. § 176 Abs. 1 GWB gestellt, trägt sie in entspr.

---

[124] Anders jedoch OLG München 9.9.2010 – Verg 16/10, BeckRS 2010, 22055.
[125] OLG München 24.1.2012 – Verg 16/11, BeckRS 2012, 3288.
[126] OLG Naumburg 15.6.2006 – 1 Verg 5/06, IBRRS 2006, 2071.
[127] KG 14.2.2005 – 2 Verg 13/04; 2 Verg 14/04, IBRRS 2005, 0713; OLG Brandenburg 8.8.2006 – Verg W 7/05, BeckRS 2006, 19292; OLG Naumburg 26.6.2006 – 1 Verg 7/05, BeckRS 2006, 8567; BayObLG 19.1.2006 – Verg 22/04, IBRRS 2006, 0531.
[128] Anl. 1 des GKG.
[129] Vgl. VV Abschn. 2, Unterschnitt 1, Vorb. 3.2.1 Nr. 2, Unterabschnitt 2 Vorb. 3.2.2 Nr. 1 lit. a RVG.
[130] OLG Schleswig 8.9.2022 – 54 Verg 3/22, BeckRS 2022, 24787; BayObLG 25.7.2022 – Verg 6/22, BeckRS 2022, 19041; OLG Rostock 11.11.2021 – 17 Verg 8/21, BeckRS 2021, 34381; OLG Brandenburg 19.1.2009 – Verg W 2/09, ZfBR 2009, 390; BayObLG 24.11.2004 – Verg 25/04, BeckRS 2004, 12589.
[131] OLG Schleswig 19.9.2022 – 54 Verg 3/22, BeckRS 2022, 24787.
[132] OLG München 28.2.2011 – Verg 23/10, BeckRS 2011, 4664; VK Schleswig-Holstein 12.7.2005 – VK-SH 18/05, BeckRS 2005, 09498; OLG Naumburg 13.5.2008 – 1 Verg 3/08, BeckRS 2008, 14157.

GWB § 182 Kosten des Verfahrens vor der Vergabekammer

Anwendung des § 96 ZPO die dadurch entstandenen ausscheidbaren Kosten auch dann, wenn der Nachprüfungsantrag in der Beschwerdeinstanz zurückgenommen wird.[133] Das OLG München hielt in einer Fallgestaltung, in der interimsweise die aufschiebende Wirkung verlängert wurde und der Antrag auf Verlängerung der aufschiebenden Wirkung nicht mehr beschieden wurde, da es in der Hauptsache nicht zu einer Entscheidung kam, eine Verfahrensgebühr von 1,0 für angemessen und verwies darauf, dass eine Entscheidung nicht erging und dementsprechend kein Verfahren stattfand.[134]

V. Umfang der Kostenerstattung

48 Gem. § 182 Abs. 4 GWB besteht eine Pflicht zur Erstattung der Kosten sowie der Rechtsverfolgungskosten, wenn und soweit diese zur zweckentsprechenden Rechtsverfolgung oder Rechtsverteidigung notwendig waren. Die **Notwendigkeit von Kosten** beurteilt sich aus Sicht einer verständigen Partei, die bemüht ist, die Kosten so gering wie möglich zu halten.[135]

49 Sehr unterschiedlich beurteilen Vergabekammern und Vergabesenate die Frage, welche Auslagen im Fall des Bestehens eines Kostenerstattungsanspruchs erfolgreich in Ansatz gebracht werden können. **Reisekosten eines Vertreters des öffentlichen Auftraggebers** sind nach Auff. des OLG Düsseldorf zu erstatten, wenn die Anwesenheit in einer mündlichen Verhandlung vor der Vergabekammer angezeigt ist.[136] IdS entschied auch das OLG Dresden zur alten Rechtslage vor der Vergaberechtsreform mit der Begründung, dass die Teilnahme eines Vertreters des öffentlichen Auftraggebers grds. sinnvoll und geboten sei, weil in Vergabenachprüfungsverfahren regelmäßig nicht einfach überschaubare und zudem unter beträchtlichem Zeitdruck aufklärungsbedürftige Sachverhalte zur Erörterung anstehen.[137] Anders beurteilt dies etwa die VK Südbayern, die die Kosten für die Abwesenheit von der Vergabestelle und die Fahrtkosten von Vertretern des öffentlichen Auftraggebers nicht für erstattungsfähig hält, wenn die Vergabestelle durch Rechtsanwälte vertreten ist.[138]

50 **Reisekosten eines Vertreters des öffentlichen Auftraggebers** sind entspr. der Rspr. des OLG Düsseldorf dann erstattungsfähig, wenn die Teilnahme des Vertreters geboten war, um technische und/oder tatsächliche Sachfragen zu erläutern. **Sonstige Kosten**, die nachweisbar erforderlich waren und auf das Nachprüfungsverfahren zurückzuführen sind, sind nach den Grundsätzen des § 80 VwVfG erstattungsfähig.

51 Nicht erstattungsfähig sind daher der Zeit- und Personalaufwand im Zusammenhang mit dem Betreiben des Nachprüfungsverfahrens. Denn die allg. Personalkosten bestehen unabhängig von dem Nachprüfungsverfahren und werden nicht durch das Nachprüfungsverfahren ausgelöst. Der Verweis des OLG Dresden auf zivilprozes-

---

[133] BGH 25.10.2005 – ZB 15/05, NZBau 2006, 392.

[134] OLG München 9.9.2011 – Verg 5/11, BeckRS 2011, 23262, vgl. auch OLG München 28.2.2011 – Verg 23/10, BeckRS 2011, 4664.

[135] OLG Düsseldorf 2.5.2007 – Verg 1/07, BeckRS 2007, 9198; BayObLG 16.9.2002 – Verg 19/02, BeckRS 2002, 8062 = VergabeR 2002, 415; OLG Dresden 13.2.2003 – WVerg 11/01, ZfBR 2003, 410; OLG München 23.1.2006 – Verg 22/05, BeckRS 2006, 2402 = BayVBl. 2006, 771.

[136] OLG Düsseldorf 12.1.2005 – Verg 96/04, BeckRS 2005, 03583.

[137] OLG Dresden 29.6.2001 – WVerg 0009/00, IBRRS 2003, 0275; ebenso BayObLG 16.9.2002 – Verg 19/02, BeckRS 2002, 8062 = VergabeR 2002, 415; VK Sachsen-Anhalt 17.10.2008 – 1 VK LVwA 24/07 K, IBRRS 2009, 0035.

[138] VK Südbayern 8.2.2002 – 120.3-3194.1-04-02/01, IBRRS 2013, 5051.

suale Grundsätze überzeugt nicht, da Kosten einer Partei aufgrund einer Terminswahrnehmung oder anderer Zeitversäumnisse auch nach Maßgabe des § 91 ZPO nicht erstattungsfähig sind.[139]

Insbes. ist in diesem Zusammenhang zu prüfen, ob die **Hinzuziehung eines** 52 **Rechtsanwaltes notwendig** iSd § 80 Abs. 2 VwVfG war.[140] Gem. § 182 Abs. 4 S. 4 GWB gelten die Regelungen des § 80 Abs. 1, 2, 3 S. 2 VwVfG entspr. § 80 VwVfG regelt die Erstattung von Kosten im Vorverfahren. Soweit danach der Widerspruch erfolgreich ist, besteht eine Kostenerstattungspflicht ggü. dem Widerspruchsführer. Entspr. dem Wortlaut des Gesetzes muss die Hinzuziehung eines Bevollmächtigten notwendig sein.

Notwendig iSd § 80 Abs. 2 VwVfG ist die Hinzuziehung eines Rechtsanwal- 53 tes dann, wenn sie von dem Standpunkt eines verständigen, nicht rechtskundigen Beteiligten für erforderlich gehalten werden durfte.[141] Bei der Beurteilung sind, außer der Schwierigkeit und dem Umfang des Falles und der allg. persönlichen Sach- und Rechtskunde, insbes. auch eine berufsbedingte oder durch andere besondere Umstände bedingte Vertrautheit mit dem Sach- und Rechtsgebiet zu berücksichtigen.[142] Für die Ausgangsbehörde im Verwaltungsverfahren wird dies anders als für den Adressaten einer Verwaltungsmaßnahme beurteilt. Die Notwendigkeit der Hinzuziehung eines Rechtsanwalts für die Behörde wird nur in besonders gelagerten Einzelfällen angenommen. Überwiegend wird vertreten, dass die Ausgangsbehörde idR mit eigenem Fachpersonal ausgestattet sein müsse. Zumindest in dem Verhältnis „Bürger" – „Staat" wird die Erforderlichkeit der Hinzuziehung nach der hL nicht nur in schwierigen und umfangreichen Verfahren zu bejahn[143] und ist unstreitig bei komplexen Sachverhalts- und Rechtsfragen.[144] Ausnahmen bestünden nur bei offensichtlich einfach gelagerten Sachverhalten.[145]

Im vergaberechtlichen Nachprüfungsverfahren finden diese Maßstäbe nach hM 54 nur eingeschränkt Anwendung. Auch in der vergaberechtlichen Lit. und Rspr. wird bei der Beantwortung der Frage, ob die Hinzuziehung eines Rechtsanwaltes notwendig war, nach Auftraggeber und nach Wettbewerbsteilnehmern differenziert. IErg wird die **Hinzuziehung eines Rechtsanwaltes auf Seiten des Auftraggebers** kritischer geprüft als die Hinzuziehung eines Rechtsanwaltes auf Seiten des Bieters.[146] Einige Vergabekammern und Vergabesenate wenden im Hinblick auf die Vergabestelle die verwaltungsrechtlichen Kostenerstattungsgrundsätze entspr. an und stellen darauf ab, ob die Vergabestelle hausintern über die erforderlichen Ressourcen verfügt.[147] So entschied das OLG Karlsruhe, dass ein Auftraggeber von gewisser

---

[139] Vgl. hierzu Zöller/Herget § 91 Rn. 13 „Behörde".

[140] BT-Drs. 16/10117, 25 zu lit. c.

[141] BVerwG 10.4.1978 – 6 C 27/77, BVerwGE 55, 299 (306) = NJW 1978, 1988.

[142] Kopp/Ramsauer/Ramsauer VwVfG § 80 Rn. 40; VGH München 11.1.1983 – 3 B 82 A/612, NVwZ 1983, 755.

[143] Kopp/Ramsauer/Ramsauer VwVfG § 80 Rn. 45; Stelkens/Bonk/Sachs/Kallerhoff VwVfG § 80 Rn. 81.

[144] Kopp/Ramsauer/Ramsauer VwVfG § 80 Rn. 39 mwN.

[145] OLG Dresden 27.7.2010 – WVerg 7/10, BeckRS 2010, 20529.

[146] Sehr instruktiv VK Lüneburg 28.1.2016 – VgK-50/2015, BeckRS 2016, 5584; 31.1.2012 – VgK-58/2011, IBRRS 2012, 1442 in einem Fall, in dem trotz Existenz einer juristischen Abteilung die Hinzuziehung eines Rechtsanwaltes für „noch" angemessen und erforderlich beurteilt wurde, was die VK Lüneburg 18.9.2012 – VgK-36/2012, BeckRS 2012, 23580 dann in einer anderen Konstellation ablehnte; ähnlich OLG Dresden 27.7.2010 – WVerg 7/10, BeckRS 2010, 20529; OLG Düsseldorf 7.1.2004 – Verg 55/02, IBRRS 2004, 0715; OLG Schleswig 15.7.2003 – 6 Verg 6/03, ZfBR 2004, 92.

[147] VK Bund 4.4.2007 – VK 1–23/07, BeckRS 2007, 142850; OLG Düsseldorf 29.10.2003 – Verg 1/03, IBRRS 2004, 0519; OLG München 11.6.2008 – Verg 6/08, ZfBR 2008, 724.

GWB § 182 Kosten des Verfahrens vor der Vergabekammer

Größe, der zwei Volljuristen beschäftigt, selbst in der Lage sein müsse, sich in einem Nachprüfungsverfahren zu verteidigen. Es entschied, dass die Hinzuziehung eines Prozessbevollmächtigten nicht notwendig sei.[148]

55   Die Mehrzahl der Vergabesenate, insbes. auch das OLG Düsseldorf, entscheidet danach, ob sich das Nachprüfungsverfahren hauptsächlich auf **auftragsbezogene Sach- und Rechtsfragen** einschl. der dazu gehörigen Vergaberegeln konzentriert, es sich also um Fragen handelt, die die Vergabeunterlagen selbst betreffen[149], oder um komplexe Rechtsfragen, die Bezüge zu höherrangigem Recht und Europarecht aufweisen.[150] Betreffen die Vergabeverstöße ausschl. die Vergabeunterlagen und deren Auslegung selbst, besteht nach Auff. des OLG Düsseldorf iA für einen öffentlichen Auftraggeber keine Notwendigkeit, einen **Rechtsanwalt einzuschalten**. In seinem originären Aufgabenkreis müsse er sich selbst die notwendigen Sach- und Rechtskenntnisse verschaffen und bedürfe daher auch im Nachprüfungsverfahren nicht notwendig eines anwaltlichen Bevollmächtigten.[151] Die Hinzuziehung eines Bevollmächtigten hielt das OLG Düsseldorf jedoch etwa gerechtfertigt in einem Nachprüfungsverfahren, in dem es um die Zulässigkeit der Vervollständigung von Nachweisen und die Bewertung inhaltlicher Änderungen ging. Hinsichtlich der Bewertung, ob die Vergabestelle ggü. den Bewerbern mit der einen Ausschluss rechtfertigenden Eindeutigkeit klar gemacht hat, welche Eignungsnachweise und Erklärungen sie von einem Unternehmen erwartet, auf dessen Fähigkeiten sich der Erwerber zum Nachweis seiner Eignung beruft und welche für ein Unternehmen, das an der Leistung als Nachunternehmer mitwirken soll, handelt es sich nach Auff. des OLG Düsseldorf um die Bewertung und Einordnung des Nachunternehmerbegriffs, was eine rechtlich anspruchsvolle und komplexe Fragestellung darstelle.[152] Auch kann sich die Vergabestelle nicht Dritter, wie etwa einem Projektsteuerer, bedienen und dessen Kosten im Nachprüfungsverfahren in Ansatz bringen. Die Wettbewerbsteilnehmer dürfen nach der Rspr. nicht mit Kosten von weiteren Beratern belastet werden, derer sich die Vergabestelle bedient.[153]

---

[148] OLG Karlsruhe 10.3.2015 – 15 Verg 11/14, BeckRS 2016, 12268; 16.6.2010 – 15 Verg 4/10, BeckRS 2010, 15754; OLG Koblenz 10.8.2000 – 1 Verg 2/00, NZBau 2000, 535; OLG Rostock 25.10.2000 – 17 W 3/99, IBRRS 2003, 1012.

[149] Vgl. dazu OLG Düsseldorf 16.3.2020 – VII-Verg 38/18, BeckRS 2020, 29123; 16.11.2018 – Verg 60/17, BeckRS 2018, 46318; OLG Frankfurt a. M. 2.11.2017 – 11 Verg 8/17, ZfBR 2018, 198; OLG Celle 5.11.2020 – 13 Verg 7/20, VPR 2021, 34; VK Lüneburg 28.1.2016 – VgK-50/2015, BeckRS 2016, 5584; VK Schleswig-Holstein 1.9.2015 – VK-SH 9/15, IBRRS 2016, 0129.

[150] Vgl. OLG Brandenburg 13.9.2021 – 19 Verg 4/21, BeckRS 2021, 32391; OLG Karlsruhe 3.8.2021 – 15 Verg 9/21, VPR 2021, 147; OLG Celle 19.3.2019 – 13 Verg 7/13, NZBau 2019, 462 = BeckRS 2019, 4478; VK Bund 4.7.2022 – VK 2–58/22, IBR 2022, 531; VK Lüneburg 1.9.2017 – VgK-25/2017, VPRRS 2019, 51; VK Baden-Württemberg 4.12.2017 – 1 VK 47/17, BeckRS 2017, 148098, in dem die Hinzuziehung anwaltlichen Rats durch die Vergabestelle gebilligt wurde, da es um die vergaberechtliche Bewertung der Sektoreneigenschaft ging.

[151] OLG Düsseldorf 16.3.2020 – VII-Verg 38/18, BeckRS 2020, 29123; 7.1.2004 – Verg 55/02, IBRRS 2004, 0715; 4.3.2013 – Verg 49/12, IBRRS 2013, 3975; 28.1.2011 – Verg 60/10, BeckRS 2011, 8606; ähnlich OLG Dresden 29.6.2001 – WVerg 0009/00, IBRRS 2003, 0275; OLG Brandenburg 21.5.2012 – Verg W 1/12, IBRRS 2013, 0567; 29.3.2012 – Verg W 2/12, BeckRS 2012, 15438; OLG Celle 12.1.2012 – 13 Verg 9/11, NZBau 2012, 198; 9.2.2011 – 13 Verg 20/10, BeckRS 2011, 139803; VK Brandenburg 6.12.2011 – VK 52/11, IBRRS 2012, 0676.

[152] OLG Düsseldorf 28.1.2011 – Verg 60/10, BeckRS 2011, 8606; 30.6.2010 – VII-Verg 13/10, NZBau 2011, 54; VK Niedersachsen 31.1.2012 – VgK-58/2011, IBRRS 2012, 1442.

[153] OLG Bremen 2.9.2004 – Verg 3/2003, IBRRS 2004, 3065; OLG Düsseldorf 15.12.2005 – Verg 74/05, BeckRS 2006, 1788.

Andere Spruchkörper sehen die restriktive Rspr. im Hinblick auf die Beiziehung eines Bevollmächtigten krit. und vertreten, dass die verwaltungsrechtlichen Grundsätze im Vergabenachprüfungsverfahren keine Anwendung finden. Zur Begründung wird angeführt, dass es sich einerseits bei dem materiellen Vergaberecht generell um eine überdurchschnittlich komplizierte Materie handelt, die zahlreiche Änderungen und Neuregelungen erfahren hat und durch komplexe unionsrechtliche Fragen überlagert wird. Zudem sei das Nachprüfungsverfahren gerichtsähnlich ausgebildet und erfordere prozessuale Kenntnisse.[154] Die Hinzuziehung eines Rechtsanwalts wird etwa auch dann für erforderlich gehalten, wenn die entspr. Behörde kaum Vergabeverfahren durchführt. Bejaht wurde dies etwa für eine oberste Landesbehörde[155] oder besonderen Vergabeverfahren, die Spezialexpertise erfordern.[156] 56

Der **BGH** hat die Frage, wann die Hinzuziehung eines Rechtsanwalts im Nachprüfungsverfahren notwendig ist, dahin beantwortet, dass eine Prüfung des Einzelfalles vorzunehmen ist.[157] Entscheidend ist, ob der Beteiligte unter den Umständen des Falles auch selbst in der Lage gewesen wäre, aufgrund der bekannten oder erkennbaren Tatsachen den Sachverhalt zu erfassen, der im Hinblick auf eine Missachtung von Bestimmungen über das Vergabeverfahren von Bedeutung ist, hieraus die für eine sinnvolle Rechtswahrung oder -verteidigung nötigen Schlüsse zu ziehen und das danach Gebotene ggü. der Vergabekammer vorzubringen. Hierfür können neben Gesichtspunkten wie der Einfachheit oder Komplexität des Sachverhalts, der Überschaubarkeit oder Schwierigkeit der zu beurteilenden Rechtsfragen auch rein persönliche Umstände bestimmend sein, wie etwa die sachliche und personelle Ausstattung des Beteiligten, also bspw., ob er über eine Rechtsabteilung oder andere Mitarbeiter verfügt, von denen erwartet werden kann, dass sie gerade oder auch Fragen des Vergaberechts sachgerecht bearbeiten können, oder ob allein der kaufmännisch gebildete Geschäftsinhaber sich des Falls annehmen muss.[158] 57

Zu beurteilen sind die **konkreten Umstände des Einzelfalles** vom Standpunkt einer verständigen Partei aus.[159] Erforderlich wird die Notwendigkeit der Hinzuziehung für eine Vergabestelle insbes. sein, wenn es um die Frage geht, ob und in welchem Umfang **Normen des Europarechts** und/oder Entscheidungen des EuGH Einfluss auf Auslegung und Anwendung des nationalen Vergaberechts haben, ungeklärte Fragen entscheidungserheblich sind oder die Rechtssache durch ihre Häufung insges. überdurchschnittlich schwierig ist.[160] Das Vergaberecht ist geprägt durch eine dynamische Rechtsentwicklung, zahlreiche gesetzliche Änderungen und 58

---

[154] VK Schleswig-Holstein 20.1.2009 – VK-SH 17/08, BeckRS 2009, 05397; OLG Saarbrücken 29.9.2004 – 1 Verg 5/04, BeckRS 2004, 09657; OLG Schleswig 15.7.2003 – 6 Verg 6/03, ZfBR 2004, 92; OLG Düsseldorf 9.8.2001 – Verg 1/01, IBRRS 2002, 0443; OLG Stuttgart 19.7.2000 – 2 Verg 4/00, NZBau 2000, 543.

[155] VK Niedersachsen 20.6.2016 – VgK-17/2016, IBRRS 2016, 1785 mwN.

[156] OLG Düsseldorf 16.11.2018 – Verg 60/17, BeckRS 2018, 46318; VK Lüneburg 28.1.2016 – VgK-50/2015, BeckRS 2016, 5584; VK Schleswig-Holstein 1.9.2015 – VK-SH 9/15, IBRRS 2016, 0129.

[157] BGH 26.9.2006 – X ZB 14/06, BeckRS 2006, 12317 = VergabeR 2007, 59; OLG Naumburg 12.4.2012 – 2 Verg 1/12, BeckRS 2012, 10195.

[158] BGH 26.9.2006 – X ZB 14/06, BeckRS 2006, 12317 = VergabeR 2007, 59; OLG Dresden 27.7.2010 – WVerg 7/10, BeckRS 2010, 20529.

[159] VK Lüneburg 28.1.2016 – VgK-50/2015, BeckRS 2016, 5584; VK Schleswig-Holstein 1.9.2015 – VK-SH 9/15, IBRRS 2016, 0129; OLG Dresden 29.6.2001 – WVerg 0009/00, IBRRS 2003, 0275; 27.7.2010 – WVerg 7/10, BeckRS 2010, 20529.

[160] VK Bund 2.6.2021 – VK 2–47/21, IBR 2021, 426 für einen Sachverhalt, in dem neben dem Vergaberecht weitere Rechtsmaterien zu prüfen waren; OLG Celle 19.3.2019 – 13 Verg 7/18, NZBau 2019, 462; OLG Brandenburg 21.5.2012 – Verg W 1/12, IBRRS 2013, 0567; OLG München 16.7.2012 – Verg 06/12, BeckRS 2012, 15622.

eine ausgeprägte Einzelfallrechtsprechung. Nahezu immer sind unionsrechtliche Einflüsse zu würdigen, was es grds. gerechtfertigt erscheinen lässt, auf externen Sachverstand zurückzugreifen. Dies muss iSd **„Waffengleichheit"** für die Vergabestelle ebenso wie für die Wettbewerbsteilnehmer gelten.[161] Die Tatsache, dass ein Antragsteller einen Rechtsbeistand eingeschaltet hat, genügt jedoch für sich allein nicht, um die Notwendigkeit der Hinzuziehung eines Rechtsbeistandes auf Seiten des Antragsgegners zu rechtfertigen.[162] Der Aspekt ist vielmehr im Gesamtkontext der Komplexität der streitigen Rechtsfragen zu berücksichtigen.[163]

59 **Reisekosten eines Bevollmächtigten** sind grds. erstattungsfähig, wenn sie unter Berücksichtigung des effektiven Rechtsschutzes einerseits und des Gebots der Kostenvermeidung andererseits entstanden sind. Die Notwendigkeit einer Aufwendung beurteilt sich aus der Sicht einer verständigen Partei, die bemüht ist, die Kosten so niedrig wie möglich zu halten.[164] Konkret bedeutet dies, dass die Reisekosten eines auswärtigen Rechtsanwalts nur dann erstattungsfähig sind, wenn es sich um einen Rechtsanwalt am Sitz der Vergabestelle handelt.[165] Etwas anderes kann nur in besonderen Ausnahmefällen gelten, wenn ein Rechtsanwalt mit den erforderlichen besonderen Fachkenntnissen bei örtlich ansässigen Anwälten nicht als vorhanden vorausgesetzt werden kann.[166]

VI. Gebühren- und Kostenfestsetzung im Nachprüfungsverfahren

60 Die **Gebühren- und Kostenentscheidung** im Nachprüfungsverfahren ergeht durch die Vergabekammer. Die Kostenentscheidung soll gem. § 14 VwKostG zusammen mit der Sachentscheidung ergehen und kann zusammen mit der Sachentscheidung oder auch selbständig mit der sofortigen Beschwerde angefochten werden.[167] Zulässig ist auch die Ansetzung eines Teilwertes des Gesamtstreitwertes, wenn der Antragsteller seinen Antrag entspr. beschränkt hat.[168] Greift ein Antragsteller etwa nur die Vergabe in einem bestimmten Teillos an, beschränkt sich sein Interesse nur auf den Auftragsgegenstand dieses Teilloses. Dementsprechend ist auch nur dessen Wert als Streitwert anzusetzen. Der Streitwert wird jedoch nicht wie im Zivilprozess durch die Art der gestellten Anträge beeinflusst. Die Umstellung eines ursprünglich auf Primärrechtsschutz gerichteten Sachantrags auf einen Fortsetzungsfeststellungsantrag ändert dementsprechend nichts an dem Geschäftswert des Nachprüfungsverfahrens.[169]

---

[161] OLG Düsseldorf 17.7.2018 – Verg 61/17, ZfBR 2019, 515 hat die Notwendigkeit der Hinzuziehung des Rechtsbeistands für die Problematik „Verstoß gegen Geheimwettbewerb" bejaht; 15.12.2005 – Verg 74/05, BeckRS 2006, 1788; VK Nordbayern 24.4.2012 – 21.VK-3194-05/12, IBRRS 2012, 2584; VK Lüneburg 19.7.2021 – VgK-24/2021, VPR 2022, 2530.
[162] VK Bund 23.5.2022 – VK 2–36/22, BeckRS 2022, 46497.
[163] VK Bund 20.1.2022 – VK 2–135/21, BeckRS 2022, 1751.
[164] OLG Düsseldorf 15.12.2005 – Verg 74/05, BeckRS 2006, 1788; AG Bamberg 5.5.2011 – 101 C 1074/10, IBRRS 2011, 2744.
[165] AG Bamberg 5.5.2011 – 101 C 1074/10, IBRRS 2011, 2744.
[166] AG Bamberg 5.5.2011 – 101 C 1074/10, IBRRS 2011, 2744; BayObLG 20.1.2003 – Verg 28/02, BeckRS 2003, 32492.
[167] RSG/Glahs GWB § 182 Rn. 21.
[168] OLG Düsseldorf 22.11.2010 – VII-Verg 55/09, NZBau 2011, 125 und 27.2.2012 – Verg 45/10, IBRRS 2012, 1768.
[169] OLG Naumburg 25.8.2011 – 2 Verg 4/11, BeckRS 2011, 25166; 3.4.2007 – 1 Verg 2/07, BeckRS 2007, 08759.

Eine darüberhinausgehende **Kostenfestsetzung** durch die Vergabekammer 61 erfolgt hingegen nicht mehr. Der entspr. Verweis auf § 80 Abs. 3 S. 1 VwVfG fehlt in § 182 Abs. 4 S. 4 GWB. Ausdr. normiert ist dies in § 182 Abs. 4 S. 5 GWB, wonach ein gesondertes Kostenfestsetzungsverfahren vor der Vergabekammer nicht stattfindet. Die Verfahrenskosten und insbes. die erstattungsfähigen Rechtsanwaltsgebühren müssen somit im Streitfall gesondert vor den Zivilgerichten durchgesetzt werden, sofern kein Beschwerdeverfahren durchgeführt wird.[170] Unterschiedlich handhaben die Vergabesenate die Festsetzung der Verfahrensgebühr aus dem Nachprüfungsverfahren, wenn eine Beschwerde eingereicht wurde. Das OLG Celle lehnt die Zuständigkeit für die Festsetzung der bei den Beteiligten entstandenen Aufwendungen durch das Nachprüfungsverfahren mit Verweis auf die Neuregelung des § 182 Abs. 4 S. 5 GWB ab.[171] Das OLG Düsseldorf geht von der Befugnis und auch der Pflicht des Rechtspflegers zur Kostenfestsetzung aus,[172] wenn die Streitfrage zum Vergabesenat gelangt ist. Das OLG München sieht zwar die Befugnis des Rechtspflegers, lehnt jedoch die Pflicht zur Kostenfestsetzung ab und beruft sich dabei auf den Wortlaut des § 182 Abs. 4 S. 5 GWB.[173]

Hiergegen wendet das OLG Düsseldorf ein, dass der Vergabesenat zur Kostenfestsetzung nach Maßgabe des § 162 ZPO verpflichtet ist und die Kosten des Vorverfahrens zu den Kosten des Rechtsstreits gehören. Letzteres erscheint prozessual geboten und steht auch mit dem Wortlaut des § 182 Abs. 4 S. 5 GWB im Einklang. Denn die Norm regelt **ausschl. das Kostenfestsetzungsverfahren vor der Vergabekammer** und betrifft die Kostenfestsetzung durch den Vergabesenat nicht. Der Vergabesenat hat somit im Beschwerdeverfahren eine umfassende Kostenentscheidung zu treffen, die sich auch auf die Kosten und Gebühren vor der Vergabekammer erstreckt. 62

Im **Beschwerdeverfahren** findet gem. §§ 91 ff. ZPO ein gesondertes Kostenfestsetzungsverfahren statt. Wenn und soweit der Vergabesenat im sofortigen Beschwerdeverfahren eine Entscheidung in der Hauptsache getroffen hat, ist der Rechtspfleger des OLG daher auch für die Festsetzung der Kosten des Nachprüfungsverfahrens zuständig.[174] Die vom Rechtspfleger beim OLG festgesetzten Kosten sind gem. § 104 Abs. 1 S. 2 ZPO analog zu verzinsen.[175] Gegen die Entscheidung des Rechtspflegers ist die Erinnerung gem. § 567 ZPO, § 11 Abs. 1, 2 RPflG statthaft.[176] 63

VII. Höhe der erstattungsfähigen Rechtsanwaltsgebühren

Erstattet werden die gesetzlichen Gebühren. Die **Rechtsanwaltsgebühren** sind 64 entspr. dem Streitwert gem. § 12a Abs. 2 GKG und nicht etwa gem. § 3 VgV zu berechnen, der 5 % der Bruttoauftragssumme beträgt.[177] Zu erfassen ist der Gesamt-

---

[170] OLG München 30.12.2011 – Verg 9/11, BeckRS 2012, 4355; vgl. auch OLG Celle 8.12.2009 – 13 Verg 11/09, BeckRS 2009, 88794; RSG/Glahs GWB § 182 Rn. 27; zur Vollstreckung von Vergabekammerentscheidungen Bischoff VergabeR 2009, 433.
[171] OLG Celle 8.12.2009 – 13 Verg 11/09, BeckRS 2009, 88794.
[172] OLG Düsseldorf 4.6.2012 – VII-Verg 8/11, BeckRS 2012, 13615.
[173] OLG München 30.12.2011 – Verg 9/11, BeckRS 2012, 4355; 24.1.2012 – Verg 16/11, BeckRS 2012, 3288.
[174] OLG München 26.11.2008 – Verg 21/08, BeckRS 2008, 24744; RSG/Glahs GWB § 182 Rn. 31.
[175] So auch OLG München 22.9.2011 – Verg 5/11, BeckRS 2011, 23263.
[176] OLG Brandenburg 20.2.2012 – Verg W 5/11, BeckRS 2012, 15504.
[177] Vgl. hierzu OLG München 30.11.2015 – Verg 07/15, BeckRS 2015, 20261; OLG Düsseldorf 6.7.2016 – VII-Verg 44/13, BeckRS 2016, 114968; OLG Celle 29.6.2017 – 13 Verg 1/16, NZBau 2017, 687.

wert des streitgegenständlichen Auftrags.[178] Hat der Antragsteller kein Angebot eingereicht, ist auf die fiktive Angebotssumme bzw., soweit hierfür individuelle Anhaltspunkte fehlen, auf den objektiven Wert der zu vergebenden Leistung abzustellen.[179] Dies ist aus dem Durchschnittswert der eingereichten Angebote zu ermitteln.[180] Dies gilt jedoch nach Auff. des OLG Celle nicht für einen Schadensersatzanspruch, der aufgrund einer rechtswidrigen Vergabeentscheidung geltend gemacht wird. In diesem Fall ist der Streitwert gem. § 3 ZPO unter Berücksichtigung des wirtschaftlichen Interesses des Antragstellers festzusetzen.[181] Somit gilt dann, wenn nur noch der entstandene Schaden durch einen Bieter geltend gemacht wird, die Streitwertregelung des § 3 ZPO. § 50 Abs. 2 GKG knüpft am wirtschaftlichen Interesse des Bieters oder Bewerbers am Erhalt des ausgeschriebenen Auftrags an und pauschaliert dieses Interesse mit 5 % der Bruttoauftragssumme. Optionen sind mit 50 % anzusetzen.[182] Der BGH hat klargestellt, dass auch „reine Durchlaufposten" bei der Streitwertbemessung zu berücksichtigen sind.[183] Zielt das Interesse des Antragstellers darauf nicht ab, sondern ist es auf die Beseitigung einer finanziellen Belastung durch die Kostenentscheidung gerichtet, ist § 3 ZPO anzuwenden.[184]

65 Der Rechtsanwalt erhält für die Tätigkeit im vergaberechtlichen Nachprüfungsverfahren vor der Vergabekammer die in § 2 Abs. 2 RVG iVm Teil 2 Abschn. 3 des Vergütungsverzeichnisses (VV) geregelten Gebühren. In Betracht kommen die Gebührentatbestände VV Nr. 2300 RVG (Geschäftsgebühr) und VV Nr. 1000 RVG (Einigungsgebühr).[185] Daneben gelten die Gebührentatbestände des VV und die Grundsätze über erstattungsfähige Aufwendungen auch in der Beschwerdeinstanz.

66 Seit Inkrafttreten des 2. KostRModG[186] zum 1.8.2013 ist die bis dahin geltende Anrechnungsregelung, die sich aus einer entspr. Anwendung des VV Nr. 2301 RVG aF ergab, beseitigt worden. Der Gebührenrahmen für die Gebühr des Rechtsanwalts richtete sich bis zum Inkrafttreten des KostRModG nach VV Nr. 2301 RVG, wenn der/die Verfahrensbevollmächtigte **bereits in dem vorausgegangenen Vergabeverfahren** für den Antragsgegner tätig geworden war.[187] Das Vergabeverfahren war nach alter Rechtslage gem. der Rspr. des BGH mit einem Verwaltungsverfahren und das Beschwerdeverfahren mit einem verwaltungsrechtlichen Widerspruchsverfahren gleichzusetzen. Anzurechnen war die Geschäftsgebühr auf die Verfahrensgebühr. Letztere entstand nur in der um den Anrechnungsbetrag verminderten Höhe.[188] Geregelt ist nunmehr für das Verwaltungsverfahren, dass ein Rechtsbeistand für die Tätigkeit in dem der Nachprüfung des Verwaltungsakts dienenden Verwaltungsverfahren jew. eine Geschäftsgebühr nach VV Nr. 2300 RVG erhält. Anstelle einer

---

[178] BGH 18.3.2014 – X ZB 12/13, NZBau 2014, 452; Schneider AGS 2014, 545.
[179] Vgl. hierzu BGH 25.10.2011 – X ZB 5/10, BeckRS 2012, 2820; 19.7.2011 – X ZB 4/10, NZBau 2011, 629; KG 9.10.2018 – Verg 5/18, BeckRS 2018, 30723; VK Schleswig-Holstein 17.8.2012 – VK-SH 17/12, IBRRS 2012, 4443.
[180] AG Bamberg 5.5.2011 – 101 C 1074/10, IBRRS 2011, 2744; OLG Naumburg 23.8.2005 – 1 Verg 4/05, BeckRS 2005, 10239.
[181] OLG Celle 19.3.2019 – 13 Verg 1/19, BeckRS 2019, 4741.
[182] BGH 18.3.2014 – X ZB 12/13, NZBau 2014, 452; BayObLG 25.7.2022 – Verg 6/22, BeckRS 2022, 19041; 31.10.2022, BeckRS 2022, 35589; KG 12.5.2021 – Verg 1008/20, BeckRS 2021, 22227; vgl. dazu Zinger NZBau 2020, 696 (696).
[183] BGH 29.11.2022 – XIII ZB 64/21, NZBau 2023, 189.
[184] OLG Düsseldorf 13.9.2018 – Verg 35/17, ZfBR 2019, 402.
[185] OLG Saarbrücken 15.5.2009 – 1 Verg 1/09, IBRRS 2009, 2845; Müller-Wrede/Radu GWB § 182 Rn. 19 ff.
[186] 2. KostRMoG, BGBl. 2013 I 2586.
[187] BGH 29.9.2009 – X ZB 1/09, NZBau 2010, 129 (131); OLG Frankfurt a. M. 15.10.2009 – 11 Verg 3/09, ZfBR 2010, 104.
[188] BGH 29.9.2009 – X ZB 1/09, NZBau 2010, 129; Schneider AGS 2014, 545.

reduzierten Geschäftsgebühr sieht das neu gefasste Vergütungsrecht in VV Anm. 2.3 Abs. 4 S. 1 RVG vor, dass die im Verwaltungsverfahren entstandene Geschäftsgebühr **höchstens mit einem Gebührensatz von 0,75 angerechnet** wird. Diese Regelungen sind für die anwaltliche Beratung im Nachprüfungsverfahren entspr. anzuwenden.[189]

Für die Rechtslage vor Inkrafttreten des KostRModG hat die Rspr. geklärt, dass **67** eine Anrechnung auch stattfindet, wenn zwischen der erstattungsberechtigten Partei und ihrem Prozessbevollmächtigten keine Geschäftsgebühr iSv VV Nr. 2300 RVG entstanden ist, sondern sie ihrem Prozessbevollmächtigten für dessen vorprozessuales Tätigwerden ein **von einzelnen Aufträgen unabhängiges Pauschalhonorar** schuldet. Während das OLG Düsseldorf die Anrechnung der Geschäftsgebühr im vorangegangenen Vergabeverfahren auch im Fall einer bestehenden Honorarvereinbarung bejahte,[190] lehnte das OLG Brandenburg eine Anrechnung ab, wenn eine Abrechnung auf Basis gesetzlicher Gebühren nicht erfolgte.[191] Das OLG Düsseldorf hatte diese Streitfrage dem BGH vorgelegt.[192] Der BGH entschied, dass auch dann eine Anrechnung stattfindet, wenn eine Honorarvereinbarung abgeschlossen wurde, die die Gebührenanrechnung in Bezug auf die gesetzlichen Gebühren unberücksichtigt lässt.[193] Dies erscheine sachgerecht und geboten, da ansonsten über die Angemessenheit der zu erstattenden Gebühren gestritten werden müsse, was letztlich wieder zur Höhe der gesetzlichen Gebühr führe. Dem Erstattungsberechtigten müsse es dementsprechend möglich sein, seinen Erstattungsanspruch unzweifelhaft an den gesetzlichen Gebühren zu orientieren und diesen Anspruch auch durchzusetzen. Eine gesonderte Beurteilung eines Honorarerstattungsanspruchs sei daher nicht gerechtfertigt. Nunmehr gilt § 15a Abs. 2 RVG, so dass sich die Rspr. und der Streit um die korrekte Auslegung der Vergütungstatbestände erledigt hat. Gem. § 15 Abs. 2 RVG kann sich ein Dritter auf die Anrechnung von Gebührentatbeständen nur berufen, soweit er den Anspruch auf eine der beiden Gebühren erfüllt hat, wegen eines dieser Ansprüche gegen ihn ein Vollstreckungstitel besteht oder beide Gebühren in demselben Verfahren gegen ihn geltend gemacht werden. Dies bedeutet, dass ein Kostenerstattungspflichtiger sich nur dann auf die Anrechnung berufen kann, wenn innerhalb der Kostenerstattung beide Gebühren ihm gegenüber in Ansatz gebracht werden.[194]

Gem. VV Nr. 2300 RVG kann die Festsetzung einer Gebühr von mehr als 1,3 **68** nur gefordert werden, wenn die **Tätigkeit umfangreich oder schwierig** war. Davon ist im Vergabenachprüfungsverfahren grds. auszugehen. Es handelt sich regelmäßig um bedeutsame Angelegenheiten, welche die Auswertung und Prüfung zahlreicher Akten und Schriftsätze erfordern. Aufgrund der hohen rechtlichen Komplexität der Materie sind die Kriterien des überdurchschnittlichen Umfangs bzw. der überdurchschnittlichen Schwierigkeit regelmäßig erfüllt.[195] Das OLG Frankfurt a. M. entschied somit folgerichtig, dass die Festsetzung einer 2,3 Geschäftsgebühr in einem durchschnittlichen Vergabenachprüfungsverfahren mit mündlicher Verhandlung nicht unbillig ist.[196] Eine Gebühr von 2,0 wird überwiegend für angemes-

---

[189] Vgl. hierzu Conrad ZfBR 2014, 228 (229); Schneider AGS 2014, 545.
[190] OLG Düsseldorf 4.6.2012 – VII-Verg 8/11, BeckRS 2012, 13615.
[191] OLG Brandenburg 20.2.2012 – Verg W 5/11, BeckRS 2012, 15504; BGH 18.8.2009 – VIII ZB 17/09, NJW 2009, 3364.
[192] OLG Düsseldorf 7.5.2013 – VII Verg 103/11, BeckRS 2014, 14349.
[193] BGH 17.6.2014 – X ZB 8/13, NZBau 2014, 652; OLG Celle 1.7.2014 – 13 Verg 4/14, ZfBR 2014, 820.
[194] Näher dazu Conrad ZfBR 2014, 228.
[195] OLG Frankfurt a. M. 14.4.2012 – 11 Verg 5/10, IBRRS 2012, 2660; OLG München 12.7.2011 – Verg 23/10, IBRRS 2011, 3346.
[196] OLG Frankfurt a. M. 14.4.2012 – 11 Verg 5/10, IBRRS 2012, 2661.

sen und gerechtfertigt gehalten.[197] Eine Gebühr von 2,5 bildet demgegenüber den Ausnahmefall und bedarf der besonderen Begründung.[198]

VIII. Kostengrundbescheid

69 Die Vergabekammer hat eine **Kostengrundentscheidung** zu treffen, in der sie entscheidet, wer in welcher Höhe die Gebühren und die Verfahrenskosten zu tragen hat, ob ggf. auf eine Gebührenerhebung verzichtet wird und ob die Hinzuziehung von Rechtsanwälten notwendig war.[199]

70 Ist die Kostenentscheidung unrichtig oder unvollständig, ist eine **Änderung bzw. Ergänzung des Beschlusses** zu beantragen.[200] Eine Kostenfestsetzung findet wie ausgeführt nicht statt. Dementsprechend ist im Streitfall ein gesonderter Vollstreckungstitel, etwa nach Durchführung eines Mahnverfahrens oder Erhebung einer Leistungsklage, zu erstreiten.[201]

71 Die Kostenentscheidung der Vergabekammer ist mit der **sofortigen Beschwerde** anfechtbar.[202] Der Vergabesenat prüft iRd Beschwerdeverfahrens, ob die Vergabekammer ihr Ermessen bei der Kostenentscheidung rechtsfehlerfrei ausgeübt hat.[203] Das Beschwerdegericht kann ohne mündliche Verhandlung entscheiden. Diese ist nur bei Entscheidungen in der Hauptsache obligatorisch.[204]

IX. Verjährung

72 Das VwKostG regelt wie das Abgabenrecht eine Festsetzungsverjährung und eine Zahlungsverjährung. Gem. § 20 VwKostG beträgt die Festsetzungsfrist vier Jahre und beginnt mit dem Ablauf des Jahres, in dem der Gebührenanspruch entstanden ist. Der Anspruch auf Erstattung der Verfahrenskosten verjährt entweder nach drei Jahren, beginnend mit dem Ablauf des Kalenderjahres der Fälligstellung der Gebührenschuld durch **Bekanntgabe der Kostenentscheidung an den Kostenschuldner,** § 20 Abs. 1 S. 1 Alt. 1 iVm § 17 VwKostG, oder spätestens mit Ablauf des vierten Jahres nach Entstehung der Kostenschuld gem. § 20 Abs. 1 S. 1 Alt. 2 VwKostG, wobei die Entstehung maßgeblich ist. § 20 Abs. 1 VwKostG enthält somit zwei in ihren Voraussetzungen voneinander unabhängige und deshalb separat zu

---

[197] OLG Frankfurt a. M. 27.7.2015 – 11 Verg 1/14, VergabeR 2016, 136; OLG München 27.8.2009 – Verg 4/09, BeckRS 2009, 27006; OLG Düsseldorf 12.3.2008 – Verg 8/08, BeckRS 2009, 5463; OLG Naumburg 25.2.2015 – 2 Verg 2/14, BeckRS 2015, 10374.

[198] OLG Frankfurt a. M. 14.4.2012 – 11 Verg 5/10, IBRRS 2012, 2660; OLG München 12.7.2011 – Verg 23/10, IBRRS 2011, 3346.

[199] Müller-Wrede/Radu GWB § 182 Rn. 91 ff.

[200] BayObLG 29.3.2001 – Verg 2/01, BayObLGZ 2001, 77 = BeckRS 2001, 4202.

[201] OLG Celle 8.12.2009 – 13 Verg 11/09, BeckRS 2009, 88794; vgl. Müller-Wrede/Radu GWB § 182 Rn. 10.

[202] OLG Rostock 16.5.2001 – 17 W 1/01 u. 17 W 2/01, NZBau 2002, 170 ff.; OLG Frankfurt a. M. 16.5.2000 – 11 Verg 1/99, NZBau 2001, 101.

[203] OLG Naumburg 9.4.2009 – 1 Verg 1/09, BeckRS 2009, 18432; 22.9.2003 – 1 Verg 10/03, BeckRS 2003, 09134; BayObLG 13.4.2004 – Verg 5/04, BeckRS 2004, 05081; OLG Düsseldorf 7.1.2004 – Verg 55/02, IBRRS 2004, 0715 = BeckRS 2004, 18436; OLG Düsseldorf 12.5.2004 – Verg 28/04, BeckRS 2005, 3577; OLG Frankfurt a. M. 4.6.2008 – 11 Verg 8/07, BeckRS 2008, 20399.

[204] OLG München 16.7.2012 – Verg 06/12, BeckRS 2012, 15622; OLG Brandenburg 21.5.2012 – Verg W 1/12, IBRRS 2013, 0567; OLG Düsseldorf 11.1.2010 – Verg 49/09, BeckRS 2010, 15891.

prüfende Verjährungstatbestände. Mit Ablauf der Verjährungsfrist erlischt die Forderung, der Verjährungseintritt ist vAw zu beachten.

§ 183 Korrekturmechanismus der Kommission

(1) Erhält die Bundesregierung im Laufe eines Vergabeverfahrens vor Abschluss des Vertrags eine Mitteilung der Europäischen Kommission, dass diese der Auffassung ist, es liege ein schwerer Verstoß gegen das Recht der Europäischen Union zur Vergabe öffentlicher Aufträge oder zur Vergabe von Konzessionen vor, der zu beseitigen sei, teilt das Bundesministerium für Wirtschaft und Energie dies dem Auftraggeber mit.

(2) Der Auftraggeber ist verpflichtet, innerhalb von 14 Kalendertagen nach Eingang dieser Mitteilung dem Bundesministerium für Wirtschaft und Energie eine umfassende Darstellung des Sachverhalts zu geben und darzulegen, ob der behauptete Verstoß beseitigt wurde, oder zu begründen, warum er nicht beseitigt wurde, ob das Vergabeverfahren Gegenstand eines Nachprüfungsverfahrens ist oder aus sonstigen Gründen ausgesetzt wurde.

(3) Ist das Vergabeverfahren Gegenstand eines Nachprüfungsverfahrens oder wurde es ausgesetzt, so ist der Auftraggeber verpflichtet, das Bundesministerium für Wirtschaft und Energie unverzüglich über den Ausgang des Verfahrens zu informieren.

I. Bedeutung der Vorschrift

§ 183 GWB dient der Umsetzung von **Art. 3 der Rechtsmittel-Richtlinie 89/665/EWG, Art. 8 der Rechtsmittel-Richtlinie „Sektoren" 92/13/EWG**, jew. idF der RL 2007/66/EG und RL 2014/23/EU. Mit dem sog. „Korrekturmechanismus" wurde ein besonderes Verfahren für die Europäische Kommission geschaffen, um sich über Verstöße gegen das EU-Recht über die Vergabe öffentlicher Aufträge oder von Konzessionen in den Mitgliedstaaten zu informieren und die Beseitigung des Verstoßes zu fordern. 1

1. Änderungen gegenüber dem früheren Recht

Da seitdem auch die Vergabe von Konzessionen nachprüfbar ist (→ § 155 Rn. 6), wurde mit der Vergaberechtsnovelle 2016 der Korrekturmechanismus der Kommission konsequent **auf die Vergabe von Konzessionen erweitert**. Eine weitere Änderung erscheint als klein, hat jedoch erhebliche rechtliche Auswirkungen: Die frühere Formulierung aE von § 129 Abs. 3 GWB aF, wonach der Auftraggeber über den „Ausgang des Nachprüfungsverfahrens" berichten musste, wurde in „Ausgang des Verfahrens" geändert. Der Bundesrepublik Deutschland wird es erst auf diese Weise rechtlich möglich, ihren Unterrichtungspflichten ggü. der Europäischen Kommission hinreichend nachzukommen (→ Rn. 12). Abgesehen davon waren die im Vergleich zu § 129 GWB aF vorgenommenen Änderungen lediglich rein sprachlicher Natur, allerdings wurde der Name des Bundeswirtschaftsministeriums in „Bundesministerium für Wirtschaft und Klimaschutz" bisher nicht noch einmal aktualisiert. 2

S. zu den zum 24.4.2009 vorgenommenen Änderungen → 2. Aufl. 2013, GWB § 129 Rn. 2 ff. 3

2. Regelungsgehalt

Der in § 183 GWB geregelte „Korrekturmechanismus der Kommission" stellt ein spezielles Verfahren dar, mit dem sich die Europäische Kommission über bestimmte 4

GWB § 183

Verstöße nationaler Auftraggeber gegen EU-Vergaberecht informieren kann. Gleichzeitig eröffnet dieses Verfahren iVm **Art. 3 Abs. 2 RL 89/665/EWG idF der RL 2007/66/EG und RL 2014/23/EU**[1] der Kommission die Befugnis, die Beseitigung dieses Verstoßes zu fordern. Die Europäische Kommission kann sich auf diese Weise die erforderlichen Kenntnisse verschaffen, um gegen einen Mitgliedstaat ggf. ein Vertragsverletzungsverfahren nach Art. 258 AEUV einzuleiten.[2] Möglicherweise erübrigt sich jedoch sogar ein langwieriges Vertragsverletzungsverfahren, da der Unionsrechtsverstoß bereits aufgrund des Korrekturmechanismus nach § 183 GWB beseitigt wurde. Da sich die Europäische Kommission ihre Informationen nicht unmittelbar von einem Auftraggeber eines Mitgliedstaats beschaffen darf, regeln die Rechtsmittel-Richtlinien und diese umsetzend § 183 GWB, wie dieses Verfahren (über Bundesregierung und Bundesministerium für Wirtschaft und Klimaschutz) abläuft.

5   Der wesentliche Unterschied zwischen Art. 3 RL 89/665/EWG, Art. 8 RL 92/13/EWG (jew. idF der RL 2007/66/EG und RL 2014/23/EU) einerseits und § 183 GWB andererseits besteht darin, dass die Rechtsmittel-Richtlinien (natürlich) iW die „Rolle" der Kommission iRd Korrekturmechanismus beschreiben. Nur soweit die Rechtsmittel-Richtlinien Pflichten **des Mitgliedstaats selbst** enthalten, zu deren Erfüllung dieser seinerseits auf den betreffenden nationalen Auftraggeber zurückgreifen muss, war eine Umsetzung ins deutsche Recht erforderlich (so zB Art. 3 Abs. 3 RL 89/665/EWG idF der RL 2007/66/EG und RL 2014/23/EU, umgesetzt in § 183 Abs. 2 GWB). Nicht umgesetzt wurden daher Art. 3 Abs. 2 letzter Hs. RL 89/665/EWG, Art. 8 Abs. 2 letzter Hs. RL 92/13/EWG (jew. idF der RL 2007/66/EG und RL 2014/23/EU), wonach die Kommission vom betroffenen Mitgliedstaat auch die „Beseitigung" des Unionsrechtsverstoßes „durch geeignete Maßnahmen" fordert, sowie Art. 3 Abs. 5 RL 89/665/EWG, Art. 8 Abs. 5 RL 92/13/EWG (jew. idF der RL 2007/66/EG und RL 2014/23/EU), wonach der Mitgliedstaat im Falle der Aussetzung des Vergabeverfahrens die Kommission über die Beendigung der Aussetzung oder die Eröffnung eines neuen Vergabeverfahrens in derselben oder teilw. identischen Sache unterrichten muss.

6   § 183 GWB regelt darüber hinaus die **nationale Zuständigkeitsverteilung**: Ansprechpartner der Kommission ist die Bundesregierung, das weitere Verfahren (Kontaktaufnahme mit dem betreffenden Auftraggeber) wird an das Bundesministerium für Wirtschaft und Klimaschutz delegiert.

7   § 183 GWB bzw. generell der Korrekturmechanismus ist jedoch nicht nur aus der Sicht der Europäischen Kommission zu lesen. Vielmehr stellt der Korrekturmechanismus auch für ein **Unternehmen** – neben einer Rüge ggü. dem Auftraggeber oder einem Nachprüfungsverfahren nach nationalem Recht – eine weitere Möglichkeit dar, in einem Vergabeverfahren seine Rechte wahrzunehmen, indem das Unternehmen die Kommission über einen vermeintlichen schweren Vergaberechtsverstoß iSd § 183 GWB informiert.[3] Allerdings hat ein Unternehmen keinen Anspruch darauf, dass die Kommission einschreitet.[4] Da die Rechtsschutzmöglichkeiten der Unternehmen im Nachprüfungsverfahren durch die Änderung der Rechtsmittelrichtlinien 2007 verbessert wurden, wurden im Gegenzug die Befugnisse der Kommission iRd Korrekturmechanismus auf die „schweren" Verstöße der Auftraggeber beschränkt (früher reichte schon ein „klarer und eindeutiger Verstoß" für ein Eingreifen der Kommission aus, → Rn. 8).[5]

---

[1] Bzw. Art. 8 Abs. 2 der Rechtsmittel-RL „Sektoren" 92/13/EWG idF der RL 2007/66/EG und RL 2014/23/EU.

[2] EuGH 24.1.1995 – C-359/93, Slg. 1995, I-157 (174) = BeckRS 2004, 76720.

[3] So auch Byok/Jäger/Müller GWB § 183 Rn. 6.

[4] EuGH 3.4.2009 – C-387/08, BeckRS 2009, 70495 = VergabeR 2009, 773 (776 f.); EuG 25.6.2008 – T-185/08, BeckRS 2008, 70769.

[5] S. Erwgr. 28 der RL 2007/66/EG des Europäischen Parlaments und des Rates zur Änderung der RL 89/665/EWG und RL 92/13/EWG des Rates im Hinblick auf die Verbesserung

II. Voraussetzungen für die Einleitung des Korrekturmechanismus der Kommission (Abs. 1)

Die **Voraussetzungen** für ein Vorgehen nach dem Korrekturmechanismus ergeben sich aus § 183 Abs. 1 GWB:
- Die Europäische Kommission darf sich nur dann an die Bundesregierung wenden, wenn ein Vergabeverfahren noch nicht durch **Abschluss des Vertrags** beendet worden ist (s. § 183 Abs. 1 GWB).
- Zweite Voraussetzung für die Anwendung des Korrekturmechanismus ist, dass ein „**schwerer Verstoß gegen das Recht der Europäischen Union**" vorliegt. Die frühere Regelung in § 21 VgV aF erforderte insoweit einen „klaren und eindeutigen Verstoß". Diese Neuformulierung ist auf eine entspr. Änderung in den EU-Rechtsmittel-Richtlinien zurückzuführen. Die Kommission bezweckte mit ihrem entspr. Vorschlag eine Erhöhung der bisherigen Aufgreifschwelle.[6] Sie war der Auffassung, dass durch die Verbesserung der nationalen Rechtsschutzmöglichkeiten im Nachprüfungsverfahren aufgrund der Änderungen der Rechtsmittel-Richtlinien die Unternehmen hinreichend „ermutigt" wurden, auf diesem Weg selbst ihre Rechte wahrzunehmen, so dass sich der Korrekturmechanismus der Kommission auf die schweren Fälle beschränken könne.[7]
- Der Korrekturmechanismus bezieht sich gem. Art. 3 Abs. 1 RL 89/665/EWG, Art. 8 Abs. 1 RL 92/13/EWG (jew. idF der RL 2007/66/EG und RL 2014/23/EU) allein auf die Verletzung vergaberechtlicher Vorschriften. Deshalb ist in § 183 Abs. 1 GWB als dritte Voraussetzung für das Einleiten des Korrekturmechanismus geregelt, dass es sich um einen Verstoß „**gegen das Recht der Europäischen Union zur Vergabe öffentlicher Aufträge**" oder „**von Konzessionen**" handeln muss. Hierunter sind alle speziell vergaberechtlichen Vorschriften der Europäischen Union zu verstehen, insbes. die RL 2014/23/EU, RL 2014/24/EU und RL 2014/25/EU, aber auch die allg. Vertragsgrundsätze der Art. 18, 49, 56 AEUV, soweit diese auf die Vergabe öffentlicher Aufträge oder von Konzessionen angewendet werden.

Wenn die Voraussetzungen des § 183 Abs. 1 GWB erfüllt sind, wendet sich die Kommission an die Bundesregierung und teilt ihr ihre Auffassung, dass ein schwerer Verstoß gegen das EU-Recht zur Vergabe öffentlicher Aufträge oder von Konzessionen vorliege. Gleichzeitig fordert die Kommission die Bundesregierung auf, den Verstoß „durch geeignete Maßnahmen" zu beseitigen (s. Art. 3 Abs. 2 RL 89/665/EWG, Art. 8 Abs. 2 RL 92/13/EWG ((jew. idF der RL 2007/66/EG und RL 2014/23/EU)). Die Bundesregierung schaltet gem. § 183 Abs. 1 GWB das Bundesministerium für Wirtschaft und Klimaschutz ein. Dieses wendet sich seinerseits an den betreffenden Auftraggeber, teilt diesem die Auffassung der Europäischen Kommission mit und fordert ihn zur Stellungnahme iSd § 183 Abs. 2 GWB auf.

---

der Wirksamkeit der Nachprüfungsverfahren bzgl. der Vergabe öffentlicher Aufträge, ABl. 2007 L 335, 31 (34).

[6] S. Erwgr. 28 der RL 2007/66/EG des Europäischen Parlaments und des Rates zur Änderung der RL 89/665/EWG und RL 92/13/EWG des Rates im Hinblick auf die Verbesserung der Wirksamkeit der Nachprüfungsverfahren bzgl. der Vergabe öffentlicher Aufträge, ABl. 2007 L 335, 31 (34).

[7] S. Erwgr. 28 der RL 2007/66/EG des Europäischen Parlaments und des Rates zur Änderung der RL 89/665/EWG und RL 92/13/EWG des Rates im Hinblick auf die Verbesserung der Wirksamkeit der Nachprüfungsverfahren bzgl. der Vergabe öffentlicher Aufträge, ABl. 2007 L 335, 31 (34), beruhend auf dem entspr. Vorschlag der Kommission v. 4.5.2006, KOM (2006) 195 endg. S. 3, 13.

III. Stellungnahme des Auftraggebers (Abs. 2)

10   § 183 Abs. 2 GWB regelt das weitere vom Auftraggeber einzuhaltende Verfahren: Nachdem dieser vom Bundesministerium für Wirtschaft und Klimaschutz über die Auffassung der Europäischen Kommission, es liege ein „schwerer Verstoß gegen das Recht der Europäischen Union zur Vergabe öffentlicher Aufträge oder zur Vergabe von Konzessionen" vor, informiert worden ist, ist der betreffende Auftraggeber verpflichtet, hierzu Stellung zu nehmen. Die Einzelheiten sind dem Wortlaut des § 183 Abs. 2 GWB (identisch mit Art. 3 Abs. 3 RL 89/665/EWG, Art. 8 Abs. 3 RL 92/13/EWG ((jew. idF der RL 2007/66/EG und RL 2014/23/EU)) zu entnehmen:

- Die Stellungnahme muss innerhalb von **14 Kalendertagen** nach Eingang der Mitteilung des Bundesministeriums für Wirtschaft und Klimaschutz beim Auftraggeber erfolgen.
- Die Stellungnahme selbst muss folgenden **Inhalt** haben:
  - eine umfassende Darstellung des Sachverhalts,
  - die Darlegung, ob der behauptete Verstoß beseitigt wurde, oder eine Begründung, warum er nicht beseitigt wurde, ob das Vergabeverfahren Gegenstand eines Nachprüfungsverfahrens ist oder ob es aus sonstigen Gründen ausgesetzt wurde.
- Die Stellungnahme ist wiederum an das **Bundesministerium für Wirtschaft und Klimaschutz** zu richten.

IV. Information über den Ausgang des Verfahrens (Abs. 3)

11   Gem. § 183 Abs. 3 GWB ist ein Auftraggeber ebenfalls dazu verpflichtet, das Bundesministerium für Wirtschaft und Klimaschutz unverzüglich über den Ausgang des **Verfahrens** zu informieren, wenn das Vergabeverfahren, das Gegenstand des Korrekturmechanismus ist, in einem Nachprüfungsverfahren überprüft oder aus sonstigen Gründen ausgesetzt wurde. Diese Informationspflicht dient ihrerseits dem Ministerium, damit dieses (bzw. die Bundesregierung) – wie in Art. 3 Abs. 4 S. 2 RL 89/665/EWG, Art. 8 Abs. 4 S. 2 RL 92/13/EWG (jew. idF der RL 2007/66/EG und RL 2014/23/EU) vorgesehen – seinerseits die Europäische Kommission entspr. informieren kann.

12   Der Wortlaut des § 183 Abs. 3 GWB wurde so abgeändert, dass der Auftraggeber das Bundesministerium für Wirtschaft und Klimaschutz nicht nur über den Ausgang des „Nachprüfungsverfahrens" (so der EU-rechtlich früher zu enge Wortlaut des § 129 GWB aF), sondern generell über den **Ausgang „des Verfahrens"** informieren muss, also auch dann, wenn das Vergabeverfahren zwar nicht Gegenstand eines Nachprüfungsverfahrens vor der Vergabekammer war, sondern aus sonstigen Gründen ausgesetzt wurde. § 183 GWB erfüllt somit die zwingenden Anforderungen des Art. 3 Abs. 5 RL 89/665/EWG, Art. 8 Abs. 5 RL 92/13/EWG (jew. idF der RL 2007/66/EG und RL 2014/23/EU), indem die Bundesrepublik nunmehr eine Rechtsgrundlage hat, einen Auftraggeber zur Überlassung der hierfür erforderlichen Informationen anzuhalten, um ihrerseits ihren entspr. Unterrichtungspflichten ggü. der Kommission nachkommen zu können (vgl. zur Kritik an der früheren Regelung → 2. Aufl. 2013, GWB § 129 Rn. 13 f.).

V. Weiteres Verfahren

13   Das weitere Vorgehen der Kommission nach der Information durch die Bundesregierung sowohl im Anschluss an das Stadium des § 183 Abs. 2 GWB also auch des

§ 183 Abs. 3 GWB ist nicht dem GWB selbst, sondern den **EU-Rechtsmittel-Richtlinien** zu entnehmen. Der Grund hierfür liegt darin, dass nur diejenigen Richtlinienvorgaben in das deutsche Recht umgesetzt werden mussten, für die ein Mitgliedstaat zur Erfüllung seiner Pflichten ggü. der Europäischen Union seinerseits auf den nationalen Auftraggeber zurückgreifen muss (→ Rn. 5).

Gem. Art. 3 Abs. 3 RL 89/665/EWG, Art. 8 Abs. 3 RL 92/13/EWG (jew. idF 14 der RL 2007/66/EG und RL 2014/23/EU) hat der Mitgliedstaat insges. **21 Kalendertage** Zeit, um die Kommission über die Stellungnahme des betreffenden Auftraggebers zu informieren. Da der Auftraggeber seinerseits gem. § 183 Abs. 2 GWB 14 Kalendertage Zeit für seine Stellungnahme hat, hat sich das Bundesministerium für Wirtschaft und Klimaschutz bzw. die Bundesregierung also weitere sieben Kalendertage zur Bearbeitung eingeräumt.

Der Europäischen Kommission steht gem. Art. 3 Abs. 2 letzter Hs. RL 89/665/ 15 EWG, Art. 8 Abs. 2 letzter Halbsatz RL 92/13/EWG (jew. idF der RL 2007/66/ EG und RL 2014/23/EU) die Befugnis zu, gleichzeitig mit ihrer Mitteilung, es liege ein schwerer Verstoß gegen das EU-Recht vor, die **Beseitigung** dieses Verstoßes „durch geeignete Maßnahmen" **zu fordern**. Außerdem kann die Europäische Kommission insbes. aufgrund der aus dem „Korrekturmechanismus" gewonnenen Erkenntnisse ggf. ein Vertragsverletzungsverfahren gegen den betreffenden Mitgliedstaat gem. Art. 258 AEUV einleiten, sofern der Unionsrechtsverstoß nicht bereits iRd Korrekturmechanismus selbst beseitigt wurde.

§ 184 Unterrichtungspflichten der Nachprüfungsinstanzen

Die Vergabekammern und die Oberlandesgerichte unterrichten das Bundesministerium für Wirtschaft und Energie bis zum 31. Januar eines jeden Jahres über die Anzahl der Nachprüfungsverfahren des Vorjahres und deren Ergebnisse.

I. Bedeutung der Vorschrift

§ 184 GWB dient der Umsetzung des **Art. 4 Rechtsmittel-Richtlinie 89/665/** 1 **EWG** idF der RL 2007/66/EG und RL 2014/23/EU,[1] nach dem die Mitgliedstaaten der Europäischen Kommission bestimmte Informationen über Nachprüfungsverfahren übermitteln müssen. Um den dafür zuständigen Stellen ihrerseits die erforderlichen Informationen zur Weiterleitung an die Kommission überhaupt erst zu beschaffen, sind die Vergabekammern und Oberlandesgerichte gem. § 184 GWB dazu verpflichtet, das Bundesministerium für Wirtschaft und (jetzt:) Klimaschutz regelmäßig über ihre Nachprüfungsverfahren zu unterrichten. Weitere Statistikpflichten ggü. dem Bundesministerium für Wirtschaft und Klimaschutz bestehen für Auftraggeber gem. der VergStatVO.

1. Änderungen gegenüber dem früheren Recht

Gegenüber der Vorgängernorm (§ 129a GWB aF) blieb diese Regelung inhaltlich 2 unverändert, zuletzt wurde nicht einmal mehr die Bezeichnung des zuständigen Bundeswirtschaftsministeriums aktualisiert (richtig wäre jetzt: „Bundesministerium für Wirtschaft und Klimaschutz"). Die letzte inhaltlich bedeutende Änderung erfolgte zum 24.4.2009, als der bisherige § 22 VgV aF in das GWB verschoben

---

[1] Bzw. Art. 12 der Rechtsmittel-RL „Sektoren" 92/13/EWG idF der RL 2007/66/EG und RL 2014/23/EU.

wurde, weil alle Regelungen, die das Nachprüfungsverfahren betreffen, im GWB enthalten sein sollten.[2]

2. Regelungsgehalt

3 Gemäß **Art. 4 Abs. 1 Rechtsmittel-Richtlinie 89/665/EWG** idF der RL 2007/66/EG und RL 2014/23/EU[3] kann die Europäische Kommission mit dem Beratenden Ausschuss für öffentliche Aufträge iSd Art. 3b RL 89/665/EWG (idF der RL 2007/66/EG und RL 2014/23/EU)[4] die Bundesrepublik Deutschland ersuchen, ihr Informationen über das „Funktionieren" der nationalen Nachprüfungsverfahren zu übermitteln. Außerdem ist die Bundesrepublik Deutschland gem. Art. 4 Abs. 2 Rechtsmittel-Richtlinie 89/665/EWG idF der RL 2007/66/EG und RL 2014/23/EU[5] verpflichtet, der Europäischen Kommission „auf einer jährlichen Basis den Wortlaut aller Entscheidungen" ihrer Nachprüfungsstellen samt Begründung mitzuteilen. Letzteres betrifft jedoch nur Entscheidungen gem. Art. 2d Abs. 3 RL 89/665/EWG idF der RL 2007/66/EG und RL 2014/23/EU.[6] Da diese Vorschrift, wonach von einer Unwirksamkeitserklärung eines Vertrages iSd § 135 Abs. 1 GWB ggf. abgesehen werden könnte, in Deutschland nicht umgesetzt wurde, sind für die Unterrichtungspflicht iSd § 184 GWB nur die Fälle des Art. 4 Abs. 1 Rechtsmittel-Richtlinie 89/665/EWG idF der RL 2007/66/EG und RL 2014/23/EU[7] relevant.

4 Damit die Bundesrepublik ihre Unterrichtungspflichten ggü. der Kommission aus den Rechtsmittel-Richtlinien wahrnehmen kann, sieht § 184 GWB vor, dass die Vergabenachprüfungsinstanzen ihrerseits den zuständigen deutschen Stellen die erforderlichen **Informationen übermitteln** müssen.[8]

5 Mithilfe der so erhaltenen Daten kann sich die Kommission zum einen über aktuelle Entwicklungen in der Vergabepraxis informieren und ihren Bericht iSd Art. 4a Rechtsmittel-Richtlinie 89/665/EWG idF der RL 2007/66/EG und RL 2014/23/EU[9] vorbereiten, in dem sie die Durchführung der Rechtsmittel-Richtlinien überprüft und über deren Wirksamkeit berichtet. Außerdem kann die Kommission hieraufhin ggf. nach dem Korrekturmechanismus gem. Art. 3 der Rechtsmittel-Richtlinie 89/665/EWG, Art. 8 der Rechtsmittel-Richtlinie „Sektoren" 92/13/EWG (jew. idF der RL 2007/66/EG und RL 2014/23/EU) verfahren (vgl. § 183 GWB) und die Beseitigung „schwerer Verstöße" gegen das EU-Recht im Bereich des öffentlichen Auftragswesens fordern (→ § 183 Rn. 8 f.) oder ggf. ein Vertragsverletzungsverfahren gem. Art. 258 AEUV gegen den betreffenden Mitgliedstaat einleiten. Das Bundesministerium für Wirtschaft und Klimaschutz verwen-

---

[2] Vgl. die Begr. zum Entwurf der BReg eines Gesetzes zur Modernisierung des Vergaberechts, BT-Drs. 16/10117, 32 zu § 129 RegE.

[3] Bzw. Art. 12 Abs. 1 der Rechtsmittel-RL „Sektoren" 92/13/EWG idF der RL 2007/66/ EG und RL 2014/23/EU.

[4] Bzw. Art. 3b der Rechtsmittel-RL „Sektoren" 92/13/EWG idF der RL 2007/66/EG und RL 2014/23/EU.

[5] Bzw. Art. 12 Abs. 2 der Rechtsmittel-RL „Sektoren" 92/13/EWG idF der RL 2007/66/ EG und RL 2014/23/EU.

[6] Bzw. Art. 2d Abs. 3 der Rechtsmittel-RL „Sektoren" 92/13/EWG idF der RL 2007/66/ EG und RL 2014/23/EU.

[7] Bzw. Art. 12 Abs. 1 der Rechtsmittel-RL „Sektoren" 92/13/EWG idF der RL 2007/66/ EG und RL 2014/23/EU.

[8] Vgl. die Begr. der BReg. zur Vorgängerregelung des § 22 VgV aF, BR-Drs. 455/00, 21 zu § 22 VgV.

[9] Bzw. Art. 12a der Rechtsmittel-RL „Sektoren" 92/13/EWG idF der RL 2007/66/EG und RL 2014/23/EU.

II. Unterrichtungspflichten der Nachprüfungsinstanzen

Die Einzelheiten der zur Verfügung zu stellenden Informationen ergeben sich 6
bereits unmittelbar aus § 184 GWB:
- **Adressat** der Unterrichtungspflicht sind nach § 184 GWB die Vergabekammern und die Oberlandesgerichte.
- Der **Inhalt** der von den Vergabekammern und Oberlandesgerichten an das Bun- 7
desministerium für Wirtschaft und Klimaschutz zu liefernden Informationen ergibt sich ebenfalls aus § 184 GWB selbst: Die „Anzahl der Nachprüfungsverfahren des Vorjahres und deren Ergebnisse". In dem Verfahren nach Art. 4 Abs. 1 Rechtsmittel-Richtlinie 89/665/EWG idF der RL 2007/66/EG und RL 2014/23/EU[10] legt die Kommission Art und Umfang der von einem Mitgliedstaat verlangten Informationen gemeinsam mit dem Beratenden Ausschuss für öffentliche Aufträge iSd Art. 3b RL 89/665/EWG idF der RL 2007/66/EG und RL 2014/23/EU[11] fest.[12] Für die Erhebung weitergehender Daten von den Vergabekammern und Oberlandesgerichten als die in § 184 GWB genannte „Anzahl der Nachprüfungsverfahren des Vorjahres und deren Ergebnisse" fehlt allerdings in § 184 GWB die erforderliche Rechtsgrundlage.
- Die Übermittlung der erforderlichen Daten durch die Vergabekammern und 8
Oberlandesgerichte hat gem. § 184 GWB **bis zum 31.1. eines jeden Jahres** zu erfolgen. Zuständig für die Entgegennahme der Informationen ist nach der in § 184 GWB geregelten Zuständigkeitsverteilung das **Bundesministerium für Wirtschaft und Klimaschutz**.

III. Weiteres Verfahren

Wie mit den von den Vergabekammern und den Oberlandesgerichten gelieferten 9
Informationen über Nachprüfungsverfahren weiter zu verfahren ist, ist nicht in § 184 GWB selbst geregelt. Hierzu ergibt sich aus **Art. 4 Abs. 1 Rechtsmittel-Richtlinie 89/665/EWG** idF der RL 2007/66/EG und RL 2014/23/EU,[13] dass das Bundesministerium für Wirtschaft und Klimaschutz die übermittelten Daten nach Art und Umfang so aufzubereiten hat, wie es die Europäischen Kommission (gemeinsam mit dem Beratenden Ausschuss für öffentliche Aufträge iSd Art. 3b RL 89/665/EWG idF der RL 2007/66/EG und RL 2014/23/EU[14]) festgelegt hat. Die Daten dienen der Kommission zur Bewertung des „Funktionierens der innerstaatlichen Nachprüfungsverfahren" und bereiten deren Überprüfung der Rechtsmittel-Richtlinien und den entspr. Bericht an das Europäische Parlament und den Rat über deren Wirksamkeit vor (→ Rn. 5). Außerdem veröffentlicht das Bundesministerium für Wirtschaft und Klimaschutz eigene Statistiken über die in Deutschland geführten Nachprüfungsverfahren und deren Ausgang auf seiner Homepage im Internet.

---

[10] Bzw. Art. 12 Abs. 1 der Rechtsmittel-RL „Sektoren" 92/13/EWG idF der RL 2007/66/EG und RL 2014/23/EU.

[11] Bzw. Art. 3b der Rechtsmittel-RL „Sektoren" 92/13/EWG idF der RL 2007/66/EG und RL 2014/23/EU.

[12] S. auch Erwgr. 31 der RL 2007/66/EG, ABl. 2007 L 335, 31 (34).

[13] Bzw. Art. 12 Abs. 1 Rechtsmittel-RL „Sektoren" 92/13/EWG idF der RL 2007/66/EG und RL 2014/23/EU.

[14] Bzw. Art. 3b der Rechtsmittel-RL „Sektoren" 92/13/EWG idF der RL 2007/66/EG und RL 2014/23/EU.

Teil 6. Übergangs- und Schlussbestimmungen

§ 187 Übergangsbestimmungen

(1) **(Hier nicht abgedruckt)**
(2) **Vergabeverfahren, die vor dem 18. April 2016 begonnen haben, einschließlich der sich an diese anschließenden Nachprüfungsverfahren sowie am 18. April 2016 anhängige Nachprüfungsverfahren werden nach dem Recht zu Ende geführt, das zum Zeitpunkt der Einleitung des Verfahrens galt.**
(3)–(11) **(Hier nicht abgedruckt)**

I. Bedeutung der Vorschrift

1 § 187 Abs. 2 GWB enthält **Übergangsregelungen** für Vergabeverfahren, die vor dem 18.4.2016 begonnen bzw. für Nachprüfungsverfahren, die spätestens an diesem Tag anhängig gemacht wurden. Diese Vergabeverfahren sind nach den hierfür bisher geltenden Vorschriften zu beenden.

II. Voraussetzungen

2 Die Übergangsregelungen des § 187 Abs. 2 GWB kommen unter folgenden Voraussetzungen zur Anwendung:

1. Beginn eines Vergabeverfahrens

3 Hierzu enthält die Begründung des Entwurfs des VergRModG folgende Erläuterung: „Ein Vergabeverfahren ist im Sinne dieser Übergangsregelung auch begonnen, wenn eine Aufforderung zum Teilnahmewettbewerb oder zur Angebotsabgabe ohne vorherigen Teilnahmewettbewerb erfolgt ist."[1] Hieraus lässt sich entnehmen, dass ein Vergabeverfahren auch dann iSv § 187 Abs. 2 GWB begonnen wurde, wenn ein Unternehmen im Wege der **De-facto-Vergabe** ohne Durchführung eines förmlichen Vergabeverfahrens beauftragt wurde. Maßgebend ist in diesem Fall der Zeitpunkt, zu dem der öffentliche Auftraggeber Kontakt mit dem betreffenden Unternehmen zwecks Abschlusses eines Vertrags aufgenommen hat.[2]

3a Ist das Vergabeverfahren vor dem 18.4.2016 begonnen worden, so bleibt es für das gesamte Vergabeverfahren bei der Anwendbarkeit des „alten Rechts". Dies gilt auch dann, wenn das Vergabeverfahren durch Entscheidung der Nachprüfungsinstanzen auf einen **Zeitpunkt vor der Bekanntgabe zurückversetzt** wird.[3]

4 Darüber hinaus gilt die Übergangsregelung auch für diejenigen Nachprüfungsverfahren, die am 18.4.2016 anhängig waren. Da die **Anhängigkeit des Nachprüfungsverfahrens** mit Eingang des Antrags bei der Vergabekammer eintritt (→ § 160 Rn. 5), werden auch solche Verfahren erfasst, bei denen der Nachprüfungsantrag am Stichtag bei der Vergabekammer eingegangen ist.

---

[1] BT-Drs. 18/6281, 137.
[2] OLG Naumburg 29.4.2010 – 1 Verg 3/10, VergabeR 2010, 979 (984) = BeckRS 2010, 13763: „der erste Schritt zu Herbeiführung eines konkreten Vertragsschlusses".
[3] OLG Düsseldorf 28.3.2018 – Verg 38/17, ZfBR 2019, 81 (85).

2. Beginn vor Stichtag 18.4.2016

Der Beginn des Vergabeverfahrens im genannten Sinne muss vor dem Stichtag 18.4.2016 erfolgt sein.

3. Fortführung des Verfahrens über den Stichtag hinaus

Vergabeverfahren, die vor dem Stichtag vollständig, dh ggf. einschl. evtl. durchgeführter Nachprüfungsverfahren, abgeschlossen wurden, werden von der Übergangsregelung nicht erfasst. § 187 Abs. 2 GWB setzt vielmehr voraus, dass ein **vor dem Stichtag begonnenes Vergabeverfahren über diesen Stichtag hinaus fortgeführt** wird. Hierzu zählt auch die Durchführung eines Nachprüfungsverfahrens einschl. eines Vorlageverfahrens an den BGH nach § 179 Abs. 2 GWB oder der Einholung einer Vorabentscheidung des EuGH nach Art. 267 AEUV.

III. Anwendbares Recht

1. Vergabeverfahren

Sind die genannten Voraussetzungen erfüllt, so ordnet § 187 Abs. 2 GWB an, dass für die Durchführung des Vergabeverfahrens diejenigen Vorschriften anzuwenden sind, die **vor dem Inkrafttreten der jew. Neuregelung zum Stichtag** gegolten haben.

Auffallend ist die Abweichung dieser Übergangsvorschrift von den **allg. Grundsätzen des intertemporalen Verfahrensrechts,** wie sie bspw. in § 96 Abs. 1 VwVfG zum Ausdruck gelangt sind, nach denen lediglich bereits abgeschlossene, nicht bereits vor Inkrafttreten des neuen Verfahrensrechts vorgenommene Verfahrenshandlungen der Anwendung des neuen Rechts entzogen werden, selbst wenn das Verfahren vor dem Zeitpunkt des Inkrafttretens begonnen wurde.[4] Neues Verfahrensrecht erfasst regelmäßig auch bereits anhängige Verfahren.[5] Gleichwohl entspricht § 187 Abs. 2 GWB der Rspr. des EuGH, dass auf die Durchführung des Vergabeverfahrens das zum Zeitpunkt der Entscheidung des öffentlichen Auftraggebers, ein Vergabeverfahren durchzuführen, geltende Recht anzuwenden ist.[6]

2. Nachprüfungsverfahren

Für das auf die Durchführung von Nachprüfungsverfahren anzuwendende Recht trifft § 187 Abs. 2 GWB eine von der für das Vergabeverfahren getroffenen **abweichende Regelung.** Selbst wenn das Vergabeverfahren vor dem jew. Stichtag begonnen wurde, zieht dieser Umstand nicht in jedem Fall die Anwendung des Altrechts auch auf das Nachprüfungsverfahren mit. Das vor dem Stichtag geltende Recht ist auf das Nachprüfungsverfahren vielmehr nur dann anwendbar, wenn der Nachprüfungsantrag selbst **spätestens am Stichtag anhängig gemacht** worden ist.

---

[4] Dazu Ziekow VwVfG § 96 Rn. 4.
[5] BVerwG 9.8.2007 – 1 C 47/06, DVBl 2007, 1377 (1381) = NVwZ 2007, 1435; BayVGH 23.6.2005 – 1 ZB 04.2215, NJW 2005, 2634 (2635).
[6] EuGH 11.7.2013 – C-576/10, BeckRS 2013, 81450 = VergabeR 2013, 711 Rn. 52 f.

2. Verordnung über die Vergabe öffentlicher Aufträge (Vergabeverordnung – VgV)

Vom 12. April 2016
(BGBl. I S. 624)

zuletzt geändert durch Art. 1 VO zur Anpassung des Vergaberechts an die Einführung neuer elektronischer Standardformulare („eForms") für EU-Bek. und an weitere europarechtliche Anforderungen v. 17.8.2023 (BGBl. 2023 I Nr. 222).

Einleitung

Die Vergabeverordnung (VgV) regelt entspr. der Verordnungsermächtigung in **1** § 113 GWB die Einzelheiten zur Vergabe von öffentlichen Aufträgen und bei der Ausrichtung von Wettbewerben von öffentlichen Auftraggebern nach § 99 GWB. Die 2016 neu gefasste VgV unterscheidet sich sowohl strukturell wie inhaltlich völlig von den vorherigen Versionen der VgV. Die Vorgängerversionen waren iW lediglich ein Scharnier zu den Vergabe- und Vertragsordnungen (VOB/A, VOL/A und VOF). Mit der Umsetzung der EU-Richtlinien aus 2014 hat sich der Verordnungsgeber für eine wesentliche Veränderung der vergaberechtlichen Vorschriften inkl. der VgV entschieden.

Die VgV enthält – der Struktur des Ablaufs eines Vergabeverfahrens folgend – **2** die Regelungen zur Durchführung eines Vergabeverfahrens für öffentliche Auftraggeber iSd § 99 GWB. Damit sind sog. „klassische" Vergaben gemeint, gerade in Abgrenzung zu Vergaben nach SektVO, KonzVgV und VSVgV. Ebenso wenig enthält die VgV, jedenfalls iW, Regelungen zur Vergabe von Bauaufträgen. Leider ist dem Verordnungsgeber der „große Wurf" nicht gelungen, nachdem er die VOB/A nicht in die VgV integriert hat. Dies geht zu Lasten aller Beteiligten, die das Vergaberecht anwenden müssen.

Abschn. 1 der VgV betrifft allgemeine Bestimmungen und Querschnittsregelungen zur Kommunikation, insbes. zur elektronischen Kommunikation. **3**

Abschn. 2 regelt das eigentliche Vergabeverfahren. Dieser Abschn. ist insbes. geprägt von der gewollten „1:1-Umsetzung" der RL 2014/24/EU.

Abschn. 3 betrifft die besonderen Vorschriften für die Vergabe sozialer und anderer besonderer Dienstleistungen (vgl. § 130 GWB).

Abschn. 4 geht auf die besonderen Vorschriften zur Beschaffung von energieverbrauchsrelevanten Leistungen ein, die – in Umsetzung entspr. sektoraler EU-Richtlinien – bereits Gegenstand der bisherigen Versionen der VgV waren.

Abschn. 5 enthält Vorschriften zur Durchführung von Planungswettbewerben, und zwar nicht nur solchen im Bereich der Bauplanung.

Abschn. 6 enthält Besonderheiten der Vergabe von Architekten- und Ingenieurleistungen und soll damit insbes. die ehemaligen Regelungen aus der VOF widerspiegeln.

Abschn. 7 betrifft schließlich Übergangs- und Schlussbestimmungen.

Abschnitt 1. Allgemeine Bestimmungen und Kommunikation

Unterabschnitt 1. Allgemeine Bestimmungen

§ 1 Gegenstand und Anwendungsbereich

(1) **Diese Verordnung trifft nähere Bestimmungen über das einzuhaltende Verfahren bei der dem Teil 4 des Gesetzes gegen Wettbewerbsbeschränkungen unterliegenden Vergabe von öffentlichen Aufträgen und bei der Ausrichtung von Wettbewerben durch den öffentlichen Auftraggeber.**

(2) **Diese Verordnung ist nicht anzuwenden auf**
1. **die Vergabe von öffentlichen Aufträgen und die Ausrichtung von Wettbewerben durch Sektorenauftraggeber zum Zweck der Ausübung einer Sektorentätigkeit,**
2. **die Vergabe von verteidigungs- oder sicherheitsspezifischen öffentlichen Aufträgen und**
3. **die Vergabe von Konzessionen durch Konzessionsgeber.**

Literatur: Baudis, Zur gemeinsamen Beschaffung öffentlicher Auftraggeber nach Maßgabe der RL 2014/24/EU und deren Umsetzung sowie ihren Grenzen, VergabeR 2016, 425; Baumann, Die Vergaberechtsnovelle 2016, GWR 2016, 159; Beckmann-Oehmen, Erste Erfahrungen mit der neuen VgV, Vergabe-Navigator 5/2016, 13; Bungenberg/Schelhaas, Die Modernisierung des deutschen Vergaberechts, WuW 2017, 72; Dobmann, Das neue Vergaberecht, 2. Aufl., Baden-Baden 2018; Goldbrunner, Das neue Recht der Konzessionsvergabe, VergabeR 2016, 365; Gröning, Die neue Richtlinie für die öffentliche Auftragsvergabe – ein Überblick, VergabeR 2014, 339; Jaeger, Die neue Basisvergaberichtlinie der EU vom 26.2.2014 – ein Überblick, NZBau 2014, 259; Knauff, Strukturfragen des neuen Vergaberechts, NZBau 2016, 195; Krönke, Das neue Vergaberecht aus verwaltungsrechtlicher Perspektive, NVwZ 2016, 568; Prieß/Stein, Die neue EU-Konzessionsvergaberichtlinie, VergabeR 2014, 499; dies., Die neue EU-Sektorenrichtlinie, NZBau 2014, 323; Reuber, Die neue VOB/A, VergabeR 2016, 339; Solbach, Die Vergaberechtsreform 2016, NZBau 2016, 193; Stein, Mehr Regeln (und Ausnahmen): Die neue Konzessionsvergaberichtlinie, in: Pünder, Hermann/Prieß, Vergaberecht im Umbruch II – Die neuen EU-Vergaberichtlinien und ihre Umsetzung, Hamburg 2015, S. 101–126; Stolz, Die Vergabe von Architekten- und Ingenieurleistungen nach der Vergaberechtsreform 2016, VergabeR 2016, 351; Sturmberg, 2016 – Das Jahr des Vergaberechts, BauR 2016, 899; v. Wietersheim, Aufbau und Struktur des neuen Vergaberechts, VergabeR 2016, 269.

I. Bedeutung der VgV (Abs. 1)

1   Die VgV bildet nach dem Willen des Gesetz- und Verordnungsgebers seit 2016 nicht wie zuvor iW eine Scharnierfunktion zu den Vergabe- und Vertragsordnungen, sondern in Ergänzung zu den Regelungen des Kap. 1 Abschn. 1 und 2 des Teils 4 des GWB vollständig das **Verfahren zur Vergabe von Dienst- und Lieferaufträgen im „klassischen Bereich"** ab. Klassisch meint, in Umsetzung der RL 2014/24/EU, dahingehende Vergaben öffentlicher Auftraggeber, dh iW von Bund, Ländern und Gemeinden. Damit ist die Kaskade (stufenartiger Aufbau) insofern unter Wegnahme der VOL/A-EG und der VOF seit 2016 abgekürzt. Leider ist die **Kaskade** jedoch im Bereich der Bauaufträge nach wie vor **dreistufig** (vgl. § 2 VgV).

Gegenstand und Anwendungsbereich **§ 1 VgV**

Zu unterscheiden ist die VgV von der SektVO, der VSVgV und der KonzVgV. 2
Allen vieren ist die Rechtsqualität einer Verordnung gemein, die Verortung im EU-Vergaberecht, mit der zwangsläufigen Verbindung zum darüber stehenden GWB bzw. den EU-Richtlinien.

Übersicht:

Richtlinie 2014/24/EU	Richtlinie 2014/25/EU	Richtlinie 2009/81/EG	Richtlinie 2014/23/EU
Basisrichtlinie	Sektorenrichtlinie	Verteidigungs- und Sicherheits- richtlinie	Konzessions- richtlinie
Gesetz gegen Wettbewerbsbeschränkungen (GWB)			
VgV	SektVO	VSVgV	KonzVgV
VOB/A-EU		VOB/A-VS	

II. Abgrenzung zur SektVO, VSVgV und KonzVgV (Abs. 2)

Der Anwendungsbereich der VgV (= klassisches EU-Vergaberecht) soll nach dem 3
aus § 1 Abs. 2 VgV erkennbaren Willen des Verordnungsgebers ua deutlich vom Anwendungsbereich der SektVO (= Sektorenvergaberecht), der VSVgV (= Verteidigung und Sicherheit) und der Konzessionsvergabeverordnung (= KonzVgV) getrennt werden. Ein öffentlicher Auftraggeber muss die unterschiedlichen Rechtskreise beachten und die Beschaffung einer Rechtsordnung zuordnen.[1]

1. Abgrenzung zur SektVO (Nr. 1)

Die SektVO gilt nach § 1 Abs. 1 SektVO für Aufträge von Sektorenauftraggebern 4
nach § 100 GWB im Zusammenhang mit ihrer Tätigkeit im Bereich Wasser, Elektrizität, Gas und Wärme sowie Verkehr (vgl. § 102 GWB). Ein Rückgriff auf das klassische EU-Vergaberecht findet nicht statt (vgl. Art. 12 RL 2014/24/EU und → SektVO Einl. Rn. 19).[2]

Die abschließenden und exklusiven Rechtskreise von klassischem EU-Vergabe- 5
recht und Sektorenvergaberecht führen zB im Falle eines nachgefragten Dienstleistungsauftrags (Wert: 350.000 Euro) bei Erfüllung aller Anwendungsvoraussetzungen der SektVO mit Ausnahme des Erreichens des Schwellenwerts von 431.000 Euro im Sektorenbereich (Stand: 1.1.2022) nicht dazu, dass dieser Auftrag nun wegen des Schwellenwerts von 350.000 Euro im klassischen EU-Vergaberecht europaweit auszuschreiben wäre (dort die Schwelle 215.000 Euro, Stand 1.1.2022). Vielmehr ist der maßgebende Anknüpfungspunkt zur Anwendung der SektVO die inhaltlich zu bestimmende Sektorentätigkeit (→ GWB § 102 Rn. 2). Das klassische EU-Vergaberecht ist in diesem Fall **kein Auffangtatbestand.** Auch der Gleichbehandlungsgrundsatz spricht gegen eine Auffangfunktion des klassischen EU-Vergaberechts. Nach Erwgr. 19 der RL 2014/25/EU dürfen Auftraggeber im Sektorenbereich nicht wegen ihrer Rechtsstellung benachteiligt werden. Würde man aber Auftraggeber mit „Doppelstatus" zwingen, unterhalb der Schwellenwerte der SektVO zB die VgV anzuwenden, wären sie ggü. reinen Sektorenauftraggebern schlechter gestellt. Außerdem würde sich damit generell die Frage der „Konkurrenz" stellen, dh, ob öffentliche Auftraggeber nicht immer, also auch oberhalb der Schwellenwerte im Sektorenbereich, das strengere klassische EU-Vergaberecht anwenden müssen. Dies

---

[1] Vgl. OLG Düsseldorf 18.4.2012 – VII Verg 9/12, IBRRS 2013, 0596.
[2] Ua EuGH 10.4.2008 – C-393/06, NZBau 2008, 393 Rn. 58 f.

Greb 1111

hat der europäische Normgeber ersichtlich nicht gewollt, als er zwei unterschiedliche EU-Vergaberichtlinien erlassen hat. Dementsprechend hat der Gesetzgeber auch mit der Vergaberechtsreform 2016 die Figur des Sektorenauftraggebers mit einer eigenen Rechtsnorm geschaffen. Schließlich hat der EuGH mehrfach und eindeutig entschieden, dass die RL 2014/25/EU spezieller ggü. der (klassischen) RL 2014/24/EU ist und somit die Abgrenzung der beiden Rechtskreise vorgegeben.[3] Insofern dient die Klarstellung in § 1 Abs. 2 Nr. 1 VgV nicht zuletzt der effektiven Durchsetzung („effet utile") des EU-Rechts. IErg gilt auch unterhalb der Schwellenwerte für das Sektorenvergaberecht die **strikte Trennung der Rechtskreise von klassischem Vergaberecht und Sektorenvergaberecht** mit der Folge, dass Sektorenauftraggeber dann nicht das klassische EU-Vergaberecht anwenden müssen, selbst wenn der Auftragswert die EU-Schwelle für den klassischen Bereich überschreitet.

2. Abgrenzung zur VSVgV (Nr. 2)

6   Die VSVgV behandelt alle **Liefer- und Dienstleistungsaufträge mit verteidigungs- bzw. sicherheitsrelevantem Inhalt.** Sie ist in weiten Teilen auch relevant für dahingehende Bauaufträge (§ 2 Abs. 2 VSVgV), wobei das eigentliche Vergabefahren in der VOB/A-VS behandelt wird. Jedenfalls sind alle Beschaffungen von verteidigungs- und sicherheitsrelevanten Gütern und Dienstleistungen sowie dahingehende Bauaufträge nicht über die VgV zu beschaffen. Was verteidigungs- und sicherheitsrelevant ist, ergibt sich aus § 104 GWB, → GWB § 104 Rn. 1; → VSVgV § 1 Rn. 4 ff.

7   Im Gegensatz zur SektVO wird der Anwendungsbereich der VSVgV zwar nicht aufgabenbezogen nach dem Zusammenhang des Auftrags mit der Sektorentätigkeit bestimmt, sondern nach dem **Inhalt der nachgefragten Leistung.** Sollte die nachgefragte Leistung verteidigungs- und/oder sicherheitsrelevante Güter betreffen, ist gleichwohl allein die VSVgV anzuwenden und nicht die VgV oder die SektVO. Falls zB das BMVg Lenkwaffen beschafft im Wert von 350.000 Euro, dann fände die VSVgV eigentlich inhaltlich Anwendung, weil es sich um militärische Güter handelt; weil aber der maßgebende Schwellenwert von 431.000 Euro (Stand: 1.1.2022) nicht erreicht würde, bliebe der Anwendungsbereich der VSVgV verschlossen. Dann müsste das BMVg aber nicht ersatzweise die VgV anwenden (ua weil deren Schwellenwert deutlich überschritten wäre). Denn die Eröffnung jedenfalls des sachlichen Anwendungsbereichs der VSVgV durch die Beschaffung von Militärgütern setzt eine Schranke für die Anwendung anderer vergaberechtlicher Vorschriften außerhalb des GWB und der VSVgV. Hier gilt der Grundsatz des Vorrangs des spezielleren Gesetzes vor den allgemeinen Gesetzen (lex specialis derogat legi generali).

3. Abgrenzung zur KonzVgV (Nr. 3)

8   Die KonzVgV behandelt die Vergabe von Dienstleistungs- und Baukonzessionen. Was Dienstleistungs- und Baukonzessionen sind, ergibt sich aus deren Legaldefinition in § 105 GWB.

9   Im Gegensatz zur SektVO und der VSVgV wird der Anwendungsbereich der KonzVgV weder aufgabenbezogen nach dem Zusammenhang des Auftrags noch nach dem Inhalt der nachgefragten Leistung bestimmt. Vielmehr kommt es auf die **vertragliche Ausgestaltung von Leistung und Gegenleistung bzw. die vertraglichen Risiken** an (→ GWB § 105 Rn. 4). Etwaige Mischaufträge sind nach den §§ 110–112 GWB zu lösen. Wenn eine Konzession jedoch unterhalb des einschlägigen Schwellenwerts liegt (Stand 1.1.2022: 5.382.000 Euro), ist die Anwendung des EU-Vergaberechts nicht angezeigt (→ Rn. 5).

---

[3] Ua EuGH 16.6.2005 – C-462/03, NZBau 2005, 474 Rn. 37.

§ 2 Vergabe von Bauaufträgen

¹Für die Vergabe von Bauaufträgen sind Abschnitt 1 und Abschnitt 2, Unterabschnitt 2 anzuwenden. ²*Im Übrigen ist Teil A Abschnitt 2 der Vergabe- und Vertragsordnung für Bauleistungen in der Fassung der Bekanntmachung vom 31. Januar 2019 (BAnz AT 19.02.2019 B2), der zuletzt durch die Bekanntmachung vom 6. September 2023 (BAnz AT 25.09.2023 B4) geändert worden ist, anzuwenden.*[1]

Literatur: Janssen, Die VOB/A 2019 – Änderungen und Hintergründe, NZBau 2019, 147; Reuber, Die neue VOB/A, VergabeR 2016, 339; Sturmberg, 2016 – Das Jahr des Vergaberechts, BauR 2016, 899.

Im Rahmen der Vergaberechtsreform 2016 wurde beschlossen, dass bauspezifische Vergabeverfahren weiterhin in Teil A der Vergabe- und Vertragsordnung für Bauleistungen (VOB/A) normiert werden sollen. Damit soll den Besonderheiten der Bauleistungen bei öffentlichen Aufträgen Rechnung getragen werden.[2] Für die Vergabe im Bereich oberhalb der EU-Schwelle gilt der 2. Abschn. der VOB (VOB/A-EU) in Umsetzung der RL 2014/24 EU. Die VOB/A blieb überwiegend in ihrer alten Gestalt erhalten. Der DVA wollte möglichst viel der gewohnten Regelungsstruktur beibehalten. Die übergeordneten Bestimmungen des Teils 4 des GWB (§§ 97–186 GWB) sind primär maßgeblich. Da ein weitgehend abgeschlossenes Regelwerk geschafft werden sollte, wurden darüber hinaus auch einige Regelungen der übergeordneten Normen des GWB übernommen.[3] 1

§ 2 VgV erzeugt zum einen in **S. 2** mit Hilfe einer **statischen (Weiter-) Verweisung**[4] die durch § 113 GWB gegebene Legitimation der VOB/A-EU, Einzelheiten zum Vergabeverfahren bei der Vergabe von Bauaufträgen bei Erreichen bzw. Überschreiten des einschlägigen EU-Schwellenwerts zu regeln. Die statische Verweisung bringt es leider mit sich, dass aus einer Veränderung der VOB/A-EU nicht automatisch mit deren Bekanntmachung auch die Anwendung für Vergaben oberhalb der Schwellenwerte folgt. Vielmehr muss zuvor § 2 S. 2 VgV neu gefasst werden. Vorher würde die alte VOB/A-EU gelten. 2

Zum anderen gibt es durch die im **ersten Satz von § 2 VgV** enthaltene Vorschrift eine **Rangfolge,** wonach bei der Vergabe von Bauaufträgen im Anwendungsbereich des Teils 4 des GWB bzw. Erfüllen der Voraussetzungen von § 1 VgV jedenfalls Abschn. 1 (Allgemeine Bestimmungen) und UAbschn. 2 von Abschn. 2 (Besondere Methoden und Instrumente in Vergabeverfahren) bei der Vergabe von Bauaufträgen gelten. Denn S. 2 mit der Verweisung auf die VOB/A-EU beginnt mit „im Übrigen", dh dass die VOB/A-EU iSd genannten Vorschriften der VgV zu verstehen bzw. auszulegen ist, falls es parallele Vorschriften gibt. 3

Durch die Geltung von Abschn. 1 und 2 UAbschn. 2 der VgV sind insbes. die Vorschriften zur Schätzung des Auftragswerts, zur Wahrung der Vertraulichkeit, zur Vermeidung von Interessenskonflikten, zur vorherigen Mitwirkung an der Vorbereitung des Vergabeverfahrens, zur Dokumentation und zur Erstellung des Vergabevermerks uneingeschränkt auch bei der Vergabe von Bauaufträgen anzuwenden. Gleiches gilt für grdl. Vorschriften zur elektronischen Auftragsvergabe und besondere Methoden und Instrumenten in Vergabeverfahren, wie zB den Rahmenvereinbarungen und dynamischen Beschaffungssystemen.[5] Es handelt sich hierbei um die §§ 1–13, 21–27 VgV. 4

---

[1] Bei Drucklegung noch nicht in Kraft.
[2] Vgl. BT-Drs. 18/7318, 147.
[3] Reuber VergabeR 2016, 339 (340).
[4] Zuvor in § 6 Abs. 1 VgV aF.
[5] Vgl. BT-Drs. 18/7318, 147.

§ 3 Schätzung des Auftragswerts

(1) ¹Bei der Schätzung des Auftragswerts ist vom voraussichtlichen Gesamtwert der vorgesehenen Leistung ohne Umsatzsteuer auszugehen. ²Zudem sind etwaige Optionen oder Vertragsverlängerungen zu berücksichtigen. ³Sieht der öffentliche Auftraggeber Prämien oder Zahlungen an den Bewerber oder Bieter vor, sind auch diese zu berücksichtigen.

(2) ¹Die Wahl der Methode zur Berechnung des geschätzten Auftragswerts darf nicht in der Absicht erfolgen, die Anwendung der Bestimmungen des Teils 4 des Gesetzes gegen Wettbewerbsbeschränkungen oder dieser Verordnung zu umgehen. ²Eine Auftragsvergabe darf nicht so unterteilt werden, dass sie nicht in den Anwendungsbereich der Bestimmungen des Gesetzes gegen Wettbewerbsbeschränkungen oder dieser Verordnung fällt, es sei denn, es liegen objektive Gründe dafür vor, etwa wenn eine eigenständige Organisationseinheit selbstständig für ihre Auftragsvergabe oder bestimmte Kategorien der Auftragsvergabe zuständig ist.

(3) Maßgeblicher Zeitpunkt für die Schätzung des Auftragswerts ist der Tag, an dem die Auftragsbekanntmachung abgesendet wird oder das Vergabeverfahren auf sonstige Weise eingeleitet wird.

(4) Der Wert einer Rahmenvereinbarung oder eines dynamischen Beschaffungssystems wird auf der Grundlage des geschätzten Gesamtwertes aller Einzelaufträge berechnet, die während der gesamten Laufzeit einer Rahmenvereinbarung oder eines dynamischen Beschaffungssystems geplant sind.

(5) Der zu berücksichtigende Wert im Falle einer Innovationspartnerschaft entspricht dem geschätzten Gesamtwert der Forschungs- und Entwicklungstätigkeiten, die während sämtlicher Phasen der geplanten Partnerschaft stattfinden sollen, sowie der Bau-, Liefer- oder Dienstleistungen, die zu entwickeln und am Ende der geplanten Partnerschaft zu beschaffen sind.

(6) ¹Bei der Schätzung des Auftragswerts von Bauleistungen ist neben dem Auftragswert der Bauaufträge der geschätzte Gesamtwert aller Liefer- und Dienstleistungen zu berücksichtigen, die für die Ausführung der Bauleistungen erforderlich sind und vom öffentlichen Auftraggeber zur Verfügung gestellt werden. ²Die Möglichkeit des öffentlichen Auftraggebers, Aufträge für die Planung und die Ausführung von Bauleistungen entweder getrennt oder gemeinsam zu vergeben, bleibt unberührt.

(7) ¹Kann das beabsichtigte Bauvorhaben oder die vorgesehene Erbringung einer Dienstleistung zu einem Auftrag führen, der in mehreren Losen vergeben wird, ist der geschätzte Gesamtwert aller Lose zugrunde zu legen. ²Erreicht oder überschreitet der geschätzte Gesamtwert den maßgeblichen Schwellenwert, gilt diese Verordnung für die Vergabe jedes Loses.

(8) Kann ein Vorhaben zum Zweck des Erwerbs gleichartiger Lieferungen zu einem Auftrag führen, der in mehreren Losen vergeben wird, ist der geschätzte Gesamtwert aller Lose zugrunde zu legen.

(9) Der öffentliche Auftraggeber kann bei der Vergabe einzelner Lose von Absatz 7 Satz 2[1] sowie Absatz 8 abweichen, wenn der geschätzte Nettowert des betreffenden Loses bei Liefer- und Dienstleistungen unter 80 000 Euro und bei Bauleistungen unter 1 Million Euro liegt und die Summe der Nettowerte dieser Lose 20 Prozent des Gesamtwertes aller Lose nicht übersteigt.

---

[1] Bei Drucklegung noch nicht in Kraft.

Schätzung des Auftragswerts **§ 3 VgV**

(10) **Bei regelmäßig wiederkehrenden Aufträgen oder Daueraufträgen über Liefer- oder Dienstleistungen sowie bei Liefer- oder Dienstleistungsaufträgen, die innerhalb eines bestimmten Zeitraums verlängert werden sollen, ist der Auftragswert zu schätzen**
1. auf der Grundlage des tatsächlichen Gesamtwerts entsprechender aufeinanderfolgender Aufträge aus dem vorangegangenen Haushaltsjahr oder Geschäftsjahr; dabei sind voraussichtliche Änderungen bei Mengen oder Kosten möglichst zu berücksichtigen, die während der zwölf Monate zu erwarten sind, die auf den ursprünglichen Auftrag folgen, oder
2. auf der Grundlage des geschätzten Gesamtwerts aufeinanderfolgender Aufträge, die während der auf die erste Lieferung folgenden zwölf Monate oder während des auf die erste Lieferung folgenden Haushaltsjahres oder Geschäftsjahres, wenn dieses länger als zwölf Monate ist, vergeben werden.

(11) **Bei Aufträgen über Liefer- oder Dienstleistungen, für die kein Gesamtpreis angegeben wird, ist Berechnungsgrundlage für den geschätzten Auftragswert**
1. bei zeitlich begrenzten Aufträgen mit einer Laufzeit von bis zu 48 Monaten der Gesamtwert für die Laufzeit dieser Aufträge, und
2. bei Aufträgen mit unbestimmter Laufzeit oder mit einer Laufzeit von mehr als 48 Monaten der 48-fache Monatswert.

(12) [1]Bei einem Planungswettbewerb nach § 69, der zu einem Dienstleistungsauftrag führen soll, ist der Wert des Dienstleistungsauftrags zu schätzen zuzüglich etwaiger Preisgelder und Zahlungen an die Teilnehmer. [2]Bei allen übrigen Planungswettbewerben entspricht der Auftragswert der Summe der Preisgelder und Zahlungen an die Teilnehmer einschließlich des Werts des Dienstleistungsauftrags, der vergeben werden könnte, soweit der öffentliche Auftraggeber diese Vergabe in der Wettbewerbsbekanntmachung des Planungswettbewerbs nicht ausschließt.

Literatur: Dörr, Die Vergabe von Planungsleistungen unter der neuen HOAI, ZfBR 2021, 360; Fritz, Die Vergabe von Architekten und Ingenieursleistungen nach der VgV 2016, VergabeR 2017, 267; Huhn/Jennert, Vergaberecht: Künstliche Aufteilung eines einheitlichen Sanierungsauftrags aus haushaltsrechtlichen Gründen, EuZW 2012, 349; Klein, Zusammen oder getrennt? Die Auftragswertberechnung bei Bau-, Liefer- und Dienstleistungen, VergabeR 2022, 327; Kokew, Keine Umgehung des Vergaberechts bei der Beauftragung von Architektenleistungen, NZBau 2012, 749; Matuschak, Auftragswertermittlung bei Architekten- und Ingenieurleistungen nach dem neuen Vergaberecht, NZBau 2016, 613; Michaels, Aktuelle Änderung von VgV, SektVO, KonzVgV und VSVgV, IR 2023, 104; Portz, Addition verschiedener Planungsentscheidungen zur Wertermittlung, NZBau 2017, 408; Stolz, Die Vergabe von Architekten- und Ingenieurleistungen nach der Vergaberechtsreform 2016, VergabeR 2016, 351; Übelacker, Berechnung des Auftragswertes, BWGZ 2017, 475.

Übersicht

	Rn.
I. Bedeutung der Vorschrift	1
II. Schätzung des Auftragswerts (Abs. 1)	5
1. Ausgangspunkt: Gesamtwert	5
2. Schätzungsmethode	11
III. Umgehungsverbot (Abs. 2)	14
1. Umgehungsabsicht	16
2. Ausnahmen	19
IV. Zeitpunkt der Schätzung (Abs. 3)	20

	Rn.
V. Rahmenvereinbarungen, dynamische Beschaffungssysteme und Innovationspartnerschaften (Abs. 4 und 5)	21
VI. Bauleistungen (Abs. 6)	23
VII. Lose (Abs. 7–9)	26
VIII. Regelmäßig wiederkehrende Aufträge, Daueraufträge und zu verlängernde Aufträge (Abs. 10)	30
IX. Berechnung bei fehlendem Gesamtpreis (Abs. 11)	33
X. Planungswettbewerb (Abs. 12)	34
XI. Rechtsschutz	35

I. Bedeutung der Vorschrift

1 § 3 VgV steht in Zusammenhang mit § 106 GWB. Voraussetzung für die Anwendung der VgV ist, dass der Auftragswert der nachgefragten Leistung den einschlägigen EU-Schwellenwert, der sich über § 106 GWB aus den entspr. EU-Verordnungen ergibt, erreicht bzw. überschreitet. In diesem Zusammenhang regelt § 3 VgV, wie der öffentliche Auftraggeber den Auftragswert zu schätzen hat. Bei der Schätzung des Auftragswerts werden ausdr. Prämien oder Zahlungen an Bewerber oder Bieter berücksichtigt, was bereits aus Art. 9 RL 2004/18/EG und der Rechtspraxis anerkannt, jedoch vom nationalen Gesetzgeber früher nicht umgesetzt worden war.

2 § 3 VgV dient der Umsetzung von Art. 5 RL 2014/24/EU. Art. 5 RL 2014/24/EU trat an die Stelle des Art. 9 RL 2004/18/EG. Der Grundgedanke des früheren Verbots aus Art. 9 Abs. 7 RL 2004/18/EG aE, Aufträge nicht in der Absicht zu unterteilen, sie der Anwendung des EU-Vergaberechts zu entziehen, ist in der Regelung beibehalten worden. Allerdings enthält Art. 5 Abs. 3 RL 2014/24/EU eine ausdr. Ausnahmeregelung vom Geltungsbereich des Aufteilungsverbots bei Vorliegen objektiver Gründe. Umgesetzt wurde auch die in Art. 5 Abs. 2 RL 2014/24/EU normierte Schätzungsmethode beim Vorliegen mehrerer eigenständiger Organisationseinheiten auf Seiten des Auftraggebers. Demnach ist der geschätzte Gesamtwert für alle einzelnen Organisationen zu berücksichtigen, es sei denn, eine eigenständige Organisationseinheit ist selbstständig für ihre Auftragsvergabe zuständig. Die Regelung steht in unmittelbarem Zusammenhang mit dem Unterteilungsverbot in Art. 5 Abs. 3 RL 2014/24/EU und wird im nationalen Recht als Teil des Ausnahmetatbestands des § 3 Abs. 2 S. 2 Hs. 2 VgV umgesetzt. Umgesetzt ist auch die Regelung in Art. 5 Abs. 6 RL 2014/24/EU über die Schätzung des Auftragswerts bei den mit Art. 31 RL 2014/24/EU eingeführten Innovationspartnerschaften. Die Formulierung „Daueraufträge" in Art. 9 Abs. 7 RL 2004/18/EG wurde in Art. 5 Abs. 11 RL 2014/24/EU durch „(...) Aufträge, die innerhalb eines bestimmten Zeitraums verlängert werden sollen", ersetzt. Nach dem Willen des europäischen Gesetzgebers soll es mithin nicht allein auf die Dauer des Verhältnisses ankommen, sondern darauf, dass die Möglichkeit einer Fortführung des Auftrags über den Ablauf des ursprünglichen Vertragsverhältnisses hinaus besteht.

3 Die Vorschrift hat **bieterschützenden Charakter** allein aus der **Pflicht zur ordnungsgemäßen Auftragswertschätzung.**[2] Vom Schutzzweck der Norm werden potenzielle Bieter erfasst, die aufgrund unzutreffender Schätzung des Auftragswerts wegen eines daraus folgenden Unterbleibens eines Vergabeverfahrens nach dem EU-Vergaberecht in ihren Bieterrechten verletzt sein können.[3] Die Bedeutung der ordnungsgemäßen Schätzung des Auftragswerts für den effektiven Rechtsschutz

---

[2] OLG Düsseldorf 11.2.2009 – Verg 69/08, BeckRS 2009, 29064; 6.4.2022 – Verg 34/21, VPRRS 2023, 0040; VK Bund 6.7.2023 – VK 2-46/23, VPRRS 2023, 0159.

[3] OLG München 11.4.2013 – Verg 03/13, BeckRS 2013, 7174.

wird vom EuGH immer wieder hervorgehoben.[4] Denn der Anspruch auf Primärrechtsschutz nach dem Teil 4 des GWB hängt von der Feststellung eines Auftragswerts oberhalb der einschlägigen Schwelle ab.[5] Um eine Rechtsverletzung prüfen zu können, ist es außerdem zwingend erforderlich, dass das Vergabeverfahren eröffnet wurde.[6]

Bedeutung hat die Schätzung nicht nur für den Anfang des Verfahrens, indem sie die einschlägigen Regelwerke bestimmt. Zugleich hat sie Einfluss bei der Behandlung unangemessener Preise (vgl. § 60 VgV) sowie der Aufhebung des Verfahrens (vgl. § 63 VgV).[7]

II. Schätzung des Auftragswerts (Abs. 1)

1. Ausgangspunkt: Gesamtwert

Ausgangspunkt ist die Schätzung des Gesamtwerts des Auftrags. Der Gesamtwert bestimmt sich nach der **Summe aller Kosten der nachgefragten Leistungen**[8] **unter Berücksichtigung jeglicher Geldströme.**[9] Sämtliche Einnahmen müssen berücksichtigt werden, unabhängig davon, ob sie vom öffentlichen Auftraggeber oder von Dritten stammen.[10] Baunebenkosten, die ua Kosten für Architekten- und Ingenieurleistungen oder Baugenehmigungsgebühren, die Grundstückskosten, die Kosten der öffentlichen Erschließung, die Kosten für Vermessung und Vermarktung, die Kosten für bewegliche Ausstattungs- und Einrichtungsgegenstände, Kostenpuffer für Unvorhergesehenes[11] sowie etwaige Entschädigungen und Schadensersatzleistungen umfassen, gehören nicht zum Gesamtauftragswert.[12] Durchlaufende Positionen müssen je nach Ausgestaltung zum Auftragswert hinzugezählt werden.[13] Nach Auffassung des OLG Düsseldorf gehören zu den relevanten Kosten auch Fremdkosten (Catering, Raummiete, Technik, Dolmetscher etc) bei einer ausgeschriebenen Veranstaltungsdienstleistung, selbst wenn diese Fremdkosten nur durchlaufende Posten sind, weil sie über den Auftragnehmer dem Auftraggeber in Rechnung gestellt werden.[14] Mit dieser relativ undogmatischen Einschätzung, die über das eigentliche

---

[4] EuGH 8.5.2014 – C-161/13, NZBau 2014, 448.
[5] OLG Bremen 26.6.2009 – Verg 3/2005, ZfBR 2009, 696; VK Bund 27.5.2014 – VK 2–31/14, IBRRS 2014, 1731.
[6] OLG Celle 30.10.2014 – 13 Verg 8/14, BeckRS 2014, 20382; OLG Düsseldorf 17.12.2014 – VII-Verg 26/14, BeckRS 2015, 238.
[7] Vgl. jew. die dortige Kommentierung.
[8] BGH 20.11.2012 – X ZR 108/10, NZBau 2013, 180; OLG München 7.3.2013 – Verg 36/12, BeckRS 2013, 5399; hierzu können auch die zur Leistungserbringung erforderlichen Energiekosten zählen, auch wenn der Auftraggeber die Bieter hiervon freistellt. Vgl. VK Südbayern 23.8.2017 – Z3-3-3194-1-24-05/17, BeckRS 2017, 127710.
[9] OLG Brandenburg 12.1.2016 – Verg W 4/15, BeckRS 2016, 7772; OLG Düsseldorf 10.12.2014 – VII-Verg 24/14, BeckRS 2015, 14227.
[10] Vgl. Erwgr. 19 der RL 2014/24/EU.
[11] VK Thüringen 8.8.2017 – 250–4002-5960/2017-E-011-SM, IBRRS 2017, 3268.
[12] VK Sachsen 12.7.2007 – 1/SVK/049-07, 1-SVK/49/07, BeckRS 2007, 15261; VK Rheinland-Pfalz 15.8.2007 – VK 32/07, IBRRS 2013, 4461.
[13] BGH 29.11.2022 – XIII ZB 64/21, IBRRS 2023, 0111, der allerdings in Auslegung des Begriffs „Bruttoauftragssumme" in § 50 Abs. 2 GKG durchlaufende Posten vor allem wegen der in § 50 GKG gewollten Vereinfachung der Gerichtskostenberechnung hinzuzieht; jedoch geht es in § 3 VgV enger um den Netto-Wert der Leistung, weshalb die BGH-Entscheidung mit guten Gründen nicht auf die Auftragswertberechnung in § 3 VgV übertragbar ist.
[14] OLG Düsseldorf 29.10.2018 – VII Verg 18/18, BeckRS 2018, 59409.

6   Grundgedanke ist die Berücksichtigung jeder Ausgabe mit wirtschaftlichem Wert und jede Zahlung, die der öffentliche Auftraggeber tätigen wird. Das in § 3 VgV (und in allen Parallelregelungen in den anderen Verordnungen enthaltene) Prinzip der Aufsummierung aller in Betracht kommenden Werte wird teilw. und insofern prägnant **„Maximalschätzungsprinzip"** genannt. Dabei ist eine wirklichkeitsnahe Schätzung des Auftragswertes vorzunehmen.[15]

Leistungsverhältnis hinausgehende Kosten einbezieht, dürften Veranstaltungs- und ähnliche Dienstleistungen, zB im Marketingbereich, regelmäßig die EU-Schwelle überschreiten.

7   ISd „Maximalschätzungsprinzips" erfolgt die Auftragsberechnung nach § 3 Abs. 1 S. 2 VgV unter Berücksichtigung etwaiger Optionen oder Vertragsverlängerungen. **Optionen** sind Angebote des Auftragnehmers an den Auftraggeber, die der Auftraggeber einseitig auslösen kann und die aufgrund der potenziellen Leistungspflicht des Auftragnehmers dem Gesamtwert zuzurechnen sind. Keine Optionen sind Alternativ- bzw. Wahlpositionen; bei diesen ist bei der Kostenschätzung nur auf eine Alternative abzustellen.[16] Auch im vorgesehenen Vertrag angelegte **Vertragsverlängerungen** wirken sich idS auf den Gesamtwert des Auftrags aus, so dass diese wie Optionen zum Gesamtwert zu addieren sind. **Prämien** sowie **Zahlungen** an Bewerber oder Bieter nach § 3 Abs. 1 S. 3 VgV sind ebenfalls zu berücksichtigen.

8   MaW ist festzustellen, was der Auftragnehmer vom Auftraggeber für die Ausführung des Auftrags als **Entgelt** erhalten soll, wobei unter Entgelt nicht nur Geldmittel, sondern **jeder vermögenswerte Vorteil** zu verstehen ist, den der Auftraggeber dem Auftragnehmer als Gegenleistung für die Ausführung des Auftrags gewährt.[17] Darunter fallen Überlassungen geldwerter Beträge anstelle der Vergütung oder über die Vergütung hinaus, zB Erlöse, die der Auftragnehmer durch Verwertung und Verkauf von Altpapier erzielt.[18] Rückzahlungen des Auftragnehmers an den Auftraggeber müssen in der Konsequenz auf der anderen Seite ebenfalls berücksichtigt werden. Erst der sich nach den Abzügen ergebende Wert ist für die Bestimmung des Auftragswerts und für die Erreichung des einschlägigen Schwellenwerts maßgeblich.[19]

9   Von dem ermittelten (Brutto-) Betrag ist nach § 3 Abs. 1 S. 1 VgV die **Umsatzsteuer** abzuziehen, so dass nur dem **Nettowert** eine Bedeutung zukommt. Diese Regelung ist darauf zurückzuführen, dass die EU-Mitgliedstaaten unterschiedlich hohe Mehrwert- bzw. Umsatzsteuersätze haben, so dass im Falle einer EU-Vergabe eine erneute Berechnung zwecks Angleichung erforderlich wäre. Für andere Steuerarten ist kein Abzug vorgesehen, so dass etwa die bei der Beschaffung von Versicherungsleistungen anfallende Versicherungssteuer hinzuzurechnen ist, mit der Besonderheit, dass auf diese Steuer keine Umsatzsteuer anfällt.[20]

10   Wegen ihrer elementaren Bedeutung für das Vergabeverfahren ist die Schätzung angemessen zu dokumentieren.[21] Fehlt es an entspr. **Dokumentation** oder ist diese mangelhaft, liegt darin ein Verfahrensverstoß.[22] Dabei muss die Vergabestelle nicht

---

[15] BGH 20.11.2012 – X ZR 108/10, NZBau 2013, 180; VK Sachsen 27.11.2017 – 1/SVK/25-17, BeckRS 2017, 147240; VK Sachsen-Anhalt 27.12.2017 – 3 VK LSA 97/17, IBRRS 2018, 1676.
[16] VK Nordbayern 4.6.2019 – RMF-SG21-3194-4-16, IBRRS 2019, 2086.
[17] BGH 1.2.2005 – X ZB 27/04, ZfBR 2005, 398; OLG Düsseldorf 10.12.2014 – VII-Verg 24/14, BeckRS 2015, 14227; Byok/Jaeger/Hailbronner GWB § 99 Rn. 47.
[18] OLG Celle 5.2.2004 – 13 Verg 26/03, NZBau 2005, 51.
[19] OLG Düsseldorf 10.12.2014 – VII-Verg 24/14, BeckRS 2015, 14227.
[20] OLG Celle 18.12.2003 – 13 Verg 22/03, BeckRS 2004, 591; aA Dreher NVersZ 1999, 13.
[21] VK Westfalen 15.3.2018 – VK 1–46/17, IBRRS 2018, 1087.
[22] VK Lüneburg 2.4.2009 – VgK-05/2009, VgK-05/09, BeckRS 2009, 23608.

jedes Detail ihrer Erwägungen festhalten, sondern es reicht aus, wenn die wesentlichen Aspekte angegeben werden.[23] Gerade wenn der Schätzwert nur relativ knapp unterhalb des EU-Schwellenwerts liegt, erhöht dies den Begründungsaufwand.[24] Wird vom Auftraggeber keine Schätzung vorgenommen bzw. wird eine solche nicht in den Vergabeakten dokumentiert, ist die Vergabekammer bzw. der Vergabesenat in Streitfällen berechtigt und verpflichtet, eine eigenständige Wertermittlung vorzunehmen.[25]

2. Schätzungsmethode

Die Methode der Schätzung muss so gewählt sein, dass sie wirklichkeitsnahe Ergebnisse erwarten lässt.[26] Die Vergabestelle muss eine **ernsthafte (seriöse) Prognose** über den voraussichtlichen Auftragswert und die Beschaffung der Leistungen unter Wettbewerbsbedingungen treffen.[27] Die Prognose ist eine vorläufige Einschätzung, welche die Grundlage für die Bearbeitung und Durchführung der Ausschreibung bildet.[28]

Nach stRspr[29] erfolgt die Schätzung
- **nach objektiven** (und nicht nach eigenen, womöglich aus einer unzureichenden Recherche resultierenden) **Kriterien;** dazu müssen auch die Gegenstände der Schätzung mit der ausgeschriebenen Maßnahme übereinstimmen;[30]
- **fachkundig** (keine laienhafte Wertung als Maßstab, keine oberflächliche Nachforschung); unzureichend ist es, wenn der Auftraggeber für die Kostenschätzung pauschale und ungeprüfte, auf anderen Kalkulationsgrundlagen beruhende Werte übernimmt[31] oder wenn der Auftraggeber zB lediglich telefonisch Angebote der potentiellen Bieter erfragt, um diese als Grundlage für seine Einschätzung zu legen;[32] die konkrete vertragliche Gestaltung wird von den Nachprüfungsinstanzen gewürdigt, wenn es zB um die zutreffende Verwendung eines werthaltigen Stoffs geht („Handlingskosten");[33]
- **nach sorgfältiger Prüfung und unter Berücksichtigung der aktuellen und relevanten Marktsituation** (keine sachwidrigen, mit dem Auftrag nicht zusammenhängenden Marktwerte, ohne wichtige Aspekte außer Acht zu lassen). Maßgebend ist dabei der Verkehrs- oder Marktwert, zu dem eine bestimmte Leistung zum maßgebenden Zeitpunkt zu erwerben ist,[34] dh etwaige Kostensteigerungen

---

[23] OLG München 11.4.2013 – Verg 03/13, BeckRS 2013, 7174.
[24] VK Bund 4.3.2021 – VK 2–1/21, VERIS; VK Südbayern 14.5.2019 – Z3-3-3/94-1-14-05/19, IBRRS 2019, 3144; VK Bund 27.5.2014 – VK 2–31/14, IBRRS 2014, 1731.
[25] OLG Celle 19.8.2009 – 13 Verg 4/09, BeckRS 2009, 24117; OLG Karlsruhe 12.11.2008 – 15 Verg 4/08, NZBau 2009, 403.
[26] VK Bund 27.5.2014 – VK 2–31/14, IBRRS 2014, 1731.
[27] OLG Brandenburg 29.1.2013 – Verg W 8/12, BeckRS 2013, 3142; BGH 27.11.2007 – X ZR 18/07, BeckRS 2008, 01230.
[28] OLG München 31.1.2013 – Verg 31/12, BeckRS 2013, 2622.
[29] OLG Düsseldorf 30.7.2003 – Verg 5/03, IBRRS 2003, 2311; OLG Celle 12.7.2007 – 13 Verg 6/07, BeckRS 2007, 12330; OLG Karlsruhe 12.11.2008 – 15 Verg 4/08, NZBau 2009, 403; OLG Celle 19.9.2009 – 13 Verg 4/09, BeckRS 2009, 24117; OLG Brandenburg 29.1.2013 – Verg W 8/12, BeckRS 2013, 3142; OLG München 11.4.2013 – Verg 03/13, BeckRS 2013, 7174.
[30] BGH 20.11.2012 – X ZR 108/10, NZBau 2013, 180.
[31] VK Hessen 14.10.2008 – 69d-VK-41/2008, IBRRS 2009, 3548.
[32] OLG Düsseldorf 30.7.2003 – Verg 5/03, IBRRS 2003, 2311.
[33] OLG Koblenz 1.9.2021 – Verg 1/21, NZBau 2022, 434 = VergabeR 2022, 105 mAnm Greb.
[34] OLG Celle 5.2.2004 – 13 Verg 26/03, NZBau 2005, 51.

sind bei einem bekannten Leistungsgegenstand, der nun wieder ausgeschrieben werden soll, zu berücksichtigen.[35] Nach Kündigung eines Bauvertrags sind für die Schätzung des Auftragswerts nur noch die zur Ausführung verbliebenen Leistungen auf Basis einer aktualisierten Schätzung als Beschaffungsgegenstand zu berücksichtigen.[36] Laut OLG Karlsruhe ist für Architekten- und Ingenieurleistungen eine Auftragswertschätzung nach der HOAI nicht mehr bindend; jedoch prüft dasselbe Gericht in der fraglichen Entscheidung den „Verkehrs- und Marktwert" einer Ingenieursleitung ausf. auf Basis der HOAI.[37] Weil die HOAI nach wie vor Basis der Leistungsbeschreibungen von Architekten- und Ingenieurleistungen ist, sollten Auftraggeber bei einer entspr. Preisabfrage auf Basis der HOAI auch die Auftragswertschätzung anhand der HOAI vornehmen.[38]

13 Es ist grds. eine zulässige Ausgangsüberlegung, bei der Schätzung des Auftragswerts zunächst den bisherigen Auftrag heranzuziehen und diesen als Basis für die Beurteilung, welches Volumen der nunmehr konzipierte Auftrag erreichen könnte, zu nutzen. Altverträge dürfen jedoch nicht der einzige Anhaltspunkt dafür sein, ob im aktuellen Fall der Schwellenwert wieder erreicht bzw. nicht erreicht wird. Vielmehr sind vom Auftraggeber alle gewichtigen Kostenfaktoren, die bereits bislang angefallen oder durch eine Erweiterung des Leistungsspektrums zu erwarten sind, in Betracht zu ziehen.[39]

III. Umgehungsverbot (Abs. 2)

14 Die Wahl der Methode zur Berechnung des geschätzten Auftragswerts darf nicht in der **Absicht** erfolgen, sich der Anwendung des EU-Vergaberechts zu entziehen. Damit wird ein Umgehungsverbot bestimmt. Eine Umgehungsart ist die Unterteilung des Auftrags, um so den Schwellenwert zu unterschreiten. Deshalb wird gerade diese Form konkret dem Umgehungsverbot unterstellt (vgl. § 3 Abs. 2 S. 2 VgV). Beispiel ist die aus Gründen des Haushaltsrechts erfolgende Aufteilung eines einheitlichen Beschaffungsvorhabens, das in mehreren Etappen auszuführen ist.[40] Eine unzulässige Umgehung könnte aber auch darin gesehen werden, dass der Auftrag absichtlich niedriger als tatsächlich geschätzt wird. Ebenso unzulässig ist eine Beschränkung der Vertragslaufzeit bei an sich längerfristig bestehendem Bedarf zur Vermeidung eines europaweiten Vergabeverfahrens.[41]

15 Beispiele für die Unzulässigkeit der Aufteilung sind die vom EuGH entschiedenen Fälle „Kommission/Frankreich"[42] und „Autalhalle Niedernhausen".[43] Nach dem EuGH sind alle Leistungen, die bei der Ausführung des Auftrags in einem engen Zusammenhang bzw. sogar in einem **Abhängigkeitsverhältnis** zueinander stehen, bei der Berechnung des Auftragswertes als Einheit zu betrachten. Die Akzessorietät der Leistungen lässt sich anhand einer **funktionellen Betrachtungsweise** unter Berücksichtigung der organisatorischen, inhaltlichen, wirtschaftlichen sowie technischen Zusammenhänge bestimmen. Besteht eine „innere Kohärenz und eine funkti-

---

[35] OLG München 2.6.2016 – Verg 15/15, BeckRS 2016, 11378.
[36] VK Bund 4.7.2022 – VK 2–58/22, IBR 2022, 531.
[37] OLG Karlsruhe 4.5.2022 – 15 Verg 1/22, BeckRS 2022, 18236.
[38] Ebenso Dörr ZfBR 2021, 360.
[39] OLG München 11.4.2013 – Verg 03/13, BeckRS 2013, 7174.
[40] EuGH 5.10.2000 – C-16/98, NZBau 2001, 275; 15.3.2012 – C-574/10, NZBau 2012, 311.
[41] OLG Frankfurt a. M. 7.9.2004 – 11 Verg 11/04, NZBau 2004, 692; VK Südbayern 5.8.2019 – Z3-3-3194-1-14-05/19, BeckRS 2019, 23408.
[42] EuGH 5.10.2000 – C-16/98, NZBau 2001, 275.
[43] EuGH 15.3.2012 – C-574/10, NZBau 2012, 311.

onelle Kontinuität",[44] bleibt diese mit der Folge der Zusammenrechnung der Auftragswerte erhalten, wenn die Leistungen entspr. der Ausführung der Arbeiten in verschiedene Abschnitte unterteilt werden; derart verbundene Teilaufträge sind als ein einheitlicher Auftrag zu sehen.[45] Falls ein Komplex (zB eine Messehalle) ohne Existenz eines anderen Komplexes (zB ein Kongresszentrum) genutzt werden kann, nimmt man verschiedene Vorhaben an.[46] Die vergaberechtliche Auftragswertschätzung erfolgt mithin ausschl. unter Zugrundelegung des **funktionalen Auftragsbegriffs.** Die derart verbundenen Werte sind selbst dann zu addieren, wenn sie aufeinanderfolgend zu erbringen sind.

1. Umgehungsabsicht

Dem Wortlaut nach ist eine Umgehungsabsicht erforderlich. Neben dem objektiven Verstoß der Umgehung muss auch ein subjektives Element vorhanden sein. Absicht ist die besondere Form des Vorsatzes in Gestalt des zielgerichteten Erfolgswillens.[47] Dem Auftraggeber muss es darauf ankommen, sich dem Anwendungsbereich der VgV zu entziehen. Daran wäre insbes. dann zu denken, wenn die Werte offensichtlich zusammengehörender Aufträge nicht addiert werden, damit die Teilaufträge noch unterhalb der Schwellenwerte liegen. Beim Vorliegen objektiver Anhaltspunkte für die Annahme einer Umgehungsabsicht ist im Zweifelsfall der Auftraggeber in der Beweislast, dass er nicht absichtlich gehandelt hat.[48]

Absicht ist insofern schwierig festzustellen, als der Auftraggeber einen **Beurteilungsspielraum** bei der Schätzung besitzt, dessen Grenzen jedoch nicht klar definiert sind. Bei der Ermittlung des Auftragswerts handelt es sich nach hM[49] um eine ex-ante zu treffende **Prognose,** die nicht dadurch ohne weiteres sachwidrig wird, dass sich der Prognosewert aufgrund nachfolgend gewonnener Erkenntnisse verschiebt. Die Schätzung wird als unbestimmter Rechtsbegriff eingeordnet, der einer Ausfüllung bedarf und unter der Fallgruppe der Prognoseentscheidungen[50] subsumiert werden kann. Eine im Rahmen eines Prognosespielraums getroffene Entscheidung kann nur auf Prognosefehler hin überprüft werden, was bereits aus der Sachgebenheit einer auf die Zukunft gerichteten Beurteilung folgt.[51] Jedenfalls ist die Prognose auf Basis zutreffender Ausgangskriterien sowie eines angemessenen und konsequent durchgeführten Prognoseverfahrens methodisch fachgerecht zu erstellen.[52]

Die Schätzung des Auftragswerts ist dann objektiv falsch, dh methodisch nicht sachlich nachvollziehbar, wenn zB die Schätzung eines vermeintlich vergleichbaren Bauprojekts eines anderen Auftraggebers herangezogen wird, obwohl die nachgefragte Leistung etwa in Bezug auf Raummaße, Ausstattung oÄ deutlich abweicht. Der „Beurteilungsspielraum" ist hier iS einer **Toleranz** zu verstehen, nach der im Falle einer Abweichung von der unterstellt seriösen Schätzung nicht unmittelbar

---

[44] EuGH 15.3.2012 – C-574/10, NZBau 2012, 311.
[45] OLG Naumburg 14.3.2014 – 2 Verg 1/14, BeckRS 2014, 14968; hierzu BT-Drs. 18/7318, 147 f.
[46] OLG Schleswig 7.1.2021 – 54 Verg 6/20, ZfBR 2021, 300.
[47] BGH 18.7.1979 – 2 StR 114/79, BeckRS 9998, 104582.
[48] Die Beweislast liegt beim Antragsteller: vgl. OLG Koblenz 24.3.2015 – Verg 1/15, NZBau 2015, 386; OLG Celle 12.7.2007 – 13 Verg 6/07, BeckRS 2007, 12330.
[49] OLG Celle 12.7.2007 – 13 Verg 6/07, BeckRS 2007, 12330; OLG Dresden 24.7.2012 – Verg 2/12, NZBau 2012, 794; OLG München 11.4.2013 – Verg 03/13, BeckRS 2013, 7174.
[50] BeckOK/Decker VwGO § 114 Rn. 36 f.
[51] BVerwG 29.10.2009 – 3 C 28/08, BeckRS 2009, 42324.
[52] BVerwG 6.12.1985 – 4 C 59/82, BeckRS 9998, 163931; BeckOK/Decker VwGO § 114 Rn. 36 f.

ein Verstoß folgt, sondern zu prüfen ist, worauf die Abweichung zurückzuführen ist, zB weil unerwartete Marktbewegungen wie kriegerische Auseinandersetzungen plötzlich die Rohstoffpreise beeinflusst haben. Der Auftraggeber bleibt trotz des von der Rspr. eingeräumten „Beurteilungsspielraums" nach wie vor verpflichtet, eine ordnungsgemäße Schätzung des Auftragswerts anhand einer seriösen Prognose des voraussichtlichen Gesamtauftragswertes in der hier beschriebenen Art und Weise vorzunehmen.

2. Ausnahmen

19   Eine Unterteilung des Auftrags aus objektiven Gründen ist, wie der 2. Hs. des § 3 Abs. 2 S. 2 VgV klar macht, gerechtfertigt. Ein objektiver Grund ist demnach anzunehmen, wenn etwa eine **eigenständige Organisationseinheit** selbständig für ihre Auftragsvergabe oder bestimmte Kategorien der Auftragsvergabe zuständig ist. Das ist nach Erwgr. 20 der RL 2014/24/EU dann der Fall, wenn „die eigenständige Organisationseinheit unabhängig Verfahren zur Vergabe öffentlicher Aufträge durchführt und die Kaufentscheidungen trifft, wenn sie über eine getrennte Haushaltslinie für die betreffenden Auftragsvergaben verfügt, die Aufträge unabhängig vergibt und diese aus ihr zur Verfügung stehenden Haushaltsmitteln finanziert. Eine Aufteilung in Unterteilungen ist nicht allein dadurch gerechtfertigt, dass der öffentliche Auftraggeber eine Auftragsvergabe dezentral durchführt." Es müssen **kumulativ drei Voraussetzungen** vorliegen (getrennte Haushaltslinie, unabhängige Auftragsvergabe, Finanzierung durch vom Auftraggeber zur Verfügung stehende Haushaltsmittel), um die Aufteilung rechtfertigen zu können. Dies muss entspr. dokumentiert sein.

IV. Zeitpunkt der Schätzung (Abs. 3)

20   Die Schätzung ist **vor Beginn des Vergabeverfahrens** vorzunehmen, denn von dem Schätzungswert hängt es ab, ob eine Vergabe oberhalb oder unterhalb der Schwellenwerte stattfindet.[53] Abs. 3 enthält zwei Alt., je nachdem, welche Verfahrensart vorliegt bzw. wie die formale Eröffnung des Verfahrens erfolgt. In offenen Verfahren bzw. nicht offenen und Verhandlungsverfahren mit vorherigem Teilnahmewettbewerb ist die Auftragsbekanntmachung der formale Öffnungsakt. Dann ist für die Schätzung auf den Tag der Absendung der Auftragsbekanntmachung abzustellen (Alt. 1). Sollte ein anderes Verfahren einschlägig sein, zB ein Verhandlungsverfahren ohne Teilnahmewettbewerb, ist die Aufforderung zur Angebotsabgabe als Tag der Einleitung des Vergabeverfahrens und als Stichtag für die Schätzung maßgebend (Alt. 2).

V. Rahmenvereinbarungen, dynamische Beschaffungssysteme und Innovationspartnerschaften (Abs. 4 und 5)

21   Abs. 4 enthält zwei Fallvarianten. Im ersten Fall regelt die Vorschrift die Berechnung des Wertes bei einer **Rahmenvereinbarung,** im zweiten Fall die Berechnung bei einem **dynamischen Beschaffungssystem.** Bei einer Rahmenvereinbarung handelt es sich nach § 103 Abs. 5 GWB um eine Vereinbarung, die Bedingungen für die Aufträge, die im Laufe eines bestimmten Zeitraums vergeben werden sollen, festlegt, insbes. in Bezug auf den Preis und ggf. die in Aussicht genommenen Mengen (dazu iE → GWB § 103 Rn. 110 ff.).[54] Ein dynamisches Beschaffungssystem

---

[53] Vgl. hierzu → GWB § 106 Rn. 2.
[54] Vgl. hierzu → GWB § 103 Rn. 1 ff. sowie → VgV § 21 Rn. 6.

iSv § 120 GWB ist ein vollelektronisches Verfahren, worauf Auftraggeber für die Beschaffungen von marktüblichen Leistungen zugreifen können und das während seiner Laufzeit jedem Wirtschaftsteilnehmer offensteht, der die Auswahlkriterien erfüllt (näher → GWB § 120 Rn. 7).[55] In beiden Varianten ist nach Abs. 4 der **geschätzte Gesamtwert aller Einzelaufträge** zu berücksichtigen, die während der gesamten Laufzeit geplant sind. Dabei müssen die Laufzeiten der einzelnen, auf einer Rahmenvereinbarung beruhenden Aufträge nicht der Laufzeit jener Rahmenvereinbarung entsprechen und können kürzer oder sogar länger sein.[56] Der Wert jedes Einzelauftrags muss ermittelt und addiert werden.

Abs. 5 regelt die Schätzung des Auftragswerts im Falle einer **Innovationspartnerschaft** (vgl. § 19 VgV). Der einschlägige Wert ist dort der geschätzte Gesamtwert (i) der Forschungs- und Entwicklungstätigkeiten, die während sämtlicher Phasen der geplanten Partnerschaft stattfinden, sowie (ii) der Bau-, Liefer- oder Dienstleistungen, die zu entwickeln und am Ende der Partnerschaft zu beschaffen sind. An dieser Stelle kommt wieder das „Maximalschätzungsprinzip" (→ Rn. 6) zur Geltung.

VI. Bauleistungen (Abs. 6)

Abs. 6 regelt die Schätzung des Auftragswerts von Bauleistungen. Dabei ist zu dem Auftragswert der Bauaufträge der geschätzte Gesamtwert solcher Liefer- und Dienstleistungen zu addieren, die (i) vom Auftraggeber zur Verfügung gestellt und (ii) für die Ausführung der Bauleistung erforderlich sind. Daraus folgt, dass die **Eigenbeteiligung des Auftraggebers** keine wertmindernde (wie vielfach in der Praxis angenommen wird), sondern vielmehr die **werterhöhende Wirkung** hat.

Erforderlich sind ausschl. Liefer- und Dienstleistungen, die mit der jew. Bauleistungen in technischer, wirtschaftlicher und zeitlicher Hinsicht **in einem funktionalen Zusammenhang** stehen.[57] ZB sind „Bagger- und Transportleistungen" für die Fahrrinne einer Wasserstraße und die „Entsorgung des Baggerguts" zusammenzurechnen.[58]

Gerade die mit der Vergaberechtsreform 2016 hinzugekommenen Dienstleistungen haben ua die Frage aufgeworfen, ob die in der Schublade des Auftraggebers liegende Planung des Baus als Dienstleistung hinzuzurechnen ist. Antwort darauf gibt bereits Art. 5 Abs. 7 RL 2014/24/EU. Dort wird ausdr. auf Dienstleistungen reduziert, die für das „Erbringen der Bauleistung erforderlich" sind. Erforderlich ist nach der Verordnungsbegr. eine Dienstleistung iRd „Errichtung des Bauwerks", wenn zB die Malereinheit einer Stadtwerke-Gesellschaft dort mitwirkt. Die Planungsleistungen für den Bau gehören somit nicht dazu. Weitere Anwendungsfälle von Hinzurechnungen wegen des Zusammenhangs mit der Errichtung sind jedoch bspw. die Kosten für die Bauüberwachung[59] oder die Bauleitung.[60] Der Auftraggeber darf die Dienstleistungen gem. § 3 Abs. 6 S. 2 VgV getrennt von der Bauleistung vergeben, muss es iErg sogar regelmäßig aufgrund der Vorgabe nach § 97 Abs. 4 GWB.

VII. Lose (Abs. 7–9)

Für die Schätzung des Auftragswerts von Leistungen eines Bau- oder Dienstleistungsauftrags, die als einzelne Lose ausgeschrieben wurden, trifft § 3 Abs. 7 S. 1

---

[55] Vgl. hierzu → VgV § 22 Rn. 11.
[56] Erwgr. 62 der RL 2014/24/EU.
[57] OLG Rostock 20.9.2006 – 17 Verg 8/06, BeckRS 2007, 02369.
[58] OLG Köln 24.10.2016 – 11 W 54/16, NZBau 2017, 181.
[59] VK Südbayern 3.8.2004 – 43–06/04, IBRRS 2004, 3408.
[60] VK Düsseldorf 11.9.2001 – VK-19/01, IBRRS 2013, 3493.

VgV eine besondere Regelung, nach der der **geschätzte Gesamtwert aller Lose** zu berücksichtigen ist. Ein Bauauftrag, der als Einzelauftrag ausgeschrieben wurde, ist vergaberechtlich allerdings nicht als „Los" einer Gesamtbaumaßnahme anzusehen, wenn der Bauabschnitt, der Gegenstand des Einzelauftrags ist, auch ohne die anderen Bauabschnitte eine sinnvolle Funktion erfüllen kann.[61]

27 § 3 Abs. 7 S. 2 VgV stellt fest, dass bei Erreichung oder Überschreitung des einschlägigen Schwellenwertes die VgV für die Vergabe jedes Loses gilt. Damit soll die Flucht aus dem Vergaberecht durch Bildung von Losen verhindert werden.[62]

28 Abs. 8 regelt die Vergabe eines solchen Auftrags in Losen, der den Erwerb **gleichartiger Lieferungen** zum Gegenstand hat. Gleichartig sind solche Lieferungen bzw. Lieferleistungen, die eine vergleichbare wirtschaftliche oder technische Funktion aufweisen oder für gleichartige Verwendungszwecke vorgesehen sind, wie zB Lieferungen einer Reihe von Nahrungsmitteln oder von verschiedenen Büromöbeln, die typischerweise von einem in dem betreffenden Bereich tätigen Teilnehmer als Teil seiner üblichen Palette angeboten werden.[63]

29 Abweichungen von den Regelungen in § 3 Abs. 7 VgV sowie in § 3 Abs. 8 VgV sind zulässig, wenn der geschätzte Nettowert des jew. Loses unter den in diesem Absatz gesetzten Grenzen liegt (sog. **„Bagatellgrenze"**). Dh, für diese (Bagatell-) Lose gilt EU-Vergaberecht nicht, selbst wenn der Gesamtauftragswert den einschlägigen Schwellenwert erreicht oder überschreitet. Bei Liefer- und Dienstleistungsaufträgen ist die Wertbegrenzung des betreffenden Loses bei 80.000 Euro, bei Bauleistungen 1 Mio. Euro. Als zusätzliche Voraussetzung für die Anwendung dieser Privilegierung des Auftraggebers soll die Summe der Nettowerte der unter der Grenze liegenden Lose nicht mehr als 20 % des Gesamtwertes aller Lose betragen (sog. **„80/20-Regel"**). Im Hintergrund dieser Regelung steckt die Überlegung,

---

[61] KG 27.1.2015 – Verg 9/14, BeckRS 2015, 10015; KG 28.9.2012 – Verg 10/12, BeckRS 2012, 21955.

[62] IdF des § 3 Abs. 7 S. 2 VgV aF von 2016 bis 2023 war von der Gleichartigkeit von Planungsleistungen die Rede, die zu einer Pflicht der Zusammenrechnung aller Lose von Planungsleistungen zu führen hatte. Laut Verordnungsgeber habe man dies nur aus deklaratorischen Gründen in 2016 eingeführt (BT-Drs. 18/7318, 148). Tatsächlich war es eine Reaktion auf eine Entscheidung des EuGH in der Rs. „Autalhalle", wonach bei innerer Kohärenz und funktionalem Zusammenhang von Architektenleistungen bzgl. eines Baus in wirtschaftlicher und technischer Hinsicht eine Pflicht zur Zusammenrechnung des Werts aller Architektenleistungen besteht (vgl. EuGH 5.3.2012 – C-574/10, NZBau 2012, 311). Daraus folgte mit guten Gründen die Pflicht zur Zusammenrechnung aller Planungsleistungen im Zusammenhang mit einer Bauleistung (siehe dazu → 4. Aufl. 2020 § 3 VgV Rn. 27). Nichtsdestotrotz verblieb es überwiegend bei der langjährigen Praxis von Auftraggebern in Deutschland, hinsichtlich Planungsleistungen vor allem nach Leistungsbildern der HOAI zu trennen und damit eine Vielzahl derartiger Leistungen dem EU-Vergaberecht zu entziehen. Die EU-Kommission folgerte aus dieser Praxis einen Verstoß gegen EU-Recht, insbes. wegen § 3 Abs. 7 S. 2 VgV, und leitete ein Vertragsverletzungsverfahren gegen Deutschland ein, was in 2023 zu einer Streichung der besagten Fassung von § 3 Abs. 7 S. 2 VgV führte. („Die Sonderregelung in Satz 2 wird daher in Übereinstimmung mit den europarechtlichen Vorgaben aufgehoben", BT-Drs. 20/6118, 28). Das offenbare Nachgeben des Verordnungsgebers kann nur so verstanden werden, dass er der von der EU-Kommission vertretenen Auffassung folgt und eine Pflicht zur Zusammenrechnung aller Planungsleistungen für eine Bauleistung anerkennt (Akzessiorietät von Planungs- und Bauleistung). Ausgenommen, weil keine Planungsleistungen, sind zB den Planungen vorgelagerte Gutachten, wie etwa Boden-/Schallschutzgutachten (BT-Drs. 20/6118, 28). Diese Handhabung ist mit Blick auf die funktionale Auslegung des Auftragsbegriffs durch den EuGH folgerichtig. IErg ist der ehemalige Text von § 3 Abs. 7 S. 2 VgV aF irrelevant für die maßgebende europarechtliche Auslegung gewesen. Dessen Einführung hat für mehr Verwirrung als Klarstellung geführt.

[63] Erwgr. 19 der RL 2014/24/EU.

dass wegen des niedrigen Auftragswerts der Lose ohnehin keine erhebliche Binnenmarktrelevanz besteht. Ob ein Auftrag unter das 20 %-Kontingent fällt, ist zum Zeitpunkt der Einleitung des Vergabeverfahrens, der Schätzung des Auftragswerts und der Bildung der Lose durch den Auftraggeber festzulegen,[64] wobei diese Entscheidung, um eine Umgehung des Vergaberechts zu verhindern, im gesamten späteren Verlauf bindend ist. Dies setzt zudem eine Losbildung voraus, die in ihrer Quantität und Qualität Leistungen konkret und klar definierbar voneinander abgrenzt. Eine flexible Handhabung der Losbildung führt folglich nicht zur Anwendung der Vorschrift.[65] Bei der Zuordnung von Losen zum sog. 20 %-Kontingent ist eine strikte Dokumentation in der Vergabeakte bereits vor dem ersten Schritt an die Öffentlichkeit geboten. Dies folgt aus dem Transparenzprinzip und dient der Vermeidung von Manipulationen.[66] Die nachträgliche Zuordnung von Losen zu dem Kontingent ist unzulässig.[67]

VIII. Regelmäßig wiederkehrende Aufträge, Daueraufträge und zu verlängernde Aufträge (Abs. 10)

Durch Abs. 10 wird den Besonderheiten von Dauerschuldverhältnissen Rechnung getragen. Die Regelung gilt ausschl. für Liefer- und Dienstleistungsaufträge. Bauaufträge sind nicht erfasst. 30

Regelmäßig wiederkehrende Aufträge sind Aufträge, die jew. getrennt vergeben werden, aber sich regelmäßig wiederholen, zB wenn eine Leistung von dem Auftraggeber im selben Bereich jedes Jahr neu ausgeschrieben und vergeben wird und angesichts der wirtschaftlichen Betätigung des Auftraggebers ein auch in der Zukunft regelmäßig wiederkehrender Beschaffungsbedarf vermutet werden kann.[68] Daueraufträge über Liefer- oder Dienstleistungen sind zB Stromlieferungen oder Abfallentsorgung. In Abs. 10 ist in Anlehnung an die einschlägige EU-Vorschrift der Hinweis enthalten, dass nur solche regelmäßig wiederkehrenden Aufträge oder Daueraufträge unter den Regelungsbereich fallen, die innerhalb eines bestimmten Zeitraums zu verlängern sind.[69] Das wäre zB bei einem Auftrag der Fall, für den eine jährliche Laufzeit festgelegt wird und in der eine Option für eine erneute Verlängerung des Vertragsverhältnisses enthalten ist. Nicht von einer Vertragsverlängerung des bis dahin geltenden Vertragsverhältnisses, sondern vielmehr von einer neuen Angebotsabgabe ist auszugehen, wenn die Vertragsbedingungen, zB betr. Abrechnungsmodalitäten oder Bereitschaftszeiten, erheblich geändert werden.[70] 31

Insges. ergeben sich **zwei Methoden** der Schätzung des Auftragswerts. Die erste Methode (Nr. 1) umfasst die Berechnung der Summe aller Aufträge, die aus dem vergangenen Haushaltsjahr oder Geschäftsjahr aufeinanderfolgen (und dem tatsächlichen Gesamtwert entsprechen). Sind Änderungen bei Mengen oder Kosten des ursprünglichen Auftrags innerhalb der nächsten 12 Monate zu erwarten, sind diese auch in Erwägung zu ziehen. Gemeint sind zB solche Änderungen, die aus höheren oder niedrigeren Liefermengen resultieren. Die zweite Methode (Nr. 2) umfasst den 32

---

[64] OLG Düsseldorf 11.2.2009 – Verg 69/08, BeckRS 2009, 29064.
[65] VK Rheinland 15.5.2019 – VK 8/19-B, BeckRS 2019, 16505.
[66] OLG Düsseldorf 11.2.2009 – Verg 69/08, BeckRS 2009, 29064; VK Südbayern 29.10.2013 – Z3-3-3194-1-25-08/13, VPRRS 2013, 1652.
[67] OLG Rostock 16.9.2021 – 17 Verg 7/21, VPRRS 2021, 0268; OLG Düsseldorf 11.12.2019 – Verg 53/16, BeckRS 2019, 32467; OLG München 6.12.2012 – Verg 25/12, BeckRS 2012, 25589.
[68] OLG Brandenburg 29.1.2013 – Verg W 8/12, BeckRS 2013, 3142.
[69] Vgl. BT-Drs. 18/7318, 149.
[70] VK Lüneburg 5.10.2015 – VgK-37/2015, BeckRS 2015, 19322.

geschätzten Gesamtwert aufeinanderfolgender Aufträge, die innerhalb eines Kalenderjahres ab der ersten Lieferung vergeben werden oder ggf. innerhalb des auf die erste Lieferung folgenden Haushaltsjahres oder Geschäftsjahres, wenn dieses mehr als 12 Monate beträgt.

IX. Berechnung bei fehlendem Gesamtpreis (Abs. 11)

33 Abs. 11 trifft eine Sonderregelung für die Berechnung des geschätzten Auftragswertes von Aufträgen über Liefer- oder Dienstleistungen, für die kein Gesamtpreis angegeben ist, sondern zB Monatspreise, Tagespauschalen uÄ gelten sollen. Auch hier werden Bauleistungen nicht erfasst. Innerhalb von Abs. 11 wird eine Unterscheidung nach zeitlich begrenzten Aufträgen mit einer Laufzeit von bis 48 Monaten (Nr. 1) und nach Aufträgen mit unbestimmter Laufzeit oder mit einer Laufzeit von mehr als 48 Monaten (Nr. 2) getroffen. Berechnungsgrundlage im ersten Fall ist der Gesamtwert für die Laufzeit dieser Aufträge, im zweiten Fall ist es der 48-fache Monatswert.

X. Planungswettbewerb (Abs. 12)

34 Die Vorschrift behandelt in S. 1 zunächst den Fall eines Planungswettbewerbs nach § 69 VgV, der zu einem Dienstleistungsauftrag führen soll. Bei der Schätzung des Wertes des Dienstleistungsauftrags sind etwaige Preisgelder und Zahlungen an Teilnehmer zu addieren. Bei allen übrigen Planungswettbewerben ist S. 2 anwendbar. Der Auftragswert entspricht dann der Summe der Preisgelder und Zahlungen einschl. des Wertes eines Dienstleistungsauftrags, der vergeben werden könnte, aber nur soweit diese Vergabe in der Wettbewerbsbekanntmachung nicht ausgeschlossen wird.

XI. Rechtsschutz

35 Ob die Schätzung fehlerhaft vorgenommen worden ist, richtet sich allein danach, ob die **Schätzungsregeln objektiv missachtet** wurden und richtigerweise ein höherer oder niedrigerer Wert zum maßgebenden Zeitpunkt hätte angesetzt werden müssen. Erhebliche (nachträgliche) Abweichungen zwischen der Höhe des geschätzten Auftragswerts und des Wertes der tatsächlich eingereichten Angebote haben eine gewisse Indizwirkung für evtl. Fehler in der Schätzung; sie allein begründen allerdings keinen Vergabeverstoß. Ordnungsgemäß ist die Schätzung jedoch dann nicht, wenn Änderungen der ausgeschriebenen Mengen oder das Erfordernis zusätzlicher Leistungen zum Zeitpunkt der Einleitung des Verfahrens erkannt werden mussten.[71] Maßgeblich ist somit der **Zeitpunkt der Einleitung des Vergabeverfahrens**, wo die Schätzung vorzunehmen ist. Solange dort ordnungsgemäß geschätzt wurde, ist ein abweichendes Wettbewerbsergebnis regelmäßig nicht vorwerfbar.[72]

36 Es ist daher nicht als Fehler zu bewerten, wenn eine ordnungsgemäße Schätzung zu einer unionsweiten Ausschreibung führt, ein Großteil oder sogar sämtliche darauf gerichtete Angebote jedoch **unterhalb** des einschlägigen Schwellenwerts liegen.[73]

37 Im umgekehrten Fall gilt Folgendes: Zwar ist strenger zu betrachten, wenn trotz Überschreitung der EU-Schwelle kein Verfahren nach dem EU-Vergaberecht durchgeführt wird, als wenn fälschlicherweise ein EU-Verfahren trotz Unterschreitens der EU-Schwelle durchgeführt wird, da die Rechte der Bieter allein wegen der

---

[71] VK Sachsen-Anhalt 9.2.2018 – 3 VK LSA 03/18, IBRRS 2018, 2259.
[72] OLG Celle 19.8.2009 – 13 Verg 4/09, BeckRS 2009, 24117; OLG Dresden 24.7.2012 – Verg 2/12, NZBau 2012, 794.
[73] OLG Bremen 18.5.2006 – Verg 3/2005, IBRRS 2006, 2067.

schlechteren Nachprüfungsmöglichkeiten eingeschränkt sind.[74] Gleichwohl ist eine vor Beginn des eigentlichen Vergabeverfahrens seriös vom Auftraggeber durchgeführte Schätzung des Auftragswerts nicht schon dadurch hinfällig oder im Nachhinein falsch, wenn die in der Folge und zeitlich nach der Schätzung eingereichten Angebote über dem Schätzpreis im Bereich oberhalb der maßgeblichen Schwellenwerte liegen.[75] Bei einer ordnungsgemäßen Schätzung bleibt EU-Vergaberecht selbst dann nicht anwendbar, wenn sich die tatsächliche Lage nach Einleitung des Vergabeverfahrens aufgrund kurzfristiger oder rasanter Änderungen auf dem Markt ändert.[76] In diesem Fall entfällt die Pflicht zu einer unionsweiten Ausschreibung, und der Rechtsweg eines Nachprüfungsverfahrens bleibt nach wie vor gesperrt, weil die Nachprüfungsinstanz an die ordnungsgemäße Schätzung der Vergabestelle gebunden ist.[77] Dafür spricht zum einen der allg. Grundsatz der Bindung des Auftraggebers an seine eigenen (rechtmäßigen) Entscheidungen, zum anderen das vergaberechtliche Gebot der Transparenz des Vergabeverfahrens.[78] Je knapper die Schätzung unterhalb der EU-Schwelle liegt, desto höher ist der Begründungsaufwand. Anders ausgedrückt, ist der Verzicht auf ein EU-Vergabeverfahren wegen einer nur unwesentlich unterhalb der EU-Schwelle liegenden Schätzung möglichst **detailliert zu dokumentieren**.[79]

38 Rechtsfehlerhaft ist es dagegen, wenn die Schätzung nicht fortgeschrieben wird, obwohl sich seit der (ersten) Schätzung die **Schätzungsgrundlage ändert**, zB weil sich der Auftragsgegenstand iR eines Verhandlungsverfahrens wegen anderer Bedürfnisse geändert hat. Der Auftraggeber hat bei einer Änderung des Auftragsgegenstands die Pflicht zur **Fortführung der Schätzung**.[80] Wird dies missachtet, führt dies zu angreifbaren Ergebnissen, besonders bei der Prüfung von unangemessenen Preisen oder einer angestrebten Aufhebung eines Verfahrens wegen angeblicher Unwirtschaftlichkeit. Falls etwa der Auftragsgegenstand im Laufe des Verfahrens geändert wurde, aber die ursprüngliche Schätzung trotzdem herangezogen wird, um den zu niedrigen Preis bzw. die angebliche Unwirtschaftlichkeit begründen zu wollen, liegt die Annahme einer bewussten bzw. absichtlichen Ausnutzung der Lage nah.

39 Fehlende Sachkenntnis des Auftraggebers kann eine Auftragswertschätzung, welche sich nicht an realistischen Verhältnissen orientiert, nicht rechtfertigen. Das gilt insbes., wenn das für eine vertretbare Schätzung notwendige Wissen, um eine fehlerhafte Beurteilung zu vermeiden oder möglichst zu minimieren, für den Auftraggeber zugänglich und auf zumutbare Weise zu beschaffen war.[81]

40 Schließlich kann durch unvollständige Angaben oder fehlerhafte Schätzung des Auftragswerts der Zugang zum Nachprüfungsverfahren nicht verwehrt werden – die Vergabekammer bzw. der Vergabesenat können selbst bei einer fehlerhaft zu niedrig erfolgten Schätzung angerufen werden.[82] Zudem drohen bei einer fehlerhaften Schätzung Schadensersatzklagen der Bieter gegen den Auftraggeber.[83]

---

[74] KG 24.10.2013 – Verg 11/13, NZBau 2013, 792.
[75] VK Bund 27.5.2014 – VK 2-31/14, IBRRS 2014, 1731.
[76] OLG Schleswig 30.3.2004 – 6 Verg 1/03, IBRRS 2004, 3059; OLG Dresden 24.7.2012 – Verg 2/12, NZBau 2012, 794.
[77] VK Hessen 21.3.2018 – 69d-VK-1/2013, IBRRS 2013, 2518; KG 24.10.2013 – Verg 11/13, NZBau 2013, 792.
[78] KG 24.10.2013 – Verg 11/13, NZBau 2013, 792.
[79] VK Bund 27.5.2014 – VK 2-31/14, IBRRS 2014, 1731.
[80] OLG München 31.1.2013 – Verg 31/12, BeckRS 2013, 2622.
[81] OLG Dresden 24.7.2012 – Verg 2/12, NZBau 2012, 794.
[82] OLG Düsseldorf 6.4.2022 – Verg 34/21, VPRRS 2023, 0040; VK Bund 6.7.2023 – VK 2-46/23, VPRRS 2023, 0159; OLG Bremen 18.5.2006 – Verg 3/05, NZBau 2006, 527 (Vorlagebeschluss); EuGH 11.10.2007 – C-241/06, BeckRS 2007, 70796.
[83] VK Baden-Württemberg 12.10.2017 – 1 VK 41/17, IBRRS 2017, 3841.

§ 4 Gelegentliche gemeinsame Auftragsvergabe; zentrale Beschaffung

(1) ¹Mehrere öffentliche Auftraggeber können vereinbaren, bestimmte öffentliche Aufträge gemeinsam zu vergeben. ²Dies gilt auch für die Auftragsvergabe gemeinsam mit öffentlichen Auftraggebern aus anderen Mitgliedstaaten der Europäischen Union. ³Die Möglichkeiten zur Nutzung von zentralen Beschaffungsstellen bleiben unberührt.

(2) ¹Soweit das Vergabeverfahren im Namen und im Auftrag aller öffentlichen Auftraggeber insgesamt gemeinsam durchgeführt wird, sind diese für die Einhaltung der Bestimmungen über das Vergabeverfahren gemeinsam verantwortlich. ²Das gilt auch, wenn ein öffentlicher Auftraggeber das Verfahren in seinem Namen und im Auftrag der anderen öffentlichen Auftraggeber allein ausführt. ³Bei nur teilweise gemeinsamer Durchführung sind die öffentlichen Auftraggeber nur für jene Teile gemeinsam verantwortlich, die gemeinsam durchgeführt wurden. ⁴Wird ein im Auftrag durch öffentliche Auftraggeber aus verschiedenen Mitgliedstaaten der Europäischen Union gemeinsam vergeben, legen diese die Zuständigkeiten und die anwendbaren Bestimmungen des nationalen Rechts durch Vereinbarung fest und geben das in den Vergabeunterlagen an.

(3) Die Bundesregierung kann für Dienststellen des Bundes in geeigneten Bereichen allgemeine Verwaltungsvorschriften über die Einrichtung und die Nutzung zentraler Beschaffungsstellen sowie die durch die zentralen Beschaffungsstellen bereitzustellenden Beschaffungsdienstleistungen erlassen.

Literatur: Baudis, Zur gemeinsamen Beschaffung öffentlicher Auftraggeber nach Maßgabe der RL 2014/24/EU und deren Umsetzung sowie ihren Grenzen, VergabeR 2016, 425; Schaller, Zentrale Beschaffungs- und Vergabestellen – Einrichtung, Aufbau, Organisation und Gestaltung, LKV 2018, 348.

I. Bedeutung der Vorschrift

1 § 4 VgV regelt die gelegentliche gemeinsame Auftragsvergabe mehrerer öffentlichen Auftraggeber. Dabei handelt es sich um eine **„punktuelle Zusammenarbeit"** bei der Vergabe einzelner öffentlicher Aufträge,[1] die bei innovativen Projekten oft eine Rolle spielen kann. **Zweck** der gemeinsamen Beschaffung öffentlicher Auftraggeber ist es, durch die Bündelung der Nachfrage günstigere Preise und bessere Konditionen angeboten zu bekommen sowie die Beschaffung effizienter zu gestalten.[2]

2 Durch § 4 VgV werden Art. 38, 39 RL 2014/24/EU umgesetzt. Ausdr. zugelassen wird nicht nur die gelegentliche gemeinsame Vergabe durch nationale öffentliche Auftraggeber, sondern auch durch Auftraggeber aus verschiedenen Mitgliedstaaten der EU. Somit dient § 4 VgV dem Zweck, die Zusammenarbeit zwischen den Mitgliedstaaten zu erleichtern und die Vorteile des Binnenmarkts durch **Schaffung grenzüberschreitender Geschäftsmöglichkeiten** zu erhöhen.[3] Diese gesetzlich eingeräumte Option darf jedoch nicht dazu verwendet werden, die Anwendung von im Einklang mit dem Unionsrecht stehenden verbindlichen Vorschriften des öffentlichen Rechts, denen sie in ihrem Mitgliedstaat unterliegen, zu umgehen.[4]

---

[1] Vgl. BT-Drs. 18/7318, 149.
[2] Baudis VergabeR 2016, 425 (426).
[3] Vgl. BT-Drs. 18/7318, 149.
[4] Vgl. Art. 39 Abs. 1 RL 2014/24/EU.

Zu solchen Vorschriften könnten bspw. Bestimmungen über Transparenz und Zugang zu Dokumenten oder spezifische Anforderungen bzgl. der Rückverfolgbarkeit sensibler Lieferungen gehören.[5]

§ 4 VgV darf nicht iS einer Legalisierung von Einkaufskartellen der öffentlichen Hand verstanden werden, was zum Nachteil der kleinen und mittelständischen Unternehmen führen würde. Ein solches Verhalten ist nach wie vor unzulässig, denn die **kartellrechtlichen Grenzen** beim gemeinsamen Einkauf durch öffentliche Auftraggeber bleiben, wie sich aus der Begr. zu § 4 VgV ergibt, unberührt. Die derzeitige Praxis einer gelegentlichen gemeinsamen Beschaffung oder die bisherige Praxis einer Beschaffung durch öffentliche Stellen im Namen, auf Rechnung und nach den Anweisungen anderer öffentlicher Auftraggeber sollen ebenso bestehen bleiben und durch die Stärkung der zentralen Beschaffungstätigkeiten nicht verhindert werden.[6] 3

II. Zulässigkeit (Abs. 1)

Abs. 1 regelt die Zulässigkeit einer gemeinsamen Vergabe öffentlicher Aufträge durch mehrere öffentliche Auftraggeber. **Öffentliche Auftraggeber** sind solche iSd § 99 GWB. **Öffentliche Aufträge** sind nach § 103 Abs. 1 GWB entgeltliche Verträge zwischen öffentlichen Auftraggebern und Unternehmen über die Beschaffung von Leistungen, die die Lieferung von Waren, die Ausführung von Bauleistungen oder die Erbringung von Dienstleistungen zum Gegenstand haben. Erforderlich ist diesbzgl. eine **Vereinbarung** der öffentlichen Auftraggeber. 4

Gemeinsame Beschaffungen können viele verschiedene Formen annehmen. Diese reichen, wie sich aus **Erwgr. 71** der RL 2014/24/EU ergibt, „von einer koordinierten Beschaffung durch die Erstellung gemeinsamer technischer Spezifikationen für Bauleistungen, Lieferungen oder Dienstleistungen, die durch mehrere öffentliche Auftraggeber beschafft werden, von denen jeder ein getrenntes Vergabeverfahren durchführt, bis hin zu Fällen, in denen die betreffenden öffentlichen Auftraggeber gemeinsam ein Vergabeverfahren durchführen und dabei entweder gemeinsam handeln oder einen öffentlichen Auftraggeber mit der Verwaltung des Vergabeverfahrens im Namen aller öffentlichen Auftraggeber beauftragen." 5

Nach S. 2 ist eine gemeinsame Auftragsvergabe nach Maßgabe des S. 1 auch dann zulässig, wenn öffentliche **Auftraggeber aus anderen Mitgliedstaaten** daran beteiligt sind. Dadurch soll das Potenzial des Binnenmarkts durch Größenvorteile und eine Risiko-Nutzen-Teilung optimal ausgeschöpft werden. Die Regelung hat zum Ziel, die sich bis jetzt ergebenden rechtlichen Schwierigkeiten hinsichtl. der Kollision nationaler Rechtsvorschriften zu beseitigen. Zwar ließ bereits die RL 2004/18/EU eine grenzüberschreitende gemeinsame öffentliche Vergabe zu, aber in der Praxis ergaben sich zahlreiche rechtliche und praktische Komplikationen bei der Beschaffung über zentrale Beschaffungsstellen in anderen Mitgliedstaaten. 6

S. 3 lässt die Möglichkeit zur Nutzung von zentralen Beschaffungsstellen unberührt. **Zentrale Beschaffungsstellen** sind nach § 120 Abs. 4 S. 1 GWB öffentliche Auftraggeber, die für andere öffentliche Auftraggeber dauerhaft handeln, indem sie in ihrem Sinne Liefer- und Dienstleistungen beschaffen, öffentliche Aufträge vergeben oder Rahmenvereinbarungen abschließen (iE → GWB § 120 Rn. 15 ff.). Grds. sind zentrale Beschaffungsstellen **zur dauerhaften Nutzung eingerichtet**, dies schließt eine Nutzung um die gemeinsame Auftragsvergabe in einzelnen Fällen jedoch nicht aus.[7] Die Regelung erstreckt sich sowohl auf die **Inanspruchnahme** 7

---

[5] Vgl. Erwgr. 73 der RL 2014/24/EU.
[6] Vgl. Erwgr. 71 der RL 2014/24/EU.
[7] Vgl. BT-Drs. 18/7318, 149 f.

zentraler Beschaffungstätigkeiten von nationalen zentralen Beschaffungsstellen als auch auf solche Beschaffungsstellen **mit Sitz in einem anderen EU-Land**. Eine anderslautende nationale Regelung wäre im Widerspruch zu Art. 39 Abs. 2 RL 2014/24/EU. Die Beschaffung erfolgt nach Art. 39 Abs. 3 RL 2014/24/EU gem. den nationalen Bestimmungen des Mitgliedstaats, in dem die zentrale Beschaffungsstelle ihren Sitz hat.

III. Verantwortlichkeit (Abs. 2)

8   Führen mehrere öffentliche Auftraggeber gemeinsam ein Vergabeverfahren durch, dann sind sie gemeinsam für die Erfüllung ihrer Verpflichtungen verantwortlich. **S. 1** regelt die gemeinsame Verantwortlichkeit für die Einhaltung der vergaberechtlichen Bestimmungen aller am Vergabeverfahren beteiligten öffentlichen Auftraggeber, soweit dieses (i) im Namen und im Auftrag aller öffentlichen Auftraggeber und (ii) insges. gemeinsam durchgeführt wird. Die Verantwortlichkeit erstreckt sich zB auf die Vergabe eines Auftrags, den Abschluss einer Rahmenvereinbarung, den Betrieb eines dynamischen Beschaffungssystems, den erneuten Aufruf zum Wettbewerb auf der Grundlage einer Rahmenvereinbarung oder die Festlegung, welche der Wirtschaftsteilnehmer, die Partei einer Rahmenvereinbarung sind, eine bestimmte Aufgabe erfüllen sollen.[8] Dasselbe gilt nach **S. 2** auch dann, wenn das Vergabeverfahren nur von einem öffentlichen Auftraggeber allein und in eigenem Namen, aber im Auftrag der anderen öffentlichen Auftraggeber geführt wird. Bei **nur teilw. gemeinsamer Durchführung** ist **S. 3** einschlägig. Demgemäß erstreckt sich die gemeinsame Verantwortlichkeit der öffentlichen Auftraggeber ausschl. auf Teile, die auch gemeinsam durchgeführt wurden, so dass jeder öffentliche Auftraggeber lediglich dafür verantwortlich ist, was er selbst veranlasst.

9   Die Regelung des § 4 VgV wirft zahlreiche **Fragen hinsichtl. des Rechtsschutzes** auf und lässt diese bedauerlicherweise offen. Es wird nicht klar, nach welchen äußeren Merkmalen sich die vollständig von der teilw. gemeinsamen Durchführung unterscheidet und wie dies für den Bieter erkennbar gemacht wird. Richtig iSd Transparenzgrundsatzes wäre es, die Auftraggeberseite in die Pflicht zu nehmen und – auch insoweit – eine zweifelsfreie Angabe in der Auftragsbekanntmachung zu fordern. Außerdem lässt sich aus § 4 VgV nicht entnehmen, an wen die Rügen im Falle einer gemeinsamen Vergabe zu richten sind – nur an den das Verfahren führenden Auftraggeber oder an alle öffentlichen Auftraggeber, die daran beteiligt sind?[9] Hier bleibt ebenfalls die Bürde auf der Auftraggeberseite, dh falls es dahingehend Zweifel geben sollte, wird die Rüge an alle beteiligten Auftraggeber gerichtet werden müssen.

10   **S. 4** bezieht sich auf das anwendbare Recht im Falle einer gemeinsamen Vergabe von Aufträgen durch öffentliche Auftraggeber **aus verschiedenen Mitgliedstaaten der EU**. Zum einen können sich die notwendigen Einzelheiten der Zusammenarbeit direkt aus einem internationalen Übereinkommen zwischen den betr. Mitgliedstaaten ergeben, wodurch diese schon im Vorfeld die Gelegenheit erlangen, die Bestimmung der geltenden Regelungen durch Festlegung in einem internationalen Übereinkommen an sich zu ziehen. Sollte kein solches Übereinkommen existieren, wird die Wahl über das anwendbare Recht durch die Parteien getroffen. Die Zuständigkeiten und die anwendbaren Bestimmungen des nationalen Rechts werden dann durch eine entspr. Vereinbarung zwischen den beteiligten öffentlichen Auftragge-

---

[8] Vgl. Erwgr. 71 der RL 2014/24/EU.

[9] Diese Fragen wurden ua durch den Bundesverband der Energie- und Wasserwirtschaft (BDEW) in seiner Stellungnahme zum RefE einer Verordnung zur Modernisierung des Vergaberechts v. 9.11.2015 aufgeworfen.

bern festgelegt und in den Vergabeunterlagen angegeben. Die Vereinbarung regelt auch die interne Organisation des Vergabeverfahrens, einschl. der Handhabung des Verfahrens, der Verteilung der zu beschaffenden Leistungen und des Abschlusses der Verträge, folgend Art. 39 Abs. 4 S. 3 RL 2014/24/EU.

Da die Vorschrift keine dritte oder ggf. eine Auffangoption zulässt, ist davon auszugehen, dass eine gelegentliche gemeinsame Auftragsvergabe, über deren Einzelheiten es kein internationales Übereinkommen gibt und über die keine Vereinbarung getroffen wird, im Widerspruch zu vergaberechtlichen Vorschriften steht. Die sich daraus ergebenden Konsequenzen sowie die Frage des Vergaberechtsschutzes bei der gemeinsamen Auftragsvergabe durch öffentliche Auftraggeber aus unterschiedlichen Mitgliedstaaten bleiben ebenso unklar. Der Kommissionsvorschlag zu Art. 39 der Richtlinie 2014/24/EU sah zB noch vor, dass Beschlüsse über die Vergabe öffentlicher Aufträge bei der grenzübergreifenden öffentlichen Auftragsvergabe den üblichen Nachprüfungsmechanismen unterliegen, die im anwendbaren einzelstaatlichen Recht verankert sind.[10] Diese Bestimmung wurde später gestrichen. Zwar spricht Erwgr. 73 der RL 2014/24/EU in Bezug auf Art. 39 RL 2014/24/EU von der Schaffung „anwendbarer Rechtsvorschriften für Rechtsmittel", solche sind jedoch bis dato weder auf europäischer noch auf nationaler Ebene ersichtlich, so dass auch dieser Fall ungeregelt bleibt. Teilw. wird in der Lit. für die Überprüfung von Vergabeverfahren öffentlicher Auftraggeber mit Sitz in Deutschland die Zuständigkeit deutscher Nachprüfungsinstanzen befürwortet.[11] Verbindliche Rspr. hierzu ist leider nicht vorhanden. 11

IV. Zentrale Beschaffung (Abs. 3)

Abs. 3 regelt die Zuständigkeit der Bundesregierung für den Erlass allg. Verwaltungsvorschriften, geltend für Dienststellen des Bundes (in geeigneten Bereichen) über die Einrichtung und die Nutzung zentraler Beschaffungsstellen und deren Beschaffungsdienstleistungen. Durch Abs. 3 werden die Regelungen des § 120 GWB zu zentralen Beschaffungsstellen und deren Beschaffungstätigkeiten im Hinblick auf Dienststellen des Bundes ergänzt. Dienststellen des Bundes iSd Abs. 3 sind die **Behörden der unmittelbaren und mittelbaren Bundesverwaltung** und die **Gerichte des Bundes**.[12] Unter Behörden der unmittelbaren Bundesverwaltung sind organisatorisch selbstständige Einheiten zu verstehen, hierarchisch geordnet nach obersten Bundesbehörden, Bundesoberbehörden sowie bundeseigenen Mittel- und Unterbehörden. Behörden der mittelbaren Bundesverwaltung sind im Vergleich dazu Organisationseinheiten mit eigener Rechtspersönlichkeit als Körperschaften, Anstalten und Stiftungen des öffentlichen Rechts, aber gleichwohl einer Zuordnung zur Bundesverwaltung, wie zB die Kreditanstalt für Wiederaufbau (KfW).[13] 12

§ 5 Wahrung der Vertraulichkeit

(1) ¹**Sofern in dieser Verordnung oder anderen Rechtsvorschriften nichts anderes bestimmt ist, darf der öffentliche Auftraggeber keine von den Unternehmen übermittelten und von diesen als vertraulich gekennzeichneten Informationen weitergeben.** ²**Dazu gehören insbesondere Betriebs- und Geschäftsgeheimnisse und die vertraulichen Aspekte der Angebote einschließlich ihrer Anlagen.**

---

[10] Art. 38 Abs. 8 KOM(2011) 896 und Art. 52 Abs. 8 KOM(2011) 895 (Fn. 15).
[11] Pünder/Prieß/Opitz, Vergaberecht im Umbruch II – Die neuen EU-Vergaberichtlinien und ihre Umsetzung, 2005, S. 98, 100.
[12] Vgl. BT-Drs. 18/7318, 150.
[13] Schoch/Schneider/Schoch VwVfG § 1 Rn. 31; s. auch → VgV § 3 Rn. 1 ff.

(2) ¹Bei der gesamten Kommunikation sowie beim Austausch und der Speicherung von Informationen muss der öffentliche Auftraggeber die Integrität der Daten und die Vertraulichkeit der Interessensbekundungen, Interessensbestätigungen, Teilnahmeanträge und Angebote einschließlich ihrer Anlagen gewährleisten. ²Die Interessensbekundungen, Interessensbestätigungen, Teilnahmeanträge und Angebote einschließlich ihrer Anlagen sowie die Dokumentation über Öffnung und Wertung der Teilnahmeanträge und Angebote sind auch nach Abschluss des Vergabeverfahrens vertraulich zu behandeln.

(3) ¹Der öffentliche Auftraggeber kann Unternehmen Anforderungen vorschreiben, die auf den Schutz der Vertraulichkeit der Informationen im Rahmen des Vergabeverfahrens abzielen. ²Hierzu gehört insbesondere die Abgabe einer Verschwiegenheitserklärung.

Literatur: Glahs, Akteneinsichts- und Informationsfreiheitsansprüche im Vergabe- und Nachprüfungsverfahren NZBau 2014, 75; Krohn, Informationssicherheit bei Verteidigungs- und Sicherheitsvergaben, in von Wietersheim (Hrsg.), Vergaben im Bereich Verteidigung und Sicherheit (2013), 137; Leinenbach, Datenschutz im Vergabeverfahren, ZfBR 2020, 741; Schäfer, Perspektiven der eVergabe, NZBau 2015, 132.

I. Bedeutung der Vorschrift

1 Von den Unternehmen erhaltene und von diesen als vertraulich eingestufte Informationen sind vor der Kenntnisnahme Dritter zu schützen. § 5 VgV ist iS einer Schutzvorschrift zu verstehen, die zum Ziel hat, die unbefugte Weitergabe vertraulicher Daten und Informationen betr. die an einem Vergabeverfahren Beteiligten zu verhindern. Die Regelung dient der Vermeidung von Manipulationen und gewährleistet die Chancengleichheit und den unverfälschten Wettbewerb in der Bewerbungsphase. Die Datenintegrität und Vertraulichkeit sollen eine ordnungsgemäße Auftragsvergabe im Geheimwettbewerb gewährleisten. § 5 VgV ist somit keine Anspruchsgrundlage für die Einsicht in Unterlagen, sondern enthält ein Verbot der Offenlegung bestimmter Inhalte des Vergabevorgangs.[1] Die Regelung gilt auch nach einem Vergabeverfahren, zB für Ansprüche nach dem IFG in der von § 5 VgV definierten Reichweite vertraulicher Unterlagen (vgl. § 3 Nr. 4 IFG).[2] Die Darlegungslast für das Vorliegen der Vertraulichkeit oder anderer relevanter Belange zur Verhinderung einer Einsichtnahme liegt beim öffentlichen Auftraggeber.[3]

2 Mit § 5 VgV werden die Vorgaben der Art. 21, 22 Abs. 3 RL 2014/24/EU umgesetzt. Das Gebot der Wahrung der Integrität der Daten und Vertraulichkeit der Angebote ergab sich bereits aus den Vorgängervorschriften des Art. 42 Abs. 3, Art. 71 Abs. 2 RL 2004/18/EG, umgesetzt durch § 13 Abs. 1 VOB/A aF, §§ 14 EG Abs. 1, 17 Abs. 3 VOL/A aF, und wird durch die reformierten EU-Vorschriften wieder bestätigt. Die Bestimmungen zum Schutz vertraulicher Informationen stehen jedoch in keiner Weise der Offenlegung der nicht vertraulichen Teile von abgeschlossenen Verträgen, einschl. späterer Änderungen, entgegen, wie sich aus Erwgr. 51 der RL der 2014/24/EU ergibt.

3 Der Anwendungsbereich des § 5 VgV erstreckt sich nicht nur auf die Vertraulichkeit der Teilnahmeanträge, sondern auch auf jegliche Interessensbekundungen, Interessensbestätigungen sowie Angebote einschl. ihrer Anlagen. Während § 5 Abs. 1, 2 VgV an die öffentlichen Auftraggeber gerichtet sind, ist § 5 Abs. 3 VgV an die am

---

[1] VG Minden 15.2.2017 – 7 K 2774/14, BeckRS 2017, 102163.
[2] BVerwG 15.12.2020 – 10 C 24/19, NZBau 2021, 342.
[3] VG Berlin 8.12.2021 – 2 K 48/20, BeckRS 2021, 54200.

Vergabeverfahren beteiligten Unternehmen adressiert. Die Norm steht in einem engen Zusammenhang mit § 6 VgV, durch den sie ergänzt wird, und kann zugleich als Konkretisierung[4] des § 128 Abs. 2 S. 3 GWB verstanden werden, der ebenso der Umsetzung des Art. 21 Abs. 2 RL 2014/24/EU dient.[5] Nicht zuletzt folgt die Bedeutung des § 5 VgV aus der Einführung der zwingenden elektronischen Vergabe (auch „E-Vergabe"), deren Umsetzungsverpflichtung sich aus Art. 22 RL 2014/24/EU ergibt. Unter E-Vergabe ist die Durchführung der Vergabe mit elektronischen Mitteln zu verstehen. Infolgedessen wird die freie Wahl der Kommunikationsmittel durch den Grundsatz der elektronischen Bereitstellung der Vergabeunterlagen ersetzt (dazu → GWB § 97 Rn. 105).

II. Schutz der Vertraulichkeit (Abs. 1)

S. 1 verbietet den öffentlichen Auftraggebern die unbefugte Weitergabe der von 4 Unternehmen übermittelten und als vertraulich eingestuften Informationen an Dritte. Dieses Verbot ist auch als Ausfluss des Prinzips des Geheimwettbewerbs zu verstehen.[6] Die Weitergabe ist unbefugt, sofern sich aus der VgV oder anderen geltenden Rechtsvorschriften nichts anderes ergibt. S. 2 enthält eine ausführliche, jedoch nicht abschl. Aufzählung („insbesondere"), was unter vertraulich eingestuften Informationen zu verstehen ist. Dazu gehören zB **Betriebs- und Geschäftsgeheimnisse,** die das Unternehmen aufgrund der Teilnahme am Vergabeverfahren freiwillig offenbart hat (iE → GWB § 165 Rn. 7 ff.), sowie die vertraulichen Aspekte der Angebote einschl. ihrer Anlagen. Der Text des § 5 Abs. 1 VgV entspricht den Vorgaben des Art. 21 Abs. 1 RL 2014/24/EU.

III. Gewährleistung der Datenintegrität (Abs. 2)

Öffentliche Auftraggeber haben die **Integrität der Daten** und die **Vertraulichkeit** 5 nach S. 1 bei der gesamten Kommunikation sowie beim Austausch und der Speicherung der Informationen zu gewährleisten (s. dazu auch → § 54 Rn. 3). Somit werden an die öffentlichen Auftraggeber auch Mindestanforderungen für die Verwendung von Sicherungsmechanismen wie elektronischen Signaturen und Verschlüsselung der Angebote auferlegt.[7] Die Regelung möchte Datenverluste und unbefugte Datenveränderungen verhindern. Besondere Bedeutung spielen in diesem Zusammenhang die im 2. UAbschn. der VgV enthaltenen Vorschriften (§§ 9 ff. VgV) zu den Grundsätzen der Kommunikation und den Anforderungen an die verwendeten elektronischen Mittel sowie § 53 VgV, wonach die Unternehmen ihre Interessensbekundungen, Interessensbestätigungen, Teilnahmeanträge und Angebote in Textform nach § 126b BGB mithilfe elektronischer Mittel gem. § 10 VgV zu übermitteln haben. Weitergehende datenschutzrechtliche Verpflichtungen bleiben unberührt.[8]

Die **Gewährleistung der Integrität bedeutet,** dass der Schutz der Daten vor 6 unbemerkter und unbefugter nachträglicher Veränderung durch Dritte sichergestellt ist.[9] Die Vollständigkeit der Daten bedeutet zugleich keinen Datenverlust. Nur ein

---

[4] BRAK, Stellungnahme Nr. 43/2015 zum RefE Verordnung zur Modernisierung des Vergaberechts, S. 5.
[5] Vgl. BT-Drs. 18/6281.
[6] VK Westfalen 30.1.2018 – VK 1–42/17, NZBau 2018, 435.
[7] Schäfer NZBau 2015, 132.
[8] Vgl. BT-Drs. 18/7318, 150.
[9] OVG RhPf 21.4.2006 – 10 A 11741/05, BeckRS 2006, 23152; VG Neustadt a.d.W. 7.3.2006 – 4 L 989/06, NJW 2007, 619.

unveränderter Zustand der eingereichten Unterlagen gewährleistet Chancengleichheit im Vergabeverfahren. Insbes. auf ihrem elektronischen Weg vom Absender zum Empfänger dürfen Daten zwecks Manipulation des Vergabeverfahrens nicht verändert werden können, zB durch Verfälschung, Löschung oder sonstige unbefugte Nutzung. Der ungestörte Wettbewerb soll hiermit gewährleistet werden (iE → § 54 Rn. 3).

7 **Vertraulichkeit** bedeutet, dass der Auftraggeber nicht vor Ablauf der Frist für ihre Einreichung Kenntnis vom Inhalt der Interessensbekundungen, Interessensbestätigungen, Teilnahmeanträge und Angebote einschl. ihrer Anlagen erhalten darf, was sich schon aus Art. 22 Abs. 3 S. 2 RL 2014/24/EU ergibt, bedeutet aber gleichzeitig auch, dass die in den Interessensbekundungen, Interessensbestätigungen, Teilnahmeanträgen und Angeboten erhaltenen Informationen vor der Kenntnisnahme Dritter zu schützen sind (→ § 54 Rn. 3). Demzufolge dürfen nur mit der Prüfung und der Wertung der Angebote befasste Personen Kenntnis von den Unterlagen erlangen. Gleichzeitig werden sie dazu verpflichtet, die erlangte Kenntnis geheim zu halten. Die Pflicht erstreckt sich auch auf die Angebotsöffnung.

8 Der Vertraulichkeitsgrundsatz gilt während des gesamten Vergabeverfahrens und über seinen Abschluss hinaus. Wie sich aus S. 3 ergibt, sind Interessensbekundungen, Interessensbestätigungen, Teilnahmeanträge und Angebote einschl. ihrer Anlagen sowie die Dokumentation über Öffnung und Wertung der Teilnahmeanträge und Angebote nicht nur während, sondern auch nach Abschluss des Vergabeverfahrens vertraulich zu behandeln.

IV. Vorgaben des Auftraggebers zum Schutz der Vertraulichkeit der Informationen (Abs. 3)

9 Abs. 3 S. 1 dient der Umsetzung des Art. 21 Abs. 2 RL 2014/24/EU und verdeutlicht, dass auch Auftraggeber einen Anspruch auf Wahrung der Vertraulichkeit der iRd Vergabeverfahrens erlangten oder von ihnen zur Verfügung gestellten eigenen Informationen haben und ihrerseits Anforderungen an Unternehmen hinsichtl. deren Vertraulichkeit vorschreiben dürfen. Das können zB Informationen sein, die erst die Teilnahme an dem Verfahren ermöglichen, oder solche, die für die Gestaltung des Angebots notwendig sind. Auch die Ausführungsbedingungen der öffentlichen Auftraggeber können nach § 128 Abs. 2 S. 3 GWB Maßnahmen zum Schutz der Vertraulichkeit umfassen.[10] Zulässig ist nach § 5 Abs. 3 S. 2 VgV insbes. die Aufforderung zur Abgabe einer **Verschwiegenheitserklärung,** die zB die Bieter verpflichtet, alle vom Auftraggeber erhaltenen Unterlagen und sensible Daten wie Passwörter, Zugangsnummer, oÄ vertraulich zu behandeln und ausschl. zur Erfüllung ihrer Verpflichtungen iRd Vergabeverfahrens zu verwenden.

§ 6 Vermeidung von Interessenkonflikten

(1) **Organmitglieder oder Mitarbeiter des öffentlichen Auftraggebers oder eines im Namen des öffentlichen Auftraggebers handelnden Beschaffungsdienstleisters, bei denen ein Interessenkonflikt besteht, dürfen in einem Vergabeverfahren nicht mitwirken.**

(2) **Ein Interessenkonflikt besteht für Personen, die an der Durchführung des Vergabeverfahrens beteiligt sind oder Einfluss auf den Ausgang eines Vergabeverfahrens nehmen können und die ein direktes oder indirektes finanzielles, wirtschaftliches oder persönliches Interesse haben, das ihre Unparteilichkeit und Unabhängigkeit im Rahmen des Vergabeverfahrens beeinträchtigen könnte.**

---

[10] Vgl. BT-Drs. 18/7318, 150.

Vermeidung von Interessenkonflikten **§ 6 VgV**

(3) Es wird vermutet, dass ein Interessenkonflikt besteht, wenn die in Absatz 1 genannten Personen
1. Bewerber oder Bieter sind,
2. einen Bewerber oder Bieter beraten oder sonst unterstützen oder als gesetzliche Vertreter oder nur in dem Vergabeverfahren vertreten,
3. beschäftigt oder tätig sind
    a) bei einem Bewerber oder Bieter gegen Entgelt oder bei ihm als Mitglied des Vorstandes, Aufsichtsrates oder gleichartigen Organs oder
    b) für ein in das Vergabeverfahren eingeschaltetes Unternehmen, wenn dieses Unternehmen zugleich geschäftliche Beziehungen zum öffentlichen Auftraggeber und zum Bewerber oder Bieter hat.

(4) [1]Die Vermutung des Absatzes 3 gilt auch für Personen, deren Angehörige die Voraussetzungen nach Absatz 3 Nummer 1 bis 3 erfüllen. [2]Angehörige sind der Verlobte, der Ehegatte, Lebenspartner, Verwandte und Verschwägerte gerader Linie, Geschwister, Kinder der Geschwister, Ehegatten und Lebenspartner der Geschwister und Geschwister der Ehegatten und Lebenspartner, Geschwister der Eltern sowie Pflegeeltern und Pflegekinder.

Literatur: Braun, Anspruch auf Aufhebung einer generellen Vergabesperre, NZBau 2021, 172; Fritz, Dritte als Unterstützer des Auftraggebers, ZfBR 2016, 659; Greb, Die vergaberechtliche Behandlung von Interessenkonflikten, NZBau 2016, 362; Greb, Ausschluss von Personen in Wettbewerben wegen Verwandtschaftsverhältnis, NZBau 2014, 28; Hellermann, Anwendbarkeit des Rechtsgedankens des § 16 VgV auf die kommunale Entscheidung über die Strom- und Gaskonzessionsvergabe, EnWZ 2019, 7; Kirch, Interessenkonflikte und deren Vermeidung bei externen Beratern, VergabeNews 2017, 34; Prieß/Friton/von Rummel, Der böse Schein im Vergabeverfahren – Widerlegbarkeit von Interessenkonflikten in Vergabeverfahren nach EnWG und GWB, NZBau 2019, 690.

Übersicht

	Rn.
I. Bedeutung der Vorschrift	1
II. Systematik	4
III. Abgrenzung	8
IV. Persönlicher Anwendungsbereich	10
V. Sachlicher Anwendungsbereich	15
1. Generalklausel (Abs. 2)	15
2. Vermutungsregel (Abs. 3 und 4)	20
a) Bewerber oder Bieter (Abs. 3 Nr. 1)	20
b) Berater oder Vertreter eines Bewerbers oder Bieters (Abs. 3 Nr. 2)	22
c) Gegen Entgelt Beschäftigte oder Organmitglieder eines Bewerbers/Bieters (Abs. 3 Nr. 3 lit. a)	26
d) Doppelte Geschäftsbeziehung (Abs. 3 Nr. 3 lit. b)	29
e) Angehörige (Abs. 4)	31
VI. Darlegungslast	34
VII. Rechtsschutz	37

I. Bedeutung der Vorschrift

§ 6 VgV regelt die **Voreingenommenheit von natürlichen Personen,** die auf Auftraggeberseite Entscheidungen des Vergabeverfahrens beeinflussen können sowie 1 zugleich und konkret dem Bewerber- bzw. Bieterlager zuzurechnen sind. Diese Vorschrift ist eine Normierung und Spezifizierung des aus dem vergaberechtlichen Gleichbehandlungsgebot stammenden **Neutralitätsgebots (Gebot der Unparteilichkeit)**. Sind die Voraussetzungen des § 6 VgV gegeben, folgt zumindest ein Mitwirkungsverbot der voreingenommenen Person.

2 Bis 2014 gab es kein Vorbild in den EU-Vergaberichtlinien für den von 2001–2016 geltenden § 16 VgV aF, der Vorgängerregelung des § 6 VgV. Zuvor hatten die europäischen Gerichte die Gefahr von **Wettbewerbsverzerrungen durch Interessenkollisionen** erkannt und entschieden, dass der Auftraggeber bei Interessenkollisionen aufgrund des Gleichbehandlungsgrundsatzes und unter Beachtung des Verhältnismäßigkeitsgrundsatzes geeignete Maßnahmen ergreifen muss.[1] Mit **Art. 24 RL 2014/24/EU** (Interessenkonflikte) ist eine konkrete europäische Norm vorhanden, die durch § 6 VgV umgesetzt wird. Dazu ist mit **§ 124 Abs. 1 Nr. 5 GWB** eine mit dem Mitwirkungsverbot aus § 6 VgV korrespondierende Vorschrift hinzugekommen, nach der ein Ausschluss eines Bewerbers/Bieters erfolgen kann, wenn eine Person auf Seiten des Auftraggebers zu Gunsten des fraglichen Unternehmens parteilich ist und keine anderen Maßnahmen die Interessenkollision beseitigen (dazu ausf. → GWB § 124 Rn. 32).

3 Selbst wenn eine der Tatbestandsvoraussetzungen von § 6 VgV nicht erfüllt ist, können sich im Einzelfall Handlungspflichten des Auftraggebers aus dem **allg. Gleichbehandlungsprinzip** gem. § 97 Abs. 2 GWB und der dort integrierten Neutralitätspflicht ergeben.[2] Denn das universelle Gleichbehandlungsgebot ist Basis von § 6 VgV, weshalb dessen Regelungsgehalt selbstverständlich auch bei förmlichen Vergabeverfahren außerhalb des EU-Vergaberechts gilt.[3] Dies kann der Fall sein bei Personen, die zwar nicht den konkreten Gruppen nach § 6 VgV zugeordnet sind, die aber gleichwohl ein Interesse am Ausgang des Verfahrens haben und zugleich beim Auftraggeber tätig sind. Dann sollte ein Auftraggeber unter Beachtung des Verhältnismäßigkeitsgrundsatzes geeignete Maßnahmen treffen. Möglich wäre ein Mitwirkungsverbot aus § 6 VgV als präventive Variante sowie – analog § 124 Abs. 1 Nr. 5 GWB – als ultima ratio der Ausschluss der betreffenden Person.

II. Systematik

4 § 6 VgV ist eine relativ übersichtliche Norm, die nicht nur die konkrete Personenidentität einer Person zugleich als Auftraggeber und Bewerber/Bieter, sondern weitere Konstellationen von Interessenkollisionen in einer Art **Sphärenverantwortung** beschreibt. Aus § 6 VgV folgt **keine allgemeingültige Regel**, wonach Personen stets dann von der Mitwirkung bei den Entscheidungen in einem Vergabeverfahren ausgeschlossen werden, wenn ihr Verhalten den Schluss auf ihre Voreingenommenheit rechtfertigt; vielmehr ist das Mitwirkungsverbot an das Vorliegen bestimmter Tatbestandsvoraussetzungen geknüpft.[4]

5 Ausgangspunkt ist der **persönliche Anwendungsbereich** nach § 6 Abs. 1 VgV, der Organmitglieder eines öffentlichen Auftraggebers, Mitarbeiter eines öffentlichen Auftraggebers und Mitarbeiter eines im Namen des öffentlichen Auftraggebers han-

---

[1] EuGH 16.12.2008 – C-213/07, NZBau 2009, 133 – Michaniki AE; EuG 17.3.2005 – T-160/03, BeckRS 2005, 70205.

[2] BGH 28.1.2020 – EnZR 99/18, NZBau 2020, 467; OLG Koblenz 18.9.2003 – 1 Verg 4/03, BeckRS 2004, 259.

[3] ZB im Zuwendungsrecht: VG Gelsenkirchen 2.11.2011 – 7 K 2137/10, BeckRS 2012, 46432; bei Vergaben nach § 46 EnWG: OLG Brandenburg 19.7.2016 – Kart U 1/15, BeckRS 2016, 15145; ähnlich: OLG Naumburg 21.9.2018 – 7 U 33/17 (Hs.), BeckRS 2018, 39311.

[4] OLG Celle 9.4.2009 – 13 Verg 7/08, NZBau 2009, 394.

delnden Beschaffungsdienstleisters umfasst (→ Rn. 10 ff.). Der **sachliche Anwendungsbereich (Interessenkollision im engeren Sinne)** gem. § 6 Abs. 2 VgV bezieht sich bereits auf die schlichte Beteiligung der fraglichen Person an der Durchführung des Vergabeverfahrens oder – in einer Verstärkung – Einflussnahme durch die Person auf den Ausgang eines Vergabeverfahrens sowie ein konkretes Interesse, was die Unparteilichkeit/Unabhängigkeit der fraglichen Person beeinträchtigen könnte (→ Rn. 15 ff.).

Die Interessenkollision wird für bestimmte Personen vermutet (§ 6 Abs. 3, 4 VgV). Diese Personen gehören sowohl der Auftraggeberseite nach § 6 Abs. 1 VgV als auch einer der vier Gruppen aus § 6 Abs. 3 VgV an (→ Rn. 20 ff.); dazu kommen die Angehörigen der jew. Person, bei denen die Parteilichkeit ebenfalls vermutet wird (vgl. § 6 Abs. 4 VgV). **6**

Die Gruppen lauten:
– Bewerber/Bieter (§ 6 Abs. 3 Nr. 1 VgV);
– Berater oder Vertreter eines Bieters oder Bewerbers (§ 6 Abs. 3 Nr. 2 VgV);
– Organmitglied oder Beschäftigter eines Bieters oder Bewerbers (§ 6 Abs. 3 Nr. 3 lit. a VgV);
– doppelt mandatiertes Unternehmen (§ 6 Abs. 3 Nr. 3 lit. b VgV).

Die **vermutete Interessenkollision lässt sich** nach dem Willen des Verordnungsgebers **widerlegen**.[5] Der „böse Schein" der Unparteilichkeit, der zunächst durch die Vermutungen aus § 6 Abs. 3, 4 VgV genährt wird, reicht somit dann nicht aus, wenn es der Person gelingt, einen Entlastungsbeweis zu führen. Das setzt voraus, dass die Person vor der Entscheidung des Mitwirkungsverbots angehört wird. **7**

III. Abgrenzung

Die aktuelle Befasstheit nach § 6 VgV ist von der **Vorbefasstheit** abzugrenzen. Die Vorbefasstheit ist auch unter dem Begriff **Projektantenproblematik** bekannt. Sie betrifft die abgeschlossene Tätigkeit einer natürlichen Person vor einem Vergabeverfahren für den Auftraggeber und die nachherige Teilnahme dieser Person als Bewerber/Bieter bzw. einem Bewerber/Bieter zugehöriger Person an diesem Verfahren. Demgegenüber beschäftigt sich § 6 VgV mit der zeitgleichen Tätigkeit einer natürlichen Person in einem Vergabeverfahren auf Seiten des Auftraggebers und auf Bewerber-/Bieterseite. Ein Fall der Vorbefasstheit ist die Erstellung einer Leistungsbeschreibung durch eine Person, die später in dem Verfahren, in welchem die von ihm (mit)erstellte Leistungsbeschreibung zugrunde gelegt wird, als Bieter auftritt. Der Anwendungsbereich von Vorbefasstheit und aktueller Befasstheit nach § 6 VgV ist nach alledem zeitlich zu differenzieren. **8**

Die Vorbefasstheit ist in **§ 7 VgV** geregelt. Auf die dortige Kommentierung wird verwiesen, → § 7 Rn. 1 ff. **9**

IV. Persönlicher Anwendungsbereich

Der persönliche Anwendungsbereich von § 6 VgV umfasst **drei Gruppen:** Organmitglieder eines Auftraggebers, Mitarbeiter eines Auftraggebers und im Namen des öffentlichen Auftraggebers handelnde Beschaffungsdienstleister (Beauftragte) samt deren Mitarbeiter. Allen Personen gleich ist die besondere Nähebeziehung zum Auftraggeber. **10**

Die **Organe des Auftraggebers** bestimmen sich nach dessen Rechtsform. Auf die Kompetenzen des Organs kommt es nicht an. Dazu zählen Vertretungsorgane **11**

---

[5] Vgl. BT-Drs. 18/7318, 151; Prieß/Rummel NZBau 2019, 690; anders OLG Brandenburg 19.7.2016 – Kart U 1/15, BeckRS 2016, 15145.

juristischer Personen des öffentlichen Rechts (zB Parlamente, Räte, Ausschüsse), politische Organe (zB Bürgermeister, Landrat, Minister) oder Organe privatrechtlich verfasster öffentlicher Auftraggeber (zB Vorstand, Aufsichtsrat, Geschäftsführung, Beirat). Sollte es ein Organ „Gesellschafterversammlung" oder „Aktionärsversammlung" geben, dann wären auch deren Mitglieder jedenfalls vom persönlichen Anwendungsbereich erfasst. Gleiches gilt dem Grunde nach auch für einen „Exekutivausschuss".[6] Eine sachwidrige Einbeziehung von Personen ist damit nicht verbunden, denn die anderen Tatbestandsvoraussetzungen von § 6 VgV übernehmen eine sachgerechte Filterfunktion.

12   Als **Mitarbeiter** wird jede Person verstanden, die in einem Beschäftigungs- bzw. Arbeitsverhältnis zum Auftraggeber steht. Das können Beamte oder Tarifbeschäftigte des Auftraggebers sein. Ohne Belang ist die konkret von der Person wahrgenommene Aufgabe. Auch ein ehemaliger Mitarbeiter einer Vergabestelle aus einer früheren Ausschreibung fällt nicht unter diese Norm, da dessen Sachkenntnis aus dessen vorigen Beschäftigungs- bzw. Arbeitsverhältnis unschädlich ist.[7]

13   **Beauftragte des Auftraggebers** samt deren Mitarbeiter sind nicht in einem allg. Beschäftigungs- oder Arbeitsverhältnis, sondern in einem konkreten Auftragsverhältnis an den Auftraggeber gebunden. Hierunter zählen klassischerweise Berater oder Ingenieure. Hinzu sollten **auch die Organe des Beauftragten und deren Mitglieder** zur Vermeidung von Regelungslücken gezählt werden, denn das Näheverhältnis wird durch den mit dem Beauftragten geschlossenen Vertrag begründet, was es rechtfertigt, die Organe des Beauftragten parallel zu den Organen des Auftraggebers hinzuzuziehen. Immerhin ist diese Nähebeziehung allein auf das konkrete Auftragsverhältnis und das konkrete Vergabeverfahren beschränkt, was eine unsachliche Ausweitung des Tatbestands verhindert.

14   Mit der ggü. § 16 VgV aF (dort „Beauftragter") seit 2016 in § 6 Abs. 1 VgV veränderten Formulierung „im Namen des öffentlichen Auftraggebers handelnden Beschaffungsdienstleisters" ist keine inhaltliche Änderung verbunden. Die Beauftragung ist zwangsläufig in der neuen Formulierung enthalten („handeln für"). Eine **„Beschaffungsdienstleistung"** umfasst jedwede Dienstleistung, die im Zusammenhang mit dem Vergabeverfahren steht, womit auch insofern kein reduzierter Anwendungsbereich ggü. der vorherigen Formulierung in § 16 Abs. 1 Hs. 1 VgV aF verbunden ist, zumal der Anwendungsbereich der Interessenkollision insbes. bei der Frage des Begriffs des Beauftragten wegen des mit § 6 VgV ebenfalls geschützten Prinzips des Wettbewerbs weit ausgelegt wird.[8] Deshalb zählen auch Rechtsanwälte dazu, welche bei der Durchführung des Vergabeverfahrens den Auftraggeber beraten.[9]

V. Sachlicher Anwendungsbereich

1. Generalklausel (Abs. 2)

15   Der sachliche Anwendungsbereich (= Interessenkollision im materiellen Sinne) in § 6 Abs. 2–4 VgV setzt in der Generalklausel nach § 6 Abs. 2 VgV die **Beteili-**

---

[6] OLG Düsseldorf 27.6.2018 – VII-Verg 4/18, NZBau 2018, 707.
[7] VK Westfalen 29.11.2017 – VK 1–33/17, VPR 2018, 85.
[8] OLG Brandenburg 16.12.2015 – 4 U 77/14, NZBau 2016, 184.
[9] VK Nordbayern 6.7.2022 – RMS-SG21-3194-7-16, IBRRS 2022, 2618; VK Saarland 9.9.2019 – 2 VK 1/19, IBRRS 2020, 1339, aA VK Bund 13.2.2023 – VK 2-114/22, VPRRS 2023, 0048, wonach Rechtsberatung und Beschaffungsberatung verschiedene Märkte beträfen; die von der VK Bund in Bezug genommene Entscheidung OLG Düsseldorf 25.5.2022 – Verg 33/22, NZBau 2023, 60 erging iRv § 97 Abs. 4 GWB, dessen Wertungen auf den weit auszulegenden Begriff des Beschaffungsdienstleisters in § 6 VgV nicht übertragbar sind.

Vermeidung von Interessenkonflikten **§ 6 VgV**

gung der nach § 6 Abs. 1 VgV identifizierten Person an der Durchführung eines Vergabeverfahrens **oder** einen **Einfluss** auf den Ausgang eines Verfahrens **sowie** ein **persönliches Interesse** voraus, welches als Unparteilichkeit wahrgenommen werden könnte. Diese Interessenkollision wird in Fällen des § 6 Abs. 3, 4 VgV **vermutet** (→ Rn. 20 ff.).

Die aus Art. 24 RL 2014/24/EU entnommene Generalklausel in § 6 Abs. 2 VgV **16** erfasst iErg zumindest den sachlichen Anwendungsbereich, wie er schon in § 16 VgV aF formuliert war. Nur auf den ersten Blick begrenzt die Beteiligung an der „Durchführung" des Verfahrens den sachlichen Anwendungsbereich in zeitlicher Hinsicht auf den Zeitraum nach der Bekanntmachung, wo es um die praktische „Durchführung" des Verfahrens geht. Der **Begriff des Vergabeverfahrens** wird nach hM **materiell** bestimmt,[10] was **auch iRv § 6 VgV** gilt.[11] Ansonsten wäre der Schutz der Verfahrensbeteiligten vor unsachgemäßer Einflussnahme durch einem Interessenkonflikt und damit letztlich der Schutz der vergaberechtlichen Grundprinzipien Wettbewerb, Gleichbehandlung und Transparenz nicht gewährleistet.[12] Das Vergabeverfahren setzt idS lediglich einen internen Beschaffungsbeschluss des Auftraggebers voraus, andererseits aber auch schon eine externe Umsetzung jener Entscheidung, die darin bestehen muss, dass der Auftraggeber in einer Weise, die geeignet ist, nach außen wahrgenommen zu werden, bestimmte Maßnahmen ergreift, um das leistende Unternehmen mit dem Ziel eines Vertragsschlusses zu ermitteln und auszuwählen (→ GWB § 160 Rn. 3).[13] Demzufolge würde zB ein Ratsbeschluss über die Beschaffung einer bestimmten Leistung den Auftakt des Vergabeverfahrens bilden und vom Vergabeverfahren iSv § 6 VgV bereits erfasst sein. Nicht dazu würden etwaige Markterkundungen, Bedarfsanmeldungen von beteiligten Stellen oder generelle Unternehmenskontakte zählen. Die Vorbereitung der Ausschreibungsunterlagen unterfällt ebenso nicht dem Anwendungsbereich der Regelung zum Mitwirkungsverbot nach § 6 VgV, obwohl bereits in diesem Bereich Vorentscheidungen fallen, welche die Richtung des Verfahrens bestimmen und damit auch bewirken, dass sich bestimmte Bieter gar nicht erst melden.[14] Nur das aktuelle Vergabeverfahren im Einzelfall ist erfasst, nicht etwaige vorherige oder nachfolgende Vergabeverfahren.[15]

Die regelmäßige **Parallelität der Tätigkeit für den Auftraggeber und der 17 Rolle im Bieter-/Bewerberlager** bringt es mit sich, dass der Streit über den Begriff des Vergabeverfahrens für die Anwendung des § 6 VgV in der Praxis kaum eine Rolle spielt. Denn in aller Regel wird der sachliche Anwendungsbereich erst mit dem Eingang des Angebots bzw. des Teilnahmeantrags nach öffentlicher Auffor-

---

[10] EuGH 11.1.2005 – C-26/03, BeckRS 2005, 70003 = DÖV 2005, 427 – Stadt Halle; OLG Düsseldorf 20.6.2001 – Verg 3/01, NZBau 2001, 696; BayObLG 22.1.2002 – Verg 18/01, NZBau 2002, 397; OLG Rostock 5.2.2003 – 17 Verg 14/02, NZBau 2003, 457.

[11] Wie hier ua OLG Hamburg 4.12.2002 – 1 Verg 3/02, IBRRS 2002, 2207; VK Rheinland-Pfalz 16.12.2022 – VK 1-4/22, BeckRS 2022, 45201; VK Bund 24.4.2012 – VK 2-169/11, IBRRS 2012, 4053; MüKoEuWettbR/Müller VgV § 6 Rn. 22; BeckOK VergabeR/Strack VgV § 6 Rn. 12; aA, wonach das Vergabeverfahren jedenfalls iRv § 6 VgV formal ausgelegt wird und die Regelung erst ab der Bekanntmachung gilt, ua OLG Celle 14.4.2016 – 13 Verg 11/15, VPR 2016, 103; OLG Koblenz 5.9.2002 – 1 Verg 2/02, NZBau 2002, 699; Voppel/Osenbrück/Bubert/Voppel VgV § 6 Rn. 6; Fritz ZfBR 2016, 659.

[12] Vgl. Beck VergabeR/Dreher/Hoffmann VgV § 6 Rn. 16.

[13] OLG Düsseldorf 29.10.2008 – Verg 35/08, IBRRS 2008, 3082 = BeckRS 2009, 12538 mwN.

[14] OLG Frankfurt a. M. 29.3.2018 – 11 Verg 16/17, NZBau 2018, 498; Müller-Wrede/Mußgnug VgV/UVgO § 6 Rn. 29.

[15] OLG Celle 26.1.2017 – 13 U 9/16 (Kart), BeckRS 2017, 102700.

derung, womit die Bewerber-/Bieterstellung formal eingeräumt wird, und der dann zeitgleichen Tätigkeit beim Auftraggeber eröffnet sein.

18 Die Beteiligung im Vergabeverfahren (im materiellen Sinne) muss ausweislich des Wortlauts von § 6 Abs. 2 Hs. 1 Alt. 1 VgV nicht entscheidungsrelevant sein. In der obergerichtlichen Rspr. zu § 16 VgV aF hatte sich die Formel „alle schriftlichen oder mündlichen Äußerungen und sonstigen aktiven Handlungen, die zur Meinungsbildung der Vergabestelle über das Vergabeverfahren oder die Sachentscheidung beitragen sollen", etabliert.[16] Ob die Person, wie in § 6 Abs. 2 Hs. 1 **Alt. 2 VgV** vorausgesetzt, wirklichen Einfluss auf den Ausgang des Verfahrens haben könnte, ist in der anderen Alternative § 6 Abs. 2 Hs. **1 Alt. 1 VgV** nicht zwingende Vorgabe. Mit **§ 6 Abs. 2 Hs. 1 Alt. 2 VgV** wird allerdings der Möglichkeit Rechnung getragen, dass eine **Person** zwar nicht an der konkreten Durchführung des Verfahrens beteiligt ist, aber **in anderer Rolle Einfluss auf das Verfahren** hat, zB iRd Gewährung der fraglichen (Haushalts-)Mittel. Die in jedem Fall geforderte verfahrensbezogene Aktivität schließt eine passive, verfahrensfremde bzw. nicht das Verfahren beeinflussende Rolle aus. Das gilt nach der Rspr., wenn lediglich Kenntnisse über Entscheidungen auf Auftraggeberseite an die Bewerber-/Bieterseite weitergeleitet werden[17] oder ein Aufsichtsrat informiert wird.[18]

19 Interessenkollisionen durch Bezugspunkte auf den Zeitraum vor Eingang von Bewerbungen/Teilnahmeanträgen bzw. unabhängig von einer Parallelität der Tätigkeit für den Auftraggeber und einer Rolle im Bewerber-/Bieterlager sind auf Basis der Generalklausel in § 6 Abs. 2 VgV nicht ausgeschlossen. Das gilt nicht nur, weil die besagte Parallelität letztlich erschöpfend in der Vermutungsregel nach § 6 Abs. 3, 4 VgV erfasst ist und daneben offensichtlich weitere Interessenkollisionen denkbar sein müssen. Vor allem, weil nach dem zugrundeliegenden Art. 24 RL 2014/24/EU finanzielle und wirtschaftliche Interessen, wie sie auch in § 6 Abs. 2 VgV genannt sind, nur Beispiele für das maßgebliche („sonstige") persönliche Interesse sind, ist das **persönliche Interesse** als **Auffangtatbestand** zu verstehen. Ein persönliches Interesse ist – folgerichtig – immer **individuell und weit zu bestimmen.** Es könnte zB darin liegen, dass ein bei der Beschlussfassung über den Auftrag mitentscheidendes Ratsmitglied aufgrund seines allseits bekannten politischen Programms einem bestimmten Bieter, zB weil dieser vor allem lokal ansässige Mitarbeiter beschäftigt und die Förderung der lokalen Wirtschaft „Leib- und Magenthema" des Ratsmitglieds ist, den Vorzug gibt und womöglich dies auch schon iR einer protokollierten Sitzung hat anklingen lassen; einen unmittelbaren finanziellen Vorteil hätte das Ratsmitglied somit nicht, wohl aber ein anderes persönliches Interesse. Für die weite Auslegung lässt sich nicht zuletzt das mit dem durch § 6 VgV geschützte **Wettbewerbsprinzip** ins Feld führen, was es rechtfertigt, an das tatsächliche und erkennbare Interesse der jew. Person im Einzelfall anzuknüpfen.[19] Etwaige Interessensbekundungen potenzieller Bewerber/Bieter ggü. Dritten, mithin nicht ggü. dem Auftraggeber, sind allerdings ebenso unbeachtlich wie unspezifizierte allgemeine, nicht auf den konkreten Auftrag formulierte Hoffnungen auf gute Geschäftsbeziehungen mit dem Auftraggeber. Ebenso muss das persönliche Interesse mit dem Vergabefahren bzw. dessen Ausgang verbunden sein und darf sich nicht in einer abstrakten Neigung ausdrücken.

---

[16] Grdl. BayObLG 20.12.1999 – Verg 8/99, BayObLGZ 1999, 380.

[17] Dieses offenkundige Fehlverhalten könnte aber nach dem allg. Gleichbehandlungsgrundsatz nach § 97 Abs. 2 GWB behandelt werden, → Rn. 3.

[18] OLG Düsseldorf 9.4.2003 – VII-Verg 66/02, BeckRS 2003, 17910.

[19] So schon zu § 16 VgV aF: OLG Brandenburg 16.12.2015 – 4 U 77/14, NZBau 2016, 184.

2. Vermutungsregel (Abs. 3 und 4)

a) Bewerber oder Bieter (Abs. 3 Nr. 1).
Natürliche Personen, die sowohl den persönlichen Anwendungsbereich des § 6 VgV erfüllen, als auch in Person Bewerber oder Bieter sind, befinden sich nachvollziehbar in einem Interessenkonflikt. Deshalb wird bei diesen Personen eine Interessenkollision vermutet mit der Folge des Mitwirkungsverbots. 20

In § 16 Abs. 1 Hs. 2 Nr. 1 VgV aF gab es für dieselbe Gruppe wie in § 6 Abs. 3 Nr. 1 VgV keine Widerlegungsmöglichkeit der Interessenkollision. Das war nachvollziehbar, denn die **Personenidentität** und der damit offenbare innere Konflikt zwischen eigenen Interessen und Interessen des Auftraggebers schließt eine Widerlegungsmöglichkeit (eigentlich) aus. Insofern dürfte die Zuordnung in die Kategorie nach § 6 Abs. 3 Nr. 1 VgV regelmäßig das Mitwirkungsverbot auslösen. 21

b) Berater oder Vertreter eines Bewerbers oder Bieters (Abs. 3 Nr. 2).
Bei Beratern oder sonst **den Bewerber/Bieter unterstützenden** natürlichen Personen sowie gesetzlichen Vertretern eines Bewerbers/Bieters, sei es auch nur eine Vertretung in dem Vergabeverfahren, wird eine Interessenkollision vermutet. 22

Beratung wird ausweislich der näheren Bestimmung mit „sonstige Unterstützung" grds. **weit ausgelegt**.[20] Insbesondere fallen hierunter freiberufliche Dienstleistungen, zB von Beratungsunternehmen. Gleichwohl ist der Begriff nicht völlig konturen- und grenzenlos. Nach obergerichtlicher Rspr. muss eine unmittelbar fördernde Tätigkeit vorliegen, was zB bei einem bloßen Zeitungsinterview der fraglichen Person nicht angenommen werden könne, in dem sie sich positiv über einen Bewerber/Bieter äußert; die Beratung bzw. Unterstützung müsse zwar nicht in einem sachlichen, aber in einem zeitlichen Zusammenhang mit dem Vergabeverfahren erfolgen.[21] Diese Grenzziehung ist unzureichend. Sie kann auch nicht mit der letzten Variante in § 6 Abs. 3 Nr. 2 VgV begründet werden, denn der Passus „oder nur in dem Vergabeverfahren" bezieht sich ersichtlich nur auf die Vertretungs- und nicht auf die Beratungsvariante in § 6 Abs. 3 Nr. 2 VgV. Deshalb ist mit Unterstützung bzw. Beratung **eine konkrete unmittelbar fördernde und aktuelle Tätigkeit in dem fraglichen Vergabeverfahren** erforderlich.[22] Wenn die fragliche Person sogar an einer Entscheidung im Verfahren beteiligt ist, dann ist eine kausale Wirkung der Einflussnahme nicht mehr relevant und jedenfalls von einer der „Beratung" iSd § 6 VgV auszugehen.[23] Gleiches gilt, wenn ein Berater sowohl den Auftraggeber im Vergabeverfahren als auch die an der Angebotsabgabe beteiligte Muttergesellschaft eines Bieters unterstützt.[24] Bei der Mitgliedschaft im Exekutivausschuss einer Interessenvereinigung für die Anwender eines Produkts eines bestimmten Softwareunternehmens soll dagegen eine konkrete Einflussnahme in einem bestimmten Vergabeverfahren betreffend der betroffenen Software noch nicht erreicht sein.[25] Auch die Zitierung von Literatur in den Vergabeunterlagen, die von Mitglieder einer Bietergemeinschaft stammt, stellt (offensichtlich) keine Einflussnahme dar.[26] Der aufgezeigte Lösungsweg ist iErg interessengerecht, da andere Beratungskonstellationen entweder über die Projektantenregelungen oder den allg. Gleichbehandlungs- 23

---

[20] OLG Frankfurt a. M. 17.2.2022 – 11 Verg 8/21, BeckRS 2022, 4749.
[21] OLG Celle 9.4.2009 – 13 Verg 7/08, NZBau 2009, 394.
[22] OLG Celle 11.6.2015 – 13 Verg 4/15, BeckRS 2015, 11003 aA VK Saarland 9.9.2019 – 2 VK 01/19, IBRRS 2020, 1339, wonach Mandatsbeziehungen aus der Vergangenheit für einen Bieter relevant seien.
[23] OLG Schleswig 28.6.2016 – 54 Verg 2/16, NZBau 2016, 593.
[24] OLG Karlsruhe 30.10.2018 – 15 Verg 5/18, NZBau 2019, 200.
[25] OLG Düsseldorf 27.6.2018 – VII-Verg 4/18, NZBau 2018, 707.
[26] VK Bund 30.6.2021 – VK 1-58/21, BeckRS 2021, 23988.

grundsatz gelöst werden können. Besteht eine Interessensbeziehung (zB die Mandatsbeziehung eines Rechtsanwalts) nicht zu dem Bewerber/Bieter, sondern zu dessen Gesellschafter, der in das Vergabeverfahren selbst nicht involviert ist, wird nach obergerichtlicher Rspr. eine solche Konstellation von keiner der Tatbestandsalternativen des § 6 Abs. 3 VgV erfasst.[27] Die gesetzliche Vermutung des Interessenkonfliktes wird nicht durch unterschiedliche Beratungsgegenstände auf den verschiedenen Seiten ausgeschlossen. So wird ein Interessenskonflikt vermutet, wenn ein Berater auf der ausschreibenden Seite an der Durchführung des Vergabeverfahrens beteiligt ist, während er auf der Bieter-/Bewerberseite Rechtsberatung gewährt (wenn auch nicht im gleichen Mandat, aber zeitnah in anderen Mandaten[28]). Entscheidend ist, wie oben bereits dargestellt, dass die Unparteilichkeit der betreffenden Person infrage steht.[29]

24 In der zweiten Variante von § 6 Abs. 3 Nr. 2 VgV geht es um die **gesetzliche (Dauer-)Vertretung des Bewerbers/Bieters,** zB einen Geschäftsführer einer GmbH oder den Vorstand einer AG. Die doppelte Berücksichtigung eines Vertretungsorgans sowohl in § 6 Abs. 3 Nr. 2 VgV als auch in § 6 Abs. 3 Nr. 3 lit. a VgV (dort „Vorstand oder gleichartiges Organ") ist ein Fehler des Verordnungsgebers, der nach der Teleologie von § 6 VgV und der maßgeblichen Frage nach der Nähebeziehung zugunsten von § 6 Abs. 3 Nr. 2 VgV jedenfalls für solche Vertretungsorgane zu lösen ist, die Bewerber/Bieter gesetzlich vertreten. Der gesetzlichen (Dauer-)Vertretung gleich gesetzt sind kraft Rechtsgeschäft bevollmächtigte Personen für das konkrete Vergabeverfahren.

25 Für die Gruppe in § 6 Abs. 3 Nr. 2 VgV war in § 16 Abs. 1 Hs. 2 Nr. 1 VgV aF eine unwiderlegbare Vermutung einer Interessenkollision gegeben. Das war nachvollziehbar, denn sowohl die gesetzliche (Dauer-)Vertretung als auch die konkrete Vertretung in dem fraglichen Vergabeverfahren erzeugen eine Nähebeziehung, die nahezu Personengleichheit erzeugt. Insofern dürfte auch hier die Zuordnung in die Kategorie nach § 6 Abs. 3 Nr. 1 VgV regelmäßig das Mitwirkungsverbot auslösen.

26 **c) Gegen Entgelt Beschäftigte oder Organmitglieder eines Bewerbers/Bieters (Abs. 3 Nr. 3 lit. a).** Einer **widerlegbaren Interessenkollision** unterliegen nach § 6 Abs. 3 Nr. 3 lit. a VgV bei einem Bewerber/Bieter gegen Entgelt Beschäftige und Mitglieder von Vorständen, Aufsichtsräten und gleichartigen Organen.

27 Die **Beschäftigten** nach Var. 1 von lit. a befinden sich in einem allgemeinen Arbeitsverhältnis zum Bewerber/Bieter. Hierfür erhält der Beschäftigte eine Vergütung. Dadurch unterscheidet sich der Beschäftigte nach § 6 Abs. 3 Nr. 3 lit. a VgV von dem konkreten Unterstützer in dem Vergabeverfahren nach § 6 Abs. 3 Nr. 2 VgV, was eine erleichterte Widerlegungsmöglichkeit der fehlenden Interessenkollision für den Beschäftigten nach Var. 1 rechtfertigt.

28 Unter **Organen** iSd zweiten Variante von lit. a sind nach den in der Verordnung konkret genannten Organen sowohl Vertretungsorgane (Vorstand) wie Kontrollorgane (Aufsichtsrat) gemeint. Nach richtiger Auff. gehören jedoch Vertretungsorgane iS einer gesetzlichen Vertretung in den Tatbestand nach § 6 Abs. 3 Nr. 2 VgV. Andere, nicht gesetzlich vertretende Organe zählen je nach Konstituierung (zB Gesellschafterversammlung einer GmbH) dazu, solange sie nicht rein beratende Funktion haben; Letztere könnten allerdings konkrete Berater im Vergabeverfahren sein und damit § 6 Abs. 3 Nr. 2 VgV unterfallen. Eine analoge Anwendung des § 6 Abs. 3 Nr. 3 lit. a VgV ist nach der Rspr. auch für Aufsichtsratsmitglieder geboten,

---

[27] OLG Dresden 23.7.2002 – WVerg 7/02, BeckRS 2016, 6030.
[28] Vgl. VK Nordbayern 31.5.2022 – RMF-SG21-3194-7-13, IBR 2023, 3007.
[29] Vgl. OLG Karlsruhe 30.10.2018 – 15 Verg 5/18, NZBau 2019, 200.

die nicht dem Aufsichtsrat des Bieters selbst, sondern dem eines Gesellschafters des Bieters angehören; insofern kann nichts anderes gelten als für Mitglieder des Beirats eines Gesellschafters.[30]

d) Doppelte Geschäftsbeziehung (Abs. 3 Nr. 3 lit. b). Einer widerlegbaren Interessenkollision unterliegen in das konkrete Vergabeverfahren eingeschaltete Unternehmen, die zugleich geschäftliche Beziehungen zum Auftraggeber wie zum Bewerber/Bieter haben. **Unternehmen** meint Sach- und Personengesamtheiten, welche zu einem gemeinsamen Ziel zusammengefügt wurden bzw. sich zu einem gemeinsamen Ziel zusammengeschlossen haben. Auf die Konstitution oder Beteiligungsverhältnisse des Unternehmens kommt es nicht an. Auch Konzerne fallen damit grds. als Ganzes unter den Begriff Unternehmen. Das ist nicht unbillig, denn die mögliche Widerlegung des Interessenkonflikts dürfte zB Schwester- oder Enkelunternehmen des direkt involvierten Unternehmens grds. leicht fallen. 29

Eine **persönliche Nähebeziehung** zwischen den im Verfahren involvierten Personen auf Auftraggeber und Bewerber/Bieterseite ist nicht gefordert. Die Vermutung der Voreingenommenheit ist unternehmensbezogen. Die Verbindung erfolgt durch die beidseitigen geschäftlichen Beziehungen des Unternehmens. Die Doppelbeziehung setzt jew. eine dauerhafte geschäftliche Verbindung voraus, womit ein einzelner Auftrag für die eine oder andere Seite noch nicht den Tatbestand erfüllen kann. Auf gesellschaftsrechtliche Beziehungen kommt es ebenfalls nicht an.[31] Bestehen geschäftliche Verbindungen, werden sie aber aufgrund eines Vergabeverfahrens für diese Zeit in die eine oder andere Richtung „auf Eis gelegt", dann ändert dies an der Einordnung als Dauerverbindung nichts. Dieser Umstand kann aber womöglich iRd Widerlegung der Interessenkollision eine Rolle spielen. 30

e) Angehörige (Abs. 4). In den Anwendungsbereich der Vermutungsregel von § 6 Abs. 3 VgV fallen nicht nur Personen, die unmittelbar die Voraussetzungen nach § 6 Abs. 3 VgV erfüllen und denen in Zusammenhang mit der Erfüllung des persönlichen und sachlichen Anwendungsbereichs die Voreingenommenheit widerlegbar unterstellt wird. Gem. § 6 Abs. 4 VgV wird auch Angehörigen von Personen, für welche die Vermutungsregel gilt, eine Interessenkollision unterstellt. 31

Der Begriff des Angehörigen wird in § 6 Abs. 4 VgV legal definiert. **Angehörige** sind Personen, die zu jenen Personen, welche zumindest einen der Tatbestände von § 6 Abs. 3 VgV erfüllen, folgende Beziehungen haben: 32
– Verlöbnis
– Ehe
– Lebenspartnerschaft
– Verwandte und Verschwägerte gerader Linie
– Geschwister
– Kinder der Geschwister
– Ehegatten und Lebenspartner der Geschwister
– Geschwister der Ehegatten und Lebenspartner
– Geschwister der Eltern sowie Pflegeeltern und Pflegekinder.

Mit der Angehörigkeitsklausel erfährt der Tatbestand von § 6 Abs. 3 VgV eine erhebliche Erweiterung. Diese **Erweiterung** ist nicht zuletzt aus europarechtlicher Sicht **abzulehnen.** Zum einen, weil der mit § 6 VgV umgesetzte Art. 24 RL 2014/24/EU keine Angehörigen-Klausel enthält. Zum anderen, weil der EuGH bei Interessenkollisionen sowohl bei deren Feststellung wie rechtlichen Behandlung verhältnismäßige Entscheidungen erwartet.[32] Es ist aber nicht verhältnismäßig, wenn zB 33

---

[30] OLG Celle 9.4.2009 – 13 Verg 7/08, NZBau 2009, 394.
[31] VK Baden-Württemberg 29.10.2010 – 1 VK 54/10, BeckRS 2015, 55871.
[32] EuGH 16.12.2008 – C-213/07, BeckRS 2008, 71326 – Michaniki AE.

VgV § 6   Vermeidung von Interessenkonflikten

Verschwägerte gerader Linie, zu denen die den Auftraggeber beratende Person womöglich keine Beziehung hat, mit der Personenidentität des § 6 Abs. 3 Nr. 1 VgV gleich gesetzt werden. Auch die Teleologie von § 6 VgV spricht gegen die Rechtmäßigkeit der unterschiedslosen Einbeziehung von Angehörigen, denn demnach wird außerhalb der tatsächlichen Personenidentität sämtlich zumindest ein wirkliches persönliches oder wirtschaftliches Näheverhältnis für die Feststellung von Interessenkollisionen vorausgesetzt.

VI. Darlegungslast

34   Grds. hat derjenige, der eine Interessenkollision behauptet, die entspr. Darlegungslast. Damit haben **im Regelfall der Rügende bzw. Antragsteller** die **Darlegungslast** in einem Vergabenachprüfungsverfahren. Bezüglich der Generalklausel nach § 6 Abs. 2 VgV sind neben dem persönlichen Anwendungsbereich nach § 6 Abs. 1 VgV demnach die Beteiligung am Verfahren bzw. der Einfluss auf dessen Ausgang und das persönliche Interesse der fraglichen Person darzulegen.

35   In den Fällen von § 6 Abs. 3, 4 VgV ist eine Widerlegung der Interessenkollision möglich. Die **Widerlegung obliegt dem Auftraggeber** als Verantwortlicher für das Vergabeverfahren, der darin von den beteiligten Personen, besonders auf Bewerber-/Bieterseite, unterstützt werden kann. Inhalt und Umfang der Widerlegung hängen vom Einzelfall ab. Jedenfalls sind laut Begr. des Verordnungsgebers zu § 16 VgV aF (die herangezogen werden kann, weil der Rechtsgedanke gleich geblieben ist) organisatorische Maßnahmen sowohl auf Seiten des Auftraggebers als auch auf Bewerber-/Bieterseite möglich, wenn diese den scheinbaren Interessenkonflikt ausräumen.[33] Dazu werden die aus dem Wertpapierhandel bekannten „Chinese Walls" gezählt, wenn die entsprechenden persönlichen, sachlichen und räumlichen Maßnahmen überzeugend Vertraulichkeitsbereiche abbilden.[34] Sog. negative Eigenerklärungen der Beteiligten, in denen versichert wird, nicht gegen § 6 VgV zu agieren, vermögen den vermuteten Interessenkonflikt nach § 6 Abs. 3, 4 VgV jedenfalls alleine nicht zu entkräften.

36   Ist dann nur die Feststellung möglich, dass durch die Beteiligten eines Vergabeverfahrens Handlungen oder Maßnahmen nicht ersichtlich oder nachgewiesen sind, die als solche den Schluss auf die Voreingenommenheit zulassen könnten, besteht kein Anlass, das Mitwirkungsverbot auszusprechen.[35] Sind andererseits **konkrete Anhaltspunkte** für das Fehlen eines Interessenkonflikts oder eine mangelnde Einflussnahme nicht ersichtlich, ist eine Voreingenommenheit zu unterstellen und von einem Verstoß gegen § 6 VgV auszugehen.[36]

VII. Rechtsschutz

37   § 6 VgV sieht ausdr. als Rechtsfolge eines identifizierten Verstoßes ein **Mitwirkungsverbot** der festgestellt voreingenommenen Person vor. Diese Person darf nicht in einem Vergabeverfahren mitwirken. Der Auftraggeber hat ggü. der Person ein Mitwirkungsverbot auszusprechen. Theoretisch könnte der Auftraggeber einzelfallgerecht über jede einzelne Mitwirkung in einem Vergabeverfahren entscheiden. Es wäre ebenso verhältnismäßig und nicht zuletzt aus Gründen der Rechtssicherheit angemessener, wenn die fragliche Person für das gesamte Vergabeverfahren ausgeschlossen wird.

---

[33] BR-Drs. 455/00, 20.
[34] OLG Karlsruhe 30.10.2018 – 15 Verg 5/18, NZBau 2019, 200.
[35] VK Thüringen 29.11.2002 – 216-4004.20-015/02-SON, IBRRS 2013, 5304.
[36] VK Hamburg 25.7.2002 – VgK FB 1/02, IBRRS 2002, 1028.

Vermeidung von Interessenkonflikten **§ 6 VgV**

Ein **Ausschluss eines Bewerbers/Bieters** vom Verfahren kommt auf Basis von 38
§ 6 VgV nicht in Betracht, denn Rechtsfolge von § 6 VgV ist nur ein Mitwirkungsverbot auf Seiten des Auftraggebers.[37] Dafür ist **§ 124 Abs. 1 Nr. 5 GWB** einschlägig, der den Ausschluss ermöglicht, s. dazu ausf. → GWB § 124 Rn. 32.

Sollte die Person schon an einer Entscheidung mitgewirkt haben, so stellt sich 39
die Frage, wie der Auftraggeber diesem Fehler begegnet, um Schäden für Dritte zu vermeiden bzw. zu beheben. Dabei hat der Auftraggeber **einzelfallgerecht und unter Beachtung des Verhältnismäßigkeitsgrundsatzes** zu handeln. Falls nur eine Entscheidung betroffen ist, könnte der Auftraggeber diese Entscheidung ohne Mitwirkung der festgestellt voreingenommenen Person treffen und damit wiederholen lassen. Nach Auff. des OLG Koblenz ist eine derartige **Heilung** – zu Recht – sogar noch **im Nachprüfungsverfahren** möglich.[38] Dafür spricht schon das Beschleunigungsgebot. Dabei ist jedoch darauf zu achten, welche anderen Entscheidungen betroffen bzw. „infiziert" sind. Womöglich muss eine Serie von Entscheidungen wiederholt werden, falls alle Entscheidungen nach sorgfältiger Prüfung von der Interessenkollision betroffen sind. Die obergerichtliche Rspr. ist uneinig darüber, ob sogar eine **Aufhebung des Verfahrens** als Folge des Verstoßes gegen § 6 VgV durch Nachprüfungsinstanzen entschieden werden kann.[39] Gegen die Aufhebung spricht die eindeutig formulierte Rechtsfolge in § 6 VgV, wonach Maßnahmen allein gegen die voreingenommene Person und – konsequent – in Bezug auf die dort ebenfalls ausdr. genannten Entscheidungen zu erfolgen haben. Zudem hat der BGH mehrfach bei anderer Gelegenheit das Ermessen des Auftraggebers bei der Aufhebungsentscheidung betont.[40] Von daher sind die Nachprüfungsinstanzen angehalten, bei Verstößen gegen § 6 VgV einzelfallgerechte Lösungen anzustreben und nicht mit der Aufhebung eine globale Entscheidung zu treffen. Für einen Bieter/Bewerber stellt der Einsatz einer, mit einem Interessenkonflikt behafteten Person durch die Vergabestelle eine Verletzung seines Rechts auf ein diskriminierungsfreies Verfahren aus § 97 Abs. 2 GWB dar.[41] Falls zB ein Projektleiter eines Bieters zuvor bei einem Berater des Auftraggebers beschäftigt war und für diesen Berater auch im fraglichen Vergabeverfahren des Auftraggebers tätig geworden ist, darf der Bieter nicht mehr an dem Vergabeverfahren teilnehmen.[42]

Die **Nichtigkeit** eines unter Verstoß gegen § 6 VgV geschlossenen Vertrags 40
könnte aus **§ 138 BGB** folgen. Das setzt regelmäßig ein kollusives Zusammenwirken zwischen Auftraggeber und voreingenommener Person zur Umgehung des Mitwirkungsverbots voraus.[43] Es kann allerdings auch objektiv durch den Gesamtcharakter des Vertrags bzw. der äußeren Umstände die Sittenwidrigkeit wegen Verstoßes gegen § 6 VgV eintreten.[44]

Eine Nichtigkeit nach **§ 134 BGB (gesetzliches Verbot) kommt hingegen 41
nicht in Betracht,** denn § 6 VgV sowie die korrespondierende Vorschrift aus § 124 Abs. 1 Nr. 5 GWB haben nicht die Untersagung eines Rechtsgeschäfts zum Ziel, sondern das Verbot der Mitwirkung voreingenommener Personen.

---

[37] VK Baden-Württemberg 28.12.2009 – 1 VK 61/09, BeckRS 2015, 55867; VK Bund 1.8.2008 – VK 2 – 88/08, BeckRS 2008, 140956.
[38] OLG Koblenz 5.9.2002 – 1 Verg 2/02, ZfBR 2002, 829.
[39] Pro OLG Hamburg 4.11.2002 – 1 Verg 3/02, NZBau 2003, 172; contra OLG Frankfurt a. M. 4.8.2015 – 11 Verg 4/15, NZBau 2015, 794; OLG Jena 20.6.2005 – 9 Verg 3/05, NZBau 2005, 476.
[40] BGH 26.9.2006 – X ZB 14/06, NZBau 2006, 800.
[41] Vgl. VK Berlin 8.7.2020 – VK – B 2 16/20, BeckRS 2020, 31203.
[42] Vgl. VK Lüneburg 1.11.2021 – VgK-38-2021, IBR 2022, 87.
[43] OLG Düsseldorf 25.1.2005 – Verg 93/04, ZfBR 2005, 404.
[44] OLG Brandenburg 16.12.2015 – 4 U 77/14, NZBau 2016, 184.

§ 7 Mitwirkung an der Vorbereitung des Vergabeverfahrens

(1) Hat ein Unternehmen oder ein mit ihm in Verbindung stehendes Unternehmen den öffentlichen Auftraggeber beraten oder war auf andere Art und Weise an der Vorbereitung des Vergabeverfahrens beteiligt (vorbefasstes Unternehmen), so ergreift der öffentliche Auftraggeber angemessene Maßnahmen, um sicherzustellen, dass der Wettbewerb durch die Teilnahme dieses Unternehmens nicht verzerrt wird.

(2) Die Maßnahmen nach Absatz 1 umfassen insbesondere die Unterrichtung der anderen am Vergabeverfahren teilnehmenden Unternehmen in Bezug auf die einschlägigen Informationen, die im Zusammenhang mit der Einbeziehung des vorbefassten Unternehmens in der Vorbereitung des Vergabeverfahrens ausgetauscht wurden oder daraus resultieren, und die Festlegung angemessener Fristen für den Eingang der Angebote und Teilnahmeanträge.

(3) Vor einem Ausschluss nach § 124 Absatz 1 Nummer 6 des Gesetzes gegen Wettbewerbsbeschränkungen ist dem vorbefassten Unternehmen die Möglichkeit zu geben nachzuweisen, dass seine Beteiligung an der Vorbereitung des Vergabeverfahrens den Wettbewerb nicht verzerren kann.

Literatur: Diringer, Die Beteiligung sog. Projektanten am Vergabeverfahren, VergabeR 2010, 361; Fritz, Dritte als Unterstützer des Auftraggebers, ZfBR 2016, 659; Kupczyk, Die Projektantenproblematik im Vergaberecht, NZBau 2010, 21; Leinemann/Kirch, Umgang mit möglichen Interessenkonflikten, VergabeNews Heft 5, 2015; Noch, Der Nachunternehmer des Projektanten, VergabeNavigator, Heft 6, 2015; Prieß/Friton, Ausschluss bleibt Ausnahme, NZBau 2009, 300; Tomerius, Zwischen Beratung und Wettbewerbsverzerrung – Öffentliche Auftraggeber und „Vorbefasste Unternehmen" im Rahmen des neuen § 7 VgV, VergabeR 2018, 1.

I. Bedeutung der Vorschrift

1 § 7 VgV normiert die sog. **Projektantenproblematik** und überführt den Regelungsgehalt des früheren § 6 EG Abs. 7 VOL/A und § 4 Abs. 5 VOF in die VgV. Mit ihm werden die Regelungen des Art. 41 RL 2014/24/EU umgesetzt (zum Ganzen auch → GWB § 124 Rn. 33 ff.). Geregelt sind die Sachverhalte, in denen der öffentliche Auftraggeber vor Einleitung des Vergabeverfahrens auf externen Sachverstand (sog. Projektanten oder **vorbefasste Unternehmen**) zurückgegriffen hat, etwa bei der Evaluierung des Beschaffungsbedarfs oder der Formulierung der Leistungsbeschreibung. Die Inanspruchnahme solcher Leistungen ist dem öffentlichen Auftraggeber zwar erlaubt, sie kann jedoch mit Blick auf die Gebote der Gleichbehandlung und der Vergabe in einem transparenten Wettbewerb vergaberechtlich problematisch sein, wenn der Projektant den öffentlichen Auftraggeber nicht nur unterstützt hat, sondern an dem betreffenden Vergabeverfahren teilnimmt. In diesen Fällen ruft die Vorschrift den öffentlichen Auftraggeber dazu auf, über angemessene Maßnahmen sicherzustellen, dass **durch die Vorbefassung keine Wettbewerbsverzerrungen entstehen**. Durch ihr abgestuftes Rechtsfolgenregime – zuvörderst Ausgleichsmaßnahmen des öffentlichen Auftraggebers zur Sicherstellung unverfälschter Wettbewerbs, Ausschluss des Projektanten dagegen nur als Ultima Ratio nach seiner vorherigen Anhörung – bringt die Vorschrift die Interessen des öffentlichen Auftraggebers, des Projektanten und der übrigen Bieter an der Durchführung eines transparenten und unverfälschten Vergabeverfahrens in einen fairen Ausgleich.[1]

---

[1] Müller-Wrede VgV/UVgO/Voigt VgV § 7 Rn. 1.

II. Vorbefasste Unternehmen (Abs. 1)

Öffentliche Aufträge sind im chancengleichen Wettbewerb zu vergeben. Eine **2** Störung des chancengleichen Wettbewerbs kann in der Beteiligung eines – wie es Abs. 1 ausdrückt – vorbefassten Unternehmens (auch **Projektant**) liegen. So beurteilen der EuGH[2] und die nationale Rspr.[3] die Beteiligung von Projektanten im Vergabeverfahren grds. als Gefährdung eines transparenten und integren Vergabewettbewerbs, da ein Projektant entweder bei der Abgabe seines Angebotes aufgrund seines Informationsvorsprungs begünstigt sein oder er bei der Vorbereitung des Vergabeverfahrens die Bedingungen für die Erteilung des Auftrags in einem für ihn günstigen Sinn beeinflussen kann. Auch der Wortlaut des Abs. 1 („... sicherzustellen, dass der Wettbewerb ... nicht verzerrt wird") bringt zum Ausdruck, dass die Unterstützung des öffentlichen Auftraggebers durch einen vorbefassten Bieter im Vorfeld des Vergabeverfahrens grds. geeignet ist, den Wettbewerb zu gefährden.

Vor diesem Hintergrund verpflichtet Abs. 1 den öffentlichen Auftraggeber, **3** beim **Einsatz vorbefasster Unternehmen** angemessene Maßnahmen zu ergreifen, um sicherzustellen, dass der Wettbewerb durch die Teilnahme dieses Unternehmens nicht verzerrt wird. Darin kommt zugleich zum Ausdruck, dass die Beratung oder sonstige Unterstützung des Auftraggebers bei der Vorbereitung des Vergabeverfahrens keinen „automatischen" Ausschlussgrund darstellt.[4] Vielmehr ist nach dem Urt. des EuGH in der Rs. „Fabricom"[5] ein **genereller Ausschluss** vorbefasster Unternehmen **nicht zulässig.**[6] Denn dies würde dazu führen, dass Unternehmen, die bestimmte vorbereitende Arbeiten ausgeführt haben, vom Vergabeverfahren ausgeschlossen werden, ohne dass ihre Beteiligung daran eine Gefahr für den Wettbewerb bedeuten würde.[7] Auch nach der nationalen Rspr.[8] führt die Mitwirkung eines Unternehmens an der Vorbereitung eines Vergabeverfahrens allein nicht per se dazu, dass dieses Unternehmen nicht am späteren Vergabeverfahren teilnehmen darf. Die Vorschrift enthält damit zwei Kernaussagen: *Erstens* darf das vorbefasste Unternehmen an dem Vergabeverfahren trotz seiner Bevorteilung (etwa aufgrund eines Wissensvorsprungs) teilnehmen. Und *zweitens* weist das Gesetz dem öffentlichen Auftraggeber die Verantwortung dafür zu, dass mit der Teilnahme des Projektanten am Vergabeverfahren keine Wettbewerbsverzerrung verbunden ist. Er – und nicht der Projektant – muss dafür sorgen, dass wettbewerbliche Vorteile des Projektanten ggü. den anderen Bewerbern ausgeglichen werden und eine Vergabe unter nicht-diskriminierenden Bedingungen sicherstellen.

---

[2] EuGH 3.3.2005 – C-21/03 und C-34/03, NZBau 2005, 351 (353) – Fabricom SA/Belgischer Staat.

[3] OLG Celle 14.4.2016 – 13 Verg 11/15, VPR 2016, 103; KG 27.1.2015 – Verg 9/14, IBRRS 2015, 0798; OLG München 19.12.2013 – Verg 12/13, IBRRS 2014, 0136 = BeckRS 2014, 957; 25.7.2013 – Verg 7/13, IBRRS 2013, 3208 = BeckRS 2014, 490; 10.2.2011 – Verg 24/10, NZBau 2011, 507; OLG Brandenburg 22.5.2007 – Verg W 13/06, IBR 2007, 390 = BeckRS 2008, 1089; VK Bund 16.7.2013 – VK 3–47/13, ZfBR 2014, 98; 24.5.2012 – VK 3–45/12, IBRRS 2012, 2420.

[4] VK Bremen 7.6.2019 – 16-VK 4/19, VPRRS 2019, 0318.

[5] EuGH 3.3.2005 – C-21/03 und C-34/03, NZBau 2005, 351 (353) – Fabricom SA/Belgischer Staat.

[6] Kritisch dazu HK-VergabeR/Tomerius VgV § 7 Rn. 1, der für ein Verbot der Doppelbeteiligung als vorab befasstes und als bietendes Unternehmen plädiert.

[7] EuGH 3.3.2005 – C-21/03 und C-34/03, NZBau 2005, 351 (353) – Fabricom SA/Belgischer Staat; OLG Celle 14.4.2016 – 13 Verg 11/15, VPR 2016, 103.

[8] VK Bund 26.7.2022 – VK 1–65/22, VPRRS 2022, 0215; OLG Celle 14.4.2016 – 13 Verg 11/15, VPR 2016, 103.

4 Im Interesse eines geordneten Wettbewerbs sind an die Tatbestandsvoraussetzungen des Abs. 1 **keine allzu engen Maßstäbe** anzulegen.[9] Vorbefasstes Unternehmen ist nicht nur dasjenige Unternehmen, das den öffentlichen Auftraggeber im Vorfeld des Vergabeverfahrens selbst beraten oder unterstützt hat (**unmittelbare Vorbefassung**). Eine Personenidentität zwischen dem unterstützenden Unternehmen und dem Bieter ist nicht erforderlich, um eine Vorbefassung anzunehmen. Die Möglichkeit der Wettbewerbsverzerrung kann vielmehr auch bei solchen Unternehmen bestehen, die mit dem Projektanten personell, gesellschaftsrechtlich oder auch nur geschäftlich verbunden sind.[10] Um Umgehungsmöglichkeiten durch Einschaltung dritter Unternehmen zu verhindern, reicht nach Abs. 1 eine solche **mittelbare Vorbefassung** aus. Allerdings gibt es keine unwiderlegbare Vermutung dafür, dass miteinander verbundene Unternehmen nicht eigenständig und wettbewerblich voneinander unabhängig agieren können.[11]

5 Erfasst ist jede **Beratung oder sonstige Beteiligung** eines Unternehmens bzw. eines mit diesem in Verbindung stehenden Unternehmens bei der **Vorbereitung des Vergabeverfahrens**. **Beratung** ist jede Unterstützungshandlung, die konkrete Handlungsempfehlungen (etwa ein Gutachten) und Informationen für die Realisierung des Beschaffungsvorgangs zur Verfügung stellt. Das Merkmal der **Beteiligung** auf andere Art und Weise hat Auffangcharakter und ist weiter gefasst. Es umfasst jede sonstige Tätigkeit im Vorfeld eines Vergabeverfahrens, etwa eine Machbarkeitsstudie, ein Vorentwurf oder eine Aufgaben- oder gar Leistungsbeschreibung. Ein Vertragsverhältnis zwischen dem öffentlichen Auftraggeber und dem Projektanten ist in beiden Fällen nicht erforderlich.[12] Ausreichend ist ein tatsächliches Tätigwerden des Projektanten.[13] Unerheblich ist auch, ob der Auftraggeber die Tätigkeit des Projektanten veranlasst hat und ihm der Sachverhalt, der zu einem Wettbewerbsvorsprung geführt hat, bekannt war.[14] Ebenso wenig kommt es darauf an, dass der Projektant auf die Willensbildung des Auftraggebers bei der Vorbereitung der Ausschreibung Einfluss genommen hat.[15]

6 Die Unterstützungshandlung muss allerdings einen **konkreten Bezug zu dem aktuellen Vergabeverfahren** aufweisen.[16] Dabei müssen Leistungen erbracht worden sein, die zum zu vergebenden Auftrag einen unmittelbaren Zusammenhang aufweisen. Im Interesse eines unverfälschten Wettbewerbs braucht der Gegenstand

---

[9] OLG München 25.7.2013 – Verg 7/13, IBRRS 2013, 3208 = BeckRS 2014, 490; VK Bund 21.9.2021 – VK 2–87/21, VPRRS 2022, 0012: keine formale, sondern funktionale Betrachtungsweise.

[10] KG 27.1.2015 – Verg 9/14, IBRRS 2015, 0798; VK Sachsen 25.5.2022 – 1/SVK/005-22, VPRRS 2022, 0152; VK Bund 24.5.2012 – VK 3–45/12, IBRRS 2012, 2420; DSW/Dieckmann VgV § 7 Rn. 9; BeckOK VergabeR/Dabbagh VgV § 7 Rn. 15; RKMPP/Röwekamp § 7 Rn. 3.

[11] EuGH 3.3.2005 – C-21/03 und C-34/03, NZBau 2005, 351 (353) – Fabricom SA/Belgischer Staat; 17.5.2018 – C-531/16, IBRRS 2018, 1675; VK Bund 26.7.2022 – VK 1–65/22, VPRRS 2022, 0215.

[12] KG 27.1.2015 – Verg 9/14, IBRRS 2015, 0798; OLG Bremen 9.10.2012 – Verg 1/12, IBRRS 2013, 0127; DSW/Dieckmann VgV § 7 Rn. 9.

[13] OLG Düsseldorf 25.10.2005 – VII-Verg 67/05, NZBau 2006, 466.

[14] VK Nordbayern 9.8.2007 – 21.VK-3194-32/07, IBR 2007, 1315 = BeckRS 2010, 27329.

[15] KG 27.1.2015 – Verg 9/14, IBRRS 2015, 0798.

[16] OLG München 25.7.2013 – Verg 7/13, IBRRS 2013, 3208 = BeckRS 2014, 490; OLG Brandenburg 22.5.2007 – Verg W 13/06, BeckRS 2008, 1089; VK Sachsen 14.5.2019 – 1/SVK/006-19, IBRRS 2019, 2148; VK BW 6.9.2019 – 1 VK 39/19, VPRRS 2020, 0103; 30.3.2007 – 1 VK 6/07, IBR 2007, 509; DSW/Dieckmann VgV § 7 Rn. 8; RKMPP/Röwekamp § 7 Rn. 5.

des Vergabeverfahrens nicht mit demjenigen der Vorbefassung identisch zu sein. Die Rspr. hat den erforderlichen Bezug bereits dann angenommen, wenn der Bieter durch die Unterstützungshandlung für die Vergabe einen **wettbewerbsrelevanten Vorteil**, etwa in Form eines **Informationsvorsprungs**, erhalten hat. So ist ein Unternehmen, das den Auftraggeber bei der Vorbereitung der Ausschreibung zB bei Forschungs-, Erprobungs-, Planungs- oder Entwicklungsarbeiten unterstützt hat, als vorbefasst anzusehen.[17] Als vorbefasst gilt ebenfalls ein Bieter, der die Entwurfsplanung ausgeführt hat, bei der Vergabe von Bauüberwachungsleistungen.[18] Gleiches gilt für einen Zielplaner für die anschließend ausgeschriebene Projektsteuerung,[19] für eine Beteiligung an der Auslobung und Auswertung eines vorangegangenen Architektenwettbewerbs und die anschließende Teilnahme an der Ausschreibung der Projektsteuerung[20] und für einen Bieter, der zur Vorbereitung der Ausschreibung Prototypen der Ausschreibungsgegenstände hergestellt hat.[21] Die bloße Tatsache, dass ein **Unternehmen als bisheriger Vertragspartner des Auftraggebers** über einen Wissensvorsprung verfügt, ist hingegen kein Fall des § 7 Abs. 1 VgV.[22] Denn es entspricht der normalen Rollen- und Risikoverteilung im Wettbewerb, wenn sich ein Vorauftragnehmer an der Ausschreibung eines Folgeauftrags beteiligt. Wettbewerbsvorsprünge eines Bieters, der sich aufgrund der Ausführung eines Vorauftrags bereits auf die Besonderheiten des Auftraggebers eingestellt hat, bedürfen keines Ausgleichs durch den Auftraggeber. Die Nivellierung bestehender, aus der Marktstellung der Unternehmen resultierender Unterschiede wird vom Vergaberecht nicht intendiert.[23]

Eine Handlungspflicht des Auftraggebers wird schließlich nur ausgelöst, wenn der Bieter aufgrund der Unterstützungsleistung im Vorfeld des Vergabeverfahrens einen **konkret messbaren Wettbewerbsvorteil** erlangt hat.[24] Auszugleichen sind nur solche Informationsvorsprünge, die für die Teilnahme an der aktuellen Ausschreibung konkret von Vorteil sind. Die abstrakte Möglichkeit, dass der Bie-

---

[17] OLG Brandenburg 19.12.2011 – Verg W 17/11, ZfBR 2012, 182.
[18] OLG München 25.7.2013 – Verg 7/13, IBRRS 2013, 3208 = BeckRS 2014, 490; OLG Brandenburg 22.5.2007 – Verg W 13/06, BeckRS 2008, 1089.
[19] OLG München 10.2.2011 – Verg 24/10, NZBau 2011, 507.
[20] OLG München 19.12.2013 – Verg 12/13, IBRRS 2014, 0136 = BeckRS 2014, 957.
[21] KG 27.1.2015 – Verg 9/14, IBRRS 2015, 0798.
[22] VK Bund 13.2.2023 – VK 2–114/22, VPRRS 2023, 0048; VK Sachsen 25.5.2022 – 1/ SVK/005-22, VPRRS 2022, 0152; VK Bund 19.1.2022 – VK 1–138/21, VPRRS 2022, 0141; 18.9.2020 – VK 2–51/20, VPRRS 2021, 0266; 2.8.2019 – VK 1–49/19; 16.7.2013 – VK 3– 47/13, ZfBR 2014, 98; VK Rheinland 30.9.2019 – VK 31/19, BeckRS 2019, 33846; VK Köln 4.10.2012 – VK VOF 18/2012; DSW/Dieckmann VgV § 7 Rn. 8; RKMPP/Röwekamp § 7 Rn. 5; BeckOK VergabeR/Dabbagh VgV § 7 Rn. 21. Unterstützt hingegen ein Vorauftragnehmer den öffentlichen Auftraggeber dabei, die Ziele eines Folgeauftrags zu finden und festzulegen, so ist dies kein reiner Vorauftrag, sondern die Vorbereitung der Folgeausschreibung; in diesem Fall gilt der Vorauftragnehmer als Projektant: VK Bund 21.9.2021 – VK 2–87/21, VPRRS 2022, 0012. Im dortigen Fall ging es um die Umsetzung strategischer Ziele eines Auftraggebers, wobei diese Ziele aus Gründen der Vertraulichkeit Wettbewerbern ggü. nicht in den Vergabeunterlagen und damit nicht allen Bietern ggü. offengelegt wurden. Lediglich der Vorauftragnehmer, der den Auftrag hatte, den öffentlichen Auftraggeber bei der Findung und Definition dieser Ziele zu beraten, hatte als einziger Bieter im streitgegenständlichen Vergabeverfahren, gerichtet auf Umsetzung der Ziele, Kenntnis von diesen Zielen. Dies veranlasste die Vergabekammer, in funktionaler Auslegung des § 7 VgV diesen Vorauftragnehmer als Projektanten anzusehen, obwohl er formal gesehen nicht an dem dort streitgegenständlichen Vergabeverfahren mitgewirkt hatte.
[23] VK Bund 2.8.2019 – VK 1–49/19; 10.3.2017 – VK 2–19/17, VPRRS 2017, 0121.
[24] OLG München 10.2.2011 – Verg 24/10, NZBau 2011, 507.

ter durch die Vorbefassung einen Informationsvorsprung erhalten hat, genügt für sich allein nicht.[25] Ist somit dem Projektanten aus seiner Unterstützungshandlung bei objektiver Betrachtung kein Wettbewerbsvorteil erwachsen, besteht kein Raum für Ausgleichsmaßnahmen des Auftraggebers.

8   Erscheint eine konkrete Wettbewerbsbeeinträchtigung objektiv gesehen möglich, ist der Auftraggeber verpflichtet, **angemessene Maßnahmen** zu ergreifen, um sicherzustellen, dass der Wettbewerb durch die Teilnahme des Projektanten nicht verzerrt wird.[26] Damit ist dem Auftraggeber die Verantwortung zugewiesen, dass mit der Beteiligung des Projektanten keine Wettbewerbsverzerrung verbunden ist. Er – und nicht der Projektant – muss dafür sorgen, dass wettbewerbliche Vorteile des Projektanten ggü. den anderen Bewerbern ausgeglichen werden und eine Vergabe unter nicht-diskriminierenden Bedingungen sicherstellen. Im Hinblick auf die gebotene Transparenz und Gleichbehandlung ist ein **proaktives Handeln des Auftraggebers** spätestens bei der Aufforderung zur Angebotsabgabe geboten.

III. Ausgleichsmaßnahmen (Abs. 2)

9   Welche Ausgleichsmaßnahmen ergriffen werden, um einen fairen Wettbewerb sicherzustellen, entscheidet der Auftraggeber nach pflichtgemäßem Ermessen.[27] Die Vorschrift spricht insoweit von „angemessenen Maßnahmen", so dass stets der **Verhältnismäßigkeitsgrundsatz** (§ 97 Abs. 1 S. 2 GWB) gewahrt sein muss. Erst wenn eine Chancengleichheit aller Teilnehmer nicht durch die in Abs. 2 beispielhaft genannten Maßnahmen hergestellt werden kann, wird das Ermessen des Auftraggebers auf null reduziert, was einen zwingenden Ausschluss des Projektanten vom Wettbewerb zur Folge hat.[28] Die nach Abs. 1 gebotenen Maßnahmen werden in Abs. 2 beispielhaft („insbesondere") aufgeführt. Sie umfassen danach ua die Unterrichtung der anderen am Vergabeverfahren teilnehmenden Unternehmen in Bezug auf die einschlägigen Informationen, die im Kontext mit der Projektantentätigkeit ausgetauscht wurden oder daraus resultieren. Das bedeutet, dass sämtliche **Informationen und Arbeitsergebnisse** des vorbefassten Bieters ggü. den anderen Unternehmen **aktiv offengelegt** werden müssen, damit diese bei der Angebotserstellung genauso darauf zurückgreifen können wie der vorbefasste Bieter selbst.[29] Die gebotene Unterrichtung kann auch dergestalt erfolgen, dass den anderen Unternehmen die Möglichkeit zur Ortsbesichtigung

---

[25] OLG München 10.2.2011 – Verg 24/10, NZBau 2011, 507; OLG Brandenburg 22.5.2007 – Verg W 13/06, BeckRS 2008, 01089.

[26] OLG Celle 14.4.2016 – 13 Verg 11/15, VPR 2016, 103.

[27] OLG Celle 14.4.2016 – 13 Verg 11/15, VPR 2016, 103; OLG München 19.12.2013 – Verg 12/13, IBRRS 2014, 0136 = BeckRS 2014, 957; 25.7.2013 – Verg 7/13, IBRRS 2013, 3208 = BeckRS 2014, 490; VK Südbayern 21.10.2013 – Z3-3-3194-1-29-08/13, IBRRS 2014, 2992; RKMPP/Röwekamp § 7 Rn. 8.

[28] OLG Celle 14.4.2016 – 13 Verg 11/15, VPR 2016, 103; BeckOK VergabeR/Dabbagh VgV § 7 Rn. 29; RKMPP/Röwekamp § 7 Rn. 10.

[29] KG 27.1.2015 – Verg 9/14, IBRRS 2015, 0798; OLG München 25.7.2013 – Verg 7/13, IBRRS 2013, 3208 = BeckRS 2014, 490; OLG Brandenburg 19.12.2011 – Verg W 17/11, ZfBR 2012, 182; OLG München 10.2.2011 – Verg 24/10, NZBau 2011, 507; OLG Koblenz 6.11.2008 – 1 Verg 3/08, ZfBR 2009, 93; OLG Brandenburg 22.5.2007 – Verg W 13/06, BeckRS 2008, 01089; VK Lüneburg 27.1.2017 – VgK-49/2016, VPRRS 2017, 0125. VK Bund 21.9.2021 – VK 2–87/21, VPRRS 2022, 0012 zur Offenlegung von Strategiezielen ggü. allen Bietern; im entschiedenen Fall hatte das Bedürfnis des Auftraggebers nach Vertraulichkeit dieser Informationen zurückzutreten.

oder Durchführung sonstiger Prüfungen etc eingeräumt wird.[30] Es genügt jedoch nicht, wenn in der Auftragsbekanntmachung lediglich auf die Möglichkeit der Einsichtnahme der „Vorarbeiten" beim Auftraggeber hingewiesen wird.[31]

Infolge des Wissensvorsprungs des Projektanten verlängert sich für ihn de facto 10 die Angebotsfrist. Als weitere Ausgleichsmaßnahme nennt Abs. 2 deshalb die **Festlegung angemessener Bewerbungs- und Angebotsfristen,** damit die anderen Unternehmen über die erforderliche Zeit verfügen, die zur Verfügung gestellten Informationen und Arbeitsergebnisse bei der Erstellung der Angebote zu berücksichtigen.[32] Daneben kommen – je nach Sachlage – insbes. die folgenden weiteren Maßnahmen zur Reduzierung eines Wettbewerbsvorsprungs des Projektanten in Betracht:
– Die Eignungs- und Zuschlagskriterien sind erforderlichenfalls so neutral zu fassen, dass aus einem etwaigen Wissensvorsprung des Projektanten keine Wertungsvorteile entstehen.
– In jedem Fall ist die Tätigkeit des Projektanten im Vorfeld des Vergabeverfahrens **umfassend zu dokumentieren**; insbes. ist hierbei festzuhalten, welche Informationen ihm in Bezug auf das Vergabeverfahren überlassen wurden bzw. was er zum Vergabeverfahren beigesteuert hat.[33]

IV. Ausschluss vom Vergabeverfahren (Abs. 3)

Nur wenn es dem öffentlichen Auftraggeber nicht gelingt, die Beeinträchtigung 11 des Wettbewerbs durch die Teilnahme des Projektanten am Vergabeverfahren mit milderen Maßnahmen zu verhindern, kommt ein Ausschluss des Projektanten von dem Vergabeverfahren in Betracht.[34] Dabei gilt allerdings der **Verhältnismäßigkeitsgrundsatz** (§ 97 Abs. 1 S. 2 GWB). Der **Ausschluss** des Projektanten ist **Ultima Ratio**.[35] Wegen der Schwere des Eingriffs in die Rechte und die Betätigungsfreiheit des Bieters, die ein Ausschluss vom Vergabeverfahren zur Folge hat, sind insoweit hohe Anforderungen zu stellen.[36] Die Rechtsgrundlage für einen Ausschluss ist § 124 Abs. 1 Nr. 6 GWB. Allerdings muss das betroffene Unternehmen nach Abs. 3 vor einem Ausschluss die Gelegenheit erhalten zu beweisen, dass

---

[30] OLG Koblenz 6.11.2008 – 1 Verg 3/08, ZfBR 2009, 93; BeckOK VergabeR/Dabbagh VgV § 7 Rn. 28; Beck VergabeR/Mager VgV § 7 Rn. 9.

[31] VK Thüringen 19.9.2008 – 250–4003.20-2100/2008-008-SHK.

[32] OLG München 19.12.2013 – Verg 12/13, IBRRS 2014, 0136 = BeckRS 2014, 957; VK BW 30.3.2007 – 1 VK 06/07, IBRRS 2007, 3312; RKMPP/Röwekamp § 7 Rn. 7.

[33] VK Lüneburg 27.1.2017 – VgK-49/2016, VPRRS 2017, 0125; Diringer VergabeR 2010, 361 (365); DSW/Dieckmann VgV § 7 Rn. 29; RKMPP/Röwekamp § 7 Rn. 7.

[34] Vgl. Art. 41 UAbs. 2 S. 2 RL 2014/24/EU: „Der betreffende Bewerber oder Bieter wird vom Verfahren nur dann ausgeschlossen, wenn keine andere Möglichkeit besteht, die Einhaltung der Pflicht zur Wahrung des Grundsatzes der Gleichbehandlung zu gewährleisten."

[35] EuGH 3.3.2005 – C-21/03 und C-34/03, NZBau 2005, 351 (353) – Fabricom SA/Belgischer Staat; OLG Celle 14.4.2016 – 13 Verg 11/15, VPR 2016, 103; OLG Bremen 9.10.2012 – Verg 1/12, IBRRS 2013, 0127; OLG München 10.2.2011 – Verg 24/10, NZBau 2011, 507; OLG Koblenz 6.11.2008 – 1 Verg 3/08, ZfBR 2009, 93; VK Bremen 7.6.2019 – 16-VK 4/19, VPRRS 2019, 0318; VK Lüneburg 27.1.2017 – VgK-49/2016, VPRRS 2017, 0125; VK Sachsen 26.6.2019 – 1-SVK/024/09, BeckRS 2009, 23149; zur Beweislast OLG Brandenburg 22.5.2007 – Verg W 13/06, BeckRS 2008, 01089; VK Sachsen 28.10.2008 – 1/SVK/054-08, IBR 2009, 164; DSW/Dieckmann VgV § 7 Rn. 22.

[36] DSW/Dieckmann VgV § 7 Rn. 22.

seine Beteiligung den Wettbewerb nicht verzerren kann.[37] Dabei trägt das betroffene Unternehmen die Beweislast, dass ihm durch die Vorbefassung kein ungerechtfertigter Vorteil entstanden ist[38] (→ GWB § 124 Rn. 35).[39]

V. Rechtsschutz

12 § 7 VgV vermittelt als Ausprägung des Gleichbehandlungsgrundsatzes Bieterschutz.[40] Die Vorschrift bezweckt die Sicherstellung eines chancengleichen Wettbewerbs. Ihre Verletzung kann daher in einem Nachprüfungsverfahren geltend gemacht werden. Konkurrierende Bieter haben einen Anspruch darauf, dass der Auftraggeber seinen Verpflichtungen in Bezug auf vorbefasste Unternehmen nachkommt, insbes. einer etwa vorliegenden Wettbewerbsverzerrung durch geeignete Maßnahmen entgegenwirkt.[41] Im Nachprüfungsverfahren trägt der öffentliche Auftraggeber die **Darlegungs- und Beweislast** für die Ausgleichsmaßnahmen, die er ergriffen hat, um den unverfälschten Wettbewerb sicherzustellen.[42] Reichen sie nicht aus, werden die betreffenden Vergabeverfahren im Regelfall in den Stand vor Abgabe der Angebote zurückzuversetzen sein.[43]

13 Kommt der Auftraggeber seinen Verpflichtungen nach § 7 Abs. 2 VgV nicht nach, trifft er also keine (ihm zumutbaren) Ausgleichsmaßnahmen, geht dies nicht zu Lasten des vorbefassten Bieters, denn dieser hat nach § 7 Abs. 2 VgV das Recht, nicht ohne Anlass vom Verfahren ausgeschlossen zu werden (→ GWB § 124 Rn. 36). Ein vorbefasstes Unternehmen, das gem. § 124 Abs. 1 Nr. 6 GWB von dem Vergabeverfahren ausgeschlossen werden soll, kann dagegen erfolgreich in einem Nachprüfungsverfahren vorgehen, wenn der öffentliche Auftraggeber die von Abs. 2 originär an ihn adressierten Maßnahmen zum Ausgleich des Wettbewerbsvorteils nicht oder nicht hinreichend getroffen hat.[44] In diesen Konstellationen ist dem Auftraggeber bei Untersagung des Zuschlags iÜ von der Vergabekammer aufzugeben, weitergehende Maßnahmen zum Ausgleich des Wettbewerbsvorsprungs vorzunehmen[45] (→ GWB § 124 Rn. 36).

§ 8 Dokumentation und Vergabevermerk

(1) **¹Der öffentliche Auftraggeber dokumentiert das Vergabeverfahren von Beginn an fortlaufend in Textform nach § 126b des Bürgerlichen Gesetzbuchs, soweit dies für die Begründung von Entscheidungen auf jeder**

---

[37] VK Bremen 7.6.2019 – 16-VK 4/19, VPRRS 2019, 0318.
[38] OLG Celle 14.4.2016 – 13 Verg 11/15, VPR 2016, 103; Beck VergabeR/Mager VgV § 7 Rn. 12.
[39] Zu einem vertraglich mit dem Projektanten vereinbarten Bewerbungsverbot kritisch VK Lüneburg 27.1.2017 – VgK-49/2016, VPRRS 2017, 0125.
[40] OLG Celle 14.4.2016 – 13 Verg 11/15, VPR 2016, 103; KG 27.1.2015 – Verg 9/14, IBRRS 2015, 0798; VK Bund 21.9.2021 – VK 2–87/21, VPRRS 2022, 0012; VK Rheinland 30.9.2019 – VK 31/19, BeckRS 2019, 33846.
[41] VK Bund 21.9.2021 – VK 2–87/21, VPRRS 2022, 0012; DSW/Dieckmann VgV § 7 Rn. 30.
[42] OLG Celle 14.4.2016 – 13 Verg 11/15, VPR 2016, 103; VK Bund 21.9.2021 – VK 2–87/21, VPRRS 2022, 0012.
[43] VK Bund 21.9.2021 – VK 2–87/21, VPRRS 2022, 0012.
[44] OLG Celle 14.4.2016 – 13 Verg 11/15, VPR 2016, 103.
[45] KG 27.1.2015 – Verg 9/14, IBRRS 2015, 0798; VK Bund 21.9.2021 – VK 2–87/21, VPRRS 2022, 0012; MüKoEuWettbR/Pauka/Krüger GWB § 124 Rn. 37; Beck VergabeR/Opitz GWB § 124 Rn. 91; GKN VergabeR-HdB/König, § 14 Rn. 35.

Stufe des Vergabeverfahrens erforderlich ist. ²Dazu gehört zum Beispiel die Dokumentation der Kommunikation mit Unternehmen und interner Beratungen, der Vorbereitung der Auftragsbekanntmachung und der Vergabeunterlagen, der Öffnung der Angebote, Teilnahmeanträge und Interessensbestätigungen, der Verhandlungen und der Dialoge mit den teilnehmenden Unternehmen sowie der Gründe für Auswahlentscheidungen und den Zuschlag.

(2) ¹Der öffentliche Auftraggeber fertigt über jedes Vergabeverfahren einen Vermerk in Textform nach § 126b des Bürgerlichen Gesetzbuchs an. ²Dieser Vergabevermerk umfasst mindestens Folgendes:

1. den Namen und die Anschrift des öffentlichen Auftraggebers sowie Gegenstand und Wert des Auftrags, der Rahmenvereinbarung oder des dynamischen Beschaffungssystems,
2. die Namen der berücksichtigten Bewerber oder Bieter und die Gründe für ihre Auswahl,
3. die nicht berücksichtigten Angebote und Teilnahmeanträge sowie die Namen der nicht berücksichtigten Bewerber oder Bieter und die Gründe für ihre Nichtberücksichtigung,
4. die Gründe für die Ablehnung von Angeboten, die für ungewöhnlich niedrig befunden wurden,
5. den Namen des erfolgreichen Bieters und die Gründe für die Auswahl seines Angebots sowie, falls bekannt, den Anteil am Auftrag oder an der Rahmenvereinbarung, den der Zuschlagsempfänger an Dritte weiterzugeben beabsichtigt, und gegebenenfalls, soweit zu jenem Zeitpunkt bekannt, die Namen der Unterauftragnehmer des Hauptauftragnehmers,
6. bei Verhandlungsverfahren und wettbewerblichen Dialogen die in § 14 Absatz 3 genannten Umstände, die die Anwendung dieser Verfahren rechtfertigen,
7. bei Verhandlungsverfahren ohne vorherigen Teilnahmewettbewerb die in § 14 Absatz 4 genannten Umstände, die die Anwendung dieses Verfahrens rechtfertigen,
8. gegebenenfalls die Gründe, aus denen der öffentliche Auftraggeber auf die Vergabe eines Auftrags, den Abschluss einer Rahmenvereinbarung oder die Einrichtung eines dynamischen Beschaffungssystems verzichtet hat,
9. gegebenenfalls die Gründe, aus denen andere als elektronische Mittel für die Einreichung der Angebote verwendet wurden,
10. gegebenenfalls Angaben zu aufgedeckten Interessenkonflikten und getroffenen Abhilfemaßnahmen,
11. gegebenenfalls die Gründe, aufgrund derer mehrere Teil- oder Fachlose zusammen vergeben wurden, und
12. gegebenenfalls die Gründe für die Nichtangabe der Gewichtung von Zuschlagskriterien.

(3) ¹Der Vergabevermerk ist nicht erforderlich für Aufträge auf der Grundlage von Rahmenvereinbarungen, sofern diese gemäß § 21 Absatz 3 oder gemäß § 21 Absatz 4 Nummer 1 geschlossen wurden. ²Soweit die Vergabebekanntmachung die geforderten Informationen enthält, kann sich der öffentliche Auftraggeber auf diese beziehen.

(4) ¹Die Dokumentation, der Vergabevermerk sowie die Angebote, die Teilnahmeanträge, die Interessensbekundungen, die Interessensbestätigungen und ihre Anlagen sind bis zum Ende der Laufzeit des Vertrags oder der Rahmenvereinbarung aufzubewahren, mindestens jedoch für drei Jahre ab

dem Tag des Zuschlags. ²Gleiches gilt für Kopien aller abgeschlossenen Verträge, die mindestens den folgenden Auftragswert haben:
1. 1 Million Euro im Falle von Liefer- oder Dienstleistungsaufträgen,
2. 10 Millionen Euro im Falle von Bauaufträgen.

(5) Der Vergabevermerk oder dessen Hauptelemente sowie die abgeschlossenen Verträge sind der Europäischen Kommission sowie den zuständigen Aufsichts- oder Prüfbehörden auf deren Anforderung hin zu übermitteln.

(6) § 5 bleibt unberührt.

Literatur: Braun, Künstliche Intelligenz im Vergabeverfahren, NZBau 2023, 563; Burgi, Die Bedeutung der allgemeinen Vergabegrundsätze Wettbewerb, Transparenz und Gleichbehandlung, NZBau 2008 29; Dippel, Folgen unterlassener Dokumentation, Vergabe Navigator 2008, 19; Höfler, Transparenz bei der Vergabe öffentlicher Aufträge, NZBau 2010, 73; Knauff, Elektronische öffentliche Auftragsvergabe, NZBau 2020, 421; Nelskamp/Dahmen, Dokumentation im Vergabeverfahren, KommJur 2010, 208; Pfannkuch, Zu den Anforderungen an den Vergabemerk bei einer produktscharfen Ausschreibung und der Möglichkeit der Heilung von Dokumentationsmängeln, ZfBR 2021, 39; Stein/Wolters, Gesteigerte Bewertungsanforderungen infolge der „Schulnoten-Rechtsprechung", NZBau 2020, 339; Wanderwitz, Digitale Vergabe, VergabeR 2019, 26. Vgl. auch die Angaben bei § 97 GWB sub. 1.

I. Bedeutung der Vorschrift

1 Mit § 8 VgV wurden die ggü. der früheren Regelung in Art. 43 RL 2004/18/EG strengeren Vorgaben aus Art. 84 RL 2014/24/EU, mit denen die Rückverfolgbarkeit und Transparenz von Entscheidungen in Vergabeverfahren auch zum Zwecke der Bekämpfung von Korruption und Betrug gewährleistet werden sollen,[1] in nationales Recht umgesetzt. Die Dokumentationspflicht ist auch Ausfluss des Transparenzgebots (§ 97 Abs. 1 GWB). Die naturgemäß nur ex-post mögliche Dokumentation dient dem Zweck, die Entscheidungen des Auftraggebers sowohl für die Überwachungsbehörden gem. Art. 83 RL 2014/24/EU und die Nachprüfungsbehörden als auch für die Bieter überprüfbar zu machen.[2]

2 § 8 VgV unterscheidet entspr. den europäischen Vorgaben zwischen „Dokumentation" (Abs. 1) und „Vergabevermerk" (Abs. 2 und 3). Die Dokumentationspflicht ist übergreifend; eine Teilmenge davon bildet der Vergabevermerk.[3] Da die Vorschrift gem. § 2 S. 1 VgV auch auf die Vergabe von Bauaufträgen anwendbar ist, enthält § 20 EU VOB/A nur eine Verweisung auf § 8 VgV.

II. Dokumentationspflichten (Abs. 1)

1. Zeitpunkt und Form der Dokumentation

3 Abs. 1 S. 1 bestimmt, dass das Vergabeverfahren von Beginn an zu dokumentieren ist. Mit Beginn ist nach den Vorgaben der RL nicht der formelle Beginn des Vergabeverfahrens, also die Bekanntmachung der Vergabe, gemeint, sondern der materielle Beginn des Verfahrens, also der interne Beschaffungsentschluss und seine externe

---

[1] Erwgr. 126 RL 2014/24/EU, weshalb Wanderwitz die Nutzung von Blockchain-Datenbanken für die Dokumentation als optimal bezeichnet, VergabeR 2019, 26 (36).
[2] BGH 4.4.2017 – X ZB 3/17, NZBau 2017, 366 Rn. 53; OLG Naumburg 20.9.2012 – 2 Verg 4/12, BeckRS 2012, 21448; OLG Celle 11.2.2010 – 13 Verg 16/09, BeckRS 2010, 4938.
[3] BR-Drs. 87/16, 162.

Umsetzung durch wie auch immer geartete Maßnahmen, den Auftragnehmer mit dem Ziel eines Vertragsabschlusses zu ermitteln.[4] Art. 84 Abs. 2 RL 2014/24/EU schreibt vor, dass ua die Entscheidungen bei der Vorbereitung der Auftragsunterlagen dokumentiert werden müssen. Zu den Auftragsunterlagen gehören gem. Art. 2 Nr. 13 RL 2014/24/EU die (Leistungs-) Beschreibung und die technischen Spezifikationen. Die Bestimmung der RL wurde nahezu wörtlich in Abs. 1 S. 2 umgesetzt. Es besteht daher eine Pflicht zur Dokumentation ab dem Zeitpunkt, zu dem erste Festlegungen in Bezug auf den Beschaffungsprozess getroffen werden, jedenfalls soweit sie für den Beschaffungsvorgang eine Rolle spielen können, wie dies bei der Bestimmung und Beschreibung der zu beschaffenden Leistung bereits der Fall ist.[5] Der Auftraggeber hat das Vergabeverfahren so zu dokumentieren, dass die Entscheidungen und Maßnahmen im Vorfeld und während aller Stufen des Verfahrens festgehalten werden, zB die Wahl der Verfahrensart, der Eignungs- und Zuschlagskriterien etc. Eine bestimmte Frist sieht Abs. 1 nicht vor. Allerdings hat die **Dokumentation fortlaufend** und damit chronologisch zu erfolgen.[6] Eine fortlaufende Dokumentation setzt die Dokumentation eines Verfahrensschrittes vor dem nächstfolgenden Schritt voraus, dh der Auftraggeber ist zwar nicht verpflichtet, aber gut beraten, die Dokumentation im unmittelbaren zeitlichen Zusammenhang mit dem Geschehen zu verfassen.[7]

Für die Dokumentation ist **Textform** nach § 126b BGB vorgeschrieben. Dh, die Dokumentation muss in einer zur dauerhaften Wiedergabe in Schriftzeichen geeigneten Weise erfolgen, zB in Papier[8], durch Speicherung auf USB-Sticks, Festplatten oÄ.[9] Dabei muss es sich, wie die exemplarische Auflistung in Abs. 1 S. 2 zeigt, nicht um ein Schriftstück, sondern kann es (und wird es sich regelmäßig) um eine Sammlung von Unterlagen handeln. Gem. § 126b BGB muss sich jew. die Person desjenigen ergeben, der die einzelne Unterlage erstellt hat. Nicht erforderlich ist, dass der Auftraggeber eine Vergabeakte führt, in der die in Abs. 1 S. 2 aufgeführten Unterlagen abgelegt bzw. gespeichert und verwahrt werden. Da Mängel der Dokumentation zu Lasten des Auftraggebers gehen, ist dies aber ebenso empfehlenswert, wie eine gewisse Gliederung und Strukturierung zur Erhöhung der Übersichtlichkeit der Dokumentation zweckmäßig ist.[10]

2. Inhalt der Dokumentation

Den Inhalt der Dokumentation zählt Abs. 1 nur beispielhaft auf. Der Auftraggeber hat alles zu dokumentieren, was notwendig ist, um seine Entscheidungen auf jeder Stufe des Vergabeverfahrens nachvollziehen zu können. Ausdr. regelt Abs. 1 S. 2, dass neben der **Kommunikation mit den Bietern** auch **interne Beratungen** zu dokumentieren sind. Dies bedeutet, dass Auftraggeber auch über interne Beratungen zur Dokumentation Protokolle fertigen müssen, wenn dabei verfahrensrelevante

---

[4] OLG Düsseldorf 1.8.2012 – VII-Verg 10/12, BeckRS 2012, 18205 Rn. 19.
[5] MüKoEuWettbR/Müller VgV § 8 Rn. 9f. mwN.
[6] OLG Naumburg 20.9.2012 – 2 Verg 4/12, BeckRS 2012, 21448; VK Lüneburg 2.8.2018 – VgK-29/2018, IBR 2019, 216; RKMPP/Brauser-Jung VgV § 8 Rn. 9.
[7] Vgl. OLG München 25.3.2019 – Verg 10/18, BeckRS 2019, 5289, mit dem Hinweis auf die Möglichkeit und Grenzen, Dokumentationsmängel zu heilen; dem folgend OLG Frankfurt a.M. 22.9.2020 – 11 Verg 7/20, NZBau 2021, 205; vgl. dazu auch BGH 8.2.2011 – X ZB 4/10, NZBau 2011, 175 Rn. 73; OLG Düsseldorf 21.10.2015 – Verg 28/14, BeckRS 2015, 18210, und 23.3.2011 – Verg 63/10, BeckRS 2011, 7478.
[8] Vgl. Knauff NZBau 2020, 421 (424) mwN; aA mit Verweis auf die Vorgabe des § 9 Abs. 1 VgV; OLG Frankfurt a. M. 22.9.2020 – 11 Verg 7/20, NZBau 2021, 205.
[9] Vgl. Grüneberg/Ellenberger BGB § 126b Rn. 3.
[10] Vgl. OLG Naumburg 20.9.2012 – 2 Verg 4/12, BeckRS 2012, 21448.

Entscheidungen getroffen werden. Die (empfehlenswerte) Führung einer einheitlichen Vergabeakte ist aber nicht erforderlich, entscheidend ist allein, dass die Dokumentation existiert und sich diese in den Vergabeakten (arg. § 163 Abs. 2 S. 3 GWB) findet. Vergabeakten sind alle das Verfahren betreffenden und dokumentierenden Schriftstücke, also auch Wertungsbögen von Mitgliedern etwaiger Wertungsgremien.[11]

III. Vergabevermerk (Abs. 2 und 3)

1. Formalien

6   Ebenso wie die Dokumentation ist der Vergabevermerk in **Textform** nach § 126b BGB zu erstellen. Er muss dabei die Anforderungen erfüllen, die im Rechtsverkehr an einen Aktenvermerk gestellt werden. Dazu gehören mindestens **Datum** und **Identifizierbarkeit** (mithin Name und Unterschrift) des Ausstellers. Ohne diese Angaben genügt der Vergabevermerk den Vorgaben des § 126b BGB nicht und kann seine Beweisfunktion nicht erfüllen.[12] Dabei kann der Auftraggeber den durch Abs. 2 S. 2 vorgegebenen Mindestinhalt entweder direkt im Vergabevermerk aufführen oder die entspr. Inhalte durch Bezugnahme auf beigefügte Anlagen kenntlich machen. Soweit zu dokumentierende Informationen bereits in der Auftragsbekanntmachung enthalten sind, kann sich der Auftraggeber im Vergabevermerk auf diese beziehen (Abs. 3 S. 2). Geht es um die Erteilung von Einzelaufträgen, die auf einer Rahmenvereinbarung mit nur einem Unternehmen beruhen (§ 21 Abs. 3 VgV), oder um einen Einzelauftrag ohne erneutes Vergabeverfahren (§ 21 Abs. 4 Nr. 1 VgV), ist kein separater Vergabevermerk erforderlich (Abs. 3 S. 1). In zeitlicher Hinsicht kann der Vergabevermerk im Gegensatz zur Dokumentation gem. Abs. 1 auch erst **nach Abschluss des Vergabeverfahrens** und Veröffentlichung der Vergabebekanntmachung erstellt werden. Rspr., wonach der Vergabevermerk zeitnah erstellt und laufend fortgeschrieben werden muss,[13] ist damit obsolet.

2. Inhalt des Vergabevermerks

7   Abs. 2 S. 2 regelt den **Mindestinhalt,** den der Vergabevermerk haben muss. Dies sind neben Namen und Anschrift des Auftraggebers sowie Gegenstand und Wert des Auftrags (Nr. 1), die Namen der berücksichtigten Bieter und die Gründe für ihre Auswahl (Nr. 2), die Namen der nicht berücksichtigten Bieter und die Gründe ihrer Nichtberücksichtigung (Nr. 3) und der Name des ausgewählten Bieters einschl. der Gründe für seine Auswahl (Nr. 5), auch – soweit einschlägig – die Begründung der Ablehnung von Angeboten als ungewöhnlich niedrig (Nr. 4), die Gründe für die Durchführung eines Verhandlungsverfahrens oder wettbewerblichen Dialogs (Nr. 6)[14] bzw. für die Durchführung eines Verhandlungsverfahrens ohne Teilnahmewettbewerb (Nr. 7), für den Verzicht der Vergabe eines Auftrags (Nr. 8), die Gründe für die Verwendung anderer als elektronischer Mittel für die Einreichung von Angeboten (Nr. 9), für die Zusammenfassung von Teil- oder Fachlosen (Nr. 11) und die Nichtangabe von Wertungskriterien (Nr. 12).

---

[11] Differenzierend OLG Schleswig 27.10.2022 – 54 Verg 7/22, NZBau 2023, 336; vgl. auch VK Südbayern 24.7.2015 – Z3-3-3194-1-28-04/15, IBRRS 2015, 2261.

[12] OLG Celle 11.2.2010 – 13 Verg 16/09, BeckRS 2010, 4938; VK Baden-Württemberg 4.5.2011 – 1 VK 15/11, IBRRS 2011, 5377.

[13] VK Lüneburg 5.12.2013 – VgK-39/2013, VPRRS 2014, 0426.

[14] Soweit nicht soziale und andere besondere Dienstleistungen vergeben werden, § 65 Abs. 1 VgV.

Dokumentation und Vergabevermerk **§ 8 VgV**

Die im Vergabevermerk enthaltenen Angaben und Gründe für die getroffenen 8
Entscheidungen müssen so detailliert sein, dass sie für einen mit der Sachlage des
jew. Vergabeverfahrens vertrauten Leser nachvollziehbar sind. Die Aufzählung in
Abs. 2 S. 2 ist nicht abschl. („umfasst mindestens"). Im Regelfall werden weitere
Angaben erforderlich sein, um das Vergabeverfahren ordnungsgemäß zu dokumentieren. Zu dokumentieren sind namentlich solche Entscheidungen, die – quasi „weichenstellend" – das künftige Ergebnis des Vergabeverfahrens beeinflussen, wie zB
die Bestimmung der Leistung.[15] Aus dem Vergabevermerk muss etwa auch deutlich
werden, ob sich der Auftraggeber der Hilfe eines Dritten (etwa eines Architekten
oder Rechtsanwalts) bei der Vorbereitung einer Entscheidung bedient hat und dass
bzw. inwieweit er dem Vergabevorschlag des Dritten folgt („billigender Prüfvermerk
des Auftraggebers").[16] Hat eine Bemusterung stattgefunden, sind deren Ergebnisse
im Vergabevermerk festzuhalten.[17]

Besondere Bedeutung hat die Dokumentation von **Ermessens- und Wertungs-** 9
entscheidungen des Auftraggebers. Es muss möglich sein, den Entscheidungsfindungsprozess konkret nachzuvollziehen, um beurteilen zu können, ob Ermessensfehler vorliegen.[18] IdS sind wesentliche Entscheidungen im Vergabevermerk mit
einem erheblichen Detaillierungsgrad zu versehen.[19] Bei Wertungsentscheidungen
muss der Auftraggeber seine für die Zuschlagserteilung maßgeblichen Erwägungen
in allen Schritten so eingehend dokumentieren, dass nachvollziehbar ist, welche
konkreten qualitativen Eigenschaften der Angebote mit welchem Gewicht in die
Bewertung eingegangen sind.[20] Die Anforderungen der Dokumentation der Ausübung von Ermessen oder die Ausfüllung eines Beurteilungsspielraum sind dabei
am höchsten.[21] Dabei muss insbes. die **Bewertung der Angebote** als solche und
in Relation zu den übrigen Angeboten, insbes. demjenigen des Zuschlagsprätendenten, für Dritte, insbes. die Nachprüfungsinstanzen, nachvollziehbar dargelegt werden.[22] Schlussfolgerungen, die der Auftraggeber bzw. ein **Wertungsgremium** aufgrund bestimmter Angaben eines Bieters trifft, sind im Hinblick auf den Inhalt und
den Umfang der Aussagen eingehend im Vergabevermerk zu erläutern.[23] Nicht
erforderlich,[24] aber empfehlenswert ist die Beifügung von Handzetteln der Mitglieder eines Wertungsgremiums. Maßgeblich ist die Plausibilität der Dokumentation
des zwangsläufig im Austausch zwischen den Mitgliedern des Wertungsgremiums

---

[15] Vgl. OLG Düsseldorf 7.6.2017 – Verg 53/16, BeckRS 2017, 128741; OLG Naumburg
20.9.2012 – 2 Verg 4/12, BeckRS 2012, 21448 zur Bestimmung des Standortbereichs eines zu
errichtenden Verwaltungsgebäudes oder VK Sachsen-Anhalt 16.9.2015 – 3 VK LSA 62/15,
IBR 2016, 173 zur Vorgabe eines bestimmten Bauprodukts nach § 7 EU Abs. 2 VOB/A.

[16] OLG Schleswig 27.10.2022 – 54 Verg 7/22, NZBau 2023, 336; OLG Karlsruhe
31.1.2014 – 15 Verg 10/13, VPRRS 2014, 0282 = VergabeR 2014, 598; OLG München
29.9.2009 – Verg 12/09, BeckRS 2009, 27005.

[17] VK Sachsen 4.10.2011 – 1/SVK/037-11, IBR 2012, 1216.

[18] OLG Schleswig 27.10.2022 – 54 Verg 7/22, NZBau 2023, 336; OLG München
2.11.2012 – Verg 26/12, BeckRS 2012, 22639.

[19] VK Bund 13.4.2022 – VK 1–31/22, VPRRS 2022, 0168 zur Dokumentation von Präsentationen; allg. OLG Celle 11.2.2010 – 13 Verg 16/09, BeckRS 2010, 4938 und ausf. zur
Dokumentationstiefe RKMPP/Brauser-Jung VgV § 8 Rn. 11 ff.

[20] BGH 4.4.2017 – X ZB 3/17, NZBau 2017, 366 Rn. 53.

[21] OLG Düsseldorf 24.3.2021 – Verg 34/20, VPRRS 2021, 0088.

[22] BGH 4.4.2017 – X ZB 3/17 NZBau 2017, 366 Rn. 53; vgl. auch OLG Schleswig
27.10.2022 – 54 Verg 7/22, NZBau 2023, 336.

[23] VK Hessen 27.5.2009 – 69d VK 11/09, BeckRS 2011, 1121; OLG Düsseldorf 24.3.2021 –
Verg 34/20, VPRRS 2021, 0088.

[24] OLG Schleswig 27.10.2022 – 54 Verg 7/22, NZBau 2023, 336.

gefundenen Ergebnisses der Bewertung.[25] Will der Auftraggeber erforderliche Nachfragen in einem Aufklärungsgespräch negativ bewerten, muss er den Grund für das Nachfassen dokumentieren, damit ausgeschlossen werden kann, dass der Nachfragende selbst den Grund für die zunächst als ungenügend empfundene Antwort gesetzt hat.[26] Bei gravierenden Unterschieden in der Bewertung einzelner Zuschlagskriterien ist eine besonders sorgfältige Dokumentation erforderlich.[27]

3. Negative Beweiskraft

10 Aus Abs. 2 S. 2 folgt, was der Vergabevermerk positiv aussagen muss. Ebenso bedeutsam ist aber auch die Frage, welche Rechtswirkungen eintreten, wenn der Vergabevermerk Lücken hat oder bestimmte Vorgänge nur ungenau dokumentiert. Eine solche **unvollständige Dokumentation** kann zu Beweiserleichterungen bis hin zur Beweislastumkehr zugunsten des Bieters führen, wenn gerügt wird, bestimmte, vom Auftraggeber nachträglich vorgebrachte Gründe seien vorgeschoben oder manipuliert.[28] Dem Vergabevermerk kommt daher eine **negative Beweiswirkung** zu, die nicht ohne weiteres durch Zeugenbeweis entkräftet werden kann.[29] Anderenfalls wäre es aus Sicht einer Vergabestelle sogar vorteilhaft, von einer Dokumentation abzusehen, um erforderlichenfalls später die an der Ausschreibung beteiligten Mitarbeiter als Zeugen für ein im Nachhinein als opportun erkanntes Ergebnis zu benennen, ohne sich am Vergabevermerk festhalten lassen zu müssen. Enthalten die Vergabeakten etwa keinen Vermerk über einen Prüfungsvorgang, ist daher davon auszugehen, dass dieser Vorgang nicht stattgefunden hat.[30]

IV. Aufbewahrungs- und Vorlagepflicht, Vertraulichkeit (Abs. 4–6)

11 Die Dokumentation, der Vergabevermerk, die Angebote, die Teilnahmeanträge, die Interessenbekundungen und die Interessenbestätigungen hat der Auftraggeber **bis zum Ende der Vertragslaufzeit** aufzubewahren, mindestens jedoch für **drei Jahre ab dem Tag des Zuschlags.** Dies gilt ebenso für die Anlagen zu diesen Unterlagen. Nach der Verordnungsbegr. soll es dabei nicht erforderlich sein, dass die Unterlagen als physische Kopien verwahrt werden; eine entspr. gesicherte **elektronische Speicherung ist ausreichend.**[31] Gleiches gilt für Kopien aller abgeschlossenen Verträge mit einem Wert von 1 Mio. Euro bei Liefer- und Dienstleistungsaufträgen bzw. 10 Mio. Euro bei Bauaufträgen. Durch die Aufbewahrungspflicht soll sichergestellt werden, dass der Auftraggeber Informationspflichten, denen er etwa Abs. 5 und den Informationsgesetzen (IFG) des Bundes und der Länder unterliegt, nachkommen kann, zB den Einsichtsrechten der Europäischen Kommission sowie den zuständigen Aufsichts- oder Prüfbehörden, aber auch dem Bürger nach dem IFG. Zuständige Behörden idS sind bspw. die mit der Fach- oder Rechtsaufsicht betrauten Behörden, die Rechnungsprüfungshöfe des Bundes

---

[25] OLG München 25.9.2014 – Verg 9/14, BeckRS 2014, 18501; vgl. auch VK Südbayern 24.7.2015 – Z3-3-3194-1-28-04/15, IBRRS 2015, 2261.
[26] VK Hessen 27.5.2009 – 69d VK 11/09, BeckRS 2011, 1121: VK Bund 13.4.2022 – VK 1-31/22, BeckRS 2022, 46403.
[27] VK Münster 28.11.2008 – VK 19/08, IBR 2009, 109.
[28] OLG Naumburg 13.10.2006 – 1 Verg 6/06, BeckRS 2006, 12148.
[29] OLG Jena 26.6.2006 – 9 Verg 2/06, NZBau 2006, 735 (737); VK Sachsen 4.10.2011 – 1/SVK/037-11, IBR 2012, 1216.
[30] OLG Jena 26.6.2006 – 9 Verg 2/06, NZBau 2006, 735 (737).
[31] BR-Drs. 87/16, 162 f.

und der Länder, Förderbehörden sowie – im Falle von EU-Vertragsverletzungsverfahren – das zuständige Bundesministerium. Abs. 6 stellt klar, dass die in § 5 VgV enthaltenen Vorgaben zur Wahrung der **Vertraulichkeit** auch bei Erstellung und Vorlage der Dokumentation bzw. des Vergabevermerks zu beachten sind.

V. Rechtsschutz

§ 8 VgV ist **bieterschützend**.[32] Bewerber und Bieter haben Anspruch auf eine ausreichende Dokumentation des Verfahrens. Verstöße können damit zum Gegenstand eines Nachprüfungsverfahrens gemacht werden. Dies gilt allerdings mit der Einschränkung, dass sich der Dokumentationsmangel auf die Rechtsstellung des Antragstellers auswirken und die Bieterreihenfolge zu seinen Gunsten verändern kann.[33]   12

Liegen Dokumentationsmängel vor, können diese grds. **nicht durch nachträgliche Erstellung eines Vergabevermerks behoben** werden. Vielmehr ist das Verfahren ab dem Zeitpunkt, zu dem die Dokumentation unzureichend wird, fehlerhaftet und in diesem Umfang zu wiederholen.[34] Allerdings hat der BGH[35] zutr. festgestellt, dass dieser Grundsatz nicht einschränkungslos gilt. Danach ist mit Blick auf die Dokumentationspflichten zwischen dem **Mindestinhalt** des Vergabevermerks nach § 8 Abs. 2 S. 2 VgV und Umständen oder Gesichtspunkten, mit denen die **sachliche Richtigkeit einer angefochtenen Vergabeentscheidung** nachträglich verteidigt werden soll, zu unterscheiden. Der Auftraggeber kann nach Auff. des BGH im Nachprüfungsverfahren nicht kategorisch mit allen Aspekten und Argumenten präkludiert werden, die nicht im Vergabevermerk zeitnah niedergelegt worden sind. Vielmehr ist, soweit es die Frage der möglichen Heilung von Dokumentationsmängeln im Vergabevermerk betrifft, einerseits zu berücksichtigen, dass die Führung des Vergabevermerks die Transparenz des Vergabeverfahrens schützen und Manipulationsmöglichkeiten entgegenwirken soll.[36] Andererseits gibt das Gesetz den Nachprüfungsinstanzen vor, bei ihrer gesamten Tätigkeit darauf zu achten, dass der Ablauf des Vergabeverfahrens nicht unangemessen beeinträchtigt wird (§ 163 Abs. 1 S. 4 GWB). Mit dieser, dem vergaberechtlichen Beschleunigungsgrundsatz verpflichteten Regelung wäre es nicht vereinbar, bei Mängeln der Dokumentation im Vergabevermerk generell und unabhängig von deren Gewicht und Stellenwert eine Wiederholung der betroffenen Abschnitte des Vergabeverfahrens anzuordnen.[37] Im Verfahren kann mithin eine „ver-   13

---

[32] AllgM, vgl. nur OLG Naumburg 20.9.2012 – 2 Verg 4/12, BeckRS 2012, 21448.
[33] OLG Celle 12.5.2016 – 13 Verg 10/15, NZBau 2016, 711; OLG Düsseldorf 21.10.2015 – VII-Verg 28/14, NZBau 2016, 235; OLG München 2.11.2012 – Verg 26/12, BeckRS 2012, 22639; OLG Frankfurt a. M. 23.1.2007 – 11 Verg 11/06, BeckRS 2011, 198; OLG München 13.6.2006 – Verg 6/06, IBRRS 2014, 0140.
[34] OLG Celle 11.2.2010 – 13 Verg 16/09, BeckRS 2010, 4938; OLG Frankfurt a. M. 9.8.2007 – 11 Verg 6/07, IBR 2008, 1176; OLG Celle 3.3.2005 – 13 Verg 21/04, BeckRS 2005, 3607; diff. OLG München 21.5.2010 – Verg 2/10, BeckRS 2010, 13748 = VergabeR 2010, 992 (1006); OLG Düsseldorf 21.7.2010 – VII-Verg 19/10, NZBau 2010, 582 (592). Ein bisher mit der Angebotswertung befasstes Wertungsgremium kann bei der Wiederholung der nicht dokumentierten Verfahrensabschnitte aus Gründen der Objektivität komplett auszutauschen sein, VK Sachsen 30.4.2001 – 1/SVK/23-01, IBR 2001, 568.
[35] BGH 8.2.2011 – X ZB 4/10, NZBau 2011, 175 (184); OLG Düsseldorf 21.10.2015 – VII-Verg 28/14, NZBau 2016, 235; OLG Celle 16.5.2013 – 13 Verg 13/12, NZBau 2013, 795.
[36] OLG Jena 9.9.2010 – 9 Verg 4/10, BeckRS 2010, 22129 = VergabeR 2010, 96 (100).
[37] In diese Richtung auch OLG München 21.5.2010 – Verg 2/10, BeckRS 2010, 13748 = VergabeR 2010, 992 (1006).

säumte" Dokumentation nachgeholt werden, nicht aber eine erstmalige Auseinandersetzung mit Einwänden gegen die Wertung erfolgen. In diesem Fall birgt das „Nachschieben" nicht dokumentierter und auch nicht vorab vorgenommener Ermessens- bzw. Beurteilungserwägungen die Gefahr, dass die Rechtfertigung der Entscheidung im Streitfall – bewusst oder unbewusst – die Argumentation beeinflusst, mithin nicht mehr eine ergebnisoffene, sondern eine ergebnisorientierte Bewertung der Tatsachen erfolgt.[38] Die Heilung von Dokumentationsmängeln ist damit Fällen vorbehalten, in denen die Berücksichtigung der nachgeschobenen Dokumentation im Nachprüfungsverfahren ausreicht, eine wettbewerbskonforme Auftragserteilung zu belegen.[39] Die Heilung von Dokumentationsmängeln erfordert somit eine **Verhältnismäßigkeitsprüfung im Einzelfall**.

Unterabschnitt 2. Kommunikation

§ 9 Grundsätze der Kommunikation

(1) **Für das Senden, Empfangen, Weiterleiten und Speichern von Daten in einem Vergabeverfahren verwenden der öffentliche Auftraggeber und die Unternehmen grundsätzlich Geräte und Programme für die elektronische Datenübermittlung (elektronische Mittel).**

(2) **Die Kommunikation in einem Vergabeverfahren kann mündlich erfolgen, wenn sie nicht die Vergabeunterlagen, die Teilnahmeanträge, die Interessensbestätigungen oder die Angebote betrifft und wenn sie ausreichend und in geeigneter Weise dokumentiert wird.**

(3) [1]**Der öffentliche Auftraggeber kann von jedem Unternehmen die Angabe einer eindeutigen Unternehmensbezeichnung sowie einer elektronischen Adresse verlangen (Registrierung).** [2]**Für den Zugang zur Auftragsbekanntmachung und zu den Vergabeunterlagen darf der öffentliche Auftraggeber keine Registrierung verlangen; eine freiwillige Registrierung ist zulässig.**

Literatur: Braun, Elektronische Vergaben, VergabeR 2016, 179; Carstens, Modernisierung des Vergaberechts – nicht ohne Barrierefreiheit, ZRP 2015, 141; Hömke, Kommunikation im Rahmen der eVergabe – Informationsaustausch im digitalen Vergabeverfahren, IR 2019, 272; Knauff, Elektronische öffentliche Auftragsvergabe, NZBau 2020, 421; Pinkenburg, eVergabe – Ein Überblick zu den gesetzlichen Vorgaben zur elektronischen Abwicklung von Vergabeverfahren, KommunalPraxis spezial 2016, 85; Probst/Winters, eVergabe – ein Blick in die Zukunft des elektronischen Vergabewesens, CR 2015, 557; Probst/Winters, Die eVergabe nach der Vergaberechtsreform 2016, NZBau 2016, 349; Reichling/Scheumann/Lampe, „eVergabe" – Ist das Vergaberecht im Zeitalter der Digitalisierung angekommen?, GewA 2020, 248; Roßner/Gierling/Sokolov, Die Form des Zuschlags – Zu Friktionen zwischen europäischem Vergaberecht und deutschem Kommunalrecht, NVwZ 2020, 1382; Schäfer, Perspektiven der eVergabe, NZBau 2015, 131; Schippel, eVergabe, VergabeR 2015, 434; Turner/Trautner, Nicht frei von Medienbrüchen: Zwei Jahre Pflicht zur digitalen Vergabe – Die Anlaufschwierigkeiten im Spiegel der aktuellen Rechtsprechung, ZfBR 2021, 394; Wankmüller, Die elektronische Auftragsvergabe nach den neuen Vergaberichtlinien, in Hettich/Soudry, Das neue Vergaberecht, 2013; Weirauch. Die Form der Zuschlagserteilung nach Einführung der E-Vergabe, ZfBR 2021, 636; Zeiss, Neue Pflichten für Auftraggeber und Bieter, VPR 2014, 53; Zeiss, eVergabe: Neue Wege zum rechtssicheren Zuschlag, VPR 2014, 107.

---

[38] OLG München 9.3.2018 – Verg 10/17, NZBau 2018, 427 = VergabeR 2018, 437.
[39] BGH 8.2.2011 – X ZB 4/10, NZBau 2011, 175 (184); OLG Celle 12.5.2016 – 13 Verg 10/15, NZBau 2016, 711.

Übersicht

	Rn.
I. Bedeutung der Vorschrift	1
II. Elektronische Mittel (Abs. 1)	5
1. Nutzung elektronischer Mittel	5
2. Reichweite des Nutzungsgebots	7
III. Mündliche Kommunikation (Abs. 2)	9
IV. Registrierung (Abs. 3)	11
V. Rechtsschutz	17

I. Bedeutung der Vorschrift

§ 9 Abs. 1, 2 VgV dienen neben § 97 Abs. 5 GWB[1] der Umsetzung des Art. 22 Abs. 1 UAbs. 1 S. 1, Abs. 2 RL 2014/24/EU. Die RL enthält kein Vorbild für den neuen § 9 Abs. 3 VgV. 1

Mit der Vergaberechtsmodernisierung sollen die Auftraggeber verpflichtet werden, die Vergabeverfahren regelmäßig in elektronischer Form abzuwickeln (sog. **E-Vergabe**).[2] Die Nutzung elektronischer Informations- und Kommunikationsmittel soll zum **Standard** bei der Durchführung von Vergabeverfahren werden, um die Effizienz und Transparenz zu steigern sowie die Möglichkeiten von Wirtschaftsteilnehmern zur Teilnahme an Vergabeverfahren im gesamten Binnenmarkt deutlich zu verbessern.[3] Zudem werden von einer medienbruchfreien öffentlichen Auftragsvergabe erhebliche Einsparpotenziale für Unternehmen und öffentliche Auftraggeber erwartet.[4] Nach dem mittlerweile erfolgten Ablauf der in § 81 VgV vorgesehenen Übergangszeiträume hat eine elektronische Kommunikation in allen Verfahrensstufen zu erfolgen. 2

§ 9 Abs. 1 VgV sieht eine „grundsätzliche" **Verpflichtung zur Nutzung elektronischer Mittel** vor. Mit der Neufassung ist das frühere Wahlrecht des Auftraggebers nach § 13 EG VOL/A, in welcher Art und Weise er bei der Durchführung eines Vergabeverfahrens mit den Wirtschaftsteilnehmern kommunizieren möchte, entfallen. Ausnahmen enthalten die Vorschriften in §§ 17 Abs. 15, 41 Abs. 2 S. 1 und 53 Abs. 2, 4 VgV. Adressaten des § 9 VgV sind nicht nur der öffentliche Auftraggeber, sondern auch die an einem Vergabeverfahren beteiligten Unternehmen. Der Begriff der Daten ist weit zu verstehen; er erfasst jegliche Informationen, die in einem Vergabeverfahren ausgetauscht werden, vorbehaltlich der Ausnahmebestimmung in § 9 Abs. 2 VgV.[5] § 9 VgV gilt für alle Arten von Vergabeverfahren.[6] 3

Die Anforderungen an die elektronischen Mittel und deren Einsatz sind in §§ 10, 11 VgV geregelt. § 12 VgV regelt den Einsatz elektronischer Mittel, die nicht allgemein verfügbar sind. Darüber hinaus gestattet § 13 VgV den Erlass von allg. Verwaltungsvorschriften über die zu verwendenden Mittel und über einzuhaltende Standards. 4

---

[1] Ausgestaltung gem. § 113 S. 2 Nr. 4 GWB.

[2] Zum Begriff E-Vergabe vgl. nur BeckOK VergabeR/Zimmermann GWB § 97 Abs. 5 Rn. 8 ff.

[3] Erwgr. 52 der RL 2014/24/EU.

[4] Mitteilung der Europäischen Kommission „Eine Strategie für die E-Vergabe" 20.4.2012 – COM(2012) 179.

[5] Müller-Wrede VgV/UVgO/Grünhagen § 9 Rn. 37.

[6] VK Köln 19.11.2019 – VK 40/19-L, BeckRS 2019, 31186; VK Südbayern 2.4.2019 – Z3-3-3194-1-43-11/18, IBRRS 2019, 1293.

II. Elektronische Mittel (Abs. 1)

1. Nutzung elektronischer Mittel

5   Nach der **Definition** in Art. 2 Abs. 1 Nr. 19 RL 2014/24/EU sind „**elektronische Mittel**" elektronische Geräte für die Verarbeitung und Speicherung von Daten, die über Kabel, per Funk, mit optischen Verfahren oder mit anderen elektromagnetischen Verfahren übertragen, weitergeleitet und empfangen werden. Zu den elektronischen Geräten können neben Computern, Routern und Scannern auch Signaturkarten und die entspr. Kartenlesegeräte gezählt werden, da sie jedenfalls bei erhöhten Anforderungen nach § 53 Abs. 3 VgV (→ § 53 Rn. 19 ff.) eine formgerechte Kommunikation erst ermöglichen.[7] § 9 Abs. 1 VgV ergänzt diese Definition um die für eine Datenübermittlung erforderlichen Computerprogramme[8] wie zB Mailprogramme oder elektronische Vergabeplattformen. Nicht zu vergessen sind Speichermedien wie Festplatten, CD-Roms, USB-Sticks oder SD-Karten. Da § 9 Abs. 1 VgV auf die elektronische Übermittlung von Daten abstellt, wird ein Datenaustausch über einen verkörperten Datenträger dem nicht gerecht.[9] Damit widerspricht zB die in der Praxis gängige Übergabe von Präsentationsdateien per USB-Stick zu einem Verhandlungstermin den Vorgaben des § 9 Abs. 1 VgV.

6   **Telefaxgeräte** gehören nach der obigen Definition zu den elektronischen Mitteln, weil die Datenübertragung auch hier elektronisch erfolgt.[10] Zwar erhält der Empfänger bei einem Telefax in der Regel einen Papierausdruck, die Speicherung der ausgetauschten Informationen hat aber entgegen dem Wortlaut des § 9 Abs. 1 VgV nicht unbedingt in elektronischer Form zu erfolgen (→ Rn. 7). Allerdings dürfte das Faxgerät nicht den Anforderungen des § 10 Abs. 1 S. 2 Nr. 2 VgV gerecht werden und insoweit nur für einen nicht fristgebundenen bzw. nicht geheimhaltungsbedürftigen Informationsaustausch genutzt werden, zB für die Versendung des Absageschreibens nach § 134 GWB. Das Computerfax dürfte ein zulässiges elektronisches Mittel sein,[11] soweit die technischen Einstellungen die Vorgaben des § 10 Abs. 1 S. 2 und § 54 Abs. 3, § 55 Abs. 1 VgV erfüllen. Das Telefon unterfällt dieser Definition nicht, auch wenn die Nutzung auf VoIP-Basis erfolgen sollte, denn die telefonische, dh mündliche, Kommunikation wird von § 9 Abs. 2 VgV eigenständig geregelt.

2. Reichweite des Nutzungsgebots

7   Nach dem Wortlaut des § 9 Abs. 1 VgV gilt die Verpflichtung zur Nutzung elektronischer Mittel nicht nur für das **Senden, Empfangen und Weiterleiten**, sondern auch für das **Speichern von Daten** in einem Vergabeverfahren. Damit geht die nationale Regelung über die Vorgaben in Art. 22 Abs. 1 RL 2014/24/EU hinaus, in der lediglich der Informationsaustausch als solcher geregelt wird und nicht, auf welche Weise mit den ausgetauschten Informationen umzugehen ist. In der Verordnungsbegr. wird der überschießende Wortlaut dahingehend eingegrenzt, dass die Pflicht zur Nutzung elektronischer Mittel ausschl. den **Datenaustausch zwischen öffentlichem Auftraggeber und Unternehmen** betrifft. Das ist jedoch

---

[7] Greb/Müller/Honekamp SektVO § 9 Rn. 17.
[8] BGH 16.5.2023 – XIII ZR 14/21, NZBau 2023, 542 zum Angebotsausschluss, wenn der Bieter die Vorgaben des Auftraggebers zu den die Einreichung der Angebote zu verwendenden Dateiformate nicht einhält.
[9] IErg ebenso Müller-Wrede VgV/UVgO/Grünhagen VgV § 9 Rn. 30.
[10] Insoweit ist die Differenzierung in § 134 Abs. 2 S. 1 GWB nicht recht nachvollziehbar.
[11] So auch in Greb/Müller/Honekamp SektVO § 9 Rn. 18; aA Müller-Wrede VgV/UVgO/Grünhagen VgV § 9 Rn. 25.

nicht ganz zutreffend, denn aus § 10 Abs. 1 S. 2 VgV und § 54 S. 1 VgV ergibt sich die Verpflichtung zur verschlüsselten Speicherung elektronisch eingereichter Unterlagen. IErg ging es dem Verordnungsgeber darum festzuhalten, dass jedenfalls eine elektronische Aktenführung und Archivierung nicht gefordert ist.[12] § 8 VgV verlangt lediglich die Dokumentation in Textform nach § 126b BGB, was auch durch eine Papierakte erfüllt werden kann (→ § 8 Rn. 6).[13] Gleichwohl hat sich auch die elektronische Aktenführung und -archivierung[14] bei den öffentlichen Auftraggebern durchgesetzt.[15] Insoweit ist es bemerkenswert, dass der Gesetzgeber nicht die Möglichkeit genutzt hat, die Versendung der Akten an die Vergabekammer (§ 163 Abs. 2 S. 3 GWB) in elektronischer Form zu fordern. Dies wäre im Hinblick auf die Beschleunigung und Reduzierung von Materialverbrauch konsequent gewesen. Mit dem Gesetz zur Einführung der elektronischen Akte[16] wird die elektronische Aktenführung erst ab 2026 verpflichtend.

Die elektronische Verarbeitung und Bewertung von Angeboten ist nicht gefordert;[17] ebenso wird der weitere Fortgang nach Abschluss der Vergabe, also die Vertragsdurchführung, nicht von § 9 Abs. 1 VgV bzw. § 97 Abs. 5 GWB erfasst.[18] § 9 Abs. 1 VgV spricht von der **Nutzung elektronischer Mittel „in" einem Vergabeverfahren**.[19] Für das **Absageschreiben** kann nach wie vor das Fax oder der Brief verwendet werden. Zwar erfolgt das Absageschreiben nach § 134 GWB innerhalb des Vergabeverfahrens und somit im Geltungsbereich des § 9 Abs. 2 VgV. Aus § 134 Abs. 2 S. 2 GWB ergibt sich jedoch, dass das Absageschreiben per Briefpost versendet werden darf.[20] Noch nicht abschl. geklärt ist, ob die Versendung des Absageschreibens über eine Vergabeplattform ausreichend ist.[21] Auftraggeber sind gut beraten, bis zu einer abschl. Klärung neben dem Versand über eine Vergabeplattform weitere Versendungswege (zB E-Mail oder Fax) zu nutzen, um die Wartefrist wirksam auszulösen. Die Vorgabe, elektronische Mittel zu nutzen, kann zudem in Konflikt mit anderen Formvorschriften geraten.[22] 8

III. Mündliche Kommunikation (Abs. 2)

Ohne Frage ist die mündliche Kommunikation in einem Vergabeverfahren zulässig. Sie wird allerdings durch § 9 Abs. 2 VgV eingeschränkt. Dabei ist die Formulierung der Vorschrift sprachlich misslungen. Denn nach dem Wortlaut soll eine mündliche Kommunikation nicht gestattet sein, wenn sie die Vergabeunterlagen, die Teilnahmeanträge, die Interessensbestätigungen oder die Angebote „betrifft". Die unscharfe Formulierung ist dahingehend zu verstehen, dass zB telefonische Anfragen 9

---

[12] BR-Drs. 87/16, 163.
[13] S. nur Grüneberg/Ellenberger BGB § 126b Rn. 116.
[14] Hier sind die jew. einschlägigen datenschutzrechtlichen Bestimmungen zu beachten; dazu ausf. Pauka/Kemper NZBau 2017, 71.
[15] BeckOK VergabeR/Zimmermann GWB § 97 Rn. 10.
[16] BT-Drs. 18/12203.
[17] Anders bei elektronischen Auktionen nach § 25 VgV.
[18] Erwgr. 52 der RL 2014/24/EU; vgl. aber Gesetz zur Umsetzung der RL 2014/55/EU über die elektronische Rechnungsstellung bei öffentlichen Aufträgen (BGBl. 2017 I S. 770, Nr. 19 v. 10.4.2019).
[19] Zu Beginn und Ende eines Vergabeverfahrens s. OLG München 29.9.2009 – Verg 12/09, BeckRS 2010, 29116; OLG Naumburg 8.10.2009 – 1 Verg 9/09, BeckRS 2009, 28647.
[20] So auch Müller-Wrede VgV/UVgO/Grünhagen VgV § 9 Rn. 48.
[21] Dagegen VK Südbayern 29.3.2019 – Z3-3-3194-1-07-03/19, BeckRS 2019, 7484; aA VK Saarland 22.3.2021 – 1 VK 06/2020, BeckRS 2021, 16317.
[22] Vgl. dazu Weirauch ZfBR 2021, 636; Roßner/Gierling/Sokolov NVwZ 2020, 1382.

VgV § 9 — Grundsätze der Kommunikation

zur Auslegung von Angaben in den Vergabeunterlagen, mündliche Abgaben von verfahrensrelevanten Erklärungen oder mündliche Korrekturen von eingereichten Unterlagen nicht zugelassen sind. Selbstverständlich ist die mündliche Kommunikation zB bei **Besichtigungsterminen, Aufklärungsgesprächen** nach § 15 Abs. 5 VgV und Verhandlungsgesprächen nach § 17 Abs. 10 VgV oder Dialogen nach § 18 Abs. 5 VgV zu den Vergabeunterlagen bzw. den von Unternehmensseite eingereichten Unterlagen möglich.[23] Nach der Gesetzesbegr. ist die mündliche Kommunikation über die Angebote nicht ausgeschlossen.[24] Auch **mündliche Nachfragen per Telefon** sind zulässig, wenn diese in ausreichender Weise dokumentiert wird.[25]

9a Die Reichweite der Zulässigkeit der mündlichen Kommunikation wurde im Zusammenhang mit der **Durchführung und Bewertung von Präsentationen** bei Bietergesprächen von mehreren Nachprüfungsinstanzen thematisiert.[26] Zunächst gilt, dass die von den Unternehmen abzugebenden Interessenbekundungen, -bestätigungen, Teilnahmeanträge und Angebote nebst den dazugehörenden Informationen grds. in Textform einzureichen sind.[27] Das gilt auch für Erstangebote in einem Verhandlungsverfahren.[28] Führen mündliche Verhandlungen – soweit diese nach der gewählten Verfahrensart zulässig sind – zu **Änderungen bisheriger Angebotsinhalte** (zB in Bezug auf eingereichte Konzepte), ist die Einreichung eines neuen Angebots in Textform erforderlich, um diese Änderungen wirksam in das Verfahren einzubringen.[29] Dies sollte allerdings auch im Wege der Abfassung und Bestätigung eines Protokolls[30] möglich sein.

9b Die Durchführung und Bewertung von Präsentationen stellt insbes. bei der Vergabe von Planungsleistungen oder anderen individuellen bzw. kreativen Dienstleistungen ein übliches Verfahren zur Auswahl des am besten erscheinenden Bieters dar.[31] Nach der VK Südbayern soll es allerdings unzulässig sein, die Bewertung von Angeboten bzw. Angebotsteilen allein auf mündliche Darlegungen der Bieter, ohne parallel vorhandene Grundlage in Textform, in einem Präsentationstermin zu stützen, wenn die Inhalte der Präsentation Gegenstand der Angebote sein sollen.[32]

9c Aus Art. 22 Abs. 2 RL 2014/24/EU ergibt sich, dass der EU-Richtliniengeber die Berücksichtigung einer mündlichen Kommunikation iRd Angebotswertung als zulässig erachtet. Somit kann die fachlich-inhaltliche Vorstellung des Angebots sowie des einzusetzenden Personals in Form einer mündlichen Präsentation vorgenommen und entspr. bewertet werden.[33] Die mündliche Präsentation von Referenzprojekten

---

[23] VK Bund 18.11.2022 – VK 1–87/22, IBRRS 2023, 0253; RKMPP/Müller § 9 Rn. 34 f.; ähnlich Pinkenburg KomP spezial 2016, 85 (86).

[24] Vgl. BT-Drs. 18/7318, 153.

[25] VK Bund 18.11.2022 – VK 1–87/22, IBRRS 2023, 0253.

[26] VK Rheinland 19.11.2019 – VK 40/19 – L, BeckRS 2019, 31186; VK Südbayern 2.4.2019 – Z3-3-3194-1-43-11/18, IBRRS 2019, 1293; VK Bund 12.4.2019 – VK1-11/19, IBRRS 2019, 2117; 22.11.2019 – VK 1–83/19, IBRRS 2019, 3984; 18.11.2022 – VK 1–87/22, IBRRS 2023, 0253.

[27] Vgl. § 53 Abs. 1 und Abs. 2 VgV.

[28] VK Rheinland 19.11.2019 – VK 40/19 – L, BeckRS 2019, 31186.

[29] VK Südbayern 2.4.2019 – Z3-3-3194-1-43-11/18, IBRRS 2019, 1293; VK Rheinland 19.11.2019 – VK 40/19 – L, BeckRS 2019, 31186; Voppel/Osenbrück/Bubert/Voppel VgV § 9 Rn. 10.

[30] Vgl. VK Bund 18.11.2022 – VK 1–87/22, IBRRS 2023, 0253. Zur Schriftlichkeit vgl. Art. 2 Abs. 1 Nr. 18 RL 2014/24/EU.

[31] Vgl. zB OLG München 2.11.2012 – Verg 26/12, ZfBR 2013, 73 mwN; VK Sachsen 29.9.2016 – 1/SVK/021-16, BeckRS 2016, 121914.

[32] VK Südbayern 2.4.2019 – Z3-3-3194-1-43-11/18, IBRRS 2019, 1293; dem folgend VK Rheinland 19.11.2019 – VK 40/19 – L, BeckRS 2019, 31186.

[33] Vgl. VK Bund 18.11.2022 – VK 1–87/22, IBRRS 2023, 0253; 13.11.2019 – VK 1–83/19, IBRRS 2019, 3984.

Grundsätze der Kommunikation § 9 VgV

ist zudem in § 75 Abs. 5 S. 1 VgV vorgesehen und wird von Seiten des Verordnungsgebers[34] ausdr. auch für die Angebotswertung hervorgehoben.[35] Soweit die Bewertung von mündlichen Präsentationen erfolgen soll, sind hohe Anforderungen an die **Dokumentation** sowohl in Bezug auf die Inhalte der mündlichen Ausführungen als auch auf die Wertungsentscheidung zu stellen.[36]

Soweit sich die Präsentation und die Bewertung auf den **reinen Inhalt** bezieht, dürfte es richtig sein, sich bei der Bewertung ausschl. auf die schriftliche Fassung (dh Textform) der Präsentation zu beschränken. Das kann verfahrensrechtlich abgebildet werden, weil der Auftraggeber mit der Angebotsabgabe die Einreichung der vorgesehenen Präsentation abverlangen kann. Selbst wenn sich der Bieter dazu entscheiden sollte, die eingereichte Version der Präsentation für das Bietergespräch zu überarbeiten, was nicht selten vorkommt, kann dies dadurch berücksichtigt werden, dass die Bieter nach Abschluss der Bietergespräche aufgefordert werden, mit dem finalen Angebot auch die ggf. überarbeitete Präsentation einzureichen, soweit dies nach der gewählten Verfahrensart (zB im Verhandlungsverfahren) zulässig ist. Wenn ein Bieter eine Präsentation zu seinem Angebot als sog. **Tischvorlage** oder abgespeichert auf einem elektronischen Datenträger zu einem Bietergespräch mitbringt, widerspricht dies zwar dem Grundsatz der elektronischen Kommunikation gem. § 9 Abs. 1 VgV.[37] Allerdings wäre die „mitgebrachte" Version nicht Gegenstand der Angebotswertung, sondern erst die mit dem finalen Angebot eingereichte Fassung. Den Nachprüfungsinstanzen wird damit die Möglichkeit eröffnet zu überprüfen, ob die Bewertung der schriftlichen Präsentation durch den Auftraggeber vertretbar ist. **9d**

Soweit iRd Präsentation Rückfragen zu den mündlichen Ausführungen oder Ergänzungsfragen geklärt werden, ist es zulässig, die entspr. Antworten ohne erneute Einreichung der Ergänzungen in Textform bei der Angebotswertung berücksichtigen, wenn diese in ausreichender Form dokumentiert worden sind.[38] Hierzu bietet sich eine entspr. **Protokollierung und Bestätigung durch den Bieter** an. Mehraufwand entsteht dadurch iErg nicht, weil zu Recht hohe Anforderungen an die Dokumentation mündlicher Angaben gestellt werden, soweit diese wertungsrelevant sind.[39] **9e**

Soweit die Art und Weise der persönlichen Vorstellung der Präsentation bei der Wertung berücksichtigt werden soll, ist dies nach wie vor – freilich unter Verwendung aussagekräftiger Zuschlagskriterien gem. § 127 Abs. 4 S. 1 GWB – zulässig.[40] Insbes. bei **kreativen Dienstleistungen** besteht ein nachvollziehbares Interesse des Auftraggebers zu erfahren und zu bewerten, wie der Bieter in persona auf- **9f**

---

[34] BR-Drs. 87/16, 224: Bei der Vergabe von Planungsleistungen spielt die Vorlage und Beurteilung von Referenzprojekten eine herausragende Rolle. Dabei soll es in der Verhandlung mit den Bietern weiterhin möglich bleiben, über die Referenzprojekte jenseits der vorher festgestellten Erfüllung der Eignungskriterien zu diskutieren.

[35] Vgl. dazu auch OLG München 25.7.2013 – Verg 7/13, BeckRS 2014, 00490; ausf. hierzu Beck VergabeR/Schneider VgV § 75 Rn. 86 ff. mwN.

[36] VK Bund 12.4.2019 – VK1-11/19, IBRRS 2019, 2117; 22.11.2019 – VK 1–83/19, IBRRS 2019, 3984; 13.4.2022 – VK 1–31/22. Vgl. auch OLG Düsseldorf 24.3.2021 – Verg 34/20, BeckRS 2021, 11205 allerdings lediglich implizit.

[37] Krit. hierzu VK Südbayern 2.1.2018 – Z3-3-3194-1-47-08/17, BeckRS 2018, 382 allerdings in Bezug auf die Vorgaben der §§ 54, 55 VgV. Maßgeblich dürfte vielmehr sein, dass das Angebot mit Ablauf der Angebotsfrist nicht vollständig ist.

[38] VK Bund 18.11.2022 – VK 1–87/22, IBRRS 2023, 0253.

[39] VK Bund 12.4.2019 – VK 1–11/19, IBRRS 2117; 22.11.2019 – VK 1–83/19, IBRRS 2019, 3984.

[40] OLG Düsseldorf 24.3.2021 – VII-Verg 34/20, NZBau 2022, 298; VK Bund 13.4.2022 – VK 1–31/22, BeckRS 2022, 46403; VK Bund 18.11.2022 – VK 1–87/22, IBRRS 2023, 0253; so auch VK Südbayern 28.10.2021 – Z3-3-3194-_01-21-27, NZBau 2022, 489.

tritt.[41] Da es hierzu keine schriftliche Grundlage geben kann, ist eine solche auch nicht erforderlich. An die Dokumentation der Bewertung sind allerdings hohe Anforderungen zu stellen.[42] Wenn man sich dem erhöhten Dokumentationsaufwand nicht stellen möchte, kommen Ton- oder Videoaufzeichnungen in Betracht.

10 Nach dem Wortlaut gilt für jegliche mündliche Kommunikation ein **Dokumentationsgebot** nach § 9 Abs. 2 VgV. Nach dem Richtlinientext ist eine mündliche Kommunikation gestattet, sofern diese „keine wesentliche Bestandteile eines Vergabeverfahrens betrifft und sofern der Inhalt der mündlichen Kommunikation ausreichend dokumentiert wird." Aus dem Kontext könnte man lesen, dass auch völlig irrelevante mündliche Korrespondenz einer Dokumentationspflicht unterliegt. Das widerspricht den Vorgaben in § 8 Abs. 1 S. 1 VgV zur Dokumentation, nach dem die Dokumentation zu erfolgen hat, soweit dies für die Begründung von Entscheidungen „erforderlich" ist. Es ist nicht zu verkennen, dass die mündliche Korrespondenz Manipulationsspielräume eröffnen kann. Daher ist eine Dokumentation jedenfalls für die Kommunikation erforderlich, die **Einfluss auf das Wettbewerbsergebnis** haben kann.[43] So kann eine **angemessene Transparenz** sichergestellt werden, um überprüfen zu können, ob der Grundsatz der Gleichbehandlung eingehalten wurde.[44] Der Hinweis auf die Angemessenheit belegt, dass unwesentliche Korrespondenz keiner Dokumentation bedarf. Andernfalls würde man den Vergabestellen weiteren bürokratischen Aufwand aufbürden, während die gesetzgeberischen Ziele darin bestanden, die Vergabeverfahren effizienter und einfacher zu gestalten.[45]

IV. Registrierung (Abs. 3)

11 § 9 Abs. 3 S. 1 VgV erlaubt dem öffentlichen Auftraggeber, von jedem an der Vergabe interessierten Unternehmen die Angabe einer „eindeutigen Unternehmensbezeichnung" sowie eine elektronische Adresse zu verlangen. Der Zugang zur Auftragsbekanntmachung und den Vergabeunterlagen darf allerdings nicht von der Angabe derartiger oder darüber hinausgehender Identifikationsmerkmale abhängig gemacht werden (§ 9 Abs. 3 S. 2 Hs. 1 VgV). Vorinformation, Auftragsbekanntmachung und Vergabeunterlagen müssen jedem Interessierten ohne irgendeine Registrierung zugänglich sein.[46] Hierfür kann der Auftraggeber jedoch eine freiwillige Registrierung vorsehen (§ 9 Abs. 3 S. 2 Hs. 2 VgV).

12 Unklar ist, was der Verordnungsgeber unter einer **„eindeutigen Unternehmensbezeichnung"** versteht. Sinn würde diese Vorgabe nur machen, wenn die Eindeutigkeit der Unternehmensbezeichnung eine Identifizierung des Unternehmens erlauben soll. Da Unternehmensbezeichnungen auch aus Fantasienamen gebildet werden können, wären für eine eindeutige Zuordnung zB die Angaben nach § 37a Abs. 1 HGB erforderlich. Aus der Verordnungsbegr. ergibt sich, dass der Auftraggeber die verlangten Angaben ausschl. dazu verwenden darf, um „Daten mithilfe elektronischer Mittel an die Unternehmen zu übermitteln" oder „um Unternehmen über Änderungen im Vergabeverfahren" oder anderweitig über verfahrensrelevante Aspekte zu informieren.[47] Somit zielt die Registrierung offensichtlich nicht auf die Identifikation der an der Vergabe interessierten Wirtschaftsteilneh-

---

[41] Das deckt sich auch mit den Zuschlagskriterien nach § 58 Abs. 2 S. 2 Nr. 2 VgV.
[42] VK Bund 12.4.2019 – VK 1–11/19, IBRRS 2019, 2117; 22.11.2019 – VK 1–83/19, IBRRS 2019, 3984; VK Südbayern 28.10.2021 – Z3-3-3194-_01-21-27, NZBau 2022, 489.
[43] Erwgr. 52 der RL 2014/24/EU.
[44] BR-Drs. 87/16, 163.
[45] BR-Drs. 87/16, 1 f.
[46] BR-Drs. 87/16, 196.
[47] BR-Drs. 87/16, 164.

mer ab, sondern soll nur die **Kommunikation in Richtung der Unternehmen sicherstellen.** Hierzu genügt die Angabe der E-Mail-Adresse. Daher wird sich die Angabe der Unternehmensbezeichnung in diesem Verfahrensstadium allenfalls auf die Bekanntgabe der Firma iSd § 17 HGB beschränken ohne ergänzende Identifikationsangaben nach § 37a Abs. 1 HGB.

Die Vergabestelle soll von Unternehmen mit Sitz in Deutschland anstelle einer E-Mail-Adresse eine **DE-Mail-Adresse** verlangen können.[48] In der Verordnungsbegr. zu § 10 VgV heißt es, dass damit eine zuverlässige Identifizierung des Senders von Daten ermöglicht werde.[49] Für die Nutzung eines DE-Mail-Kontos ist zwar eine vorherige Identitätsfeststellung nach § 3 Abs. 2, 3 De-MailG erforderlich, und die eigene De-Mail-Adresse muss im Domainteil (hinter dem @) eine Bezeichnung enthalten, die in direktem Bezug zu Firma, Namen oder Bezeichnung des betreffenden Nutzers steht. Für eine Identifikationsmöglichkeit müsste der Absender aber im sog. Verzeichnisdienst aufgeführt sein. Hierfür ist jeweils das ausdr. Einverständnis erforderlich, welches nicht Voraussetzung für die Eröffnung eines De-Mail-Kontos ist (§ 7 Abs. 1 DE-MailG).[50] Daher kann die Identifizierung im Einzelfall nicht sichergestellt werden. Ungeachtet dessen zeigen die Erwägungen des Verordnungsgebers, dass die Registrierung sich offensichtlich nicht nur auf die Sicherstellung der Kommunikation erstreckt. 13

Denn es ist es dem Auftraggeber laut Verordnungsbegr. gestattet, von den Unternehmen die **für eine Registrierung „erforderlichen Angaben"** für die Vornahme sämtlicher sonstiger Aktivitäten iR eines Vergabeverfahrens zu verlangen.[51] Zu diesen Aktivitäten gehören zB das Einreichen von Teilnahmeanträgen oder Angeboten. In der Begr. zu § 10 Abs. 1 VgV wird zudem das Interesse an „einer sachlich richtigen, zuverlässigen Identifizierung eines Senders von Daten" ausdr. genannt.[52] Dem Auftraggeber kann ein berechtigtes Interesse an einer sicheren **Identifikation des jeweiligen Absenders rechtlich relevanter Erklärungen** bei EU-Vergaben mit entspr. hohen Auftragswerten nicht abgesprochen werden. Daher erscheint es sachgerecht, nach § 9 Abs. 3 S. 1 VgV weitergehende Informationen abfragen zu dürfen, die eine gesicherte Identifizierung des Absenders ermöglichen (→ § 11 Rn. 12). Ein Missbrauch durch Dritte wird dadurch zwar nicht ausgeschlossen, jedoch zumindest erschwert. 14

In jedem Fall müsste es dem Auftraggeber bei der freiwilligen Registrierung gestattet sein, den Unternehmen über die Angabe der E-Mail-Adresse und der Unternehmensbezeichnung hinaus die Möglichkeit zu geben, freiwillig weitere Angaben zur Identifikation wie Adresse, HRB, IBAN, Steuer-Nummer, D-U-N-S-Nummer oder Ansprechpartner abzugeben.[53] 15

Unternehmen, die sich bereits für den Zugang zu Vorinformation, Auftragsbekanntmachung und Vergabeunterlagen freiwillig registrieren, können davon profitieren, dass sie automatisch über Änderungen an den Vergabeunterlagen oder über Antworten auf Fragen zum Vergabeverfahren informiert werden.[54] Andernfalls unterliegen sie einer **Holschuld**[55] und tragen das Risiko, dass sie mangels Berück- 16

---

[48] BR-Drs. 87/16, 164.
[49] BR-Drs. 87/16, 164.
[50] Der Identitätsbestätigungsdienst nach § 6 DE-MailG erfolgt ebenso nur nach Auftrag durch den Nutzer, also hier dem Unternehmen.
[51] BR-Drs. 87/16, 164.
[52] BR-Drs. 87/16, 164.
[53] Vgl. zu den datenschutzrechtlichen Aspekten Pauka/Kemper NZBau 2017, 71.
[54] Die VK Südbayern 17.10.2016 – Z3-3-3194-1-36-09/16, BeckRS 2016, 55878 verlangt eine gesonderte Information für Unternehmen, die ihr(en) Teilnahmeantrag/Angebot bereits eingereicht haben.
[55] jurisPK-VergabeR/Zeiss VgV § 9 Rn. 12.

VgV § 10 Anforderungen an die verwendeten elektronischen Mittel

sichtigung aktualisierter oder korrigierter Anforderungen im weiteren Verlauf vom Verfahren ausgeschlossen werden.[56] Es ist zu empfehlen, die Unternehmen durch einen Hinweistext auf der ggf. genutzten Vergabeplattform und den Bewerbungsbedingungen gem. § 29 Abs. 1 S. 2 Nr. 2 VgV entspr. zu informieren.

V. Rechtsschutz

17 Die Bestimmungen zur elektronischen Kommunikation sind bieterschützend, soweit sie der Gleichbehandlung der Wirtschaftsteilnehmer dienen und die Einhaltung von Transparenz und Geheimwettbewerb sicherstellen sollen.[57] Soweit der Auftraggeber entgegen § 9 Abs. 1 VgV auf andere als der vorgeschriebenen Weise mit Unternehmen kommuniziert, dürfte dies allerdings unschädlich sein, wenn den beteiligten Unternehmen dadurch kein wettbewerbsrelevanter Nachteil entsteht und eine Nachholung der elektronisch durchgeführten Kommunikation keinen Mehrwert mit sich bringt.

18 Problematisch sind die Fälle, in denen die Vergabestelle entgegen § 9 Abs. 2 VgV eine mündliche Auskunft erteilt, die von den bekannt gemachten Vergabeunterlagen und der Bekanntmachung abweicht. Hier stellt sich die Frage, ob der Bieter auf eine solche Auskunft vertrauen darf. Soweit der Auftraggeber in den Vergabeunterlagen auf die Geltung des § 9 Abs. 2 VgV verwiesen und „gleichwohl erteilte mündliche/telefonische" Auskünfte als unverbindlich deklariert hat, sollte ein solcher Vertrauensschutz nicht in Betracht kommen.

19 Nutzen Wirtschaftsteilnehmer entgegen den Vorgaben der Vergabestelle andere Kommunikationswege, können derartige Erklärungen wegen Formverstoßes unbeachtlich sein.

§ 10 Anforderungen an die verwendeten elektronischen Mittel

(1) ¹**Der öffentliche Auftraggeber legt das erforderliche Sicherheitsniveau für die elektronischen Mittel fest.** ²**Elektronische Mittel, die von dem öffentlichen Auftraggeber für den Empfang von Angeboten, Teilnahmeanträgen und Interessensbestätigungen sowie von Plänen und Entwürfen für Planungswettbewerbe verwendet werden, müssen gewährleisten, dass**
1. **die Uhrzeit und der Tag des Datenempfangs genau zu bestimmen sind,**
2. **kein vorfristiger Zugriff auf die empfangenen Daten möglich ist,**
3. **der Termin für den erstmaligen Zugriff auf die empfangenen Daten nur von den Berechtigten festgelegt oder geändert werden kann,**
4. **nur die Berechtigten Zugriff auf die empfangenen Daten oder auf einen Teil derselben haben,**
5. **nur die Berechtigten nach dem festgesetzten Zeitpunkt Dritten Zugriff auf die empfangenen Daten oder auf einen Teil derselben einräumen dürfen,**
6. **empfangene Daten nicht an Unberechtigte übermittelt werden und**
7. **Verstöße oder versuchte Verstöße gegen die Anforderungen gemäß den Nummern 1 bis 6 eindeutig festgestellt werden können.**

(2) ¹**Die elektronischen Mittel, die von dem öffentlichen Auftraggeber für den Empfang von Angeboten, Teilnahmeanträgen und Interessensbestätigungen sowie von Plänen und Entwürfen für Planungswettbewerbe genutzt werden, müssen über eine einheitliche Datenaustauschschnittstelle verfü-**

---

[56] BR-Drs. 87/16, 164.
[57] Greb/Müller/Honekamp SektVO § 9 Rn. 14; s. aber VK Bund 9.9.2016 – VK 1–60/16, BeckRS 2016, 127274.

gen. ²Es sind die jeweils geltenden Interoperabilitäts- und Sicherheitsstandards der Informationstechnik gemäß § 3 Absatz 1 des Vertrags über die Errichtung des IT-Planungsrats und über die Grundlagen der Zusammenarbeit beim Einsatz der Informationstechnologie in den Verwaltungen von Bund und Ländern vom 1. April 2010 zu verwenden.

Literatur: Parassidis, Rechtliche Fragen der E-Vergabe, VergabeR 2020, 262. Vgl. iÜ die Angaben bei § 9 VgV.

I. Bedeutung der Vorschrift

§ 10 Abs. 1 VgV setzt Art. 22 Abs. 6 lit. b RL 2014/24/EU nebst Anh. IV **1** RL 2014/24/EU um und listet auf, welchen Anforderungen elektronische Mittel nach § 9 Abs. 1 VgV entsprechen müssen. Die Anforderungen waren zuvor in Anh. II zur VOL/A aufgeführt. § 53 Abs. 3 VgV erlaubt höhere Anforderungen an die einzusetzenden elektronischen Mittel, soweit die zu übermittelnden Daten erhöhte Sicherheitsmaßnahmen erfordern. Mit § 10 Abs. 2 VgV schreibt der Verordnungsgeber die Nutzung einer einheitlichen Datenaustauschschnittstelle und die jew. geltenden IT-Interoperabilitäts- und IT-Sicherheitsstandards vor.

II. Festlegung des Sicherheitsniveaus (Abs. 1 S. 1)

Zunächst eröffnet § 10 Abs. 1 S. 1 VgV dem öffentlichen Auftraggeber die Mög- **2** lichkeit, das erforderliche Sicherheitsniveau für die elektronischen Mittel (§ 9 Abs. 1 VgV) festzulegen, die in den verschiedenen Phasen des Vergabeverfahrens genutzt werden sollen. Dem Auftraggeber wird damit ein **Ermessen** eingeräumt,[1] welches durch die **Mindestanforderungen** in § 10 Abs. 1 S. 2, Abs. 2 S. 2 VgV eingeschränkt wird. Die Festlegung des Sicherheitsniveaus wird idR davon abhängen, ob die zu übermittelnden Daten erhöhte Anforderungen an die Sicherheit nach § 53 Abs. 3 VgV stellen. Die beiden Vorschriften sind regelmäßig im Kontext zu betrachten.

Bei der Festlegung kann zB zwischen dem Sicherheitsniveau für den allg. Informa- **3** tionsaustausch und für die Angebotsabgabe zu differenzieren sein.[2] Insgesamt hat der Auftraggeber hierbei „die Verhältnismäßigkeit zwischen einerseits den Anforderungen an die Sicherstellung einer sachlich richtigen, zuverlässigen Identifizierung eines Senders von Daten sowie an die Unversehrtheit der Daten und anderseits den Gefahren ab(zu)wägen, die zum Beispiel von Daten ausgehen, die aus einer nicht sicher identifizierbaren Quelle stammen oder die während der Übermittlung verändert wurden."[3] Die Festlegung scheint damit einzelfallbezogen zu sein, die entspr. zu dokumentieren sein soll.[4] Dies dürfte jedoch gerade bei Vergabestellen mit hohem Beschaffungsaufkommen einen nicht gerechtfertigten Aufwand herbeiführen. Hier sollte es ausreichen, wenn für typische Beschaffungsgegenstände allg. Vorgaben zum Sicherheitsniveau erfolgen und für außergewöhnliche Beschaffungen[5] einzelfallbezogene Festlegungen vorgesehen werden.[6] In Betracht der geltenden Schwellenwerte dürfte das Interesse der öffentlichen Hand an einer **zuverlässigen Identifizierung des Absenders** und

---

[1] OLG Naumburg 4.10.2019 – 7 Verg 3/19, BeckRS 2019, 32099.
[2] Erwgr. 57 der RL 2014/24/EU.
[3] BR-Drs. 87/16, 164.
[4] So RKMPP/Müller VgV § 10 Rn. 6.
[5] ZB bei besonders sensiblen bzw. unternehmenskritischen Informationen oder hohen Auftragswerten.
[6] Greb/Müller/Honekamp SektVO § 10 Rn. 16.

an der **Verhinderung des Eingangs schädlicher Programme** bzw. veränderter Daten (sog. „Cyberangriffe") grds. als hoch anzuerkennen sein.

4 Die Festlegung des Sicherheitsniveaus kann sich zB auf die Verwendung von besonderen Verschlüsselungstechniken erstrecken. Unter welchen Voraussetzungen der Auftraggeber für die Einreichung von Angeboten usw eine **elektronische Signatur** oder ein elektronisches Siegel verlangen kann, wird von § 53 Abs. 3 VgV (→ § 53 Rn. 22 ff.) geregelt.

III. Anforderungen an die zu verwendenden elektronischen Mittel (Abs. 1 S. 2)

5 § 10 Abs. 1 S. 2 VgV zielt auf die **Sicherstellung der Vertraulichkeit und Integrität** der beim Auftraggeber eingegangenen Angebote, Teilnahmeanträge und Interessensbestätigungen sowie Pläne und Entwürfe für Planungswettbewerbe ab. Dies wird teilw. auch von § 11 Abs. 2 VgV abgedeckt.

6 Der Anforderungskatalog entspricht bis auf einige sprachliche Kürzungen dem Anh. IV RL 2014/24/EU. Im Unterschied zur früheren Regelung müssen die Geräte nicht mehr gewährleisten, dass für die Angebote eine elektronische Signatur genutzt werden kann, da § 53 Abs. 1 VgV regelmäßig die Textform nach § 126b BGB vorsieht.

7 Grundlegend ist, dass systemseitig ein **vorfristiger Zugriff auf empfangene Dateien verhindert** werden muss. Die **Nutzung gängiger E-Mail-Programme** wird damit den Anforderungen des § 10 Abs. 1 S. 2 VgV nicht gerecht.[7] Gem. § 54 Abs. 1 VgV sind elektronisch übermittelte Anträge und Angebote auf geeignete Weise zu kennzeichnen und zu verschlüsseln. Der Wortlaut schließt wie sein Vorbild in Art. 22 Abs. 3 S. 2 RL 2014/24/EU zwar eine händische Speicherung nicht aus, zumal die (unzulässige) Öffnung des Dokuments regelmäßig in den „log files" gespeichert wird. Allerdings bieten handelsübliche E-Mail-Programme keine vorübergehende Sperrung von Postfächern, die einen erstmaligen Zugriff vor Ablauf der Frist verhindern. Nach § 10 Abs. 1 S. 2 Nr. 3 VgV muss das Computerprogramm selbst gewährleisten, dass der Termin für den erstmaligen Zugriff auf die empfangenen Dateien nur von einem Berechtigten[8] festgelegt oder geändert werden kann. Dies schließt es aus, dass der „berechtigte" Mitarbeiter in der Vergabestelle ein eingegangenes Angebot in einen für Dritte gesperrten Ordner verschiebt. Denn dies setzt bereits ein erstmaliges Zugreifen voraus. Auch die weiteren in den Ziff. 4–7 im Katalog des § 10 Abs. 1 S. 2 VgV aufgestellten Anforderungen dürften von gängigen E-Mail-Programmen nicht erfüllt werden, so dass die Auftraggeber auf sog. **elektronische Vergabeplattformen** oder **E-Vergabe-Systeme** zurückgreifen müssen.[9]

8 Ein solches E-Vergabe-System muss systemseitig eine vorzeitige Öffnung unterbinden und sollte außerdem die **Öffnung der Dokumente nur durch zwei zuvor eingetragene Berechtigte** iSd § 55 Abs. 2 VgV gestatten. Verwaltungsintern sollten entspr. Berechtigungen für die Vergaben nebst Stellvertretungsregelungen vorgesehen werden, die im System hinterlegt werden können. Sinnvollerweise sollten E-Vergabe-Systeme so gestaltet sein, dass Datenempfang, Terminänderungen, Zugriffe und Berechtigte iSd § 55 Abs. 2 VgV usw automatisch dokumentiert und in einer Weise aufbereitet werden, dass diese chronologisch im ausdruckbaren Vergabevermerk nach § 8 VgV dargestellt werden können. Dasselbe gilt für evtl. Verstöße oder versuchte Verstöße gegen die vorgenannten Schutzvorkehrungen (§ 10 Abs. 1 S. 2 Nr. 7 VgV).

---

[7] OLG München 2.5.2019 – Verg 5/19, BeckRS 2019, 10744; OLG Karlsruhe 23.1.2019 – 15 Verg 1/19, BeckRS 2019, 29934.

[8] Die Berechtigten sind vom Auftraggeber festzulegen, vgl. BR-Drs. 87/16, 165.

[9] Probst/Winters CR 2016, 349 (353).

Anforderungen an die verwendeten elektronischen Mittel § 10 VgV

Um das Sicherheitsniveau dem jew. Stand der Technik anzupassen, sind regelmäßige 9
Updates unabdingbar, wobei vom Auftraggeber kein absoluter Schutz bzw. keine
eindeutige Erfassung von jedweden (versuchten) Verstößen verlangt werden kann.[10]
§ 10 Abs. 1 VgV richtet sich an den öffentlichen Auftraggeber und hat bieterschüt- 10
zenden Charakter.[11] Darüber wirken sich die Vorgaben des § 10 Abs. 1 VgV über § 53
Abs. 1 VgV auch auf die **Unternehmerseite** aus.[12] Wenn durch die Unternehmen
zB Angebote[13] oder Teilnahmeanträge[14] nicht über den verschlüsselten Bereich einer
Vergabeplattform eingereicht werden und somit eine vorzeitige Öffnung der Unterlagen möglich ist, kann dies zum Ausschluss führen.[15] Demgegenüber wäre das Verfahren zurückzuversetzen, wenn der Auftraggeber entgegen § 10 Abs. 1 VgV die Abgabe
über einen nicht verschlüsselten Bereich abfordert (zB per E-Mail).[16]

IV. Einheitliche Schnittstelle und Standards (Abs. 2)

Vor dem Hintergrund, dass es ein mannigfaltiges Angebot von unterschiedlichen 11
und weitgehend nicht interoperablen E-Vergabe-Systemen gibt,[17] hat der Verordnungsgeber sich veranlasst gesehen, (zumindest) eine **einheitliche Datenaustauschschnittstelle** und die jew. geltenden **IT-Interoperabilitäts- und IT-Sicherheitsstandards** verbindlich vorzuschreiben. Damit soll ein Mindestmaß an
Kompatibilität und Interoperabilität zwischen den verschiedenen E-Vergabe- und
Bedienkonzepten der öffentlichen Auftraggeber erreicht werden.[18]

Die vorgegebenen Standards sind in § 3 Abs. 1 des Vertrages über die Errichtung 12
des IT-Planungsrates und über die Grundlagen der Zusammenarbeit beim Einsatz
der Informationstechnologie in den Verwaltungen von Bund und Ländern[19] niedergelegt. § 10 Abs. 2 VgV enthält insoweit eine dynamische Verweisung, als auf die
jew. geltenden Interoperabilitäts- und Sicherheitsstandards der Informationstechnik
abgestellt wird.

Für die einheitliche Datenaustauschschnittstelle stand zunächst der Standard der 13
sog. **XVergabe**[20] in der Diskussion, mit dessen Nutzung vermieden werden soll,
dass Unternehmen gezwungen sind, für jede vom öffentlichen Auftraggebern verwendete E-Vergabelösung/-plattform eine separate EDV-Lösung in ihrer eigenen
Programm- und Geräteumgebung einzurichten.[21] Für die Unternehmensseite
sollte eine einzige elektronische Anwendung genügen, um mit allen von öffentlichen Auftraggebern für die Durchführung von Vergabeverfahren genutzten elektronischen Mitteln erfolgreich zu kommunizieren.[22] Der IT-Planungsrat beschloss

---

[10] BR-Drs. 87/16, 164.
[11] Braun VergabeR 2016, 179 (184).
[12] VK Südbayern 2.4.2019 – Z3-3-3194-1-43-11/18, BeckRS 2019, 7485.
[13] OLG Karlsruhe 17.3.2017 – 15 Verg 2/17, VPRRS 2017, 0163.
[14] VK Niedersachsen 11.12.2018 – VgK-50/2018, BeckRS 2018, 35818.
[15] Einschränkend OLG Frankfurt a. M. 18.2.2010 – 11 Verg 7/19, BeckRS 2020, 7503 für
den Fall, dass es zu keiner vorfristigen Kenntnis vom Inhalt des per E-Mail formwidrig abgegebenen Angebots kam bzw. ohne vernünftige Zweifel ausgeschlossen werden kann.
[16] OLG München 2.5.2019 – Verg 5/19, BeckRS 2019, 10744; OLG Karlsruhe 23.1.2019 –
15 Verg 1/19, BeckRS 2019, 29934.
[17] Braun VergabeR 2016, 179 (180).
[18] RKMPP/Müller VgV § 10 Rn. 13.
[19] Vertrag zur Ausführung von Art. 91c GG v. 1.4.2010.
[20] Siehe www.xvergabe.org.
[21] BR-Drs. 87/16, 164.
[22] Vom sog. IT-Planungsrat am 17.6.2015 als plattformübergreifender Daten- und Austauschstandard zwischen Bieterclients und Vergabeplattformen erklärt (Entscheidung 2015/18; unter
www.it-planungsrat.de).

am 29.10.2019 eine Neuausrichtung des Standards XVergabe. Mit Beschl. v. 10.11.2022 wurde beschieden, den Standard XVergabe dauerhaft durch eForms-DE zu ersetzen.[23] Der Standard eForms-DE gehört neben den Standards XRechnung und XBestellung zu den von der Koordinierungsstelle für IT-Standards (KoSIT) betreuten IT-Standards im öffentlichen Einkauf, dem XStandard Einkauf (XSE).[24]

14 Zu beachten ist, dass es sich lediglich um die Definition eines technischen Standards zum Austausch von Daten handelt und nicht um eine Softwarelösung.

§ 10a Erstellung und Übermittlung von Bekanntmachungen

(1) ¹**Auftragsbekanntmachungen, Vorinformationen, Vergabebekanntmachungen und Bekanntmachungen über Auftragsänderungen (Bekanntmachungen) sind elektronisch nach den Vorgaben der Durchführungsverordnung (EU) 2019/1780 zu erstellen.** ²**Sofern nicht aufgrund von Absatz 3 Satz 2 oder Absatz 4 etwas anderes geregelt ist, sind die Angaben zu den in Tabelle 2 des Anhangs der Durchführungsverordnung (EU) 2019/1780 für die Bekanntmachungen als fakultativ gekennzeichneten Angaben freiwillig.**

(2) ¹**Für Bekanntmachungen haben öffentliche Auftraggeber den Datenaustauschstandard eForms in der jeweils geltenden Fassung zu verwenden.** ²**Der Datenaustauschstandard eForms wird vom Bundesministerium des Innern und für Heimat im Einvernehmen mit dem Bundesministerium für Wirtschaft und Klimaschutz festgelegt und unverzüglich im Bundesanzeiger bekannt gemacht.** ³**Soweit für die Inhalte von Datenfeldern des Datenaustauschstandards eForms weitere oberste Bundesbehörden fachlich zuständig sind, ist die Festlegung dieser Datenfelder vor ihrer Bekanntmachung jeweils auch mit ihnen abzustimmen.**

(3) ¹**Im Datenaustauschstandard eForms können die Vorgaben der Durchführungsverordnung (EU) 2019/1780 für die Inhalte bestimmter Angaben in der Bekanntmachung konkretisiert werden.** ²**Einzelne der in Tabelle 2 des Anhangs der Durchführungsverordnung (EU) 2019/1780 als fakultativ gekennzeichnete Angaben können im Datenaustauschstandard eForms für bestimmte Bekanntmachungen für verpflichtend oder als nicht erfassbar erklärt werden, sofern dies aus technischen Gründen oder aufgrund der Anforderungen nach Absatz 4 erforderlich ist.** ³**Änderungen des Datenaustauschstandards eForms werden vom Bundesministerium des Innern und für Heimat im Einvernehmen mit dem Bundesministerium für Wirtschaft und Klimaschutz festgelegt und im Bundesanzeiger bekannt gemacht.** ⁴**Absatz 2 Satz 3 gilt entsprechend.** ⁵**Bei jeder Änderung sind das Datum der Bekanntmachung im Bundesanzeiger und das Datum, ab dem der geänderte Datenaustauschstandard eForms anzuwenden ist, anzugeben.**

(4) ¹**In Tabelle 2 des Anhangs der Durchführungsverordnung (EU) 2019/1780 als fakultativ gekennzeichnete Datenfelder sind für öffentliche Auftraggeber unbeschadet der Vorgaben des Datenaustauschstandards eForms nach Absatz 3 Satz 2 verpflichtend, soweit sie strategische Aspekte der Beschaffung betreffen.** ²**Strategische Aspekte der Beschaffung im Sinne des Satzes 1 sind:**
1. **Aspekte der Qualität und der Innovation, einschließlich der Angabe, ob Nebenangebote zugelassen sind,**

---
[23] https://www.it-planungsrat.de/beschluss/beschluss-2022-49, abgerufen am 31.5.2023.
[24] https://xeinkauf.de, abgerufen am 31.5.2023.

2. soziale und umweltbezogene Aspekte, einschließlich der Datenfelder für die Beschaffung sauberer Straßenfahrzeuge,
3. wesentliche Aspekte der Zuschlagskriterien,
4. mittelständische Interessen sowie
5. die Identifizierung der Organisationseinheiten.

[3]Die betroffenen Datenfelder sind im Datenaustauschstandard eForms als verpflichtende Datenfelder aufzunehmen.

(5) [1]Bekanntmachungen sind dem Amt für Veröffentlichungen der Europäischen Union elektronisch über den Datenservice Öffentlicher Einkauf zu übermitteln. [2]Der Datenservice Öffentlicher Einkauf ist beim Beschaffungsamt des BMI eingerichtet und wird dort betrieben. [3]Die über den Datenservice Öffentlicher Einkauf an das Amt für Veröffentlichungen der Europäischen Union übermittelten Bekanntmachungen werden auch über den Bekanntmachungsservice des Datenservice Öffentlicher Einkauf veröffentlicht und frei zugänglich zur Verfügung gestellt. [4]Das Beschaffungsamt des BMI trifft die erforderlichen technischen und organisatorischen Maßnahmen, um die Verfügbarkeit, die Integrität, die Authentizität und die Vertraulichkeit der im Datenservice Öffentlicher Einkauf verarbeiteten personenbezogenen Daten entsprechend dem jeweiligen Stand der Technik sicherzustellen.

(6) Die Absätze 1 bis 5 gelten mit Blick auf § 7 Absatz 4 der Unterschwellenvergabeordnung nicht für die Vergabe von öffentlichen Aufträgen, deren geschätzter Auftragswert ohne Umsatzsteuer die Schwellenwerte gemäß § 106 des Gesetzes gegen Wettbewerbsbeschränkungen nicht erreicht.

Literatur: Michaels, Aktuelle Änderung von VgV, SektVO, KonzVgV und VSVgV, IR 2023, 104.

Übersicht

	Rn.
I. Bedeutung der Vorschrift	1
II. Erstellung der Bekanntmachungen nach den Vorgaben der Durchführungsverordnung (EU) 2019/1780 (Abs. 1)	11
III. Datenaustauschstandard eForms (Abs. 2, 3)	14
IV. Datenfelder zu strategischen Aspekten der Beschaffung (Abs. 4)	18
V. Übermittlung der Bekanntmachungen (Abs. 5)	21
VI. Anwendbarkeit auf Aufträge oberhalb der EU-Schwellenwerte (Abs. 6)	23

I. Bedeutung der Vorschrift

§ 10a VgV normiert die Grundregeln, wie unionsweite Bekanntmachungen – Abs. 1 fasst darunter iS einer Legaldefinition Auftragsbekanntmachungen, Vorinformationen, Vergabebekanntmachungen und Bekanntmachungen über Auftragsänderungen – über öffentliche Aufträge zu erstellen und zu übermitteln sind. Die Vorschrift ist durch die „Verordnung zur Anpassung des Vergaberechts an die Einführung neuer elektronischer Standardformulare („eForms") für EU-Bekanntmachungen und an weitere europarechtliche Anforderungen" v. 17. August 2023[1] in die VgV eingefügt worden. Mit jener Verordnung sind die VgV, SektVO, KonzVgV und VSVgV an die **Durchführungsverordnung (EU) 2019/1780** der Kommission v. 23. September 2019 zur Einführung von Standardformularen für die Veröffentli-

---
[1] BGBl. 2023 I Nr. 222.

chung von Bekanntmachungen für öffentliche Aufträge und zur Aufhebung der Durchführungsverordnung (EU) 2015/1986 („elektronische Formulare – eForms"), geändert durch die Durchführungsverordnung (EU) 2022/2303 der Kommission v. 4. November 2022 zur Änderung der Durchführungsverordnung (EU) 2019/1780 zur Einführung von Standardformularen für die Veröffentlichung von Bekanntmachungen für öffentliche Aufträge – nachfolgend Durchführungsverordnung (EU) 2019/1780, DVO (EU) 2019/1780 oder eForms-DVO – angepasst worden.[2]

2   Die DVO (EU) 2019/1780 ersetzt die Durchführungsverordnung (EU) 2015/1986, durch die die Standardformulare im Tenders Electronic Daily (TED)–Meldesystem des Amts für Veröffentlichungen der EU zur Referenz für Bekanntmachungen in Vergabeverfahren oberhalb der EU-Schwellenwerte festgelegt worden waren. Die mit der DVO (EU) 2019/1780 eingeführten eForms sind **elektronische Standarddatensätze** und bilden den **neuen offenen EU-Standard für Daten zur Auftragsvergabe ab**, die zur Veröffentlichung von Bekanntmachungen zu EU-weiten Vergabeverfahren über beabsichtigte und durchgeführte Beschaffungen öffentlicher Auftraggeber im TED des Amts für Veröffentlichungen der EU verwendet werden müssen. Ihre Verwendung ist ab dem 25.10.2023 obligatorisch (→ § 83 Rn. 3). Seit diesem Tag akzeptiert das Amt für Veröffentlichungen nur noch eForms-Bekanntmachungen. Auf dem TED-Portal werden die bis zum 24.10.2023 eingegangenen Bekanntmachungen nach dem bisherigen TED-Schema weiterhin angezeigt.[3] § 10a VgV gilt nur für die Vergabe von öffentlichen Aufträgen, deren geschätzter Auftragswert ohne Umsatzsteuer die Schwellenwerte gem. § 106 Abs. 2 GWB erreicht oder überschreitet (→ GWB § 106 Rn. 10 ff.). Dies wird in § 10a Abs. 6 VgV klargestellt.

3   Bei den bislang verwendeten Bekanntmachungsformularen (zum Inhalt und zur Befüllung der Standardformulars # 2 „Auftragsbekanntmachung" nach Anhang II der Durchführungsverordnung (EU) 2015/1986 → 4. Aufl. 2020, § 37 Rn. 5 ff.) handelte es sich nicht um digitale Formate, sondern um die Digitalisierung eines papierbasierten Verfahrens. Mit den eForms vollzieht die EU einen Wechsel von jener Darstellung der Bekanntmachungs-Daten in papierbasierten Standardformularen hin zu einer **rein technischen Beschreibung der zu veröffentlichenden Informationen**. In der DVO (EU) 2019/1780 werden die eForms für die Veröffentlichung von unionsweiten Bekanntmachungen für öffentliche Aufträge nicht mehr – wie nach der Vorgänger-DVO – in abgeschlossenen und vollständig vorformulierten Formularen, sondern als elektronische Standarddatensätze mittels **unterschiedlich zu kombinierender Datenfelder**, je nach Bekanntmachung gem. den Tabellen 1 und 2 des Anhangs der DVO (EU) 2019/1780, festgelegt. Die Datenfelder setzen eine einheitliche Befüllung voraus und geben standardisierte Eintragungen vor. Anders als die bisherigen papierbasierten Standardformulare, haben die digitalen eForms den Vorteil, dass die mit den Ausschreibungen generierten Daten strukturiert, logisch und mit zeitlichem Bezug automatisiert aufbereitet werden können. Durch die strukturierten Datensätze können die Daten besser ausgewertet werden und die Transparenz deutlich erhöht werden.[4]

4   Art. 1 Abs. 1 der eForms-DVO hat die folgenden **sechs elektronischen Standarddatensätze** eingeführt, die für die Veröffentlichung der jew. Bekanntmachungen verwendet werden müssen:

---

[2] BT-Drs. 20/6118, 1, 20. Einen sehr guten Überblick zur eForms-Einführung bietet https://blog.cosinex.de/2023/08/24/eforms-was-vergabestellen-wissen-muessen/.

[3] Vom 14.11.2022 bis zum 24.10.2023 war die Nutzung von eForms fakultativ. Das Amt für Veröffentlichungen akzeptierte in diesem Zeitraum sowohl die alten TED-Formular-Bekanntmachungen als auch die neuen eForms-Bekanntmachungen. Auf dem TED-Portal wurden sowohl die alten TED-Formulare als auch die eForms-Bekanntmachungen angezeigt.

[4] BT-Drs. 20/6118, 22.

Erstellung und Übermittlung von Bekanntmachungen § 10a VgV

- (1) „Planung"
- (2) „Wettbewerb"
- (3) „Voranmeldung – freihändige Vergabe"
- (4) „Ergebnis"
- (5) „Auftragsänderung"
- (6) „Änderung".

Jene eForms bestehen aus den Feldern, die im Anhang der DVO (EU) 2019/ 1780 aufgeführt sind. Dort sind insges. 282 Datenfelder vorgegeben. Jenen Feldern sind wiederum 45 Kategorien zugeordnet, die in bis zu 40 verschiedenen Bekanntmachungsszenarien genutzt werden können. Die **unionsweit einheitliche Nutzung** der in der DVO vorgegebenen Datenfelder ist für die Mitgliedstaaten teilw. verpflichtend, teilw. wird die Nutzung den nationalen Regelungen überlassen, teilw. sieht die DVO (EU) 2019/1780 eine optionale Nutzung vor.

Sinn und Zweck der neuen eForms ist es, den Unternehmen, die an öffentlichen Aufträgen interessiert sind, zu erleichtern, die für sie interessanten Bekanntmachungen zu finden. Daneben sollen eForms den Verwaltungsaufwand reduzieren und es allg. leichter machen, datengestützte Aussagen und Entscheidungen über öffentliche Ausgaben zu treffen sowie für mehr Transparenz ggü. den Bürgern zu sorgen.[5] Aus Sicht der EU sind eForms „das Herzstück der digitalen Transformation der öffentlichen Auftragsvergabe in der EU", mit der die Qualität und die Analyse von Daten erheblich verbessert werden kann. eForms sind danach[6] von großer Bedeutung für die Gewinnung von Unternehmen, die Digitalisierung des öffentlichen Auftragswesens sowie die bessere Funktionsweise von Systemen der öffentlichen Auftragsvergabe. Auch nach Einschätzung des BMWK bieten eForms eine sehr gute Grundlage und Chance zur weiteren Standardisierung und Digitalisierung des öffentlichen Einkaufs in Deutschland. Damit werde auch die E-Vergabe öffentlicher Aufträge weiter gestärkt.

Die **Erstellung und Übermittlung von Bekanntmachungen** – erfasst sind die in Abs. 1 S. 1 erwähnten Auftragsbekanntmachungen, Vorinformationen, Vergabebekanntmachungen und Bekanntmachungen über Auftragsänderungen – nach den Vorgaben der DVO (EU) 2019/1780 wird zentral in dem neuen § 10a Abs. 1 S. 1 und Abs. 5 S. 1 VgV im Kontext der Regeln über die Kommunikation im Vergabeverfahren als „Anforderungen bei der Erstellung und Übermittlung von Bekanntmachungen; Datenaustauschstandard eForms" vorgeschrieben.[7]

Wesentliche Voraussetzung für die Nutzung der digitalen eForms-Standarddatensätze ist die **Einführung eines verbindlichen IT-Standards**, der für alle Bekanntmachungen gilt. Daher schreibt Abs. 2 S. 1 nach dem Vorbild der E-Rechnungsverordnung[8] vor, für Bekanntmachungen den Datenaustauschstandard eForms in der jew. geltenden Fassung zu verwenden.[9] Die genauen technischen Umsetzungsvorgaben werden vom BMI im Einvernehmen mit dem BMWK festgelegt und im BAnz. bekannt gemacht. Die Anwendung der eForms und des Datenaustauschstandards ist damit oberhalb der EU-Schwellenwerte obligatorisch. Die Regeln gelten über § 2

---

[5] Kommission, Leitfaden für die politische Umsetzung von eForms, 2020, S. 1: „Ordnungsgemäß implementierte eForms erleichtern es Wirtschaftsbeteiligten, einschlägige Bekanntmachungen zu finden, und verringern den Verwaltungsaufwand für die Beschaffer. Außerdem helfen sie Regierungen, datengestützte Entscheidungen zu öffentlichen Ausgaben zu treffen und die Ausgabentransparenz gegenüber den Bürgerinnen und Bürgern zu erhöhen."

[6] Kommission, Leitfaden für die politische Umsetzung von eForms, 2020, S. 11.

[7] BT-Drs. 20/6118, 2, 21.

[8] Verordnung über die elektronische Rechnungsstellung im öffentlichen Auftragswesen des Bundes (E-Rechnungsverordnung – ERechV) v. 13. Oktober 2017 (BGBl. I S. 3555), die durch Art. 76 der Verordnung v. 19. Juni 2020 (BGBl. I S. 1328) geändert worden ist.

[9] BT-Drs. 20/6118, 2, 21.

S. 1 VgV gleichermaßen für die **Vergabe von Bauaufträgen**, deren geschätzter Auftragswert den EU-Schwellenwert erreicht.

9 Auftraggeber können nach Abs. 1 S. 2 grds. autonom entscheiden, welche Angaben sie in der Bekanntmachung machen, wenn diese in der DVO (EU) 2019/1780 als optional gekennzeichnet sind. Hiervon macht der Verordnungsgeber eine wichtige Ausnahme bei **strategischen Beschaffungen**, um dort eine bessere Datenbasis über die Ausschreibungs- und Vergabepraxis zu gewinnen: Nach Abs. 4 S. 1 sind – abweichend von der DVO (EU) 2019/1780 – Angaben zu strategischen Aspekten der Beschaffung verpflichtend. Dazu gehören etwa soziale und umweltbezogene Aspekte, wesentliche Aspekte der Zuschlagskriterien oder die Teilnahmemöglichkeiten von KMU und Start-ups. Die Datenbasis darüber soll so weit wie möglich, aber auch praktisch sinnvoll, über eForms erfasst werden.[10]

10 Abs. 5 sieht vor, dass der beim BMI eingerichtete **Datenservice Öffentlicher Einkauf** als Vermittlungsdienst und sog. nationaler eSender zur Übermittlung an das Amtsblatt der EU und damit in TED verwendet wird.[11] Eingerichtet und betrieben wird der Datenservice Öffentlicher Einkauf vom Beschaffungsamt des BMI. Der Datenservice stellt somit ein Bindeglied zum TED dar. Aus dieser Funktion ergibt sich auch die für Beschaffer wichtige Information, dass er die etablierten Vergabeplattformen nicht ersetzt.[12] Diese können weiterhin genutzt werden. Eine Umorientierung ist nicht erforderlich.

II. Erstellung der Bekanntmachungen nach den Vorgaben der Durchführungsverordnung (EU) 2019/1780 (Abs. 1)

11 Mit der Durchführungsverordnung (EU) 2019/1780 wurde die bisherige Durchführungsverordnung (EU) 2015/1986 über die Veröffentlichung von Bekanntmachungen für öffentliche Aufträge aufgehoben. S. 1 schreibt daher iS einer vor der Klammer gezogenen **Grundregel** vor, dass Bekanntmachungen nunmehr elektronisch nach den Vorgaben der Durchführungsverordnung (EU) 2019/1780 zu erstellen sind. Daneben sind die in der VgV bisher enthaltenen Verweise auf die Durchführungsverordnung (EU) 2015/1986 (etwa in § 37 Abs. 2 VgV) durch Verweise auf die für die jew. Bekanntmachung relevante Spalte in Tabelle 2 des Anhangs der Durchführungsverordnung (EU) 2019/1780 ersetzt worden. Unter den Terminus „**Bekanntmachungen**" fallen alle Auftragsbekanntmachungen, Vorinformationen, Vergabebekanntmachungen und Bekanntmachungen über Auftragsänderungen. Insoweit übernimmt S. 1 die früher in § 40 Abs. 1 VgV aF verortete Definition.

12 Mit S. 1 wird die **Anwendung der eForms** in Umsetzung der Vorgaben der Durchführungsverordnung (EU) 2019/1780 **bei Vergabeverfahren oberhalb der EU-Schwellenwerte** mWv 25.10.2023 (→ § 83 Rn. 3) **obligatorisch** vorgeschrieben. Das gilt für sämtliche nach Maßgabe der VgV zu vergebenden Liefer- und Dienstleistungsaufträge. Die Pflicht zur Verwendung der eForms gilt gem. § 2 S. 1 VgV gleichsam für die Bekanntmachung von Bauaufträgen oberhalb der EU-Schwellenwerte.

13 Nach S. 2 sind **Angaben** zu den in Tabelle 2 des Anhangs der Durchführungsverordnung (EU) 2019/1780 für die Bekanntmachungen als fakultativ gekennzeichneten Angaben iS einer größtmöglichen Flexibilität für die Auftraggeber **grds. freiwillig**. Etwas anderes kann sich jedoch aus den Konkretisierungen im Datenaustauschstandard eForms nach Abs. 3 S. 2 oder aus den **verpflichtenden Angaben zur strategischen Beschaffung gem. Abs. 4** ergeben. Nach Abs. 3 S. 2 können einzelne der in Tabelle

---

[10] BT-Drs. 20/6118, 2, 21.
[11] BT-Drs. 20/6118, 2, 21.
[12] So ausdr. BT-Drs. 20/6118, 2.

2 des Anhangs der Durchführungsverordnung (EU) 2019/1780 als fakultativ gekennzeichneten Angaben im Datenaustauschstandard eForms für bestimmte Bekanntmachungen für verpflichtend oder als nicht erfassbar erklärt werden, sofern dies aus technischen Gründen gerechtfertigt oder aufgrund der Anforderungen nach Abs. 4 erforderlich ist. Abs. 4 erklärt – insoweit abweichend von der DVO (EU) 2019/1780 – Angaben zu strategischen Aspekten der Beschaffung für obligatorisch (dazu näher → Rn. 18 ff.). Die Verordnungsbegr. hält die Auftraggeber an, auf eine zurückhaltende und jedenfalls datenschutzkonforme Angabe personenbezogener Daten zu achten, sofern die in der Durchführungsverordnung (EU) 2019/1780 als fakultativ gekennzeichneten Daten verpflichtend werden oder weiterhin freiwillig sind.[13]

III. Datenaustauschstandard eForms (Abs. 2, 3)

Wesentlich für die Bereitstellung und Übermittlung der digitalen Standardbekanntmachungen nach dem eForms-Muster ist die **Einführung eines verbindlichen IT-Standards** mit Geltung für alle Bekanntmachungen im öffentlichen Auftragswesen.[14] Nach dem Vorbild der E-Rechnungsverordnung wird daher der technische Datenaustauschstandard eForms in Abs. 2 vorgeschrieben. Die genauen technischen Umsetzungsvorgaben werden vom BMI im BAnz. bekannt gemacht. Der Datenaustauschstandard eForms kann die Vorgaben der Durchführungsverordnung (EU) 2019/1780 konkretisieren und zudem dynamisch angepasst werden, um insbes. Änderungen der Durchführungsverordnung (EU) 2019/1780 zeitnah und effektiv gewährleisten zu können (Abs. 3). Nach der Verordnungsbegr.[15] werden Verfahren und Format der Anwendung der Datensätze der Durchführungsverordnung (EU) 2019/1780 damit in einer für die Praxis verwertbaren, dh in einer Bekanntmachungssoftware abbildbaren Form, kodifiziert. 14

Der Datenaustauschstandard eForms ist auf nationaler Ebene ua unter Beteiligung des Expertengremiums Pre-Award aus den rechtlichen und technischen Materialien der Kommission und des Amts für Veröffentlichungen der EU entwickelt worden. In Vorbereitung der nationalen Anpassung wurden alle interessierten Stellen aus Bund, Ländern und Kommunen eingeladen, in dem Expertengremium aktiv mitzuwirken. Zudem erfolgte ein regelmäßiger Austausch mit den IT-Fachverfahrensherstellern.[16] 15

Nach S. 1 ist dynamisch die jew. geltende Fassung des Datenaustauschstandards eForms zu verwenden. Er wird gem. S. 2 vom BMI im Einvernehmen mit dem BMWK festgelegt und unverzüglich nach seiner Finalisierung im BAnz. bekannt gemacht. Soweit für die Inhalte von Datenfeldern des Datenaustauschstandards eForms weitere oberste Bundesbehörden fachlich zuständig sind, ist die Festlegung dieser Datenfelder vor ihrer Bekanntmachung jew. auch mit ihnen abzustimmen. Dies betrifft insbes. das Bundesministerium für Wohnen, Stadtentwicklung und Bauwesen in seiner Zuständigkeit für das Bauvergabewesen und das Vergaberecht für Planungsleistungen sowie das Bundesministerium für Digitales und Verkehr hinsichtlich des SaubFahrzeugBeschG.[17] 16

Der Datenaustauschstandard eForms kann die Vorgaben der Durchführungsverordnung (EU) 2019/1780 nach Abs. 3 S. 1 konkretisieren, dh zur erleichterten nationalen Anwendung näher beschrieben werden. Einzelne der in Tabelle 2 des Anhangs der Durchführungsverordnung (EU) 2019/1780 als fakultativ gekennzeichnete Angaben können im Datenaustauschstandard eForms für bestimmte Bekannt- 17

---

[13] BT-Drs. 20/6118, 30.
[14] BT-Drs. 20/6118, 21, 30.
[15] BT-Drs. 20/6118, 30.
[16] BT-Drs. 20/6118, 30.
[17] BT-Drs. 20/6118, 30.

machungen für verpflichtend oder als nicht erfassbar erklärt werden, sofern dies aus technischen Gründen (insbes. der technischen Kompatibilität, Konformität oder praktischen Kohärenz des Datenaustauschs)[18] gerechtfertigt oder aufgrund der Anforderungen nach Abs. 4 erforderlich ist (S. 2). Da kontinuierliche Anpassungen im eForms-Regelwerk zu erwarten sind, schreibt Abs. 3 S. 3 vor, dass **Änderungen des Datenaustauschstandards eForms** in einem politisch konsentierten Rahmen vom BMI im Einvernehmen mit dem BMWK und ggf. weiteren Bundesministerien, soweit die Inhalte von Datenfeldern des Datenaustauschstandards eForms in deren Federführung liegen, im BAnz. bekanntzumachen sind. Bei jeder Änderung sind das Datum der Bekanntmachung im BAnz. und das Datum, ab dem der geänderte Datenaustauschstandard eForms anzuwenden ist, anzugeben.

IV. Datenfelder zu strategischen Aspekten der Beschaffung (Abs. 4)

18 Nach § 10a Abs. 1 S. 2 VgV *können* Auftraggeber entscheiden, welche Angaben sie in der Bekanntmachung machen, wenn diese in der Durchführungsverordnung (EU) 2019/1780 als optional gekennzeichnet sind. Die **Angaben** zu den in Tabelle 2 des Anhangs der Durchführungsverordnung (EU) 2019/1780 für die Bekanntmachungen als fakultativ gekennzeichneten Angaben sind iS einer größtmöglichen Flexibilität für die Auftraggeber damit im Grundsatz **freiwillig**. Das gilt nach Abs. 4 S. 1 allerdings nicht für **Angaben zu strategischen Aspekten** der Beschaffung; diese sind **verpflichtend**. S. 2 erläutert, was unter strategischen Aspekten zu verstehen ist. Strategische Aspekte der Beschaffung sind danach Aspekte der Qualität und der Innovation, einschl. der Angabe, ob Nebenangebote zugelassen sind (Nr. 1), soziale und umweltbezogene Aspekte, einschl. der Datenfelder für die Beschaffung sauberer Straßenfahrzeuge (Nr. 2), wesentliche Aspekte der Zuschlagskriterien (Nr. 3), mittelständische Interessen (Nr. 4) sowie die Identifizierung der Organisationseinheiten (Nr. 5). S. 3 stellt klar, dass die von den genannten strategischen Aspekten betroffenen Datenfelder im Datenaustauschstandard eForms als verpflichtende Datenfelder aufzunehmen sind.

19 Zum politisch motivierten Hintergrund dieser Vorgabe heißt es in der Verordnungsbegr.:[19]

*„Für eine evidenzbasierte Wirtschaftspolitik im Zeichen der sozial-ökologischen Transformation braucht es Daten über die Ausschreibungs- und Vergabepraxis im Hinblick auf **klima- und umweltfreundliche Vergabe, soziale Vergabe sowie innovationsfreundliche Vergabe**. Auch Informationen über die **Teilnahmechancen von KMU und Start-ups** sowie Informationen zur **Herkunft des (potenziellen) Auftragnehmers** sind – vor unterschiedlichen Hintergründen – von grundsätzlich politischer Relevanz. Die Datenbasis darüber soll so weit wie möglich, aber auch praktisch sinnvoll, über eForms erfasst werden. Die verpflichtenden Angaben sollen keinen zusätzlichen Bürokratieaufwand erzeugen. Im Sinne eines „Once-Only"-Prinzips und angesichts des „Open Data"-Ansatzes des Datenservices öffentlicher Einkauf sollen **bestehende Monitoringpflichten sowie grundsätzliche strategische Erkenntnisinteressen zentral durch die Bekanntmachungen erfasst** werden."*

20 Einzelheiten dazu, welche Datenfelder aufgrund ihrer strategischen Bedeutung gem. Abs. 4 obligatorisch sind, werden nach der Verordnungsbegr. im Datenaustauschstandard für die jew. Bekanntmachung festgelegt. Bezeichnung, Inhalt und Antwortmöglichkeiten folgen grds. 1:1 aus den Festlegungen in der Tabelle 2 des

---

[18] BT-Drs. 20/6118, 30.
[19] BT-Drs. 20/6118, 31 (Hervorhebungen nur hier).

Anhangs der EU-Durchführungsverordnung. Welche **Datenfelder** der eForms **konkret verpflichtend** sind, erläutert die Verordnungsbegr. wie folgt:[20]

„*Betroffen von den strategischen Aspekten der Beschaffung sind insbesondere die **Datenfelder zur grünen, sozialen und innovativen Beschaffung**. Diese sind im BG-713 mit folgenden Datenfeldern enthalten BT-777, -06, -774, -775, -776, -754, -755. Alle diese Datenfelder werden verpflichtend, so dass von den Auftraggebern Angaben zu machen sind, ob und inwieweit sie entsprechende **Nachhaltigkeitskriterien** bzw. **innovative Anforderungen** verwenden. Eine Verpflichtung zu einer solchen Verwendung ist mit der Verpflichtung zur Angabe einer Verwendung nicht verbunden. Die Angaben sind aufgrund der EU-Vorgaben für die Datenfelder ganz überwiegend durch einfaches Anklicken innerhalb eines Drop-Down-Menüs zu treffen (in sog. Codelisten).*

*Verpflichtend werden insbesondere auch alle **Datenfelder zur Beschaffung sauberer Straßenfahrzeuge**. Dies betrifft die BG-714 und BG 7141 mit den Datenfelder BT-717 mit BT-735, BT-723, -715, -725 und -716. Das Saubere-Fahrzeuge-Beschaffungs-Gesetz, insbesondere seine §§ 8 und 9 bleiben unberührt.*

*Verpflichtend wird auch die Angabe nach BT-726, ob die **Ausschreibung für kleine und mittlere Unternehmen geeignet** ist. Der Datenaustauschstandard soll dabei auch eine Abfrage nach Eignung für Start-Ups enthalten, die sich an der Definition der Bundesregierung in der Start-Up-Strategie orientiert.*

*Um die Erkennbarkeit der Eignung für innovationsfördernde Angebote zu erhöhen, wird zudem die Angabe, ob **Nebenangebote zugelassen** sind (BT-63), verpflichtend sein.*

*Um die Datenbasis darüber zu vergrößern, inwieweit der Preis als (ggf. alleiniges) Zuschlagskriterium in öffentlichen Ausschreibungen verwendet wird, sollen in näherer Ausgestaltung von § 127 Absatz 5 GWB bereits in den Datenfeldern der Bekanntmachung **Angaben zu den Zuschlagskriterien und deren Gewichtung** gemacht werden. Betroffen ist die BG-707 mit den Datenfeldern BT-539, -734,- 541, -5421 und -733. Um die Auftraggeber bei der Erstellung der Bekanntmachung nicht zu überfordern und die Bekanntmachung übersichtlich zu halten, werden im Datenaustauschstandard eForms aber nur wesentliche Angaben dazu gefordert. So sind Angaben nur zu solchen Zuschlagskriterien zu machen, deren **Gewichtung mindestens zehn Prozent** beträgt. Dabei sind deren Typ und Gewichtung bzw. Rangfolge sowie eine (Kurz-)Bezeichnung anzugeben. Soweit die Bekanntmachung noch nicht alle Angaben zu den Zuschlagskriterien enthält, sind diese umfassend und transparent in den Vergabeunterlagen darzustellen (vgl. § 127 Absatz 5 GWB).*

*Von strategischem Interesse ist auch die Frage, ob die Aufträge an zuverlässige und wechselnde Bieter vergeben werden und bei der Vergabe Verstöße etwa gegen Geldwäschevorgaben oder Sanktionen ausgeschlossen sind. Zu diesen Zwecken ist eine **eindeutige Kennung des erfolgreichen Bieters** (BT-501) in der Vergabebekanntmachung anzugeben. Bis zur flächendeckenden Einführung der einheitlichen Wirtschaftsidentifikationsnummer können andere eindeutige Identifikationsmittel, etwa der Handelsregistereintrag, angegeben werden.*"

V. Übermittlung der Bekanntmachungen (Abs. 5)

Abs. 5 weist dem beim Beschaffungsamt des BMI eingerichteten und betriebenen **Datenservice Öffentlicher Einkauf** eine zentrale Rolle für die Übermittlung der Bekanntmachungen zu: Bekanntmachungen sind nach S. 1 dem Amt für Veröffentlichungen der EU elektronisch über den Datenservice Öffentlicher Einkauf zu übermitteln. Der Datenservice Öffentlicher Einkauf übernimmt damit einen **Vermittlungsdienst**, der Auftrags- und Vergabebekanntmachungen von

---

[20] BT-Drs. 20/6118, 31, 32 (Hervorhebungen nur hier).

E-Vergabeplattformen im Format eForms-DE entgegennimmt. Die betr. Bekanntmachungen werden beim Datenservice Öffentlicher Einkauf auf Vollständigkeit validiert und an den sog. eSender-Hub weitergeleitet. Der eSender-Hub dient wiederum als zentrale Stelle für die Kommunikation mit dem TED des Amts für Veröffentlichungen der EU. Er konvertiert die Bekanntmachungen vom eForms-DE Standard in das gem. der Durchführungsverordnung (EU) 2019/1780 erforderliche Format eForms-EU und übermittelt diese an das Amt für Veröffentlichungen der EU.[21] MaW: Per 25.10.2023 sind EU-weite Bekanntmachungen im neuen eForms-DE Standard **über den Datenservice Öffentlicher Einkauf an die EU** zu übermitteln. Eine direkte Übermittlung der Bekanntmachungen an die EU ist ab dem 25.10.2023 nicht mehr zulässig.

22 Daneben umfasst der Betrieb des Datenservice Öffentlicher Einkauf einen **Bekanntmachungsservice**: Nach S. 3 werden die über den Datenservice Öffentlicher Einkauf übermittelten Bekanntmachungen auch durch den Datenservice Öffentlicher Einkauf veröffentlicht. Hierdurch ist laut Verordnungsbegr.[22] sichergestellt, dass perspektivisch **alle Bekanntmachungsdaten an einer zentralen Stelle auffindbar** sind. Die Transparenz öffentlicher Beschaffungsdaten soll hierdurch erhöht und der Zugang von Wirtschaftsteilnehmern (insbes. von KMU und Start-ups) zu öffentlichen Aufträgen erleichtert werden. Dadurch soll der Bekanntmachungsservice der „zentrale Ort zum Suchen und Finden von ober- (und perspektivisch auch unterschwelligen) Bekanntmachungen"[23] werden. In enger Abstimmung mit dem Bund-Länder-Kooperationsprojekt „Elektronische Beschaffung im Kontext der OZG-Umsetzung" wurde der Bekanntmachungsservice im Auftrag des IT-Planungsrates unter der Verantwortlichkeit der Freien Hansestadt Bremen in Zusammenarbeit mit den Ländern NRW und RhPf sowie der Koordinierungsstelle für IT-Standards (KoSIT), dem BMI und dem Beschaffungsamt des BMI eingeführt.[24] S. 4 stellt klar, dass das Beschaffungsamt des BMI als Betreiber des Datenservice Öffentlicher Einkauf die Verfügbarkeit, Integrität, Authentizität und Vertraulichkeit der personenbezogenen Daten im Datenservice Öffentlicher Einkauf sicherstellt.

VI. Anwendbarkeit auf Aufträge oberhalb der EU-Schwellenwerte (Abs. 6)

23 Die Regelungen der Abs. 1 bis 5 des § 10a VgV gelten nur für Bekanntmachungen, die in Vergabeverfahren oberhalb der EU-Schwellenwerte erstellt und übermittelt werden müssen, nicht jedoch für Vergaben, die der UVgO unterliegen. Dies stellt Abs. 6 klar. Der Verweis in § 7 Abs. 4 UVgO auf die §§ 10 bis 12 VgV gilt damit nicht als Verweis auf § 10a VgV.[25]

§ 11 Anforderungen an den Einsatz elektronischer Mittel im Vergabeverfahren

(1) ¹**Elektronische Mittel und deren technische Merkmale müssen allgemein verfügbar, nichtdiskriminierend und mit allgemein verbreiteten Geräten und Programmen der Informations- und Kommunikationstechnologie**

---

[21] BT-Drs. 20/6118, 32.
[22] BT-Drs. 20/6118, 32.
[23] BT-Drs. 20/6118, 32.
[24] Näheres hierzu: https://www.bescha.bund.de/DE/ElektronischerEinkauf/Bekanntmachungsservice_Bund/BKMS/grundlagen_node.html;jsessionid=D0E1A2DCC6D2462855C8CE6B80DB28D7.internet272.
[25] BT-Drs. 20/6118, 33.

kompatibel sein. ²Sie dürfen den Zugang von Unternehmen zum Vergabeverfahren nicht einschränken. ³Der öffentliche Auftraggeber gewährleistet die barrierefreie Ausgestaltung der elektronischen Mittel nach den §§ 4, 12a und 12b des Behindertengleichstellungsgesetzes vom 27. April 2002 (BGBl. I S. 1467, 1468) in der jeweils geltenden Fassung.

(2) Der öffentliche Auftraggeber verwendet für das Senden, Empfangen, Weiterleiten und Speichern von Daten in einem Vergabeverfahren ausschließlich solche elektronischen Mittel, die die Unversehrtheit, die Vertraulichkeit und die Echtheit der Daten gewährleisten.

(3) Der öffentliche Auftraggeber muss den Unternehmen alle notwendigen Informationen zur Verfügung stellen über
1. die in einem Vergabeverfahren verwendeten elektronischen Mittel,
2. die technischen Parameter zur Einreichung von Teilnahmeanträgen, Angeboten und Interessensbestätigungen mithilfe elektronischer Mittel und
3. verwendete Verschlüsselungs- und Zeiterfassungsverfahren.

Literatur: Vgl. die Angaben bei § 9 VgV.

I. Bedeutung der Vorschrift

§ 11 Abs. 1 VgV setzt Art. 22 Abs. 1 UAbs. 1 S. 2 RL 2014/24/EU um und definiert, welchen allg. Anforderungen elektronische Mittel entsprechen müssen, die zur Durchführung eines Vergabeverfahrens eingesetzt werden. § 11 Abs. 2 VgV dient der Umsetzung des Art. 22 Abs. 3 S. 1 RL 2014/24/EU und schreibt vor, dass der öffentliche Auftraggeber während des gesamten Vergabeverfahrens die Unversehrtheit, die Vertraulichkeit und die Echtheit aller verfahrensbezogenen Daten sicherzustellen hat. § 5 Abs. 2 VgV enthält ebenso Vorgaben zur Unversehrtheit und Vertraulichkeit bzgl. der eingegangenen Unterlagen, dazu iE → § 5 Rn. 4 ff. In Umsetzung des Art. 22 Abs. 6 UAbs. 1 lit. a RL 2014/24/EU verlangt § 11 Abs. 3 VgV die erforderliche Transparenz im Hinblick auf die technischen Rahmenbedingungen, die für die Teilnahme an einem Vergabeverfahren zu beachten sind.

1

II. Anforderungen an elektronische Mittel und technische Merkmale (Abs. 1)

Abs. 1 enthält einen Katalog mit verschiedenen Anforderungen an elektronische Mittel und deren technische Merkmale. Diese Vorgaben sollen sicherstellen, dass jeder Marktteilnehmer die Möglichkeit hat, unter **Nutzung handelsüblicher IT-Ausstattung an Vergabeverfahren teilzunehmen**.[1] Um die in § 97 Abs. 1 S. 1, Abs. 2 GWB niedergelegten vergaberechtlichen Verfahrensgarantien (Geheim-)Wettbewerb, Transparenz und Gleichbehandlung zu gewährleisten, muss die genutzte IT die hierzu erforderlichen technischen Voraussetzungen erfüllen. Unproblematisch ist es, wenn der öffentliche Auftraggeber die max. Größe von Dateien festlegt, die im Rahmen eines Vergabeverfahrens an ihn gesendet werden können.[2]

2

1. Allgemeine Verfügbarkeit

Zur Gewährleistung eines unbeschränkten Wettbewerbs darf der Zugang zu Vergabeverfahren nicht durch technische Hürden erschwert werden. Daher haben die Auf-

3

---
[1] RKMPP/Müller § 11 Rn. 1.
[2] BR-Drs. 87/16, 165.

traggeber **IT-Lösungen** bei der Durchführung von Vergaben zu verwenden, die für sämtliche an einer Vergabe interessierten Personen **ohne Einschränkung verfügbar** sind und bei Bedarf, ggf. gegen ein marktübliches Entgelt, erworben werden können.[3] Dasselbe gilt für nicht allgemein verfügbare elektronische Mittel, die aber mit allgemein verbreiteten elektronischen IT-Lösungen kompatibel sind.[4] **Unzulässig** ist es, ein **kostenpflichtiges Vergabeportal** zu verwenden.[5] Will der Auftraggeber eine noch nicht allgemein verfügbare Technik nutzen, ist diese den interessierten Teilnehmern an der Vergabe und mit entspr. Anleitung kostenfrei zur Verfügung zu stellen.[6]

2. Nicht diskriminierend

4 Nicht diskriminierend sind elektronische Mittel dann, wenn sie für alle Menschen, auch für Menschen mit Behinderungen, ohne besondere Erschwernis und grds. ohne fremde Hilfe zugänglich und nutzbar sind.[7] Es ist unzulässig, wenn der Zugang aufgrund technischer Besonderheiten nur einem bestimmten Nutzerkreis offen steht.[8]

3. Kompatibilität

5 Der Auftraggeber hat IT-Lösungen zu verwenden, die **mit allgemein verbreiteter Hard- und Software kompatibel** ist, dh jeder Bürger und jedes Unternehmen die in privaten Haushalten oder in Unternehmen üblicherweise verwendeten Geräte und Programme nutzen können, um sich über veröffentlichte Vergabeverfahren zu informieren und an diesen teilzunehmen.[9] Dazu gehört, dass der Auftraggeber Dateiformate verwendet, die mit verbreiteten üblichen Programmen geöffnet und bearbeitet werden können (zB MS-Office-Formate, PDF, HTML, XML, JPG, ZIP). Zulässig sind auch Dateiformate und Programme, die lediglich in bestimmten Branchen verbreitet sind.[10] Voraussetzung ist allerdings, dass diese auch im europäischen Ausland gängig sind; andernfalls sollte der Auftraggeber entspr. Bearbeitungsprogramme zur Verfügung stellen, die auf handelsüblichen IT-Systemen genutzt werden können.[11]

4. Barrierefreiheit

6 Bei der Auswahl und Ausgestaltung der elektronischen Mittel nach § 9 Abs. 1 VgV hat der öffentliche Auftraggeber darauf zu achten, dass diese einen **barrierefreien Zugang** gem. §§ 4 und 12[12] Behindertengleichstellungsgesetz (BGG) gewährleisten. Nach § 11 Abs. 1 S. 3 VgV ist das BGG in der jew. geltenden Fassung zu beachten, so dass Auftraggeber ihre Lösungen nach einer evtl. Gesetzesänderung dahingehend überprüfen müssen, ob ihre Vergabesysteme noch den gesetzlichen Anforderungen entsprechen.

7 Nach § 4 BGG sind die besonderen Belange Gehörloser oder Blinder bei der Gestaltung elektronischer Vergabeplattformen in der Form zu berücksichtigen, dass niemand von der Nutzung ausgeschlossen ist und sie von allen gleichermaßen

---

[3] BR-Drs. 87/16, 165.
[4] RKMPP/Müller § 11 Rn. 8.
[5] RKMPP/Müller § 11 Rn. 9.
[6] Müller-Wrede VgV/UVgO/Grünhagen VgV § 11 Rn. 19.
[7] BR-Drs. 87/16, 165.
[8] RKMPP/Müller § 11 Rn. 11.
[9] BR-Drs. 87/16, 165.
[10] Greb/Müller/Honekamp SektVO § 11 Rn. 10.
[11] BT-Drs. 522/09, 42.
[12] § 11 wurde umnummeriert durch Gesetz zur Weiterentwicklung des Behindertengleichstellungsrechts v. 19.7.2016, BGBl. 2016 I 1757.

Anforderungen an den Einsatz elektronischer Mittel § 11 VgV

genutzt werden können.[13] § 12 BBG verlangt, dass Internetangebote von Behörden einschl. ihrer grafischen Programmoberflächen so zu gestalten sind, dass sie von behinderten Menschen grds. uneingeschränkt genutzt werden können.[14]

Die Umsetzung in § 11 Abs. 1 S. 3 VgV ist damit deutlich konkreter ausgestaltet als die Vorgabe des Richtliniengebers, nach der bei der Auswahl der technischen Lösungen der Zugänglichkeit von Menschen mit Behinderungen „hinreichend" Rechnung getragen werden soll.[15] Zu beachten ist, dass nach § 12 Abs. 2 S. 2 BGG vom Gebot der barrierefreien Gestaltung abgesehen werden kann, wenn die barrierefreie Gestaltung unverhältnismäßigen technischen Aufwand erfordert. Nach bisherigem Stand der Technik bzw. der bisherigen Verbreitung dürfte für öffentliche Auftraggeber zB keine Verpflichtung bestehen, eine Vorlesefunktion für blinde Menschen systemseitig zur Verfügung zu stellen.[16]

8

III. Unversehrtheit, Vertraulichkeit und Echtheit der Daten (Abs. 2)

Während des gesamten Vergabeverfahrens obliegt es dem öffentlichen Auftraggeber, die **Unversehrtheit, die Vertraulichkeit und die Echtheit aller verfahrensbezogenen Daten** sicherzustellen. Der Auftraggeber hat geeignete, dem aktuellen Stand der Technik entsprechende organisatorische und technische Maßnahmen zu ergreifen, um seine Systeme effektiv vor Manipulationen zu schützen. Im Unterschied zu § 10 Abs. 1 S. 1 VgV ist die Vorgabe in § 11 Abs. 2 VgV absolut zu verstehen. Der Unterschied dürfte darin begründet sein, dass § 11 Abs. 2 VgV nur auf die „verfahrensbezogenen" Daten abstellt, während sich § 10 Abs. 1 S. 1 VgV allg. auf das Sicherheitsniveau der elektronischen Mittel bezieht. Bei den „verfahrensbezogenen" Daten handelt es sich offensichtlich um die Daten, die verfahrenswesentlich sind. Im Unterschied zu § 11 Abs. 2 VgV verlangt Art. 22 Abs. 3 S. 1 RL 2014/24/EU nur die Sicherstellung der Datenintegrität und der Vertraulichkeit der Angebote/Teilnahmeanträge, nicht aber die Echtheit der Daten. Der Richtliniengeber hat offensichtlich aufgrund noch nicht gegebener ausreichender Erkenntnisse von einer Vorgabe von Lösungen für eine elektronische Authentifizierung abgesehen.[17]

9

1. Unversehrtheit der Daten

Die Unversehrtheit oder „Datenintegrität" muss vom Auftraggeber sichergestellt werden. (so auch § 5 Abs. 2 S. 1 VgV). Die **Daten** gelten gemeinhin als unversehrt, wenn sie **vollständig** und **unverändert** sind. Der Verlust der Integrität von Daten kann bedeuten, dass diese unerlaubt verändert wurden oder Angaben zum Autor verfälscht wurden oder der Zeitpunkt der Erstellung manipuliert wurde.[18] Die genutzte Systemlösung muss damit insbes. ein **Dokumentenmanagementsystem** vorsehen, welches zB ein Überschreiben von Dokumenten verhindert. Außerdem muss das System manipulative Eingriffe von außen (möglichst) unterbinden können.

10

---

[13] BR-Drs. 87/16, 165.

[14] Näher ausgestaltet durch § 3 der BITV 2.0 Verordnung zur Schaffung barrierefreier Informationstechnik nach dem Behindertengleichstellungsgesetz v. 12.9.2011 (BGBl. I 1843 (1859)) und durch Anl. 1 der BITV 2.0.

[15] Erwgr. 53 der RL 2014/24/EU.

[16] So auch Greb/Müller/Honekamp SektVO § 11 Rn. 12; krit. dazu G/S/S VergabeR-Hdb/Goede/Herrmann, Kap. 23 Rn. 21.

[17] Vgl. Art. 22 Abs. 7 UAbs. 3 RL 2014/24/EU.

[18] Vgl. Leitfaden Informationssicherheit des Bundesamtes für Sicherheit in der Informationstechnik – BSI, Stand Februar 2012.

2. Vertraulichkeit der Daten

11 Das Vertraulichkeitsgebot ergibt sich schon aus dem vergaberechtlichen Grundsatz des Geheimwettbewerbs. Der Auftraggeber hat sicher zu stellen, dass kein Unbefugter Zugriff auf die ausgetauschten Daten erhält, die unter Berücksichtigung des Gebotes des Geheimwettbewerbs als vertraulich anzusehen sind. Entsprechende Vertraulichkeitsgebote enthalten die §§ 5 Abs. 2 S. 1 VgV, 10 Abs. 2 Nr. 4–7 VgV sowie § 54 S. 1 VgV, → § 54 Rn. 3.

3. Echtheit der Daten

12 Echtheit bezeichnet die **Authentizität der Daten,** die nach dem Wortlaut ebenso unbedingt sicherzustellen ist. Die Datenquelle bzw. der Sender muss zweifelsfrei nachgewiesen werden können.[19] Dies kann insbes. durch **eine elektronische Signatur** oder ein elektronisches Siegel sichergestellt werden. Nach § 53 Abs. 3 VgV soll die fortgeschrittene bzw. qualifizierte Signatur bzw. ein entsprechendes elektronisches Siegel allerdings nur in den Fällen eingesetzt werden, wenn „erhöhte Anforderungen" an die Sicherheit zu stellen sind (näher → § 53 Rn. 19 ff.). Dieser Widerspruch wird nicht aufgelöst. Vielmehr betrachtet der Verordnungsgeber gem. § 53 Abs. 1 VgV offensichtlich das Format der **Textform** nach § 126b BGB als grds. geeignet, auch die strengen Anforderungen des § 11 Abs. 2 VgV zu erfüllen (dazu → § 53 Rn. 5 f.). Die Textform bietet allerdings kein nennenswertes Sicherheitsniveau, um die Authentizität zu gewährleisten. Um diese Anforderung – auch im eigenen Interesse des Auftraggebers – zu erfüllen, muss zwangsläufig an einer anderen Stelle ein Mechanismus aufgesetzt werden, um sicher zu stellen, dass Angebote, Teilnahmeanträge und andere verfahrensbezogenen (oder besser: verfahrenswesentlichen) Erklärungen/Nachweise tatsächlich vom angegebenen Absender stammen. Hierfür spricht auch Erwgr. 57 der RL 2014/24/EU, der hinsichtl. der Sicherheitsanforderungen zwischen verfahrensbegleitender Kommunikation und verfahrensrelevanter Kommunikation wie die Abgabe von Angeboten differenziert. Wenn nach Ansicht des Verordnungsgebers im Regelfall keine elektronische Signatur zu verwenden ist, bietet sich iErg nur die **Registrierung** an, die ein vergleichbares Sicherheitsniveau bietet. Diese muss freilich deutlich über die in § 9 Abs. 3 VgV definierte Registrierung hinausgehen. Dies sollte bei der Nutzung einer elektronischen Vergabeplattform zB durch Angabe individueller und nicht allg. verfügbarer Merkmale und den Einsatz von Verifikationsmails mit Passwortvergabe und Nutzungsbedingungen geschehen. Ob man für die Registrierung eine elektronische Signatur oder ein elektronisches Siegel verlangen kann,[20] dürfte davon abhängen, ob die Voraussetzungen des § 53 Abs. 3 VgV erfüllt sind.

4. Verantwortungsbereich

13 Der Auftraggeber muss seine eigenen Systeme derart nach dem Stand der Technik einrichten und zur Verfügung stellen, dass das geforderte Sicherheitsniveau erreicht wird.[21] Sein Verantwortungsbereich beginnt bzw. endet dort, wo die Daten seinen technischen Einflussbereich betreten bzw. verlassen (sog. **Übergabepunkt**).[22] Das Vergabeportal und das Bieterportal der vom Auftraggeber gewählten Vergabeplatt-

---

[19] BR-Drs. 87/16, 166.
[20] Greb/Müller/Honekamp SektVO § 11 Rn. 18.
[21] ZB durch Firewalls, Ende-zu-Ende-Verschlüsselung und Passwortvergabe; Greb/Müller/Honekamp SektVO § 11 Rn. 21.
[22] Vgl. VK Südbayern 15.11.2021 – 3194.Z3-3_01-21-20, BeckRS 2021, 55182 zum rechtzeitigen Upload.

form sind dem Eingangsbereich des Auftraggebers zuzuordnen.[23] Darüber hinaus müssen auch die Unternehmen sicherstellen, dass ihre Teilnahmeanträge, Angebote usw während der Versendung verschlüsselt sind (iE → § 53 Rn. 4 ff.). Ansonsten droht der Ausschluss vom Verfahren wegen Verstoßes gegen das Geheimhaltungsgebot (→ § 10 Rn. 10 sowie → § 57 Rn. 13).

IV. Informationspflichten (Abs. 3)

Der Auftraggeber hat alle notwendigen Daten und Parameter über die verwendeten IT-Lösungen und deren Einstellungen für die Einreichung von Teilnahmeanträgen und Angeboten, einschl. Verschlüsselung und Zeitstempelung, bekannt zu geben.[24] Neben der Anleitung zur Installation der ggf. erforderlichen Software, deren Bedienung sowie Aktualisierung der Software mittels eines Updates sind zB Hinweise zu geben, ob bei bestimmten Web-Browsern oder technischen Einstellungen Probleme auftreten und wie diese verhindert werden können.[25] Bei dem Einsatz einer elektronischen Vergabeplattform ist zu empfehlen, ein entsprechendes **Benutzerhandbuch** zur Verfügung zu stellen.[26] **14**

Es ist demgegenüber nicht geboten, die Unternehmen über die Konsequenzen zu informieren, wenn erforderliche **Updates** nicht durchgeführt werden. Es kann nämlich inzwischen von einem allg. Kenntnisstand von Unternehmen, die an EU-weiten Vergabeverfahren teilnehmen, ausgegangen werden, dass das Unterlassen von durchzuführenden Updates zu Funktionseinbußen bei Computerprogrammen führen kann; so muss der Unternehmer in regelmäßigen Abständen selbst prüfen, ob aktuellere Versionen einer Software existieren und diese dann auch installieren.[27] Ausnahmsweise kann eine Verpflichtung bestehen, auf aktualisierte Programmversionen hinzuweisen, wenn diese kurz vor Ablauf von Einreichungsfristen installiert worden sind und eine Verwendung der dann veralteten Version bedeutsame Funktionsänderungen oder -einbußen bei dem Hochladen von Daten mit sich bringen würde.[28] **15**

Die Zurverfügungstellung der Informationen muss nicht in der Bekanntmachung oder den Auftragsunterlagen, wie zB in den Bewerbungsbedingungen, selbst erfolgen, um diese Dokumente nicht zu überfrachten. **16**

V. Rechtsschutz

Treten **technische Schwierigkeiten** beim Hochladen von Daten über eine Vergabeplattform auf, sind die Rechtsfolgen danach zu beurteilen, wessen **Sphäre** sie zuzuordnen sind. Technische Schwierigkeiten auf Auftraggeberseite dürfen nicht zu Lasten des Wirtschaftsteilnehmers gehen, während vom Unternehmen selbst zu verantwortende Schwierigkeiten zu seinen Lasten gehen.[29] Kann iRd von der Verga- **17**

---

[23] VK Westfalen 20.2.2019 – VK 1–40/18, IBRRS 2019, 1071.
[24] Ähnlich früher in § 13 EG Abs. 3 VOL/A geregelt.
[25] VK Südbayern 19.3.2018 – Z3-3-3194-1-54-11/17, BeckRS 2018, 4960.
[26] VK Südbayern 19.3.2018 – Z3-3-3194-1-54-11/17, BeckRS 2018, 4960; vgl. auch VK Bund 29.5.2020 – VK 2-19/20, IBRRS 2020, 2070; Greb/Müller/Honekamp SektVO § 11 Rn. 25.
[27] VK Südbayern 19.3.2018 – Z3-3-3194-1-54-11/17, BeckRS 2018, 4960.
[28] VK Südbayern 19.3.2018 – Z3-3-3194-1-54-11/17, BeckRS 2018, 4960.
[29] VK Südbayern 14.10.2019 – Z3-3-3194-1-15-05/19, IBRRS 2019, 3759, wobei die VK ein Unterlassen einer Information nach § 11 Abs. 3 VgV nur dann zu Lasten eines Auftraggebers werten will, wenn dieser den entspr. Umstand gekannt oder pflichtwidrig nicht gekannt hat. Der Anspruch auf Einhaltung der Vergabebestimmungen gem. § 97 Abs. 6 GWB kann jedoch nicht von einem Verschulden des Auftraggebers abhängen.

VgV § 12 Einsatz alternativer elektronischer Mittel bei der Kommunikation

bekammer erfolgten Sachverhaltsermittlung die Ursache für eine fehlerhafte Angebotsabgabe nicht geklärt werden, geht dies nicht automatisch zu Lasten des Auftraggebers, wenn diesem kein Verstoß gegen § 11 Abs. 1 oder Abs. 3 VgV nachgewiesen werden kann und eine Ursache in der Sphäre des Unternehmens wahrscheinlich ist.[30] Vielmehr trägt der Bieter regelmäßig das Übermittlungsrisiko.[31]

§ 12 Einsatz alternativer elektronischer Mittel bei der Kommunikation

(1) **Der öffentliche Auftraggeber kann im Vergabeverfahren die Verwendung elektronischer Mittel, die nicht allgemein verfügbar sind (alternative elektronische Mittel), verlangen, wenn er**
1. **Unternehmen während des gesamten Vergabeverfahrens unter einer Internetadresse einen unentgeltlichen, uneingeschränkten, vollständigen und direkten Zugang zu diesen alternativen elektronischen Mitteln gewährt und**
2. **diese alternativen elektronischen Mittel selbst verwendet.**

(2) [1]**Der öffentliche Auftraggeber kann im Rahmen der Vergabe von Bauleistungen und für Wettbewerbe die Nutzung elektronischer Mittel für die Bauwerksdatenmodellierung verlangen.** [2]**Sofern die verlangten elektronischen Mittel für die Bauwerksdatenmodellierung nicht allgemein verfügbar sind, bietet der öffentliche Auftraggeber einen alternativen Zugang zu ihnen gemäß Absatz 1 an.**

Literatur: Vgl. die Angaben bei § 9 VgV.

I. Bedeutung der Vorschrift

1 § 12 Abs. 1 VgV setzt Art. 22 Abs. 5 RL 2014/24/EU um. In Ausnahmefällen soll es öffentlichen Auftraggebern gestattet sein, Vergabeverfahren mithilfe alternativer elektronischer Mittel durchzuführen, zB wenn dies zum Schutz besonders sensibler Daten erforderlich ist.[1] § 12 Abs. 2 VgV setzt die Vorgaben in Art. 22 Abs. 4 RL 2014/24/EU um. § 12 VgV ist **bieterschützend** und dient sowohl der Transparenz als auch der Gleichbehandlung im Vergabeverfahren.

2 Die EU-Kommission will mögliche, insbes. länderspezifische Zugangshemmnisse zu verwendeten Vergabeplattformen beseitigen bzw. verhindern.[2] Man will die Nutzung elektronischer Systeme vorantreiben und die grds. bestehende Verfahrenshoheit des Auftraggebers auch hinsichtlich seiner Mittelwahl jedenfalls dann nicht beschränken, wenn er durch entspr. Maßnahmen dafür Sorge trägt, dass ein unbeschränkter Zugang zu dem Vergabeverfahren gewährleistet wird.

II. Nutzung alternativer elektronischer Mittel (Abs. 1)

3 Alternative elektronische Mittel sind solche, die nicht ohne Einschränkung verfügbar sind und die im Bedarfsfall nicht – ggf. gegen marktübliches Entgelt – von allen an der Vergabe interessierten Personen erworben werden können.[3] Will der

---

[30] VK Südbayern 14.10.2019 – Z3-3-3194-1-15-05/19, IBRRS 2019, 3759.
[31] OLG Düsseldorf 12.6.2019 – VII-Verg 8/19, BeckRS 2019, 39059; VK Bund 29.5.2020 – VK 2-19/20, IBRRS 2020, 2070; VK Westfalen 27.1.2021 – VK 1-51/20, VPRRS 2021, 0170.
[1] So Erwgr. 54 RL 2014/24/EU.
[2] Mitteilung der Kommission v. 20.4.2012, COM(2012) 179 final.
[3] BR-Drs. 87/16, 167.

Auftraggeber solche Mittel nutzen, ist er dazu angehalten, unter einer Internetadresse **unentgeltlich einen uneingeschränkten, vollständigen und direkten Zugang** (→ § 41 Rn. 6 ff.) zu diesen alternativen elektronischen Mitteln gewähren. Diese Internetadresse muss in der Auftragsbekanntmachung oder in der Aufforderung zur Interessensbestätigung angegeben werden.[4] Ist der Auftraggeber nicht in der Lage, einen entspr. Zugang zu den alternativen Mitteln zu gewähren, hat er andere gleichwertige Zugangsmöglichkeiten zu schaffen, zB die in Art. 22 Abs. 5 UAbs. 2 lit. b, c RL 2014/24/EU genannten Lösungsalternativen wie provisorische Token oder alternative Kanäle.[5] Der Wortlaut des § 12 Abs. 1 VgV schließt dies nicht aus.

Nach der Verordnungsbegr. kommt die Nutzung alternativer elektronischer Mittel in Betracht, wenn dies zum **Schutz besonders sensibler Daten** erforderlich ist oder wenn Daten übermittelt werden müssen, deren Übermittlung aus anderen als Sicherheitsgründen nicht mit allgemein verfügbaren elektronischen Mitteln möglich ist.[6] Aus dem Wortlaut des § 12 Abs. 1 VgV ist eine solche Einschränkung allerdings nicht zu entnehmen. Das spricht dafür, dass der Auftraggeber auch dann alternative Mittel verwenden kann, wenn er dies für seine Belange als vorteilhaft ansieht und durch entspr. Maßnahmen eine Gleichbehandlung aller Verfahrensteilnehmer sowie einen uneingeschränkten Zugang zum Vergabeverfahren sicherstellen kann.[7] Jedenfalls ist die Nutzung der Alternativen bei Vorliegen der Voraussetzungen des § 41 Abs. 2 Nr. VgV möglich.[8]

Zu beachten ist, dass alternative Mittel nur dann vorgegeben werden dürfen, wenn der Auftraggeber diese selbst verwendet (§ 12 Abs. 1 Nr. 2 VgV), was in der Praxis regelmäßig der Fall sein dürfte. Wenn der öffentliche Auftraggeber alternative elektronische Mittel verwendet, hat er den Unternehmen ab dem Datum der Veröffentlichung der Auftragsbekanntmachung oder ab dem Datum des Versendens der Aufforderung zur Interessensbestätigung unter einer Internetadresse unentgeltlich einen uneingeschränkten, vollständigen und direkten Zugang zu diesen alternativen elektronischen Mitteln zu gewähren und diese Internetadresse in der Auftragsbekanntmachung oder in der Aufforderung zur Interessensbestätigung anzugeben.[9]

III. Nutzung elektronischer Mittel für die sog. Bauwerksdatenmodellierung (Abs. 2)

Die Regelung zur Nutzung von sog. BIM Systemen (Building Information Modeling System) im Vergabeverfahren erscheint in § 12 Abs. 2 VgV als Fremdkörper. Es handelt sich nämlich nicht um elektronische Mittel zur Kommunikation iSd § 9 Abs. 1 VgV, sondern um Programme zur Gestaltung und Veränderung von Bauwerksmodellen. In der Verordnungsbegr. wird darauf verwiesen, dass es sich hierbei um eine **Auftragsausführungsregelung** iSd § 128 Abs. 2 GWB handele.[10] Voraussetzung für den Einsatz solcher digitaler Bauwerksdatenmodellierungssysteme sollen **allgemein zugängliche offene Schnittstellen** sein, die eine produktneutrale Ausschreibung ermöglichen.

---

[4] Vgl. Art. 22 Abs. 5 UAbs. 2 lit. a RL 2014/24/EU.
[5] BR-Drs. 87/16, 167.
[6] BR-Drs. 87/16, 167. Einschränkend auch Erwgr. 54 RL 2014/24/EU.
[7] Ebenso RKMPP/Müller VgV § 11 Rn. 10; Greb/Müller/Honekamp SektVO § 12 Rn. 9; Beck VergabeR/Wanderwitz VgV § 12 Rn. 7.
[8] Beck VergabeR/Wanderwitz VgV § 12 Rn. 7.
[9] BR-Drs. 87/16, 167.
[10] BR-Drs. 87/16, 167.

§ 13 Allgemeine Verwaltungsvorschriften

Die Bundesregierung kann mit Zustimmung des Bundesrates allgemeine Verwaltungsvorschriften über die zu verwendenden elektronischen Mittel (Basisdienste für die elektronische Auftragsvergabe) sowie über die einzuhaltenden technischen Standards erlassen.

1   Die Vorschrift gibt auf der Grundlage von Art. 86 GG bzw. Art. 84 Abs. 2 GG der Bundesregierung die Befugnis, allgemeine Verwaltungsvorschriften zu erlassen, die Regelungen über die für das Senden, Empfangen, Weiterleiten und Speichern von Daten in einem Vergabeverfahren zu verwendenden elektronischen Geräte und Programme oder über die einzuhaltenden technischen Standards betreffen.[1] Darunter fallen zB Vorgaben zur Ausgestaltung von elektronischen Ausschreibungsplattformen oder zur Standardisierung von Schnittstellen wie die xVergabe bzw. aktuell die eForms-DE (s. hierzu § 10 Abs. 2 VgV, → § 10 Rn. 13). Laut Verordnungsbegr. genießen Interoperabilitäts- und Sicherheitsstandards der Informationstechnik gem. § 3 Abs. 1 des Vertrags über die Errichtung des IT-Planungsrats und über die Grundlagen der Zusammenarbeit beim Einsatz der Informationstechnologie in den Verwaltungen von Bund und Ländern v. 1.4.2010 Vorrang vor konkurrierenden Standards in erlassenen allg. Verwaltungsvorschriften.[2]

Abschnitt 2. Vergabeverfahren

Unterabschnitt 1. Verfahrensarten

§ 14 Wahl der Verfahrensart

(1) **Die Vergabe von öffentlichen Aufträgen erfolgt nach § 119 des Gesetzes gegen Wettbewerbsbeschränkungen im offenen Verfahren, im nicht offenen Verfahren, im Verhandlungsverfahren, im wettbewerblichen Dialog oder in der Innovationspartnerschaft.**

(2) **[1]Dem öffentlichen Auftraggeber stehen das offene Verfahren und das nicht offene Verfahren, das stets einen Teilnahmewettbewerb erfordert, nach seiner Wahl zur Verfügung. [2]Die anderen Verfahrensarten stehen nur zur Verfügung, soweit dies durch gesetzliche Bestimmungen oder nach den Absätzen 3 und 4 gestattet ist.**

(3) **Der öffentliche Auftraggeber kann Aufträge im Verhandlungsverfahren mit Teilnahmewettbewerb oder im wettbewerblichen Dialog vergeben, wenn**
1. **die Bedürfnisse des öffentlichen Auftraggebers nicht ohne die Anpassung bereits verfügbarer Lösungen erfüllt werden können,**
2. **der Auftrag konzeptionelle oder innovative Lösungen umfasst,**
3. **der Auftrag aufgrund konkreter Umstände, die mit der Art, der Komplexität oder dem rechtlichen oder finanziellen Rahmen oder den damit einhergehenden Risiken zusammenhängen, nicht ohne vorherige Verhandlungen vergeben werden kann,**
4. **die Leistung, insbesondere ihre technischen Anforderungen, vom öffentlichen Auftraggeber nicht mit ausreichender Genauigkeit unter Verweis**

---

[1] BR-Drs. 87/16, 167.
[2] BR-Drs. 87/16, 167.

auf eine Norm, eine Europäische Technische Bewertung (ETA), eine gemeinsame technische Spezifikation oder technische Referenzen im Sinne der Anlage 1 Nummer 2 bis 5 beschrieben werden kann oder
5. im Rahmen eines offenen oder nicht offenen Verfahrens keine ordnungsgemäßen oder nur unannehmbare Angebote eingereicht wurden; nicht ordnungsgemäß sind insbesondere Angebote, die nicht den Vergabeunterlagen entsprechen, nicht fristgerecht eingereicht wurden, nachweislich auf kollusiven Absprachen oder Korruption beruhen oder nach Einschätzung des öffentlichen Auftraggebers ungewöhnlich niedrig sind; unannehmbar sind insbesondere Angebote von Bietern, die nicht über die erforderlichen Qualifikationen verfügen, und Angebote, deren Preis die vor Einleitung des Vergabeverfahrens festgelegten und dokumentierten eingeplanten Haushaltsmittel des öffentlichen Auftraggebers übersteigt; der öffentliche Auftraggeber kann in diesen Fällen von einem Teilnahmewettbewerb absehen, wenn er in das Verhandlungsverfahren alle geeigneten Unternehmen einbezieht, die form- und fristgerechte Angebote abgegeben haben.

(4) Der öffentliche Auftraggeber kann Aufträge im Verhandlungsverfahren ohne Teilnahmewettbewerb vergeben,
1. wenn in einem offenen oder einem nicht offenen Verfahren keine oder keine geeigneten Angebote oder keine geeigneten Teilnahmeanträge abgegeben worden sind, sofern die ursprünglichen Bedingungen des Auftrags nicht grundlegend geändert werden; ein Angebot gilt als ungeeignet, wenn es ohne Abänderung den in den Vergabeunterlagen genannten Bedürfnissen und Anforderungen des öffentlichen Auftraggebers offensichtlich nicht entsprechen kann; ein Teilnahmeantrag gilt als ungeeignet, wenn das Unternehmen aufgrund eines zwingenden oder fakultativen Ausschlussgrunds nach den §§ 123 und 124 des Gesetzes gegen Wettbewerbsbeschränkungen auszuschließen ist oder ausgeschlossen werden kann oder wenn es die Eignungskriterien nicht erfüllt,
2. wenn zum Zeitpunkt der Aufforderung zur Abgabe von Angeboten der Auftrag nur von einem bestimmten Unternehmen erbracht oder bereitgestellt werden kann,
   a) weil ein einzigartiges Kunstwerk oder eine einzigartige künstlerische Leistung erschaffen oder erworben werden soll,
   b) weil aus technischen Gründen kein Wettbewerb vorhanden ist oder
   c) wegen des Schutzes von ausschließlichen Rechten, insbesondere von gewerblichen Schutzrechten,
3. [1] wenn äußerst dringliche, zwingende Gründe im Zusammenhang mit Ereignissen, die der betreffende öffentliche Auftraggeber nicht vorausse-

---

[1] Siehe hierzu ua die Maßgabe aus § 9 Abs. 1 Nr. 7 G v. 24.5.2022 (BGBl. I S. 802):
„§ 14 Absatz 4 Nummer 3 der Vergabeverordnung vom 12. April 2016 (BGBl. I S. 624), die zuletzt durch Artikel 2 des Gesetzes vom 9. Juni 2021 (BGBl. I S. 1691) geändert worden ist, ist mit der Maßgabe anzuwenden, dass
a) die äußerst dringlichen, zwingenden Gründe sowie der Zusammenhang mit Ereignissen, die der betreffende Auftraggeber nicht voraussehen konnte, als vorliegend anzusehen sind,
b) in der Regel die Mindestfristen nicht eingehalten werden können und
c) die Umstände zur Begründung der äußersten Dringlichkeit dem Auftraggeber in der Regel nicht zuzurechnen sind.
Satz 1 gilt entsprechend für § 13 Absatz 2 Nummer 4 der Sektorenverordnung vom 12. April 2016 (BGBl. I S. 624, 657), die zuletzt durch Artikel 3 des Gesetzes vom 9. Juni 2021 (BGBl. I S. 1691) geändert worden ist, und für § 12 Absatz 1 Nummer 1 Buchstabe b Doppelbuchstabe bb der Vergabeverordnung Verteidigung und Sicherheit vom 12. Juli 2012 (BGBl. I S. 1509),

hen konnte, es nicht zulassen, die Mindestfristen einzuhalten, die für das offene und das nicht offene Verfahren sowie für das Verhandlungsverfahren mit Teilnahmewettbewerb vorgeschrieben sind; die Umstände zur Begründung der äußersten Dringlichkeit dürfen dem öffentlichen Auftraggeber nicht zuzurechnen sein,
4. wenn eine Lieferleistung beschafft werden soll, die ausschließlich zu Forschungs-, Versuchs-, Untersuchungs- oder Entwicklungszwecken hergestellt wurde; hiervon nicht umfasst ist die Serienfertigung zum Nachweis der Marktfähigkeit des Produkts oder zur Deckung der Forschungs- und Entwicklungskosten,
5. wenn zusätzliche Lieferleistungen des ursprünglichen Auftragnehmers beschafft werden sollen, die entweder zur teilweisen Erneuerung oder Erweiterung bereits erbrachter Leistungen bestimmt sind, und ein Wechsel des Unternehmens dazu führen würde, dass der öffentliche Auftraggeber eine Leistung mit unterschiedlichen technischen Merkmalen kaufen müsste und dies eine technische Unvereinbarkeit oder unverhältnismäßige technische Schwierigkeiten bei Gebrauch und Wartung mit sich bringen würde; die Laufzeit dieser öffentlichen Aufträge darf in der Regel drei Jahre nicht überschreiten,
6. wenn es sich um eine auf einer Warenbörse notierte und gekaufte Lieferleistung handelt,
7. wenn Liefer- oder Dienstleistungen zu besonders günstigen Bedingungen bei Lieferanten, die ihre Geschäftstätigkeit endgültig einstellen, oder bei Insolvenzverwaltern oder Liquidatoren im Rahmen eines Insolvenz-, Vergleichs- oder Ausgleichsverfahrens oder eines in den Vorschriften eines anderen Mitgliedstaats der Europäischen Union vorgesehenen gleichartigen Verfahrens erworben werden,
8. wenn im Anschluss an einen Planungswettbewerb im Sinne des § 69 ein Dienstleistungsauftrag nach den Bedingungen dieses Wettbewerbs an den Gewinner oder an einen der Preisträger vergeben werden muss; im letzteren Fall müssen alle Preisträger des Wettbewerbs zur Teilnahme an den Verhandlungen aufgefordert werden, oder
9. wenn eine Dienstleistung beschafft werden soll, die in der Wiederholung gleichartiger Leistungen besteht, die durch denselben öffentlichen Auftraggeber an das Unternehmen vergeben werden, das den ersten Auftrag erhalten hat, sofern sie einem Grundprojekt entsprechen und dieses Projekt Gegenstand des ersten Auftrags war, das im Rahmen eines Vergabeverfahrens mit Ausnahme eines Verhandlungsverfahrens ohne Teilnahmewettbewerb vergeben wurde; die Möglichkeit der Anwendung des Verhandlungsverfahrens muss bereits in der Auftragsbekanntmachung des ersten Vorhabens angegeben werden; darüber hinaus sind im Grundprojekt bereits der Umfang möglicher Dienstleistungen sowie die Bedingungen, unter denen sie vergeben werden, anzugeben; der für die nachfolgenden Dienstleistungen in Aussicht genommene Gesamtauftragswert wird vom öffentlichen Auftraggeber bei der Berechnung des Auftragswerts berücksichtigt; das Verhandlungsverfahren ohne Teilnahmewettbewerb darf nur innerhalb von drei Jahren nach Abschluss des ersten Auftrags angewandt werden.

---

die zuletzt durch Artikel 5 des Gesetzes vom 12. November 2020 (BGBl. I S. 2392) geändert worden ist. Satz 1 gilt ferner entsprechend für die Vergabe von Bauaufträgen hinsichtlich der Voraussetzungen zur Anwendung des Verhandlungsverfahrens ohne Teilnahmewettbewerb wegen besonderer Dringlichkeit."

Wahl der Verfahrensart § 14 VgV

(5) **Im Falle des Absatzes 4 Nummer 1 ist der Europäischen Kommission auf Anforderung ein Bericht vorzulegen.**

(6) **Die in Absatz 4 Nummer 2 Buchstabe b und c genannten Voraussetzungen für die Anwendung des Verhandlungsverfahrens ohne Teilnahmewettbewerb gelten nur dann, wenn es keine vernünftige Alternative oder Ersatzlösung gibt und der mangelnde Wettbewerb nicht das Ergebnis einer künstlichen Einschränkung der Auftragsvergabeparameter ist.**

Literatur: Böhme, Verzicht auf einen Teilnahmewettbewerb nach erfolglosem Verhandlungsverfahren mit Teilnahmewettbewerb oder wettbewerblichem Dialog?, NZBau 2020, 486; Bornheim/Hähnel, Zur Kostenerstattungspflicht des Auftraggebers im Wettbewerblichen Dialog nach § 3a Abs. 4 Nr. 7 VOB/A 2009, VergabeR 2011, 62; Braun, Vergabe in Zeiten der COVID-19-Krise, VergabeR 2020, 433; Butzert, Dringlichkeitsvergabe nur in engen Grenzen, NZBau 2021, 720; Butzert/Krätsch, Möglichkeiten zur Wahl eines Verhandlungsverfahrens ohne Teilnahmewettbewerb für dringende Beschaffungen aufgrund der COVID-19-Pandemie, ZfBR 2020, 465; Ebrecht/Klimisch, Stellung und Rechte der Dialogteilnehmer im wettbewerblichen Dialog, NZBau 2011, 203; Eckardt, Der wettbewerbliche Dialog und das „competitive negotiation" Verfahren im Vergleich, 2010; Favier/Schüler, Etablierte Regeln für das Verhandlungsverfahren mit Teilnahmewettbewerb auf dem Prüfstand des neuen Rechts, ZfBR 2016, 761; Gabriel/Voll, Markterkundungen öffentlicher Auftraggeber im Grenzbereich zwischen Leistungsbestimmungsrecht und Ausschreibungspflicht, NZBau 2019, 83; Gerlach, Eilige Beschaffung unter Pandemiebedingungen, WiVerw 2023, 82; Hattenhauer/Butzert, Auftragsvergabe im Wissenschaftsbetrieb aus vergaberechtlicher Sicht, VergabeR 2017, 580; Hölzl, Verhandlungsverfahren: Was geht?, NZBau 2013, 558; Hofmann/Manz, Aufbauhelfer Vergaberecht – Dringlichkeitsvergabe nach der Flut, VergabeR 2021, 661; Jürgens, Das Vergaberecht in der (Corona-)Krise: Zwischen Beschleunigung und Protektionismus, VergabeR 2020, 578; Jürschik/Ott, PBefG-Linienverkehrsgenehmigungen als ausschließliches Recht nach § 14 IV Nr. 2 Buchst. c VgV?, EuZW 2021, 708; Junge, Die Voraussetzungen der Dringlichkeitsvergabe und das Problem der Zurechenbarkeit am Beispiel der Vergabe von Corona-Testzentren, COVuR 2022, 584; Klimisch/Ebrecht, Stellung und Rechte der Dialogteilnehmer im wettbewerblichen Dialog, NZBau 2011, 203; Knauff, Das Verhältnis der nachrangigen Vergabeverfahrensarten, NZBau 2018, 134; Linke, Anforderungen an die freiwillige ex ante-Transparenzbekanntmachung nach § 135 III GWB, NZBau 2022, 199; Meyer-Hofmann/Tönnemann, Stromeinkauf an der European Energy Exchange – Ein Fall für das Verhandlungsverfahren ohne vorherige Bekanntmachung?, ZfBR 2009, 554; Müller-Wrede, Das Verhandlungsverfahren im Spannungsfeld zwischen Beurteilungsspielraum und Willkür, VergabeR 2010, 754; Neun/Otting, Die EU-Vergaberechtsreform 2014, EuZW 2014, 446; Ollmann, Das Aus für das (bisherige) Verhandlungsverfahren, VergabeR 2016, 413; Otting/Ziegler, Elektronische Marktplätze als Warenbörsen im Sinne des Vergaberechts, VergabeR 2017, 26; Otting/Olgemüller, Innovation und Bürgerbeteiligung im Wettbewerblichen Dialog, NVwZ 2011, 1225; Pauka, Interimsvergabe: Welche Pflicht zur Abwehr einer Gefahr für Leib und Leben hat der öAG im Rahmen der Beschaffung?, VergabeR 2023, 475; Peters, Die Vergabe ohne Ausschreibung und die vorzeitige Vergabe nach Ausschreibung, NZBau 2011, 7; Probst, Das Leistungsbestimmungsrecht des öffentlichen Auftraggebers und die Folgen, ZfBR 2021, 238; Püstow/Meiners, Die Innovationspartnerschaft – Mehr Rechtssicherheit für ein innovatives Vertragsmodell, NZBau 2016, 406; Rechten/Portner, Wie viel Wettbewerb muss sein? – Das Spannungsverhältnis zwischen Beschaffungsautonomie und Wettbewerbsprinzip, NZBau 2014, 276; Reuber, Die neue VOB/A, VergabeR 2016, 339; Rosenkötter, Die Innovationspartnerschaft, VergabeR 2016, 196; Roth, Markterkundung, Vergabeverfahren ohne Bieter und die Bestimmungsfreiheit öffentlicher Auftraggeber, NZBau 2018, 77; ders., Zur Verbindlichkeit von Vertragsentwürfen in Verhandlungsverfahren, VergabeR 2009, 423; ders./Landwehr, Kein „Freibrief" für Direktvergaben bei pandemiebedingtem Dringlichkeitsbedarf, NZBau 2021, 441; Rung, Die Überprüfung der Beschaffungsautonomie durch Nachprüfungsinstanzen, VergabeR 2017, 440; Siebler/Hamm, Produktfestlegungen in Vergabeverfahren – Zulässigkeit und Grenzen unter Berücksichtigung der Entwicklung in der aktuellen Rechtsprechung, ZfBR 2022, 240;

VgV § 14

Siebler/Schleper/Möller, Änderung von Bestandsverträgen – Zulässigkeit und Grenzen nach § 132 GWB unter Berücksichtigung aktueller Entwicklungen in der Rechtsprechung, ZfBR 2023, 545; Spinzig, Das Leistungsbestimmungsrecht des öffentlichen Auftraggebers, VergabeR 2019, 267; Stickler, Die Vergabepflichtigkeit von Finanzdienstleistungen, VergabeR 2009, 376; Stolz, Die Vergabe von Architekten- und Ingenieurleistungen nach der Vergaberechtsreform, VergabeR 2016, 351; Stumpf/Götz, Voraussetzungen und Rahmenbedingungen der Dringlichkeitsvergabe, VergabeR 2016, 561; Tschäpe, Zur Anzahl der Teilnehmer während des Verhandlungsverfahrens, ZfBR 2014, 538; Wagner, Haftung der Bieter für Culpa in contrahendo in Vergabeverfahren, NZBau 2015, 436; Weirauch, § 14 Abs. 4 Nr. 9 VgV – unbekanntes Instrument zur Flexibilisierung der Beschaffung, ZfBR 2023, 28; Zinger, Verhandlungsverfahren ohne Verhandlungen?, NZBau 2022, 510. Vgl. iÜ die Angaben bei § 119 GWB.

Übersicht

	Rn.
I. Bedeutung der Vorschrift	1
II. Verfahrensarten (Abs. 1)	4
1. Offenes Verfahren	4
2. Nicht offenes Verfahren	6
3. Verhandlungsverfahren	10
4. Wettbewerblicher Dialog	16
5. Innovationspartnerschaft	21
III. Verhältnis der Verfahrensarten (Abs. 2)	27
IV. Verhandlungsverfahren mit Teilnahmewettbewerb und wettbewerblicher Dialog (Abs. 3)	31
1. Notwendigkeit der Anpassung bereits verfügbarer Lösungen (Nr. 1)	33
2. Konzeptionelle oder innovative Lösungen (Nr. 2)	34
3. Notwendigkeit von Verhandlungen (Nr. 3)	36
4. Unmöglichkeit einer genauen (technischen) Leistungsbeschreibung (Nr. 4)	37
5. Scheitern eines offenen oder nicht offenen Verfahrens (Nr. 5)	39
V. Verhandlungsverfahren ohne Teilnahmewettbewerb (Abs. 4)	46
1. Keine oder keine geeigneten Angebote oder Teilnahmeanträge (Nr. 1)	46
2. Alleinstellung eines Unternehmens (Nr. 2 und Abs. 6)	51
3. Äußerste Dringlichkeit (Nr. 3)	58
4. Lieferung zu Forschungs- oder Entwicklungszwecken (Nr. 4)	67
5. Zusätzliche Lieferleistungen (Nr. 5)	69
6. Börsenwaren (Nr. 6)	72
7. Beschaffung bei Geschäftseinstellung, Insolvenz oder Liquidation (Nr. 7)	73
8. Auftrag im Anschluss an einen Planungswettbewerb (Nr. 8)	74
9. Wiederholung gleichartiger Dienstleistungen (Nr. 9)	75
VI. Berichtspflicht (Abs. 5)	79
VII. Rechtsschutz	82

I. Bedeutung der Vorschrift

1 Für die Vergabe von öffentlichen Aufträgen über Liefer- und Dienstleistungen durch öffentliche Auftraggeber oberhalb der Schwellenwerte stellt Abs. 1 abschl. fünf Verfahrensarten iS eines **Typenzwangs** zur Verfügung:
– das offene Verfahren (§ 15 VgV),
– das nicht offene Verfahren (§ 16 VgV),

Wahl der Verfahrensart § 14 VgV

- das Verhandlungsverfahren (§ 17 VgV),
- den wettbewerblichen Dialog (§ 18 VgV) und
- die Innovationspartnerschaft (§ 19 VgV).

Weitere Verfahrensarten gibt es nicht. Der öffentliche Auftraggeber muss zwingend eines der genannten Vergabeverfahren anwenden; Mischformen sind unzulässig.[2] Auch ist eine Änderung der ausgewählten Verfahrensart während des laufenden Vergabeverfahrens ohne außenwirksame Aufhebung des eingeleiteten Verfahrens (§ 63 VgV) unzulässig.[3] Das dynamische Beschaffungssystem ist keine eigenständige Verfahrensart, sondern ein Unterfall des nicht offenen Verfahrens (§ 22 Abs. 2 VgV).

Abs. 2 entspricht dem § 119 Abs. 2 GWB und regelt das Verhältnis der Verfahrensarten zueinander. Dabei enthält Abs. 2 S. 1 seit der Vergaberechtsreform 2016 eine signifikante Änderung ggü. dem bis dato geltenden Recht: **Offene Verfahren** und **nicht offene Verfahren** stehen seitdem im Anschluss an Art. 26 Abs. 2 RL 2014/24/EU[4] auch auf deutscher Rechtsebene als **gleichrangige Verfahrenstypen** zur Verfügung. Der öffentliche Auftraggeber kann nach § 119 Abs. 2 S. 1 GWB zwischen dem offenen Verfahren und dem nicht offenen Verfahren wählen. Abs. 2 S. 1 übernimmt diese Flexibilität für die Vergabe von Aufträgen über Liefer- und Dienstleistungen. Der Gesetzgeber hat damit für den Bereich der Vergabe öffentlicher Aufträge oberhalb der Schwellenwerte anerkannt, dass das nicht offene Verfahren ggü. dem offenen Verfahren keinen Nachteil für den Wettbewerb darstellt.[5] Die anderen Verfahrensarten sind hingegen nachrangig und stehen nur zur Verfügung, wenn ihre Anwendung durch gesetzliche Bestimmungen oder nach den Abs. 3 und 4 gestattet ist. Die Abs. 5 und 6 enthalten besondere Vorgaben, wenn ein Auftrag im Verhandlungsverfahren ohne Teilnahmewettbewerb nach Abs. 4 Nr. 1 oder Nr. 2 lit. a, b vergeben wird. 2

Der **Anwendungsbereich** des § 14 VgV ist für öffentliche Auftraggeber eröffnet, wenn sie öffentliche Aufträge und Rahmenvereinbarungen über Liefer- und Dienstleistungen oberhalb des Schwellenwertes gem. § 106 Abs. 2 Nr. 1 GWB vergeben. Die Vergabe von Aufträgen durch Sektorenauftraggeber zum Zweck der Ausübung einer Sektorentätigkeit ist von § 14 VgV nicht erfasst; sie erfolgt nach Maßgabe des § 13 SektVO. Für die Vergabe von verteidigungs- und sicherheitsspezifischen Liefer- und Dienstleistungsaufträgen gelten die §§ 11–13 VSVgV. Die Vergabe von Konzessionen durch Konzessionsgeber erfolgt nach den Bestimmungen der KonzVgV. § 12 Abs. 1 KonzVgV gestattet dem Konzessionsgeber, das Verfahren zur Vergabe von Konzessionen nach Maßgabe der KonzVgV frei auszugestalten. Den Typenzwang des klassischen Vergaberechts, wie er in Abs. 1 zum Ausdruck kommt, gibt es hier nicht. 3

II. Verfahrensarten (Abs. 1)

1. Offenes Verfahren

Kennzeichen des offenen Verfahrens ist die öffentliche Aufforderung einer **unbeschränkten Anzahl** von Unternehmen zur Abgabe von Angeboten und der sich 4

---

[2] DSW/Dieckmann VgV § 14 Rn. 9; HK-VergabeR/Pünder VgV § 14 Rn. 3. Anders ist dies im Konzessionsvergaberecht: § 12 Abs. 1 KonzVgV lässt eine weitgehend freie Ausgestaltung des Verfahrens zur Konzessionsvergabe zu.

[3] OLG Jena 20.6.2005 – 9 Verg 3/05, VergabeR 2005, 492 (501) = BeckRS 2005, 7166.

[4] Die Gleichrangigkeit von offenen und nicht offenen Verfahren ist auf europäischer Rechtsebene bereits seit 2004 in Art. 28 Abs. 2 RL 2004/18/EG aF vorgesehen.

[5] Reuber VergabeR 2016, 339 (341). Krit. zur Gleichstellung von offenem und nicht offenem Verfahren DSW/Dieckmann VgV § 14 Rn. 15.

Völlink

daran anschl. **strukturierte Verfahrensablauf.**[6] In offenen Verfahren wird eine unbeschränkte Anzahl von Unternehmen öffentlich zur Abgabe von Angeboten aufgefordert (vgl. § 119 Abs. 3 GWB). Jedes interessierte Unternehmen kann ein Angebot abgeben (§ 15 Abs. 1 S. 2 VgV; → VgV § 15 Rn. 3, 4). Eine vorherige Einengung des Teilnehmerfeldes durch einen Teilnahmewettbewerb erfolgt hier nicht (→ GWB § 119 Rn. 12). Das offene Verfahren ist damit die wettbewerbsintensivste Verfahrensart.

5   Die öffentliche Aufforderung zur Abgabe von Angeboten erfolgt durch eine **Auftragsbekanntmachung** nach § 37 VgV.[7] Die Bekanntmachung ist mWv 25.10.2023 nach § 10a Abs. 5 S. 1 VgV dem Amt für Veröffentlichungen der EU über den Datenservice Öffentlicher Einkauf zu übermitteln und muss den Vorgaben der Spalte 16 in Tabelle 2 des Anhangs der Durchführungsverordnung (EU) 2019/1780 iVm § 10a VgV entsprechen (§ 37 Abs. 2 VgV). Fakultativ kann die Bekanntmachung nach § 40 Abs. 3 VgV zusätzlich auch im Inland veröffentlicht werden. Die Einleitung eines offenen Verfahrens durch eine Vorinformation als Aufruf zum Wettbewerb ist nicht möglich; § 38 Abs. 4 VgV ist im offenen Verfahren nicht anwendbar. Die Auftragsvergabe erfolgt im vorgeschriebenen Verfahren. Zu den Merkmalen und zum Ablauf des offenen Verfahrens ausf. → GWB § 119 Rn. 13 ff. sowie → § 15 Rn. 3, 4.

2. Nicht offenes Verfahren

6   In nicht offenen Verfahren wird zunächst eine unbeschränkte Anzahl von Unternehmen öffentlich zur Teilnahme an dem Vergabeverfahren aufgefordert. Aus dem Kreis der Bewerber wird sodann in einem **Teilnahmewettbewerb** eine beschränkte Anzahl von Unternehmen nach **objektiven, transparenten und nichtdiskriminierenden Kriterien** ausgewählt und zur Abgabe von Angeboten aufgefordert (vgl. § 119 Abs. 4 GWB und § 16 Abs. 1, 4 VgV). Das nicht offene Verfahren erfordert stets einen unionsweiten Teilnahmewettbewerb (§ 119 Abs. 2 S. 1 GWB). Der Teilnahmewettbewerb ist kein in sich abgeschlossenes separates Vergabeverfahren, sondern Bestandteil des gesamten förmlichen nicht offenen Verfahrens.[8] Die vergaberechtlichen Grundsätze gelten uneingeschränkt (→ § 16 Rn. 6).[9]

7   Der Ablauf des nicht offenen Verfahrens ist in seinen Details in § 16 VgV normiert. Die Auftragsvergabe erfolgt im vorgeschriebenen Verfahren. Anders als im offenen Verfahren, wird der Auftrag in einem **zweistufigen Verfahren** vergeben (→ GWB § 119 Rn. 16 ff.).[10] Die erste Stufe beginnt mit dem Versand einer unionsweiten Auftragsbekanntmachung nach § 37 Abs. 1 VgV, mit der ein Teilnahmewettbewerb eingeleitet wird. Die **Auftragsbekanntmachung** ist mWv 25.10.2023 nach § 10a

---

[6] DSW/Dieckmann VgV § 15 Rn. 6; RKMPP/Rechten § 15 Rn. 1.

[7] OLG München 12.11.2010 – Verg 21/10, BeckRS 2010, 29116 = VergabeR 2011, 212 (214); OLG Naumburg 8.10.2009 – 1 Verg 9/09, IBR 2010, 109; OLG Düsseldorf 9.12.2009 – Verg 37/09, BeckRS 2010, 5178; VK Sachsen 23.5.2001 – 1/SVK/34-01, IBRRS 2004, 3665.

[8] OLG Düsseldorf 24.9.2002 – Verg 48/02, NZBau 2003, 349; VK Bund 12.1.2015 – VK 2–111/14, VPRRS 2015, 0072; VK Münster 12.5.2009 – VK 5/09, IBRRS 2009, 2742; VK BW 26.8.2009 – 1 VK 43/09, IBRRS 2010, 0080.

[9] OLG München 21.9.2018 – Verg 4/18, VPRRS 2018, 0331; OLG Koblenz 4.10.2010 – 1 Verg 9/10, BeckRS 2010, 24261; OLG Schleswig 20.3.2008 – 1 Verg 6/07, BeckRS 2008, 8129; OLG Brandenburg 19.12.2002 – Verg W 9/02, NZBau 2003, 229; OLG Düsseldorf 24.9.2002 – Verg 48/02, NZBau 2003, 349 (350); VK Münster 25.1.2011 – VK 10/10, IBRRS 2011, 0672; VK BW 26.8.2009 – 1 VK 43/09, IBRRS 2010, 0080; VK Münster 12.5.2009 – VK 5/09, IBRRS 2009, 2742.

[10] OLG München 26.6.2007 – Verg 6/07, BeckRS 2008, 8701; DSW/Dieckmann VgV § 16 Rn. 8 ff.; MüKoEuWettbR/Fett VgV § 16 Rn. 5; RKMPP/Hausmann/Mehlitz § 16 Rn. 1.

Abs. 5 S. 1 VgV dem Amt für Veröffentlichungen der EU über den Datenservice Öffentlicher Einkauf zu übermitteln und muss den Vorgaben der Spalte 16 in Tabelle 2 des Anhangs der Durchführungsverordnung (EU) 2019/1780 iVm § 10a VgV entsprechen. Eine zusätzliche inländische Bekanntmachung ist nicht vorgeschrieben, aber zulässig (§ 40 Abs. 3 VgV). Daneben kann ein nicht offenes Verfahren unter den Voraussetzungen des § 38 Abs. 4 VgV durch eine **Vorinformation als Aufruf zum Wettbewerb** eingeleitet werden. Hier beginnt der Teilnahmewettbewerb mit der Aufforderung zur Interessensbestätigung (§ 38 Abs. 5 S. 1 VgV).

Der Teilnahmewettbewerb steht allen Unternehmen ohne Einschränkung offen; alle interessierten Unternehmen können sich um die Teilnahme an dem Verfahren bewerben (§ 16 Abs. 1 S. 2 VgV). Er dient als vorgezogene auftragsabhängige Eignungsprüfung[11] dazu, die Eignung der Unternehmen anhand der von dem öffentlichen Auftraggeber in der Auftragsbekanntmachung geforderten Informationen zu prüfen und diejenigen Bewerber zu identifizieren, die zur Abgabe von Angeboten aufgefordert werden (§ 16 Abs. 1 S. 3 VgV).[12]   8

Es müssen bei einer hinreichenden Anzahl geeigneter Unternehmen mindestens **fünf geeignete Bewerber** aus dem Kreis der Unternehmen, die sich auf die Bekanntmachung hin beworben haben, zur Abgabe eines Angebots aufgefordert werden (§ 51 Abs. 2 S. 1 VgV). Die Bewerber sind ausschl. aus dem Kreis der Unternehmen, die einen Teilnahmeantrag gestellt haben und die bekannt gemachten Eignungskriterien erfüllen, auszuwählen.[13] Dabei besteht kein Rechtsanspruch, zur Angebotsabgabe aufgefordert zu werden, sondern nur auf eine **ermessensfehlerfreie Auswahlentscheidung** und deren ordnungsgemäße Dokumentation.[14] Zur **Bewerberauswahl** ausf. → GWB § 119 Rn. 18 und → § 51 Rn. 8 und 9. Die vorgesehene Mindestzahl an Bewerbern muss so hoch sein, dass der Wettbewerb gewährleistet ist. Liegt die Zahl geeigneter Bewerber unter der Mindestzahl von fünf, kann der öffentliche Auftraggeber das Verfahren gleichwohl fortsetzen, indem er den die geeigneten Bewerber zur Angebotsabgabe auffordert (§ 51 Abs. 3 S. 2 VgV).[15] Zu den weiteren Merkmalen und zum Ablauf des nicht offenen Verfahrens näher → GWB § 119 Rn. 16; → § 16 Rn. 4–10.   9

3. Verhandlungsverfahren

Beim Verhandlungsverfahren wendet sich der Auftraggeber an ausgewählte Unternehmen, um mit einem oder mehreren dieser Unternehmen über die Angebote zu verhandeln (vgl. § 119 Abs. 5 GWB und § 17 Abs. 1, 5 VgV). Im Unterschied zu den Standardverfahren des offenen und nicht offenen Verfahrens sind **Verhandlungen** ausdr. **erlaubt** (§ 17 Abs. 10 S. 1, 2 VgV). Das Verhandlungsverfahren ist die Vergabeart, die den Wettbewerb am stärksten reduziert. Es ist deshalb nach § 119 Abs. 2 S. 2 GWB und Abs. 2 S. 2 nur zulässig, soweit dies durch gesetzliche Bestim-   10

---

[11] VK Rheinland-Pfalz 20.4.2010 – VK 2-7/10, IBRRS 2010, 4854.
[12] OLG Düsseldorf 29.3.2021 – Verg 9/21, BeckRS 2021, 21306; OLG Koblenz 4.10.2010 – 1 Verg 9/10, BeckRS 2010, 24261.
[13] Mit der positiven Eignungsprüfung wird grds. ein Vertrauenstatbestand für die zum Verfahren zugelassenen Unternehmen begründet: OLG Düsseldorf 29.3.2021 – Verg 9/21, BeckRS 2021, 21306; VK Bund 3.6.2022 – VK 1-45/22, VPRRS 2022, 0183; OLG Celle 3.12.2009 – 13 Verg 14/09, BeckRS 2010, 4962; OLG Karlsruhe 15.10.2008 – 15 Verg 9/08, NZBau 2008, 784; OLG Celle 5.9.2007 – 13 Verg 9/07, NZBau 2007, 663; OLG Düsseldorf 24.5.2005 – VII-Verg 28/05, BeckRS 2005, 7405; VK Bund 22.2.2008 – VK 1-4/08, ZfBR 2008, 412.
[14] BayObLG 20.4.2005 – Verg 26/04, IBRRS 2005, 1598 = VergabeR 2005, 532 (534); OLG Bremen 14.4.2005 – Verg 1/05, BeckRS 2011, 16422 = VergabeR 2005, 537 (540); VK Sachsen 9.2.2009 – 1/SVK/071-08, IBRRS 2009, 0962.
[15] EuGH 15.10.2009 – C-138/08, IBR 2009, 727.

mungen oder nach Abs. 3 und 4 gestattet ist. Diese abschl.[16] normierten **Ausnahmebestimmungen** sind besonders eng auszulegen (→ GWB § 119 Rn. 20 und 21). Der Auftraggeber ist für ihr Vorliegen darlegungs- und beweispflichtig.[17] Die Begründung für die Wahl des Verhandlungsverfahrens ist nach § 8 Abs. 2 Nr. 6, 7 VgV zu dokumentieren.

11 Die VgV unterscheidet zwischen Verhandlungsverfahren *mit* Teilnahmewettbewerb und Verhandlungsverfahren *ohne* Teilnahmewettbewerb. Das Verhandlungsverfahren mit **Teilnahmewettbewerb** beginnt mit einer **Auftragsbekanntmachung** nach § 37 Abs. 1 VgV, mit der unionsweit zum Teilnahmewettbewerb aufgerufen wird. Die Auftragsbekanntmachung ist mWv 25.10.2023 nach den Vorgaben des § 37 Abs. 2 VgV zu erstellen und nach § 10a Abs. 5 S. 1 VgV dem Amt für Veröffentlichungen der EU über den Datenservice Öffentlicher Einkauf zu übermitteln. Eine zusätzliche inländische Bekanntmachung ist nicht vorgeschrieben, aber zulässig (§ 40 Abs. 3 VgV). Daneben kann ein Verhandlungsverfahren unter den Voraussetzungen des § 38 Abs. 4 VgV auch durch eine **Vorinformation als Aufruf zum Wettbewerb** eingeleitet werden. Hier beginnt der Teilnahmewettbewerb mit der Aufforderung zur Interessensbestätigung (§ 38 Abs. 5 S. 1 VgV).

12 Der **Ablauf** des Verhandlungsverfahrens mit Teilnahmewettbewerb ist in § 17 VgV (mit Ausnahme des dortigen Abs. 5) detailliert normiert[18] (ausf. → GWB § 119 Rn. 22 ff.; → § 17 Rn. 3). Der Teilnahmewettbewerb steht allen Unternehmen ohne Einschränkung offen; alle interessierten Unternehmen können sich um die Teilnahme an dem Verfahren bewerben (§ 17 Abs. 1 S. 2 VgV). Es müssen bei einer hinreichenden Anzahl geeigneter Bewerber mindestens **drei Unternehmen** (§ 51 Abs. 2 S. 1 VgV) aus dem Kreis der Bewerber zur Abgabe eines sog. Erstangebots aufgefordert werden. In jedem Fall muss die vorgesehene Mindestzahl ausreichend hoch sein, um Wettbewerb sicherstellen. Liegt die Zahl geeigneter Bewerber unter der Mindestzahl, kann der öffentliche Auftraggeber das Verfahren gleichwohl fortsetzen, indem er den oder die geeigneten Bewerber zu Verhandlungen auffordert (§ 51 Abs. 3 S. 2 VgV).[19]

13 Zur **Verhandlungsphase** → GWB § 119 Rn. 26; zum **Gegenstand** der Verhandlungen → GWB § 119 Rn. 27 und → § 17 Rn. 20.

14 Zur Geltung der allg. Prinzipien des Vergaberechts auch im Verhandlungsverfahren → § 17 Rn. 21 ff.

15 Die Zulässigkeitsvoraussetzungen des **Verhandlungsverfahrens ohne Teilnahmewettbewerb** sind in Abs. 4 abschl.[20] aufgeführt. Sie sind sehr eng auszulegen, da in diesem Verfahren der Wettbewerb am stärksten reduziert ist[21] (→ GWB § 119

---

[16] Verordnungsbegr., BT-Drs. 18/7318, 157; vgl. dazu auch EuGH 15.10.2009 – C-275/08, IBR 2009, 726; 29.10.2009 – C-536/07, IBR 2009, 725; 13.1.2005 – C-84/03, IBRRS 2005, 0136 = VergabeR 2005, 176 (182); 28.3.1996 – C-318/94, NVwZ 1997, 373.

[17] EuGH 8.4.2008 – C-337/05, NVwZ 2008, 769; 18.11.2004 – C-126/03, BeckRS 2004, 78186 = VergabeR 2005, 57 (59) – Kommission/Deutschland; 13.1.2005 – C-84/03, IBRRS 2005, 0136 = VergabeR 2005, 176 (182); 10.4.2003 – C-20/01 und C-28/01, NZBau 2003, 393 (395); BGH 10.11.2009 – X ZB 8/09, ZfBR 2010, 298 = NZBau 2010, 124 (126); 6.10.2010 – Verg 44/10, BeckRS 2010, 27683; OLG Celle 17.7.2009 – 13 Verg 3/09, IBR 2009, 605.

[18] Erwgr. 45 RL 2014/24/EU: „Für das Verhandlungsverfahren sollten angemessene Schutzvorschriften gelten, die die Einhaltung der Grundsätze der Gleichbehandlung und Transparenz gewährleisten."

[19] EuGH 15.10.2009 – C-138/08, IBR 2009, 727.

[20] Verordnungsbegr., BT-Drs. 18/7318, 157; vgl. dazu auch EuGH 15.10.2009 – C-275/08, IBR 2009, 726; 29.10.2009 – C-536/07, IBR 2009, 725; 13.1.2005 – C-84/03, IBRRS 2005, 0136 = VergabeR 2005, 176 (182); 28.3.1996 – C-318/94, NVwZ 1997, 373.

[21] Erwgr. 50 RL 2014/24/EU; vgl. auch die Verordnungsbegr., BT-Drs. 18/7318, 157: Anwendung nur „unter außergewöhnlichen Umständen"; ferner OLG Düsseldorf 7.6.2017 –

Rn. 24). Bei diesem Verfahren erfolgt keine öffentliche Aufforderung zur Abgabe von Teilnahmeanträgen (§ 17 Abs. 5 VgV). Vielmehr wendet sich der öffentliche Auftraggeber direkt an mehrere oder nur an ein einziges Unternehmen und fordert diese(s) direkt zur Abgabe von Erstangeboten auf. Da hier kein Teilnahmewettbewerb stattfindet, ist der Wettbewerb von vornherein auf die (das) direkt angesprochene(n) Unternehmen beschränkt. Die **Eignungsprüfung** erfolgt in einem formlosen Verfahren vor der Aufforderung zur Angebotsabgabe. Die Durchführung des „eigentlichen" Verhandlungsverfahrens ohne Teilnahmewettbewerb ist mit der Vergaberechtsreform 2016 grdl. neu konturiert worden. Während es hierzu nach früherer Rechtslage keinerlei Vorgaben gab, sind nunmehr die Abs. 7–15 des § 17 VgV anzuwenden; auf die dortige Kommentierung wird verwiesen.

4. Wettbewerblicher Dialog

Der wettbewerbliche Dialog ist ein Verfahren zur Vergabe öffentlicher Aufträge mit dem Ziel der Ermittlung und Festlegung der Mittel, mit denen die Bedürfnisse des öffentlichen Auftraggebers am besten erfüllt werden können (§ 119 Abs. 6 S. 1 GWB). Er ist nach Abs. 3 unter denselben Voraussetzungen, die für ein Verhandlungsverfahren mit Teilnahmewettbewerb gelten, zulässig.[22] Sofern die Voraussetzungen in Abs. 3 vorliegen, kann der Auftraggeber zwischen dem Verhandlungsverfahren mit Teilnahmewettbewerb und dem wettbewerblichen Dialog wählen. Zu den Unterschieden zum nicht offenen Verfahren einerseits und dem Verhandlungsverfahren andererseits → GWB § 119 Rn. 29. 16

Das Verfahren gliedert sich in **drei Phasen** (näher → GWB § 119 Rn. 30–32; → § 18 Rn. 7 ff.). Die **Auswahlphase** wird durch eine EU-Auftragsbekanntmachung nach den Vorgaben des § 37 Abs. 2 VgV eingeleitet. Darin hat der öffentliche Auftraggeber seine Bedürfnisse und Anforderungen an die zu beschaffende Leistung anzugeben. Die Erläuterung der Anforderungen kann wahlweise hier oder in einer gesonderten Beschreibung erfolgen (§ 18 Abs. 1 S. 1 VgV). Die Einleitung eines wettbewerblichen Dialogs durch eine Vorinformation als Aufruf zum Wettbewerb ist nicht möglich; § 38 Abs. 4 VgV ist beim wettbewerblichen Dialog nicht anwendbar. 17

Ein **Teilnahmewettbewerb** ist zwingend vorgeschrieben (§ 119 Abs. 6 S. 2 GWB). Er steht allen Unternehmen ohne Einschränkung offen; alle interessierten Unternehmen können sich um die Teilnahme an dem Verfahren bewerben (§ 18 Abs. 1 S. 2 VgV). Will der öffentliche Auftraggeber die Zahl der Teilnehmer in der Dialogphase begrenzen, müssen in der Auftragsbekanntmachung die objektiven und nicht diskriminierenden Eignungskriterien für die Auswahl der Teilnehmer, die vorgesehene Mindestzahl und ggf. auch die Höchstzahl der einzuladenden Bewerber angegeben werden (§ 51 Abs. 1 S. 2 VgV). Es sind **mindestens drei Bewerber** zur Dialogphase zuzulassen (§ 51 Abs. 2 S. 1 VgV). In jedem Fall muss die vorgesehene Mindestzahl ausreichend hoch sein, um Wettbewerb sicherstellen. Liegt die Zahl geeigneter Bewerber unter der Mindestzahl, kann der öffentliche Auftraggeber das Verfahren gleichwohl fortsetzen, indem er den oder die geeigneten Bewerber zur Dialogphase auffordert (§ 51 Abs. 3 S. 2 VgV).[23] 18

An die Auswahlphase schließt sich die **Dialogphase** an. Die Rahmenbedingungen dieser Phase sind in § 18 Abs. 5–7 VgV normativ vorgegeben (näher → § 18 Rn. 13 ff.). Wesentliches Merkmal dieser Phase ist, dass der Leistungsgegenstand erst im Verfahrensverlauf im Zusammenwirken von öffentlichem Auftraggeber und den 19

Verg 53/16, NZBau 2018, 118; VK Bund 19.9.2022 – Verg 80/22, VPRRS 2022, 0266; DSW/ Dieckmann VgV § 14 Rn. 54; RKMPP/Kern/Rubin § 14 Rn. 35.

[22] Verordnungsbegr., BT-Drs. 18/7318, 157; DSW/Dieckmann VgV § 14 Rn. 25; Ollmann VergabeR 2016, 413 (414).

[23] EuGH 15.10.2009 – C-138/08, IBR 2009, 727.

Bietern festgelegt wird. Sie eröffnet dem öffentlichen Auftraggeber weitgehende Freiheit, wie er mit den ausgewählten Unternehmen über die Erfüllung seines Beschaffungsbedarfs kommuniziert. **Gegenstand des Dialogs** können alle Aspekte des Auftrags sein (§ 18 Abs. 5 S. 2 VgV), also sämtliche technischen, finanziellen und rechtlichen Gesichtspunkte[24] (näher → GWB § 119 Rn. 31; → § 18 Rn. 13).

20 Nach Abschluss der Dialogphase beginnt die letzte Phase des Verfahrens, die **Angebotsphase**, sofern für die Bedürfnisse und Anforderungen des öffentlichen Auftraggebers eine Lösung gefunden worden ist (§ 18 Abs. 7 S. 1 VgV). In diesem Fall werden die Bieter aufgefordert, auf der Grundlage der gefundenen Lösung(en) ein endgültiges, verbindliches Angebot abzugeben (§ 18 Abs. 8 S. 1 VgV). Hinsichtlich der Details der Angebotsphase → GWB § 119 Rn. 32; → § 18 Rn. 22.

5. Innovationspartnerschaft

21 Die Innovationspartnerschaft ist ein besonderes Verfahren zur **Entwicklung** innovativer, noch nicht auf dem Markt verfügbarer Liefer-, Bau- oder Dienstleistungen **und** zum anschl. **Erwerb** der daraus hervorgehenden Leistungen (§ 119 Abs. 7 S. 1 GWB). Sie ist unionsrechtlich durch Art. 31 RL 2014/24/EU eingeführt worden. Nach der Gesetzesbegr. zu § 119 Abs. 7 GWB ermöglicht sie die Begründung einer langfristigen Partnerschaft mit einem oder mehreren Unternehmen für die Entwicklung und den anschließenden Erwerb neuer innovativer Geräte, Ausrüstungen, Waren und Dienstleistungen, ohne dass ein zusätzliches Vergabeverfahren für die Beschaffung der Leistungen erforderlich ist.[25]

22 Die Besonderheit dieses Verfahrens liegt also darin, dass der öffentliche Auftraggeber im Rahmen ein- und desselben Vergabeverfahrens – der Innovationspartnerschaft – sowohl die Entwicklung einer Innovation als auch zugleich ihre anschl. Beschaffung beauftragen kann, ohne den Kauf erneut ausschreiben zu müssen (→ § 19 Rn. 2). Zulässig ist die Ausschreibung einer Innovationspartnerschaft, wenn der Beschaffungsbedarf, der ihr zugrunde liegt, **nicht durch auf dem Markt bereits verfügbare Liefer- oder Dienstleistungen** gedeckt werden kann (→ § 19 Rn. 3).

23 Kennzeichen der Innovationspartnerschaft ist zum einen das **zweistufige Vergabeverfahren**. Es stützt sich im Kern auf die Verfahrensregeln, die für das Verhandlungsverfahren mit **Teilnahmewettbewerb** gelten.[26] Danach wird im ersten Schritt eine unbeschränkte Anzahl von Unternehmen im Rahmen eines Teilnahmewettbewerbs unionsweit zur Abgabe von Teilnahmeanträgen aufgefordert (§ 119 Abs. 7 S. 2 GWB; § 19 Abs. 2 S. 1 VgV). Jedes interessierte Unternehmen kann einen Teilnahmeantrag stellen (§ 19 Abs. 2 S. 1 VgV). Die Auftragsbekanntmachung ist nach § 37 Abs. 2 VgV zu erstellen. Die Ausschreibung einer Innovationspartnerschaft durch eine Vorinformation als Aufruf zum Wettbewerb ist nicht möglich; § 38 Abs. 4 VgV ist bei der Innovationspartnerschaft nicht anwendbar.

24 Für die Auswahl der Bewerber müssen **spezielle Eignungskriterien,** die auf die Innovationspartnerschaft zugeschnitten sind, vorgegeben werden. Diese müssen die Fähigkeit der Bewerber auf dem Gebiet der Forschung und Entwicklung sowie die Ausarbeitung und Umsetzung innovativer Lösungen betreffen (→ § 19 Rn. 8). § 19 Abs. 4 S. 2 VgV verweist auf § 51 VgV. Der öffentliche Auftraggeber kann somit auch bei der Ausschreibung einer Innovationspartnerschaft die Zahl geeigneter Bewerber, die im Anschluss an den Teilnahmewettbewerb zur Abgabe eines Angebots aufgefordert werden, nach Maßgabe des § 51 VgV begrenzen. Hierzu sind objektive und nichtdiskriminierende Eignungskriterien vorzusehen. Es sind **mindestens drei**

---

[24] Zur Dialogphase und den dort selbstverständlich geltenden Prinzipien des Vergaberechts OLG Brandenburg 7.5.2009 – Verg W 6/09, NZBau 2009, 734.
[25] Vgl. auch Erwgr. 49 RL 2014/24/EU.
[26] Erwgr. 49 RL 2014/24/EU.

Bewerber zur Angebotsabgabe aufzufordern, sofern eine entspr. Anzahl geeigneter Bewerber vorliegt. Liegt die Zahl geeigneter Bewerber unter der Mindestzahl, kann der öffentliche Auftraggeber das Verfahren gleichwohl fortsetzen, indem er den oder die geeigneten Bewerber zu Verhandlungen auffordert (§ 51 Abs. 3 S. 2 VgV).[27]

An den Teilnahmewettbewerb schließt sich die **Angebotsphase** an. Sie stützt sich im Kern auf die Verfahrensregeln, die für das Verhandlungsverfahren gelten, da dieses für den Vergleich von Angeboten für innovative Lösungen am besten geeignet ist, wobei die Auftragsvergabe auf der Grundlage des besten Preis-Leistungs-Verhältnisses erfolgt (§ 19 Abs. 7 S. 2 VgV). In jeder Angebotsrunde, mit Ausnahme nach Abgabe der endgültigen Angebote, finden Verhandlungen statt, mit dem Ziel, die Angebote inhaltlich zu verbessern (vgl. § 19 Abs. 5 S. 1 VgV). Dabei kann über den **gesamten Angebotsinhalt,** also alle kaufmännischen, technischen und rechtlichen Bedingungen des Auftrags, **verhandelt werden** (§ 19 Abs. 5 S. 2 VgV). Ausgenommen davon sind wiederum diejenigen Bedingungen, die von dem öffentlichen Auftraggeber in den Vergabeunterlagen als nicht verhandelbare Mindestanforderungen festgelegt wurden, sowie die Zuschlagskriterien (vgl. näher → § 19 Rn. 12). 25

Ein weiterer Schwerpunkt der Innovationspartnerschaft liegt in ihren Vorgaben für eine partnerschaftliche Zusammenarbeit zwischen dem öffentlichen Auftraggeber und dem (oder den) Innovationspartner(n) auf der Vertragsdurchführungsebene (§ 19 Abs. 8–10 VgV).[28] Auf der ersten Stufe, der **Forschungs- und Entwicklungsphase,** entwickelt der im Vergabeverfahren ausgewählte Innovationspartner die vom Auftraggeber benötigte Liefer- oder Dienstleistung (ausf. → § 19 Rn. 17 ff.). Auf der Grundlage dieser Planung kann der Innovationspartner anschl. auf der zweiten Stufe, der **Leistungsphase,** ohne neuerlichen Wettbewerb mit der Ausführung dieser Leistungen beauftragt werden.[29] Zu den Merkmalen der Innovationspartnerschaft iÜ → GWB § 119 Rn. 33; zu den Anwendungsvoraussetzungen und zum Verfahrensablauf → § 19 Rn. 5 ff. 26

III. Verhältnis der Verfahrensarten (Abs. 2)

Abs. 2 regelt das Verhältnis der zulässigen Vergabeverfahrensarten zueinander. S. 1 enthält eine wesentliche Änderung im Vergleich zur bis zur Vergaberechtsnovelle 2016 geltenden Rechtslage nach dem früheren § 101 Abs. 7 GWB aF: Der öffentliche Auftraggeber hat – im Anschluss an § 119 Abs. 2 S. 1 GWB – die Wahl zwischen dem offenen Verfahren und dem nicht offenen Verfahren. Mit Blick auf die **Gleichrangigkeit beider Verfahrenstypen** kann sich der öffentliche Auftraggeber für das offene oder das nicht offene Verfahren entscheiden. Dessen Entscheidung für das offene Verfahren einerseits oder das nicht offene Verfahren andererseits unterliegt keinen rechtlichen Begrenzungen.[30] Konsequenterweise gibt es für das nicht offene Verfahren auch keine besonderen Anwendungsvoraussetzungen mehr. Auch bedarf die Wahl des nicht offenen Verfahrens keiner besonderen Begründung mehr. 27

Die **Wahlfreiheit** zwischen dem **offenen und dem nicht offenen Verfahren** entspricht der Intention des Unionsgesetzgebers in Art. 26 Abs. 2 RL 2014/24/EU. Entscheidend für diesen Gleichklang ist, dass das nicht offene Verfahren zwingend einen vorgeschalteten unionsweiten Teilnahmewettbewerb erfordert, der jedem Unternehmen offensteht (vgl. § 16 Abs. 1 S. 2 VgV). Noch dazu muss der öffentliche Auftraggeber im Teilnahmewettbewerb eine transparente Auswahlentscheidung 28

---

[27] EuGH 15.10.2009 – C-138/08, IBR 2009, 727.
[28] Püstow/Meiners NZBau 2016, 406 (407).
[29] Püstow/Meiners NZBau 2016, 406 (407).
[30] DSW/Dieckmann VgV § 14 Rn. 13; Müller-Wrede VgV/UVgO/Hirsch/Kaelble VgV § 14 Rn. 43; zweifelnd RKMPP/Kern/Rubin § 14 Rn. 8.

anhand objektiver und diskriminierungsfreier Kriterien treffen. Damit wird auch im nicht offenen Verfahren den Grundsätzen der Transparenz und des Wettbewerbs hinreichend Rechnung getragen (→ GWB § 119 Rn. 10).[31]

29 Die Vorteile der Gleichstellung von offenem und nicht offenem Verfahren werden in der Gesetzesbegründung zu § 119 Abs. 2 GWB[32] wie folgt beschrieben:

> *„Die nunmehr vorgesehene Wahlfreiheit zwischen dem offenen und dem nicht offenen Verfahren bringt Vorteile für Auftragnehmer und Auftraggeber. Bieter haben im nicht offenen Verfahren den Vorteil, dass sie weniger Aufwand für die Angebotserstellung betreiben müssen. Erst nach Aufforderung zur Angebotsabgabe müssen sie ein verbindliches Angebot erstellen. Dies ermöglicht ihnen eine ihren Erfolgsaussichten entsprechende, effiziente Vorgehensweise bei der Bewerbung um öffentliche Aufträge. Dadurch kann die Bereitschaft zur Teilnahme an Vergabeverfahren insgesamt gesteigert werden, was wiederum den Wettbewerb fördert. Für die im Teilnahmewettbewerb ausgewählten Unternehmen erhöht sich die Zuschlagschance bei Abgabe eines Angebots. Zudem bestehen bereits im Teilnahmewettbewerb Rechtsschutzmöglichkeiten.*
>
> *Für Auftraggeber kann die Wahl des nicht offenen Verfahrens ebenfalls zu Effizienzsteigerungen führen: Angebote werden nur noch von den tatsächlich geeigneten Unternehmen gefordert, wodurch sich der Prüfaufwand für die Angebote insgesamt reduziert. Zudem erhöht die Wahlfreiheit zwischen dem offenen und nicht offenen Verfahren die Flexibilität der öffentlichen Auftraggeber, indem sie eine dem jeweiligen Auftragsgegenstand angemessene Lösung ermöglicht, ohne die Wahl an bestimmte, im Einzelfall zu dokumentierende Voraussetzungen zu knüpfen. Eine Steigerung der Flexibilität des öffentlichen Auftraggebers bei der Wahl der Verfahrensart entspricht der grundsätzlichen Intention der Richtlinie 2014/24/EU (Erwgr. 42 der Richtlinie 2014/24/EU)."*

30 Die anderen Verfahrensarten (Verhandlungsverfahren, wettbewerblicher Dialog und Innovationspartnerschaft) sind hingegen nur im Ausnahmefall zulässig, wenn gesetzliche Bestimmungen oder die Abs. 3 und 4 ihre Anwendung gestatten (S. 2). Bei jenen Bestimmungen handelt es sich durchgehend um „Kann-Vorschriften". Der öffentliche Auftraggeber ist damit auch im Falle des Vorliegens ihrer Voraussetzungen nicht zur Anwendung des nachrangigen Verfahrens verpflichtet.[33] Dh, offene oder nicht offene Verfahren können auch in solchen Fällen durchgeführt werden, in denen ein Verhandlungsverfahren oder ein wettbewerblicher Dialog an sich zulässig wären.[34] Entscheidet sich der öffentliche Auftraggeber aber für die höherrangige Verfahrensart, sind selbstverständlich die insoweit geltenden Verfahrensregeln anzuwenden. Die nachrangigen Verfahren stehen ihrerseits nicht in einem Rangverhältnis zueinander. Entscheidend ist nur, ob die tatbestandlichen Voraussetzungen für die Wahl des jew. Verfahrens erfüllt sind.[35] Jene Ausnahmetatbestände werden in den Abs. 3 und 4 für das Verhandlungsverfahren und den wettbewerblichen Dialog sowie in § 19 VgV für die Innovationspartnerschaft in ihren Voraussetzungen konkreti-

---

[31] Krit. zur Gleichstellung von offenem und nicht offenem Verfahren DSW/Dieckmann VgV § 14 Rn. 15.

[32] BT-Drs. 18/6281, 97.

[33] DSW/Dieckmann VgV § 14 Rn. 18; vgl. auch OLG München 28.9.2020 – Verg 3/20, BeckRS 2020, 43860; OLG Karlsruhe 14.9.2016 – Verg 7/16, BeckRS 2016, 121911.

[34] OLG München 28.9.2020 – Verg 3/20, BeckRS 2020, 43860; OLG Karlsruhe 14.9.2016 – Verg 7/16, BeckRS 2016, 121911; VK Rheinland 26.3.2019 – VK 5/19, BeckRS 2019, 22339. Die Durchführung eines offenen Verfahrens ist nur dann ausnahmsweise unzulässig, wenn aufgrund besonderer Umstände eine ordnungsgemäße Auftragsvergabe in dieser Verfahrensart nicht möglich ist, etwa weil der Auftrag nach § 14 Abs. 3 Nr. 3 VgV nicht ohne vorherige Verhandlungen vergeben werden kann; DSW/Dieckmann VgV § 14 Rn. 18; vgl. auch OLG München 28.9.2020 – Verg 3/20, BeckRS 2020, 43860.

[35] DSW/Dieckmann VgV § 14 Rn. 18.

siert.[36] Daneben enthält § 65 Abs. 1 VgV Ausnahmen für die **Vergabe von sozialen und anderen Dienstleistungen** – hier können das Verhandlungsverfahren mit Teilnahmewettbewerb, der wettbewerbliche Dialog und die Innovationspartnerschaft wahlweise angewendet werden (→ GWB § 130 Rn. 17) – und § 74 VgV für **Architekten- und Ingenieurleistungen;** letztere sollen „in der Regel" im Verhandlungsverfahren mit Teilnahmewettbewerb oder im wettbewerblichen Dialog vergeben werden (→ § 74 Rn. 1). Liegen diese Ausnahmetatbestände nicht vor, ist das offene Verfahren oder das nicht offene Verfahren als Regelverfahren anzuwenden. Die Ausnahmen sind abschl. und eng auszulegen[37] und gem. § 8 Abs. 2 Nr. 6, 7 VgV aktenkundig zu machen.[38]

IV. Verhandlungsverfahren mit Teilnahmewettbewerb und wettbewerblicher Dialog (Abs. 3)

Abs. 3 bestimmt in Umsetzung des Art. 26 Abs. 4 lit. a, b RL 2014/24/EU die Voraussetzungen einer Auftragsvergabe im Verhandlungsverfahren mit Teilnahmewettbewerb oder im wettbewerblichen Dialog. Beide Verfahrensarten haben **ein und dieselben Zugangsvoraussetzungen.** Sie sind damit – wie das offene und das nicht offene Verfahren – gleichrangig.[39] Die nach dem früheren Recht vorgesehenen besonderen Zulässigkeitsvoraussetzungen des wettbewerblichen Dialogs, wie sie etwa in § 3 EG Abs. 7 S. 1 VOL/A normiert waren, gelten nicht mehr (→ GWB § 119 Rn. 29). Die in Abs. 3 aufgeführten Ausnahmetatbestände sind **abschl. und eng auszulegen.**[40] Der Auftraggeber ist für ihr Vorliegen darlegungs- und beweispflichtig.[41] Die Begründung für die Wahl des Verhandlungsverfahrens oder des wettbewerblichen Dialogs ist nach § 8 Abs. 2 Nr. 6, 7 VgV zu dokumentieren.

31

Allerdings sind die Zugangsvoraussetzungen für das Verhandlungsverfahren mit Teilnahmewettbewerb und den wettbewerblichen Dialog mit der RL 2014/24/EU im Vergleich zur früheren Rechtslage insges. deutlich gesenkt worden.[42] Der

32

---

[36] Nach § 19 Abs. 1 S. 2 VgV ist Voraussetzung für die Eingehung der Innovationspartnerschaft, dass der Beschaffungsbedarf nicht durch auf dem Markt bereits verfügbare Liefer- oder Dienstleistungen befriedigt werden kann.

[37] Verordnungsbegr., BT-Drs. 18/6281, 157; OLG Düsseldorf 12.7.2017 – Verg 13/17, BeckRS 2017, 123147; DSW/Dieckmann VgV § 14 Rn. 19.

[38] EuGH 8.4.2008 – C-337/05, EuZW 2008, 372 (375) – Kommission/Italienische Republik; 18.11.2004 – C-126/03, BeckRS 2004, 78186 = VergabeR 2005, 57 (59) – Kommission/Deutschland; 13.1.2005 – C-84/03, IBRRS 2005, 0136 = VergabeR 2005, 176 (182); 10.4.2003 – C-20/01 und C-28/01, NZBau 2003, 393 (395); OLG Düsseldorf 29.2.2012 – Verg 75/11, IBRRS 2012, 1733; 6.10.2010 – Verg 44/10, BeckRS 2010, 27683.

[39] DSW/Dieckmann VgV § 14 Rn. 25; HK-VergabeR/Pünder VgV § 14 Rn. 14; Ollmann VergabeR 2016, 413 (414).

[40] Verordnungsbegr., BT-Drs. 18/6281, 157; VK Bund 18.10.2017 – VK 2–106/17, BeckRS 2017, 135308; DSW/Dieckmann VgV § 14 Rn. 37.

[41] EuG 15.1.2013 – T – 54/11, ZfBR 2013, 389; EuGH 8.4.2008 – C-337/05, NVwZ 2008, 769; 18.11.2004 – C-126/03, BeckRS 2004, 78186 = VergabeR 2005, 57 (59) – Kommission/Deutschland; 13.1.2005 – C-84/03, IBRRS 2005, 0136 = VergabeR 2005, 176 (182); 10.4.2003 – C-20/01 und C-28/01, NZBau 2003, 393 (395); BGH 10.11.2009 – X ZB 8/09, ZfBR 2010, 298 = NZBau 2010, 124 (126); OLG Düsseldorf 12.7.2017 – Verg 13/17, BeckRS 2017, 123147; 6.10.2010 – Verg 44/10, BeckRS 2010, 27683; OLG Celle 17.7.2009 – 13 Verg 3/09, IBR 2009, 605.

[42] HK-VergabeR/Pünder VgV § 14 Rn. 15; Favier/Schüler ZfBR 2016, 761 (766); Neun/Otting EuZW 2014, 446 (449); Ollmann VergabeR 2016, 413 (414); Jaeger NZBau 2014, 259 (262).

VgV § 14 — Wahl der Verfahrensart

RL 2014/24/EU geht es um die **Stärkung dieser beiden Verfahrenstypen**.[43] Das kommt in Erwgr. 42 der RL 2014/24/EU zum Ausdruck. Danach ist es für die öffentlichen Auftraggeber

„äußerst wichtig, über zusätzliche Flexibilität zu verfügen, um ein Vergabeverfahren auszuwählen, das Verhandlungen vorsieht. Eine stärkere Anwendung dieser Verfahren wird wahrscheinlich dazu beitragen, den grenzüberschreitenden Handel zu fördern, da die Bewertung gezeigt hat, dass bei Aufträgen, die im Wege des Verhandlungsverfahrens mit vorheriger Veröffentlichung einer Bekanntmachung vergeben werden, die Erfolgsquote von grenzüberschreitenden Angeboten besonders hoch ist. Die Mitgliedstaaten sollten die Möglichkeit haben, das Verhandlungsverfahren oder den wettbewerblichen Dialog in verschiedenen Situationen vorzusehen, wenn nicht damit zu rechnen ist, dass offene oder nichtoffene Verfahren ohne Verhandlungen zu einem zufriedenstellenden Ergebnis führen."

Erwgr. 43 nimmt schließlich solche Beschaffungen über „Standarddienstleistungen oder Standardlieferungen, die von vielen verschiedenen Marktteilnehmern erbracht werden können", vom Anwendungsbereich des Verhandlungsverfahrens und des wettbewerblichen Dialogs aus. Diesen europarechtlichen Vorgaben ist bei der Prüfung der Ausnahmetatbestände Rechnung zu tragen. Insges. werden den öffentlichen Auftraggebern ggü. dem früheren Recht großzügigere Beurteilungsspielräume für die Wahl des Verhandlungsverfahrens oder des wettbewerblichen Dialogs eingeräumt.[44] Gewissermaßen als Kompensation für diese größere Flexibilität wird diesen beiden Verfahrensarten in den §§ 17, 18 VgV eine **deutliche Konturierung** vorgegeben, um die Einhaltung der Grundsätze der Gleichbehandlung und Transparenz zu gewährleisten.[45]

1. Notwendigkeit der Anpassung bereits verfügbarer Lösungen (Nr. 1)

33 Ein Verhandlungsverfahren mit Teilnahmewettbewerb oder ein wettbewerblicher Dialog ist zulässig, wenn die Bedürfnisse des öffentlichen Auftraggebers nicht ohne die Anpassung bereits verfügbarer Lösungen erfüllt werden können. Die Vorschrift dient der Umsetzung des Art. 26 Abs. 4 lit. a i RL 2014/24/EU. Kann der Beschaffungsbedarf des öffentlichen Auftraggebers durch **marktverfügbare Standardprodukte und -leistungen** gedeckt werden, sind solche Produkte und Leistungen im offenen oder nicht offenen Verfahren zu beschaffen (Erwgr. 42 der RL 2014/24/EU). Doch lässt Abs. 3 Nr. 1 ausnahmsweise dann ein Verhandlungsverfahren mit Teilnahmewettbewerb oder einen wettbewerblichen Dialog zu, wenn es notwendig ist, am Markt verfügbare Produkte bzw. Lösungen an den Beschaffungsbedarf des Auftraggebers anzupassen bzw. zu konzeptionieren.[46] Tatbestandsvoraussetzung für Abs. 3 Nr. 1 ist somit,
– dass es am Markt ein Produkt oder eine Leistung gibt,
– welche(s) im Wege von Verhandlungen an den Beschaffungsbedarf des öffentlichen Auftraggebers angepasst werden muss.

33a In diesen Fällen einer **Verhandlungsbedürftigkeit des Beschaffungsgegenstands** zur Erfüllung des Beschaffungsbedarfs des öffentlichen Auftraggebers ist es sachgerecht, die Leistung in einem Verfahren zu vergeben, das eine Verhandlung über den Beschaffungsgegenstand zulässt, denn in diesen Fällen ist nicht damit zu

---

[43] Ollmann VergabeR 2016, 413.
[44] Favier/Schüler ZfBR 2016, 761 (766); Neun/Otting EuZW 2014, 446 (449); Jaeger NZBau 2014, 259 (262); skeptisch DSW/Dieckmann VgV § 14 Rn. 26.
[45] Erwgr. 45 der RL 2014/24/EU; Ollmann VergabeR 2016, 413.
[46] HK-VergabeR/Pünder VgV § 14 Rn. 20.

rechnen, „dass offene oder nicht offene Verfahren ohne Verhandlungen zu einem zufriedenstellenden Ergebnis führen" (Erwgr. 42 der RL 2014/24/EU).[47] Die Entscheidung des öffentlichen Auftraggebers, eine verfügbare Standardleistung nicht ohne deren Anpassung zu beschaffen, unterliegt dessen **Leistungsbestimmungsrecht** (→ Rn. 52 ff.).[48] Der öffentliche Auftraggeber muss sich dabei vor Einleitung des Verfahrens einen Überblick über die auf dem Markt verfügbaren Produkte und Lösungen verschafft haben.[49] Ferner ist zu begründen, dass diese Produkte und Lösungen den Beschaffungsbedarf des Auftraggebers nur durch entspr. Modifikation erfüllen können. Gibt es auf dem Markt gar keine Produkte bzw. Lösungen, die durch eine bloße Anpassung die Bedürfnisse des Auftraggebers erfüllen können, scheiden ein Verhandlungsverfahren mit Teilnahmewettbewerb oder ein wettbewerblicher Dialog aus; in diesen Fällen kommt die Ausschreibung einer Innovationspartnerschaft gem. § 119 Abs. 7 GWB in Betracht.[50]

2. Konzeptionelle oder innovative Lösungen (Nr. 2)

Abs. 3 Nr. 2 setzt Art. 26 Abs. 4 lit. a ii RL 2014/24/EU um und lässt das Verhandlungsverfahren mit Teilnahmewettbewerb oder den wettbewerblichen Dialog zu, wenn der Auftrag konzeptionelle oder innovative Lösungen umfasst. Wie bei Abs. 3 Nr. 1, gilt auch hier: Kann der Beschaffungsbedarf des öffentlichen Auftraggebers durch **marktverfügbare Standardprodukte und -leistungen** gedeckt werden, sind solche Produkte und Leistungen im offenen oder nicht offenen Verfahren zu beschaffen (Erwgr. 42 der RL 2014/24/EU). In Abgrenzung zu solchen Standardlieferungen und -leistungen stehen **konzeptionelle Lösungen** dann in Frage, wenn die Art und Weise der Realisierung der Leistung durch die Bieter mit einer eigenen Planung oder einem eigenen Konzept darzustellen ist und der öffentliche Auftraggeber lediglich Funktion bzw. Ziele der zu erbringenden Leistung beschreibt.[51] In diesen Fällen wird die Leistung vollständig oder in Teilen funktional beschrieben, dh der öffentliche Auftraggeber gibt lediglich Zielvorstellungen und einen Leistungsrahmen vor, während die konkrete, detaillierte Aufgabenlösung der Auftragnehmer zu erarbeiten hat. Mit der Ausschreibung wird dann eine noch nicht existierende Lösung für die gestellte Aufgabe gesucht und der Auftraggeber benötigt gerade das gestalterisch-schöpferische Potential des Auftragnehmers zur Ausarbeitung der optimalen Lösung.[52] Damit kombiniert eine solche Ausschreibungstechnik einen Wettbewerb, der die Planung und Konzeptionierung der Leistung verlangt, mit der Vergabe der Ausführung der Leistung. Bei einer **funktionalen Leistungsbeschreibung** gibt es oftmals (aber längst nicht immer)[53] einen objektiv vorhande-

---

[47] DSW/Dieckmann VgV § 14 Rn. 30.
[48] HK-VergabeR/Pünder VgV § 14 Rn. 21; Favier/Schüler ZfBR 2016, 761 (766).
[49] DSW/Dieckmann VgV § 14 Rn. 31; HK-VergabeR/Pünder VgV § 14 Rn. 20; Favier/Schüler ZfBR 2016, 761 (766).
[50] DSW/Dieckmann VgV § 14 Rn. 32.
[51] OLG Düsseldorf 1.6.2016 – Verg 6/16, VPRRS 2016, 0373; VK Sachsen 29.8.2018 – 1/SVK/027-18, BeckRS 2018, 28771; DSW/Dieckmann VgV § 14 Rn. 34; Müller-Wrede VgV/UVgO/Hirsch/Kaelble VgV § 14 Rn. 74.
[52] OLG Düsseldorf 1.6.2016 – Verg 6/16, VPRRS 2016, 0373; 11.12.2013 – Verg 22/13, NZBau 2014, 374.
[53] Allein der Umstand, dass der Auftrag konzeptionelle Lösungen umfasst, die Leistungsbeschreibung also funktionale Elemente enthält, begründet für sich genommen nicht die Notwendigkeit eines Verhandlungsverfahrens: OLG Düsseldorf 1.6.2016 – Verg 6/16, VPRRS 2016, 0373. Kann der Auftragsgegenstand durch eine funktionale Leistungsbeschreibung iSv § 121 Abs. 1 GWB iVm § 31 VgV so eindeutig und erschöpfend beschrieben werden, dass die Beschreibung „für alle Unternehmen im gleichen Sinne verständlich" ist und die Angebote

nen Bedarf an Verhandlungen mit den Bietern, dh die Vergabe solchermaßen funktional ausgeschriebener Leistungen kann häufig aus objektiver und verständiger Sicht nicht im offenen oder nicht offenen Verfahren ohne Verhandlungsmöglichkeit erfolgen.[54]

34a Erwgr. 43 der RL 2014/24/EU benennt als Beispiele für den Anwendungsbereich „komplexe Anschaffungen" und „besonders hoch entwickelte Waren, geistige Dienstleistungen wie etwa bestimmte Beratungs-, Architekten- oder Ingenieurleistungen oder Großprojekte der Informations- und Kommunikationstechnologie". Die Verordnungsbegr.[55] zählt hierzu beispielhaft die „Realisierung großer, integrierter Verkehrsinfrastrukturprojekte oder großer Computer-Netzwerke" und „Projekte mit einer komplexen, strukturierten Finanzierung" auf. Wie Erwgr. 43 der RL 2014/24/EU zeigt, fallen darunter auch **freiberufliche Dienstleistungen**,[56] jedenfalls dann, wenn die Bieter einen kreativen Spielraum bei der Konzeptionierung der Leistung haben und diese Konzeptionierung (zB durch Vorlage einer Beratungsstrategie oder eines Kommunikations- oder Schulungskonzepts) Gegenstand der Angebotswertung ist.[57] In all diesen Fällen unterstellt Abs. 3 Nr. 2, dass Verhandlungen notwendig sein können, „um zu gewährleisten, dass die betreffende Lieferung oder Dienstleistung den Anforderungen des öffentlichen Auftraggebers entspricht".[58] Zur Vergabe von **Architekten- und Ingenieurleistungen**, die nach § 74 VgV „in der Regel" im Verhandlungsverfahren mit Teilnahmewettbewerb ausgeschrieben werden, ausf. → § 74 Rn. 1 ff.

35 **Innovative Lösungen** beinhalten nach der Legaldefinition in Art. 2 Abs. 1 Nr. 22 RL 2014/24/EU die „Realisierung neuer oder deutlich verbesserter Waren, Dienstleistungen oder Verfahren einschließlich – aber nicht beschränkt auf – Produktions-, Bau- oder Konstruktionsverfahren (...)". Steht somit die Beschaffung von bereits auf dem Markt verfügbaren innovativen Produkten und Dienstleistungen im Raum, kann im Verhandlungsverfahren oder im wettbewerblichen Dialog vergeben werden.[59] Ist zur Bedarfsdeckung des Auftraggebers die Entwicklung und die Beschaffung eines neuen, nicht marktverfügbaren innovativen Produkts oder einer innovativen Dienstleistung erforderlich, ist die Ausschreibung einer Innovationspartnerschaft zulässig.

3. Notwendigkeit von Verhandlungen (Nr. 3)

36 Abs. 3 Nr. 3 übernimmt Art. 26 Abs. 4 lit. a iii RL 2014/24/EU und lässt ein Verhandlungsverfahren mit Teilnahmewettbewerb oder einen wettbewerblichen Dialog zu, wenn der Auftrag aufgrund konkreter Umstände, die mit der Art, der Komplexität oder den rechtlichen oder finanziellen Rahmen oder dem damit einhergehenden Risiken zusammenhängen, nicht ohne vorherige Verhandlungen vergeben werden kann. Der Ausnahmetatbestand hat Schnittmengen mit Abs. 3 Nr. 2 und Nr. 4, die ein Verhandlungsverfahren mit Teilnahmewettbewerb oder einen wettbe-

---

„miteinander verglichen werden können", ist im offenen oder nicht offenen Verfahren zu vergeben: DSW/Dieckmann VgV § 14 Rn. 35 und HK-VergabeR/Pünder VgV § 14 Rn. 25.

[54] Bejaht durch VK Sachsen 29.8.2018 – 1/SVK/027-18, VPR 2019, 21; für die Konzeption, Organisation, Durchführung und Nachbereitung eines Medienkongresses; abgelehnt durch VK BW 21.11.2017 – 1 VK 50/17, VPRRS 2018, 0024 für die Zubereitung und Auslieferung von Speisen; abgelehnt durch OLG Düsseldorf 1.6.2016 – Verg 6/16, VPRRS 2016, 0373 für einen Dienstleistungsauftrag zum Verkauf von Fahrscheintickets über stationäre Vertriebswege.

[55] BT-Drs. 18/7318, 157.
[56] So auch Verordnungsbegr., BT-Drs. 18/7318, 157.
[57] OLG Düsseldorf 30.11.2005 – Verg 65/05, BeckRS 2006, 01783.
[58] Erwgr. 43 RL 2014/24/EU.
[59] RKMPP/Mehlitz/Hausmann § 19 Rn. 5; HK-VergabeR/Pünder VgV § 14 Rn. 25.

werblichen Dialog bei der Vergabe konzeptioneller oder innovativer Lösungen bzw. in Fällen nicht hinreichend genauer Beschreibbarkeit der Leistung zulassen;[60] in jenen Fällen wird zumeist ebenfalls ein Bedürfnis des öffentlichen Auftraggebers bestehen, über den Auftragsgegenstand zu verhandeln.

Abs. 3 Nr. 3 setzt die **objektive Notwendigkeit von Verhandlungen** (oder von Dialogen beim wettbewerblichen Dialog) voraus, weil der Auftrag anderenfalls nicht vergeben werden kann.[61] Die Vorschrift nimmt einerseits die Situation in den Blick, dass der öffentliche Auftraggeber nicht in der Lage ist, die technischen und rechtlich-finanziellen Rahmenbedingungen des Auftrags in seiner Ausschreibung vollständig abzubilden, oder zu beurteilen, was der Markt an technischen, finanziellen oder rechtlichen Lösungen zu bieten hat.[62] In solchen Fällen dienen Verhandlungen dem Zweck, ihm die notwendigen Informationen zu verschaffen.[63] Die Vorschrift ermöglicht somit ein Verhandlungsverfahren vor allem in den Fällen, in denen die nachgefragten **Leistungen aufgrund der Besonderheiten des Auftrags nicht eindeutig und abschl. zu beschreiben** sind und deshalb die Auswahl des wirtschaftlichsten Angebots nach den Bestimmungen des offenen oder nicht offenen Verfahrens unmöglich ist.[64] Allerdings reichen subjektive fachliche Schwierigkeiten des Auftraggebers, die Leistung zu beschreiben, nicht aus, in ein Verhandlungsverfahren auszuweichen. Kognitions- oder Erfahrungsdefizite hat der öffentliche Auftraggeber durch Aufklärung, ggf. durch eine Markterkundung oder Zuziehen externer sachverständiger Unterstützung, zu beseitigen, nicht aber darf er sie gewissermaßen in das Verhandlungsverfahren transportieren, sofern nicht die konkrete Art und Weise der Leistung im Verhandlungsverfahren geklärt werden soll.[65] Als Beispiele nennt Erwgr. 43 der RL 2014/24/EU komplexe Anschaffungen von hoch entwickelten Waren, geistige Dienstleistungen wie etwa Beratungs-, Architekten- oder Ingenieurleistungen oder Großprojekte der Informations- und Kommunikationstechnologie.

Daneben sind auch diejenigen Sachverhalte erfasst, in denen der frühere § 3 EG Abs. 3 lit. b VOL/A aF einschlägig war, in denen also die zu vergebenden Aufträge ihrer Natur nach oder wegen der damit verbundenen Risiken die **vorherige Festlegung eines Gesamtpreises nicht zulassen.**[66] Ist somit eine vorherige exakte Festlegung der auftragsgegenständlichen Leistungen und/oder deren Kalkulation aufgrund von Umständen, die in der Natur des Ausschreibungsgegenstands liegen, objektiv nicht möglich, kann im Verhandlungsverfahren oder im wettbewerblichen Dialog vergeben werden. Der BGH[67] hat einen solchen Fall etwa bei Reparaturleis-

36a

36b

---

[60] Favier/Schüler ZfBR 2016, 761 (767) und HK-VergabeR/Pünder VgV § 14 Rn. 29 sehen Abs. 3 Nr. 3 als Auffangtatbestand an.

[61] DSW/Dieckmann VgV § 14 Rn. 37; Müller-Wrede VgV/UVgO/Hirsch/Kaelble VgV § 14 Rn. 88.

[62] HK-VergabeR/Pünder VgV § 14 Rn. 30. Andernfalls ist ein offenes oder nicht offenes Verfahren durchzuführen.

[63] Erwgr. 42 RL 2014/24/EU.

[64] Ist der Auftraggeber hingegen in der Lage, ein ausdifferenziertes Leistungsverzeichnis zu erstellen, in dem die Leistungen iE beschrieben werden, ist der Ausnahmetatbestand nicht erfüllt: BGH 10.11.2009 – X ZB 8/09, ZfBR 2010, 298. Gleiches gilt für Rahmenvereinbarungen, bei denen die abzurufenden Leistungen beschreibbar sind und nur die Leistungsmenge nicht abschl. im Vorhinein feststeht: VK Bund 19.11.2008 – VK 1–135/08. Dementsprechend kann nicht allein aufgrund des Vorliegens einer (typischen) Rahmenvereinbarung der Ausnahmefall nach Abs. 3 Nr. 3 gegeben sein.

[65] OLG Düsseldorf 15.6.2016 – VII Verg 49/15, NZBau 2016, 653 und 1.6.2016 – VII-Verg 6/16, VPRRS 2016, 0373.

[66] HK-VergabeR/Pünder VgV § 14 Rn. 31.

[67] BGH 10.11.2009 – X ZB 8/09, ZfBR 2010, 298.

tungen, bei denen das Ausmaß der erforderlichen Reparaturen erst nach Beginn der Arbeiten deutlich wird, oder bei der Ausschreibung eines mobilen Systems zum Einzug von Verwarnungsgeldern in Betracht gezogen, wenn die Vergütung pro Zahlungsvorgang erfolgen soll, deren Anzahl aber nicht abschätzbar ist.

36c Schließlich ist an Fälle zu denken, in denen eine vorherige Beschreibung der Leistung zwar möglich ist, jedoch die **Kalkulation eines Gesamtpreises** durch die Bieter aufgrund dem Auftrag immanenter Umstände nicht ohne Spekulation erfolgen kann, so dass es unbillig erscheint, ihre Folgen ohne Weiteres allein den Bietern aufzubürden. Der BGH[68] hat dies für den Bau eines Tunnels, dessen Beschaffenheit zwar iE beschrieben werden kann, bei dem aber bereits abzusehen ist, dass die Erfüllung des Auftrags durch unbekannte geologische Gegebenheiten beeinflusst wird, oder für die Entsorgung von Altlasten eines Grundstücks in Betracht gezogen, wenn darüber verhandelt werden muss, wer das Risiko von etwaigen Zusatzkosten trägt.

4. Unmöglichkeit einer genauen (technischen) Leistungsbeschreibung (Nr. 4)

37 Abs. 3 Nr. 4 setzt Art. 26 Abs. 4 lit. a iv RL 2014/24/EU um und erfasst **spezielle (technische) Fälle der Unmöglichkeit einer ausreichend genauen Leistungsbeschreibung.** Danach können Aufträge im Verhandlungsverfahren mit Teilnahmewettbewerb oder im wettbewerblichen Dialog vergeben werden, wenn die Leistung, insbes. ihre technischen Anforderungen, von dem öffentlichen Auftraggeber nicht mit ausreichender Genauigkeit unter Verweis auf eine Norm, eine Europäische Technische Bewertung (ETA), eine gemeinsame technische Spezifikation oder technische Referenzen iSd Anl. 1 Nr. 2–5 der VgV beschrieben werden kann. Dem öffentlichen Auftraggeber wird damit das Risiko abgenommen, durch die erforderliche individuelle, projektbezogene Leistungsbeschreibung die auf dem Markt verfügbaren Lösungen zu verfehlen und damit das Scheitern des Vergabeverfahrens zu verursachen.[69]

38 Ausgangspunkt ist die Pflicht des öffentlichen Auftraggebers zur eindeutigen und erschöpfenden Beschreibung der Leistung nach § 121 Abs. 1 GWB. Dazu sind nach § 31 Abs. 2 S. 1 Nr. 2 VgV die Merkmale des Auftragsgegenstands unter Bezugnahme auf die in Anl. 1 der VgV definierten technischen Anforderungen in der Rangfolge
 – a) nationale Normen, mit denen europäische Normen umgesetzt werden,
 – b) Europäische Technische Bewertungen,
  c) gemeinsame technische Spezifikationen,
 – d) internationale Normen und andere technische Bezugssysteme, die von den europäischen Normungsgremien erarbeitet wurden oder,
 – e) falls solche Normen und Spezifikationen fehlen, nationale Normen, nationale technische Zulassungen oder nationale technische Spezifikationen für die Planung, Berechnung und Ausführung von Bauwerken und den Einsatz von Produkten
zu beschreiben (dazu ausf. → § 31 Rn. 23 ff.).

38a Hierauf bezieht sich wiederum Abs. 3 Nr. 4. Die dort in Bezug genommene Anl. 1 der VgV enthält in Nr. 1–5 Begriffsbestimmungen der Termini „Technische Spezifikation", „Norm", „Europäische Technische Bewertung", „gemeinsame technische Spezifikation" und „technische Bezugsgröße". Der Ausnahmetatbestand nach Nr. 4 kommt zum Tragen, wenn die Leistung nicht mit ausreichender Genauigkeit durch Verweis auf die genannten Spezifikationen bzw. Normen beschrieben werden kann. Umgekehrt muss im offenen bzw. nicht offenen Verfahren ausgeschrieben

---

[68] BGH 10.11.2009 – X ZB 8/09, ZfBR 2010, 298.
[69] Favier/Schüler ZfBR 2016, 761 (767).

werden, wenn für die Beschreibung der Leistung auf eine Technische Spezifikation iSd Anl. 1 Nr. 1, auf eine Norm nach Anl. 1 Nr. 2, auf eine Europäische Technische Bewertung nach Anl. 1 Nr. 3, eine gemeinsame technische Spezifikation nach Anl. 1 Nr. 4 oder eine technische Bezugsgröße nach Anl. 1 Nr. 5 verwiesen werden kann.

5. Scheitern eines offenen oder nicht offenen Verfahrens (Nr. 5)

Im Anschluss an Art. 26 Abs. 4 lit. a v RL 2014/24/EU ist ein Verhandlungsverfahren mit Teilnahmewettbewerb oder ein wettbewerblicher Dialog schließlich zugelassen, wenn in einem offenen oder nicht offenen Verfahren **keine ordnungsgemäßen oder nur unannehmbare Angebote** eingereicht wurden. In solchen Fällen dürfen öffentliche Auftraggeber Verhandlungen mit dem Ziel führen, regelkonforme und wirtschaftlich akzeptable Angebote zu erhalten.[70] Zu den **Voraussetzungen** iE: 39

(i) Bei dem Ausgangsverfahren muss es sich um ein offenes Verfahren oder nicht offenes Verfahren handeln. Ein Verhandlungsverfahren (mit oder ohne Teilnahmewettbewerb), ein wettbewerblicher Dialog und eine Innovationspartnerschaft sind keine tauglichen Ausgangsverfahren für die Anwendung von Abs. 3 Nr. 5. 40

(ii) Sämtliche Angebote müssen entweder **nicht ordnungsgemäß oder unannehmbar** sein. Die Vorschrift erläutert mit Beispielen ("insbesondere"), wann nicht ordnungsgemäße bzw. unannehmbare Angebote vorliegen. Danach sind nicht ordnungsgemäß insbes. Angebote, die 41
– nicht den Vergabeunterlagen entsprechen (§ 57 Abs. 1 Nr. 4 VgV),
– nicht fristgerecht eingereicht wurden (§ 57 Abs. 1 Nr. 1 VgV),
– nachweislich auf kollusiven Absprachen oder Korruption beruhen (§§ 123, 124 GWB) oder
– nach Einschätzung des öffentlichen Auftraggebers ungewöhnlich niedrig sind (§ 60 VgV).
Unannehmbar sind insbes. Angebote von Bietern,
– die nicht über die erforderlichen Qualifikationen (fehlende Eignung) verfügen, oder
– deren Preis die vor Einleitung des Vergabeverfahrens festgelegten und dokumentierten eingeplanten Haushaltsmittel des öffentlichen Auftraggebers übersteigt. Ändern sich die Finanzierungsgrundlagen nach Beginn der Ausschreibung, indem die zur Verfügung stehenden Mittel gekürzt oder zurückgezogen werden, bleiben die Angebote, die sich innerhalb der eingeplanten Haushaltsmittel bewegen, hingegen annehmbar. Ein Verhandlungsverfahren ist in solchen Fällen unzulässig, weil sich die Bieter bei Abgabe ihrer Angebote darauf verlassen können, dass die ursprünglich festgelegten Haushaltsmittel auch tatsächlich zur Verfügung stehen.[71]

Mit Blick auf den Beispielskatalog von Abs. 3 Nr. 5 kommt es somit nicht darauf an, welche Defizite die Angebote jew. aufweisen bzw. auf welcher Wertungsstufe der Ausschluss des jew. Angebots stattfand.[72] Ein Verhandlungsverfahren mit Teilnahmewettbewerb oder ein wettbewerblicher Dialog ist in all den Fällen zulässig, in denen **kein Angebot in die engere Wahl gekommen ist,** gleich aus welchem Grund. 42

In verfahrensrechtlicher Hinsicht muss das **Ausgangsverfahren** iS einer ungeschriebenen Tatbestandsvoraussetzung von Abs. 3 Nr. 5 **aufgehoben** werden.[73] Ein 43

---

[70] Erwgr. 44 der RL 2014/24/EU.
[71] Vgl. auch BGH 20.11.2012 – X ZR 108/10, NZBau 2013, 180 ff.; 20.3.2014 – X ZB 18/13, NZBau 2014, 310; RKMPP/Kern/Rubin § 14 Rn. 33; HK-VergabeR/Pünder VgV § 14 Rn. 39.
[72] KG 20.4.2011 – Verg 2/11, BeckRS 2011, 22535.
[73] DSW/Dieckmann VgV § 14 Rn. 47; Müller-Wrede VgV/UVgO/Hirsch/Kaelble VgV § 14 Rn. 114; HK-VergabeR/Pünder VgV § 14 Rn. 42.

formloser Übergang in ein Verhandlungsverfahren oder einen wettbewerblichen Dialog ist aus Gründen der Verfahrenstransparenz unzulässig. Aufhebungsgründe sind alle Tatbestände des § 63 Abs. 1 VgV; diese müssen selbstverständlich in ihren jew. Voraussetzungen erfüllt sein. Aufhebungsgründe, die dem öffentlichen Auftraggeber zuzurechnen sind, zB indem er durch nicht erfüllbare Leistungs- oder Verfahrensvorgaben bewirkt hat, dass keine annehmbaren Angebote eingehen (um dann in das Verhandlungsverfahren übergehen zu können),[74] können das Verhandlungsverfahren mit Teilnahmewettbewerb oder den wettbewerblichen Dialog nicht rechtfertigen.[75] Wird die Aufhebung des Ausgangsverfahrens auf Nachprüfung ihrerseits aufgehoben („Aufhebung der Aufhebung"), ist das unter Rückgriff auf Abs. 3 Nr. 5 eröffnete Verhandlungsverfahren seinerseits aufzuheben.[76]

44 Wird das Ausgangsverfahren außenwirksam und rechtskonform nach § 63 Abs. 1 VgV aufgehoben, gelten für das anschl. Verhandlungsverfahren mit Teilnahmewettbewerb die Verfahrensvorgaben des § 17 VgV (mit Ausnahme von dessen Abs. 5) und des § 18 VgV für den wettbewerblichen Dialog. Beide Anschlussverfahren sind rechtlich selbständig und von dem Ausgangsverfahren abgekoppelt.[77] Gegenüber dem alten Recht vor der Vergaberechtsreform 2016 sind zwei Besonderheiten für das **Anschlussverfahren** zu beachten:

44a (i) Die **Vergabeunterlagen** dürfen in dem Anschlussverfahren **grundlegend geändert** werden.[78] Die noch in Art. 30 Abs. 1 lit. a RL 2004/18/EG und § 3 EG Abs. 3 lit. a VOL/A aF enthaltene Forderung, dass die ursprünglichen Bedingungen des Auftrags nicht grdl. verändert werden dürfen, ist weggefallen. Das Verbot grundlegender Änderungen der Vergabeunterlagen gilt gem. § 14 Abs. 4 Nr. 1 VgV nur für das Verhandlungsverfahren ohne Teilnahmewettbewerb, wenn keine oder keine geeigneten Angebote oder Teilnahmeanträge im Ausgangsverfahren abgegeben wurden.

44b (ii) Wählt der öffentliche Auftraggeber als Anschlussverfahren ein **Verhandlungsverfahren**,[79] kann nach Abs. 3 Nr. 5 Hs. 4 auf einen **Teilnahmewettbewerb verzichtet** werden, wenn in das Verhandlungsverfahren alle geeigneten Unternehmen einbezogen werden, die im Ausgangsverfahren form- und fristgerechte Angebote abgegeben hatten.[80] Danach kann im Anschluss an ein rechtswirksam aufgehobenes offenes oder nicht offenes Verfahren ein Verhandlungsverfahren ohne Teilnahmewett-

---

[74] OLG Dresden 16.10.2001 – WVerg 7/01, BeckRS 2001, 17461; DSW/Dieckmann VgV § 14 Rn. 47.

[75] DSW/Dieckmann VgV § 14 Rn. 47; HK-VergabeR/Pünder VgV § 14 Rn. 43.

[76] Müller-Wrede VgV/UVgO/Hirsch/Kaelble VgV § 14 Rn. 115.

[77] Müller-Wrede VgV/UVgO/Hirsch/Kaelble VgV § 14 Rn. 116.

[78] HK-VergabeR/Pünder VgV § 14 Rn. 37; aA DSW/Dieckmann VgV § 14 Rn. 52 und Müller-Wrede VgV/UVgO/Hirsch/Kaelble VgV § 14 Rn. 123.

[79] Der Verzicht auf einen Teilnahmewettbewerb beim wettbewerblichen Dialog als Anschlussverfahren ist dagegen nicht zulässig, weil von Abs. 3 Nr. 5 Hs. 2, insoweit anders als bei Art. 26 Abs. 4 lit. b UAbs. 1 RL 2014/24/EU, nicht vorgesehen: Müller-Wrede VgV/ UVgO/Hirsch/Kaelble VgV § 14 Rn. 129.

[80] Die zugrundeliegende Regelung des Art. 26 Abs. 4 lit. b UAbs. 1 RL 2014/24/EU lautet: „In diesen Fällen sind die öffentlichen Auftraggeber nicht verpflichtet, eine Auftragsbekanntmachung zu veröffentlichen, wenn sie **alle – und nur die – Bieter** in das Verfahren einbeziehen, die die **Kriterien der Artikel 57 bis 64 erfüllen** und im Verlauf des vorherigen offenen oder nichtoffenen Verfahrens **den formalen Anforderungen des Vergabeverfahrens genügende Angebote** eingereicht haben." Die Hereinnahme weiterer Bewerber bzw. Bieter, die sich nicht an dem vorangegangenen Verfahren beteiligt hatten, ist damit unzulässig, der Verzicht auf den Teilnahmewettbewerb in diesem Falle ausgeschlossen. Das gilt bei losweiser Vergabe von Leistungen auch für Bieter, die Angebote lediglich für andere als die in Rede stehenden Lose abgegeben haben: DSW/ Dieckmann VgV § 14 Rn. 51 und OLG Dresden 28.12.2018 – Verg 4/18, VPRRS 2019, 0041.

bewerb stattfinden, wenn sämtliche und ausschl. diejenigen Bieter beteiligt werden, die im Ausgangsverfahren „den formalen Anforderungen des Vergabeverfahrens genügende Angebote eingereicht haben" (so Art. 26 Abs. 4 lit. b UAbs. 1 RL 2014/24/EU) und iRd Eignungsprüfung sowie der Prüfung des Nichtvorliegens von Ausschlussgründen nicht ausgeschlossen wurden. Formgerechte Angebote sind solche, die die von dem öffentlichen Auftraggeber vorgegebene äußere Form einhalten, zB im Hinblick auf ihre Form und ihre Übermittlung. Nicht „formgerecht" iSv Abs. 3 Nr. 5 Hs. 4 sind daher zB nicht verschlossen eingereichte, nicht ordnungsgemäß gekennzeichnete (§ 53 Abs. 5 VgV) oder nicht unterschriebene Angebote (§ 53 Abs. 6 S. 1 VgV).[81] Ein idS nicht formgerechtes Angebot liegt auch dann vor, wenn es Änderungen an den Vergabeunterlagen gem. § 57 Abs. 1 Nr. 4 VgV enthält. Jedoch ist ein Bieter, der im Ausgangsverfahren ein nicht formgerechtes Angebot abgegeben hatte, in das Verhandlungsverfahren einzubeziehen, wenn diejenige Anforderung in den Bedingungen des Ausgangsverfahrens, die zur Wertung des Angebots als nicht formgerecht führte, im Verhandlungsverfahren nicht mehr fortbesteht.[82] Können hingegen Formmängel bei Angeboten im laufenden Ausgangsverfahren durch entspr. Nachforderung gem. § 56 Abs. 2 VgV „geheilt" werden, kommt Abs. 3 Nr. 5 Hs. 4 nicht zur Anwendung.[83] Das bedeutet, dass die Nachforderung in diesen Fällen, obwohl im Grundsatz nur im Ermessen des öffentlichen Auftraggebers stehend, durchgeführt werden muss. Erst wenn auch die Nachforderung scheitert, kann in das Verhandlungsverfahren mit Teilnahmewettbewerb gewechselt werden.

Mit diesem so definierten „exklusiven Club" von Bietern kann und darf verhandelt werden, ohne eine neue Auftragsbekanntmachung und einen Teilnahmewettbewerb zu veröffentlichen.[84] Anders aber, wenn neue Bieter in die Verhandlungen einbezogen werden sollen oder mit einigen Bietern des Ausgangsverfahrens nicht verhandelt werden soll; bei diesen Sachverhalten muss der öffentliche Auftraggeber ein Verhandlungsverfahren oder einen wettbewerblichen Dialog mit Teilnahmewettbewerb gem. § 14 Abs. 3 Nr. 5 VgV durchführen. 45

V. Verhandlungsverfahren ohne Teilnahmewettbewerb (Abs. 4)

1. Keine oder keine geeigneten Angebote oder Teilnahmeanträge (Nr. 1)

Ein Verhandlungsverfahren ohne Teilnahmewettbewerb ist zulässig, wenn 46
(i) in einem offenen Verfahren oder nicht offenen Verfahren
(ii) keine oder keine geeigneten Angebote oder keine geeigneten Teilnahmeanträge abgegeben worden sind, sofern
(iii) die ursprünglichen Bedingungen des Auftrags nicht grundlegend geändert werden.
Die Vorschrift setzt Art. 32 Abs. 2a UAbs. 1, 2 RL 2014/24/EU um. Hintergrund dieser Ausnahmeregelung ist, dass der öffentliche Auftraggeber ursprünglich ein Verfahren gewählt hatte, durch das ein transparenter und nichtdiskriminierender Wettbewerb sichergestellt war, und jenes Verfahren aus aufgrund dem Auftraggeber nicht zuzurechnenden Gründen erfolglos geblieben ist.[85] Zu den **kumulativ** vorzuliegenden **Voraussetzungen** dieses Ausnahmetatbestands:
(i) Bei dem **Ausgangsverfahren** muss es sich um ein offenes oder ein nicht 47 offenes Verfahren gehandelt haben. War das vorangegangene Verfahren ein Verhand-

---

[81] DSW/Dieckmann VgV § 14 Rn. 51.
[82] KG 20.4.2011 – Verg 2/11, BeckRS 2011, 22535.
[83] DSW/Dieckmann VgV § 14 Rn. 51.
[84] Müller-Wrede VgV/UVgO/Hirsch/Kaelble VgV § 14 Rn. 135.
[85] VK Nordbayern 14.9.2020 – RMF-SG21-3194-5-25, VPRRS 2021, 0021.

lungsverfahren, kann nicht auf Abs. 4 Nr. 1 zurückgegriffen werden. Auch ein wettbewerblicher Dialog und eine Innovationspartnerschaft sind keine tauglichen Ausgangsverfahren. Das Ausgangsverfahren muss, bevor in ein Verhandlungsverfahren ohne Teilnahmewettbewerb übergegangen wird, iS einer ungeschriebenen Tatbestandsvoraussetzung **außenwirksam und vergaberechtskonform** nach Maßgabe des § 63 Abs. 1 S. 1 VgV **aufgehoben** werden.[86] Aufhebungsgründe, für die der öffentliche Auftraggeber verantwortlich ist, können den Übergang in das Verhandlungsverfahren ohne Teilnahmewettbewerb nicht rechtfertigen.[87] Näher dazu → Rn. 43. Eine Aufhebung nach § 63 Abs. 1 S. 1 **Nr. 2** VgV rechtfertigt allerdings kein anschl. Verhandlungsverfahren ohne Teilnahmewettbewerb, da **wesentliche Änderungen der Grundlagen des Ausgangsverfahrens** ein neues offenes oder nicht offenes Verfahren erfordern, dazu → Rn. 49.[88]

48 (ii) Weitere Voraussetzung ist, dass in dem Ausgangsverfahren entweder
– keine Angebote oder
– keine geeigneten Angebote oder
– keine geeigneten Teilnahmeanträge
abgegeben worden sind. Der Fall, dass keine Teilnahmeanträge abgegeben worden sind, ist miterfasst (vgl. Art. 32 Abs. 2a RL 2014/24/EU).[89] Ein **Teilnahmeantrag** ist **ungeeignet**, wenn das betreffende Unternehmen aufgrund eines zwingenden oder fakultativen Ausschlussgrunds nach den §§ 123, 124 GWB auszuschließen ist oder ausgeschlossen werden kann oder wenn es die von dem öffentlichen Auftraggeber aufgestellten Eignungskriterien nicht erfüllt.[90] Ein **Angebot** ist **ungeeignet**, wenn es ohne Abänderung den in den Vergabeunterlagen genannten Bedürfnissen und Anforderungen des öffentlichen Auftraggebers offensichtlich nicht entsprechen kann. Das ist vor allem dann der Fall, wenn die eingegangenen Angebote den in der Ausschreibung festgelegten Leistungsanforderungen nicht entsprechen. Gleiches gilt, wenn die Angebote unwirtschaftlich sind, also unter Zugrundelegung der in der Ausschreibung genannten Zuschlagskriterien in einem **unangemessenen Preis-Leistungs-Verhältnis** stehen.[91] Für das Vorliegen eines unangemessenen Verhältnisses ist der Auftraggeber darlegungs- und beweispflichtig. Der bloße Hinweis, dass die finanziellen Mittel nicht ausreichen, reicht dafür nicht.[92]

49 (iii) Das Verhandlungsverfahren ohne Teilnahmewettbewerb steht schließlich nur dann zur Verfügung, wenn die **ursprünglichen Bedingungen des Auftrags nicht grundlegend geändert** werden. Unter den Begriff der Auftragsbedingungen fallen iS eines umfassenden Verständnisses die Vergabeunterlagen einschl. der Bewerbungsbedingungen, der Eignungs- und Zuschlagskriterien und der Vertragsunterlagen inkl. der Leistungsbeschreibung und der Vertragsbedingungen (§ 29 Abs. 1 Nr. 1– 3 VgV). Es kommen damit Änderungen der Eignungs- und Zuschlagskriterien, Leistungsbeschreibung und der rechtlichen oder finanziellen Rahmenbedingungen des Auftrags in Betracht.

50 Die Frage, ob eine **Änderung grundlegend** ist, ist einzelfallbezogen anhand einer wertenden Betrachtung zu beantworten.[93] Es kommt darauf an, ob die Verän-

---

[86] DSW/Dieckmann VgV § 14 Rn. 56; Müller-Wrede VgV/UVgO/Hirsch/Kaelble VgV § 14 Rn. 150; HK-VergabeR/Pünder VgV § 14 Rn. 56.
[87] VK Nordbayern 14.9.2020 – RMF-SG21-3194-5-25, VPRRS 2021, 0021.
[88] DSW/Dieckmann VgV § 14 Rn. 60.
[89] DSW/Dieckmann VgV § 14 Rn. 57.
[90] DSW/Dieckmann VgV § 14 Rn. 59.
[91] VK BW 26.9.2008 – 1 VK 33/08; Müller-Wrede VgV/UVgO/Hirsch/Kaelble VgV § 14 Rn. 158.
[92] VK Sachsen 7.1.2008 – 1/SVK/077-07, IBR 2008, 1061.
[93] KG 20.4.2011 – Verg 2/11, BeckRS 2011, 22535; DSW/Dieckmann VgV § 14 Rn. 60; Müller-Wrede VgV/UVgO/Hirsch/Kaelble VgV § 14 Rn. 126; RKMPP/Kern/Rubin § 14 Rn. 41.

derung den Kern des Auftrags betrifft oder nur seine Details. Eine Änderung ist insbes. dann als grundlegend anzusehen, wenn „auf Grund der geänderten Bedingung, so sie denn Gegenstand des ursprünglichen Vergabeverfahrens gewesen wäre, die im Rahmen des Verfahrens mit vorherigem Aufruf zum Wettbewerb eingereichten Angebote als geeignet hätten betrachtet werden können oder andere Bieter als die, die an dem ursprünglichen Verfahren teilgenommen hatten, Angebote hätten einreichen können."[94] Generell liegen grundlegende Änderungen also dann vor, wenn der potenzielle Bieterkreis nach der Modifikation ein anderer sein könnte.[95] **Beispiele** für grundlegende Änderungen sind: eine wesentliche Erweiterung des Leistungsumfangs,[96] die ursprünglich etatmäßig eingesetzten Mittel werden nachträglich gekürzt oder gestrichen,[97] das vorgesehene Bauprojekt soll an anderer Stelle errichtet werden und es werden Änderungen des Bauentwurfes notwendig,[98] ein geändertes Finanzierungskonzept (Bauauftrag statt Konzession),[99] Vergabe in Losen anstatt der ursprünglichen Gesamtvergabe. Die Änderung der Zuschlagskriterien ist ebenfalls eine grundlegende Änderung.[100]

Wird das Ausgangsverfahren außenwirksam und rechtskonform aufgehoben, gelten 50a für das anschließende Verhandlungsverfahren ohne Teilnahmewettbewerb die Verfahrensvorgaben des § 17 Abs. 5–15 VgV. Das Anschlussverfahren ist rechtlich selbständig und von dem Ausgangsverfahren abgekoppelt.[101] Anders als Abs. 3 Nr. 5 Hs. 4, enthält Abs. 4 Nr. 1 keine Vorgaben zum **Teilnehmerkreis** in dem Verhandlungsverfahren ohne Teilnahmewettbewerb. Diese Differenzierung erklärt sich dadurch, dass Abs. 4 Nr. 1 (auch) das vollständige Fehlen von Teilnahmeanträgen und Angeboten oder geeigneten Bewerbern und Bietern im Ausgangsverfahren in den Blick nimmt. Bei einer solchen Sachlage kann der öffentliche Auftraggeber nach pflichtgemäßem Ermessen bestimmen, welche Unternehmen in das Verhandlungsverfahren einbezogen werden. Anders ist die Situation zu beurteilen, wenn es Unternehmen gibt, die im Ausgangsverfahren einen Teilnahmeantrag oder ein Angebot abgegeben hatten. In solchen Fällen muss der öffentliche Auftraggeber alle Teilnehmer des (aufgehobenen) Ausgangsverfahrens in das anschl. Verhandlungsverfahren einbeziehen, sofern und soweit nicht ihr erneuter Ausschluss aufgrund von Ausschlussgründen oder nicht behebbaren Eignungsmängeln zwangsläufig wäre.[102] So ist etwa ein Bieter, der im Ausgangsverfahren ein nicht formgerechtes Angebot abgegeben hatte, an dem Verhandlungsverfahren zu beteiligen, wenn diejenige Anforderung in den Bedingungen des Ausgangsverfahrens, die zur Wertung des Angebots als nicht formgerecht führte, im Verhandlungsverfahren nicht mehr fortbesteht.[103] Allerdings genießt der Teilnehmerkreis im Anschlussverfahren **keine Exklusivität:** Der öffentliche Auftraggeber ist nicht gehindert, neben Bewerbern und Bietern des Ausgangsverfahrens zur Stärkung des Wettbewerbs weitere (selbstverständlich geeignete) Unternehmen in das Verhandlungsverfahren einzubeziehen.[104]

---

[94] EuGH 4.6.2009 – C-250/07, NZBau 2009, 602 (605) – Kommission/Griechenland.
[95] EuGH 4.6.2009 – C-250/07, NZBau 2009, 602 (605) – Kommission/Griechenland; DSW/Dieckmann VgV § 14 Rn. 60; RKMPP/Kern/Rubin § 14 Rn. 41.
[96] EuGH 19.6.2008 – C-454/06, VergabeR 2008, 758.
[97] VK BW 15.11.1999 – 1 VK 13/99 – Einsparung von 20 % der ursprünglichen Bausumme.
[98] VK Nordbayern 27.6.2001 – 320.VK-3194-16/01, IBR 2002, 34.
[99] VK Berlin 31.5.2000 – VK-B2-15/00, IBR 2000, 401.
[100] OLG Brandenburg 17.2.2005 – Verg W 11/04, BeckRS 2011, 16822 = VergabeR 2005, 660 (665); VK Südbayern 21.4.2004 – 24–04/04, IBR 2004, 1138; DSW/Dieckmann VgV § 14 Rn. 60; Boesen VergabeR 2008, 385 (389).
[101] Müller-Wrede VgV/UVgO/Hirsch/Kaelble VgV § 14 Rn. 151.
[102] DSW/Dieckmann VgV § 14 Rn. 61; Müller-Wrede VgV/UVgO/Hirsch/Kaelble VgV § 14 Rn. 162.
[103] KG 20.4.2011 – Verg 2/11, BeckRS 2011, 22535.
[104] DSW/Dieckmann VgV § 14 Rn. 61.

50b Zur Berichtspflicht ggü. der Kommission in den Fällen des Abs. 4 Nr. 1 → § 14 Rn. 79.

2. Alleinstellung eines Unternehmens (Nr. 2 und Abs. 6)

51 Ein Verhandlungsverfahren ohne Teilnahmewettbewerb ist zulässig, wenn zum Zeitpunkt der Aufforderung zur Abgabe von Angeboten (→ Rn. 57a) der Auftrag nur von einem bestimmten Unternehmen erbracht oder bereitgestellt werden kann,
– weil ein einzigartiges Kunstwerk oder eine einzigartige künstlerische Leistung erschaffen oder erworben werden soll (lit. a),
– weil aus technischen Gründen kein Wettbewerb vorhanden ist (lit. b) oder
– wegen des Schutzes von ausschließlichen Rechten, insbes. von gewerblichen Schutzrechten (lit. c).

Ergänzend dazu erklärt § 14 Abs. 6 VgV die beiden Ausnahmen in lit. b und c nur dann für anwendbar, wenn es keine vernünftige Alternative oder Ersatzlösung gibt und der mangelnde Wettbewerb nicht das Ergebnis einer künstlichen Einschränkung der Auftragsvergabeparameter ist. Die Vorschrift, die Art. 32 Abs. 2 lit. b RL 2014/24/EU umsetzt, ist als Ausnahmetatbestand **eng auszulegen und anzuwenden**.[105] Sie räumt dem öffentlichen Auftraggeber keinen nur begrenzt überprüfbaren Prognosespielraum ein, der im Nachprüfungsverfahren allein auf Beurteilungsfehler überprüfbar wäre. Die Tatbestandsvoraussetzungen sind, was aus ihrem Ausnahmecharakter folgt, vielmehr **gerichtlich voll überprüfbar**.[106] Der Auftraggeber muss somit den Nachweis führen, dass das betreffende Unternehmen unionsweit quasi Monopolist der nachgefragten Leistung ist.[107] Er trägt hierfür die Beweislast und muss für das Vorliegen des Ausnahmetatbestands stichhaltige Belege beibringen.[108] Der Nachweis muss durch eine umfassende **Marktanalyse auf europäischer Ebene** erfolgen.[109]

---

[105] Erwgr. 50 RL 2014/24/EU; EuGH 15.10.2009 – C-275/08, IBR 2009, 726; OLG Düsseldorf 12.7.2017 – Verg 13/17, NZBau 2017, 679; 7.6.2017 – Verg 53/16, NZBau 2018, 118; 18.12.2013 – VII-Verg 24/13, BeckRS 2014, 2421; OLG Karlsruhe 21.7.2010 – 15 Verg 6/10, BeckRS 2011, 1084; VK Bund 19.9.2022 – VK 2–80/22, VPRRS 2022, 0266; VK Bund 23.10.2019 – VK 1–75/19, BeckRS 2019, 30967; 5.2.2009 – VK 1–186/08, BeckRS 2009, 139090; DSW/Dieckmann VgV § 14 Rn. 65; MüKoEuWettbR/Fett VgV § 14 Rn. 75.

[106] VK Bund 19.9.2022 – VK 2–80/22, VPRRS 2022, 0266; 28.11.2016 – VK 1–104/16, VPRRS 2017, 0079; MüKoEuWettbR/Fett VgV § 14 Rn. 92.

[107] EuGH 15.10.2009 – C-275/08, IBRRS 2009, 3308; 2.6.2005 – C-394/02, IBRRS 2005, 1732 = VergabeR 2005, 467 (470); OLG Düsseldorf 12.7.2017 – Verg 13/17, NZBau 2017, 679; 7.6.2017 – Verg 53/16, NZBau 2018, 118; 18.12.2013 – VII-Verg 24/13, BeckRS 2014, 2421; 20.10.2008 – Verg 46/08, BeckRS 2009, 4981; OLG Düsseldorf 23.10.2019 – VK 1–75/19, BeckRS 2019, 30967; 22.8.2008 – VK 2–73/08, IBRRS 2009, 3602; zur Beschaffung von Softwarelizenzen, die auf bereits vorhandenen Lizenzen aufbauen, vgl. VK Hessen 27.4.2007 – 69d-VK-11/2007, IBRRS 2007, 4570; zur Beschaffung patentgeschützter Arzneimittel OLG Düsseldorf 20.10.2008 – VII-Verg 46/08, BeckRS 2009, 4981; zum Ganzen auch VK Bund 23.10.2019 – VK 1–75/19, BeckRS 2019, 30967.

[108] OLG Düsseldorf 12.7.2017 – Verg 13/17, NZBau 2017, 679; 7.6.2017 – Verg 53/16, NZBau 2018, 118; VK Bund 18.10.2017 – VK 2–106/17, VPRRS 2017, 0357.

[109] EuGH 15.10.2009 – C-275/08, IBR 2009, 726; 2.6.2005 – C-394/02, IBR 2005, 387. Zu den Anforderungen an die Detailtiefe der Markterkundung VK Bund 29.9.2020 – VK 2-73/20, VPRRS 2020, 0318: „Im Rahmen der Markterkundung kann zwar nicht verlangt werden, dass der öffentliche Auftraggeber sich so umfassende Kenntnisse aneignet, die etwa vergleichbar der bei dem Hersteller vorhandenen Expertise sein müssten. Regelmäßig dürfte es ausreichen, wenn sich der Auftraggeber beim wesentlichen Nutzern vergleichbarer Produkte über die Vor- und Nachteile der einzelnen Geräte und die insoweit bestehenden Erfahrungen erkundigt und öffentlich verfügbare Quellen zu Rate zieht". Vgl. zum Ganzen auch VK Bund 23.10.2019 –

Um entscheiden zu können, ob zum Zeitpunkt der Angebotsaufforderung objektiv und ohne vernünftigen Zweifel ausschl. ein bestimmtes Unternehmen zur Durchführung des Auftrags in Betracht kommt, bedarf es einer entspr. **Prüfung von wettbewerblichen Alternativen**. Das gilt vor allem dann, wenn dem öffentlichen Auftraggeber zum Zeitpunkt der Angebotsaufforderung aus einem noch laufenden Vergabeverfahren alternative Bieter bekannt sind, die sich in einem Teilnahmewettbewerb als geeignet qualifiziert hatten.[110] In jenen Fällen ist den bekannten Bewerbern oder Bietern Gelegenheit zu geben, ihre Fähigkeiten zur Leistungserbringung selbst einzuschätzen.[111] Vor einer Direktvergabe bedarf es mithin einer belastbaren Prüfung, ob alternative wettbewerbliche Lösungen unter Einbeziehung bekannter Bewerber oder Bieter im Wege eines **Mini-Wettbewerbs** in Betracht kommen. Durch einen solchen Mini-Wettbewerb ist nach effizienten Alternativen zur Direktvergabe zu suchen, die die Bewerber oder Bieter auf der Grundlage einer an allen Bewerbern oder Bietern bekanntzugebenden Leistungsbeschreibung für die Leistungserbringung präsentieren sollen. Unterlässt der Auftraggeber die gebotene Prüfung, ob Alternativen in Betracht kommen, kommt dies einer **unzulässigen eigenmächtigen Vorwegnahme der Eignungsprüfung** gleich.[112] Ist somit nicht ausgeschlossen, dass noch weitere Unternehmen für die Auftragsdurchführung in Frage kommen oder in der Lage sind, die auftragsnotwendigen Fähigkeiten und Ausstattungen unter Betrachtung der Rüstzeit bis zur Aufnahme der Leistungserbringung[113] rechtzeitig zu erwerben, muss ausgeschrieben werden. Zweckmäßigkeitsüberlegungen oder rein wirtschaftliche Vorteile im Falle der Leistungserbringung durch ein bestimmtes Unternehmen reichen nicht.[114] Nicht entscheidend ist, ob der öffentliche Auftraggeber subjektiv der Auffassung ist, dass es nur einem bestimmten Unternehmen möglich ist, den Beschaffungsbedarf zum gegenwärtigen Zeitpunkt zu decken, sondern dass es anderen Unternehmen **objektiv unmöglich** ist.[115] Die Nähe eines Unternehmens zum Ort der Leistungserbringung ist deshalb unbeachtlich.[116] Unzulässig ist es auch, die Vergabe eines Auftrags an ein lokales Unternehmen mit der Erforderlichkeit einer Betriebsstätte in der Nähe des Erfüllungsortes zu begründen.[117]

Lit. a erklärt das Verhandlungsverfahren ohne Teilnahmewettbewerb für zulässig, wenn ein einzigartiges **Kunstwerk** oder eine einzigartige künstlerische Leistung erschaffen oder erworben werden soll und unionsweit nur ein Anbieter hierfür in Betracht kommt. Das soll nach Erwgr. 50 RL 2014/24/EU bei Kunstwerken der Fall sein, bei denen der einzigartige Charakter und Wert des Kunstgegenstandes selbst untrennbar an die Identität des Künstlers gebunden ist.

Lit. b gestattet ein Verhandlungsverfahren ohne Teilnahmewettbewerb, wenn aus **technischen Gründen** kein Wettbewerb vorhanden ist. An den Nachweis der

---

VK 1–75/19, BeckRS 2019, 30967. Vgl. auch DSW/Dieckmann VgV § 14 Rn. 65 sowie Müller-Wrede VgV/UVgO/Hirsch/Kaelble VgV § 14 Rn. 174.

[110] VK Bund 19.9.2022 – VK 2–80/22, VPRRS 2022, 0266.
[111] VK Bund 19.9.2022 – VK 2–80/22, VPRRS 2022, 0266 unter Berufung auf OLG Düsseldorf 18.12.2013 – Verg 21/13, VPRRS 2014, 0203.
[112] OLG Düsseldorf 18.12.2013 – Verg 21/13, VPRRS 2014, 0203.
[113] Dazu VK Bund 19.9.2022 – VK 2–80/22, VPRRS 2022, 0266.
[114] EuGH 15.10.2009 – C-275/08, IBRRS 2009, 3308; DSW/Dieckmann VgV § 14 Rn. 65.
[115] OLG Düsseldorf 18.12.2013 – Verg 21/13, VPRRS 2014, 0203; VK Sachsen 4.12.2018 – 1/SVK/023-18, VPRRS 2019, 0008.
[116] EuGH 10.4.2003 – C-20/01 und C-28/01, NZBau 2003, 393 (396).
[117] OLG Düsseldorf 8.5.2002 – Verg 5/02, BeckRS 2002, 5224 = VergabeR 2002, 665 (667); zum Kriterium der Ortsnähe EuGH 10.4.2003 – C-20/01 und C-28/01, NZBau 2003, 393 (396).

technischen Alleinstellung werden hohe Anforderungen gestellt.[118] Angesichts der negativen Auswirkungen auf den Wettbewerb kommt die Ausnahme nur **unter sehr außergewöhnlichen Umständen** zur Anwendung. Erwgr. 50 RL 2014/24/EU verlangt dazu:

„Die Ausnahme sollte auf Fälle beschränkt bleiben, (...) in denen von Anfang an klar ist, dass eine Veröffentlichung nicht zu mehr Wettbewerb oder besseren Beschaffungsergebnissen führen würde, nicht zuletzt, weil objektiv nur ein einziger Wirtschaftsteilnehmer in der Lage ist, den Auftrag auszuführen. (...) Öffentliche Auftraggeber, die auf diese Ausnahme zurückgreifen, sollten begründen, warum es keine vernünftigen Alternativen oder keinen vernünftigen Ersatz gibt, wie die Nutzung alternativer Vertriebswege, einschließlich außerhalb des Mitgliedstaats des öffentlichen Auftraggebers, oder die Erwägung funktionell vergleichbarer Bauleistungen, Lieferungen und Dienstleistungen.

Ist die Ausschließlichkeitssituation auf technische Gründe zurückzuführen, so sollten diese im Einzelfall genau beschrieben und nachgewiesen werden. Als solche könnten beispielsweise angeführt werden, dass es für einen anderen Wirtschaftsteilnehmer technisch nahezu unmöglich ist, die geforderte Leistung zu erbringen, oder dass es nötig ist, spezielles Wissen, spezielle Werkzeuge oder Hilfsmittel zu verwenden, die nur einem einzigen Wirtschaftsteilnehmer zur Verfügung stehen. Technische Gründe können auch zurückzuführen sein auf konkrete Anforderungen an die Interoperabilität, die erfüllt sein müssen, um das Funktionieren der zu beschaffenden Bauleistungen, Lieferungen oder Dienstleistungen zu gewährleisten."

Die Frage, ob aus technischen Gründen nur ein Unternehmen für die Durchführung des Auftrags in Betracht kommt, hängt häufig von der **Festlegung des Auftragsgegenstands** und der Bestimmung seiner technischen Spezifikationen ab. Gibt der öffentliche Auftraggeber bestimmte Funktionen, technische Merkmale oder Verfahren im Hinblick auf den Auftragsgegenstand vor, kann dies zu einer Verengung des Wettbewerbs und sogar dazu führen, dass nur ein bestimmtes Unternehmen zur Auftragserfüllung in der Lage ist. Dies konfligiert indessen mit dem grds. Anliegen des Vergaberechts, den in der EU niedergelassenen Marktteilnehmern den Zugang zu öffentlichen Aufträgen zu ermöglichen und damit einen möglichst breiten Wettbewerb herzustellen.[119] Diese Zielsetzung erfordert auch, eine wettbewerbsbeschränkende Festlegung des öffentlichen Auftraggebers im Vorfeld der eigentlichen Vergabe zu verhindern, weil durch eine Festlegung auf bestimmte Produkte oder Marktteilnehmer im Vorfeld der Zugang zum Vergabeverfahren und die Chancengleichheit der Bieter im Vergabeverfahren von vornherein beeinträchtigt wäre. Insbes. das **Gebot der produktneutralen Ausschreibung** (dazu ausf. → § 31 Rn. 49) zielt darauf ab, den Marktzugang für alle Bieter offen zu halten und vor Beschränkungen des Wettbewerbs durch zu enge, auf bestimmte Produkte oder Unternehmen zugeschnittene Leistungsbeschreibungen zu schützen.[120]

53 Auf der anderen Seite ist der öffentliche Auftraggeber bei der Beschaffungsentscheidung für ein bestimmtes Produkt, eine Herkunft, ein Verfahren oder dgl. im rechtlichen Ansatz ungebunden.[121] Ihm allein obliegt die Bestimmung des Auftrags-

---

[118] OLG Celle 9.11.2021 – 13 Verg 9/21, VPRRS 2021, 0294; OLG Düsseldorf 12.7.2017 – Verg 13/17, NZBau 2017, 679; 7.6.2017 – Verg 53/16, NZBau 2018, 118; VK Bund 19.9.2022 – VK 2–80/22, VPRRS 2022, 0266; 29.9.2020 – VK 2-73/20, VPRRS 2020, 0318; 23.10.2019 – VK 1–75/19, BeckRS 2019, 30967.

[119] EuGH 10.5.2012 – C-368/10, NZBau 2012, 445 – Max Havellar.

[120] OLG Karlsruhe 15.11.2013 – 15 Verg 5/13, NZBau 2014, 378; 16.11.2012 – 15 Verg 9/12, BeckRS 2013, 18348.

[121] OLG Düsseldorf 31.5.2017 – Verg 36/16, NZBau 2017, 623; OLG Karlsruhe 15.11.2013 – 15 Verg 5/13, NZBau 2014, 378; OLG Düsseldorf 12.2.2014 – VII-Verg 29/13, BeckRS 2014, 8851; 22.5.2013 – VII-Verg 16/12, BeckRS 2013, 11703.

gegenstands. Das Vergaberecht macht grds. keine Vorgaben hinsichtlich dessen, was der öffentliche Auftraggeber beschaffen will oder muss.[122] Die Bestimmung des Beschaffungsgegenstands ist dem eigentlichen Vergabeverfahren vorgelagert; das Vergaberecht regelt nur die Art und Weise der Beschaffung.[123] Daher hat die Rspr. dem öffentlichen Auftraggeber das Recht zugebilligt, seinen Beschaffungsbedarf auf eine bestimmte technische Konzeption festzulegen, sofern diese nicht auf sachfremden Erwägungen beruht. Denn das Vergaberecht dient nicht dazu, den Beschaffungsbedarf des öffentlichen Auftraggebers zu determinieren, sondern soll nur gewährleisten, dass die Beschaffung in einem transparenten, diskriminierungsfreien und möglichst wettbewerblichen Verfahren erfolgt.[124] Nach welchen sachbezogenen Kriterien die Beschaffungsentscheidung auszurichten ist, ist dem Auftraggeber auch in einem Nachprüfungsverfahren nicht vorzuschreiben. Dem Auftraggeber steht nach alledem ein – letztlich in der Privatautonomie wurzelndes – **Beurteilungsermessen** zu, dessen Ausübung iErg nur darauf kontrolliert werden kann, ob seine Entscheidung sachlich vertretbar ist.[125]

Es liegt damit grds. in der Hand des öffentlichen Auftraggebers, die an die zu beschaffenden Gegenstände zu stellenden funktionalen und technischen Anforderungen nach seinem Bedarf festzulegen. Allerdings ist mit der so definierten Beschaffungsfreiheit des öffentlichen Auftraggebers in der Praxis sehr häufig eine Beschränkung des Wettbewerbs auf bestimmte Bieter, Produkte oder Lieferanten verbunden. Die Spruchpraxis der Vergabesenate der Oberlandesgerichte hat deshalb Leitlinien aufgestellt, wann die **vergaberechtlichen Grenzen der Bestimmungsfreiheit** des öffentlichen Auftraggebers eingehalten sind. Dies ist der Fall, wenn die Bestimmung der Leistung durch den Auftraggeber **sachlich gerechtfertigt** ist, von dem Auftraggeber dafür **nachvollziehbare objektive und auftragsbezogene Gründe** angegeben worden sind und die Bestimmung folglich willkürfrei getroffen worden ist, solche Gründe tatsächlich vorhanden (festzustellen und notfalls erwiesen) sind und die Bestimmung andere Wirtschaftsteilnehmer **nicht diskriminiert**.[126] Dabei soll der Auftraggeber nicht verpflichtet sein, sich einen möglichst breiten Überblick über die in Betracht kommenden Leistungen zu verschaffen, um die Beschaffungsentscheidung durch weitergehende Marktuntersuchungen so zu treffen, dass eine möglichst produkt- oder technikoffene Leistungsbeschreibung erreicht wird (s. aber

54

---

[122] OLG Düsseldorf 31.5.2017 – Verg 36/16, NZBau 2017, 623; 22.10.2009 – Verg 25/09, BeckRS 2009, 29057.
[123] OLG Düsseldorf 31.5.2017 – Verg 36/16, NZBau 2017, 623; 12.2.2014 – VII-Verg 29/13, BeckRS 2014, 8851; OLG Karlsruhe 15.11.2013 – 15 Verg 5/13, NZBau 2014, 378.
[124] OLG Düsseldorf 17.2.2010 – Verg 42/09, BeckRS 2010, 6143.
[125] OLG Düsseldorf 12.2.2014 – VII-Verg 29/13, BeckRS 2014, 8851; OLG Karlsruhe 15.11.2013 – 15 Verg 5/13, NZBau 2014, 378; OLG Naumburg 14.3.2013 – 2 Verg 8/12, BeckRS 2013, 7440; OLG Düsseldorf 1.8.2012 – VII-Verg 10/12, NZBau 2012, 785; 3.3.2010 – VII-Verg 46/09, BeckRS 2016, 19890; ähnlich auch OLG München 28.7.2008 – Verg 10/08, BeckRS 2008, 17225; VK BW 6.7.2016 – 1 VK 28/16, IBRRS 2016, 2855.
[126] StRspr: BayObLG 29.7.2022 – Verg 13/21, VPRRS 2022, 0184; OLG Brandenburg 8.7.2021 – 19 Verg 2/21, VPRRS 2021, 0274; OLG Rostock 25.11.2020 – 17 Verg 1/20, VPRRS 2020, 0365; OLG München 26.3.2020 – Verg 22/19, VPRRS 2020, 0142; OLG Celle 31.3.2020 – 13 Verg 13/19, VPRRS 2020, 0370; OLG Düsseldorf 16.10.2019 – Verg 66/18, VPRRS 2019, 0329; 31.5.2017 – VII-Verg 36/16, BeckRS 2017, 114322; 13.4.2016 – Verg 47/15, ZfBR 2017, 93; 25.6.2014 – VII-Verg 47/13, BeckRS 2015, 6307; 1.8.2012 – VII-Verg 10/12, NZBau 2012, 785; 22.5.2013 – VII-Verg 16/12, BeckRS 2013, 11703; 12.2.2014 – VII-Verg 29/13, BeckRS 2014, 8851; OLG Karlsruhe 15.11.2013 – 15 Verg 5/13, NZBau 2014, 378; VK Bund 9.2.2016 – VK 1–130/15, ZfBR 2016, 711; 10.6.2015 – VK 1–40/15, VPRRS 2015, 0384.

→ Rn. 56).[127] Sofern der öffentliche Auftraggeber seine Beschaffungsentscheidung nach den obigen Kriterien getroffen hat, soll es auch nicht von Bedeutung sein, ob durch eine andere Lösung das Vertragsziel des öffentlichen Auftraggebers genauso gut erreicht werden könnte, noch in welchem Maße durch diese Beschaffungsentscheidung der Wettbewerb eingeschränkt wird. Dies soll auch dann gelten, wenn aufgrund der Beschaffungsentscheidung nur ein Anbieter für die Leistung in Betracht kommt.[128]

55 In einer Reihe von Fällen, die nach dem Recht vor der Vergaberechtsreform 2016 zu entscheiden waren, hatte das OLG Düsseldorf die **Erweiterung bzw. Modifikation von Bestandssystemen oder Ersatzbeschaffungen** vor dem Hintergrund der gewünschten Kompatibilität von Alt- und Neusystem als Fälle der vergaberechtskonformen Ausübung des Leistungsbestimmungsrechts angesehen:
– In dem durch Beschl. v. 1.8.2012 entschiedenen Fall „SatWas/MoWas" hatte sich der öffentliche Auftraggeber für die Weiterentwicklung eines satellitengestützten Warnsystems, welches auf dem bestehenden System aufbauen und um bestimmte Funktionalitäten erweitert werden sollte, und gegen die Neulieferung des Systems entschieden. Der Vergabesenat des OLG Düsseldorf hat diese Entscheidung als von dem Leistungsbestimmungsrecht gedeckt angesehen und dabei maßgeblich darauf abgestellt, dass die Vergabestelle im Interesse der **Systemsicherheit** und Funktion jedwede Risikopotenziale ausschließen und den sichersten Weg wählen durfte.[129]
– In dem durch Beschl. v. 22.5.2013 entschiedenen Fall „HISinOne/CampusNet" hatte das OLG Düsseldorf die Beschaffung einer auf der bei einer Hochschule bisher vorhandenen Softwarelandschaft aufbauenden weiterentwickelten Hochschulverwaltungssoftware ebenfalls als vom Leistungsbestimmungsrecht gedeckt angesehen. Auch hierfür waren deutlich verminderten Übergangsrisiken im Vergleich zu der Beschaffung einer gänzlich neuen Softwarelösung ausschlaggebend. Dabei haben die abzuwendenden Risiken von Fehlfunktionen, **Kompatibilitätsproblemen** und hohem **Umstellungsaufwand** die Entscheidung getragen. Die Vergabestelle durfte insbes. mit Blick auf die zwingende Notwendigkeit eines jederzeit störungsfreien Betriebs der Hochschulverwaltungssoftware im laufenden Studienbetrieb jedwede Risikopotenziale ausschließen und den sichersten Weg wählen.[130]
– Erwägungen zur **Minimierung von Risikopotenzialen** im Kontext einer Ersatzbeschaffung spielten auch in dem von dem OLG Düsseldorf mit Beschl. v. 13.4.2016 entschiedenen Fall die maßgebende Rolle. Die Entscheidung der dortigen Vergabestelle, für die Erneuerung und Modernisierung einer ISDN-gestützten Telefonie hin zu einer internetbasierten VoIP-Telefonie nur mit einer Bieterin zu verhandeln, hielt der Senat im Lichte des Leistungsbestimmungsrechts für vergaberechtskonform. Bereits die tatsächlich bestehenden und abzuwendenden Risiken von Fehlfunktionen, Kompatibilitätsproblemen und von höherem Zeit- und Kostenaufwand für Schulungen rechtfertigten die getroffene Entscheidung.[131]
– Schließlich billigte das OLG Düsseldorf im Beschl. v. 31.5.2017 – Verg 36/16 die Entscheidung der Bundeswehr, Drohnen des Typs Heron TP zu beschaffen.

---

[127] OLG Düsseldorf 1.8.2012 – VII-Verg 10/12, NZBau 2012, 785. Diese Auffassung ist inzwischen durch den ergänzend zu prüfenden Abs. 6 **obsolet**, weil der öffentliche Auftraggeber die Nichtvorhandensein vernünftiger Alternativen oder Ersatzlösungen ohne eine entspr. Markterkundung nicht belastbar darlegen und beweisen kann: DSW/Dieckmann VgV § 14 Rn. 68; MüKoEuWettbR/Fett VgV § 14 Rn. 88, 90 und → Rn. 56.
[128] VK Südbayern 8.4.2016 – Z3-3-3194-1-57-11/15, IBRRS 2016, 1069.
[129] OLG Düsseldorf 1.8.2012 – VII-Verg 10/12, NZBau 2012, 785.
[130] OLG Düsseldorf 22.5.2013 – Verg 16/12, ZfBR 2013, 713.
[131] OLG Düsseldorf 13.4.2016 – VII-Verg 47/15, NZBau 2016, 656.

Wahl der Verfahrensart **§ 14 VgV**

Die von der Vergabestelle getroffene Festlegung war nach Auffassung des Senats aus technischen Gründen sachlich gerechtfertigt, weil im **Interesse der Systemsicherheit** und der Funktion eine wesentliche Verringerung von Risikopotenzialen (Risiko von Fehlfunktionen, Kompatibilitätsproblemen und höherem Umstellungsaufwand) bewirkt wurde. Dies betraf vor allem die raschere Verfügbarkeit und Einsatzfähigkeit, was der Schließung einer militärischen Fähigkeitslücke und dem Schutz der eigenen Soldaten diente.[132]

Auch die neuere Rspr. hält eine **bestimmte Technologiewahl** für sachlich gerechtfertigt, wenn hierdurch im Interesse der Systemsicherheit das Risikopotenzial für Fehlfunktionen oder Kompatibilitätsprobleme verringert wird. Das OLG Brandenburg[133] hat dies nicht nur für komplexe IT-Komponenten oder in sicherheitsrelevanten Bereichen, sondern auch für die Beschaffung von Apple iPads angenommen. Das OLG Rostock[134] hat die Beschaffung einer Software zum Einsatz bei der Bearbeitung von Dienstleistungen nach dem SGB II (Arbeitslosenversicherung) für sachlich gerechtfertigt erklärt, weil damit Risiken durch den Datenaustausch mit externen Komponenten vermieden werden konnten. Das BayObLG[135] hat die Beschaffung einer digitalen Lösung für die Besucher-Kontaktdatenerfassung im Kontext der Corona-Pandemie („Luca-App"), bei der eine automatisierte und vollständige Weitergabe der gefilterten Daten über eine sog. SORMAS-Schnittstelle zu den Gesundheitsämtern als Mindestkriterium implementiert sein musste, für rechtmäßig gehalten. 55a

Allerdings werden dem Leistungsbestimmungsrecht des öffentlichen Auftraggebers durch **Abs. 6,** der in den in → Rn. 55 genannten Entscheidungen keine Anwendung fand, **deutlich engere Grenzen** gesetzt. Die auf Art. 32 Abs. 2 lit. b UAbs. 2 RL 2014/24/EU zurückgehende Vorschrift ist ein Korrektiv zu Abs. 4 Nr. 2 lit. b, c. Führt die Bestimmung des Auftragsgegenstands durch den öffentlichen Auftraggeber dazu, dass der Auftrag aus technischen Gründen nur von einem bestimmten Unternehmen erbracht oder bereitgestellt werden kann, ist das Verhandlungsverfahren ohne Teilnahmewettbewerb nur dann zulässig, wenn es „keine vernünftige Alternative oder Ersatzlösung gibt und der mangelnde Wettbewerb nicht das Ergebnis einer künstlichen Einschränkung der Auftragsvergabeparameter ist." Die Ergebnisse dieser Prüfung sind gem. Art. 84 Abs. 1 lit. f RL 2014/24/EU zu dokumentieren. Damit ist im Anwendungsbereich von Abs. 4 Nr. 2 lit. b, c die Freiheit der Leistungsbestimmung durch den öffentlichen Auftraggeber (→ Rn. 53 ff.) erheblich eingeschränkt. Die Bestimmungsfreiheit des Auftraggebers unterliegt hierdurch engeren vergaberechtlichen Grenzen als dies bei Durchführung eines wettbewerblichen Verfahrens der Fall ist. Eine Leistungsbestimmung, die im Falle des Abs. 4 Nr. 2 lit. b und c zu einem völligen Wettbewerbsverzicht führt, bedarf einer **wesentlich größeren Rechtfertigungstiefe** als eine solche, die unter Aufrechterhaltung des Vergabewettbewerbs iErg (nur) zu einer herstelleroder produktbezogenen Leistungsspezifikation gem. § 31 Abs. 6 VgV führt.[136] Danach kann nur (i) eine **objektive Ausschließlichkeit** den Rückgriff auf das Verhandlungsverfahren ohne Teilnahmewettbewerb rechtfertigen, und (ii) auch nur dann, wenn die Ausschließlichkeitssituation nicht durch den öffentlichen Auftraggeber selbst mit Blick auf das anstehende Vergabeverfahren – gewissermaßen 56

---

[132] OLG Düsseldorf 31.5.2017 – Verg 36/16, NZBau 2017, 623.
[133] OLG Brandenburg 8.7.2021 – 19 Verg 2/21, VPRRS 2021, 0274.
[134] OLG Rostock 25.11.2020 – 17 Verg 1/20, VPRRS 2020, 0365.
[135] BayObLG 29.7.2022 – Verg 13/21, VPRRS 2022, 0184.
[136] OLG Rostock 25.11.2020 – 17 Verg 1/20, VPRRS 2020, 0365; OLG Düsseldorf 12.7.2017 – Verg 13/17, NZBau 2017, 679; 7.6.2017 – Verg 53/16, NZBau 2018, 118; VK Bund 29.9.2020 – VK 2-73/20, VPRRS 2020, 0318; DSW/Dieckmann VgV § 14 Rn. 68; vgl. auch VK Bund 23.10.2019 – VK 1–75/19, BeckRS 2019, 30967.

Völlink

künstlich, dh ohne hinreichenden sachlichen Grund – herbeigeführt wurde.[137] Der öffentliche Auftraggeber darf also nicht durch einen „Kunstgriff", und zwar durch die ihm obliegende Festlegung des Beschaffungsgegenstands, eine technische Besonderheit erzeugen, die erst dadurch eine Auftragsvergabe an ein bestimmtes Unternehmen gebietet.[138] Das Fehlen einer vernünftigen Ersatzlösung oder Alternative isd Abs. 6 ist deshalb nicht schon dann anzunehmen, wenn das vom öffentlichen Auftraggeber favorisierte Produkt in einzelnen Merkmalen anderen am Markt erhältlichen Produkten überlegen ist. Dass ein Produkt dem anderen in bestimmten Bereichen graduell überlegen ist, reicht allein nicht aus, um das Fehlen von Wettbewerb zu begründen. Ansonsten hätte es der Auftraggeber in der Hand, durch entspr. Festlegung der Auftragsparameter ohne Durchführung eines wettbewerblichen Verfahrens frei unter den am Markt verfügbaren Produkten zu wählen. Abs. 6 **verpflichtet** ihn vielmehr, vor der Festlegung auf einen bestimmten Anbieter **Ersatzlösungen und Alternativen zu prüfen**. Hierbei sind funktionell vergleichbare Produkte in Betracht zu ziehen. Erst wenn die Ungeeignetheit aller weiteren verfügbaren Produkte positiv feststeht, kann eine Ausschließlichkeit aus technischen Gründen bestehen. Dabei reicht es nicht aus, dass die Anforderungen des öffentlichen Auftraggebers nur von einem Produkt erfüllt werden. Hinzukommen muss, dass der Bedarf des öffentlichen Auftraggebers das technische Alleinstellungsmerkmal *erfordert*.[139] Die Durchführung eines Verhandlungsverfahrens ohne Teilnahmewettbewerb mit der Begründung, aus technischen Gründen bestehe kein Wettbewerb, erfordert damit den Nachweis des Auftraggebers, dass der mit der Beschaffung verfolgte Zweck **nicht mit einem anderen am Markt erhältlichen Produkt erreicht werden kann** und der mangelnde Wettbewerb nicht das Ergebnis einer künstlichen Einschränkung der Auftragsvergabeparameter ist.[140]

57 Lit. c erfasst schließlich Fälle, in denen aus **rechtlichen Gründen** nur ein bestimmtes Unternehmen den Zuschlag erhalten kann. Dies können insbes. **Ausschließlichkeitsrechte** wie Patent- und Urheberrechte,[141] eingetragene Warenzeichen, Vertriebslizenzen sowie sonstige **gewerbliche Schutzrechte** sein, die dazu führen, dass nur der jew. Rechteinhaber zur Erbringung der Leistung befugt und in der Lage ist. Auch das alleinige Eigentum[142] bzw. Erbbaurecht bzw. Vorkaufsrecht an einem Grundstück fallen hierunter. Ausschließlichkeitsrechte von Unternehmen können auch in einer behördlichen Genehmigung oder langfristig bindenden Verträgen begründet sein.[143] Beruft sich der Auftraggeber darauf, dass ein Auftrag aufgrund eines Patents nur von einem bestimmten Unternehmen durchgeführt werden kann, müssen die Patentvoraussetzungen erfüllt sein, und es muss im konkreten Fall von

---

[137] Erwgr. 50 der RL 2014/24/EU.
[138] OLG Düsseldorf 18.12.2013 – VII-Verg 24/13, BeckRS 2014, 2421; ähnlich schon zur alten Rechtslage OLG Naumburg 24.6.2010 – 1 Verg 4/10, NZBau 2011, 127.
[139] DSW/Dieckmann VgV § 14 Rn. 68; Spinzig VergabeR 2019, 267 (272).
[140] OLG Düsseldorf 12.7.2017 – Verg 13/17, NZBau 2017, 679; 7.6.2017 – Verg 53/16, NZBau 2018, 118. Vgl. auch VK Bund 18.10.2017 – VK 2–106/17, BeckRS 2017, 135308 zur (abgelehnten) Alleinstellung aufgrund von Patentrechten. Erfolgt eine ex-ante Transparenzbekanntmachung nach § 135 Abs. 3 GWB, ist allein deren Text Maßstab für den Inhalt der Leistungsbestimmung des öffentlichen Auftraggebers; weitere Begründungen, die nicht in der Transparenzbekanntmachung kommuniziert wurden, finden keine Berücksichtigung: VK Bund 18.10.2017 – VK 2–106/17, BeckRS 2017, 135308.
[141] OLG Düsseldorf 20.10.2008 – VII-Verg 46/08, BeckRS 2009, 4981 = VergabeR 2009, 173 (175).
[142] OLG Frankfurt a. M. 30.8.2011 – 11 Verg 3/11, BeckRS 2011, 24232; OLG Düsseldorf 28.5.2003 – Verg 10/03, NZBau 2004, 175; OLG München 28.3.1996 – U (K) 4720/95, NJWE-WettbR 1996, 262 (263).
[143] OLG Frankfurt a. M. 30.8.2011 – 11 Verg 3/11, BeckRS 2011, 24232.

der technischen Lehre des Patents Gebrauch gemacht werden.[144] Hinzukommen muss, dass der Auftrag aufgrund des Patents nur von einem Unternehmen erfüllt werden kann.[145] Allein die Existenz eines Patents genügt somit nicht. Die Ausnahmevorschrift ist daher nicht einschlägig, wenn der Patentinhaber Lizenzen erteilt hat und der oder die Lizenznehmer aufgrund dessen zur Auftragsausführung rechtlich in der Lage sind.[146] Auch bei der Anwendung von lit. c gilt das Korrektiv des Abs. 6 (→ Rn. 56), wonach eine Vergabe außerhalb des Wettbewerbs nur dann zulässig ist, wenn es „keine vernünftige Alternative oder Ersatzlösung gibt und der mangelnde Wettbewerb nicht das Ergebnis einer künstlichen Einschränkung der Auftragsvergabeparameter ist."

Ausschlaggebender Zeitpunkt für die Beurteilung, ob nur ein Unternehmen 57a den betreffenden Auftrag durchführen kann, ist der Zeitpunkt der **Aufforderung zur Abgabe von Angeboten** durch den Auftraggeber, mithin der **Beginn des Vergabeverfahrens.** Diese Klarstellung ist durch Art. 3 des am 2.4.2020 in Kraft getretenen Gesetzes zur beschleunigten Beschaffung im Bereich der Verteidigung und Sicherheit und zur Optimierung der Vergabestatistik v. 25.3.2020[147] in Abs. 4 Nr. 2 aufgenommen worden. Nach der Gesetzesbegr.[148] bezweckt die Neuregelung

„sicherzustellen, dass nicht andere (zunächst nur potenziell als Anbieter in Frage kommende) Unternehmen einen Nachprüfungsantrag allein mit dem Ziel stellen, durch die Verzögerung über das Nachprüfungsverfahren Zeit zu gewinnen und ggf. einen Entwicklungsrückstand aufzuholen. Wäre ein späterer Zeitpunkt ausschlaggebend, könnte dies dazu führen, dass Produktentwicklungen anderer Unternehmen, die zum Zeitpunkt der Aufforderung zur Abgabe von Angeboten, mithin bei Beginn des Vergabeverfahrens, noch gar nicht existierten, nachträglich berücksichtigt werden müssten. Das hätte ggf. zur Folge, dass nachträglich die Wahl der Verfahrensart als vergaberechtswidrig bewertet werden könnte. Dies wäre aber nicht gerechtfertigt, da der Auftraggeber zum Zeitpunkt der Aufforderung zur Abgabe von Angeboten, mithin bei Beginn des Vergabeverfahrens, in keiner Weise absehen kann, ob andere Unternehmen ggf. Produkte entwickeln könnten, die den Beschaffungsbedarf ebenfalls bedienen würden. Der Auftraggeber muss die Sachlage zum Zeitpunkt seiner abschließenden Entscheidung über die Vergabeart zugrunde legen können, ohne dass die Gefahr besteht, dass diese durch später – im Laufe des Vergabeverfahrens – eintretende, vorher nicht absehbare Entwicklungen nachträglich vergaberechtswidrig wird."

Demgemäß kommt es nicht (mehr) darauf an, ob es zum Zeitpunkt der 57b Zuschlagserteilung oder gar zum Zeitpunkt der mündlichen Verhandlung vor dem Vergabesenat ein weiteres leistungsfähiges Unternehmen gibt, wenn nur die im Zeitpunkt der Angebotsaufforderung angestellte Prognose des öffentlichen Auftraggebers, es bestünden keine Alleinstellungsmerkmale, rückblickend objektiv vertretbar erscheint.[149] Verfügt also ein Unternehmen bei der Aufforderung zur Angebotsabgabe über ein Alleinstellungsmerkmal iSv Abs. 4 Nr. 2 lit. a, b oder c, können andere, nicht zur Angebotsabgabe aufgeforderte Unternehmen ihre Leistungsfähigkeit nicht mehr während der mitunter langen Dauer eines von ihnen initiierten Nachprüfungsverfahrens herstellen. Durch die aus Sicht der öffentlichen Auftraggeber begrüßenswerte Regelung können monatelange Nachprüfungsver-

---

[144] OLG Düsseldorf 28.5.2003 – Verg 10/03, NZBau 2004, 175 (176).
[145] OLG Düsseldorf 18.12.2013 – VII-Verg 24/13, BeckRS 2014, 2421.
[146] OLG Düsseldorf 18.12.2013 – VII-Verg 24/13, BeckRS 2014, 2421; 20.10.2008 – VII-Verg 46/08, BeckRS 2009, 4991 = VergabeR 2009, 173 (175); VK Bund 6.7.2011 – VK 3–80/11, VPRRS 2013, 0239.
[147] BGBl. I 674 (Nr. 16).
[148] BT-Drs. 19/15603, 61.
[149] MüKoEuWettbR/Fett VgV § 14 Rn. 74.

fahren über zwei Instanzen mit umfangreichen Beweisaufnahmen zu vermeintlich gleichwertigen Produkteigenschaften des den Nachprüfungsantrag stellenden Unternehmens vermieden werden.[150]

3. Äußerste Dringlichkeit (Nr. 3)

58 Ein Verhandlungsverfahren ohne Teilnahmewettbewerb ist im Anschluss an Art. 32 Abs. 2 lit. c RL 2014/24/EU zulässig, wenn **äußerst dringliche, zwingende Gründe** im Zusammenhang mit Ereignissen, die der öffentliche **Auftraggeber nicht voraussehen** konnte, es nicht zulassen, die für das offene Verfahren, das nicht offene Verfahren und das Verhandlungsverfahren mit Teilnahmewettbewerb vorgeschriebenen Mindestfristen einzuhalten; dabei dürfen die Umstände, die die äußerste Dringlichkeit begründen, dem öffentlichen Auftraggeber nicht zuzurechnen sein. An die Dringlichkeitsvergabe werden, wie schon der Wortlaut der Bestimmung zeigt („äußerst dringliche, zwingende Gründe"), **hohe Anforderungen** gestellt.[151] Der Auftraggeber trägt für das Vorliegen der Tatbestandsvoraussetzungen die Beweislast. Kann er nicht darlegen, dass die Beschaffung zwingend so rasch erfolgen musste, dass auch die verkürzten Fristen für das beschleunigte offene, das nicht offene Verfahren und das Verhandlungsverfahren mit Teilnahmewettbewerb nicht eingehalten werden konnten, geht das zu seinen Lasten.[152]

59 Ein Verzicht auf eine EU-weite Bekanntmachung ist nach der Vorschrift nur unter diesen **Voraussetzungen,** die **kumulativ** vorliegen müssen, zulässig:
i) Es muss für den betreffenden Auftraggeber ein unvorhersehbares Ereignis vorliegen und,
ii) daraus resultierend, also kausal darauf zurückzuführen,
iii) müssen äußerst dringliche und zwingende Gründe für eine beschleunigte Auftragsvergabe gegeben sein, die die Einhaltung der bei einem Verfahren mit einer vorherigen Auftragsbekanntmachung vorgeschriebenen Fristen nicht zulassen.[153] Dabei dürfen die angeführten Umstände zur Begründung der zwingenden Dringlichkeit auf keinen Fall dem öffentlichen Auftraggeber zuzuschreiben sein (Art. 32 Abs. 2 lit. c S. 2 RL 2014/24/EU.[154]

60 Nach Erwgr. 109 der RL 2014/24/EU sind **unvorhersehbar** nur solche Umstände, die auch bei einer nach vernünftigem Ermessen sorgfältigen Vorbereitung durch den öffentlichen Auftraggeber unter Berücksichtigung der diesem zur Verfügung stehenden Mittel, der Art und Merkmale des spezifischen Projekts, der bewährten Praxis im betreffenden Bereich und der Notwendigkeit, ein angemessenes Verhältnis zwischen den bei der Vorbereitung der Zuschlagserteilung einge-

---

[150] Dies war etwa Gegenstand des insges. ein Jahr dauernden Nachprüfungsverfahrens vor dem OLG Düsseldorf 31.5.2016 – Verg 36/16, NZBau 2017, 623 = BeckRS 2017, 114322, anlässlich der Beschaffung von unbemannten Drohnen des Typs Heron TP für die Bundeswehr.
[151] DSW/Dieckmann VgV § 14 Rn. 71.
[152] Verordnungsbegr. BR-Drs. 87/16, 169; OLG Düsseldorf 13.3.2016 – Verg 46/15, VPRRS 2016, 0268; VK Südbayern 12.8.2016 – Z3-3-3194-1-27-07-16, IBRRS 2016, 2124.
[153] S. schon EuGH 15.10.2009 – C-275/08, NZBau 2010, 63 (64); 2.6.2005 – C-394/02, IBRRS 2005, 1732 = VergabeR 2005, 467(470); 18.11.2004 – C-126/03, BeckRS 2004, 78186 = VergabeR 2005, 57 (59) – Kommission/Deutschland; 28.3.1996 – C-318/94, NVwZ 1997, 373; OLG Düsseldorf 15.2.2023 – Verg 9/22, VPRRS 2023, 0059; VK Westfalen 21.12.2017 – VK 1–40/17, IBRRS 2018, 0201; VK Bund 20.5.2003 – VK 1–35/03, IBR 2003, 491; vgl. auch: Mitteilung der Kommission 2020/C 108/1 v. 1.4.2020 – Leitlinien zur Nutzung des Rahmens für die Vergabe öffentlicher Aufträge in der durch die COVID-19-Krise verursachten Notsituation, ABl. 2020 C I 108, 1.
[154] OLG Düsseldorf 15.2.2023 – Verg 9/22, VPRRS 2023, 0059.

setzten Ressourcen und dem absehbaren Nutzen zu gewährleisten, nicht hätten vorausgesagt werden können. Unvorhersehbar sind damit Ereignisse, mit denen auch bei Anlegung eines hohen objektiven Sorgfaltsmaßstabs nicht gerechnet werden konnte.[155] Dies ist nicht der Fall, wenn zB unter Rückgriff auf bestehende Statistiken ein zukünftiger Beschaffungsbedarf aus objektiver Sichtweise frühzeitig erkennbar war.[156] Auch rechtfertigen die **Abrufbarkeit von Fördermitteln** bis zu einem bestimmten Termin ebenso wenig wie der Ablauf des Haushaltsjahres den Verzicht auf eine EU-Bekanntmachung.[157] Gleiches gilt für vorhersehbare Verzögerungen bei der Beschaffung notwendiger behördlicher Genehmigungen[158] oder durch Einleitung von Nachprüfungsverfahren; mit möglichen Verzögerungen durch Nachprüfungsverfahren muss der öffentliche Auftraggeber bei der Einleitung des Vergabeverfahrens stets rechnen und sie bei seiner Zeitplanung berücksichtigen.[159] Ebenfalls nicht unter den Tatbestand fallen regelmäßig Konstellationen, in denen der Beschaffungsbedarf die Folge einer Nicht- oder Schlechtleistung eines Vertragspartners ist. Dabei handelt es sich um ein typisches und von dem öffentlichen Auftraggeber zu tragendes Risiko, mit dem stets gerechnet werden muss.[160]

Die **Insolvenz** des Ist-Auftragnehmers kann eine Vergabe im Verhandlungsverfahren ohne Teilnahmewettbewerb somit allenfalls dann rechtfertigen, wenn dem Auftraggeber iRd Auswahl des insolventen Auftragnehmers kein Fehler unterlaufen war, die Insolvenz des Auftragnehmers also objektiv nicht vorhersehbar war, und die Fertigstellung der Leistung durch einen Ersatzunternehmer objektiv äußerst dringlich ist.[161] Eine (außerordentliche) **Kündigung des Vertrages** befreit ebenfalls nicht ohne weiteres von der Pflicht zur Ausschreibung der Restleistungen.[162] Dabei ist der gekündigte Auftragnehmer nicht von der Vergabe des Auftrags zur Vollendung der Leistung ausgeschlossen. Ob der gekündigte Auftragnehmer an der Vergabe beteiligt werden muss bzw. ob sein Angebot unberücksichtigt bleiben kann, ist ein Problem der Eignung des Bieters.[163] Auch die **Aufhebung eines Vergabeverfahrens** und die sich daraus ergebende Dringlichkeit der Beschaffung ist für sich genommen kein unvorhersehbares Ereignis. Hinzukommen muss, dass den Auftraggeber hinsichtlich der Aufhebung kein Verschulden trifft[164] und die Beschaffung aufgrund der fortgeschrittenen Zeit nunmehr objektiv äußerst dringlich ist. Ist dem Auftraggeber das Scheitern des vorangegangenen offenen oder nicht offenen Verfahrens hingegen zuzurechnen, etwa weil

---

[155] VK Südbayern 26.9.2022 – 3194.Z3-3_01-22-48, VPRRS 2023, 0129.
[156] Vgl. etwa VK Südbayern 12.8.2016 – Z3-3-3194-1-27-07-16, IBRRS 2016, 2124 = BeckRS 2016, 15052 für absehbar notwendige Dienstleistungen im Kontext der Flüchtlingsunterbringung. S. auch KG 10.5.2022 – Verg 1/22, VPRRS 2022, 0156: Die Umstände, mit denen die äußerste Dringlichkeit begründet wird, dürfen dem öffentlichen Auftraggeber nicht zuzurechnen sein. So liegt es aber, wenn die Interimsvergabe Folge eines fehlerhaft betriebenen Vergabeverfahrens ist.
[157] VK NRW 31.3.2000 – VK 3/2000 B, IBR 2001, 79.
[158] EuGH 28.3.1996 – C-318/94, NVwZ 1997, 373 (374).
[159] OLG Düsseldorf 15.2.2023 – Verg 9/22, VPRRS 2023, 0059; OLG Karlsruhe 27.3.2015 – 15 Verg 9/14, VPRRS 2015, 0133.
[160] Müller-Wrede VgV/UVgO/Hirsch/Kaelble VgV § 14 Rn. 220.
[161] VK Bund 29.6.2005 – VK 3–52/05, IBR 2005, 1251; VÜA Bayern 23.9.1999 – VÜA 4/99, IBR 1999, 561.
[162] OLG München 5.10.2012 – Verg 15/12, BeckRS 2012, 21412.
[163] OLG München 5.10.2012 – Verg 15/12, BeckRS 2012, 21412; OLG Brandenburg 14.9.2010 – Verg W 8/10, BeckRS 2010, 23053; OLG Düsseldorf 4.2.2009 – Verg 65/08, BeckRS 2009, 29063.
[164] OLG Düsseldorf 29.2.2012 – Verg 75/11, IBRRS 2012, 1733.

die Vergabebedingungen die Erfüllung des ausgeschriebenen Auftrags bis an die Grenze der Unmöglichkeit erschwert haben und deshalb keine oder keine wirtschaftlichen Angebote abgegeben worden sind, ist ein Verhandlungsverfahren ohne Teilnahmewettbewerb unzulässig.[165]

62 **Äußerste Dringlichkeit** ist regelmäßig bei unaufschiebbaren, nicht durch den Auftraggeber verursachten Ereignissen anzunehmen, bei denen eine **gravierende Beeinträchtigung** für die Allgemeinheit und die staatliche Aufgabenerfüllung droht, etwa durch einen schweren, nicht wieder gutzumachenden Schaden.[166] Als **dringliche und zwingende Gründe** kommen deshalb akute Gefahrensituationen und höhere Gewalt in Betracht, die zur Vermeidung von Schäden der Allgemeinheit ein sofortiges, die Einhaltung von Fristen ausschließendes Handeln erfordern.[167] Beispiele sind die Behebung von Sturm- und Brandschäden oder sonstigen Katastrophenschäden sowie die Beschaffung von Leistungen, die der kurzfristigen Bewältigung von Krisen (etwa der Corona-Pandemie im Frühjahr 2020) und der Aufrechterhaltung des Dienstbetriebs der öffentlichen Verwaltung dienen. Zwingende, dringliche Gründe, die eine Beschaffung in einem regulären Vergabeverfahren nicht zulassen, kommen nicht nur bei akuten Gefahren für Leib und Leben in Betracht, sondern auch bei der Gefährdung der Erfüllung anderer, dem Staat obliegenden Aufgaben.[168] Eine äußerste Dringlichkeit kann hingegen nicht mit bloßen wirtschaftlichen Erwägungen begründet werden.[169]

63 Das Merkmal der **äußersten Dringlichkeit** wird ausgefüllt durch den Verweis auf die **Mindestfristen**, die in Verfahren mit einer EU-Auftragsbekanntmachung vorgeschrieben sind. Der Grad der Dringlichkeit muss demgemäß so hoch sein, dass selbst die auf ein zulässiges Maß verkürzten Teilnahme- und Angebotsfristen zu lang sind, um den Beschaffungsbedarf zu decken.[170] In einem beschleunigten offenen Verfahren kann die Angebotsfrist nach § 15 Abs. 3 VgV auf 15 Tage verkürzt werden. Unter Berücksichtigung des Zeitraums für die Angebotswertung und der Wartefrist gem. § 134 Abs. 2 S. 2 GWB kann eine Vergabe im beschleunigten offenen Verfahren innerhalb von fünf Wochen durchgeführt werden.[171] Soweit dies möglich ist, kommt die Wahl eines Verhandlungsverfahrens ohne Teilnahmewettbewerb nicht in Betracht.

64 Sind bedeutende Rechtsgüter, wie etwa Leib und Leben und hohe Vermögenswerte, unmittelbar gefährdet, kann eine Dringlichkeitsvergabe selbst dann gerechtfertigt sein, wenn die Gründe für die besondere **Dringlichkeit dem Verhalten des Auftraggebers zuzurechnen** sind. Das gilt vor allem bei unmittelbaren Gefährdungen der Versorgungssicherheit im Bereich der Daseinsvorsorge,[172] wie

---

[165] AA OLG Dresden 16.10.2001 – WVerg 7/01, ZfBR 2002, 298 = VergabeR 2002, 142 (145).

[166] Angenommen für die Beschaffung von Leistungen während der Coronakrise, vgl. BMWi-Rundschreiben v. 19.3.2020 „zur Anwendung des Vergaberechts im Zusammenhang mit der Beschaffung von Leistungen zur Eindämmung der Ausbreitung des neuartigen Coronavirus SARS-COV-2."

[167] OLG Celle 29.10.2009 – 13 Verg 8/09, NZBau 2010, 194 (200).

[168] OLG Düsseldorf 15.2.2023 – Verg 9/22, VPRRS 2023, 0059; OLG Frankfurt a. M. 24.11.2022 – 11 Verg 5/22, VPRRS 2023, 0021; BayObLG 31.10.2022 – Verg 13/22, VPRRS 2022, 0290; 20.1.2022 – Verg 7/21, VPRRS 2022, 0031; OLG Bremen 14.12.2021 – 2 Verg 1/21 – NZBau 2022, 548; DSW/Dieckmann VgV § 14 Rn. 71.

[169] OLG Celle 29.10.2009 – 13 Verg 8/09, NZBau 2010, 194 (200).

[170] VK Bund 31.5.2002 – VK 2–20/02, BeckRS 2002, 161382; DSW/Dieckmann VgV § 14 Rn. 72.

[171] VK Südbayern 12.8.2016 – Z3-3-3194-1-27-07-16, IBRRS 2016, 2124.

[172] OLG Frankfurt a. M. 24.11.2022 – 11 Verg 5/22, VPRRS 2023, 0021; BayObLG 31.10.2022 – Verg 13/22, VPRRS 2022, 0290 jew. für die Vergabe von Bewachungsdienstleistungen; OLG Rostock 9.12.2020 – 17 Verg 4/20, VPRRS 2020, 0367 für die Vergabe von

Wahl der Verfahrensart **§ 14 VgV**

etwa Reinigungs- und Desinfektionsarbeiten in Operationssälen eines Klinikums,[173] Leistungen im Rettungsdienst,[174] ÖPNV,[175] Abfallentsorgung,[176] Leistungen zur Unterbringung von Asylbewerbern[177] oder die Bewirtschaftung einer Erstaufnahmeeinrichtung.[178] Ursache einer solchen Störung kann die Insolvenz oder eine Schlechtleistung des bisherigen Auftragnehmers sein, die den Auftraggeber zur Kündigung des Vertrages zwingt, oder eine Verzögerung eines Vergabeverfahrens durch ein Nachprüfungsverfahren.[179] Auch **übergeordnete Interessen der Bündnis- und Verteidigungsfähigkeit der Bundeswehr**[180] können in engen zeitlichen Grenzen eine Dringlichkeitsvergabe rechtfertigen, selbst wenn die tatbestandlichen Voraussetzungen für ein Absehen von einer unionsweiten Auftragsbekanntmachung nicht vorliegen, so zB wenn der öffentliche Auftraggeber eine objektiv gegebene Dringlichkeit selbst zu verantworten hat. In derartigen Fällen tritt der Aspekt der Zurechenbarkeit und Vorhersehbarkeit hinter die **Notwendigkeit der Kontinuität der Versorgungsleistung** zurück.[181] Hier darf zur Abwendung eines drohenden

---

Corona-Tests; VK Niedersachsen 3.2.2012 – VgK-01/2012, IBRRS 2012, 4206 für die Vergabe von Leistungen der Daseinsvorsorge (Rettungsdienste) im Lichte von Art. 14 AEUV: „Auch ein Verschulden des Auftraggebers kann nicht eine Unterbrechung der Rettungsdienstleistungen zulasten der Bevölkerung und damit der Nutzer rechtfertigen." Ablehnend KG 10.5.2022 – Verg 1/22, VPRRS 2022, 0156: Danach erscheint es allenfalls vertretbar, auf der Rechtsfolgenseite § 135 Abs. 1 S. 2 GWB dahin einschränkend auszulegen, dass bei einer unmittelbaren Gefährdung der Versorgungssicherheit im Bereich der Daseinsvorsorge, trotz der nach § 14 Abs. 4 Nr. 3 VgV bestehenden Vergaberechtswidrigkeit der Vergabe im Verhandlungsverfahren ohne Teilnahmewettbewerb, zur Gewährleistung der Kontinuität der Versorgungsleistung von der Feststellung der Unwirksamkeit des Vertrages abzusehen. Auch wenn insoweit dann die Unwirksamkeit des Vertrages nicht festzustellen sei, hindere dies nicht die Feststellung, dass der Vertrag vergaberechtswidrig unter Verstoß gegen § 14 Abs. 4 Nr. 3 VgV zustande gekommen sei.

[173] OLG Celle 29.8.2003 – 13 Verg 15/03, IBRRS 2003, 2380.
[174] OLG Naumburg 19.10.2000 – 1 Verg 9/00, IBRRS 2003, 0996; VK Niedersachsen 3.2.2012 – VgK-01/2012, IBRRS 2012, 4206.
[175] OLG Frankfurt a. M. 30.1.2014 – 11 Verg 15/13, VPRRS 2014, 0235.
[176] VK Hessen 12.1.2017 – 69d-VK-58/2016, VPRRS 2017, 0259.
[177] VK Südbayern 12.8.2016 – Z3-3-3194-1-27-07-16, IBRRS 2016, 2124.
[178] VK Arnsberg 25.8.2008 – VK 14/08, IBRRS 2008, 2849.
[179] BayObLG 31.10.2022 – Verg 13/22, VPRRS 2022, 0290 zur vorzeitigen Gestattung des Zuschlags bei einer dringlichen Interimsvergabe aufgrund von Verzögerungen im erstinstanzlichen Verfahren vor der Vergabekammer; VK Lüneburg 3.7.2009 – VgK-30/2009, VgK-30/09, BeckRS 2009, 23612. S. auch VK Sachsen-Anhalt 13.12.2017 – 1 VK LSA 27/17, IBRRS 2018, 1667: Der öffentliche Auftraggeber muss den zwischen der erst- und zweitinstanzlichen Nachprüfungsentscheidung liegenden Zeitraum von annähernd vier Monaten zur Durchführung einer Interimsvergabe nutzen und kann sich, wenn er dies unterlässt, später nicht auf Dringlichkeit berufen.
[180] VK Bund 19.9.2022 – VK 2–80/22, VPRRS 2022, 0266: „Diese übergeordneten Interessen können nicht ignoriert werden, auch wenn die Ag verantwortlich ist für die vergaberechtliche Gesamtlage. Trotz des Fehlens eines Ausnahmetatbestands für die Direktvergabe an den Bg ist die Wirksamkeit dieses Vertrags, allerdings nur in den zeitlich unbedingt erforderlichen Grenzen, aus den dargelegten übergeordneten Gesichtspunkten der Verteidigungs- und Bündnisfähigkeit anzuerkennen."
[181] OLG Frankfurt a. M. 24.11.2022 – 11 Verg 5/22, VPRRS 2023, 0021; BayObLG 31.10.2022 – Verg 13/22, VPRRS 2022, 0290; OLG Frankfurt a. M. 30.1.2014 – 11 Verg 15/13, VPRRS 2014, 0235; VK Bund 19.9.2022 – VK 2–80/22, VPRRS 2022, 0266; VK Südbayern 26.9.2022 – 3194.Z3-3_01-22-48, VPRRS 2023, 0129; DSW/Dieckmann VgV § 14 Rn. 74. **AA** KG 10.5.2022 – Verg 1/22, VPRRS 2022, 0156: In solchen Fällen kann trotz der

Völlink

vertragslosen Zustandes ausnahmsweise und in engen Grenzen eine Dringlichkeitsvergabe durchgeführt werden.[182] Das OLG Frankfurt a. M.[183] hat dies zutreffend wie folgt begründet:

> *„In der wert- und insbesondere grundrechtsgebundenen Ordnung des Grundgesetzes und der Unionsverträge muss der Staat immer und unabhängig von früheren Versäumnissen in rechtmäßiger Weise in der Lage sein, auf Notlagen zu reagieren oder sie abzuwenden, mithin unverzichtbare Leistungen zu erbringen. Dies betrifft insbesondere Leistungen zur Gewährleistung der öffentlichen Sicherheit und Ordnung einschließlich der Daseinsvorsorge."*

64a Das OLG Düsseldorf[184] hat diese Auffassung für **unverzichtbare Leistungen der Daseinsvorsorge** geteilt und sich hierfür auf die Gewährleistung von Diensten von allgemeinem wirtschaftlichem Interesse garantierenden Art. 14 AEUV (sog. Funktionsgewährleistungspflicht) berufen. Es hat sich jedoch in seinem Beschl. v. 15.2.2023 durch Art. 32 Abs. 2 lit. c S. 2 der RL 2014/24/EU an einer entspr. einschränkenden Anwendung von § 14 Abs. 4 Nr. 3 VgV gehindert gesehen und dem EuGH die Frage vorgelegt, ob Art. 32 Abs. 2 lit. c der RL 2014/24/EU mit Rücksicht auf Art. 14 AEUV einschränkend dahingehend auszulegen ist, dass die Vergabe eines der Daseinsvorsorge dienenden öffentlichen Auftrags bei äußerster Dringlichkeit auch dann im Verhandlungsverfahren ohne vorherige Veröffentlichung erfolgen kann, wenn das Ereignis für den öffentlichen Auftraggeber voraussehbar und ihm die angeführten Umstände zur Begründung der äußersten Dringlichkeit zuzuschreiben sind.

65 Für die Dringlichkeitsvergabe gelten keine besonderen Regelungen.[185] Der öffentliche Auftraggeber muss den Grundsatz der **Verhältnismäßigkeit** hinsichtlich des Umfangs und der Dauer des Auftrags beachten:[186]
i) Die Interimsvergabe muss sich auf die Maßnahmen beschränken, die zur **vorübergehenden Bedarfsdeckung** erforderlich sind.[187] Die Vergabe eines großvo-

---

bestehenden Vergaberechtswidrigkeit zur Gewährleistung der Kontinuität der Versorgungsleistung von der Feststellung der Unwirksamkeit des Vertrages abgesehen und stattdessen nur die Rechtswidrigkeit der Direktvergabe festgestellt werden. Nach Auffassung des KG ähnelt die Rechtslage insoweit strukturell der bei der Aufhebung von Vergabeverfahren nach § 63 VgV, wo ebenfalls zwischen der rechtswidrigen, aber wirksamen (Rechtsfolge: Feststellung der Rechtswidrigkeit der Aufhebung), und der unwirksamen Aufhebung (Rechtsfolge: Aufhebung der Aufhebung) unterschieden wird. **AA** auch OLG Bremen 14.12.2021 – 2 Verg 1/21, VPRRS 2022, 0154.

[182] OLG Frankfurt a. M. 24.11.2022 – 11 Verg 5/22, VPRRS 2023, 0021; BayObLG 31.10.2022 – Verg 13/22, VPRRS 2022, 0290; VK Bund 19.9.2022 – VK 2–80/22, VPRRS 2022, 0266; verneinend KG 10.5.2022 – Verg 1/22, VPRRS 2022, 0156.

[183] OLG Frankfurt a. M. 24.11.2022 – 11 Verg 5/22, VPRRS 2023, 0021.

[184] OLG Düsseldorf 15.2.2023 – Verg 9/22, VPRRS 2023, 0059.

[185] VK Westfalen 21.12.2017 – VK 1–40/17, IBRRS 2018, 0201: Auch Interimsvergaben unterfallen den Vorgaben des Teils 4 des GWB, sofern der Schwellenwert überschritten ist. Sie können im Wege eines Nachprüfungsverfahrens beanstandet werden: BayObLG 31.10.2022 – Verg 13/22, VPRRS 2022, 0290; VK Bund 19.9.2022 – VK 2–80/22, VPRRS 2022, 0266; OLG Düsseldorf 10.3.2014 – Verg 11/14, ZfBR 2014, 404.

[186] Das BayObLG 31.10.2022 – Verg 13/22, VPRRS 2022, 0290 hält „Kettendirektvergaben" einer Dienstleistung für nicht geeignet, dem Wettbewerbsgrundsatz besser Rechnung zu tragen als die Vergabe eines Interims-Dienstleistungsauftrags bei gleichzeitiger Beschränkung des Interimsauftrags auf den mindestens erforderlichen Überbrückungszeitraum von wenigen Monaten und Verlängerungsoptionen für den Bedarfsfall; Müller-Wrede VgV/UVgO/Hirsch/Kaelble VgV § 14 Rn. 226.

[187] BayObLG 31.10.2022 – Verg 13/22, VPRRS 2022, 0290; OLG München 21.2.2013 – Verg 21/12, NZBau 2013, 458; VK Südbayern 12.8.2016 – Z3-3-3194-1-27-07-16, IBRRS

lumigen Auftrags, der über die akute Bedarfslage des öffentlichen Auftraggebers in seiner konkreten Interimssituation hinausgeht, kann deshalb nicht mit Dringlichkeitserwägungen gerechtfertigt werden.

ii) Sie ist ferner nur für eine **Übergangszeit** zulässig und auf den Zeitraum zu beschränken, der für die Erhaltung der Kontinuität der Dienstleistung während der Vorbereitung und Durchführung eines ordnungsgemäßen Vergabeverfahrens erforderlich ist.[188] Dauerschuldverhältnisse, wie zB die Beauftragung mit Verkehrsleistungen, die wegen Dringlichkeit eingegangen werden, sind auf einen Zeitraum zu beschränken, in dem eine Auftragsvergabe aufgrund eines wettbewerblichen Vergabeverfahrens möglich ist. Der wegen eines laufenden Nachprüfungsverfahrens bestehenden Ungewissheit über den Zeitpunkt der Vergabe des Hauptauftrags ist durch eine kurze Mindestlaufzeit, verbunden mit monatlichen Verlängerungsoptionen Rechnung zu tragen. Die Interimsvergabe darf somit nicht dazu führen, dass das an sich durchzuführende Vergabeverfahren umgangen wird.[189] Zulässig sind daher allenfalls Interimsvergaben – je nach Einzelfall – für eine gewisse Übergangszeit in einem Spektrum von drei bis sechs Monaten.[190] In diesem Zeitraum ist die Ausschreibung des Auftrags vorzubereiten.[191, 192]

Bei der Dringlichkeitsvergabe gilt selbstverständlich auch das **Wettbewerbsprinzip**. Der öffentliche Auftraggeber hat auch iRd Dringlichkeitsvergabe im Wege eines Verhandlungsverfahrens ohne Teilnahmewettbewerb für einen **angemessenen Bieterwettbewerb** zu sorgen.[193] Für die Beurteilung, in welchem Umfang interessierte Bieter zur Angebotsabgabe aufzufordern sind, sind die Umstände des jew. Einzelfalls maßgeblich. Eine pauschale Antwort des Inhalts, dass in das Verhandlungsverfahren über einen Interimsvertrag stets alle Bieter einzubeziehen sind, die ihr Interesse an einem Hauptvertrag durch Angebotsabgabe bekundet haben, verbietet sich.[194] IdR ist es andererseits nicht gerechtfertigt, bei der interimsweisen Vergabe nur einen einzigen von mehreren interessierten Bietern in die Verhandlungen einzu- 66

2016, 2124 = BeckRS 2016, 15052; DSW/Dieckmann VgV § 14 Rn. 73; Müller-Wrede VgV/ UVgO/Hirsch/Kaelble VgV § 14 Rn. 226.

[188] BayObLG 31.10.2022 – Verg 13/22, VPRRS 2022, 0290; OLG Karlsruhe 4.12.2020 – 15 Verg 8/20, BeckRS 2020, 39962; OLG Frankfurt a. M. 30.1.2014 – 11 Verg 15/13, VPRRS 2014, 0235: Personennahverkehr; KG 29.2.2012 – Verg 8/11, BeckRS 2012, 7248: Abfallbeseitigung; VK Lüneburg 3.7.2009 – VgK-30/2009, BeckRS 2009, 23612: nicht länger als ein Jahr; so auch VK Arnsberg 25.8.2008 – VK 14/08, IBRRS 2008, 2849.

[189] VK Lüneburg 3.2.2012 – VgK-01/2012, IBRRS 2012, 4206.

[190] VK Arnsberg 25.8.2008 – VK 14/08, IBRRS 2008, 2849, Interimsbeauftragung von einem Jahr im Bereich der Daseinsvorsorge zulässig.

[191] OLG Karlsruhe 4.12.2020 – 15 Verg 8/20, BeckRS 2020, 39962; OLG Frankfurt a. M. 30.1.2014 – 11 Verg 15/13, VPRRS 2014, 0235.

[192] VK Sachsen 7.4.2004 – 1/SVK/023-04, IBRRS 2004, 3471; zur Dringlichkeit im Zusammenhang mit dem Abruf von Fördermitteln VK Düsseldorf 31.3.2000 – VK-3/2000-B, IBRRS 2013, 3398.

[193] OLG Frankfurt a. M. 24.11.2022 – 11 Verg 5/22, VPRRS 2023, 0021; BayObLG 31.10.2022 – Verg 13/22, VPRRS 2022, 0290; 20.1.2022 – Verg 7/21, VPRRS 2022, 0031; KG 10.5.2022 – Verg 1/22, VPRRS 2022, 0156; OLG Rostock 9.12.2020 – 17 Verg 4/20, VPRRS 2020, 0367; OLG Karlsruhe 4.12.2020 – 15 Verg 8/20, BeckRS 2020, 39962; VK Südbayern 26.9.2022 – 3194.Z3-3_01-22-48, VPRRS 2023, 0129; 12.8.2016 – Z3-3-3194-1-27-07-16, IBRRS 2016, 2124: Der Auftraggeber ist auch bei der Vergabe eines Interimsauftrags verpflichtet, so viel Wettbewerb wie möglich zu gewährleisten. S. auch DSW/Dieckmann VgV § 14 Rn. 75.

[194] BayObLG 31.10.2022 – Verg 13/22, VPRRS 2022, 0290. Das wird nicht von dem OLG Dresden 24.1.2008 – WVerg 0010/07, BeckRS 2008, 4985 = VergabeR 2008, 567 (571) und OLG Hamburg 8.7.2008 – 1 Verg 1/08, BeckRS 2009, 08988 verlangt.

beziehen, jedenfalls wenn die Beteiligung weiterer Unternehmen ohne großen Zeitverlust möglich ist.[195] Von seltenen Ausnahmen abgesehen, rechtfertigt es die besondere Dringlichkeit der (Interims-) Vergabe also nicht, den Wettbewerb vollständig und auf längere Dauer einzuschränken, indem nur ein einziger von mehreren interessierten Bietern in die Verhandlungen einbezogen wird.[196] Ist ein Vergabeverfahren bereits eingeleitet, der Zuschlag aber zB durch ein Nachprüfungsverfahren blockiert, sind in die Interimsverhandlungen grds. alle Bieter einzubeziehen, die ein wertbares Angebot abgegeben haben (→ GWB § 119 Rn. 25).[197] Dabei kann der öffentliche Auftraggeber aber den Kreis der iRd Dringlichkeitsvergabe aufzufordernden Unternehmen auf eine angemessene Zahl, etwa der aussichtsreichsten drei Bieter (§ 51 Abs. 2 S. 1 VgV), begrenzen, sofern dabei der Gleichbehandlungsgrundsatz gewahrt bleibt.[198] Nach § 51 Abs. 2 S. 1 VgV darf die Mindestzahl der aufzufordernden Bewerber beim nicht offenen Verfahren nicht unter fünf und bei allen anderen Verfahren mit Teilnahmewettbewerb nicht unter drei liegen. § 17 Abs. 4 VgV, der auf § 51 VgV verweist, gilt zwar nur für Verhandlungsverfahren mit Teilnahmewettbewerb. Für Verhandlungsverfahren ohne Teilnahmewettbewerb können aber keine höheren Anforderungen gelten. Dabei verlangt das Transparenzgebot eine nachvollziehbare Auswahl der Unternehmen, die zu Vertragsverhandlungen aufgefordert werden.[199]

66a Für Dringlichkeitsbeschaffungen, die im Zusammenhang mit dem russischen Angriffskrieg gegen die Ukraine stehen, wie etwa Maßnahmen zur Unterbringung und Versorgung der aus der Ukraine geflüchteten Menschen sowie zur Abwehr potenzieller Angriffe im Bereich der IT- und Cybersicherheit bzw. zur Sicherstellung zB des Zivil- und Katastrophenschutzes, der Gefahrenabwehr oder der Versorgungssicherheit etc, hat es das BMWK[200] zugelassen, ausnahmsweise nur ein Unternehmen zur Angebotsabgabe aufzufordern, wenn nur ein Unternehmen in der Lage ist, den Auftrag unter den durch die zwingende Dringlichkeit auferlegten technischen und zeitlichen Zwängen zu erfüllen. Das BMWK weist ausdr. darauf hin, dass in jenen Fällen § 51 Abs. 2 VgV nicht anwendbar sei.

66b Öffentliche Auftraggeber sind bei einer Dringlichkeitsvergabe von der Anwendung der Vorschriften über die elektronische Kommunikation (§§ 9–13 VgV), die elektronische Angebotsabgabe (§ 53 Abs. 1 VgV) sowie der Regelungen über die

---

[195] OLG Frankfurt a. M. 24.11.2022 – 11 Verg 5/22, VPRRS 2023, 0021; BayObLG 31.10.2022 – Verg 13/22, VPRRS 2022, 0290; 20.1.2022 – Verg 7/21, VPRRS 2022, 0031; OLG Rostock 9.12.2020 – 17 Verg 4/20, VPRRS 2020, 0367; OLG Karlsruhe 4.12.2020 – 15 Verg 8/20, BeckRS 2020, 39962; OLG Hamburg 8.7.2008 – 1 Verg 1/08, BeckRS 2009, 08988; OLG Dresden 24.1.2008 – WVerg 0010/07, BeckRS 2008, 4985 = VergabeR 2008, 567 (571).

[196] VK Bund 19.9.2022 – VK 2–80/22, VPRRS 2022, 0266; OLG Frankfurt a. M. 30.1.2014 – 11 Verg 15/13, VPRRS 2014, 0235; OLG Düsseldorf 25.9.2008 – VII Verg 57/08, BeckRS 2009, 2339; VK Südbayern 12.8.2016 – Z3-3-3194-1-27-07-16, IBRRS 2016, 2124; VK Bund 12.11.2012 – VK 1–109/12, BeckRS 2016, 17213.

[197] OLG Hamburg 8.7.2008 – 1 Verg 1/08, BeckRS 2009, 08988; OLG Dresden 24.1.2008 – WVerg 0010/07, BeckRS 2008, 4985 = VergabeR 2008, 567 (571); VK Lüneburg 3.7.2009 – VgK-30/2009, VgK-30/09, BeckRS 2009, 23612.

[198] BayObLG 31.10.2022 – Verg 13/22, VPRRS 2022, 0290; 20.1.2022 – Verg 7/21, VPRRS 2022, 0031; DSW/Dieckmann VgV § 14 Rn. 75.

[199] Das BayObLG 31.10.2022 – Verg 13/22, VPRRS 2022, 0290 hält die Auswahl der vier aussichtsreichsten Bieter des vorangegangenen offenen Verfahrens zur Abgabe eines Angebots für den Interimsauftrag bei insgesamt mindestens 15 Bietern für ausreichend; 20.1.2022 – Verg 7/21, VPRRS 2022, 0031; DSW/Dieckmann VgV § 14 Rn. 75.

[200] Rundschreiben zur Anwendung von dringlichen Vergaben im Zusammenhang mit dem russischen Angriffskrieg gegen die Ukraine v. 13.4.2022, Az. IB6 – 206–000#010, S. 5.

Angebotsaufbewahrung und -öffnung (§§ 54, 55 VgV) befreit. Dies stellt § 17 Abs. 15 VgV, der unter dem Eindruck der COVID-19-Pandemie und der Kommissionsmitteilung vom 1.4.2020[201] mWv 19.11.2020 eingefügt wurde, klar (→ § 17 Rn. 33a).[202] Die Gesetzesbegr.[203] erklärt diese Befreiung damit, dass Dringlichkeitsvergaben idR unter größtem zeitlichen Druck stattfinden, bei denen Verzögerungen durch die Anwendung bestimmter Formvorschriften nicht in Kauf genommen werden müssen (zB Zeitverlust durch vorherige Registrierung der lieferbereiten Unternehmen auf der Vergabeplattform des Auftraggebers). Dem öffentlichen Auftraggeber steht es allerdings frei, die genannten Vorschriften trotz der Dringlichkeitssituation anzuwenden.[204]

4. Lieferung zu Forschungs- oder Entwicklungszwecken (Nr. 4)

Die Beschaffung von Produkten, die zu Forschungs-, Versuchs-, Untersuchungs- oder Entwicklungszwecken hergestellt werden, fällt – anders als Forschungs- und Entwicklungs*dienstleistungen* nach Maßgabe des § 116 Abs. 1 Nr. 2 GWB (ausf. dazu → GWB § 116 Rn. 12 und 13) – in den Anwendungsbereich des Vergaberechts. Im Anschluss an Art. 32 Abs. 3 lit. a RL 2014/24/EU können solche **Lieferaufträge** jedoch im Verhandlungsverfahren ohne Teilnahmewettbewerb vergeben werden, sofern Produkte beschafft werden, die ausschl. zu Forschungs-, Versuchs-, Untersuchungs- oder Entwicklungszwecken hergestellt werden. Darunter fällt nicht die Serienanfertigung zum Nachweis der Marktfähigkeit des Produkts oder zur Deckung der Forschungs- und Entwicklungskosten. 67

Die Privilegierung kommt nur zur Anwendung bei Produkten, die **ausschl. zu den genannten Zwecken hergestellt** werden.[205] Das Produkt muss Gegenstand von Forschungen etc sein. Die Beschaffung von Produkten, die lediglich als Hilfsmittel eingesetzt werden, um Forschungen, Versuche etc durchzuführen (zB medizinische Großgeräte), kann nicht im Verhandlungsverfahren ohne Teilnahmewettbewerb durchgeführt werden.[206] 68

5. Zusätzliche Lieferleistungen (Nr. 5)

Bei Lieferaufträgen kann – unbeschadet der in § 132 Abs. 2 S. 1 Nr. 2 und 3 GWB normierten Fälle, in denen bei zusätzlichen Liefer- und Dienstleistungen überhaupt kein Vergabeverfahren durchzuführen ist – ein Verhandlungsverfahren ohne Teilnahmewettbewerb unter den folgenden **Voraussetzungen**, die **kumulativ** erfüllt sein müssen,[207] durchgeführt werden: 69

Es muss sich um
i) zusätzliche Lieferleistungen des
ii) ursprünglichen Auftragnehmers handeln, die
iii) entweder zur teilw. Erneuerung oder Erweiterung bereits erbrachter Leistungen bestimmt sind, wenn
iv) ein Wechsel des Lieferanten dazu führen würde, dass der Auftraggeber eine Leistung mit unterschiedlichen technischen Merkmalen kaufen müsste, und dies

---
[201] ABl. 2020 C 108 I/1.
[202] BGBl. I 2020, S. 2392.
[203] BT-Drs. 19/21982, S. 17.
[204] BT-Drs. 19/21982, S. 17.
[205] DSW/Dieckmann VgV § 14 Rn. 78; Müller-Wrede VgV/UVgO/Hirsch/Kaelble VgV § 14 Rn. 240.
[206] VK Bund 23.10.2019 – VK 1–75/19, BeckRS 2019, 30967; OLG Düsseldorf 3.3.2010 – VII-Verg 46/09, BeckRS 2016, 19890.
[207] VK Bund 11.4.2003 – VK 2–10/03, BeckRS 2003, 152838; VK Hessen 27.4.2007 – 69d-VK-11/2007, IBRRS 2007, 4570; MüKoEuWettbR/Fett VgV § 14 Rn. 115.

v) eine technische Unvereinbarkeit oder unverhältnismäßige technische Schwierigkeiten bei Gebrauch und Wartung mit sich bringen würde.
vi) Die **Laufzeit** dieser Zusatzaufträge soll idR nicht länger als **drei Jahre** betragen.

70 Die Vorschrift privilegiert die Beschaffung von zusätzlichen **Lieferleistungen**, nicht Dienstleistungen.[208] Die Beschaffung muss bei dem **bisherigen Vertragspartner** erfolgen. Ein Einkauf bei Dritten ist nicht privilegiert. Davon ausgenommen sind Beschaffungen bei Unternehmen, die nach § 132 Abs. 2 Nr. 4 lit. b GWB durch Übernahme, Zusammenschluss, Erwerb oder Insolvenz des bisherigen Lieferanten hervorgegangen sind.[209] Die Lieferung muss der teilw. Erneuerung oder Erweiterung bereits gelieferter Produkte dienen, also in einem unmittelbaren Zusammenhang mit der ursprünglichen Lieferung stehen.[210] Die **Erneuerung** erfasst die Anpassung der ursprünglichen Lieferung an den neuesten Stand der Technik oder den Austausch oder die Reparatur von Teilen. Im Zuge der Erneuerung dürfen nur Teile der ursprünglichen Leistung ausgetauscht werden. Die zusätzliche Lieferung darf die ursprüngliche Leistung nicht als Ganzes ersetzen.[211] Eine **Erweiterung** ist die Ausdehnung des Umfangs oder der Stückzahl der vorhandenen Leistung. Ein kompletter Ersatz der bisherigen Leistung fällt ebenfalls nicht unter die Ausnahme.[212]

71 Das Verhandlungsverfahren ohne Teilnahmewettbewerb kann gewählt werden, wenn die Lieferung durch ein anderes Unternehmen mit der ursprünglichen Leistung technisch **absolut inkompatibel**, dh zu einer technischen Unvereinbarkeit von zusätzlicher Lieferung und ursprünglicher Leistung, führen würde. Das ist der Fall, wenn der Gebrauchszweck durch die abweichenden technischen Merkmale vereitelt würde.[213] Ein Fall der **relativen technischen Inkompatibilität** ist anzunehmen, wenn im Falle einer möglichen Angleichung der technischen Merkmale die Anpassung technische Schwierigkeiten aufwirft, die entweder nur mit einem unverhältnismäßigen Aufwand behoben werden könnten oder aber den bestimmungsgemäßen Gebrauch und die Wartung nicht nur marginal, sondern erheblich beeinträchtigen.[214] Ist ein drittes Unternehmen rechtlich und tatsächlich in der Lage, den Beschaffungsbedarf zu decken und Waren zu liefern, die mit denjenigen der ursprünglichen Beschaffung identisch sind, kann auf die Norm nicht zurückgegriffen werden.[215]

71a Der Anwendung von Nr. 5 ist eine **zeitliche Grenze** gesetzt. Die Laufzeit des Anschlussauftrags darf idR drei Jahre nicht überschreiten. Das ist keine absolut zwingende Grenze, wie der Wortlaut der Vorschrift mit „in der Regel" zum Ausdruck bringt. Ausnahmsweise sind also auch längere als dreijährige Vertragslaufzeiten zuläs-

---

[208] Bei zusätzlichen Dienstleistungen gilt § 132 Abs. 2 S. 1 Nr. 2 und 3 mit S. 2 GWB; unter den dortigen Voraussetzungen können zusätzliche Dienstleistungen ohne Vergabeverfahren beschafft werden. Im Übrigen gilt für sie Abs. 4 Nr. 9.
[209] MüKoEuWettbR/Fett VgV § 14 Rn. 118.
[210] OLG Frankfurt a. M. 10.7.2007 – 11 Verg 5/07, ZfBR 2008, 88; VK Hessen 27.4.2007 – 69d-VK-11/2007, IBRRS 2007, 4570.
[211] OLG Frankfurt a. M. 10.7.2007 – 11 Verg 5/07, ZfBR 2008, 88; VK Hessen 27.4.2007 – 69d-VK-11/2007, IBRRS 2007, 4570; DSW/Dieckmann VgV § 14 Rn. 81; MüKoEuWettbR/Fett VgV § 14 Rn. 119, 123.
[212] OLG Frankfurt a. M. 10.7.2007 – 11 Verg 5/07, ZfBR 2008, 88 für eine IT-Beschaffung mit erweiterten Funktionen; VK Hessen 27.4.2007 – 69d-VK-11/2007, IBRRS 2007, 4570; DSW/Dieckmann VgV § 14 Rn. 81; MüKoEuWettbR/Fett VgV § 14 Rn. 119, 123.
[213] OLG Frankfurt a. M. 10.7.2007 – 11 Verg 5/07, ZfBR 2008, 88.
[214] OLG Frankfurt a. M. 10.7.2007 – 11 Verg 5/07, ZfBR 2008, 88.
[215] OLG Düsseldorf 28.5.2003 – Verg 10/03, NZBau 2004, 175 (176); DSW/Dieckmann VgV § 14 Rn. 81; Müller-Wrede VgV/UVgO/Hirsch/Kaelble VgV § 14 Rn. 250; MüKoEuWettbR/Fett VgV § 14 Rn. 122.

sig, wenn zB sicher prognostiziert werden kann, dass die technische Unvereinbarkeit über diesen Zeitraum hinaus besteht.[216]

6. Börsenwaren (Nr. 6)

Sofern Lieferleistungen auf einer Warenbörse notiert sind und dort beschafft werden, dürfen sie in Umsetzung von Art. 32 Abs. 3 lit. c RL 2014/24/EU im Verhandlungsverfahren ohne Teilnahmewettbewerb vergeben werden. Erwgr. 50 UAbs. 4 RL 2014/24/EU begründet die Privilegierung damit, dass ein Vergabeverfahren nicht sinnvoll ist, wenn Waren direkt an einer Warenbörse gekauft werden, einschl. Handelsplattformen für Bedarfsgüter wie landwirtschaftliche Erzeugnisse und Rohstoffe und Energiebörsen, wo naturgemäß aufgrund der regulierten und überwachten multilateralen Handelsstruktur Marktpreise garantiert sind. Der **Begriff der Ware** ist unionsrechtlich nach Maßgabe der Art. 28 ff. AEUV zu interpretieren. Waren sind daher körperliche Gegenstände, die einen Geldwert haben und Gegenstand von Handelsgeschäften sein können.[217] Hierunter fallen auch Flüssigkeiten, Gase oder elektrischer Strom (dazu → GWB § 103 Rn. 71). Eine **Warenbörse** ist ein Markt für den Handel fungibler Sachgüter wie Waren, Rohstoffe, landwirtschaftliche Erzeugnisse oder Nahrungsmittel. Dabei handelt es sich üblicherweise um Agrar- und Industrierohstoffe, Mineralien sowie andere Naturprodukte, nicht aber um industrielle Erzeugnisse. Neben Warenbörsen iSd § 2 Abs. 3 BörsG, zu der etwa die European Energy Exchange AG (EEX)[218] in Leipzig zählt, sind auch Rohstoffbörsen sind auch Gas-, Strom- und Energiebörsen sowie Emissions-Zertifikat-Börsen von der Freistellung erfasst.[219]

72

7. Beschaffung bei Geschäftseinstellung, Insolvenz oder Liquidation (Nr. 7)

Die Vorschrift ermöglicht es, auf ein Verhandlungsverfahren ohne Teilnahmewettbewerb zuzugreifen, wenn Liefer- oder Dienstleistungen zu besonders günstigen Bedingungen bei Lieferanten, die ihre Geschäftstätigkeit endgültig einstellen, oder bei Insolvenzverwaltern oder Liquidatoren im Rahmen eines Insolvenz-, Vergleichs- oder Ausgleichsverfahrens erworben werden sollen. Die Waren müssen im Falle der Geschäftseinstellung des betreffenden Lieferanten zu **besonders günstigen Bedingungen** erworben werden. Das bedeutet, dass es sich um eine einmalige oder nur sehr kurzfristig bietende Beschaffungsmöglichkeit handeln muss, bei der die Einkaufskonditionen deutlich besser als die marktüblichen Konditionen sind.[220] Allein ein günstiges Angebot reicht nicht aus.

73

8. Auftrag im Anschluss an einen Planungswettbewerb (Nr. 8)

Ein Verhandlungsverfahren ohne Teilnahmewettbewerb ist zulässig, wenn im Anschluss an einen Planungswettbewerb iSv § 69 VgV ein Dienstleistungsauftrag nach den Bedingungen dieses Wettbewerbs an den Gewinner oder einen der Preisträger vergeben werden muss; im letzteren Fall müssen alle Preisträger des Wettbe-

74

---

[216] DSW/Dieckmann VgV § 14 Rn. 82; MüKoEuWettbR/Fett VgV § 14 Rn. 126.
[217] EuGH 9.7.1992 – C-2/90, NVwZ 1992, 871; 28.3.1995 – C-324/93, BeckRS 2004, 76375 – Evans.
[218] Instruktiv zur EEX und zum Handel mit Emissionsberechtigungen: Bauer, Der Emissionshandelsmarkt – Rechtsfragen des börslichen und außerbörslichen Handels mit Emissionsberechtigungen, Diss. 2008, S. 73 ff.; vgl. auch Meyer-Hofmann/Tönnemann ZfBR 2009, 554.
[219] Instruktiv Otting/Ziegler VergabeR 2017, 26 (28).
[220] OLG Celle 8.5.2002 – 13 Verg 5/02, BeckRS 2002, 31369660; DSW/Dieckmann VgV § 14 Rn. 87; Müller-Wrede VgV/UVgO/Hirsch/Kaelble VgV § 14 Rn. 270.

werbs zur Teilnahme an den Verhandlungen aufgefordert werden. Die Regelung setzt Art. 32 Abs. 4 RL 2014/24/EU in deutsches Recht um. Sie setzt voraus, dass vor Einleitung des Verhandlungsverfahrens ohne Teilnahmewettbewerb ein **Planungswettbewerb** stattgefunden hat. § 69 Abs. 1 VgV definiert Planungswettbewerbe als Wettbewerbe iSv § 103 Abs. 6 GWB, die insbes. auf den Gebieten der Raumplanung, des Städtebaus und des Bauwesens oder der Datenverarbeitung durchgeführt werden. Abs. 4 Nr. 8 gestattet ein Verhandlungsverfahren ohne Teilnahmewettbewerb im Anschluss an die Durchführung eines solchen Planungswettbewerbs, weil der Planungswettbewerb unionsweit bekannt zu machen ist (§ 70 Abs. 1 VgV; dazu → § 70 Rn. 2) und – sofern beabsichtigt ist, im Anschluss an den Planungswettbewerb einen Dienstleistungsauftrag im Verhandlungsverfahren ohne Teilnahmewettbewerb zu vergeben – die Eignungskriterien und die zum Nachweis der Eignung erforderlichen Unterlagen bereits in jener Wettbewerbsbekanntmachung anzugeben sind (§ 70 Abs. 2 VgV; dazu → § 70 Rn. 3). Der **Teilnahmewettbewerb** findet also vorgezogen schon im Planungswettbewerb statt und ist deshalb für das sich anschl. Verhandlungsverfahren mit dem Gewinner oder den Preisträgern obsolet (dazu auch → Vor § 78 Rn. 2). Der öffentliche Auftraggeber muss das auf einen Planungswettbewerb folgende Verhandlungsverfahren **exklusiv mit dem Gewinner oder den Preisträgern des Wettbewerbs** durchführen.[221]

9. Wiederholung gleichartiger Dienstleistungen (Nr. 9)

75 Ein Verhandlungsverfahren ohne Teilnahmewettbewerb ist schließlich – unbeschadet der in § 132 Abs. 2 S. 1 Nr. 2 und 3 GWB normierten Fälle, in denen bei zusätzlichen Dienstleistungen überhaupt kein Vergabeverfahren durchzuführen ist – zulässig, wenn eine Dienstleistung beschafft werden soll, die
i) in der Wiederholung gleichartiger, bereits beauftragter Dienstleistungen besteht, die
ii) durch denselben öffentlichen Auftraggeber an
iii) das Unternehmen vergeben werden, das den ersten Auftrag erhalten hat, und
iv) die Dienstleistung einem Grundprojekt entspricht und dieses Projekt Gegenstand eines ersten Auftrags war, das
v) im Rahmen eines Vergabeverfahrens mit Ausnahme eines Verhandlungsverfahrens ohne Teilnahmewettbewerb vergeben wurde.
vi) Das Verhandlungsverfahren ohne Teilnahmewettbewerb darf nur innerhalb von drei Jahren nach Abschluss des ersten Auftrags angewendet werden.

76 Die Vorschrift, die Art. 32 Abs. 5 RL 2014/24/EU umsetzt, ist eine Spezialregelung für die **vereinfachte Vergabe zusätzlicher Dienstleistungen;** Lieferaufträge sind nicht erfasst. Sie knüpft an einen bestehenden Dienstleistungsauftrag an, der um gleichartige Dienstleistungen erweitert werden soll. Eine Identität der bereits beauftragten Dienstleistung mit der neu zu beschaffenden Dienstleistung ist nicht gefordert. Geringfügige Änderungen des Leistungsprofils sind unschädlich, sofern die Gleichartigkeit nicht in Frage gestellt ist.[222] Grundlegende Änderungen der ursprünglichen Dienstleistung schließen hingegen die Anwendung der Bestimmung aus.

77 Die neuen Dienstleistungen müssen einem **Grundprojekt** (gemeint ist damit die damalige Leistungsbeschreibung) entsprechen, das Gegenstand des ersten Auftrags

---

[221] Vgl. dazu VK Südbayern 3.7.2019 – Z3-3-3194-1-09-03/19, IBRRS 2019, 2539: Wegen § 17 Abs. 12 S. 2 VgV ist ein Verhandlungsverfahren gem. § 14 Abs. 4 Nr. 8 VgV allein mit dem Wettbewerbsgewinner allenfalls dann zulässig, wenn der Auftrag nach den Bedingungen des Wettbewerbs zwingend an den Wettbewerbsgewinner vergeben werden muss. Ist dies nicht der Fall, ist das Verhandlungsverfahren mit allen Preisträgern zu führen.

[222] HK-VergabeR/Pünder VgV § 14 Rn. 89.

war und in einem förmlichen Vergabeverfahren, also in einem offenen oder nicht offenen Verfahren oder Verhandlungsverfahren mit Teilnahmewettbewerb bzw. einem wettbewerblichen Dialog, vergeben wurde. Ein Verhandlungsverfahren ohne Teilnahmewettbewerb kann somit nicht Ausgangsverfahren für eine wiederholte Dienstleistungsvergabe sein. Die wiederholte Vergabe durch ein Verhandlungsverfahren ohne Teilnahmewettbewerb ist iÜ nur zulässig, wenn der öffentliche Auftraggeber auf die Möglichkeit, wiederholt Dienstleistungen zu vergeben, in der **Auftragsbekanntmachung der ersten Ausschreibung** hingewiesen hatte. Darüber hinaus sind im Grundprojekt bereits der Umfang möglicher zusätzlicher Dienstleistungen sowie die Bedingungen, unter denen sie vergeben werden, anzugeben. Dabei ist der Wert der zusätzlichen Dienstleistungen von vornherein in den **Gesamtauftragswert** einzurechnen. All dies erfordert eine sehr vorausschauende Planung, die in praxi kaum geleistet werden kann; erkennt der Auftraggeber erst nachträglich, dass eine Wiederholung der beauftragten Leistung nötig ist, scheidet ein Verhandlungsverfahren ohne Teilnahmewettbewerb aus.[223] Tatsächlich hält sich der praktische Anwendungsbereich der Vorschrift in Grenzen, zumal der öffentliche Auftraggeber über § 132 Abs. 2 Nr. 1, 2 und 3 GWB deutlich praktikablere Möglichkeiten hat, zusätzlich erforderliche Dienstleistungen an den bisherigen Dienstleistungserbringer zu vergeben.[224]

Das Verhandlungsverfahren darf nur innerhalb eines Zeitfensters von **drei Jahren** 78 nach Abschluss des ersten Auftrags angewendet werden. Die Frist beginnt mit dem Vertragsschluss für den ersten Auftrag.[225] Ist dieses Zeitfenster überschritten, müssen die Dienstleistungen neu ausgeschrieben werden.

VI. Berichtspflicht (Abs. 5)

Abs. 5 ordnet an, in den Fällen des Abs. 4 Nr. 1 der Europäischen Kommission 79 auf deren Anforderung einen Bericht vorzulegen. Dabei handelt es sich nicht um eine Zulässigkeitsvoraussetzung für das Verhandlungsverfahren, sondern um eine **ex post-Berichtspflicht**, die nach Durchführung des Verhandlungsverfahrens und auch nur auf entspr. Anforderung der Kommission zum Tragen kommt. Zu Form, Qualität und Umfang des Berichts enthält weder die RL 2014/24/EU noch Abs. 5 Vorgaben. Sie richten sich nach dem Informationsbedarf der Kommission, die Voraussetzungen für eine Vergabe im Verhandlungsverfahren ohne Teilnahmewettbewerb nach Scheitern eines offenen oder nicht offenen Verfahrens nachgewiesen zu erhalten.[226]

Derzeit nicht besetzt. 80–81

VII. Rechtsschutz

Die Vorschriften über die Wahl der Verfahrensart sind bieterschützend und 82 begründen subjektive Rechte iSv § 97 Abs. 6 GWB (→ GWB § 119 Rn. 9).[227]

---

[223] DSW/Dieckmann VgV § 14 Rn. 91; MüKoEuWettbR/Fett VgV § 14 Rn. 142; HK-VergabeR/Pünder VgV § 14 Rn. 91.
[224] DSW/Dieckmann VgV § 14 Rn. 91; MüKoEuWettbR/Fett VgV § 14 Rn. 142.
[225] EuGH 14.9.2004 – C-385/02, BeckRS 2004, 76430 = VergabeR 2004, 710 (714); HK-VergabeR/Pünder VgV § 14 Rn. 92.
[226] DSW/Dieckmann VgV § 14 Rn. 62.
[227] BGH 10.11.2009 – X ZB 8/09, NZBau 2010, 124 (126); 1.2.2005 – X ZB 27/04, BeckRS 2005, 2748 = VergabeR 2005, 328 (335); OLG Rostock 9.12.2020 – 17 Verg 4/20, VPRRS 2020, 0367; OLG Düsseldorf 29.2.2012 – Verg 75/11, IBRRS 2012, 1733; KG 10.10.2002 – 2 KartVerg 13/02, NZBau 2003, 338; VK Brandenburg 23.11.2004 – VK 58/04, IBRRS 2005, 2863; VK Bund 20.7.2004 – VK 1–75/04, BeckRS 2004, 151052.

VgV § 14 — Wahl der Verfahrensart

Die Unternehmen haben demgemäß Anspruch darauf, dass der Auftraggeber in der rechtlich zulässigen Vergabeart ausschreibt (→ GWB § 119 Rn. 9). Die Hierarchie der Vergabearten soll einen möglichst breiten Wettbewerb gewährleisten.[228] Die Wahl einer unzulässigen Vergabeart stellt deshalb einen gewichtigen Vergaberechtsverstoß dar und kann Gegenstand eines Nachprüfungsverfahrens sein.[229] Gleiches gilt, wenn statt des erforderlichen EU-Vergabeverfahrens nur eine nationale Vergabe durchgeführt wird.[230]

83 Sofern die Fehlerhaftigkeit der Verfahrensart aus der Auftragsbekanntmachung erkennbar ist, muss dies nach § 160 Abs. 3 S. 1 Nr. 2 GWB bis zum Ablauf der Teilnahme- bzw. Angebotsfrist gerügt werden.[231] Die **Rügeobliegenheit** gilt hingegen nach der ausdr. und ausnahmslos formulierten Regelung des § 160 Abs. 3 S. 2 GWB nicht in den Fällen, in denen der Antragsteller einen im Verhandlungsverfahren ohne Teilnahmewettbewerb vergebenen Auftrag gem. § 135 Abs. 1 Nr. 2 GWB angreift und für unwirksam erklären lassen will.[232]

84 Wurde ein Verhandlungsverfahren anstatt eines offenen Verfahrens gewählt, ist die **Antragsbefugnis** nach § 160 Abs. 2 S. 2 GWB zu bejahen.[233] Einem Bieter droht in diesen Fällen auch dann ein Schaden, wenn das eingeleitete Vergabeverfahren aufgrund der Wahl der falschen Verfahrensart nicht durch einen Zuschlag beendet werden darf und zur Bedarfsdeckung eine Neuausschreibung in Betracht kommt. Der BGH hat die Annahme eines drohenden Schadens in dem Beschl. v. 10.11.2009[234] damit begründet, dass die Möglichkeit einer Verschlechterung der Aussichten des den Nachprüfungsantrag stellenden Bieters in Folge der Nichtbeach-

---

[228] VK Nordbayern 9.9.2008 – 21 VK-3194/42/08, BeckRS 2010, 26815; VK Brandenburg 23.11.2004 – VK 58/04, IBRRS 2005, 2863; VK Bund 20.7.2004 – VK 1-75/04, BeckRS 2004, 151052.

[229] BGH 10.11.2009 – X ZB 8/09, NZBau 2010, 124 Rn. 33; OLG Düsseldorf 21.10.2015 – VII-Verg 28/14, NZBau 2016, 235 (236); 15.6.2016 – VII-Verg 49/15, NZBau 2016, 653; 29.2.2012 – Verg 75/11, IBRRS 2012, 1733; OLG Brandenburg 20.9.2011 – Verg W 11/11, BeckRS 2011, 23533; OLG Celle 17.7.2009 – 13 Verg 3/09, IBR 2009, 605.

[230] OLG Düsseldorf 6.4.2022 – VII Verg 34/21, VPRRS 2023, 0040 = VergabeR 2022, 648; OLG München 2.6.2016 – Verg 15/15, BeckRS 2016, 11378; vgl. auch OLG Rostock 6.11.2015 – 17 Verg 2/15, BeckRS 2016, 3773, ein drohender Schaden ist bereits dann dargetan, wenn der Antragsteller im Falle eines ordnungsgemäßen (neuerlichen) Vergabeverfahrens bessere Chancen auf den Zuschlag haben könnte. S. auch VK Bund 6.7.2023 – VK 2-46/23, VPRRS 2023, 0159: Ein Schaden iS einer Minderung der Zuschlagschancen besteht darin, dass aufgrund der nur nationalen Vergabe die beabsichtigte Bezuschlagung eines anderen Angebots nicht innerhalb der Wartefrist gem. § 134 Abs. 2 GWB gerügt werden konnte.

[231] Zum Maßstab der Erkennbarkeit vgl. OLG München 2.6.2016 – Verg 15/15, BeckRS 2016, 11378; OLG Düsseldorf 18.10.2006 – Verg 35/06, BeckRS 2007, 00456; KG 10.10.2002 – 2 KartVerg 13/02, NZBau 2003, 338; OLG Düsseldorf 7.1.2002 – Verg 36/01, IBR 2002, 208 = VergabeR 2002, 169 (170); OLG Stuttgart 24.3.2000 – 2 Verg 2/99, NZBau 2000, 301 (303); VK Bund 19.12.2008 – VK 1-165/08, BeckRS 2008, 140970.

[232] OLG Düsseldorf 6.4.2022 – VII Verg 34/21, VPRRS 2023, 0040 = VergabeR 2022, 648 (654) unter ausdr. Abkehr von anderslautender Rspr. zur alten Rechtslage nach § 107 Abs. 3 S. 2 GWB aF iVm § 101b Abs. 1 Nr. 2 GWB aF; BayObLG 29.7.2022 – Verg 13/21, VPRRS 2022, 0184; 20.1.2022 – Verg 7/21, VPRRS 2022, 0031; VK Bund 6.7.2023 – VK 2-46/23, VPRRS 2023, 0159; 19.9.2022 – VK 2-80/22, VPRRS 2022, 0266.

[233] BGH 10.11.2009 – X ZB 8/09, NZBau 2010, 124 (126); OLG Celle 24.9.2014 – 13 Verg 9/14, BeckRS 2014, 18493; OLG Brandenburg 27.3.2012 – Verg W 13/11, BeckRS 2012, 8119; 20.9.2011 – Verg W 11/11, BeckRS 2011, 23533; OLG Düsseldorf 3.3.2010 – VII-Verg 46/09, BeckRS 2016, 19890; OLG München 11.4.2013 – Verg 03/13, BeckRS 2013, 7174; OLG Celle 17.7.2009 – 13 Verg 3/09, IBR 2009, 605.

[234] BGH 10.11.2009 – X ZB 8/09, NZBau 2010, 124 (126).

tung von Vergabevorschriften ausreichend sei. Eine solche Verschlechterung ergebe sich daraus, dass im Verhandlungsverfahren jeder Bieter der ansonsten nicht gegebenen Gefahr ausgesetzt sei, iRv Nachverhandlungen von einem Mitbewerber unterboten zu werden; bereits dies könne seine Zuschlagschancen beeinträchtigen.

Dabei spielt es keine Rolle, ob sich diese dem Verhandlungsverfahren innewohnende Möglichkeit ausgewirkt hat, weil der Auftraggeber keine Verhandlungen durchgeführt und das Angebot des Antragstellers nicht den günstigsten Preis aufgewiesen hat. Es genügt bereits die **abstrakte Gefahr der Verschlechterung einer Bieterposition durch Verhandlungen** mit anderen Bietern, die dem Verhandlungsverfahren innewohnt.[235] Anders ist dies zu beurteilen, wenn der Auftraggeber bereits in den Vergabeunterlagen ankündigt, trotz der Wahl eines Verhandlungsverfahrens keine Verhandlungen durchzuführen.[236] 85

Richtet sich der Nachprüfungsantrag gem. § 135 Abs. 1 Nr. 2 GWB gegen die Vergabe eines Auftrags ohne wettbewerbliches Verfahren, genügt für die Antragsbefugnis, dass der Antragsteller bei einem behaupteten Verstoß iSd § 135 Abs. 1 Nr. 2 GWB in vergaberechtswidriger Weise nicht am Verfahren beteiligt wurde. Dies stellt eine Verschlechterung der Zuschlagsaussichten und damit einen potenziellen Schaden dar.[237] Für die Antragsbefugnis und die Möglichkeit eines Schadenseintritts ist nicht erforderlich, dass der Antragsteller den Zuschlag ohne den behaupteten Verstoß gegen Vergabevorschriften tatsächlich erhalten hätte. Ausreichend ist vielmehr, dass die Zuschlagserteilung an diesen Bieter jedenfalls nicht ausgeschlossen werden kann.[238] Auch dann, wenn sich der Antragsteller trotz unterbliebener unionsweiter Auftragsbekanntmachung am Vergabeverfahren beteiligt hat, ist die Antragsbefugnis für einen Antrag nach § 135 Abs. 1 Nr. 2 GWB anzunehmen. Ein Schaden iS einer Minderung der Zuschlagschancen besteht dann darin, dass der Antragsteller aufgrund der nur nationalen Vergabe nicht innerhalb der Wartefrist des § 134 Abs. 2 GWB die beabsichtigte Bezuschlagung hatte rügen können.[239] 86

Durfte der Auftrag in einem Verhandlungswettbewerb iSd § 14 Abs. 4 Nr. 3 VgV vorlag, und hat der öffentliche Auftraggeber für einen ausreichenden Wettbewerb gesorgt, indem er drei Unternehmen zur Angebotsabgabe aufgefordert hat, führt die bloße **fehlerhafte Auswahl der Bieter** nicht zur **Unwirksamkeit des Vertrags nach § 135 Abs. 1 Nr. 2 GWB**.[240] § 135 Abs. 1 Nr. 2 GWB fordert, dass die Vergabe ohne unionsweite Bekanntmachung erfolgt ist und dies nicht aufgrund Gesetzes gestattet war. Danach führt nach Auffassung des BayObLG[241] nicht jeder Fehler (etwa eine fehlerhafte Bieterauswahl) in einem zulässigerweise gewählten Verhandlungsverfahren ohne Teilnahmewettbewerb zur Unwirksamkeit des Vertrags. Ist dem Wettbewerbsgrundsatz durch Beteiligung einer ausreichenden Anzahl von Unternehmen Genüge getan, besteht danach kein Anlass für die schwerwiegende Rechtsfolge der Unwirksamkeit des Auftrags. In einem solchen Fall kann die Nachprüfungsinstanz entspr. § 168 Abs. 2 S. 2 GWB als Minus zum Antrag auf Unwirksamkeit des geschlossenen Vertrags feststellen, dass der Antragsteller durch die fehler- 87

---

[235] OLG Celle 24.9.2014 – 13 Verg 9/14, BeckRS 2014, 18493.
[236] OLG Düsseldorf 10.6.2015 – VII-Verg 39/14, BeckRS 2015, 10629; VK Bund 15.11.2014 – VK 2–93/14, IBRRS 2015, 0023.
[237] BayObLG 29.7.2022 – Verg 13/21, VPRRS 2022, 0184; 20.1.2022 – Verg 7/21, VPRRS 2022, 0031; VK Bund 19.9.2022 – VK 2–80/22, VPRRS 2022, 0266.
[238] BayObLG 29.7.2022 – Verg 13/21, VPRRS 2022, 0184; OLG Rostock 1.9.2021 – 17 Verg 2/21, VPRRS 2021, 0221.
[239] VK Bund 6.7.2023 – VK 2–46/23, VPRRS 2023, 0159. S. aber BayObLG 26.4.2023 – Verg 16/22, VPRRS 2023, 0112.
[240] BayObLG 20.1.2022 – Verg 7/21, VPRRS 2022, 0031.
[241] BayObLG 20.1.2022 – Verg 7/21, VPRRS 2022, 0031.

hafte Bieterauswahl in seinen Rechten verletzt ist.[242] Für die Richtigkeit dieser Auffassung spricht, dass die Rechtsfolge des § 135 GWB nicht in sämtlichen Fallkonstellationen zwingend ist.[243] Dieser Schluss ist letztlich auch zu ziehen aus der in Art. 60 Abs. 3 RL 2009/81/EG geregelten Möglichkeit zur Schaffung von Ausnahmevorschriften für alternative Sanktionen in Fällen, in denen die Feststellung der Unwirksamkeit eines Vertrages typischerweise mit zwingenden Gründen des Allgemeininteresses kollidieren würde.

88 Erklärt die Vergabekammer einen gem. § 135 Abs. 1 Nr. 2 GWB angegriffenen Vertrag nicht von Anfang an für unwirksam, sondern lässt sie es aus übergeordneten Gesichtspunkten (→ Rn. 64) zu, den Vertrag für einen gewissen Zeitraum durchzuführen, darf dies bei der **Kostenentscheidung** nicht als (Teil-) Unterliegen des Antragstellers gewertet werden, wenn es jene übergeordneten, zwingenden Interessen der Allgemeinheit nicht gegeben hätte und der Vertrag vollständig für unwirksam erklärt worden wäre.[244]

§ 15 Offenes Verfahren

(1) ¹**Bei einem offenen Verfahren fordert der öffentliche Auftraggeber eine unbeschränkte Anzahl von Unternehmen öffentlich zur Abgabe von Angeboten auf.** ²**Jedes interessierte Unternehmen kann ein Angebot abgeben.**

(2) **Die Frist für den Eingang der Angebote (Angebotsfrist) beträgt mindestens 35 Tage, gerechnet ab dem Tag nach der Absendung der Auftragsbekanntmachung.**

(3) **Für den Fall, dass eine hinreichend begründete Dringlichkeit die Einhaltung der Frist gemäß Absatz 2 unmöglich macht, kann der öffentliche Auftraggeber eine Frist festlegen, die 15 Tage, gerechnet ab dem Tag nach der Absendung der Auftragsbekanntmachung, nicht unterschreiten darf.**

(4) **Der öffentliche Auftraggeber kann die Frist gemäß Absatz 2 um fünf Tage verkürzen, wenn er die elektronische Übermittlung der Angebote akzeptiert.**

(5) ¹**Der öffentliche Auftraggeber darf von den Bietern nur Aufklärung über das Angebot oder deren Eignung verlangen.** ²**Verhandlungen, insbesondere über Änderungen der Angebote oder Preise, sind unzulässig.**

Literatur: Büdenbender, Der neue Ausschlussgrund des „spekulativen Angebots" – Vergaberechtlicher Hintergrund und Grenzen, ZfBR 2020, 30; Csaki, Die Entwicklung des Vergaberechts seit 2022, NJW 2023, 1478; Fritz, Ausschluss ohne Nachforderung, NZBau 2020, 151; Gerlach/Manzke, Auslegung und Schicksal des Bieterangebots im Vergabeverfahren, VergabeR 2017, 11; Gröning, Grenzen des Angebotsausschlusses wegen Änderungen an den Vergabeunterlagen, NZBau 2020, 275; Hattig/Oest, Kein „per se-Ausschluss" von Null-Euro-Angeboten, NZBau 2021, 243; Herrmann, Chancen und Risiken von Beurteilungs- und Ermessensspielräumen für öffentliche Auftraggeber, NZBau 2022, 443; Hettig, Kein Angebotsausschluss trotz Beifügung von Bieter-AGB, NZBau 2020, 80; Krämer, Aufklärung versus Nachverhandlung, Vergabe Navigator 2016, 11; Lausen, Angebote mit unangemessen niedrigen Preisen, NZBau 2018, 585; Stanko, AGB und die Änderung der Vergabeunterlagen – Wertungswandel in der Rechtsprechung?, NZBau 2020, 632.

---

[242] BayObLG 20.1.2022 – Verg 7/21, VPRRS 2022, 0031; vgl. auch VK Bund 19.9.2022 – VK 2–80/22, VPRRS 2022, 0266; dagegen Zinger VPR 2022, 68.

[243] OLG Düsseldorf 11.12.2019 – Verg 53/18, VPRRS 2020, 0005 und 2.6.2019 – Verg 8/19, VPRRS 2020, 0159.

[244] VK Bund 19.9.2022 – VK 2–80/22, VPRRS 2022, 0266.

§ 15 VgV

Übersicht

	Rn.
I. Bedeutung der Vorschrift	1
II. Offenes Verfahren (Abs. 1)	3
III. Angebotsfrist (Abs. 2)	5
IV. Dringlichkeit (Abs. 3)	9
V. Elektronische Angebotsabgabe (Abs. 4)	13
VI. Aufklärung über das Angebot oder die Eignung (Abs. 5)	14
1. Allgemeines	14
2. Anwendungsbereich	16
3. Zeitraum	17
4. Durchführung der Angebotsaufklärung	18
5. Gegenstand der Aufklärung	21
a) Angebot	23
b) Eignung	30
6. Verhältnis zu § 56 Abs. 2–5 VgV	31
7. Aufklärungsergebnisse	32
8. Vermerk	33
9. Verpflichtung zur Aufklärung?	34
10. Weigerung des Bieters	35
11. Folgen der Weigerung	36
12. Verhandlungsverbot	38
a) Änderung des Angebots	39
b) Änderung des Preises	41
VII. Rechtsschutz	42

I. Bedeutung der Vorschrift

Das offene Verfahren ist (gleichrangig neben dem nicht offenen Verfahren) nach **1** § 119 Abs. 2 S. 1 GWB und § 14 Abs. 2 S. 1 VgV das **Regelverfahren** bei der Vergabe von öffentlichen Aufträgen im Anwendungsbereich der VgV. § 15 VgV knüpft an § 119 Abs. 3 GWB an und normiert den Ablauf des offenen Verfahrens mit ergänzenden verfahrensspezifischen Details wie den einzuhaltenden Fristen und das Verhandlungsverbot. Die Abs. 1–4 setzen Art. 27 RL 2014/24/EU um.

§ 15 Abs. 5 VgV regelt mit ähnlichem Wortlaut wie § 15 VOL/A aF bzw. § 18 EG **2** VOL/A aF; aber systematisch an anderer Stelle – nämlich im Zusammenhang mit der Regelung des offenen Verfahrens – die Aufklärung über das Angebot oder die Eignung des Bieters. Für das nicht offene Verfahren ordnet § 16 Abs. 9 VgV die entspr. Geltung des § 15 Abs. 5 VgV an. Auch § 15 VOB/A bzw. § 15 EU VOB/A regeln trotz ihres umfangreicheren Wortlauts in der Sache – abgesehen vom Abs. 3 der Vorschriften – nichts wesentlich Abweichendes.

II. Offenes Verfahren (Abs. 1)

Kennzeichen des offenen Verfahrens ist die öffentliche Aufforderung einer **unbe- 3 schränkten Anzahl** von Unternehmen zur Abgabe von Angeboten und der sich daran anschließende **strukturierte Verfahrensablauf**.[1] Der Kreis der Unternehmen, die ein Angebot abgeben können, ist bei diesem Verfahrenstyp unbeschränkt. Eine Vorauswahl der Unternehmen, die Angebote abgeben können – wie dies etwa im

---

[1] DSW/Dieckmann VgV § 15 Rn. 6; RKMPP/Rechten § 15 Rn. 1.

nicht offenen Verfahren oder im Verhandlungsverfahren, bei denen jew. ein öffentlicher Teilnahmewettbewerb (→ § 16 Rn. 5) vorgeschaltet ist, der Fall ist –, findet nicht statt. Dementsprechend ordnet Abs. 1 S. 2 an, dass jedes interessierte Unternehmen ein Angebot abgeben kann.[2] Das offene Verfahren ist damit die wettbewerbsintensivste Verfahrensart mit dem größtmöglichen Bieterkreis. Mit ihm werden sowohl die Verwirklichung der unionsrechtlich garantierten Grundfreiheiten als auch das Interesse des öffentlichen Auftraggebers an einer möglichst wirtschaftlichen Beschaffung am besten abgesichert (→ GWB § 119 Rn. 12–15; → § 14 Rn. 4).[3] Mit Blick darauf kann das offene Verfahren grds. bei jeder Auftragsvergabe im Anwendungsbereich der VgV ohne weitere Voraussetzungen gewählt werden, selbst wenn weniger wettbewerbsintensive Verfahrensarten, wie etwa das Verhandlungsverfahren mit Teilnahmewettbewerb nach § 17 Abs. 1 VgV, im Ausnahmefall zulässig wären.[4]

4 Beim offenen Verfahren erfolgt die unionsweite öffentliche Aufforderung zur Abgabe von Angeboten durch die Veröffentlichung einer **Auftragsbekanntmachung** nach § 37 VgV.[5] Sie ist gem. § 37 Abs. 2 iVm § 10a Abs. 1 S. 1 VgV zu erstellen und nach § 10a Abs. 5 S. 1 iVm § 40 Abs. 2 S. 1 VgV EU-weit zu veröffentlichen. Eine zusätzliche inländische Bekanntmachung ist nicht vorgeschrieben, aber zulässig (§ 40 Abs. 3 VgV). Ein offenes Verfahren kann unter den Voraussetzungen von § 38 Abs. 3 VgV durch eine **Vorinformation** angekündigt werden, mit der Konsequenz, dass die Mindestangebotsfrist auf bis zu 15 (Kalender-) Tage verkürzt werden kann (→ Rn. 12, → § 38 Rn. 8). Der Auftragsbekanntmachung schließt sich ein von der VgV vorgegebener **strukturierter Verfahrensgang** an. Dabei ist das offene Verfahren im Regelfall **einstufig** strukturiert, indem die interessierten Unternehmen bis zum Ablauf der Angebotsfrist ihre Angebote einreichen und diese anschließend geöffnet, geprüft und gewertet werden. Jedoch kann auch das offene Verfahren mehrstufig ablaufen. Voraussetzung ist indes, dass die zur Teilnahme an der zweiten, von dem öffentlichen Auftraggeber selbst gesetzten „Wertungsstufe" zugelassenen Bieter kein zweites Angebot abgeben dürfen.[6] Die nichtfristig der Angebotsfrist eingegangenen Angebote werden – ggf. nach einer Nachforderung (§ 56 Abs. 2, 3 VgV) – nach Maßgabe der von dem öffentlichen Auftraggeber festgelegten Zuschlagskriterien gewertet, um das wirtschaftlich günstigste Angebot zu ermitteln (§ 58 Abs. 1, 2 VgV). Im Anschluss an die Zuschlagsentscheidung werden die nicht erfolgreichen Bieter über den Namen des erfolgreichen Bieters, die Gründe ihrer Nichtberücksichtigung und den frühesten Zeitpunkt des Vertragsschlusses unterrichtet (§ 134 GWB). Über die erfolgte Auftragsvergabe ist alsdann gem. § 39 Abs. 1 VgV innerhalb von 30 Tagen nach dem Vertragsschluss durch eine Vergabebekanntmachung zu informieren.

III. Angebotsfrist (Abs. 2)

5 Im Unterschied zum früheren Fristenregime in § 12 EG VOL/A regelt Abs. 2, dem systematischen Regelungsansatz des Art. 27 Abs. 1 UAbs. 2 RL 2014/24/EU

---

[2] Auch ungeeignete Unternehmen oder solche, die zwingende oder fakultative Ausschlussgründe erfüllen, dürfen unbeschränkt Angebote abgeben. Derartige Restriktionen sind erst bei der Angebotswertung zu berücksichtigen: MüKoEuWettbR/Fett VgV § 15 Rn. 11 und VK Sachsen 25.6.2003 – 1/SVK/051-03, VPRRS 2004, 0444.
[3] VGH BW 17.10.2013 – 9 S 123/12, BeckRS 2013, 58287; VK Südbayern 29.6.2010 – Z3-3-3194-1-35-05-10, BeckRS 2010, 37329.
[4] MüKoEuWettbR/Fett VgV § 15 Rn. 3; RKMPP/Rechten § 15 Rn. 4.
[5] OLG München 12.11.2010 – Verg 21/10, VergabeR 2011, 212 (214) = BeckRS 2010, 29116; OLG Naumburg 8.10.2009 – 1 Verg 9/09, IBR 2010, 109; OLG Düsseldorf 9.12.2009 – Verg 37/09, BeckRS 2010, 5178; VK Sachsen 23.5.2001 – 1/SVK/34-01, IBRRS 2004, 3665.
[6] VK Bund 7.5.2019 – VK 1–17/19, BeckRS 2019, 16136; MüKoEuWettbR/Fett VgV § 15 Rn. 4; RKMPP/Rechten § 15 Rn. 5.

folgend, direkt innerhalb der Norm über das offene Verfahren die für dieses Verfahren maßgebende Angebotsfrist. Die Angebotsfrist ist der Zeitraum, der den Unternehmen für die Bearbeitung und Einreichung der Angebote zur Verfügung steht. Als **Ausschlussfrist**[7] markiert sie eine wichtige Zäsur im Vergabeverfahren, denn mit ihrem Ablauf findet der Wettbewerb seinen Abschluss. Nach Fristablauf eingegangene Angebote sind nach § 57 Abs. 1 Nr. 1 VgV auszuschließen, es sei denn, der Bieter hat die Fristüberschreitung nicht zu vertreten (iE → § 57 Rn. 18 ff.). Nach Ablauf der Angebotsfrist sind die Bieter an ihre Angebote gebunden (zur Bindefrist → § 52 Rn. 14a, Fn. 20).

Die Angebotsfrist beträgt mindestens 35 (Kalender-) Tage, seit dem 18.10.2018 **6** (§ 81 S. 1 VgV) faktisch aber nur **30 Tage**, da die elektronische Übermittlung der Angebote obligatorisch ist, was nach Abs. 4 zu einer Verkürzung der Mindestangebotsfrist des Abs. 2 um fünf Tage berechtigt (→ Rn. 13). Die sprachliche Ausgestaltung der Norm („mindestens") stellt klar, dass es sich hierbei nicht um eine Regelfrist, sondern um eine **Mindestfrist** handelt.[8] Sie stellt die Untergrenze des Zeitraums dar, den der öffentliche Auftraggeber für die Einreichung der Angebote vorgeben muss.[9] Allerdings steht die Mindestfrist unter dem **Vorbehalt der Angemessenheit**.[10] Sie darf somit nicht ohne Prüfung auf ihre Angemessenheit im konkreten Einzelfall festgelegt werden. In diese Prüfung sind insbes. die Komplexität der Leistung und die Zeit für die Ausarbeitung der Angebote mit zu berücksichtigen (ausf. → § 20 Rn. 4 ff.).[11] Die Angebotsfrist ist von vornherein länger als die Mindestfrist zu bemessen, wenn die Angebote nur nach einer Ortsbesichtigung und/oder nach der Einsichtnahme von Unterlagen beim öffentlichen Auftraggeber erstellt werden können (§ 20 Abs. 2 VgV).[12] In diesen Fällen müssen alle interessierten Unternehmen unter gewöhnlichen Umständen Einsicht nehmen können. Die **Berechnung** der Frist erfolgt nach den Vorschriften der VO (EWG, Euratom) Nr. 1182/71 v. 3.6.1971 (§ 82 VgV). Gerechnet wird nach Kalendertagen, so dass auch Wochenenden, gesetzliche Feiertage etc in die Fristberechnung einzubeziehen sind (Art. 3 Abs. 3 VO (EWG, Euratom) Nr. 1182/71). Die **Angebotsfrist beginnt** am Tag nach der Absendung der Auftragsbekanntmachung an das Amt für Veröffentlichungen der EU zu laufen. Der Tag der Absendung der Auftragsbekanntmachung wird – insoweit entgegen dem an dieser Stelle missverständlich gefassten Art. 27 Abs. 1 UAbs. 2 RL 2014/24/EU – nicht mitgerechnet (→ § 82 Rn. 3). Da der Beginn der Angebotsfrist an den Zeitpunkt der Absendung der Auftragsbekanntmachung gekoppelt ist, ist es unerheblich, zu welchem Zeitpunkt ein interessiertes Unternehmen von der Ausschreibung zur Kenntnis genommen hat.[13] Für den **Ablauf** der Angebotsfrist gilt Art. 3 Abs. 2 lit. b VO (EWG, Euratom) Nr. 1182/71: Die Frist endet mit Ablauf der letzten Stunde des letzten Tages der gesetzten Frist, es sei denn, der Auftraggeber hat eine bestimmte Uhrzeit für den Eingang der Angebote festgelegt (→ § 82 Rn. 4).

Vorgaben zur **Verlängerung der Angebotsfrist** enthält § 20 Abs. 3 VgV. Nach **7** § 20 Abs. 3 S. 1 Nr. 1 VgV sind Angebotsfristen zu verlängern, wenn zusätzliche

---

[7] OLG Jena 22.4.2004 – 6 Verg 2/04, IBRRS 2004, 1060; VK Münster 15.1.2003 – VK 22/02, IBRRS 2003, 0431.
[8] RKMPP/Rechten § 15 Rn. 6.
[9] DSW/Dieckmann VgV § 15 Rn. 8; RKMPP/Rechten § 15 Rn. 15.
[10] OLG Naumburg 20.9.2012 – 2 Verg 4/12, BeckRS 2012, 21448 zur Bewerbungsfrist im Verhandlungsverfahren mit Teilnahmewettbewerb; DSW/Dieckmann VgV § 15 Rn. 8; RKMPP/Rechten § 15 Rn. 6.
[11] RKMPP/Rechten § 15 Rn. 6.
[12] RKMPP/Rechten § 15 Rn. 6.
[13] VK Sachsen 9.12.2002 – 1/SVK/102-02, ZfBR 2003, 302; 2.10.2001 – 1/SVK/88-01, IBRRS 2004, 3651; RKMPP/Rechten § 15 Rn. 8.

Informationen trotz rechtzeitiger Anforderung durch ein Unternehmen nicht rechtzeitig zur Verfügung gestellt werden. Die Verlängerung der Angebotsfrist ist gleichfalls zwingend, wenn der öffentliche Auftraggeber wesentliche Änderungen an den Vergabeunterlagen vornimmt. Das gilt nur dann nicht, wenn die Information oder die Änderung für die Erstellung des Angebotes unerheblich sind (näher → § 20 Rn. 12 ff.).

8 Kann der öffentliche Auftraggeber keinen unentgeltlichen, uneingeschränkten, vollständigen und direkten Zugang zu den Vergabeunterlagen anbieten, muss die Angebotsfrist nach § 41 Abs. 2 S. 2 VgV zwingend um fünf Tage verlängert werden, wenn kein Fall hinreichend begründeter Dringlichkeit gem. Abs. 3 vorliegt. Gleiches gilt in den Fällen des § 41 Abs. 3 VgV (ausf. → § 41 Rn. 34 ff.).

IV. Dringlichkeit (Abs. 3)

9 Abs. 3 sieht im Anschluss an Art. 27 Abs. 3 RL 2014/24/EU die Möglichkeit vor, die Angebotsfrist im offenen Verfahren auf bis zu **15 Tage** abzukürzen, wenn eine **hinreichend begründete Dringlichkeit** die Einhaltung der Angebotsfrist gem. Abs. 2 unmöglich macht. Hierbei handelt es sich um das mit der Vergaberechtsreform 2016 eingeführte sog. **beschleunigte offene Verfahren.** Welches Maß der Dringlichkeit die Fristverkürzung rechtfertigt, bleibt in der Vorschrift allerdings offen. In dieser Hinsicht stellt Erwgr. 46 RL 2014/24/EU klar, dass es sich dabei nicht notwendigerweise um eine extreme Dringlichkeit handeln muss. Die „hinreichend begründete Dringlichkeit" iSd Abs. 3 hat damit geringere Anforderungen als die „äußerst dringlichen und zwingenden Gründe" iSv § 14 Abs. 4 Nr. 3 VgV, die die Vergabe eines Auftrags im Verhandlungsverfahren ohne Teilnahmewettbewerb rechtfertigen können.[14] Die Möglichkeit zur Fristverkürzung ist somit keineswegs auf akute Gefahrensituationen oder unvorhersehbare Katastrophenfälle oder dgl. beschränkt. Vielmehr reicht eine nach objektiven Gesichtspunkten zu beurteilende Eilbedürftigkeit der beabsichtigten Beschaffung, die nicht innerhalb der für das offene Verfahren geltenden Fristen durchgeführt werden kann, aus.[15] Es müssen **objektiv nachvollziehbare Gründe** vorliegen, die eine beschleunigte Vergabe notwendig machen, die eine Einhaltung der regulären Angebotsfrist von 30 Tagen unmöglich macht, weil der Beschaffungsbedarf kurzfristig gedeckt werden muss.[16]

10 Abweichend von der früher überwiegend vertretenen Rechtsauffassung kommt es nach Erwgr. 46 der RL 2014/24/EU auch nicht darauf an, ob der öffentliche Auftraggeber die Ereignisse, die zur Dringlichkeit der Beschaffung geführt haben,

---

[14] BT-Drs. 18/7318, 159; DSW/Dieckmann VgV § 15 Rn. 11; MüKoEuWettbR/Fett VgV § 15 Rn. 19; Müller-Wrede VgV/UVgO/Hirsch/Kaelble VgV § 15 Rn. 48; RKMPP/Rechten § 15 Rn. 20.
[15] Bejaht OLG Düsseldorf 17.7.2002 – VII-Verg 30/02, VergabeR 2003, 55 (56) = BeckRS 2006, 01807, für ein Einsatzleitsystem im Zusammenhang mit den Anschlägen v. 11.9.2001; verneint OLG Düsseldorf 1.8.2005 – Verg 41/05, IBR 2005, 706, für Beraterleistungen.
[16] OLG Düsseldorf 10.6.2015 – VII-Verg 39/14, BeckRS 2015, 10629; VK Sachsen-Anhalt 7.9.2015 – 3 VK LSA 60/15, IBRRS 2015, 2892 zur Vergabe von Bewachungsleistungen für eine Asylbewerberunterkunft; MüKoEuWettbR/Fett VgV § 15 Rn. 20; RKMPP/Rechten § 15 Rn. 19; vgl. auch Mitteilung der Kommission an das Europäische Parlament und den Rat zu den Vorschriften für die öffentliche Auftragsvergabe im Zusammenhang mit der aktuellen Flüchtlingsproblematik, COM(2015) 454 final, sowie Leitlinien der Kommission zur Nutzung des Rahmens für die Vergabe öffentlicher Aufträge in der durch die COVID-19-Krise verursachten Notsituation, ABl. EU Nr. C 108 I/01 v. 1.4.2020.

vorhersehen konnte oder gar selbst **verschuldet** hat.[17] Der Auftraggeber kann sich damit im Grundsatz auch dann auf die Dringlichkeit berufen, wenn er diese selbst verschuldet hat.[18] Allerdings kann dies vor dem Hintergrund des Verhältnismäßigkeitsgrundsatzes nach § 97 Abs. 1 S. 2 GWB nicht schrankenlos gelten. Darauf deutet auch der Wortlaut der Vorschrift hin, denn diese fordert eine „hinreichend begründete" Dringlichkeit, was nicht nur die vergaberechtliche Selbstverständlichkeit impliziert, dass die Erwägungen des öffentlichen Auftraggebers, die Angebotsfrist zu verkürzen, **angemessen zu dokumentieren** sind. Ausgangspunkt ist vielmehr die Mindestfrist von 30 Tagen nach Abs. 4. Diese muss den interessierten Unternehmen grds. – ohne dass Besonderheiten bei der Beschaffung hinzutreten – zur Verfügung stehen. Ihre Herabsetzung auf bis zu 15 Tage ist umso kritischer zu beurteilen, je höher der **Grad der Verantwortlichkeit** des öffentlichen Auftraggebers für die Dringlichkeit der Beschaffung ist. Wurde die Dringlichkeit von dem öffentlichen Auftraggeber rechtsmissbräuchlich herbeigeführt, ist eine Fristverkürzung unter Berufung auf die Dringlichkeit per se unzulässig. Strenge Maßstäbe an die Fristverkürzung wegen Dringlichkeit sind auch dann anzulegen, wenn die Entscheidung über die Einleitung des Vergabeverfahrens ohne objektive und nachvollziehbare Rechtfertigungsgründe hinausgezögert wird. Hat ein Auftraggeber allerdings seit geraumer Zeit auf eine entspr. Auftragsvergabe hingearbeitet und war er aus äußeren Gründen an einer früheren Bekanntmachung des Wettbewerbs gehindert (etwa der ausstehenden finalen Freigabe von Haushaltsmitteln), können solche Umstände eine Fristverkürzung um das erforderliche Maß rechtfertigen.[19]

Liegt eine hinreichend begründete Dringlichkeit vor, kann die Angebotsfrist auf ein Minimum von bis zu 15 Tagen verkürzt werden. Hierbei handelt es sich um eine **echte Mindestfrist**, die nicht (auch nicht in Kombination mit einer Vorinformation nach § 38 Abs. 3 VgV oder durch die Möglichkeit zur elektronischen Angebotsabgabe nach Abs. 3) noch weiter unterschritten werden darf.[20]

Eine weitere Option zur Verkürzung der Angebotsfrist besteht in der Veröffentlichung einer **Vorinformation,** § 38 Abs. 3 VgV. Um die Fristverkürzung nutzen zu können, sind **zwei Voraussetzungen** kumulativ einzuhalten:
i) Der Auftraggeber muss eine Vorinformation nach § 38 Abs. 1 VgV nach den Vorgaben der Spalte 4 in Tabelle 2 des Anhangs der Durchführungsverordnung (EU) 2019/1780 iVm § 10a VgV veröffentlichen. Die Vorinformation kann auch im Beschafferprofil veröffentlicht werden; in diesem Fall muss der Auftraggeber die Mitteilung dieser Veröffentlichung dem Amt für Veröffentlichungen der EU über den Datenservice Öffentlicher Einkauf nach den Vorgaben der Spalte 1 in Tabelle 2 des Anhangs der Durchführungsverordnung (EU) 2019/1780 iVm § 10a VgV übermitteln. Die Vorinformation muss ferner alle nach Spalte 7 der Tabelle 2 des Anhangs der Durchführungsverordnung (EU) 2019/1780 geforderten Informationen enthalten, soweit diese Informationen zum Zeitpunkt der Veröffentlichung der Vorinformation vorlagen.
ii) Die Vorinformation muss wenigstens 35 Tage und darf nicht mehr als zwölf Monate vor dem Tag der Absendung der Auftragsbekanntmachung an das Amt für Veröffentlichungen der EU übermittelt worden sein. Erfüllt die Vorinformation diese Anforderungen, kann die Angebotsfrist auf bis zu 15 Tage verkürzt

11

12

---

[17] BT-Drs. 18/7318, 159; MüKoEuWettbR/Fett VgV § 15 Rn. 21; aA RKMPP/Rechten § 15 Rn. 22.
[18] HK-VergabeR/Pünder/Klafki VgV § 15 Rn. 22; Müller-Wrede VgV/UVgO/Hirsch/Kaelble VgV § 15 Rn. 49; aA RKMPP/Rechten § 15 Rn. 22.
[19] Ähnlich Müller-Wrede VgV/UVgO/Hirsch/Kaelble VgV § 15 Rn. 51.
[20] MüKoEuWettbR/Fett VgV § 15 Rn. 24; Müller-Wrede VgV/UVgO/Hirsch/Kaelble VgV § 15 Rn. 54; RKMPP/Rechten § 15 Rn. 21; HK-VergabeR/Pünder/Klafki VgV § 15 Rn. 22.

werden (vgl. zum Ganzen näher → § 38 Rn. 8–10; zu den eForms → § 10a Rn. 1 ff.).

V. Elektronische Angebotsabgabe (Abs. 4)

13 Abs. 4 eröffnet die Möglichkeit zur Verkürzung der Angebotsfrist des Abs. 2 um fünf Tage auf 30 Tage, wenn der öffentliche Auftraggeber die Übermittlung der Angebote in elektronischer Form nach § 53 Abs. 1 VgV akzeptiert. Die Reduzierung rechtfertigt sich daraus, dass die Angebotseinreichung auf elektronischem Weg die für die Einreichung schriftlicher Angebote notwendigen Postlaufzeiten überflüssig macht. Seit dem 18.10.2018 ist jene Angebotsfrist von 30 Tagen der **Regelfall**, da die elektronische Übermittlung der Angebote obligatorisch ist. Die Verkürzung betrifft ausschl. die Angebotsfrist nach Abs. 2, nicht hingegen eine wegen Dringlichkeit verkürzte Angebotsfrist nach Abs. 3.[21]

VI. Aufklärung über das Angebot oder die Eignung (Abs. 5)

1. Allgemeines

14 Die RL 2014/24/EU enthält – wie schon die Vorgängerrichtlinie 2004/18/EG – keine Bestimmung, die ausdr. regelt, was zu tun ist, wenn der öffentliche Auftraggeber im Rahmen eines offenen oder nicht offenen Vergabeverfahrens feststellt, dass das Angebot eines Bieters ungenau ist oder nicht den in den Vergabeunterlagen enthaltenen technischen Spezifikationen entspricht. Art. 56 Abs. 3 RL 2014/24/EU umfasst aber zumindest Teilaspekte der im deutschen Recht als Aufklärung über das Angebot oder die Eignung bezeichneten Fallgruppen, da er regelt, dass der öffentliche Auftraggeber von den Wirtschaftsteilnehmern verlangen kann, zu übermittelnde Informationen oder Unterlagen innerhalb einer angemessenen Frist zu erläutern, wenn diese unvollständig oder fehlerhaft zu sein scheinen. Jedenfalls folgt aus Art. 56 Abs. 3 RL 2014/24/EU, dass die Aufklärung über das Angebot oder die Eignung – ebenso wie die Nachforderung von Unterlagen – unter voller Einhaltung der Grundsätze der Transparenz und der Gleichbehandlung erfolgen muss.

14a Der EuGH hat zudem bereits zu einem nicht offenen Verfahren entschieden, dass wesensbedingt bei einem solchen Vergabeverfahren nach der Auswahl der Bieter das von ihnen eingereichte Angebot grds. nicht mehr geändert werden kann, weder auf Betreiben des öffentlichen Auftraggebers noch auf Betreiben des Bieters. Bei einem solchen Verfahren stehen der Grundsatz der Gleichbehandlung der Bieter und die sich daraus ergebende Verpflichtung zur Transparenz Verhandlungen zwischen dem öffentlichen Auftraggeber und einem Bieter entgegen.[22] Dies gilt selbstverständlich in gleichem Maße für das offene Verfahren.

15 Die Angebotsaufklärung dient der Klärung des Angebotsinhalts, wenn nach rechnerischer, technischer und wirtschaftlicher Prüfung noch Zweifelsfragen bzgl. des Angebotsinhalts bestehen. Angebote sind zunächst nach § 133 BGB **auszulegen,** wenn sie nicht zweifelsfrei formuliert sind. Dabei darf es aber zu keiner unstatthaften Änderung der Angebote oder Preise gem. § 15 Abs. 5 S. 2 VgV kommen, dh die Auslegung darf nicht derart überzogen werden, dass sie den ursprünglichen Inhalt des Angebots verlässt.[23] Zur Auslegung dürfen nachträgliche Äußerungen des Bieters herangezogen werden, wenn sie Schlüsse auf das Verständnis des Angebots zum

---

[21] MüKoEuWettbR/Fett VgV § 15 Rn. 16; RKMPP/Rechten § 15 Rn. 21.
[22] EuGH 29.3.2012 – C-599/10, IBRRS 2012, 1222.
[23] Zur Angebotsauslegung s. VK Südbayern 28.8.2013 – Z3-3-3194-1-19-07/13, IBRRS 2013, 4033.

Zeitpunkt der Abgabe zulassen.[24] Führt die Auslegung allein nicht zur Klärung der Zweifelsfragen, ist Raum für die **eigentliche Aufklärung**. Hierbei wird der Angebotsinhalt idR unter Mitwirkung des Bieters ermittelt. Bei Eindeutigkeit des Angebotes sind Maßnahmen zur Angebotsaufklärung unstatthaft.[25]

Die Angebotsaufklärung ist von der **Nachforderung von Unterlagen** (Erklärungen oder Nachweisen) gem. § 56 Abs. 2–5 VgV bzw. § 16a EU VOB/A zu unterscheiden. Das Nachfordern dient der Vervollständigung der Angebote entspr. der in der Auftragsbekanntmachung bzw. den Vergabeunterlagen genannten Anforderungen. Die Angebotsaufklärung setzt demgegenüber grds. ein vollständiges Angebot voraus und beginnt dann, wenn nach Vorliegen aller vom Auftraggeber geforderten Unterlagen noch Restzweifel am Inhalt des Angebotes bestehen. Der Auftraggeber hat ein naheliegendes Interesse an einer Information über den genauen und konkreten Inhalt eines Angebotes, bevor er sich in der Wertung für ein bestimmtes Angebot entscheidet. Der Bieter, der mit der Abgabe seines Angebotes eine ihn bindende vertragliche Erklärung abgegeben hat, darf seinerseits nach der Angebotsabgabe sein Angebot nicht mehr ändern. Sowohl das Transparenzgebot als auch der Gleichbehandlungsgrundsatz verlangen, dass sich jeder Bieter darauf verlassen kann, dass nur die fristgerecht abgegebenen und gem. § 55 VgV geöffneten Angebote geprüft und gewertet werden und nicht einzelnen Bietern die Möglichkeit eingeräumt wird, in Kenntnis der Angebote der anderen Bieter ihr eigenes Angebot noch nachzubessern. Deshalb gilt nach § 15 Abs. 5 S. 2 VgV für die Angebotsaufklärung der **Grundsatz**, dass **sie grds. nicht zu einer Änderung des Angebotsinhalts** führen darf[26], sondern nur der weiteren Information und Aufklärung dient. Weder der Angebotsinhalt noch der Preis dürfen im Wege der Angebotsaufklärung verändert werden. 15a

2. Anwendungsbereich

Schon aus der systematischen Stellung der Vorschrift iRd Regelung des **offenen** bzw. (über § 16 Abs. 9 VgV) des **nicht offenen Verfahrens** ergibt sich, dass die Vorschrift nur für diese Verfahren gilt, nicht also für Verfahren, die Verhandlungen mit den Bietern erlauben wie das Verhandlungsverfahren, der wettbewerbliche Dialog oder die Innovationspartnerschaft. Das bedeutet aber nicht, dass die in § 15 Abs. 5 VgV niedergelegten Regeln für Verfahrensarten, die Verhandlungen mit den Bietern erlauben, keinerlei Bedeutung hätten. Anwendbar ist zunächst die **Geheimhaltungsverpflichtung**, die gem. § 5 Abs. 2 VgV als allg. Grundsatz in allen Verfahrensarten zu beachten ist.[27] Die Verpflichtung, dass bei der Angebotsaufklärung **keine Änderung des Angebotes** erfolgen darf, gilt aber auch entspr. für Verfahrensarten, die an sich Verhandlungen mit den Bietern erlauben, wenn die Verhandlungsrunden abgeschlossen sind und das letzte und verbindliche Angebot (§ 17 Abs. 14 VgV, § 19 Abs. 5 S. 1 VgV und mit Einschränkungen § 18 Abs. 8 VgV) abgegeben wurde. So verbietet es der Gleichbehandlungsgrundsatz im Verhandlungsverfahren, dass einem Bieter noch die Möglichkeit eingeräumt wird, sein eingereichtes finales Angebot zu verändern, wenn der Auftraggeber gem. § 17 Abs. 14 VgV zur Abgabe des letzten und verbindlichen Angebots aufgefordert hat. Verstöße gegen diese Pflichten stellen stets eine Verletzung des Geheimwettbewerbs und des Gleichbehandlungs- sowie des Wettbewerbsgrundsatzes dar. Gerade auch 16

---

[24] OLG München 21.2.2008 – Verg 1/08, BeckRS 2008, 06154; OLG Düsseldorf 12.3.2007 – Verg 53/06, BeckRS 2007, 17755.
[25] OLG Bremen 22.3.2007 – Verg 3/07, BeckRS 2007, 142109.
[26] S. aber BGH 18.6.2019 – X ZR 86/17, NZBau 2019, 661 zur Beifügung von Bieter-AGB → Rn. 39a.
[27] Beck VergabeR/Dörn VgV § 15 Rn. 30.

im Verhandlungsverfahren sind die allg. Vergabegrundsätze zu beachten (→ § 17 Rn. 23 ff.).[28]

16a Da jedoch auch **Aufklärung über die Eignung der Bieter** zulässig und ggf. geboten ist, können bei Unklarheiten hinsichtlich zum Beleg der Eignung vorgelegter Unterlagen auch Aufklärungsmaßnahmen **im Rahmen eines Teilnahmewettbewerbs** ergriffen werden. Die Vergabestelle muss bei aufgetretenen Unklarheiten regelmäßig vor dem Ausschluss eines Bieters wegen fehlender Eignung iRd ihr zustehenden Ermessens prüfen, ob sie von der Möglichkeit nach § 15 Abs. 5 VgV Gebrauch macht, den Bieter zur Erläuterung der zum Beleg der Eignung vorgelegter Unterlagen aufzufordern.[29]

3. Zeitraum

17 Das Zeitfenster für die Aufklärung über das Angebot umfasst den Zeitraum zwischen der **Öffnung der Angebote** und der **Zuschlagserteilung** (s. ausdr. § 15 EU Abs. 1 Nr. 1 VOB/A). Erfolgt eine Aufklärung über Aspekte der Eignung im Teilnahmewettbewerb, muss sie nach Einreichung der Teilnahmeanträge und vor Abschluss des Teilnahmewettbewerbs erfolgen, da nach § 42 Abs. 2 VgV nur solche Bieter zu Abgabe eines Angebots aufgefordert werden dürfen, die ihre Eignung nachgewiesen haben und nicht ausgeschlossen worden sind.

17a **Vor Abgabe der Angebote** verstößt eine Aufklärung ggü. nur einem Bieter gegen den Gleichbehandlungsgrundsatz. Der Auftraggeber ist verpflichtet, Fragen der Bieter zum Vergabeverfahren allen Bietern gegenüber zu beantworten, es sei denn, die Frage betrifft nur den speziellen Bereich eines Bieters (→ § 20 Rn. 14). Nach der Öffnung der Angebote ist zum einen der Bieter an sein Angebot gebunden, zum anderen darf auch der Auftraggeber das Angebot des Bieters nicht verändern. Deshalb lässt § 15 Abs. 5 VgV eine Aufklärung nur über ein abgegebenes feststehendes Angebot zu, das noch Zweifelsfragen enthält oder zu dem der Auftraggeber noch ein Informationsbedürfnis hat.[30]

17b **Nach Zuschlagserteilung** ist eine Änderung nur iRd in § 132 GWB geregelten Grundsätze zur Abänderung geschlossener Verträge zulässig. Sind wegen des Ablaufs der Bindefrist alle Angebote erloschen, ist aber die Nachfrage bei dem erstplatzierten Bieter zulässig, ob er sich nach wie vor an sein Angebot gebunden fühlt. Dies folgt aus § 7 BHO und den entspr. Vorschriften der Länder, die die Pflicht zur sparsamen und wirtschaftlichen Haushaltsführung enthalten;[31] die Anfrage des Auftraggebers ist als neues Angebot nach § 150 Abs. 1 BGB zu werten (→ VOB/A § 10a EU Rn. 31, 32). Nach **Aufhebung einer Ausschreibung** besteht kein Aufklärungsbedarf mehr, da in dem aufgehobenen Vergabeverfahren ohnehin kein Zuschlag mehr erteilt werden soll.

4. Durchführung der Angebotsaufklärung

18 Die Aufklärung eines Angebots hat im Regelfall im Wege der **elektronischen Kommunikation** in Textform gem. § 97 Abs. 5 GWB, § 9 VgV zu erfolgen. Zumindest in den Fällen, in denen nach § 53 Abs. 2 und 4 VgV die Angebotsabgabe nicht mittels elektronischer Mittel erfolgen muss, kann sie auch schriftlich[32] erfolgen.

18a **Bietergespräche** sind wegen des Verbots der mündlichen Kommunikation über das Angebot gem. § 9 Abs. 2 VgV nur noch **ausnahmsweise** und **nur**

---

[28] DSW/Dieckmann VgV § 17 Rn. 20; MüKoEuWettbR/Fett VgV § 17 Rn. 80.
[29] OLG München 17.9.2015 – Verg 3/15, BeckRS 2015, 15851.
[30] OLG Naumburg 23.2.2012 – 2 Verg 15/11, BeckRS 2012, 5985; OLG Bremen 22.3.2007 – Verg 3/07, BeckRS 2007, 142109.
[31] OLG Düsseldorf 9.12.2008 – Verg 70/08, BeckRS 2009, 10367.
[32] OLG Frankfurt a. M. 12.11.2013 – 11 Verg 14/13, BeckRS 2014, 4188.

ergänzend zu einer **Aufklärung in Textform** zulässig, wenn die Aufklärung in Textform allein nur mit unverhältnismäßigem Aufwand zu einer Klärung des Aufklärungsbedarfs führen würde. Sie sind umfassend in Textform zu dokumentieren. Wenn möglich, sollte aufgrund der Dokumentationsproblematik und der latenten Gefahr von unzulässigen Nachverhandlungen auf Aufklärungsgespräche verzichtet werden.

Für den Bieter muss die Einleitung der Angebotsaufklärung nach § 15 Abs. 5 VgV durch den Auftraggeber **eindeutig erkennbar** sein. Dies folgt nicht nur aus dem Gebot der Transparenz, sondern auch daraus, dass der Auftraggeber Bietern die Rechtsfolge einer unterbleibenden Mitwirkung, nämlich einen drohenden Angebotsausschluss, nachhaltig vor Augen zu führen hat, um sie zu der gebotenen Mitwirkung anzuhalten.[33] Um das Risiko der Manipulation zu reduzieren, soll die Aufklärung nach § 15 Abs. 5 VgV **passiv erfolgen, also ohne Hinweis auf mögliche Lösungen oder gar Änderungen.** Weder ist es Ziel der Regelung, einem nicht annahmefähigen Angebot zu Annahmefähigkeit zu verhelfen, noch soll dem Bieter gestattet werden, von seinem Angebot abzuweichen. 19

Die Aufklärung der Angebote kann auf diejenigen Bieter beschränkt werden, deren Angebote in die **engere Wahl** gekommen sind,[34] um dem Auftraggeber eine praktikable Abwicklung auch größerer Vergabeverfahren zu ermöglichen. Bei der Angebotsaufklärung mit nur einzelnen Bietern ist allerdings stets der Grundsatz der Gleichbehandlung zu beachten. 20

5. Gegenstand der Aufklärung

§ 15 Abs. 5 VgV ist als Ausnahmevorschrift eng auszulegen. Eine Aufklärung ist nach S. 1 grds. **nur über die Angebote und die Eignung der Bieter** statthaft. Auch im Geltungsbereich der VgV ist eine Orientierung an der ausführlicheren Vorschrift des § 15 EU Abs. 1 VOB/A möglich. Die dort aufgeführten Alternativen, welche die zulässigen Gegenstände der Aufklärung benennen, sind grds. als **abschließende Aufzählung** anzusehen.[35] Voraussetzung jeder Aufklärung eines Angebots ist das Bestehen eines **Aufklärungsbedarfs**.[36] Dieser ist gegeben, wenn die Vergabestelle für die ordnungsgemäße Prüfung und Wertung des Angebots weitere Erläuterungen oder Angaben benötigt.[37] 21

Bei jeder Aufklärung ist strikt darauf zu achten, dass die **Schwelle zur unzulässigen Angebotsänderung** nicht überschritten wird. Gegenstand der Aufklärung kann nicht der **Inhalt der Ausschreibung** sein. In der Bekanntmachung oder in den Vergabeunterlagen teilt der Auftraggeber mit, welche Anforderungen er an den Inhalt der Angebote stellt, § 31 VgV. Im Rahmen der Aufklärung über das Angebot ist eine Änderung der Anforderungen nicht mehr statthaft. Die Bieter, die sich an einer Ausschreibung beteiligen und für die Erstellung ihrer Angebote Zeit und Geld investieren, müssen sich auf die Verbindlichkeit der Ausschreibungsangaben verlassen können. Denn aufgrund dieser Angaben haben sie eingeschätzt, ob sie zu der geforderten Leistungserbringung in der Lage sind und ob sich der Kostenaufwand für sie lohnt.[38] Eine **nachträgliche Änderung** verletzt sie in diesem Vertrauen und verstößt gegen das Gleichbehandlungsgebot. Deshalb kann der Auftraggeber iRd Aufklärung des Angebots entgegen den Ausschreibungsbedingungen nicht zusätzliche Anforderungen an die Leistung oder den Bieter stellen, wie zB einen anderen 22

---

[33] OLG Düsseldorf 21.10.2015 – Verg 35/15, ZfBR 2016, 192.
[34] BGH 10.6.2008 – X ZR 78/07, NZBau 2008, 592.
[35] Beck VergabeR/Dörn VgV § 15 Rn. 34.
[36] OLG Jena 14.11.2002 – 6 Verg 7/02, IBRRS 2003, 1086.
[37] VK Sachsen 2.4.2014 – 1/SVK/004-14, VPRRS 2014, 0465.
[38] OLG München 29.11.2007 – Verg 13/07, BeckRS 2007, 19484.

Eignungsnachweis beizubringen,[39] oder weitere Unterlagen vorzulegen. Wegen dieses Grundsatzes ist es auch abzulehnen, dass der Auftraggeber über eine unerhebliche Änderung nach Angebotsabgabe mit dem erstplatzierten Bieter verhandelt. Die Abgrenzung zwischen unerheblicher und erheblicher Änderung wird zum einen nur schwer zu ziehen sein, und zum anderen ist auch bei unerheblichen Änderungen nicht auszuschließen, dass ein anderer Bieter ein günstigeres Gebot abgegeben hätte. Dem Auftraggeber ist es auch verwehrt, nachträglich die ausgeschriebene Leistung in Einzellose zu zerlegen oder einzelne Leistungspositionen herauszunehmen oder hinzuzufügen.

23 **a) Angebot.** Da das Angebot nach Ablauf der Angebotsfrist nicht mehr abgeändert werden darf, darf die Aufklärung insoweit nur dazu dienen, etwaige Zweifelsfragen – wie technische oder wirtschaftliche Ausdrucksweisen oder Spezialverfahren – abzuklären. War die ausgeschriebene Leistung nur allg. beschrieben, können zusätzliche Angaben eines Bieters zu einem von diesem gewählten Erzeugnis oder Fabrikat eingeholt werden. Es ist zulässig, im Leistungsverzeichnis keine Fabrikatsangaben abzufragen und die Benennung der angebotenen Fabrikate der Angebotsaufklärung zu überlassen.[40] Legt sich in diesen Fällen ein Bieter iRd Angebotsaufklärung auf ein bestimmtes Produkt fest, welches nicht in allen Punkten den Anforderungen des Leistungsverzeichnisses entspricht, ist sein Angebot zwingend auszuschließen.[41]

24 Bei **Nebenangeboten** gem. § 35 VgV (zum Begriff → § 35 Rn. 1) besteht häufig ein höheres Aufklärungsbedürfnis, weil diese eine nicht vom Auftraggeber konzipierte Lösung vorsehen und es zweifelhaft sein kann, ob sie den **Mindestanforderungen** entsprechen. Doch gilt auch hier, dass die Aufklärung nicht zur Abänderung des Nebenangebotes führen darf.[42] Lässt sich nicht nachvollziehen, dass das Nebenangebot den Mindestbedingungen entspricht oder hat der Bieter den Inhalt des Nebenangebotes nicht eindeutig festgelegt,[43] dürfen die fehlenden Angaben nicht iRd Aufklärung nachgeholt werden. Ein erhöhter Aufklärungsbedarf kann sich auch bei **funktionalen Leistungsbeschreibungen** ergeben, vor allem, wenn wegen der Komplexität geringere Defizite bei den jew. Angeboten kaum zu vermeiden sind.[44]

25 Eine entspr. Anwendung des § 15 EU Abs. 3 Hs. 2 VOB/A auf Vergabeverfahren nach der VgV kommt aufgrund des klaren Wortlauts § 15 Abs. 5 S. 2 VgV und des Ausnahmecharakters der Angebotsaufklärung (→ Rn. 21) nicht in Betracht.[45]

26 Zweck der Angebotsaufklärung ist hier die Unterrichtung des Auftraggebers über die **geplante Art der Durchführung des Auftrags**, zB hinsichtlich der Ausführungsfristen. Auch hier hat Aufklärung „passiv" zu erfolgen, dh ohne dass der Auftraggeber dem Bieter neue, von den Vergabeunterlagen abweichende Vorgaben (zB Verkürzung von Einzelfristen) macht und deren „Bestätigung" abfragt; dies wäre eine unstatthafte Verhandlung.[46] Wird iRd Angebotsaufklärung die Ausführung grdl. geändert, liegt hierin eine unstatthafte Änderung der Gesamtkonzeption und nicht nur eine Erläuterung der Auftragsdurchführung, weil das Angebot geändert wird.[47] Hat der Bieter in seinem Nebenangebot eine wesentlich kürzere Ausfüh-

---

[39] OLG München 21.8.2008 – Verg 13/08, BeckRS 2008, 20532.
[40] OLG München 15.11.2007 – Verg 10/07, BeckRS 2008, 08685.
[41] OLG München 25.11.2013 – Verg 13/13, ZfBR 2014, 397.
[42] Kapellmann/Messerschmidt/Planker VOB/A § 15 Rn. 7.
[43] OLG Naumburg 16.4.2014 – Z3-3-3194-1-05-02/14, VPRRS 2014, 0357.
[44] OLG Saarbrücken 23.11.2005 – 1 Verg 3/05, NZBau 2006, 457.
[45] Beck VergabeR/Dörn VgV § 15 Rn. 40.
[46] OLG Naumburg 29.4.2003 – 1 U 119/02, BeckRS 2003, 30316965.
[47] OLG Celle 5.9.2007 – 13 Verg 9/07, NZBau 2007, 663.

rungsfrist für die Leistung angeboten, kann mittels der Aufklärung geklärt werden, auf welche Art und Weise der Bieter dies zustande bringen will.[48]

Anhand der **Angaben zu den Bezugsquellen** wird es dem Auftraggeber möglich gemacht, nicht nur die Zuverlässigkeit und Eignung der Lieferanten, sondern auch die Qualität der Stoffe zu überprüfen. Dies kann notwendig sein, wenn zB vorgegebene Qualitätsanforderungen an Materialien nur bei bestimmten Lieferanten erfüllt werden können oder der Bieter neuartige Stoffe anbietet. Außerdem fallen hierunter die Fälle des § 31 Abs. 2 lit. a–e VgV und § 32 Abs. 1 VgV, wenn die Gleichwertigkeit nach den vorgelegten Unterlagen des Bieters zweifelhaft geblieben ist. 27

Eine Aufklärung über die Angemessenheit und Richtigkeit der Preise ist dann angebracht, wenn Zweifel an der Wirtschaftlichkeit oder Korrektheit der angegebenen Preise bestehen. Im Falle **ungewöhnlich niedrig erscheinender Angebote** geht § 60 VgV, der Aufklärungshandlungen des Auftraggebers in Bezug auf den Angebotspreis regelt, als speziellere Regelung dem § 15 Abs. 5 VgV vor, soweit sein Anwendungsbereich reicht.[49] Die Aufklärung darf keinesfalls dazu führen, dass der Bieter seine Preise noch ändert; dies wäre eine unzulässige Änderung seines Angebotes. Hat die Vergabestelle Zweifel, ob eine **Mischkalkulation** vorliegt, ist dies ein berechtigter Grund für eine Angebotsaufklärung. Ebenso kann eine Aufklärung bei Null- oder Niedrig-Euro-Preisen angebracht sein, wenn der Verdacht eines Spekulationsangebotes besteht.[50] 28

Der **Einblick in die Kalkulationsunterlagen** kann nur gefordert werden, wenn dies nötig ist. Macht der Bieter die Einsicht in die Kalkulation von einer Bedingung abhängig, kann sein Angebot ausgeschlossen werden.[51] Eine Notwendigkeit zur Prüfung der Kalkulation kann dann vorliegen, wenn der Auftraggeber den Verdacht einer unzulässigen wettbewerbsbeschränkenden Preisabsprache hat, er unangemessen hohe oder niedrige Preise oder allg. für die betreffende ausgeschriebene Leistung aus dem Rahmen fallende Preise oder den Verdacht einer Mischkalkulation überprüfen will.[52] Sollen **Unterauftragnehmer** eingesetzt werden, ist es einem Bieter jedenfalls dann zuzumuten, die Preise der Leistungspositionen aufzuschlüsseln, die von Unterauftragnehmern erbracht werden, wenn sein Angebot zum Zuschlag vorgesehen ist und er die entspr. Unterauftragnehmer bereits benannt hat.[53] 29

Kein Fall der Angebotsaufklärung liegt vor, wenn geklärt werden muss, aus **welchem Grund die elektronische Abgabe von Angeboten und Teilnahmeanträgen fehlgeschlagen** ist. Im Falle einer gescheiterten oder unvollständigen Angebotsabgabe würde sich die Aufklärung nicht auf das Angebot beziehen, sondern darauf, aus welchen Gründen das Angebot unvollständig ist, also warum ein Upload der Dateien nicht gelungen ist.[54] Allerdings trägt der Auftraggeber die Feststellungslast dafür, dass er nicht gegen §§ 10 und 11 VgV verstoßen hat, insbes. dafür, dass das von ihm verwendete E-Vergabesystem korrekt funktioniert. Es kann daher der Fall eintreten, dass sich die technische Ursache des Fehlschlagens einer elektronischen Angebotsabgabe oder der verstümmelten Übermittlung von Informationen vom Auftraggeber nicht ohne Mitwirkung des Bieters klären lassen kann. In diesen Fällen kann der Auftraggeber den Bieter zur Mitwirkung an der 29a

---

[48] OLG Düsseldorf 6.5.2011 – Verg 26/11, BeckRS 2011, 18447.
[49] DSW/Dieckmann VgV § 15 Rn. 20.
[50] Zu Spekulationsangeboten s. BGH 19.6.2018 – X ZR 100/16, NZBau 2018, 776; OLG München 4.4.2013 – Verg 4/13, ZfBR 2013, 506.
[51] OLG Düsseldorf 24.11.2010 – Verg 36/10, BeckRS 2011, 18049.
[52] OLG München 10.11.2010 – Verg 19/10, NZBau 2011, 253.
[53] OLG Düsseldorf 19.5.2021 – Verg 13/21, NZBau 2021,694.
[54] OLG Düsseldorf 12.6.2019 – Verg 8/19, BeckRS 2019, 39059.

Klärung des Sachverhalts ähnlich wie bei einer Aufklärung über das Angebot auffordern.[55]

30 **b) Eignung.** Gegenstand der Aufklärung eines Angebots können auch Fragen der Eignung sein, insbes. der **wirtschaftlichen und finanziellen Leistungsfähigkeit** gem. § 45 VgV und der **technischen und beruflichen Leistungsfähigkeit** des Bieters gem. § 46 VgV. Der Auftraggeber ist hier in einer diffizilen Lage: Auf der einen Seite darf er keine zusätzlichen Eignungsnachweise verlangen, die nicht bereits gem. § 123 Abs. 4 S. 2 GWB in der Bekanntmachung oder den Vergabeunterlagen gefordert worden sind,[56] auf der anderen Seite darf er aber Zweifel klären, die sich aufgrund der Vorlage oder auch der Nachforderung bisher nicht vorgelegter Nachweise nach § 56 Abs. 2 S. 1 VgV ergeben. Er darf folglich keine bisher nicht bekannt gemachten Anforderungen an Referenzen stellen (zB nachträglich gewisse Mindestsummen für Referenzaufträge fordern), wohl aber unklare Referenzen iRd bisher gestellten Anforderungen klären. Zur Frage der technischen Leistungsfähigkeit dürfen im Aufklärungsstadium vom Auftraggeber auch Sachverständigengutachten eingeholt werden.[57] Weiterhin kann der Auftraggeber Umstände aufklären, die er – über die verlangten Eignungsnachweise hinaus – bei der materiellen Prüfung der Eignung berücksichtigen möchte.[58]

6. Verhältnis zu § 56 Abs. 2–5 VgV

31 Die Angebotsaufklärung nach § 15 Abs. 5 VgV und die **Nachforderung von Unterlagen gem. § 56 Abs. 2–5 VgV** regeln unterschiedliche Sachverhalte: Die Nachforderungsmöglichkeit des § 56 Abs. 2–5 VgV besteht nur in Bezug auf fehlende oder unvollständige Unterlagen, deren Vorlage mit dem Angebot wirksam gefordert wurde.[59] Bei der Aufklärung geht es hingegen nicht um fehlende oder unvollständige Unterlagen, sondern um sonstige Unklarheiten oder Zweifel im Angebot.

31a Das **erstmalige Anfordern von Unterlagen,** deren spätere Anforderung sich der öffentliche Auftraggeber in der Auftragsbekanntmachung oder den Vergabeunterlagen zunächst vorbehalten hat, stellt **keine Nachforderung iSd § 56 Abs. 2–5 VgV** dar.[60] Da hierzu in der VgV keine Sonderregelungen wie in § 16EU Nr. 4 VOB/A bestehen, kann die Anforderung vorbehaltener Unterlagen als besonderer Fall der Angebotsaufklärung gesehen werden. Zu den Rechtsfolgen einer nicht erfolgten oder unvollständigen Vorlage solcher Unterlagen → § 56 Rn. 17. Bieter, die nach Angebotsabgabe auf Anforderung des Auftraggebers Erklärungen abgegeben oder Nachweise vorgelegt haben, dürfen diese nicht im Wege der Aufklärung abändern, sondern lediglich erläutern.

7. Aufklärungsergebnisse

32 Die Aufklärungsergebnisse sind **geheim zu halten.** Diese Vorschrift dient dem Schutz des Bieters, dessen Angebot oder Eignung der Bieter aufgeklärt hat. Gegen-

---

[55] VK Südbayern 15.11.2021 – 3194.Z3-3_01-21-20, BeckRS 2021, 55182; iErg auch VK Westfalen 20.2.2019 – VK 1–40/18, IBRRS 2019, 1071.
[56] OLG München 21.8.2008 – Verg 13/08, BeckRS 2008, 20532.
[57] OLG München 22.11.2012 – Verg 24/12, IBRRS 2012, 4408.
[58] OLG München 17.9.2015 – Verg 3/15, NZBau 2015, 711.
[59] BR-Drs. 87/16, 209; so zur Rechtslage vor dem 18.4.2016 schon OLG München 29.10.2013 – Verg 11/13, BeckRS 2013, 19147; OLG Düsseldorf 21.10.2015 – Verg 35/15, ZfBR 2016, 192; s. auch § 16a EU Abs. 1 S. 2 VOB/A.
[60] OLG Koblenz 19.1.2015 – Verg 6/14, BeckRS 2015, 3293; OLG Düsseldorf 17.2.2016 – VII-Verg 37/14, BeckRS 2016, 13645.

Offenes Verfahren § 15 VgV

stand der Aufklärungen sind idR Geschäftsgeheimnisse, wie Konstruktionszeichnungen oder andere planerische Unterlagen, Bilanzen, Umsatzzahlen, Lieferbeziehungen oder Kalkulationsgrundlagen, die Dritte nicht kennen und deren Kenntnis für den Bieter von erheblichem Nachteil wäre. Würden Dritte die Aufklärungsergebnisse erfahren, könnten sie sich diese Geheimnisse zunutze machen. Aus § 5 Abs. 2 VgV, der allg. Regelung zur Vertraulichkeit hinsichtlich der abgegebenen Angebote, sowie dem Prinzip des Geheimwettbewerbs und dem allg. Wettbewerbsgrundsatz folgt daher, dass der Inhalt und die Ergebnisse der Aufklärungsmaßnahmen Dritten grds. nicht zur Kenntnis gebracht werden dürfen.

8. Vermerk

Das Aufklärungsergebnis ist als Teil der Vergabedokumentation gem. § 8 Abs. 1 VgV **in Textform** gem. § 126b BGB festzuhalten. Schriftform, also eine mit einer eigenhändigen, vom Aussteller gefertigten Namensunterschrift versehene Urkunde (§ 126 Abs. 1 BGB), ist nicht verlangt, so dass auch eine Aufnahme in elektronischen Medien, zB in einer Vergabeplattform, ausreicht. Der Vermerk dient der Dokumentation und damit dem **Transparenzgebot.** Er ermöglicht einerseits, nach Zuschlagserteilung festzustellen, mit welchem genauen Inhalt der Vertrag zustande gekommen ist, also wie einzelne vertragliche Vereinbarungen auszulegen sind oder wie die Ausführung konkret geschuldet ist. Andererseits schafft er im Nachprüfungsverfahren Klarheit darüber, ob die Angebotsaufklärung korrekt verlaufen ist. Im Nachprüfungsverfahren ist regelmäßig **Akteneinsicht** gem. § 165 GWB nicht nur in den Vergabevermerk, sondern auch in den Aufklärungsvermerk zu gewähren, wobei die Geschäftsgeheimnisse geschwärzt werden. Sind Aufklärungsgespräche geführt worden, fehlt aber der Gesprächsvermerk, liegt ein Verstoß gegen das Transparenzgebot vor, welcher zudem entspr. Schlüsse auf den Inhalt des Gesprächs erlauben kann.

33

9. Verpflichtung zur Aufklärung?

Grds. besteht **kein Anspruch** des Bieters auf Aufklärung des Angebotsinhalts.[61] Doch kann sich – neben der speziell vorgesehenen Aufklärungspflicht bei ungewöhnlich niedrigen Angeboten gem. § 60 Abs. 1 VgV – eine Verpflichtung zur Aufklärung aus folgenden ergeben:
– aus **pflichtgemäßem Ermessen.** Dies kann dann zu bejahen sein, wenn ungewöhnliche Preise vorliegen.[62] Der Auftraggeber kann ein Angebot nicht auf bloßen Verdacht zB einer **Mischkalkulation** oder eines Spekulationsangebotes ausschließen; er muss dem Bieter die Chance zur Aufklärung geben. Hat die Vergabestelle Zweifel, ob eine Mischkalkulation vorliegt, hat sie ihr Ermessen dahingehend auszuüben, dass sie bei dem Bieter nachfragt. Können iRd Aufklärung die Zweifel weder bestätigt noch ausgeräumt werden, hat der Auftraggeber das Angebot zu werten, weil er die Beweislast für das Vorliegen einer Mischkalkulation trägt.[63] Nach jüngerer Rspr[64] sind nach der Intention des Gesetzgebers Angebotsausschlüsse aus lediglich formalen Gründen nach Möglichkeit zu vermeiden. Der öffentliche Auftraggeber darf daher Angebote, die bei Vorliegen formaler Mängel jedenfalls iSv § 53 Abs. 7 S. 2 VgV (bzw. von § 13 Abs. 1 Nr. 4,

34

---

[61] EuGH 29.3.2012 – C-599/10, IBRRS 2012, 1222; OLG Koblenz 15.7.2008 – 1 Verg 2/08, IBR 2008, 591.
[62] OLG München 10.11.2010 – Verg 19/10, NZBau 2011, 253.
[63] OLG Schleswig 10.3.2006 – 1 (6) Verg 13/05, BeckRS 2006, 5718; OLG Frankfurt a. M. 17.10.2005 – 11 Verg 8/05, IBRRS 2005, 3194.
[64] ZB BGH 18.6.2019 – X ZR 86/17, NZBau 2019, 661; OLG Düsseldorf 21.10.2015 – Verg 35/15, ZfBR 2016, 192.

Steck 1247

§ 16a EU VOB/A) wegen **widersprüchlicher Angaben** (Erklärungen oder Nachweisen) an sich „ausschlusswürdig" sind, nicht ohne Weiteres von der Wertung ausnehmen, ohne das von einem Ausschluss bedrohte Bieterunternehmen zuvor zu einer Aufklärung über den Inhalt des Angebots aufgefordert und ihm Gelegenheit gegeben zu haben, den Tatbestand der Widersprüchlichkeit nachvollziehbar auszuräumen. Gleiches gilt für die unbeabsichtigte Beifügung von Bieter-AGB (→ vgl. Rn. 39a ff.).
- aus dem **Gleichbehandlungsgrundsatz.** Es ist dem Auftraggeber verwehrt, einen Sachverhalt nur mit einem Bieter aufzuklären, wenn bei anderen Bietern das gleiche Problem vorliegt.[65] Besteht allerdings nur bei einem Bieter Aufklärungsbedarf, ist der Auftraggeber nicht zu Aufklärungsmaßnahmen ggü. anderen Bietern verpflichtet.[66] Allerdings ist es statthaft, die Aufklärung auf diejenigen Bieter zu beschränken, die in die engere Wahl kommen,[67] da es für den Auftraggeber unzumutbar sein kann, ggü. allen Bietern Aufklärungsmaßnahmen durchzuführen.
- aus dem **Grundsatz von Treu und Glauben.** Diese Konstellation liegt vor, wenn durch eine geringfügige Nachfrage Zweifel an einem Angebot geklärt werden können oder der Auftraggeber sich mit seinem eigenen Verhalten in Widerspruch setzen würde, wenn er also zB eine Aufklärung über das Angebot angekündigt oder diese in vergleichbaren Fällen stets durchgeführt hat.[68] Eine Pflicht zur Aufklärung besteht auch dann, wenn sich bei einem zunächst klar erscheinenden Angebot Zweifel des Auftraggebers durch eigene Recherchen ergeben haben.[69]

10. Weigerung des Bieters

35 Verweigert der Bieter auf ein statthaftes Aufklärungsersuchen des Auftraggebers die geforderten Auskünfte, ist sein Angebot regelmäßig auszuschließen. Kein stichhaltiger Grund für die Verweigerung von Auskünften ist, dass der Bieter bei einer Aufklärung die Preisgabe von Geschäftsgeheimnissen befürchtet, weil der Auftraggeber zur Vertraulichkeit verpflichtet ist. Lässt der Bieter die ihm gesetzte **angemessene Frist** zur Aufklärung ohne Antwort verstreichen oder legt er lediglich untaugliche Unterlagen vor,[70] so wird dies einer Weigerung gleichgesetzt. Die VgV enthält keine Regelungen zur Länge der Frist. Eine Heranziehung der für die Nachforderung von Unterlagen weithin üblichen Frist von sechs Kalendertagen (§ 16a EU VOB/A aF) kommt regelmäßig nicht in Betracht. Dies wäre in Anbetracht der unterschiedlichen Anforderungen an die verlangte Aufklärung zu schematisch. Bei einer Forderung von nicht mit dem Angebot vorzulegenden Nachweisen, die ein Bieter erst besorgen und der Vergabestelle vorlegen muss, ist sie regelmäßig zu kurz. Die Angemessenheit kann daher nur anhand der Umstände des Einzelfalles beurteilt werden.[71] Ist die Aufklärung leicht zu erteilen, kann im Extremfall eine Frist von zwei Tagen angemessen sein, erfordert die Aufklärung einen längeren Zeitraum, können auch eine Woche oder zehn Tage angemessen sein.[72]

---

[65] OLG Saarbrücken 29.5.2002 – 5 Verg 1/01, IBRRS 2003, 0486; DSW/Dieckmann VgV § 15 Rn. 24.
[66] OLG München 7.4.2011 – Verg 5/11, NZBau 2011, 439.
[67] VK BW 7.8.2003 – 1 VK 33/03, IBRRS 2003, 3151; zum Fall der Nachforderung BGH 10.6.2008 – X ZR 78/07, NZBau 2008, 592.
[68] BayObLG 28.5.2003 – Verg 6/03, ZfBR 2003, 717; OLG Dresden 10.7.2003 – WVerg 15 u. 16/02, ZfBR 2003, 810.
[69] VK Schleswig-Holstein 12.7.2005 – VK-SH 14/05, IBRRS 2005, 2466.
[70] VK Südbayern 4.10.2010 – Z3-3-3194-1-45-07/10, IBRRS 82601.
[71] VK Nordbayern 4.12.2012 – 21.VK-3194-29/12, IBRRS 2013, 0229.
[72] VK Nordbayern 4.12.2006 – 21.VK-3194-39/06, BeckRS 2006, 33301.

11. Folgen der Weigerung

Die VgV trifft anders als § 15 EU Abs. 2 VOB/A keine Regelung zu den Folgen 36
einer Verweigerung der geforderten Angaben. Während früher unter der Geltung
von § 15 VOL/A aF und § 15 VOB/A aF davon ausgegangen wurde, dass es im
pflichtgemäßen Ermessen des Auftraggebers steht, ob er in solchen Fällen das Angebot
ausschließt oder nicht, enthält § 15 EU Abs. 2 VOB/A für den Fall der Verweigerung
einen **zwingenden Ausschlussgrund**. Es spricht viel dafür, § 15 EU Abs. 2 VOB/
A entspr. auf die VgV anzuwenden, da ein Zuschlag auf ein unklares Angebot nicht
erteilt werden darf, weil sonst Umfang und Inhalt der vertraglich geschuldeten Leistungen nicht klar sind. Zum selben Ergebnis kommt man, wenn man unter den geforderten Unterlagen iSd § 57 Abs. 1 Nr. 2 VgV auch solche versteht, die ordnungsgemäß und mit ausreichender Fristsetzung iRd Angebotsaufklärung angefordert wurden.

Wirkt der Bieter dagegen ordnungsgemäß an der Aufklärung mit und verbleiben 37
trotzdem Zweifel an seiner Leistungsfähigkeit, kann sein Angebot nach pflichtgemäßem Ermessen des Auftraggebers ausgeschlossen werden, wenn die Zweifel auf einer
gesicherten, objektiv feststehenden Erkenntnisgrundlage des Auftraggebers beruhen.[73] Die Beweislast liegt insofern beim Auftraggeber.

12. Verhandlungsverbot

§ 15 Abs. 5 S. 2 VgV bestimmt, dass Verhandlungen, insbes. über Änderungen der 38
Angebote oder Preise, unstatthaft sind. Diese Regelung ist Ausfluss des Transparenz-,
Wettbewerbs- und Gleichbehandlungsgrundsatzes. Mit der Abgabe der Angebote sind
die Bieter an ihre Angebote gebunden, eine nachträgliche Änderung würde gegen
die Gleichbehandlung der Bieter und die Transparenz des Wettbewerbs verstoßen.
Jeder Bieter muss sich darauf verlassen können, dass nicht nur für ihn, sondern für
alle anderen Bieter die **Unabänderbarkeit des einmal abgegebenen Angebots**
gilt und nicht durch Sonderverhandlungen mit einzelnen Bietern die Preise oder die
Angebotsinhalte und damit die Reihenfolge der Bieter geändert werden können. § 15
Abs. 5 S. 2 VgV konstatiert ein umfassendes Verhandlungsverbot und vermeidet damit
die Zweifelsfragen, welche sich nach wie vor durch die Formulierung in § 15 EU
Abs. 3 Hs. 2 VOB/A bzgl. der Nebenangebote und Leistungsprogramme ergeben
(→ VOB/A § 15 EU Rn. 18 ff.). Für den Bereich der Liefer- und Dienstleistungsaufträge ist damit klargestellt, dass auch **unumgänglich notwendige Änderungen des
Angebotes nicht verhandelbar** sind. Dies gilt auch für **andere Erklärungen oder
Nachweise**, welche der Auftraggeber mit Angebotsabgabe vorgelegt haben will. Gibt
ein Bieter zB irrtümlich eine fehlerhafte Eigenerklärung zur Eignung ab, darf diese
nicht im Zuge von Aufklärungsverhandlungen korrigiert werden,[74] denn dann würde
zum Nachteil der anderen Bieter aus einem fehlerhaften ein fehlerfreies Angebot.
Erklärt ein Bieter einen Mindestumsatz für sein eigenes Unternehmen, welcher die
Mindestanforderungen nicht erfüllt, kann diese Angabe später nicht dadurch korrigiert
werden, dass er sich auf den Umsatz einer mit ihm verbundenen Unternehmensgruppe
berufen will.[75] Solche fehlerhaften unternehmensbezogenen Unterlagen können auch
nicht gem. § 56 Abs. 2 S. 1 VgV korrigiert werden (→ § 56 Rn. 23). Hat der Bieter
nach Angebotsabgabe auf Nachforderung des Auftraggebers Erklärungen abgegeben oder Nachweise vorgelegt, dürfen auch diese nicht im Wege der Aufklärung
abgeändert, sondern lediglich erläutert werden.

a) Änderung des Angebots. Nach der Submission darf der Auftraggeber nur 39
noch Verhandlungen führen, um Zweifel oder Unklarheiten an einem Angebot zu

---

[73] OLG Düsseldorf 15.8.2011 – Verg 71/11, IBRRS 2011, 3679.
[74] VK Brandenburg 24.8.2012 – VK 25/1, IBRRS 2012, 4017.
[75] OLG München 15.3.2012 – Verg 2/12, NZBau 2012, 460.

beheben. Diese Verhandlungen dürfen aber nicht dazu führen, dass der eindeutige Inhalt eines Angebotes verändert wird. Es ist nicht statthaft, ein Angebot, welches nach der Auslegung nicht der Leistungsbeschreibung entspricht, iRd Aufklärung den Anforderungen der Leistungsbeschreibung anzupassen.[76] Erklärt der Bieter aber in seinem Angebot, konform der Leistungsbeschreibung liefern zu wollen, ohne dass der Auftraggeber bei Angebotsabgabe ein bestimmtes Fabrikat abgefragt hat und ohne dass sich aus dem Angebot Unklarheiten oder Widersprüche ergeben, schadet es ihm nicht, wenn er iRd Aufklärung über das Angebot ein **nicht konformes Produkt** genannt hat, solange er sich nicht hierauf festlegt,[77] da es in solchen Fällen dem Bieter letztlich freisteht, ein Produkt mittlerer Art und Güte seiner Wahl zu liefern.[78] Etwas anderes gilt jedoch, wenn er iRd Aufklärung über das Angebot dabei bleibt, ein nicht konformes Produkt liefern zu wollen[79] oder wenn er sich bei einer schriftlichen Produktabfrage auf ein nicht konformes Produkt festlegt.[80] Ein anderes Fabrikat, eine andere technische Ausführung oder ein anderer Leistungsgegenstand dürfen nicht im Wege der Angebotsaufklärung angeboten werden.[81] Eine geforderte Unterlage oder Preisangabe, die bei Angebotsabgabe oder auf Nachforderung nicht vorliegt, kann iRd Angebotsaufklärung nicht nachgeholt werden,[82] weil sonst ein unvollständiges und damit von der Wertung auszuschließendes Angebot erst vollständig gemacht würde. Ebenso darf die Person des Bieters nach Angebotsabgabe nicht ausgewechselt werden,[83] und zwar auch nicht durch nachträgliche Bildung einer Bietergemeinschaft.[84]

39a Der BGH hat allerdings für den Fall der **Beifügung von Bieter-AGB** zu einem Angebot eine **Ausnahme vom Nachverhandlungsverbot** iRd Angebotsaufklärung zugelassen.[85] Die Rspr. hatte in diesen Fällen bislang einhellig einen Ausschluss der betreffenden Angebote nach § 57 Abs. 1 Nr. 4 VgV wegen Änderungen an den Vergabeunterlagen angenommen.[86] Nach Auffassung des BGH soll hingegen aufgrund der Intension des Gesetzgebers[87], einen möglichst umfassenden Wettbewerb zu erhalten, der Ausschluss von Angeboten aus vielfach nur formalen Gründen möglichst vermieden werden. Ziel sei es, die Anzahl der am Wettbewerb teilnehmenden Angebote nicht unnötig wegen an sich vermeidbarer, nicht gravierender formaler Mängel zu reduzieren. Unproblematisch ist dies in Fällen – wie im vom BGH entschiedenen Sachverhalt –, bei denen bereits in den **Vergabeunterlagen eine Klausel enthalten ist, die konkurrierende AGB von Bietern „abwehrt"**. Hier kann bereits über die Auslegung der Vergabeunterlagen geklärt werden, dass konkurrierende AGB von Bietern keine Geltung entfalten und nicht Vertragsinhalt werden können, weil für die Bieter erkennbar ist, dass der öffentlichen Auftraggeber

---

[76] OLG Düsseldorf 14.10.2009 – Verg 9/09, BeckRS 2009, 29070; OLG München 2.9.2010 – Verg 17/10, BeckRS 2010, 23563.

[77] OLG München 9.8.2005 – Verg 11/05, BeckRS 2005, 09940.

[78] OLG Düsseldorf 25.4.2012 – Verg 61/11, ZfBR 2012, 613.

[79] OLG München 15.11.2007 – Verg 10/07, BeckRS 2008, 08685.

[80] OLG München 25.11.2013 – Verg 13/13, ZfBR 2014, 397; VK Südbayern 18.10.2013 – Z3-3-3194-1-30-08/13, IBRRS 2014, 0094.

[81] OLG München 15.11.2007 – Verg 10/07, BeckRS 2008, 08685.

[82] BayObLG 27.7.2004 – Verg 14/04, VPRRS 2004, 0290.

[83] OLG München 18.10.2006 – Verg 30/06, ZfBR 2007, 400.

[84] S. aber EuGH 24.5.2016 – C-396/14, NZBau 2016, 506 zur Auflösung einer Bietergemeinschaft.

[85] BGH 18.6.2019 – X ZR 86/17, NZBau 2019, 661.

[86] ZB OLG München 21.2.2008 – Verg 1/08; BeckRS 2008, 6154; OLG Jena, 17.3.2003 – 6 Verg 2/03; IBRRS 2003, 0948.

[87] Die sich zB aus den Regelungen zur Nachforderung von Unterlagen ergibt, § 56 Abs. 2 VgV oder § 16aEU VOB/A.

an seine eigenen, einheitlich für alle Bieter geltenden Vertragsbedingungen gebunden ist und keine individuellen Bieter-AGB akzeptieren kann.

Allerdings hält der BGH ausdr. auch in **Fällen ohne eine solche „AGB-Abwehrklausel"** in den Vergabeunterlagen eine **Aufklärung** für zulässig, ob die **Beifügung der Bieter-AGB auf einem Missverständnis** beruht, obwohl dies in solchen Fällen zu einer nachträglichen Änderung des Angebotsinhalts führt. Der Auftraggeber kann den betreffenden Bieter iRd Aufklärung über das Angebot zu einer Stellungnahme auffordern, ob dieser von den von ihm beigefügten eigenen AGB Abstand nimmt. Tut der Bieter dies, kann das Angebot nach Auffassung des BGH in der Wertung verbleiben, wenn ohne die Bieter-AGB ein vollständig den Vergabeunterlagen entspr. Angebot vorliegt.[88] Beharrt der Bieter allerdings auf der Geltung seiner Vertragsklauseln und zeigt damit, dass er einen anderen Vertragsinhalt als den vom Auftraggeber ausgeschriebenen erreichen möchte, ist sein Angebot nach § 57 Abs. 1 Nr. 4 VgV wegen Änderungen an den Vergabeunterlagen auszuschließen.[89] 39b

Die vom BGH geschaffene Ausnahme vom Nachverhandlungsverbot ist allerdings auf den Fall der unbeabsichtigten Beifügung von AGB und sonstiger Vertragsklauseln des Bieters beschränkt. Ein Angebot ist nach wie vor auszuschließen, wenn es **inhaltlich** – insbes. bei den technischen Spezifikationen – **von den Vorgaben der Vergabeunterlagen abweicht** und bei Hinwegdenken der Abweichungen gerade kein vollständiges, sondern ein lückenhaftes Angebot vorliegt.[90] Es bleibt daher dabei, dass ein Angebot, das verbindliche technische Spezifikationen der Leistungsbeschreibung nicht einhält, zwingend nach § 57 Abs. 1 Nr. 4 VgV wegen Änderungen an den Vergabeunterlagen auszuschließen ist und nicht über die Aufklärung „wertbar" gemacht werden darf. 39c

Verlangt der Auftraggeber bei Angebotsabgabe die Angabe, welche **Leistungen und zu welchem Anteil von Nachunternehmern** erbracht werden sollen, kann diese Erklärung nicht iRd Aufklärung des Angebots nachgereicht oder vervollständigt werden. Insbesondere dürfen nachträglich keine zusätzlichen Leistungen an Nachunternehmer übertragen werden.[91] Ebenso wenig dürfen die **Namen der einzusetzenden Nachunternehmer** oder **Verpflichtungserklärungen** im Zuge der Angebotsaufklärung nachgereicht werden, wenn diese gem. § 56 Abs. 2 S. 1 Hs. 2 VgV nachgefordert worden sind und die Frist verstrichen ist. Auch Verhandlungen über eine nachträgliche Verschiebung der Anteile zwischen Hauptunternehmer und Nachunternehmer sind unzulässig, da hierdurch das Angebot inhaltlich geändert wird.[92] Auch eine unklare Verpflichtungserklärung darf nicht im Wege der Aufklärung nachgebessert werden.[93] 40

b) Änderung des Preises. Unvollständige Preisangaben dürfen nicht im Wege von Nachverhandlungen vervollständigt werden. Reduziert der Auftraggeber im Einverständnis mit einem Bieter einen Einzelpreis mit der Folge, dass der Bieter in der Gesamtwertung eine günstigere Position einnimmt, so liegt darin eine **unzulässige Preisänderung**,[94] und zwar auch dann, wenn für dieselbe Leistungsposition an anderer Stelle ein anderer Einzelpreis genannt wird.[95] Weder Kalkulationsirrtü- 41

---

[88] BGH 18.6.2019 – X ZR 86/17, NZBau 2019, 661.
[89] So iErg auch OLG Düsseldorf 12.2.2020 – Verg 24/19, NZBau 2020, 403.
[90] OLG Schleswig 12.11.2020 – 54 Verg 2/20, ZfBR 2021,194.
[91] VK Südbayern 5.6.2019 – Z3-3-3194-1-06-02/19, BeckRS 2019, 14438.
[92] VK Südbayern 1.7.2003 – 22–06/03, IBRRS 2003, 2317.
[93] OLG München 22.1.2009 – Verg 26/08, VergabeR 2009, 478 = BeckRS 2009, 4246 als Bsp. für eine unklare Verpflichtungserklärung.
[94] BGH 7.1.2003 – X ZR 50/01, ZfBR 2003, 503; 6.2.2002 – X ZR 185/99, NZBau 2002, 344.
[95] VGH BW 5.8.2002 – 1 S 379/01, NZBau 2002, 640.

mer noch bewusst eingesetzte Niedrig- oder 0-Cent-Preise oder Mischkalkulationen dürfen iRd Aufklärung geändert werden.[96] Eine Ausnahme ist nur für die offensichtlichen preislichen Falschangaben zu machen.[97] Nachträgliche Vereinbarungen über Kostenübernahmen durch Bieter unter gleichzeitiger Abänderung des Leistungsverzeichnisses sind ebenfalls unzulässige nachträgliche Preisverhandlungen. Es ist auch nicht zulässig, im Zeitraum zwischen Angebotsabgabe und Zuschlag eine Preisgleitklausel zu vereinbaren, und zwar auch dann nicht, wenn unvorhergesehene Preiserhöhungen eingetreten sind. Ganz generell bestehen Ausnahmen immer nur dann, wenn **offensichtliche Unrichtigkeiten im Angebot** vorliegen.[98]

VII. Rechtsschutz

42 § 15 Abs. 1 VgV vermittelt Bieterschutz. Interessierte Unternehmen haben gem. § 97 Abs. 6 GWB einen Anspruch auf Wahl der richtigen Vergabeart (zur Antragsbefugnis in diesen Fällen → GWB § 160 Rn. 9, 28). Entscheidet sich der öffentliche Auftraggeber für die falsche Vergabeart, liegt darin ein Vergaberechtsverstoß, der mit einem Nachprüfungsantrag angegriffen werden kann.[99] Wird umgekehrt die Durchführung eines offenen Verfahrens gerügt, um auf diese Weise die Durchführung eines Verhandlungsverfahrens zu erreichen, ist die Antragsbefugnis abzulehnen, weil es hierdurch nicht zu einer Verbesserung der Zuschlagschancen kommt.[100]

43 Bei der Angebotsfrist nach Abs. 2 handelt es sich ebenfalls um eine bieterschützende Vorschrift.[101] Die Norm bezweckt, eine Beschränkung des Wettbewerbs durch zu kurze Fristsetzungen zu verhindern.[102] Den interessierten Unternehmen soll ein Mindestmaß an Zeit für die Erstellung eines ordnungsgemäßen Angebots zur Verfügung stehen, um Nachteile aufgrund einer nicht ordnungsgemäßen Angebotskalkulation zu vermeiden.[103]

44 Auch Abs. 3 ist bieterschützend. Eine Verkürzung der Angebotsfrist brauchen die am Auftrag interessierten Unternehmen nur dann hinzunehmen, wenn der öffentliche Auftraggeber die Eilbedürftigkeit der Beschaffung hinreichend begründen kann. Bei der Feststellung der Eilbedürftigkeit steht dem öffentlichen Auftraggeber allerdings ein **Beurteilungsspielraum** zu, dessen Ausübung nach den allg. Grundsätzen von den Vergabenachprüfungsinstanzen lediglich darauf zu überprüfen ist, ob er die Entscheidung auf der Grundlage eines zutreffend ermittelten Sachverhalts getroffen und diese nicht mit sachfremden Erwägungen, sondern willkürfrei sowie in Übereinstimmung mit hergebrachten Beurteilungsgrundsätzen begründet hat.[104]

---

[96] OLG Düsseldorf 30.4.2002 – Verg 3/02, VergabeR 2002, 528 = IBRRS 2002, 0840.

[97] AA OLG Saarbrücken 27.5.2009 – 1 Verg 2/09, BeckRS 2009, 15182, für offensichtlich falsche Einheitspreise.

[98] OLG München 29.7.2010 – Verg 9/10, BeckRS 2010, 23564.

[99] BGH 10.11.2009 – X ZB 8/09, NZBau 2010, 124 Rn. 39 ff.; OLG Düsseldorf 10.6.2015 – VII-Verg 39/14, BeckRS 2015, 10629; OLG Celle 24.9.2014 – 13 Verg 9/14, ZfBR 2015, 199; OLG München 11.4.2013 – Verg 03/13, BeckRS 2013, 7174; OLG Brandenburg 27.3.2012 – Verg W 13/11, ZfBR 2012, 513.

[100] OLG Brandenburg 27.3.2012 – Verg W 13/11, ZfBR 2012, 513.

[101] OLG Naumburg 30.4.2014 – 2 Verg 2/14, BeckRS 2014, 14969; 20.9.2012 – 2 Verg 4/12, BeckRS 2012, 21448, Anordnung der Aufhebung des Verfahrens; VK Lüneburg 13.8.2014 – VgK-29/2014, BeckRS 2014, 17232; VK Sachsen-Anhalt 11.4.2011 – 1 VK LVwA 18/09, IBRRS 2012, 0451; VK Bund 17.4.2003 – VK 2–16/03, BeckRS 2003, 152835; VK Sachsen 9.12.2002 – 1/SVK/102-02, ZfBR 2003, 302.

[102] OLG Naumburg 20.9.2012 – 2 Verg 4/12, BeckRS 2012, 21448.

[103] VK Bund 28.9.2005 – VK 2–20/05, BeckRS 2005, 152096.

[104] OLG Düsseldorf 10.6.2015 – VII-Verg 39/14, BeckRS 2015, 10629; 17.7.2002 – Verg 30/02, IBRRS 2003, 1076.

Verstößt der Auftraggeber gegen § 15 Abs. 5 S. 2 VgV, indem er unstatthafte Verhandlungen mit einem Bieter führt, verletzt er die anderen Bieter in ihren Rechten nach § 97 Abs. 6 GWB. Die Norm ist also **bieterschützend.** In solchen Fällen ist der **Gleichbehandlungsgrundsatz** des § 97 Abs. 2 GWB ebenso verletzt wie das Transparenz- und Wettbewerbsgebot. Der benachteiligte Bieter kann dies im Nachprüfungsverfahren rügen. Jedoch ist das Angebot des bevorzugten Bieters **nicht auszuschließen,** sondern es sind nur seine **unzulässigerweise verbesserten Angebotsteile** bei der Wertung **nicht zu berücksichtigen.**[105] Ändern ein Bieter und die Vergabestelle in Aufklärungsgesprächen einvernehmlich das Angebot erheblich ab, kann ein Zuschlag auf dieses Angebot eine De-Facto-Vergabe gem. § 135 GWB darstellen.[106] Ein Vergabeverstoß kann auch darin liegen, dass der Auftraggeber einem Bieter die Angebotsaufklärung verweigert, obwohl er nach pflichtgemäßem Ermessen, nach Treu und Glauben oder Gründen der Gleichbehandlung **zur Aufklärung verpflichtet** war; dies kann der benachteiligte Bieter rügen.[107] Wird die Dokumentation über die Angebotsaufklärung, insbes. über ein geführtes Aufklärungsgespräch, unterlassen, kann darauf allein ein Nachprüfungsantrag nicht gestützt werden. Hinzukommen muss, dass aufgrund des unterlassenen Vermerks eine fehlerhafte Wertung oder eine unzulässige Nachverhandlung nicht ausgeschlossen werden kann. Eine **unterlassene Dokumentation** schafft allerdings Beweiserleichterungen oder Vermutungen dafür, welche Gründe der fehlenden Dokumentation zugrunde liegen könnten. Nicht geschützt sind der Bieter und der Auftraggeber, welche die Grenzen der Angebotsaufklärung überschritten haben.[108]

Da § 15 Abs. 5 S. 2 VgV eine Schutzvorschrift zugunsten der Bieter darstellt, ergibt sich bei einem Verstoß gegen die Grenzen einer zulässigen Angebotsaufklärung für den benachteiligten Bieter im Oberschwellenbereich ein Anspruch aus § 181 GWB. Außerdem stehen ihm Schadensersatzansprüche nach §§ 280 Abs. 1, 241 Abs. 2, 311 Abs. 2 BGB aus der Verletzung vorvertraglicher Pflichten zu. Erhält der ursprünglich erstplatzierte Bieter den Zuschlag aufgrund unzulässiger Nachverhandlungen mit nachplatzierten Bietern nicht, kann sich für ihn ein Anspruch auf das **positive Interesse** ergeben, weil er ohne die unzulässige Verhandlung den Zuschlag und damit den Gewinn aus dem Geschäft erhalten hätte. § 15 Abs. 5 S. 2 VgV ist Schutzgesetz iSd § 823 Abs. 2 BGB. Zusätzlich kann sich bei einem Verstoß gegen das **Geheimhaltungsgebot** des § 5 Abs. 1, 2 VgV ein Schadensersatzanspruch aus §§ 280 Abs. 1, 241 Abs. 2, 311 Abs. 2 BGB ergeben, wenn dem Bieter durch das Bekanntwerden seiner Geschäftsgeheimnisse ein Schaden entstanden ist.[109]

§ 16 Nicht offenes Verfahren

(1) ¹**Bei einem nicht offenen Verfahren fordert der öffentliche Auftraggeber eine unbeschränkte Anzahl von Unternehmen im Rahmen eines Teilnahmewettbewerbs öffentlich zur Abgabe von Teilnahmeanträgen auf.** ²**Jedes interessierte Unternehmen kann einen Teilnahmeantrag abgeben.** ³**Mit dem Teilnahmeantrag übermitteln die Unternehmen die vom öffentlichen Auftraggeber geforderten Informationen für die Prüfung ihrer Eignung.**

---

[105] BGH 6.2.2002 – X ZR 185/99, NZBau 2002, 344; OLG München 9.8.2005 – Verg 11/05, BeckRS 2005, 09940.
[106] VK Südbayern 18.11.2014 – Z3-3-3194-1-40-09/14, IBRRS 2014, 3198.
[107] VK Bund 13.7.2022 – VK 2–62/22, VPRRS 2022, 0238.
[108] OLG München 17.9.2007 – Verg 10/07, ZfBR 2007, 828; OLG Jena 9.5.2007 – 7 U 1046/06, BeckRS 2008, 21324.
[109] Kapellmann/Messerschmidt/Planker VOB/A § 15 Rn. 14.

(2) Die Frist für den Eingang der Teilnahmeanträge (Teilnahmefrist) beträgt mindestens 30 Tage, gerechnet ab dem Tag nach der Absendung der Auftragsbekanntmachung.

(3) Für den Fall, dass eine hinreichend begründete Dringlichkeit die Einhaltung der Teilnahmefrist unmöglich macht, kann der öffentliche Auftraggeber eine Frist festlegen, die 15 Tage, gerechnet ab dem Tag nach der Absendung der Auftragsbekanntmachung, nicht unterschreiten darf.

(4) [1]Nur diejenigen Unternehmen, die vom öffentlichen Auftraggeber nach Prüfung der übermittelten Informationen dazu aufgefordert werden, können ein Angebot einreichen. [2]Der öffentliche Auftraggeber kann die Zahl geeigneter Bewerber, die zur Angebotsabgabe aufgefordert werden, gemäß § 51 begrenzen.

(5) Die Angebotsfrist beträgt mindestens 30 Tage, gerechnet ab dem Tag nach der Absendung der Aufforderung zur Angebotsabgabe.

(6) [1]Mit Ausnahme oberster Bundesbehörden kann der öffentliche Auftraggeber die Angebotsfrist mit den Bewerbern, die zur Angebotsabgabe aufgefordert werden, im gegenseitigen Einvernehmen festlegen, sofern allen Bewerbern dieselbe Frist für die Einreichung der Angebote gewährt wird. [2]Erfolgt keine einvernehmliche Festlegung der Angebotsfrist, beträgt diese mindestens zehn Tage, gerechnet ab dem Tag nach der Absendung der Aufforderung zur Angebotsabgabe.

(7) Für den Fall, dass eine hinreichend begründete Dringlichkeit die Einhaltung der Angebotsfrist gemäß Absatz 5 unmöglich macht, kann der öffentliche Auftraggeber eine Frist festlegen, die zehn Tage, gerechnet ab dem Tag nach der Absendung der Aufforderung zur Angebotsabgabe, nicht unterschreiten darf.

(8) Der öffentliche Auftraggeber kann die Angebotsfrist gemäß Absatz 5 um fünf Tage verkürzen, wenn er die elektronische Übermittlung der Angebote akzeptiert.

(9) § 15 Absatz 5 gilt entsprechend.

Literatur: Schaller, Der Teilnahmewettbewerb bei Liefer- und Dienstleistungen, LKV 2017, 541. Vgl. iÜ die Angaben bei § 119 GWB und § 15 VgV.

Übersicht

	Rn.
I. Bedeutung der Vorschrift	1
II. Nicht offenes Verfahren (Abs. 1)	4
III. Teilnahmefrist (Abs. 2)	11
IV. Verkürzung der Teilnahmefrist wegen Dringlichkeit (Abs. 3)	14
V. Auswahl der Bewerber (Abs. 4)	16
VI. Angebotsfrist (Abs. 5)	17
VII. Einvernehmliche Festlegung der Angebotsfrist (Abs. 6)	22
VIII. Verkürzung der Angebotsfrist wegen Dringlichkeit (Abs. 7)	26
IX. Elektronische Angebotsabgabe (Abs. 8)	27
X. Aufklärung über das Angebot oder die Eignung (Abs. 9)	28
XI. Rechtsschutz	29

I. Bedeutung der Vorschrift

1 § 16 VgV knüpft an § 119 Abs. 4 GWB an und normiert den Ablauf des nicht offenen Verfahrens mit seinen verfahrensspezifischen Details. Die Vorschrift setzt Art. 28 RL 2014/24/EU um.

Nicht offenes Verfahren **§ 16 VgV**

§ 119 Abs. 4 GWB enthält eine Legaldefinition des nicht offenen Verfahrens: Es 2 ist ein Verfahren, bei dem der öffentliche Auftraggeber nach vorheriger unionsweiter Aufforderung zur Teilnahme eine beschränkte Anzahl von Unternehmen nach objektiven, transparenten und nichtdiskriminierenden Kriterien auswählt **(Teilnahmewettbewerb)**, die er zur Abgabe von Angeboten auffordert. Der unionsweite Teilnahmewettbewerb steht damit zwar allen interessierten Unternehmen offen; jedoch findet der Angebotswettbewerb nur zwischen den zur Abgabe eines Angebotes aufgeforderten Unternehmen statt (→ GWB § 119 Rn. 16). Von dem Verhandlungsverfahren mit Teilnahmewettbewerb unterscheidet sich das nicht offene Verfahren dadurch, dass Verhandlungen über das Angebot im nicht offenen Verfahren unzulässig sind; dies wird durch die entspr. Geltung des § 15 Abs. 5 VgV klargestellt (→ Rn. 28).

Während offene Verfahren und nicht offene Verfahren dem öffentlichen Auftraggeber auf europäischer Rechtsebene auch schon nach der RL 2004/18/EG als gleichrangige Verfahrenstypen zur Verfügung standen, war das offene Verfahren nach dem deutschen Vergaberecht als vorrangiges Regelverfahren angeordnet (vgl. § 3 EG Abs. 1 S. 1, 2 VOL/A aF). Ein nicht offenes Verfahren durfte danach nur in begründeten Ausnahmefällen durchgeführt werden. Das hat sich durch die Vergaberechtsreform 2016 signifikant geändert. Im Anwendungsbereich der VgV kann seitdem zwischen dem offenen Verfahren und dem nicht offenen Verfahren **ohne Einschränkungen gewählt** werden[1] (ausf. → GWB § 119 Rn. 10; → § 14 Rn. 27 ff.). 3

II. Nicht offenes Verfahren (Abs. 1)

Bei einem nicht offenen Verfahren wird eine **unbeschränkte Anzahl** von Unternehmen unionsweit zur Abgabe von Teilnahmeanträgen, aus dem Bewerberkreis sodann aber nur eine beschränkte Anzahl von Unternehmen zur Abgabe von Angeboten aufgefordert (S. 1, Abs. 4 und § 119 Abs. 4 GWB). Im Hinblick auf die Wettbewerbsintensität bleibt das nicht offene Verfahren hinter dem offenen Verfahren zurück. Denn im Unterschied zum offenen Verfahren, bei dem alle an dem Auftrag interessierten Unternehmen ein Angebot abgeben dürfen (§ 15 Abs. 1 S. 2 VgV), ist der Wettbewerb beim nicht offenen Verfahren in der Phase, die sich dem Teilnahmewettbewerb anschließt, auf diejenigen Unternehmen beschränkt, die von dem öffentlichen Auftraggeber zur Angebotsabgabe aufgefordert werden (vgl. Abs. 4, → Rn. 16).[2] 4

Anders als im offenen Verfahren, wird der Auftrag beim nicht offenen Verfahren in einem **zweistufigen Verfahren** vergeben[3] (→ GWB § 119 Rn. 16 ff.). Die erste Stufe beginnt mit dem Versand einer unionsweiten Auftragsbekanntmachung nach § 37 Abs. 1 VgV, mit der der **Teilnahmewettbewerb** eingeleitet wird. Die **Auftragsbekanntmachung** ist gem. § 37 Abs. 2 VgV zu erstellen und nach § 40 Abs. 2 S. 1 VgV EU-weit zu veröffentlichen. Eine zusätzliche inländische Bekanntmachung ist nicht vorgeschrieben, aber zulässig (§ 40 Abs. 3 VgV). Daneben kann ein offenes Verfahren unter den Voraussetzungen des § 38 Abs. 4 VgV durch eine **Vorinformation** als Aufruf zum Wettbewerb eingeleitet werden (→ § 38 Rn. 11 ff.). Hier beginnt der Teilnahmewettbewerb mit der Aufforderung zur Interessensbestätigung (§ 38 Abs. 5 S. 1 VgV, → § 38 Rn. 21). 5

Der Teilnahmewettbewerb steht allen Unternehmen ohne Einschränkung offen; alle interessierten Unternehmen können sich um die Teilnahme an dem Verfahren 6

---

[1] MüKoEuWettbR/Fett VgV § 16 Rn. 6; DSW/Dieckmann VgV § 16 Rn. 5.
[2] MüKoEuWettbR/Fett VgV § 16 Rn. 5; RKMPP/Hausmann/Mehlitz § 16 Rn. 1.
[3] OLG München 26.6.2007 – Verg 6/07, IBRRS 2007, 3373; DSW/Dieckmann VgV § 16 Rn. 8 ff.; MüKoEuWettbR/Fett VgV § 16 Rn. 5; RKMPP/Hausmann/Mehlitz § 16 Rn. 1.

Völlink 1255

bewerben (S. 2). Er dient als **vorgezogene auftragsabhängige Eignungsprüfung**[4] dazu, das Vorliegen etwaiger Ausschlussgründe nach den §§ 123 ff. GWB und die Eignung der Bewerber nach Maßgabe der von dem öffentlichen Auftraggeber in der Auftragsbekanntmachung aufgestellten Eignungskriterien und der hierzu von ihm geforderten Nachweise zu prüfen, um auf diese Weise diejenigen Bewerber zu identifizieren, die zur Abgabe von Angeboten aufgefordert werden (S. 3 und § 42 Abs. 2 S. 1 VgV).[5] Die Eignungsprüfung erfolgt grds. **abschließend** (→ § 42 Rn. 11).[6] Hat der öffentliche Auftraggeber nach Durchführung eines Teilnahmewettbewerbs die Eignung eines Bewerbers ermessensfehlerfrei bejaht und ihn zur Abgabe eines Angebotes aufgefordert, ist er daran **bei unveränderter Sachlage** gebunden.[7] Er ist also gehindert, im weiteren Verlauf des Vergabeverfahrens von seiner ursprünglichen Beurteilung abzurücken und bei unveränderter Sachlage die Eignung eines Bewerbers nunmehr zu verneinen. Mit der **positiven Eignungsprüfung** wird – anders als im offenen Verfahren – grds. ein **Vertrauenstatbestand** für die zum Verfahren zugelassenen Unternehmen begründet. Sie müssen nicht damit rechnen, dass der ihnen durch die Erstellung der Angebote und Teilnahme am Wettbewerb entstandene Aufwand dadurch nachträglich nutzlos werden könnte, dass der Auftraggeber ihre Eignung auf gleichbleibender tatsächlicher Grundlage später abweichend beurteilt (vgl. auch → § 42 Rn. 13).[8] Dieser Vertrauenstatbestand ist ein in § 242 BGB wurzelnder Grundsatz, der im Interesse einer fairen Risikoabgrenzung zwischen öffentlichem Auftraggeber und Bieter einer späteren Verneinung der Eignung bei gleichem Sachverhalt entgegensteht. Wettbewerber in Verfahren mit vorgeschaltetem Teilnahmewettbewerb haben deshalb nach Auffassung des OLG Düsseldorf einen Vergaberechtsverstoß, der in der fehlerhaften Bejahung der Eignung eines Bewerbers am Ende des Teilnahmewettbewerbs liegt, ab der Begründung des Vertrauenstatbestands hinzunehmen.[9] Das gilt allerdings nicht ausnahmslos:

---

[4] VK Rheinland-Pfalz 20.4.2010 – VK-2-7/10, BeckRS 2015, 55862.

[5] OLG Düsseldorf 29.3.2021 – Verg 9/21, BeckRS 2021, 21306; OLG Koblenz 4.10.2010 – 1 Verg 9/10, BeckRS 2010, 24261; DSW/Dieckmann VgV § 16 Rn. 9; RKMPP/Hausmann/Mehlitz § 16 Rn. 6.

[6] OLG München 17.9.2015 – Verg 3/15, VPRRS 2015, 0307; OLG Koblenz 4.10.2010 – 1 Verg 9/10, BeckRS 2010, 24261; VK Südbayern 9.9.2014 – Z3-3-3194-1-35-08/14, IBRRS 2014, 2635; VK Nordbayern 4.11.2010 – 21.VK-3194-36/10, IBRRS 2011, 0225; VK Sachsen 4.2.2013 – 1/SVK/039-12, IBRRS 2013, 1066: Nach der Aufforderung zur Angebotsabgabe können nur noch neue oder jedenfalls erst später bekannt gewordene Umstände, die Zweifel an der Eignung des Bieters begründen, berücksichtigt werden. So auch OLG München 22.11.2012 – Verg 22/12, VPRRS 2012, 0410.

[7] OLG Düsseldorf 29.3.2021 – Verg 9/21, BeckRS 2021, 21306.

[8] OLG Düsseldorf 27.4.2022 – Verg 25/21, VPRRS 2022, 0285; 29.3.2021 – Verg 9/21, BeckRS 2021, 21306; VK Bund 3.6.2022 – VK 1–45/22, VPRRS 2022, 0183.

[9] OLG Düsseldorf 27.4.2022 – Verg 25/21, VPRRS 2022, 0285; 29.3.2021 – Verg 9/21, BeckRS 2021, 21306; so auch VK Bund 3.6.2022 – VK 1–45/22, VPRRS 2022, 0183. AA in einem obiter dictum: VK Rheinland 28.6.2022 – VK 39/21, VPRRS 2022, 0295; krit. mit sehr beachtlicher Begr. dagegen → VOB/A § 16b EU Rn. 7; krit. dazu auch Mantler VPR 2021, 140 und Soudry, vergabeblog.de 6.9.2021, Nr. 47800, der dafür plädiert, das Vertrauen des zu Unrecht für geeignet gehaltenen Bieters durch die Anerkennung einer Schadensersatzpflicht des öffentlichen Auftraggebers für den vergeblichen Aufwand bei der Angebotserstellung zu schützen. Anders noch VK Bund 1.3.2018 – VK 2-8/18, VPRRS 2018, 0093 und OLG München 21.9.2018 – Verg 4/18, VPRRS 2018, 0331: Der Anspruch des Bewerbers erschöpft sich nicht darin, überhaupt in die engere Wahl zu kommen. Vielmehr hat er aus dem Gesichtspunkt der Gleichbehandlung und der Transparenz des Verfahrens auch einen subjektiven Anspruch darauf, dass das Auswahlverfahren auch in Bezug auf seine Konkurrenten eingehalten wird.

Voraussetzung für jenen Vertrauenstatbestand ist, dass der öffentliche Auftraggeber die **Eignung der Bieter abschl. bejaht** hat, bevor er sie zum nicht offenen Verfahren bzw. Verhandlungsverfahren zulässt. Hieran fehlt es, wenn der Bieter bis zum Abschluss des Teilnahmewettbewerbs nicht alle zur abschl. Prüfung seiner Eignung erforderlichen Unterlagen eingereicht hat. Fehlt dem öffentlichen Auftraggeber im Zeitpunkt der Entscheidung über die Zulassung zum nicht offenen Verfahren bzw. Verhandlungsverfahren die Grundlage für eine abschl. Prüfung der Eignung eines Bieters, kann dieser Bieter kein Vertrauen in die Beurteilung seiner Eignung haben.[10] Der Teilnahmewettbewerb schließt ab mit der Auswahl derjenigen Bewerber, die zur Abgabe eines Angebotes aufgefordert werden. Die Prüfung und Bejahung der Eignung eines Bewerbers durch den Auftraggeber ist hiernach im nicht offenen Verfahren eine notwendige Voraussetzung dafür, dass ein Bewerber zur Abgabe eines Angebots aufgefordert wird.[11] Der Teilnahmewettbewerb ist allerdings kein in sich abgeschlossenes separates Vergabeverfahren, sondern **Bestandteil des gesamten förmlichen Vergabeverfahrens**.[12] Die vergaberechtlichen Grundsätze gelten uneingeschränkt.[13]

Sofern der öffentliche Auftraggeber – wie regelmäßig – die Zahl der Unternehmen, die zur Abgabe eines Angebotes aufgefordert werden sollen, begrenzen will, sind die von ihm vorgesehenen objektiven, transparenten und nichtdiskriminierenden **Auswahlkriterien** für die Begrenzung der Bewerberzahl, die vorgesehene Mindestzahl und ggf. auch die Höchstzahl der einzuladenden Bewerber in der Auftragsbekanntmachung anzugeben (§ 119 Abs. 4 GWB und § 51 Abs. 1 S. 2 VgV).[14] Zur **Bewerberauswahl** ausf. → GWB § 119 Rn. 18 und → § 51 Rn. 8 und 9. Die Auswahlkriterien müssen eine differenzierte Auswahl idS erlauben, dass diejenigen Bewerber zur Angebotsabgabe aufgefordert werden, die die bestmögliche Leistung erwarten lassen.[15] Eine Auswahl durch **Losentscheidung** ist nur zulässig, wenn der öffentliche Auftraggeber unter den eingegangenen Bewerbungen eine rein objektive Auswahl nach qualitativen Kriterien unter gleich qualifizierten Bewerbern nicht mehr nachvollziehbar durchführen kann.[16] Beim nicht offenen Verfahren darf die **Mindestzahl** der einzuladenden Bewerber nicht niedriger als fünf sein (§ 51 Abs. 2 S. 1 VgV). In jedem Fall

---

[10] OLG Düsseldorf 27.4.2022 – Verg 25/21, VPRRS 2022, 0285; VK Bund 3.6.2022 – VK 1–45/22, VPRRS 2022, 0183.

[11] OLG Düsseldorf 24.9.2002 – Verg 48/02, NZBau 2003, 349.

[12] OLG Düsseldorf 24.9.2002 – Verg 48/02, NZBau 2003, 349; VK Bund 12.1.2015 – VK 2–111/14, VPRRS 2015, 0072; VK Münster 12.5.2009 – VK 5/09, IBRRS 2009, 2742; VK BW 26.8.2009 – 1 VK 43/09, IBRRS 2010, 0080; RKMPP/Hausmann/Mehlitz § 16 Rn. 2.

[13] OLG München 21.9.2018 – Verg 4/18, VPRRS 2018, 0331; OLG Koblenz 4.10.2010 – 1 Verg 9/10, BeckRS 2010, 24261; OLG Schleswig 20.3.2008 – 1 Verg 6/07, IBRRS 2008, 2132; OLG Brandenburg 19.12.2002 – Verg W 9/02, NZBau 2003, 229; OLG Düsseldorf 24.9.2002 – Verg 48/02, NZBau 2003, 349 (350); VK Münster 25.1.2011 – VK 10/10, IBRRS 2011, 0672; VK BW 26.8.2009 – 1 VK 43/09, IBRRS 2010, 0080; VK Münster 12.5.2009 – VK 5/09, IBRRS 2009, 2742.

[14] EuGH 12.12.2002 – C-470/00, BeckRS 2004, 77408 = VergabeR 2003, 141 (152); zur Bewerberauswahl BayObLG 20.4.2005 – Verg 26/04, IBRRS 2005, 1598 = VergabeR 2005, 532 (535); keine Pflicht zur Aufhebung, wenn die Zahl der Bewerber unter fünf liegt: OLG Düsseldorf 9.6.2010 – Verg 14/10, IBR 2010, 647; zur Transparenzpflicht vgl. auch VK Bund 25.1.2012 – VK 1–174/11, BeckRS 2012, 20900; 24.6.2011 – VK 1–63/11, VPRRS 2011, 0442; VK Nordbayern 3.5.2011 – 21.VK-3194-07/11, IBRRS 2011, 2296; Pflicht zur Nennung der Auswahlkriterien in der Auftragsbekanntmachung VK Bund 30.9.2010 – VK 2–80/10, BeckRS 2016, 48412; 31.7.2007 – VK 1–65/07, BeckRS 2007, 142867.

[15] VK Bund 25.1.2012 – VK 1–174/11, BeckRS 2012, 20900.

[16] VK Bund 25.1.2012 – VK 1–174/11, BeckRS 2012, 20900; 14.6.2007 – VK 1–50/07, IBRRS 2007, 5031.

muss die vorgesehene Mindestzahl so ausreichend hoch sein, dass ein wettbewerbliches Verfahren gewährleistet ist (§ 51 Abs. 2 S. 2 VgV). Eine **Höchstzahl** muss nicht zwingend festgelegt werden,[17] jedoch ist der Auftraggeber an eine angegebene Höchstzahl gebunden.[18] Dabei sind die zur Angebotsabgabe aufzufordernden Unternehmen ausschl. aus dem Kreis derjenigen Unternehmen, die einen Teilnahmeantrag gestellt haben und die die bekannt gemachten Eignungskriterien erfüllen, auszuwählen (§ 51 Abs. 3 S. 3 VgV). Vgl. dazu näher → § 51 Rn. 10 ff.

8   Die an dem Auftrag interessierten Unternehmen haben ihre Teilnahmeanträge innerhalb der in der Auftragsbekanntmachung festgelegten Teilnahmefrist (näher → Rn. 11) einzureichen. Die **Prüfung und Wertung der Teilnahmeanträge** folgt – im Gegensatz zum früheren Recht – einem normativ vorgegebenen Verfahren, das in diesem Kontext nur kurz beschrieben werden soll; auf die jew. einschlägige Kommentierung wird ergänzend verwiesen:
- Elektronisch übermittelte Teilnahmeanträge sind nach § 54 S. 1 VgV auf geeignete Weise zu kennzeichnen und verschlüsselt zu speichern.
- Teilnahmeanträge dürfen erst nach Ablauf der Teilnahmefrist geöffnet werden, § 55 Abs. 1 VgV.
- Alsdann sind die Teilnahmeanträge zunächst auf Vollständigkeit und fachliche Richtigkeit zu überprüfen, § 56 Abs. 1 VgV.
- Die Nachforderung von fehlenden, unvollständigen oder fehlerhaften unternehmensbezogenen Unterlagen im Teilnahmewettbewerb richtet sich nach § 56 Abs. 2 VgV (→ § 51 Rn. 6).
- Teilnahmeanträge sind nach § 57 Abs. 3 VgV auszuschließen, wenn die in § 57 Abs. 1 VgV normierten Voraussetzungen erfüllt sind.[19]

9   Die materielle Wertung der Teilnahmeanträge unterliegt einem **Beurteilungsspielraum,** der von den Nachprüfungsinstanzen nur eingeschränkt überprüfbar ist (→ § 51 Rn. 9).[20] Die Bewerberauswahl erfolgt nach objektiven und diskriminierungsfreien, zuvor in der Auftragsbekanntmachung mitzuteilenden Kriterien.[21] Ein Bewerberranking darf vor allem (aber nicht nur) dann erstellt werden, wenn aus einer Vielzahl von Teilnahmeanträgen nur wenige ausgewählt werden. Die Rspr. zur Unzulässigkeit der Berücksichtigung eines **Mehr an Eignung**[22] im offenen Verfahren gilt im Teilnahmewettbewerb somit nicht (→ § 51 Rn. 3).[23] Vor diesem Hintergrund haben Bewerber selbst bei nachgewiesener genereller Eignung keinen

---

[17] BayObLG 20.4.2005 – Verg 26/04, IBRRS 2005, 1598 = VergabeR 2005, 532 (535).

[18] OLG München 21.11.2013 – Verg 9/13, IBRRS 2013, 5163; 19.12.2013 – Verg 12/13, IBRRS 2014, 0136.

[19] Zum Ausschluss von verfristeten Teilnahmeanträgen vgl. auch VK Sachsen 4.9.2014 – 1/SVK/026-14, IBRRS 2015, 0324; VK Südbayern 7.7.2014 – Z3-3-3194-1-24-05/14, IBRRS 2014, 2140.

[20] OLG München 5.10.2012 – Verg 15/12, BeckRS 2012, 21412; 26.6.2007 – Verg 6/07, BeckRS 2008, 8701; OLG Düsseldorf 24.5.2007 – Verg 12/07, ZfBR 2008, 79; VK Bund 25.1.2012 – VK 1–174/11, BeckRS 2012, 20900; 24.6.2011 – VK 1–63/11, VPRRS 2011, 0442; VK Nordbayern 3.5.2011 – 21.VK-3194-07/11, IBRRS 2011, 2296; VK Sachsen 10.2.2012 – 1/SVK/001-12, ZfBR 2012, 404.

[21] BGH 16.10.2001 – X ZR 100/99, BeckRS 2001, 9163; OLG München 26.6.2007 – Verg 6/07, BeckRS 2008, 8701; OLG Schleswig 19.2.2007 – 1 Verg 14/06, IBRRS 2007, 0621; VK Bund 25.1.2012 – VK 1–174/11, BeckRS 2012, 20900; 24.6.2011 – VK 1–63/11, VPRRS 2011, 0442; zur Dokumentation der Auswahlentscheidung BayObLG 20.4.2005 – Verg 26/04, IBRRS 2005, 1598; VK Südbayern 9.4.2003 – 11–03/03, IBR 2003, 440.

[22] BGH 15.4.2008 – X ZR 129/06, BeckRS 2008, 10415; 8.9.1998 – X ZR 109–96, NJW 1998, 3644 (3645).

[23] OLG München 21.9.2018 – Verg 4/18, VPRRS 2018, 0331; 26.6.2007 – Verg 6/07, BeckRS 2008, 8701.

Anspruch darauf, zur Angebotsabgabe aufgefordert zu werden.[24] Es besteht allerdings ein Rechtsanspruch auf eine beurteilungsfehlerfreie Auswahlentscheidung und deren Dokumentation.[25] Zur Bewerberauswahl vgl. ausf. → § 51 Rn. 4 ff.

Nach Abschluss des Teilnahmewettbewerbs werden diejenigen Unternehmen, die die in der Auftragsbekanntmachung festgelegten objektiven und nichtdiskriminierenden Auswahlkriterien am besten erfüllen, in der **zweiten Verfahrensstufe** zur Abgabe von Angeboten aufgefordert (vgl. § 51 Abs. 3 S. 1 VgV). Dabei können nur diejenigen Unternehmen, die von dem öffentlichen Auftraggeber nach Abschluss des Teilnahmewettbewerbs dazu aufgefordert werden, ein Angebot einreichen. Dies wird durch Abs. 4 klargestellt (→ Rn. 16). Auch im Hinblick auf die anderen Bewerber ist dies unabdingbar, da diese ein Recht darauf haben, sich im Wettbewerb nur mit Unternehmen messen zu müssen, welche die Kriterien des Teilnahmewettbewerbes durch Vorlage der geforderten Nachweise erfüllt haben und dann auch als geeignet ausgewählt wurden.[26] Angebote von Bietern, die nach Abschluss des Teilnahmewettbewerbs nicht zur Abgabe aufgefordert wurden bzw. keinen Teilnahmeantrag gestellt haben, sind deshalb zwingend auszuschließen. Die anschließende Vergabe des Auftrags erfolgt im **vorgeschriebenen Verfahren** gem. den §§ 52 ff. VgV. 10

III. Teilnahmefrist (Abs. 2)

Im Unterschied zum früheren Fristenregime in § 12 EG VOL/A regelt Abs. 2, dem systematischen Regelungsansatz des Art. 28 Abs. 1 UAbs. 2 RL 2014/24/EU folgend, direkt innerhalb der Norm über das nicht offene Verfahren die für das nicht offene Verfahren festzulegende Teilnahmefrist. Die Teilnahmefrist ist der Zeitraum, der den Unternehmen für die Bearbeitung und Einreichung der Teilnahmeanträge zur Verfügung steht. Sie ist eine **Ausschlussfrist.** Nach Fristablauf eingegangene Teilnahmeanträge sind nach § 57 Abs. 3, Abs. 1 Nr. 1 VgV auszuschließen, es sei denn, der Bewerber hat die Verspätung nicht zu vertreten. 11

Die Teilnahmefrist beträgt mindestens 30 (Kalender-) Tage, gerechnet vom Tag nach der Absendung der Auftragsbekanntmachung. Die sprachliche Ausgestaltung der Norm („mindestens") stellt klar, dass es sich hierbei nicht um eine Regelfrist, sondern um eine **Mindestfrist** handelt. Sie stellt die Untergrenze des Zeitraums dar, den der öffentliche Auftraggeber vorgeben muss. Allerdings steht die Mindestfrist unter dem **Vorbehalt der Angemessenheit.**[27] Sie darf somit nicht ohne Prüfung auf ihre Angemessenheit im konkreten Einzelfall festgelegt werden. In diese Prüfung sind insbes. die Komplexität der Vergabe und die Zeit für die Ausarbeitung der Teilnahmeanträge mit zu berücksichtigen. (→ § 20 Rn. 8). 12

Die **Berechnung der Teilnahmefrist** erfolgt nach den Vorschriften der VO (EWG, Euratom) Nr. 1182/71 v. 3.6.1971 (§ 82 VgV). Gerechnet wird nach Kalen- 13

---

[24] OLG Saarbrücken 28.1.2015 – 1 U 138/14, IBRRS 2015, 0495 für eine Unterschwellenvergabe im Wege der Beschränkten Ausschreibung; OLG München 26.6.2007 – Verg 6/07, BeckRS 2008, 8701; BayObLG 20.4.2005 – Verg 26/04, IBRRS 2005, 1598 = VergabeR 2005, 532 (535).

[25] BayObLG 20.4.2005 – Verg 26/04, IBRRS 2005, 1598 = VergabeR 2005, 532 (535); OLG Bremen 14.4.2005 – Verg 1/05, BeckRS 2011, 16422 = VergabeR 2005, 537 (540); VK Münster 25.1.2011 – VK 10/10, IBRRS 2011, 0672; VK Sachsen 9.2.2009 – 1/SVK/071-08, IBRRS 2009, 0962.

[26] OLG München 21.9.2018 – Verg 4/18, VPRRS 2018, 0331; OLG Karlsruhe 15.10.2008 – 15 Verg 9/08, NZBau 2008, 784; VK Bund 22.2.2008 – VK 1–4/08, IBRRS 2008, 0938.

[27] OLG Naumburg 20.9.2012 – 2 Verg 4/12, IBRRS 2012, 3797 zur Teilnahmefrist im Verhandlungsverfahren mit Teilnahmewettbewerb.

dertagen, so dass auch Wochenenden, gesetzliche Feiertage etc in die Fristberechnung einzubeziehen sind (Art. 3 Abs. 3 VO (EWG, Euratom) Nr. 1182/71). Die Teilnahmefrist beginnt am Tag nach der Absendung der Auftragsbekanntmachung an das Amt für Veröffentlichungen der EU zu laufen. Der Tag der Absendung der Auftragsbekanntmachung wird – insoweit entgegen des an dieser Stelle missverständlich gefassten Art. 28 Abs. 1 UAbs. 2 RL 2014/24/EU – nicht mitgerechnet (→ § 82 Rn. 3). Für den Ablauf der Teilnahmefrist gilt Art. 3 Abs. 2 lit. b VO (EWG, Euratom) Nr. 1182/71: Die Frist endet mit Ablauf der letzten Stunde des letzten Tages der gesetzten Frist; es sei denn, der Auftraggeber hat eine bestimmte Uhrzeit für den Eingang der Angebote festgelegt (→ § 82 Rn. 4).

IV. Verkürzung der Teilnahmefrist wegen Dringlichkeit (Abs. 3)

14 In Umsetzung von Art. 28 Abs. 6 lit. a RL 2014/24/EU sieht Abs. 3 die Möglichkeit vor, die Teilnahmefrist auf bis zu 15 Tage, gerechnet vom Tag nach der Absendung der Auftragsbekanntmachung, festzulegen, wenn eine **hinreichend begründete Dringlichkeit** die Einhaltung der Teilnahmefrist gem. Abs. 2 unmöglich macht (sog. **beschleunigtes nicht offenes Verfahren**). Erwgr. 46 der RL 2014/24/EU macht deutlich, dass es sich dabei nicht um eine zwingende Dringlichkeit wegen unvorhersehbarer und vom öffentlichen Auftraggeber nicht zu verantwortender Ereignisse handeln muss.[28] Zu den Voraussetzungen der Dringlichkeit, die die Verkürzung der Teilnahmefrist rechtfertigen, wird auf die Kommentierung in → § 15 Rn. 9–11 verwiesen.

15 Liegt eine hinreichend begründete Dringlichkeit vor, kann die Teilnahmefrist auf ein Minimum von bis zu 15 Tagen verkürzt werden. Hierbei handelt es sich um eine **echte Mindestfrist**, die nicht noch weiter unterschritten werden darf.[29] Auch diese Frist berechnet sich erst ab dem Tag nach dem Versand der Auftragsbekanntmachung.

V. Auswahl der Bewerber (Abs. 4)

16 Abs. 4 setzt Art. 28 Abs. 2 UAbs. 1 RL 2014/24/EU um und stellt klar, dass nicht alle Unternehmen, die einen Teilnahmeantrag eingereicht haben, zur Abgabe von Angeboten aufgefordert werden müssen. Vielmehr können nach Abschluss des Teilnahmewettbewerbs nur diejenigen Unternehmen, die in der Auftragsbekanntmachung festgelegten objektiven und nichtdiskriminierenden Auswahlkriterien am besten erfüllen, zur Abgabe von Angeboten aufgefordert werden. Ergänzend schreibt § 51 Abs. 3 S. 3 VgV, auf den S. 2 gesondert verweist, vor, dass in Ergänzung zu § 42 Abs. 2 VgV andere Unternehmen, die sich nicht um die Teilnahme beworben haben, oder Bewerber, die nicht über die geforderte Eignung verfügen, nicht zu demselben Verfahren zugelassen werden. Zur Bewerberauswahl → GWB § 119 Rn. 18 und ausf. → § 51 Rn. 8 ff. Hierzu kann die Anzahl der geeigneten Unternehmen, die zur Abgabe eines Angebotes aufgefordert werden, nach § 51 Abs. 1 S. 1 VgV begrenzt werden (→ Rn. 7 ff. und → § 51 Rn. 10). Die Aufforderung zur Abgabe von Angeboten enthält mindestens die in § 52 Abs. 2 VgV nicht abschl. aufgeführten Angaben (ausf. → § 52 Rn. 5 ff.). Die übrigen Bewerber scheiden aus dem Verfahren aus.

---

[28] BT-Drs. 18/7318, 159; Müller-Wrede VgV/UVgO/Hirsch/Kaelble VgV § 16 Rn. 57.
[29] DSW/Dieckmann VgV § 16 Rn. 12; Müller-Wrede VgV/UVgO/Hirsch/Kaelble VgV § 16 Rn. 63.

VI. Angebotsfrist (Abs. 5)

Die Angebotsfrist ist der Zeitraum, der den im Teilnahmewettbewerb ausgewählten Bewerbern für die Bearbeitung und Einreichung der Angebote zur Verfügung steht. Sie ist eine **Ausschlussfrist**.[30] Nach Fristablauf eingegangene Angebote sind nach § 57 Abs. 1 Nr. 1 VgV auszuschließen, es sei denn, der Bieter hat die Fristüberschreitung nicht zu vertreten. Nach Ablauf der Angebotsfrist sind die Bieter an ihre Angebote gebunden (zur Bindefrist → § 52 Rn. 14a, dort Fn. 20). 17

Im nicht offenen Verfahren beträgt die Angebotsfrist mindestens **30 (Kalender-) Tage**. Abs. 8 sieht eine Verkürzung um fünf Tage vor, wenn die elektronische Übermittlung der Angebote zugelassen wird. Seit dem Ablauf der Übergangsfrist am 18.10.2018 (§ 81 S. 1 VgV) ist dies für alle öffentlichen Auftraggeber der Regelfall, so dass die Angebotsfrist seitdem einheitlich 25 Tage beträgt (→ Rn. 27). Die sprachliche Ausgestaltung der Norm („mindestens") stellt klar, dass es sich hierbei nicht um eine Regelfrist, sondern um eine **Mindestfrist** handelt. Sie stellt die Untergrenze des Zeitraums dar, den der öffentliche Auftraggeber für die Einreichung der Angebote vorgeben muss. 18

Allerdings steht die Mindestfrist unter dem **Vorbehalt der Angemessenheit**.[31] Sie darf somit nicht ohne Prüfung auf ihre Angemessenheit im konkreten Einzelfall festgelegt werden (näher → § 15 Rn. 6; → § 20 Rn. 4 ff.). Zur **Verlängerung der Angebotsfrist** in den Fällen, in denen eine Ortsbesichtigung notwendig ist oder Informationen zu den Vergabeunterlagen nicht rechtzeitig erteilt werden, → § 20 Rn. 10 ff. Bietet der öffentliche Auftraggeber entgegen § 41 Abs. 1 VgV keinen unentgeltlichen, uneingeschränkten, vollständigen und direkten Zugang zu den Vergabeunterlagen an, muss die Angebotsfrist nach § 41 Abs. 2 S. 2 VgV zwingend um fünf Tage verlängert werden, wenn kein Fall hinreichend begründeter Dringlichkeit gem. Abs. 7 vorliegt. Gleiches gilt in den Fällen des § 41 Abs. 3 VgV (ausf. → § 41 Rn. 34 ff.). 19

Die Angebotsfrist kann durch Veröffentlichung einer **Vorinformation** gem. § 38 Abs. 3 VgV auf bis zu zehn Tage verkürzt werden (vgl. Art. 28 Abs. 3 RL 2014/24/EU). Um die **Fristverkürzung** nutzen zu können, sind **zwei Voraussetzungen** kumulativ einzuhalten: 20

(i) Der Auftraggeber muss eine Vorinformation nach § 38 Abs. 1 VgV nach den Vorgaben der Spalte 4 in Tabelle 2 des Anhangs der Durchführungsverordnung (EU) 2019/1780 iVm § 10a VgV veröffentlichen. Die Vorinformation muss alle nach Spalte 7 der Tabelle 2 des Anhangs der Durchführungsverordnung (EU) 2019/1780 geforderten Informationen enthalten, soweit diese Informationen zum Zeitpunkt der Veröffentlichung der Vorinformation vorlagen (§ 38 Abs. 3 Nr. 1 VgV).
(ii) Die Vorinformation muss wenigstens 35 Tage und darf nicht mehr als zwölf Monate vor dem Tag der Absendung der Auftragsbekanntmachung zur Veröffentlichung an das Amt für Veröffentlichungen der EU übermittelt worden sein. Erfüllt die Vorinformation diese Anforderungen, kann die Angebotsfrist auf bis zu zehn Tage verkürzt werden (zum Ganzen näher → § 38 Rn. 8–10).

Die **Berechnung der Angebotsfrist** erfolgt nach den Vorschriften der VO (EWG, Euratom) Nr. 1182/71 v. 3.6.1971 (→ § 82 Rn. 3). Im nicht offenen Verfahren beginnt die Angebotsfrist am Tag nach der Absendung der Aufforderung zur Angebotsabgabe zu laufen. Der Tag der Absendung der Aufforderung zur Angebotsabgabe wird – insoweit entgegen des an dieser Stelle missverständlich gefassten 21

---

[30] OLG Jena 22.4.2004 – 6 Verg 2/04, IBRRS 2004, 1060; VK Münster 15.1.2003 – VK 22/02, IBRRS 2003, 0431.
[31] OLG Naumburg 20.9.2012 – 2 Verg 4/12, IBRRS 2012, 3797 zur Teilnahmefrist im Verhandlungsverfahren mit Teilnahmewettbewerb.

VgV § 16   Nicht offenes Verfahren

Art. 28 Abs. 2 UAbs. 2 RL 2014/24/EU – nicht mitgerechnet (→ § 82 Rn. 3). Für den Ablauf der Angebotsfrist gilt Art. 3 Abs. 2 lit. b VO (EWG, Euratom) Nr. 1182/71: Die Frist endet mit Ablauf der letzten Stunde des letzten Tages der gesetzten Frist, es sei denn, der Auftraggeber hat eine bestimmte Uhrzeit für den Eingang der Angebote festgelegt (→ § 82 Rn. 4).

VII. Einvernehmliche Festlegung der Angebotsfrist (Abs. 6)

22   Mit Abs. 6 ist der optional umzusetzende Art. 28 Abs. 4 RL 2014/24/EU in deutsches Vergaberecht eingeführt worden. Hierdurch wird auch den klassischen öffentlichen Auftraggebern die Möglichkeit eingeräumt, die Angebotsfrist mit den Bewerbern, die zur Angebotsabgabe aufgefordert werden, einvernehmlich festzulegen. Diese Option hatten nach früherem deutschen Vergaberecht nur die Sektorenauftraggeber (vgl. § 17 Abs. 3 Nr. 2 SektVO aF). Von der Regelung können mit Ausnahme der obersten Bundesbehörden (→ GWB § 106 Rn. 14)[32] alle öffentlichen Auftraggeber Gebrauch machen.[33]

23   Beim nicht offenen Verfahren kann die Angebotsfrist mit den ausgewählten Bewerbern im **gegenseitigen Einvernehmen** festgelegt werden (S. 1). Das bedeutet, dass **alle Bewerber** ihr Einverständnis mit der vorgeschlagenen Angebotsfrist erklären müssen.[34] Hierfür reicht es aus, dass der öffentliche Auftraggeber einen Vorschlag in Textform unterbreitet und sich die Bewerber damit in Textform einverstanden erklären. Das Einverständnis muss allerdings ausdr. erklärt werden; **Schweigen** reicht nicht.[35] Einer Ankündigung der Vorgehensweise in der Auftragsbekanntmachung bedarf es nicht.[36]

24   Kommt eine Einigung zustande, ist allen Bewerbern **dieselbe Angebotsfrist** zu gewähren.[37] Dabei können auch (deutlich) kürzere Angebotsfristen als die Mindestfrist nach Abs. 5 vereinbart werden. Es gibt dann keine Untergrenze, die nicht unterschritten werden dürfte; es kann somit auch eine Frist von unter zehn Tagen vereinbart werden.[38] Allerdings kann das Prozedere zur einvernehmlichen Festlegung der Angebotsfrist zu einer Verzögerung des Verfahrens führen, zumal auch nur ein Bewerber sein Einverständnis verweigern kann oder, dem gleichbedeutend, sich schlicht nicht zu dem Vorschlag des öffentlichen Auftraggebers äußert.

25   Kommt keine Einigung zustande (die Ablehnung oder das Schweigen nur eines Bieters reicht hierfür aus), kann der öffentliche Auftraggeber nach S. 2 eine Angebotsfrist von bis zu zehn Tagen, gerechnet ab dem Tag nach der Aufforderung zur Angebotsabgabe, festlegen. Das steht indessen in einem Wertungswiderspruch zu Abs. 7, der für eine Fristverkürzung auf zehn Tage immerhin eine hinreichend begründete Dringlichkeit verlangt. Es ist deshalb nicht zulässig, eine gescheiterte einvernehmliche Festlegung der Angebotsfrist ohne weiteres zum Anlass zu nehmen, die Angebotsfrist auf zehn Tage festzusetzen. Die Mindestfrist des Abs. 8 (25 Tage) muss vielmehr über das Angemessenheitsgebot des § 20 Abs. 1 S. 1 VgV Eingang

---

[32] S. dazu die Auflistung in Anh. I RL 2014/24/EU, die allerdings keinen konstitutiven Charakter hat. Zur Definition vgl. https://de.wikipedia.org/wiki/Bundesbeh%C3%B6rde_ (Deutschland).
[33] BT-Drs. 18/7318, 160.
[34] Müller-Wrede VgV/UVgO/Hirsch/Kaelble VgV § 16 Rn. 77; RKMPP/Rechten § 16 Rn. 14.
[35] Müller-Wrede VgV/UVgO/Hirsch/Kaelble VgV § 16 Rn. 78.
[36] DSW/Dieckmann VgV § 16 Rn. 15; Müller-Wrede VgV/UVgO/Hirsch/Kaelble VgV § 16 Rn. 76; RKMPP/Rechten § 16 Rn. 13.
[37] Müller-Wrede VgV/UVgO/Hirsch/Kaelble VgV § 16 Rn. 80.
[38] RKMPP/Rechten/Hausmann/Mehlitz § 16 Rn. 15.

in die Fristbemessung nach S. 2 finden. Erfolgt somit keine einvernehmliche Festlegung der Angebotsfrist, so steht die dann einseitig festgesetzte Angebotsfrist stets unter dem **Vorbehalt der Angemessenheit**.[39]

VIII. Verkürzung der Angebotsfrist wegen Dringlichkeit (Abs. 7)

Beim nicht offenen Verfahren kann neben der Teilnahmefrist (s. Abs. 3, → Rn. 14) auch die Angebotsfrist verkürzt werden, wenn eine **hinreichend begründete Dringlichkeit** die Einhaltung der Angebotsfrist nach Abs. 5 unmöglich macht. In diesem Fall beträgt die Angebotsfrist mindestens zehn Tage, gerechnet ab dem Tag nach der Absendung der Aufforderung zur Angebotsabgabe. Die zehntägige Angebotsfrist ist eine echte Mindestfrist, die nicht unterschritten werden darf.[40] Zu den Voraussetzungen einer hinreichend begründeten Dringlichkeit → § 15 Rn. 9 ff.

26

IX. Elektronische Angebotsabgabe (Abs. 8)

Abs. 8 setzt Art. 28 Abs. 5 RL 2014/24/EU um und eröffnet die Möglichkeit zur Verkürzung der Angebotsfrist von 30 Tagen (Abs. 5) um fünf Tage auf **25 Tage**, wenn der öffentliche Auftraggeber die elektronische Übermittlung der Angebote nach § 53 Abs. 1 VgV akzeptiert. Seit dem Ablauf der Übergangsfrist am 18.10.2018 (§ 81 S. 1 VgV) ist dies für alle öffentlichen Auftraggeber der **Regelfall**. Die Verkürzung betrifft ausschl. die Angebotsfrist nach Abs. 5, nicht hingegen eine wegen Dringlichkeit verkürzte Angebotsfrist nach Abs. 7.[41]

27

X. Aufklärung über das Angebot oder die Eignung (Abs. 9)

Abs. 9 ordnet die entspr. Geltung des § 15 Abs. 5 VgV an. Danach darf der öffentliche Auftraggeber auch im nicht offenen Verfahren von den Bietern lediglich die Aufklärung über das Angebot oder deren Eignung verlangen. Im nicht offenen Verfahren gilt ein striktes **Verhandlungsverbot**. Auf die Kommentierung des § 15 Abs. 5 VgV → § 15 Rn. 14 ff. wird verwiesen.

28

XI. Rechtsschutz

Auf die Kommentierung in → § 15 Rn. 42 ff. wird verwiesen.

29

§ 17 Verhandlungsverfahren

(1) ¹**Bei einem Verhandlungsverfahren mit Teilnahmewettbewerb fordert der öffentliche Auftraggeber eine unbeschränkte Anzahl von Unternehmen im Rahmen eines Teilnahmewettbewerbs öffentlich zur Abgabe von Teilnahmeanträgen auf.** ²**Jedes interessierte Unternehmen kann einen Teilnah-

---

[39] MüKoEuWettbR/Fett VgV § 16 Rn. 38; RKMPP/Rechten § 16 Rn. 14; Müller-Wrede VgV/UVgO/Hirsch/Kaelble VgV § 16 Rn. 84.
[40] MüKoEuWettbR/Fett VgV § 16 Rn. 45; DSW/Dieckmann VgV § 16 Rn. 14; Müller-Wrede VgV/UVgO/Hirsch/Kaelble VgV § 16 Rn. 95.
[41] DSW/Dieckmann VgV § 16 Rn. 14; Müller-Wrede VgV/UVgO/Hirsch/Kaelble VgV § 16 Rn. 100.

meantrag abgeben. ³Mit dem Teilnahmeantrag übermitteln die Unternehmen die vom öffentlichen Auftraggeber geforderten Informationen für die Prüfung ihrer Eignung.

(2) Die Frist für den Eingang der Teilnahmeanträge (Teilnahmefrist) beträgt mindestens 30 Tage, gerechnet ab dem Tag nach der Absendung der Auftragsbekanntmachung.

(3) Für den Fall, dass eine hinreichend begründete Dringlichkeit die Einhaltung der Teilnahmefrist unmöglich macht, kann der öffentliche Auftraggeber eine Frist festlegen, die 15 Tage, gerechnet ab dem Tag nach der Absendung der Auftragsbekanntmachung, nicht unterschreiten darf.

(4) ¹Nur diejenigen Unternehmen, die vom öffentlichen Auftraggeber nach Prüfung der übermittelten Informationen dazu aufgefordert werden, können ein Erstangebot einreichen. ²Der öffentliche Auftraggeber kann die Zahl geeigneter Bewerber, die zur Angebotsabgabe aufgefordert werden, gemäß § 51 begrenzen.

(5) Bei einem Verhandlungsverfahren ohne Teilnahmewettbewerb erfolgt keine öffentliche Aufforderung zur Abgabe von Teilnahmeanträgen, sondern unmittelbar eine Aufforderung zur Abgabe von Erstangeboten an die vom öffentlichen Auftraggeber ausgewählten Unternehmen.

(6) Die Frist für den Eingang der Erstangebote beträgt beim Verhandlungsverfahren mit Teilnahmewettbewerb mindestens 30 Tage, gerechnet ab dem Tag nach der Absendung der Aufforderung zur Angebotsabgabe.

(7) ¹Mit Ausnahme oberster Bundesbehörden kann der öffentliche Auftraggeber die Angebotsfrist mit den Bewerbern, die zur Angebotsabgabe aufgefordert werden, im gegenseitigen Einvernehmen festlegen, sofern allen Bewerbern dieselbe Frist für die Einreichung der Angebote gewährt wird. ²Erfolgt keine einvernehmliche Festlegung der Angebotsfrist, beträgt diese mindestens zehn Tage, gerechnet ab dem Tag nach der Absendung der Aufforderung zur Angebotsabgabe.

(8) Für den Fall, dass eine hinreichend begründete Dringlichkeit die Einhaltung der Angebotsfrist gemäß Absatz 6 unmöglich macht, kann der öffentliche Auftraggeber eine Frist festlegen, die zehn Tage, gerechnet ab dem Tag nach der Absendung der Aufforderung zur Angebotsabgabe, nicht unterschreiten darf.

(9) Der öffentliche Auftraggeber kann die Angebotsfrist gemäß Absatz 6 um fünf Tage verkürzen, wenn er die elektronische Übermittlung der Angebote akzeptiert.

(10) ¹Der öffentliche Auftraggeber verhandelt mit den Bietern über die von ihnen eingereichten Erstangebote und alle Folgeangebote, mit Ausnahme der endgültigen Angebote, mit dem Ziel, die Angebote inhaltlich zu verbessern. ²Dabei darf über den gesamten Angebotsinhalt verhandelt werden mit Ausnahme der vom öffentlichen Auftraggeber in den Vergabeunterlagen festgelegten Mindestanforderungen und Zuschlagskriterien.

(11) Der öffentliche Auftraggeber kann den Auftrag auf der Grundlage der Erstangebote vergeben, ohne in Verhandlungen einzutreten, wenn er sich in der Auftragsbekanntmachung oder in der Aufforderung zur Interessensbestätigung diese Möglichkeit vorbehalten hat.

(12) ¹Sofern der öffentliche Auftraggeber in der Auftragsbekanntmachung oder in den Vergabeunterlagen darauf hingewiesen hat, kann er die Verhandlungen in verschiedenen aufeinanderfolgenden Phasen abwickeln, um so die Zahl der Angebote, über die verhandelt wird, anhand der vorge-

gebenen Zuschlagskriterien zu verringern. ²In der Schlussphase des Verfahrens müssen noch so viele Angebote vorliegen, dass der Wettbewerb gewährleistet ist, sofern ursprünglich eine ausreichende Anzahl von Angeboten oder geeigneten Bietern vorhanden war.

(13) ¹Der öffentliche Auftraggeber stellt sicher, dass alle Bieter bei den Verhandlungen gleichbehandelt werden. ²Insbesondere enthält er sich jeder diskriminierenden Weitergabe von Informationen, durch die bestimmte Bieter gegenüber anderen begünstigt werden könnten. ³Er unterrichtet alle Bieter, deren Angebote nicht gemäß Absatz 12 ausgeschieden wurden, in Textform nach § 126b des Bürgerlichen Gesetzbuchs über etwaige Änderungen der Leistungsbeschreibung, insbesondere der technischen Anforderungen oder anderer Bestandteile der Vergabeunterlagen, die nicht die Festlegung der Mindestanforderungen und Zuschlagskriterien betreffen. ⁴Im Anschluss an solche Änderungen gewährt der öffentliche Auftraggeber den Bietern ausreichend Zeit, um ihre Angebote zu ändern und gegebenenfalls überarbeitete Angebote einzureichen. ⁵Der öffentliche Auftraggeber darf vertrauliche Informationen eines an den Verhandlungen teilnehmenden Bieters nicht ohne dessen Zustimmung an die anderen Teilnehmer weitergeben. ⁶Eine solche Zustimmung darf nicht allgemein, sondern nur in Bezug auf die beabsichtigte Mitteilung bestimmter Informationen erteilt werden.

(14) ¹Beabsichtigt der öffentliche Auftraggeber, die Verhandlungen abzuschließen, so unterrichtet er die verbleibenden Bieter und legt eine einheitliche Frist für die Einreichung neuer oder überarbeiteter Angebote fest. ²Er vergewissert sich, dass die endgültigen Angebote die Mindestanforderungen erfüllen, und entscheidet über den Zuschlag auf der Grundlage der Zuschlagskriterien.

(15) In einem Verhandlungsverfahren ohne Teilnahmewettbewerb nach § 14 Absatz 4 Nummer 3 ist der öffentliche Auftraggeber von den Verpflichtungen der §§ 9 bis 13, des § 53 Absatz 1 sowie der §§ 54 und 55 befreit.

Literatur: Favier/Schüler, Etablierte Regeln für das Verhandlungsverfahren mit Teilnahmewettbewerb auf dem Prüfstand des neuen Rechts, ZfBR 2016, 761; Krumenacker, Keine Pflicht zur Bereitstellung sämtlicher Vergabeunterlagen im Zeitpunkt der Auftragsbekanntmachung bei zweistufigen Verfahren, NZBau 2019, 292; Motzke, Die Vergütung von im Verhandlungsverfahren und im wettbewerblichen Dialog erbrachten Architekten- und Ingenieurleistungen, NZBau 2016, 603; Ollmann, Das Aus für das (bisherige) Verhandlungsverfahren, VergabeR 2016, 413; Zinger, Verhandlungsverfahren ohne Verhandlungen?, NZBau 2022, 510. Vgl. auch die Angaben bei § 119 GWB und § 14 VgV.

Übersicht

	Rn.
I. Bedeutung der Vorschrift	1
II. Teilnahmewettbewerb (Abs. 1)	7
III. Teilnahmefrist (Abs. 2)	9
IV. Verkürzung der Teilnahmefrist wegen Dringlichkeit (Abs. 3)	11
V. Auswahl der Bewerber (Abs. 4)	13
VI. Verhandlungsverfahren ohne Teilnahmewettbewerb (Abs. 5)	14
VII. Angebotsfrist (Abs. 6)	15
VIII. Einvernehmliche Festlegung der Angebotsfrist (Abs. 7)	17
IX. Verkürzung der Angebotsfrist wegen Dringlichkeit (Abs. 8)	18
X. Elektronische Angebotsabgabe (Abs. 9)	19
XI. Durchführung der Verhandlungen (Abs. 10)	20

VgV § 17   Verhandlungsverfahren

	Rn.
XII. Zuschlag auf das Erstangebot (Abs. 11)	26
XIII. Abschichtung der Angebote (Abs. 12)	27
XIV. Gleichbehandlung und Vertraulichkeit (Abs. 13)	30
XV. Abschluss der Verhandlungen (Abs. 14)	32
XVI. Befreiung von den Verpflichtungen der §§ 9–13, des § 53 Abs. 1 sowie der §§ 54 und 55 in einem Verhandlungsverfahren nach § 14 Abs. 4 Nr. 3 (Abs. 15)	33a
XVII. Rechtsschutz	34

I. Bedeutung der Vorschrift

1   Im Anschluss an die Legaldefinition des Verhandlungsverfahrens in § 119 Abs. 5 GWB normiert § 17 VgV den Ablauf des Verhandlungsverfahrens mit seinen verfahrensspezifischen Details. Die Vorschrift setzt Art. 29 RL 2014/24/EU um. Zum Verhandlungsverfahren ausf. auch → GWB § 119 Rn. 20 ff.

2   Das Verhandlungsverfahren ist ein Verfahren, bei dem sich der öffentliche Auftraggeber mit oder ohne Teilnahmewettbewerb an ausgewählte Unternehmen wendet, um mit einem oder mehreren dieser Unternehmen über die Angebote zu verhandeln (§ 119 Abs. 5 GWB). Das **Verhandlungsverfahren mit Teilnahmewettbewerb** steht im Anwendungsbereich der VgV in der Verfahrenshierarchie hinter dem offenen Verfahren und dem nicht offenen Verfahren (→ GWB § 119 Rn. 20). Es ist nur in den in § 14 Abs. 3 VgV abschl. normierten Fällen oder aufgrund gesetzlicher Bestimmungen[1] gestattet (§ 14 Abs. 2 S. 2 VgV). Wie bei dem nicht offenen Verfahren, steht der unionsweite Teilnahmewettbewerb zwar allen interessierten Unternehmen offen; jedoch findet der Angebotswettbewerb nur zwischen den zur Abgabe eines Erstangebotes aufgeforderten Unternehmen statt (→ § 14 Rn. 11, 12).[2] Von dem nicht offenen Verfahren unterscheidet sich das Verhandlungsverfahren mit Teilnahmewettbewerb dadurch, dass Verhandlungen über das Erstangebot und Folgeangebote zulässig sind; dies wird durch Abs. 10 S. 1 herausgestellt (→ Rn. 20 ff.).

3   Beim **Verhandlungsverfahren ohne Teilnahmewettbewerb** erfolgt keine unionsweite Aufforderung zur Abgabe von Teilnahmeanträgen (Abs. 5, → Rn. 14). Vielmehr wendet sich der öffentliche Auftraggeber ohne Publikationsakt direkt an mehrere oder auch nur an ein einziges Unternehmen und fordert diese(s) zur Abgabe von Erstangeboten auf. Da hier kein Teilnahmewettbewerb stattfindet, ist der Wettbewerb von vornherein auf die direkt angesprochenen Unternehmen beschränkt.[3] Das Verhandlungsverfahren ohne Teilnahmewettbewerb ist die Verfahrensart, die den Wettbewerb am stärksten reduziert (→ GWB § 119 Rn. 24). Es ist deshalb nur in den in § 14 Abs. 4 VgV abschl. gelisteten und eng auszulegenden Fällen zulässig (→ § 14 Rn. 30).

4   Es war das erklärte Ziel des Unionsgesetzgebers, den öffentlichen Auftraggebern mehr Möglichkeiten zur Anwendung von Verhandlungsverfahren mit Teilnahmewettbewerb zu geben (→ § 14 Rn. 32).[4] Das kommt in Erwgr. 42 RL 2014/24/EU zum Ausdruck:

> *„Für die öffentlichen Auftraggeber ist es äußerst wichtig, über zusätzliche Flexibilität zu verfügen, um ein Vergabeverfahren auszuwählen, das Verhandlungen vorsieht. Eine stärkere*

---

[1] Vgl. etwa § 65 Abs. 1 S. 1 VgV für die Vergabe von sozialen oder anderen besonderen Dienstleistungen iSv § 130 Abs. 1 GWB oder § 74 Abs. 1 VgV für die Vergabe von Architekten- und Ingenieurleistungen.
[2] DSW/Dieckmann VgV § 17 Rn. 8; MüKoEuWettbR/Fett VgV § 17 Rn. 29.
[3] MüKoEuWettbR/Fett VgV § 17 Rn. 30.
[4] Ollmann VergabeR 2016, 413.

Anwendung dieser Verfahren wird wahrscheinlich dazu beitragen, den grenzüberschreitenden Handel zu fördern, da die Bewertung gezeigt hat, dass bei Aufträgen, die im Wege des Verhandlungsverfahrens mit vorheriger Veröffentlichung einer Bekanntmachung vergeben werden, die Erfolgsquote von grenzüberschreitenden Angeboten besonders hoch ist."

Gewissermaßen als Ausgleich für diese größere Flexibilität bei der Verfahrenswahl wurde das **Verhandlungsverfahren klarer konturiert,** um die Einhaltung der Grundsätze des Wettbewerbs, der Gleichbehandlung und Transparenz im Verhandlungsverfahren sicherzustellen.[5] Dies verdeutlicht Erwgr. 45 RL 2014/24/EU: 5

„Für das Verhandlungsverfahren sollten angemessene Schutzvorschriften gelten, die die Einhaltung der Grundsätze der Gleichbehandlung und Transparenz gewährleisten. Die öffentlichen Auftraggeber sollten insbesondere im Voraus die Mindestanforderungen angeben, die das Wesen der Beschaffung charakterisieren und im Verlauf der Verhandlungen nicht geändert werden sollten. Die Zuschlagskriterien und ihre Gewichtung sollten während des gesamten Verfahrens stabil bleiben und sollten nicht verhandelbar sein, um die Gleichbehandlung aller Wirtschaftsteilnehmer zu gewährleisten."

In Umsetzung dessen ist der **Ablauf von Verhandlungsverfahren** in § 17 VgV detailliert normativ vorgegeben. Das gilt auch für das Verhandlungsverfahren ohne Teilnahmewettbewerb, es sei denn, die betreffenden Regelungen in § 17 VgV beziehen sich nur auf das Verhandlungsverfahren mit Teilnahmewettbewerb (wie die Abs. 1–4, 6, 8 und 9). Die in Abs. 6 normierte Angebotsfrist von mindestens 30 (Kalender-) Tagen, die nach Abs. 8 bei hinreichend begründeter Dringlichkeit auf bis zu zehn (Kalender-) Tage gekürzt werden kann und nach Abs. 9 faktisch nur 25 (Kalender-) Tage beträgt, ist mWv 19.11.2020[6] nur auf Erstangebote im Verhandlungsverfahren mit Teilnahmewettbewerb anzuwenden. Für Erstangebote im Verhandlungsverfahren ohne Teilnahmewettbewerb nach § 14 Abs. 4 VgV sind daher keine starren Angebotsfristen mehr vorgegeben.[7] Hier ist indessen der allg. Vorbehalt der Angemessenheit gesetzter Fristen nach § 20 Abs. 1 VgV zu beachten (→ § 20 Rn. 4ff.).[8] Ungeachtet dessen können die Angebotsfristen im Verhandlungsverfahren ohne Teilnahmewettbewerb mit den Unternehmen, die zur Abgabe eines Angebotes aufgefordert werden, einvernehmlich festgelegt werden (Abs. 7). Der mWv 19.11.2020[9] eingefügte Abs. 15 gilt nur bei Verhandlungsverfahren ohne Teilnahmewettbewerb in den Fällen der äußersten Dringlichkeit nach § 14 Abs. 4 Nr. 3 VgV (→ Rn. 33a). 6

II. Teilnahmewettbewerb (Abs. 1)

Beim Verhandlungsverfahren mit Teilnahmewettbewerb wird eine unbeschränkte Anzahl von Unternehmen öffentlich zur Abgabe von Teilnahmeanträgen, aus dem Bewerberkreis sodann aber nur eine beschränkte Anzahl von Unternehmen zur Abgabe von Angeboten aufgefordert (S. 1, Abs. 4 und § 119 Abs. 5 GWB, → GWB § 119 Rn. 20 ff.). Der Auftrag wird in einem zweistufigen Verfahren vergeben.[10] 7

---

[5] Ollmann VergabeR 2016, 413; RKMPP/Kern/Rubin § 14 Rn. 22.
[6] Art. 4 des Gesetzes zur Regelung von Ingenieur- und Architektenleistungen und anderer Gesetze v. 12.11.2020 (BGBl. 2020 I 2392).
[7] DSW/Dieckmann VgV § 17 Rn. 12a; MüKoEuWettbR/Fett VgV § 17 Rn. 57.
[8] DSW/Dieckmann VgV § 17 Rn. 12a; MüKoEuWettbR/Fett VgV § 17 Rn. 57.
[9] Art. 4 des Gesetzes zur Regelung von Ingenieur- und Architektenleistungen und anderer Gesetze v. 12.11.2020 (BGBl. 2020 I 2392).
[10] OLG München 26.6.2007 – Verg 6/07, BeckRS 2008, 8701; DSW/Dieckmann VgV § 17 Rn. 7.

Die erste Stufe, die **Auswahlphase,** beginnt mit dem Versand einer unionsweiten Auftragsbekanntmachung nach § 37 Abs. 1 VgV, mit der der **Teilnahmewettbewerb** eingeleitet wird. Zum Prozedere der Veröffentlichung näher → § 14 Rn. 11.

8   Zum Teilnahmewettbewerb ausf. → GWB § 119 Rn. 16 ff.; → § 16 Rn. 6–10. Beim Verhandlungsverfahren darf die **Mindestzahl** der einzuladenden Bewerber nicht niedriger als drei sein (§ 51 Abs. 2 S. 1 VgV). In jedem Fall muss die vorgesehene Mindestzahl ausreichend hoch sein, sodass ein wettbewerbliches Verfahren gewährleistet ist (§ 51 Abs. 2 S. 2 VgV). Eine **Höchstzahl** muss nicht zwingend festgelegt werden,[11] jedoch ist der Auftraggeber an eine angegebene Höchstzahl gebunden.[12] Dabei sind die zur Angebotsabgabe aufzufordernden Unternehmen ausschl. aus dem Kreis derjenigen Unternehmen, die einen Teilnahmeantrag gestellt haben und die die bekannt gemachten Eignungskriterien erfüllen, auszuwählen (§ 51 Abs. 3 S. 3 VgV). Zur **Bewerberauswahl** ausf. → GWB § 119 Rn. 18 und → § 51 Rn. 8 und 9.

III. Teilnahmefrist (Abs. 2)

9   Im Anschluss an Art. 29 Abs. 1 UAbs. 3 RL 2014/24/EU regelt Abs. 2 die für das Verhandlungsverfahren mit Teilnahmewettbewerb festzulegende Teilnahmefrist. Die Teilnahmefrist ist der Zeitraum, der den Unternehmen für die Bearbeitung und Einreichung der Teilnahmeanträge zur Verfügung steht. Sie ist eine **Ausschlussfrist.** Nach Fristablauf eingegangene Teilnahmeanträge sind nach § 57 Abs. 3, Abs. 1 Nr. 1 VgV auszuschließen, es sei denn, der Bewerber hat die Verspätung nicht zu vertreten.

10   Die Teilnahmefrist beträgt mindestens 30 (Kalender-) Tage, gerechnet vom Tag nach der Absendung der Auftragsbekanntmachung. Der Tag der Absendung der Auftragsbekanntmachung wird nicht mitgerechnet (→ § 82 Rn. 3). Hierbei handelt es sich nicht um eine Regelfrist, sondern um eine **Mindestfrist.** Sie stellt die Untergrenze des Zeitraums dar, den der öffentliche Auftraggeber vorgeben muss. Allerdings steht die Mindestfrist unter dem **Vorbehalt der Angemessenheit.**[13] Sie darf somit nicht ohne Prüfung auf ihre Angemessenheit im konkreten Einzelfall festgelegt werden. In diese Prüfung sind insbes. die Komplexität der Vergabe und die Zeit für die Ausarbeitung der Teilnahmeanträge mit zu berücksichtigen (dazu ausf. → § 20 Rn. 8). Zur **Berechnung der Frist** → § 16 Rn. 13.

IV. Verkürzung der Teilnahmefrist wegen Dringlichkeit (Abs. 3)

11   Abs. 3 sieht die Möglichkeit vor, die Teilnahmefrist auf bis zu 15 Tage, gerechnet ab dem Tag nach der Absendung der Auftragsbekanntmachung, zu verkürzen, wenn eine **hinreichend begründete Dringlichkeit** die Einhaltung der Teilnahmefrist unmöglich macht (sog. **beschleunigtes Verhandlungsverfahren**). Nach Erwgr. 46 RL 2014/24/EU muss es sich nicht um eine äußerste Dringlichkeit handeln, die nach § 14 Abs. 4 Nr. 3 VgV ein Verhandlungsverfahren ohne Teilnahmewettbewerb rechtfertigen würde.[14] Auch kommt es nicht darauf an, ob der öffentliche Auftraggeber die für die Dringlichkeit herangezogenen Gründe zu vertreten hat.[15] Zu den

---

[11] BayObLG 20.4.2005 – Verg 26/04, BeckRS 2005, 18627 = VergabeR 2005, 532 (534).

[12] OLG München 21.11.2013 – Verg 9/13, BeckRS 2013, 22620; 19.12.2013 – Verg 12/13, BeckRS 2014, 957.

[13] OLG Naumburg 20.9.2012 – 2 Verg 4/12, IBRRS 2012, 3797.

[14] RKMPP/Hausmann/Mehlitz § 17 Rn. 8.

[15] RKMPP/Hausmann/Mehlitz § 17 Rn. 8. Anders noch zur alten Rechtslage OLG Düsseldorf 10.6.2015 – VII-Verg 39/14, BeckRS 2015, 10629.

Voraussetzungen der Dringlichkeit, die die Verkürzung der Teilnahmefrist rechtfertigen, → § 15 Rn. 9–11.

Liegt eine hinreichend begründete Dringlichkeit vor, kann die Teilnahmefrist auf ein Minimum von bis zu 15 Tagen verkürzt werden. Hierbei handelt es sich um eine **echte Mindestfrist,** die nicht noch weiter unterschritten werden darf. Auch diese Frist berechnet sich ab dem Tag nach dem Versand der Auftragsbekanntmachung. 12

V. Auswahl der Bewerber (Abs. 4)

Abs. 4 setzt Art. 29 Abs. 2 RL 2014/24/EU um und stellt klar, dass nicht alle Unternehmen, die einen Teilnahmeantrag eingereicht haben, zur Abgabe eines Erstangebots aufgefordert werden müssen. Vielmehr können nur diejenigen Bewerber, die vom öffentlichen Auftraggeber nach Abschluss des Teilnahmewettbewerbs dazu aufgefordert werden, ein Erstangebot abgeben. Um eine sachgerechte Auswahl unter den Bewerbern zu treffen, kann die Anzahl der geeigneten Unternehmen, die zur Abgabe eines Erstangebotes aufgefordert werden, nach § 51 Abs. 1 S. 1 VgV begrenzt werden (→ § 51 Rn. 10). Weiter schreibt § 51 Abs. 3 S. 3 VgV, auf den S. 2 gesondert verweist, vor, dass in Ergänzung zu § 42 Abs. 2 VgV andere Unternehmen, die sich nicht um die Teilnahme beworben haben, oder Bewerber, die nicht über die geforderte Eignung verfügen, nicht zu demselben Verfahren zugelassen werden. Zur Bewerberauswahl → GWB § 119 Rn. 18; → § 16 Rn. 7 ff. Zur **Prüfung und Wertung der Teilnahmeanträge** → § 16 Rn. 8. Die Aufforderung zur Abgabe von Erstangeboten enthält mindestens die in § 52 Abs. 2 VgV nicht abschl. aufgeführten Angaben. Die übrigen Bewerber scheiden aus dem Verhandlungsverfahren aus. 13

VI. Verhandlungsverfahren ohne Teilnahmewettbewerb (Abs. 5)

Bei einem Verhandlungsverfahren ohne Teilnahmewettbewerb erfolgt keine öffentliche Aufforderung zur Abgabe von Teilnahmeanträgen durch eine Auftragsbekanntmachung. Vielmehr wendet sich der öffentliche Auftraggeber ohne Publikationsakt direkt an mehrere oder auch nur an ein einziges Unternehmen und fordert diese(s) zur Abgabe von Erstangeboten auf. Vgl. hierzu auch → GWB § 119 Rn. 24 und → § 14 Rn. 15. Die Vorschrift stellt zunächst klar, dass der öffentliche Auftraggeber als Herr des Verfahrens mit seiner Angebotsaufforderung aktiv an die von ihm ausgewählten Unternehmen herantritt. Es ist daher unzulässig, dass ein Unternehmen von sich aus, ohne formelle Angebotsaufforderung, ein Angebot abgibt.[16] Ferner muss der öffentliche Auftraggeber die ausgewählten Unternehmen zur Abgabe von sog. **Erstangeboten** auffordern. Auch im Verhandlungsverfahren ohne Teilnahmewettbewerb erfolgen Verhandlungen somit ausschl. auf der Basis von Erstangeboten; Verhandlungen ohne Erstangebote sind unzulässig (→ Rn. 20).[17] 14

Abs. 5 enthält keine Aussagen zur **Auswahl der Teilnehmer** am Verhandlungsverfahren ohne Teilnahmewettbewerb. Da hier der Teilnahmewettbewerb als wettbewerbliches Prozedere für die transparente Auswahl der Bewerber entfällt, findet Wettbewerb 14a

---

[16] DSW/Dieckmann VgV § 17 Rn. 9; MüKoEuWettbR/Fett VgV § 17 Rn. 56.
[17] MüKoEuWettbR/Fett VgV § 17 Rn. 56; Müller-Wrede VgV/UVgO/Hirsch/Kaelble VgV § 17 Rn. 31; zweifelnd DSW/Dieckmann VgV § 17 Fn. 13. Anders im Unterschwellenbereich: Hier darf der Auftraggeber unmittelbar zu Verhandlungen auffordern, ohne dass Erstangebote vorliegen, § 12 Abs. 2 S. 1 UVgO.

14b Bei der Frage, in welchem Umfang Unternehmen zur Angebotsabgabe im Verhandlungsverfahren ohne Teilnahmewettbewerb aufzufordern sind, sind die Umstände des jew. Beschaffungsfalls maßgeblich. Dabei sind die betreffenden materiellen Ausnahmetatbestände für ein Verhandlungsverfahren ohne Teilnahmewettbewerb nach § 14 Abs. 4 VgV in den Blick zu nehmen. Kommt nur ein bestimmtes Unternehmen für die Auftragsvergabe in Betracht (zB nach § 14 Abs. 4 Nr. 2 lit. b und c, § 14 Abs. 4 Nr. 5, 7, 8 oder 9 VgV), liegt es auf der Hand, dass der öffentliche Auftraggeber eben nur dieses Unternehmen zur Abgabe eines Angebotes auffordert. In den Fällen des § 14 Abs. 3 Nr. 5 letzter Hs. VgV sind dagegen alle geeigneten Unternehmen zur Angebotsabgabe aufzufordern, die form- und fristgerechte Angebote abgegeben haben.

14c Abgesehen von diesen Fällen hat der öffentliche Auftraggeber auch beim Verhandlungsverfahren ohne Teilnahmewettbewerb iS einer generellen Vorgabe **angemessenen Bieterwettbewerb** zu gewährleisten, um dem Wettbewerbsprinzip gem. § 97 Abs. 1 S. 1 GWB Rechnung zu tragen. Der öffentliche Auftraggeber hat daher im Verhandlungsverfahren ohne Teilnahmewettbewerb – von atypischen Sonderfällen abgesehen – idR **mindestens drei Bewerber zur Abgabe eines Angebotes aufzufordern**.[18] Ein völliger Verzicht auf Wettbewerb kommt nur als ultima ratio in Betracht. Nach zutr. Auff. des OLG Karlsruhe[19] gilt § 51 Abs. 2 S. 1 VgV auch in einem Verhandlungsverfahren ohne Teilnahmewettbewerb. Zur Auswahl der Unternehmen bei **Dringlichkeitsvergaben** → § 14 Rn. 66.

VII. Angebotsfrist (Abs. 6)

15 Die Angebotsfrist ist der Zeitraum, der den im Teilnahmewettbewerb ausgewählten Bewerbern für die Bearbeitung und Einreichung der Angebote zur Verfügung steht. Sie ist eine **Ausschlussfrist**.[20] Nach Fristablauf eingegangene Angebote sind nach § 57 Abs. 1 Nr. 1 VgV auszuschließen, es sei denn, der Bieter hat die verspätete Angebotsabgabe nicht zu vertreten. Abs. 6–9 normieren das Fristenregime, welches der öffentliche Auftraggeber bei der Festsetzung der Frist für den Eingang der Erstangebote einzuhalten hat. Die in Abs. 6 normierte Angebotsfrist von mindestens 30 (Kalender-) Tagen, die nach Abs. 9 faktisch nur 25 (Kalender-) Tage beträgt, ist mWv 19.11.2020[21] nur noch auf **Erstangebote im Verhandlungsverfahren mit Teilnahmewettbewerb** anzuwenden. Für Angebote im Verhandlungsverfahren ohne Teilnahmewettbewerb nach § 14 Abs. 4 VgV sind keine starren Angebotsfristen vorgegeben. Hier kann der öffentliche Auftraggeber somit auch eine kürzere Angebotsfrist wählen, solange diese angemessen ist (→ § 20 Rn. 4). Beim Verhandlungsverfahren mit Teilnahmewettbewerb gilt Abs. 6 **nur für die Erstangebote,** also

---

[18] KG 10.5.2022 – Verg 1/22, VPRRS 2022, 0156; BayObLG 20.1.2022 – Verg 7/21, VPRRS 2022, 0031; OLG Rostock 9.12.2020 – 17 Verg 4/20, VPRRS 2020, 0367; OLG Karlsruhe 4.12.2020 – 15 Verg 8/20, BeckRS 2020, 39962; DSW/Dieckmann VgV § 17 Rn. 10.

[19] OLG Karlsruhe 4.12.2020 – 15 Verg 8/20, BeckRS 2020, 39962; so auch DSW/Dieckmann VgV § 17 Rn. 10.

[20] OLG Jena 22.4.2004 – 6 Verg 2/04, IBRRS 2004, 1060; VK Münster 15.1.2003 – VK 22/02, IBRRS 2003, 0431.

[21] Art. 4 des Gesetzes zur Regelung von Ingenieur- und Architektenleistungen und anderer Gesetze v. 12.11.2020 (BGBl. 2020 I 2392).

nicht für die weiteren (Folge-) Angebote und das endgültige Angebot, da für die Überarbeitung von Angeboten bzw. die Erarbeitung von Folgeangeboten regelmäßig weniger Zeitaufwand erforderlich ist als für die Erstellung von Erstangeboten.[22] Für Folgeangebote gilt allerdings der allg. Vorbehalt der Festsetzung angemessener Fristen (→ § 20 Rn. 4).

Im Verhandlungsverfahren mit Teilnahmewettbewerb beträgt die Frist für den Eingang der Erstangebote mindestens **30 (Kalender-) Tage.** Abs. 9 sieht eine Verkürzung dieser Frist um fünf Tage vor, wenn die elektronische Übermittlung der Angebote zugelassen wird. Seit dem Ablauf der Übergangsfrist am 18.10.2018 (§ 81 S. 1 VgV) ist dies für alle öffentlichen Auftraggeber der Regelfall, so dass die Angebotsfrist seitdem einheitlich 25 Tage beträgt (→ Rn. 19). Die sprachliche Ausgestaltung der Norm („mindestens") stellt klar, dass es sich hierbei nicht um eine Regelfrist, sondern um eine **Mindestfrist** handelt. Sie stellt die Untergrenze des Zeitraums dar, den der öffentliche Auftraggeber für die Einreichung der Erstangebote vorgeben muss, und steht unter dem **Vorbehalt der Angemessenheit.**[23] Sie darf somit nicht ohne Prüfung auf ihre Angemessenheit im konkreten Einzelfall festgelegt werden (näher → § 15 Rn. 6; → § 20 Rn. 4 ff.). Zur Verkürzung der Frist durch eine Vorinformation → § 16 Rn. 20; zur **Fristberechnung** → § 16 Rn. 21. 16

VIII. Einvernehmliche Festlegung der Angebotsfrist (Abs. 7)

Abs. 7 räumt den öffentlichen Auftraggebern, sofern es sich nicht um oberste Bundesbehörden handelt (→ GWB § 106 Rn. 14),[24] die Möglichkeit ein, die Angebotsfrist mit den Bewerbern, die zur Angebotsabgabe aufgefordert werden, einvernehmlich festzulegen. Die Vorschrift entspricht im Wortlaut dem § 16 Abs. 6 VgV, daher näher → § 16 Rn. 22 ff. Die einvernehmliche Festlegung der Angebotsfrist mit den zur Angebotsabgabe aufgeforderten Bewerbern ist auch in einem Verhandlungsverfahren ohne Teilnahmewettbewerb möglich; Abs. 7 enthält in dieser Hinsicht keine Beschränkung auf das Verhandlungsverfahren mit Teilnahmewettbewerb. 17

IX. Verkürzung der Angebotsfrist wegen Dringlichkeit (Abs. 8)

Beim Verhandlungsverfahren mit Teilnahmewettbewerb kann die Angebotsfrist verkürzt werden, wenn eine **hinreichend begründete Dringlichkeit** die Einhaltung der Angebotsfrist nach Abs. 6 unmöglich macht. In diesem Fall beträgt die Angebotsfrist mindestens zehn Tage, gerechnet ab dem Tag nach der Absendung der Aufforderung zur Angebotsabgabe. Die zehntägige Angebotsfrist ist eine **echte Mindestfrist,** die nicht unterschritten werden darf. Zu den Voraussetzungen einer hinreichend begründeten Dringlichkeit → § 15 Rn. 9 ff. 18

Liegt ein Fall des § 14 Abs. 4 Nr. 3 VgV vor („äußerst dringliche, zwingende Gründe"), kann eine Angebotsfrist im Verhandlungsverfahren ohne Teilnahmewettbewerb von unter zehn Tagen festgelegt werden. Dies ist durch das Rundschreiben des BMWi „zur Anwendung des Vergaberechts im Zusammenhang mit der Beschaffung von Leistungen zur Eindämmung der Ausbreitung des neuartigen Coronavirus 18a

---

[22] DSW/Dieckmann VgV § 17 Rn. 13.
[23] OLG Naumburg 20.9.2012 – 2 Verg 4/12, IBRRS 2012, 3797 zur Teilnahmefrist im Verhandlungsverfahren mit Teilnahmewettbewerb.
[24] S. dazu die Auflistung in Anh. I RL 2014/24/EU, die allerdings keinen konstitutiven Charakter hat. Zur Definition vgl. https://de.wikipedia.org/wiki/Bundesbeh%C3%B6rde_(Deutschland).

SARS-COV-2" vom 19.3.2020 für zulässig erklärt worden. Für Dringlichkeitsbeschaffungen, die im Zusammenhang mit dem russischen Angriffskrieg gegen die Ukraine stehen, wie etwa Maßnahmen zur Unterbringung und Versorgung der aus der Ukraine geflüchteten Menschen sowie zur Abwehr potenzieller Angriffe im Bereich der IT- und Cybersicherheit bzw. zur Sicherstellung zB des Zivil- und Katastrophenschutzes, der Gefahrenabwehr oder der Versorgungssicherheit etc., hat es das BMWK[25] ebenfalls zugelassen, Angebotsfristen von unter zehn Tagen festzusetzen, solange diese angemessen sind.

X. Elektronische Angebotsabgabe (Abs. 9)

19 Abs. 9 ermöglicht im Verhandlungsverfahren mit Teilnahmewettbewerb die Verkürzung der Angebotsfrist von 30 Tagen des Abs. 6 um fünf Tage auf 25 Tage, wenn der öffentliche Auftraggeber die elektronische Übermittlung der Angebote nach § 53 Abs. 1 VgV akzeptiert.[26] Seit dem Ablauf der Übergangsfrist am 18.10.2018 (§ 81 S. 1 VgV) ist dies für alle öffentlichen Auftraggeber der Regelfall. Die Verkürzung betrifft ausschl. die Angebotsfrist nach Abs. 6, nicht hingegen eine wegen Dringlichkeit verkürzte Angebotsfrist nach Abs. 8.

XI. Durchführung der Verhandlungen (Abs. 10)

20 Abs. 10 setzt Art. 29 Abs. 3 RL 2014/24/EU um. Die Verhandlungen zielen nach S. 1 darauf ab, die eingereichten Erstangebote und Folgeangebote, mit Ausnahme der endgültigen Angebote, „so zu verbessern, dass die öffentlichen Auftraggeber in die Lage versetzt werden, (…) Lieferungen und Dienstleistungen einzukaufen, die genau auf ihren konkreten Bedarf zugeschnitten sind" (Erwgr. 45 RL 2014/24/EU). **Verhandlungsgegenstand** sind damit Erstangebote und Folgeangebote; die endgültigen Angebote sind dagegen nicht verhandelbar.[27] **Erstangebote** (auch „indikative Angebote") sind die Angebote, die die Bieter erstmalig nach einer Aufforderung zur Angebotsabgabe gem. § 52 Abs. 1 VgV einreichen. Sie sind Grundlage von Verhandlungen, dh Verhandlungen ohne vorliegende Erstangebote sind nicht zulässig.[28] Sie können unter den Voraussetzungen des Abs. 11 bezuschlagt werden (→ Rn. 26). **Folgeangebote** (auch „überarbeitete Angebote") sind Angebote, die den Erstangeboten nachfolgen, sofern der öffentliche Auftraggeber zu ihrer Abgabe aufgefordert hat, und die nicht endgültige Angebote iSd Abs. 14 S. 2 sind. **Endgültige Angebote** (auch „last call" oder „Best and Final Offer") sind Angebote, die nach Abschluss der finalen Verhandlungen eingereicht werden und nicht mehr verhandelbar sind (→ Rn. 32).[29] S. 2 stellt in diesem Kontext klar, dass über den gesamten Angebotsinhalt, also alle kaufmännischen, technischen und rechtlichen Bedingungen des Auftrags, mit Ausnahme der von dem öffentlichen Auftraggeber festgelegten Mindestanforderungen und Zuschlagskriterien, verhandelt werden darf. Zulässiger Verhandlungsgegenstand

---

[25] Rundschreiben zur Anwendung von dringlichen Vergaben im Zusammenhang mit dem russischen Angriffskrieg gegen die Ukraine v. 13.4.2022, Az. IB6 – 206–000#010, S. 5.

[26] Im Falle eines Verhandlungsverfahrens ohne Teilnahmewettbewerb wegen äußerster Dringlichkeit nach § 14 Abs. 4 Nr. 3 VgV ist der öffentliche Auftraggeber nach Abs. 15 ua von den Vorgaben zur Übermittlung von Angeboten (§ 53 Abs. 1 VgV) befreit, → Rn. 33a.

[27] BayObLG 3.6.2022 – Verg 7/22, VPRRS 2022, 0190.

[28] MüKoEuWettbR/Fett VgV § 17 Rn. 56; Müller-Wrede VgV/UVgO/Hirsch/Kaelble VgV § 17 Rn. 31; zweifelnd DSW/Dieckmann VgV § 17 Fn. 13.

[29] BayObLG 3.6.2022 – Verg 7/22, VPRRS 2022, 0190; Müller-Wrede VgV/UVgO/ Hirsch/Kaelble VgV § 17 Rn. 92.

ist somit der gesamte Vertragsinhalt[30] (→ GWB § 119 Rn. 27). Verhandlungen über den ausgeschriebenen Leistungsgegenstand und über die hierauf abgegebenen Angebote sind zulässig und erwünscht, im Regelfall zur Konkretisierung des späteren Vertragsinhalts sogar notwendig.[31] Gestattet sind selbstverständlich auch Verhandlungen über den Preis. Das entspricht gerade dem Sinn und Zweck des Verhandlungsverfahrens.[32] Nach Ablauf der Angebotsfrist beginnt ein **dynamischer Prozess,** in dem sich durch Verhandlungen sowohl auf Nachfrage- als auch auf Bieterseite Veränderungen ergeben können.[33] Charakteristikum des Verhandlungsverfahrens ist somit, dass der Angebotsinhalt nicht von vornherein statisch feststeht, sondern – im Gegensatz zu offenem und nicht offenem Verfahren – iRv Verhandlungsrunden mit den Bietern fortentwickelt, konkretisiert und verbessert wird.[34] Ein aus zulässigen Verhandlungen hervorgegangenes verändertes Angebot kann von daher nicht allein deshalb ausgeschlossen werden, weil es in der verhandlungsbedingt veränderten Gestalt bei Ablauf der Angebotsfrist noch nicht vorlag.[35]

Allerdings sind in diesem Kontext die folgenden **Grenzen für den Verhand-** 21 **lungsgegenstand** zu ziehen:

Verhandlungen sind zunächst nur unter **Wahrung der Identität des ausgeschriebenen Auftrags** zulässig. Die Identität des Beschaffungsvorhabens, so wie es zum Gegenstand der Ausschreibung gemacht wurde, muss gewahrt bleiben. Qualitativ und quantitativ einschneidende Änderungen des ursprünglich ausgeschriebenen Leistungsgegenstandes sind deshalb auch im Verhandlungsverfahren unzulässig.[36] Wann idS ein Aliud beschafft wird, ist Frage des konkreten Einzelfalls[37] (dazu ausf.

---

[30] Erwgr. 45 RL 2014/24/EU nennt beispielhaft Qualität, Mengen, Geschäftsklauseln sowie soziale, umweltbezogene und innovative Aspekte; vgl. dazu auch BGH 10.9.2009 – VII ZR 255/08, NZBau 2009, 781 (782); OLG Naumburg 12.4.2012 – 2 Verg 1/12, BeckRS 2012, 10195; OLG Düsseldorf 3.8.2011 – Verg 16/11, ZfBR 2012, 72.

[31] BGH 10.9.2009 – VII ZR 255/08, NZBau 2009, 781 (782); OLG Düsseldorf 29.6.2017 – VII-Verg 7/17, NZBau 2017, 619 (621); OLG Naumburg 12.4.2012 – 2 Verg 1/12, BeckRS 2012, 10195; OLG Dresden 21.10.2005 – WVerg 5/05, VergabeR 2006, 249 (255) = BeckRS 2005, 13430; 3.12.2003 – WVerg 15/03, VergabeR 2004, 225 (228) = NZBau 2005, 118.

[32] VK Südbayern 3.1.2022 – 3194.Z3-3_01-21-46, VPRRS 2023, 0107; BGH 10.9.2009 – VII ZR 255/08, NZBau 2009, 781 (782); OLG Frankfurt a. M. 24.8.2017 – 11 Verg 12/17, NZBau 2018, 253; OLG Schleswig 19.8.2016 – 54 Verg 8/16, IBRRS 2016, 2493; OLG Dresden 21.10.2005 – WVerg 5/05, VergabeR 2006, 249 (255) = BeckRS 2005, 13430; 11.4.2005 – WVerg 5/05, VergabeR 2005, 646 (650) = NZBau 2006, 469; OLG Celle 16.1.2002 – 13 Verg 1/02, VergabeR 2002, 299 (301) = BeckRS 2002, 160346; OLG Frankfurt a. M. 10.4.2001 – 11 Verg 1/01, VergabeR 2001, 299 (302) = NZBau 2002, 161; BayObLG 2.8.2001 – Verg 8/01, BeckRS 2001, 30099.

[33] BGH 10.9.2009 – VII ZR 255/08, NZBau 2009, 781 (782); OLG Naumburg 12.4.2012 – 2 Verg 1/12, BeckRS 2012, 10195; OLG Düsseldorf 3.8.2011 – Verg 16/11, ZfBR 2012, 72; 5.7.2006 – VII-Verg 21/06, BeckRS 2006, 8298; OLG München 28.4.2006 – Verg 6/06, NZBau 2007, 59; OLG Celle 16.1.2002 – 13 Verg 1/02, VergabeR 2002, 299 (301) = BeckRS 2002, 160346; KKMPP/Kulartz § 17 Rn. 18.

[34] OLG Düsseldorf 29.6.2017 – VII-Verg 7/17, NZBau 2017, 619 (621); OLG Naumburg 23.12.2014 – 2 Verg 5/14, NZBau 2015, 387.

[35] OLG Dresden 3.12.2003 – WVerg 15/03, VergabeR 2004, 225 (229) = NZBau 2005, 118 (119).

[36] OLG Schleswig 19.8.2016 – 54 Verg 8/16, IBRRS 2016, 2493; OLG Naumburg 1.9.2004 – 1 Verg 11/04, BeckRS 2004, 10166; OLG Dresden 3.12.2003 – WVerg 15/03, VergabeR 2004, 225 (229) = NZBau 2005, 118.

[37] OLG Schleswig 19.8.2016 – 54 Verg 8/16, IBRRS 2016, 2493; OLG Dresden 21.10.2005 – WVerg 5/05, VergabeR 2006, 249 (255) = BeckRS 2005, 13430; BayObLG 29.10.2004 – Verg 22/04, VergabeR 2005, 74 (77) = NZBau 2005, 234; OLG Dresden

→ GWB § 119 Rn. 27). Umgekehrt muss bereits mit der Auftragsbekanntmachung und erst recht in der Verhandlungsphase das erforderliche Mindestmaß an der Konkretisierung des Auftrags zur Wahrung der Identität der zu beschaffenden Leistung gewährleistet sein. Der öffentliche Auftraggeber muss also zumindest über eine grundlegende Vorstellung über die Auftragskonzeption verfügen, deren Identität im Laufe der Verhandlungen zu bewahren ist.[38]

22 Von den Verhandlungen ausgenommen sind daneben die von dem Auftraggeber in den Vergabeunterlagen festgelegten **Mindestanforderungen** und die **Zuschlagskriterien.**[39] S. 2 stellt dies klar. Erwgr. 45 RL 2014/24/EU definiert Mindestanforderungen als „jene (insbesondere physischen, funktionellen und rechtlichen) Bedingungen und wesentlichen Merkmale (...), die jedes Angebot erfüllen beziehungsweise aufweisen sollte, damit der öffentliche Auftraggeber den Auftrag im Einklang mit dem gewählten Zuschlagskriterium vergeben kann." Darunter sind also sämtliche, von dem öffentlichen Auftraggeber in der Auftragsbekanntmachung oder den Vergabeunterlagen als verbindlich und nicht verhandelbar vorgegebenen bieter- und leistungsbezogenen Anforderungen zu verstehen.[40] Soweit der öffentliche Auftraggeber solche zwingenden Anforderungen an die Angebote aufstellt, sind sie – und dies gilt auch für indikative Angebote – zwingend zu beachten.[41] Voraussetzung hierfür ist, dass die **Mindestanforderungen eindeutig und unmissverständlich** sind.[42] Was als Mindestanforderung nachgefragt wurde, ist aus der Sicht eines verständigen und fachkundigen potentiellen Bieters durch Auslegung der Leistungsbeschreibung zu ermitteln.[43] Sofern die Auslegung ergibt, dass die betr. Leistungsbeschreibung unbestimmt oder unklar ist, genügt sie nicht den Anforderungen des § 121 Abs. 1 S. 1 GWB. In diesem Fall darf eine Abweichung im Angebot des Bieters nicht zu dessen Ausschluss führen.[44] Sind somit keine oder keine eindeutigen

---

3.12.2003 – WVerg 15/03, VergabeR 2004, 225 (228) = NZBau 2005, 118; OLG Celle 16.1.2002 – 13 Verg 1/02, VergabeR 2002, 299 (301) = BeckRS 2002, 160346; VK Schleswig-Holstein 14.5.2008 – VK-SH 6/08, ZfBR 2008, 706; vergibt der Auftraggeber ein Auftragsvolumen von nur ca. 70 % des ursprünglich angestrebten Auftragsumfangs, bleibt die Identität gewahrt: VK BW 19.7.2005 – 1 VK 34/05, BeckRS 2012, 47045.

[38] Vgl. dazu VK Südbayern 3.1.2018 – Z3-3-3194-1-46-08/17, VPRRS 2018, 0030: Das Grundgerüst des zu vergebenden Auftrags muss stehen und entspr. Mindestanforderungen müssen aufgestellt sein. Dazu zählen jedenfalls die vorgesehenen Vertragspartner und der etwaige Umfang des Auftrags.

[39] Vgl. Erwgr. 45 RL 2014/24/EU. Die Festlegung der Zuschlagskriterien ist Ausdruck des Bestimmungsrechts des öffentlichen Auftraggebers. Diesem unterliegen sowohl die Bewertungskriterien als auch die Wertungsmethode: OLG Düsseldorf 8.2.2017 – VII-Verg 30/16, BeckRS 2017, 108436.

[40] DSW/Dieckmann VgV § 17 Rn. 21; Müller-Wrede VgV/UVgO/Hirsch/Kaelble VgV § 17 Rn. 39.

[41] OLG Düsseldorf 29.6.2017 – VII-Verg 7/17, NZBau 2017, 619 (621); 3.3.2010 – VII-Verg 46/09, BeckRS 2016, 19890. Von dem Änderungsverbot ausgenommen sind aber Mindestanforderungen, die sich als vergaberechtlich fehlerhaft herausstellen und von dem öffentlichen Auftraggeber – ggf. auf Rüge – zu korrigieren sind: VK Südbayern 3.7.2019 – Z3-3-3194-1-09-03/19, IBRRS 2019, 2539; DSW/Dieckmann VgV § 17 Rn. 21.

[42] OLG Düsseldorf 28.3.2018 – Verg 54/17, NZBau 2018, 548 (550); 29.6.2017 – VII-Verg 7/17, NZBau 2017, 619 (621).

[43] BGH 15.1.2013 – X ZR 155/10, NZBau 2013, 319; 20.11.2012 – X ZR 108/10, NZBau 2013, 180; BayObLG 3.6.2022 – Verg 7/22, VPRRS 2022, 0190; OLG München 21.4.2017 – Verg 1/17, BeckRS 2017, 110412; OLG Düsseldorf 17.2.2016 – Verg 41/15, IBR 2016, 410.

[44] OLG Düsseldorf 29.6.2017 – Verg 7/17, NZBau 2017, 619 (621); OLG München 21.4.2017 – Verg 1/17, BeckRS 2017, 110412.

Mindestanforderungen aufgestellt, sind Abweichungen im Angebot des Bieters gestattet; solche Abweichungen können in nachfolgenden Angebotsrunden beseitigt werden.[45] Einem **Änderungsverbot** unterliegen schließlich auch die von dem öffentlichen Auftraggeber in der Auftragsbekanntmachung oder den Vergabeunterlagen festgelegten **Zuschlagskriterien** inkl. deren Gewichtung.[46] Erwgr. 45 RL 2014/24/EU fordert insoweit: „Die Zuschlagskriterien und ihre Gewichtung sollten während des gesamten Verfahrens stabil bleiben und sollten nicht verhandelbar sein, um die Gleichbehandlung aller Wirtschaftsteilnehmer zu gewährleisten." Hat der Auftraggeber in einem Verhandlungsverfahren gem. § 52 Abs. 2 Nr. 5 VgV die Gewichtung der Zuschlagskriterien bekanntgegeben, darf hierüber also nicht verhandelt werden.[47]

Das Verhandlungsverfahren ist zwar geringen formalen Anforderungen unterworfen, aber **kein wettbewerbsfreier Raum**. Es wird durch das Wettbewerbs-, das Transparenz- sowie das Gleichbehandlungsgebot geprägt.[48] Alle Verfahrensfestlegungen und -entscheidungen des Auftraggebers im Verhandlungsverfahren unterliegen engen rechtlichen Grenzen und Bindungen.[49] Abs. 13 enthält das explizite Gebot, alle Bieter bei den Verhandlungen gleich zu behandeln, sowie das Verbot der diskriminierenden Weitergabe von Informationen (→ Rn. 30). Die Entscheidung über die sukzessive Auslese der Bieter ist nach Abs. 12 S. 1 nach den bekannt gemachten Zuschlagskriterien zu treffen (→ Rn. 27).[50] Den Bietern ist der vorgesehene Verfahrensablauf mitzuteilen. Davon darf nicht überraschend oder willkürlich abgewichen werden.[51] Darüber hinaus müssen die während des Verhandlungsverfahrens getroffenen Entscheidungen nachvollziehbar dokumentiert werden, um dem **Transparenzgebot** Genüge zu tun.[52] 23

Verhandeln heißt, dass Auftraggeber und Bieter Auftragsinhalt und Auftragsbedingungen so lange besprechen, bis klar ist, was der Auftraggeber tatsächlich und konkret beschaffen will, zu welchen Konditionen, insbes. zu welchem Preis, der Bieter dies leistet.[53] In **welcher Form** die Verhandlungen durchgeführt werden, ist nicht vorgeschrieben. Die Verhandlungen können daher in persönlichen Verhandlungsgesprächen 24

---

[45] BayObLG 3.6.2022 – Verg 7/22, VPRRS 2022, 0190; OLG Düsseldorf 29.6.2017 – Verg 7/17, NZBau 2017, 619; OLG Schleswig 19.8.2016 – 54 Verg 7/16 und 54 Verg 8/16, BeckRS 2016, 19262.

[46] VK Südbayern 23.11.2017 – Z3-3-3194-1-46-08/17. S. auch VK Südbayern 3.7.2019 – Z3-3-3194-1-09-03/19, IBRRS 2019, 2539: Die Korrektur von Zuschlagskriterien, bei denen der öffentliche Auftraggeber nachträglich erkennt, dass sie rechtswidrig oder unpraktikabel sind (weil sie zB keine Differenzierung ermöglichen oder unverhältnismäßigen Aufwand bei der Dokumentation erfordern würden), wird dort – sofern sie transparent erfolgt – für möglich gehalten, ohne das Verfahren vollständig aufzuheben und von neuem zu beginnen.

[47] VK Südbayern 3.1.2018 – Z3-3-3194-1-46-08/17, VPRRS 2018, 0030.

[48] BGH 10.9.2009 – VII ZR 255/08, NZBau 2009, 781 (782); 1.8.2006 – X ZR 115/04, NZBau 2006, 797 (798); OLG Brandenburg 20.9.2011 – Verg W 11/11, BeckRS 2011, 23533; OLG München 12.5.2011 – Verg 26/10, NZBau 2011, 630; 7.4.2011 – Verg 5/11, NZBau 2011, 439; 21.5.2010 – Verg 02/10, VergabeR 2010, 992 (1001) = ZfBR 2010, 606; BayObLG 5.11.2002 – Verg 22/02, NZBau 2003, 342 (343); OLG Frankfurt a. M. 10.4.2001 – 11 Verg 1/01, NZBau 2002, 161 (163); OLG Celle 16.1.2002 – 13 Verg 1/02, VergabeR 2002, 299 (301) = BeckRS 2002, 160346.

[49] DSW/Dieckmann VgV § 17 Rn. 20.

[50] OLG Frankfurt a. M. 10.4.2001 – 11 Verg 1/01, NZBau 2002, 161 (163).

[51] OLG Düsseldorf 18.6.2003 – VII-Verg 15/03, BeckRS 2003, 17902; s. aber OLG Frankfurt a. M. 24.8.2017 – 11 Verg 12/17, NZBau 2018, 253 und KG 17.5.2013 – Verg 2/13, NZBau 2013, 533 zur Zulässigkeit nachträglicher Änderungen des Verfahrensablaufs.

[52] OLG Brandenburg 3.8.1999 – 6 Verg 1/99, NZBau 2000, 39.

[53] OLG Naumburg 12.4.2012 – 2 Verg 1/12, BeckRS 2012, 10195; KKMPP/Kulartz § 17 Rn. 18.

oder im schriftlichen Verfahren stattfinden.⁵⁴ Indes liegt eine Verhandlung iSd Abs. 10 S. 1 nur dann vor, wenn eine **Interaktion zwischen Bieter und Auftraggeber** stattfindet, die mit dem Ziel durchgeführt wird, die Angebote inhaltlich zu verbessern. Das bloße Anhören und die Bewertung einer Präsentation stellt keine Verhandlung idS dar. Wurden aber darüber hinaus in einem Termin Hinweise und Präzisierungen zu den Grundlagen der Preisermittlung gegeben, die auch in die finalen Angebote der Bieter eingeflossen sind, liegt eine Verhandlung vor.⁵⁵ Auch bei dem Verhandlungsverfahren handelt es sich um ein geregeltes Vergabeverfahren, bei dem der Auftraggeber die wesentlichen Prinzipien des Vergaberechts, namentlich die **Grundsätze des Wettbewerbs, der Transparenz und der Gleichbehandlung** einzuhalten hat.⁵⁶ § 51 Abs. 2 S. 1 VgV fordert, dass Verhandlungen mit mindestens drei Bietern geführt werden. Das gilt – von Sonderfällen abgesehen – auch im Verhandlungsverfahren ohne Teilnahmewettbewerb (→ Rn. 14c). Allen Bietern müssen dieselben Informationen zukommen und muss die Chance gegeben werden, innerhalb gleicher Fristen und zu gleichen Anforderungen Angebote abzugeben.⁵⁷

25   Bei der **Gestaltung des Verfahrensablaufs** dürfen **Fristen,** zB für die Überarbeitung der Angebote, gesetzt werden.⁵⁸ Die Fristsetzung führt auch im Verhandlungsverfahren zu einer Selbstbindung. Ein nicht fristgerecht eingereichtes Angebot muss daher gem. § 57 Abs. 1 Nr. 1 VgV ausgeschlossen werden, es sei denn, der Bieter hat die Verspätung nicht zu vertreten.⁵⁹ Dabei macht es keinen Unterschied, ob es sich um ein Erstangebot, Folgeangebot oder endgültiges Angebot handelt.⁶⁰ Der Ausschlusstatbestand des § 57 Abs. 1 Nr. 2 VgV und die Bestimmungen über die Möglichkeit der Nachforderung von Unterlagen nach § 56 Abs. 2, 3 VgV gelten auch im Verhandlungsverfahren und insbes. auch im Kontext der Bewertung der endgültigen Angebote (→ Rn. 33).⁶¹

XII. Zuschlag auf das Erstangebot (Abs. 11)

26   Abs. 11 ermöglicht in Umsetzung von Art. 29 Abs. 4 RL 2014/24/EU, den Zuschlag auf das nach Maßgabe der vorgesehenen Zuschlagskriterien wirtschaft-

---

⁵⁴ OLG Düsseldorf 5.7.2006 – Verg 21/06, BeckRS 2006, 8298; DSW/Dieckmann VgV § 17 Rn. 22; HK-VergabeR/Pünder/Klafki VgV § 17 Rn. 29.
⁵⁵ VK Südbayern 3.1.2022 – 3194.Z3-3_01-21-46, VPRRS 2023, 0107.
⁵⁶ BGH 10.9.2009 – VII ZR 255/08, NZBau 2009, 781 (782); 1.8.2006 – X ZR 115/04, NZBau 2006, 797 (798); OLG Düsseldorf 15.6.2016 – VII-Verg 49/15, NZBau 2016, 653; OLG Brandenburg 20.9.2011 – Verg W 11/11, BeckRS 2011, 23533; OLG München 12.5.2011 – Verg 26/10, NZBau 2011, 630; 7.4.2011 – Verg 5/11, NZBau 2011, 439; 21.5.2010 – Verg 02/10, VergabeR 2010, 992 (1001) = ZfBR 2010, 606; BayObLG 5.11.2002 – Verg 22/02, NZBau 2003, 342 (343); OLG Frankfurt a. M. 10.4.2001 – 11 Verg 1/01, NZBau 2002, 161 (163); OLG Celle 16.1.2002 – 13 Verg 1/02, VergabeR 2002, 299 (301) = BeckRS 2002, 160346.
⁵⁷ OLG Düsseldorf 15.6.2016 – VII-Verg 49/15, NZBau 2016, 653; 5.7.2006 – VII-Verg 21/06, BeckRS 2006, 8298.
⁵⁸ OLG Naumburg 12.4.2012 – 2 Verg 1/12, BeckRS 2012, 10195; OLG Frankfurt a. M. 23.12.2005 – 11 Verg 13/05, BeckRS 2006, 12422; OLG Düsseldorf 7.1.2002 – Verg 36/01, VergabeR 2002, 169 (170) = IBRRS 37542.
⁵⁹ OLG Düsseldorf 7.1.2002 – Verg 36/01, VergabeR 2002, 169 (170) = IBRRS 37542; VK Brandenburg 19.12.2008 – VK 40/08, IBRRS 2009, 2998; Gleiches gilt für ein Angebot, das die vom Auftraggeber aufgestellten Mindestanforderungen nicht erfüllt: VK Bund 27.8.2012 – VK 2–65/12, IBRRS 2012, 3640.
⁶⁰ VK Südbayern 3.1.2022 – 3194.Z3-3_01-21-46, VPRRS 2023, 0107; VK BW 19.5.2009 – 1 VK 19/09, BeckRS 2009, 22108; vgl. auch instruktiv OLG Brandenburg 16.2.2012 – Verg W 1/12, BeckRS 2012, 5195.
⁶¹ VK Thüringen 29.3.2019 – 250–4003-10402/2019-E-002-SHL, IBRRS 2019, 1951.

lichste Erstangebot zu erteilen, ohne in Verhandlungen mit den Bietern einzutreten. Davon kann nur Gebrauch gemacht werden, wenn sich der öffentliche Auftraggeber diese Möglichkeit in der Auftragsbekanntmachung oder in der Aufforderung zur Interessensbestätigung **vorbehalten** hat. Trotz des insoweit entgegenstehenden Wortlauts, der für den Vorbehalt eine Verortung in der Auftragsbekanntmachung oder in der Aufforderung zur Interessensbestätigung verlangt, findet Abs. 11 **auch in Verhandlungsverfahren ohne Teilnahmewettbewerb** entspr. Anwendung.[62] Für dieses Ergebnis spricht der Wortlaut des Art. 29 Abs. 6 RL 2014/24/EU, wonach der Vorbehalt auch in „anderen Auftragsunterlagen" enthalten sein kann. Nach der Begr. des Verordnungsgebers bestehen keine Anhaltspunkte, dass mit Abs. 11 die Möglichkeit nach Art. 29 Abs. 6 RL 2014/24/EU einschränkend umgesetzt werden sollte. Der Vorbehalt muss in diesem Verfahren durch eindeutige und widerspruchsfreie Angaben in der Aufforderung zur Angebotsabgabe nach Abs. 5 kommuniziert werden.[63] Mit dem vom öffentlichen Auftraggeber transparent kommunizierten Vorbehalt, den Zuschlag auf das Erstangebot zu erteilen, kann somit bereits das Erstangebot ein endgültiges Angebot sein, auf das der Zuschlag erteilt werden kann.[64] Der Vorbehalt muss allerdings auch in den Vergabeunterlagen durch eine entspr. **konsistente Verfahrensausgestaltung** seinen Niederschlag finden. Von den Bietern sind in diesem Fall **verbindliche und zuschlagsfähige Erstangebote** anzufordern. Überdies müssen die Vergabeunterlagen so final abgefasst sein, dass die Bieter ihr möglicherweise zu beauftragendes Erstangebot final kalkulieren können. Konterkariert der Auftraggeber seinen Zuschlagsvorbehalt durch anderslautende, unklare oder widersprüchliche Festlegungen, etwa dadurch, dass die Bieter nach Abgabe eines Erstangebots und danach erfolgenden Verhandlungen zur Abgabe eines endgültigen Angebots aufgefordert werden, geht der Vorbehalt ins Leere.[65] Für die Beantwortung von **Bewerber- und Bieterfragen** hat der Vorbehalt die Konsequenz, dass sich der öffentliche Auftraggeber so behandeln lassen muss, als ob er nicht verhandelt. Alle Fragen (auch jene im Teilnahmewettbewerb, zB zu einem gem. § 41 Abs. 1 VgV zur Verfügung gestellten Vertrag) sind in diesen Fällen vollständig zu beantworten; ein Verweis auf mögliche spätere Verhandlungen ist nicht zulässig.[66] Ein Verzicht auf den Vorbehalt ist zwar grds. möglich; er muss allerdings so eindeutig und unmissverständlich kommuniziert werden, dass dies von allen Bietern auch so verstanden werden kann.[67] Hat der öffentliche Auftraggeber einen Vorbehalt erklärt, ist er hingegen nicht verpflichtet, den Zuschlag auf ein Erstangebot zu erteilen. Er kann stattdessen auch die Erstangebote mit den Bietern verhandeln

---

[62] VK Sachsen 22.6.2023 – 1/SVK/014-23, VPRRS 2023, 0161; VK Südbayern 22.3.2021 – 3194.Z3-3_01-20-61, BeckRS 2021, 8034; MüKoEuWettbR/Fett VgV § 17 Rn. 89; HK-VergabeR/Pünder/Klafki VgV § 17 Rn. 28; Zinger NZBau 2022, 510 (512).
[63] VK Sachsen 22.6.2023 – 1/SVK/014-23, VPRRS 2023, 0161; VK Südbayern 22.3.2021 – 3194.Z3-3_01-20-61, BeckRS 2021, 8034; MüKoEuWettbR/Fett VgV § 17 Rn. 89; Zinger NZBau 2022, 510 (512). Dafür spricht ua § 12 Abs. 4 S. 2 UVgO, wonach der Auftraggeber im Unterschwellenbereich bei einer Verhandlungsvergabe mit oder ohne Teilnahmewettbewerb ein Erstangebot bezuschlagen darf, wenn er sich dies in der Auftragsbekanntmachung, den Vergabeunterlagen oder bei der Aufforderung zur Abgabe des Angebots vorbehalten hat.
[64] VK Bund 8.7.2021 – VK 1–48/21, VPRRS 2021, 0242.
[65] VK Bund 28.2.2017 – VK 1–5/17, BeckRS 2017, 119203 – bestätigt durch OLG Düsseldorf 29.6.2017 – VII-Verg 7/17, NZBau 2017, 619; DSW/Dieckmann VgV § 17 Rn. 16.
[66] Instruktiv dazu VK Südbayern 20.5.2019 – Z3-3-3194-1-05-02/19. Fehlt der Vorbehalt nach Abs. 11, kann statt der Beantwortung der Bieterfrage auf die Verhandlungen verwiesen werden, da die Einzelheiten der Leistung erst vor der Abgabe der endgültigen Angebote festgelegt sein müssen.
[67] VK Südbayern 20.5.2019 – Z3-3-3194-1-05-02/19.

und alsdann zur Abgabe von Folgeangeboten bzw. finalen Angeboten auffordern (zur Verhandlungsphase ausf. → GWB § 119 Rn. 26). Unterbleibt ein Vorbehalt, dürfen Bieter davon ausgehen, dass sie Gelegenheit zur Abänderung und Verbesserung des Angebots haben werden. Zwar ist eine bestimmte Anzahl von Angebots- und Verhandlungsrunden nicht vorgeschrieben.[68] Jedoch haben die Bieter Anspruch auf **zumindest eine Verhandlungsrunde.**[69] Einem Bieter, der zulässigerweise ein Erstangebot abgegeben hat, muss daher die Möglichkeit zur Abgabe eines finalen Angebots gegeben werden.[70] Wie viele Verhandlungsrunden tatsächlich durchgeführt werden, liegt im **(weiten) Gestaltungsspielraum** des öffentlichen Auftraggebers, welcher durch die vergaberechtlichen Grundsätze der Transparenz und Gleichbehandlung eingegrenzt wird.[71] Von dem vorgesehenen Verfahrensablauf darf bei Vorliegen sachlicher Gründe abgewichen werden.[72] So ist es nicht zu beanstanden, wenn der öffentliche Auftraggeber zunächst eine bestimmte Verhandlungsrunde als die „letzte" Runde bezeichnet, diese Erklärung aber später abändert und eine weitere Verhandlungsrunde eröffnet, solange dies in **transparenter und alle Bieter gleichbehandelnder Weise** geschieht und nicht zu erkennen ist, dass der öffentliche Auftraggeber die erneute Verhandlungsrunde mit dem Ziel eröffnet, bestimmten, von ihm favorisierten Bietern, die iErg der vorherigen Verhandlungsrunde keinen Zuschlag erhalten hätten, die Möglichkeit zu verschaffen, mit der Abgabe eines weiteren Angebotes denjenigen Bieter, der iErg der vorherigen Verhandlungsrunde den Zuschlag erhalten hätte, noch zu überbieten.[73]

XIII. Abschichtung der Angebote (Abs. 12)

27 Abs. 12 S. 1 gestattet es, die Verhandlungen in verschiedenen, aufeinander folgenden Phasen abzuwickeln, um so die Zahl der Angebote, über die verhandelt wird, anhand der vorgegebenen Zuschlagskriterien zu verringern. Mit einem gestuften Verhandlungsverfahren kann der Auftraggeber eine Vorauswahl treffen und sukzessiv diejenigen Angebote abschichten, die so weit hinter den nach Maßgabe der Zuschlagskriterien „besten" Angeboten zurückbleiben, dass Verhandlungen nicht mehr Erfolg versprechend erscheinen. Die Beschränkung der Verhandlungen auf die Bieter mit den annehmbarsten Angeboten entspricht von jeher dem Wesen und Ablauf des Verhandlungsverfahrens.[74] Es stellt daher keinen Vergabeverstoß dar, wenn der Auftraggeber mit denjenigen Bietern, von deren Angeboten er sich den größten Vorteil verspricht, Verhandlungen führt und andere Bieter anhand der

---

[68] OLG Frankfurt a. M. 24.8.2017 – 11 Verg 12/17, NZBau 2018, 253.
[69] VK Sachsen 6.10.2021 – 1/SVK/030-21, VPRRS 2021, 0296; OLG Schleswig 19.8.2016 – 54 Verg 8/16, BeckRS 2016, 19262; OLG Naumburg 12.4.2012 – 2 Verg 1/12, BeckRS 2012, 10195; OLG Brandenburg 16.2.2012 – Verg W 1/12, BeckRS 2012, 5195; OLG Düsseldorf 25.2.2009 – Verg 6/09, BeckRS 2010, 4963. S. auch Müller-Wrede VgV/UVgO/Hirsch/Kaelble VgV § 17 Rn. 54; KKMPP/Kulartz § 17 Rn. 22; HK-VergabeR/Pünder/Klafki VgV § 17 Rn. 28.
[70] OLG Schleswig 19.8.2016 – 54 Verg 8/16, BeckRS 2016, 19262.
[71] DSW/Dieckmann VgV § 17 Rn. 17.
[72] OLG Frankfurt a. M. 24.8.2017 – 11 Verg 12/17, NZBau 2018, 253 und KG 17.5.2013 – Verg 2/13, NZBau 2013, 533.
[73] KG 17.5.2013 – Verg 2/13, NZBau 2013, 533.
[74] OLG Düsseldorf 25.2.2009 – Verg 6/09, BeckRS 2010, 4963; OLG Frankfurt a. M. 10.4.2001 – 11 Verg 1/01, NZBau 2002, 161 (163); OLG Celle 16.1.2002 – 13 Verg 1/02, VergabeR 2002, 299 (301) = BeckRS 2002, 160346; VK Bund 12.12.2002 – VK 2–92/02, IBRRS 2013, 4049.

bekannt gemachten Zuschlagskriterien im Wege eines transparenten Wertungsverfahrens zurückstellt, solange er nicht die Bieter gegeneinander ausspielt und – etwa durch unterschiedliche Informationserteilungen – eine ungleiche Wettbewerbssituation schafft.[75]

Die sukzessive Reduzierung des Bieterfeldes ist jedoch nur zulässig, wenn in der Auftragsbekanntmachung oder in den Vergabeunterlagen angegeben wird, dass von dieser Option Gebrauch gemacht wird. Ohne diesen Hinweis ist zwingend mit allen Bietern bis zur Schlussphase parallel zu verhandeln.[76] Grundlage und Maßstab der Entscheidung des öffentlichen Auftraggebers zur Reduzierung des Bieterfeldes sind ausschl. die in der Auftragsbekanntmachung oder den Vergabeunterlagen bekannt gemachten **Zuschlagskriterien**, soweit die Angebote nicht bereits nach § 57 Abs. 1 Nr. 1–5 VgV ausgeschlossen werden.[77] 28

S. 2 begrenzt in Umsetzung von Art. 66 S. 2 iVm Art. 29 Abs. 6 RL 2014/24/EU die Möglichkeit zur sukzessiven Abschichtung der Bieter in den Verhandlungen und ordnet an, dass in der **Schlussphase** der Verhandlungen noch so viele Angebote vorliegen müssen, dass der **Wettbewerb gewährleistet** ist, sofern ursprünglich eine ausreichende Anzahl von Angeboten oder geeigneten Bietern vorhanden war. Unter „Schlussphase" ist die letzte Phase der Verhandlungen vor der Abgabe endgültiger Angebote zu verstehen; „Angebote" meint Verfahrensteilnehmer.[78] Ob diese Regelung zu parallelen Verhandlungen zwingt und lineare Verhandlungen bei Aufrechterhaltung weiterer Angebote in einer Art „Warteschleife" ausgeschlossen sind, ist obergerichtlich bisher nicht geklärt.[79] Allerdings ist der Wettbewerb nur dann gewährleistet, wenn in der Schlussphase tatsächlich mehrere Bieter (also mindestens zwei) um den Zuschlag konkurrieren. Bei der sog. linearen Strategie, bei der die Verhandlungen in der Schlussphase auf einen bevorzugten Bieter (den sog. **preferred bidder**) beschränkt werden, ist dies nicht der Fall. Sie ist deshalb unzulässig, jedenfalls dann, wenn eine ausreichende Anzahl von Angeboten oder geeigneten Bietern vorhanden war.[80] Ausnahmsweise können allerdings dann Verhandlungen mit nur einem Bieter geführt werden, wenn sich nach dem Abschluss des Teilnahmewettbewerbs nur dieses Unternehmen qualifiziert hat[81] oder nach sachgerechter Reduzierung der Zahl der Angebote anhand der Zuschlagskriterien lediglich ein Bieter übrigbleibt.[82] 29

---

[75] OLG Frankfurt a. M. 10.4.2001 – 11 Verg 1/01, NZBau 2002, 161 (164).

[76] OLG Düsseldorf 13.6.2007 – VII-Verg 2/07, VergabeR 2007, 634 (642) = NZBau 2007, 530.

[77] Ein indikatives Angebot kann nicht aufgrund von Anforderungen ausgeschlossen werden, die erst im Laufe der Verhandlungen vom Auftraggeber gestellt werden: OLG Schleswig 19.8.2016 – 54 Verg 8/16, BeckRS 2016, 19262.

[78] Müller-Wrede VgV/UVgO/Hirsch/Kaelble VgV § 17 Rn. 71.

[79] Abgelehnt zum alten Recht VK Niedersachsen 4.1.2012 – VgK-54/2011, IBRRS 2012, 1998; offen gelassen von VK Sachsen 10.9.2015 – 1/SVK/022-15, VPR 2016, 36 und VK Hessen 15.6.2007 – 69d-VK-17/2007, IBR 2007, 644.

[80] MüKoEuWettbR/Fett VgV § 17 Rn. 91; Müller-Wrede VgV/UVgO/Hirsch/Kaelble VgV § 17 Rn. 72; HK-VergabeR/Pünder/Klafki VgV § 17 Rn. 31; vgl. Verordnungsbegr. zu § 17 Abs. 12 S. 2 VgV, BT-Drs. 18/7318, 161: „Absatz 12 S. 2 stellt sicher, dass auch nach Verringerung der Zahl der Angebote im Verhandlungsverfahren in der Schlussphase noch Wettbewerb gewährleistet ist." Differenzierend DSW/Dieckmann VgV § 17 Rn. 19. S. auch VK Südbayern 3.7.2019 – Z3-3-3194-1-09-03/19, IBRRS 2019, 2539: Die Durchführung eines Verhandlungsverfahrens allein mit dem Gewinner eines Realisierungswettbewerbs ist wegen Abs. 12 S. 2 allenfalls dann noch zulässig, wenn der Auftrag nach den Bedingungen des Wettbewerbs zwingend an den Wettbewerbsgewinner vergeben werden muss.

[81] EuGH 15.10.2009 – C-138/08, NZBau 2010, 59; DSW/Dieckmann VgV § 17 Rn. 19.

[82] VK Niedersachsen 4.1.2012 – VgK-54/2011, IBRRS 2012, 1998; DSW/Dieckmann VgV § 17 Rn. 19.

XIV. Gleichbehandlung und Vertraulichkeit (Abs. 13)

30 In Umsetzung von Art. 29 Abs. 5 UAbs. 1 und 2 RL 2014/24/EU hat der öffentliche Auftraggeber sicherzustellen, dass alle Bieter bei den Verhandlungen gleichbehandelt werden (S. 1). Insbes. muss er sich jeder diskriminierenden Weitergabe von Informationen, durch die bestimmte Bieter ggü. anderen begünstigt werden könnten, enthalten (S. 2). Der **Gleichbehandlungsgrundsatz** fordert, allen Bietern die gleichen Informationen zukommen zu lassen und ihnen die Chance zu geben, innerhalb gleicher Fristen zu gleichen Anforderungen Angebote abzugeben.[83] Für die Bieter sind insbes. **einheitliche Bedingungen** vorzugeben. Denn nur dann sind Angebote miteinander vergleichbar. Wenn der Angebotspreis als Zuschlagskriterium benannt wurde, gilt dies insbes. für Vertragsbedingungen, die unmittelbar kalkulationsrelevant sind.[84] Die Grundsätze zur Behandlung unvollständiger oder geänderter Angebote gelten auch im Verhandlungsverfahren.[85] Bei einem **Erstangebot** in einem Verhandlungsverfahren ist ein **Angebotsausschluss** zwar nicht bei jeder Abweichung von den Vergabeunterlagen zulässig, denn Sinn und Zweck sowie Besonderheit des Verhandlungsverfahrens ist es, dass der Angebotsinhalt nicht von vornherein feststehen muss, sondern iRv Verhandlungsrunden mit den Bietern fortentwickelt, konkretisiert und verbessert werden kann.[86] Das gilt aber nicht, wenn der öffentliche Auftraggeber zwingende Anforderungen für die Erstangebote aufgestellt hat, die als **Mindestanforderungen** zu beachten sind.[87] Dem öffentlichen Auftraggeber ist es, wenn er Mindestanforderungen festgelegt hat, verwehrt, zugunsten eines Bieters auf die Erfüllung der Mindestanforderungen zu verzichten.[88] Angebote, die die aufgestellten Mindestanforderungen nicht erfüllen, sind daher auch im Verhandlungsverfahren auszuschließen.[89] Soll auf Mindestanforderungen ausnahmsweise verzichtet werden, sind alle Bieter davon zu unterrichten, und es ist ihnen die Möglichkeit zu geben, ihre Angebote entspr. anzupassen.[90]

31 Zur Gleichbehandlung der Bieter und transparenten Verfahrensführung gehört es auch, dass der Auftraggeber alle Bieter, deren Angebote nicht gem. Abs. 12 ausgeschieden wurden, in Textform nach § 126b BGB über etwaige **Änderungen der Leistungsbeschreibung,** insbes. der technischen Anforderungen oder anderer Bestandteile der Vergabeunterlagen, die nicht die Festlegung der Mindestanforde-

---

[83] OLG Düsseldorf 19.7.2006 – Verg 27/06, BeckRS 2007, 00389; 5.7.2006 – VII-Verg 21/06, BeckRS 2006, 8298; 18.6.2003 – VII-Verg 15/03, BeckRS 2003, 17902; OLG Celle 16.1.2002 – 13 Verg 1/02, VergabeR 2002, 299 (301) = BeckRS 2002, 160346; VK Sachsen 10.12.2007 – 1/SVK/073-07, BeckRS 2008, 00524.

[84] VK Bund 20.8.2008 – VK 1–111/08, BeckRS 2008, 140969.

[85] VK Nordbayern 11.7.2011 – 21.VK-3194-17/11, BeckRS 2011, 25951; VK Bund 8.2.2005 – VK 1–02/05, IBRRS 2005, 1168 – Ausschluss eines Angebotes, das entgegen der Vorgabe, dass bestimmte Preise auch in nachfolgenden Verhandlungsrunden nicht geändert werden dürfen, den Preis verändert.

[86] OLG Düsseldorf 29.6.2017 – Verg 7/17, NZBau 2017, 619 (621).

[87] OLG Karlsruhe 21.5.2021 – 15 Verg 4/21, VPRRS 2022, 0197; OLG Düsseldorf 29.6.2017 – Verg 7/17, NZBau 2017, 619 (621).

[88] OLG Düsseldorf 3.3.2010 – VII-Verg 46/09, BeckRS 2016, 19890; OLG München 21.5.2010 – Verg 2/10, BeckRS 2010, 13748.

[89] BGH 1.8.2006 – X ZR 115/04, NZBau 2006, 797; OLG Karlsruhe 21.5.2021 – 15 Verg 4/21, VPRRS 2022, 0197; OLG Düsseldorf 29.6.2017 – Verg 7/17, NZBau 2017, 619 (621); 3.3.2010 – VII-Verg 46/09, BeckRS 2016, 19890; OLG München 21.5.2010 – Verg 2/10, BeckRS 2010, 13748; VK BW 6.7.2020 – 1 VK 18/20, VPRRS 2020, 0377; VK Bund 23.7.2012 – VK 3–81/12, BeckRS 2012, 23436.

[90] VK Brandenburg 19.12.2008 – VK 40/08, IBRRS 2009, 2998; Byok Verhandlungsverfahren Rn. 480.

rungen und Zuschlagskriterien betreffen, unterrichtet (S. 3). Im Anschluss an solche Änderungen muss er den Bietern ausreichend Zeit gewähren, um ihre Angebote zu ändern und ggf. überarbeitete Angebote einzureichen (S. 4). S. 5 stellt klar, dass der öffentliche Auftraggeber **vertrauliche Informationen** eines Bieters nicht ohne dessen Zustimmung an die anderen Bieter weitergeben darf. Eine solche Zustimmung darf nicht allgemein, sondern nur in Bezug auf die beabsichtigte Mitteilung bestimmter Informationen erteilt werden. Untersagt ist es etwa, Konzepte eines Bieters aufzugreifen und ohne dessen Zustimmung anderen Bietern zur Erzielung eines günstigeren Preises vorzulegen.[91] Ein solches Prozedere kann sogar den Straftatbestand der unbefugten **Weitergabe von Betriebs- und Geschäftsgeheimnissen** nach § 23 GeschGehG erfüllen.

XV. Abschluss der Verhandlungen (Abs. 14)

Zur Sicherung eines transparenten Vergabewettbewerbs (§ 97 Abs. 1 S. 1 GWB) und der Gleichbehandlung der Bieter (§ 97 Abs. 2 GWB) muss der öffentliche Auftraggeber nach S. 1 die verbleibenden Bieter über den Abschluss der Verhandlungen unterrichten und eine einheitliche Frist für die Einreichung neuer oder überarbeiteter Angebote festlegen (Art. 29 Abs. 7 S. 1, 2 RL 2014/24/EU).[92] S. 1 stellt damit Anforderungen an die **Aufforderung zur Abgabe endgültiger Angebote** auf. Danach hat der öffentliche Auftraggeber den Abschluss der Verhandlungen transparent zu kommunizieren und zur Abgabe endgültiger, also letztverbindlicher und zuschlagsfähiger, Angebote aufzufordern. Die Aufforderung zur Abgabe endgültiger Angebote bedarf des Zugangs beim Bieter. Sie ist als geschäftsähnliche Handlung zu qualifizieren, da sie auf den Abschluss der Verhandlungen gerichtet ist und als gesetzliche Folge das Verhandlungsverbot über die endgültigen Angebote nach Abs. 10 S. 1 nach sich zieht.[93] Endgültige Angebote (auch „finale Angebote", „last call" oder „Best and Final Offer") sind Angebote, die nach Abschluss der finalen Verhandlungen eingereicht werden und nicht mehr verhandelbar sind (Abs. 10 S. 1).[94] Nachverhandlungen können nur in besonderen Ausnahmefällen wiedereröffnet werden, wenn **schwerwiegende Gründe** iSd § 63 Abs. 1 Nr. 4 VgV eine Zurückversetzung des Verfahrens und damit neue Verhandlungen erforderlich machen.[95] In diesem Fall sind selbstverständlich alle Bieter, die ein endgültiges Angebot eingereicht hatten, in die neuen Verhandlungen einzubeziehen. Ein weiterer Bestandteil der Aufforderung zur Abgabe endgültige Angebote ist es, den Bietern eine **einheitliche Angebotsfrist** vorzugeben. Eine konkrete Zeitvorgabe enthält Abs. 14 nicht; Abs. 6 gilt nur für Erstangebote. Es gilt freilich auch hier für diese Frist der allg. Angemessenheitsvorbehalt nach § 20 Abs. 1 VgV (vgl. dazu → § 20 Rn. 4 ff.).

Nach Erhalt der finalen Angebote hat sich der öffentliche Auftraggeber zu vergewissern, dass die endgültigen Angebote die Mindestanforderungen (→ Rn. 22) erfüllen. Er entscheidet über den Zuschlag sodann auf der Grundlage der Zuschlags-

---

[91] Byok Verhandlungsverfahren Rn. 480.

[92] Vgl. dazu OLG Naumburg 12.4.2012 – 2 Verg 1/12, BeckRS 2012, 10195.

[93] VK Südbayern 23.5.2023 – 3194.Z3-3_01-22-63, VPRRS 2023, 0150 zum Zugang von Erklärungen, die im Bieterbereich einer E-Vergabeplattform eingestellt werden. Danach ist erforderlich, dass den Bietern unmissverständlich mitgeteilt wird, dass dieser Bieterbereich für die Zustellung rechtserheblicher Erklärungen genutzt wird.

[94] BayObLG 3.6.2022 – Verg 7/22, VPRRS 2022, 0190; Müller-Wrede VgV/UVgO/Hirsch/Kaelble VgV § 17 Rn. 92.

[95] OLG Frankfurt a. M. 24.8.2017 – 11 Verg 12/17, NZBau 2018, 253 und KG 17.5.2013 – Verg 2/13, NZBau 2013, 533; DSW/Dieckmann VgV § 17 Rn. 19; Müller-Wrede VgV/UVgO/Hirsch/Kaelble VgV § 17 Rn. 33.

kriterien und deren Gewichtung. Die **Prüfung und Wertung der endgültigen Angebote** unterscheidet sich nicht von dem entspr. Prozedere im offenen oder nicht offenen Verfahren. Die Bestimmungen über die Möglichkeit zur Nachforderung von Unterlagen nach § 56 Abs. 2, 3 VgV, die Ausschlussgründe des § 57 Abs. 1 VgV und die Pflicht zur Prüfung ungewöhnlich niedriger Angebote nach § 60 Abs. 1 VgV gelten auch für die Wertung endgültiger Angebote.[96] Enthält somit ein endgültiges Angebot nicht die geforderten Preisangaben, ist es gem. § 57 Abs. 1 Nr. 5 VgV auszuschließen.[97]

XVI. Befreiung von den Verpflichtungen der §§ 9–13, des § 53 Abs. 1 sowie der §§ 54 und 55 in einem Verhandlungsverfahren nach § 14 Abs. 4 Nr. 3 (Abs. 15)

33a Der mWv 19.11.2020[98] angefügte Abs. 15 stellt klar, dass der öffentliche Auftraggeber bei der Durchführung eines Verhandlungsverfahrens ohne Teilnahmewettbewerb wegen besonderer Dringlichkeit nach § 14 Abs. 4 Nr. 3 VgV von bestimmten Verpflichtungen der VgV befreit ist. Dies gilt namentlich für die Formvorschriften zur elektronischen Vergabe, insbes. der Übermittlung und Entgegennahme von Angeboten (§§ 53 Abs. 1, 54 und 55 VgV) und der Bieterkommunikation (§§ 9–13). Nach der Verordnungsbegr.[99] ergibt sich die Entbindung von diesen Verpflichtungen aus der Besonderheit des Vergabeverfahrens und seinen Zulassungsvoraussetzungen: Das Verfahren dürfe nur gewählt werden, wenn ein unvorhergesehenes Ereignis vorliegt, äußerst dringliche und zwingende Gründe bestehen, die die Einhaltung der in anderen Vergabeverfahren vorgeschriebenen Fristen nicht zulassen und ein kausaler Zusammenhang zwischen dem unvorhergesehenen Ereignis und der Unmöglichkeit besteht, die Fristen anderer Verfahren einzuhalten. Damit sei ein solches Verfahren unter größtem zeitlichen Druck durchzuführen, bei dem Verzögerungen durch die Anwendung bestimmter Formvorschriften nicht in Kauf genommen werden müssten (zB Zeitverlust durch vorherige Registrierung der lieferbereiten Unternehmen auf der E-Vergabeplattform des Auftraggebers). Darüber hinaus würden es die besonderen Umstände der Durchführung eines solchen Verfahrens idR auch nicht gestatten, dass bestimmte Formvorschriften zum Umgang mit den Angeboten beachtet werden können. Dies gelte namentlich im Hinblick auf den Empfang sowie die Aufbewahrung, Speicherung, Kenntnisnahme und Öffnung der Angebote (§§ 53 bis 55 VgV). Auch die Europäische Kommission habe in ihrer Mitteilung vom 1.4.2020 (2020/C 108 I/01) bestätigt, dass bei einem Verhandlungsverfahren ohne Teilnahmewettbewerb „keine Anforderungen hinsichtlich der Veröffentlichung, der Fristen oder der Mindestanzahl der zu konsultierenden Bewerber oder sonstige verfahrenstechnische Anforderungen" bestehen.

33b Der Verordnungsgeber hat klargestellt, dass die Abs. 15 aufgeführten Vorschriften dennoch auch im Verhandlungsverfahren ohne Teilnahmewettbewerb auf Grundlage von § 14 Abs. 4 Nr. 3 VgV anwendbar bleiben. Der Auftraggeber ist somit nur von den durch die Vorschriften normierten Verpflichtungen befreit. Er kann sie aber – sofern er dies möchte – weiterhin anwenden und bspw. trotz Vorliegens der beson-

---

[96] BayObLG 3.6.2022 – Verg 7/22, VPRRS 2022, 0190; VK Südbayern 3.1.2022 – 3194.Z3-3_01-21-46, VPRRS 2023, 0107; VK Thüringen 29.3.2019 – 250–4003-10402/2019-E-002-SHL, IBRRS 2019, 1951; DSW/Dieckmann VgV § 17 Rn. 25; Müller-Wrede VgV/UVgO/Hirsch/Kaelble VgV § 17 Rn. 96.

[97] VK Südbayern 3.1.2022 – 3194.Z3-3_01-21-46, VPRRS 2023, 0107.

[98] Art. 4 des Gesetzes zur Regelung von Ingenieur- und Architektenleistungen und anderer Gesetze v. 12.11.2020 (BGBl. 2020 I 2392), in Kraft getreten am 19.11.2020.

[99] BR-Drs. 445/20, 12 zu Art. 4 lit. b.

ders dringlichen, zwingenden Umstände die Abgabe von elektronischen Angeboten verlangen.

XVII. Rechtsschutz

Die Bestimmungen des § 17 VgV sind bieterschützend. Ihre Einhaltung ist in einem Nachprüfungsverfahren überprüfbar[100] (vgl. auch → GWB § 119 Rn. 9). 34

§ 18 Wettbewerblicher Dialog

(1) [1]In der Auftragsbekanntmachung oder den Vergabeunterlagen zur Durchführung eines wettbewerblichen Dialogs beschreibt der öffentliche Auftraggeber seine Bedürfnisse und Anforderungen an die zu beschaffende Leistung. [2]Gleichzeitig nennt und erläutert er die hierbei zugrunde gelegten Zuschlagskriterien und legt einen vorläufigen Zeitrahmen für den Dialog fest.

(2) [1]Der öffentliche Auftraggeber fordert eine unbeschränkte Anzahl von Unternehmen im Rahmen eines Teilnahmewettbewerbs öffentlich zur Abgabe von Teilnahmeanträgen auf. [2]Jedes interessierte Unternehmen kann einen Teilnahmeantrag abgeben. [3]Mit dem Teilnahmeantrag übermitteln die Unternehmen die vom öffentlichen Auftraggeber geforderten Informationen für die Prüfung ihrer Eignung.

(3) Die Frist für den Eingang der Teilnahmeanträge beträgt mindestens 30 Tage, gerechnet ab dem Tag nach der Absendung der Auftragsbekanntmachung.

(4) [1]Nur diejenigen Unternehmen, die vom öffentlichen Auftraggeber nach Prüfung der übermittelten Informationen dazu aufgefordert werden, können am Dialog teilnehmen. [2]Der öffentliche Auftraggeber kann die Zahl geeigneter Bewerber, die zur Teilnahme am Dialog aufgefordert werden, gemäß § 51 begrenzen.

(5) [1]Der öffentliche Auftraggeber eröffnet mit den ausgewählten Unternehmen einen Dialog, in dem er ermittelt und festlegt, wie seine Bedürfnisse und Anforderungen am besten erfüllt werden können. [2]Dabei kann er mit den ausgewählten Unternehmen alle Aspekte des Auftrags erörtern. [3]Er sorgt dafür, dass alle Unternehmen bei dem Dialog gleichbehandelt werden, gibt Lösungsvorschläge oder vertrauliche Informationen eines Unternehmens, ohne dessen Zustimmung an die anderen Unternehmen weiter und verwendet diese nur im Rahmen des jeweiligen Vergabeverfahrens. [4]Eine solche Zustimmung darf nicht allgemein, sondern nur in Bezug auf die beabsichtigte Mitteilung bestimmter Informationen erteilt werden.

(6) [1]Der öffentliche Auftraggeber kann vorsehen, dass der Dialog in verschiedenen aufeinanderfolgenden Phasen geführt wird, sofern der öffent-

---

[100] BGH 10.11.2009 – X ZB 8/09, NZBau 2010, 124 Rn. 33; BayObLG 3.6.2022 – Verg 7/22, VPRRS 2022, 0190; OLG Düsseldorf 21.10.2015 – VII-Verg 28/14, NZBau 2016, 235 (236); 15.6.2016 – VII-Verg 49/15, NZBau 2016, 653 f.; VK Südbayern 23.5.2023 – 3194.Z3-3_01-22-63, VPRRS 2023, 0150; 3.1.2022 – 3194.Z3-3_01-21-46, VPRRS 2023, 0107; 22.3.2021 – 3194.Z3-3_01-20-61, VPRRS 2021, 0102; VK Sachsen 22.6.2023 – 1/SVK/014-23, VPRRS 2023, 0161; 6.10.2021 – 1/SVK/030-21, VPRRS 2021, 0296; DSW/Dieckmann VgV § 17 Rn. 26; MüKoEuWettbR/Fett VgV § 17 Rn. 102; Müller-Wrede VgV/UVgO/Hirsch/Kaelble VgV § 17 Rn. 130.

liche Auftraggeber darauf in der Auftragsbekanntmachung oder in den Vergabeunterlagen hingewiesen hat. ²In jeder Dialogphase kann die Zahl der zu erörternden Lösungen anhand der vorgegebenen Zuschlagskriterien verringert werden. ³Der öffentliche Auftraggeber hat die Unternehmen zu informieren, wenn deren Lösungen nicht für die folgende Dialogphase vorgesehen sind. ⁴In der Schlussphase müssen noch so viele Lösungen vorliegen, dass der Wettbewerb gewährleistet ist, sofern ursprünglich eine ausreichende Anzahl von Lösungen oder geeigneten Bietern vorhanden war.

(7) ¹Der öffentliche Auftraggeber schließt den Dialog ab, wenn er die Lösungen ermittelt hat, mit denen die Bedürfnisse und Anforderungen an die zu beschaffende Leistung befriedigt werden können. ²Die im Verfahren verbliebenen Teilnehmer sind hierüber zu informieren.

(8) ¹Nach Abschluss des Dialogs fordert der öffentliche Auftraggeber die Unternehmen auf, auf der Grundlage der eingereichten und in der Dialogphase näher ausgeführten Lösungen ihr endgültiges Angebot vorzulegen. ²Die Angebote müssen alle Einzelheiten enthalten, die zur Ausführung des Projekts erforderlich sind. ³Der öffentliche Auftraggeber kann Klarstellungen und Ergänzungen zu diesen Angeboten verlangen. ⁴Diese Klarstellungen oder Ergänzungen dürfen nicht dazu führen, dass wesentliche Bestandteile des Angebots oder des öffentlichen Auftrags einschließlich der in der Auftragsbekanntmachung oder in den Vergabeunterlagen festgelegten Bedürfnisse und Anforderungen grundlegend geändert werden, wenn dadurch der Wettbewerb verzerrt wird oder andere am Verfahren beteiligte Unternehmen diskriminiert werden.

(9) ¹Der öffentliche Auftraggeber hat die Angebote anhand der in der Auftragsbekanntmachung oder den Vergabeunterlagen festgelegten Zuschlagskriterien zu bewerten. ²Der öffentliche Auftraggeber kann mit dem Unternehmen, dessen Angebot als das wirtschaftlichste ermittelt wurde, mit dem Ziel Verhandlungen führen, im Angebot enthaltene finanzielle Zusagen oder andere Bedingungen zu bestätigen, die in den Auftragsbedingungen abschließend festgelegt werden. ³Dies darf nicht dazu führen, dass wesentliche Bestandteile des Angebots oder des öffentlichen Auftrags einschließlich der in der Auftragsbekanntmachung oder den Vergabeunterlagen festgelegten Bedürfnisse und Anforderungen grundlegend geändert werden, der Wettbewerb verzerrt wird oder andere am Verfahren beteiligte Unternehmen diskriminiert werden.

(10) Der öffentliche Auftraggeber kann Prämien oder Zahlungen an die Teilnehmer am Dialog vorsehen.

Literatur: Bornheim/Hähnel, Zur Kostenerstattungspflicht des Auftraggebers im Wettbewerblichen Dialog nach § 3a Abs. 4 Nr. 7 VOB/A 2009, VergabeR 2011, 62; Ebrecht/Klimisch, Stellung und Rechte der Dialogteilnehmer im wettbewerblichen Dialog, NZBau 2011, 203; Eckardt, Der wettbewerbliche Dialog und das „competitive negotiation" Verfahren im Vergleich, 2010; Frenz, Wettbewerblicher Dialog in der sozialen Auftragsvergabe, ZESAR 2018, 101; Klimisch/Ebrecht, Stellung und Rechte der Dialogteilnehmer im wettbewerblichen Dialog, NZBau 2011, 203; Knauff, Das Verhältnis der nachrangigen Vergabeverfahrensarten, NZBau 2018, 134; Motzke, Die Vergütung von im Verhandlungsverfahren und im wettbewerblichen Dialog erbrachten Architekten- und Ingenieurleistungen, NZBau 2016, 603; Ortner, Vergaberechtliche Anforderungen und Grenzen lösungsoffener Ausschreibungen, NZBau 2020, 565; Otting/Olgemüller, Innovation und Bürgerbeteiligung im Wettbewerblichen Dialog, NVwZ 2011, 1225. Vgl. auch die Angaben bei § 119 GWB und § 14 VgV.

Übersicht

	Rn.
I. Bedeutung der Vorschrift	1
II. Anwendungsvoraussetzungen	6
III. Verfahrensablauf	7
1. Auswahlphase	8
a) Auftragsbekanntmachung (Abs. 1)	8
b) Teilnahmewettbewerb (Abs. 2–4)	11
2. Dialogphase (Abs. 5–7)	12
a) Inhalt des Dialogs (Abs. 5)	13
aa) Ermittlung und Festlegung des Beschaffungsgegenstands (S. 1 und 2)	13
bb) Gleichbehandlung und Vertraulichkeit (S. 3)	14
b) Abwicklung des Dialogs in Phasen (Abs. 6)	18
c) Abschluss der Dialogphase (Abs. 7)	20
3. Angebotsphase (Abs. 8 und 9)	22
a) Angebotsabgabe (Abs. 8)	22
b) Angebotswertung (Abs. 9)	24
c) Kostenerstattung (Abs. 10)	25

I. Bedeutung der Vorschrift

Der wettbewerbliche Dialog wurde als vierte Verfahrensart in Deutschland durch das Gesetz zur Beschleunigung der Umsetzung von Öffentlich-Privaten Partnerschaften und zur Verbesserung gesetzlicher Rahmenbedingungen für Öffentlich-Private Partnerschaften v. 1.9.2005 auf der Grundlage der RL 2004/18/EG v. 31.3.2004 über die Koordinierung der Verfahren zur Vergabe öffentlicher Bauaufträge, Lieferaufträge und Dienstleistungsaufträge eingeführt (→ GWB § 119 Rn. 7, 29).[1] Von Anfang an war der wettbewerbliche Dialog als Verfahren konzipiert, bei dem sich alle Wirtschaftsteilnehmer um die Teilnahme bewerben können und bei dem der Auftraggeber einen Dialog mit den zu diesem Verfahren zugelassenen Bewerbern führt, um eine oder mehrere, seinen **Bedürfnissen entspr. Lösung(en)** herauszuarbeiten, auf deren Grundlage bzw. Grundlagen die ausgewählten Bewerber zur Angebotsabgabe aufgefordert werden.[2] Voraussetzung für die Anwendung dieser Verfahrensart war jedoch zunächst das Vorliegen besonders komplexer Aufträge (vgl. Art. 29 Abs. 1 S. 1 RL 2004/18/EG). Solche wurden angenommen, wenn der Auftraggeber objektiv nicht in der Lage war, die technischen Mittel anzugeben, mit denen seine Bedürfnisse und seine Ziele erfüllt werden können, und/oder die rechtlichen und/oder finanziellen Konditionen eines Vorhabens anzugeben (vgl. § 3 EG Abs. 7 S. 1 VOL/A aF). 1

Diese einschränkende Tatbestandsvoraussetzung ist in der VergRModVO entfallen. Der wettbewerbliche Dialog kann seitdem gem. § 14 Abs. 3 VgV unter den identischen Voraussetzungen wie ein Verhandlungsverfahren mit Teilnahmewettbewerb gewählt werden und wird damit als **gleichberechtigte Variante des Verhandlungsverfahrens** bestätigt.[3] Das Verhältnis zum Verhandlungsverfahren ist damit geklärt (→ GWB § 119 Rn. 29). 2

Die Kommission sieht den wettbewerblichen Dialog als nützliches Instrumentarium für Beschaffungsprojekte, bei denen der Auftraggeber nicht in der Lage ist, 3

---

[1] BGBl. 2005 I 2676.
[2] Vgl. Erwgr. 31 der RL 2004/18/EG.
[3] Ausf. hierzu Knauff NZBau 2018, 134 (138).

die Mittel zur Befriedigung seines Bedarfs zu definieren oder zu beurteilen, was der Markt an technischen, finanziellen oder rechtlichen Lösungen zu bieten hat.[4] Als **Anwendungsfälle** bieten sich innovative Projekte, die Realisierung großer, integrierter Infrastrukturprojekte oder großer Computer-Netzwerke sowie Projekte mit komplexen, strukturierten Finanzierungen an.[5]

4   **Wesentliches Merkmal** des wettbewerblichen Dialogs ist daher die Beschaffung von Leistungen, deren finale Merkmale erst im Zuge des Verfahrens nach den Bedürfnissen und Anforderungen des Auftraggebers entwickelt werden müssen. Der konkrete Beschaffungsgegenstand steht somit erst am Ende der Dialogphase und nicht, wie bei anderen Beschaffungsprozessen, am Anfang des Verfahrens. Das Gebot der eindeutigen und erschöpfenden Beschreibung der Leistung iSv § 31 Abs. 1 Nr. 1 VgV gilt beim wettbewerblichen Dialog nicht.

5   Systematisch werden die **Anwendungsvoraussetzungen** des wettbewerblichen Dialogs abschl. in § 14 Abs. 3 Nr. 1–5 VgV geregelt. § 18 VgV regelt als zentrale Vorschrift des wettbewerblichen Dialogs die **Einzelheiten des Verfahrensablaufs**. Die Vorschrift vermittelt Bieterschutz iSd § 97 Abs. 6 GWB. Bieter und Bewerber haben einen **Anspruch auf Wahl der richtigen Vergabeart**[6] und auf Durchführung eines rechtskonformen Verfahrens unter Beachtung des § 18 VgV (iE → § 14 Rn. 82).

II. Anwendungsvoraussetzungen

6   Die Anwendungsvoraussetzungen des wettbewerblichen Dialogs unterscheiden sich nicht von denen des Verhandlungsverfahrens mit Teilnahmewettbewerb (→ GWB § 119 Rn. 29; → § 14 Rn. 31 ff.). Mit dem Entfall der Voraussetzung besonders komplexer Aufträge hat sich der **Anwendungsbereich** des wettbewerblichen Dialogs deutlich **erweitert**. Daher können insbes. etwa freiberufliche Leistungen, deren Gegenstand eine Aufgabe ist, deren Lösung nicht vorab eindeutig und erschöpfend beschrieben werden kann, in einem wettbewerblichen Dialog vergeben werden (→ § 74 Rn. 1).

III. Verfahrensablauf

7   Das Verfahren gliedert sich in **drei Phasen** (→ GWB § 119 Rn. 30–32). Wesentliches Merkmal ist, dass der Leistungsgegenstand erst im Verfahrensverlauf im Zusammenwirken von Auftraggeber und Bietern präzisiert wird.

1. Auswahlphase

8   a) **Auftragsbekanntmachung (Abs. 1).** Der wettbewerbliche Dialog wird durch eine EU-Auftragsbekanntmachung eingeleitet. Darin hat der Auftraggeber seine **Bedürfnisse und Anforderungen** an die zu beschaffende Leistung zu beschreiben (S. 1). Wahlweise kann dies auch in den Vergabeunterlagen erfolgen. Auch wenn es dem Auftraggeber nicht möglich ist, eine Leistungsbeschreibung im klassischen Sinne zu erstellen, muss er doch vor Einleitung des Vergabeverfahrens eine abschl. Entscheidung über den **Beschaffungsbedarf** getroffen haben. Die Durchführung eines wettbewerblichen Dialogs darf nicht allein der Markterkundung dienen.[7] Diese Beschrei-

---

[4] Erwgr. 42 der RL 2014/24/EU.
[5] Erwgr. 42 der RL 2014/24/EU aE.
[6] Müller-Wrede GWB/Knauff § 119 Rn. 9.
[7] GKN VergabeR-HdB/Schneider § 12 Rn. 33.

bung kann auch rechtliche, verwaltungstechnische oder vertragliche Bestimmungen enthalten.[8]

Neben der Beschreibung der Bedürfnisse und Anforderungen an die zu beschaffende Leistung kommen der Nennung und Erläuterung der Zuschlagskriterien und deren Gewichtung für den Erfolg des Vergabeverfahrens maßgebliche Bedeutung zu (S. 2). In aller Regel werden bei einem wettbewerblichen Dialog die Voraussetzungen für den Verzicht auf die Gewichtung der Zuschlagskriterien und somit für die Nennung in absteigender Reihenfolge ihrer Bedeutung vorliegen.[9] Das Fehlen einer vollständigen Leistungsbeschreibung kann zu Schwierigkeiten bei der Nennung und Gewichtung der einzelnen Unterkriterien führen. Dem praktischen Bedürfnis, die Unterkriterien nachträglich zu bilden und zu gewichten, kam eine Entscheidung des OLG Celle vom 16.5.2013 entgegen.[10] Das OLG Celle hat in dieser Entscheidung im Rahmen einer Wegekonzessionsausschreibung die Begründung der nachträglichen Bildung und Gewichtung von Unterkriterien genügen lassen, erst die Lösungsvorschläge und Gespräche hätten erkennen lassen, wie Lösungen hätten aussehen können, so dass der öffentliche Auftraggeber erst zu diesem Zeitpunkt in die Lage versetzt war, die Konkretisierung durch Untergliederung und Gewichtung der Zuschlagskriterien vorzunehmen.[11] Die vom EuGH entwickelten engen Voraussetzungen für nachträgliche Gewichtungen von Unterkriterien sind jedoch zu beachten.[12]

9

Erforderlich ist die Festlegung eines **vorläufigen Zeitrahmens** für den Dialog (S. 3). Will der Auftraggeber die Zahl der Teilnehmer für die Dialogphase begrenzen, müssen in der Auftragsbekanntmachung zudem die objektiven und nichtdiskriminierenden, auftragsbezogenen Kriterien für die Auswahl der Teilnehmer sowie die vorgesehene Mindest- und Höchstzahl angegeben werden (vgl. § 51 Abs. 1 S. 2 VgV). Regelmäßig sinnvoll ist es, in die Auftragsbekanntmachung oder in den Vergabeunterlagen einen Vorbehalt aufzunehmen, den Dialog in verschiedenen aufeinander folgenden Phasen durchzuführen (vgl. Abs. 6 S. 1).

10

b) Teilnahmewettbewerb (Abs. 2–4). Die Regelungen für den Teilnahmewettbewerb entsprechen denen in § 17 Abs. 1, 2 VgV. Auf deren Kommentierung kann daher verwiesen werden (→ § 17 Rn. 7 ff.). Beim wettbewerblichen Dialog ist **keine Verkürzung der Bewerbungsfrist** von 30 Tagen zulässig. Anders als für das Verhandlungsverfahren, kennt der wettbewerbliche Dialog keine dem § 17 Abs. 3 VgV entspr. Ausnahmeregelung. Der Auftraggeber muss **mindestens drei Bewerber zur Dialogphase zulassen,** um ausreichend Wettbewerb zu gewährleisten (zur Bewerberauswahl → § 51 Rn. 8 ff.). Die Mindestzahl darf nur unterschritten werden, wenn weniger als drei geeignete Bewerber vorhanden sind. Die Auswahl der Bewerber erfolgt anhand der bekannt gemachten objektiven, nichtdiskriminierenden Eignungskriterien (§ 51 Abs. 1 S. 2 VgV).

11

2. Dialogphase (Abs. 5–7)

An den Teilnahmewettbewerb schließt sich die Dialogphase an. Diese beginnt mit der Aufforderung an die zugelassenen Bewerber, am Dialog teilzunehmen (Abs. 4 S. 1). Die Bestimmung regelt den Inhalt und die Abwicklung des Dialogs

12

---

[8] Europäische Kommission, Erläuterungen – Wettbewerblicher Dialog – Klassische Richtlinie, CC/2005/04_rev1 v. 5.10.2005, Fn. 9.
[9] Europäische Kommission, Erläuterungen – Wettbewerblicher Dialog – Klassische Richtlinie, CC/2005/04_rev1 v. 5.10.2005, Ziff. 3.1, S. 6.
[10] OLG Celle 16.5.2013 – 13 Verg 13/12, BeckRS 2013, 17137 = VergabeR 2014, 31.
[11] OLG Celle 16.5.2013 – 13 Verg 13/12, BeckRS 2013, 17137 = VergabeR 2014, 31.
[12] EuGH 24.1.2008 – C-532/06, ZfBR 2008, 309 (311).

nur rudimentär. Der Auftraggeber hat daher **weitgehende Freiheit** in der Abwicklung und Gestaltung des Dialogs.

13 a) **Inhalt des Dialogs (Abs. 5)**. aa) **Ermittlung und Festlegung des Beschaffungsgegenstands (S. 1 und 2)**. Ziel des Dialogs ist es, zusammen mit den ausgewählten Unternehmern **zu ermitteln** (Schritt 1) und **festzulegen** (Schritt 2), wie der Auftraggeber seine Bedürfnisse und Anforderungen am besten erfüllen kann (S. 1). Gegenstand des Dialogs können alle Einzelheiten des Auftrags sein (S. 2). Der Dialog kann sich sowohl auf technische als auch auf wirtschaftliche (Preis, Kosten, Einkünfte) und rechtliche Gesichtspunkte (bspw. Risikoverteilung und -begrenzung, Garantien, Zweckgesellschaften) erstrecken.[13] Dies geht **weiter als im Verhandlungsverfahren,** in dem lediglich über die von den Bietern iRd Vergabeunterlagen abgegebenen Angebote verhandelt werden darf (§ 17 Abs. 10 VgV). Der Umfang der Erörterung ist jedoch nicht schrankenlos. Der Auftraggeber muss sich iRd von ihm bekannt gemachten Bedürfnisse und Anforderungen halten. Diese dürfen iRd Erörterung nicht so wesentlich geändert werden, dass grdl. von den bekannt gemachten abgewichen wird.[14] Frei verhandelbar ist also nur der **Beschaffungsgegenstand, nicht** aber der **Beschaffungsbedarf**.[15] Auch wesentlich neue Leistungsanforderungen als Mindestbedingungen darf der Auftraggeber nicht in das Verfahren einführen.[16]

14 bb) **Gleichbehandlung und Vertraulichkeit (S. 3)**. Der Austausch von Informationen und die gemeinsame Ermittlung und Festlegung des Beschaffungsgegenstands mit den ausgewählten Unternehmen iRd Dialogs stellen **besondere Anforderungen** und Herausforderungen an die **Gleichbehandlung** der Dialogteilnehmer und die **Vertraulichkeit** der Unterlagen und Informationen.[17] Der Erfolg eines wettbewerblichen Dialogs hängt iW davon ab, dass die Dialogteilnehmer darauf vertrauen können, dass zunächst alle die gleiche Chance erhalten, ihre jew. Vorstellungen und Konzepte zu erläutern, und zugleich sichergestellt ist, dass mit den Vorschlägen und Informationen kein Missbrauch betrieben wird. Die Regelungen sind inhaltlich vergleichbar mit denen des Verhandlungsverfahrens (näher → § 17 Rn. 30 f.).

15 Wesentlicher Aspekt der Gleichbehandlung ist ein gleichmäßiger Informationsfluss an die ausgewählten Unternehmen. Der Auftraggeber darf Informationen ggü. den Dialogpartnern nicht selektieren. Alle ausgewählten Unternehmen müssen im gleichen Umfang sachdienliche Hinweise, projektspezifische Informationen, Bearbeitungsfristen und die gleichen Chancen zur Erörterung der eingereichten Lösungsvorschläge sowie die Möglichkeit erhalten, ihre Lösungsvorschläge zu verbessern. Um eine Gleichbehandlung bei der Erörterung der verschiedenen Lösungsvorschläge sicherzustellen, ist eine systematische Abarbeitung der spezifischen Vor- und Nachteile der Lösungsvorschläge, gemessen an den bekannt gemachten Zuschlagskriterien und Anforderungen, sinnvoll,[18] schon um den Anforderungen an die Dokumentationspflicht gerecht werden zu können.

16 Ohne Zustimmung dürfen Lösungsvorschläge und vertrauliche Informationen nicht an andere Unternehmen weitergegeben werden. Vertraulich sind nicht nur Lösungsvorschläge, die Betriebs- oder Geschäftsgeheimnisse enthalten oder sich für

---

[13] Europäische Kommission, Erläuterungen – Wettbewerblicher Dialog – Klassische Richtlinie, CC/2005/04_rev1 v. 5.10.2005, Ziff. 3.2, S. 7.
[14] Knauff NZBau 2005, 249 (251).
[15] GKN VergabeR-HdB/Schneider § 12 Rn. 44 ff.
[16] VK Düsseldorf 11.8.2006 – VK-30/2006, IBRRS 2006, 4506.
[17] Ausf. GKN VergabeR-HdB/Schneider § 12 Rn. 49 ff.
[18] GKN VergabeR-HdB/Schneider § 12 Rn. 50.

die Anmeldung eines gewerblichen Schutzrechts eignen.[19] Der **Vertraulichkeitsschutz** muss darüber hinausgehen. Umfasst sind jedenfalls alle spezifisch auf das Projekt hin entwickelten, individuellen Bestandteile der Lösungsvorschläge.[20] Besondere Vorsicht ist bei der Beantwortung von Bieterfragen geboten. Betreffen diese spezifischen Aspekte des fragenden Teilnehmers, darf der Auftraggeber diese Frage nur ihm ggü. beantworten oder muss, sollte die Antwort auch Relevanz für die übrigen Teilnehmer haben, so abstrahieren, dass der Vertraulichkeitsschutz gewahrt wird. **Projektspezifische Informationen** unterfallen dagegen nicht dem Geheimnisschutz.[21] Der Auftraggeber darf die im Dialog gewonnenen Erkenntnisse nur iRd Vergabeverfahrens verwenden, also nicht etwa für eine optimierte Eigenrealisierung verwerten.[22] Unzulässig ist es auch, einzelne Aspekte von Lösungsansätzen unterschiedlicher Teilnehmer herauszunehmen und diese als Grundlage für den weiteren Dialog zu verwenden.[23]

Mit Zustimmung des Bewerbers ist eine Weitergabe des Lösungsvorschlags oder von vertraulichen Unterlagen dagegen zulässig. Verweigert ein Teilnehmer die Zustimmung, kann er allein aus diesem Grund nicht vom Verfahren ausgeschlossen werden.[24] Will der Auftraggeber dagegen eine gemeinsame Dialogerörterung unter Beteiligung aller Teilnehmer durchführen, ist eine Zustimmung zwingend. Aufgrund der eindeutigen Wortlauts der Regelung, wonach die Zustimmung nur in Bezug auf die Mitteilung **bestimmter Informationen** erteilt werden kann (Abs. 5 S. 4), ist eine formularmäßig vorgesehene **Zustimmungsfiktion** durch Teilnahme unzulässig.[25]

b) Abwicklung des Dialogs in Phasen (Abs. 6). Der Auftraggeber ist in der Gestaltung des Dialogs weitgehend frei. Aus Gründen der Transparenz muss der Auftraggeber den Ablauf des Verfahrens vorab, jedenfalls in den wesentlichen Zügen, beschreiben. Vor dem Hintergrund des Verbots der Weitergabe von Lösungsvorschlägen und vertraulichen Informationen wird die **getrennte Dialogführung** der Regelfall sein. Mit Zustimmung aller Teilnehmer kann der Auftraggeber auch **gemeinsame Dialogrunden** durchführen. Die Erörterung der Lösungsvorschläge erfolgt in diesem Fall in Anwesenheit aller Teilnehmer. Es kann im Einzelfall sogar eine gemeinsame Dialogrunde bei einer an sich getrennten Dialogführung sinnvoll sein, etwa wenn Lösungsvorschläge möglichst angeglichen werden sollen.[26] Ob der Auftraggeber die Teilnehmer auffordert, bis zu einem bestimmten Zeitpunkt erste Lösungsvorschläge einzureichen („first-written-essentials"), oder ob er zunächst die Bedürfnisse und Anforderungen im Rahmen eines ersten Gesprächs mit den Teilnehmern erläutert („kick-off-meeting"),[27] wird von der Intensität der Vorüberlegungen des Auftraggebers abhängen.

Der Auftraggeber kann den Dialog mit einer **einstufigen Phase oder in mehreren zeitlich aufeinander folgenden Phasen** durchführen. Einstufig ist nicht gleichbedeutend mit nur einer Erörterungsrunde. **Einstufige Dialogphase** bedeutet, dass keine Abschichtung der Lösungsvorschläge erfolgt und daher alle Lösungsvor-

---

[19] Heiermann ZfBR 2005, 766 (774).
[20] Noch weitergehender Schröder NZBau 2007, 216 (222); RKMPP/Hausmann/Mehlitz VgV § 18 Rn. 19.
[21] Heiermann ZfBR 2005, 766 (774).
[22] Drömann NZBau 2007, 751 (755).
[23] Heiermann ZfBR 2005, 766 (774).
[24] Müller-Wrede VgV/UVgO/Hirsch/Kaelble VgV § 18 Rn. 55.
[25] Str., vgl. hier GKN VergabeR-HdB/Schneider § 12 Rn. 61; RKMPP/Hausmann/Mehlitz VgV § 18 Rn. 20.
[26] GKN VergabeR-HdB/Schneider § 12 Rn. 74.
[27] Heiermann ZfBR 2005, 766 (774).

schläge zur Grundlage der Angebotsabgabe gemacht werden können. Das ist der Regelfall. Der Auftraggeber kann die Dialogphase aber auch in **mehrere zeitlich aufeinander folgende Phasen** untergliedern, um die Zahl der Lösungen schrittweise zu verringern, sofern er dies in der Bekanntmachung angekündigt hat (S. 1).[28] Dabei ist keine detaillierte Bekanntmachung der Dialoggrunden erforderlich. Bieter müssen nicht im Voraus informiert werden, wie viele Lösungsvorschläge im Verfahren verbleiben werden; ein allg. Hinweis auf den Vorbehalt der Verringerung der Zahl der Wirtschaftsteilnehmer im Bekanntmachungsformular reicht.[29] Bei der Entscheidung, Lösungen auszuscheiden, muss sich der Auftraggeber an die vorgegebenen Zuschlagskriterien halten (S. 2). Aus Gründen der Transparenz und Nachvollziehbarkeit ist die Anwendung der Zuschlagskriterien auf die zu vergleichenden Lösungsvorschläge schriftlich zu dokumentieren.[30] Sobald der Auftraggeber entschieden hat, die **Anzahl der zu erörternden Lösungen** (nicht Teilnehmer) zu verringern, muss er die Unternehmen informieren, deren Lösung ausgeschieden wurde (S. 3). Sachgerecht ist es, diese Informationen gleichzeitig mit den Aufforderungen zum Eintritt in die nächste Dialogphase zu versenden. Auch wenn dies nicht ausdr. geregelt ist, kann der Auftraggeber einzelne Lösungsvorschläge als „Weniger" auch nur **vorläufig zurückstellen**.[31] Die Unternehmer sind entspr. zu informieren. Damit bleibt der Wettbewerbsdruck für die verbleibenden Teilnehmer erhalten. Die Wiedereinbeziehung von vorläufig zurückgestellten Lösungsvorschlägen hat wiederum anhand der vorgegebenen Zuschlagskriterien unter Beachtung des Transparenz- und Gleichbehandlungsgebotes zu erfolgen. Fordert der Auftraggeber die Bieter in der Dialogphase zur Überarbeitung ihrer Vorschläge auf, muss die Frist zur Überarbeitung für alle im Dialogverfahren verbleibenden Bieter angemessen sein. Diese Frist ist anhand der Wettbewerbsposition der nicht ausgeschiedenen Bieter zu bemessen.[32] Der Auftraggeber hat sicherzustellen, dass auch am Ende der Dialogphase noch ausreichend Wettbewerb besteht (S. 4). Dies kann entweder durch eine ausreichende Anzahl an Lösungen oder im Falle einer gemeinsamen Lösung durch die Anzahl an geeigneten Bietern erreicht werden. Dieses Wettbewerbsgebot beschränkt die Fokussierung auf eine Lösung. Eine frühzeitige Festlegung auf die „beste Lösung" verbietet sich daher.[33] Allerdings ist es nicht ausgeschlossen, dass aufgrund der Zuschlagskriterien am Ende nur eine Lösung und ein geeigneter Bewerber übrigbleiben.[34] Dieser Umstand hindert den Auftraggeber nicht, das Verfahren fortzusetzen.[35]

20 **c) Abschluss der Dialogphase (Abs. 7).** Die Dialogphase ist vom Auftraggeber für abgeschlossen zu erklären, wenn er die Lösungen ermittelt hat, mit denen die Bedürfnisse und Anforderungen an die zu schaffende Leistung befriedigt werden kann (S. 1). Das Gesetz spricht von „Lösungen". Der Auftraggeber muss also den Dialog nicht schon dann abschließen, wenn eine Lösung gefunden ist.[36] Die verblie-

---

[28] Vgl. zu grds. Problemen dieser Verfahrensweise Voppel/Osenbrück/Bubert/Voppel VgV § 18 Rn. 20.
[29] OLG Koblenz 21.4.2009 – 1 Verg 2/09, BeckRS 2010, 11082; aA GKN VergabeR-HdB/Schneider § 12 Rn. 65.
[30] Vgl. Europäische Kommission, Erläuterungen – Wettbewerblicher Dialog – Klassische Richtlinie, CC/2005/04_rev1 v. 5.10.2005, Nr. 3.2.1, S. 8.
[31] So insbes. GKN VergabeR-HdB/Schneider § 12 Rn. 66.
[32] OLG Brandenburg 7.5.2009 – Verg W 6/09, NZBau 2009, 734 (736).
[33] RKMPP/Hausmann/Mehlitz VgV § 18 Rn. 16.
[34] Europäische Kommission, Erläuterungen – Wettbewerblicher Dialog – Klassische Richtlinie, CC/2005/04_rev1 v. 5.10.2005, Nr. 3.2.1 aE, S. 9.
[35] Europäische Kommission, Erläuterungen – Wettbewerblicher Dialog – Klassische Richtlinie, CC/2005/04_rev1 v. 5.10.2005, Nr. 3.2.1 aE, S. 9.
[36] GKN VergabeR-HdB/Schneider § 12 Rn. 78.

benen Teilnehmer sind über den Abschluss der Dialogphase **zu informieren** (S. 2). In diesem Fall beginnt die **Angebotsphase.**

Werden keine Lösungen für die Bedürfnisse und Anforderungen gefunden, ist 21 der Dialog ebenfalls für abgeschlossen zu erklären.[37] Bei der Frage, ob die vorgeschlagenen Lösungen die Bedürfnisse und Anforderungen des Auftraggebers befriedigen können, steht ihm ein **Beurteilungsspielraum**[38] zu, der von den Nachprüfungsinstanzen nur eingeschränkt darauf hin überprüft werden kann, ob sich die Beurteilung als vertretbar erweist.[39] Die Gründe, die den Auftraggeber zu dieser Einschätzung kommen lassen, sind sorgfältig zu dokumentieren. Der Auftraggeber hat in diesem Fall die Möglichkeit, das Verfahren aus schwerwiegendem Grund iSv § 63 Abs. 1 S. 1 Nr. 4 VgV aufzuheben.[40]

3. Angebotsphase (Abs. 8 und 9)

a) Angebotsabgabe (Abs. 8). Der Auftraggeber fordert nach Abschluss des Dia- 22 logs die verbliebenen Unternehmen auf, auf der Grundlage der eingereichten und in der Dialogphase näher ausgeführten Lösungen ein endgültiges, verbindliches Angebot abzugeben (S. 1). Gesetzliche Vorgaben für die Länge der Angebotsfrist fehlen. Die Angebotsfrist bemisst sich nach den konkreten Umständen des Einzelfalls (§ 20 Abs. 1 S. 1 VgV). Der Auftraggeber muss grds. **keine überarbeitete Fassung von Vergabeunterlagen oder Beschreibung** versenden.[41] Sinnvoll kann dies aber schon aus Gründen der Transparenz und Praktikabilität dann sein, wenn sich der Auftraggeber mit Zustimmung aller Unternehmen auf eine gemeinsame Lösung beschränkt und alle Angebote diese Lösung als Grundlage haben.

Die Angebote müssen alle Einzelheiten enthalten, die zur Ausführung des Projekts 23 erforderlich sind (S. 2). Das Vollständigkeitsrisiko liegt damit beim Bieter. Das Angebot muss die Leistung so genau und erschöpfend beschreiben, dass der Auftraggeber in die Lage versetzt wird zu prüfen, ob das Angebot seinen Anforderungen und Bedürfnissen entspricht.[42] Lediglich in begrenztem Umfang[43] besteht die Möglichkeit, von Bietern ergänzende Angaben zu deren Angeboten zu verlangen: Der Auftraggeber darf **Präzisierungen, Klarstellungen und Ergänzungen** zu den Angeboten verlangen (S. 3). Dabei hat er die Vorgaben des Diskriminierungsverbots zu beachten. Daher dürfen diese Klarstellungen und Ergänzungen nicht zu einer Änderung der wesentlichen Bestandteile des Angebots oder der festgelegten Bedürfnisse und Anforderungen führen, weil dadurch der **Wettbewerb verfälscht** oder eine **diskriminierende Wirkung** erzeugt werden könnte (S. 4). Eine Verhandlung über die Angebote, insbes. auch über Preise, findet nicht statt. Diese Regelung ist daher eher iSd klassischen Angebotsaufklärung zu verstehen.[44]

b) Angebotswertung (Abs. 9). Eingegangene Angebote werden zunächst for- 24 mell darauf geprüft, ob diese alle zur Ausführung des Projekts erforderlichen Einzelheiten enthalten. Unvollständige Angebote müssen ausgeschlossen werden.

---

[37] Vgl. etwa die frühere Regelung in § 3 EG Abs. 7 S. 2 lit. d VOL/A.
[38] Heiermann ZfBR 2005, 766 (775).
[39] BGH 23.3.2011 – X ZR 92/09, NZBau 2011, 438 (439).
[40] Vgl. BR-Drs. 87/16, 217 zu § 63 Abs. 1 VgV.
[41] Europäische Kommission, Erläuterungen – Wettbewerblicher Dialog – Klassische Richtlinie, CC/2005/04_rev1 v. 5.10.2005, Nr. 3.3, S. 9.
[42] Zu Recht vergleicht Heiermann diese Anforderungen mit der Abgabe von Nebenangeboten: Heiermann ZfBR 2005, 766 (775).
[43] Europäische Kommission, Erläuterungen – Wettbewerblicher Dialog – Klassische Richtlinie, CC/2005/04_rev1 v. 5.10.2005, Nr. 3.3, S. 10.
[44] Europäische Kommission, Erläuterungen – Wettbewerblicher Dialog – Klassische Richtlinie, CC/2005/04_rev1 v. 5.10.2005, Nr. 3.3, S. 10.

Anschließend sind die Angebote inhaltlich zu werten, um das wirtschaftlichste Angebot zu ermitteln. Hierbei sind die in der Bekanntmachung oder den Vergabeunterlagen festgelegten Zuschlagskriterien zugrunde zu legen (S. 1). Dem **wirtschaftlichsten Angebot** ist der Zuschlag zu erteilen. Hat der Auftraggeber das wirtschaftlichste Angebot ermittelt, kann er von dem betreffenden Bieter vor Zuschlagserteilung noch nähere **Erläuterungen** zu bestimmten Einzelheiten des Angebotes verlangen oder die **Bestätigung** von im Angebot enthaltenen **Zusagen** fordern (S. 2). Dies ermöglicht es dem Auftraggeber, **Unklarheiten und Zweifel** im wirtschaftlichsten Angebot zu beseitigen, die wegen des Fehlens einer Verhandlungsmöglichkeit in dieser Verfahrensphase anderenfalls nicht ausgeräumt werden könnten. Dies kann bspw. Finanzierungszusagen von Kreditinstituten betreffen, die zunächst unter Due Diligence-Vorbehalt abgegeben wurden und erst zu einem späteren Zeitpunkt für vorbehaltlos erklärt werden.[45] Solche Bestätigungen bzw. Erläuterungen dürfen jedoch nicht wesentliche Aspekte von Angebot oder Ausschreibung ändern und zu Wettbewerbsverzerrungen oder Diskriminierung anderer Bieter führen (S. 3). Insofern unterliegt der Auftraggeber denselben Grenzen wie bei der Aufklärung der Angebote iSv Abs. 8 S. 4.

25   c) **Kostenerstattung (Abs. 10).** Der Auftraggeber kann den am wettbewerblichen Dialog teilnehmenden Unternehmen eine angemessene Kostenerstattung für Entwürfe, Pläne, Zeichnungen, Berechnungen oder andere Unterlagen gewähren.[46] Die Kostenerstattung steht im pflichtgemäßen Ermessen des Auftraggebers, ist aber im Regelfall sinnvoll. Die Gewährung einer angemessenen Kostenerstattung soll für die Teilnehmer bei der Erstellung von Lösungsvorschlägen entstehende Kosten reduzieren und damit die Teilnahme am wettbewerblichen Dialog attraktiver machen.[47] Bei der Kostenerstattung handelt es sich um eine **Aufwandsentschädigung** ohne Gewinnanteil und nicht um eine Vergütung (vgl. dazu → VOB/A § 8b EU Rn. 7).

§ 19 Innovationspartnerschaft

(1) ¹**Der öffentliche Auftraggeber kann für die Vergabe eines öffentlichen Auftrags eine Innovationspartnerschaft mit dem Ziel der Entwicklung einer innovativen Liefer- oder Dienstleistung und deren anschließenden Erwerb eingehen.** ²**Der Beschaffungsbedarf, der der Innovationspartnerschaft zugrunde liegt, darf nicht durch auf dem Markt bereits verfügbare Liefer- oder Dienstleistungen befriedigt werden können.** ³**Der öffentliche Auftraggeber beschreibt in der Auftragsbekanntmachung oder den Vergabeunterlagen die Nachfrage nach der innovativen Liefer- oder Dienstleistung.** ⁴**Dabei ist anzugeben, welche Elemente dieser Beschreibung Mindestanforderungen darstellen.** ⁵**Es sind Eignungskriterien vorzugeben, die die Fähigkeiten der Unternehmen auf dem Gebiet der Forschung und Entwicklung sowie die Ausarbeitung und Umsetzung innovativer Lösungen betreffen.** ⁶**Die bereitgestellten Informationen müssen so genau sein, dass die Unternehmen Art und Umfang der geforderten Lösung erkennen und entscheiden können, ob sie eine Teilnahme an dem Verfahren beantragen.**

(2) ¹**Der öffentliche Auftraggeber fordert eine unbeschränkte Anzahl von Unternehmen im Rahmen eines Teilnahmewettbewerbs öffentlich zur**

---

[45] Vgl. Europäische Kommission, Erläuterungen – Wettbewerblicher Dialog – Klassische Richtlinie, CC/2005/04_rev1 v. 5.10.2005, Fn. 36.
[46] Zum Verhältnis zu der Vergütungsregelung in § 77 Abs. 2 VgV siehe Müller/Wrede VgV/ UVgO/Fahrenbruch VgV § 77 Rn. 23.
[47] Vgl. BR-Drs. 87/16, 175 zu § 18 Abs. 10 VgV.

Abgabe von Teilnahmeanträgen auf. ²Jedes interessierte Unternehmen kann einen Teilnahmeantrag abgeben. ³Mit dem Teilnahmeantrag übermitteln die Unternehmen die vom öffentlichen Auftraggeber geforderten Informationen für die Prüfung ihrer Eignung.

(3) Die Frist für den Eingang der Teilnahmeanträge beträgt mindestens 30 Tage, gerechnet ab dem Tag nach der Absendung der Auftragsbekanntmachung.

(4) ¹Nur diejenigen Unternehmen, die vom öffentlichen Auftraggeber infolge einer Bewertung der übermittelten Informationen dazu aufgefordert werden, können ein Angebot in Form von Forschungs- und Innovationsprojekten einreichen. ²Der öffentliche Auftraggeber kann die Zahl geeigneter Bewerber, die zur Angebotsabgabe aufgefordert werden, gemäß § 51 begrenzen.

(5) ¹Der öffentliche Auftraggeber verhandelt mit den Bietern über die von ihnen eingereichten Erstangebote und alle Folgeangebote, mit Ausnahme der endgültigen Angebote, mit dem Ziel, die Angebote inhaltlich zu verbessern. ²Dabei darf über den gesamten Auftragsinhalt verhandelt werden mit Ausnahme der vom öffentlichen Auftraggeber in den Vergabeunterlagen festgelegten Mindestanforderungen und Zuschlagskriterien. ³Sofern der öffentliche Auftraggeber in der Auftragsbekanntmachung oder in den Vergabeunterlagen darauf hingewiesen hat, kann er die Verhandlungen in verschiedenen aufeinanderfolgenden Phasen abwickeln, um so die Zahl der Angebote, über die verhandelt wird, anhand der vorgegebenen Zuschlagskriterien zu verringern.

(6) ¹Der öffentliche Auftraggeber trägt dafür Sorge, dass alle Bieter bei den Verhandlungen gleichbehandelt werden. ²Insbesondere enthält er sich jeder diskriminierenden Weitergabe von Informationen, durch die bestimmte Bieter gegenüber anderen begünstigt werden könnten. ³Er unterrichtet alle Bieter, deren Angebote gemäß Absatz 5 nicht ausgeschieden wurden, in Textform nach § 126b des Bürgerlichen Gesetzbuchs über etwaige Änderungen der Anforderungen und sonstigen Informationen in den Vergabeunterlagen, die nicht die Festlegung der Mindestanforderungen betreffen. ⁴Im Anschluss an solche Änderungen gewährt der öffentliche Auftraggeber den Bietern ausreichende Zeit, um ihre Angebote zu ändern und gegebenenfalls überarbeitete Angebote einzureichen. ⁵Der öffentliche Auftraggeber darf vertrauliche Informationen eines an den Verhandlungen teilnehmenden Bieters nicht ohne dessen Zustimmung an die anderen Teilnehmer weitergeben. ⁶Eine solche Zustimmung darf nicht allgemein, sondern nur in Bezug auf die beabsichtigte Mitteilung bestimmter Informationen erteilt werden. ⁷Der öffentliche Auftraggeber muss in den Vergabeunterlagen die zum Schutz des geistigen Eigentums geltenden Vorkehrungen festlegen.

(7) ¹Die Innovationspartnerschaft wird durch Zuschlag auf Angebote eines oder mehrerer Bieter eingegangen. ²Eine Erteilung des Zuschlags allein auf der Grundlage des niedrigsten Preises oder der niedrigsten Kosten ist ausgeschlossen. ³Der öffentliche Auftraggeber kann eine Innovationspartnerschaft mit einem Partner oder mit mehreren Partnern, die getrennte Forschungs- und Entwicklungstätigkeiten durchführen, eingehen.

(8) ¹Die Innovationspartnerschaft wird entsprechend dem Forschungs- und Innovationsprozess in zwei aufeinanderfolgenden Phasen strukturiert:
1. einer Forschungs- und Entwicklungsphase, die die Herstellung von Prototypen oder die Entwicklung der Dienstleistung umfasst, und

2. einer Leistungsphase, in der die aus der Partnerschaft hervorgegangene Leistung erbracht wird.

²Die Phasen sind durch die Festlegung von Zwischenzielen zu untergliedern, bei deren Erreichen die Zahlung der Vergütung in angemessenen Teilbeträgen vereinbart wird. ³Der öffentliche Auftraggeber stellt sicher, dass die Struktur der Partnerschaft und insbesondere die Dauer und der Wert der einzelnen Phasen den Innovationsgrad der vorgeschlagenen Lösung und der Abfolge der Forschungs- und Innovationstätigkeiten widerspiegeln. ⁴Der geschätzte Wert der Liefer- oder Dienstleistung darf in Bezug auf die für ihre Entwicklung erforderlichen Investitionen nicht unverhältnismäßig sein.

(9) Auf der Grundlage der Zwischenziele kann der öffentliche Auftraggeber am Ende jedes Entwicklungsabschnitts entscheiden, ob er die Innovationspartnerschaft beendet oder, im Fall einer Innovationspartnerschaft mit mehreren Partnern, die Zahl der Partner durch die Kündigung einzelner Verträge reduziert, sofern der öffentliche Auftraggeber in der Auftragsbekanntmachung oder in den Vergabeunterlagen darauf hingewiesen hat, dass diese Möglichkeiten bestehen und unter welchen Umständen davon Gebrauch gemacht werden kann.

(10) Nach Abschluss der Forschungs- und Entwicklungsphase ist der öffentliche Auftraggeber zum anschließenden Erwerb der innovativen Liefer- oder Dienstleistung nur dann verpflichtet, wenn das bei Eingehung der Innovationspartnerschaft festgelegte Leistungsniveau und die Kostenobergrenze eingehalten werden.

Literatur: Badenhauser-Fähnle, Die neue Vergabeart der Innovationspartnerschaft – Fünftes Rad am Wagen?, VergabeR 2015, 743; Burgi, Die Förderung sozialer und technischer Innovationen durch das Vergaberecht, NZBau 2011, 577; Fehling, Forschungs- und Innovationsförderung durch wettbewerbliche Verfahren, NZBau 2012, 673; Knauff, Die Innovationspartnerschaft, InTer 2016, 88; Knauff, Das Verhältnis der nachrangigen Vergabeverfahrensarten, NZBau 2018, 134; Koch/Siegmund/Siegmund, Effiziente Beschaffung von Innovationen in der öffentlichen Verwaltung, MMR 2023, 645; Lempe, Die rechtliche Kartografierung von Forschungs- und Entwicklungsverträgen, 2012; Miller, Forschungs- und Entwicklungsverträge zwischen dem öffentlichen Auftraggeber und Industriefirmen im wehrtechnischen Bereich, 2016; Püstow/Meiners, Die Innovationspartnerschaft – Mehr Rechtssicherheit für ein innovatives Vertragsmodell, NZBau 2016, 406; Ortner, Vergaberechtliche Anforderungen und Grenzen lösungsoffener Ausschreibungen, NZBau 2020, 565; Rosenkötter, Die Innovationspartnerschaft, VergabeR 2016, 196; Schaller, Neues EU-Vergabeverfahren Innovationspartnerschaft – Forschungsförderung und Deckung des innovativen Beschaffungsbedarfs, LKV 2017, 62; Winzer, Forschungs- und Entwicklungsverträge, 2. Aufl. 2011.

I. Bedeutung der Vorschrift

1 Mit der RL 2014/24/EU wurde mit der Innovationspartnerschaft ein eigenständiges Beschaffungsverfahren für die **Entwicklung und Beschaffung innovativer Produkte, Dienst- und Bauleistungen** eingeführt. Die Kommission betont in den Erwägungsgründen die zentrale Bedeutung von Forschung und Innovation für intelligentes, nachhaltiges und integratives Wachstum in Europa und die Steigerung der Effizienz und Qualität der öffentlichen Dienstleistungen.[1] Die RL definiert Innovation als „die Realisierung von neuen oder deutlich verbesserten Waren, Dienstleistungen oder Verfahren, einschließlich – aber nicht beschränkt auf – Pro-

---

[1] Erwgr. 47 der RL 2014/24/EU.

duktions-, Bau- oder Konstruktionsverfahren, eine neue Vermarktungsmethode oder ein neues Organisationsverfahren in Bezug auf Geschäftspraxis, Abläufe am Arbeitsplatz oder externe Beziehungen" (Art. 2 Nr. 22 RL 2014/24/EU). Auf die Bedeutung und Möglichkeiten in der **vorkommerziellen Auftragsvergabe** hatte die Kommission schon in der Mitteilung v. 14.12.2007 hingewiesen.[2] Diese vorkommerzielle Auftragsvergabe, die nicht unter den Geltungsbereich der RL fällt (vgl. § 116 Abs. 1 Nr. 2 GWB), betrifft allerdings nur Forschungs- und Entwicklungsdienstleistungen vor deren Markteinführung. Nicht umfasst sind die kommerziellen Entwicklungstätigkeiten wie Serienfertigung, Absatz zum Nachweis der Marktfähigkeit oder zur Deckung der Forschungs- und Entwicklungskosten etc.[3]

Das Ziel der Innovationspartnerschaft geht weiter. Mit diesem speziellen Beschaffungsverfahren soll den öffentlichen Auftraggebern mittels einer zusätzlichen Verfahrensalternative die Möglichkeit eröffnet werden, eine langfristige Innovationspartnerschaft nicht nur für die Entwicklung, sondern auch **für den anschließenden Kauf** neuer, innovativer Waren, Dienstleistungen oder Bauleistungen zu begründen, **ohne erneut ausschreiben zu müssen,** sofern der Bedarf an diesen Waren oder Leistungen nicht durch bereits auf dem Markt verfügbare Lösungen befriedigt werden kann.[4] Der Kauf innovativer Waren, Dienstleistungen oder Bauleistungen soll dazu beitragen, Effizienz und Qualität der öffentlichen Dienstleistung zu steigern, ein optimales Preis-Leistungsverhältnis zu erzielen sowie einen umfassenderen wirtschaftlichen, ökologischen und gesellschaftlichen Nutzen zu generieren, indem neue Ideen hervorgebracht, diese in innovative Waren und Dienstleistungen umgesetzt werden und damit ein nachhaltiges Wirtschaftswachstum gefördert wird.[5] Mit Hilfe der öffentlichen Hand soll die Innovationspartnerschaft eine gesteigerte Marktnachfrage („Market Pull") für die Entwicklung innovativer Lösungen bewirken.[6] Allg. zur Innovationspartnerschaft → GWB § 119 Rn. 33; → § 14 Rn. 21 ff. Die Vorschrift vermittelt **Bieterschutz** iSd § 97 Abs. 6 GWB. Bieter und Bewerber haben einen **Anspruch auf Wahl der richtigen Vergabeart**[7] (→ § 14 Rn. 82) und auf Durchführung eines rechtskonformen Verfahrens unter Beachtung des § 19 VgV. 2

II. Anwendungsvoraussetzungen

Der Auftraggeber muss mit dem Eingehen einer Innovationspartnerschaft das Ziel der Entwicklung einer innovativen Liefer- und Dienstleistung und deren anschließenden Erwerb verfolgen (§ 19 Abs. 1 S. 1 VgV). Das setzt zwingend als Anwendungs- und Abgrenzungskriterium voraus, dass der Beschaffungsbedarf **nicht durch auf dem Markt bereits verfügbare Liefer- und Dienstleistungen befriedigt** werden kann (§ 19 Abs. 1 S. 2 VgV). Damit erhält das Verfahren der Innovationspartnerschaft einen eigenständigen Anwendungsbereich.[8] Kann der Auftraggeber seinen Bedarf dagegen mit bereits am Markt vorhandenen Produkten bzw. Dienstleistungen oder durch Anpassung bereits verfügbarer Lösungen befriedigen, scheidet die Innovationspartnerschaft aus. In diesem Fall kommen das Verhandlungsverfahren oder der wettbewerbliche Dialog in Betracht.[9] 3

---

[2] KOM(2007) 799 endg.
[3] KOM(2007) 799 endg., S. 3.
[4] Vgl. Erwgr. 49 der RL 2014/24/EU; BT-Drs. 87/16, 175 zu § 19 VgV.
[5] Vgl. Erwgr. 47 der RL 2014/24/EU.
[6] Vgl. Erwgr. 49 der RL 2014/24/EU.
[7] Müller-Wrede GWB/Knauff § 119 Rn. 6.
[8] Badenhausen-Fähnle VergabeR 2015, 743 (746).
[9] Badenhausen-Fähnle VergabeR 2015, 743 (746); Rosenkötter VergabeR 2016, 197 f.; zur Abgrenzung der Innovationspartnerschaft vom Verhandlungsverfahren und wettbewerblichen Dialog s. auch Fehling NZBau 2012, 673 (676 f.) und ausf. Knauff NZBau 2018, 134 (137 f.).

4 Um diese Anwendungsvoraussetzung prüfen zu können, sollte der Auftraggeber vor Bekanntmachung zunächst eine **Markterkundung** iSv § 28 VgV durchführen, um sich so verlässlich über die Möglichkeiten und Fähigkeiten des Marktes informieren zu können. Die Markterkundung und deren Ergebnisse sind sorgfältig zu dokumentieren. Zur Markterkundung iE → § 28 Rn. 1 ff.

III. Verfahrensablauf

5 Im Kern stützt sich die Innovationspartnerschaft auf die Verfahrensregelungen, die für das Verhandlungsverfahren gelten.[10] Auf die Ausführungen zu → VgV § 17 Rn. 7 ff. kann daher grds. verwiesen werden.

Das Verfahren gliedert sich in **vier Phasen:**
- Auswahlphase
- Verhandlungsphase
- Forschungs- und Entwicklungsphase
- Leistungsphase.

1. Auswahlphase

6 a) **Auftragsbekanntmachung (Abs. 1).** Die Innovationspartnerschaft wird durch eine EU-Auftragsbekanntmachung eingeleitet. Darin hat der Auftraggeber seine **Nachfrage nach der innovativen Liefer- und Dienstleistung** (S. 3) zu beschreiben. Wahlweise kann dies auch in den Vergabeunterlagen erfolgen. Damit ist nicht eine Leistungsbeschreibung im herkömmlichen Sinn gemeint. Eine solche Leistungsbeschreibung wäre für nicht am Markt erhältliche Liefer- und Dienstleitungen nicht möglich. Die RL spricht sprachlich präziser nicht von „beschreiben", sondern von „angeben" (Art. 31 Abs. 1 UAbs. 2 S. 1 RL 2014/24/EU). Gemeint ist eine Festlegung der **Aufgabenstellung**,[11] die freilich aus Gründen der Gleichbehandlung und Transparenz so genau formuliert sein muss, dass die Unternehmen Art und Umfang der geforderten Lösung erkennen und entscheiden können, ob sie sich an dem Verfahren beteiligen (S. 6).

7 Weiterer zwingender Inhalt von Auftragsbekanntmachung oder Vergabeunterlagen ist die Festlegung des Auftraggebers, welche Elemente der Beschreibung **Mindestanforderungen** sind (S. 4). Darunter sind insbes. physische, funktionelle und rechtliche Bedingungen und wesentliche Merkmale zu verstehen, die jedes Angebot erfüllen bzw. aufweisen muss, damit der Auftrag vergeben werden kann (s. → § 17 Rn. 22).[12] Die Mindestanforderungen sind also leistungsbezogen, dh sachlich-technische oder rechtliche Vorgaben,[13] nicht aber bieterbezogen iS einer Eignung.[14] Das wird sprachlich bereits daraus deutlich, dass sich die Mindestanforderungen auf die Beschreibung der Nachfrage beziehen müssen. Die Parallelität zur Regelung in § 35 Abs. 2 S. 1 VgV für Nebenangebote drängt sich auf.

8 Im Teilnahmewettbewerb sind besondere Vorgaben für die Eignungskriterien zu beachten. Für den Nachweis der technischen und beruflichen Leistungsfähigkeit sind (auch) Eignungskriterien vorzugeben, die die **Fähigkeiten** der Unternehmen auf dem **Gebiet der Forschung und Entwicklung** sowie die **Ausarbeitung und Umsetzung innovativer Lösungen** betreffen (S. 5). Bei Innovationspartnerschaften kommt es gerade auf die Erfahrung und Qualität der Unternehmen auf dem Gebiet der Forschung und Entwicklung von Produkten oder Dienstleistungen sowie

---

[10] BR-Drs. 87/16, 175 zu § 19 VgV.
[11] RKMPP/Mehlitz/Hausmann VgV § 19 Rn. 9.
[12] Vgl. Erwgr. 45 der RL 2014/24/EU.
[13] OLG Brandenburg 20.3.2007 – Verg W 12/06, BeckRS 2007, 65199.
[14] AA Badenhausen-Fähnle VergabeR 2015, 743 (749).

der Umsetzung der gefundenen Lösungen an. Der klassische Nachweis der technischen Leistungsfähigkeit durch Vorlage geeigneter Referenzen über bereits ausgeführte Leistungen (§ 46 Abs. 3 Nr. 1 VgV) greift zu kurz. Solche spezifischen Eignungsnachweise können bspw. die Nennung von, auch unternehmensinternen, Forschungs- und Entwicklungsprojekten oder die besondere Qualifikation des eingesetzten Personals auf dem Gebiet der Forschung und Entwicklung sowie der Umsetzung gefundener Lösungen hin zur Marktreife sein. Abzulehnen ist die Auffassung, dass das Fordern von Nachweisen in Bezug auf die allg. wirtschaftliche und technische Leistungsfähigkeit noch nicht im Teilnahmewettbewerb, sondern erst in einer späteren Phase zulässig sei.[15] Hiergegen spricht schon der Wortlaut des Abs. 2 S. 3, der identisch mit der Parallelvorschrift des Verhandlungsverfahrens (§ 17 Abs. 1 S. 3 VgV) ist und keine Einschränkung der Möglichkeit zur Forderung von Nachweisen enthält. Überdies erscheint die von jener Auffassung geäußerte Befürchtung einer erhöhten Benachteiligung von KMU im Verfahren der Innovationspartnerschaft unbegründet.[16]

Sinnvoll, wenn auch mangels entspr. Regelung nicht zwingend, ist die Angabe in der Auftragsbekanntmachung, ob ein Vertragsschluss mit einem oder mehreren Partnern beabsichtigt ist.[17] Will sich der Auftraggeber im Falle einer Innovationspartnerschaft mit mehreren Partnern vorbehalten, die Zahl der Partner am Ende jedes Entwicklungsabschnittes durch Kündigung zu reduzieren, hat er darauf in der Auftragsbekanntmachung oder in den Vergabeunterlagen hinzuweisen (§ 19 Abs. 9 VgV). Gleichzeitig hat er darzulegen, unter welchen Umständen davon Gebrauch gemacht werden kann. Der Auftraggeber muss also die – nichtdiskriminierenden – Gründe für die Kündigung transparent darstellen. Mit dieser Regelung erhält der Auftraggeber die Möglichkeit, ähnlich wie beim Verhandlungsverfahren, schon aus Kosten- und Praktikabilitätsgründen die Anzahl der Partnerschaften und damit auch die iRd Innovationspartnerschaft verfolgten Lösungswege abzuschichten. Bei der Festlegung der konkreten Kündigungsgründe besteht Gestaltungsspielraum; sie können über die eigentliche, in den Vertragsbedingungen festgeschriebene Zielerfüllung hinausgehen.[18] So kommen jenseits der Erreichung der vereinbarten Zwischenziele für eine Abschichtung der aus den getrennten Forschungs- und Entwicklungstätigkeiten resultierenden Lösungen qualitative oder wirtschaftliche Aspekte in Frage, die eine Prognose für die Erreichung des finalen Forschungs- bzw. Entwicklungsziels zulassen.[19]

Schließlich muss sich der Auftraggeber entscheiden, ob er die Verhandlung in **verschiedenen aufeinanderfolgenden Phasen** abwickeln will. Sofern dies der Fall ist, hat er einen entspr. Vorbehalt in die Auftragsbekanntmachung oder die Vergabeunterlagen aufzunehmen.

b) Teilnahmewettbewerb (Abs. 2–4). Auch die Innovationspartnerschaft ist als zweistufiges Vergabeverfahren mit Teilnahmewettbewerb konzipiert. Die Abs. 2–4 entsprechen § 18 Abs. 2–4 VgV, s. → VgV § 18 Rn. 11.

2. Verhandlungsphase (Abs. 5–7)

Bei der Innovationspartnerschaft ist der Auftraggeber in der Gestaltung des Verfahrensablaufs grds. frei. Da sich die Innovationspartnerschaft im Kern auf die Verfah-

---

[15] So Beck VergabeR/Krönke VgV § 19 Rn. 6; in diese Richtung auch Rosenkötter VergabeR 2016, 197 (199).
[16] Vgl. auch DSW/Wagner-Cardenal VgV § 19 Rn. 18.
[17] Rosenkötter VergabeR 2016, 197 (199).
[18] Rosenkötter VergabeR 2016, 197 (200 f.).
[19] Vgl. hierzu Mitteilung der Kommission – Leitfaden für eine innovationsfördernde öffentliche Auftragsvergabe, KOM(2018) 3051 final v. 15.5.2018, S. 54.

rensregelungen für das Verhandlungsverfahren stützt,[20] entsprechen die Abs. 5–7 inhaltlich weitestgehend den Regelungen in § 17 Abs. 10, 12, 13 VgV. Insoweit kann auf die Kommentierung dieser Vorschriften Bezug genommen werden, → VgV § 17 Rn. 20 ff. Auf vier Besonderheiten ist hinzuweisen:

13 **a) Sicherstellung eines ausreichenden Wettbewerbs?** Abweichend von § 17 Abs. 12 S. 2 VgV und § 18 Abs. 6 S. 4 VgV fehlt bei der Innovationspartnerschaft sowohl in der RL als auch in der deutschen Umsetzung eine Regelung, wonach in der Schlussphase der Verhandlung noch so viele Angebote bzw. Lösungen vorliegen müssen, dass der Wettbewerb gewährleistet ist. Abs. 7 S. 1, 3 stellen in Umsetzung von Art. 31 Abs. 1 UAbs. 3 RL 2014/24/EU klar, dass die Innovationspartnerschaft von Anfang an nur mit einem einzigen Unternehmen eingegangen werden und daher die erforderliche Verhandlung für eine Innovationspartnerschaft auch nur mit einem Unternehmen geführt werden kann.[21] Damit unterscheidet sich die Innovationspartnerschaft vom Verhandlungsverfahren und wettbewerblichen Dialog, in deren Rahmen die Verhandlungen bzw. der Dialog zwingend mit mehreren Unternehmen aufgenommen werden müssen.[22] Eine Regelungslücke ist insoweit nicht erkennbar. Sofern die Verhandlungen dagegen mit mehreren Unternehmen geführt werden, folgt aus dem allg. Wettbewerbsgebot, dass am Ende der Verhandlungen noch ausreichend viele Angebote bzw. Lösungen vorliegen müssen.[23]

14 **b) Schutz des geistigen Eigentums.** Nach Abs. 6 S. 7 muss der Auftraggeber in den Vergabeunterlagen die zum **Schutz des geistigen Eigentums** geltenden Vorkehrungen treffen. Er muss also schon zu Beginn des Verfahrens festlegen, welche positiven Maßnahmen ergriffen werden, um die (versehentliche wie absichtliche) Weitergabe von Informationen effektiv zu verhindern.[24] Geschützt werden damit primär die Interessen des Innovationspartners. Im Übrigen gehören Regelungen hinsichtlich des geistigen Eigentums aufgrund der wirtschaftlichen Bedeutung zum Kern eines jeden Forschungs- und Entwicklungsvertrags.[25] Der Auftraggeber hat in dem Vertrag Regelungen etwa zu den Fragen des Urheberrechts, von Eigentums- und Besitzrechten am Forschungs- oder Entwicklungsergebnis sowie Verwertungs-, Nutzungs-, Vertriebs- oder Lizenzrechten zu treffen. Diese Regelungen können Teil der Verhandlung sein. Das gesetzliche Verhandlungsverbot in Abs. 5 S. 2 betrifft ausdr. nur die Mindestanforderungen und die Zuschlagskriterien. Im Übrigen kann über den gesamten Auftragsinhalt verhandelt werden.

15 **c) Zuschlag auf das wirtschaftlichste Angebot.** Der Zuschlag darf nicht auf der Grundlage des niedrigsten Preises oder der niedrigsten Kosten, sondern nur auf der Grundlage des **besten Preis-Leistungs-Verhältnisses** iSv § 58 Abs. 2 VgV erteilt werden.

16 **d) Ein oder mehrere Innovationspartner.** Nach Abschluss der Verhandlungen beginnt die eigentliche Innovationspartnerschaft durch Zuschlag auf ein oder mehrere Angebot(e) (Abs. 7). Das Gesetz sieht ausdr. die Möglichkeit vor, Innovationspartnerschaften mit mehreren Unternehmen einzugehen, allerdings nur für **getrennte Forschungs- und Entwicklungstätigkeiten** (Abs. 7 S. 3). Damit ist

---

[20] BR-Drs. 87/16, 175 zu § 19 VgV.
[21] BR-Drs. 87/16, 176 zu § 19 Abs. 7 VgV; aA RKMPP/Mehlitz/Hausmann VgV § 19 Rn. 20; Badenhausen-Fähnle VergabeR 2015, 743 (751 f.).
[22] BR-Drs. 87/16, 176 zu § 19 Abs. 7 VgV.
[23] Str.; aM HK-VergabeR/Pünder/Klafki VgV § 19 Rn. 13, wobei deren Verweis auf die Regierungsbegründung in Fn. 49 diese Auffassung jedenfalls nicht rechtfertigt. S. auch GKN VergabeR-HdB/Schneider § 12 Rn. 123.
[24] Ausf. hierzu Müller-Wrede/Knauff/Meurers VgV § 19 Rn. 43 ff.
[25] Winzer FuE-Verträge Rn. 140 ff., 218 ff.

eine Forschungs- und Entwicklungskooperation zwischen mehreren Unternehmen ausgeschlossen.

3. Forschungs- und Entwicklungsphase (Abs. 8 und 9)

Mit dem Zuschlag ist das Vergabeverfahren beendet. Die Regelungen in den Abs. 8–10 sind daher im Kern keine Verfahrens-, sondern zwingend zu beachtende Vertragsregelungen. Die Innovationspartnerschaft gliedert sich in die für Forschungs- und Entwicklungsprojekte üblichen Phasen: **eine erste Forschungs- und Entwicklungsphase,** die ua die Herstellung von Prototypen oder die Entwicklung der Dienstleistung umfasst, und eine sich daran **anschließende Leistungsphase** (oder auch Verwertungsphase genannt), in der die aus der Innovationspartnerschaft hervorgegangene Leistung erbracht und vergütet wird (Abs. 8 S. 1). In der Leistungsphase findet der eigentliche Beschaffungsvorgang der neu entwickelten Leistung als Ergebnis der Partnerschaft statt. Die Regelung in Abs. 8 S. 2 verpflichtet den Auftraggeber zu der Vereinbarung von Zwischenzielen (oder auch Meilensteinen). Darin werden Arbeitsprogramm, Entwicklungsschritte und Qualitätsstandards iE festgelegt und mit einem Zeitplan hinterlegt.[26] Die fristgerechte Erreichung dieser Zwischenziele ist Voraussetzung für die Zahlung der vereinbarten Vergütung. 17

Das Charakteristische an der Innovationspartnerschaft liegt in der **Langfristigkeit der Vertragsbeziehung** zwischen Auftraggeber und Unternehmen.[27] Gerade wenn zum Zeitpunkt des Vertragsschlusses der konkrete Gegenstand der Leistung nicht feststeht, weil es hierfür noch der Forschung und Entwicklung bedarf, birgt ein solcher Vertrag nicht unerhebliche wirtschaftliche Risiken für den Auftraggeber. Zur Wahrung des Gebots der Wirtschaftlichkeit des gesamten Beschaffungsvorgangs statuiert daher Abs. 8 S. 3 wirtschaftliche Voraussetzungen zur Durchführung der Partnerschaft. Die Struktur der Partnerschaft sowie die Dauer und der Wert der einzelnen Phasen müssen in einem angemessenen Verhältnis zu dem Innovationsgrad der vorgeschlagenen Lösung und der Abfolge der Forschungs- und Innovationstätigkeit stehen. Zudem darf der geschätzte Wert der Lieferung- oder Dienstleistung in Bezug auf die für ihre Entwicklung erforderlichen Investitionen nicht unverhältnismäßig sein (Abs. 8 S. 4). Maßgeblich für die Bewertung der Wirtschaftlichkeit sind die vertraglich vereinbarten inhaltlichen und wirtschaftlichen Ziele.[28] Der Auftraggeber hat die Wahrung der **Verhältnismäßigkeit von Kosten und Nutzen** durch eine entspr. Vertragsgestaltung sicherzustellen, die Einhaltung zu kontrollieren sowie Beendigungsmöglichkeiten vorzusehen, wenn diese Verhältnismäßigkeit nicht mehr gewährleistet ist. Bei der Vertragsgestaltung hat der Auftraggeber auch darauf zu achten, dass durch die Innovationspartnerschaft einerseits die erforderliche Marktnachfrage („Market Pull") bewirkt wird, ohne jedoch andererseits zu einer – zB durch eine zu lange Entwicklungs- und Leistungsphase – Marktabschottung zu führen.[29] 18

Stellt der Auftraggeber nach Abschluss einer zuvor vereinbarten Phase fest, dass dieses Verhältnis von Aufwand und Nutzen nicht mehr gewahrt ist, oder werden vertraglich vereinbarte Zwischenziele nicht erreicht, kann er entscheiden, ob er die Innovationspartnerschaft kündigt (Abs. 9 S. 1). Bei einer Innovationspartnerschaft mit mehreren Partnern kann die Zahl der Partner durch Kündigung der einzelnen Verträge reduziert werden, sofern der Auftraggeber darauf in der Auftragsbekanntmachung oder in den Vergabeunterlagen hingewiesen hat (→ Rn. 9). 19

---

[26] Winzer FuE-Verträge Rn. 901 ff.
[27] Erwgr. 49 der RL 2014/24/EU.
[28] Rosenkötter VergabeR 2016, 196 (201 f.).
[29] Erwgr. 49 der RL 2014/24/EU.

4. Leistungsphase (Abs. 10)

20 Ist die Forschungs- und Entwicklungsphase abgeschlossen, schließt sich der Erwerb der entwickelten Leistung, dh deren **kommerzielle Verwertung,** an. Die Verpflichtung zum Erwerb ist jedoch nicht unbedingt, sondern besteht nur dann, wenn das bei Eingehung der Innovationspartnerschaft festgelegte **Leistungsniveau und die Kostenobergrenze** eingehalten werden. Auch hier kommt wiederum die Grenze der Wirtschaftlichkeit der Partnerschaft zum Tragen, die der öffentliche Auftraggeber durch eine entspr. vertragliche Gestaltung einzuhalten hat.

§ 20 Angemessene Fristsetzung; Pflicht zur Fristverlängerung

(1) ¹**Bei der Festlegung der Fristen für den Eingang der Angebote und der Teilnahmeanträge nach den §§ 15 bis 19 sind die Komplexität der Leistung und die Zeit für die Ausarbeitung der Angebote angemessen zu berücksichtigen.** ²§ 38 Absatz 3 bleibt unberührt.

(2) **Können Angebote nur nach einer Besichtigung am Ort der Leistungserbringung oder nach Einsichtnahme in die Anlagen zu den Vergabeunterlagen vor Ort beim öffentlichen Auftraggeber erstellt werden, so sind die Angebotsfristen so festzulegen, dass alle Unternehmen von allen Informationen, die für die Erstellung des Angebots erforderlich sind, unter gewöhnlichen Umständen Kenntnis nehmen können.**

(3) ¹Die Angebotsfristen sind, abgesehen von den in § 41 Absatz 2 und 3 geregelten Fällen, zu verlängern,
1. wenn zusätzliche Informationen trotz rechtzeitiger Anforderung durch ein Unternehmen nicht spätestens sechs Tage vor Ablauf der Angebotsfrist zur Verfügung gestellt werden; in den Fällen des § 15 Absatz 3, § 16 Absatz 7 oder § 17 Absatz 8 beträgt dieser Zeitraum vier Tage, oder
2. wenn der öffentliche Auftraggeber wesentliche Änderungen an den Vergabeunterlagen vornimmt.

²Die Fristverlängerung muss in einem angemessenen Verhältnis zur Bedeutung der Information oder Änderung stehen und gewährleisten, dass alle Unternehmen Kenntnis von den Informationen oder Änderungen nehmen können. ³Dies gilt nicht, wenn die Information oder Änderung für die Erstellung des Angebots unerheblich ist oder die Information nicht rechtzeitig angefordert wurde.

Literatur: Braun/Asgodom, Die Pflicht zur Fristverlängerung im Teilnahmewettbewerb aufgrund wesentlicher Änderung der Vergabeunterlagen, NZBau 2019, 231.

Übersicht

	Rn.
I. Bedeutung der Vorschrift	1
II. Angemessene Fristen (Abs. 1)	4
III. Ortsbesichtigung und Einsicht in die Vergabeunterlagen vor Ort (Abs. 2)	10
IV. Verlängerung der Angebotsfrist (Abs. 3)	11a
1. Zusätzliche Informationen (S. 1 Nr. 1)	12
2. Wesentliche Änderungen der Vergabeunterlagen (S. 1 Nr. 2)	17
3. Umfang der Fristverlängerung (S. 2 und 3)	21
V. Rechtsschutz	26

Angemessene Fristsetzung; Pflicht zur Fristverlängerung § 20 VgV

I. Bedeutung der Vorschrift

Abs. 1 verlangt in Umsetzung von Art. 47 RL 2014/24/EU iS einer **General-** 1
klausel, dass der öffentliche Auftraggeber den Teilnehmern eines Vergabeverfahrens
für die Ausarbeitung von Teilnahmeanträgen und Angeboten ein angemessenes Zeitfenster zu gewähren hat. Er hat bei der Festlegung der Fristen für den Eingang der
Angebote (Angebotsfrist) und Teilnahmeanträge (Teilnahmefrist) sein **Ermessen
angemessen – dh sachgerecht – auszuüben.**[1] Dabei sind ua die Komplexität der
Leistung und die Zeit für die Ausarbeitung der Angebote zu berücksichtigen. Die in
den §§ 15–19 VgV normierten Fristen sind **Mindestfristen,** die den interessierten
Unternehmen als untere Grenze für die Abgabe der Teilnahmeanträge und Angebote
zur Verfügung stehen müssen. Bei der Anwendung des Fristenregimes hat der öffentliche Auftraggeber zu beachten, dass auch diese Mindestfristen unter dem **Gebot
der Angemessenheit** stehen.[2] Damit müssen auch Mindestfristen im Lichte der
Komplexität der konkreten Beschaffung stets angemessen sein. Die Vorschrift hält
den Auftraggeber zu einer entspr. einzelfallbezogenen Prüfung an.

Abs. 2 nennt die Erforderlichkeit einer **Ortsbesichtigung** und der Einsicht- 2
nahme in nicht übersandte Vergabeunterlagen als Fälle, in denen die Mindestfristen
von vornherein zwingend länger zu bemessen sind. Schließlich normiert Abs. 3
Vorgaben zur (nachträglichen) **Verlängerung von Angebotsfristen.** Sie gelten für
die Fälle, in denen rechtzeitig angeforderte zusätzliche Informationen des öffentlichen Auftraggebers von diesem nicht innerhalb der in Abs. 3 normierten Fristen
zur Verfügung gestellt werden oder der öffentliche Auftraggeber wesentliche Änderungen an den Vergabeunterlagen vornimmt. Solche Störungen im Ablauf des Vergabeverfahrens, die im Verantwortungsbereich des Auftraggebers liegen, müssen im
Regelfall zu einer Verlängerung von Fristen führen. Auch hier muss die Verlängerung im Hinblick auf die Bedeutung der zusätzlichen Informationen bzw. der Änderungen für das Vergabeverfahren angemessen sein.[3] Nachträgliche **Fristverkürzungen** sind hingegen unzulässig, und zwar auch dann, wenn sie durch eine
Änderungsbekanntmachung veröffentlicht werden. Sie führen zumeist zu einer Einschränkung des Wettbewerbs, da die Unternehmen ihre Angebotsbearbeitung auf
die bereits bekannt gegebene Frist eingestellt haben und ihr Vertrauen insoweit
schutzwürdig ist.[4]

Die **Berechnung der Fristen** erfolgt nach den Vorschriften der VO (EWG) 3
Nr. 1182/71 des Rates v. 3.6.1971 zur Festlegung der Regeln für die Fristen, Daten
und Termine (vgl. dazu näher → § 82 Rn. 1 ff.). Gerechnet wird nach Kalendertagen, so dass auch Wochenenden, gesetzliche Feiertage etc in die Fristberechnung
einzubeziehen sind (Art. 3 Abs. 3 VO (EWG) Nr. 1182/71). Die Fristen beginnen
an dem ersten Tag nach der Absendung der Auftragsbekanntmachung bzw. der
Absendung der Aufforderung zur Angebotsabgabe. Der Tag der Absendung der
Auftragsbekanntmachung wird nicht mitgerechnet (Art. 3 Abs. 1 VO (EWG)
Nr. 1182/71).

Die VgV enthält, abweichend von der Vorgängerregelung des § 12 EG Abs. 1 3a
S. 2 VOL/A, keine Bestimmungen zur **Zuschlags- und Bindefrist.** Allerdings
verweist Art. 49 RL 2014/24/EU für den Inhalt von Auftragsbekanntmachungen
auf die Informationen nach Anhang V Teil C. Ziff. 21 lit. a jenes Anhangs fordert

---

[1] DSW/Wagner-Cardenal VgV § 20 Rn. 12; Müller-Wrede VgV/UVgO/Horn VgV § 20 Rn. 18.
[2] OLG Naumburg 20.9.2012 – 2 Verg 4/12, BeckRS 2012, 21448 zur Bewerbungsfrist im Verhandlungsverfahren mit Teilnahmewettbewerb; DSW/Wagner-Cardenal VgV § 20 Rn. 12; MüKoEuWettbR/Müller VgV § 20 Rn. 7.
[3] DSW/Wagner-Cardenal VgV § 20 Rn. 41.
[4] RKMPP/Rechten § 20 Rn. 42.

Völlink 1301

VgV § 20 Angemessene Fristsetzung; Pflicht zur Fristverlängerung

die Angabe einer Bindefrist bei offenen Verfahren. Abgesehen davon stellt ein öffentlicher Auftrag zivilrechtlich einen Vertragsschluss dar, für dessen Zustandekommen neben den Regelungen des Vergaberechts auch die zivilrechtlichen Bestimmungen Anwendung finden. Daher ist die Festlegung einer Bindefrist, also einer Frist, innerhalb der die Bieter an ihre Angebote gebunden sind, sowohl aus vergabe- als auch aus zivilrechtlicher Sicht unabdingbar.[5] Zur Bindefrist ausf. → VOB/A § 10 EU Rn. 16 ff. Auch die Bindefrist steht unter dem **Vorbehalt der Angemessenheit** und sollte so kurz wie möglich und nicht länger bemessen werden, als für eine zügige Prüfung und Wertung der Angebote benötigt wird.[6]

II. Angemessene Fristen (Abs. 1)

4   Nach S. 1 sind für den Eingang von Teilnahmeanträgen und Angeboten angemessene Fristen festzulegen. Diese **Generalklausel** gilt für sämtliche der in den §§ 15–19 VgV normierten Mindest-Fristen und auch für die Abgabe von Interessensbekundungen und Interessensbestätigungen.[7] Sie findet in allen Vergabearten Anwendung, somit auch in Verhandlungsverfahren ohne Teilnahmewettbewerb. Auch die Mindestfristen dürfen nicht ohne **Prüfung auf ihre Angemessenheit** im konkreten Einzelfall festgelegt werden. Vielmehr müssen auch sie im Lichte der Komplexität der konkreten Beschaffungsmaßnahme angemessen, dh sachgerecht, sein.[8] Reicht etwa die Mindest-Angebotsfrist im offenen Verfahren (§ 15 Abs. 2 VgV) aufgrund der Komplexität des Verfahrens für die Angebotsausarbeitung nicht aus, ist sie von vornherein länger zu bemessen.[9]

5   **Sinn und Zweck** des Gebots der Festsetzung angemessener Fristen ist es, unnötige Beschränkungen des unionsweiten Wettbewerbs durch zu kurze Fristsetzungen zu verhindern.[10] Es soll damit sichergestellt werden, dass den Unternehmen insbes. für die Angebotserstellung ausreichend Zeit zur Verfügung steht, um Nachteile aufgrund einer nicht ordnungsgemäßen Angebotskalkulation zu vermeiden.[11] Das Gebot schützt Auftraggeber und Unternehmen gleichermaßen, denn zu kurze Fristen schränken den Wettbewerb ein und nehmen den Unternehmen die Möglichkeit, ihr Angebot sorgfältig zu kalkulieren. Ein solches, nicht hinreichend kalkuliertes Angebot kann für den Auftraggeber de facto unwirtschaftlich sein und insbes. bei der Vertragsausführung wegen des Risikos von Nachträgen Nachteile mit sich bringen.

6   Die Bemessung der **Angebotsfrist** hängt einerseits von der **Komplexität der zu vergebenden Leistung** ab.[12] So sind generell längere Fristen festzulegen, wenn komplexe Leistungen ausgeschrieben und aufwändig zu kalkulieren sind. Das gilt namentlich für **GU-Ausschreibungen**[13] und **ÖPP-Ausschreibungen**, bei denen eine den Schwierigkeiten angepasste, großzügige Fristsetzung notwendig ist; für letztere sind Fristen für die Abgabe des ersten Angebotes von drei bis fünf Monaten

---

[5] MüKoEuWettbR/Müller VgV § 20 Rn. 25; DSW/Wagner-Cardenal VgV § 20 Rn. 61; RKMPP/Rechten § 20 Rn. 46.
[6] RKMPP/Rechten § 20 Rn. 57.
[7] Müller-Wrede VgV/UVgO/Horn VgV § 20 Rn. 14.
[8] OLG Naumburg 20.9.2012 – 2 Verg 4/12, BeckRS 2012, 21448; DSW/Wagner-Cardenal VgV § 20 Rn. 12; MüKoEuWettbR/Müller VgV § 20 Rn. 7.
[9] VK Bund 28.9.2005 – VK 2–120/05, BeckRS 2005, 152096.
[10] OLG Naumburg 20.9.2012 – 2 Verg 4/12, BeckRS 2012, 21448; RKMPP/Rechten § 20 Rn. 1.
[11] VK Bund 28.9.2005 – VK 2–120/05, BeckRS 2005, 152096.
[12] VK Sachsen 9.12.2002 – 1/SVK/102-02, ZfBR 2003, 302; RKMPP/Rechten § 20 Rn. 16; DSW/Wagner-Cardenal VgV § 20 Rn. 17 ff.
[13] VK Sachsen 1.2.2002 – 1/SVK/139-01, IBRRS 2004, 3750.

die Regel. Einer längeren Frist bedarf es zB auch dann, wenn damit zu rechnen ist, dass sich aufgrund der Komplexität der Beschaffungsmaßnahme Bietergemeinschaften an der Ausschreibung beteiligen werden.[14] Hier muss der Zeitbedarf der Unternehmen für die Abstimmung der Partner der Bietergemeinschaft berücksichtigt werden. Auch bei einer **funktionalen Ausschreibung,** bei der neben den wirtschaftlichen Daten zusätzlich Pläne, technische Berechnungen oder Konzepte abverlangt werden, ist die Angebotsfrist entspr. dem erhöhten Arbeitsumfang zu bemessen.[15]

Gleichermaßen ist der voraussichtliche **Zeitbedarf der Unternehmen** für die 7 Ausarbeitung der Angebote zu berücksichtigen. Dabei kommt es auf ein durchschnittliches Unternehmen an.[16] Es bleibt dessen Organisation und Risikosphäre überlassen, mit welchem Engagement und Personaleinsatz es sich an der Ausschreibung beteiligt. Ein zu knapper Personaleinsatz des Unternehmens bei der Angebotsausarbeitung kann dem Auftraggeber deshalb nicht entgegenhalten werden.[17] Urlaubs- und Betriebsruhezeiten während des Laufs der Angebotsfrist sind bei der Bemessung der Angebotsfrist ebenfalls zu berücksichtigen.[18]

Teilnahmefristen in einem Teilnahmewettbewerb dürfen sich ebenfalls nicht 8 pauschal an der Mindestfrist orientieren. Auch sie müssen einzelfallbezogen angemessen, dh sachgerecht, festgelegt werden, um dem Bewerbern eine ordnungsgemäße und aussichtsreiche Bewerbung zu ermöglichen.[19] Dabei sind das Anforderungsprofil der Bewerbungsbedingungen im Vergleich zum Regelfall einer solchen Ausschreibung und sonstige besondere Umstände, etwa die Notwendigkeit des Ausgleichs des Wissensvorsprungs eines Projektanten (§ 7 VgV), zu berücksichtigen.[20] Bei der Bemessung der Teilnahmefrist ist die **voraussichtliche Bearbeitungszeit** zur Erstellung des Teilnahmeantrags, namentlich der Umfang der innerhalb dieser Frist von dem Unternehmen zu erledigenden Aufgaben, einzurechnen.[21] Ist ein komplexes Vorhaben, bei dem zB auch die Planung und Finanzierung beauftragt werden sollen, mit hohen Anforderungen an den Nachweis der Eignung ausgeschrieben, ist eine deutlich über der Mindestfrist liegende Teilnahmefrist vorzusehen.[22] Werden Nachweise, die durch Dritte ausgestellt werden (etwa behördliche Genehmigungen etc), oder etwa die Ausarbeitung von Konzepten oder Lösungsvorschlägen verlangt, muss der hierfür zusätzliche Zeitbedarf hinzugerechnet werden.[23]

Nach § 38 Abs. 3 VgV kann die Mindestfrist für den Eingang von Angeboten 9 im offenen Verfahren auf 15 Tage und im nicht offenen Verfahren oder Verhandlungsverfahren auf zehn Tage verkürzt werden, wenn der öffentliche Auftraggeber eine **Vorinformation** gem. § 38 Abs. 1 VgV veröffentlicht hat. Die Vorinformation muss die in Spalte 7 der Tabelle 2 des Anhangs der Durchführungsverordnung (EU) 2019/1780 geforderten Informationen enthalten und innerhalb des in § 38 Abs. 3 Nr. 2 VgV normierten Zeitkorridors an das Amt für Veröffentlichungen der EU übermittelt worden sein. Diese Option der Fristverkürzung bleibt nach

---

[14] DSW/Wagner-Cardenal VgV § 20 Rn. 21; RKMPP/Rechten § 20 Rn. 18.
[15] RKMPP/Rechten § 20 Rn. 17.
[16] OLG München 25.3.2019 – Verg 10/18, BeckRS 2019, 5289; VK Bund 18.1.2019 – VK 1–113/18, VPRRS 2019, 0051.
[17] VK Lüneburg 20.11.2000 – 203-VgK-13/2000, IBRRS 93390; DSW/Wagner-Cardenal VgV § 20 Rn. 19; RKMPP/Rechten § 20 Rn. 15.
[18] RKMPP/Rechten § 20 Rn. 18.
[19] OLG Naumburg 20.9.2012 – 2 Verg 4/12, BeckRS 2012, 21448.
[20] OLG Naumburg 20.9.2012 – 2 Verg 4/12, BeckRS 2012, 21448.
[21] OLG Naumburg 20.9.2012 – 2 Verg 4/12, BeckRS 2012, 21448; DSW/Wagner-Cardenal VgV § 20 Rn. 21; RKMPP/Rechten § 20 Rn. 14.
[22] OLG Naumburg 20.9.2012 – 2 Verg 4/12, BeckRS 2012, 21448.
[23] DSW/Wagner-Cardenal VgV § 20 Rn. 21; RKMPP/Rechten § 20 Rn. 14.

VgV § 20 Angemessene Fristsetzung; Pflicht zur Fristverlängerung

S. 2 unberührt. Auch solche, aufgrund einer Vorinformation **verkürzten Mindestfristen** stehen unter dem **Vorbehalt der Angemessenheit**. Der Auftraggeber darf deshalb nur dann von der Verkürzung der Angebotsfrist Gebrauch machen, wenn die verbleibende Angebotsfrist für die teilnehmenden Unternehmen ausreichend ist.[24]

III. Ortsbesichtigung und Einsicht in die Vergabeunterlagen vor Ort (Abs. 2)

10 Abs. 2 enthält das Gebot, die Angebotsfrist von vornherein, dh vor dem Beginn der Ausschreibung, ausreichend zu bemessen, wenn die Angebote nur nach einer Ortsbesichtigung[25] oder nach Einsichtnahme der Anlagen zu den Vergabeunterlagen beim öffentlichen Auftraggeber erstellt werden können. Auch derartige, nicht in der Risikosphäre der Unternehmen liegende Umstände führen zu einem höheren Angebotsbearbeitungsaufwand, der bei der Bemessung der Angebotsfrist zwingend zu berücksichtigen ist.[26] In diesen Fällen müssen alle interessierten Unternehmen von den notwendigen Informationen unter gewöhnlichen Umständen Kenntnis nehmen können.[27]

11 Über den Umfang der Fristverlängerung ist nach pflichtgemäßem Ermessen unter Berücksichtigung der Umstände des Einzelfalles zu entscheiden. Ist eine Ortsbesichtigung notwendig, ist der gewöhnliche Zeitaufwand für deren Durchführung zzgl. An- und Rückreise einzurechnen. Daneben sind etwa der Umfang von nicht übersandten Unterlagen und der Zeitpunkt, wann sie zur Einsichtnahme zur Verfügung stehen, zu berücksichtigen.[28]

IV. Verlängerung der Angebotsfrist (Abs. 3)

11a Nach Erwgr. 81 RL 2014/24/EU kann die Notwendigkeit sicherzustellen, dass die Wirtschaftsteilnehmer über genügend Zeit für die Erstellung entspr. Angebote verfügen, dazu führen, dass die ursprünglich festgelegten Fristen verlängert werden müssen. Art. 47 Abs. 3 RL 2014/24/EU normiert insoweit zwei Fallgruppen, in denen eine Verlängerung der ursprünglichen Angebotsfrist zwingend zu erfolgen hat. Abs. 3 setzt dies in innerstaatliches Recht um. Danach ist die Angebotsfrist zwingend – nachträglich, dh nach Beginn der Ausschreibung – zu verlängern, wenn durch den öffentlichen Auftraggeber **zusätzliche Informationen** zur Verfügung gestellt werden (S. 1 Nr. 1) oder wenn der öffentliche Auftraggeber **wesentliche Änderungen** an den Vergabeunterlagen vornimmt (S. 1 Nr. 2). Die Fristverlängerung muss in einem angemessenen Verhältnis zur Bedeutung der Information oder Änderung stehen und gewährleisten, dass alle Unternehmen von den Informationen oder Änderungen Kenntnis nehmen können (S. 2). Wenngleich Abs. 3 ausdr. nur die Verlängerung von Angebotsfristen normiert, besteht gleichsam die Pflicht zur

---

[24] VK Sachsen 9.12.2002 – 1/SVK/102-02, ZfBR 2003, 302.

[25] OLG Brandenburg 15.3.2011 – Verg W 5/11, BeckRS 2011, 6544 zur Zulässigkeit der Forderung nach einer Ortsbesichtigung. Führt der öffentliche Auftraggeber mit allen Bietern gemeinsam einen Ortstermin durch, so begründet diese Verletzung der Geheimhaltungspflicht einen schweren, den Grundsatz der Wirtschaftlichkeit und Sparsamkeit beeinträchtigenden Vergabeverstoß wegen der Gefahr unzulässiger wettbewerbsverzerrender Preisabsprachen zwischen den einzelnen Bietern: BVerwG 30.1.2014 – 8 B 27.13, NZBau 2014, 524.

[26] Vgl. dazu OVG Bln-Bbg 27.2.2013 – OVG 6 B 34.12, BeckRS 2013, 50112.

[27] VK Bund 8.4.2021 – VK 2-23/21, VPRRS 2021, 0142.

[28] DSW/Wagner-Cardenal VgV § 20 Rn. 40; RKMPP/Rechten § 20 Rn. 27.

Angemessene Fristsetzung; Pflicht zur Fristverlängerung § 20 VgV

Verlängerung von Teilnahmefristen in einem zweistufigen Verfahren mit Teilnahmewettbewerb in den hier geregelten Fällen.[29] Abs. 3 führt nicht dazu, dass der öffentliche Auftraggeber in anderen, nicht von Abs. 3 erfassten Fällen keine Verlängerung der ursprünglich gesetzten Angebotsfrist anordnen darf.[30] Die Verlängerung von Teilnahme- und Angebotsfristen außerhalb der von Abs. 3 angesprochenen Sachverhalte ist vielmehr aus sachgerechten Gründen zulässig, da der öffentliche Auftraggeber den Bietern immer genügend Zeit für die Erstellung der Angebote einräumen muss (Abs. 1). Das kann auch dazu führen, dass die ursprünglich festgelegten Fristen im erforderlichen Umfang verlängert werden müssen, ohne dass ein Sachverhalt iSd Abs. 3 vorliegt.[31] Die betreffende Entscheidung zur Fristverlängerung muss sich in den Grenzen einer sachgerechten Ermessensausübung bewegen, die überschritten werden, wenn sachfremde Erwägungen, wie etwa die bewusste Bevorzugung von Bietern, eine Rolle spielen (vgl. dazu unten → Rn. 25). **11b**

1. Zusätzliche Informationen (S. 1 Nr. 1)

Angebotsfristen sind – abgesehen von den in § 41 Abs. 2 und 3 VgV geregelten Fällen – nachträglich, dh nach Beginn der Ausschreibung, zu verlängern, wenn zusätzliche Informationen trotz rechtzeitiger Anforderung durch ein Unternehmen von dem öffentlichen Auftraggeber nicht spätestens sechs Tage vor Ablauf der Angebotsfrist zur Verfügung gestellt werden. In den Fällen eines beschleunigten offenen Verfahrens (§ 15 Abs. 3 VgV), eines beschleunigten nicht offenen Verfahrens (§ 16 Abs. 7 VgV) oder eines beschleunigten Verhandlungsverfahrens (§ 17 Abs. 8 VgV) liegt die untere zeitliche Grenze für die Bereitstellung der zusätzlichen Informationen bei vier Tagen. Eine Verlängerung der Frist ist nicht geboten, wenn die Informationen für die Erstellung des Angebotes unerheblich sind oder die Informationen nicht rechtzeitig angefordert worden waren (S. 3). Anders als die Vorgängerregelung des § 12 EG Abs. 8 VOL/A verlangt Nr. 1 nicht mehr explizit, rechtzeitig angeforderte Auskünfte spätestens sechs Tage bzw. – in den Fällen der beschleunigten Vergabe nach § 15 Abs. 3 VgV, § 16 Abs. 7 VgV und § 17 Abs. 8 VgV – vier Tage vor Ablauf der Angebotsfrist zur Verfügung zu stellen.[32] Stattdessen stellt die Vorschrift auf die für die Verfahrensbeteiligten wirksamere Konsequenz ab, bei verspäteter Informationsübermittlung die Angebotsfrist verlängern zu müssen.[33] Gleichwohl besteht kein Zweifel daran, dass der öffentliche Auftraggeber verpflichtet ist, ergänzende Auskünfte auf Fragen der Bewerber und Bieter zu erteilen.[34] Das ergibt sich unmittelbar aus Art. 53 Abs. 3 RL 2014/24/EU, der fordert, dass „ergänzende Auskünfte zu den Spezifikationen und den zusätzlichen Unterlagen (…) die öffentlichen Auftraggeber allen am Vergabeverfahren teilnehmenden Bietern [erteilen], sofern sie rechtzeitig angefordert worden sind (…)". Die in Art. 53 Abs. 3 RL 2014/24/EU enthaltene **Pflicht zur Erteilung ergänzender Auskünfte** findet unmittelbare Anwendung, da sie **12**

---

[29] OLG Düsseldorf 28.3.2018 – VII-Verg 40/17, BeckRS 2018, 10390; RKMPP/Rechten § 20 Rn. 40.
[30] VK Bund 15.10.2018 – VK 1–89/18, VPRRS 2018, 0340; DSW/Wagner-Cardenal VgV § 20 Rn. 42.
[31] VK Bund 15.10.2018 – VK 1–89/18, VPRRS 2018, 0340.
[32] VK Südbayern 20.5.2019 – Z3-3-3194-1-05-02/19.
[33] VK Lüneburg 19.9.2019 – VgK-33/2019, VPRRS 2020, 0019; RKMPP/Rechten § 20 Rn. 31.
[34] VK Südbayern 20.5.2019 – Z3-3-3194-1-05-02/19; VK Bund 27.1.2017 – VK 2–131/16, BeckRS 2017, 113308; DSW/Wagner-Cardenal VgV § 20 Rn. 54; RKMPP/Rechten § 20 Rn. 31.

VgV § 20   Angemessene Fristsetzung; Pflicht zur Fristverlängerung

hinreichend genau und unbedingt ist.[35] Zur Erteilung von Auskünften zu den Vergabeunterlagen vgl. auch → VOB/A § 12a Rn. 10–16.

13   Die **Auskunftsfristen** werden wie folgt **berechnet**: Der Tag der Angebotsöffnung wird bei der Fristberechnung nicht mitgerechnet (Art. 3 Abs. 1 S. 2 VO (EWG) Nr. 1182/71; § 187 Abs. 1 BGB). Ausgangspunkt ist der Tag, der dem Ablauf der Angebotsfrist vorhergeht. Von diesem Tag an sind sechs bzw. vier Kalendertage zurückzurechnen. Die Frist endet mit dem Ablauf der letzten Stunde des letzten Tages der Frist (Art. 3 Abs. 2 VO (EWG) Nr. 1182/71; § 187 Abs. 2 S. 1 BGB).[36] Für die Rechtzeitigkeit der Auskunft kommt es auf den Zugang bei den Unternehmen an („zur Verfügung gestellt"). Die Fristen sind eine absolute Untergrenze, die zur Verfügung stehen muss, damit die Unternehmen die Informationen noch in ihr Angebot einarbeiten können.[37]

14   Die Auskunftspflicht des öffentlichen Auftraggebers dient der Einhaltung eines fairen, mit möglichst großer Beteiligung geführten Wettbewerbs und der Gleichbehandlung der Bieter.[38] Hinsichtlich aller angeforderten Informationen besteht eine **uneingeschränkte** und **umfassende Auskunftspflicht**.[39] Die zusätzlichen Informationen müssen ggü. allen Unternehmen **in gleicher Weise** erteilt werden.[40] Dies ergibt sich aus dem Grundsatz der Gleichbehandlung und der Bedeutung einer einheitlichen Informationsbasis aller Bieter für den Erhalt vergleichbarer Angebote und damit für einen fairen Wettbewerb. Besonders wichtig ist auch die Herstellung von Transparenz. Jeder Bieter muss sein Angebot in dem Vertrauen erstellen können, dass er über dieselben Informationen verfügt wie seine Mitbewerber. Muss er befürchten, dass ohne sein Wissen Informationen fließen, so erschüttert dies das Vertrauen in den gleichbehandlenden Vergabewettbewerb.[41] Der Auftraggeber ist daher verpflichtet, jede Information gleichermaßen allen Unternehmen zur Verfügung zu stellen. Nur im Ausnahmefall kann eine Bieterfrage individuell beantwortet werden, wenn sie offensichtlich ein individuelles Missverständnis des Bieters betrifft und die allseitige Beantwortung der Frage Betriebs- oder Geschäftsgeheimnisse verletzen oder die Identität des Bieters preisgeben würde.[42] Wird der Auftraggeber

---

[35] VK Südbayern 20.5.2019 – Z3-3-3194-1-05-02/19; Müller-Wrede VgV/UVgO/Schwabe VgV § 37 Rn. 273.

[36] VK Sachsen 24.4.2008 – 1/SVK/015-08, BeckRS 2008, 10072.

[37] VK Sachsen 9.12.2002 – 1/SVK/102-02, ZfBR 2003, 302.

[38] OLG Naumburg 23.7.2001 – 1 Verg. 2/01, IBRRS 2003, 1066; VK Südbayern 20.5.2019 – Z3-3-3194-1-05-02/19; VK Bund 27.1.2017 – VK 2–131/16, BeckRS 2017, 113308; 28.1.2017 – VK 2–129/16, BeckRS 2017, 111301 (sehr instruktiv); 11.9.2002 – VK 2–42-02, VPRRS 2013, 1764; VK Sachsen 24.8.2016 – 1/SVK/017-16, VPRRS 2016, 0435; 24.4.2008 – 1/SVK/015-08, BeckRS 2008, 10072; Müller-Wrede VgV/UVgO/Horn VgV § 20 Rn. 28.

[39] VK Bund 28.1.2017 – VK 2–129/16, BeckRS 2017, 111301; VK Sachsen 24.8.2016 – 1/SVK/017-16, VPRRS 2016, 0435; instruktiv VK Südbayern 20.5.2019 – Z3-3-3194-1-05-02/19 zur **Auskunftspflicht im Verhandlungsverfahren:** Sobald sich der öffentliche Auftraggeber gem. § 17 Abs. 11 VgV vorbehalten hat, den Zuschlag ohne Verhandlungen auf das Erstangebot zu erteilen, muss er sich hinsichtlich der Beantwortung von im Teilnahmewettbewerb gestellten Fragen zum gem. § 29 Abs. 1 VgV zur Verfügung gestellten Vertrag so behandeln lassen, dass er nicht verhandelt. Damit sind in diesen Fällen alle Fragen (auch zum Vertrag) umfassend bereits im Teilnahmewettbewerb zu beantworten, ein Verweis auf künftige Verhandlungen ist unzulässig. Fehlt der Vorbehalt, kann statt der Beantwortung der Bieterfrage in geeigneten Fällen auf die kommenden Verhandlungen verwiesen werden.

[40] VK Bund 27.1.2017 – VK 2–131/16, BeckRS 2017, 113308; VK Sachsen 24.8.2016 – 1/SVK/017-16, VPRRS 2016, 0435.

[41] VK Bund 27.1.2017 – VK 2–131/16, BeckRS 2017, 113308.

[42] VK Sachsen 24.8.2016 – 1/SVK/017-16, VPRRS 2016, 0435. Indessen sind selbst dann die Fragen und Antworten so zu abstrahieren, dass Bieteröffentlichkeit hergestellt werden kann.

etwa durch die Frage eines Bieters darauf aufmerksam gemacht, dass ihm Fehler unterlaufen sind, die zumindest in der Summe geeignet sind, bei einem Unternehmen einen Irrtum über eine wesentliche Förmlichkeit des Vergabeverfahrens zu erwecken, darf er sich nicht damit begnügen, nur das fragende Unternehmen aufzuklären. Er ist vielmehr verpflichtet, alle Unternehmen unverzüglich zu informieren und so einem möglichen Irrtum entgegenzuwirken.[43] Werden nur einem Unternehmen wettbewerbs- und preisrelevante Kalkulationsgrundlagen zur Verfügung gestellt, kann diese Ungleichbehandlung mangels vergleichbarer Angebote zur Rückversetzung oder im Ausnahmefall zur Aufhebung des Vergabeverfahrens führen.[44] Dabei reicht es aus, dass nicht ausgeschlossen werden kann, dass die unterbliebene Bieteröffentlichkeit auf die Angebotserstellung Auswirkungen hatte.[45] Hinsichtlich der **Form** der Anforderung und Erteilung zusätzlicher Informationen schreibt § 9 Abs. 1 VgV die Verwendung elektronischer Mittel vor.

Die Verlängerung der Angebotsfrist setzt voraus, dass die zusätzlichen Informationen **rechtzeitig angefordert** wurden. Wann ein Auskunftsersuchen idS rechtzeitig ist, ist in Nr. 1 nicht geregelt. Um Fragen in der gebotenen Tiefe innerhalb des normierten Zeitfensters beantworten zu können, kann und sollte der Auftraggeber eine **Ausschlussfrist für den Eingang von Fragen** festlegen, die vor den Fristen der Nr. 1 enden darf.[46] Dies ist zulässig, denn Zweck der Vorschrift ist es auch, den individuellen Klärungsbedarf der Unternehmen so zu kanalisieren, dass ein geordneter Ablauf des Vergabeverfahrens nicht beeinträchtigt wird.[47] Geht in solchen Fällen ein Auskunftsersuchen rechtzeitig, aber so kurz vor Fristablauf ein, dass dem Auftraggeber eine sachgerechte Auskunft aus zeitlichen Gründen nicht mehr möglich ist, hat er die Angebotsfrist angemessen zu verlängern; eine Zurückweisung der Bieterfragen als verspätet ist unzulässig, weil der Auftraggeber an die von ihm selbst gesetzte Auskunftsfrist gebunden ist.[48] Nach Fristablauf eingehende Fragen kann der Auftraggeber nach pflichtgemäßer Prüfung als nicht mehr rechtzeitig behandeln.[49]

15

Das gilt allerdings nicht ausnahmslos: Deckt eine an sich verfristete Frage relevante **Defizite oder Unklarheiten der Vergabeunterlagen** auf, hat der Auftraggeber stets die geeigneten Konsequenzen iS einer Korrektur oder Klarstellung daraus abzuleiten. Es geht in solchen Fällen bei Lichte betrachtet nicht um den Umgang mit Bieterfragen, sondern im Kern um die Verpflichtung des Auftraggebers, ein rechtskonformes Vergabeverfahren durchzuführen. Die betreffende Bieterfrage stellt sich dann lediglich als Auslöser dafür dar, dass der Auftraggeber seinerseits ein Defizit oder sogar einen Fehler in den Vergabevorgaben erkennt, den er vorher nicht gesehen hatte. Da erkannte Defizite oder Fehler **in jedem Stand des Vergabeverfahrens zu korrigieren** sind, muss der Auftraggeber Klarstellungen für alle interessierten Unternehmen herbeiführen, und zwar unabhängig davon, wie kurzfristig die Frage vor dem Ablauf der Angebotsfrist eingeht. Hierfür steht die Möglichkeit der Verlängerung der Angebotsfrist zur Verfügung, falls die Klarstellung/Korrektur bedingt, dass die Bieter mehr

15a

---

[43] OLG Koblenz 30.4.2014 – 1 Verg 2/14, ZfBR 2014, 705; VK Bund 28.1.2017 – VK 2–129/16, BeckRS 2017, 111301.

[44] VK Bund 27.1.2017 – VK 2–131/16, BeckRS 2017, 113308; VK Sachsen 24.8.2016 – 1/SVK/017-16, VPRRS 2016, 0435; VK Lüneburg 24.11.2003 – 203-VgK-29/2003, IBRRS 2004, 0020.

[45] VK Bund 27.1.2017 – VK 2–131/16, BeckRS 2017, 113308; VK Sachsen 24.8.2016 – 1/SVK/017-16, VPRRS 2016, 0435.

[46] VK Nordbayern 18.12.2018 – RMF-SG21-3194-3-35, VPRRS 2019, 0127; RKMPP/Rechten § 20 Rn. 30.

[47] OLG Saarbrücken 18.5.2016 – 1 Verg 1/16, BeckRS 2016, 10023; VK Sachsen 24.4.2008 – 1/SVK/015-08, BeckRS 2008, 10072; RKMPP/Rechten § 20 Rn. 30.

[48] VK Nordbayern 18.12.2018 – RMF-SG21-3194-3-35, VPRRS 2019, 0127.

[49] VK Baden-Württemberg 26.3.2010 – 1 VK 11/10, BeckRS 2010, 24477.

VgV § 20 Angemessene Fristsetzung; Pflicht zur Fristverlängerung

Zeit benötigen, um die Angebotserstellung auf die neuen Informationen auszurichten.[50] Bieter haben das Recht, die Angebotsfrist vollständig auszuschöpfen und sich auch noch weniger als sechs Tage vor deren Ablauf intensiv mit den Vergabeunterlagen zu beschäftigen. Wenn erst kurz vor Ablauf der Angebotsfrist eine Unklarheit auftaucht, die berechtigterweise Defizite aufdeckt, so kann der Auftraggeber die Beantwortung und die Veröffentlichung nicht mit dem Argument ablehnen, die Frage sei zu spät gestellt worden. Der häufig in Vergabeunterlagen anzutreffende Hinweis „Später eingehende Bieterfragen werden nicht beantwortet" entbindet Auftraggeber somit keinesfalls davon, jede eingehende Bieterfrage auf ihre Relevanz hin zu prüfen und zu beantworten. Der Auftraggeber muss in jedem Stadium des Vergabeverfahrens für dessen Rechtmäßigkeit sorgen und darf nicht Unklarheiten, die durch eine Frage aufgedeckt werden, stehen lassen, nur weil die Frage nicht mindestens sechs Tage vor Ablauf der Angebotsfrist eingegangen ist. Die Möglichkeit zur Verlängerung der Angebotsfrist steht bei einer solchen Sachlage zur Verfügung und ist zu ergreifen.[51]

16 In den Fällen, in denen keine Ausschlussfrist für die Stellung von Fragen gesetzt wurde, sind nur solche Auskunftsersuchen rechtzeitig, die nicht nur spätestens sechs bzw. (bei beschleunigten Verfahren) vier Kalendertage vor Ablauf der Angebotsfrist bei der Vergabestelle physisch eingehen, sondern von dem öffentlichen Auftraggeber auch unter Berücksichtigung des Zeitaufwands für die Prüfung und ggf. weiterer interner Abstimmungsprozesse innerhalb dieser Fristen sachgerecht beantwortet werden können.[52]

2. Wesentliche Änderungen der Vergabeunterlagen (S. 1 Nr. 2)

17 Angebotsfristen sind auch dann zu verlängern, wenn der öffentliche Auftraggeber wesentliche Änderungen an den Vergabeunterlagen vornimmt. Gleiches gilt für die Teilnahmefristen im Teilnahmewettbewerb.[53] Der Begriff der „Vergabeunterlagen" ist in Art. 2 Abs. 1 Nr. 13 RL 2014/24/EU und § 29 Abs. 1 VgV legal definiert. Es handelt sich dabei um sämtliche Unterlagen, die von dem öffentlichen Auftraggeber erstellt werden oder auf die er sich bezieht, um die Bestandteile der Auftragsvergabe oder des Verfahrens zu beschreiben oder festzulegen. Dazu zählen idR die Auftragsbekanntmachung, die Vorinformationen, sofern sie als Aufruf zum Wettbewerb dienen, das Anschreiben mit der Aufforderung zur Abgabe von Teilnahmeanträgen und Angeboten, die Beschreibung der Einzelheiten der Durchführung des Verfahrens (Bewerbungsbedingungen) einschl. der Angabe der Eignungs- und Zuschlagskriterien und die Vertragsunterlagen, die aus der Leistungsbeschreibung und den Vertragsbedingungen bestehen.

18 Was unter **wesentlichen Änderungen** der Vergabeunterlagen zu verstehen ist, besagt die Vorschrift nicht. Zumindest nach dem Wortlaut liegt die „wesentliche Änderung" noch unterhalb der „grundlegenden Änderung" iSv § 17 EU Abs. 1 Nr. 2 VOB/A.[54] Auch § 132 GWB bietet keine Auslegungshilfe. Jene Vorschrift bezieht sich auf den Auftrag als solchen und nicht die Vergabeunterlagen und steht damit in einem ganz anderen Zusammenhang.[55] Nach Erwgr. 81 der RL 2014/24/EU sind unter wesentlichen Änderungen Modifikationen zu verstehen, bei denen die Unternehmen für die Erfassung und die entspr. Reaktion zusätzliche Zeit benötigen. Das gilt namentlich für Änderungen der technischen Spezifikationen. Änderungen an den

---

[50] VK Bund 28.1.2017 – VK 2–129/16, BeckRS 2017, 111301.
[51] VK Bund 28.1.2017 – VK 2–129/16, BeckRS 2017, 111301.
[52] DSW/Wagner-Cardenal VgV § 20 Rn. 46; RKMPP/Rechten § 20 Rn. 30.
[53] OLG Düsseldorf 28.3.2018 – VII-Verg 40/17, BeckRS 2018, 10390 bei nachträglicher Änderungen an Anforderungen an Referenzen in einer Änderungsbekanntmachung.
[54] OLG München 25.3.2019 – Verg 10/18, BeckRS 2019, 5289.
[55] OLG Düsseldorf 28.3.2018 – VII-Verg 40/17, BeckRS 2018, 10390.

Vergabeunterlagen sind idR wesentlich, wenn sie sich kausal auf die Angebotserstellung bzw. die Erstellung des Teilnahmeantrags auswirken[56] und insbes. **kalkulationserheblich** sind.[57] Es kommt also darauf an, ob sich für den durchschnittlichen Bieter[58] überraschende neue Umstände ergeben, die zeitaufwändige Maßnahmen erfordern, weil sie zB im Rahmen einer Neukalkulation des Angebotes in Anpassung an die geänderten Bedingungen verarbeitet werden müssen.[59] Wie sich aus Erwgr. 81 der RL 2014/24/EU ergibt, braucht die Änderung nicht so schwerwiegend zu sein, dass es in ihrer Folge zu einer substanziellen Auftragsänderung mit dem Ergebnis kommt, dass das Vergabeverfahren eventuell noch für andere Bewerber interessant wird.[60] Der öffentliche Auftraggeber hat nach pflichtgemäßem Ermessen einzelfallbezogen zu prüfen, ob und ggf. wie erheblich sich die Änderung auf den Zeitbedarf für die Ausarbeitung der Angebote auswirkt.[61] Da die Unternehmen auf eine ordnungsgemäße Erstellung der Vergabeunterlagen durch den öffentlichen Auftraggeber vertrauen dürfen und deshalb grds. nicht mit wesentlichen Änderungen der Vergabeunterlagen, die aus dem Verantwortungsbereich des Auftraggebers herrühren, rechnen müssen, ist die Schwelle zur Bejahung der „Wesentlichkeit" niedrig anzusetzen.

Auf der anderen Seite kann es sich bei den wesentlichen Änderungen iSd Vorschrift nur um solche handeln, die im laufenden Vergabeverfahren auch vorgenommen werden dürfen. MaW: Die Änderungen dürfen inhaltlich nicht so wesentlich sein, dass andere als die ursprünglich ausgewählten Bewerber zugelassen worden wären oder dass das Interesse zusätzlicher Unternehmen am Vergabeverfahren geweckt worden wäre. Dies ist nach Erwgr. 81 der RL 2014/24/EU insbes. dann der Fall, wenn die Änderungen dazu führen würden, dass sich der Auftrag von der Art her substanziell von dem unterscheidet, was ursprünglich in den Vergabeunterlagen festgelegt war. In solchen Fällen sind die Änderungen zwar wesentlich; jedoch reicht die bloße Verlängerung der Angebotsfrist nicht aus.

Wesentliche Änderungen der Vergabeunterlagen können auch die Angaben in der Auftragsbekanntmachung betreffen, etwa die Änderung von dort veröffentlichten Eignungs-[62] und Zuschlagskriterien, deren Gewichtung und die dort enthaltenen Nachweismodalitäten. In solchen Fällen reicht eine Verlängerung der Angebotsfrist allein nicht aus. Vielmehr ist gleichermaßen zwingend eine unionsweite **Änderungsbekanntmachung** erforderlich.[63]

3. Umfang der Fristverlängerung (S. 2 und 3)

Sind die Voraussetzungen der Nr. 1 oder Nr. 2 erfüllt, ist die Angebotsfrist zu verlängern. Bei der Entscheidung über das „Ob" der Fristverlängerung steht dem Auftraggeber – wie der Wortlaut der Vorschrift zeigt („sind ... zu verlängern") – **kein Ermessensspielraum** zu.[64] Das folgt nicht nur aus dem Wortlaut und der Bezeichnung der Vorschrift („Pflicht zur Fristverlängerung"), sondern entspricht auch Art. 47 Abs. 3 RL 2014/24/EU, der ebenfalls eine Verpflichtung der öffentli-

---

[56] OLG Düsseldorf 28.3.2018 – VII-Verg 40/17, BeckRS 2018, 10390.
[57] OLG München 25.3.2019 – Verg 10/18, BeckRS 2019, 5289; Müller-Wrede VgV/UVgO/Horn VgV § 20 Rn. 32.
[58] OLG München 25.3.2019 – Verg 10/18, BeckRS 2019, 5289; VK Bund 18.1.2019 – VK 1–113/18, VPRRS 2019, 0051.
[59] VK Bund 18.1.2019 – VK 1–113/18, VPRRS 2019, 0051.
[60] OLG Düsseldorf 28.3.2018 – VII-Verg 40/17, BeckRS 2018, 10390.
[61] OLG München 25.3.2019 – Verg 10/18, BeckRS 2019, 5289; OLG Düsseldorf 28.3.2018 – VII-Verg 40/17, BeckRS 2018, 10390.
[62] OLG Düsseldorf 28.3.2018 – VII-Verg 40/17, BeckRS 2018, 10390.
[63] OLG Naumburg 30.4.2014 – 2 Verg 2/14, BeckRS 2014, 14969.
[64] OLG Düsseldorf 28.3.2018 – VII-Verg 40/17, BeckRS 2018, 10390.

chen Auftraggeber zur Fristverlängerung vorsieht. Dass dem öffentlichen Auftraggeber kein Ermessen eingeräumt wird, steht zudem im Einklang mit dem Willen des VgV-Verordnungsgebers[65], der davon spricht, dass § 20 VgV ein „Fristverlängerungsgebot" enthält. Eine Verlängerung ist nur dann nicht geboten, wenn die Information oder Änderung für die Erstellung des Angebotes unerheblich ist oder die Information nicht rechtzeitig angefordert wurde (S. 3).

22 S. 2 eröffnet dem öffentlichen Auftraggeber nur hinsichtlich des Umfangs der Fristverlängerung einen Spielraum. In welchem **Umfang** die Verlängerung zu erfolgen hat, ist somit nach pflichtgemäßem Ermessen unter Berücksichtigung der Umstände des Einzelfalles zu entscheiden. Dabei muss die Fristverlängerung in einem **angemessenen Verhältnis** zur Bedeutung der Information oder Änderung stehen und gewährleisten, dass alle Unternehmen von den Informationen oder Änderungen Kenntnis nehmen können. Entscheidend ist somit, welchen zusätzlichen Zeitbedarf die Unternehmen mit Blick auf die erteilten Informationen oder Änderungen zur sachgerechten Angebotsbearbeitung benötigen.[66] Bei der **Prognose,** wie viel zusätzliche Zeit erforderlich ist, sind der Umfang bzw. die Bedeutung der Änderungen zu berücksichtigen.[67] Als Faustformel kann gelten: Je erheblicher die zusätzliche Information bzw. Änderung das bisherige Verfahren modifiziert, desto großzügiger ist die neue Frist zu bemessen, damit die Unternehmen hinreichend Zeit haben, sich auf die neue Information oder die Änderung einzustellen und ihre Angebote daran auszurichten.[68] Auch der **Zeitpunkt,** zu dem die **Änderung** erfolgt, ist zu berücksichtigen.[69] Je früher die Änderung in den Vergabeunterlagen vorgenommen wird, desto mehr Zeit verbleibt für die Unternehmen, ihre Angebote zu erstellen. Hat die Information bzw. Änderung auf die Angebotserstellung hingegen keinen Einfluss, kann eine Fristverlängerung unterbleiben (S. 3).[70] Für die Angemessenheit der Fristverlängerung kommt es nicht allein darauf an, ob in dieser Zeit die Erstellung eines Angebotes abgeschlossen werden kann und dessen Übermittlung an den Auftraggeber in „technischer" Hinsicht noch möglich ist. Vielmehr muss die Fristverlängerung auch gewährleisten, dass ein Angebot in hoher Qualität mit echten Zuschlagschancen erstellt werden kann.[71] Im Zweifel sollte eine großzügige Fristverlängerung gewährt werden, weil ihre causa aus dem Verantwortungsbereich des Auftraggebers stammt und es auch in dessen wohlverstandenen Interesse liegt, unnötige Einschränkungen des Wettbewerbs durch zu knappe Fristen zu vermeiden.

23 Kein Fall des § 20 Abs. 3 VgV ist es, wenn den Bietern Gelegenheit zur Abgabe eines neuen Angebots gegeben werden muss. In diesen Fällen kann die neue Angebotsfrist kurz sein und muss sich nicht an den von den §§ 15–19 VgV vorgegebenen Fristen orientieren, da die Bieter bereits mit den Rahmenbedingungen der Ausschreibung vertraut sind und es für die Bieter nur noch um eine ggf. nötig werdende Anpassung der Preise geht.[72]

24 Für die Zulässigkeit der Fristverlängerung spielt der Zeitpunkt ihres Ausspruchs keine Rolle. Die Angebotsfrist kann somit auch erst kurz vor deren Ablauf verlängert

---

[65] BR-Drs. 87/16, 177.
[66] OLG München 25.3.2019 – Verg 10/18, BeckRS 2019, 5289; OLG Naumburg 30.4.2014 – 2 Verg 2/14, BeckRS 2014, 14969; RKMPP/Rechten § 20 Rn. 37.
[67] OLG München 25.3.2019 – Verg 10/18, BeckRS 2019, 5289.
[68] RKMPP/Rechten § 20 Rn. 37.
[69] OLG München 25.3.2019 – Verg 10/18, BeckRS 2019, 5289; RKMPP/Rechten § 20 Rn. 37.
[70] Dazu: VK Bund 18.1.2019 – VK 1–113/18, VPRRS 2019, 0051.
[71] OLG Naumburg 30.4.2014 – 2 Verg 2/14, BeckRS 2014, 14969, für eine verbleibende Teilnahmefrist nach Korrektur eines Bekanntmachungsfehlers.
[72] VK Bund 1.2.2011 – VK 3–135/10, VPRRS 2013, 0626.

werden.[73] Die Verlängerung der Frist zur Angebotsabgabe *nach* Ablauf der ursprünglichen Angebotsfrist ist ebenfalls zulässig. Dies gilt etwa dann, wenn der öffentliche Auftraggeber – zumeist veranlasst durch zahlreiche kurz vor Ablauf der Angebotsfrist eingehende Bieterfragen – erkennt, dass die Leistungsbeschreibung geändert werden muss. Während der öffentliche Auftraggeber die Vergabeunterlagen vor Ablauf der Angebotsfrist unproblematisch ändern und den Bietern neue Angebotsfristen gem. Abs. 3 S. 1 einräumen kann, ist eine später erfolgende Änderung im Wege einer Teilaufhebung der Ausschreibung, die der Korrektur eines zuvor begangenen Fehlers dient, durchzuführen.[74] In jedem Falle sind alle Bieter hierüber zu informieren.[75] Zusätzlich muss die Verlängerung der Angebotsfrist im Rahmen einer **Änderungsbekanntmachung** veröffentlicht werden, wenn die Fristverlängerung wettbewerbsrelevant ist.[76] Das ist in offenen Verfahren praktisch immer der Fall.[77]

Abgesehen von den in Abs. 3 normierten Fällen, in denen die Verlängerung der Angebotsfrist zwingend ist, kann der Auftraggeber die Angebotsfrist im Bedarfsfall nach pflichtgemäßem Ermessen verlängern.[78] Einer gesonderten gesetzlichen Ermächtigungsgrundlage zur Verlängerung der ursprünglich gesetzten Angebotsfrist bedarf es nicht. Aus dem Wortlaut des Abs. 3 allein, nämlich der zwingenden Anordnung einer Verlängerung, kann nicht auf den Ausschluss einer **fakultativen Verlängerung der Angebotsfrist** in anderen Fällen geschlossen werden. Da der Auftraggeber die Teilnahme- bzw. Angebotsfrist bereits in einem frühen Stadium des Vergabeverfahrens festlegen und mittels Auftragsbekanntmachung publizieren muss, ist es nicht unwahrscheinlich, dass während des Vergabeverfahrens neue Sachverhalte auftreten, die über § 20 Abs. 3 VgV hinausgehend eine Fristverlängerung notwendig machen können. Eine dann nicht ausreichende Teilnahme- bzw. Angebotsfrist kann deshalb im erforderlichen Umfang verlängert werden.[79] Das dem öffentlichen Auftraggeber hierbei zur Verfügung stehende **Ermessen** ist nur insoweit überprüfbar, als der Auftraggeber die Grenzen des Ermessens eingehalten hat und ob nicht sachfremde oder willkürliche Motive für die Verlängerung maßgebend waren. Bei der Ausübung dieses Ermessens darf der Auftraggeber berücksichtigen, welchen Umfang zB die Antworten auf Fragen haben, die Kompliziertheit von Sachverhalten etc.[80] Es darf auch berücksichtigt werden, ob und ggf. welches Risiko besteht, dass ein Nachprüfungsverfahren wegen einer von ihm abgelehnten Verlängerung der Angebotsfrist oder wegen einer zu kurz bemessenen Verlängerung eingeleitet wird, zumal dann, wenn eine Aussicht auf Erfolg dieses Nachprüfungsverfahrens nicht von vornherein ausgeschlossen werden kann.[81] Die **Grenze sachgerechter Ermessensausübung** bei der Entscheidung über die Verlängerung der Angebotsfrist ist erst dann überschritten, wenn sachfremde Erwägungen bei dieser Entscheidung eine Rolle spielen. Eine solche sachfremde

---

[73] OLG Brandenburg 12.1.2010 – Verg W 5/09, BeckRS 2010, 1942.

[74] VK Bund 13.10.2022 – VK 1–83/22, VPRRS 2022, 0273: Eine bereits erfolgte Submission schließt eine Fehlerkorrektur nicht aus.

[75] OLG Koblenz 30.4.2014 – 1 Verg 2/14, ZfBR 2014, 705; OLG Celle 4.3.2010 – 13 Verg 1/10, NZBau 2010, 333; OLG Brandenburg 12.1.2010 – Verg W 5/09, BeckRS 2010, 1942; OLG Dresden 14.4.2000 – WVerg-0001/00, IBR 2000, 351.

[76] DSW/Wagner-Cardenal VgV § 20 Rn. 28.

[77] OLG Naumburg 30.4.2014 – 2 Verg 2/14, BeckRS 2014, 14969: Die wirksame Heilung eines Fehlers im Bekanntmachungstext setzt eine Veröffentlichung der Berichtigung in dem Pflichtmedium, hier im Supplement des Amtsblatts der EU voraus; anders OLG Celle 4.3.2010 – 13 Verg 1/10, NZBau 2010, 333.

[78] VK Bund 15.10.2018 – VK 1–89/18, VPRRS 2018, 0340.

[79] VK Bund 15.10.2018 – VK 1–89/18, VPRRS 2018, 0340.

[80] VK Bund 15.10.2018 – VK 1–89/18, VPRRS 2018, 0340.

[81] OLG Brandenburg 12.1.2010 – Verg W 5/09, BeckRS 2010, 1942; VK Bund 15.10.2018 – VK 1–89/18, VPRRS 2018, 0340.

Erwägung wäre dann zu bejahen, wenn einem „bestimmten" präferierten Bieter noch die fristgerechte Abgabe eines Angebotes ermöglicht werden soll.[82] Sachfremd wäre eine Fristverlängerung auch dann, wenn sich die Angebotsfrist für ein Unternehmen individuell verkürzt hat, weil dieses von der Ausschreibung erst später Kenntnis nahm. Auch besteht keine Pflicht, eine durch individuelles Verhalten eines Bieters entstandene Verkürzung der Angebotsfrist durch eigene Maßnahmen auszugleichen.[83]

V. Rechtsschutz

26   Abs. 1 vermittelt Bieterschutz.[84] Die Antragsbefugnis ist auch dann zu bejahen, wenn kein Angebot abgegeben wird, aber dargelegt wird, dass die zu kurze Angebotsfrist eine Angebotsabgabe verhindert hat.[85] Das Interesse am Auftrag ist in solchen Fällen hinreichend durch vorprozessuale Rüge und Nachprüfungsantrag dokumentiert. Sind die Angebote bereits geöffnet, kann die Ausschreibung an einem schwerwiegenden Mangel leiden, der die Aufhebung rechtfertigen kann.[86] Da zu kurze Angebots- oder Teilnahmefristen im Regelfall aus der Auftragsbekanntmachung erkennbar sind, muss ein solcher Verstoß nach § 160 Abs. 3 S. 1 Nr. 2 GWB spätestens bei Abgabe des Angebotes bzw. des Teilnahmeantrages gerügt werden.

27   Auch die Informationspflicht und der Anspruch auf Verlängerung auf Verlängerung der Angebotsfrist nach Abs. 3 haben als Ausprägung des Gleichbehandlungs- und Wettbewerbsgrundsatzes bieterschützenden Charakter.[87] Erfolgt die Fristverlängerung kurz vor Ablauf der Angebotsfrist, sind ggf. inzwischen eingegangene Angebote ungeöffnet zu lassen, und den betreffenden Unternehmen ist Gelegenheit zur Abgabe neuer Angebote zu geben.

Unterabschnitt 2. Besondere Methoden und Instrumente in Vergabeverfahren

§ 21 Rahmenvereinbarungen

(1) **¹Der Abschluss einer Rahmenvereinbarung erfolgt im Wege einer nach dieser Verordnung anwendbaren Verfahrensart. ²Das in Aussicht genommene**

---

[82] OLG Celle 4.3.2010 – 13 Verg 1/10, NZBau 2010, 333; OLG Brandenburg 12.1.2010 – Verg W 5/09, BeckRS 2010, 1942; VK Bund 15.10.2018 – VK 1–89/18, VPRRS 2018, 0340.

[83] OLG Naumburg 29.4.2008 – 1 W 14/08, BeckRS 2008, 14158.

[84] OLG Naumburg 30.4.2014 – 2 Verg 2/14, BeckRS 2014, 14969; 20.9.2012 – 2 Verg 4/12, BeckRS 2012, 21448, Anordnung der Aufhebung des Verfahrens; vgl. auch VK Bund 1.8.2017 – VK 1–69/17, BeckRS 2017, 129623; VK Niedersachsen 13.8.2014 – VgK-29/2014, BeckRS 2014, 17232; VK Sachsen-Anhalt 11.4.2011 – 1 VK LVwA 18/09, IBRRS 2012, 0451; VK Bund 17.4.2003 – VK 2–16/03, BeckRS 2003, 152835; VK Sachsen 12.9.2002 – 1/SVK/102-02, ZfBR 2003, 302; RKMPP/Rechten § 20 Rn. 7; DSW/Wagner-Cardenal VgV § 20 Rn. 76.

[85] EuGH 12.2.2004 – C-230/02, NZBau 2004, 221; OLG Düsseldorf 19.6.2013 – VII-Verg 4/13, VPRRS 2013, 0795.

[86] VK Sachsen 9.12.2002 – 1/SVK/102-02, ZfBR 2003, 302.

[87] OLG München 25.3.2019 – Verg 10/18, BeckRS 2019, 5289; OLG Düsseldorf 28.3.2018 – VII-Verg 40/17, BeckRS 2018, 10390; OLG Koblenz 30.4.2014 – 1 Verg 2/14, ZfBR 2014, 705; OLG Naumburg 23.7.2001 – 1 Verg. 2/01, IBRRS 2003, 1066; VK Bund 18.1.2019 – VK 1–113/18, VPRRS 2019, 0051; VK Nordbayern 18.12.2018 – RMF-SG21-3194-3-35, VPRRS 2019, 0127; VK Sachsen 24.8.2016 – 1/SVK/017-16, VPRRS 2016, 0435; 24.2.2008 – 1/SVK/015-08, BeckRS 2008, 10072; DSW/Wagner-Cardenal VgV § 20 Rn. 76; RKMPP/Rechten § 20 Rn. 7.

Rahmenvereinbarungen § 21 VgV

Auftragsvolumen ist so genau wie möglich zu ermitteln und bekannt zu geben, braucht aber nicht abschließend festgelegt zu werden. ³Eine Rahmenvereinbarung darf nicht missbräuchlich oder in einer Art angewendet werden, die den Wettbewerb behindert, einschränkt oder verfälscht.

(2) ¹Auf einer Rahmenvereinbarung beruhende Einzelaufträge werden nach den Kriterien dieses Absatzes und der Absätze 3 bis 5 vergeben. ²Die Einzelauftragsvergabe erfolgt ausschließlich zwischen den in der Auftragsbekanntmachung oder der Aufforderung zur Interessensbestätigung genannten öffentlichen Auftraggebern und denjenigen Unternehmen, die zum Zeitpunkt des Abschlusses des Einzelauftrags Vertragspartei der Rahmenvereinbarung sind. ³Dabei dürfen keine wesentlichen Änderungen an den Bedingungen der Rahmenvereinbarung vorgenommen werden.

(3) ¹Wird eine Rahmenvereinbarung mit nur einem Unternehmen geschlossen, so werden die auf dieser Rahmenvereinbarung beruhenden Einzelaufträge entsprechend den Bedingungen der Rahmenvereinbarung vergeben. ²Für die Vergabe der Einzelaufträge kann der öffentliche Auftraggeber das an der Rahmenvereinbarung beteiligte Unternehmen in Textform nach § 126b des Bürgerlichen Gesetzbuchs auffordern, sein Angebot erforderlichenfalls zu vervollständigen.

(4) Wird eine Rahmenvereinbarung mit mehr als einem Unternehmen geschlossen, werden die Einzelaufträge wie folgt vergeben:
1. gemäß den Bedingungen der Rahmenvereinbarung ohne erneutes Vergabeverfahren, wenn in der Rahmenvereinbarung alle Bedingungen für die Erbringung der Leistung sowie die objektiven Bedingungen für die Auswahl der Unternehmen festgelegt sind, die sie als Partei der Rahmenvereinbarung ausführen werden; die letztgenannten Bedingungen sind in der Auftragsbekanntmachung oder den Vergabeunterlagen für die Rahmenvereinbarung zu nennen;
2. wenn in der Rahmenvereinbarung alle Bedingungen für die Erbringung der Leistung festgelegt sind, teilweise ohne erneutes Vergabeverfahren gemäß Nummer 1 und teilweise mit erneutem Vergabeverfahren zwischen den Unternehmen, die Partei der Rahmenvereinbarung sind, gemäß Nummer 3, wenn diese Möglichkeit in der Auftragsbekanntmachung oder den Vergabeunterlagen für die Rahmenvereinbarung durch die öffentlichen Auftraggeber festgelegt ist; die Entscheidung, ob bestimmte Liefer- oder Dienstleistungen nach erneutem Vergabeverfahren oder direkt entsprechend den Bedingungen der Rahmenvereinbarung beschafft werden sollen, wird nach objektiven Kriterien getroffen, die in der Auftragsbekanntmachung oder den Vergabeunterlagen für die Rahmenvereinbarung festgelegt sind; in der Auftragsbekanntmachung oder den Vergabeunterlagen ist außerdem festzulegen, welche Bedingungen einem erneuten Vergabeverfahren unterliegen können; diese Möglichkeiten gelten auch für jedes Los einer Rahmenvereinbarung, für das alle Bedingungen für die Erbringung der Leistung in der Rahmenvereinbarung festgelegt sind, ungeachtet dessen, ob alle Bedingungen für die Erbringung einer Leistung für andere Lose festgelegt wurden; oder
3. sofern nicht alle Bedingungen zur Erbringung der Leistung in der Rahmenvereinbarung festgelegt sind, mittels eines erneuten Vergabeverfahrens zwischen den Unternehmen, die Parteien der Rahmenvereinbarung sind.

(5) Die in Absatz 4 Nummer 2 und 3 genannten Vergabeverfahren beruhen auf denselben Bedingungen wie der Abschluss der Rahmenvereinbarung und erforderlichenfalls auf genauer formulierten Bedingungen sowie

gegebenenfalls auf weiteren Bedingungen, die in der Auftragsbekanntmachung oder den Vergabeunterlagen für die Rahmenvereinbarung in Übereinstimmung mit dem folgenden Verfahren genannt werden:
1. vor Vergabe jedes Einzelauftrags konsultiert der öffentliche Auftraggeber in Textform nach § 126b des Bürgerlichen Gesetzbuchs die Unternehmen, die in der Lage sind, den Auftrag auszuführen,
2. der öffentliche Auftraggeber setzt eine ausreichende Frist für die Abgabe der Angebote für jeden Einzelauftrag fest; dabei berücksichtigt er unter anderem die Komplexität des Auftragsgegenstands und die für die Übermittlung der Angebote erforderliche Zeit,
3. die Angebote sind in Textform nach § 126b des Bürgerlichen Gesetzbuchs einzureichen und dürfen bis zum Ablauf der Einreichungsfrist nicht geöffnet werden,
4. der öffentliche Auftraggeber vergibt die Einzelaufträge an den Bieter, der auf der Grundlage der in der Auftragsbekanntmachung oder den Vergabeunterlagen für die Rahmenvereinbarung genannten Zuschlagskriterien das jeweils wirtschaftlichste Angebot vorgelegt hat.

(6) Die Laufzeit einer Rahmenvereinbarung darf höchstens vier Jahre betragen, es sei denn, es liegt ein im Gegenstand der Rahmenvereinbarung begründeter Sonderfall vor.

Literatur: Csaki, Vergaberechtsfreiheit von Zulassungsverfahren?, NZBau 2012, 35; Csaki/Winkelmann, Die praktische Umsetzung der EuGH-Rechtsprechung zu Rahmenvereinbarungen, NZBau 2019, 758; Dreher, Die Open-House-Verfahren, NZBau 2019, 275; Fischer/Fongern, Rahmenvereinbarungen im Vergaberecht, NZBau 2013, 550; Fischer/Schleper, Zwingende Festlegung einer Höchstmenge abrufbarer Leistungen bei Rahmenvereinbarungen, NZBau 2019, 762; von Gehlen/Hirsch, Verbindliche Abnahmemengen auch bei Rahmenvereinbarungen?, NZBau 2011, 736; Koch, Flexibilität von Rahmenvereinbarungen bei IT-Beschaffungen, MMR 2020, 213; Laumann/Scharf, Liefer- und Abnahmepflichten bei Lieferverträgen und Rahmenvereinbarungen, VergabeR 2012, 156; Neun, Vergaberechtsfreiheit des „Open-House-Modells" – Zulassungssysteme ohne Bieterauswahl, NZBau 2016, 681; Pfannkuch, Aktuelle Anforderungen an Rahmenvereinbarungen im Vergaberecht, KommJur 2019, 241; Portz, Rahmenvereinbarungen – Flexible Beschaffungsmöglichkeiten im Vergaberecht, KommunalPraxis spezial 2011, 78; Portz, Flexible Vergaben durch Rahmenvereinbarungen: Klarstellung durch die EU-Vergaberichtlinie 2014, VergabeR 2014, 523; Rosenkötter, Rahmenvereinbarungen mit Miniwettbewerb – Zwischenbilanz eines neuen Instruments, VergabeR 2010, 368; Schröck/Kraus, Das Instrument der Rahmenvereinbarung in der Rechtsprechung des EuGH, NZBau 2022, 12; Segeth, Rahmenvereinbarungen: Rechtsentwicklung, Systematische Entfaltung, Vergabe, 2010; Wichmann, Die Vergabe von Rahmenvereinbarungen und die Durchführung nachgelagerter Wettbewerbe nach neuem Recht, VergabeR 2017, 1; Winters/Weßling, Höchstgrenze bei Rahmenvereinbarungen – wie weit darf diese vom Schätzwert abweichen?, ZfBR 2022, 137.

Übersicht

	Rn.
I. Bedeutung der Vorschrift	1
II. Vergabe der Rahmenvereinbarung (Abs. 1)	5
1. Verfahrensart (S. 1)	5
2. Bekanntgabe des Auftragsvolumens – Angabe von Höchstgrenzen und Mindestabnahmen (S. 2)	6
3. Missbrauchsverbot (S. 3)	9
III. Vergabe von Einzelaufträgen (Abs. 2)	13
1. Systematik (S. 1)	13

	Rn.
2. Geschlossenes System und Verbot wesentlicher Änderungen (S. 2 und 3)	14
IV. Einzelauftragsvergabe bei Ein-Partner-Rahmenvereinbarungen (Abs. 3)	16
1. Leistungsabruf (S. 1)	16
2. Vervollständigung des Angebots (S. 2)	17
V. Einzelauftragsvergabe bei Mehr-Partner-Rahmenvereinbarungen (Abs. 4 und 5)	18
1. Einzelauftragsvergabe ohne erneutes Vergabeverfahren (Abs. 4 Nr. 1)	18
2. Einzelauftragsvergabe mit erneutem Vergabeverfahren (Abs. 4 Nr. 2 und Nr. 3 jew. iVm Abs. 5)	20
a) Fakultatives Vergabeverfahren bei abschließender Rahmenvereinbarung (Abs. 4 Nr. 2)	20
b) Zwingendes Vergabeverfahren bei nicht-abschließender Rahmenvereinbarung (Abs. 4 Nr. 3)	22
c) Vorgaben für das erneute Vergabeverfahren (Abs. 5)	23
VI. Laufzeit (Abs. 6)	25
VII. Rechtsschutz	27

I. Bedeutung der Vorschrift

§ 21 VgV dient gemeinsam mit § 103 Abs. 5 GWB der Umsetzung von Art. 33 **1** RL 2014/24/EU. In § 103 Abs. 5 GWB wird ergänzend der Begriff der Rahmenvereinbarung bestimmt (S. 1), und die Bestimmungen, die für öffentliche Aufträge gelten, werden für grds. anwendbar erklärt (S. 2). § 21 VgV gilt allein für **oberschwellige**[1] **Liefer- und Dienstleistungsaufträge im Anwendungsbereich der VgV**. Erfasst sind damit insbes. soziale und andere besondere Dienstleistungen, für die nach § 65 Abs. 2 VgV eine besondere Laufzeitbestimmung gilt, und auch freiberufliche Dienstleistungen.[2] **Spezielle Bestimmungen** zur Rahmenvereinbarung sind für Bauleistungen in § 4a VOB/A, § 4a EU VOB/A und § 4a VS VOB/A, für den Sektorenbereich in § 19 SektVO, für den Bereich Verteidigung und Sicherheit in § 14 VSVgV und für Dienst- und Lieferleistungen im Unterschwellenbereich in § 15 UVgO geregelt. Die KonzVgV enthält keine Regelung zu Rahmenvereinbarungen.

Die **Definition** der Rahmenvereinbarung findet sich in § 103 Abs. 5 S. 1 GWB, **2** der Art. 33 Abs. 1 UAbs. 2 RL 2014/24/EU (allerdings nicht wortgleich) umsetzt. Nach der Richtlinienbestimmung ist eine Rahmenvereinbarung eine Vereinbarung zwischen einem oder mehreren öffentlichen Auftraggebern und einem oder mehreren Wirtschaftsteilnehmern, die dazu dient, die Bedingungen für die Aufträge, die

---

[1] Zur Schätzung des Auftragswertes vgl. § 3 Abs. 4 VgV: Bei der Schätzung ist der Gesamtwert aller im Vertragszeitraum geplanten Beschaffungen zu Grunde zu legen. Bei gebündelter Beschaffung ist bei jedem Auftraggeber der volle Auftragswert des in Aussicht genommenen Rahmenvertrags anzusetzen, OLG Düsseldorf 26.7.2002 – Verg 28/02, IBRRS 2003, 0576. Auch bei der Vergabe von Rahmenvereinbarungen gilt eine funktionelle Betrachtungsweise für die Schätzung des Auftragswerts, OLG Düsseldorf 15.7.2020 – VII-Verg 40/19, BeckRS 2020, 39388. Eine betragsmäßige Deckelung einer Rahmenvereinbarung kann einen Verstoß gegen § 3 Abs. 2 S. 2 VgV bedeuten, mit der Konsequenz, dass der nicht gedeckelte Wert für die Schätzung maßgeblich ist, VK Südbayern 5.8.2019 – Z3-3-3194-1-14-05/19, BeckRS 2019, 23408.

[2] Vgl. zur fehlenden Zulässigkeit von Rahmenvereinbarungen im Geltungsbereich der VOF nach alter Rechtslage Voppel/Osenbrück/Bubert VOF § 9 Rn. 38; Portz VergabeR 2014, 523.

im Laufe eines bestimmten Zeitraums vergeben werden sollen, festzulegen, insbes. in Bezug auf den Preis und ggf. die in Aussicht genommene Menge.[3] Rahmenvereinbarungen sind mithin Vereinbarungen, mit denen eine auf Dauer angelegte Geschäftsbeziehung erst eröffnet werden soll. Sie legen typischerweise nur die wesentlichen Parameter für die Erteilung von Einzelaufträgen fest, die den eigentlichen Beschaffungsvorgang ausmachen.[4] Konkrete Leistungspflichten werden zumeist nicht durch die Rahmenvereinbarung, sondern erst durch den jeweiligen Einzelauftrag begründet.[5] Eine Rahmenvereinbarung ist mithin nur die Vorstufe des öffentlichen Auftrags und ein Instrument zur Bündelung von Einzelaufträgen.[6] Die Rahmenvereinbarung muss folglich auch nicht die Merkmale eines öffentlichen Auftrags iSv § 103 Abs. 1 GWB erfüllen. Es reicht aus, wenn die Einzelverträge, die durch die Rahmenvereinbarung inhaltlich festgelegt sind, als öffentliche Aufträge anzusehen sind.[7] Dass es sich bei der Rahmenvereinbarung per se nicht um einen öffentlichen Auftrag handelt, stellt § 103 Abs. 5 S. 2 GWB klar. Diese Regelung bestimmt aber zugleich, dass für die Vergabe von Rahmenvereinbarungen grds. die Vorschriften für die Vergabe entspr. öffentlicher Aufträge gelten sollen.[8] Rahmenvereinbarungen unterliegen deshalb insbes. der **Ausschreibungspflicht.** Dazu sowie zum Begriff der Rahmenvereinbarung → GWB § 103 Rn. 110 ff.

3 Abzugrenzen sind Rahmenvereinbarungen von reinen **Zulassungssystemen ohne Auswahlentscheidung.** Der EuGH hat zu dieser Abgrenzung für eine Rabattvereinbarung nach § 130a Abs. 8 SGB V[9] im sog. Open-House-Modell, bei der unter den interessierten Unternehmen keine Auswahl getroffen wurde und den Unternehmen zudem während der gesamten Laufzeit der Beitritt zu dem System gestattet war, festgestellt, dass es sich hierbei weder um eine Rahmenvereinbarung noch um einen öffentlichen Auftrag handle.[10] Dabei setzt eine solche

---

[3] Abgesehen von rein sprachlichen Unterschieden weicht diese Definition in ihrem letzten Teil („und ggf. die in Aussicht genommene Menge") auch inhaltlich von der Definition in § 103 Abs. 5 S. 1 GWB ab.

[4] Graef NZBau 2005, 561. Entspr. lehnt die VK Sachsen 26.9.2017 – 1/SVK/016-17, BeckRS 2017, 128681, für einen Heimversorgungsvertrag nach § 12a ApoG eine Qualifizierung als Rahmenvereinbarung iSd § 21 VgV ab, weil hier nicht durch den Heimbetreiber, sondern allein durch die Heimbewohner die Medikamente bei der Apotheke abgerufen werden.

[5] BT-Drs. 18/7318, 180. Allerdings muss für eine Rahmenvereinbarung nach OLG Rostock 5.2.2020 – 17 Verg 4/19, NZBau 2021, 70 ein dem Vergaberecht unterliegender Beschaffungsgegenstand gegeben sein und somit ein konkreter Beschaffungsbezug bestehen. Das hat das OLG Rostock für den Erwerb einer Vereinsmitgliedschaft in dem konkret zu entscheidenden Fall (Mitgliedschaft Deutsches Jugendherbergswerk) verneint.

[6] VK Bund 12.8.2016 – VK 1–42/15, IBRRS 2016, 2303.

[7] OLG Düsseldorf 7.12.2011 – VII-Verg 79/11, BeckRS 2012, 4019 = VergabeR 2012, 469 (471); 11.1.2012 – VII-Verg 57/11, BeckRS 2012, 4016 = VergabeR 2012, 475 (478).

[8] Vgl. dazu auch EuGH 28.1.2016 – C-50/14, NZBau 2016, 177 Rn. 46.

[9] Zu Rabattvereinbarungen nach § 130a Abs. 8 SGB V: OLG Düsseldorf 11.1.2012 – VII-Verg 57/11, BeckRS 2012, 4016 = VergabeR 2012, 475; 24.11.2011 – VII-Verg 62/11, BeckRS 2012, 4600 = VergabeR 2012, 482; LSG NRW 8.10.2009 – L 21 KR 39/09 SFB, BeckRS 2009, 74458 = VergabeR 2010, 522; vgl. auch OLG Düsseldorf 17.1.2008 – Verg 57/07, IBRRS 2008, 4847; VK Bund 17.4.2009 – VK 1–35/09, IBRRS 2009, 2993; zu Rahmenvereinbarungen über Dienstleistungen nach Anh. I Teil B nach altem Recht: VK Bund 29.7.2009 – VK-2 87/09, BeckRS 2014, 15624; 29.4.2009 – VK 3–76/09, BeckRS 2009, 138643; zur Ausschreibungspflicht EuGH 13.1.2005 – C-84/03, NZBau 2005, 232.

[10] EuGH 2.6.2016 – C-410/14, NZBau 2016, 441; vgl. dazu auch das Vorabentscheidungsersuchen des OLG Düsseldorf 13.8.2014 – VII-Verg 13/14, IBRRS 2014, 2624 = VergabeR 2015, 34 sowie Neun NZBau 2016, 681. Im Anschluss hieran wurde von OLG Düsseldorf 19.12.2018 – VII-Verg 40/18, NZBau 2019, 332, 31.10.2018 – VII-Verg 37/18, NZBau 2019, 327 und 20.3.2019 – VII-Verg 65/18, NZBau 2019, 801 für diverse nicht exklusive Vereinbarun-

Auswahl eine angebotsbezogene Auswahl anhand von Zuschlagskriterien und keine Vorauswahl anhand von Eignungskriterien voraus.[11] Eine Ausschreibungspflicht ergebe sich für solche nicht selektiven Verfahren bei Bestehen eines grenzüberschreitenden Interesses allein nach Maßgabe des Primärrechts (AEUV).[12] Mithin kann für Rahmenvereinbarungen (ebenso wie für öffentliche Aufträge) das **ungeschriebene Tatbestandsmerkmal** formuliert werden, dass der Auftraggeber[13] zwischen den verschiedenen Angeboten bzw. den interessierten Unternehmen eine **Auswahlentscheidung** treffen muss.[14] IdS ist wohl auch der Erwgr. 4 der RL 2014/24/EU zu verstehen, der Fälle, in denen alle Wirtschaftsteilnehmer zur Wahrnehmung einer bestimmten Aufgabe – ohne irgendeine Selektivität – berechtigt sind (zB Zulassungen von Arzneimitteln oder ärztliche Dienstleistungen), nicht als Auftragsvergabe[15] verstanden wissen will.[16] Zu Zulassungssystemen bei Dienstleistungen des Sozialwesens und insbes. zur Zulassung von Dienstleistungserbringern im sozialrechtlichen Dreiecksverhältnis → GWB § 130 Rn. 15.

§ 21 VgV differenziert zwischen **verschiedenen Arten der Rahmenvereinbarung.** So wird dort einerseits abhängig davon, wie viele Unternehmen an der Rahmenvereinbarung beteiligt sind, zwischen **Ein-Partner-Rahmenvereinbarungen** (Abs. 3) und **Mehr-Partner-Rahmenvereinbarungen** (Abs. 4 und 5) unterschieden. Andererseits werden im Hinblick auf den Umfang, in dem die maßgeblichen Bedingungen für die Erbringung der Leistungen und ggf. für die Auswahl der Unternehmen bereits in der Rahmenvereinbarung geregelt sind, die Rahmenvereinbarungen in abschließende[17] (vgl. Abs. 3 S. 1 und Abs. 4 Nr. 1, 2) und nichtabschließende Rahmenvereinbarungen[18] (vgl. Abs. 3 S. 2 und Abs. 4 Nr. 3) eingeteilt (→ GWB § 103 Rn. 116). Bei den **abschließenden Rahmenvereinbarungen** sind bereits alle Bedingungen für die Einzelaufträge[19] festgelegt, so dass ohne 4

---

gen eine Einordnung als Rahmenvereinbarung mangels Auswahlentscheidung verneint. Bejaht wurde das Vorliegen einer Auswahlentscheidung bspw. von OLG Düsseldorf 18.8.2021 – VII-Verg 52/20, NZBau 2022, 482. Nach VK Bund 25.5.2022 – VK 2- 56/22, NZBau 2022, 766 präjudiziere dabei die Frage, ob ein Open-House-Verfahren diskriminierungsfrei und verhältnismäßig ausgestaltet wurde, nicht die Frage danach, ob ein öffentlicher Auftrag vorliegt; eine diskriminierungsfreie Ausgestaltung und verhältnismäßige Vorgaben seien keine Tatbestandsmerkmale des Open-House-Modells. Allg. zu Open-House-Verfahren Dreher NZBau 2019, 275.

[11] EuGH 1.3.2018 – C-9/17, NZBau 2018, 366 (369) Rn. 32–38. Zum allg. Erfordernis einer Auswahlentscheidung s. auch EuGH 14.7.2022 – C-436/20, NZBau 2023, 47 (53) Rn. 68.

[12] EuGH 2.6.2016 – C-410/14, NZBau 2016, 441 (444) Rn. 43 ff.

[13] Allerdings genügt es für die Erfüllung dieses ungeschriebenen Tatbestandsmerkmals auch, wenn der Auftraggeber die Auswahlentscheidung nicht selbst trifft, sondern auf einen Dritten delegiert, OLG Frankfurt a.M. 17.2.2022 – 11 Verg 8/21, NZBau 2022, 367 für den Fall der Einrichtung einer Vermittlungszentrale für Abschleppaufträge.

[14] VK Bund 12.8.2016 – VK 1–42/15, IBRRS 2016, 2303; Neun NZBau 2016, 681 (683) und OLG Düsseldorf 20.3.2019 – VII-Verg 65/18, BeckRS 2019, 8280, verweisen darauf, dass die RL 2014/24/EU – wie auch der EuGH 2.6.2016 – C-410/14, NZBau 2018, 366 (369) Rn. 40, hervorhebt – das Element der Angebots- und Vertragspartnerauswahl ausdr. in der in Art. 1 Abs. 2 der RL 2014/24/EU enthaltenen Definition des Begriffs „Auftragsvergabe" als Merkmal erwähnt.

[15] Dieser Erwgr. dürfte, auch wenn er ausdr. nur die Auftragsvergabe in Bezug nimmt, erst recht für die Abgrenzung zwischen Rahmenvereinbarungen und Zulassungen einschlägig sein.

[16] So auch OLG Düsseldorf 20.3.2019 – VII-Verg 65/18, BeckRS 2019, 8280.

[17] Auch Rahmenverträge genannt, vgl. Kommission in „Erläuterungen – Rahmenvereinbarungen – klassische Richtlinie" (Dokument CC/2005/03_ revl v. 14.7.2005), Ziff. 1.1 ff.

[18] Auch Rahmenvereinbarung im engeren Sinne genannt, vgl. Kommission in „Erläuterungen – Rahmenvereinbarungen – klassische Richtlinie" (Dokument CC/2005/03_ revl v. 14.7.2005), Ziff. 1.1 ff.

[19] Also die „Bedingungen für die Erbringung der Leistungen" iSv Abs. 4 Nr. 1–3.

weiteres ein Leistungsabruf erfolgen kann. Bei den **nicht-abschließenden Rahmenvereinbarungen** sind die Bedingungen der Einzelverträge hingegen noch nicht vollständig festgelegt, so dass vor Abschluss der Einzelverträge noch weitere Verhandlungen oder die Abforderung von entspr. angepassten Angeboten nötig sind.[20] Die unterschiedlichen Arten der Rahmenvereinbarungen sind untereinander uneingeschränkt kombinierbar.[21] Sowohl abschließende als auch nicht-abschließende Rahmenvereinbarungen können also entweder mit nur einem Vertragspartner oder mit mehreren Vertragspartnern geschlossen werden.[22]

II. Vergabe der Rahmenvereinbarung (Abs. 1)

1. Verfahrensart (S. 1)

5   Die Vergabe von Rahmenvereinbarungen erfolgt, wie S. 1 ausdr. bestimmt, nach den allg. Regeln in den Verfahrensarten der §§ 14 ff. VgV, also im Wege eines offenen oder nicht offenen Verfahrens oder – wenn die Voraussetzungen des § 14 Abs. 3–6 VgV erfüllt sind – im Wege eines Verhandlungsverfahrens. Die Durchführung eines wettbewerblichen Dialogs scheidet im Regelfall aus.[23] Gleiches dürfte für die Verfahrensart der Innovationspartnerschaft gelten. Die Wahl der beiden letztgenannten Verfahrensarten ist aber nicht per se ausgeschlossen.[24]

2. Bekanntgabe des Auftragsvolumens – Angabe von Höchstgrenzen und Mindestabnahmen (S. 2)

6   Das Gebot der eindeutigen und erschöpfenden Leistungsbeschreibung gilt grds. auch für den Abschluss von Rahmenvereinbarungen.[25] Eine Rahmenvereinbarung sollte daher das in Aussicht stehende Auftragsvolumen (einschl. Lieferzeit, Lieferort etc) so genau wie möglich umschreiben. Dieses Gebot liegt im Interesse des Auftraggebers und des Bieters: Der Auftraggeber hat das Interesse, durch Berücksichtigung eines konkreten Auftragsvolumens in den Genuss günstig kalkulierter Preise zu gelangen. Für den Bieter ist eine möglichst genaue Kenntnis des Auftragsvolumens wichtig, da er eine verlässliche Kalkulationsgrundlage benötigt. Allerdings braucht nach Abs. 1 S. 2 das in Aussicht genommene Auftragsvolumen „nicht abschließend festgelegt zu werden". Zudem gelten bei Rahmenvereinbarungen gem. der nationalen Rspr.[26] die Gebote der Bestimmtheit, Eindeutigkeit und Vollständigkeit der Leistungsbeschreibung nur eingeschränkt. Die Pflicht zur **sorgfältigen Ermittlung des voraussichtlichen Bedarfs** bestehe deshalb nur iRd Möglichen und Zumutba-

---

[20] Wichmann VergabeR 2017, 1 (2).
[21] Insbes. können so auch Mischformen entstehen, vgl. dazu Fischer/Fongern NZBau 2013, 550 (551).
[22] Wichmann VergabeR 2017, 1 (2).
[23] Kommission in „Erläuterungen – Rahmenvereinbarungen – klassische Richtlinie" (Dokument CC/2005/03_ revl v. 14.7.2005), Ziff. 2.1, Rn. 12; Machwirth VergabeR 2007, 385 (387).
[24] Kommission in „Erläuterungen – Rahmenvereinbarungen – klassische Richtlinie" (Dokument CC/2005/03_ revl v. 14.7.2005), Ziff. 2.1, Rn. 12.
[25] OLG Düsseldorf 8.3.2005 – Verg 40/04, IBRRS 2005, 1142; VK Bund 19.9.2001 – VK 1–33/01, IBRRS 2013, 3316; VK Südbayern 2.5.2016 – Z3-3-3194-1-07-02/16, IBRRS 2016, 2941.
[26] OLG Celle 19.3.2019 – 13 Verg 7/18, NZBau 2019, 462 (465 f.); OLG Düsseldorf 20.2.2013 – VII-Verg 44/12, NZBau 2013, 392; VK Südbayern 3.5.2016 – Z3-3-3194-1-61-12/15, IBRRS 2016, 1734; VK Westfalen 24.2.2021 – VK 1–53/20, IBR 2021, 597.

ren.²⁷ Eine Schätzung auf der Grundlage von Erfahrungswerten reiche aus, insbes. wenn die genaue Ermittlung des Auftragsvolumens hohe Kosten verursacht oder aus sonstigen Gründen nicht oder nicht zuverlässig möglich ist.²⁸ Vor dem Hintergrund der jüngeren Rspr. des EuGH²⁹ stellt sich allerdings die Frage, ob die Aussagen der nationalen Rspr. zur eingeschränkten Anwendbarkeit des Bestimmtheitsgebots bei Rahmenvereinbarungen weiterhin unverändert gelten können. Denn der EuGH hat sich mit der Frage der Geltung des Bestimmtheitsgebots für Rahmenvereinbarungen mittlerweile mehrfach befasst und dabei keinerlei Hinweis darauf gegeben, dass bei Rahmenvereinbarungen geringere Anforderungen an die Bestimmtheit gelten könnten als bei öffentlichen Aufträgen. Vielmehr hat er mehrfach betont, dass aufgrund der Grundsätze der Gleichbehandlung und Transparenz Vergabeunterlagen klar, genau und eindeutig formuliert sein müssen.³⁰

Gem. den Grundsätzen der Gleichbehandlung und Transparenz hat der Auftraggeber auch eine **Höchstgrenze** der abrufbaren Leistungen anzugeben, die auf der Grundlage der Rahmenvereinbarung abgerufen werden können. Dies hatte der EuGH erstmals mit dem Urt. „Autorità"³¹ im Jahr 2018 zur RL 2004/18/EG entschieden und im Jahr 2021 mit der Entscheidung „Simonsen & Weel"³² nochmals für die Rechtslage nach der RL 2014/24/EU festgestellt. Die Höchstgrenze kann entweder in der Form einer Höchstmenge oder alternativ eines (pekuniären) Höchstwertes benannt werden.³³ Entscheidet sich der Auftraggeber zur Benennung eines Höchstwertes, so darf dieser den Wert der Auftragswertschätzung grds. nicht überschreiten.³⁴ Um die Kalkulationssicherheit für die Bieter zu erhöhen, kann der Auftraggeber seinen Bedarf auch durch die Angabe von **Mindestabnahmen** verbindlich festlegen. Die Angabe von Mindestabnahmemengen ist jedoch nicht zwingend vorgeschrieben.³⁵ Vielmehr ist eine Rahmen-

---

²⁷ OLG Düsseldorf 18.4.2012 – VII-Verg 93/11, IBRRS 2012, 2297; 8.3.2005 – VII-Verg 40/04, IBRRS 2005, 1142; ausf. Graef NZBau 2005, 561 (564).
²⁸ VK Bund 19.9.2001 – VK 1–33/01, IBRRS 2013, 3316.
²⁹ EuGH 19.12.2018 – C-216/17, NZBau 2019, 116, und 17.6.2021 – C-23/20, NZBau 2021, 541.
³⁰ EuGH 19.12.2018 – C-216/17, NZBau 2019, 116 Rn. 63 und 17.6.2021 – C-23/20, NZBau 2021, 541 Rn. 61. Siehe dazu auch Schröck/Kraus NZBau 2022, 12 (13) mwN.
³¹ EuGH 19.12.2018 – C-216/17, NZBau 2019, 116 (120) Rn. 57–69. Die Übertragbarkeit dieser Entscheidung auf die aktuelle Rechtslage war zunächst stark umstritten. Dafür: VK Bund 29.7.2019 – VK 2–48/19, BeckRS 2019, 25575; Csaki/Winkelmann NZBau 2019, 758; Fischer/Schleper NZBau 2019, 762; Ortner VergabeR 2019, 368; Pfannkuch KommJur 2019, 241. Dagegen: VK Bund 19.7.2019 – VK 1–39/19, BeckRS 2019, 19883; Koch MMR 2020, 213; Schwabe IBR 2019, 148; Probst/Donhauser VergabeR 2020, 80; für die SektVO s. KG 2.3.2020 – Verg 7/19, BeckRS 2020, 52745.
³² EuGH 17.6.2021 – C-23/20, NZBau 2021, 541. S. dazu auch Schröck/Kraus NZBau 2022,12; Michaels IR 2021, 256; Klein VergabeR 2021, 687; Haak/Koch MMR 783 (787); Schwabe VPR 2021, 113; Winters/Weßling ZfBR 2022, 137.
³³ S. dazu auch Schröck/Kraus NZBau 2022,12 (14). Die Angabe der Höchstgrenze muss dabei nicht zwingend in der Bekanntmachung gemacht werden, sondern kann grds. auch in den Vergabeunterlagen erfolgen, EuGH 17.6.2021 – C-23/20, NZBau 2021, 541 Rn. 71.
³⁴ Diese Frage wurde durch den EuGH selbst allerdings nicht eindeutig beantwortet. S. dazu Schröck/Kraus NZBau 2022,12 (14). AA Winters/Weßling ZfBR 2022, 137 (Höchstgrenze darf Schätzwert um bis zu 100 % überschreiten); differenzierend Csaki/Winkelmann NZBau 2019, 758 (761) (Sicherheitszuschlag in Ausnahmefällen).
³⁵ VK Bund 29.1.2009 – VK 3–200/08, BeckRS 2009, 139081; 29.1.2009 – VK 3–197/08, BeckRS 2009, 139080; für Arzneimittel-Rabattverträge; 29.7.2009 – VK 2–87/09, BeckRS 2014, 15624; VK Düsseldorf 23.5.2008 – VK-7/2008-L, IBRRS 2008, 2604; VK Bund 20.4.2006 – VK 1–19/06, IBRRS 2013, 4592; zweifelnd KG 15.4.2004 – 2 Verg 22/03, IBRRS

vereinbarung im Grundsatz ohne Abnahmegarantie zulässig.[36] Denn das damit verbundene Abnahmerisiko ist einer Rahmenvereinbarung mit mehreren Auftragnehmern gerade wesensimmanent.[37] Dieser Grundsatz gilt zumindest bei Massenwaren und Standardprodukten.[38] Ausnahmen können indes bei besonderen Dienstleistungen bestehen, etwa wenn dem Auftragnehmer nach der Ausgestaltung der Vergabeunterlagen auch ohne den Abruf von Einzelleistungen, also bereits durch den Abschluss der Rahmenvereinbarung selbst, Kosten – wie zB für das Vorhalten von Ressourcen – entstehen, für die er keine anderweitige Kompensation erhält.[39]

8   Die **Unterschreitung** der in Aussicht genommenen Abrufmengen bleibt unbeachtlich, wenn eine Mindestabnahmeverpflichtung nicht festgelegt worden ist.[40] Eine **Überschreitung** der Höchstgrenze hat zur Folge, dass die Rahmenvereinbarung ihre Wirkung verliert, sobald diese Menge oder dieser Wert erreicht ist.[41] Allerdings führt nicht jede Überschreitung der ursprünglich geschätzten Höchstmenge dazu, dass der über der Schätzung liegende Auftragsteil neu ausgeschrieben werden muss. Vielmehr können die Vertragspartner das Volumen der Rahmenvereinbarung nach deren Abschluss einvernehmlich über die angegebene Höchstgrenze hinaus erweitern. Die Zulässigkeit einer solchen Änderung bestimmt sich nach § 132 Abs. 1–5 GWB.[42]

3. Missbrauchsverbot (S. 3)

9   S. 3 formuliert als allg. Grundsatz der Vergabe von Rahmenvereinbarungen ein Missbrauchsverbot. Danach dürfen Rahmenvereinbarungen nicht missbräuchlich oder in einer Art angewendet werden, die den Wettbewerb behindert, einschränkt oder verfälscht. Dieses **allg. Missbrauchsverbot** findet seine konkrete Ausprägung in den Vorgaben zur Einzelauftragsvergabe (Abs. 2–6) und in der Laufzeitbeschränkung nach Abs. 7.[43]

2004, 3531 = VergabeR 2004, 762 (766). AA OLG Dresden 2.8.2011 – Verg 4/11, BeckRS 2011, 22966: auch bei Ausschreibung einer Rahmenvereinbarung ist eine Mindestabnahmemenge vorzusehen. Andernfalls würde den Bietern ein ungewöhnliches Wagnis auferlegt.

[36] Von Gehlen/Hirsch NZBau 2011, 376.

[37] OLG Düsseldorf 19.10.2011 – VII-Verg 54/11, BeckRS 2011, 26421 = VergabeR 2012, 199 (201).

[38] Allerdings ist aufgrund der Entwicklung der Rspr. des EuGH 19.12.2018 – C-216/17, BeckRS 2018, 32759 = NZBau 2019, 116 und 17.6.2021 – C-23/20, NZBau 2021, 541 sowie 14.7.2022 – C-274/21, C-275/21, NZBau 2022, 670 nicht auszuschließen, dass der EuGH seine bieterfreundliche Position ausweitet und künftig auch eine allg. Verpflichtung zur Angabe von Mindestabnahmemengen postulieren wird, Schröck/Kraus NZBau 2022, 12 (15).

[39] VK Bund 29.7.2009 – VK 2–87/09, BeckRS 2014, 15624. Ähnlich OLG Jena 22.8.2011 – 9 Verg 2/11, NZBau 2011, 771 für die Lieferung von Tausalz.

[40] RKMPP/Brauser-Jung § 21 Rn. 23.

[41] EuGH 14.7.2022 – C-274/21, C-275/21, NZBau 2022, 670. S. dazu auch Ott EuZW 2022, 870 (878). Nach OLG Koblenz 12.12.2022 – Verg 3/22, BeckRS 2022, 37797 genügt es deshalb nicht, wenn der Auftraggeber bei Überschreiten der Höchstgrenze ein Kündigungsrecht vorsieht. Vielmehr müsse die Rahmenvereinbarung danach „ohne Weiteres" ihre Wirkung verlieren.

[42] EuGH 17.6.2021 – C-23/20, NZBau 2021, 541 Rn. 70 und EuGH 14.7.2022 – C-274/21, C-275/21, NZBau 2022, 670 Rn. 68; VK Bund 29.7.2019 – VK 2–48/19, BeckRS 2019, 25575; Fischer/Schleper NZBau 2019, 762. S. näher Schröck/Kraus NZBau 2022,12 (15).

[43] Wichmann VergabeR 2017, 1 (3).

Rahmenvereinbarungen § 21 VgV

Das Missbrauchsverbot ist in S. 3 (wieder[44]) ausdr. geregelt.[45] In der Rspr.[46] 10
wird das Missbrauchsverbot etwa zur Begründung der **Verpflichtung der Vorgabe von Mindestabnahmemengen** herangezogen. Auch darf nach der Rspr. eine Rahmenvereinbarung aufgrund des Missbrauchsverbots nicht zum Zwecke der bloßen Markterkundung und **ohne realistische Absatzchancen** vergeben werden.[47] Ein Missbrauch kann auch die zwingende Vorgabe von durch den Auftraggeber festgelegten Rabattsätzen bei Rabattvereinbarung nach § 130a Abs. 8 SGB V sein.[48] Weiter ist auch die Verpflichtung zur Angabe von Höchstgrenzen (→ Rn. 7) eine Folge des Missbrauchsverbots.[49] Hingegen kann nach der Rspr.[50] auf der Grundlage des Missbrauchsverbots keine Verletzung kartellrechtlicher Vorschriften (möglicherweise **kartellrechtswidrige Nachfragebündelung**) geltend gemacht werden.[51]

Über das Missbrauchsverbot besteht zudem eine **Sperrwirkung bzw. ein** 11
Verbot der Doppelvergabe, wonach Auftraggeber für dieselbe Leistung nicht mehrere Rahmenvereinbarungen abschließen dürfen.[52] Dieses Verbot will identische Bedingungen von Rahmenvereinbarungen für jedes Unternehmen bzgl. derselben Leistung sicherstellen, und zwar auch dann, wenn die Rahmenvereinbarung mit mehreren Unternehmen abgeschlossen wird.[53] Verboten ist der Abschluss verschiedener, voneinander unabhängiger Rahmenvereinbarungen über denselben Beschaffungsgegenstand.[54] Während der Laufzeit der Rahmen-

---

[44] In der VOL/A 2006 (dort in § 3a Nr. 4 Abs. 2) war das Missbrauchsverbot schon einmal ausdr. normiert.

[45] Das Missbrauchsverbot galt aber aufgrund von Art. 32 Abs. 2 UAbs. 5 RL 2004/18/EG schon nach alter Rechtslage, vgl. dazu etwa OLG Düsseldorf 19.10.2011 – VII-Verg 54/11, BeckRS 2011, 26421 = VergabeR 2012, 199 (203); VK Bund 1.3.2012 – VK 2–5/12, IBRRS 2013, 2455; ähnlich VK Bund 27.7.2016 – VK 2–63/16, IBRRS 2016, 2197.

[46] OLG Jena 22.8.2011 – 9 Verg 2/11, NZBau 2011, 771. Im Regelfall besteht jedoch nach der aktuellen hM keine Pflicht zur Benennung von Mindestabnahmemengen, → Rn. 7.

[47] OLG Düsseldorf 19.10.2011 – VII-Verg 54/11, BeckRS 2011, 26421 = VergabeR 2012, 199 (203); KG 15.4.2004 – 2 Verg 22/03, IBRRS 2004, 3531 = VergabeR 2004, 762.

[48] VK Bund 10.6.2011 – VK 3–59/11, IBRRS 2013, 2448. Ähnlich hat OLG Düsseldorf 21.4.2021 – VII-Verg 1/20, NZBau 2022, 611 die Vergaberechtswidrigkeit eines in einer Rahmenvereinbarung festgelegten Rabattabrechnungsmodus festgestellt, allerdings nicht nach Maßgabe des Missbrauchsverbotes, sondern unter dem Gesichtspunkt der Unzumutbarkeit.

[49] So ausdr. EuGH 19.12.2018 – C-216/17, NZBau 2019, 116 Rn. 69 und 17.6.2021 – C-23/20, NZBau 2021, 541, Rn. 67.

[50] VK Bund 2.9.2011 – VK 1–108/11, IBRRS 85493; VK Südbayern 5.6.2013 – Z3-3-3194-1-12-03/13, VPRRS 2013, 0798.

[51] Dies gilt nach VK Bund 27.7.2016 – VK 2–63/16, IBRRS 2016, 2197, auch nach neuem Recht. Allerdings prüft die VK Bund dort iRd § 21 Abs. 1 S. 3 VgV, ob die gebündelte Nachfrage und der dadurch zusammengefasste Bedarf aufgrund der Größe des Auftragsvolumens und die damit verbundene, mögliche Wettbewerbsbeschränkung als missbräuchlich anzusehen sind.

[52] Die Sperrwirkung war im alten Recht in § 4 EG Abs. 1 S. 3 VOL/A geregelt und ist in der VgV nicht mehr ausdr. vorgesehen. Gleichwohl bleibt sie über das Missbrauchsverbot erhalten, Wichmann VergabeR 2017, 1 (6). Ebenso RKMPP/Brauser-Jung § 21 Rn. 27, der dieses Verbot allerdings auf den Grundsatz von Treu und Glauben auf vertragsrechtlicher Ebene verortet. Weiter lässt sich das Verbot der Doppelvergabe auch aus Abs. 2 S. 2 (geschlossenes System) ableiten, der anderenfalls leicht zu umgehen wäre. Die Frage nach dem Fortbestand der Sperrwirkung auch nach neuem Recht hat VK Bund 29.7.2019 – VK 2–48/19, BeckRS 2019, 25575, offengelassen.

[53] Müller-Wrede VgV/UVgO/Poschmann VgV § 21 Rn. 72.

[54] Knauff VergabeR 2006, 24 (32).

vereinbarung erzeugt diese eine Sperrwirkung für die Durchführung eines erneuten Vergabeverfahrens mit dem Ziel des Abschlusses einer parallelen Rahmenvereinbarung über denselben Beschaffungsgegenstand. Umgekehrt bleibt es zulässig, weitere Rahmenvereinbarungen zu schließen, soweit diese nicht denselben Beschaffungsgegenstand betreffen. Ob „dieselbe Leistung" vergeben wird und somit eine Doppelvergabe vorliegt, ist durch wertenden Vergleich festzustellen. Eine völlige Kongruenz ist nicht erforderlich. Vielmehr kommt es darauf an, ob mit den beiden Rahmenvereinbarungen derselbe Bedarf gedeckt wird.[55] Die Sperrwirkung kommt zum Tragen, wenn mit Blick auf die funktionale und wirtschaftliche Bedeutung der in Rede stehenden Leistung die betroffene Leistung ganz oder teilw. in den Anwendungsbereich einer bestehenden Rahmenvereinbarung fällt.[56] Zudem kann ausnahmsweise auch die Doppelvergabe derselben Leistung zulässig sein, wenn diese einem berechtigten Interesse des Auftraggebers (wie etwa die Gewährleistung der Versorgungssicherheit) dient und sich bei Würdigung aller Umstände als nicht missbräuchlich darstellt.[57] Die Annahme einer solchen Ausnahme ist jedoch restriktiv zu handhaben. Erlaubt ist ferner die Einzelausschreibung einer Leistung, die Gegenstand einer Rahmenvereinbarung ist.[58] Dem Auftraggeber ist es insofern mit Blick auf den Wettbewerbsgrundsatz und das Gebot der wirtschaftlichen und sparsamen Beschaffung nicht verwehrt, durch Einzelausschreibungen gegenüber der bestehenden Rahmenvereinbarung bessere Konditionen im Wettbewerb abzufragen. Dies ergibt sich auch aus Erwgr. 61 der RL 2014/24/EU, wonach öffentliche Auftraggeber nicht verpflichtet sein sollen, Leistungen, die Gegenstand einer Rahmenvereinbarung sind, unter dieser Rahmenvereinbarung auch zu beschaffen.

12 Die Bestimmung einer **Mindestzahl von drei Unternehmen,** die an einer Mehr-Partner-Rahmenvereinbarung beteiligt sein müssen (so noch § 3 EG Abs. 4 VOL/A), besteht nicht mehr. Nach Maßgabe von § 21 VgV ist also auch der Abschluss einer Rahmenvereinbarung mit zwei Partnern denkbar.[59] Die ehemalige Mindestvorgabe aus § 3 EG Abs. 4 VOL/A lebt auch nicht im Wege des Missbrauchsverbotes fort.[60]

III. Vergabe von Einzelaufträgen (Abs. 2)

1. Systematik (S. 1)

13 Nach S. 1 werden auf einer Rahmenvereinbarung beruhende Einzelaufträge nach den Kriterien der Abs. 2–5 vergeben. Den einzelnen Bestimmungen, auf die S. 1 verweist, liegt eine **Systematik** zugrunde, die nach den unterschiedlichen Arten von Rahmenvereinbarungen (→ Rn. 4) differenziert. Die jew. einschlägigen

---

[55] Fischer/Fongern NZBau 2013, 550 (551).
[56] HK-VergabeR/Schrotz VgV § 21 Rn. 99 f.
[57] Wichmann VergabeR 2017, 1 (7).
[58] Str., wie hier HK-VergabeR/Schrotz VgV § 21 Rn. 95 ff.; Wichmann VergabeR 2017, 1 (7); Knauff VergabeR 2006, 24 (32); aA RKMPP/Brauser-Jung § 21 Rn. 31; Graef NZBau 2005, 561 (568); Gröning VergabeR 2005, 156 (158).
[59] RKMPP/Brauser-Jung § 21 Rn. 46; Wichmann VergabeR 2017, 1 (5).
[60] Allerdings wird vor dem Hintergrund des Missbrauchsverbots zu fordern sein, dass der Auftraggeber die Zahl der vorgesehenen Rahmenvertragspartner oder (wenn er diese Zahl vorab nicht festlegen kann) zumindest die Kriterien zur späteren Festlegung dieser Zahl in der Bekanntmachung oder den Vergabeunterlagen für die Rahmenvereinbarung mitteilt, Wichmann VergabeR 2017, 1 (5); aA Portz VergabeR 2014, 523 (529), der die Vorgabe der Zahl der Rahmenvertragspartner für zwingend erachtet.

Bestimmungen für die Einzelauftragsvergabe lassen sich den unterschiedlichen Arten von Rahmenvereinbarungen wie folgt tabellarisch zuordnen:

	Ein-Partner-Rahmenvereinbarungen	Mehr-Partner-Rahmenvereinbarungen
abschließende Rahmenvereinbarungen	Abs. 2 Abs. 3 S. 1	Abs. 2 Abs. 4 Nr. 1 oder Abs. 4 Nr. 2 iVm Abs. 5
nicht-abschließende Rahmenvereinbarungen	Abs. 2 Abs. 3 S. 1 und 2	Abs. 2 Abs. 4 Nr. 3 iVm Abs. 5

2. Geschlossenes System und Verbot wesentlicher Änderungen (S. 2 und 3)

Nach Abs. 2 S. 2, der Art. 33 Abs. 2 UAbs. 2 RL 2014/24/EU umsetzt, darf der Einzelauftrag ausschl. geschlossen werden zwischen den in der Auftragsbekanntmachung oder der Aufforderung zur Interessensbestätigung genannten öffentlichen Auftraggebern und denjenigen Unternehmen, die zum Zeitpunkt des Abschlusses des Einzelauftrags Vertragspartei der Rahmenvereinbarung sind. Damit ist zunächst klargestellt, dass Einzelverträge nur zwischen den an der Rahmenvereinbarung (unmittelbar oder mittelbar) beteiligten Auftraggebern und Unternehmen zulässig sind. Nicht beteiligte Dritte, sowohl auf Auftraggeber- als auch auf Unternehmensseite, sind von der Vergabe der Einzelaufträge ausgeschlossen.[61] Die Kommission bezeichnet Rahmenvereinbarungen deshalb als „**geschlossenes System,** zu dem niemand nachträglich Zutritt erhält, weder auf Seiten der Käufer, noch auf Seiten der Lieferanten".[62] Eine **nachträgliche Erweiterung des Kreises der an der Rahmenvereinbarung beteiligten Unternehmen** ist mithin unzulässig.[63] Die Ersetzung eines an der Rahmenvereinbarung beteiligten Unternehmens ist hingegen unter den Voraussetzungen des § 132 Abs. 4 S. 1 Nr. 4 GWB erlaubt.[64] Insbes. kann so grds. auch ein insolventes Unternehmen nach § 132 Abs. 4 S. 1 Nr. 4 lit. b GWB ersetzt werden.[65] Die **abrufberechtigten öffentlichen Auftraggeber** müssen zwar nicht an der Unterzeichnung der Rahmenvereinbarung selbst beteiligt sein, aber in der Auftragsbekanntmachung oder der Aufforderung zur Interessensbestätigung eindeutig genannt werden.[66] Dies kann entweder

---

[61] Machwirth VergabeR 2007, 385 (388); zu der Möglichkeit einer Einzelausschreibung von Leistungen, die Gegenstand einer Rahmenvereinbarung sind, → Rn. 11.

[62] Kommission in „Erläuterungen – Rahmenvereinbarungen – klassische Richtlinie" (Dokument CC/2005/03_ revl v. 14.7.2005), Ziff. 2.1; Machwirth VergabeR 2007, 385 (388).

[63] Kommission in „Erläuterungen – Rahmenvereinbarungen – klassische Richtlinie" v. 14.7.2005, Ziff. 2.1; Müller-Wrede GWB/Knauff § 101 Rn. 54; s. auch Erwgr. 60 der RL 2014/24/EU.

[64] Die Bestimmungen über Auftragsänderungen in § 132 GWB gelten über § 103 Abs. 5 S. 2 GWB auch für Rahmenvereinbarungen, VK Bund 29.7.2019 – VK 2–48/19, BeckRS 2019, 25575.

[65] EuGH 3.2.2022 – C-461/20, NZBau 2022, 231. Diese Entscheidung betrifft zwar allein den Fall einer Rahmenvereinbarung mit mehreren Wirtschaftsteilnehmern, ist aber auch auf Rahmenvereinbarungen mit nur einem Wirtschaftsteilnehmer übertragbar, Losch VergabeR 2022, 526 (528).

[66] EuGH 19.12.2018 – C-216/17, BeckRS 2018, 32759 = NZBau 2019, 116 (120) Rn. 56. Allerdings führt der EuGH hinsichtlich des zulässigen Publikationsmittels aus, dass die Nennung entweder in der Rahmenvereinbarung selbst oder in einem anderen Dokument wie einer Erweiterungsklausel in den Verdingungsunterlagen erfolgen kann, wenn die Anforderungen an die

namentlich oder durch andere Mittel erfolgen, wie bspw. eine Bezugnahme auf eine bestimmte Kategorie von öffentlichen Auftraggebern innerhalb eines klar abgegrenzten geografischen Gebiets, so dass die betreffenden öffentlichen Auftraggeber ohne Weiteres und eindeutig identifiziert werden können.[67] Eine Öffnungsklausel in einer Rahmenvereinbarung, mit der der Kreis der aus einer Rahmenvereinbarung Abrufberechtigten erweitert werden soll, ohne dass diese konkret benannt werden, ist damit nicht zu vereinbaren.[68]

15 Abs. 2 S. 3 ordnet in Umsetzung von Art. 33 Abs. 2 UAbs. 3 RL 2014/24/EU weiter an, dass bei der Vergabe der Einzelaufträge keine wesentlichen Änderungen an den Bedingungen der Rahmenvereinbarung vorgenommen werden dürfen. In Art. 33 Abs. 2 UAbs. 3 RL 2014/24/EU wird ergänzend darauf hingewiesen, dass dies besonders für den Fall des Abs. 3 (Ein-Partner-Rahmenvereinbarung) gilt. Durch das **Verbot wesentlicher Änderungen** soll insbes. verhindert werden, dass der Auftraggeber Leistungen vorbei am Wettbewerb beschafft, die nicht Gegenstand der Rahmenvereinbarung sind.[69] Eine Konkretisierung, Ergänzung oder Aktualisierung der Bedingungen ist zulässig.[70] Vervollständigungen, die über bloße Ergänzungen des Angebots ausschl. in unwesentlichen Details oder Anpassungen im Hinblick auf den konkreten quantitativen Bedarf des Auftraggebers hinausgehen, sind hingegen unzulässig.[71] Dies gilt vor allem für Einzelaufträge, deren Gegenstand nicht von der Rahmenvereinbarung gedeckt ist.[72] Überschritten wird die Grenze zur „wesentlichen Änderung" regelmäßig, wenn die für eine ausschreibungspflichtige Auftragsänderung geltenden Voraussetzungen aus § 132 GWB erfüllt sind.[73] Zur Frage der Zulässigkeit einer Vertragsänderung bei Überschreitung der angegebenen Höchstgrenze → Rn. 8.

IV. Einzelauftragsvergabe bei Ein-Partner-Rahmenvereinbarungen (Abs. 3)

1. Leistungsabruf (S. 1)

16 Abs. 3 normiert das **Verfahren** zur Vergabe eines Einzelauftrags, wenn die Rahmenvereinbarung mit nur einem Unternehmen abgeschlossen wurde. Beim Verfahren differenziert die Norm: Enthält die Rahmenvereinbarung abschl. sämtliche Bedingungen für die Vergabe der Einzelaufträge (insbes. Art und Umfang sowie Preis der Leistungen), erfolgt gem. S. 1 lediglich ein Abruf der Leistungen ohne

---

Publizität und die Rechtssicherheit und damit an die Transparenz eingehalten werden. Demgegenüber ist nach Abs. 2 S. 2 (ebenso wie nach Art. 33 Abs. 2 UAbs. 2 RL 2014/24/EU) der abrufberechtigte Auftraggeber „in der Auftragsbekanntmachung oder der Aufforderung zur Interessensbestätigung" zu nennen. Die Entscheidung des EuGH, die noch zur RL 2004/18/EG ergangen war, lässt sich also insoweit (anders als hinsichtlich der Frage nach der Notwendigkeit einer Höchstmengenangabe, → Rn. 7) nicht auf die neue Rechtslage übertragen.

[67] Erwgr. 60 der RL 2014/24/EU.

[68] OLG Koblenz 4.2.2014 – 1 Verg 7/13, BeckRS 2014, 9707 = VergabeR 2014, 409 (415); Wichmann VergabeR 2017, 1 (5); Portz VergabeR 2014, 523 (531), mit Verweis auf Erwgr. 60 der RL 2014/24/EU; aA Graef NZBau 2005, 561 (567).

[69] RKMPP/Brauser-Jung § 21 Rn. 52.

[70] Wichmann VergabeR 2017, 1 (9), der eine Konkretisierung auch der Zuschlagskriterien für zulässig hält.

[71] Knauff VergabeR 2006, 24 (33).

[72] Knauff VergabeR 2006, 24 (33).

[73] So wohl auch VK Berlin 13.9.2019 – VK B 1–13/19, BeckRS 2019, 25971 sowie VK Bund 29.7.2019 – VK 2–48/19; IBR 2020, 85 (allerdings für den Fall einer Höchstmengenüberschreitung).

gesondertes Verfahren. Bei Aufträgen, die auf einer Rahmenvereinbarung beruhen, in der bereits alle Bedingungen für die Leistungserbringung verbindlich festgelegt sind, entfällt somit eine Konsultation und Vervollständigung des ursprünglichen Angebotes; sie ist weder geboten noch zulässig.[74] In diesen Fällen werden die auf der Rahmenvereinbarung beruhenden Einzelaufträge ausschl. nach den Bedingungen der Rahmenvereinbarung vergeben. Für den Rahmenvertragspartner besteht in diesen Fällen ein **Abschlusszwang.**[75]

2. Vervollständigung des Angebots (S. 2)

Enthält die Rahmenvereinbarung dagegen nicht abschl. sämtliche Bedingungen für die Einzelaufträge, konsultiert der Auftraggeber nach S. 2 den Vertragspartner in Textform (§ 126b BGB) und fordert ihn zur **Vervollständigung** seines Angebots auf. Grundlage für die Vergabe des Einzelauftrags sind die in der Rahmenvereinbarung festgelegten Bedingungen sowie die iRd Konsultationsverfahrens ergänzten Leistungsparameter. Ein Einigungs- oder Abschlusszwang besteht für den Rahmenvertragspartner[76] im Konsultationsverfahren nicht, wenn der Auftraggeber das vervollständigte Angebot so, wie es der Rahmenvertragspartner abgegeben hat, nicht annehmen möchte.[77] Der Rahmenvertragspartner ist also in diesem Fall nicht gezwungen, sein Angebot nachzubessern. Der Einzelauftrag wird auf das konkretisierte bzw. ergänzte Angebot erteilt. IRd Konsultation darf von den Bedingungen der Rahmenvereinbarung nicht substanziell abgewichen werden. Dies ergibt sich aus dem Verbot wesentlicher Änderungen in Abs. 2 S. 3, das, worauf Art. 33 Abs. 2 UAbs. 3 RL 2014/24/EU hinweist, in besonderen Maße für den Fall der Ein-Partner-Rahmenvereinbarung Geltung beansprucht. Insbes. dürfen Bedingungen, die in der Rahmenvereinbarung bereits abschl. geregelt sind, nicht verändert werden, wenn die Rahmenvereinbarung dies nicht ausdr. zulässt.[78] Näher zum Verbot wesentlicher Änderungen → Rn. 15.

17

V. Einzelauftragsvergabe bei Mehr-Partner-Rahmenvereinbarungen (Abs. 4 und 5)

1. Einzelauftragsvergabe ohne erneutes Vergabeverfahren (Abs. 4 Nr. 1)

Sind in der Rahmenvereinbarung bereits alle Bedingungen für die Erbringung der Leistungen festgelegt (abschließende Rahmenvereinbarung, → Rn. 4), kann deren Vergabe (sofern sich der Auftraggeber nicht für die Durchführung eines erneuten Wettbewerbs entscheidet, vgl. zu dieser Wahlmöglichkeit → Rn. 20 f.) unmittelbar, also ohne erneutes Vergabeverfahren, nach Maßgabe der Bedingungen der Rahmenvereinbarung erfolgen. Abs. 4 Nr. 1 Hs. 2 legt hierzu fest, dass die **objektiven Bedingungen** für die Auswahl der Unternehmen in der Auftragsbekanntmachung oder den Vergabeunterlagen der Rahmenvereinbarung (nicht der Einzelauf-

18

---

[74] HK-VergabeR/Schrotz VgV § 21 Rn. 123. Dies ergibt sich insbes. auch aus einer vergleichenden Betrachtung von Abs. 4, der in seiner Nr. 2 bei Mehr-Partner-Rahmenvereinbarungen die Möglichkeit der Durchführung einer Konsultation ausdrücklich eröffnet, während eine solche Möglichkeit in Abs. 3 nicht eigens vorgesehen ist.

[75] Knauff VergabeR 2006, 24 (33).

[76] Natürlich unterliegt aber auch der Auftraggeber keinem Abschlusszwang. Vielmehr steht es ihm frei, das vervollständigte Angebot anzunehmen, BT-Drs. 18/7318, 181.

[77] HK-VergabeR/Schrotz VgV § 21 Rn. 127.

[78] Knauff VergabeR 2006, 24 (33).

tragsvergabe) zu nennen sind. Insoweit sind **transparente und nachvollziehbare Regeln** aufzustellen, nach denen bestimmbar ist, welcher Rahmenvertragspartner einen Einzelauftrag erhält.[79] Der Auftraggeber darf also über die Erteilung der Einzelaufträge nicht völlig frei und ungebunden entscheiden.[80] Anderenfalls wäre es für die Rahmenvertragspartner nicht absehbar und kalkulierbar, in welchem Umfang sie mit der Erteilung von Einzelaufträgen rechnen können.[81]

19 Im Wege der objektiven Bedingungen für die Auswahl können bereits bestimmte Unternehmen als Auftragnehmer gesetzt sein, indem etwa in der Rahmenvereinbarung die Aufteilung der Einzelaufträge gewissermaßen in **Fachlosen** vorgesehen und alsdann jedes Los dem entspr. Unternehmen nach Maßgabe der im Wettbewerb um die Rahmenvereinbarung ausschlaggebenden Kriterien zugeordnet wird.[82] Auch ist nach Auffassung der Kommission[83] ein „**Kaskadenverfahren**" zulässig, wonach sich der Auftraggeber zunächst an das Unternehmen wendet, welches das wirtschaftlich günstigste Angebot für die Rahmenvereinbarung abgegeben hatte. Kommt dieses Unternehmen für die Einzelauftragsvergabe nicht in Betracht (etwa, weil es sich für den angefragten Zeitpunkt für nicht leistungsfähig erklärt), kann sich der Auftraggeber an den zweitplatzierten Rahmenvertragspartner wenden.[84] Unabhängig davon muss die Auswahlentscheidung anhand **objektiver, transparenter und diskriminierungsfreier Kriterien** erfolgen.[85] Hat der Auftraggeber für die Vergabe der Einzelaufträge unter den Rahmenvertragspartnern keine objektiven und transparenten Regelungen aufgestellt, sondern nur eine „gleichmäßige Verteilung" der Aufträge oder eine Verteilung nach festgelegten Bruchteilen vorgesehen, verstößt dies gegen das Gleichbehandlungs-, Transparenz- und Wettbewerbsgebot.[86]

2. Einzelauftragsvergabe mit erneutem Vergabeverfahren (Abs. 4 Nr. 2 und Nr. 3 jew. iVm Abs. 5)

20 **a) Fakultatives Vergabeverfahren bei abschließender Rahmenvereinbarung (Abs. 4 Nr. 2).** Bei Mehr-Partner-Rahmenvereinbarungen, in denen alle Bedingungen für die Leistungserbringung festgelegt sind (abschließende Rahmenvereinbarung, → Rn. 4), kann die Vergabe der Einzelaufträge abweichend von Abs. 4 Nr. 1 auch im Wege eines erneuten Vergabeverfahrens (auch **Mini-Wettbewerb** oder Kleinstwettbewerb[87] genannt) erfolgen. Nach Abs. 4 Nr. 2 darf der Auf-

---

[79] VK Berlin 10.2.2005 – VK-B 2–74/04, BeckRS 2013, 57396; HK-VergabeR/Schrotz VgV § 21 Rn. 132.
[80] OLG Düsseldorf 24.11.2011 – VII-Verg 62/11, BeckRS 2012, 4600 = VergabeR 2012, 482 (485); LSG NRW 3.9.2009 – L 21 KR 51/09 SFB, BeckRS 2009, 72806 = VergabeR 2010, 126 für Rahmenrabattverträge; KG 15.4.2004 – 2 Verg 22/03, IBRRS 2004, 3531 = VergabeR 2004, 762 (767); VK Bund 20.4.2006 – VK 1–19/06, IBRRS 2013, 4592; VK Berlin 10.2.2005 – VK-B 2–74/04, BeckRS 2013, 57396.
[81] LSG NRW 3.9.2009 – L 21 KR 51/09 SFB, BeckRS 2009, 72806 = VergabeR 2010, 126 für Rahmenrabattverträge nach § 130a Abs. 8 S. 1 SGB V.
[82] HK-VergabeR/Schrotz VgV § 21 Rn. 134.
[83] Kommission in „Erläuterungen – Rahmenvereinbarungen – klassische Richtlinie" (Dokument CC/2005/03_ rev1 v. 14.7.2005), Ziff. 3.2.
[84] HK-VergabeR/Schrotz VgV § 21 Rn. 135.
[85] Kommission in „Erläuterungen – Rahmenvereinbarungen – klassische Richtlinie" (Dokument CC/2005/03_rev1 v. 14.7.2005), Ziff. 3.2; zu den Kriterien bei Rahmenrabattverträgen nach § 130a Abs. 8 S. 1 SGB V vgl. OLG Düsseldorf 24.11.2011 – VII-Verg 62/11, BeckRS 2012, 4600 = VergabeR 2012, 482 (485); LSG NRW 3.9.2009 – L 21 KR 51/09 SFB, BeckRS 2009, 72806 = VergabeR 2010, 126.
[86] VK Berlin 10.2.2005 – VK-B 2–74/04, BeckRS 2013, 57396.
[87] Erwgr. 61 der RL 2014/24/EU.

traggeber den Wettbewerb auf der zweiten Stufe noch einmal neu eröffnen. Dieses **fakultative Vergabeverfahren** ist eingeführt worden, um den Auftraggebern mehr Flexibilität einzuräumen.[88] Zu beachten ist aber, dass die Wahl eines erneuten Vergabeverfahrens nur unter den folgenden **drei kumulativen Voraussetzungen** möglich ist:
- Der Auftraggeber hat in der Auftragsbekanntmachung oder den Vergabeunterlagen für die Rahmenvereinbarung (nicht der Einzelauftragsvergabe) sich die **Möglichkeit** der Durchführung eines erneuten Vergabeverfahrens **vorbehalten** und
- die Entscheidung, ob er von dieser vorbehaltenen Möglichkeit Gebrauch macht, wird nach **objektiven Kriterien** getroffen, die in der Auftragsbekanntmachung oder den Vergabeunterlagen für die Rahmenvereinbarung festgelegt sind,[89] und
- in der Auftragsbekanntmachung oder den Vergabeunterlagen für die Rahmenvereinbarung ist festzulegen, **welche Bedingungen** der Vertragsausführung einem erneuten Vergabeverfahren unterliegen können.

Der letzte Halbsatz von Abs. 4 Nr. 2 stellt klar, dass bei einer **Losvergabe** die Lose jew. unabhängig voneinander zu betrachten sind und der Einzelabruf in den einzelnen Losen unterschiedlich gestaltet werden kann. Für das fakultative Vergabeverfahren gelten iÜ dieselben Vorgaben wie für das zwingende Vergabeverfahren (→ Rn. 22 ff.). 21

b) Zwingendes Vergabeverfahren bei nicht-abschließender Rahmenvereinbarung (Abs. 4 Nr. 3). Ist eine Mehr-Partner-Rahmenvereinbarung nicht-abschließend, sind also die Bedingungen für die Erbringung der Leistungen nicht allesamt in der Rahmenvereinbarung festgelegt, so hat zwingend ein erneutes Vergabeverfahren unter der Beteiligung der Partner der Rahmenvereinbarung zu erfolgen. Im Wege dieses Verfahrens sind die in der Rahmenvereinbarung noch nicht enthaltenen Bedingungen für die Leistungserbringung im Wettbewerb zu ermitteln. Im Regelfall müssen alle Unternehmen, die Partei der Rahmenvereinbarung sind, konsultiert werden. Anders aber, wenn sich die Rahmenvereinbarung bspw. auf bestimmte Waren bezieht und diese mehreren Losen zugeteilt wurden; in diesem Fall müssen die Parteien, deren Rahmenvereinbarungen die Waren, die Gegenstand des betreffenden Auftrags sind, nicht umfasst, nicht konsultiert werden.[90] 22

c) Vorgaben für das erneute Vergabeverfahren (Abs. 5). Das erneute Vergabeverfahren nach Abs. 5 erfolgt auf der Grundlage derselben Bedingungen wie die Vergabe der Rahmenvereinbarung. Die Bedingungen sind erforderlichenfalls genauer zu formulieren und um weitere Bedingungen für die Vergabe der Einzelaufträge zu ergänzen. Die letztgenannten Bedingungen für die Vergabe der Einzelaufträge sind zwingend bereits in der Bekanntmachung oder in den Vergabeunterlagen der Rahmenvereinbarung zu regeln.[91] Dies gilt vor allem für die 23

---

[88] Erwgr. 61 der RL 2014/24/EU.
[89] In Erwgr. 61 der RL 2014/24/EU wird hierzu festgehalten: „Zur Sicherstellung der Gleichbehandlung und Transparenz sollten die öffentlichen Auftraggeber in den Auftragsunterlagen für die Rahmenvereinbarung die objektiven Kriterien angeben, die für die Entscheidung zwischen diesen beiden Methoden zur Ausführung der Rahmenvereinbarung ausschlaggebend sind. Diese Kriterien könnten sich beispielsweise auf die Menge, den Wert oder die wesentlichen Merkmale der betreffenden Bauleistungen, Lieferungen oder Dienstleistungen, einschließlich der Notwendigkeit eines höheren Leistungsniveaus oder eines gesteigerten Sicherheitsniveaus, oder auf die Preisentwicklung im Vergleich zu einem festgelegten Preisindex beziehen."
[90] Kommission in „Erläuterungen – Rahmenvereinbarungen – klassische Richtlinie" (Dokument CC/2005/03_ revl v. 14.7.2005), Ziff. 3.2.
[91] VK Bund 8.2.2008 – VK 2–156/07, VPRRS 2016, 0004; Machwirth VergabeR 2007, 385 (391).

Zuschlagskriterien und deren **Gewichtung**.[92] Die Zuschlagskriterien brauchen aber nicht mit denjenigen für den Abschluss der Rahmenvereinbarung identisch zu sein.[93] So ist es zulässig, für den Abschluss der Rahmenvereinbarung ausschl. „qualitative" Kriterien zwecks Ermittlung des wirtschaftlich günstigsten Angebotes zugrunde zu legen, bei der Vergabe der Einzelaufträge hingegen nur das Kriterium des niedrigsten Preises anzuwenden.[94] Das **Verbot substanzieller Änderungen** der Bedingungen der Rahmenvereinbarung (Abs. 2 S. 3, → Rn. 15) gilt auch hier.[95]

24 Bei der Durchführung des erneuten Vergabeverfahrens sind die Vorschriften des Abs. 5 zu beachten, um die erforderliche Flexibilität und die Einhaltung der allg. Vergabegrundsätze zu gewährleisten:

i) Zunächst sind vor Vergabe jedes Einzelauftrags die Unternehmen in Textform zu konsultieren, ob sie in der Lage sind, den Einzelauftrag auszuführen. Die Unternehmen trifft somit **keine Abschlusspflicht** iRd Aufrufs zum Wettbewerb.[96] Bei der schriftlichen Konsultation ist mitzuteilen, für welchen spezifischen Einzelauftrag Angebote eingereicht werden sollen.

ii) Für die Angebotsabgabe ist eine angemessene („ausreichende") **Einreichungsfrist** zu setzen. Dabei sind ua die Komplexität des Auftragsgegenstandes und die für die Kalkulation der Angebote erforderliche Zeit zu berücksichtigen. Eine sehr kurze Frist kann zulässig sein, wenn die Verwendung elektronischer Kommunikationsmittel zugelassen ist und für den Einzelauftrag nur noch ein Element des Angebotes, bspw. der Preis, vereinbart werden muss.[97] Die einzelnen Fristvorgaben der § 15 ff. VgV gelten für das erneute Vergabeverfahren nicht.[98]

iii) Die Angebote sind in Textform einzureichen und dürfen bis zum Ablauf der Angebotsfrist nicht geöffnet werden.

iv) Die Vergabe des Einzelauftrags erfolgt an das Unternehmen, das auf der Grundlage der in der Bekanntmachung bzw. den Vergabeunterlagen für die Rahmenvereinbarung aufgestellten Zuschlagskriterien (→ Rn. 23) das **wirtschaftlichste Angebot** abgegeben hat. Zur **Informations- und Wartepflicht** → Rn. 27.

VI. Laufzeit (Abs. 6)

25 Abs. 6 ordnet an, dass die Laufzeit einer Rahmenvereinbarung **vier Jahre** nicht überschreiten darf, es sei denn, der Auftragsgegenstand oder andere besondere

---

[92] Zur Möglichkeit, Zuschlagskriterien auf der zweiten Stufe noch weiter zu präzisieren, insbes. wenn diese auf der ersten Stufe nur mittels Margen benannt sind, Wichmann VergabeR 2017, 1 (9); allg. zur Zulässigkeit der Gewichtung von Zuschlagskriterien mittels Margen Kraus VergabeR 2011, 171.

[93] Kommission in „Erläuterungen – Rahmenvereinbarungen – klassische Richtlinie" (Dokument CC/2005/03_ rev1 v. 14.7.2005), Ziff. 3.4.

[94] Kommission in „Erläuterungen – Rahmenvereinbarungen – klassische Richtlinie" (Dokument CC/2005/03_ rev1 v. 14.7.2005), Ziff. 3.4.

[95] Kommission in „Erläuterungen – Rahmenvereinbarungen – klassische Richtlinie" (Dokument CC/2005/03_ rev1 v. 14.7.2005), Ziff. 3.4.

[96] RKMPP/Brauser-Jung § 21 Rn. 67.

[97] Kommission in „Erläuterungen – Rahmenvereinbarungen – klassische Richtlinie" (Dokument CC/2005/03_ rev1 v. 14.7.2005), Ziff. 3.4; Knauff VergabeR 2006, 24 (36): zehn Kalendertage.

[98] HK-VergabeR/Schrotz VgV § 21 Rn. 148; aA Müller-Wrede VgV/UVgO/Poschmann VgV § 21 Rn. 149.

Umstände rechtfertigen eine Ausnahme. Diese vergleichsweise[99] kurz gefasste, **max. Regellaufzeit** bezweckt, dass das geschlossene System der Rahmenvereinbarung (→ Rn. 14) die Auftragsvergabe nur für einen begrenzten Zeitraum dem Wettbewerb entzieht. Die Laufzeitbegrenzung ist daher unauflösbar mit der spezifischen Systematik der Rahmenvereinbarung verknüpft, welche einerseits Effizienzgewinne ermöglicht, andererseits aber wettbewerbsbeschränkend wirkt. Insoweit konkretisiert die Vorschrift den allg. Wettbewerbsgrundsatz[100] und das Missbrauchsverbot (zu Letzterem → Rn. 9 f.). In **Ausnahmefällen,** in denen dies auf Grund des Auftragsgegenstandes oder anderer besonderer Umstände gerechtfertigt ist, kann eine längere Laufzeit in Betracht kommen.[101] Eine **längere Dauer** kann bspw. durch die Erforderlichkeit erheblicher Aufwendungen bei der Entwicklung des Vertragsgegenstandes gerechtfertigt sein, wenn dem Auftragnehmer mit Rücksicht darauf eine Amortisation zugestanden werden soll.[102] Allg. kann der Auftraggeber bei der Bestimmung der Vertragslaufzeit die Amortisationsdauer der für die Ausführung der Aufträge benötigten Ausrüstungsgegenstände berücksichtigen und diese grds. auch auf einen Zeitraum von über vier Jahren ausweiten.[103] Allerdings reicht allein die Erwägung, dass eine längere Vertragsdauer die Fixkosten des Auftragnehmers reduziere und diesem ein wirtschaftlicheres Angebot ermögliche, sowie die Begründung, in der Startphase und durch den Auftragnehmerwechsel seien erhebliche Investitionen notwendig, nicht aus.[104] Die Rechtfertigung einer über der Regellaufzeit liegenden Vertragsdauer ist in vollem Umfang nachprüfbar.[105] Die Überprüfung erfolgt anhand der Gründe, die der Auftraggeber im Vergabevermerk nachvollziehbar zu dokumentieren hat.[106]

Die **Laufzeit der Einzelaufträge** muss hingegen nicht derjenigen der Rahmenvereinbarung entsprechen, sondern darf kürzer oder länger sein.[107] Einzelaufträge dürfen also insbes. über die Geltungsdauer der Rahmenvereinbarung hinaus durchgeführt werden.[108] Bei der Festlegung der Laufzeit von Einzelaufträgen dürfen nach Erwgr. 62 der RL 2014/24/EU bestimmte Faktoren berücksichtigt werden wie bspw. „die für die Durchführung der Einzelaufträge erforderliche Zeit, eine vorgesehene Wartung von Ausrüstung mit einer erwarteten Nutzungsdauer von mehr als vier Jahren oder eine für die Auftragsausführung erforderliche umfassende Mitarbeiterschulung." Durch die Laufzeit der Einzelaufträge darf jedoch Sinn und Zweck

---

[99] Längere Regellaufzeiten gelten nach § 65 Abs. 2 VgV für soziale und andere besondere Dienstleistungen sowie nach § 15 Abs. 4 UVgO im Unterschwellenbereich (jew. max. sechs Jahre), nach § 14 Abs. 6 VSVgV im Bereich Verteidigung und Sicherheit (max. sieben Jahre) und nach § 19 Abs. 3 SektVO im Sektorenbereich (max. acht Jahre).

[100] OLG Düsseldorf 11.4.2012 – Verg 95/11, IBRRS 2012, 2178.

[101] Erwgr. 62 der RL 2014/24/EU; EuGH 19.6.2008 – C-454/06, NJW 2008, 3341 (3345); BayObLG 17.2.2005 – Verg 27/04, NZBau 2005, 595 (597); VK Arnsberg 21.2.2006 – VK 29/05, NZBau 2006, 332 zu einer 25-jährigen Vertragslaufzeit.

[102] Kommission in „Erläuterungen – Rahmenvereinbarungen – klassische Richtlinie" v. 14.7.2005, Ziff. 2.1; vgl. auch OLG Düsseldorf 11.4.2012 – Verg 95/11, IBRRS 2012, 2178; VK Hessen 19.2.2009 – 69d-VK-01/2009, IBRRS 2009, 3321.

[103] Erwgr. 62 der RL 2014/24/EU.

[104] OLG Düsseldorf 11.4.2012 – Verg 95/11, IBRRS 2012, 2178.

[105] Zur Frage der Rügeobliegenheit/Erkennbarkeit vgl. VK Südbayern 8.8.2014 – Z3-3-3194-1-31-06/14, IBRRS 2014, 2392.

[106] OLG Düsseldorf 11.4.2012 – Verg 95/11, IBRRS 2012, 2178; zur Dokumentationspflicht s. auch Erwgr. 62 der RL 2014/24/EU, wonach die Ausnahmefälle insbes. mit dem Gegenstand der Rahmenvereinbarung hinreichend zu begründen sind.

[107] Erwgr. 62 der RL 2014/24/EU.

[108] Kommission in „Erläuterungen – Rahmenvereinbarungen – klassische Richtlinie" v. 14.7.2005, Ziff. 2.1; Fischer/Fongern NZBau 2013, 550 (551).

VII. Rechtsschutz

27 Die Entscheidung über die Auswahl der Unternehmen, mit denen eine Rahmenvereinbarung geschlossen wird **(erste Stufe)**, ist mit den Mitteln des Primärrechtsschutzes nachprüfbar.[110] Primärrechtsschutz kann von den an der Rahmenvereinbarung beteiligten Unternehmen grds. auch bei allen Verstößen im Zusammenhang mit der Vergabe der Einzelaufträge **(zweite Stufe)** in Anspruch genommen werden, und zwar ohne Rücksicht darauf, ob der jeweilige Einzelauftrag den Schwellenwert erreicht oder nicht.[111] Das folgt bereits aus Art. 2b lit. c RL 2007/66/EG. Danach können die Mitgliedstaaten bei der Vergabe von Einzelaufträgen aus einer Rahmenvereinbarung davon absehen, in ihren nationalen Vergaberechtsordnungen Wartefristen zu regeln. Das deutsche Recht hat von dieser Option keinen Gebrauch gemacht; vielmehr findet § 134 GWB seinem Wortlaut nach auch bei der Vergabe der Einzelaufträge uneingeschränkt Anwendung. Für dieses Ergebnis spricht ferner, dass für einen Rahmenvertragspartner bei einer wirtschaftlichen Betrachtungsweise der Einzelauftrag im Vordergrund steht. Erst der Einzelabruf begründet den synallagmatischen Austauschvertrag, der konkrete Zahlungsansprüche des Auftragnehmers entstehen lässt. Die allg. vergaberechtlichen Grundsätze können daher nicht bei der Vergabe der Rahmenvereinbarung als solcher stehen bleiben, sondern gelten auch für die Vergabe des Einzelauftrags.[112] Damit ist bei der Vergabe der Einzelaufträge die **Informations- und Wartepflicht** gem. § 134 Abs. 1 GWB ggü. den nicht zum Zug gekommenen Rahmenvertragspartnern einzuhalten, sofern die Rahmenvereinbarung den maßgeblichen Schwellenwert erreicht bzw. überschreitet[113] (→ GWB § 134 Rn. 62). Eine Informations- und Wartepflicht auf der zweiten Stufe scheidet indes bei Ein-Partner-Rahmenvereinbarungen naturgemäß aus.[114]

28 Wird ein Einzelauftrag unter dem Deckmantel einer Rahmenvereinbarung vergeben, obwohl die Rahmenvereinbarung diesen Auftrag tatsächlich nicht abdeckt, stellt dies eine unzulässige **De-facto-Vergabe** (§ 135 Abs. 1 Nr. 2 GWB) dar. Gleiches gilt, wenn der Einzelauftrag den Inhalt der Rahmenvereinbarung unzulässig modifiziert und aus diesem Grund auszuschreiben wäre oder wenn ein Einzelauftrag von der anzugebenden Höchstmenge nicht gedeckt ist (aber → Rn. 8).[115] In diesen Fällen können auch an der Rahmenvereinbarung nicht beteiligte Unternehmen

---

[109] Vgl. hierzu auch näher Wichmann VergabeR 2017, 1 (4 f.).

[110] OLG Düsseldorf 11.1.2012 – VII-Verg 57/11, BeckRS 2012, 4016 = VergabeR 2012, 475 (477); 8.3.2005 – Verg 40/04, IBRRS 2005, 1142; Machwirth VergabeR 2007, 385 (392); s. auch § 103 Abs. 5 S. 2 GWB.

[111] Machwirth VergabeR 2007, 385 (392); Franke ZfBR 2006, 546 (552).

[112] VK Bund 3.8.2009 – VK 3–145/09, BeckRS 2014, 15615.

[113] Müller-Wrede GWB/Knauff § 101 Rn. 58; Portz VergabeR 2014, 523 (531 f.); Graef NZBau 2005, 561 (569); Machwirth VergabeR 2007, 385 (393); aA Rosenkötter VergabeR 2010, 368 (373).

[114] Bei Mehr-Partner-Rahmenvereinbarungen ist hingegen grds. stets und mithin auch in dem Fall, dass die Einzelauftragsvergabe ohne erneutes Vergabeverfahren erfolgt, eine Vorabinformation nach § 134 Abs. 1 GWB vor Abschluss des Einzelauftrages zwingend. Das gilt insbes., wenn der Auftraggeber auf der zweiten Stufe eine Auswahl unter den Vertragspartnern trifft, → Rn. 19.

[115] Hingegen stellt die Vergabe eines Einzelauftrags auf der Grundlage einer Rahmenvereinbarung, für die keine Höchstgrenze angegeben wurde, keine De-facto-Vergabe dar, EuGH 17.6.2021 – C-23/20, NZBau 2021, 541, Rn. 87.

Nachprüfungsantrag stellen.[116] Doch muss dann der angegriffene Einzelauftrag die für die Nachprüfung relevante Wertgrenze erreichen bzw. überschreiten (zum Ganzen → GWB § 134 Rn. 56 ff.).

§ 22 Grundsätze für den Betrieb dynamischer Beschaffungssysteme

(1) **Der öffentliche Auftraggeber kann für die Beschaffung marktüblicher Leistungen ein dynamisches Beschaffungssystem nutzen.**

(2) **Bei der Auftragsvergabe über ein dynamisches Beschaffungssystem befolgt der öffentliche Auftraggeber die Vorschriften für das nicht offene Verfahren.**

(3) [1]**Ein dynamisches Beschaffungssystem wird ausschließlich mithilfe elektronischer Mittel eingerichtet und betrieben.** [2]**Die §§ 11 und 12 finden Anwendung.**

(4) [1]**Ein dynamisches Beschaffungssystem steht im gesamten Zeitraum seiner Einrichtung allen Bietern offen, die die im jeweiligen Vergabeverfahren festgelegten Eignungskriterien erfüllen.** [2]**Die Zahl der zum dynamischen Beschaffungssystem zugelassenen Bewerber darf nicht begrenzt werden.**

(5) **Der Zugang zu einem dynamischen Beschaffungssystem ist für alle Unternehmen kostenlos.**

Literatur: Braun, Elektronische Vergaben, VergabeR 2016, 179; Einmahl, Das dynamische Beschaffungssystem – rundum flexibel, Vergabefokus 2020, 17; Knauff, Neues europäisches Vergabeverfahrensrecht: Dynamische Beschaffungssysteme (Dynamische elektronische Verfahren), VergabeR 2008, 615; Müller, Das dynamische elektronische Verfahren, NZBau 2011, 72; Schäfer, Perspektiven der eVergabe, NZBau 2015, 131; Schröder, Die elektronische Auktion nach § 101 IV 1 GWB – Rückkehr des Lizitationsverfahrens?, NZBau 2010, 411; Soudry/Hettich, Das neue Vergaberecht, Eine systematische Darstellung der neuen EU-Vergaberichtlinien 2014, 255; Wieddekind, Das dynamische elektronische Verfahren gem. § 101 Abs. 6 GWB, § 5 VOL/A-EG, VergabeR 2011, 412. Vgl. iÜ die Angaben bei § 120 GWB.

I. Bedeutung der Vorschrift

Nach der Legaldefinition des § 120 Abs. 1 GWB ist ein dynamisches Beschaffungsystem ein befristetes, ausschließlich elektronisches Verfahren zur Beschaffung marktüblicher Leistungen, bei denen die allgemein auf dem Markt verfügbaren Merkmale den Anforderungen des öffentlichen Auftraggebers genügen (s. auch → GWB § 120 Rn. 7). 1

Das dynamische Beschaffungssystem war unter der Bezeichnung „Dynamische elektronische Verfahren" bereits im VergRModG v. 20.4.2009 enthalten.[1] Der deutsche Gesetzgeber hatte die in der RL 2004/18/EG enthaltenen unverbindlichen Regelungen in den § 5 EG VOL/A, § 5 VOL/A und § 10 SektVO aF in nationales Recht umgesetzt.[2] Durch die Ausgestaltung als offenes Verfahren und die Pflicht zur Einreichung unverbindlicher Angebote, die sich als große Belastung erwiesen hatten, erlangte dieses Beschaffungsinstrument allerdings keine praktische Bedeutung.[3] Der EU-Gesetzgeber sah daher die Notwendigkeit der Vereinfachung des 2

---

[116] RKMPP/Brauser-Jung § 21 Rn. 79.
[1] BGBl. I 790.
[2] Art. 33 RL 2004/18/EG und Art. 33 RL 2004/17/EG.
[3] Schäfer NZBau 2015, 131 (136); Hettich/Soudry/Wankmüller VergabeR S. 256.

VgV § 22   Grundsätze für den Betrieb dynamischer Beschaffungssysteme

dynamischen Beschaffungssystems durch **Ausgestaltung als nicht offenes Verfahren** und den Verzicht auf die Einreichung unverbindlicher Angebote.[4] Gleichzeitig wurde das dynamische Beschaffungssystem in den RL 2014/24/EU und RL 2014/25/EU verbindlich zur Umsetzung in nationales Recht vorgeschrieben. Der europäische Gesetzgeber wollte mit dem dynamischen Beschaffungssystem den Auftraggebern ein Verfahren zur Verfügung stellen, das es ihnen ermöglicht, **bei marktüblichen oder gebrauchsfertigen Waren oder Leistungen,** die allgemein auf dem Markt verfügbar sind, eine besonders breite Palette von Angeboten einzuholen sowie schnell und flexibel den Bedarf zu decken. Er geht davon aus, dass bei dieser Form von Wettbewerb die Gelder optimal eingesetzt werden können.[5] Eine Auswertung der TED Internetseiten (www.ted.europa.eu) ergab im Jahr 2023 einen starken Anstieg von Bekanntmachungen dynamischer Beschaffungssysteme. Der durch die Vereinfachung gewünschte Effekt einer zunehmenden praktischen Bedeutung scheint sich somit nach und nach einzustellen.

3   Ein dynamisches Beschaffungssystem wird **vollelektronisch betrieben** und steht während der Laufzeit sämtlichen Wirtschaftsteilnehmern offen, die die Eignungskriterien erfüllen. Dazu kann es anhand objektiver Merkmale in Kategorien von Waren, Bauleistungen oder Dienstleistungen untergliedert werden. Weitere Untergliederungen in Unterkategorien sind möglich. Soweit eine Untergliederung erfolgt, sind für jede Kategorie/Unterkategorie eigene Eignungskriterien vorzusehen. Obwohl das dynamische Beschaffungssystem als nicht offenes Verfahren durchzuführen ist, ordnet das Gesetz ausdr. an, dass die Zahl der zugelassenen Bewerber nicht begrenzt werden darf. Nach der Einrichtung des dynamischen Beschaffungssystems erfolgen die konkreten Einzelaufträge nachgelagert in einer 2. Phase in einem vollelektronisch durchgeführten Wettbewerb unter den zugelassenen Bewerbern.

4   In der Sache kann das dynamische Beschaffungssystem als ein **elektronischer Markplatz**[6] oder als elektronische Form einer besonderen Rahmenvereinbarung[7] beschrieben werden, da der Bedarf des Auftraggebers nach der Einrichtung des Systems mit Einzelaufträgen gedeckt wird. Im Gegensatz zu einer Rahmenvereinbarung handelt es sich aber nicht um ein geschlossenes System. In der aktuellen Ausgestaltung ist es dem Qualifizierungssystem gem. § 48 SektVO sehr ähnlich geworden (dazu ausf. → SektVO § 48 Rn. 2 ff.). Auch dieses eröffnet Unternehmen während der Laufzeit die Möglichkeit, nach der Eignungsfeststellung in einer ersten Phase an Wettbewerben, die zwischen den zugelassenen Unternehmen in einer zweiten Phase durchgeführt werden, teilzunehmen.[8] Es ermöglicht dem Auftraggeber, sich auf elektronischem Wege über die gesamte Laufzeit des dynamischen Beschaffungssystems wiederholt mit Waren in den bekanntgegebenen Kategorien zu versorgen. Zur Steigerung des Wettbewerbs ermöglicht § 25 Abs. 1 S. 4 VgV ausdr., ein dynamisches Beschaffungssystem mit dem Beschaffungsinstrument elektronische Auktion zu kombinieren.

II. Anwendungsvoraussetzungen (Abs. 1)

5   Abs. 1 setzt Art. 34 Abs. 1 S. 1 RL 2014/24/EU um und stellt klar, dass die Nutzung des dynamischen Beschaffungssystems im **Ermessen des Auftraggebers** liegt. Dem Auftraggeber obliegt die Entscheidungshoheit. Er kann nicht zur Einrichtung eines dynamischen Beschaffungssystems verpflichtet werden. Es gibt keinen

---

[4] Erwgr. 73 der RL 2014/25/EU.
[5] Erwgr. 63 der RL 2014/24/EU; Erwgr. 73 der RL 2014/25/EU.
[6] RKMPP/Hölzl VgV § 22 Rn. 5.
[7] Hettich/Soudry/Wankmüller VergabeR S. 258.
[8] EOR/Stalmann SektVO § 20 Rn. 5.

diesbzgl. Anspruch und auch keine Möglichkeit der Nachprüfung der Einrichtung oder der Nichteinrichtung eines dynamischen Beschaffungssystems.

Weiterhin schränkt Abs. 1 den sachlichen Anwendungsbereich des dynamischen Beschaffungssystems auf **marktübliche Leistungen** ein. Diesbzgl. konkretisiert § 120 Abs. 1 Hs. 2 GWB, dass die allgemein auf dem Markt verfügbaren Merkmale den Anforderungen des öffentlichen Auftraggebers genügen müssen. Marktübliche Leistungen sind dadurch gekennzeichnet, dass sie **allgemein auf dem Markt verfügbar** sind. Es muss sich um standardisierte Waren und Dienstleistungen handeln, die in der konkret nachgefragten Form tatsächlich bereits gehandelt werden (s. auch → GWB § 120 Rn. 8). Sie kennzeichnen sich dadurch, dass durch die bloße Bezeichnung den Marktteilnehmern klar ist und eindeutig feststeht, was genau nachgefragt wird.[9] Müssen bei diesen standardisierten Waren erst Anpassungen, Individualisierungen, Spezifizierungen oder spezielle Konfigurationen vorgenommen werden, um der Leistungsbeschreibung zu entsprechen, ist ein Bezug über ein dynamisches Beschaffungssystem unzulässig. Demnach dürften komplexere Leistungen und individuelle Bauleistungen für die Beschaffung mit einem dynamischen Beschaffungssystem ausscheiden.[10] 6

Damit eignet sich das dynamische Beschaffungssystem insbes. zum Bezug von **Massenverbrauchsgütern.** Hierunter fallen Waren wie bspw. Reinigungsmittel, Hygieneprodukte, Verbrauchsmaterial, Büromaterial, standardisierte PC-Technik und Software, mobile Endgeräte, Büromöbel, Kraftfahrzeuge, Streusalz und Dienstleistungen wie einfache Reparatur- und Ausbesserungsarbeiten, Personaldienstleistungen, IT-Dienstleistungen, Reinigungsdienste, Winterdienste, Transportaufträge und Weiterbildungsmaßnahmen für Berufstätige. 7

III. Nicht offenes Verfahren (Abs. 2)

Abs. 2 setzt Art. 34 Abs. 2 S. 1 RL 2014/24/EU um und bestimmt, dass zum Betrieb eines dynamischen Beschaffungssystems die Vorschriften für das nicht offene Verfahren zu beachten sind. Beim dynamischen Beschaffungssystem handelt es sich somit um einen **Unterfall des nicht offenen Verfahrens.** Die Regelungen der §§ 22 ff. VgV gelten als lex specialis und gestalten das nicht offene Verfahren für den Anwendungsfall als dynamisches Beschaffungssystem, wodurch sich Modifikationen zum klassischen nicht offenen Verfahren ergeben. 8

Gem. § 16 VgV untergliedert sich ein nicht offenes Verfahren in einen **Teilnahmewettbewerb** und in eine Angebotsphase. IRd Teilnahmewettbewerbs wird eine unbeschränkte Anzahl von Unternehmen zur Abgabe von Teilnahmeanträgen aufgefordert. Diese Teilnahmephase endet mit der Feststellung der Eignung der teilnehmenden Unternehmen. Nur die geeigneten Unternehmen werden in der Angebotsphase, dem eigentlichen Wettbewerb, zur Abgabe von Angeboten aufgefordert. Die Angebotsphase endet mit der Bezuschlagung des wirtschaftlichsten Angebots. Verhandlungen, insbes. über Änderungen der Angebote oder Preise, sind unzulässig (ausf. → VgV § 16 Rn. 4–10). Diese Beschreibung trifft auch beim dynamischen Beschaffungssystem zu. 9

Abweichungen im Vergleich zum nicht offenen Verfahren ergeben sich hinsichtl. des Betriebs aus § 23 VgV und hinsichtl. der Fristen aus § 24 VgV. Ein signifikanter Unterschied ist in der Möglichkeit der Beschränkung des Teilnehmerkreises beim nicht offenen Verfahren zu sehen, während am dynamischen Beschaffungssystem **alle geeigneten Unternehmen** zwingend **zuzulassen** sind (Abs. 4). Weitere Unterschiede bestehen ua in der Festlegung einer Gültigkeitsdauer des Systems, 10

---

[9] RKMPP/Hölzl VgV § 22 Rn. 17.
[10] jurisPK-VergabeR/Kafedžić/Graichen VgV § 22 Rn. 10.

einer Bewertungsfrist für die Teilnahmeanträge von zehn oder 15 Arbeitstagen sowie der Möglichkeit der quartalsweisen Bündelung der Vergabebekanntmachung über vergebene Einzelaufträge gem. § 39 Abs. 4 VgV.[11]

IV. Ausschließlich elektronische Mittel (Abs. 3)

11 Nach Abs. 3 wird ein dynamisches Beschaffungssystem ausschließlich mithilfe elektronischer Mittel eingerichtet und betrieben. Mit dieser Regelung wird Art. 34 Abs. 3 RL 2014/24/EU umgesetzt. Durch den Verweis auf die §§ 11, 12 VgV stellt Abs. 3 klar, dass auf ein dynamisches Beschaffungssystem die Vorschriften über den Einsatz elektronischer und alternativer elektronischer Mittel Anwendung finden. Das dynamische Beschaffungssystem hat somit als ein **rein elektronisches Verfahren** ausgestaltet zu sein.

12 Aus dem Sinn und Zweck der Vorschrift und dem Verweis auf die §§ 11, 12 VgV ergibt sich, dass das dynamische Beschaffungssystem überall dort vollelektronisch auszugestalten ist, wo die Kommunikation mit den Teilnehmern/Bietern betroffen ist. Die elektronischen Mittel und deren technische Merkmale müssen allgemein verfügbar, nichtdiskriminierend und mit allgemein verbreiteten Geräten und Programmen der Informations- und Kommunikationstechnologie kompatibel sein. Sie dürfen den Zugang von Unternehmen zum Vergabeverfahren nicht einschränken (iE → § 11 Rn. 2 ff.).

13 Daraus ergibt sich aber auch, dass bei allen Vorgängen im dynamischen Beschaffungssystem, die sich beim öffentlichen Auftraggeber rein intern abspielen, eine elektronische Durchführung der Vorgänge nicht erforderlich ist, wie zB die Prüfung der Teilnahmeanträge oder die Prüfung und Wertung der Angebote.[12] So enthält auch § 9 VgV nur Vorgaben für die elektronische Datenübermittlung (Senden, Empfangen, Weiterleiten und Speichern von Daten) und keine Vorgaben zu den internen Vorgängen des öffentlichen Auftraggebers. Im Falle einer elektronischen Auktion war die elektronische Angebotswertung durch den Verordnungsgeber gewollt. Er hat dazu in § 25 Abs. 2–4 VgV detaillierte Vorgaben gemacht. Daraus, dass es diese Vorgaben im dynamischen Beschaffungssystem nicht gibt, ergibt sich im Umkehrschluss, dass dort nur die **allgemeinen Anforderungen für die Kommunikation gem. §§ 9 ff. VgV** gelten sollen. Gerade auch wenn es darum geht, dass Angaben in Eigenerklärungen überprüft werden müssen, gelangt eine vollelektronische Vorgehensweise an ihre Grenzen. Diese Prüfungen können auch nur teilw. elektronisch oder händisch erfolgen, solange die Ergebnisse anschließend wieder rein elektronisch kommuniziert werden. Andernfalls wären die erforderlichen elektronischen Lösungen zum Betrieb eines dynamischen Beschaffungssystems ggf. so komplex und an jeden neuen Beschaffungsgegenstand uU aufwändig anzupassen, so dass die gewollte breite Verwendung des dynamischen Beschaffungssystems wieder in Frage stünde. Freilich sollte sich der öffentliche Auftraggeber aber der gewollten breiten Beteiligung von Unternehmen bewusst sein und bei der Ausgestaltung vor allem technische Lösungen im Blick haben, die dazu in der Lage sind, mit einer großen Anzahl an Bieterunternehmen umzugehen. Technische Lösungen, die bei internen Vorgängen unterstützen, wie Vergabemanagementsysteme, könnten dabei sehr hilfreich sein.

V. Offener Zugang (Abs. 4)

14 Abs. 4 gibt vor, dass ein dynamisches Beschaffungssystem jedem Unternehmen, das die jew. Eignungskriterien erfüllt, **über die gesamte Zeit seiner Einrichtung**

---

[11] Hettich/Soudry/Wankmüller VergabeR S. 256 f. mit weiteren Beispielen.
[12] jurisPK-VergabeR/Kafedžić/Graichen VgV § 22 Rn. 22.

hinweg zur Verfügung stehen muss. Außerdem darf die Zahl der zu einem dynamischen Beschaffungssystem zugelassenen Bewerber nicht begrenzt werden. Abs. 4 setzt Art. 34 Abs. 2 S. 2 RL 2014/24/EU um. Durch den Bezug auf die Eignungskriterien ist klargestellt, dass auch in einem dynamischen Beschaffungssystem eine **Eignungsprüfung** stattzufinden hat. Es handelt sich um eine Prognose, ob ein bestimmtes Unternehmen nach seiner personellen, sachlichen und finanziellen Ausstattung in der Lage ist, den Auftrag auszuführen (hierzu → GWB § 122 Rn. 9, 28 ff.) sowie die Prüfung des Nichtvorliegens von Ausschlussgründen (iE → § 42 Rn. 5). Da über ein dynamisches Beschaffungssystem allerdings nur marktübliche Leistungen beschafft werden können und die Eignungskriterien durch den Gegenstand des Auftrags gerechtfertigt sein müssen, sollte die Zulässigkeit von besonderen Anforderungen an die Eignung genau geprüft werden.

S. 2 verbietet die Begrenzung der Teilnehmerzahl. Daraus ergibt sich, dass alle **15** Bewerber, die die Eignungskriterien erfüllen, zuzulassen und zur Abgabe von Angeboten aufzufordern sind. Bewerbungen zur Teilnahme am dynamischen Beschaffungssystem können über die gesamte Zeit seiner Einrichtung an den öffentlichen Auftraggeber gerichtet werden und sind innerhalb der Fristen von § 24 Abs. 3 VgV zu berücksichtigen.

VI. Kostenloser Zugang (Abs. 5)

Nach Abs. 5 hat der Zugang zum dynamischen Beschaffungssystem für alle Unter- **16** nehmen kostenlos zu sein. Damit wird Art. 34 Abs. 9 RL 2014/24/EU umgesetzt. Die Kostenfreiheit für Bieter und Bewerber umfasst sowohl den Zugang als auch die Durchführung. Unzulässig sind somit sämtliche Formen von Registrierungs- und Bearbeitungsgebühren.[13] Die Betriebskosten dynamischer Beschaffungssysteme dürfen nicht auf die Unternehmen umgelegt werden.

VII. Rechtsschutz

Sowohl die Verfahrensregelungen als auch die Durchführung eines dynamischen **17** Beschaffungssystems unter Berücksichtigung der Grundsätze von Transparenz, Gleichbehandlung und Verhältnismäßigkeit sind bieterschützend und unterliegen der Nachprüfung durch die Nachprüfungsinstanzen. Nicht der Nachprüfung unterliegt die Entscheidung des öffentlichen Auftraggebers hinsichtl. der Frage, ob er ein dynamisches Beschaffungssystem einrichtet oder nicht.

§ 23 Betrieb eines dynamischen Beschaffungssystems

(1) **Der öffentliche Auftraggeber gibt in der Auftragsbekanntmachung an, dass er ein dynamisches Beschaffungssystem nutzt und für welchen Zeitraum es betrieben wird.**
(2) **Der öffentliche Auftraggeber informiert die Europäische Kommission wie folgt über eine Änderung der Gültigkeitsdauer:**
1. **Wird die Gültigkeitsdauer ohne Einstellung des dynamischen Beschaffungssystems geändert, erfolgt dies nach den Vorgaben der Spalte 38 in Tabelle 2 des Anhangs der Durchführungsverordnung (EU) 2019/1780 in Verbindung mit § 10a.**
2. **Wird das dynamische Beschaffungssystem eingestellt, erfolgt dies nach den Vorgaben der Spalte 29 in Tabelle 2 des Anhangs der Durchführungsverordnung (EU) 2019/1780 in Verbindung mit § 10a.**

---

[13] RKMPP/Hölzl VgV § 22 Rn. 42.

(3) In den Vergabeunterlagen sind mindestens die Art und die geschätzte Menge der zu beschaffenden Leistung sowie alle erforderlichen Daten des dynamischen Beschaffungssystems anzugeben.

(4) ¹In den Vergabeunterlagen ist anzugeben, ob ein dynamisches Beschaffungssystem in Kategorien von Leistungen untergliedert wurde. ²Gegebenenfalls sind die objektiven Merkmale jeder Kategorie anzugeben.

(5) Hat ein öffentlicher Auftraggeber ein dynamisches Beschaffungssystem in Kategorien von Leistungen untergliedert, legt er für jede Kategorie die Eignungskriterien gesondert fest.

(6) ¹§ 16 Absatz 4 und § 51 Absatz 1 finden mit der Maßgabe Anwendung, dass die zugelassenen Bewerber für jede einzelne, über ein dynamisches Beschaffungssystem stattfindende Auftragsvergabe gesondert zur Angebotsabgabe aufzufordern sind. ²Wurde ein dynamisches Beschaffungssystem in Kategorien von Leistungen untergliedert, werden jeweils alle für die einem konkreten Auftrag entsprechende Kategorie zugelassenen Bewerber aufgefordert, ein Angebot zu unterbreiten.

Literatur: Vgl. die Angaben bei den §§ 120 GWB und 22 VgV.

Übersicht

	Rn.
I. Bedeutung der Vorschrift	1
II. Auftragsbekanntmachung (Abs. 1)	3
III. Änderung der Gültigkeitsdauer (Abs. 2)	8
IV. Angabe von Art und Menge der Leistung und der Daten des dynamischen Beschaffungssystems (Abs. 3)	9
V. Kategorien von Leistungen (Abs. 4)	13
VI. Eignungskriterien (Abs. 5)	15
VII. Aufforderung zur Angebotsabgabe (Abs. 6)	16
VIII. Informations- und Wartepflicht	19
IX. Unterrichtung der Bewerber und Bieter, Vergabebekanntmachung	20

I. Bedeutung der Vorschrift

1 Aus der Gesetzesbegr. zum Betrieb eines dynamischen Beschaffungssystems ist ersichtlich, dass eine **1 : 1 Umsetzung** der europäischen Richtlinienvorgabe beabsichtigt war.[1] Neben dem direkten Verweis auf den Text der RL 2014/24/EU in der Gesetzesbegr. wird lediglich zu § 23 Abs. 3 VgV weiter ausgeführt, welchen Mindestinhalt der Verordnungsgeber in Bezug auf die Beschreibung des dynamischen Beschaffungssystems in den Vergabeunterlagen erwartet.

2 § 23 VgV regelt den Inhalt der Mitteilungspflicht in der Auftragsbekanntmachung bei der Einrichtung des dynamischen Beschaffungssystems und wie bei einer Laufzeitänderung bzw. Einstellung des dynamischen Beschaffungssystems vorzugehen ist. Außerdem enthält die Vorschrift Mindestvorgaben für den Inhalt der Vergabeunterlagen. Schließlich wird geregelt, wie der öffentliche Auftraggeber im Hinblick auf die Eignungsprüfung und die Aufforderung zur Angebotsabgabe vorzugehen hat, auch für den Fall, dass sich das dynamische Beschaffungssystem in verschiedene Kategorien von Leistungen untergliedert.

---

[1] BR-Drs. 87/16, 149, 179 ff.

II. Auftragsbekanntmachung (Abs. 1)

Das dynamische Beschaffungssystem beginnt mit seiner Bekanntmachung. Die Bekanntmachung erfolgt mWv 25.10.2023 in den entspr. Auswahlfeldern der eForms (allg. zu den eForms → § 10a Rn. 1 ff.). 3

Nachdem der Auftraggeber gem. § 41 VgV in der Auftragsbekanntmachung eine elektronische Adresse anzugeben hat, unter der die Vergabeunterlagen abgerufen werden können, und die §§ 22 ff. VgV hierzu keine anderen Vorgaben enthalten, sind auch bei einem dynamischen Beschaffungssystem sämtliche **Vergabeunterlagen** mit der Bekanntmachung abrufbar bereitzustellen (→ § 41 Rn. 4 ff.). Die Ausnahmen, die § 41 Abs. 2 VgV zum Abruf der Vergabeunterlagen vorsieht, dürften bei marktüblichen Leistungen eher selten einschlägig sein. 4

Der Umfang der Vergabeunterlagen ergibt sich aus § 29 VgV. Der in § 29 Abs. 1 VgV enthaltene Grundsatz, dass Vergabeunterlagen alle Angaben umfassen müssen, die erforderlich sind, um dem Bewerber oder Bieter eine Entscheidung zur Teilnahme am Vergabeverfahren zu ermöglichen, gilt auch für ein dynamisches Beschaffungssystem. Allerdings ergibt sich bei einem dynamischen Beschaffungssystem, bei dem einzelne Aufträge teilw. Jahre nach seiner Einrichtung vergeben werden, aus der Natur der Sache, dass verschiedene Angaben nicht so präzise sein können wie bei Vergabeverfahren, die unmittelbar zu einem Zuschlag führen sollen. So ist es zulässig, allg. **Bewerbungsbedingungen** sowie allg. vertragliche Regelungen für das dynamische Beschaffungssystem und seine einzelnen Auftragsvergaben zum Abruf zur Verfügung zu stellen. 5

Dabei ist allerdings im Blick zu behalten, dass sich die Auftragsvergaben, die über die gesamte Laufzeit eines dynamischen Beschaffungssystems möglich sind, stark unterscheiden können. Daraus ergibt sich ggf. die Notwendigkeit, dass der öffentliche Auftraggeber vor einer einzelnen Auftragsvergabe Anpassungen vornehmen muss, um dem Einzelfall gerecht zu werden. Es sollte daher zulässig sein, die bekanntgegebenen allg. Regelungen vor einzelnen Auftragsvergaben, soweit notwendig, anzupassen. Klar sein dürfte dies für die **Leistungsbeschreibung**. Die Grenze ist jedoch dann erreicht, wenn die Änderungen dazu führen würden, dass die in der Bekanntmachung veröffentlichten Beschaffungskategorien verlassen werden bzw. wenn die Änderung dazu führen könnte, dass ein anderer Interessentenkreis angesprochen wird. Im Hinblick auf die **Zuschlagskriterien** und die **Gewichtung** ist dabei sehr zurückhaltend vorzugehen, da diese maßgeblich für die Entscheidung der Unternehmen zur Teilnahme am dynamischen Beschaffungssystem sind sowie eine besondere Ausprägung des Gleichbehandlungsgrundsatzes darstellen. Sie sollten daher so allg. bekannt gemacht werden, dass eine spätere Präzisierung und Anwendung von Unterkriterien bei der Einzelvergabe möglich bleiben. Ebenfalls ist eine moderate Veränderung der Gewichtung der Zuschlagskriterien auf der Basis der ursprünglich bekanntgemachten Kriterien zulässig.[2] Art. 34 Abs. 5 UAbs. 2 RL 2014/24/EU kann ebenfalls als Auslegungshilfe herangezogen werden. Danach darf der öffentliche Auftraggeber bekanntgemachte Zuschlagskriterien in der Aufforderung zur Angebotsabgabe genauer formulieren. 6

Des Weiteren ist in der Auftragsbekanntmachung der **Zeitraum** anzugeben, in dem das dynamische Beschaffungssystem betrieben wird. Im Gegensatz zur früheren Regelung gibt es keine Vorgaben zu Höchstlaufzeiten mehr. 7

III. Änderung der Gültigkeitsdauer (Abs. 2)

Beabsichtigt der öffentliche Auftraggeber, die Gültigkeitsdauer des dynamischen Beschaffungssystems zu ändern, so hat er die Europäische Kommission darüber zu 8

---

[2] Greb/Müller/Müller SektVO § 21 Rn. 12.

informieren. Abs. 2 trifft dafür zwei Unterscheidungen. Einerseits geht es um die Änderung der Laufzeit des dynamischen Beschaffungssystems ohne dessen Einstellung, und andererseits geht es um die Einstellung selbst. Das Vorgehen bei Änderungen oder Einstellungen erfolgt mWv 25.10.2023 in beiden Fällen, wie in Abs. 2 beschrieben. Diese Vorgaben sind in den einschlägigen eForms, dort in unterschiedlich zu kombinierenden Datenfeldern, vorgesehen.

IV. Angabe von Art und Menge der Leistung und der Daten des dynamischen Beschaffungssystems (Abs. 3)

9   In den Vergabeunterlagen sind die Art und die geschätzte Menge der zu beschaffenden Leistung anzugeben. Diese Vorgabe zum Inhalt der Vergabeunterlagen ist als Spezialregelung für dynamische Beschaffungssysteme zu § 29 VgV zu sehen und dort entspr. hineinzulesen. Der Verordnungsgeber stellt in Abs. 3 klar, welches **Mindestmaß an Transparenz** er bei einem dynamischen Beschaffungssystem erwartet. Diese Informationen sind auch für mögliche Bewerber von Interesse, um einschätzen zu können, ob sie nach ihrem Lieferspektrum als potenzielle Auftragnehmer in Frage kommen. Die übrigen Regelungen in § 29 VgV gelten ergänzend, soweit sich nicht aus der Eigenart eines dynamischen Beschaffungssystems, insbes. der zeitlich versetzten Einzelbeschaffungen, ein Hindernis ergibt.

10 Die Beschreibung der Art der zu beschaffenden Leistung ist so genau wie möglich vorzunehmen, was aber bei marktüblichen Leistungen keine Schwierigkeit darstellen sollte.[3] Es kommt darauf an, dass die Unternehmen den Gegenstand der Beschaffung erfassen und genau zuordnen können.

11 Soweit Abs. 3 **Angaben zur geschätzten Menge** in den Vergabeunterlagen fordert, kann der öffentliche Auftraggeber zum Zeitpunkt der Bekanntmachung des dynamischen Beschaffungssystems nur eine Prognose durchführen. Dabei hat er entspr. der Bestimmung des EU-Schwellenwertes gem. § 3 Abs. 4 VgV den **Gesamtwert aller Einzelaufträge** zu kalkulieren, die während der Laufzeit eines dynamischen Beschaffungssystems geplant sind. Die in der Rspr. des EuGH geforderte Angabe von Höchst- und Schätzwerten bzw. -mengen im Zusammenhang mit Rahmenvereinbarungen (→ § 21 Rn. 6 ff.) lässt sich nicht auf dynamische Beschaffungssysteme übertragen und findet keine Anwendung.[4]

12 Schließlich fordert Abs. 3 die Angabe aller erforderlichen Daten des dynamischen Beschaffungssystems. In der Verordnungsbegr. heißt es dazu, dass insbes. Angaben zur Funktionsweise des dynamischen Beschaffungssystems, zu den verwendeten elektronischen Mitteln und zu den technischen Merkmalen der verwendeten Internetverbindung zu machen sind.[5] Diese Vorgaben dienen ebenfalls der Transparenz. Aus dem Sinn und Zweck der Vorschrift ergibt sich, dass all jene Daten anzugeben sind, die potenzielle Bewerber kennen müssen, um sich auf ein dynamisches Beschaffungssystem vorzubereiten und daran teilzunehmen.

V. Kategorien von Leistungen (Abs. 4)

13 Dem öffentlichen Auftraggeber steht es nach Abs. 4 frei, das dynamische Beschaffungssystem in Kategorien von Leistungen zu untergliedern. Soweit eine solche Untergliederung erfolgt, sind die Kategorien **anhand objektiver Merkmale** zu definieren. Kategorien der Untergliederung können Waren, Bauleistungen oder

---

[3] jurisPK-VergabeR/Kafedžić/Graichen VgV § 23 Rn. 14.
[4] jurisPK-VergabeR/Kafedžić/Graichen VgV § 23 Rn. 15 ff.
[5] BT-Drs. 18/7381, Begr. zu § 23.

Dienstleistungen sein.⁶ Es ist möglich, innerhalb dieser Kategorien weitere Untergliederungen anhand objektiver Kriterien vorzunehmen. Diese Untergliederungen sollen es dem öffentlichen Auftraggeber ermöglichen, das dynamische Beschaffungssystem für eine Vielzahl unterschiedlicher Beschaffungsgegenstände zu nutzen. Darüber hinaus eröffnet es die Möglichkeit eines breiten Wettbewerbs um die Einzelaufträge, da es so auch Unternehmen offen steht, sich nur für einzelne Kategorien registrieren zu lassen, wenn sie für andere Kategorien nicht die Eignungskriterien erfüllen. Auf diese Weise kann insbes. die Teilnahme kleiner und mittelständischer Unternehmen gefördert werden.

Weiter wird in der RL 2014/24/EU zur Förderung der Teilnahme kleiner und mittelständischer Unternehmen an großen dynamischen Beschaffungssystemen vorgeschlagen, dass innerhalb der angegebenen Kategorien auch der höchst zulässige Umfang eines Auftrags bestimmt wird sowie ein spezifisch geografisches Gebiet, in dem konkrete Aufträge auszuführen sind.⁷ Hierdurch kommt zum Ausdruck, dass insbes. von zentralen Beschaffungsstellen die Möglichkeit der Vergabe in Fach-, Teil- oder Gebietslosen geprüft werden soll, um die Chancen von KMU auf Auftragserteilung bei dynamischen Beschaffungssystemen zu erhöhen.⁸

VI. Eignungskriterien (Abs. 5)

Abs. 5 ist in engem Zusammenhang mit Abs. 4 zu sehen. Wurde das dynamische Beschaffungssystem in verschiedene Kategorien unterteilt, legt der öffentliche Auftraggeber für jede Kategorie die Eignungskriterien gesondert fest. Bei der Festlegung der Eignungskriterien ist darauf zu achten, dass diese im angemessenen Verhältnis zu den wesentlichen Merkmalen der betreffenden Kategorie stehen (§ 122 Abs. 4 S. 1 GWB).⁹ Die Angaben zu den kategoriebezogenen Eignungskriterien erfolgen gem. § 48 Abs. 1 VgV in der Auftragsbekanntmachung.¹⁰ Dabei sollte der öffentliche Auftraggeber prüfen, ob er sich in der Bekanntmachung vorbehält, bei den Einzelvergaben auf der 2. Stufe strengere Anforderungen an die Eignung zu stellen. Diese Vorgehensweise dürfte dem Transparenzgrundsatz in besonderer Weise Rechnung tragen und auch in der Sache gerechtfertigt sein, da es ein milderes Mittel darstellt, als von vorneherein die strengeren Anforderungen an die Eignung festzulegen.

VII. Aufforderung zur Angebotsabgabe (Abs. 6)

In Abs. 6 ist schließlich geregelt, was der öffentliche Auftraggeber bei der Aufforderung zur Angebotsabgabe zu beachten hat. S. 1 bestimmt, dass der öffentliche Auftraggeber alle zugelassenen Bewerber für jede einzelne, über ein dynamisches Beschaffungssystem stattfindende Auftragsvergabe gesondert zur Angebotsabgabe aufzufordern hat. Es sind sämtliche zugelassenen Bewerber bei der Aufforderung zur Abgabe von Angeboten zu berücksichtigen. Eine Begrenzung findet nicht statt. Dies bedeutet aber auch, dass sich die Aufforderung zur Angebotsabgabe ausschl. an die zugelassenen Unternehmen richten darf. Diese Unternehmen genießen im Wettbewerb um den Einzelauftrag **Exklusivität**.

S. 2 gibt an, wie vorzugehen ist, wenn ein dynamisches Beschaffungssystem in Kategorien von Leistungen untergliedert wurde. In diesem Fall hat der öffentliche

---

⁶ Erwgr. 66 der RL 2014/24/EU und Art. 34 Abs. 1 S. 3 RL 2014/24/EU.
⁷ Erwgr. 66 der RL 2014/24/EU; für den Sektorenbereich Erwgr. 75 der RL 2014/25/EU.
⁸ Hettich/Soudry/Wankmüller VergabeR S. 258.
⁹ Erwgr. 66 der RL 2014/24/EU; für den Sektorenbereich Erwgr. 75 der RL 2014/25/EU.
¹⁰ Beck VergabeR/Wanderwitz VgV § 23 Rn. 24.

Auftraggeber die Aufforderung zur Angebotsabgabe lediglich an die Bewerber zu richten, die für die jew. Kategorie zugelassen sind, für die bei der anstehenden Beschaffung Bedarf besteht. Organisatorisch muss der öffentliche Auftraggeber daher bei der Einrichtung und Fortführung des dynamischen Beschaffungssystems darauf achten, dass die jew. zugelassenen Bewerber mit den richtigen Kategorien verknüpft sind.

18 Die Wertung der Angebote erfolgt sodann nach den Kriterien des wirtschaftlich günstigsten Angebots. Dafür sind die in der Bekanntmachung für die Einrichtung des Systems aufgestellten **Zuschlagskriterien** anzuwenden, die in der Aufforderung zur Angebotsabgabe noch präzisiert werden können.

VIII. Informations- und Wartepflicht

19 Vor der Zuschlagserteilung hat der öffentliche Auftraggeber die Informations- und Wartepflicht gem. § 134 GWB einzuhalten. Da das dynamische Beschaffungssystem elektronisch durchgeführt wird, gilt hier eine Wartefrist von zehn Kalendertagen gem. § 134 Abs. 2 S. 2 GWB.

IX. Unterrichtung der Bewerber und Bieter, Vergabebekanntmachung

20 Hinzuweisen ist auf weitere Regelungen in der VgV, die dort jew. für das dynamische Beschaffungssystem angeordnet werden. Nach § 62 Abs. 1 VgV teilt der öffentliche Auftraggeber jedem Bewerber und jedem Bieter unverzüglich seine Entscheidung über die Zulassung zur Teilnahme an einem dynamischen Beschaffungssystem und die Zuschlagsentscheidung mit. In § 62 Abs. 2 VgV sind verschiedene Auskunftsansprüche benannt. Mit dem Verweis von § 62 Abs. 3 VgV auf § 39 Abs. 6 VgV ist es dem öffentlichen Auftraggeber allerdings gestattet, die Angaben über die Zuschlagserteilung oder die Zulassung zu einem dynamischen Beschaffungssystem aus den aufgezählten Gründen einzuschränken bzw. zu unterlassen (dazu näher → § 39 Rn. 9 ff.). Die SektVO enthält in § 56 SektVO eine inhaltsgleiche Regelung.

21 Gem. § 39 Abs. 4 S. 2 VgV dürfen öffentliche Auftraggeber, die ein dynamisches Beschaffungssystem verwenden, die Bekanntmachungen über vergebene Aufträge bündeln. Sie müssen dazu eine vierteljährliche Zusammenstellung der Einzelaufträge, die über das dynamische Beschaffungssystem vergeben wurden, spätestens 30 Tage nach Quartalsende an das Amt für Veröffentlichungen der EU versenden. Die entspr. Regelung in der SektVO findet sich in § 38 Abs. 4 S. 2 SektVO.

§ 24 Fristen beim Betrieb dynamischer Beschaffungssysteme

(1) **Abweichend von § 16 gelten bei der Nutzung eines dynamischen Beschaffungssystems die Bestimmungen der Absätze 2 bis 5.**

(2) [1]**Die Mindestfrist für den Eingang der Teilnahmeanträge beträgt 30 Tage, gerechnet ab dem Tag nach der Absendung der Auftragsbekanntmachung, oder im Falle einer Vorinformation nach § 38 Absatz 4 nach der Absendung der Aufforderung zur Interessensbestätigung.** [2]**Sobald die Aufforderung zur Angebotsabgabe für die erste einzelne Auftragsvergabe im Rahmen eines dynamischen Beschaffungssystems abgesandt worden ist, gelten keine weiteren Fristen für den Eingang der Teilnahmeanträge.**

(3) [1]**Der öffentliche Auftraggeber bewertet den Antrag eines Unternehmens auf Teilnahme an einem dynamischen Beschaffungssystem unter**

Zugrundelegung der Eignungskriterien innerhalb von zehn Arbeitstagen nach dessen Eingang. ²In begründeten Einzelfällen, insbesondere wenn Unterlagen geprüft werden müssen oder um auf sonstige Art und Weise zu überprüfen, ob die Eignungskriterien erfüllt sind, kann die Frist auf 15 Arbeitstage verlängert werden. ³Wurde die Aufforderung zur Angebotsabgabe für die erste einzelne Auftragsvergabe im Rahmen eines dynamischen Beschaffungssystems noch nicht versandt, kann der öffentliche Auftraggeber die Frist verlängern, sofern während der verlängerten Frist keine Aufforderung zur Angebotsabgabe versandt wird. ⁴Die Fristverlängerung ist in den Vergabeunterlagen anzugeben. ⁵Jedes Unternehmen wird unverzüglich darüber informiert, ob es zur Teilnahme an einem dynamischen Beschaffungssystem zugelassen wurde oder nicht.

(4) ¹Die Frist für den Eingang der Angebote beträgt mindestens zehn Tage, gerechnet ab dem Tag nach der Absendung der Aufforderung zur Angebotsabgabe. ²§ 16 Absatz 6 findet Anwendung.

(5) ¹Der öffentliche Auftraggeber kann von den zu einem dynamischen Beschaffungssystem zugelassenen Bewerbern jederzeit verlangen, innerhalb von fünf Arbeitstagen nach Übermittlung der Aufforderung zur Angebotsabgabe eine erneute und aktualisierte Einheitliche Europäische Eigenerklärung nach § 48 Absatz 3 einzureichen. ²§ 48 Absatz 3 bis 6 findet Anwendung.

Literatur: Vgl. die Angaben bei § 22 VgV.

I. Bedeutung der Vorschrift

Die Regelung untergliedert sich in die Teilnahmefrist, die Frist zur Bewertung 1
der Teilnahmeanträge und die Angebotsfrist. Außerdem enthält Abs. 5 eine Frist für die erneute Einreichung einer Einheitlichen Europäischen Eigenerklärung, um dem öffentlichen Auftraggeber die Grundlage für eine wiederholte Eignungsprüfung zu schaffen.

II. Sonderregelungen zu § 16 VgV (Abs. 1)

Nachdem der Verordnungsgeber für den Betrieb eines dynamischen Beschaffungs- 2
systems gem. § 22 Abs. 2 VgV die Befolgung der Vorschriften für das nicht offene Verfahren angeordnet hat, würden eigentlich auch für ein dynamisches Beschaffungssystem die Fristenregelungen des nicht offenen Verfahrens gelten. Da diese im dynamischen Beschaffungssystem nicht passend sind und kürzere Fristen gewollt waren, musste mit § 24 VgV eine Spezialregelung für das dynamische Beschaffungssystem geschaffen werden. Insoweit ordnet Abs. 1 an, dass sich die Fristen beim Betrieb eines dynamischen Beschaffungssystems abweichend von § 16 VgV nach den Abs. 2–5 bestimmen.

III. Teilnahmefrist (Abs. 2)

S. 1 regelt die Mindestfrist für den Eingang der Teilnahmeanträge. Diese beträgt 3
30 Kalendertage, gerechnet ab dem Tag nach der Absendung der Auftragsbekanntmachung des dynamischen Beschaffungssystems. Hat der öffentliche Auftraggeber mittels einer Vorinformation das dynamische Beschaffungssystem bekannt gemacht (vgl. § 38 Abs. 4 VgV), läuft die Teilnahmefrist von 30 Kalendertagen ab dem Tag

nach der Absendung der Aufforderung zur Interessenbestätigung gem. § 38 Abs. 5 VgV.

4 In S. 2 ist bestimmt, dass keine weiteren Fristen für den Eingang der Teilnahmeanträge gelten, sobald die Aufforderung zur Angebotsabgabe für die erste einzelne Auftragsvergabe im Rahmen eines dynamischen Beschaffungssystems abgesandt worden ist. Interessenten können somit ihre Teilnahmeanträge über die gesamte Laufzeit des Systems bei dem öffentlichen Auftraggeber einreichen, ohne dass weitere Fristen zu beachten sind. Diese Teilnahmeanträge sind vom öffentlichen Auftraggeber innerhalb von zehn Arbeitstagen oder 15 Arbeitstagen gem. Abs. 3 zu bewerten. Im Falle der Feststellung der Eignung des Unternehmens sind diese ab dem Zeitpunkt der Feststellung bei jeder einzelnen, über das dynamische Beschaffungssystem stattfindenden Auftragsvergabe zur Angebotsabgabe aufzufordern.

IV. Eignungsbewertungsfrist (Abs. 3)

5 Für das dynamische Beschaffungssystem wurde in Abs. 3 eine gestaffelte Eignungsbewertungsfrist festgelegt. Damit hat der Verordnungsgeber der Besonderheit Rechnung getragen, dass dynamische Beschaffungssysteme eine lange Laufzeit haben können und es während der Laufzeit wiederholt zu Auftragsvergaben kommen kann. Durch die Festlegung einer max. zulässigen Eignungsbewertungsfrist für den öffentlichen Auftraggeber wird sichergestellt, dass interessierten Unternehmen nicht durch eine verzögerte Eignungsprüfung diskriminierend der Zugang zu Wettbewerben verwehrt werden kann.

6 In S. 1 ist insoweit eine **Regelfrist** von **zehn Arbeitstagen für die Eignungsprüfung,** gerechnet ab dem Tag nach Antragseingang, bestimmt. Innerhalb dieses Zeitraums hat der öffentliche Auftraggeber den Teilnahmeantrag unter Zugrundelegung der Eignungskriterien zu bewerten. Gem. S. 2 darf diese Eignungsbewertungsfrist in begründeten Einzelfällen auf 15 Arbeitstage verlängert werden. Die Vorschrift nennt als Bsp. für eine zulässige Verlängerung auf 15 Arbeitstage den Fall, dass zur Feststellung der Eignung Unterlagen geprüft werden müssen oder sich die Eignung nur auf sonstige Art und Weise feststellen lässt.

7 Der Verordnungsgeber ging bei der Eignungsprüfung vom Leitbild der Vorlage einer Einheitlichen Europäischen Eigenerklärung (EEE, dazu ausf. → § 48 Rn. 11 ff.) aus. Sollte die EEE für die Feststellung der Eignung nicht ausreichend sein und weitere Unterlagen geprüft werden müssen, darf der öffentliche Auftraggeber die Frist auf 15 Arbeitstage verlängern. Die angeführten Beispiele für die **zulässige Verlängerung** sind nicht abschließend. Bei der Prüfung „auf sonstige Art und Weise", ob die Eignungskriterien erfüllt sind, kann es sich bspw. um Auskunftsersuchen bei Referenzgebern, notwendige Aufklärungen oder auch um Vor-Ort-Termine handeln.

8 Wichtig ist jedoch, dass die Gründe für eine Fristverlängerung in den Vergabeunterlagen gem. S. 4 angegeben werden. S. 4 dient somit der Wahrung der Transparenz ggü. den Interessenten am dynamischen Beschaffungssystem.

9 S. 3 öffnet eine weitere Möglichkeit zur Verlängerung der Eignungsbewertungsfrist vor der ersten einzelnen Auftragsvergabe. Der öffentliche Auftraggeber darf die Fristen verlängern, solange er **keine Aufforderung zur Angebotsabgabe versandt** hat. Dadurch wird sichergestellt, dass kein Interessent oder Teilnehmer an dem dynamischen Beschaffungssystem durch eine solche Fristverlängerung benachteiligt werden kann. Die Regelung ist insbes. in den Fällen sinnvoll, in denen öffentliche Auftraggeber ein dynamisches Beschaffungssystem erstmalig einrichten und bekannt geben. Bei der erstmaligen Bekanntgabe könnte nämlich allein schon die Masse an Teilnahmeanträgen dazu führen, dass der öffentliche Auftraggeber die Fristen von zehn bzw. 15 Arbeitstagen nicht einhalten kann. Die Regelung ermöglicht es dem öffentlichen Auftraggeber, zunächst alle Teilnahmeanträge abzuarbeiten und sodann, nach vollständiger Abarbeitung aller während der Teilnahmefrist von 30 Tagen eingegangenen Teilnahmeanträge, mit der ersten Aufforderung zur Angebotsabgabe zu beginnen. Diese möglichen Verzögerungen sind bei der Planung der Einrichtung eines dynamischen Beschaffungssystems in Betracht zu ziehen.

Weshalb diese Verlängerung der Eignungsbewertungsfrist nach S. 3 nur vor der ersten Auftragsvergabe gelten soll, bleibt fraglich. In der Praxis bietet sich eine analoge Anwendung dergestalt an, dass der öffentliche Auftraggeber immer dann mit den Aufforderungen zur Angebotsabgabe warten muss, wenn er sich nicht in der Lage sieht, die Teilnahmeanträge innerhalb der angegebenen Frist von zehn oder 15 Arbeitstagen zu bearbeiten. Auf diese Weise wäre ebenfalls gewährleistet, dass auch nach der ersten Auftragsvergabe kein Interessent benachteiligt und in seinen subjektiven Rechten verletzt werden kann.[1] Würde sich ein öffentlicher Auftraggeber bspw. überlegen, bei einem lange laufenden dynamischen Beschaffungssystem nach ein paar Jahren erneut auf das System mittels einer Bekanntmachung hinzuweisen, könnte er sich erneut mit einer Menge an Teilnahmeanträgen konfrontiert sehen, deren Bearbeitung innerhalb der Fristen gem. S. 1 oder S. 2 nicht zu schaffen ist. Alternativ bliebe dann nur die Einstellung und Neubekanntmachung des dynamischen Beschaffungssystems.

Aus dem Zusammenspiel der Fristenregelungen der Abs. 2 und 3 wird außerdem ersichtlich, dass der öffentliche Auftraggeber mit dem Aufruf zur ersten Angebotsabgabe frühestens nach Ablauf der Frist für den Eingang der Teilnahmeanträge von 30 Kalendertagen zzgl. der zehn oder 15 Arbeitstage gem. Abs. 3 S. 1, 2 beginnen darf. Erst nach Ablauf dieses Zeitraums ist sichergestellt, dass allen Teilnehmern die gleiche Angebotsbearbeitungsfrist zur Verfügung steht. Kein Unternehmen kann so diskriminiert werden.

Schließlich ist nach S. 5 jedes Unternehmen **unverzüglich darüber zu informieren,** ob es zur Teilnahme an einem dynamischen Beschaffungssystem zugelassen wurde oder nicht. Unverzüglich bedeutet nach der Legaldefinition in § 121 Abs. 1 S. 1 BGB „ohne schuldhaftes Zögern". Diese Frist beginnt, sobald der öffentliche Auftraggeber die jew. Teilnahmeantragsprüfung abgeschlossen hat. Zu informieren sind sämtliche Unternehmen über ihr jew. Prüfergebnis, gleichgültig, ob die Prüfung positiv oder negativ ausgefallen ist. Für die zugelassenen Unternehmen ist die Information wichtig, damit sie sich auf die anstehenden Wettbewerbe vorbereiten können. Für die nicht zugelassenen Unternehmen ist die Information wichtig, um ggf. rechtliche Schritte gegen eine verweigerte Zulassung zu unternehmen.

V. Angebotsfrist (Abs. 4)

Die Angebotseingangsfrist beträgt **mindestens zehn Kalendertage,** gerechnet ab dem Tag nach der Absendung der Aufforderung zu Angebotsabgabe. Mit der Einschränkung, die die 10-tägige Angebotsfrist durch das Wort „mindestens" erfährt, ist der allg. Hinweis darauf verbunden, dass die Angebotsfristen immer angemessen zur Angebotserstellung bemessen sein müssen. Die Angemessenheit ist im jew. Einzelfall zu bewerten. Daraus kann bei einzelnen Beschaffungsvorgängen auch die Pflicht erwachsen, eine längere Angebotsfrist als zehn Kalendertage zu gewähren.

Mit dem Verweis auf § 16 Abs. 6 VgV in S. 2 wird dem öffentlichen Auftraggeber die Möglichkeit eröffnet, im **gegenseitigen Einvernehmen** mit den Teilnehmern am dynamischen Beschaffungssystem eine kürzere Angebotsfrist festzulegen, sofern allen Teilnehmern dieselbe Frist für die Einreichung der Angebote gewährt wird (dazu

---

[1] EOR/Stalmann SektVO § 22 Rn. 8.

VgV § 25 Grundsätze für die Durchführung elektronischer Auktionen

näher → § 16 Rn. 22 ff.). Da sich einzelne Aufforderungen zur Angebotsabgabe stark unterscheiden und in einem dynamischen Beschaffungssystem laufend neue Teilnehmer hinzukommen können, ist das gegenseitige Einvernehmen mit jeder einzelnen Aufforderung zur Angebotsabgabe erneut herzustellen. Kann kein Einvernehmen erzielt werden, beträgt die Angebotsfrist mindestens zehn Tage gem. S. 1.

VI. Einreichungsfrist für Einheitliche Europäische Eigenerklärung (Abs. 5)

15 Nach Abs. 5 kann der öffentliche Auftraggeber von den zu einem dynamischen Beschaffungssystem zugelassenen Bewerbern jederzeit verlangen, innerhalb von fünf Arbeitstagen nach Übermittlung der Aufforderung zur Angebotsabgabe eine erneute und aktualisierte EEE nach § 48 Abs. 3 VgV einzureichen.

16 Diese Bestimmung ist vor dem Hintergrund zu sehen, dass dynamische Beschaffungssysteme eine lange Laufzeit haben können. Es besteht somit die Möglichkeit, dass sich die Eignung der zugelassenen Unternehmen während der Laufzeit ändert. Es entspricht dem Bedürfnis des öffentlichen Auftraggebers, sich ggf. die Eignung der Unternehmen vor einer konkreten Beschaffung erneut bestätigen zu lassen.[2]

17 S. 2 erklärt § 48 Abs. 3–6 VgV für anwendbar. Gem. § 48 Abs. 3 VgV akzeptiert der öffentliche Auftraggeber als vorläufigen Beleg der Eignung die Vorlage einer EEE. In § 48 Abs. 4 VgV ist geregelt, welcher Beleg für die Darstellung ausreicht, dass die in § 123 Abs. 1–3 GWB aufgeführten Ausschlussgründe nicht zutreffen, und in § 48 Abs. 5 VgV ist dies für die in § 123 Abs. 4 GWB und § 124 Abs. 1 Nr. 2 GWB genannten Ausschlussgründe geregelt. In § 48 Abs. 6 VgV wird schließlich vorgegeben, wie vorzugehen ist, wenn die in § 48 Abs. 4, 5 VgV genannten Urkunden und Bescheinigungen von dem Herkunftsland oder dem Niederlassungsstaat des Bewerbers nicht erhältlich sind. Zu den Einzelheiten vgl. → VgV § 48 Rn. 11 ff.

§ 25 Grundsätze für die Durchführung elektronischer Auktionen

(1) ¹Der öffentliche Auftraggeber kann im Rahmen eines offenen, eines nicht offenen oder eines Verhandlungsverfahrens vor der Zuschlagserteilung eine elektronische Auktion durchführen, sofern der Inhalt der Vergabeunterlagen hinreichend präzise beschrieben und die Leistung mithilfe automatischer Bewertungsmethoden eingestuft werden kann. ²Geistig-schöpferische Leistungen können nicht Gegenstand elektronischer Auktionen sein. ³Der elektronischen Auktion hat eine vollständige erste Bewertung aller Angebote anhand der Zuschlagskriterien und der jeweils dafür festgelegten Gewichtung vorauszugehen. ⁴Die Sätze 1 und 2 gelten entsprechend bei einem erneuten Vergabeverfahren zwischen den Parteien einer Rahmenvereinbarung nach § 21 und bei einem erneuten Vergabeverfahren während der Laufzeit eines dynamischen Beschaffungssystems nach § 22. ⁵Eine elektronische Auktion kann mehrere, aufeinanderfolgende Phasen umfassen.

(2) ¹Im Rahmen der elektronischen Auktion werden die Angebote mittels festgelegter Methoden elektronisch bewertet und automatisch in eine Rangfolge gebracht. ²Die sich schrittweise wiederholende, elektronische Bewertung der Angebote beruht auf
1. neuen, nach unten korrigierten Preisen, wenn der Zuschlag allein aufgrund des Preises erfolgt, oder
2. neuen, nach unten korrigierten Preisen oder neuen, auf bestimmte Angebotskomponenten abstellenden Werten, wenn das Angebot mit

---

[2] jurisPK-VergabeR/Kafedžić/Graichen VgV § 24 Rn. 14.

dem besten Preis-Leistungs-Verhältnis oder, bei Verwendung eines Kosten-Wirksamkeits-Ansatzes, mit den niedrigsten Kosten den Zuschlag erhält.

(3) [1]**Die Bewertungsmethoden werden mittels einer mathematischen Formel definiert und in der Aufforderung zur Teilnahme an der elektronischen Auktion bekanntgemacht.** [2]**Wird der Zuschlag nicht allein aufgrund des Preises erteilt, muss aus der mathematischen Formel auch die Gewichtung aller Angebotskomponenten nach Absatz 2 Nummer 2 hervorgehen.** [3]**Sind Nebenangebote zugelassen, ist für diese ebenfalls eine mathematische Formel bekanntzumachen.**

(4) **Angebotskomponenten nach Absatz 2 Nummer 2 müssen numerisch oder prozentual beschrieben werden.**

Literatur: Vgl. die Angaben bei den §§ 120 GWB und 22 VgV.

I. Bedeutung der Vorschrift

§ 25 VgV dient zusammen mit § 26 VgV der Umsetzung des Art. 35 RL 2014/24/EU. Beide Vorschriften sind gemeinsam zu lesen und ergänzen § 120 Abs. 2 GWB. Die elektronische Auktion stellt **keine eigene Verfahrensart** dar,[1] sondern ist ein Instrument, welches bei offenen Verfahren, nicht offenen Verfahren oder Verhandlungsverfahren genutzt werden kann. Außerdem kann die Auktion bei nachgelagerten Wettbewerben nach § 21 VgV und bei Auftragsvergaben im Rahmen eines dynamischen Beschaffungssystems nach § 22 VgV eingesetzt werden.[2] Es gelten die Verfahrensvorschriften der jew. Verfahrensart.[3] Prägend für die elektronische Auktion ist der **Ausschluss subjektiver Bewertungsmöglichkeiten** der eingegangenen Angebote (s. auch → GWB § 120 Rn. 10).   1

Die elektronische Auktion dient dem Zweck, mithilfe automatisierter Angebotsbewertungsprozesse personellen und zeitlichen Aufwand bei der Einholung und Auswertung von Folgeangeboten zu reduzieren. Die Bewertung basiert entweder allein auf dem Preis, sofern ein Angebot einzig aufgrund seines Preises den Zuschlag erhalten soll, oder auf einer Kombination von Preis und/oder neuen Werten bestimmter Angebotskomponenten, sofern ein Angebot aufgrund des besten Preis-Leistungs-Verhältnisses oder eines Kosten-Wirksamkeits-Ansatzes den Zuschlag erhalten soll. Nach einer Erstauswertung der Angebote werden die Folgeangebote der für die elektronische Auktion zugelassenen Bieter in einem schrittweisen **vollelektronischen Prozess** mithilfe einer mathematischen Bewertungsmethode ohne jegliche Intervention oder Begutachtung durch den öffentlichen Auftraggeber ausgewertet.[4] Die Angebote sind automatisch in die jew. aktuelle Rangfolge zu bringen, die unverzüglich allen Bietern mitzuteilen ist (§ 26 Abs. 5 S. 1 VgV).   2

Vor der Vergaberechtsreform 2016 wurde die elektronische Auktion lediglich in § 101 Abs. 1 S. 1 GWB 2009 erwähnt und auf untergesetzlicher Ebene nicht weiter konkretisiert, so dass eine Orientierung an Art. 54 RL 2004/18/EG für die Ausgestaltung einer elektronischen Auktion angezeigt war.[5]   3

---

[1] Vgl. §§ 119, 120 Abs. 2 GWB und § 14 Abs. 1 VgV; VK Bund 23.12.2021 – VK 1-124/21, VPRRS 2022, 0166.
[2] Die Formulierung „bei erneuten Vergabeverfahren" ist insoweit missverständlich, vgl. hierzu Greb/Müller/Müller SektVO § 23 Rn. 12 f.
[3] MüKoEuWettbR/Fett GWB § 120 Rn. 10.
[4] § 120 Abs. 2 GWB; Erwgr. 67 der RL 2014/24/EU.
[5] VK Lüneburg 10.5.2011 – VgK –11/2011, IBRRS 2011, 2295 „Strombeschaffung".

II. Anwendungsbereich

4 Nach § 25 Abs. 1 S. 1 VgV ist die Durchführung elektronischer Auktionen zulässig, wenn die Vergabeunterlage hinreichend präzise gefasst und die zu beschaffende Leistung mithilfe automatischer Bewertungsmethoden eingestuft werden kann. Insoweit kommt dieses Instrument nur bei der Beschaffung von Leistungen in Betracht, die einer voll objektivierbaren bzw. mathematischen **Bewertung durch eine maschinelle Analyse** zugänglich sind. Der Richtliniengeber spricht von „quantifizierbaren Elemente(n), die sich in Zahlen oder Prozentsätzen ausdrücken lassen."[6] Das ist zB bei Vergaben gegeben, bei denen ausschließlich der Preis maßgeblich ist oder bei denen eine LCC-Betrachtung vorgenommen werden kann. Dies kann aber auch bei vertraglichen Komponenten, wie zB die Höhe von Haftungssummen, Vertragsstrafen oder bei Leistungs- bzw. Wiederherstellungszeiten, der Fall sein, die entspr. einer mathematischen Bewertungsmethode zugänglich gemacht werden müssen. Dasselbe gilt, wenn Bieter zwischen unterschiedlichen Vertragsalternativen wählen können, die entspr. mit Punktwerten versehen sind. Auch qualitative Aspekte, wie zB Lebensdauer, Belastungsfähigkeit oder Geschwindigkeit, können in Betracht kommen.

5 Nach dem Wortlaut des § 25 Abs. 1 S. 2 VgV können **geistig-schöpferische Leistungen** nicht Gegenstand einer elektronischen Auktion sein. Als Bsp. nennt der Verordnungsgeber die Planung und Gestaltung eines Bauwerkes.[7] Die Einschränkung reicht nach dem Wortlaut jedoch deutlich über diese Fallgruppe hinaus, da iErg jegliche Beschaffungsgegenstände ausscheiden, bei denen die Angebote nicht maschinell ausgewertet werden können.

6 Allerdings leuchtet die Einschränkung auf geistig-schöpferische Leistungen[8] nur insoweit ein, als der Anteil der geistig-schöpferischen Leistung auch Angebotsbestandteil und insoweit zu bewerten ist. So ist es denkbar, bei Entwicklungs-, Beratungs- oder Schulungsleistungen auf feste Parameter, wie zB Skills, Verfügbarkeiten, Stundensätze oder Function-Point-Methoden, abzustellen, die einer automatischen Auswertung zugänglich sind.[9] Art. 35 Abs. 1 UAbs. 3 RL 2014/24/EU stellt darauf ab, dass bestimmte öffentliche Dienstleistungs- und Bauaufträge, die intellektuelle Leistungen, zB die Gestaltung von Bauwerken, zum Inhalt haben, nicht Gegenstand elektronischer Auktionen sein können, wenn diese „nicht mithilfe automatischer Bewertungsmethoden eingestuft werden können". Erstreckt sich die Bewertung bei geistig-schöpferischen Leistungen auf die „Elemente, die sich für die automatische Bewertung auf elektronischem Wege – ohne jegliche Intervention oder Begutachtung durch den öffentlichen Auftraggeber – eignen",[10] dürfte auch in diesen Fällen eine elektronische Auktion über den Wortlaut der Umsetzungsnorm hinaus zulässig sein. Nach den Vorstellungen des Richtliniengebers sind elektronische Auktionen jedenfalls für den Kauf eines Rechts an einem bestimmten geistigen Eigentum zulässig.[11]

7 Die gesamte Leistung ist **maschinell,** dh unter Ausschluss subjektiver Bewertungsspielräume, **auszuwerten.** Daher dürfte es nicht zulässig sein, die Angebote hinsichtl. ihrer Qualität einer ersten Auswertung, ggf. unter Anwendung eines (ansonsten zulässigen) Wertungsspielraums, zu unterziehen und den Bietern vor

---

[6] Erwgr. 67 der RL 2014/24/EU.
[7] BR-Drs. 87/16, 181.
[8] RKMPP/Kus VgV § 25 Rn. 23, der zu Recht darauf hinweist, dass der Begriff „sehr weit und unbestimmt" ist.
[9] Freilich sollte iRd Eignungsprüfung bzw. durch die Vorgabe von Mindestanforderungen sichergestellt werden, dass die potenziellen Bieter das erforderliche Leistungsniveau aufweisen.
[10] Erwgr. 67 der RL 2014/24/EU.
[11] Erwgr. 68 der RL 2014/24/EU.

Beginn der Auktion den jew. Rang ihres Angebotes mitzuteilen und sodann die Verbesserung der Angebote durch Preisreduzierungen zu erreichen, ohne dass die Bieter die genaue Auswertung der qualitativen Angebotsbestandteile kennen. Eine solche Vorgehensweise wäre jedenfalls aus Transparenzgründen nicht per se zu beanstanden, erscheint aber nach dem Wortlaut ausgeschlossen.[12] Damit wird der Anwendungsbereich der elektronischen Auktion ohne überzeugenden Grund erheblich eingeschränkt. Insoweit stellt sich die Frage, ob das Instrument der elektronischen Auktion andere virtuelle Verfahrensinstrumente ausschließt, bei denen zB nur kommerzielle Verhandlungen unter Verwendung automatisierter Auktionsplattformen durchgeführt werden. Soweit die Ausgestaltung den allg. vergaberechtlichen Grundsätzen entspricht, spricht im Grunde nichts dagegen, Verfahrensgestaltungen, die bei persönlichen Verhandlungen als zulässig anzusehen sind, auf elektronischem Weg durchzuführen.[13] Damit könnte bei einem **Verhandlungsverfahren** auch eine Zwischenschaltung elektronischer Auktionselemente nur bzgl. kommerzieller Aspekte[14] zulässig sein, wenn sich daran weitere Verhandlungsgespräche mit einer finalen Angebotsabgabe anschließen.

III. Verfahrensvorgaben und Bewertungsmethoden

Nach § 25 Abs. 3 S. 1 VgV sind die Bewertungsmethoden mittels einer **mathematischen Formel** vor Beginn der elektronischen Auktion bekannt zu geben. Gleichwohl müsste der Auftraggeber diese Informationen bereits gem. § 58 Abs. 3 S. 1 VgV schon zuvor bekannt gegeben haben. Ansonsten wäre ihm keine Erstbewertung nach § 25 Abs. 1 S. 3 VgV möglich. Die hinterlegte mathematische Formel muss für beide Bewertungen identisch und aus Transparenzgründen auch für die Erstbewertung den Bietern bekannt gemacht worden sein.[15] Insoweit steht der Begriff „**Bewertungsmethode**" synonym für Bewertungsmatrix und den darin enthaltenen Zuschlags- und Unterkriterien sowie den Gewichtungsregeln und ggf. eingesetzten Umrechnungsformeln. Wenn die Angebote nach dem besten Preis-Leistungs-Verhältnis oder anhand eines Kosten-Wirksamkeits-Ansatzes bewertet werden sollen, müssen die entspr. Angebotskomponenten nach § 25 Abs. 4 VgV numerisch oder prozentual beschrieben und bekannt gemacht werden. Außerdem muss gem. § 25 Abs. 3 S. 2 VgV aus der mathematischen Formel die Gewichtung aller Angebotskomponenten nach § 25 Abs. 2 Nr. 2 VgV ersichtlich sein, auch wenn bei der Auktion nicht alle Angebotskomponenten einer erneuten elektronischen Bewertung zugänglich gemacht werden sollen. 8

§ 25 Abs. 1 S. 3 VgV schreibt vor, dass vor dem Beginn der elektronischen Auktion eine vollständige **Bewertung aller eingegangenen Angebote anhand der Zuschlagskriterien** und deren Gewichtung vorauszugehen hat.[16] Darüber hinaus sind die Angebote vorab im Hinblick auf die Vollständigkeit und Richtigkeit sowie 9

---

[12] § 25 Abs. 1 S. 1 VgV: „sofern … die Leistung mithilfe automatischer Bewertungsmethoden eingestuft werden kann".
[13] Das gilt insbes. bei strukturierten Verhandlungen im Verhandlungsverfahren, die Auktionselemente enthalten. Vgl. dazu VK Bund 23.12.2021 – VK 1-124/21, VPRRS 2022, 0166.
[14] Während Teile der fachlich/technischen Bewertung keiner mathematischen Wertung zugänglich sind, zB Konzepte.
[15] S. hierzu Art. 35 Abs. 6 RL 2014/24/EU, nach dem aus der Formel auch die Gewichtung aller Kriterien für die Ermittlung des wirtschaftlich günstigsten Angebots hervorzugehen hat, so wie sie in der Bekanntmachung oder in anderen Auftragsunterlagen angegeben ist.
[16] Sowohl der Erstbewertung als auch der sich daran anschließenden Folgebewertungen in der elektronischen Auktion sind dieselben quantifizierbaren Kriterien zugrunde zu legen; Beck VergabeR/Wanderwitz VgV § 25 Rn. 26.

VgV § 25   Grundsätze für die Durchführung elektronischer Auktionen

auf die Eignung und das Nichtvorliegen von Ausschlussgründen zu prüfen (→ § 26 Rn. 13 ff.). Nur die Bieter, deren Angebote den vorgegebenen Anforderungen entsprechen, dürfen für die elektronische Auktion zugelassen werden.

10   Gem. § 25 Abs. 1 S. 5 VgV kann eine elektronische Auktion **mehrere Auktionsphasen** umfassen. In diesem Fall sollen diese nach der Verordnungsbegr. unmittelbar aufeinander folgen.[17] Dies ergibt sich jedoch nicht aus dem Wortlaut des § 25 Abs. 1 S. 5 VgV und wird auch nicht von Art. 35 RL 2014/24/EU gefordert. Daher sollte es dem Auftraggeber gestattet sein, zwischen den Phasen auch einen gewissen Zeitabstand vorzusehen, bis eine erneute Phase gestartet wird. Dies dürfte auch dem Bieterinteresse entsprechen, keinen allzu hohen Zeitdruck iRd Auktion zu entwickeln.[18]

11   Nachdem die erste (durch Menschen erfolgte) Bewertung der Angebote erfolgt ist, sind die nach dem Beginn der elektronischen Auktion eingegangenen Angebote ausschließlich maschinell nach der festgelegten und bekannt gemachten Methodik zu bewerten. Dabei müssen sich die Angebote auf die Teile beschränken, die der maschinellen Bewertung zugänglich sind, dh die Angebote müssten entspr. um die nicht mehr zu prüfenden Bestandteile beschränkt werden (insbes. KO-Kriterien). Die Bieter sind danach aufzufordern, Teilangebote unter Aufrechterhaltung der verbleibenden Angebotsbestandteile iRd der elektronischen Auktion abzugeben. Die abgegebenen Angebote werden gem. der festgelegten Methodik automatisch in eine ggf. neue Rangfolge gebracht, die den Bietern nach § 26 Abs. 5 S. 1 VgV jew. bezogen auf ihr eigenes Angebot unverzüglich mitzuteilen ist. Eine automatische Mitteilung an die Bieter ist nicht gefordert, dürfte aber vor dem Hintergrund, dass die Bewertung ausschließlich elektronisch zu erfolgen hat, der Regelfall sein.

12   Die elektronische Auktion ist auf eine **schrittweise Wiederholung der Angebotsabgabe,** maschinelle Bewertung und erneute Angebotsabgabe ausgerichtet. Sofern der Zuschlag allein auf Grund des Preises erfolgt, wird die Gestaltungsfreiheit des Auftraggebers nach § 25 Abs. 2 S. 2 Nr. 1 VgV dahingehend eingeschränkt, dass die Auktion nur auf neuen, nach unten korrigierten Preisen erfolgen darf (sog. **inverse Auktion oder Beschaffungsauktion**). Es wäre also zB nicht zulässig, wenn der Auftraggeber eine elektronische Auktion mit einem Niedrigstpreis startet und den Preis so lange steigert, bis ein Bieter diesen Preis akzeptiert.

13   Soweit das Angebot mit dem besten Preis-Leistung-Verhältnis oder nach dem Kosten-Wirksamkeitsansatz ermittelt werden soll, ist nach § 25 Abs. 2 Nr. 2 VgV in den jew. Phasen ebenso **nur eine Preiskorrektur nach unten** zugelassen. Anderes gilt für leistungsbezogene Werte, die lediglich „neu" sein müssen. Würde man der Systematik zu der Preisabgabe folgen, müssten die neu eingegebenen Werte wohl jew. zu einer Verbesserung des jew. Angebotes führen. Der Wortlaut erzwingt dies jedoch nicht. Auch hier wird der Gestaltungsspielraum für Bieter eingeschränkt, ein späteres qualitativ höherwertiges Angebot im Leistungsteil durch eine Preiserhöhung auszugleichen.

14   Soweit der Auftraggeber **Nebenangebote** zugelassen hat, ist für deren Bewertung ebenfalls eine mathematische Formel anzugeben. Dies dürfte Auftraggeber vor kaum lösbare praktische Herausforderungen stellen, da Nebenangebote per definitionem vom sog. „Amtsvorschlag" abweichen und innovative, vom Auftraggeber nicht vorhergesehene Lösungen aufzeigen (iE → § 35 Rn. 1). Es ist daher sehr zweifelhaft, ob derartige abweichende Lösungen im Wege mathematischer Formeln bewertet werden können. Die praktische Relevanz dürfte daher gering sein.

---

[17] BR-Drs. 87/16, 181.
[18] Krit. zum Instrument der elektronischen Auktion vor dem Hintergrund übereilter Preisreduzierungen Schäfer NZBau 2015, 131 (136); Schröder NZBau 2010, 411 (413); Wittchen IBR 2008, 749.

§ 26 Durchführung elektronischer Auktionen

(1) Der öffentliche Auftraggeber kündigt in der Auftragsbekanntmachung oder in der Aufforderung zur Interessensbestätigung an, dass er eine elektronische Auktion durchführt.

(2) Die Vergabeunterlagen müssen mindestens folgende Angaben enthalten:
1. alle Angebotskomponenten, deren Werte Grundlage der automatischen Neureihung der Angebote sein werden,
2. gegebenenfalls die Obergrenzen der Werte nach Nummer 1, wie sie sich aus den technischen Spezifikationen ergeben,
3. eine Auflistung aller Daten, die den Bietern während der elektronischen Auktion zur Verfügung gestellt werden,
4. den Termin, an dem die Daten nach Nummer 3 den Bietern zur Verfügung gestellt werden,
5. alle für den Ablauf der elektronischen Auktion relevanten Daten und
6. die Bedingungen, unter denen die Bieter während der elektronischen Auktion Gebote abgeben können, insbesondere die Mindestabstände zwischen den der automatischen Neureihung der Angebote zugrunde liegenden Preisen oder Werten.

(3) ¹Der öffentliche Auftraggeber fordert alle Bieter, die zulässige Angebote unterbreitet haben, gleichzeitig zur Teilnahme an der elektronischen Auktion auf. ²Ab dem genannten Zeitpunkt ist die Internetverbindung gemäß den in der Aufforderung zur Teilnahme an der elektronischen Auktion genannten Anweisungen zu nutzen. ³Der Aufforderung zur Teilnahme an der elektronischen Auktion ist jeweils das Ergebnis der vollständigen Bewertung des betreffenden Angebots nach § 25 Absatz 1 Satz 3 beizufügen.

(4) Eine elektronische Auktion darf frühestens zwei Arbeitstage nach der Versendung der Aufforderung zur Teilnahme gemäß Absatz 3 beginnen.

(5) ¹Der öffentliche Auftraggeber teilt allen Bietern im Laufe einer jeden Phase der elektronischen Auktion unverzüglich zumindest den jeweiligen Rang ihres Angebots innerhalb der Reihenfolge aller Angebote mit. ²Er kann den Bietern weitere Daten nach Absatz 2 Nummer 3 zur Verfügung stellen. ³Die Identität der Bieter darf in keiner Phase einer elektronischen Auktion offengelegt werden.

(6) Der Zeitpunkt des Beginns und des Abschlusses einer jeden Phase ist in der Aufforderung zur Teilnahme an einer elektronischen Auktion ebenso anzugeben wie gegebenenfalls die Zeit, die jeweils nach Eingang der letzten neuen Preise oder Werte nach § 25 Absatz 2 Satz 2 Nummer 1 und 2 vergangen sein muss, bevor eine Phase einer elektronischen Auktion abgeschlossen wird.

(7) Eine elektronische Auktion wird abgeschlossen, wenn
1. der vorher festgelegte und in der Aufforderung zur Teilnahme an einer elektronischen Auktion bekanntgemachte Zeitpunkt erreicht ist,
2. von den Bietern keine neuen Preise oder Werte nach § 25 Absatz 2 Satz 2 Nummer 1 und 2 mitgeteilt werden, die die Anforderungen an Mindestabstände nach Absatz 2 Nummer 6 erfüllen, und die vor Beginn einer elektronischen Auktion bekanntgemachte Zeit, die zwischen dem Eingang der letzten neuen Preise oder Werte und dem Abschluss der elektronischen Auktion vergangen sein muss, abgelaufen ist oder
3. die letzte Phase einer elektronischen Auktion abgeschlossen ist.

VgV § 26 Durchführung elektronischer Auktionen

(8) **Der Zuschlag wird nach Abschluss einer elektronischen Auktion entsprechend ihrem Ergebnis mitgeteilt.**

Literatur: Vgl. die Angaben bei den §§ 120 GWB und 22 VgV.

Übersicht

	Rn.
I. Bedeutung der Vorschrift	1
II. Ankündigung der elektronischen Auktion (Abs. 1)	3
III. Mindestangaben in den Vergabeunterlagen (Abs. 2)	6
1. Angabe der Angebotskomponenten (Nr. 1)	7
2. Angabe von Obergrenzen (Nr. 2)	8
3. Auflistung aller Daten, die während der Auktion zur Verfügung gestellt werden und Terminangaben (Nr. 3 und 4)	9
4. Angabe aller für den Ablauf der elektronischen Auktion relevanten Daten (Nr. 5)	10
5. Angabe der Bedingungen für Angebotsabgabe (Nr. 6)	11
IV. Aufforderung zur Teilnahme an der Auktion (Abs. 3 und 4)	12
V. Mitteilung des Ranges und weiterer Daten (Abs. 5)	16
VI. Bekanntgabe der Termine (Abs. 6)	18
VII. Beendigung der elektronischen Auktion (Abs. 7 und 8)	20

I. Bedeutung der Vorschrift

1 § 26 VgV enthält detaillierte Vorgaben zu der Durchführung elektronischer Auktionen und dient neben § 120 Abs. 2 GWB und § 25 VgV der Umsetzung des Art. 35 RL 2014/24/EU nebst Anhang VI. § 26 VgV ist gemeinsam mit § 25 VgV zu lesen, da beide Vorschriften Regelungen zum konkreten Verfahrensablauf bei elektronischen Auktionen enthalten.

2 In § 26 VgV ist der **chronologische Ablauf der elektronischen Auktion** von Beginn des Vergabeverfahrens an bis zum Abschluss desselben durch Zuschlagserteilung detailliert abgebildet. Die Vorschrift enthält sich allerdings einer Angabe dahingehend, ob die Anzahl der Bieter während des Auktionsverlaufs reduziert werden kann. Hierzu stellt der Richtliniengeber fest, dass dies möglich ist, solange die Auktion noch nicht begonnen hat; es soll jedoch nicht zulässig sein, die Zahl der an einer elektronischen Auktion teilnehmenden Bieter weiter zu reduzieren, nachdem die Auktion begonnen hat.[1]

II. Ankündigung der elektronischen Auktion (Abs. 1)

3 Der Auftraggeber hat bereits in der **Auftragsbekanntmachung** nach § 37 Abs. 1 VgV oder in der **Aufforderung zur Interessensbestätigung** nach § 38 Abs. 5 VgV anzukündigen, dass er eine elektronische Auktion durchführen wird. Ohne eine solche Ankündigung soll es dem Auftraggeber verwehrt sein, eine elektronische Auktion durchzuführen.[2] Die Bekanntmachung soll dazu dienen, dass sich die Bieter frühzeitig auf das Verfahrensdesign einstellen können.[3] Der Transparenzgrundsatz fordert dies allerdings nicht zwingend, denn bei der elektronischen Auktion handelt es sich nicht um eine Verfahrensart, sondern nur um ein Verfahrenselement zur

---

[1] Erwgr. 68 der RL 2014/24/EU.
[2] jurisPK-VergabeR/Dippel VgV § 26 Rn. 4.
[3] jurisPK-VergabeR/Dippel VgV § 26 Rn. 4; Schröder NZBau 2010, 411 (414).

Ermittlung des wirtschaftlichsten Angebotes innerhalb des jew. Vergabeverfahrens (→ § 25 Rn. 1). Es ist zu bezweifeln, dass die Nutzung dieses Instruments eine richtungsweisende Bedeutung für die Unternehmen im Hinblick auf deren Entscheidung hat, ob sie an der Vergabe teilnehmen.

Der Wortlaut spricht dafür, dass der Auftraggeber nach einer entspr. Ankündigung 4 verpflichtet ist, eine elektronische Auktion durchzuführen.[4] Auch hierfür gibt es keinen zwingenden Grund. Wenn Auftraggeber sich sogar nach Wahl des Verhandlungsverfahrens gem. § 17 Abs. 11 VgV vorbehalten dürfen, auf Verhandlungen zu verzichten, müsste dieser Vorbehalt erst recht für das Instrument der elektronischen Auktion möglich sein.

Da die elektronische Auktion auch iRv Verhandlungsverfahren eingesetzt werden 5 kann (§ 25 Abs. 1 S. 1 VgV), kann sich die Auktion der Durchführung von Verhandlungen und der Abgabe von Angeboten anschließen, die die Verhandlungsphase beenden.

III. Mindestangaben in den Vergabeunterlagen (Abs. 2)

Die Vergabeunterlagen müssen gem. Art. 35 Abs. 4 S. 2 RL 2014/24/EU zumin- 6 dest die in Anh. VI RL 2014/24/EU vorgesehenen Angaben enthalten. Diese Vorgaben sind in Abs. 2 weitgehend übernommen worden und dienen dem transparenten Ablauf der Auktion.

1. Angabe der Angebotskomponenten (Nr. 1)

Soweit die Angebote nach dem besten Preis-Leistungs-Verhältnis oder anhand 7 eines Kosten-Wirksamkeits-Ansatzes bewertet werden sollen (§ 25 Abs. 2 Nr. 2 VgV), sind sämtliche Angebotskomponenten anzugeben, die in die automatisierte Wertung einfließen sollen. Der Wortlaut spricht dafür, dass der Auftraggeber ein Wahlrecht hat, welche Angebotskomponenten dem iterativen Änderungsprozess unterworfen sind.[5] Ungeachtet dessen müssen alle Angebotskomponenten einer **elektronischen Auswertung** zugänglich sein, was sich aus § 25 Abs. 1 S. 1 VgV ergibt.[6] Die **Zuschlagskriterien**, die bereits maßgeblich für die Erstbewertung nach § 25 Abs. 1 S. 3 VgV gewesen sind, bleiben als solche bestehen. Für den Fall, dass der Zuschlag allein aufgrund des Preises erfolgt (§ 25 Abs. 2 Nr. 1 VgV), kommt nur der Preis in Betracht. Hierzu wird dem Auftraggeber nicht die Möglichkeit eingeräumt, nur einzelne Preisbestandteile für die Auktion zu öffnen. Sind Varianten zugelassen, ist für jede einzelne Variante eine gesonderte Formel anzugeben.[7]

2. Angabe von Obergrenzen (Nr. 2)

Soweit sich aus den technischen Spezifikationen Obergrenzen für die anzubieten- 8 den Werte ergeben, ist der Auftraggeber gehalten, diese entspr. anzugeben. In Betracht kommen hier zB technische Grenz- oder Verbrauchswerte. Sinnvollerweise sollten die Obergrenzen im elektronischen System hinterlegt sein, so dass Überschreitungen systemseitig abgelehnt werden. Der Begriff „Obergrenze" gilt entspr. für „Untergrenzen".

---

[4] „Der öffentliche Auftraggeber kündigt ... an, dass er eine elektronische Auktion durchführt."; vgl. auch Art. 53 Abs. 4 RL 2014/24/EU: „Die Auftraggeber, die beschließen...".
[5] § 25 Abs. 2 S. 2 Nr. 2 VgV spricht von „bestimmten Angebotskomponenten" und nicht von „allen"; vgl. auch Art. 35 Abs. 1 UAbs. 1, Anh. VI Nr. 1 RL 2014/24/EU.
[6] Vgl. Art. 35 Abs. 6 UAbs. 2 RL 2014/24/EU.
[7] Art. 35 Abs. 6 UAbs. 3 RL 2014/24/EU.

3. Auflistung aller Daten, die während der Auktion zur Verfügung gestellt werden und Terminangaben (Nr. 3 und 4)

9   Die Vorgabe steht im Zusammenhang mit § 26 Abs. 5 VgV (dazu → Rn. 16). Neben der Angabe der Daten als solche ist zudem der jew. Termin bekannt zu geben, an dem die Daten zur Verfügung gestellt werden. Die entspr. Termine sollten systemseitig hinterlegt werden können.

4. Angabe aller für den Ablauf der elektronischen Auktion relevanten Daten (Nr. 5)

10   Die relevanten Angaben für den Ablauf der Auktion beziehen sich insbes. auf die für die Durchführung einer elektronischen Auktion verwendeten **elektronischen Mittel gem. § 9 VgV** einschl. der technischen Eigenschaften der verwendeten Internetverbindung,[8] des Systemzugangs, von Verschlüsselungen oder der zu verwendenden Software nebst ggf. zu beachtenden Installationsbedingungen und Bedienungshinweisen. Empfehlenswert sind auch Angaben zu entspr. Hotlines für den Fall, dass technische Probleme auftreten. Die Angaben zu den technischen Rahmenbedingungen unterscheiden sich insoweit von den Daten, die den Bietern nach § 26 Abs. 2 Nr. 5 VgV während der Auktion zu ihren jew. Angeboten mitgeteilt werden.[9] Hierzu gehören prinzipiell auch die **zeitlichen Rahmenbedingungen;** hierfür sind in § 26 Abs. 6 und 7 VgV eigenständige Regelungen enthalten.

5. Angabe der Bedingungen für Angebotsabgabe (Nr. 6)

11   Mit der Möglichkeit, **Mindestabstände zwischen den abzugebenden Preisen** oder Werten vorzugeben, kann der Auftraggeber verhindern, dass das Verfahren durch unerhebliche Preissenkungen unnötig in die Länge gezogen wird. Allerdings ist zu bedenken, dass zu große Abstände die Bereitschaft auf Bieterseite, weitere reduzierte Angebote abzugeben, beeinträchtigen bzw. die Bieter veranlassen kann, zunächst mit überhöhten Angeboten einzusteigen. Die Aufzählung ist nicht abschließend. So können auch Vorgaben dahingehend gemacht werden, dass nur ganze Euro-Werte abgegeben werden können. Ebenfalls ist es zulässig, eine Obergrenze für das Einstiegsangebot vorzugeben.[10]

IV. Aufforderung zur Teilnahme an der Auktion (Abs. 3 und 4)

12   Der Gleichbehandlungsgrundsatz erfordert, dass **alle Bieter gleichzeitig** zur Teilnahme an der Auktion aufzurufen sind. Mit der Aufforderung hat der Auftraggeber den Bietern das Ergebnis der vollständigen Bewertung des betr. Angebots nach § 25 Abs. 1 S. 3 VgV beizufügen. Wird ein Bieter, der ein zulässiges Angebot abgegeben hat, nicht zur Teilnahme an der elektronischen Auktion eingeladen, ist diese auch dann zu wiederholen, wenn nicht festgestellt werden kann, ob die Teilnahme des nicht berücksichtigten Bieters das Ergebnis der Auktion verändert hätte.[11] Der Verordnungsgeber hat nicht definiert, auf was sich die vollständige

---

[8] BR-Drs. 87/16, 181.
[9] Zweifeld RKMPP/Kus VgV § 26 Rn. 5.
[10] VK MV 13.1.2022 – 2 VK 5/21 (hier als Mindestentgelt für die Verwertung/Vermarktung von Altpapier deklariert).
[11] EuGH 7.4.2016 – C-324/14, NZBau 2016, 373.

Bewertung und damit der Inhalt des Ergebnisses genau beziehen sollen. Offen ist daher, ob die Bewertung isoliert bezogen auf das jew. Angebot zu erfolgen hat oder bereits an dieser Stelle schon die Rangfolge mitzuteilen ist.

Es dürfen nur diejenigen Bieter zur Teilnahme an der Auktion aufgefordert werden, die auch ein **„zulässiges"** **Angebot** eingereicht haben. § 26 Abs. 3 S. 1 VgV definiert die Zulässigkeit nicht.[12] Aus Art. 35 Abs. 5 RL 2014/24/EU ergibt sich, dass damit iW die allg. Kriterien nach den §§ 42 ff., 56, 57 VgV gemeint sind, die ein Angebot wertungsfähig machen. Insbes. gelten die allg. Bestimmungen zur Prüfung der Eignung und von Ausschlusskriterien.[13] Darüber hinaus gelten gem. Art. 35 Abs. 5 UAbs. 3 RL 2014/24/EU Angebote als „unregelmäßig" und damit als unzulässig, die nach Einschätzung des öffentlichen Auftraggebers als ungewöhnlich niedrig anzusehen sind. Dies dürfte aber nicht ohne vorherige Aufklärung nach § 60 VgV zu einem Ausschluss vom Verfahren führen.[14]

Angebote, deren Preis das vor Einleitung des Vergabeverfahrens festgelegte und schriftlich dokumentierte Budget des öffentlichen Auftraggebers übersteigt, sind nach Art. 35 Abs. 5 UAbs. 3 RL 2014/24/EU als „inakzeptabel" anzusehen und demzufolge wohl nach Ansicht des Richtliniengebers ebenfalls als „unzulässig" auszuschließen. Dies erscheint nicht notwendig, denn im Wege der Auktion hat der betroffene Bieter ausreichend Gelegenheit, seine Preise dem Markt bzw. der sorgfältigen Schätzung (§ 3 VgV) anzupassen, um die vorderen Ränge zu erreichen. Für den vorherigen **Ausschluss** besteht daher kein praktisches Bedürfnis, zumal aufgrund der elektronischen Auswertung kein Mehraufwand besteht. Daher dürfte ein Ausschluss weder aus Gründen der Wirtschaftlichkeit geboten noch unter Berücksichtigung des Verhältnismäßigkeitsgrundsatzes gerechtfertigt sein (§ 97 Abs. 1 S. 2 GWB).

Fehlerhafte bzw. unvollständige Angebote dürften erst dann als unzulässig iSd § 26 Abs. 3 S. 1 VgV anzusehen sein, wenn die Möglichkeiten nach § 56 Abs. 2, 3 VgV erfolglos ausgeschöpft worden sind. Eine elektronische Auktion darf nach **Abs. 4** frühestens **zwei Arbeitstage** nach der Versendung der Aufforderung zur Teilnahme nach Abs. 3 beginnen.

V. Mitteilung des Ranges und weiterer Daten (Abs. 5)

Nach Abs. 5 hat der Auftraggeber den Bietern im Laufe einer jeden Phase zumindest den **Rang ihres Angebots** mitzuteilen. Somit gehört diese Angabe jedenfalls zu den Daten iSd § 26 Abs. 2 Nr. 3 VgV. Darüber hinaus kann der Auftraggeber jederzeit die Zahl der Teilnehmer in der jew. Auktionsphase bekanntgeben.[15] Außerdem dürfte es möglich sein, den Bietern die **Rangfolge aufgeschlüsselt** mitzuteilen, die das Angebot bei den verschiedenen **Einzelkriterien** belegt.[16] Bei verschiedenen Wertungskriterien könnten die Bieter ihre Angebote auf diese Weise optimieren. Der Verordnungsgeber ermöglicht damit ein sehr weitgehendes Maß an Transparenz und Voraussehbarkeit des Ausgangs des Verfahrens.[17]

---

[12] Krit. RKMPP/Kus VgV § 26 Rn. 7.

[13] Das gilt auch für den Fall, dass sich erst im weiteren Verlauf des Verfahrens bzw. der elektronischen Auktion neue Erkenntnisse in Bezug auf die Ergänzung/Ausschlusskriterien ergeben sollen; vgl. BGH 7.1.2014 – X 7 B 15/13, NZBau 2014, 185.

[14] So auch Schröder NZBau 2010, 410 (414).

[15] Art. 35 Abs. 7 S. 2 RL 2014/24/EU.

[16] Art. 36 Abs. 3 RL 2014/24/EU spricht von weiteren Informationen zu „sonstigen übermittelten Preisen oder Werten".

[17] jurisPK-VergabeR/Dippel VgV § 26 Rn. 8.

17 Klarstellend weist S. 3 darauf hin, dass die **Identität der Bieter** in keiner Auktionsphase offengelegt werden darf.

VI. Bekanntgabe der Termine (Abs. 6)

18 Durch die konkrete Vorgabe der Termine soll eine möglichst hohe **Transparenz und Verfahrenssicherheit** bei dem Instrument der elektronischen Auktion erreicht werden. Die Besonderheit, dass die Angebotsabgabe bei Auktionen innerhalb kurzer Zeitabschnitte erfolgen kann und gegen Ende ggf. deutlichere Preisbewegungen stattfinden, machen klare Verfahrensbedingungen erforderlich. Bei der Ausgestaltung ist der Auftraggeber relativ frei. Er kann die Phasen zB nach Tagen/Uhrzeit oder nach Zeitintervallen (Stunden/Minuten) festlegen[18] und zB die Zeitabstände zum Ende der Auktion verkürzen.

19 Das System sollte sicherstellen, dass nach Ablauf und vor Eröffnung einer Phase bzw. nach Beendigung der Auktion keine Angebote mehr abgegeben bzw. hochgeladen werden können.

VII. Beendigung der elektronischen Auktion (Abs. 7 und 8)

20 Nach Abs. 7 Nr. 1 endet die Auktion zu dem vorher festgelegten und bekanntgemachten Zeitpunkt, unabhängig davon, wann und ob Angebote eingegangen sind. Bei dieser Variante dürfte allerdings ein „Wettrennen" um den letzten Klick entstehen, was als nicht sachgerecht angesehen werden kann.[19] Der Auftraggeber kann den Beendigungszeitpunkt dahingehend festlegen, dass die Auktion endet, wenn die Bieter über einen **festgelegten Zeitraum** hinweg **keine neuen auktionskonformen Angebote** abgegeben haben (Abs. 7 Nr. 2). Hier könnte es sich als sinnvoll erweisen, entspr. einer vorab bekannt gemachten Methode die Mindestabstände zwischen den Angeboten gem. § 26 Abs. 2 Nr. 6 VgV nach einigen Auktionsphasen zu reduzieren, um kein frühzeitiges Ende herbeizuführen. Schließlich kann der Auftraggeber nach Abs. 7 Nr. 3 eine **feste Anzahl von Auktionsphasen** bestimmen, nach deren Ablauf die Auktion endet. Bevor der Auftraggeber entscheidet, welche Methode genutzt werden soll, ist zu empfehlen, den Auktionsvorgang testweise durchzuspielen, um evtl. unerwünschte Szenarien auszuschließen.

21 Offen gelassen wurde die Frage, wie mit **Angeboten** umzugehen ist, die nach Ablauf der Auktion als **unangemessen niedrig** einzustufen sind. Zunächst erscheint es widersprüchlich, im Rahmen einer Auktion zu gegenseitigem Unterbieten anzuregen und anschließend das niedrigste Gebot oder gar mehrere Gebote als ungewöhnlich niedrig auszuschließen.[20] Die Prüfung, ob ein Angebot iSd § 60 VgV unangemessen niedrig ist, stellt aber ein eigenständiges Element der Angebotswertung dar, die außerhalb der elektronischen Auktion und der darin erfolgenden Ermittlung des wirtschaftlichsten Angebotes nach § 58 Abs. 2 VgV zu erfolgen hat. Insoweit stehen die beiden Prüfungsschritte auch nach Durchführung einer elektronischen Auktion nicht in einem Widerspruch.[21]

22 Nach Beendigung der elektronischen Auktion ist die Phase der Angebotsabgabe abgeschlossen. Eventuelle Nachverhandlungen dürfen nicht mehr vorgenommen werden. Soweit Veranlassung besteht, kommt aber die Überprüfung von Niedrig-

---

[18] jurisPK-VergabeR/Dippel VgV § 26 Rn. 20.
[19] S. bereits Opitz NZBau 2003, 183 (191).
[20] Opitz NZBau 2003, 183 (191) stellt auf das Gebot vergaberechtlicher Fairness ab.
[21] Schröder NZBau 2010, 410 (416); Beck VergabeR/Wanderwitz VgV § 25 Rn. 16; wohl auch VK MV 13.1.2022 – 2 VK 5/21.

preisangeboten (→ Rn. 21), der Eignung oder von Ausschlussgründen nach §§ 123, 124 GWB in Betracht.

§ 27 Elektronische Kataloge

(1) ¹Der öffentliche Auftraggeber kann festlegen, dass Angebote in Form eines elektronischen Katalogs einzureichen sind oder einen elektronischen Katalog beinhalten müssen. ²Angeboten, die in Form eines elektronischen Katalogs eingereicht werden, können weitere Unterlagen beigefügt werden.

(2) Akzeptiert der öffentliche Auftraggeber Angebote in Form eines elektronischen Katalogs oder schreibt der öffentliche Auftraggeber vor, dass Angebote in Form eines elektronischen Katalogs einzureichen sind, so weist er in der Auftragsbekanntmachung oder in der Aufforderung zur Interessensbestätigung darauf hin.

(3) Schließt der öffentliche Auftraggeber mit einem oder mehreren Unternehmen eine Rahmenvereinbarung im Anschluss an die Einreichung der Angebote in Form eines elektronischen Katalogs, kann er vorschreiben, dass ein erneutes Vergabeverfahren für Einzelaufträge auf der Grundlage aktualisierter elektronischer Kataloge erfolgt, indem er
1. die Bieter auffordert, ihre elektronischen Kataloge an die Anforderungen des zu vergebenden Einzelauftrages anzupassen und erneut einzureichen, oder
2. die Bieter informiert, dass er den bereits eingereichten elektronischen Katalogen zu einem bestimmten Zeitpunkt die Daten entnimmt, die erforderlich sind, um Angebote zu erstellen, die den Anforderungen des zu vergebenden Einzelauftrags entsprechen; dieses Verfahren ist in der Auftragsbekanntmachung oder den Vergabeunterlagen für den Abschluss einer Rahmenvereinbarung anzukündigen; der Bieter kann diese Methode der Datenerhebung ablehnen.

(4) Hat der öffentliche Auftraggeber gemäß Absatz 3 Nummer 2 bereits eingereichten elektronischen Katalogen selbstständig Daten zur Angebotserstellung entnommen, legt er jedem Bieter die gesammelten Daten vor der Erteilung des Zuschlags vor, sodass dieser die Möglichkeit zum Einspruch oder zur Bestätigung hat, dass das Angebot keine materiellen Fehler enthält.

Literatur: Vgl. die Angaben bei den §§ 120 GWB und 22 VgV.

I. Bedeutung der Vorschrift

Ein elektronischer Katalog ist nach der **Legaldefinition des § 120 Abs. 3 S. 1 GWB** ein auf der Grundlage der Leistungsbeschreibung erstelltes Verzeichnis der zu beschaffenden Liefer-, Bau- und Dienstleistungen in einem elektronischen Format. § 120 Abs. 3 S. 2 GWB enthält Hinweise zur Anwendung und Ausgestaltung elektronischer Kataloge. Danach können elektronische Kataloge insbes. beim Abschluss von Rahmenvereinbarungen eingesetzt werden und Abbildungen, Preisinformationen und Produktbeschreibungen umfassen. Weitere Hinweise zu Inhalt und Ausgestaltung elektronischer Kataloge enthält die RL 2014/24/EU.[1] Dort werden elektronische Kataloge beschrieben als ein Format zur Darstellung und Gestal-

1

---

[1] Erwgr. 68 der RL 2014/24/EU; für den Sektorenbereich Erwgr. 77 der RL 2014/25/EU.

tung von Informationen in einer Weise, die allen teilnehmenden Bietern gemeinsam ist und die sich für eine elektronische Bearbeitung anbietet, wie bspw. Kalkulationstabellen. Zum Ganzen auch → GWB § 120 Rn. 12 ff.

2   Die Regelungen zu elektronischen Katalogen sind mit dem VergRModG[2] und der VergRModVO[3] aufgenommen worden und setzen Art. 36 RL 2014/24/EU um.[4] Die Vorgängerrichtlinie enthielt lediglich in ihren Erwgrden. Hinweise auf die Verwendung von elektronischen Katalogen in Vergabeverfahren.[5]

3   Der europäische Gesetzgeber sieht in elektronischen Katalogen eine **Beschaffungsmethode**, die vor allem durch Zeit- und Kostenersparnis zur Stärkung des Wettbewerbs und zur Rationalisierung der öffentlichen Beschaffung beitragen kann. Deshalb sollen öffentliche Auftraggeber elektronische Kataloge in allen verfügbaren Verfahren verlangen können, in denen die **Nutzung elektronischer Kommunikationsmittel** vorgeschrieben ist. In Verfahren, in denen elektronische Kataloge zur Anwendung kommen, ist dabei darauf zu achten, dass bestimmte Regeln festgelegt werden, um sicherzustellen, dass bei der Verwendung die Grundsätze der Gleichbehandlung, der Nichtdiskriminierung und der Transparenz eingehalten werden. Ebenso sollen öffentliche Auftraggeber im Einklang mit den Anforderungen der Vorschriften für elektronische Kommunikationsmittel ungerechtfertigte Hindernisse für den Zugang von Wirtschaftsteilnehmern zu Vergabeverfahren vermeiden, bei denen die Angebote in Form elektronischer Kataloge einzureichen sind. Hinsichtlich des Zugangs zu solchen Vergabeverfahren hat der öffentliche Auftraggeber die Einhaltung der allg. Grundsätze der Nichtdiskriminierung und Gleichbehandlung zu garantieren.[6]

4   In technischer Hinsicht ist es wichtig, dass die zum Einsatz kommenden unterschiedlichen Kataloge **nach einheitlichen Standards** strukturiert aufgestellt werden und über ein standardisiertes Katalogaustauschformat miteinander kommunizieren können. Nur so ist gewährleistet, dass eine Übertragung und Einspielung systemübergreifend funktioniert, ohne dass Fehler auftreten oder Katalogdaten verloren gehen. Der öffentliche Auftraggeber hat das verwendete Katalogaustauschformat bekannt zu geben und die Kommunikationsfähigkeit mit diesem als Anforderung an die Angebote zu stellen. Ein gängiger Standard für den Datenaustausch ist bspw. BMEcat.[7]

5   Bei den elektronischen Katalogen handelt es sich nicht um eine eigene Verfahrensart, sondern um ein besonderes Instrument in Vergabeverfahren, welches für die Verwendung in Rahmenvereinbarungen und dynamischen Beschaffungssystemen besonders geeignet erscheint.

II. Zulassung elektronischer Kataloge (Abs. 1)

6   Abs. 1 setzt Art. 36 Abs. 1 UAbs. 1, 3 RL 2014/24/EU um. S. 1 stellt die Verwendung elektronischer Kataloge in das freie **Ermessen** des öffentlichen Auftraggebers. Er „kann" festlegen, dass Angebote in Form eines elektronischen Katalogs einzureichen sind oder einen Katalog beinhalten müssen. Es steht ihm aber auch frei, auf diese Festlegung zu verzichten. Des Weiteren ist in S. 2 klargestellt, dass Angeboten, die in Form eines elektronischen Katalogs eingereicht werden, weitere Unterlagen beigefügt werden können, wie bspw. Datenblätter und Produktbeschreibungen. Um

---

[2] BGBl. 2016 I 203.
[3] BGBl. 2016 I 624.
[4] Für den Sektorenbereich enthält Art. 54 RL 2014/25/EU entspr. Vorgaben.
[5] Erwgr. 12 der RL 2004/18/EG.
[6] Erwgr. 68 der RL 2014/24/EU; für den Sektorenbereich Erwgr. 77 der RL 2014/25/EU.
[7] https://de.wikipedia.org/wiki/BMEcat, zuletzt abgerufen am 8.6.2023.

den durch elektronische Kataloge gewünschten Effekt einer Wettbewerbsstärkung durch Zeit- und Geldersparnis nicht zu gefährden, sollte darauf geachtet werden, dass die maßgeblichen Angebotsinhalte im elektronischen Katalog selbst enthalten sind und nicht in beigefügte Unterlagen ausgelagert werden.[8]

Für den Fall der Zulassung elektronischer Kataloge führen die Erwgrde. der RL[9] aus, dass den Unternehmen nicht die Möglichkeit eröffnet werden sollte, ihre allgemeinen Kataloge zu verwenden. Die allgemeinen Kataloge können jedoch auf das konkrete Vergabeverfahren angepasst werden, indem die dort enthaltenen Informationen kopiert werden. Damit soll sichergestellt werden, dass der iR eines bestimmten Vergabeverfahrens übermittelte Katalog nur Waren, Bauleistungen oder Dienstleistungen enthält, die nach Einschätzung der Unternehmen den Anforderungen des öffentlichen Auftraggebers entsprechen. Zu dieser Einschätzung sollen sie durch eine eigene aktive Prüfung gelangen. 7

Die RL enthält keine Angaben dazu, was genau allgemeine Kataloge sind. Nach allg. Verständnis wird es sich dabei um Kataloge handeln, mit denen Unternehmen ihre Leistungen auf ihren Internetauftritten der Allgemeinheit präsentieren, wie bspw. in ihren Online-Shops.[10] 8

III. Hinweispflicht auf elektronische Kataloge (Abs. 2)

Abs. 2 setzt Art. 36 Abs. 3 lit. a RL 2014/24/EU um. Soweit der öffentliche Auftraggeber Angebote in Form eines elektronischen Katalogs akzeptiert bzw. Angebote in Form eines elektronischen Katalogs vorschreibt, regelt Abs. 2, dass der öffentliche Auftraggeber in der Auftragsbekanntmachung oder in der Aufforderung zur Interessenbestätigung darauf hinweisen muss. Dementsprechend enthalten die eForms (dazu allg. → § 10a Rn. 1 ff.) diese Hinweismöglichkeit für elektronische Kataloge, die zwingend vorgeschrieben werden. 9

IV. Elektronische Kataloge in Rahmenvereinbarungen (Abs. 3)

Abs. 3 setzt Art. 36 Abs. 4 und Abs. 5 UAbs. 1 RL 2014/24/EU um. Gem. Abs. 3 kann der öffentliche Auftraggeber für den Fall, dass er mit einem oder mehreren Unternehmen eine Rahmenvereinbarung abgeschlossen hat, auch für die **Vergabe der Einzelaufträge** die Verwendung aktualisierter elektronischer Kataloge vorschreiben. Voraussetzung dafür ist, dass bereits in den Angeboten, die zum Abschluss der Rahmenvereinbarung führten, elektronische Kataloge enthalten waren. 10

Abs. 3 enthält dafür zwei unterschiedliche Handlungsoptionen. Nach der **Handlungsoption Nr. 1** fordert der öffentliche Auftraggeber die Bieter auf, ihre elektronischen Kataloge an die Anforderungen des zu vergebenden Einzelauftrags anzupassen und erneut einzureichen. Entspr. der **Handlungsoption Nr. 2** informiert der öffentliche Auftraggeber die Bieter, dass er den bereits eingereichten elektronischen Katalogen zu einem bestimmten Zeitpunkt die Daten entnimmt, die erforderlich sind, um Angebote zu erstellen, die den Anforderungen des zu vergebenden Einzelauftrags entsprechen. Sofern der öffentliche Auftraggeber die Handlungsoption Nr. 2 wählt, hat er dieses Verfahren in der Auftragsbekanntmachung oder in den Vergabeunterlagen für den Abschluss einer Rahmenvereinbarung anzukündigen. Dem oder den Bieter/n steht es frei, diese Methode der 11

---

[8] Beck VergabeR/Wanderwitz VgV § 27 Rn. 9 f.
[9] Erwgr. 68 der RL 2014/24/EU; für den Sektorenbereich Erwgr. 77 der RL 2014/25/EU.
[10] Hettich/Soudry/Wankmüller VergabeR S. 254.

Datenerhebung abzulehnen. Für den Fall der Ablehnung verbleibt nur die Handlungsoption Nr. 1. Aus Gründen der Praktikabilität und der Rechtssicherheit empfiehlt es sich, bereits in der Rahmenvereinbarung mit den Vertragspartnern zu vereinbaren, ob nach der Handlungsoption Nr. 1 oder Handlungsoption Nr. 2 vorzugehen ist.

12   Der Verordnungstext zur Handlungsoption Nr. 2 wurde durch das Gesetz zur beschleunigten Beschaffung im Bereich der Verteidigung und Sicherheit und zur Optimierung der Vergabestatistik[11] neu gefasst. Damit wurde ein Redaktionsversehen korrigiert. Seitdem ist klargestellt, dass der öffentliche Auftraggeber die Daten iRd Handlungsoption Nr. 2 selbst erhebt.

13   Werden elektronische Kataloge iRv dynamischen Beschaffungssystemen eingesetzt, sollte bereits dem Antrag auf Teilnahme am dynamischen Beschaffungssystem ein elektronischer Katalog beigefügt werden. IRd Einzelaufträge, die über ein dynamisches Beschaffungssystem vergeben werden, ist sodann den Teilnehmern die Möglichkeit zu geben, den bereits mit dem Antrag auf Teilnahme vorgelegten elektronischen Katalog auf die konkrete Abfrage anzupassen. Das Vorgehen sollte in Analogie zum Vorgehen bei Rahmenvereinbarungen erfolgen.[12]

V. Vorlagepflicht (Abs. 4)

14   Abs. 4, der Art. 36 Abs. 5 UAbs. 3 RL 2014/24/EU umsetzt, enthält eine zwingend einzuhaltende Pflicht zur Vorlage der gem. Abs. 3 Nr. 2 selbstständig generierten Daten ggü. allen Bietern vor Erteilung des Zuschlags. Diese sollen die Möglichkeit zum **Einspruch** oder zur **Bestätigung** haben, dass die Angebote keine materiellen Fehler enthalten.

15   In den Erwgrden.[13] ist hierzu ausgeführt, dass der betreffende Wirtschaftsteilnehmer die Möglichkeit erhalten sollte, sich davon zu überzeugen, dass das dergestalt vom öffentlichen Auftraggeber erstellte Angebot keine sachlichen Fehler enthält. Liegen sachliche Fehler vor, so sollte der Wirtschaftsteilnehmer nicht an das Angebot gebunden sein, das durch den öffentlichen Auftraggeber generiert wurde. In Ermangelung einer Fristenregelung für den Einspruch oder die Bestätigung empfiehlt es sich für den öffentlichen Auftraggeber, dem Bieter dafür analog § 148 BGB eine **Frist** zu setzen. Erfolgt innerhalb dieser Frist keine Bestätigung, gilt es als abgelehnt. Die Frist sollte in einem angemessenen Verhältnis zum Umfang der zu prüfenden Unterlagen stehen. Eine unbegründete Ablehnung bzw. eine Ablehnung trotz Fehlerfreiheit des Angebots ist als vertragliche Pflichtverletzung zu werten und kann zivilrechtliche Ansprüche des öffentlichen Auftraggebers auslösen. Um als öffentlicher Auftraggeber der Gefahr vorzubeugen, dass sich Bieter durch die Nichtbestätigung, trotz materieller Richtigkeit der durch den öffentlichen Auftraggeber ermittelten Daten, ihrer vertraglichen Lieferpflicht entziehen können und ggf. auf Sekundäransprüche beschränkt zu sein, sollte im Rahmenvertrag ausdr. geregelt werden, dass ein Bieter nur dann von seiner Leistungspflicht befreit ist, wenn das vom öffentlichen Auftraggeber ermittelte Angebot einen materiellen Fehler enthält.

16   Wird ein elektronischer Katalog iR einer Rahmenvereinbarung mit mehreren Vertragspartnern abgeschlossen oder iR eines dynamischen Beschaffungssystems verwendet, so empfiehlt sich die Vorlage des durch den öffentlichen Auftraggeber generierten Angebots nicht nur ggü. dem für den Zuschlag vorgesehenen Bieter,

---

[11] Gesetz v. 25.3.2020, BGBl. I 674 (Nr. 16).
[12] Hettich/Soudry/Wankmüller VergabeR S. 255.
[13] Erwgr. 68 der RL 2014/24/EU; für den Sektorenbereich Erwgr. 77 der RL 2014/25/EU.

sondern ggü. allen Bietern, um im Falle materieller Fehler eine fehlerhafte Wertung auszuschließen. Dieser Verfahrensschritt könnte bei dynamischen Beschaffungssystemen mit einer Vielzahl an Teilnehmern erheblichen Aufwand verursachen. Daher ist bei dynamischen Beschaffungssystemen ein Vorgehen nach der Handlungsoption des Abs. 3 Nr. 1 zu empfehlen.

VI. Rechtsschutz

Die Entscheidung, ob ein elektronischer Katalog in einem Vergabeverfahren, insbes. einer Rahmenvereinbarung, angewendet werden soll, steht im freien Ermessen des öffentlichen Auftraggebers. Konstellationen, die das diesbzgl. Ermessen des öffentlichen Auftraggebers auf Null reduzieren können, sind nicht ersichtlich. Die Frage, ob ein elektronischer Katalog verwendet wird, ist nicht bieterschützend. Diese Entscheidung ist von den Vergabenachprüfungsinstanzen daher nicht überprüfbar. Soweit die Vorschrift darüber hinaus Vorgaben zum Verfahren enthält, wie die Generierung der Angebote durch den öffentlichen Auftraggeber und die Einhaltung der Grundsätze von Transparenz und Nichtdiskriminierung, sind diese bieterschützend und können von den Vergabenachprüfungsinstanzen überprüft werden. 17

Unterabschnitt 3. Vorbereitung des Vergabeverfahrens

§ 28 Markterkundung

(1) **Vor der Einleitung eines Vergabeverfahrens darf der öffentliche Auftraggeber Markterkundungen zur Vorbereitung der Auftragsvergabe und zur Unterrichtung der Unternehmen über seine Auftragsvergabepläne und -anforderungen durchführen.**

(2) **Die Durchführung von Vergabeverfahren lediglich zur Markterkundung und zum Zwecke der Kosten- oder Preisermittlung ist unzulässig.**

Literatur: Gabriel/Voll, Markterkundungen öffentlicher Auftraggeber im Grenzbereich zwischen Leistungsbestimmung und Ausschreibungspflicht, NZBau 2019, 83; Offermann, Gerechtfertigte Produktspezifikation, VergabeNavigator 2016, 21; Ortner, Vergaberechtliche Anforderungen und Grenzen lösungsoffener Ausschreibungen, NZBau 2020, 565; Roth, Markterkundung, Vergabeverfahren ohne Bieter und die Bestimmungsfreiheit öffentlicher Auftraggeber, NZBau 2018, 77; Tugendreich, Der Kunde ist König – Umfang des Leistungsbestimmungsrecht des Auftraggebers, NZBau 2013, 90; Willenbruch, Rechtliche Aspekte der Markterkundung, VergabeR 2018, 103. Vgl. iÜ die Angaben bei § 2 EU VOB/A.

I. Bedeutung der Vorschrift

Eine Markterkundung (auch Marktkonsultation) ist grds. zulässig, wenn sie ausschl. der Vorbereitung des eigentlichen Vergabeverfahrens dient oder Unternehmen auf ein geplantes Vergabeverfahren aufmerksam machen soll. Unzulässig ist dagegen, eine Markterkundung in der Gestalt eines Vergabeverfahrens durchzuführen, ohne dass das Ziel des Auftraggebers bereits auf die eigentliche Beschaffung und Zuschlagserteilung gerichtet ist. Dies bringt Abs. 2 zum Ausdruck, der inhaltlich den § 2 EG Abs. 3 VOL/A ersetzt und das **Verbot des Ausschreibungsmissbrauchs** hervorhebt. Vergabeverfahren sind nur zulässig, wenn sie darauf ausgerichtet sind, eine Zuschlagsentscheidung zu treffen, Markterkundungen entspr. nur, wenn sie die Vorbereitung und Herstellung der Vergabereife bezwecken. Der Auf- 1 traggeber muss mit einer Angebotsanfrage transparent und eindeutig erläutern, was sein Ziel ist. Sinn und Zweck der Markterkundung ist, durch umfassende Vorbereitungsmaßnahmen fundierte Vergabeunterlagen eine realistische Kalkulationsgrundlage zu erstellen. Es muss für Unternehmen stets eindeutig sein, ob eine Markterkundung durchgeführt oder eine Beschaffung eingeleitet wird.

II. Markterkundung vor Einleitung (Abs. 1)

2   Markterkundungen helfen bei der Vorbereitung eines Vergabeverfahrens zur **genauen Bestimmung des Beschaffungsbedarfs**, der eindeutigen Beschreibung des Leistungsgegenstandes und der Ermittlung des Auftragswertes. Sie sind von Vergabeverfahren nach der Maßgabe abzugrenzen, ob der Wille des Auftraggebers auf den Abschluss eines verbindlichen Rechtsgeschäftes gerichtet ist; oder gerade (noch) nicht und er daher eine Markterkundung durchführt. Sobald der Auftraggeber den Entschluss zur Beschaffung gefällt hat, weiterhin Verfahrensschritte einleitet, um die Leistungsanforderungen und die Verfahrensart festzulegen, zudem auch die Kriterien für die Auswahl der Bieter und Wertung der Angebote bestimmt, weist sein Verhalten darauf hin, ein verbindliches Rechtsgeschäft abschließen zu wollen.[1] Bei einer Veröffentlichung auf einer gesetzlich vorgegebenen Bekanntmachungsplattform (TED) bzw. auch bei anderweitiger Einleitung eines formellen Verfahrens (dazu → GWB § 155 Rn. 27 ff.) darf der Bieter grds. darauf vertrauen, dass der Auftraggeber einen konkreten Beschaffungswillen hat. Unklar kann die entspr. Grenzziehung im Bereich der VgV insbes. bei einem Verhandlungsverfahren ohne Teilnahmewettbewerb (vgl. § 17 Abs. 5 VgV; s. auch → GWB § 156 Rn. 18 f.) oder bei Verfahren sein, bei denen sich die Verfahrensphasen (Vorinformation, Teilnahmewettbewerb, Verhandlungsverfahren) zeitlich über einen längeren Zeitraum erstrecken.

3   Eine Markterkundung ist nicht nur zulässig, sondern kann sogar geboten sein, um die **Ausschreibungsreife der Vergabeunterlagen** (dazu ausf. → VOB/A § 2 EU Rn. 13 ff.) herbeizuführen.[2] Dies gilt, wenn die Beschaffung Produkte betrifft, deren Einkauf nicht alltäglich ist, bei denen technische Fortentwicklungen in kurzen Zeiträumen erfolgen, aber auch wenn das technische Knowhow überhaupt nur bei einer begrenzten Anzahl von Unternehmen vorhanden ist. Nicht vergaberechtlich, aber aus rein praktischen Gründen geboten ist eine Markterkundung dann, wenn die Preismodelle (zB Lizenzmodelle) der Anbieter so verschieden sind, dass eine „marktgängige" Ausschreibung tiefgehende Analysen erfordert. Wenn die Markterkundung für die Auftragswertschätzung erforderlich ist, kann sie für die Entscheidung maßgebend sein, ob ein EU-Verfahren oder ein nationales Verfahren eingeleitet werden muss. Sofern der Auftraggeber keine Marktkenntnisse hat, kann er seine Marktanalyse dazu nutzen, sich sichere Erkenntnisse für die beabsichtigte Verfahrenseinleitung zu verschaffen.

3a Eine Markterkundung gilt als eine Form der Marktuntersuchung. Erfolgt die Abfrage von Preisen für bestimmte Leistungen aus **rein informatorischen Gründen** und ist eine Verpflichtung des Leistungserbringers, diese Leistung zu diesem Preis abzugeben, nicht Gegenstand eines beabsichtigten Vertrages, ist sie zulässig, solange sie keinen Vergabewettbewerb vortäuscht und nicht in Gestalt eines Vergabeverfahrens durchgeführt wird.[3] Indizien können darauf hinweisen, dass die Schwelle der **bloßen Markterkundung überschritten** und ein Vergabeverfahrens im mate-

---

[1] OLG Düsseldorf 20.6.2001 – Verg 3/01, NZBau 2001, 696.
[2] OLG Celle 22.5.2008 – 13 Verg 1/08, BeckRS 2008, 10353; OLG Jena 26.6.2006 – 9 Verg 2/06, NZBau 2006, 735.
[3] VK Bund 9.5.2007 – VK 1–26/07, IBRRS 2007, 2922; VK Düsseldorf 12.9.2006 – VK 37/2006, IBRRS 2007, 2320.

riellen Sinn bereits begonnen hat: Wenn der Auftraggeber seinen Beschaffungswillen objektiv durch Maßnahmen nach außen ersetzt, die auf einen konkreten Vertragsschluss zielen (dazu → GWB § 155 Rn. 27 ff.). Dies können bspw. konkrete Vertragsverhandlungen mit einem Interessenten sein.[4] Hat der Auftraggeber nicht die Absicht, auf alle ausgeschriebenen Leistungspositionen den Zuschlag zu erteilen, liegt darin hinsichtlich der wegfallenden Positionen eine unzulässige Markterkundung: Die Abfrage von Preisen aus informatorischen Gründen, ohne dass eine Leistungspflicht begründet werden soll, dient dann nur der (unzulässigen) Markterkundung.[5] Darin liegt ein Verstoß gegen Abs. 2.

Vor der Einleitung eines Vergabeverfahrens darf der öffentliche Auftraggeber 4 Unternehmen über seine **bestehenden Pläne und Anforderungen** unterrichten. Der öffentliche Auftraggeber besitzt in dieser Situation bereits einen konkret ausgebildeten Beschaffungswillen und verfügt zudem über Vergabeunterlagen, die eine Ausschreibungsreife erkennen lassen. Die potenziellen Bieter haben so Gelegenheit, sich auf die zeitnah bevorstehende Ausschreibung einzurichten. Der Auftraggeber kann zugleich sicherstellen, dass er wertbare Angebote erhält. Der Gleichbehandlungsgrundsatz wird dadurch grds. nicht verletzt. Wenn durch eine Markterkundung allerdings Festlegungen getroffen werden, die das Gebot der produktneutralen Ausschreibung tangieren oder die Erkundung einem Unternehmen einen erheblichen zeitlichen oder kalkulationserheblichen Wettbewerbsvorsprung verschafft, ist ein Verstoß gegen das Gleichbehandlungsgebot zu prüfen.

Eine Markterkundung hat **zeitnah** zur nachfolgenden Beschaffung zu erfolgen, 5 insbes., wenn sie der Ermittlung des **Auftragswertes** gilt. Eine Kostenermittlung kann mangelhaft sein, wenn sie länger zurückliegt und am Tag der Veröffentlichung **ihre Aktualität verloren** hat.[6] Dass eine unmittelbare Bestimmung des Auftragswertes vor Einleitung des Verfahrens erforderlich ist, lässt sich aus § 3 Abs. 3 VgV herleiten. Danach ist maßgeblicher Zeitpunkt für die Schätzung des Auftragswertes der Tag, an dem die Auftragsbekanntmachung abgesendet oder das Vergabeverfahren auf sonstige Weise eingeleitet wird (dazu ausf. → § 3 Rn. 20). Der öffentliche Auftraggeber ist gehalten, zu diesem Zeitpunkt erneut zu prüfen, ob seine aktuellen Kenntnisse Einfluss auf das Verfahren haben. Eine besondere Sorgfalt auf die Prüfung des ermittelten Auftragswertes ist geboten, wenn dieser nur geringfügig unterhalb des EU-Schwellenwertes liegt.[7]

Eine solide **Bestimmung des Marktpreises** kann für den Auftraggeber als in 6 der gängigen Praxis regelmäßig Branchenfremden mit erheblichen Schwierigkeiten verbunden sein. Anknüpfpunkt für die Ermittlung des Marktpreises muss immer eine gesicherte Tatsachengrundlage sein, die auf den Ergebnissen vergleichbarer Ausschreibungen, aktuellen Preisen aus Katalogen oder Expertisen von Marktkennern basieren kann. **Rein subjektive** Einschätzungen taugen dafür nicht.[8] Grds. ist der Auftraggeber frei zu bestimmen, woher er an die entspr. Zahlen gelangt. Auch Messebesuche gelten als probates Mittel zur Informationsbeschaffung.[9] Die Marktbewertung hat jenen Wert zu treffen, den ein umsichtiger und sachkundiger öffentlicher Auftraggeber nach sorgfältiger Prüfung des relevanten Marktsegmentes und auf dem Boden einer betriebswirtschaftlichen Finanzplanung veranschlagen würde.[10]

---

[4] OLG München 19.7.2012 – Verg 8/12, ZfBR 2012, 715 (719).
[5] VK Bund 9.5.2007 – VK 1–26/07, IBRRS 2007, 2922.
[6] OLG Brandenburg 17.5.2011 – Verg W 16/10, BeckRS 2011, 22444; im gegebenen Fall wurde die Kostenberechnung etwa sieben Monate vor Beginn des Verfahrens erstellt.
[7] OLG München 31.1.2013 – Verg 31/12, BeckRS 2013, 2622.
[8] VK Bund 22.7.2011 – VK 3–83/11, IBRRS 2011, 3308.
[9] VK Bund 8.8.2016 – VK 2–39/16, IBRRS 2016, 2432.
[10] OLG Düsseldorf 30.7.2003 – Verg 5/03, IBRRS 2003, 2311; OLG Karlsruhe 16.12.2009 – 15 Verg 5/09, BeckRS 2010, 16212; OLG Brandenburg 29.1.2013 – Verg W 8/12, BeckRS 2013, 3142.

Das erforderliche Maß an Sorgfalt orientiert sich am Maßstab der **Zumutbarkeit**.[11] Die Vergabestelle muss keinen unverhältnismäßig großen Aufwand betreiben, um an das zur Kalkulation notwendige Zahlenmaterial heranzukommen. Die Kostenschätzung muss insges. vertretbar sein; die Wahl der Methoden muss ein wirklichkeitsnahes Schätzungsergebnis ernsthaft erwarten lassen.[12] Wurde ein vergleichbarer Auftrag zuvor vergeben, können die dort zugrunde gelegten Preise für ein neues Verfahren nur herangezogen werden, wenn preisbeeinflussende Faktoren berücksichtigt werden, also eine Aktualisierung der Berechnung stattfindet. Maßgeblich ist allein, ob diesem oder einem anderen Angebot indizielle oder unmittelbare Aussagekraft für den zum maßgeblichen Zeitpunkt der Einleitung des Vergabeverfahrens zu erwartenden Auftragsumfang zukommt.[13]

7 Zur Marktkundung kann der öffentliche Auftraggeber weiterhin den **Rat von unabhängigen Sachverständigen oder Behörden** oder direkt von **Marktteilnehmern** einholen oder annehmen. Die Regelung ist Ausfluss des Art. 40 RL 2014/24/EU. Dort heißt es:

„Vor der Einleitung eines Vergabeverfahrens können die öffentlichen Auftraggeber Marktkonsultationen zur Vorbereitung der Auftragsvergabe und zur Unterrichtung der Wirtschaftsteilnehmer über ihre Auftragsvergabepläne und -anforderungen durchführen. Hierzu können die öffentlichen Auftraggeber bspw. den Rat von unabhängigen Sachverständigen oder Behörden bzw. von Marktteilnehmern einholen oder annehmen."

Dieser Rat darf sich nicht wettbewerbsverzerrend auswirken und nicht zu einem Verstoß gegen die Grundsätze der Nichtdiskriminierung und Transparenz führen.[14] Beispielsweise ist die Festlegung des Beschaffungsgegenstands durch den Auftraggeber nicht deshalb zu beanstanden, weil vor der Ausschreibung zunächst Gespräche mit mehreren Softwareunternehmen sowie eine **Marktanfrage** hat stattfinden lassen. Eine Beeinflussung des Auftraggebers durch das befragte Unternehmen findet in solchen Fällen nicht zwangsläufig statt. Um den Markt zu erkunden, ist es zumindest bei Beschaffungen, deren Einkauf nicht alltäglich erfolgt und deren technische Entwicklung sich in kurzen Zeiträumen regelmäßig grdl. ändert, nicht ungewöhnlich, dass ein öffentlicher Auftraggeber den Markt eruiert. Das gilt auch für die Umsetzbarkeit seines Beschaffungsbedarfs bei Standardprodukten, wie zB im **Telekommunikations- oder Softwarebereich.** Hat dagegen ein Unternehmen den öffentlichen Auftraggeber ausdr. im Hinblick auf die Vorbereitung der Ausschreibung und damit **als Projektant** gem. § 7 VgV beraten, muss der öffentliche Auftraggeber angemessene Maßnahmen ergreifen, um die Transparenz und Gleichbehandlung im Vergabeverfahren zwischen dem Projektanten und den anderen Bietern herzustellen (→ § 7 Rn. 9 f.).[15]

8 Einige Gerichte vertreten insbes. im Zusammenhang mit dem **Gebot der produktneutralen Ausschreibung** die Auffassung, dass bei Festlegung von bestimmten, wettbewerbseinschränkenden Anforderungen an den Leistungsgegenstand zuvor eine **Marktkundung geboten** ist.[16] In der Lit. wird vereinzelt vertreten, dass bei komplexen Beschaffungsvorhaben die Marktkundung eine Pflicht darstellt. Überwiegend wird dies von der Rspr. jedoch abgelehnt: Auftraggeber haben nicht die Pflicht, bei einer Festlegung auf bestimmte Produkte oder Herstellungsverfahren

---

[11] VK Bund 7.12.2015 – VK 2–105/15, IBRRS 2016, 0313.
[12] BGH 20.11.2012 – X ZR 108/10, NZBau 2013, 180.
[13] OLG Karlsruhe 16.12.2009 – 15 Verg 5/09, BeckRS 2010, 16212.
[14] OLG Karlsruhe 15.11.2013 – 15 Verg 5/13, NZBau 2014, 378.
[15] VK Bund 10.6.2015 – VK 1–40/15, VPRRS 2015, 0384.
[16] OLG Jena 26.6.2006 – 9 Verg 2/06, NZBau 2006, 735. Das OLG Jena 25.6.2014 – 2 Verg 1/14, ZfBR 2015, 404 hat diese Rspr. mittlerweile aufgegeben. OLG Celle 22.5.2008 – 13 Verg 1/08, BeckRS 2008, 10353.

zuvor festzustellen, ob eine andere als die gewünschte Lösung für die Beschaffung möglich ist. Die Vergabestelle ist zu einer Markterkundung zwar berechtigt, **nicht aber verpflichtet.** Die Entscheidung, welche Leistung benötigt wird, ist der Einleitung eines Vergabeverfahrens vorgelagert und unterliegt keinen vergaberechtlichen Beschränkungen, solange ein Wettbewerb nicht ausgeschlossen wird und keine Diskriminierung stattfindet (dazu ausf. → § 14 Rn. 53 f.).[17] Zudem findet die vergaberechtliche Prüfungs- und Untersuchungspflicht des Auftraggebers ihre Grenze in der Zumutbarkeit und Verhältnismäßigkeit.[18] Der Gesetz- und Verordnungsgeber hätte Gelegenheit gehabt, die Markterkundung als zwingende Voraussetzung für die Ausnahmen vom Gebot der Produktneutralität gem. § 31 Abs. 6 VgV aufzunehmen, hat dies indes unterlassen und die wortgleiche Regelung des § 8 EG Abs. 7 S. 1 VOL/A fortgeführt.[19] Gegen eine Pflicht zur Markterkundung spricht auch, dass § 28 VgV gesetzessystematisch ein Recht des Auftraggebers regelt. Dies ändert aber natürlich nichts daran, dass eine Markterkundung in vielen Fällen sinnvoll ist, um den Grad der Einschränkung des Wettbewerbs für eine Rechtfertigung nicht produktneutraler Vorgaben zu ermitteln und nachweisen zu können.

Grundlegend anders stellt sich die Situation bei einer geplanten **Direktvergabe** 8a gem. § 14 Abs. 6 VgV dar. Dort werden der Bestimmungsfreiheit des Auftragsgegenstandes engere Grenzen auferlegt, indem dort zusätzliche Pflichten aufgestellt werden, vor der Festlegung auf einen bestimmten Anbieter Ersatzlösungen und Alternativen zu prüfen, damit der mangelnde Wettbewerb nicht das Ergebnis einer künstlichen Einschränkung der Auftragsparameter ist.[20] Dies führt in den meisten Fällen zu einer Pflicht zur Markterkundung (ausf. → § 14 Rn. 56).[21]

III. Vergabeverfahren als unzulässiges Mittel der Markterkundung (Abs. 2)

1. Verbot des Ausschreibungsmissbrauchs

Die Durchführung eines Vergabeverfahrens zur Markterkundung und zum Zwe- 9 cke der Kosten- und Preisermittlung ist unzulässig und überschreitet damit die Grenze des vergabekonformen Verhaltens. Abs. 2 regelt in Abgrenzung zu Abs. 1, welches **Mittel zur Markterkundung** nicht eingesetzt werden darf. Das damit formulierte Verbot des Ausschreibungsmissbrauchs greift für alle Arten von Vergabeverfahren ohne Beschaffungswillen.

Wenn ein Vergabeverfahren durchgeführt wird, obwohl es am Beschaffungswillen 10 des Auftragsgebers fehlt, wird dieses Verfahren auch als sog. "**Scheinausschreibung**" bezeichnet. Sie kann bspw. angenommen werden, wenn die Ausschreibung erkennbar nur in der Absicht durchgeführt wird, Preislisten und Kostenanschläge einzuholen, ohne dass ein Auftrag vergeben werden soll.[22] Auch dürfen Ausschrei-

---

[17] VK Bund 9.9.2015 – VK 1–82/15, IBRRS 2016, 0984; OLG Düsseldorf 1.8.2012 – VII-Verg 10/12, NZBau 2012, 785.
[18] Scharen GRUR 2009, 345 (347 f.); EuGH 15.5.2008 – C-147 und 148/06, EuZW 2008, 469 Rn. 29 f. – Secap.
[19] OLG Düsseldorf 13.4.2016 – VII-Verg 47/15, NZBau 2016, 656; s. die Übersicht in VK Sachsen 30.8.2016 – 1/SVK/016-16, ZfBR 2017, 194; weiterhin → § 31 Rn. 54.
[20] BT-Drs. 18/6281, 68; OLG Düsseldorf 31.5.2017 – VII-Verg 36/16, NZBau 2017, 623; 7.6.2017 – VII-Verg 53/16, NZBau 2018, 118; Gabriel/Voll NZBau 2019, 83.
[21] S. zB VK Lüneburg 20.9.2021 – VgK 33/2021, BeckRS 2021, 36776; OLG Celle 9.11.2021 – 13 Verg 9/21, NZBau 2022, 236; VK Rheinland-Pfalz 16.12.2022 – VK 1–4/22, VPRRS 2023, 0075.
[22] OLG Dresden 23.4.2009 – WVerg 11/08, ZfBR 2009, 610.

bungen nicht zur **reinen Kostenermittlung oder Ermittlung von Gestaltungsmöglichkeiten** für zukünftige Vergabeverfahren durchgeführt werden. Diese Informationen kann die Vergabestelle auch durch einfache Nachfragen bei den Unternehmen selbst oder erfahrenen Planungsbüros erhalten. Eine Ausschreibung, die auf die Feststellung des **günstigsten Verfahrens** für den Auftraggeber gerichtet ist, um erst im Anschluss daran eine entspr. Leistung zu beschaffen, ist ebenfalls unzulässig.[23] Das gleiche gilt für Ausschreibungen mit dem Ziel, die voraussichtlichen Baukosten zu ermitteln, um notwendige Finanzierungsmittel beziffern zu können, sog. Ertragsberechnungen.

11 Die **Vorgabe einer Preisobergrenze** ist vergaberechtlich zulässig, weil sie eine ernsthafte Ausschreibung zum Gegenstand hat. Allein aus dem Umstand, dass der öffentliche Auftraggeber den Bietern in transparenter Weise eine Preisobergrenze mitgeteilt hat, ab deren Überschreiten kein Zuschlag im Vergabeverfahren erteilt werden würde, kann nicht gefolgert werden, dass er lediglich die aktuelle Marktlage habe erforschen wollen.[24] Vielmehr lässt § 58 Abs. 2 S. 3 VgV die **Vorgabe von Festpreisen** ausdr. zu. Denn der Auftraggeber legt damit nur offen, wo für ihn die Grenze der Wirtschaftlichkeit der Beschaffung erreicht ist. Gibt es allerdings Anhaltspunkte, dass der Auftraggeber damit seine marktstarke Stellung missbraucht, um Waren oder Leistungen unter Marktpreis einzukaufen, kann eine unzulässige Markterkundung vorliegen. Die Annahme ist gerechtfertigt, wenn die Kostenobergrenze bei notwendigen Beschaffungen so niedrig angesetzt ist, dass nicht mehr von einem wettbewerblichen Verfahren gem. § 97 Abs. 1 GWB auszugehen ist, weil die meisten Unternehmen als Bieter ausscheiden.[25]

2. Weitere Fallgruppen

12 Die Ausschreibung von **optionalen Leistungen** ist unzulässig, wenn sie zu dem Zweck erfolgt, für Wirtschaftlichkeitsberechnungen herangezogen zu werden, ohne dass der Ausschreibung ein hinreichender Beschaffungswille zugrunde liegt.[26] Es ist deshalb unzulässig, eine Vielzahl von **Bedarfspositionen** auszuschreiben, wenn bereits feststeht, dass diese nicht beauftragt werden können und die Vergabestelle dadurch nur die Kosten der unterschiedlichen Varianten ermitteln will. Auch für **Alternativpositionen** muss ein berechtigtes Bedürfnis des Auftraggebers bestehen.[27] Daran fehlt es, wenn bei ordnungsgemäßer Vorbereitung der Ausschreibung eine Festlegung auf eine der beiden Alternativen möglich und zumutbar wäre.[28] Die Alternativen müssen von untergeordneter Bedeutung[29] und ihre Ausführung nicht unwahrscheinlich sein, ansonsten ist in diesen Positionen von einer Scheinausschreibung auszugehen.[30] Bei der Vergabe von **Rahmenvereinbarungen** muss der Auftraggeber beabsichtigen, die von der Vereinbarung umfasste Leistung auch abzurufen. Es ist unzulässig, mit mehreren Unternehmen eine gleichlautende Rahmenvereinbarung abzuschließen, ohne dass feststeht, dass der Auftraggeber während der Vertragslaufzeit auch nur eine einzige Leistung darüber abrufen wird. Solche Rahmenvereinbarungen sind nicht auf einen Beschaffungswillen gerichtet, sondern ver-

---

[23] OLG Celle 8.11.2001 – 13 Verg 9/01, NZBau 2002, 400 (401).
[24] VK Bund 12.7.2016 – VK 2–49/16, VPRRS 2016, 0275; OLG Koblenz 4.2.2014 – 1 Verg 7/13, BeckRS 2014, 9707.
[25] OLG Düsseldorf 19.10.2011 – VII-Verg 54/11, NZBau 2011, 762.
[26] OLG Saarbrücken 22.10.1999 – 5 Verg 4/99, NZBau 2000, 158 (162).
[27] OLG Düsseldorf 24.3.2004 – Verg 7/04, IBRRS 2004, 0820; 13.4.2011 – Verg 58/10, ZfBR 2011, 508; OLG München 27.1.2006 – Verg 1/06, IBRRS 2006, 0265.
[28] OLG Naumburg 1.2.2008 – 1 U 99/07, BeckRS 2008, 10394.
[29] OLG Düsseldorf 2.8.2002 – Verg 25/02, IBRRS 2003, 0300.
[30] OLG München 22.10.2015 – Verg 5/15, NZBau 2016, 63.

folgen den unzulässigen Zweck, einen Auftrag in Aussicht zu stellen (s. dazu auch → § 21 Rn. 10, 11).[31]

Leitet ein öffentlicher Auftraggeber für einen identischen Beschaffungsvorgang, der nur einmal realisiert werden kann und soll, vor Abschluss des ursprünglichen Verfahrens ein weiteres ein, handelt es sich um eine unzulässige **Doppelausschreibung**. Derselbe Leistungsgegenstand kann nicht zweimal vergeben werden. Die Doppelausschreibung verstößt daher gegen den Grundsatz der Einheitlichkeit von Leistungsgegenstand, Vergabeverfahren und Zuschlag.[32] Diese Situation kann bspw. eintreten, wenn ein ursprünglich eingeleitetes offenes Verfahren aufgehoben wurde, dafür ein nicht offenes Verfahren eingeleitet wird, sich zwischenzeitlich die Aufhebung als unrechtmäßig herausstellt und das erste Verfahren fortgesetzt wird, ohne zugleich das zweite Verfahren aufzuheben. Dann stellt sich die Fortführung des nicht offenen Verfahrens als eine unzulässige Doppelausschreibung dar. Dem Auftraggeber ist eine erneute Ausschreibung so lange verwehrt, bis die vorhergehende Ausschreibung wirksam aufgehoben ist. Es verletzt diejenigen Bieter, die im ursprünglichen Verfahren ein zuschlagsfähiges Angebot abgegeben haben, in deren Recht auf Durchführung eines fairen Wettbewerbs.[33] 13

Davon abzugrenzen und grds. zulässig sind **Parallelausschreibungen.** Sie betreffen verschiedene Verfahren **alternativer** Leistungsgegenstände mit unterschiedlichen Bedingungen, die zeitgleich durchgeführt werden.[34] Im Interesse der Bieter, den Aufwand angemessen zu halten, ist dabei sicherzustellen, dass das Verfahren transparent ist und unter dem Aspekt der wirtschaftlichsten Verfahrensweise erfolgt. Als typisches Beispiel für eine zulässige Parallelausschreibung wird in vielen Fällen die gleichzeitige Los- und Generalunternehmervergabe genannt, bei der jedoch dennoch mit Vorsicht vorzugehen ist, da möglicherweise nicht beide Gegenstände gleichermaßen vergabereif sind. Hinzu kommt, dass in den meisten Fällen diese Verfahrensweise unzweckmäßig ist. Das angestrebte Ziel, unter mehreren denkbaren Ausführungen wählen zu können, lässt sich durch Wahlpositionen rationeller erreichen.[35] Eine Parallelausschreibung kann unzulässig sein, wenn die Vergabestelle angibt, die Angebote auf der Grundlage ihrer betrieblichen Erfordernisse zu werten, wobei die Kriterien der vorzunehmenden „Nutzwertanalyse" unbekannt bleiben. Als typischer Effekt werden auf diese Art und Weise erst die Wirtschaftlichkeitskriterien geschaffen, nach denen der Auftrag später ausgeschrieben werden soll. Die Bieter kennen nur bedingt die für die Angebotsabgabe maßgeblichen kalkulatorischen Grundlagen, womit deutlich wird, dass ausschl. im Vordergrund steht, welches Verfahren für die Vergabestelle am günstigsten ist. Tatsächlich handelt es sich um parallel geschaltete Ausschreibungen, die den Grundsatz der Gleichbehandlung und das Wettbewerbsprinzip verletzen.[36] 13a

IV. Dokumentationspflicht

Die Markterkundung muss hinsichtlich der Art der Durchführung und der Ergebnisse zwingend in der Vergabeakte dokumentiert werden. Das gilt insbes. für die 14

---

[31] KG 6.5.2004 – 2 Verg 22/03, BeckRS 2004, 15120.
[32] OLG Düsseldorf 13.6.2001 – Verg 2/01, IBRRS 2002, 0140.
[33] OLG Frankfurt a. M. 15.7.2008 – 11 Verg 6/08, ZfBR 2009, 92; OLG Düsseldorf 5.4.2006 – VII Verg 8/06, BeckRS 2006, 7160; OLG Naumburg 13.10.2006 – 1 Verg 11/06, BeckRS 2006, 12146.
[34] OLG Naumburg 17.5.2006 – 1 Verg 3/06, BeckRS 2006, 08304; KG 22.8.2001 – Kart-Verg 3/01, NZBau 2002, 402 (404); OLG Celle 8.11.2001 – 13 Verg 9/01, NZBau 2002, 400 (401); anders KMPP/Glahs VOB/A § 2 Rn. 44.
[35] Dicks IBR 2008, 1360.
[36] OLG Celle 3.9.2001 – 13 Verg 10/01, IBRRS 37413.

Ermittlung des Auftragswertes, da sie über das einzuhaltende Verfahrensrecht entscheidet (dazu → § 3 Rn. 11 ff.). Wichtig ist, die dafür ermittelten Tatsachengrundlagen zu dokumentieren, um die ordnungsgemäße Berechnung entspr. belegen zu können.[37] Dabei ist es ratsam, die Erkenntnisse nicht nur auf eine Informationsquelle zu stützen. Je mehr Quellen das Ergebnis bestätigen, desto nachvollziehbarer ist die dokumentierte Aussage und kann bei Nachprüfungen Bestand haben.

V. Rechtsschutz

15 Die Regelungen sind bieterschützend. Bieter dürfen darauf vertrauen, dass ein Vergabeverfahren mit dem Ziel der Zuschlagserteilung durchgeführt wird. Vergabeverfahren für Zwecke, die nicht der unmittelbaren Beauftragung einer Leistung dienen, sind unzulässige Markterkundungen oder Scheinausschreibungen, die Bieter in ihren Rechten verletzen und zur **Schadenersatzpflicht des öffentlichen Auftraggebers** aus dem vorvertraglichen Verhältnis (§§ 311 Abs. 2, 280 Abs. 1, 241 Abs. 2 BGB) ggü. den beteiligten Bietern führen können.[38] Es müssen ihnen die gleichen Rechte zugestanden werden, die bei Beendigung eines Vergabeverfahrens ohne sachlichen Rechtfertigungsgrund für eine Aufhebung geltend gemacht werden können (dazu ausf. → § 63 Rn. 63 ff.).[39] Bieter, die Angebote im Vertrauen auf die Ernsthaftigkeit der Ausschreibung abgegeben haben, können ihre Aufwendungen für die Ausarbeitung des Angebots beanspruchen.[40] Weist der Auftraggeber ausdr. auf die fehlende Vergabeabsicht hin, ist dies zwar vergaberechtswidrig, wegen des fehlenden Vertrauens ist aber ein Schadensersatzanspruch idR nicht begründet. Bieter können in Ausnahmefällen einen Vergütungsanspruch geltend machen, wenn die erbrachte Leistung den Umständen entspr. nur gegen eine Vergütung zu erwarten ist und gem. § 632 Abs. 1 BGB stillschweigend als vereinbart gilt.

§ 29 Vergabeunterlagen

(1) ¹Die Vergabeunterlagen umfassen alle Angaben, die erforderlich sind, um dem Bewerber oder Bieter eine Entscheidung zur Teilnahme am Vergabeverfahren zu ermöglichen. ²Sie bestehen in der Regel aus
1. dem Anschreiben, insbesondere der Aufforderung zur Abgabe von Teilnahmeanträgen oder Angeboten oder Begleitschreiben für die Abgabe der angeforderten Unterlagen,
2. der Beschreibung der Einzelheiten der Durchführung des Verfahrens (Bewerbungsbedingungen), einschließlich der Angabe der Eignungs- und Zuschlagskriterien, sofern nicht bereits in der Auftragsbekanntmachung genannt, und
3. den Vertragsunterlagen, die aus der Leistungsbeschreibung und den Vertragsbedingungen bestehen.

(2) ¹Der Teil B der Vergabe- und Vertragsordnung für Leistungen in der Fassung der Bekanntmachung vom 5. August 2003 (BAnz. Nr. 178a) ist in der Regel in den Vertrag einzubeziehen. ²Dies gilt nicht für die Vergabe von Aufträgen, die im Rahmen einer freiberuflichen Tätigkeit erbracht oder im Wettbewerb mit freiberuflichen Tätigen angeboten werden und deren Gegenstand eine Aufgabe ist, deren Lösung nicht vorab eindeutig und erschöpfend beschrieben werden kann.

---

[37] VK Sachsen 30.8.2016 – 1/SVK/016-16, ZfBR 2017, 194.
[38] OLG München 19.7.2012 – Verg 8/12, ZfBR 2012, 715.
[39] Vgl. etwa BGH 20.11.2012 – X ZR 108/10, NZBau 2013, 180.
[40] BGH 8.9.1998 – X ZR 48–97, NJW 1998, 3636 (3637).

Vergabeunterlagen § 29 VgV

Literatur: Claßen/Koch/Müller, Beschaffung von Cloud-Services durch öffentliche Auftraggeber, MMR 2020, 723; Gerlach/Manzke, Auslegung und Schicksal des Bieterangebots im Vergabeverfahren, VergabeR 2017, 11; Goede, Zu Existenz und Schranken von Prüf- und Hinweispflichten des Bieters im Vergabeverfahren – Folgen ihrer Verletzung in der Abwicklung des Bauvertrages, FS Kainz, 2019; Kessal, Die Bereitstellung von Vergabeunterlagen in Vergabeverfahren mit Teilnahmewettbewerb – Anmerkungen zu OLG Düsseldorf Beschl. vom 17.10.2018 – Verg 26/18, ZfBR 2019, 347; Krumenaker, Keine Pflicht zur Bereitstellung sämtlicher Vergabeunterlagen im Zeitpunkt der Auftragsbekanntmachung bei zweistufigen Verfahren, NZBau 2019, 292; Rosenkötter/Hansen/Tegeler, Berücksichtigung datenschutzrechtlicher Aspekte in Vergabeverfahren nach „Schrems II", NZBau 2021, 355.

I. Vergabeunterlagen (Abs. 1)

1. Begriff und Inhalt

Abs. 1 normiert den Begriff und Inhalt der Vergabeunterlagen. Mit Vergabeunterlagen sind alle Unterlagen gemeint, die der Auftraggeber erstellt oder nutzt, um das Vergabeverfahren zu definieren. Sie bestehen idR aus dem Anschreiben, der Aufforderung zur Angebotsabgabe oder der Aufforderung zur Abgabe eines Teilnahmeantrags und einem eventuellen Begleitschreiben, den Bewerbungsbedingungen und den Vertragsunterlagen, welche wiederum aus der Leistungsbeschreibung und den Vertragsbedingungen bestehen. Dass diese Unterlagen, wie Abs. 1 S. 1 vorgibt, alle Angaben erhalten müssen, die erforderlich sind, um dem Bewerber oder Bieter eine Entscheidung darüber zu ermöglichen, ob er an dem Vergabeverfahren teilnehmen will, ist im Grunde eine Selbstverständlichkeit. Problematisch ist diese Vorgabe aber bei den geteilten Vergabeverfahren, vor allem dem nicht offenen Verfahren und dem Verhandlungsverfahren mit Teilnahmewettbewerb. Hier stellt sich die Frage, ob in der ersten Phase, dem **Teilnahmewettbewerb**, bereits sämtliche **Vergabeunterlagen** und insbes. die Vertragsunterlagen **bereitstehen** und gem. § 41 VgV abrufbar sein müssen (dazu auch ausf. → § 41 Rn. 17 ff.). Nach dem Wortlaut müssen die Vergabeunterlagen nur die Angaben, die für den Bieter erforderlich sind, um über die Teilnahme am Verfahren zu entscheiden, enthalten. Dementsprechend erscheint es richtig, wenn der Auftraggeber auf die Beifügung der Vertragsunterlagen auf der ersten Stufe verzichten darf.[1] In der zweiten Phase sind dagegen alle Vertragsunterlagen zugänglich zu machen. Aus der Formulierung „in der Regel" in Abs. 1 S. 2 folgt, dass der Auftraggeber den Vergabeunterlagen **weitere Unterlagen hinzufügen** kann. Hingegen dürfte die Möglichkeit, einzelne der in Abs. 1 aufgeführten Bestandteile wegzulassen, keine praktische Bedeutung erlangen, da ein unionsweites Vergabeverfahren ohne diese Unterlagen und Angaben schwer vorstellbar erscheint. 1

Nach § 9 EG Abs. 4 VOL/A hatten die Auftraggeber, sofern sie Nachweise verlangen, diese in einer **abschließenden Liste** zusammenzustellen. Eine solche Bestimmung enthält die VgV im Gegensatz zur VOB/A, die gem. § 8 EU Abs. 2 Nr. 5 VOB/A eine Auflistung an zentraler Stelle erwartet (→ VOB/A § 8 EU Rn. 14b), nicht mehr. Demzufolge besteht auch keine Verpflichtung des Auftraggebers, eine abschließende Liste den Vergabeunterlagen beizufügen. Speziell bei größeren Vergabeverfahren bietet es sich allerdings an, eine Liste der vorzulegenden Unterlagen und Nachweise beizufügen, um einerseits unvollständige Angebote so weit wie möglich zu vermeiden und andererseits die Prüfung der Angebote zu vereinfachen. 2

---

[1] OLG Düsseldorf 17.10.2018 – Verg 26/18, BeckRS 2018, 29322 = VergabeR 2019, 180 zu Recht mkritAnm Wichmann VergabeR 2019, 187; zustimmend Kessal ZfBR 2019, 347; Krumenaker NZBau 2019, 292; aA wohl OLG München 13.3.2017 – Verg 15/16, BeckRS 2017, 105111 = VergabeR 2017, 470.

2. Auslegung

3 Angesichts der Tatsache, dass die Vergabeunterlagen vielfach aus vorgefertigten Mustern bestehen und mehr oder weniger sorgfältig auf die Bedürfnisse des Einzelfalls angepasst werden, bestehen nicht selten Unklarheiten oder Widersprüche zwischen den einzelnen Bestandteilen. Zudem können auch noch so sorgfältig erstellte Vergabeunterlagen nicht alle während des Vergabeverfahrens und der Vertragsabwicklung auftretenden Fragen im Vorhinein abstrakt-generell beantworten. Wie bei jeder Erklärung, die Bestandteil des Rechtsverkehrs wird, stellt sich deshalb auch bei den Vergabeunterlagen die Frage nach deren **Auslegung**.

4 Die Auslegung der Vergabeunterlagen spielt in der Praxis eine wichtige Rolle. Denn daraus ergeben sich die (Erklärungs-) Pflichten der Bieter. Spiegelbildlich zur Feststellung der Pflichten der Bieter bildet die Auslegung der Vergabeunterlagen den Rahmen für mögliche Sanktionen durch den Auftraggeber, wie zB einen Ausschluss des Angebotes wegen ungenügender Erklärungen und Nachweise. Der Inhalt der Vergabeunterlagen ist anhand der für die Auslegung von Willenserklärungen geltenden Grundsätze der §§ 133, 157 BGB zu ermitteln.[2] Die Vergabeunterlagen sind zwar selbst kein Angebot iSd §§ 145 ff. BGB. Sie bilden aber die von den Bietern einzureichenden Angebote spiegelbildlich ab. Bedürfen die Vergabeunterlagen der Auslegung, ist deshalb der **objektive Empfängerhorizont** des durchschnittlichen europäischen Bieters, also eines abstrakt bestimmten Adressatenkreises, maßgeblich.[3] Entscheidend ist, wie ein branchenkundiger und mit der ausgeschriebenen Leistung durchschnittlich vertrauter Unternehmer, der über das für die Angebotsabgabe notwendige Fachwissen verfügt und die Vergabeunterlagen sorgfältig liest, diese verstehen kann.[4] Dabei kommt es in erster Linie auf den Wortlaut zB des Leistungsbeschriebs einer einzelnen Position an.[5] Diese speziellen Angaben sind dann in Verbindung mit den anderen Angaben in der Leistungsbeschreibung und den anderen Vertragsunterlagen unter Einbeziehung der technischen Normen und des Stands der Technik als sinnvolles Ganzes auszulegen.[6] Bei Leistungsmerkmalen von technischen Ausstattungen kommt es iZw zudem darauf an, dass deren ordnungsgemäßer Betrieb gesichert ist.[7] Ein Bieter darf sich auf den Wortlaut der Leistungsbeschreibung und anderer Vergabebedingungen, die Anforderungen an das Angebot aufstellen, solange verlassen, wie eine grammatikalische Auslegung nicht sinnlos wird.[8] Gleiches gilt für den Fall, dass der Auftraggeber Unterlagen nachfordert, für die Vorgaben in der Nachforderung und die nachgereichten Unterlagen. Grds. gilt, dass der Bieter bei möglichen Auslegungszweifeln eine Ausschreibung als den Anforderungen der VgV entspr. verstehen darf und der Auftraggeber seine Vorgaben so fassen wollte, dass der Bieter sein Angebot sicher kalkulieren kann.[9] Zweifel gehen ebenso zu Lasten des

---

[2] BGH 1.10.2013 – VI ZR 409/12, NZBau 2014, 162.
[3] StRspr des BGH, s. BGH 9.1.1997 – VII ZR 259/95, BGHZ 134, 245 = NJW 1997, 1577; 15.1.2013 – X ZR 155/1, NZBau 2013, 319; 20.11.2012 – X ZR 108/10, NZBau 2013, 180; 3.4.2012 – X ZR 130/10, NZBau 2012, 513; 10.6.2008 – X ZR 78/07, NZBau 2008, 592.
[4] OLG Frankfurt a. M. 5.11.2019 – 11 Verg 4/19, BeckRS 2019, 29592.
[5] BGH 22.4.1993 – VII ZR 118/92, NJW-RR 1993, 1109; 11.3.1999 – VII ZR 179/98, NJW 1999, 2432.
[6] BGH 11.3.1999 – VII ZR 179/98, NJW 1999, 2432.
[7] OLG Frankfurt a. M. 5.11.2019 – 11 Verg 4/19, BeckRS 2019, 29592.
[8] OLG Düsseldorf 19.12.2001 – Verg 42/01, NZBau 2002, 287.
[9] BGH 9.1.1997 – VII ZR 259/95, BGHZ 134, 245 = NJW 1997, 1577 Rn. 18; 22.12.2011 – VII ZR 67/11, NZBau 2012, 102 Rn. 15; 21.3.2013 – VII ZR 122/11, ZfBR 2013, 466 Rn. 16; 12.9.2013 – VII ZR 227/11, NZBau 2013, 695 Rn. 12 f.

Auftraggebers[10] wie Missverständlichkeiten.[11] Fordert der Auftraggeber bspw. von den Bietern, einen „Nachweis der Zertifizierung als Entsorgungsfachbetrieb nach § 52 KrW/AbfG bzw. § 57 KrWG iVm Entsorgungsfachbetriebeverordnung" vorzulegen, darf ein Bieter dies dahin verstehen, dass er lediglich irgendeine Zertifizierung als Entsorgungsfachbetrieb nachweisen muss; legt der Bieter nicht das vom Auftraggeber erwartete Zertifikat 200140 vor, ist ein Ausschluss nicht möglich.[12] Allerdings darf der Bieter nicht von der für ihn günstigsten Auslegung ausgehen. Hat er Zweifel, wie die Vergabeunterlagen zu verstehen sind, muss er vielmehr fragen, was der Auftraggeber wollte und diesen Zweifeln nachgehen, weil er nur dann eine ausreichende Kalkulationsgrundlage hat.[13] Es besteht allerdings keine Prüfungs- oder Hinweispflicht des Bieters iRd Angebotsbearbeitung.[14]

Die Auslegung der Vergabeunterlagen spielt auch eine wichtige Rolle bei der Erfüllung des Vertrages. Dies gilt vor allem für die **Leistungsbeschreibung** und das **Leistungsverzeichnis**, die Bestandteile der Vergabeunterlagen sind. Denn hier ergibt die Auslegung, welche Leistungshandlungen mit den vereinbarten Preisen abgegolten sind, und damit, wann eine geänderte oder zusätzliche Leistung vorliegt, für die der Auftragnehmer Ansprüche auf eine angepasste Vergütung geltend machen kann. 5

3. Verhältnis zwischen Auftragsbekanntmachung und Vergabeunterlagen

Nach allg. Auslegungsgrundsätzen geht die detailliertere der allg. Regelung vor. Gleiches gilt für die zeitlich nachfolgende ggü. der vorgehenden Regelung. Da die Vergabeunterlagen nachfolgen und auch detaillierter sind, gebührte ihnen nach allg. Auslegungskriterien der Vorrang.[15] Dies ist im Verhältnis zur Auftragsbekanntmachung allerdings unzutreffend. Für den Entschluss eines Bieters, an einem Vergabeverfahren teilzunehmen, sind zunächst die in der Auftragsbekanntmachung genannten Bedingungen entscheidend. Es widerspräche dem Transparenzgebot, dem Gleichbehandlungsgrundsatz und dem Wettbewerbsprinzip, wenn der Auftraggeber diese Bedingungen in den Vergabeunterlagen nachträglich wieder ändern könnte.[16] Dies stellt § 122 Abs. 4 GWB für die Eignungskriterien auch ausdr. klar. 6

Der Auftraggeber ist somit an die von ihm in der Auftragsbekanntmachung aufgestellten Forderungen gebunden; er darf in den Vergabeunterlagen im Nachhinein keine neuen oder verschärften Anforderungen (speziell an die Eignung) aufstellen (→ GWB § 122 Rn. 22). Allenfalls ist – in engen Grenzen – eine **Konkretisierung zulässig**.[17] Unzulässig ist es aber, in Bezug auf die Abfrage von Referenzen in der Bekanntmachung nur allg. Angaben zu vergleichbaren Objekten zu fordern und 7

---

[10] BGH 3.4.2012 – X ZR 130/10, NZBau 2012, 513 mAnm Hänsel NJW-Spezial 2012, 396; VK Südbayern 22.5.2015 – Z3-3-3194-1-13-02/15, NZBau 2016, 126; KG 4.6.2019 – Verg 8/18, NZBau 2019, 822.
[11] OLG Naumburg 5.10.2016 – VII-Verg 24/16, BeckRS 2016, 19699; OLG Düsseldorf 15.2.2012 – Verg 85/11, IBRRS 2012, 1743.
[12] OLG München 30.4.2014 – Verg 2/14, NZBau 2014, 718.
[13] OLG Naumburg 27.6.2019 – 2 U 11/18, BeckRS 2019, 32031.
[14] Vgl. ausf. FS Kainz/Goede, S. 295 ff.; Kus, Anm. zu OLG Celle 20.11.2019 – 14 U 191/13, BeckRS 2019, 29588 = VergabeR 2020, 121 jew. mwN.
[15] Kapellmann/Messerschmidt/von Rintelen VOB/A § 8 Rn. 13.
[16] OLG München 12.11.2010 – Verg 21/10, BeckRS 2010, 29116, für die Zulassung von Nebenangeboten; KK-VergR/Wirner VOB/A § 8 Rn. 8 ff.
[17] OLG Düsseldorf 14.11.2018 – VII Verg 31/18, VergabeR 2019, 529 (532) = NZBau 2019, 393; 26.3.2012 – VII-Verg 4/12, BeckRS 2012, 11206; OLG Celle 24.4.2014 – 13 Verg 2/14, IBR 2014, 435; VK Sachsen-Anhalt 29.9.2015 – 3 VK LSA 65/15, VPR 2016, 89.

diese Forderung in den Vergabeunterlagen dahin zu verschärfen, dass nur vergleichbare Leistungen aus den letzten drei abgeschlossenen Geschäftsjahren berücksichtigt werden.[18]

II. Bestandteile der Vergabeunterlagen (Abs. 1 S. 2)

1. Anschreiben (Nr. 1)

8   Mit dem Anschreiben werden die Vergabeunterlagen versandt. Es enthält die Aufforderung zur Angebotsabgabe (invitatio ad offerendum). Das Anschreiben selbst wird nicht Bestandteil des Vertrages. Anders als § 8 EU Abs. 2 Nr. 1 VOB/A, fordert Nr. 1 nicht, dass das Anschreiben alle Angaben nach Anh. V Teil C RL 2014/24/EU enthalten muss, die außer den Vertragsunterlagen für den Entschluss des Bieters zur Abgabe eines Angebots notwendig sind, sofern diese Angaben nicht bereits veröffentlicht wurden. Ein Grund für die abweichende Regelung in der VgV ist nicht erkennbar, da die in Anhang V Teil C der RL 2014/24/EU für die Bekanntmachung geforderten Angaben zwingend sind. Aus Gründen der Transparenz empfiehlt es sich zwar, die verlangten Angaben im Anschreiben zu wiederholen. Denn häufig halten sich die Unternehmen bei der Erstellung ihres Angebotes nur an die Vorgaben des Anschreibens, so dass in der Bekanntmachung benannte Anforderungen leicht übersehen werden. Auf der anderen Seite hält jede Wiederholung von Vorgaben ein Fehlerrisiko, wenn der Bekanntmachungstext nicht mit dem Anschreiben übereinstimmt. Mitzuteilen sind ferner etwaige **Präzisierungen** in Bezug auf den Auftragsgegenstand ggü. den Angaben aus der Bekanntmachung. Ist in der Bekanntmachung zB nur eine bestimmte Zeitspanne angegeben, innerhalb der die Arbeiten aufzunehmen sind, und gibt es – etwa aufgrund fortgeschrittener Planung, erteilter Genehmigungen oder dgl. – zwischenzeitlich Konkretisierungen, sind diese darzustellen.

9   Ferner nennt Nr. 1 ein Begleitschreiben für die Abgabe der angeforderten Unterlagen. Dass der Auftraggeber ein solches Begleitschreiben, dh ein Angebotsblankett, vorformuliert, hat sich in der Praxis bewährt, da von den Bietern selbst erstellte Begleitschreiben häufig fehleranfällig sind und zu Angebotsausschlüssen führen, bspw. weil der Bieter eigenes Geschäftspapier verwendet, welches auf Allgemeine Verkaufsbedingungen oÄ[19] verweist.

2. Bewerbungsbedingungen (Nr. 2)

10   Neben dem Anschreiben kann der Auftraggeber die Einzelheiten der Durchführung des Verfahrens formulieren, die Bewerbungsbedingungen. Diese Regelung bezweckt, das Anschreiben zu entschlacken. **Standardisierte Anforderungen,** die an die Angebote gestellt werden, sollen nicht immer wieder aufs Neue in das Anschreiben aufgenommen werden. Da die Bewerbungsbedingungen das Anschreiben ergänzen und Teil des Anschreibens sind, werden sie wie das Anschreiben selbst **nicht Vertragsbestandteil.** Deshalb sollten in die Bewerbungsbedingungen auch tatsächlich nur Anforderungen aufgenommen werden, die das Vergabeverfahren als solches betreffen. Unzulässig und mit dem Transparenzgebot nicht zu vereinbaren ist es dagegen, auch **vertragliche Regelungen** in die Bewerbungsbedingungen hineinzuschreiben. Vertragliche Regelungen, die ständig verwendet werden, gehö-

---

[18] OLG München 10.9.2009 – Verg 10/09, BeckRS 2009, 27004 = VergabeR 2010, 266 (271); OLG Düsseldorf 23.6.2010 – Verg 18/10, IBR 2010, 643; OLG Jena 21.9.2009 – 9 Verg 7/09, IBR 2009, 728.

[19] Beachte aber BGH 18.6.2019 – X ZR 86/17, BeckRS 2019, 18911, wonach dies in Ausnahmefällen, dh bei einer Abwehrklausel des Auftraggebers nicht zwingend sein soll. Die Entscheidung wird zu Recht kritisch bewertet, vgl. Herrmann VergabeR 2019, 759 ff.

ren zu den Vertragsbedingungen (Nr. 3). Soweit in Nr. 2 darauf verwiesen wird, dass in den Bewerbungsbedingungen die Eignungs- und Zuschlagskriterien genannt werden können, wenn sie nicht in der Auftragsbekanntmachung genannt wurden, ist die Regelung missverständlich. Gem. Art. 58 Abs. 5 RL 2014/24/EU[20] und dem diese Vorgabe umsetzenden § 122 Abs. 4 S. 2 GWB müssen die Eignungskriterien in der Auftragsbekanntmachung genannt werden (iE → GWB § 122 Rn. 22). Ist dies nicht der Fall, ist das Vergabeverfahren idR aufzuheben und mit einer die Eignungskriterien enthaltenden Bekanntmachung neu zu beginnen.[21] Anders ist dies für die Zuschlagskriterien. Gem. Art. 67 Abs. 5 RL 2014/24/EU und seiner Umsetzung in § 127 Abs. 5 GWB sowie § 58 Abs. 3 VgV können diese in der Auftragsbekanntmachung oder den Vergabeunterlagen genannt werden (→ GWB § 127 Rn. 44). Dh, Nr. 2 ist einschränkend dahingehend zu lesen, dass die Bewerbungsbedingungen die Angabe der Zuschlagskriterien enthalten können, wenn sie nicht in der Auftragsbekanntmachung enthalten waren. Zur Angabe der Gewichtung der einzelnen Zuschlagskriterien → § 58 Rn. 37 ff.

3. Vertragsunterlagen (Nr. 3)

Die Vertragsunterlagen bestehen aus der **Leistungsbeschreibung** und den **Ver-** 11
tragsbedingungen. Zu Ausführungsbedingungen und zur Leistungsbeschreibung s. die Kommentierung zu §§ 121, 128 Abs. 2 GWB und zu § 31 VgV. Bei den Vertragsbedingungen handelt es sich zumeist um die Allgemeinen Vertragsbedingungen für die Ausführung von Leistungen (**VOL/B** → Rn. 12f.) sowie die Zusätzlichen und Besonderen Vertragsbedingungen des Auftraggebers, die die Besonderheiten der konkreten Beschaffung beinhalten (vgl. → VOB/A § 8a EU Rn. 5).

III. VOL/B (Abs. 2)

S. 1 schreibt vor, dass der Auftraggeber die VOL/B „in der Regel" in den Vertrag 12 einzubeziehen hat (diese Pflicht bestand auch nach § 11 EG Abs. 1 VOL/A „grundsätzlich").[22] Damit wird ein Regel-Ausnahme-Verhältnis vorgegeben, wonach der Auftraggeber von der Vereinbarung der VOL/B **nur in begründeten Ausnahmefällen absehen darf.**[23] Hintergrund dafür ist, dass die VOL/B als ein **ausgewogenes Klauselwerk** angesehen wird, das eine sichere Grundlage für die Ausführung öffentlicher Aufträge bildet, auf die sich die Vertragsparteien in jahrzehntelanger Praxis bei der Angebotsabgabe und Vertragsabwicklung einstellen konnten und eingestellt haben.[24] Dabei enthält Abs. 2 – anders als noch § 11 EG Abs. 1 S. 2 VOL/A – keine Bestimmung mehr, dass zusätzliche Allgemeine Vertragsbedingungen der VOL/B nicht widersprechen dürfen. Aufgrund des Regel-Ausnahme-Verhältnisses zu Gunsten der VOL/B sind Abweichungen allerdings ebenfalls nur in begründeten Ausnahmefällen möglich,[25] auch wenn sie für manche Branchen, wie die IT-Branche, üblich sind.[26]

Die Pflicht zur Vereinbarung der VOL/B gilt nach S. 2 nicht für die Vergabe 13 von Aufträgen, die im Rahmen einer freiberuflichen Tätigkeit erbracht oder im Wettbewerb mit freiberuflich Tätigen angeboten werden, allerdings nur, wenn

---

[20] Jedenfalls hinsichtlich der Mindestanforderungen an die Leistungsfähigkeit.
[21] OLG Düsseldorf 11.7.2018 – Verg 24/18, ZfBR 2019, 292; differenzierend VK Bund 31.8.2022 – VK 2–72/22, VPRRS 2022, 0231.
[22] Vgl. zur Einbeziehung der VOL/B ausführlich Goede/Herrmann/Goede Einl. Rn. 54 ff.
[23] VK Sachsen 5.12.2011 – 1/SVK/043-11, IBR 2012, 223.
[24] KKMPP/Verfürth VgV § 29 Rn. 28.
[25] Vgl. DSW/Dierkes VgV § 29 Rn. 32.
[26] Goede/Herrmann/Goede Einl. Rn. 56 mit Verweis auf die EVB IT.

Gegenstand der Ausschreibung eine Aufgabe ist, **deren Lösung nicht vorab eindeutig und erschöpfend beschrieben werden kann.** Praktisch relevant ist dies vor allem für Architekten- und Ingenieurleistungen (s. hierzu § 73 Abs. 1 VgV). Ist die Lösung hingegen vorab eindeutig und erschöpfend beschreibbar, gilt wiederum das Regel-Ausnahme-Verhältnis zugunsten der Vereinbarung der VOL/B. Allerdings muss berücksichtigt werden, dass die VOL/B ebenso wie die VOB/B auf Architekten- und Ingenieurleistungen nur eingeschränkt passt.[27] Daher erscheint es vertretbar, in den meisten Fällen auch bei beschreibbaren Architekten- und Ingenieurleistungen davon abzusehen, die VOL/B zu vereinbaren.

IV. Rechtsschutz

14 Abs. 1 trifft Regelungen zum Vergabeverfahren und vermittelt daher Bieterschutz. Gleiches gilt für Abs. 2. Verzichtet der Auftraggeber auf die Einbeziehung der VOL/B, kann dies bieterschützende Rechte verletzen. Der **Ausschluss der VOL/B** dürfte **eine Verletzung von Bieterrechten darstellen**, obwohl es dann bei den gesetzlichen Regeln bleibt. Vergaberechtliche Intention der Vorgabe ist es, dafür zu sorgen, dass der Auftraggeber ausgewogene Vertragsregeln zu Grunde legt.[28] Jedenfalls die Verschärfung der Regelungen zu Lasten des Bieters in Abweichung der VOL/B kann zu einer Rechtsbeeinträchtigung führen.[29]

15 Ob auch die vergaberechtlichen Regelungen zum **Inhalt** des abzuschließenden Vertrages Bieterschutz vermitteln, ist noch nicht abschließend geklärt. Der BGH hat die Frage, ob und ggf. welche Regeln, die das Vergabeverfahren betreffen, von § 97 Abs. 6 GWB ausgenommen sind oder ob die Vorschrift ausnahmslos alle Bestimmungen über das Vergabeverfahren erfasst, ausdr. offen gelassen.[30] Für die Möglichkeit eines Primärrechtsschutzes spricht der Zweck der Vergabebestimmungen, dem Bieter ein ausgewogenes Vertragswerk ohne unzulässige Risiken vorzugeben. Deshalb ist es nicht gerechtfertigt, Rechtsschutz generell zu versagen. Andererseits kann eine detaillierte Prüfung einzelner Vertragsklauseln iS einer zivilrechtlichen Inhaltskontrolle im Nachprüfungsverfahren nicht stattfinden. Es handelt sich bei den in den Vergabeunterlagen enthaltenen Vertragsklauseln regelmäßig nicht um Bestimmungen über das Vergabeverfahren iSd § 97 Abs. 6 GWB, so dass sie nur dann zum Gegenstand eines Nachprüfungsverfahrens gemacht werden können, wenn es eine vergaberechtliche Anknüpfungsnorm gibt, die entscheidungsrelevant ist.[31] Nach dem ausdr. Wegfall des Verbots, ungewöhnliche Wagnisse auf den Bieter zu übertragen, sind Vertragsklauseln daher grds. nur noch unter dem **Gesichtspunkt der Unzumutbarkeit** einer für den Bieter kaufmännisch vernünftigen Kalkulation im Nachprüfungsverfahren zu überprüfen (iE → § 31 Rn. 30 f.). Ergibt diese Prüfung, dass durch die vertraglichen Regelungen die vertraglichen Risiken des abzuschließenden Vertrages **in unangemessener Weise auf den Bieter verlagert** werden, ist ein Vergabeverstoß zu bejahen.[32]

---

[27] Nach Ansicht des OLG Celle 23.2.2012 – 16 U 4/10, IBRRS 2014, 1208 kann die VOB/B für Architektenleistungen, die keine Bauleistungen sind, nicht vereinbart werden. Zur Vereinbarung einzelner Klauseln der VOB/B insbes. im Hinblick auf zusätzliche und geänderte Leistungen s. Ort/Schirmer IBR 2015, 1019.

[28] VK Südbayern 14.2.2022 – 3194.Z3-3_01-21-44, NZBau 2022, 626 zur VOB/B.

[29] VK Sachsen 13.12.2013 – 1/SVK/038-13, VPR 2014, 162; 5.12.2011 – 1/SVK/043-11, IBR 2012, 223.

[30] BGH 26.9.2006 – X ZB 14/06, NZBau 2006, 800 (804).

[31] Vgl. OLG Celle 19.3.2019 – 13 Verg 7/18, NZBau 2019, 462.

[32] OLG Düsseldorf 22.12.2021 – Verg 16/21, NZBau 2023, 194; OLG Celle 19.3.2019 – 13 Verg 7/18, NZBau 2019, 462 mit Verweis auf OLG Düsseldorf 6.9.2017 – Verg 9/17, VPRRS 2018, 0338 = VergabeR 2019, 128.

Schadensersatzansprüche – gerichtet auf das negative Interesse – sind bei Verstö- 16
ßen gegen § 29 VgV denkbar, wenn ein Bieter bspw. aufgrund fehlender oder
falscher Angaben im Anschreiben ein nicht berücksichtigungsfähiges Angebot
abgibt.

§ 30 Aufteilung nach Losen

(1) ¹Unbeschadet des § 97 Absatz 4 des Gesetzes gegen Wettbewerbsbeschränkungen kann der öffentliche Auftraggeber festlegen, ob die Angebote nur für ein Los, für mehrere oder für alle Lose eingereicht werden dürfen. ²Er kann, auch wenn Angebote für mehrere oder alle Lose eingereicht werden dürfen, die Zahl der Lose auf eine Höchstzahl beschränken, für die ein einzelner Bieter den Zuschlag erhalten kann.

(2) ¹Der öffentliche Auftraggeber gibt die Vorgaben nach Absatz 1 in der Auftragsbekanntmachung oder der Aufforderung zur Interessensbestätigung bekannt. ²Er gibt die objektiven und nichtdiskriminierenden Kriterien in den Vergabeunterlagen an, die er bei der Vergabe von Losen anzuwenden beabsichtigt, wenn die Anwendung der Zuschlagskriterien dazu führen würde, dass ein einzelner Bieter den Zuschlag für eine größere Zahl von Losen als die Höchstzahl erhält.

(3) In Fällen, in denen ein einziger Bieter den Zuschlag für mehr als ein Los erhalten kann, kann der öffentliche Auftraggeber Aufträge über mehrere oder alle Lose vergeben, wenn er in der Auftragsbekanntmachung oder in der Aufforderung zur Interessensbestätigung angegeben hat, dass er sich diese Möglichkeit vorbehält und die Lose oder Losgruppen angibt, die kombiniert werden können.

Literatur: Vgl. die Angaben bei § 97 GWB sub Ziff. 3.

I. Bedeutung der Vorschrift

§ 30 VgV ergänzt die in § 97 Abs. 4 S. 2 GWB statuierte **Pflicht zur losweisen** 1
Vergabe und transformiert die pflichtig umzusetzenden Vorgaben des Art. 46 Abs. 1 UAbs. 2, Abs. 2 VRL und die den Mitgliedstaaten optional zur Umsetzung eröffnete Möglichkeit des Art. 46 Abs. 3 VRL in deutsches Recht. Durch die Neuregelung werden bisher umstrittene Fragen zur Zulässigkeit der sog. Loslimitierung (→ § 30 Rn. 3 ff.) und eines (→ § 30 Rn. 6 ff.) Gesamtangebots geklärt. Sie stellt den öffentlichen Auftraggebern Instrumente zur Verfügung, um einerseits den **Zugang von kleinen und mittleren Unternehmen (KMU) zum Wettbewerb** (zum Begriff des Mittelstands und der KMU → GWB § 97 Rn. 74) zu erleichtern und andererseits die mit einer strikten Pflicht zur Vergabe eines Auftrags in Einzellosen im Einzelfall denkbaren Nachteile für die Versorgungssicherheit oder die bestmögliche Erfüllung der Zuschlagskriterien in einer Gesamtschau zu reduzieren (Erwgr. 79 der VRL).

Die Regelungen des § 30 VgV gelten ausweislich des Abs. 1 S. 1 dieser Vor- 2
schrift nur „unbeschadet des § 97 Abs. 4" GWB. Dementsprechend sind **zunächst die Anforderungen des § 97 Abs. 4 GWB zu erfüllen,** bevor auf die besonderen Instrumente des § 30 VgV zurückgegriffen werden kann. Eine Modifikation der gesetzlichen Vorgaben über eine Anwendung des § 30 VgV ist nicht möglich.

Goede/Ziekow

II. Festlegung der Zahl der Lose (Abs. 1 und 2)

1. Zahl der bebietbaren Lose

3   Gem. § 30 Abs. 1 S. 1 VgV kann der öffentliche Auftraggeber festlegen, ob **Angebote nur für ein Los, für mehrere oder für alle Lose** eingereicht werden dürfen. Hierdurch soll dem Auftraggeber die Möglichkeit eröffnet werden, der jeweiligen Marktsituation und den Besonderheiten des betreffenden Auftrags gerecht zu werden. So kann bspw. der Gesichtspunkt der Förderung der Wettbewerbsteilnahme des Mittelstands dafür sprechen, die Zahl der Lose, auf die ein und derselbe Bieter Angebote abgeben kann, zu begrenzen (vgl. Erwgr. 79 der VRL). Entsprechendes gilt für Gesichtspunkte der Versorgungssicherheit (vgl. Erwgr. 79 der VRL). **Loslimitierungen** sind bereits nach bisheriger Rechtslage in den Entscheidungen der Nachprüfungsinstanzen ganz überwiegend für zulässig angesehen worden, da sie einer Abhängigkeit des Auftraggebers von einzelnen Bietern durch Bewirkung einer Anbieterpluralität entgegenwirkten und so dauerhaft langfristig dem Wettbewerb dienten.[1] Darüber hinaus wurde eine Loslimitierung als mittelstandsfördernde Maßnahme bewertet.[2]

4   Der Wortlaut des § 30 Abs. 1 S. 1 VgV ist insoweit missverständlich, wie er ein Ermessen („kann") des öffentlichen Auftraggebers zu einer Festlegung der Zahl der bebietbaren Lose suggeriert. Ein solches Ermessen ist bereits logisch unmöglich, weil es mehr Auswahlmöglichkeiten als ein Los, mehrere oder alle Lose nicht gibt und der Auftraggeber zwingend eine Auswahl treffen muss. Nur eine solche **Pflicht anzugeben, auf wie viele Lose geboten werden darf,** entspricht auch der Vorgabe des Art. 46 Abs. 2 UAbs. 1 VRL.

5   Da die Festlegung der Zahl der bebietbaren Lose sich iRd Gebote des § 97 Abs. 4 GWB halten muss (→ § 30 Rn. 2), steht die Auswahl, ob durch denselben Bieter nur auf ein Los oder auch auf mehrere oder sogar alle Lose geboten werden darf, **nicht im freien Ermessen** des öffentlichen Auftraggebers. Er hat vielmehr die für und gegen die Auswahl der in Betracht kommenden Gesichtspunkte zu ermitteln und gegeneinander abzuwägen und die auf dieser Grundlage getroffene **Festlegung zu dokumentieren**.[3]

2. Zahl der bezuschlagbaren Lose

6   § 30 Abs. 1 S. 2 VgV eröffnet dem öffentlichen Auftraggeber die Möglichkeit, auch Bietern, die ein Angebot bspw. auf alle Lose abgegeben haben, den **Zuschlag nur für eine festgelegte Höchstzahl von Losen** zu erteilen, sofern diese Beschränkung gem. Abs. 2 bekanntgemacht worden ist. Anders als hinsichtlich der Festlegung der Zahl der bebietbaren Lose nach § 30 Abs. 1 S. 1 VgV (→ § 30 Rn. 4), muss sich der öffentliche Auftraggeber zu einer Beschränkung der Zahl der bezuschlagbaren Angebote nicht verhalten. Enthalten Auftragsbekanntmachung bzw. Aufforderung zur Interessensbestätigung diesbzgl. keine Aussage, so bleibt die Zahl der Lose, für die ein einzelner Bieter den Zuschlag erhalten kann, unbeschränkt.

7   Macht der öffentliche Auftraggeber von der Möglichkeit der Bestimmung einer Höchstzahl der für einen einzelnen Bieter bezuschlagbaren Angebote keinen

---

[1] Grdl. die sog. „Münzplättchen"-Entscheidung OLG Düsseldorf 15.6.2000 – Verg 6/00, NZBau 2000, 440 (441); ebenso etwa OLG Dresden 12.4.2007 – WVerg 0004/07; OLG Düsseldorf 17.1.2013 – VII-Verg 35/12, NZBau 2013, 329 (331); LSG NRW 30.1.2009 – L 21 KR 1/08 SFB, BeckRS 2009, 51726.

[2] So VK Sachsen 14.3.2007 – 1/SVK/6/07, NJOZ 2007, 2759.

[3] Manz/Schönwälder VergabeR 2013, 852 (859); aM OLG Düsseldorf 17.1.2013 – VII-Verg 35/12, NZBau 2013, 329 (331) = VergabeR 2013, 605 (609).

Gebrauch und hat er die Einreichung von Angeboten auf alle Lose zugelassen, so ist die Abgabe eines **Gesamtangebots** auf alle Lose zulässig und zuschlagsfähig.[4] Eine Pflicht zur Gesamtvergabe für den öffentlichen Auftraggeber besteht allerdings auch in diesem Fall nicht. Er kann vielmehr den Zuschlag auch nur für einzelne Lose an denjenigen Bieter erteilen, der das Gesamtangebot abgegeben hat; anderes gilt, wenn der Bieter das Gesamtangebot explizit als solches gekennzeichnet und ein Angebot iS eines „ganz oder gar nicht" abgegeben hat.

An der Zulässigkeit der Abgabe eines Gesamtangebots ändert es nichts, wenn 8 Angebote auf alle Lose eingereicht werden dürfen, jedoch für die Zahl der für denselben Bieter bezuschlagbaren Angebote gem. Abs. 1 S. 2 eine Höchstzahl festgesetzt ist. In diesem Fall ist jedoch das Gesamtangebot aufzuspalten und ein Zuschlag an den einzelnen Bieter nur bis zur festgesetzten Höchstzahl möglich. Probleme können dann entstehen, wenn ein einzelner Bieter Angebote auf mehrere Lose eingereicht hat, die sich innerhalb der Zahl der nach § 30 Abs. 1 S. 1 VgV bebietbaren Lose bewegt, jedoch die Zahl seiner Angebote, die bei losweiser Wertung für § 127 GWB die wirtschaftlichsten Angebote darstellen, die nach § 30 Abs. 1 S. 2 VgV festgesetzte Höchstzahl bezuschlagbarer Angebote übersteigt. Gem. § 127 GWB müsste in dieser Konstellation der Zuschlag auf alle für Lose abgegebenen Angebote erfolgen, die als wirtschaftlichste Angebote zu werten sind. Einerseits würde eine Nichtbezuschlagung von als wirtschaftlichste zu wertenden Angeboten gegen Gleichbehandlungs- und Transparenzgrundsatz (zu diesen Grundsätzen → GWB § 97 Rn. 9 ff.) verstoßen. Andererseits würde jedoch auch ein Zuschlag auf mehr Angebote, als es die nach § 30 Abs. 1 S. 2 VgV festgesetzte Höchstzahl erlaubt, die Grundsätze der Gleichbehandlung und Transparenz außer Acht lassen. Einen Ausweg aus diesem Dilemma weist § 30 Abs. 2 S. 2 VgV. Wie dieser Norm zu entnehmen ist, hat im **Konflikt zwischen Bezuschlagung aller losweisen Angebote nach dem wirtschaftlichsten Angebot und Einhaltung einer Höchstzahl** iSd § 30 Abs. 1 S. 2 VgV die **Einhaltung der Höchstzahl den Vorrang**. Allerdings muss der öffentliche Auftraggeber bereits in den Vergabeunterlagen die Kriterien angeben, nach denen er aus den die Höchstzahl übersteigenden und die wirtschaftlichsten darstellenden Angebote eines einzelnen Bieters die zu bezuschlagenden Angebote auswählen wird (→ § 30 Rn. 11).

3. Transparenzanforderungen

Da an einem Auftrag möglicherweise interessierte Unternehmen aus einer losweisen Ausschreibung als solcher nicht entnehmen können, ob eine Beschränkung der Zahl der Lose, auf die ein Angebot eingereicht werden darf, iSv § 30 Abs. 1 S. 1 VgV oder der Zahl der bezuschlagbaren Lose nach § 30 Abs. 1 S. 2 VgV erfolgt ist, und sich die Bieter bei der Erstellung ihrer Angebote auf derartige Beschränkungen einstellen können müssen, gibt § 30 Abs. 2 VgV **Transparenzanforderungen** vor. 9

Nach § 30 Abs. 2 S. 1 VgV müssen die obligatorischen Festlegungen gem. Abs. 1 10 S. 1 und die fakultative Bestimmung nach Abs. 1 S. 2, sofern eine solche getroffen wurde, bereits in der **Auftragsbekanntmachung** bzw. Aufforderung zur Interessensbestätigung bekannt gemacht werden.

§ 30 Abs. 2 S. 2 VgV enthält eine Regelung für die Konstellation, dass ein 11 Bieter Angebote auf mehrere Lose abgegeben hat und die Zahl seiner **Angebote, die als wirtschaftlichste iSd eigentlich den Zuschlag erhalten müssten,** die auf der Grundlage des § 30 Abs. 1 S. 2 VgV festgesetzte Höchstzahl übersteigt. In diesem Fall bleibt die festgesetzte Höchstzahl bezuschlagbarer Angebote verbindlich und ist die Auswahl der Angebote des betreffenden Bieters, auf die ein

---

[4] AM für die alte Rechtslage OLG Frankfurt a. M. 5.3.2002 – 11 Verg 2/01, BeckRS 2002, 04481 = VergabeR 2002, 394 (395).

Zuschlag erfolgt, nach **in den Vergabeunterlagen angegebenen Kriterien** zu treffen. Voraussetzung hierfür ist, dass es sich bei den bekanntgegebenen Kriterien um objektive und nichtdiskriminierende handelt. Die Kriterien müssen daher auf Gesichtspunkten beruhen, die mit Blick auf die zu treffende Auswahlentscheidung sachlich gerechtfertigt sind, und dem öffentlichen Auftraggeber keinen Entscheidungsspielraum zugestehen. Darüber hinaus dürfen die Kriterien gerade mit Blick auf den der losweisen Vergabe zugrunde liegenden Gedanken der Mittelstandsförderung keine Unternehmen oder Gruppen von Unternehmen bevorteilen oder benachteiligen.

III. Zuschlag auf kombinierte Lose (Abs. 3)

12 Die § 30 Abs. 3 VgV zugrundeliegende Bestimmung des Art. 46 Abs. 3 VRL gehört nicht zum Bestand des durch die mitgliedstaatlich pflichtig in nationales Recht umzusetzenden sekundären Unionsvergaberechts, sondern stellt den Mitgliedstaaten eine entspr. Regelung frei. § 30 Abs. 3 VgV bezieht sich auf die Konstellation, dass bei der nach § 127 GWB vorzunehmenden Wertung am Maßstab der Zuschlagskriterien bei der separaten Wertung der Angebote auf die ausgeschriebenen Lose sich ein anderes Bild ergibt als bei einer **gesamtheitlichen Bewertung der Angebote** eines bestimmten Bieters für eine bestimmte Kombination von Losen (vgl. Erwgr. 79 der VRL).

13 Betroffen ist insbes. die Situation, dass bei einem Zuschlag auf jedes einzelne Los bei getrennter Wertung verschiedene Bieter zum Zuge kämen, bei einer zusammengenommenen Betrachtung von bestimmten Angeboten eines einzelnen Bieters, von denen nicht jedes Angebot bei separater Wertung das wirtschaftlichste wäre, mit Blick auf die durch die Angebote belegten Lose insges. die Zuschlagskriterien als Ganzes besser erfüllen (vgl. Erwgr. 79 der VRL). In diesem Fall besteht für den öffentlichen Auftraggeber die Gefahr, dass er durch die Vergabe auf jedes Einzellos eine wesentlich **ungünstigere Lösung als bei einer Kombination von Losen** akzeptieren müsste. Dies könnte zu einer Negativhaltung des öffentlichen Auftraggebers ggü. der Losaufteilung und damit langfristig zu einer Konterkarierung des Ziels, mittelständischen Unternehmen (KMU) den Zugang zu öffentlichen Aufträgen zu erleichtern, führen (vgl. Erwgr. 79 der VRL).

14 Aus diesem Grund hat der öffentliche Auftraggeber nach § 30 Abs. 3 VgV die Möglichkeit, sich den **Zuschlag auf mehrere Lose desselben Bieters vorzubehalten.** Voraussetzungen, die kumulativ vorliegen müssen, sind
- die nach § 30 Abs. 1 S. 1 VgV zu treffende Festlegung, dass **Angebote für mehr als ein Los** eingereicht werden können,
- die Zahl der zu kombinierenden Lose maximal eine auf der Grundlage des § 30 Abs. 1 S. 2 VgV bestimmte **Höchstzahl bezuschlagbarer Angebote erreicht,**
- die Angaben in **Auftragsbekanntmachung** oder Aufforderung zur Interessensbestätigung, dass sich der öffentliche Auftraggeber die Möglichkeit des Zuschlags auf eine **Kombination von Losen** oder Losgruppen vorbehält und auf welche Lose oder Losgruppen sich dieser Vorbehalt der Kombinierung bezieht, sowie
- die durch den öffentlichen Auftraggeber vorzunehmende **vergleichende Bewertung,** „ob die Angebote eines bestimmten Bieters für eine bestimmte Kombination von Losen die (festgelegten) Zuschlagskriterien … in Bezug auf diese Lose als Ganzes besser erfüllen als die Angebote für die betreffenden einzelnen Lose für sich genommen. … (Diesbezüglich muss der) öffentliche Auftraggeber bei einer solchen vergleichenden Bewertung zunächst ermitteln…, welche Bieter die festgelegten Zuschlagskriterien für jedes einzelne Los am besten erfüllen, um dann einen Vergleich mit den Angeboten eines einzelnen Bieters für eine bestimmte Kombination von Losen zusammengenommen anzustellen" (Erwgr. 79 der VRL).

§ 31 Leistungsbeschreibung

(1) Der öffentliche Auftraggeber fasst die Leistungsbeschreibung (§ 121 des Gesetzes gegen Wettbewerbsbeschränkungen) in einer Weise, dass sie allen Unternehmen den gleichen Zugang zum Vergabeverfahren gewährt und die Öffnung des nationalen Beschaffungsmarkts für den Wettbewerb nicht in ungerechtfertigter Weise behindert.

(2) ¹In der Leistungsbeschreibung sind die Merkmale des Auftragsgegenstands zu beschreiben:
1. in Form von Leistungs- oder Funktionsanforderungen oder einer Beschreibung der zu lösenden Aufgabe, die so genau wie möglich zu fassen sind, dass sie ein klares Bild vom Auftragsgegenstand vermitteln und hinreichend vergleichbare Angebote erwarten lassen, die dem öffentlichen Auftraggeber die Erteilung des Zuschlags ermöglichen,
2. unter Bezugnahme auf die in Anlage 1 definierten technischen Anforderungen in der Rangfolge:
   a) nationale Normen, mit denen europäische Normen umgesetzt werden,
   b) Europäische Technische Bewertungen,
   c) gemeinsame technische Spezifikationen,
   d) internationale Normen und andere technische Bezugssysteme, die von den europäischen Normungsgremien erarbeitet wurden oder,
   e) falls solche Normen und Spezifikationen fehlen, nationale Normen, nationale technische Zulassungen oder nationale technische Spezifikationen für die Planung, Berechnung und Ausführung von Bauwerken und den Einsatz von Produkten oder
3. als Kombination von den Nummern 1 und 2
   a) in Form von Leistungs- oder Funktionsanforderungen unter Bezugnahme auf die technischen Anforderungen gemäß Nummer 2 als Mittel zur Vermutung der Konformität mit diesen Leistungs- und Funktionsanforderungen oder
   b) mit Bezugnahme auf die technischen Anforderungen gemäß Nummer 2 hinsichtlich bestimmter Merkmale und mit Bezugnahme auf die Leistungs- und Funktionsanforderungen gemäß Nummer 1 hinsichtlich anderer Merkmale.

²Jede Bezugnahme auf eine Anforderung nach Nummer 2 Buchstabe a bis e ist mit dem Zusatz „oder gleichwertig" zu versehen.

(3) ¹Die Merkmale können auch Aspekte der Qualität und der Innovation sowie soziale und umweltbezogene Aspekte betreffen. ²Sie können sich auch auf den Prozess oder die Methode zur Herstellung oder Erbringung der Leistung oder auf ein anderes Stadium im Lebenszyklus des Auftragsgegenstands einschließlich der Produktions- und Lieferkette beziehen, auch wenn derartige Faktoren keine materiellen Bestandteile der Leistung sind, sofern diese Merkmale in Verbindung mit dem Auftragsgegenstand stehen und zu dessen Wert und Beschaffungszielen verhältnismäßig sind.

(4) In der Leistungsbeschreibung kann ferner festgelegt werden, ob Rechte des geistigen Eigentums übertragen oder dem öffentlichen Auftraggeber daran Nutzungsrechte eingeräumt werden müssen.

(5) Werden verpflichtende Zugänglichkeitserfordernisse im Sinne des § 121 Absatz 2 des Gesetzes gegen Wettbewerbsbeschränkungen mit einem Rechtsakt der Europäischen Union erlassen, so muss die Leistungsbeschreibung, soweit die Kriterien der Zugänglichkeit für Menschen mit Behinde-

rungen oder der Konzeption für alle Nutzer betroffen sind, darauf Bezug nehmen.

(6) [1]In der Leistungsbeschreibung darf nicht auf eine bestimmte Produktion oder Herkunft oder ein besonderes Verfahren, das die Erzeugnisse oder Dienstleistungen eines bestimmten Unternehmens kennzeichnet, oder auf gewerbliche Schutzrechte, Typen oder einen bestimmten Ursprung verwiesen werden, wenn dadurch bestimmte Unternehmen oder bestimmte Produkte begünstigt oder ausgeschlossen werden, es sei denn, dieser Verweis ist durch den Auftragsgegenstand gerechtfertigt. [2]Solche Verweise sind ausnahmsweise zulässig, wenn der Auftragsgegenstand anderenfalls nicht hinreichend genau und allgemein verständlich beschrieben werden kann; diese Verweise sind mit dem Zusatz „oder gleichwertig" zu versehen.

Literatur: Bujupi, Zulässige Risikoverteilung auf den Bieter bei Maßnahmen des Umweltschutzes, ZfBR 2023, 227; Carstens, Modernisierung des Vergaberechts – nicht ohne Barrierefreiheit, ZRP 2015, 141; Diemon-Wies, Produktorientierte Ausschreibungen versus Wettbewerb?, KommJur 2011, 201; Eiermann, Primärrechtsschutz gegen öffentliche Auftraggeber bei europaweiten Ausschreibungen durch Vergabenachprüfungsverfahren, Teil 2, NZBau 2016, 76; Gerlach/Manzke, Das Gebot der eindeutigen Leistungsbeschreibung zwischen Vergaberecht und Allgemeiner Rechtsgeschäftslehre, VergabeR 2016 445; Halstenberg/Klein, Neues zu den Anforderungen bei der Verwendung von Normen, Zertifikaten und Gütezeichen in Vergabeverfahren NZBau 2017, 469; Hermann, Rechtsgutachten umweltfreundliche öffentliche Beschaffung, Forschungskennzahl 3715373260 FB000035 Texte 30/2019; Hilgers, Vorsicht bei allzu „kreativen" Ausschreibungsgestaltungen!, NZBau 2011, 664; Hübner, Öffentliche Lieferaufträge über fair gehandelte und Bio-Produkte, VergabeR 2012, 545; Kobelt, Verbot der Verlagerung unzumutbarer Risiken im Vergabevertragsrecht, NZBau 2023, 365; Koch/Siegmund/Siegmund, Erfolgreiche Erstellung der Leistungsbeschreibung bei IT-Vergaben, MMR 2022, 731; Krohn, Leistungsbeschreibung und Angebotswertung bei komplexen IT-Vergaben, NZBau 2013, 79; Kronsbein/Dewald, Transparenz vor Kreativität: Identität des Auftragsgegenstandes bei Funktionalausschreibungen, NZBau 2011, 146; Krönke, Sozialverantwortliche Beschaffung nach dem neuen Vergaberecht, VPR 2017, 106; Kulartz/Weidemann, Zulässigkeit und Zweckmäßigkeit funktionaler Ausschreibungen, NZBau 2021, 571; Laumann, Ausschreibungen zur Lieferung von Tausalzen, VergabeR 2011, 52; Losch, Beschaffung komplexer IT-Systeme, VergabeR 2012, 352; Müller-Hengstenberg/Kirn, Öffentliches Vergaberecht und moderne IT-Softwareentwicklung – Anwendung öffentlicher Vergabearten auf Softwareentwicklungsprozesse, MMR 2012, 3; Pfannkuch, Zu den Anforderungen am Vergabemerk bei einer produktscharfen Ausschreibung und der Möglichkeit der Heilung von Dokumentationsmängeln, ZfBR 2021, 39; Probst, Das Leistungsbestimmungsrecht des öffentlichen Auftraggebers und die Folgen, ZfBR 2021, 238; Ohrtmann, Der Grundsatz produktneutraler Ausschreibung im Wandel?, VergabeR 2012, 376; Reichling/Scheumann, Die Vergabe von IT-Leistungen – Besondere Anforderungen und besondere Flexibilität? (Teil II), GewA 2019, 58; Rosenkötter/Hansen/Tegeler, Berücksichtigung datenschutzrechtlicher Aspekte in Vergabeverfahren nach „Schrems II", NZBau 2021, 355; Roth, Markterkundung, Vergabeverfahren ohne Bieter und die Bestimmungsfreiheit öffentlicher Auftraggeber, NZBau 2018, 77; Schaller, Vergabe von Liefer- und Dienstleistungen der öffentlichen Hand – Arten der Beschreibung einer Leistung – Merkmale des Auftragsgegenstands, LKV 2021, 58; Schrotz/Mayer, Verordnete Innovationsförderung – Neue Vorgaben für die öffentliche Kfz-Beschaffung, KommJur 2011, 81; Siebler/Hamm, Produktfestlegungen in Vergabeverfahren – Zulässigkeit und Grenzen unter Berücksichtigung der Entwicklung in der aktuellen Rechtsprechung, ZfBR 2022, 240; Tugendreich, Der Kunde ist König – Umfang des Leistungsbestimmungsrechts des Auftraggebers, NZBau 2013, 90; Wegener/Hahn, Ausschreibung von Öko- und Fair-Trade-Produkten mittels Gütezeichen, NZBau 2012, 684; Zeiss, Weniger Energieverbrauch! – Beschaffung energieeffizienter Geräte und Ausrüstung, NZBau 2011, 658. Vgl. iÜ die Angaben bei § 121 GWB, § 7 EU VOB/A.

§ 31 VgV

Übersicht

	Rn.
I. Bedeutung der Vorschrift	1
1. Funktionen der Leistungsbeschreibung	1
2. Anwendungsbereich der Norm	8
3. Auslegung der Leistungsbeschreibung	10
II. Generelle Anforderungen an die Leistungsbeschreibung (Abs. 1)	12
III. Merkmale des Auftragsgegenstandes (Abs. 2)	13
1. Arten der Leistungsbeschreibung (Nr. 1)	13
2. Bezugnahme auf technische Anforderungen (Nr. 2)	20
3. Kombination (Nr. 3)	29
4. Zumutbarkeit statt ungewöhnliches Wagnis	30
5. Bedarfspositionen	38
IV. Merkmale der Qualität, Innovation, soziale und umweltbezogene Aspekte (Abs. 3)	42
V. Rechte geistigen Eigentums oder Nutzungsrechte (Abs. 4)	45
VI. Zugänglichkeitserfordernisse (Abs. 5)	48
VII. Produktneutrale Ausschreibung (Abs. 6)	49
1. Zweck	49
2. Sachlicher Rechtfertigungsgrund als Ausnahme (Abs. 6 S. 1)	51
3. Hinreichende Beschreibung des Auftragsgegenstands nicht möglich (Abs. 6 S. 2)	56
VIII. Rechtsschutz	59

I. Bedeutung der Vorschrift

1. Funktionen der Leistungsbeschreibung

Der Auftraggeber bestimmt anhand der Leistungsbeschreibung, welche Leistung **1** er beschaffen will. Die Leistungsbeschreibung dient den Bietern dabei zunächst als Basis für die Angebotserstellung. IRd Leistungserbringung bestimmt sie den Umfang und die Art und Weise der Leistungspflicht. Sie ist maßgeblich für eine Bewertung darüber, ob die Leistung des Auftragnehmers ordnungsgemäß und vollständig erbracht wurde. Die Leistungsbeschreibung bildet daher das **Kernstück und ist wesentlicher Bestandteil der Vergabeunterlagen.** Daher wird die Leistungsbeschreibung auch in § 29 Abs. 2 S. 2 Nr. 3 VgV und § 121 Abs. 3 GWB ausdr. als Regelbestandteil der Vergabeunterlagen festgelegt.

Die wichtigsten Grundsätze für das Verfassen der Leistungsbeschreibung wie das **1a** Gebot, die Leistung eindeutig und erschöpfend zu beschreiben, sind daher übergreifend in § 121 GWB geregelt und können als bieterschützendes Recht eingefordert werden. Die Ausgestaltung der Inhalte iE erfolgen in §§ 31 und 32 VgV für den Bereich der Dienst- und Lieferleistungen. Ausgenommen sind spezielle Vorschriften für Sektorenauftraggeber, für Dienstleistungskonzessionen und in den Bereichen Verteidigung und Sicherheit.[1] Für Bauleistungen gelten – teilw. abweichend – weiterhin § 2 VgV, § 7 EU VOB/A.

In der Vorbereitungsphase des Vergabeverfahrens legt der Auftraggeber mithilfe **2** der Leistungsbeschreibung fest, welche Leistung er möchte,[2] bestimmt die Beschaffenheit, Menge, Qualität, aber auch Aspekte umweltbezogener, innovativer und sozialer Anforderungen an den Leistungsgegenstand selbst, an die Art und Weise

---

[1] §§ 28, 29 SektVO, § 15 KonzVgV, § 15 VSVgV.
[2] OLG Koblenz 5.9.2002 – 1 Verg 2/02, NZBau 2002, 699.

des Produktionsprozesses, an ein (anderes) Stadium im Lebenszyklus oder die spätere Ausführung der Leistung. Strategische Ziele der Beschaffung können damit bereits unmittelbar bei der Auswahl des Leistungsgegenstandes und über die Leistungsbeschreibung nicht nur an die Eigenschaften des Leistungsgegenstandes, sondern auch den Entstehungsprozess oder die gesamte Lebensdauer (Lebenszyklusprozess) geknüpft werden, ohne materieller Bestandteil der Leistung zu werden.[3] Das **Leistungsbestimmungsrecht** wird im Vorfeld des eigentlichen Verfahrensbeginns ausgeübt (s. dazu iE → GWB § 127 Rn. 6, → § 14 Rn. 54). Es können bspw. **Umwelteigenschaften** festgelegt, aber auch die Verwendung von Umweltgütezeichen zugelassen werden, sofern diese den vergaberechtlichen Anforderungen genügen (→ § 34 Rn. 1 ff.). Die Vorgabe von Umweltanforderungen ist bei jeder Art von Leistungsbeschreibung (konventionell, konstruktiv, funktional) möglich. Der Auftraggeber ist Herr des Vergabeverfahrens und unterliegt trotz des Gebots zum wirtschaftlichen und sparsamen Umgang mit Haushaltsmitteln dennoch nicht der Vorgabe, stets eine optimierte Beschaffung zu tätigen.[4] Er ist insoweit frei, selbst zu bestimmen, „was" er will, solange Haushaltsgrundsätze nicht verletzt werden und durch seine Festlegung nicht jeglicher Wettbewerb ausgeschlossen wird (s. dazu iE → GWB § 127 Rn. 6, → § 14 Rn. 54).[5] Erst wenn es um die Durchführung des Beschaffungsprozesses selbst geht, also „wie" die zu beauftragende Leistung erlangt werden soll, kommen sämtliche Vergabegrundsätze und -vorschriften zur Anwendung, insbes. das Verbot der Diskriminierung und der Wettbewerbsgrundsatz.[6]

2a Die Bestimmungsfreiheit des öffentlichen Auftraggebers umfasst nicht nur die Frage, *ob und was* beschafft werden soll, dh die eigentliche Leistungsbestimmung. Der öffentliche Auftraggeber kann im Rahmen seines Leistungsbestimmungsrechts auch festlegen, *wie* die Leistung auszuführen ist. Allerdings muss gerade in diesen Fällen die Bestimmung der **Art der Leistungsausführung** sachlich gerechtfertigt sein und es müssen dafür nachvollziehbare, objektive und auftragsbezogene Gründe vorliegen. Die Festlegung muss willkür- und diskriminierungsfrei erfolgen.[7] Eine ordnungsgemäße Ausübung von Ermessens- und Beurteilungsspielräumen setzt voraus, dass der Sachverhalt zutreffend und vollständig ermittelt und die zu berücksichtigenden Gesichtspunkte angemessen und vertretbar gewichtet wurden und der gesetzliche oder von der Vergabestelle vorgegebene Rahmen beachtet wurde.[8] Legt der Auftraggeber ausdr. ein bestimmtes Bauverfahren für die Errichtung eines Kabelgrabens fest, ohne dass aus der Dokumentation ein eindeutiger Zusammenhang zwischen dieser technischen Spezifikation und dem gewünschten Erfolg erkennbar wird, ist der Verhältnismäßigkeitsgrundsatz nicht ausreichend berücksichtigt. Eine bestimmte Bauausführung, von der wegen möglicher Bodenfeuchte das max. beste Verbauungsergebnis erwartet wird, rechtfertigt zB nicht die Festlegung auf eine bestimmte Ausführungsart, wenn die Qualität bei jeder Art der Verbauung gleichermaßen vom Wetter abhängig ist.[9] Legt der Auftraggeber sich auf ein bestimmtes Entsorgungskonzept fest, hat die Art der Leistungsausführung unter **Beachtung gesetzlicher Vorschriften** zu erfolgen. Eine in der Leistungsbeschreibung zwingend vorgeschriebene thermische Verwertung des Straßenaufbruchs entspricht nicht

---

[3] BT-Drs. 18/7381, 171.
[4] OLG Düsseldorf 9.12.2009 – VII-Verg 37/09, BeckRS 2010, 5178.
[5] OLG Düsseldorf 27.6.2012 – Verg 7/12, BeckRS 2012, 15939.
[6] OLG Düsseldorf 1.8.2002 – Verg 10/12, ZfBR 2013, 63.
[7] VK Südbayern 28.1.2019 – Z3-3-3194-1-35-10/18, VPR 2019, 138.
[8] EuGH 25.10.2018 – C-413/17, ZfBR 2019, 494 = VergabeR 2019, 375.
[9] OLG München 9.3.2018 – Verg 10/17, NZBau 2018, 427; OLG Düsseldorf 7.6.2017 – Verg 53/16, NZBau 2018, 118 = ZfBR 2018, 193, vgl. auch OLG München 7.11.2011 – Verg 5/11, NZBau 2011, 439 = VergabeR 2011, 872; VK Südbayern 28.1.2019 – Z3-3-3194-1-35-10/18, BeckRS 2019, 7490 mAnm Otting IBR 2019, 391.

einem ordnungsgemäß ausgeübten Ermessen, wenn das KrWG und die darin festgelegte und zu beachtende Rangfolge der Maßnahmen zur Abfallbewirtschaftung nicht hinreichend und in vertretbarer Weise berücksichtigt wurden. In die Überlegungen hätte stattdessen die vorrangig zulässige Verwertungsoption als „Deponiebauersatzstoff" einbezogen werden müssen.[10]

Das Leistungsbestimmungsrecht oder die Festlegung einer technischen Spezifikation kann im Einzelfall zugleich darüber entscheiden, ob gem. § 14 Abs. 3 oder Abs. 4 VgV ein Vergabeverfahren **mit oder ohne Teilnahmewettbewerb** durchgeführt werden darf. Führt die Leistungsbestimmung zu einem völligen **Wettbewerbsverzicht** (§ 14 Abs. 4 Nr. 2 VgV), bedarf dies einer wesentlich größeren Rechtfertigungstiefe als eine Leistungsbestimmung, die unter Aufrechterhaltung des Vergabewettbewerbs iErg. zu einer hersteller- oder produktbezogenen Leistungsspezifikation gem. § 31 Abs. 6 VgV führt (iE → § 14 Rn. 56). Zur effektiven Durchsetzung von Warenverkehrsfreiheit und Vergabegrundsätzen ist die Einhaltung des Wettbewerbsgrundsatzes gem. § 14 Abs. 6 VgV (→ § 14 Rn. 51 ff.) nur dann verzichtbar, wenn es **keine vernünftige Alternative oder Ersatzlösung gibt und der mangelnde Wettbewerb nicht das Ergebnis einer künstlichen Einschränkung der Auftragsparameter** ist (→ § 14 Rn. 56).[11] Ein nachvollziehbarer objektiver und auftragsbezogener Grund für die Beschränkung auf ein bestimmtes Produkt und damit die Durchführung eines Verhandlungsverfahrens ohne Teilnahmewettbewerb liegt vor, wenn zum Schutz wichtiger Rechtsgüter ein bestimmtes System deutlich früher als Konkurrenzprodukte zur Verfügung steht. Als Nachweis hierfür wurde akzeptiert, dass der Einsatz des Produktes nicht von weiteren Genehmigungen abhängt und folglich ein früherer Beginn der Ausbildung zur Bedienung und ein dementspr. früherer Einsatz des Produktes möglich wird.[12] Der mit der Beschaffung verfolgte Zweck darf nicht mit einem anderen am Markt erhältlichen Produkt erreicht werden. Ursache kann eine technische Besonderheit sein, die es zwingend erforderlich macht, den Auftrag an ein bestimmtes Unternehmen zu vergeben. Es reicht allerdings nicht aus, wenn andere Geräte in bestimmten Bereichen dem vom Auftraggeber gewünschten medizinischen Gerät nur graduell unterlegen sind.[13] Dagegen können Ersatzteile zur Ausstattung von Hubrettungsfahrzeugen, die entscheidende Vorteile bei Rettung von bewegungseingeschränkten Personen aufweisen und die nur ein Hersteller liefert, eine produktbezogene Vergabe ohne Teilnahmewettbewerb rechtfertigen, zumal in diesem Fall der Schutz wichtiger Rechtsgüter betroffen ist.[14]

Das Vergabeverfahren ist mit der **Zuschlagserteilung** beendet. Durch diese einseitige Erklärung ggü. dem Bieter bestimmt der Auftraggeber den Zeitpunkt des privatrechtlichen Vertragsabschlusses nach den §§ 145 ff. BGB. Der Zuschlag stellt die rechtsgeschäftliche Annahme des Angebots des Bieters dar (dazu → VOB/A § 18 EU Rn. 2). War die Leistungsbeschreibung ursprünglich zunächst eine bloße „**invitatio ad offerendum**", also nichts anderes als die Aufforderung an die Bieter, ein verbindliches Angebot zu erstellen ohne Rechtsbindungswillen des Auftraggebers, wird die Leistungsbeschreibung mit dem Zustandekommen des Vertrags durch Angebot des Bieters und Annahme durch den Zuschlag unmittelbar rechtsverbindlich.[15]

---

[10] OLG München 9.3.2018 – Verg 10/17, VPR 2018, 191 = NZBau, 2018, 427.
[11] Umgesetzt in § 14 Abs. 6 VgV; basierend auf EuGH 25.10.2018 – C-413/17, ZfBR 2019, 494 ff. = VergabeR 2019, 375; OLG Düsseldorf 31.5.2017 – VII Verg 36/16, VergabeR 2017, 618 = NZBau 2017, 623 – Drohnen Heron TP.
[12] OLG Düsseldorf 31.5.2017 – VII Verg 36/16, VergabeR 2017, 618 = NZBau 2017, 623 – Drohnen Heron TP.
[13] OLG Düsseldorf 7.6.2017 – VII-Verg 53/16, NZBau 2018, 118 = ZfBR 2018, 193 – PET-MRT-Geräte.
[14] VK Südbayern 27.3.2017 – Z3-3-3194-1-03-02/17, VPR 2017, 157.
[15] BGH 10.6.2008 – X ZR 78/07, NZBau 2008, 592; VK Nordbayern 17.8.2016 – 21.VK-3194-28/16, VPRRS 2016, 0345.

4 Bei der Ausgestaltung der Leistungsbeschreibung stehen dem Auftraggeber **drei Arten, die Leistung zu bestimmen, zur Verfügung**. Die **konventionelle Leistungsbeschreibung** besitzt einen hohen Detaillierungsgrad und ermöglicht die Preiskalkulation und Wertung der Angebote ohne Rücksprachebedarfe. Die **funktionale Leistungsbeschreibung** gibt Zielvorstellungen und Leistungsrahmen an und überlässt die konkrete Aufgabenlösung dem Auftragnehmer. Die **konstruktive Leistungsbeschreibung** mischt Elemente der funktionalen mit der konventionellen Leistungsbeschreibung. Dabei wird teilw. der Weg zur Zielerreichung vorgegeben. Die verschiedenen Leistungsbeschreibungen können auch kombiniert werden.

5 Leistungs- und Funktionsanforderungen können unter Bezugnahme auf **technische Anforderungen** beschrieben werden. Dabei sind diese in einer vorgegebenen inhaltlichen Rangfolge mit der unionsrechtlichen Vorgabe, nämlich zunächst europäische, dann internationale und zuletzt nationale Spezifikationen anzuwenden (→ Rn. 20).

6 Die **Begriffsbestimmungen zu den technischen Anforderungen** finden sich in der **Anlage 1 zur VgV**. Unter Bezugnahme auf diese Normen, technischen Bewertungen, technischen Spezifikationen, sonstigen technischen Bezugssysteme oder technischen Zulassungen oder auch eine Kombination von Leistungs- und Funktionsanforderungen und technischen Anforderungen sollen Angebote die Vielfalt technischer Lösungsmöglichkeiten widerspiegeln und andere, gleichwertige Lösungen ermöglichen. Dabei liegt der Fokus auf dem grenzüberschreitenden Wettbewerb und soll Unternehmen aus anderen Mitgliedstaaten befähigen, ihr Leistungsspektrum außerhalb ihres Staates anzubieten. Daher müssen technische Anforderungen stets mit dem **Zusatz „oder gleichwertig"** versehen werden. Angesichts dieser Anforderungen wird offenbar, dass haushaltsrechtliche Erwägungen durch den Wettbewerbsgrundsatz und das Verbot der Diskriminierung überlagert werden, die EU-Beschaffungsmärkte für den Wettbewerb zu öffnen. Die Beweislast für die **Gleichwertigkeit** trägt der Bieter, der – soweit ein Nachweis für die technische Anforderung bzw. auf eine technische Spezifikation gefordert wurde – die Gleichwertigkeit bereits **mit der Angebotsabgabe nachzuweisen** hat. Dem Auftraggeber bleibt dabei kein Spielraum, den Zeitpunkt der Vorlage des Nachweises zu bestimmen, auch der Aufwand für den Bieter vor Angebotsabgabe ist dabei irrelevant.[16]

7 Eine eindeutige und erschöpfende Leistungsbeschreibung (§ 121 Abs. 1 GWB) legt den Grundstein für ein seriöses Angebot, wenn alle Unternehmen sie gleichermaßen verstehen können und die Angebote damit vergleich- und wertbar sind. Unvollständige Angaben können dagegen **Risikozuschläge** auslösen oder bewirken, dass die Vertragserfüllung völlig an den Anforderungen des Auftraggebers vorbeigeht. Für die **Angebotswertung** entscheidend sind gleichermaßen Leistungsbeschreibung und Zuschlagskriterien, wenn auch systematisch zweierlei. Ohne klare Vorgaben haben beide auch nach Vertragsabschluss fundamentale Bedeutung. Leistungsbeschreibung und die Angaben der Bieter für die Wertung anhand der Zuschlagskriterien bestimmen, welche Leistung nicht nur vermeintlich, sondern tatsächlich zu erbringen ist und bilden auch die Grundlage für die Abrechnung und für die Beurteilung von **Mängeln, Gewährleistungsfragen,** Nachtragsforderungen und Schadensersatzansprüchen des Unternehmens. Der Transparenzgrundsatz ist verletzt, wenn die Leistungsbeschreibung nicht in sich geschlossen ist, sondern in den Vergabeunterlagen verstreut zu finden und zugleich teilw. noch missverständlich oder widersprüchlich ist.[17]

---

[16] EuGH 12.7.2018 – C-14/17, BeckRS 2018, 14877.
[17] BGH 16.10.2012 – X ZR 37/12, BGHZ 195, 126 mwN = BeckRS 2013, 364; OLG Düsseldorf 7.3.2012 – VII-Verg 82/11, IBRRS 2012, 1062; OLG Brandenburg 3.11.2014 – Verg W 9/14, BeckRS 2015, 7552.

2. Anwendungsbereich der Norm

§ 31 VgV gilt unmittelbar für alle öffentlichen Auftragsvergaben öffentlicher Auftraggeber nach § 99 GWB. Ausnahmen sind in §§ 1, 2 VgV für Sektorenauftraggeber und die Vergabe von Bauleistungen, Konzessionen bzw. im verteidigungs- oder sicherheitsspezifischen Bereich geregelt.[18] Privaten Auftraggebern kann die Regelung eine hilfreiche Orientierung bieten, sie sind jedoch nicht an sie gebunden. Erklärt allerdings ein **privater Auftraggeber** uneingeschränkt, er führe eine Ausschreibung nach den Regeln der VgV und des GWB durch, haftet er zivilrechtlich in gleicher Weise und unter den gleichen Voraussetzungen wie ein öffentlicher Auftraggeber (s. auch → VOB/A § 3 Rn. 4).[19] 8

Sachlich ist der Anwendungsbereich vom angestrebten Leistungsvertrag abzugrenzen: § 31 VgV ist **nur in der Wettbewerbssituation** des Vergabeverfahrens anwendbar. Er entfaltet keine rechtsgeschäftliche Wirkung und begründet im Außenverhältnis keine unmittelbaren Vertragspflichten. Mit dem Zustandekommen des ausgeschriebenen Vertrags endet die Wettbewerbssituation unter den Bietern und damit die Anwendbarkeit von § 31 VgV. Vertragsklauseln, die auf eine fehlerhafte Leistungsbeschreibung zurückzuführen sind, beurteilen sich nach materiellem Vertragsrecht. 9

3. Auslegung der Leistungsbeschreibung

Maßgeblich für die Leistungspflicht des Auftragnehmers, aber auch für die Angebotsprüfung, ist, wie der Bieter nach §§ 133, 157 BGB die Leistungsbeschreibung aus Sicht eines verständigen Dritten aufgefasst hat.[20] Denn er formuliert das verbindliche Angebot aus seiner Perspektive. Unbeachtlich ist, wie der Auftraggeber seine Leistungsbeschreibung selbst verstanden hat. Auch darum verpflichtet § 121 Abs. 1 GWB den Auftraggeber, den Auftragsgegenstand so eindeutig und erschöpfend wie möglich zu beschreiben. Der Bieter darf die Leistungsbeschreibung in diesem, mit den Anforderungen der VgV übereinstimmenden Sinne verstehen. Dabei ist auch zu berücksichtigen, dass er im Zweifel ein ausschreibungskonformes Angebot abgeben will.[21] Im Allgemeinen kommt dem **Wortlaut** bei der Auslegung der Leistungsbeschreibung eine vergleichsweise große Bedeutung zu, weil der Empfängerkreis der Erklärung nur abstrakt bestimmt ist. Erweist sich der Inhalt einer Leistungsbeschreibung danach als eindeutig, kann ein Auftraggeber sich nicht darauf berufen, es so nicht gemeint zu haben. Enthält die Leistungsbeschreibung keine Hinweise auf eine andere gewünschte Leistung, ist er an eine eindeutige Festlegung gebunden.[22] Daneben sind die besonderen Umstände des Einzelfalls, die Verkehrssitte sowie Treu und Glauben zu berücksichtigen.[23] Maßgeblich ist insoweit der nach den Maßstäben der §§ 133, 157 BGB zu ermittelnde **objektive Empfängerhorizont** der potenziellen (sach- und fachkundigen) Unternehmen.[24] Ihre Verständnismöglichkeit ist maßgeblich, auch wenn der Erklärende die Erklärung anders verstanden hat und auch verstehen durfte.[25] Selbstverständliche fachliche Zusammenhänge, die für jedes Unternehmen offensichtlich sind oder von ihm ohne Weiteres erkannt werden können, brauchen nicht eigens dargestellt und erläutert zu werden. Regional verbreitete 10

---

[18] §§ 28, 29 SektVO, § 15 KonzVgV, § 15 VSVgV, §§ 7 EU,7c EU VOB/A.
[19] OLG Düsseldorf 15.8.2011 – 27 W 1/11, BeckRS 2011, 23161.
[20] BGH 11.5.2009 – VII ZR 11/08, NJW 2009, 2443.
[21] OLG Frankfurt a. M. 26.6.2012 – 11 Verg 12/11, ZfBR 2012, 706.
[22] VK Lüneburg 22.8.2016 – VgK-32/2016, BeckRS 2016, 19808.
[23] BGH 7.12.2006 – VII ZR 166/05, NJW-RR 2007, 529.
[24] BGH 10.6.2008 – X ZR 78/07, NZBau 2008, 592; 3.4.2012 – X ZR 130/10, ZfBR 2012, 600.
[25] VK Berlin 5.11.2009 – VK-B2-35/09, IBRRS 2010, 0002.

sprachliche Eigentümlichkeiten bleiben unberücksichtigt,[26] konkret formulierte Leistungspositionen gehen allg. gehaltenen Hinweisen auf **DIN-Vorschriften** vor.[27] DIN-Vorschriften, denen keine vergaberechtliche Bedeutung zukommt, entbinden den öffentlichen Auftraggeber nicht von der Pflicht, die anzubietende Leistung im Rahmen einer Ausschreibung eindeutig und erschöpfend zu beschreiben, weil es sich um technische Vorschriften handelt, die nur der Standardisierung von Leistungen dienen.[28]

11 Soweit Auftraggeber und Auftragnehmer keine abweichende Regelung getroffen haben (zB durch Leistungsbestimmungsrechte einer Partei), wird die Leistungsbeschreibung mit ihrem objektiven Verständnis Vertragsinhalt. Der Anwendungsbereich der vorangestellten allg. Grundsätze erschöpft sich nicht in den aufgeführten Arten von Leistungsbeschreibungen; auch Zeitverträge, Konzessionsverträge und teilfunktionale Leistungsbeschreibungen richten sich nach ihnen aus. Sie sind im Lichte der jew. Art der Leistungsbeschreibung bzw. des Vertrages auszulegen. Ordnet der Vertrag dem Auftragnehmer **offen eine riskante Leistung** zu, steht dem zunächst nichts entgegen, denn es gibt – auch im Verhältnis zu öffentlichen Auftraggebern – keinen Rechtsgrundsatz, nach dem riskante Leistungen nicht übernommen werden könnten.[29] Bereits in der VOL/A 2009 entfiel eine ausdr. Regelung, die es dem Auftraggeber verbot, in der Leistungsbeschreibung ein **ungewöhnliches Wagnis** für das Unternehmen bei der Kalkulation des Angebotspreises anzulegen. Auch die VgV enthält keine diesbzgl. Regelung. Nur die VOB/A regelt weiterhin das Verbot, ein ungewöhnliches Wagnis in der Leistungsbeschreibung zu verankern (→ VOB/A § 7 EU Rn. 3). Seither hat sich in der obergerichtlichen Rspr. die Meinung durchgesetzt, dass der Antragsteller des Nachprüfungsverfahrens lediglich unzumutbare Anforderungen (Wagnisse) in den Vergabeunterlagen mit Erfolg beanstanden kann.[30] IdR kann das Unternehmen mit seiner Angebotsgestaltung und insbes. Kalkulation Einfluss darauf nehmen, ob das Angebot mit dem Risiko der Auskömmlichkeit behaftet ist bzw. wie hoch sein Risiko ausfallen kann. Die Vertragsfreiheit ist folglich am **Verhältnismäßigkeitsgrundsatz zu messen.** Danach ist die Grenze der **Zumutbarkeit** überschritten, wenn die Risikoverteilung zulasten des Bieters so einseitig verlagert wird, dass dies vom Bieter nicht mehr hingenommen werden muss.[31] (→ Rn. 30 ff.)

II. Generelle Anforderungen an die Leistungsbeschreibung (Abs. 1)

12 Abs. 1 verlangt als Grundanforderung, die Leistungsbeschreibung in einer Weise zu fassen, dass sie allen Unternehmen den gleichen Zugang zum Vergabeverfahren

---

[26] OLG Dresden 27.3.2003 – 19 U 1871/02, IBRRS 2003, 1263.
[27] OLG Frankfurt a. M. 22.3.2006 – 4 U 94/05, BeckRS 2011, 12315.
[28] OLG Düsseldorf 12.1.2015 – VII-Verg 29/14, BeckRS 2015, 6397; Hermann, Rechtsgutachten umweltfreundliche öffentliche Beschaffung, Februar 2019.
[29] OLG Düsseldorf 21.10.2015 – VII-Verg 28/14, BeckRS 2015, 18210.
[30] OLG Düsseldorf 19.10.2011 – VII-Verg 54/11, NZBau 2011, 762; 20.2.2013 – VII-Verg 44/12, BeckRS 2013, 5999; OLG München 6.8.2012 – Verg 14/12, ZfBR 2012, 805; OLG Koblenz 29.11.2012 – 1 Verg 6/12, BeckRS 2012, 24558; OLG Schleswig 25.1.2013 – 1 Verg 6/12, NZBau 2013, 395; EuGH 11.10.2007 – C-241/06, BeckRS 2007, 70796 – Lämmerzahl; VK Bund 14.2.2018 – VK 2–02/18, IBRRS 2018, 0969; aA noch OLG Dresden 2.8.2011 – Verg 4/11, NZBau 2011, 775; 28.11.2013 – Verg 6/13, ZfBR 2014, 812; OLG Jena 22.8.2011 – 9 Verg 2/11, NZBau 2011, 771.
[31] OLG Düsseldorf 11.5.2016 – VII-Verg 2/16, BeckRS 2016, 13255; 21.10.2015 – VII-Verg 28/14, NZBau 2016, 235; vgl. ergänzend → GWB § 121 Rn. 1 ff.

gewährt und die Öffnung des nationalen Beschaffungsmarkts für den Wettbewerb nicht in ungerechtfertigter Weise behindert. Die Vorschrift steht im unmittelbaren Zusammenhang mit § 121 Abs. 1 GWB. Die dort geregelte Verpflichtung, die Leistung eindeutig und erschöpfend zu beschreiben, dient nicht nur dem Ziel, den Unternehmen gleichen Zugang zum Verfahren und die Vergleichbarkeit der Angebote als Voraussetzung für die Zuschlagsentscheidung zu gewährleisten. Dahinter steht das übergeordnete Ziel, das Auftragswesen über die Grenzen eines EU-Mitgliedstaates hinaus für den Wettbewerb zu öffnen und damit auch Nachhaltigkeitsziele besser zu erreichen. Angebote sollen die Diversität der technischen Lösungen, Normen und technischen Spezifikationen auf dem Markt widerspiegeln und auch Aspekte des Lebenszyklus und der Nachhaltigkeit des Produktionsprozesses einbeziehen können.[32] Daher müssen technische Anforderungen stets mit dem **Zusatz „oder gleichwertig"** versehen werden, damit sie als diskriminierungsfreie Vorgaben verstanden werden können. Die Beweislast für die Gleichwertigkeit trägt der Bieter. Angesichts dieser Anforderungen wird offenbar, dass im EU-Recht haushaltsrechtliche Erwägungen durch den Wettbewerbsgrundsatz und das Verbot der Diskriminierung überlagert werden, um die EU-Beschaffungsmärkte für den Wettbewerb zu öffnen. Ausschlaggebend für die Wahl der Art der Leistungsbeschreibung ist, den Auftragsgegenstand möglichst so eindeutig und erschöpfend zu beschreiben, dass er für alle Unternehmen im gleichen Sinn verständlich ist, und zugleich einen fairen Wettbewerb unter Beachtung der Gleichbehandlung und der Transparenz durchzuführen, auf deren Einhaltung die Bieter Anspruch haben. § 121 Abs. 1 S. 1 GWB enthält auch die Klarstellung, dass Unternehmen die Beschreibung nicht „im gleichen Sinne verstehen müssen", sondern die Beschreibung **„im gleichen Sinne verständlich ist"**. § 7 Abs. 2 VOL/A sprach noch ausdr. von „verkehrsüblichen Bezeichnungen". Diese Konkretisierung ist im Liefer- und Dienstleistungsbereich weggefallen. Es wird dennoch auf **Sprachgebrauch** und **Verständnis der jew. Fachkreise** abzustellen sein. Es sind also Begriffe zu verwenden, die in Fachkreisen Gültigkeit besitzen und die auch bei einem fachkundigen und zuverlässigen Bieter kraft seiner Ausbildung und Erfahrung als bekannt vorausgesetzt werden müssen, zB DIN-Normen.[33]

III. Merkmale des Auftragsgegenstandes (Abs. 2)

1. Arten der Leistungsbeschreibung (Nr. 1)

Die Leistung muss so genau gefasst werden, dass sie den Unternehmen ein klares Bild vom Auftragsgegenstand vermitteln und hinreichend vergleichbare Angebote erwarten lassen. Inhaltlich entspricht dies der Forderung des § 121 Abs. 1 S. 1 GWB. Die Merkmale des Auftragsgegenstandes sind grds. mit einer hohen Detailgenauigkeit zu beschreiben. Sofern die Detaillierung nicht möglich ist, kann der Auftraggeber stattdessen seine Zielvorstellungen und einen Leistungsrahmen vorgeben. Definiert der Auftraggeber die **Leistungsanforderungen** durch eine detailgetreue, sog. **konventionelle Leistungsbeschreibung,** ermöglicht dies eine genaue Kenntnis der geforderten Leistungsanforderungen. Es ist hilfreich und in manchen Bereichen (zB bei der Beschaffung von IT-Hardware) auch üblich, dazu ein Leistungsverzeichnis zu verwenden, wie es die VOB/A kennt. Es reicht aber auch eine vollständige Darstellung aller leistungsdefinierenden und bei der Erfüllung zu beachtenden Anforderungen und Umstände aus. Die konventionelle Leistungsbeschreibung ist der Regelfall bei standardisierten Beschaffungen und marktüblichen Leistungen, bei

13

---

[32] Erwgr. 74 der VRL.
[33] OLG Dresden 27.3.2003 – 19 U 1971/02, IBR 2003, 1055.

der eine Notwendigkeit für eine geistig-schöpferische Gestaltung nicht besteht. Ausschlaggebend für die **Wahl der Art der Leistungsbeschreibung** ist die Verpflichtung, den Auftragsgegenstand möglichst eindeutig und erschöpfend zu beschreiben. Allen Unternehmen muss die Leistungsbeschreibung im gleichen Sinn verständlich sein, damit ein fairer Wettbewerb unter Beachtung der Gleichbehandlung und der Transparenz erfolgt. Daraus leitet sich die Verpflichtung her, detaillierte Beschreibungen, Leistungsverzeichnisse oder auch Pflichtenhefte vorrangig zu nutzen, solange eine exakte Beschreibung möglich ist. Eine Rangfolge der Beschreibungsarten wird damit nicht festgelegt.[34] Bei der Verwendung von ca.-Werten bei Produktabmessungen kann es an der Eindeutigkeit der Leistungsbeschreibung fehlen, wenn die Leistungsbeschreibung nicht zugleich verbindliche Minimal- und Maximalwerte enthält. Die Folge sind unklare Toleranzbereiche und nicht vergleichbare Angebote. Abweichungen von den Leistungswerten in den Angeboten stellen insoweit keine unzulässigen Änderungen an den Vergabeunterlagen dar und rechtfertigen nicht den Ausschluss eines Bieters.[35] Hinzu kommt, dass im Stadium der späteren Vertragsausführung auch die Leistungsanforderung unklar ist und daher idR nicht durchgesetzt werden kann.

14 Wird die Leistung mit **Leistungs- oder Funktionsanforderungen** formuliert, fehlt eine detaillierte Aufzählung von Einzelpositionen und -preisen. Sie wird daher als **funktionale Leistungsbeschreibung bezeichnet**. Der Auftraggeber sucht eine noch nicht bestehende Lösung für die gestellte Aufgabe und benötigt gerade das Wissen und gestalterische Potenzial des Bieters zur Ausarbeitung der optimalen Lösung.[36] Er gibt das Beschaffungsziel und wesentliche Eigenschaften der Leistung vor, der Bieter erarbeitet danach die konkrete, detaillierte Aufgabenlösung. Da dem Bieter überlassen wird, wie er das Beschaffungsziel erreicht, wird er diesen Gestaltungsspielraum bei der Angebotserstellung nutzen, um sein Knowhow bzw. seinen kreativen Ideenreichtum einzubringen. Dies kann sich positiv auf die Qualität und Wirtschaftlichkeit der beschafften technischen Lösung auswirken und zugleich den Wettbewerb unter den Wirtschaftsteilnehmern stärken. Diese Art der Leistungsbeschreibung bietet sich für spezielle Leistungen des Auftraggebers an, die **nicht als handelsübliches Produkt** oder marktgängige Dienstleistung zu beschaffen sind. Auch hier gelten die allg. Grenzen für die Zumutbarkeit der Leistungsbeschreibung (→ Rn. 11). So hat für den Fall einer funktionalen Leistungsbeschreibung das OLG Düsseldorf entschieden, dass es dem Bieter selbst überlassen bleiben darf, die Risiken seiner Angebotstaktik abzuschätzen und durch Angebotsabgabe auf bestimmte Lose einzukalkulieren, auch wenn aufgrund der Besonderheit des Beschaffungsgegenstands (im gegebenen Fall „Cannabis") die Kalkulation und Konzeption des Angebots zusätzlich erschwert sein dürfte. Dass dabei die Kalkulation schwierig ist, macht sie nicht ohne Weiteres rechtswidrig.[37] Die funktionale Beschreibung ist zulässig, solange die Abgabe vergleichbarer Angebote durch die Festlegung von Einzelheiten sichergestellt ist.[38] Gerade bei der Beschaffung größerer **IT-Systeme oder -Programme** kommt sie in Betracht, wenn der Auftraggeber die IT-Leistung technisch nicht näher beschreiben, aber eine Übersicht der gewünschten Funktionen vorgeben kann. Auch iRd **Abfallentsorgung** kann dem Bieter durch ein funktionales Leistungselement der Arbeitstechnik oder -organisation des Abfuhrvorgangs überlassen werden, sodass er selbst die Auswahl unter den Fahrzeugtypen Heck-, Seiten- oder Frontlader treffen kann.[39]

---

[34] Müller/Greb SektVO/Müller § 28 Rn. 30.
[35] VK Sachsen 25.6.2019 – 1/SVK/013-19, BeckRS 2019, 19959.
[36] OLG Düsseldorf 1.6.2016 – VII Verg 6/16, BeckRS 2016, 13257.
[37] VK Bund 19.10.2018 – VK 1–93/18, VPR 2019, 29 – Cannabis.
[38] OLG Düsseldorf 16.8.2010 – VII Verg 35/10, BeckRS 2010, 27680.
[39] OLG Schleswig 30.4.2015 – 1 Verg 7/14, BeckRS 2015, 17223.

Welche Art der Leistungsbeschreibung in Betracht kommt, entscheidet sich maßgeblich danach, ob die Leistung **beschreibbar oder nicht beschreibbar ist.** Diese Abgrenzung ist anhand des konkreten Einzelfalls vorzunehmen und orientiert sich daran, **wie hoch der schöpferische, gestalterische und konstruktive Anteil** des potenziellen Auftragnehmers zur Ausfüllung der vom Auftraggeber bereits festgelegten Rahmenbedingungen und gesteckten Zielvorgaben ist und einer genauen Leistungsbeschreibung entgegensteht. Der Auftraggeber hat bei der Frage, ob die Aufgabenstellung eindeutig beschreibbar ist, **keinen Beurteilungs- und Entscheidungsspielraum.** Allein der Umstand, dass sich die Leistung aus vielen einzelnen Komponenten zusammensetzt, reicht allein nicht aus, die Beschreibbarkeit abzulehnen, dies erhöht allenfalls den zeitlichen und personellen Aufwand.[40] Enthält etwa eine Biotopkartierung kreative und wissenschaftliche Bestandteile, ist sie dennoch als Leistung umfassend beschreibbar, obwohl die auszuführenden Arbeiten in ihrem konkreten Umfang noch nicht feststehen, weil diese von den erst bei der Auftragsdurchführung zu ermittelnden Gegebenheiten der Natur abhängen, aber die räumliche Ausdehnung wie auch die inhaltlichen Anforderungen umfassend beschreibbar sind.[41] Zumeist wird die **funktionale Leistungsbeschreibung** iRv Verhandlungsverfahren, Innovationspartnerschaften oder wettbewerblichen Dialogen verwendet, die ebenfalls mehr Flexibilität im Verfahrensprozess zulassen. Auch wenn die Leistung funktional beschrieben wird, ist ein auf diese Begründung gestütztes **Verhandlungsverfahren unzulässig,** wenn sie tatsächlich eindeutig und erschöpfend beschreibbar ist (s. auch → § 14 Rn. 36 ff.). Dies gilt bspw. für Fahrkartenvertriebsleistungen, die bereits hinreichend detaillierte Vorgaben in der Leistungsbeschreibung zu Funktionen, die der Vertriebsweg erfüllen muss, enthalten und für die nur noch im geringen Umfang Freiräume bestehen.

Die **Eindeutigkeit** der Leistung kann auch dann noch bestehen, wenn die Leistung die Erstellung eines **Konzeptes** umfasst. Die Anforderungen an ein Veranstaltungskonzept zur Durchführung eines Kongresses müssen keine Festlegung auf einen Veranstaltungsort enthalten und können sich auf wenige, konkrete Angaben beschränken, wenn Ziel und Zweck der Leistung eindeutig beschrieben werden. Dabei ist hinzunehmen, wenn stark abweichende Lösungsvorschläge zu erwarten sind, die der Auftraggeber iRd Wertung der Angebote zu gewichten hat. Insoweit unterscheiden sich die Anforderungen deutlich von der Bauleistungsvergabe, die diese Möglichkeit nur bei komplexen und außergewöhnlichen Vorhaben zulässt.[42] In vielen Fällen kombiniert die funktionale Leistungsbeschreibung einen Wettbewerb zur Konzepterstellung mit der Vergabe der Leistung als solcher, die einen klar umschriebenen Auftrag beinhaltet. Entbehrt die Leistungsbeschreibung allerdings jeglicher Aussagekraft, kann dies zu beliebigen Wertungsergebnissen führen. Es ist daher erforderlich, dass der Auftraggeber seine Vorstellungen nicht nur durch die Angabe von Wertungskriterien, sondern bereits in der Leistungsbeschreibung klar formuliert.[43] In Abgrenzung dazu beginnt der **reine Wettbewerb** dort, wo gerade keine detaillierten Vorgaben bestehen.[44] In diesem Fall reicht es, eine **Beschreibung**

---

[40] OLG Düsseldorf 1.6.2016 – VII Verg 6/16, BeckRS 2016, 13257 mwN; 10.8.2011 – VII-Verg 36/11, NZBau 2011, 765 (766).

[41] VK Lüneburg 30.10.2018 – VgK-41/2018, IBRRS 2018, 3544; OLG Brandenburg 27.3.2012 – Verg W 13/11, NZBau 2012, 392; BFH 26.11.1992 – IV R 64/91, BeckRS 1992, 7336.

[42] VK Sachsen 29.8.2018 – 1/SVK/027-18, BeckRS 2018, 28771; jurisPR-VergR 1/2019 Anm. 5.

[43] OLG Düsseldorf 2.11.2016 – Verg 25/16, NZBau 2017, 116 = VergabeR 2017, 204; 8.3.2017 – Verg 39/16, NZBau 2017, 296 = VergabeR 2017, 381; ebenso BGH 4.4.2017 – X ZB 3/17, NZBau 2017, 366 = VergabeR 2017, 460.

[44] OLG Düsseldorf 1.6.2016 – VII Verg 6/16, BeckRS 2016, 13257.

der zu lösenden Aufgabe zu erstellen. Damit meint der Verordnungsgeber geistig-schöpferische Leistungen, wie etwa zu erbringende Planungsleistungen. Es ist nicht zwingend erforderlich, eine Funktion oder Zielsetzung vorzugeben, es kann auch eine Problembeschreibung genügen. In den Erwgr. werden hierzu Großprojekte der Informations- und Kommunikationstechnologie, große integrierte Verkehrsinfrastrukturprojekte, große Computer-Netzwerke und innovative Projekte angeführt.[45] Dazu ausf. → § 14 Rn. 36a. Werden die Zielvorgaben nicht beschrieben, liegt eine funktionale Leistungsbeschreibung im eigentlichen Sinn nicht mehr vor.

17 Das Gegenstück dieser Flexibilität ist, dass der Auftraggeber bestimmte **Planungsrisiken** auf den Bieter verlagern kann, die ihm ansonsten nicht zugekommen wären. Der Auftraggeber überlässt es dem Bieter, Details der Leistungserbringung festzulegen. Eine genaue Definition der Zielvorgaben durch den Auftraggeber ist in diesem Fall wichtig. Je höher das Maß solcher Variablen in Bezug zum Gesamtauftrag ist, desto mehr kann sich dies auf die Vergleichbarkeit der Angebote auswirken. Soweit den Bietern ein planerischer Gestaltungsspielraum überlassen wird, muss der Auftraggeber in der Leistungsbeschreibung deutlich machen, inwieweit er eine Planung erwartet. Ist dies nicht eindeutig, ist der Bieter nicht zur Einreichung einer Planung verpflichtet.[46] Aus Gründen der Transparenz ergeben sich jedoch **Mindestanforderungen** an eine funktionale Ausschreibung. Der Auftraggeber darf nicht die gesamte Planung den Bietern überlassen. Er muss weiterhin sicherstellen, dass die maßgeblichen Bewertungskriterien erkennbar sind. Daraus folgt, dass der Auftraggeber soweit planen und notwendige Festlegungen treffen muss, dass Leistungsziel, Rahmenbedingungen, Zuschlagskriterien und die wesentlichen Einzelheiten der Leistung so eindeutig sind, dass die Angebote vergleichbar sind.[47] Dem wird etwa eine funktionale Leistungsbeschreibung für die Neukonzeption einer Internetseite nicht gerecht, der es an jeglichen Definitionen für wiederholt verwendete abstrakte Begriffe oder Zielvorgaben wie „integrierte Informations-, Dialog- und Serviceplattform" fehlt und völlig unbestimmt bleibt, was die geforderte „Neukonzeption" beinhalten soll. Dies gilt auch in zeitlicher Hinsicht, wenn nicht definiert wird, welche konkreten Anforderungen an die Aktualität der Inhalte gestellt werden, sondern lediglich, dass sie „aktuell zu halten" ist. Sämtliche dieser Überlegungen hätten selbst Gegenstand der Leistungsbeschreibung sein und eindeutig festlegt werden müssen. Es fehlt insoweit nicht nur an einer eindeutigen und erschöpfenden Beschreibung der Leistungs- und Funktionsanforderungen des Auftragsgegenstandes, sondern es ist iÜ ungeeignet, das Wertungsprogramm in den Bewerbungsbedingungen zu konkretisieren.[48]

18 Die Bestimmtheit der Leistungsbeschreibung wirkt sich auch auf den Umfang des **Vergütungsanspruchs** aus: Entwickelt der Auftraggeber später seine Planungsziele und damit die Entwurfs- und Ausführungspläne fort, stellt sich nicht selten die Frage, ob es sich bei einer Anpassung und Ergänzung der Leistungen des Auftragnehmers um die **Konkretisierung** einer ohnehin geschuldeten Leistung oder eine gesondert zu vergütende **Mehrleistung** handelt. Gleiches gilt für ähnlich gelagerte Fälle einer Änderung der Planungs- und Leistungsziele. Fehlt hierzu eine vertragliche Vereinbarung, trägt der Auftragnehmer nicht ohne Weiteres das Risiko, seine Leistungen der geänderten Objektplanung des Auftraggebers anzupassen. Vielmehr ist im Wege der Auslegung zu ermitteln: Lässt sich die vom Auftragnehmer geschuldete Leistung genau eingrenzen, dann führen Mehrleistungen zu zusätzlichen Vergütungsansprüchen. Wenn die geschuldete Leistung nur lückenhaft beschrieben ist, läuft der Auftragnehmer Gefahr, dass lediglich eine Konkretisierung angenommen und Mehrvergütungsansprüche versagt werden. Einen Rechtssatz, wonach diese

---

[45] Erwgr. 42 der VRL.
[46] OLG Brandenburg 19.9.2003 – Verg W 4/03, IBRRS 2003, 2755.
[47] OLG Düsseldorf 12.6.2013 – VII-Verg 7/13, NZBau 2013, 788.
[48] VK Bund 14.9.2018 – VK 2–76/18, IBRRS 2018, 3307 = ZfBR 2019, 311.

Entscheidung im Zweifel zulasten des Auftragnehmers zu treffen ist, gibt es allerdings nicht. Die **Verlagerung des Risikos,** solche Mehrleistungen ohne Mehrvergütung zu erbringen, kann auch nicht durch Regelungen der Leistungsbeschreibung, wonach der Auftragnehmer „je nach Erfordernis" leisten müsse, herbeigeführt werden.[49]

Soweit es zweckmäßig ist, darf der Auftraggeber auch noch **während des Vergabeverfahrens** von einer konstruktiven Leistungsbeschreibung mit Leistungsverzeichnis **zu einer teilfunktionalen Leistungsbeschreibung wechseln.** Voraussetzung ist allerdings, dass dies für die Bieter transparent und diskriminierungsfrei erfolgt. So ist es bspw. (bei einer Bauleistung) zulässig, die konstruktive Beschreibung der Bodenverbesserungsmaßnahmen bei der Teilleistung „Gründung" durch eine funktionale zu ersetzen, um das bestmögliche Ergebnis in technischer, wirtschaftlicher und zeitlicher Hinsicht zu erreichen. Die damit einhergehende Verlagerung des Risikos auf die Bieter durch entspr. Planungsleistungen, die ansonsten der Auftraggeber zu erledigen hat, ist durch die Möglichkeit, sich dadurch weiteres Expertenwissen zunutze zu machen, gerechtfertigt.[50]

2. Bezugnahme auf technische Anforderungen (Nr. 2)

Der Auftraggeber kann die Leistung sowohl durch Leistungs- und Funktionsanforderungen als auch durch Bezugnahme auf die definierten technischen Anforderungen, die in der **Anlage 1 der VgV** abschl. aufgeführt sind, beschreiben. Damit soll die Vielfalt technischer Lösungen im Binnenmarkt besser erreicht und gefördert werden. Es kann sich dabei um nationale Normen handeln, mit denen europäische Normen umgesetzt werden, ebenso um europäische technische Bewertungen, gemeinsame technische Spezifikationen oder internationale Normen und technische Bezugssysteme, die von europäischen Gremien erarbeitet wurden. Fehlen vorgenannte Normen und Spezifikationen, können auch nationale Normen, nationale technische Zulassungen oder nationale technische Spezifikationen für die Planung, Berechnung und Ausführung von Bauwerken und den Einsatz von Produkten herangezogen werden. Alle genannten technischen Anforderungen sind mit dem Zusatz **„oder gleichwertig"** zu versehen. Der EuGH betont, dass die Grundsätze der Gleichbehandlung, der Nichtdiskriminierung und der Transparenz bei der Festlegung technischer Spezifikationen aufgrund der Gefahren einer Diskriminierung im Zusammenhang mit deren Auswahl oder der Art und Weise ihrer Formulierung eine entscheidende Bedeutung haben. Art. 18 Abs. 1 UAbs. 2 der RL 2014/24/EU stelle klar, dass das Vergabeverfahren nicht mit der Absicht konzipiert werden darf, es vom Anwendungsbereich dieser RL auszunehmen oder den Wettbewerb künstlich einzuschränken, und dass eine **künstliche Einschränkung des Wettbewerbs** als gegeben gilt, wenn das Vergabeverfahren mit der Absicht konzipiert wurde, bestimmte Wirtschaftsteilnehmer auf unzulässige Weise zu bevorzugen oder zu benachteiligen.[51] Dem steht nach Auffassung des EuGH nicht entgegen, eine **Spezifikation auch als Gleichwertigkeitsmerkmal** für die Beschreibung der zu liefernden Ersatzteile heranzuziehen, die für Omnibusse und Oberleitungsbusse eines bestimmten Herstellers vorgesehen waren. Die Gleichwertigkeit des Angebots kann somit auch durch die Einführung einer technischen Spezifikation näher bestimmt werden. Es war zulässig, zwischen „Originalersatzteilen" der Zulieferer des Herstellers der vorhandenen Busse und „gleichwertigen Ersatzteilen" beliebiger Firmen zu unterscheiden, wobei die technische Spezifikation für diese Teile den Produktionsnormen des Originalherstellers genügen musste.[52]

---

[49] BGH 13.3.2008 – VII ZR 194/06, NZBau 2008, 437.
[50] VK Lüneburg 7.10.2015 – VgK-31/2015, ZfBR 2016, 398.
[51] EuGH 25.10.2018 – C-413/17, ZfBR 2019, 494 ff. = VergabeR 2019, 375.
[52] EuGH 12.7.2018 – C-14/17, ZfBR 2018, 698 = BeckRS 2018, 14877.

21 Der Begriff der „technischen Anforderungen" findet sich in der RL 2014/24/ EU unter dem Begriff „technische Spezifikationen". Danach sind technische Spezifikationen alle technischen Anforderungen an eine Bauleistung, eine Lieferung, das Material oder Erzeugnis, mit deren Hilfe diese Produkte bezeichnet werden können, damit sie ihren durch den Auftraggeber festgelegten Verwendungszweck erfüllen.[53] In der VgV wird **„technische Anforderung" als Oberbegriff** verwendet, der Begriff aber über den Verweis auf den Anh. VII RL 2014/24/EU erläutert. Unter technischen Spezifikationen sind danach die technischen Regelwerke zu verstehen, die als Normen, technische Zulassungen oder als in anerkannten Verfahren entwickelte und anerkannte technische Vorgaben von den Mitgliedstaaten der EU festgelegt werden. Der Begriff der technischen Anforderungen oder Spezifikationen meint dabei nicht die für die Leistung konkret ausgewählten und geforderten technischen Vorgaben. Hierunter fallen **nur technische Regelwerke** in Form von Normen und technischen Zulassungen oder in anerkannten Verfahren von den EU-Mitgliedstaaten entwickelte und veröffentlichte Vorgaben. Andernfalls könnte der Auftraggeber seine individuellen technischen Vorgaben für die Leistung nicht mehr verbindlich festlegen. Denn dann wäre jedes hiervon abweichende Angebot als Hauptangebot nach § 32 Abs. 1 VgV zu werten, sofern es dem geforderten Schutzniveau in Bezug auf Sicherheit, Gesundheit und Gebrauchstauglichkeit entsprechen würde.[54] Jeder Auftraggeber soll aber die Möglichkeit haben, individuelle, auf das jew. Vorhaben bezogene technische Vorgaben verbindlich festzulegen.

22 Um technische Spezifikationen handelt es sich dagegen nur, wenn Merkmale auf das Erzeugnis oder den Produktionsprozess abstellen.[55] Daraus folgt, dass die immer relevanter werdenden **sozialen Umstände** bei der Herstellung oder dem Vertrieb eines Produkts, wie bspw. „Fair Trade", nur bedingt als technische Spezifikation vom Auftraggeber festgelegt werden können. Anders verhält es sich mit der technischen Spezifikation **„Design for all"**, deren Anwendung in der Leistungsbeschreibung durch die Aufnahme in § 121 Abs. 2 GWB deutlich gestärkt wurde (zur Wertung als Zuschlagskriterium → § 58 Rn. 18).[56] Die Vorschrift ordnet eine verbindliche Vorgabe möglicher gemeinschaftsweit anerkannter technischer Spezifikationen an, um einen gleichberechtigten Zugang oder die gleichen Nutzungsmöglichkeiten an einem öffentlichen Gebäude, einem Produkt oder einer Dienstleistung für alle natürlichen Personen (insbes. Menschen mit Behinderung) zu ermöglichen. Gem. Erwgr. 74 der RL2014/24 sollen technische Spezifikationen so abgefasst sein, „dass eine künstliche Einengung des Wettbewerbs vermieden wird, zu der es kommen könnte, wenn Anforderungen festgelegt würden, die einen bestimmten Wirtschaftsteilnehmer begünstigen, indem auf wesentliche Merkmale der von dem betreffenden Wirtschaftsteilnehmer gewöhnlich angebotenen Lieferungen, Dienstleistungen oder Bauleistungen abgestellt wird". Es sollte „möglich sein, Angebote einzureichen, die die Diversität der technischen Lösungen, Normen und technischen Spezifikationen auf dem Markt widerspiegeln".[57] Innerhalb der genannten Regelwerke muss es den Auftraggebern möglich sein, eigene konkrete Anforderungen an die Beschaffenheit

---

[53] Vgl. Art. 42 VRL.
[54] OLG München 28.7.2008 – Verg 10/08, BeckRS 2008, 17225; 11.8.2005 – Verg 12/05, BeckRS 2005, 32161; OLG Düsseldorf 6.10.2004 – VIII Verg 56/04, NZBau 2005, 169 (170); wohl auch OLG Brandenburg 20.8.2002 – Verg W 6/02, NZBau 2002, 694; offen gelassen OLG Koblenz 15.5.2003 – 1 Verg 3/03, BeckRS 2004, 258 = VergabeR 2003, 567 (572); instruktiv zu § 13 Abs. 2 VOB/A: VK Bund 21.1.2011 – VK 2–146/10, IBRRS 2013, 3894.
[55] EuGH 10.5.2012 – C-368/10, NZBau 2012, 445 – Max Havelaar.
[56] Müller-Wrede/Traupel GWB § 121 Rn. 86 ff.; vgl. → GWB § 121 Rn. 20.
[57] EuGH 25.10.2018 – C-413/17, ZfBR 2019, 494 ff. = VergabeR 2019, 375 – Labordiagnostika.

der Leistung zu stellen. Die Vorschrift bekräftigt die Geltung der Vergabegrundsätze iSd § 121 Abs. 1 GWB für die „technischen Anforderungen an den Auftragsgegenstand". Diese müssen nämlich allen Unternehmen gleichermaßen zugänglich sein und die Öffnung der Märkte für den Wettbewerb nicht in ungerechtfertigter Weise behindern. Sie sind so genau zu fassen, dass sie dem Unternehmen ein klares Bild vom Auftragsgegenstand vermitteln und dem öffentlichen Auftraggeber die Erteilung des Zuschlags ermöglichen.[58] Hinsichtlich der Auslegung des Begriffs „technische Anforderung" hat der EuGH das Merkmal der Leistungsbeschreibung **„Standorterfordernis"** als eine technische Spezifikation definiert, wenngleich die Ortsgebundenheit in Anbetracht des Ziels, Engpässe bei medizinischen Versorgungen abzufedern, im konkreten Fall nicht diskriminierungsfrei war.[59] Vor diesem Hintergrund dürfte auch die bloße Vorgabe, bei der Essensversorgung von Kindergärten und Schulen nur **regionale Produkte,** dh in einem geografischen Umkreis des Leistungsorts hergestellte Produkte zu verwenden, unzulässig sein. Möglich wäre evtl. eine Einbindung über Umwelt- und Nachhaltigkeitskriterien. Bei der Vergabe von Leistungen zur thermischen Entsorgung von Restabfällen wurde es zB für zulässig erachtet, dass Entsorgungskonzepte mit einer ortsnahen Entsorgungsanlage nach den Vorgaben des Auftraggebers bevorzugt werden sollten. Zur Begründung wurden ökologische Gesichtspunkte als sachgerechtes Unterscheidungskriterium im Hinblick auf die damit verbundene Möglichkeit der Reduktion von Transportemissionen akzeptiert.[60]

Nach § 31 Abs. 2 Nr. 2 VgV sind die Merkmale der Leistung unter Bezugnahme auf unionsrechtliche Vorgaben zu formulieren. Die Regelung wie auch die Rangfolge verdeutlichen den **Vorrang unionsrechtlicher Regelungen;** ihre Begriffe werden durch die Anlage 1 – Technische Anforderungen, Begriffsbestimmungen erläutert. Zu den **Europäischen Normen** gehören die vom Europäischen Komitee für Normung (CEN)[61] oder dem Europäischen Komitee für Elektrotechnische Normung (CENELEC) gem. deren gemeinsamen Regeln als Europäische Normen (EN) oder Harmonisierungsdokumente (HD) angenommenen Normen. In innerstaatliche Normen übernommene baurelevante europäische Normen führen die Bezeichnung **DIN EN.** Über nationale und europäische Normen und ihre Umsetzung sind unter http://www.din.de im Internet Auskünfte erhältlich. 23

Die Wendung „nationale Normen, mit denen europäische Normen umgesetzt werden", erschließt sich aus Nr. 2 der Anl. 1, die eine „Norm" als „technische Spezifikation, die von einer anerkannten Normungsorganisation zur wiederholten oder ständigen Anwendung angenommen wurde, deren Einhaltung nicht zwingend ist", definiert. **Drei Kategorien** werden unterschieden: 24
– **internationale Norm:** Norm, die von einer internationalen Normungsorganisation angenommen wurde und der Öffentlichkeit zugänglich ist;
– **europäische Norm:** Norm, die von einer europäischen Normungsorganisation angenommen wurde und der Öffentlichkeit zugänglich ist;
– **nationale Norm:** Norm, die von einer nationalen Normungsorganisation angenommen wurde und der Öffentlichkeit zugänglich ist.

Nach der Systematik des § 31 Abs. 2 Nr. 2 VgV ist die **Rangfolge der aufgelisteten Normen** strikt einzuhalten: Zuerst sind nationale Normen, mit denen europäische Normen umgesetzt werden, zu verwenden. Die Umsetzung in nationale Normen übernimmt in Deutschland idR das DIN (Deutsche Institut für Normung). Eine Liste dieser Normen befindet sich im Internet.[62] 25

---

[58] EuGH 10.5.2012 – C-368/10, NZBau 2012, 445.
[59] EuGH 22.10.2015 – C-552/13, NZBau 2016, 109.
[60] OLG Frankfurt a. M. 29.3.2018 – 11 Verg 16/17, NZBau 2018, 498 = VergabeR 2018, 677.
[61] http://www.cen.eu/cenorm/homepage.htm.
[62] http://www.din.de.

26 Die **Europäische Technische Bewertung** wird von Nr. 3 der Anl. 1 als eine dokumentierte Bewertung der Leistung eines Bauprodukts in Bezug auf seine wesentlichen Merkmale im Einklang mit dem betr. Europäischen Bewertungsdokument bezeichnet. Sie entspricht einer positiven technischen Beurteilung der Brauchbarkeit eines Produkts hinsichtl. der Erfüllung der wesentlichen Anforderungen an bauliche Anlagen. Sie erfolgt aufgrund der spezifischen Merkmale des Produkts und der festgelegten Anwendungs- und Verwendungsbedingungen. Die Europäische Technische Bewertung wird von einer zu diesem Zweck vom Mitgliedstaat zugelassenen Organisation ausgestellt.

27 Nach Nr. 4 der Anl. 1 werden **gemeinsame technische Spezifikationen** im Bereich Informations- und Kommunikationstechnologie festgelegt. Diese wurden nach einem von den Mitgliedstaaten anerkannten Verfahren erarbeitet und im Amtsblatt der EU veröffentlicht.

28 Erst wenn solche Normen und Spezifikationen fehlen oder die technische Anforderung nur in Teilaspekten regeln, ist der **Rückgriff auf nationale Normen** gestattet, ebenso auf nationale technische Zulassungen oder nationale technische Spezifikationen.[63] So handelt es sich bspw. bei der Vorgabe in der Leistungsbeschreibung zu einer Produktfarbe unter Hinweis auf RAL-Farbbezeichnungen um eine Bezugnahme auf eine nationale Norm, für die der Gleichwertigkeitszusatz zwingend angefügt werden muss.[64]

28a Öffentliche Beschaffungsstellen können zur **Beschreibung der technischen Spezifikationen** in der Leistungsbeschreibung **Kriterien aus Gütezeichen verwenden** oder auf diese verweisen. Zum Verlangen nach Vorlage eines Gütezeichens ausf. → GWB § 127 Rn. 28 ff. In welcher Weise dies zulässig ist, ist aber unklar. Es wird die Auffassung vertreten, dass durch die Änderung der VgV Beschaffungsstellen zur Bestimmung der technischen Spezifikationen einer Leistung oder Ware pauschal auf Gütezeichen iSv § 34 VgV verweisen können, solange dadurch die Leistung eindeutig und transparent beschrieben wird. Dies war vor der Vergaberechtsreform 2016 nicht möglich. Die Beschaffungsstelle müsse aber in der Leistungsbeschreibung klarstellen, welche Anforderungen dem Gütezeichen entsprechen.[65] Der Wortlaut des § 34 Abs. 1 VgV sieht jedoch ausdr. vor, dass die Vorlage von Gütezeichen „*als Beleg dafür, dass eine Liefer- oder Dienstleistung bestimmten*, **in der Leistungsbeschreibung** *geforderten Merkmalen entspricht,*" verlangt werden kann. Da der Wortlaut sehr eindeutig ist und die Gütezeichen teilw. sehr große Spielräume zulassen, ist diese Auffassung daher abzulehnen. Vgl. dazu auch iE → § 34 Rn. 4.

3. Kombination (Nr. 3)

29 Die Merkmale der Leistung können auch als **Kombination** einer funktionalen Leistungsbeschreibung unter Bezugnahme auf technische Anforderungen beschrieben werden. Maßgeblich bleibt die funktionale Leistungsbeschreibung. Der Bezug auf technische Anforderungen kann dabei die Vergleichbarkeit der Angebote erleichtern und die Rechtssicherheit für alle Beteiligten erhöhen. Alternativ können iR einer konventionellen Leistungsbeschreibung bestimmte Merkmale der Leistung mit Bezug auf Leistungs- und Funktionsanforderungen beschrieben und wiederum andere Merkmale mit Bezug auf technische Anforderungen definiert werden. Diese Kombination ist bei komplexen Vorhaben von Vorteil, wenn bestimmte Leistungsmerkmale eher funktional, wiederum andere besser durch technische Anforderun-

---

[63] OLG Koblenz 10.6.2010 – 1 Verg 3/10, NZBau 2010, 717.
[64] VK Bund 29.1.2018 – VK 2–160/17, IBRRS 2018, 1047 – dort ordnungsgemäß erfolgte.
[65] EuGH 10.5.2012 – C-368/10, VergabeR 2012, 569 = NZBau 2012, 445 – Max Havelaar; Umweltbundesamt, Umweltfreundliche Beschaffung; Schulungsscript 1, Grundlagen der umweltfreundlichen öffentlichen Beschaffung, Stand 2019, 2. Aufl., S. 28/29.

gen darzustellen sind. Es kommen damit drei Kombinationsmöglichkeiten in Betracht. Der EuGH betont, dass Art. 42 der RL 2014/24/EU keine Hierarchie zwischen den Methoden der Formulierung der technischen Spezifikationen festlegt und **keiner dieser Methoden Vorrang** einräumt. Es besteht daher keine Verpflichtung, bei der Festlegung der technischen Spezifikationen entweder der Bedeutung der individuellen Merkmale von medizinischen Geräten oder der Bedeutung des Ergebnisses der Funktionsweise dieser Geräte grds. Vorrang einzuräumen, wenn die Grundsätze der Gleichbehandlung, der Nichtdiskriminierung und der Transparenz bei der Festlegung technischer Spezifikationen eingehalten werden. Folglich können funktionsbezogene und verwendungsbezogene Eigenschaften der gesuchten individuellen Produkte und des gesuchten individuellen Materials in einer Ausschreibung genauer bestimmt werden. Der Auftraggeber hat einen weiten Ermessensspielraum bei der Formulierung von Spezifikationen. Dieses Ermessen wird dadurch gerechtfertigt, dass der öffentliche Auftraggeber die Gegenstände, die er benötigt, am besten kennt und am ehesten in der Lage ist, die Anforderungen festzulegen, die erfüllt werden müssen, um die gewünschten Ergebnisse zu erzielen. Eine mittelbare Bevorzugung von Bietern ist dabei in Kauf zu nehmen, wenn der Verhältnismäßigkeitsgrundsatz gewahrt wird. Für den besonders sensiblen Bereich der Gesundheit der Bevölkerung billigte der EuGH bspw., dass die Eingrenzung der Anforderungen hinsichtl. der Materialien nicht nur nach Maßgabe der Kompatibilität erfolgte, sondern zusätzlich die bereits praktizierte Bearbeitungsgeschwindigkeit einzuhalten war, was in dem konkreten Fall nur mit den Originalverbrauchsprodukten darstellbar war. Je detaillierter die technischen Spezifikationen sind, desto größer ist dabei die Gefahr, dass die Produkte eines bestimmten Herstellers bevorzugt werden. Der zulässige Detaillierungsgrad richtet sich letztlich nach dem Beschaffungsziel.[66]

4. Zumutbarkeit statt ungewöhnliches Wagnis

Beim vergleichenden Blick fällt auf, dass sowohl die VOL/A 2009 als auch die VgV kein Verbot enthalten, dem Auftragnehmer ein ungewöhnliches Wagnis aufzuerlegen.[67] Darin unterscheiden sie sich von der Parallelvorschrift des § 7 EU Nr. 3 VOB/A. Hatte die Streichung in der VOL/A 2009 noch zu unterschiedlichen Auffassungen in Rspr. und Lit. geführt, ob das Verbot damit weggefallen sei,[68] ist die Tatsache, dass weder die Neuregelungen im GWB noch in der VgV dazu eine Regelung enthalten, als **Verzicht des Gesetzgebers auf das Verbot** bei Dienst- und Lieferleistungen zu verstehen.[69] Denn Wagnisse aufzuerlegen oder einzugehen ist dem Rechtsverkehr an sich nicht fremd; es gehört zum Wesen der Privatautonomie. In Leistungsbeschreibungen sind sie an den allg. Vergabegrundsätzen zu messen, die die Auslegung des gesamten Regelwerks prägen. **Nicht ungewöhnlich** sind von vornherein solche **Risiken,** die den Auftragnehmer **vertragstypisch** treffen.[70] Auch gibt es kein gesetzliches Verbot, bestimmte Vertragsrisiken, selbst wenn sie

30

---

[66] EuGH 25.10.2018 – C-413/17, ZfBR 2019, 494 ff. = VergabeR 2019, 375 – Labordiagnostika.

[67] OLG Düsseldorf 24.11.2011 – VII-Verg 62/11, BeckRS 2012, 4600 = VergabeR 2012, 482 (488).

[68] OLG Dresden 2.8.2011 – Verg 4/11, NZBau 2011, 775; ähnlich OLG Brandenburg 27.3.2012 – Verg W 13/11, BeckRS 2012, 8119; vermittelnd OLG Düsseldorf 7.3.2012 – Verg 91/11, IBRRS 2012, 2201; 7.11.2012 – VII-Verg 24/12, NZBau 2013, 184; 7.12.2011 – VII-Verg 96/11, BeckRS 2012, 2840; 24.11.2011 – VII-Verg 62/11, BeckRS 2012, 4600 = VergabeR 2012, 482 (488).

[69] OLG Düsseldorf 19.10.2011 – VII-Verg 54/11, NZBau 2011, 762; OLG München 6.8.2012 – Verg 14/12, ZfBR 2012, 805.

[70] OLG Düsseldorf 9.7.2003 – Verg 26/03, BeckRS 2006, 01806.

gewichtig sind und nach dem Leitbild des BGB prinzipiell vom Auftraggeber zu tragen sind, auf den Auftragnehmer zu verlagern. Das gilt etwa für das Risiko, die Leistung oder Lieferung überhaupt gebrauchen zu können (das Verwendungsrisiko). Ebenso wenig sind Bieter rechtlich gehindert, ein solches Risiko zu übernehmen. Die schuldrechtlichen Vorschriften des BGB sind idR abänderbar. Es besteht Vertragsfreiheit, wobei die getroffenen Abreden iA lediglich einer Inhaltskontrolle nach den §§ 307 ff. BGB und im Vergaberecht einer Kontrolle auf Zumutbarkeit unterliegen.[71] Nicht ungewöhnlich sind weiterhin besondere Wagnisse, die einer bestimmten Leistung oder einem Teil derselben immanent sind.[72] Üblich sind zudem **rechtliche Risiken** wie die Auferlegung von Sachmängelpflichten, Sicherheitsleistungen, das Einkalkulieren von Überstunden, Vertragsstrafen und der richtige Ermittlung der Umsatzsteuer.[73] Eine Übernahme der Haftung für Zufall und höhere Gewalt, die unzumutbar lange Ausdehnung von Verjährungsfristen oder die Übernahme einer das Normalmaß übersteigenden Mängelhaftung sind hingegen unzulässig.[74] Zu den üblichen Risiken gehört auch das der Verwirkung einer **Vertragsstrafe** bei Rahmenverträgen. Dem Bieter ist es möglich und zumutbar, das Risiko abzuschätzen, ob und in welchem Umfang es zur Verwirkung einer Vertragsstrafe kommen kann, und dies in seiner Kalkulation entspr. zu berücksichtigen. **Rahmenvereinbarungen** wohnen in der Natur der Sache liegend und abhängig vom ungeklärten und nicht abschl. klärbaren Auftragsvolumen erhebliche Kalkulationsrisiken inne, die typischerweise vom Bieter zu tragen sind. Zu Rahmenvereinbarungen ausf. → Rn. 32. Auch ein **Sonderkündigungsrecht** des Auftraggebers erschwert eine kaufmännisch vernünftige Kalkulation nicht unzumutbar. Vertraglich kann das Risiko einer Laufzeitverkürzung aufgrund veränderter Marktumstände allerdings nur dann den Bietern aufgebürdet werden, wenn sie dieses Risiko in zumutbarer Weise, etwa durch Marktkenntnis und -erfahrungen abschätzen und bei der Kalkulation berücksichtigen können.[75]

31 Das Verbot des ungewöhnlichen Wagnisses ist in der Rspr. **durch die Prüfung der Unzumutbarkeit ersetzt** worden. Die Zumutbarkeit dürfte überschritten sein, wenn der Bieter **keine kaufmännisch vernünftige Kalkulation** erstellen kann. Ein unzumutbares Risiko wird nicht angenommen, wenn bei Schülerbeförderungsleistungen der Besetztkilometerpreis mit einer Abweichungstoleranz von 25 % ggü. den vom Bieter angebotenen Zahlen festgelegt wird. Solange eine einseitige Belastung des Auftragnehmers, bspw. durch eine Begrenzung des Risikos bei geändertem Fahrzeugbedarf, zugleich ausgeschlossen wird, ist die Verhältnismäßigkeit gewahrt. Der VOL/B ist eine Vorgabe, wonach bei Abweichung von den angegebenen Mengenangaben bis zu 10 % dieselben Einheitspreise gelten, unbekannt.[76] Eine Regelung, die das Risiko der Inanspruchnahme für acht Wochen auf den Bieter übertrug (Vorhaltepflicht), war als erkennbare Vergütungsregelung zulässig.[77] Auch die Vorgabe des Auftraggebers, dass sowohl für den Fall der Einzelgewerksvergabe als auch für den Fall der GU-Vergabe zu bieten ist und er sich vorbehält, die konkrete Vergabestrategie erst der nach Auftragsvergabe an die Fachplaner festzulegen, ist zumutbar und zuläs-

---

[71] OLG Düsseldorf 21.10.2015 – VII-Verg 28/14, NZBau 2016, 235 mwN; BGH 27.6.1996 – VII ZR 59/95, NJW 1997, 61 – Kammerschleuse.
[72] OLG Düsseldorf 19.10.2011 – I-27 W 1/11, BeckRS 2012, 6423, Koordination Trockenbauarbeiten; OLG Naumburg 22.1.2002 – 1 U (Kart) 2/01, BeckRS 2002, 30234008 = BauR 2002, 833 – Munitionsberäumung Truppenübungsplatz.
[73] VK Brandenburg 28.1.2008 – VK 59/07, IBRRS 2008, 1337.
[74] OLG Dresden 23.4.2008 – WVerg 0011/08, IBRRS 2009, 1948.
[75] OLG Düsseldorf 6.9.2017 – VII-Verg 9/17, BeckRS 2017, 150181 = VergabeR 2019, 128 – Rabattverträge.
[76] VK Lüneburg 28.5.2014 – VgK-13/2014, BeckRS 2014, 13211.
[77] VK Bund 14.2.2018 – VK 2–02/18, IBRRS 2018, 0969.

sig.[78] Andererseits kann bereits die Grenze der Zumutbarkeit überschritten sein, wenn das Risiko vom Auftraggeber nicht eindeutig benannt wird.[79]

In Bezug auf **Rahmenvereinbarungen** kann das Gebot der Vollständigkeit der Leistungsbeschreibung nur eingeschränkt gelten. Auch die Zumutbarkeit unterliegt abweichenden, teilw. verschärften Anforderungen.[80] Der in Aussicht genommene Vertragsumfang ist lediglich so genau wie möglich zu ermitteln und bekannt zu geben. Er braucht aber nicht abschließend festgelegt zu werden (s. dazu ausf. → § 21 Rn. 6 ff.). Angeboten bei Rahmenvereinbarungen wohnen – in der Natur der Sache liegend und abhängig vom idR ungeklärten und nicht abschl. klärbaren Auftragsvolumen – erhebliche Kalkulationsrisiken inne, die typischerweise vom Bieter zu tragen sind. Dennoch dürfen diese nicht missbräuchlich oder in einer Weise verwendet werden, durch die der Wettbewerb behindert, eingeschränkt oder verfälscht wird. Eine wettbewerbskonforme Auftragsvergabe erfordert daher, diejenigen Angaben zum Auftragsumfang zu machen, die vergleichbare Angebote sichern, liquide verfügbar oder in zumutbarer Weise zu beschaffen sind.[81] Der Bieter muss zu einer seriösen Kalkulation fähig sein, ohne auf mehr oder minder willkürliche Schätzungen angewiesen zu sein. Die Vergabestelle muss die relevanten Grundlagen im zumutbaren Rahmen unter Ausschöpfung aller Erkenntnisquellen vollständig erheben.[82] Eine Rahmenvereinbarung muss für die gesamte Laufzeit die **Höchstmenge der Lieferungen und Dienstleistungen**, die Gegenstand der Folgeverträge sein können, und soweit möglich auch den veranschlagten Gesamtwert der Leistungen und die **Häufigkeit der zu vergebenden Aufträge** bestimmen und bekanntmachen. Ebenso sind Angaben zu den Auftraggebern, die in der Rahmenvereinbarung genannt werden, aber ihn nicht selbst unterzeichnen, zu machen und die Mengen anzugeben, die von diesen verlangt werden können, wenn sie Einzelaufträge in Durchführung dieser Rahmenvereinbarung abschließen. Die Höchstmengen **aller in Betracht kommenden Auftraggeber** einer Leistung sind somit unter Bezugnahme auf ihren normalen Bedarf zu bestimmen, da sonst gegen die Grundsätze der Transparenz und der Gleichbehandlung verstoßen würde. Daraus folgt weiterhin, dass die Rahmenvereinbarung ihre Wirkung verliert, wenn diese Menge erreicht ist (iE → § 21 Rn. 7).[83] Wo die Ermittlung des Auftragsvolumens unverhältnismäßig hohe Kosten verursachen würde oder aus anderen Gründen nicht realistisch ist, kommt eine Schätzung auf die Grundlage von **Erfahrungswerten** in Betracht.[84] Dabei darf der Auftraggeber riskante Leistungen durchaus ausschreiben, die er lediglich ergebnisorientiert definiert und in der Menge bestenfalls durch Schätzung hochgerechnet, aber nicht in allen Einzelheiten zuvor ermittelt hat.[85] Geht es bspw. um Leistungen, deren Umfang erst durch eine umfassende Bedarfsabfrage bei den betroffenen Stellen und deren Bediensteten ermittelt werden kann und wäre dies nur unter hohen Kosten und mit einem beträchtlichen Zeitbedarf in Form einer umfangreichen Meinungsumfrage vorzunehmen, ist dem Auftraggeber diese Ermittlung wegen des damit verbundenen extremen Aufwands bei der Durchführung und Auswertung einer solchen Umfrage nicht zuzumuten.[86] Schuldrechtlich betrachtet

---

[78] OLG Hamburg 20.3.2023 – 1 Verg 3/22, IBRRS 2023, 1199.
[79] OLG Düsseldorf 24.11.2011 – Verg 62/11, ZfBR 2012, 187.
[80] OLG Düsseldorf 20.2.2013 – Verg 44/12, ZfBR 2013, 510; VK Bund 17.4.2014 – VK 1–22/14, VPRRS 2014, 0441; OLG Düsseldorf 18.4.2012 – VII-Verg 93/11, BeckRS 2012, 12848.
[81] VK Südbayern 2.5.2016 – Z 3–3-3194-1-07-02/16, BeckRS 2016, 52529.
[82] VK Bund 23.12.2010 – VK 3–132/10, VPRRS 2013, 0614.
[83] EuGH 19.12.2018 – C-216/17, NZBau 2019, 116 = IBRRS 2018, 4074.
[84] VK Bund 19.9.2011 – VK 1–33/01, IBRRS 2013, 3316.
[85] OLG Naumburg 22.1.2002 – 1 U (Kart) 2/01, BeckRS 2002, 30234008.
[86] OLG Düsseldorf 21.10.2015 – VII-Verg 28/14, NZBau 2016, 235.

sind auch einseitig verpflichtende Verträge statthaft, mithin solche, die keine Abnahmepflicht des Auftraggebers, sondern lediglich eine Dienstleistungs- oder Lieferverpflichtung des Auftragnehmers vorsehen.[87]

33 Wann ein zu missbilligender **Missbrauch der Nachfragemacht** des öffentlichen Auftraggebers gegeben ist, bedarf stets einer Einzelfallprüfung.[88] Für den Auftragnehmer kann es unzumutbar sein, wenn er allein das **Verwendungsrisiko** des für den Winterdienst benötigten Streusalzes trägt, da der Bedarf von unbeeinflussbaren Faktoren abhängt und ihm möglicherweise hohe Vorhaltekosten entstehen. Die Vereinbarung einer Mindestabnahmemenge ist eine probate Möglichkeit, die Grenze der Zumutbarkeit nicht zu überschreiten (vgl. auch → § 21 Rn. 10).[89] Die Angabe von Mengenschwankungen bei der Restmüll- und Sperrmüllabfuhr stellt dagegen an sich kein unzumutbares Risiko dar. Sofern der Auftraggeber ergänzend eine Mengenabweichung in Prozentsätzen angibt, ist dies kalkulierbar.[90]

34 Unzumutbar ist dagegen, den **Leistungsbeginn** und das Leistungsende nicht festzulegen. Die VgV enthält anders als § 10a EU Abs. 8 VOB/A keine Aussage darüber, wann die Bindefrist beginnt oder über welchen Zeitraum sie regelmäßig festzulegen ist. Den Zeitraum, den der Auftraggeber für die Wertung der Angebote vorsieht, markiert zugleich die festgelegte Binde- und Zuschlagsfrist (zur Bindefrist ausf. → VOB/A § 10a EU Rn. 16 ff.). Nicht zu kalkulieren kann ein Vorbehalt des Auftraggebers sein, die Leistung irgendwann innerhalb von vier Monaten nach Ablauf der Bindefrist abzurufen, zumal so ungewiss bleiben kann, ob der konkrete Leistungszeitpunkt von erschwerenden Umständen wie Preissteigerungen bei Produkten oder Vorhaltungspflichten geprägt ist.[91] Der Bieter darf vielmehr davon ausgehen, dass mit der verfahrensmäßig bestimmten Bindefrist auch eine Festlegung des spätesten Beginns der materiellen Ausführungsfrist besteht, wenn konkrete Angaben dazu fehlen. Entsprechendes gilt für eine **bedingte Zuschlagserteilung**, die dazu führt, dass keine gesicherten Eckpunkte für den Leistungszeitpunkt zur Verfügung stehen und der Bieter sie sich auch nicht verschaffen kann. Sie ist vergaberechtswidrig, weil etwaige Risikozuschläge zwangsläufig willkürlich wären.[92]

35 Hat der Bieter dagegen auf Umstände und Ereignisse, die das Risiko ausmachen, Einfluss und kann er deren Einwirkung auf die Preise schätzen, ist die **Risikoverlagerung** zulässig. IRd Schätzungen wird dem Bieter durchaus zugemutet, seine Erfahrung und veröffentlichte Richtwerte heranzuziehen.[93] So kann er einen ausgeschriebenen Vorlauf von zwei Jahren nach Ende der Bindefrist bei langen Vertragslaufzeiten (Abfallentsorgung) bis zum Leistungsbeginn ohne Weiteres kalkulieren.[94]

36 Sache des Auftraggebers ist typischerweise auch die **Vollständigkeit** und Fehlerfreiheit der **Vergabeunterlagen.** Er kann deshalb nicht vom Auftragnehmer verlangen, dieser möge die Vollständigkeit und die Widerspruchsfreiheit der Unterlagen versichern.[95] Der Auftraggeber trägt grds. auch das **Vergabeverfahrensrisiko,** also

---

[87] OLG Düsseldorf 21.10.2015 – VII-Verg 28/14, NZBau 2016, 235 mwN; BGH 18.1.1989 – VIII ZR 311/87, NJW 1990, 1233.
[88] OLG Düsseldorf 24.11.2011 – Verg 62/11, ZfBR 2012, 187.
[89] OLG Dresden 2.8.2011 – Verg 4/11, NZBau 2011, 775; 28.11.2013 – Verg 6/13, ZfBR 2014, 812; OLG Jena 22.8.2011 – 9 Verg 2/11, NZBau 2011, 771.
[90] OLG München 6.8.2012 – Verg 14/12, ZfBR 2012, 805.
[91] VK Brandenburg 30.9.2008 – VK 30/08, IBRRS 2008, 2978; BGH 15.4.2008 – X ZR 129/06, NZBau 2008, 505 (507).
[92] VK Bund 28.1.2008 – VK 3 – 154/07, BeckRS 2008, 140938.
[93] OLG Karlsruhe 21.12.2006 – 17 Verg 8/06, BeckRS 2007, 03130, Störstoffanteil Altpapier.
[94] VK Lüneburg 8.5.2006 – VgK-07/2006, IBRRS 2006, 1679.
[95] VK Bund 24.1.2008 – VK 3–151/07, IBRRS 2008, 0540.

das Risiko der Verzögerung infolge eines Nachprüfungsverfahrens.[96] Dazu ausf. → VOB/A § 10a EU Rn. 33 ff.

Da die Leistungsbeschreibung keine vom Gesetzesrecht abweichende Vereinbarung ist, unterliegt sie idR nicht der Inhaltskontrolle **Allgemeiner Geschäftsbedingungen** (§ 307 Abs. 3 BGB).[97] Erst eine Einbeziehung ihrer Bestandteile in den Leistungsvertrag und eine ungeachtet der konkreten Leistung bestehende Absicht, sie mehrfach zu verwenden, eröffnet den Anwendungsbereich des § 307 Abs. 1 und 2 BGB. Klauseln, die sich hiernach nicht auf eine Leistungsbestimmung beschränken, sondern das Hauptleistungsversprechen einschränken, ausgestalten oder modifizieren, sind dann inhaltlich zu kontrollieren.[98] Verstoßen sie gegen § 97 Abs. 1 GWB und § 121 GWB, begründet dies zwar nicht zwangsläufig die **Unwirksamkeit** der Klausel, doch kann die vergaberechtlich unzulässige Auferlegung einer unzumutbaren Kalkulation zugleich eine unangemessene Benachteiligung iSv § 307 Abs. 2 BGB darstellen. So etwa, wenn mit dem Pauschalpreis alle Arbeiten abgegolten sein sollen, die zwar nicht in der Leistungsbeschreibung benannt, aber zur Vollständigkeit der Leistung notwendig werden. Auch eine Klausel, die den Bieter anhält, sich vor Kalkulation des Angebots von der Situation an Ort und Stelle zu informieren und die zugleich Nachforderungen aufgrund unberücksichtigter Schwierigkeiten ausschließt, begegnet Bedenken.[99] **37**

5. Bedarfspositionen

Bedarfspositionen sind Leistungen, bei denen zum Zeitpunkt der Ausschreibung **noch nicht feststeht, ob und in welchem Umfang** sie bei Durchführung der Leistung erforderlich werden. Die Entscheidung über ihre Ausführung trifft der Auftraggeber erst zu einem späteren Zeitpunkt.[100] Bedarfspositionen unterscheiden sich von Alternativpositionen hinsichtl. des Zeitpunkts, wann über den Abruf einer Leistung entschieden wird. Während über die Beauftragung einer bestimmten Alternativposition regelmäßig beim Zuschlag entschieden wird, wird über den Abruf von Bedarfspositionen erst im Laufe der Projektabwicklung entschieden. Zum anderen herrscht bei Alternativpositionen die Gewissheit darüber, dass es auf jeden Fall zur Ausführung einer der Alternativen kommt. Bei Bedarfspositionen hingegen kann ein Abruf ohne Notwendigkeit einer Teilkündigung ggf. gänzlich unterbleiben.[101] Da sich diese Unterschiede insbes. auf die Kalkulation der Angebote auswirken können, gebietet es der Grundsatz der Transparenz und der Bestimmtheit der Leistungsbeschreibung, dass der öffentliche Auftraggeber den Bietern eindeutig mitteilt, was für Positionen er ausschreibt.[102] Obwohl Bedarfspositionen der anzustrebenden eindeutigen und erschöpfenden Beschreibung der Leistung zuwiderlaufen und die Kalkulation des Preises erschweren, fehlt eine Regelung dazu im GWB und in der VgV. In der VOB/A besteht dagegen eine ausdr. Regelung dazu (§ 7 EU Abs. 1 Nr. 4 VOB/A bzw. § 7 Abs. 1 Nr. 4 VOB/A und § 7 VS Abs. 1 Nr. 4 VOB/A). Bedarfspositionen dürfen nicht Mängel einer unzureichenden Vorbereitung des Vergabeverfahrens ausgleichen.[103] Nur wenn trotz (zumutbarer) **Ausschöpfung aller** **38**

---

[96] Leinemann NJW 2010, 471; Hausmann LKV 2010, 160; VK Baden-Württemberg 7.11.2007 – 1 VK 43/07, BeckRS 2016, 40679.
[97] BGH 26.9.1996 – VII ZR 318/95, NJW 1997, 135.
[98] BGH 9.4.2014 – VIII ZR 404/12, NJW 2014, 2269.
[99] BGH 26.2.2004 – VII ZR 96/03, NZBau 2004, 324 (325).
[100] VK Lüneburg 8.7.2015 – VgK – 22/2015, IBRRS 2015, 2839.
[101] VK Nordbayern 4.10.2005 – VK-3194-30/05, IBRRS 2005, 3277.
[102] Vgl. OLG Düsseldorf 10.2.2010 – VII-Verg 36/09, ZfBR 2011, 298 = NZBau 2010, 720; VK Bund 23.2.2017 – VK 1–11/17, IBRRS 2017, 1395 = BeckRS 2017, 111350.
[103] VK Lüneburg 3.2.2004 – 303-VgK-41/2003, IBRRS 45397.

örtlichen und technischen **Erkenntnismöglichkeiten** im Zeitpunkt der Ausschreibung objektiv nicht feststellbar ist, wie die Leistungsbeschreibung unter Verzicht auf die Bedarfsposition eindeutig gestaltet werden kann, dürfen sie „ausnahmsweise" aufgenommen werden.[104] Diese restriktive Haltung erschwert eine praxisgerechte Handhabung, wenn der Auftraggeber seinen Bedarf trotz weitestgehender Aufklärung tatsächlich (objektiv) nicht vorhersehen und er seine Bedarfsdeckung folglich nicht mit einem einzigen Vergabeverfahren abdecken kann. Die Bedarfsposition kann in diesem Fall in Form einer **Option** im Leistungsvertrag festgelegt werden.[105] Bedarfspositionen müssen als solche in der Leistungsbeschreibung gekennzeichnet werden und dürfen ihrem Auftragswert nur von untergeordneter Bedeutung sein, dh idR **10 %, max. 15 % des ursprünglichen Auftragswertes** nicht überschreiten.[106] Unzulässig sind jedenfalls Bedarfspositionen in Anzahl oder Gewicht, die nicht mehr erkennen lassen, welches Angebot das wirtschaftlichste ist.[107] Inwiefern die genannten Grenzen auch noch nach der Schaffung des § 132 Abs. 2 Nr. 1 GWB zutreffen, der gerade eine Auftragsänderung durch – bereits dem Vergabewettbewerb unterworfene – Optionen vorsieht, ist noch ungeklärt.

39 Zur Gewährleistung eines transparenten Vergabeverfahrens sind auch die **Kriterien bekannt zu geben,** die für die Inanspruchnahme von Bedarfspositionen maßgebend sein sollen.[108] Der Auftraggeber muss im Vergabevermerk nachweisen, dass er die **ernsthafte Absicht** hat, die Leistung bei Bedarf zu beauftragen, dh nicht ausschl. – ähnlich einer Markterkundung – dazu nutzt, eine Beauftragung von ausreichenden Haushaltsmitteln oder angebotenen Preisen abhängig zu machen. Bedarfspositionen, die im zulässigen Umfang in die Leistungsbeschreibung aufgenommen werden, sind bei der Angebotswertung zu berücksichtigen.[109] Das gilt insbes. dann, wenn die Wertung schon in der Aufforderung zur Angebotsabgabe festgelegt wurde; hieran bleibt der Auftraggeber gebunden.[110] Dies entspricht dem Wettbewerbsgrundsatz: Könnten Bedarfspositionen beliebig bepreist werden, ohne dass dies Auswirkungen auf die Auftragschancen hätte, wäre der Bieter im Nachteil, der einen realistischen, sorgfältig kalkulierten Preis zur Bedarfsposition abgibt. Aber auch der Auftraggeber müsste den Zuschlag auf das nur ohne Berücksichtigung der Bedarfspositionen wirtschaftlichste Angebot erteilen, auch wenn dieses in der Bedarfsposition überteuert wäre.[111]

40 **Wahl- oder Alternativpositionen** unterscheiden sich von Bedarfspositionen weiterhin dadurch, dass sie nicht zusätzlich zu den Grundpositionen beauftragt werden, sondern nach Wahl des Auftraggebers bestimmte **Grundpositionen ersetzen.** Zur Gewährleistung eines transparenten Verfahrens muss den Bietern vorab bekannt gemacht werden, welche Kriterien für die Inanspruchnahme der ausgeschriebenen

---

[104] OLG Oldenburg 3.5.2007 – 8 U 254/06, IBRRS 2008, 2276, „nur bei zwingender Notwendigkeit"; VK Sachsen 15.8.2002 – 1/SVK/075-02, IBR 2002, 631.

[105] OLG Düsseldorf 28.1.2004 – Verg 35/03, IBRRS 2004, 0717; VK Bund 18.6.2012 – VK 2–53/12, IBRRS 2012, 4035.

[106] VK Bund 14.7.2005 – VK 1–50/05, BeckRS 2016, 17211.

[107] OLG Dresden 2.8.2011 – Verg 4/11, NZBau 2011, 775; VK Bund 14.7.2005 – VK 1–50/05, BeckRS 2016, 17211.

[108] OLG Düsseldorf 1.6.2016 – VII Verg 6/16, BeckRS 2016, 13257; 24.3.2004 – VII-Verg 7/04, NZBau 2004, 463.

[109] VK Sachsen 21.4.2015 – 1/SKV/010-15, IBRRS 2015, 2548; VK Baden-Württemberg 7.2.2014 – 1 VK 1/14, openJur 2014, 22069; OLG Saarbrücken 24.6.2008 – 4 U 478/07, NZBau 2009, 265; VK Schleswig-Holstein 12.7.2005 – VK-SH 14/05, BeckRS 2005, 09497.

[110] OLG München 15.7.2005 – Verg 14/05, VergabeR 2005, 799 (801).

[111] VK Südbayern 7.4.2006 – Z3-3-3194-1-07-03/06, IBRRS 2007, 4584; OLG Schleswig 15.2.2005 – 6 Verg 6/04, ZfBR 2005, 313; VK Arnsberg 12.3.2014 – VK 1/14, VPRRS 2014, 0453.

Wahlposition maßgebend sein sollen.[112] Die Ausschreibung von Wahlpositionen unterliegt den gleichen Bedenken, es besteht ebenfalls die Gefahr, dass die Leistung in Teilen nicht eindeutig und erschöpfend bestimmt ist und damit die Kalkulation erschwert.[113] Sie sind auch nur unter engen Voraussetzungen zulässig. Der Auftraggeber muss ein **berechtigtes Interesse** haben, die zu beauftragende Leistung in den betr. Punkten einstweilen offen zu halten[114] Dem Gebot der effizienten und sparsamen Haushaltsführung folgend, wird ein berechtigtes Interesse angenommen, wenn der Auftraggeber durch die Wahlpositionen die Möglichkeit erhält, ein technisch höherwertiges Gerät zu erhalten oder bei **unsicherer Finanzierung auf eine kostengünstige Alternative** zurückzugreifen.[115] Eine Wahlposition kann zulässig sein, wenn damit die Absicht des Auftraggebers verbunden ist, einen **Wettbewerb der Systeme** zuzulassen, der es Bietern erlaubt, eine Alternative zur Integrierung der Geräte in das bereits bestehende Gesamtkonzept anzubieten. Dies ermöglicht den Bietern, neue Systeme iR einer Wahlposition anzubieten, die zusätzlich den Austausch der vorhandenen Bestandskomponenten erlaubt, deren Aufkauf sowie den Ersatz durch neue Geräte umfasst.

Die **Entscheidung**, ob die Grund- oder die Alternativposition zur Ausführung 41 kommen soll, muss allerdings bereits bei Wertung der Angebote erfolgen, um zu verhindern, dass eine Position in der Preiswertung berücksichtigt würde, welche auf jeden Fall nicht zur Ausführung kommt.[116] Ein berechtigtes Interesse besteht nicht, wenn die Festlegung auf eine der beiden Alternativen möglich und zumutbar gewesen ist. Wird eine Wahlpositionen dennoch ausgeschrieben, kann ein Unternehmen hinsichtl. seiner Auftragschancen beeinträchtigt sein, weil nicht feststeht, welches Angebot es abgegeben hätte, wenn nur eine Position ausgeschrieben worden wäre.[117] Hat der Auftraggeber sich bspw. vor der Ausschreibung nicht unter Ausschöpfung aller zumutbaren Erkenntnismöglichkeiten um eine Klärung der Frage bemüht, auf welche Korngröße der Bauschutt zu verkleinern ist, besteht kein berechtigtes Interesse, dies in Bezug auf die Aufbereitung des oberirdischen Bauschutts für ein Landschaftsbauwerk einstweilen offen zu lassen. Eine noch nicht fertiggestellte Planung des Landschaftsarchitekten reicht dazu nicht aus.[118]

IV. Merkmale der Qualität, Innovation, soziale und umweltbezogene Aspekte (Abs. 3)

Die Vorschrift bietet dem öffentlichen Auftraggeber iR seiner Vorbildfunktion 42 Anlass und Gelegenheit, in seiner Ausschreibung den Auftragsgegenstand mit Aspekten der Qualität, der Innovation sowie sozialen und umweltbezogenen Aspekten zu versehen. So kann der wachsenden Bedeutung der Nachhaltigkeit der Beschaffungen umfassend Rechnung getragen werden (s. dazu ausf. → GWB § 97 Rn. 60 ff.). Diese

---

[112] OLG Düsseldorf 13.4.2011 – Verg 58/10, ZfBR 2011, 508; VK Sachsen-Anhalt 27.3.2017 – 3 VK LSA 04/17, ZfBR 2017, 520, und VK Sachsen-Anhalt 6.7.2017 – 3 VK LSA 42/17, VPRRS 2017, 0334; VK Bund 23.2.2017 – VK 1–11/17, IBRRS 2017, 1395.

[113] VK Bund 18.6.2012 – VK 2–53/12, ZfBR 2013, 75.

[114] OLG Düsseldorf 13.4.2011 – VII-Verg 58/10, ZfBR 2011, 508 (513) = VergabeR 2017, 763; OLG München 22.10.2015 – Verg 5/15, NZBau 2016, 63.

[115] OLG München 27.1.2006 – Verg 1/06, VergabeR 2006, 537 = BeckRS 2006, 2401; OLG Düsseldorf 15.5.2019 – VII-Verg 61/18, VergabeR 2019, 789 = NZBau 2019, 742; OLG Düsseldorf 14.9.2016 – VII-Verg 7/16, VergabeR 2017, 757 = IBRRS 2017, 3040.

[116] VK Nordbayern 4.6.2019 – RMF-SG 21–3194-4-16, VPRRS 2019, 0204.

[117] OLG Düsseldorf 15.5.2019 – VII-Verg 61/18, VergabeR 2019, 789 = BeckRS 2019, 16953.

[118] OLG Düsseldorf 15.5.2019 – VII-Verg 61/18, NZBau 2019, 742.

Merkmale können die Eigenschaft der Leistung oder des Produkts selbst erfassen, aber auch die verschiedenen Stadien im Produktions- oder Herstellungsprozess oder bei der Ausführung der Leistung. Letztlich kann der gesamte **Zeitraum des Lebenszyklus** einschl. der Produktions- oder Lieferketten einbezogen werden. Auch die ILO-Kernarbeitsnorm (→ GWB § 128 Rn. 6) kann entlang der Liefer- oder Produktionskette als soziale Anforderung festgelegt werden. Im Bauwesen ist der Begriff des „nachhaltigen Bauens"[119] geprägt worden: Damit wird eine Ressourcenschonung durch optimierten Einsatz von Baumaterialien und -produkten neben einer Minimierung der Medienverbräuche (Heizen, Strom, Wasser und Abwasser) angestrebt. Es kann verlangt werden, dass ein Produkt aus einem bestimmten Material (Holz statt Kunststoff) besteht oder frei von bestimmten Inhaltsstoffen (Chemikalien) ist. Auch die Wiederverwendung von Baustoffen und Bauteilen (Betonabbruch, Treppen, Fenster, Träger aus dem Umbau oder einem anderen Rückbauobjekt oder einer Wertstoffbörse) sowie die Verwendung von Recycling-Baustoffen fallen als Bestandteile des Lebenszyklus hierunter. Diese Grundsätze können auch auf Gegenstände von Lieferleistungen übertragen werden. **Umweltfreundliche Herstellungsprozesse** sind zB die des ökologischen Landbaus oder Strom aus erneuerbaren Energien, sog. „Ökostrom".[120] Nach Vorstellung der Kommission sind Güter zu verwenden, die während ihrer gesamten Lebensdauer geringere Folgen für die Umwelt haben als vergleichbare Produkte mit der gleichen Hauptfunktion.[121] Sind **energieverbrauchsrelevante Waren**, technische Geräte oder Ausrüstungen Gegenstand einer Lieferleistung oder wesentliche Voraussetzung zur Ausführung einer Dienstleistung, müssen die Anforderungen des Abschn. 4 beachtet werden. Bezüglich der Beschaffung von energieverbrauchsrelevanten Liefer- oder Dienstleistungen sind in der Leistungsbeschreibung oder an anderer geeigneter Stelle in den Vergabeunterlagen von den Bietern Angaben zum **Energieverbrauch** und in geeigneten Fällen eine Analyse minimierter **Lebenszykluskosten** oder die Ergebnisse einer vergleichbaren Methode zur Überprüfung der Wirtschaftlichkeit zu fordern (→ § 67 Rn. 11 ff.).[122] Die §§ 33, 34 VgV benennen die verschiedenen Möglichkeiten der **Nachweisführung** solcher Eigenschaften. Dies können Bescheinigungen, Testberichte, Zertifizierungen einer Konformitätsbewertungsstelle, technische Dossiers des Herstellers oder auch **Gütezeichen** sein. **Umweltpolitische Ziele** lassen sich im gesamten Vergabeverfahren am wirksamsten durch konkrete Umwelteigenschaften in der Leistungsbeschreibung realisieren, weil ein Bieter, der mit seinem Angebot diese Anforderungen nicht erfüllt, zwingend auszuschließen ist.[123]

43 Auch **Innovationen** sollen verstärkt im Vergabeverfahren Berücksichtigung finden. Damit ist die Vorstellung verbunden, verstärkt das Know-how der Bieter für wirtschaftlichere Angebote nutzen zu können (→ GWB § 97 Rn. 68, 60). Die Innovationspartnerschaft soll als spezielle Verfahrensart die Beschaffung dieser Leistungen unterstützen. Es bindet den Entwicklungsprozess der gesuchten Leistung in den Beschaffungsprozess der gefundenen Leistung ein. Dazu iE → GWB § 119 Rn. 33, → § 19 Rn. 1 ff.

44 Alle Anforderungen müssen **mit dem Auftragsgegenstand in Verbindung stehen** und zu dessen Auftragswert und dem verfolgten Beschaffungsziel verhältnismäßig sein (→ GWB § 97 Rn. 69). Allg. Anforderungen an die **Unternehmens-**

---

[119] Vgl. www.nachhaltigesbauen.de; Leitfaden Nachhaltiges Bauen 2015 Akt. Fassung 2019.
[120] EuGH 4.12.2003 – C-448/01, NVwZ 2004, 201 – EVN AG.
[121] Mitteilung der Kommission zum umweltorientierten Beschaffungswesen v. 24.7.2008; für Vergabestellen des Bundes: Allgemeine Verwaltungsvorschrift zur Beschaffung energieeffizienter Produkte und Dienstleistungen (AVV-EnEff) v. 18.1.2017.
[122] Besondere Anforderungen an die Beschaffung von Straßenverkehrsfahrzeugen sind nun nicht mehr in § 68 VgV aF, sondern im Saubere-Fahrzeuge-Beschaffungs-Gesetz v. 9. Juni 2021 (BGBl. I S. 1691) geregelt.
[123] Jasper KommJur 2009, 56 (57).

Leistungsbeschreibung § 31 VgV

politik sind unzulässig (→ GWB § 122 Rn. 23). Der Auftraggeber kann nicht festlegen, dass im Unternehmen generell schadstoffarme Motoren genutzt werden, sondern nur für die Zeit der Ausführung der Leistung darauf bestehen, dass umweltfreundliche Motoren verwendet werden. Auch die Anforderung, dass der Auftragnehmer im Büro generell auf die Verwendung von Einweggeschirr verzichtet oder ausschl. recyceltes Papier nutzt, ist als unzulässiger Eingriff in die allg. Geschäftspolitik des Unternehmens zu bewerten. Dagegen sind Anforderungen bei Lieferleistungen an die Rücknahme von Abfall oder zu entsorgende Produkte oder auch die Recyclingfähigkeit des Verpackungsmaterials zulässig. Auftragnehmer dürfen mithin nur während der Leistungserbringung zu einem bestimmten Verhalten verpflichtet werden. Bei der Abfallentsorgung kann folglich eine max. CO^2-Emission beim Transport der Abfälle vorgegeben werden. Reinigungsleistungen können mit der Anforderung beauftragt werden, bei der Reinigung ökologische Putzmittel zu verwenden oder den Nachweis zu erbringen, dass die ausführenden Mitarbeiter zu Umweltanforderungen geschult wurden.[124] Absolute Mindestanforderungen an die umweltgerechte Leistungserbringung können zudem über vertragliche Anforderungen nach dem LkSG abgedeckt werden (dazu ausf. → GWB § 97 Rn. 69a).

V. Rechte geistigen Eigentums oder Nutzungsrechte (Abs. 4)

Zu den in Abs. 4 genannten Rechten des geistigen Eigentums gehören insbes. 45 Patent-, Marken- und Urheberrechte, aber auch sonstige Schutzrechte wie Lizenzen.[125] Da nach deutschem Recht das **Urheberrecht** nicht durch Rechtsgeschäft übertragbar ist, kann der Auftraggeber in der Leistungsbeschreibung festlegen, dass ihm zumindest (auch weitreichende) **Nutzungsrechte** an der Sache eingeräumt werden. Eine Leistungsbeschreibung genießt idR keinen Urheberrechtsschutz. Nicht jede wörtliche Aufzählung und technische Beschreibung der zu einer Gesamtleistung gehörenden Einzelleistungen weist die dazu erforderliche Individualität auf.

In der Praxis kommt die Übertragung von Nutzungsrechten im Bereich der 46 **geistig-schöpferischen** Planungsleistungen häufig zur Anwendung. Oft sind auch Ausschreibungen von **IT-Leistungen,** insbes. von Softwarelösungen betroffen. In den Mustern der EVB-IT Verträge sind Regelungen zu den nicht ausschl., zeitlich begrenzten Nutzungsrechten geregelt, die jedoch nicht ungeprüft übernommen werden sollten.

Es fragt sich, ob den Auftraggeber in bestimmten Fällen eine **Pflicht zur Einräu-** 47 **mung entspr. Rechte** an der Nutzung der Sache auf Vertragsebene trifft, damit ein wettbewerbliches Verfahren zur Weiterentwicklung des ursprünglichen Produkts nicht grds. ausgeschlossen ist. Die VK Bund hat dies für die Vergabe von Softwareentwicklung hinsichtl. eines bestehenden Mautsystems iErg verneint.[126]

VI. Zugänglichkeitserfordernisse (Abs. 5)

Art. 42 Abs. 1 RL 2014/24/EU schreibt vor, dass die technischen Spezifikationen 48 für Leistungen, die von natürlichen Personen in Anspruch genommen werden können, den Zugang für Menschen mit Behinderung gewährleisten müssen. § 121 Abs. 2 GWB setzt diese Anforderungen um, auf die Ausführungen dort wird verwiesen (→ GWB § 121 Rn. 20). Ergänzend gilt: Wenn Zugänglichkeitserfordernisse durch

---

[124] Umweltbundesamt, Umweltfreundliche Beschaffung; Schulungsscript 1, Grundlagen der umweltfreundlichen öffentlichen Beschaffung, Stand 2019, 2. Aufl., S. 26.
[125] OLG Frankfurt a. M. 30.8.2011 – 11 Verg 3/11, IBRRS 2011, 3443.
[126] VK Bund 18.2.2016 – VK 2–137/15, NZBau 2016, 514 – Toll-Collect.

VgV § 31 Leistungsbeschreibung

Rechtsakt der EU erlassen werden, muss die Leistungsbeschreibung darauf Bezug nehmen.

VII. Produktneutrale Ausschreibung (Abs. 6)

1. Zweck

49   Das **Leistungsbestimmungsrecht** (→ Rn. 2 f.) des Auftraggebers wird durch das **Gebot zur produktneutralen Ausschreibung** begrenzt. Es verbietet, auf eine bestimmte **Produktion oder Herkunft, auf besondere Verfahren oder auf gewerbliche Schutzrechte** (Marken, Patente), Typen oder einen bestimmten Ursprung zu verweisen. Das Gebot dient der Durchsetzung der Warenverkehrsfreiheit und ist Ausdruck des Wettbewerbsgrundsatzes.[127] Für die Einschränkung sprechen mehrere Gründe: Sie strebt den kaufmännischen und technischen Wettbewerb an und konkretisiert so die Vergabegrundsätze in § 31 Abs. 1 VgV, indem sie den Marktzugang offenhält und vor Beschränkungen und Verfälschungen des Wettbewerbs durch zu enge, auf bestimmte Produkte zugeschnittene Leistungsbeschreibungen schützt.[128] Ohnehin weiß der angesprochene fachkundige Bieter selbst am besten, welche Mittel er zur Herstellung der Leistung einzusetzen hat, während ihm ein Nachweis der Gleichwertigkeit eines anderen Produkts oder Systems zum vorgegebenen Leitfabrikat oft nur ungleich schwerer möglich ist.[129] Umgekehrt bringt sich der Auftraggeber um seinen eigenen Vorteil, wenn er einen technikoffenen Wettbewerb verhindert und womöglich seine Ansprüche gegen den Auftragnehmer durch die Vorgabe bestimmter Fabrikate gefährdet, wenn spätere Mängel auf eben diese Produkte zurückzuführen sind. Untereinander austauschbare Produkte sollen daher im Vergabewettbewerb um das wirtschaftlichste Angebot stehen. Die Vorschrift ordnet folglich an, dass die **Vorgabe bestimmter Produkte** nur in besonders gerechtfertigten Fällen zulässig sein soll. Dennoch muss eine Ausschreibung nicht so gestaltet werden, dass alle am Markt befindlichen Produkte angeboten werden können.[130]

49a   Alle produktbezogenen Merkmale oder Anforderungen an den Leistungsgegenstand müssen durch einen der beiden in der Regelung enthaltenen Ausnahmegründe gedeckt sein und ausführlich dokumentiert werden: **S. 1** lässt den Verweis auf eine bestimmte Produktion, Herstellungsweise, auf Schutzrechte, Typen oder einen bestimmten Ursprung nur zu, wenn er **durch den Auftragsgegenstand gerechtfertigt** ist. Ein wettbewerbliches Verfahren mit mehreren Bietern muss gewährleistet bleiben. Unternehmen dürfen durch Produktvorgaben nicht diskriminiert werden. Anforderungen und Merkmale, die einen Wettbewerb völlig obsolet machen würden oder das Diskriminierungsverbot tangieren, sind idR unzulässig, soweit nicht – sehr selten – ein Verhandlungsverfahren ohne Teilnahmewettbewerb zulässig ist (zu diesen Ausnahmen → § 14 Rn. 51 ff.).

49b   **S. 2** betrifft einen besonders seltenen Fall und gestattet die Nennung eines sog. **„Leitfabrikats"**, wenn eine Leistung nicht hinreichend genau und allg. verständlich beschrieben werden kann. Der Verweis auf ein Leitfabrikat ist zwingend mit dem Zusatz „oder gleichwertig" zu versehen.

50   Oft findet man in Fällen mit produktspezifischen Vorgaben Indizien, die eine unzulässige Einschränkung des Wettbewerbs unterstreichen: Es geht nur ein Angebot

---

[127] OLG Düsseldorf 24.9.2014 – VII-Verg 17/14, NZBau 2015, 314 mit Bezug auf EuGH 10.5.2012 – C-368/10, NZBau 2012, 445.
[128] OLG Düsseldorf 24.9.2014 – VII-Verg 17/14, NZBau 2015, 314.
[129] VK Nordbayern 20.10.2016 – 21.VK-3194-33/16, IBRRS 2016, 2915.
[130] OLG Naumburg 5.12.2008 – 1 Verg 9/08, BeckRS 2009, 02589.

Leistungsbeschreibung **§ 31 VgV**

ein, Nebenangebote sind ausgeschlossen, nur ein Bieter kann das Produkt anbieten oder es gibt **keine Ausweichmöglichkeit,** die Leistung anders anzubieten, weil das Leistungsverzeichnis nach Form, Stofflichkeit, Aussehen oder technischen Merkmalen so präzise formuliert wird, dass nur ein Produkt/Verfahren die Anforderungen erfüllen kann. Wenn diese Umgehungstatbestände vorliegen, ist das Gebot der produktneutralen Ausschreibung verletzt.[131] Es liegt dann eine sog. **„verdeckter" Produktbezug** vor Unzulässig ist daher, ein **„Leitprodukt"** im Leistungsverzeichnis mit dem Zusatz „oder gleichwertig" zu benennen, wenn damit verdeckt, aber durch eine Vielzahl wettbewerbseinschränkender Vorgaben nur ein einziges Produkt beschrieben wird, das allen Vorgaben gerecht wird.[132]

Nicht zulässig ist zudem regelmäßig die **Vorgabe von Leitfabrikaten.** Zwar hatte 50a
vor der Vergaberechtsreform das OLG Düsseldorf eine Umschreibung durch eine Nennung von Leitfabrikaten bzw. Planungsfabrikaten zugelassen.[133] Diese Entscheidung beruhte aber noch auf altem Vergaberecht. Die aktuelle Rspr. sieht die Vorgabe von Leitfabrikaten als sehr problematisch an, da bei Nennung eines Leitfabrikats die technischen Spezifikationen gerade aufgrund der Hervorhebung des genannten Fabrikats nicht dem Gleichbehandlungsgrundsatz entsprechen würden.[134]

Wenn auf Kommastelle extrem detaillierte Abmessungen etwa von Pflastersteingrö- 50b
ßen vorgegeben werden auch wenn sich dies nur einem Hersteller zuordnen lässt, gibt selbst der Hinweis „ca." bei Abmessungen keinen Spielraum für Alternativangebote. Im Gesamtkontext der übrigen Vorgaben entfaltet er keine wertbare Wirkung bzw. Aussage mehr, sodass sich die Frage einer Abweichung und damit eines möglichen anderen Produktes praktisch überhaupt nicht stellt.[135] Auch ein den Vergabeunterlagen beigefügtes Datenblatt kann unzulässig sein, wenn es ein neutralisiertes **Produktdatenblatt** des sog. „Wunschprodukts" ist. Sind darin die Merkmale derart genau gefasst, dass ein einziges Produkt angeboten werden kann, ist das Neutralitätsgebot verletzt.

2. Sachlicher Rechtfertigungsgrund als Ausnahme (Abs. 6 S. 1)

S. 1 gestattet die produktorientierte oder -spezifische Ausschreibung, wenn sie 51
durch den Auftragsgegenstand gerechtfertigt ist. Die vergaberechtlichen Grenzen der Bestimmungsfreiheit des öffentlichen Auftraggebers sind dabei gewahrt, sofern kumulativ (1) die Bestimmung durch den Auftragsgegenstand sachlich gerechtfertigt ist, (2) vom Auftraggeber dafür nachvollziehbare, **objektive und auftragsbezogene Gründe** angegeben worden sind und die Bestimmung folglich **willkürfrei** getroffen worden ist, (3) solche **Gründe tatsächlich vorhanden** (festzustellen und notfalls erwiesen) sind, und (4) die Bestimmung andere **Wirtschaftsteilnehmer nicht diskriminiert.** Hält sich die Bestimmung in diesen Grenzen, gilt der Grundsatz der Wettbewerbsoffenheit der Beschaffung nicht mehr uneingeschränkt.[136] Zum Ganzen auch → GWB § 127 Rn. 6 ff, → § 14 Rn. 52 ff.

Eine solche Ausnahme kann auf die besondere Aufgabenstellung, auf technische 52
Zwänge, auf die Nutzung der Sache, auf gestalterische Anforderungen oder besondere wirtschaftliche Aspekte zurückzuführen sein. Der Auftraggeber hat einen Ermessensspielraum bei der Festlegung besonderer Merkmale, sofern sie sachlich vertretbar und nachvollziehbar sind und entspr. dokumentiert werden. Danach ist die Vorgabe, nur Originaldruckerpatronen anzubieten, zulässig, wenn sie mit erheb-

---

[131] VK Baden-Württemberg 30.8.2016 – 1 VK 36/16, IBRRS 2016, 2853.
[132] OLG München 17.9.2007 – Verg 10/07, IBR 2007, 635.
[133] OLG Düsseldorf 22.5.2013 – VII-Verg 16/12, ZfBR 2013, 713.
[134] VK Südbayern 18.2.2020, Z3-3-3194-1-42-10-19, BeckRS 2020, 5025; unter Berufung auf EuGH 25.10.2018 – C-413/17, ZfBR 2019, 494 – Roche Lietuva.
[135] VK Sachsen-Anhalt 11.4.2017 – 3 VK LSA 05/17, IBRRS 2017, 3540.
[136] OLG Düsseldorf 14.9.2016 – VII-Verg 1/16, BeckRS 2016, 18567.

lichen Funktionsstörungen bei Refill-Produkten begründet wird.[137] Auch die Einschränkung, nur Fertigspritzen mit abnehmbarer Kanüle anzubieten, ist zulässig, wenn medizinische Erwägungen (gesetzliche Vorgabe, die dem Arzt ein Wahlrecht hinsichtl. des Spritzenbestecks für den jew. Patienten einräumt), dafür maßgeblich sind.[138] Dagegen stellt es eine unzulässige Einschränkung des Beschaffungsgegenstandes dar, wenn Arzneimittel mit einem bestimmten Wirkstoff ausgeschrieben werden, die ausschl. für patentfreie Indikationen zugelassen sind und Anbieter ausschließen, die eine patentgeschützte Zulassung haben.[139] Ebenso können ästhetische Gründe iRv Gestaltungskonzepten des Architekten ein bestimmtes Material oder Produkt rechtfertigen.[140] Ein bestimmtes Produkt kann auch vorgegeben werden, weil andere Produkte nicht in einen vorhandenen Bestand integriert werden können.[141] Bei einer Bestandserweiterung von Messgeräten zu Forschungszwecken durfte das bereits verwendete Produkt für den zusätzlichen Bedarf ausgeschrieben werden.[142] Ebenso wurde die Begründung, „dass der Forschungsbetrieb hohe Ansprüche an die extreme Genauigkeit und Zuverlässigkeit der Gebäudeautomation stellt und mit Störfällen sogar der unwiederbringliche Verlust von Forschungsergebnissen, weitreichende finanzielle Schäden und möglicherweise Umweltgefahren verbunden sein könnten", für die Vorgabe einer Universität akzeptiert.[143] Eine Notwendigkeit, bestimmte Produkte auszuschreiben, bestand auch bei einem Konzerthaus, der Konzertflügel von bestimmten Herstellern benötigte, weil internationale Pianisten unterschiedliche Instrumente bevorzugen und davon ihr Engagement abhängig machen.[144] Zu weiteren Fällen → § 14 Rn. 55, 55a.

53   Die **Wirtschaftlichkeit** kann berührt sein, wenn eine produktneutrale Beschaffung unvertretbar hohe Belastungen infolge besonders **hoher Aufwände für die Ersatzteilhaltung, den Wartungs- oder Schulungsaufwand** erfordern würde.[145] Oftmals sind dies Fälle, in denen Leistungen zu vorhandenem Bestand beschafft werden (iE → § 14 Rn. 55, 55a). Auch Kostengründe können legitime Interessen des Auftraggebers rechtfertigen.[146] Es kann auch gerechtfertigt sein, beim Umbau eines Gebäudes gleiche Materialien zu verwenden wie bei seiner Errichtung, während ein bloß allg. Bedürfnis nach Originalen anstelle von Alternativprodukten keinen leistungsbezogenen Grund darstellt. Die Anforderung an zu beschaffende Whiteboards, dass diese nicht nur mittels eines Stiftes, sondern auch mit dem Finger bedienbar sind, ist zulässig, wenn diese in Schulen eingesetzt werden sollen und pädagogische Erwägungen das Ergebnis zulassen.[147] Andererseits wurden umfangreiche Begründungen zu Schnittstellenproblemen und Wirtschaftlichkeitsverlusten bei der Beschaffung bestimmter Fabrikate von Servern mit Intelanforderung und SAN-Storagelösungen nicht für ausreichend erachtet. Das mit der produktoffenen Ausschreibung verbundene Risiko des Auftraggebers wurde als begrenzt erachtet, weil Bieter stets die Vergleichbarkeit ihrer angebotenen Leistung nachzuweisen hätten. Vorrang hatte der Aspekt, eine sich ständig perpetuierende Gebundenheit an die Systeme und Komponenten eines bestimm-

---

[137] OLG Frankfurt a. M. 29.5.2007 – 11 Verg 12/06, BeckRS 2007, 65165.
[138] OLG Düsseldorf 27.6.2012 – VII-Verg 7/12, BeckRS 2012, 15939.
[139] OLG Düsseldorf 14.9.2016 – VII-Verg 1/16, BeckRS 2016, 18567.
[140] OLG München 9.9.2010 – Verg 10/10, BeckRS 2010, 26909.
[141] OLG München 5.11.2009 – Verg 15/09, BeckRS 2009, 86656.
[142] OLG Düsseldorf 3.3.2010 – Verg 46/09, IBRRS 2010, 2989.
[143] OLG Frankfurt a. M. 28.10.2003 – 11 Verg 9/03, ZfBR 2004, 486 (487).
[144] OLG Karlsruhe 14.9.2016 – 15 Verg 7/16, IBR 2017, 93.
[145] EuGH 8.4.2008 – C-337/05, NZBau 2008, 401.
[146] OLG Düsseldorf 9.12.2009 – Verg 37/09, BeckRS 2010, 5178; VK Düsseldorf 30.11.2011 – VK-28/2011-L.
[147] VK Lüneburg 16.11.2009 – VgK-62/2009, BeckRS 2009, 89484.

ten Herstellers zu vermeiden.[148] Die einmal getroffene **Systementscheidung** sollte daher nicht zu einer dauerhaften Beschränkung des Wettbewerbs führen. Die mit Alternativprodukten in Verbindung gebrachten Qualitäts-, Funktions- und Kostenrisiken gehören daher in die **Angebotswertung**. Dem Auftraggeber ist insoweit ein **Beurteilungsermessen** einzuräumen, denn in seine Entscheidung, welche Leistung mit welchen Merkmalen nachgefragt und ausgeschrieben werden soll, fließen idR eine Vielzahl von Erwägungen ein, die sich etwa daraus ergeben können, dass sich die auf dem Markt angebotenen Leistungen trotz grds. Gleichartigkeit regelmäßig in einer Reihe von Eigenschaften unterscheiden. Eine Differenzierung nach solchen Kriterien, soweit sie auf die Art der zu vergebenden Leistung bezogen sind, kann dem Auftraggeber nicht verwehrt werden.[149] Auftraggeber können eine sogenannte „**Ein-Hersteller-Strategie**" verfolgen, wenn dies am ehesten eine reibungslose und wirtschaftliche Modernisierung der über mehrere Jahre hindurch einheitlich aufgebauten Techniklandschaft bietet und zudem den Vorteil hat, bestehende unterhaltungswürdige Komponenten einzubinden und dadurch bereits vorhandene Schnittstellen optimal einbinden zu können. Auch konnten damit Risikopotentiale ebenso wie erforderlicher Schulungsaufwand bestmöglich verringert werden (s. dazu die bei → § 14 Rn. 55, 55a genannten Fälle).[150] Das galt auch für eine spezielle Kamera, die für ein bestimmtes, bereits praktiziertes Messverfahren benötigt wurde, weil sie ein einzigartiges Dateiformat für das Gesamtsystem liefern konnte, welches über mehrere Jahre hinweg entwickelt wurde. Konkurrenten hätten zu unwirtschaftlichen Bedingungen eine Implementierung des Formats in ihr Produkt erst noch durchführen müssen.[151] Die Entscheidung zur Weiterverwendung und Ergänzung vorhandener Dialysegeräte darf dem Umstieg auf ein gänzlich anderes System durch Neuanschaffung von „Stand-Alone-Geräten" und der parallelen Verwendung mehrerer Systeme vorgezogen werden, insbes. unter dem Aspekt ihrer vollen Funktionstüchtigkeit und der Einsparung von erheblichen Mehrkosten.[152]

Der Grundsatz der produktneutralen Ausschreibung erfasst nicht nur das grds. Verbot einer ungerechtfertigten positiven Festlegung, sondern auch die **ungerechtfertigte negative Festlegung** in Form eines Ausschlusses von Produkten, Fabrikaten oder Bezugsquellen. Der Ausschluss eines Produktes ist gerechtfertigt, wenn dieses ein nicht ausgleichbares technisches Defizit aufweist.[153]

Da der Auftraggeber im **Vorfeld des Vergabeverfahrens** in der Bestimmung des Leistungsgegenstands frei ist,[154] wird der Auftraggeber von einigen Vergabekammern zur Bekräftigung des Wettbewerbsgrundsatzes gem. § 31 Abs. 1 VgV in die Pflicht genommen, vorab eine **Markterkundung** vorzunehmen. Der Auftraggeber soll sich zunächst – und nötigenfalls mit sachverständiger Unterstützung – im Interesse potenzieller Bieter einen möglichst breiten Überblick über die in Betracht kommenden Lösungsvarianten verschaffen und iRd Ausübung seines Beurteilungsspielraums inzident andere Lösungsvarianten als nicht geeignet ausschließen.[155] Das

---

[148] VK Lüneburg 12.5.2005 – VgK-15/2005, IBRRS 2005, 1862.
[149] OLG Düsseldorf 22.10.2009 – Verg 25/09, BeckRS 2009, 29057.
[150] OLG Düsseldorf 13.4.2016 – VII-Verg 47/15, ZfBR 2017, 93 = NZBau 2016, 656 – VoIP-Telefone.
[151] VK Bund 9.11.2018 – VK 2–98/18, IBRRS 2018, 3950 = VPR 2019, 27.
[152] OLG Düsseldorf 12.7.2017 – VII Verg 13/17, NZBau 2017, 679 = VergabeR 2018, 67 – Dialysegerät.
[153] VK Lüneburg 15.9.2016 – VgK-34/2016, BeckRS 2016, 112124; OLG Düsseldorf 17.2.2010 – Verg 42/09, BeckRS 2010, 6143.
[154] EU-Kom, ABl. 2001 C 333, 8.
[155] So OLG Celle 22.5.2008 – 13 Verg 1/08, BeckRS 2008, 10353 „Ultra-Schall-Farbdoppler-System"; OLG Jena 26.6.2006 – 9 Verg 2/06, NZBau 2006, 735 – Anna-Amalia-Bibliothek.

OLG Düsseldorf hat dagegen in der „Fertigspritzenentscheidung" seine Auffassung bekräftigt, dass der Auftraggeber ein Leistungsbestimmungsrecht habe, das der eigentlichen Ausschreibung vorgelagert ist und daher auch **keine Pflicht zur Markterkundung** besteht, solange die Leistungsanforderungen nicht auf ein bestimmtes Produkt zugeschnitten sind.[156] Es besteht überwiegend Einigkeit, dass die Vergabekammern und OLGs keine Nachprüfungsinstanz für die Sinnhaftigkeit der Entscheidung des Auftraggebers sind.[157] Eine Pflicht zur Erforschung des Markts nach anderen Lösungen wird – soweit der Wettbewerb nicht vollständig ausgeschlossen wird – daher immer noch abgelehnt..[158] Eine inhaltliche Kontrolle, ob eine Technik oder ein Produkt tatsächlich alternativlos ist, findet durch die Nachprüfungsinstanzen bei Vorliegen dieser Voraussetzungen idR nicht statt.[159] Jedoch müssen die Gründe, die aus Sicht des Auftraggebers für eine produktscharfe Ausschreibung streiten, dokumentiert und die Erwägungen, die zu den maßgeblichen Entscheidungen geführt haben, niedergelegt werden.[160] Denn die Darlegungslast für die Notwendigkeit einer herstellerbezogenen Leistungsbeschreibung liegt beim öffentlichen Auftraggeber.[161] Dies führt dazu, dass eine Markterkundung in vielen Fällen sinnvoll und dringend anzuraten ist, um den Grad der Einschränkung des Wettbewerbs für eine Rechtfertigung nicht produktneutraler Vorgaben zu ermitteln und nachweisen zu können.

54a Etwas anderes gilt allerdings dann, wenn der Wettbewerb durch die Festlegungen auf ein Produkt ausgeschlossen wird. § 14 Abs. 6 VgV legt inzwischen ausdr. fest, dass die sich aus der Produktfestlegung ergebende Wettbewerbseinschränkung nur dann zulässig ist, wenn es keine vernünftige Alternative oder Ersatzlösung gibt und der mangelnde Wettbewerb nicht das Ergebnis einer künstlichen Einschränkung der Auftragsvergabeparameter ist. Dies führt in den meisten Fällen zu einer Pflicht zur Markterkundung (ausf. → § 14 Rn. 56).[162]

55 Liegt ein **sachlicher Rechtfertigungsgrund** nach Abs. 6 S. 1 vor, ist der **Zusatz „oder gleichwertig" unzulässig**, weil der Auftraggeber maßgeblich Spielräume suggeriert und damit möglicherweise sogar Angebote initiiert, die wegen unzulässiger Änderung am Leistungsverzeichnis aus formalen Gründen ausgeschlossen werden müssten.

3. Hinreichende Beschreibung des Auftragsgegenstands nicht möglich (Abs. 6 S. 2)

56 Deutlich enger zieht die Rspr. die Grenzen für die zweite Ausnahme, von einer produktneutralen Leistungsbeschreibung abzuweichen. Diese ist nur in den seltenen Fällen einschlägig, wenn eine Beschreibung durch hinreichend genaue, allg. verbindliche Bezeichnungen nicht möglich ist. S. 2 verlangt, dass die Anforderungen an die

---

[156] OLG Düsseldorf 27.6.2012 – VII-Verg 7/12, BeckRS 2012, 15939.
[157] VK Sachsen 22.3.2011 – 1/SVK/004-11, BeckRS 2011, 19710; nachfolgend OLG Dresden 17.5.2011 – WVerg 3/11, IBRRS 2011, 3669.
[158] OLG Düsseldorf 1.8.2012 – Verg 10/12, ZfBR 2013, 63; 27.6.2012 – VII-Verg 7/12, BeckRS 2012, 15939; VK Westfalen 16.3.2022 – VK 2–7/22, IBRRS 2022, 1020; OLG Düsseldorf 16.10.2019 – VII-Verg 66/18, NZBau 2020, 184; OLG Celle 31.3.2020 – 13 Verg 13/19, NZBau 2021, 136.
[159] VK Bund 1.3.2012 – VK 2–5/12, IBRRS 2013, 2455.
[160] OLG Düsseldorf 16.10.2019 – VII-Verg 66/18, NZBau 2020, 184.
[161] OLG Düsseldorf 16.10.2019 – VII-Verg 66/18, NZBau 2020, 184; OLG Celle 31.3.2020 – 13 Verg 13/19, NZBau 2021, 136.
[162] S. zB VK Lüneburg 20.9.2021 – VgK 33/2021, BeckRS 2021, 36776; OLG Celle 9.11.2021 – 13 Verg 9/21, NZBau 2022, 236; VK Rheinland-Pfalz 16.12.2022 – VK 1–4/22, VPRRS 2023, 0075.

Lieferung oder Leistung objektiv ausschl. durch Bezugnahme auf das **„Leitprodukt oder -verfahren"** beschrieben werden können. Die Voraussetzungen sind **voll überprüfbar, die Vergabestelle hat insoweit kein Ermessen.**[163] Ein sog. „Leitprodukt" darf benannt werden, wenn es **nahezu unmöglich ist, mit allg. verständlichen Worten den Leistungsgegenstand eindeutig und umfassend zu beschreiben.** Auf den damit verbundenen Aufwand bei der Leistungsbeschreibung kommt es dabei nicht an. Diese Situation kommt tatsächlich nur selten vor, auch wenn in der Praxis die Angabe eines Leitprodukts eher die Regel ist. Dekor-Typen bestimmter Holzwerkstoffhersteller als Referenzprodukte zur Orientierung für zu liefernde Büromöbel können demnach durch die Bezugnahme auf Holzarten wie „Kirschbaum" oder „Ahorn" verwendet werden, da eine allg. Beschreibung so komplex wäre, dass sie kaum nachvollziehbar und handhabbar formuliert werden könnte. Vorgaben zur Gestell-Farbe unter Bezugnahme auf RAL-Farbbezeichnungen sind dagegen keine Angaben, die unter die zweite Ausnahme fallen, sondern als technische Norm unter Abs. 2 S. 1 Nr. 2e und Nr. 2c. In beiden Fällen muss der Gleichwertigkeitszusatz jew. zwingend angefügt werden.[164] Für die Ausgestaltung eines Gebäudes durfte der „Irische Blaustein" iRd architektonischen Gesamtkonzepts und aus gestalterischen Gründen festgelegt werden. Da es objektiv unmöglich war, die Farbnuancen und die Marmorierung des Steins zu beschreiben, war es zulässig, den gewünschten Stein, der nur aus einem bestimmten Steinbruch bezogen werden konnte, als „Leitprodukt" ohne den Zusatz „oder gleichwertig" anzugeben. Die Benennung des „Irischen Blausteins" konnte noch als Nennung eines Leitprodukts bezeichnet werden, obwohl gleichwertige Produkte aufgrund der Vorgabe des Steinbruchs nicht zugelassen waren.[165] In einem anderen Fall hatte der Auftraggeber für den Außenputz eines Landesmuseums die Anforderung, dass dieser optisch wie der Naturstein des Nachbargebäudes eine bestimmte Glimmerwirkung haben sollte. Die Entscheidung, das entwickelte Produkt als „Richtfabrikat" auszuschreiben, hielt der Nachprüfung stand.[166]

Kann der Auftragsgegenstand nicht hinreichend beschrieben werden, **ist zwingend – und zwar nur dann – der Zusatz „oder gleichwertig"** anzufügen. 57
Bieter sollen dadurch erkennen können, dass das Produkt nicht zwingend anzubieten ist, sondern eine Möglichkeit für gleichwertige Produkte besteht. In diesen Fällen trägt der Bieter die **Beweislast der Gleichwertigkeit** seines Produkts und der Auftraggeber für die fehlende Gleichwertigkeit.[167] Der Nachweis ist zwingend **mit der Angebotsabgabe** zu führen.[168] Für den Gleichwertigkeitsnachweis sind diejenigen Leistungsmerkmale des vorgeschlagenen Produkts maßgeblich, die ausweislich der Leistungsbeschreibung wesentlich sind. Die Gleichwertigkeit ist nachgewiesen, wenn die Funktionsanforderungen des Leitprodukts erreicht werden. Unterschiede des angebotenen Produkts in sonstigen Details zum Leitprodukt können vernachlässigt werden.[169] Bieter, die das Leitprodukt anbieten, können gewiss sein, dass dieses die Anforderungen des Auftraggebers erfüllt. Somit wird das Leitfabrikat privilegiert. Der Zusatz „oder gleichwertig" ist ungeeignet, den Verstoß gegen die Produktneutralität auszugleichen. Er ist nur dann geeignet, einen diskriminierungsfreien Wettbewerb herzustellen, wenn er über seine formale Aufnahme in die Textfassung der Leistungsbeschreibung hinaus auch die Anforderungen des Abs. 6 S. 2 erfüllt. Die

---

[163] VK Bund 27.10.2008 – VK 3–134/08, BeckRS 2008, 140963; Dicks IBR 2008, 1360.
[164] VK Bund 29.1.2018 – VK 2–160/17, IBRRS 2018, 1047.
[165] VK Münster 24.6.2011 – VK 6/11, IBRRS 2011, 3576.
[166] OLG Düsseldorf 17.9.2012 – VII-Verg 33/12, BeckRS 2012, 23821.
[167] OLG München 31.1.1996 – 27 U 502/95, NJW-RR 1997, 1514 (1515).
[168] EuGH 12.7.2018 – C-14/17, VergabeR 2018, 649 = NZBau 2018, 545.
[169] BayObLG 29.4.2002 – Verg 10/02, BeckRS 2002, 4950 = VergabeR 2002, 504 (505); VK Nordbayern 6.9.2012 – 21 VK-3194-15/12, IBRRS 2012, 3752.

VgV § 31 Leistungsbeschreibung

Vorgabe eines nur informatorischen Leitfabrikats – wie in der Praxis teilw. noch üblich – ist aufgrund des Verstoßes gegen den Gleichbehandlungsgrundsatz nicht zulässig (→ Rn. 50).

58 Für spezifizierte Ausschreibungen nach S. 1 und nach S. 2 gilt: Die Vergabestelle muss den **Prüfungs- und Willensbildungsprozess** ihrer zuständigen Entscheidungsträger lückenlos **dokumentieren** und die sachlichen Gründe, die zur Ausschreibung eines bestimmten Produkts oder Verfahrens geführt haben, nachvollziehbar dokumentieren und erkennen lassen.[170] Eine Verpflichtung, dies nach außen hin transparent zu machen, besteht nicht.

VIII. Rechtsschutz

59 Verfahrensfehler, die auf einen Verstoß gegen das Gebot der Eindeutigkeit der Leistungsbeschreibung zurückzuführen sind, sind bieterschützend und im Nachprüfungsverfahren angreifbar. Auf die Ausführungen in § 121 GWB wird insoweit verwiesen, → GWB § 121 Rn. 22.

60 Geht der Auftraggeber aufgrund seiner fehlerhaften Einschätzung von einer **nicht eindeutig und erschöpfend beschreibbaren Leistung** aus, obwohl eine funktionale Leistungsbeschreibung vorliegt, die den Auftrag klar beschreibt, ist ein Verhandlungsverfahren unzulässig, mithin eine Beeinträchtigung der Bieterchancen nicht ausschließbar, und das Vergabeverfahren ist aufzuheben. Gerade die Verhandlungsmöglichkeit birgt im Unterschied zu Ausschreibungen die Gefahr, bei Nachverhandlungen von Mitbewerbern unterboten zu werden.[171] Zur Antragsbefugnis in diesen Fällen → GWB § 160 Rn. 28.

61 Im Nachprüfungsverfahren wegen Verletzung des Gebots der **Produktneutralität** wird geprüft, ob die Gründe für die Wettbewerbseinschränkung sachlich gerechtfertigt sind und ob kein Wettbewerbsausfall oder kein Diskriminierungseffekt festzustellen ist (→ Rn. 51 ff.). Sowohl § 31 VgV als auch § 32 VgV sowie § 121 GWB sind in der Mehrzahl ihrer Regelungen bieterschützend iSv § 97 Abs. 6 GWB.[172] Wenn der Bieter aber weder ein Produkt, das einer neutralen Beschreibung entsprechen würde, noch ein gleichwertiges Produkt anbieten kann, fehlt es konkret an der Verletzung seiner individuellen Rechte. Schreibt der Auftraggeber sog. **„Planungs-, Richt- oder Leitfabrikate"** aus, obwohl der Auftragsgegenstand hinreichend genau und allg. verständlich beschrieben werden kann, führt dies grds. dazu, dass wegen der Verletzung des Grundsatzes produktneutraler Ausschreibung und unzulässiger Bevorzugung der Leitprodukte das Vergabeverfahren zu wiederholen ist.[173] Der Bieter ist in diesem Fall auch nicht gehalten, die „Gleichwertigkeit" mit der Angebotsabgabe nachzuweisen. Ein Angebot, das ein vom (unzulässigen) „Leit- oder Planungsfabrikat" abweichendes Fabrikat, aber vergleichbares Produkt benennt und damit den Zusatz „oder gleichwertig" aufgreift, ist ungeachtet der Bezeichnung ein **Hauptangebot.**[174] Es ist auch unschädlich, ein vom „Planungsfabrikat" abweichendes Fabrikat mit „Nebenangebot" zu bezeichnen, wenn der Angebotsinhalt nicht von der Leistungsbeschreibung abweicht. In diesen Fällen bestehen keine Bedenken dagegen, auch **mehrere**

---

[170] BayObLG 25.3.2021 – Verg 4/21, IBRRS 2021, 3719.

[171] OLG Düsseldorf 1.6.2016 – VII Verg 6/16, BeckRS 2016, 13257 mwN; OLG Düsseldorf 28.7.2011 – VII-Verg 20/11, NZBau 2012, 50 ff.

[172] OLG Dresden 10.1.2000 – WVerg 1/99, BeckRS 2000, 16646 = BauR 2000, 1582; OLG Frankfurt a. M. 11.6.2013 – 11 Verg 3/13, BeckRS 2013, 10967.

[173] OLG Düsseldorf 23.3.2010 – VII-Verg 61/09, BeckRS 2010, 15137 = NJW-Spezial 2010, 558.

[174] OLG Düsseldorf 9.3.2011 – VII-Verg 52/10, BeckRS 2011, 8605.

Hauptangebote eines Bieters, die sich in technischer Hinsicht unterscheiden, zuzulassen.[175] Werden etwa Verblendarbeiten mit der Anforderung ausgeschrieben, Klinker einer bestimmten Rohdichteklasse zu verwenden und (ohne sachlichen Grund) alternativ ein bestimmtes Fabrikat und abermals alternativ ein gleichwertiges Produkt, müssen Nebenangebote eines Bieters als Hauptangebote gewertet werden, wenn die Abgabe von Nebenangeboten unzulässig ist. Entsprechen die als Nebenangebote bezeichneten Varianten den Leistungsanforderungen, sind in diesem besonderen Fall die **Nebenangebote als weitere Hauptangebote zu werten,** weil der Auftraggeber durch die Gestaltung der Vergabeunterlagen inhaltlich verschiedene Hauptangebote veranlasst oder sonst dazu aufgefordert hatte.[176] Ist kein Leitprodukt vorgegeben (theoretischer Normalfall), sind mehrere Hauptangebote als Alternativangebote zu werten, die vom Auftraggeber nicht gefordert wurden, die unbestimmt sind und die deswegen auch infolge einer Abweichung von den Vergabeunterlagen insges. einem Wertungsausschluss unterliegen.[177] Zu beachten ist, dass seit Einführung der VOB/A 2019 der Bieter auch bei Bauvergaben mehrere wertbare Hauptangebote abgeben kann, sofern dies nicht ausdr. ausgeschlossen ist, vgl. § 8 EU Abs. 2 Nr. 4 VOB/A.

Dem Auftragnehmer steht ein **Schadensersatzanspruch** gem. §§ 280 Abs. 1, 311 Abs. 2 BGB zu, wenn der Auftraggeber sich nicht vergabekonform verhalten hat, weil er die nachgefragte Leistung nicht erschöpfend beschrieben hat. Geht es um eine Leistungsbeschreibung mit unzumutbaren Risiken und kann der Auftragnehmer eine Anpassung der vereinbarten Vergütung des abgeschlossenen Vertrags verlangen, entsteht in Höhe des ihm aufgrund dieser Anpassung zustehenden Mehrbetrags an Vergütung kein Schaden. Ein Schaden des Auftragnehmers kann unter diesen Umständen nur den Differenzbetrag ausmachen, um den ein Schaden den Anpassungsbetrag noch übersteigt. Ein auf Ersatz des Erfüllungsinteresses gerichteter Schadensersatzanspruch kann nur gerechtfertigt sein, wenn davon auszugehen ist, dass der Kläger bei in jeder Hinsicht ordnungsgemäßem Vergabeverfahren den Auftrag hätte erhalten müssen.[178]   62

Gleiches gilt für den Schaden, der durch eine vergaberechtswidrig produktbezogene Ausschreibung entsteht. Inhalt des Anspruchs kann nur das sog. negative Interesse sein, da ein Nachweis, dass der betr. Bieter im Fall einer produktneutralen Ausschreibung den Auftrag erhalten hätte, nicht gelingen kann.   63

§ 32 Technische Anforderungen

(1) **Verweist der öffentliche Auftraggeber in der Leistungsbeschreibung auf technische Anforderungen nach § 31 Absatz 2 Nummer 2, so darf er ein Angebot nicht mit der Begründung ablehnen, dass die angebotenen Liefer- und Dienstleistungen nicht den von ihm herangezogenen technischen Anforderungen der Leistungsbeschreibung entsprechen, wenn das Unternehmen in seinem Angebot dem öffentlichen Auftraggeber mit geeigneten Mitteln nachweist, dass die vom Unternehmen vorgeschlagenen Lösungen diesen technischen Anforderungen gleichermaßen entsprechen.**

(2) ¹**Enthält die Leistungsbeschreibung Leistungs- oder Funktionsanforderungen, so darf der öffentliche Auftraggeber ein Angebot nicht ableh-**

---

[175] OLG Düsseldorf 23.3.2010 – VII-Verg 61/09, BeckRS 2010, 15137 = NJW-Spezial 2010, 558.
[176] OLG Düsseldorf 9.3.2011 – VII-Verg 52/10, BeckRS 2011, 8605.
[177] OLG Düsseldorf 21.10.2015 – VII-Verg 28/14, BeckRS 2015, 18210.
[178] BGH 26.1.2010 – X ZR 86/08, NZBau 2010, 387.

nen, wenn diese Anforderungen die von ihm geforderten Leistungs- oder Funktionsanforderungen betreffen und das Angebot Folgendem entspricht:
1. einer nationalen Norm, mit der eine europäische Norm umgesetzt wird,
2. einer Europäischen Technischen Bewertung,
3. einer gemeinsamen technischen Spezifikation,
4. einer internationalen Norm oder
5. einem technischen Bezugssystem, das von den europäischen Normungsgremien erarbeitet wurde.

²Das Unternehmen muss in seinem Angebot belegen, dass die jeweilige der Norm entsprechende Liefer- oder Dienstleistung den Leistungs- oder Funktionsanforderungen des öffentlichen Auftraggebers entspricht. ³Belege können insbesondere eine technische Beschreibung des Herstellers oder ein Prüfbericht einer anerkannten Stelle sein.

I. Bedeutung der Vorschrift

1 Die Regelung legt fest, *dass und wie* Bieter die **Übereinstimmung der angebotenen Leistung mit der Leistungsbeschreibung nachweisen** können. Dabei wird differenziert, ob der Auftraggeber selbst technische Anforderungen zur Beschreibung der Leistung verwendet oder Leistungs- und Funktionsanforderungen festschreibt.

1a Während die EU-Richtlinie von „Spezifikationen, die in einem Schriftstück enthalten sind, das Merkmale für ein Erzeugnis oder eine Dienstleistung vorschreibt" (Anhang VII Nr. 1 lit. b der RL 2014/24/EU), spricht, wird in den nationalen Verordnungen der Begriff der „technischen Anforderungen" verwendet. Ein inhaltlicher Unterschied ist hiermit nicht verbunden.

II. Zeitpunkt des Nachweises

1b Die Vorschrift erlegt dem Unternehmen die Darlegungslast dafür auf, dass die vorgeschlagenen Lösungen den technischen Anforderungen *gleichermaßen* entsprechen. Diese sog. „**Gleichwertigkeit**" muss das Unternehmen schon mit seinem Angebot nachweisen und kann insoweit nicht anführen, die Gleichwertigkeit sei dem Auftraggeber aus anderem Zusammenhang (wie früheren Vergabeverfahren) bekannt.[1] Denn Zweck der Vorschrift ist es, die mit der Angebotsprüfung befassten Personen in die Lage zu versetzen, anhand der vom Bieter vorgelegten Unterlagen beurteilen zu können, ob die angebotene technische Variante geeignet ist. Auf möglicherweise vorhandenen internen Sachverstand anderer Personen zur Beurteilung der Gleichwertigkeit kommt es nicht an.[2] Anderes gilt aber, wenn der gleichlautende Nachweis als Unterlage bereits vorhanden ist. Die Gleichwertigkeitsnachweise sind zudem entbehrlich, wenn die vorgegebenen technischen Spezifikationen selbst Abweichungen zulassen, indem sie etwa als Soll- und nicht als Muss-Vorschriften ausgestaltet sind.[3]

III. Gleichwertigkeitsnachweise bei technischen Anforderungen (Abs. 1)

2 Sofern der Auftraggeber auf technische Anforderungen verweist, ist der Gleichwertigkeitsnachweis mit der Angebotsabgabe durch **geeignete Mittel** möglich, die

---
[1] OLG Saarbrücken 27.4.2011 – 1 Verg 5/10, BeckRS 2011, 11576.
[2] OLG Koblenz 2.2.2011 – 1 Verg 1/11, ZfBR 2011, 399.
[3] OLG München 7.4.2011 – Verg 5/11, NZBau 2011, 439.

belegen, dass die vorgeschlagenen Lösungen den in den Vergabeunterlagen genannten technischen Anforderungen des Auftraggebers gleichermaßen entsprechen. Verwendet ein Auftraggeber in seiner Leistungsbeschreibung eine bestimmte Norm, darf er ein Angebot also nicht allein deshalb ablehnen, weil es nicht mit der geforderten Norm versehen ist.[4] Über die inhaltlichen Anforderungen an den Nachweis gibt § 33 VgV Auskunft. Notwendig sind Bescheinigungen einer Konformitätsstelle bzw. nachrangig unter besonderen Umständen technische Dossiers der Hersteller. Produktkataloge und Broschüren reichen als Nachweis nicht aus (iE → § 33 Rn. 4).[5]

In Bezug auf die Leistungsbeschreibung ist allerdings zu prüfen, ob eine Anforderung des Auftraggebers im Einzelfall den **Leistungsgegenstand selbst definiert** oder dem Bieter mit der Anforderung bereits ein anderer Nachweis der Gleichwertigkeit ermöglicht werden soll. Denn je nach Formulierung unterscheidet sich die Grundlage für die Prüfung der Konformität des Angebots mit der Leistungsbeschreibung. Liegt eine Definition des Leistungsgegenstands und damit eine **Abweichung vom Leistungsgegenstand** vor, ist das Angebot entweder wegen unzulässiger Änderung der Vergabeunterlagen zwingend auszuschließen, soweit das Angebot nicht – soweit zugelassen – als **Nebenangebot** gewertet werden kann. Gleichwertige Angebote sind dagegen als Hauptangebote, niemals als Nebenangebote, zu werten. Individuelle, auf das konkrete Projekt bezogene technische Vorgaben stellen keine technische Anforderung dar.[6] Ein hiervon abweichendes Angebot ist daher als Nebenangebot einzuordnen.[7] Diese Frage stellt sich dagegen bei Abs. 2 hinsichtl. der Leistungs- und Funktionsanforderungen nicht in gleichem Maße, weil es dort um die Ausfüllung vom Auftraggeber eingeräumter Spielräume geht und nicht um Abweichungen vom Wortlaut der Leistungsbeschreibung.

IV. Gleichwertigkeitsnachweise bei Leistungs- und Funktionsanforderungen (Abs. 2)

Abs. 2 enthält eine weitere Erleichterung zugunsten des Bieters, indem er ihm gestattet nachzuweisen, dass sein Vorschlag den technischen Anforderungen des § 31 Abs. 2 Nr. 2 lit. a–d VgV entspricht.[8] Ausgenommen sind allerdings nationale Normen, technische Zulassungen oder technische Spezifikationen *ohne* europäischen Bezug. Da die Regelung aus Sicht des Bieters zu betrachten ist, enthält sie keine Rangfolge, in der die genannten technischen Anforderungen der Nr. 1–5 anzuwenden sind. Das unterscheidet diese Regelung von § 31 Abs. 2 Nr. 2 VgV, der die Verwendung aus Auftraggebersicht regelt. Die Regelung stärkt die Bedeutung der technischen Anforderungen für Angebote auf der Grundlage einer funktionalen oder konstruktiven Leistungsbeschreibung, da auch für diese Angebote – soweit vorhanden – technische Anforderungen als technische „Normen" vorrangig sind.

Die **Beweislast**, dass das Angebot den technischen Anforderungen entspricht, hat auch hier der Bieter. Er darf dazu als Beleg auf eine **technische Beschreibung des Herstellers oder den Prüfbericht** einer anerkannten Prüfstelle verweisen. Es sind aber auch andere Belege zugelassen. In der Praxis sind die Herstellerangaben häufig nicht geeignet, die Übereinstimmung des angebotenen Produkts mit dem normierten Produkt nachzuweisen. Den Auftraggeber trifft aber aufgrund der Beweislastverteilung eine Begründungspflicht, wenn er die vorgelegten Belege nicht

---

[4] Für DIN-Normen: OLG München 8.6.2010 – Verg 8/10, BeckRS 2010, 15768.

[5] VK Münster 17.6.2005 – VK 12/05, IBRRS 2014, 0327.

[6] OLG München 11.8.2005 – Verg 12/05, BeckRS 2005, 32161.

[7] OLG Düsseldorf 6.10.2004 – VII Verg 56/04, IBRRS 2013, 1653; OLG München 11.8.2005 – Verg 12/05, BeckRS 2005, 32161.

[8] OLG Düsseldorf 5.10.2016 – Verg 24/16, BeckRS 2016, 19699.

akzeptiert. Im Einzelfall ist jew. schwierig zu beurteilen, wie umfassend die Gleichwertigkeit dargelegt werden muss. Insbes. bei komplexen Leistungen ist fraglich, ob der ansonsten übliche Nachweis der Zweckeignung ausreicht In Bezug auf die technische Beurteilung der vorgelegten Nachweise hat der Auftraggeber – wie auch bei der Beurteilung der Gleichwertigkeit eines Nebenangebots – einen Beurteilungsspielraum.[9]

V. Rechtsschutz

5 § 32 Abs. 1 VgV ist **bieterschützend** iSv § 97 Abs. 6 GWB.[10] Legt der Bieter entspr. Nachweise vor, muss der Auftraggeber seinerseits nachweisen, dass die Gleichwertigkeit dennoch nicht vorliegt (Beweislastumkehr). Gelingt dem Auftraggeber der Gegenbeweis nicht, darf das Angebot nicht mangels Gleichwertigkeit ausgeschlossen werden. Bei Zweifeln ist das Angebot aufzuklären. Kommt es aufgrund der Abweichung von der Leistungsbeschreibung zum Ausschluss, kann die Rechtmäßigkeit in einem Nachprüfungsverfahren geprüft werden. Da der Auftraggeber hinsichtl. der Beurteilung der Gleichwertigkeit einen Beurteilungsspielraum hat, ist die gerichtliche Überprüfung eingeschränkt. Die Nachprüfung beschränkt sich darauf, ob der Auftraggeber bei seiner Beurteilung von einem zutreffend ermittelten Sachverhalt ausgegangen ist oder ob er seine Beurteilung auf sachfremde Erwägungen gestützt hat.[11] Dieser Maßstab gilt auch im Rahmen eines Schadensersatzprozesses im Unterschwellenbereich.[12]

§ 33 Nachweisführung durch Bescheinigungen von Konformitätsbewertungsstellen

(1) ¹Als Beleg dafür, dass eine Liefer- oder Dienstleistung bestimmten, in der Leistungsbeschreibung geforderten Merkmalen entspricht, kann der öffentliche Auftraggeber die Vorlage von Bescheinigungen, insbesondere Testberichten oder Zertifizierungen, einer Konformitätsbewertungsstelle verlangen. ²Wird die Vorlage einer Bescheinigung einer bestimmten Konformitätsbewertungsstelle verlangt, hat der öffentliche Auftraggeber auch Bescheinigungen gleichwertiger anderer Konformitätsbewertungsstellen zu akzeptieren.

(2) ¹Der öffentliche Auftraggeber akzeptiert auch andere als die in Absatz 1 genannten geeigneten Unterlagen, insbesondere ein technisches Dossier des Herstellers, wenn das Unternehmen keinen Zugang zu den in Absatz 1 genannten Bescheinigungen oder keine Möglichkeit hatte, diese innerhalb der einschlägigen Fristen einzuholen, sofern das Unternehmen den fehlenden Zugang nicht zu vertreten hat. ²In den Fällen des Satzes 1 hat das Unternehmen durch die vorgelegten Unterlagen zu belegen, dass die von ihm zu erbringende Leistung die angegebenen Anforderungen erfüllt.

(3) Eine Konformitätsbewertungsstelle ist eine Stelle, die gemäß der Verordnung (EG) Nr. 765/2008 des Europäischen Parlaments und des Rates vom 9. Juli 2008 über die Vorschriften für die Akkreditierung und Markt-

---

[9] VK Rheinland 26.5.2021 – VK 3/21, ZfBR 2023, 205 (Ls.), OLG Schleswig 22.1.2019 – 54 Verg 3/18, BeckRS 2019, 590 mwN.
[10] OLG Dresden 10.1.2000 – WVerg 0001/99, BeckRS 2000, 16646.
[11] OLG Schleswig 22.1.2019 – 54 Verg 3/18, BeckRS 2019, 590 mwN.
[12] BGH 23.3.2011 – X ZR 92/09, NZBau 2011, 438.

überwachung im Zusammenhang mit der Vermarktung von Produkten und zur Aufhebung der Verordnung (EWG) Nr. 339/93 des Rates (ABl. L 218 vom 13.8.2008, S. 30) akkreditiert ist und Konformitätsbewertungstätigkeiten durchführt.

Literatur: Burgi, Vergaberecht, 2021; Ensthaler/Strübbe/Bock, Zertifizierung und Akkreditierung technischer Produkte, 2007; Halstenberg/Klein, Neues zu den Anforderungen bei der Verwendung von Normen, Zertifizierungen und Gütezeichen in Vergabeverfahren, NZBau 2017, 469; Loew, Zertifizierung, Auditierung, Akkreditierung – Einführung in die Funktionsweise von Konformitätsbewertungssystemen und die verwendeten Begriffe, in Friedel/Spindler, Zertifizierung als Erfolgsfaktor, 2016; Umweltbundesamt, Rechtsgutachten umweltfreundliche öffentliche Beschaffung, aktualisierte Fassung 2020.

I. Bedeutung der Vorschrift

§ 33 VgV dient der Umsetzung von Art. 44 RL 2014/24/EU. Die Vorschrift gibt 1 dem öffentlichen Auftraggeber die Möglichkeit, von den Bietern die Vorlage von Bescheinigungen einer Konformitätsbewertungsstelle zum Nachweis dafür zu verlangen, dass die angebotene Leistung die Anforderungen der Leistungsbeschreibung erfüllt. Die Vorschrift ist bieterschützend; Bieter haben einen Anspruch darauf, dass der Auftraggeber (nur) die in § 33 VgV benannten Nachweise fordert und akzeptiert.[1]

Die **Vorschrift berührt nicht das Leistungsbestimmungsrecht** des öffentli- 2 chen Auftraggebers (dazu → § 14 Rn. 52 ff.).[2] Die nach § 33 VgV geforderte Bescheinigung einer bestimmten Konformitätsbewertungsstelle dient dem öffentlichen Auftraggeber lediglich als formaler Nachweis dafür, dass die Leistung des Bieters den in der Leistungsbeschreibung geforderten Merkmalen genügt. Der öffentliche Auftraggeber bleibt aber unabhängig davon gehalten, in der Leistungsbeschreibung konkret zu definieren, welche Merkmale die ausgeschriebene Leistung aufweisen muss (iE → GWB § 121 Rn. 4 ff.). § 33 VgV erleichtert dem öffentlichen Auftraggeber also die Prüfung der Angebote und schafft durch den Rückgriff auf die Konformitätsbewertung einer dritten Stelle eine höhere Sicherheit für die Qualität der angebotenen Leistung.

Auch im Hinblick darauf, dass der öffentliche Auftraggeber nach Abs. 2 in 3 bestimmten Fällen alternative Konformitätsnachweise zulassen muss, bleibt es erforderlich, dass er die geforderten **Merkmale der Leistung konkret beschreibt.** Der öffentliche Auftraggeber kann die geforderten Merkmale nicht bestimmen durch den schlichten Verweis auf die Bescheinigung einer Konformitätsbewertungsstelle, etwa auf ein bestimmtes CE-Kennzeichen nach der VO (EG) Nr. 765/2008 oder ein ISO Kennzeichen. Vielmehr muss der öffentliche Auftraggeber angeben, welche konkreten Merkmale die ausgeschriebene Leistung aufweisen muss; ggf. kann er diese Merkmale aus den Bescheinigungen ableiten. Für diese Anforderung an die Leistungsbestimmung enthält die Rspr. des EuGH zum Gütezeichen wichtige Hinweise. Der EuGH hatte öffentlichen Auftraggebern unter der RL 2004/18/EG verwehrt, in der Leistungsbeschreibung ein bestimmtes Gütezeichen zu verlangen und darauf verwiesen, stattdessen die in diesem Gütezeichen verwendeten Spezifikationen zu verwenden.[3] Diese Rspr. ist nunmehr in § 34 VgV kodifiziert.

---

[1] Voppel/Osenbrück/Bubert/Voppel VgV § 33 Rn. 7; Beck VergabeR/Lampert VgV § 33 Rn. 6; DSW/Wagner-Cardenal VgV § 33 Rn. 24 differenziert in Bezug auf Abs. 3.
[2] AA jurisPK-VergabeR/Zimmermann VgV § 33 Rn. 10.
[3] EuGH 10.5.2012 – C-368/10, ZfBR 2012, 489.

3a § 33 VgV regelt nicht ausdr., bis wann der öffentliche Auftraggeber die Bescheinigung der Konformitätsbewertungsstelle verlangen kann. Grds. liegt es in der Verantwortung des Bieters, die Konformität der von ihm angebotenen Leistung mit der Leistungsbeschreibung auf geeignete Weise nachzuweisen.[4] Da die Bescheinigung keine Konkretisierung der Leistungsbeschreibung ist, sondern nur zum Nachweis der Erfüllung ihrer Anforderungen dient, ist der öffentliche Auftraggeber nicht verpflichtet, den Nachweis in den Vergabeunterlagen oder sogar schon in der Auftragsbekanntmachung nach § 37 VgV zu fordern.[5] Dies gilt insbes. auch deswegen, weil die objektive und transparente Bewertung verschiedener Angebote voraussetzt, dass der öffentliche Auftraggeber in der Lage ist, anhand der von den Bietern gelieferten Angaben und Unterlagen effektiv zu prüfen, ob die Angebote die Zuschlagskriterien erfüllen.[6] Grds. ist der öffentliche Auftraggeber daraus verpflichtet sicherzustellen, dass er in der Lage ist, die Richtigkeit der Angaben der Bieter zu prüfen. Er ist daher gut beraten, bereits in den Vergabeunterlagen zu präzisieren, welche Nachweise er fordert, um diese Überprüfung vornehmen zu können. Soweit jedoch im Zuge der Angebotsprüfung Zweifel verbleiben, ist der Auftraggeber iRd Aufklärung unter Wahrung des Gleichbehandlungsgrundsatzes berechtigt, Bescheinigungen über die Konformität der angebotenen Leistung mit der Leistungsbeschreibung zu verlangen.[7]

II. Testberichte und Zertifizierungen (Abs. 1)

4 Nach S. 1 zählen zu den Konformitätsbescheinigungen, die der öffentliche Auftraggeber verlangen kann, insbes. Testberichte und Zertifizierungen von Konformitätsbewertungsstellen. Der Wortlaut lässt auf eine beispielhafte, nicht **abschließende Aufzählung von Bescheinigungen** schließen. Dies entspricht jedoch nicht dem Wortlaut von Art. 44 Abs. 1 RL 2014/24/EU und der Verordnungsbegr., die abschließend nur Testberichte oder Zertifizierungen vorsehen.[8] Auch ein Vergleich mit Abs. 2 S. 1 zeigt, dass andere als die ausdr. in Abs. 1 genannten Bescheinigungen nicht in Betracht kommen. Somit kann der öffentliche Auftraggeber nur Bescheinigungen von Konformitätsbewertungsstellen in Form von Testberichten oder Zertifizierungen verlangen.[9] Sonstige Nachweise sind von Abs. 1 nicht erfasst. Zertifikate, die einzig der öffentliche Auftraggeber ausstellt und die der Zertifizierung von durch ihn selbst bestimmten technischen Kriterien dienen, dürfen nicht gefordert werden.[10]

5 S. 2 sieht für den Bieter eine Beweiserleichterung vor. Schreibt der öffentliche Auftraggeber dem Bietern die Vorlage von Bescheinigungen einer bestimmten Konformitätsbewertungsstelle vor, muss der öffentliche Auftraggeber auch Bescheinigungen gleichwertiger anderer Konformitätsbewertungsstellen akzeptieren, um Wettbewerbsbeschränkungen[11] und eine Verletzung der Warenverkehrsfreiheit[12] zu vermeiden. Ein gleichwertiges Kompetenzniveau der Konformitätsbewertungsstellen sichert das Akkreditierungsverfahren nach der VO (EG) Nr. 765/2008.[13]

---

[4] MüKoEuWettbR/Seebo VgV § 33 Rn. 4.
[5] AA DSW/Wagner-Cardenal VgV § 33 Rn. 9.
[6] EuGH 4.12.2003 – C 448/01, NZBau 2004, 105.
[7] Beck VergabeR/Lampert VgV § 33 Rn. 12.
[8] Begr. zu § 33 Abs. 1 VgV, BT-Drs. 18/7318, 173.
[9] AA DSW/Wagner-Cardenal VgV § 33 Rn. 8; MüKoEuWettbR/Seebo VgV § 33 Rn. 4.
[10] VK Bund 31.7.2017 – VK 1–67/17, VPR 2017. 225.
[11] Halstenberg/Klein NZBau 2017, 469 (472).
[12] EuGH 1.3.2012 – C-484/10, EuZW 2012, 264.
[13] Erwgr. 22 der VO (EG) Nr. 765/2009/EG.

Dass die von dem Bieter vorgelegten Unterlagen der Leistungsbeschreibung entsprechen, wird **widerlegbar vermutet**. Die Beweislast trifft den öffentlichen Auftraggeber, wie sich aus einem Umkehrschluss zu Abs. 2 S. 2 ergibt, wonach die Bieter nur in den Fällen von Abs. 2 S. 1 belegen müssen, dass ihr Angebot den Leistungsanforderungen genügt. 6

III. Sonstige Bescheinigungen (Abs. 2)

Abs. 2 dient **ebenfalls als Beweiserleichterung** für den Bieter. Danach ist der 7 öffentliche Auftraggeber verpflichtet, auch andere Bescheinigungen als die in Abs. 1 genannten Testberichte und Zertifizierungen zu akzeptieren, wie zB ein technisches Dossier des Herstellers. Voraussetzung dafür ist, dass der Bieter entweder keinen Zugang zu den Testberichten oder Zertifizierungen von Konformitätsbewertungsstellen hat oder keine Möglichkeit hatte, diese Bescheinigung fristgemäß einzuholen. Die Vorschrift ist als Ausnahmevorschrift eng auszulegen,[14] zumal die Bescheinigungen anderer Stellen nicht die Neutralität einer Konformitätsbewertungsstelle vermitteln.[15] **Eigenerklärungen** des Bieters zum Nachweis der Neutralität sind in jedem Fall nicht ausreichend. Der Bieter muss vielmehr sowohl den Nachweis eines Dritten beibringen als auch zusätzlich beweisen, dass sich aus diesem Nachweis die Konformität mit der Leistungsbeschreibung ergibt.[16]

Der Bieter kann die Nachweisführung durch sonstige Bescheinigungen nur in 8 Anspruch nehmen, wenn er den fehlenden Zugang zu den Testberichten oder Zertifizierungen von Konformitätsbewertungsstellen **nicht zu vertreten** hat. Angesichts des klaren Wortlauts des Verordnungstextes bezieht sich das Vertretenmüssen sowohl auf den Zugang als auch die fristgemäße Einholung.[17] Dabei finden die allg. Verschuldensvorschriften der §§ 276, 278 BGB Anwendung. Aufgrund der Formulierung („sofern…nicht") und der Überlegung, dass es dem öffentlichen Auftraggeber kaum zuzumuten wäre, das Verschulden des Bieters hinsichtlich einer nicht fristgemäßen Einholung der Bescheinigung nachzuweisen, trägt der Bieter die **Beweislast für das Vertretenmüssen**.

Des Weiteren muss der Bieter gem. Abs. 2 S. 2 anhand der sonstigen Bescheini- 9 gungen nachweisen, dass seine angebotene Leistung den vom öffentlichen Auftraggeber aufgestellten Leistungsanforderungen entspricht.

IV. Konformitätsbewertungsstelle (Abs. 3)

Abs. 3 definiert Konformitätsbewertungsstellen. Zum einen setzt eine solche 10 Stelle eine Akkreditierung gem. der VO (EG) Nr. 765/2008 und zum anderen die Durchführung von Konformitätsbewertungstätigkeiten voraus.

Eine Akkreditierung ist die Bestätigung durch eine dritte Stelle, die formal 11 darlegt, dass eine Konformitätsbewertungsstelle die Kompetenz besitzt, bestimmte Konformitätsbewertungsaufgaben durchzuführen.[18] Die Akkreditierung wird

---

[14] Beck VergabeR/Lampert VgV § 33 Rn. 17.
[15] Voppel/Osenbrück/Bubert/Voppel VgV § 33 Rn. 5; DSW/Wagner-Cardenal VgV § 33 Rn. 16.
[16] Voppel/Osenbrück/Bubert/Voppel VgV § 33 Rn. 5; Beck VergabeR/Lampert VgV § 33 Rn. 19; DSW/Wagner-Cardenal VgV § 33 Rn. 16 f.
[17] Umweltbundesamt (Hrsg.), Rechtsgutachten umweltfreundliche öffentliche Beschaffung, 2020, 92; BeckOK VergabeR/Thiele VgV § 33 Rn. 12; der Wortlaut der Begr. zu § 33 Abs. 1 VgV, BT-Drs. 18/7318, 173 spricht indes vom Vertretenmüssen nur für die fristgemäße Einholung.
[18] Vgl. DIN EN ISO/IEC 17011.

nach § 1 Abs. 1 Akkreditierungsstellengesetz (AkkStelleG)[19] als hoheitliche Aufgabe durch die Akkreditierungsstelle durchgeführt. Nach § 8 Abs. 1 AkkStelleG iVm § 1 Abs. 1 Akkreditierungsstellengesetz – Beleihungsverordnung (AkkStelleG-Beleihungsverordnung) ist in Deutschland die Deutsche Akkreditierungsstelle GmbH (DAkkS) mit den Aufgaben der nationalen Akkreditierungsstelle beliehen.

12 Die Konformitätsbewertungstätigkeit beinhaltet die Prüfung und Bescheinigung der Erfüllung festgelegter Anforderungen an Produkte und Dienstleistungen.[20] Zu den Konformitätsbewertungstätigkeiten zählen zB Kalibrierung, Versuche, Zertifizierung und Inspektion.[21]

13 Es gibt allein in Deutschland mehrere tausend sowohl private als auch staatliche Konformitätsbewertungsstellen.[22] Zu den privaten Konformitätsbewertungsstellen zählen ua die Technischen Überwachungsvereine (TÜV) und der Deutsche Kraftfahrzeug-Überwachungsverein (DEKRA). Die Physikalisch-Technische Bundesanstalt für Materialforschung und -prüfung (BAM) oder das Bundesamt für Sicherheit in der Informationstechnik (BSI) sind Beispiele für staatliche Bewertungsstellen. Die deutschen akkreditieren Konformitätsbewertungsstellen werden von der DAkkS veröffentlicht.[23]

§ 34 Nachweisführung durch Gütezeichen

(1) **Als Beleg dafür, dass eine Liefer- oder Dienstleistung bestimmten, in der Leistungsbeschreibung geforderten Merkmalen entspricht, kann der öffentliche Auftraggeber die Vorlage von Gütezeichen nach Maßgabe der Absätze 2 bis 5 verlangen.**

(2) **Das Gütezeichen muss allen folgenden Bedingungen genügen:**
1. **Alle Anforderungen des Gütezeichens sind für die Bestimmung der Merkmale der Leistung geeignet und stehen mit dem Auftragsgegenstand nach § 31 Absatz 3 in Verbindung.**
2. **Die Anforderungen des Gütezeichens beruhen auf objektiv nachprüfbaren und nichtdiskriminierenden Kriterien.**
3. **Das Gütezeichen wurde im Rahmen eines offenen und transparenten Verfahrens entwickelt, an dem alle interessierten Kreise teilnehmen können.**
4. **Alle betroffenen Unternehmen haben Zugang zum Gütezeichen.**
5. **Die Anforderungen wurden von einem Dritten festgelegt, auf den das Unternehmen, das das Gütezeichen erwirbt, keinen maßgeblichen Einfluss ausüben konnte.**

(3) **Für den Fall, dass die Leistung nicht allen Anforderungen des Gütezeichens entsprechen muss, hat der öffentliche Auftraggeber die betreffenden Anforderungen anzugeben.**

(4) **Der öffentliche Auftraggeber muss andere Gütezeichen akzeptieren, die gleichwertige Anforderungen an die Leistung stellen.**

(5) **Hatte ein Unternehmen aus Gründen, die ihm nicht zugerechnet werden können, nachweislich keine Möglichkeit, das vom öffentlichen Auftrag-**

---

[19] Gesetz über die Akkreditierungsstelle (Akkreditierungsstellengesetz – AkkStelleG) v. 31. Juli 2009, zuletzt geändert durch Art. 2 Abs. 12 G zur Modernisierung des Verkündungs- und Bekanntmachungswesens v. 20.12.2022 (BGBl. I S. 2752).
[20] Ley/Wankmüller Neues VergabeR, 356; Burgi VergabeR, § 12 Rn. 22.
[21] Art. 44 Abs. 1 UAbs. 3 RL 2014/24/EU.
[22] Entwicklungsperspektiven der Konformitätsbewertung und Akkreditierung in Deutschland, Studie im Auftrag des Bundesministeriums für Wirtschaft und Technologie, S. 3.
[23] http://www.dakks.de/de/akkreditierte-stellen-suche.html; abgerufen am 17.2.2023.

geber angegebene oder ein gleichwertiges Gütezeichen innerhalb einer einschlägigen Frist zu erlangen, so muss der öffentliche Auftraggeber andere geeignete Belege akzeptieren, sofern das Unternehmen nachweist, dass die von ihm zu erbringende Leistung die Anforderungen des geforderten Gütezeichens oder die vom öffentlichen Auftraggeber angegebenen spezifischen Anforderungen erfüllt.

Literatur: Baumann, Zertifikate und Gütezeichen im Vergabeverfahren, VergabeR 2015, 367; Burgi, Vergaberecht, 3. Aufl. 2021; Butzert/Hartenhauer, Die Etablierung ökologischer, sozialer, innovativer und qualitativer Aspekte im Vergabeverfahren, ZfBR 2017, 129; Dieckmann, Vom Schatten ins Licht – Umweltzeichen in Vergabeverfahren, NVwZ 2016, 1369; Halstenberg/Baumann, Zertifikate und Gütezeichen bei Vergaben im Kanalbau, Stadt und Gemeinde 2014, 108; Halstenberg/Klein, Neues zu den Anforderungen bei der Verwendung von Normen, Zertifikaten und Gütezeichen im Vergabeverfahren, NZBau 2017, 469; Knauff, Die Verwendbarkeit von (Umwelt-) Gütezeichen in Vergabeverfahren, VergabeR 2017, 553; Lausen/Pustal, Berücksichtigung von Nachhaltigkeitskriterien im Vergaberecht, NZBau 2022, 3; Umweltbundesamt, Rechtsgutachten umweltfreundliche öffentliche Beschaffung, aktualisierte Fassung 2020; Wegener/Hahn, Ausschreibung von Öko- und Fair-Trade-Produkten mittels Gütezeichen, NZBau 2012, 684.

I. Bedeutung der Vorschrift

§ 34 VgV dient der Umsetzung von Art. 43 RL 2014/24/EU und regelt das 1 Recht des öffentlichen Auftraggebers, von Bietern die Vorlage von Gütezeichen zu verlangen, um nachzuweisen, dass die angebotene Leistung der Leistungsbeschreibung entspricht. Vergleichbare Regelungen finden sich in § 32 SektVO, § 7a EU Abs. 6 VOB/A und § 24 UVgO. Die KonzVgV, die VSVgV sowie die VOB/A Abschn. 1 und 3 enthalten keine ausdr. Regelung zur Nachweisführung durch Gütezeichen, § 15 Abs. 6 VSVgV enthält lediglich Regelungen zur Nachweisführung durch Umweltzeichen. § 34 VgV ist **bieterschützend,** Bieter haben einen Anspruch darauf, dass ein öffentlicher Auftraggeber (nur) die in § 34 VgV benannten Nachweise fordert und akzeptiert.

Gem. Art. 2 Abs. 1 Nr. 23 RL 2014/24/EU handelt es sich bei einem **Gütezei-** 2 **chen** um ein Dokument, ein Zeugnis oder eine Bescheinigung, mit dem bzw. der bestätigt wird, dass ein bestimmtes Bauwerk, eine bestimmte Ware, eine bestimmte Dienstleistung, ein bestimmter Prozess oder ein bestimmtes Verfahren bestimmte Anforderungen erfüllt. Beispiele für Gütezeichen sind das „RAL-Gütezeichen" (Qualität), der „Blaue Engel" (Umwelt) oder das „GS-Zeichen" (Sicherheit). Vor der Vergaberechtsrechtsreform waren die Nachweismöglichkeiten gem. § 7 Abs. 7 VOB/A, § 8 EG Abs. 5 VOL/A und § 6 Abs. 5 VOF auf Umweltzeichen beschränkt, die lediglich eine Untergruppe der Gütezeichen sind.

Die Nachweisführung durch Gütezeichen soll die **strategische Beschaffung** 2a erleichtern, also insbes. die Verfolgung umweltbezogener und sozialer Ziele.[1] Der öffentlichen Hand soll über den Rückgriff auf Gütezeichen erleichtert werden, ihre Nachfragemacht zu nutzen, um über das Beschaffungswesen einen wesentlichen Beitrag zur Erhöhung der ökologischen und sozialen Nachhaltigkeit zu leisten.[2] Auftraggeber können Nachhaltigkeitsanforderungen an die Leistung nach

---

[1] Vgl. Erwgr. 75 zur RL 2024/24/EU, Begr. zu § 97 Abs. 3 GWB, BT-Drs. 18/6281, 68; MüKoEuWettbR/Seebo VgV § 34 Rn. 1.

[2] Vgl. auf deutscher Ebene die Kompetenzstelle für nachhaltige Beschaffung, www.nachhaltige-beschaffung.info, und auf europäischer Ebene zum Green Public Procurement (GPP): https://ec.europa.eu/environment/gpp, und zum Social Public Procurement (SPP): https://commission.europa.eu/funding-tenders/tools-public-buyers/social-procurement_en, alle zuletzt abgerufen am 18.3.2023.

§ 31 Abs. 3 VgV in der Leistungsbeschreibung definieren[3] und ihre Erfüllung nach § 58 Abs. 2 VgV bei der Zuschlagserteilung bewerten. Die Verpflichtung der Bieter auf Gütezeichen schafft Sicherheit für die Nachweisführung und erleichtert damit die Auswahl nachhaltiger Produkte und Leistungen.[4] Auftraggeber müssen dabei verhindern, dass das Verlangen von Nachweisen innovationshemmend wirkt.

3   Die Gütezeichen ersetzen ebenso wenig wie die Konformitätsbescheinigungen nach § 33 VgV die Pflicht des öffentlichen Auftraggebers zu einer präzisen Leistungsbeschreibung (→ GWB § 121 Rn. 4 ff. und → § 33 Rn. 2). Die Vorschrift kodifiziert in Teilen[5] die **Max Havelaar-Rspr. des EuGH**.[6] Eine Abkehr von dieser Rspr. dahingehend, dass der öffentliche Auftraggeber auch auf eine zumindest abstrakte Leistungsbeschreibung verzichten und stattdessen pauschal auf ein Gütezeichen verweisen kann, ist nach dem Wortlaut der Norm nicht erfolgt und kann entgegen einer verbreiteten Meinung auch nicht durch Auslegung erschlossen werden.[7] Eine zumindest abstrakte Leistungsbeschreibung bleibt schon aus Gründen der Transparenz erforderlich. Angesichts der Vielfalt von regelmäßig nationalen Gütezeichen erlaubt der pauschale Verweis auf ein Gütezeichen den Marktteilnehmern nämlich oftmals nicht, sich die Anforderungen des öffentlichen Auftraggebers zu erschließen, ohne zuvor detailliert die Kriterien des Gütezeichens zu evaluieren. Die zumindest abstrakte Beschreibung der Leistung wird regelmäßig auch dafür erforderlich sein, dass der öffentliche Auftraggeber in der Lage ist, die Gleichwertigkeit von alternativen Belegen zu überprüfen, zu deren Vorlage der Bieter nach Abs. 4, 5 berechtigt ist. Schließlich ist es für den öffentlichen Auftraggeber auch ohne sonderlichen Aufwand möglich zu präzisieren, worauf es ihm mit der Vorlage des Gütezeichens ankommt. Denn bei der Ausübung seines Leistungsbestimmungsrechts (dazu → § 14 Rn. 52 ff.) ist er gehalten, sich mit den Zielen und Inhalten des Gütezeichens zu befassen, um Wettbewerbsbeschränkungen zu vermeiden und eine wirtschaftliche Leistungsbeschaffung zu sichern. Es folgt daher nicht nur aus dem Transparenz-, sondern auch aus dem Verhältnismäßigkeitsgrundsatz, dass der öffentliche Auftraggeber beim Verweis auf ein Gütezeichen gehalten bleibt, in der Leistungsbeschreibung zumindest abstrakt zu definieren, welche Merkmale die ausgeschriebene Leistung aufweisen muss.

4   Der öffentliche Auftraggeber kann gleichwohl zur **Konkretisierung der Vorgaben der Leistungsbeschreibung** auf das Gütezeichen verweisen, wodurch er dessen Anforderungen nicht im Detail in der Leistungsbeschreibung ausformulieren muss.[8] Das Gütezeichen ist also nicht nur ein Instrumentarium zum formalen Nachweis der Erfüllung der Leistungsbeschreibung durch den Bieter. Dies ergibt sich aus drei Gründen: Zum einen wäre es nicht erforderlich, dass Abs. 3 den öffentlichen Auftraggeber verpflichtet, im Einzelfall zu konkretisieren, welche Anforderungen des geforderten Gütezeichens nicht erfüllt sein müssen, wenn er in jedem Fall zu einer vollständigen positiven Definition der geforderten Anforderungen verpflichtet wäre. Zum anderen bedürfte es angesichts der Vorgaben des § 31 Abs. 3 VgV zum Inhalt der Leistungsbeschreibung nicht der weiteren Anforderungen des Abs. 2 an den Inhalt eines zulässig geforderten Gütezeichens, wenn

---

[3] Burgi VergabeR § 12 Rn. 25.
[4] GKN VergabeR-HdB/Weiner § 22 Rn. 26.
[5] Begr. zu § 34 VgV, BT-Drs. 18/7318, 173.
[6] EuGH 10.5.2012 – C-368/10, NZBau 2012, 445 – Max Havelaar.
[7] Müller-Wrede/Evermann VgV § 34 Rn. 19; Umweltbundesamt, Rechtsgutachten 2020, 86 f. jurisPK-VergabeR/Zimmermann VgV § 34 Rn. 2; wohl auch: DSW/Wagner-Cardenal VgV § 34 Rn. 9, 13.
[8] Beck VergabeR/Lampert VgV § 34 Rn. 4, 10 („ohne Anforderungen im Detail ausformulieren zu müssen"); KK-VergR/Wirner VgV § 34 Rn. 4.

das Gütezeichen nur dazu diente, den Nachweis über die Einhaltung der Leistungsbeschreibung zu erbringen. Schließlich unterscheidet der Wortlaut von Art. 43, 44 RL 2014/24/EU deutlich stärker als §§ 33, 34 VgV zwischen Gütezeichen und **Konformitätsbescheinigungen.** Konformitätsbescheinigungen sind danach zulässig als Nachweis für die Konformität mit den Anforderungen der technischen Spezifikation. Das Gütezeichen hingegen kann in den technischen Spezifikationen als Nachweis verlangt werden. IErg bleibt der Auftraggeber entspr. der Grundsätze der Max Havelaar-Rspr. verpflichtet, die Leistungsmerkmale so präzise zu skizzieren, dass diese einem fachkundigen Bieter auch ohne Lektüre des Gütezeichens verständlich sind. Zur weiteren Konkretisierung dieser Leistungsmerkmale kann der öffentliche Auftraggeber die Einhaltung der Anforderungen eines bestimmten Gütezeichens verlangen, ohne diese Anforderungen selbst vollständig wiederzugeben.

II. Vorlage von Gütezeichen (Abs. 1)

Abs. 1 schafft das Recht des öffentlichen Auftraggebers, die Vorlage von Gütezeichen als Nachweis für die Erfüllung der Leistungsbeschreibung zu verlangen. Die Parallelvorschrift des § 7a EU Abs. 6 Nr. 1 VOB/A konkretisiert, dass das Gütezeichen zum Nachweis spezifischer umweltbezogener, sozialer oder sonstiger Merkmale gefordert werden kann; dieser Anwendungsbereich ist nicht weiter oder enger als der des § 34 VgV. Um eine Beschränkung oder Verfälschung des Wettbewerbs zu vermeiden, muss der öffentliche Auftraggeber die Forderung von Gütezeichen auf die Fälle beschränken, in denen sich hieraus ein echter Mehrwert für die sach- und zielgerechte Prüfung der Leistung ergibt.[9] Zudem liegt es in seiner Verantwortung sicherzustellen, dass das Gütezeichen die eng auszulegenden Bedingungen der Abs. 2–5[10] erfüllt. Die **Grenzen des Leistungsbestimmungsrechts** des öffentlichen Auftraggebers nach § 31 VgV dürfen durch das Gütezeichen nicht unterlaufen werden.[11] Soweit der öffentliche Auftraggeber die Einhaltung eines Gütezeichens verlangt, welches Spezifikationen definiert, die über europäisch harmonisierte Mindestanforderungen hinausgehen, wird dadurch nicht nur der Wettbewerb beschränkt, sondern auch der durch Art. 34 AEUV geschützte freie Warenverkehr gefährdet.[12] Die Akzeptanz gleichwertiger Nachweise nach Abs. 4 und 5 kann im Einzelfall die Forderung erhöhter Mindestanforderungen rechtfertigen, wenn sie von nachvollziehbaren objektiven und auftragsbezogenen Gründen getragen sind.[13] Die vom öffentlichen Auftraggeber geschaffenen Hürden für den Wettbewerb führen jedoch zu einem hohen und sorgfältig zu dokumentierenden Begründungsaufwand.

III. Anforderungen an das Gütezeichen (Abs. 2)

Gem. Abs. 2 **Nr. 1** müssen die Anforderungen des Gütezeichens für die Bestimmung der Merkmale der Leistung geeignet sein und **mit dem Auftragsgegenstand in Verbindung stehen.** An einer solchen Verbindung fehlt es, wenn

---

[9] Halstenberg/Baumann, Stadt und Gemeinde 2014, 108.
[10] Der Verweis auf Abs. 5 wäre nicht erforderlich, weil Abs. 5 regelt, welche Nachweise das Unternehmen führen muss, wenn es kein Gütezeichen vorlegen kann. § 24 UVgO enthält daher auch nur einen Verweis auf die Abs. 2–4.
[11] Knauff VergabeR 2017, 553 (554); MüKoEuWettbR/Seebo VgV § 34 Rn. 5.
[12] OLG Düsseldorf 14.12.2016 – VII-Verg 20/16, NZBau 2017, 498.
[13] Halstenberg/Klein NZBau 2017, 469 (471).

die Anforderungen des Gütezeichens nicht die zu beschaffenden Waren oder Leistungen, sondern das Unternehmen oder dessen allg. Einkaufspolitik betreffen.[14] So darf der öffentliche Auftraggeber den Bietern nicht vorschreiben, ausschl. Produkte aus fairem Handel in ihrem Sortiment zu führen, sondern nur, dass die iRd Ausschreibung konkret zu liefernden Waren aus fairem Handel stammen.[15] Umgekehrt dürfen sich die Anforderungen des Gütezeichens auf den gesamten Lebenszyklus der Liefer- oder Dienstleistung beziehen, wie der Verweis auf § 31 Abs. 3 VgV deutlich macht.[16]

7 Mit den in Abs. 2 **Nr. 2** gestellten Anforderungen sichert der Verordnungsgeber die Wahrung der Grundsätze von Gleichbehandlung und Transparenz. Die in den Vorgängervorschriften genannte Anforderung, dass die Umweltzeichen auf der Grundlage wissenschaftlich abgesicherter Informationen ausgearbeitet wurden, wurde ersetzt durch die Anforderung, dass die Gütezeichen **auf objektiv nachprüfbaren und nichtdiskriminierenden Kriterien beruhen.**

8 Der Transparenzgrundsatz schlägt sich auch in Abs. 2 **Nr. 3** nieder, wonach alle interessierten Kreise die Möglichkeit haben müssen, an einem **offenen und transparenten Verfahren zur Entwicklung des Gütezeichens** teilzunehmen. Zu den in Betracht kommenden Kreisen gehören insbes. staatliche Stellen, Verbraucher, Sozialpartner, Hersteller, Händler und Nichtregierungsorganisationen,[17] wie dies in der Parallelvorschrift des § 7a EU Abs. 6 VOB/A auch ausdr. geregelt ist.

9 Der in Abs. 2 **Nr. 4** geforderte **Zugang zum Gütezeichen** kann zB durch die Veröffentlichung der Anforderungen an das Gütezeichen im Internet sichergestellt werden.[18] Soweit das Gütezeichen den Inhalt der Leistung konkretisiert, wird es zum Teil der Vergabeunterlagen iSd § 29 Abs. 1 VgV. Das Gütezeichen muss daher nach den Maßstäben von §§ 29, 41 VgV für die Bieter unentgeltlich, uneingeschränkt, vollständig und direkt mit den übrigen Vergabeunterlagen abrufbar sein.[19]

10 Abs. 2 **Nr. 5** setzt schließlich voraus, dass die Anforderungen des Gütezeichens **von einem Dritten festgelegt** wurden, auf den das Unternehmen, das das Gütezeichen erwirbt, keinen maßgeblichen Einfluss ausüben konnte. Hierdurch soll verhindert werden, dass Unternehmen sich im Lichte von § 34 VgV eigene Gütezeichen schaffen, um sich einen Wettbewerbsvorsprung zu sichern.

IV. Angabe der Anforderungen (Abs. 3)

11 Soweit die Leistung nicht allen Anforderungen des geforderten Gütezeichens entsprechen muss, ist der öffentliche Auftraggeber nach Abs. 3 verpflichtet, die betreffenden Anforderungen anzugeben. Auch aus der zugrundeliegenden Bestimmung des Art. 43 Abs. 1 RL 2014/24/EU ergibt sich nicht eindeutig, ob die **Hinweispflicht** die ausgenommenen oder die verbleibenden Anforderungen des Gütezeichens betrifft. Da nach der hier vertretenen Auffassung keine Pflicht zur zwingenden Wiedergabe aller Anforderungen des Gütezeichens in der Leistungsbeschreibung besteht (soweit die Leistungsbeschreibung die geforderten Merkmale zumindest abstrakt definiert), ergibt es keinen Sinn, dass im Falle eines nur eingeschränkt geforderten Gütezeichens die vollständige Hinweispflicht wieder auflebt. Der öffentliche Auftraggeber hat insofern ein Wahlrecht.

---

[14] EuGH 10.5.2012 – C-368/10, NZBau 2012, 445 – Max Havelaar.
[15] Schlussanträge der Generalanwältin Kokott v. 13.12.2011 – C 368/20, BeckRS 2012, 80543 Rn. 88.
[16] GKN VergabeR-HdB/Krohn § 19 Rn. 122.
[17] Begr. zu § 34 Abs. 2 VgV, BT-Drs. 18/7318, 173.
[18] Begr. zu § 34 Abs. 2 VgV, BT-Drs. 18/7318, 173.
[19] Halstenberg/Klein NZBau 2017, 469 (471).

V. Gleichwertige Gütezeichen (Abs. 4)

Schreibt der öffentliche Auftraggeber ein bestimmtes Gütezeichen vor, ist er 12 gem. Abs. 4 verpflichtet, gleichwertige Gütezeichen zu akzeptieren, also Gütezeichen mit vergleichbarer, aber nicht notwendig identischer Aussage.[20] Um Rechtsunsicherheit zu vermeiden und den Wettbewerb zu fördern, ist es erforderlich, das Tatbestandsmerkmal der Gleichwertigkeit nicht zu eng auszulegen. Die Regelung zielt insbes. auf Gütezeichen ab, die in einem anderen EU-Mitgliedstaat ausgestellt wurden.[21] In der Praxis werden ausländische Bieter Schwierigkeiten haben, die Gleichwertigkeit von nationalen Gütezeichen aus unterschiedlichen Ländern nachzuweisen.[22] Damit Bieter erkennen können, worauf es dem öffentlichen Auftraggeber bei dem Nachweis ankommt und damit der öffentliche Auftraggeber einen Prüfungsmaßstab für die Vergleichbarkeit hat, muss dieser deutlich machen, worauf es ihm ankommt und welche Mindestanforderungen der Bieter belegen muss. Insofern gelten ähnliche Maßstäbe wie bei der Akzeptanz gleichwertiger Produkte für in der Leistungsbeschreibung genannte Leitfabrikate (§ 31 Abs. 6 S. 2 VgV)[23] oder bei der Zulassung von Nebenangeboten (§ 35 VgV). Die **Beweislast für die Gleichwertigkeit** trägt der Bieter, wie dies in § 24 Abs. 4 UVgO zutreffend auch ausdr. konkretisiert ist.

VI. Andere Belege (Abs. 5)

Auch wenn der öffentliche Auftraggeber die Vorlage bestimmter Gütezeichen 13 verlangt, haben die Bieter die Möglichkeit, andere geeignete Belege, wie zB ein technisches Dossier des Herstellers, zu erbringen. Dazu müssen allerdings zwei Tatbestandsvoraussetzungen erfüllt werden, für die der Bieter jew. die Beweislast trägt. Zum einen darf es dem Bieter **nicht möglich gewesen** sein, das angegebene oder ein gleichwertiges Gütezeichen innerhalb einer einschlägigen Frist zu erlangen, es darf ihn also, ebenso wie bei § 33 Abs. 2 VgV, kein Verschulden treffen.[24] Der finanzielle und organisatorische Aufwand für die Erlangung des Gütezeichens, der für manche Unternehmen abschreckend sein mag,[25] kann die Unmöglichkeit für sich nicht begründen. Zum anderen muss die angebotene Leistung die Anforderungen des Gütezeichens bzw. **die gem. Abs. 3 angegebenen Anforderungen** erfüllen, wobei eine **Eigenerklärung** des Bieters mit der nicht weiter belegten Versicherung, die angebotene Leistung entspräche den Kriterien des Gütezeichens, **nicht ausreicht**.[26] Dem öffentlichen Auftraggeber kann auch nicht zugemutet werden, selbst eine Konformitätsprüfung auf Basis der vom Bieter vorgelegten Unterlagen vorzunehmen, soweit diese mehr als eine Überprüfung der Übereinstimmung isolierter Merkmale umfasst.

§ 35 Nebenangebote

(1) ¹**Der öffentliche Auftraggeber kann Nebenangebote in der Auftragsbekanntmachung oder in der Aufforderung zur Interessensbestätigung zulassen oder vorschreiben.** ²**Fehlt eine entsprechende Angabe, sind keine**

---

[20] Halstenberg/Klein NZBau 2017, 469 (472).
[21] Begr. zu § 34 Abs. 4 VgV, BT-Drs. 18/7318, 174.
[22] Ley/Wankmüller Neues VergabeR, S. 360.
[23] Vgl. OLG Düsseldorf 9.1.2013 – VII Verg 33/12, BeckRS 2013, 4078.
[24] MüKoEuWettbR/Seebo VgV § 34 Rn. 16.
[25] Ley/Wankmüller Neues VergabeR, S. 360, 361.
[26] Begr. zu § 34 Abs. 5 VgV, BT-Drs. 18/7318, 174.

Nebenangebote zugelassen. ³Nebenangebote müssen mit dem Auftragsgegenstand in Verbindung stehen.

(2) ¹Lässt der öffentliche Auftraggeber Nebenangebote zu oder schreibt er diese vor, legt er in den Vergabeunterlagen Mindestanforderungen fest und gibt an, in welcher Art und Weise Nebenangebote einzureichen sind. ²Die Zuschlagskriterien sind gemäß § 127 Absatz 4 des Gesetzes gegen Wettbewerbsbeschränkungen so festzulegen, dass sie sowohl auf Hauptangebote als auch auf Nebenangebote anwendbar sind. ³Nebenangebote können auch zugelassen oder vorgeschrieben werden, wenn der Preis oder die Kosten das alleinige Zuschlagskriterium sind.

(3) ¹Der öffentliche Auftraggeber berücksichtigt nur Nebenangebote, die die Mindestanforderungen erfüllen. ²Ein Nebenangebot darf nicht deshalb ausgeschlossen werden, weil es im Falle des Zuschlags zu einem Dienstleistungsauftrag anstelle eines Lieferauftrags oder zu einem Lieferauftrag anstelle eines Dienstleistungsauftrags führen würde.

Literatur: Bartsch/v. Gehlen/Hirsch, Mit Preisgewichtung vorbei am wirtschaftlichsten Angebot?, NZBau 2012, 393; Conrad, Alte und neue Fragen zu Nebenangeboten, ZfBR 2014, 342; Dicks, Nebenangebote nach der Vergabemodernisierung 2016: Lösung oder Perpetuieren eines Dilemmas?, VergabeR 2016, 309; Dicks, Nebenangebote – Erfordern Zulassung, Zulässigkeit, Mindestanforderungen und Gleichwertigkeit inzwischen einen Kompass?, VergabeR 2012, 318; Hänsel, Nebenangebote bei der öffentlichen Ausschreibung von Bauleistungen, NJW-Spezial 2015, 620; Herrmann, Rechtsprobleme bei der Zulassung und Wertung von Nebenangeboten im Bereich europaweiter Ausschreibungen, VergabeR 2012, 673; Hertwig, Geistiges Eigentum und „gute Ideen" im Vergaberecht, FS Bartenbach 2005, 55; Kirch, Weg mit alten Zöpfen: Die Wertung von Nebenangeboten, NZBau 2014, 212, Kues/Kirch, Nebenangebote und Zuschlagskriterien: Das Offensichtliche (v)erkannt?, NZBau 2011, 335; Luber, Das Aussterben der Nebenangebote bei der Bauvertragsvergabe und der daraus resultierende volkswirtschaftliche Schaden, ZfBR 2014, 448; Schalk, Nebenangebote bei Bauaufträgen, VergabeR 2019, 313; Stoye/Plantiko, Der reine Preiswettbewerb – wann ist er sinnvoll, wann verboten?, VergabeR 2015, 309; Willner, Zulässige Abweichungen von technischen Spezifikationen im Hauptangebot, VergabeR 2014, 741; Zirkel, Schadensersatz auf Grund der Übernahme einer „guten Idee"?, VergabeR 2006, 321.

Übersicht

	Rn.
I. Bedeutung der Vorschrift	1
1. Definition, Abgrenzungsfragen	1
2. Alternativangebote	2
3. Weitere Hauptangebote	3
II. Zulassung und Anforderung von Nebenangeboten (Abs. 1)	5
1. Zulassung	5
2. Anforderung	8
III. Vorgaben zu Nebenangeboten (Abs. 2)	9
1. Mindestanforderungen	9
2. Gleichwertigkeit zur ausgeschriebenen Leistung?	13
3. Zuschlagskriterien	15
4. Formfragen	18
5. Inhaltliche Fragen	19
IV. Wertung von Nebenangeboten (Abs. 3)	21
1. Wertungsvorgang	21
2. Einhaltung der Mindestanforderungen	22
3. Änderung des Vertragscharakters	24
V. Rechtsschutz	25

I. Bedeutung der Vorschrift

1. Definition, Abgrenzungsfragen

Bei einem Nebenangebot[1] wird der Inhalt des Angebots nicht durch den Auftraggeber vorgegeben, sondern durch den Bieter gestaltet, indem der Bieter Abweichungen von der vom Auftraggeber vorgesehenen Ausführung vornimmt.[2] Das können Änderungen in **technischer Hinsicht** sein, zB andere Materialien, Verfahren oder Umplanungen. Nebenangebote sind auch im Hinblick auf die **Leistungsumstände** möglich, zB für die Leistungszeit.[3] Verbreitet sind schließlich **kaufmännische Nebenangebote,** zB Zahlungsbedingungen, Preisvorbehalte, Sicherheiten oder Preisnachlässe mit Bedingungen.[4] Eher selten sind Nebenangebote in **rechtlicher Hinsicht,** bspw. durch die Formulierung abweichender vertraglicher Regelungen[5] (→ § 53 Rn. 50 ff.). Nebenangebote müssen zudem stets mit dem Auftragsgegenstand in Verbindung stehen, Abs. 1 S. 3. An einer solchen Verbindung fehlt es, wenn sich der Inhalt des Nebenangebots als **aliud** ggü. der ausgeschriebenen Leistung darstellt.[6] **Kein Nebenangebot** ist zudem ein Angebot, welches den Anforderungen der Leistungsbeschreibung nicht entspricht bzw. eine unzulässige Änderung an den Vergabeunterlagen darstellt. **Preisnachlässe ohne Bedingungen** (vgl. § 13 EU Abs. 4 VOB/A) sowie **unaufgefordert angebotene Skonti** (vgl. § 17 EU Abs. 2 S. 2 VOB/A) sind ebenfalls keine kaufmännischen Nebenangebote. 1

2. Alternativangebote

Von Nebenangeboten zu unterscheiden sind **Alternativangebote.** Dabei handelt es sich im Gegensatz zum Nebenangebot nicht um eine vom Bieter selbständig angebotene Abweichung von den Vorgaben des Auftraggebers, sondern um das Angebot für eine vom Auftraggeber abgefragte alternative Ausführung.[7] Die Abweichung kann sich auf die gesamte Leistung oder nur auf Teile der Leistung, zB einzelne Positionen (sog. Wahl- oder Alternativpositionen), beziehen. Dem Bieter steht es dabei nicht frei, die vom Auftraggeber abgefragte Alternative anzubieten oder nicht. Im Gegenteil: Sofern er ein zuschlagsfähiges Angebot abgeben will, muss er neben dem eigentlichen Haupt- oder Grundangebot auch das Alternativangebot abgeben. Der Auftraggeber behält sich indes vor, ob die Leistung in der einen oder anderen Form ausgeführt werden soll. Dadurch bedingt kann es iRd Wertung zu negativen Auswirkungen kommen, wenn nämlich nur die Hauptleistung bei der Wertung berücksichtigt und später doch die (teurere) Alternative ausgeführt wird.[8] Zudem ist die Ausschreibung von Alternativen regelmäßig ein Indiz für eine fehlende Vergabereife (dazu ausf. → VOB/A § 2 EU Rn. 13), da unklar ist, welche Alternative der Auftraggeber eigentlich beauftragen will; darin könnte ein Verstoß 2

---

[1] Bzw. einer Variante, so die inhaltsgleiche Begrifflichkeit der Richtlinien, vgl. Art. 45 RL 2014/24/EU.
[2] OLG Düsseldorf 2.11.2011 – VII-Verg 22/11, NZBau 2012, 194.
[3] VK Nordbayern 11.6.2014 – 21.VK-3194-12/14, IBR 2014, 624.
[4] Für einen Preisnachlass mit Bedingungen s. OLG Saarbrücken 13.6.2012 – 1 U 357/11, IBR 2012, 469.
[5] OLG Jena 21.9.2009 – 9 Verg 7/09, IBR 2009, 728.
[6] Das hat die VK Bund 23.9.2013 – VK 2–78/13, VPR 2014, 1058 für einen Fall verneint, in dem die Verladung und der Transport von Aushub- und Abbruchmassen zu einem Materialumschlagplatz (Trockenbecken) ausgeschrieben war, der Bieter im Nebenangebot hingegen eine direkte Entsorgung vorsah.
[7] Vgl. Herrmann VergabeR 2012, 673 (675) mwN.
[8] Vgl. zum Problem schon Goede VergabeR 2002, 347 (351).

gegen das Transparenzgebot liegen. Dieser Vorwurf lässt sich durch eine Offenlegung der Motivation, Alternativen auszuschreiben, umgehen, ggf. kombiniert mit einer Klarstellung, wie die Alternativen gewertet werden, wenn nicht die günstigere Alternative den Zuschlag erhalten soll, weil bspw. die Entscheidung, welche Alternative ausgeführt wird, erst nach Vertragsschluss später fallen soll.

3. Weitere Hauptangebote

3   Von Nebenangeboten abzugrenzen sind ferner sog. „weitere Hauptangebote" (auch „zweite oder mehrere Hauptangebote" genannt). Weitere Hauptangebote werden wie alleinige Hauptangebote gewertet. Sie sind dadurch gekennzeichnet, dass der Bieter weder in technischer noch in kaufmännischer oder rechtlicher Hinsicht eine von der vorgesehenen Ausführung abweichende Lösung anbietet, was Wesensmerkmal eines Nebenangebots ist, sondern die sich aus §§ 32 f. VgV ergebende Möglichkeit nutzt und neben einem Hauptangebot eine weiteres Hauptangebot abgibt. Dieses enthält keine eigenständige abweichende Lösung des Bieters, sondern eine nachgewiesen bzw. nachzuweisende gleichwertige technische Lösung. Bieter nutzen die Möglichkeit häufig, um bei – unabhängig von der vergaberechtlichen Zulässigkeit – offen oder verdeckt produktspezifischen Ausschreibungen gleichwertige (Alternativ-) Produkte anzubieten. Allerdings möchte der Bieter idR gerade, wenn die produktspezifischen Elemente nur einen Teil der Gesamtleistung ausmachen, nicht das Risiko eingehen, dass der Auftraggeber iRd Wertung die angebotene Liefer- oder Ausführungsvariante als nicht geeignet einstuft. Insbes. im Hauptanwendungsfall, der produktspezifischen Ausschreibung, dh wenn der Auftraggeber ein Leitfabrikat ausschreibt („Produkt X oder gleichwertig"), kann der Bieter oft nicht einschätzen, ob der Auftraggeber sein Produkt trotz entspr. Nachweise als gleichwertig zum Leitfabrikat ansieht. Da diese Frage in der Praxis durchaus häufig erst nach Auftragsvergabe geklärt wird, kann der Bieter mit seinem ersten Hauptangebot das Leitfabrikat anbieten und ein anderes – selbstverständlich günstigeres – Produkt mit dem zweiten Hauptangebot. Lässt sich nicht nachweisen, dass das Produkt aus dem zweiten Hauptangebot gleichwertig ist, verbleibt der Bieter mit dem ersten Hauptangebot in der Wertung mit der Möglichkeit die günstigere Abweichung evtl. iRd Abwicklung zur Ausführung zu bringen, wenn er den Zuschlag erhält.

4   Str. ist, unter welchen Voraussetzungen weitere Hauptangebote von den Bietern eingereicht werden können. Das OLG München hat bei der Frage der Zulassung mehrerer Hauptangebote (lediglich) die Einschränkung gemacht, dass sich mehrere Hauptangebote, um zugelassen zu werden, **in technischer Hinsicht voneinander unterscheiden müssen,** ohne dass die Abweichungen die Einordnung als Nebenangebot gestatteten.[9] Anderenfalls liegt ein unzulässiges Mehrfach- bzw. **Doppelangebot** vor.[10] Nach Ansicht des OLG Düsseldorf können Bieter weitere Hauptangebote hingegen nicht abgeben, ohne dass der Auftraggeber weitere Hauptangebote durch Formulierungen in den Vergabeunterlagen **veranlasst oder sonst dazu aufgefordert hat.**[11] Hierzu verweist das OLG Düsseldorf auf den vergleichbaren Fall einer Skontogewährung[12] oder auf eine alternativ gestaffelte

---

[9] OLG München 29.10.2013 – Verg 11/13, BeckRS 2013, 19147 = VergabeR 2014, 436; 25.11.2013 – Verg 13/13, BeckRS 2014, 9708 = VergabeR 2014, 430; vgl. auch OLG Düsseldorf 9.3.2011 – VII-Verg 52/10, BeckRS 2011, 8605 = VergabeR 2011, 598; bespr. in OLG Düsseldorf 1.10.2012 – VII-Verg 34/12, NJW-Spezial 2012, 750.
[10] VK Sachsen 23.7.2019 – 1/SVK/016-19, VPRRS 2019, 0327.
[11] OLG Düsseldorf 21.10.2015 – VII-Verg 28/14, NZBau 2016, 235; s. auch OLG Naumburg 27.11.2014 – 2 U 152/13, BeckRS 2015, 3598 = VergabeR 2015, 489.
[12] BGH 11.3.2008 – X ZR 134/05, NZBau 2008, 459.

Ausschreibung.[13] Einig ist sich die Rspr. hingegen darin, dass weitere Hauptangebote auch dann zulässig sind, wenn der Auftraggeber Nebenangebote nicht zugelassen hat.[14] Der BGH hat die Zulässigkeit der Abgabe mehrerer Hauptangebote jedenfalls für den Fall der technischen Abweichung unterhalb des Grades eines Nebenangebotes bestätigt.[15] Für den Bereich der Bauvergaben ist die Zulässigkeit mehrerer Hauptangebote in der VOB/A 2019 ausdr. zugelassen (vgl. §§ 13 EU Abs. 3 S. 3, 16 EU Nr. 6 VOB/A).

II. Zulassung und Anforderung von Nebenangeboten (Abs. 1)

1. Zulassung

Der Auftraggeber kann Nebenangebote nach S. 1 **zulassen oder vorschreiben.** Dabei kann der Auftraggeber auch zB nur technische oder nur kaufmännische Nebenangebote zulassen bzw. Nebenangebote auf bestimmte Teile der Leistung oder der Vertragsbedingungen beschränken.[16] Notwendig ist dabei allerdings immer eine ausreichende begriffliche Klarstellung.[17] Von welcher seiner Möglichkeiten der Auftraggeber Gebrauch macht, liegt in seinem **pflichtgemäßen Ermessen.** Bei seiner Entscheidung muss der Auftraggeber aber berücksichtigen, dass Nebenangebote aufgrund des Nachverhandlungsverbots (§ 15 Abs. 5 VgV) und des Verbots von Änderungen der Vergabeunterlagen (§ 53 Abs. 7 S. 1 VgV) im Grunde die einzige Möglichkeit sind, an der Sachkunde der Bieter zu partizipieren und deren Knowhow für sich fruchtbar zu machen. Daher sollten Auftraggeber die Möglichkeit, Nebenangebote zuzulassen, **grds. nutzen.** Die seit 2016 bestehende Möglichkeit, den Bietern vorzuschreiben, Nebenangebote abzugeben, hat sich in der Praxis demgegenüber bisher nicht durchgesetzt.

S. 2 regelt ausdr., dass **keine Nebenangebote zugelassen** sind, wenn eine entspr. Angabe in der Auftragsbekanntmachung oder in der Aufforderung zur Interessensbestätigung fehlt. In diesem Fall sind dennoch eingereichte Nebenangebote auszuschließen, § 57 Abs. 1 Nr. 6 VgV. Angesichts der ausdr. Regelung gilt dies auch für Nebenangebote, die der Auftraggeber nicht bereits in der Auftragsbekanntmachung oder in der Aufforderung zur Interessensbestätigung zugelassen hat, sondern erst in der Angebotsaufforderung, den Vergabeunterlagen oÄ.[18]

Bei der Vergabe von Bauleistungen kann der Auftraggeber nach § 8 EU Abs. 2 Nr. 3 lit. a VOB/A vorgeben, dass er Nebenangebote **ausnahmsweise** nur in Verbindung mit einem Hauptangebot zulässt. Im Anwendungsbereich von § 35 VgV

---

[13] OLG Düsseldorf 9.3.2011 – Verg 52/10, IBR 2011, 353.

[14] Ein als Nebenangebot bezeichnetes Angebot, das von einem unzulässig vorgegebenen Leitfabrikat abweicht, kann idS selbst dann nicht ausgeschlossen werden, wenn der Auftraggeber Nebenangebote ausdr. nicht zugelassen hat, OLG München 6.12.2012 – Verg 25/12, BeckRS 2012, 25589 = VergabeR 2013, 492; OLG Düsseldorf 23.3.2010 – VII-Verg 61/09, BeckRS 2010, 15137 = VergabeR 2010, 1012.

[15] BGH 29.11.2016 – X ZR 122/14, NZBau 2017, 176.

[16] VK Lüneburg 2.8.2012 – VgK-24/2012, IBR 2013, 100.

[17] Ist zweifelhaft, ob Nebenangebote für bestimmte Leistungsteile zugelassen sind, ist die Auftragsbekanntmachung auszulegen, BGH 16.12.2003 – X ZR 282/02, ZfBR 2004, 404 (406).

[18] Nach OLG Düsseldorf 28.1.2015 – VII-Verg 31/14, NZBau 2015, 503 kann der öffentliche Auftraggeber von der zunächst getroffenen Festlegung, Nebenangebote nicht zuzulassen, abweichen und Nebenangebote nachträglich erlauben, wenn das Gebot der Gleichbehandlung der Bieter und die sich daraus ergebende Verpflichtung zur Transparenz beachtet wird. Diese Rspr. ist angesichts der klaren gesetzlichen Regelung überholt.

bestehen hingegen keine Bedenken, **Nebenangebote ohne gleichzeitige Einreichung eines Hauptangebots** („isolierte Nebenangebote") zu werten. Möchte der Auftraggeber keine isolierten Nebenangebote zulassen, so muss er dies **ausdr. klarstellen.** Ausweislich der Verordnungsbegründung wird dies durch § 35 Abs. 2 S. 1 Hs. 2 VgV erlaubt, wonach der Auftraggeber anzugeben hat, in welcher Art und Weise Nebenangebote einzureichen sind.[19] Sind hiernach Nebenangebote ohne Abgabe eines Hauptangebots ausgeschlossen und wird gleichwohl ein isoliertes Nebenangebot abgegeben, darf es nicht als Hauptangebot gewertet werden.[20]

2. Anforderung

8 S. 1 lässt es ausdr. zu, dass der Auftraggeber die Bieter **verpflichtet,** Nebenangebote einzureichen. Das kann vor allem bei **nicht-technischen Nebenangeboten** sinnvoll sein, zB wenn der Auftraggeber die Bieter auffordert, ein Nebenangebot mit einer verkürzten Leistungszeit anzubieten. Aufgrund der damit einhergehenden Beschleunigung wird die Vergütung regelmäßig höher sein, wogegen die Zeitersparnis für den Auftraggeber finanzielle Vorteile haben kann. Das wäre bei der Wertung gegeneinander abzuwägen. Werden trotz Anforderung keine Nebenangebote eingereicht, ist das Hauptangebot des betroffenen Bieters aus der Wertung auszuschließen (→ § 57 Rn. 54).

III. Vorgaben zu Nebenangeboten (Abs. 2)

1. Mindestanforderungen

9 Der Auftraggeber ist **im Oberschwellenbereich**[21] seit der Traunfellner-Entscheidung des EuGH,[22] dessen Auslegung der Richtlinien mit der VOL/A und der VOB/A 2006[23] in nationales Recht einfloss, verpflichtet, in den Vergabeunterlagen Mindestanforderungen festzulegen, die die Nebenangebote erfüllen müssen. Hierdurch soll verhindert werden, dass Nebenangebote mit der vorgeschobenen Begründung zurückgewiesen werden, sie seien ggü. dem „Amtsvorschlag" minderwertig oder wichen davon unannehmbar ab. Zudem ist durch die Vorgabe von Mindestanforderungen auch zu Gunsten konkurrierender Bieter sichergestellt, dass keine Nebenangebote bezuschlagt werden, die von grds. Vorgaben der Vergabeunterlagen abweichen. Seit der Entscheidung des EuGH ist die Diskussion nicht verstummt, dass schwierig bis unmöglich sei, Mindestanforderungen zu formulieren, da man die Bandbreite der Innovation der Anbieter nicht kennen könne. Man dürfe sie zudem nicht zu eng formulieren und damit wertvolle bzw. kreative Nebenangebote verhindern, und andererseits nicht zu vage bzw. auf die bloße (unzulässige) Forderung nach der Gleichwertigkeit von Haupt- und Nebenangebot reduzieren.

10 Auch Abs. 2 schweigt sich darüber aus, **wie konkret und in welchem Umfang** Mindestanforderungen vom Auftraggeber ausgestaltet werden müssen. Nach der auf der Entscheidung des BGH v. 7.1.2014[24] aufbauenden Begründung des Verord-

---

[19] Vgl. BR-Drs. 87/16, 189.

[20] VK Sachsen 5.2.2007 – 1/SVK/125/06, NJOZ 2007, 2768.

[21] Die Pflicht zur Formulierung von Mindestanforderungen besteht nicht für den Unterschwellenbereich, vgl. schon BGH 30.8.2011 – X ZR 55/10, NZBau 2012, 46, und § 25 UVgO, der keine Festlegung von Mindestanforderungen fordert, aber nicht recht zur Regelung in § 42 Abs. 2 UVgO passt, wonach nur Nebenangebote berücksichtigt werden, die die Mindestanforderungen erfüllen.

[22] EuGH 16.10.2003 – C-421/01, IBRRS 2003, 2726.

[23] § 9a Nr. 2 VOL/A 2006 und § 10a lit. v VOB/A 2006.

[24] Vgl. BGH 7.1.2014 – X ZB 15/13, NZBau 2014, 185 (Ls. 2).

nungsgebers brauchen die für Nebenangebote vorzugebenden Mindestanforderungen iA nicht alle Details der Ausführung zu erfassen, sondern dürfen **Spielraum für eine hinreichend große Variationsbreite** in der Ausarbeitung von Alternativvorschlägen lassen und sich darauf beschränken, den Bietern, abgesehen von technischen Spezifikationen, in allgemeinerer Form den Standard und die wesentlichen Merkmale zu vermitteln, die eine Alternativausführung aufweisen muss.[25]

Mindestanforderungen müssen damit zwar ausreichend detailliert sein, aber nicht so konkret definiert werden, dass alle Vorgaben zum Qualitätsstandard und den sonstigen Ausführungsmerkmalen des „Amtsvorschlags" dargestellt werden. Es genügen daher Ausführungen zu einigen **grundlegenden Konstruktionsprinzipien**,[26] einem generellen Standard oder dgl. Auch die Bezugnahme auf anzuwendende Erlasse und Richtlinien[27] oder auf Richtzeichnungen in amtl. Regelwerken[28] kann ausreichend konkret sein. Allein ein Hinweis auf die **Anforderungen des Leistungsverzeichnisses** reicht hingegen nicht aus, um hinreichend konkrete Mindestbedingungen aufzustellen, weil das Leistungsverzeichnis nur die Anforderungen an das Hauptangebot enthält.[29] Die Mindestanforderungen müssen aber transparent und widerspruchsfrei sein und vor allem sicherstellen, dass der Zuschlag auf das wirtschaftlichste Angebot erteilt wird und sich dieses nach dem besten Preis-Leistungs-Verhältnis bestimmt (§ 127 Abs. 1 S. 1 und 3 GWB).[30] Die Festlegung der Mindestanforderungen muss sicherstellen, dass die Nebenangebote qualitativ soweit mit den Hauptangeboten (oder den betroffenen Teilen davon) vergleichbar sind und somit der Zuschlag auf das wirtschaftlichste Angebot erteilt werden kann. Anderenfalls läge jedenfalls bei einer Vergabe ausschl. nach dem Kriterium des niedrigsten Preises, das keine Qualitätsunterschiede abbilden kann, ein Verstoß gegen den Gleichbehandlungsgrundsatz vor, da dann wesentlich ungleiche Angebote willkürlich gleich, nämlich nach dem Preis, gewertet würden.[31] Sind die Mindestanforderungen widersprüchlich, geht dies zu Lasten des Auftraggebers.

Die Vorgabe von Mindestbedingungen muss nicht nur für technische, sondern auch für nicht-technische (kaufmännische und rechtliche) Nebenangebote erfüllt werden. Ausreichende Mindestbedingungen liegen danach vor, wenn der Auftraggeber vorgibt, inwieweit ein Nebenangebot von ausverhandelten, mit dem Hauptangebot anzubietenden **Verträgen oder Vertragsbedingungen** aus den Vergabeunterlagen abweichen bzw. sie ergänzen kann. Es ist jedoch zugleich festzulegen, welche Vertragseckpunkte nicht aufgeweicht werden dürfen. So sind bei einem als Einheitspreisvertrag konzipierten Amtsvorschlag Nebenangebote mit Pauschalierungen unzulässig, wenn vom Auftraggeber keine Vorgabe gemacht wurde, dass dies möglich ist, da dann abweichend vom Amtsvorschlag die Höhe der Vergütung schon vor der Ausführung der Leistung feststeht.[32] IdR werden Pauschalierungen von Einheitspreis-Positionen des Leistungsverzeichnisses auch nur für Teilleistungen gestattet und nicht bei Leistungen (Positionen), deren Aus-

---

[25] BR-Drs. 87/16, 188.
[26] VK Bund 20.8.2008 – VK 1–108/08, IBR 2009, 48.
[27] OLG Düsseldorf 7.1.2005 – Verg 106/04, ZfBR 2005, 317.
[28] OLG Brandenburg 29.7.2008 – Verg W 10/08, BeckRS 2008, 15856 = VergabeR 2009, 222 (225).
[29] OLG München 5.7.2005 – Verg 9/05, IBRRS 2005, 2162 = VergabeR 2005, 794 (797); BayObLG 22.6.2004 – Verg 13/04, NZBau 2004, 626 (627); erforderlich sind leistungsbezogene sachlich-technische Vorgaben, OLG Koblenz 31.5.2006 – 1 Verg 3/06, BeckRS 2006, 7534.
[30] VK Südbayern 17.3.2020 – Z3-3-3194-1-47-11/19, VPRRS 2020, 0130.
[31] VK Südbayern 27.4.2017 – Z3-3-3194-1-12-03/17, BeckRS 2017, 110967.
[32] OLG Frankfurt a. M. 24.11.2021 – 11 Verg 4/21, VergabeR 2022, 463 = ZfBR 2022, 187.

führungsmenge im Vorfeld nicht genau bestimmt werden kann.[33] Ebenso sind ausreichende Mindestanforderungen festgelegt, wenn bestimmte Anforderungen mit einer bekannt gemachten Wertigkeitsstufe versehen werden, die zum Ausdruck bringt, dass sie zwingend (auch für Nebenangebote) erfüllt werden müssen, und die sich von anderen Anforderungen abgrenzen, die entweder nur realisiert werden sollen oder die nur wünschenswert sind.[34] Zugelassen wurden auch Verweise auf die Festlegung von einzuhaltenden Eigenschaften in Normen (DIN/EN) bzgl. fertiger Produkte/Lösungen.[35]

2. Gleichwertigkeit zur ausgeschriebenen Leistung?

13   Die Frage, ob ein Nebenangebot gleichwertig zur ausgeschriebenen Ausführung sein muss, ist weder in der VgV noch in der VOB/A-EU[36] geregelt. Nach dem früheren Verständnis der Praxis und der Rspr. musste jedes Nebenangebot **gleichwertig** zur ausgeschriebenen Ausführung sein. Die Frage der Gleichwertigkeit wurde als ungeschriebene Tatbestandsvoraussetzung für die Wertung von Nebenangeboten angesehen.[37] Waren Nebenangebote nicht gleichwertig bzw. führte der Bieter den Nachweis der Gleichwertigkeit nicht mit dem Angebot, führte das zum Ausschluss des Nebenangebots. Tatsächlich kennt das europäische Recht über die Einhaltung der Mindestanforderungen hinaus aber keine weiteren Vorgaben für die Wertung von Nebenangeboten. Art. 45 RL 2014/24/EU macht die Wertbarkeit von Nebenangeboten nur von der Erfüllung der vom Auftraggeber festgelegten Mindestkriterien abhängig, nicht hingegen von einer Gleichwertigkeit zur ausgeschriebenen Ausführung. Daher gibt es **keine allg. Gleichwertigkeitsprüfung,** worauf auch der Verordnungsgeber in der Begr. zu § 35 Abs. 2 VgV ausdr. hinweist[38] (→ § 57 Rn. 59; s. auch → VOB/A § 16d Rn. 16).

14   Ein Nebenangebot muss aber dann gleichwertig mit dem Amtsvorschlag sein, wenn der Auftraggeber dies in der Ausschreibung **ausdr. fordert**.[39] Zudem ist ohne den Nachweis der Gleichwertigkeit eines Nebenangebotes eine Wertung nur nach dem Zuschlagskriterium Preis (→ Rn. 15 ff.) praktisch nicht möglich,

---

[33] Siehe zu einem Nebenangebot, welches Pauschalpositionen vorsieht und den damit einhergehenden wirtschaftlichen Folgen BayObLG 2.12.2002 – Verg 24/02, NZBau 2003, 232 = VergabeR 2003, 207; vgl. auch HVA StB Teil 1, 1.1.1 Nr. (9), wonach Nebenangebote mit Pauschalierungen im Erdbau eine eindeutige und nachvollziehbare Mengenermittlung in den Vergabeunterlagen erfordern.

[34] OLG Düsseldorf 27.4.2005 – VII-Verg 23/05, BeckRS 2005, 05608 = VergabeR 2005, 483 (484).

[35] OLG Schleswig 15.2.2005 – 6 Verg 6/04, BeckRS 2005, 1848 = VergabeR 2005, 358 (362), ob die dort enthaltene Differenzierung zwischen Mindestbedingungen für die Aufgabenerfüllung und das fertige Produkt unterschiedliche Anforderungen rechtfertigt, muss bezweifelt werden.

[36] Nach § 8 EU Abs. 2 Nr. 3 S. 6 VOB/A sind Angaben über Ausführung und Beschaffenheit der Leistungen zu verlangen, wenn das Nebenangebot Leistungen enthält, deren Ausführung nicht in Allgemeinen Technischen Vertragsbedingungen oder den Vergabeunterlagen geregelt sind. Diese Bestimmung soll den Auftraggeber in die Lage versetzen, die Gleichwertigkeit von Nebenangeboten zu überprüfen, dh Anforderungen an die Gleichwertigkeit der Nebenangebote aufzustellen und deren Einhaltung zu überprüfen.

[37] OLG Saarbrücken 27.4.2011 – 1 Verg 5/10, BeckRS 2011, 11576.

[38] BR-Drs. 87/16, 188; vgl. auch ausdr. BGH 7.1.2014 – X ZB 15/13, NZBau 2014, 185 Rn. 18; OLG München 9.9.2010 – Verg 16/10, BeckRS 2010, 22055; OLG Frankfurt a. M. 15.3.2022 – 11 Verg 10/21, NZBau 2022, 417.

[39] S. zB OLG München 7.4.2011 – Verg 5/11, NZBau 2011, 439; OLG Brandenburg 17.5.2011 – Verg W 16/10, BeckRS 2011, 22444.

worauf der BGH in seiner zu einer Unterschwellenvergabe ergangenen Entscheidung v. 10.5.2016 auch implizit hinweist.[40] Denn die Erfüllung von Mindestanforderungen ist schon begrifflich kein Äquivalent für die Gleichwertigkeit, sondern lediglich die Voraussetzung dessen, was der Auftraggeber vorgibt, um ein Nebenangebot überhaupt in die Wertung einzubeziehen. Der bloße Umstand, dass ein Nebenangebot den vorgegebenen Mindestbedingungen entspricht, führt deshalb nicht zur Annahme seiner Gleichwertigkeit mit dem Amtsvorschlag. Die Gleichwertigkeit eines Nebenangebotes zum „Amtsvorschlag" ist auch kein Wesensmerkmal eines Nebenangebotes. Mit dem Nebenangebot zeigt der Bieter dem Auftraggeber eine Abweichung, eine Variante, zum „Amtsvorschlag" auf, mit dem das Beschaffungsziel aus Sicht des Bieters auf einem alternativen Weg erreicht werden kann. Diese Alternative kann qualitativ von der ausgeschriebenen Ausführung abweichen, solange sie den vorgegebenen Mindestanforderungen, dem Mindeststandard, genügt.[41] Eine andere Frage ist dagegen, wie dieses Nebenangebot iRd Wertung bewertet wird.[42] Gestatten die Zuschlagskriterien keine differenzierte Bewertung qualitativer Unterschiede, zB weil einziges Zuschlagskriterium der Preis ist, entsteht freilich das Problem, dass nicht vergleichbare, weil nicht gleichwertige, Leistungen bewertet werden und möglicherweise eine qualitativ schlechtere Leistung bezuschlagt werden soll. Dies wäre aber ein Verstoß gegen den Gleichbehandlungsgrundsatz, da wesentlich ungleiche Angebote willkürlich gleich, nämlich nach dem einzigen Kriterium des niedrigsten Preises, das keine Qualitätsunterschiede abbilden kann, gewertet würden.[43] Will der Auftraggeber eine Gleichwertigkeitsprüfung vornehmen, ist er aus Gründen der **Transparenz** aber gehalten, in den Vergabeunterlagen zu benennen, **unter welchen Voraussetzungen** aus seiner Sicht von einer Gleichwertigkeit auszugehen ist.[44] Ferner sollte der Auftraggeber vorgeben, welche **Unterlagen zum Nachweis der Gleichwertigkeit** vorzulegen sind. Zu beachten ist hierbei insbes. das Bestimmtheitserfordernis. Der Auftraggeber kann also nicht nur „alle Unterlagen, die erforderlich sind, um die Gleichwertigkeit zu überprüfen" oder dgl. fordern. Dabei ist das richtige Maß zwischen dem Informationsinteresse des Auftraggebers und den Möglichkeiten der Bieter in der Vergabephase zu wahren. Fordert der Auftraggeber zu umfangreiche Nachweise, ist zu befürchten, dass keine Nebenangebote eingehen bzw. dass die Bieter nur ungenügende Nachweise beifügen. Besonders strenge Regelungen können also auch auf den Auftraggeber selbst zurückfallen. Müssen Nebenangebote hiernach gleichwertig sein und weist ein Bieter nicht **mit Angebotsabgabe** die Gleichwertigkeit nach, ist das Nebenangebot als nicht zuschlagsfähig einzuordnen und aus der Wertung auszuschließen.[45]

---

[40] BGH 10.5.2016 – X ZR 66/15, NZBau 2016, 576 Rn. 16 = VergabeR 2016, 747 mAnm Mantler VergabeR 2016, 750.

[41] Vgl. BGH 7.1.2014 – X ZB 15/13, NZBau 2014, 185 Rn. 21.

[42] Auf die notwendige Differenzierung zwischen der Berücksichtigung des Nebenangebots bei der Wertung und der Wertung des Nebenangebotes hat der EuGH schon in der Traunfellner-Entscheidung hingewiesen, 16.10.2003 – C-421/01, NZBau 2004, 279 = VergabeR 2004, 50 Rn. 31 f.

[43] Worauf die VK Südbayern zutreffend in ihren Beschl. v. 6.2.2016 – Z3-3-3194-1-50-12/16, IBRRS 2017, 1456, u. 27.4.2017 – Z3-3-3194-1-12-03/17, BeckRS 2017, 110967, hinweist.

[44] VK Nordbayern 6.7.2016 – 21.VK-3194-04/16, VPR 2016, 202. In der Gesetzesbegr. heißt es hierzu, dass eine allg. Gleichwertigkeitsprüfung, für die es keine benannten Bezugspunkte gibt, den Anforderungen an ein transparentes Verfahren nicht genügt, BR-Drs. 87/16, 188.

[45] VK Sachsen-Anhalt 16.4.2014 – 3 VK LSA 14/14, IBR 2015, 157; VK Mecklenburg-Vorpommern 13.3.2013 – 2 VK 09/12, IBR 2013, 642.

3. Zuschlagskriterien

15 Gem. § 35 Abs. 2 S. 2 VgV müssen die Zuschlagskriterien so festgelegt werden, dass sie gleichermaßen für Haupt- und Nebenangebote anwendbar sind. Diese Vorgabe entspricht der Regelung des § 127 Abs. 4 S. 2 GWB (→ GWB § 127 Rn. 42). Durch **einheitliche Zuschlagskriterien** soll sichergestellt werden, dass das wirtschaftlichste Angebot, also entweder ein Haupt- oder ein Nebenangebot, bezuschlagt wird. Nachdem der BGH in seiner Entscheidung vom 7.1.2014 mit dem zutr. Argument, die Zuschlagserteilung auf ein den Mindestanforderungen genügendes, aber qualitativ minderwertiges Angebot sei mit dem Wettbewerbsprinzip nicht vereinbar, die Berücksichtigung von Nebenangeboten bei reinem Preiswettbewerb verneint hat,[46] hat der Gesetzgeber in der Begr. zu § 127 GWB demgegenüber darauf hingewiesen, dass dies mit den Vorgaben des Unionsrechts vereinbar sei.[47] Als Korrektiv habe der Auftraggeber beim reinen Preiswettbewerb Mindestbedingungen festzulegen, die Nebenangebote erfüllen müssen, um berücksichtigt zu werden.[48] In § 35 Abs. 2 S. 3 VgV ist über § 127 Abs. 4 GWB hinausgehend klargestellt, dass Nebenangebote auch zulässig sind oder vorgeschrieben werden können, wenn der Preis alleiniges Zuschlagskriterium ist. Warum in § 127 GWB diese Klarstellung fehlt, kann nur mit den Zweifeln des Gesetzgebers an seiner Auffassung, das Unionsrecht gestatte dies, erklärt werden. Immerhin spricht Art. 45 Abs. 2 S. 2 RL 2014/24/EU von Zuschlagskriterien in Mehrzahl.[49]

16 Unabhängig von der Frage der unionsrechtlichen Zulässigkeit des Kriteriums Preis als ausschließlichem Zuschlagskriterium für die Frage der Wertung auch der Nebenangebote bleibt die Frage der Sicherstellung der qualitativen Übereinstimmung von ausgeschriebener Leistung und alternativ angebotener Leistung. Dies kann letztlich nur durch Prüfung der Gleichwertigkeit entspr. den vorgegebenen Bedingungen erfolgen, weshalb der Auftraggeber gut beraten ist, den Nachweis der Gleichwertigkeit von den Bietern ausdr. zu fordern.[50] Entscheidet sich der Auftraggeber dafür, neben dem Preis weitere Zuschlagskriterien zu berücksichtigen, sind sie „auf den jew. Auftragsgegenstand und den mit ihm zu deckenden Bedarf" zuzuschneiden und müssen ermöglichen, das Qualitätsniveau eines Nebenangebots mit seinem technisch-funktionellen und sonstigen sachlichen Wert mit der Amtsvorschlag zu vergleichen. Die Wertungskriterien müssen dabei aussagekräftig sein und die Vergabe substanziell beeinflussen können. Reine Alibikriterien genügen nicht.[51]

17 Es darf bezweifelt werden, dass der Verordnungsgeber sein Ziel, Nebenangebote auch bei einer reinen Preiswertung zuzulassen, erreicht hat. Denn in seinem Beschl. v. 10.5.2016 führt der BGH aus, dass § 35 Abs. 2 S. 3 VgV, § 8 EU Abs. 2 Nr. 3 S. 5 VOB/A den Auftraggeber nicht von der Beachtung des gesetzlichen Grundsatzes entbinden, wonach der Zuschlag auf das wirtschaftlichste Angebot erteilt wird und sich das wirtschaftlichste Angebot nach dem besten Preis-Leistungs-Verhältnis bestimmt (§ 127 Abs. 1 S. 1, 3 GWB).[52] Nur wenn dies nach dem Gegenstand des

---

[46] BGH 7.1.2014 – X ZB 15/13, NZBau 2014, 185 Rn. 17.

[47] Vgl. BT-Drs. 18/6281, 112 f. mit dem Hinweis, dass in Art. 45 Abs. 2 iVm Art. 67 Abs. 2 und 5 RL 2014/24/EU klargestellt sei, dass auch bei Nebenangeboten das wirtschaftlich günstigste Angebot allein auf der Grundlage des Preises ermittelt werden kann.

[48] BT-Drs. 18/6281, 113.

[49] Worauf auch Stoye/Plantiko VergabeR 2015, 309 (311) hinweisen.

[50] Vgl. Dicks VergabeR 2016, 309 (314).

[51] OLG Düsseldorf 27.11.2013 – VII-Verg 20/13, NZBau 2014, 121: Wertung des Preises mit 95 % ist unzulässig.

[52] BGH 10.5.2016 – X ZR 66/15, NZBau 2016, 576 Rn. 10; krit. zur gesetzlichen Regelung auch Dicks VergabeR 2016, 309 (311 ff.).

Auftrags und der Gesamtheit der Vergabeunterlagen erreicht werden kann, dürfe der Preis einziges Zuschlagskriterium sein. Am Ende der Entscheidung findet sich sodann noch der Hinweis, dass die Wertung der Angebote allein nach dem Preis dann zulässig ist, wenn **die gesamte Wertung zur Ermittlung des wirtschaftlichsten Angebots geeignet ist.** Dies hat der BGH im konkreten Fall bejaht, weil der Auftraggeber in den Bewerbungsbedingungen vorgegeben hatte, dass Nebenangebote im Vergleich zur Leistungsbeschreibung **qualitativ und quantitativ gleichwertig** sein müssen. Der BGH hält es also für zulässig, dass der Preis einziges Zuschlagskriterium ist, wenn der Auftraggeber eine entspr. Qualitätsprüfung iRd Wertung der Nebenangebote vornehmen muss und **keine greifbaren Anhaltspunkte dafür hervortreten, dass hierdurch das jew. Preis-Leistungs-Verhältnis nicht sachgerecht erfasst werden konnte.**[53] Man mag sich die mit diesen Ausführungen für die Praxis verbundenen Schwierigkeiten gar nicht vorstellen. Bis zu einer weiteren Klärung durch die Rspr. ist deshalb zu empfehlen, den Preis nicht als alleiniges Zuschlagskriterium festzulegen oder, wenn der Preis partout das einzige Zuschlagskriterium sein soll, eine umfangreiche und transparente Gleichwertigkeitsprüfung vorzusehen (→ Rn. 13 und 14).

4. Formfragen

§ 35 VgV enthält keine ausdr. Vorschriften über die Form, der ein Nebenangebot 18 genügen muss. Vielmehr bestimmt Abs. 2 S. 1 lediglich, dass der Auftraggeber anzugeben hat, in welcher Art und Weise Nebenangebote einzureichen sind. Nach § 53 Abs. 7 S. 3 VgV müssen Nebenangebote als solche gekennzeichnet sein. Zu den Fehlerfolgen → § 53 Rn. 56.

5. Inhaltliche Fragen

Nebenangebote müssen den **allg. Mindeststandards** an wertungsfähige und 19 annahmefähige Angebote entsprechen (→ § 57 Rn. 57).[54] Der Bieter hat die angebotene Leistung so **eindeutig und erschöpfend** zu beschreiben, dass sich der Auftraggeber ein klares Bild über die angebotene, vom Amtsvorschlag abweichende Ausführung der Leistung machen kann.[55] Die vorgelegten (kaufmännischen oder technischen) Nebenangebote haben neben einer detaillierten, präzisen und vollständigen Leistungsbeschreibung textlich vollständig ausformulierte und gekennzeichnete Änderungen zu den Verträgen und Vertragsanlagen zu enthalten.[56]

Nebenangebote sind ferner so aufzustellen, dass der Auftraggeber überprüfen 20 kann, ob die **Mindestanforderungen eingehalten** sind (→ § 57 Rn. 58) und ggf., ob das Nebenangebot gleichwertig zum Amtsvorschlag ist. Entspr. Nachweise sind mit dem Angebot vorzulegen.[57] Daher spielt die Vorlage von Nachweisen und deren Überprüfung bei der Wertung von Nebenangeboten eine herausragende Rolle. Fehlen einem Nebenangebot Unterlagen bzw. Erklärungen, die gem. § 56 Abs. 2 S. 1 VgV nachgefordert werden können, hat der Auftraggeber – sofern er die Nach-

---

[53] BGH 10.5.2016 – X ZR 66/15, NZBau 2016, 576 Rn. 10.
[54] OLG Koblenz 2.2.2011 – 1 Verg 1/11, IBR 2011, 153; OLG München 12.9.2005 – Verg 20/05, BeckRS 2005, 11132 = VergabeR 2006, 112; VK Bund 24.11.2011 – VK 3–143/11, IBR 2012, 161.
[55] OLG Koblenz 29.8.2003 – 1 Verg 7/03, BeckRS 2004, 260 = VergabeR 2003, 699; OLG Naumburg 11.7.2000 – 1 Verg 4/00, BeckRS 2000, 30471252 = OLGR 2001, 191; ähnlich auch OLG Brandenburg 29.7.2008 – Verg W 10/08, ZfBR 2008, 734 = VergabeR 2009, 222.
[56] OLG Düsseldorf 21.11.2007 – VII-Verg 32/07, NZBau 2008, 201 (203 f.); das Abstecken eines Rahmens kann genügen, OLG Koblenz 26.7.2010 – 1 Verg 6/10, ZfBR 2010, 708 = NZBau 2011, 58.
[57] VK Sachsen-Anhalt 16.4.2014 – 3 VK LSA 14/14, VPR 2015, 65.

forderungsmöglichkeit nicht gem. § 56 Abs. 2 S. 2 VgV ausgeschlossen hat – eine Ermessensentscheidung über die Nachforderung zu treffen, bevor das Nebenangebot unberücksichtigt bleibt.[58]

IV. Wertung von Nebenangeboten (Abs. 3)

1. Wertungsvorgang

21 Zugelassene Nebenangebote, die die Mindestanforderungen erfüllen, hat der Auftraggeber zu werten. Die **Wertung** von Nebenangeboten vollzieht sich **in drei Schritten.**[59] Zunächst wird geprüft, ob Nebenangebote überhaupt zugelassen sind. In einem zweiten Schritt wird geprüft, ob das Nebenangebot die Mindestanforderungen erfüllt und – sofern gefordert – die alternativ angebotene Leistung gleichwertig zur ausgeschriebenen Leistung ist. Anschl. erfolgt die Wertung anhand der einheitlichen Zuschlagskriterien wie bei allen anderen Angeboten. Dazu auch → VOB/A § 16d Rn. 13.

2. Einhaltung der Mindestanforderungen

22 S. 1 bestimmt, dass ein Nebenangebot nicht gewertet werden darf, wenn es die Mindestanforderungen nicht einhält. Dies ist bspw. bei sog. **Abmagerungsangeboten** der Fall (dazu auch → VOB/A § 16d Rn. 15). Dabei handelt es sich um Nebenangebote, deren Inhalt sich auf die Reduzierung des Umfangs oder der Qualität der Leistung beschränkt.[60] Typische abgemagerte Nebenangebote bestehen in einem geringeren Leistungsumfang; es wird bspw. eine Ausführung in verzinktem Stahl statt in Edelstahl oder ein längeres Wartungsintervall bei Anlagen vorgeschlagen. Der Bieter hat aber keinen Anspruch auf die Durchsetzung eigener, insbes. die Mindestbedingungen abändernder Vorstellungen.[61] Sind die Mindestbedingungen **unklar oder widersprüchlich** formuliert oder lassen sie mehrere Auslegungsmöglichkeiten zu, kann das Nebenangebot eines Bieters, der eine zumindest vertretbare Auslegung zugrunde gelegt hat, nicht wegen Nichteinhaltens der Mindestbedingungen ausgeschlossen werden.[62] Für eine etwaige Gleichwertigkeitsprüfung gelten die gleichen Grundsätze.

23 Ebenso wenig wertbar ist ein **unklares oder** – ggf. trotz Nachforderung – **unvollständiges Nebenangebot.** Es ist Aufgabe des Bieters, die von ihm alternativ angebotene Leistung eindeutig und erschöpfend zu beschreiben (dazu auch → VOB/A § 16d Rn. 14). Es gelten für die Beschreibung der Leistungen eines Nebenangebotes die gleichen Anforderungen, wie sie im umgekehrten Verhältnis für einen Auftraggeber bei der Erstellung der Leistungsbeschreibung gelten. Der Auftraggeber muss aus dem Nebenangebot deshalb klar und eindeutig erkennen können, welche Leistungen Inhalt des Nebenangebots sind.[63] Anderenfalls wären die gegenseitigen Leistungspflichten nicht hinreichend bestimmt. Zudem blieben die Einzelheiten der abweichenden Leistungsausführung unklar, weshalb keine Wertung möglich ist. Gibt der Bieter bspw. ohne weitere Begründung an, er werde den Bau drei Monate

---

[58] OLG Düsseldorf 10.8.2011 – VII-Verg 66/11, BeckRS 2011, 20452 = VergabeR 2011, 865; OLG Naumburg 23.2.2012 – 2 Verg 15/11, BeckRS 2012, 5985 = VergabeR 2012, 732; VK Arnsberg 18.2.2013 – VK 01/13, VPR 2013, 1016.
[59] Vgl. Schalk HdB Nebenangebote Rn. 450, mit einer geringfügig anderen Stufung.
[60] Vgl. zum Abmagerungsangebot Schalk VergabeR 2019, 313 (316).
[61] OLG Düsseldorf 10.12.2008 – Verg 51/08, BeckRS 2009, 5995.
[62] OLG Celle 3.6.2010 – 13 Verg 6/10, BeckRS 2010, 16078 = VergabeR 2010, 1014.
[63] VK Thüringen 15.4.2019 – 250–4002-11116/2019-N-002-HBN, IBRRS 2019, 1976, mit Bezugnahme auf OLG Naumburg 8.2.2005 – 1 Verg 20/04, BeckRS 2005, 2632.

schneller als von der Vergabestelle veranschlagt durchführen, ohne dies in irgendeiner Art und Weise zu erklären, darf das Nebenangebot nicht gewertet werden.[64]

3. Änderung des Vertragscharakters

Nach S. 2, mit dem Art. 45 Abs. 3 UAbs. 2 RL 2014/24/EU umgesetzt wurde, darf ein Nebenangebot nicht deshalb ausgeschlossen werden, weil im Falle des Zuschlags aus einem Dienstleistungsauftrag ein Lieferauftrag würde oder umgekehrt. Die Regelung hat keine praktische Relevanz. **24**

V. Rechtsschutz

§ 35 VgV ist bieterschützend, so dass Verstöße des Auftraggebers gegen § 35 VgV zum Gegenstand eines Nachprüfungsverfahrens gemacht werden können. Zu beachten ist dabei, dass dem Auftraggeber bei der Prüfung, ob die Mindestanforderungen eingehalten sind und ggf., ob das Nebenangebot gleichwertig ist, ein Ermessen zusteht, dessen Ausübung durch die Nachprüfungsinstanzen nur eingeschränkt überprüft werden kann.[65] Gleiches gilt für die Wertung im engeren Sinn. **25**

Hat der Auftraggeber keine Mindestanforderungen formuliert, obwohl er Nebenangebote zugelassen hat, stellt sich die Frage, ob gleichwohl abgegebene Nebenangebote gewertet werden müssen oder dürfen. Dies ist zu verneinen.[66] War für den Bieter allerdings anhand der Vergabeunterlagen erkennbar, dass keine Mindestanforderungen festgelegt worden sind, muss er dies vor Ablauf der Frist zur Angebotsabgabe **rügen**.[67] Unterlässt er die Rüge, kann er sich nicht darauf berufen, dass Nebenangebote anderer Bieter nicht **wertbar und zuschlagsfähig** sind.[68] Hat der Bieter hingegen kein Nebenangebot abgegeben, bestand für ihn keine Veranlassung, die Vergabeunterlagen dahin zu überprüfen, ob der Auftraggeber ordnungsgemäße Mindestanforderungen festgelegt hat, so dass grds. davon ausgegangen werden kann, dass er ihr Fehlen nicht erkannt hat. In diesem Fall kann er sich auch ohne vorherige Rüge dagegen wehren, dass der Zuschlag auf das Nebenangebot eines konkurrierenden Bieters erteilt werden soll. **26**

Kennzeichnet ein Bieter von ihm vorgenommene Abweichungen ggü. dem Amtsvorschlag nicht eindeutig als Nebenangebot und wird der Vertrag mit diesen Änderungen durch Zuschlagserteilung geschlossen, kann er zum Ersatz des entstandenen Schadens verpflichtet sein. Er verstößt mit der nicht kenntlich gemachten Änderungen gegen seine Verpflichtungen aus dem durch das Vergabeverfahren entstehenden vorvertraglichen Schuldverhältnis. Selbst wenn in diesem Fall ein Ausschluss unterbleibt und der Bieter den Zuschlag erhält, kann er schadenersatzpflichtig sein.[69] Reicht ein Bieter ein Nebenangebot ein und wertet es der Auftraggeber **27**

---

[64] OLG München 10.12.2009 – Verg 16/09, BeckRS 2010, 2617 = VergabeR 2010, 246 (247).

[65] BGH 23.3.2011 – X ZR 92/09, NZBau 2011, 438.

[66] EuGH 16.10.2003 – C-421/01, NZBau 2004, 279 (280); BayObLG 22.6.2004 – Verg 13/04, NZBau 2004, 626 (627); OLG Koblenz 31.5.2006 – 1 Verg 3/06, NZBau 2006, 600; OLG München 11.8.2005 – Verg 12/05, IBR 2005, 564; OLG Schleswig 15.2.2005 – 6 Verg 6/04, BeckRS 2005, 1848 = VergabeR 2005, 357.

[67] OLG Celle 11.2.2010 – 13 Verg 16/09, IBR 2010, 227; OLG Brandenburg 19.1.2009 – Verg W 2/09, IBR 2009, 543; OLG München 11.8.2005 – Verg 12/05, BeckRS 2005, 32161 = VergabeR 2006, 119 (124).

[68] OLG Celle 11.2.2010 – 13 Verg 16/09, BeckRS 2010, 4938 = VergabeR 2010, 669.

[69] OLG Stuttgart 9.2.2010 – 10 U 76/09, BeckRS 2010, 10753 = VergabeR 2011, 144 mAnm Finke/Hangebrauck VergabeR 2011, 158; das OLG bejaht den vom Auftraggeber geltend gemachten Schadensersatzanspruch gegen den Unternehmer, der den anderen Schalldämmwert als den ausgeschriebenen angeboten und eingebaut hat.

nicht, weil das Nebenangebot von den Vergabeunterlagen abweicht, so kommt ein Schadensersatzanspruch des Bieters in Betracht, wenn der Auftraggeber das Nebenangebot zwar (zu Recht) ausschließt, die angebotene Lösung dann aber von einem anderen Bieter ausführen lässt.[70] Bezuschlagt der Auftraggeber ein Nebenangebot, obwohl es nicht hätte gewertet werden dürfen, kann der nicht zum Zuge gekommene Bestbieter Schadensersatz verlangen.[71] Die Beurteilung des Nachweises der Gleichwertigkeit einer angebotenen Variante durch die Vergabestelle ist im Schadensersatzprozess aber nur eingeschränkt daraufhin überprüfbar, ob sie sich in Anbetracht der auf eine transparente Vergabe im Wettbewerb gerichteten Zielsetzung des Gesetzes und der Vergabe- und Vertragsordnungen als vertretbar erweist.[72]

§ 36 Unteraufträge

(1) ¹Der öffentliche Auftraggeber kann Unternehmen in der Auftragsbekanntmachung oder den Vergabeunterlagen auffordern, bei Angebotsabgabe die Teile des Auftrags, die sie im Wege der Unterauftragsvergabe an Dritte zu vergeben beabsichtigen, sowie, falls zumutbar, die vorgesehenen Unterauftragnehmer zu benennen. ²Vor Zuschlagserteilung kann der öffentliche Auftraggeber von den Bietern, deren Angebote in die engere Wahl kommen, verlangen, die Unterauftragnehmer zu benennen und nachzuweisen, dass ihnen die erforderlichen Mittel dieser Unterauftragnehmer zur Verfügung stehen. ³Wenn ein Bewerber oder Bieter die Vergabe eines Teils des Auftrags an einen Dritten im Wege der Unterauftragsvergabe beabsichtigt und sich zugleich im Hinblick auf seine Leistungsfähigkeit gemäß den §§ 45 und 46 auf die Kapazitäten dieses Dritten beruft, ist auch § 47 anzuwenden.

(2) Die Haftung des Hauptauftragnehmers gegenüber dem öffentlichen Auftraggeber bleibt von Absatz 1 unberührt.

(3) ¹Bei der Vergabe von Dienstleistungsaufträgen, die in einer Einrichtung des öffentlichen Auftraggebers unter dessen direkter Aufsicht zu erbringen sind, schreibt der öffentliche Auftraggeber in den Vertragsbedingungen vor, dass der Auftragnehmer spätestens bei Beginn der Auftragsausführung die Namen, die Kontaktdaten und die gesetzlichen Vertreter seiner Unterauftragnehmer mitteilt und dass jede im Rahmen der Auftragsausführung eintretende Änderung auf der Ebene der Unterauftragnehmer mitzuteilen ist. ²Der öffentliche Auftraggeber kann die Mitteilungspflichten nach Satz 1 auch als Vertragsbedingungen bei der Vergabe anderer Dienstleistungsaufträge oder bei der Vergabe von Lieferaufträgen vorsehen. ³Des Weiteren können die Mitteilungspflichten auch auf Lieferanten, die an Dienstleistungsaufträgen beteiligt sind, sowie auf weitere Stufen in der Kette der Unterauftragnehmer ausgeweitet werden.

(4) Für Unterauftragnehmer aller Stufen gilt § 128 Absatz 1 des Gesetzes gegen Wettbewerbsbeschränkungen.

(5) ¹Der öffentliche Auftraggeber überprüft vor der Erteilung des Zuschlags, ob Gründe für den Ausschluss des Unterauftragnehmers vorliegen. ²Bei Vorliegen zwingender Ausschlussgründe verlangt der öffentliche Auftraggeber die Ersetzung des Unterauftragnehmers. ³Bei Vorliegen fakultativer Ausschlussgründe kann der öffentliche Auftraggeber verlangen, dass

---

[70] OLG Dresden 27.1.2006 – 20 U 1873/05, ZfBR 2006, 381 = VergabeR 2006, 578.
[71] OLG Koblenz 25.8.2016 – 1 U 260/16, NZBau 2016, 790.
[72] BGH 23.3.2011 – X ZR 92/09, NZBau 2011, 438.

dieser ersetzt wird. ⁴Der öffentliche Auftraggeber kann dem Bewerber oder Bieter dafür eine Frist setzen.

Literatur: Amelung, Ausgewählte Fragen im Zusammenhang mit der Benennung von Nachunternehmern im Vergabeverfahren, ZfBR 2013, 337; Amelung, Das unzulässige Selbstausführungsgebot, NZBau 2017, 139; Baumann, Der Nachunternehmereinsatz im Vergabeverfahren, AnwZert BauR 14/2015, Anm. 1; Burgi, Nachunternehmerschaft und wettbewerbliche Untervergabe, NZBau 2010, 593; Conrad, Nachunternehmereinsatz und Eignungsleihe: Was ist der Unterschied?, VergabeR 2012, 15; Dirksen/Schellenberg, Mehrfachbeteiligungen auf Nachunternehmerseite, VergabeR 2010, 17; Friton/Meister, (Un-)Zulässigkeit von Beschränkungen im Zusammenhang mit dem Einsatz von Dritten in Vergabeverfahren, jurisPK-VergabeR 1/2017, Anm. 2; Heuvels, Bedeutung und Rechtsfolgen des Nachunternehmeraustauschs bei der Vergabe von Dienstleistungskonzessionen, NZBau 2013, 485; Kafedžić, Vergaberechtlich statthafter Zeitpunkt für die Forderung nach der Benennung von Unterauftragnehmern und „Eignungsverleihern", VergabeR 2018, 498; Kemper/Pauka, Achtung Bieter: Ausschluss wegen Datenverstoß – Was für eine datenschutzrechtlich konforme Teilnahme erforderlich ist, ZfBR 2019, 132; Kern, Ist die Benennung von Nachunternehmern bei Angebotsabgabe nach VOB/A zwingend geboten?, KommunalPraxis spezial 2008, 130; Oberhauser, Vorteilsausgleich in der Leistungskette – Geltung auch beim Planervertrag?, NZBau 2016, 626; Probst/von Holleben/Winters, Paradigmenwechsel bei Nachunternehmereinsatz und Eignungsleihe im Vergaberecht?, CR 2013, 200; Rabe, Zur Begrenzung des sachlichen Anwendungsbereichs der DSGVO, K&R 2019, 464; Rosenkötter/Bary, Eignungsleihe doch nur als Ultima Ratio?, NZBau 2012, 486; Schaller, Nachunternehmer bei EU-weiten Vergabeverfahren – Qualifizierte und einfache Unterauftragnehmer nach der Vergabeverordnung, ZfBR 2021, 244; Stoye/Brugger, Die Renaissance des Selbstausführungsgebots und seine (Vor)Wirkungen bereits vor Umsetzung des neuen Richtlinienpakets, VergabeR 2015, 647; Stoye/Hoffmann, Nachunternehmerbenennung und Verpflichtungserklärung im Lichte der neuesten BGH-Rechtsprechung und der VOB/A 2009, VergabeR 2009, 569; Wissenschaftliche Dienste des Deutschen Bundestags, Beauftragung von Subunternehmern – vergaberechtlicher Rahmen, WD 7 – 3000 – 242/18, 10. Dezember 2018.

Übersicht

	Rn.
I. Bedeutung der Vorschrift	1
II. Benennung des Unterauftragnehmers: Zeitpunkt und Inhalt (Abs. 1)	8
1. Qualifizierte Unterauftragnehmer: mit dem Eignungsnachweis (Abs. 1 S. 3, § 47 VgV)	9
2. Einfache Unterauftragnehmer: mit dem Angebot (Abs. 1 S. 1)	10
3. Vor Zuschlagserteilung (Abs. 1 S. 2)	13
III. Rechtsstellung des Hauptauftragnehmers (Abs. 2)	15
IV. Mitteilungspflichten (Abs. 3)	17
V. Rechtsstellung des Unterauftragnehmers (Abs. 4)	20
VI. Eignung des Unterauftragnehmers (Abs. 5)	23
1. Qualifizierter Unterauftragnehmer	23
2. Einfacher Unterauftragnehmer	24

I. Bedeutung der Vorschrift

§ 36 VgV schafft im deutschen Recht eine umfassende Regelung der Unterauftragsvergabe.[1] Die Vorschrift dient der Umsetzung von Art. 71 RL 2014/24/EU

---

[1] Verwandte, aber inhaltsverschiedene Vorschriften waren enthalten in § 11 EG Abs. 5 VOL/A, § 5 Abs. 5 lit. h VOF und § 8 Abs. 3 SektVO.

und regelt die Benennung des Unterauftragnehmers, die Prüfung seiner Eignung und die Haftung für seine Leistung. § 36 VgV schafft dem öffentlichen Auftraggeber somit die Möglichkeit, darüber Transparenz zu erlangen, wie sein Vertragspartner die ausgeschriebene Leistung erbringen wird. Neben § 36 VgV bleibt in den Fällen der Eignungsleihe § 47 VgV auf die Einbindung qualifizierter Unterauftragnehmer anwendbar.[2] Vergleichbare Regelungen finden sich in § 34 SektVO, § 33 KonzVgV und § 26 UVgO. In der VOB/A findet sich keine vergleichbare Regelung zur Vergabe von Unteraufträgen. Die VSVgV enthält Regelungen zur Unterauftragsvergabe in § 9 VSVgV und §§ 38 ff. VSVgV.

2 § 36 VgV ist Folge der großen **Freiheit,** die die Spruchpraxis den Unternehmen für die **Ausgestaltung ihrer Leistungserbringung** gewährt. Der EuGH spricht den Bietern das Recht zu, am Vergabeverfahren auch dann teilnehmen zu können, wenn sie zur Ausführung des Auftrags Dritte oder deren Mittel einsetzen möchten.[3] Dritte können dabei bspw. Bürgen, Patronatsgeber, Verleiher von Arbeitnehmern, Lieferanten oder echte Unterauftragnehmer sein. Das ursprünglich in § 7 Nr. 2 Abs. 1 VOL/A 2006 und in § 8 Nr. 2 Abs. 1 VOB/A 2006 enthaltene Gebot der Selbstausführung[4] ist in Folge dieser Rspr. oberhalb der EU-Schwellenwerte bereits seit dem ÖPP-Beschleunigungsgesetz von 2006[5] obsolet, so dass der öffentliche Auftraggeber die Einbindung von Unterauftragnehmern nicht verbieten darf.[6] Für Liefer- und Dienstleistungen wurde das Selbstausführungsgebot mit der Reform der Verdingungsordnungen in 2009[7] unterhalb der Schwellenwerte abgeschafft, durch § 26 Abs. 6 UVgO wieder eingeführt und durch den EuGH in der Rs. Borta[8] wieder in Frage gestellt. Vor diesem Hintergrund ist Abs. 1 **bieterschützend** und verschafft dem Bieter ein Recht auf verhältnismäßige Benennungspflichten.[9] Abs. 5 ist bieterschützend und sichert dem Bieter einen fairen Wettbewerb. IÜ ist die Vorschrift auf Transparenz und Sicherheit für den Auftraggeber gerichtet.

3 Oberhalb der Schwellenwerte ist durch § 47 Abs. 5 VgV in Umsetzung von Art. 63 Abs. 2 RL 2014/24/EU das Recht des öffentlichen Auftraggebers definiert worden, eine Eigenerbringung durch den Auftragnehmer zu fordern bei bestimmten kritischen Aufgaben bei Dienstleistungsaufträgen oder kritischen Verlege- oder Installationsarbeiten im Zusammenhang mit einem Lieferauftrag.[10] Der Begriff „bestimmte kritische Aufgaben" beschränkt das Recht des öffentlichen Auftraggebers, eine Eigenerbringung zu fordern, nicht nur quantitativ, sondern auch qualitativ.

---

[2] Klarstellend: VK Bund 29.4.2021 – VK 2-5/21, BeckRS 2021, 35592.
[3] EuGH 14.4.1994 – C-389/92, BeckRS 2004, 76951 – Ballast Nedam Groep VN I; 18.12.1997 – C-5/97, BeckRS 2004, 77499 – Ballast Nedam Groep NV II; 2.12.1999 – C-176/98, NZBau 2000, 149 – Holst Italia SpA.
[4] Nach beiden Vorschriften sind die Vergabeunterlagen nur an Unternehmen abzugeben, die sich „gewerbsmäßig" mit der Ausführung der ausgeschriebenen Leistungen befassen. Für Generalübernehmer, aber auch Generalunternehmer wurde auf dieser Grundlage der Zugang zum Vergabeverfahren beschränkt.
[5] § 4 Abs. 4 VgV 2006 und § 6 Abs. 2 Nr. 2 VgV 2006.
[6] OLG Rostock 23.4.2018 – 17 Verg 1/18, NZBau 2018, 783.
[7] Vgl. § 6 VOL/A 2009; für Bauleistungen konnte die Selbstausführung nach § 6 Abs. 2 Nr. 1 VOB/A 2006 formal noch verlangt werden.
[8] EuGH 5.4.2017 – C-298/15, NZBau 2017, 748 – Borta UAB.
[9] So auch jurisPK-VergabeR/Schneevogel VgV § 36 Rn. 41.
[10] Der EuGH hatte bereits unter der RL 2004/18/EG öffentlichen Auftraggebern im Interesse der ordnungsgemäßen Ausführung des Auftrags das Recht zugestanden, ausdr. genaue Regeln anzugeben, die es einem Wirtschaftsteilnehmer ermöglichen, sich auf die Kapazitäten anderer Unternehmen zu stützen, sofern diese Regeln mit dem Gegenstand und den Zielen des betreffenden Auftrags zusammenhängen und diesen angemessen sind; EuGH 7.4.2016 – C-324/14, BeckRS 2016, 80574 = NZBau 2016, 373.

Denn Art. 63 RL 2014/24/EU verfolgt das Ziel, einen umfassenden Wettbewerb zu ermöglichen und auch kleinen und mittleren Unternehmen den Zugang zu Vergabeverfahren dadurch zu erleichtern, dass sie für die Teilnahme an Vergabeverfahren Partnerschaften auch mit Unterauftragnehmern bilden.[11]

Der Anwendungsbereich des § 36 VgV ist vor dem Hintergrund zu definieren, 4 dass das Vergaberecht eine differenzierte Regelungslandschaft für die Einbeziehung Dritter durch den Auftragnehmer kennt. So unterscheidet die VgV bei der Inanspruchnahme der Leistungen Dritter zwischen **(qualifizierten) Dritten,** derer der Bieter sich im Wege der **Eignungsleihe** zum Nachweis der vom Auftraggeber gesetzten Eignungsmaßstäbe bedient, und **(einfachen) Dritten,** die für die Erfüllung der Eignungsanforderungen nicht erforderlich sind (zur Abgrenzung → § 47 Rn. 4). Für die Eignungsleihe durch qualifizierte Dritte nennt § 47 VgV strenge Anforderungen (dazu → § 47 Rn. 5 ff.). Für einfache Dritte nennt die VgV hingegen keine allg. Anforderungen. Für Unterauftragnehmer findet jedoch (auch bei einer Stellung als einfacher Dritter) in jedem Fall § 36 VgV Anwendung. Soweit Unterauftragnehmer mithin auch als qualifizierte Dritte zur Eignungsleihe eingesetzt werden, findet nach Abs. 1 S. 3 neben § 36 VgV ergänzend § 47 VgV Anwendung. Abgrenzungsschwierigkeiten ergeben sich daraus, dass der Begriff des Dritten weiter ist als jener des Unterauftragnehmers.[12] Da das Vergaberecht für einfache Dritte keine Regelungen enthält, für (einfache) Unterauftragnehmer jedoch § 36 VgV Anwendung findet, sind Unterauftragnehmer folglich von anderen Dritten abzugrenzen.[13]

Unterauftrag ist unter Rückgriff auf die **Definition** in § 4 Abs. 2 VSVgV ein 5 zwischen einem erfolgreichen Bieter und einem oder mehreren Unternehmen geschlossener entgeltlicher Vertrag über die Ausführung des betr. Auftrags oder von Teilen des Auftrags. Ein Unterauftragnehmer ist eine rechtlich selbständige natürliche oder juristische Person. Er führt, vom Hauptauftragnehmer beauftragt, auf dessen Rechnung und in keinem Auftragsverhältnis zum Auftraggeber stehend,[14] bestimmte Teile des Auftrags, mithin einen Teil der in der Leistungsbeschreibung oder im Leistungsverzeichnis festgelegten Leistungen selbstständig aus[15] (→ § 53 Rn. 46). Der Unterauftragnehmer schuldet dem Hauptauftragnehmer den Ausführungserfolg einer ausgeschriebenen Leistung in eigener Verantwortung.[16] Unterauftragnehmer sind also solche, die von einem Unterauftragnehmer seinerseits bei der Ausführung eingesetzt werden (Unterauftragnehmer nachrangiger Stufen). Auf die Art der (gesellschaftsrechtlichen) Verbindung zum Auftragnehmer kommt es nicht an. Unterauftragnehmer können deshalb auch konzernangehörige Unternehmen sein.[17] Die Begriffe Nachunternehmer oder Subunternehmer sind Synonyme für den Begriff des Unterauftragnehmers.

Der Dritte ist kein Unterauftragnehmer, wenn er dem Hauptauftragnehmer nur 6 die nötigen Mittel, wie Baumaterial, Geräte oder auch Personal zur Verfügung stellt bzw. Hilfsleistungen erbringt, damit der Hauptauftragnehmer die Ausführung der Leistung im eigenen Betrieb und in eigener Verantwortung bewirken kann.[18]

---

[11] EuGH 28.4.2022 – C-642/20, NZBau 2022, 413 Rn. 42 ff.
[12] Begr. zu § 36 Abs. 1 VgV, BT-Drs. 18/7318, 184; OLG Düsseldorf 25.6.2014 – VII-Verg 38/13, BeckRS 2014, 15908; Conrad VergabeR 2012, 15.
[13] Probst/von Holleben/Winters CR 2013, 200.
[14] Nach § 47 Abs. 3 VgV kann der Auftraggeber jedoch eine gemeinsame Haftung des Auftragnehmers und seines qualifizierten Unterauftragnehmers verlangen.
[15] OLG Düsseldorf 25.6.2014 – VK 1–30/16, BeckRS 2014, 15908; BayObLG 31.8.2022 – Verg 18/21, IBRRS 2022, 2690.
[16] VK Bund 18.3.2004 – VK 2–152/03, IBRRS 2005, 0799.
[17] OLG Düsseldorf 30.6.2010 – VII-Verg 13/10, BeckRS 2010, 25650.
[18] VK Bund 6.6.2016 – VK 1–30/16, VPR 2017, 1001; OLG Düsseldorf 30.6.2014 – VII-Verg 13/10, IBRRS 2010, 4422 = BeckRS 2010, 25650; 30.6.2014 – VII-Verg 13/10, BeckRS

7 Soweit Dritte für die Eignungsleihe nach § 47 VgV eingesetzt werden, ist künftig damit zu rechnen, dass ihre Rolle stärker zur Unterauftragnehmerrolle wird. So kann nach § 47 Abs. 1 S. 3 VgV ein Bewerber oder Bieter im Hinblick auf Nachweise für die erforderliche berufliche Leistungsfähigkeit, wie Ausbildungs- und Befähigungsnachweise, oder die einschlägige berufliche Erfahrung die Kapazitäten anderer Unternehmen nur dann in Anspruch nehmen, wenn diese die Leistung erbringen, für die diese Kapazitäten benötigt werden (dazu → § 47 Rn. 8). Auch der EuGH hat bekräftigt, dass eine **Eignungsleihe die Einbindung des Dritten in die Leistungserbringung erfordert**, wenn sich dessen Fähigkeiten und Kapazitäten nicht übertragen lassen.[19]

II. Benennung des Unterauftragnehmers: Zeitpunkt und Inhalt (Abs. 1)

8 Öffentliche Auftraggeber müssen sichern, dass der Einsatz von Unterauftragnehmern die **Transparenz über eine ordnungsgemäße Leistungserbringung** nicht gefährdet. Bei Aufträgen in sensiblen Bereichen und beim Einsatz qualifizierter Unterauftragnehmer zur Eignungsleihe sind sie daher verpflichtet, die Identität des Unterauftragnehmers zu prüfen. In allen anderen Fällen sind sie unter Wahrung der Zumutbarkeit berechtigt, aber nicht verpflichtet,[20] vom Bieter Angaben zum Einsatz von Unterauftragnehmern zu verlangen. Der Zeitpunkt der Transparenz differenziert in diesen Konstellationen erheblich und reicht vom Teilnahmeantrag bis zum Beginn der Leistungserbringung nach Zuschlagserteilung.

1. Qualifizierte Unterauftragnehmer: mit dem Eignungsnachweis (Abs. 1 S. 3, § 47 VgV)

9 Falls ein Bieter die Vergabe eines Teils des Auftrags an einen Dritten im Wege der Unterauftragsvergabe beabsichtigt und sich gem. den §§ 45 und 46 VgV zum Nachweis seiner Leistungsfähigkeit zugleich auf die Kapazitäten dieses Dritten beruft, muss er den Unterauftragnehmer wegen des Verweises von Abs. 1 S. 3 auf § 47 VgV mit dem Eignungsnachweis benennen, im zweistufigen Verfahren also bereits mit dem Teilnahmeantrag. Zugleich sind eine Verpflichtungserklärung des Unterauftragnehmers oder ein anderer Nachweis, dass die erforderlichen Mittel zur Verfügung gestellt werden (§ 47 Abs. 1 S. 1 VgV), und die für die Eignungsleihe erforderlichen Eignungsnachweise sowie die Nachweise, dass keine Ausschlussgründe für den Dritten bestehen (§ 47 Abs. 2 S. 1 VgV), vorzulegen. Zur Überprüfung des dritten Unternehmens → § 47 Rn. 9 ff.

2. Einfache Unterauftragnehmer: mit dem Angebot (Abs. 1 S. 1)

10 Der öffentliche Auftraggeber kann die Bieter in der Auftragsbekanntmachung oder den Vergabeunterlagen auffordern, schon mit der Angebotsabgabe die Teile des Auftrags zu benennen, bei denen sie sich Unterauftragnehmern bedienen wollen. Dieses Recht besteht unbeschränkt und steht insbes. nicht unter dem Vorbehalt der Zumutbarkeit. Der BGH hat dieses Recht des öffentlichen Auftraggebers bereits 2008 anerkannt. Den Bietern sei es zuzumuten, schon in diesem Stadium des Vergabeverfahrens Auskunft darüber zu geben, wie der einzelne Bieter den Auftrag zu

---

2014, 15908 Rn. 34; 27.10.2010 – VII-Verg 47/10, IBRRS 2010, 4429; BayObLG 31.8.2022 – Verg 18/21, IBRRS 2022, 2690.
[19] EuGH 7.4.2016 – C-324/14, BeckRS 2016, 80574 = NZBau 2016, 373.
[20] Wissenschaftliche Dienste, WD 78 – 3000 – 242/18, 13.

§ 36 VgV

erfüllen gedenkt und ein **Verzeichnis der Unterauftragnehmerleistungen** vorzulegen.[21]

Der öffentliche Auftraggeber kann in Einzelfällen auch verlangen, dass die Bieter mit ihrem Angebot bereits die **vorgesehenen Unterauftragnehmer konkret benennen**. Dieses Recht besteht jedoch ausweislich des 2. Hs. von Abs. 1 S. 1 nur, soweit die Benennung den Bietern zumutbar ist und kann auch im zweistufigen Vergabeverfahren erst für die Angebotsabgabe geltend gemacht werden.[22] Diese Regelung setzt Art. 71 Abs. 2 RL 2014/24/EU um. Für die Bestimmung der **Zumutbarkeitsschwelle** bleibt die Rspr. des BGH[23] relevant. Danach ist die Zumutbarkeit im Einzelfall zu bestimmen. Nach Auff. des BGH kann die Pflicht der Bieter, schon bei der Angebotsabgabe verbindlich mitzuteilen, welche Unterauftragnehmer sie bei der Ausführung einschalten wollen, die Bieter insges. unangemessen belasten. Denn die Bieter müssten sich dazu von allen Unterauftragnehmern die Leistungserbringung in einem frühen Stadium verbindlich zusagen lassen. Dies stehe regelmäßig nicht in einem angemessenen Verhältnis zu den Vorteilen des öffentlichen Auftraggebers, die sich darauf beschränken, sich zusätzlichen organisatorischen und zeitlichen Aufwand zu ersparen und zu gegebener Zeit nach Angebotseröffnung von einem engeren Kreis der Bieter die ggf. vorgesehenen Unterauftragnehmer zu erfragen. Der Senat wies schließlich auch auf **Risiken für die Wirtschaftlichkeit** hin, je früher der öffentliche Auftraggeber die Benennung der Unterauftragnehmer verlange. Denn auch Bieter führen vor der Auftragsvergabe an Unterauftragnehmer typischerweise Wettbewerbsverfahren durch. Diese Möglichkeit ist im laufenden Vergabeverfahren eingeschränkt, da der Zeitraum knapp und das Interesse von Unterauftragnehmern am Engagement im Wettbewerb schwächer ist, wenn die Aussichten auf eine vertragliche Bindung noch sehr vage sind. Die Entscheidung des BGH betraf zwar das Errichten von Schutz- und Leiteinrichtungen an einer Autobahn, mithin eine VOB-Vergabe. Nichtsdestoweniger lassen sich die Rechtssätze auch auf die Vergabe von Dienstleistungen oder Lieferungen übertragen.[24]

Bei der Bestimmung des Maßstabs der „Zumutbarkeit" wird künftig auch der **Verhältnismäßigkeitsgrundsatz** des § 97 Abs. 1 S. 2 GWB bedeutend und eine Einzelfallbetrachtung erforderlich sein.[25] 2012 hat der BGH die Zumutbarkeit von solchen Anforderungen in den Vergabeunterlagen unter Berücksichtigung der beteiligten Interessen **im Einzelfall** beurteilt. Dabei stellte der Senat darauf ab, ob es sich um ein vergleichsweise kleines Bauvorhaben mit einem voraussichtlich überschaubaren Bieterkreis handelt, bei dem für den Einsatz von Unterauftragnehmern aufgrund der Art der zu erbringenden Leistung ohnehin nur beschränkter Raum ist, oder um ein größeres Bauvorhaben, bei dem die Bewerber erfahrungsgemäß umfänglich Unterauftragnehmer einsetzen werden. Gleichzeitig hielt der BGH an seiner früheren Entscheidung fest.[26] Die VK Bund erachtete die Pflicht zur Benennung des Unterauftragnehmers für einen klar umrissenen Leistungsbestandteil von herausgehobenem Interesse des öffentlichen Auftraggebers als zulässig.[27]

Die Vorlage von Eignungsnachweisen und Verpflichtungserklärungen soll der öffentliche Auftraggeber nach Auffassung der VK Bund bei Angebotsabgabe nur von qualifizierten Dritten, aber nicht von einfachen Unterauftragnehmern verlangen

---

[21] BGH 10.6.2008 – X ZR 78/07, NZBau 2008, 592 Rn. 19.
[22] Der klare Wortlaut steht einer Erweiterung auf den Zeitpunkt der Abgabe des Teilnahmeantrags entgegen. Für eine analoge Erweiterung fehlt es an der Regelungslücke, jurisPK-VergabeR/Schneevogel VgV § 36 Rn. 18; aA Kafedžić VergabeR 2018, 498 (504).
[23] BGH 10.6.2008 – X ZR 78/07, NZBau 2008, 592 Rn. 19.
[24] So auch RKMPP/Dicks VgV § 36 Rn. 5.
[25] jurisPK-VergabeR/Schneevogel VgV § 36 Rn. 20; Kafedžić VergabeR 2018, 498 (502).
[26] BGH 3.4.2012 – X ZR 130/10, BeckRS 2012, 11501 Rn. 19.
[27] VK Bund 19.2.2018 – VK 1–167/17, BeckRS 2018, 10277.

dürfen.[28] Zutreffend ist, dass der öffentliche Auftraggeber keine formale Eignungsprüfung der Unterauftragnehmer vornehmen darf, sondern durch Abs. 5 auf die Überprüfung ihrer Zuverlässigkeit beschränkt ist (→ Rn. 29). Soweit die Benennung der Unterauftragnehmer jedoch nach den Maßstäben von Abs. 1 S. 1 zumutbar ist, erfordert der Verhältnismäßigkeitsgrundsatz nicht, dass Verpflichtungserklärungen und Nachweise über das Nichtvorliegen zwingender und fakultativer Ausschlussgründe erst nach Angebotswertung und vor Zuschlagserteilung verlangt werden dürfen. Da diese Nachweise durch Eigenerklärungen sehr einfach zu erbringen sind, ist der VK Bund insofern nicht zu folgen, sondern erscheint die Abforderung dieser Unterlagen für benannte Unterauftragnehmer bereits mit der Angebotsabgabe zulässig. Eine Pflicht zur isolierten nachträglichen Abforderung würde den Verwaltungsaufwand sowohl für Bieter als auch Auftraggeber erhöhen und das Vergabeverfahren verzögern.

3. Vor Zuschlagserteilung (Abs. 1 S. 2)

13   Vor Zuschlagserteilung ist der öffentliche Auftraggeber nach Abs. 1 S. 2 ohne Rücksicht auf die Zumutbarkeit in jedem Fall berechtigt, von Bietern, deren **Angebote in die engere Wahl** kommen, zu verlangen, die Unterauftragnehmer zu benennen und nachzuweisen, dass ihnen die erforderlichen Mittel dieser Unterauftragnehmer zur Verfügung stehen.[29] Vielfach haben Auftraggeber daher die Wahl, ob sie die Benennung der Unterauftragnehmer schon mit Angebotsabgabe fordern oder erst vor Zuschlagserteilung oder auch darauf verzichten. Die Nutzung des späteren Zeitpunkts wird zur Vermeidung von Störpotential und zur Beschränkung des Prüfungsaufwands auf Seiten des Auftraggebers empfohlen.[30] Insges. muss bei der Verpflichtung der Bieter zur Benennung der Unterauftragnehmer berücksichtigt werden, dass Bieter ihre Unterauftragnehmer zum Zeitpunkt der Angebotsabgabe oftmals noch gar nicht gebunden haben. Für die Einbindung von Spezialleistungen ergibt sich die Schwierigkeit, dass ein Oligopol auf der Unterauftragnehmerseite auch den Bietermarkt für die ausgeschriebene Leistung beschränken kann, wenn die Bieter ihre Unterauftragnehmer bereits mit der Angebotsabgabe benennen müssen, die Unterauftragnehmer sich aber der Eingehung von vertraglichen Beziehungen aus strategischen Gründen verweigern. Sollten umgekehrt die Unterauftragnehmer verschiedene Unterauftragnehmerbeziehungen eingehen (müssen), kann hierdurch der Geheimwettbewerb gefährdet werden. Der nach § 97 Abs. 1 GWB zum Schutz des Wettbewerbs gebotene Geheimwettbewerb ist beeinträchtigt, wenn ein Bieter sein Angebot an ihm bekannten Angebotsteilen eines Wettbewerbers ausrichten kann.[31] Eine solche Kenntnis kann auch durch Unterauftragnehmer vermittelt werden, wenn ihre Leistung substantielle Leistungsteile betrifft.[32] Die Ausübung des Rechts zur Benennung der Unterauftragnehmer muss daher von den Auftraggebern sorgfältig gegen die Folgen für den Wettbewerb und daher auch mit dem Verhältnismäßigkeitsgrundsatz des § 97 Abs. 1 S. 2 GWB abgewogen werden.

14   Hinsichtlich des Nachweises, dass die erforderlichen Mittel der Unterauftragnehmer zur Verfügung stehen, enthält die Norm keine Vorgaben. § 47 Abs. 1 S. 1 VgV nennt für den Nachweis bspw. eine Verpflichtungserklärung des qualifizierten Dritten (dazu → § 47 Rn. 6). Eine solche **Verpflichtungserklärung** ist auch für

---

[28] VK Bund 28.9.2017 – VK 1–93/17, IBRRS 2017, 3620; aA RKMPP/Dicks VgV § 36 Rn. 10.
[29] VK Bund 28.9.2017 – VK 1–93/17, BeckRS 2017, 129715.
[30] RKMPP/Dicks VgV § 36 Rn. 7.
[31] OLG Celle 11.6.2015 – 13 Verg 4/15, BeckRS 2015, 11003.
[32] VK Rheinland-Pfalz 14.6.2005 – VK 16/05, IBRRS 2005, 2272.

den Nachweis nach Abs. 1 S. 2 ausreichend und idR auch geboten, da hieraus erkennbar ist, dass der benannte Unterauftragnehmer Kenntnis von seiner Einbindung hat und sich selbst hierzu bereit erklärt.

III. Rechtsstellung des Hauptauftragnehmers (Abs. 2)

Die **Haftung des Bieters** für Leistungsstörungen, Mängel und Schäden ggü. dem 15 öffentlichen Auftraggeber bleibt vom Umstand unberührt, dass Unterauftragnehmer eingesetzt werden. Insofern haftet der Hauptauftragnehmer für seinen Unterauftragnehmer in der Zeit der Auftragsausführung wie für einen Erfüllungsgehilfen, § 278 BGB. Die Vorschrift setzt Art. 71 Abs. 4 der RL 2014/24/EU um. Grund für die Haftung ist, dass der Unterauftragnehmer nur vom Hauptauftragnehmer beauftragt ist und in keinem Auftragsverhältnis zum Auftraggeber steht (→ Rn. 5).

Von einem qualifizierten Unterauftragnehmer, auf dessen wirtschaftliche und 16 finanzielle Leistungsfähigkeit sich ein Bieter zum Nachweis seiner Eignung beruft, kann der öffentliche Auftraggeber nach § 47 Abs. 3 VgV eine **gemeinsame Haftung** mit dem Bieter für die Auftragsausführung entspr. dem Umfang der Eignungsleihe verlangen (dazu → § 47 Rn. 14 ff.).

IV. Mitteilungspflichten (Abs. 3)

Bei der Vergabe von Dienstleistungsaufträgen, die in einer **Einrichtung des** 17 **öffentlichen Auftraggebers unter dessen direkter Aufsicht**[33] zu erbringen sind, ist der öffentliche Auftraggeber verpflichtet, in den Vertragsbedingungen dem Auftragnehmer vorzuschreiben, dass er spätestens bis zum Zeitpunkt des Beginns der Auftragsausführung die Namen, die Kontaktdaten und die gesetzlichen Vertreter seiner Unterauftragnehmer sowie jede iRd Auftragsausführung eintretende Änderung bei diesen mitteilt (Abs. 3 S. 1). Die Vorschrift basiert auf Art. 71 Abs. 5 RL 2014/24/EU. Nach Erwgr. 105 UAbs. 2 der RL 2014/24/EU soll diese Verpflichtung gewährleisten, dass der öffentliche Auftraggeber umfassende Klarheit über die in seinen Einrichtungen tätigen Unterauftragnehmer hat. Der Auftraggeber ist nach Art. 6 Abs. 1 lit. c, Abs. 3 DSGVO zur Erhebung und Verarbeitung dieser personenbezogenen Daten iSv Art. 4 Nr. 1 DSGVO berechtigt, muss jedoch die bei den Unterauftragnehmern betroffenen Personen gem. Art. 14 DSGVO über die Verarbeitung ihrer personenbezogenen Daten und die ihnen nach den datenschutzrechtlichen Regelungen zustehenden Ansprüche und Rechte informieren.[34] Er kann diese Informationspflicht auf den Auftragnehmer delegieren, soweit er ihm die erforderlichen Informationen zur Verfügung stellt. Der Auftragnehmer seinerseits ist nach Art. 13 Abs. 1 DSGVO verpflichtet, seine Unterauftragnehmer über die Weitergabe der Informationen an den öffentlichen Auftraggeber zu informieren.[35]

Der öffentliche Auftraggeber kann die Mitteilungspflichten nach Abs. 3 S. 1 auch 18 als Vertragsbedingungen bei der Vergabe anderer Dienstleistungs- oder auch Liefer-

---

[33] Diese Dienstleistungen konkretisiert Erwgr. 105 UAbs. 2 der RL 2014/24/EU: Dienstleistungen in oder an Gebäuden, Infrastruktur oder Arealen wie Rathäusern, städtischen Schulen, Sporteinrichtungen, Häfen oder Straßen, für die die öffentlichen Auftraggeber zuständig sind oder die unter ihrer unmittelbaren Aufsicht stehen.

[34] Teilw. wird mit Blick auf Erwgr. 14 der DSGVO diese nicht für anwendbar gehalten für personenbezogene Daten von vertretungsberechtigten Organen einer juristischen Person, vgl. Rabe K&R 2019, 464 – diese Sichtweise weicht bewusst von der bisherigen EuGH-Rspr. zu personenbezogenen Daten ab und kann daher aktuell nicht als rechtssicher angesehen werden.

[35] Der Bieter ist insofern Verpflichteter iSd DSGVO, Kemper/Pauka ZfBR 2019, 132 (133).

aufträge vorsehen, unabhängig vom Ort der Leistungserbringung (Abs. 3 S. 2). Das Recht steht unter keinem spezifischen Ermessensvorbehalt. Auch durch den Grundsatz der Verhältnismäßigkeit (§ 97 Abs. 1 S. 2 GWB und Art. 5 Abs. 1 lit. c DSGVO) erscheint der Anspruch des öffentlichen Auftraggebers nicht begrenzt. Denn das Interesse des öffentlichen Auftraggebers an einer Transparenz über die Erfüllung seiner Aufträge ist in aller Regel höher einzustufen als das Interesse des Auftragnehmers an einer Geheimhaltung dieser Informationen.

19 Nach Abs. 3 S. 3 können die Mitteilungspflichten aus Abs. 3 S. 1 auch auf Lieferanten, die an Dienstleistungsaufträgen beteiligt sind, sowie auf weitere Stufen in der Kette der Unterauftragnehmer ausgeweitet werden. Die Regelung hat zum Ziel, durch Sicherstellung der breiten Information der öffentlichen Auftraggeber eine hohe Transparenz in der Kette der Unterauftragsvergabe zu gewährleisten, und betrifft somit hauptsächlich die Abwicklung des Auftrags.[36] Das Recht zur **Benennung weiterer Stufen der Unterauftragnehmerkette** wird nicht beschränkt durch die Rspr. des BVerwG zur unzulässigen Ausdehnung von Nachweispflichten über die Einhaltung von ILO-Kernarbeitsnormen auf die Unterauftragnehmerkette.[37] Nach dem BVerwG ist die Ausweitung dieser Nachweise ein Verstoß gegen das Gebot der Normenklarheit und der hinreichenden Bestimmtheit, wenn der Inhalt der Nachweise nicht klar bestimmbar ist. Diese Grenzen sind jedoch bei der schlichten Nennung der Namen, Kontaktdaten und gesetzlichen Vertreter der Unterauftragnehmer nicht erreicht. Da personenbezogene Daten gem. Art. 5 Abs. 1 lit. b DSGVO nur für im Vorhinein festgelegte, eindeutige und legitime Zwecke erhoben und weiterverarbeitet werden dürfen, muss der öffentliche Auftraggeber im Vorfeld definieren und dokumentieren können, was er mit diesen Informationen anfangen möchte. Im Hinblick auf die Informationspflichten gilt das oben Gesagte.

V. Rechtsstellung des Unterauftragnehmers (Abs. 4)

20 Abs. 4 regelt die Geltung des § 128 Abs. 1 GWB für Unterauftragnehmer auf allen Stufen der Unterauftragsvergabe. Die Vorschrift entspricht Art. 71 Abs. 1, 6 RL 2014/24/EU, die auf Art. 18 Abs. 2 RL 2014/24/EU verweist. Gem. Art. 18 Abs. 2 RL 2014/24/EU, dem § 128 Abs. 1 GWB nachgebildet ist, sind die Unterauftragnehmer verpflichtet, bei der Ausführung des öffentlichen Auftrags alle für sie geltenden **umwelt-, sozial- und arbeitsrechtlichen Verpflichtungen** einzuhalten.[38] Gemeint sind damit die am Ort der Ausführung der Bauleistungen oder der Erbringung der Dienstleistungen geltenden Anforderungen.[39] Dies ist der Ort der Leistungserbringung, bei Lieferungen der Sitz des Auftraggebers (Erfüllungsort).[40] Diese Anforderungen müssen sich zudem aus auf nationaler und auf Unionsebene geltenden Rechts- und Verwaltungsvorschriften, Verfügungen und Beschlüssen sowie aus Tarifverträgen ergeben, sofern diese Regelungen und ihre Anwendung mit dem Unionsrecht vereinbar sind.[41] Es handelt sich somit nicht um eine vertragliche Vereinbarungsverpflichtung für den öffentlichen Auftraggeber, sondern eine Pflicht des Unterauftragnehmers qua Gesetz.

21 § 128 Abs. 1 GWB geht über die europarechtlichen Vorgaben dadurch hinaus, dass er eine Pflicht zur Einhaltung aller für das Unternehmen geltenden rechtlichen

---

[36] Erwgr. 105 UAbs. 2 der RL 2014/24/EU.
[37] BVerwG 16.10.2013 – 8 CN 1/12, NVwZ 2014, 527 Rn. 22.
[38] Siehe hierzu auch Erwgr. 105 UAbs. 1 zur RL 2014/24/EU.
[39] Erwgr. 37 zur RL 2014/24/EU.
[40] Erwgr. 38 zur RL 2014/24/EU.
[41] Erwgr. 37 zur RL 2014/24/EU.

Verpflichtungen statuiert, während Art. 18 Abs. 2 RL 2014/24/EU insoweit nur von umwelt-, sozial- und arbeitsrechtlichen Verpflichtungen spricht.
Nicht umgesetzt wurde Art. 71 Abs. 3 RL 2014/24/EU, wonach öffentliche Auftraggeber auf Wunsch des Unterauftragnehmers den Teil der **Auftragssumme,** der auf die Unterauftragnehmerleistungen fällt, direkt an den Unterauftragnehmer leistet. 22

VI. Eignung des Unterauftragnehmers (Abs. 5)

1. Qualifizierter Unterauftragnehmer

Bei qualifizierten Unterauftragnehmern, auf die sich der Bieter zum Nachweis seiner Eignung beruft, richtet sich die Eignungsprüfung allein nach § 47 VgV (zum Ganzen → § 47 Rn. 9 ff.). Der öffentliche Auftraggeber muss nach Abs. 1 S. 3 und § 47 VgV überprüfen, ob der qualifizierte Unterauftragnehmer die entspr. **Eignungskriterien** erfüllt und ob zwingende und fakultative **Ausschlussgründe** nach § 123 GWB und § 124 GWB vorliegen. Die Eignungsprüfung erfasst mithin stets die Zuverlässigkeit und, abhängig von der vorgesehenen Rolle des qualifizierten Unterauftragnehmers, auch seine Befähigung und Erlaubnis zur Berufsausübung (§ 44 VgV) und/oder seine wirtschaftliche und finanzielle Leistungsfähigkeit (§ 45 VgV) und/oder seine technische und berufliche Leistungsfähigkeit (§ 46 VgV). Der öffentliche Auftraggeber kann fehlende Eignungsnachweise des qualifizierten Unterauftragnehmers nach § 56 VgV nachverlangen. Er *muss* eine Ersetzung des Unterauftragnehmers bei mangelnder Eignung oder zwingenden Ausschlussgründen verlangen, bei fakultativen Ausschussgründen *kann* er die Ersetzung verlangen (§ 47 Abs. 2 S. 3–5 VgV, → § 47 Rn. 11). Soweit kein geeigneter Unterauftragnehmer genannt wird, ist die Eignung des Bewerbers/Bieters ohne Berücksichtigung des Unterauftragnehmers zu prüfen. 23

2. Einfacher Unterauftragnehmer

Soweit der Bieter auf Verlangen des öffentlichen Auftraggebers im Laufe des Vergabeverfahrens (mit dem Eignungsnachweis, mit dem Angebot oder vor Zuschlagserteilung) einfache Unterauftragnehmer benannt hat, ist der öffentliche Auftraggeber nach Abs. 5 S. 1 verpflichtet, das Vorliegen zwingender (§ 123 GWB) und fakultativer **Ausschlussgründe** (§ 124 GWB) auch in der Person des einfachen Unterauftragnehmers zu überprüfen. Als Prüfungsgegenstand kann dabei eine Eigenerklärung durch den Bieter hinsichtlich seiner Unterauftragnehmer ausreichend sein oder die Eigenerklärungen der Unterauftragnehmer (Art. 71 Abs. 5 UAbs. 3 RL 2014/24/EU iVm Art. 59 RL 2014/24/EU). Bei der Prüfung ist § 48 VgV, insbes. auch die Möglichkeit zur Vorlage einer Einheitlichen Europäischen Eigenerklärung, zu berücksichtigen.[42] 24

Für die Nachweisführung sind entspr. § 48 VgV die Angaben des öffentlichen Auftraggebers in der Auftragsbekanntmachung oder der Aufforderung zur Interessensbestätigung relevant.[43] Der öffentliche Auftraggeber kann an die Zuverlässigkeit des Unterauftragnehmers dieselben Anforderungen stellen, wie er sie auch dem Bieter selbst stellt, mithin vom Unterauftragnehmer dieselben Eignungserklärungen und -nachweise verlangen, die auch der Bieter nach der Auftragsbekanntmachung zu erbringen hat. 25

Nach Abs. 5 S. 2 verlangt der öffentliche Auftraggeber **beim Vorliegen zwingender Ausschlussgründe** nach § 123 GWB in der Person des Unterauftragneh- 26

---
[42] Begr. zu § 36 Abs. 1 VgV, BT-Drs. 18/7318, 175.
[43] RKMPP/Dicks VgV § 36 Rn. 9.

mers vom Bieter dessen Ersetzung. Es besteht mithin eine **Ersetzungspflicht**. Bei Abs. 5 S. 2 handelt es sich mithin um eine gesetzliche Durchbrechung des Nachverhandlungsverbots, da dem Bieter eine Nachbesserung seines Angebots ermöglicht wird.[44] Erfolgt der Wechsel des Unterauftragnehmers nicht innerhalb der Frist, ist das Angebot ohne Berücksichtigung des Unterauftragnehmers zu werten.

27 Nach Abs. 5 S. 3 kann der öffentliche Auftraggeber **beim Vorliegen fakultativer Ausschlussgründe** (§ 124 GWB) verlangen, dass der betreffende Unterauftragnehmer ersetzt wird. Fakultative Ausschlussgründe umfassen Verstöße gegen umwelt-, sozial- oder arbeitsrechtliche Verpflichtungen bei der Ausführung öffentlicher Aufträge, Insolvenz, nachweislich schwere Verfehlungen des Unterauftragnehmers iRd beruflicher Tätigkeit, durch welche die Integrität des Unterauftragnehmers infrage gestellt wird, vorzeitige Vertragsbeendigung oder Schadensersatz wegen erheblicher oder fortdauernd mangelhafter Erfüllung eines früheren öffentlichen Auftrages (zum Ganzen → GWB § 124 Rn. 6 ff.). Da das Ersetzungsverlangen das Ziel verfolgt, die Eignung des Unterauftragnehmers zu gewährleisten, sind die Entscheidungen iRd Eignungsprüfung, die dem Ersetzungsverlangen zugrunde liegen, keine Ermessensentscheidungen. Der öffentliche Auftraggeber hat jedoch einen Beurteilungsspielraum hinsichtlich der Prognose, ob ein Unterauftragnehmer trotz Vorliegens eines fakultativen Ausschlussgrunds als zuverlässig anzusehen ist, die auftragsrelevanten Leistungen ordnungsgemäß auszuführen. Dieses Ermessen ist jedoch auf Null reduziert, wenn nicht ausräumbare Zweifel an der Eignung des Unterauftragnehmers verbleiben.[45] Soweit der öffentliche Auftraggeber beim Vorliegen fakultativer Ausschlussgründe dem Bieter den Einsatz des Unterauftragnehmers verwehren möchte, muss er ihm die Möglichkeit zu dessen Ersatz gewähren. Das Recht, die Ersetzung zu verlangen, wird in diesem Fall zur Pflicht, denn die Handlungsfreiheit des Bieters beim Einsatz von Unterauftragnehmern darf beim fakultativen Ausschluss des Unterauftragnehmers nicht stärker beschränkt werden als bei dem zum Ersatz berechtigenden zwingenden Ausschluss.

28 Für das Ersetzungsverlangen nach Abs. 5 S. 2 oder Abs. 5 S. 3 kann der Auftraggeber nach S. 4 eine **Frist** setzen. Für die Frist kann der Gedanke des iÜ inhaltsgleichen § 26 Abs. 5 S. 4 UVgO herangezogen werden. Danach ist die Frist so zu bemessen, dass dem Auftraggeber durch die Verzögerung keine Nachteile entstehen. Erfolgt innerhalb der Frist keine Ersetzung des Unterauftragnehmers durch einen anderen, geeigneten Unterauftragnehmer, ist das Angebot mangels Eignung auszuschließen, vgl. die ausdr. Regelung in § 26 Abs. 5 S. 5 UVgO. Eine Ersetzung des Ersatzes erfolgt nicht, insofern gelten die Grundsätze zur Nachforderung gem. § 56 VgV.

29 Die Eignungsprüfung nach Abs. 5 erfasst nach seinem Wortlaut neben der Zuverlässigkeit des Unterauftragnehmers nicht auch die weiteren drei Kategorien der **Eignungsprüfung**, nämlich seine Befähigung und Erlaubnis zur Berufsausübung (§ 44 VgV), seine wirtschaftliche und finanzielle Leistungsfähigkeit (§ 45 VgV) und seine technische und berufliche Leistungsfähigkeit (§ 46 VgV).[46] Soweit der Verordnungsgeber in S. 2 seiner Begr. zu Abs. 5 formuliert hat, die Überprüfung umfasse neben den Ausschlussgründen auch die Eignung des Unterauftragnehmers, findet sich dies nicht im Wortlaut der Norm wieder und widerspricht auch dem S. 1 der Begr. zu Abs. 5, wonach die Prüfung auf das Vorliegen von Ausschlussgründen gerichtet sei.[47] Auch die der Norm zugrundeliegende Regelung von Art. 71 Abs. 6 lit. b der RL 2014/24 eröffnet über ihren Verweis auf Art. 57 der RL nur das Recht zur Überprüfung von Unterauftragnehmern auf Zuverlässigkeit. Eine darüberhin-

---

[44] RKMPP/Dicks VgV § 36 Rn. 16.
[45] RKMPP/Dicks VgV § 36 Rn. 17.
[46] VK Bund 28.9.2017 – VK 1–93/17, IBRRS 2017, 3620; so auch VK Rheinland-Pfalz 23.4.2020 – VK 2 – 7/20, BeckRS 2020, 33987; aA RKMPP/Dicks VgV § 36 Rn. 10.
[47] BR-Drs. 87/16, 190; aA RKMPP/Dicks VgV § 36 Rn. 10.

ausgehende umfassende Eignungsprüfung qua Gesetz kann auch nicht dem Sinn und Zweck der Vorschrift entnommen werden,[48] da sie das Verhältnis des nach § 47 VgV zu prüfenden qualifizierten und des nach § 36 VgV zu prüfenden einfachen Unterauftragnehmers aufheben würde. Der öffentliche Auftraggeber läuft durch dieses eingeschränkte Prüfungsrecht jedoch Gefahr, dass ein formal geeigneter Bieter für (wesentliche) Leistungsteile ungeeignete Unterauftragnehmer einsetzt und die Eignung des Bieters mithin für den Auftrag gar nicht genutzt wird. Formal ist er zwar insofern geschützt, als er bei Schlechtleistung seinen Auftragnehmer auf Nacherfüllung oder Haftung in Anspruch nehmen kann.

Um die vertragskonforme Leistungserfüllung auch beim Einsatz von Unterauftragnehmern optimal zu sichern, hat der öffentliche Auftraggeber zwei Möglichkeiten: *Erstens* kann er den Unterauftragnehmereinsatz vertraglich davon abhängig machen, dass alle Unterauftragnehmer für ihr Leistungsfeld über die Befähigung und Erlaubnis zur Berufsausübung verfügen und technisch und beruflich leistungsfähig sind. Unter dieser Prämisse kann er dann auch im Angebot entspr. Nachweise über den Unterauftragnehmer verlangen. Das Verlangen dieser Nachweise kann dem öffentlichen Auftraggeber auch nicht mit Verweis auf die Verhältnismäßigkeit (§ 97 Abs. 1 S. 2 GWB) verwehrt werden. Denn wenn der Bieter beabsichtigt, die von ihm nachgewiesene Eignung für den Auftrag gar nicht einzusetzen, sondern Dritte in Anspruch zu nehmen, kann der öffentliche Auftraggeber nicht darauf verwiesen werden, auf die Rückfallhaftung des Auftragnehmers zu vertrauen. *Zweitens* kann der öffentliche Auftraggeber die vorgesehene Projektorganisation des Bieters iRd Zuschlagserteilung bewerten und dabei auch die Qualität der Unterauftragnehmerleistungen. 29a

Abs. 5 eröffnet dem öffentlichen Auftraggeber kein ausdrückliches Recht zur Eignungsprüfung für **Unterauftragnehmer, die erst nach Zuschlagserteilung und vor Leistungserbringung benannt werden.**[49] Nach Sinn und Zweck muss der öffentliche Auftraggeber aber auch die Möglichkeit haben, auf die Benennung der Unterauftragnehmer reagieren zu können. Denn die angestrebte Transparenz wäre ohne Bedeutung für die Beschaffung, wenn der öffentliche Auftraggeber die Informationen nur zur Kenntnis nehmen könnte. Unterauftragnehmer können vor diesem Hintergrund über den Wortlaut des Abs. 5 hinaus auch nach der Zuschlagserteilung, also auch vor und während ihres Einsatzes, auf Zuverlässigkeit überprüft werden. Die Folgen fehlender Zuverlässigkeit ergeben sich aus Abs. 5. 30

Unterabschnitt 4. Veröffentlichungen, Transparenz

§ 37 Auftragsbekanntmachung; Beschafferprofil; Ex-ante-Transparenz

(1) ¹**Der öffentliche Auftraggeber teilt seine Absicht, einen öffentlichen Auftrag zu vergeben oder eine Rahmenvereinbarung abzuschließen, in einer Auftragsbekanntmachung mit.** ²**§ 17 Absatz 5 und § 38 Absatz 4 bleiben unberührt.**

(2) **Die Auftragsbekanntmachung wird nach den Vorgaben der Spalte 16 der Tabelle 2 des Anhangs der Durchführungsverordnung (EU) 2019/1780 in Verbindung mit § 10a erstellt.**

---

[48] So auch Voppel/Osenbrück/Bubert/Voppel VgV § 36 Rn. 21; aA jurisPK-VergabeR/Schneevogel VgV § 36 Rn. 37; Kafedžić VergabeR 2018, 498 (503 f.); Müller-Wrede VgV/UVgO/Plauth § 36 Rn. 71.
[49] AA jurisPK-VergabeR/Schneevogel VgV § 36 Rn. 35.

VgV § 37 Auftragsbekanntmachung; Beschafferprofil; Ex-ante-Transparenz

(3) **Der öffentliche Auftraggeber benennt in der Auftragsbekanntmachung die Vergabekammer, an die sich die Unternehmen zur Nachprüfung geltend gemachter Vergabeverstöße wenden können.**

(4) [1]**Der öffentliche Auftraggeber kann im Internet zusätzlich ein Beschafferprofil einrichten.** [2]Es enthält die Veröffentlichung von Vorinformationen, Angaben über geplante oder laufende Vergabeverfahren, über vergebene Aufträge oder aufgehobene Vergabeverfahren sowie alle sonstigen für die Auftragsvergabe relevanten Informationen wie zum Beispiel Kontaktstelle, Anschrift, E-Mail-Adresse, Telefon- und Telefaxnummer des öffentlichen Auftraggebers.

(5) **Die freiwillige Ex-ante-Transparenzbekanntmachung im Sinne des § 135 Absatz 3 Satz 1 Nummer 2 und Satz 2 des Gesetzes gegen Wettbewerbsbeschränkungen erfolgt nach den Vorgaben der Spalte 25 der Tabelle 2 des Anhangs der Durchführungsverordnung (EU) 2019/1780 in Verbindung mit § 10a.**

Übersicht

	Rn.
I. Bedeutung der Vorschrift	1
II. Auftragsbekanntmachung (Abs. 1)	5
III. Erstellung und Übermittlung (Abs. 2)	8
IV. Vergabekammer (Abs. 3)	12
V. Beschafferprofil (Abs. 4)	14
VI. Ex-ante-Transparenzbekanntmachung (Abs. 5)	16
VII. Rechtsschutz	17

I. Bedeutung der Vorschrift

1 Öffentliche Auftraggeber sind im Anwendungsbereich der VgV verpflichtet, ihre Beschaffungsabsicht durch eine **EU-weite Auftragsbekanntmachung** zu veröffentlichen. Die obligatorische Auftragsbekanntmachung nach Abs. 1 ist Ausdruck des Transparenzgrundsatzes und dient der Sicherstellung eines diskriminierungsfreien unionsweiten Vergabewettbewerbs.

2 Abs. 2 schreibt iS einer Standardisierung des Verfahrens vor, die Auftragsbekanntmachung nach den Vorgaben der Spalte 16 der Tabelle 2 des Anhangs der **Durchführungsverordnung (EU) 2019/1780** iVm § 10a VgV zu erstellen. Die Durchführungsverordnung (EU) 2019/1780 zur Einführung von Standardformularen für die Veröffentlichung von Bekanntmachungen für öffentliche Aufträge („elektronische Formulare – eForms") vom 23. September 2019 gilt seit dem 14.11.2022 und ersetzt die Durchführungsverordnung (EU) 2015/1986, durch die die Standardformulare im TED-Meldesystem des Amts für Veröffentlichungen der EU zur Referenz für Bekanntmachungen in Vergabeverfahren oberhalb der EU-Schwellenwerte festgelegt wurden. Zwischen dem 14.11.2022 und dem 24.10.2023 war die Verwendung von eForms fakultativ. In dieser Übergangszeit akzeptierte das Amt für Veröffentlichungen sowohl die alten TED-Schema-Bekanntmachungen als auch die neuen eForms-Bekanntmachungen. Die **Verwendung von eForms** ist mWv **25.10.2023 obligatorisch** (→ § 83 Rn. 3). Seit diesem Zeitpunkt akzeptiert das Amt für Veröffentlichungen der EU die früheren papierbasierten TED-Bekanntmachungen nicht mehr, obwohl die bis zum 24.10.2023 eingereichten TED-Bekanntmachungen weiterhin auf dem TED-Portal angezeigt werden. Zu den neuen eForms-Standarddatensätzen ausf. → § 10a Rn. 1 ff.

Auftragsbekanntmachung; Beschafferprofil; Ex-ante-Transparenz **§ 37 VgV**

Zur Gewährleistung effektiven Rechtsschutzes verlangt Abs. 3, in der Auftragsbekanntmachung die zuständige **Vergabekammer** als Nachprüfungsbehörde zu benennen. Gem. Abs. 4 können Auftraggeber im Internet ein **Beschafferprofil** einrichten, in dem Vorinformationen sowie allg. Informationen über geplante, laufende oder aufgehobene Vergabeverfahren, über vergebene Aufträge sowie alle sonstigen, im Zusammenhang mit der Auftragsvergabe relevanten Informationen veröffentlicht werden können.

Abs. 5 ist mit der „Verordnung zur Anpassung des Vergaberechts an die Einführung neuer elektronischer Standardformulare („eForms") für EU-Bekanntmachungen und an weitere europarechtliche Anforderungen" v. 17. August 2023[1] neu in die VgV eingefügt worden. Er schreibt vor, freiwillige Ex-ante-Transparenzbekanntmachungen iSv § 135 Abs. 3 S. 1 Nr. 2 und S. 2 GWB nach den Vorgaben der Spalte 25 der Tabelle 2 des Anhangs der Durchführungsverordnung (EU) 2019/1780 iVm § 10a VgV zu erstellen.

II. Auftragsbekanntmachung (Abs. 1)

Abs. 1 dient der Umsetzung von Art. 49 RL 2014/24/EU. Danach ist die beabsichtigte Vergabe eines Liefer- und Dienstleistungsauftrages oder einer Rahmenvereinbarung im Anwendungsbereich der VgV EU-weit bekannt zu machen (S. 1). Dies gilt – mit Ausnahme des Verhandlungsverfahrens ohne Teilnahmewettbewerb – unabhängig von der Verfahrensart und soll Transparenz, Gleichbehandlung und unionsweiten Vergabewettbewerb gewährleisten.[2] Zur freiwilligen unionsweiten Auftragsbekanntmachung von öffentlichen Liefer- oder Dienstleistungsaufträgen, die nicht der Bekanntmachungspflicht unterliegen, näher → § 40 Rn. 7 und 8. Zur **Bindung** des öffentlichen Auftraggebers an die Auftragsbekanntmachung → VOB/A § 12 Rn. 9. Zur **Auslegung** der Auftragsbekanntmachung → VOB/A § 12 Rn. 10.

Die Auftragsbekanntmachung entfällt ausnahmsweise in zwei Fällen (S. 2). Beim **Verhandlungsverfahren ohne Teilnahmewettbewerb** wendet sich der Auftraggeber gem. § 17 Abs. 5 VgV mit der Aufforderung zur Abgabe von (Erst-) Angeboten direkt an die ausgewählten Unternehmen. Eine unionsweite Auftragsbekanntmachung erfolgt hier nicht (näher → § 17 Rn. 14; zu den engen Anwendungsvoraussetzungen → § 14 Rn. 46 ff.).

Eine weitere Ausnahme normiert § 38 Abs. 4 VgV. Danach können die öffentlichen Auftraggeber mit Ausnahme der obersten Bundesbehörden durch eine unionsweit veröffentlichte qualifizierte **Vorinformation** als Aufruf zum Wettbewerb auf eine Auftragsbekanntmachung im nicht offenen Verfahren oder Verhandlungsverfahren unter den dort geregelten Voraussetzungen verzichten (im Detail → § 38 Rn. 11 ff.).

III. Erstellung und Übermittlung (Abs. 2)

Abs. 2 schreibt vor, die Auftragsbekanntmachung nach den Vorgaben der Spalte 16 der Tabelle 2 des Anhangs der Durchführungsverordnung (EU) 2019/1780 iVm § 10a VgV zu erstellen. Die Vorschrift erfasst alle unionsweit auszuschreibenden Aufträge. Die Verwendung der eForms-Standarddatensätze (iE → § 10a Rn. 3 ff.) ist **mWv 25.10.2023** zwingend (→ § 83 Rn. 3). Die unionsweit einheitlichen eForms-Standarddatensätze garantieren den gleichen Informationsstand der Unter-

---

[1] BGBl. 2023 I Nr. 222 v. 23.8.2023.
[2] BayObLG 4.2.2003 – Verg 31/02, IBRRS 2003, 0908; DSW/Dierkes VgV § 37 Rn. 13.

VgV § 37 Auftragsbekanntmachung; Beschafferprofil; Ex-ante-Transparenz

nehmen und gewährleisten die Transparenz des Verfahrens sowie die Gleichbehandlung der Bieter.[3] Eigene Vordrucke zur Bekanntmachung dürfen und können nicht eingesetzt werden. Gleiches gilt für die durch die (aufgehobene) Durchführungsverordnung (EU) 2015/1986 festgelegten früheren papierbasierten Standardformulare; jene Formulare werden seit dem 25.10.2023 nicht mehr akzeptiert. Zum Inhalt und zur Befüllung des früheren Standardformulars # 2 „Auftragsbekanntmachung" nach Anhang II der Durchführungsverordnung (EU) 2015/1986 sowie zu den Rechtsfolgen fehlerhafter Angaben in jenen Formularen → 4. Aufl. 2020, § 37 Rn. 5 ff.

9 Die **Angaben** zu den in Tabelle 2 des Anhangs der Durchführungsverordnung (EU) 2019/1780 für die Bekanntmachungen als fakultativ gekennzeichneten Angaben sind iS einer größtmöglichen Flexibilität für die Auftraggeber im Grundsatz **freiwillig**. Das gilt nach § 10a Abs. 4 S. 1 VgV allerdings nicht für **Angaben zu strategischen Aspekten** der Beschaffung; diese sind **verpflichtend**. § 10a Abs. 4 S. 2 VgV erläutert, was unter strategischen Aspekten zu verstehen ist. Strategische Aspekte der Beschaffung sind danach Aspekte der Qualität und der Innovation, einschl. der Angabe, ob Nebenangebote zugelassen sind (Nr. 1), soziale und umweltbezogene Aspekte, einschl. der Datenfelder für die Beschaffung sauberer Straßenfahrzeuge (Nr. 2), wesentliche Aspekte der Zuschlagskriterien (Nr. 3), mittelständische Interessen (Nr. 4) sowie die Identifizierung der Organisationseinheiten (Nr. 5). Näher dazu → § 10a Rn. 19 ff.

10 Nach § 10a Abs. 5 S. 1 VgV ist die Auftragsbekanntmachung dem Amt für Veröffentlichungen der EU elektronisch über den Datenservice Öffentlicher Einkauf zu übermitteln (dazu näher → § 10a Rn. 21). Die **elektronische Übermittlung** ist zwingend, andere Formen der Übermittlung sind nicht zulässig. Der Auftraggeber muss den **Tag der Absendung** der Auftragsbekanntmachung nachweisen können (§ 40 Abs. 1 VgV, → § 40 Rn. 3). Der Nachweis ist für die nationale Bekanntmachung (§ 40 Abs. 3 S. 1 VgV) von Bedeutung. Danach darf die Auftragsbekanntmachung auf nationaler Ebene frühestens 48 Stunden nach der Bestätigung über den Eingang der Auftragsbekanntmachung durch das Amt für Veröffentlichungen der EU veröffentlicht werden (näher → § 40 Rn. 6).

11 Die Auftragsbekanntmachung wird spätestens fünf Tage nach ihrer Übermittlung EU-weit veröffentlicht. Die **Kosten** für ihre Veröffentlichung gehen zu Lasten der EU. Die Veröffentlichung erfolgt ungekürzt in der jeweiligen Originalsprache. Eine Zusammenfassung der wichtigsten Bestandteile davon wird in den übrigen Sprachen der Union veröffentlicht. Verbindlich ist jedoch nur der Wortlaut der Originalsprache, dh der Sprache, in der die Auftragsbekanntmachung verfasst wurde (zum Ganzen Art. 51 Abs. 2, 3 RL 2014/24/EU).

IV. Vergabekammer (Abs. 3)

12 Abs. 3 verlangt, in der Auftragsbekanntmachung die Vergabekammer anzugeben, an die sich die Unternehmen zur Nachprüfung geltend gemachter Vergabeverstöße wenden können. Diese Pflicht dient der **Gewährleistung eines effektiven Rechtsschutzes**. Die Unternehmen werden in der Auftragsbekanntmachung ausdr. darauf hingewiesen, dass ihnen ein besonderer Rechtsschutz vor den Vergabekammern zusteht und wo sie diesen wahrnehmen können.

13 Die Auftragsbekanntmachung muss die Informationen nach Anh. V Teil C Nr. 25 RL 2014/24/EU enthalten, mithin Namen und Anschrift der zuständigen Vergabekammer (vgl. dazu §§ 156, 159 GWB) sowie genaue Angaben zu den Fristen für das Nachprüfungsverfahren bzw. ggf. Name, Anschrift, Telefon- und Faxnummer

---

[3] DSW/Dierkes VgV § 37 Rn. 17; HK-VergabeR/Franzius VgV § 37 Rn. 7; RKMPP/Rechten § 37 Rn. 12.

V. Beschafferprofil (Abs. 4)

In Umsetzung von Art. 48 Abs. 1 S. 3 RL 2014/24/EU haben öffentliche Auftraggeber *zusätzlich* die Möglichkeit, im Internet ein Beschafferprofil einzurichten. Das Beschafferprofil enthält die Veröffentlichung von Vorinformationen nach § 38 Abs. 1 VgV, Angaben über geplante oder laufende Ausschreibungen, über vergebene Aufträge oder aufgehobene Verfahren sowie alle sonstigen, für die Auftragsvergabe relevanten Informationen, wie etwa Kontaktstelle, Postanschrift, E-Mail-Adresse, Telefon- und Telefaxnummer des Auftraggebers. Ein Beschafferprofil kann auf der Internetseite www.simap.eu.int, auf einer eigens dafür erstellten Internetseite oder auf einer Unterseite der Homepage des Auftraggebers eingerichtet werden. 14

Die Vorschrift bezweckt, interessierten Unternehmen den Zugang zu Informationen des Auftraggebers über Ausschreibungen zu erleichtern. Das Beschafferprofil kann die reguläre Auftragsbekanntmachung allerdings nicht ersetzen, was durch die Formulierung „zusätzlich" in S. 1 zum Ausdruck kommt.[4] Zulässig ist jedoch nach § 38 Abs. 2 VgV die Veröffentlichung einer **Vorinformation** im Beschafferprofil, wenn der Auftraggeber dies zuvor dem Amt für Veröffentlichungen der EU gemeldet hat (→ § 38 Rn. 6). 15

VI. Ex-ante-Transparenzbekanntmachung (Abs. 5)

Abs. 5 ist mit der „Verordnung zur Anpassung des Vergaberechts an die Einführung neuer elektronischer Standardformulare („eForms") für EU-Bekanntmachungen und an weitere europarechtliche Anforderungen" v. 17. August 2023[5] in die VgV eingefügt worden. Er schreibt vor, freiwillige Ex-ante-Transparenzbekanntmachungen iSv § 135 Abs. 3 S. 1 Nr. 2 und S. 2 GWB nach den Vorgaben der Spalte 25 der Tabelle 2 des Anhangs der Durchführungsverordnung (EU) 2019/1780 iVm § 10a VgV zu erstellen. Zur freiwilligen Ex-ante-Transparenzbekanntmachung näher → GWB § 135 Rn. 97 ff. 16

VII. Rechtsschutz

§ 37 Abs. 1–3 VgV ist **bieterschützend**.[6] Die Bekanntmachung sichert und fördert ein transparentes und wettbewerbsorientiertes Vergabeverfahren. Die Vorschrift ist verletzt, wenn die Bekanntmachung vollständig unterbleibt (sog. Defacto-Vergabe, zur Antragsbefugnis → GWB § 160 Rn. 15; ausf. → GWB § 135 Rn. 48 ff.)[7], die Bekanntmachung nur national und nicht – obwohl geboten – EU-weit veröffentlicht wurde[8] (zur Antragsbefugnis in diesen Fällen → GWB § 160 17

---

[4] BeckOK VergabeR/Schneevogl VgV § 37 Rn. 22; DSW/Dierkes VgV § 37 Rn. 80.
[5] BGBl. 2023 I Nr. 222 v. 23.8.2023.
[6] BGH 27.11.2007 – X ZR 18/07, BeckRS 2008, 1230 = VergabeR 2008, 219; OLG Naumburg 16.9.2002 – 1 Verg 2/02, NZBau 2003, 628 (631); BayObLG 4.2.2003 – Verg 31/02, BeckRS 2003, 2434 = VergabeR 2003, 345 (346); DSW/Dierkes VgV § 37 Rn. 81; BeckOK VergabeR/Schneevogl VgV § 37 Rn. 24; RKMPP/Rechten VgV § 37 Rn. 10.
[7] Beck VergabeR/Krohn VgV § 37 Rn. 18.
[8] OLG Düsseldorf 6.4.2022 – Verg 34/21, VPRRS 2023, 0040; 13.6.2007 – VII-Verg 2/07, BeckRS 2007, 09926 = VergabeR 2007, 634 (642); VK Bund 6.7.2023 – VK 2-46/23, VPRRS 2023, 0159.

Rn. 27) oder die nationale Bekanntmachung weitergehende Angaben als diejenige im Amtsblatt der EU enthält. Zu beachten ist die Rügeobliegenheit nach § 160 Abs. 3 S. 1 Nr. 2 GWB, die allerdings nicht bei einem Antrag auf Feststellung der Unwirksamkeit eines ohne die gebotene EU-weite Auftragsbekanntmachung vergebenen Auftrags nach § 135 Abs. 1 Nr. 2 GWB gilt.[9] Es besteht keine Verpflichtung des Auftraggebers, in der Bekanntmachung Informationen zur Rügeobliegenheit zu geben.[10]

18 Wird die zuständige **Vergabekammer** nicht oder unzutreffend angegeben, kann ein Unternehmen hierdurch in seinen Rechten nach § 97 Abs. 6 GWB betroffen sein. Es fehlt allerdings die Antragsbefugnis, wenn das Unternehmen dennoch bei der zuständigen Vergabekammer rechtzeitig, dh vor wirksamer Erteilung des Zuschlags, ein Nachprüfungsverfahren einleiten konnte.[11]

19 Die **unzutreffende Angabe der Vergabekammer** in der Auftragsbekanntmachung kann die Zuständigkeit dieser Vergabekammer nicht begründen. Da sowohl die Statthaftigkeit des Nachprüfungsverfahrens generell (wegen Erreichens oder Überschreitens der Schwellenwerte) als auch die örtliche und sachliche Zuständigkeit einer Vergabekammer objektiv zu bestimmen sind, ist eine unzutreffende Angabe iErg unschädlich. Das heißt, ein Nachprüfungsverfahren ist auch dann statthaft, wenn der öffentliche Auftraggeber gar keine Vergabekammer angegeben hat, aber die Statthaftigkeitsvoraussetzungen der §§ 155 ff. GWB erfüllt sind (insbes., weil die Schwellenwerte erreicht oder überschritten werden). Gibt der Auftraggeber umgekehrt eine Vergabekammer an, obwohl der Auftrag gar nicht der Nachprüfung unterliegt, wird dadurch der Vergaberechtsschutz nicht begründet.[12] Wenn ein Unternehmen aufgrund einer unzutreffenden Angabe die falsche Vergabekammer anruft, besteht für diese Vergabekammer die Möglichkeit, den Nachprüfungsantrag an die zuständige Vergabekammer zu verweisen (→ GWB § 168 Rn. 4; → VOB/A § 21 EU Rn. 3).[13]

20 **Kosten in einem Nachprüfungsverfahren,** die durch eine fehlende oder fehlerhafte Angabe zur Vergabekammer entstanden sind, können dem Auftraggeber auferlegt werden, § 182 Abs. 3 S. 3 GWB und § 182 Abs. 4 S. 4 GWB iVm § 80 Abs. 1 S. 4 VwVfG (bzw. den entspr. Regelungen in den Verwaltungsverfahrensgesetzen der Bundesländer).

21 Die in einem **Beschafferprofil** enthaltenen Informationen vermitteln keinen Bieterschutz. Ein Anspruch auf Einrichtung eines Beschafferprofils besteht nicht, die dort gemachten Informationen sind unverbindlich. Anders allerdings, wenn und soweit die Angaben im Beschafferprofil von denen in der Auftragsbekanntmachung abweichen.[14]

§ 38 Vorinformation

(1) **Der öffentliche Auftraggeber kann die Absicht einer geplanten Auftragsvergabe mittels Veröffentlichung einer Vorinformation nach den Vor-**

---

[9] BayObLG 26.4.2023 – Verg 16/22, VPRRS 2023, 0112 mwN; OLG Düsseldorf 6.4.2022 – Verg 34/21, VPRRS 2023, 0040; VK Bund 6.7.2023 – VK 2-46/23, VPRRS 2023, 0159.
[10] OLG München 19.9.2018 – Verg 6/18, BeckRS 2018, 43797; 4.4.2008 – Verg 4/08, BeckRS 2008, 7165 = VergabeR 2008, 665.
[11] MüKoEuWettbR/Kleinhenz-Jeannot VgV § 37 Rn. 54.
[12] OLG München 28.9.2005 – Verg 19/05, VPRRS 2005, 0592.
[13] Dazu VK Südbayern 13.6.2023 – 3194.Z3-3_01-23-11, VPRRS 2023, 0144 und VK Bund 21.2.2023 – VK 2-4/23, VPRRS 2023, 0049.
[14] BeckOK VergabeR/Schneevogl VgV § 37 Rn. 24; RKMPP/Rechten § 37 Rn. 10.

gaben der Spalte 4 der Tabelle 2 des Anhangs der Durchführungsverordnung (EU) 2019/1780 in Verbindung mit § 10a bekanntgeben.

(2) ¹Die Vorinformation kann an das Amt für Veröffentlichungen der Europäischen Union über den Datenservice Öffentlicher Einkauf versandt oder im Beschafferprofil veröffentlicht werden. ²Veröffentlicht der öffentliche Auftraggeber eine Vorinformation im Beschafferprofil, übermittelt er die Mitteilung dieser Veröffentlichung dem Amt für Veröffentlichungen der Europäischen Union über den Datenservice Öffentlicher Einkauf nach den Vorgaben der Spalte 1 der Tabelle 2 des Anhangs der Durchführungsverordnung (EU) 2019/1780 in Verbindung mit § 10a.

(3) Hat der öffentliche Auftraggeber eine Vorinformation gemäß Absatz 1 veröffentlicht, kann die Mindestfrist für den Eingang von Angeboten im offenen Verfahren auf 15 Tage und im nicht offenen Verfahren oder Verhandlungsverfahren auf zehn Tage verkürzt werden, sofern
1. die Vorinformation alle nach Spalte 7 der Tabelle 2 des Anhangs der Durchführungsverordnung (EU) 2019/1780 geforderten Informationen enthält, soweit diese zum Zeitpunkt der Veröffentlichung der Vorinformation vorlagen, und
2. die Vorinformation wenigstens 35 Tage und nicht mehr als zwölf Monate vor dem Tag der Absendung der Auftragsbekanntmachung zur Veröffentlichung an das Amt für Veröffentlichungen der Europäischen Union übermittelt wurde.

(4) ¹Mit Ausnahme oberster Bundesbehörden kann der öffentliche Auftraggeber im nicht offenen Verfahren oder im Verhandlungsverfahren auf eine Auftragsbekanntmachung nach § 37 Absatz 1 verzichten, sofern die Vorinformation
1. die Liefer- oder Dienstleistungen benennt, die Gegenstand des zu vergebenden Auftrages sein werden,
2. den Hinweis enthält, dass dieser Auftrag im nicht offenen Verfahren oder Verhandlungsverfahren ohne gesonderte Auftragsbekanntmachung vergeben wird,
3. die interessierten Unternehmen auffordert, ihr Interesse mitzuteilen (Interessensbekundung),
4. alle nach Spalte 10 der Tabelle 2 des Anhangs der Durchführungsverordnung (EU) 2019/1780 geforderten Informationen enthält und
5. wenigstens 35 Tage und nicht mehr als zwölf Monate vor dem Zeitpunkt der Absendung der Aufforderung zur Interessensbestätigung veröffentlicht wird.
²Ungeachtet der Verpflichtung zur Veröffentlichung der Vorinformation können solche Vorinformationen zusätzlich in einem Beschafferprofil veröffentlicht werden.

(5) ¹Der öffentliche Auftraggeber fordert alle Unternehmen, die auf die Veröffentlichung einer Vorinformation nach Absatz 4 hin eine Interessensbekundung übermittelt haben, zur Bestätigung ihres Interesses an einer weiteren Teilnahme auf (Aufforderung zur Interessensbestätigung). ²Mit der Aufforderung zur Interessensbestätigung wird der Teilnahmewettbewerb nach § 16 Absatz 1 und § 17 Absatz 1 eingeleitet. ³Die Frist für den Eingang der Interessensbestätigung beträgt 30 Tage, gerechnet ab dem Tag nach der Absendung der Aufforderung zur Interessensbestätigung.

(6) Der von der Vorinformation abgedeckte Zeitraum beträgt höchstens zwölf Monate ab dem Datum der Übermittlung der Vorinformation an das Amt für Veröffentlichungen der Europäischen Union.

VgV § 38 Vorinformation

Übersicht

	Rn.
I. Bedeutung der Vorschrift	1
II. Vorinformation ohne Aufruf zum Wettbewerb (Abs. 1)	3
III. Veröffentlichung der Vorinformation (Abs. 2)	6
IV. Verkürzung der Angebotsfrist (Abs. 3)	8
V. Vorinformation als Aufruf zum Wettbewerb (Abs. 4)	11
1. Anwendungsbereich	12
a) Keine obersten Bundesbehörden	12
b) Nicht offenes Verfahren oder Verhandlungsverfahren	13
2. Inhaltliche Anforderungen	14
a) Benennung der Liefer- und Dienstleistungen (Nr. 1)	15
b) Hinweis auf Verfahrensart (Nr. 2)	16
c) Aufforderung zur Interessensbekundung (Nr. 3)	17
d) Informationen nach Spalte 10 der Tabelle 2 des Anhangs der Durchführungsverordnung (EU) 2019/1780 (Nr. 4)	18
e) Zeitkorridor (Nr. 5)	19
VI. Aufforderung zur Interessensbestätigung (Abs. 5)	20
VII. Geltungszeitraum (Abs. 6)	23
VIII. Rechtsschutz	24

I. Bedeutung der Vorschrift

1 § 38 VgV behandelt in Umsetzung von Art. 48 RL 2014/24/EU die **rechtlich nicht obligatorische** („kann… bekanntgeben") Vorinformation. Die Vorschrift unterscheidet **zwei Formen von Vorinformationen:** Die Vorinformation nach Abs. 1, mit der kein (in der Terminologie des EU-Vergaberechts) Aufruf zum Wettbewerb verbunden ist und der noch eine Auftragsbekanntmachung nach § 37 Abs. 1 S. 1 VgV folgt, und die Vorinformation als Aufruf zum Wettbewerb, mit deren Veröffentlichung eine „klassische" Auftragsbekanntmachung nach § 37 Abs. 1 S. 1 VgV unter den in Abs. 4 normierten Voraussetzungen ersetzt wird.

2 Abweichend vom früheren Rechtszustand, ist die Veröffentlichung der Vorinformation nicht mehr an den Beginn des Haushaltsjahres geknüpft, sondern kann auch unterjährig erfolgen. Neben der **frühzeitigen Information des Marktes** über eine beabsichtigte Auftragsvergabe[1] dient die Vorinformation nach Abs. 1 vor allem der schnelleren Durchführung der angekündigten Vergabeverfahren. Denn mit einer Vorinformation kann nach Abs. 3 eine **Verkürzung der Angebotsfristen** im offenen Verfahren auf bis zu 15 Tage und im nicht offenen Verfahren oder Verhandlungsverfahren mit Teilnahmewettbewerb auf bis zu zehn Tage erreicht werden. Die Möglichkeit, die Veröffentlichung der Vorinformation als Mittel zur Verkürzung der Angebotsfristen zu nutzen, findet sich in der RL 2014/24/EU dezentral bei den Verfahrensvorschriften in Art. 27 Abs. 2, Art 28 Abs. 3 sowie Art. 29 Abs. 1. Mit der Vorinformation nach Abs. 4 kann auf eine reguläre Auftragsbekanntmachung nach § 37 VgV verzichtet werden. Diese Flexibilität stand nach dem früheren Recht nur den Sektorenauftraggebern zur Verfügung (vgl. § 14 Abs. 2 SektVO aF) und wurde durch das Gesetz zur Modernisierung des Vergaberechts 2016 auch den klassischen Auftraggebern eingeräumt.

---

[1] VK Berlin 31.3.2020 – VK B 1–08/20, VPRRS 2020, 0193; DSW/Dierkes VgV § 38 Rn. 9; RKMPP/Rechten § 38 Rn. 1.

II. Vorinformation ohne Aufruf zum Wettbewerb (Abs. 1)

Nach Abs. 1 *können* öffentliche Auftraggeber ihre Absicht einer geplanten Auftragsvergabe durch Veröffentlichung einer Vorinformation bekanntgeben. Diese Vorinformation ist eine der eigentlichen Auftragsbekanntmachung vorgeschaltete **formalisierte öffentliche Absichtserklärung** einer geplanten Auftragsvergabe. Mit einer Vorinformation kann interessierten Unternehmen frühzeitig ein Überblick über den Beschaffungsbedarf des Auftraggebers gegeben werden, damit sie ihre Angebotsplanung hierauf rechtzeitig einstellen können. Durch eine Vorinformation kann sichergestellt werden, dass sich leistungsstarke Unternehmen um den Auftrag bewerben, weil diese ihre Kapazitäten aufgrund der Vorinformation schon frühzeitig auf den beabsichtigten Auftrag eingerichtet haben.[2] Nach der Rspr. des EuGH[3] soll durch die Vorinformation die Entstehung eines echten Wettbewerbs auf Unionsebene gefördert und die Chancengleichheit ausländischer Unternehmen verbessert werden, indem diese unter vergleichbaren Bedingungen wie inländische Unternehmen anbieten können. 3

Wie der Wortlaut der Vorschrift zeigt, ist die Vorinformation grds. **nicht obligatorisch**.[4] Sie ist nur dann vorgeschrieben, wenn die Auftraggeber die Möglichkeit wahrnehmen, mit einer Vorinformation die Angebotsfrist gem. Abs. 3 zu verkürzen oder auf eine Auftragsbekanntmachung nach Abs. 4 zu verzichten.[5] Auch begründet die Vorinformation **keine Verpflichtung** für die öffentlichen Auftraggeber, die angekündigte Beschaffung tatsächlich **auszuschreiben**.[6] Vielmehr kann ohne Angabe von Gründen auf die Vergabe aller oder einzelner Aufträge, die Gegenstand der Vorinformation sind, verzichtet werden. Ein schutzwürdiges Vertrauen der Unternehmen auf Einleitung des Beschaffungsprozesses besteht nicht. 4

Für die Erstellung der Vorinformation sind mWv 25.10.2023 die Vorgaben der Spalte 4 der Tabelle 2 des Anhangs der Durchführungsverordnung (EU) 2019/1780 iVm § 10a VgV anzuwenden. Die elektronische Bereitstellung der Vergabeunterlagen bereits in der Vorinformation ist nicht verpflichtend (dazu näher → § 41 Rn. 32).[7] 5

III. Veröffentlichung der Vorinformation (Abs. 2)

Die öffentlichen Auftraggeber haben nach S. 1 zwei Möglichkeiten, eine Vorinformation nach Abs. 1 zu veröffentlichen. Dies kann entweder durch das Amt für Veröffentlichungen der EU über den Datenservice Öffentlicher Einkauf (→ § 10a Rn. 21) erfolgen. In diesem Fall sind mWv 25.10.2023 die Vorgaben der Spalte 4 in Tabelle 2 des Anhangs der Durchführungsverordnung (EU) 2019/1780 iVm § 10a VgV einzuhalten. Alternativ kann die Vorinformation im **Beschafferprofil** (vgl. § 37 Abs. 4 VgV) veröffentlicht werden. Wird die Vorinformation im Beschafferprofil veröffentlicht, muss die Veröffentlichung mWv 25.10.2023 dem Amt für Veröffentlichungen der EU über den Datenservice Öffentlicher Einkauf nach den Vorgaben der Spalte 1 der Tabelle 2 des Anhangs der Durchführungsverordnung (EU) 2019/1780 iVm § 10a VgV gemeldet werden. Diese Meldung muss mindestens 6

---

[2] DSW/Dierkes VgV § 38 Rn. 9; RKMPP/Rechten § 38 Rn. 1.
[3] EuGH 26.9.2000 – C-225/98, NJW 2000, 3629 (3631).
[4] DSW/Dierkes VgV § 38 Rn. 8; MüKoEuWettbR/Kleinhenz-Jeannot VgV § 38 Rn. 4; RKMPP/Rechten § 38 Rn. 1.
[5] EuGH 26.9.2000 – C-225/98, NJW 2000, 3629 (3631); DSW/Dierkes VgV § 38 Rn. 3; MüKoEuWettbR/Kleinhenz-Jeannot VgV § 38 Rn. 4.
[6] BR-Drs. 87/16, 191; DSW/Dierkes VgV § 38 Rn. 3; RKMPP/Rechten § 38 Rn. 8.
[7] VK Berlin 31.3.2020 – VK B 1–08/20, VPRRS 2020, 0193.

gleichzeitig mit der Veröffentlichung der Vorinformation im Beschafferprofil erfolgen.[8] Die Vorinformation nach **Abs. 4** muss zusätzlich alle nach Spalte 10 der Tabelle 2 des Anhangs der Durchführungsverordnung (EU) 2019/1780 geforderten Angaben enthalten (Art. 48 Abs. 2 UAbs. 2 RL 2014/24/EU; → Rn. 18).[9] Eine Veröffentlichung der Vorinformation (nur) über das Beschafferprofil des öffentlichen Auftraggebers ist in diesem Fall nicht ausreichend.

7 Daneben ist es zulässig, die Vorinformation zusätzlich **auf nationaler Ebene** in einem Beschafferprofil zu veröffentlichen, wovon regelmäßig zum Zwecke größerer Breitenwirkung Gebrauch gemacht werden sollte. In diesem Fall sind die zeitlichen und inhaltlichen Restriktionen des § 40 Abs. 3 VgV (dazu näher → § 40 Rn. 6) zu beachten.

IV. Verkürzung der Angebotsfrist (Abs. 3)

8 Abs. 3 gestattet dem öffentlichen Auftraggeber, die Angebotsfristen im offenen Verfahren (§ 15 Abs. 2 VgV) und im nicht offenen Verfahren (§ 16 Abs. 5 VgV) sowie im Verhandlungsverfahren mit Teilnahmewettbewerb (§ 17 Abs. 6 VgV) durch Veröffentlichung einer Vorinformation signifikant zu verkürzen. Die Frist kann im offenen Verfahren auf bis zu 15 Tage und im nicht offenen Verfahren und Verhandlungsverfahren mit Teilnahmewettbewerb sogar auf bis zu zehn Tage verkürzt werden. Unter dieser Grenze darf die mittels Vorinformation verkürzte Angebotsfrist keinesfalls liegen. Die verkürzte Frist wird vom Tag nach der Absendung der Auftragsbekanntmachung bzw. der Aufforderung zur Angebotsabgabe berechnet.

9 Soll diese Option zur Fristverkürzung genutzt werden, müssen die folgenden **zwei Voraussetzungen kumulativ** erfüllt werden:
(i) Der Auftraggeber muss mWv 25.10.2023 eine Vorinformation nach den Vorgaben der Spalte 4 der Tabelle 2 des Anhangs der Durchführungsverordnung (EU) 2019/1780 iVm § 10a VgV veröffentlicht haben. Die Vorinformation muss mWv 25.10.2023 alle in Spalte 7 der Tabelle 2 des Anhangs der Durchführungsverordnung (EU) 2019/1780 geforderten Angaben enthalten, soweit diese Informationen zum Zeitpunkt der Absendung der Vorinformation vorlagen. Sind bestimmte, an sich notwendige Angaben aus objektiven Gründen nicht möglich, ist dies unschädlich. Die elektronische Bereitstellung der Vergabeunterlagen in der Vorinformation, auch soweit sie der Verkürzung von Angebotsfristen dient, ist nicht verpflichtend (dazu näher → § 41 Rn. 33).[10]
(ii) Die Vorinformation muss wenigstens 35 Tage und darf nicht mehr als zwölf Monate vor dem Tag der Absendung der Auftragsbekanntmachung zur Veröffentlichung an das Amt für Veröffentlichungen der EU übermittelt worden sein. Für die Fristberechnung kommt es also auf die **Übermittlung** der Vorinformation an das Amt für Veröffentlichungen an.[11] Die Veröffentlichung der Vorinformation im Beschafferprofil und Meldung dieser Veröffentlichung an das Amt für Veröffentlichungen ist für die Fristverkürzung nicht ausreichend.[12]

10 Auch solche, aufgrund einer Vorinformation verkürzten Mindestfristen stehen freilich unter dem **Vorbehalt der Angemessenheit** im jew. Einzelfall (→ VgV § 20 Rn. 4). Der Auftraggeber darf deshalb nur dann von der Verkürzung der Ange-

---

[8] DSW/Dierkes VgV § 38 Rn. 13.
[9] DSW/Dierkes VgV § 38 Rn. 30; RKMPP/Rechten § 38 Rn. 45.
[10] VK Berlin 31.3.2020 – VK B 1–08/20, VPRRS 2020, 0193.
[11] DSW/Dierkes VgV § 38 Rn. 19; RKMPP/Rechten § 38 Rn. 24.
[12] DSW/Dierkes VgV § 38 Rn. 19; RKMPP/Rechten § 38 Rn. 24.

botsfrist Gebrauch machen, wenn die Angebotsfrist für die Bewerber und Bieter angemessen ist.[13]

V. Vorinformation als Aufruf zum Wettbewerb (Abs. 4)

Mit Ausnahme der obersten Bundesbehörden können die öffentlichen Auftraggeber durch die Veröffentlichung einer Vorinformation auf eine **Auftragsbekanntmachung verzichten,** wenn der Auftrag in einem nicht offenen Verfahren oder in einem Verhandlungsverfahren mit Teilnahmewettbewerb vergeben werden soll und die weiteren Voraussetzungen des Abs. 4 vorliegen (S. 1). Soll auf eine Auftragsbekanntmachung verzichtet werden, ist die Vorinformation als Aufruf zum Wettbewerb obligatorisch.[14] 11

1. Anwendungsbereich

a) Keine obersten Bundesbehörden. Abs. 4 findet keine Anwendung auf oberste Bundesbehörden (→ GWB § 106 Rn. 14).[15] Alle anderen, in der Terminologie des EU-Vergaberechts „subzentralen Auftraggeber" (Art. 2 Abs. 1 Nr. 3 RL 2014/24/EU[16]) können von der Option nach Abs. 4 Gebrauch machen. 12

b) Nicht offenes Verfahren oder Verhandlungsverfahren. Die Vorinformation ist als Substitut für eine Auftragsbekanntmachung nur in einem nicht offenen Verfahren oder Verhandlungsverfahren mit Teilnahmewettbewerb zulässig. In allen anderen Verfahrensarten, also im offenen Verfahren, wettbewerblichen Dialog und in der Innovationspartnerschaft, ist Abs. 4 nicht anwendbar.[17] In jenen Verfahrensarten kann nur eine Vorinformation ohne Aufruf zum Wettbewerb nach Abs. 1 erfolgen. 13

2. Inhaltliche Anforderungen

Die Nr. 1–5 benennen kumulativ die inhaltlichen Anforderungen an die Vorinformation, wenn sie als Aufruf zum Wettbewerb dienen soll. Die Vorinformation ist im EU-Amtsblatt zu veröffentlichen (Abs. 2). Sie kann zusätzlich auf nationaler Ebene in einem Beschafferprofil veröffentlicht werden (Abs. 4 S. 2). Da die Vorinformation die Auftragsbekanntmachung ersetzt, gelten für ihren Inhalt bzw. für Umfang und Tiefe der mitzuteilenden Informationen hohe Anforderungen.[18] 14

a) Benennung der Liefer- und Dienstleistungen (Nr. 1). Art und Umfang der Liefer- und Dienstleistungen, die Gegenstand des zu vergebenden Auftrags sein werden, müssen in der Vorinformation benannt werden. 15

b) Hinweis auf Verfahrensart (Nr. 2). Abs. 4 ist nur anwendbar, wenn der Auftrag in einem nicht offenen Verfahren oder Verhandlungsverfahren mit Teilnah- 16

---

[13] OLG Düsseldorf v. 28.3.2018 – VII-Verg 40/17, BeckRS 2018, 10390; VK Sachsen 9.12.2002 – 1/SVK/102-02, ZfBR 2003, 302; MüKoEuWettbR/Kleinhenz-Jeannot VgV § 38 Rn. 10; RKMPP/Rechten § 38 Rn. 25.
[14] Zu den Transparenzanforderungen an die Vorinformation als Aufruf zum Wettbewerb instruktiv VK Lüneburg 14.7.2020 – VgK-13/2020, VPRRS 2020, 0274.
[15] Zur Definition vgl. https://de.wikipedia.org/wiki/Bundesbeh%C3%B6rde_(Deutschland).
[16] Das sind „alle öffentlichen Auftraggeber, die keine zentralen Regierungsbehörden sind". Dazu zählen also auch Bundesoberbehörden (Obere Bundesbehörden), → GWB § 106 Rn. 15.
[17] DSW/Dierkes VgV § 38 Rn. 28; RKMPP/Rechten § 38 Rn. 33.
[18] DSW/Dierkes VgV § 38 Rn. 31; RKMPP/Rechten § 38 Rn. 37.

mewettbewerb vergeben werden soll. Demgemäß muss die Vorinformation den Hinweis enthalten, dass der Auftrag in einem nicht offenen Verfahren oder im Verhandlungsverfahren – und dies ohne gesonderte Auftragsbekanntmachung nach § 37 VgV – vergeben wird. Der Hinweis hat eine Warnfunktion für interessierte Unternehmen; sie müssen in transparenter Weise darüber in Kenntnis gesetzt werden, dass die Vorinformation als Aufruf zum Wettbewerb die einzige (obligatorische) Marktansprache des öffentlichen Auftraggebers in Bezug auf die beabsichtigte Beschaffung ist.[19]

17   c) **Aufforderung zur Interessensbekundung (Nr. 3).** Daneben sind die interessierten Unternehmen in der Vorinformation aufzufordern, ihr Interesse am (geplanten) Auftrag mitzuteilen. Die Interessensbekundung ist für die interessierten Unternehmen rechtlich nicht bindend. Die Unternehmen können daher von der Teilnahme am (geplanten) Vergabeverfahren bis zur Abgabe eines (bindenden) Angebots Abstand nehmen. Umgekehrt wird der öffentliche Auftraggeber durch sein Verfahren gebunden. Er muss alle Unternehmen, die eine Interessensbekundung mitgeteilt haben, zur Bestätigung ihres Interesses auffordern (Abs. 5, → Rn. 20).

18   d) **Informationen nach Spalte 10 der Tabelle 2 des Anhangs der Durchführungsverordnung (EU) 2019/1780 (Nr. 4).** Die Vorinformation muss mWv 25.10.2023 alle Informationen nach Spalte 10 der Tabelle 2 des Anhangs der Durchführungsverordnung (EU) 2019/1780 enthalten.

19   e) **Zeitkorridor (Nr. 5).** Zwischen der Veröffentlichung der Vorinformation nach Abs. 4 und dem Versand der Aufforderung zur Interessensbestätigung nach Abs. 5 müssen **wenigstens 35 Tage** und dürfen **maximal zwölf Monate** liegen. Die Gültigkeit der Vorinformation als Aufruf zum Wettbewerb ist damit auf ein Jahr nach ihrer **Veröffentlichung** beschränkt (→ Rn. 23).[20] Durch die Höchstfrist wird eine allzu lange und unangemessene Wartezeit zwischen der Vorinformation und der Aufforderung zur Bestätigung des Auftragsinteresses vermieden. Wird die Frist überschritten, ist die Vorinformation gegenstandslos. In diesem Fall darf die Vergabe nicht fortgesetzt werden.

VI. Aufforderung zur Interessensbestätigung (Abs. 5)

20   Abs. 5 behandelt das Verfahren im Anschluss an die Veröffentlichung einer Vorinformation iSv Abs. 4. Die interessierten Unternehmen haben auf die EU-weite Vorinformation innerhalb der von dem Auftraggeber gesetzten Frist zunächst ihr Interesse an dem Auftrag zu bekunden. Dies erfolgt nach § 53 Abs. 1 VgV in Textform nach § 126b BGB mithilfe elektronischer Mittel gem. § 10 VgV. Die **Interessensbekundungen** sind nach § 54 S. 1 VgV zu kennzeichnen und verschlüsselt zu speichern. Alsdann werden sie nach § 57 Abs. 3 VgV geprüft und ggf. ausgeschlossen, sofern die Voraussetzungen des § 57 Abs. 1 VgV vorliegen.

21   Sofern die Interessensbekundungen nicht ausgeschlossen werden, sind sodann alle Unternehmen, die ihr Interesse ordnungsgemäß bekundet haben, zur Bestätigung ihres Interesses aufzufordern. Zwischen der Veröffentlichung der Vorinformation und dem Versand der Aufforderung zur Interessensbestätigung nach Abs. 5 müssen wenigstens 35 Tage und dürfen maximal zwölf Monate liegen (→ Rn. 19). Mit dieser Aufforderung wird der **Teilnahmewettbewerb eingeleitet**. Das Verfahren der Aufforderung zur Interessensbestätigung ist somit dem Teilnahmewettbewerb

---

[19] RKMPP/Rechten § 38 Rn. 39.
[20] RKMPP/Rechten § 38 Rn. 44.

im nicht offenen Verfahren (§ 16 Abs. 1 VgV) und im Verhandlungsverfahren (§ 17 Abs. 1 VgV) gleichgesetzt.[21]

Mit der **Aufforderung zur Interessensbestätigung** beginnt der Teilnahmewettbewerb im nicht offenen Verfahren bzw. im Verhandlungsverfahren. Da die Aufforderung zur Interessensbestätigung Teil des Vergabeverfahrens ist, gilt § 9 Abs. 1 VgV. Gem. § 52 Abs. 3 S. 1 VgV müssen alle Unternehmen gleichzeitig in elektronischer Form zur Interessensbestätigung aufgefordert werden. Die **Frist** für den Eingang der Interessensbestätigung beträgt **30 Tage**, gerechnet ab dem Tag nach der Absendung der Aufforderung zur Interessensbestätigung. Es handelt sich dabei nicht um eine starre, sondern um eine Mindestfrist (Art. 28 Abs. 1 UAbs. 2 und Art. 29 Abs. 1 UAbs. 3 RL 2014/24/EU: „mindestens 30 Tage"); die Fixierung auf exakt 30 Tage in S. 3 ist ein Umsetzungsfehler.[22] Zum Inhalt der Aufforderung zur Interessensbestätigung → VgV § 52 Rn. 15 ff. Mit der Interessensbestätigung haben die Unternehmen die in der Vorinformation veröffentlichten Nachweise für die Prüfung ihrer Eignung vorzulegen. 22

VII. Geltungszeitraum (Abs. 6)

Abs. 6 stellt klar, dass der von einer Vorinformation nach Abs. 1 und Abs. 4 abgedeckte Zeitraum maximal zwölf Monate beträgt, gerechnet ab dem Datum der Übermittlung der Vorinformation an das Amt für Veröffentlichungen der EU. Nach der Verordnungsbegr.[23] wurde die Benennung dieses Zeitraums erforderlich, nachdem die Veröffentlichung der Vorinformation abweichend vom früheren Recht nicht mehr an den Beginn des Haushaltsjahres geknüpft ist. 23

VIII. Rechtsschutz

Die Vorinformation nach **Abs. 1** ist eine der Auftragsbekanntmachung nach § 37 VgV vorgelagerte, rechtlich unverbindliche Absichtserklärung des Auftraggebers zur Einleitung von Vergabeverfahren. Fehler iRd Vorinformation nach Abs. 1 können daher weder die Rügeobliegenheit auslösen noch zum Gegenstand eines Nachprüfungsverfahrens gemacht werden.[24] Etwas anderes gilt jedoch dann, wenn die Angebotsfristen verkürzt werden, ohne dass die Voraussetzungen von **Abs. 3** vorliegen.[25] 24

Demgegenüber dient die Vorinformation nach **Abs. 4** der Gleichbehandlung der Unternehmen und Transparenz des Verfahrens. Sie ist deshalb **bieterschützend**.[26] Fehler in einer Vorinformation, die als Aufruf zum Wettbewerb dient, sind nach Maßgabe des § 160 Abs. 3 S. 1 GWB zu rügen und können zum Gegenstand eines Nachprüfungsverfahrens gemacht werden.[27] 25

---

[21] Die VK Lüneburg 14.7.2020 – VgK-13/2020, VPRRS 2020, 0274 beschreibt dies treffend als „ungewöhnlich zeremoniellen, aber zulässigen Ablauf".

[22] DSW/Dierkes VgV § 38 Rn. 42; RKMPP/Rechten § 38 Rn. 50.

[23] BR-Drs. 87/16, 193.

[24] VK Berlin 31.3.2020 – VK B 1–08/20, VPRRS 2020, 0193; DSW/Dierkes VgV § 38 Rn. 47; MüKoEuWettbR/Kleinhenz-Jeannot VgV § 38 Rn. 5; RKMPP/Rechten § 38 Rn. 6.

[25] VK Berlin 31.3.2020 – VK B 1–08/20, VPRRS 2020, 0193; DSW/Dierkes VgV § 38 Rn. 47; MüKoEuWettbR/Kleinhenz-Jeannot VgV § 38 Rn. 5; RKMPP/Rechten § 38 Rn. 6.

[26] OLG Naumburg 16.9.2002 – 1 Verg 2/02, NZBau 2003, 628 (631); DSW/Dierkes VgV § 38 Rn. 47; MüKoEuWettbR/Kleinhenz-Jeannot VgV § 38 Rn. 5; RKMPP/Rechten § 38 Rn. 6.

[27] VK Nordbayern 3.8.2017 – 21.VK-3194-14/17, IBRRS 2017, 3400.

§ 39 Vergabebekanntmachung; Bekanntmachung über Auftragsänderungen

(1) Der öffentliche Auftraggeber übermittelt spätestens 30 Tage nach der Vergabe eines öffentlichen Auftrags oder nach dem Abschluss einer Rahmenvereinbarung eine Vergabebekanntmachung mit den Ergebnissen des Vergabeverfahrens an das Amt für Veröffentlichungen der Europäischen Union über den Datenservice Öffentlicher Einkauf.

(2) Die Vergabebekanntmachung wird nach den Vorgaben der Spalte 29 der Tabelle 2 des Anhangs der Durchführungsverordnung (EU) 2019/1780 in Verbindung mit § 10a erstellt.

(3) Ist das Vergabeverfahren durch eine Vorinformation in Gang gesetzt worden und hat der öffentliche Auftraggeber beschlossen, keine weitere Auftragsvergabe während des Zeitraums vorzunehmen, der von der Vorinformation abgedeckt ist, muss die Vergabebekanntmachung einen entsprechenden Hinweis enthalten.

(4) [1]Die Vergabebekanntmachung umfasst die abgeschlossenen Rahmenvereinbarungen, aber nicht die auf ihrer Grundlage vergebenen Einzelaufträge. [2]Bei Aufträgen, die im Rahmen eines dynamischen Beschaffungssystems vergeben werden, umfasst die Vergabebekanntmachung eine vierteljährliche Zusammenstellung der Einzelaufträge; die Zusammenstellung muss spätestens 30 Tage nach Quartalsende versendet werden.

(5) Auftragsänderungen gemäß § 132 Absatz 2 Nummer 2 und 3 des Gesetzes gegen Wettbewerbsbeschränkungen sind gemäß § 132 Absatz 5 des Gesetzes gegen Wettbewerbsbeschränkungen unter Verwendung der Vorgaben der Spalte 38 in Tabelle 2 des Anhangs der Durchführungsverordnung (EU) 2019/1780 in Verbindung mit § 10a bekanntzumachen.

(6) Der öffentliche Auftraggeber ist nicht verpflichtet, einzelne Angaben zu veröffentlichen, wenn deren Veröffentlichung
1. den Gesetzesvollzug behindern,
2. dem öffentlichen Interesse zuwiderlaufen,
3. den berechtigten geschäftlichen Interessen eines Unternehmens schaden oder
4. den lauteren Wettbewerb zwischen Unternehmen beeinträchtigen würde.

I. Bedeutung der Vorschrift

1 § 39 VgV, der Art. 50 RL 2014/24/EU umsetzt, normiert die Pflicht zur – nachträglichen – Bekanntmachung („Vergabebekanntmachung") von vergebenen öffentlichen Aufträgen, Rahmenvereinbarungen und Auftragsänderungen iSv § 132 Abs. 2 Nr. 2, 3 GWB sowie Form, Verfahren und Inhalt dieser Bekanntmachung. Die Vorschrift dient der **ex-post-Transparenz** und bezweckt, Unternehmen und Kommission zeitnah über das Ergebnis eines abgeschlossenen Vergabeverfahrens zu informieren.[1]

II. Vergabebekanntmachung (Abs. 1)

2 Abs. 1 verlangt, dass der öffentliche Auftraggeber spätestens 30 Tage nach der Vergabe eines öffentlichen Auftrags oder nach dem Abschluss einer Rahmenverein-

---

[1] RKMPP/Rechten § 39 Rn. 6; DSW/Petersen VgV § 39 Rn. 1.

barung eine unionsweite Vergabebekanntmachung an das Amt für Veröffentlichungen der EU über den Datenservice Öffentlicher Einkauf (dazu → § 10a Rn. 21) übermittelt. Zu melden ist **jeder vergebene Auftrag,** gleichgültig, in welchem Verfahren die Vergabe erfolgte.[2] Auch (und gerade!) im Verhandlungsverfahren ohne Teilnahmewettbewerb nach § 17 Abs. 5 VgV vergebene Aufträge fallen damit unter die Meldepflicht.[3] Abs. 1 spricht in dieser Hinsicht allg. von „öffentlichen Aufträgen" und differenziert nicht danach, in welchem Verfahren die Auftragsvergabe erfolgte. Die Veröffentlichung einer Vergabebekanntmachung führt bei Aufträgen, die in Verhandlungsverfahren ohne Teilnahmewettbewerb vergeben wurden (etwa nach § 14 Abs. 4 VgV), zu einer Verkürzung der Frist zur Geltendmachung der Unwirksamkeit nach § 135 Abs. 2 S. 1 GWB von sechs Monaten auf 30 (Kalender-) Tage nach Veröffentlichung der Vergabebekanntmachung (→ GWB § 135 Rn. 75 ff.). Bei Rahmenvereinbarungen und Aufträgen, die im Rahmen eines dynamischen Beschaffungssystems vergeben werden, trifft Abs. 4 eine Sonderregelung. Die **Aufhebung eines Vergabeverfahrens** nach § 63 VgV bedarf hingegen keiner Bekanntmachung, da sich die Bekanntmachungspflicht nach dem Wortlaut von Abs. 1 auf die „Vergabe" eines öffentlichen Auftrags beschränkt.[4] Im Falle der Aufhebung sind die Bewerber und Bieter gem. § 63 Abs. 2 S. 1 VgV zu unterrichten (dazu → § 63 Rn. 54 ff.).

Die **Meldefrist** beträgt maximal 30 (Kalender-) Tage. Sie beginnt am Tag nach 3 der Auftragsvergabe bzw. dem Abschluss einer Rahmenvereinbarung zu laufen (→ VgV § 82 Rn. 3). Zur Fristwahrung reicht die Absendung der Bekanntmachung innerhalb der Frist aus („übermittelt").[5]

III. Form und Inhalt der Vergabebekanntmachung (Abs. 2 und 3)

Die Vergabebekanntmachung ist nach Abs. 2 mWv 25.10.2023 (→ § 83 Rn. 3) 4 nach den Vorgaben der Spalte 29 der Tabelle 2 des Anhangs der Durchführungsverordnung (EU) 2019/1780 iVm § 10a VgV zu erstellen. Zur Verwendung der eForms-Standarddatensätze iE → § 10a Rn. 3 ff.

Abs. 3 setzt Art. 50 Abs. 2 UAbs. 1 RL 2014/24/EU um. Danach muss die Verga- 5 bebekanntmachung in den Fällen, in denen ein Vergabeverfahren durch eine **Vorinformation** nach § 38 Abs. 4 VgV in Gang gesetzt wurde, einen Hinweis enthalten, wenn der öffentliche Auftraggeber während des von der Vorinformation abgedeckten Zeitraums von zwölf Monaten keine weitere Vergabe vornehmen wird. Nach der Verordnungsbegr.[6] soll die Regelung der Transparenz dienen und die Planungssicherheit der interessierten Unternehmen erhöhen.

IV. Besonderheiten (Abs. 4)

Bei **Rahmenvereinbarungen** umfasst die Vergabebekanntmachung nur die 6 abgeschlossene Rahmenvereinbarung selbst und nicht den jew. Einzelauftrag, der aufgrund der Rahmenvereinbarung vergeben wurde (S. 1).

---

[2] RKMPP/Rechten § 39 Rn. 10; DSW/Petersen VgV § 39 Rn. 11.
[3] RKMPP/Rechten § 39 Rn. 10; DSW/Petersen VgV § 39 Rn. 11.
[4] RKMPP/Rechten § 39 Rn. 12; für Bauvergaben genauso: Kapellmann/Messerschmidt/Stickler/Mädler VOB/A § 18EU Rn. 7; Ingenstau/Korbion/Reichling/Stamm VOB/A § 18 EU Rn. 10.
[5] RKMPP/Rechten § 39 Rn. 27; MüKoEuWettbR/Kleinhenz-Jeannot VgV § 39 Rn. 5.
[6] BT-Drs. 18/7318, 178.

7   Aufträge, die in einem **dynamischen elektronischen Verfahren** vergeben wurden, unterliegen ebenfalls der Pflicht zur ex-post-Bekanntmachung. Hier kann jedoch eine Zusammenfassung der Einzelaufträge pro Quartal erfolgen. Weitere Detailinformationen können (müssen aber nicht) gemeldet werden. Die Meldung ist spätestens 30 (Kalender-) Tage nach Quartalsende zu versenden (S. 2).

V. Auftragsänderungen (Abs. 5)

8   Abs. 5, der Art. 72 Abs. 1 UAbs. 2 iVm Art. 51 der RL 2014/24/EU umsetzt, normiert die Bekanntmachung von Auftragsänderungen gem. § 132 Abs. 2 S. 1 Nr. 2, 3 GWB. § 132 Abs. 5 GWB ordnet an, solche Änderungen im Amtsblatt der EU bekannt zu machen. Die Bekanntmachung erfolgt innerhalb der Frist nach Abs. 1[7] und mWv 25.10.2023 (→ § 83 Rn. 3) nach den Vorgaben der Spalte 38 in Tabelle 2 des Anhangs der Durchführungsverordnung (EU) 2019/1780 iVm § 10a VgV.

VI. Ausnahmen von der Veröffentlichung (Abs. 6)

9   Abs. 6 setzt Art. 50 Abs. 4 RL 2014/24/EU um. In den genannten Fällen kann der Auftraggeber von der Veröffentlichung bestimmter sensibler Einzelangaben absehen. Die aufgeführten Gründe sind abschl.[8] und als **Ausnahmetatbestände** eng auszulegen.[9] Bei seiner Entscheidung hat der Auftraggeber das Publizitätsgebot und das Geheimhaltungsinteresse des erfolgreichen Bieters abzuwägen, wobei das Geheimhaltungsinteresse im Zweifel Vorrang hat. Berechtigte geschäftliche Interessen können insbes. durch die Bekanntgabe von in geschäftlicher Hinsicht empfindlichen Informationen (insbes. dem Auftragswert) berührt sein. Dem Auftragnehmer dürfen durch die Informationen **keine Wettbewerbsnachteile** entstehen, insbes. dürfen diese keine Rückschlüsse auf seine Preiskalkulation oder internen Verfahrensabläufe zulassen. Bei den Angaben ist stets (ggf. nach Rücksprache mit dem Auftragnehmer) zu prüfen, ob die Veröffentlichung dem Auftragnehmer für zukünftige Ausschreibungen Nachteile einbringen kann. Dabei handelt es sich stets nur um **bestimmte Einzelangaben**; unzulässig ist es daher, alle geforderten Angaben als empfindlich zu behandeln und auf eine Veröffentlichung gänzlich zu verzichten.[10] Die Entscheidung ist im Vergabevermerk zu dokumentieren.[11] Auch wenn keine Begründungspflicht besteht, empfiehlt sich bei der Übersendung der Bekanntmachung ein Hinweis, warum bestimmte Angaben zurückgehalten werden, um unnötige Rückfragen des Amts für Veröffentlichungen der EU zu vermeiden.

10   Die Vorschrift nennt **vier Ausnahmetatbestände:**
Angaben, deren Veröffentlichung den **Gesetzesvollzug behindern** würde, müssen unterbleiben (Nr. 1). Dabei handelt es sich um Angaben, deren Weitergabe nach gesetzlichen Vorschriften verboten ist (zB nach dem GWB, dem UWG oder aufgrund datenschutzrechtlicher Vorgaben).[12] Nicht in die Bekanntmachung aufzunehmen sind ferner Angaben, deren Veröffentlichung **dem öffentlichen Interesse**

---

[7] DSW/Petersen VgV § 39 Rn. 18; Müller-Wrede VgV/UVgO/Conrad VgV § 39 Rn. 52; aA MüKoEuWettbR/Kleinhenz-Jeannot VgV § 39 Rn. 13 und RKMPP/Rechten § 39 Rn. 45: keine Frist, aber „zeitnah".
[8] DSW/Petersen VgV § 39 Rn. 19; MüKoEuWettbR/Kleinhenz-Jeannot VgV § 39 Rn. 14.
[9] RKMPP/Rechten § 39 Rn. 46; MüKoEuWettbR/Kleinhenz-Jeannot VgV § 39 Rn. 14.
[10] RKMPP/Rechten § 39 Rn. 46; DSW/Petersen VgV § 39 Rn. 19.
[11] RKMPP/Rechten § 39 Rn. 46; DSW/Petersen VgV § 39 Rn. 19.
[12] RKMPP/Rechten § 39 Rn. 48; DSW/Petersen VgV § 39 Rn. 20.

zuwiderlaufen würde (Nr. 2). Nr. 2 ist ein Auffangtatbestand zur Nr. 1 und betrifft Informationen, deren Geheimhaltung nach dem Gesetz vorgeschrieben oder aus sonstigen Gründen (zB projektbezogen) geboten ist (etwa bei militärischen oder sonstigen, dem **Geheimnisschutz** unterliegenden Beschaffungen).[13]

Die Veröffentlichung muss ferner unterbleiben, wenn die Angaben **berechtigte** 11 **geschäftliche Interessen** eines Unternehmens schädigen würden (Nr. 3). Darunter fallen vor allem Betriebs- oder Geschäftsgeheimnisse des Auftragnehmers. Informationen, die einen Rückschluss auf die Kalkulation oder Produktions- und Verfahrensabläufe des Auftragnehmers zulassen und deren Bekanntwerden seine Wettbewerbsposition ggü. Wettbewerbern nachteilig beeinflussen können, dürfen nicht weitergegeben werden.[14] Diese Regelung steht in engem Zusammenhang mit § 5 Abs. 2 S. 2 VgV, wonach der Auftraggeber verpflichtet ist, die Angebote und deren Anlagen auch nach Abschluss des Vergabeverfahrens vertraulich zu behandeln (dazu → § 5 Rn. 8).[15]

Angaben, deren Veröffentlichung den **lauteren Wettbewerb** zwischen Unter- 12 nehmen beeinträchtigen würde, dürfen ebenfalls nicht gemeldet werden (Nr. 4). Der Auftraggeber muss solche Informationen zurückhalten, deren Veröffentlichung einzelnen Unternehmen Wettbewerbsvorteile bei künftigen Vergaben einbringen können. Ausreichend ist, dass solche Angaben geeignet sind, die Wettbewerbssituation zu beeinträchtigen.[16] Die Veröffentlichung sollte daher so abstrakt gehalten sein, dass sich daraus keine Rückschlüsse auf technische und kaufmännische Konzepte sowie Wettbewerbsstrategien und Marktstellung des erfolgreichen Bieters ableiten lassen.[17]

VII. Rechtsschutz

Die Pflicht zur ex-post-Bekanntmachung vergebener Aufträge vermittelt keinen 13 Bieterschutz, da sie lediglich den Informationsinteressen von Unternehmen und Kommission über erfolgte Zuschlagserteilungen dient.[18] Hiervon gelten jedoch zwei Ausnahmen:

Erfolgte die Vergabe des Auftrags in einem Verhandlungsverfahren ohne Teilnah- 14 mewettbewerb (§ 14 Abs. 4 VgV) oder im Wege der Direktvergabe (§ 132 Abs. 5 GWB), besteht ein rechtlich schützenswertes Interesse der Unternehmen, durch eine Vergabebekanntmachung Informationen über den Auftrag und die Zuschlagserteilung zu erhalten, um so ggf. deren Rechtmäßigkeit gem. § 135 GWB überprüfen zu lassen.[19]

Soweit der Zuschlagsempfänger die Veröffentlichung von geheimhaltungsbedürf- 15 tigen Angaben nach Maßgabe von Abs. 6 verhindern will, kann die Vergabekammer trotz Zuschlagserteilung (§ 168 Abs. 2 S. 1 GWB) eingeschaltet werden, da sich der Nachprüfungsantrag insoweit nicht gegen die Zuschlagserteilung, sondern auf die **Unterlassung der Veröffentlichung sensibler Angaben** richtet (§ 156 Abs. 2 GWB).[20] In diesem Fall ist ein Nachprüfungsverfahren die für den Zuschlagsempfänger einzig effektive Option, Rechtsverletzungen zu verhindern.

---

[13] RKMPP/Rechten § 39 Rn. 51; DSW/Petersen VgV § 39 Rn. 20.
[14] RKMPP/Rechten § 39 Rn. 52; MüKoEuWettbR/Kleinhenz-Jeannot VgV § 39 Rn. 16.
[15] DSW/Petersen VgV § 39 Rn. 23.
[16] RKMPP/Rechten § 39 Rn. 53.
[17] DSW/Petersen VgV § 39 Rn. 24.
[18] RKMPP/Rechten § 39 Rn. 6; DSW/Petersen VgV § 39 Rn. 26.
[19] RKMPP/Rechten § 39 Rn. 7.
[20] RKMPP/Rechten § 39 Rn. 8; MüKoEuWettbR/Kleinhenz-Jeannot VgV § 39 Rn. 18; Kapellmann/Messerschmidt/Stickler/Mädler VOB/A § 18EU Rn. 20; aA (aber unklar) Ingenstau/Korbion/Reichling/Stamm VOB/A § 18 EU Rn. 35.

16 Die Verletzung berechtigter geschäftlicher Interessen oder eine unterlassene Berücksichtigung der Belange des fairen Wettbewerbs zwischen den Unternehmen kann daneben zu Schadensersatzansprüchen nach den Grundsätzen des Verschuldens bei Vertragsschluss (§§ 241 Abs. 2, 311 Abs. 2 Nr. 1, § 280 Abs. 1 BGB) führen. Der Auftraggeber ist deshalb gut beraten, vor der Veröffentlichung sensibler Angaben Rücksprache mit dem betreffenden Auftragnehmer zu halten.

§ 40 Veröffentlichung von Bekanntmachungen

(1) **Der öffentliche Auftraggeber muss den Tag der Absendung der Bekanntmachungen an das Amt für Veröffentlichungen der Europäischen Union nachweisen können.**

(2) [1]Bekanntmachungen werden durch das Amt für Veröffentlichungen der Europäischen Union veröffentlicht. [2]Als Nachweis der Veröffentlichung dient die Bestätigung der Veröffentlichung der übermittelten Informationen, die der öffentliche Auftraggeber vom Amt für Veröffentlichungen der Europäischen Union erhält.

(3) [1]Bekanntmachungen dürfen auf nationaler Ebene erst nach der Veröffentlichung durch das Amt für Veröffentlichungen der Europäischen Union oder 48 Stunden nach der Bestätigung über den Eingang der Bekanntmachung durch das Amt für Veröffentlichungen der Europäischen Union veröffentlicht werden. [2]Die Veröffentlichung darf nur Angaben enthalten, die in den an das Amt für Veröffentlichungen der Europäischen Union übermittelten Bekanntmachungen enthalten sind oder in einem Beschafferprofil veröffentlicht wurden. [3]In der nationalen Bekanntmachung ist der Tag der Übermittlung an das Amt für Veröffentlichungen der Europäischen Union oder der Tag der Veröffentlichung im Beschafferprofil anzugeben.

(4) **Der öffentliche Auftraggeber kann auch Auftragsbekanntmachungen über öffentliche Liefer- oder Dienstleistungsaufträge, die nicht der Bekanntmachungspflicht unterliegen, an das Amt für Veröffentlichungen der Europäischen Union übermitteln.**

I. Bedeutung der Vorschrift

1 § 40 VgV übernimmt aus Art. 51, 52 RL 2014/24/EU die Anforderungen an das Prozedere zur Veröffentlichung unionsweiter Bekanntmachungen. Die Vorschrift betrifft gleichermaßen Auftragsbekanntmachungen, Vorinformationen, Vergabebekanntmachungen und Bekanntmachungen über Auftragsänderungen, die in § 10a Abs. 1 S. 1 VgV unter dem Oberbegriff „Bekanntmachungen" zusammengefasst werden. Alle Bekanntmachungen sind mWv 25.10.2023 (→ § 83 Rn. 3) nach § 10a Abs. 1 S. 1 VgV elektronisch nach den Vorgaben der Durchführungsverordnung (EU) 2019/1780 zu erstellen (→ § 10a Rn. 11) und nach § 10a Abs. 5 S. 1 VgV dem Amt für Veröffentlichungen der EU elektronisch über den Datenservice Öffentlicher Einkauf zu übermitteln. Für die elektronischen Bekanntmachungen haben öffentliche Auftraggeber den Datenaustauschstandard eForms in der jew. geltenden Fassung zu verwenden (§ 10a Abs. 2 S. 1 VgV, → § 10a Rn. 14 ff.). Hierdurch wird die **unionsweite Transparenz der übermittelten Informationen** sichergestellt. Nationale Bekanntmachungen, die zusätzlich zur EU-weiten Bekanntmachung erfolgen können, unterliegen nach Abs. 3 zeitlichen und inhaltlichen Beschränkungen. Sie dürfen nicht vor der Absendung der EU-Bekanntmachung veröffentlicht werden und inhaltlich keine anderen und keine weitergehenden Angaben enthalten. **Abs. 1 und 3** dienen der Einhaltung eines transparenten und auf Gleichbehandlung der Bieter bedachten Vergabeverfahrens und vermitteln **Bieterschutz**.[1] Dagegen sind die Abs. 2 und 4 reine Ordnungsvorschriften und damit nicht bieterschützend.[2]

II. Übermittlung von Bekanntmachungen (Abs. 1)

Alle der VgV unterliegenden Bekanntmachungen – das sind nach § 10a Abs. 1 S. 1 VgV Auftragsbekanntmachungen, Vorinformationen, Vergabebekanntmachungen und Bekanntmachungen über Auftragsänderungen – sind nach § 10a Abs. 1 S. 1 VgV elektronisch nach den Vorgaben der Durchführungsverordnung (EU) 2019/1780 zu erstellen und nach § 10a Abs. 5 S. 1 VgV an das Amt für Veröffentlichungen der EU mit elektronischen Mitteln über den Datenservice Öffentlicher Einkauf zu übermitteln. Die **elektronische Übermittlung** ist zwingend, andere Formen sind nicht statthaft und auch faktisch gar möglich.[3] Alle Bekanntmachungen sind zwingend nach den Vorgaben der Durchführungsverordnung (EU) 2019/1780 unter Verwendung des Datenaustauschstandards eForms in der jew. geltenden Fassung zu erstellen (§ 10a Abs. 2 S. 1 VgV). 2

Der Auftraggeber muss nach Abs. 1 den **Tag der Absendung** der Bekanntmachungen an das Amt für Veröffentlichungen der EU nachweisen können. Der Nachweis erfolgt durch eine automatisch vom System generierte Bestätigung über den Eingang der Bekanntmachung, die an den jew. Absender elektronisch versandt wird. Der Nachweis ist für die inländische Bekanntmachung von Bedeutung. Nach Abs. 3 S. 1 (→ Rn. 6) darf die Bekanntmachung auf nationaler Ebene erst frühestens 48 Stunden nach der Bestätigung über den Eingang der Bekanntmachung durch das Amt für Veröffentlichungen der EU veröffentlicht werden. Die nationale Bekanntmachung muss den Tag der Absendung der EU-Bekanntmachung angeben. 3

III. Veröffentlichung von Bekanntmachungen (Abs. 2)

Abs. 2 entspricht Art. 51 Abs. 3 RL 2014/24/EU. Danach werden die Bekanntmachungen durch das Amt für Veröffentlichungen der EU veröffentlicht (S. 1). Weitere Details der Veröffentlichung enthält Art. 51 Abs. 2, 3 RL 2014/24/EU. Die Veröffentlichung erfolgt danach spätestens fünf Tage nach ihrer Übermittlung ausschl. in elektronischer Form im Internetportal TED. Die **Kosten** für die Veröffentlichung der Bekanntmachungen gehen zu Lasten der Union. Die Veröffentlichung erfolgt ausschl. in der jew. **Originalsprache**. Eine Zusammenfassung der wichtigsten Bestandteile davon wird in den übrigen Sprachen der Union veröffentlicht. Verbindlich ist jedoch nur der Wortlaut der Originalsprache, dh der Sprache, in der die Bekanntmachung verfasst wurde. 4

Als Nachweis der Veröffentlichung dient die Bestätigung des Amtes für Veröffentlichungen der EU, die der Auftraggeber nach der Veröffentlichung erhält (S. 2). 5

IV. Nationale Bekanntmachungen (Abs. 3)

Die EU-weite Auftragsbekanntmachung von unionsweit auszuschreibenden Aufträgen ist zwingend vorgeschrieben (→ § 37 Rn. 5). Dagegen ist die zusätzliche 6

---

[1] OLG Düsseldorf 13.5.2019 – VII-Verg 47/18, BeckRS 2019, 17244; DSW/Dierkes VgV § 40 Rn. 34; MüKoEuWettbR/Schmidt VgV § 40 Rn. 20; RKMPP/Rechten § 39 Rn. 4.
[2] DSW/Dierkes VgV § 40 Rn. 35; MüKoEuWettbR/Schmidt VgV § 40 Rn. 20.
[3] MüKoEuWettbR/Schmidt VgV § 40 Rn. 10; RKMPP/Rechten § 39 Rn. 6.

Veröffentlichung von Bekanntmachungen im Inland fakultativ.[4] Wird hiervon Gebrauch gemacht, schreibt Abs. 3 **zeitliche und inhaltliche Schranken** zum Schutz ausländischer Unternehmen vor. Inländische Unternehmen sollen keinen Zeit- und Informationsvorsprung ggü. ausländischen Mitbewerbern erhalten.[5] Folgende Bedingungen sind nach Abs. 3 zwingend einzuhalten:

i) Inländische Bekanntmachungen dürfen entweder erst nach der Veröffentlichung durch das Amt für Veröffentlichungen der EU oder frühestens 48 Stunden nach der Bestätigung des Amtes für Veröffentlichungen der EU über den Eingang der Bekanntmachung veröffentlicht werden. Mit der Bestätigung des Erhalts der Bekanntmachung durch das Amt für Veröffentlichungen der EU beginnt die Wartefrist von 48 Stunden zu laufen. Die **Berechnung der Wartefrist** richtet sich gem. § 82 VgV nach Art. 3 Abs. 1 VO (EWG) Nr. 1182/71 des Rates v. 3.6.1971. Danach wird bei der Berechnung der Frist die Stunde nicht mitgerechnet, in die das fristauslösende Ereignis, also hier die Erteilung der Eingangsbestätigung durch das Amt für Veröffentlichungen der EU, fällt. Beispiel: Wird die Eingangsbestätigung um 9:30 Uhr erteilt, endet die Wartefrist um 10:00 Uhr des übernächsten Tages.

ii) Inländische Bekanntmachungen dürfen nur die dem Amt für Veröffentlichungen der EU übermittelten oder in einem Beschafferprofil veröffentlichten Angaben enthalten. Dadurch wird iSd Gleichbehandlung der Unternehmen sichergestellt, dass Bekanntmachungen auf Unionsebene und auf nationaler Ebene inhaltsgleich sind.

iii) In der inländischen Bekanntmachung ist das Datum anzugeben, an dem die EU-Bekanntmachung an das Amt für Veröffentlichungen der EU gesendet oder im Beschafferprofil veröffentlicht wurde.

V. Freiwillige EU-Bekanntmachungen (Abs. 4)

7 Abs. 4 ermöglicht, Bekanntmachungen über Liefer- und Dienstleistungsaufträge unionsweit zu veröffentlichen, auch wenn diese Aufträge nicht der EU-weiten Bekanntmachungspflicht unterliegen, etwa weil die Schwellenwerte unterschritten werden. Mit der EU-weiten Bekanntmachung wird der territorial weitestgehende Verbreitungsgrad erreicht.[6] Die freiwillige Veröffentlichung auf EU-Ebene ist insbes. bei binnenmarktrelevanten Aufträgen (dazu → GWB § 107 Rn. 12 und → GWB § 134 Rn. 164) empfehlenswert.

8 Wird hiervon Gebrauch gemacht, sind die Vorgaben des § 40 VgV zur Veröffentlichung der Bekanntmachung zu beachten. Das heißt, die Bekanntmachungen für solche Aufträge sind ebenfalls nach § 10a Abs. 1 S. 1 VgV elektronisch nach den Vorgaben der Durchführungsverordnung (EU) 2019/1780 zu erstellen und nach § 10a Abs. 5 S. 1 VgV über den Datenservice Öffentlicher Einkauf an das Amt für Veröffentlichungen der EU zu übermitteln. Dabei ist der Datenaustauschstandard eForms in der jew. geltenden Fassung zu verwenden (§ 10a Abs. 2 S. 1 VgV). IdR empfiehlt sich eine kreative Anpassung der zu verwendenden Vorlagen und ein Hinweis auf die Freiwilligkeit der Bekanntmachung sowie auf die kor-

---

[4] BayObLG 4.2.2003 – Verg 31/02, VergabeR 2003, 345 (346) = BeckRS 2003, 2434; DSW/Dierkes VgV § 40 Rn. 23; MüKoEuWettbR/Schmidt VgV § 40 Rn. 14 und 17.

[5] Zu einem Verstoß gegen Abs. 3: OLG Düsseldorf 13.5.2019 – VII-Verg 47/18, BeckRS 2019, 17244; DSW/Dierkes VgV § 40 Rn. 24; HK-VergabeR/Franzius VgV § 40 Rn. 11; RKMPP/Rechten § 39 Rn. 14.

[6] BayObLG 4.2.2003 – Verg 31/02, VergabeR 2003, 345 (346) = BeckRS 2003, 2434.

rekte nationale Verfahrensordnung. Die freiwillige EU-Bekanntmachung begründet nicht die Zuständigkeit der Nachprüfungsinstanzen.[7]

§ 41 Bereitstellung der Vergabeunterlagen

(1) Der öffentliche Auftraggeber gibt in der Auftragsbekanntmachung oder der Aufforderung zur Interessensbestätigung eine elektronische Adresse an, unter der die Vergabeunterlagen unentgeltlich, uneingeschränkt, vollständig und direkt abgerufen werden können.

(2) [1]Der öffentliche Auftraggeber kann die Vergabeunterlagen auf einem anderen geeigneten Weg übermitteln, wenn die erforderlichen elektronischen Mittel zum Abruf der Vergabeunterlagen
1. aufgrund der besonderen Art der Auftragsvergabe nicht mit allgemein verfügbaren oder verbreiteten Geräten und Programmen der Informations- und Kommunikationstechnologie kompatibel sind,
2. Dateiformate zur Beschreibung der Angebote verwenden, die nicht mit allgemein verfügbaren oder verbreiteten Programmen verarbeitet werden können oder die durch andere als kostenlose und allgemein verfügbare Lizenzen geschützt sind, oder
3. die Verwendung von Bürogeräten voraussetzen, die dem öffentlichen Auftraggeber nicht allgemein zur Verfügung stehen.
[2]Die Angebotsfrist wird in diesen Fällen um fünf Tage verlängert, sofern nicht ein Fall hinreichend begründeter Dringlichkeit gemäß § 15 Absatz 3, § 16 Absatz 7 oder § 17 Absatz 8 vorliegt.

(3) [1]Der öffentliche Auftraggeber gibt in der Auftragsbekanntmachung oder in der Aufforderung zur Interessensbestätigung an, welche Maßnahmen er zum Schutz der Vertraulichkeit von Informationen anwendet und wie auf die Vergabeunterlagen zugegriffen werden kann. [2]Die Angebotsfrist wird in diesen Fällen um fünf Tage verlängert, es sei denn, die Maßnahme zum Schutz der Vertraulichkeit besteht ausschließlich in der Abgabe einer Verschwiegenheitserklärung oder es liegt ein Fall hinreichend begründeter Dringlichkeit gemäß § 15 Absatz 3, § 16 Absatz 7 oder § 17 Absatz 8 vor.

Literatur: Hövelberndt, Bereitstellung der Vergabeunterlagen in zweistufigen Verfahren und Folgeprobleme, ZfBR 2020, 352; Kessal, Die Bereitstellung von Vergabeunterlagen in Vergabeverfahren mit Teilnahmewettbewerb, ZfBR 2019, 347; Krumenaker, Keine Pflicht zur Bereitstellung sämtlicher Vergabeunterlagen im Zeitpunkt der Auftragsbekanntmachung bei zweistufigen Verfahren, NZBau 2019, 292; Mertens, Smart Tender – Neue e-Vergabe in Deutschland, DSRITB 2016, 853; Pinkenburg, eVergabe – Ein Überblick zu den gesetzlichen Vorgaben zur elektronischen Abwicklung von Vergabeverfahren, KommunalPraxis spezial 2016, 85; Probst/Winters, Die eVergabe nach der Vergaberechtsreform 2016, VergabeR 2016, 349; Reichling/Scheumann/Lampe: „eVergabe" – Ist das Vergaberecht im Zeitalter der Digitalisierung angekommen? (Teil II), GewA 2020, 308; Turner/Trautner, Nicht frei von Medienbrüchen: Zwei Jahre Pflicht zur digitalen Vergabe – Die Anlaufschwierigkeiten im Spiegel der aktuellen Rechtsprechung, ZfBR 2021, 394; Wankmüller, Die elektronische Auftragsvergabe nach den neuen Vergaberichtlinien, in Hettich/Soudry, Das neue Vergaberecht, 2014, S. 213.

---

[7] OLG Frankfurt a. M. 8.5.2012 – 11 Verg 2/12, BeckRS 2012, 10701; OLG München 28.9.2005 – Verg 19/05, BeckRS 2005, 11622; OLG Düsseldorf 31.3.2004 – Verg 74/03, IBR 2004, 637; BayObLG 23.5.2002 – Verg 7/02, VergabeR 2002, 510 (512) = BeckRS 2002, 04949; DSW/Dierkes VgV § 40 Rn. 30; HK-VergabeR/Franzius VgV § 40 Rn. 16; MüKoEuWettbR/Schmidt VgV § 40 Rn. 18.

VgV § 41

Übersicht

	Rn.
I. Bedeutung der Vorschrift	1
II. Bereitstellung der Vergabeunterlagen (Abs. 1)	4
1. Bekanntgabe einer elektronischen Adresse	4
2. Unentgeltliche Bereitstellung	6
3. Uneingeschränkter Zugang	8
4. Vollständigkeit der Vergabeunterlagen	13
5. Direkte Abrufmöglichkeit	15
6. Umfang der bereitzustellenden Vergabeunterlagen bei zweistufigen Verfahren	17
7. Änderungen und Ergänzungen an den Vergabeunterlagen	27
8. Bereitstellung der Vergabeunterlagen bei Vorinformation nach § 38 VgV	31
III. Alternative Bereitstellungsmöglichkeiten (Abs. 2)	34
IV. Schutz der Vertraulichkeit (Abs. 3)	39
V. Rechtsschutz	44

I. Bedeutung der Vorschrift

1 § 41 VgV enthält die grds. Verpflichtung der Auftraggeber, allen an einer EU-Vergabe interessierten Personen auf elektronischem Weg einen **freien Zugang zu den Vergabeunterlagen** iSd § 29 VgV zu verschaffen. Damit werden die Vorschriften zum Einsatz elektronischer Mittel bei der Kommunikation und bei der Datenübermittlung ergänzt.[1] Neben dem grdl. Ansatz, die Vergabeverfahren zu beschleunigen und transparenter zu machen,[2] wird damit die Strategie verfolgt, die papierbasierte öffentliche Auftragsvergabe durch eine **umfassende medienbruchfreie elektronische Durchführung von EU-Vergaben** abzulösen. Der Verordnungsgeber spricht hier von einem Paradigmenwechsel, der „eine erhöhte Verantwortung der öffentlichen Auftraggeber und der Unternehmen" mit sich bringen sowie „stellenweise zu einer Verlagerung von Verantwortlichkeiten, insbesondere von Informationspflichten" führen soll.[3]

2 Die früher bestehende Wahlmöglichkeit in § 12 EG Abs. 6 VOL/A wurde mit § 41 VgV in eine grds. Verpflichtung umgewandelt: Wurde der Auftraggeber nach früherem Recht für eine elektronische Bereitstellung der Vergabeunterlagen mit einer Fristverkürzung um fünf Tage belohnt, verlängern sich die (mit dem reformierten Vergaberecht allg. verkürzten) Angebotsfristen nach § 41 Abs. 2 S. 2, Abs. 3 S. 2 VgV im Regelfall um eben diese fünf Tage, wenn die Bereitstellung nicht gem. § 41 Abs. 1 VgV erfolgt.

3 § 41 Abs. 3 VgV regelt den in der Praxis relevanten Fall, dass der Auftraggeber vertrauliche Informationen nicht einer unbeschränkten Öffentlichkeit preisgeben möchte.

II. Bereitstellung der Vergabeunterlagen (Abs. 1)

1. Bekanntgabe einer elektronischen Adresse

4 In Umsetzung des Art. 53 Abs. 1 RL 2014/24/EU hat der Auftraggeber eine elektronische Adresse anzugeben, unter der die Vergabeunterlagen von jedermann

---

[1] S. §§ 9 VgV ff.
[2] Erwgr. 80 der RL 2014/24/EU.
[3] BR-Drs. 87/16, 195.

abgerufen werden können. Die elektronische Adresse ist in der Auftragsbekanntmachung gem. § 37 Abs. 1 S. 1 VgV oder der Aufforderung zur Interessensbestätigung gem. § 38 Abs. 5 S. 1 VgV zu benennen. Dies kann nach den Vorgaben der Durchführungsverordnung (EU 2019/1780, anzuwenden mWv 25.10.2023, s. dort Tabelle 2, Spalte 16) eine **Internet-** bzw. **Webadresse** sein. Nach Anh. V RL 2014/24/EU Teil C unter Nr. 3 wird dem Auftraggeber das Wahlrecht eingeräumt, eine „E-Mail- oder Internet-Adresse" für den Abruf bekannt zu geben. Allerdings dürfte die **Angabe einer E-Mail-Adresse** jedenfalls nach nationalem Recht der Vorgabe in § 9 Abs. 3 S. 2 VgV widersprechen, denn die Zusendung einer E-Mail zur Anfrage der Vergabeunterlagen wäre zwangsläufig mit einer Registrierung durch den Maileingang beim Auftraggeber verbunden.[4]

Für **Verhandlungsverfahren ohne vorherigen Teilnahmewettbewerb** nach § 14 Abs. 4 VgV sieht § 41 Abs. 1 VgV keine entspr. Verpflichtung vor. Hier steht es dem Auftraggeber frei, ob er die Vergabeunterlagen über eine Internet-Plattform oder auf andere elektronische Weise (zB per E-Mail) zur Verfügung stellt.[5]   5

2. Unentgeltliche Bereitstellung

Der Zugang zu den Vergabeunterlagen und deren Abruf dürfen nicht mit dem Anfall von Kosten verbunden sein, und zwar unabhängig davon, ob der Zugang vom Auftraggeber selbst oder von einem Dienstleister gewährt wird. Es wäre unzulässig, wenn ein Interessent die Vergabeunterlagen erst nach Bezug einer kostenpflichtigen Software[6] oder unter sonstigen kostenpflichtigen Voraussetzungen abrufen oder öffnen könnte.[7] Die **Kostenfreiheit** erstreckt sich nicht auf die Kosten für die allg. technischen Mittel, die erforderlich sind, um elektronische Quellen zu nutzen, wie Büro-EDV oder Internet-Anbindung,[8] sowie allg. verbreitete Programme wie Office-Programme oder PDF-Reader, auch wenn diese gegen ein marktübliches Entgelt erworben werden müssen.[9]   6

Der Unentgeltlichkeit steht nicht entgegen, wenn öffentliche Auftraggeber oder von diesen beauftragte Unternehmen, wie Anbieter von E-Vergabe-Plattformen, entgeltliche Dienstleistungen anbieten, die über das Auffinden, den Empfang und das Anzeigen von Vergabeunterlagen hinausgehen.[10] Dazu gehören zB Such- oder Meldedienste, die ua eine (automatisierte) Mitteilung nach Auffinden einschlägiger Bekanntmachungen an die jew. Kunden verschicken.   7

3. Uneingeschränkter Zugang

Der Zugang zu den Vergabeunterlagen darf keinen Beschränkungen unterliegen; diese können technischer, personeller oder zeitlicher Natur sein.[11]   8

In technischer Hinsicht ist zunächst erforderlich, dass die anzugebende **Internetadresse eindeutig und fehlerfrei** ist, so dass sie den medienbruchfreien Zugang zu der richtigen Fundstelle ohne Fehlermeldungen ermöglicht.[12] Eine technische Beschränkung ist gegeben, wenn der Zugang von der Verwendung einer unüblichen   9

---

[4] Dies würde zudem einer uneingeschränkten und direkten Bereitstellung entgegenstehen, → Rn. 18.
[5] RKMPP/Rechten VgV § 41 Rn. 10.
[6] Vgl. auch § 12 Abs. 1 VgV.
[7] RKMPP/Rechten VgV § 41 Rn. 22.
[8] jurisPK-VergabeR/Bock VgV § 41 Rn. 12.
[9] BR-Drs. 87/16, 165; vgl. → § 11 Rn. 3.
[10] BR-Drs. 87/16, 195.
[11] Die Kostenpflichtigkeit unterfällt dem Kriterium „unentgeltlich".
[12] BR-Drs. 87/16, 195.

Hard- oder Softwareausstattung[13] auf Seiten des Abrufenden abhängt bzw. ohne eine solche Ausstattung beeinträchtigt wird.[14] Eine große Datenmenge allein, die eine entspr. längere Übertragungsdauer nach sich zieht, stellt keine technische Beschränkung dar. Soweit der Auftraggeber zur Beschleunigung der Datenübertragung eine Komprimierung vornimmt,[15] hat er sicher zu stellen, dass das „Entpacken" mit allg. üblichen Programmen vorgenommen werden kann. Nutzt der Auftraggeber außergewöhnliche Dateiformate, die nur von speziellen Programmen geöffnet oder bearbeitet werden können, ist § 12 Abs. 1 VgV zu beachten (iE → § 12 Rn. 3 ff.).

10 Eine **personelle Beschränkung** liegt vor, wenn der Zugang von einer Registrierung mit Namen, Benutzerkennung oder E-Mail-Adresse abhängig gemacht wird.[16] Das hat weitreichende Konsequenzen für die Ersteller der Vergabeunterlagen: soweit keine Vertraulichkeitsgründe iSd § 41 Abs. 3 VgV bestehen, können die Ersteller ihr Interesse an einer eingeschränkten Verbreitung nicht mehr über den Kreis der „berechtigten Empfänger" schützen. Sie müssen sich mit den einschlägigen rechtlichen Instrumenten, wie etwa dem Urheberrecht oder dem wettbewerbsrechtlichen Leistungsschutz, begnügen.[17] Eine personelle Beschränkung ist iÜ auch dann gegeben, wenn die Unterlagen oder Teile davon nur einem bestimmten Personenkreis zur Verfügung gestellt werden,[18] ohne dass dies aus Vertraulichkeitsaspekten nach § 41 Abs. 3 VgV oder aus anderen Gründen gerechtfertigt wäre (→ Rn. 39).

11 **In zeitlicher Hinsicht** müssen die angegebene Internetadresse und die darüber abrufbaren Vergabeunterlagen grds. durchgehend erreichbar sein.[19] Die Vergabeunterlagen sind daher ab der Bekanntmachung mindestens für die Dauer einer möglichen Beteiligung an der Vergabe zur Verfügung zu stellen, dh bei offenen Verfahren mit Ablauf der Angebotsfrist und bei Verfahren mit vorgeschaltetem Teilnahmewettbewerb bis zum Ablauf der Frist für den Eingang der Teilnahmeanträge.[20] Danach ist eine Bereitstellung der Unterlagen nicht zu fordern, denn nach Fristablauf entfällt die Entscheidungsmöglichkeit, sich an einer Vergabe zu beteiligen.[21] Damit ist dem grdl. Interesse an Transparenz und Zeitersparnis Genüge getan. Der Auftraggeber dürfte nach wie vor berechtigt sein, einen **Ausschlusstermin** für den Abruf der Unterlagen vorzugeben.[22]

12 Der Auftraggeber hat darüber hinaus sicherzustellen, dass der Zugang zu den Vergabeunterlagen **nicht über einen längeren Zeitraum verhindert** ist. Freilich sind dem Auftraggeber übliche Zeitfenster für Wartungsarbeiten zu gestatten, in denen der elektronische Zugang zu den Vergabeunterlagen eingeschränkt bzw. unterbunden ist.[23] Ob der Auftraggeber darüber hinaus berechtigt ist, den Zugang in den Nachtstunden nach MEZ einzuschränken (zB zwischen 22.00 Uhr und

---

[13] Vgl. dazu §§ 11, 12 VgV.

[14] Insoweit überschneidet sich die Vorgabe mit der Forderung nach einem unentgeltlichen Zugang.

[15] ZB durch Verwendung des weit verbreiteten Dateiformates ZIP.

[16] BR-Drs. 87/16, 196; vgl. § 9 Abs. 3 S. 2 VgV; ein Registrierungsverbot sieht die RL 2014/24/EU nicht vor.

[17] jurisPK-VergabeR/Bock VgV § 41 Rn. 15.

[18] ZB nur für Unternehmen mit einem potenziellen Interesse an einem Auftrag.

[19] BR-Drs. 87/16, 196.

[20] RKMPP/Rechten VgV § 41 Rn. 26; aA jurisPK-VergabeR/Bock VgV § 41 Rn. 16.

[21] Vgl. BR-Drs. 87/16, 195.

[22] VK Bund 5.10.2012 – VK 3–114/12, IBRRS 2012, 4080; aA VK Sachsen 19.4.2012 – 1/SVK/009-12, IBRRS 2012, 1797; wie hier RKMPP/Rechten VgV § 41 Rn. 26.

[23] RKMPP/Rechten VgV § 41 Rn. 27; großzügiger Greb/Müller/Honekamp SektVO § 41 Rn. 10.

6.00 Uhr), dürfte im Hinblick auf den Geltungsbereich des GWB zweifelhaft sein.[24] Aufgrund weitverbreiteter internationaler Unternehmensverflechtungen müssen Auftraggeber damit rechnen, dass ein Zugriff von Unternehmen mit Sitz außerhalb der MEZ **zu jeglichen Tages- und Nachtzeiten** in Deutschland erfolgen kann. Bei der Nutzung marktgängiger Vergabeplattformen dürfte diese Frage keine praktische Relevanz haben.

4. Vollständigkeit der Vergabeunterlagen

Die Vergabeunterlagen sind vollständig abrufbar, wenn über die Internetadresse in der Bekanntmachung sämtliche Vergabeunterlagen und nicht nur Teile derselben abgerufen werden können.[25] Zu den Vergabeunterlagen gehören nach § 29 VgV[26] sämtliche Unterlagen, die von öffentlichen Auftraggebern erstellt werden oder auf die sie sich beziehen, um Teile des Vergabeverfahrens zu definieren. Sie umfassen nach der Verordnungsbegr. alle Angaben, die erforderlich sind, um dem interessierten Unternehmen eine Entscheidung zur Teilnahme am Vergabeverfahren zu ermöglichen.[27] Zur Frage, ob bei **zweistufigen Verfahren** mit vorgeschaltetem Teilnahmewettbewerb bereits mit der Bekanntmachung alle Vergabeunterlagen bereit zu stellen sind, → Rn. 17 ff. **13**

Zu den Vergabeunterlagen gehören nach Art. 2 Abs. 1 Nr. 13 RL 2014/24/EU auch die Bekanntmachung und die Vorinformation nach § 38 VgV selbst. Das bedeutet aber nicht, dass eine Kopie dieser Unterlagen ein weiteres Mal zum Abruf bereitgestellt werden müsste.[28] **14**

5. Direkte Abrufmöglichkeit

Die direkte Abrufmöglichkeit der Vergabeunterlagen ist gegeben, wenn diese ohne wesentliche Zwischenschritte erfolgen kann. Dazu muss die Internetadresse „einen eindeutig und vollständig beschriebenen medienbruchfreien elektronischen Weg zu den Vergabeunterlagen" eröffnen und es nach der Verordnungsbegr. „einem Bürger oder einem Unternehmen ohne wesentliche Zwischenschritte und ohne wesentlichen Zeitverlust ermöglichen, mit elektronischen Mitteln an die Vergabeunterlagen zu gelangen."[29] Diese Verpflichtung wird nicht erfüllt, wenn die Wirtschaftsteilnehmer verschiedene Seiten aufrufen und sich mehrfach „durchklicken" oder gar eine E-Mail mit der Bitte um Übersendung versenden müssen, um Zugriff auf die vollständigen Vergabeunterlagen zu erhalten.[30] Einer direkten Abrufmöglichkeit stehen zB eine vorherige Registrierungspflicht[31] oder das Erfordernis einer unüblichen IT-Ausstattung im Wege (zur Unbeschränktheit des Zugangs → Rn. 8 ff.). Auch eine Gestaltung, die suggeriert, dass eine Registrierung für den Abruf erforderlich wäre, ist unzulässig.[32] Dasselbe gilt, wenn eine fehlerhafte Adresse angegeben wurde, die bei Aufruf zu einer Fehlermeldung führt. **15**

---

[24] § 97 Abs. 6 GWB beschränkt sich nicht nur auf Unternehmen mit Sitz innerhalb der EU/EWR, OLG Düsseldorf 31.5.2017 – VII-Verg 36/16, NZBau 2017, 623.

[25] BR-Drs. 87/16, 196; OLG Düsseldorf 13.5.2019 – VII-Verg 47/18, NZBau 2019, 665.

[26] In Art. 2 Abs. 1 Nr. 13 RL 2014/24/EU nicht ganz treffend als „Auftragsunterlagen" bezeichnet.

[27] BR-Drs. 87/16, 195.

[28] RKMPP/Rechten VgV § 41 Rn. 17; Greb/Müller/Honekamp SektVO § 41 Rn. 20.

[29] BR-Drs. 87/16, 195; OLG Düsseldorf 13.5.2019 – VII-Verg 47/18, NZBau 2019, 665.

[30] OLG Düsseldorf 13.5.2019 – VII-Verg 47/18, NZBau 2019, 665.

[31] OLG Düsseldorf 13.5.2019 – VII-Verg 47/18, NZBau 2019, 665, es sei denn, es liegt eine Ausnahme nach § 41 Abs. 2 VgV vor.

[32] Beck VergabeR/Krohn VgV § 41 Rn. 25. Zur (riskanten) Verlinkung von Eignungskriterien → GWB § 122 Rn. 22.

16 Der Abruf muss **aktiv durch den Interessenten** erfolgen können und darf nicht von einer Reaktion des Auftraggebers abhängig sein; daher reicht die Angabe einer E-Mail-Adresse, unter der man die Zusendung der Vergabeunterlagen erfragen kann, nicht aus.[33] Allerdings ist es nicht erforderlich, dass die elektronische Adresse auf den Dateiordner mit den Vergabeunterlagen selbst verlinkt, sondern es genügt, dass die Adresse zu einer Internetseite mit einem Downloadbereich führt, in dem die aktuellen Vergabeunterlagen abgespeichert sind.[34] Dem Auftraggeber dürfte es auch gestattet sein, mehrere Vergabeverfahren auf einer Eingangswebseite zu bündeln, sofern die Seite so übersichtlich aufgebaut ist, dass man die gesuchte Vergabe mit den entspr. Unterlagen ohne nennenswerten Aufwand und zahlreiche Zwischenschritte finden kann.[35]

6. Umfang der bereitzustellenden Vergabeunterlagen bei zweistufigen Verfahren

17 Nach § 15 EG Abs. 11 VOL/A 2009 bestand die Möglichkeit, die Vergabeunterlagen bei zweistufigen Verfahren nach Abschluss des Teilnahmewettbewerbs nur an die geeigneten und ausgewählten Unternehmen zu versenden. In der Praxis führte dies regelmäßig dazu, dass die Unterlagen für die Angebotsabgabe erst während des laufenden Teilnahmewettbewerbs fertiggestellt wurden. Soweit der Stand der Unterlagen eine den Transparenzanforderungen entspr. Bekanntmachung des Verfahrens erlaubte und somit von einer ausreichenden Vergabereife ausgegangen werden konnte, war diese Praxis dem Grunde nach nicht zu beanstanden.[36] Mit der Regelung in § 41 Abs. 1 VgV stellt sich die Frage, ob bei Verfahren mit vorgeschaltetem Teilnahmewettbewerb bereits zum Zeitpunkt der Bekanntmachung alle Vergabeunterlagen zur Verfügung zu stellen sind.

18 Nach dem Wortlaut des § 41 Abs. 1 VgV ist in der Bekanntmachung lediglich eine elektronische Adresse anzugeben, unter der die Vergabeunterlagen vollständig und direkt abgerufen werden können. Der Zeitpunkt, in dem die Vergabeunterlagen selbst abrufbar sein sollen, ist nicht in § 41 Abs. 1 VgV genannt.[37] Art. 53 Abs. 1 UAbs. 1 S. 1 RL 2014/24/EU schreibt allerdings vor, dass „ab dem Tag der Veröffentlichung" ein uneingeschränkter vollständiger direkter Zugang zu den Vergabeunterlagen bereitzustellen ist.

19 Zur wortgleichen Regelung in § 41 Abs. 1 SektVO hat das OLG München unter Berufung auf Art. 73 RL 2014/25/EU entschieden, dass die Bereitstellung der vollständigen Vergabeunterlagen grds. auch bei zweistufigen Vergabeverfahren bereits mit der Auftragsbekanntmachung zu erfolgen habe, soweit diese bei Auftragsbekanntmachung in einer finalisierten Form vorliegen können:[38] ein Interessent dürfte die Entscheidung, ob er einen Teilnahmeantrag einreicht, nicht zuletzt davon abhän-

---

[33] RKMPP/Rechten VgV § 41 Rn. 33.

[34] Dieckert/Osseforth/Steck/Pinkenburg VergabeR VgV § 41 S. 4; jurisPK-VergabeR/Bock VgV § 41 Rn. 32.

[35] Beck VergabeR/Krohn § 41 Rn. 25.

[36] VK Bund 30.9.2010 – VK 2–80/10, IBRRS 2014, 1836; vgl. auch VK Bund 4.9.2019 – VK 2–64/19, IBBRS 2019, 0335. Soweit der Auftraggeber nach § 2 EU Abs. 8 VOB/A (zuvor § 2 EG Abs. 5 VOB/A 2012) erst dann ausschreiben „soll", wenn alle Vergabeunterlagen fertig gestellt sind, ist zu beachten, dass im Baubereich das offene Verfahren das Regelverfahren darstellt und es sich nur um eine „Soll"-Vorschrift handelt.

[37] So auch OLG Düsseldorf 17.10.2018 – VII Verg 47/10, ZfBR 2019, 404.

[38] *OLG München* 13.3.2017 – Verg 15/16, BeckRS 2017, 105111; dem zB folgend VK Südbayern 5.12.2017 – Z3-3-3194-1-47-08/17; siehe auch Erlass des BMUB v. 16.5.2017, Az.: B I 7–81063.6/1 Kap. VIII zu § 12a Abs. 1 Nr. 1 und § 11 EU Abs. 2 VOB/A; tendenziell großzügiger VK Westfalen 26.3.2018 – VK 1–47/17, VPRRS 2018, 0279.

gig machen, nach welchen Kriterien im weiteren Verlauf des Verfahrens der Zuschlag erteilt werden soll.[39]

Das OLG Düsseldorf[40] geht davon aus, dass § 41 Abs. 1 VgV allein keinen Aufschluss darüber gibt, welche Vergabeunterlagen mit der Auftragsbekanntmachung zur Verfügung gestellt werden müssen. Das Adjektiv „vollständig" beziehe sich nicht auf die Vergabeunterlagen als solche. Vielmehr soll damit ausgedrückt werden, dass die Vergabeunterlagen nicht teilw. elektronisch und teilw. in Papierform zugänglich sein dürfen. Dies lässt sich schwerlich mit der Verordnungsbegr. zu § 41 Abs. 1 VgV in Einklang bringen.[41] Ohne sich mit der Verordnungsbegr. auseinander zu setzen, stellt das OLG Düsseldorf auf § 29 Abs. 1 S. 1 VgV ab: danach umfassen die Vergabeunterlagen[42] „alle Angaben, die erforderlich sind, um dem Bewerber oder Bieter eine Entscheidung zur Teilnahme am Vergabeverfahren zu ermöglichen." Erforderlich, aber auch ausreichend sollen die Angaben sein, die dem Unternehmen eine **belastbare Entscheidung** ermöglichen, ob die ausgeschriebenen Leistungen nach Art und Umfang in sein Produktportfolio fallen und es aus unternehmerischer Sicht sinnvoll ist, in den Teilnahmewettbewerb einzutreten.[43] 20

§ 29 Abs. 1 VgV enthält in der Tat keine abschließende bzw. zwingende Vorgabe, dass Vergabeunterlagen notwendigerweise alle Unterlagen für den Leistungswettbewerb enthalten müssten,[44] zumal laut § 29 Abs. 1 S. 2 Nr. 1 VgV die Vergabeunterlagen aus der Aufforderung zur Abgabe von Teilnahmeanträgen „oder" Angeboten bestehen können. Daraus lässt sich entnehmen, dass Vergabeunterlagen in verschiedenen Verfahrensphasen auch unterschiedliche Unterlagen enthalten können.[45] Auch nach der Verordnungsbegr. sollen die Vergabeunterlagen **alle Angaben enthalten, die erforderlich sind, um dem interessierten Unternehmen eine Entscheidung zur Teilnahme am Vergabeverfahren zu ermöglichen**.[46] Es ist zwar zuzugeben, dass eine sofortige Bereitstellung aller Vergabeunterlagen eine max. Transparenz herbeiführt. Diese Anforderung kann aber im Gegenzug zu Verfahrensverzögerungen und erheblichen Ineffizienzen führen, die im Widerspruch zum Verhältnismäßigkeitsgrundsatz des § 97 Abs. 1 S. 2 GWB stehen.[47] Soweit in der Bekanntmachung bzw. in den teilweise bereitgestellten Vergabeunterlagen eine aussagekräftige Beschreibung des Auftragsgegenstandes enthalten ist, die den interessierten Unternehmen erlaubt, eine belastbare Entscheidung zu treffen, ob sie an der Vergabe teilnehmen möchten oder nicht,[48] kann man dem Transparenzgrundsatz durchaus gerecht werden. Es dürfte eher selten der Fall sein, dass Unternehmen von einer Teilnahme an einer (auf den ersten Blick) für sie in Betracht kommenden 21

---

[39] So auch Beck VergabeR VgV § 41 Rn. 25 Krohn; krit. Ziekow/Völlink/Wichmann, 3. Aufl., VgV § 41 Rn. 20.

[40] OLG Düsseldorf 17.10.2018 – VII-Verg 26/18, NZBau 2019, 129.

[41] BT-Drs. 18/7318, 180: Die Vergabeunterlagen müssen „unentgeltlich, uneingeschränkt, vollständig und direkt vom Tag der Veröffentlichung einer Bekanntmachung an von jedem Interessenten mithilfe elektronischer Mittel unter einer Internetadresse abgerufen werden können." „Uneingeschränkt" bezieht sich auf den medienbruchfreien Zugang, während „vollständig" bedeutet, dass „über die Internetadresse in der Bekanntmachung sämtliche Vergabeunterlagen und nicht nur Teile derselben abgerufen werden können".

[42] In Art. 2 Abs. 1 Nr. 13 RL 2014/24/EU als „Auftragsunterlagen" bezeichnet.

[43] OLG Düsseldorf 17.10.2018 – Verg 26/18, NZBau 2019, 129; VK Bund 3.9.2019 – VK 2–64/19 in Bezug auf § 41 Abs. 1 SektVO.

[44] jurisPK-VergabeR/Bock VgV § 41 Rn. 22.

[45] RKMPP/Rechten VgV § 41 Rn. 38; jurisPK-VergabeR/Bock VgV § 41 Rn. 23.

[46] BR-Drs. 87/16, 195.

[47] Bei der Verhältnismäßigkeitsprüfung dürfen die Interessen des Auftraggebers nicht unberücksichtigt bleiben.

[48] jurisPK-VergabeR/Bock VgV § 41 Rn. 22; RKMPP/Rechten VgV § 41 Rn. 38.

Vergabe nur deshalb nicht teilnehmen, weil die Unterlagen noch nicht vollständig bereitgestellt werden.[49] Krohn weist zwar zu Recht darauf hin, dass sich oftmals erst anhand der Leistungsbeschreibung und der Zuschlagskriterien entscheiden lässt, ob und ggf. in welcher Konstellation (zB Bietergemeinschaft, Nachunternehmereinsatz, Eignungsleihe) eine Verfahrensteilnahme sinnvoll ist.[50] In solchen Fällen wird man im Einklang mit dem OLG Düsseldorf[51] vom Auftraggeber fordern müssen, dass er unter Berücksichtigung der konkreten Beschaffungsmaßnahme prüft, welche Informationen die Unternehmen benötigen, um solche strategischen Entscheidungen frühzeitig treffen zu können. Das ist auch im Interesse des Auftraggebers, dem nicht geholfen ist, wenn die Unternehmen zu spät feststellen, dass sie für eine optimale Angebotslegung nicht entspr. aufgestellt sind. Soweit nach der Verfahrensart im weiteren Verfahrensablauf Änderungen an der Leistungsbeschreibung oder dem Vertrag möglich und zulässig sind, sollte es dem Auftraggeber erst recht gestattet sein, zunächst die ggf. noch nicht fertig gestellten Unterlagen bzw. lediglich die (Vor-) Entwürfe bereit zu stellen.[52]

22 Eine derartige einschränkende Lesart lässt sich durchaus mit dem Richtlinienrecht vereinbaren. Gem. Art. 53 Abs. 1 S. 1 RL 2014/24/EU hat der öffentliche Auftraggeber „ab dem Tag der Veröffentlichung einen uneingeschränkten und vollständigen direkten Zugang anhand elektronischer Mittel" zu den Auftragsunterlagen[53] anzubieten.[54] Nach Art. 2 Abs. 1 Nr. 13 RL 2014/24/EU sind die „Auftragsunterlagen" sämtliche Unterlagen, die vom öffentlichen Auftraggeber erstellt werden oder auf die er sich bezieht, um Bestandteile der Auftragsvergabe oder des Verfahrens zu beschreiben oder festzulegen.[55]

23 Obgleich Art. 2 Abs. 1 Nr. 13 RL 2014/24/EU selbst dazu keine Anhaltspunkte gibt, scheint der Richtliniengeber offensichtlich **je nach Verfahrensart ein gestuftes Verständnis** zum Umfang und zum Zeitpunkt der Bereitstellung der Auftragsunterlagen zu haben. Dies ergibt sich für das Verhandlungsverfahren bzw. für die Innovationspartnerschaft aus Art. 29 Abs. 1 UAbs. 2 und 3 bzw. Art. 31 Abs. 1 UAbs. 2 S. 3 RL 2014/24/EU. Danach hat der Auftraggeber in den Auftragsunterlagen präzise Informationen bereit zu stellen, so „dass die Wirtschaftsteilnehmer Art und Umfang der Vergabe erkennen und entscheiden können, ob sie eine Teilnahme an dem Verfahren beantragen." Für den wettbewerblichen Dialog gelten noch geringere Anforderungen (Art. 30 Abs. 2 RL 2014/24/EU), was sich daraus erklärt, dass der Beschaffungsgegenstand erst im Dialog ermittelt werden soll. Für das offene und nicht offene Verfahren finden sich keine vergleichbaren Vorschriften. Das spricht

---

[49] Anders OLG München 31.3.2017 – Verg 15/16, NZBau 2017, 371 mit der unzutreffenden Annahme, dass die Bekanntgabe der Zuschlagskriterien ausschlaggebende Bedeutung für eine Entscheidung zugunsten einer Teilnahme habe; eher das Gegenteil kann der Fall sein, nämlich wenn die aufgestellten Kriterien „abschreckende" Wirkung haben.

[50] Beck VergabeR/Krohn VgV § 41 Rn. 31.

[51] OLG Düsseldorf 17.10.2018 – VII-Verg 26/18, NZBau 2019, 129; VK Bund 3.9.2019 – VK 2–64/19 in Bezug auf § 41 Abs. 1 SektVO.

[52] IdS OLG München 31.3.2017 – Verg 15/16, NZBau 2017, 371; VK Bund 3.9.2019 – VK 2–64/19 in Bezug auf § 41 Abs. 1 SektVO.

[53] Die Formulierung „diese" dürfte auf einem Redaktionsfehler beruhen; hierzu Beck VergabeR/Krohn VgV § 41 Rn. 20.

[54] Das OLG Düsseldorf 17.10.2018 – Verg 26/18, NZBau 2019, 129 spricht dagegen von einem „vollständigen, dh uneingeschränkten Zugang", obwohl § 41 VgV beide Begriffe durch ein Komma und der Richtlinientext diese durch ein „und" trennt. Vgl. auch die englische Fassung: „*Contracting* authorities shall by electronic means offer unrestricted and full direct access free of charge to the procurement documents from the date of publication of a notice …".

[55] Vgl. auch § 121 Abs. 3 GWB, nach dem die Leistungsbeschreibung zu den zwingenden Bestandteilen der Vergabeunterlagen gehört.

dafür, dass der Richtliniengeber für letztere Verfahren eine vollständige Bereitstellung der Auftragsunterlagen bereits mit der Bekanntmachung vorgesehen hat.

Da im nicht offenen Verfahren keine Verhandlungen stattfinden dürfen, gibt es hier keinen nachvollziehbaren Grund, warum der Auftraggeber einen Teil der Vergabeunterlagen zurückhalten sollte.[56] Bei den anderen Verfahren, die im Laufe des Vergabeprozesses Änderungen unterliegen können, genügt – auch nach dem Verständnis des Richtliniengebers – die Bereitstellung von Unterlagen, die eine belastbare Entscheidung ermöglichen, ob und in welcher Konstellation sich ein Unternehmen an der Vergabe beteiligen will.[57] Der Umfang und der Konkretisierungsgrad der von Beginn an bereitzustellenden Informationen richtet sich nach der Art und der Komplexität des Auftragsgegenstandes. 24

Möglicherweise hat der Normgeber bei der Ausgestaltung des § 41 Abs. 1 VgV die auftretenden Komplikationen bei zweistufigen Verfahren, die einem Änderungsprozess in Bezug auf einen Teil der Vergabeunteren unterliegen, übersehen.[58] Es war die maßgebliche Zielsetzung, die Vergabeverfahren transparenter, effizienter, schneller und einfacher auszugestalten.[59] Die frühzeitige max. Transparenz könnte jedenfalls bei umfangreicheren oder komplexeren Verfahren zu nachhaltigen Schwierigkeiten führen. Soweit für die an einem Auftrag interessierten Unternehmen **keine spürbaren Nachteile** durch eine – wie in der früheren Praxis anerkannte – spätere Bereitstellung der leistungsbezogenen Vergabeunterlagen erfahren, besteht kein Grund, das Verfahren zugunsten überschießender Transparenzanforderungen zu belasten. Zu guter Letzt ist nicht nur das Vergabeverfahren ab der Bekanntmachung zu betrachten, sondern bei der Zielsetzung der Beschleunigung und Effizienzsteigerung auch die Vorbereitungszeit mit einzubeziehen. Solange die Rechtsfrage nicht höchstrichterlich entschieden ist, ist allerdings bei geförderten Projekten zu empfehlen, die Unterlagen vollständig zu Beginn bereit zu stellen, um nicht dem Vorwurf unzureichender Transparenz ausgesetzt zu werden. Dem Auftraggeber ist es dabei nicht verwehrt, ausdr. auf den Entwurfsstatus zu verweisen, der – bis auf gestellte Mindestanforderungen und Zuschlagskriterien – Änderungen unterliegen kann. 25

Mit der frühzeitigen Bereitstellung der Vergabeunterlagen ergibt sich darüber die weitere praxisrelevante und noch nicht geklärte Frage, ob aufgrund der in § 160 Abs. 3 S. 1 Nr. 3 GWB geregelten Rügeobliegenheit zT umfangreiche Vergabeunterlagen auf erkennbare Fehler geprüft werden müssen, obwohl die Unternehmen nicht sicher sein können, ob sie für das weitere Verfahren überhaupt zugelassen werden. Es liegt nahe, § 160 Abs. 3 S. 1 Nr. 3 GWB dahingehend einzuschränken, dass sich die Prüf- und Rügeobliegenheit nur für die Aspekte erstreckt, die für die Bewerbung im Teilnahmewettbewerb maßgeblich sind.[60] 26

7. Änderungen und Ergänzungen an den Vergabeunterlagen

Sollten sich nach einer Bekanntmachung und Bereitstellung der Vergabeunterlagen Änderungsbedarfe, zB aufgrund von Nachfragen oder Rügen, ergeben, hat der Auftraggeber diese Änderungen selbstverständlich durch entspr. Korrekturen an den bereit gestellten Vergabeunterlagen nach zu ziehen und bereit zu stellen.[61] 27

---

[56] AA OLG Düsseldorf 17.10.2018 – Verg 26/18, NZBau 2019, 129.
[57] Insoweit dürften sich die Entscheidungen des OLG Düsseldorf 17.10.2018 – Verg 26/18, NZBau 2019, 129 und des OLG München 31.3.2017 – Verg 15/16, NZBau 2017, 371 decken.
[58] So auch Greb/Müller/Honekamp SektVO § 41 Rn. 27.
[59] Erwgr. 52, 80 der RL 2014/24/EU.
[60] In diese Richtung wohl tendierend OLG Düsseldorf 28.3.2018 – Verg 54/17, NZBau 2018, 548; VK Bund 3.9.2019 – VK 2–64/19; s. aber VK Lüneburg 14.5.2018 – VgK-11/2018, ZfBR 2018, 827; VK Niedersachsen 30.10.2018 – VgK-41/201.
[61] RKMPP/Rechten VgV § 41 Rn. 38.

28 Soweit sich Unternehmen freiwillig nach § 9 Abs. 3 S. 2 Hs. 2 VgV registriert haben, kann der Auftraggeber diese Unternehmen relativ einfach, zB mit einem automatisierten E-Mail-Dienst, über die Änderungen informieren. Unternehmen, die keine Registrierung vorgenommen haben, obliegt es **in eigener Verantwortung,** sich selbständig über etwaige Änderungen der Vergabeunterlagen oder die Bereitstellung zusätzlicher Informationen, zB durch Antworten des öffentlichen Auftraggebers auf Bieterfragen, zu informieren. Der Auftraggeber hat lediglich dafür zu sorgen, dass die Änderungen und Ergänzungen allen Interessierten gem. § 41 Abs. 1 VgV verfügbar gemacht werden. Sie müssen jedoch nicht dafür sorgen, dass sie tatsächlich zur Kenntnis genommen werden.[62]

29 Die Unternehmen sollten durch entspr. **Verfahrensbeschreibungen** darauf hingewiesen werden, dass (freiwillig) registrierte Unternehmen automatisiert über Änderungen informiert werden und nicht registrierte Unternehmen sich in eigener Initiative über Änderungen informieren müssen. Aus Transparenzgründen ist zu empfehlen, auf die jeweiligen Änderungen an hervorgehobener Stelle hinzuweisen, zB mit einem eigens hierzu erstellten Hinweisdokument auf einer Eingangsseite oder Übersichtsseite. Die Änderungen sollten zudem in den jew. Dokumenten kenntlich gemacht und die geänderten Dokumente mit einem entspr. aktualisierten Versionsstand versehen werden, damit für sämtliche Parteien eindeutig ist, auf welcher Dokumentenbasis das Verfahren geführt wird.

30 Kommt es allerdings zu einer **wesentlichen Änderung des Beschaffungsgegenstandes**, ist zu prüfen, ob eine Korrekturmeldung vorzunehmen ist und ggf. verlängerte Fristen zu gewähren sind.

8. Bereitstellung der Vergabeunterlagen bei Vorinformation nach § 38 VgV

31 Möchte der Auftraggeber eine Vorinformation nach § 38 Abs. 4 VgV vornehmen, um auf eine weitere Auftragsbekanntmachung nach § 37 Abs. 1 S. 1 VgV verzichten zu können, ist folgendes zu beachten: Während Anh. V Teil B unter Ziff. I 2 der RL 2014/24/EU vorschreibt, dass auch in der Vorinformation die elektronische Adresse anzugeben ist, gestattet Art. 53 Abs. 1 UAbs. 1 RL 2014/24/EU die Bekanntgabe der Adresse auch mit der Aufforderung zur Interessensbestätigung. Offensichtlich liegt ein Übertragungsfehler in Anh. V Teil B unter Ziff. I 2 der RL 2014/24/EU jedenfalls insoweit vor, als die Angabe der Adresse in der Vorinformation verpflichtend sein soll. § 41 Abs. 1 Alt. 2 VgV und § 53 Abs. 3 Nr. 4 VgV sehen richtigerweise ein Wahlrecht für den Auftraggeber vor.

32 Dasselbe gilt für die freiwillige Vorinformation gem. § 38 Abs. 1 VgV bzw. Art. 48 Abs. 1 RL 2014/24/EU, zumal die Vergabeunterlagen zu dem Zeitpunkt der Veröffentlichung der freiwilligen Vorinformation regelmäßig noch nicht erstellt sein dürften. Dem Auftraggeber steht es frei, anschließend eine Vergabe durchzuführen oder nicht. Daher ist davon auszugehen, dass die Adressenangabe und die Bereitstellung der Unterlagen genauso freiwillig sind wie die Vornahme der Vorinformation.[63]

33 Dient die Vorinformation der Verkürzung der Angebotsfristen, hat der Auftraggeber nach § 38 Abs. 3 Nr. 1 VgV die elektronische Adresse zum Abruf der Vergabeunterlagen anzugeben. Auch hier werden die Unterlagen zum Zeitpunkt der Vorinformation häufig noch nicht fertig gestellt sein, so dass vernünftigerweise nicht verlangt werden kann, dass bereits mit dieser Bekanntmachung ein Abruf der Unterlagen ermöglicht werden soll.[64] Daher wird in § 38 Abs. 3 Nr. 1 VgV klargestellt, dass in der Vorinformation nur die Informationen mitzuteilen sind, die zum Zeitpunkt der

---

[62] BR-Drs. 87/16, 196.
[63] RKMPP/Rechten VgV § 41 Rn. 11.
[64] RKMPP/Rechten VgV § 41 Rn. 11.

Veröffentlichung vorlagen. Die Vergabeunterlagen sind dann allerdings spätestens mit der auf die Vorinformation folgenden Auftragsbekanntmachung unter der darin anzugebenden Adresse zur Verfügung zu stellen.[65]

III. Alternative Bereitstellungsmöglichkeiten (Abs. 2)

Die Ausnahmebestimmung in Abs. 2 dient der Umsetzung des Art. 53 Abs. 1 UAbs. 2 iVm Art. 22 Abs. 1 UAbs. 2 RL 2014/24/EU. Für den Fall, dass kein unentgeltlicher, uneingeschränkter, vollständiger und direkter Zugang zu den Vergabeunterlagen angeboten werden kann, entfällt die Pflicht zur elektronischen Bereitstellung der Vergabeunterlagen. Allerdings **verlängert** sich in diesen Fällen die **Angebotsfrist** grds. um **fünf Tage**. Die Ausnahme soll sich nur auf jene Bestandteile der Vergabeunterlagen erstrecken, die ausdr. unter die Nr. 1–3 fallen.[66] 34

Verlangt die **besondere Art der Auftragsvergabe** die Nutzung elektronischer Mittel zum Abruf der Vergabeunterlagen, die nicht mit allgemein verfügbarer IT-Ausstattung kompatibel ist, so kann der Auftraggeber eine andere Art der Bereitstellung der Vergabeunterlagen wählen (Abs. 2 Nr. 1). Ein Anwendungsfall könnte die Nutzung eines virtuellen, in sich geschlossenen Netzwerkes (**VPN**) sein, das eine spezielle IT-Ausstattung auf Seiten des Unternehmens zum Datenabruf erfordert.[67] 35

Abs. 2 Nr. 2 soll nach der Verordnungsbegr. die Fälle regeln, in denen der öffentliche Auftraggeber spezielle Dateiformate vorgibt, die entweder nicht allgemein verfügbar oder lizenzrechtlich geschützt sind.[68] Entgegen der Verordnungsbegr. steht diese Regelung allerdings im Kontext zu Art. 22 Abs. 1 UAbs. 2 lit. b RL 2014/24/EU, denn die europäische Vorgabe bezieht sich nicht auf den Abruf der Unterlagen, sondern auf die Erstellung bzw. Einreichung von Angeboten. Im Ergebnis dürfte es darum gehen, dass der Auftraggeber die **Bereitstellung der Unterlagen auf anderem Wege** (zB per Post) vornehmen darf, wenn das genutzte Dateiformat nicht nur zum Abruf, sondern auch zum Öffnen und zum Verarbeiten der Datei die Zuhilfenahme unüblicher oder kostenpflichtiger IT-Ausstattung verlangt. Aus dem Regelungszusammenhang ergibt sich, dass dies aber nur die Dateiformate der Vergabeunterlagen betreffen kann und nicht etwa Dateiformate, die erstmalig zur Erstellung der Angebotsunterlagen zum Einsatz kommen.[69] 36

Auch die Regelung in Abs. 2 Nr. 3 hat keinen Bezug zur Bereitstellung der Vergabeunterlagen. Der Verordnungsgeber verweist hier auf die Fälle, in denen die Verwendung elektronischer Mittel **spezielle Bürogeräte** wie Großformatdrucker oder Plotter voraussetzt, die öffentlichen Auftraggebern nicht allg. zur Verfügung stehen.[70] Für die elektronische Bereitstellung der Vergabeunterlagen, die idR schon in elektronischer Form vorhanden sind, sind solche Geräte allerdings nicht erforderlich. Sinn würde die Vorgabe nur dann machen, wenn darauf abgestellt wird, dass auf Unternehmensseite üblicherweise keine vergleichbaren Geräte vorhanden sind und der Auftraggeber zB großformatige Ausdrucke per Post verschicken darf. Ein weiterer Anwendungsfall könnte darin liegen, dass der Auftraggeber üblicherweise nicht über die erforderlichen Geräte verfügt, um die Inhalte/Gegenstände der Vergabeunterlagen in elektronischer Form aufzubereiten (zB Großscanner).[71] Soweit die Angebotsabgabe betroffen ist, geht § 53 Abs. 2 VgV vor. 37

---

[65] § 41 Abs. 1 VgV bzw. § 37 Abs. 2 VgV.
[66] BR-Drs. 87/16, 196.
[67] RKMPP/Rechten VgV § 41 Rn. 43.
[68] BR-Drs. 87/16, 196.
[69] jurisPK-VergabeR/Bock VgV § 41 Rn. 40.
[70] BR-Drs. 87/16, 196.
[71] RKMPP/Rechten VgV § 41 Rn. 47.

38 Gem. Abs. 2 S. 2 verlängert sich die Angebotsfrist, wenn die Vergabeunterlagen oder Teile davon nicht elektronisch bereitgestellt werden, um fünf Kalendertage. Die **Fristverlängerung** gilt nicht in den Fällen hinreichend begründeter Dringlichkeit, oder es wird zum Schutz der Vertraulichkeit lediglich eine Verschwiegenheitserklärung abgefordert.[72]

IV. Schutz der Vertraulichkeit (Abs. 3)

39 Abs. 3 setzt Art. 53 Abs. 1 UAbs. 3 RL 2014/24/EU iVm Art. 21 Abs. 2 RL 2014/24/EU um. Es ist dem Auftraggeber gestattet, Maßnahmen zum Schutz der Vertraulichkeit von Informationen zu treffen und entspr. Zugangsbeschränkungen bzw. alternative Zugangswege vorzusehen. Die Vorschrift regelt weder, welche Schutzmaßnahmen der Auftraggeber wählen kann, noch wie ein alternativer Zugriff auf die Vergabeunterlagen zu gewähren ist. Ebenso wenig gibt die Vorschrift vor, welches Maß an Vertraulichkeit zu bestehen hat, damit der Auftraggeber alternative Wege zu § 41 Abs. 1 VgV beschreiten darf.

40 Der Verordnungsgeber stellt zunächst darauf ab, ob das erforderliche Datenschutz- oder Sicherheitsniveau bzgl. besonders sensibler Daten die Verwendung alternativer elektronischer und/oder andere als elektronischer Mittel erfordert, um das erforderliche Sicherheitsniveau zu erreichen.[73] Diese Erwägungen treffen jedoch nicht den Kern der Problematik. Vielmehr geht es nach Art. 53 Abs. 1 UAbs. 3 RL 2014/24/EU iVm Art. 21 Abs. 2 RL 2014/24/EU darum, dass der Auftraggeber zum einen nicht verpflichtet werden soll, vertrauliche Unterlagen einer unbeschränkten Öffentlichkeit preis zu geben. Zum anderen soll dazu berechtigt sein, die Empfänger zu verpflichten, mit den vom Auftraggeber zur Verfügung gestellten Informationen vertraulich umzugehen. Auf ein bestimmtes Datenschutz- oder Sicherheitsniveau, welches erhöhte Anforderungen an die Kommunikationsmittel als solche stellt, kommt es in diesem Zusammenhang nicht an.

41 Somit kann der Auftraggeber die Überlassung von vertraulichen Vergabeunterlagen von der Sicherstellung der Geheimhaltung abhängig machen. Hierzu kommt die Abgabe einer entspr. **Vertraulichkeitserklärung** gem. § 5 Abs. 3 S. 2 VgV in Betracht. Dies steht zwar in einem Spannungsverhältnis zu der Vorgabe, dass für den Zugang zu den Vergabeunterlagen nach § 9 Abs. 3 S. 2 VgV keine Registrierung verlangt werden darf. Hier ist aber das Interesse des Auftraggebers am Schutz vertraulicher Informationen höher zu bewerten. Eine nachträgliche Abgabe einer Verschwiegenheitserklärung würde ihren Sinn verfehlen. Hinzu kommt, dass die Vertraulichkeitserklärung nur dann belastbar ist, wenn sichergestellt werden kann, dass der oder die Erklärende auch vertrauenswürdig ist. Dies wird im vergaberechtlichen Kontext erst nach Ablauf des Teilnahmewettbewerbs möglich sein, in dem festgestellt wurde, dass keine Ausschlussgründe gegen das Unternehmen bestehen.

42 Dem Auftraggeber kommt ein von den Nachprüfungsinstanzen nur eingeschränkt überprüfbarer Beurteilungsspielraum bei seiner Bewertung zu, ob und welche Informationen als vertraulich anzusehen sind.[74] Dies dürfte für sensible Informationen über kritische Infrastrukturen oder Verfahren gelten.[75] Allg. Bewerbungsbedingungen und Musterdokumente dürften nicht darunter fallen. Die Gründe für die Einstufung unter die Vertraulichkeit sind zu dokumentieren.

43 Will der Auftraggeber die Vergabeunterlagen danach nur in eingeschränkter Weise zur Verfügung stellen, verlängert sich die Angebotsfrist um fünf Tage, sofern nicht

---

[72] Vgl. §§ 15 Abs. 3, § 16 Abs. 7 VgV und § 17 Abs. 8 VgV sowie § 41 Abs. 3 S. 2 VgV.
[73] BR-Drs. 87/16, 196 f.
[74] Greb/Müller/Honekamp SektVO § 41 Rn. 47.
[75] ZB im IT-Umfeld oder bei der Preisgabe von Einsatz-, Lage- oder Evakuierungsplänen.

ein Fall hinreichend begründeter Dringlichkeit[76] vorliegt. Eine Fristverlängerung ist nach Abs. 3 S. 2 auch nicht erforderlich, wenn die Maßnahme zum Schutz der Vertraulichkeit ausschl. in der Vorgabe für die Bewerber/Bieter besteht, eine Verschwiegenheitserklärung zu unterzeichnen.

V. Rechtsschutz

§ 41 Abs. 1–3 VgV dient der Herstellung der Transparenz sowie der Gleichbehandlung und hat insoweit bieterschützende Wirkung. Soweit der Verordnungsgeber der Ansicht ist, dass die Bereitstellungspflicht der Vergabeunterlagen nach § 41 Abs. 1 VgV auch dem Informationsinteresse der Bürger[77] dienen soll, so wird diesen regelmäßig die Antragsbefugnis nach § 160 Abs. 2 GWB fehlen. Kann sich ein Unternehmen darauf berufen, dass der Auftraggeber zu Unrecht der Bereitstellungpflicht nach § 41 Abs. 1 VgV nicht nachgekommen ist, kann der Auftraggeber dies durch entspr. Korrektur nachholen. Anhand des Einzelfalles ist zu prüfen, ob durch eine eingeschränkte Bereitstellung von Vergabeunterlagen eine Beeinträchtigung der Zuschlagschancen iSd § 160 Abs. 2 S. 2 GWB vorliegt. Soweit der Auftraggeber für die Angebotsabgabe die Mindestfristen ausgeschöpft hat, ist die Frist entspr. § 41 Abs. 2 S. 2 VgV bzw. § 41 Abs. 3 S. 2 VgV um fünf Kalendertage zu verlängern. 44

Unterabschnitt 5. Anforderung an Unternehmen; Eignung

§ 42 Auswahl geeigneter Unternehmen; Ausschluss von Bewerbern und Bietern

(1) Der öffentliche Auftraggeber überprüft die Eignung der Bewerber oder Bieter anhand der nach § 122 des Gesetzes gegen Wettbewerbsbeschränkungen festgelegten Eignungskriterien und das Nichtvorliegen von Ausschlussgründen nach den §§ 123 und 124 des Gesetzes gegen Wettbewerbsbeschränkungen sowie gegebenenfalls Maßnahmen des Bewerbers oder Bieters zur Selbstreinigung nach § 125 des Gesetzes gegen Wettbewerbsbeschränkungen und schließt gegebenenfalls Bewerber oder Bieter vom Vergabeverfahren aus.

(2) ¹Im nicht offenen Verfahren, im Verhandlungsverfahren mit Teilnahmewettbewerb, im wettbewerblichen Dialog und in der Innovationspartnerschaft fordert der öffentliche Auftraggeber nur solche Bewerber zur Abgabe eines Angebots auf, die ihre Eignung nachgewiesen haben und nicht ausgeschlossen worden sind. ²§ 51 bleibt unberührt.

(3) Bei offenen Verfahren kann der öffentliche Auftraggeber entscheiden, ob er die Angebotsprüfung vor der Eignungsprüfung durchführt.

Literatur: Figgen/Lenz, Altes Thema, neue Fallstricke: Die Eignungsprüfung bleibt spannend, NZBau 2019, 699; Zimmermann, Die Eignungsprüfung bei der Ausschreibung von Architektenleistungen, ZfBR 2020, 542. Vgl. iÜ die Angaben bei § 122 GWB.

I. Bedeutung der Vorschrift

Mit § 42 VgV wird die Pflicht des öffentlichen Auftraggebers begründet, die Eignung der Bewerber anhand der nach Maßgabe des § 122 GWB festgelegten 1

---

[76] §§ 15 Abs. 3, 16 Abs. 7 VgV oder § 17 Abs. 3 VgV iVm § 16 Abs. 7 VgV.
[77] BR-Drs. 87/16, 195.

Eignungskriterien und das Vorliegen von Ausschlussgründen nach §§ 123–126 GWB zu prüfen (Abs. 1). Für Verfahren mit einem Teilnahmewettbewerb enthält die Vorschrift die Vorgabe, dass die Eignung der Bewerber und etwaige Ausschlussgründe bereits im Teilnahmewettbewerb abschl. zu prüfen sind (Abs. 2). Für das offene Verfahren sieht die Vorschrift die Möglichkeit vor, die Angebotsprüfung vor der Eignungsprüfung durchzuführen und diese damit auf den für den Zuschlag vorgesehenen Bieter bzw. die Bieter der engeren Wahl zu beschränken (Abs. 3).

2   § 42 VgV ist eine Verfahrensvorschrift und **keine Rechtsgrundlage für den Ausschluss von Bewerbern oder Bietern**. Die Rechtsgrundlage für den Ausschluss mangels Eignung ist § 57 Abs. 1 VgV und wegen fehlender Eignungsnachweise § 57 Abs. 1 Nr. 2 VgV. Liegen Ausschlussgründe nach §§ 123, 124 GWB vor, ergibt sich die Rechtsgrundlage für den Ausschluss direkt aus diesen Vorschriften.[1] Damit beschränkt sich der Regelungsgehalt des § 42 VgV auf die Begründung der Pflicht zur Prüfung der Eignung und der Ausschlussgründe sowie auf die Festlegung der Prüfungs- und Wertungsreihenfolge in Verfahren mit Teilnahmewettbewerb einerseits und in offenen Verfahren andererseits.[2]

3   § 42 VgV greift die Systematik der §§ 122 ff. GWB auf, wonach zwischen der Eignung iSd Befähigung zur Berufsausübung und der Leistungsfähigkeit des Bieters (§ 122 GWB) einerseits und der Erfüllung von Ausschlussgründen (§§ 123–126 GWB) andererseits zu unterscheiden ist. Damit wurde im Bereich des EU-Vergaberechts **das abstrakte Eignungsmerkmal der Zuverlässigkeit aufgegeben** und durch die Ausschlussgründe aufgrund eines früheren Verhaltens des Wirtschaftsteilnehmers oder ihm zuzurechnender Personen ersetzt (s. dazu die Kommentierungen zu § 122 GWB und § 123 GWB).

II. Prüfung der Eignung und Ausschlussgründe (Abs. 1)

4   Gem. § 42 Abs. 1 VgV hat der öffentliche Auftraggeber die **Eignung der Bewerber oder Bieter** anhand der gem. § 122 GWB festgelegten Eignungskriterien zu prüfen. Daraus folgt, dass für die Beurteilung der Eignung der Bewerber oder Bieter allein die in der Auftragsbekanntmachung bzw. in der Aufforderung zur Interessensbestätigung festgelegten Eignungskriterien maßgeblich sind (zur Bekanntmachungspflicht s. → § 48 Rn. 3). Andere als die ausdr. benannten Eignungskriterien dürfen nicht berücksichtigt werden. Andererseits dürfen bekanntgegebene Eignungskriterien auch nicht unberücksichtigt gelassen werden. Jeder Bewerber oder Bieter ist anhand jedes einzelnen vorgegebenen Eignungskriteriums zu überprüfen. Die Eignung darf indes nur an rechtmäßigen, dh in Übereinstimmung mit § 122 GWB sowie §§ 44–46 VgV bestimmten Eignungskriterien, gemessen werden (s. → GWB § 122 Rn. 15 ff., und zu §§ 44–46 VgV). **Grundlage der Überprüfung der Eignungskriterien** sind die insoweit geforderten Belege und Erklärungen (s. die Kommentierung zu §§ 48–50 VgV). Fehlen zur Prüfung der Eignungskriterien geforderte Erklärungen oder Nachweise, so richtet sich eine etwaige Nachforderung nach § 56 Abs. 2 VgV.

5   Maßstab für die **Prüfung von Ausschlussgründen** sind die in § 123 GWB abschl. genannten zwingenden Ausschlussgründe sowie die in § 124 GWB ebenfalls abschl. aufgezählten fakultativen Ausschlussgründe. Grundlage für die Überprüfung der Ausschlussgründe sind die nach § 48 VgV hierzu geforderten Belege oder – soweit vom Bieter verwendet – die Angaben in der Einheitlichen Europäischen Eigenerklärung nach § 50 VgV. Bei der Prüfung von Ausschlussgründen ist außerdem die mit dem WRegG begründete Verpflichtung zur Abfrage bestimmter Aus-

---

[1] Differenzierend RKMPP/Dittmann VgV § 42 Rn. 4.
[2] Ebenso KK-VergR/Rechten VgV § 42 Rn. 3.

schlusstatbestände bei der Registerbehörde zu berücksichtigen (s. → WRegG § 6 Rn. 1 ff.).

Ergibt sich aus den Erklärungen oder Belegen des Bewerbers oder Bieters, dass 6
er Ausschlusstatbestände nach § 123 GWB oder § 124 GWB erfüllt, macht dieser jedoch **Selbstreinigungsmaßnahmen** iSv § 125 GWB geltend, muss der öffentliche Auftraggeber diese gem. § 125 Abs. 2 GWB prüfen. Kommt es aufgrund von Selbstreinigungsmaßnahmen zu einer vorzeitigen Löschung aus dem Wettbewerbsregister, sind die Vergabestellen an diese Entscheidung gebunden (vgl. § 7 Abs. 2 WRegG). Zu beachten sind ferner die zeitlichen Grenzen nach § 126 GWB. Verwendet ein Bieter die Einheitliche Europäische Eigenerklärung (EEE), ist zu beachten, dass die darin enthaltenen Angaben jew. nur einen **„vorläufigen Beleg"** darstellen. Soweit in Übereinstimmung mit §§ 44–48 VgV weitergehende Erklärungen oder Nachweise verlangt wurden, müssen diese im offenen Verfahren vor Zuschlagserteilung (§ 50 Abs. 2 VgV) und im Verfahren mit Teilnahmewettbewerb vor Abschluss des Teilnahmewettbewerbs (§ 42 Abs. 2 VgV) angefordert werden.

Die Prüfung der Eignung untergliedert sich in eine **formale und eine materi-** 7
elle Eignungsprüfung.[3] Die formale Eignungsprüfung betrifft die Frage der Vollständigkeit der nach §§ 48 ff. VgV geforderten Erklärungen und Belege. Das Fehlen solcher Erklärungen oder Belege kann zu einer Nachforderung nach § 56 Abs. 2 VgV und ggf. zum Ausschluss nach § 57 Abs. 1 Nr. 2 VgV führen.

Ob und inwieweit dem öffentlichen Auftraggeber iRd materiellen Eignungsprü- 8
fung ein **Beurteilungsspielraum** zukommt, hängt von der konkreten Ausgestaltung der Eignungskriterien ab. Wie sich aus Art. 58 Abs. 5 RL 2014/24/EU ergibt, können Eignungskriterien in Form von Mindestanforderungen ausgedrückt werden. Bewerber oder Bieter, die diese **Mindestanforderungen** nicht erfüllen, sind zwingend wegen fehlender Eignung auszuschließen.[4] Die Nichterfüllung vorgegebener Mindestanforderungen darf nicht unberücksichtigt bleiben. Ein Beurteilungsspielraum kommt dem öffentlichen Auftraggeber nur bei der Frage zu, ob der Bewerber oder Bieter die Mindestanforderung erfüllt oder nicht. Stellt er fest, dass die Mindestanforderung nicht erfüllt wird, ist der Ausschluss zwingend. Dies folgt aus dem Transparenz- und Gleichbehandlungsgrundsatz.[5]

Werden die Eignungskriterien nicht als Mindestanforderungen formuliert, kommt 9
es darauf an, ob die zu den einzelnen Eignungskriterien vorgelegten Erklärungen und Belege auf eine hinreichende wirtschaftliche und finanzielle Leistungsfähigkeit einerseits und eine hinreichende technische und berufliche Leistungsfähigkeit andererseits zulassen. Diese Prüfung hat auftragsbezogen zu erfolgen. Es handelt sich um eine **Prognoseentscheidung,** ob von dem Bewerber oder Bieter die ordnungsgemäße Erfüllung der vertraglichen Verpflichtungen erwartet werden kann.[6] Hier steht dem öffentlichen Auftraggeber ein Beurteilungsspielraum zu, der von den Nachprüfungsinstanzen nur darauf hin überprüft werden kann, ob das vorgeschriebene Verfahren eingehalten worden ist, ob der Auftraggeber die von ihm selbst aufgestellten Bewertungsvorgaben beachtet hat, der zugrunde gelegte Sachverhalt vollständig und zutreffend ermittelt worden ist, keine sachwidrigen Erwägungen angestellt worden sind und nicht gegen allg. Bewertungsgrundsätze verstoßen worden ist.[7] Ist der Auftraggeber nach ordnungsgemäßer Prognoseent-

---

[3] RKMPP/Dittmann VgV § 57 Rn. 92 ff. mwN.
[4] Vgl. OLG Düsseldorf 26.1.2005 – VII Verg 45/04, BeckRS 2005, 2776 = VergabeR 2005, 374; OLG Frankfurt a. M. 13.12.2011 – 11 Verg 8/11, IBRRS 2012, 0647.
[5] OLG Düsseldorf 18.7.2001 – Verg 16/01, BeckRS 2001, 17504.
[6] BGH 15.4.2008 – X ZR 129/06, BeckRS 2008, 10415 = VergabeR 2008, 641; OLG München 22.11.2012 – Verg 22/12, NZBau 2013, 261.
[7] OLG München 17.9.2015 – Verg 3/15, NZBau 2015, 711; OLG Düsseldorf 17.2.2016 – VII-Verg 41/15, NZBau 2016, 508.

scheidung zu dem Ergebnis gekommen, dass ein Bewerber oder Bieter die für den Auftrag erforderliche Eignung nicht besitzt, ist dieser auszuschließen; ein Ermessen steht dem Auftraggeber hinsichtlich der Rechtsfolge dann nicht mehr zu (§ 122 Abs. 1 GWB).

III. Verfahren mit Teilnahmewettbewerb (Abs. 2)

10 Abs. 2 S. 1 stellt klar, dass in Verfahren mit einem Teilnahmewettbewerb, also in nicht offenen Verfahren, Verhandlungsverfahren mit Teilnahmewettbewerb, im wettbewerblichen Dialog und in der Innovationspartnerschaft, der öffentliche Auftraggeber nur solche Bewerber zur Abgabe eines Angebots auffordert, die ihre Eignung nachgewiesen haben und nicht ausgeschlossen worden sind. Dadurch wird verhindert, dass Unternehmen zur Angebotserstellung aufgefordert werden, die mangels Eignung ohnehin nicht für einen Zuschlag in Frage kommen.

11 Daraus folgt, dass vor Abschluss des Teilnahmewettbewerbs für alle Bewerber die Eignung und die Erfüllung etwaiger Ausschlussgründe **abschl. geprüft** worden sein muss.[8] Das bedeutet ferner, dass nicht nur für die Bewerber, sondern auch für etwaige Unternehmen, auf die sich ein Bewerber iRd **Eignungsleihe** beruft (§ 47 Abs. 2 VgV), bereits im Teilnahmewettbewerb abschl. zu prüfen ist, ob diese die Eignungskriterien und keine Ausschlussgründe erfüllen. Für etwaige **Unterauftragnehmer**, die nicht auch zur Eignungsleihe herangezogen werden, beschränkt sich die notwendige Prüfung gem. § 36 Abs. 5 VgV auf das Vorliegen von Ausschlussgründen.[9] Für eine Prüfung solcher Unterauftragnehmer auf die Erfüllung der Eignungskriterien bezogen auf ihren Leistungsanteil gibt es keine Rechtsgrundlage.[10] Es bleibt dem Auftraggeber jedoch unbenommen, den Einsatz von Unterauftragnehmern vertraglich davon abhängig zu machen, dass die Unterauftragnehmer bezogen auf ihren Leistungsteil die Eignungskriterien erfüllen. Unter dieser Prämisse kann der Auftraggeber bei Verfahren mit einem Teilnahmewettbewerb nicht nur die Unterauftragnehmerleistung, sondern auch die Angabe des hierfür zuständigen Unterauftragnehmers fordern und für diesen die Vorlage aller Eignungserklärungen und -nachweise sowie die Erklärungen zu etwaigen Ausschlussgründen verlangen.[11] Ggf. ist noch im Teilnahmewettbewerb die Ersetzung des Unterauftragnehmers (§ 36 Abs. 5 VgV) bzw. des anderen Unternehmens (§ 47 Abs. 2 VgV) zu verlangen. Auch die für diese Unternehmen vorzulegenden **Verfügbarkeitsnachweise** (s. § 36 Abs. 1, § 47 Abs. 1 VgV) müssen bereits vor Abschluss des Teilnahmewettbewerbs vorliegen.

12 Zu beachten ist dabei, dass es im Rahmen eines Teilnahmewettbewerbs zulässig und sinnvoll ist, bereits mit dem Teilnahmeantrag die **Vorlage sämtlicher Erklärungen und Belege,** die zur Prüfung der Eignung und des Nichtvorliegens von Ausschlussgründen erforderlich sind, zu verlangen. Der öffentliche Auftraggeber muss in diesem Fall auch eine **Einheitliche Europäische Eigenerklärung** nicht als vorläufigen Beleg der Eignung akzeptieren. Dies ergibt sich aus § 50 Abs. 2 S. 1 VgV sowie aus Erwgr. 84 der RL 2014/24/EU. Danach sind öffentliche Auftraggeber berechtigt, jederzeit sämtliche oder einen Teil der unterstützenden Unterlagen

---

[8] OLG München 17.9.2015 – Verg 3/15, BeckRS 2015, 15851 = VergabeR 2016, 54.

[9] S. auch S. 1 der Begr. zu § 36 Abs. 5 VgV, BT-Drs. 18/7318, 175; ebenso der zugrunde liegende Art. 71 Abs. 6 lit. b RL 2014/24/EU; anders S. 2 der Begr. zu § 36 Abs. 5 VgV, BT-Drs. 18/7318, 175.

[10] VK Bund 28.9.2017 – VK 1–93/17, IBRRS 2017, 3620; tendenziell ebenso für die VOB/A-EU, aber im Ergebnis offen gelassen VK Rheinland-Pfalz 23.4.2020 – VK 2–7/20, BeckRS 2020, 33987.

[11] S. auch → VgV § 36 Rn. 29.

zu verlangen, wenn dies ihrer Ansicht nach **zur angemessenen Durchführung des Verfahrens erforderlich** ist. Dies kann insbes. bei zweistufigen Verfahren der Fall sein, bei denen der öffentliche Auftraggeber von der Möglichkeit Gebrauch machen will, die Anzahl der zur Einreichung des Angebots aufgeforderten Bewerber zu begrenzen. Damit lässt sich – so Erwgr. 84 der RL 2014/24/EU – auch verlangen, dass die maßgeblichen Unterlagen – also die geforderten Erklärungen und Nachweise – bereits zum Zeitpunkt der Auswahl der einzuladenden Bewerber, dh mit dem Teilnahmeantrag, vorgelegt werden müssen. Dabei können fehlende Erklärungen und Nachweise auch im Rahmen eines Teilnahmewettbewerbs nach § 56 Abs. 2 VgV nachgefordert werden, soweit der Auftraggeber eine **Nachforderung** nicht ausgeschlossen hat.[12]

Die Vorgabe in Abs. 2 S. 1, wonach die Eignung des Bewerbers im Teilnahmewettbewerb abschl. zu prüfen ist, begründet bei unveränderter Tatsachengrundlage ein schutzwürdiges Vertrauen des Bewerbers in die Rechtmäßigkeit der erfolgten Eignungsprüfung. Das bedeutet indes nicht, dass iRd zweiten Stufe des Vergabeverfahrens **neue Erkenntnisse zur Eignung** des Bieters bzw. hinsichtlich der Erfüllung von Ausschlussgründen nach §§ 123, 124 GWB nicht mehr berücksichtigt werden könnten. Das auf die Aufforderung zur Angebotsabgabe gegründete Vertrauen in die Rechtmäßigkeit der erfolgten Eignungsprüfung ist nur insoweit schutzwürdig, als sich keine neuen tatsächlichen Feststellungen ergeben.[13] Treten neue Erkenntnisse zur Eignung des Bieters bzw. hinsichtlich der Erfüllung von Ausschlussgründen nach §§ 123, 124 GWB auf, ist der öffentliche Auftraggeber verpflichtet, erneut in die Prüfung der Eignung bzw. der Ausschlussgründe einzutreten.[14] Das gilt auch dann, wenn es sich objektiv um keine neuen Erkenntnisse handelt, sondern diese vom öffentlichen Auftraggeber bei seiner bisherigen Prüfung übersehen wurden.[15]

S. 2 bestimmt, dass **§ 51 VgV unberührt** bleibt. Damit wird klargestellt, dass der öffentliche Auftraggeber nicht alle Bewerber, die die Eignungskriterien und keine Ausschlussgründe erfüllen, zur Angebotsabgabe auffordern muss, sondern unter diesen Bewerbern eine **Auswahl** anhand der in Übereinstimmung mit § 51 Abs. 1 S. 2 VgV bestimmten objektiven und nichtdiskriminierenden Eignungskriterien vorzunehmen ist.

IV. Offenes Verfahren (Abs. 3)

Abs. 3 stellt klar, dass beim offenen Verfahren die Möglichkeit gegeben ist, die **Eignungsprüfung nachgelagert zur Angebotsprüfung** durchzuführen.[16] Die hier erwähnte „Eignungsprüfung" erfasst dabei auch die Prüfung des Vorliegens von

---

[12] OLG Koblenz 4.1.2017 – Verg 7/16, NZBau 2017, 179.
[13] RKMPP/Dittmann VgV § 42 Rn. 11 f. mwN; KK-VergR/Rechten VgV § 42 Rn. 3; BGH 7.1.2014 – X ZB 15/13, NZBau 2014, 185.
[14] OLG Frankfurt a. M. 20.7.2004 – 11 Verg 6/04, BeckRS 2004, 14379 = VergabeR 2004, 632; OLG München 22.11.2012 – Verg 22/12, VPRRS 2012, 0410 = VergabeR 2013, 498; OLG Naumburg 22.9.2014 – 2 Verg 2/13, VPRRS 2014, 0549 = VergabeR 2015, 88; KK-VergR/Rechten VgV § 42 Rn. 3; aA OLG Düsseldorf 29.3.2021 – Verg 9/21, NZBau 2021, 632 und 27.4.2022 – Verg 25/21, IBRRS 2022, 3652, wonach mit einer positiven Eignungsprüfung im Teilnahmewettbewerb ein Vertrauenstatbestand für die (zu Unrecht) zugelassenen Bieter begründet werden soll, den Mitbieter hinzunehmen haben sollen, kritisch dazu VK Rheinland 28.6.2022 – VK 39/21, IBRRS 2022, 3802. Krit. auch → VOB/A § 16b EU Rn. 7.
[15] BGH 15.4.2008 – X ZR 129/06, BeckRS 2008, 10415 = VergabeR 2008, 641; OLG München 25.11.2013 – Verg 13/13, BeckRS 2014, 9708 = VergabeR 2014, 430.
[16] So bereits nach der alten Rechtslage, BGH 7.1.2014 – X ZB 15/13, NZBau 2014, 185.

Ausschlussgründen nach §§ 123, 124 GWB sowie der Prüfung von Selbstreinigungsmaßnahmen nach § 125 GWB. Die Regelung geht zurück auf Art. 56 Abs. 2 RL 2014/24/EU und bedeutet für die Praxis, dass zunächst auf der Grundlage der Zuschlagskriterien das wirtschaftlichste Angebot ermittelt werden und im Anschluss hieran die Eignungsprüfung auf den Bieter, der das wirtschaftlichste Angebot abgegeben hat, beschränkt werden kann.

16 Dabei ist jedoch Art. 56 Abs. 2 UAbs. 1 S. 2 RL 2014/24/EU – in § 42 Abs. 3 VgV nicht umgesetzt – zu beachten, wonach sicherzustellen ist, dass die Prüfung des Nichtvorliegens von Ausschlussgründen und der Einhaltung der Eignungskriterien **unparteiisch und transparent** erfolgt, damit kein Auftrag an einen Bieter vergeben wird, der nach § 123 GWB hätte ausgeschlossen werden müssen bzw. der die Eignungskriterien des öffentlichen Auftraggebers nicht erfüllt.[17] Damit soll noch einmal darauf hingewiesen werden, dass auch dann, wenn ein Bieter das wirtschaftlichste Angebot abgegeben hat, diesem der Zuschlag nicht erteilt werden darf, wenn er die vorgegebenen Eignungskriterien nicht erfüllt oder zwingende Ausschlussgründe nach § 123 GWB vorliegen. Es sollte daher besonderes Augenmerk auf die Dokumentation der Prüfung der Eignung und des Nichtvorliegens von Ausschlussgründen gelegt werden. Zu beachten ist in diesem Zusammenhang auch die **Pflicht zur Überprüfung von Ausschlussgründen etwaiger Unterauftragnehmer.**[18] Zu beachten ist ferner, dass die nach Abs. 3 für das offene Verfahren eröffnete Prüfungsreihenfolge – Angebotsprüfung vor Eignungsprüfung – nicht bedeutet, dass iRd Angebotsprüfung auch Eignungskriterien Berücksichtigung finden oder die Prüfungsschritte anderweitig vermischt werden könnten. Der Grundsatz der Trennung der Eignungsprüfung anhand der Eignungskriterien und den Ausschlussgründen und der Ermittlung des wirtschaftlichsten Angebots anhand der Zuschlagskriterien wird durch Abs. 3 nicht in Frage gestellt.[19]

§ 43 Rechtsform von Unternehmen und Bietergemeinschaften

(1) ¹Bewerber oder Bieter, die gemäß den Rechtsvorschriften des Staates, in dem sie niedergelassen sind, zur Erbringung der betreffenden Leistung berechtigt sind, dürfen nicht allein deshalb zurückgewiesen werden, weil sie gemäß den deutschen Rechtsvorschriften eine natürliche oder juristische Person sein müssten. ²Juristische Personen können jedoch bei Dienstleistungsaufträgen sowie bei Lieferaufträgen, die zusätzlich Dienstleistungen umfassen, verpflichtet werden, in ihrem Antrag auf Teilnahme oder in ihrem Angebot die Namen und die berufliche Befähigung der Personen anzugeben, die für die Erbringung der Leistung als verantwortlich vorgesehen sind.

(2) ¹Bewerber- und Bietergemeinschaften sind wie Einzelbewerber und -bieter zu behandeln. ²Der öffentliche Auftraggeber darf nicht verlangen, dass Gruppen von Unternehmen eine bestimmte Rechtsform haben müssen, um einen Antrag auf Teilnahme zu stellen oder ein Angebot abzugeben. ³Sofern erforderlich kann der öffentliche Auftraggeber in den Vergabeunterlagen Bedingungen festlegen, wie Gruppen von Unternehmen die Eignungskriterien zu erfüllen und den Auftrag auszuführen haben; solche Bedingungen müssen durch sachliche Gründe gerechtfertigt und angemessen sein.

(3) ¹Unbeschadet des Absatzes 2 kann der öffentliche Auftraggeber verlangen, dass eine Bietergemeinschaft nach Zuschlagserteilung eine bestimmte

---

[17] S. auch Begr. zu § 42 Abs. 3 VgV, BT-Drs. 18/7318, 201.
[18] S. §§ 36 Abs. 5, 47 Abs. 2 VgV.
[19] S. zu den Durchbrechungen dieses Grundsatzes Burgi VergabeR S. 198 f.

Rechtsform annimmt, soweit dies für die ordnungsgemäße Durchführung des Auftrags erforderlich ist.

Literatur: Dicks, Mehrfachbeteiligungen von Unternehmen am Ausschreibungswettbewerb, VergabeR 2013, 1; Gabriel, Neues zum Ausschluss von Bietern und Bietergemeinschaften wegen Mehrfachbeteiligungen: Einzelfallprüfung statt Automatismus, NZBau 2010, 225; Gabriel, Bietergemeinschaftsbildung unter Prüfungsvorbehalt: Strenge kartellrechtliche Zulässigkeitsvoraussetzungen qua neuer Rechtsprechungstendenz, VergabeR 2012, 555; Hausmann/Queisner, Die Zulässigkeit von Bietergemeinschaften im Vergabeverfahren, NZBau 2015, 402; Jäger/Graef, Bildung von Bietergemeinschaften durch konkurrierende Unternehmen, NZBau 2012, 213; Kiermeier/Hänsel, Ausgewählte Probleme des Bau-ARGE-Vertrags, NJW-Spezial 2013, 236; Mager/Lotz, Grundsätzliche Unzulässigkeit von Bietergemeinschaften?, NZBau 2014, 328; Mösinger/Juraschek, Der Bieterwechsel im laufenden Vergabeverfahren – Zulässigkeit und Voraussetzungen im Kontext allgemeiner vergaberechtlicher Prinzipien, NZBau 2017, 76; Müller-Feldhammer, Die Bieter- und Arbeitsgemeinschaft – kartellrechtlich ein Auslaufmodell?, NZKart 2019, 463; Overbuschmann, Verstößt die Verabredung einer Bietergemeinschaft gegen das Kartellrecht?, VergabeR 2014, 634; Schulte/Voll, Das Bietergemeinschaftskartell im Vergaberecht – Drum prüfe, wer sich (ewig) bindet, ZfBR 2013, 223.

I. Bedeutung der Vorschrift

§ 43 VgV setzt Art. 19 RL 2014/24/EU um. Abs. 1 beschäftigt sich mit der Frage, ob der Auftraggeber vom Bieter verlangen kann, eine bestimmte Rechtsform vorzuweisen und die für die Leistungsausführung verantwortlichen Personen zu benennen. Die Vorschrift trifft in Abs. 2 und 3 sodann einige wenige Aussagen zu Bewerber- und Bietergemeinschaften.[1] Zur Frage, in welchen Konstellationen die **Bildung einer Bietergemeinschaft** wettbewerbswidrig sein kann, → GWB § 124 Rn. 27 f.; → VOB/A § 16 Rn. 5 f. Zu den Problemen im Falle von Änderungen in der Zusammensetzung einer Bietergemeinschaft → § 53 Rn. 64 f. 1

II. Berechtigung zur Erbringung der Leistungen, Namen und Befähigung der verantwortlichen Person (Abs. 1)

S. 1 betrifft den seltenen Fall, dass bestimmte Leistungen nach den deutschen Rechtsvorschriften ausschl. **durch eine natürliche oder eine juristische Person erbracht werden dürfen.** Hierzu stellt die Vorschrift klar, dass diese Rechtsvorschriften unbeachtlich sind, wenn der Bieter in seinem Heimatland zur Erbringung der betreffenden Leistung berechtigt ist. Für die deutsche Vergabepraxis spielt diese die Diskriminierung ausländischer Bieter verbietende Regelung[2] keine Rolle. 2

Nach S. 2 können juristische Personen bei der Vergabe von Dienstleistungsaufträgen (bzw. Lieferaufträgen mit Dienstleistungselementen) verpflichtet werden, mit dem Angebot anzugeben, welche Personen die Leistungen **verantwortlich erbringen** sollen und welche Qualifikation sie haben. Die Regelung stellt einen Bezug zu § 44 VgV (Befähigung und Erlaubnis zur Berufsausübung) her. Ein Bsp. dafür sind Architektenleistungen. Diese dürfen zwar auch von juristischen Personen erbracht werden. Da allerdings nach den Landesbauordnungen nur natürliche Personen bau- 3

---

[1] Im Folgenden wird aus Gründen der Übersichtlichkeit einheitlich die Bezeichnung „Bietergemeinschaft" bzw. „Einzelbieter" verwendet. Der Begriff „Bietergemeinschaft" wird ab dem Zeitpunkt des Vergabeverfahrens verwendet, nach dem die Gemeinschaft ein Angebot abgegeben hat. „Bewerbergemeinschaft" meint hingegen den Zeitraum davor, zB beim Teilnahmewettbewerb.

[2] RKMPP/von Hoff VgV § 43 Rn. 2.

vorlageberechtigt sind, muss zB eine anbietende GmbH eine natürliche Person benennen, welche über die erforderliche Bauvorlageberechtigung verfügt. Denn sonst könnte der Bieter die Leistung nicht erbringen. Der Auftraggeber wiederum muss in der Lage sein, genau dies zu überprüfen.

III. Bewerber- und Bietergemeinschaften (Abs. 2 und 3)

1. Gleichbehandlung

4 Bietergemeinschaften sind Einzelbietern gleichzusetzen und wie diese zu behandeln. Sie müssen unter den **gleichen Voraussetzungen wie Einzelbieter** an Vergaben teilnehmen können. Speziell auf Bietergemeinschaften zugeschnittene oder für diese verschärfte Bedingungen sind verboten. Die Bildung einer Bietergemeinschaft ist grds. zulässig und stellt keine unzulässige wettbewerbsbeschränkende Abrede dar, wenn den an der Bietergemeinschaft beteiligten Unternehmen einzeln eine Teilnahme an der Ausschreibung aufgrund betrieblicher oder geschäftlicher Verhältnisse nicht möglich ist und erst der Zusammenschluss zu einer Bietergemeinschaft die Möglichkeit eröffnet, sich (gemeinsam) am Verfahren zu beteiligen (dazu → GWB § 124 Rn. 27).[3] Eine zulässige Bietergemeinschaft liegt nicht nur dann vor, wenn ihre Mitglieder **voneinander abgrenzbare Teilleistungen** einer ausgeschriebenen Gesamtleistung erbringen, sondern auch dann, wenn die Unternehmen, etwa aus Kapazitätsgründen, ein gemeinsames Interesse am zu vergebenden Auftrag haben, die Bildung der Bietergemeinschaft wirtschaftlich zweckmäßig und kaufmännisch vernünftig erscheint und ungeachtet ihrer unternehmensrechtlichen Trennung bei der Erfüllung des Vertrages als „operativ-geschäftliche Einheit" handeln (ausf. → GWB § 124 Rn. 27).[4] Vgl. zum Ganzen auch → § 53 Rn. 61 ff.

2. Rechtsform

5 Während des Vergabeverfahrens können Bietergemeinschaften **eine ihnen als geeignet erscheinende Rechtsform frei wählen.** Das folgt aus § 43 Abs. 2 S. 2 VgV, wonach der Auftraggeber nicht verlangen darf, dass „Gruppen von Unternehmen"[5] eine bestimmte Rechtsform haben müssen, um einen Antrag auf Teilnahme zu stellen oder ein Angebot abzugeben. Dadurch soll Unternehmen, die sich zu einer Bietergemeinschaft zusammenschließen (müssen), die Beteiligung an einem Vergabeverfahren nicht unnötig erschwert werden, zumal der Auftraggeber während des Vergabeverfahrens noch keine berechtigten Interessen an einer bestimmten Rechtsform haben kann. Lediglich **nach Zuschlagserteilung** kann der Auftraggeber nach Abs. 3 von Bietergemeinschaften die Annahme einer bestimmten Rechtsform verlangen, sofern dies für die ordnungsgemäße Durchführung des Auftrages notwendig ist.

6 In Deutschland handelt es sich bei Bietergemeinschaften idR um **Gesellschaften bürgerlichen Rechts** nach den §§ 705 ff. BGB, sobald sich verschiedene Unterneh-

---

[3] OLG Schleswig 15.4.2014 – 1 Verg 4/13, VergabeR 2014, 717 = KommJur 2014, 416; OLG Karlsruhe 5.11.2014 – 15 Verg 6/14, VergabeR 2015, 210 = BeckRS 2015, 4323; OLG Düsseldorf 17.12.2014 – Verg 22/14, VergabeR 2015, 224 = NZBau 2015, 176; aA KG 24.10.2013 – Verg 11/13, VergabeR 2014, 179 = NZBau 2013, 792, wonach die Bildung einer Bietergemeinschaft idR eine wettbewerbsbeschränkende Vereinbarung iSd § 1 GWB darstellt – diese Auffassung wird vom OLG Düsseldorf ausdr. abgelehnt, vgl. OLG Düsseldorf 17.1.2018 – Verg 39/17, VergabeR 2018, 559 (565) = NZBau 2018, 237 (240) Rn. 42.

[4] OLG Dresden 16.3.2010 – WVerg 2/10, BeckRS 2010, 7154.

[5] Der etwas sperrige Begriff „Gruppe von Unternehmen" meint nichts anderes als Bietergemeinschaften. Der Verordnungsgeber hat hier die Formulierung aus Art. 19 Abs. 2 RL 2014/24/EU in § 43 Abs. 2 VgV übernommen.

men bzw. Personen zusammenschließen, um sich an einem Vergabeverfahren zu beteiligen.[6] Da die GbR bei Teilnahme im Rechtsverkehr als rechtsfähig gilt[7] und ihre Gesellschafter gesamtschuldnerisch haften, ist den berechtigten Belangen und Interessen des Auftraggebers durch Gründung einer GbR in den meisten Fällen Genüge getan.[8] Eine Forderung zur Annahme einer bestimmten Rechtsform wird daher nur in seltenen Ausnahmefällen gerechtfertigt sein, weshalb sich die Auftraggeber idR darauf beschränken, die gesamtschuldnerische Haftung der beteiligten Partner für den Auftragsfall zu fordern.

Verlangt der Auftraggeber eine bestimmte Rechtsform, musste sich diese Forderung 7 bis zur Vergaberechtsreform 2016 aus der **Auftragsbekanntmachung** ergeben. Dies folgte aus § 15 EG Abs. 1 VOL/A bzw. § 12 EG Abs. 2 Nr. 2 VOB/A mit Blick auf den dort vorhandenen Verweis auf das Formular „Auftragsbekanntmachung" (dort Ziff. III 1.3 „Rechtsform der Bietergemeinschaft, an die der Auftrag vergeben wird"). Das bis zum 24.10.2023 zu verwendende Standardformular (Anh. II Durchführungsverordnung (EU) 2015/1986[9]), auf das § 37 Abs. 2 VgV aF[10] verwies, enthielt eine solche Rubrik nicht mehr. Nach den Bestimmungen der Durchführungsverordnung (EU) 2019/1780, die § 37 Abs. 2 VgV nunmehr in Bezug nimmt, ist die Angabe fakultativ. Sollte der Auftraggeber eine bestimmte Rechtsform verlangen, empfiehlt es sich schon aus Transparenzgründen, die entspr. Forderungen in der Auftragsbekanntmachung zu nennen.[11]

3. Eignungsprüfung

Bietergemeinschaften müssen ebenso wie Einzelbieter **geeignet,** dh fachkundig 8 und leistungsfähig, sein. Dabei stellt sich die Frage, ob die Eignungskriterien **bei der Bietergemeinschaft als solcher oder bei den jeweiligen Einzelmitgliedern** vorliegen müssen.[12] Hierzu sollten die Vergabeunterlagen tunlichst eine konkrete

---

[6] BGH 21.1.2009 – Xa ARZ 273/08, IBR 2009, 211 mAnm Weise/Hänsel NJW-Spezial 2009, 173; für die Einordnung als oHG OLG Frankfurt a. M. 10.12.2004 – 21 AR 138/04, NZBau 2005, 590; KG 22.8.2001 – 29 AR 54/01, BauR 2001, 1790, wenn die ARGE nach Art und Umfang einen in kaufmännischer Weise eingerichteten Geschäftsbetrieb erfordert (LG Frankfurt a. M. 23.4.2012 – 2–31 O 261/11, IBR 2012, 1251). Keine Bietergemeinschaft liegt vor, wenn sich zwei Niederlassungen desselben Unternehmens zusammenschließen, OLG Jena 5.12.2001 – 6 Verg 4/01, IBR 2002, 94.

[7] BGH 25.1.2008 – V ZR 63/07, NJW 2008, 1378 (1379); 18.2.2002 – II ZR 331/00, NJW 2002, 1207 (1208); 29.1.2001 – II ZR 331/00, NJW 2001, 1056.

[8] S. zu speziellen Vorgaben des Auftraggebers im Rahmen eines PPP-Projekts OLG Frankfurt a. M. 12.7.2016 – 11 Verg 9/16, IBR 2016, 658.

[9] Die DurchführungsVO (EU) 2015/1986 wurde durch Art. 3 der DurchführungsVO (EU) 2019/1780 zum 25.10.2023 aufgehoben.

[10] Vgl. die Änderung der Regelung mit der Verordnung zur Anpassung des Vergaberechts an die Einführung neuer elektronischer Standardformulare („eForms") für EU-Bekanntmachungen und an weitere europarechtliche Anforderungen, BT Drucks 20/6118.

[11] Teilw. wird weitergehend vertreten, dass aus der Trennung der Regelung in Abs. 3, wonach eine bestimmte Rechtsform verlangt werden kann, von der Bestimmung in Abs. 2 S. 3, Bedingungen für die Eignung und die Ausführung könnten in den Vergabeunterlagen festgelegt wurden, folge, die Verlangen nach einer bestimmten Rechtsform sei in der Auftragsbekanntmachung mitzuteilen, Müller-Wrede VgV/UVgO/Maaser-Siemers VgV § 43 Rn. 99.

[12] Hiervon ist die Frage zu unterscheiden, ob sich die Mitglieder einer ARGE zum Nachweis der Eignung auf die von der ARGE erbrachten Leistungen berufen können. Referenzmaßnahmen, die in einer ARGE durchgeführt wurden, können die Eignung eines Bieters, der sich in einem anderen Vergabeverfahren nicht in Bietergemeinschaft mit seinen ARGE-Partner(n) beteiligt, nur für die Leistungen belegen, die er selbst als ARGE-Mitglied innerhalb der ARGE erbracht hat: VK Bund 15.5.2015 – VK 1–32/15, IBR 2016, 169.

Aussage treffen. IdS bestimmt Abs. 2 S. 3, dass der Auftraggeber in den Vergabeunterlagen Bedingungen festlegen kann, wie Bietergemeinschaften die Eignungskriterien zu erfüllen und den Auftrag auszuführen haben. Dabei ist es allerdings unzulässig, wenn der Auftraggeber verlangt, jedes Mitglied der Bietergemeinschaft müsse proportional zu seinem Anteil an der Auftragsausführung beruflich leistungsfähig sein.[13] Werden in den Vergabeunterlagen keine Festlegungen getroffen, ist es im Regelfall ausreichend, wenn Nachweise zur Fachkunde und zur Leistungsfähigkeit **für ein Mitglied der Bietergemeinschaft** vorgelegt werden, die dann der Bietergemeinschaft als Subjekt der Eignungsprüfung zugerechnet werden.[14] Das Fehlen von Ausschlussgründen nach §§ 123 und 124 GWB ist dagegen auch ohne besondere Forderung von jedem Mitglied nachzuweisen.[15] Ein Ausschlussgrund bei nur einem Mitglied der Bietergemeinschaft infiziert die gesamte Bietergemeinschaft.

9 Die vom Auftraggeber aufgestellten Bedingungen müssen **durch sachliche Gründe gerechtfertigt und angemessen** sein. Dies bedeutet vor allem, dass der Auftraggeber an die Eignung von Bietergemeinschaften keine Bedingungen stellen darf, die über die Bedingungen für Einzelbieter hinausgehen. Unzulässig ist es daher, wenn der Auftraggeber fordert, dass Bietergemeinschaften **gemeinsam erarbeitete Referenzen** vorzulegen haben. Denn dies verstößt gegen das Verbot der Schlechterstellung von Bietergemeinschaften und stellt eine unzulässige Wettbewerbsbeschränkung für Bietergemeinschaften dar.[16]

IV. Rechtsschutz

10 § 43 VgV ist bieterschützend. Verstöße des Auftraggebers können somit zum Gegenstand eines Nachprüfungsverfahrens gemacht werden bzw. die Grundlage für Schadensersatzansprüche bilden. So kann ein Mitbewerber die beabsichtigte Vergabe an eine Bietergemeinschaft mit dem Argument angreifen, deren Bildung habe wettbewerbsbeschränkenden Charakter, weshalb sie auszuschließen sei[17] (→ GWB § 124 Rn. 24 ff.).

§ 44 Befähigung und Erlaubnis zur Berufsausübung

(1) ¹**Der öffentliche Auftraggeber kann verlangen, dass Bewerber oder Bieter je nach den Rechtsvorschriften des Staats, in dem sie niedergelassen sind, entweder die Eintragung in einem Berufs- oder Handelsregister dieses Staats nachweisen oder auf andere Weise die erlaubte Berufsausübung nachweisen.** ²**Für die Mitgliedstaaten der Europäischen Union sind die jeweiligen Berufs- oder Handelsregister und die Bescheinigungen oder Erklärungen über die Berufsausübung in Anhang XI der Richtlinie 2014/24/EU des Europäischen Parlaments und des Rates vom 26. Februar 2014 über die**

---

[13] EuGH 5.4.2017 – C-298/15, ZfBR 2017, 484.

[14] Vgl. ausf. zur Zurechnung VK Hessen 14.5.2020 – 69d-VK-2-22/2020, ZfBR 2020, 805 (Ls.).

[15] KG 21.12.2009 – 2 Verg 11/09, VergabeR 2010, 501 = BeckRS 2010, 3552; OLG Naumburg 30.4.2007 – 1 Verg 1/07, NZBau 2008, 73; OLG Düsseldorf 31.7.2007 – Verg 25/07, BeckRS 2008, 3763 und sehr instruktiv OLG Brandenburg 14.12.2007 – Verg W 21/07, NZBau 2008, 277.

[16] OLG Celle 12.4.2016 – 13 Verg 1/16, VergabeR 2016, 502 = BeckRS 2016, 103404.

[17] OLG Düsseldorf 17.1.2018 – VII Verg 39/17, VergabeR 2018, 559 = NZBau 2018, 237 mit dem Hinweis, dass eine entspr. Rüge erst nach der Vorabinformation gem. § 134 GWB erforderlich ist.

§ 44 VgV

öffentliche Auftragsvergabe und zur Aufhebung der Richtlinie 2004/18/EG (ABl. L 94 vom 28.3.2014, S. 65) aufgeführt.

(2) **Bei der Vergabe öffentlicher Dienstleistungsaufträge kann der öffentliche Auftraggeber dann, wenn Bewerber oder Bieter eine bestimmte Berechtigung besitzen oder Mitglied einer bestimmten Organisation sein müssen, um die betreffende Dienstleistung in ihrem Herkunftsstaat erbringen zu können, von den Bewerbern oder Bietern verlangen, ihre Berechtigung oder Mitgliedschaft nachzuweisen.**

Literatur: Stolz, Die Vergabe von Architekten- und Ingenieurleistungen nach der Vergaberechtsreform 2016, VergabeR 2016, 351. Vgl. auch die Angaben bei § 122 GWB.

I. Bedeutung der Vorschrift

Nach § 122 Abs. 2 Nr. 1–3 GWB und Art. 58 Abs. 1 lit. a RL 2014/24/EU ist 1 die **Eignungsprüfung** auf die übergeordneten Aspekte
– der Befähigung und Erlaubnis zur Berufsausübung,
– der finanziellen und wirtschaftlichen Leistungsfähigkeit sowie
– der beruflichen und technischen Leistungsfähigkeit
beschränkt.[1]

§ 44 VgV regelt in Übereinstimmung mit Art. 58 Abs. 2 RL 2014/24/EU, welche 2 Anforderungen in Bezug auf die Befähigung und Erlaubnis zur Berufsausübung an die Bewerber oder Bieter gestellt werden können.[2] Danach gilt das sog. **Herkunftslandprinzip,** dh dass ein Bewerber oder Bieter, der nach den Rechtsvorschriften des EU-Mitgliedstaats seiner Niederlassung berechtigt ist, im Rahmen seiner Berufsausübung Leistungen der ausgeschriebenen Art zu erbringen, hierzu auch in allen anderen Mitgliedstaaten berechtigt sein soll.[3]

Darüber hinaus enthält die Vorschrift über den Verweis auf **Anh. XI RL 2014/** 3 **24/EU** eine **abschl. Liste** der Belege, die der Auftraggeber – je nach EU-Herkunftsstaat – insoweit verlangen kann. Der öffentliche Auftraggeber darf nur diese Belege verlangen und im Fall ihrer Vorlage keine weitere Prüfung vornehmen, ob der Bieter oder Bewerber die in seinem Niederlassungsstaat geltenden Rechtsvorschriften für die erlaubte Ausübung eines Berufs oder für die Erbringung einer bestimmten Dienstleistung erfüllt. Sofern ein Bieter oder Bewerber die Nachweise beibringt, die der öffentliche Auftraggeber gem. § 44 VgV iVm Anh. XI RL 2014/24/EU verlangen kann, gilt seine Befähigung und Erlaubnis zur Berufsausführung als gegeben.[4] Bestehen seitens des öffentlichen Auftraggebers allerdings Zweifel an der Echtheit der Nachweise, bleibt es ihm unbenommen, entspr. Nachforschungen anzustellen.[5]

II. Nachweis der Erlaubnis der Berufsausübung (Abs. 1)

Nach Abs. 1 kann der öffentliche Auftraggeber verlangen, dass Bewerber oder 4 Bieter nachweisen, dass sie über eine in ihrem Herkunftsstaat etwaig notwendige

---

[1] VK Rheinland 2.12.2019 – VK 42/19, IBRRS 2019, 4113.
[2] S. zu den Aspekten der finanziellen und wirtschaftlichen Leistungsfähigkeit § 45 VgV und der beruflichen und technischen Leistungsfähigkeit § 46 VgV.
[3] S. zu diesem grds. europarechtlichen Prinzip für den Dienstleistungsbereich außerdem die RL 2006/123/EG (Dienstleistungsrichtlinie) sowie für den Bereich des Warenverkehrs EuGH 20.2.1979 – 120/78, BeckRS 2004, 71378 – Cassis de Dijon.
[4] S. Begr. zu § 44 VgV, BT-Drs. 18/7318, 202.
[5] RKMPP/von Hoff/Hausmann/Dabbagh VgV § 44 Rn. 1.

Erlaubnis zur Berufsausübung verfügen. Sinn und Zweck dieses Nachweises ist es, dass der öffentliche Auftraggeber eine verlässliche Auskunft über die Existenz sowie sonstige wichtige Rechts- und Vertretungsverhältnisse des Unternehmens erhält.[6] Ob der öffentliche Auftraggeber diesen Nachweis verlangt, steht in seinem Ermessen. Er ist hierzu nach dem Wortlaut der Vorschrift **nicht verpflichtet.** Er kann hierauf auch verzichten.

5   Entscheidet sich der öffentliche Auftraggeber, den Nachweis der Erlaubnis zur Berufsausübung zu verlangen, ist er gem. Abs. 1 S. 2 auf diejenigen **Bescheinigungen oder Erklärungen** beschränkt, die in **Anh. XI RL 2014/24/EU** für jeden einzelnen EU-Mitgliedstaat aufgeführt sind. Dabei ergibt sich aus Abs. 1, dass von einem Bewerber oder Bieter nur diejenigen Nachweise verlangt werden können, die sie nach dieser Liste in ihrem Herkunftsstaat als Erlaubnis zur Berufsausübung benötigen.

6   Anh. XI RL 2014/24/EU enthält für jeden EU-Mitgliedstaat eine **enumerative und abschl. Aufzählung** der Bescheinigungen oder Erklärungen, die in diesem Zusammenhang verlangt werden dürfen.[7] Für Bewerber oder Bieter mit Sitz in Deutschland sind dies das „Handelsregister", die „Handwerksrolle" und bei Dienstleistungsaufträgen das „Vereinsregister", das „Partnerschaftsregister" und die „Mitgliedsverzeichnisse der Berufskammern der Länder" (s. hierzu auch → Rn. 9).

7   Daraus folgt einerseits, dass von Unternehmen mit Sitz in Deutschland keine weiteren/anderen Zulassungsbescheinigungen verlangt werden können, und andererseits, dass entspr. Eintragungen von Unternehmen mit Sitz im EU-Ausland nicht verlangt werden dürfen. Von diesen dürfen ausschl. die einschlägigen, in Anh. XI RL 2014/24/EU für den EU-Mitgliedstaat ihrer Niederlassung aufgeführten Bescheinigungen gefordert werden. So kann zB von einem österreichischen Unternehmen verlangt werden, dass es in das dem Handelsregister entspr. „Firmenbuch" eingetragen ist, soweit dies zur Erbringung der ausgeschriebenen Leistungen nach den österreichischen Rechtsvorschriften notwendig ist. Fehlt es an einer entspr. Forderung, müsste das Unternehmen auch dann zugelassen werden, wenn es die nach den Rechtsvorschriften seines Niederlassungsstaats geltenden Voraussetzungen für die Erbringung der ausgeschriebenen Leistungen nicht erfüllt.

8   Wird von deutschen Bewerbern oder Bietern die Vorlage eines **Handelsregisterauszugs** verlangt, ist ein Bewerber oder Bieter, der nach den Vorschriften des HGB der Eintragungspflicht unterliegt, jedoch nicht in das Handelsregister eingetragen ist, auszuschließen. Die Eintragungspflicht für Kaufleute ergibt sich aus § 29 HGB. Ob der Bewerber oder Bieter Kaufmann iSd Vorschrift ist, ist anhand der §§ 1 ff. HGB zu prüfen. Danach besteht eine Eintragungspflicht für jedes Unternehmen, das nach Art oder Umfang ein in kaufmännischer Weise eingerichteten Geschäftsbetrieb erfordert. Wird der Nachweis der Eintragung in das Handelsregister verlangt, muss bei fehlender Eintragung positiv festgestellt werden können, dass eine Eintragungspflicht des betreffenden Bewerbers oder Bieters nicht besteht. Anderenfalls wäre der Teilnahmeantrag bzw. das Angebot nach § 57 Abs. 1 Nr. 2 VgV auszuschließen.

III. Erbringung bestimmter Dienstleistungen (Abs. 2)

9   Müssen Bewerber oder Bieter eine bestimmte Berechtigung besitzen oder Mitglied einer bestimmten Organisation sein, um ausgeschriebene **Dienstleistungen in ihrem Herkunftsstaat erbringen zu können,** kann von den Bewerbern oder

---

[6] OLG Düsseldorf 16.1.2006 – VII Verg 92/05, IBRRS 2006, 0814 und 9.6.2004 – VII Verg 11/04, IBRRS 2004, 3443.
[7] OLG Düsseldorf 14.10.2020 – Verg 36/19, NZBau 2020, 732.

Bietern gem. Abs. 2 verlangt werden, ihre Berechtigung oder Mitgliedschaft nachzuweisen. Auch insoweit ist zu berücksichtigen, dass es allein darauf ankommt, ob der betreffende Bewerber oder Bieter nach den Rechtsvorschriften des Herkunftsstaates berechtigt ist, die betreffende Dienstleistung zu erbringen. Bestehen im Herkunftsstaat eines Bewerbers oder Bieters diesbzgl. keine Vorgaben oder Beschränkungen, ist er auch dann zu beteiligen, wenn im Niederlassungsstaat des öffentlichen Auftraggebers entspr. Vorgaben oder Beschränkungen bestehen (sog. **Inländerdiskriminierung**).

Der Regelungsbereich des Abs. 2 betrifft insbes. die Vergabe von **Architekten- 10 und Ingenieurleistungen**. Im Anwendungsbereich des sechsten Abschn. der VgV gelten insoweit jedoch die **Sonderregelungen in § 75 Abs. 1–3 VgV**. Danach ist zuzulassen, wer nach den einschlägigen landesrechtlichen Bestimmungen die Berufsbezeichnung des Architekten oder Ingenieurs tragen oder in der Bundesrepublik Deutschland entsprechend tätig werden darf. Unter welchen Voraussetzungen Bewerbern aus anderen Mitgliedstaaten der EU eine entspr. Qualifikation zuzuerkennen ist, regelt die „**Berufsanerkennungsrichtlinie**",[8] die in den einschlägigen und in § 75 VgV in Bezug genommenen Landesgesetzen umgesetzt wurde. Aus § 75 Abs. 1, 2 VgV können sich deshalb – bei der Vergabe von Architekten- oder Ingenieurleistungen in Übereinstimmung mit europäischem Recht – über § 44 Abs. 2 VgV hinausgehende Zulassungsvoraussetzungen ergeben, siehe die Kommentierung zu → VgV § 75 Rn. 1 ff.[9]

IV. Formale Anforderungen

Wenn keine besondere Form des Nachweises der Eintragung bzw. der Bescheini- 11 gung seitens des Auftraggebers gefordert wird, genügt eine Fotokopie.[10] Soweit der Beleg eine bestimmte Aktualität aufweisen soll, muss dies in der Auftragsbekanntmachung bzw. in der Aufforderung zur Interessensbestätigung ausdr. vorgegeben werden (zur Bekanntmachungspflicht s. → § 48 Rn. 3 ff.). Fehlt eine entspr. Vorgabe, kann ein Bieter, der einen Ausdruck mit einem schon länger zurückliegenden Datum vorlegt, deswegen nicht ausgeschlossen werden.[11] Die Bewerber oder Bieter sind nach § 50 Abs. 3 VgV von der Vorlage befreit, wenn die Eintragung/Bescheinigung kostenfrei im Internet abgerufen werden kann oder bereits im Besitz des Auftraggebers ist und sie im Teilnahmeantrag oder Angebot hierauf hinweisen. Das gilt unabhängig von der Verwendung einer EEE.[12]

§ 45 Wirtschaftliche und finanzielle Leistungsfähigkeit

(1) ¹Der öffentliche Auftraggeber kann im Hinblick auf die wirtschaftliche und finanzielle Leistungsfähigkeit der Bewerber oder Bieter Anforderungen stellen, die sicherstellen, dass die Bewerber oder Bieter über die erforderlichen wirtschaftlichen und finanziellen Kapazitäten für die Ausführung des Auftrags verfügen. ²Zu diesem Zweck kann er insbesondere Folgendes verlangen:
1. einen bestimmten Mindestjahresumsatz, einschließlich eines bestimmten Mindestjahresumsatzes in dem Tätigkeitsbereich des Auftrags,

---

[8] RL 2005/36/EG über die Anerkennung von Berufsqualifikationen.
[9] Stolz VergabeR 2016, 351 (359); EuGH 16.4.2015 – C-477/13, NZBau 2015, 302 – Angerer.
[10] OLG Düsseldorf 16.1.2006 – Verg 92/05, IBRRS 2006, 0814.
[11] RKMPP/von Hoff/Hausmann/Dabbagh VgV § 44 Rn. 4.
[12] RKMPP/Röwekamp VgV § 50 Rn. 28.

2. Informationen über die Bilanzen der Bewerber oder Bieter; dabei kann das in den Bilanzen angegebene Verhältnis zwischen Vermögen und Verbindlichkeiten dann berücksichtigt werden, wenn der öffentliche Auftraggeber transparente, objektive und nichtdiskriminierende Methoden und Kriterien für die Berücksichtigung anwendet und die Methoden und Kriterien in den Vergabeunterlagen angibt, oder
3. eine Berufs- oder Betriebshaftpflichtversicherung in bestimmter geeigneter Höhe.

(2) ¹Sofern ein Mindestjahresumsatz verlangt wird, darf dieser das Zweifache des geschätzten Auftragswerts nur überschreiten, wenn aufgrund der Art des Auftragsgegenstands spezielle Risiken bestehen. ²Der öffentliche Auftraggeber hat eine solche Anforderung in den Vergabeunterlagen oder im Vergabevermerk hinreichend zu begründen.

(3) ¹Ist ein öffentlicher Auftrag in Lose unterteilt, finden die Absätze 1 und 2 auf jedes einzelne Los Anwendung. ²Der öffentliche Auftraggeber kann jedoch für den Fall, dass der erfolgreiche Bieter den Zuschlag für mehrere gleichzeitig auszuführende Lose erhält, einen Mindestjahresumsatz verlangen, der sich auf diese Gruppe von Losen bezieht.

(4) Als Beleg der erforderlichen wirtschaftlichen und finanziellen Leistungsfähigkeit des Bewerbers oder Bieters kann der öffentliche Auftraggeber in der Regel die Vorlage einer oder mehrerer der folgenden Unterlagen verlangen:
1. entsprechende Bankerklärungen,
2. Nachweis einer entsprechenden Berufs- oder Betriebshaftpflichtversicherung,
3. Jahresabschlüsse oder Auszüge von Jahresabschlüssen, falls deren Veröffentlichung in dem Land, in dem der Bewerber oder Bieter niedergelassen ist, gesetzlich vorgeschrieben ist,
4. eine Erklärung über den Gesamtumsatz und gegebenenfalls den Umsatz in dem Tätigkeitsbereich des Auftrags; eine solche Erklärung kann höchstens für die letzten drei Geschäftsjahre verlangt werden und nur, sofern entsprechende Angaben verfügbar sind.

(5) Kann ein Bewerber oder Bieter aus einem berechtigten Grund die geforderten Unterlagen nicht beibringen, so kann er seine wirtschaftliche und finanzielle Leistungsfähigkeit durch Vorlage anderer, vom öffentlichen Auftraggeber als geeignet angesehener Unterlagen belegen.

Literatur: Hettich, Bestimmungsrecht und Ersetzungsbefugnis bei Nachweisen wirtschaftlicher und finanzieller Leistungsfähigkeit, NZBau 2018, 197; Otting, Eignungs- und Zuschlagskriterien im neuen Vergaberecht, VergabeR 2016, 316. Vgl. auch die Angaben bei § 122 GWB.

I. Bedeutung der Vorschrift

1   Die wirtschaftliche und finanzielle Leistungsfähigkeit ist nach § 122 Abs. 2 Nr. 2 GWB und Art. 58 Abs. 1 RL 2014/24/EU ein weiterer übergeordneter Aspekt für die Bestimmung von Eignungskriterien. § 45 VgV regelt iE die materiellen Anforderungen, die die öffentlichen Auftraggeber an die wirtschaftliche und finanzielle Leistungsfähigkeit der Bewerber oder Bieter stellen können und welche Nachweise insoweit verlangt werden dürfen. Die Vorschrift entspricht Art. 58 Abs. 3 RL 2014/24/EU.

Sie beinhaltet **eine nicht abschließende, beispielhafte Auflistung** möglicher 2
Anforderungen und Belege zur wirtschaftlichen und finanziellen Leistungsfähigkeit.[1]
Wie bei den Aspekten der Befähigung und Erlaubnis zur Berufsausübung (§ 44 VgV)
und der technischen und beruflichen Leistungsfähigkeit (§ 46 VgV), ist es dem öffentlichen
Auftraggeber auch im Hinblick auf die wirtschaftliche und finanzielle Leistungsfähigkeit
freigestellt, entspr. Eignungskriterien oder Mindestanforderungen aufzustellen.
Verpflichtet ist er hierzu nicht.[2] Verzichtet er auf die Vorgabe entspr. Kriterien,
darf er diese iRd Eignungsprüfung auch nicht anwenden (s. auch → § 42 Rn. 4).[3]

Wenn er sich dafür entscheidet, muss er berücksichtigen, dass jede Vorgabe – 3
sowohl von in § 45 VgV genannten als auch von darüber hinaus gehenden Eignungskriterien
zur wirtschaftlichen und finanziellen Leistungsfähigkeit – am
Grundsatz der Verhältnismäßigkeit und des Auftragsbezugs zu messen ist
(§ 97 Abs. 1 S. 2, § 122 Abs. 4 S. 1 GWB, iE → GWB § 122 Rn. 24 ff.). Die
Grenze zur Rechtswidrigkeit ist überschritten, wenn eine Forderung unzumutbar
ist oder nicht mehr der Befriedigung eines mit Blick auf das konkrete Beschaffungsvorhaben
berechtigten Informations- und/oder Prüfungsbedürfnisses des
öffentlichen Auftraggebers dient, sondern ohne jeden sachlichen Grund ausgrenzend
und damit wettbewerbsbeschränkend wirkt.[4] Das gilt insbes. auch für in
diesem Bereich vorgegebene Mindestanforderungen (zur Beschränkung der Forderung
bestimmter Mindestumsätze → Rn. 9).

In Abs. 1 werden beispielhaft mögliche materielle Anforderungen an die wirt- 4
schaftliche und finanzielle Leistungsfähigkeit aufgezählt. Abs. 4 benennt die Belege
und Unterlagen, die hierzu verlangt werden können. Die Abs. 2 und 3 enthalten
Sonderregelungen für die Vorgabe von Mindestsätzen. Abs. 5 regelt, unter welchen
Voraussetzungen ein Bewerber oder Bieter, der nicht in der Lage ist, die
geforderten Unterlagen beizubringen, trotzdem berücksichtigt werden kann. Die
Möglichkeiten der Eignungsleihe im Bereich der wirtschaftlichen und finanziellen
Leistungsfähigkeit regelt § 47 VgV (s. insbes. → § 47 Rn. 14 f.).

II. Materielle Anforderungen an die wirtschaftliche und finanzielle Leistungsfähigkeit (Abs. 1)

Nach S. 1 kann der öffentliche Auftraggeber im Hinblick auf die wirtschaftliche 5
und finanzielle Leistungsfähigkeit der Bewerber oder Bieter Anforderungen stellen,
die sicherstellen, dass die Bewerber oder Bieter über die erforderlichen wirtschaftlichen
und finanziellen Kapazitäten für die Ausführung des Auftrags verfügen. Zulässig
sind sämtliche Anforderungen, ggf. auch Mindestanforderungen, die objektiv geeignet
sind, über diese Leistungsfähigkeit eines Wirtschaftsteilnehmers Auskunft zu
geben, sofern sie an die Bedeutung des betreffenden Auftrags idS angepasst sind,
dass sie objektiv einen konkreten Hinweis auf das Bestehen einer zur erfolgreichen
Ausführung dieses Auftrags ausreichenden wirtschaftlichen und finanziellen Basis
ermöglichen, ohne jedoch über das hierzu vernünftigerweise erforderliche Maß
hinauszugehen.[5]

S. 2 benennt drei Beispiele möglicher Anforderungen. Genannt sind 6
– die Forderung nach einem bestimmten **Mindestjahresumsatz** einschl. eines
bestimmten **Mindestjahresumsatzes in dem Tätigkeitsbereich des Auftrags**
(Nr. 1; s. auch Abs. 2 und 3),

---

[1] Begr. zu § 45 VgV, BT-Drs. 18/7318, 202.
[2] Begr. zu § 45 VgV, BT-Drs. 18/7318, 202.
[3] OLG Koblenz 10.6.2010 – 1 Verg 3/10, NZBau 2010, 717.
[4] OLG Koblenz 13.6.2012 – 1 Verg 2/12, NZBau 2012, 724.
[5] EuGH 18.10.2012 – C-218/11, NZBau 2013, 58 – Édukövízig.

– bestimmte Informationen über die **Bilanzen** der Bewerber oder Bieter, wobei das in den Bilanzen angegebene Verhältnis zwischen Vermögen und Verbindlichkeiten berücksichtigt werden kann, wenn der öffentliche Auftraggeber transparente, objektive und nichtdiskriminierende Methoden und Kriterien für die Berücksichtigung anwendet und die Methoden und Kriterien in den Vergabeunterlagen angibt (Nr. 2), und[6]

– die Forderung nach einer **Berufs- oder Betriebshaftpflichtversicherung** in bestimmter geeigneter Höhe (Nr. 3).

7 Auch wenn die beispielhafte Aufzählung ausschl. Anforderungen in Form von Mindestanforderungen aufzählt, steht es dem öffentlichen Auftraggeber frei, entspr. Angaben zur wirtschaftlichen und finanziellen Leistungsfähigkeit zu verlangen, ohne entspr. Mindestanforderungen vorzugeben. So kann bspw. die bloße Angabe der Umsätze verlangt werden, ohne gleichzeitig Mindestjahresumsätze vorzugeben.[7] Das gleiche gilt für die Berufs- oder Betriebshaftpflichtversicherung. Verzichtet der Auftraggeber auf die Vorgabe entspr. Mindestanforderungen, hat er im Rahmen seines Beurteilungsspielraums darüber zu entscheiden, ob die angegebenen Umsatzzahlen, die vorgelegten Bilanzen oder Versicherungen ihrem Inhalt nach die Prognose rechtfertigen, dass das Unternehmen über die für die Ausführung des Auftrags notwendige finanzielle und wirtschaftliche Leistungsfähigkeit verfügt.

8 Entscheidet sich der öffentliche Auftraggeber dafür, Vorgaben zur wirtschaftlichen und finanziellen Leistungsfähigkeit in Form von **Mindestanforderungen** zu machen, müssen diese in der Auftragsbekanntmachung bzw. der Aufforderung zur Interessensbestätigung angegeben werden (zur Bekanntmachungspflicht s. → § 48 Rn. 3 ff.).[8]

III. Mindestjahresumsatz (Abs. 2 und 3)

9 Die nach Abs. 2 vorgesehene **Begrenzung der Forderung eines bestimmten Mindestjahresumsatzes** ist Ausdruck des Verhältnismäßigkeitsgrundsatzes (§ 97 Abs. 1 S. 2 GWB) sowie des Grundsatzes der Mittelstandsfreundlichkeit (§ 97 Abs. 4 GWB).[9] Sofern ein Mindestjahresumsatz verlangt wird, ist dieser grds. **auf das Zweifache des geschätzten Auftragswerts zu begrenzen.**[10] Da die Vorschrift – wie auch Art. 58 Abs. 3 UAbs. 2 RL 2014/24/EU – keine weiteren Beschränkungen enthält, kann diese Obergrenze auch auf einen Mindestjahresumsatz im Tätigkeitsbereich des Auftrags bezogen werden.

10 Eine **Überschreitung** dieser Grenze ist nur ausnahmsweise zulässig, wenn aufgrund der Art des Auftragsgegenstandes spezielle Risiken bestehen, was im Vergabevermerk entspr. darzulegen und zu begründen ist.[11] Die speziellen Risiken des Auftrags müssen mit der Wesensart der zu vergebenden Dienst- oder Lieferleistung einhergehen.[12] Eine Pflicht zur Forderung eines Mindestumsatzes besteht nicht (→ Rn. 7).

---

[6] S. auch Erwgr. 83 der RL 2014/24/EU sowie EuGH 18.10.2012 – C-218/11, NZBau 2013, 58 – Édukövízig.

[7] OLG Koblenz 25.9.2012 – 1 Verg 5/12, NZBau 2013, 63.

[8] Art. 58 Abs. 5 RL 2014/24/EU.

[9] Otting VergabeR 2016, 316 (317).

[10] S. auch Erwgr. 83 der RL 2014/24/EU sowie Art. 58 Abs. 3 UAbs. 5 RL 2014/24/EU zum Mindestjahresumsatz bei Rahmenvereinbarungen mit Einzelauftragsvergabe nach erneutem Aufruf zum Wettbewerb und dynamischen Beschaffungssystemen.

[11] S. auch Erwgr. 83 der RL 2014/24/EU; aA OLG Jena 2.8.2017 – 2 Verg 2/17, NZBau 2018, 176, wonach jede Forderung eines Mindestjahresumsatzes zu begründen und zu dokumentieren sein soll.

[12] S. auch die Beispiele in Erwgr. 83 der RL 2014/24/EU.

Bei der **Vergabe in Losen** ist das Zweifache des Mindestjahresumsatzes am geschätzten Auftragswert für das jew. Los zu bemessen (Abs. 3 S. 1). Ist jedoch in Übereinstimmung mit § 30 VgV vorgesehen, dass der erfolgreiche Bieter den Zuschlag für mehrere gleichzeitig auszuführende Lose erhalten kann, kann der Auftraggeber einen Mindestjahresumsatz verlangen, der sich auf diese Gruppe von Losen, dh auf das Doppelte des Gesamtauftragswerts der betreffenden Lose bezieht (Abs. 3 S. 2). Erreicht der für den Zuschlag einer Losgruppe vorgesehene Bieter diese Mindestumsatzzahlen nicht, kann er den Zuschlag nur für die Anzahl von Losen erhalten, für die er die vorgegebenen Mindestjahresumsatzzahlen vorweisen kann.[13] Auch dies gehört zu den nach § 30 Abs. 2 VgV anzugebenden objektiven und nichtdiskriminierenden Kriterien, die der Auftraggeber ggf. anzuwenden beabsichtigt. 11

IV. Belege zum Nachweis der wirtschaftlichen und finanziellen Leistungsfähigkeit (Abs. 4)

Abs. 4 setzt Art. 60 Abs. 3 UAbs. 1 RL 2014/24/EU und Anh. XII Teil I RL 2014/24/EU um. Die Vorschrift enthält eine **Liste von möglichen Belegen**, die der öffentliche Auftraggeber verlangen und mit denen der Bewerber oder Bieter seine wirtschaftliche und finanzielle Leistungsfähigkeit belegen kann. Auch hierbei handelt es sich um eine **beispielhafte, nicht abschließende Auflistung**. 12

Zu beachten ist jedoch, dass diese Liste teilw. **Beschränkungen** enthält, die im Falle der Anforderung entspr. Belege berücksichtigt werden müssen. So können bspw. **Jahresabschlüsse** oder Auszüge von Jahresabschlüssen nur verlangt werden, falls deren Veröffentlichung in dem Land, in dem der Bewerber oder Bieter niedergelassen ist, gesetzlich vorgeschrieben sind (Nr. 3). Auch insoweit gilt mithin das Herkunftslandprinzip (→ § 44 Rn. 2). 13

Ferner dürfen **Umsatzangaben** höchstens für die letzten drei Geschäftsjahre verlangt werden und nur, sofern entspr. Angaben verfügbar sind (Nr. 4). Mit der letztgenannten Einschränkung soll klargestellt werden, dass von Unternehmen, die noch keine drei Jahre existieren, lediglich Angaben zu den bisherigen Geschäftsjahren verlangt werden können. Solche Unternehmen können – wenn keine anderweitigen Mindestanforderungen formuliert wurden – nicht allein deshalb ausgeschlossen werden, weil sie noch keine drei Geschäftsjahre existieren und dementsprechend nicht für die gesamte Zeit Umsätze vorweisen können.[14] In einem solchen Fall hat der Auftraggeber im Rahmen seines Beurteilungsspielraums darüber zu befinden, ob die wirtschaftliche und finanzielle Leistungsfähigkeit auf der Grundlage der angegebenen Umsätze bejaht werden kann.[15] Dabei können Bieter oder Bewerber auch Umsätze angeben, die sie im Rahmen einer Auftragsausführung **als Arbeitsgemeinschaft oder als Unterauftragnehmer** getätigt haben.[16] Umsätze anderer Mitglieder einer solchen Arbeitsgemeinschaft oder sonstiger Dritter müssen hingegen unberücksichtigt bleiben.[17] 14

Auch bei der Vorgabe zur Vorlage bestimmter Belege ist der Grundsatz der Verhältnismäßigkeit und des Auftragsbezugs (§ 97 Abs. 1 S. 2, § 122 Abs. 4 S. 1 GWB, → GWB § 122 Rn. 24 ff.) zu beachten. Das kann sich bspw. auf das Verlangen des 15

---

[13] RKMPP/von Hoff VgV § 45 Rn. 9.
[14] OLG Dresden 5.2.2021 – Verg 4/20, IBRRS 2021, 0781, und den Wortlaut des § 45 Abs. 4 Nr. 4 VgV „sofern entsprechende Angaben verfügbar sind".
[15] VK Sachsen 20.1.2017 – 1/SVK/030-16, BeckRS 2017, 128682.
[16] Vgl. OLG München 15.3.2012 – Verg 2/12, NZBau 2012, 460.
[17] OLG München 15.3.2012 – Verg 2/12, NZBau 2012, 460.

Nachweises einer bestimmten **Berufs- oder Betriebshaftpflichtversicherung** in bestimmter Höhe (Nr. 2) auswirken. Verfügt ein Unternehmen noch nicht über eine Berufs- oder Betriebshaftpflichtversicherung in der geforderten Höhe, darf das Unternehmen deswegen nicht ausgeschlossen werden, wenn es dafür eine Bestätigung des Versicherungsunternehmens über eine entspr. Versicherbarkeit im Auftragsfall beibringt.[18] Wird eine solche Erklärung nicht von vornherein ausdr. zugelassen, ist deren Vorlage nach Abs. 5 zu akzeptieren (→ Rn. 17 ff.).

16 Unklar ist das **Verhältnis von Abs. 4 zu § 48 Abs. 2 S. 1 VgV**, wonach der öffentliche Auftraggeber grds. die Vorlage von **Eigenerklärungen** fordert. Zwar ist für den Beleg der Gesamtumsätze auch in § 45 Abs. 4 Nr. 4 VgV nur die Abgabe einer „Erklärung" vorgesehen. Hingegen betreffen die unter den Nr. 1–3 aufgelisteten Belege „echte" Nachweise, die einer Eigenerklärung grds. nicht zugänglich sind. In diesen Fällen dürfte Abs. 4 der Regelung des § 48 Abs. 2 S. 1 VgV vorgehen und das Verlangen der Vorlage entspr. Nachweise mit dem Angebot oder dem Teilnahmeantrag nicht zu beanstanden sein (s. zum notwendigen Inhalt eines Teilnahmeantrags auch → § 42 Rn. 10 ff.).[19]

V. Vorlage anderer geeigneter Unterlagen (Abs. 5)

17 Kann ein Bewerber oder Bieter aus einem berechtigten Grund die geforderten Unterlagen nicht beibringen, so kann er seine wirtschaftliche und finanzielle Leistungsfähigkeit durch Vorlage anderer, vom öffentlichen Auftraggeber als geeignet angesehener Unterlagen belegen. Diese Vorschrift dient der Umsetzung von Art. 60 Abs. 3 UAbs. 2 RL 2014/24/EU und **wirft in mehrfacher Hinsicht Fragen auf.**

18 So ist nicht geregelt, ob und ggf. zu welchem Zeitpunkt der Bewerber oder Bieter darlegen und ggf. nachweisen muss, dass er die geforderten Unterlagen aus einem berechtigten Grund nicht erbringen kann. Ebenso wenig ist geregelt, wann und in welcher Form der öffentliche Auftraggeber darüber zu entscheiden hat, ob er die anderen vorgelegten Unterlagen als geeignet ansieht oder nicht und welcher Maßstab hierfür anzusetzen ist. Dabei ist zu berücksichtigen, dass das Fehlen geforderter oder nachgeforderter Unterlagen nach § 57 Abs. 1 Nr. 2 VgV – als Ausprägung des Gleichbehandlungsgrundsatzes – den zwingenden Ausschluss bedingt.

19 Man wird deshalb verlangen müssen, dass der Bewerber oder Bieter mit Abgabe des Teilnahmeantrags oder Angebotes dem Auftraggeber die aus seiner Sicht berechtigten Gründe dafür darlegt, dass er geforderte Unterlagen nicht beibringen kann und gleichzeitig andere geeignete Unterlagen als Beleg vorlegt.[20] Bewerbern und Bietern ist anzuraten, im Wege einer Bewerber- bzw. Bieterfrage dem Auftraggeber darzulegen, aus welchen aus ihrer Sicht berechtigten Gründen sie geforderte Unterlagen nicht beibringen können und welche Unterlagen zum Beleg ihrer wirtschaftlichen und finanziellen Leistungsfähigkeit sie stattdessen vorzulegen beabsichtigen. Öffentliche Auftraggeber haben sich daraufhin verbindlich zu äußern, ob sie diese Unterlagen für geeignet ansehen, wobei dies dann auch anderen Bewerbern oder Bietern – ggf. über eine nachträgliche Änderungsbekanntmachung – mitzuteilen ist. Unter dem Gesichtspunkt des Gleichbehandlungs- und Transparenzgrundsatzes wäre es in diesem Fall problematisch, wenn der öffentliche Auftraggeber hierüber erst iRd Eignungsprüfung entscheiden würde.

20 Ein **berechtigter Grund** iSd Vorschrift ist nur gegeben, wenn es dem Bewerber oder Bieter objektiv unmöglich ist, vom öffentlichen Auftraggeber geforderte Unter-

---

[18] VK Bund 13.6.2019 – VK 2–26/19, IBRRS 2019, 2146.
[19] VK Bund 13.6.2019 – VK 2–26/19, IBRRS 2019, 2146.
[20] VK Bund 13.6.2007 – VK 2–51/07, IBRRS 2007, 5485.

lagen beizubringen.[21] Kann zB ein neu gegründetes Unternehmen geforderte Mindestjahresumsätze nicht vorweisen, kann es aber bspw. als Beleg, dass es für die Ausführung des Auftrags über die erforderlichen wirtschaftlichen und finanziellen Kapazitäten verfügt, eine Patronatserklärung einer Muttergesellschaft vorlegen, dürfte dies als entspr. geeigneter Beleg der wirtschaftlichen und finanziellen Leistungsfähigkeit anzusehen sein. Keine berechtigten Gründe iSd Vorschriften sind jedenfalls Gründe, die das Unternehmen selbst zu vertreten hat, bspw. wenn es die geforderten Bestätigungen nicht rechtzeitig angefordert hat.[22]

§ 46 Technische und berufliche Leistungsfähigkeit

(1) ¹**Der öffentliche Auftraggeber kann im Hinblick auf die technische und berufliche Leistungsfähigkeit der Bewerber oder Bieter Anforderungen stellen, die sicherstellen, dass die Bewerber oder Bieter über die erforderlichen personellen und technischen Mittel sowie ausreichende Erfahrungen verfügen, um den Auftrag in angemessener Qualität ausführen zu können.** ²**Bei Lieferaufträgen, für die Verlege- oder Installationsarbeiten erforderlich sind, sowie bei Dienstleistungsaufträgen kann die berufliche Leistungsfähigkeit der Unternehmen auch anhand ihrer Fachkunde, Effizienz, Erfahrung und Verlässlichkeit beurteilt werden.**

(2) **Der öffentliche Auftraggeber kann die berufliche Leistungsfähigkeit eines Bewerbers oder Bieters verneinen, wenn er festgestellt hat, dass dieser Interessen hat, die mit der Ausführung des öffentlichen Auftrags im Widerspruch stehen und sie nachteilig beeinflussen könnten.**

(3) **Als Beleg der erforderlichen technischen und beruflichen Leistungsfähigkeit des Bewerbers oder Bieters kann der öffentliche Auftraggeber je nach Art, Verwendungszweck und Menge oder Umfang der zu erbringenden Liefer- oder Dienstleistungen ausschließlich die Vorlage von einer oder mehreren der folgenden Unterlagen verlangen:**
1. **geeignete Referenzen über früher ausgeführte Liefer- und Dienstleistungsaufträge in Form einer Liste der in den letzten höchstens drei Jahren erbrachten wesentlichen Liefer- oder Dienstleistungen mit Angabe des Werts, des Liefer- beziehungsweise Erbringungszeitpunkts sowie des öffentlichen oder privaten Empfängers; soweit erforderlich, um einen ausreichenden Wettbewerb sicherzustellen, kann der öffentliche Auftraggeber darauf hinweisen, dass er auch einschlägige Liefer- oder Dienstleistungen berücksichtigen wird, die mehr als drei Jahre zurückliegen,**
2. **Angabe der technischen Fachkräfte oder der technischen Stellen, die im Zusammenhang mit der Leistungserbringung eingesetzt werden sollen, unabhängig davon, ob diese dem Unternehmen angehören oder nicht, und zwar insbesondere derjenigen, die mit der Qualitätskontrolle beauftragt sind,**
3. **Beschreibung der technischen Ausrüstung, der Maßnahmen zur Qualitätssicherung und der Untersuchungs- und Forschungsmöglichkeiten des Unternehmens,**
4. **Angabe des Lieferkettenmanagement- und Lieferkettenüberwachungssystems, das dem Unternehmen zur Vertragserfüllung zur Verfügung steht,**

---

[21] EuGH 13.7.2017 – C-76/16, NZBau 2017, 560 – Ingsteel und Metrostav.
[22] VK Bund 13.6.2007 – VK 2-51/07, IBRRS 2007, 5485.

5. bei komplexer Art der zu erbringenden Leistung oder bei solchen Leistungen, die ausnahmsweise einem besonderen Zweck dienen sollen, eine Kontrolle, die vom öffentlichen Auftraggeber oder in dessen Namen von einer zuständigen amtlichen Stelle im Niederlassungsstaat des Unternehmens durchgeführt wird; diese Kontrolle betrifft die Produktionskapazität beziehungsweise die technische Leistungsfähigkeit und erforderlichenfalls die Untersuchungs- und Forschungsmöglichkeiten des Unternehmens sowie die von diesem für die Qualitätskontrolle getroffenen Vorkehrungen,
6. Studien- und Ausbildungsnachweise sowie Bescheinigungen über die Erlaubnis zur Berufsausübung für die Inhaberin, den Inhaber oder die Führungskräfte des Unternehmens, sofern diese Nachweise nicht als Zuschlagskriterium bewertet werden,
7. Angabe der Umweltmanagementmaßnahmen, die das Unternehmen während der Auftragsausführung anwendet,
8. Erklärung, aus der die durchschnittliche jährliche Beschäftigtenzahl des Unternehmens und die Zahl seiner Führungskräfte in den letzten drei Jahren ersichtlich ist,
9. Erklärung, aus der ersichtlich ist, über welche Ausstattung, welche Geräte und welche technische Ausrüstung das Unternehmen für die Ausführung des Auftrags verfügt,
10. Angabe, welche Teile des Auftrags das Unternehmen unter Umständen als Unteraufträge zu vergeben beabsichtigt,
11. bei Lieferleistungen:
    a) Muster, Beschreibungen oder Fotografien der zu liefernden Güter, wobei die Echtheit auf Verlangen des öffentlichen Auftraggebers nachzuweisen ist, oder
    b) Bescheinigungen, die von als zuständig anerkannten Instituten oder amtlichen Stellen für Qualitätskontrolle ausgestellt wurden, mit denen bestätigt wird, dass die durch entsprechende Bezugnahmen genau bezeichneten Güter bestimmten technischen Anforderungen oder Normen entsprechen.

Literatur: Delcuvé, Interessenneutralität als Eignungskriterium, VergabeR 2019, 717; Gröning, Referenzen und andere Eignungsnachweise, VergabeR 2008, 721; Fritz/Klaedtke, Lieferketten im Vergabeverfahren, NZBau 2022, 131; Kullack, Überprüfung der Eignung der Bieter anhand von Referenzen und Erfahrungen, ZfBR 2022, 649; Otting, Eignungs- und Zuschlagskriterien im neuen Vergaberecht, VergabeR 2016, 316; Pustal, Die potentielle Interessenkollision bei Auftragsausführung nach § 46 Abs. 2 VgV und andere Interessenkonflikte, VergabeR 2020, 466; Schneevogl, Eignungsprüfung bei „Newcomern" – Mehr Gestaltungsmöglichkeiten für Auftraggeber, NZBau 2021, 588; Ziegler, Ausschluss wegen Interessenkonflikten nach § 46 II VgV, NZBau 2019, 498; Zimmermann, Die Eignungsprüfung bei der Ausschreibung von Architektenleistungen, ZfBR 2020, 542. Vgl. iÜ die Angaben bei § 122 GWB.

Übersicht

	Rn.
I. Bedeutung der Vorschrift	1
II. Materielle Anforderungen an die technische und berufliche Leistungsfähigkeit (Abs. 1)	3
III. Interessenskonflikte (Abs. 2)	9
IV. Belege zum Nachweis der technischen und beruflichen Leistungsfähigkeit (Abs. 3)	11
1. Überblick	11

	Rn.
2. Geeignete Referenzen (Nr. 1)	14
3. Technische Fachkräfte (Nr. 2)	21
4. Technische Ausrüstung, Qualitätssicherungsmaßnahmen, Untersuchungs- und Forschungsmöglichkeiten (Nr. 3)	24
5. Lieferkettenmanagement und -überwachungssystem (Nr. 4)	27
6. „Vor-Ort"-Kontrolle (Nr. 5)	28
7. Ausbildungsnachweise/Berufsausübungserlaubnis (Nr. 6)	29
8. Umweltmanagementmaßnahmen (Nr. 7)	31
9. Beschäftigtenzahl/Zahl der Führungskräfte (Nr. 8)	32
10. Geräte und technische Ausrüstung (Nr. 9)	35
11. Beabsichtigte Unteraufträge (Nr. 10)	36
12. Muster und Bescheinigungen bei Lieferleistungen (Nr. 11)	40

I. Bedeutung der Vorschrift

Neben der Befähigung der Berufsausübung[1] und der wirtschaftlichen und finanziellen Leistungsfähigkeit[2] nennt § 122 Abs. 2 Nr. 3 GWB als dritten übergeordneten Aspekt der Eignungsprüfung die **technische und berufliche Leistungsfähigkeit.** Für die Vergabe von Liefer- und Dienstleistungsaufträgen regelt § 46 VgV den näheren Rahmen für die Eignungskriterien und Belege zur technischen und beruflichen Leistungsfähigkeit. Dabei dienen die Abs. 1 und 2 der Umsetzung von Art. 68 Abs. 4 RL 2014/24/EU. Abs. 3 setzt Art. 60 Abs. 4 RL 2014/24/EU iVm Anh. XII Teil II RL 2014/24/EU um. 1

Die in Abs. 3 enthaltene Liste möglicher Nachweise der technischen und beruflichen Leistungsfähigkeit ist – anders als die Auflistung möglicher Nachweise zur wirtschaftlichen und finanziellen Leistungsfähigkeit in § 45 VgV – **abschließend.** Die öffentlichen Auftraggeber dürfen iRd Eignungsprüfung keine anderen Nachweise zur technischen und beruflichen Leistungsfähigkeit der Bewerber oder Bieter fordern.[3] 2

II. Materielle Anforderungen an die technische und berufliche Leistungsfähigkeit (Abs. 1)

Abs. 1 regelt die Anforderungen an die technische und berufliche Leistungsfähigkeit in materieller Hinsicht. Danach kann der öffentliche Auftraggeber Anforderungen stellen, die sicherstellen, dass die Bewerber oder Bieter über **die erforderlichen personellen und technischen Mittel** sowie **ausreichende Erfahrungen** verfügen, um den Auftrag in angemessener Qualität ausführen zu können. 3

Zu beachten ist, dass dieser sehr allgemein formulierte materielle Maßstab durch die Liste möglicher Nachweise in Abs. 3 konkretisiert und begrenzt wird. Da es sich hierbei um einen **abschl. Katalog** möglicher Nachweise und Erklärungen zur technischen und beruflichen Leistungsfähigkeit handelt, können die materiellen Anforderungen nicht über die in dieser Liste erfassten Aspekte hinausgehen. 4

Zu berücksichtigen ist ferner, dass die nach Abs. 1 und Abs. 3 möglichen Anforderungen an die technische und berufliche Leistungsfähigkeit stets unter Berücksichti- 5

---

[1] S. hierzu § 122 Abs. 2 Nr. 1 GWB und § 44 VgV.
[2] S. hierzu § 122 Abs. 2 Nr. 2 GWB und § 45 VgV.
[3] S. Begr. zu § 46 VgV, BT-Drs. 18/7318, 183 f.; OLG Düsseldorf 29.1.14 – VII-Verg 28/13, VPRRS 2014, 0221 = VergabeR 2014, 416, und 7.5.2014 – VII-Verg 46/13, ZfBR 2014, 785; Otting VergabeR 2016, 316 (317).

gung der **Grundsätze des Wettbewerbs, der Verhältnismäßigkeit und des Auftragsbezugs** (§§ 97 Abs. 1, 122 Abs. 4 S. 1 GWB) zu bestimmen sind. Das heißt, dass auch die nach diesen Regelungen grds. zulässigen Anforderungen nur dann und soweit vorgegeben werden dürfen, als diese in Bezug auf den konkreten Beschaffungsvorgang zur Sicherstellung einer ordnungsgemäßen Auftragsausführung geeignet und erforderlich sind.[4] Anforderungen an die technische und berufliche Leistungsfähigkeit, die keinen Bezug zur konkreten Auftragsvergabe haben, dh nicht durch den konkreten Auftragsgegenstand gerechtfertigt sind oder zu diesem nicht im angemessenen Verhältnis stehen, können zulässigerweise auch dann nicht vorgegeben werden, wenn diese von Abs. 1 und 3 grds. gedeckt wären.[5] Für besonders hohe Anforderungen, die eine wettbewerbsbeschränkende Wirkung entfalten, müssen gewichtige Gründe vorliegen und dokumentiert werden.[6]

6 Eine **Sonderregelung enthält Abs. 1 S. 2** für Lieferaufträge, für die Verlege- oder Installationsarbeiten erforderlich sind, sowie für Dienstleistungsaufträge. Danach darf die berufliche Leistungsfähigkeit der Unternehmen „auch anhand ihrer **Fachkunde, Effizienz, Erfahrung und Verlässlichkeit** beurteilt werden". Mit dieser Regelung wurde Art. 58 Abs. 4 UAbs. 3 RL 2014/24/EU umgesetzt. Dabei wurden die im Richtlinientext verwendeten Begriffe Leistungsfähigkeit und Zuverlässigkeit durch die Begriffe „Effizienz" und „Verlässlichkeit" ersetzt.[7]

7 Die Bedeutung dieser Regelung bleibt jedoch auch in Anbetracht dieser geänderten Begrifflichkeiten unklar. Man wird diese jedenfalls nicht dahingehend verstehen können, dass der öffentliche Auftraggeber bei den genannten Auftragsarten neben den vorgegebenen Eignungskriterien auch „eigene Erfahrungen" mit dem Bieter iRd Prüfung des technischen und beruflichen Leistungsfähigkeit berücksichtigen könnte.[8] Schließlich gilt die **abschl. Regelung möglicher Belege zur technischen und beruflichen Leistungsfähigkeit** in Abs. 3 grds. auch für derartige Liefer- und Dienstleistungsaufträge. Wie innerhalb dieser Grenzen die Gesichtspunkte der Fachkunde, Effizienz, Erfahrung und Verlässlichkeit zum Tragen kommen könnten, lässt sich weder der Regelung selbst noch der Begründung hierzu entnehmen. Am ehesten könnte aus der Regelung geschlossen werden, dass bei derartigen Aufträgen nicht nur die Ausführung entspr. Aufträge in der Vergangenheit, sondern vor allem auch deren „erfolgreiche" Ausführung, insbes. eine vertragsgerechte und fristgerechte Leistungserbringung vorausgesetzt werden kann.[9]

8 Offen bleibt indes, auf welcher Grundlage dies beurteilt werden könnte. § 46 Abs. 3 Nr. 1 VgV gestattet lediglich das Verlangen einer „Referenzliste" mit Angabe des Werts, des Liefer- bzw. Erbringungszeitpunkts sowie des öffentlichen oder privaten Empfängers. Nach § 48 Abs. 2 S. 1 VgV darf der öffentliche Auftraggeber zudem grds. nur die Vorlage von Eigenerklärungen verlangen. Dies bietet indes keine hinreichende Grundlage für die Beurteilung der Fachkunde, Effizienz und Verlässlichkeit eines Bieters. Belastbare Auskünfte über eine fachkundige, effiziente und verlässliche Abwicklung früherer Aufträge müssten zwangsläufig vom betreffenden Auftraggeber erteilt werden. Das Verlangen von „Bescheinigungen über die ordnungsgemäße Ausführung und das Ergebnis" (Referenzbescheinigungen) ist jedoch bei der Vergabe von Liefer- und Dienstleis-

---

[4] EuGH 18.10.2012 – C-218/11, NZBau 2013, 58 – Édukövízig und Hochtief Solutions; OLG Düsseldorf 27.6.2018 – VII-Verg 4/18, NZBau 2018, 707.
[5] Ebenso RKMPP/von Hoff VgV § 46 Rn. 2.
[6] OLG Düsseldorf 27.6.2018 – VII-Verg 4/18, NZBau 2018, 707.
[7] S. Begr. zu § 46 VgV, BT-Drs. 18/7318, 203.
[8] S. hierzu in negativer Hinsicht den fakultativen Ausschlussgrund nach § 124 Abs. 1 Nr. 7 GWB.
[9] In diese Richtung auch Voppel/Osenbrück/Bubert/Voppel VgV § 46 Rn. 4.

tungsaufträgen – anders als bei der Vergabe von Bauaufträgen – nicht gestattet.[10] Wenn § 46 Abs. 1 S. 2 VgV überhaupt eine eigenständige Bedeutung beigemessen werden soll, kann diese deshalb nach der hier vertretenen Auffassung nur darin gesehen werden, dass bei derartigen Liefer- und Dienstleistungsaufträgen über den Wortlaut des § 46 Abs. 3 Nr. 1 VgV hinaus die Fachkunde, Effizienz und Verlässlichkeit des Bewerbers oder Bieters durch eigene Recherche beim betreffenden Auftraggeber weiter überprüft und dabei eine fachkundige, effiziente und verlässliche, also insbes. die vertrags- und fristgerechte Ausführung des Referenzauftrages abgefragt werden kann.

III. Interessenskonflikte (Abs. 2)

Nach Abs. 2, mit dem Art. 58 Abs. 4 UAbs. 2 S. 2 RL 2014/24/EU umgesetzt wurde, kann der öffentliche Auftraggeber die berufliche Leistungsfähigkeit eines Bewerbers oder Bieters verneinen, wenn er festgestellt hat, dass dieser Interessen hat, die mit der Ausführung des öffentlichen Auftrags im Widerspruch stehen und sie nachteilig beeinflussen könnten.[11] Die Regelung knüpft – anders als § 124 Nr. 5, 6 GWB – nicht an **Interessenskonflikte** vor oder während eines Vergabeverfahrens, sondern an einen Interessenskonflikt **bei der Ausführung des Auftrags** an. Die Regelung ähnelt damit der früher für die Vergabe von freiberuflichen Leistungen geltenden Regelung in § 4 Abs. 4 VOF, wonach die Durchführung freiberuflicher Leistungen unabhängig von Ausführungs- und Lieferinteressen erfolgen sollte. Gemeint war damit, dass der Bewerber die Gewähr dafür bieten soll, dass er seine Leistung allein im Interesse des Auftraggebers und unabhängig von anderen, ggf. mit dem Auftrag verknüpften Interessen erbringt. 9

IdS regelt Abs. 2 nunmehr für alle Arten von Liefer- und Dienstleistungsaufträgen, dass iRd beruflichen und technischen Leistungsfähigkeit auch berücksichtigt werden kann, ob davon auszugehen ist, dass der Bewerber oder Bieter die zu vergebende Leistung **unbeeinflusst von Drittinteressen** erbringen wird. Grundlage hierfür kann eine von den Bewerbern oder Bietern geforderte Eigenerklärung sein (§ 48 Abs. 2 S. 1 VgV).[12] Da das „Nichtvorliegen von Interessenkonflikten" iSv § 46 Abs. 2 VgV als Eignungskriterium zu qualifizieren ist,[13] muss dieses sowie eine etwaig geforderte Eigenerklärung bereits in der Auftragsbekanntmachung oder in der Aufforderung zur Interessensbestätigung angegeben werden (zur Bekanntmachungspflicht s. → § 48 Rn. 3 ff). Es können aber auch sonstige Erkenntnisse des Auftraggebers über mögliche Interessenkonflikte berücksichtigt werden. Der öffentliche Auftraggeber verfügt – auf der Tatbestandsseite – bei der Feststellung potenzieller Interessenkonflikte über einen Beurteilungsspielraum und – auf der Rechtsfolgenseite – bei der Entscheidung über die Verneinung der beruflichen Leistungsfähigkeit über einen Ermessensspielraum.[14] Die **Darlegungs- und Beweislast** für entspr. Anknüpfungstatsachen liegt jedoch beim Auftraggeber. Er muss zumindest diejenigen Tatsachen nachweisen können, die die berechtigte Vermutung begründen, dass bei dem betreffenden Bewerber oder Bieter eine Auftragsausführung frei von Interessen anderer zu Lasten des Auftraggebers nicht sicher zu erwarten ist. 10

---

[10] VK Nordbayern 7.11.2019 – RMF-SG21-3194-4-48, IBRRS 2019, 4159; Beck VergabeR/Mager VgV § 46 Rn. 23; Summa VPR 2019, 205; s. auch Anhang XII Teil 2a i) und ii) RL 2014/24/EU und für die Vergabe von Bauaufträgen § 6a EU Nr. 3a) S. 1 VOB/A.
[11] S. auch EuGH 12.3.2015 – C-538/13, NZBau 2015, 306 – eVigilo.
[12] VK Bund 30.7.2018 – VK 1–61/18 NZBau 2019, 72.
[13] VK Bund 30.7.2018 – VK 1–61/18, NZBau 2019, 72.
[14] VK Bund 30.7.2018 – VK 1–61/18, NZBau 2019, 72.

IV. Belege zum Nachweis der technischen und beruflichen Leistungsfähigkeit (Abs. 3)

1. Überblick

11 Abs. 3 enthält dem Wortlaut nach („ausschließlich") und der Systematik von Art. 60 RL 2014/24/EU entspr. eine **abschl. Regelung** der Belege, die zum Nachweis der technischen und beruflichen Leistungsfähigkeit vom Auftraggeber verlangt werden können.[15] Welche der aufgeführten Belege der öffentliche Auftraggeber im konkreten Fall verlangen kann, richtet sich „nach Art, Verwendungszweck und Menge oder Umfang der zu erbringenden Liefer- oder Dienstleistungen". Daraus folgt, dass das Verlangen eines jeglichen Belegs durch einen **sachlichen Zusammenhang mit dem Auftragsgegenstand** gerechtfertigt sein muss.[16] Spiegelbildlich gilt, dass auch die Bewerber oder Bieter ihrerseits ihre technische und berufliche Leistungsfähigkeit nicht durch andere Nachweise belegen können.[17] Eine dies zulassende Regelung – wie sie etwa zur finanziellen und wirtschaftlichen Leistungsfähigkeit unter § 45 Abs. 5 VgV vorgesehen ist – enthält § 46 VgV nicht.

12 Abs. 3 unterscheidet nicht zwischen **Liefer- und Dienstleistungen,** so dass die möglichen Belege grds. für beide Leistungsarten gelten.[18] Lediglich § 46 Abs. 3 Nr. 11 VgV gilt seinem Wortlaut nach ausschl. für Lieferleistungen.

13 Noch einer näheren Klärung bedarf die Frage, inwieweit es dem öffentlichen Auftraggeber in Ansehung des abschl. Charakters des Katalogs möglicher Belege zur beruflichen und technischen Leistungsfähigkeit erlaubt ist, die in Abs. 3 beschriebenen Belege in Bezug auf den konkreten Auftrag inhaltlich näher zu konkretisieren.[19] Aus Art. 58 Abs. 5 RL 2014/24/EU lässt sich zumindest ableiten, dass iRd zugelassenen Belege auch **„Mindestanforderungen an die Leistungsfähigkeit"** gestellt werden dürfen (zB eine bestimmte Anzahl an geeigneten Referenzen oder eine Mindestzahl an durchschnittlich Beschäftigten, soweit dies durch den Auftragsgegenstand gerechtfertigt ist). Ob über die zu den einzelnen Belegen geregelten Inhalte hinaus **weitere auftragsspezifische inhaltliche Anforderungen** gestellt werden dürfen, erscheint vor dem Hintergrund des abschl. Charakters der Aufzählung indes fraglich. Beispielsweise stellt sich die Frage, ob iRd nach § 46 Abs. 3 Nr. 8 VgV vorgesehenen Erklärung, aus der die durchschnittliche jährliche Beschäftigtenzahl des Unternehmens in den letzten drei Jahren ersichtlich ist, auch die Zahl einer bestimmten Art von Beschäftigten (zB Ingenieure) abgefragt und ggf. auch insoweit eine Mindestanforderung vorgegeben werden darf. Auch bzgl. der unter § 46 Abs. 3 Nr. 1 VgV genannten Referenzen stellt sich die Frage, ob über die dort erwähnten Angaben (Wert, Lieferzeitpunkt, Auftraggeber) hinaus weitere Angaben verlangt werden können. Dabei wäre insbes. an eine nähere Beschreibung des Leistungsgegenstands sowie die Vorgabe entspr. Mindestanforderungen zu denken. Auch dem könnte indes der abschl. Charakter des Katalogs zulässiger Belege entgegenstehen. Vor dem Hintergrund der Sonderregelung des § 46 Abs. 1 S. 2 VgV (→ Rn. 6 ff.) erscheint es indes zumindest bei **Lieferleistungen mit Verlege- und Installationsarbeiten und bei Dienstleistungen** gerechtfertigt, iRd Katalogs des Abs. 3 weitere oder spezielle auftragsspezifische Angaben zu verlangen, soweit diese der Beurteilung der **Fachkunde, Erfahrung, Effizienz und Verlässlichkeit** des betreffenden Unternehmens dienen. Dies kann etwa spezifische Angaben zu Refe-

---

[15] S. Begr. zu § 46 Abs. 3 VgV, BT-Drs 18/7381, 183.
[16] S. auch § 122 Abs. 4 S. 1 GWB.
[17] S. Begr. zu § 46 Abs. 3 VgV, BT-Drs. 18/7318, 203.
[18] RKMPP/von Hoff VgV § 46 Rn. 8.
[19] Für zulässig erachtet von RKMPP/von Hoff VgV § 46 Rn. 10.

renzaufträgen, wie etwa eine nähere Beschreibung des Leistungsgegenstandes oder das Verlangen nach Benennung eines Ansprechpartners beim früheren Auftraggeber[20], oder Angaben zur Verfügbarkeit bestimmter Fachkräfte oder anderer Beschäftigter betreffen.

2. Geeignete Referenzen (Nr. 1)

Ein zentraler Aspekt der technischen und beruflichen Leistungsfähigkeit sind **Referenzen** des Bewerbers oder Bieters. Gemeint sind damit in der Vergangenheit ausgeführte Aufträge, über deren Ausführung beim damaligen Auftraggeber Auskunft eingeholt werden kann, wobei auch solche Aufträge in Betracht kommen, die in Arbeitsgemeinschaft mit anderen Unternehmen ausgeführt wurden.[21] Die benannten „Referenzaufträge" müssen zum Nachweis der beruflichen und technischen Leistungsfähigkeit **geeignet** sein. Welche Art von Aufträgen der Auftraggeber nach Leistungsinhalt und -umfang für „geeignet" hält, kann er vorab unter Berücksichtigung der zu vergebenden Leistungen definieren.[22] Dabei ist zu berücksichtigen, dass dem Auftraggeber ein gesicherter Schluss auf die Leistungsfähigkeit des Unternehmens in Bezug auf den konkreten ausgeschriebenen Auftrag möglich sein muss, was idR erst anhand vergleichbarer Referenzen möglich sein wird. Eine Referenz ist dann „vergleichbar", wenn die Referenzleistung der ausgeschriebenen Leistung so weit ähnelt, dass sie einen tragfähigen Rückschluss auf die Leistungsfähigkeit des Bieters für die ausgeschriebene Leistung eröffnet.[23] Der Auftraggeber kann insoweit auch **Mindestanforderungen** festlegen.[24] Fehlt eine vorherige Bestimmung, welche Art von Referenzaufträgen er als geeignet ansieht, liegt eine „geeignete" Referenz bereits dann vor, wenn der Leistungsgegenstand der Art nach in der Vergangenheit bereits erbracht wurde.[25] Bei der Vergabe von **Architekten- und Ingenieurleistungen** ist insoweit die einschränkende Sonderregelung des § 75 Abs. 5 VgV zu beachten, wonach die **Nutzungsart** des planungsgegenständlichen Projekts kein zulässiger Maßstab sein soll. 14

Nr. 1 erfasst die Referenzen der Bewerber oder Bieter, also die **Unternehmensreferenzen** (zur Berufung auf Referenzen anderer Unternehmen s. § 47 VgV). Nicht erfasst sind persönliche Referenzen der für die Leistungserbringung vorgesehenen Fachkräfte. Diese können im Zusammenhang mit der „Angabe der technischen Fachkräfte" nach Nr. 2 abgefragt werden (→ Rn. 21 ff.) oder unter den Voraussetzungen des § 58 Abs. 2 Nr. 2 VgV iRd Zuschlagskriteriums „Erfahrung des mit der Ausführung des Auftrags betrauten Personals" berücksichtigt werden.[26] 15

---

[20] VK Südbayern 9.5.2016 – Z3-3-3194-1-10-03/16, IBRRS 2016, 2107.
[21] Gröning VergabeR 2008, 721 (724).
[22] OLG Frankfurt a. M. 8.4.2014 – 11 Verg 1/14, NZBau 2015, 51.
[23] BayObLG 9.11.2021 – Verg 5/21 NZBau 2022, 308; OLG Celle 3.7.2018 – 13 Verg 8/17, NZBau 2019, 213; OLG München 12.11.2012 – Verg 23/12, BeckRS 2012, 23578.
[24] S. Art. 58 Abs. 5 RL 2014/24/EU.
[25] VK Südbayern 28.10.2019 – Z3-3-3194-1-32-09/19, IBRRS 2020, 2020; VK Bund 18.9.2017 – VK 2–96/17, IBRRS 2017, 3772.
[26] Zur Zulässigkeit einer Bewertung derselben Referenzprojekte sowohl auf Eignungsebene als auch auf Zuschlagsebene s. VK Südbayern 2.4.2019 – Z3-3-3194-1-43-11/18, NZBau 2019, 544 und VK Baden-Württemberg 12.11.2019 – 1 VK 62/19, IBRRS 2019, 3871; zur Berücksichtigung von Referenzen, die von Mitarbeitern des Bewerbers oder Bieters im Rahmen einer früheren Tätigkeit für ein anderes Unternehmen erworben wurden s. OLG Frankfurt a. M. 9.7.2010 – 11 Verg 5/10, BeckRS 2010, 19010; OLG Düsseldorf 17.4.2019 – Verg 36/18, NZBau 2019, 737; VK Bund 27.1.2022 – VK 2–137/21, IBRRS 2022, VK Südbayern 17.3.2015 – Z3-3-3194-1-56-12/14, IBRRS 2015, 0800 und 25.2.2021 – 3194.Z3-3_01-20-47, IBRRS 2021, 0967.

16 Nach dem Wortlaut der Vorschrift kann lediglich eine **Liste** der in den letzten höchstens drei Jahren erbrachten wesentlichen Liefer- oder Dienstleistungen **mit Angabe des Werts, des Liefer- bzw. Erbringungszeitpunkts sowie des öffentlichen oder privaten Empfängers** verlangt werden. Nach der hier vertretenen Auffassung können jedoch wegen § 46 Abs. 1 S. 2 VgV zumindest bei Lieferleistungen mit Verlege- und Installationsarbeiten und bei Dienstleistungen weitere Angaben zu den Referenzaufträgen verlangt werden, soweit diese der Prüfung der Fachkunde, Effizienz und Verlässlichkeit des Bewerbers oder Bieters dienen (→ Rn. 8, 13). Dazu gehören insbes. die Forderung nach näheren Angaben zum konkreten Leistungsgegenstand des Referenzauftrags und die Nennung eines Ansprechpartners beim früheren Auftraggeber. Das Verlangen von Referenzbescheinigungen früherer Auftraggeber ist jedoch bei der Vergabe von Liefer- und Dienstleistungsaufträgen – anders als bei der Vergabe von Bauaufträgen – nicht zulässig (→ Rn. 8).

17 Der öffentliche Auftraggeber darf grds. zum Nachweis der erforderlichen Erfahrung des Bewerbers oder Bieters geeignete Referenzen höchstens von **den letzten drei Jahren** fordern. Eine Erweiterung des Zeitraums von drei Jahren ist jedoch zulässig und kann bei eher seltenen oder langfristigen Projekten der ausgeschriebenen Art iSd Wettbewerbs sogar geboten sein. Nicht zulässig wäre es jedoch, als Mindestbedingung vorzugeben, dass über die drei Jahre hinaus vergleichbare Referenzprojekte vorgewiesen werden müssen.[27] Insbes. – aber nicht nur – im Bereich der Planungsleistungen von **Architekten und Ingenieuren** ist die Retrospektive auf drei Jahre häufig zu kurz für aussagekräftige Referenzen. Bei einer Erweiterung muss der Auftraggeber den zugelassenen Zeitraum klar bestimmen. Fehlt eine **ausdr. und eindeutige Regelung**, bleibt es dabei, dass nur Referenzaufträge aus den letzten drei Jahren berücksichtigt werden können.

18 Der Auftraggeber kann und sollte auch definieren, wie er den zugelassenen Zeitraum konkret berechnet (Kalenderjahre oder gerechnet vom Zeitpunkt der Bekanntmachung, Abgabefrist etc). Erstreckt sich die Leistungserbringung – wie insbes. bei Dienstleistungen üblich – über einen längeren Zeitraum, kann und sollte außerdem angegeben werden, ob die Leistung im maßgeblichen Zeitraum über eine bestimmte Zeitdauer ausgeführt worden sein muss oder in diesem Zeitraum beendet bzw. abgenommen worden sein muss. Fehlen ausdr. Vorgaben hierzu, geht dies zu Lasten des Auftraggebers. Das bedeutet, dass er grds. auch solche Referenzaufträge berücksichtigen muss, die nur zu einem untergeordneten Teil in den zugelassenen Zeitraum fallen oder noch nicht beendet bzw. abgenommen sind. Denn der Begriff der „Ausführung" ist grds. in tatsächlicher Hinsicht zu verstehen, dh wann die Leistung tatsächlich erbracht wurde, ohne dass es auf den Abnahmezeitpunkt ankommt.[28] Inwieweit solche Referenzen zum Beleg der beruflichen und technischen Leistungsfähigkeit geeignet sind, unterliegt indes dem Beurteilungsspielraum des Auftraggebers.

19 Fordert der öffentliche Auftraggeber von den Bietern die Angabe von Referenzen, ist er **berechtigt, aber nicht verpflichtet**, die Referenzen durch ein Auskunftsverlangen beim früheren Auftraggeber **zu überprüfen**.[29] Allerdings hat er insoweit den Gleichbehandlungsgrundsatz zu beachten. Überprüft der Auftraggeber die benannten Referenzen, was hinreichend zu dokumentieren ist, kann er das Ergebnis der Überprüfung zur Grundlage seiner Prognoseentscheidung machen.[30]

---

[27] S. Begr. zu § 46 Abs. 3 VgV, BT-Drs. 18/7318, 203.
[28] OLG Frankfurt a. M. 11.10.2016 – 11 Verg 12/16, VPRRS 2016, 0467 = VergabeR 2017, 210; VK Bund 11.6.2021 – VK 2–53/21, IBRRS 2021, 3086.
[29] OLG Düsseldorf 2.12.2009 – VII-Verg 39/09, VPRRS 2010, 0082 = VergabeR 2010, 487; KG 27.11.2008 – 2 Verg 4/08, BeckRS 2009, 113; aA VK Lüneburg 18.5.2020 – VgK 06/2020, IBRRS 2020, 1998, wonach Referenzen bei jedem Bieter zumindest stichprobenhaft zu überprüfen sein sollen.
[30] OLG Düsseldorf 5.7.2007 – Verg 12/07, BeckRS 2009, 5364.

Der Auftraggeber kann die **Anzahl der anzugebenden Referenzen** beschränken.[31] Wird an diese Bedingung keine Ausschlussfolge geknüpft und benennt ein Bewerber mehr als die angegebene Anzahl an Referenzen, darf sich der Auftraggeber jedoch nicht auf die Berücksichtigung der in der Reihenfolge zuerst benannten Referenzen beschränken.[32] In diesem Fall muss er unabhängig von der Reihenfolge alle Referenzen, die die etwaig vorgegebenen Mindestanforderungen erfüllen, berücksichtigen und – bei Verfahren mit Teilnahmewettbewerb – für die Auswahl nach § 51 VgV die „geeignetsten" auswählen.   20

3. Technische Fachkräfte (Nr. 2)

Nach Nr. 2 kann der öffentliche Auftraggeber als Beleg der technischen und beruflichen Leistungsfähigkeit die Angabe der **technischen Fachkräfte oder technischen Stellen,** die im Zusammenhang mit der Leistungserbringung eingesetzt werden sollen, verlangen, unabhängig davon, ob diese dem Unternehmen angehören oder nicht, und zwar insbes. derjenigen, die mit der Qualitätskontrolle beauftragt sind. Technische Fachkräfte sind Fachkräfte, deren Leistungen eine durch Qualifikation und Berufserfahrung belegbare besondere Fachkunde erfordern.[33] Dieser Aspekt der technischen und beruflichen Leistungsfähigkeit ist somit nicht auf Aufträge über technische Leistungen im engeren Sinn, dh naturwissenschaftlich-mechanische Arbeiten, beschränkt, sondern betrifft insbes. Leistungen, bei denen das für die Leistungserbringung zuständige Personal über bestimmte Fähigkeiten, Qualifikationen oder Erfahrungen verfügen muss, um eine ordnungsgemäße Ausführung der Leistung sicherstellen zu können.[34] Das gilt nicht nur hinsichtlich der gesondert hervorgehobenen Qualitätskontrolle, sondern auch für die Leistungserbringung selbst.   21

Neben der Angabe der Anzahl, der Benennung und dem Nachweis der Verfügbarkeit entspr. qualifizierter Fachkräfte können für diese insbes. auch die notwendigen **Qualifikationsnachweise, die Angabe persönlicher Referenzen oder sonstige Angaben und Belege der Qualifikation und Berufserfahrung** verlangt werden.[35] Entsprechende Angaben müssen jedoch einen hinreichenden Leistungsbezug aufweisen und dem Grundsatz der Verhältnismäßigkeit entsprechen. Verfügt der Bewerber oder Bieter selbst nicht über die für die Leistungserbringung oder einen Teil der ausgeschriebenen Leistung notwendigen Fachkräfte, kann er auch technische Fachkräfte angeben, die dem Unternehmen nicht angehören. Insoweit sind jedoch die Vorgaben zur **Eignungsleihe** gem. § 47 VgV zu beachten.   22

Soweit bestimmtes **Fachpersonal** zur Ausführung der ausgeschriebenen Leistungen erforderlich ist und der Bewerber oder Bieter über dieses noch nicht verfügt, genügt in der Regel die Erklärung, dass er bereit und in der Lage ist, das notwendige Personal rechtzeitig zum Leistungsbeginn einzustellen.[36] Allerdings kann der öffentliche Auftraggeber, wenn die Beschaffung des notwendigen Personals im Zeitraum zwischen der Angebotsabgabe und dem Leistungsbeginn nicht sicher zu erwarten ist, ausnahmsweise in der Auftragsbekanntmachung verlangen, dass das notwendige   22a

---

[31] Ebenso Müller-Wrede/VgV/UVgO/Seeger VgV § 46 Rn. 41.
[32] OLG Düsseldorf 21.10.2015 – VII-Verg 28/14, NZBau 2016, 235 und 12.9.2012 – VII-Verg 108/11, NZBau 2013, 61; KG 4.6.2019 – Verg 8/18, NZBau 2019, 822.
[33] KG 10.5.2022 – Verg 2/21, NZBau 2022, 764.
[34] KG 10.5.2022 – Verg 2/21, NZBau 2022, 764.
[35] KG 10.5.2022 – Verg 2/21, NZBau 2022, 764; VK Bund 24.1.2020 – VK 1–97/19, IBRRS 2020, 0997; VK Baden-Württemberg 12.11.2019 – 1 VK 62/19, IBRRS 2019, 3871; Müller-Wrede/VgV/UVgO/Seeger VgV § 46 Rn. 48.
[36] OLG Düsseldorf 12.6.2019 – Verg 52/18, NZBau 2020, 258.

Fachpersonal bereits bei Angebotsabgabe vorhanden sein muss.[37] Der Auftraggeber muss sich grds. nicht darauf einlassen, einen Bieter zu beauftragen, bei dem das Risiko besteht, dass er nicht rechtzeitig über das für die Leistungserbringung notwendige Personal verfügt. Auch insoweit ist aber der Verhältnismäßigkeitsgrundsatz (§ 97 Abs. 1 S. 2 GWB) zu beachten.

23 Wird die Angabe der technischen Fachkräfte unter Nachweis deren hinreichender Qualifikation und Erfahrung zur Prüfung der technischen und beruflichen Leistungsfähigkeit verlangt, scheidet nach hier vertretener Auffassung eine Berücksichtigung der Qualifikation und Erfahrung dieser Fachkräfte iRd **Zuschlagskriterien** gem. § 58 Abs. 2 Nr. 2 VgV aus.[38] Dies ist zwar in § 46 Abs. 3 Nr. 6 VgV ausdr. nur in Bezug auf Qualifikationsnachweise des Inhabers und der Führungskräfte des Unternehmens geregelt. Der darin enthaltene Rechtsgedanke ist jedoch auch in Bezug auf die Qualifikation und Erfahrung der technischen Fachkräfte nach § 46 Abs. 3 Nr. 2 VgV anzuwenden. Schließlich ergibt sich daraus, dass eine **Doppelberücksichtigung** der gleichen Gesichtspunkte betreffend die Qualifikation und Erfahrung des mit der Ausführung des Auftrags betrauten Personals sowohl bei den Eignungskriterien als auch bei den Zuschlagskriterien ausgeschlossen werden sollte.[39]

4. Technische Ausrüstung, Qualitätssicherungsmaßnahmen, Untersuchungs- und Forschungsmöglichkeiten (Nr. 3)

24 Nach Nr. 3 kann der öffentliche Auftraggeber zur Prüfung der technischen und beruflichen Leistungsfähigkeit der Bewerber oder Bieter eine Beschreibung der **technischen Ausrüstung,** der **Maßnahmen zur Qualitätssicherung** und der **Untersuchungs- und Forschungsmöglichkeiten** des Unternehmens verlangen.

25 In Nr. 3 wird die auch in Nr. 9 erwähnte „technische Ausrüstung" angeführt, was auf eine Überschneidung hindeuten könnte. Tatsächlich geht es bei der Nr. 3 um die Beschreibung der technischen Ausrüstung, die zur Qualitätssicherung eingesetzt wird.[40] Das ergibt sich aus der englischen Fassung des Anhangs XII Teil II lit. c der RL 2014/24/EU, wo es heißt: „a description of the technical facilities and measures used by the economic operator for ensuring quality and the undertaking's study and research facilities".

26 Das Verlangen der **Maßnahmen zur Qualitätssicherung** ist iRd technischen und beruflichen Leistungsfähigkeit unternehmensbezogen zu verstehen. Nach § 49 Abs. 1 VgV können unter den dort genannten Voraussetzungen auch Bescheinigungen unabhängiger Qualitätsstellen (Zertifikate nach DIN EN ISO 9000 ff. etc) verlangt werden (s. auch § 49 Abs. 1 VgV). Das Verlangen nach einem unternehmensbezogenen Qualitätsmanagementsystem schließt es nicht aus, spezifische auftragsbezogene Qualitätssicherungsmaßnahmen nach § 58 Abs. 2 Nr. 1 VgV als Zuschlagskriterien vorzusehen. Wird die Beschreibung etwaiger **Untersuchungs- und Forschungsmöglichkeiten** des Unternehmens verlangt, setzt dies voraus, dass diese für die Erbringung der konkret ausgeschriebenen Leistung relevant sein und sich auf diese positiv auswirken können. Dies kann insbes. bei Lieferaufträgen über neuartige Waren oder Baustoffe der Fall sein.

5. Lieferkettenmanagement und -überwachungssystem (Nr. 4)

27 Angaben zum Lieferkettenmanagement- und/oder Lieferkettenüberwachungssystem können bei der Vergabe von Lieferleistungen im Bereich sog. Händlermärkte

---

[37] OLG Düsseldorf 23.5.2012 – VII-Verg 4/12, BeckRS 2012, 18207 und 12.6.2019 – Verg 52/18, NZBau 2020, 258.
[38] AA VK Baden-Württemberg 12.11.2019 – 1 VK 62/19, BeckRS 2019, 31852.
[39] RKMPP/von Hoff VgV § 46 Rn. 25.
[40] Ebenso Voppel/Osenbrück/Bubert/Voppel VgV § 46 Rn. 53.

oder bei der Beschaffung von Waren, die aus verschiedenen Komponenten zusammengesetzt werden, relevant werden. **Lieferkettenmanagement** meint dabei den Aufbau und die Verwaltung integrierter Logistikketten über den gesamten Wertschöpfungsprozess von der Rohstoffgewinnung über die Veredelungsstufen bis zum Endverbraucher.[41] Unter ein **Lieferkettenüberwachungssystem** fallen Kontroll- und Informationsmöglichkeiten bzgl. des Auftragsgegenstands auf seinem Weg durch die Lieferkette.[42] Nicht abschl. geklärt ist, ob unter der Voraussetzung eines hinreichenden Auftragsbezugs und der Angemessenheit (§ 122 Abs. 4 Satz 1 GWB) auch Gesichtspunkte der Nachhaltigkeit, insbes. soziale und ökologische Aspekte der Produktion und Herstellung geliefter bzw. verwendeter Produkte, eine Rolle spielen können und insoweit Mindestanforderungen gestellt werden können.[43] Das Kriterium kann sich ggf. auch als **Auswahlkriterium** nach § 51 Abs. 1 VgV eignen. Das gilt insbes. dann, wenn entspr. soziale und ökologische Aspekte gem. § 128 Abs. 2 GWB als Ausführungsbedingungen oder nach § 58 Abs. 2 Nr. 1 VgV als Zuschlagskriterien vorgesehen sind.

6. „Vor-Ort"-Kontrolle (Nr. 5)

Nach Nr. 5 kann der öffentliche Auftraggeber selbst oder durch eine zuständige amtliche Stelle im Niederlassungsstaat des Bewerbers oder Bieters die Produktionskapazität sowie etwaige Untersuchungs- und Forschungsmöglichkeiten (s. hierzu auch Nr. 3) sowie die Vorkehrungen zur Qualitätskontrolle **vor Ort kontrollieren.** Voraussetzung für ein entspr. Verlangen bzw. einen entspr. Vorbehalt ist jedoch, dass die zu erbringenden **Leistungen komplexer Art** sind oder einem besonderen Zweck dienen, die eine entspr. Überprüfung rechtfertigen. Denkbar ist dies zB bei sog. „Offsite"-IT-Dienstleistungen zur Überprüfung der Maßnahmen zur Qualitätssicherung und Datensicherheit am Dienstleistungsstandort des Bewerbers oder Bieters. 28

7. Ausbildungsnachweise/Berufsausübungserlaubnis (Nr. 6)

Nach Nr. 6 können **Studien- und Ausbildungsnachweise für die Inhaberin, den Inhaber oder die Führungskräfte des Unternehmens** verlangt werden, sofern diese Nachweise nicht als Zuschlagskriterium bewertet werden (s. hierzu § 58 Abs. 2 S. 2 VgV). Der öffentliche Auftraggeber muss folglich vor Einleitung des Vergabeverfahrens festlegen, ob die Qualifikation der Inhaber oder der Führungskräfte des Unternehmens anhand der Studien- und Ausbildungsnachweise als Eignungskriterium oder als Zuschlagskriterium berücksichtigt werden soll. Es besteht insoweit ein **Verbot der Doppelberücksichtigung.** Studien- und Ausbildungsnachweise sowie andere Qualifikationsnachweise von bei der Leistungserbringung eingesetzten Fachkräften, die nicht zum Kreis der Inhaber oder Führungskräfte des Unternehmens gehören, fallen unter § 46 Abs. 3 Nr. 2 VgV (→ Rn. 21 ff.). Das Verlangen bestimmter Studien- und Ausbildungsnachweise der Inhaber oder der Führungskräfte des Unternehmens muss unter Berücksichtigung der zu vergebenden Leistung sachlich gerechtfertigt sein. 29

Die in Nr. 6 ebenfalls erwähnten **Bescheinigungen über die Erlaubnis zur Berufsausübung** unterfallen grds. der abschl. Regelung des § 44 VgV. Aus Nr. 6 ergibt sich jedoch, dass personenbezogene Bescheinigungen über die Erlaubnis zur Berufsausübung, insbes. solche nach § 44 Abs. 2 VgV, beim Inhaber bzw. den Füh- 30

---

[41] Müller-Wrede/VgV/UVgO/Seeger VgV § 46 Rn. 54.
[42] Müller-Wrede/VgV/UVgO/Seeger VgV § 46 Rn. 54.
[43] Bejahend VK Bund 3.12.2020 – VK 1–94/20, VPRRS 2021, 0013; Hattenhauer/Butzer ZfBR 2017, 129 (131); offen gelassen; Beck VergabeR/Opitz GWB § 128 Rn. 17; verneinend Müller-Wrede/VgV/UVgO/Seeger VgV § 46 Rn. 55.

VgV § 46 Technische und berufliche Leistungsfähigkeit

rungskräften des Unternehmens vorausgesetzt werden können. Für den Bereich der Vergabe von **Architekten- und Ingenieurleistungen** sind insoweit die Sonderregelungen des § 75 Abs. 1–3 VgV zu beachten, → § 75 Rn. 1 ff.

30a Gleichwertige Nachweise aus anderen Mitgliedstaaten sind anzuerkennen.[44]

8. Umweltmanagementmaßnahmen (Nr. 7)

31 Nach Nr. 7 kann der öffentliche Auftraggeber ferner die Angabe von Umweltmanagementmaßnahmen, die das Unternehmen während der Auftragsausführung anwendet, verlangen. Umweltmanagementsysteme betreffen die Organisation des Unternehmens im Hinblick auf die Erfüllung formulierter Umweltziele.[45] Nach § 49 Abs. 2 VgV können unter den dort genannten Voraussetzungen auch entspr. Bescheinigungen unabhängiger Stellen verlangt werden (s. → § 49 Rn. 12 ff.). Zwar bezieht sich der Wortlaut auf Umweltmanagementmaßnahmen, „die das Unternehmen während der Auftragsausführung anwendet". Dies ist jedoch nicht iS auftragsspezifischer Umweltmanagementmaßnahmen zu verstehen. Die Kriterien der technischen und beruflichen Leistungsfähigkeit sind generell **unternehmensbezogen**, so dass es in diesem Zusammenhang auf die im Unternehmen allgemein und unabhängig vom konkreten Auftrag angewandten Umweltmanagementmaßnahmen ankommt. Diese sind jedoch nur zu beachten, wenn diese auch bei der Ausführung des ausgeschriebenen Auftrags zur Anwendung kommen. Davon zu unterscheiden sind „umweltbezogene Eigenschaften" iSv § 58 Abs. 2 Nr. 1 VgV, die sich spezifisch auf die konkret ausgeschriebene Leistung beziehen und damit als Zuschlagskriterien berücksichtigt werden können.

9. Beschäftigtenzahl/Zahl der Führungskräfte (Nr. 8)

32 Nr. 8 erlaubt dem öffentlichen Auftraggeber, eine Erklärung über **die durchschnittliche jährliche Beschäftigtenanzahl des Unternehmens und die Zahl seiner Führungskräfte in den letzten drei Jahren** zu verlangen. Dabei dürfen Beschäftigte und Führungskräfte aus konzernverbundenen Unternehmen nur unter den Voraussetzungen einer Eignungsleihe nach § 47 VgV berücksichtigt werden, wobei in diesem Fall die Zahlen für die einzelnen Unternehmen gesondert anzugeben sind.[46] Soweit es zur Feststellung der Fachkunde oder Erfahrung auf eine bestimmte Art von Beschäftigten ankommt, können die betreffenden Zahlen auch für diesen Teil der Beschäftigten verlangt werden. Auch insoweit sind – unter Beachtung des Verhältnismäßigkeitsgrundsatzes – Mindestanforderungen denkbar.[47]

33 Verfügt ein Unternehmen im Zeitpunkt der Abgabe des Teilnahmeantrags oder des Angebots noch nicht über die für die Leistungserbringung notwendige Anzahl an Beschäftigten, genügt in der Regel die Erklärung, im Auftragsfall rechtzeitig zum Leistungsbeginn weitere Personen einzustellen.[48] Es obliegt dann dem Auftraggeber im Rahmen seiner **Prognoseentscheidung** darüber zu befinden, inwieweit dies sichergestellt erscheint. Wenn allerdings Leistungen vergeben werden, für die auf dem Arbeitsmarkt nur eine begrenzte Anzahl an geeigneten Mitarbeitern zur Verfügung steht, bedarf es einer konkreten Darlegung, dass und aus welchen Gründen dem Bewerber oder Bieter das zur Auftragserfüllung erfor-

---

[44] S. RL v. 20. November 2013 zur Änderung der Richtlinie 2005/36/EG über die Anerkennung von Berufsqualifikationen und der Verordnung (EU) Nr. 1024/2012 über die Verwaltungszusammenarbeit mit Hilfe des Binnenmarkt-Informationssystems („IMI-Verordnung").
[45] Müller-Wrede/VgV/UVgO/Seeger VgV § 46 Rn. 64.
[46] RKMPP/von Hoff VgV § 46 Rn. 29.
[47] S. Art. 58 Abs. 5 RL 2014/24/EU.
[48] OLG Düsseldorf 12.6.2019 – Verg 52/18, BeckRS 2019, 30789.

derliche Personal rechtzeitig zum Leitungsbeginn tatsächlich zur Verfügung stehen wird.[49] Verbleiben begründete Zweifel, dass der Bewerber oder Bieter das notwendige Personal rechtzeitig einstellen kann, kann der öffentliche Auftraggeber im Rahmen seines Beurteilungsspielraums die technische und berufliche Leistungsfähigkeit verneinen.

Im Bereich der **Architekten- und Ingenieurleistungen** ist die Sonderregelung 34 des § 75 Abs. 4 S. 2 VgV zu beachten, wonach die Eigungskriterien bei geeigneten Aufgabenstellungen so zu wählen sind, dass sich auch kleinere Büroorganisationen beteiligen können. Aufgrund des allgemein geltenden Verhältnismäßigkeitsgrundsatzes (§ 122 Abs. 4 S. 1 GWB) gilt dies indes auch für alle anderen Dienstleistungsaufträge.

10. Geräte und technische Ausrüstung (Nr. 9)

Nach Nr. 9 kann der öffentliche Auftraggeber zur Prüfung der technischen und 35 beruflichen Leistungsfähigkeit der Bewerber oder Bieter eine Erklärung verlangen, aus der ersichtlich ist, über welche Ausstattung, welche Geräte und welche technische Ausrüstung das Unternehmen für die Ausführung des Auftrags verfügt. Zu beachten ist auch hier, dass ein solches Verlangen stets einen Auftragsbezug aufweisen, dh durch die konkret zu vergebenden Leistungen gerechtfertigt sein muss (§ 122 Abs. 4 S. 1 GWB).

Soweit eine bestimmte **technische Ausrüstung** zur Ausführung der ausgeschrie- 35a benen Leistungen erforderlich ist und der Bewerber oder Bieter über diese noch nicht verfügt, genügt in der Regel die Erklärung, dass er bereit und in der Lage ist, die notwendige technische Ausrüstung rechtzeitig zum Leistungsbeginn zu beschaffen.[50] Allerdings kann der öffentliche Auftraggeber, wenn die Beschaffung der notwendigen technischen Ausrüstung im Zeitraum zwischen der Angebotsabgabe und dem Leistungsbeginn nicht sicher zu erwarten ist, ausnahmsweise in der Auftragsbekanntmachung verlangen, dass die notwendige technische Ausrüstung bereits bei Angebotsabgabe vorhanden sein muss.[51] Der Auftraggeber muss sich grds. nicht darauf einlassen, einen Bieter zu beauftragen, bei dem das Risiko besteht, dass er nicht rechtzeitig über die für die Leistungserbringung notwendige Ausrüstung verfügt. Auch insoweit ist aber der Verhältnismäßigkeitsgrundsatz (§ 97 Abs. 1 S. 2 GWB) zu beachten. Benötigt der Betrieb der technischen Ausrüstung eine behördliche Genehmigung, kann der öffentliche Auftraggeber auch den Nachweis einer solchen Genehmigung bzw. einer rechtzeitigen Genehmigungsfähigkeit verlangen.[52]

11. Beabsichtigte Unteraufträge (Nr. 10)

Gem. Nr. 10 sollen auch die **Teile des Auftrags, die das Unternehmen uU** 36 **als Unteraufträge zu vergeben beabsichtigt**, ein Gesichtspunkt der technischen und beruflichen Leistungsfähigkeit sein (zur Abgrenzung zwischen Unterauftragnehmer- und reinen Zulieferer- und Hilfsleistungen → § 36 Rn. 5, 6). Wie sich aus der Formulierung „unter Umständen" ergibt, werden hiervon aber nicht nur Teile des Auftrags, die das Unternehmen selbst nicht erbringen kann, erfasst, sondern **auch**

---

[49] OLG Düsseldorf 12.6.2019 – Verg 52/18, BeckRS 2019, 30789.
[50] OLG Düsseldorf 26.7.2017 – VII-Verg 11/17, BeckRS 2017, 128802; OLG München 17.1.2013 – Verg 30/12, BeckRS 2013, 1364.
[51] OLG Düsseldorf 23.5.2012 – VII-Verg 4/12, BeckRS 2012, 18207; OLG München 17.1.2013 – Verg 30/12, BeckRS 2013, 1364.
[52] OLG Düsseldorf 9.7.2003 – Verg 26/03, IBRRS 2003, 1975; OLG München 27.7.2018 – Verg 2/18, NZBau 2019, 138; RKMPP/von Hoff VgV § 46 Rn. 21; Müller-Wrede/VgV/UVgO/Seeger VgV § 46 Rn. 50.

VgV § 46   Technische und berufliche Leistungsfähigkeit

solche Leistungen, die das Unternehmen zwar selbst erbringen könnte, für die es aber dennoch die Vergabe eines Unterauftrags in Erwägung zieht.

37   Zwingend ist das Verlangen dieser Angaben, wenn der öffentliche Auftraggeber gem. § 47 Abs. 5 VgV (sog. Selbstausführungsgebot) vorschreibt, dass bestimmte kritische Aufgaben vom Bieter selbst oder von einem Teilnehmer der Bietergemeinschaft ausgeführt werden müssen, um feststellen zu können, ob der betreffende Bewerber oder Bieter diesen Vorgaben gerecht wird. Da die Bewerber oder Bieter im Zeitpunkt der Erstellung des Teilnahmeantrags bzw. ihres Angebots gem. § 41 Abs. 1 VgV Kenntnis der vollständigen Vergabeunterlagen und damit auch Kenntnis der Leistungsbeschreibung haben, kann von ihnen auch eine entspr. Angabe verlangt werden. Da im Teilnahmewettbewerb gem. § 42 Abs. 2 VgV eine vollständige Eignungsprüfung stattzufinden hat, müssen hier bereits mit dem Teilnahmeantrag auch die konkret vorgesehenen Unterauftragnehmer benannt und entspr. Verpflichtungserklärungen vorgelegt werden (→ § 42 Rn. 11).

38   Der spätere **Übergang von einer ursprünglich beabsichtigten Unterauftragsvergabe zur Eigenausführung** ist grds. unproblematisch.[53] Dies wird auch durch die Formulierung „unter Umständen" gestützt. Das gilt indes nur, wenn der Bewerber oder Bieter für den betreffenden Leistungsanteil selbst die gestellten Eignungskriterien bzw. Mindestanforderungen erfüllen kann.[54]

39   Fraglich ist, ob der beabsichtigte Anteil an Unteraufträgen auch ein **Auswahlkriterium** iSd § 51 Abs. 1 VgV sein kann, mit der Konsequenz, dass die Auswahl auch anhand des Anteils der Eigen- bzw. Fremdleistungsquote bemessen werden könnte. Dem steht jedoch der Rechtsgedanke des § 47 Abs. 5 VgV entgegen, wonach die Ausführung in Eigenleistung nur für „bestimmte kritische Aufgaben" verlangt werden kann und darüber hinaus eine bestimmte Eigenleistungsquote nicht zur Voraussetzung gemacht werden darf.[55] Insoweit erscheint es konsequent, dass ein „Mehr" an Eigenleistung im Rahmen der Auswahl nach § 51 Abs. 1 VgV nicht berücksichtigt werden kann.[56]

12. Muster und Bescheinigungen bei Lieferleistungen (Nr. 11)

40   Nur für die Vergabe von Lieferaufträgen sieht Nr. 11 vor, dass der öffentliche Auftraggeber
     a) **Muster, Bescheinigungen oder Fotografien** der zu liefernden Güter, wobei die Echtheit auf Verlangen des öffentlichen Auftraggebers nachzuweisen ist, oder
     b) **Bescheinigungen, die von als zuständig anerkannten Instituten oder amtlichen Stellen für Qualitätskontrolle** ausgefüllt wurden, mit denen bestätigt wird, dass die durch entspr. Bezugnahme genau bezeichneten Güter bestimmte technische Anforderungen oder Normen entsprechen,

verlangen kann.

41   Die verlangten Muster, Beschreibungen, Fotografien oder Bescheinigungen müssen der Beurteilung der technischen und beruflichen Leistungsfähigkeit in Bezug auf den ausgeschriebenen Auftragsgegenstand dienen und insoweit dem Verhältnismäßigkeitsgrundsatz entsprechen (§ 97 Abs. 1 S. 2, § 122 Abs. 4 S. 1 GWB). Die verlangten Gegenstände bzw. Unterlagen müssen dazu geeignet sein, dass der Auftraggeber auf dieser Grundlage den Schluss ziehen kann, dass die vom Bieter gelieferten Gegenstände den ausgeschriebenen technischen Spezifikationen entsprechen.

---

[53] OLG München 12.9.2005 – Verg 20/05, NZBau 2006, 131.
[54] OLG Düsseldorf 5.5.2004 – VII-Verg 10/04, NZBau 2004, 460.
[55] S. Begr. zu § 36 VgV und § 47 VgV, BT-Drs. 18/7318; idS EuGH 14.7.2016 – C-406/14, NZBau 2016, 571 – Wroclaw und 18.3.2004 – C-314/01, NZBau 2004, 340 – Siemens und ARGE Telekom.
[56] VK Sachsen 10.2.2012 – 1/SVK/001-12, IBRRS 2012, 1401 zu § 10 VOF.

Die unter Nr. 11b angesprochenen Bescheinigungen können insbes. auch **Konformitätserklärungen iSv § 33 VgV und Gütezeichen iSd § 34 VgV** betreffen. Insoweit sind zusätzlich die in diesen Vorschriften enthaltenen Vorgaben, insbes. der sich daraus ergebende Vorrang europäischer Zertifizierungsnormen, zu beachten. Ebenso ist die Möglichkeit zur Vorlage gleichwertiger Bescheinigungen von Stellen aus anderen Mitgliedstaaten zu berücksichtigen.

Angeforderte **Muster** der angebotenen Leistung sollen Erklärungen der Bieter, wie diese beschaffen ist, ersetzen. Das gebietet, die geforderten Muster gegenüber der vom öffentlichen Auftraggeber geforderten Erklärung vergaberechtlich gleich zu behandeln. Fehlen Muster, deren Vorlage der öffentliche Auftraggeber im Hinblick auf die Prüfung der technischen und beruflichen Leistungsfähigkeit fordert, oder ist das verlangte Muster unvollständig, ist mithin die Anwendung von § 56 Abs. 2 VgV geboten.[57] Etwas anderes gilt, wenn Muster im Hinblick auf die Prüfung der Wirtschaftlichkeit iRd Zuschlagskriterien nach § 58 Abs. 2 Nr. 1 VgV verlangt werden. In diesem Fall ist eine Nachforderung gem. § 56 Abs. 3 VgV ausgeschlossen. 42

§ 47 Eignungsleihe

(1) **¹Ein Bewerber oder Bieter kann für einen bestimmten öffentlichen Auftrag im Hinblick auf die erforderliche wirtschaftliche und finanzielle sowie die technische und berufliche Leistungsfähigkeit die Kapazitäten anderer Unternehmen in Anspruch nehmen, wenn er nachweist, dass ihm die für den Auftrag erforderlichen Mittel tatsächlich zur Verfügung stehen werden, indem er beispielsweise eine entsprechende Verpflichtungserklärung dieser Unternehmen vorlegt. ²Diese Möglichkeit besteht unabhängig von der Rechtsnatur der zwischen dem Bewerber oder Bieter und den anderen Unternehmen bestehenden Verbindungen. ³Ein Bewerber oder Bieter kann jedoch im Hinblick auf Nachweise für die erforderliche berufliche Leistungsfähigkeit wie Ausbildungs- und Befähigungsnachweise nach § 46 Absatz 3 Nummer 6 oder die einschlägige berufliche Erfahrung die Kapazitäten anderer Unternehmen nur dann in Anspruch nehmen, wenn diese die Leistung erbringen, für die diese Kapazitäten benötigt werden.**

(2) **¹Der öffentliche Auftraggeber überprüft im Rahmen der Eignungsprüfung, ob die Unternehmen, deren Kapazitäten der Bewerber oder Bieter für die Erfüllung bestimmter Eignungskriterien in Anspruch nehmen will, die entsprechenden Eignungskriterien erfüllen und ob Ausschlussgründe vorliegen. ²Legt der Bewerber oder Bieter eine Einheitliche Europäische Eigenerklärung nach § 50 vor, so muss diese auch die Angaben enthalten, die für die Überprüfung nach Satz 1 erforderlich sind. ³Der öffentliche Auftraggeber schreibt vor, dass der Bewerber oder Bieter ein Unternehmen, das das entsprechende Eignungskriterium nicht erfüllt oder bei dem zwingende Ausschlussgründe nach § 123 des Gesetzes gegen Wettbewerbsbeschränkungen vorliegen, ersetzen muss. ⁴Er kann vorschreiben, dass der Bewerber oder Bieter auch ein Unternehmen, bei dem fakultative Ausschlussgründe nach § 124 des Gesetzes gegen Wettbewerbsbeschränkungen vorliegen, ersetzen muss. ⁵Der öffentliche Auftraggeber kann dem Bewerber oder Bieter dafür eine Frist setzen.**

(3) **Nimmt ein Bewerber oder Bieter die Kapazitäten eines anderen Unternehmens im Hinblick auf die erforderliche wirtschaftliche und finanzielle Leistungsfähigkeit in Anspruch, so kann der öffentliche Auftraggeber eine gemeinsame Haftung des Bewerbers oder Bieters und des anderen**

---

[57] BGH 26.9.2006 – X ZB 14/06, NZBau 2006, 800.

Unternehmens für die Auftragsausführung entsprechend dem Umfang der Eignungsleihe verlangen.

(4) **Die Absätze 1 bis 3 gelten auch für Bewerber- oder Bietergemeinschaften.**

(5) **Der öffentliche Auftraggeber kann vorschreiben, dass bestimmte kritische Aufgaben bei Dienstleistungsaufträgen oder kritische Verlege- oder Installationsarbeiten im Zusammenhang mit einem Lieferauftrag direkt vom Bieter selbst oder im Fall einer Bietergemeinschaft von einem Teilnehmer der Bietergemeinschaft ausgeführt werden müssen.**

Literatur: Conrad, Die vergaberechtliche Unterscheidung zwischen Nachunternehmereinsatz und Eignungsleihe, VergabeR 2012, 15; Clodius, Das neue Vergaberecht: Die Regelung zum Selbstausführungsgebot in § 47 Abs. 5 VgV, VergabeR 2019, 348; Fock/Geuenich-Schmitt, Die Eignungsleihe: same same but different – oder doch ganz anders?, VergabeR 2017, 422; Hattig/Oest, Keine abstrakt quantitative Beschränkung des Nachunternehmereinsatzes, NZBau 2020, 494; Schaller, Nachunternehmer bei EU–weiten Vergabeverfahren – Qualifizierte und einfache Unterauftragnehmer nach der Vergabeverordnung, ZfBR 2021, 244; Stickler, Ersetzen ungeeigneter Nachunternehmer im Fall der Eignungsleihe – Wertungswidersprüche im neuen Vergaberecht, NZBau 2019, 153; Stoye/Brugger, Die Renaissance des Selbstausführungsgebots und seine (Vor)Wirkung bereits vor Umsetzung des neuen Richtlinienpakets, VergabeR 2015, 647; Tresselt/Braren, Das Bieterkonsortium im Vergabewettbewerb, NZBau 2018, 392. Vgl. iÜ die Angaben bei § 36 VgV.

I. Bedeutung der Vorschrift

1 Aus § 47 VgV ergibt sich, dass sich ein Bewerber oder Bieter zur Erfüllung der Eignungskriterien unter bestimmten Voraussetzungen auf die Leistungsfähigkeit anderer Unternehmen berufen kann, sog. **Eignungsleihe**.[1] Andere Unternehmen idS sind auch konzernverbundene Unternehmen, auf deren Leistungsfähigkeit sich der Bewerber oder Bieter berufen will.[2] § 47 VgV dient der Umsetzung von Art. 63 RL 2014/24/EU.

2 Die Möglichkeit der Eignungsleihe besteht für den Bewerber oder Bieter nur hinsichtlich der geforderten wirtschaftlichen und finanziellen Leistungsfähigkeit (§ 45 VgV) sowie der technischen und beruflichen Leistungsfähigkeit (§ 46 VgV), nicht aber in Bezug auf die Befähigung und Erlaubnis zur Berufsausübung (§ 44 VgV).[3] Der in § 47 Abs. 1 VgV verwendete Begriff der Kapazitäten geht auf den in der englischen Version der Richtlinie verwendeten Begriff „capacity" zurück, der auch mit Leistungsfähigkeit übersetzt werden kann. Daraus und aus der systematischen Stellung der Regelung unmittelbar nach der Auflistung der Nachweise zur wirtschaftlichen/finanziellen und technischen/beruflichen Leistungsfähigkeit folgt, dass **der Begriff der Kapazitäten iSv Leistungsfähigkeit zu verstehen ist**, die Bewerber oder Bieter sich mithin auf die Leistungsfähigkeit anderer Unternehmen berufen können. Das kann sinnvoll sein, wenn der Bewerber selbst bestimmte Mindestanforderungen oder Eignungskriterien nicht erfüllen kann oder die Einbindung anderer Unternehmen (etwa wegen besserer Referenzen) die Chance bei der Bewerberauswahl nach § 51 VgV erhöht.

---

[1] Er kann sich auch auf die Kapazität mehrerer Unternehmen stützen, EuGH 14.7.2016 – C-406/14, NZBau 2016, 571 – Wroclaw und 10.10.2013 – C-94/12, NZBau 2014, 114 – Swm Costruzioni.

[2] OLG Düsseldorf 17.4.2019 – Verg 36/18, NZBau 2019, 737.

[3] Siehe Begr. zu § 47 VgV, BT-Drs. 18/7318, 204; VK Bund 30.9.2016 – VK 1–86/16, IBRRS 2017, 0489.

Gegenüber der alten Rechtslage, nach der es für die Eignungsleihe ausreichend 3 war, dass der Bieter oder Bewerber einen Verfügbarkeitsnachweis vorgelegt hat und nach der es nicht zwingend erforderlich war, dass das andere Unternehmen iRd Eignungsleihe selbst einen Teil der Leistung erbringt,[4] sieht § 47 VgV zT **weitere Voraussetzungen sowie Möglichkeiten der Einschränkung der Eignungsleihe** vor.[5] Das betrifft sowohl die Eignungsleihe im Bereich der beruflichen Leistungsfähigkeit (s. § 47 Abs. 1 S. 3 VgV) als auch im Bereich der wirtschaftlichen und finanziellen Leistungsfähigkeit (s. § 47 Abs. 3 VgV). Danach trifft die in der Begr. zu § 47 VgV[6] enthaltene Aussage, dass die Eignungsleihe nur von einem Dritten zugleich die Beauftragung des Dritten mit der Ausführung eines Teils des Auftrags bedeuten muss, zumindest für den Bereich der beruflichen Leistungsfähigkeit nicht mehr zu.

Die Regelung zur Eignungsleihe in § 47 VgV ist von der Regelung des § 36 VgV 4 zur **Unterauftragsvergabe** zu unterscheiden (→ § 36 Rn. 4). Bei der Eignungsleihe geht es um die Vermittlung der Eignung des Bewerbers oder Bieters durch ein anderes Unternehmen. Beim Unterauftragnehmereinsatz geht es um die Ausführung eines Teils der Leistung durch ein anderes Unternehmen. Die Regelungsbereiche der beiden Vorschriften überschneiden sich aber immer dann, wenn der Unterauftragnehmereinsatz durch die Notwendigkeit einer Eignungsleihe bedingt ist. Bei Unterauftragsvergaben, die ungeachtet der eigenen Leistungsfähigkeit des Bewerbers oder Bieters vorgesehen werden, kommt ausschl. § 36 VgV zur Anwendung (s. zur Geltung des Selbstausführungsgebots → Rn. 17).

II. Voraussetzungen der Eignungsleihe (Abs. 1)

Ein Bewerber oder Bieter kann für einen bestimmten öffentlichen Auftrag, dh 5 im konkreten Vergabeverfahren, zum Nachweis der Erfüllung der Eignungskriterien der wirtschaftlichen und finanziellen sowie der technischen und beruflichen Leistungsfähigkeit die Kapazitäten anderer Unternehmen in Anspruch nehmen, dh sich auf die Leistungsfähigkeit anderer Unternehmen berufen, wenn er **nachweist, dass ihm die für den Auftrag erforderlichen Mittel tatsächlich zur Verfügung stehen**, mithin diese ihm die für den Auftrag erforderlichen Mittel zur Verfügung stellen.[7] Der Verfügbarkeitsnachweis ist bei Verfahren mit Teilnahmewettbewerb mit dem Teilnahmeantrag zu verlangen (§ 42 Abs. 2 VgV),[8] bei Verfahren ohne Teilnahmewettbewerb in der Regel nur auf gesondertes Verlangen von dem für den Zuschlag vorgesehenen Bieter (§ 50 Abs. 2 S. 2 VgV).[9]

Als Bsp. für einen solchen Nachweis nennt S. 1 eine entspr. **Verpflichtungser-** 6 **klärung** des anderen Unternehmens. Die Möglichkeit der Nachweisführung ist hierauf jedoch nicht beschränkt. Wie der Bewerber oder Bieter den Nachweis der Verfügbarkeit der erforderlichen Mittel führt, ist ihm überlassen. Der öffentliche Auftraggeber ist nicht berechtigt, insoweit eine bestimmte Art des Nachweises zu verlangen, etwa diese Möglichkeit auf Verpflichtungserklärungen zu beschränken.[10]

---

[4] OLG Düsseldorf 30.6.2010 – VII-Verg 13/10, NZBau 2011, 54.
[5] S. auch Fock/Geuenich-Schmitt VergabeR 2017, 422 (429 ff.).
[6] BT-Drs. 18/7318, 204.
[7] S. auch zur umgekehrten Eignungsleihe von einem Bewerber oder Bieter an einen eignungsrelevanten Unterauftragnehmer OLG Düsseldorf 16.11.2011 – VII-Verg 60/11, ZfBR 2012, 179.
[8] OLG Düsseldorf 28.3.2018 – VII-Verg 42/17, NZBau 2018, 491.
[9] BGH 3.4.2012 – X ZR 130/10, NZBau 2012, 513 und 10.6.2008 – X ZR 78/07, NZBau 2008, 592.
[10] EuGH 14.1.2016 – C-234/14, NZBau 2016, 227 – Ostas Celtnieks.

Aus dem vorgelegten Nachweis muss aber eindeutig hervorgehen, dass tatsächlich ein ungehindertes Zugriffsrecht auf die fremden Ressourcen besteht.[11] Zu den **erforderlichen Mitteln** können sowohl **Geräte** als auch **Fachpersonal,** aber auch eine Hilfeleistung durch Beratung und Unterstützung mittels des beim anderen Unternehmen vorhandenen **Knowhow** gehören.[12] Inwieweit die zugesagten „Mittel" ausreichend sind, dem Bewerber oder Bieter die zur Durchführung des Auftrags notwendige Eignung zu vermitteln, hängt von den im Einzelfall vorgegebenen Eignungskriterien und Mindestanforderungen ab.

7 Die Möglichkeit der Eignungsleihe besteht gem. S. 2 „unabhängig von der Rechtsnatur der zwischen dem Bewerber oder Bieter und dem anderen Unternehmen bestehenden Verbindungen". Es kommt also nicht darauf an, welcher Art die Rechtsgrundlage der Verfügbarkeit der entspr. Mittel ist. Insoweit kommen sowohl gesellschaftsrechtliche als auch einzelvertragliche Rechtsgrundlagen in Betracht.[13]

8 Für Ausbildungsnachweise und **Bescheinigungen über die berufliche Befähigung** iSv § 46 Abs. 3 Nr. 6 VgV und insbes. in Bezug auf die **einschlägige berufliche Erfahrung** sieht S. 3 in Übereinstimmung mit Art. 63 Abs. 1 RL 2014/24/EU die Einschränkung vor, dass die Eignungsleihe nur unter der Voraussetzung zulässig ist, dass das betreffende Unternehmen **die betreffenden Leistungen auch tatsächlich erbringt,** letztlich also auch als Unterauftragnehmer angegeben und eingesetzt wird. Das gilt über die „einschlägige berufliche Erfahrung" insbes. auch für die **Berufung auf Referenzen anderer Unternehmen.**[14] Dies ergibt sich aus Art. 63 Abs. 1 RL 2014/24/EU sowie Art. 58 Abs. 4 UAbs. 2 RL 2014/24/EU, denen zu entnehmen ist, dass die Angabe „geeigneter Referenzen" ein Mittel zum Nachweis einer ausreichenden Erfahrung ist. Der Hauptanwendungsfall der Eignungsleihe, die Berufung auf Referenzen anderer Unternehmen, setzt mithin – anders als nach alter Rechtslage – voraus, dass das andere Unternehmen auch als Unterauftragnehmer angegeben und eingesetzt wird.

III. Überprüfung des anderen Unternehmens (Abs. 2)

9 Beruft sich ein Bewerber oder Bieter auf Mittel anderer Unternehmen zum Zwecke der Eignungsleihe, ist der öffentliche Auftraggeber nach Abs. 2 S. 1 verpflichtet zu prüfen, ob das andere Unternehmen die **Eignungskriterien** erfüllt (→ § 36 Rn. 23 ff.). Da das andere Unternehmen bei der Eignungsleihe die Eignung nur vermittelt, ist richtiger Weise darauf abzustellen, ob die von diesem zugesagten Mittel zur Erfüllung der Eignungskriterien durch den Bewerber oder Bieter ausreichend sind. Ferner muss geprüft werden, ob das Unternehmen, das diese Mittel zur Verfügung stellt, Ausschlussgründe nach § 123 GWB oder § 124 GWB erfüllt.

10 Legt der Bewerber oder Bieter eine **Einheitliche Europäische Eigenerklärung** nach § 50 VgV vor, so muss diese gem. Abs. 2 S. 2 auch die Angaben enthalten, die für die Überprüfung nach S. 1 erforderlich sind (s. Teil C des Formulars zur EEE[15]). Zudem muss für jedes Unternehmen, auf dessen Kapazitäten sich der Bewerber oder Bieter beruft, eine eigene EEE vorgelegt werden.

---

[11] OLG Düsseldorf 28.3.2018 – VII-Verg 42/17, NZBau 2018, 491.
[12] OLG Düsseldorf 30.6.2010 – VII-Verg 13/10, NZBau 2011, 54.
[13] EuGH 14.1.2016 – C-234/14, NZBau 2016, 227 – Ostas Celtnieks; RKMPP/Hausmann/Kern VgV § 47 Rn. 4 mwN.
[14] AA Fock/Geuenich-Schmitt VergabeR 2017, 422 (432), die hiervon nur „personenbezogene" Referenzen erfasst sehen.
[15] DVO (EU) 2016/7 Anh. 2.

Ist das Unternehmen bzw. sind die von diesem zur Verfügung gestellten Mittel 11
nicht geeignet, die vorgegebenen Eignungskriterien zu erfüllen, oder erfüllt das
Unternehmen, auf dessen Kapazitäten sich der Bewerber oder Bieter beruft, Ausschlussgründe nach § 123 GWB, muss der öffentliche Auftraggeber den Bewerber
oder Bieter gem. S. 3 auffordern, dieses Unternehmen **durch ein anderes Unternehmen zu ersetzen** (→ § 36 Rn. 23). Erfüllt das andere Unternehmen Ausschlussgründe nach § 124 GWB, liegt es gem. S. 4 im Beurteilungsspielraum des
Auftraggebers, dessen Ersetzung zu verlangen (aber → Rn. 12). Insoweit gelten die
gleichen Maßstäbe wie bei einer Anwendung des § 124 GWB auf den Bewerber
oder Bieter selbst. Öffentlichen Auftraggebern ist anzuraten, das Ersetzungsverlangen
mit einer angemessenen Frist zu verbinden. Kommt der Bewerber oder Bieter dem
Ersetzungsverlangen nicht oder nicht fristgemäß nach, ist die Eignung des Bewerbers
oder Bieters ohne Berücksichtigung des anderen Unternehmens zu prüfen.

Liegt ein Fall der nach diesen Vorschriften notwendigen oder möglichen Ersetzung 12
des anderen Unternehmens vor, hat der öffentliche Auftraggeber **diese Möglichkeit
zu eröffnen.** Nach dem Wortlaut und dem Sinn und Zweck der Vorschrift – Vermeidung unnötiger Ausschlüsse – ist es dem öffentlichen Auftraggeber nicht gestattet,
den Bewerber oder Bieter wahlweise auszuschließen, weil Bewerber und Bieter bei
Vorliegen eines fakultativen Ausschlussgrundes nicht schlechter gestellt sein dürfen als
bei Vorliegen von zum Ersatz berechtigenden zwingenden Ausschlussgründen.[16] Um
eine damit verbundene Bevorteilung von Bewerbern und Bietern, die sich der Eignungsleihe bedienen, ggü. Bewerbern und Bietern, die sich nicht der Eignungsleihe
bedienen, jedoch ebenfalls Defizite im Bereich der vorgegebenen Eignungskriterien
aufweisen, zu vermeiden, muss ggf. auch Letzteren iRd nach § 56 Abs. 2 VgV Zulässigen die Möglichkeit gegeben werden, ihre diesbzgl. Erklärungen und Nachweise
nachzureichen oder zu vervollständigen. Andernfalls würden Bewerber oder Bieter,
die sich auf die Eignungsleihe berufen und damit die Möglichkeit einer Nachbesserung
erhalten, ohne sachlichen Grund bessergestellt.

Wenn auch das neu in Anspruch genommene Drittunternehmen die Eignungsan- 13
forderungen nicht erfüllt oder Ausschlussgründe erfüllt, ist der öffentliche Auftraggeber nicht verpflichtet, nochmals die Ersetzung des neuen Unternehmens zu verlangen.[17] Vielmehr steht dies in seinem Ermessen.[18]

IV. Gemeinsame Haftung (Abs. 3)

Will sich ein Bewerber oder Bieter auf die **wirtschaftliche oder finanzielle** 14
Leistungsfähigkeit eines anderen Unternehmens berufen, so kann der öffentliche
Auftraggeber nach Abs. 3 eine **gemeinsame Haftung** des Bewerbers oder Bieters
und des anderen Unternehmens für die Auftragsausführung entspr. dem Umfang der
Eignungsleihe verlangen. Will der öffentliche Auftraggeber eine solche gemeinsame
Haftung zur Voraussetzung der Eignungsleihe im Bereich der wirtschaftlichen und
finanziellen Leistungsfähigkeit machen, muss er dies von vornherein ausdr. fordern,
dh in der Auftragsbekanntmachung bzw. in der Aufforderung zur Interessensbestätigung angeben (zur Bekanntmachungspflicht → § 48 Rn. 3). Nachträglich kann
diese Forderung nicht mehr begründet werden.

Unter einer gemeinsamen Haftung wird man grds. eine gesamtschuldnerische 15
Haftung verstehen müssen. Unklar ist indes die Einschränkung, wonach die gemeinsame Haftung für die Auftragsausführung entspr. dem Umfang der Eignungsleihe

---

[16] Ebenso RKMPP/Hausmann/Kern VgV § 47 Rn. 10; → VgV § 36 Rn. 28.
[17] Begr. zu § 47 Abs. 2 VgV, BT-Drs. 18/7318, 204.
[18] Ebenso Müller-Wrede/VgV/UVgO/Stoye/Brugger VgV § 47 Rn. 41; aA Beck VergabeR/Mager VgV § 47 Rn. 36, wonach eine zweite Chance nicht bestehen soll.

verlangt werden kann.[19] Wie sich diese Einschränkung konkret auswirken soll, lässt sich auch der Verordnungsbegr. zu § 47 Abs. 3 VgV nicht entnehmen.[20] Unabhängig davon dürfte die Relevanz einer Eignungsleihe im Bereich der finanziellen und wirtschaftlichen Leistungsfähigkeit im Falle der Vorgabe einer gemeinsamen Haftung äußerst gering sein.

V. Eignungsleihe bei Bewerber- oder Bietergemeinschaften (Abs. 4)

16 In Abs. 4 wird klargestellt, dass die Vorschriften zur Eignungsleihe nicht nur für Einzelbewerber oder Einzelbieter gelten, sondern auch für Bewerber- oder Bietergemeinschaften. Da der Grund für den Zusammenschluss zu einer Bewerber- oder Bietergemeinschaft idR die Bündelung der Leistungsfähigkeit der Mitglieder zum Zwecke der Erfüllung der Eignungs- bzw. Auswahlkriterien ist, kommt eine zusätzliche Eignungsleihe in dieser Konstellation nur in seltenen Fällen vor.

VI. Selbstausführungsgebot (Abs. 5)

17 In Umsetzung der Regelung des Art. 63 Abs. 2 RL 2014/24/EU bestimmt Abs. 5, dass der öffentliche Auftraggeber vorschreiben kann, dass **„bestimmte kritische Aufgaben"** bei Dienstleistungsaufträgen oder kritische Verlege- oder Installationsarbeiten im Zusammenhang mit einem Lieferauftrag direkt vom Bieter selbst oder im Fall einer Bietergemeinschaft von einem Teilnehmer der Bietergemeinschaft ausgeführt werden müssen **(sog. Selbstausführungsgebot)**.[21] Rein rechtlich handelt es um eine Ausführungsbedingung iS.d § 128 Abs. 2 GWB.[22] „Bestimmte" kritische Aufgaben sind grds. nur Teilleistungen eines Vertrages, nicht indes der Vertrag in seiner Gesamtheit.[23] Da Abs. 5 ebenso wie die zugrundeliegende Richtlinienvorschrift keine Begrenzung des Umfangs der kritischen Aufgaben enthält, kann nach der hier vertretenen Auffassung in entspr. Ausnahmefällen auch der überwiegende Teil oder die gesamte Leistung dem Selbstausführungsgebot unterstellt werden unter der Prämisse, dass die überwiegenden oder sämtlichen Teilleistungen als kritische Aufgaben einzustufen sind.[24]

18 Was unter „bestimmten kritischen Aufgaben" zu verstehen ist, wird weder in Abs. 5 noch in der zugrundeliegenden Richtlinienvorschrift näher definiert. „Kritisch" sind Leistungen, die entweder besonders fehleranfällig sind oder für den Leistungserfolg von besondere Bedeutung sind.[25] Es obliegt dem öffentlichen Auftraggeber, iRd ihm zustehenden Beurteilungsspielraums unter Berücksichtigung der

---

[19] Nach Art. 63 RL 2014/24 kann eine gemeinsame Haftung für die gesamte Auftragsausführung verlangt werden und nicht nur beschränkt auf den Umfang der Eignungsleihe. Nach Stickler NZBau 2019, 153 (154) soll sich die gemeinsame Haftung nur auf diejenigen Leistungen beziehen, die von dem Unterauftragnehmer ausgeführt werden.

[20] BT-Drs. 18/7318, 204.

[21] S. auch EuGH 7.4.2016 – C-324/14, NZBau 2016, 373 – Partner Apelski Dariusz.

[22] VK Thüringen 19.12.2019 – 250–4003-15326/2019-E-010-G, IBRRS 2020, 0344; VK Lüneburg 14.10.2022 – VgK-17/2022, IBRRS 2023, 0769.

[23] VK Thüringen 19.12.2019 – 250–4003-15326/2019-E-010-G, IBRRS 2020, 0344; VK Lüneburg 14.10.2022 – VgK-17/2022, IBRRS 2023, 0769.

[24] Wohl ebenso Ingenstau/Korbion/Schranner VOB/A § 6d EU Rn. 11; aA VK Thüringen 19.12.2019 – 250–4003-15326/2019-E-010-G, IBRRS 2020, 0344; VK Lüneburg 14.10.2022 – VgK-17/2022, IBRRS 2023, 0769.

[25] VK Thüringen 19.12.2019 – 250–4003-15326/2019-E-010-G, IBRRS 2020, 0344.

Grundsätze der Verhältnismäßigkeit und des Wettbewerbs (§ 97 Abs. 1 GWB) sowie der Umstände des Einzelfalls und anhand der konkret ausgeschriebenen Leistungen zu bestimmen, ob und ggf. welche Teilleistungen er für „kritische Aufgaben" idS erachtet.[26]

Maßstab dafür ist, ob mit der Weitergabe der entspr. Leistungen an Unterauftragnehmer ein höheres Risiko einer nicht rechtzeitigen oder mangelhaften Ausführung verbunden ist als beim Bewerber oder Bieter selbst, wobei die Verwirklichung dieses Risikos mit besonderen Nachteilen verbunden sein muss.[27] Eine entspr. Vorgabe ist vom Auftraggeber **zu begründen und gem. § 8 VgV zu dokumentieren.**[28] Die Berechtigung eines solchen Selbstausführungsgebots ist von den Nachprüfungsinstanzen voll überprüfbar. Abstrakte, dh nicht durch den konkreten Einzelfall gerechtfertigte Festlegungen, etwa die Vorgabe einer prozentualen Selbstausführungsquote oder die Vorgabe, dass „wesentliche" Teile des Auftrags durch den Bieter oder ein Mitglied der Bietergemeinschaft ausgeführt werden müssen, sind nicht zulässig.[29] Gleiches gilt für Vorgaben, welche die Eigenleistung nach rein quantitativem statt nach qualitativem Ansatz begrenzen, etwa die Vorgabe, dass das bevollmächtigte Mitglied einer Bietergemeinschaft „auf jeden Fall mehrheitlich" die Leistungen erbringen muss.[30] Systematisch gehört die Regelung des Selbstausführungsgebots eigentlich zum Regelungsbereich des § 36 VgV. IdS gilt die Regelung zum Selbstausführungsgebot entspr. für den Einsatz von Unterauftragnehmern, die nicht zum Zwecke der Eignungsleihe vorgesehen werden.

19

§ 48 Beleg der Eignung und des Nichtvorliegens von Ausschlussgründen

(1) **In der Auftragsbekanntmachung oder der Aufforderung zur Interessensbestätigung ist neben den Eignungskriterien ferner anzugeben, mit welchen Unterlagen (Eigenerklärungen, Angaben, Bescheinigungen und sonstige Nachweise) Bewerber oder Bieter ihre Eignung gemäß den §§ 43 bis 47 und das Nichtvorliegen von Ausschlussgründen zu belegen haben.**

(2) [1]**Der öffentliche Auftraggeber fordert grundsätzlich die Vorlage von Eigenerklärungen an.** [2]**Wenn der öffentliche Auftraggeber Bescheinigungen und sonstige Nachweise anfordert, verlangt er in der Regel solche, die vom Online-Dokumentenarchiv e-Certis abgedeckt sind.**

(3) **Als vorläufigen Beleg der Eignung und des Nichtvorliegens von Ausschlussgründen akzeptiert der öffentliche Auftraggeber die Vorlage einer Einheitlichen Europäischen Eigenerklärung nach § 50.**

(4) **Als ausreichenden Beleg dafür, dass die in § 123 Absatz 1 bis 3 des Gesetzes gegen Wettbewerbsbeschränkungen genannten Ausschlussgründe auf den Bewerber oder Bieter nicht zutreffen, erkennt der öffentliche Auftraggeber einen Auszug aus einem einschlägigen Register, insbesondere ein Führungszeugnis aus dem Bundeszentralregister oder, in Ermangelung eines solchen, eine gleichwertige Bescheinigung einer zuständigen**

---

[26] VK Thüringen 19.12.2019 – 250–4003-15326/2019-E-010-G, IBRRS 2020, 0344; VK Lüneburg 14.10.2022 – VgK-17/2022, IBRRS 2023, 0769.

[27] VK Thüringen 19.12.2019 – 250–4003-15326/2019-E-010-G, IBRRS 2020, 0344; Stoye/Brugger VergabeR 2015, 647.

[28] VK Lüneburg 14.10.2022 – VgK-17/2022, IBRRS 2023, 0769.

[29] EuGH 14.7.2015 – C-406/14, NZBau 2016, 571 – Wroclaw; OLG Rostock 23.4.2018 – 17 Verg 1/18, NZBau 2018, 783.

[30] EuGH 28.4.2022 – C-642/20, NZBau 2022, 413 – Caruter.

Gerichts- oder Verwaltungsbehörde des Herkunftslands oder des Niederlassungsstaats des Bewerbers oder Bieters an.

(5) Als ausreichenden Beleg dafür, dass die in § 123 Absatz 4 und § 124 Absatz 1 Nummer 2 des Gesetzes gegen Wettbewerbsbeschränkungen genannten Ausschlussgründe auf den Bewerber oder Bieter nicht zutreffen, erkennt der öffentliche Auftraggeber eine von der zuständigen Behörde des Herkunftslands oder des Niederlassungsstaats des Bewerbers oder Bieters ausgestellte Bescheinigung an.

(6) ¹Werden Urkunden oder Bescheinigungen nach den Absätzen 4 und 5 von dem Herkunftsland oder dem Niederlassungsstaat des Bewerbers oder Bieters nicht ausgestellt oder werden darin nicht alle Ausschlussgründe nach § 123 Absatz 1 bis 4 sowie § 124 Absatz 1 Nummer 2 des Gesetzes gegen Wettbewerbsbeschränkungen erwähnt, so können sie durch eine Versicherung an Eides statt ersetzt werden. ²In den Staaten, in denen es keine Versicherung an Eides statt gibt, darf die Versicherung an Eides statt durch eine förmliche Erklärung ersetzt werden, die ein Vertreter des betreffenden Unternehmens vor einer zuständigen Gerichts- oder Verwaltungsbehörde, einem Notar oder einer dazu bevollmächtigten Berufs- oder Handelsorganisation des Herkunftslands oder des Niederlassungsstaats des Bewerbers oder Bieters abgibt.

(7) Der öffentliche Auftraggeber kann Bewerber oder Bieter auffordern, die erhaltenen Unterlagen zu erläutern.

(8) ¹Sofern der Bewerber oder Bieter in einem amtlichen Verzeichnis eingetragen ist oder über eine Zertifizierung verfügt, die jeweils den Anforderungen des Artikels 64 der Richtlinie 2014/24/EU entsprechen, werden die im amtlichen Verzeichnis oder dem Zertifizierungssystem niedergelegten Unterlagen und Angaben vom öffentlichen Auftraggeber nur in begründeten Fällen in Zweifel gezogen (Eignungsvermutung). ²Ein den Anforderungen des Artikels 64 der Richtlinie 2014/24/EU entsprechendes amtliches Verzeichnis kann auch durch Industrie- und Handelskammern eingerichtet werden. ³Die Industrie- und Handelskammern bedienen sich bei der Führung des amtlichen Verzeichnisses einer gemeinsamen verzeichnisführenden Stelle. ⁴Der öffentliche Auftraggeber kann mit Blick auf die Entrichtung von Steuern, Abgaben oder Sozialversicherungsbeiträgen die gesonderte Vorlage einer entsprechenden Bescheinigung verlangen.

Literatur: Birk, Die einheitliche europäische Eigenerklärung als Eignungsnachweis im Vergaberecht, VR 2020, 84; Frenz, Einheitliche Europäische Eigenerklärung, GewA 2018, 184; Lübeck, Das Amtliche Verzeichnis präqualifizierter Unternehmen, VergabeR 2018, 224; Otting, Eignungs- und Zuschlagskriterien im neuen Vergaberecht, VergabeR 2016, 316; Pauka, Entbürokratisierung oder Mehraufwand? – Die Regelung der Einheitlichen Europäischen Eigenerklärung (EEE) in der VKR, VergabeR 2015, 505; Schaller, Die Einheitliche Europäische Eigenerklärung, NZBau 2020, 19; Stolz, Die Einheitliche Europäische Eigenerklärung, VergabeR 2016, 155. Vgl. iÜ die Angaben bei § 122 GWB.

Übersicht

	Rn.
I. Bedeutung der Vorschrift	1
II. Bekanntmachungspflicht (Abs. 1)	3
III. Eigenerklärungsprinzip und e-Certis (Abs. 2)	6
IV. Die Einheitliche Europäische Eigenerklärung (Abs. 3 iVm § 50 VgV)	11

	Rn.
V. Belege für das Nichtvorliegen von Ausschlussgründen nach §§ 123, 124 GWB (Abs. 4–6)	17
VI. Erläuterung der Unterlagen (Abs. 7)	20
VII. Präqualifikationssysteme (Abs. 8)	23

I. Bedeutung der Vorschrift

§ 48 VgV regelt **Art und Form der Belege,** die die Auftraggeber zum Nachweis der Erfüllung der vorgegebenen Eignungskriterien (§§ 44–46 VgV) sowie der Nichterfüllung von Ausschlussgründen (§§ 123, 124 GWB) verlangen können, und in welcher Weise diese anzufordern sind. Aus dem Regelungszusammenhang mit der Vorschrift des § 50 VgV zur Einheitlichen Europäischen Eigenerklärung (EEE) ergibt sich, dass der Verordnungsgeber in diesem Bereich von den Vorstellungen des Richtliniengebers abweicht. Aus den Erwgr. 84–86 der RL 2014/24/EU und Art. 59 RL 2014/24/EU ist zu entnehmen, dass dieser das Prinzip verfolgt hat, dass alle Bewerber oder Bieter zunächst als „vorläufigen Beleg" der Eignung nur das **Standardformular der EEE**[1] ausgefüllt einreichen und nur vom Zuschlagsbieter – von diesem allerdings zwingend – die entspr. Nachweise zu den abgegebenen Erklärungen verlangt werden.[2] Diesem Prinzip ist der Verordnungsgeber in § 48 VgV und § 50 VgV nicht uneingeschränkt gefolgt. Er konnte dies, weil Art. 59 Abs. 1 RL 2014/24/EU seinem Wortlaut nach öffentliche Auftraggeber nur dazu verpflichtet, eine EEE als vorläufigen Nachweis der Eignung zu „akzeptieren".[3] Dementsprechend sieht auch § 50 Abs. 3 VgV bzgl. der EEE für öffentliche Auftraggeber nur eine **Akzeptanzpflicht und keine Verwendungspflicht** vor. 1

Diskussionswürdig erscheint indes die Richtlinienkonformität von § 48 Abs. 2 S. 1 VgV, wonach – der Tradition der VOL/A und VOF folgend[4] – auch als „endgültiger Eignungsnachweis" grds. nur die **Vorlage von Eigenerklärungen** verlangt werden darf. Denn aus Art. 59 Abs. 4 UAbs. 2 RL 2014/24/EU sowie aus Art. 84 der RL 2014/24/EU könnte auch ein allg. Grundsatz abzuleiten sein, wonach sich der Auftraggeber zumindest in Bezug auf den Zuschlagsbieter nicht mit Eigenerklärungen zufriedengeben darf, sondern von diesem vor Auftragserteilung zwingend die in Art. 60, Anh. XII RL 2014/24/EU und ggf. Art. 62 RL 2014/24/EU aufgeführten Belege verlangen muss, soweit keine Präqualifikation iSd Art. 64 RL 2014/24/EU vorliegt. Dem ist der deutsche Verordnungsgeber – aus sachlich nachvollziehbaren Gründen – nicht gefolgt.[5] Damit stellt sich jedoch die Frage der Bedeutung der Umsetzung der Richtlinienvorschriften zur Nachweisführung in § 48 Abs. 2 S. 2, Abs. 4–6, § 45 Abs. 4 VgV und § 46 Abs. 3 VgV und deren Verhältnis zum Eigenerklärungsprinzip nach § 48 Abs. 1 S. 2 VgV. Zum einen wird man diese Regelungen als Reglementierung der Anforderung von Nachweisen verstehen müssen, wenn und soweit der öffentliche Auftraggeber aus berechtigten Gründen vom Grundsatz der Eigenerklärungen abweicht. Zum anderen muss er die darin geregelten Nachweise – wenn sie vom Bewerber oder Bieter freiwillig anstelle einer gefor- 2

---

[1] DVO (EU) 2017/6, Anh. 2.
[2] Ziel der Einführung der EEE ist nach Erwgr. 84 der RL 2014/24/EU und den Erwgr. 1, 4 der VO (EU) Nr. 2017/6 eine Senkung des Verwaltungsaufwands bei Auftraggebern und Bietern.
[3] Beck VergabeR/Mager VgV § 50 Rn. 9; Stolz VergabeR 2016, 155 (156); Otting VergabeR 2016, 316 (319); aA Pauka VergabeR 2015, 505 (506).
[4] § 7 EG Abs. 1 S. 2 VOL/A; § 5 Abs. 2 VOF.
[5] S. dazu insbes. die Begr. zu § 48 Abs. 4, 5, 6 VgV in BT-Drs. 18/7318, 217.

derten Eigenerklärung oder im Rahmen einer veranlassten Aufklärung vorgelegt werden – als ausreichende Belege akzeptieren.[6]

II. Bekanntmachungspflicht (Abs. 1)

3   Gem. § 48 Abs. 1 VgV ist in der Bekanntmachung oder der Aufforderung zur Interessensbestätigung[7] neben den Eignungskriterien[8] anzugeben, mit welchen Unterlagen (Eigenerklärung, Angaben, Bescheinigungen oder sonstige Nachweise) Bewerber oder Bieter ihre Eignung gem. den §§ 43–47 VgV und das Nichtvorliegen von Ausschlussgründen nach §§ 123, 124 GWB zu belegen haben. Die Regelung ist Ausfluss des allg. Transparenzgrundsatzes (§ 97 Abs. 1 GWB). Den Bietern ist rechtzeitig, vollständig und eindeutig mitzuteilen, welche Unterlagen zu den Eignungskriterien und Ausschlussgründen zu welchem Zeitpunkt vorgelegt werden müssen, damit ihr Teilnahmeantrag oder Angebot berücksichtigt werden kann. Mit der Ausschlusssanktion des § 57 Abs. 1 Nr. 2 VgV korrespondiert die Verpflichtung der Auftraggeber, die diesbzgl. Vorgaben so eindeutig zu formulieren, dass die Bieter sicher erkennen können, welche Erklärungen von ihnen wann abgegeben werden sind. Andernfalls darf der Auftraggeber ein Angebot oder einen Teilnahmeantrag nicht ohne weiteres wegen Fehlens einer entspr. Erklärung aus der Wertung nehmen.[9] Unklarheiten und Widersprüche gehen zu Lasten des Auftraggebers.[10]

4   Die Angaben über die Eignungskriterien sowie die zu den Eignungskriterien und Ausschlussgründen beizubringenden Unterlagen müssen unmittelbar in der Auftragsbekanntmachung bzw. in der Aufforderung zur Interessensbestätigung angegeben werden (s. Art. 58 Abs. 5 RL 2014/24/EU).[11] Nicht ausreichend ist ein pauschaler Verweis auf die Vorschrift des § 45 Abs. 4 VgV und/oder § 46 Abs. 3 VgV.[12] Nicht ausreichend ist auch der nach § 41 Abs. 1 VgV erforderliche Link zu den Vergabeunterlagen als Ganzes bzw. ein Link zur Startseite einer Vergabeplattform und ein allg. Verweis auf die „Eignungskriterien gemäß Auftragsunterlagen".[13] Fehlt es an einer wirksamen Bekanntmachung von Angaben über die Eignungskriterien sowie die zu den Eignungskriterien und Ausschlussgründen beizubringenden Unterlagen, bedingt dies idR eine Zurückversetzung oder Aufhebung des Vergabeverfahrens.[14]

5   Bzgl. der Bestimmung des **Zeitpunkts der Vorlage der Unterlagen** hat der Auftraggeber die Wahl, ob er die Erklärungen mit dem Angebot/Teilnahmean-

---

[6] Begr. zu § 48 Abs. 4, 5, 6 VgV, BT-Drs. 18/7318, 217.

[7] S. hierzu § 38 Abs. 4 VgV, sog. Interessenbekundungsverfahren.

[8] S. § 122 Abs. 4 S. 2 GWB und §§ 44, 45, 46 VgV.

[9] BGH 3.4.2012 – X ZR 130/10, NZBau 2012, 513.

[10] OLG Frankfurt a. M. 23.12.2021 – 11 Verg 6/21, NZBau 2022, 241.

[11] Zur wirksamen Bekanntmachung mittels eines an der richtigen Stelle in der Auftragsbekanntmachung verlinkten, durch bloßes einmaliges Anklicken unmittelbar abrufbaren Dokuments s. VK Südbayern 27.2.2019 – Z3-3-3194-1-44-11/18, IBRRS 2019, 2150; wohl für zulässig erachtet von OLG Düsseldorf 11.7.2018 – VII-Verg 24/18, NZBau 2019, 64 und OLG Dresden 15.2.2019 – Verg 5/18, NZBau 2019, 745; offen gelassen von OLG München 25.2.2019 – Verg 11/18, NZBau 2019, 471.

[12] OLG Düsseldorf 23.6.2010 – Verg 18/10, ZfBR 2010, 823; OLG Frankfurt a. M. 26.6.2012 – 11 Verg 12/11, ZfBR 2012, 706; OLG Jena 21.9.2009 – 9 Verg 7/09, BeckRS 2009, 86482 = VergabeR 2010, 509.

[13] OLG Düsseldorf 11.7.2018 – VII-Verg 24/18, NZBau 2019, 64; OLG München 25.2.2019 – Verg 11/18, NZBau 2019, 471.

[14] OLG Düsseldorf 11.7.2018 – VII-Verg 24/18, NZBau 2019, 64; OLG München 25.2.2019 – Verg 11/18, NZBau 2019, 471 und zu einem Ausnahmefall VK Südbayern 5.6.2018 – Z3-3-3194-1-12-04/18, IBRRS 2018, 2155.

trag[15] oder vorbehaltlich eines gesonderten Verlangens fordert. Nicht ausdr. geforderte oder vorbehaltene Unterlagen kann der Auftraggeber nachträglich nicht mehr verlangen.[16] Welche Unterlagen zum Nachweis der Eignung gefordert werden können, ergibt sich aus den weiteren Regelungen des § 48 sowie den §§ 44, 45 Abs. 4, § 46 Abs. 3 und ggf. § 50 VgV (→ Rn. 1; nachf. → Rn. 11 ff.).

III. Eigenerklärungsprinzip und e-Certis (Abs. 2)

Gem. § 48 Abs. 2 S. 1 VgV sollen öffentliche Auftraggeber grds. die Vorlage von Eigenerklärungen verlangen (**Eigenerklärungsprinzip**). Dies gilt nicht nur in Bezug auf die Eignungskriterien, sondern auch für das Nichtvorliegen von Ausschlussgründen nach §§ 123, 124 GWB.[17] Die Regelung ist von der Regelung des § 48 Abs. 3 VgV zu unterscheiden. Während § 48 Abs. 3 VgV bestimmt, dass öffentliche Auftraggeber als „vorläufigen Beleg" der Eignung und des Nichtvorliegens von Ausschlussgründen die Vorlage einer EEE nach dem Formular gem. Anh. 2 zur DVO (EU) 2017/6 akzeptieren müssen, regelt § 48 Abs. 2 S. 1 VgV den **„endgültigen Beleg"** der Eignung und des Nichtvorliegens von Ausschlussgründen und sieht auch für diesen eine grds. Beschränkung auf Eigenerklärungen vor.[18] Dies entspricht der Rechtslage nach den früheren § 7 EG Abs. 1 S. 2 VOL/A und § 5 Abs. 2 VOF.[19] Mit dem Eigenerklärungsprinzip sollen unnötige bürokratische Lasten für Bewerber oder Bieter – insbes. für kleinere oder mittlere Unternehmen – vermieden und die Vergabeverfahren vereinfacht und beschleunigt werden.[20] 6

Eigenerklärungen **müssen richtig, vollständig und aus sich heraus verständlich** sein.[21] Sie bedürfen aber – ohne ausdr. Vorgabe – nicht per se der Unterzeichnung.[22] Der Begriff Erklärung verlangt aus sich selbst heraus keine Unterzeichnung durch den Bieter, um als Nachweis dienen zu können. Auch nicht unterzeichnete Erklärungen haben Erklärungswert, wenn sie dem Teilnahmeantrag oder dem Angebot bestimmungsgemäß als Anlage beigefügt sind und sie von der darauf befindlichen Unterschrift gedeckt sind. Will der Auftraggeber, dass Eigenerklärungen gesondert unterzeichnet werden, muss er dies in der Auftragsbekanntmachung oder den Vergabeunterlagen ausdr. verlangen.[23] 7

Wenn und soweit sich für den Auftraggeber keine objektiv begründeten, konkreten Zweifel an der **Richtigkeit von Eigenerklärungen** ergeben, ist er nicht verpflichtet, diese zu verifizieren, sondern kann diese so wie abgegeben der Eignungsprüfung zugrunde legen.[24] Bestehen oder ergeben sich solche Zweifel, ist der Auftraggeber nicht nur berechtigt, sondern im Hinblick auf den Gleichbehandlungsgrundsatz und § 124 Abs. 1 Nr. 9 lit. c GWB **verpflichtet, weitere Nachforschungen anzustellen** bzw. von neuem in die Eignungsprüfung einzutreten.[25] Solche Zweifel können 8

---

[15] Bei Verwendung einer EEE muss einer solchen Vorgabe nach § 48 Abs. 3 VgV nicht entsprochen werden.
[16] RKMPP/Hausmann/Schiefner VgV § 48 Rn. 4.
[17] Otting VergabeR 2016, 316 (318).
[18] Anders Art. 59 RL 2014/24/EU.
[19] Nach § 6b EU Abs. 1 Nr. 2 VOB/A „kann" der öffentliche Auftraggeber vorsehen, dass für einzelne Angaben Eigenerklärungen ausreichend sind.
[20] S. Begr. zu § 48 VgV, BT-Drs. 18/7318, 205.
[21] OLG Düsseldorf 6.7.2005 – VII-Verg 22/05, BeckRS 2005, 33238.
[22] OLG Düsseldorf 2.5.2007 – VII-Verg 1/07, NZBau 2007, 600.
[23] OLG Düsseldorf 2.5.2007 – VII-Verg 1/07, NZBau 2007, 600.
[24] OLG Düsseldorf 2.12.2009 – VII-Verg 39/09, NZBau 2010, 393.
[25] S. Begr. zu § 48 Abs. 4–6 VgV, BT-Drs. 18/7318, 205; OLG Düsseldorf 2.12.2009 – VII-Verg 39/09, NZBau 2010, 393.

sich aus dem Teilnahmeantrag oder dem Angebot selbst, etwa einer Diskrepanz zwischen Umsatzangaben und Angaben zur Mitarbeiterzahl, aus anderweitigen Erkenntnissen des Auftraggebers, aber auch aus Hinweisen von Konkurrenten ergeben. Eine Verpflichtung, solchen Hinweisen nachzugehen, wird man aber nur annehmen können, wenn diese eine gewisse Substanz aufweisen und nicht nur „ins Blaue hinein" abgegeben wurden.[26] Verifiziert der Auftraggeber ohne konkrete Veranlassung die Eigenerklärung eines Bewerbers oder Bieters, muss er dies iSd Gleichbehandlung (§ 97 Abs. 2 GWB) auch bei allen anderen Bewerbern oder Bietern tun.

9 **Ausnahmen vom Eigenerklärungsprinzip,** dh die Forderung anderer Unterlagen, insbes. von Bescheinigungen Dritter oder sonstigen Nachweise, sind nur in begründeten Fällen unter Berücksichtigung des Verhältnismäßigkeitsgrundsatzes zulässig, wobei die Begründung zu dokumentieren ist.[27] Unproblematisch verlangt werden können indes die in §§ 44, 45 Abs. 4 VgV und § 46 Abs. 3 VgV genannten Belege, die sich schon ihrer Definition nach einer Eigenerklärung entziehen, wie zB Bankerklärungen, Nachweise über Berufs- oder Betriebshaftpflichtversicherungen, Bilanzen, Studien oder Ausbildungsnachweise, Muster und Fotografien sowie Konformitätsbescheinigungen.[28] Auch Verpflichtungserklärungen anderer Unternehmen nach § 47 Abs. 1 VgV können nicht durch eine Eigenerklärung eines Bewerbers oder Bieters ersetzt werden. Bei allen anderen in § 45 Abs. 4 VgV und § 46 Abs. 3 VgV aufgeführten Belegen muss sich der öffentliche Auftraggeber dagegen mit Eigenerklärungen begnügen. Dies gilt auch hinsichtlich der Ausschlussgründe nach §§ 123, 124 GWB. Auch die hierzu in den Abs. 4–6 aufgezählten Nachweise dürfen nach dem Eigenerklärungsprinzip nach § 48 Abs. 2 S. 1 VgV grds. nicht gefordert werden. Der Auftraggeber ist lediglich verpflichtet, solche Nachweise als ausreichende Belege zu **akzeptieren,** wenn diese von den Bietern freiwillig oder im Rahmen einer berechtigten Aufklärung verlangt werden.[29]

10 Soweit der öffentliche Auftraggeber in begründeten Fällen anstelle von Eigenerklärungen Bescheinigungen oder sonstige Nachweise anfordert, hat er gem. § 48 Abs. 2 S. 2 VgV vornehmlich solche zu fordern, die vom **Online-Dokumentenarchiv e-Certis** abgedeckt sind. Dabei handelt es sich um ein Informationssystem der Europäischen Kommission über Bescheinigungen und sonstige Nachweise, die bei Vergabeverfahren in den Mitgliedstaaten der EU und Beitrittskandidaten sowie in den EWR-Staaten idR zur Vorlage verlangt werden. Nach Art. 61 Abs. 1 der RL 2014/24/EU obliegt es den Mitgliedstaaten, die Informationen über Bescheinigungen und andere Formen dokumentarischer Nachweise, die in e-Certis gespeichert sind, kontinuierlich zu aktualisieren. Nach Erwgr. 87 der RL 2014/24/EU ist es das Ziel von e-Certis, den Austausch von Bescheinigungen und anderen, von öffentlichen Auftraggebern häufig verlangten Nachweisen zu erleichtern.

IV. Die Einheitliche Europäische Eigenerklärung (Abs. 3 iVm § 50 VgV)

11 Bei der **Einheitlichen Europäischen Eigenerklärung (EEE)** handelt es sich um ein Standardformular für die vorläufige Prüfung der Eignung der Bewerber oder Bieter und des Nichtvorliegens von Ausschlussgründen, welches als Anh. 2 DVO (EU) 2016/7 der Kommission v. 5.1.2016 einheitlich eingeführt worden ist (§ 50

---

[26] S. zu den Anforderungen an eine substantiierte Rüge OLG Düsseldorf 29.3.2021 – Verg 9/21, NZBau 2021, 632.
[27] Ebenso RKMPP/Hausmann/Schiefner VgV § 48 Rn. 11; Beck VergabeR/Mager § 48 Rn. 32.
[28] VK Bund 13.6.2019 – VK 2–26/19, IBRRS 2019, 2146.
[29] S. Begr. zu § 48 Abs. 4–6 VgV, BT-Drs. 18/7318, 205.

Abs. 1 S. 1 VgV). Dabei können Bewerber oder Bieter auch auf eine bereits früher ggü. dem Auftraggeber verwendete EEE zurückgreifen, soweit sie bestätigen, dass die darin enthaltenen Informationen weiterhin zutreffend sind (§ 50 Abs. 1 S. 2 VgV). Der öffentliche Auftraggeber kann die Verwendung der EEE vorgeben. Er ist hierzu aber nicht verpflichtet (→ Rn. 1). Nach § 48 Abs. 3 VgV muss er aber eine von einem Bewerber oder Bieter eingereichte EEE **als vorläufigen Beleg der Eignung akzeptieren.**[30] Die Regelung geht zurück auf Art. 59 Abs. 1 RL 2014/24/EU.

Aufgrund des in § 48 Abs. 2 S. 1 VgV enthaltenen Eigenerklärungsprinzips, wonach im Grundsatz auch als endgültiger Beleg nur Eigenerklärungen verlangt werden dürfen, kommt der EEE im Anwendungsbereich der VgV nur eine untergeordnete Bedeutung zu. Wenn gem. § 48 Abs. 2 S. 1 VgV Eigenerklärungen als endgültige Belege gefordert werden, können diese selbstverständlich auch über eine EEE abgegeben werden.[31] Praktische Bedeutung erlangt § 48 Abs. 3 VgV nur, wenn und soweit der öffentliche Auftraggeber in Abweichung vom Eigenerklärungsprinzip bereits mit dem Teilnahmeantrag oder Angebot für die Prüfung der Eignung andere Unterlagen, etwa Bescheinigungen oder sonstige Nachweise, verlangt. In diesem Fall kann ein Bewerber oder Bieter anstelle der Vorlage dieser Unterlagen eine ausgefüllte EEE als vorläufigen Beleg seiner Eignung vorlegen. Der öffentliche Auftraggeber darf den Bewerber oder Bieter in diesem Fall nicht wegen Fehlens geforderter Unterlagen ausschließen. Vielmehr muss er von dem betreffenden Bieter **die geforderten Unterlagen unter Fristsetzung nachfordern,** bevor er diesen ausschließen, im Rahmen eines Teilnahmewettbewerbs auswählen oder ihm den Zuschlag erteilen möchte. Dies ergibt sich für Verfahren mit Teilnahmewettbewerb aus § 42 Abs. 2 VgV und für offene Verfahren aus § 50 Abs. 2 S. 2 VgV. **12**

Zu beachten ist jedoch, dass der öffentliche Auftraggeber nach § 50 Abs. 2 S. 1 VgV bei Übermittlung einer EEE Bewerber oder Bieter auch jederzeit während des Verfahrens auffordern kann, die geforderten Unterlagen beizubringen, wenn dies **zur angemessenen Durchführung des Verfahrens** erforderlich ist. Danach kann der Auftraggeber zB in einem Teilnahmewettbewerb die Vorlage der geforderten Unterlagen bereits mit dem Teilnahmeantrag verlangen (s. → § 42 Rn. 10). Das Verlangen entspr. Nachweise kommt ferner in Betracht, wenn der öffentliche Auftraggeber Anhaltspunkte für die Annahme hat, dass die EEE eines Bieters unzutreffende Angaben enthält.[32] Denkbar ist dies auch bei Verfahren mit umfangreichen und aufwendigen Bewertungssystemen auf der Stufe der Ermittlung des wirtschaftlichsten Angebots anhand der Zuschlagskriterien, wenn der Auftraggeber vor Einbeziehung der Angebote in diese Wertungsstufe die Eignung abschl. prüfen will. **13**

Wenn ein öffentlicher Auftraggeber die **Abgabe des Formulars der EEE vorgibt,** muss er gleichzeitig klarstellen, ob und ggf. welche darin enthaltenen Erklärungen vom Zuschlagsbieter vor der Zuschlagserteilung durch Vorlage entspr. Bescheinigungen oder sonstiger Nachweise belegt werden müssen. Beschränkt er sich gem. § 48 Abs. 2 S. 1 VgV auf die nach dem Formular der EEE vorgesehenen Eigenerklärungen, ist er nicht verpflichtet, vom Zuschlagsbieter entspr. Belege anzufordern. § 50 Abs. 2 S. 2 VgV verlangt lediglich die Anforderung und Beibringung der „geforderten Unterlagen". Ein Recht zur Anforderung entspr. Belege besteht in diesem Fall nur noch unter den Voraussetzungen des § 50 Abs. 2 S. 1 VgV, wenn dies zur „angemessenen Durchführung des Verfahrens" erforderlich ist (→ Rn. 13). **14**

Eine Pflicht zur Beibringung zusätzlicher Bescheinigungen oder Nachweise besteht generell nicht, wenn die zuschlagserteilende Stelle des öffentlichen Auftraggebers **den Nachweis bereits besitzt oder ihn über eine gebührenfreie natio-** **15**

---

[30] RKMPP/Röwekamp VgV § 50 Rn. 8; Beck VergabeR/Mager VgV § 50 Rn. 9.
[31] Ebenso RKMPP/Röwekamp VgV § 50 Rn. 26.
[32] S. Begr. zu § 50 Abs. 2 VgV, BT-Drs. 18/7318, 206.

nale Datenbank – insbes. eines Präqualifikationssystems – erhalten kann (§ 50 Abs. 3 VgV).[33] Mit dieser Regelung wurde Art. 59 Abs. 5 RL 2014/24/EU umgesetzt. Dieser Grundsatz gilt nicht nur für den Anwendungsbereich des § 48 Abs. 3, § 50 Abs. 2 S. 1 VgV, sondern generell für jegliche Anforderung von Eigenerklärungen oder sonstigen Unterlagen zum Zwecke der Prüfung der Eignung und Ausschlussgründe.[34] Zu beachten ist, dass die Vorschrift hinsichtlich des Besitzes des entspr. Nachweises nicht auf den „öffentlichen Auftraggeber", sondern auf die „zuschlagserteilende Stelle" abstellt, dh, dass die konkret zuständige Vergabestelle im Besitz des entspr. Nachweises sein muss. Selbst wenn dies der Fall ist, kann gem. § 50 Abs. 2 S. 1 VgV dennoch ein entspr. Nachweis verlangt werden, wenn dies iSd Prüfung der Aktualität erforderlich erscheint. Will sich ein Bewerber oder Bieter auf eine Ausnahme von der Vorlagepflicht berufen, hat er dem öffentlichen Auftraggeber darüber Auskunft zu erteilen, im Rahmen welcher Vergabeverfahren welche Unterlagen eingereicht worden sind bzw. bei welcher konkreten Datenbank welche Unterlagen abrufbar sind.[35]

16 Zu beachten ist, dass sich der Bewerber oder Bieter im Falle eines **Unterauftragnehmereinsatzes** nach § 36 VgV oder der Berufung auf andere Unternehmen iRd **Eignungsleihe** nach § 47 VgV nicht auf die Vorlage einer eigenen EEE beschränken darf, sondern ggf. auch für diese Unternehmen eine gesonderte EEE vorlegen muss. Das gilt im Falle einer **Bewerber- oder Bietergemeinschaft** auch für sämtliche Mitglieder.

V. Belege für das Nichtvorliegen von Ausschlussgründen nach §§ 123, 124 GWB (Abs. 4–6)

17 Durch die Abs. 4–6 wird Art. 60 Abs. 1, 2 RL 2014/24/EU umgesetzt und die möglichen Nachweise für das Nichtvorliegen von zwingenden und fakultativen Ausschlussgründen nach den §§ 123, 124 GWB geregelt. In der Begr. zu § 48 VgV wird insoweit klargestellt, dass der öffentliche Auftraggeber die in den Abs. 4–6 geregelten Nachweise als ausreichende Belege akzeptieren muss, er jedoch vor dem Hintergrund des Eigenerklärungsprinzips des § 48 Abs. 2 S. 1 VgV nicht verpflichtet ist, in jedem Fall einen der in den Abs. 4–6 vorgesehenen Nachweise zu fordern. Vielmehr kann er auch die **Vorlage von diesbezüglichen Eigenerklärungen als Beleg** genügen lassen, wofür der Grundsatz der Verhältnismäßigkeit (§ 97 Abs. 1 S. 2 GWB) spricht.

18 Zu beachten ist jedoch die Abfragepflicht für Auftraggeber bei der Registerbehörde nach § 6 Abs. 1 des Wettbewerbsregistergesetzes (WRegG) bzgl. der Ausschlussgründe nach § 123 Abs. 1 GWB und weiterer nach § 124 Abs. 1 GWB relevanter Ausschlussgründe. Bzgl. der hiervon erfassten Ausschlussgründe kommt die Anforderung von gesonderten Unterlagen, wie sie in den Abs. 4–6 enthalten sind, entspr. § 50 Abs. 3 Nr. 1 VgV nicht mehr in Betracht.

19 Sollte im Einzelfall ein begründetes Erfordernis für das Verlangen eines Nachweises nach § 48 Abs. 4–6 VgV bestehen, muss der öffentliche Auftraggeber idF des Abs. 4 Alt. 2 und Abs. 5 entspr. **Bescheinigungen einer zuständigen Gerichts- oder Verwaltungsbehörde des Herkunftslands** oder des Niederlassungsstaats anerkennen. Unter den Begriff „Bescheinigungen" sind ausschl. Fremderklärungen der jew. zuständigen Behörde zu fassen, nicht dagegen Eigenerklärungen des Bewerbers oder Bie-

---

[33] S. Begr. zu § 50 Abs. 3 VgV, BT-Drs. 18/7318, 206.
[34] RKMPP/Röwekamp VgV § 50 Rn. 31.
[35] VK Thüringen 19.8.2019 – 250-4004-13510/2019-E-013-EF, IBRRS 2020, 0338; Beck VergabeR/Mager VgV § 50 Rn. 45, 47; RKMPP/Röwekamp VgV § 50 Rn. 32.

ters.[36] Nur wenn solche Urkunden oder Bescheinigungen im Herkunftsland oder Niederlassungsstaat des Bewerbers oder Bieters nicht ausgestellt werden, was vom betreffenden Bewerber oder Bieter darzulegen ist, muss sich der öffentliche Auftraggeber mit einer **Versicherung an Eides statt** zufriedengeben (Abs. 6 S. 1). Soweit es im Herkunftsland oder Niederlassungsstaat des Bewerbers oder Bieters auch eine solche nicht gibt, ist es diesem nachgelassen, diese durch eine „**förmliche Erklärung**" zu ersetzen, die ein Vertreter des betreffenden Unternehmens vor einer zuständigen Gerichts- oder Verwaltungsbehörde, einem Notar oder einer dazu bevollmächtigten Berufs- oder Handelsorganisation abgibt (Abs. 6 S. 2).

VI. Erläuterung der Unterlagen (Abs. 7)

Gem. § 48 Abs. 7 VgV, mit dem Art. 59 Abs. 4 UAbs. 2 S. 2 RL 2014/24/EU umgesetzt wurde, kann der öffentliche Auftraggeber Bewerber oder Bieter auffordern, die erhaltenen **Unterlagen zu erläutern.** Nach der Definition des § 48 Abs. 1 VgV betrifft dies nicht nur Bescheinigungen oder Nachweise, sondern auch Eigenerklärungen und sonstige Angaben. § 48 Abs. 7 VgV gestattet dabei nur eine Erläuterung iS **einer Aufklärung.**[37] Die Nachforderung entspr. Unterlagen richtet sich nach § 56 VgV. Die Forderung zusätzlicher, in der Bekanntmachung nicht geforderter oder vorbehaltener Erklärungen oder Nachweise lässt § 48 Abs. 7 VgV ebenfalls nicht zu. 20

Eine Erläuterung der eingereichten Erklärungen und Angaben kommt in Betracht, wenn diese aus sich heraus nicht eindeutig sind. Insoweit ist jedoch zu berücksichtigen, dass es grds. dem Bewerber oder Bieter obliegt, inhaltlich eindeutige Erklärungen vorzulegen und der öffentliche Auftraggeber deshalb grds. **nicht verpflichtet** ist, ein Unternehmen zu einer nachträglichen Erläuterung aufzufordern. Dementsprechend ist § 48 Abs. 7 als „Kann"-Vorschrift ausgestaltet. Die Entscheidung steht mithin grds. im Ermessen des öffentlichen Auftraggebers.[38] Fordert der Auftraggeber ein Unternehmen zur Erläuterung auf, ist er iSd Gleichbehandlung (§ 97 Abs. 2 GWB) verpflichtet, in sämtlichen gleichgelagerten Fällen ebenfalls die Möglichkeit zur Erläuterung einzuräumen. Die Forderung nach einer weiteren Erläuterung der eingereichten Unterlagen kann mit einer angemessenen Fristsetzung verbunden werden. Wenn es sich dabei um eine Ausschlussfrist handeln soll, muss iSd Transparenzgrundsatzes (§ 97 Abs. 1 S. 1 GWB) ausdr. darauf hingewiesen werden, dass im Falle des Unterlassens oder einer nicht rechtzeitigen Erläuterung das Angebot oder der Teilnahmeantrag ausgeschlossen wird. Soweit zur Erläuterung der Unterlagen Aufklärungsgespräche geführt werden, ist die Dokumentationspflicht nach § 9 Abs. 2 VgV zu berücksichtigen. 21

Zu beachten ist, dass die Eignungskriterien und die insoweit vorzulegenden Nachweise in der Auftragsbekanntmachung bzw. in der Aufforderung zur Interessensbestätigung abschl. zu benennen sind, damit die Unternehmen beurteilen können, ob eine Beteiligung im Hinblick auf die persönlichen und sachlichen Voraussetzungen überhaupt sinnvoll ist (→ Rn. 3 ff.). Aus diesem Grund dürfen auf der Grundlage von § 48 Abs. 7 VgV keinesfalls die allg. Anforderungen an die Eignung auf diesem Weg zu Lasten eines bestimmten Bieters oder ohne sachlichen Grund **nachträglich erhöht oder verändert** und so das Wettbewerbsergebnis beeinflusst werden. So 22

---

[36] OLG Düsseldorf 14.1.2009 – VII-Verg 59/08, NZBau 2009, 398; OLG Koblenz 4.7.2007 – 1 Verg 3/07, ZfBR 2007, 712.

[37] OLG Düsseldorf 16.9.2003 – VII-Verg 52/03, BeckRS 2004, 02041.

[38] RKMPP/Hausmann/Schiefner VgV § 48 Rn. 27; EuGH 29.3.2012 – C-599/10, NZBau 2012, 376 – SAG ELV Slovensko; s. aber zur Aufklärungspflicht von Widersprüchen OLG Düsseldorf 2.8.2017 – VII-Verg 17/17, NZBau 2018, 169 und 21.10.2015 – VII-Verg 35/15, NZBau 2016, 61.

darf bspw. eine Verifizierung von Eigenerklärungen durch zusätzliche Anforderung von Nachweisen oder Bescheinigungen nur dann erfolgen, wenn begründete Zweifel an der Richtigkeit der Eigenerklärung bestehen.

VII. Präqualifikationssysteme (Abs. 8)

23   Nach **§ 122 Abs. 3 GWB** kann der Nachweis der Eignung und des Nichtvorliegens von Ausschlussgründen ganz oder teilw. durch die **Teilnahme an Präqualifizierungssystemen** erbracht werden (s. → GWB § 122 Rn. 45 ff.). Gemeint ist damit eine **von einem konkreten Vergabeverfahren losgelöste Prüfung der Eignung,** auf die in einem konkreten Vergabeverfahren zurückgegriffen werden kann. Die europarechtliche Grundlage hierfür findet sich in Art. 64 RL 2014/24/EU, der für den Bereich der Liefer- und Dienstleistungsaufträge in § 48 Abs. 8 VgV umgesetzt wurde.

24   § 48 Abs. 8 VgV regelt die Wirkung und Voraussetzungen sog. Präqualifikationssysteme. § 48 Abs. 8 S. 1 VgV statuiert insoweit eine **Eignungsvermutung**. Danach dürfen bei Bewerbern oder Bietern, die in amtl. Verzeichnisse eingetragen sind oder über eine Zertifizierung verfügen, die jew. den Anforderungen des Art. 64 RL 2014/24/EU entsprechen, die im entspr. amtl. Verzeichnis oder dem Zertifizierungssystem niedergelegten Unterlagen und Angaben vom öffentlichen Auftraggeber nur in begründeten Fällen in Zweifel gezogen werden. Aufgrund dieser Vermutungsregelung ist von der Richtigkeit der Präqualifikation auszugehen, wenn ein Auftraggeber keine Anhaltspunkte dafür hat, dass die der Präqualifikation zugrunde gelegten Unterlagen und Angaben überholt oder aus einem anderen Grund falsch sind.[39] Auch bei präqualifizierten Unternehmen ist der öffentliche Auftraggeber jedoch verpflichtet zu prüfen, ob die im Präqualifikationsverzeichnis hinterlegten Nachweise die im konkreten Vergabeverfahren festgelegten Anforderungen erfüllen.[40] Erfüllen etwa die im Präqualifikationsverzeichnis hinterlegten Referenzen nicht die im konkreten Vergabeverfahren festgelegten Referenzanforderungen, dürfen keine weiteren Referenzen nachgefordert werden, sondern das Unternehmen ist auszuschließen.[41]

25   Welche Anforderungen Art. 64 RL 2014/24/EU an ein entspr. amtl. Verzeichnis oder eine entspr. Zertifizierung stellt, ergibt sich weder aus der Begründung zu § 48 Abs. 8 VgV noch aus der RL selbst. Nach Art. 64 Abs. 1 RL 2014/24/EU können Mitgliedstaaten „amtliche Verzeichnisse zugelassener Bauunternehmer, Lieferanten oder Dienstleistungserbringer oder eine Zertifizierung durch Zertifizierungsstellen, die den **europäischen Zertifizierungsstandards iSd Anh. VII RL 2014/24/EU** genügen, ein- oder fortführen". Dabei ist der Verweis mit Anh. VII RL 2014/24/EU, in dem die Begriffsbestimmungen zu den „Technischen Spezifikationen" enthalten sind, für eine weitere Klarstellung der Voraussetzungen unbehelflich. Somit bleibt insges. völlig unklar, welchen Voraussetzungen ein „amtliches Verzeichnis" oder eine „Zertifizierung" iSd Art. 64 Abs. 1 RL 2014/24/EU konkret genügen muss. Dies dürfte auch ein Grund dafür sein, warum sich der Verordnungsgeber in § 48 Abs. 8 S. 2 VgV dazu entschieden hat, die Aufgabe, ein amtl. Verzeichnis für präqualifizierte Unternehmen im Liefer- und Dienstleistungsbereich (nicht für Bauleistungen) einzurichten, auf die **Industrie- und Handelskammer** zu übertragen.[42] In der Begründung wird ausgeführt, dass ein solches Register amtl. Verzeichnisse, die durch andere öffentliche Stellen eingerichtet werden, nicht ausschließt. Damit wird der Begriff des

---

[39] VK Sachsen-Anhalt 26.6.2019 – 1 VK LSA 30/18, IBRRS 2019, 2361.
[40] OLG Düsseldorf 8.6.2022 – Verg 19/22, IBRRS 2022, 1970; VK Bund 8.6.2021 – VK 1–38/21, IBRRS 2021, 3011.
[41] OLG Düsseldorf 8.6.2022 – Verg 19/22, IBRRS 2022, 1970.
[42] Begr. zu § 48 Abs. 8 VgV, BT-Drs. 18/7318, 206.

„amtlichen Verzeichnisses" zumindest insoweit konkretisiert, als es sich um ein von einer „öffentlichen Stelle" eingerichtetes Verzeichnis handeln muss. Ferner wird in der Begründung darauf hingewiesen, dass durch den Bezug auf Art. 64 RL 2014/24/EU klargestellt sei, dass das IHK-Verzeichnis „selbstverständlich" die hohen Anforderungen der RL umzusetzen hat. Was diese hohen Anforderungen sind, wird jedoch auch hier nicht näher erläutert. Dafür wird klargestellt, dass die Führung des amtl. Verzeichnisses nicht bei jeder einzelnen Industrie- und Handelskammer erfolgen kann, sondern in der Praxis hierfür eine zentrale IT-gestützte Datenbank erforderlich ist, die von einer von den Industrie- und Handelskammern eingerichteten gemeinsamen Stelle zu betreiben ist. Des Weiteren wird klargestellt, dass in jedem Fall sicherzustellen ist, dass eine zeitgleiche und direkte Abfrage aller präqualifizierten Unternehmen im amtl. Verzeichnis durch die öffentlichen Auftraggeber erfolgen kann.

Aufgrund der ungeklärten Voraussetzungen, die ein amtl. Verzeichnis oder eine Zertifizierung iSv Art. 64 Abs. 1 RL 2014/24/EU erfüllen muss, bleibt die Regelung des § 48 Abs. 8 VgV sowohl für Unternehmen, die sich auf eine entspr. Eintragung bzw. Zertifizierung berufen wollen, als auch für öffentliche Auftraggeber, die diese als alternativen Eignungsbeleg akzeptieren wollen, mit einer hohen Rechtsunsicherheit verbunden. Eintragungen in amtl. Verzeichnisse oder Zertifizierung, die den Anforderungen des Art. 64 Abs. 1 RL 2014/24/EU nicht genügen, können und dürfen als Eignungsnachweise nicht akzeptiert werden. Klar ist indes, dass die Eintragung in ein solches amtl. Verzeichnis oder eine entspr. Zertifizierung **nicht zur Bedingung für die Teilnahme am Vergabeverfahren gemacht werden darf.**[43] 26

In § 48 Abs. 8 S. 4 VgV wird schließlich klargestellt, dass auch im Falle einer entspr. Präqualifikation **ein aktueller Nachweis über die Entrichtung von Steuern, Abgaben oder Sozialversicherungsbeiträgen** durch gesonderte Vorlage einer entspr. Bescheinigung verlangt werden darf. Verpflichtet ist der öffentliche Auftraggeber zu einer solchen gesonderten Anforderung indes nicht. Mit dieser Regelung wird berücksichtigt, dass sich in diesem Bereich ggü. dem Zeitpunkt der Zertifizierung kurzfristig Änderungen ergeben haben können, die bei der Prüfung von Ausschlussgründen gem. § 42 Abs. 1 VgV Berücksichtigung finden müssen. Das gilt indes auch für alle anderen Ausschlussgründe, soweit der öffentliche Auftraggeber konkrete Anhaltspunkte dafür hat, dass sich ggü. dem Zeitpunkt der Zertifizierung Veränderungen ergeben haben. In diesem Fall ist der öffentliche Auftraggeber nicht berechtigt, sondern nach § 42 Abs. 1 VgV auch verpflichtet, das Vorliegen zwischenzeitlich eingetretener Ausschlussgründe ungeachtet der Zertifizierung weiter aufzuklären. 27

§ 49 Beleg der Einhaltung von Normen der Qualitätssicherung und des Umweltmanagements

(1) ¹**Verlangt der öffentliche Auftraggeber als Beleg dafür, dass Bewerber oder Bieter bestimmte Normen der Qualitätssicherung erfüllen, die Vorlage von Bescheinigungen unabhängiger Stellen, so bezieht sich der öffentliche Auftraggeber auf Qualitätssicherungssysteme, die**
1. **den einschlägigen europäischen Normen genügen und**
2. **von akkreditierten Stellen zertifiziert sind.**
²**Der öffentliche Auftraggeber erkennt auch gleichwertige Bescheinigungen von akkreditierten Stellen aus anderen Staaten an.** ³**Konnte ein Bewerber oder Bieter aus Gründen, die er nicht zu vertreten hat, die betreffenden Bescheinigungen nicht innerhalb einer angemessenen Frist einholen, so muss der öffentliche Auftraggeber auch andere Unterlagen über gleichwertige Qualitätssicherungssysteme anerkennen, sofern der Bewerber oder**

---

[43] Art. 64 Abs. 7 S. 1 RL 2014/24/EU; RKMPP/Hausmann/Schiefner VgV § 48 Rn. 36.

Bieter nachweist, dass die vorgeschlagenen Qualitätssicherungsmaßnahmen den geforderten Qualitätssicherungsnormen entsprechen.

(2) ¹Verlangt der öffentliche Auftraggeber als Beleg dafür, dass Bewerber oder Bieter bestimmte Systeme oder Normen des Umweltmanagements erfüllen, die Vorlage von Bescheinigungen unabhängiger Stellen, so bezieht sich der öffentliche Auftraggeber
1. entweder auf das Gemeinschaftssystem für das Umweltmanagement und die Umweltbetriebsprüfung EMAS der Europäischen Union oder
2. auf andere nach Artikel 45 der Verordnung (EG) Nr. 1221/2009 des Europäischen Parlaments und des Rates vom 25. November 2009 über die freiwillige Teilnahme von Organisationen an einem Gemeinschaftssystem für Umweltmanagement und Umweltbetriebsprüfung und zur Aufhebung der Verordnung (EG) Nr. 761/2001, sowie der Beschlüsse der Kommission 2001/681/EG und 2006/193/EG (ABl. L 342 vom 22.12.2009, S. 1) anerkannte Umweltmanagementsysteme oder
3. auf andere Normen für das Umweltmanagement, die auf den einschlägigen europäischen oder internationalen Normen beruhen und von akkreditierten Stellen zertifiziert sind.

²Der öffentliche Auftraggeber erkennt auch gleichwertige Bescheinigungen von Stellen in anderen Staaten an. ³Hatte ein Bewerber oder Bieter aus Gründen, die ihm nicht zugerechnet werden können, nachweislich keinen Zugang zu den betreffenden Bescheinigungen oder aus Gründen, die er nicht zu vertreten hat, keine Möglichkeit, diese innerhalb der einschlägigen Fristen zu erlangen, so muss der öffentliche Auftraggeber auch andere Unterlagen über gleichwertige Umweltmanagementmaßnahmen anerkennen, sofern der Bewerber oder Bieter nachweist, dass diese Maßnahmen mit denen, die nach dem geltenden System oder den geltenden Normen für das Umweltmanagement erforderlich sind, gleichwertig sind.

Literatur: Anker/Sinz, Die rechtliche Bedeutung der Normenreihe DIN EN ISO 9000–9004 unter besonderer Berücksichtigung der 30-jährigen Gewährleistungshaftung wegen arglistig verschwiegener Mängel, BauR 1995, 629; Franke, Qualitätsmanagement und Bauvertrag, Festschrift für Heiermann, 1997, 63; Gastl, Kontinuierliche Verbesserung im Umweltmanagement – Die KVP-Forderung der ISO 14001 in Theorie und Unternehmenspraxis, 2005; Gastl, KVP-Forderung normierter Umweltmanagementsysteme in der Praxis: Ungebremste Fahrt ins Grüne oder Aufbruch in die ökologische Sackgasse? UWF Umweltwirtschaftsforum 1/06, 2006, 41; Gastl, Wider den toten Punkt im Umweltmanagement, Umweltperspektiven 4/10, 2010; Gröning, Referenzen und andere Eignungsnachweise, VergabeR 2008, 721; Haak, Vergaberecht in der Energiewende, Teil 1. Energieeffiziente Beschaffung und Ausschreibungsmodelle nach dem EEG 2014, NZBau 2015, 11; Huber/Wollenschläger, EMAS und Vergaberecht – Berücksichtigung ökologischer Belange bei öffentlichen Aufträgen, WiVerw 2005, 212; Leifer/Mißling, Die Berücksichtigung von Umweltschutzkriterien im bestehenden und zukünftigen Vergaberecht am Beispiel des europäischen Umweltmanagementsystems EMAS, ZUR 2004, 266; Meyer/Tirpitz/Laß, Energie- und Umweltmanagement im Mittelstand, 2009; Umweltbundesamt, Rechtsgutachten umweltfreundliche öffentliche Beschaffung, aktualisierte Fassung 2020; Umweltbundesamt, EMAS in der öffentlichen Beschaffung v. 2/2019.

I. Bedeutung der Vorschrift

1 § 49 VgV setzt Art. 62 RL 2014/24/EU um. Vorgängerregelungen fanden sich in § 7 EG Abs. 10, 11 VOL/A und § 5 Abs. 7, 8 VOF. Vergleichbare Regelungen finden sich in § 49 SektVO, § 28 VSVgV, § 6c EU VOB/A und in § 6c VS VOB/A. Im Unterschwellenbereich und in der KonzVgV existiert keine vergleichbare Regelung.

Beleg der Einhaltung von Normen der Qualitätssicherung **§ 49 VgV**

§ 46 Abs. 3 Nr. 3, 7 iVm § 49 VgV schaffen eine Ermächtigungsgrundlage für das Verlangen des öffentlichen Auftraggebers nach den in § 49 VgV genannten Belegen des Bieters zur Einhaltung von Normen der Qualitätssicherung und des Umweltmanagements als **Eignungsnachweis** für seine technische und berufliche Leistungsfähigkeit iSv § 122 Nr. 3 GWB.[1] 2

Die Vorschrift ist **bieterschützend**. Bieter haben einen Anspruch darauf, dass der öffentliche Auftraggeber die Eignung des Bieters (nur) auf Grundlage der in § 49 VgV genannten Nachweise prüft. Der öffentliche Auftraggeber muss die Forderung dieser Nachweise gem. § 122 Abs. 4 S. 2 GWB in der Auftragsbekanntmachung, der Vorinformation oder der Aufforderung zur Interessenbestätigung erheben. 3

II. Qualitätssicherung (Abs. 1)

Abs. 1 setzt voraus, dass der öffentliche Auftraggeber Normen der Qualitätssicherung definiert, die der Bewerber oder Bieter erfüllen soll. Der öffentliche Auftraggeber kann Nachweise über die Qualitätssicherung nur verlangen, soweit dies **durch den Auftragsgegenstand gerechtfertigt** ist.[2] Er verfügt insofern über ein Ermessen und muss dabei sowohl die Bedeutung der Managementmaßnahmen für den Auftrag als auch eine mögliche Einschränkung des Wettbewerbs bewerten. Auch wenn das Qualitätssicherungssystem des öffentlichen Auftraggebers selbst nicht zertifiziert ist, kann er jedenfalls dann ermessensfehlerfrei Nachweise über eine zertifizierte Qualitätssicherungssysteme der Bieter verlangen, wenn er an seine eigene Qualitätssicherung vergleichbare hohe Maßstäbe anlegt.[3] 4

Das Auswahlermessen im Hinblick auf die vom Bewerber oder Bieter einzuhaltenden Normen der Qualitätssicherung ist durch Abs. 1 beschränkt auf **Qualitätssicherungssysteme, die den einschlägigen europäischen Normen genügen** und von akkreditierten Stellen zertifiziert sind. Durch die Orientierung an europäischen Normen sollen eine Harmonisierung der Qualitätssicherungsstandards im Rahmen EU-weiter Vergabeverfahren und eine höhere Vergleichbarkeit von Bewerbungen und Angeboten erreicht werden.[4] Nachweise über die Erfüllung nationaler Normen darf der öffentliche Auftraggeber selbst dann nicht verlangen, wenn diese auf ISO-Normen aufbauen.[5] Europäische Normen (EN) werden von einem der drei europäischen Komitees für Standardisierung (CEN – Europäisches Komitee für Normierung, CENELEC – Europäisches Komitee für elektrotechnische Normung und ETSI – Europäisches Institut für Telekommunikationsnormen) erlassen. In Deutschland werden sie bei Annahme als nationale DIN-EN-Normen veröffentlicht. Der Anwendungsbereich der Norm erschöpft sich nicht auf Zertifikate der Norm DIN EN ISO 9000, sondern erfasst alle auf europäischer Ebene allg. festgelegten, objektiven Standards für Arbeitsabläufe und organisatorische Prozesse, deren Einhaltung von einer unabhängigen Stelle zertifiziert werden und die dazu dienen, die Qualität bestimmter Arbeitsabläufe bei der Ausführung des Auftrags sicherzustellen.[6] 5

Der öffentliche Auftraggeber muss die von ihm geforderten Qualitätssicherungssysteme nicht beschreiben. Es ist ausreichend, dass er die einschlägige europäische 6

---

[1] VK Bund 19.7.2019 – VK 1–39/19, BeckRS 2019, 19883.
[2] So auch RKMPP/Röwekamp VgV § 49 Rn. 7.
[3] VK Bund 19.7.2019 – VK 1–39/19, BeckRS 2019, 19883.
[4] So auch jurisPK-VergabeR/Freiberg VgV § 49 Rn. 4, 11.
[5] OLG Düsseldorf 28.7.2011 – VII-Verg 38/11, BeckRS 2011, 24578.
[6] VK Bund 19.7.2019 – VK 1–39/19, BeckRS 2019, 19883.

Norm benennt, deren Erfüllung er verlangt.[7] Insofern greift der in §§ 33, 34 VgV fortgeltende Maßstab der **Max Havelaar-Rspr.**[8] hier nicht. Nach dieser Rspr. ist der öffentliche Auftraggeber verpflichtet, in der Leistungsbeschreibung die Merkmale der Leistung zumindest abstrakt zu definieren, auch wenn die Bescheinigung einer Konformitätsbewertungsstelle (§ 33 VgV) oder ein bestimmtes Gütezeichen (§ 34 VgV) als Nachweis für die Leistungserfüllung gefordert wird. Der großzügigere Maßstab des § 49 VgV ergibt sich daraus, dass die Norm dem öffentlichen Auftraggeber gestattet, das jew. Qualitätssicherungssystem schlicht in Bezug zu nehmen. Diese Erleichterung für den öffentlichen Auftraggeber erscheint auch dadurch gerechtfertigt, als diese Bezugnahme sich lediglich auf Qualitätssicherungssysteme und Normen des Umweltmanagements bezieht und nicht die Leistungserfüllung selbst betrifft, sondern die technische und berufliche Leistungsfähigkeit, also die Eignung des Bewerbers oder Bieters. Insofern kann erwartet werden, dass der fachkundige Markt mit den jew. Anforderungen ausreichend vertraut ist.

7   Den Nachweis für die Erfüllung der Normen der Qualitätssicherung kann der Bewerber oder Bieter durch Vorlage des **Zertifikats einer unabhängigen, akkreditierten Zertifizierungsstelle** erbringen. Hierzu muss der Bewerber oder Bieter einen Zertifizierungsprozess durchlaufen haben, an dessen Ende er von der Zertifizierungsstelle ein zeitlich befristetes Zertifikat erhalten hat. Zertifizierungen bestätigen lediglich, dass das Unternehmen zum Zeitpunkt der Zertifizierung die Standards der betreffenden Qualitätsnorm eingehalten hat, treffen aber keine darüberhinausgehende Aussage zu der Qualität des Unternehmens oder seiner Leistungen.[9] Die Zertifizierungen sind unternehmensgebunden und nicht rechtsgeschäftlich übertragbar.[10] Die Akkreditierung der Zertifizierungsstelle richtet sich nach der Norm DIN EN ISO/IEC 17011. Diese Norm definiert Akkreditierung als „Bestätigung durch eine dritte Seite, die formal darlegt, dass eine Konformitätsbewertungsstelle die Kompetenz besitzt, bestimmte Konformitätsbewertungsaufgaben durchzuführen". In Deutschland werden die Akkreditierungen für Zertifizierungsstellen durch die Deutsche Akkreditierungsstelle GmbH (DAkkS) ausgesprochen.

8   Gleichwertige Bescheinigungen von akkreditierten **Zertifizierungsstellen aus anderen Staaten**[11] sind vom öffentlichen Auftraggeber nach S. 2 anzuerkennen. Die Regelung trägt dem Umstand Rechnung, dass Zertifizierungsstellen in anderen EU-Mitgliedstaaten, EWG-Staaten und sonstigen Drittstaaten anzutreffen sind. Somit ist nicht wichtig, wo die Zertifizierungsstelle angesiedelt ist,[12] solange sie mit einer in einem EU-Mitgliedstaat akkreditierten Zertifizierungsstelle vergleichbar ist und die betreffenden Zertifizierungen auf Grundlage europäischer Normen ausstellt. Hierbei gilt die übliche Beweislastregelung: die Gleichwertigkeit der ausländischen Bescheinigung ist von dem Bewerber oder Bieter nachzuweisen, der sich auf sie beruft.[13]

9   Sofern der Bewerber oder Bieter dem öffentlichen Auftraggeber nachweisen kann, dass er aus Gründen, die ihm nicht zugerechnet werden können, keinen Zugang zu den Bescheinigungen erlangen, oder aus Gründen, die er nicht zu vertreten hat, die

---

[7] So auch jurisPK-VergabeR/Freiberg VgV § 49 Rn. 26.
[8] EuGH 10.5.2012 – C-368/10, ZfBR 2012, 489.
[9] OLG Jena 5.12.2001 – 6 Verg 3/01, BeckRS 9998, 04629.
[10] VK Bund 28.5.2020 – VK 2–29/20, BeckRS 2020, 19528 Rn. 69.
[11] Abw. vom Wortlaut des Art. 62 Abs. 2 RL 2014/24/EU muss es sich nicht nur um EU-Mitgliedstaaten handeln.
[12] Für eine Beschränkung der Nachweise auf Zertifizierungsstellen (nur) aus EU-Mitgliedstaaten entgegen dem Wortlaut: Müller-Wrede/Gnittke/Hattig VgV § 49 Rn. 27; Beck VergabeR/Mager VgV § 49 Rn. 11.
[13] So auch RKMPP/Röwekamp VgV § 49 Rn. 5; HK-VergabeR/Tomerius VgV § 49 Rn. 4.

betr. Bescheinigungen nicht innerhalb einer angemessenen Frist einholen konnte, eröffnet ihm S. 3 die **Möglichkeit eines alternativen Nachweises**.

Bei seinem alternativen Nachweis muss der Bewerber oder Bieter nachweisen, 10 dass die von ihm vorgeschlagenen Qualitätssicherungsmaßnahmen den geforderten Qualitätssicherungsnormen entsprechen. Soweit der öffentliche Auftraggeber in seiner Eignungsanforderung nur auf ein Zertifikat für Qualitätssicherungsmaßnahmen verweist, ohne zu konkretisieren, welchen inhaltlichen Nachweis er daraus erkennen möchte, können nur solche alternativen Nachweise als **gleichwertig** angesehen werden, aus denen sich ergibt, dass sämtliche inhaltlichen Kriterien des in Bezug genommenen Zertifikats erfüllt sind. Die Gleichwertigkeit ist überdies nur gegeben, wenn die Qualitätssicherungsmaßnahmen beim Bewerber oder Bieter bereits etabliert sind und für den Auftrag auch angewandt werden. Trotz der missverständlichen Formulierung des S. 3 kann die Inaussichtstellung künftiger Qualitätssicherungsmaßnahmen nicht mit der Vorlage eines Zertifikats über bereits existierende Qualitätssicherungssysteme vergleichbar sein. Anderenfalls wäre der öffentliche Auftraggeber dazu verpflichtet, als Proband für die Etablierung eines Qualitätsmanagementsystems herhalten zu müssen.

Hinsichtlich des Nachweises von Normen der Qualitätssicherung sind solche 11 Belege als gleichwertig anzusehen, die den gesetzlich stipulierten Zertifizierungen sowohl bzgl. der Qualitätssicherungsmaßnahme als auch der Art des Nachweises entsprechen.[14] Nach Erwgr. 88 der RL 2014/24/EU soll die Beschreibung der durchgeführten Umweltmanagementmaßnahmen durch den Bieter oder Bewerber als Nachweis genügen können. Daraus wird abgeleitet, dass auch eine **Eigenerklärung des Bieters oder Bewerbers** über sein Qualitätssicherungssystem als Nachweis ausreichen kann.[15] Nach aA reicht die Eigenerklärung grds. nicht, sondern es sind Bescheinigungen von unabhängigen, neutralen Sachverständigen oder anderen branchenspezifischen Organisationen erforderlich.[16] Dies würde für Nachweise von Qualitätssicherungsmaßnahmen nach Abs. 1 höhere Anforderungen begründen als für Nachweise von Umweltmanagementmaßnahmen nach Abs. 2, da für letztere nach Erwgr. 88 der RL 2014/24/EU auch Beschreibungen der durchgeführten Umweltmanagementmaßnahmen genügen können. Tatsächlich kann eine Eigenerklärung über Qualitätssicherungsmaßnahmen aber allenfalls dann ausreichend sein, wenn der Bieter oder Bewerber ergänzend die Qualitätssicherungsmaßnahmen präzise beschreibt und dokumentiert, weshalb sich daraus ein Niveau ergibt, welches der geforderten Zertifizierung entspricht. Auch eine solche Erklärung kann aber nur dann gleichwertig sein, wenn der öffentliche Auftraggeber mit seiner Kompetenz und in angemessener Zeit in der Lage ist, die Einhaltung der Normen zu überprüfen, was regelmäßig nicht der Fall sein dürfte.

III. Umweltmanagement (Abs. 2)

Auch Abs. 2 setzt voraus, dass der öffentliche Auftraggeber Normen des Umwelt- 12 managements definiert, die der Bewerber oder Bieter erfüllen soll. § 46 Abs. 3 Nr. 7 VgV konkretisiert, dass sich der Nachweis über Umweltmanagementmaßnahmen auf Maßnahmen beziehen muss, die das Unternehmen **während der Auftragsdurchführung** anwendet. Damit wird besonders deutlich, dass nur Nachweise über Umweltmanagementmaßnahmen zulässig sind, die durch den Auftrag gerecht-

---

[14] Müller-Wrede/Gnittke/Hattig VgV § 49 Rn. 36; RKMP/Röwekamp VgV § 49 Rn. 6.
[15] jurisPK-VergabeR/Freiberg VgV § 49 Rn. 10.
[16] Voppel/Osenbrück/Bubert/Voppel VgV § 49 Rn. 6; DSW/Wagner-Cardenal VgV § 49 Rn. 13; Beck VergabeR/Mager VgV § 49 Rn. 14; Müller-Wrede/Gnittke/Hattig VgV § 49 Rn. 38; RKMP/Röwekamp VgV § 49 Rn. 6.

VgV § 49   Beleg der Einhaltung von Normen der Qualitätssicherung

fertigt sind. Deshalb sollen Umweltmanagementverfahren und -standards nach Meinung des Bundesumweltministeriums dann Berücksichtigung finden, wenn der zu vergebende Auftrag die Herstellung von Produkten oder die Erbringung von Dienstleistungen mit erhöhten Umweltgefahren oder -auswirkungen betrifft und die umweltrelevanten Tätigkeiten mehr als nur Hilfstätigkeit zur Erbringung der Hauptleistung darstellen bzw. das Gesamtbild der Leistung mit prägen.[17] Nach dem Umweltbundesamt kann sich eine Rechtfertigung insbes. daraus ergeben, dass mit der Durchführung des Auftrags besondere Gefährdungen der Umwelt verbunden sind, etwa weil der Auftragsgegenstand die Einhaltung bestimmter Umweltstandards erfordert.[18]

12a   Die Forderung von Nachweisen über Umweltmanagementmaßnahmen ist auf Ebene der Eignungskriterien ein Instrument, um strategische (Nachhaltigkeits-) Ziele in das Vergabeverfahren einzubeziehen (dazu → § 33 Rn. 2a). Der Wettbewerb kann so auf Unternehmen beschränkt werden, deren Umweltmanagement den Nachhaltigkeitszielen entspricht.

13   Der öffentliche Auftraggeber kann Umweltmanagementsysteme auch für die **Vergabe von Lieferaufträgen** fordern und ist nicht mehr auf Dienstleistungsaufträge beschränkt (so noch: § 7 EG Abs. 11 VOL/A aF). Die Anwendung ist nicht nur auf Fälle beschränkt, in denen der Lieferauftrag auch substanzielle Dienstleistungen umfasst.[19] Ein hinreichender Auftragsbezug bleibt auch gewahrt, wenn die Umweltmanagementsysteme den Produktions- oder Logistikprozess der Produktion betreffen.

14   Verlangt der öffentliche Auftraggeber Nachweise für die Erfüllung bestimmter Systeme oder Normen des Umweltmanagements, so muss er sich beziehen entweder (1.) auf das Gemeinschaftssystem für das Umweltmanagement und die Umweltbetriebsprüfung EMAS (Eco-Management and Audit Scheme) der EU oder (2.) auf andere, nach Art. 45 VO (EG) Nr. 1221/2009 sowie der Beschlüsse der Kommission 2001/681/EG und 2006/193/EG anerkannte Umweltmanagementsysteme oder (3.) auf andere Normen für das Umweltmanagement, die auf den einschlägigen europäischen oder internationalen Normen beruhen und von akkreditierten Stellen zertifiziert sind. In der Praxis ist die Umweltmanagementnorm **DIN EN ISO 14001** verbreitet.

15   Zur **Nachweisführung** gelten die Ausführungen zu Qualitätssicherungssystemen entsprechend. Die Zertifizierung nach einer Qualitätsmanagementnorm ist regelmäßig kein gleichwertiger Nachweis für die Erfüllung bestimmter Systeme oder Normen des Umweltmanagements.[20]

16   Für den Fall des alternativen Nachweises bei Unmöglichkeit, die Bescheinigung einer unabhängigen Stelle zu erlangen, enthält Erwgr. 88 der RL 2014/24/EU eine Präzisierung. Danach soll im Einzelfall die Vorlage einer **Beschreibung der durchgeführten Umweltmanagementmaßnahmen** genügen, sofern der betr. Bewerber oder Bieter nachweist, dass diese Maßnahmen dasselbe Umweltschutzniveau gewährleisten wie die iRd Umweltmanagementsystemen erforderlichen Maßnahmen. Dies kann jedoch nur gelten, wenn die Beschreibung des Bieters so eindeutig ist, dass dem öffentlichen Auftraggeber mit seiner Kompetenz und in angemessenem Zeitraum eine belastbare Einschätzung dazu möglich ist, ob die Maßnahmen den geforderten Qualitätssi-

---

[17] Hinweise des Bundesministeriums für Umwelt, Naturschutz- und Reaktorsicherheit zu den rechtlichen Möglichkeiten der Berücksichtigung der Teilnahme von Organisationen am Europäischen Gemeinschaftssystem für das Umweltmanagement und die Umweltprüfung (EMAS) bei der öffentlichen Vergabe v. 17.8.2004, 5; Umweltbundesamt, EMAS in der öffentlichen Beschaffung v. 2/2019, 13, 14.
[18] Umweltbundesamt, Rechtsgutachten 2020, 101, 103.
[19] AA RKMPP/Röwekamp VgV § 49 Rn. 7.
[20] Umweltbundesamt, Rechtsgutachten 2020, 104.

cherungsnormen entsprechen. Da dem öffentlichen Auftraggeber nicht die Kompetenz und Erfahrung einer Zertifizierungsstelle beigemessen werden kann, muss er das Recht behalten, vom Bewerber oder Bieter Konkretisierungen und auch Einschätzungen unabhängiger Stellen zu verlangen, ohne hierzu jedoch verpflichtet zu sein.

§ 50 Einheitliche Europäische Eigenerklärung

(1) ¹**Die Einheitliche Europäische Eigenerklärung ist in der Form des Anhangs 2 der Durchführungsverordnung (EU) 2016/7 der Kommission vom 5. Januar 2016 zur Einführung des Standardformulars für die Einheitliche Europäische Eigenerklärung (ABl. L 3 vom 6.1.2016, S. 16) zu übermitteln.** ²Bewerber oder Bieter können eine bereits bei einer früheren Auftragsvergabe verwendete Einheitliche Europäische Eigenerklärung wiederverwenden, sofern sie bestätigen, dass die darin enthaltenen Informationen weiterhin zutreffend sind.

(2) ¹**Der öffentliche Auftraggeber kann bei Übermittlung einer Einheitlichen Europäischen Eigenerklärung Bewerber oder Bieter jederzeit während des Verfahrens auffordern, sämtliche oder einen Teil der nach den §§ 44 bis 49 geforderten Unterlagen beizubringen, wenn dies zur angemessenen Durchführung des Verfahrens erforderlich ist.** ²Vor der Zuschlagserteilung fordert der öffentliche Auftraggeber den Bieter, an den er den Auftrag vergeben will, auf, die geforderten Unterlagen beizubringen.

(3) Ungeachtet von Absatz 2 müssen Bewerber oder Bieter keine Unterlagen beibringen, sofern und soweit die zuschlagerteilende Stelle
1. die Unterlagen über eine für den öffentlichen Auftraggeber kostenfreie Datenbank innerhalb der Europäischen Union, insbesondere im Rahmen eines Präqualifikationssystems, erhalten kann oder
2. bereits im Besitz der Unterlagen ist.

Literatur: Vgl. die Angaben bei § 48 VgV.

§ 50 VgV setzt zusammen mit § 48 Abs. 3 VgV Art. 59 RL 2014/24/EU um.¹ **1**
Aufgrund des Regelungszusammenhangs erfolgt die Kommentierung bei → § 48 Rn. 11 ff. Auf die dortige Kommentierung wird verwiesen.

§ 51 Begrenzung der Anzahl der Bewerber

(1) ¹**Bei allen Verfahrensarten mit Ausnahme des offenen Verfahrens kann der öffentliche Auftraggeber die Zahl der geeigneten Bewerber, die zur Abgabe eines Angebots aufgefordert oder zum Dialog eingeladen werden, begrenzen, sofern genügend geeignete Bewerber zur Verfügung stehen.** ²Dazu gibt der öffentliche Auftraggeber in der Auftragsbekanntmachung oder der Aufforderung zur Interessensbestätigung die von ihm vorgesehenen objektiven und nichtdiskriminierenden Eignungskriterien für die Begrenzung der Zahl, die vorgesehene Mindestzahl und gegebenenfalls auch die Höchstzahl der einzuladenden Bewerber an.

(2) ¹**Die vom öffentlichen Auftraggeber vorgesehene Mindestzahl der einzuladenden Bewerber darf nicht niedriger als drei sein, beim nicht offenen Verfahren nicht niedriger als fünf.**¹ ²In jedem Fall muss die vorgesehene Mindestzahl ausreichend hoch sein, sodass der Wettbewerb gewährleistet ist.

---

[1] S. hierzu auch die Erwgr. 84 ff. der RL 2014/24/EU.
[1] Siehe hierzu ua § 9 Abs. 1 Nr. 9 G v. 24.5.2022 (BGBl. I S. 802).

(3) ¹Sofern geeignete Bewerber in ausreichender Zahl zur Verfügung stehen, lädt der öffentliche Auftraggeber eine Anzahl von geeigneten Bewerbern ein, die nicht niedriger als die festgelegte Mindestzahl an Bewerbern ist. ²Sofern die Zahl geeigneter Bewerber unter der Mindestzahl liegt, kann der öffentliche Auftraggeber das Vergabeverfahren fortführen, indem er den oder die Bewerber einlädt, die über die geforderte Eignung verfügen. ³Andere Unternehmen, die sich nicht um die Teilnahme beworben haben, oder Bewerber, die nicht über die geforderte Eignung verfügen, dürfen nicht zu demselben Verfahren zugelassen werden.

Literatur: Delcuvé, Remis im Vergabeverfahren – Losverfahren als Entscheidungsmittel?, NZBau 2021, 649; Dörr, Die Vergabe von Planungsleistungen unter der neuen HOAI, ZfBR 2021, 360; Favier/Schüler, Etablierte Regeln für das Verhandlungsverfahren mit Teilnahmewettbewerb auf dem Prüfstand des neuen Rechts, ZfBR 2016, 761; Schaller, Der Teilnahmewettbewerb bei Liefer- und Dienstleistungen, LKV 2017, 541. Vgl. auch die Angaben bei § 122 GWB.

I. Bedeutung der Vorschrift

1 § 51 VgV dient der Umsetzung von Art. 65 RL 2014/24/EU und regelt **für alle Verfahrensarten mit vorgeschaltetem Teilnahmewettbewerb** die Auswahl der Bewerber, die zur Angebotsabgabe[2] oder zum Dialog[3] aufgefordert werden. Voraussetzung für die Anwendung dieser Vorschrift ist, dass sich der öffentliche Auftraggeber dafür entschieden hat, **die Zahl der aufzufordernden Bewerber zu begrenzen.** Das ist zwar nicht zwingend, in Verfahren mit einem Teilnahmewettbewerb aber ganz überwiegend die Regel.

2 Voraussetzung für die Möglichkeit einer Begrenzung der Zahl der Unternehmen, die aufgefordert werden sollen, ist allerdings, dass genügend Bewerber zur Verfügung stehen, die die Eignungskriterien (Mindestanforderungen) erfüllen und die nicht nach §§ 123, 124 GWB ausgeschlossen wurden.[4] Entspricht die Zahl der geeigneten und nicht auszuschließenden Bewerber der vorgegebenen Mindestzahl, erübrigt sich eine Auswahl nach § 51 Abs. 1 VgV. Das gilt naturgemäß auch im Fall einer unter der Mindestzahl liegenden Zahl an Bewerbern. Hier ist § 51 Abs. 3 S. 3 VgV zu beachten, wonach ein „Auffüllen" mit anderen Unternehmen oder nicht geeigneten/auszuschließenden Bewerbern nicht gestattet ist. In einem solchen Fall kann das weitere Verfahren mitunter auch mit nur zwei oder im Extremfall sogar nur mit einem Bieter fortgeführt werden.[5]

3 Liegt die Anzahl der geeigneten Bewerber über der Mindest- bzw. Höchstzahl, erfolgt die Auswahl anhand der nach § 51 Abs. 1 S. 2 VgV festzulegenden „Auswahlkriterien". Dem Wortlaut nach muss es sich dabei um objektive und nichtdiskriminierende „Eignungskriterien" handeln.[6] Somit kann bei dieser Auswahl zulässigerweise ein **„Mehr an Eignung"** berücksichtigt werden, so dass den betreffenden Eignungskriterien eine Doppelfunktion als Ausschluss- und Auswahlkriterium zukommt.[7] Die in § 51 VgV enthaltenen Regelungen haben allesamt einen **bewerberschützenden Charakter.**[8]

---

[2] Beim nicht offenen Verfahren (§ 16 VgV), Verhandlungsverfahren mit Teilnahmewettbewerb (§ 14 Abs. 3, § 17 VgV) und bei der Innovationspartnerschaft (§ 19 VgV).

[3] Bei Durchführung eines wettbewerblichen Dialogs (§ 18 VgV).

[4] Begr. zu § 51 VgV, BT-Drs. 18/7318, 207.

[5] Eine Verpflichtung hierzu besteht jedoch nicht, EuGH 11.12.2014 – C-440/13, NZBau 2015, 109 – Croce Amica One Italia.

[6] In Art. 65 Abs. 2 RL 2014/24/EU ist nur von objektiven und nichtdiskriminierenden „Kriterien" die Rede.

[7] OLG München 13.3.2017 – Verg 15/16, NZBau 2017, 371; Begr. zu § 51 VgV, BT-Drs. 18/7318, 207.

[8] OLG Düsseldorf 29.10.2003 – Verg 43/03, BeckRS 2003, 17895.

II. Die einzelnen Prüfungsschritte

In Verfahren mit Teilnahmewettbewerb hat der öffentliche Auftraggeber zunächst in 4
Bezug auf jeden einzelnen Bewerber zu prüfen, ob der Teilnahmeantrag die formalen Bedingungen erfüllt und ggf. Nachforderungen nach § 56 Abs. 2 VgV veranlasst sind, ob Ausschlussgründe nach §§ 123, 124 GWB vorliegen und ob der Bewerber alle etwaig vorgegebenen Mindestanforderungen erfüllt. Schließlich ist anhand der vorgesehenen Eignungskriterien zu prüfen, ob der Bewerber eine hinreichende Eignung für die Ausführung des Auftrags aufweist. Unter den danach verbleibenden Bewerbern hat sodann die Auswahl anhand der bekannt gegebenen Auswahlkriterien und unter Berücksichtigung der angegebenen Anzahl der auszuwählenden Bewerber zu erfolgen.

1. Ausschlussgründe

Zwingend auszuschließen sind Teilnahmeanträge, die **nicht innerhalb der in** 5
der Bekanntmachung angegebenen Frist eingereicht wurden, es sei denn, der Bewerber hat dies nicht zu vertreten (§ 57 Abs. 1 Nr. 1 iVm Abs. 3 VgV). Das Übersendungsrisiko liegt insoweit beim Bewerber. Der Ausschluss von Teilnahmeanträgen kann ferner aufgrund von Ausschlussgründen nach §§ 123, 124 GWB oder aus formalen Gründen nach § 57 Abs. 3 VgV veranlasst sein (s. → VgV § 57 Rn. 1 ff.). Auch die Nichterfüllung von vorgegebenen Mindestanforderungen an die Eignung bedingt den zwingenden Ausschluss.[9]

Für die **Nachforderung** fehlender unternehmensbezogener Unterlagen gilt 6
§ 56 Abs. 2 VgV (s. → VgV § 56 Rn. 7 ff.).[10] Schließt der öffentliche Auftraggeber eine Nachforderung fehlender Unterlagen nicht aus, stellt sich die Frage, ob er im Rahmen eines Teilnahmewettbewerbs berechtigt ist, **unvollständige Unterlagen** auch dann nachreichen oder vervollständigen zu lassen, wenn diese die Auswahl der Bewerber anhand der nach § 51 Abs. 1 S. 2 VgV bestimmten Auswahlkriterien betreffen. Vom Wortlaut des § 56 Abs. 2 S. 1 VgV, der die Nachforderung und Vervollständigung unternehmensbezogener Unterlagen uneingeschränkt zulässt, wäre dies gedeckt. Allerdings lässt sich der ratio des § 56 Abs. 3 VgV, der die Nachforderung von Unterlagen, die die Zuschlagskriterien betreffen, untersagt, entnehmen, dass eine nachträgliche Beeinflussung einer vergleichenden Auswahlentscheidung ausgeschlossen sein soll.[11] Das spricht für eine teleologische Reduktion des § 56 Abs. 2 S. 1 VgV oder eine Reduzierung des danach grds. vorgesehenen Ermessensspielraums, soweit unvollständige unternehmensbezogene Unterlagen in Frage stehen, die die Auswahlentscheidung anhand der Auswahlkriterien betreffen. Denn es liegt auf der Hand, dass mit einer Nachforderung solcher Angaben die Reihenfolge der Bewerber für die Auswahl zum weiteren Verfahren beeinflusst werden kann.[12] Wenn indes das Verlangen nach der betreffenden Erklärung in der Auftragsbekanntmachung **unklar formuliert** war, ist die Nachforderung zwingend.[13]

---

[9] OLG Düsseldorf 26.1.2005 – VII-Verg 45/04, BeckRS 2005, 4152 = VergabeR 2005, 374; OLG Frankfurt a. M. 13.12.2011 – 11 Verg 8/11, IBRRS 2012, 0647.

[10] S. auch EuGH 10.10.2013 – C-336/12, NZBau 2013, 783 – Manova. Eine Nachbesserung vorgelegter, aber inhaltlich nicht den Anforderungen entspr. „fehlerhafter" unternehmensbezogener Unterlagen ist in richtlinienkonformer Auslegung des § 56 Abs. 2 S. 2 VgV nicht zulässig (OLG Karlsruhe 14.8.2019 – 15 Verg 10/19, BeckRS 2019, 21317; OLG Düsseldorf 28.3.2018 – VII-Verg 42/17, NZBau 2018, 491 und 8.6.2022 – VII-Verg 19/22, NZBau 2023, 259).

[11] Vgl. Begr. zu § 56 VgV, BT-Drs. 18/7318, 213. S. auch EuGH 11.5.2017 – C-131/16, ZfBR 2017, 601 – Archus und Gama.

[12] Stolz VergabeR 2016, 361.

[13] BGH 3.4.2012 – X ZR 130/10, NZBau 2012, 513.

2. Prüfung der generellen Eignung

7 Die Beurteilung der generellen Eignung hat grds. anhand der **in der Bekanntmachung oder der Aufforderung zur Interessensbestätigung geforderten Erklärungen und Nachweise** gem. §§ 42, 44–49 VgV zu erfolgen. Im Hinblick auf den Transparenzgrundsatz (§ 97 Abs. 1 S. 1 GWB) ist die Berücksichtigung darüberhinausgehender Gesichtspunkte regelmäßig ausgeschlossen.[14]

3. Auswahl unter mehreren geeigneten Bewerbern (Abs. 1)

8 Nach § 51 Abs. 2 S. 1 VgV hat der öffentliche Auftraggeber in der Bekanntmachung oder in der Aufforderung zur Interessensbestätigung objektive und nichtdiskriminierende **Eignungskriterien** anzugeben, **die für die Auswahlentscheidung herangezogen werden**. Grundlage der anhand dieser Kriterien getroffenen Auswahlentscheidung können allein die hierzu geforderten Erklärungen und Nachweise sein. Es müssen aber nicht alle Eignungskriterien als Auswahlkriterien vorgesehen werden. Die Auswahlkriterien können auf bestimmte Eignungskriterien – wie Referenzen, technische Ausrüstung, Zahl der Arbeitskräfte etc – beschränkt werden.[15] Die Auswahlkriterien müssen aber sicherstellen, dass diejenigen Bewerber zur Angebotsabgabe aufgefordert werden, welche die bestmögliche Leistung erwarten lassen.[16] Dass auch die **Gewichtung** für die Auswahlkriterien angegeben werden müsste, sieht weder die VgV noch Art. 65 RL 2014/24/EU vor. Ob sich dies aus dem allg. Transparenzgrundsatz (§ 97 Abs. 1 S. 1 GWB) ableiten lässt, ist fraglich.[17] Dagegen spricht, dass zur Bekanntgabe der Gewichtung der Zuschlagskriterien ausdr. Regelungen vorhanden sind (s. Art. 67 Abs. 5 RL 2014/24/EU), derer es nicht bedürfte, wenn sich eine entspr. Notwendigkeit bereits aus dem allg. Transparenzgrundsatz ergeben würde. Dagegen spricht ferner, dass die Bekanntgabe der Gewichtung der Auswahlkriterien regelmäßig keinen Einfluss auf den Inhalt der geforderten Erklärungen und Nachweise hat, da sich diese auf die Eignung des Bieters beziehen und somit – anders als ein Angebot – regelmäßig nicht an der Bedeutung der bekannt gegebenen Kriterien ausgerichtet werden können.[18] Die Gewichtung muss sich aber iRd objektiven und erwartbaren Verständnisses bewegen und spätestens bis zur Öffnung der Teilnahmeanträge festgelegt und dokumentiert sein.[19]

9 Soll eine Wertungsmatrix mit entspr. Gewichtung der Auswahlkriterien zur Anwendung kommen und steht diese im Zeitpunkt der Bekanntmachung bereits fest, muss diese auch veröffentlicht werden.[20] Bei der Aufstellung der Bewertungsmatrix ist besonderes Augenmerk auf schlüssige Abstufungen zu legen.[21] Bei einer vergleichenden Bewertung der Teilnahmeanträge anhand der vorgegebenen Auswahlkriterien steht dem Auftraggeber ein Beurteilungsspielraum zu. Der **Beurteilungsspielraum** ist nur dann überschritten, wenn das vorgeschriebene Verfahren nicht eingehalten ist, von einem unzutreffenden bzw. nicht hinreichend überprüften Sachverhalt ausgegangen worden ist, sachwidrige Erwägungen für die Entscheidung verantwortlich waren oder der Beurteilungsmaßstab nicht zutreffend angewandt wurde.[22] Ablauf, Erwägungen und Ergebnis der Bewerberauswahl sind sorgfältig zu

---

[14] OLG Koblenz 13.6.2012 – 1 Verg 2/12, NZBau 2012, 724 und 10.6.2010 – 1 Verg 3/10, NZBau 2010, 717.
[15] RKMPP/Röwekamp VgV § 51 Rn. 8.
[16] VK Bund 25.1.2012 – VK 1–174/11, IBRRS 2012, 2086.
[17] IdS OLG München 13.3.2017 – Verg 15/16, NZBau 2017, 371.
[18] IE ebenso RKMPP/Röwekamp VgV § 51 Rn. 11; Beck VergabeR/Mager VgV § 51 Rn. 30.
[19] OLG Saarbrücken 15.10.2014 – 1 Verg 1/14, BeckRS 2014, 19905 = VergabeR 2015, 250.
[20] EuGH 14.7.2016 – C-6/15, NZBau 2016, 772 – TNS Dimarso.
[21] OLG München 26.6.2007 – Verg 6/07, BeckRS 2008, 8701 = VergabeR 2007, 684.
[22] OLG München 5.10.2012 – Verg 15/12, BeckRS 2012, 21412.

dokumentieren. Die Auswahl der Bewerber in einem **Losverfahren** sieht § 75 Abs. 6 VgV nur für die Vergabe von Architekten- und Ingenieurleistungen vor und ist iÜ unzulässig, weil es sich nicht um ein objektives, mit dem Auftragsgegenstand in Verbindung stehendes Kriterium handelt.[23]

4. Mindest- und Höchstzahl (Abs. 2 und 3)

Nach § 51 Abs. 2 VgV darf die Mindestzahl der aufzufordernden Bewerber **bei nicht offenen Verfahren nicht unter fünf** und bei allen **anderen Verfahren mit Teilnahmewettbewerb nicht unter drei** liegen. Die Zahl der aufzufordernden Bewerber ist in der Auftragsbekanntmachung bzw. der Aufforderung zur Interessensbestätigung anzugeben (Abs. 1 S. 2). Wurde die Teilnehmeranzahl nicht eingegrenzt, dh weder eine Mindest- noch eine Höchstzahl angegeben, müssen grds. alle geeigneten Bieter aufgefordert werden.[24] Wird eine höhere Zahl als die vorgeschriebene Mindestzahl angegeben, muss eine dieser Angabe entspr. Anzahl an Bewerbern zur Angebotsabgabe aufgefordert werden, soweit eine entspr. Anzahl geeigneter Bewerber zur Verfügung steht (Abs. 3 S. 2). Ist nur eine Mindestzahl angegeben, aber eine größere Anzahl an geeigneten Bewerbern vorhanden, kann die vorgegebene Mindestzahl auch überschritten werden.[25] Zwingend ist dies aber nicht (Abs. 3 S. 1). Wenn die vorgegebene Mindestzahl überschritten werden soll, muss die Auswahl, welche und wie viele weitere Bewerber zur Abgabe eines Angebotes aufgefordert werden, sachlich begründet und dokumentiert werden.[26] Es kann auch eine **Spanne in Form einer Mindest- und einer Höchstzahl** angegeben werden.[27] Wird in diesem Fall eine der Höchstzahl entspr. Anzahl an Bewerbern ausgewählt, bedarf dies grds. keiner weiteren Begründung mehr. Eine Begründungspflicht besteht aber, wenn eine Mindest- und eine Höchstzahl angegeben wurde, die Auswahl aber trotz einer entspr. Anzahl an geeigneten Bewerbern auf weniger als die angegebene Höchstzahl beschränkt wird. Eine Rechtfertigung hierfür kann bspw. ein deutlicher Punkteabstand bei den Bietern, die innerhalb der angegebenen Spanne liegen, sein. Wurde eine Höchstzahl von Bewerbern genannt, die zur Angebotsabgabe aufgefordert werden, ist es grds. **nicht zulässig, mehr Bewerber aufzufordern als ursprünglich vorgesehen**. In diesem Fall hat sich der Auftraggeber selbst gebunden und es stellt einen Verstoß gegen das Willkürverbot und das Transparenzgebot eines Vergabeverfahrens dar, wenn er darüber hinaus einen weiteren Bieter zulässt.[28] Für zulässig erachtet wird aber, ohne von der festgelegten Höchstzahl abzurücken, einen zunächst nicht berücksichtigten Bewerber nachträglich zum weiteren Verfahren zuzulassen, wenn einer der ausgewählten Bewerber mitteilt, kein Angebot abgeben zu wollen.[29]

---

[23] Ebenso Voppel/Osenbrück/Bubert/Voppel VgV § 51 Rn. 10 f.; diff. VK Bund 25.1.2012 – VK 1–174/11, IBRRS 2012, 2086, RKMPP/Röwekamp VgV § 51 Rn. 34 und Müller-Wrede/UVgO/UVgO/Pfannkuch VgV § 51 Rn. 18, die ein Losverfahren für zulässig erachten, wenn mehrere Bewerber nach Bewertung anhand der vergaberechtskonform festgelegten Bewertungsmatrix exakt punktgleich bewertet werden.

[24] VK Halle 22.10.2001 – VK Hal 19/01, IBRRS 2004, 3366; RKMPP/Röwekamp VgV § 51 Rn. 19.

[25] OLG München 28.4.2006 – Verg 6/06, NZBau 2007, 59.

[26] OLG München 28.4.2006 – Verg 6/06, NZBau 2007, 59; Voppel/Osenbrück/Bubert/Voppel VgV § 51 Rn. 13.

[27] OLG München 13.3.2017 – Verg 15/16, NZBau 2017, 371.

[28] OLG München 19.12.2013 – Verg 12/13, BeckRS 2014, 957 und 21.11.2013 – Verg 09/13, BeckRS 2013, 22620.

[29] VK Südbayern 9.9.2014 – Z3-3-3194-1-35-08/14, IBRRS 2014, 2635; RKMPP/Röwekamp § 51 Rn. 18; Beck VergabeR/Mager § 51 Rn. 22; Voppel/Osenbrück/Bubert/Voppel § 51 Rn. 19.

11 Wenn die Zahl der geeigneten Bewerber die für das betreffende Verfahren **festgelegte Mindestgrenze nicht erreicht,** kann das Verfahren gleichwohl fortgesetzt werden, indem der bzw. die geeigneten Bewerber zur Angebotsabgabe aufgefordert werden. Dies setzt allerdings voraus, dass der öffentliche Auftraggeber die Eignungskriterien für dieses Verfahren ordnungsgemäß festgelegt, diese insbes. nicht überspannt hat.[30] § 51 Abs. 3 S. 2 VgV stellt klar, dass das Bieterfeld in diesem Fall nicht mit Unternehmen „aufgefüllt" werden darf, die keinen Teilnahmeantrag abgegeben haben, und auch eine nachträgliche Reduzierung der Eignungsanforderungen zur Beteiligung von Bewerbern, die diese nicht erfüllen konnten, nicht erfolgen darf. Die Vorgabe in Abs. 2 S. 2, wonach die Mindestzahl ausreichend hoch sein muss, dass der Wettbewerb gewährleistet ist, verpflichtet und berechtigt den Auftraggeber mithin nicht dazu, ein unter der Mindestzahl nach § 51 Abs. 2 S. 1 VgV liegendes Bieterfeld „aufzufüllen", um die Mindestzahl zu erreichen. Eine Verpflichtung zur **Fortführung des Verfahrens mit nur einem geeigneten Bieter** besteht aber grds. nicht.[31] Das Verfahren kann in diesem Fall nach der hier vertretenen Auffassung zwar nicht rechtmäßig[32], aber wirksam aufgehoben werden.[33] Der mangelnde Wettbewerb stellt einen sachlichen Grund für eine Aufhebung dar.

12 Die ausgeschlossenen oder ausgeschiedenen Bewerber sind hierüber gem. § 62 Abs. 2 Nr. 1 VgV bzw. § 134 Abs. 1 S. 2 GWB zu benachrichtigen.

Unterabschnitt 6. Einreichung, Form und Umgang mit Interessensbekundungen, Interessensbestätigungen, Teilnahmeanträgen und Angeboten

§ 52 Aufforderung zur Interessensbestätigung, zur Angebotsabgabe, zur Verhandlung oder zur Teilnahme am Dialog

(1) Ist ein Teilnahmewettbewerb durchgeführt worden, wählt der öffentliche Auftraggeber gemäß § 51 Bewerber aus, die er auffordert, in einem nicht offenen Verfahren oder einem Verhandlungsverfahren ein Angebot einzureichen, am wettbewerblichen Dialog teilzunehmen oder an Verhandlungen im Rahmen einer Innovationspartnerschaft teilzunehmen.

(2) [1]Die Aufforderung nach Absatz 1 enthält mindestens:
1. einen Hinweis auf die veröffentlichte Auftragsbekanntmachung,
2. den Tag, bis zu dem ein Angebot eingehen muss, die Anschrift der Stelle, bei der es einzureichen ist, die Art der Einreichung sowie die Sprache, in der es abzufassen ist,
3. beim wettbewerblichen Dialog den Termin und den Ort des Beginns der Dialogphase sowie die verwendete Sprache,
4. die Bezeichnung der gegebenenfalls beizufügenden Unterlagen, sofern nicht bereits in der Auftragsbekanntmachung enthalten,
5. die Zuschlagskriterien sowie deren Gewichtung oder gegebenenfalls die Kriterien in der Rangfolge ihrer Bedeutung, wenn diese Angaben nicht

---

[30] EuGH 15.10.2009 – C-138/08, NZBau 2010, 59 – Hochtief.

[31] EuGH 11.12.2014 – C-440/13, NZBau 2015, 109 – Croce Amica One Italia; aA OLG Naumburg 17.5.2006 – 1 Verg 3/06, BeckRS 2006, 08304.

[32] Eine rechtmäßige Aufhebung kommt gem. § 63 Abs. 1 Nr. 1 VgV nur in Betracht, wenn kein Angebot eingegangen ist, das den Bedingungen entspricht.

[33] Ebenso RKMPP/Röwekamp VgV § 51 Rn. 22; Müller-Wrede/VgV/UVgO/Pfannkuch VgV § 51 Rn. 25.

bereits in der Auftragsbekanntmachung oder in der Aufforderung zur Interessensbestätigung enthalten sind. ²Bei öffentlichen Aufträgen, die in einem wettbewerblichen Dialog oder im Rahmen einer Innovationspartnerschaft vergeben werden, sind die in Satz 1 Nummer 2 genannten Angaben nicht in der Aufforderung zur Teilnahme am Dialog oder an den Verhandlungen aufzuführen, sondern in der Aufforderung zur Angebotsabgabe.

(3) ¹Im Falle einer Vorinformation nach § 38 Absatz 4 fordert der öffentliche Auftraggeber gleichzeitig alle Unternehmen, die ihre Interessenbekundung übermittelt haben, nach § 38 Absatz 5 auf, ihr Interesse zu bestätigen. ²Diese Aufforderung umfasst zumindest folgende Angaben:
1. Umfang des Auftrags, einschließlich aller Optionen auf zusätzliche Aufträge, und, sofern möglich, eine Einschätzung der Frist für die Ausübung dieser Optionen; bei wiederkehrenden Aufträgen Art und Umfang und, sofern möglich, das voraussichtliche Datum der Veröffentlichung zukünftiger Auftragsbekanntmachungen für die Liefer- oder Dienstleistungen, die Gegenstand des Auftrags sein sollen,
2. Art des Verfahrens,
3. gegebenenfalls Zeitpunkt, an dem die Lieferleistung erbracht oder die Dienstleistung beginnen oder abgeschlossen sein soll,
4. Internetadresse, über die die Vergabeunterlagen unentgeltlich, uneingeschränkt und vollständig direkt verfügbar sind,
5. falls kein elektronischer Zugang zu den Vergabeunterlagen bereitgestellt werden kann, Anschrift und Schlusstermin für die Anforderung der Vergabeunterlagen sowie die Sprache, in der die Interessensbekundung abzufassen ist,
6. Anschrift des öffentlichen Auftraggebers, der den Zuschlag erteilt,
7. alle wirtschaftlichen und technischen Anforderungen, finanziellen Sicherheiten und Angaben, die von den Unternehmen verlangt werden,
8. Art des Auftrags, der Gegenstand des Vergabeverfahrens ist, und
9. die Zuschlagskriterien sowie deren Gewichtung oder gegebenenfalls die Kriterien in der Rangfolge ihrer Bedeutung, wenn diese Angaben nicht bereits in der Vorinformation oder den Vergabeunterlagen enthalten sind.

Übersicht

	Rn.
I. Bedeutung der Vorschrift	1
II. Aufforderung der Bewerber (Abs. 1)	3
III. Mindestinhalt der Aufforderung (Abs. 2)	5
1. Hinweis auf die Auftragsbekanntmachung (Nr. 1)	6
2. Angebotsfrist, Ort und Art der Einreichung des Angebots und dessen Sprache (Nr. 2)	7
3. Dialogphase (Nr. 3)	8
4. Beizufügende Unterlagen (Nr. 4)	9
5. Zuschlagskriterien und deren Gewichtung (Nr. 5)	10
IV. Aufforderung zur Interessensbestätigung (Abs. 3)	15
1. Auftragsumfang (Nr. 1)	17
2. Verfahrensart (Nr. 2)	18
3. Ausführungsfristen (Nr. 3)	19
4. Internetadresse für die Vergabeunterlagen (Nr. 4)	20
5. Anforderung der Vergabeunterlagen (Nr. 5)	21
6. Anschrift der den Zuschlag erteilenden Stelle (Nr. 6)	22

	Rn.
7. Vertrag (Nr. 7)	23
8. Art des Auftrags (Nr. 8)	24
9. Zuschlagskriterien und deren Gewichtung (Nr. 9)	25

I. Bedeutung der Vorschrift

1   § 52 Abs. 1, 2 VgV knüpft an § 42 Abs. 2 VgV an und behandelt das Verfahren und die inhaltlichen Mindestanforderungen an die Aufforderung zur Angebotsabgabe, zur Teilnahme am wettbewerblichen Dialog sowie an Verhandlungen im Rahmen einer Innovationspartnerschaft nach dem Abschluss eines Teilnahmewettbewerbs. Die Vorschrift setzt Art. 54 und die Pflichtangaben im Anh. IX RL 2014/24/EU um. Sie gilt de lege lata („Ist ein Teilnahmewettbewerb durchgeführt worden, […])" nur in Verfahrensarten, in denen ein **Teilnahmewettbewerb** (→ GWB § 119 Rn. 16 und → § 16 Rn. 6) durchgeführt wird, mithin in allen Verfahrensarten mit Ausnahme des offenen Verfahrens. In diesen Verfahrensarten können nur diejenigen Unternehmen, die von dem öffentlichen Auftraggeber dazu aufgefordert werden, ein Angebot abgeben (vgl. §§ 16 Abs. 4, 17 Abs. 4, § 19 Abs. 4 VgV) bzw. am Dialog teilnehmen (vgl. § 18 Abs. 4 VgV). Sie ist aber in richtlinienkonformer Auslegung auch auf das Verhandlungsverfahren ohne Teilnahmewettbewerb anzuwenden, da Art. 54 Abs. 1 S. 1 RL 2014/24/EU allg. von „Verhandlungsverfahren" spricht, die unter die Aufforderung die in Anh. IX vorgeschriebenen Angaben enthalten muss.[1] Unklar ist das Verhältnis von Abs. 1 zu § 29 Abs. 1 Nr. 1 VgV: Während Abs. 1 den Versand der Angebotsaufforderung erst nach dem Abschluss des Teilnahmewettbewerbs vorsieht, erklärt § 29 Abs. 1 Nr. 1 VgV die Aufforderung zur Abgabe von Angeboten zu einem verbindlichen Teil der Vergabeunterlagen, die den interessierten Unternehmen freilich schon mit Beginn des Teilnahmewettbewerbs gem. § 41 Abs. 1 VgV zur Verfügung zu stellen sind.[2]

2   Öffentliche Auftraggeber mit Ausnahme oberster Bundesbehörden können nach § 38 Abs. 4 VgV im nicht offenen Verfahren oder im Verhandlungsverfahren durch Veröffentlichung einer Vorinformation auf eine Auftragsbekanntmachung nach § 37 Abs. 1 VgV verzichten (→ § 38 Rn. 11 ff.). In diesen Fällen werden die interessierten Unternehmen durch die Vorinformation aufgefordert, ihr Interesse an dem ausgeschriebenen Auftrag zu bekunden (sog. **Interessensbekundung,** vgl. § 38 Abs. 4 Nr. 3 VgV). Den **Mindestinhalt** der anschließenden Aufforderung der Unternehmen zur Bestätigung ihres Interesses an der weiteren Teilnahme am Vergabeverfahren (**Interessensbestätigung,** vgl. § 38 Abs. 5 S. 1 VgV) normiert Abs. 3, der Art. 54 Abs. 1 UAbs. 2 RL 2014/24/EU umsetzt. Abs. 3 kommt nur im nicht offenen Verfahren und im Verhandlungsverfahren zur Anwendung, da nur in diesen Verfahren durch eine Vorinformation auf eine Auftragsbekanntmachung verzichtet werden kann. Die Informationspflichten des § 52 VgV dienen der Transparenz des Verfahrens, vermitteln **Bieterschutz** und sind gem. § 97 Abs. 6 GWB nachprüfbar.[3]

---

[1] HK-VergabeR/Terbrack VgV § 52 Rn. 18. Freilich kann dann bei der Aufforderung zur Angebotsabgabe (§ 17 Abs. 5 VgV) kein Hinweis auf die veröffentlichte Auftragsbekanntmachung erfolgen.

[2] OLG Düsseldorf 17.10.2018 – Verg 26/18, NZBau 2019, 129; OLG München 13.3.2017 – Verg 15/16, VPRRS 2017, 0104.

[3] Müller-Wrede VgV/UVgO/Gnittke/Hattig VgV § 52 Rn. 82 und 83; DSW/Scharf VgV § 52 Rn. 33; HK-VergabeR/Terbrack VgV § 52 Rn. 2; BeckOK VergabeR/Schneevogl/Peshteryanu VgV § 52 Rn. 13; RKMPP/Röwekamp VgV § 52 Rn. 1.

II. Aufforderung der Bewerber (Abs. 1)

Für die **Bewerberauswahl** gilt zunächst § 42 Abs. 2 VgV. Danach sind in Verfahren mit einem Teilnahmewettbewerb nur solche Bewerber zur Angebotsabgabe, zur Verhandlung bzw. zum Dialog aufzufordern, die ihre Eignung nachgewiesen haben und nicht ausgeschlossen worden sind (→ § 42 Rn. 10 ff.). Dabei kann der öffentliche Auftraggeber die Zahl der Bewerber nach den Auswahlregeln des § 51 VgV begrenzen (→ § 51 Rn. 8). 3

Sodann hat der öffentliche Auftraggeber die ausgewählten Bewerber aufzufordern, in einem nicht offenen Verfahren oder einem Verhandlungsverfahren ein Angebot einzureichen oder am wettbewerblichen Dialog bzw. an Verhandlungen im Rahmen einer Innovationspartnerschaft teilzunehmen. Nach § 9 Abs. 1 VgV muss die **Aufforderung elektronisch** erfolgen. Art. 54 Abs. 1 RL 2014/24/EU schreibt zusätzlich vor, dass die Aufforderung gleichzeitig und in Textform erfolgen muss. Durch das Erfordernis der **Gleichzeitigkeit** wird die Gleichbehandlung der Bieter sichergestellt. Die **Textform** dient der Dokumentation sowie der sicheren und verlässlichen Kenntnisnahme durch alle Bieter. 4

III. Mindestinhalt der Aufforderung (Abs. 2)

Abs. 2 enthält die **Mindestangaben,** die die Aufforderung nach Abs. 1 enthalten muss. Es handelt sich um die Pflichtangaben nach Art. 54 Abs. 2 S. 3 iVm **Anh. IX** RL 2014/24/EU. Da es sich dabei nur um Mindestinhalte handelt, kann und sollte der Auftraggeber – soweit im jew. Einzelfall erforderlich oder tunlich (dazu → Rn. 14a) – auch weitergehende Angaben machen. Dazu zählt insbes. ein Verweis auf die elektronische Adresse, über die die Vergabeunterlagen direkt elektronisch zur Verfügung gestellt werden; diese Angabe ist nach Art. 54 Abs. 2 S. 1 RL 2014/24/EU verpflichtend. Finden die Verfahren in der Angebots- und Verhandlungsphase in mehreren Stufen mit Erstangeboten, Verhandlungen und endgültigen Angeboten statt, ist Abs. 2 nur auf die **erste Aufforderung** zur Abgabe eines Angebotes anwendbar. Mindestens gefordert sind folgende Angaben: 5

1. Hinweis auf die Auftragsbekanntmachung (Nr. 1)

Der Hinweis auf die veröffentlichte Auftragsbekanntmachung ist ein Mindestbestandteil der Aufforderung und dient der Sicherstellung der Verfahrensidentität. Er kann durch Benennung der Nummer und des Datums der Auftragsbekanntmachung erfolgen. Wird die Auftragsbekanntmachung nachträglich geändert, so ist auch die Änderungsbekanntmachung zu referenzieren.[4] 6

2. Angebotsfrist, Ort und Art der Einreichung des Angebots und dessen Sprache (Nr. 2)

Die Aufforderung muss ferner Angaben zur Angebotsfrist, zur Anschrift der Stelle, bei der das Angebot einzureichen ist, zur Art der Einreichung des Angebotes und zur Sprache, in der das Angebot abzufassen ist, enthalten. Die jew. **Mindest-Angebotsfristen** ergeben sich aus § 16 Abs. 5 VgV und § 17 Abs. 6 VgV. Mit „Art der Einreichung" ist die Form der Einreichung des Angebots gemeint. Im Regelfall sind die Angebote in Textform nach § 126b BGB mithilfe elektronischer Mittel nach § 10 VgV einzureichen (§ 53 Abs. 1 VgV). Deshalb ist die **elektronische Adresse** anzugeben, an die die Angebote zu richten sind. Sollen die Angebote 7

---

[4] RKMPP/Röwekamp VgV § 52 Rn. 5.

ausnahmsweise mithilfe anderer als elektronischer Mittel eingereicht werden (§ 53 Abs. 2 VgV), so muss die Aufforderung eine Information über den **Ort der Einreichung des Angebotes** enthalten. Bestehen erhöhte Anforderungen an die Sicherheit von Daten (§ 53 Abs. 3 VgV), ist die Verwendung von elektronischen Signaturen oder Siegeln vorzugeben und in der Aufforderung zu beschreiben. Auch die **Sprache**, in der die Angebote abzufassen sind, ist anzugeben. Die Verwendung der deutschen Sprache darf ohne weitere rechtliche Hürden verlangt werden.[5] Sicherheitshalber empfiehlt sich ein Hinweis, dass die Angebote sowie sämtliche weitere beizubringenden Erklärungen in deutscher Sprache abzufassen sind und einem Schriftstück, das in einer anderen Sprache abgefasst ist, eine beglaubigte oder von einem öffentlich bestellten oder vereidigten Übersetzer oder Dolmetscher angefertigte Übersetzung beizufügen ist. Umgekehrt haben die Unternehmen keinen Anspruch darauf, fremdsprachige Vergabeunterlagen oder sonstige Informationen zu erhalten. Die nach Nr. 2 notwendigen Angaben sind beim **wettbewerblichen Dialog** erst in der Aufforderung zur Abgabe eines Angebotes nach § 18 Abs. 8 S. 1 VgV (→ § 18 Rn. 22) und nicht schon in der Aufforderung zur Teilnahme am Dialog (§ 18 Abs. 4 S. 1 VgV) zu machen.[6] Gleiches gilt bei der Vergabe einer Innovationspartnerschaft. Auch hier unterstellt die Vorschrift, dass Verhandlungen zunächst nicht auf der Grundlage von Angeboten geführt werden (vgl. Anh. IX Nr. 1 S. 2 RL 2014/24/EU).[7]

3. Dialogphase (Nr. 3)

8 Beim wettbewerblichen Dialog – Nr. 3 gilt ausschl. hier – muss die Aufforderung zur Teilnahme am Dialog (§ 18 Abs. 5 S. 1 VgV) mindestens eine Information über **Termin und Ort des Beginns der Dialogphase** sowie die **Verfahrenssprache** enthalten. Nach § 18 Abs. 6 S. 1 VgV kann vorgesehen werden, den Dialog in verschiedenen Phasen abzuwickeln, sofern darauf entweder in der Auftragsbekanntmachung oder in den Vergabeunterlagen hingewiesen wird. Auch darauf muss also – sofern nicht in der Auftragsbekanntmachung geschehen – in der Aufforderung zur Teilnahme am Dialog ein Hinweis erfolgen. Die Bieter werden auf diese Weise in die Lage versetzt, die im Regelfall zeitintensiven Dialogrunden und die ggf. aufwändige Erarbeitung ihrer Lösungskonzepte frühzeitig in personeller und zeitlicher Hinsicht zu planen. In aller Regel empfehlen sich hier über die Mindestangaben (deutlich) hinausgehende Zusatzinformationen, wie etwa die Vorlage eines Fristen- und Ablaufplans, der über Inhalte und Anzahl der Dialogrunden Aufschluss gibt.

4. Beizufügende Unterlagen (Nr. 4)

9 Die Aufforderung muss ferner über die dem Angebot beizufügenden Unterlagen Aufschluss geben, sofern diese Angaben nicht bereits in der Auftragsbekanntmachung enthalten sind. Anh. IX Nr. 1 lit. d der RL 2014/24/EU zählt dazu unternehmensbezogene Unterlagen zum Nachweis der Eignung.[8] Die Vorschrift hat vor

---

[5] MüKoEuWettbR/Eichler VgV § 52 Rn. 9; RKMPP/Röwekamp VgV § 52 Rn. 10.

[6] MüKoEuWettbR/Eichler VgV § 52 Rn. 10; RKMPP/Röwekamp VgV § 52 Rn. 6.

[7] Müller-Wrede VgV/UVgO/Gnittke/Hattig VgV § 52 Rn. 38, die zu Recht auf den Widerspruch zu § 19 Abs. 4 und 5 VgV hinweisen, wonach bei der Innovationspartnerschaft eine Aufforderung zur Abgabe von Erstangeboten erfolgt und der Auftraggeber mit den Bietern über die Erstangebote und alle Folgeangebote verhandelt.

[8] Diese sind nach § 48 Abs. 1 VgV ohnehin bereits in der Auftragsbekanntmachung anzugeben, vgl. OLG München 25.2.2019 – Verg 11/18, ZfBR 2019, 615; OLG Dresden 15.2.2019 – Verg 5/18, BeckRS 2019, 7446; OLG Düsseldorf 11.7.2018 – Verg 24/18, IBRRS 2018, 2949, und Gegenstand der Prüfung im Teilnahmewettbewerb, so dass sie nicht zu den beizufügenden Unterlagen iSd Nr. 4 zählen; so auch Müller-Wrede VgV/UVgO/Gnittke/Hattig VgV § 52 Rn. 44.

allem **leistungsbezogene Unterlagen** iSv § 56 Abs. 2 S. 1 VgV (→ § 56 Rn. 25) im Blick, die für die Erfüllung der Anforderungen der Leistungsbeschreibung mit dem Angebot vorzulegen sind, wie etwa Fabrikatsangaben, ein von den Bietern zu befüllendes Preisblatt, geforderte Fachkonzepte, ggf. Unterlagen von Dritten, wie zB Finanzierungszusagen von Fremdkapitalgebern iRv ÖPP-Projekten, oder auch eine Verhandlungsbedarfsliste, mit der die Bieter ihren Verhandlungsbedarf avisieren. Anders als nach § 9 EG Abs. 4 VOL/A aF müssen jene Unterlagen nicht in einer abschl. Liste („Checkliste") aufgeführt werden. Gleichwohl stärkt es die Transparenz des Verfahrens und vermindert gleichzeitig die Fehlerquote von Angeboten, wenn der öffentliche Auftraggeber eine solche Liste seiner Aufforderung zur Angebotsabgabe beifügt. Zur **Nachforderung** mit dem Angebot vorzulegender Unterlagen ausf. → § 56 Rn. 7 ff.

5. Zuschlagskriterien und deren Gewichtung (Nr. 5)

Schließlich sind in der Aufforderung zur Angebotsabgabe, zur Teilnahme am 10 wettbewerblichen Dialog oder an den Verhandlungen im Rahmen einer Innovationspartnerschaft alle vorgesehenen **Zuschlagskriterien** einschl. deren **Gewichtung** anzugeben. Alternativ für den Fall, dass die Gewichtung nicht angegeben werden kann, sind die Kriterien in der Rangfolge der ihnen zuerkannten Bedeutung zu benennen. Dies gilt wiederum nur dann, wenn diese Angaben nicht bereits in der Auftragsbekanntmachung oder in der Aufforderung zur Interessensbestätigung enthalten sind. Der öffentliche Auftraggeber hat gem. § 127 Abs. 5 GWB ein **Wahlrecht,** ob er die Zuschlagskriterien einschl. deren Gewichtung bereits in der Auftragsbekanntmachung oder erst in der Aufforderung zur Angebotsabgabe benennt, es sei denn, der Preis ist das alleinige Zuschlagskriterium.[9]

Die Vorschrift ist eine zentrale Ausprägung des Gleichbehandlungs- und Transparenzgebots. Nur durch die Angabe der Zuschlagskriterien und deren Gewichtung ist der Auftraggeber in der Lage, die Angebote willkürfrei zu werten. Zu den Zuschlagskriterien vgl. zunächst die aufl. Ausführungen in → GWB § 127 Rn. 5 ff. und → § 58 Rn. 3 ff. Zu den **Transparenzanforderungen** → GWB § 127 Rn. 44 und → § 58 Rn. 32 ff. Sie müssen so **klar formuliert** sein, dass fachkundige Bieter keine Verständnisschwierigkeiten haben.[10] Die Bieter müssen in die Lage versetzt werden, bei der Vorbereitung ihrer Angebote vom Bestehen und von der Tragweite dieser Kriterien Kenntnis zu nehmen.[11] Hat der Auftraggeber **Unterkriterien** gebildet, sind diese ebenfalls bekanntzugeben.[12] Gleiches gilt für die Gewichtung der Zuschlagskriterien und ggf. erstellte Wertungsmatrizen[13] 11

---

[9] DSW/Dierkes VgV § 37 Rn. 39; MüKoEuWettbR/Eichler VgV § 52 Rn. 15.
[10] EuGH 14.7.2016 – C-6/15, BeckRS 81516; 12.3.2015 – C-538/13, BeckRS 2015, 80405; 4.12.2003 – C-448/01, VergabeR 2004, 36 = BeckRS 2004, 77308; BGH 3.6.2004 – X ZR 30/03, VergabeR 2004, 604 = BeckRS 2004, 6770: „Auch ein missverständlich formuliertes Kriterium ist nicht hinreichend bekannt gemacht und darf deshalb bei der Wertung der Angebote nicht berücksichtigt werden"; OLG Düsseldorf 29.5.2020 – Verg 26/19, BeckRS 2020, 47402; 19.6.2013 – Verg 8/13, BeckRS 2013, 15868; instruktiv: VK Bund 23.8.2022 – VK 2–66/22, BeckRS 2022, 25262.
[11] OLG München 21.5.2010 – Verg 2/10, VergabeR 2010, 992 = BeckRS 2010, 13748.
[12] OLG Düsseldorf 29.4.2015 – Verg 35/14, BeckRS 2015, 9932; 9.4.2014 – Verg 36/13, IBRRS 2015, 0276; 19.6.2013 – Verg 8/13, BeckRS 2013, 15868; 27.3.2013 – Verg 53/12, IBRRS 2014, 3015; 5.5.2008 – Verg 5/08, IBR 2008, 681; 14.11.2007 – Verg 23/07, IBR 2008, 355; s. zur diesbezüglichen Dispositionsfreiheit des Auftraggebers OLG Stuttgart 19.5.2011 – 2 U 36/11, IBR 2012, 1083.
[13] EuGH 14.7.2016 – C-6/15, BeckRS 2016, 81516.

VgV § 52 Aufforderung zur Interessensbestätigung

sowie Berechnungsformeln.[14] Sind zur Ausfüllung bekanntgegebener Zuschlagskriterien nachträglich differenzierende Unterkriterien aufgestellt und gewichtet worden, kommt eine Zuschlagserteilung erst in Betracht, wenn den Bietern die gewichteten Unterkriterien so, wie sie tatsächlich zur Anwendung kommen, bekannt gemacht werden und ihnen Gelegenheit zur Überarbeitung der Angebote gegeben wurde. Dies gilt ausnahmsweise nicht, wenn die weitere Differenzierung durch die Festlegung von Unterkriterien sowie deren Gewichtung objektiv nicht geeignet ist, den Inhalt der Angebote zu beeinflussen.[15]

12 § 58 Abs. 3 S. 1 VgV schreibt vor, die einzelnen **Zuschlagskriterien** zu gewichten. Die **Gewichtung** kann auch mittels einer **Spanne** angegeben werden, deren Bandbreite angemessen sein muss (→ § 58 Rn. 38).[16] In diesem Fall misst der Auftraggeber den einzelnen Zuschlagskriterien eine Bandbreite zu, zB Preis 30 % bis 40 %, Wartungskosten 10 % bis 20 %, technischer Wert 20 % bis 30 % und Kundendienst 20 % bis 30 %. Hiervon darf jedoch nur im **Ausnahmefall** Gebrauch gemacht werden (→ § 58 Rn. 38). Denn Margen verstoßen häufig gegen das Transparenzgebot, da sich die Bieter bei der Erstellung ihrer Angebote nicht sicher darauf einstellen können, anhand welcher konkreten Maßstäbe die Angebote bei der Wertung miteinander verglichen werden (→ § 58 Rn. 38).

13 Daneben muss die Bildung der **Spanne angemessen** sein.[17] Unzulässig ist eine Spanne wie etwa von „10 % bis 40 %".[18] Auch ist es unzulässig, bei der Wertung ein Kriterium mit der maximalen Prozentzahl zu werten und die anderen Kriterien nur mit der niedrigsten, rechnerisch noch möglichen Prozentzahl. Denn ein solches Vorgehen würde Manipulationsmöglichkeiten eröffnen, was mit dem Transparenz- und dem Gleichbehandlungsgebot unvereinbar wäre. Aus diesen Gründen sollte der Auftraggeber die Festlegung, mit welchen Prozentzahlen er die Kriterien letztlich gewichten will, zwingend spätestens vor Öffnung der Angebote treffen.

14 Nach § 58 Abs. 3 S. 3 VgV können die Zuschlagskriterien in der **absteigenden Rangfolge ihrer Bedeutung** festgelegt werden, wenn eine Gewichtung aus objektiven Gründen nicht möglich ist (dazu näher → § 58 Rn. 39).

14a Die in Abs. 2 verlangten Angaben sind nicht abschließend; sie stellen nur die Mindestangaben dar, die nach Auffassung des Verordnungsgebers als ein Minimum an Informationen in jede Aufforderung zur Angebotsabgabe bzw. zum Dialog gehören. Weitere, darüberhinausgehende Angaben sind im Regelfall zweckmäßig. Hierzu zählen ua[19]:
i) Verfahrenshinweise zum Umgang mit Fragen der Bewerber und Bieter (§ 20 Abs. 3 Nr. 1 VgV, → § 20 Rn. 12 ff.),
ii) Hinweise zur Losvergabe sowie zu Loslimitierungen (§ 30 VgV, → § 30 Rn. 9 ff.),
iii) Angaben zur Zulassung und Wertung von Nebenangeboten (§ 35 VgV, → § 35 Rn. 5 ff.),
iv) Angaben zur Zulassung mehrerer Hauptangebote (→ § 35 Rn. 3),
v) Angaben zur Teilnahme von Bewerbergemeinschaften (§ 53 Abs. 9 VgV, → § 53 Rn. 64 f.),

---

[14] OLG Brandenburg 29.1.2013 – Verg W 8/12, BeckRS 2013, 03142; MüKoEuWettbR/Eichler VgV § 52 Rn. 16.
[15] OLG Düsseldorf 22.12.2010 – Verg 40/10, IBR 2011, 227; OLG Frankfurt a. M. 5.10.2010 – 11 Verg 7/10, IBR 2011, 163.
[16] Vgl. dazu Kraus VergabeR 2011, 171 (174).
[17] Kraus VergabeR 2011, 171 (174 ff.).
[18] Kraus VergabeR 2011, 171 (175).
[19] Vgl. den instruktiven Überblick bei RKMPP/Röwekamp VgV § 52 Rn. 17 ff.

v) Angaben zur Zuschlags- und Bindefrist beim nicht offenen Verfahren,[20]
vi) Angaben zur Auftragsvergabe auf der Grundlage von Erstangeboten (§ 17 Abs. 11 VgV, → § 17 Rn. 26) und zur Abwicklung der Verhandlungen in verschiedenen Phasen (§ 17 Abs. 12 VgV, → § 17 Rn. 27) beim Verhandlungsverfahren sowie
vii) Angaben zum Rechtsschutz, insbes. zu den Rechtsbehelfsfristen.

IV. Aufforderung zur Interessensbestätigung (Abs. 3)

Mit Ausnahme oberster Bundesbehörden (→ GWB § 106 Rn. 14) können **15** öffentliche Auftraggeber im nicht offenen Verfahren oder im Verhandlungsverfahren durch Veröffentlichung einer Vorinformation zum Teilnahmewettbewerb aufrufen und hierdurch auf eine klassische Auftragsbekanntmachung verzichten (dazu näher → § 38 Rn. 11–13). § 38 Abs. 4 VgV enthält für diesen Fall Vorgaben an den Inhalt der Vorinformation (→ § 38 Rn. 14 ff.). Ergänzend dazu normiert Abs. 3 **Mindestangaben** zum Inhalt der **Aufforderung zur Interessensbestätigung** iSd § 38 Abs. 5 VgV (→ § 38 Rn. 20 ff.) der Unternehmen zur der weiteren Teilnahme am Vergabeverfahren. Dabei sind alle, aber auch nur diejenigen Unternehmen, die auf die Vorinformation hin form- und fristgerecht eine Interessensbekundung iSd § 38 Abs. 4 S. 1 Nr. 3 VgV übermittelt hatten, zur Interessensbestätigung aufzufordern; eine Auswahl findet auf dieser Ebene nicht statt.[21] Vielmehr wird durch die Aufforderung zur Interessensbestätigung der Teilnahmewettbewerb im nicht offenen Verfahren nach § 16 Abs. 1 VgV und im Verhandlungsverfahren nach § 17 Abs. 1 VgV eingeleitet (§ 38 Abs. 5 S. 2 VgV). Nach § 9 Abs. 1 VgV muss die Aufforderung **elektronisch** erfolgen. Abs. 3 S. 1 schreibt zusätzlich vor, dass die Aufforderung **gleichzeitig** und in **Textform** erfolgen muss.

Da zwischen der Veröffentlichung einer Vorinformation als Aufruf zum Wettbe- **16** werb und der Aufforderung zur Bestätigung des Auftragsinteresses ein Zeitraum von bis zu zwölf Monaten liegen kann (§ 38 Abs. 6 VgV), ordnet Abs. 3 in Umsetzung von Art. 54 Abs. 1 UAbs. 2 RL 2014/24/EU iVm Anh. IX Nr. 2 RL 2014/24/EU an, dem Unternehmen, die ihr Interesse bekundet hatten, **konkrete und ggf. aktualisierte Informationen** über den Auftrag und das Vergabeverfahren an die Hand zu geben, um diese in die Lage zu versetzen, darüber zu entscheiden, ob sie ihr Auftragsinteresse bestätigen. Die iRd Aufforderung zwingend anzugebenden Informationen und Anforderungen zählt Abs. 3 iSv **Mindestangaben** auf, dh die Angaben in Abs. 3 sind keineswegs abschl. und sollten bzw. müssen je nach Einzelfall um weitere Informationen zum Vergabeverfahren ergänzt werden, wie etwa im Verhandlungsverfahren die Auftragsvergabe auf der Grundlage von Erstangeboten (§ 17 Abs. 11 VgV) und die Abwicklung der Verhandlungen in verschiedenen Phasen (§ 17 Abs. 12 VgV). Auch hier gilt wie bei Abs. 2 ausnahmslos der Transparenzgrundsatz: Die interessierten Unternehmen müssen sich anhand dieser Angaben ein **klares und vollständiges Bild** über den Auftrag und das Prozederes seiner Vergabe machen können.

---

[20] Die VgV enthält keine Bestimmungen zur Zuschlags- und Bindefrist. Die RL 2014/24/EU sieht in Anhang V Teil C Ziff. 21 lit. a nur für das offene Verfahren die Festlegung einer Bindefrist vor. Jedoch stellt ein öffentlicher Auftrag zivilrechtlich einen Vertragsschluss dar, für dessen Zustandekommen neben den Regelungen des Vergaberechts auch die zivilrechtlichen Bestimmungen gelten. Daher sollten sowohl der Ablauf der Zuschlags- als auch der Bindefrist in der Aufforderung zur Abgabe eines Angebotes vorgesehen werden: MüKoEuWettbR/Müller VgV § 20 Rn. 25 und DSW/Wagner-Cardenal VgV § 20 Rn. 61.
[21] MüKoEuWettbR/Eichler VgV § 52 Rn. 19.

1. Auftragsumfang (Nr. 1)

17 Zu informieren ist über den Umfang des ausgeschriebenen Auftrags, einschl. aller Optionen auf zusätzliche Aufträge; sofern dies möglich ist, soll die Frist für die Ausübung dieser Optionen angegeben werden. Bei wiederkehrenden Aufträgen müssen Art und Umfang und, sofern möglich, das voraussichtliche Datum der Veröffentlichung zukünftiger Auftragsbekanntmachungen für die Liefer- oder Dienstleistungen, die Gegenstand des Auftrags sein sollen, angegeben werden.

2. Verfahrensart (Nr. 2)

18 Der öffentliche Auftraggeber hat über die Art des Vergabeverfahrens zu informieren. Nach § 38 Abs. 4 VgV können nur das nicht offene Verfahren oder das Verhandlungsverfahren zur Anwendung kommen.

3. Ausführungsfristen (Nr. 3)

19 Die vertraglichen Ausführungsfristen sind für den Bewerber von zentraler Bedeutung, damit er prüfen kann, ob er innerhalb der angegebenen Zeit über freie Kapazitäten verfügt. Denn nur dann ist die Abgabe eines Angebotes für ihn überhaupt sinnvoll. Deshalb sind möglichst genaue Angaben zum Beginn, zur Dauer sowie zur Beendigung des Auftrags zu machen. Dabei sollten nach Möglichkeit Beginn und Ende der Ausführungsfrist jew. mit einem konkreten Datum benannt werden. Zwingend ist dies aber nicht.

4. Internetadresse für die Vergabeunterlagen (Nr. 4)

20 Die Internetadresse, über die die Vergabeunterlagen unentgeltlich, uneingeschränkt und vollständig direkt verfügbar sind (→ § 41 Rn. 4 ff.), ist in der Aufforderung zur Interessensbestätigung anzugeben. Die Vorschrift korrespondiert mit § 41 Abs. 1 VgV, wonach in der Auftragsbekanntmachung oder der Aufforderung zur Interessensbestätigung eine elektronische Adresse anzugeben ist, unter der die Vergabeunterlagen unentgeltlich, uneingeschränkt, vollständig und direkt abgerufen werden können. Im Falle einer Vorinformation iSv § 38 Abs. 4 VgV wird auf eine Auftragsbekanntmachung nach § 37 VgV verzichtet. Folgerichtig muss der Link zu den Vergabeunterlagen dann in der Aufforderung zur Interessensbestätigung verortet sein (→ § 41 Rn. 31).

5. Anforderung der Vergabeunterlagen (Nr. 5)

21 Falls ausnahmsweise kein elektronischer Zugang zu den Vergabeunterlagen bereitgestellt werden kann (vgl. dazu näher → § 41 Rn. 34), sind Anschrift und Schlusstermin für die Anforderung der Vergabeunterlagen sowie die Sprache, in der die Interessensbestätigung abzufassen ist, in der Aufforderung zur Interessensbestätigung anzugeben.

6. Anschrift der den Zuschlag erteilenden Stelle (Nr. 6)

22 Ferner muss über die Anschrift des öffentlichen Auftraggebers, der den Zuschlag erteilt, informiert werden. Durch die genaue Benennung sollen Erreichbarkeit und Identifizierbarkeit gewährleistet sein.[22] Die Angabe eines im Auftrag der Vergabe-

---

[22] Zum richtigen Antragsgegner im Nachprüfungsverfahren VK Südbayern 13.6.2023 - 3194.Z3-3_01-23-11, VPRRS 2023, 0144: derjenige Auftraggeber, dem der streitgegenständliche Auftrag zuzurechnen ist. Hierbei ist im Regelfall eine Orientierung an den zivilrechtlichen Vertragsbeziehungen geboten. Weitere Voraussetzung muss zur Gewährleistung des effektiven Rechtsschutzes sein, dass der Antragsgegner auch die Befugnisse hat, auf das Vergabeverfahren einzuwirken und etwaige Anordnungen der Vergabenachprüfungsinstanzen umzusetzen.

stelle tätigen Architektenbüros oder eines zuständigen Mitarbeiters des Auftraggebers allein genügt nicht. Unterscheidet sich die den Zuschlag erteilende Stelle von der die Ausschreibung durchführenden Stelle, sind beide Stellen anzugeben.

7. Vertrag (Nr. 7)

In der Aufforderung zur Interessensbestätigung ist auch über alle wirtschaftlichen 23 und technischen Anforderungen, finanziellen Sicherheiten und Angaben, die von den Unternehmen verlangt werden, zu informieren. Um dieser Pflicht nachzukommen, muss der öffentliche Auftraggeber den interessierten Unternehmen mit der Aufforderung eine Leistungsbeschreibung sowie einen Vertrag übermitteln, in denen die entspr. Informationen enthalten sind.

8. Art des Auftrags (Nr. 8)

Anzugeben ist die Art des Auftrags (Liefer- oder Dienstleistung), der Gegenstand 24 des Vergabeverfahrens ist.

9. Zuschlagskriterien und deren Gewichtung (Nr. 9)

Schließlich sind die Zuschlagskriterien sowie deren Gewichtung oder ggf. die 25 Kriterien in der Rangfolge ihrer Bedeutung anzugeben, wenn diese Angaben nicht bereits in der Vorinformation oder den Vergabeunterlagen enthalten sind (→ Rn. 10–14).

§ 53 Form und Übermittlung der Interessensbekundungen, Interessensbestätigungen, Teilnahmeanträge und Angebote

(1) **Die Unternehmen übermitteln ihre Interessensbekundungen, Interessensbestätigungen, Teilnahmeanträge und Angebote in Textform nach § 126b des Bürgerlichen Gesetzbuchs mithilfe elektronischer Mittel gemäß § 10.**

(2) ¹Der öffentliche Auftraggeber ist nicht verpflichtet, die Einreichung von Angeboten mithilfe elektronischer Mittel zu verlangen, wenn auf die zur Einreichung erforderlichen elektronischen Mittel einer der in § 41 Absatz 2 Nummer 1 bis 3 genannten Gründe zutrifft oder wenn zugleich physische oder maßstabsgetreue Modelle einzureichen sind, die nicht elektronisch übermittelt werden können. ²In diesen Fällen erfolgt die Kommunikation auf dem Postweg oder auf einem anderen geeigneten Weg oder in Kombination von postalischem oder einem anderen geeigneten Weg und Verwendung elektronischer Mittel. ³Der öffentliche Auftraggeber gibt im Vergabevermerk die Gründe an, warum die Angebote mithilfe anderer als elektronischer Mittel eingereicht werden können.

(3) ¹Der öffentliche Auftraggeber prüft, ob zu übermittelnde Daten erhöhte Anforderungen an die Sicherheit stellen. ²Soweit es erforderlich ist, kann der öffentliche Auftraggeber verlangen, dass Interessensbekundungen, Interessensbestätigungen, Teilnahmeanträge und Angebote zu versehen sind mit
1. einer fortgeschrittenen elektronischen Signatur,
2. einer qualifizierten elektronischen Signatur,
3. einem fortgeschrittenen elektronischen Siegel oder
4. einem qualifizierten elektronischen Siegel.

(4) ¹Der öffentliche Auftraggeber kann festlegen, dass Angebote mithilfe anderer als elektronischer Mittel einzureichen sind, wenn sie besonders

schutzwürdige Daten enthalten, die bei Verwendung allgemein verfügbarer oder alternativer elektronischer Mittel nicht angemessen geschützt werden können, oder wenn die Sicherheit der elektronischen Mittel nicht gewährleistet werden kann. [2]Der öffentliche Auftraggeber gibt im Vergabevermerk die Gründe an, warum er die Einreichung der Angebote mithilfe anderer als elektronischer Mittel für erforderlich hält.

(5) Auf dem Postweg oder direkt übermittelte Interessensbekundungen, Interessensbestätigungen, Teilnahmeanträge und Angebote sind in einem verschlossenen Umschlag einzureichen und als solche zu kennzeichnen.

(6) [1]Auf dem Postweg oder direkt übermittelte Interessensbekundungen, Interessensbestätigungen, Teilnahmeanträge und Angebote müssen unterschrieben sein. [2]Bei Abgabe mittels Telefax genügt die Unterschrift auf der Telefaxvorlage.

(7) [1]Änderungen an den Vergabeunterlagen sind unzulässig. [2]Die Interessensbestätigungen, Teilnahmeanträge und Angebote müssen vollständig sein und alle geforderten Angaben, Erklärungen und Preise enthalten. [3]Nebenangebote müssen als solche gekennzeichnet sein.

(8) Die Unternehmen haben anzugeben, ob für den Auftragsgegenstand gewerbliche Schutzrechte bestehen, beantragt sind oder erwogen werden.

(9) [1]Bewerber- oder Bietergemeinschaften haben in der Interessensbestätigung, im Teilnahmeantrag oder im Angebot jeweils die Mitglieder sowie eines ihrer Mitglieder als bevollmächtigten Vertreter für den Abschluss und die Durchführung des Vertrags zu benennen. [2]Fehlt eine dieser Angaben, so ist sie vor der Zuschlagserteilung beizubringen.

Literatur: Boldt/Zerwell, Neue Anforderungen an Konzernunternehmen bei deren Beteiligung an einer Ausschreibung, VergabeR 2012, 9; Dicks, Nebenangebote nach der Vergabemodernisierung 2016: Lösung oder Perpetuierung des Dilemmas? VergabeR 2016, 309; Dicks, Mehrfachbeteiligungen von Unternehmen am Ausschreibungswettbewerb, VergabeR 2013, 1; Ehrig, Die Doppelbeteiligung im Vergabeverfahren, VergabeR 2010, 11; Herrmann, Notwendige Bieterangaben ohne Nachforderungsmöglichkeit, VergabeR 2013, 315; Hömke: Kommunikation im Rahmen der eVergabe – Informationsaustausch im digitalen Vergabeverfahren, IR 2019, 272; Jäger/Graef, Bildung von Bietergemeinschaften durch konkurrierende Unternehmen, NZBau 2012, 213; Lux, Gesellschaftsrechtliche Veränderungen bei Bietern im Vergabeverfahren, NZBau 2012, 680; Overbuschmann, Verstößt die Verabredung einer Bietergemeinschaft gegen das Kartellrecht?, VergabeR 2014, 280; Parassidis, Rechtliche Fragen der E-Vergabe, VergabeR 2020, 262; Reichling/Scheumann/Lampe, „eVergabe" – Ist das Vergaberecht im Zeitalter der Digitalisierung angekommen? (Teil I und II), GewA 2020, 248, 308; v. Graevenitz/ Richter, Formerfordernis für zivilrechtliche Vergabeverträge, ZRP 2022, 215; Weirauch, Die Form der Zuschlagserteilung nach Einführung der E-Vergabe, ZfBR 2021, 636. Vgl. iÜ die Angaben bei § 9 VgV.

Übersicht

	Rn.
I. Bedeutung der Vorschrift	1
II. Grundsatz: Übermittlung in Textform mithilfe elektronischer Mittel (Abs. 1)	4
1. Textform	5
2. Übermittlung mithilfe elektronischer Mittel	7
III. Erleichterung der Anforderungen zur Einreichung von Angeboten (Abs. 2)	8

	Rn.
1. Voraussetzungen für den Verzicht auf die Einreichung mithilfe elektronischer Mittel	9
2. Reichweite der Ausnahmeregelung	11
3. Folgen der Ausnahme	15
IV. Verschärfung der Anforderungen an die Übermittlung von Daten (Abs. 3 und 4)	19
1. Voraussetzung (Abs. 3)	20
2. Verwendung von Signaturen und Siegeln	22
3. Festlegung anderer Übermittlungsarten (Abs. 4)	27
V. Direkte oder Übermittlung auf dem Postweg und durch Telefax (Abs. 5 und 6)	31
1. Vorgaben für die direkte oder die Übermittlung auf dem Postweg	31
a) Unterschrift	33
b) Rechtswirksame Unterschriftsleistung	34
2. Postalische Übermittlung	35
3. Übermittlung mittels Telefax	36
VI. Inhalt der eingereichten Unterlagen (Abs. 7)	37
1. Unzulässigkeit von Änderungen an den Vergabeunterlagen (S. 1)	37
2. Vollständigkeit von Interessensbestätigungen, Teilnahmeanträgen und Angeboten (S. 2)	38
a) Geforderte Angaben und Erklärungen	40
b) Umfang	42
c) Unzumutbare Bietererklärungen	45
d) Unteraufträge	46
e) Nicht geforderte und zusätzliche Erklärungen	48
f) Preise	49
3. Kennzeichnung von Nebenangeboten (S. 3)	50
VII. Angabe von gewerblichen Schutzrechten (Abs. 8)	57
VIII. Bewerber- oder Bietergemeinschaften (Abs. 9)	61
IX. Rechtsschutz	66

I. Bedeutung der Vorschrift

Die Vorschrift dient der Umsetzung von Art. 22 RL 2014/24/EU. Ziel der Regelung ist die **Schaffung eines einheitlichen Maßstabs** zu Form und Übermittlung der einleitenden oder verfahrenswesentlichen Bekundungen von Interessenten, Bewerbern oder Bietern. Erfasst werden die nach der VgV dazu vorgesehenen Äußerungsarten, also Interessensbekundungen, Interessensbestätigungen, Teilnahmeanträge und Angebote. Damit werden in formeller Hinsicht eindeutige und gleiche Anforderungen an diese Bekundungen und Mitteilungen geschaffen. Die Bedeutung der so geschaffenen Formalien wird noch dadurch gestärkt, dass Interessensbekundungen, Interessensbestätigungen, Teilnahmeanträge oder Angebote, die die Anforderungen aus § 53 VgV nicht erfüllen, gem. § 57 Abs. 1 Nr. 1, Abs. 3 vom weiteren Verfahren **ausgeschlossen werden.** 1

Die **Übergangsbestimmung** für die zeitliche Anwendbarkeit von § 53 Abs. 1 VgV aus § 81 VgV ist ausgelaufen. 2

§ 53 VgV dient mit dem Verweis in Abs. 1 auf § 10 VgV sowie iVm § 54 VgV auch der Stärkung des Wettbewerbsgrundsatzes, indem der **Geheimwettbewerb gewährleistet** wird. Die Bieter müssen sich darauf verlassen können, dass ihre Angebote oder sonstigen Beiträge und die darin enthaltenen Geschäftsgeheimnisse den anderen Bietern nicht und auch der Vergabestelle nicht „vorfristig" (vgl. § 10 Abs. 1 3

S. 2 Nr. 2 VgV, also vor Öffnung, bekannt werden. Deshalb ist die Vertraulichkeit der Angebote zu gewährleisten. Für **elektronische Mittel** wird in § 10 Abs. 1 Nr. 4–6 VgV vorgegeben, dass die Vertraulichkeit durch entspr. technische Lösungen des Auftraggebers sicherzustellen ist. Sie sind verschlüsselt zu speichern, § 54 S. 1 VgV. Auch für solche digitalen Angebote muss sichergestellt sein, dass ihr Inhalt nicht verändert werden kann.[1] Auf dem Postweg übermittelte (schriftliche) Angebote sind in einem verschlossenen Umschlag einzureichen und als solche zu kennzeichnen. Sie sind bis zum Zeitpunkt der Öffnung ungeöffnet zu lassen, § 54 S. 1 VgV. Alle eingehenden Beiträge von Bietern, Bewerbern oder Interessenten sind bis zum festgelegten Zeitpunkt der Öffnung in geeigneter Weise unter Verschluss zu halten, § 54 VgV. Vgl. zur Verhinderung eines vorfristigen Zugriffs auf empfangene Dateien auch → § 10 Rn. 7. Verstößt der Auftraggeber gegen diese Pflicht, können dem Bieter nach den Vorschriften über Pflichtverletzungen im vorvertraglichen Schuldverhältnis Schadensersatzansprüche zustehen, wenn ihm aufgrund des Bekanntwerdens seiner Geschäftsgeheimnisse ein Schaden entstanden ist (§ 280 Abs. 1 S. 1, §§ 241 Abs. 2, 311 Abs. 2 Nr. 1 BGB). Einer zuvor erhobenen Rüge bedarf es dafür nicht.[2] Durch Art. 8 des zum 29.7.2017 in Kraft getretenen eIDAS-Durchführungsgesetzes (Vertrauensdienstegesetz-VDG) zur Umsetzung der Regelungen über Vertrauensdienste aus der VO (EU) Nr. 910/2014 des Europäischen Parlaments und des Rates v. 23.7.2014 über die elektronische Identifizierung und Vertrauensdienste für elektronische Transaktionen im Binnenmarkt[3] ist § 53 Abs. 3 S. 2 VgV neu gefasst worden. Neben den bekannten Instrumenten der fortgeschrittenen elektronischen Signatur (Nr. 1) und der qualifizierten elektronischen Signatur (Nr. 2) kann der öffentliche Auftraggeber nunmehr auch verlangen, dass Interessensbekundungen, Interessensbestätigungen, Teilnahmeanträge und Angebote mit einem fortgeschrittenen elektronischen Siegel (Nr. 3) oder einem qualifizierten elektronischen Siegel (Nr. 4) zu versehen sind.

II. Grundsatz: Übermittlung in Textform mithilfe elektronischer Mittel (Abs. 1)

4   Im Gegensatz zur früher bestehenden Freiheit des Auftraggebers gibt § 53 Abs. 1 VgV vor, in welcher Form die Unternehmen ihre Interessensbekundungen, Interessensbestätigungen, Teilnahmeanträge und Angebote in Textform zu übermitteln haben. Der Formzwang soll **Klarheit über den Inhalt und die Verbindlichkeit der Mitteilungen** gewährleisten. Eine Kommunikation durch mündliche und damit auch telefonische Äußerungen ist daher bezogen auf wesentliche Bestandteile des Vergabeverfahrens, wie die Vergabeunterlagen, Teilnahmeanträge und Interessensbestätigungen sowie Angebote, grds. generell nicht vorgesehen (→ § 9 Rn. 9, 10). Im Gegensatz zum Wortlaut des § 53 Abs. 1 VgV kann § 9 Abs. 2 VgV im Umkehrschluss entnommen werden, dass eine nur mündliche Interessensbekundung schon zulässig ist, wenn sie nur ausreichend und in geeigneter Weise dokumentiert wird. Diese Zulässigkeit ergibt sich auch aus Art. 22 Abs. 2 RL 2014/24/EU. Danach gilt die Interessensbekundung nicht als wesentlicher Bestandteil eines Vergabeverfahrens. Dennoch ist iErg davon auszugehen, dass in Vergabeverfahren, die den Regelungen der VgV unterworfen sind, bereits Interessensbekundungen (allein) den Formerfor-

---

[1] Vgl. hierzu OLG München 9.8.2010 – Verg 13/10, BeckRS 2010, 20438.
[2] BGH 17.9.2019 – X ZR 124/18, NZBau 2019, 798; 18.6.2019 – X ZR 86/17, NZBau 2019, 661.
[3] Gesetz zur Durchführung der VO (EU) Nr. 910/2014 des europäischen Parlaments und des Rates v. 23.7.2014 über elektronische Identifizierung und Vertrauensdienste für elektronische Transaktionen im Binnenmarkt und zur Aufhebung der RL 1999/93/EG (eIDAS-Durchführungsgesetz), v. 18.7.2017, BGBl. I 2745.

dernissen des § 53 Abs. 1 VgV genügen müssen. Der Wortlaut von § 53 Abs. 1 VgV ist eindeutig und die Formwidrigkeit von Interessensbekundungen führt nach § 57 Abs. 1 Nr. 1, Abs. 3 VgV zum zwingenden Ausschluss. Schließlich steht es dem nationalen Gesetzgeber auch zu, im Einzelfall strengere Anforderungen an die Vorgaben des Vergaberechts zu normieren als der europäische Gesetzgeber.[4] In einem Verhandlungsverfahren ohne Teilnahmewettbewerb nach § 14 Abs. 4 Nr. 3 VgV ist der öffentliche Auftraggeber von den Verpflichtungen aus § 53 Abs. 1 VgV befreit, § 17 Abs. 15 VgV (→ § 17 Rn. 33a).

1. Textform

Nach § 126b BGB, auf den auch § 53 Abs. 1 VgV Bezug nimmt, verlangt die Textform, dass die Erklärung in einer Urkunde oder auf andere zur dauerhaften Wiedergabe in Schriftzeichen geeigneten Weise abgegeben wird. Dabei muss die Person des Erklärenden genannt und der Abschluss der Erklärung durch Nachbildung der Namensunterschrift oder anders erkennbar gemacht werden.[5] Zur dauerhaften Wiedergabe in Schriftzeichen ist nicht nur die Verkörperung auf Papier, sondern auch die Sicherung auf einem Speichermedium (Diskette, CD-ROM, Computerfax,[6] oder auf einem USB-Stick) geeignet. Auch eine E-Mail genügt diesen Anforderungen, weil der Empfänger sie speichern und ausdrucken kann.[7] 5

Die Person des Erklärenden wird dadurch genannt, dass der Erklärende bzw. der Aussteller durch eine mechanisch erzeugte Unterschrift im Kopf der Erklärung oder im Inhalt der Erklärung bezeichnet wird. Der Abschluss der Erklärung muss in geeigneter Weise erkennbar gemacht werden. Dazu reicht jede eindeutige Art und Weise, etwa eine Datierung oder eine Grußformel, aus. Einer Unterschrift bedarf es nicht.[8] Gibt ein öffentlicher Auftraggeber zur Durchführung der elektronischen Kommunikation im Vergabeverfahren auf einem gesonderten, den Teilnahmebedingungen beigefügten Hinweisblatt vor, dass die Abgabe eines Angebots in Textform (für ihn) bedeutet, dass die elektronisch übermittelten Dateien der Vergabeunterlagen „mit geeigneter Software ausgefüllt" werden müssen und dass Angebote ausgeschlossen werden, deren Unterlagen ausgedruckt, anderweitig ausgefüllt und dann eingescannt werden, ist damit ein entspr. Formerfordernis wirksam aufgestellt. Ein Angebot auf einem ausgedruckten, handschriftlich ausgefüllten, mit Unterschrift und Firmenstempel versehenen und dann eingescannten Angebotsschreiben entspricht nicht diesen Formerfordernissen.[9] Die Forderung nach elektronischer Übermittlung verlangt iÜ nicht die Übermittlung von ausgedruckten, unterschriebenen und wieder eingescannten Formblättern.[10] Werden vom Auftraggeber keine weitergehenden Formanforderungen gestellt, wahrt auch die Abgabe durch einen Vertreter die Textform.[11] Es reicht aus, wenn der Urheber eines Angebots durch Auslegung zu ermitteln ist. 6

2. Übermittlung mithilfe elektronischer Mittel

Die Übermittlung der genannten Erklärungen hat mithilfe elektronischer Mittel zu erfolgen. § 53 Abs. 1 VgV regelt damit über den allg. Grundsatz aus dem 7

---

[4] So für die RMR: EuGH 7.8.2018 – C-300/17, NZBau 2019, 122.
[5] Dies verlangt auch die Nennung des Erklärenden, OLG Karlsruhe 19.2.2020 – 15 Verg 1/20, BeckRS 2020, 7157; Müller-Wrede VgV/UVgO/Lausen § 53 Rn. 23; Grüneberg/Ellenberger BGB § 126a Rn. 4.
[6] Grüneberg/Ellenberger BGB § 126a Rn. 3.
[7] Grüneberg/Ellenberger BGB § 126a Rn. 3.
[8] BGH 10.11.2010 – VIII ZR 300/09, NJW 2011, 295.
[9] OLG Naumburg 22.11.2019 – 7 Verg 7/19, BeckRS 2019, 40252.
[10] OLG Naumburg 4.10.2019 – 7 Verg 3/19, VPR 2020, 48.
[11] Dies gilt sogar dann, wenn ohne ausdr. Vertretungszusatz die Vertretung auf andere Weise hinreichend deutlich wird, OLG Düsseldorf 8.7.2020 – Verg 6/20, VPR 2021, 117.

Zivilrecht, nach dem eine Willenserklärung in der Form zugehen muss, die für ihre Abgabe vorgeschrieben ist,[12] hinaus auch die Art der Übermittlung. Nach der Legaldefinition aus § 9 Abs. 1 VgV handelt es sich bei elektronischen Mitteln um Geräte und Programme für die elektronische Datenübermittlung (→ § 9 Rn. 5, 6). Die Anforderungen an die verwendeten elektronischen Mittel werden in § 10 VgV konkretisiert (→ § 10 Rn. 5 ff.). Dort werden zugleich die Vorgaben zum erforderlichen Sicherheitsniveau und die jew. zu dokumentierenden Angaben sowie die notwendigen Kompatibilitäten und Schnittstellen geregelt. Diese Konfigurationen können zT vom öffentlichen Auftraggeber festgelegt werden. Soweit § 53 Abs. 1 VgV auf § 10 VgV verweist, betrifft dies deshalb die **Anforderungen an die zu verwendenden Mittel.**[13] Für weitere Einzelheiten dazu wird auch auf die Kommentierung zu § 10 VgV verwiesen. Das Hochladen des Angebots nicht vom eigenen Benutzerkonto der bevollmächtigten Person des Bieters führt auch bei einem Verstoß gegen eine nach § 10 VgV aufgestellte Sicherheitsvorgabe nicht zugleich zu einer Missachtung der Erfordernisse aus § 53 Abs. 1 VgV und damit nicht zu einem Ausschluss nach § 57 Abs. 1 Nr. 1 VgV.[14] Der Zugang einer elektronisch übermittelten Erklärung hängt nicht davon ab, dass sie abgespeichert und ausgedruckt wird. Das Hochladen auf der Bieterseite der dafür bereitgestellten Vergabeplattform reicht dazu indes für sich genommen auch noch nicht aus.[15] Maßgeblich ist die tatsächliche und technische Zugänglichkeit der Information für den Empfänger (also die Vergabestelle – nach Ende der Angebotsfrist).[16] Dazu muss die Erklärung tatsächlich vom Empfänger heruntergeladen und gespeichert werden können. Dies ist bei der bloßen Einstellung von Texten im Internet oder auf der Homepage des Empfängers noch nicht der Fall.[17] Etwas anderes gilt dann, wenn sie die Voraussetzungen für den Begriff „dauerhaftes Medium" erfüllen.[18] Der Zugang eines Beitrages des Bieters (Angebot, Teilnahmeantrag oder Interessenbekundung) ist damit erst dann sicher gegeben und die dazu gesetzte Frist eingehalten, wenn die Daten nicht nur den dem Bieter zugänglichen Teil einer verwendeten Plattform erreicht haben, sondern – nach Ablauf der Frist – für die Vergabestelle über die ihr eröffneten Zugänge – abrufbar sind. Wie auch bei der Zuleitung auf dem Postweg obliegt das Übermittlungsrisiko, also das Risiko der vollständigen Datenübertragung an die vorgesehene Stelle, dem Bieter. Dies gilt jedenfalls dann, wenn keine Zuordnung der Ursache aus dem Verantwortungsbereich oder der Sphäre der Vergabestelle festgestellt werden kann und kein Verstoß gegen § 11 VgV vorliegt. Insbes. vom Bieter selbst zu verantwortende Schwierigkeiten zählen zum Übermittlungsrisiko, das üblicherweise vom Absender zu tragen ist.[19] Ob dabei der Auftraggeber darzulegen hat, dass ein verspätetes Hochladen auf einem Nutzungsfehler und nicht auf einer Fehlfunktion der Plattform beruht[20], erscheint zweifelhaft.

---

[12] Grüneberg/Ellenberger BGB § 130 Rn. 10.
[13] BGH 16.5.2023 – XIII ZR 14/21, NZBau 2023, 542.
[14] OLG Düsseldorf 8.7.2020 – Verg 6/20, VPR 2021, 117.
[15] AA Beck VergabeR/Koch VgV § 53 Rn. 12, der jedoch unberücksichtigt lässt, dass mit dem Einstellen auf die Plattform allein ein (vorfristiger) Zugriff auf die Daten noch nicht gegeben sein darf, § 10 Abs. 1 S. 2 Nr. 2 VgV.
[16] RKMPP/Verfürth VgV § 53 Rn. 7, 8.
[17] BGH 29.4.2010 – I ZR 66/08, NJW 2010, 3566.
[18] RKMPP/Verfürth VgV § 53 Rn. 6.
[19] OLG Düsseldorf 12.6.2019 – VII Verg 8/19, BeckRS 2019, 39059 = VergabeR 2020, 815; VK Südbayern 14.10.2019 – Z3-3-3194-1-15-05/19, VPRRS 2019, 0353.
[20] So aber: VK Südbayern 15.11.2021 – 3194.Z3-3_01-21-20, VPR 2022, 9 zu dem Sachverhalt, dass der genaue Zeitpunkt des Uploads von der Plattform nicht gespeichert oder mit Logfiles dokumentiert worden war.

III. Erleichterung der Anforderungen zur Einreichung von Angeboten (Abs. 2)

Abs. 2 enthält eine Ausnahmebestimmung. Sie erlaubt es den öffentlichen Auftraggebern, davon abzusehen, die Einreichung der Angebote mithilfe elektronischer Mittel zu verlangen. 8

1. Voraussetzungen für den Verzicht auf die Einreichung mithilfe elektronischer Mittel

Der öffentliche Auftraggeber ist nicht verpflichtet, die Einreichung von Angeboten mithilfe elektronischer Mittel zu verlangen, wenn einer der in § 41 Abs. 2 Nr. 1– 3 VgV genannten Gründe vorliegt, oder wenn zugleich (also mit dem Angebot) physische oder maßstabsgetreue Modelle einzureichen sind, die nicht elektronisch übermittelt werden können, Abs. 2 S. 1. 9

§ 41 VgV betrifft die Bereitstellung der Vergabeunterlagen. § 41 Abs. 2 VgV gestattet die Übermittlung ausnahmsweise auf einem anderen geeigneten Weg, wenn die erforderlichen Mittel zum Abruf der Vergabeunterlagen aus einem der dort in den Nr. 1–3 genannten Gründe nicht in Anspruch genommen werden können. 10

2. Reichweite der Ausnahmeregelung

Abs. 2 S. 1 spricht in seinem Wortlaut allein die Einreichung von Angeboten an. Interessensbekundungen, Interessensbestätigungen und Teilnahmeanträge werden nicht genannt. Damit folgt die Regelung der Vorgabe aus Art. 22 Abs. 2 UAbs. 2, 3 RL 2014/24/EU, deren Umsetzung sie dient. Andere Bieteräußerungen als Angebote werden von der Ausnahme ausdr. nicht erfasst.[21] 11

Soweit § 53 Abs. 2 S. 1 VgV Bestandteile des Angebots erfasst, die nicht nur schriftlich abgegeben werden können, etwa physische Unterlagen oder Modelle, leuchtet dies ohne weiteres ein. Vergleichbare Anforderungen entstehen für die die Angebotsphase vorbereitenden Erklärungen idR nicht. 12

Im Übrigen verweist § 53 Abs. 2 S. 1 VgV auf die Gründe aus § 41 Abs. 2 Nr. 1– 3 VgV. Da § 41 VgV die Übermittlung der Vergabeunterlagen durch öffentliche Auftraggeber betrifft, können die dort enthaltenen Ausnahmeregelungen auf die von § 53 Abs. 2 VgV geregelte Übermittlung der Angebote durch die Bieter insoweit übertragen werden, als vergleichbare Konstellationen gegeben sind. Die Regelungen aus § 41 Abs. 2 S. 1 VgV betreffen Einschränkungen, die sich daraus ergeben, dass die erforderlichen elektronischen Mittel aufgrund der besonderen Art der Auftragsvergabe nicht mit allgemein verfügbaren oder verbreiteten Geräten oder Programmen der Informations- und Kommunikationstechnologie kompatibel sind (Nr. 1), Dateiformate zur Beschreibung der Angebote verwenden, die nicht mit allgemein verfügbaren oder verbreiteten Programmen verarbeitet werden können oder durch andere als kostenlose und allgemein verfügbare Lizenzen geschützt sind (Nr. 2), oder die Verwendung von Bürogeräten voraussetzen, die dem Bieter nicht allgemein zur Verfügung stehen (Nr. 3). 13

Diese Ausnahmen liegen nicht nur dann vor, wenn die Übermittlungsschwierigkeiten aus Vorgaben oder technischen Geräten des öffentlichen Auftraggebers resultieren. Dies ist vielmehr auch der Fall, wenn die Bieter selbst nur über spezielle Geräte verfügen oder besondere Programme (Software) zum Einsatz bringen, die Dateien erzeugen, welche nicht mit allg. üblichen EDV-Ausstattungen geöffnet oder 14

---

[21] Eine zur Analogie erforderliche planwidrige Regelungslücke dürfte deshalb insoweit nicht vorliegen; ebenso RKMPP/Verfürth VgV § 53 Rn. 13; Beck VergabeR/Koch VgV § 53 Rn. 13.

gelesen werden können. Die Teilnahme an öffentlichen Ausschreibungen darf durch derartige Umstände nicht beschränkt werden.

3. Folgen der Ausnahme

15 Nach Abs. 2 S. 2 erfolgt die Kommunikation bei Vorliegen einer Ausnahmekonstellation aus S. 1 („in diesen Fällen") auf dem Postweg oder auf einem anderen geeigneten Weg oder in Kombination beider Alternativen sowie durch Verwendung elektronischer Mittel.

16 Welche Kommunikationsmittel iE vorgeschrieben oder verwendet werden können, ist anhand der konkreten Umstände des Einzelfalles festzulegen. Die VgV macht dazu keine allgemeinverbindlichen Vorgaben. Die Begründung zur VgV geht davon aus, dass die Verwendung anderer als elektronischer Mittel auf die Angebotsbestandteile beschränkt ist, für die die Verwendung elektronischer Mittel nicht verlangt wird. Ob sich der Auftraggeber dabei an den bestehenden technischen und von den Bietern erfüllbaren Anforderungen orientieren muss, wird nicht näher ausgeführt.

17 Da Abs. 2 S. 1 nur davon spricht, dass der öffentliche Auftraggeber unter den dort genannten Voraussetzungen nicht verpflichtet sein soll, die Einreichung von Angeboten mittels elektronischer Mittel zu verlangen, stellt sich umgekehrt die Frage, ob die Verpflichtung besteht, die **Wahl anderer alternativer Kommunikationswege** durch die Bieter zuzulassen. Diese Frage ist zu bejahen. Der Auftraggeber kann nicht in Kenntnis von Ausnahmekonstellationen verlangen, dass bestimmte Anforderungen eingehalten werden (elektronische Mittel, obwohl Modelle mit dem Angebot einzureichen sind). Eine solche Forderung wäre in sich widersprüchlich. Ebenso kann der Auftraggeber auch trotz vorliegender Voraussetzungen der § 53 Abs. 2 S. 1, § 41 Abs. 2 Nr. 1–3 VgV nicht (bewusst) an der Forderung zur Verwendung elektronischer Mittel festhalten. Damit könnte der Sache nach eine Beschränkung der Ausschreibung auf bestimmte Bieter bewirkt werden, ohne dass die Voraussetzungen aus § 14 VgV gegeben sind. Ein solches Verhalten würde dem Grundsatz der weitest möglichen Eröffnung des Wettbewerbs widersprechen. Ebenso spricht Abs. 2 S. 2 ohne weiteres davon, dass in den von S. 1 erfassten Konstellationen die Kommunikation auf die dort beschriebene alternative Art erfolgt. Eine besondere Entscheidung des Auftraggebers wird dafür nicht vorausgesetzt. Schließlich dürfte die Wahl alternativer Kommunikationswege bei Vorliegen der Voraussetzungen des § 53 Abs. 2 S. 1, § 41 Abs. 2 Nr. 1–3 VgV nicht vom Bieter zu „vertreten" sein. Ein Ausschluss von auf diese Weise eingereichten Angeboten, die die Anforderungen an § 53 Abs. 5, 6 VgV einhalten, ist deshalb gem. § 57 Abs. 1 Nr. 1 VgV nicht gerechtfertigt. Allerdings müssen auch die nicht in elektronischer Form einzureichenden Angebot(sbestandteil)e rechtzeitig, also bis zum Ablauf der zur Einreichung der Angebote festgelegten Frist vorliegen. Die nachträgliche Vorlage von Angebotsbestandteilen (etwa das Mitbringen von Modellen erst zur Verhandlung) führt zur Verfristung.[22]

18 Im Vergabevermerk sind die Gründe zu dokumentieren, dass, inwieweit und warum Angebote (oder Teile hiervon) mithilfe anderer als elektronischer Mittel eingereicht werden können, Abs. 2 S. 3. Dies gilt selbst dann, wenn sich die Unmöglichkeit geradezu aufdrängt.[23]

IV. Verschärfung der Anforderungen an die Übermittlung von Daten (Abs. 3 und 4)

19 Mit Abs. 3 wird Art. 22 Abs. 6 UAbs. 1 lit. b, c, UAbs. 2 RL 2014/24/EU umgesetzt. Er verlangt von dem öffentlichen Auftraggeber die Prüfung, ob erhöhte Anfor-

---

[22] VK Südbayern 2.4.2019 – Z3-3-3194-1-43-11/18, VPR 2019, 128.
[23] Beck VergabeR/Koch § 53 Rn. 17.

derungen an die Sicherheit bei der Übermittlung von Daten bestehen. In einem solchen Fall kann er, soweit es erforderlich ist, verlangen, dass Interessensbekundungen, Interessensbestätigungen, Teilnahmeanträge oder Angebote mit einer fortgeschrittenen oder qualifizierten elektronischen Signatur oder mit einem fortgeschrittenen oder qualifizierten elektronischen Siegel zu versehen sind.

1. Voraussetzung (Abs. 3)

Voraussetzung für eine Verschärfung der Anforderungen an eine sichere Datenübermittlung ist die Feststellung einer entspr. **Erforderlichkeit** durch den öffentlichen Auftraggeber. Dazu ist zunächst das Sicherheitsniveau festzulegen, das für das Senden, den Empfang, die Weiterleitung oder die Speicherung von Daten gelten soll. Dies setzt eine **Verhältnismäßigkeitsprüfung** der zu sichernden Authentifizierungsanforderungen an den Urheber von Erklärungen bzw. die Datenquelle sowie zum Schutz der zum Schutz der Unversehrtheit der Daten notwendigen Maßnahmen einerseits und den Gefahren durch nicht von berechtigten Datenquellen wie anderen Urhebern als den Berechtigten, bzw. den von fehlerhaften Daten ausgehenden Gefahren voraus.[24] In diese Prüfung ist auch der Stand des Verfahrens einzubeziehen. So wird das Sicherheitsniveau an eine E-Mail, mit der sich ein Unternehmer nach der Postanschrift der Vergabestelle erkundigt, niedriger sein als das Sicherheitsniveau für die Übersendung eines Angebotes. Auch die Höhe des Auftragswertes kann bei der Abwägung eine Rolle spielen. In der Begründung zur VgV wird ebenfalls noch beispielhaft ein nur niedriges Sicherheitsniveau dann für angemessen gehalten, wenn Kleinstwettbewerbe bei einer Rahmenvereinbarung durchgeführt werden, oder eine erneute Einreichung elektronischer Kataloge erfolgen soll. 20

Das Ergebnis der Abwägung entscheidet nicht nur darüber, ob überhaupt erhöhte Anforderungen an die Sicherheit der zu übermittelnden Daten gestellt werden können oder müssen, sondern auch darüber, welche Anforderungen konkret verlangt werden.[25] 21

2. Verwendung von Signaturen und Siegeln

Der Auftraggeber kann nicht ohne weiteres verlangen, dass bestimmte Signatur- oder Siegelarten zu verwenden sind. Vielmehr sieht § 53 Abs. 3 S. 2 VgV vor, dass gerade auch diese spezielle Anforderung einer gesonderten Erforderlichkeitsprüfung unterfällt.[26] Nur wenn und soweit diese Prüfung zu dem Ergebnis gelangt, dass dies erforderlich ist, kann der öffentliche Auftraggeber elektronische Signaturen oder elektronische Siegel verlangen. Die Entscheidung, ob die Verwendung von elektronischen Signaturen oder elektronischen Siegeln vorgeschrieben wird, steht auch bei bejahter Erforderlichkeit noch im **Ermessen** des Auftraggebers. Der Abwägungsvorgang und das daraus für den Auftraggeber erzielte Ergebnis sind deshalb zu dokumentieren. 22

Schreibt der Auftraggeber die Verwendung von Signaturen oder Siegeln vor, haben diese den Anforderungen der eIDAS-Verordnung zu genügen. Danach können fortgeschrittene[27] elektronische Signaturen (Art. 26 eIDAS-VO) oder qualifizierte elektronische Signaturen (Art. 25 eIDAS-VO) verlangt werden (§ 53 Abs. 3 S. 2 Nr. 1, 2 VgV). Zur Legitimation einer Willenserklärung einer juristischen Person kann nun auch ein fortgeschrittenes oder qualifiziertes elektronisches Siegel (Art. 35–40 eIDAS-VO) verlangt werden (§ 53 Abs. 3 S. 2 Nr. 3, 4 VgV). Qualifi- 23

---

[24] KK-VergR/Schubert VgV § 53 Rn. 2.
[25] Vgl. auch die Beispiele bei RKMPP/Verfürth VgV § 53 Rn. 31, 32.
[26] KK-VergR/Schubert VgV § 53 Rn. 2 spricht dagegen von einem Wahlrecht.
[27] Zur fortgeschrittenen elektronischen Signatur nach dem SigG VK Südbayern 17.4.2013 – Z3-3-3194-1-07-03/13, VPR 2013, 13.

zierte elektronische Signaturen sind von einer qualifizierten elektronischen Signatureinheit zu erstellen und haben auf einem qualifizierten Zertifikat für elektronische Signaturen zu beruhen (Art. 3 Nr. 12 eIDAS-VO). Qualifizierte Zertifikate für elektronische Signaturen stammen von einem qualifizierten Vertrauensdiensteanbieter. Diese unterliegen den Anforderungen aus Art. 28 iVm Anh. I eIDAS-VO.

24 Gem. Art. 25 Abs. 3 eIDAS-VO werden derartige qualifizierte elektronische Signaturen in allen anderen Mitgliedsstaaten als qualifizierte elektronische Signatur anerkannt.[28] Zertifizierungsdiensteanbieter, die qualifizierte Zertifikate nach § 2 Nr. 3 SigG (aF) ausgestellt haben, dürfen diese als qualifizierte Vertrauensdiensteanbieter für qualifizierte Zertifikate weiter im Zertifikatsverzeichnis führen, § 21 S. 1 VDG.

25 Auch wenn die VgV **kein Rangverhältnis** bei der Auswahl der zu fordernden Anforderungen an die zu verwendenden Signaturen und Siegel vorschreibt, hat der Auftraggeber stets den Grundsatz der Erforderlichkeit und der Verhältnismäßigkeit von Schutzniveau und Signaturanforderung zu beachten. Art. 22 Abs. 6 lit. b RL 2014/24/EU verlangt, dass das geforderte Schutzniveau im Verhältnis zu den verbundenen Risiken stehen muss.

26 Mit dem Verlangen des Auftraggebers nach einer elektronischen Signatur oder einem elektronischen Siegel korrespondiert seine Verpflichtung, technische Geräte und Einrichtungen bereit zu halten und die technischen Rahmenbedingungen so zu gestalten, dass gültige fortgeschrittene elektronische Signaturen oder Siegel und gültige qualifizierte Zertifikate, die von Unternehmen aus anderen Mitgliedstaaten ausgestellt wurden, akzeptiert werden. Andernfalls droht eine Diskriminierung von Unternehmen aus anderen Mitgliedstaaten.

3. Festlegung anderer Übermittlungsarten (Abs. 4)

27 Sollen die Angebote besonders schutzwürdige Daten enthalten, kann der öffentliche Auftraggeber nach § 53 Abs. 4 S. 1 VgV auch festlegen, dass sie **mithilfe anderer als elektronischer Mittel** einzureichen sind. Voraussetzung dafür ist, dass die Daten bei Verwendung allgemein verfügbarer oder alternativer elektronischer Mittel nicht angemessen geschützt werden können oder die Sicherheit der elektronischen Mittel nicht gewährleistet werden kann. Diese nochmalige Steigerung des Sicherheitsniveaus unterliegt einer **besonders intensiven Erforderlichkeitsprüfung.** Dabei ist einmal zu ermitteln, ob eine besondere Schutzwürdigkeit der betroffenen Daten vorliegt. Überdies muss die Prüfung zu dem Ergebnis gelangen, dass die alternativ untersuchten Kommunikationsmittel keinen ausreichenden Schutz bieten. Dass daraus die Notwendigkeit einer engen Auslegung „unabdingbar" folgt, oder gar die Eröffnung eines alternativen Übermittlungsweges den Charakter einer „ultima ratio"[29] aufweist, ist aus dem Wortlaut der Norm nicht ableitbar. Für andere Arten der Äußerungen von Bietern, Bewerbern oder Interessenten in Form von Interessensbekundungen, Interessensbestätigungen oder Teilnahmeanträgen gilt § 53 Abs. 4 VgV nicht.

28 Für die Annahme der **besonderen Schutzwürdigkeit der betroffenen Daten** dürfte eine entspr. Klassifizierung des Auftragsgegenstandes als Verschlusssache oder geheim ausreichen, soweit für derartige Aufträge nach § 104 Abs. 1 Nr. 2, § 117 etc GWB überhaupt ein Vergabeverfahren nach den Bestimmungen des vierten Teils des GWB und der VgV durchgeführt werden muss. Welche anderen Besonderheiten des Auftragsgegenstandes, der Vergabeunterlagen oder des Angebotsinhaltes eine derartige Schutzbedürftigkeit begründen, kann iÜ nur anhand der Umstände des jew. Einzelfalles festgestellt werden.

29 Neben der besonderen Schutzbedürftigkeit der Angebotsinhalte muss weiter festgestellt werden, dass der durch die Verwendung allgemein verfügbarer oder alternati-

---

[28] Ausf. KK-VergR/Schubert VgV § 53 Rn. 26 f.
[29] So jedoch: Beck VergabeR/Koch VgV § 53 Rn. 32.

ver elektronischer Mittel mögliche Schutz nicht dazu ausreicht, um das als angemessen ermittelte Niveau zu erreichen. Diese weitere Prüfung hat dabei stets auch die Frage zu umfassen, welche Übermittlungsmittel nach dem zum Zeitpunkt des Vergabeverfahrens herrschenden Stand der Technik existieren.

Auch die Festlegung der besonderen Übermittlungsarten unterfällt, wenn die besondere Schutzwürdigkeit der Daten und die nicht ausreichenden Schutzmöglichkeiten nach einer entspr. Prüfung festgestellt wurden, ebenfalls dem Ermessen des öffentlichen Auftraggebers. Die **Ermessensentscheidung** ist im Vergabevermerk zu dokumentieren. Dabei hat der öffentliche Auftraggeber die Gründe dafür anzugeben, warum er die Einreichung der Angebote mithilfe anderer als elektronischer Mittel für erforderlich hält, Abs. 4 S. 2. Bei der Ermessensentscheidung ist erneut der Grundsatz der **Verhältnismäßigkeit** zu beachten. Die Vorgabe, dass andere als elektronische Mittel zur Einreichung von Angeboten zu verwenden sind, ist deshalb ggf. nur auf einzelne Angebotsteile zu beschränken. Die Forderung zur Verwendung ausschl. anderer als elektronischer Mittel ist auf die Angebotsbestandteile oder Angebote beschränkt, welche mithilfe anderer als elektronischer Mittel eingereicht werden müssen. 30

V. Direkte oder Übermittlung auf dem Postweg und durch Telefax (Abs. 5 und 6)

1. Vorgaben für die direkte oder die Übermittlung auf dem Postweg

Für die direkte Übermittlung oder die Übermittlung von Interessensbekundungen, Interessensbestätigungen,[30] Teilnahmeanträgen und Angeboten schreibt Abs. 5 vor, dass diese in einem **verschlossenen Umschlag** einzureichen und **als solche zu kennzeichnen** sind. Dadurch soll die andernfalls für den Fall der Übermittlung mittels elektronischer Mittel durch § 10 VgV gewährleistete Vertraulichkeit zum Schutz des Geheimwettbewerbes auch für diese physisch beim Auftraggeber eingehenden Beiträge gesichert werden. Neben der postalischen Übermittlung wird auch die direkte geregelt. Dabei handelt es sich um die persönliche Abgabe des Angebotes beim Auftraggeber. 31

Abs. 6 S. 1 schreibt vor, dass direkt oder auf dem Postweg übermittelte Interessensbekundungen, Interessensbestätigungen, Bewerbungen oder Angebote **unterschrieben** sein müssen. Die Unterschrift muss dabei auf dem Beitrag selbst aufgebracht sein, nicht auf dem Umschlag, in dem sie einzureichen sind. Die Anforderungen an die Unterschrift und ihre Rechtsverbindlichkeit entsprechen den hohen Standards, die für schriftliche Angebote nach den bisherigen Regelungen gegolten hatten. Die Beibehaltung dieser erhöhten Formanforderungen stellt eine bewusste Wertungsentscheidung des Verordnungsgebers dar. 32

a) Unterschrift. Die Interessenten, Bewerber oder Bieter haben ihre postalisch oder direkt übermittelten Beiträge mit ihrer eigenhändigen **Originalunterschrift** zu versehen. Fotokopien, Abkürzungen, reproduzierte Unterschriften (Faksimile) oder Paraphen genügen nicht. Die Unterschrift muss die gesamten Unterlagen abdecken; sie wird idR am Ende des Angebotsschreibens geleistet. Wird die Unterschrift an einer bestimmten Stelle gefordert, ist der Auftraggeber daran gebunden. Die Abgabe von Unterschriften an verschiedenen Stellen kann verlangt werden; doch wird in diesen Fällen eine „Haupt"-Unterschrift auf dem Deckblatt alle Erklärungen abdecken, so dass kein Ausschluss nach § 57 Abs. 1 Nr. 1 VgV erfolgen muss. Die ordnungsgemäße **Unterzeichnung eines Hauptangebotes** deckt regelmäßig auch 33

---

[30] Die Notwendigkeit der Einbeziehung dieser Erklärungen in die Formstrenge wird angezweifelt RKMPP/Verfürth VgV § 53 Rn. 48.

zusätzlich eingereichte Nebenangebote ab, wenn die vom Auftraggeber festgelegten Anforderungen eingehalten worden sind.[31] Werden Unterschriften an verschiedenen Stellen gefordert, besteht iÜ stets die Gefahr, dass vom Bieter eine Stelle übersehen wird, ohne dass Zweifel an der Verbindlichkeit der Erklärung bestehen. Verlangt der Auftraggeber, dass der Bieter rechtsverbindlich unterschreibt, genügt die Unterschrift auf einem Anschreiben des Bieters an die Vergabestelle, wenn diesem Schreiben der mit den Bewerbungsunterlagen zugesandte Vordruck samt Leistungsverzeichnis als Anlage beiliegt und sich das Anschreiben ausdr. auf die Anlage bezieht.[32] Eine fehlende Unterschrift kann nur bis zum Eröffnungstermin nachgeholt werden.

34 **b) Rechtswirksame Unterschriftsleistung.** Die Unterschrift ist von demjenigen zu leisten, der für den Bieter rechtswirksam handeln kann. Dies kann auch ein **Bevollmächtigter** sein.[33] Enthalten die Vergabeunterlagen lediglich den Hinweis auf das Erfordernis der rechtsverbindlichen Unterzeichnung, so genügt dem auch die Unterschrift eines Vertreters bzw. Beauftragten, soweit dieser mit entspr. **Vertretungsmacht** handelt. Verlangt der öffentliche Auftraggeber, dass der Bieter seine eingereichte Unterlage an einer bestimmten Stelle rechtsverbindlich unterschreibt, ist diese Klausel nach dem objektiven Empfängerhorizont der jew. Bieter auszulegen. Nach den maßgeblichen Verständnismöglichkeiten der Bieterkreise ist der Klausel regelmäßig der Erklärungsgehalt beizulegen, dass der Unterzeichner bei Erklärungsabgabe über die erforderliche Vertretungsmacht verfügt haben muss;[34] ein weiterer Nachweis gegenüber dem öffentlichen Auftraggeber, dass der Unterzeichner tatsächlich über eine gesetzliche oder rechtsgeschäftliche Vertretungsmacht verfügt, ist nicht erforderlich.[35] Ein urkundlicher Nachweis seiner Vertretungsmacht ist nur auf Aufforderung des Auftraggebers und innerhalb der vom Auftraggeber hierfür gesetzten Frist zu erbringen.[36] Es genügt bei Großunternehmen die Unterschrift eines Geschäftsbereichsleiters mit einem die Erteilung einer Prokura kennzeichnenden Zusatz, da diese gem. § 49 Abs. 1 HGB zu allen gerichtlichen und außergerichtlichen Geschäften, die der Betrieb eines Handelsgewerbes mit sich bringt, also auch zur Abgabe eines Angebotes ermächtigt; bei einem Großunternehmen ist die Unterzeichnung des Angebotes durch Vorstandsmitglieder nicht zu erwarten.[37] Handlungen **vollmachtloser Vertreter** können zwar nachträglich genehmigt werden, doch muss dies spätestens bis zum Eröffnungstermin geschehen, da sonst Manipulationen Tür und Tor geöffnet wären. Bei Erklärungen von **Bietergemeinschaften** müssen entweder sämtliche Einzelunternehmen oder ein von allen Einzelunternehmen hierzu Bevollmächtigter rechtsverbindlich unterschreiben,[38] wobei die schriftliche Ermächtigung der anderen Mitglieder beigefügt sein muss. Doch reicht es aus, wenn sich aus einem Begleitschreiben, auf welches ausdr. verwiesen wird, ergibt, dass das Angebot von einer Bietergemeinschaft und die Unterschrift von einem hierzu bevollmächtigten geschäftsführenden Mitglied der Arbeitsgemeinschaft stammt, und diese „Bietergemeinschaftserklärung" mit dem Firmenstempel beider Mitglieder der Bietergemeinschaft versehen und unterschrieben ist.[39] Bei Zweifeln, ob Vertretungs-

---

[31] BGH 23.3.2011 – X ZR 92/09, NZBau 2011, 438.
[32] OLG Celle 19.8.2003 – 13 Verg 20/02, ZfBR 2003, 831.
[33] VK Westfalen 20.12.2017 – VK 1–32/17, VPR 2018, 99.
[34] BGH 20.11.2012 – X ZR 108/10, NZBau 2013, 180.
[35] Dies gilt sogar dann, wenn ohne ausdr. Vertretungszusatz die Vertretung auf andere Weise hinreichend deutlich wird, OLG Düsseldorf 8.7.2020 – Verg 6/20, VPR 2021, 117.
[36] OLG Naumburg 13.10.2008 – 1 Verg 10/08, NZBau 2008, 788 (789); 26.10.2004 – 1 U 30/04, BeckRS 2004, 11906 = VergabeR 2005, 261.
[37] OLG München 8.5.2009 – Verg 6/09, IBR 2009, 413.
[38] OLG Jena 5.12.2001 – 6 Verg 4/01, IBRRS 2002, 0132 = VergabeR 2002, 256 (258).
[39] OLG Karlsruhe 24.7.2007 – 17 Verg 6/07, IBR 2007, 638.

macht auch für die anderen Einzelunternehmer besteht, ist die Unterschrift der anderen Mitglieder der Bietergemeinschaft allerdings nicht entbehrlich. Auch hier besteht, wie beim Handeln vollmachtloser Vertreter, die Gefahr, dass je nach Interesse der Bietergemeinschaft am Auftrag die Genehmigung erteilt oder versagt werden könnte und Manipulationen möglich wären. Das Argument, bis zur Zuschlagserteilung könne die Bezeichnung eines Bevollmächtigten noch nachgeholt werden, steht dem nicht entgegen, weil bis zur Benennung eines Bevollmächtigten alle Mitglieder die Unterschrift geleistet haben müssen. Haben sich zwei nicht rechtsfähige Niederlassungen desselben Unternehmens zur Erstellung eines Angebotes zusammengeschlossen, liegt allerdings keine Bietergemeinschaft vor. Es genügt deshalb die Unterschrift durch eine nur für eine der Niederlassungen zeichnungsberechtigte Person.[40] Gibt eine Personenfirma ein Angebot ab, muss der Vorname des Firmeninhabers nicht zusätzlich genannt werden.[41]

2. Postalische Übermittlung

Die postalische Übermittlung von Interessensbekundungen, Interessensbestätigungen, Teilnahmeanträgen und Angeboten verlangt, dass die Voraussetzungen für den Zugang formbedürftiger Willenserklärungen unter Abwesenden vorliegen. Nach § 130 Abs. 1 S. 1 BGB ist der Zugang Voraussetzung dafür, dass solche Willenserklärungen wirksam werden. 35

3. Übermittlung mittels Telefax

Wettbewerbsbeiträge von Interessenten, Bewerbern oder Bietern, können auch mittels Telefax übermittelt werden. In diesem Fall genügt die (rechtsverbindliche) Unterschrift auf der Telefaxvorlage, Abs. 6 S. 2. Zum Schutz des Geheimwettbewerbes sind solche Erklärungen ebenfalls in geeigneter Weise bis zum festgelegten Zeitpunkt der Öffnung unter Verschluss zu halten, § 54 S. 3 VgV. 36

VI. Inhalt der eingereichten Unterlagen (Abs. 7)

1. Unzulässigkeit von Änderungen an den Vergabeunterlagen (S. 1)

Bezugspunkt des Änderungsverbotes sind die Vergabeunterlagen iSv § 29 VgV. Die Regelung soll sicherstellen, dass das Angebot den ausgeschriebenen Leistungen und den sonstigen Vergabeunterlagen entspricht und eine **Vergleichbarkeit der eingereichten Informationen** gegeben ist. Außerdem soll gerade bei größeren Leistungsverzeichnissen verhindert werden, dass der Auftraggeber mögliche geringfügige Änderungen übersieht und Gefahr läuft, den Zuschlag auf ein Angebot zu erteilen, welches seinen Vorstellungen nicht entspricht. Änderungen an den Vergabeunterlagen können in Zusätzen oder auch im Entfernen von Unterlagen bestehen, in Änderungen der technischen Anforderungen oder der vertraglichen Ansprüche. Diese Änderungen darf der Bieter an den eigentlichen Vergabeunterlagen nicht ausführen, er darf also **keine Eingriffe in das Leistungsverzeichnis** selbst mittels Entfernens oder Streichungen vornehmen. Körperliche Veränderungen an den Unterlagen sind nicht nötig, ausreichend ist die (bewusste) Abweichung von den Leistungsvorgaben beim Ausfüllen von Berechnungsschemata.[42] Hält der Bieter Aussagen in den Vergabeunterlagen für unklar oder auslegungsbedürftig oder ist er der Ansicht, die ausgeschriebene Leistung 37

---

[40] OLG Jena 5.12.2001 – 6 Verg 4/01, IBRRS 2002, 0132 = VergabeR 2002, 256.
[41] OLG München 17.12.2013 – Verg 15/13, BeckRS 2014, 21198.
[42] OLG Schleswig 6.7.2022 – 54 Verg 4/22, VPR 2023, 2070.

könne entweder technisch oder zeitlich nicht ausgeführt werden, hat er den Auftraggeber darauf hinzuweisen. Keinesfalls kann er selbst die Vergabeunterlagen in seinem Sinne abändern. Lediglich **klarstellende Vermerke** sind aber unschädlich, wenn durch diese die Vergabeunterlagen nicht verändert werden.[43] Ist zB der Transport von Gartenabfällen ab Sammelstelle durchzuführen und schreibt der Bieter zur Klarstellung die betreffenden Orte und km-Angaben dazu, ist dies unschädlich, weil die Vergabeunterlagen durch diese Bemerkungen nicht verändert werden. Rechtsunwirksame AGB-Klauseln darf er streichen, weil diese Streichung nur deklaratorischen Charakter hat. Trifft die Rechtsansicht des Bieters nicht offensichtlich zu, läuft er aber Gefahr, dass sein Angebot ausgeschlossen wird. Kann oder will er ein abgeändertes Angebot abgeben, bleibt ihm nur die Möglichkeit der Abgabe eines **Nebenangebots.** Neben Änderungen an den Vergabeunterlagen sind auch Ergänzungen der Vergabeunterlagen unzulässig und führen zum Ausschluss, § 57 Abs. 1 Nr. 4 VgV. Voraussetzung für einen Ausschluss wegen unzulässiger Abänderung an den Vergabeunterlagen ist, dass der Auftraggeber in den Vergabeunterlagen eindeutige Vorgaben aufgenommen hat.[44] Neben unzulässigen Änderungen an den Vergabeunterlagen lassen auch (versuchte) Änderungen der Vergabeunterlagen durch abweichende Angebotsinhalte die Wertung der und einen Zuschlag auf die betroffenen Angebote nicht mehr zu.[45] Die Grenzen bei der Änderung an den Vergabeunterlagen sind durch die neueste Rspr. des BGH[46] zur VOB/-EU in Frage gestellt worden. Danach sollen nicht nur versehentlich beigefügte[47] AGB keine unzulässige Änderung begründen, sondern generell Ausschlusstatbestände wegen Änderung an den Vergabeunterlagen einem zu einer restriktiven Handhabung führenden Wertungswandel unterworfen sein (s. dazu ausf. → VgV § 15 Rn. 39a ff.). Aufgrund der eindeutigen Beibehaltung des Ausschlusstatbestandes durch den Verordnungsgeber erscheint die dogmatische Basis für diese Sichtweise fragwürdig.[48] Jedenfalls **manipulative Änderungen** werden weiterhin von dem Änderungsverbot erfasst.[49] Im Übrigen dürfte die Entscheidung, die sich allein mit rechtsgeschäftlichen Rahmenbedingungen befasst, auf Konstellationen mit Änderungen des Leistungsinhaltes nicht anwendbar sein. Dennoch wird eine erhebliche Verunsicherung bei der Beurteilung zukünftiger Fälle zu befürchten sein.[50] Für die Mehrzahl der in Frage kommenden Sachverhaltsvarianten dürfte die Rspr. des BGH nicht anwendbar sein. In der Rspr. der Vergabesenate sind unterdessen bestimmte Konstellationen herausgearbeitet worden. Dies ist einmal dann der Fall, wenn nicht (nur) von formellen Bestandteilen der Vergabeunterlagen abgewichen wird, sondern die Änderung eine verbindliche Leistungsvorgabe betrifft.[51] Ebenso wird die Anwendbar-

---

[43] Weitergehend KG 22.8.2001 – KartVerg 3/01, IBR 2002, 93; OLG Köln 16.12.1999 – 7 U 27/99, IBR 2002, 159: Vermerk stets unschädlich, wenn der Auftraggeber die Änderungen verursacht hat.

[44] OLG Frankfurt a. M. 1.10.2020 – 11 Verg 9/20, VPR 2021, 21; 12.7.2016 – 11 Verg 9/16, NZBau 2016, 705; OLG Karlsruhe 29.4.2016 – 15 Verg 1/16, VPR 2016, 222; VK Bund 5.12.2016 – VK 2–107/16, IBRRS 2017, 0135.

[45] So zB bei der Beifügung eigener AGB des Bieters OLG München 21.2.2008 – Verg 1/08, IBR 2008, 232; die Annahme des Angebots des Bieters durch ein „einfaches ja" ist nicht mehr möglich: OLG München 15.11.2007 – Verg 10/07, IBRRS 2007, 4789 = VergabeR 2008, 114; vgl. ebenso RKMPP/Verfürth VgV § 53 Rn. 64.

[46] BGH 18.6.2019 – X ZR 86/17, NZBau 2019, 661.

[47] Bislang hatte die Motivation keine Rolle gespielt, vgl. Beck VergabeR/Koch VgV § 53 Rn. 45.

[48] Vgl. die Kritik von Herrmann VergabeR 2019, 759; → VgV § 57 Rn. 10.

[49] OLG Schleswig 6.7.2022 – 54 Verg 5/22, BeckRS 2022, 45275.

[50] *Einen vollständigen Garaus prognostiziert dieser Bestimmung sogar* Leinemann VPR 2019, 167.

[51] OLG München 20.1.2020 – Verg 17/19; 20.1.2020 – Verg 19/19, VPRRS 2020, 0147 = VergabeR 2020, 824.

keit der Rspr. des BGH verneint, wenn die Abweichung von den Vergabeunterlagen auf individuellen Formulierungen des Bieters beruht und nicht auf eigenen (abweichenden) Allgemeinen Geschäftsbedingungen des Bieters.[52] Dies gilt auch für das Angebot eines längeren Ausführungszeitraums.[53] Im Verhandlungsverfahren dürfen Anforderungen, die erst im Lauf des Verfahrens vom Auftraggeber aufgestellt werden, nicht zur Begründung eines Ausschlusses eines indikativen Angebotes herangezogen werden.[54] Ein negatives Ergebnis aus einer Teststellung belegt ein Abweichen von den Vorgaben der Vergabeunterlagen nur dann, wenn es sich um eine verifizierende und nicht lediglich um eine wertende Teststellung handelt.[55]

2. Vollständigkeit von Interessensbestätigungen, Teilnahmeanträgen und Angeboten (S. 2)

Die eingereichten Interessensbestätigungen, Teilnahmeanträge und Angebote müssen vollständig sein und **alle geforderten Angaben, Erklärungen und Preise** enthalten. Die Vollständigkeit der eingereichten Informationen wird zunächst dadurch konkretisiert, dass damit die Aufnahme aller geforderten Angaben, Erklärungen und Preise gemeint sind. Für rein verbal formulierte und mit bezifferten Preisangaben zu versehende Beiträge kann diese Konkretisierung als erschöpfend angesehen werden. Eine eigenständige Bedeutung erlangt sie, wenn die Informationen zugleich gegenständliche Inhalte aufweisen müssen (etwa Modelle, Probestücke, etc), um ihren Inhalt eindeutig erfassbar zu machen. Diese Gegenstände sind über die geforderten Angaben, Erklärungen und Preise dann zur Vollständigkeit ebenfalls notwendig. 38

Für Interessensbekundungen gelten diese Anforderungen nicht. Mit der Interessenbekundung werden keine inhaltlichen Erklärungen abgegeben. Sie erschöpft sich in der Bekundung. 39

a) Geforderte Angaben und Erklärungen. Die eingereichten Interessensbestätigungen, Teilnahmeanträge und Angebote müssen, um vollständig zu sein, die notwendigen[56] und geforderten Angaben und Erklärungen enthalten. Die VgV verwendet die Begriffe „Beleg", „Unterlage", „Erklärung", „Angabe", „Beschreibung" und „Nachweis". Eine bestimmte systematische Kategorisierung anhand einzelner Informationsinhalte ist nicht ersichtlich. Mit der Umschreibung „Angaben und Erklärungen" werden von Abs. 7 S. 2 somit alle nur erdenklichen geforderten Informationen zu Eignung, Leistungsfähigkeit, (fehlenden) Ausschlussgründen, Referenzen oder Leistungsinhalten gemeint, die der öffentliche Auftraggeber zulässiger Weise und zumutbar von den Interessenten, Bewerbern oder Bietern abfordert. Erfasst werden bspw. wie Zeugnisse, Referenzen, Eintragung in die Handwerksrolle, Zertifizierungsnachweise[57] oÄ. Es kommt auch nicht darauf an, ob sie vom Bieter oder von Dritten ausgestellt worden sind bzw. noch auszustellen sind.[58] 40

Ein Angebot ist unvollständig, wenn Angaben und Erklärungen fehlen, die einen Vertragsschluss nicht ermöglichen, weil die Lücken zu Unklarheiten über den Inhalt des abzuschließenden Vertrages führen und ein Vergleich der Angebote in jeder sich 41

---

[52] OLG Düsseldorf 12.2.2020 – Verg 24/19, BeckRS 2020, 2509.
[53] VK Bund 27.9.2019 – VK 2–70/19, VPR 2020, 54.
[54] OLG Schleswig 19.8.2016 – 54 Verg 7/16, 54 Verg 8/16, BeckRS 2016, 19262.
[55] OLG Düsseldorf 16.10.2019 – Verg 13/19, NZBau 2020, 670.
[56] Herrmann VergabeR 2013, 315.
[57] OLG München 21.4.2017 – Verg 2/17, BeckRS 2017, 107792; BayObLG 29.7.2003 – Verg 8/03, IBR 2003, 628.
[58] Ein Bewerber oder ein Bieter, der für die Ausführung eines öffentlichen Auftrags die Kapazitäten eines anderen Unternehmens in Anspruch nehmen möchte, hat die Unterlagen über die Befähigung dieses Unternehmens und dessen verpflichtende Zusage dabei vor der Auftragsvergabe einzureichen, EuGH 10.1.2023 – C-469/22, VPRRS 2023, 0193.

VgV § 53 Form und Übermittlung der Interessensbekundungen

aus den Vergabeunterlagen ergebender Hinsicht nicht möglich ist[59] Die Teilnahme am Präqualifikationssystem dient (nur) der Entlastung des Bieters von der Beibringung der Eignungsnachweise, nicht jedoch ihrer Ersetzung.[60] Unvollständige und nicht den Anforderungen des öffentlichen Auftraggebers entspr. Eignungsnachweise und Eigenerklärungen erlauben der Vergabestelle keine positive Prognose über das Vorliegen der abgefragten Eigenschaften. Dennoch sieht § 57 Abs. 1 Nr. 2, Abs. 3 VgV einen Ausschluss von Angeboten, Interessensbekundungen, Interessensbestätigungen und Teilnahmeanträgen nur dann vor, wenn sie nicht die geforderten oder nachgeforderten Unterlagen enthalten. Nach § 56 Abs. 2 VgV können fehlende oder unvollständige Unterlagen **nachgefordert werden** (→ § 56 Rn. 7 ff.). Etwas anderes gilt nur dann, wenn gem. § 56 Abs. 2 S. 2 VgV vorab festgelegt worden war, dass keine Unterlagen nachgefordert werden. Diese Nachforderungsmöglichkeit kann auch auf bestimmte Unterlagen beschränkt werden. Auch trotz der **Nachforderungsmöglichkeit** des Auftraggebers ist dringend zu empfehlen, für die Vollständigkeit der Angaben und Erklärungen zu sorgen. Insbes. kann es für die mangelnde Eignung sprechen, wenn größeren Lücken bei den eingereichten Informationen bestehen oder mehrfach unvollständige Beiträge eingereicht werden.

42 **b) Umfang.** Alle geforderten Angaben und Erklärungen müssen iRd Zumutbaren[61] abgegeben werden. Durch die Anforderung bringt der öffentliche Auftraggeber zum Ausdruck, dass diese Angaben und Erklärungen für die Vergabeentscheidung relevant werden sollen. So ist neben dem Fabrikat/Hersteller auch der Typ des angebotenen Produkts zu nennen, wenn dies verlangt ist. Ist im Leistungsverzeichnis die Angabe eines Fabrikats gefordert, bedeutet dies regelmäßig nicht, dass der Bieter auch die Typenbezeichnung mitzuteilen hat.[62] Eine auf diese Weise verlangte Konkretisierung des Angebotes kann jedoch auch nach Angebotseröffnung noch herbeigeführt werden.[63] Ergibt sich daraus eine Abweichung zu den Vorgaben des Leistungsverzeichnisses kann das Angebot nicht beauftragt werden. Auch die für eine Inhaltsbestimmung des Angebots notwendigen „essentialia negotii" sind anzugeben, selbst wenn der öffentliche Auftraggeber insoweit keine ausdr. Forderung in die Vergabeunterlagen aufgenommen hat.[64]

43 **Unklare** und **unbrauchbare Angaben** stehen fehlenden Angaben gleich, wenn die Vergabestelle das angebotene Produkt nicht identifizieren kann. Es ist nicht Aufgabe der Vergabestelle, den angebotenen Produkttyp durch Suchen in Prospekten oder Nachfrage beim Hersteller aufzuklären.[65] Gibt es keine Typenbezeichnung oder will der Bieter eine Sonderanfertigung anbieten, muss er die Vergabestelle darauf hinweisen oder die entspr. Position des Leistungsverzeichnisses rügen. Eine Erklärung ist nicht abgegeben, wenn der Bieter sie in einem verschlossenen Umschlag einreicht und die Öffnung unter eine Bedingung stellt.[66] Fordert der Auftraggeber bei einem Angebot zum Abriss einer Chemieanlage und der Entsorgung der Altlasten in den Vergabeunterlagen einen lückenlosen Nachweis einer vorschriftsmäßigen Entsorgung,

---

[59] BGH 18.2.2003 – X ZB 43/02, NZBau 2003, 293; OLG München 10.11.2010 – Verg 19/10, BeckRS 2010, 28579 = VergabeR 2011, 205.
[60] OLG Düsseldorf 8.6.2022 – VII-Verg 19/22, BeckRS 2022, 15401 = VergabeR 2023, 86.
[61] BGH 10.6.2008 – X ZR 78/07, NZBau 2008, 592.
[62] OLG München 12.11.2010 – Verg 21/10, BeckRS 2010, 29116.
[63] OLG München 25.11.2013 – Verg 13/13, VPR 2014, 69.
[64] OLG Dresden 21.2.2012 – Verg 1/12, IBRRS 2012, 1521 = VergabeR 2012, 728; Herrmann VergabeR 2013, 315 (320).
[65] OLG Frankfurt a. M. 26.5.2009 – 11 Verg 2/09, ZfBR 2009, 704.
[66] OLG Düsseldorf 15.3.2010 – Verg 12/10, BeckRS 2010, 11864: Öffnen nur im Beisein des Bieters.

muss dieser geführt werden;[67] dies gilt auch für sonstige Entsorgungsnachweise.[68] Bei Angeboten von Bietergemeinschaften genügt es, wenn ein Mitglied den Zertifizierungsnachweis besitzt.[69] Zwar haften alle Mitglieder einer Bietergemeinschaft gesamtschuldnerisch für die Erbringung der Leistung, doch ist es Sinn der Bietergemeinschaft gerade, eine arbeitsteilige Vertragserfüllung anzubieten, weil das einzelne Mitglied zur gesamten Erfüllung nicht in der Lage ist. Verlangt der Auftraggeber die Vorlage von Steuerbescheinigungen in beglaubigter Fotokopie, ist zweifelhaft, ob die Einreichung unbeglaubigter Kopien ausreicht.[70] Da bei fehlenden Erklärungen oder Nachweisen letztlich der Angebotsausschluss droht, hat der Auftraggeber aber **eindeutig, unmissverständlich** und **deutlich** darzulegen, welche Erklärungen und Nachweise er verlangt.[71] Bedürfen Bekanntmachung oder Vergabeunterlagen der Auslegung, ist dafür der objektive Empfängerhorizont der potenziellen Interessenten, Bewerber oder Bieter, also eines abstrakt bestimmten Adressatenkreises, maßgeblich.[72] Unklarheiten gehen zu Lasten der Vergabestelle.[73]

Auch **widersprüchliche Angaben** stehen fehlenden, insbes. aber fehlenden eindeutigen Angaben gleich. Zwar wird insoweit in der Rspr. zT verlangt, dass Angebote mit unklaren und widersprüchlichen Erklärungen aufzuklären sind.[74] Änderungen und Nachbesserungen, die über § 56 Abs. 2 VgV hinausgehen, steht jedoch die Submission als Zäsur entgegen. Andernfalls könnte nicht nur der Angebotsinhalt, sondern auch die Angebotswirksamkeit nach der Eröffnung der Angebote von dem betroffenen Bieter einseitig gestaltet werden. Dokumente, die in rein formaler Hinsicht von den geforderten Eigenschaften so klar und eindeutig abweichen, dass die Abweichung auf den ersten Blick erkannt werde kann, sind „praktisch als Nullum" anzusehen.[75] 44

c) **Unzumutbare Bietererklärungen.** Die Vergabestelle darf **nur zulässige und zumutbare Angaben und Erklärungen** verlangen. Eignungskriterien müssen sich mit dem Auftragsgegenstand in Verbindung und zu diesem in einem angemessenen Verhältnis stehen, § 122 Abs. 4 S. 1 GWB. Trotz Fehlens einer vom Auftraggeber geforderten Erklärung ist ein Angebot aber dann nicht als unvollständig zu behandeln, wenn für den Bieter die Erklärung unzumutbar ist (→ § 56 Rn. 14). Dies ergibt sich aus der Grundsatzentscheidung des BGH,[76] wonach Erklärungen nur iRd **Zumutbaren** abzugeben sind. Ist die Abgabe der Erklärung nur zum Zeitpunkt 45

---

[67] OLG Naumburg 11.6.2003 – 1 Verg 6/03, IBR 2003, 497.
[68] KG 21.12.2009 – 2 Verg 11/09, BeckRS 2010, 3552 = VergabeR 2010, 501 (503).
[69] Soweit verlangt, muss dieser zum Zeitpunkt der Angebotsabgabe existieren. Die nachträgliche Zertifizierung reicht nicht aus, OLG München 21.4.2017 – Verg 2/17, BeckRS 2017, 107792. Soll ein bestimmtes Zertifikat vorgelegt werden, ist dies eindeutig zu fordern, OLG München 30.4.2014 – Verg 2/14, BeckRS 2014, 8916. Offen gelassen OLG München 15.10.2009 – Verg 14/09, BeckRS 2009, 45779 für Altersbeschränkung; aA KG 21.12.2009 – 2 Verg 11/09, BeckRS 2010, 3552 = VergabeR 2010, 501 (503).
[70] Verneinend OLG Koblenz 4.7.2007 – 1 Verg 3/07, ZfBR 2007, 712; offen gelassen OLG München 10.9.2009 – Verg 10/09, BeckRS 2009, 27004.
[71] BGH 3.4.2012 – X ZR 130/10, NZBau 2012, 513; 10.6.2008 – X ZR 78/07, ZfBR 2008, 702; OLG München 30.4.2014 – Verg 2/14, BeckRS 2014, 8916; 12.10.2012 – Verg 16/12, VergabeR 2013, 108 = BeckRS 2012, 21236; 10.9.2009 – Verg 10/09, BeckRS 2009, 27004.
[72] BGH in stRspr, zB BGHZ 124, 64; KK-VergR/Schubert VgV § 53 Rn. 48.
[73] OLG Dresden 16.3.2010 – WVerg 2/10, BeckRS 2010, 7154; OLG Düsseldorf 20.10.2008 – Verg 41/08, BeckRS 2008, 23085.
[74] OLG Düsseldorf 21.10.2015 – VII-Verg 35/15, VPR 2016, 23; 11.5.2016 – VII-Verg 50/15, VPR 2016, 224.
[75] OLG München 27.7.2018 – Verg 2/18, VPR 2019, 20. Dies eröffnet die Möglichkeit zur Nachforderung.
[76] BGH 18.2.2003 – X ZB 43/02, NZBau 2003, 293.

der Angebotsabgabe unzumutbar, wie zB eine Verpflichtungserklärung,[77] kann und muss diese Erklärung nachgereicht werden dürfen (→ § 56 Rn. 14). Gänzlich unzumutbare Erklärungen, wie zB solche, die mit dem Auftrag in keinem Zusammenhang stehen, so dass der Bieter Geschäftsgeheimnisse offenbaren müsste, die er für den ausgeschriebenen Auftrag nicht anwenden muss, können auch nicht im Wege der Nachforderung verlangt werden.

46 **d) Unteraufträge.** Zu den vom Auftraggeber geforderten Erklärungen können Angaben zu den Teilen des Auftrags (Art und Umfang) gehören, die im Wege des Einsatzes von Unterauftragnehmern[78] an Dritte vergeben werden sollen. Soweit zumutbar, kann dabei dazu aufgefordert werden, die vorgesehenen Unterauftragnehmer zu benennen. Die VgV regelt diese Grundsätze nunmehr in § 36. Will sich ein Bewerber oder Bieter sich zugleich auf die Leistungsfähigkeit des beabsichtigten Unterauftragnehmers berufen, sind dazu die Voraussetzungen des § 47 VgV zu beachten. Die Angaben zum Unterauftragnehmer sind für den öffentlichen Auftraggeber deshalb wichtig, weil sie ihn in die Lage versetzen, die Eignung besser einzuschätzen. Die **Abgrenzung zwischen Unterauftragnehmer und sonstigen Dritten,** für welche derartige Erklärungen nicht gefordert werden dürfen, kann im Einzelfall schwierig sein (→ § 36 Rn. 5–7). Kennzeichnend für einen Unterauftragnehmer ist, dass er in keinem unmittelbaren Vertragsverhältnis zum Auftraggeber steht, sondern aufgrund eines Vertrages mit dem Bieter für diesen bestimmte oder alle Leistungsteile des ausgeschriebenen Auftrags ausführt. Ausgangspunkt ist grds. die Leistungsbeschreibung und die darin enthaltene Festlegung, zu welchen primären Leistungen sich der Bieter gegenüber dem Auftraggeber verpflichtet. Keine Unterauftragnehmer sind daher staatlich anerkannte und zertifizierte Prüfstellen, die zur externen Prüfung von Bieterleistungen bestellt sind,[79] weil der Bieter per se eine solche Leistung nicht erbringen kann. Prüf- und Überwachungsstellen können Unterauftragnehmer sein. Leistungen anerkannter Prüfstellen werden allerdings nicht als Unterauftragnehmerleistungen qualifiziert, wenn die Prüfung per se nicht durch einen Bieter erbracht werden kann. Etwas anderes gilt, wenn auch ein Bieter grds. die Möglichkeit hat, die Leistung nach entspr. Qualifikation zu erbringen.[80] Dies gilt auch für Unternehmen, welche bloße Hilfsfunktionen übernehmen, wie Lieferanten von Baustoffen oder Geräteverleiher.[81] Leistungen zur allg. Qualitätskontrolle, welche nicht anerkannten Prüfstellen vorbehalten sind, können bloße Hilfsleistungen, aber auch echte Unterauftragnehmerleistungen sein.[82] Auch Beratungs- oder sonstige Unterstützungsleistungen vor Ort können echte Unterauftragnehmerleistungen darstellen.[83] Es muss sichergestellt sein, dass die einzusetzenden Unternehmen keinen beherrschenden Einfluss auf die Ausführung erlangen können und damit faktisch ein Bieterwechsel eintritt.[84] **Konzernverbundene Unterneh-**

---

[77] BGH 10.6.2008 – X ZR 78/07, ZfBR 2008, 702 (703) in einem obiter dictum; OLG München 22.1.2009 – Verg 26/08, NZBau 2009, 470.

[78] Bis zum Inkrafttreten wurden Unterauftragnehmer als Nachunternehmer bezeichnet. Die VgV setzt nunmehr die Bezeichnung der RL 2014/14/EU aus Art. 71 RL 2014/14/EU um.

[79] OLG München 12.10.2012 – Verg 16/12, VergabeR 2013, 108 = BeckRS 2012, 21236; in eine andere Richtung OLG Düsseldorf 20.10.2008 – Verg 41/08, IBR 2009, 470.

[80] BayObLG 31.8.2022 – Verg 18/21, BeckRS 2022, 23400.

[81] OLG München 10.9.2009 – Verg 10/09, BeckRS 2009, 27004; vgl. auch OLG Saarbrücken 2.4.2013 – 1 Verg 1/13, ZfBR 2013, 608.

[82] Offen gelassen OLG München 12.10.2012 – Verg 16/12, VergabeR 2013, 108 = BeckRS 2012, 21236.

[83] OLG Düsseldorf 30.6.2010 – Verg 13/10, ZfBR 2011, 100.

[84] OLG Düsseldorf 2.12.2009 – VII-Verg 39/09, IBRRS 2010, 0576 = VergabeR 2010, 487 (497).

men können Unterauftragnehmer sein.[85] Der Auftraggeber hat die von ihm für erforderlich erachteten Erklärungen und Nachweise zu den Nachunternehmern klar und eindeutig von den Bietern zu fordern; missverständliche Formulierungen sind zu vermeiden, da sie zu Auslegungsschwierigkeiten und daraus folgenden Vergaberechtsverstößen führen können.[86]

Auf Bieterseite müssen die **Angaben zu den Unterauftragnehmern** vollständig und klar sein.[87] Widersprüchliche Angaben zum Unterauftragnehmereinsatz führen zu Unklarheit und Unvollständigkeit;[88] die Vergabestelle ist nicht dazu verpflichtet, den Anteil derartiger Leistungen aus Leistungspositionen in arbeitsintensiver Weise herauszurechnen oder die gesamten Unterlagen daraufhin durchzuschauen, ob sich irgendwo Anhaltspunkte für die Art und Quote der Unterauftragnehmerleistungen ergeben.[89] Fordert der Auftraggeber Angaben dazu, ob der Bieter Unterauftragnehmer einsetzen will, und äußert sich der Bieter dazu nicht, ist (bzw. bleibt) sein Angebot widersprüchlich und unvollständig.[90] Es ist fraglich, ob ein **optional angebotener Unterauftragnehmereinsatz** klar genug ist,[91] wenn der Einsatz nur für den Fall angeboten wird, dass zum Zeitpunkt der Leistungsausführung der Betrieb des Bieters die Leistung nicht vollständig erbringen kann. Der optionale Einsatz muss aber jedenfalls – wie bei sonstigen Unterauftragnehmererklärungen auch – den ausgeschriebenen Leistungspositionen im Umfang konkret zugeordnet werden können. Die pauschale Angabe, für einzelne Leistungsbereiche optional einen Unterauftragnehmereinsatz bis zu 30 % des Gesamtauftragswertes anzubieten, ist unklar, weil eine konkrete Zuordnung zu einzelnen Leistungspositionen der Höhe nach fehlt.[92] Unklar und unvollständig ist auch eine Angabe des Bieters, er werde den geforderten Eigenleistungsanteil in eigenen Betrieb erbringen, wenn sich im Widerspruch dazu auf der **Liste der beabsichtigten Unterauftragnehmerleistungen** ein geringerer Eigenleistungsanteil ergibt. Dies gilt auch, wenn diese Leistungen von konzernverbundenen Unternehmen erbracht werden sollen. Die Vergabestelle muss auf einer solchen Liste aufgeführte Leistungen ohne nähere Angaben nicht dem Konzernverbund zurechnen, zumal auch konzernverbundene Unternehmen Unterauftragnehmer sein können.[93] Wie jede andere Erklärung ist aber auch die **Unterauftragnehmererklärung** nach dem objektiven Empfängerhorizont auszulegen,[94] abzustellen ist auf die Sicht eines verständigen Auftraggebers in dessen damaliger Situation.[95] Auch für Unterauftragnehmer sind ggf. Eignungsnachweise vorzulegen (vgl. § 47

47

---

[85] OLG Düsseldorf 30.6.2010 – Verg 13/10, ZfBR 2011, 100; anders noch OLG München 29.11.2007 – Verg 13/07, BeckRS 2007, 19484.

[86] OLG München 9.8.2012 – Verg 10/12, VergabeR 2013, 114 = BeckRS 2012, 20301 zur Klausel, dass im Falle des Einsatzes von Unterauftragnehmern auch für diese die entspr. Nachweise zu erbringen seien.

[87] BayObLG 25.9.2003 – Verg 14/03, IBR 2003, 688.

[88] BayObLG 15.4.2003 – Verg 5/03, VergabeR 2003, 457 = BeckRS 2003, 12140; OLG Jena 5.12.2001 – 6 Verg 4/01, IBRRS 2002, 0132 = VergabeR 2002, 256.

[89] BayObLG 15.4.2003 – Verg 5/03, VergabeR 2003, 457 (459) = BeckRS 2003, 12140.

[90] OLG Düsseldorf 21.12.2005 – Verg 69/05, BeckRS 2006, 01787. Dieses Verhalten kann auch als verweigerte Aufklärung angesehen werden, vgl. dazu → VgV § 15 Rn. 36 f.

[91] Offen gelassen BayObLG 25.9.2003 – Verg 14/03, IBR 2003, 688; 25.9.2003 – Verg 15/03, ZfBR 2004, 100.

[92] BayObLG 25.9.2003 – Verg 14/03, IBR 2003, 688.

[93] OLG Frankfurt a. M. 27.6.2003 – 11 Verg 4/03, IBR 2003, 569; OLG Düsseldorf 28.4.2008 – VII-Verg 1/08, VergabeR 2008, 948 = BeckRS 2008, 15517.

[94] BayObLG 27.7.2004 – Verg 14/04, IBR 2004, 582.

[95] BayObLG 20.8.2001 – Verg 11/01, VergabeR 2002, 77 = BeckRS 2001, 8208; 16.9.2002 – Verg 19/02, VergabeR 2002, 648.

Abs. 2 S. 1 VgV).[96] Der Auftraggeber kann unter den Voraussetzungen des § 36 Abs. 5 VgV die Ersetzung des vorgesehenen Unterauftragnehmers verlangen (→ § 36 Rn. 26 ff.).

48 e) Nicht geforderte und zusätzliche Erklärungen. Diese führen nicht automatisch zum Ausschluss von der Wertung. Sie begründen allerdings die Gefahr, dass diese zusätzlichen Angaben im Widerspruch zu den sonstigen geforderten Angaben und Erklärungen stehen[97] und deshalb zum Ausschluss führen können, nachdem der öffentliche Auftraggeber den Inhalt des Angebots aufgeklärt hat.[98] Ebenso können derartige zusätzliche Angaben und Erklärungen dazu führen, dass eine unzulässige Änderung an den Vergabeunterlagen herbeigeführt wird. An den Inhalt solcher Erklärungen bleibt der Erklärende ebenso gebunden, wie an verfrüht abgegebene Erklärungen zum Angebotsinhalt[99] oder zur Eignung.[100] Zudem kann sich eine Schadensersatzpflicht des Bieters ergeben, wenn er in einem Begleitschreiben zu seinem Angebot, welches grds. als Teil dieses Angebotes angesehen wird, die Beschaffenheit des geschuldeten Werkes abändert.[101]

49 f) Preise. Die eingereichten Interessenbekundungen, Interessenbestätigungen, Bewerbungen und vor allem die Angebote müssen die geforderten Preise enthalten. Eine Preisangabe fehlt auch dann, wenn der angegebene Preis offensichtlich unzutreffend ist, insbes. wenn Preisbestandteile unzulässigerweise verlagert werden.[102] Sanktion für das Fehlen von Preisen ist der zwingende **Ausschluss des Angebots nach § 57 Abs. 1 Nr. 5 VgV.** Der Ausschluss droht nur dann ausnahmsweise nicht, wenn nur unwesentliche Einzelpositionen betroffen sind, deren Einzelpreise den Gesamtpreis nicht verändern oder die Reihenfolge und den Wettbewerb nicht beeinträchtigen. Soweit dies in den Vorgaben des Auftraggebers gefordert wird, sind nicht nur der Gesamtpreis zu nennen, sondern auch die **Einzelpreise für jede** im Leistungsverzeichnis **ausgewiesene Position.**[103] Das gilt auch für Preise bei Eventual- und Alternativpositionen,[104] zB bei Wartungsverträgen. Setzt der Bieter 0 EUR für eine Position ein oder „–", ist dies keine fehlende Preisangabe, sondern der Preis 0 EUR. Erklärt der Bieter, die Position sei bereits in einer anderen Position enthalten, gilt dasselbe. Die **Angabe von Negativpreisen** ist ebenfalls von der Kalkulationsfreiheit des Bieters erfasst und damit zulässig.[105] Enthält ein Angebot nur Einzelpreise, aber keinen Gesamtpreis, ist dies unschädlich, weil der Gesamtpreis errechnet werden kann. Dies gilt allg., wenn die fehlenden Preise durch eine Rückrechnung festgestellt werden können. Auch **versehentlich falsch angegebene Preise,** die Preisangaben an anderer Stelle widersprechen oder offensichtlich auf Übertragungsfehlern beruhen, stellen keine fehlenden Preisangaben dar, sondern können nach Erläuterung durch den Bieter verbessert werden.[106]

---

[96] So schon OLG München 10.9.2009 – Verg 10/09, IBR 2009, 1373.
[97] VK Münster 15.8.2007 – VK 13/07, IBR 2008, 42, nicht geforderter Bauzeitenplan.
[98] OLG Düsseldorf 21.10.2015 – VII-Verg 35/15, VPR 2016, 23; 11.5.2016 – VII-Verg 50/15, VPR 2016, 224.
[99] OLG Koblenz 30.3.2012 – 1 Verg 1/12, VergabeR 2012, 770 = BeckRS 2012, 8234.
[100] OLG München 15.3.2012 – Verg 2/12, NZBau 2012, 460.
[101] OLG Stuttgart 9.2.2010 – 10 U 76/09, VergabeR 2011, 144 = BeckRS 2010, 10753.
[102] OLG Düsseldorf 27.10.2021 – Verg 4/21, NZBau 2022, 687.
[103] OLG Karlsruhe 11.11.2011 – 15 Verg 11/11, BeckRS 2014, 14634.
[104] OLG Brandenburg 27.2.2003 – Verg W 2/03, VergabeR 2003, 469 (471) = IBRRS 2003, 1287.
[105] OLG Düsseldorf 22.12.2010 – Verg 33/10, ZfBR 2011, 204.
[106] OLG München 29.7.2010 – Verg 9/10, VPR 2014, 1002.

3. Kennzeichnung von Nebenangeboten (S. 3)

Unter Nebenangeboten[107] sind Angebote zu verstehen, die in irgendeiner Form 50 vom Hauptangebot abweichen. Die RL 2014/24/EU spricht von – wie schon die VKR – von **Varianten**. Die Abweichung kann in technischer Hinsicht erfolgen, indem andere technische Lösungen vorgeschlagen werden, als in der Leistungsbeschreibung vorgegeben werden. Die Abweichung kann auch in wirtschaftlicher[108] oder rechtlicher Hinsicht durch die Formulierung anderer Zahlungsbedingungen oder sonstiger vertraglicher Regelungen[109] erfolgen. Nebenangebote sollen dem Auftraggeber die Kenntnis von anderen, ihm nicht bekannten oder von ihm nicht bedachten Ausführungsmöglichkeiten vermitteln und ihn in die Lage versetzen, die Fachkunde und Kreativität des Bieters zu nutzen. Die VgV regelt die Voraussetzungen für die Zulassung (oder der Vorgabe) von Nebenangeboten nun in einer eigenen Bestimmung, § 35 VgV. § 53 Abs. 7 S. 3 VgV stellt klar, dass Nebenangebote **als solche gekennzeichnet werden** müssen. Damit werden sie für den Auftraggeber erst eindeutig als vom Bieter beabsichtigte Nebenangebote erkennbar. Dies vermeidet Unklarheiten bei der Einordnung, die bisweilen zu Abgrenzungsschwierigkeiten führen.

So sollen **Skonto-Angebote** nur dann keine Nebenangebote sein, wenn der 51 Auftraggeber in den Vergabeunterlagen die Voraussetzungen für die Berücksichtigung des Skontos klar und eindeutig umschreibt und das Angebot diesen Anforderungen entspricht. Wird der Skonto-Nachlass jedoch an andere Voraussetzungen geknüpft, stellt der Bieter lediglich den für den Fall der verfrühten Zahlung einen Teilerlass in Aussicht.[110] Da ein solches Angebot nicht den Anforderungen der Ausschreibung entspricht, kann der Bieter das Skonto allenfalls als Nebenangebot unter den für ein solches geltenden rechtlichen Voraussetzungen angeben.[111] Als Nebenangebot kann auch das **Angebot eines Pauschalpreises** bei bestimmten Einzelpositionen anstelle der eigentlich vorgesehenen Einheitspreise abgegeben werden. Ein Pauschalpreis kann zwar den Aufwand der Aufmaß- und Abrechnungsprüfung verringern, aber für den Auftraggeber ein Risiko begründen, weil er wegen der fehlenden Kontrolle nicht mehr sicher sein kann, dass der Auftragnehmer den Auftrag wie ausgeschrieben auch erfüllt.[112]

Von Nebenangeboten abzugrenzen sind auch **Alternativangebote** und Ange- 52 bote mit Abweichungen von den mit der Leistungsbeschreibung vorgegebenen technischen Anforderungen (vgl. dazu § 31 Abs. 2 VgV und Anl. 1 zur VgV sowie → § 35 Rn. 2).

Alternativangebote können nur auf die vom Auftraggeber selbst formulierten 53 Alternativpositionen abgegeben werden. Der Auftraggeber behält sich dazu vor, ob die Leistung in der einen oder anderen Form ausgeführt werden soll. Alternativpositionen sind nur bei einem berechtigten Interesse des Auftraggebers daran zulässig.[113]

Keine Nebenangebote sind schließlich Angebote, welche den Anforderungen 54 der Leistungsbeschreibung nicht entsprechen oder die Vergabeunterlagen unzulässig abändern.

Das Gleiche gilt für Angebote, die von den technischen Anforderungen abwei- 55 chen, durch die in der Leistungsbeschreibung die Merkmale des Auftragsgegenstan-

---

[107] Allg. Dicks VergabeR 2016, 309; zum alten Recht noch Herrmann VergabeR 2012, 673.
[108] OLG Saarbrücken 13.6.2012 – 1 U 357/11, IBR 2012, 469.
[109] OLG Jena 21.9.2009 – 9 Verg 7/09, IBR 2009, 728.
[110] OLG München 29.11.2007 – Verg 13/07, BeckRS 2007, 19484.
[111] BGH 11.3.2008 – X ZR 134/05, NZBau 2008, 459 (460).
[112] BayObLG 2.12.2002 – Verg 24/02, IBR 2003, 97.
[113] Zu den (strengen) Voraussetzungen der Rspr. an die Zulässigkeit von Alternativangeboten OLG München 22.10.2015 – Verg 5/15, VergabeR 2016, 509 = BeckRS 2015, 18038 mwN.

des beschrieben werden. Technische Anforderungen in diesem Sinn sind nach § 31 Abs. 2 Nr. 2 VgV nach der Anlage 1 zur VgV zu bestimmen. Danach werden die Anforderungen unter Nr. 1 (wieder als technische Spezifikationen bezeichnet) definiert. Im Allgemeinen fallen darunter technische Regelwerke, Normen oder allg. Eigenschafts- und Funktionsbeschreibungen, nicht aber individuelle, auf das konkrete Bauvorhaben bezogene technische Angaben,[114] wie etwa eine bestimmte Haltekonstruktion.[115] Die Zulassung von Abweichungen in technischen Anforderungen dient insbes. der Gewährleistung der Freiheit des Dienstleistungsverkehrs innerhalb der EU in den Bereichen, in denen gemeinsame europäische Normen und gemeinsame technische Anforderungen nicht definiert sind.[116] Die Abweichung von einer technischen Anforderung ist **kein Nebenangebot**. Nach § 32 Abs. 1 VgV sollte das Unternehmen in seinem Angebot dem öffentlichen Auftraggeber mit geeigneten Mitteln nachweisen, dass die von ihm vorgeschlagene Lösung den technischen Anforderungen gleichermaßen entspricht. Andernfalls besteht die Gefahr, dass das Angebot unberücksichtigt bleiben muss. Dazu muss der Bieter nicht nur darlegen, dass er etwas anders macht, sondern auch, was genau er anders macht. Er hat daher in den betreffenden Angebotspositionen, den davon erfassten Positionsgruppen, dem jew. Abschnitt oder uU im ganzen Angebot eindeutig und klar verständlich zu sagen, dass eine Abweichung von den technischen Spezifikationen vorliegt und worin sie liegt.[117] Ein **Gleichwertigkeitsnachweis** ist dann nicht möglich, wenn der Bieter nicht von allg. technischen Spezifikationen abweicht, sondern innerhalb der vorgegebenen technischen Spezifikation nicht die geforderte Qualität anbietet.[118] Eine Abweichung von technischen Spezifikationen ist auch dann nicht gegeben, wenn das technische Regelwerk lediglich Sollvorschriften enthält und der Bieter von diesen Sollvorschriften abweicht;[119] in diesem Fall hat der Bieter keine Gleichwertigkeitsnachweise mit seinem Angebot vorzulegen.

56 Zur Kennzeichnung der Nebenangebote sind sie entspr. der Leistungsbeschreibung erschöpfend und mit allen Daten zu beschreiben, so dass der Auftraggeber sich ein **klares Bild über die angebotene Ausführung** der Leistung machen kann.[120] Werden Nebenangebote nicht auf besonderer Anlage gemacht oder als solche deutlich gekennzeichnet, fehlt eine geforderte Unterlage iSv § 57 Abs. 1 Nr. 2 VgV. Dies ergibt sich bereits aus dem Schutzzweck der Vorschrift, die eine vollständige Bekanntgabe der Nebenangebote im Eröffnungstermin sowie eine gesicherte Erkenntnismöglichkeit des Auftraggebers sicherstellen will. Lediglich die fehlende Angabe der Nebenangebote an einer vom Auftraggeber festgelegten Stelle ist als reine Ordnungsvorschrift zu qualifizieren, deren Verletzung nicht zum Ausschluss führt.

VII. Angabe von gewerblichen Schutzrechten (Abs. 8)

57 Abs. 8 schreibt vor, dass die Unternehmen, die sich an einem ausgeschriebenen Auftrag als Interessent, Bewerber oder Bieter beteiligen und zu diesem Zweck Informationen an die Vergabestelle des öffentlichen Auftraggebers übermitteln, von sich aus anzugeben haben, ob für den Auftragsgegenstand gewerbliche Schutzrechte[121] bestehen,

---

[114] OLG München 28.7.2008 – Verg 10/08, NZBau 2008, 794.
[115] OLG München 11.8.2005 – Verg 12/05, IBR 2005, 564.
[116] OLG Naumburg 17.6.2003 – 1 Verg 9/03, NJOZ 2003, 3397 (3400).
[117] OLG Koblenz 15.5.2003 – 1 Verg 3/03, NZBau 2004, 464 = VergabeR 2003, 567.
[118] OLG München 28.7.2008 – Verg 10/08, NZBau 2008, 794 (795).
[119] OLG München 7.4.2011 – Verg 5/11, ZfBR 2011, 585.
[120] OLG Koblenz 29.8.2003 – 1 Verg 7/03, IBR 2003, 620.
[121] Dabei handelt es sich um dem Sonderrechtsschutz zugängliche geistige und gewerbliche Leistungen, etwa technische Schutzrechte, Patente, Gebrauchsmuster- und Markenrechte, RKMPP/Verfürth VgV § 53 Rn. 79.

beantragt sind oder erwogen werden. Die Bestimmung erweitert die Obliegenheiten an die Bieter im Vergleich zu § 16 EG Abs. 5 VOL/A (aF). Danach hatten die Bieter nur auf Verlangen anzugeben, ob solche Rechte bestehen oder beantragt sind. Von sich aus war nur zu offenbaren, ob erwogen wird, Angaben aus dem Angebot für die Anmeldung von Schutzrechten zu verwenden. Die Angabe dient auch dem Nachweis der rechtlichen Leistungsfähigkeit.[122]

Das Interesse des Auftraggebers an dieser Information besteht darin, Schutzrechtsverletzungen und daraus resultierende Schadensersatzverpflichtungen zu vermeiden.[123] Informiert der Bieter nicht über seine Rechte, tritt eine Ersatzpflicht bei Verletzungshandlungen für den Auftraggeber nicht ein. Ebenso kann der Auftraggeber nur in Kenntnis der Angaben des Bieters den Schutz der Vertraulichkeit auf die entspr. Angebots- oder Bewerbungsteile ausrichten. **58**

Bestehen gewerbliche Schutzrechte, kommt ggf. auch die Wahl eines Verhandlungsverfahrens ohne vorherigen Teilnahmewettbewerb in Betracht, § 14 Abs. 4 Nr. 2 lit. c VgV.[124] Umgekehrt wird die Vergabestelle aber durch § 31 Abs. 6 VgV darin eingeschränkt, auf Produkte zu verweisen, die geschützt sind, wenn dies nicht durch den Auftragsgegenstand gerechtfertigt ist. **59**

Die Bestimmung lässt offen, zu welchem Zeitpunkt diese Angaben zu machen sind. Spätester Zeitpunkt dürfte die Einreichung des Angebotes sein.[125] Ein Ausschluss des Angebotes des Bieters kommt nicht in Betracht (vgl. → § 57 Rn. 6). Neben einer Aufhebung des Vergabeverfahrens kann eine Zurückversetzung mit einer Änderung der Vergabeunterlagen notwendig werden. **60**

VIII. Bewerber- oder Bietergemeinschaften (Abs. 9)

Bewerber- oder Bietergemeinschaften sind Zusammenschlüsse von Unternehmen, die gemeinsam eine Bewerbung einreichen oder ein Angebot erstellen mit dem Ziel, sich an einem bestimmten Vergabeverfahren zu beteiligen und den ausgeschriebenen Auftrag zu erhalten und diesen gemeinsam – regelmäßig in einer ARGE (Arbeitsgemeinschaft) – auszuführen. Eine Bewerber- oder Bietergemeinschaft ist grds. zulässig (→ GWB § 124 Rn. 27; → VOB/A § 16 Rn. 6). Ihre Bildung unterliegt der Einschätzungsprärogative der beteiligten Unternehmen und stellt an sich keine **wettbewerbsbeschränkende Vereinbarung** dar.[126] Etwas anderes kommt nur dann in Betracht, wenn ihre Bildung im Einzelfall als wettbewerbsbeschränkende Vereinbarung angesehen werden muss.[127] Dies setzt aber den gesicherten Nachweis einer unzulässigen, wettbewerbsbeschränkenden Abrede voraus. Selbst erhebliche Verdachtsmomente reichen nicht aus. Davon geht auch die VgV selbst aus, die in § 43 Abs. 2 S. 1 die Behandlung wie ein **61**

---

[122] Vgl. OLG Düsseldorf 1.12.2015 – VII-Verg 20/15, VPR 2016, 151; 11.5.2016 – VII-Verg 2/16, VPR 2016, 266.

[123] Schon im Zusammenhang mit der Ausschreibung hat der Auftraggeber im Rahmen seiner vorvertraglichen Schutzpflichten dafür Sorge zu tragen, dass Bieter durch die Erfüllung des Auftrages nicht gegen das Gesetz oder Rechte Dritter verstoßen, OLG Düsseldorf 11.5.2016 – VII-Verg 2/16, BeckRS 2016, 13255.

[124] Dazu die Ausschreibung des Folgeauftrages an die Toll Collect trotz selbst geschaffenen Ausschließlichkeitsrechts VK Bund 18.2.2016 – VK 2–137/15, VPR 2016, 182.

[125] OLG München 8.7.2019 – Verg 2/19, BeckRS 2019, 25448 = VPR 2020, 23; RKMPP/Verfürth VgV § 53 Rn. 81.

[126] OLG Düsseldorf 1.7.2015 – Verg 17/15, ZfBR 2016, 822; VK Südbayern 1.2.2016 – Z3-3-3194-1-58-11/15, VPR 2016, 152.

[127] OLG Frankfurt a. M. 27.6.2003 – 11 Verg 2/03, VergabeR 2003, 581 = BeckRS 9998, 26401.

VgV § 53 Form und Übermittlung der Interessensbekundungen

(Einzel-) Bewerber und Bieter vorschreibt. Dort werden auch Regelungen zu den zulässigen Rechtsformvorgaben der Vergabestelle getroffen (→ § 43 Rn. 5, 6). Über die Gründe für die Bildung einer Bietergemeinschaft haben die beteiligten Unternehmen nur auf Nachfrage der Vergabestelle Auskunft zu geben.[128]

62 Bestehen Zweifel daran, ob ein Angebot von einem Einzelunternehmen oder einer Bietergemeinschaft abgegeben worden ist, ist das Angebot auszulegen. Bei der **Auslegung** ist auf den objektiven Empfängerhorizont abzustellen. Es gelten die (üblichen) Grundsätze nach §§ 133, 157 BGB. Entscheidend ist, wie ein mit den Umständen des Einzelfalles vertrauter Dritter in der Lage der Vergabestelle die Erklärung nach Treu und Glauben mit Rücksicht auf die Verkehrssitte verstehen musste oder durfte. Die Vergabestelle ist nicht verpflichtet, nachträgliche Erklärungen zu der Frage einzuholen, ob das Angebot als Einzelangebot oder als Angebot einer Bietergemeinschaft gelten soll.[129] Rechtlich unselbständige Niederlassungen desselben Unternehmens sind keine Bietergemeinschaft.[130]

63 Bietergemeinschaften haben die Mitglieder sowie eines ihrer Mitglieder als **bevollmächtigten Vertreter** für den Abschluss und die Durchführung des Vertrages zu bezeichnen (S. 1). Sinn dieser Regelung ist es, dem Auftraggeber Klarheit über die Zusammensetzung der Bietergemeinschaft zu verschaffen, damit er die Eignung der einzelnen Mitglieder überprüfen kann. Zugleich soll durch die Bezeichnung des bevollmächtigten Vertreters eine für alle Mitglieder der Bietergemeinschaft bindende Verhandlung sowie Vereinbarung mit dem Auftraggeber ermöglicht werden. Die Bezeichnung des bevollmächtigten Vertreters kann allerdings bis zur Zuschlagserteilung, also bis kurz vor Vertragsschluss, nachgeholt werden (S. 2). Spätestens dann muss der Auftraggeber Klarheit darüber haben, wer die Bietergemeinschaft verantwortlich vertritt.[131] Ist ein Bevollmächtigter bezeichnet, genügt es, wenn nur er das Angebot unterschreibt.[132]

64 Die Auflösung der Bietergemeinschaft ist wegen des damit verbundenen möglichen **Identitätswechsels** problematisch. Er führt grds. – wie auch sonst bei Bieterwechseln zwischen Angebotsabgabe und Zuschlagsentscheidung – zum Ausschluss des Angebotes.[133] Dieselbe Rechtsfolge tritt ein, wenn nach Teilnahmewettbewerb und Aufforderung zur Abgabe eines Angebotes die Bietergemeinschaft dadurch endet, dass ein Mitglied von ursprünglich zwei Mitgliedern aus der BGB-Gesellschaft austritt.[134] Es kommt entscheidend auf die Frage an, ob ein Identitätswechsel vorliegt oder nicht. Anders kann es aber zu beurteilen sein, wenn bei einem Verhandlungsverfahren mit vorgeschaltetem Teilnahmewettbewerb bereits im Teilnahmeantrag angekündigt wird, dass eine Verschmelzung mit einer anderen Gesellschaft geplant ist, weil die Änderung für den Auftraggeber transparent war.[135] In einem Ausnahmefall hat der EuGH einem der beteiligten Unternehmen jedoch gestattet, nach Auflösung der Bietergemeinschaft an ihre Stelle zu treten.[136]

65 Nach diesem Grundsatz ist auch die Frage zu beantworten, ob die **Änderung der Zusammensetzung** einer Bietergemeinschaft nach Angebotsabgabe zu

---

[128] OLG Saarbrücken 27.6.2016 – 1 Verg 2/16, BeckRS 2016, 105181.
[129] BayObLG 20.8.2001 – Verg 11/01, VergabeR 2002, 77 (79) = BeckRS 2001, 8208.
[130] OLG Jena 5.12.2001 – 6 Verg 4/01, VergabeR 2002, 256 = BeckRS 2001, 30471707.
[131] Für die trotz des Wortlauts nicht nachträgliche Benennung RKMPP/Verfürth VgV § 53 Rn. 90.
[132] OLG Düsseldorf 11.4.2003 – Verg 9/03, IBR 2003, 374.
[133] OLG Frankfurt a. M. 27.8.2008 – 11 Verg 12/08, IBRRS 2009, 2547, allerdings als unzulässige Änderung an den Vergabeunterlagen gewertet; grds. zum Bieterwechsel OLG Düsseldorf 24.5.2005 – VII-Verg 28/05, NZBau 2005, 710.
[134] OLG Karlsruhe 15.10.2008 – 15 Verg 9/08, ZfBR 2009, 96 (99).
[135] OLG Düsseldorf 3.8.2011 – Verg 16/11, ZfBR 2012, 72.
[136] EuGH 24.5.2016 – C-369/14, VPR 2016, 146.

einem Ausschluss des Angebotes führen kann. Da der BGH von der Rechtsfähigkeit der BGB-Gesellschaft ausgeht,[137] ist eine Änderung grds. unschädlich, denn der Wechsel von Mitgliedern innerhalb einer juristischen Person – und damit auch innerhalb einer quasijuristischen Person – ist für den Auftraggeber und Vertragspartner an sich nicht wesentlich.[138] Der EuGH hat zwar eine nationale Regelung, welche im nicht offenen Verfahren eine Änderung der Zusammensetzung einer Bietergemeinschaft nach Abgabe der Angebote untersagt, für nicht europarechtswidrig erklärt,[139] weil die damals geltende Richtlinie keine Bestimmungen zu Bietergemeinschaften enthielt. Die Veräußerung eines Teilbetriebs eines Mitglieds stellt ebensowenig eine Änderung der Bietergemeinschaft dar[140] wie die Gesamtrechtsnachfolge. Scheidet ein Mitglied einer Bietergemeinschaft wegen **Insolvenz** aus, führt dies nicht zwangsläufig zu einem Ausschluss des Angebotes.[141] Anders ist es wiederum, wenn ein Mitglied einer aus zwei Mitgliedern bestehenden Bietergemeinschaft in Insolvenz fällt: Durch sein Ausscheiden endet die BGB-Gesellschaft, so dass ein Identitätswechsel vorliegt. Bleibt die Bietergemeinschaft unter den verbliebenen Mitgliedern bestehen, kann Folge dieser geänderten Zusammensetzung aber sein, dass eine erneute Prüfung der Eignung der Bietergemeinschaft erfolgen muss.[142] Ist die Bietergemeinschaft auch ohne ein ausgeschiedenes Mitglied geeignet, kann dies ein Anhaltspunkt dafür sein, dass die Bietergemeinschaft kartellrechtswidrig gegründet worden ist.[143] Den an der Bietergemeinschaft beteiligten Mitgliedsunternehmen obliegt insoweit die Darlegungslast zur Ausräumung solcher Anhaltspunkte.[144]

IX. Rechtsschutz

Da § 53 VgV nur die eigentliche Wertung durch die Beschreibung der Anforderungen an die Beiträge der Interessenten, Bewerber und Bieter vorbereitet, können Verstöße gegen diese Obliegenheiten grds. nur dann zu einem Primärrechtsschutz führen, wenn auf Verstößen ein Ausschluss nach § 57 VgV basiert oder ein Bieter trotz Verstoßes nicht von der Wertung ausgeschlossen worden ist. 66

Soweit § 53 VgV Anforderungen an die Informationen der Beteiligten enthält, ist ein Schadensersatzanspruch wegen des rein die Wertung vorbereitenden Charakters der Vorschrift nur gegeben, wenn sich Verstöße gegen diese Anforderungen auf die Wertung nach § 57 VgV ausgewirkt haben. Dies gilt sowohl für Ansprüche aus § 181 GWB und aus § 823 Abs. 2 BGB iVm § 53 VgV, welche für den Oberschwellenbereich gelten, als auch aus § 826 BGB als auch für Ansprüche aus §§ 280 Abs. 1, 241 Abs. 2, 311 Abs. 2 BGB (Pflichtverletzung im vorvertraglichen Verhältnis). In Betracht kann aber unabhängig von der erfolgten Wertung ein Anspruch aus den genannten Vorschriften auf das negative Interesse kommen, wenn der Bieter geltend macht, er hätte sich an der Ausschreibung nicht beteiligt, wenn er die nicht bekannt gemachten Anforderungen gekannt hätte. Er kann dann das negative Interesse in Form der für ihn nutzlosen Aufwendungen an der Ausschreibung vom Auftraggeber verlangen. Der **Einwand des Mitverschuldens** nach § 254 Abs. 1 BGB, weil der 67

---

[137] BGH 29.1.2001 – II ZR 331/00, BGHZ 146, 341 ff. = BeckRS 2001, 30158147.
[138] OLG Celle 5.9.2007 – 13 Verg 9/07, IBR 2007, 577.
[139] EuGH 23.1.2003 – C-57/01, NZBau 2003, 219.
[140] OLG Düsseldorf 26.1.2005 – Verg 45/04, ZfBR 2005, 410.
[141] OLG Celle 5.9.2007 – 13 Verg 9/07, IBR 2007, 577.
[142] OLG Celle 3.12.2009 – 13 Verg 14/09, BeckRS 2010, 4962; OLG Hamburg 2.10.2002 – 1 Verg 1/00, NZBau 2003, 223; OLG Düsseldorf 9.11.2011 – VII-Verg 35/11, NZBau 2012, 252.
[143] OLG Düsseldorf 9.11.2011 – VII-Verg 35/11, NZBau 2012, 252.
[144] OLG Düsseldorf 9.11.2011 – VII-Verg 35/11, NZBau 2012, 252.

Bieter den Fehler schon bei der Bekanntmachung erkannt hat oder hätte erkennen können (aber dennoch nicht gerügt hat), ist nicht (mehr) möglich.[145]

68 Der Auftraggeber seinerseits kann einen Anspruch aus §§ 280 Abs. 1, 241 Abs. 2, 311 Abs. 2 BGB gegen den Auftragnehmer haben, wenn dieser unbemerkt Änderungen an den Vergabeunterlagen vorgenommen hat und eine vertragliche Bindung auf dieser Basis entstanden ist.[146]

§ 54 Aufbewahrung ungeöffneter Interessensbekundungen, Interessensbestätigungen, Teilnahmeanträge und Angebote

¹Elektronisch übermittelte Interessensbekundungen, Interessensbestätigungen, Teilnahmeanträge und Angebote sind auf geeignete Weise zu kennzeichnen und verschlüsselt zu speichern. ²Auf dem Postweg und direkt übermittelte Interessensbestätigungen, Teilnahmeanträge und Angebote sind ungeöffnet zu lassen, mit Eingangsvermerk zu versehen und bis zum Zeitpunkt der Öffnung unter Verschluss zu halten. ³Mittels Telefax übermittelte Interessensbestätigungen, Teilnahmeanträge und Angebote sind ebenfalls entsprechend zu kennzeichnen und auf geeignete Weise unter Verschluss zu halten.

Literatur: Hövelberndt, Bereitstellung der Vergabeunterlagen in zweistufigen Verfahren und Folgeprobleme, ZfBR 2020, 352.

I. Bedeutung der Vorschrift

1 Art. 22 Abs. 3 RL 2014/24/EU, auf den § 54 VgV zurückgeht, verpflichtet den öffentlichen Auftraggeber, bei der gesamten Kommunikation im Vergabeverfahren sowie beim Austausch und der Speicherung von Informationen die **Integrität der Daten** und die **Vertraulichkeit** der Angebote, Teilnahmeanträge, Interessensbekundungen (§ 38 Abs. 4 S. 1 Nr. 3 VgV) und Interessensbestätigungen (§ 38 Abs. 5 S. 1 VgV) sicherzustellen. § 54 VgV schreibt vor, **in welcher Weise** Angebote, Teilnahmeanträge, Interessensbekundungen und Interessensbestätigungen gekennzeichnet und aufbewahrt werden müssen. Die Bestimmung differenziert zwischen elektronisch (S. 1), auf dem Postweg (S. 2) und mittels Telefax (S. 3) eingereichten Unterlagen. Die Einreichungsformen über den Postweg und mittels Telefax haben sich nach Ablauf der Übergangsfrist für die elektronische Vergabe im Oktober 2018 weitestgehend erledigt. Während § 54 VgV das Prozedere beim Eingang der Angebote, Teilnahmeanträge, Interessensbekundungen und Interessensbestätigungen in den Blick nimmt, regelt § 55 VgV das materielle Verbot des öffentlichen Auftraggebers, vor Ablauf der Einreichungsfrist von dem Inhalt der Angebote, Teilnahmeanträge, Interessensbekundungen und Interessensbestätigungen Kenntnis zu nehmen. In einem Verhandlungsverfahren ohne Teilnahmewettbewerb nach § 14 Abs. 4 Nr. 3 VgV ist der öffentliche Auftraggeber von den Verpflichtungen des § 54 VgV befreit, § 17 Abs. 15 VgV (→ § 17 Rn. 33a).

2 Die Vorschrift dient der **Gewährleistung des Geheimwettbewerbs** und der **Sicherstellung eines transparenten Vergabeverfahrens**.[1] Angebote, Teilnahme-

---

[145] BGH 17.9.2019 – X ZR 124/18, NZBau 2019, 798.
[146] OLG Stuttgart 9.2.2010 – 10 U 76/09, BeckRS 2010, 10753; RKMPP/Verfürth VgV § 53 Rn. 63.
[1] RKMPP/Verfürth VgV § 54 Rn. 5; HK-VergabeR/Terbrack VgV § 54 Rn. 3; DSW/Scharf VgV § 54 Rn. 25; Müller-Wrede VgV/UVgO/Schnelle VgV § 54 Rn. 39. Zur früheren Rechtslage nach § 17 EG Abs. 1 S. 1 VOL/A: VK Sachsen-Anhalt 26.1.2012 – 2 VK LSA 33/11, BeckRS 2012, 20897.

anträge, Interessensbekundungen und Interessensbestätigungen, die den Vorgaben des § 54 VgV nicht entsprechen, sind nach § 57 Abs. 1 Nr. 1 VgV auszuschließen. Auch elektronisch eingereichte Teilnahmeanträge müssen verschlüsselt sein. Diese Verpflichtung wird verletzt, wenn der Bieter seinen Teilnahmeantrag in der für den Auftraggeber jederzeit frei zugänglichen Rubrik „Bieterkommunikation" im Web-Frontend („Projektraum") des Vergabeportals einstellt.[2] Doch gilt dies nicht, wenn dem Auftraggeber eine Verletzung seiner Verhaltenspflicht nach § 54 VgV vorzuwerfen ist. Eine Verletzung der Verpflichtung zur Sicherstellung der Vertraulichkeit wird vermieden, wenn in der Software unterschiedliche Felder für die offene Kommunikation einerseits und die verschlüsselten Teilnahmeanträge andererseits vorgesehen sind.[3] Umgekehrt wird vom Auftraggeber gegen § 54 VgV verstoßen, wenn er einen ordnungsgemäß eingereichten Teilnahmeantrag vor Ablauf der Bewerbungsfrist öffnet.[4]

II. Elektronische Übermittlung (S. 1)

Elektronisch übermittelte Interessensbekundungen, Interessensbestätigungen, Teilnahmeanträge und Angebote sind auf geeignete Weise zu kennzeichnen und verschlüsselt zu speichern. Die **Datenintegrität** und **Vertraulichkeit** ist durch entspr. organisatorische und technische Lösungen sicherzustellen. Das Erfordernis der verschlüsselten Speicherung[5] ist das elektronische Äquivalent zur Notwendigkeit der verschlossenen Aufbewahrung von Postsendungen.[6] Die **Datenintegrität** betrifft die Unverfälschtheit bzw. Unverletzlichkeit der übermittelten Daten, zB durch Veränderung, Löschung oder sonstige unbefugte Nutzung. Die Pflicht zur Vertraulichkeit wirkt sich in zweierlei Hinsicht aus: Der öffentliche Auftraggeber muss *erstens* sicherstellen, dass er vom Inhalt des Dokuments **erst nach Ablauf der Einreichungsfrist** Kenntnis erhält. *Zweitens* muss er die **Geheimhaltung** ggü. unbefugten Dritten gewährleisten. Die elektronischen Dokumente müssen mit einem elektronischen und manipulationsfesten Eingangsvermerk versehen werden. Ihre **Verschlüsselung** ist bis zum Ablauf der Frist zu ihrer Einreichung aufrechtzuerhalten. Läuft die Frist für die Überarbeitung von Angeboten iRd Verhandlungen an unterschiedlichen Tagen ab, sind die überarbeiteten Angebote bis zum Ablauf der letzten Frist unter Verschluss zu halten. Uneinheitlich wird beurteilt, ob ein ordnungsgemäß (über die Plattform) eingereichtes Angebot deshalb auszuschließen ist, weil es zuvor formwidrig per E-Mail an die Vergabestelle übermittelt worden war.[7] Wird § 57 Abs. 1 Nr. 1 VgV nicht über den Wortlaut hinaus ausgedehnt, dürfte ein Ausschluss nicht möglich sein.

III. Postalische oder direkte Übermittlung (S. 2)

S. 2 schreibt vor, dass Interessensbekundungen, Interessensbestätigungen, Teilnahmeanträge und Angebote, die auf dem Postweg oder direkt (also durch persönliche Aushändigung) übermittelt werden, ungeöffnet bleiben,[8] mit einem **Eingangsver-**

---

[2] VK Lüneburg 11.12.2018 – VgK-50/2018, VPR 2019, 53.
[3] VK Lüneburg 11.12.2018 – VgK-50/2018, VPR 2019, 53.
[4] VK Baden-Württemberg 4.9.2014 – 1 VK 40/14, IBRRS 2015, 2979.
[5] Hierzu näher RKMPP/Verführth VgV § 54 Rn. 24.
[6] Beck VergabeR/Koch VgV § 54 Rn. 7.
[7] Verneint: OLG Frankfurt a. M. 18.2.2020 – 11 Verg 7/19, VPR 2020, 131; bejaht: OLG Karlsruhe 17.3.2017 – 15 Verg 2/17, VPR 2017, 125.
[8] VK Baden-Württemberg 4.9.2014 – 1 VK 40/14, IBRRS 2015, 2979, zur Behandlung nicht verschlossen eingehender Angebote.

merk versehen und bis zum Zeitpunkt ihrer Öffnung unter Verschluss gehalten werden.[9] Der Eingangsvermerk soll dokumentieren, dass die Angebote fristgemäß eingegangen sind.[10] Er wird auf dem verschlossenen Umschlag aufgebracht und beinhaltet das Eingangsdatum und die Uhrzeit. Da er der Beweissicherung dient, muss er auch den Aussteller erkennen lassen. Alsdann ist der Umschlag bis zum Zeitpunkt der vorgesehenen Submission verschlossen zu halten.

IV. Übermittlung per Telefax (S. 3)

5   Mittels Telefax übermittelte Interessensbestätigungen, Teilnahmeanträge und Angebote sind ebenfalls zu kennzeichnen und auf geeignete Weise unter Verschluss zu halten. Der öffentliche Auftraggeber sollte die Übermittlung per Telefax ausschließen, da das Telefax als offener Kommunikationskanal nicht die erforderliche Vertraulichkeit gewährleistet und damit den Geheimwettbewerb gefährdet.[11] Sofern diese Übertragungsform zugelassen worden ist, gibt S. 3 vor, dass auch solchermaßen übermittelte Interessensbestätigungen, Teilnahmeanträge und Angebote zu kennzeichnen und auf geeignete Weise unter Verschluss zu halten sind. Das muss dadurch erfolgen, dass das betreffende Telefax gekennzeichnet und in einem verschlossenen Umschlag bis zur Öffnung aufbewahrt wird.[12]

§ 55 Öffnung der Interessensbestätigungen, Teilnahmeanträge und Angebote

(1) **Der öffentliche Auftraggeber darf vom Inhalt der Interessensbestätigungen, Teilnahmeanträge und Angebote erst nach Ablauf der entsprechenden Fristen Kenntnis nehmen.**

(2) [1]**Die Öffnung der Angebote wird von mindestens zwei Vertretern des öffentlichen Auftraggebers gemeinsam an einem Termin unverzüglich nach Ablauf der Angebotsfrist durchgeführt.** [2]**Bieter sind nicht zugelassen.**

I. Bedeutung der Vorschrift

1. Zweck und Bedeutung

1   Das Vergabeverfahren soll den ordnungsgemäßen und nachvollziehbaren Verlauf der öffentlichen Auftragsvergabe sicherstellen. Aus diesem Grund ist es stark formalisiert. Die Formalien müssen für jeden Bieter in gleicher Weise von vornherein erkennbar sein. § 55 VgV dient diesem Ziel und ist damit zugleich Ausfluss des **Transparenzgebotes** des § 97 Abs. 1 GWB. Weiter dient die Bestimmung auch dem Schutz des Geheimwettbewerbs und der Vertraulichkeit. Die Rechte der Bieter werden daher dann verletzt, wenn das Ergebnis der Submission ungeschwärzt an alle Bieter weitergegeben wird.[1]

---

[9] VK Lüneburg 20.8.2002 – 203-VgK-12/2002, IBRRS 2004, 3491; VK Bund 13.5.2003 – VK 1–31/03, BeckRS 2003, 152842.
[10] VK Sachsen-Anhalt 4.9.2014 – 1 VK LSA 12/14, VPRRS 2014, 0590.
[11] RKMPP/Verfürth VgV § 54 Rn. 23; Bischoff NZBau 2007, 13 (16); Graef NZBau 2008, 34 (40).
[12] RKMPP/Verfürth VgV § 54 Rn. 25; Beck VergabeR/Koch VgV § 54 Rn. 17.
[1] OLG München 26.3.2020 – Verg 22/19, VPR 2020, 122.

2. Anwendungsbereich

§ 55 VgV gilt für alle Vergabearten nach der VgV; in einem **Verhandlungsver-** 2
fahren ohne Teilnahmewettbewerb nach § 14 Abs. 4 Nr. 3 VgV ist der öffentliche Auftraggeber aber von den Verpflichtungen des § 55 VgV befreit, § 17 Abs. 15 VgV (→ § 17 Rn. 33a). Die Bestimmung regelt den Umgang mit Interessensbestätigungen, Teilnahmeanträgen und Angeboten. Sie enthält ggü. den parallelen Bestimmungen aus § 14 EU VOB/A und § 14 VOB/A nur rudimentäre Regelungen. Sie beschränkt sich auf die Normierung von zwei Grundsätzen: eine Kenntnisnahme vom Inhalt der eingereichten Beiträge darf erst nach Ablauf der entspr. Fristen erfolgen (Abs. 1); bei der Öffnung der Angebote, die von mindestens zwei Vertretern des öffentlichen Auftraggebers[2] unverzüglich nach Ablauf der Angebotsfrist durchzuführen ist, sind Bieter nicht zugelassen (Abs. 2). Für Interessensbekundungen gilt die Bestimmung nicht.

II. Inhaltliche Anforderungen (Abs. 1 und 2)

Die inhaltlichen Anforderungen an die Behandlung von Interessensbestätigungen, 3
Teilnahmeanträgen und Angeboten ergeben sich neben § 55 VgV aus allg. Regelungen der VgV (etwa §§ 5, 8, 10 VgV) oder den Grundsätzen, die in § 14 EU VOB/A geregelt sind. Dies gilt für den Zeitpunkt des Endes der Angebotsfrist ebenso wie für die Frage, unter welchen Voraussetzungen Angebote „ordnungsgemäß" zugegangen und wann verspätete Angebote noch zuzulassen sind (dazu auch § 57 Abs. 1 Nr. 1 VgV, → § 57 Rn. 21 ff.).

Im Gleichklang mit den Regelungen der VOB/A kommt es hier allein auf den 4
Ablauf der Angebotsfrist an; die Öffnung des ersten Angebots spielt rechtlich keine Rolle. Indessen enthält die VgV keine Vorgaben zur Kennzeichnungspflicht. Mangels Teilnahmeberechtigung der Bieter bedarf es auch keiner Verlesung der Angebote.

Bzgl. der weiteren Einzelheiten für die Wahrung der Vertraulichkeit, die Doku- 5
mentation und die Anforderungen an die zu verwendenden elektronischen Mittel wird auf die Kommentierungen zu §§ 5, 8, 10 VgV verwiesen. Für die Frage der Zulassung verspäteter Angebote wird auf die Kommentierung zu → § 57 Rn. 21 ff. verwiesen. Im Übrigen wird auf die Erläuterungen zu § 14 EU VOB/A verwiesen.

Unterabschnitt 7. Prüfung und Wertung der Interessensbestätigungen, Teilnahmeanträge und Angebote; Zuschlag

§ 56 Prüfung der Interessensbestätigungen, Teilnahmeanträge und Angebote; Nachforderung von Unterlagen

(1) **Die Interessensbestätigungen, Teilnahmeanträge und Angebote sind auf Vollständigkeit und fachliche Richtigkeit, Angebote zudem auf rechnerische Richtigkeit zu prüfen.**

(2) [1]**Der öffentliche Auftraggeber kann den Bewerber oder Bieter unter Einhaltung der Grundsätze der Transparenz und der Gleichbehandlung auf-**

---

[2] Vertreter des Auftraggebers kann jede von ihm hierzu ermächtigte Person sein, etwa ein Mitarbeiter von einem externen Berater, OLG Düsseldorf 14.11.2018 – Verg 31/18, VPR 2019, 64; VK Südbayern 16.5.2022 – 3194.Z3-3_01-21-62, VPRRS 2022, 0257. Verwaltungsinterne Vorgaben etwa des VHB binden nur die Mitarbeiter der Vergabestelle.

fordern, fehlende, unvollständige oder fehlerhafte unternehmensbezogene Unterlagen, insbesondere Eigenerklärungen, Angaben, Bescheinigungen oder sonstige Nachweise, nachzureichen, zu vervollständigen oder zu korrigieren, oder fehlende oder unvollständige leistungsbezogene Unterlagen nachzureichen oder zu vervollständigen. ²Der öffentliche Auftraggeber ist berechtigt, in der Auftragsbekanntmachung oder den Vergabeunterlagen festzulegen, dass er keine Unterlagen nachfordern wird.

(3) ¹Die Nachforderung von leistungsbezogenen Unterlagen, die die Wirtschaftlichkeitsbewertung der Angebote anhand der Zuschlagskriterien betreffen, ist ausgeschlossen. ²Dies gilt nicht für Preisangaben, wenn es sich um unwesentliche Einzelpositionen handelt, deren Einzelpreise den Gesamtpreis nicht verändern oder die Wertungsreihenfolge und den Wettbewerb nicht beeinträchtigen.

(4) Die Unterlagen sind vom Bewerber oder Bieter nach Aufforderung durch den öffentlichen Auftraggeber innerhalb einer von diesem festzulegenden angemessenen, nach dem Kalender bestimmten Frist vorzulegen.

(5) Die Entscheidung zur und das Ergebnis der Nachforderung sind zu dokumentieren.

Literatur: Dittmann, Nur keine Langeweile: Neues zum Nachfordern fehlender Unterlagen, VergabeR 2017, 285 ff.; Dittmann, Nachfordern, nachfragen, nachbessern: Was geht/was geht nicht?, VergabeR 2019, 307; Dittmann, Was tun mit unvollständigen Angeboten nach der neuen VOB/A und VOL/A?, VergabeR 2012, 292; Fritz, Ausschluss ohne Nachforderung, NZBau 2020, 151; Kirch, Bitte wörtlich nehmen: Die Korrektur unternehmensbezogener Unterlagen, NZBau 2021, 579; Kirch/Jentzsch, Der Austausch von Referenzen nach der Vergabeverordnung, VergabeNews 2016, 114 ff.; Völlink, Die Nachforderung von Nachweisen und Erklärungen – eine Zwischenbilanz fünf Jahre nach ihrer Einführung, VergabeR 2015, 355; Völlink/Huber, Die Nachforderung fehlender Erklärungen oder Nachweise im Lichte der aktuellen Rechtsprechung, FS Marx, 2013, 791; Zerwell, Die Nachbesserung einzureichender Unterlagen im Vergabeverfahren, NZBau 2017, 18.

Übersicht

	Rn.
I. Bedeutung der Vorschrift	1
II. Prüfung (Abs. 1)	3
1. Allgemeines	3
2. Vollständigkeit	4
3. Rechnerische und fachliche Richtigkeit	5
4. Dokumentation	6
III. Nachfordern von Unterlagen (Abs. 2–5)	7
1. Allgemeines	7
2. Unterlagen	8
a) Unternehmensbezogene Unterlagen	9
b) Leistungsbezogene Unterlagen	11
c) Rechtsfolgen fehlender oder unvollständiger Unterlagen	13
3. Durchführung der Nachforderung	15
4. Nachfordern unternehmensbezogener Unterlagen (Abs. 2 S. 1 Alt. 1)	20
5. Nachfordern leistungsbezogener Unterlagen (Abs. 2 S. 1 Alt. 2)	25
6. Kein Nachfordern wertungsrelevanter leistungsbezogener Unterlagen (Abs. 3 S. 1)	26
7. Nachfordern von Preisangaben (Abs. 3 S. 2)	27
8. Absehen von der Nachforderung von Unterlagen (Abs. 2 S. 2)	30

Prüfung der Interessensbestätigungen **§ 56 VgV**

Rn.
9. Frist zur Nachforderung von Unterlagen (Abs. 4) 33
10. Dokumentation (Abs. 5) 36

I. Bedeutung der Vorschrift

§ 56 VgV dient der Umsetzung von Art. 56 Abs. 3 RL 2014/24/EU und regelt 1
in seinem Abs. 1 die Prüfung der Interessensbestätigungen, Teilnahmeanträge und
Angebote, während die Abs. 2–5 detaillierte Regelungen zur Nachforderung von
Unterlagen enthalten.

Der Aufbau des UAbschn. 7 der VgV unterscheidet sich mit seiner Einteilung in Prü- 2
fung der Angebote und Nachforderung (§ 56 VgV), Ausschluss von Angeboten (§ 57
VgV), Zuschlag und Zuschlagskriterien (§ 58 VgV) und der Behandlung ungewöhnlich niedriger Angebote (§ 60 VgV) deutlich von der früher in der VOB/A und VOL/
A zwingend vorgegebenen[1] Prüfungsreihenfolge in vier Stufen. Auf der ersten Stufe
wurden die Angebote darauf hin überprüft, ob sie wegen inhaltlicher oder formeller
Mängel auszuschließen waren. In der zweiten Stufe wurde die Eignung der Bieter in
persönlicher und sachlicher Hinsicht bewertet. In der dritten Wertungsstufe wurden die
Preise geprüft, bevor dann in der vierten und letzten Stufe das wirtschaftlichste Angebot
ausgesucht wurde. Ein Vorgehen in dieser Reihenfolge ist sicherlich auch unter Geltung
der VgV möglich, entspricht aber nicht mehr vollständig der Systematik der VgV.
Zudem kann gem. § 42 Abs. 3 VgV der Auftraggeber entscheiden, ob er die Angebotsprüfung vor der Eignungsprüfung durchführt.

II. Prüfung (Abs. 1)

1. Allgemeines

Die Prüfung der Teilnahmeanträge und der Angebote dient der **Vorbereitung** 3
der Wertung. Hierbei sind Teilnahmeanträge auf ihre Vollständigkeit und fachliche
Richtigkeit, Angebote zudem noch auf ihre rechnerische Richtigkeit zu prüfen. Da
nur vergleichbare Angebote gewertet werden dürfen, müssen die Auftraggeber
neben der Vollständigkeit die inhaltliche Richtigkeit der Angebote überprüfen, und
zwar in preislicher als auch in fachlicher Hinsicht. Diese Prüfung ist eine notwendige
Voraussetzung für eine mögliche Nachforderung von Unterlagen durch den öffentlichen Auftraggeber gem. § 56 Abs. 2–5 VgV.[2]

2. Vollständigkeit

Die Prüfung umfasst zunächst die Frage, ob die Teilnahmeanträge oder die 4
Angebote vollständig sind. Gem. § 53 Abs. 7 S. 2 VgV müssen die Angebote,
Teilnahmeanträge und Interessensbestätigungen vollständig sein und alle geforderten Unterlagen und insbes. die geforderten Preise enthalten. **Unvollständige**
Angebote sind, wenn auch eine ggf. erfolgte Nachforderung zu keiner Vervollständigung geführt hat, zwingend nach § 57 Abs. 1 Nr. 2 VgV auszuschließen.
Nach wie vor gilt die **Grundsatzentscheidung** des **BGH,**[3] wonach ein transparentes, auf Gleichbehandlung aller Bieter beruhendes Vergabeverfahren nur zu
erreichen ist, wenn in jeder sich aus den Vergabeunterlagen ergebenden Hinsicht
vergleichbare Angebote gewertet werden. Eine Vergleichbarkeit der Angebote

---
[1] Siehe zur früheren Rechtslage BGH 8.9.1998 – X ZR 109–96, NJW 1998, 3644 (3646).
[2] BR-Drs. 87/16, 209.
[3] BGH 18.2.2003 – X ZB 43/02, WM 2003, 1390.

kann nur dann gegeben sein, wenn die Angebote alle geforderten Preise und alle geforderten Unterlagen (Erklärungen und Nachweise) vollständig enthalten. Die Prüfung auf Vollständigkeit der Angebote bereitet die Herstellung der Vergleichbarkeit vor.

4a **Unvollständige Teilnahmeanträge** lassen keine ausreichende Prüfung der Eignung des jew. Unternehmens zu. Daher können die entspr. Unternehmen, wenn auch eine ggf. erfolgte Nachforderung zu keiner Vervollständigung geführt hat, gem. § 42 Abs. 2 VgV nicht zur Abgabe eines Angebotes aufgefordert werden.

3. Rechnerische und fachliche Richtigkeit

5 Alle Angebote sind einschl. der Nebenangebote auf ihre **rechnerische und fachliche Richtigkeit** zu überprüfen. Es sind also alle Rechenschritte nachzuvollziehen, die einzelnen Positionen nochmals zusammenzurechnen und die Endsumme unter Berücksichtigung von Mehrwertsteuer, Nachlässen und Skonti zu überprüfen und ggf. neu zu bilden. Die im Öffnungstermin gem. § 55 Abs. 2 VgV festgehaltene Summe wird durch die nun ermittelte Summe ersetzt; dadurch kann sich eine Verschiebung der Bieterreihenfolge ergeben.

5a Die **fachliche Prüfung** dient der Feststellung, ob die Angebote und auch eventuelle Nebenangebote den fachlichen (regelmäßig technischen und wirtschaftlichen) Erfordernissen der ausgeschriebenen Leistung entsprechen.

5b Ein öffentlicher Auftraggeber ist jedoch grds. nicht verpflichtet zu überprüfen, ob die Bieter ihre mit dem Angebot verbindlich eingegangenen vertraglichen Verpflichtungen auch einhalten werden; vielmehr darf er sich grds. auch ohne Überprüfung auf die **Leistungsversprechen der Bieter** verlassen.[4] Eine Überprüfungspflicht des öffentlichen Auftraggebers ergibt sich aber dann, wenn konkrete Tatsachen das Leistungsversprechen eines Bieters als nicht plausibel erscheinen lassen. In diesen Fällen muss der öffentliche Auftraggeber aus Gründen der Transparenz und der Gleichbehandlung der Bieter bereit und in der Lage sein, das Leistungsversprechen des Bieters effektiv zu verifizieren. Der öffentliche Auftraggeber ist in der Wahl seiner Überprüfungsmittel grds. frei und nicht auf eine bestimmte Methode oder bestimmte Mittel der fachlichen Prüfung festgelegt. Das vom Auftraggeber gewählte Mittel zur Überprüfung muss jedoch geeignet und die Mittelauswahl frei von sachwidrigen Erwägungen getroffen worden sein.[5]

5c **Teilnahmeanträge** können naturgemäß nur auf ihre fachliche Richtigkeit, insbes. also auf die Richtigkeit der dort enthaltenen Unterlagen zur Eignung eines Unternehmens geprüft werden.

4. Dokumentation

6 Die durch die Prüfung festgestellten Angebotsendsummen einschl. der Endsummen für die Nebenangebote sind gem. § 8 Abs. 1 VgV in der Niederschrift über den Öffnungstermin zu vermerken. Hieraus ergibt sich die Reihenfolge der Bieter nach rechnerischer Prüfung. Wird der Vermerk unterlassen, kann allein hierauf kein Nachprüfungsantrag gestützt werden, weil die bloße **fehlende Dokumentation,** die das Ergebnis einer internen Prüfung enthält, nicht kausal für eine bestimmte Wertung ist. Kausal kann nur ein fehlerhaftes Ergebnis der rechnerischen Prüfung sein.

---

[4] OLG Karlsruhe 7.9.2022 – 15 Verg 8/22, NZBau 2022, 615; OLG Düsseldorf 15.1.2020 – Verg 20/19 mwN, IBRRS 2020, 0628.

[5] OLG Düsseldorf 15.1.2020 – Verg 20/19, IBRRS 2020, 0628; VK Südbayern 30.5.2022 – 3194.Z3-3_01-21-61, IBRRS 2022, 2256.

III. Nachfordern von Unterlagen (Abs. 2–5)

1. Allgemeines

§ 56 Abs. 2–5 VgV regeln die in der Praxis sehr bedeutsame Nachforderung von Unterlagen. Die Möglichkeit der Nachforderung von Unterlagen steht grds. im **Ermessen des öffentlichen Auftraggebers.** § 56 Abs. 2 VgV differenziert zwischen **unternehmensbezogenen Unterlagen,** die sich insbes. auf die Eignung beziehen, und **leistungsbezogenen Unterlagen,** die der Festlegung der geschuldeten Leistung dienen. Als weitere Differenzierung führt § 56 Abs. 3 S. 1 VgV **wertungsrelevante leistungsbezogene Unterlagen** ein, bei denen eine Nachforderung regelmäßig ausscheidet. 7

Nach § 56 Abs. 2 S. 2 VgV kann der öffentliche Auftraggeber in der Auftragsbekanntmachung oder den Vergabeunterlagen festlegen, dass er **keine Unterlagen nachfordern** wird. 7a

Die Regelungen zur Nachforderung von Unterlagen bei Bauaufträgen in § 16a VOB/A bzw. § 16a EU VOB/A sind den Regelungen der VgV (bzw. den entspr. Regelungen der SektVO und UVgO) teilw. nachgebildet, enthalten aber leider immer noch erhebliche Unterschiede zu den Regelungen der VgV, ohne dass es hierfür irgendeinen sachlichen Grund gäbe. 7b

2. Unterlagen

Der Begriff Unterlagen entspricht dem früher verwendeten Begriff der Erklärungen und Nachweise. § 56 Abs. 2 S. 1 VgV nennt beispielhaft Eigenerklärungen, Angaben, Bescheinigungen oder sonstige Nachweise. Aus § 56 Abs. 3 S. 2 VgV geht hervor, dass auch Preisangaben vom Begriff der Unterlagen umfasst sind. Der **Begriff der Unterlagen** ist – sowohl in Bezug auf unternehmensbezogene als auch leistungsbezogene Unterlagen – nach dem Zweck der Norm **weit auszulegen.**[6] Er bezieht sich sowohl auf bieterbezogene Eigen- und Fremderklärungen als auch auf leistungsbezogene Angaben und Erklärungen.[7] Die Möglichkeit zur Nachforderung betrifft daher auch Eignungserklärungen und Eignungsnachweise iRd formalen Eignungsprüfung;[8] sie gilt auch für Nebenangebote.[9] 8

a) Unternehmensbezogene Unterlagen. Unternehmensbezogene Unterlagen sind **insbes. Eignungsnachweise,** seien sie vom Bieter, seien sie von Dritten ausgestellt, wie Zeugnisse, Prüfzeugnisse, Referenzen, Umsatz- und Mitarbeiterzahlen, Eintragung in die Handwerksrolle, Zertifizierungsnachweise[10] oÄ. Die Vergabestelle fordert solche unternehmensbezogenen Unterlagen idR an, um die Eignung des Bieters zu überprüfen. Die Eignungsprüfung besteht aus zwei Teilen: Der **formellen Eignungsprüfung,** in welcher festgestellt wird, ob der Bieter die vom Auftraggeber geforderten Eignungsnachweise vorgelegt hat, und der eigentlichen **materiellen Eignungsprüfung,** in welcher anhand der vorgelegten Nachweise festgestellt wird, ob der Bieter die für den Auftrag erforderliche Eignung besitzt. In § 56 Abs. 2 S. 1 VgV sind diejenigen unternehmensbezogenen Unterlagen gemeint, welche der Auftraggeber für die formelle Prüfung der Eignung verlangt.[11] 9

---

[6] OLG Düsseldorf 21.10.2015 – Verg 35/15, ZfBR 2016, 192.
[7] OLG Naumburg 23.2.2012 – 2 Verg 15/11, BeckRS 2012, 5985.
[8] OLG Celle 16.6.2011 – 13 Verg 3/11, ZfBR 2012, 176.
[9] OLG Naumburg 23.2.2012 – 2 Verg 15/11, BeckRS 2012, 5985.
[10] OLG München 21.4.2017 – Verg 2/17, IBRRS 2017, 1490; BayObLG 29.7.2003 – Verg 8/03, BeckRS 2003, 08714.
[11] OLG Celle 16.6.2011 – 13 Verg 3/11, ZfBR 2012, 176.

10 Auch für benannte **Nachunternehmer** (zum Begriff des Nachunternehmers → § 36 Rn. 5, 6) haben die Bieter auf Verlangen unternehmensbezogene Unterlagen (insbes. Eignungsnachweise) vorzulegen. Dies gilt insbes. dann, wenn Bewerber oder Bieter gem. § 47 Abs. 1 VgV für einen bestimmten öffentlichen Auftrag im Hinblick auf die erforderliche wirtschaftliche und finanzielle sowie die technische und berufliche Leistungsfähigkeit die Kapazitäten anderer Unternehmen in Anspruch nehmen (**Eignungsleihe**, dazu → § 47 Rn. 5). In diesen Fällen überprüft der öffentliche Auftraggeber gem. § 47 Abs. 2 VgV iRd Eignungsprüfung, ob die Unternehmen, deren Kapazitäten der Bewerber oder Bieter für die Erfüllung bestimmter Eignungskriterien in Anspruch nimmt, die entspr. Eignungskriterien erfüllen und ob Ausschlussgründe vorliegen, dazu → § 47 Rn. 9. Diese Prüfung erfolgt anhand der geforderten unternehmensbezogenen Unterlagen, die deshalb vollständig vorzulegen sind. Erfüllt ein Nachunternehmer die Eignungskriterien nicht oder liegen bei ihm zwingende Ausschlussgründe vor, veranlasst der Auftraggeber gem. § 47 Abs. 2 S. 2 VgV, dass der Bewerber oder Bieter den Nachunternehmer zu ersetzen hat, dazu → § 47 Rn. 11. Insoweit ist – anders als nach der früheren Rechtslage – der Austausch eines benannten Nachunternehmers nicht nur zulässig, sondern erforderlich. IÜ stellen sich hier dieselben Probleme wie für vorzulegende leistungsbezogene Unterlagen, welche Nachunternehmer betreffen (→ Rn. 12).

11 **b) Leistungsbezogene Unterlagen.** Leistungsbezogene Unterlagen umfassen die **Preisangaben** und die **sonstigen Erklärungen** im Angebot. Die Nachforderung von Preisangaben ist allerdings regelmäßig in § 56 Abs. 3 S. 1 VgV ausgeschlossen, die Ausnahme dazu ist in § 56 Abs. 3 S. 2 VgV geregelt. Leistungsbezogene Unterlagen sind alle zur Kennzeichnung der insoweit angebotenen Leistung geeigneten Parameter, die ausweislich der Ausschreibungsunterlagen als für die Vergabeentscheidung relevante Umstände gefordert sind. Fordert der Auftraggeber bestimmte Angaben, müssen diese gem. § 53 Abs. 7 S. 2 VgV vom Bieter geleistet werden;[12] dies gilt auch für Nebenangebote.[13] Zu den **sonstigen Erklärungen** zählen zB geforderte Hersteller- und Typenbezeichnungen,[14] Fabrikatsangaben,[15] Arbeitskarten bei Wartungsverträgen,[16] und eine ggf. in den Vergabeunterlagen geforderte Aufgliederung der Einheitspreise.[17] Leistungsbezogene Unterlagen sind auch Erläuterungen zu Mengenansätzen oder Einzelpreisen bei Nebenangeboten, wenn deren Aufgliederung verlangt wird,[18] oder sonstige vom Auftraggeber geforderte Erläuterungen zu technischen Nebenangeboten.[19]

12 Zu den leistungsbezogenen Unterlagen gehören auch **Angaben zu Art und Umfang eines geplanten Nachunternehmereinsatzes** und die Benennung des herangezogenen Nachunternehmers. Der öffentliche Auftraggeber hat ein berechtigtes Interesse zu erfahren, welche Teile der ausgeschriebenen Leistung durch Nachunternehmer erbracht werden. Die Angaben müssen vollständig und klar sein,[20] doch genügt eine schlagwortartige **Beschreibung zur Identifizierung der Leistungen**; es ist nicht erforderlich, die einzelnen Ziffern des Leistungsverzeichnisses

---

[12] BGH 18.2.2003 – X ZB 43/02, WM 2003, 1390.
[13] OLG Naumburg 23.2.2012 – 2 Verg 15/11, BeckRS 2012, 5985.
[14] OLG Frankfurt a. M. 26.5.2009 – 11 Verg 2/09, NZBau 2010, 134; siehe auch § 16a EU Abs. 1 S. 1 VOB/A.
[15] VK Südbayern 15.5.2015 – Z3-3-3194-1-05-01/15, IBRRS 2015, 1925; siehe auch § 16aEU Abs. 1 S. 1 VOB/A.
[16] OLG Dresden 21.2.2012 – Verg 1/12, ZfBR 2012, 504.
[17] OLG Düsseldorf 23.3.2005 – Verg 2/05, BeckRS 2005, 4428.
[18] OLG Düsseldorf 10.8.2011 – VII-Verg 66/11, BeckRS 2011, 20452.
[19] OLG Naumburg 23.2.2012 – 2 Verg 15/11, BeckRS 2012, 5985.
[20] BayObLG 25.9.2003 – Verg 14/03, BeckRS 2004, 00350.

zur Benennung der durch Nachunternehmer zu erbringenden Leistungen anzugeben, außer dies ist in den Vergabeunterlagen ausdr. gefordert.[21] Abgesehen von Fällen der Eignungsleihe (→ Rn. 10) gehören zu den leistungsbezogenen Unterlagen auch **Verpflichtungserklärungen,** mit denen der Nachunternehmer dem Bieter zusagt, im Falle der Auftragserteilung die Nachunternehmerleistung zu erbringen, obwohl diese Verpflichtungserklärungen dem Auftraggeber ggü. ohne rechtliche Wirkung sind, weil ein Vertragsverhältnis nur zwischen dem Bieter und dem Nachunternehmer, nicht aber zwischen dem Nachunternehmer und dem Auftraggeber besteht.[22] Wie jede andere Erklärung, ist auch die Nachunternehmererklärung nach dem objektiven Empfängerhorizont auszulegen.[23] Abzustellen ist auf die Sicht eines verständigen Auftraggebers in dessen damaliger Situation.[24]

Erklärt der Bieter in den Vergabeunterlagen ausdr., bestimmte Leistungen selbst zu 12a erbringen, will er diese aber tatsächlich doch an einen Nachunternehmer übertragen, besteht kein Raum für eine Nachforderung, da weder Unterlagen fehlen noch unvollständig waren. Hier liegt eine unzulässige inhaltliche nachträgliche Änderung des Angebots vor.[25] Aus anderen Gründen als aufgrund ihrer mangelnden Eignung gem. § 47 Abs. 2 S. 2 VgV können auch nach jetziger Rechtslage einmal benannte Nachunternehmer nicht durch andere ersetzt werden. Derartige inhaltliche Änderungen eines abgegebenen Angebots bedürfen stets einer besonderen Rechtsgrundlage. Doch soll der Bieter an die von ihm erfolgte Benennung eines Nachunternehmers nicht gebunden sein, wenn der Auftraggeber eine Benennung in den Vergabeunterlagen gar nicht gefordert hatte.[26]

c) Rechtsfolgen fehlender oder unvollständiger Unterlagen. Angebote, die 13 die geforderten und ggf. nachgeforderten Unterlagen nicht enthalten, sind gem. § 57 Abs. 1 Nr. 2 VgV von der **Wertung auszuschließen.** Fordert der Auftraggeber bestimmte Angaben, müssen diese vom Bieter geleistet werden; dies gilt auch für Nebenangebote.[27] Der Bieter trägt die **Darlegungs- und Beweislast** dafür, dass er ein vollständiges Angebot eingereicht hat. Werden Erklärungen unter einer Bedingung oder einem Vorbehalt abgegeben, welcher der Vergabestelle eine vorbehaltslose Prüfung verwehrt, gelten sie als nicht eingereicht.[28] Anders kann dies nur dann beurteilt werden, wenn eine **Wettbewerbsrelevanz offensichtlich ausgeschlossen** ist.

Trotz Fehlens einer vom Auftraggeber verlangten Erklärung ist ein Angebot aber 14 dann nicht als unvollständig zu behandeln, wenn für den Bieter die **Erklärung unzumutbar** ist.[29] Hier ist zunächst zu unterscheiden: Ist die Abgabe nur zum Zeitpunkt der Angebotsabgabe unzumutbar, wie zB eine Verpflichtungserklärung eines Nachunternehmers,[30] kann diese Erklärung auf Anforderung der Vergabestelle

---

[21] OLG Düsseldorf 28.5.2003 – Verg 8/03, BeckRS 2004, 11759.
[22] OLG München 22.1.2009 – Verg 26/08, BeckRS 2009, 04246; OLG Düsseldorf 4.5.2009 – VII-Verg 68/08, BeckRS 2009, 24305.
[23] BayObLG 27.7.2004 – Verg 14/04, BeckRS 2004, 8249, Montageleistung als Nachunternehmerleistung.
[24] BayObLG 20.8.2001 – Verg 11/01, ZfBR 2002, 190; 16.9.2002 – Verg 19/02, ZfBR 2003, 78.
[25] VK Südbayern 5.6.2019 – Z3-3-3194-1-06-02/19, IBRRS 2019, 2149.
[26] OLG Düsseldorf 2.10.2012 – Verg 104/11, ZfBR 2012, 610.
[27] OLG Naumburg 23.2.2012 – 2 Verg 15/11, BeckRS 2012, 5985.
[28] OLG Düsseldorf 15.3.2010 – Verg 12/10, BeckRS 2010, 11864.
[29] BGH 18.2.2003 – X ZB 43/02, BeckRS 2003, 2527, iRd Zumutbaren; OLG Koblenz 4.10.2010 – 1 Verg 8/10, BeckRS 2010, 24460.
[30] BGH 10.6.2008 – X ZR 78/07, NZBau 2008, 592 in einem obiter dictum; OLG München 22.1.2009 – Verg 26/08, BeckRS 2009, 04246.

nachgereicht werden. Gänzlich unzumutbar können aber Erklärungen sein, die mit dem Auftrag in keinem Zusammenhang stehen, zB wenn der Bieter Geschäftsgeheimnisse offenbaren müsste, die er für den ausgeschriebenen Auftrag nicht anwenden muss. Unzumutbar kann es für den Bieter auch sein, eine Herstellerbestätigung seines Zulieferers vorzulegen, dass jegliche Ersatzteile ab Werk sofort abrufbar für die nächsten zehn Jahre zu erhalten sind.[31] In die gleiche Richtung geht die Forderung, dass der Bieter polizeiliche Führungszeugnisse für Personal vorlegen soll, welches er im Fall der Zuschlagserteilung erst einstellen will. Den Bieter trifft die Darlegungslast für die tatsächlichen Umstände, die eine Unzumutbarkeit der Vorlage von Eignungsnachweisen oder Verpflichtungserklärungen für Nachunternehmer bis zur Angebotsabgabe begründen können.[32]

3. Durchführung der Nachforderung

15 Ergibt die Prüfung auf Vollständigkeit, dass Unterlagen fehlen, unvollständig oder (bei unternehmensbezogenen Unterlagen) fehlerhaft sind, **können** diese nach den Regelungen des § 56 Abs. 2, 3 VgV bis zum Ablauf einer vom Auftraggeber zu bestimmenden Nachfrist **nachgefordert** werden. Grds. besteht keine Verpflichtung des Auftraggebers zur Nachforderung, doch bedeutet „können", dass die Nachforderung im **pflichtgemäßen Ermessen** des Auftraggebers liegt. Pflichtgemäßes Ermessen unter Berücksichtigung der Grundsätze des Wettbewerbs und der Verhältnismäßigkeit verlangt aber im Regelfall die Nachforderung, um nicht ein ansonsten wirtschaftliches Angebot an einer Kleinigkeit scheitern zu lassen. Das Absehen von einer Nachforderung stellt daher regelmäßig die Ausnahme dar, diese ist zu begründen und zu dokumentieren. Ein pauschaler Hinweis auf Verzögerungen ist dabei unzureichend, es bedarf einer Abschätzung der konkret zu erwartenden Verzögerung und ihrer Auswirkungen auf das Verfahren. Würde das Absehen von einer Nachforderung dazu führen, dass nur ein Angebot in der Wertung verbleibt, kann das Ermessen auf null reduziert und eine Nachforderung zwingend geboten sein.[33] Will der Auftraggeber generell keine Unterlagen nachfordern, steht ihm der Weg des § 56 Abs. 2 S. 2 VgV offen (→ Rn. 30 f.).

16 Zeitlich hat die Nachforderung von Unterlagen im offenen Verfahren **vor Abschluss der Angebotswertung** zu erfolgen, da ein unvollständiges Angebot nicht gewertet werden kann. In **mehrstufigen Verfahren** besteht die Möglichkeit zur Nachforderung von unternehmensbezogenen Unterlagen, die Aspekte der Eignung betreffen, **nur bis zum Abschluss des Teilnahmewettbewerbs,** da gem. § 42 Abs. 2 VgV nur solche Bewerber zur Angebotsabgabe aufgefordert werden dürfen, die ihre Eignung im Rahmen eines Teilnahmewettbewerbs nachgewiesen haben und bei denen keine Ausschlussgründe vorliegen.[34]

16a Die Nachforderung der Unterlagen hat gem. § 9 Abs. 1 VgV im Regelfall in **Textform mittels elektronischer Mittel** zu erfolgen. Mündliche (telefonische) Nachforderung ist unzulässig, auch wenn sie dokumentiert wird, da es sich um Kommunikation über die Teilnahmeanträge oder Angebote handelt (§ 9 Abs. 2 VgV). Da der Auftraggeber gem. § 11 Abs. 2 VgV für das Senden, Empfangen, Weiterleiten und Speichern von Daten in einem Vergabeverfahren ausschl. solche elektronischen Mittel verwenden darf, die die Unversehrtheit, die Vertraulichkeit und die Echtheit der Daten gewährleisten, hat die Nachforderung über die entspr. **Kommunikationskanäle der E-Vergabeplattformen** zu erfolgen. Einfache E-Mail genügt den Anforderungen des § 11 Abs. 2 VgV regelmäßig nicht, auch wenn ihre Verwendung in der Praxis immer noch weit

---

[31] OLG München 5.11.2009 – Verg 15/09, BeckRS 2009, 86656.
[32] BGH 3.4.2012 – X ZR 130/10, NJW-Spezial 2012, 396.
[33] OLG Frankfurt a. M. 25.11.2021 – 11 Verg 2/21, IBRRS 2022, 0119.
[34] BR-Drs. 87/16, 209/210.

verbreitet und üblich ist. Welche Auswirkungen die Verwendung eines elektronischen Mittels bei der Nachforderung hat, das den Anforderungen des § 11 Abs. 2 VgV nicht genügt, ist in der Rspr. noch nicht geklärt.

Im Nachforderungsschreiben ist **eindeutig und genau anzugeben, welche Unterlagen in welcher Frist nachzureichen sind.** Unklarheiten dürfen nicht zu Lasten der Bieter gehen. Soweit sie in den jeweiligen E-Vergabesystemen hinterlegt sind, ist zu empfehlen, für die Nachforderung die entspr. Formblätter der Vergabehandbücher zu nutzen. Rechtlich zwingend ist dies aber nicht. 16b

Unterlagen iSd § 56 Abs. 2–5 VgV sind nur solche, die **mit dem Angebot bis zur Angebotsabgabe** einzureichen waren.[35] Sind die Unterlagen erst auf Anforderung des Auftraggebers nach Angebotsabgabe einzureichen, liegt keine Nachforderung, sondern eine **Erstanforderung** vor, für welche die **Bestimmungen des § 56 Abs. 2–5 VgV nicht gelten.**[36] Die Rechtsfolge der Nichtvorlage oder unvollständigen Vorlage solcher Unterlagen innerhalb einer gesetzten angemessenen Frist ist nicht abschließend geklärt, da die VgV keine mit § 16 EU Nr. 4 VOB/A vergleichbare Regelung enthält. Nach einer Ansicht unterfallen solche Fälle den Regeln über die Angebotsaufklärung.[37] Danach müsste im Falle der Nichtvorlage oder unvollständigen Vorlage solcher Unterlagen vor einem Ausschluss des betreffenden Angebots **Ermessen ausgeübt** werden, und es bestünde gerade keine zwingende Ausschlussfolge.[38] Der Auftraggeber könnte nach dieser Ansicht – anstatt das Angebot auszuschließen – nach pflichtgemäßem Ermessen und unter Wahrung des Gleichbehandlungsgrundsatzes die dann noch fehlenden Unterlagen auch nachfordern oder vervollständigen lassen. Nach Auffassung des OLG Düsseldorf[39] darf der Auftraggeber dagegen Erklärungen oder Nachweise, die nach Abgabe des Angebots auf gesonderte Aufforderung des Auftraggebers vorzulegen sind, aber vom Bieter nicht oder nicht rechtzeitig eingereicht werden, **nicht nachfordern.** Dies entspricht iErg auch der Regelung des § 16 EU Nr. 4 VOB/A, dessen entspr. Anwendung auf die VgV schon zur Vermeidung nicht sachgerechter Unterschiede bei Vergabeverfahren zur Liefer- und Dienstleistungen und Bauleistungen geboten erscheint. Hat der Auftraggeber daher eine **angemessene Frist** zur Einreichung von Unterlagen gesetzt, deren Anforderung er sich nach Angebotsabgabe vorbehalten hat und reicht der Bieter diese nicht oder unvollständig ein, scheidet eine Nachforderung aus. Das Angebot ist dann wegen Unvollständigkeit gem. § 57 Abs. 1 Nr. 2 VgV von der **Wertung auszuschließen.** 17

Unterlagen können nur dann fehlen, unvollständig oder fehlerhaft sein, wenn sie auch **vorher wirksam verlangt** worden sind. Eignungskriterien sind gem. § 122 Abs. 4 GWB in der Auftragsbekanntmachung, der Vorinformation oder der Aufforderung zur Interessensbestätigung aufzuführen.[40] Andere Unterlagen müssen jedenfalls in den Vergabeunterlagen gem. § 29 VgV gefordert sein. Sind Eignungsnachweise nicht wirksam gefordert worden, kann ein Angebot eines Bieters, das diese nicht enthält, nicht von der Wertung ausgeschlossen werden.[41] Für eine Nachforderung gem. § 56 Abs. 2 VgV ist in diesem Fall kein Raum, da keine Unterlagen fehlen. 18

---

[35] BR-Drs. 87/16, 209, so zur Rechtslage vor 2016 schon OLG München 29.10.2013 – Verg 11/13, BeckRS 2013, 19147; OLG Düsseldorf 21.10.2015 – Verg 35/15, ZfBR 2016, 192; siehe jetzt auch § 16a EU Abs. 1 S. 2 VOB/A.

[36] OLG Koblenz 19.1.2015 – Verg 6/14, BeckRS 2015, 3293; OLG Düsseldorf 17.2.2016 – VII-Verg 37/14, BeckRS 2016, 13665.

[37] OLG Naumburg 2.8.2012 – 2 Verg 3/12, BeckRS 2012, 21447.

[38] VK Südbayern 10.9.2013 – Z3-3-3194-1-22-08/13, BeckRS 2013, 21389; ähnlich OLG Koblenz 19.1.2015 – Verg 6/14, BeckRS 2015, 3293 „keine Norm, die den Angebotsausschluss vorsieht".

[39] OLG Düsseldorf 17.2.2016 – VII-Verg 37/14, BeckRS 2016, 13665.

[40] OLG Düsseldorf 11.7.2018 – Verg 24/18, BeckRS 2018, 21487; OLG München 25.2.2019 – Verg 11/18, NZBau 2019, 471.

[41] OLG Düsseldorf 11.7.2018 – Verg 24/18, BeckRS 2018, 21487.

19 Ohne eine **Ermessensausübung** über die Nachforderung ist ein Angebotsausschluss wegen fehlender Unterlagen unzulässig.[42] Das Ermessen ist auszuüben und gem. § 56 Abs. 5 VgV **zu dokumentieren**. Hat ein Auftraggeber nicht gem. § 56 Abs. 2 S. 2 VgV in der Bekanntmachung oder in den Vergabeunterlagen festgelegt, dass er keine Unterlagen nachfordern wird, kann allein aus der unterlassenen Nachforderung nicht geschlossen werden, dass der Auftraggeber in diese Richtung von dem ihm zustehenden Ermessen Gebrauch gemacht hat; die Ermessensausübung ist nachzuholen. Die Ermessensausübung und die Nachforderung der Unterlagen müssen in jeden Fall vor Zuschlag stattfinden. In einem Nachprüfungsverfahren ist der letzte Zeitpunkt für eine Ermessensausübung die letzte mündliche Verhandlung. Macht der Auftraggeber von seinem Nachforderungsermessen Gebrauch, muss es unter strikter Beachtung des in § 56 Abs. 2 S. 2 VgV ausdr. genannten **Gleichbehandlungsgrundsatzes** ausgeübt werden.[43] Grds. sind alle fehlenden Unterlagen von allen Bietern nachzufordern.[44] Dies gilt ausnahmsweise nicht, wenn ein unvollständiges Angebot bereits aus anderen Gründen, etwa mangels Wirtschaftlichkeit, keine Zuschlagschance hat. In diesen Fällen wäre es reine Förmelei, ein unvollständiges Angebot zunächst vervollständigen zu lassen, um es dann aus der Wertung zu nehmen.[45] Gerichtlich überprüfbar ist die Entscheidung der Vergabestelle über die Nachforderung bzw. das Unterlassen der Nachforderung nur daraufhin, ob **Ermessensfehler** vorliegen.[46]

4. Nachfordern unternehmensbezogener Unterlagen (Abs. 2 S. 1 Alt. 1)

20 Nach § 56 Abs. 2 S. 1 Alt. 1 VgV können Bewerber oder Bieter aufgefordert werden, fehlende, unvollständige oder fehlerhafte unternehmensbezogene Unterlagen, insbes. Eigenerklärungen, Angaben, Bescheinigungen oder sonstige Nachweise, nachzureichen, zu vervollständigen oder zu korrigieren. Dabei können **fehlende** unternehmensbezogene Unterlagen **nachgefordert, unvollständige** unternehmensbezogene Unterlagen **vervollständigt** und **fehlerhafte** unternehmensbezogene Unterlagen **korrigiert** werden.

21 **Fehlende unternehmensbezogene Unterlagen** sind solche, die mit dem Angebot bis zur Angebotsabgabe einzureichen waren und physisch nicht vorgelegt worden sind.[47] Das Gleiche gilt für unlesbare oder sonst nicht wahrnehmbare Angaben in den Unterlagen. **Unvollständige unternehmensbezogene Unterlagen** sind solche, die mit dem Angebot bis zur Angebotsabgabe einzureichen waren und teilw. physisch nicht vorgelegt worden sind. Solche Unterlagen darf der Bewerber oder Bieter auf Aufforderung des Auftraggebers nachreichen und vervollständigen.

21a Fehlenden unternehmensbezogenen Unterlagen stehen solche gleich, die physisch vorgelegt worden sind, aber **in formaler Hinsicht** von den Anforderungen abweichen. Ein Nachforderungsrecht des Auftraggebers im Hinblick auf körperlich vorhandene Erklärungen oder Nachweise besteht damit auch dann, wenn sie in formaler Hinsicht von den Anforderungen abweichen,[48] so dass die vorgelegte Unterlage (zB

---

[42] VK Bund 15.3.2012 – VK 1–10/12, IBRRS 2012, 2947.

[43] OLG Celle 8.9.2011 – 13 Verg 4/11, BeckRS 2011, 22904.

[44] OLG Celle 8.9.2011 – 13 Verg 4/11, BeckRS 2011, 22904; OLG Naumburg 18.8.2011 – 2 Verg 3/11, ZfBR 2012, 85.

[45] Dittmann VergabeR 2012, 292 (297); vgl. dazu auch BGH 15.4.2008 – X ZR 129/06, NZBau 2008, 505 Rn. 10.

[46] OLG Düsseldorf 9.5.2011 – Verg 40/11, BeckRS 2011, 14071.

[47] OLG Düsseldorf 12.9.2012 – VII-Verg 108/11, NZBau 2013, 61; s. auch OLG München 15.3.2012 – Verg 2/12, NZBau 2012, 460.

[48] OLG Düsseldorf 28.3.2018 – Verg 42/17, NZBau 2018, 491; OLG München 27.7.2018 – Verg 2/18, NZBau 2019, 138.

mangels vorgeschriebener Beglaubigung oder Unterzeichnung oder wegen abgelaufener Geltungsdauer) gar nicht geprüft werden kann. Allerdings ist zu berücksichtigen, dass die Grenzziehung zwischen formaler Korrektur und materiell-inhaltlicher Korrektur einer Unterlage fließend ist. Nach richtiger Auffassung kann daher bereits bei ganz geringfügigen materiell-inhaltlichen Auswirkungen eine Unterlage nicht mehr nur als „formal fehlerhaft" eingestuft werden.[49]

Fehlerhafte unternehmensbezogene Unterlagen sind solche, die mit dem 22 Angebot bis zur Angebotsabgabe einzureichen waren und auch formgerecht, lesbar und vollständig abgegeben wurden, aber inhaltlich den Anforderungen der Vergabeunterlagen nicht entsprechen oder sonst falsch sind. Nach § 56 Abs. 2 S. 1 Alt. 1 VgV dürfte daher die Korrektur offensichtlicher Unrichtigkeiten[50] durch Nachforderung der korrekten Angaben zulässig sein, zB wenn der Bieter den Umsatz seines Unternehmens oder die Anzahl der Mitarbeiter aufgrund eines Schreibfehlers falsch angibt. Offensichtliche Unrichtigkeiten können allerdings auch iRd Angebotsaufklärung berichtigt werden.

Nach seinem Wortlaut ermöglicht § 56 Abs. 2 S. 1 Alt. 1 VgV allerdings auch die 23 **Korrektur** einmal eingereichter **materiell unzureichender unternehmensbezogener Unterlagen.** Zu denken ist hier zB an die Aufforderung des Auftraggebers an einen Bieter, einen tatsächlich vorhandenen, den Anforderungen der Vergabeunterlagen genügenden Umsatz der Unternehmensgruppe anstatt des im Angebot angegebenen, nicht ausreichenden Umsatzes des Einzelunternehmens nachzureichen,[51] oder anstatt eingereichter, aber nicht den Anforderungen genügender Referenzen tatsächlich vorhandene ausreichende Referenzen nachzureichen. Ein solches weites Verständnis der Vorschrift ist jedoch nicht mit der gebotenen **richtlinienkonformen Auslegung der Norm** vereinbar.[52] Der Wortlaut des § 56 Abs. 2 S. 1 Alt. 1 VgV geht über den Wortlaut des Art. 56 Abs. 3 der zugrundeliegenden RL 2014/24/EU hinaus. Der Richtlinientext spricht lediglich davon, dass unvollständige, fehlerhafte oder nicht vorhandene Unterlagen übermittelt, ergänzt, erläutert oder vervollständigt werden können. Eine **Korrektur fehlerhafter Unterlagen** sieht die RL 2014/24/EU nicht vor. Ob aufgrund der Berührung der Grundsätze der Transparenz und Gleichbehandlung nationale Regelungen wegen der Öffnungsklausel in Art. 56 Abs. 3 RL 2014/24/EU die Nachforderung von Unterlagen über die in der RL vorgesehenen Nachforderungsmöglichkeiten hinaus zulassen können, erscheint zweifelhaft: Der EuGH hat in seinen Entscheidungen zur RL 2004/18/EG,[53] gestützt auf die unverändert geltenden **Grundsätze der Gleichbehandlung und Transparenz,** stets geurteilt, dass Teilnahmeanträge und Angebote nachträglich nicht geändert werden dürfen. Unternehmen dürfen kein „neues Angebot" einreichen. Es spricht einiges dafür, dass die Öffnungsklausel in Art. 56 Abs. 3 RL 2014/24/EU nur ein Zurückbleiben der nationalen Regelungen hinter den Nachforderungsmöglichkeiten nach Art. 56 Abs. 3 RL 2014/24/EU, nicht aber ein Mehr an Nachforderungsmöglichkeiten ermöglicht. Jede inhaltliche Nachbesserung einer unternehmensbezogenen Unterlage stellt eine Einschränkung der Grundsätze der Transparenz und Gleichbehandlung dar und bedarf daher einer eindeutigen Rechtsgrundlage.[54] **Möglich ist damit nur das reine Korrigieren von Schreibfehlern**

---

[49] VK Münster 17.1.2013 – VK 22/12, BeckRS 2013, 2132.
[50] IdS – allerdings zu unrichtigen Preisangaben – schon OLG München 29.7.2010 – Verg 9/10, BeckRS 2010, 23564.
[51] So der Sachverhalt von OLG München 15.3.2012 – Verg 2/12, NZBau 2012, 460.
[52] OLG Düsseldorf 28.3.2018 – Verg 42/17, NZBau 2018, 491; OLG Karlsruhe 14.8.2019 – 15 Verg 10/19, BeckRS 2019, 21317.
[53] EuGH 29.3.2012 – C-599/10, IBRRS 2012, 1222; 10.10.2013 – C-336/12, NZBau 2013, 783; 7.4.2016 – C-324/14, NZBau 2016, 373.
[54] Eine solche stellt zB § 47 Abs. 2 S. 3, 4 VgV dar.

und das **Erläutern unklarer oder widersprüchlicher Angaben**. Insbes. darf der öffentliche Auftraggeber Bieter nicht dazu auffordern, inhaltlich nicht den Anforderungen genügende, vorgelegte Referenzen durch ausreichende, bisher nicht vorgelegte Referenzen zu ersetzen.[55] Unzulässig ist ebenfalls, den Bieter aufzufordern, eine eingereichte Versicherungsbescheinigung mit unzureichender Deckungssumme durch eine ausreichende Bescheinigung zu ersetzen.[56]

24 Ausgeschlossen ist auch die Aufforderung zur Korrektur einmal eingereichter materiell unzureichender unternehmensbezogener Unterlagen in einem **Teilnahmewettbewerb**, bei dem die Teilnehmeranzahl auf die „geeignetsten" Teilnehmer reduziert wird. In solchen Fällen kann es durch die Nachforderung zu einer inhaltlichen Verbesserung des Teilnahmeantrags kommen, die die Chancen des Bewerbers erhöht, zur Angebotsabgabe aufgefordert zu werden. Dies würde erhebliche Manipulationsmöglichkeiten zu Gunsten von „Wunschbietern" eröffnen und ist nicht Sinn und Zweck des Nachforderns von Unterlagen und daher unter Übertragung des Rechtsgedankens des § 56 Abs. 3 S. 1 VgV (→ Rn. 28) nicht zuzulassen.

5. Nachfordern leistungsbezogener Unterlagen (Abs. 2 S. 1 Alt. 2)

25 **Fehlende oder unvollständige leistungsbezogene Unterlagen** sind solche, die mit dem Angebot bis zur Angebotsabgabe einzureichen waren und physisch ganz oder teilw. nicht vorgelegt worden sind. Das Gleiche gilt für unlesbare oder sonst nicht wahrnehmbare Angaben in den Unterlagen. Nach § 56 Abs. 2 S. 1 Alt. 2 VgV können Bewerber oder Bieter aufgefordert werden, fehlende oder unvollständige leistungsbezogene Unterlagen unter **Beachtung der Einschränkungen des § 56 Abs. 3 VgV** nachzureichen oder zu vervollständigen. Anders als bei den unternehmensbezogenen Unterlagen, ist eine Korrektur fehlerhafter leistungsbezogener Unterlagen, abgesehen von offensichtlichen Unrichtigkeiten, nicht zulässig. Fehlenden leistungsbezogenen Unterlagen stehen solche gleich, die physisch vorgelegt worden sind, aber **in formaler Hinsicht** von den Anforderungen abweichen (→ Rn. 21). Nachgereicht oder vervollständigt werden können bspw. leistungsbezogene Unterlagen, die für die Erfüllung der Kriterien der Leistungsbeschreibung vorzulegen sind,[57] wenn sie nicht unter § 56 Abs. 3 S. 1 VgV fallen.

6. Kein Nachfordern wertungsrelevanter leistungsbezogener Unterlagen (Abs. 3 S. 1)

26 Anders als § 16a EU Abs. 1 VOB/A, der bzgl. der Nachforderung keine Unterscheidung zwischen wertungsrelevanten und nicht wertungsrelevanten leistungsbezogenen Unterlagen trifft (→ § 16aEU VOB/A Rn. 18 f.), ist gem. § 56 Abs. 3 S. 1 VgV die Nachforderung solcher **leistungsbezogener Unterlagen, die in die Wirtschaftlichkeitsbewertung nach den Zuschlagskriterien eingehen** und damit die Wertungsreihenfolge beeinflussen können, **ausgeschlossen**. Die Regelung stellt klar, dass die Möglichkeit des Nachforderns von Unterlagen grds. nur dazu dient, den Ausschluss von Angeboten aufgrund fehlender Unterlagen zu vermeiden, aber nicht die Verbesserung der Zuschlagschancen eines eingereichten Angebots ermöglichen soll. Sind also neben dem Preis weitere (qualitative) Zuschlagskriterien für die Ermittlung des wirtschaftlichsten Angebots maßgeblich, dürfen darauf bezogene leistungsbezogene Unterlagen nicht nachgefordert werden. So dürfen Konzepte, die der Wertung anhand nichtpreislicher Zuschlagskriterien unterfallen, nicht nachgefordert werden. Vor diesem Hintergrund ist im Geltungsbereich der VgV die vor 2016 umstrittene

---

[55] OLG Düsseldorf 7.11.2018 – Verg 39/18, BeckRS 2018, 42458.
[56] OLG Karlsruhe 14.8.2019 – 15 Verg 10/19, BeckRS 2019, 21317.
[57] BR-Drs. 87/16, 209.

Frage[58] des **Nachforderns fehlender Angaben des Fabrikats und des Typ**s zu beantworten: Ist der Preis einziges Zuschlagskriterium[59] oder sind nur solche Zuschlagskriterien bekannt gemacht, die sich nicht auf die Angaben des Fabrikats und des Typs beziehen, ist eine Nachforderung zulässig.[60] Spielen die Angaben des Fabrikats und des Typs bei der Wertung der qualitativen Zuschlagskriterien hingegen eine Rolle, ist eine Nachforderung ausgeschlossen.

7. Nachfordern von Preisangaben (Abs. 3 S. 2)

Anders als die sonstigen leistungsbezogenen Unterlagen dürfen **Preisangaben** 27 grds. **nicht nachgefordert** werden. Eine Ausnahme besteht nur dann, wenn **unwesentliche Einzelpositionen** vergessen worden sind und bei Nachholung der Einzelpreisangaben sich entweder der Gesamtpreis nicht ändert oder die Wertungsreihenfolge und der Wettbewerb nicht beeinträchtigt werden. § 56 Abs. 3 S. 2 VgV stellt auf die **fehlende Wettbewerbsrelevanz** ab, so dass auch mehrere fehlende Positionen nachgefordert werden können, solange deren Einzelpreise den Gesamtpreis nicht verändern oder die Wertungsreihenfolge und den Wettbewerb nicht beeinträchtigen.

Bei der Beurteilung, ob die fehlende Position lediglich eine **unwesentliche** 28 **Einzelposition** ist, steht der Vergabestelle ein gewisser Beurteilungsspielraum zu. Die Unwesentlichkeit kann sich entweder aus der Relation des Preises für die betreffende Position zum Gesamtangebotspreis ergeben oder aber aus der Relation der Wichtigkeit der angebotenen Position zur Gesamtleistung. Geht man von der Preisrelation aus, dürften sich hier Sätze von jedenfalls unter 1 % anbieten. Fehlen in einem Angebot 6 % der geforderten Preisangaben, welche 10 % des Gesamtentgelts ausmachen, kann nicht von einer unwesentlichen Einzelposition ausgegangen werden.[61]

Zulässig ist die Nachforderung jedenfalls dann, wenn die Einzelpreise der unwe- 29 sentlichen Einzelpositionen den **Gesamtpreis nicht verändern,** also der Gesamtpreis die betreffenden Einzelpositionen rechnerisch gar nicht enthält. Zulässig ist die Nachforderung aber auch, wenn die fehlenden Einzelpreise die **Wertungsreihenfolge und den Wettbewerb nicht beeinträchtigen.** Die Prüfung der Wettbewerbsrelevanz des fehlenden Preises erfolgt in zwei Schritten: Zunächst prüft der Auftraggeber, ob bei Nichtwertung dieser Position bzw. bei Wertung mit 0 Euro der Wettbewerb nicht beeinträchtigt wird, es sich also bspw. nicht um eine in Manipulationsabsicht hergestellte Lücke handelt, um sich jederzeit vom Angebot lösen zu können. Im zweiten Schritt wird geprüft, ob sich bei Wertung der Position mit dem höchsten Preis der Konkurrenz an der Wertungsreihenfolge etwas ändert.[62] Denknotwendig muss dazu vorher die Position mit 0 Euro gewertet worden sein.[63] Ergibt sich im Vergleich eine **andere Bieterreihenfolge,** ist das **Angebot auszu-**

---

[58] VK Südbayern 15.5.2015 – Z3-3-3194-1-05-01/15, IBRRS 2015, 1925; aA VK Thüringen 12.4.2013 – 250–4002-2400/2013-E-008-SOK, IBRRS 2013, 2246; VK Sachsen-Anhalt 9.7.2014 – 3 VK LSA 67/14, IBRRS 2015, 0235; VK Lüneburg 24.8.2015 – VgK-28/2015, IBRRS 2015, 2719.

[59] So schon VK Südbayern 15.5.2015 – Z3-3-3194-1-05-01/15, IBRRS 2015, 1925.

[60] Auch § 16aEU Abs. 1 VOB/A benennt Produktangaben ausdr. als nachzufordernde Unterlagen.

[61] OLG Brandenburg 1.11.2011 – Verg W 12/11, BeckRS 2011, 25289.

[62] OLG Brandenburg 1.11.2011 – Verg W 12/11, BeckRS 2011, 25289; vgl. jetzt auch ausdr. § 16aEU Abs. 2 S. 2 VOB/A.

[63] Kapellmann/Messerschmidt/Frister VOB/A § 16a Rn. 43; s. entspr. Hinweise zu den erforderlichen Rechenschritten im Erlass des BMI v. 26.2.2020 zur einheitlichen Auslegung und Anwendung des § 16a Abs. 2 S. 3 VOB/A.

schließen. Bleibt das Angebot in der Wertung, ist dem Bieter Gelegenheit zu geben, den von ihm verlangten Preis zu benennen.

8. Absehen von der Nachforderung von Unterlagen (Abs. 2 S. 2)

30 Wenn öffentliche Auftraggeber keinen Gebrauch von der Nachforderungsmöglichkeit machen wollen, können sie dies nach Abs. 2 S. 2 bereits in der Auftragsbekanntmachung oder den Vergabeunterlagen mitteilen. Ohne eine solche Mitteilung wird ein Verzicht auf jegliche Nachforderung nur unter besonderen Umständen möglich sein (→ Rn. 15). Der öffentliche Auftraggeber kann damit einen Rechtszustand herstellen, wie er vor 2009 allg. gültig war. Dies hat – schon aus Gründen der Gleichbehandlung der Bieter – die Konsequenz, dass **jegliche fehlende, unvollständige oder fehlerhafte Unterlage**, gleich, ob es sich um unternehmensbezogene oder leistungsbezogene Unterlagen handelt, zum **Ausschluss des Angebots** führen muss.[64] Anders kann dies unter Beachtung der vor dem Jahr 2009 ergangenen Rspr.[65] nur dann beurteilt werden, wenn eine **Wettbewerbsrelevanz** der fehlenden Unterlage **offensichtlich ausgeschlossen** ist (→ Rn. 13).

31 § 56 Abs. 2 VgV erlaubt dem öffentlichen Auftraggeber – a maiore ad minus – nicht nur, gar keinen Gebrauch von der Nachforderungsmöglichkeit zu machen, sondern auch, die **Nachforderung auf bestimmte Unterlagen** (zB nur unternehmensbezogene Unterlagen oder sämtliche Unterlagen außer Referenzen) zu **beschränken**.[66] In diesem Fall muss er aber in der Auftragsbekanntmachung oder den Vergabeunterlagen exakt mitteilen, für welche Unterlagen er die Nachforderung ausschließt und welche er nach pflichtgemäßem Ermessen nachfordern wird. Diese Regelung muss für alle Bieter einheitlich sein, und der Auftraggeber muss sich im Verfahren strikt an seine eigenen Vorgaben halten.

32 Eine Mitteilung gem. § 56 Abs. 2 S. 2 VgV ist für den Auftraggeber für das weitere Vergabeverfahren **bindend**. Jedenfalls nach Angebotsabgabe dürfte es ihm aus Transparenzgründen verwehrt sein, nachträglich doch Unterlagen nachzufordern. Während der laufenden Angebotsfrist dürfte ein Abrücken von der Mitteilung dagegen möglich sein, da in diesem Zeitraum die Vergabeunterlagen jederzeit geändert werden können, solange dies in einem transparenten und gleichbehandelnden Verfahren erfolgt.

9. Frist zur Nachforderung von Unterlagen (Abs. 4)

33 Die **Länge der Nachfrist** ist in § 56 Abs. 4 VgV nicht bestimmt, sondern dem Ermessen des Auftraggebers überlassen. Sie muss lediglich **angemessen** und nach dem Kalender bestimmt sein. Dies ist auch sinnvoll, da der Zeitaufwand je nach gefordertem Nachweis sehr unterschiedlich ausfallen kann. Die Frist darf mit Blick auf das Beschleunigungsinteresse des Auftraggebers durchaus kurz[67] sie sollte im Interesse eines möglichst breiten Wettbewerbs aber angemessen sein.[68]

33a Die Ermessensentscheidung des Auftraggebers muss **einzelfallbezogen** berücksichtigen, welche Unterlagen nachzureichen sind und in welchem Umfang die Nachreichung erforderlich ist, welchen Aufwand die Beschaffung der nachgeforderten Erklärungen für den Bewerber bzw. Bieter verursacht und ob die Mitwirkung Dritter nötig ist, weil möglicherweise Nachweise von Nachunternehmern oder

---

[64] BGH 18.9.2007 – X ZR 89/04, NJW-Spezial 2008, 78.
[65] ZB BayObLG 27.7.2004 – Verg 14/04, BeckRS 2004, 8249; BayObLG 15.9.2004 – Verg 26/03, BayObLGZ 2004, 246.
[66] So zu § 16aEU VOB/A nunmehr auch VK Berlin 24.1.2023 – VK B 2–35/22, IBRRS 2023, 0487.
[67] Vgl. zB VK Bund 12.10.2020 – VK 2–33/20, VPRRS 2020, 0330 – drei Werktage.
[68] Beck VergabeR/Haak/Hogeweg VgV § 56 Rn. 65.

Behörden (zB Führungszeugnisse nach § 48 Abs. 4 VgV) nachgefordert werden. Neben dem Zeitbedarf der Bewerber oder Bieter zur Vervollständigung ihrer Unterlagen ist andererseits auch das Interesse des Auftraggebers an einer schnellen Durchführung des Vergabeverfahrens zu beachten, zumal der Bieter schon seit längerem weiß, welche Erklärungen und Nachweise von ihm gefordert werden.[69] Keinesfalls muss dem betreffenden Bieter eine so lange Frist eingeräumt werden, wie sie ursprünglich für die Angebotserstellung vorgesehen war. Eine relativ kurze Nachfrist verstößt nicht zwingend gegen das Gebot der **Verhältnismäßigkeit,**[70] zu beachten sind die Umstände des Einzelfalls. Eine Frist von **sechs Kalendertagen** wird in vielen Fällen auch für Auftragsvergaben nach der VgV angemessen sein.[71] Fällt das Fristende auf einen **Sonnabend bzw. Sonn- oder Feiertag,** gilt gem. § 82 VgV, Art. 3 Abs. 4 VO (EWG) Nr. 1182/71. Danach endet die Frist, falls der letzte Tag einer nicht nach Stunden bemessenen Frist auf einen Feiertag, einen Sonntag oder einen Sonnabend fällt, mit Ablauf der letzten Stunde des folgenden Arbeitstags. Eine entspr. Anwendung von § 193 BGB führt zu ähnlichen Ergebnissen.

Rechtsfolge bei **Versäumung der Nachfrist** ist der zwingende Ausschluss des betreffenden Angebots von der Wertung. Dies ergibt sich aus § 57 Abs. 1 Nr. 2 VgV, wonach Angebote, die nicht die geforderten oder nachgeforderten Unterlagen enthalten, auszuschließen sind. Die Setzung einer weiteren Nachfrist oder gar der (nachträgliche) Verzicht auf die Vorlage der geforderten Erklärungen und Nachweise verstoßen gegen die Grundsätze der Verfahrenstransparenz und der Gleichbehandlung der Bieter.[72] 34

Allerdings soll der Auftraggeber berechtigt sein, auf Bitten eines Bieters **vor Fristablauf** auch eine an sich ausreichend lang gesetzte Frist zur Nachreichung der Unterlagen zu verlängern, wenn der Bieter innerhalb der zunächst gesetzten Frist nicht in der Lage ist, die Unterlagen beizubringen.[73] Diese Auffassung eröffnet allerdings Manipulationsmöglichkeiten, weil der Auftraggeber so einen ihm genehmen Bieter, trotz dessen Schwierigkeiten, die geforderten Unterlagen fristgerecht beizubringen, „im Verfahren halten" kann. Dies ist mit der in Art. 56 Abs. 3 RL 2014/24/EU geforderten **vollen Einhaltung der Grundsätze der Transparenz und der Gleichbehandlung** nur schwerlich vereinbar. 35

Umstritten ist, ob ein Bieter, der auf eine Nachforderung zunächst eine inhaltlich unzureichende Unterlage vorgelegt hat, diese auf entspr. Hinweis des Auftraggebers innerhalb der noch laufenden Nachforderungsfrist durch eine inhaltliche ausreichende Unterlage ersetzen kann.[74] Dies ist iErg nicht zuzulassen. Eine solche Nachbesserungsmöglichkeit würde zu einer ungerechtfertigten Besserstellung von Bietern führen, die nicht alle geforderten Unterlagen mit dem Angebot eingereicht haben, da ein Bieter, wenn er die inhaltlich unzureichende Unterlage bereits mit dem Angebot eingereicht hätte, keine Nachbesserungsmöglichkeit gehabt hätte (→ Rn. 23) und durch die Nachforderung insoweit nicht bessergestellt werden darf.[75] 35a

---

[69] VK Bund 29.4.2011 – VK 1–34/11, IBRRS 2011, 4320; Dittmann VergabeR 2012, 292 (299).
[70] VK Bund 29.4.2011 – VK 1–34/11, IBRRS 2011, 4320 für einen Extremfall; VK Bund 12.10.2020 – VK 2–33/20, VPRRS 2020, 0330.
[71] Dittmann VergabeR 2012, 292 (299); OLG Düsseldorf 14.11.2018 – Verg 31/18, ZfBR 2019, 510.
[72] VK Bund 29.4.2011 – VK 1–34/11, IBRRS 2011, 4320; VK Rheinland-Pfalz 23.10.2013 – VK 2–18/13, BeckRS 2016, 44405; OLG Brandenburg 20.9.2011 – Verg W 11/11, BeckRS 2011, 23533.
[73] OLG München 27.7.2018 – Verg 2/18, IBRRS 2018, 2941.
[74] So OLG Koblenz 7.5.2020 – 1 U 772/19 in einem Schadensersatzverfahren.
[75] So VK Südbayern 27.2.2019 – Z3-3-3194-1-44-11/18, IBRRS 2019, 2150.

10. Dokumentation (Abs. 5)

36 § 56 Abs. 5 VgV schreibt vor, dass sowohl die **Entscheidung zur Nachforderung** als auch das **Ergebnis der Nachforderung** zu dokumentieren sind. Die Vorschrift ergänzt somit den Katalog der Mindestinhalte der Dokumentation in § 8 Abs. 2 VgV. Damit wird eigentlich eine Selbstverständlichkeit klargestellt, da bereits nach § 8 Abs. 1 VgV eine Dokumentation dieser Verfahrensschritte zwingend geboten ist. Kann aufgrund fehlender oder unzureichender Dokumentation nicht geklärt werden, ob das Ermessen bzgl. der Entscheidung zur Nachforderung ordnungsgemäß, insbes. gleichbehandelnd (→ Rn. 19) ausgeübt wurde, kann sowohl der Bieter, demgegenüber die Nachforderung erfolgt ist, als auch ein konkurrierender Bieter in seinen Rechten aus § 97 Abs. 6 GWB verletzt sein. Gleiches gilt dann, wenn das Ergebnis der Nachforderung so unzureichend dokumentiert ist, dass nicht nachvollzogen werden kann, ob die nachgeforderten Unterlagen fristgemäß, vollständig und inhaltlich richtig nachgereicht wurden. Schon aus Dokumentationsgründen ist es daher sehr ratsam, die Nachforderung ausschl. über die entspr. Kommunikationskanäle der E-Vergabesysteme zu führen.

§ 57 Ausschluss von Interessensbekundungen, Interessensbestätigungen, Teilnahmeanträgen und Angeboten

(1) **Von der Wertung ausgeschlossen werden Angebote von Unternehmen, die die Eignungskriterien nicht erfüllen, und Angebote, die nicht den Erfordernissen des § 53 genügen, insbesondere:**
1. **Angebote, die nicht form- oder fristgerecht eingegangen sind, es sei denn, der Bieter hat dies nicht zu vertreten,**
2. **Angebote, die nicht die geforderten oder nachgeforderten Unterlagen enthalten,**
3. **Angebote, in denen Änderungen des Bieters an seinen Eintragungen nicht zweifelsfrei sind,**
4. **Angebote, bei denen Änderungen oder Ergänzungen an den Vergabeunterlagen vorgenommen worden sind,**
5. **Angebote, die nicht die erforderlichen Preisangaben enthalten, es sei denn, es handelt sich um unwesentliche Einzelpositionen, deren Einzelpreise den Gesamtpreis nicht verändern oder die Wertungsreihenfolge und den Wettbewerb nicht beeinträchtigen, oder**
6. **nicht zugelassene Nebenangebote.**

(2) **Hat der öffentliche Auftraggeber Nebenangebote zugelassen, so berücksichtigt er nur die Nebenangebote, die die von ihm verlangten Mindestanforderungen erfüllen.**

(3) **Absatz 1 findet auf die Prüfung von Interessensbekundungen, Interessensbestätigungen und Teilnahmeanträgen entsprechende Anwendung.**

Literatur: Behr, Das sanktionsrechtliche Zuschlags- und Erfüllungsverbot, VergabeR 2022, 603; Dicks, Mehrfachbeteiligungen von Unternehmen am Ausschreibungswettbewerb, VergabeR 2013, 1; Dicks, Nebenangebote nach der Vergabemodernisierung 2016: Lösung oder Perpetuierung eines Dilemmas?, VergabeR 2016, 309; Gabriel, Neues zum Ausschluss von Bietern und Bietergemeinschaften wegen Mehrfachbeteiligungen: Einzelfallprüfung statt Automatismus, NZBau 2010, 225; Gabriel, Bietergemeinschaftsbildung unter Prüfungsvorbehalt: Strenge kartellrechtliche Zulässigkeitsvoraussetzungen qua neuer Rechtsprechungstendenz, VergabeR 2022, 555; Gröning, Grenzen des Angebotsausschlusses wegen Änderungen an den Vergabeunterlage, NZBau 2020, 275; Herrmann, Chancen und Risiken von Beurteilungs- und Ermessensspielräumen für öffentliche Auftraggeber, NZBau 2022, 443; Hettich,

Ausschluss von Interessensbekundungen **§ 57 VgV**

Kein Angebotsausschluss trotz Beifügung von Bieter-AGB, NZBau 2020, 80; Kues/Kirch, Nebenangebote und Zuschlagskriterien: Das Offensichtliche (v)erkannt?, NZBau 2011, 335; Mager/Freifrau v. d. Recke, Die Beachtung des Geheimwettbewerbs im Vergabeverfahren bei Parallelangeboten konzernverbundener Unternehmen, NZBau 2011, 541; Schaller, Die Prüfung der eingereichten Unterlagen – ein wichtiger Schritt bei der Vergabe von Liefer- und Dienstleistungen, LKV 2018, 117; Stanko, AGB und die Änderung der Vergabeunterlagen – Wertungswandel in der Rechtsprechung?, NZBau 2020, 632; Stolz/Goldbrunner, Die Umsetzung der Vorgaben des Lieferkettensorgfaltspflichtengesetzes (LkSG) im Rahmen von Vergabeverfahren, VergabeR 2023, 1; Völlink, Die Nachforderung von Nachweisen und Erklärungen – eine Zwischenbilanz fünf Jahre nach ihrer Einführung, VergabeR 2015, 355; Völlink/Huber, Die Nachforderung fehlender Erklärungen oder Nachweise im Lichte der aktuellen Rechtsprechung, FS Marx, 2013, 791.

Übersicht

	Rn.
I. Bedeutung der Vorschrift	1
1. Inhalt und Bedeutung	1
2. Systematik	3
II. Zwingende Ausschlussgründe (Abs. 1)	5
1. Allgemeines	5
2. Nicht form- oder fristgerecht eingegangene Angebote (Nr. 1)	11
a) Nicht formgerechte Angebote	12
b) Nicht fristgerechte Angebote	18
c) Ausnahme: Kein Verschulden des Bieters	21
3. Angebote ohne die geforderten oder nachgeforderten Unterlagen (Nr. 2)	25
a) Fehlende geforderte Unterlagen	26
aa) Wirksamkeit der Forderung	27
bb) Keine Nachforderung	30
b) Fehlende nachgeforderte Unterlagen	31
c) Behandlung von gesondert geforderten Unterlagen	32
4. Nicht zweifelsfreie Änderungen an den Eintragungen zum Angebot (Nr. 3)	33
5. Änderungen oder Ergänzungen an den Vergabeunterlagen (Nr. 4)	35
6. Fehlende Preisangaben (Nr. 5)	39
7. Nicht zugelassene Nebenangebote (Nr. 6)	48
8. Fehlende Eignung	49
III. Berücksichtigung zugelassener Nebenangebote (Abs. 2)	52
1. Allgemeines	52
2. Einhaltung der vorgegebenen Mindestanforderungen	58
IV. Interessensbekundungen, Interessensbestätigungen und Teilnahmeanträge (Abs. 3)	60
V. Rechtsschutz	61
1. Primärrechtsschutz	61
2. Sekundärrechtsschutz	62
a) § 181 S. 1 GWB	62
b) Verletzung vorvertraglicher Pflichten	63
c) § 823 Abs. 2 BGB	64
d) § 826 BGB	65
e) Höhe des Schadens	66

I. Bedeutung der Vorschrift

1. Inhalt und Bedeutung

1 § 57 VgV regelt die Frage, wann Interessensbekundungen, Interessensbestätigungen, Teilnahmeanträge und Angebote von der Wertung ausgeschlossen werden. Geregelt werden nur die „zwingenden" Ausschlussgründe.

2 Die **Wertung von Angeboten** umfasst grds. **vier Stufen:** In der ersten Stufe werden die Angebote darauf hin überprüft, ob sie wegen inhaltlicher oder formeller Mängel auszuschließen sind. In der zweiten Stufe wird die Eignung der Bieter in persönlicher und sachlicher Hinsicht bewertet (vgl. aber § 42 Abs. 3 VgV für das offene Verfahren). In der dritten Wertungsstufe werden die Preise geprüft; in der vierten und letzten Stufe wird das wirtschaftlichste Angebot ausgesucht wird (Wertung ieS). S. dazu auch → VOB/A § 16d Rn. 2 für Bauvergaben.

2. Systematik

3 § 57 VgV regelt zunächst die Frage des (zwingenden) Ausschlusses auf der ersten Wertungsstufe. Was dabei die fachliche und rechnerische Richtigkeit sowie die Vollständigkeit und die Möglichkeit zur Nachreichung von Unterlagen angeht, wird in § 57 Abs. 1 VgV auf die Notwendigkeit zur Einhaltung der Anforderungen aus § 53 VgV verwiesen. Insoweit wird die Regelung von § 56 VgV ergänzt. Die Eignungsprüfung auf der zweiten Wertungsstufe ist ebenfalls ausschlussrelevant (§ 57 Abs. 1 VgV) und erfolgt iÜ nach Maßgabe der §§ 42 ff. VgV iVm den §§ 122 ff. GWB. Die Prüfung der Angemessenheit des Angebotspreises auf der dritten Wertungsstufe wird in § 60 VgV geregelt. Dabei werden unangemessen hohe Angebote oder Angebote, deren Preis außer Verhältnis zu der angebotenen Leistung steht, nicht miterfasst. Die eigentliche Wertung (vierte Wertungsstufe) wird von den §§ 58, 59 VgV geregelt. Die **Trennung der einzelnen Prüfungsschritte** bewirkt – jedenfalls für die vergaberechtliche Rspr.[1] Durch die Rspr.[2] und die Aufnahme der § 58 Abs. 2 Nr. 1–3 VgV ist die Trennung von Eignungs- und Zuschlagskriterien aufgeweicht worden. Nach § 42 Abs. 3 VgV kann – jedenfalls im offenen Verfahren – die Angebotsprüfung vor der Eignungsprüfung vorgenommen werden.

4 In den neueren Normen wird die die alleinige Maßgeblichkeit der „klassischen" vergaberechtlichen Normen für die Anwendung von Ausschlussgründen zunehmend reduziert. Derzeit finden sich Ausschlusstatbestände zumindest in zwei speziellen Regelungsbereichen. So sieht Art. 5k Abs. 1 der (aktualisierten) VO 833/2014/EU[3] ein Vergabeverbot für öffentliche Aufträge und Konzessionen an russische Personen oder Institutionen vor. Dieses Vergabeverbot ist als Zuschlagsverbot anzusehen, wie es in § 169 Abs. 1 GWB enthalten ist. Es bewirkt damit einen (zwingenden) Ausschlussgrund wegen fehlender Eignung.[4] Daneben normiert § 22 Abs. 1 LkSG[5]

---

[1] RKMPP/Dittmann VgV § 57 Rn. 1.

[2] EuGH 26.3.2015 – C-601/13, BeckRS 2015, 80427 = VergabeR 2015, 540; OLG Düsseldorf 21.10.2015 – Verg 28/14, ZfBR 2016, 83 und bereits OLG Düsseldorf 5.5.2008 – VII-Verg 5/08, NZBau 2009, 269.

[3] VERORDNUNG (EU) Nr. 833/2014 DES RATES v. 31. Juli 2014 über restriktive Maßnahmen angesichts der Handlungen Russlands, die die Lage in der Ukraine destabilisieren (ABlEU Nr. L 229, S. 1 ff) idF von Art. 1 Nr. 23 der VERORDNUNG (EU) 2022/576 DES RATES v. 8. April 2022 zur Änderung der Verordnung (EU) Nr. 833/2014 (ABlEU Nr. L 111, S. 1 ff.).

[4] Behr VergabeR 2022, 603 (606).

[5] Gesetz über die unternehmerischen Sorgfaltspflichten zur Vermeidung von Menschenrechtsverletzungen in Lieferketten (Lieferkettensorgfaltspflichtengesetz – LkSG) v. 16.7.2021 (BGBl. I S. 2959).

einen Ausschlussgrund für Unternehmen, die wegen Verstoßes gegen das LkSG mit einer Geldbuße in der in § 22 Abs. 2 LkSG enthaltenen Mindesthöhe belegt worden sind.[6]

II. Zwingende Ausschlussgründe (Abs. 1)

1. Allgemeines

§ 57 VgV enthält **zwingende Ausschlussgründe.** Dies ergibt sich schon aus dem Wortlaut in Abs. 1, der (unbedingt und ohne die Einräumung eines Ermessens durch die Formulierung „kann") davon spricht, dass Angebote, bei denen die in § 57 Abs. 1 VgV normierten Voraussetzungen vorliegen, ausgeschlossen werden. Der Verordnungsgeber hat mit dieser Normierung die Wertungsentscheidung getroffen, dass die in den Tatbeständen aufgenommenen formellen oder inhaltlichen Mängel so schwer wiegen, dass eine Wertung der davon betroffenen Angebote nicht durchführbar ist oder zu einer schwerwiegenden Verletzung des Gleichbehandlungsgrundsatzes im Verhältnis zu den korrekt handelnden Bietern führen würde. 5

Obwohl § 57 Abs. 1 VgV vor Beginn der Aufzählung in den Nr. 1–6 davon spricht, dass diese Tatbestände „insbesondere" vorliegen können, sind die **Regelungen** zu den Ausschlussgründen in § 57 Abs. 1 VgV **abschließend.**[7] Sie dürfen vor allem nicht erweiternd ausgelegt werden.[8] Der Auftraggeber darf in seinen Vergabeunterlagen auch keine weiteren zwingenden Ausschlussgründe vorsehen. Auch soll die Sanktion insbes. nicht auf Konstellationen erstreckt werden, die vom erkennbaren Willen des Gesetzgebers nicht erfasst werden sollen.[9] Umgekehrt können die normierten zwingenden Ausschlussgründe auch nicht durch Ausgestaltungen in den Vergabeunterlagen aufgeweicht werden (indem etwa fakultative Entscheidungen vorgesehen werden).[10] Der zwingende Charakter der Ausschlussgründe bindet auch die öffentlichen Auftraggeber. 6

Neu ist die scheinbare Erstreckung der zwingenden Ausschlussdrohung auf Unternehmen, die die Eignungskriterien nicht erfüllen. Sie waren nach früherer Rechtslage nur von einem im Ermessen des öffentlichen Auftraggebers stehenden Ausschluss bedroht (vgl. § 19 EG Abs. 4 VOL/A aF). Dies stellt jedoch tatsächlich keine Änderung und keinen Widerspruch zur früheren Rechtslage dar. Das weitere Eignungskriterium „fehlender Ausschluss" (ehemals: Zuverlässigkeit) wird nach Maßgabe der §§ 122–125 GWB beurteilt. Dabei können nach § 124 GWB **auch fakultative Ausschlussgründe** zu berücksichtigen sein. 7

Unklar bleibt auch seit dem Inkrafttreten von § 57 VgV, wie Angebote zu behandeln sind, die in sich **widersprüchlich** sind oder offen oder verdeckt von den Vorgaben des öffentlichen Auftraggebers abweichen. Einen dahingehenden Ausschlussgrund begründet auch die VgV nicht ausdrücklich. Wenn der Bieter eine Leistung anbietet, die den Vorgaben des Leistungsverzeichnisses nicht entspricht, kann der Auftraggeber ein solches Angebot jedoch nicht mit einem einfachen „Ja" annehmen. Es fehlt an zwei sich entspr. und deckenden Willenserklärungen. Vielmehr liegt ein offener Widerspruch vor. Ob in diesen Fällen der Ausschlussgrund 8

---

[6] Zu Einzelheiten: Stolz/Goldbrunner VergabeR 2023, 1 ff.
[7] OLG Düsseldorf 8.7.2020 – Verg 6/20, BeckRS 2020, 45479; OLG Frankfurt a. M. 24.7.2012 – 11 Verg 6/12, NZBau 2012, 726 für den Fall, dass Mindeststundenverrechnungssätze unterschritten werden.
[8] RKMPP/Dittmann VgV § 57 Rn. 5.
[9] Dies betrifft etwa die nicht rechtzeitige Mitteilung über bestehende Schutzrechte nach § 53 Abs. 8 VgV, vgl. OLG München 8.7.2019 – Verg 2/19, BeckRS 2019, 25448.
[10] OLG München 20.1.2020 – Verg 19/19, BeckRS 2020, 7125 = VergabeR 2020, 824.

VgV § 57 Ausschluss von Interessensbekundungen

des Abweichens vom Leistungsverzeichnis[11] oder der Änderung an den Vergabeunterlagen[12] vorliegt, wurde uneinheitlich beurteilt.[13] Welcher Ansicht man folgt, ist aber gleichgültig, weil die Folge des zwingenden Ausschlusses für beide Ansichten bei einem **offenen Abweichen vom Leistungsverzeichnis** gleich ist. Selbst das Angebot einer qualitativ höherwertigen Leistung enthält eine Abweichung vom Leistungsverzeichnis,[14] und zwar auch dann, wenn der Bieter aus früheren Vorhaben die technischen Probleme der jetzigen Ausschreibung kennt.[15] Auch eine nur geringfügige Abweichung schadet. Der öffentliche Auftraggeber muss aber exakte Vorgaben zum Inhalt der Vergabeunterlagen gemacht haben.[16] Bei einer funktionalen Leistungsbeschreibung sind die zwingenden technischen Vorgaben des Auftraggebers einzuhalten.[17]

9 Problematisch bleibt die Situation dann, wenn der Bieter mit seinem Angebot nur **verdeckt** vom Leistungsverzeichnis **abweicht.** Dies ist der Fall, wenn der Bieter laut seinen Angaben im Leistungsverzeichnis die gewünschte Leistung zwar (scheinbar) anbietet, das Leistungsverzeichnis also entspr. den vorgegebenen Angaben ausfüllt, sich aber vorbehält, die gewünschte Leistung nicht erbringen zu wollen.[18] In diesem Fall kann das Angebot zunächst nicht ausgeschlossen werden. Der Vertrag käme bei Zuschlagserteilung mit dem ausgeschriebenen Inhalt zustande, weil der geheime Vorbehalt gem. § 116 BGB an dem Inhalt der Erklärung nichts ändert. Stellt sich aber im Laufe des Vergabeverfahrens, etwa iRv Aufklärungsgesprächen, heraus, dass der Bieter die ausgeschriebene Leistung nicht erbringen will oder kann (dennoch aber mit seinem Angebot den Eindruck erwecken wollte, dazu willens und in der Lage zu sein), gibt dies zu Zweifeln an seiner Zuverlässigkeit Anlass. Der Bieter kann in diesem Fall vom Ausschluss bedroht sein, weil er damit nicht länger die Gewähr für die ordnungsgemäße Erbringung gerade der ausgeschriebenen Leistung bringt. Folgt man der Meinung, dass auch in diesem Fall eine Änderung an den Vergabeunterlagen vorliegt, hat ein zwingender Ausschluss nach § 57 Abs. 1 Nr. 4 VgV zu erfolgen.

10 Die Rspr. versucht allerdings, Ausschlüsse wegen widersprüchlicher Angebote zu vermeiden. Zunächst sind auch auf Angebote von Bietern in Vergabeverfahren die allg. zivilrechtlichen Grundsätze einschl. der Auslegungsvorschriften aus §§ 133, 157 BGB anzuwenden. Erst wenn eine **Auslegung** nicht zu einem zweifelsfreien (und ausschreibungskonformen) Ergebnis führt, ist das Angebot zwingend auszuschließen.[19] Die Auslegung kann jedoch auch bei Übereinstimmung des Wortlautes zwischen Angebot und Vergabeunterlagen ergeben, dass nicht ausschreibungskonform

---

[11] OLG München 21.2.2008 – Verg 1/08, BeckRS 2008, 6154 = VergabeR 2008, 580; 17.9.2007 – Verg 10/07, ZfBR 2007, 828.

[12] OLG Düsseldorf 4.5.2009 – VII-Verg 68/08, BeckRS 2009, 24305 = VergabeR 2009, 905; 12.3.2007 – Verg 53/06, IBR 2007, 1298; VK Baden-Württemberg 26.3.2013 – 1 VK 5/13, BeckRS 2013, 14292.

[13] Das OLG München subsumiert auch Abweichungen von Leistungsvorgaben unter den Ausschlussgrund der unzulässigen Änderung von den Vergabeunterlagen (§ 57 Abs. 1 Nr. 4 VgV), OLG München 8.3.2019 – Verg 4/19, BeckRS 2019, 9216; 20.1.2020 – Verg 17/19.

[14] OLG Bremen 4.11.2022 – 2 Verg 1/22, BeckRS 2022, 38741; OLG München 28.7.2008 – Verg 10/08, BeckRS 2008, 17225 = VergabeR 2008, 965; 17.9.2007 – Verg 10/07, ZfBR 2007, 828.

[15] OLG Düsseldorf 12.2.2013 – VII-Verg 1/13, BeckRS 2013, 5998.

[16] BGH 3.4.2012 – X ZR 130/10, NZBau 2012, 513; OLG München 2.3.2009 – Verg 1/09, BeckRS 2009, 7803 = VergabeR 2009, 816.

[17] VK Lüneburg 23.7.2012 – VgK-23/2012, BeckRS 2012, 19028.

[18] Vgl. etwa OLG München 17.9.2007 – Verg 10/07, ZfBR 2007, 828 (830).

[19] OLG Düsseldorf 16.3.2016 – VII-Verg 48/15, BeckRS 2016, 9166; OLG München 29.7.2010 – Verg 9/10, BeckRS 2010, 23564.

angeboten worden ist.[20] Auch unzureichend signierte Angebote sind zunächst auszulegen.[21] Fehlt die Signatur indes und kommt auch eine Auslegung nicht zu dem für den Bieter günstigen Ergebnis, kann der Ausschluss nicht durch eine Nachforderung vermieden werden.[22] Selbst widersprüchliche Angebote sind (nach ihrer Auslegung) nicht immer vom zwingenden Ausschluss bedroht, sondern zunächst noch **aufzuklären**.[23] Erst wenn sich der Widerspruch nicht aufklären lässt, sind derartige Angebote auszuschließen.[24] Der BGH vertritt zur VOB/A-EU die Auffassung, dass es einen „Wertungswandel" bei der Auslegung der Regelungen über den Ausschluss von Angeboten mit Abweichungen vom Inhalt der Vergabeunterlagen gebe, der es bei nur versehentlichen Abweichungen – etwa von den Vertragsbedingungen des Auftraggebers abweichenden eigenen AGB – gebiete, von einem Ausschluss abzusehen (dazu ausf. → § 15 Rn. 39a ff.). Dies wird ua auch darauf gestützt, dass in einem solchen Fall die AGB des Bieters nicht Vertragsbestandteil werden könnten. Etwas anderes solle nur noch bei manipulativen Abweichungen gelten, wenn ohne die betroffene Bestimmung ein unvollständiges Angebot drohe.[25] Abgesehen davon, dass diese Entscheidung allein rechtsgeschäftlich wirkende Abweichungen von den Vorgaben der Vergabeunterlagen betreffen kann, bestehen große Bedenken an ihrer dogmatischen Tragfähigkeit. Immerhin hat der demokratisch legitimierte Verordnungsgeber die Regelungen über den zwingenden Ausschluss von Angeboten mit von den Vergabeunterlagen abweichenden Inhalten trotz der Aufnahme der Bestimmungen über die Nachforderbarkeit von fehlenden Unterlagen im Einzelfall grds. unberührt gelassen.[26] Für die offenbar vorgenommene teleologische Reduktion besteht daher jedenfalls im Geltungsbereich der VgV kein Raum.[27] Die Rspr. des BGH ist jedenfalls nicht anwendbar für Abweichungen vom vorgegebenen Leistungssoll[28] oder für Abweichungen von den Vergabeunterlagen, die sich aus individuellen Bietererklärungen ergeben.[29] Auch der bloße Ablauf (der anzugebenden) Bindefrist eines Angebots oder die versagte Bestätigung zur Verlängerung der Bindefrist eröffnet für den öffentlichen Auftraggeber nicht die Befugnis, das Angebot auszuschließen.[30] Auf dieser Grundlage hat sich die Rspr. weiter ausdifferenziert. So sollen bloß klarstellende Zusätze keinen Ausschlussgrund darstellen.[31] Als Ausschlussgrund gilt jedoch das (bewusste) Abweichen von den Vorgaben der Vergabeunterlagen beim Ausfüllen vorgegebener Schemata.[32] Trotz abweichendem Inhalt

---

[20] OLG Düsseldorf 14.10.2009 – VII-Verg 9/09, BeckRS 2009, 29070 = VergabeR 2010, 277.
[21] OLG Düsseldorf 13.4.2016 – Verg 52/15, BeckRS 2016, 13185.
[22] OLG Düsseldorf 5.9.2018 – Verg 32/18, NZBau 2019, 193.
[23] OLG Düsseldorf 2.8.2017 – VII-Verg 17/17, NZBau 2018, 169 = VergabeR 2018, 151; 11.5.2016 – VII-Verg 50/15, BeckRS 2016, 13072; 21.10.2015 – Verg 35/15, ZfBR 2016, 192; VK Bund 17.2.2017 – VK 2–14/17, BeckRS 2017, 111319; 15.1.2015 – VK 2–105/14, VPR 2015, 192, auch bei vom Bieter zu vertretenden Unklarheiten; für eine Sonderkonstellation aA VK Westfalen 7.4.2017 – VK 1–07/17, BeckRS 2017, 111393.
[24] OLG Düsseldorf 2.8.2017 – VII-Verg 17/17, NZBau 2018, 169 = VergabeR 2018, 328.
[25] BGH 18.6.2019 – X ZR 86/17, NZBau 2019, 661 = VergabeR 2019, 753.
[26] Nach der Begr. zu § 53 Abs. 7 VgV soll dieser gerade der Vergleichbarkeit der eingereichten Informationen dienen und der Gefahr vorbeugen, dass öffentliche Auftraggeber ein Angebot bezuschlagen, das nicht ihren Anforderungen entspricht, BT-Drs. 18/7318, 191.
[27] Vgl. iE die Kritik von Herrmann VergabeR 2019, 759; vgl. → VgV § 53 Rn. 37.
[28] OLG München 20.1.2020 – Verg 17/19.
[29] OLG Düsseldorf 12.2.2020 – Verg 24/19, BeckRS 2020, 2509.
[30] OLG Celle 30.1.2020 – 13 Verg 14/19, BeckRS 2020, 966.
[31] KG 4.5.2020 – Verg 2/20, VPRRS 2020 0310.
[32] OLG Schleswig 12.11.2020 – 54 Verg 2/20, BeckRS 2020, 32579 = VergabeR 2021, 347.

von den Vergabeunterlagen soll eine teleologische Reduktion des Ausschlussgrundes zumindest dann nicht zur Anwendung kommen, wenn nur eine untergeordnete Position geändert wurde, die überdies nicht wertungsrelevant werden kann und bei der Vertragsdurchführung evtl. keine Rolle spielt.[33] (vgl. auch → § 53 Rn. 37)

2. Nicht form- oder fristgerecht eingegangene Angebote (Nr. 1)

11 Auszuschließen sind Angebote, die nicht form- oder fristgerecht eingegangen sind, es sei denn, der Bieter hat dies nicht zu vertreten. Dies gilt entspr. für Interessensbekundungen, Interessensbestätigungen und Teilnahmeanträge (Abs. 3).

12 **a) Nicht formgerechte Angebote.** Die einzuhaltende Form für Interessensbekundungen, Interessensbestätigungen, Teilnahmeanträge und Angebote ergibt sich aus § 53 VgV. Dies betrifft **sämtliche Gesichtspunkte der Formvorgaben,** also die Formvorgaben des öffentlichen Auftraggebers und der VgV für elektronische Angebote (§ 53 Abs. 1–4 VgV), sowie für schriftliche Angebote, die auf dem Postweg oder direkt übermittelt werden (§ 53 Abs. 5, 6 VgV). Zu den relevanten Formvorgaben gehören auch die Anforderungen an die Vollständigkeit der Angebote (§ 53 Abs. 7 S. 2 VgV) und für die Kennzeichnung von Nebenangeboten (§ 53 Abs. 7 S. 3 VgV). Die gleichfalls von § 57 Abs. 3 S. 1 VgV angeordnete Unzulässigkeit der Änderung an den Vergabeunterlagen kann zwar ebenfalls als Formvorgabe angesehen werden; sie wird jedoch von der speziellen Bestimmung des § 57 Abs. 1 Nr. 4 VgV mit dem Ausschluss bedroht.

13 Nicht formgerecht sind zunächst Angebote, die die Vorgaben für die vorgeschriebene Textform und für die elektronische Übermittlung nicht einhalten.[34] Das gleiche gilt für den Fall, dass die vom öffentlichen Auftraggeber ggf. festgelegten erhöhten Anforderungen (§ 53 Abs. 3 VgV) oder die vorgeschriebene andere Übermittlungsart (§ 53 Abs. 4 VgV) nicht eingehalten wird. Auch wenn das Angebot vom Auftraggeber zulässigerweise aufgestellte, über die Formkategorien des BGB hinausgehende Formvorgaben missachtet, ist es auszuschließen. Dies ist zumindest dann der Fall, wenn das Niveau der Datenintegrität und Manipulationssicherheit im betreffenden Angebot hinter dem vom Auftraggeber geforderten Niveau zurückbleibt.[35] Das Gleiche gilt, wenn verlangt wird, dass die Person des Erklärenden genannt und angedroht wird, dass das Angebot ausgeschlossen wird, wenn bei einem elektronisch übermittelten Angebot in Textform der Name der natürlichen Person, die die Erklärung abgibt, nicht angegeben wird.[36]

14 Nr. 1 erfasst auch die Frage, wie mit nicht oder **nicht ordnungsgemäß signierten oder unterschriebenen Angeboten** umzugehen ist.[37] Sowohl die Frage der Signatur elektronischer Angebote als auch die Notwendigkeit der Unterschrift für direkt oder auf dem Postweg übermittelte (schriftliche) Angebote wird in § 53 VgV geregelt. Auf die dortigen Anforderungen nimmt § 57 Abs. 1 VgV ausdr. Bezug. Sowohl die Formvorgaben als auch die für ihre Missachtung vorgesehenen Folgen betreffen Formvorgaben, die auf einer Vereinbarung beruhen (§ 127 Abs. 1 BGB). Die Rechtsfolge eines Formmangels folgt daher aus § 125 S. 2 BGB. Die Normierung der Rechtsfolgen für den Fall eines Formmangels lässt die Auslegung zu, dass damit die für Zweifelsfälle angeordnete Nichtigkeit aus § 125 S. 2 BGB nicht eintre-

---

[33] BayObLG 17.6.2021 – Verg 6/21, NZBau 2021, 821 = VergabeR 2021, 714.
[34] BGH 16.5.2023 – XIII ZR 14/21, NZBau 2023, 542.
[35] Voraussetzung ist dafür eine eindeutige Vorgabe der Vergabestelle, OLG Dresden 21.2.2020 – Verg 7/19, VPR 2020, 102 = VergabeR 2020, 631; VK Südbayern 2.4.2019 – Z3-3-3194-1-43-11/18, VPR 2019, 128.
[36] OLG Karlsruhe 19.2.2020 – 15 Verg 1/20, BeckRS 2020, 7157.
[37] IErg ebenso, jedoch unter Erörterung auch anderer Alternativen RKMPP/Dittmann VgV § 57 Rn. 16.

ten soll. Dies wird gestützt auf die Ausnahme, dass auch formwidrige Angebot nicht vom Ausschluss erfasst werden sollen (was den Erhalt ihrer Existenz und Wirksamkeit voraussetzt), wenn der Formmangel vom Bieter nicht zu vertreten ist. Werden aber vom Auftraggeber keine weitergehenden Formanforderungen gestellt, wahrt auch die Abgabe durch einen Vertreter die Textform.[38] Es reicht aus, wenn der Urheber eines Angebots durch Auslegung zu ermitteln ist.

Nicht formgerechte Angebote, welche die geforderte Signatur oder das geforderte **15** Siegel nicht tragen oder dem Textformerfordernis nicht entsprechen oder andere Vorgaben an Unterzeichnung und Form nicht einhalten, sind zwingend auszuschließen. Grundlage dafür ist, dass das Fehlen der geforderten Form für die Unterschrift oder Signatur Zweifel an der **Verbindlichkeit des Angebotes** begründet. Verlangt der öffentliche Auftraggeber, dass der Bieter sein Angebot auf eine bestimmte Weise rechtsverbindlich legitimiert (also signiert, siegelt oder unterschreibt), ist diese Klausel nach dem objektiven Empfängerhorizont der jew. Bieter auszulegen. Befinden sich Signatur, Siegel oder Unterschrift an der falschen Stelle und ist unklar, ob sie das gesamte Angebot abdecken sollen, bestehen Zweifel, ob der Bieter den gesamten Angebotsinhalt rechtsverbindlich erklären will. Dies gilt auch für die Fälle, in denen Unterschriften an verschiedenen Stellen gefordert werden. Ausschlaggebend ist, ob Signatur, Siegel oder die Unterschrift oder die Unterschriften den gesamten Angebotsinhalt abdecken sollen. Im Zweifel ist davon auszugehen, dass der Bieter ein wertungsfähiges Angebot abgeben will.[39] Die ordnungsgemäße **Unterzeichnung eines Hauptangebotes** deckt deshalb regelmäßig auch zusätzlich eingereichte Nebenangebote ab, wenn die vom Auftraggeber festgelegten Anforderungen eingehalten worden sind.[40] Auch die Verbindung einer Angebotsdatei mit einem dazu gehörigen Signaturprotokoll ordnet im Zweifel den gesamten Angebotsinhalt der Signatur zu.

Für schriftliche Angebote, die auf dem Postweg oder direkt übermittelt werden, **16** ist nach den maßgeblichen Verständnismöglichkeiten der Bieterkreise die Forderung nach einer **rechtsverbindlichen Unterschrift** regelmäßig dahingehend auszulegen, dass der Unterzeichner bei Angebotsabgabe über die erforderliche **Vertretungsmacht** verfügt haben muss;[41] ein weiterer Nachweis ggü. dem öffentlichen Auftraggeber, dass der Unterzeichner tatsächlich über eine gesetzliche oder rechtsgeschäftliche Vertretungsmacht verfügt, ist grds. nicht erforderlich. Zur Wahrung des Geheimwettbewerbs ist es erforderlich, derartige Angebote in einem verschlossenen Umschlag einzureichen, § 53 Abs. 5 VgV.

Werden schriftliche Angebote nicht in einem unverschlossenen Umschlag bzw. **17** ohne entspr. Verschlüsselung eingereicht, entsprechen sie ebenfalls nicht der Formvorgabe des § 53 VgV und müssen wegen eines nicht auszuschließenden Verstoßes gegen den Geheimwettbewerb und des Manipulationsverdachtes zwingend ausgeschlossen werden. Besonders gefährdet sind dabei Angebote, die mittels Telefax eingereicht werden (vgl. § 53 Abs. 6 S. 2 VgV).

b) Nicht fristgerechte Angebote. Die Frist, die für den Eingang von Angebo- **18** ten beim öffentlichen Auftraggeber maßgeblich ist, ergibt sich aus den Vorgaben, die der öffentliche Auftraggeber in der Auftragsbekanntmachung aufzunehmen hat. Nach § 37 Abs. 2 VgV ist die Auftragsbekanntmachung mWv 25.10.2023 nach den Vorgaben der Spalte 16 der Tabelle 2 des Anhangs der Durchführungsverordnung

---

[38] Dies gilt sogar dann, wenn ohne ausdr. Vertretungszusatz die Vertretung auf andere Weise hinreichend deutlich wird, OLG Düsseldorf 8.7.2020 – Verg 6/20, VPR 2021, 117.
[39] OLG Frankfurt a. M. 26.6.2012 – 11 Verg 12/11, ZfBR 2012, 706.
[40] BGH 23.3.2011 – X ZR 92/09, NZBau 2011, 438.
[41] BGH 20.11.2012 – X ZR 108/10, NZBau 2013, 180.

VgV § 57 Ausschluss von Interessensbekundungen

(EU) 2019/1780 iVm § 10a VgV zu erstellen. Anzugeben ist, bei welcher Stelle und bis wann Teilnahmeanträge oder Angebote einzureichen sind.

19 Die vorgegebene Frist ist eingehalten, wenn der Teilnahmeantrag oder das Angebot vor ihrem Ablauf an der angegebenen Stelle vorliegt oder verschlüsselt hochgeladen worden ist und für die Vergabestelle nach Ablauf der Frist abrufbar ist und heruntergeladen werden kann. Ist der Schlusstermin für den Eingang der Angebote mit einem Datum und zB 10:00 Uhr Ortszeit angegeben, endet die Angebotsfrist „Punkt" 10 Uhr, dh um 10:00:00 Uhr, und nicht erst nach 10:00:59 Uhr, dh mit Umspringen der Uhr auf 10:01(:00) Uhr.[42] Für Angebot(sbestandteil)e reicht damit der Zugang beim öffentlichen Auftraggeber iSv § 130 BGB alleine dazu nicht aus.[43] Für elektronisch zu übermittelnde Beiträge reicht das Hochladen auf der Bieterseite der bereitgestellten Vergabeplattform nicht aus (vgl. iE die Erläuterungen zu → § 53 Rn. 4 ff.).

20 Nicht fristgerecht eingegangene Angebote sind nach § 57 Abs. 1 Nr. 1 VgV auszuschließen, weil andernfalls die Gleichbehandlung der Bewerber und Bieter nicht gewährleistet werden kann. Dies gilt auch dann, wenn alle anderen Bieter mit einer Wertung eines solchen Angebotes einverstanden sind.[44]

21 **c) Ausnahme: Kein Verschulden des Bieters.** Der Bieter trägt das **Risiko der Übermittlung** und des rechtzeitigen und vollständigen Eingangs seines Angebotes.[45] Er muss sein Angebot so rechtzeitig auf den Weg bringen oder den Übermittlungsvorgang beginnen, dass sein Angebot vor Fristablauf an der vorgesehenen Stelle eingegangen ist. Deshalb reicht es nicht aus, wenn ein direkt übermitteltes Angebot bei einem **Eröffnungstermin** um 14.00 Uhr vom Bieter erst um 13.55 Uhr bei der Poststelle der Vergabestelle abgegeben wird. Auch der interne Postlauf muss berücksichtigt werden. Bei größeren Dateien für die elektronische Angebotsabgabe muss die begrenzte Uploadgeschwindigkeit berücksichtigt werden. Eine unsachgemäße Beendigung der Anwendung durch die Bedienung der Vergabeplattform ist dem Bieter anzulasten.[46] Es kommt nicht darauf an, um welche Dauer die Angebotsfrist überschritten wird. Auch eine nur **kurze Fristüberschreitung** von 15 Minuten[47] zieht die Folgen der Verspätung nach sich. Dies gilt auch dann, wenn die persönliche Übergabe des Angebotes an den Sammelungsleiter erst nach Ablauf der Angebotsfrist erfolgt. Das Angebot muss vollständig eingegangen bzw. übertragen sein, Teile – Beginn einer Faxübermittlung, eines Hochladevorganges – genügen nicht.[48] Hat der öffentliche Auftraggeber in den Vergabeunterlagen eine bestimmte hausinterne Stelle benannt, bei welcher das Angebot abzugeben ist, hat der Bieter dies bei der Angebotsabgabe zu beachten und eine etwa erforderliche hausinterne Weiterleitung seines Angebots zeitlich einzukalkulieren.[49] Wird eine bestimmte Vergabeplattform vorgegeben, ist sie zu verwenden.

22 Trotz Formwidrigkeit oder Verfristung wird ein Angebot nur dann nicht ausgeschlossen, wenn der Bieter dies nicht zu vertreten hat. Maßstab für das Vertretenmüssen ist zunächst § 276 BGB. Die dazu ausreichende einfache Fahrlässigkeit bestimmt sich nach dem am allg. Verkehrsbedürfnis ausgerichteten objektiv-abstrakten Sorg-

---

[42] VK Südbayern 15.11.2021 – 3194.Z3-3_01-21-20, VPR 2022, 9; VK Bund 26.10.2016 – VK 1–92/16, VPRRS 2017, 0076.
[43] So aber offensichtlich RKMPP/Dittmann VgV § 57 Rn. 20.
[44] Kapellmann/Messerschmidt/Frister VOB/A § 16 Rn. 10.
[45] So grds. zumindest für Ursachen aus der eigenen Verantwortungssphäre: OLG Düsseldorf 12.6.2019 – Verg 8/19, BeckRS 2019, 39059 = VergabeR 2020, 815.
[46] VK Bund 1.10.2021 – VK 1–116/21.
[47] OLG Düsseldorf 7.1.2002 – Verg 36/01, IBRRS 37542 = VergabeR 2002, 169.
[48] VK Nordbayern 16.8.2000 – 320.VK-3194-18/00, IBR 2000, 587.
[49] VK Brandenburg 11.11.2010 – VK 57/10, IBRRS 2011, 0466.

faltsmaßstab.[50] Grds. kann sich daher die Vergabestelle des öffentlichen Auftraggebers – wie jedermann – darauf verlassen, dass die Bewerber und Bieter die notwendigen Vorkehrungen treffen, um eine form- und fristgerechte Einreichung der Angebote zu gewährleisten. Nur wenn trotz aller gebotenen Maßnahmen aus Gründen außerhalb der Erkennbarkeit und Beeinflussbarkeit der Bewerber und Bieter die vorgegebene Übermittlung eines Angebotes scheitert, kommt eine Berufung auf diesen Ausnahmetatbestand in Betracht. Die **Beweislast** dafür, dass ausnahmsweise Umstände verantwortlich geworden sind, die nicht zu vertreten sind, obliegt dabei dem **Bieter**[51] (→ VOB/A § 14 EU Rn. 31 ff.). Das Verschulden seiner Erfüllungsgehilfen (Zustelldienste) hat er sich dabei zurechnen lassen zu müssen.[52]

Einem Bieter ist ein verspäteter Zugang nicht zuzurechnen, wenn die Verspätung durch höhere Gewalt (zB Naturereignisse) verursacht wurde. Auch ein **Verschulden des Auftraggebers**[53] ist vom Bieter nicht zu vertreten. Dies ist etwa bei unterbleibender rechtzeitiger Leerung des in der Bekanntmachung angegebenen Postfachs der Fall.[54] Das gleiche gilt, wenn zB bei extrem kurzer Frist nur ein Faxanschluss zur Verfügung steht.[55] Fehler oder ein Organisationsverschulden des öffentlichen Auftraggebers dürfen sich grds. nicht zu Lasten der korrekt handelnden Bieter auswirken.[56] 23

Bei der Beurteilung, ob eine Zulassung eines formwidrigen oder verfristeten Angebotes in Betracht gezogen werden kann, ist auch der Grundsatz des Wettbewerbs und des daraus folgenden Gebotes der Chancengleichheit aller Bieter und Bewerber zu berücksichtigen. Bei elektronisch verlangten Angeboten hat eine Zulassung deshalb auch dann zu erfolgen, wenn dem öffentlichen Auftraggeber die Ursache dafür zugeordnet werden kann, dass ein Angebot aus Gründen, die in der Software begründet liegen,[57] auf der einzig dafür bereitgestellten Internet-Plattform nicht abgegeben werden kann.[58] Die **Funktionsfähigkeit der vom Auftraggeber vorgesehenen Plattform zur elektronischen Angebotsabgabe** liegt in seiner Sphäre. Der Betreiber der E-Vergabeplattform ist hinsichtlich des Empfangs der Angebotsdaten als Erfüllungsgehilfe des Auftraggebers nach § 278 BGB anzusehen.[59] Bei einem schriftlichen Angebot kommt es auch darauf an, ob es schon der Einflussmöglichkeit des Bieters entzogen war. Dies ist etwa bei Einlegen in die für den öffentlichen Auftraggeber bestimmte Postkiste durch die Deutsche Post AG der Fall.[60] 24

3. Angebote ohne die geforderten oder nachgeforderten Unterlagen (Nr. 2)

Unterlagen iSd Bestimmung können unternehmensbezogene Unterlagen oder leistungsbezogene Unterlagen sein. Dies folgt aus § 56 Abs. 2 VgV, dazu → § 56 Rn. 8. 25

---

[50] Vgl. dazu Grüneberg/Grüneberg BGB § 276 Rn. 15.
[51] OLG Düsseldorf 12.6.2019 – Verg 8/19, BeckRS 2019, 39059 = VergabeR 2020, 815; Begr. zur VgVModVO § 57 VgV; ausf. RKMPP/Dittmann VgV § 57 Rn. 10.
[52] Beck VergabeR/Haak/Hogeweg VgV § 57 Rn. 25.
[53] VK Nordbayern 1.4.2008 – 21.VK-3194-09/08, IBR 2008, 536.
[54] VK Bund 2.12.2009 – VK 1-206/09, IBRRS 2009, 4449; RKMPP/Dittmann VgV § 57 Rn. 21.
[55] OLG Düsseldorf 7.1.2002 – Verg 36/01, IBRRS 37542 = VergabeR 2002, 169.
[56] Vgl. hierzu für eine unterlassene Anforderung OLG München 12.11.2012 – Verg 23/12, BeckRS 2012, 23578; RKMPP/Dittmann VgV § 57 Rn. 21.
[57] Beck VergabeR/Haak/Hogeweg VgV § 57 Rn. 26.
[58] VK Baden-Württemberg 30.12.2016 – 1 VK 51/16, IBRRS 2017, 0687.
[59] VK Südbayern 15.11.2021 – 3194.Z3-3_01-21-20, VPR 2022, 9.
[60] Dieser Vorgang markiert zugleich den Zugang iSv § 130 BGB, VK Sachsen-Anhalt 2.8.2013 – 3 VK LSA 33/13, VPR 2014, 62.

VgV § 57 Ausschluss von Interessensbekundungen

Die Ausschlussdrohung steht im komplementären Zusammenhang zu § 53 Abs. 7 S. 2 VgV. Dort wird ua verlangt, dass die Angebote alle geforderten Angaben, Erklärungen und Preise enthalten müssen. Da fehlende Preisangaben von § 57 Abs. 1 Nr. 5 VgV behandelt werden, erfasst § 57 Abs. 1 Nr. 2 VgV in erster Linie fehlende geforderte Erklärungen und Nachweise. Leistungsbezogene Unterlagen können jedoch auch Muster, Proben oder (vor allem bei Architektenwettbewerben) Modelle sein.

26 **a) Fehlende geforderte Unterlagen.** Fehlen geforderte Unterlagen, ist das Angebot auszuschließen. Voraussetzung dafür ist einmal, dass die Anforderung wirksam, also zumutbar und eindeutig, erfolgt ist. Ebenso darf keine Nachforderung möglich oder zulässig sein.

27 **aa) Wirksamkeit der Forderung.** Die Anforderung von Unterlagen mit dem Angebot oder dem Teilnahmeantrag muss, um wirksam zu sein, den dafür geltenden Regelungen entsprechen. Anforderungen an eignungsbezogenen Unterlagen haben den Anforderungen der § 122 GWB bzw. der §§ 42 ff. VgV zu genügen.

28 Die Anforderung muss überdies **zumutbar** sein.[61] Hier ist zunächst zu unterscheiden: Ist die Abgabe nur zum Zeitpunkt der Angebotsabgabe unzumutbar, wie zB eine Verpflichtungserklärung,[62] kann diese Erklärung auf Anforderung der Vergabestelle nachgereicht werden. Gänzlich unzumutbar können aber Erklärungen sein, die mit dem Auftrag in keinem Zusammenhang stehen, so dass der Bieter Geschäftsgeheimnisse offenbaren müsste, die er für den ausgeschriebenen Auftrag nicht anwenden muss. Unzumutbar ist es für den Bieter auch, eine Herstellerbestätigung seines Zulieferers vorzulegen, dass jegliche Ersatzteile ab Werk sofort abrufbar für die nächsten zehn Jahre zu erhalten sind.[63] In die gleiche Richtung geht die Forderung, dass der Bieter polizeiliche Führungszeugnisse für Personal vorlegen soll, welches er im Fall der Zuschlagserteilung erst einstellen will. Im Schadensersatzprozess trifft den Bieter die Darlegungslast für die tatsächlichen Umstände, die eine Unzumutbarkeit der Vorlage von Eignungsnachweisen oder Verpflichtungserklärungen für Nachunternehmer bis zur Angebotsabgabe begründen können[64] (→ § 56 Rn. 14).

29 Die Anforderung muss inhaltlich und bezüglich des Zeitpunkts der geforderten Vorlage **eindeutig** sein.[65] Wird in den Vergabeunterlagen nicht mit der gebotenen Deutlichkeit zum Ausdruck gebracht, dass eine bestimmte Erklärung vom Bieter schon bis zum Ablauf der Angebotsfrist beizubringen ist, darf der Auftraggeber ein Angebot, in dem diese Erklärung fehlt, nicht ohne Weiteres ausschließen, sondern muss die Erklärung entweder nachfordern oder das Angebot aufklären.[66] Die eindeutig geforderte Unterlage muss fehlen. Eine inhaltlich unzureichende Unterlage fehlt nicht.[67] Allerdings ist die Vorlage einer Bescheinigung, deren Gültigkeitsdauer ausdr. abgelaufen ist, als Nichtvorlage anzusehen.[68] Zum Ganzen → § 56 Rn. 20 ff.

---

[61] BGH 10.6.2008 – X ZR 78/07, IBR 2008, 588; OLG Düsseldorf 4.5.2009 – Verg 68/08, IBR 2010, 42, jew. zu Nachunternehmererklärung; ebenso bereits BGH 18.2.2003 – X ZB 43/02, NZBau 2003, 293 (295 f.); OLG Koblenz 4.10.2010 – 1 Verg 8/10, BeckRS 2010, 24260; OLG München 5.11.2009 – Verg 15/09, BeckRS 2009, 86656 = VergabeR 2010, 677; vgl. auch VK Münster 2.10.2014 – VK 13/14, VPR 2015, 89.
[62] BGH 10.6.2008 – X ZR 78/07, BeckRS 2008, 15904 = VergabeR 2008, 782 in einem obiter dictum; OLG München 22.1.2009 – Verg 26/08, IBR 2009, 158.
[63] OLG München 5.11.2009 – Verg 15/09, BeckRS 2009, 86656.
[64] BGH 3.4.2012 – X ZR 130/10, NZBau 2012, 513.
[65] BGH 3.4.2012 – X ZR 130/10, NZBau 2012, 513; OLG München 12.10.2012 – Verg 16/12, IBR 2012, 725.
[66] OLG München 30.11.2020 – Verg 6/20, VPR 2021, 175.
[67] OLG Düsseldorf 18.9.2019 – Verg 10/19, VPRRS 2020, 0209.
[68] OLG München 17.12.2019 – Verg 25/19, VPRRS 2021, 0068; OLG München 27.7.2018 – Verg 2/18, VPR 2019, 20.

bb) Keine Nachforderung. Der Ausschluss wegen fehlender geforderter Unterlagen setzt weiter voraus, dass keine Nachforderung in Betracht kommt. Dies kann ua dann der Fall sein, wenn gem. § 56 Abs. 2 S. 2 VgV festgelegt wurde, dass keine Nachforderung erfolgt (→ § 56 Rn. 30). Auch bei Angeboten von Bietern mit unvollständigen Teilnahmeanträgen scheidet eine Nachforderung aus. Diese Bieter hätten gem. § 42 Abs. 2 VgV schon nicht zur Angebotsabgabe aufgefordert werden dürfen.[69] 30

b) Fehlende nachgeforderte Unterlagen. Auszuschließen ist ein Angebot auch dann, wenn trotz (zulässiger) Nachforderung die geforderte Unterlage nicht oder nicht rechtzeitig (§ 56 Abs. 4 VgV, → § 56 Rn. 33 ff.) vorgelegt wird. 31

c) Behandlung von gesondert geforderten Unterlagen. Wird eine Unterlage vom öffentlichen Auftraggeber **erstmals nachträglich verlangt,** also nicht bereits in der Bekanntmachung oder den Vergabeunterlagen mit dem Teilnahmeantrag oder dem Angebot gefordert, kommt eine Nachforderung (also eine zweite Chance) nicht in Betracht.[70] Dies folgt schon aus dem Wortlaut des § 57 Abs. 1 Nr. 2 VgV, der den Ausschluss auch bei Nichtvorlage von nachgeforderten Unterlagen vorsieht (→ § 56 Rn. 17; → § 15 Rn. 31a). Ob die Nachforderung auf § 56 VgV basiert, wird nicht vorausgesetzt. § 56 Abs. 4 VgV schließt es allerdings nicht aus, eine als unangemessen kurz ermittelte Frist angemessen zu verlängern. Damit kann der Sache nach eine weitere Chance zur Vorlage fehlender Unterlagen durch eine Fristverlängerung gewährt werden. 32

4. Nicht zweifelsfreie Änderungen an den Eintragungen zum Angebot (Nr. 3)

Nur zweifelsfreie, eindeutige und in sich widerspruchsfreie Angebote sind miteinander vergleichbar und können vom Auftraggeber angenommen werden. Sind Änderungen im Angebot vor Ablauf der Angebotsfrist vorgenommen worden (was grds. zulässig ist), kann das Angebot nur berücksichtigt werden, wenn sein Inhalt trotz der Änderung klar ist. Unklarheiten dürfen nicht in einer Nachverhandlung geklärt werden.[71] Eine **Anfechtung** einmal abgegebener Erklärungen nach § 119 BGB nach Ablauf der Angebotsfrist wegen Erklärungsirrtums führt zum Wegfall des gesamten Angebotes.[72] Eine Teilnichtigkeit gem. § 139 BGB kann nicht angenommen werden, weil darin eine unzulässige Änderung des Angebotes liegen würde. 33

Nachträgliche Änderungen, also Änderungen an einem Angebot nach Ablauf der Angebotsfrist, sind unzulässig. Sie stellen beim offenen und nicht offenen Verfahren den Versuch unzulässiger Nachverhandlungen dar (§ 15 Abs. 5 VgV, § 16 Abs. 9 VgV). Auch im Verhandlungsverfahren darf über den Inhalt der endgültigen Angebote nicht mehr (weiter) verhandelt werden (§ 17 Abs. 10 S. 1 VgV). 34

5. Änderungen oder Ergänzungen an den Vergabeunterlagen (Nr. 4)

Welche Sachverhalte unter den Begriff „Änderungen an den Vergabeunterlagen" zu subsumieren sind, ergibt sich aus der Bestimmung nicht eindeutig.[73] Dabei ist 35

---

[69] RKMPP/Dittmann VgV § 57 Rn. 32.
[70] OLG München 17.12.2019 – Verg 25/19, VPRRS 2021, 0068 (unter Bezugnahme auf § 16 EU Nr. 4 VOB/A); OLG Düsseldorf 17.2.2016 – VII-Verg 37/14, VPR 2016, 226.
[71] Allerdings ist das unklar oder widersprüchlich gewordene Angebot aufzuklären, OLG Düsseldorf 11.5.2016 – VII-Verg 50/15, BeckRS 2016, 13072.
[72] OLG Koblenz 30.3.2012 – 1 Verg 1/12, BeckRS 2012, 8234.
[73] Auf die Entscheidung des BGH 18.6.2019 – X ZR 86/17, NZBau 2019, 661 = VergabeR 2019, 753, ist erneut ausdr. hinzuweisen. Es wird jedoch hier weiter die Auffassung vertreten,

zunächst ohne Relevanz, dass § 57 Abs. 1 Nr. 4 VgV von Änderungen und Ergänzungen spricht, wohingegen die Komplementärnorm § 53 Abs. 7 S. 1 VgV (nur) von Änderungen. Allerdings kann der Begründung zur VgVÄndVO zu § 57 VgV entnommen werden, dass der Verordnungsgeber wohl der Sichtweise zuneigt, nach der der Begriff der Änderung weit verstanden wird, so dass **jede Abweichung von den Vorgaben der Vergabeunterlagen**[74] im Angebot eines Bieters als Änderung angesehen wird.[75] Die dagegen bisher vertretene enge Sichtweise beschränkt den Anwendungsbereich der Norm auf **manipulative Einwirkungen** an den Vergabeunterlagen, durch die eine Änderung des Erklärungsinhalts herbeigeführt wird, also Streichungen, Einfügungen, das Herausnehmen einzelner Blätter. Auch wenn der Wortlaut der Norm (Änderung oder Ergänzung an den Vergabeunterlagen) eher für die enge Sichtweise spricht, dürfte die überwiegende Rspr. sich auf die Begründung des Verordnungsgebers berufen und jede Abweichung vom Inhalt der Vorgaben des öffentlichen Auftraggebers als Änderung an den Vergabeunterlagen ansehen.[76] Der missverständliche Wortlaut der Norm kann ggü. diesem Willen des Normgebers und dem damit zum Ausdruck gebrachten Zweck, den öffentlichen Auftraggeber vor Angeboten mit einem anderen Inhalt als der Ausschreibung zu schützen, nicht durchschlagen.[77]

36 Abweichungen vom Leistungsverzeichnis können zB beigefügte abändernde **Begleitschreiben** sein.[78] Begleitschreiben sind grds. Bestandteil des Angebotes.[79] Waren auf der Rückseite **AGB des Bieters** abgedruckt, auf die im Angebot verwiesen wird, war dies in der Rspr. ebenfalls als eine Änderung angesehen worden. Es könne, so die Begründung, dem Auftraggeber nicht zugemutet werden, dass die Vergabestelle in eine langwierige materielle Prüfung eintritt, ob sich möglicherweise die AGB des Bieters und des Auftraggebers im Einzelfall nicht widersprechen.[80] Ob dies nach der Entscheidung des BGH[81] uneingeschränkt weiter angenommen werden kann, könnte zwar zweifelhaft sein. Allerdings hat die Entscheidung unterdessen eine so weitgehende Verbreitung erfahren, dass die Berufung auf das dort als maßgeb-

---

dass der Tatbestand des Ausschlusses wegen Abweichungen vom Inhalt der Vergabeunterlagen weiterhin uneingeschränkt Geltung behält, wenn ihn nicht der Verordnungsgeber modifiziert. Vgl. → VgV § 53 Rn. 37 und → Rn. 10.

[74] Hierunter sind auch Antworten auf Bieterfragen zu fassen: BayObLG 3.6.2022 – Verg 7/22, BeckRS 2022, 19745 = VPRRS 2022, 0190; VK Nordbayern 26.1.2018 – RMF-SG21-3194-2-15, VPRRS 2018, 0079.

[75] OLG München 8.3.2019 – Verg 4/19, BeckRS 2019, 9216; RKMPP/Dittmann VgV § 57 Rn. 53 auch unter Berufung auf die Gesetzesbegr.; vgl. zur früheren Rechtslage schon zB OLG Frankfurt a. M. 26.5.2009 – 11 Verg 2/09, NZBau 2010, 134; 26.6.2012 – 11 Verg 12/11, ZfBR 2012, 706.

[76] In diese Richtung (ohne Diskussion der Problematik) OLG Frankfurt a. M. 12.7.2016 – 11 Verg 9/16, VPR 2016, 243; 26.9.2017 – 11 Verg 11/17, VPR 2018, 61; OLG Naumburg 12.9.2016 – 7 Verg 5/16, VPR 2017, 34; OLG Karlsruhe 29.4.2016 – 15 Verg 1/16, NZBau 2016, 449; OLG München 21.4.2017 – Verg 1/17, ZfBR 2017, 615 = VergabeR 2017, 645.

[77] BGH 29.11.2016 – X ZR 122/14, ZfBR 2017, 247 Rn. 40 geht ohne weiteres davon aus, dass der Tatbestand sowohl gegenständliche Manipulationen der Vergabeunterlagen als auch die Abgabe eines davon abweichenden Angebotes einschließt.

[78] OLG Stuttgart 9.2.2010 – 10 U 76/09, BeckRS 2010, 10753; OLG München 21.2.2008 – Verg 1/08, BeckRS 2008, 06154.

[79] OLG München 21.2.2008 – Verg 1/08, Verg 1/08, BeckRS 2008, 06154.

[80] OLG München 21.2.2008 – Verg 1/08, BeckRS 2008, 06154; OLG Jena 17.3.2003 – 6 Verg 2/03, IBRRS 2003, 0948; ob dies nach BGH 18.6.2019 – X 86/17, NZBau 2019, 661, aufrechterhalten werden kann, ist fraglich. Vgl. jedoch auch → § 53 Rn. 17 und → Rn. 10 und 35.

[81] BGH 18.6.2019 – X ZR 86/17, NZBau 2019, 661 = VergabeR 2019, 753.

lich gehaltene Versehen nur noch schwer möglich sein dürfte. Keine Abänderung stellt die in einem Begleitschreiben ausgesprochene Bitte dar, es möge das Submissionsergebnis mitgeteilt werden, weil sich diese Mitteilung nicht auf das Angebot auswirkt. Wegen des Risikos, dass sich das Angebot und die Angaben im Begleitschreiben widersprechen und deshalb der Inhalt des Angebotes nicht klar ist,[82] ist von der Beifügung von Begleitschreiben abzuraten. Fraglich ist, ob die im Begleitschreiben enthaltene Mitteilung, wegen der kurzen Zeitspanne zwischen Ablauf der Zuschlagsfrist und dem geplanten Leistungsbeginn könne letzterer Termin nicht verbindlich zugesagt werden, zum Ausschluss des Angebots führen muss, wenn der Endtermin weiterhin zugesagt wird.[83]

Inhaltliche Änderungen anderer Art führen nicht als solche bereits zu einer Änderung an den Vergabeunterlagen. Die vom Bieter verbindlich angebotene Verkürzung der Bauzeit[84] stellt keine Änderung an den Vergabeunterlagen dar. Etwas anderes kann aber bei anderen Abweichungen vom ausgeschriebenen Bauzeitenplan gelten.[85] Unschädlich ist dagegen das Angebot eines Bieters, ein von der Leistungsbeschreibung abweichendes Material zu liefern, weil das zugleich angegebene Leitfabrikat nicht existiere.[86] Abweichungen von unerfüllbaren Vorgaben führen ebenso wie Abweichungen von uneindeutigen Vorgaben der Vergabeunterlagen nicht zum Ausschluss.[87] Enthält das Angebot eines Bieters bei einer vergaberechtswidrigen produktspezifischen Ausschreibung ein anderes, vom angegebenen Fabrikat abweichendes Fabrikat, stellt dies keine Änderung der Vergabeunterlagen dar, sondern die Abgabe eines (weiteren) Hauptangebotes,[88] und zwar auch dann, wenn die Vergabestelle nicht produktspezifisch ausschreiben, sondern ein Fabrikat nur als Beispiel nennen wollte.[89] Keine Änderung an den Vergabeunterlagen stellt eine Meinungsäußerung zu technischen Details der Ausschreibung dar.[90] Weist ein Bieter nicht auf **Unklarheiten in den Vergabeunterlagen** hin, sondern erklärt in seinem Angebot, er verstehe die unklaren Angaben in einem bestimmten Sinn, kann dies eine Änderung der Vergabeunterlagen darstellen.[91] Der Bieter sollte bei Unklarheiten und Mehrdeutigkeiten daher zunächst bei der Vergabestelle nachfragen; eine Erkundigungspflicht besteht aber dann nicht, wenn die Unklarheit oder Mehrdeutigkeit für den Bieter nicht erkennbar war und er sie subjektiv auch nicht erkannt hat.[92] Unklarheiten und Widersprüche in den Vergabeunterlagen gehen grds. nicht zu seinen Lasten.[93] Überlässt die Vergabestelle den Bietern die Entscheidungsfreiheit, mit wie vielen Baukränen sie die ausgeschriebene Leistung bewerkstelligen wollen und wird keine Mindestzahl vorgeschrieben, liegt keine Änderung der Vergabeunterlagen vor, wenn ein Bieter statt der im Leistungsverzeichnis vorgesehenen elf

---

[82] Vgl. hierzu OLG Frankfurt a. M. 14.10.2008 – 11 Verg 11/08, IBR 2009, 161.
[83] OLG München 12.11.2010 – Verg 21/10, BeckRS 2010, 29116.
[84] OLG München 10.12.2009 – Verg 16/09, IBRRS 2010, 2916 = VergabeR 2010, 246; VK Münster 9.5.2003 – VK 07/03, IBR 2003, 493.
[85] VK Bund 27.6.2013 – VK 2–34/13, VPR 2014, 30.
[86] AA OLG Naumburg 17.6.2003 – 1 Verg 9/03, NJOZ 2003, 3397 (3400).
[87] BGH 1.8.2006 – X ZR 115/04, BeckRS 2006, 12112 = VergabeR 2007, 73 (75); OLG Karlsruhe 29.4.2016 – 15 Verg 1/16, NZBau 2016, 449; OLG Celle 19.2.2015 – 13 Verg 12/14, BeckRS 2015, 12548 = VergabeR 2015, 580 (582).
[88] OLG Düsseldorf 14.10.2009 – Verg 9/09, BeckRS 2009, 29070; 1.10.2012 – VII-Verg 34/12, BeckRS 2012, 23822; OLG München 6.12.2012 – Verg 25/12, BeckRS 2012, 25589.
[89] OLG Düsseldorf 1.10.2012 – VII-Verg 34/12, BeckRS 2012, 23822.
[90] OLG Bremen 4.9.2003 – Verg 5/2003, NZBau 2004, 119.
[91] VK Nordbayern 9.4.2003 – 320.VK-3194-10/03, BeckRS 2003, 32289.
[92] OLG Frankfurt a. M. 24.7.2012 – 11 Verg 6/12, NZBau 2012, 726.
[93] OLG Düsseldorf 6.4.2022 – VII-Verg 32/21, BeckRS 2022, 17980 = VergabeR 2022, 561; OLG München 21.4.2017 – Verg 1/17, ZfBR 2017, 615.

Baukräne nur vier anbietet.[94] Eine Änderung der Vergabeunterlagen liegt nicht vor, wenn der Bieter die zwingend anzubietenden Leistungsbestandteile sowie alternative Leistungspositionen erkennbar gesondert ausweist und die Inhalte eindeutig sind.[95] Fehlt ein gemeinsames Angebotsverständnis, kommt es auf die Auslegung anhand des Empfängerhorizontes eines mit den Umständen des Einzelfalls vertrauten Dritten in der Lage der Vergabestelle an.[96] Bei **indikativen Angeboten** im Rahmen eines mehrstufigen Verfahrens ist ein Ausschluss nicht schon bei jeder Abweichung zulässig, sondern erst bei Missachtung eindeutiger und unmissverständlich zwingender Mindestanforderungen.[97] Bei einem US-amerikanischen Cloud- Anbieter ist ohne besondere Anhaltspunkte nicht ohne weiteres davon auszugehen, dass dieser den Inhalt eines auf der DS-GVO basierenden Vertragsentwurf missachten wird und deshalb ein Angebot unterbreitet, das von den dafür zu beachtenden gesetzlichen Grundlagen abweicht.[98]

38 Gibt der Bieter der Sache nach ein **Nebenangebot** ab, ist dieses auf seine Zulässigkeit gesondert zu prüfen. Ggf. ist es gem. § 57 Abs. 1 Nr. 6 VgV auszuschließen, wenn Nebenangebote nicht zugelassen waren. War es nicht gekennzeichnet (§ 53 Abs. 7 S. 3 VgV), ist es formwidrig und nach § 57 Abs. 1 Nr. 1 VgV auszuschließen.

6. Fehlende Preisangaben (Nr. 5)

39 § 53 Abs. 7 S. 2 VgV verlangt, dass die Angebote die geforderten Preise enthalten **müssen.** Schon der BGH[99] hatte 2003 die Angabe der Preise zwingend verlangt, wenn der Bieter die Wertung seines Angebotes erreichen wollte. Denn ein transparentes, auf Gleichbehandlung aller Bieter beruhendes Vergabeverfahren ist nur zu erreichen, wenn lediglich in jeder, sich aus den Vergabeunterlagen ergebenden Hinsicht **vergleichbare Angebote** gewertet werden. Dies erfordert, dass hinsichtlich jeder Position der Leistungsbeschreibung alle zur Kennzeichnung der insoweit angebotenen Leistung geeigneten Parameter bekannt sind, deren Angabe den Bieter nicht unzumutbar belastet, aber ausweislich der Ausschreibungsunterlagen gefordert war, so dass sie als Umstände ausgewiesen sind, die für die Vergabeentscheidung relevant sein sollen. Eine Vergleichbarkeit der Angebote kann aber nur dann gegeben sein, wenn die Angebote die Preise und alle geforderten Erklärungen vollständig enthalten. Daher ist der in der Leistungsbeschreibung vorgesehene Preis, wo es gefordert, vollständig und mit dem Betrag anzugeben, der für die betreffende Leistung beansprucht wird. Fehlen Preise, ist das Angebot grds. zwingend auszuschließen.

40 Als **fehlende Preisangabe** ist eine Auslassung oder eine Angabe mit unbestimmtem Bedeutungsgehalt zu bewerten.[100] Der BGH hat bisher offen gelassen, ob der Preisbestandteil der gesetzlichen Umsatzsteuer einen im Leistungsverzeichnis vorgesehenen Preis darstellt, dessen Fehlen zu einem Angebotsausschluss führen müsste.[101]

---

[94] OLG Düsseldorf 19.12.2012 – VII-Verg 37/12, BeckRS 2013, 3316.
[95] OLG Düsseldorf 23.12.2009 – Verg 30/09, BeckRS 2010, 4614.
[96] OLG Düsseldorf 22.3.2017 – VII-Verg 54/16, VPR 2017, 170.
[97] BayObLG 3.6.2022 – Verg 7/22, BeckRS 2022, 19745 = IBR 2022, 526; OLG Düsseldorf 29.6.2017 – VII-Verg 7/17, VergabeR 2018, 79 = VPR 2018, 127.
[98] OLG Karlsruhe 7.9.2022 – 15 Verg 8/22, NZBau 2022, 615; anders noch VK Baden-Württemberg 13.7.2022 – 1 VK 23/22, NZBau 2022, 629. Zu einer ähnlichen Problematik: VK Südbayern 28.2.2023 – 3194.Z3-3_01-22-42.
[99] BGH 18.2.2003 – X ZB 43/02, NZBau 2003, 293 (295 f.).
[100] OLG Naumburg 2.4.2009 – 1 Verg 10/08, BeckRS 2009, 12177; OLG Frankfurt a. M. 21.2.2012 – 11 Verg 11/11, BeckRS 2012, 16589; 26.6.2012 – 11 Verg 12/11, ZfBR 2012, 706.
[101] BGH 30.8.2011 – X ZR 55/10, BeckRS 2011, 24744 = NJW-Spezial 2011, 749.

Das OLG Düsseldorf hält einen Ausschluss nicht für angezeigt, wenn in einer Ausschreibung Nettopreise gefordert werden, vom Bieter jedoch versehentlich Bruttopreise angegeben werden, soweit eine einfache Umrechnung erfolgen kann.[102] Ein Angebot enthält ebenso dann nicht die geforderten Preise, wenn die **Preisangaben offensichtlich unzutreffend** sind, also für Leistungspositionen nicht derjenige Betrag angegeben wird, der für die betreffende Leistung auf der Grundlage der Urkalkulation tatsächlich beansprucht wird.[103] Dies gilt auch, wenn eine Verteilung von Kosten, die in einer bestimmten Position anzugeben waren, auf andere Positionen Einfluss auf den Angebotspreis hat.[104] Eine wegen Erklärungsirrtums anfechtbare Preisangabe, an welcher der Bieter festhält, indem er sein Anfechtungsrecht nicht ausübt, wird daher als unzutreffende Preisangabe angesehen[105] mit der Begründung, sonst werde dem Bieter eine unzulässige Manipulationsmöglichkeit eingeräumt. Weiter liegt eine unzutreffende Preisangabe bzgl. der Baustelleneinrichtung vor, wenn in diese Position Kosten für die Baustellengemeinkosten (wie die Personalkosten für Poliere) eingerechnet worden sind, wenn das Leistungsverzeichnis diese Möglichkeit nicht vorsieht; es bleibt nur die Umlage auf die Einheitspreise.[106] Hat der Bieter jedoch die Vergabeunterlagen vertretbar dahingehend ausgelegt, dass der Preis bei einer bestimmten Position anzugeben ist, fehlt es an einer unzutreffenden Preisangabe.[107] Hat der Bieter aufgrund einer unzutreffenden Auslegung der Vergabeunterlagen statt der geforderten Summe eine andere Zahl eingetragen, ist dies unschädlich, da bei einer objektiven Auslegung der Bieterangaben durch den Auftraggeber es auf die zutreffenden Einzelzahlen und nicht auf eine unzutreffende Summe ankommt.[108] Ein Preis fehlt auch nicht, wenn Menge und Einheitspreis angegeben sind und nur die Multiplikation fehlt.[109] Enthält ein Angebot sämtliche Einzelpreise, nicht aber den Angebotsendpreis, ist dies gleichfalls kein Ausschlussgrund. Ist ein **Preis offensichtlich falsch** angegeben, zB aufgrund eines Kommafehlers ein Preis von 100 EUR statt 10.000 EUR, kann dies korrigiert werden. Niemand muss sich an offensichtlichen Irrtümern festhalten lassen.[110] Anders ist es aber, wenn stark überhöhte Preise in manipulativer Absicht eingesetzt werden.[111] **Versehentlich falsch angegebene Preise**, die Preisangaben an anderer Stelle widersprechen, können nach Erläuterung durch den Bieter verbessert werden; dies kann aber nur für offensichtliche Fehler gelten, die bspw. bei der Übertragung entstanden sind. Ist unklar, welcher Preis nun gelten soll, darf eine Wertung nicht erfolgen, weil sich sonst Manipulationsmöglichkeiten ergeben würden. Lassen sich die Preise durch eine **Rückrechnung** bestimmen, sind unklare Preisangaben unschädlich.[112] Gibt der Bieter sog. Hohlpreise an, obwohl der Auftraggeber die

---

[102] OLG Düsseldorf 12.12.2012 – Verg 38/12, IBR 2013, 231.
[103] OLG Düsseldorf 16.3.2016 – VII-Verg 48/15, BeckRS 2016, 9166; 8.6.2011 – Verg 11/11, BeckRS 2011, 23749; OLG München 10.11.2010 – Verg 19/10, NZBau 2011, 253.
[104] OLG München 3.12.2015 – Verg 9/15, BeckRS 2016, 3390.
[105] OLG Karlsruhe 11.11.2011 – 15 Verg 11/11, BeckRS 2014, 14634. Diese Ansicht überzeugt nicht: der Bieter kann seine Erklärung nicht anfechten, weil dann sein Angebot hinfällig wird. Es steht iÜ grds. jeder Vertragspartei frei, ob sie von dem ihr zustehenden Anfechtungsrecht Gebrauch machen will.
[106] OLG München 10.11.2010 – Verg 19/10, NZBau 2011, 253.
[107] OLG Düsseldorf 8.6.2011 – Verg 11/11, BeckRS 2011, 23749.
[108] OLG Frankfurt a. M. 26.6.2012 – 11 Verg 12/11, ZfBR 2012, 706.
[109] VK Südbayern 9.9.2003 – 39–08/03, ZfBR 2004, 206.
[110] OLG München 29.7.2010 – Verg 9/10, BeckRS 2010, 23564; aA OLG Saarbrücken 27.5.2009 – 1 Verg 2/09, IBR 2009, 407.
[111] BGH 25.3.2010 – VII ZR 160/09, BeckRS 2010, 7907 = IBR 2010, 256; OLG Dresden 11.12.2009 – 4 U 1070/09, IBR 2010, 199.
[112] OLG Dresden 18.10.2001 – WVerg 0008/01, IBR 2002, 272.

Kalkulation mit bestimmten Materialpreisen vorgeschrieben hatte, gibt er die geforderten Preise nicht an;[113] sein Angebot ist zwingend auszuschließen. Das gleiche gilt, wenn der Bieter die Vorgaben des Leistungsverzeichnisses falsch versteht und daher den deutlich höheren Preis einer Leistung an, die nach dem Leistungsverzeichnis gar nicht zu erbringen ist. In diesem Fall enthält sein Angebot nicht den geforderten Preis, so dass es auszuschließen ist.[114]

41 Eine fehlende Preisangabe liegt nicht vor, wenn der Bieter für einzelne Positionen **Null- oder Cent-Preise** eingetragen hat.[115] Weder fehlt eine Preisangabe noch ist sie unvollständig. Da die Preisangabe eine rechtsgeschäftliche Willenserklärung ist, unterliegt sie den Auslegungsgrundsätzen des § 133 BGB. Deshalb sind auch die Angaben „./." oder „entfällt" als Nullpreisangaben zu verstehen. Auch die Angabe „enthalten in ..." bedeutet, dass für die benannte Position kein Preis verlangt wird. Dies ist zulässig, wenn eine **Mischkalkulation** ausgeschlossen ist, also zB ein einheitliches Bauteil angeboten wird.[116] Allerdings ist dem Bieter zu empfehlen, die Ziffernangabe zu wählen, weil die anderen Erklärungen in der Praxis häufig, wenn auch unzutreffender Weise, als Änderung an den Vergabeunterlagen angesehen werden. Auch können sich Zweifel am Erklärungswert ergeben, wenn der Bieter innerhalb eines Angebotes die Bezeichnung für den Nullpreis wechselt.[117] Auch **negative Preise** sind Preise.[118]

42 Dem Auftraggeber ist es verwehrt, ein Angebot allein auf Grund des Umstandes auszuschließen, dass es in **Einzelpositionen** Preise von 0,01 EUR oder 0,05 EUR enthält. Es liegt allein in der **Kalkulationshoheit** des Bieters, ob er eine einzelne Leistung besonders preiswert oder sogar unter dem Selbstkostenpreis anbieten möchte.[119] So kann die Angabe eines Null- oder Niedrigpreises dann gerechtfertigt sein, wenn die betreffende Position für den Bieter nicht oder nur in geringem Umfang anfällt oder sie bereits in der Hauptleistung enthalten ist. Das kann zB der Fall sein, wenn er für den Abtransport von Bauschutt keine Transportkosten ansetzt, weil die Deponie in nächster Nähe seines Unternehmens liegt. Ganz allg. sind Kalkulationsirrtümer unbeachtlich.[120] Allerdings besteht bei derart niedrigen Preisen die Gefahr, dass der Bieter ein sog. **Spekulationsangebot** abgibt, er also darauf spekuliert, dass er die ausgeschriebene Leistungsposition nicht oder zumindest nicht in der ausgeschriebenen Menge zu erbringen hat. Dies ist bspw. der Fall, wenn der Bieter darauf spekuliert, die ausgeschriebenen Straßenbauarbeiten nur bei günstiger Witterung auszuführen, um Kalkzugaben zur Stabilisierung zu vermeiden. Hier geht der Auftraggeber das Risiko ein, dass der Bieter diese Leistung unterlässt, obwohl die Wetterbedingungen nicht entspr. sind, weil der Bieter seinen kalkulierten Gewinn erzielen will. Das gleiche gilt, wenn der Bieter die ausgeschriebenen Mengenansätze für weit überhöht hält und deshalb damit rechnet, diese Mengen nicht einbauen zu müssen.[121] Doch ist der Bieter iRd vorvertraglichen Vertrauensverhältnisses nicht

---

[113] OLG Brandenburg 24.5.2011 – Verg W 8/11, BeckRS 2011, 20589.
[114] BGH 13.9.2022 – XIII ZR 9/20, NZBau 2023, 57.
[115] OLG München 12.11.2010 – Verg 21/10, BeckRS 2010, 29116; OLG Naumburg 29.1.2009 – 1 Verg 10/08, IBRRS 2009, 0871; OLG Düsseldorf 7.11.2012 – Verg 12/12, IBR 2013, 48.
[116] OLG München 5.7.2005 – Verg 9/05, ZfBR 2005, 722; 6.12.2012 – Verg 25/12, BeckRS 2012, 25589.
[117] VK Nordbayern 9.9.2008 – 21.VK-3194-34/08, IBR 2008, 752.
[118] OLG Düsseldorf 8.6.2011 – Verg 11/11, BeckRS 2011, 23749.
[119] OLG Karlsruhe 11.11.2011 – 15 Verg 11/11, BeckRS 2014, 14634.
[120] OLG München 6.12.2012 – Verg 25/12, BeckRS 2012, 25589; OLG Karlsruhe 11.11.2011 – 15 Verg 11/11, BeckRS 2014, 14634.
[121] Vgl. hierzu BayObLG 18.9.2003 – Verg 12/03, IBR 2003, 685; OLG Jena 27.2.2002 – 6 U 360/01, IBR 2002, 273.

generell dazu verpflichtet, Bedenken gegen die Vorgaben im Leistungsverzeichnis dem Auftraggeber mitzuteilen, vor allem dann nicht, wenn Zweifel an einer einwandfreien Ausführung der Leistung nicht bestehen.[122] Wenn sich aber aus der Prüfung einzelner Positionen die Besorgnis einer nicht einwandfreien Ausführung der Leistung ergibt, fehlt es an der Zuverlässigkeit des Bieters.[123] Der Ausschluss des Angebotes erfolgt dann nicht in der ersten, sondern erst in der zweiten Wertungsstufe; wegen der fehlenden Eignung darf ein Zuschlag auf ein solches Angebot nicht erfolgen. Das gilt auch für den Fall, dass der Bieter erkennt, dass die Mengenansätze zu niedrig gewählt worden sind und er daher darauf spekuliert, wegen des zu erwartenden Mehraufwandes höhere Einheitspreise abrechnen zu können.[124] Bedenken oder Kritik eines Bieters gegen die ausgeschriebene Art und Weise der Ausführung der Leistungen können aus diesen Überlegungen heraus kein Ausschlussgrund sein.[125] Allerdings ist ein Angebot, das so spekulativ ausgestaltet ist, dass dem Auftraggeber bei Eintritt bestimmter, zumindest nicht gänzlich fernliegender Umstände erhebliche Übervorteilungen drohen, nicht zuschlagsfähig.[126] Sind **Bedarfspositionen** mit Null- oder Niedrigpreisen angeboten, gelten dieselben Grundsätze.

Nach der Rspr. des BGH enthält ein Angebot dann nicht die geforderten Preise, wenn der Bieter seinen Preis durch **Auf- und Abpreisen** festsetzt, indem er für einzelne Leistungen bewusst niedrige Preise einsetzt, die er durch überhöhte Preise für andere Leistungen ausgleicht, sog. **Mischkalkulation**. Nach der Auffassung des BGH[127] versteckt der Bieter die von ihm eigentlich geforderten Preise in seinem Gesamtangebot und macht durch die fehlende Transparenz dem Auftraggeber eine vergleichende Wertung unmöglich. Das Angebot ist zwingend auszuschließen. Doch liegt eine Mischkalkulation immer nur dann vor, wenn der Bieter in seinem Angebot einen bestimmten Einheitspreis niedriger angibt, als nach seiner internen Kalkulation angemessen wäre, und einen anderen höher bepreist, als nach seiner internen Kalkulation vorgesehen, und dieses Auf- und Abpreisen in einem vom Bieter gewollten kausalen Zusammenhang steht.[128] Eine typische Mischkalkulation kann die Einrechnung der Bauleitungskosten in die Position Baustelleneinrichtung sein.[129] Fehlt im Leistungsverzeichnis eine konkret zu bepreisende Position und kann bei vertretbarer Auslegung des Leistungsverzeichnisses die Position unter die Baustelleneinrichtung genommen werden, liegt keine Mischkalkulation vor.[130] Doch müssen Negativabgrenzungen beachtet werden, zB wenn Geräte- oder Anlagekosten bei der jew. Position zu kalkulieren sind. Die Kalkulation einer keiner Position zuzuordnenden Kehrmaschine in die Baustelleneinrichtungskosten ist als unzulässig angesehen worden.[131] Bei der Hereinnahme unklarer Positionen in die Baustelleneinrichtung besteht immer der Verdacht einer unzulässigen Vorfinanzierung. Doch hat der Bieter alternativ die Möglichkeit, die Baustellengemeinkosten entweder als Umlage über

43

---

[122] OLG München 4.4.2013 – Verg 4/13, ZfBR 2013, 506.
[123] OLG Koblenz 21.1.2011 – 1 W 35/11, IBRRS 2011, 2364; BayObLG 18.9.2003 – Verg 12/03, NZBau 2004, 294.
[124] OLG Koblenz 21.1.2011 – 1 W 35/11, IBRRS 2011, 2364.
[125] OLG Bremen 4.9.2003 – Verg 5/2003, ZfBR 2004, 91.
[126] BGH 19.6.2018 – X ZR 100/16, VPR 2018, 214.
[127] BGH 18.5.2004 – X ZB 7/04, ZfBR 2004, 710 (712 f.).
[128] KG 14.8.2012 – Verg 8/12, NZBau 2012, 717. In dieser Entscheidung zweifelt das KG iÜ daran, dass eine Mischkalkulation immer zum Ausschluss führen muss; OLG München 6.12.2012 – Verg 25/12, BeckRS 2012, 25589.
[129] OLG Karlsruhe 16.3.2007 – 17 Verg 4/07, IBR 2007, 637.
[130] OLG Stuttgart 27.2.2018 – 10 U 98/17, VPR 2018, 139; OLG München 24.5.2006 – Verg 10/06, ZfBR 2006, 611.
[131] OLG Koblenz 2.1.2006 – 1 Verg 6/05, IBR 2006, 159.

die Einheitspreise oder in die Baustelleneinrichtung einzurechnen. Letztere Möglichkeit besteht aber nur dann, wenn die Auslegung des Leistungsverzeichnisses dies zulässt. Ist dies nicht der Fall, ist das Angebot zwingend auszuschließen, weil es nicht die geforderten Preise enthält, und zwar auch dann, wenn keine Mischkalkulation vorliegt.[132] Die Gewährung eines Preisabschlags auf eine Einzelposition **(Subventionsabschlag)** stellt keine Mischkalkulation dar, weil keine Einrechnung in eine andere Position stattfindet.[133] Dies gilt auch dann, wenn bei mehreren Positionen des Leistungsverzeichnisses Vorteile aus anderen Positionen oder aus Drittmitteln[134] einkalkuliert worden sind; es fehlt das Aufpreisen an anderer Stelle.[135] Aus diesem Grund liegt keine Mischkalkulation vor, wenn der Bieter Abbruchmaterial verwerten und den zu erwartenden Erlös in der Kalkulation gegenrechnen kann.[136] Die **Darlegungs- und Beweislast** für das Vorliegen einer Mischkalkulation trägt der Auftraggeber. Bei Verdachtsmomenten kann der Auftraggeber den Bieter zur Offenlegung seiner Kalkulation auffordern. Ändert der Bieter im Laufe des Verhandlungsverfahrens sein Angebot, indem er eine Position höher und eine andere niedriger bepreist, rechtfertigt dies allein nicht die Annahme einer Mischkalkulation.[137] Allerdings indiziert eine Angebotsstruktur, bei der deutlich unter den zu erwartenden Ansätzen bei bestimmten Positionen auffällig hohe Ansätze gegenüberstehen, eine Kostenverlagerung.[138]

44 Eine **Ausnahme** vom zwingenden Ausschluss lässt § 57 Abs. 1 Nr. 5 VgV nur für den Fall zu, dass lediglich unwesentliche Einzelpositionen betroffen sind, deren Einzelpreise den Gesamtpreis nicht verändern oder die Wertungsreihenfolge und den Wettbewerb nicht beeinträchtigen. Sinn dieser Ausnahmeregelung ist es, den Ausschluss von wirtschaftlich günstigen Angeboten zu verhindern, bei denen nur Kleinigkeiten fehlen, so dass es einen überspitzten Formalismus darstellen würde, wenn – gerade bei größeren Ausschreibungen mit Hunderten von Positionen – ein Flüchtigkeitsfehler zum Ausschluss führen müsste. Dies würde dem Sinn des Ausschreibungsverfahrens diametral widersprechen. Doch ist die Ausnahmeregelung **eng begrenzt:**

45 Zunächst dürfen nur unwesentliche Einzelpositionen betroffen sein. Hier steht der Vergabestelle ein Beurteilungsspielraum zu. Die Unwesentlichkeit kann sich entweder aus der Relation des Preises für die betreffenden Positionen zum Gesamtangebotspreis ergeben oder aber aus der Relation der Wichtigkeit der angebotenen Position zur Gesamtbauleistung (zB Schraube zur Sporthalle). Fehlen 6 % der geforderten Preisangaben mit einem Volumen von 10 % des Gesamtentgeltes, liegt keine Unwesentlichkeit mehr vor.[139]

46 Weiter dürfen die Preise dieser betroffenen unwesentlichen Einzelpositionen den Gesamtpreis nicht verändern. Hier ist zu ergänzen, dass auch der Gesamtpreis nicht wesentlich verändert werden darf. Die Forderung nach einer exakten Unveränderlichkeit des Gesamtpreises durch die fehlenden Preisangaben in den einzelnen unwesentlichen Einzelpositionen dürfte andernfalls dazu führen, dass diese Ausnahme nahezu nie vorliegt.

47 Alternativ zur fehlenden Änderung des Gesamtpreises liegt die Ausnahme auch dann vor, wenn die **Wettbewerbsrelevanz des fehlenden Preises ausgeschlossen** sein.

---

[132] VK Lüneburg 16.7.2007 – VgK-30/2007, IBRRS 2007, 3823; VK Bund 3.5.2007 – VK 2–27/07, IBR 2007, 393; OLG München 10.11.2010 – Verg 19/10, NZBau 2011, 253.
[133] VK Nordbayern 28.10.2009 – 21.VK-3194-47/09, IBR 2010, 48.
[134] VK Thüringen 28.9.2012 – 250–4002-14693/2012-E-005-SM, BeckRS 2013, 6587.
[135] VK Thüringen 28.9.2012 – 250–4002-14693/2012-E-005-SM, BeckRS 2013, 6587.
[136] OLG Düsseldorf 26.7.2006 – Verg 19/06, IBR 2007, 1051.
[137] KG 14.8.2012 – Verg 8/12, NZBau 2012, 717.
[138] OLG München 17.4.2019 – Verg 13/18, VPR 2019, 144.
[139] OLG Brandenburg 1.11.2011 – Verg W 12/11, BeckRS 2011, 25289.

Dies erfolgt in zwei Schritten: Zunächst prüft der Auftraggeber, ob bei Nichtwertung dieser Position bzw. bei Wertung mit 0 EUR der Wettbewerb nicht beeinträchtigt wird, es sich also bspw. nicht um eine in Manipulationsabsicht hergestellte Lücke handelt, um sich jederzeit vom Angebot lösen zu können. Im zweiten Schritt wird geprüft, ob sich bei Wertung der Position mit dem höchsten Preis der Konkurrenz an der Wertungsreihenfolge etwas ändert.[140] Ergibt sich im Vergleich eine **andere Bieterreihenfolge,** ist das Angebot auszuschließen. Bleibt das Angebot in der Wertung, ist dem Bieter Gelegenheit zu geben, den von ihm verlangten Preis zu benennen. Zwar enthält die VgV nicht ausdr. die Möglichkeit, Preise nachzufordern, doch ist das Ergebnis, dass der Vertrag sonst ohne diese Position oder mit dem niedrigsten oder höchsten Preis oder einem Null-Preis für die betreffende Position zustande kommt, nicht mit dem wirklichen Willen der Vertragsparteien zu vereinbaren. Im Übrigen kann für diesen Fall die analoge Anwendung der Vorschrift des § 56 Abs. 2 VgV mit dem Argument begründet werden, dass es bei den Preisangaben um leistungsbezogene Angaben geht. Für die Durchführung der Nachforderung des fehlenden Preises ist dann auch die Vorschrift des § 56 Abs. 4 VgV entspr. anzuwenden.

7. Nicht zugelassene Nebenangebote (Nr. 6)

Hat der Auftraggeber in der Bekanntmachung oder in den Vergabeunterlagen die 48 Abgabe von Nebenangeboten nicht zugelassen, sind dennoch eingereichte Nebenangebote auszuschließen. Ohne ausdr. (positive) Angabe sind Nebenangebote nicht zugelassen, § 35 Abs. 1 S. 2 VgV, dazu → § 35 Rn. 6. Eine inhaltliche Prüfung hat in diesem Fall nicht stattzufinden. Vom Ausschluss betroffen ist dabei allein das Nebenangebot. Ein Hauptangebot, mit dem das Nebenangebot verbunden war, bleibt von diesem Ausschluss unberührt. Ist zweifelhaft, ob Nebenangebote für bestimmte Leistungsteile zugelassen sind, sind die Auftragsbekanntmachung bzw. die Vergabeunterlagen auszulegen.[141] Wenn dies mit dem Willen des betroffenen Bieters nicht in Widerspruch gerät, kann ein Angebot, das die Vergabeunterlagen ändert, in ein Nebenangebot umzudeuten sein, falls es ansonsten den Anforderungen der Vergabeunterlagen entspricht.[142]

8. Fehlende Eignung

Die **fehlende Eignung** eines Bieters führt ebenfalls zwangsläufig zu einem Aus- 49 schluss seines Angebotes, denn einem ungeeigneten Bieter darf der Zuschlag nicht erteilt werden.

Ob das betroffene Unternehmen die (zulässig) festgelegten Eignungskriterien 50 erfüllt und nicht auszuschließen ist, ist nach den Vorgaben der §§ 42 ff. VgV iVm § 122 GWB zu prüfen (zum Ganzen → § 42 Rn. 7 ff.).

Die Eignungsprüfung vollzieht sich in **zwei Stufen:** 51

Zunächst wird die **formelle Prüfung** vorgenommen (dazu → § 42 Rn. 7). Der 51a Auftraggeber prüft anhand der eingereichten Eignungsnachweise, ob diese vollständig vorgelegt worden sind. Ist dies nicht der Fall bzw. hat der Bieter diese nicht nach Fristsetzung nachgereicht, ist das Angebot zwingend auszuschließen. Der Auftraggeber hat die erforderlichen Nachweise in der **Auftragsbekanntmachung unmissverständlich** anzugeben.[143] Unklare Anforderungen können durch eine Berichtigungsbekanntmachung korrigiert werden.[144] Der Auftraggeber ist an die von ihm geforderten Eig-

---

[140] Vgl. hierzu Ingenstau/Korbion/von Wietersheim VOB/A § 16a Rn. 38; Kapellmann/Messerschmidt/Frister VOB/A § 16a Rn. 41 ff.
[141] BGH 16.12.2003 – X ZR 282/02, ZfBR 2004, 404 (406).
[142] RKMPP/Dittmann VgV § 57 Rn. 59.
[143] Vgl. hierzu grds. BGH 3.4.2012 – X ZR 130/10, NZBau 2012, 513.
[144] OLG Düsseldorf 16.5.2011 – Verg 44/11, BeckRS 2011, 18448.

nungsnachweise **gebunden;** er darf weder zusätzliche Nachweise fordern noch auf verlangte Nachweise verzichten noch von den in der Bekanntmachung geforderten Einzelnachweisen nach Angebotsabgabe auf die Prüfung der Präqualifizierung übergehen.[145] Sind in der Bekanntmachung und in den Vergabeunterlagen unterschiedliche Anforderungen an die Eignungsnachweise vorhanden, ist allein der Inhalt der Bekanntmachung ausschlaggebend.[146] In den Vergabeunterlagen kann der Auftraggeber nur noch Präzisierungen vornehmen und angeben, ob die Eignungsnachweise mit Angebotsabgabe oder erst auf Aufforderung einzureichen sind.[147] Ob die Nachweise vollständig sind und ob der in ihnen enthaltene Sachverhalt vom Auftraggeber zutreffend der materiellen Eignungsprüfung zugrunde gelegt worden ist, kann von den Nachprüfungsinstanzen uneingeschränkt überprüft werden.

51b Die **materielle Eignungsprüfung** (→ § 42 Rn. 8) betrifft die inhaltliche Auswertung der vorgelegten Unterlagen. Maßgeblich ist dabei, ob die Unterlagen und Nachweise einen ordnungsgemäßen Vertragsvollzug erwarten lassen. Dies ist anhand einer Prognose zu beurteilen. Prognosebasis ist die Tätigkeit des Unternehmens in der Vergangenheit.[148] Die Einschätzungen der Vergabestelle unterfallen einem Beurteilungsspielraum, der im Nachprüfungsverfahren nur darauf überprüft werden kann, ob das vorgeschriebene Verfahren eingehalten worden ist, ob von einem zutreffenden und vollständigen Sachverhalt ausgegangen worden ist, ob sachwidrige Kriterien für die Entscheidung verantwortlich waren und ob gegen allg. gültige Bewertungsgrundsätze verstoßen worden ist.[149] Zum **Prognosespielraum** ausf. auch → GWB § 122 Rn. 9, → § 42 Rn. 8 f.

III. Berücksichtigung zugelassener Nebenangebote (Abs. 2)

1. Allgemeines

52 Zum Begriff des Nebenangebotes → § 35 Rn. 1 und → § 53 Rn. 55. Nebenangebote sind zu werten, wenn sie der Auftraggeber in der Auftragsbekanntmachung oder in den Vergabeunterlagen zugelassen hat, → § 35 Rn. 6.

53 Sind Nebenangebote zugelassen, bestehen keine Bedenken dagegen, wenn Nebenangebote ohne gleichzeitige Einreichung eines Hauptangebotes abgegeben werden. Ein Nebenangebot liegt jedoch dann nicht vor, wenn der Bieter **zwei Hauptangebote** einreicht (→ § 35 Rn. 3). Die Wertung des zweiten Hauptangebotes erfolgt wie die Wertung eines alleinigen Hauptangebotes. Die Einreichung von mehreren Hauptangeboten ist vergaberechtlich zulässig; Voraussetzung ist allerdings, dass sich die Angebote inhaltlich in qualitativer technischer Hinsicht unterscheiden,[150] zB wenn verschiedene Fabrikate angeboten werden. Hat der Auftraggeber unter Verstoß gegen das Gebot zur produktneutralen Ausschreibung einen Auftrag ausgeschrieben, ist ein Angebot mit einem anderen Fabrikat kein Nebenangebot, sondern ein zweites Hauptangebot.[151]

54 Nebenangebote, die trotz Nichtzulassung eingereicht worden sind, sind zwingend auszuschließen. Werden trotz Anforderung (§ 35 Abs. 1 S. 1 VgV, → § 35 Rn. 8)

---

[145] OLG Celle 16.6.2011 – 13 Verg 3/11, ZfBR 2012, 176.
[146] OLG München 15.3.2012 – Verg 2/12, NZBau 2012, 460.
[147] OLG Düsseldorf 15.8.2011 – Verg 71/11, IBRRS 2011, 3679.
[148] Beck VergabeR/Opitz GWB § 122 Rn. 17.
[149] OLG München 1.7.2013 – Verg 8/13, BeckRS 2013, 11807; OLG Celle 11.6.2015 – 13 Verg 4/15, IBR 2015, 502. Beck VergabeR/Opitz GWB § 122 Rn. 21 mwN.
[150] OLG Düsseldorf 1.10.2012 – VII-Verg 34/12, BeckRS 2012, 23822.
[151] OLG Düsseldorf 9.3.2011 – Verg 52/10, BeckRS 2011, 8605; OLG München 6.12.2012 – Verg 25/12, BeckRS 2012, 25589; 12.11.2010 – Verg 21/10, BeckRS 2010, 29116.

keine Nebenangebote eingereicht, ist problematisch, ob das Hauptangebot des betroffenen Bieters in der Wertung verbleiben kann. Dies wird zT verneint, weil kein einschlägiger Ausschlusstatbestand bestehen soll.[152] Allerdings wird mit einem Nebenangebot eine leistungsbezogene Unterlage vom Bieter mit seinem Angebot gefordert. Damit stellt sich die Frage, ob das Fehlen einer solchen geforderten Unterlage nach §§ 57 Abs. 1 Nr. 2 VgV bzw. § 56 Abs. 2 S. 1 VgV zu behandeln ist. Hierfür spricht ua, dass die inhaltlichen Modifikationen der ausgeschriebenen Leistung in einem Nebenangebot in gleicher Weise einer vom Bieter abzugebenden Erklärung bedürfen wie die Konkretisierung seines Angebotes auf ein bestimmtes Produkt. Aus diesem Grund ist auch ein Hauptangebot dann auszuschließen, wenn der Bieter trotz Nachforderung (wenn die Vergabestelle diese nicht ausgeschlossen hat, § 56 Abs. 2 S. 2 VgV) das geforderte Nebenangebot nicht vorgelegt hat.

Neben der vom öffentlichen Auftraggeber zu treffenden Zulassungsentscheidung bedarf es auch der vergaberechtlichen Zulässigkeit von Nebenangeboten. **55**

Bis zum Inkrafttreten des novellierten Vergaberechts war umstritten, ob Nebenangebote zulässig sind, wenn alleiniges Kriterium der niedrigste Preis sein soll.[153] Trotz des Wortlautes des § 35 Abs. 2 S. 3 VgV ist die Frage nicht endgültig geklärt.[154] Danach soll es derartig ausformulierter Mindestanforderungen bedürfen, dass Abmagerungsangebote, die die qualitative Anforderungen durch einen angebotenen, die niedrigen Preis unterlaufen könnten, ausgeschlossen sind (→ § 35 Rn. 15 ff.). Es ist allerdings zweifelhaft, ob der BGH über den eindeutigen Wortlaut hinaus und trotz der Vorgabe aus § 127 Abs. 4 S. 2 GWB eine derartig weitreichende Einschränkung vorgeben durfte. **56**

Die Nebenangebote müssen so **eindeutig und erschöpfend** beschrieben sein, dass sich der Auftraggeber ein klares Bild über die angebotene, vom Amtsvorschlag abweichende Ausführung der Leistung machen kann.[155] Dies ist deshalb unabdingbare Voraussetzung, weil die Vergabestelle die Einzelheiten der abweichenden Leistungsausführung nicht kennt und ohne klare Information über die Leistungsmodalitäten nicht in die Wertung einsteigen kann, → § 35 Rn. 19. Ein **unklares Nebenangebot** ist nicht wertbar, weil der abzuschließende Vertragsinhalt unklar ist. Gibt der Bieter ohne weitere Begründung an, er werde den Bau drei Monate schneller als von der Vergabestelle veranschlagt durchführen, ohne dies in irgendeiner Art und Weise zu erklären, ist das Nebenangebot aus diesem Grund nicht wertbar.[156] **57**

2. Einhaltung der vorgegebenen Mindestanforderungen

Ein Nebenangebot darf nicht berücksichtigt werden, wenn es die Mindestanforderungen[157] nicht einhält[158] (eingehend → § 35 Rn. 22). Der Bieter hat keinen Anspruch auf die Durchsetzung eigener, insbes. die Mindestbedingungen abändern- **58**

---

[152] RKMPP/Dittmann VgV § 57 Rn. 77.
[153] OLG Düsseldorf 9.3.2011 – Verg 52/10, BeckRS 2011, 8605; 7.1.2010 – Verg 61/09, IBR 2010, 585; 18.10.2010 – Verg 39/10, BeckRS 2010, 28570; anders OLG Schleswig 15.4.2011 – 1 Verg 10/10, NZBau 2011, 375.
[154] Vgl. das obiter dictum aus BGH 10.5.2016 – X ZR 66/15, NZBau 2016, 576.
[155] OLG Naumburg 11.7.2000 – 1 Verg 4/00, IBR 2001, 566; ähnlich auch OLG Brandenburg 29.7.2008 – Verg W 10/08, IBR 2008, 533.
[156] OLG München 10.12.2009 – Verg 16/09, IBRRS 2010, 2916 = VergabeR 2010, 246 (247).
[157] Diese müssen nicht ausdr. als solche bezeichnet werden, wenn sich im Wege der Auslegung ergibt, dass es sich um Mindestanforderungen handelt, OLG Düsseldorf 20.12.2019 – VII Verg 35/19, NZBau 2020, 194 = VergabeR 2020, 492.
[158] Diese können sich auch aus der Auslegung ergeben. So ist ein Pauschalpreisnebenangebot bei einer als Einheitspreis konzipierten Vergabe nicht zulässig, OLG Frankfurt a. M. 24.11.2021 – 11 Verg 4/21, ZfBR 2022, 187 = VergabeR 2021, 463.

VgV § 57   Ausschluss von Interessensbekundungen

der Vorstellungen.[159] Es ist Sache des Auftraggebers, den Leistungsgegenstand nach seinen Vorstellungen zu gestalten. Hat der Auftraggeber keine Mindestanforderungen formuliert, können Nebenangebote nicht berücksichtigt werden.[160] Der Bieter muss dieses Versäumnis innerhalb der Fristen des § 160 Abs. 3 GWB rügen.[161]

59   Eine **Gleichwertigkeitsprüfung** (dazu → § 35 Rn. 13 ff. und → VOB/A § 16d Rn. 16) mit den Hauptangeboten ohne dazu vorgegebene Anhaltspunkte ist nicht durchzuführen.[162] Die Frage, ob das Nebenangebot zu den anderen Hauptangeboten gleichwertig ist, wird idR durch die vom Auftraggeber festgesetzten **Mindestbedingungen** objektiv im Vorfeld geprüft und festgelegt.[163]

IV. Interessensbekundungen, Interessensbestätigungen und Teilnahmeanträge (Abs. 3)

60   Die vorgenannten Grundsätze aus den § 57 Abs. 1, 2 VgV gelten für Interessensbekundungen, Interessensbestätigungen und Teilnahmeanträge entsprechend. Die (nur) entspr. Anwendbarkeit erfordert die Prüfung, ob im Einzelfall auch tatsächlich eine Konstellation gegeben ist, die eine Übertragung des Regelungsinhalts aus § 57 Abs. 1, 2 VgV auf Interessensbekundungen, Interessensbestätigungen oder Teilnahmeanträge rechtfertigt. Bspw. dürften Interessensbekundungen und Interessensbestätigungen idR nicht die Problematik aufwerfen, ob damit Änderungen an den Vergabeunterlagen vorgenommen worden sind (§ 57 Abs. 1 Nr. 4 VgV). Teilnahmeanträge dürften selten an fehlenden Preisangaben leiden (§ 57 Abs. 1 Nr. 5 VgV).

V. Rechtsschutz

1. Primärrechtsschutz

61   **Grds. unterliegen alle Verstöße gegen Bestimmungen des § 57 VgV** dem Primärrechtsschutz, betreffen also **bieterschützende** Regelungen. Ausgenommen ist die fehlende Dokumentation. Sie allein kann keine Rechtsverletzung ggü. anderen Bietern begründen, solange nicht tatsächlich in die Rechtsstellung anderer Bieter durch eine fehlerhafte Entscheidung eingegriffen wird.[164]

2. Sekundärrechtsschutz

62   **a) § 181 S. 1 GWB.** Hat der Auftraggeber gegen die Vorschrift des § 57 VgV verstoßen, kann der zu Unrecht ausgeschlossene Bieter Schadensersatz für die Kosten der Vorbereitung des Angebotes oder der Teilnahme an einem Vergabeverfahren verlangen, wenn er ohne diesen Verstoß eine echte Chance auf den Zuschlag gehabt hätte. Zur Geltendmachung eines derartigen Schadensersatzanspruches bedarf es keiner vorher im Primärrechtsschutz erhobenen Rüge.[165] Dem Schadensersatzan-

---

[159] OLG Düsseldorf 10.12.2008 – Verg 51/08, IBR 2010, 1100.
[160] OLG Koblenz 31.5.2006 – 1 Verg 3/06, NZBau 2006, 600 (Ls); OLG München 11.8.2005 – Verg 12/05, IBR 2005, 564; OLG Schleswig 15.2.2005 – 6 Verg 6/04, BeckRS 2005, 1848 = VergabeR 2005, 357.
[161] OLG Celle 11.2.2010 – 13 Verg 16/09, IBR 2010, 227; OLG Brandenburg 19.1.2009 – Verg W 2/09, IBR 2009, 543.
[162] OLG München 9.9.2010 – Verg 16/10, BeckRS 2010, 22055.
[163] RKMPP/Dittmann VgV § 57 Rn. 79 mwN.
[164] OLG München 2.11.2012 – Verg 26/12, BeckRS 2012, 22639.
[165] BGH 17.9.2019 – X ZR 124/18, NZBau 2019, 798; 18.6.2019 – X ZR 86/17, NZBau 2019, 661.

spruch kann der Auftraggeber dadurch entgehen, dass er nachweist, dass auch bei ordnungsgemäßer Wertung der Zuschlag nicht an den übergangenen Bieter erteilt worden wäre (**rechtmäßiges Alternativverhalten**).

b) Verletzung vorvertraglicher Pflichten. Ein solcher Anspruch nach §§ 280 Abs. 1, 241 Abs. 2, 311 Abs. 2 BGB kommt in Betracht, wenn der Auftraggeber schuldhaft gegen eine der Vorschriften des § 57 VgV und damit gegen seine **Rücksichtnahmepflicht**[166] verstößt. Der Anspruch auf Schadensersatz ist nicht daran geknüpft, dass der Bieter auf die Einhaltung der vergaberechtlichen Regeln vertraut hat.[167] Der Schadensersatzanspruch steht aber nur demjenigen Bieter zu, dem bei ordnungsgemäßem Verlauf des Vergabeverfahrens der Auftrag hätte erteilt werden müssen,[168] der also bei ordnungsgemäßer Wertung mit seinem Angebot preislich und/oder wertungsmäßig an erster Stelle liegt, denn nur dann kann ihm durch den Bieter ein Schaden entstanden sein, weil er dann mit hoher Wahrscheinlichkeit den Auftrag bekommen hätte;[169] die Beweislast hierfür liegt beim Bieter. Der Bieter muss aber nur nachweisen, dass er mit hoher Wahrscheinlichkeit den Auftrag erhalten hätte, denn eine Sicherheit wird kaum je zu beweisen sein. Ausgeschlossen ist ein Schadensersatzanspruch dann, wenn dem Auftraggeber der **Einwand des rechtmäßigen Alternativverhaltens** zur Seite steht, dem Bieter also auch bei einem korrekten Vorgehen des Auftraggebers ein Schaden entstanden wäre. Dies ist der Fall, wenn das Angebot des Bieters aus anderen Gründen von der Wertung hätte ausgeschlossen werden müssen.[170] Der Einwand, dass der Auftraggeber auch andere Eignungskriterien hätte vorsehen können, steht einem möglichen Schadensersatzanspruch jedoch nicht entgegen.[171]

c) § 823 Abs. 2 BGB. § 57 VgV ist eine Schutzvorschrift iSd § 823 Abs. 2 BGB. Wird eine tatbestandliche Pflicht verletzt, kann der Bieter als Schadensersatz wiederum verlangen, so gestellt zu werden, als wäre der Verstoß nicht begangen worden. Das bedeutet aber, dass er wiederum nachweisen muss, dass er ohne den Verstoß mit hoher Wahrscheinlichkeit den Zuschlag erhalten hätte.

d) § 826 BGB. Ein Anspruch aus § 826 BGB wegen sittenwidriger Schädigung ist eher unwahrscheinlich. Ein solcher Anspruch ist nur gegeben, wenn der Auftraggeber in kollusivem Zusammenwirken mit einem anderen Bieter zum Nachteil eines Bieters handelt.

e) Höhe des Schadens. Die Höhe des Schadensersatzanspruchs richtet sich nach § 249 BGB. Nach dieser Vorschrift ist der Zustand wiederherzustellen, der ohne das schädigende Ereignis bestehen würde. Zu ersetzen ist grds. nur das **negative Interesse**. Ein auf das positive Interesse gerichteter Schadensersatzanspruch setzt voraus, dass dem Bieter bei ordnungsgemäßem Verlauf des Vergabeverfahrens der Zuschlag hätte erteilt werden müssen und dass der ausgeschriebene oder ein diesem wirtschaftlich gleichzusetzender Auftrag vergeben worden ist.[172] Das gilt auch für den Fall, dass der öffentliche Auftraggeber ein Vergabeverfahren wegen fehlender

---

[166] Eine Verletzung der Rücksichtnahmepflicht soll auch dann vorliegen, wenn der Auftraggeber trotz erkannter Unzumutbarkeit den Bieter durch eine Zuschlagserteilung an einem Kalkulationsfehler festhalten will, OLG Dresden 2.7.2019 – 16 U 975/19, BeckRS 2019, 30814 = VergabeR 2020, 543.
[167] BGH 9.6.2011 – X ZR 143/10, NZBau 2011, 498.
[168] BGH 26.1.2010 – X ZR 86/08, ZfBR 2010, 389.
[169] OLG Düsseldorf 26.11.1985 – 23 U 66/85, NJW-RR 1986, 508 = BauR 1986, 107.
[170] BGH 18.9.2007 – X ZR 89/04, NZBau 2008, 137 f.
[171] BGH 6.10.2020 – XIII ZR 21/19, NZBau 2021, 57 = VergabeR 2021, 183.
[172] BGH 26.1.2010 – X ZR 86/08, BeckRS 2010, 6879; 20.11.2012 – X ZR 108/10, BeckRS 2012, 25606; OLG München 12.12.2013 – 1 U 498/13, BeckRS 2014, 18506.

Voraussetzungen nicht hätte aufheben dürfen und der klagende Bieter ohne Aufhebung den Auftrag erhalten hätte.[173] Problematisch an dieser Rspr. ist, dass die Höhe des Anspruchs davon abhängt, wie sich der Auftraggeber nachträglich entscheidet. Der Bieter wird dann so gestellt, als hätte er den Auftrag erhalten und mit Gewinn zu Ende ausgeführt. Der Anspruch umfasst den kalkulatorisch ermittelten Gewinn und die allg. Geschäftskosten. Mit diesen sind dann aber auch die Kosten für die Erstellung des Angebotes abgegolten.

§ 58 Zuschlag und Zuschlagskriterien

(1) Der Zuschlag wird nach Maßgabe des § 127 des Gesetzes gegen Wettbewerbsbeschränkungen auf das wirtschaftlichste Angebot erteilt.

(2) ¹Die Ermittlung des wirtschaftlichsten Angebots erfolgt auf der Grundlage des besten Preis-Leistungs-Verhältnisses. ²Neben dem Preis oder den Kosten können auch qualitative, umweltbezogene oder soziale Zuschlagskriterien berücksichtigt werden, insbesondere:
1. die Qualität, einschließlich des technischen Werts, Ästhetik, Zweckmäßigkeit, Zugänglichkeit der Leistung insbesondere für Menschen mit Behinderungen, ihrer Übereinstimmung mit Anforderungen des „Designs für Alle", soziale, umweltbezogene und innovative Eigenschaften sowie Vertriebs- und Handelsbedingungen,
2. die Organisation, Qualifikation und Erfahrung des mit der Ausführung des Auftrags betrauten Personals, wenn die Qualität des eingesetzten Personals erheblichen Einfluss auf das Niveau der Auftragsausführung haben kann, oder
3. die Verfügbarkeit von Kundendienst und technischer Hilfe sowie Lieferbedingungen wie Liefertermin, Lieferverfahren sowie Liefer- oder Ausführungsfristen.

³Der öffentliche Auftraggeber kann auch Festpreise oder Festkosten vorgeben, sodass das wirtschaftlichste Angebot ausschließlich nach qualitativen, umweltbezogenen oder sozialen Zuschlagskriterien nach Satz 1 bestimmt wird.

(3) ¹Der öffentliche Auftraggeber gibt in der Auftragsbekanntmachung oder den Vergabeunterlagen an, wie er die einzelnen Zuschlagskriterien gewichtet, um das wirtschaftlichste Angebot zu ermitteln. ²Diese Gewichtung kann auch mittels einer Spanne angegeben werden, deren Bandbreite angemessen sein muss. ³Ist die Gewichtung aus objektiven Gründen nicht möglich, so gibt der öffentliche Auftraggeber die Zuschlagskriterien in absteigender Rangfolge an.

(4) Für den Beleg, ob und inwieweit die angebotene Leistung den geforderten Zuschlagskriterien entspricht, gelten die §§ 33 und 34 entsprechend.

(5) An der Entscheidung über den Zuschlag sollen in der Regel mindestens zwei Vertreter des öffentlichen Auftraggebers mitwirken.

Literatur: 1. Ermittlung des wirtschaftlichsten Angebots: Bartsch/von Gehlen, Keine zutreffende Ermittlung des besten Preis-Leistungs-Verhältnisses mit Interpolationsformeln, NZBau 2015,52; Bartsch/von Gehlen/Hirsch, Mit Preisgewichtung vorbei am wirtschaftlichsten Angebot, NZBau 2012, 393; Delcuvé, Schulbenotung von Angeboten – Roma locuta, causa finita?, NZBau 2017, 646; Gaus, Vertretung des Auftraggebers in Submission und Wertung, NZBau 2019, 358; Greb, Der Ermessens- und Beurteilungsspielraum öffentlicher Auftraggeber unter Druck, NZBau 2020, 147; Kiiver/Kodym, Die Ermittlung des Preis-Leistungsverhältnisses

---

[173] BGH 20.11.2012 – X ZR 108/10, NZBau 2013, 180.

von Angeboten, NZBau 2015, 59; Kirch/Jentzsch, Wertung von Konzepten – Neues vom Schulnotensystem, VergabeNews 1/2017, 2; Noch, Gute Noten für die Schulnoten, VergabeNavigator 1/2017, 23; Schnepel/Zimmermann, HOAI 2021 – Auswirkungen auf das Vergaberecht, ZfBR 2021, 345; Theis/Strauß, Preiswertung bei Planungsvergaben, ZfBR 2021, 631.

2. Qualitative, soziale und umweltbezogene Kriterien: Butzert/Hattenhauer, Die Etablierung ökologischer, sozialer, innovativer und qualitativer Aspekte im Vergabeverfahren, ZfBR 2017, 129; Dieckmann, Vom Schatten ins Licht – Umweltzeichen in Vergabeverfahren, Neuerungen der Vergaberechtsreform, NVwZ 2016, 1369; Eßig, Beschaffungsstrategien der öffentlichen Hand in den Bereichen Verteidigung und Sicherheit am Beispiel der Bundeswehr, ZfBR 2016, 33; Funk/Tomerius, Aktuelle Ansatzpunkte umwelt- und klimaschützender Beschaffung in Kommunen – Überblick und Wege im Dschungel des Vergaberechts (Teil 2), KommJur 2016, 47; Püstow, Der „Faktor Mensch" als Wertungskriterium, VergabeR 2022, 311; Ziekow, Faires Beschaffungswesen in Kommunen und die Kernarbeitsnormen, 4. Aufl. 2013.

Übersicht

	Rn.
I. Bedeutung der Vorschrift	1
II. Zuschlag auf das wirtschaftlichste Angebot (Abs. 1 und 2)	2
1. Vorgaben des Unionsrechts	2
2. Ermittlung des wirtschaftlichsten Angebots	3
a) Bestes Preis-Leistungs-Verhältnis (Abs. 1, Abs. 2 S. 1)	3
b) Ermittlung des besten Preis-Leistungs-Verhältnisses – Wertungsformeln	5
3. Zulässigkeit der reinen Preiswertung (Abs. 2 S. 2)	9
4. Qualitative, umweltbezogene und soziale Kriterien (Abs. 2 S. 2)	12
a) Kriterien nach Abs. 2 S. 2 Nr. 1	13
aa) Qualität	13
bb) Technischer Wert	14
cc) Ästhetik	15
dd) Zweckmäßigkeit	16
ee) Zugänglichkeit der Leistung für Menschen mit Behinderungen	17
ff) Design für alle	18
gg) Soziale und umweltbezogene Eigenschaften	19
hh) Innovative Eigenschaften	25
ii) Vertriebs- und Handelsbedingungen	26
b) Kriterien nach Abs. 2 S. 2 Nr. 2	27
c) Kriterien nach Abs. 2 S. 2 Nr. 3	31
5. Transparenzanforderungen für Zuschlagskriterien	32
6. Vorgabe von Festpreisen oder Festkosten (Abs. 2 S. 3)	36
III. Gewichtung der Zuschlagskriterien (Abs. 3)	37
IV. Anwendung der §§ 33, 34 VgV (Abs. 4)	40
V. „Vier-Augen-Prinzip" (Abs. 5)	43
VI. Rechtsschutz	45

I. Bedeutung der Vorschrift

§ 58 VgV dient der Umsetzung des Art. 67 RL 2014/24/EU. Die Vorschrift regelt Einzelheiten zum **Vorgehen bei der Angebotswertung** und enthält in Abs. 2 S. 2 nicht abschließende Beispiele für qualitative, soziale und umweltbezogene Kriterien, die Auftraggeber neben dem Preis zur Ermittlung des wirtschaftlichsten Angebots heranziehen können. Die Vorschrift gestaltet damit – teilw. redundant –

§ 127 GWB näher aus.[1] Sie ist stets zusammen mit § 127 GWB zu lesen, da dieser Regelungen enthält, die in § 58 VgV nicht erneut aufgenommen wurden. § 58 Abs. 2 S. 3 VgV setzt die in Art. 67 Abs. 2 S. 4 RL 2014/24/EU angelegte Möglichkeit einer Vergabe lediglich nach qualitativen, umweltbezogenen oder sozialen Kriterien bei Vorgabe von Festpreisen oder Festkosten in nationales Recht um. § 58 Abs. 3 VgV trifft in Umsetzung von Art. 67 Abs. 5 RL 2014/24/EU Regelungen zur Gewichtung der Zuschlagskriterien. § 58 Abs. 4 VgV stellt – wiederum redundant zu § 33 und § 34 VgV – klar, dass auch für den Nachweis, dass eine angebotene Leistung den Zuschlagskriterien entspricht, Bescheinigungen von Konformitätsbewertungsstellen oder die Vorlage von Gütezeichen verlangt werden können. § 58 Abs. 5 VgV führt als „Soll-Vorschrift" für den Regelfall ein „Vier-Augen-Prinzip" bei der Zuschlagsentscheidung ein.

II. Zuschlag auf das wirtschaftlichste Angebot (Abs. 1 und 2)

1. Vorgaben des Unionsrechts

2   Gem. Art. 67 Abs. 1 RL 2014/24/EU erteilen die öffentlichen Auftraggeber den Zuschlag auf der Grundlage des wirtschaftlich günstigsten Angebots. Nach Art. 67 Abs. 2 RL 2014/24/EU kann die Bestimmung des aus der Sicht des öffentlichen Auftraggebers wirtschaftlich günstigsten Angebots anhand einer Bewertung auf der Grundlage des **Preises** oder der **Kosten**, mittels eines Kosten-Wirksamkeits-Ansatzes, wie der Lebenszykluskostenrechnung (...) erfolgen und kann das **beste Preis-Leistungs-Verhältnis** beinhalten, das auf der Grundlage von Kriterien – unter Einbeziehung qualitativer, umweltbezogener und/oder sozialer Aspekte – bewertet wird, die mit dem Gegenstand des betreffenden öffentlichen Auftrags in Verbindung stehen.

2. Ermittlung des wirtschaftlichsten Angebots

3   **a) Bestes Preis-Leistungs-Verhältnis (Abs. 1, Abs. 2 S. 1).** Der nationale Gesetzgeber hat in § 127 Abs. 1 GWB – wie bereits in § 97 Abs. 5 GWB aF – klargestellt, dass der **Zuschlag auf das wirtschaftlichste Angebot** erteilt werden muss. Diese Regelung wiederholt § 58 Abs. 1 VgV rein deklaratorisch. Die Bezuschlagung des wirtschaftlichsten Angebots ist eine Ausformung des Wettbewerbsgrundsatzes, da hierdurch verhindert wird, dass sich der Auftraggeber von anderen als wirtschaftlichen Überlegungen leiten lässt und gerade die Marktkräfte zum Einsatz gebracht werden sollen.[2]

3a   § 127 Abs. 1 S. 3 GWB füllt den Begriff des wirtschaftlichsten Angebots richtlinienkonform durch das Konzept des **besten Preis-Leistungs-Verhältnisses**. Diese Regelung wird in § 58 Abs. 2 S. 1 VgV ebenfalls rein deklaratorisch wiederholt. Der Angebotspreis oder die unter Einbeziehung weiterer Faktoren, wie zB dem finanziellen Aufwand für Betrieb und Wartung der Leistung oder der Lebenszykluskosten, errechneten Kosten müssen ins Verhältnis gesetzt werden zur Leistung, die iRd öffentlichen Auftrags erbracht werden soll und die mittels qualitativer, umweltbezogener und/oder sozialer Kriterien bewertet wird. Es kommt auf die günstigste Relation zwischen der zu erbringenden Leistung und der dafür einzusetzenden Finanzmittel an.[3] **Der öffentliche Auftraggeber bestimmt** – unter Beachtung der Voraussetzungen des § 127 GWB und des § 58 VgV – durch Vorgabe der wirtschaftlichen und qualitativen Zuschlagskriterien, **was für ihn das beste Preis-**

---

[1] BR-Drs. 87/16, 212.
[2] OLG Düsseldorf 28.5.2003 – Verg 8/03, BeckRS 2004, 11759.
[3] Vgl. BT-Drs. 13/9340; Beck VergabeR/Lausen VgV § 58 Rn. 20 ff.

Zuschlag und Zuschlagskriterien **§ 58 VgV**

Leistungs-Verhältnis ausmacht.[4] Er hat dabei einen weiten Beurteilungsspielraum[5], sollte dabei aber nicht aus den Augen verlieren, dass die für die Wirtschaftlichkeit des einzelnen Angebots maßgebliche Relation mathematisch und betriebswirtschaftlich in Form eines Quotienten aus der Leistung und den Kosten (Preis im weitesten Sinne) beschrieben wird.[6]

Preis oder Kosten müssen – außer im Falle der Vorgabe von Festpreisen oder Festkosten gem. § 58 Abs. 2 S. 3 VgV – bei der Angebotsbewertung **zwingend berücksichtigt werden.**[7] Eine zwingende Mindestgewichtung für den Preis besteht allerdings nicht, die finanzielle Komponente darf aber nicht völlig in den Hintergrund treten.[8] Eine prozentuale Mindestgewichtung des Preises macht schon deshalb keinen Sinn, weil eine solche – wegen der mathematischen Probleme der dazu nötigen Umrechnungsmethoden des Preises in Wertungspunkte (→ Rn. 6) – nur begrenzte Aussagekraft darüber hat, wie ausschlaggebend der Preis für die Zuschlagserteilung tatsächlich ist. 3b

Dem Auftraggeber steht bei der Auswahl und der Gewichtung (→ Rn. 36 ff.) der qualitativen, umweltbezogenen und/oder sozialen Kriterien ein weiter Ermessensspielraum zu. Die Zuschlagskriterien müssen lediglich gem. § 127 Abs. 3 GWB mit dem Auftragsgegenstand in Verbindung stehen und die Vorgaben des § 127 Abs. 4 GWB einhalten. 4

b) Ermittlung des besten Preis-Leistungs-Verhältnisses – Wertungsformeln. Werden bei der Ermittlung des wirtschaftlichsten Angebots neben dem Preis und den Kosten auch qualitative, umweltbezogene und/oder soziale Kriterien berücksichtigt, muss der **Preis** ggf. unter Berücksichtigung entsprechender bekannt gemachter Gewichtungsregelungen (zB 40 % Preis, 60 % Summe der nichtpreislichen Kriterien) mit dem Erfüllungsgrad der **nichtpreislichen Kriterien** in den jew. Angeboten **ins Verhältnis gesetzt** werden. Bei der Wahl solcher **Formeln** für die **Ermittlung des besten Preis-Leistungs-Verhältnisses** hat der Auftraggeber einen **weiten Ermessensspielraum**. Die Wahl einer bestimmten Preisumrechnungsmethode kann vergaberechtlich nur beanstandet werden, wenn sich gerade ihre Heranziehung im Einzelfall aufgrund besonderer Umstände als mit dem gesetzlichen Leitbild des Vergabewettbewerbs unvereinbar erweist.[9] Dem Auftraggeber kann nach Auff. des BGH die Wahl einer bestimmten Bewertungsmethode nicht vorgegeben werden, da auch andere Bewertungsmethoden unter Umständen zu als unbillig oder widersprüchlich empfundenen Ergebnissen führen können. Nach Auff. der VK Bund ist sogar ein sog. Flipping-Effekt hinzunehmen,[10] bei dem eine Verschiebung der Bieterreihenfolge ohne Veränderung der Angebote aufgrund mathematischer Abhängigkeiten von Angeboten dritter, auch nachrangiger, Bieter auftreten kann.[11] 5

Die oben dargestellte indifferente Haltung der Rspr. auch ggü. **Wertungsformeln mit erheblichen mathematischen Schwächen** ist problematisch, weil die Bieterreihenfolge bei deren Verwendung uU nicht mehr nur von der Wirtschaftlichkeit der Angebote selbst, sondern auch von Zufälligkeiten wie der gewählten Wertungsformel und den Angeboten dritter, auch nachrangiger, Bieter abhängt. Alle 6

---

[4] Beck VergabeR/Lausen VgV § 58 Rn. 21.
[5] BGH 4.4.2017 – X ZB 3/17, NZBau 2017, 366.
[6] Bartsch/von Gehlen/Hirsch NZBau 2012, 393.
[7] BT-Drs. 18/6281, 108.
[8] OLG Düsseldorf 21.5.2012 – VII-Verg 3/12, BeckRS 2012, 15472; aA OLG Dresden 5.1.2001 – WVerg 0011/00, IBRRS 2013, 2317; 5.1.2001 – WVerg 0012/00, IBRRS 2003, 0782, mindestens 30 %.
[9] BGH 4.4.2017 – X ZB 3/17, NZBau 2017, 366.
[10] VK Bund 26.6.2018 – VK 2-46/18, IBRRS 2018, 2554.
[11] Bartsch/von Gehlen/Hirsch NZBau 2012, 393.

derzeit gängigen Bewertungsmethoden, bei denen der Preis und die Leistung in ein prozentuales Verhältnis gebracht werden und dazu der Preis in Wertungspunkte umgerechnet wird, können – abhängig von der Angebotskonstellation – zu problematischen Ergebnissen führen, bei denen nachrangige Angebote die Reihenfolge der vor ihnen platzierten Angebote beeinflussen oder die Gewichtungsentscheidung des Auftraggebers konterkariert wird (zB indem bei einer Gewichtung von 30% Preis und 70% Leistung das billigste und leistungsschwächste Angebot die erste Rangstelle einnimmt).[12]

6a Das **beste Preis-Leistungs-Verhältnis im mathematischen Sinn** wird bei sachgerechter Handhabung mit der sog. einfachen Richtwertmethode (Zuschlagskennzahl Z = Leistung L : Preis P) nach der aktuellen Unterlage[13] für Ausschreibung und Bewertung von IT-Leistungen (UfAB) des Beschaffungsamts des BMI ermittelt. Möchte der Auftraggeber entweder dem Preis oder der Leistung einen höheren Einfluss auf die Zuschlagsentscheidung zukommen lassen, ist dies über die sog. erweiterte Richtwertmethode nach UfAB transparent und nachvollziehbar möglich. Eine stärkere Relevanz des Preises kann auch über die Bildung von Punktesockeln erreicht werden, die jedes Angebot erhält, das die Mindestvoraussetzungen der Leistungsbeschreibung erfüllt.

7 Ungeeignet zur Ermittlung des besten Preis-Leistungsverhältnisses sind Umrechnungsformeln, bei denen der relative Preisabstand zwischen den abgegebenen Angeboten nicht in angemessener Weise bei der Wertung zum Tragen kommt,[14] wie die Anwendung von (groben) **Preisstufen**[15] oder pauschale Abstufungen der Angebote um jew. eine bestimmte Punktezahl. Ebenfalls problematisch sind Wertungsformeln sowohl zur Leistungs- als auch zur Preiswertung, die zu Wettbewerbsverzerrungen führen, wenn nur zwei Angebote vorliegen. Ein Angebots-Wertungssystem, das beim Unterkriterium der Leistung (Qualität) vorsieht: „100 Punkte erhält das Angebot mit der höchsten Wertungspunktzahl und null Punkte erhält das Angebot mit der niedrigsten Wertungspunktzahl", ist rechtlich ungeeignet, die Zuschlagsentscheidung zu begründen.[16] Aus dem gleichen Grund ist eine Wertung des Preises vergaberechtswidrig, bei der für den niedrigsten Gesamtangebotspreis die Höchstzahl von zehn Punkten vergeben wird, für den höchsten Gesamtangebotspreis die niedrigste Punktzahl von drei Punkten vergeben wird und die übrigen Gesamtangebotspreise relativ zu diesen beiden Preisen auf eine Nachkommastelle genau bepunktet werden.[17] Dies ist auf sämtliche **beidseitigen Interpolationsmethoden** (zB Interpolation zwischen dem niedrigsten Preis Pmin und höchsten Preis Pmax) zu übertragen, die im nie auszuschließenden Fall, dass nur zwei Angebote eingehen oder verwertbar sind, zu wettbewerbsverzerrenden Ergebnissen führen.

8 Uneinheitlich beurteilt wird die Frage, ob die vorgesehene **Bewertungsmethode** und insbes. die zur Anwendung vorgesehenen Formeln **bereits in den Vergabeunterlagen anzugeben** sind. Während die nationale Rspr. dies zu Recht gefordert hat, weil diese kalkulationsrelevant sind und bekanntgegebene Gewichtungsregelungen nur im Zusammenhang mit der hinterlegten Formel transparent

---

[12] S. die Beispiele bei Bartsch/von Gehlen NZBau 2015, 52; Bartsch/von Gehlen/Hirsch NZBau 2012, 393.
[13] Derzeit UfAB 2018.04.
[14] VK Bund 24.10.2014 – VK 2–85/14, IBRRS 2015, 0028, iErg auch OLG Düsseldorf 29.4.2015 – Verg 35/14, ZfBR 2015, 596.
[15] VK Südbayern 24.7.2015 – Z3-3-3194-1-28-04/15, IBRRS 2015, 2261; so wohl auch OLG Naumburg 1.3.2021 – 7 Verg 1/21, BeckRS 2021, 23388.
[16] OLG Düsseldorf 22.1.2014 – Verg 26/13, ZfBR 2014, 498.
[17] VK Bund 24.10.2014 – VK 2–85/14, IBRRS 2015, 0028; OLG Düsseldorf 29.4.2015 – VII-Verg 35/14, NZBau 2015, 440.

gemacht werden können,[18] sieht der EuGH hierfür in einer noch zur RL 2004/18/EG ergangenen Entscheidung keine Verpflichtung. Für einen gesetzeskonform agierenden öffentlichen Auftraggeber wird es allerdings regelmäßig keinen sachlichen Grund geben, die von ihm gewählte Bewertungsmethode nicht bereits in den Vergabeunterlagen anzugeben.

Allerdings dürfen auch nach Ansicht des EuGH die **Bewertungsmethoden grds. nicht nach Öffnung der Angebote festgelegt** werden und keine Veränderung der Zuschlagskriterien oder ihrer Gewichtung bewirken. Das vergaberechtliche Transparenzgebot (§ 97 Abs. 1 S. 1 Alt. 2 GWB) und der vergaberechtliche Gleichbehandlungsgrundsatz (§ 97 Abs. 2 GWB) erfordern, dass der öffentliche Auftraggeber für die Angebotswertung grds. vor Öffnung der Angebote eine in den Vergabeakten hinreichend dokumentierte Bewertungsmethode festlegt.[19] Allenfalls **in atypischen Sonderfällen**, zB wenn bei einer vollständigen Neubewertung der Angebote eine transparente und dem Gleichbehandlungsgrundsatz entspr. Bewertung der Angebote noch möglich erscheint, kann ausnahmsweise unter Berücksichtigung der Umstände des Einzelfalls eine (Neu-) Festlegung der Bewertungsmethode auch nach Öffnung der Angebote noch vergaberechtskonform und eine Aufhebung des Vergabeverfahrens nicht zwingend geboten sein.[20] **8a**

Hat der öffentliche Auftraggeber allerdings eine Bewertungsmethode, etwa ein Punktesystem zur Bewertung der einzelnen Kriterien, in den Vergabeunterlagen bekanntgegeben, ist er daran gebunden und muss diese Methode dann auch bei der Ermittlung des wirtschaftlichsten Angebots zur Anwendung bringen. **Abweichungen von einer bekanntgegebenen Bewertungsmethode sind vergaberechtswidrig**, nämlich unvereinbar mit Transparenzgebot und Gleichbehandlungsgrundsatz.[21] Hat der Auftraggeber in den Vergabeunterlagen mitgeteilt, die Angebote mit vollen Punkten zu bewerten, ist eine Bewertung mit Zwischenpunkten unzulässig.[22] Dies gilt auch dann, wenn diese Zwischenpunkte („Komma-Noten") aus der Durchschnittsbildung der Einzelnoten eines Bewertungsgremiums entstanden sind.[23] **8b**

3. Zulässigkeit der reinen Preiswertung (Abs. 2 S. 2)

§ 127 Abs. 1 S. 3 GWB und § 58 Abs. 2 S. 2 VgV stellen in Übereinstimmung mit Art. 67 Abs. 2 S. 1 RL 2014/24/EU klar, dass der Zuschlag auch allein auf das **preislich günstigste Angebot** erteilt werden kann. Dem Auftraggeber steht daher iR seines weiten Ermessensspielraums bei der Festlegung der Zuschlagskriterien auch die Option einer reinen Preiswertung anstatt einer Zuschlagsentscheidung auf der Basis des Preises oder der Kosten zusammen mit qualitativen, umweltbezogenen und/oder sozialen Kriterien zur Verfügung. Gerade bei der Beschaffung von marktüblichen, standardisierten Leistungen und bei Bauleistungen, bei denen die qualitativen Anforderungen in einem detaillierten Leistungsverzeichnis ohne funktionale Bestandteile umfassend abgebildet werden können, entspricht die Anwendung einer reinen Preiswertung der Vergaberealität und ist regelmäßig nicht zu beanstanden. Der **9**

---

[18] OLG Düsseldorf 9.4.2014 – Verg 36/13, ZfBR 2015, 512; VK Sachsen 12.6.2015 – 1/SVK/016-15, BeckRS 2015, 16423; ähnlich schon OLG München 21.5.2010 – Verg 2/10, BeckRS 2010, 13748.
[19] EuGH 14.7.2016 – C-6/15, NZBau 2016, 772 – TNS Dimarso NV; KG 27.6.2022 – Verg 4/22, VPRRS 2022, 0194.
[20] ZB im kuriosen Sachverhalt von KG 27.6.2022 – Verg 4/22, VPRRS 2022, 0194.
[21] OLG Karlsruhe 15.4.2015 – 15 Verg 2/15, VPRRS 2015, 0315 = VergabeR 2016, 105; KG 27.6.2022 – Verg 4/22, VPRRS 2022, 0194.
[22] VK Lüneburg 11.8.2020 – VgK-16/2020, VPRRS 2021, 0001.
[23] KG 27.6.2022 – Verg 4/22, VPRRS 2022, 0194.

Preis als alleiniges Zuschlagskriterium ist dann zulässig, wenn die auszuführenden Leistungen in allen für die Zuschlagsentscheidung in Betracht kommenden Punkten in der Leistungsbeschreibung und/oder in den übrigen Ausschreibungsunterlagen vom Auftraggeber hinreichend genau definiert worden sind.[24]

9a Der deutsche Gesetzgeber hat von der in Art. 67 Abs. 2 S. 5 RL 2014/24/EU für die Mitgliedstaaten bestehenden Möglichkeit eines Ausschlusses einer Zuschlagserteilung allein auf das preislich günstigste Angebot nur in § 76 Abs. 1 S. 1 VgV für die Vergabe von Architekten- und Ingenieurleistungen, deren Gegenstand eine Aufgabe ist, deren Lösung vorab nicht eindeutig und erschöpfend beschrieben werden kann, Gebrauch gemacht (zu den Einzelheiten s. auch die Kommentierung zu → GWB § 127 Rn. 32).

10 Unzulässig ist die Bestimmung des Preises als ausschließliches Zuschlagskriterium aber dann, wenn **andere Zuschlagskriterien erforderlich** sind.[25] Dies ist insbes. der Fall bei funktionalen oder teilfunktionalen Ausschreibungen, wenn eine allein am Preis ausgerichtete Wertung der Angebote die qualitativen Unterschiede der eingereichten Angebote nicht berücksichtigen kann[26] und daher die Gefahr besteht, dass entgegen § 127 Abs. 1 S. 3 GWB nicht das Angebot mit dem besten Preis-Leistungs-Verhältnis den Zuschlag erhält.[27]

11 Trotz der ausdr. Zulassung von Nebenangeboten in § 35 Abs. 2 S. 3 VgV,[28] wenn der Preis das alleinige Zuschlagskriterium ist, wird die **Wertung von Nebenangeboten** regelmäßig die Festlegung aussagekräftiger, auf den jew. Auftragsgegenstand und den mit ihm zu deckenden Bedarf zugeschnittener Zuschlagskriterien erfordern,[29] die die Qualitätsunterschiede zwischen den Angeboten abbilden können. Ohne solche Kriterien muss strikt darauf geachtet werden, dass ein Nebenangebot nicht qualitativ so weit hinter der Qualität eines dem Amtsvorschlag entsprechenden Hauptangebots zurückbleibt, dass es mit diesem nicht mehr vergleichbar ist und seine Wertung einen **Verstoß gegen den Grundsatz der Gleichbehandlung** der Bieter darstellt.[30] Dies muss – falls tatsächlich die Wertung von Nebenangeboten nur aufgrund des niedrigsten Preises gewollt ist – durch besonders sorgfältige Festlegung der Mindestanforderungen sichergestellt werden.[31] Regelmäßig werden solche Nebenangebote nur punktuell vom „Amtsvorschlag" der Vergabestelle abweichen können.

4. Qualitative, umweltbezogene und soziale Kriterien (Abs. 2 S. 2)

12 § 58 Abs. 2 S. 2 Hs. 2 setzt Art. 67 Abs. 2 S. 2 lit. a–c RL 2014/24/EU um, indem er eine **beispielhafte Auflistung** zulässiger Zuschlagskriterien vorgibt. Die aufgeführten – nicht abschließenden – Beispiele füllen die unbestimmten Rechtsbegriffe der „qualitativen", „umweltbezogenen" und „sozialen" Zuschlagskriterien aus.[32] Der Auftraggeber ist in der Wahl der Zuschlagskriterien im Ansatz frei; er kann bestimmen, worauf es ihm bei der Durchführung des Auftrages in erster Linie

---

[24] OLG Düsseldorf 24.9.2014 – Verg 17/14, ZfBR 2015, 515.
[25] EuGH 7.10.2004 – C-247/02, NZBau 2004, 685 – Sintesi SpA; OLG Düsseldorf 9.2.2009 – Verg 66/08, IBRRS 2009, 2205.
[26] OLG Düsseldorf 11.12.2013 – VII-Verg 22/13, BeckRS 2014, 3638.
[27] Dies muss aber nicht bei allen (teil-) funktionalen Ausschreibungen zwingend so sein, vgl. VK Südbayern 28.4.2023 – 3194.Z3-3_01-22-57, VPRRS 2023, 0148.
[28] Zur früheren Rechtslage s. BGH 7.1.2014 – X ZB 15/13, NZBau 2014, 185.
[29] BR-Drs. 87/16, 188.
[30] BGH 10.5.2016 – X ZR 66/15, NZBau 2016, 576.
[31] VK Südbayern 27.4.2017 – Z3-3-3194-1-12-03/17, VPRRS 2017, 0170.
[32] BR-Drs. 87/16, 212.

ankommt,[33] solange die gewählten Kriterien einen ausreichenden Bezug zum Auftragsgegenstand gem. § 127 Abs. 3 GWB aufweisen, die Möglichkeit eines wirksamen Wettbewerbs gem. § 127 Abs. 4 GWB gewährleisten, dem Auftraggeber keine uneingeschränkte Wahlfreiheit entgegen Art. 67 Abs. 4 RL 2014/24/EU verschaffen und vom Auftraggeber gem. § 127 Abs. 5 GWB ordnungsgemäß festgelegt und bekanntgemacht worden sind. Zudem müssen sämtliche Zuschlagskriterien für die Vergabestelle und ggf. die Nachprüfungsinstanzen überprüfbar sein.[34]

a) Kriterien nach Abs. 2 S. 2 Nr. 1. aa) Qualität. Das Kriterium der Qualität 13 soll auch die Kriterien des technischen Werts, der Ästhetik und Zweckmäßigkeit umfassen sowie die Zugänglichkeit der Leistung für Menschen mit Behinderungen und die Anforderungen des „Designs für Alle". Für all diese Kriterien, insbes. aber für das Kriterium der Qualität, muss durch Festlegung und Bekanntmachung **konkreter nachprüfbarer und auf die konkrete Beschaffung bezogener Unterkriterien** dafür gesorgt werden, dass die Bieter angemessen darüber informiert werden, worauf es dem Auftraggeber ankommt. Fehlen solche Unterkriterien, werden die oben genannten Leistungskriterien zu pauschal und auslegungsfähig und sind einer **objektiven willkürfreien und nachvollziehbaren Bewertung** nicht mehr zugänglich.[35]

bb) Technischer Wert. Das Kriterium Technischer Wert umfasst die techni- 14 schen Eigenschaften der jew. angebotenen Produkte im Hinblick auf ihre Lebensdauer, ihre Funktionalität[36] oder vergleichbare qualitative Eigenschaften. Das Kriterium des technischen Wertes wird idR bei Liefer- oder Bauleistungen, seltener im Dienstleistungsbereich zum Einsatz kommen. Es bedarf stets der näheren Ausgestaltung durch **konkret nachprüfbare Unterkriterien.** Für eine vergaberechtskonforme Bewertung des Technischen Wertes ist erforderlich, dass der Auftraggeber bereits während der Angebotsphase für die Bieter erkennbar werden lässt, auf welche Eigenschaften der Produkte oder Produktgruppen es ihm ankommt. Für die Bewertung können nur solche Leistungspositionen herangezogen werden, die lediglich Mindestanforderungen an technische Produkteigenschaften enthalten, so dass ein im Technischen Wert abweichendes Produkt zulässigerweise angeboten werden kann und die vorgegebene Punktebewertung mit Differenzierungen zwischen Mindestanforderungen, durchschnittlichen Anforderungen und überdurchschnittlichen Eigenschaften überhaupt anwendbar wird.[37] Es darf auch keinesfalls unklar bleiben, was Zuschlagskriterium und was Mindestanforderung an die Leistung ist.[38]

cc) Ästhetik. Mit dem Kriterium der Ästhetik wird insbes. die äußere Erschei- 15 nung der Leistung gemeint. Das Kriterium kommt regelmäßig bei der Vergabe freiberuflicher Dienstleistungen, insbes. bei Architektenleistungen, zum Einsatz, kann aber auch bei Lieferleistungen eine Rolle spielen, wenn zB das Design zu liefernden Waren bewertet werden soll. Das Kriterium der Ästhetik bedarf grds. der Konkretisierung durch konkret nachprüfbare Unterkriterien.[39]

Zuschlagskriterien aus dem Bereich der Ästhetik stehen aufgrund ihrer zwangsläu- 15a fig stark subjektiv geprägten Wertung in einem **massiven Zielkonflikt** mit den im

---

[33] EuGH 25.10.2018 – C-413/17, ZfBR 2019, 494.
[34] EuGH 4.12.2003 – C-448/01, NVwZ 2004, 201; VK Westfalen 3.2.2015 – VK 1–1/15, VPRRS 2015, 0067.
[35] OLG Düsseldorf 17.1.2018 – VII-Verg 39/17, NZBau 2018, 237; OLG Düsseldorf 19.6.2013 – VII-Verg 8/13, BeckRS 2013, 15868.
[36] Beck VergabeR/Lausen VgV § 58 Rn. 45; OLG Naumburg 25.9.2008 – 1 Verg 3/08, BeckRS 2008, 23014.
[37] OLG Naumburg 25.9.2008 – 1 Verg 3/08, BeckRS 2008, 23014.
[38] OLG München 8.7.2019 – Verg 2/19, NZBau 2020, 331.
[39] Beck VergabeR/Lausen VgV § 58 Rn. 48.

höherrangigen europäischen Primärrecht wurzelnden **Vergabegrundsätzen der Transparenz und Gleichbehandlung**. Bei der Formulierung entspr. Zuschlagskriterien ist in besonderem Maße darauf zu achten, dass die Vorgaben des § 127 Abs. 4 GWB (Art. 67 Abs. 4 RL 2014/24/EU) beachtet werden, insbes. dass dem öffentlichen Auftraggeber keine uneingeschränkte Wahlfreiheit übertragen wird und eine wirksame Überprüfung möglich ist, ob und inwieweit die Angebote die Zuschlagskriterien erfüllen. Die nachvollziehbare Bewertung von Kriterien aus dem Bereich der Ästhetik bedarf einer möglichst hohen Objektivierbarkeit der Entscheidungsfindung.[40] Eine solche kann durch die Berufung eines sachkompetenten Entscheidungsgremiums erfolgen.[41] Kriterien aus dem Bereich der Ästhetik stellen damit **besonders hohe Anforderungen an eine nachvollziehbare Dokumentation**. Ihre Verwendung ist daher regelmäßig nicht empfehlenswert.

16   dd) **Zweckmäßigkeit.** Dieses Kriterium betrifft insbes. die Funktionalität einer Leistung, gerade im Hinblick auf eine einfache Benutzbarkeit. Es hat Überschneidungen mit dem Kriterium Technischer Wert. Das Kriterium ist ebenfalls unbestimmt und bedarf der Konkretisierung durch konkret nachprüfbare Unterkriterien.[42]

17   ee) **Zugänglichkeit der Leistung für Menschen mit Behinderungen.** Auch die Zugänglichkeit der Leistung insbes. für Menschen mit Behinderungen kann als Zuschlagskriterium gewählt werden. § 58 Abs. 2 Nr. 1 VgV konkretisiert damit den von der RL verwendeten Begriff der „Zugänglichkeit" und greift die Terminologie des Art. 9 Abs. 1 der UN-Behindertenrechtskonvention auf, welche in Deutschland unmittelbare Wirkung entfaltet und auch für das Unionsrecht maßgeblich ist.[43] Auch bei diesem Kriterium wird der Auftraggeber regelmäßig erst durch die Festlegung konkreter Unterkriterien zu einer transparenten Wertungsentscheidung gelangen können.

18   ff) **Design für alle.** Das ebenfalls zulässige Wertungskriterium des „Design für Alle" beinhaltet über den Begriff der „Zugänglichkeit für Menschen mit Behinderungen" hinaus auch die Nutzbarkeit und Erlebbarkeit von Bauten, Produkten oder Dienstleistungen für möglichst alle Menschen – also die Gestaltung auf eine Art und Weise, dass sie von sämtlichen Nutzern, also Menschen mit oder ohne Behinderungen, Senioren, Kindern etc ohne Speziallösungen genutzt oder erlebt werden können. Das Kriterium des „Design für Alle" schließt die „Zugänglichkeit für Menschen mit Behinderungen" ein, sodass auch bei diesem Zuschlagskriterium die Vorgaben zur Sicherstellung der Barrierefreiheit zu beachten sind.[44] Auch hier ist transparent vorzugeben, welche **konkreten und auftragsbezogenen Aspekte des „Design für Alle"** der Auftraggeber mit welcher Gewichtung in die Wertung einbezieht.

19   gg) **Soziale und umweltbezogene Eigenschaften.** Soziale Eigenschaften einer Leistung, die als Zuschlagskriterium gewertet werden sollen, beziehen sich regelmäßig nicht auf die qualitativen Eigenschaften des Auftragsgegenstands, sondern auf die **sozialen Auswirkungen insbes. der Herstellung oder des Handels mit der Leistung.** Damit kann bspw. ein zu beschaffendes Produkt, das aus fairem Handel stammt, oder die Beachtung internationaler Standards, wie etwa die ILO-Kernarbeitsnormen, entlang der Produktions- und Lieferkette nachweisen kann,

---

[40] Beck VergabeR/Lausen VgV § 58 Rn. 49.
[41] ZB im Fall von OLG München 10.8.2017 – Verg 3/17, VPRRS 2017, 0283 = VergabeR 2017, 738.
[42] Beck VergabeR/Lausen VgV § 58 Rn. 50; VK Lüneburg 26.11.2012 – VgK–40/2012, IBRRS 2013, 1083.
[43] BR-Drs. 87/16, 212.
[44] BR-Drs. 87/16, 212.

iRd Zuschlagswertung mit einer höheren Punktezahl versehen werden als ein konventionell gehandeltes Produkt. Der öffentliche Auftraggeber hat in diesen Fällen aber stets transparent vorzugeben, welche sozialen Vorteile der Leistung bei der Wertung honoriert werden und wie er das tatsächliche Vorhandensein dieser Vorteile überprüft. Selbstverständlich muss der Auftraggeber auch alle sozialen Zuschlagskriterien so formulieren, dass alle ausreichend informierten und mit der üblichen Sorgfalt handelnden Bieter deren genaue Bedeutung verstehen und sie somit in gleicher Weise auslegen können.[45] Insbes. muss er klar vorgeben, welche Unterlagen ein Bieter beizubringen hat.

Das Kriterium der umweltbezogenen Eigenschaften umfasst die **Auswirkungen einer Leistung auf die Umwelt,** wie der Schadstoffausstoß von Kraftfahrzeugen oder der Energieverbrauch von Geräten oder ggf. auch Bauwerken.[46] Nach dem Erwgr. 97 der RL 2014/24/EU kann hier in die Wertung einfließen, dass zur Herstellung der zu beschaffenden Waren keine giftigen Chemikalien verwendet werden dürfen, oder dass die auszuführenden Dienstleistungen unter Einsatz energieeffizienter Maschinen erbracht werden. Bei der Formulierung von umweltbezogenen Zuschlagskriterien kann unter den Voraussetzungen des § 34 VgV auch Bezug auf **Gütezeichen** genommen werden. Da der Auftraggeber nach § 34 Abs. 4 VgV auch andere Gütezeichen akzeptieren muss, die gleichwertige Anforderungen an die Leistung stellen (→ § 34 Rn. 12), ist zu empfehlen, die dem Gütezeichen zugrunde liegenden detaillierten Spezifikationen als Zuschlagskriterien zu benennen.[47] Zu den Einzelheiten → Rn. 42 und die Kommentierung zu § 34 VgV → § 34 Rn. 1 ff.

Bei der Einbeziehung von sozialen und umweltbezogenen Eigenschaften als 21 Zuschlagskriterium ist besonders sorgfältig zu prüfen, ob der **notwendige Bezug zum Auftragsgegenstand** noch besteht. Dieser kann zwar gem. § 127 Abs. 3 GWB (Art. 67 Abs. 3 RL 2014/24/EU) bereits dann angenommen werden, wenn sich das Kriterium auf ein beliebiges Stadium im Lebenszyklus der Leistung bezieht. Dies kann insbes. Prozesse der Herstellung (auch der Rohstoffgewinnung), Bereitstellung oder Entsorgung der Leistung betreffen, aber (insbes. bei Warenlieferungen) zB auch den Handel mit ihr. Die Bedingung des Bezugs zum Auftragsgegenstand schließt allerdings **Kriterien und Bedingungen bzgl. der allg. Unternehmenspolitik** aus, da es sich dabei nicht um einen Faktor handelt, der die Herstellung oder Bereitstellung der beauftragten Bauleistungen, Lieferungen oder Dienstleistungen betrifft. Daher können öffentliche Auftraggeber nicht losgelöst vom Beschaffungsgegenstand von Bietern eine bestimmte soziale oder ökologische Ausrichtung des Unternehmens an sich (wie zB eine Frauenquote in der Vorstandsebene oder das Angebot einer betrieblichen Altersvorsorge oder eine besonders umweltfreundliche Produktion oder ein Umweltmanagement) verlangen.[48] Zum Zuschlagskriterium können nur die **sozialen und umweltbezogenen Eigenschaften der zu vergebenden Leistung,** nicht die sozialen und umweltbezogenen Eigenschaften des Bieters gemacht werden.[49]

Auftraggeber, die soziale und umweltbezogene Eigenschaften wählen, müssen 22 zudem besonders darauf achten, dass die Kriterien gem. § 127 Abs. 4 S. 1 GWB sowohl für die Vergabestelle und ggf. die Nachprüfungsinstanzen **überprüfbar** sein müssen. Dies kann gerade bei der Einhaltung internationaler Mindeststandards wie der ILO-Kernarbeitsnormen entlang der gesamten Produktions- und Lieferkette ggf. die Fähigkeiten einer Vergabestelle und den zeitlichen Rahmen eines Vergabeverfahrens übersteigen. Ein Auftraggeber wird in Zweifelsfällen vor der Wahl eines

---

[45] EuGH 10.5.2012 – C–368/10, ZfBR 2012, 489 (498).
[46] DSW/Scharf VgV § 58 Rn. 94.
[47] Vgl. EuGH 10.5.2012 – C–368/10, ZfBR 2012, 489 (498).
[48] BR-Drs. 87/16, 212 f.
[49] VK Schleswig-Holstein 22.4.2008 – VK-SH 3/08, BeckRS 2008, 17002.

solchen Zuschlagskriteriums durch Markterkundung und ggf. Hinzuziehung externen Sachverstands[50] ermitteln müssen, welche Kriterien seine potenziellen Vertragspartner überhaupt seriös zusagen können und welche er im Rahmen eines Vergabeverfahrens überprüfen kann.

23 Bei der **Beschaffung energieverbrauchsrelevanter Liefer- oder Dienstleistungen** haben öffentliche Auftraggeber die gesetzlichen Vorgaben nach § 67 VgV (dazu insbes. → § 67 Rn. 22 ff.) zu beachten. Diese schränken ihre sonstige weitgehende Freiheit bei der Festlegung der Zuschlagskriterien teilw. ein. Bei der Beschaffung energieverbrauchsrelevanter Liefer- oder Dienstleistungen soll der öffentliche Auftraggeber in der Leistungsbeschreibung bestimmte (hohe) Anforderungen an die Energieeffizienz zu stellen. Zudem ist er verpflichtet, konkrete Informationen dazu von den Bietern zu fordern. Für energieverbrauchsrelevante Liefer- und Dienstleistungen **muss** er die aufgrund dieser Vorgaben und Informationen zu ermittelnde Energieeffizienz als **Zuschlagskriterium angemessen berücksichtigen** (§ 67 Abs. 5 VgV). Dabei besteht ein Beurteilungsspielraum des Auftraggebers in Bezug auf die Angemessenheit der Berücksichtigung (→ VgV § 67 Rn. 23).[51]

24 Keine Sonderregelungen in Bezug auf die Wahl der Zuschlagskriterien bestehen nach der Aufhebung von § 68 VgV aF bei der **Beschaffung von Straßenfahrzeugen**. Nach § 5 Abs. 1 S. 1 SaubFahrzeugBeschG haben öffentliche Auftraggeber und Sektorenauftraggeber bei der Beschaffung von Fahrzeugen und Dienstleistungen die für den jew. Referenzzeitraum nach § 6 SaubFahrzeugBeschG festgelegten Mindestziele insges. einzuhalten. Die Mindestziele bestimmen sich als Mindestprozentsatz sauberer leichter Nutzfahrzeuge und sauberer schwerer Nutzfahrzeuge einschl. emissionsfreier schwerer Nutzfahrzeuge an der Gesamtzahl der in dem jew. Referenzzeitraum beschafften sauberen leichten oder sauberen schweren Nutzfahrzeuge. Die Einhaltung der Mindestziele muss dabei auf der Ebene des Bundes und der Länder erfolgen. Öffentliche Auftraggeber und Sektorenauftraggeber sind nach den allg. Regeln über umweltbezogene Zuschlagskriterien berechtigt, aber nicht verpflichtet, das Emissionsverhalten ihrer zu beschaffenden Nutzfahrzeuge als Zuschlagskriterium zu berücksichtigen. Zu den Einzelheiten s. auch die Kommentierung zu → SaubFahrzeugBeschG Rn. 30 ff.

25 **hh) Innovative Eigenschaften.** Mögliches Zuschlagskriterium können auch innovative Eigenschaften einer Leistung sein. Das Kriterium ist in Art. 67 Abs. 2 lit. a RL 2014/24/EU genannt. Es muss sich hierbei um **sinnvolle und nützliche innovative Eigenschaften** handeln, die eine einfachere, bessere oder effizientere Erfüllung der Aufgaben des Auftraggebers oder die Erfüllung ganz neuer Aufgabenbereiche ermöglichen. Der öffentliche Auftraggeber muss insoweit transparent festlegen, welche innovativen Eigenschaften einer Leistung er mit welcher Gewichtung bewerten möchte. Dies ist allerdings bei innovativen Eigenschaften einer Leistung, die der Auftraggeber nicht vorhergesehen hat, aber berücksichtigen möchte, nicht möglich. Auch wenn die VgV keine dem § 29 Abs. 2 KonzVgV entsprechende Regelung enthält, kann der Auftraggeber das Verfahren in diesen Fällen in den Stand vor Versand der Vergabeunterlagen zurücksetzen, neue Zuschlagskriterien unter Berücksichtigung der innovativen Lösung festsetzen und die Bieter zur Abgabe neuer Angebote auffordern.

26 **ii) Vertriebs- und Handelsbedingungen.** Die in § 58 Abs. 2 Nr. 1 VgV aE genannten Vertriebs- und Handelsbedingungen stellen einen benannten Unterfall sozialer oder umweltbezogener Eigenschaften dar. Die Bewertung von Produkten aus fairem Handel dürfte der Hauptanwendungsfall dieser Gruppe sein. Die in

---

[50] Informationen dazu bietet zB die Kompetenzstelle für nachhaltige Beschaffung im Beschaffungsamt des BMI an.
[51] BR-Drs., 87/16, 220; Beck VergabeR/Lausen VgV § 58 Rn. 67.

→ Rn. 21, 22 gemachten Ausführen zum Auftragsbezug und der Nachprüfbarkeit gelten auch hier. Zur Verwendung von entspr. Gütezeichen → Rn. 41.

b) Kriterien nach Abs. 2 S. 2 Nr. 2. § 58 Abs. 2 S. 2 Nr. 2 VgV setzt Art. 67 Abs. 2 S. 2 lit. b RL 2014/24/EU um. Öffentliche Auftraggeber sollen ausweislich Erwgr. 94 der RL 2014/24/EU insbes. bei der Vergabe von Aufträgen für geistig-schöpferische Dienstleistungen, wie bspw. Lehr- und Beratungstätigkeiten oder Architektenleistungen, die Qualität des mit der Ausführung des konkreten Auftrags betrauten Personals der Zuschlagsentscheidung zugrunde legen können.[52] Die Berücksichtigung von unternehmens- bzw. personenbezogenen Eigenschaften als Zuschlagskriterien ist allerdings nur dann zulässig, wenn die Qualität des eingesetzten Personals **erheblichen Einfluss auf das Niveau der Auftragsausführung** haben kann. Die Eigenschaften des Personals müssen spürbare Auswirkungen auf den wirtschaftlichen Wert der Leistung haben.[53] Wichtigster Anwendungsfall dürften **geistig-schöpferische Dienstleistungen** sein,[54] aber auch alle weiteren Dienstleistungen, bei denen die Qualität des eingesetzten Personals erheblichen Einfluss auf das Niveau der Auftragsausführung haben kann. Daneben kommen auch **Bauleistungen mit besonderen Anforderungen** in Frage. 27

Berücksichtigt werden kann insbes. die **Organisation, Qualifikation und Erfahrung** des mit der **Ausführung des Auftrags betrauten Personals.** Diese Oberkriterien müssen jew. mit transparenten und nachvollziehbar bewertbaren auftragsbezogenen Unterkriterien konkretisiert werden. Wie bei allen beispielhaft genannten Kriterien in § 58 Abs. 2 S. 2 VgV ist auch die Aufzählung in Nr. 2 nicht abschließend.[55] Gegenstand der Wertung können insbes. Berufsabschlüsse, Ausbildungsnachweise (vgl. § 46 Abs. 3 Nr. 6 VgV), die Dauer der beruflichen Erfahrung oder auch Referenzprojekte des für die Ausführung vorgesehenen Personals sein. Denkbar ist weiterhin die Wertung eines Personaleinsatzkonzepts, das zeigt, welche Mitarbeiter wo eingesetzt werden sollen und wie der Bieter mit der Problematik von Personalwechseln umgeht. 28

Wie bei allen Zuschlagskriterien ist darauf zu achten, dass die gewählten Kriterien einen ausreichenden **Auftragsbezug iSd § 127 Abs. 3 GWB** haben und die Anforderungen des § 127 Abs. 4 GWB erfüllen. Die Kriterien müssen so weit objektivierbar sein, dass der Auftraggeber keinen unzulässigen unbeschränkten Entscheidungsspielraum erhält (→ GWB § 127 Rn. 25). Für Zuschlagskriterien nach § 58 Abs. 2 S. 2 Nr. 2 VgV wird der nach § 127 Abs. 3 GWB grds. nötige Auftragsbezug um das Erfordernis verschärft, dass die Qualität des eingesetzten Personals erheblichen Einfluss auf das Niveau der Auftragsausführung haben kann.[56] 28a

Geht die Qualifikation und Erfahrung bestimmter namentlich genannter Mitarbeiter eines Bieters (zB Projektleiter etc) in die Zuschlagswertung ein, ist **vertraglich sicherzustellen,** dass diese Mitarbeiter – soweit möglich – die geschuldete Leistung auch **tatsächlich erbringen** und nur durch gleichwertige Mitarbeiter ersetzt werden dürfen.[57] Unterbleibt diese Sicherung, fehlt den entspr. Zuschlagskriterien der erforderliche Auftragsbezug iSd § 127 Abs. 3 GWB.[58] Es ist mit dem Ziel der Ermittlung des wirtschaftlichsten Angebots nicht zu vereinbaren, wenn iRd 28b

---

[52] BR-Drs. 87/16, 213; in diese Richtung bereits zur RL 2004/18/EG EuGH 26.3.2015 – C-601/13, NZBau 2015, 312 – Ambisig.
[53] BR-Drs. 87/16, 213.
[54] EuGH 26.3.2015 – C-601/13, NZBau 2015, 312 – Ambisig.
[55] BR-Drs. 87/16, 213.
[56] VK Südbayern 28.10.2021 – 3194.Z3-3_01-21-27, VPRRS 2021, 0306.
[57] RL 2024/24/EU, Erwgr. 94; Beck VergabeR/Lausen VgV § 58 Rn. 81.
[58] VK Südbayern 30.3.2023 – 3194.Z3-3_01-22-49, VPRRS 2023, 0099.

Zuschlagswertung qualitative Aspekte bewertet werden, die iRd späteren Auftragsausführung keine Rolle mehr spielen.[59]

29 Die Regelung stellt eine **Durchbrechung des fortbestehenden Grundsatzes der Trennung von Eignungs- und Zuschlagskriterien**[60] dar. Danach sind die Prüfung der Eignung und die Prüfung der Wirtschaftlichkeit der Angebote zwei getrennte Vorgänge. Die Eignungsprüfung stellt eine unternehmensbezogene Untersuchung dar, wohingegen die Wirtschaftlichkeitsprüfung nicht die konkurrierenden Unternehmen, sondern leistungsbezogen die Angebote betrifft.[61] Eignungskriterien dürfen grds. iRd Wirtschaftlichkeitsprüfung nicht noch einmal als Zuschlagskriterien berücksichtigt werden (→ GWB § 122 Rn. 4 ff.). Das Erfordernis der Trennung besteht auch nach dem geltenden Recht grds. fort.[62] Voraussetzung für die Berücksichtigung unternehmensbezogener (Eignungs-) Kriterien beim Zuschlag ist immer, dass die Qualität des eingesetzten Personals erheblichen Einfluss auf das Niveau der Auftragsausführung haben kann.[63] Nur dann dürfen unternehmensbezogene Kriterien wie die des § 58 Abs. 2 S. 2 Nr. 2 VgV herangezogen werden. Bei der Beantwortung der Frage, ob die Qualität des eingesetzten Personals erheblichen Einfluss auf das Niveau der Auftragsausführung haben kann, ist dem Auftraggeber ein Beurteilungsspielraum zuzugestehen, der nur eingeschränkt von den Nachprüfungsinstanzen überprüfbar ist.[64] Die Entscheidung, solche Kriterien heranzuziehen, ist grds. zu begründen und die Begründung zu dokumentieren.

30 Werden iRd Wertung nach § 58 Abs. 2 S. 2 Nr. 2 VgV zulässigerweise Aspekte als Zuschlagskriterien verwendet, die auch bei der Eignungsprüfung zu beachten waren, ist noch nicht abschl. geklärt, ob die jew. Aspekte nur einmal verwertet werden dürfen und der Auftraggeber sich entscheiden muss, ob dies bei der Eignungsprüfung oder bei der Ermittlung des wirtschaftlichsten Angebots geschehen soll. Positiv geregelt ist ein solches **Verbot der Doppelverwertung** nur in § 46 Abs. 3 Nr. 6 VgV für Studien- und Ausbildungsnachweise sowie Bescheinigungen über die Erlaubnis zur Berufsausübung für die Inhaber oder die Führungskräfte des Unternehmens. Diese darf der Auftraggeber ausdr. nur entweder iRd Eignungsprüfung oder iRd Wertung von Zuschlagskriterien nach § 58 Abs. 2 S. 2 Nr. 2 VgV berücksichtigen. Das im Gesetzgebungsverfahren noch diskutierte allg. Doppelverwertungsverbot ist nicht in die geltende VgV eingeflossen. Nach Auffassung der VK Südbayern besteht daher kein Verbot der Berücksichtigung derselben Referenzprojekte als Büroreferenzen bei der Eignungsprüfung und als persönliche Referenzen des Projektleiters bei der Wertung von Zuschlagskriterien nach § 58 Abs. 2 Nr. 2 VgV.[65]

31 **c) Kriterien nach Abs. 2 S. 2 Nr. 3.** § 58 Abs. 2 S. 2 Nr. 3 VgV setzt Art. 67 Abs. 2 S. 2 lit. c RL 2014/24/EU um. Danach kann der Auftraggeber bspw. die Verfügbarkeit von Kundendienst und technischer Hilfe sowie Lieferbedingungen wie Liefertermin, Lieferverfahren sowie Liefer- oder Ausführungsfristen als Zuschlagskriterium berücksichtigen. Neben den exemplarisch genannten Kriterien ist eine Vielzahl weiterer Kriterien, insbes. von Vertragsbedingungen, denkbar.[66]

---

[59] BT-Drs. 18/6281, 112.
[60] Siehe dazu EuGH 24.1.2008 – C-532/06, ZfBR 2008, 309; BGH 8.9.1998 – X ZR 109/96, NJW 1998, 3644; 15.4.2008 – X ZR 129/06, ZfBR 2008, 614.
[61] BGH 15.4.2008 – X ZR 129/06, ZfBR 2008, 614.
[62] EuGH 26.3.2015 – C-601/13, NZBau 2015, 312 – Ambisig.
[63] VK Südbayern 28.10.2021 – 3194.Z3-3_01-21-27, VPRRS 2021, 0306.
[64] S. aber VK Brandenburg 23.2.2018 – VK 1/18, BeckRS 2018, 4857 zu Landschaftsbauarbeiten.
[65] VK Südbayern 2.4.2019 – Z3-3-3194-1-43-11/18, IBRRS 2019, 1293.
[66] BR-Drs. 87/16, 213.

5. Transparenzanforderungen für Zuschlagskriterien

Die Zuschlagskriterien müssen gem. § 127 Abs. 5 GWB in der Auftragsbekannt- 32
machung oder den Vergabeunterlagen aufgeführt werden. Sämtliche Zuschlagskriterien, Unterkriterien, Gewichtungsregeln oder Bewertungsmatrizen sind den Bietern vollständig offenzulegen. Der öffentliche Auftraggeber darf sich nicht darauf beschränken, die Zuschlagskriterien als solche zu benennen, sondern hat den Bietern auch die hierzu aufgestellten Unterkriterien mitzuteilen. Bei der Wertung der Angebote sind diese **vollständig und ausschl. zu berücksichtigen.**[67] Wegen der Pflicht zur elektronischen Bereitstellung der Vergabeunterlagen gem. § 41 Abs. 1 VgV müssen die Zuschlagskriterien an sich bereits mit der **Veröffentlichung der Bekanntmachung** feststehen. Vor Ablauf der Angebotsfrist kann der Auftraggeber die Kriterien aber noch ändern oder ergänzen, solange er dies transparent macht und den Bietern ausreichend Zeit bleibt, sich bei der Angebotserstellung darauf einzustellen. Ggf. ist dann die Frist zur Angebotsabgabe zu verlängern. Dies gilt auch in Verhandlungsverfahren vor Abgabe des finalen Angebots.

Nach **Angebotsabgabe** bzw. nach **Abgabe des finalen Angebots** in einem 33
Verhandlungsverfahren dürfen die **Zuschlagskriterien nicht mehr geändert** werden, auch darf der Auftraggeber bei der Wertung nicht einige Kriterien, die ihm nicht mehr so gelegen kommen, einfach weglassen.[68] Ein Bieter muss sich bei der Abgabe seines Angebotes nach den genannten Kriterien richten und darauf vertrauen können, dass die Kriterien nicht nachträglich geändert werden, mit der Folge, dass die zeitintensive Erstellung seines Angebots ggf. sinnlos war. Letztlich verhindert die vorherige Festlegung und Bekanntmachung von Zuschlagskriterien auch mögliche Manipulationen zu Lasten einzelner Bieter. Hat die Vergabestelle zur Ausfüllung bekanntgegebener Wertungskriterien **nachträglich differenzierte Unterkriterien** aufgestellt und diese gewichtet, kommt eine Zuschlagserteilung erst in Betracht, wenn den Bietern die gewichteten Unterkriterien so, wie sie tatsächlich zur Anwendung kommen, bekannt gemacht sind und den Bietern Gelegenheit zur Überarbeitung der Angebote gegeben wurde.[69]

Ergibt sich nach Auff. des Auftraggebers dennoch die Notwendigkeit der Ände- 34
rung der Zuschlagskriterien nach **Angebotsabgabe** bzw. nach **Abgabe des finalen Angebots** in einem Verhandlungsverfahren, muss das Verfahren mindestens in den Stand vor Aufforderung zur Angebotsabgabe zurückversetzt werden und die Bieter zur Abgabe neuer Angebote aufgefordert werden. Eine solche Korrektur kommt aber nur in Betracht, wenn die bekannt gemachten Zuschlagskriterien rechtswidrig, ungeeignet oder missverständlich sind. Da die VgV keine dem § 31 Abs. 2 KonzVgV (dazu → KonzVgV § 31 Rn. 4 ff.) entsprechende Norm enthält, stellen besondere Vorteile eines eingegangenen Angebots keinen sachlichen Grund für eine entspr. Rückversetzung oder eine Aufhebung des Verfahrens dar.

Sämtliche **Zuschlagskriterien** müssen auch **hinreichend klar und deutlich** 35
formuliert sein. Der Auftraggeber muss die Zuschlagskriterien so klar formulieren, dass jedenfalls fachkundige Bieter keine Verständnisschwierigkeiten haben. Missverständlich formulierte oder sonst unklare oder widersprüchliche Kriterien dürfen bei

---

[67] StRspr seit EuGH 24.1.2008 – C-532/06, ZfBR 2008, 309 – Lianakis; zB OLG Düsseldorf 19.6.2013 – VII-Verg 8/13, BeckRS 2013, 15868; OLG München 21.5.2010 – Verg 02/10, ZfBR 2010, 606.
[68] EuGH 24.1.2008 – C-532/06, ZfBR 2008, 309 – Lianakis; 24.11.2005 – C-331/04, NZBau 2006, 193 – ATI EAC Srl; OLG Düsseldorf 30.7.2009 – Verg 10/09, BeckRS 2009, 29056.
[69] OLG Düsseldorf 19.6.2013 – VII-Verg 8/13, BeckRS 2013, 15868; 5.5.2008 – VII-Verg 5/08, NZBau 2009, 269; s. zur diesbezüglichen Dispositionsfreiheit des Auftraggebers OLG Stuttgart 19.5.2011 – 2 U 36/11, BeckRS 2011, 14035.

der Wertung der Angebote nicht berücksichtigt werden.[70] Die Vergabeunterlagen müssen den Bietern zuverlässige und kalkulierbare Informationen darüber vermitteln, wie und vor allem mit welcher Punktzahl die Angebote bei den im Kriterienkatalog gestellten Anforderungen bewertet werden. Der Auftraggeber muss in den Vergabeunterlagen bekanntgeben, worauf es ihm iE bei der Wertung ankommt, damit Bieter ein qualitativ optimales Angebot einreichen können.[71] Bereits bei der Erstellung der Vergabeunterlagen bestehende Erwartungen an die Angebote müssen – soweit möglich – den Bietern zumindest stichwortartig bekanntgegeben werden.

6. Vorgabe von Festpreisen oder Festkosten (Abs. 2 S. 3)

36 Während zur vor dem 18.4.2016 gültigen Rechtslage strittig war, ob für das Zuschlagskriterium Preis eine Mindestgewichtung vorzusehen ist (→ Rn. 3b), lässt § 58 Abs. 2 S. 3 VgV in Umsetzung von Art. 67 Abs. 2 S. 2 lit. b RL 2014/24/EU ausdr. zu, dass das Kostenelement nur durch die Vorgabe von Festpreisen oder Festkosten zum Tragen kommt und die Angebote der Unternehmen, die diese Festpreise oder Festkosten einhalten, nur noch anhand der festgelegten qualitativen, umweltbezogenen und sozialen Kriterien bewertet werden. Aufgrund des klaren Wortlauts müssen die Festpreise bzw. Festkosten betragsmäßig feststehen oder zumindest errechenbar sein, die bloße Vorgabe einer Kostenobergrenze dürfte nicht ausreichen. Ein solches Vorgehen bietet sich insbes. an, wenn Festpreise für bestimmte Lieferungen durch **nationale Vorschriften festgelegt** sind[72], oder ein öffentlicher Auftraggeber (wie eine Universität für Beschaffung von Geräten für Forschungszwecke) ein bestimmtes Budget völlig ausschöpfen darf und dafür die iRd Budgets qualitativ besten Geräte beschaffen möchte. Nach der Feststellung der Europarechtswidrigkeit der Mindest- und Höchstsätze der HOAI durch den EuGH[73] könnte die Vorgabe von Festpreisen eine gangbare Möglichkeit sein, nach wie vor **ausschl. im Leistungswettbewerb über die Vergabe von Architekten- und Ingenieurleistungen zu entscheiden,** falls der Auftraggeber dies wünscht und haushaltsrechtlich darf.

III. Gewichtung der Zuschlagskriterien (Abs. 3)

37 § 58 Abs. 3 VgV setzt Art. 67 Abs. 5 RL 2014/24/EU um und ergänzt die Regelung des § 127 Abs. 5 GWB. Der öffentliche Auftraggeber muss in der Auftragsbekanntmachung oder den Vergabeunterlagen angeben, **wie er die einzelnen Zuschlagskriterien gewichtet**, um das wirtschaftlichste Angebot zu ermitteln. Die Vorschrift ist eine zentrale Ausprägung des Gleichbehandlungs- und Transparenzgebots. Nur durch die Gewichtung der Zuschlagskriterien ist der Auftraggeber in der Lage, die Angebote willkürfrei zu werten. Die Gewichtung ist gem. § 127 Abs. 5 GWB in der Auftragsbekanntmachung oder spätestens in den Vergabeunterlagen bekanntzugeben. Die Angabe der Gewichtung kann auf unterschiedliche Weise erfolgen, zB durch die Angabe von Prozentwerten oder von Punktewerten in einer Wertungsmatrix oder einer Formel zur Ermittlung des wirtschaftlichsten Angebots. Nichtpreisliche Zuschlagskriterien bedürfen immer einer expliziten Gewichtung, der Preis kann auch für sich selbst stehen (zB bei der Zuschlagsformel Z=L/P).

38 § 58 Abs. 3 S. 2 VgV gestattet es, die Zuschlagskriterien mittels einer **Spanne** zu gewichten, deren Bandbreite angemessen sein muss. In diesem Fall misst der

---

[70] So schon BGH 3.6.2004 – X ZR 30/03, ZfBR 2004, 813.
[71] OLG Düsseldorf 21.10.2015 – VII-Verg 28/14, BeckRS 2015, 18210.
[72] ZB durch das BuchPrG oder das RVG; vgl. Beck VergabeR/Lausen VgV § 58 Rn. 90.
[73] EuGH 4.7.2019 – C-377/17, NVwZ 2019, 1120.

Auftraggeber den einzelnen Zuschlagskriterien eine Bandbreite zu, die angemessen sein muss, zB Preis 30 % bis 40 %, Wartungskosten 10 % bis 20 %, Technischer Wert 20 % bis 30 % und Kundendienst 20 % bis 30 %. Er ist allerdings schwer ersichtlich, wie solche Spannen ohne einen **Verstoß gegen das Gleichbehandlungs- und Transparenzgebot** eingesetzt werden können. Problematisch ist schon, dass sich die Bieter bei der Erstellung ihrer Angebote nicht sicher darauf einstellen können, anhand welcher konkreten Maßstäbe die Angebote bei der Wertung miteinander verglichen werden. Vor allem aber eröffnen sie **massive Manipulationsmöglichkeiten**, da der Auftraggeber die letztlich zur Anwendung kommende Gewichtung dann in Kenntnis der eingegangenen Angebote festlegen kann. Damit wird dem Auftraggeber die Möglichkeit eröffnet, willkürlich die Bieterreihenfolge zu verschieben und so das Vergabeverfahren zu manipulieren.[74] Dieses Vorgehen ist daher – wenn überhaupt – **nur im Ausnahmefall** zulässig. Die Notwendigkeit, die Zuschlagskriterien lediglich als Spanne anzugeben, ist im Vergabevermerk zu begründen. Aus Gründen der **Gleichbehandlung** dürfen auch die Angebote verschiedener Bieter nicht mit unterschiedlichen Gewichtungen innerhalb der Spanne bewertet werden, also zB beim Angebot des Bieters A der Preis mit 33 % und beim Angebot des Bieters B mit 39 %.

Nach § 58 Abs. 3 S. 3 VgV können die Zuschlagskriterien in der **absteigenden** 39 **Reihenfolge ihrer Bedeutung** festgelegt werden, wenn eine Gewichtung aus nachvollziehbaren Gründen nicht angegeben werden kann. Diese Bestimmung ist kaum jemals anwendbar. Denn es dürften regelmäßig keine Gründe denkbar sein, die den Auftraggeber davon abhalten können, die Zuschlagskriterien zu gewichten. Subjektives Unvermögen oder bloße Zeitnot, in die sich der öffentliche Auftraggeber selbst gebracht hat, können eine Befreiung von der Bekanntmachungspflicht nicht rechtfertigen.[75] Eine Benennung der Zuschlagskriterien in absteigender Reihenfolge dürfte letztlich nur in solchen Fällen in Betracht kommen, in denen zum Zeitpunkt der Ausschreibung nicht vorhersehbar ist, wie die Leistung iE ausgestaltet sein soll.[76] Dann fehlt aber in vielen Fällen die Vergabereife (dazu → VOB/A § 2 EU Rn. 13 ff.). In jedem Fall sind die „nachvollziehbaren Gründe" zu dokumentieren **und bekanntzugeben**. Allein die Dokumentation genügt nicht.[77]

IV. Anwendung der §§ 33, 34 VgV (Abs. 4)

§ 58 Abs. 4 VgV dient der Umsetzung von Art. 43 Abs. 1, Art. 44 Abs. 1 40 RL 2014/24/EU. Der Auftraggeber kann von den Unternehmen für den Nachweis, dass eine angebotene Leistung den Zuschlagskriterien entspricht, Bescheinigungen von Konformitätsbewertungsstellen nach Maßgabe des § 33 VgV oder die Vorlage von Gütezeichen gem. § 34 VgV verlangen.

Fordert der Auftraggeber solche **Bescheinigungen einer Konformitätsbewer-** 41 **tungsstelle** für den Nachweis, dass eine angebotene Leistung ein Zuschlagskriterium in einem bestimmten Grad erfüllt, muss er in den Vergabeunterlagen transparent angeben, für welche wertungsrelevanten Angaben welche Bescheinigung vorzulegen ist und welche Folgen sich aus einer Nichtvorlage ergeben (Bewertung mit geringerer Punktzahl, Ausschluss?). Die Vorlage von Bescheinigungen **gleichwertiger anderer Konformitätsbewertungsstellen** darf gem. § 58 Abs. 4 VgV iVm § 33 Abs. 1 S. 2 VgV nicht zu einer schlechteren Bewertung führen (dazu → § 33 Rn. 5). Hat ein Unternehmen keinen Zugang zu den in § 33 Abs. 1 VgV

---

[74] DSW/Scharf VgV § 58 Rn. 138.
[75] OLG Düsseldorf 23.1.2008 – VII Verg 31/07, IBRRS 2008, 0867.
[76] VK Südbayern 29.4.2009 – Z3-3-3194-1-11-03/09, BeckRS 2009, 45767.
[77] VK Münster 30.3.2007 – VK 4/07, IBRRS 2007, 2368.

genannten Bescheinigungen oder keine Möglichkeit, diese innerhalb der einschlägigen Fristen einzuholen, so muss der öffentliche Auftraggeber auch andere geeignete Unterlagen akzeptieren, insbes. ein technisches Dossier des Herstellers. Kann das Unternehmen auf diese Weise belegen, dass die von ihm zu erbringende Leistung den Zuschlagskriterien entspricht, darf das Angebot ebenfalls nicht schlechter bewertet werden.

42   Die Berücksichtigung von **Gütezeichen als Zuschlagskriterien** ist nur iRd Vorgaben des § 58 Abs. 4 VgV iVm § 34 VgV (Umsetzung von Art. 43 RL 2014/24/EU) möglich. Da der öffentliche Auftraggeber den Wettbewerb durch Verwendung bestimmter Gütezeichen als Zuschlagskriterien erheblich einschränken könnte, sind an deren Verwendung strenge Voraussetzungen geknüpft (dazu ausf. → § 34 Rn. 6 ff.). Die Verwendung eines Umweltgütezeichens oder vergleichbaren sozialen Gütezeichens als Zuschlagskriterium ist nur dann zulässig, wenn ausnahmslos alle Anforderungen des Gütezeichens für die Bestimmung der Leistung geeignet sind und mit dem **Auftragsgegenstand in ausreichender Verbindung** stehen. Weiterhin müssen die Anforderungen an das Gütezeichen auf **objektiven nachprüfbaren und nichtdiskriminierenden Kriterien** beruhen und das Gütezeichen iR eines **offenen und transparenten Verfahrens** eingeführt worden sein, an dem alle relevanten, interessierten Kreise, wie staatliche Stellen, Verbraucher, Sozialpartner, Hersteller, Händler und Nichtregierungsorganisationen, teilnehmen konnten. Das Gütezeichen und seine sämtlichen Einzelanforderungen müssen zudem **allen Betroffenen zugänglich** sein, etwa durch die Veröffentlichung der Anforderungen im Internet. Zuletzt müssen die Anforderungen an die Gütezeichen von einem Dritten festgelegt worden sein, auf den das das Gütezeichen beantragende Unternehmen keinen maßgeblichen Einfluss ausüben kann. Verlangt der öffentliche Auftraggeber nicht, dass alle Anforderungen des Gütezeichens zum Erreichen einer bestimmten Bewertung erfüllt werden müssen, muss er transparent angeben, welche Anforderungen gemeint sind und diese konkret benennen. Die **Verwendung gleichwertiger Gütezeichen**, insbes. solcher aus anderen Mitgliedstaaten der EU, darf bei der Wertung keine Nachteile nach sich ziehen (→ § 34 Rn. 12). Ebenso darf ein Angebot nicht schlechter bewertet werden, wenn ein Wirtschaftsteilnehmer aus Gründen, die er nicht zu vertreten hat, nachweislich keine Möglichkeit hatte, das vom öffentlichen Auftraggeber geforderte oder ein gleichwertiges Gütezeichen innerhalb einer angemessenen Frist zu erlangen. Vor dem Hintergrund der hohen Voraussetzungen wird es im Regelfall für den öffentlichen Auftraggeber praktikabler sein, die für ihn maßgeblichen Eigenschaften des Gütezeichens selbst zum Zuschlagskriterium zu machen, transparent anzugeben und entspr. zu gewichten.[78]

V. „Vier-Augen-Prinzip" (Abs. 5)

43   Gem. § 58 Abs. 5 VgV sollen idR mindestens zwei Vertreter des öffentlichen Auftraggebers an der Entscheidung über den Zuschlag mitwirken. Das hierdurch im Regelfall anzuwendende „Vier-Augen-Prinzip" bei der Zuschlagsentscheidung dient der **Transparenz und Gleichbehandlung der Unternehmen** im Vergabeverfahren und der **Erschwerung der Korruption.** Es soll verhindern, dass unsachgemäße Erwägungen oder Eigeninteressen der Entscheidungsperson die Vergabeentscheidung beeinflussen.[79] Aus diesem Grund bedarf trotz der Formulierung „sollen" und „in der Regel" eine Abweichung vom „Vier-Augen-Prinzip" der Rechtfertigung durch zwingende Gründe. Die Entscheidung über den Zuschlag durch einen einzelnen Vertreter des Auftraggebers muss die absolute Ausnahme bleiben. Die

---

[78] So auch EuGH 10.5.2012 – C-368/10, ZfBR 2012, 489 – Max Havellaar.
[79] BR-Drs. 87/16, 214.

Wertung ist nicht weniger sensibel und korruptionsanfällig als die Öffnung der Angebote, bei der § 55 Abs. 2 S. 1 VgV zwingend die gemeinsame Anwesenheit zweier Vertreter der Vergabestelle vorsieht. Unter Vertreter sind die Mitarbeiter des Auftraggebers und nicht Mitarbeiter eines beauftragten Unternehmens zu verstehen.[80] Mögliche sachliche Gründe für eine Abweichung sind schwer ersichtlich, zu denken ist an den Geheimschutz bei Verschlusssachenaufträgen, die aber regelmäßig der VSVgV unterfallen, oder an eine Situation, bei der alle übrigen Mitarbeiter der Vergabestelle nach § 6 Abs. 1 VgV von der Mitwirkung ausgeschlossen sind. Personalmangel oder organisatorische Probleme der Vergabestelle können eine Abweichung vom „Vier-Augen-Prinzip" nicht rechtfertigen.

In den häufig auftretenden Fällen, in denen ein Beratungsunternehmen die Wertung für den öffentlichen Auftraggeber durchführt, reicht es wegen § 58 Abs. 5 VgV nicht aus, wenn lediglich ein Vertreter des öffentlichen Auftraggebers die vom Berater vorbereitete Wertung mit einem „Gesehenvermerk" billigt.[81] Es ist vielmehr nach den obigen Kriterien eine **inhaltliche Prüfung** der Ergebnisse des Beraters durch zwei Vertreter der Vergabestelle erforderlich, weil die Wertungsentscheidung ureigene Aufgabe des Auftraggebers ist.[82] Ihm ist es zwar keineswegs verwehrt, sich bei der Durchführung der Ausschreibung der Hilfe von Sachverständigen und Projektsteuerungsbüros zu bedienen. Nicht zulässig ist es aber, die Verantwortung für die Vergabe auf den Sachverständigen zu übertragen. 44

VI. Rechtsschutz

§ 58 VgV ist bieterschützend. Dies gilt uneingeschränkt für die Vorschriften der Abs. 1–4. Ein Verstoß gegen § 58 Abs. 5 VgV allein führt dagegen – ähnlich wie ein Verstoß gegen Dokumentationspflichten[83] – nur dann zur Wiederholung der Wertung, wenn nicht auszuschließen ist, dass sich der Verstoß gegen das „Vier-Augen-Prinzip" auf die Rechtsstellung des Bieters im Vergabeverfahren nachteilig ausgewirkt hat. 45

Unter den allg. Voraussetzungen stehen den Bietern bei Verstößen gegen § 58 VgV Schadensersatzansprüche aus § 181 GWB, §§ 280 Abs. 1, 241 Abs. 2, 311 Abs. 2 Nr. 1 BGB und gem. § 823 Abs. 2 BGB iVm § 58 VgV zu. 46

§ 59 Berechnung von Lebenszykluskosten

(1) **Der öffentliche Auftraggeber kann vorgeben, dass das Zuschlagskriterium „Kosten" auf der Grundlage der Lebenszykluskosten der Leistung berechnet wird.**

(2) [1]**Der öffentliche Auftraggeber gibt die Methode zur Berechnung der Lebenszykluskosten und die zur Berechnung vom Unternehmen zu übermittelnden Informationen in der Auftragsbekanntmachung oder den Vergabeunterlagen an.** [2]**Die Berechnungsmethode kann umfassen**
1. **die Anschaffungskosten,**
2. **die Nutzungskosten, insbesondere den Verbrauch von Energie und anderen Ressourcen,**

---

[80] DSW/Scharf VgV § 58 Rn. 146; KK-VergR/Bulla § 58 VgV Rn. 55; aA RKMPP/Wiedemann VgV § 58 Rn. 81.
[81] VK Sachsen 2.4.2014 – 1/SVK/005-14, BeckRS 2014, 17934.
[82] So schon OLG München 15.7.2005 – Verg 14/05, BeckRS 2005, 8298; 29.9.2009 – Verg 12/09, BeckRS 2009, 27005.
[83] Siehe dazu OLG Düsseldorf 10.8.2011 – VII-Verg 36/11, NZBau 2011, 765; OLG München 7.4.2011 – Verg 5/11, ZfBR 2011, 585.

3. die Wartungskosten,
4. Kosten am Ende der Nutzungsdauer, insbesondere die Abholungs-, Entsorgungs- oder Recyclingkosten, oder
5. Kosten, die durch die externen Effekte der Umweltbelastung entstehen, die mit der Leistung während ihres Lebenszyklus in Verbindung stehen, sofern ihr Geldwert nach Absatz 3 bestimmt und geprüft werden kann; solche Kosten können Kosten der Emission von Treibhausgasen und anderen Schadstoffen sowie sonstige Kosten für die Eindämmung des Klimawandels umfassen.

(3) **Die Methode zur Berechnung der Kosten, die durch die externen Effekte der Umweltbelastung entstehen, muss folgende Bedingungen erfüllen:**
1. sie beruht auf objektiv nachprüfbaren und nichtdiskriminierenden Kriterien; ist die Methode nicht für die wiederholte oder dauerhafte Anwendung entwickelt worden, darf sie bestimmte Unternehmen weder bevorzugen noch benachteiligen,
2. sie ist für alle interessierten Beteiligten zugänglich und
3. die zur Berechnung erforderlichen Informationen lassen sich von Unternehmen, die ihrer Sorgfaltspflicht im üblichen Maße nachkommen, einschließlich Unternehmen aus Drittstaaten, die dem Übereinkommen über das öffentliche Beschaffungswesen von 1994 (ABl. C 256 vom 3.9.1996, S. 1), geändert durch das Protokoll zur Änderung des Übereinkommens über das öffentliche Beschaffungswesen (ABl. L 68 vom 7.3.2014, S. 2) oder anderen, für die Europäische Union bindenden internationalen Übereinkommen beigetreten sind, mit angemessenem Aufwand bereitstellen.

(4) **Sofern eine Methode zur Berechnung der Lebenszykluskosten durch einen Rechtsakt der Europäischen Union verbindlich vorgeschrieben worden ist, hat der öffentliche Auftraggeber diese Methode vorzugeben.**

Literatur: Beneke, Nachhaltige Beschaffung als ganzheitlicher Ansatz, VergabeR 2018, 227; Deimling/Eßig/Schaupp, Lebenszykluskosten und Wirtschaftlichkeit: Erste empirische Befunde aus betriebswirtschaftlicher Perspektive, VergabeR 2018, 237; Knauff, Energieeffiziente Beschaffung, VergabeR 2019, 274; Lausen/Pustal, Berücksichtigung von Nachhaltigkeitskriterien im Vergabeverfahren, NZBau 2022, 3; Rosenauer/Steinthal, Der Umgang mit Klima- und Umweltschutzkriterien im Vergaberecht, KlimR 2022, 202; Thiel, Panta rhei – der Lebenszykluskostenansatz in § 59 VgV, ZfBR 2022, 761.

Übersicht

	Rn.
I. Bedeutung der Vorschrift	1
1. Grundlage und Bedeutung der Vorschrift	1
2. Systematik der Regelung	4
II. Notwendiger Inhalt der Bekanntmachung oder der Vergabeunterlagen	8
III. Der Begriff der „Lebenszykluskosten"	14
IV. Maßstab der Auswahlentscheidung	17
1. Vom Auftraggeber zu tragende Kosten	17
a) Anschaffungskosten	17
b) Nutzungskosten	18
c) Wartungskosten	20
d) Entsorgungskosten	21
2. Externe Kosten	22

	Rn.
V. Gewichtung der Lebenszykluskosten	26
VI. Verbindliche Vorgaben durch einen Rechtsakt der Europäischen Union	28

I. Bedeutung der Vorschrift

1. Grundlage und Bedeutung der Vorschrift

§ 59 VgV dient der Umsetzung von Art. 68 RL 2014/24/EU. Das iRd besten Preis-Leistungs-Verhältnisses zur Ermittlung des wirtschaftlichen Angebots mögliche Zuschlagskriterium Kosten kann auch auf der Grundlage der **Lebenszykluskosten der Leistung** berechnet werden (§ 58 Abs. 2 S. 1, 2 VgV). Dies lässt auch der Erwgr. 96 der RL 2014/24/EU ausdr. zu. Mit dieser Einbeziehung wird kein völliges vergaberechtliches Neuland betreten. Als Betriebs- und Folgekosten waren die Lebenszykluskosten bereits nach § 16 EG Abs. 7 VOB/A aF für Bauvergaben als Zuschlagskriterien zulässig. Für Dienstleistungs- und Liefervergaben sah § 19 EG VOL/A aF die Möglichkeit zur Berücksichtigung von Lebenszykluskosten bei der Entscheidung über den Zuschlag vor. 1

Im früheren § 4 Abs. 6b VgV aF war die Möglichkeit zugelassen worden, iRd Ermittlung des wirtschaftlichen Angebots die **Energieeffizienz als Zuschlagskriterium** angemessen zu berücksichtigen. Grundlage hierfür waren die nach § 4 Abs. 6 VgV aF zu übermittelnden Informationen, die in geeigneten Fällen auch eine Analyse minimierter Lebenszykluskosten umfassen konnten, § 4 Abs. 6 Nr. 2 lit. a VgV aF.[1] Eine Verpflichtung zur Einbeziehung der Energieeffizienz als Zuschlagskriterium war nach § 4 Abs. 4 VgV aF jedoch, dass energieverbrauchsrelevante Waren, technische Geräte oder Ausrüstungen Gegenstand einer Lieferleistung oder wesentliche Voraussetzung zur Ausführung einer Dienstleistung sind.[2] Dies ist etwa bei der Programmierung von Software nicht der Fall.[3] Die Bestimmung wird nun der Sache nach in § 67 VgV aufgenommen. 2

Die neben den Vorgaben über die Berechnung von Lebenszykluskosten nach § 59 VgV im 4. Abschn. der VgV aufgenommenen besonderen Vorschriften für die **Beschaffung energieverbrauchsrelevanter Leistungen** (§ 67 VgV) enthalten für diese Produkte und deren Beschaffung besondere Regelungen. Sie gehen als Spezialregelungen den allg. Bestimmungen von § 59 VgV vor. So schreibt § 67 Abs. 5 VgV die angemessene Berücksichtigung der Energieeffizienz als Zuschlagskriterium ausdr. vor. Vgl. ergänzend die Allgemeine Verwaltungsvorschrift zur Beschaffung energieeffizienter Produkte und Dienstleistungen (AVV-EuEff). 2a

Für Bundesdienststellen gelten seit 1. Januar 2022 noch weitere verpflichtende Vorgaben. Die Allgemeine Verwaltungsvorschrift zur **Beschaffung klimafreundlicher Leistungen (AVV Klima)** sieht vor, bereits vor Einleitung des Verfahrens zur Vergabe eine Wirtschaftlichkeitsuntersuchung nach § 7 Abs. 2 BHO durchzuführen, bei der der Energieverbrauch während des gesamten Lebenszyklus der Leistung (Herstellung, Nutzung, Recycling und Entsorgung) und der Aspekt der energieeffizientesten Systemlösung zu prüfen sowie, soweit mit vertretbarem Aufwand möglich, eine Prognose der verursachten Treibhausgasemissionen während des gesamten Lebenszyklus einzubeziehen ist. Zugleich enthält § 2 Abs. 2 AVV Klima 2b

---

[1] Hierzu ua Ziekow/Völlink/Greb, 2. Aufl. 2013, → VgV § 4 Rn. 29 ff.; Scheel IBR 2011, 1265; Gaus NZBau 2013, 401.
[2] Zum fehlenden Bieterschutz VK Rheinland-Pfalz 13.11.2015 – VK 1–16/15, VPR 2017, 27.
[3] VK Bund 10.11.2014 – VK 2–89/14, VPRRS 2014, 0678.

eine ausdr. Bevorzugungspflicht. Nach § 4 Abs. 4 AVV Klima hat der Zuschlag auf das wirtschaftlichste Angebot zu ergehen, für dessen Berechnung die Lebenszykluskosten der Leistung zu berücksichtigen sind.[4]

3   Die Einbeziehung von Lebenszykluskosten nach § 59 Abs. 1 VgV entspricht auch der zugelassenen Ermittlung des besten Preis-Leistungsverhältnisses nach § 127 Abs. 1 S. 3 GWB. § 127 Abs. 3 S. 2 GWB begründet dabei zugleich eine Vermutung dafür, dass Zuschlagskriterien mit dem Auftragsgegenstand in Verbindung stehen, wenn sie sich auf Prozesse im Zusammenhang mit der Herstellung, Bereitstellung oder Entsorgung der Leistung, auf den Handel mit der Leistung oder auf ein anderes Stadium im Lebenszyklus der Leistung beziehen.

2. Systematik der Regelung

4   Abs. 1 regelt die grundsätzliche Zulässigkeit, das Zuschlagskriterium „Kosten" auch auf der Grundlage der Lebenszykluskosten der Leistung zu berechnen.

5   Abs. 2 enthält Vorgaben zu der zur Berechnung der Lebenszykluskosten vorzugebenden **Methodik** (S. 1) und gibt beispielhaft einzelne Aspekte vor, die die **Berechnungsmethode** umfassen kann (S. 2). Mit den in § 59 Abs. 2 S. 2 Nr. 1–4 VgV aufgenommenen Kostenarten werden Gesichtspunkte benannt, welche idR beim Auftraggeber bzw. Nutzer anfallen; der in § 59 Abs. 2 S. 2 Nr. 5 VgV bezeichnete Aspekt der externen Effekte der Umweltbelastung betrifft Auswirkungen auf andere geschützte Güter und beschreibt sog. **„externe" Kosten**.[5] § 59 Abs. 2 S. 1 VgV wiederholt deklaratorisch den allg. Grundsatz, dass die Zuschlagskriterien und die hierfür geltenden Maßgaben, die für die Angebote zu guten oder schlechten Bewertungen führen können, auch im Hinblick auf die Methode zur Berechnung der Lebenszykluskosten und die zur Berechnung vom Unternehmen zu übermittelnden Informationen bereits in der Auftragsbekanntmachung, jedenfalls aber in den Vergabeunterlagen anzugeben sind. Dies betrifft idR den gleichen Zeitpunkt, da der öffentliche Auftraggeber gem. § 41 Abs. 1 VgV in der Auftragsbekanntmachung eine elektronische Adresse anzugeben hat, unter der die Vergabeunterlagen unentgeltlich, uneingeschränkt, vollständig und direkt abgerufen werden können.

6   Abs. 3 legt fest, welche Voraussetzungen eine Methode zur Berechnung der Kosten, die durch externe Effekte der Umweltbelastung entstehen, erfüllen muss, um den Anforderungen der Transparenz, Gleichbehandlung, Nichtdiskriminierung und Nachprüfbarkeit gerecht zu werden.[6]

7   Abs. 4 schließlich verweist darauf, dass der öffentliche Auftraggeber eine Methode vorzugeben hat, sofern diese für die Berechnung der Lebenszykluskosten durch einen Rechtsakt der europäischen Union verbindlich vorgeschrieben worden ist. Dies ist bislang nicht geschehen.

II. Notwendiger Inhalt der Bekanntmachung oder der Vergabeunterlagen

8   Nach § 59 Abs. 2 S. 1 VgV ist der öffentliche Auftraggeber verpflichtet, die Methode zur Berechnung der Lebenszykluskosten und die zur Berechnung vom Unternehmen zu übermittelnden Informationen in der **Auftragsbekanntma-**

---

[4] So ausdr. das Umweltbundesamt auf seiner Homepage www.umweltbundesamt.de/themen/wirtschaft-konsum/umweltfreundliche-beschaffung/lebenszykluskosten (letzter Abruf 26.3.2023) mit weiteren Informationen.
[5] RKMPP/Wiedemann VgV § 59 Rn. 6.
[6] Vgl. Begr. zu § 59 Abs. 3 VgV.

chung oder den **Vergabeunterlagen** anzugeben, wenn er sich dazu entschließt (was gem. § 59 Abs. 1 VgV in seinem Ermessen steht) vorzugeben, dass die Lebenszykluskosten wertungsrelevant werden sollen.

Damit wird der allg. Grundsatz umschrieben, dass der öffentliche Auftraggeber **9** die Zuschlagskriterien und die zur Wertung erforderlichen Bieterangaben vor der Wertungsentscheidung und so rechtzeitig bekanntzumachen hat, dass die Bieter ihre Angebote darauf ausrichten können.[7] Die Möglichkeit zur Einbeziehung der Methode zur Berechnung der Lebenszykluskosten und der zur Berechnung abgefragten Informationen in den Vergabeunterlagen bedeutet seit Inkrafttreten des Vergaberechtsreformgesetztes mit der VgVModV nicht länger, dass der öffentliche Auftraggeber zu dieser Bekanntmachung bereits zum Zeitpunkt der Auftragsbekanntmachung verpflichtet ist. Nach § 41 Abs. 1 VgV hat der öffentliche Auftraggeber bereits in der Auftragsbekanntmachung eine elektronische Adresse anzugeben, unter der die Vergabeunterlagen kostenfrei und vollständig abgerufen werden können. Die Vergabeunterlagen müssen daher bereits zum Zeitpunkt der Veröffentlichung der Auftragsbekanntmachung grds. vollständig vorliegen.[8] Bestandteil der Anforderung des hier zum Ausdruck kommenden Transparenzgebotes ist die Vollständigkeit der Angaben zur Berechnungsmethodik und den zu übermittelnden Informationen sowie deren eindeutige Anforderung.

Da die in § 59 Abs. 2 S. 2 Nr. 1–5 VgV aufgeführten Aspekte nicht zwingend **10** sämtlich zum Gegenstand der Berechnungsmethode gemacht werden müssen, kann der öffentliche Auftraggeber darüber befinden, welche einzelnen Aspekte er von den Bietern abfragt. Er kann auch kategorisieren, ob nur die bei ihm anfallenden Elemente (Nr. 1–4) oder sowohl solche als auch Elemente der externen Kosten (Nr. 5) anzugeben sind.

Weiter kann der öffentliche Auftraggeber vorgeben, ob die **Ermittlung der** **11** **einzelnen Kostenfaktoren** auf eine bestimmte Art und Weise zu erfolgen hat. Beispielsweise kann hierfür vorgegeben werden, dass Energieverbrauchskosten durch Vorgabe eines prognostizierten Anteils der verschiedenen Betriebszustände der energieverbrauchsrelevanten Geräte und eines für die Zwecke der Wertung unterstellten Reverenz-Strompreises zu ermitteln sind.[9]

Das Lebenszyklus-Berechnungsinstrument muss bei der Ausschreibung klar darge- **12** stellt und allen Ausschreibungsteilnehmern zugänglich gemacht werden (hierzu noch unter den Erläuterungen zu Abs. 3 iE). Das **Umweltbundesamt** bietet Ratgeber und Anhaltspunkte sowie ein „Excel-Tool" für verschiedene Beschaffungsvarianten. Neben einem allg. Werkzeug können auch produktspezifische Werkzeuge zur Berechnung von Lebenszykluskosten von Computern oder anderen Geräten, Berechnungshilfen für die Produktgruppe Beleuchtung, Fahrzeuge Haushaltsgeräte, Werkzeuge zur Berechnung von Lebenszykluskosten unter Einbeziehung der entstehenden CO^2-Immissionen aus der Nutzungsphase, bei der Herstellung, dem Transport oder der Entsorgung, Werkzeuge zur Berechnung der Lebenszykluskosten und der Einbeziehung der Besonderheiten elektrotechnischer Gerätschaften unter Einbeziehung der Phasen Installation, Betrieb und Deinstallation sowie eine Berechnungshilfe über die Lebensdauer von Straßenverkehrsfahrzeugen und die dafür anfallenden externen Kosten nach Vorgabe der Richtlinie über die Förderung sauberer und energieeffizienter Straßenfahrzeuge (RL 2009/33/EG) herangezogen und differen-

---

[7] OLG München 21.5.2010 – Verg 2/10, IBRRS 2010, 2186 = VergabeR 2010, 992; EuGH 24.1.2008 – C-532/06, BeckRS 2008, 70068 = VergabeR 2008, 496 – Lianakis.

[8] Eine Begrenzung ist zuletzt für zweistufige Verfahren festgelegt worden: OLG Düsseldorf 17.10.2018 – Verg 26/18, VPR 2019, 19.

[9] RKMPP/Wiedemann VgV § 59 Rn. 21 mit weiteren Beispielen, anzusetzende Lebensdauer für die Ermittlung der Lebenszykluskosten, Einbeziehung künftiger Zahlungen des Nutzers unter Berücksichtigung von Abzinsungen, Benennung von weiteren Kostenfaktoren.

ziert eingesetzt werden. Es existiert insbes. ein Schulungsskript des Umweltbundesamtes,[10] das Beispiele und Erfahrungen mit Lebenszykluskosten Berechnungen aus der Praxis für Multifunktionsgeräte, Kraftfahrzeuge und Gebäudeheizungen enthält und die methodischen Grundlagen und grundlegenden Prinzipien der Lebenszykluskostenberechnung unter Einbeziehung der theoretischen Grundlagen zur Kapitalwert- und Annuitätenmethode sowie zur Berechnung der Gesamtkosten darstellt. Dort wird auch eine Checkliste zur Berechnung von Lebenszykluskosten bereitgestellt und eine Beispielberechnung präsentiert.

13 Aus diesen Quellen hat der öffentliche Auftraggeber die für das von ihm nachgefragte Produkt bzw. die von ihm nachgefragte Dienst- bzw. Lieferleistung passende Methodik zur Berechnung der dafür von ihm als wertungsrelevant anzusehenden Lebenszykluskosten zu ermitteln und den Bietern zur Verfügung zu stellen.

III. Der Begriff der „Lebenszykluskosten"

14 Als Lebenszykluskosten werden **alle relevanten Kosten** bezeichnet, die ein Produkt **während seines gesamten Produktlebenszyklusses** verursacht.[11] Dies schließt auch die „versteckten" Kosten ein, etwa Verbrauchs- und Entsorgungskosten. Auf diese Weise kann zum Beispiel durch einen Vergleich unterschiedlicher Varianten von Produkten festgestellt werden, ob und in welchen Umfang die umweltfreundliche Variante im Vergleich zur konventionellen Variante eines Produkts oder einer Leistung auch aus ökonomischer Sicht insgesamt besser abschneidet. Die Lebenszykluskosten sind weiter dadurch definiert, dass sie eine **Berechnung und Bewertung aller dieser Kosten,** die mit einem Produkt verbunden sind, darstellen und die direkt durch einen oder mehrere Aktoren im Lebenszyklus dieses Produkts getragen werden.[12] Vergaberechtlich steht bei der Betrachtung der Lebenszykluskosten in erster Linie die Perspektive des Auftraggebers als Kunde im Mittelpunkt.[13] Zum Teil wird dabei eine „klassische" Betrachtung, welche dem Normtext aus § 59 Abs. 2 S. 2 VgV zugrunde liegen soll und welche den Lebenszyklus als Konsumptionszyklus verstehen will, von neueren Lebenszyklusmodellen unterschieden, die auch vorlaufende Beobachtungs- und Entwicklungskosten sowie den nachlaufenden Nachsorgezyklus einbeziehen.[14]

15 Allg. können Lebenszykluskosten folgende Aspekte umfassen:
– Kosten für die Gewinnung und die Produktion der zur Herstellung des Produktes benötigten Rohstoffe;
– Kosten für die Herstellung des Produktes;
– Nutzungskosten des Produktes (einschließlich Wartungskosten, etc);
– Verwertungs-/Entsorgungskosten nach Ablauf der Nutzungsdauer;
– Kosten für die Rückgewinnung von Rohstoffen aus den Verwertungs-/Entsorgungsrückständen.[15]

---

[10] Schulungsskript 5, Einführung in die Berechnung von Lebenszykluskosten und deren Nutzung im Beschaffungsprozess.

[11] Auch: Stolz/Goldbrunner VergabeR 2023, 1, 15 mwN.

[12] Einführung zum Schulungsskript 5, Einführung in die Berechnung von Lebenszykluskosten und deren Nutzung im Beschaffungsprozess, Umweltbundesamt, Stand Oktober 2012.

[13] Beck VergabeR/Lausen VgV § 59 Rn. 9 (unter besonderer Betonung des Ermessens des Auftraggebers).

[14] RKMPP/Wiedemann VgV § 59 Rn. 9.

[15] Vgl. insoweit bereits die Kompetenzstelle für nachhaltige Beschaffung des Beschaffungsamts des Bundesministeriums des Inneren: Vortrag zu Lebenszykluskosten und andere Wege, Nachhaltigkeitskriterien bei der Beschaffung zu berücksichtigen, Vortrag auf dem Vergabetag Bayern 2016, Folie 16.

Lebenszykluskosten können bereits in der Planungsphase berücksichtigt[16] werden. 16
Beispielhaft ist die beschränkte Nutzungsdauer von Flüchtlingsunterkünften mit ggf.
zu berücksichtigender Nachnutzung zu erwähnen.

IV. Maßstab der Auswahlentscheidung

1. Vom Auftraggeber zu tragende Kosten

a) Anschaffungskosten. In die Berechnungsmethode können zunächst die 17
Anschaffungskosten einzubeziehen sein. Allerdings muss dabei berücksichtigt werden, dass die reinen Anschaffungskosten idR keinen überwiegenden Anteil an den Gesamtkosten für die Beschaffung, die Aufrechterhaltung der Nutzbarkeit und Entsorgung des zu beschaffenden Produkts bzw. der nachgefragten Leistung umfassen. Dieser Aspekt betrifft aber zugleich die Vergabereife und die Schätzung der voraussichtlichen Auftragswertes, welche auch vor Beginn des Vergabeverfahrens anzufertigen ist.

b) Nutzungskosten. Neben den reinen Anschaffungskosten können auch die 18
Nutzungskosten, insbes. für den Verbrauch von Energie und anderen Ressourcen, in die Methodik zur Berechnung der Lebenszykluskosten einzubeziehen sein. In diesem Fall sollte festgelegt werden, anhand welcher Gesichtspunkte und Parameter (etwa mit welcher Verbrauchsintensität und Referenznutzungsdauer) die Angaben über den Verbrauch von Energie und anderen Ressourcen von den Bietern zu erstellen sind. Diese Methodik ist **einheitlich** festzulegen, um vergleichbare Werte zu erhalten. Soweit normative Vorgaben bestehen, sollte auf diese verwiesen werden.[17]

Der öffentliche Auftraggeber hat auch darüber zu entscheiden, inwieweit er Angaben 19
von den Bietern zu Nutzungskosten fordern will, die zur Grundlage der Wertungsentscheidung gemacht werden sollen, oder inwieweit er in der Leistungsbeschreibung bereits bei den Vertragsvollzug zu beachtende „Soll-Beschaffenheiten" vorgeben möchte. Soweit derartige Vorgaben dazu führen, dass eine hinreichende Homogenität der eingehenden Angebote zu erwarten ist, ist auch ein reiner Preiswettbewerb zulässig.[18]

c) Wartungskosten. Ebenfalls kann die Berechnungsmethode zur Ermittlung 20
der Lebenszykluskosten die Wartungskosten mitumfassen. Dabei handelt es sich um solche Kosten, die notwendig sind, um die Funktionsfähigkeit der nachgefragten Leistung bzw. Lieferung während der voraussichtlichen Nutzungsdauer zu gewährleisten und zu unterstützen. Im Gegensatz dazu dienen Instandhaltungskosten dem Erhalt der Nutzungsmöglichkeit. Auch **Instandhaltungskosten** können in die

---

[16] Dabei haben sich die Beteiligten darüber bewusst zu sein, dass es sich um Prognosen handelt, die durch Berechnungsmethoden nur verobjektiviert werden sollen, Beck VergabeR/Lausen VgV § 59 Rn. 9.

[17] Beispielhaft wird Bezug genommen auf die Verordnung zur Umsetzung von Art. 14 der RL zur Energieeffizienz und zur Änderung weiterer umweltrechtlicher Vorschriften v. 28.4.2015, BGBl. I 670 ff.; nach der in Art. 1 enthaltenen Kosten-Nutzen-Vergleich-Verordnung für die Koppelung und Rückführung in industrieller Abwärme bei der Wärme- und Kälteversorgung werden ua Festlegungen zum Gegenstand des Kosten-Nutzen-Vergleichs, zur Ermittlung der zu berücksichtigenden Wärme- und Kältebedarfspunkte und Anlagen sowie zur Wirtschaftlichkeitsanalyse normiert. Diese Vorgaben können zum Ausgangspunkt für Festlegungen auch im Vergabeverfahren gemacht werden, obwohl sie in erster Linie der Zulassungsentscheidung der zuständigen Behörde über die Zulässigkeit entspr. Vorhaben zu dienen bestimmt sind.

[18] Hierzu etwa VK Bund 10.11.2014 – VK 2–89/14, VPR 2015, 88.

Berechnungsmethode aufgenommen werden, da die Auflistung in § 59 Abs. 2 S. 2 VgV nicht abschließend ist. Deshalb können sogar Instandsetzungskosten (also Kosten zur Wiederherstellung der Nutzbarkeit) ebenfalls anzugeben sein, soweit sie prognostizierbar sind. Ob auf dieser Grundlage ein gesondertes Zuschlagskriterium „**Rentabilität**" zur Einbeziehung besonderer Einnahmen in die kostenbezogene Wirtschaftlichkeitsberechnung dienen kann, erscheint vor dem Hintergrund der verschärften Rspr. zur Ausgestaltung und Transparenz der Zuschlagskriterien nicht zweifelsfrei.[19]

21   d) **Entsorgungskosten.** Schließlich können in die Berechnungsmethodik die Kosten einbezogen werden, die am Ende der Nutzungsdauer anfallen. Dies kann insbes. die **Abholung-/Entsorgungs- oder Recyclingkosten** betreffen. Weiter können auch die bereits erwähnten Kosten für die Rückgewinnung von Rohstoffen aus Abfallprodukten einbezogen werden, soweit sie ermittelbar sind. Auf dieser Grundlage können Produkte und Leistungen mit geringeren Anschaffungs-, Nutzungs-, Wartungs- oder Entsorgungs- bzw. Recyclingkosten in der Lage sein, sich im Preis-Leistungs-Wettbewerb unter der Rubrik der Kosten durchzusetzen.

2. Externe Kosten

22   Auch die durch die externen Effekte der Umweltbelastung entstehenden Kosten, die mit der Leistung während ihres Lebenszyklus in Verbindung stehen, können in die Berechnungsmethodik einbezogen werden. Voraussetzung dafür ist, dass ihr Geldwert unter Einhaltung der Rahmenbedingungen aus § 59 Abs. 3 VgV bestimmt und geprüft werden kann. Beispielhaft für solche Kosten sind Kosten für **Immissionen von Treibhausgasen** oder anderen Schadstoffen sowie Kosten für Eindämmung des Klimawandels. Hiervon können etwa auch Kosten für den notwendigen Erwerb von Immissionszertifikaten umfasst sein.

23   Ob und inwieweit Angaben zu Kosten für die Eindämmung des Klimawandels verlangt werden können und eine entspr. hinreichend bestimmte Forderung von Angaben derartiger Kosten unter Wahrung des Gleichbehandlungsgrundsatzes aufgestellt werden kann, muss die Praxis erweisen. Der Grundsatz der Objektivität ist hierfür von tragender Bedeutung. Dies entspricht auch den Vorgaben aus Art. 68 Abs. 1 RL 2014/24/EU und § 127 Abs. 4 GWB.

24   Die zur Berechnung der durch externe Effekte entstehenden Kosten zugrunde zu legende Methodik muss nach § 59 Abs. 3 VgV folgende Bedingungen erfüllen:
– Sie beruht auf objektiv nachprüfbaren und nicht diskriminierenden Kriterien und darf insbes. dann, wenn sie nicht für die wiederholte und dauerhafte Anwendung entwickelt worden ist, bestimmte Unternehmen weder bevorzugen noch benachteiligen (Nr. 1);
– sie ist für alle interessierten Beteiligten zugänglich zu machen (Nr. 2) und
– sie lässt es zu, dass die zur Berechnung erforderlichen Informationen von Unternehmen, die ihrer Sorgfaltspflicht im üblichen Maße nachkommen, einschließlich Unternehmen aus Drittstaaten nach Maßgabe der dafür iE benannten Übereinkommen mit angemessenem Aufwand bereitgestellt werden können.

25   Diese Vorgaben entsprechen den allg. Grundsätzen der Transparenz, Gleichbehandlung und der Verhältnismäßigkeit, die auch in § 127 GWB dadurch zum Ausdruck kommen, dass die verlangten Kriterien für die Auswahl eines Angebots (Zuschlagskriterien) mit dem Leistungsgegenstand in einem angemessenen Verhältnis stehen müssen (dazu → GWB § 127 Rn. 12 ff.).

---

[19] Allg. OLG Saarbrücken 15.10.2014 – 1 Verg 1/14, VPR 2015, 20; OLG Frankfurt a. M. 16.2.2015 – 11 Verg 11/14, VPR 2015, 102; OLG Dresden 26.1.2016 – Verg 1/16, IBRRS 2016, 3366; OLG Düsseldorf 2.11.2016 – Verg 25/16, IBRRS 2017, 0078; die „Rentabilität" wird vorgeschlagen von RKMPP/Wiedemann VgV § 59 Rn. 12.

V. Gewichtung der Lebenszykluskosten

Über die Gewichtung der Lebenszykluskosten kann der öffentliche Auftraggeber 26
bei der Erstellung der Vergabeunterlagen grds. iRd ihm für die Auswahl der Wertungskriterien und ihrer Gewichtung zustehenden Beurteilungsspielraums entscheiden. Die normative Einschränkung aus § 4 Abs. 6 lit. b VgV (aF), nach der die Energieeffizienz als Zuschlagskriterium angemessen zu berücksichtigen ist, betrifft nur Vergaben, die § 67 VgV unterfallen, § 67 Abs. 1, 5 VgV (dazu → § 67 Rn. 22 ff.).

Diese Freiheit korrespondiert jedoch mit einem gesteigerten Dokumentationsauf- 27
wand. Der öffentliche Auftraggeber wird im Vergabeverfahren darzulegen haben, welche Gesichtspunkte für ihn ausschlaggebend geworden sind, Lebenszykluskosten nach einer bestimmten, von ihm festzulegenden Berechnungsmethode der Wertung zugrunde zu legen, und mit welchem Gewicht er dies getan hat.

VI. Verbindliche Vorgaben durch einen Rechtsakt der Europäischen Union

Soweit der europäische Normgeber verbindliche Vorgaben zur Einführung einer 28
Methode zur Berechnung von Lebenszykluskosten in Kraft setzen wird, hat der öffentliche Auftraggeber diese Methode zwingend vorzugeben. Art. 68 Abs. 3 UAbs. 2 RL 2014/24/EU sieht vor, dass derartige Rechtsakte – und erforderlichenfalls die sie ergänzenden delegierenden Rechtsakte – in Anhang XIII RL 2014/24/EU aufzuführen sind. Derzeit ist nur ein Rechtsakt in diesem Anhang enthalten.[20] Es handelt sich um die Richtlinie 2009/33/EG des Europäischen Parlaments und Rates über die Förderung sauberer und energieeffizienter Straßenfahrzeuge.[21] Art. 6 RL 2009/33/EG enthält eine Methode, nach der die über die gesamte Lebensdauer eines Straßenfahrzeugs anfallenden Betriebskosten des Energieverbrauchs sowie der CO_2-Emissionen und Schadstoffemissionen, die mit dem Betrieb der angekauften Fahrzeuge zusammenhängen, finanziell bewertet und berechnet werden können.

Als (zukünftig weitere) verbindliche Rechtsakte kommen sämtliche Rechtsakte 29
des europäischen sekundären Rechtes (Verordnung, Richtlinie und Entscheidung der Kommission) in Betracht. Mitteilungen und Empfehlungen weisen lediglich unverbindlichen Charakter auf. Das Gleiche gilt für Arbeitshilfen oder Normvorgaben, wie etwa die Vorgabe über Modelle und Verfahren zu Lebenszykluskostenberechnung von Gebäuden (Lebenszykluskostenberechnung nach DIN 18960 oder andere, vergleichbare Normen, Werkzeuge, Arbeitshilfen, etc).[22]

§ 60 Ungewöhnlich niedrige Angebote

(1) **Erscheinen der Preis oder die Kosten eines Angebots im Verhältnis zu der zu erbringenden Leistung ungewöhnlich niedrig, verlangt der öffentliche Auftraggeber vom Bieter Aufklärung.**

---

[20] Darauf weisen MüKoEuWettbR/Pauka/Frischmuth VgV § 59 Rn. 13 hin.
[21] RL 2009/33/EG v. 23.4.2009, ABl. 2009 L 120.
[22] Bei RKMPP/Wiedemann VgV § 59 Rn. 26 wird auf die DIN EN 60300–3-3: 2004 – Anwendungsleitfaden Lebenszykluskosten des Deutschen Instituts für Normung, die Richtlinie VDI 2884: 2005 des VDI – Beschaffung, Betrieb und Instandhaltung von Produktionsmittel unter Anwendung von Life Cycle Costing (LCC) sowie die RL VDI 2067: 2012 des VDI – Wirtschaftlichkeit gebäudetechnischer Anlagen – Grundlagen- und Kostenberechnung Bezug genommen.

(2) ¹Der öffentliche Auftraggeber prüft die Zusammensetzung des Angebots und berücksichtigt die übermittelten Unterlagen. ²Die Prüfung kann insbesondere betreffen:
1. die Wirtschaftlichkeit des Fertigungsverfahrens einer Lieferleistung oder der Erbringung der Dienstleistung,
2. die gewählten technischen Lösungen oder die außergewöhnlich günstigen Bedingungen, über die das Unternehmen bei der Lieferung der Waren oder bei der Erbringung der Dienstleistung verfügt,
3. die Besonderheiten der angebotenen Liefer- oder Dienstleistung,
4. die Einhaltung der Verpflichtungen nach § 128 Absatz 1 des Gesetzes gegen Wettbewerbsbeschränkungen, insbesondere der für das Unternehmen geltenden umwelt-, sozial- und arbeitsrechtlichen Vorschriften, oder
5. die etwaige Gewährung einer staatlichen Beihilfe an das Unternehmen.

(3) ¹Kann der öffentliche Auftraggeber nach der Prüfung gemäß den Absätzen 1 und 2 die geringe Höhe des angebotenen Preises oder der angebotenen Kosten nicht zufriedenstellend aufklären, darf er den Zuschlag auf dieses Angebot ablehnen. ²Der öffentliche Auftraggeber lehnt das Angebot ab, wenn er festgestellt hat, dass der Preis oder die Kosten des Angebots ungewöhnlich niedrig sind, weil Verpflichtungen nach Absatz 2 Satz 2 Nummer 4 nicht eingehalten werden.

(4) ¹Stellt der öffentliche Auftraggeber fest, dass ein Angebot ungewöhnlich niedrig ist, weil der Bieter eine staatliche Beihilfe erhalten hat, so lehnt der öffentliche Auftraggeber das Angebot ab, wenn der Bieter nicht fristgemäß nachweisen kann, dass die staatliche Beihilfe rechtmäßig gewährt wurde. ²Der öffentliche Auftraggeber teilt die Ablehnung der Europäischen Kommission mit.

Literatur: Brieskorn/Stamm, Die vergaberechtliche Wertung von Angeboten mit negativen Preisen, NZBau 2013, 347; Conrad, Der Anspruch des Bieters auf den Ausschluss ungewöhnlich niedriger Konkurrenzangebote nach neuem Vergaberecht, ZfBR 2017, 40; Delcuvé, Anmerkung zur Entscheidung des BGH, Beschluss vom 31.1.2017 (X ZB 10/16) – Zu den Anforderungen an die Behandlung von ungewöhnlich niedrigen Angeboten, VergabeR 2017, 372; Feldmann, Praktische Fragen der Durchführung von Preisangemessenheitsprüfungen aus der Sicht von Bietern, Vergabestellen und Nachprüfungsinstanzen, VergabeR 2019, 730; Gabriel, Die vergaberechtliche Preisprüfung auf dritter Angebotswertungsstufe und die (Un-) Zulässigkeit von sog. Unterkostenangeboten, VergabeR 2013, 300; Hattig/Oest, Die Prüfung der Angemessenheit der Angebotspreise durch den Auftraggeber nach Wegfall der verbindlichen Preisspannen in der HOAI, ZfBR 2021, 364; Hölzl, Volle Überprüfbarkeit ungewöhnlich niedriger Angebote, NZBau 2018, 18; Horn/Hofmann, Das Vergabeverfahren im Licht der HOAI 2021, NZBau 2021, 237; Lausen, Drittschützende Wirkung der Vorschriften über die Prüfung von unangemessen niedrigen Angeboten („Notärztliche Dienstleistungen"), jurisPR-VergR 5/2017 Anm. 1; Lausen, Angebote mit unangemessen niedrigen Preisen, NZBau 2018, 585; Müller-Wrede, Die Wertung von Unterpreisangeboten – Das Ende einer Legende, VergabeR 2011, 46; Pünder, Die Vergabe öffentlicher Aufträge unter den Vorgaben des europäischen Beihilferechts, NZBau 2003, 530; Stolz, Die Vergabe von Architekten- und Ingenieurleistungen nach der Vergaberechtsreform 2016, VergabeR 2016, 351; Theis/Strauß, Preiswertung bei Planungsvergaben, ZfBR 2021, 631.

Übersicht

	Rn.
I. Bedeutung der Vorschrift	1
II. Aufklärung (Abs. 1)	3
1. Ungewöhnlich niedriger Preis	3

	Rn.
2. Aufklärungspflicht	5
3. Durchführung der Aufklärung	6
III. Gegenstand der Aufklärung (Abs. 2)	10
IV. Ausschluss ungewöhnlich niedriger Angebote (Abs. 3)	13
1. Bewertung der Aufklärungsergebnisse durch den Auftraggeber	13
2. Rechtlich gebundenes Ermessen bei nicht zufriedenstellender Aufklärung der Preise (S. 1)	15
3. Zwingender Ausschluss bei Verstoß gegen § 128 Abs. 1 GWB (S. 2)	17
V. Ungewöhnlich niedrige Angebote aufgrund staatlicher Beihilfen (Abs. 4)	19
VI. Ungewöhnlich hohe Angebote	24
VII. Rechtsschutz	27

I. Bedeutung der Vorschrift

§ 60 VgV regelt den Umgang mit ungewöhnlich niedrigen Angeboten. Die Vorschrift setzt Art. 69 RL 2014/24/EU in nationales Recht um. 1

In Übereinstimmung mit Art. 69 Abs. 3 RL 2014/24/EU ist § 60 VgV als Ermessensnorm ausgestaltet. Ein zwingender Ausschlussgrund besteht gem. § 60 Abs. 3 S. 2 VgV nur dann, wenn die niedrigen Preise oder Kosten Folge der Nichteinhaltung der Verpflichtungen nach § 128 Abs. 1 GWB, insbes. von umweltrechtlichen Verpflichtungen oder von Vorschriften über Arbeitsschutz und Arbeitsbedingungen (ua des MiLoG), sind. 2

II. Aufklärung (Abs. 1)

1. Ungewöhnlich niedriger Preis

Erscheinen der **Preis** oder die Kosten eines Angebots im Verhältnis zu der zu erbringenden Leistung **ungewöhnlich niedrig**, verlangt der öffentliche Auftraggeber vom Bieter nach Abs. 1 **Aufklärung**. Preise oder Kosten erscheinen dann als ungewöhnlich niedrig, wenn sie erheblich unterhalb der eingegangenen Konkurrenzangebote, einer qualifizierten Kostenschätzung oder Erfahrungswerten des Auftraggebers mit wettbewerblicher Preisbildung aus anderen Ausschreibungen liegen.[1] Eine Überprüfung der Angemessenheit von besonders niedrigen Angebotspreisen hat der öffentliche Auftraggeber insbes. dann vorzunehmen, wenn die Gesamtpreise der konkurrierenden Angebote so weit auseinander liegen, dass der Eindruck entsteht, ein Angebotspreis sei unangemessen niedrig.[2] Maßgeblich sind nicht einzelne Preispositionen, sondern der Gesamtpreis.[3] Über Preispositionen ist deshalb aufzuklären, weil sich der Endpreis aus ihnen zusammensetzt.[4] 3

Wie sich aus der Verwendung des Begriffs „**erscheinen**" ergibt, hat der Auftraggeber bei der Frage, ob er ein Angebot als ungewöhnlich niedrig ansieht und deshalb 4

---

[1] OLG Düsseldorf 29.5.2020 – Verg 26/19, VPRRS 2021, 0141; OLG Karlsruhe 6.8.2014 – 15 Verg 7/14, BeckRS 2014, 20739; OLG München 21.5.2010 – Verg 2/10, BeckRS 2010, 13748; VK Bund 15.11.2021 – VK 1–112/21, VPRRS 2022, 0005.

[2] VK Südbayern 14.8.2015 – Z3-3-3194-1-34-05/15, IBRRS 2015, 2539.

[3] OLG München 25.9.2014 – Verg 10/14, BeckRS 2014, 18451; OLG Karlsruhe 22.7.2011 – 15 Verg 8/11, BeckRS 2011, 12265; diff. in einem Sonderfall OLG Düsseldorf 31.10.2012 – VII-Verg 17/12, NZBau 2013, 333.

[4] RKMPP/Dicks VgV § 60 Rn. 5 und Fn. 4.

in die Aufklärung des Preises eintreten muss, einen gewissen Beurteilungsspielraum. Dies führt dazu, dass die Entscheidung des Auftraggebers, ein Angebot als ungewöhnlich niedrig anzusehen, nur einer begrenzten Kontrolle durch die Nachprüfungsinstanzen unterliegt.[5]

4a Die Rspr. hat allerdings iS einer einheitlichen Prüfungspraxis bestimmte Prozentsätze als **Aufgreifschwellen** entwickelt, bei deren Erreichen der Auftraggeber verpflichtet ist, die Angemessenheit des Angebotspreises zu prüfen. Eine **Prüfpflicht** des Auftraggebers wird in der Rspr.[6] überwiegend dann angenommen, wenn sich ein prozentualer Abstand zum Angebot des nächstplatzierten Bieters von 20 % der Gesamtauftragssumme ergibt. Bezugspunkt für die prozentuale Abweichung ist das nächsthöhere Angebot (= 100 %).[7] Dabei dürfen Angebote von anderen Bietern, die aufgrund von Ausschlussgründen mit kalkulationserheblicher Bedeutung auszuschließen sind, wie etwa bei einer Änderung der Vergabeunterlagen, nicht berücksichtigt werden. Andere Verstöße (wie zB fehlende Unterschriften oder fehlende Eignungsnachweise) sind dagegen unbedenklich, weil sie sich auf die Seriosität der Preisbildung nicht auswirken.[8]

4b Ein geringerer Preisabstand führt nicht zu einer Prüfpflicht, der Auftraggeber hat im Bereich zwischen 10 % und 20 % den **Beurteilungsspielraum**, ob er das Angebot als ungewöhnlich niedrig ansieht und in die Aufklärung der Preise eintritt. Ähnliches gilt, wenn das Angebot des nächstplatzierten Bieters nicht uneingeschränkt als Vergleichsmaßstab geeignet ist, zB bei eigener unseriöser Preisbildung,[9] etwa wenn dieser eine unzulässige Preisabsprache getroffen oder die Vergabeunterlagen abgeändert hat. Eine Orientierung an den genannten Aufgreifschwellen ist entspr. auch bei preislichen Abweichungen von einer qualifizierten Kostenschätzung oder Erfahrungswerten des Auftraggebers geboten.[10]

4c Bei einem Preisabstand von unter 10 % zum nächsthöheren Angebot besteht regelmäßig kein Anlass für eine Aufklärung der Angemessenheit der Preise.[11] Der öffentliche Auftraggeber kann aber auch dann in eine Preisprüfung eintreten, wenn zwar die sog. Aufgreifschwelle nicht erreicht ist, das Angebot aber aus anderen Gründen – etwa weil der Angebotspreis unangemessen niedrig erscheint und zugleich Anhaltspunkte für eine Mischkalkulation bestehen – konkreten Anlass zur Preisprüfung gibt.[12] Lediglich wenn es überhaupt keinen nachvollziehbaren Anlass für eine Preisprüfung gibt, kann schon ein Aufklärungsverlangen des öffentlichen Auftraggebers rechtswidrig sein,[13] dabei kommt es aber immer auf die Umstände des Einzelfalls an.

---

[5] OLG Brandenburg 22.3.2011 – Verg W 18/10, BeckRS 2011, 6542; OLG Düsseldorf 30.4.2014 – Verg 41/13, IBRRS 2014, 1347.

[6] BGH 31.1.2017 – X ZB 10/16, NZBau 2017, 230; BayObLG 9.4.2021 – Verg 3/21, VPRRS 2021, 0109; OLG Düsseldorf 18.9.2019 – Verg 10/19, NZBau 2020, 613; so auch schon BayObLG 2.8.2004 – Verg 16/04, BeckRS 2004, 8273.

[7] BayObLG 9.4.2021 – Verg 3/21, VPRRS 2021, 0109; OLG Düsseldorf 30.4.2014 – Verg 41/13, IBRRS 2014, 1347.

[8] Beck VergabeR/Lausen VgV § 60 Rn. 9; OLG München 2.6.2006 – Verg 12/06, ZfBR 2006, 600.

[9] OLG Bremen 17.11.2003 – Verg 6/2003, IBR 2004, 34.

[10] OLG Düsseldorf 20.12.2017 – Verg 8/17, NZBau 2018, 373.

[11] BayObLG 9.4.2021 – Verg 3/21, VPRRS 2021, 0109; OLG Düsseldorf 30.4.2014 – Verg 41/13, IBRRS 2014, 1347.

[12] OLG Düsseldorf 19.5.2021 – Verg 13/21, NZBau 2021, 694; VK Hessen 22.7.2020 – 69d-VK-33/2019, VPRRS 2021, 0023.

[13] OLG Karlsruhe 6.8.2014 – 15 Verg 7/14, BeckRS 2014, 20739; VK Sachsen 14.6.2022 – 1/SVK/006-22, VPRRS 2022, 0200.

2. Aufklärungspflicht

Bewertet der Auftraggeber aufgrund des Preisabstands zu den Konkurrenzangeboten, der Kostenschätzung oder den Erfahrungswerten ein Angebot als ungewöhnlich niedrig oder sind die Aufgreifschwellen (→ Rn. 4a) überschritten, **muss der Auftraggeber in eine Aufklärung über den Preis eintreten.**[14] Er hat hierbei kein Ermessen.[15] Ein Fall, bei dem eine solche Aufklärung überflüssig ist, ist schon aufgrund Art. 69 Abs. 3 RL 2014/24/EU kaum denkbar. Dem Bieter muss Gelegenheit gegeben werden, den Eindruck eines ungewöhnlich niedrigen Preises zu entkräften oder aber beachtliche Gründe dafür aufzuzeigen, dass sein Angebot gem. § 60 Abs. 3 S. 1 VgV trotzdem annehmbar ist.[16] Er ist an der Aufklärung zwingend zu beteiligen. Ohne Aufklärung kann selbst bei einem Angebotspreis, der im Verhältnis zum Preis des nächstgünstigeren Konkurrenten bzw. einer qualifizierten Kostenschätzung deutlich unterhalb der Aufgreifschwelle liegt, nicht von einem unangemessen niedrigen Preis ausgegangen werden.

3. Durchführung der Aufklärung

Stellt der Auftraggeber einen ungewöhnlich niedrigen Preis fest, muss er dem **Bieter Gelegenheit geben, den Preis zu erklären und die Angemessenheit** nachzuweisen.[17] Der Bieter ist **in Textform** gem. § 126b BGB zur Aufklärung aufzufordern. Zwar sieht Art. 69 RL 2014/24/EU und ihm folgend § 60 VgV, anders als Art. 55 Abs. 1 RL 2004/18/EG, keine Schriftform des Aufklärungsverlangens mehr vor. Gem. § 9 Abs. 2 VgV ist aber eine mündliche Kommunikation nicht zulässig, wenn sie die Angebote betrifft. Damit ist eine (bereits aus Beweisgründen keinesfalls anzuratende) mündliche oder telefonische Aufklärung unzulässig. Die Aufklärung der Angemessenheit der Preise ist im Wege **elektronischer Kommunikation** gem. § 9 Abs. 1 VgV durchzuführen.

Für den Bieter muss aus dem Aufklärungsersuchen ersichtlich sein, dass der Auftraggeber in die Aufklärung des Preises nach § 60 Abs. 2 VgV eingetreten ist. Er muss **in Textform** über die Angemessenheit der Preise **angehört** werden. Es obliegt dem Auftraggeber, durch **gezielte positions- bzw. titelbezogene Anfragen** dem Bieter die Gelegenheit zur Aufklärung dieser Positionen zu geben. Eine lediglich pauschale Aufforderung zur Erklärung der Kalkulation genügt dabei nicht den Erfordernissen einer sachgerechten Aufklärung. Ohne konkrete Anfragen ist der Bieter, der sein Angebot unter Ausnutzung der ihm zustehenden Kalkulationsfreiheit erstellt hat, nicht in der Lage, die betreffenden Positionen oder Titel zu erkennen und entspr. Erklärungen abzugeben.[18] Sinn dieser Vorschrift ist es, dem Bieter die Möglichkeit einzuräumen, mit seinen Argumenten darzulegen, dass er zur auftragsgerechten und gesetzeskonformen Leistungserbringung in der Lage ist.[19] Die in der Praxis immer wieder zu findende **Anforderung einer allg. Eigenerklärung** vom Bieter iRd Preisprüfung, **dass sein Angebot auskömmlich kalkuliert ist oÄ, ist daher sinnlos.** Erst recht reicht es nicht aus, wenn bei Aufklärungsgesprächen lediglich ein Hinweis auf Zweifel an der Angemessenheit der Preise erfolgt. Dieser Verfahrensfehler kann aber durch eine nach-

---

[14] BGH 31.1.2017 – X ZB 10/16, NZBau 2017, 230; EuGH 29.3.2012 – C-599/10, IBRRS 2012, 1222.
[15] VK Südbayern 14.8.2015 – Z3-3-3194-1-34-05/15, IBRRS 2015, 2539.
[16] EuGH 29.3.2012 – C-599/10, IBRRS 2012, 1222; OLG Karlsruhe 6.8.2014 – 15 Verg 7/14, BeckRS 2014, 20739; OLG Celle 30.9.2010 – 13 Verg 10/10, NZBau 2011, 189.
[17] EuGH 27.11.2001 – C-285/99 u. C-286/99, ZfBR 2002, 179.
[18] VK Thüringen 8.3.2017 – 250–4003-1772/2017-N-005-G, VPRRS 2017, 0114.
[19] EuGH 29.3.2012 – C-599/10, IBRRS 2012, 1222.

geholte Anhörung iRd Nachprüfungsverfahrens geheilt werden,[20] ebenso eine völlig unterbliebene Aufklärung.

7a Dem Bieter kann eine zumutbare **Frist zur Beantwortung** gesetzt werden. Die Zumutbarkeit richtet sich im Einzelfall einerseits nach dem Beschleunigungsgebot für das Vergabeverfahren, andererseits nach der Zeit, die der Bieter zur ordnungsgemäßen Beantwortung der Fragen benötigt.[21]

8 Nach entspr. Aufforderung trifft den Bieter eine **Mitwirkungsobliegenheit**. Seine Erklärungen müssen in sich schlüssig, nachvollziehbar und anhand geeigneter Belege objektiv überprüfbar sein.[22] Verweigert der Bieter eine Aufklärung, hält er von der Vergabestelle gesetzte zumutbare Fristen zur Beantwortung nicht ein oder gibt er lediglich formelhafte, inhaltsleere Erklärungen ab, hat die Vergabestelle dies im Rahmen ihrer Ermessensentscheidung gem. § 60 Abs. 3 S. 1 VgV über den Ausschluss des Angebots zu berücksichtigen. Hierbei ist dem Auftraggeber ein rechtlich gebundenes Ermessen eingeräumt: Die Ablehnung des Zuschlags ist grundsätzlich geboten, wenn der Auftraggeber aufgrund der unzureichenden Mitwirkungshandlung des Bieters verbleibende Ungewissheiten nicht zufriedenstellend aufklären kann.[23]

9 Führt der Auftraggeber in zulässiger Weise eine Aufklärung wegen ungewöhnlich niedrig erscheinender Preise durch und verlangt er die erforderlichen Informationen über die Preisbildung, muss nicht der Auftraggeber dem Bieter nachweisen, dass dessen Angebot unangemessen niedrig ist, vielmehr geht die **Beweislast auf den Bieter** über.[24] Will dieser eine Entscheidung nach § 60 Abs. 3 S. 1 VgV über Ausschluss seines Angebots vermeiden, hat er Gründe darzulegen, die geringe Höhe des angebotenen Preises oder der angebotenen Kosten zufriedenstellend aufklären.[25] Diese Beweislastverteilung ist sachgerecht, weil nur der Bieter in der Lage ist, zur Angemessenheit seiner Kalkulation Stellung zu nehmen und die Bedenken der Vergabestelle zu entkräften.[26]

III. Gegenstand der Aufklärung (Abs. 2)

10 Die Aufklärung betrifft neben rechnerischen Unklarheiten auch alle preisrelevanten inhaltlichen Aspekte des Angebots.[27] § 60 Abs. 2 VgV enthält eine nicht abschließende Aufzählung möglicher Prüfungsgegenstände, an denen sich der Auftraggeber bei seiner Prüfung orientieren kann. Berücksichtigt werden können insbes. die Wirtschaftlichkeit des Fertigungsverfahrens einer Lieferleistung oder der Erbringung der Dienstleistung (Nr. 1), die gewählten technischen Lösungen oder die

---

[20] VK Sachsen 5.8.2022 – 1/SVK/012-22, VPRRS 2022, 0281; BayObLG 18.9.2003 – Verg 12/03, BeckRS 2004, 349.

[21] OLG Celle 30.9.2010 – 13 Verg 10/10, NZBau 2011, 189; VK Nordbayern 30.1.2014 – 21.VK-3194-53/13, IBRRS 2014, 0825.

[22] Beck VergabeR/Lausen VgV § 60 Rn. 17; VK Baden-Württemberg 31.10.2012 – 1 VK 38/12, IBRRS 2013, 1084; VK Schleswig-Holstein 6.4.2011 – VK-SH 05/11, IBRRS 2011, 5582.

[23] BGH 31.1.2017 – X ZB 10/16, NZBau 2017, 230.

[24] VK Lüneburg 14.12.2012 – VgK-48/2012, IBRRS 2013, 1149; OLG Brandenburg 22.3.2011 – Verg W 18/10, BeckRS 2011, 6542.

[25] OLG Brandenburg 22.3.2011 – Verg W 18/10, BeckRS 2011, 6542; VK Thüringen 25.2.2016 – 250-4002-1839/2016-N-003-EA, VPRRS 2016, 0362.

[26] Beck VergabeR/Lausen VgV § 60 Rn. 17; VK Bund 20.4.2005 – VK 1–23/05, IBRRS 2005, 1702.

[27] BGH 31.1.2017 – X ZB 10/16, NZBau 2017, 230; OLG Düsseldorf 18.9.2019 – Verg 10/19, NZBau 2020, 613 und 29.5.2020 – Verg 26/19, VPRRS 2021, 0141.

außergewöhnlich günstigen Bedingungen, über die das Unternehmen bei der Lieferung der Waren oder bei der Erbringung der Dienstleistung verfügt (Nr. 2), und die Besonderheiten der angebotenen Liefer- oder Dienstleistung (Nr. 3). Kann ein Bieter günstigere Bezugsmöglichkeiten, sonstige günstigere Ausführungsbedingungen oder technische Lösungen anbieten, welche den niedrigeren Preis erklären, liegt jedenfalls kein unseriös kalkuliertes, unangemessen niedriges Angebot vor.[28] Sein Angebot wird in solchen Fällen regelmäßig sogar auskömmlich und mit einer Gewinnspanne kalkuliert sein. Ein Ausschluss eines solchen Angebots nach § 60 Abs. 3 S. 1 VgV kommt von vornherein nicht in Betracht.

Aufgrund des zwingenden Ausschlussgrunds des § 60 Abs. 3 S. 2 VgV ist die Prüfung der Einhaltung der Verpflichtungen nach § 128 Abs. 1 GWB, insbes. der für das Unternehmen **geltenden umwelt-, sozial- und arbeitsrechtlichen Vorschriften** (Nr. 4), von großer Bedeutung. Danach haben Unternehmen bei der Ausführung öffentlicher Aufträge alle für sie geltenden rechtlichen Verpflichtungen einzuhalten, insbes. Steuern, Abgaben und Beiträge zur Sozialversicherung zu entrichten, die arbeitsschutzrechtlichen Regelungen einzuhalten und den Arbeitnehmern wenigstens diejenigen Mindestarbeitsbedingungen einschl. des Mindestentgelts zu gewähren, die nach dem MiLoG, einem nach dem TVG mit den Wirkungen des AEntG für allgemein verbindlich erklärten Tarifvertrag oder einer nach §§ 7, 7a AEntG oder § 11 AEntG oder einer nach § 3a AÜG erlassenen Rechtsverordnung für die betreffende Leistung verbindlich vorgegeben werden. Art. 18 Abs. 2 RL 2014/24/EU stellt klar, dass Rechtsvorschriften der Union, einzelstaatliche Rechtsvorschriften, Tarifverträge und die in Anh. X RL 2014/24/EU aufgeführten internationalen umwelt-, sozial- und arbeitsrechtlichen Vorschriften eingehalten werden müssen. Eine **zumindest kursorische Prüfung** dieser Fragen muss stets iRd Prüfung eines ungewöhnlich niedrigen Angebots erfolgen. Bestehen konkrete Anhaltspunkte, ist eine **detaillierte Prüfung** ggf. unter Beteiligung der zuständigen Behörden (zB der Zollverwaltung bei Fragen der Einhaltung des Mindestlohns oder der Umweltbehörden) erforderlich. Zweifelsfragen dürfen vor Zuschlagserteilung nicht offenbleiben.

Aufgrund des Ausschlussgrunds in § 60 Abs. 4 S. 2 VgV muss auch die Frage, ob ein Unternehmen eine staatliche Beihilfe erhalten hat, Gegenstand der Prüfung sein (Nr. 5).

IV. Ausschluss ungewöhnlich niedriger Angebote (Abs. 3)

1. Bewertung der Aufklärungsergebnisse durch den Auftraggeber

Der Auftraggeber muss sich im Rahmen einer der Preisprüfung **konkret mit den Informationen eines Bieters zur Preisprüfung iS einer Überprüfung auseinandersetzen** und dies dokumentieren.[29] Die durchgeführte Preisprüfung muss dem öffentlichen Auftraggeber eine **gesicherte Tatsachengrundlage** für die Feststellung bieten, dass das Angebot entweder auskömmlich ist oder der Bieter im Falle eines Unterkostenangebots wettbewerbskonform in der Lage ist, den Vertrag ordnungsgemäß durchzuführen.[30] Eine zufriedenstellende Aufklärung liegt erst dann vor, wenn der Auftraggeber bei seiner Entscheidung, ob auf ein Unterkostenangebot der Zuschlag zu erteilen ist, Art und Umfang der im konkreten Fall drohenden Gefahren für eine wettbewerbskonforme Auftragserledigung berücksichtigt und dokumentiert hat.[31]

---

[28] S. VK Thüringen 8.11.2016 – 250-4002-7852/2016-N-012-KYF, VPRRS 2016, 0477.
[29] VK Sachsen 5.8.2022 – 1/SVK/012-22, VPRRS 2022, 0281; VK Bund 15.11.2021 – VK 1–112/21, VPRRS 2022, 0005.
[30] OLG Düsseldorf 29.5.2020 – Verg 26/19, VPRRS 2021, 0141.
[31] VK Bund 12.7.2019 – VK 1–35/19, VPRRS 2019, 0287.

13a Mit einer allg. Bestätigung eines Bieters, dass sein Angebot in Gänze auskömmlich sei, darf sich der Auftraggeber nicht zufriedengeben. Dasselbe gilt für inhaltliche Wiederholungen des Angebotsinhalts durch den Bieter, die keinen zusätzlichen Erkenntnisgewinn für die Beurteilung der Auskömmlichkeit dieser Positionen liefern können.[32] Solche Auskünfte erfüllen die Anforderungen an eine umfassende, schlüssige und nachvollziehbare Darlegung der angebotenen Preispositionen nicht.

13b IRd Prüfung der Angaben eines Bieters muss sich der Auftraggeber zunächst Klarheit darüber verschaffen, ob tatsächlich ein auskömmliches Angebot vorliegt (kein Unterkostenangebot) oder das Angebot zwar unauskömmlich ist (Unterkostenangebot), der Bieter aber wettbewerbskonforme Ziele verfolgt und zu dem angebotenen Preis in wirtschaftlicher und finanzieller Hinsicht voraussichtlich leistungsfähig ist und von ihm erwartet werden kann, dass er den Vertrag ordnungsgemäß ausführen wird.[33] Die Dokumentation der Preisprüfung muss erkennen lassen, von welchem der beiden Szenarien der Auftraggeber ausgegangen ist, da ansonsten die Preisprüfung zu keinem vertretbaren Ergebnis gelangen kann, da in jedem Fall wesentliche Prüfungsschritte ausgelassen werden.[34]

14 Ist das betreffende Angebot **tatsächlich auskömmlich** (kein Unterkostenangebot), zB weil der Bieter effektivere Dienstleistungs- oder Produktionsverfahren anwendet, günstigere Bezugsmöglichkeiten hat, eine geringere Gewinnmarge als andere Angebote in Ansatz bringt, zB um Zugang zu einem Markt oder zu einem bestimmten Auftraggeber zu erlangen[35], kann es in vielen Fällen bezuschlagt werden. Ein Angebot kann allerdings nur dann als auskömmlich angesehen werden, wenn die Annahmen des Bieters zu seinem Aufwand für die vertragskonforme Erfüllung des Auftrags (zB seinem Aufwand für Personal oder Geräte) realistisch sind und eine ordnungsgemäße Erfüllung erwarten lassen Dies muss der Auftraggeber vor Zuschlag überprüft haben. Ist dies der Fall, kann ein Angebot auch bei einem sehr großen Preisabstand zum nächsthöheren Angebot oder zu einer (ggf. unzureichenden) Kostenschätzung des Auftraggebers ohne Vergaberechtsverstoß angenommen werden.[36]

14a Ist das Angebot nur aufgrund eines Verstoßes gegen die Verpflichtungen nach § 128 Abs. 1 GWB auskömmlich, weil die für das Unternehmen geltenden umwelt-, sozial- und arbeitsrechtlichen Vorschriften missachtet wurden, ist es gem. § 60 Abs. 3 S. 2 VgV zwingend auszuschließen.

14b Ist das betreffende Angebot dagegen **tatsächlich nicht kostendeckend** (unauskömmlich), muss der Auftraggeber vertieft prüfen, ob die geringe Höhe des angebotenen Preises oder der angebotenen Kosten zufriedenstellend aufgeklärt werden kann. Ein sog. Unterkostenangebot liegt vor, wenn der Erlös, der dem Bieter durch den Vertrag voraussichtlich zufließen wird, unterhalb der Selbstkosten liegt, die ihm voraussichtlich durch den öffentlichen Auftrag entstehen werden.[37] Der Gesamtpreis (Endpreis) ist in Relation zum Wert der angebotenen Leistung zu setzen.[38] Voraussetzung für die Feststellung eines nicht kostendeckenden Angebots ist daher eine **Auseinandersetzung des Auftraggebers mit den tatsächlichen Kosten**, die durch die Auftragserfüllung entstehen, also eine Prüfung der Preis-Leistungs-Relation, wofür dem Auftraggeber in erster Linie seine eigene Auftragswertschätzung zur Verfügung steht.[39]

---

[32] VK Sachsen 5.8.2022 – 1/SVK/012-22, VPRRS 2022, 0281.
[33] OLG München 17.9.2015 – Verg 3/15, NZBau 2015, 711; Beck VergabeR/Lausen VgV § 60 Rn. 29.
[34] VK Sachsen 5.8.2022 – 1/SVK/012-22, VPRRS 2022, 0281.
[35] OLG Düsseldorf 30.4.2014 – Verg 41/13, IBRRS 2014, 1347.
[36] S. zB den Sachverhalt von OLG München 17.9.2015 – Verg 3/15, NZBau 2015, 711.
[37] Vgl. Gabriel VergabeR 2013, 300 (303); Beck VergabeR/Lausen, VgV § 60 Rn. 29.
[38] MüKoEuWettbR/Pauka/Frischmuth VgV § 60 Rn. 3.
[39] VK Sachsen 5.8.2022 – 1/SVK/012-22, VPRRS 2022, 0281.

Der Auftraggeber, dem nicht zugemutet werden kann, ein ungewöhnlich niedriges Angebot zunächst anzunehmen und bei nicht ordnungsgemäßer Leistungserbringung seine Rechte sodann auf der Ebene der Vertragsdurchführung durchzusetzen, hat eine **Prognoseentscheidung** auf der Grundlage des Angebots und der hierzu von dem Bieter erteilten Auskünfte zu treffen, ob der Bieter in der Lage ist, seine **Leistungen auftragsgerecht zu erbringen.**[40] 14c

Bei dieser Prognoseentscheidung hat der öffentliche Auftraggeber einen **Beurteilungsspielraum**, der einer nur eingeschränkten Nachprüfbarkeit durch die Nachprüfungsinstanzen unterliegt. So haben bei der Nachprüfung einer Preisprüfung die Nachprüfungsinstanzen nicht zu bewerten, ob das Angebot eines Bieters auskömmlich ist oder nicht, sondern ob die Entscheidung des Auftraggebers, das Angebot als auskömmlich zu bewerten, auf Basis eines zutreffend und hinreichend ermittelten Sachverhaltes und einer gesicherten Erkenntnisgrundlage getroffen wurde und iErg nachvollziehbar und vertretbar ist.[41] Eine Verletzung dieses Beurteilungsspielraums liegt nur dann vor, wenn die von der Vergabestelle getroffenen Sachverhaltsermittlungen und -feststellungen oder die Anwendung vergaberechtlicher Rechtsbegriffe auf willkürlichen und sachwidrigen Erwägungen beruhen.[42] Die vom Auftraggeber getroffenen **Erwägungen** sind zu **dokumentieren.** 14d

2. Rechtlich gebundenes Ermessen bei nicht zufriedenstellender Aufklärung der Preise (S. 1)

Ein **Ausschluss** eines ungewöhnlich niedrig erscheinenden Angebots **kommt nicht in Betracht,** wenn der Auftraggeber nach der Prüfung gem. Abs. 1 und 2 anhand der vom Bieter vorgelegten Unterlagen die geringe Höhe des angebotenen Preises oder der angebotenen Kosten **zufriedenstellend aufklären kann.** Dann ist bereits der Tatbestand des Ausschlussgrunds aus § 60 Abs. 3 S. 1 VgV nicht gegeben. Die Norm setzt Art. 69 Abs. 3 RL 2014/24/EU um und ist daher im Licht der RL auszulegen. Nach dem maßgeblichen Wortlaut der RL kann der Auftraggeber ein **Angebot nur dann ablehnen,** wenn die beigebrachten Nachweise das niedrige Niveau des vorgeschlagenen Preises bzw. der vorgeschlagenen Kosten unter Berücksichtigung der in Art. 69 Abs. 2 RL 2014/24/EU genannten Faktoren nicht zufriedenstellend erklären. 15

Kann der öffentliche Auftraggeber nach der Prüfung gem. Abs. 1 und 2 die geringe Höhe des angebotenen Preises oder der angebotenen Kosten hingegen **nicht zufriedenstellend aufklären** bzw. der Bieter die Seriosität seiner Preisbildung nicht belegen, räumt § 60 Abs. 3 S. 1 VgV dem Auftraggeber ein **rechtlich gebundenes Ermessen** ein. Nach der Rspr. des BGH[43] ist die Verwendung des Verbs „dürfen" in § 60 Abs. 3 VgV ist nicht so zu verstehen, dass es im Belieben des Auftraggebers stünde, den Auftrag trotz weiterbestehender Ungereimtheiten doch an den betreffenden Bieter zu vergeben. Die **Ablehnung des Zuschlags** ist vielmehr grds. geboten, wenn der **Auftraggeber verbleibende Ungewissheiten nicht zufriedenstellend aufklären** kann. Eine **Entscheidung** über den Ausschluss eines Angebots nach § 60 Abs. 3 S. 1 VgV kann der Auftraggeber nach dem klaren Wortlaut 15a

---

[40] OLG Düsseldorf 29.5.2020 – Verg 26/19, VPRRS 2021, 0141; OLG Frankfurt a. M. 6.3.2013 – 11 Verg 7/12, BeckRS 2013, 6833; OLG Karlsruhe 6.8.2014 – 15 Verg 7/14, BeckRS 2014, 20739.

[41] Beck VergabeR/Opitz § 16d VOB/A EU Rn. 36; VK Sachsen 25.5.2022 – 1/SVK/005-22, VPRRS 2022, 0152.

[42] OLG Brandenburg 22.3.2011 – Verg W 18/10, BeckRS 2011, 6542; OLG Frankfurt a. M. 6.3.2013 – 11 Verg 7/12, BeckRS 2013, 6833; VK Bund 5.10.2012 – VK 3–111/12, IBRRS 2012, 4152.

[43] BGH 31.1.2017 – X ZB 10/16, NZBau 2017, 230.

der Norm erst **nach der Prüfung über die Angemessenheit** der Preise vornehmen. Auf die vorherige Prüfung kann nicht verzichtet werden; dies würde zwingend zu einer Entscheidung auf einer unzureichenden Tatsachengrundlage führen.[44]

16 Ein öffentlicher Auftraggeber ist nicht verpflichtet, nur auskömmliche Angebote zu berücksichtigen, sofern keine Anhaltspunkte dafür bestehen, dass der Bieter aufgrund des niedrigen Angebots den Auftrag nicht ordnungsgemäß und zuverlässig ausführen kann oder in wirtschaftliche Schwierigkeiten geraten wird.[45] Nicht kostendeckende Angebote (sog. Unterkostenangebote) führen keinesfalls zu einem Perse-Ausschluss.[46] Auch ein nicht kostendeckendes Angebot ist regelmäßig zu bezuschlagen,[47] wenn der betreffende Bieter mit der Preisgestaltung **wettbewerbskonforme Ziele** verfolgt.[48] Dazu zählt zB das Bestreben, auf einem bislang nicht zugänglichen Markt oder bei einem bestimmten Auftraggeber mit einem Angebot Fuß zu fassen oder einen attraktiven Referenzauftrag zu erhalten.[49]

16a Zwingende Voraussetzung für den Zuschlag auf ein Unterkostenangebot ist aber, dass iRd durchzuführenden Prognose angenommen werden kann, dass der Bieter den **Auftrag** über die gesamte Vertragslaufzeit **ordnungsgemäß ausführen** kann. Der Auftraggeber darf einen Zuschlag dann auf ein ungewöhnlich niedriges Angebot erteilen, wenn die Prognose gerechtfertigt ist, dass der Anbieter auch zu diesem Preis zuverlässig und vertragsgerecht leisten kann.[50] Die geringe Höhe des angebotenen Preises oder der angebotenen Kosten ist in diesem Fall zufriedenstellend aufgeklärt.

3. Zwingender Ausschluss bei Verstoß gegen § 128 Abs. 1 GWB (S. 2)

17 Stellt der Auftraggeber fest, dass ein Angebot wegen Nichteinhaltung der Verpflichtungen nach § 128 Abs. 1 GWB, insbes. von umweltrechtlichen Verpflichtungen oder von Vorschriften über Arbeitsschutz und Arbeitsbedingungen (ua des MiLoG), ungewöhnlich niedrig ist, hat er das **Angebot zwingend auszuschließen.** Die Feststellung des Verstoßes muss allerdings auf einer gesicherten Tatsachengrundlage erfolgen.[51] Diese kann sich aus den Angaben des Bieters iRd Aufklärung nach § 60 Abs. 2 VgV oder auch aus anderen Quellen ergeben. Wie bei § 124 Abs. 1 Nr. 1 GWB, begründen nur **nachweislich begangene Pflichtverletzungen** einen Ausschlussgrund. Die Darlegungs- und Beweispflicht liegt beim Auftraggeber.[52] Regelmäßig sind objektivierte Anhaltspunkte, wie schriftlich fixierte Zeugenaussagen, sonstige Aufzeichnungen, Belege oder Schriftstücke, für die Nachweislichkeit erforderlich. Die Informationen müssen zudem aus seriösen Quellen stammen, und der Verdacht muss einen gewissen Grad an „Erhärtung" erfahren haben. Eine rechtskräftige Feststellung der Pflichtverletzung ist jedoch regelmäßig nicht erforderlich.[53]

---

[44] Beck VergabeR/Lausen VgV § 60 Rn. 20.
[45] BGH 31.8.1994 – 2 StR 256/94, NJW 1995, 737; OLG München 21.5.2010 – Verg 2/10, BeckRS 2010, 13748; OLG Düsseldorf 9.5.2011 – Verg 45/11, BeckRS 2011, 18630.
[46] OLG Düsseldorf 30.4.2014 – Verg 41/13, IBRRS 2014, 1347.
[47] OLG Düsseldorf 9.5.2011 – Verg 45/11, BeckRS 2011, 18630.
[48] BGH 31.8.1994 – 2 StR 256/94, NJW 1995, 737; 11.7.2001 – 1 StR 576/00, NJW 2001, 3718.
[49] S. VK Südbayern 5.6.2018 – Z3-3-3194-1-12-04/18, ZfBR 2018, 726.
[50] Beck VergabeR/Lausen VgV § 60 Rn. 29; OLG München 21.5.2010 – Verg 2/10, BeckRS 2010, 13748.
[51] OLG München 22.11.2012 – Verg 22/12, NZBau 2013, 261; BGH 26.10.1999 – X ZR 30/98, NJW 2000, 661.
[52] RKPP/Hausmann/von Hoff GWB § 124 Rn. 14 f.
[53] OLG Saarbrücken 29.12.2003 – 1 Verg 4/03, ZfBR 2004, 490.

Ist allerdings nicht abschl. rechtlich geklärt, ob ein bestimmtes Verhalten überhaupt eine Pflichtverletzung darstellt, kommt ein Ausschluss des Angebots nach § 60 Abs. 3 S. 2 VgV regelmäßig nicht in Betracht (→ GWB § 124 Rn. 9).

Ist das Angebot, das die Verpflichtungen nach § 128 Abs. 1 GWB missachtet, 18 nicht ungewöhnlich niedrig, ist es – falls nicht auch ein zwingender Ausschlussgrund des § 123 GWB besteht – nicht zwingend auszuschließen. Vielmehr hat die Vergabestelle eine Ermessensentscheidung über den Ausschluss gem. § 124 Abs. 1 Nr. 1 GWB zu treffen (→ GWB § 124 Rn. 2).

V. Ungewöhnlich niedrige Angebote aufgrund staatlicher Beihilfen (Abs. 4)

§ 60 Abs. 4 VgV setzt Art. 69 Abs. 4 RL 2014/24/EU um und regelt den 19 Umgang mit Angeboten, die deshalb ungewöhnlich niedrig sind, weil der Bieter eine staatliche Beihilfe erhalten hat. Ein ungewöhnlich niedrig erscheinendes Angebot, dessen günstiger Preis darauf beruht, dass das Unternehmen auf rechtmäßige Weise staatliche Beihilfen empfängt oder empfangen hat, darf nicht ausgeschlossen werden.[54]

Eine staatliche Beihilfe liegt vor, wenn dem Bieter aus staatlichen Mitteln geld- 20 werte Vergünstigungen gewährt werden. Der **Begriff** der **Beihilfe** ist anhand der europarechtlichen Kriterien weit zu fassen. Die Vergünstigungen können durch direkte Zahlungen, über vergünstigte Kredite, Bürgschaften oder Grundstücksverkäufe, Steuererleichterungen, Schuldenerlass oder die logistische und kommerzielle Unterstützung eines öffentlichen Unternehmens zugunsten einer Tochtergesellschaft zu unter dem Marktpreis liegenden Konditionen vorliegen. Eine staatliche Beilhilfe setzt voraus, dass die **Vergünstigung ohne angemessene Gegenleistung** gewährt wird.[55]

Liegt ein solches Angebot vor, was die Vergabestelle gem. § 60 Abs. 2 VgV aufzu- 21 klären hat, ist dem Bieter unter Hinweis auf den drohenden Ausschluss des Angebotes eine **ausreichende Frist** zu setzen, um den **Nachweis** zu erbringen, dass er die zur Reduzierung des Preises führende Beihilfe rechtmäßig erhalten hat. Der rechtmäßige Empfang einer Beihilfe darf für einen Bieter in einem Vergabeverfahren keinen Nachteil bewirken.

Der Bieter trägt die Beweislast für die Rechtmäßigkeit der Beihilfe, also für die 22 Vereinbarkeit mit dem Binnenmarkt iSd Art. 107 AEUV.[56] Der Nachweis der Rechtmäßigkeit einer Beihilfe kann insbes. dadurch erbracht werden, dass die Genehmigung der Beihilfe vorgelegt wird oder belegt werden kann, dass die Beihilfe auf einer von der Kommission genehmigten Förderrichtlinie beruht. Die Genehmigung kann sich auch aus einer Gruppenfreistellungsverordnung ergeben.[57] Der Bieter muss in jedem Fall ein Dokument oder einen anderen Beleg dafür vorlegen können, dass die Beihilfe rechtmäßig gewährt wurde. Einer förmlichen Bescheinigung der Kommission bedarf es nicht. Auch andere öffentlich zugängliche Dokumente, etwa der Ausdruck aus dem EU-Amtsblatt darüber, dass keine Beanstandungen erhoben werden, genügen. Ein laufendes Hauptprüfungsverfahren der Kommission oder die noch nicht abgelaufene Frist zur Eröffnung eines derartigen Hauptprüfungsverfahrens stehen dem positiven Nachweis entge-

---

[54] EuGH 18.12.2014 – C-568/13, NVwZ 2015, 280; MüKoEuWettbR/Pauka/Frischmuth VgV § 60 Rn. 18.
[55] EuGH 24.7.2003 – C-280/00, NJW 2003, 2515; EuGH 24.7.2003 – C-280/00, NZBau 2003, 503 – Altmark Trans.
[56] BR-Drs. 87/16, 216.
[57] BR-Drs. 87/16, 216.

gen. Ebenso wird der Nachweis nicht erbracht, wenn erst nach Submission oder etwa erst nach Fristsetzung durch die Vergabestelle die Beihilfe bei der Kommission notifiziert wird, Art. 108 Abs. 3 AEUV. Die Vergabestelle ist nicht dazu berechtigt, die Angebotspreise im Interesse eines fairen und unbeeinflussten Bieterwettbewerbs um formell europarechtswidrig erhaltene Beihilfen zu bereinigen (und anzuheben).[58]

23 Kann der Bieter die Rechtmäßigkeit der Beihilfe nicht innerhalb der – verlängerbaren – Frist nachweisen, ist sein Angebot **zwingend auszuschließen,** wenn es aufgrund der Beihilfe ungewöhnlich niedrig ist. Weist das Angebot dagegen einen angemessenen Angebotspreis auf, steht der Vergabestelle das Zurückweisungsrecht aus § 60 Abs. 4 VgV nicht zu. In diesem Fall ist es – wie jedes andere Angebot auch – zu prüfen und zu werten. Dabei ist bei der finanziellen und wirtschaftlichen Leistungsfähigkeit des Bieters ggf. zu berücksichtigen, dass die rechtswidrige – bzw. nicht notifizierte – Beihilfe zurückzufordern ist[59] und alle auf ihre Verwirklichung gerichteten Rechtsgeschäfte gem. Art. 108 Abs. 3 AEUV iVm § 134 BGB[60] nichtig sind. Wird das Angebot allein aus dem Grund zurückgewiesen, dass es aufgrund einer gewährten staatlichen Beihilfe ungewöhnlich niedrig ist, deren Rechtmäßigkeit nicht innerhalb einer ausreichenden Frist nachgewiesen werden konnte, ist die Kommission gem. § 60 Abs. 4 S. 2 VgV hierüber zu unterrichten. Dadurch erhält die Kommission die Gelegenheit – soweit noch nicht geschehen –, ein Verfahren zur Überprüfung der gewährten Beihilfe einzuleiten.

VI. Ungewöhnlich hohe Angebote

24 Dieser im Liefer- und Dienstleistungsbereich – anders als zeitweise im Baubereich (vgl. → VOB/A § 16d EU Rn. 16 ff.) – eher seltene Fall liegt dann vor, wenn auch das günstigste wertbare Angebot weit über der Kostenschätzung des Auftraggebers liegt und nach Auffassung des Auftraggebers die Leistung des Bieters in keinem Verhältnis zu dem von ihm geforderten Preis liegt. Nach dem klaren Wortlaut des **§ 60 VgV** und Art. 69 RL 2014/24/EU fällt diese Fallgestaltung **nicht in den Anwendungsbereich** dieser Vorschriften. Ein ungewöhnlich hohes Angebot darf insbes. nicht allein deshalb ausgeschlossen werden, weil es ungewöhnlich hoch ist. Ein diesbzgl. Ausschlussgrund existiert in der VgV nicht.

25 Maßgeblich für die Annahme eines ungewöhnlich hohen Angebots ist auch hier der Gesamtpreis, nicht der Preis für eine Einzelposition. Sind Einzelpositionen auffallend hoch bepreist, kann dies ein Anzeichen für eine **Mischkalkulation** sein. Die Angabe eines unangemessen hohen Gesamtpreises kann aus taktischen Erwägungen erfolgen, zB wenn der Bieter mit dem Ausschluss aller anderen Bieter rechnet, weil er bspw. Alleinstellungsmerkmale seines Produkts in der Leistungsbeschreibung erkennt.[61]

26 Der Auftraggeber ist nicht dazu verpflichtet, ungewöhnlich hohe Angebote anzunehmen. Er kann in einem solchen Fall das **Vergabeverfahren** nach § 63 Abs. 1 Nr. 3 VgV **aufheben,** weil kein wirtschaftliches Ergebnis erzielt wurde, wenn er

---

[58] So aber OLG Düsseldorf 26.7.2002 – Verg 22/02, NZBau 2002, 634; dagegen Pünder NZBau 2003, 530 (537).

[59] MüKoEuWettbR/Pauka/Frischmuth VgV § 60 Rn. 16; EuGH 7.12.2000 – C-94/99, BeckRS 2004, 77921; Pünder NZBau 2003, 530 (538).

[60] BGH 4.4.2003 – V ZR 314/02, BeckRS 2003, 3851; 20.1.2004 – XI ZR 53/03, BeckRS 2004, 1812.

[61] S. den Sachverhalt von VK Südbayern 29.6.2015 – Z3-3-3194-1-22-03/15, IBRRS 2015, 2258.

vorher **eine vertretbare Kostenermittlung erstellt** und diese **dokumentiert** hat (iE → § 63 Rn. 42 ff.).[62] Von einem unangemessen hohen Angebot ist auszugehen, wenn der Preis eine vertretbare Kostenermittlung bei weitem übersteigt. Zu denken ist an die Heranziehung der für unangemessen niedrige Angebote von der Rspr. befürworteten Aufgreifschwelle von 20 % über den vertretbar ermittelten Kosten.[63] Für die Kostenermittlung muss die Vergabestelle oder der von ihr ggf. beauftragte Fachmann Methoden wählen, die ein wirklichkeitsnahes Schätzungsergebnis ernsthaft erwarten lassen.[64] Ist die **Schätzung des Auftragswertes** durch den Auftraggeber fehlerhaft erheblich zu niedrig ausgefallen, darf auch eine wesentliche Überschreitung des geschätzten Auftragswertes nicht zur Annahme eines unangemessen hohen Preises führen. Der Auftraggeber darf bei der Beurteilung, ob ein unangemessen hoher Preis vorliegt, auf Erkenntnisse aus einem nachfolgenden Verhandlungsverfahren zurückgreifen,[65] zumindest dann, wenn eine Nichtberücksichtigung dieser Erkenntnisse mutmaßlich zu keinem anderen Ergebnis führen würde.[66] Die Aufhebung darf aber kein generell verfügbares Instrument zur Korrektur der in Ausschreibungen erzielten Submissionsergebnisse sein.[67] Bei einer nicht vertretbaren Kostenermittlung ist eine nicht von § 63 Abs. 1 Nr. 3 VgV gedeckte **Aufhebung zwar rechtswidrig, aber regelmäßig wirksam,** wenn sie von einem sachlichen Grund (wie fehlenden Haushaltsmitteln oder der Absicht des Auftraggebers, die Leistungsbeschreibung mit dem Ziel einer kostengünstigeren Lösung zu ändern) gedeckt ist und nicht missbräuchlich erfolgt.[68]

VII. Rechtsschutz

Die Regelungen über den Umgang mit ungewöhnlich niedrigen Angeboten in § 60 VgV sollen in erster Linie dem **Schutz des Auftraggebers** dienen, der bei Zuschlagserteilung auf ein Angebot mit einem ungewöhnlich niedrigen Preis Gefahr läuft, dass der Bieter entweder in eine qualitativ schlechte Leistung erbringt oder aber in unberechtigte Nachforderungen auszuweichen versucht.[69] 27

Unter der Geltung der Vorgängerregelungen § 16 EG Abs. 6 Nr. 2 VOB/A aF und § 19 EG Abs. 6 VOL/A aF war umstritten, ob diese Normen zum Schutz konkurrierender Bieter dienen, welche Gefahr laufen, den Zuschlag wegen eines ungewöhnlich niedrigen Angebots eines anderen Bieters nicht zu erhalten.[70] Die **bieterschützende Wirkung** wurde nur dann bejaht, wenn das ungewöhnlich niedrige Angebot nachweisbar in der zielgerichteten Absicht abgegeben worden ist oder zumindest die Gefahr besteht, dass ein oder mehrere Mitbewerber vom Markt – 28

---

[62] OLG Düsseldorf 29.8.2018 – Verg 14/17, ZfBR 2019, 91.
[63] OLG Düsseldorf 25.4.2012 – VII-Verg 61/11, BeckRS 2012, 12846; für Werte von 10–15% OLG Rostock 30.9.2021 – 17 Verg 5/21, VPRRS 2021, 0304 und OLG München 2.6.2006 – Verg 12/06, ZfBR 2006, 600.
[64] BGH 20.11.2012 – X ZR 108/10, NZBau 2013, 180; OLG Rostock 30.9.2021 – 17 Verg 5/21, VPRRS 2021, 0304.
[65] OLG Karlsruhe 27.7.2009 – 15 Verg 3/09, ZfBR 2010, 196.
[66] OLG München 6.12.2012 – Verg 29/12, BeckRS 2012, 26033.
[67] BGH 20.11.2012 – X ZR 108/10, NZBau 2013, 180.
[68] BGH 20.3.2014 – X ZB 18/13, NZBau 2014, 310.
[69] BGH 31.1.2017 – X ZB 10/16, NZBau 2017, 230; BayObLG 12.9.2000 – Verg 4/00, ZfBR 2001, 45.
[70] Offen gelassen OLG München 21.3.2010 – Verg 02/10, ZfBR 2010, 606; verneinend OLG Koblenz 15.10.2009 – 1 Verg 9/09, BeckRS 2010, 5513; BayObLG 12.9.2000 – Verg 4/00, ZfBR 2001, 45; bejahend OLG Celle 18.12.2003 – 13 Verg 22/03, BeckRS 2004, 591; OLG Jena 22.12.1999 – 6 Verg 3/99, NZBau 2000, 349.

und nicht nur aus einer Auftragsvergabe – verdrängt werden sollen oder wenn ein Unterkostenangebot den Bieter im konkreten Einzelfall absehbar in wirtschaftliche Schwierigkeiten bringt, so dass er den Auftrag nicht vertragsgerecht erfüllen kann.[71]

29 Seit einer Grundsatzentscheidung des BGH[72] haben hingegen **Mitbewerber** auch ohne die bisher gestellten weitergehenden Anforderungen einen **Anspruch darauf, dass der Auftraggeber die in § 60 Abs. 2 VgV vorgesehene Prüfung vornimmt,** wenn ein Angebotspreis aufgrund des signifikanten Abstands zum nächstgünstigen Gebot oder ähnlicher Anhaltspunkte, wie etwa der augenfälligen Abweichung von preislichen Erfahrungswerten aus anderen Beschaffungsvorgängen, ungewöhnlich niedrig erscheint. Diese Rspr. steht auch im Einklang mit der Rspr. des EuGH,[73] wonach durch die für die Preisprüfung geltenden Vorschriften Willkür des öffentlichen Auftraggebers verhindert und ein gesunder Wettbewerb zwischen den Unternehmen gefördert werden soll.

30 § 60 Abs. 3 Nr. 1 VgV räumt dem Auftraggeber Ermessen ein. Ein Mitbewerber hat einen Anspruch darauf, dass der Auftraggeber eine **ermessensfehlerfreie Entscheidung** darüber trifft, ob ein ungewöhnlich niedriges Angebot angenommen werden kann, weil zB mit der Preisgestaltung **wettbewerbskonforme Ziele** verfolgt werden und eine ordnungsgemäße Auftragsausführung zu erwarten ist (→ Rn. 16).[74] Diese Entscheidung kann von den Nachprüfungsinstanzen nur darauf überprüft werden, ob die von der Vergabestelle getroffenen Sachverhaltsermittlungen und -feststellungen oder die Anwendung vergaberechtlicher Rechtsbegriffe auf willkürlichen oder sachwidrigen Erwägungen beruhen.

31 Ein **Anspruch eines Bieters auf den Ausschluss** eines ungewöhnlich niedrig erscheinenden Angebots eines Konkurrenten kann nur in Fällen der **Ermessensreduzierung auf null** in Betracht kommen. Da das Ermessen des Antraggebers bei nicht zufriedenstellender Aufklärung der geringen Höhe des angebotenen Preises oder der angebotenen Kosten rechtlich dahin gebunden ist, dass die Ablehnung des Zuschlags grds. geboten ist,[75] ist eine solche Ermessensreduzierung auf null und damit der Anspruch eines Bieters auf den Ausschluss des ungewöhnlich niedrig erscheinenden Angebots eines Konkurrenten durchaus denkbar. Eine Ermessensreduzierung auf null ist jedenfalls dann anzunehmen, wenn das ungewöhnlich niedrige Angebot nachweisbar in Marktverdrängungsabsicht abgegeben worden ist[76] oder belastbare Indizien dafür bestehen, dass der Auftrag nicht vertragsgerecht erfüllt werden wird.[77]

32 In der Verfahrenspraxis der Nachprüfungsinstanzen sind Verfahren, die behauptete Mängel der Angemessenheitsprüfung zum Gegenstand haben, allerdings schwierig durchzuführen. Regelmäßig wird ein konkurrierender Bieter die Entscheidung eines Auftraggebers, den Zuschlag auf ein ungewöhnlich niedrig erscheinendes Angebot nur substantiiert rügen können, wenn er **Akteneinsicht** in die Dokumentation der Aufklärung über die Angemessenheit des Preises erhalten hat. Diese wird ihm in vielen Fällen aber nach § 165 Abs. 2 GWB zu versagen oder nur eingeschränkt zu gewähren sein, weil gerade die Preisgestaltung und Kalkulation eines Konkurrenten dessen schützenswerte **Geschäftsgeheimnisse** sind. In diesen Fällen entscheidet

---

[71] OLG Düsseldorf 4.9.2002 – Verg 37/02, BeckRS 2013, 4187, OLG Koblenz 15.10.2009 – 1 Verg 9/09, BeckRS 2010, 5513; OLG Naumburg 2.4.2009 – 1 Verg 10/08, BeckRS 2009, 12177; KG 23.6.2011 – 2 Verg 7/10, BeckRS 2012, 15851.
[72] BGH 31.1.2017 – X ZB 10/16, NZBau 2017, 230.
[73] EuGH 29.3.2012 – C-599/10, IBRRS 2012, 1222.
[74] S. auch BGH 31.1.2017 – X ZB 10/16, NZBau 2017, 230.
[75] BGH 31.1.2017 – X ZB 10/16, NZBau 2017, 230.
[76] Was so gut wie nie beweisbar ist, s. VK Südbayern 25.11.2013 – Z3-3-3194-1-33-09/13, VPRRS 2014, 0032.
[77] OLG Düsseldorf 29.5.2020 – Verg 26/19, VPRRS 2021, 0141.

zunächst die Vergabekammer in einem Zwischenverfahren, das sich an den Bestimmungen über die Akteneinsicht im Kartellbeschwerdeverfahren (§ 72 GWB) orientiert, über die Offenlegung der als Geschäftsgeheimnis eingestuften Informationen. Für die Entscheidung, ob das Geheimhaltungs- oder das Offenlegungsinteresse überwiegt, ist eine **Abwägung der beiderseitigen geschützten Interessen** vorzunehmen (iE → GWB § 165 Rn. 8 ff.).[78]

Uneingeschränkt bieterschützend ist die zwingende Ausschlussnorm des § 60 Abs. 3 Nr. 2 VgV. Stellt der öffentliche Auftraggeber fest, dass ein Angebot wegen Nichteinhaltung der Verpflichtungen nach § 128 Abs. 1 GWB ungewöhnlich niedrig ist, hat er das Angebot zwingend auszuschließen. Konkurrierende Bieter werden daher in ihren Rechten verletzt, wenn der Auftraggeber entweder die Prüfung auf derartige Verstöße unterlässt (insbes., wenn Indizien für solche Verstöße vorliegen) oder das Angebot eines Bieters bei festgestellten Verstößen nicht ausschließt. 33

§ 61 Ausführungsbedingungen

Für den Beleg, dass die angebotene Leistung den geforderten Ausführungsbedingungen gemäß § 128 Absatz 2 des Gesetzes gegen Wettbewerbsbeschränkungen entspricht, gelten die §§ 33 und 34 entsprechend.

Literatur: Vgl. die Angaben bei § 128 GWB.

I. Bedeutung und Anwendungsbereich

Die Vorschrift dient der Umsetzung von Art. 43 Abs. 1 VRL und Art. 44 Abs. 1 VRL. Dementsprechend kann auch der Nachweis des Bieters über die Einhaltung von Ausführungsbedingungen iSv § 128 Abs. 2 GWB durch die **in § 33 VgV genannten Unterlagen und Gütezeichen iSv § 34 VgV** geführt werden. Für die in § 128 Abs. 1 GWB zur Beachtung durch den Bieter genannten Rechtsvorschriften gilt dieser Verweis nicht. 1

Der Auftraggeber ist **nicht verpflichtet,** einen § 33 VgV oder § 34 VgV entspr. Nachweis zu fordern, sondern kann auch andere Nachweise zulassen (→ GWB § 127 Rn. 28). 2

II. Insbesondere Gütezeichen iSv § 34 VgV

Das Verlangen nach Vorlage eines Gütezeichens führt zu einer – uU erheblichen – **Einschränkung des Wettbewerbs**[1] und ist deshalb nur unter den ausdr. statuierten Voraussetzungen und in den rechtlich geregelten Grenzen zulässig. Für die Ausführungsbedingungen (Art. 43 Abs. 1 VRL, §§ 61, 34 VgV, § 7a EU Abs. 6 VOB/A) ist die Forderung nach Vorlage eines Gütezeichens explizit zugelassen. Entscheidet sich der öffentliche Auftraggeber dafür, dass der Bieter den Nachweis mittels Gütezeichens zu führen hat, so gelten die Anforderungen der Art. 43 VRL, § 34 VgV, § 7a EU Abs. 6 VOB/A in vollem Umfang. 3

Als Einschränkung ist zu beachten, dass das Gütezeichen nur zum Nachweis der Erfüllung von solchen Ausführungsbedingungen verlangt werden kann, die ihrerseits 4

---

[78] BGH 31.1.2017 – X ZB 10/16, NZBau 2017, 230; iErg ebenso OLG München 28.4.2016 – Verg 3/16, NZBau 2016, 591.
[1] Zutr. die Begr. des Entwurfs der VgV, http://www.forum-vergabe.de/fileadmin/user_up load/Rechtsvorschriften/Referentenentwurf_Verordnungen_11.11.2015/Referentenentwurf_ Verordnungen_gesamt_11.11.2015.pdf, S. 167.

unionsrechtlich zulässig sind. Dies ist nicht der Fall, wenn einer Gütezeichen-Anforderung der **erforderliche Auftragsbezug** fehlt, etwa weil die betreffende Gütezeichen-Anforderung unternehmens- und nicht auftragsbezogen formuliert ist (→ GWB § 128 Rn. 23 ff.). In diesem Fall geben § 34 Abs. 3 VgV, § 7a EU Abs. 6 VOB/A dem öffentlichen Auftraggeber die Möglichkeit anzugeben, welche Anforderungen erfüllt bzw. nicht erfüllt sein müssen. In diesem Fall allerdings kann nur der Nachweis der Erfüllung der nicht ausgenommenen Anforderungen durch den Bieter, nicht aber die Vorlage des Gütezeichens verlangt werden. Denn für den Erwerb des Gütezeichens fehlt es in dieser Konstellation gerade an der Erfüllung der ausgenommenen Anforderungen.

5   In dieser Gestaltung dient also der Hinweis auf das Gütezeichen nicht dem Verlangen nach Vorlage des Gütezeichens als solchem, sondern der **Bezeichnung der hinter dem Gütezeichen stehenden Gütezeichen-Anforderungen,** deren Einhaltung der Bieter nachweisen muss. Im Übrigen allerdings wird man davon ausgehen müssen, dass nach der Neuregelung ausschl. die Vorlage des Gütezeichens durch den Bieter erforderlich ist.

6   Hingegen hat der EuGH noch in seinem Max Havelaar-Urteil auf der Basis der früheren Rechtslage den Umstand, dass die Vergabeunterlagen nur auf das EKO-Gütezeichen und die unionsrechtliche Vorschrift, auf der die Kriterien des Gütezeichens aufbauten, hinwiesen, ohne die sich hieraus ergebenden detaillierten Spezifikationen selbst aufzuführen, als Verstoß gegen die Vorgaben des Art. 23 Abs. 6 VKR bewertet.[2] Die Inbezugnahme eines Gütezeichens durch die Vergabeunterlagen genügte nach **früherem Recht** mithin nicht, um die für seine Verleihung erforderlichen Voraussetzungen – wie erforderlich – zum Bestandteil der Vergabeunterlagen zu machen. Eine Erleichterung bot Art. 26 Abs. 6 UAbs. 2 VKR lediglich insofern, als dann, wenn die in einem Umweltgütezeichen definierten Spezifikationen angegeben worden waren, vermutet werden konnte, dass die mit diesem Gütezeichen versehenen Waren oder Dienstleistungen diesen Spezifikationen genügten.

7   Demgegenüber stellt Art. 43 VRL eindeutig auf die **Vorlage allein des Gütezeichens** ab, so dass die zusätzliche Angabe der Gütezeichen-Anforderungen nicht erforderlich ist. Hierfür spricht auch Art. 43 Abs. 1 UAbs. 2 VRL. Nur in diesem Fall verlangt die VRL die positive Aufzählung der relevanten Gütezeichen-Anforderungen, die in der konkreten Ausschreibung als Kriterien Verwendung finden sollen. Hieraus kann im Umkehrschluss gefolgert werden, dass in allen anderen Fällen die Nennung nur des geforderten Siegels ausreicht, weil in diesem Fall alle Gütezeichen-Anforderungen in Bezug genommen werden.

8   Unklar bleibt allerdings, wie sich das Abstellen allein auf das Gütezeichen als solches zur Rspr. des **EuGH in der Sache „Max Havelaar"** verhält, auch wenn sie zur Verwendung eines Umweltgütezeichens iRv Art. 23 Abs. 6 VKR erging. Die Formulierung, „die dem öffentlichen Auftraggeber auferlegte Verpflichtung, die detaillierten Umwelteigenschaften, die er vorschreiben will, auch dann ausdrücklich anzugeben, wenn er die für ein Umweltzeichen festgelegten Eigenschaften verwendet, (ist nicht nur in Art. 23 Abs. 6 VKR positivrechtlich vorgeschrieben, sondern) ist auch unerlässlich, um es potenziellen Bietern zu ermöglichen, sich auf ein einheitliches und amtliches Dokument des öffentlichen Auftraggebers selbst zu stützen, ohne dass sie also den Zufälligkeiten einer Informationssuche und möglichen im Laufe der Zeit eintretenden Veränderungen der für ein Umweltzeichen geltenden Kriterien ausgesetzt sind",[3] setzt grds. an den durch den primärrechtlichen Transparenzgrundsatz der Verwendung von Gütezeichen gezogenen Grenzen an und dürfte auch auf Gütezeichen iSv Art. 43 VRL erstreckbar sein. Hieran ändert auch Art. 43 Abs. 1 UAbs. 1 lit. d VRL, wonach das Gütezeichen für alle Betroffe-

---

[2] EuGH 10.5.2012 – C-368/10, NZBau 2012, 445 Rn. 63 ff. – Max Havelaar.
[3] EuGH 10.5.2012 – C-368/10, NZBau 2012, 445 Rn. 67 – Max Havelaar.

nen zugänglich sein muss, nichts. Denn diese Anforderung fand sich nahezu wortgleich im früheren Art. 23 Abs. 6 UAbs. 1 4. Spiegelstrich VKR.

Zu beachten ist, dass selbst dann, wenn dem Bieter die Vorlage eines bestimmten Gütezeichens abverlangt wird, ihm die Möglichkeit offensteht, ein **anderes Gütezeichen vorzulegen,** wenn dieses bestätigt, dass die erbrachte Leistung gleichwertige Gütezeichen-Anforderungen erfüllt (§ 34 Abs. 4 VgV, dazu näher → § 34 Rn. 12; § 7a EU Abs. 6 VOB/A). 9

Eine weitere Ausnahme von der Pflicht zur Vorlage eines geforderten Gütezeichens statuiert aus Gründen der Verhältnismäßigkeit § 34 Abs. 5 VgV, § 7a EU Abs. 6 VOB/A. Kann danach ein Unternehmen nachweisen, dass es innerhalb der zur Verfügung stehenden Zeit nachweislich **keine Möglichkeit zur Erlangung** des geforderten oder eines gleichwertigen Gütezeichens hatte, ohne dass ihm die Gründe hierfür zurechenbar waren, so muss der öffentliche Auftraggeber andere Nachweise dafür akzeptieren, dass die von dem Unternehmen erbrachte Leistung die Gütezeichen-Anforderungen erfüllt (→ § 34 Rn. 13). 10

Zu beachten ist dabei auch die Konstellation, dass die Erlangung des Gütezeichens potenzielle Bieter vor **unzumutbare Herausforderungen** stellt, weil etwa hohe Gebühren erhoben werden. Führt die geforderte Vorlage des Gütezeichens nur für eine bestimmte Gruppe, zB kleine und mittlere Unternehmen, zu Schwierigkeiten, so bedarf eine solche differenzierende Wirkung der Rechtfertigung am Maßstab des Gleichheitssatzes. Es bedarf daher immer der Prüfung, ob das mit dem ursprünglich favorisierten Gütezeichen angestrebte Nachhaltigkeitsniveau nicht auch durch ein anderes Gütezeichen, das in Verfahrenshinsicht (nicht: inhaltlich) geringere Anforderungen stellt, gesichert werden kann. Existiert ein solches anderes Gütezeichen nicht und ergeben sich Schwierigkeiten hinsichtlich der Vorlage des Gütezeichens für eine bestimmte Gruppe von Unternehmen, so zwingt dies allerdings nicht zum Verzicht auf das Verlangen nach Vorlage des Gütezeichens. Denn in einer solchen Konstellation kann der unverhältnismäßigen Nachweispflicht der der Gruppe angehörenden Unternehmen durch Anwendung des § 34 Abs. 5 VgV, § 7a EU Abs. 6 VOB/A Rechnung getragen werden. 11

§ 62 Unterrichtung der Bewerber und Bieter

(1) ¹**Unbeschadet des § 134 des Gesetzes gegen Wettbewerbsbeschränkungen teilt der öffentliche Auftraggeber jedem Bewerber und jedem Bieter unverzüglich seine Entscheidungen über den Abschluss einer Rahmenvereinbarung, die Zuschlagserteilung oder die Zulassung zur Teilnahme an einem dynamischen Beschaffungssystem mit.** ²**Gleiches gilt für die Entscheidung, ein Vergabeverfahren aufzuheben oder erneut einzuleiten einschließlich der Gründe dafür, sofern eine Auftragsbekanntmachung oder Vorinformation veröffentlicht wurde.**

(2) **Der öffentliche Auftraggeber unterrichtet auf Verlangen des Bewerbers oder Bieters unverzüglich, spätestens innerhalb von 15 Tagen nach Eingang des Antrags in Textform nach § 126b des Bürgerlichen Gesetzbuchs,**
1. **jeden nicht erfolgreichen Bewerber über die Gründe für die Ablehnung seines Teilnahmeantrags,**
2. **jeden nicht erfolgreichen Bieter über die Gründe für die Ablehnung seines Angebots,**
3. **jeden Bieter über die Merkmale und Vorteile des erfolgreichen Angebots sowie den Namen des erfolgreichen Bieters und**
4. **jeden Bieter über den Verlauf und die Fortschritte der Verhandlungen und des wettbewerblichen Dialogs mit den Bietern.**

(3) § 39 Absatz 6 ist auf die in den Absätzen 1 und 2 genannten Angaben über die Zuschlagserteilung, den Abschluss von Rahmenvereinbarungen oder die Zulassung zu einem dynamischen Beschaffungssystem entsprechend anzuwenden.

Literatur: Dageförde, Die Vorabinformationspflicht im Vergaberechtsschutz: Eine unendliche Geschichte, NZBau 2020, 72; Macht/Städler, Die Informationspflichten des öffentlichen Auftraggebers für ausgeschiedene Bewerber – Sinn oder Unsinn?, NZBau 2012, 143. Vgl. auch die Angaben bei § 134 GWB.

I. Bedeutung der Vorschrift

1 § 62 VgV dient der Umsetzung von Art. 55 RL 2014/24/EU. Die Vorschrift ergänzt die Informationspflicht gem. § 134 GWB und normiert **ex-Post-Informationspflichten** des öffentlichen Auftraggebers ggü. Bewerbern und Bietern im Anwendungsbereich der VgV. Sie differenziert zwischen Informationen, die der öffentliche Auftraggeber jedem Bewerber und jedem Bieter von sich aus – also ohne entspr. Aufforderung – mitzuteilen hat (Abs. 1), und Informationen, die nur auf Verlangen des Bewerbers oder Bieters mitgeteilt werden müssen (Abs. 2). Abs. 3 nimmt mit dem Verweis auf § 39 Abs. 6 VgV bestimmte Angaben von den Unterrichtungspflichten aus.

II. Proaktive Unterrichtung (Abs. 1)

2 In Umsetzung von Art. 55 Abs. 1 RL 2014/24/EU ordnet Abs. 1 S. 1 an, Bewerber und Bieter über die Entscheidungen über den Abschluss einer Rahmenvereinbarung, die Zuschlagserteilung oder die Zulassung zur Teilnahme an einem dynamischen Beschaffungssystem zu informieren. Die Informationspflicht gilt nach S. 2 auch hinsichtlich der Entscheidung, ein Vergabeverfahren aufzuheben oder erneut einzuleiten; sofern eine Auftragsbekanntmachung oder Vorinformation veröffentlicht wurde, sind auch die Gründe für die Aufhebung und die eventuelle Neueinleitung des Vergabeverfahrens darzulegen (vgl. auch § 63 Abs. 2 VgV).

3 **Ratio legis** von Abs. 1 ist es, die Bewerber und Bieter proaktiv, also ohne deren entspr. Aufforderung, über das Ergebnis des Vergabeverfahrens zu informieren. Die Information hebt die Bindung der Bieter an ihre Angebote auf, so dass die Bieter die für den ausgeschriebenen Auftrag vorgehaltenen Ressourcen und Kapazitäten wieder anderweitig einsetzen können. Aus diesem Grund fordert Erwgr. 82 der RL 2014/24/EU, dass Informationen hinsichtlich bestimmter Entscheidungen, die während eines Vergabeverfahrens getroffen werden, darunter auch Entscheidungen, einen Auftrag nicht zu vergeben, gegeben werden müssen, **ohne dass die Bewerber oder Bieter derartige Informationen anfordern** müssen. Die Informationen nach Abs. 1 und 2 dienen damit dem Bieterschutz: Bieter sollen vor finanziellen Verlusten geschützt werden, die durch die Bindung von Kapazitäten und Vorhaltung von Ressourcen für den ausgeschriebenen Auftrag entstehen. Die Informationspflichten dienen indessen nicht der Durchsetzung effektiven Bieterrechtsschutzes.[1] Dieser wird allein durch die Informationspflicht nach § 134 GWB, die von § 62 VgV unberührt bleibt, gewährleistet (→ GWB § 134 Rn. 42).

4 S. 1 schreibt eine **proaktive Unterrichtung** aller Bewerber und Bieter über die Entscheidungen über den Abschluss einer Rahmenvereinbarung, die Zuschlagserteilung oder die Zulassung zur Teilnahme an einem dynamischen Beschaffungssystem vor. Die Unterrichtungspflicht entsteht also nicht etwa erst durch ein entspr. Verlan-

---

[1] Beck VergabeR/Mehlitz VgV § 62 Rn. 46; DSW/Petersen VgV § 62 Rn. 7.

gen, wie dies bei Abs. 2 der Fall ist. Zu informieren ist jeder Bewerber oder Bieter. Damit sind auch Bewerber, deren Teilnahmeantrag abgelehnt wurde, unverzüglich zu unterrichten. Eine konkrete **Frist** zur Unterrichtung ist nicht vorgeschrieben. Die Vorschrift spricht von „unverzüglich", also ohne schuldhaftes Zögern (§ 121 Abs. 1 S. 1 BGB). Geboten ist daher eine kurzfristige Verständigung innerhalb weniger Tage. Art. 55 Abs. 1 RL 2014/24/EU spricht in dieser Hinsicht von einer „schnellstmöglichen Verständigung". Der Gehalt der Informationen nach S. 1 ist allerdings stark eingeschränkt: Die Mitteilung umfasst nur die Aussage, dass eine Rahmenvereinbarung abgeschlossen bzw. ein Zuschlag erteilt wurde oder die Zulassung zur Teilnahme an einem dynamischen Beschaffungssystem erfolgt. Nähere Einzelheiten, wie etwa die Gründe für die betreffende Entscheidung oder die Namen erfolgreicher Bieter, sind nicht mitzuteilen.[2] Derartige Informationen sind nur auf Verlangen nach Abs. 2 den insoweit auskunftsberechtigten Bewerbern und Bietern zu erteilen. Auch ist eine bestimmte **Form** der Mitteilung nicht vorgeschrieben. Doch sollte der Auftraggeber aus Beweis- und Dokumentationsgründen für die Information nach Abs. 1 stets die Textform verwenden.

S. 2 erstreckt die Unterrichtungspflicht auf die Entscheidung über die **Aufhebung eines Vergabeverfahrens**. Die geschuldete Information dient der Herstellung von Transparenz für die Bewerber und Bieter dahin, dass der bekannt gemachte Auftrag nicht mehr im Raum steht. Daher ist auch die Entscheidung, ein Vergabeverfahren aufzuheben oder erneut einzuleiten, unverzüglich ggü. den Bewerbern und Bietern zu kommunizieren, denn auch in diesen Fällen sind die Unternehmen davor zu schützen, unnötig Ressourcen für das aufgehobene Vergabeverfahren aufzuwenden oder vorzuhalten. In jenem Fall ist allen Bewerbern oder Bietern mitzuteilen, dass das Vergabeverfahren aufgehoben wurde oder erneut eingeleitet wird. Zudem – und insoweit weitergehend als S. 1 – sind die Gründe für die Aufhebung oder erneute Einleitung mitzuteilen, wenn bereits eine Auftragsbekanntmachung (§ 37 VgV) oder Vorinformation (§ 38 VgV) veröffentlicht wurde. 4a

III. Unterrichtung auf Verlangen (Abs. 2)

Im Gegensatz zu Abs. 1 normiert Abs. 2 fristgebundene Unterrichtungspflichten, die nur **auf Verlangen** des betreffenden Bewerbers oder Bieters in Textform gem. § 126b BGB zu erfüllen sind. Die Vorschrift setzt Art. 55 Abs. 2 RL 2014/24/EU um. Sie gewährt in Nr. 1, 2 und 3 erfolglosen Bewerbern und Bietern einen **Informationsanspruch**, der grds. erst nach Erteilung des Zuschlags zum Tragen kommt **(ex-post-Transparenz)**.[3] Die praktische Bedeutung dieser Informationspflicht ist aufgrund der gesetzlichen Informationspflicht in § 134 Abs. 1 GWB, die automatisch ggü. jedem Bewerber und Bieter vor Zuschlagserteilung zu erfüllen ist, stark reduziert. Daneben schreibt Nr. 4 vor, während des laufenden Verfahrens und damit noch vor Zuschlagserteilung über den Verlauf und die Fortschritte der Verhandlungen und des wettbewerblichen Dialogs zu informieren. 5

1. Auf Verlangen

Der Informationsanspruch besteht nur auf Verlangen. Erforderlich ist ein **Antrag**, der auch in elektronischer Form gestellt werden kann (§ 126 Abs. 3 iVm § 126a BGB).[4] Wird das Vergabeverfahren – wie zumeist – elektronisch durchgeführt, ist für den Antrag die **elektronische Form** ohnehin gem. § 9 Abs. 1 VgV vorgeschrie- 6

---

[2] Beck VergabeR/Mehlitz VgV § 62 Rn. 20.
[3] Beck VergabeR/Mehlitz VgV § 62 Rn. 46; vgl. auch OLG Koblenz 10.8.2000 – 1 Verg 2/00, NZBau 2000, 534; s. aber → Rn. 9.
[4] MüKoEuWettbR/Pauka/Frischmuth VgV § 62 Rn. 10.

ben. Eine **Ausschlussfrist** für das Verlangen enthält die VgV nicht. Doch kann die Information verweigert werden, wenn mit dem Eingang des Antrags nicht mehr gerechnet zu werden brauchte oder kein rechtlich schutzwürdiges Interesse an der Information mehr besteht. Das kann mit Blick auf § 135 Abs. 2 S. 1 GWB im Regelfall bei Anfragen nach Ablauf von mehr als sechs Monaten nach dem Zuschlag angenommen werden.[5]

2. Auskunftsfrist

7 Die Information muss unverzüglich, spätestens jedoch innerhalb einer **Frist von 15 Kalendertagen** nach Eingang des Antrags **in Textform** (§ 126b BGB) erteilt werden. Die Frist beginnt am Tag nach dem Eingang des Antrags (§ 82 VgV; Art. 3 Abs. 1 UAbs. 2 VO (EWG) Nr. 1182/71) und endet mit Ablauf des 15. Kalendertages.[6] Die Mitteilung muss entspr. den Vorgaben des Art. 55 Abs. 2 lit. a RL 2014/24/EU so schnell wie möglich erfolgen; dabei darf die volle Frist von 15 Kalendertagen nicht überschritten werden. Die Mitteilung muss innerhalb von 15 Kalendertagen eingehen. Der Versand innerhalb der Frist genügt nicht.[7]

3. Unterrichtung von Bewerbern

8 Nr. 1 kommt zur Anwendung, wenn der öffentliche Auftraggeber ein Vergabeverfahren mit einem **Teilnahmewettbewerb** durchführt oder durchgeführt hat, mithin in einem nicht offenen Verfahren (→ § 16 Rn. 5 ff.), einem Verhandlungsverfahren mit Teilnahmewettbewerb (→ § 17 Rn. 7 f.), einem wettbewerblichen Dialog (→ § 18 Rn. 1 ff.) oder einer Innovationspartnerschaft (→ § 19 Rn. 11). Der Teilnahmewettbewerb steht allen Unternehmen ohne Einschränkung offen; alle interessierten Unternehmen können sich um die Teilnahme an dem Verfahren bewerben. Er dient als vorgezogene auftragsabhängige Eignungsprüfung dazu, das Vorliegen etwaiger Ausschlussgründe nach den §§ 123 ff. GWB und die Eignung der Bewerber nach Maßgabe der von dem öffentlichen Auftraggeber in der Auftragsbekanntmachung aufgestellten Eignungskriterien und der hierzu von ihm geforderten Nachweise zu prüfen, um auf diese Weise diejenigen Bewerber zu identifizieren, die zur Abgabe von Angeboten aufgefordert werden. Erfolgt eine Begrenzung der Anzahl der Bewerber nach § 51 VgV, werden zudem die Teilnahmeanträge der nicht ausgewählten Bewerber abgelehnt. Den im Teilnahmewettbewerb abgelehnten Bewerbern (vgl. Art. 2 Abs. 1 Nr. 12 RL 2014/24/EU) sind die **Gründe für die Ablehnung des Teilnahmeantrags** mitzuteilen (Nr. 1). Geboten ist eine angemessene und nachvollziehbare Begründung, deren Tiefe sich an der Begründung für das Absageschreiben nach § 134 Abs. 1 S. 1 GWB orientiert (→ GWB § 134 Rn. 85 ff.). Danach muss erkennbar sein, aufgrund welcher Bewertungsparameter die Ablehnung und warum erfolgt. Hierbei sind die *Gründe* (Plural!) zu nennen, die in der Person des Bewerbers liegen und zu einer Ablehnung seines Teilnahmeantrags geführt haben (wie etwa formale Mängel des Teilnahmeantrags und dessen Ausschluss nach § 57 Abs. 3 mit Abs. 1 VgV, Ausschlussgründe nach den §§ 123, 124 GWB oder die mangelnde Eignung des Bewerbers nach Maßgabe der nach § 122 GWB festgelegten Eignungskriterien), oder Gesichtspunkte, die die Auswahlentscheidung betreffen, wie etwa die Begrenzung der Bewerber im Teilnahmewettbewerb nach § 51 Abs. 3 S. 1 VgV.[8]

---

[5] MüKoEuWettbR/Pauka/Frischmuth VgV § 62 Rn. 10; Müller-Wrede VgV/UVgO/Conrad VgV § 62 Rn. 59; DSW/Petersen VgV § 62 Rn. 20.

[6] Beck VergabeR/Mehlitz VgV § 62 Rn. 60.

[7] Müller-Wrede VgV/UVgO/Conrad VgV § 62 Rn. 67; DSW/Petersen VgV § 62 Rn. 20.

[8] Beck VergabeR/Mehlitz VgV § 62 Rn. 64 und 65; MüKoEuWettbR/Pauka/Frischmuth VgV § 62 Rn. 10.

Wird der Antrag nach Zuschlagserteilung gestellt, kann die Anfrage unter Hinweis 9
auf die bereits mit dem Informationsschreiben nach **§ 134 GWB** erfolgte Mitteilung
beantwortet werden. Indessen ist der Informationsanspruch des Bewerbers nach
Nr. 1 nicht auf die Zeit nach der Zuschlagserteilung beschränkt. Dies gilt vor allem
für solche Bewerber, die die Gründe für die Ablehnung ihres Teilnahmeantrags noch
im laufenden Vergabeverfahren (etwa nach Abschluss eines Teilnahmewettbewerbs
im nicht offenen Verfahren) in Erfahrung bringen möchten. In diesen Fall ist der
Auftraggeber verpflichtet, diesen Bewerbern spätestens binnen 15 Kalendertagen die
entspr. Informationen zukommen zu lassen. Hier vermittelt die Vorschrift abgelehnten Bewerbern einen Anspruch auf Mitteilung der Ablehnungsgründe, mit dessen
Hilfe ein **Nachprüfungsverfahren** vorbereitet werden kann.[9] Dieser Anspruch
wird auch nicht durch § 134 Abs. 1 S. 2 GWB verdrängt, da er spätestens binnen
15 Kalendertagen nach Eingang des Antrags zu erfüllen ist.

4. Unterrichtung von Bietern

Nicht erfolgreiche Bieter, dh diejenigen Wirtschaftsteilnehmer, die im betreffen- 10
den Vergabeverfahren ein Angebot abgegeben haben (Art. 2 Abs. 1 Nr. 11 RL 2014/
24/EU), sind über die **Gründe für die Ablehnung des Angebotes** zu informieren
(Nr. 2). Es sind diejenigen *Gründe* (Plural!) nachvollziehbar zu benennen, die sich
aus dem Wertungsvorgang des betreffenden Angebotes (formale Angebotsmängel,
Eignungskriterien, Angemessenheit der Preise, Wirtschaftlichkeit) ergeben haben.
Die Begründung muss eine Informationstiefe haben, die den Bieter in die Lage
versetzt zu erkennen, warum sein Angebot nicht zum Zug gekommen ist. Sie sollte
sich an den Vorgaben der Rspr. zum Inhalt des Absageschreibens des § 134 Abs. 1
GWB orientieren (→ GWB § 134 Rn. 85 ff.). Mit Blick auf die Informationspflicht
des öffentlichen Auftraggebers nach § 134 Abs. 1 S. 1 GWB, die *vor* der Erteilung
des Zuschlags zu erfüllen ist, hat Nr. 2 keine praktische Relevanz. Eine über den
Umfang des § 134 Abs. 1 S. 1 GWB hinausgehende Informationspflicht besteht nach
Nr. 2 nicht.[10] Wird der Antrag nach Nr. 2 gestellt, kann die Anfrage daher unter
Hinweis auf die bereits mit Informationsschreiben nach § 134 GWB erfolgte Mitteilung
beantwortet werden. Soweit allerdings nach § 134 Abs. 3 S. 1 GWB keine
Informationspflicht des öffentlichen Auftraggebers besteht, also im Verhandlungsverfahren ohne Teilnahmewettbewerb wegen besonderer Dringlichkeit, ist Nr. 2 praktisch relevant.[11]

Außerdem sind die Bieter auf entspr. Antrag über die **Merkmale und Vorteile** 11
des erfolgreichen Angebotes sowie über den Namen des erfolgreichen Bieters
zu unterrichten (Nr. 3). Diesen Informationsanspruch haben – anders als nach
Art. 55 Abs. 2 lit. c und d RL 2014/24/EU und § 19 EU Abs. 4 VOB/A – nicht
nur diejenigen Bieter, die ein ordnungsgemäßes Angebot eingereicht haben.[12]
Mitzuteilen ist damit auch, welche positiven Eigenschaften das erfolgreiche Angebot aufweist. In dieser Hinsicht geht die Bestimmung über die Informationspflicht
nach § 134 Abs. 1 GWB, der lediglich eine Information über die Gründe der
Ablehnung des Angebotes verlangt, hinaus.[13] Maßstab für die Unterrichtung sind

---

[9] Beck VergabeR/Mehlitz VgV § 62 Rn. 85; MüKoEuWettbR/Pauka/Frischmuth VgV § 62 Rn. 17.
[10] Beck VergabeR/Mehlitz VgV § 62 Rn. 67.
[11] Beck VergabeR/Mehlitz VgV § 62 Rn. 69.
[12] AA Beck VergabeR/Mehlitz VgV § 62 Rn. 75, die unter Berufung auf die Verordnungsbegründung BT-Drs. 18/7318 v. 20.1.2016, S. 198 meint, Nr. 3 sei richtlinienkonform dahin
auszulegen, dass nur Bieter antragsberechtigt sind, die ein ordnungsgemäßes Angebot abgegeben
haben.
[13] Beck VergabeR/Mehlitz VgV § 62 Rn. 72.

die in der Ausschreibung genannten **Zuschlagskriterien**. Erforderlich ist damit eine nachvollziehbare Darlegung der höheren Wirtschaftlichkeit des erfolgreichen Angebotes unter Zugrundelegung der bekannt gemachten Zuschlagskriterien, die den Bieter in die Lage versetzt, einen Vergleich zwischen seinem Angebot und dem erfolgreichen Angebot vorzunehmen.[14] Wegen der **Vertraulichkeit der Angebote** (§ 5 Abs. 1 S. 2 VgV) genügt eine knappe und abstrakt gehaltene Begründung, die auch in standardisierter Form erfolgen kann. Nichtssagende Hinweise auf die größere Wirtschaftlichkeit des erfolgreichen Angebotes reichen jedoch nicht aus.[15]

12   Bieter sind schließlich auf entspr. Verlangen über den **Verlauf und die Fortschritte der Verhandlungen** und des **wettbewerblichen Dialogs** mit den Bietern zu unterrichten (Nr. 4). Die Bestimmung fußt auf Art. 55 Abs. 2 lit. d RL 2014/24/EU. Erwgr. 82 der RL 2014/24/EU verlangt in dieser Hinsicht, dass Bieter „zur Sicherstellung der nötigen Transparenz im Rahmen von Vergabeverfahren, die Verhandlungen und Dialoge mit Bietern umfassen, (…) ebenfalls die Möglichkeit erhalten, Informationen über die Durchführung und den Fortgang des Verfahrens anzufordern". Die Unterrichtungspflicht besteht somit von vornherein nur gegenüber Bietern (nicht Bewerbern) in **Verhandlungsverfahren** und beim **wettbewerblichen Dialog** und ergänzt die dort ohnehin bereits normierten Transparenzpflichten des öffentlichen Auftraggebers.

13   Sie ist ggü. allen Bietern, die sich noch im Vergabeverfahren befinden, zu erfüllen. Zu informieren ist über den Verlauf und die Fortschritte der Verhandlungen bzw. des wettbewerblichen Dialogs. Zu informieren ist somit etwa über die zeitliche Planung des weiteren Verlaufs der Verhandlungen bzw. des Dialogs durch Abgabe von überarbeiteten und endgültigen Angeboten sowie den voraussichtlichen Zeitpunkt der Zuschlagsentscheidung, um den Bietern die eigene Disposition der erforderlichen Ressourcen zu ermöglichen.[16] Die Informationspflichten können indessen mit den ohnehin im Verhandlungsverfahren und beim wettbewerblichen Dialog normierten Pflichten des öffentlichen Auftraggebers zur Vertraulichkeit konfligieren. So ist der öffentliche Auftraggeber nach § 17 Abs. 13 S. 2 VgV verpflichtet, sich jeder diskriminierenden Weitergabe von Informationen, durch die bestimmte Bieter gegenüber anderen Bietern begünstigt werden könnten, zu enthalten. Die Informationspflichten nach Nr. 4 können daher nur im Rahmen bzw. unter Beachtung der ohnehin im Verhandlungsverfahren und wettbewerblichen Dialog normierten Integritätspflichten zur Anwendung kommen.

IV. Ausnahme: Keine Unterrichtungspflicht (Abs. 3)

14   Abs. 3 erklärt § 39 Abs. 6 VgV für die in den Abs. 1 und 2 genannten Angaben über die Entscheidungen über den Abschluss einer Rahmenvereinbarung, die Zuschlagserteilung oder die Zulassung zur Teilnahme an einem dynamischen Beschaffungssystem für entspr. anwendbar. Danach kann der Auftraggeber bestimmte Informationen, zu deren Erteilung er gem. Abs. 1 und 2 verpflichtet ist, ausnahmsweise zurückhalten, wenn deren Weitergabe den Gesetzesvollzug behindern, dem öffentlichen Interesse zuwiderlaufen, den berechtigten geschäftlichen Interessen eines Unternehmens schaden oder den fairen Wettbewerb zwischen den Unternehmen beeinträchtigen würde. Die Vorschrift, die auf Art. 55 Abs. 3 RL 2014/24/EU zurückgeht, bezweckt, die gebotene Transparenz ausnahmsweise zurücktreten zu lassen, wenn ihr **überwiegende rechtliche oder**

---

[14] Beck VergabeR/Mehlitz VgV § 62 Rn. 73.
[15] DSW/Petersen VgV § 62 Rn. 16.
[16] MüKoEuWettbR/Pauka/Frischmuth VgV § 62 Rn. 13.

wirtschaftliche Belange entgegenstehen. Dabei muss der Auftraggeber zwischen den Informationsrechten nicht berücksichtigter Bewerber und Bieter und den schutzwürdigen Geheimhaltungsinteressen abwägen und seine Entscheidung, bestimmte Informationen nicht bekanntzugeben, dokumentiert begründen. Zu den Ausnahmen → VgV § 39 Rn. 9 ff.

V. Rechtsschutz

Abs. 1 und 2 vermitteln Bewerbern und Bietern einen Informationsanspruch, der zum Gegenstand eines Nachprüfungsverfahrens gemacht werden kann, sofern er vor Erteilung des Zuschlags erfüllt werden muss, der Zuschlag noch nicht erteilt ist und durch die Nichterfüllung ein Schaden entsteht oder zu entstehen droht.[17] Ist der Zuschlag hingegen rechtswirksam erteilt, kann der Anspruch wegen § 168 Abs. 2 S. 1 GWB nicht mehr in einem Nachprüfungsverfahren durchgesetzt werden. Praktisch relevant ist der Anspruch nach Abs. 2 bei Bewerbern, die in einem zweistufigen Verfahren, also etwa im Teilnahmewettbewerb im Verhandlungsverfahren, frühzeitig ausscheiden und einen Antrag auf Mitteilung der Gründe für die Nichtberücksichtigung ihres Teilnahmeantrags durchsetzen möchten, oder bei Bietern, deren Lösungsvorschläge in einem wettbewerblichen Dialog nicht für die folgende Dialogphase vorgesehen sind (§ 18 Abs. 6 S. 3 VgV). Hier begründet die Vorschrift einen Informationsanspruch, mit dessen Hilfe ein Nachprüfungsverfahren vorbereitet werden kann.[18] Insofern wird dieser Anspruch auch nicht durch § 134 Abs. 1 GWB verdrängt. Im offenen Verfahren wird der Anspruch jedoch durch die ohnehin vor Zuschlagserteilung zu erfüllende Vorabinformation nach § 134 Abs. 1 GWB überlagert. Auch der Anspruch auf die Information nach Abs. 2 Nr. 4 ist bieterschützend und kann – da er im noch laufenden Vergabeverfahren zu erfüllen ist – in einem Nachprüfungsverfahren durchgesetzt werden. 15

Abs. 1 S. 2 verlangt, Bewerber und Bieter über die **Aufhebung des Vergabeverfahrens** zu unterrichten. Gleichzeitig sind die Gründe für die Aufhebung des Vergabeverfahrens mitzuteilen. Damit dient Abs. 1 S. 2 dem effektiven Rechtsschutz.[19] Dementsprechend muss die Unterrichtung über die Aufhebungsgründe die Bieter in die Lage versetzen, über die Inanspruchnahme von Rechtsschutz gegen die Aufhebung des Vergabeverfahrens zu entscheiden.[20] Unterbleibt die unverzügliche Unterrichtung, hat das keine Auswirkungen auf die materielle Rechtmäßigkeit einer Aufhebung, die sich allein nach dem Vorliegen eines vergaberechtlichen Aufhebungsgrundes richtet. Die unterlassene unverzügliche Unterrichtung stellt dennoch einen Verfahrensfehler dar, der – wenn eine ex-post-Heilung nicht mehr möglich ist – durch die Vergabekammer als festgestellt und mit einer Kostenentscheidung zu Lasten des Auftraggebers tenoriert werden kann. 15a

---

[17] DSW/Petersen VgV § 62 Rn. 25; Beck VergabeR/Mehlitz VgV § 62 Rn. 85; MüKoEuWettbR/Pauka/Frischmuth VgV § 62 Rn. 16.

[18] Beck VergabeR/Mehlitz VgV § 62 Rn. 85; MüKoEuWettbR/Pauka/Frischmuth VgV § 62 Rn. 17.

[19] Beck VergabeR/Mehlitz VgV § 62 Rn. 39.

[20] Die vergaberechtlichen Vorschriften über die Aufhebung von Vergabeverfahren stellen bieterschützende Bestimmungen „über das Vergabeverfahren" iSd § 97 Abs. 6 GWB dar. Grundlegend zur Nachprüfbarkeit von Aufhebungen von Vergabeverfahren: EuGH 18.6.2002 – C-92/00, VPRRS 2002, 0103. Der öffentliche Auftraggeber kann auf die Durchführung des Vergabeverfahrens verzichten, sofern er für diese Entscheidung einen sachlichen Grund hat und der Verzicht nicht willkürlich bzw. nur zum Schein erfolgt: OLG Düsseldorf 16.10.2013 – Verg 16/13, VPRRS 2013, 1839; 10.2.2021 – Verg 23/20, VPRRS 2021, 0189; zur Aufhebung der Aufhebung instruktiv auch VK Bund 2.8.2022 – VK 2–64/22, VPRRS 2022, 0267.

16 Die Verletzung der Informationspflicht nach Abs. 1 kann Schadensersatzansprüche nach den §§ 241 Abs. 2, 311 Abs. 2 Nr. 1, § 280 Abs. 1 BGB begründen. Lässt der öffentliche Auftraggeber die Bieter bis zum Zuschlag in dem Glauben, weiterhin aussichtsreich am Vergabeverfahren beteiligt zu sein, obwohl dies tatsächlich nicht der Fall ist, kann er sich schadensersatzpflichtig machen.[21]

§ 63 Aufhebung von Vergabeverfahren

(1) ¹**Der öffentliche Auftraggeber ist berechtigt, ein Vergabeverfahren ganz oder teilweise aufzuheben, wenn**
1. **kein Angebot eingegangen ist, das den Bedingungen entspricht,**
2. **sich die Grundlage des Vergabeverfahrens wesentlich geändert hat,**
3. **kein wirtschaftliches Ergebnis erzielt wurde oder**
4. **andere schwerwiegende Gründe bestehen.**

²Im Übrigen ist der öffentliche Auftraggeber grundsätzlich nicht verpflichtet, den Zuschlag zu erteilen.

(2) ¹**Der öffentliche Auftraggeber teilt den Bewerbern oder Bietern nach Aufhebung des Vergabeverfahrens unverzüglich die Gründe für seine Entscheidung mit, auf die Vergabe eines Auftrages zu verzichten oder das Verfahren erneut einzuleiten.** ²**Auf Antrag teilt er ihnen dies in Textform nach § 126b des Bürgerlichen Gesetzbuchs mit.**

Literatur: Burbulla, Aufhebung der Ausschreibung und Vergabenachprüfungsverfahren, ZfBR 2009, 134; Goldbrunner, Korrektur der Vergabeunterlagen nach Eingang der Angebote, VergabeR 2015, 342; Gröning, Ersatz des Vertrauensschadens ohne Vertrauen?, GRUR 2009, 266; Herrmann, Zurückversetzung von Vergabeverfahren, VergabeR 2018, 196; Hertwig, Heilung von Fehlern im Vergabeverfahren, FS Marx, 2013, S. 223; Irl, Die Kostenermittlung im Vergaberecht – Ein Freibrief für die Aufhebung von Ausschreibungen?, FS Kainz, 2019, S. 345; Losch, Anforderungen an eine Kostenschätzung als Voraussetzung für eine Aufhebung einer Ausschreibung ohne Schadensersatzansprüche am Beispiel von Bauvorgaben, VergabeR 2020, 300; Popescu, Vergaberechtliche Schadensersatzhaftung für defizitäre Aufhebung öffentlicher Ausschreibungen, ZfBR 2013, 648; Summa, Die Aufhebung des Vergabeverfahrens im neuen Recht, VPR 2016, 1; Tugendreich/Heller, Pflicht zum Verzicht auf die Auftragserteilung und Neuausschreibung bei Änderung der HOAI während eines laufenden Vergabeverfahrens?, ZfBR 2015, 352.

Übersicht

	Rn.
I. Bedeutung der Vorschrift	1
1. Inhalt und Zweck der Vorschrift	2
2. Anwendungsbereich	5
a) Zeitlich	5
b) Persönlich	7
c) Sachlich	8
II. Problemfelder bei der Aufhebung	9
1. Teilaufhebung	9
2. „Flucht in die Aufhebung"	12
3. Ermessen und Pflicht zur Aufhebung	15
III. Zurückversetzung des Vergabeverfahrens	20
IV. Kein Kontrahierungszwang (Abs. 1 S. 2)	24
V. Voraussetzungen für eine Aufhebung (Abs. 1 S. 1)	29
1. Kein den Bedingungen entsprechendes Angebot (Nr. 1)	29

---

[21] DSW/Petersen VgV § 62 Rn. 26.

	Rn.
2. Änderung der Grundlage des Vergabeverfahrens (Nr. 2)	30
a) Wesentliche Änderung der Grundlage des Vergabeverfahrens	30
b) Zeitpunkt	40
3. Kein wirtschaftliches Ergebnis (Nr. 3)	41
4. Andere schwerwiegende Gründe (Nr. 4)	46
a) Auffangtatbestand	46
b) Zeitpunkt	47
c) Einzelfälle	48
VI. Unterrichtungspflicht (Abs. 2)	54
1. Inhalt	54
2. Zeitpunkt	56
3. Form	57
4. Rechtsfolgen einer unterbliebenen Mitteilung	58
VII. Fortsetzung des Verfahrens nach Aufhebung	59
VIII. Rechtsschutz	60
1. Primärrechtsschutz	60
2. Sekundärrechtsschutz	63
a) § 280 Abs. 1 S. 1, §§ 241 Abs. 2, 311 Abs. 2 Nr. 1 BGB	63
aa) Pflichtverletzung	63
bb) Ausschluss des Anspruchs	64
cc) Umfang	65
b) § 181 S. 1 GWB	68
c) Weitere Anspruchsgrundlagen	69

I. Bedeutung der Vorschrift

Die Aufhebung ist neben der Zuschlagserteilung nach der Konzeption des Vergaberechts die einzig zulässige Möglichkeit zur Beendigung eines Vergabeverfahrens. Seit den Entscheidungen des EuGH[1] und BGH[2] ist geklärt, dass Primärrechtsschutz gegen Aufhebungsentscheidungen besteht. 1

1. Inhalt und Zweck der Vorschrift

§ 63 Abs. 1 S. 1 VgV zählt die Aufhebungsgründe auf. Abs. 1 S. 2 enthält die ausdr. Regelung, dass der öffentliche Auftraggeber nicht dazu verpflichtet ist, den Zuschlag zu erteilen. Abs. 2 schreibt die Pflicht zur unverzüglichen Unterrichtung über die Gründe der (Aufhebungs-) Entscheidung in Textform nach § 126b BGB. Dies entspricht auch der Vorgabe aus Art. 55 RL 2014/24/EU. 2

Die Bestimmung bezweckt die Schaffung einer **rechtlich gesicherten Basis für die Teilnehmer** an Vergabeverfahren. Bewerber und Bieter wenden für die Erstellung der eingereichten Teilnahmeanträge und Angebote Zeit, Geld und Mühe auf. Sie müssen im Gegenzug darauf vertrauen können, dass diese Aufwendungen nicht vornherein nutzlos sind. Der Auftraggeber soll daher weder leichtfertig ausschreiben noch die Ausschreibung aus anderen als den genannten Gründen beenden dürfen.[3] Vor allem der Bieter mit dem annehmbarsten Angebot verdient Schutz davor, dass seine erhoffte Amortisationschance nicht durch zusätzliche, unvorhersehbare und damit unkalkulierbare Risiken gefährdet wird. Daher soll der Auftraggeber nicht sanktionslos von einer Auftragserteilung aus Gründen Abstand nehmen, die in den verga- 3

---

[1] EuGH 18.6.2002 – C-92/00, NZBau 2002, 458.
[2] BGH 18.2.2003 – X ZB 43/02, NZBau 2003, 293; dies entspricht der ganz einhelligen Rspr., vgl. OLG Düsseldorf 26.6.2013 – VII-Verg 2/13, BeckRS 2013, 16145.
[3] BGH 8.9.1998 – X ZR 99–96, NJW 1998, 3640 (3641).

berechtlichen Bestimmungen keine Grundlage finden.[4] Die **Aufhebung** stellt einen **Ausnahmefall** bei der öffentlichen Ausschreibung dar. Die **Gründe** für eine zulässige Aufhebung des Vergabeverfahrens sind deshalb **eng auszulegen**.[5]

4   § 63 VgV schränkt die Vertragsfreiheit für öffentliche Auftraggeber ein und verschärft den allg. zivilrechtlichen Grundsatz, dass Vertragsverhandlungen kurz vor dem vorgesehenen Vertragsschluss nicht grundlos abgebrochen werden dürfen.[6] Er gilt im Vergaberecht schon während Ausschreibung, bei der es sich rechtlich erst um eine „invitatio ad offerendum" handelt. Zugleich engt er die sanktionslose Abstandnahme von dem mit der Ausschreibung angebahnten Vertragsschluss auf bestimmte, iE benannte Gründe ein. Bevor überhaupt Angebote erstellt worden sind, sichert das Vergaberecht rechtlich auf diese Weise das Vertrauen der (zu diesem Zeitpunkt erst potenziellen) Interessenten, Bewerber und Bieter auf die Einhaltung der Vergabevorschriften.[7]

2. Anwendungsbereich

5   **a) Zeitlich. Beginn.** Die Ausschreibung kann aufgehoben werden, sobald das Vergabeverfahren begonnen hat. In der Regel liegt dieser Beginn in der **Absendung der Auftragsbekanntmachung** zum Zwecke der Veröffentlichung.[8] Auch die Absendung einer Vorinformation zur Veröffentlichung an das Amt für Veröffentlichungen der Europäischen Union (§ 10a Abs. 5 S. 1 VgV) kann den Beginn der Ausschreibung darstellen. Dies ist etwa dann der Fall, wenn durch eine Vorinformation die wesentlichen Informationen über den Ausschreibungsgegenstand bereits bekanntgegeben werden, aber die Verpflichtung zur vollständigen Bereitstellung der Vergabeunterlagen noch nicht, sondern erst mit einer späteren Aufforderung zur Interessenbestätigung ausgelöst werden soll (vgl. § 41 Abs. 1 VgV). Nach einer (wirksamen) Aufhebung stellt die erneute Aufforderung zur Abgabe eines Angebotes den Beginn des neuen Verfahrens dar.[9] Steht eine (zulässige) Direktvergabe im Raum, reicht die notwendige Bekanntmachung iSv § 135 Abs. 2 Nr. 2 GWB (ehemals: Vorabbekanntmachung[10]) aus. Maßgeblich ist der **„materielle" Beginn** des Vergabeverfahrens, also die nach außen erfolgende Umsetzung des internen Entschlusses, einen Auftrag zur Deckung eines Beschaffungsbedarfes schließen zu wollen.[11] Die Notwendigkeit, den Bietern unabhängig von einem bestimmten erreichten Verfahrensstadium effektiven Rechtsschutz zu gewähren,[12] besteht auch im Zusammenhang mit Aufhebungsentscheidungen.

6   **Ende.** Die Aufhebung ist solange möglich, bis das Vergabeverfahren durch den wirksamen **Zuschlag** beendet wird. Verstößt der Zuschlag gegen zivilrechtliche,

---

[4] BayObLG 15.7.2002 – Verg 15/02, NZBau 2002, 689 (690).
[5] BGH 18.2.2003 – X ZB 43/02, NZBau 2003, 293 (294); OLG Celle 10.6.2010 – 13 Verg 18/09, BeckRS 2010, 14373; BayObLG 15.7.2002 – Verg 15/02, NZBau 2002, 689 (691).
[6] Grüneberg/Grüneberg BGB § 311 Rn. 30.
[7] BGH 12.6.2001 – X ZR 150/99, NZBau 2001, 637 (638).
[8] OLG München 12.11.2010 – Verg 21/10, BeckRS 2010, 29116 = VergabeR 2011, 212 (214); 23.12.2010 – Verg 21/10, BeckRS 2011, 890 = VergabeR 2011, 525; OLG Naumburg 8.10.2009 – 1 Verg 9/09, BeckRS 2009, 28647 = VergabeR 2010, 219 (221).
[9] OLG Düsseldorf 10.8.2011 – VII-Verg 34/11, BeckRS 2011, 20453 = VergabeR 2011, 855.
[10] OLG München 22.6.2011 – Verg 6/11, BeckRS 2011, 16413 = VergabeR 2011, 848.
[11] OLG Düsseldorf 1.8.2012 – VII-Verg 10/12, BeckRS 2012, 18205 = VergabeR 2012, 846 (848) mit unter Verweis auf EuGH 11.1.2005 – C-26/03, NZBau 2005, 111 Rn. 28 ff.; OLG München 19.7.2012 – Verg 8/12, BeckRS 2012, 16370 = VergabeR 2012, 856 (862).
[12] EuGH 11.1.2005 – C-26/03, NZBau 2005, 111.

öffentlich-rechtliche oder vergaberechtliche Bestimmungen, ist er unwirksam. Das Vergabeverfahren wird dadurch nicht beendet.[13] Auch der Ablauf der Zuschlags- und Bindefrist beendet das förmliche Vergabeverfahren nicht (vgl. § 18 EU Abs. 2 VOB/A, dessen Rechtsgedanke auch in der VgV gilt, weil er auf § 150 BGB beruht).[14] Das abgelaufene Angebot kann jedoch nicht mehr ohne weiteres beauftragt werden.[15] Endet ein förmliches Vergabeverfahren nicht durch die Erteilung eines Zuschlags, ist der Auftraggeber verpflichtet, es aufzuheben. Er darf nicht untätig bleiben. Eine faktische Beendigung ist unzulässig.[16] Die Aufhebung kann auch während eines Vergabenachprüfungsverfahrens erfolgen. Durch eine wirksame (also aus sachlichen Gründen erfolgende und nichtdiskriminierende) Aufhebung erledigt sich das Nachprüfungsverfahren, § 168 Abs. 2 S. 2 GWB. Die gilt im Beschwerdeverfahren entspr., § 178 S. 3 GWB.

b) Persönlich. § 63 VgV bindet den öffentlichen Auftraggeber. Private Auftraggeber haben das Vergaberecht jedoch ebenfalls zu beachten, wenn sie sich im Wege der Selbstverpflichtung an die Bestimmungen der VgV gebunden haben.[17] Die Regelungen über die Aufhebung dienen dem Schutz der Bieter und Bewerber, die Angebote oder Teilnahmeanträge erstellt und eingereicht haben. Dies schließt jedoch auch Unternehmen ein, die (nur) an der Teilnahme am Vergabeverfahren interessiert sind.[18] Der öffentliche Auftraggeber ist ihnen ggü. ebenfalls zur Einhaltung der Vorschrift verpflichtet.[19] Sie sind im Nachprüfungsverfahren antragsbefugt, obwohl sie keine Angebote eingereicht haben.[20] Behauptet ein Bieter substantiiert, er sei an der Einreichung eines Angebotes durch eine unzulässige[21] und zur Aufhebung führenden Gestaltung der Ausschreibung gehindert worden, hätte aber bei ordnungsgemäßer Ausschreibung ein wettbewerbsfähiges Angebot eingereicht, kann er auf einen Nachprüfungsantrag stützen. Die Aufhebung wird erst mit ihrer **Bekanntgabe** den Bietern gegenüber wirksam[22] und anfechtbar.[23] Sind überhaupt keine

7

---

[13] OLG Düsseldorf 17.2.2016 – Verg 37/14, BeckRS 2016, 13665; BGH 1.2.2005 – X ZB 27/04, NZBau 2005, 290; OLG Hamburg 25.1.2007 – 1 Verg 5/06, NZBau 2007, 801 (803); OLG München 7.6.2005 – Verg 4/05, BeckRS 2005, 18761 = VergabeR 2005, 620; OLG Düsseldorf 11.3.2002 – Verg 43/01, NZBau 2003, 55 (58); 26.7.2002 – Verg 28/02, IBRRS 2003, 0576 = VergabeR 2003, 87.
[14] Dazu kann der öffentliche Auftraggeber haushaltsrechtlich verpflichtet sein: OLG Düsseldorf 9.12.2008 – Verg 70/08, BeckRS 2009, 10367.
[15] OLG Jena 30.10.2006 – 9 Verg 4/06, NZBau 2007, 195 (196).
[16] Besteht ein zeitlich absehbares Zuschlagshindernis, kommt jedoch eine (befristete) Aussetzung des Vergabeverfahrens in Betracht, OLG Düsseldorf 26.6.2013 – VII-Verg 2/13, BeckRS 2013, 16145; eine solche Aussetzung stellt weder eine rechtliche noch eine faktische Beendigung des Vergabeverfahrens dar, OLG Naumburg 14.3.2013 – 2 Verg 8/12, BeckRS 2013, 7440.
[17] BGH 21.2.2006 – X ZR 39/03, BeckRS 2006, 05505 = VergabeR 2006, 889.
[18] BGH 18.2.2003 – X ZB 43/02, NZBau 2003, 293. Auch dies entspricht der ganz einhelligen Rspr., vgl. OLG Düsseldorf 26.6.2013 – VII-Verg 2/13, BeckRS 2013, 16145.
[19] Dies folgt auch aus § 97 Abs. 6 GWB.
[20] OLG Düsseldorf 28.2.2002 – Verg 40/01, NZBau 2003, 173 (174); OLG Rostock 24.9.2001 – 17 W 11/01, BeckRS 2010, 27086 = VergabeR 2002, 193; OLG Koblenz 25.5.2000 – 1 Verg 1/00, NZBau 2000, 445 (446).
[21] VK Südbayern 5.10.2016 – Z3-3-3194-1-33-08/16, BeckRS 2016, 122459.
[22] Auf die Einhaltung einer bestimmten Form kommt es dabei nicht an, OLG München 31.10.2012 – Verg 19/12, BeckRS 2012, 22638 = VergabeR 2013, 487. § 17 EU Abs. 2 Nr. 1 VOB/A schreibt die Textform vor.
[23] OLG Koblenz 10.4.2003 – 1 Verg 1/03, NZBau 2003, 576; OLG Brandenburg 19.12.2002 – Verg W 9/02, NZBau 2003, 229 (230), das jedoch ein „Hineinwachsen" eines zu früh gestellten Nachprüfungsantrages in die Zulässigkeit für möglich hält; OLG Düsseldorf 6.2.2002 – Verg 37/01, VergabeR 2002, 378.

Angebote eingereicht worden, läuft der Schutzzweck von § 63 VgV ins Leere. Eine Aufhebung der Ausschreibung erübrigt sich in diesem Fall.[24] Leiden alle Angebote an einem gleichwertigen Mangel, kann ein Bieter – auch wenn sein eigenes Angebot ebenfalls zwingend auszuschließen ist – von der Vergabestelle den Ausschluss der anderen Angebote verlangen und so eine eigene **zweite Chance auf die Zuschlagserteilung** erhalten. In Einzelfällen kann so sogar die Aufhebung des Verfahrens durchgesetzt werden. Die Mängel der betroffenen Angebote müssen dazu nicht vergaberechtlich identisch oder gleichartig sein.[25]

8   c) **Sachlich.** § 63 VgV gilt für alle Vergabeverfahren. Dies schließt auch die Vergabe von Planungsleistungen ein, § 73 Abs. 1 VgV. Im Sektorenbereich gilt § 57 SektVO. Auch soweit dort keine Tatbestände geregelt werden, ist der Sektorenauftraggeber ebenfalls bei der Entscheidung über die Aufhebung oder Einstellung der Ausschreibung nicht völlig frei. Er muss das Transparenzgebot beachten und darf nicht gegen das Diskriminierungsverbot verstoßen. Die Einstellung des Vergabeverfahrens darf nur aus **sachlichen Gründen** erfolgen.[26] § 63 VgV enthält Aufhebungsgründe, die der Normgeber als sachlich eingeschätzt hat. Sobald ein Bieter berechtigter Weise auf einen bevorstehenden Vertragsschluss vertrauen kann, sind sie daher entspr. heranzuziehen.[27] Die Vergabeverfahren wettbewerblicher Dialog und Innovationspartnerschaft werden vom sachlichen Anwendungsbereich ebenfalls umfasst.

II. Problemfelder bei der Aufhebung

1. Teilaufhebung

9   § 63 VgV erfasst ausdr. auch die teilw. Aufhebung. Die Vorschrift meint damit die Beschränkung der Aufhebung auf einen Teil des Ausschreibungsgegenstandes. Eine teilw. Aufhebung ist geboten, wenn die Aufhebung der ganzen Ausschreibung unverhältnismäßig wäre. Auch können die Gründe für die Aufhebung (etwa notwendige Änderungen der Vergabeunterlagen) nur für einen Teil der ausgeschriebenen Leistung vorliegen. Im Rahmen der bei der Ermessensausübung zu beachtenden Verhältnismäßigkeit kann in einem solchen Fall eine teilw. Aufhebung als den Belangen des Auftraggebers ebenso vollkommen gerecht werdendes, aber rechtlich **milderes Mittel** und wirtschaftlich sinnvollste Lösung geboten sein.[28]

10 Eine teilw. Aufhebung kann einmal einzelne **Teile** des ausgeschriebenen **Leistungsinhalts** betreffen (etwa einzelne Lose[29]) – sog. vertikale Teilaufhebung.[30] Der aufzuhebende Teil der ausgeschriebenen Leistung muss dabei tatsächlich vom übri-

---

[24] HRR/Holz VOB/A § 17 Rn. 4.
[25] BGH 26.9.2006 – X ZB 14/06, NZBau 2006, 800; OLG Celle 17.7.2009 – 13 Verg 3/09, BeckRS 2009, 23025 = VergabeR 2009, 898 (900); OLG Koblenz 5.12.2007 – 1 Verg 7/07, BeckRS 2010, 9736; OLG Karlsruhe 6.2.2007 – 17 Verg 5/06, BeckRS 2007, 2312 = VergabeR 2007, 388; OLG Koblenz 4.7.2007 – 1 Verg 3/07, IBRRS 2007, 3495 = VergabeR 2007, 666.
[26] OLG Düsseldorf 10.11.2010 – Verg 28/10, BeckRS 2010, 30572; OLG München 29.9.2009 – Verg 12/09, BeckRS 2009, 27005 = VergabeR 2010, 238; OLG Naumburg 13.10.2006 – 1 Verg 6/06, BeckRS 2006, 12148 = NJOZ 2007, 261 (265); OLG München 12.7.2005 – Verg 8/05, BeckRS 2005, 19924 = VergabeR 2005, 802 (805); VK Brandenburg 14.12.2007 – VK 50/07, BeckRS 2008, 3348; VK Sachsen 17.1.2006 – 1/SVK/151-05, BeckRS 2006, 5537; VK Bund 28.4.2003 – VK 1–19/03, IBRRS 2003, 1224.
[27] BGH 21.2.2006 – X ZR 39/03, BeckRS 2006, 05505 = VergabeR 2006, 889.
[28] VK Sachsen 29.7.2002 – 1/SVK/069-02, IBRRS 2002, 1035.
[29] OLG Koblenz 28.6.2017 – Verg 1/17, BeckRS 2017, 115098 = VergabeR 2018, 92.
[30] Vgl. auch KK-VergR/Goldbrunner VgV § 63 Rn. 94.

gen, weiterhin in der Ausschreibung bleibenden Teil der Leistung abtrennbar sein. Dies ist etwa bei der Ausschreibung mehrerer Lose der Fall, wenn der Aufhebungsgrund nur ein Los betrifft,[31] oder der Beschaffungsbedarf für eines oder mehrere der ausgeschriebenen Lose wegfällt. Ob die Leistung in Teillose oder in Fachlose aufgeteilt ist, ist unerheblich. Die nach einer Teilaufhebung verbleibende Leistung muss weiterhin vernünftigerweise realisierbar bleiben. Einzelne Leistungen, die innerhalb eines Loses zusammengefasst sind, oder einzelne Positionen eines Leistungsverzeichnisses können nicht „isoliert" aufgehoben werden.[32] Eine teilw. Aufhebung der Ausschreibung kann nur aus einem **sachlichen Grund** erfolgen.[33]

Eine teilw. Aufhebung kommt daneben auch für **einzelne** trennbare **Abschnitte** des Vergabeverfahrens in Betracht – sog. horizontale Teilaufhebung.[34] Dadurch wird ein Vergabeverfahren in einen bestimmten Stand zurückversetzt.[35] Dies ist zB nötig, wenn die Vergabestelle erkennt, dass keiner der bevorzugten Bieter ein wertbares letztes Angebot unterbreitet hat. Das gleiche gilt, wenn die Leistungsbeschreibung, etwa die Vordersätze einer LV-Position, geändert werden müssen.[36] Die Wettbewerbsstellung der zuvor ausgeschiedenen Bewerber und Bieter und ihrer „abgeschichteten" Angebote wird dadurch nicht nachteilig betroffen. Eine Reduzierung des Leistungsumfangs darf nicht aus sachfremden Erwägungen erfolgen.[37] Die in der aufgehobenen Stufe befindlichen Bieter sind transparent über das weitere Verfahren zu informieren.[38] Für die teilw. Aufhebung, gerade bezogen auf einzelne Stufen des gestuften bzw. strukturierten Verhandlungsverfahrens, besteht ein erhebliches Bedürfnis. Da der **Verhältnismäßigkeitsgrundsatz** zur Beachtung des Verfahrensfortschrittes zwingt, müssten anderenfalls komplexe Verhandlungsverfahren – etwa bei der Ausschreibung von Betreibermodellen – vollständig in das Stadium vor Beginn des Teilnahmewettbewerbes zurückversetzt oder ganz aufgehoben werden. Der damit verbundene zeitliche und finanzielle Verlust für Vergabestellen und Bieter ist unverhältnismäßig, wenn etwa bereits die „letzten" Angebote abgefordert waren. Die Zulässigkeit der Zurückversetzung ergibt sich indirekt auch aus § 168 Abs. 1 S. 1 GWB. Wenn es den Nachprüfungsinstanzen gestattet ist, Vergabeverfahren in einen bestimmten Stand zurückzuversetzen, um Rechtsverletzungen zu beseitigen,[39]

---

[31] Zur Frage der Unwirtschaftlichkeit eines Teilloses: OLG Koblenz 28.6.2017 – Verg 1/17, BeckRS 2017, 115098 (→ Rn. 45); VK Bund 29.9.2010 – VK 1–91/10, BeckRS 2010, 143628; VK Sachsen 29.7.2002 – 1/SVK/069-02, IBRRS 2002, 1035.

[32] VK Sachsen 29.7.2002 – 1/SVK/069-02, IBRRS 2002, 1035.

[33] OLG Naumburg 13.10.2006 – 1 Verg 6/06, BeckRS 2006, 12148 = NJOZ 2007, 261 (272).

[34] Vgl. auch KK-VergR/Goldbrunner VgV § 63 Rn. 94.

[35] OLG Düsseldorf 12.1.2015 – VII-Verg 29/14, BeckRS 2015, 6397 = VergabeR 2015, 435; VK Bund 13.2.2020 – VK 1–2/20, VPR 2020,141; VK Südbayern 9.9.2014 – Z3-3-3194-1-35-08/14, IBRRS 2014, 2635.

[36] OLG Düsseldorf 12.1.2015 – VII-Verg 29/14, BeckRS 2015, 6397 = VergabeR 2015, 435; OLG München 4.4.2013 – Verg 4/13, BeckRS 2013, 6636 = VergabeR 2013, 729.

[37] OLG Düsseldorf 26.10.2010 – Verg 46/10, BeckRS 2010, 28571.

[38] OLG Düsseldorf 12.1.2015 – VII-Verg 29/14, BeckRS 2015, 6397 = VergabeR 2015, 435; 26.10.2010 – Verg 46/10, BeckRS 2010, 28571.

[39] Vgl. dazu OLG Düsseldorf 5.5.2008 – VII-Verg 5/08, NZBau 2009, 269, Zurückversetzen in den Zeitpunkt ab Aufforderung zur Angebotsabgabe; OLG Koblenz 5.12.2007 – 1 Verg 7/07, BeckRS 2010, 9736, Zurückversetzen in die Phase vor Angebotseinreichung; OLG Düsseldorf 6.7.2005 – VII-Verg 22/05, BeckRS 2005, 33238, Zurückversetzen in den Zeitpunkt vor der Bekanntmachung; OLG Brandenburg 3.8.1999 – 6 Verg 1/99, NZBau 2000, 39 (44), Wiederholung der Wertung der letzten Angebote; VK Bund 24.6.2005 – VK 2–70/05, Wiederholung der Eignungsprüfung; VK Bund 6.7.2005 – VK 1–53/05, IBRRS 2005, 2657, Zurückversetzen in den Stand vor der letzten Verhandlungsrunde; OLG München 4.4.2013 – Verg 4/

kann Gleiches den Vergabestellen nicht verwehrt sein, um von sich aus bewirken zu können, dass das Vergabeverfahren nach der Behebung von Unzulänglichkeiten (also zur Fehlerkorrektur) oder mit geänderten Rahmenvorgaben oder vergabeunterlagen fortgesetzt wird. Auch die Abschwächung von Eignungsanforderungen ist der Sache nach eine Teilaufhebung, die rechtlich nach den Grundsätzen der Aufhebung zu bewerten ist.[40]

2. „Flucht in die Aufhebung"

12   Die Aufzählung der **Aufhebungsgründe** in § 63 Abs. 1 Nr. 1–4 VgV ist **abschließend** und kann nicht durch Vorbehalte in den Vergabeunterlagen erweitert werden. Der EuGH hat zwar klargestellt, dass der Auftraggeber auf Leistungen, für die ein Vergabeverfahren stattgefunden hat, verzichten kann, ohne dass schwerwiegende Gründe oder ein Ausnahmetatbestand vorliegen müssen.[41] Ein solcher Verzicht ist bei Entfall des zugrundeliegenden Beschaffungsbedarfs bereits dann hinzunehmen und wirksam, wenn ihm ein **sachlicher Grund** zugrunde liegt. Dies gilt auch, wenn der Aufhebungsgrund vom öffentlichen Auftraggeber selbst zu vertreten ist.[42]

13   Ein Verzicht auf die Vergabe von Leistungen führt aber nicht stets zu einer rechtmäßigen Aufhebung, unabhängig davon, ob ein Tatbestand des § 63 Abs. 1 VgV vorliegt.[43] § 63 VgV regelt neben der zivilrechtlichen Freiheit des Auftraggebers, einen bevorstehenden Vertragsschluss abzulehnen, in welchen Fällen dieser Entschluss auch vom Vergaberecht gebilligt wird. Das **zivilrechtliche „Können"** unterliegt einem anderen Maßstab als das **vergaberechtliche „Dürfen"**. Die Aussagen des EuGH und des BGH, nach denen auf eine Auftragsvergabe auch ohne schwerwiegende Gründe und nicht nur in Ausnahmefällen verzichtet werden kann, sind nicht so zu verstehen, dass in all diesen Fällen der Auftraggeber auch keine Konsequenzen zu erwarten hat. Dies würde dem Auftraggeber nicht nur jeden Spielraum bei der Entscheidung über den Vertragsschluss geben, wenn er sie nur transparent, diskriminierungsfrei und willkürfrei trifft. Auch wenn er sich zu einer Auftragserteilung entschlossen hätte, könnte der Auftraggeber durch die **„Flucht in die Aufhebung"** einem ihm nicht genehmen Bieter umgehen. Diese Gefahr soll mit der Nachprüfbarkeit der Aufhebung jedoch gerade reduziert werden.[44] Solche „Befugnisse" stünden einem echten Wettbewerb mit gleichen Chancen für die Bieter entgegen. Daher muss die Aufhebungsentscheidung in jedem Fall effektiv nachprüfbar sein.[45] Dabei ist auch der Verzicht auf die Vergabe der Leistung von der Aufhebung der Ausschreibung bei fortbestehendem Beschaffungsbedarf zu unterscheiden. Umgekehrt ist der Auftraggeber auch nicht gezwungen, wegen eines anhängig gemachten Nachprüfungsverfahrens auf eine Aufhebung zu verzichten. Seine Vertragsfreiheit bleibt auch dann bestehen. Dies verletzt nicht den Anspruch

---

13, NZBau 2013, 524, Zurückversetzen in den Stand vor der Aufhebung. Dabei hat die Vergabekammer die Möglichkeit zu wählen, die die Interessen der Beteiligten möglichst wenig beeinträchtigt: VK Nordbayern 13.12.2016 – 21.VK-3194-36/16, VPRRS 2017, 0098.

[40] VK Bund 25.3.2022 – VK 2–10/22, VPRRS 2022, 0140.
[41] EuGH 18.6.2002 – C-92/00, NZBau 2002, 458 (461).
[42] BGH 20.3.2014 – X ZB 18/13, BeckRS 2014, 7310; OLG München 28.8.2012 – Verg 11/12, BeckRS 2012, 18793 = VergabeR 2013, 152; VK Südbayern 15.3.2016 – Z3-3-3194-1-03-01/16, IBR 2016, 412.
[43] OLG München 28.8.2012 – Verg 11/12, BeckRS 2012, 18793 = VergabeR 2013, 152; aA noch: OLG Brandenburg 19.12.2002 – Verg W 9/02, NZBau 2003, 229 (231); ebenso VK Bund 4.12.2001 – VK 1-43/01, VPRRS 2013, 0908.
[44] Prieß NZBau 2002, 433 (434).
[45] EuGH 2.6.2005 – C-15/04, NZBau 2005, 472.

auf effektiven Rechtsschutz des Bieters. Diesem stehen die prozessualen Überprüfungsmöglichkeiten weiter zu: die Wirksamkeit und die Rechtmäßigkeit der Aufhebung können überprüft werden. Hat sich das Nachprüfungsverfahren durch eine wirksame Aufhebung erledigt, kann gem. § 168 Abs. 2 S. 2 GWB die Feststellung der Rechtswidrigkeit beantragt werden. Auf dieser Grundlage können Schadensersatzansprüche weiterverfolgt werden.[46]

Ausnahmsweise kann sich der Auftraggeber eine **Aufhebung vorbehalten,** wenn er trotz aller ihm zumutbaren Bemühungen nicht in der Lage war, eine Vergabereife herbeizuführen (weil diese etwa von externen Willensentschlüssen abhängt) und ohne Beginn der Ausschreibung die für die Verwirklichung des Projektes zur Verfügung stehende Zeit nicht ausreichen würde.[47]

3. Ermessen und Pflicht zur Aufhebung

Nach § 63 Abs. 1 VgV steht es im **Ermessen**[48] des Auftraggebers, ob er die Ausschreibung aufheben will, wenn einer der Tatbestände erfüllt ist. Dies gilt, obwohl der Wortlaut von § 63 VgV davon spricht, dass der öffentliche Auftraggeber dazu „berechtigt" ist. Die Berechtigung muss nicht wahrgenommen und genutzt werden. Die Entscheidung, ob von ihr Gebrauch gemacht wird, ist durch die Ausübung von Ermessen zu treffen.[49] Dabei ist auch der Grundsatz der Verhältnismäßigkeit zu beachten.[50] Bei der Ermessensentscheidung sind der **Stand des Vergabeverfahrens** und die von den Bietern getätigten Aufwendungen zu berücksichtigen.[51] Die Interessen der Bieter sind mit dem Bedürfnis nach einer ordnungsgemäßen Vergabe abzuwägen. Die Ermessensentscheidung kann nur darauf überprüft werden, ob die Grenzen des Ermessens eingehalten oder andere Ermessensfehler begangen wurden.[52]

---

[46] Deren Geltendmachung hängt nicht von einer vorherigen Rüge ab: BGH 17.9.2019 – X ZR 124/18, BeckRS 2019, 26913; 18.6.2019 – X ZR 86/17, NZBau 2019, 661 = VergabeR 2019, 753.

[47] Beispielhaft kann dazu auf die Infrastrukturprojekte im Zusammenhang mit der – dann gescheiterten – Bewerbung Münchens um die Olympischen Spiele für 2018 verwiesen werden. Die bei Beginn der Ausschreibung erst nach Zuschlagsentscheidung zur Verfügung stehende Zeit hätte eine sichere Fertigstellung etwa von umfangreichen Tunnelbauwerken nicht zugelassen. Ohne die Zuschlagsentscheidung standen (absehbar) allerdings die zur Verwirklichung benötigten Mittel nicht zur Verfügung. Ohne einen entspr. Vorbehalt waren jedenfalls Schadensersatzansprüche der Bieter zu befürchten, KG 22.8.2001 – KartVerg 3/01, BeckRS 2001, 9731. Auch eine bedingte Zuschlagserteilung kam nicht in Betracht, VK Bund 24.1.2008 – VK 3–151/07, IBR 2008, 1049 (1050).

[48] Das Ermessen ist auch zu betätigen. Dabei sind auch weniger einschneidende Alternativen zu berücksichtigen, VK Nordbayern 5.7.2019 – RMF-SG21-3194-4-23, VPR 2020, 39. Der Ermessensnichtgebrauch stellt einen Vergabefehler dar, OLG München 6.12.2012 – Verg 25/12, BeckRS 2012, 25589 = VergabeR 2013, 492; OLG Celle 10.6.2010 – 13 Verg 18/09, BeckRS 2010, 14373.

[49] Ebenso RKMPP/Portz VgV § 63 Rn. 31.

[50] OLG Düsseldorf 10.2.2021 – Verg 22/20, NZBau 2021, 634; VK Lüneburg 19.7.2021 – VgK-24/2021, VPR 2022, 66.

[51] KG 21.12.2009 – 2 Verg 11/09, BeckRS 2010, 3552 = VergabeR 2010, 501; BayObLG 17.2.2005 – Verg 27/04, BeckRS 2005, 3103 = VergabeR 2005, 349 (354); 15.7.2002 – Verg 15/02, NZBau 2002, 689 (691); VK Bund 11.2.2005 – VK 2–223/04, IBRRS 2005, 1427; Ingenstau/Korbion/Portz VOB/A § 17 Rn. 21.

[52] OLG Düsseldorf 10.2.2021 – Verg 22/20, NZBau 2021, 634; als Ermessensfehler gilt auch ein unzutreffend oder unzureichend ermittelter Sachverhalt, OLG München 31.10.2012 – Verg 19/12, BeckRS 2012, 22638 = VergabeR 2013, 487, das in einem solchen Fall die Zurückversetzung des Verfahrens in den Stand vor Aufhebung angeordnet hat. Ein Begründungs- und Ermes-

16 Der Ermessensspielraum lässt es auch zu, das Vergabeverfahren trotz bestehender Aufhebungsvoraussetzungen fortzusetzen und die Vergabeunterlagen (nach einer Zurückversetzung) nachzubessern.[53]

17 Die Ausschreibung muss nur dann aufgehoben werden, wenn das **Ermessen auf Null reduziert** ist.[54] Deshalb kommt eine Pflicht zur Aufhebung nur dann in Betracht, wenn ein Verfahrensabschluss nicht auf andere Weise vergaberechtskonform (also diskriminierungsfrei) möglich ist.[55]

18 Dies ist bspw. der Fall, wenn **schwerwiegende rechtliche Fehler** vorliegen, die iErg einen einschneidenden Wettbewerbsverstoß oder einen Verstoß gegen den Gleichbehandlungsgrundsatz darstellen[56] und bei Fortsetzung des Verfahrens auch nicht ohne Verstoß gegen vergaberechtliche Grundsätze behoben werden können.[57] Auch die Wahl eines rechtswidrigen Zuschlagskriteriums[58] und seine Angabe in der Bekanntmachung ist nicht vergaberechtskonform zu heilen, da die Zuschlagskriterien, die in der Bekanntmachung festgelegt worden sind, während des Vergabeverfahrens nicht geändert werden dürfen.[59] Das Gleiche gilt bei unklarer Leistungsbeschreibung[60] und Preisermittlungsgrundlagen,[61] wenn unerfüllbare oder unzumutbare Anforderungen von den Bietern verlangt werden und diese Anforderungen nicht mehr unter Beachtung der Vergabegrundsätze reduziert werden können,[62] sowie bei vergabewidrigen Forderungen,[63] wenn diese Fehler nicht diskriminierungsfrei durch Änderung der Leistungsbeschreibung behoben werden können oder wenn die Voraussetzungen für die Erteilung des Zuschlags nicht vorliegen[64] und auch nicht geschaffen werden können. Schließlich kann eine unterbliebene Kennzeichnung aller Teile der eingegangenen Angebote eine Aufhebung der Ausschreibung erforderlich machen.[65]

19 Auch die Nachprüfungsinstanzen haben bei ihren Entscheidungen nach § 168 Abs. 1 S. 1 GWB den Grundsatz der Verhältnismäßigkeit zu beachten und können

---

sensfehler kann in Einzelfällen dazu führen, dass die Fortsetzung des Verfahrens und eine Beendigung durch Zuschlag angeordnet werden darf, OLG Düsseldorf 10.11.2010 – VII-Verg 28/10, BeckRS 2010, 30572 = VergabeR 2011, 519.

[53] BGH 26.9.2006 – X ZB 14/06, NZBau 2006, 800; OLG München 28.7.2008 – Verg 12/08, IBR 2008, 758.

[54] BGH 26.9.2006 – X ZB 14/06, NZBau 2006, 800; OLG Karlsruhe 6.2.2007 – 17 Verg 5/06, BeckRS 2007, 2312 = VergabeR 2007, 388 (392); OLG Frankfurt a. M. 2.3.2007 – 11 Verg 14/06, IBR 2007, 1243; OLG Dresden 6.6.2002 – WVerg 5/02, BeckRS 2002, 17323 = VergabeR 2003, 64.

[55] BGH 26.9.2006 – X ZB 14/06, NZBau 2006, 800.

[56] VK Südbayern 13.7.2004 – 39–05/04, IBR 2004, 713; Ingenstau/Korbion/Portz VOB/A § 17 Rn. 33.

[57] OLG Brandenburg 13.9.2011 – Verg W 10/10, VergabeR 2012, 242 (250).

[58] BGH 9.6.2011 – X ZR 143/10, NZBau 2011, 498 Rn. 10.

[59] EuGH 4.12.2003 – C-448/01, NZBau 2004, 105 Rn. 89 ff.

[60] OLG Rostock 6.3.2009 – 17 Verg 1/09, NZBau 2009, 531 = VergabeR 2009, 660.

[61] OLG Schleswig 30.6.2005 – 6 Verg 5/05, IBRRS 2005, 2230; untergeordnete Fehler im Leistungsverzeichnis begründen keine Pflicht zur Aufhebung, BayObLG 17.2.2005 – Verg 27/04, BeckRS 2005, 3103 = VergabeR 2005, 349.

[62] BGH 26.9.2006 – X ZB 14/06, NZBau 2006, 800; OLG München 29.9.2009 – Verg 12/09, BeckRS 2009, 27005 = VergabeR 2010, 238, das allerdings den Ausspruch einer Verpflichtung im Nachprüfungsverfahren wegen der dem Auftraggeber obliegenden eigenverantwortlichen Entscheidung nicht getroffen hat; OLG Karlsruhe 6.2.2007 – 17 Verg 5/06, BeckRS 2007, 2312 = VergabeR 2007, 388 (392).

[63] OLG Frankfurt a. M. 2.3.2007 – 11 Verg 14/06, IBR 2007, 1243.

[64] Kapellmann/Messerschmidt/Glahs VOB/A § 17 Rn. 21.

[65] OLG Naumburg 7.3.2008 – 1 Verg 1/08, BeckRS 2008, 10396 = VergabeR 2008, 710 (714); 31.3.2008 – 1 Verg 1/08, BeckRS 2008, 8304 = VergabeR 2008, 971.

eine **Aufhebung** der Ausschreibung nur als „**ultima ratio**" anordnen, wenn dies unabweisbar ist und keine milderen Maßnahmen zur Verfügung stehen, um die festgestellten Vergabefehler zu beseitigen.[66] Dies setzt voraus, dass die Vergabestelle eine Pflicht zur Aufhebung missachtet hat, weil das Ermessen auf Null reduziert war.[67] Eine Verpflichtung der Vergabestelle zur Aufhebung der Ausschreibung kann durch Nachprüfungsinstanzen in anderen Fällen wegen des der Vergabestelle zustehenden Ermessens nicht ausgesprochen werden.[68] Dazu muss das Vergabeverfahren an schwerwiegenden Vergabeverstößen leiden, die im laufenden Vergabeverfahren nicht mehr geheilt werden können. Eine fehlerhafte Angebotswertung reicht nicht.[69] Dies gilt vor allem dann, wenn eine objektive Auslegung der Vergabeunterlagen eine vergaberechtskonforme Wertung der Angebote ermöglicht.[70] Ein schwerwiegender und nicht behebbarer Vergabeverstoß liegt auch vor, wenn der Auftraggeber ausschreibt, obwohl er noch keine eigenen Vorstellungen über die Ziele und Leistungsanforderungen hat, also die Ausschreibungsreife fehlt (→ VOB/A § 2 EU Rn. 13).[71] Auch eine unklare Leistungsbeschreibung verpflichtet, wenn sie nicht (ausnahmsweise) alle Bieter einheitlich und richtig verstehen, zur Aufhebung.[72] Die Wahl eines fehlerhaften Vergabeverfahrens[73] ist ebenfalls nicht anders zu heilen als durch Aufhebung der Ausschreibung. Ob dies bei Nichtbeachtung der Pflicht zur europaweiten Ausschreibung wegen unrichtiger Annahmen vom Schwellenwert ebenfalls gilt, ist fraglich.[74] Ebenso verpflichtet ein Verstoß gegen das Gebot zur produktneutralen Ausschreibung idR zur Aufhebung.[75] Liegen erhebliche Unklarheiten zur zwingend zu erbringenden Leistung vor und wurde ein Zuschlagskriterium festgelegt, das unzulässig ist („technische Spezifikation"), können diese Fehler in einem Nachprüfungsverfahren auch noch in der Beschwerde vAw und ohne Rüge aufgegriffen werden und zum Gegenstand der Anordnung einer Aufhebung durch den Senat gemacht werden, wenn die Fehler derart gewichtig und schwerwiegend sind, dass der Mangel iRd laufenden Vergabeverfahrens nicht mehr behoben werden kann.[76] Auch wenn der Ausschreibung ein fehlerhaftes Verständnis von der Zulässigkeit der Delegation von Vergabeentscheidungen zu Grunde liegt und deshalb bei Fortbestand der Beschaffungsabsicht eine Neuorientierung notwendig wird, ist die Aufhebung des Vergabeverfahrens durch die Vergabekammer nicht zu beanstanden.[77] Bisweilen wird in solchen Konstellationen

---

[66] KG 21.12.2009 – 2 Verg 11/09, BeckRS 2010, 3552 = VergabeR 2010, 501; OLG Koblenz 4.2.2009 – 1 Verg 4/08, BeckRS 2009, 5152 = VergabeR 2009, 682; VK Nordbayern 13.12.2016 – 21.VK-3194-36/16, VPRRS 2017, 0098.

[67] KG 18.3.2010 – 2 Verg 12/09, BeckRS 2010, 13124 = VergabeR 2011, 138.

[68] BGH 10.11.2009 – X ZB 8/09, NZBau 2010, 124 Rn. 56; OLG Düsseldorf 16.12.2009 – Verg 32/09, BeckRS 2010, 12314; OLG München 29.9.2009 – Verg 12/09, BeckRS 2009, 27005 = VergabeR 2010, 238 (243).

[69] OLG Düsseldorf 30.4.2003 – Verg 64/02, BeckRS 2003, 11822.

[70] OLG München 10.12.2009 – Verg 16/09, BeckRS 2010, 2617 = VergabeR 2010, 246 (258).

[71] Ingenstau/Korbion/Schranner VOB/A § 2 Rn. 116 ff.

[72] OLG Naumburg 16.9.2002 – 1 Verg 2/02, NZBau 2003, 628; VK Bund 23.5.2002 – VK 2–16/02, BeckRS 2002, 161102 = VergabeR 2002, 515 (518 f.).

[73] BGH 10.11.2009 – X ZB 8/09, NZBau 2010, 124 (128).

[74] Dafür OLG Koblenz 10.4.2003 – 1 Verg 1/03, NZBau 2003, 576 (577); dagegen OLG München 11.4.2013 – Verg 03/13, BeckRS 2013, 7174; 31.1.2013 – Verg 31/12, BeckRS 2013, 2622 = VergabeR 2013, 477, auch zur fehlenden Rechtsverletzung eines Bieters, dessen Angebot ohnehin nicht den Zuschlag erhalten könnte; vgl. aber OLG München 2.6.2016 – Verg 15/15, VPR 2016, 186.

[75] OLG Celle 22.5.2008 – 13 Verg 1/08, BeckRS 2008, 10353.

[76] OLG München 22.1.2016 – Verg 13/15, BeckRS 2016, 121692.

[77] OLG Frankfurt a. M. 17.2.2022 – 11 Verg 8/21, VPR 2022, 44.

die Vergabestelle auch dazu verpflichtet, die Ausschreibung in das Stadium vor der Bekanntmachung zurückzuversetzen. Soweit dies den internen Beschaffungsbeschluss und seine externe Umsetzung nicht berührt, ist die Zurückversetzung nicht mit der Anordnung zur Aufhebung des Verfahrens gleichzusetzen.[78]

III. Zurückversetzung des Vergabeverfahrens

20 Als Alternative zur Aufhebung der Ausschreibung und zum Zwecke der Korrektur der Vergabeunterlagen wird seit geraumer Zeit das Zurücksetzen des Vergabeverfahrens von Vergabestellen durchgeführt. Ins allg. Bewusstsein ist diese Alternative erstmals durch den BGH gebracht worden.[79] In dieser Entscheidung hatte der Senat für den Fall einer unmöglich zu erfüllenden Anforderung aus den Vergabeunterlagen der Vergabestelle neben der Aufhebung des Vergabeverfahrens die Alternative einer Korrektur mit einem Verzicht auf diese Anforderung nach einer Zurückversetzung des Verfahrens als Handlungsoption eröffnet.[80]

21 Die Befugnis dazu besteht auch nach Submission nicht nur ausnahmsweise und zum Zwecke der Fehlerkorrektur.[81] Erlaubt ist die **Modifikation des Vergabeverfahrens** und der für die anzubahnenden Vertragsverhältnisse maßgeblich werdenden Vertragsunterlagen vielmehr **in jedem Verfahrensstadium**.[82] Dies entspricht der zivilrechtlich auch dem öffentlichen Auftraggeber zustehenden Vertragsfreiheit. Diese umfasst nicht nur die Freiheit, darüber zu entscheiden, mit welchem Inhalt der zur Befriedigung des Beschaffungsbedarfs auszuschreibende Vertrag abgeschlossen wird, sondern auch, ob dies überhaupt erfolgen soll. Ebenso erlaubt das Leistungsbestimmungsrecht die Festlegung und Modifikation der maßgebenden Auftragsbedingungen.

22 Allerdings kann auch eine Zurückversetzung nicht voraussetzungslos und (im Fall der Rechtswidrigkeit) ohne nachteilige Rechtsfolgen erfolgen. Das Zurücksetzen des Vergabeverfahrens stellt eine **Teilaufhebung** der Ausschreibung dar.[83] Deshalb orientieren sich die rechtlichen Rahmenbedingungen für die Wirksamkeit und die Rechtmäßigkeit einer Zurückversetzung an den entspr. Vorgaben der Rspr. zur Aufhebung.[84] Dies gilt auch für die Frage, in welchem Umfang und wie weit die Zurückversetzung erfolgt. Hier hat die Vergabestelle ebenfalls einen Ermessensspielraum.[85] Muss durch Auslegung ermittelt werden, wie weit eine Vergabestelle ein Vergabeverfahren zur Behebung eines von ihr angenommenen Vergaberechtsverstoßes zurückgesetzt hat, ist unter Berücksichtigung der Grundsätze der Beschleunigung und der Verhältnismäßigkeit davon auszugehen, dass das Verfahren lediglich in das Stadium direkt vor Begehung des Verstoßes zurückversetzt wurde. Die Rückversetzung geht iZw nicht weiter, als es zur Behebung des angenommenen Vergaberechtsverstoßes erforderlich ist.[86]

---

[78] OLG München 25.2.2019 – Verg 11/18, VergabeR 2019, 536, 542.
[79] BGH 26.9.2006 – X ZB 14/06, NZBau 2006, 800.
[80] Ebenso OLG München 28.7.2008 – Verg 12/08, BeckRS 2008, 17226; 4.4.2013 – Verg 4/13, BeckRS 2013, 6636 = VergabeR 2013, 729.
[81] OLG Dresden 23.7.2013 – Verg 2/13, BeckRS 2013, 18693 = VergabeR 2013, 889.
[82] OLG Düsseldorf 6.2.2013 – VII-Verg 32/12, BeckRS 2013, 3174 = VergabeR 2013, 469; 4.2.2013 – VII Verg 31/12, BeckRS 2013, 4705 = VergabeR 2014, 188 (197); OLG München 4.4.2013 – Verg 4/13, BeckRS 2013, 6636 = VergabeR 2013, 729; VK Lüneburg 26.11.2015 – VgK-43/2015, VPR 2016, 87.
[83] OLG Düsseldorf 12.1.2015 – VII-Verg 29/14, BeckRS 2015, 6397 = VergabeR 2015, 435; VK Bund 13.2.2020 – VK 1–2/20, VPR 2020, 141.
[84] BGH 20.3.2014 – X ZB 18/13, NZBau 2014, 310.
[85] VK Bund 13.2.2020 – VK 1–2/20, VPR 2020, 141.
[86] VK Südbayern 9.10.2013 – Z3-3-3194-1-27-08/13, VPR 2014, 1001.

Wie eine Aufhebung ist auch die Zurückversetzung wirksam, wenn ihr ein **sachlicher Grund** zugrunde liegt und keine Absicht zur Diskriminierung der beteiligten Bieter gegeben ist.[87] Werden durch die Zurückversetzung Auftragschancen eines Bieters beeinträchtigt und liegt der Zurückversetzung kein Aufhebungsgrund zugrunde, den der öffentliche Auftraggeber nicht zu vertreten hat, ist die (wirksame) Zurückversetzung dagegen rechtswidrig.[88] Die Rechtswidrigkeit der Zurückversetzung kann in einem Nachprüfungsverfahren festgestellt werden.[89] Werden Verfahrensschritte wiederholt, sind alle, aber auch nur die Bewerber/Bieter zu beteiligen, die in diesen Verfahrensschritt vorgedrungen waren.[90] Bieter, die vorher ausgeschieden waren, dürfen nicht mehr beteiligt werden. Der (notwendige) Ausschluss des Angebotes beeinträchtigt die Einbeziehung in das nach Zurückversetzung wiederaufzunehmende Verfahren dagegen nicht. Dies gilt insbes. dann, wenn er auf Vergabebedingungen beruht, die geändert werden sollen. Die Beeinträchtigung der Auftragschancen eines Bieters ist nur dann gerechtfertigt, wenn zugleich inhaltlich ein (teilw.) Aufhebung der Ausschreibung gerechtfertigt ist. Wird ein Vergabeverfahren zurückversetzt, gilt bei unverändertem Beschaffungsbedarf das Recht, das zum Zeitpunkt der Einleitung des Verfahrens galt.[91] Dies soll – trotz der damit verbundenen Zäsurwirkung – auch für die Zurückversetzung in den Stand vor der Bekanntmachung gelten.[92]

IV. Kein Kontrahierungszwang (Abs. 1 S. 2)

Der Auftraggeber ist aus Gründen des allg. Vertragsrechts nicht gezwungen, einen der Ausschreibung entspr. Auftrag zu erteilen.[93] Dies stellt § 63 Abs. 1 S. 2 VgV ausdr. klar. Dies gilt auch dann, wenn er nach den maßgeblichen Vergabevorschriften keinen (rechtfertigenden) Grund zur Aufhebung der Ausschreibung hat.[94] Diese Befugnis ist weder auf Ausnahmefälle begrenzt noch muss sie auf schwerwiegende Gründe gestützt werden.[95] Der Auftraggeber kann sonach dann die Ausschreibung wirksam aufheben, wenn er sich dafür auf einen **sachlichen Grund** berufen kann

---

[87] Auch: OLG Koblenz 30.4.2014 – 1 Verg 2/14, VPR 2014, 176.
[88] VK Südbayern 5.10.2016 – Z3-3-3194-1-33-08/16, BeckRS 2016, 122459; VK Bund 13.12.2016 – VK 2–125/16, VPR 2017, 51.
[89] OLG Düsseldorf 12.1.2015 – VII-Verg 29/14, BeckRS 2015, 6397 = VergabeR 2015, 435 unter Bezugnahme auf BGH 20.3.2014 – X ZB 18/13, NZBau 2014, 310; ebenso VK Bund 13.12.2016 – VK 2–125/16, BeckRS 2016, 122003.
[90] OLG München 30.4.2010 – Verg 5/10, IBR 2010, 350.
[91] OLG Düsseldorf 28.3.2018 – Verg 38/17, ZfBR 2019, 81.
[92] Daher ist in derartigen Konstellationen die Aufhebung und damit die Beendigung des materiellen Vergabeverfahrens in Betracht zu ziehen.
[93] BayObLG 14.3.2023 – Verg 1/23, VPRRS 2023, 0067.
[94] OLG Düsseldorf 10.2.2021 – Verg 22/20, NZBau 2021, 634; BGH 20.3.2014 – X ZB 18/13, NZBau 2014, 310; 16.12.2003 – X ZR 282/02, NZBau 2004, 283 (284); 18.2.2003 – X ZB 43/02, NZBau 2003, 293 (294); 5.11.2002 – X ZR 232/00, NZBau 2003, 168 (169); OLG München 31.10.2012 – Verg 19/12, BeckRS 2012, 22638 = VergabeR 2013, 487; 6.12.2012 – Verg 25/12, BeckRS 2012, 25589 = VergabeR 2013, 492; 4.4.2013 – Verg 4/13, BeckRS 2013, 6636 = VergabeR 2013, 729; 12.7.2005 – Verg 8/05, BeckRS 2005, 19924 = VergabeR 2005, 802 (804); OLG Brandenburg 19.12.2002 – Verg W 9/02, NZBau 2003, 229 (230); OLG Celle 22.5.2003 – 13 Verg 9/03, BeckRS 2003, 5618 = VergabeR 2003, 455 (456); RKMPP/Portz VgV § 63 Rn. 18.
[95] EuGH 16.10.2003 – C-244/02, BeckRS 2004, 75389 = VergabeR 2004, 592; 18.6.2002 – C-92/00, NZBau 2002, 459 (461); 16.9.1999 – C-27/98, NZBau 2000, 153; BGH 18.2.2003 – X ZB 43/02, NZBau 2003, 293 (295).

und die Aufhebung nicht nur zum Schein erfolgt[96] oder zu dem Zweck erfolgt, Bieter zu diskriminieren.[97] Ein Anspruch auf Fortsetzung des Vergabeverfahrens besteht daher nur in Ausnahmefällen.[98] In der Regel liegt es damit auch nicht in der Kompetenz der Vergabekammer, zur Beseitigung einer Rechtsverletzung eine Maßnahme zu treffen, die einen tatsächlichen Kontrahierungszwang bedeutet.[99]

25 Ein Kontrahierungszwang folgt auch nicht aus dem Anspruch des Bieters auf Einhaltung der Vergabevorschriften gem. § 97 Abs. 6 GWB. Zwar soll das Vergabeverfahren durch Erteilung des Zuschlags beendet werden, wenn ein Grund für eine Aufhebung nicht vorliegt. Allein dadurch, dass der Auftraggeber die Regelungen des Vergaberechts zwingend einzuhalten hat, werden jedoch **keine klagbaren Rechte** auf Abschluss eines Vertrages geschaffen. Ein Anspruch auf Erteilung des Zuschlags besteht vor allem dann nicht, wenn der Auftraggeber die Ausschreibung aufhebt, weil er auf die Leistungsvergabe endgültig verzichten oder – einem **Verzicht** gleichzusetzen – den Auftrag durch einen Eigenbetrieb oder eine Eigengesellschaft als „in-house-Geschäft" ausführen lassen will.[100] Das Gleiche gilt, wenn ein ursprünglich als ÖPP konzipierter einheitlicher Auftrag nach dem Willen der Vergabestelle nun gewerkweise konventionell vergeben werden soll.[101] Ebenso kann keine Verpflichtung zur Fortsetzung des ursprünglichen Verfahrens bestehen, wenn der Beschaffungsbedarf weggefallen ist und nicht weiter verfolgt werden soll.[102] Dies ist auch der Fall, wenn ein planerisches Konzept in wesentlichen charakteristischen Elementen neu erstellt werden soll.[103] Die Rückgängigmachung der Aufhebungsentscheidung ist hier keine geeignete Maßnahme, um mögliche Rechtsverstöße zu beheben. Die Vergabekammer ist darauf beschränkt festzustellen, dass die Aufhebung Rechte des Bieters verletzt hat.[104] Der Anspruch auf Überprüfung bedingt keinen Anspruch auf Aufhebung der Aufhebungsentscheidung.[105] Die Bedeutung von § 63 VgV beschränkt sich in dieser Konstellation auf mögliche Schadensersatzansprüche.[106]

26 Hat die Vergabestelle die Ausschreibung aufgehoben, beabsichtigt sie aber, den Auftrag **weiterhin zu vergeben,** kann gem. § 168 Abs. 1 S. 1 GWB zur Behebung eines Rechtsverstoßes und als geeignete Maßnahme zur Beseitigung von Rechtsverletzungen die **Aufhebungsentscheidung aufzuheben** sein.[107] Das Vergabeverfah-

---

[96] Etwa durch Schaffung der In-house Fähigkeit eines Bieters, um diesen außerhalb des Vergabeverfahrens beauftragen zu können, vgl. VK Hessen 19.2.2015 – 69d-VK44/2014, VPRRS 2016, 0336.
[97] BGH 20.3.2014 – X ZB 18/13, NZBau 2014, 310; OLG Düsseldorf 10.11.2010 – VII-Verg 28/10, BeckRS 2010, 30572 = VergabeR 2011, 519; 8.6.2011 – Verg 55/10, IBR 2011, 601.
[98] OLG Düsseldorf 10.2.2021 – Verg 22/20, NZBau 2021, 634.
[99] BayObLG 14.3.2023 – Verg 1/23, VPRRS 2023, 0067.
[100] OLG Brandenburg 19.12.2002 – Verg W 9/02, NZBau 2003, 229 (231).
[101] VK Schleswig-Holstein 4.2.2008 – VK-SH 28/07, IBR 2008, 235.
[102] OLG München 31.10.2012 – Verg 19/12, BeckRS 2012, 22638 = VergabeR 2013, 487; 28.8.2012 – Verg 11/12, BeckRS 2012, 18793 = VergabeR 2013, 152.
[103] OLG Celle 15.7.2010 – 13 Verg 9/10, BeckRS 2010, 17499 = VergabeR 2010, 1022.
[104] BGH 20.3.2014 – X ZB 18/13, NZBau 2014, 310; 18.2.2003 – X ZB 43/02, NZBau 2003, 293 (295); OLG Dresden 10.7.2003 – WVerg 0016/02, IBR 2003, 568; 10.7.2003 – WVerg 15/02, NZBau 2003, 573.
[105] BGH 18.2.2003 – X ZB 43/02, NZBau 2003, 293 (295).
[106] OLG München 28.8.2012 – Verg 11/12, BeckRS 2012, 18793 = VergabeR 2013, 152.
[107] OLG München 3.11.2014 – Verg 14/11, VergabeR 2012, 218 (225); 31.10.2012 – Verg 19/12, BeckRS 2012, 22638 = VergabeR 2013, 487; 6.12.2012 – Verg 25/12, BeckRS 2012, 25589 = VergabeR 2013, 492; 4.4.2013 – Verg 4/13, BeckRS 2013, 6636 = VergabeR 2013, 729.

ren ist dann von dem Stand vor der Aufhebungsentscheidung aus fortzusetzen.[108] Der Auftraggeber kann allerdings auch dann nicht dazu verpflichtet werden, das fortzusetzende Vergabeverfahren durch einen Zuschlag zu beenden, da ihm auch die Möglichkeit verbleiben muss, eine korrekte Aufhebung nachzuholen.[109] Leitet die Vergabestelle ein neues Vergabeverfahren ein, bevor über den Nachprüfungsantrag gegen die Aufhebung entschieden worden ist, kann der Bieter auf die wirtschaftliche Einheit beider Verfahren hinweisen und beantragen, das Zuschlagsverbot des § 169 Abs. 1 GWB auch auf das neue Vergabeverfahren auszudehnen. Ob auf diese Weise erreicht werden kann, dass eine Neuausschreibung erst dann zum Abschluss gebracht werden kann, wenn die vorangegangene Ausschreibung (wirksam) aufgehoben ist, ist zweifelhaft.[110] Der Bieter sollte daher zumindest vorsorglich auch die Zulässigkeit des neuen Vergabeverfahrens und die vorangegangene unzulässige Aufhebung rügen, um die Präklusion des § 160 Abs. 3 GWB zu verhindern.[111] Hat die Vergabekammer die Aufhebung des Vergabeverfahrens angeordnet, ist im Beschwerdeverfahren zur Erlangung effektiven Rechtsschutzes ein Antrag auf Verlängerung der aufschiebenden Wirkung gem. § 173 Abs. 1 S. 3 GWB (analog) zulässig, da in diesem Fall § 173 Abs. 3 GWB keinen ausreichenden Schutz vor einer Auftragsvergabe an einen Konkurrenten bietet.[112]

Die vorangegangene Aufhebung kann auch für die nachfolgende erneute Vergabe 27 eine Rolle spielen. Hebt die Vergabestelle die Ausschreibung auf, um (unzulässiger Weise) das Auftragsvolumen zu reduzieren und die Schwellenwerte für eine europaweite Ausschreibung zu unterschreiten, ist dies **rechtsmissbräuchlich** und gem. § 3 Abs. 2 S. 2 VgV unbeachtlich.[113]

Durch eine **Kassation der Aufhebungsentscheidung** wird die Vergabestelle 28 nicht zur Erteilung des Zuschlags, sondern allein dazu gezwungen, entweder das Verfahren diesmal rechtmäßig aufzuheben oder nach ordnungsgemäßer Wertung den Zuschlag auf das wirtschaftlichste Angebot zu erteilen. Auch in diesem Fall kann die Vergabestelle weiterhin auf die Erteilung des Auftrags endgültig verzichten. Nur wenn die Vergabestelle den ausgeschriebenen Beschaffungsbedarf nicht weiterverfolgt, kann die Wirksamkeit der Aufhebungsentscheidung auch bei Vergaberechtsverstößen angenommen werden.[114] Will die Vergabestelle einen Zuschlag in jedem Fall erteilen, kann sie **ausnahmsweise** zur Erteilung des Zuschlags an den Bieter verpflichtet werden, der das wirtschaftlichste Angebot eingereicht hat.[115] Dies

---

[108] VK Hessen 19.2.2015 – 69d-VK-44/2014, VPRRS 2016, 0336; auch dadurch wird kein (faktischer) Kontrahierungszwang geschaffen; anders jedoch Dieck-Bogatzke VergabeR 2008, 392 (396).

[109] OLG Düsseldorf 10.11.2010 – VII-Verg 28/10, BeckRS 2010, 30572 = VergabeR 2011, 519; 21.7.2010 – Verg 19/10, BeckRS 2010, 17501, auch ein Nachholen der Begr. kann zulässig sein; ebenso OLG München 4.4.2013 – Verg 4/13, BeckRS 2013, 6636 = VergabeR 2013, 729.

[110] OLG Naumburg 31.7.2006 – 1 Verg 6/06, IBR 2006, 590.

[111] OLG Koblenz 10.4.2003 – 1 Verg 1/03, NZBau 2003, 576; VK Sachsen 9.5.2006 – 1/ SVK/035-06, IBRRS 2006, 3781; nicht so streng VK Hessen 4.12.2006 – 69d-VK-58/2006, IBRRS 2007, 2926; aA OLG Naumburg 17.5.2006 – 1 Verg 3/06, BeckRS 2006, 08304 = VergabeR 2006, 814; eine Erledigung tritt jedenfalls bzgl. der aufgehobenen Ausschreibung nicht ein, OLG München 28.7.2008 – Verg 12/08, IBR 2008, 758.

[112] OLG München 24.5.2006 – Verg 12/06, BeckRS 2006, 6569 = VergabeR 2006, 948.

[113] OLG Düsseldorf 8.5.2002 – Verg 5/02, NZBau 2002, 697 (698).

[114] OLG München 4.4.2013 – Verg 4/13, BeckRS 2013, 6636 = VergabeR 2013, 729; dies gilt auch, wenn die Wirksamkeit als solche nicht angegriffen wird, vgl. etwa bei OLG München 28.8.2012 – Verg 11/12, BeckRS 2012, 18793 = VergabeR 2013, 152.

[115] BayObLG 5.11.2002 – Verg 22/02, NZBau 2003, 342 (346); aA KG 10.12.2002 – Kart Verg 16/02, BeckRS 2002, 09839 = VergabeR 2003, 180.

ist (nur) gerechtfertigt, wenn nicht mehr das „Ob" eines Zuschlags in Frage steht, sondern nur noch, welcher Bieter ihn erhalten soll.

V. Voraussetzungen für eine Aufhebung (Abs. 1 S. 1)

1. Kein den Bedingungen entsprechendes Angebot (Nr. 1)

29 Wird kein Angebot eingereicht, das den (Ausschreibungs-) Bedingungen entspricht, kann ein Zuschlag nicht erteilt werden. Das Vergabeverfahren wird nur dadurch (rechtmäßig) beendet, dass die Ausschreibung aufgehoben wird. Die Bedingungen für die ausgeschriebene Leistung dürfen nicht nachträglich verändert werden, so dass ihnen dann eines der eingereichten Angebote entspricht[116] – auch nicht im Verhandlungsverfahren.[117] Ein Angebot entspricht den Ausschreibungsbedingungen nicht, wenn es aus formalen (Frist, Form) oder aus materiellen (Inhalt) Gründen den Vergabeunterlagen oder den dortigen Anforderungen nicht genügt. Dies ist auch bei Angeboten mit unangemessen hohen Angebotspreisen[118] der Fall (→ § 60 Rn. 26).[119] Nr. 1 greift zB ein, wenn alle Angebote nach § 57 VgV auszuschließen sind[120] oder kein Angebot in der Wertung verbleiben kann.[121] Ebenso entsprechen unvollständige Angebote, Angebote, die die erforderlichen Erklärungen (auch auf Nachforderung) nicht enthalten, nachträglich abgeänderte und modifizierte Angebote etc oder aus anderen Gründen auszuschließende Angebote nicht den Ausschreibungsbedingungen. In welcher Wertungsstufe die Ausschlussentscheidung gefallen ist, ist ohne Belang.[122] **Fehlende Haushaltsmittel** allein führen nicht dazu, dass die das Budget des Auftraggebers übersteigenden Angebote den Ausschreibungsbedingungen nicht entsprechen und die Ausschreibung (rechtmäßig) aufgehoben werden kann.[123] Dazu bedarf es vielmehr der Darlegung, dass die Haushaltsmittel auf der Grundlage einer ordnungsgemäßen Schät-

---

[116] VK Südbayern 5.10.2016 – Z3-3-3194-1-33-08/16, BeckRS 2016, 122459.

[117] OLG Dresden 3.12.2003 – WVerg 15/03, BeckRS 2004, 01442 = VergabeR 2004, 225; etwas anderes gilt bei unerfüllbaren Anforderungen BGH 26.9.2006 – X ZB 14/06, NZBau 2006, 800; OLG München 28.7.2008 – Verg 12/08, IBR 2008, 758; auch dürfen Fehler der Vergabeunterlagen jederzeit berichtigt werden, OLG Schleswig 25.1.2013 – 1 Verg 6/12, BeckRS 2013, 2485 = VergabeR 2013, 460; OLG München 4.4.2013 – Verg 4/13, BeckRS 2013, 6636 = VergabeR 2013, 729; OLG Düsseldorf 17.1.2013 – VII-Verg 35/12, BeckRS 2013, 4079.

[118] Die Feststellung unangemessen hoher Angebotspreise, wegen denen ein Zuschlag nicht erteilt werden können soll, muss jedoch auf einer ordnungsgemäßen Schätzung des Auftragswertes beruhen, BGH 20.11.2012 – X ZR 108/10, NZBau 2013, 180; OLG München 31.10.2012 – Verg 19/12, BeckRS 2012, 22638 = VergabeR 2013, 487.

[119] Das günstigste Angebot liegt 16 % über dem Marktpreis, OLG Karlsruhe 27.7.2009 – 15 Verg 3/09, BeckRS 2010, 882 = VergabeR 2010, 96. Auch schon 10 % Überschreitung können ausreichen, OLG München 2.6.2006 – Verg 12/06, BeckRS 2006, 11579 = VergabeR 2006, 802; ein „akquisitorischer Kaufpreis" bildet dabei das Marktniveau nicht ab, OLG Düsseldorf 6.6.2007 – VII-Verg 8/07, BeckRS 2007, 14880 = VergabeR 2008, 105.

[120] BGH 26.9.2006 – X ZB 14/06, NZBau 2006, 800 (802); OLG Schleswig 8.9.2006 – 1 Verg 6/06, BeckRS 2006, 11060; sofern ein Angebot in der Wertung, bleibt als Aufhebungsgrund § 17 Abs. 1 Nr. 3 VOB/A übrig: OLG München 29.11.2007 – Verg 13/07, BeckRS 2007, 19484.

[121] OLG Frankfurt a. M. 19.12.2006 – 11 Verg 7/06, BeckRS 2007, 18350 = VergabeR 2007, 376 (379).

[122] Ingenstau/Korbion/Portz VOB/A § 17 Rn. 24.

[123] BGH 8.9.1998 – X ZR 48/97, NJW 1998, 3636 (3638).

zung des Auftragswertes festgelegt wurden.[124] Das gleiche gilt bei einer Berufung auf eine mangelnde Finanzierbarkeit.[125]

Die Frage, wann eine **ordnungsgemäße Schätzung des Auftragswertes** vorliegt, ist in den Einzelheiten differenziert zu beurteilen.[126] So müssen Preissteigerungen iRd Schätzung nachvollzogen werden.[127] Angebote aus einem zuvor aufgehobenen Verfahren können jedoch als Anhaltspunkte herangezogen werden.[128] Eine hinter einem bisherigen Wertaufkommen zurückbleibende Kostenschätzung bedarf, um noch vertretbar zu sein, einer nachvollziehbaren Darstellung konkreter Veränderungen iE, welche die Reduktion des Auftragswertes erwarten lassen.[129] Steht fest, dass die Kostenschätzung mit den Marktpreisen aufgrund deren extremer Entwicklung ua wegen des Ukraine-Kriegs nicht konform war, ist eine Aktualisierung der Kostenschätzung nicht deshalb entbehrlich, weil Stoffpreisgleitklauseln in die Vergabeunterlagen aufgenommen wurden.[130] Der **Rückgriff auf Datenbanken von Architekten**, die auf vergangenen Erfahrungswerten beruhen, ist grds. methodisch akzeptabel, wenn sie nicht eine vorhersehbare Kostenentwicklung unberücksichtigt lässt oder ungeprüft und pauschal diese auf anderen Kalkulationsgrundlagen beruhende Werte übernimmt.[131] Baunebenkosten für Bauherrenaufgaben und – bei getrennter Vergabe der Bauplanung – Kosten für Planungsleistungen sind nicht zu berücksichtigen.[132] Zum Teil wird von den Vergabenachprüfungsinstanzen verlangt, dass – über den Wert einer ordnungsgemäß ermittelten Schätzung des Auftragswertes – ein „**Sicherheitszuschlag**" ergänzt wird.[133] Dies wird indes von der Rspr. des OLG Düsseldorf nur für die Festlegung von Haushaltsbudgets für notwendig gehalten.[134] Ist eine Prognose des Auftragswerts bereits methodisch nicht vertretbar, da keine Methode gewählt wurde, die ein realitätsnahes Ergebnis erwarten lässt, ändert auch ein Risikozuschlag von 10% an der Unvertretbarkeit einer solchen Kostenermittlung nichts.[135] Abweichungen zwischen Höhe des geschätzten Auftragswertes und tatsächlich eingereichten Angeboten begründen zwar noch keinen Vergabefehler, können aber eine gewisse Indizwirkung für eine möglicherweise bestehende Fehlerhaftigkeit der Schätzung haben.[136] Offen ist derzeit auch noch, ob eine „unrichtige" Schätzung unmittelbar zur Rechtswidrigkeit der darauf gestützten Entscheidung führt, oder die Notwendigkeit begründet, dass der angemessene Betrag des zu

29a

---

[124] OLG Schleswig 19.12.2017 – 3 U 15/17, NZBau 2018, 431 = VergabeR 2018, 594 (598); OLG Celle 10.3.2016 – 13 Verg 5/15, VPR 2016, 245; VK Bund 21.12.2016 – VK 2–127/16, IBRRS 2017, 0385; BGH 20.11.2012 – X ZR 108/10, NZBau 2013, 180; VK Bund 29.9.2010 – VK 1–91/10, BeckRS 2010, 143628. Sehr hohe Anforderungen verlangt dazu etwa Irl, FS Kainz 2019, 345.

[125] OLG Düsseldorf 29.8.2018 – Verg 14/17, VPR 2018, 225.

[126] Einen Überblick bietet dazu unter anderem: Losch VergabeR 2020, 300. Vgl. ergänzend auch unter Rn. 42.

[127] OLG Rostock 30.9.2021 – 17 Verg 5/21, BeckRS 2021, 35393.

[128] OLG Karlsruhe 4.5.2022 – 15 Verg 1/22, BeckRS 2022, 18236 = VergabeR 2022, 779.

[129] OLG Düsseldorf 6.4.2022 – VII-Verg 34/21, BeckRS 2022, 22966 = VergabeR 2022, 647; 2.11.2016 – VII-Verg 21/16, BeckRS 2016, 119581.

[130] VK Südbayern 12.12.2022 – 3194.Z3-3_01-22-33, VPRRS 2023, 0071.

[131] OLG Düsseldorf 13.3.2019 – Verg 42/18, ZfBR 2020, 188.

[132] OLG Schleswig 28.1.2021 – 54 Verg 6/20, NZBau 2021, 417 = VergabeR 2021, 301.

[133] VK Südbayern 14.8.2019 – Z3-3-3194-1-04-02/19; 15.5.2020 – Z3-3-3194-1-37-10/19.

[134] OLG Düsseldorf 29.8.2018 – Verg 14/17, BeckRS 2018, 28023 = VergabeR 2019, 214.

[135] VK Südbayern 28.9.2020 – 3194.Z3-3_01-20-11, VPR 2021, 39.

[136] OLG Düsseldorf 6.4.2022 – VII-Verg 34/21, BeckRS 2022, 22966 = VergabeR 2022, 647, 651.

schätzenden Auftragswertes im Nachprüfungsverfahren (ggf. mit Hilfe eines Sachverständigengutachtens) nachträglich zu ermitteln ist.[137]

2. Änderung der Grundlage des Vergabeverfahrens (Nr. 2)

30 **a) Wesentliche Änderung der Grundlage des Vergabeverfahrens.** Die urspr. Leistungsanforderungen dürfen für Auftraggeber und Bieter wegen rechtlicher, zeitlicher oder wirtschaftlicher Schwierigkeiten nicht mehr auf zumutbare Weise erreichbar oder müssen für den Auftraggeber sinnlos oder unzumutbar geworden sein.[138] Zumutbare oder geringe Änderungen reichen nicht aus.[139] Zur Veranschaulichung kann das Rechtsinstitut des **Wegfalls der Geschäftsgrundlage** dienen. Maßgeblich ist, ob die notwendigen Änderungen – nach Vertragsschluss – durch die Regelungen der VOL/B aufgefangen werden können oder ob dadurch eine Verfälschung des Wettbewerbs droht.[140] Daher müssen ganz entscheidende Änderungen der bisherigen Absicht zur Leistungserbringung vorliegen.[141]

31 Eine grundlegende Änderung der Vergabeunterlagen ist nicht erforderlich, wenn einzelne Änderungen noch angeordnet werden können. Dies ist in einfachen Fällen und bei unwesentlichen Änderungen der Fall.[142] Der Verzicht auf ein Merkmal einer einzigen Position des Leistungsverzeichnisses erfordert keine grundlegende Änderung der Vergabeunterlagen.[143] Auch darüber hinaus generiert nicht jede Änderung des Bauentwurfs eine grundlegende Änderung der Vergabeunterlagen.[144] Bei Änderung von 45 % des Leistungsverzeichnisses dürfte eine grundlegende Änderung der Vergabeunterlagen jedoch erforderlich sein. Auch die **Grenzen des § 132 GWB** bilden die Rahmenbedingungen für die Beurteilung der Frage, ob eine Änderung der Grundlagen notwendig ist.

32 Problematisch sind notwendige Korrekturen an **nicht eindeutigen Leistungsbeschreibungen** oder bei unterschiedlichen Angaben in der Bekanntmachung und den Vergabeunterlagen.[145] Solche Mängel führen idR zur Aufhebung, wenn nicht die Bieter den Inhalt ausnahmsweise einheitlich und richtig verstehen.[146] Eine grundlegende Änderung ist nicht nötig, wenn eine Korrektur nicht erforderlich ist, weil der Fehler nicht zu einem Wettbewerbsvorsprung eines Bieters geführt hat, der nur durch die Chance auf eine neue Angebotserarbeitung und -wertung ausgeglichen werden könnte und die Behebung durch Nachtragsverhandlungen möglich ist. Ist das Leistungsverzeichnis allerdings in schwerwiegendem Maße mangelhaft, kann es nur durch grundlegende Veränderungen korrigiert werden. Ein Verstoß gegen das **Gebot der produktneutralen Ausschreibung** kann ohne Aufhebung

---

[137] Dies könnte BGH 20.12.2012 – X ZR 108/10, NZBau 2013, 180 Rn. 23 entnommen werden.
[138] VK Bund 8.2.2011 – VK 2–134/10, IBRRS 2012, 3846.
[139] OLG Düsseldorf 26.1.2005 – VII-Verg 45/04, BeckRS 2005, 04152 = VergabeR 2005, 374 (381).
[140] OLG München 4.4.2013 – Verg 4/13, NZBau 2013, 524.
[141] OLG München 6.12.2012 – Verg 25/12, IBR 2013, 168; OLG Köln 18.6.2010 – 19 U 98/09, IBR 2011, 355.
[142] OLG Naumburg 13.10.2006 – 1 Verg 6/06, BeckRS 2006, 12148 = VergabeR 2007, 125.
[143] VK Sachsen 9.4.2002 – 1/SVK/021-02, IBR 2002, 720.
[144] OLG Düsseldorf 8.1.2002 – 21 U 82/01, IBRRS 2002, 0364 = VergabeR 2002, 326 (327).
[145] OLG Düsseldorf 3.1.2005 – Verg 72/04, NZBau 2005, 415.
[146] OLG Naumburg 16.9.2002 – 1 Verg 2/02, NZBau 2003, 628; VK Bund 23.5.2002 – VK 2–16/02, BeckRS 2002, 161102 = VergabeR 2002, 515 (518 f.).

selbst dann nicht nachträglich geheilt werden, wenn daneben (pro forma) gleichwertige Produkte ausdr. zugelassen sind.[147]

Eine wesentliche Änderung der Grundlage des Vergabeverfahrens kann in **zeit- 33 licher, rechtlicher** oder **tatsächlicher** Hinsicht eintreten. Daneben können **wirtschaftliche Gründe** zu einer wesentlichen Änderung führen. Wirtschaftliche Gründe können eine wesentliche Änderung der Grundlage der Vergabe zur Folge haben. In diesem Fall sind sie nach den Maßstäben von § 63 Abs. 1 S. 1 Nr. 2 VgV zu beurteilen. Wirtschaftliche Gründe können jedoch ebenso einer Zuschlagsentscheidung entgegenstehen, wenn die Wertung der Angebote kein wirtschaftliches Ergebnis erzielt. Nach § 17 EU VOB/A werden diese Fälle unter die Aufhebungsgründe „kein bedingungsgemäßes Angebot" und „andere schwerwiegende Gründe" gefasst. Die VgV normiert hierzu (wie schon die Vorgängernorm des § 20 EG Abs. 1 lit. c VOL/A) einen eigenen Tatbestand, § 63 Abs. 1 S. 1 Nr. 3 VgV. Ein inhaltlicher oder dogmatischer Unterschied ergibt sich daraus nicht.

In **zeitlicher** Hinsicht erfordert eine **Änderung der Ausführungsfristen** 34 oder eine Änderung der Losaufteilung idR keine grundlegende Änderung der Vergabeunterlagen.[148] Ein verzögerter Beginn kann zu der Notwendigkeit zur Anpassung der Ausführungstermine und daraus resultierenden Mehrkosten führen.[149] Eine grundlegende Änderung der Leistungsvorgaben tritt dadurch nur ein, wenn gerade die urspr. vorgesehene Frist für den Erfolg der ausgeschriebenen Leistung von maßgeblicher Bedeutung ist, weil die Leistung mit einem so bedeutsamen Zeitbezug vorgesehen war, dass er mit einer **Fixschuld** vergleichbar war.[150]

Ergibt sich bei der **Wertung,** dass eine losweise Vergabe zu einem **wirtschaftli-** 35 **cheren** Ergebnis als eine Gesamtvergabe führen würde, so ist eine erhebliche Änderung der Vergabeunterlagen notwendig, wenn die losweise Vergabe in den Vergabeunterlagen nicht vorbehalten war.[151]

Wesentliche Änderungen können sich aus **wirtschaftlichen** Gründen (Haushalts- 36 sperre, Wegfall der Mittel, Änderung der Preisgrundlagen) und technischen Gründen (neue Erkenntnisse über Grundwasser-, Boden-, Materialeigenschaften mit Auswirkungen auf das gesamte Vorhaben) ergeben.[152]

Rechtliche Gründe können sich aus behördlichen oder gerichtlichen Ent- 37 scheidungen ergeben, durch die die ausgeschriebene Leistung nicht mehr, jedenfalls aber nicht mehr in der ausgeschriebenen Weise erbracht werden kann.[153] Ebenso kann eine verlängerte Zuschlagsfrist (etwa infolge eines Nachprüfungsverfahrens) so weitreichende Auswirkungen auf die Bauzeit und die Vergütung haben, dass die Ausschreibung aufgehoben werden kann.[154] Darunter fallen auch eignungsbezogene Gründe, die den Bieter in rechtlicher Hinsicht daran hindern,

---

[147] OLG München 13.4.2007 – Verg 1/07, BeckRS 2008, 2327 = VergabeR 2007, 546 (547); offen gelassen BayObLG 2.8.2004 – Verg 16/04, BeckRS 2004, 8273 = VergabeR 2004, 743 (745).

[148] OLG Düsseldorf 26.1.2005 – VII-Verg 45/04, BeckRS 2005, 04152 = VergabeR 2005, 374.

[149] OLG Brandenburg 15.12.2016 – 12 U 179/15, BeckRS 2016, 134135; BGH 10.9.2009 – VII ZR 152/08, BeckRS 2009, 25389.

[150] Dazu: OLG Düsseldorf 22.12.2011 – Verg 101/11, BeckRS 2012, 2835; BayObLG 15.7.2002 – Verg 15/02, NZBau 2002, 689 (691).

[151] OLG Nürnberg 18.9.1985 – 4 U 3597/84, NJW 1986, 437.

[152] Weitere Beispiele bei RKMPP/Portz VgV § 63 Rn. 49 f.

[153] RKMPP/Portz VgV § 63 Rn. 49.

[154] BGH 11.5.2009 – VII ZR 11/08, NZBau 2009, 370 Rn. 56, allerdings unter Bezugnahme auf einen möglichen anderen schwerwiegenden Grund, § 26 Nr. 1 lit. c VOB/A aF.

weiterhin die ausgeschriebene Leistung erbringen zu dürfen.[155] Auch eine Änderung der Gesetzeslage kann eine Aufhebung erforderlich machen.[156]

38 **Tatsächliche** Gründe können entweder durch eine Änderung der Umstände und Rahmenbedingungen entstehen, welche den Beschaffungsbedarf in Frage stellen oder modifizieren. Auch auf anderen Gesichtspunkten beruhende Entscheidungen des Auftraggebers können aus tatsächlichen Gründen eine wesentliche Änderung der Grundlagen der Vergabe entstehen lassen. Auch zu eignungsbezogenen Gesichtspunkten können tatsächliche Gründe eine wesentliche Änderung der Vergabe erfordern, etwa wenn ein technisches Gerät, das für die Leistung erforderlich ist, nicht mehr zur Verfügung steht. In Ausnahmefällen kann auch eine massive Verschiebung der Ausführungszeit mit damit zu erwartenden besonderen Kostensteigerungen wegen den durch die Corona-Pandemie verursachten Lieferkettenstörungen die Aufhebung rechtfertigen.[157]

39 Die wesentlichen Änderungen müssen die Grundlagen des Vergabeverfahrens betreffen, also die Elemente der Leistungsanforderung, mit denen der Auftraggeber nach außen getreten ist. **Interne Beweggründe** rechtfertigen eine Aufhebung nicht. Es kommt darauf an, ob der Auftraggeber die Vergabeunterlagen grdl. ändern muss – nicht darauf, dass er dies will. Auch eine Scheinaufhebung ist – selbstverständlich – unzulässig[158] und unwirksam.[159]

40 **b) Zeitpunkt.** Der Auftraggeber ist verpflichtet, eine Leistung erst dann auszuschreiben, wenn er alle Unterlagen fertig gestellt hat und innerhalb der angegebenen Fristen mit der Ausführung begonnen werden kann (Ausschreibungsreife).[160] Vgl. dazu ausf. → VOB/A § 2 EU Rn. 13 ff. Eine rechtmäßige Aufhebung kann daher nur auf Umstände gestützt werden, die **nach Beginn** der Ausschreibung eingetreten sind, für den Auftraggeber **nicht vorhersehbar** waren und von ihm nicht zu vertreten sind bzw. verschuldet wurden.[161] Daran ist auch nach der Entscheidung des EuGH[162] zur Nachprüfbarkeit von Aufhebungsentscheidungen festzuhalten. Eine Aufhebung und insbes. ein Verzicht auf den Vertragsschluss sind zwar auch möglich, wenn die Gründe vor Beginn der Ausschreibung bekannt waren.[163] Sie sind aber idR rechtswidrig, nachprüfbar und verpflichten ggf. zum Schadensersatz.

3. Kein wirtschaftliches Ergebnis (Nr. 3)

41 Nr. 3 erlaubt eine Aufhebung des Vergabeverfahrens auch dann, wenn kein wirtschaftliches Ergebnis erzielt wurde. Wie schon an anderer Stelle ausgeführt, enthält

---

[155] RKMPP/Portz VgV § 63 Rn. 49 sieht insoweit eine eigene Kategorie.
[156] Vgl. zur Konstellation der Änderung des Asylrechts: VK Hessen 24.5.2018 – 69d-VK-27/2017, VPRRS 2018, 0196.
[157] OLG Naumburg 17.12.2021 – 7 Verg 3/21, NZBau 2022, 557 = VergabeR 2022, 668, 672.
[158] VK Hessen 19.2.2015 – 69d-VK-44/2014, VPRRS 2016, 0336; VK Sachsen 18.8.2006 – 1/SVK/077-06, IBR 2007, 98.
[159] OLG München 2.6.2006 – Verg 12/06, BeckRS 2006, 11579 = VergabeR 2006, 802.
[160] OLG Düsseldorf 26.6.2013 – Verg 2/13, VPR 2014, 1009; OLG Celle 12.5.2005 – 13 Verg 6/05, BeckRS 2005, 6221.
[161] BGH 20.3.2014 – X ZB 18/13, NZBau 2014, 310; OLG München 6.12.2012 – Verg 25/12, BeckRS 2012, 25589; 28.8.2012 – Verg 11/12, BeckRS 2012, 18793 = VergabeR 2013, 152; OLG Düsseldorf 3.1.2005 – Verg 72/04, NZBau 2005, 415; OLG Koblenz 13.6.1997 – 2 U 227/96, NJW-RR 1998, 20 = BauR 1998, 169; VK Sachsen 18.8.2006 – 1/SVK/077-06, IBR 2007, 98.
[162] EuGH 18.6.2002 – C-92/00, NZBau 2002, 458.
[163] OLG Hamburg 4.11.2002 – 1 Verg 3/02, IBRRS 2002, 2207 = VergabeR 2003, 40; aA OLG Brandenburg 19.12.2002 – Verg W 9/02, NZBau 2003, 229 (231).

dieser Aufhebungsgrund keine weitergehenden Befugnisse zur Aufhebung als die VOB/A-EU. Dort werden die gleichen Konstellationen lediglich unter die Tatbestände der fehlenden Bedingungsgemäßheit der Angebote und der anderen schwerwiegenden Gründe gefasst und geprüft.

42 Ein unwirtschaftliches Ergebnis liegt vor, wenn auch das wirtschaftlichste Angebot erheblich über dem Preis liegt, der nach einer **ordnungsgemäßen Schätzung** des Auftragswertes nach § 3 VgV ermittelt worden war.[164] Die dazu anzustellende Kostenprognose ist nicht (mehr) vertretbar, wenn sie auf erkennbar unrichtigen Daten beruht, insbes., wenn sie eine vorhersehbare Kostenentwicklung unberücksichtigt lässt und ungeprüft und pauschal auf anderen Kalkulationsgrundlagen beruhende Werte übernimmt.[165] Wann die Aufhebung einer Ausschreibung wegen „deutlicher" Überschreitung des vertretbar geschätzten Auftragswerts rechtmäßig ist, ist aufgrund einer **umfassenden Interessenabwägung** zu entscheiden, bei der insbes. zu berücksichtigen ist, dass einerseits den öffentlichen Auftraggebern nicht das Risiko einer deutlich überhöhten Preisbildung zugewiesen werden, die Aufhebung andererseits aber auch kein Instrument zur Korrektur der in Ausschreibungen erzielten Submissionsergebnisse sein darf.[166] Dabei muss der Auftraggeber auch den Preis aufklären und prüfen, ob weniger einschneidende Maßnahmen möglich sind, wie zB die Reduzierung des auszuschreibenden Leistungsumfangs und eine Rückversetzung des Vergabeverfahrens in den Stand der Versendung der Unterlagen.[167] Jedenfalls handelt der öffentliche Auftraggeber ermessensfehlerhaft, weil die Interessen der betroffenen Bieter nicht hinreichend berücksichtigend, wenn er keine Handlungsalternativen zur Aufhebung erwägt und dies auch nicht dokumentiert.[168] Zu dem als Maßstab zugrunde zu legenden Ausgangsbetrag aus der ordnungsgemäßen Schätzung des Auftragswertes ist ein **Sicherheitszuschlag** zu addieren. Er hat sich idR zumindest auf 10 % zu belaufen.[169]

43 Es existiert kein einheitlicher Maßstab dafür, welches Maß der Überschreitung der Schätzung des Auftragswertes eine Unwirtschaftlichkeit des Ergebnisses begründet. Akzeptiert wurden dabei Überschreitungen von 80 %,[170] 23 %,[171] 16 %,[172] 10 %.[173] Umgekehrt ist auch eine Differenz von 17 % nicht zwingend als erhebliche und damit eine sanktionslose Aufhebung rechtfertigende Abweichung anzusehen.[174] Die Beurteilung ist stets anhand der **Umstände des Einzelfalles** vorzunehmen. Gerade bei in absoluten Zahlen großen Auftragssummen können auch geringe Prozentsätze dafür ausreichen, um eine Unwirtschaftlichkeit annehmen zu dürfen. Hier kann auch eine Überschreitung von (nur) 1,84 % der geschätzten Auftragssumme im Einzelfall die Aufhebung rechtfertigen.[175]

---

[164] OLG Celle 10.3.2016 – 13 Verg 5/15, VPR 2016, 245; 19.2.2015 – 13 Verg 11/14, VPR 2015, 223.
[165] OLG Düsseldorf 13.3.2019 – Verg 42/18, BeckRS 2019, 14762 = VergabeR 2019, 680.
[166] BGH 20.3.2014 – X ZB 18/13, VPR 2014, 111; 20.11.2012 – X ZR 108/10, NZBau 2013, 180.
[167] VK Sachsen-Anhalt 19.1.2017 – 3 VK LSA 54/16, IBRRS 2017, 0387.
[168] OLG Karlsruhe 27.9.2013 – 15 Verg 3/13, NZBau 2014, 189; RKMPP/Portz VgV § 63 Rn. 51.
[169] OLG Düsseldorf 29.8.2018 – VII-Verg 14/17, NZBau 2019, 195; OLG Celle 10.3.2016 – 13 Verg 5/15, BeckRS 2016, 5125.
[170] OLG Frankfurt a. M. 14.5.2013 – 11 Verg 4/13, IBR 2013, 555.
[171] OLG Frankfurt a. M. 28.6.2005 – 11 Verg 21/04, BeckRS 2005, 32165 = VergabeR 2006, 131; VK Bund 25.1.2013 – VK 3–2/13, VPR 2014, 1007.
[172] OLG Karlsruhe 27.7.2009 – 15 Verg 3/09, BeckRS 2010, 882 = VergabeR 2010, 96.
[173] OLG München 2.6.2006 – Verg 12/06, BeckRS 2006, 11579 = VergabeR 2006, 802.
[174] OLG München 12.12.2013 – 1 U 498/13, VPR 2014, 283.
[175] OLG Düsseldorf 8.6.2011 – VII-Verg 55/10, NZBau 2011, 699, für ein PPP-Projekt bei einer Überschreitung von 1,84 % der nach dem PSC ermittelten Summe bei Eigenrealisierung.

44 Auch drohende erhebliche Mehrkosten wegen einer Verzögerung der Zuschlagserteilung mit Auswirkungen auf die Vertragsfristen können – gewissermaßen nachträglich – noch zur Annahme einer Unwirtschaftlichkeit führen.[176]

45 Kann der öffentliche Auftraggeber nicht belegen, dass die zur Grundlage der Aufhebungsentscheidung gemachte Kostenschätzung ordnungsgemäß und innerhalb des ihm dazu zuzustehenden Beurteilungsspielraumes erstellt worden ist, wird die Aufhebung nicht gerechtfertigt.[177] Bei einer Aufhebung nur eines einzelnen Loses bei einem auf mehrere Lose aufgeteilten Gesamtauftrag aus wirtschaftlichen Gründen wird uneinheitlich beurteilt, ob die Unwirtschaftlichkeit des Gesamtauftrages notwendig ist,[178] oder es ausreicht, dass sich das unwirtschaftliche Ergebnis auf das aufzuhebende Einzellos beschränkt.[179] Richtigerweise kann es nur auf den betroffenen Aufhebungsgegenstand, also nur auf das betroffene Los, ankommen. Allerdings bedarf es dann auch einer entspr. Begründung und einer dazu existenten losbezogen differenzierenden Schätzung des Auftragswertes.

4. Andere schwerwiegende Gründe (Nr. 4)

46 **a) Auffangtatbestand.** Eine Aufhebung kann auch aus „anderen schwerwiegenden Gründen" erfolgen. Da die Aufhebung die Ausnahme zur Beendigung des Vergabeverfahrens darstellt, sind an die Prüfung, ob ein schwerwiegender Grund vorliegt, **besonders strenge Anforderungen** zu stellen.[180] Die Gründe müssen so schwer wiegen, dass die übrigen Teilnehmer vom Ausschreibenden nicht länger erwarten können, an den Inhalt der Ausschreibung gebunden zu sein.[181] Sie müssen in ihren Auswirkungen auf das Vergabeverfahren den Konstellationen entsprechen, die von § 63 Abs. 1 S. 1 Nr. 1–3 VgV erfasst werden[182] und sind rein objektiv zu bestimmen. Die Beurteilung der Auswirkungen auf das Vergabeverfahren hat auch eine Interessenabwägung anhand der maßgeblichen Interessen im Einzelfall und unter Berücksichtigung des Stadiums des Vergabeverfahrens einzuschließen.

47 **b) Zeitpunkt.** Die anderen schwerwiegenden Gründe dürfen dem Auftraggeber – wie auch die Notwendigkeit zu einer grundlegenden Änderung der Vergabeunterlagen – erst **nach Beginn** der Ausschreibung bekannt geworden und **nicht** von ihm **verschuldet** sein.[183] Nur dann kann die faktisch mögliche Aufhebung für den Auftraggeber folgenlos – also ohne mögliche Schadensersatzforderungen der betroffenen Bieter – bleiben.

---

[176] BGH 11.5.2009 – VII ZR 11/08, NZBau 2009, 370; RKMPP/Portz VgV § 63 Rn. 53.
[177] OLG München 31.10.2012 – Verg 19/12, IBR 2013, 40.
[178] So: OLG Koblenz 28.6.2017 – Verg 1/17, VPR 2017, 168.
[179] So: OLG Dresden 28.12.2018 – Verg 4/18, VPR 2019, 56.
[180] OLG Düsseldorf 13.12.2006 – VII-Verg 54/06, NZBau 2007, 462 (464); OLG Dresden 28.3.2006 – WVerg 4/06, BeckRS 2006, 6134 = VergabeR 2006, 793; OLG München 27.1.2006 – Verg 1/06, BeckRS 2006, 2401 = VergabeR 2006, 537 (545); OLG Düsseldorf 26.1.2005 – VII-Verg 45/04, BeckRS 2005, 04152 = VergabeR 2005, 374 (381); BayObLG 17.2.2005 – Verg 27/04, NZBau 2005, 595 = VergabeR 2005, 349 (354); RKMPP/Portz VOB/A § 17 Rn. 27, 29.
[181] KK-VergR/Goldbrunner VgV § 63 Rn. 65; Ingenstau/Korbion/Portz VOB/A § 17 Rn. 28.
[182] OLG München 29.11.2007 – Verg 13/07, BeckRS 2007, 19484.
[183] Leichte Fahrlässigkeit reicht aus. Es ist das gesamte Vergabeverfahren zu berücksichtigen. Verzögerungen aufgrund eines Nachprüfungsverfahrens, das wegen einer vergaberechtswidrigen Entscheidung des Auftraggebers angestrengt wurde, hindern ebenfalls eine rechtmäßige Aufhebung, OLG München 28.8.2012 – Verg 11/12, BeckRS 2012, 18793 = VergabeR 2013, 152.

c) Einzelfälle. Schwerwiegende Gründe können **in der Person** des Ausschrei- 48
benden liegen, etwa der Wegfall der rechtlichen Selbständigkeit oder Insolvenz.
Auch **sachliche Gründe** wie die Änderung der Geldwertverhältnisse etc. können
so schwer wiegen, dass eine Aufhebung zulässig ist.[184] Auch wenn keiner der Bieter
in einem mehrstufigen Verfahren die zweite Wertungsstufe erreicht hat oder keines
der Angebote einen angemessenen Preis ausweist, können schwerwiegende Gründe
eine Aufhebung rechtfertigen. Ein **unangemessener Preis** kann durch ein Unter-
oder durch ein Überangebot verursacht sein. Zu der Frage, wann ein anderer schwerwiegender Grund iSv § 63 Abs. 1 S. 1 Nr. 4 VgV die Aufhebung der Ausschreibung
rechtfertigt, besteht eine **umfangreiche Kasuistik**. Die Grundlinien werden in
Einzelfällen nachgezeichnet:

Ein schwerwiegender Grund kann sich zunächst aus **wirtschaftlichen Erwä-** 49
gungen ergeben. Lässt das Ergebnis einer Ausschreibung erkennen, dass die Vergabeabsicht in einer anderen Gestaltung der Ausschreibungsunterlagen wirtschaftlich günstiger realisiert werden kann, kann eine Aufhebung im Hinblick auf die
Verpflichtung zur wirtschaftlichen und sparsamen Verwendung der verfügbaren
Mittel zulässig, uU sogar geboten sein.[185] Eine rechtmäßige Aufhebung kann
auch nicht ausgeschlossen sein, wenn eine **unsichere Finanzierung** gescheitert
ist, der Auftraggeber aber stichhaltige Gründe hatte, dennoch auszuschreiben (sehr
lange Verfahrensdauer; besondere Dringlichkeit) und darauf auch hingewiesen
hat. Davon zu unterscheiden ist der Fall, dass der Auftraggeber den Auftragswert
unzureichend genau ermittelt und deshalb **zu geringe Finanzmittel** bereitgestellt hat. Dies stellt keinen schwerwiegenden Grund dar und rechtfertigt eine
Aufhebung nicht.[186] Der Auftraggeber darf den Wegfall der Finanzierung nicht
durch eine in seiner eigenen Entscheidungshoheit liegende „diskretionäre" Entscheidung selbst herbeigeführt haben.[187] Von einer – vorher nicht erkennbaren –
kostengünstigeren Leistungserbringung darf er erst durch die Angebote der Bieter
erfahren haben. Beruft er sich auf eine nicht gesicherte Finanzierung, muss der
öffentliche Auftraggeber auch darlegen und nachweisen, dass er versucht hat,
weitere Mittel wie Bankkredite oder öffentliche Fördermittel einzuwerben.[188]
Eine Aufhebung kann aber ausnahmsweise auch bei einer Verzögerung durch
ein Nachprüfungsverfahren gerechtfertigt sein, wenn der dadurch eingetretene
langfristige Baustillstand für den Ausschreibenden (etwa eine Gemeinde) finanziell

---

[184] HRR/Holz VOB/A § 17 Rn. 14. Es erscheint daher zweifelhaft, ob neben den normierten Tatbeständen eine Aufhebung aus sachlichen Gründen gerechtfertigt ist.
[185] BGH 25.11.1992 – VIII ZR 170/91, NJW 1993, 520 (521); OLG Düsseldorf
13.12.2006 – VII-Verg 54/06, NZBau 2007, 462.
[186] BGH 20.11.2012 – X ZR 108/10, NZBau 2013, 180; 5.11.2002 – X ZR 232/00,
NZBau 2003, 168 (169); 8.9.1998 – X ZR 99/96, NJW 1998, 3640 (3641). Offen ist, ob dann
nach Submission der Leistungsumfang reduziert werden kann. Das OLG Düsseldorf
26.10.2010 – Verg 46/10, IBR 2011, 45 lässt dies zu, wenn dies willkürfrei und auf sachgerechten
Gründen erfolgt und das weitere Verfahren transparent und unter Beachtung des Gleichbehandlungsgrundsatzes fortgesetzt wird.
[187] VK Bund 8.2.2011 – VK 2–134/10, ZfBR 2013, 92. Dies soll jedoch nicht der Fall sein,
wenn sich während des Vergabeverfahrens herausstellt, dass die zunächst bereitgestellten Mittel
aus rechtlichen und tatsächlichen Gründen (etwa nach einer Untersagung der Inanspruchnahme
von bereits im Haushaltsplan ausgewiesenen Verpflichtungsermächtigungen) nicht mehr zur
Verfügung stehen, OLG Düsseldorf 26.6.2013 – VII-Verg 2/13, BeckRS 2013, 16145. Diese
Auffassung birgt allerdings die Gefahr, dass der öffentliche Auftraggeber de facto den schwerwiegenden Grund selbst herbeiführen kann.
[188] Vgl. auch OLG Celle 10.3.2016 – 13 Verg 5/15, VPR 2016, 245; VK Sachsen-Anhalt
19.1.2017 – 3 VK LSA 54/16, IBRRS 2017, 0387.

unzumutbare Kosten zur Folge hat.[189] Die Auswirkungen der Corona-Pandemie und sich daraus ergebende Mehrkosten können eine Aufhebung wegen schwerwiegender Gründe ebenfalls im Einzelfall rechtfertigen.[190]

50 Zu berücksichtigen ist auch, dass die Amortisationschance der übrigen Bieter umso höheres Gewicht erhält, je weiter das Vergabeverfahren andauert und fortschreitet.[191] Dem Vertrauen der Bieter auf Abschluss des Vergabeverfahrens durch Zuschlagserteilung wird daher idR bei der Abwägung mit zunehmender Dauer immer eher der Vorrang einzuräumen sein. Etwas anderes kann gelten, wenn die Auftragsvergabe auf der Grundlage der bisherigen Vergabeunterlagen unzumutbar ist.[192] Das ist etwa der Fall, wenn trotz ordnungsgemäßer Ermittlung des Finanzierungsbedarfs das Gesamtbudget erheblich überschritten wird[193] oder selbst das günstigste Angebot in einem **PPP**-Projekt die zur Verfügung stehenden, auf einer ordnungsgemäßen Ermittlung basierenden Haushaltsmittel überschreitet.[194]

51 Auch **schwerwiegende rechtliche Fehler,** die im weiteren Verfahren nicht mehr behoben werden können und einen gravierenden Wettbewerbsverstoß, einen Verstoß gegen das Diskriminierungsverbot oder gegen das Gleichbehandlungsgebot bedeuten, stellen einen schwerwiegenden Grund dar, aus dem die Ausschreibung aufgehoben werden kann bzw. sogar muss. Derartige Fälle können vorliegen, wenn der Auftraggeber einen Schwellenwert übersehen und daher eine notwendige europaweite Ausschreibung versäumt hat.[195] Das Gleiche gilt, wenn ein Auftraggeber eine Ausschreibung vornimmt, obwohl er noch keine eigenen Vorstellungen über Ziele und Leistungsanforderungen des zu vergebenden Auftrages besitzt[196] und daher eine konzeptionelle Vergabereife fehlt, mit der Folge, dass eine nur unklare und unvollständige Leistungsbeschreibung vorliegt und die relevanten Zuschlagskriterien nicht benannt werden.[197] Ebenso hat eine Aufhebung zu erfolgen, wenn rechtswidrige Zuschlagskriterien (in der Bekanntmachung) vorgegeben werden.[198] Auch die

---

[189] OLG Düsseldorf 31.1.2018 – Verg 41/16, VPRRS 2019, 0115.

[190] OLG Düsseldorf 10.2.2021 – Verg 22/20, NZBau 2021, 634; OLG Naumburg 17.12.2021 – 7 Verg 3/21, NZBau 2022, 557 = VergabeR 2022, 668, 672.

[191] BGH 8.9.1998 – X ZR 48/97, NJW 1998, 3636 (3637); BayObLG 15.7.2002 – Verg 15/02, NZBau 2002, 689 (691).

[192] OLG Brandenburg 19.9.2003 – Verg W 4/03, IBR 2003, 687 = VergabeR 2004, 69 (73).

[193] OLG Celle 13.1.2011 – 13 Verg 15/10, BeckRS 2011, 2421 = VergabeR 2011, 531; eine solche Aufhebung wegen Unwirtschaftlichkeit ist erst zulässig, wenn die Angebotswertung ordnungsgemäß abgeschlossen ist, OLG München 23.12.2010 – Verg 21/10, BeckRS 2011, 890 = VergabeR 2011, 525; VK Bund 4.7.2012 – VK 1–64/12, IBR 2012, 667.

[194] OLG Düsseldorf 8.6.2011 – Verg 55/10, ZfBR 2012, 193.

[195] OLG Koblenz 10.4.2003 – 1 Verg 1/03, NZBau 2003, 576 (577); anders aber, wenn sich die Bieter dennoch am Verfahren beteiligt haben, ohne dies zu rügen, vgl. OLG München 5.11.2009 – Verg 15/09, BeckRS 2009, 86656 = VergabeR 2010, 677 (682); OLG Düsseldorf 30.4.2008 – VII-Verg 23/08, BeckRS 2008, 8870 = VergabeR 2008, 835; die Verletzung der europaweiten Bekanntmachungspflicht allein begründet nach OLG München 11.4.2013 – Verg 03/13, BeckRS 2013, 7174 keinen so schwerwiegenden Mangel, dass die Durchführung eines neuen Vergabeverfahrens geboten wäre.

[196] Zur fehlenden Ausschreibungsreife und den dort möglichen Ausnahmen: Ingenstau/Korbion/Schranner VOB/A § 2 Rn. 120.

[197] OLG Naumburg 16.9.2002 – 1 Verg 2/02, NZBau 2003, 628; VK Bund 23.5.2002 – VK 2–16/02, BeckRS 2002, 161102 = VergabeR 2002, 515 (518 f.); werden nur keine Zuschlagskriterien benannt, ist von der alleinigen Maßgeblichkeit des Preises auszugehen, OLG München 12.11.2010 – Verg 21/10, BeckRS 2010, 29116 = VergabeR 2011, 212; OLG Frankfurt a. M. 10.4.2001 – 11 Verg 1/01, NZBau 2002, 161 (162).

[198] EuGH 4.12.2003 – C 448/01, BeckRS 2004, 77308 = VergabeR 2004, 36.

unzulässige Einbeziehung von Projektanten, die unzulässige Beteiligung voreingenommener Personen an den Vergabeentscheidungen[199] oder die gleichheitswidrige und nicht anders behebbare Erteilung einseitiger Informationen (etwa im Verhandlungsverfahren) rechtfertigt und gebietet ggf. die Aufhebung. Auch die unzulässige Zulassung von Nebenangeboten stellt einen wesentlichen Grund dar, der sogar zur Aufhebung verpflichten kann.[200] In der Rspr. existieren eine Vielzahl von Einzelfallentscheidungen.[201]

Eine Aufhebung gem. § 63 Abs. 1 S. 1 Nr. 4 VgV ist ebenfalls möglich, **52** wenn ein nach **Ablauf der Zuschlags- und Bindefrist** erteilter Zuschlag vom Bieter abgelehnt wird und aufgrund des verspäteten Zuschlags auch mit keinem anderen Bieter ein Vertrag zustande kommt.[202] Die Änderung politischer Verhältnisse[203] und die dadurch bewirkten Folgen, wie etwa die Verringerung der US-Truppenpräsenz in Deutschland und die Aufgabe ganzer Standorte, kann gleichfalls als schwerwiegender Grund eine Aufhebung rechtfertigen.[204] Uneinheitlich wird beurteilt, ob eine Aufhebung dann erfolgen kann, wenn **nur noch ein wertbares Angebot** vorliegt. Dies war bislang überwiegend verneint worden.[205] Der EuGH hat jedoch unterdessen geklärt, dass ein Verzicht auf die Auftragserteilung bei nur noch einem verbliebenen Bieter nicht gegen Art. 45 RL 2004/18/EG verstößt.[206]

Auch eine Reihe von für sich betrachtet nicht für eine Aufhebung ausreichenden **53** Erwägungen kann sich insges. zu einem schwerwiegenden Grund summieren und die Aufhebung rechtfertigen. Dies ist etwa der Fall, wenn neben unvollständigen Angeboten nur solche eingereicht worden sind, die erhebliche Preisdifferenzen bei den einzelnen Positionen (100 %) aufweisen.[207]

VI. Unterrichtungspflicht (Abs. 2)

1. Inhalt

Der Auftraggeber hat Bewerber und Bieter über die Gründe, die zur Aufhebung **54** der Ausschreibung geführt haben, sowie ggf. über die Absicht, ein neues Vergabeverfahren einzuleiten, unverzüglich (§ 121 BGB) zu informieren. Die Unternehmen müssen die Rechtmäßigkeit der Aufhebung nachvollziehen können. Der Benachrichtigungsanspruch besteht unabhängig davon, ob die Aufhebung gerechtfertigt ist.

---

[199] OLG Hamburg 4.11.2002 – 1 Verg 3/02, IBRRS 2002, 2207 = VergabeR 2003, 40 (42); OLG Jena 20.6.2005 – 9 Verg 3/05, ZfBR 2005, 706 (709).

[200] Im Vergabenachprüfungsverfahren ist das Verfahren in den Stand vor Angebotsabgabe zurückzuversetzen, OLG Düsseldorf 2.11.2011 – VII-Verg 22/11, NZBau 2012, 194; 18.10.2010 – VII-Verg 39/10, BeckRS 2010, 28570 = VergabeR 2011, 604.

[201] Vgl. die Auflistung bei RKMPP/Portz VgV § 63 Rn. 60.

[202] OLG Frankfurt a. M. 5.8.2003 – 11 Verg 1/02, IBRRS 2003, 2206 = VergabeR 2003, 725 (729); BayObLG 21.5.1999 – Verg 1/99, NZBau 2000, 49 (51).

[203] VK Bund 8.2.2011 – VK 2–134/10, ZfBR 2013, 92.

[204] OLG Zweibrücken 1.2.1994 – 8 U 96/93, IBR 1995, 150 = BauR 1995, 95.

[205] OLG München 3.11.2011 – Verg 14/11, BeckRS 2011, 26151 = VergabeR 2012, 218 (225); aA Müller-Wrede/Lischka VOL/A § 20 EG Rn. 64 mit dem Argument, es finde kein Wettbewerb (mehr) statt. Dies gilt erst recht, wenn sich die übrigen Bieter freiwillig aus dem Wettbewerb zurückgezogen haben, OLG München 20.3.2013 – Verg 5/13, ZfBR 2013, 408.

[206] EuGH 11.12.2014 – C-440/13, NZBau 2015, 109. Allerdings hat in diesem Fall ein ausreichender Wettbewerb stattgefunden, wo die Möglichkeit bestand, sich am Vergabeverfahren zu beteiligen, KK-VergR/Goldbrunner VgV § 63 Rn. 14.

[207] OLG Düsseldorf 20.1.1981 – 23 U 120/80, BauR 1982, 53 (55).

Bei unrechtmäßiger Aufhebung besteht das Informationsbedürfnis erst recht.[208] Auf Antrag muss die Information in Textform gem. § 126b BGB erteilt werden.

55 Den Unternehmen müssen die für die Aufhebung maßgebenden Gründe (nur) so mitgeteilt werden, dass sie die Voraussetzungen von § 63 Abs. 1 VgV prüfen und nachvollziehen können. Ausreichend ist jedoch eine kurze Begründung. Die Vergabestelle muss den Bietern nicht alle Aufhebungsgründe vollständig und erschöpfend mitteilen. Die Mitteilung muss vom Umfang her weder dem der Entscheidung zugrunde liegenden Vergabevermerk noch gar der Begründung eines schriftlichen Verwaltungsaktes entsprechen. Sie unterliegt keinen höheren Anforderungen als die **Vorabinformationspflicht** nach § 134 GWB.[209] Der Auftraggeber ist jedoch dazu verpflichtet, die Gründe ausreichend zu dokumentieren und dadurch eine Nachprüfung der Aufhebung zu ermöglichen.[210] Die Prüfung der Rechtmäßigkeit ist nicht auf die Gründe beschränkt, auf die die Vergabestelle die Aufhebung gestützt hat.[211]

2. Zeitpunkt

56 Die Benachrichtigung hat **unverzüglich** und ohne schuldhaftes Zögern (§ 121 BGB), also unmittelbar nach dem Entschluss, die Ausschreibung aufzuheben, zu erfolgen.[212] Die Bieter, die während der Zuschlags- und Bindefrist an ihre Angebote gebunden sind, sollen so bald wie möglich über ihre Kapazitäten wieder disponieren können. **§ 134 GWB** ist für die Aufhebung **nicht anwendbar.**

3. Form

57 Die Benachrichtigung kann zunächst in jeder zulässigen Form erfolgen. Auf Antrag hat sie in Textform (§ 126b BGB) zu erfolgen, § 63 Abs. 2 S. 2 VgV. Ohne Bekanntgabe wird die Aufhebung nicht wirksam.[213] Die Einhaltung des Formerfordernisses ist nicht Voraussetzung für die Wirksamkeit der Aufhebung.[214]

4. Rechtsfolgen einer unterbliebenen Mitteilung

58 Ein Verstoß gegen die Pflicht zur Mitteilung über die Aufhebung und die Gründe für die Entscheidung kann die gleichen Folgen nach sich ziehen (Aufhebung der Aufhebungsentscheidung; Schadensersatz), wie Verstöße gegen § 63 Abs. 1 VgV.[215] Vgl. dazu auch → VSVgV § 37 Rn. 8. Schadensersatzansprüche entstehen auch, wenn der Auftraggeber zwar die Ausschreibung zwar rechtmäßig aufgehoben hat, die Bieter nicht ordnungsgemäß, sondern erst verspätet oder unzureichend informiert hat. In diesem Fall können die Bieter ihren aus der Verspätung entstandenen Schaden geltend machen.[216]

---

[208] BGH 8.9.1998 – X ZR 99/96, NJW 1998, 3640 = BauR 1998, 1238 (1241).
[209] OLG Koblenz 10.4.2003 – 1 Verg 1/03, NZBau 2003, 576 (577).
[210] OLG Brandenburg 19.12.2002 – Verg W 9/02, NZBau 2003, 229.
[211] BGH 8.2.2011 – ZB 4/10, NZBau 2011, 175 = VergabeR 2011, 452; OLG Koblenz 10.4.2003 – 1 Verg 1/03, NZBau 2003, 576.
[212] OLG Frankfurt a. M. 5.8.2003 – 11 Verg 1/02, IBRRS 2003, 2206 = VergabeR 2003, 725.
[213] OLG Düsseldorf 28.2.2002 – VII-Verg 37/01, IBRRS 2002, 0707 = VergabeR 2002, 378 (379).
[214] OLG München 31.10.2012 – Verg 19/12, BeckRS 2012, 22638 = VergabeR 2013, 487 (491).
[215] OLG Dresden 10.1.2008 – 20 U 1697/03, IBR 2009, 231.
[216] BGH 27.6.2007 – X ZR 34/04, IBR 2007, 708 = NZBau 2007, 727.

VII. Fortsetzung des Verfahrens nach Aufhebung

Hält der Auftraggeber an der Vergabeabsicht fest, ist er nach einer Aufhebung 59
nicht in seiner Entscheidung frei, auf welche Weise das Vergabeverfahren fortgesetzt wird. Vielmehr sind weiter die Vorgaben aus §§ 14 ff. VgV über die Voraussetzungen für die Vergabeverfahren zu beachten. Bei der **Auswahl der Bieter und Bewerber für die Fortsetzung des Verfahrens** ist auch zu berücksichtigen, ob sie im aufgehobenen Verfahren eine ernsthafte Chance auf den Zuschlag gehabt hätten. In einem solchen Fall reduziert sich das Auswahlermessen der Vergabestelle ggf. bis auf Null, und die Bieter müssen beteiligt werden.[217] Soll ein Verhandlungsverfahren ohne vorherige Bekanntmachung durchgeführt werden, dürfen nur solche Bieter einbezogen werden, die im Erstverfahren weder bei der formalen Prüfung noch bei der Eignungsprüfung ausgeschlossen worden sind. Hat der Auftraggeber ein offenes Verfahren aufgehoben, kann er dennoch die im offenen Verfahren eingereichten Angebote[218] im nachfolgenden Verhandlungsverfahren als erste einzureichende Angebote behandeln, wenn er diese Absicht den Bietern vor Abgabe des ersten zu öffnenden Angebotes bekannt gegeben hat.[219] Wird eine als ÖPP-Modell durchgeführte Ausschreibung aufgehoben und sollen die Arbeiten im Anschluss daran konventionell (losweise) vergeben werden, liegt darin keine Fortsetzung des alten Vergabewillens, sondern ein neuer, auf ein anderen Auftrag gerichteter Vergabewille.[220] Für das nach wirksamer Aufhebung angestrebte Verfahren gelten die Vergabebestimmungen in der zu diesem Zeitpunkt geltenden Fassung.[221] Wird das Vergabeverfahren nach Aufhebung eines Loses fortgesetzt und hat schon zuvor ein Teilnahmewettbewerb stattgefunden, bei dem sich Bewerber für dieses Los qualifiziert haben, können andere Interessenten nicht und jedenfalls nicht ohne eigene Teilnahmequalifikation an dem fortgesetzten Verfahren als Bieter teilnehmen.[222]

VIII. Rechtsschutz

1. Primärrechtsschutz

§ 63 VgV ist **bieterschützend.** Die Bieter und die an der Ausschreibung inte- 60
ressierten Unternehmen haben (auch unterhalb[223] der Schwellenwerte) einen Anspruch darauf, dass der Auftraggeber die Bestimmungen über die Zulässigkeit der Aufhebung einhält. Die Aufhebung eines Vergabeverfahrens kann zum Gegenstand eines Nachprüfungsverfahrens gemacht werden.[224] Damit besteht **umfassender Primärrechtsschutz** für die Aufhebung von Vergaben oberhalb der Schwellenwerte. Auf den Wert des aufgehobenen (Teil-) Bereiches kommt es nicht an. Unbeachtlich ist auch, ob die Vergabeabsicht generell fortbesteht. Teilt

---

[217] OLG Bremen 3.4.2007 – Verg 2/07, BeckRS 2007, 10370 = VergabeR 2007, 517.
[218] Zur Erweiterung des Bieterkreises im nachfolgenden Verhandlungsverfahren: OLG Naumburg 13.5.2008 – 1 Verg 3/08, BeckRS 2008, 14157 = VergabeR 2009, 91 (93 f.).
[219] OLG Düsseldorf 5.7.2006 – Verg 21/06, IBR 2007, 99 = VergabeR 2006, 929.
[220] VK Schleswig-Holstein 4.2.2008 – VK-SH 28/07, IBR 2008, 235.
[221] OLG Düsseldorf 10.8.2011 – VII-Verg 34/11, BeckRS 2011, 20453 = VergabeR 2011, 855.
[222] In diese Richtung auch: OLG Dresden 28.12.2018 – Verg 4/18, VPR 2019, 56.
[223] OLG Düsseldorf 13.1.2010 – I-27 U 1/09, NZBau 2010, 328; OLG Brandenburg 2.10.2008 – 2 U 91/08, BeckRS 2009, 4827 = VergabeR 2009, 530.
[224] EuGH 18.6.2002 – C-92/00, NZBau 2002, 458 (462 f.); BGH 18.2.2003 – X ZB 43/02, NZBau 2003, 293 ff.

der Auftraggeber seine Entscheidung, auf die Vergabe generell zu verzichten, erst im Verlauf des Nachprüfungsverfahrens mit, kann der Antragsteller seinen Antrag auf einen Fortsetzungsfeststellungsantrag gem. § 168 Abs. 2 S. 2 GWB analog umstellen.[225] Steht die endgültige Aufgabe der Vergabeabsicht bereits von Anfang an fest, muss der Feststellungsantrag in europarechtskonformer Auslegung von § 168 Abs. 2 S. 2 GWB gleichfalls zulässig sein, obwohl sich das Vergabeverfahren nicht erst nach Einleitung des Nachprüfungsverfahrens erledigt hat.[226] Allerdings ist ein isoliert auf die Feststellung der Rechtswidrigkeit einer Verfahrensaufhebung gerichteter Nachprüfungsantrag, mit dem nicht zugleich um Primärrechtsschutz nachgesucht wird, unzulässig.[227] Hat die Vergabekammer die Aufhebung des Vergabeverfahrens angeordnet, können die Beteiligten vorläufigen Rechtsschutz in entspr. Anwendung von § 173 Abs. 1 S. 3 GWB beantragen.[228]

61 Diese Grundsätze gelten auch für die Zurückversetzung des Vergabeverfahrens durch den öffentlichen Auftraggeber.[229]

62 Für die Bereiche unterhalb der Schwellenwerte wird primärer Rechtsschutz im Nachprüfungsverfahren nicht nach den Regelungen des GWB gewährt. Zu dem vor den Zivilgerichten[230] nachzusuchenden (Primär-) Rechtsschutz vgl. die entspr. Erläuterungen.

2. Sekundärrechtsschutz

63 **a) § 280 Abs. 1 S. 1, §§ 241 Abs. 2, 311 Abs. 2 Nr. 1 BGB. aa) Pflichtverletzung.** Der Auftraggeber kann auf Schadensersatz haften, wenn er gegen § 63 VgV verstößt oder den Eintritt eines Aufhebungsgrundes zu vertreten hat.[231] Dies gilt unabhängig davon, ob der Schwellenwert erreicht ist. Der öffentliche Auftraggeber kann seine Haftung nicht dadurch abwenden, dass er die Bestimmungen über das Vergabeverfahren nicht zum Vertragsbestandteil erhebt oder vorgibt, ein Rechtsanspruch auf ihre Anwendung bestehe nicht.[232] Der EuGH hat diese Haftung nicht entschärft. Die Notwendigkeit der Nachprüfbarkeit von Aufhebungsentscheidungen wird vielmehr gerade damit begründet, dies schaffe in einigen Mitgliedstaaten erst die Voraussetzungen für die Erhebung von Schadenersatzklagen.[233] Auch der BGH geht bei einem Verstoß gegen die Vorschriften zur Aufhebung des Vergabeverfahrens von Entschädigungs- und Schadensersatzansprüchen aus.[234] Die Existenz derartiger Schadensersatzansprüche hängt nicht davon ab, dass der betroffene Bieter im Vergabeverfahren eine Rüge angebracht hat.[235] Ein Verstoß gegen § 63 VgV liegt bereits vor, wenn zwar ein Aufhebungsgrund vorliegt, der Auftraggeber aber entweder das Verfahren nicht aufhebt (faktisches Auslaufenlassen des Verfahrens) oder die Bieter unnötig lange im Unklaren darüber lässt, ob sie an ihre Angebote gebunden sind und damit gegen § 63 Abs. 2 VgV

---

[225] Ingenstau/Korbion/Portz VOB/A § 17 Rn. 62.
[226] AA VK Saarland 1.10.2007 – 1 VK 2/2007, IBRRS 2007, 5066.
[227] OLG Celle 19.3.2019 – 13 Verg 1/19, VPR 2019, 120.
[228] OLG München 24.5.2006 – Verg 12/06, BeckRS 2006, 6569 = VergabeR 2006, 948.
[229] OLG Düsseldorf 12.1.2015 – VII Verg 29/14, BeckRS 2015, 6397 = VergabeR 2015, 435; VK Südbayern 5.10.2016 – Z3-3-3194-1-33-08/16, BeckRS 2016, 122459.
[230] BVerwG 2.5.2007 – 6 B 10/07, NZBau 2007, 389.
[231] BGH 8.12.2020 – XIII ZR 19/19, NZBau 2021, 279; OLG Düsseldorf 12.6.2003 – 5 U 109/02, IBR 2003, 566.
[232] Ingenstau/Korbion/Portz VOB/A § 17 Rn. 76.
[233] EuGH 18.6.2002 – C-92/00, NZBau 2002, 458 Rn. 51.
[234] BGH 5.11.2002 – X ZR 232/00, NZBau 2003, 168 (169).
[235] BGH 17.9.2019 – X ZR 124/18, NZBau 2019, 798; 18.6.2019 – X ZR 86/17, NZBau 2019, 661.

verstößt. Dies gilt auch, wenn der Aufhebungsgrund entstanden ist, bevor das Ausschreibungsverfahren begonnen wurde, und erst recht, wenn der Auftraggeber die Aufhebungsvoraussetzungen schuldhaft selbst herbeigeführt hat oder sie kannte, bevor er die Ausschreibung eingeleitet hat.[236] Ein Verstoß gegen § 63 VgV liegt ebenfalls vor, wenn der Auftraggeber eine an sich gebotene Aufhebung oder die nach § 63 Abs. 2 VgV gebotene Mitteilung unterlässt. Das Gleiche gilt, wenn aufgrund einer offensichtlich begründeten Vergaberüge eine Aufhebung des Verfahrens droht.[237] Wann die Informationspflicht entsteht, weil die Aufhebung hinreichend absehbar ist, muss im Einzelfall entschieden werden.

bb) Ausschluss des Anspruchs. Das Verhalten des Auftraggebers ist nur dann 64 kausal für einen Schaden beim Bieter, wenn der Bieter zuvor ein Angebot eingereicht hat, das den Ausschreibungsunterlagen entspricht. Musste das Angebot zwingend ausgeschlossen werden, besteht zumindest ein auf das positive Interesse gerichteter Schadenersatzanspruch selbst dann nicht, wenn der Auftraggeber die Nichtberücksichtigung des Angebotes nicht auf diesen Ausschlusstatbestand gestützt hat.[238] Der Anspruchsausschluss erfasst jedoch auch den auf das negative Interesse gerichteten Ersatzanspruch. Der Anspruch ist nicht an ein Vertrauen des Bieters auf Einhaltung der Vergabebestimmungen geknüpft.[239] Umgekehrt kann sich der Auftraggeber, der eine unzulässige Aufhebung verursacht hat, idR nicht auf ein rechtmäßiges Alternativverhalten berufen.[240]

cc) Umfang. Der Schadensersatzanspruch ist grds. auf den Ersatz des **negati-** 65 **ven Interesses** beschränkt.[241] Der betroffene Bieter kann die Aufwendungen ersetzt verlangen, die er im Vertrauen auf die Einhaltung der Vergabevorschriften für die Beteiligung an der Ausschreibung gehabt hat. Davon werden die Kosten für die Beschaffung der Vergabeunterlagen, die Bearbeitung des Angebotes, eine etwaige Besichtigung des Leistungsortes, Portokosten für die Einreichung des Angebotes sowie Kosten für die Teilnahme am Eröffnungstermin erfasst.[242] Bei einer rechtswidrigen Aufhebung steht allen davon betroffenen Bietern dieser Anspruch zu.[243] Im Rahmen des negativen Interesses können Personalkosten für die Angebotserstellung durch eigene Mitarbeiter nur dann zugesprochen werden, wenn dargelegt werden kann, dass das Unternehmen wegen der Teilnahme an der Ausschreibung keine anderen Erwerbsmöglichkeiten wahrnehmen konnte.[244]

Einen Anspruch auf das **positive Interesse,** also darauf, so gestellt zu werden, als 66 ob er den Zuschlag erhalten hätte, hat der Bieter nur, wenn der Auftrag oder ein diesem wirtschaftlich gleichzusetzender Auftrag tatsächlich vergeben worden ist[245]

---

[236] BGH 9.6.2011 – X ZR 143/10, IBR 2011, 534; 5.11.2002 – X ZR 232/00, NZBau 2003, 168; 8.9.1998 – X ZR 99–96, NJW 1998, 3640 (3641); 25.11.1992 – VIII ZR 170/91, NJW 1993, 520 (521).

[237] OLG Dresden 10.1.2008 – 20 U 1697/03, IBR 2008, 231, nicht zur Revision angenommen, BGH 3.3.2009 – X ZR 22/08, BeckRS 2009, 44694.

[238] BGH 16.4.2002 – X ZR 67/00, NZBau 2002, 517 (518).

[239] BGH 9.6.2011 – X ZR 143/10, BeckRS 2011, 19053; 5.6.2012 – X ZR 161/11, BeckRS 2012, 17073 = VergabeR 2012, 842.

[240] KMPP/Portz VOB/A § 17 Rn. 87 ff.

[241] OLG Schleswig 19.12.2017 – 3 U 15/17, NZBau 2018, 431 = VergabeR 2018, 594.

[242] BGH 27.11.2007 – X ZR 18/07, BeckRS 2008, 1230 = VergabeR 2008, 219; 8.9.1998 – X ZR 99–96, NJW 1998, 3640 (3643).

[243] OLG Naumburg 27.11.2014 – 2 U 152/13, VPR 2015, 55.

[244] OLG Naumburg 27.11.2014 – 2 U 152/13, VPR 2015, 55.

[245] BGH 16.12.2003 – X ZR 282/02, BeckRS 2004, 2894 = VergabeR 2004, 480; OLG München 12.12.2013 – 1 U 498/13, VPR 2014, 283; OLG Schleswig 19.12.2017 – 3 U 15/17, NZBau 2018, 431 = VergabeR 2018, 594.

und der Zuschlag auf sein Angebot hätte erteilt werden müssen.[246] Auch wenn die Frage nach einem Schadensersatz iHd positiven Interesses davon abhängig ist, wie sich der Schädiger im Nachhinein verhält (ob also eine anderweitige Vergabe erfolgt), hält der BGH an diesem Erfordernis fest. Erst mit Erteilung des Auftrags zeigt sich, ob ein Vertrauen auf die Auftragsvergabe und die damit verbundene Realisierung von Gewinn zu Recht bestand.[247] Bestandteil des positiven Interesses ist neben dem entgangenen Gewinn auch der aufzuwendende Geschäftskostenanteil des Bieters.[248] Anzurechnen sind die ersparten Aufwendungen, § 649 S. 2 Hs. 2 BGB analog.[249] Im Übrigen besteht kein Anspruch und damit auch kein Vertrauen darauf, dass der Auftrag tatsächlich vergeben wird. Bei vorsätzlichem und missbräuchlichem Verhalten, das die Voraussetzungen von § 826 BGB erfüllt, kann auch ohne tatsächliche Auftragserteilung ein Schadensersatzanspruch in Höhe des positiven Interesses in Betracht kommen.[250] Der öffentliche Auftraggeber kann dabei dazu verpflichtet sein, die Angebotsunterlagen anderer Bieter vorzulegen.[251] Ein Anspruch auf Ersatz entgangenen Gewinns entsteht jedoch nicht, wenn mit dem Vertragsvollzug nicht begonnen wird, weil der öffentliche Auftraggeber ein mit einer Aufhebung des ersten Vergabeverfahrens und einer fehlerfreien Neuvergabe wirtschaftlich und wertungsmäßig entspr. Ergebnis herbeiführt, indem er mit demjenigen, der den Zuschlag zu Unrecht erhalten hat, einen Aufhebungsvertrag schließt.[252]

67 Wird mit dem Anspruch das (Erfüllungs-) Interesse geltend gemacht, so **verjährt** er nach den Bestimmungen, die für den Vergütungsanspruch aus dem angebahnten Vertragsverhältnis gilt.[253]

68 **b) § 181 S. 1 GWB.** Auch ohne Verschulden des Auftraggebers kann der betroffene Bieter bei einem Verstoß gegen § 63 VgV, sofern er ohne diesen Verstoß bei der Wertung der Angebote eine echte Chance auf den Zuschlag gehabt hätte, die Kosten der Vorbereitung des Angebotes oder der Teilnahme an einem Vergabeverfahren (also das negative Interesse) ersetzt verlangen.[254] Dieser Anspruch bleibt hinter dem Anspruch wegen enttäuschten Vertrauens zurück und konkurriert mit ihm.

69 **c) Weitere Anspruchsgrundlagen.** Weitergehende Anspruchsgrundlagen auf Schadensersatz bleiben gem. § 181 S. 2 GWB unberührt. Eine Haftung kommt gem. § 823 Abs. 2 BGB iVm § 63 VgV in Betracht, da § 63 VgV als Schutzgesetz gilt.[255]

---

[246] BGH 8.12.2020 – XIII ZR 19/19, NZBau 2021, 279; 3.7.2020 – VII ZR 144/19, BeckRS 2020, 17330 = VergabeR 2020, 757; 20.11.2012 – X ZR 108/10, NZBau 2013, 180; 1.8.2006 – X ZR 115/04, NZBau 2006, 797; 5.11.2002 – X ZR 232/00, NZBau 2003, 168 (169); 8.9.1998 – X ZR 99–96, NJW 1998, 3636 (3638); OLG Köln 18.6.2010 – 19 U 98/09, IBR 2011, 322; OLG Schleswig 25.9.2009 – 1 U 42/08, IBR 2010, 607; 12.10.2004 – 6 U 81/01, IBRRS 2006, 2366 = VergabeR 2006, 568; OLG Celle 30.5.2002 – 13 U 266/01, BeckRS 2002, 13629 = BauR 2003, 709 (710); OLG Düsseldorf 12.6.2003 – 5 U 109/02, IBR 2003, 566; aA OLG Düsseldorf 8.1.2002 – 21 U 82/01, IBRRS 2002, 0364 = VergabeR 2002, 326 (328).
[247] BGH 5.11.2002 – X ZR 232/00, NZBau 2003, 168 (169).
[248] BGH 24.3.2016 – VII ZR 201/15, BeckRS 2016, 7522 = BauR 2016, 1153 (1154).
[249] OLG Schleswig 12.10.2004 – 6 U 81/01, IBRRS 2006, 2366 = VergabeR 2006, 568.
[250] Ingenstau/Korbion/Portz VOB/A § 17 Rn. 91.
[251] OLG Koblenz 6.2.2014 – 1 U 906/13, VPR 2014, 282.
[252] BGH 23.11.2021 – XIII ZR 20/19, NZBau 2022, 235 = VergabeR 2022, 167.
[253] OLG Koblenz 18.7.2003 – 10 U 1002/0, IBR 2003, 617.
[254] OLG Düsseldorf 30.1.2003 – I-5 U 13/02, NZBau 2003, 459 = VergabeR 2003, 704.
[255] BGH 17.2.1999 – X ZR 101/97, NJW 2000, 137 (138); OLG Stuttgart 11.4.2002 – 2 U 240/01, NZBau 2002, 395 (396).

Abschnitt 3. Besondere Vorschriften für die Vergabe von sozialen und anderen besonderen Dienstleistungen

§ 64 Vergabe von Aufträgen für soziale und andere besondere Dienstleistungen

Öffentliche Aufträge über soziale und andere besondere Dienstleistungen im Sinne von § 130 Absatz 1 des Gesetzes gegen Wettbewerbsbeschränkungen werden nach den Bestimmungen dieser Verordnung und unter Berücksichtigung der Besonderheiten der jeweiligen Dienstleistung nach Maßgabe dieses Abschnitts vergeben.

Literatur: Vgl. die Angaben bei § 130 GWB.

I. Bedeutung der Vorschrift

Zum Sonderregime für die Vergabe von sozialen und anderen besonderen Dienstleistungen iSd Anh. XIV RL 2014/24/EU (im Folgenden auch kurz: **SABD**) → GWB § 130 Rn. 1 ff.; insbes. → Rn. 10 ff. zum Anwendungsbereich. 1

Die §§ 64–66 VgV regeln als Sondervorschriften in der VgV **besondere Privilegierungen** für Vergaben von SABD durch öffentliche Auftraggeber iSv § 99 GWB. IÜ gelten für Vergaben von SABD alle weiteren Vorschriften der VgV. Weitere Privilegierungen genießt der öffentliche Auftraggeber über § 130 GWB, nämlich die freie Wahl der Verfahrensart (§ 130 Abs. 1 GWB, → GWB § 130 Rn. 17) und zusätzliche Möglichkeiten von Vertragsänderungen ohne Durchführung eines neuen Vergabeverfahrens (§ 130 Abs. 2 GWB, → GWB § 130 Rn. 18 ff.). 2

II. Vergabe unter Berücksichtigung der Besonderheiten der jeweiligen Dienstleistungen

§ 64 VgV verweist nicht allein auf die weiteren Bestimmungen der §§ 65, 66 VgV, sondern ihm kommt in der Formulierung „**unter Berücksichtigung der Besonderheiten der jeweiligen Dienstleistung**" ein eigener Regelungsgehalt zu. Mit dieser Formulierung stellt der Verordnungsgeber klar, dass sich die Privilegierungen nicht in denjenigen aus §§ 65, 66 VgV sowie aus § 130 GWB erschöpfen, sondern darüber hinaus die Besonderheiten der jew. Dienstleistung berücksichtigt werden müssen. § 64 VgV stellt also die ergänzende Anwendung des strengen, allg. Vergaberechts unter den generellen Vorbehalt der Vereinbarkeit der entspr. Regelungen mit den Besonderheiten der jew. Dienstleistung.[1] 3

Die genaue **Bedeutung und Reichweite dieser Generalklausel** bleibt unklar und wird durch die Rspr. im Einzelfall noch geklärt werden müssen.[2] Die 4

---

[1] Zu der Frage, ob auch die Anwendung der Bestimmungen des GWB auf die Vergaben von SABD unter einem solchen Vorbehalt steht, → GWB § 130 Rn. 9.

[2] Zu klären wird zudem wohl die Frage sein, ob der Verordnungsgeber eine solch unbestimmte Generalklausel überhaupt in § 64 VgV aufnehmen durfte, zumal der Wortlaut des Art. 76 Abs. 1 S. 2 RL 2014/24/EU eher dafür sprechen dürfte, dass die anwendbaren Verfahrensregeln durch die Mitgliedstaaten konkret festzulegen sind. Allerdings hat der EuGH 14.7.2022 – C-436/20, NZBau 2023, 47 (54) Rn. 85 unter Verweis auf den 114. Erwgr. der RL 2014/24/EU darauf hingewiesen, dass die Mitgliedstaaten über einen weiten Ermessensspielraum verfügen, unter der Auswahl der Verfahren über SABD in einer Weise organisieren zu können, die sie am besten geeignet erachten. Diese Rspr. könnte für eine großzügigere Handhabe sprechen, die auch eine solche generalklauselartige Regelung zulässt.

damit verbundene Rechtsunsicherheit hat der Verordnungsgeber dabei in Kauf genommen. In der Begr. weist dieser lediglich darauf hin, dass öffentliche Auftraggeber künftig im Vergabeverfahren die Notwendigkeit, Qualität, Kontinuität, Zugänglichkeit, Bezahlbarkeit, Verfügbarkeit und Vollständigkeit der Dienstleistungen berücksichtigen sowie den spezifischen Bedürfnissen verschiedener Nutzerkategorien, einschl. benachteiligter und schutzbedürftiger Gruppen, sowie der Einbeziehung der Nutzer und dem Aspekt der Innovation Rechnung tragen können.[3] Ergänzend ist in diesem Zusammenhang auch die Begr. zu § 130 GWB zu beachten.[4]

§ 65 Ergänzende Verfahrensregeln

(1) [1]Neben dem offenen und dem nicht offenen Verfahren stehen dem öffentlichen Auftraggeber abweichend von § 14 Absatz 3 auch das Verhandlungsverfahren mit Teilnahmewettbewerb, der wettbewerbliche Dialog und die Innovationspartnerschaft nach seiner Wahl zur Verfügung. [2]Ein Verhandlungsverfahren ohne Teilnahmewettbewerb steht nur zur Verfügung, soweit dies nach § 14 Absatz 4 gestattet ist.

(2) Die Laufzeit einer Rahmenvereinbarung darf abweichend von § 21 Absatz 6 höchstens sechs Jahre betragen, es sei denn, es liegt ein im Gegenstand der Rahmenvereinbarung begründeter Sonderfall vor.

(3) [1]Der öffentliche Auftraggeber kann für den Eingang der Angebote und der Teilnahmeanträge unter Berücksichtigung der Besonderheiten der jeweiligen Dienstleistung von den §§ 15 bis 19 abweichende Fristen bestimmen. [2]§ 20 bleibt unberührt.

(4) § 48 Absatz 3 ist nicht anzuwenden.

(5) [1]Bei der Bewertung der in § 58 Absatz 2 Satz 2 Nummer 2 genannten Kriterien können insbesondere der Erfolg und die Qualität bereits erbrachter Leistungen des Bieters oder des vom Bieter eingesetzten Personals berücksichtigt werden. [2]Bei Dienstleistungen nach dem Zweiten und Dritten Buch Sozialgesetzbuch können für die Bewertung des Erfolgs und der Qualität bereits erbrachter Leistungen des Bieters insbesondere berücksichtigt werden:
1. Eingliederungsquoten,
2. Abbruchquoten,
3. erreichte Bildungsabschlüsse und
4. Beurteilungen der Vertragsausführung durch den öffentlichen Auftraggeber anhand transparenter und nichtdiskriminierender Methoden.

Literatur: Vgl. die Angaben bei § 130 GWB.

I. Bedeutung der Vorschrift

1 Zum Sonderregime für die Vergabe von sozialen und anderen besonderen Dienstleistungen iSd Anh. XIV RL 2014/24/EU (im Folgenden auch kurz: **SABD**) → GWB § 130 Rn. 1 ff. sowie speziell für die Vergaben nach Maßgabe der VgV → § 64 Rn. 2 ff.

---

[3] BT-Drs. 18/7318, 222; vgl. dazu auch Art. 76 Abs. 2 RL 2014/24/EU.
[4] BT-Drs. 18/6281, 116; hierzu auch → GWB § 130 Rn. 9.

II. Freie Wahl der Verfahrensart (Abs. 1)

Abs. 1 stellt klar, dass der öffentliche Auftraggeber bei der Vergabe von SABD 2 frei zwischen dem offenen Verfahren, dem nicht offenen Verfahren, dem Verhandlungsverfahren mit Teilnahmewettbewerb, dem wettbewerblichen Dialog und der Innovationspartnerschaft wählen kann.[1] Neben § 130 Abs. 1 GWB, der den öffentlichen Auftraggebern für die Vergabe von SABD eine gleichlautende **Wahlfreiheit** einräumt, hat Abs. 1 keine weitere, eigenständige Bedeutung.[2]

III. Laufzeit (Abs. 2)

Mit Abs. 2 wird den Besonderheiten personenbezogener Dienstleistungen Rech- 3 nung getragen und der Abschluss von Rahmenvereinbarungen mit einer **Laufzeit von bis zu sechs Jahren** (anstatt bis zu vier Jahren, § 21 Abs. 6 VgV) ermöglicht.[3] Die Laufzeit kann nach Abs. 2 zudem mehr als sechs Jahre betragen, wenn der Gegenstand der Rahmenvereinbarung eine längere Laufzeit rechtfertigt. Ein solcher Sonderfall besteht nach der Begr. von Abs. 2[4] zB bei Modellvorhaben iSd §§ 63 ff. SGB V,[5] die gem. § 63 Abs. 5 S. 2 SGB V im Regelfall auf längstens acht Jahre zu befristen sind.[6] Allg. zur Laufzeit von Rahmenvereinbarung (insbes. zur Abweichung von der Regellaufzeit und der Laufzeit der Einzelverträge) → § 21 Rn. 25 f.

IV. Flexible Fristen (Abs. 3)

Nach Abs. 3 werden im Interesse beschleunigter und effizienter Verfahren die 4 **Fristen** für die Teilnahme am Vergabeverfahren **flexibilisiert**.[7] Nach Abs. 3 S. 2 sind aber die Bestimmungen des § 20 VgV weiter zu berücksichtigen. Danach müssen bei der Festlegung der Fristen für den Eingang der Angebote und Teilnahmeanträge insbes. die Komplexität der Leistung und die Zeit für die Ausarbeitung der Angebote angemessen berücksichtigt werden (→ § 20 Rn. 4 ff.).

V. Keine zwingende Akzeptanz von EEE (Abs. 4)

Durch Abs. 4 wird die Pflicht nach § 48 Abs. 3 VgV, eine Einheitliche Europäische 5 Eigenerklärung iSd § 50 VgV (**EEE**) als vorläufigen Beleg der Eignung und des

---

[1] BT-Drs. 18/7318, 222.
[2] Gerner NZS 2016, 492 (496).
[3] BT-Drs. 18/7318, 222; s. auch zur Begr. dieser abweichenden, längeren Laufzeit, abweichender Sonderfall iSd Art. 33 Abs. 1 UAbs. 3 RL 2014/24/EU bei typisierter Betrachtung.
[4] BT-Drs. 18/7318, 222.
[5] Dies sind bspw. Modellvorhaben zur Weiterentwicklung der Verfahrens-, Organisations-, Finanzierungs- und Vergütungsformen der Leistungserbringung (§ 63 Abs. 1 SGB V), Modellvorhaben zu Leistungen zur Verhütung und Früherkennung von Krankheiten, zur Krankenbehandlung sowie bei Schwangerschaft und Mutterschaft (§ 63 Abs. 2 SGB V), Modellvorhaben zur Arzneimittelversorgung (§ 64a SGB V) oder Modellvorhaben zur Versorgung psychisch kranker Menschen (§ 64b SGB V).
[6] Gerner NZS 2016, 492 (496) führt als weiteres Beispiel für einen solchen Sonderfall Arbeitsmarktdienstleistungen nach dem SGB II oder SGB III an, wenn hier kontinuierliche und langfristige Vertragsbeziehungen dazu führen können, dass solche Dienstleistungen qualitativ hochwertig und erfolgreich erbracht werden.
[7] BT-Drs. 18/7318, 222.

Nichtvorliegens von Ausschlussgründen zu akzeptieren, ausgeschlossen. Es ist dem Auftraggeber gleichwohl unbenommen, eine EEE freiwillig zu akzeptieren.

VI. Erfolg und Qualität bereits erbrachter Leistungen als Zuschlagskriterium (Abs. 5)

6 Gem. Abs. 5 dürfen bei SABD der Erfolg und die Qualität bereits erbrachter Leistungen[8] oder des vom Bieter eingesetzten Personals[9] bei der **Zuschlagsentscheidung** berücksichtigt werden.[10] Die Begr.[11] beruft sich insoweit auf die Rspr. des EuGH[12] und verweist auf die Vorgängerregelungen in § 4 Abs. 2 S. 3 VgV aF und sowie in § 5 Abs. 1 S. 3 VgV aF.[13]

7 Mit Abs. 5 S. 2 wird im Hinblick auf Leistungen nach dem **SGB II und SGB III** beispielhaft hervorgehoben, welche Kriterien für die Bewertung des Erfolgs und der Qualität in Betracht kommen.[14] Die Begr.[15] weist ergänzend darauf hin, dass der Auftraggeber einen Ermessensspielraum hat, ob und inwieweit er Erfolg und Qualität bereits erbrachter Leistungen bei der Bewertung von Organisation, Qualifikation und Erfahrung berücksichtigen will, und dass er dabei jedenfalls die Grundsätze der Transparenz und der Gleichbehandlung einzuhalten hat.

8 Weitere Privilegierungen hinsichtlich der Zuschlagskriterien (oder zu anderen allg. Vorgaben) können sich aus § 64 VgV („unter Berücksichtigung der Besonderheiten der jeweiligen Dienstleistung") ergeben → VgV § 64 Rn. 3 f. Allerdings hat der EuGH[16] insoweit klargestellt, dass die Ortsansässigkeit eines Bieters auch bei der Vergabe einer SABD kein zulässiges Zuschlagskriterium ist. Das gilt jedenfalls dann, wenn nach diesem Kriterium die Ortsansässigkeit bereits zum Zeitpunkt der Abgabe der Angebote bestehen muss.

§ 66 Veröffentlichungen, Transparenz

(1) ¹**Der öffentliche Auftraggeber teilt seine Absicht, einen öffentlichen Auftrag zur Erbringung sozialer oder anderer besonderer Dienstleistungen zu vergeben, in einer Auftragsbekanntmachung mit.** ²**§ 17 Absatz 5 bleibt unberührt.**

---

[8] Zu beachten ist insoweit, dass hinsichtlich der Referenzaufträge ein ausreichender Betrachtungszeitraum anzulegen ist, VK Bund 20.9.2017 – VK 1–89/17, IBR 2018, 224.

[9] Allerdings darf nach VK Rheinland 27.9.2019 – VK 35/19, IBRRS 2019, 3410 der Auftraggeber insoweit die Wertungsentscheidung nicht faktisch an den Referenzgeber delegieren.

[10] Letztlich wird hier also ein „Mehr an Eignung" gewertet, Burgi/Krönke SRa 2017, 222 (225).

[11] BT-Drs. 18/7318, 222 f.

[12] EuGH 26.3.2015 – C-601/13, BeckRS 2015, 80427 – Ambisig. Festzustellen ist insoweit allerdings, dass sich diese Entscheidung nicht konkret mit dem Erfolg oder der Qualität bereits erbrachter Leistungen als Zuschlagskriterium auseinandersetzt. Zur Vereinbarkeit des Abs. 5 mit der EuGH-Rspr. siehe auch Gerner NZS 2016, 492 (497 f.).

[13] Weiter weist die Begr. BT-Drs. 18/7318, 223 darauf hin, dass die Begrenzung der Gewichtung der betreffenden Zuschlagskriterien auf 25 % – wie allg. auch bei § 58 Abs. 2 S. 2 Nr. 2 VgV – entfallen ist.

[14] BT-Drs. 18/7318, 223.

[15] BT-Drs. 18/7318, 223.

[16] EuGH 14.7.2022 – C-436/20, NZBau 2023, 47 (56) Rn. 109.

(2) Eine Auftragsbekanntmachung ist nicht erforderlich, wenn der öffentliche Auftraggeber auf kontinuierlicher Basis eine Vorinformation veröffentlicht, sofern die Vorinformation
1. sich speziell auf die Arten von Dienstleistungen bezieht, die Gegenstand der zu vergebenen Aufträge sind,
2. den Hinweis enthält, dass dieser Auftrag ohne gesonderte Auftragsbekanntmachung vergeben wird,
3. die interessierten Unternehmen auffordert, ihr Interesse mitzuteilen (Interessensbekundung).

(3) [1]Der öffentliche Auftraggeber, der einen Auftrag zur Erbringung von sozialen und anderen besonderen Dienstleistungen vergeben hat, teilt die Ergebnisse des Vergabeverfahrens mit. [2]Er kann die Vergabebekanntmachungen quartalsweise bündeln. [3]In diesem Fall versendet er die Zusammenstellung spätestens 30 Tage nach Quartalsende.

(4) [1]Die Auftragsbekanntmachung nach Absatz 1 erfolgt nach den Vorgaben der Spalte 20, die Bekanntmachung der Vorinformation nach Absatz 2 nach den Vorgaben der Spalte 12 und die Vergabebekanntmachung nach Absatz 3 nach den Vorgaben der Spalte 33 der Tabelle 2 des Anhangs der Durchführungsverordnung (EU) 2019/1780 jeweils in Verbindung mit § 10a. [2]Die Veröffentlichung der Bekanntmachungen erfolgt gemäß § 40.

Literatur: Vgl. die Angaben bei § 130 GWB.

I. Bedeutung der Vorschrift

Zum Sonderregime für die Vergabe von sozialen und anderen besonderen Dienstleistungen iSd Anh. XIV RL 2014/24/EU (im Folgenden auch kurz: **SABD**) allg. → GWB § 130 Rn. 1 ff. sowie → VgV § 64 Rn. 2 ff.

II. Ex-Ante-Bekanntmachung (Abs. 1 und 2)

Die Ex-Ante-Bekanntmachung erfolgt nach Abs. 1 grds. im Wege der **Auftragsbekanntmachung.** Auch im Bereich der SABD ist also eine europaweite Auftragsbekanntmachung durch den öffentlichen Auftraggeber zwingend vorgeschrieben, es sei denn, es liegen die Ausnahmen gem. Abs. 2 oder § 14 Abs. 4 VgV vor.[1] Weiter verweist Abs. 1 auf die Ausnahmebestimmung in § 17 Abs. 5 VgV (kein Bekanntmachungserfordernis bei Verhandlungsverfahren ohne Teilnahmewettbewerb). Abs. 1 setzt Art. 75 Abs. 1 lit. a RL 2014/24/EU um.

In Umsetzung von Art. 75 Abs. 1 lit. b RL 2014/24/EU sieht Abs. 2 die Möglichkeit vor, von einer Auftragsbekanntmachung abzusehen, wenn der öffentliche Auftraggeber auf kontinuierlicher Basis, also dauerhaft, eine **Vorinformation** unter den genannten Voraussetzungen veröffentlicht.[2]

III. Ex-Post-Bekanntmachung (Abs. 3)

Die **Bekanntmachung über vergebene Aufträge** erfolgt abweichend von § 39 Abs. 1 VgV nach Maßgabe von Abs. 3. Diese Ex-Post-Bekanntmachungen darf der

---

[1] BT-Drs. 18/7318, 223.
[2] BT-Drs. 18/7318, 223.

Auftraggeber quartalsweise bündeln, Abs. 3 S. 2, 3. Abs. 3 beruht auf Art. 75 Abs. 2 RL 2014/24/EU.

IV. eForms und Veröffentlichung (Abs. 4)

5 Abs. 4 setzt Art. 75 Abs. 4 RL 2014/24/EU um. Zudem wird in Abs. 4 mWv 25.10.2023 (→ 83 Rn. 3) auch die Durchführungsverordnung (EU) 2019/1780 der Kommission vom 23. September 2019 umgesetzt. In der Durchführungsverordnung (EU) 2019/1780 werden elektronische Standardformulare (**eForms**) für die Veröffentlichung von Bekanntmachungen für öffentliche Aufträge nicht mehr in abgeschlossenen Formularen, sondern mittels unterschiedlich zu kombinierender Datenfelder je nach Bekanntmachung gem. Tabelle 1 und 2 des Anhangs der Durchführungsverordnung festgelegt.[3] Für die Ex-Ante-Bekanntmachungen sind in der Tabelle 2 die Vorgaben der Spalte 20 (Auftragsbekanntmachung nach Abs. 1) bzw. der Spalte 12 (Bekanntmachung der Vorinformation nach Abs. 2) zu befolgen. Für die Ex-Post-Bekanntmachung (Vergabebekanntmachung nach Abs. 3) gelten die Vorgaben der Spalte 33 in Tabelle 2.[4] Ergänzend sind jew. die Vorgaben in § 10a VgV zu beachten (→ VgV § 10a Rn. 1 ff.). Hinsichtlich der weiteren Vorgaben der Veröffentlichung → VgV § 40 Rn. 2 ff.

Abschnitt 4. Besondere Vorschriften für die Beschaffung energieverbrauchsrelevanter Leistungen und von Straßenfahrzeugen

§ 67 Beschaffung energieverbrauchsrelevanter Liefer- oder Dienstleistungen

(1) **Wenn energieverbrauchsrelevante Waren, technische Geräte oder Ausrüstungen Gegenstand einer Lieferleistung oder wesentliche Voraussetzung zur Ausführung einer Dienstleistung sind (energieverbrauchsrelevante Liefer- oder Dienstleistungen), sind die Anforderungen der Absätze 2 bis 5 zu beachten.**[1]

(2) **In der Leistungsbeschreibung sollen im Hinblick auf die Energieeffizienz insbesondere folgende Anforderungen gestellt werden:**
1. **das höchste Leistungsniveau an Energieeffizienz und,**
2. **soweit vorhanden, die höchste Energieeffizienzklasse im Sinne der Energieverbrauchskennzeichnungsverordnung.**

---

[3] BT Drs. 20/6118, 1. S. dazu allg. → § 10a Rn. 1 ff.

[4] Dabei ist zu berücksichtigen, dass die Tabelle 2 des Anhangs der Durchführungsverordnung (EU) 2019/1780 zuletzt durch die Durchführungsverordnung (EU) 2022/2303 der Kommission v. 24. November 2022 eine neue Fassung erhalten hat.

[1] **Amtl. Anm.:** § 67 der Vergabeverordnung dient der Umsetzung folgender Richtlinien:
– Richtlinie 2010/30/EU des Europäischen Parlaments und des Rates vom 19. Mai 2010 über die Angabe des Verbrauchs an Energie und anderen Ressourcen durch energieverbrauchsrelevante Produkte mittels einheitlicher Etiketten und Produktinformationen (ABl. L 153 vom 18.6.2010, S. 1),
– Richtlinie 2012/27/EU des Europäischen Parlaments und des Rates vom 25. Oktober 2012 zur Energieeffizienz, zur Änderung der Richtlinien 2009/125/EG und 2010/30/EU und zur Aufhebung der Richtlinien 2004/8/EG und 2006/32/EG (ABl. L 315 vom 14.11.2012, S. 1).

(3) In der Leistungsbeschreibung oder an anderer geeigneter Stelle in den Vergabeunterlagen sind von den Bietern folgende Informationen zu fordern:
1. konkrete Angaben zum Energieverbrauch, es sei denn, die auf dem Markt angebotenen Waren, technischen Geräte oder Ausrüstungen unterscheiden sich im zulässigen Energieverbrauch nur geringfügig, und
2. in geeigneten Fällen
   a) eine Analyse minimierter Lebenszykluskosten oder
   b) die Ergebnisse einer Buchstabe a vergleichbaren Methode zur Überprüfung der Wirtschaftlichkeit.

(4) Der öffentliche Auftraggeber darf nach Absatz 3 übermittelte Informationen überprüfen und hierzu ergänzende Erläuterungen von den Bietern fordern.

(5) Im Rahmen der Ermittlung des wirtschaftlichsten Angebotes ist die anhand der Informationen nach Absatz 3 oder der Ergebnisse einer Überprüfung nach Absatz 4 zu ermittelnde Energieeffizienz als Zuschlagskriterium angemessen zu berücksichtigen.

Literatur: Gabriel/Weiner, Vergaberecht und Energieeffizienz, Die Änderung der Vergabeverordnung im Zuge der Energiewende, REE 2011, 213; Gaus, Ökologische Kriterien in der Vergabeentscheidung, NZBau 2013, 401; Haak, Vergaberecht in der Energiewende, Teil I, NZBau 2015, 11; Hattenhauer/Butzert, Die Etablierung ökologischer, sozialer, innovativer und qualitativer Aspekte im Vergabeverfahren, ZfBR 2017, 129; Knauff, Energieeffiziente Beschaffung, VergabeR 2019, 274 (283); Mutschler-Siebert/Dorschfeldt, Die Vergabe von SPNV-Leistungen nach der Vergaberechtsreform, VergabeR 2016, 385; Rosenauer/Steinthal, Der Umgang mit Klima- und Umweltschutzkriterien im Vergaberecht, KlimR 2022, 202; Stockmann/Rusch, Wie viel Energieeffizienz muss es sein? – Anforderungen an Leistungsbeschreibung und Wertung nach § 4 Abs. 4–6b VgV, NZBau 2013, 71; Willenbruch/Nullmeier, Energieeffizienz und Umweltschutz bei der Vergabe öffentlicher Aufträge, 2012; Zeiss, Energieeffizienz in der Beschaffungspraxis, NZBau 2012, 201; Zeiss, Weniger Energieverbrauch! – Beschaffung energieeffizienter Geräte und Ausrüstung, NZBau 2011, 658.

Übersicht

	Rn.
I. Bedeutung der Vorschrift	1
II. Energieverbrauchsrelevante Liefer- und Dienstleistungen (Abs. 1)	4
III. Leistungsbeschreibung (Abs. 2)	11
IV. Informationsanforderung (Abs. 3)	16
V. Überprüfung und Erläuterung von Informationen (Abs. 4)	21
VI. Zuschlag (Abs. 5)	22
VII. Rechtsschutz	26

I. Bedeutung der Vorschrift

§ 67 VgV enthält besondere Vorschriften für die Energieeffizienz, die bei der Beschaffung **energieverbrauchsrelevanter Liefer- oder Dienstleistungen** zu beachten sind.[2] In diesen Fällen hat der Auftraggeber bestimmte Anforderungen an die Leistungsbeschreibung zu beachten; auch muss er bestimmte Zuschlagskriterien vorgeben sowie Angaben und Informationen zum Energieverbrauch der angebotenen Produkte von den Bietern fordern. Dies ist in den Abs. 2–5 iE geregelt.

---

[2] Vgl. BT-Drs. 18/7318, 201.

VgV § 67   Beschaffung energieverbrauchsrelevanter Leistungen

Die Regelungen zur Beschaffung von Straßenfahrzeugen in **§ 68 VgV** aF wurden mWv 2.8.2021[3] aufgehoben und finden sich im Gesetz über die Beschaffung sauberer Straßenfahrzeuge (Saubere-Fahrzeuge-Beschaffungs-Gesetz – SaubFahrzeugBeschG).[4]

2   Die Vorgaben des § 67 VgV waren bereits Gegenstand des § 4 Abs. 4–6b VgV aF. Diese Regelungen wurden in den Jahren 2010 und 2011 eingeführt,[5] wodurch die **Anforderungen an die Energieeffizienz** erheblich ausgeweitet wurden (→ § 59 Rn. 2).

3   Durch § 67 VgV werden die RL 2010/30/EU und die RL 2012/27/EU umgesetzt. Der **Umweltbezogenheit des EU-Vergaberechts,** welche in § 97 Abs. 3 GWB als strategisches Ziel implementiert wurde (ausf. → GWB § 97 Rn. 60 ff.), wird damit durch konkrete Regelungen bei der Beschaffung energieverbrauchsrelevanter Waren und Dienstleistungen Rechnung getragen. Auch die Begr. zur RL 2014/24/EU spricht davon, dass es dem öffentlichen Auftraggeber im Hinblick auf eine bessere Einbeziehung von ua ökologischen Faktoren in das Vergabeverfahren gestattet sein soll, von entspr. formulierten Zuschlagskriterien oder Bedingungen Gebrauch zu machen. Dazu kann gehören, dass die erworbenen Dienstleistungen unter Zuhilfenahme energieeffizienter Maschinen bereitgestellt wurden.[6] In diesem Punkt geht die RL 2014/24/EU über die Vorgänger-RL 2004/18/EG hinaus. Letztgenannte RL ließ zwar ausdr. Umwelteigenschaften als Zuschlagskriterien zu.[7] Ein expliziter Bezug auf energieeffiziente Maschinen tauchte in der RL 2004/18/EG nicht auf und ist dem Ziel der EU-Vergaberechtsmodernisierung geschuldet, strategische Ziele wie soziale, umweltbezogene und innovative Aspekte weiter zu stärken.

II. Energieverbrauchsrelevante Liefer- und Dienstleistungen (Abs. 1)

4   Abs. 1 normiert die Pflicht, bei der Beschaffung energieverbrauchsrelevanter Liefer- und Dienstleistungen besondere Anforderungen an die Energieeffizienz zu berücksichtigen. Energieverbrauchsrelevant sind solche Liefer- oder Dienstleistungen, bei denen **energieverbrauchsrelevante Waren, technische Geräte oder Ausrüstungen** Gegenstand einer Lieferleistung oder wesentliche Voraussetzung zur Ausführung einer Dienstleistung sind. Die Anforderungen an die Energieeffizienz sind in den Abs. 2–5 aufgeführt.

5   Die Energieeffizienz ist auch dann zu beachten, wenn energieverbrauchende Waren, Geräte oder Ausrüstungen **„wesentliche"** Voraussetzung zur Ausführung einer **Dienstleistung** sind. Diese Einschränkung führt dazu, dass nicht jeder Gegenstand, der im Rahmen einer Dienstleistung genutzt wird, den Anwendungsbereich der § 67 VgV eröffnet.[8] So ist etwa das Firmenfahrzeug eines Beraters nicht wesentlich für die Erbringung der nachgefragten Beratungsleistung. Hingegen dürften die Geräte für den Betrieb einer Kantine wesentlich sein, wenn die Betreiberleistung in Frage steht. Grds, sind die Energieeffizienzanforderungen für Liefer- und Dienstleistungsaufträge gleichermaßen anzuwenden, sofern bei der Ausführung der Dienst-

---

[3] G v. 9.6.2021 (BGBl. I S. 1691).
[4] Verkündet als Art. 1 G v. 9.6.2021 (BGBl. I S. 1691); Inkrafttreten gem. Art. 4 S. 1 dieses G am 15.6.2021.
[5] Vgl. BGBl. 2011 I 1724.
[6] Vgl. Erwgr. 97 der RL 2014/24/EU.
[7] Vgl. Art. 53 Abs. 1 lit. a RL 2004/18/EG.
[8] VK Bund 10.11.2014 – VK 2–89/14, VPRRS 2014, 0678.

leistung energieverbrauchsrelevante Waren, technische Geräte oder Ausrüstungen als wesentliche Voraussetzung für die Dienstleistung zum Einsatz kommen. Umstritten ist, ob die Vorschrift auf Dienstleistungen, bei denen der **Einsatz von Verkehrsmitteln zur Personen- und Güterbeförderung** wesentliche Voraussetzung ist, Anwendung findet. Dafür wird vorgebracht, dass der deutsche Verordnungsgeber den ihm durch die RL gewährten Spielraum, die Verkehrsmittel zur Personen- oder Güterbeförderung aus dem Anwendungsbereich auszunehmen, nicht genutzt habe.[9] Diese Ansicht überzeugt nicht. Die Verkehrsmittel zur Personen- oder Güterbeförderung gehören nach richtlinienkonformer Auslegung der RL 2010/30/EU nicht zu den erfassten Waren, technischen Geräten oder Ausrüstungen iSd § 67 Abs. 1 VgV, da Art. 1 Abs. 3b RL 2010/30/EU Verkehrsmittel zur Personen- oder Güterbeförderung ausdr. vom Anwendungsbereich der RL ausnimmt.[10] Es sind keine Anhaltspunkte erkennbar, dass der Verordnungsgeber den Anwendungsbereich der RL 2010/30/EU im Zuge der Umsetzung in nationales Recht erweitern wollte. Hinzu kommt, dass auch § 4 Abs. 4 VgV aF der Umsetzung der RL 2010/30/EU diente,[11] wobei davon auszugehen ist, dass der Verordnungsgeber die RL vollständig, mitsamt den Ausnahmen, umsetzen wollte.[12] § 67 Abs. 1 VgV wiederum überführt den Regelungsgehalt des § 4 Abs. 4 VgV aF in die aktuelle VgV, so dass die Herausnahme von Verkehrsmitteln zur Personen- und Güterbeförderung aus dem Anwendungsbereich des § 67 VgV auch bei der Umsetzung des neuen § 67 Abs. 1 VgV gelten muss. Daher findet § 67 VgV auf Dienstleistungen, bei denen Verkehrsmittel zur Personen- und Güterbeförderung wesentliche Voraussetzung sind, keine Anwendung.[13] Die Annahme, dass die Gerichtsentscheidungen zu § 4 Abs. 4 VgV aF nicht auf die neue Rechtslage übertragen werden können,[14] überzeugt nicht. Die Auffassung stützt sich darauf, dass sich eine Ausnahme für Verkehrsmittel zur Personenbeförderung mangels Verweis auf die RL 2010/30/EU nicht mehr begründen lässt. Dies widerspricht der amtl. Begr. zu § 67 VgV, die konstatiert, dass § 67 VgV die RL 2010/30/EU umsetzt.[15]

Unter den Begriff der Verkehrsmittel zur Personen- und Güterbeförderung fällt bspw. die Beschaffung von ÖPNV-Dienstleistungen. Die Ausnahmeregelung ist aber nicht auf Verkehrsmittel im ÖPNV-Einsatz beschränkt, sondern gilt bspw. auch für Rettungstransportwagen, da auch dort die Rettungsmittel in erheblichen Maße dem Personentransport dienen.[16]

Energieverbrauchsrelevante Waren iSd § 67 Abs. 1 VgV fallen unter den Oberbegriff der energieverbrauchsrelevanten Produkte. Der Begriff „energieverbrauchsrelevantes Produkt" wird in Art. 2 lit. a RL 2010/30/EG als ein Gegenstand definiert, dessen Nutzung den Verbrauch an Energie beeinflusst. Dazu gehören auch Teile, die zum Einbau in ein unter diese RL fallendes energieverbrauchsrelevantes Produkt bestimmt sind, als Einzelteil für Endverbraucher in Verkehr gebracht und/oder in Betrieb genommen werden und getrennt auf ihre Umweltverträglichkeit geprüft werden können. Eine Software als Gegenstand einer Lieferleistung erfüllt die Merkmale eines Produkts iSd Art. 2 lit. a RL 2010/30/EG nicht, weil die Software, als solche und isoliert betrachtet, keine Energie verbraucht.[17]

---

[9] Zeiss NZBau 2012, 201 (204).
[10] OLG Celle 19.3.2015 – 13 Verg 1/15, BeckRS 2015, 120381, zu § 4 Abs. 4–6b VgV aF; VK Lüneburg 9.1.2015 – VgK-44/2014, VPRRS 2015, 0013, zu § 4 Abs. 4–6b VgV aF.
[11] Vgl. BR-Drs. 345/11, 1.
[12] OLG Celle 19.3.2015 – 13 Verg 1/15, BeckRS 2015, 120381.
[13] OLG Celle 19.3.2015 – 13 Verg 1/15, BeckRS 2015, 120381, zu § 4 Abs. 4–6 VgV aF; Homann/Büdenbender VergabeR 2012, 1 (4 f.).
[14] Mutschler-Siebert/Dorschfeldt VergabeR 2016, 385 (392).
[15] Vgl. BR-Drs. 87/16, 220.
[16] VK Lüneburg 9.1.2015 – VgK-44-2014, VPRRS 2015, 0013, zu § 4 Abs. 4–6b VgV aF.
[17] VK Bund 10.11.2014 – VK 2–89/14, VPRRS 2014, 0678.

9 Der Begriff Energie ist nicht auf einen bestimmten Energieträger beschränkt und erfasst daher alle denkbaren Energieträger. Unerheblich für die Beschaffung ist die Energieeffizienz iRd Herstellungsprozesses der Produkte. Maßgeblich ist allein die **Energieeffizienz beim Verbrauch.**

10 Die Streitfrage, ob sich **energieverbrauchsrelevant** lediglich auf Waren oder auch auf technische Geräte und Ausrüstungen bezieht, hat sich mit der Vergaberechtsform 2016 und der damit einhergegangenen Einführung von § 67 VgV insofern erledigt, als Waren, technische Geräte und Ausrüstungen von der Legaldefinition der energieverbrauchsrelevanten Liefer- oder Dienstleistungen in Abs. 1 umfasst sind. Die Energieverbrauchsrelevanz gilt seitdem eindeutig für alle Gegenstände.

III. Leistungsbeschreibung (Abs. 2)

11 Abs. 2 legt besondere Anforderungen fest, die in der Leistungsbeschreibung im Hinblick auf die Energieeffizienz gestellt werden sollen. Die grds. Anforderungen an die Leistungsbeschreibung sind in § 121 Abs. 1 GWB normiert. Neben diesen Vorgaben sind bei der Beschaffung energieverbrauchsrelevanter Liefer- und Dienstleistungen noch **folgende Anforderungen** zusätzlich zu beachten:
– das höchste Leistungsniveau an Energieeffizienz (Nr. 1) und
– soweit vorhanden, die höchste Energieeffizienzklasse iSd Energieverbrauchskennzeichnungsverordnung (EnVKV) (Nr. 2).[18]
Die genannten Anforderungen an die Energieeffizienz sind **nicht abschließend**.[19] Dies wird durch die gewählte Formulierung „insbesondere" deutlich.

12 Abs. 2 entspricht iW dem Regelungsgehalt des § 4 Abs. 5 VgV aF. Die Vorschrift dient zudem der Umsetzung von Art. 9 Abs. 1 RL 2010/30/EU. Danach sind die Vergabebehörden, die öffentliche Bau-, Liefer- oder Dienstleistungsaufträge vergeben, grds. dazu angehalten, Produkte zu beschaffen, die das höchste Leistungsniveau aufweisen und zur höchsten Energieeffizienzklasse gehören. Der deutsche Gesetzgeber hat von der Möglichkeit nach Art. 9 Abs. 1 S. 2 RL 2010/30/EU, wonach die Mitgliedstaaten verlangen können, dass die Vergabebehörden ausschl. Produkte beschaffen, welche diese Kriterien erfüllen, keinen Gebrauch gemacht. Vielmehr hat er sich für ein intendiertes Ermessen entschieden („sollen"), wonach vom Regelfall nur in atypischen Fällen abgewichen werden darf.[20] Dadurch ist für den öffentlichen Auftraggeber eine gewisse Flexibilität gesichert.

13 Der Begriff **„höchstes Leistungsniveau"** (Nr. 1) ist nicht legal definiert. Auftraggeber müssen daher zur Vorbereitung der Ausschreibung zunächst festlegen, welche Leistung ein Produkt haben soll und dann für diese Leistungsklasse im Rahmen einer **Markterkundung** das höchste am Markt verfügbare Energieeffizienzniveau ermitteln und dieses zur **Mindestanforderung der Leistungsbeschreibung** machen.[21] Diese Vorgehensweise wird teilw. als wettbewerblich kritisch eingeordnet, da befürchtet wird, die Entscheidung für einen konkreten Energieeffizienzwert, ggf. in Kenntnis der möglichen Marktteilnehmer, könne zumindest unbewusst zu einer sachlich nicht gerechtfertigten Verengung des Bieterfeldes führen. Daher wird für ein anonymisiertes Verfahren plädiert.[22] Diese Befürchtung ist unbegründet, da das

---

[18] Verordnung zur Kennzeichnung von energieverbrauchsrelevanten Produkten mit Angaben über den Verbrauch an Energie und an anderen wichtigen Ressourcen v. 30.10.1997 (BGBl. I 2616).
[19] Vgl. BT-Drs. 18/7318, 201 f.
[20] BVerwG 16.5.1983 – 1 C 28/81, NJW 1984, 70; vgl. auch Stockmann/Rusch NZBau 2013, 71 (74).
[21] Haak NZBau 2015, 15; Zeiss NZBau 2012, 201.
[22] Gaus NZBau 2013, 401 (403).

Kriterium des höchsten Leistungsniveaus gerade ein rein **objektiv feststellbares Kriterium** ist. Auch ist die zu ermittelnde Energieeffizienz bei der Zuschlagsentscheidung gem. § 67 Abs. 5 VgV lediglich als ein Kriterium unter vielen angemessen zu berücksichtigen. Die Ermittlung des höchsten Leistungsniveaus wird auch mit dem Argument abgelehnt, die Norm sei nicht wörtlich zu verstehen, sondern es müsse eine Bandbreite von mehreren Leistungsniveaus festgelegt werden.[23] Dies überzeugt schon aufgrund des eindeutigen Wortlauts nicht, welcher vom höchsten Leistungsniveau spricht. Auch wenn die Formulierung in Art. 9 Abs. 1 RL 2010/30/EU von höchsten Leistungsniveaus spricht, bezieht sich der Plural auf den zuvor gewählten Plural „Produkte".[24] Hierunter ist also nicht eine Bandbreite mehrerer Leistungsniveaus in Bezug auf ein Produkt zu verstehen.[25] Es sollen vielmehr Produkte beschafft werden, die jew. das höchste Leistungsniveau haben.

Auch wäre eine Bandbreite von höchsten Leistungsniveaus nicht notwendig. Es handelt es sich bei Abs. 2 um eine **Sollvorschrift**.[26] Dadurch besteht ein Korrektiv für die Fälle, in denen das höchste Leistungsniveau nicht zu ermitteln ist, sondern nur ein Richtwert festgelegt werden kann. Allerdings können nur **besondere Umstände** dazu führen, dass der Auftraggeber von seiner Verpflichtung, eine umfassende Markterkundung für die Festsetzung des höchsten Leistungsniveaus vorzunehmen, befreit wird.[27] Danach lässt der Begriff „sollen" dem Auftraggeber in Fällen, in denen die Forderung des höchsten Leistungsniveaus ausnahmsweise nicht möglich ist, einen **gewissen Spielraum**. In diesem Fall ist der öffentliche Auftraggeber gehalten, die **höchstmöglichen Anforderungen** zu stellen.[28] Daran schließt sich die Frage an, ab welchem Zeitpunkt es nicht mehr möglich ist, das höchste Leistungsniveau zu bestimmen. Nach einer Ansicht soll das dann der Fall sein, wenn der Auftraggeber mangels ausreichender oder mit zumutbarem Aufwand zu beschaffender Marktinformationen keine höchsten Leistungsniveaus an Energieeffizienz festlegen könne. Dies würde bspw. bei einer Einzelanfertigung in Betracht kommen.[29] Aber auch bei unangemessen hohen Preisen könne der Auftraggeber vom Erfordernis des höchsten Leistungsniveaus abweichen.[30] Gerade weil es sich um eine Sollvorschrift handelt, sind **hohe Anforderungen an eine Abweichung** von den Anforderungen in Nr. 1 zu stellen. Hierbei bereits an die Marktpreise anzuknüpfen, ist daher nicht überzeugend. Vielmehr muss der Aufwand derart unverhältnismäßig sein, dass er dadurch praktisch unmöglich wird. Hierbei können die zu § 275 BGB entwickelten Kriterien herangezogen werden.

Die Bedeutung des § 67 Abs. 2 **Nr. 2** VgV ist begrenzt, da von der **EnVKV** lediglich bestimmte Haushaltsgeräte umfasst sind (zB Waschmaschinen, Geschirrspüler, Klimaanlagen). Unter anderem sind Verkehrsmittel zur Personen- und Güterbeförderung sowie Produkte, die ausschl. zur Verwendung für militärische Zwecke bestimmt sind, gem. § 1 Abs. 2 EnVKV von der Verordnung ausgenommen. Die Klasse der Energieeffizienz ist gem. Anl. 1 Nr. 7 der EnVKV nach den in Tab. 1 Spalte 6 jew. aufgeführten Anhängen der RL 96/60/EG (Anh. IV) oder RL 2002/40/EG (Anh. IV) zu ermitteln. Für die von der EnVKV erfassten Geräte ist idR davon auszugehen, dass stets die höchste Energieeffizienzklasse A beschafft werden

---

[23] Stockmann/Rusch NZBau 2013, 71 (73).
[24] Die Formulierung lautet: „Fällt ein Produkt unter einen delegierten Rechtsakt, so sind Vergabebehörden (…) bestrebt, nur Produkte zu beschaffen, die folgende Kriterien erfüllen: sie haben die höchsten Leistungsniveaus und gehören zur höchsten Energieeffizienzklasse."
[25] So aber Stockmann/Rusch NZBau 2013, 71 (73).
[26] Hattenhauer/Butzert ZfBR 2017, 129.
[27] Haak NZBau 2015, 11 (16). So auch die Argumentation der amtl. Begr. zu § 4 VgV aF.
[28] Vgl. BR-Drs. 345/11, 8.
[29] Stockmann/Rusch NZBau 2013, 71 (75).
[30] Vgl. die Argumentation von Gaus NZBau 2013, 401 (404).

kann. Ein Spielraum für geringere Anforderungen dürfte hier im Regelfall nicht bestehen. Ein Ofen mit kleiner Backröhre zeichnet sich bspw. durch die Energieeffizienzklasse A aus, wenn sein Energieverbrauch bei einer Standardbeladung bei 0,60 kWh liegt.[31]

IV. Informationsanforderung (Abs. 3)

16   Abs. 3 verlangt, in der Leistungsbeschreibung oder an einer anderen geeigneten Stelle in den Vergabeunterlagen von den Bietern bestimmte Informationen anzufordern. Die Angaben dienen als Grundlage für die nach § 67 Abs. 5 VgV verpflichtend vorgesehene Berücksichtigung der Energieeffizienz bei der Angebotswertung und sind daher **zwingend abzufragen.** Ein Ermessen des öffentlichen Auftraggebers besteht nicht.[32]

Zu fordern sind
– konkrete Angaben zum Energieverbrauch, es sei denn, die auf dem Markt angebotenen Waren, technischen Geräte oder Ausrüstungen unterscheiden sich im zulässigen Energieverbrauch nur geringfügig;
in geeigneten Fällen außerdem
– eine Analyse minimierter Lebenszykluskosten oder
– die Ergebnisse einer der Analyse minimierter Lebenszykluskosten vergleichbaren Methode zur Überprüfung der Wirtschaftlichkeit.

17   Aus den **konkreten Angaben zum Energieverbrauch** wird gem. § 67 Abs. 5 VgV die Energieeffizienz ermittelt, die als Zuschlagskriterium zu berücksichtigen ist. Was genau unter „konkreten Angaben" zu verstehen ist, wurde gerichtlich noch nicht geklärt. Abs. 3 ist als Ergänzung zu Abs. 2 zu verstehen, bei dem ua genormte Klassifizierungen verlangt werden. Da nicht jeder energieverbrauchrelevante Gegenstand über eine solche Klassifizierung verfügt, sind vom Bieter iRd Abs. 3 zusätzlich noch konkrete Angaben über den Energieverbrauch zu verlangen. Es können daher ebenfalls Angaben, wie bspw. der genaue Energieverbrauch (kWh), verlangt werden.

18   Die **Ausnahme,** bei geringfügigen Unterschieden im Energieverbrauch keine Angaben fordern zu müssen, geht auf den Bundesrat zurück. Dieser war der Ansicht, dass bei vielen auf dem Markt angebotenen Produkten die Unterschiede im Energieverbrauch nur geringfügig seien und der Energieverbrauch für das Vergabeverfahren daher keine Bedeutung habe. Das Ziel war, überflüssigen Bürokratieaufwand zu vermeiden.[33] Wie genau Geringfügigkeit zu definieren ist, wurde bis heute noch nicht gerichtlich entschieden. Es wurde vorgeschlagen, die bspw. zur Inhouse-Vergabe von der Rspr. ehemals entwickelte Schwelle von 10 % entspr. anzusetzen.[34] Würde also auch nur ein Produkt mehr als 10 % von der zulässigen Energieeffizienzklasse abweichen, läge bereits keine Geringfügigkeit mehr vor.

19   Bei der **Lebenszykluskostenrechnung** werden sämtliche über den gesamten Lebenszyklus von Bauleistungen, Lieferungen oder Dienstleistungen anfallenden Kosten berücksichtigt. Ein Lebenszyklus ist nach Art. 2 Abs. 1 Nr. 20 RL 2014/24/EU definiert als „alle aufeinander folgenden und/oder miteinander verbundenen Stadien, einschließlich der durchzuführenden Forschung und Entwicklung, der Produktion, des Handels und der damit verbundenen Bedingungen, des Transports, der Nutzung und Wartung, während der Lebensdauer einer Ware oder eines Bauwerks oder während der Erbringung einer Dienstleistung, angefangen von der Beschaffung der Rohstoffe oder Erzeugung von Ressourcen bis hin zu Entsorgung, Aufräumar-

---

[31] Vgl. Anh. IV, Tab. 1 RL 2002/40/EG.
[32] Vgl. BT-Drs. 18/7318, 202.
[33] Vgl. BR-Drs. 345/11, 1.
[34] Gaus NZBau 2013, 401 (404).

beiten und Beendigung der Dienstleistung oder Nutzung." Zum Begriff der Lebenszykluskosten ausf. → § 59 Rn. 14, 15.

Die minimierten Lebenszykluskosten sind gem. § 67 Abs. 3 Nr. 2 VgV **nur in geeigneten Fällen** abzufragen. Die Geeignetheit hängt vom Beschaffungsgegenstand und dessen Einsatzart ab. Eine Analyse der minimierten Lebenszykluskosten ist immer dann notwendig, wenn das zu beschaffende Gerät in verschiedenen Betriebsarten gebraucht wird und der Energieverbrauch variiert.[35] Wenn das zu beschaffende Gerät einen unterschiedlichen Energieverbrauch bei unterschiedlichen Betriebsarten hat (zB Klimaanlagen), kann der Energieverbrauch nicht einfach über die Zeit hochgerechnet werden, so dass eine Analyse der tatsächlichen Kosten sinnvoll ist. Ist hingegen nur eine Betriebsart und damit ein gleichbleibender Energieverbrauch vorgesehen (zB bei ständig beleuchteten Fluchtwegehinweisen), ist eine Analyse der Lebenskosten nicht erforderlich. 20

V. Überprüfung und Erläuterung von Informationen (Abs. 4)

Abs. 4 entspricht dem Wortlaut des § 4 Abs. 6a VgV aF und ergänzt die Regelung in § 67 Abs. 3 VgV. Der öffentliche Auftraggeber darf die nach § 67 Abs. 3 VgV übermittelten Informationen überprüfen und hierzu ergänzende Erläuterungen von den Bietern fordern. Dadurch wird Art. 56 Abs. 3 RL 2014/24/EU umgesetzt, wonach zu übermittelnde Informationen oder Unterlagen, die unvollständig oder fehlerhaft sind oder scheinen, innerhalb einer angemessenen Frist nachgefordert werden dürfen. 21

VI. Zuschlag (Abs. 5)

Abs. 5 schreibt vor, die anhand der Informationen nach Abs. 3 oder der Ergebnisse einer Überprüfung nach Abs. 4 zu ermittelnde Energieeffizienz iRd Ermittlung des wirtschaftlichsten Angebotes **als Zuschlagkriterium angemessen zu berücksichtigen.** Die Bestimmung entspricht dem Wortlaut des § 4 Abs. 6b VgV aF. 22

Abs. 5 stellt eine gebundene Entscheidung dar, wobei allerdings ein **Beurteilungsspielraum** des öffentlichen Auftraggebers in Bezug auf die Angemessenheit der Berücksichtigung besteht.[36] Der Auftraggeber ist gehalten, ausgehend vom konkreten Beschaffungsgegenstand die **Gewichtung von Preis, Energieeffizienz und weiterer qualitativer Kriterien** sorgfältig aufeinander abzustimmen. Funktionale und qualitative Anforderungen, die der Auftraggeber für wichtig hält, dürfen dabei nicht in den Hintergrund treten.[37] Bei der Beurteilung, was **angemessen** ist, sind die konkreten Umstände zu berücksichtigen. Einige Aspekte sind regelmäßig relevant. Wird etwa die höchste Energieeffizienzklasse bereits in der Leistungsbeschreibung vorgegeben, kann die Gewichtung geringer ausfallen. Dabei ist allerdings zu berücksichtigen, dass innerhalb einer Effizienzklasse erhebliche Unterschiede hinsichtlich des konkreten Energieverbrauchs der Produkte bestehen können. Daher kann selbst bei hohen Anforderungen in der Leistungsbeschreibung eine hohe Gewichtung der Energieeffizienz bei der Angebotswertung angemessen sein. Relevant für die Gewichtung sind außerdem der Anteil der Energiekosten bzw. der Lebenszykluskosten am Auftragswert sowie der Zweck der Beschaffung. Sollen zB Isolierfenster oder Klimaanlagen beschafft werden, wäre eine geringe Gewichtung unangemessen, denn hier steht die Energieverbrauchsrelevanz deutlich im Vordergrund. Überwiegen hingegen die Anschaffungs- 23

---

[35] Zeiss NZBau 2011, 658.
[36] Vgl. BT-Drs. 18/7318, 202.
[37] Vgl. BR-Drs. 345/11, 9.

und Wartungskosten die unmittelbaren und mittelbaren Energieverbrauchskosten, kann deren Gewichtung geringer ausfallen. In einem solchen Fall kann die Betrachtung der Lebenszykluskosten ein wirtschaftlicheres Ergebnis als die hohe Gewichtung der Energieeffizienz ergeben. Insges. muss bei der Beurteilung der Angemessenheit der Wille des Verordnungsgebers beachtet werden, nach dessen Aussage die „Energieeffizienz in jedem Fall als hoch gewichtetes Zuschlagskriterium" zu berücksichtigen ist. Letztlich darf die Gewichtung der Energieeffizienz nicht derart niedrig sein, dass die Verpflichtung zur energieeffizienten Beschaffung ausgehebelt würde.[38] Die Rspr. sieht demgegenüber offenbar einen größeren Beurteilungsspielraum des öffentlichen Auftraggebers. Das OLG Düsseldorf ließ bspw. einen mit 6 % angegebenen Wertungsanteil für die Energieeffizienz ausreichen.[39] Laut OLG Karlsruhe ist sogar die völlige Außerachtlassung der Bewertung von Energieeffizienz bei der Beschaffung eines digitalen Alarmierungssystems zur polizeilichen Gefahrenabwehr wegen übergeordneter Sicherheitsinteressen rechtskonform.[40]

24 Die Zuschlagskriterien mit Gewichtung sind vor der Vergabe in der Bekanntmachung bzw. in den Vergabeunterlagen festzulegen. Eine spätere Abweichung hiervon ist rechtlich nicht zulässig.[41]

25 Kann der Energieaufwand seitens der Bieter nicht auftragsbezogen ermittelt werden, ist das Zuschlagskriterium Energieeffizienz ungeeignet, und der öffentliche Auftraggeber kann in diesen Fällen davon absehen, die Zuschlagsentscheidung auf dieses Kriterium zu stützen. Dies ist zB bei einer angebotenen Systemkonfiguration der Fall, deren Leistungen in Rechenzentren erfolgen, wo vergleichbare Tätigkeiten für mehrere Vertragspartner erbracht werden.

VII. Rechtsschutz

26 Ob die Regelungen zur Energieeffizienz bieterschützende Wirkung haben, ist umstritten. Einigkeit besteht darüber, dass die Vorgaben das **Bestimmungsrecht des Auftraggebers** über den Beschaffungsgegenstand (dazu → GWB § 127 Rn. 6 sowie → § 14 Rn. 54 ff.) einschränken. Nach einer Ansicht folgt daraus, dass dem Bieter ein Nachprüfungsverfahren offensteht. Allerdings dienen die einschränkenden Vorgaben zur Energieeffizienz nicht dem Wettbewerbsschutz des Bieters. Sie sind vielmehr **Ausfluss allg. umweltpolitischer Ziele**.[42] Ein subjektives Recht auf Einhaltung aller Vorschriften über das Vergabeverfahren haben Unternehmen entgegen dem Wortlauts des § 97 Abs. 6 GWB ohnehin nicht. Nur diejenigen Vergabevorschriften verleihen subjektive Rechte iSv § 97 Abs. 6 GWB, die gerade den Schutz des Bieters bezwecken (dazu ausf. → GWB § 97 Rn. 110). Auf rein objektive Vergabevorschriften, zu denen auch bloße Ordnungsvorschriften zählen, kann sich ein unterlegener Bieter nicht berufen. Insofern sprechen die besseren Gründe dafür, § 67 VgV **keine bieterschützende Funktion** einzuräumen.

§ 68 *(aufgehoben)*

---

[38] Zeiss NZBau 2012, 201 (204).
[39] OLG Düsseldorf 19.6.2013 – VII-Verg 4/13, NZBau 2013, 720.
[40] OLG Karlsruhe 11.11.2020 – 15 Verg 6/20, NZBau 2021, 635.
[41] Haak NZBau 2015, 11 (16).
[42] VK Rheinland-Pfalz 13.11.2015 – VK 1–16/15, BeckRS 2016, 43569, zu § 4 Abs. 4–6b VgV aF; die VK Lüneburg 9.1.2015 – VgK-44/2014, VPRRS 2015, 0013, ist auf die Frage, ob es sich bei den § 4 Abs. 4–6b VgV aF um bieterschützende Normen handelt, nicht eingegangen; ebenso der diesen Beschluss bestätigende Beschluss des OLG Celle 19.3.2015 – 13 Verg 1/15, BeckRS 2015, 120381; vgl. auch VK Bund 10.11.2014 – VK 2–89/14, VPRRS 2014, 0678; Zeiss NZBau 2012, 201 (205).

Anwendungsbereich § 69 VgV

Abschnitt 5. Planungswettbewerbe

Vor § 69

Abschn. 5 der VgV dient der Umsetzung von Titel III Kap. II RL 2014/24/EU **1** und umfasst die **allgemeinen Bestimmungen zu Wettbewerben** nach § 103 Abs. 6 GWB (zur Unterscheidung von Verfahren zur Vergabe öffentlicher Aufträge und zur Nachprüfung → VgV Vor § 78 Rn. 1 ff., → VgV § 78 Rn. 1 ff.). Wenn es sich um einen **Wettbewerb im Bereich des Bauwesens**, dh in den Aufgabenbereichen Städtebau, Stadtplanung, Stadtentwicklung, Landschafts- und Freiraumplanung, Planung von Gebäuden und Innenräumen, Planung von Ingenieurbauwerken und Verkehrsanlagen oder technische Fachplanungen, handelt,[1] sind **zusätzlich zu den Regelungen des 5. Abschn. die §§ 78–80 VgV zu beachten.**

§ 69 Anwendungsbereich

(1) **Wettbewerbe nach § 103 Absatz 6 des Gesetzes gegen Wettbewerbsbeschränkungen werden insbesondere auf den Gebieten der Raumplanung, des Städtebaus und des Bauwesens oder der Datenverarbeitung durchgeführt (Planungswettbewerbe).**

(2) **Bei der Durchführung eines Planungswettbewerbs wendet der öffentliche Auftraggeber die §§ 5, 6 und 43 und die Vorschriften dieses Abschnitts an.**

§ 69 Abs. 1 VgV verweist auf die **Definition des Wettbewerbs in § 103 Abs. 6** **1** **GWB** und zugleich auf dessen Hauptanwendungsfälle, nämlich die Gebiete der Raumplanung, des Städtebaus und des Bauwesens (s. auch die Kommentierung zu → VgV §§ 78–80 Rn. 1 ff.). Die Regelungen des 5. Abschn. gelten aber auch für sonstige Wettbewerbe, etwa im Bereich der Werbung oder der Informationstechnik, auch wenn solche Wettbewerbe in der Praxis nur sehr selten vorkommen.

Nach dem Wortlaut des § 69 Abs. 2 VgV könnte der Eindruck entstehen, dass **2** für Wettbewerbe ausschl. die angeführten Vorschriften nach § 5 VgV (Vertraulichkeit), § 6 VgV (Interessenskonflikte) und § 43 VgV (Rechtsform/Bietergemeinschaften) sowie die Regelungen des 5. Abschn. und – soweit Wettbewerbe im Bereich des Architekten- und Ingenieurwesens betroffen sind – zusätzlich die §§ 78–80 VgV gelten. In der Begr. zu § 69 Abs. 2 VgV wird jedoch klargestellt, dass auch andere Regelungen, die – wie zB § 3 Abs. 11 VgV – Planungswettbewerbe ausdr. in Bezug nehmen, zu beachten sind. Darüber hinaus dürften aber **auch alle anderen Vorschriften, die der Umsetzung der Regelungen aus Titel I der RL 2014/24/EU dienen, zu beachten** sein. Dies ergibt sich aus Art. 80 Abs. 1 der RL 2014/24/EU, wonach die Verfahrensregeln aus Titel I (Art. 1–24) für Wettbewerbe entspr. gelten.

Da Art. 80 Abs. 1 der RL 2014/24/EU auch auf die Vorschriften zur Kommuni- **3** kation in Art. 22 verweist, ist davon auszugehen, dass für Wettbewerbe auch die **Grundsätze zur Kommunikation (§ 9 Abs. 1 und 2 VgV)** einschl. der Vorschriften über die **Anforderungen an elektronische Mittel (§§ 10–12 VgV)** zu beachten sind. Daraus folgt indes nicht, dass die Einreichung von Wettbewerbsarbeiten unter Verwendung elektronischer Mittel gefordert werden müsste. Wie sich aus Erwgr. 52 der RL 2014/24/EU ergibt, müssen die Mitgliedstaaten verpflichtend

---

[1] IdS auch § 1 Abs. 1 RPW.

nur die „elektronische Übermittlung" von Teilnahmeanträgen und Angeboten vorschreiben. Die VgV enthält keine Anhaltspunkte dafür, dass der Verordnungsgeber darüber hinaus auch die elektronische Übermittlung von Wettbewerbsarbeiten vorschreiben wollte. Dagegen spricht schon die fehlende Verweisung auf die Vorschriften zur elektronischen Kommunikation in § 69 Abs. 2 VgV. Eine solche Verpflichtung ergibt sich auch nicht aus § 10 Abs. 1 S. 2 VgV. Die Vorschrift regelt entspr. Anhang IV der RL 2014/24/EU die Anforderungen an die elektronischen Mittel, wenn sich der Auftraggeber (freiwillig) für eine elektronische Übermittlung von Wettbewerbsarbeiten entscheidet. Daraus folgt indes keine Verpflichtung der Auslober eines Wettbewerbs, die elektronische Übermittlung von Wettbewerbsarbeiten zu verlangen. Sie können hierauf auch verzichten und eine andere Art der Übermittlung der Wettbewerbsarbeiten festlegen. Diese Wahlmöglichkeit dürfte unter Berücksichtigung des 52. Erwgr. indes nicht für die Einreichung von Teilnahmeanträgen bei nichtoffenen Wettbewerben gelten. Vielmehr ist davon auszugehen, dass diese dem Gebot der elektronischen Übermittlung und den Anforderungen nach §§ 10 und 11 der VgV uneingeschränkt unterliegen. Für die allg. Kommunikation gilt der Grundsatz der Verwendung elektronischer Mittel mit der alternativen Möglichkeit hinreichend dokumentierter mündlicher Kommunikation nach § 9 Abs. 2 VgV (zB bei Durchführung eines Kolloquiums oder iRv Preisgerichtssitzungen). Zu beachten ist ferner, dass das Gebot der elektronischen Kommunikation auch für die Zurverfügungstellung der Auslobungsunterlagen gilt. Deshalb sieht Anh. V Teil E Ziffer 2 vor, dass in der Wettbewerbsbekanntmachung ein Link anzugeben ist, über den die „Auftragsunterlagen" abrufbar sein müssen. Aus Art. 2 Abs. 1 Nr. 13 der RL 2014/24/EU ergibt sich, dass vom Begriff der Auftragsunterlagen auch eine Beschreibung des Verfahrens erfasst ist. Bei einem nichtoffenen Planungswettbewerb nach RPW muss deshalb zumindest der Teil der Auslobung mit der Verfahrensbeschreibung iSd Anlage I zur RPW zugänglich sein. Für die Beschreibung der konkreten Aufgabenstellung gilt dies nur, wenn keine Teilnehmer gesetzt werden. Andernfalls käme diesen ggü. den Teilnehmern, die sich erst über einen Teilnahmewettbewerb qualifizieren müssen, bei der Bearbeitung der Wettbewerbsaufgabe ein ungerechtfertigter Zeitvorteil zu.

4 Zu beachten dürfte auch die allg. **Dokumentationspflicht nach § 8 Abs. 1 VgV** sein.[1] Die Regelung geht auf Art. 84 Abs. 2 der RL 2014/24/EU zurück, der die Dokumentationspflicht „aller Vergabeverfahren" regelt und damit – auch wenn in Art. 80 der RL 2014/24/EU hierauf nicht ausdr. verwiesen wird – auch für Wettbewerbe gelten dürfte.

5 Nicht abschl. geklärt ist, ob bereits für die Teilnahme am Wettbewerb die **Vorschriften über die Eignung (§ 122 GWB) und Ausschlussgründe (§§ 123 ff. GWB)** aus dem 2. Abschn. des Teils 4 des GWB gelten. Dagegen spricht, dass sich dieser ausweislich der Überschrift nur auf die „Vergabe von öffentlichen Aufträgen" bezieht. Allerdings verweist § 115 GWB hinsichtlich des Anwendungsbereichs ausdr. auch auf die Ausrichtung von Wettbewerben, wobei dies systematisch auch nur auf die Ausnahmebestimmungen beziehen könnte. Gegen die Anwendung der §§ 122–126 GWB spricht ferner, dass die diesen Vorschriften zugrundeliegenden Richtlinienvorschriften im Teil II der RL 2014/24/EU enthalten sind, die jedoch in Art. 80 Abs. 1 der RL 2014/24/EU für die Durchführung von Wettbewerben nicht verwiesen wird. Es ist deshalb davon auszugehen, dass die §§ 122–126 GWB erst iR eines auf den Wettbewerb folgenden Verhandlungsverfahrens relevant werden, wobei auf die hierfür geltenden Anforderungen und Bedingungen nach § 70 Abs. 2 VgV bereits in der Wettbewerbsbekanntmachung hinzuweisen ist.

---

[1] Offen gelassen von OLG Karlsruhe 10.8.2021 – 15 Verg 10/21, BeckRS 2021, 52167 = VergabeR 2022, 473 (479).

§ 70 Veröffentlichung, Transparenz

(1) ¹Der öffentliche Auftraggeber teilt seine Absicht, einen Planungswettbewerb auszurichten, in einer Wettbewerbsbekanntmachung mit. ²Die Wettbewerbsbekanntmachung wird nach den Vorgaben der Spalte 23 der Tabelle 2 des Anhangs der Durchführungsverordnung (EU) 2019/1780 in Verbindung mit § 10a erstellt. ³§ 40 ist entsprechend anzuwenden.

(2) Beabsichtigt der öffentliche Auftraggeber im Anschluss an einen Planungswettbewerb einen Dienstleistungsauftrag im Verhandlungsverfahren ohne Teilnahmewettbewerb zu vergeben, hat der öffentliche Auftraggeber die Eignungskriterien und die zum Nachweis der Eignung erforderlichen Unterlagen hierfür bereits in der Wettbewerbsbekanntmachung anzugeben.

(3) ¹Die Ergebnisse des Planungswettbewerbs sind bekanntzumachen und innerhalb von 30 Tagen an das Amt für Veröffentlichungen der Europäischen Union über den Datenservice Öffentlicher Einkauf zu übermitteln. ²Die Bekanntmachung wird nach den Vorgaben der Spalte 36 der Tabelle 2 des Anhangs der Durchführungsverordnung (EU) 2019/1780 in Verbindung mit § 10a erstellt.

(4) § 39 Absatz 6 gilt entsprechend.

§ 70 VgV dient der Umsetzung von Art. 79 RL 2014/24/EU und wurde zuletzt an die Vorgaben der Durchführungsverordnung (EU) 2019/1780 angepasst, indem auf die einschlägigen Vorgaben in den Spalten 23 und 36 der Tabelle 2 der Durchführungsverordnung (EU) 2019/1780 verwiesen wird. 1

Der **Inhalt der Wettbewerbsbekanntmachung** ergibt sich aus der RL 2014/24/EU, Anh. V Teil E. Folgende **wettbewerbsspezifische Angaben** sind im Bekanntmachungsmuster neben den üblichen Inhalten aufgelistet: 2
- Bezeichnung des Auftrags (Wettbewerbsgegenstands),
- Kriterien für die Auswahl der Teilnehmer,
- Angaben zu einem besonderen Berufsstand (s. auch §§ 73, 75 VgV);
- Art des Wettbewerbs (offener oder nichtoffener Wettbewerb) sowie ggf. die geplante Teilnehmerzahl oder die Mindest- und die Höchstzahl,
- Namen der bereits ausgewählten Teilnehmer bei einem nichtoffenen Wettbewerb,
- Kriterien für die Bewertung der Projekte (Wettbewerbsbeiträge),[1]
- Angaben zu Preisen und ggf. die Anzahl und die Höhe der zu vergebenden Preise,
- Angaben zu Zahlungen an alle Teilnehmer,
- Angabe, ob infolge des Wettbewerbs an den/die Gewinner des Wettbewerbs ein Dienstleistungsauftrag vergeben werden soll,
- Bindung an die Entscheidung des Preisgerichts und
- Namen der ausgewählten Preisrichter.

Außerdem sind etwaige **Eignungsanforderungen** für die Teilnahme am Wettbewerb und – soweit hiermit nicht identisch – die Eignungsanforderungen für die Teilnahme am anschließenden Verhandlungsverfahren zu benennen (s. Abs. 2). Daneben ist im Falle des § 78 Abs. 3 VgV auf die einschlägigen „einheitlichen Richtlinien" – idR in der aktuelle Fassung RPW – unter Angabe einer Internetadresse, unter der diese abgerufen werden können, hinzuweisen. 2a

Wurde angegeben, dass infolge des Wettbewerbs an den bzw. die Gewinner des Wettbewerbs ein Dienstleistungsauftrag vergeben werden soll, kann daraus nicht 2b

---

[1] Diese sind von den Auswahlkriterien zur Beschränkung der Teilnehmerzahl zu unterscheiden.

geschlossen werden, dass sich der Auftraggeber auf den „Wettbewerbsgewinner" festlegen wollte.² Wird die Bindung an die Entscheidung des Preisgerichts bejaht, bezieht sich das nur auf das Ergebnis des Wettbewerbs, dh, dass der Auslober nicht befugt ist, die Reihenfolge der Preisträger abweichend von der Preisgerichtsentscheidung festzulegen. Aus dieser Bindung folgt indes keine Verpflichtung, den Auftrag an den ersten Preisträger zu erteilen, wenn dies in den Auslobungsunterlagen nicht ausdr. so festgelegt wurde. Ohne eine solche Festlegung erfolgt die Auswahl des Auftragnehmers in einem Verhandlungsverfahren mit sämtlichen Preisträgern nach § 14 Abs. 4 Nr. 8 VgV (s. → § 80 Rn. 2).

3 § 70 Abs. 2 VgV setzt Art. 32 Abs. 4 RL 2014/24/EU und Art. 79 Abs. 1 UAbs. 2 RL 2014/24/EU um. Beabsichtigen öffentliche Auftraggeber im Anschluss an einen Planungswettbewerb, ein Verhandlungsverfahren ohne Teilnahmewettbewerb durchzuführen, müssen die erst iRd späteren Eignungsprüfung zu erfüllenden **Eignungskriterien** und die entspr. verlangten Nachweise iSd Transparenzgrundsatzes **bereits in der Wettbewerbsbekanntmachung genannt werden.**³ Damit soll sichergestellt werden, dass Unternehmen bereits vor der Teilnahme an einem Planungswettbewerb erkennen können, ob sie den späteren Dienstleistungsauftrag erhalten können.⁴

4 Nach § 70 Abs. 3 S. 1, 2 VgV sind die Ergebnisse des Planungswettbewerbs innerhalb von 30 Tagen über den Datenservice Öffentlicher Einkauf nach den Vorgaben der Spalte 36 der Tabelle 2 des Anhangs der Durchführungsverordnung (EU) 2019/1780 iVm § 10a VgV an das Amt für Veröffentlichungen der EU zu versenden.

§ 71 Ausrichtung

(1) Die an einem Planungswettbewerb Interessierten sind vor Wettbewerbsbeginn über die geltenden Durchführungsregeln zu informieren.

(2) Die Zulassung von Teilnehmern an einem Planungswettbewerb darf nicht beschränkt werden
1. **unter Bezugnahme auf das Gebiet eines Mitgliedstaats der Europäischen Union oder einen Teil davon oder**
2. **auf nur natürliche oder nur juristische Personen.**

(3) ¹Bei einem Planungswettbewerb mit beschränkter Teilnehmerzahl hat der öffentliche Auftraggeber eindeutige und nichtdiskriminierende Auswahlkriterien festzulegen. ²Die Zahl der Bewerber, die zur Teilnahme aufgefordert werden, muss ausreichen, um den Wettbewerb zu gewährleisten.

1 § 71 VgV dient der Umsetzung von Art. 80 RL 2014/24/EU. Nach § 71 Abs. 1 VgV sind den am Planungswettbewerb Interessierten vor Wettbewerbsbeginn die Durchführungsregeln, idR also **die Auslobungsunterlagen, zur Verfügung zu stellen.** Dies erfolgt durch Bereitstellung im Internet. Dies bezieht sich aber nur auf die Auslobungsunterlagen und nicht auf die Vergabeunterlagen eines etwaig anschließenden Verhandlungsverfahrens. Soweit Unternehmen gesetzt wurden, dürfen aus der Auslobung zur Vermeidung eines „Startvorteils" nur die allg. Verfahrensregelungen, nicht aber auch schon die Aufgabenstellung veröffentlicht werden.

---

² VK Südbayern 3.7.2019 – Z3-3-3194-1-09-03/19, IBRRS 2019, 2539.
³ BT-Drs. 18/7318, 203; zu prüfen sind diese erst im Verhandlungsverfahren (§ 80 Abs. 1 VgV).
⁴ BT-Drs. 18/7318, 203.

Ausrichtung **§ 71 VgV**

§ 71 Abs. 2 VgV ist eine Ausprägung des **allg. Gleichbehandlungsgrundsatzes.** Danach darf die Zulassung von Teilnehmern an einem Planungswettbewerb nicht auf das Gebiet eines Mitgliedstaats der EU oder einen Teil davon oder auf nur natürliche oder nur juristische Personen beschränkt werden. Auch für die Beschränkung auf das Gebiet der EU gibt es keine Rechtsgrundlage. Die Teilnahmeberechtigung gilt mithin weltweit. 2

§ 71 Abs. 3 S. 1 VgV schreibt vor, dass **bei Planungswettbewerben mit beschränkter Teilnehmerzahl eindeutige und nichtdiskriminierende Auswahlkriterien** festzulegen sind. Dabei muss es sich, wie sich aus Art. 80 Abs. 3 RL 2014/24/EU ergibt, um **Eignungskriterien** handeln.[1] Diese können sich auf die Eignung zur Ausführung des Folgeauftrags beziehen. Die Kriterien zur Teilnehmerauswahl können aber auch die Eignung zur Teilnahme am Wettbewerb betreffen (etwa Preise bei früheren Wettbewerben). Die Auswahlkriterien sind unter Transparenzgesichtspunkten so weit wie möglich zu präzisieren. Allerdings ist die Verwendung von Kriterien, die einer Wertung bedürfen, vergaberechtlich grds. zulässig.[2] Die Vergabestelle verschafft sich damit einen Beurteilungsspielraum, der (nur) auf Einhaltung der hierfür allg. geltenden Grenzen überprüft werden kann. Einer transparenten und wettbewerbskonformen Auftragsvergabe steht es regelmäßig nicht entgegen, wenn der öffentliche Auftraggeber für Wertungskriterien Noten mit zugeordneten Punktwerten vergibt, ohne dass die Vergabeunterlagen weitere konkretisierende Angaben dazu enthalten, wovon die jew. zu erreichende Punktzahl konkret abhängen soll.[3] Diese Erwägungen lassen sich auch auf einen Teilnahmewettbewerb iR eines Realisierungswettbewerbs übertragen.[4] Bei Planungswettbewerben ist es nicht zu beanstanden, wenn eine Referenz für ein vergleichbares Objekt verlangt wird, um eine hohe Punktzahl zu erreichen.[5] 3

Die Bestimmung der für die Auswahl zur Teilnahme am Wettbewerb vorgesehenen Kriterien unterliegt dem allg. Transparenz- und Gleichbehandlungsgrundsatz.[6] Die Zahl der Bewerber, die zur Teilnahme aufgefordert werden, muss ausreichen, um den Wettbewerb zu gewährleisten (S. 2). Das verlangt die Beteiligung von mindestens drei Teilnehmern. Bei Architektenwettbewerben liegt die Zahl regelmäßig nicht unter zehn Teilnehmern. Ein **Losverfahren** sieht § 71 Abs. 3 VgV nicht vor. Etwas anderes ergibt sich aber für Architektenwettbewerbe nach der RPW. Zwar gilt § 75 Abs. 6 VgV nur für Verfahren zur Vergabe öffentlicher Aufträge und nicht für Wettbewerbe. Durch die Verweisung in § 78 Abs. 2 VgV auf die einheitlichen Richtlinien ergibt sich diese Möglichkeit aber aus § 3 Abs. 3 RPW. 4

Eine Vorauswahl bestimmter Teilnehmer (sog. **Setzen**) ist zulässig. Das ergibt sich für Wettbewerbe nach der RPW aus § 3 Abs. 3 UAbs. 1 RPW und iÜ aus Anh. V Teil E Nr. 10b RL 2014/24/EU. Der Wettbewerbsgrundsatz wird dadurch jedenfalls dann nicht verletzt, wenn die Anzahl der vorausgewählten Bewerber in einem angemessenen Verhältnis zur Anzahl der Teilnehmer steht, die zum eigentlichen Realisierungswettbewerb zugelassen werden. Maßgeblich ist, dass die Anzahl der übrigen Bewerber so hoch ist, dass der Wettbewerb gewährleistet ist. Aus Gründen der 5

---

[1] Offen gelassen von OLG Karlsruhe 10.8.2021 – 15 Verg 10/21, BeckRS 2021, 52167 = VergabeR 2022, 473 (477).
[2] OLG München 10.8.2017 – Verg 3/17, BeckRS 2017, 125474 = VergabeR 2017, 738.
[3] BGH 4.4.2017 – X ZB 3/17, NZBau 2017, 366.
[4] OLG München 10.8.2017 – Verg 3/17, BeckRS 2017, 125474 = VergabeR 2017, 738.
[5] OLG Karlsruhe 10.8.2021 – 15 Verg 10/21, BeckRS 2021, 52167 = VergabeR 2022, 473 (477).
[6] VK Südbayern 27.1.2017 – Z3-3-3194-1-48-11/16, BeckRS 2017, 121875; OLG Karlsruhe 10.8.2021 – 15 Verg 10/21, BeckRS 2021, 52167 = VergabeR 2022, 473 (478).

Gleichbehandlung und zur Wahrung des Wettbewerbs müssen die gesetzten Bewerber die aufgestellten Eignungskriterien erfüllen.[7]

§ 72 Preisgericht

(1) [1]**Das Preisgericht darf nur aus Preisrichtern bestehen, die von den Teilnehmern des Planungswettbewerbs unabhängig sind.** [2]**Wird von den Wettbewerbsteilnehmern eine bestimmte berufliche Qualifikation verlangt, muss mindestens ein Drittel der Preisrichter über dieselbe oder eine gleichwertige Qualifikation verfügen.**

(2) [1]Das Preisgericht ist in seinen Entscheidungen und Stellungnahmen unabhängig. [2]Es trifft seine Entscheidungen nur aufgrund von Kriterien, die in der Wettbewerbsbekanntmachung genannt sind. [3]Die Wettbewerbsarbeiten sind ihm anonym vorzulegen. [4]Die Anonymität ist bis zu den Stellungnahmen oder Entscheidungen des Preisgerichts zu wahren.

(3) [1]Das Preisgericht erstellt einen Bericht über die Rangfolge der von ihm ausgewählten Wettbewerbsarbeiten, indem es auf die einzelnen Projekte eingeht und seine Bemerkungen sowie noch zu klärende Fragen aufführt. [2]Dieser Bericht ist von den Preisrichtern zu unterzeichnen.

(4) [1]Die Teilnehmer können zur Klärung bestimmter Aspekte der Wettbewerbsarbeiten aufgefordert werden, Fragen zu beantworten, die das Preisgericht in seinem Protokoll festzuhalten hat. [2]Der Dialog zwischen Preisrichtern und Teilnehmern ist zu dokumentieren.

1 § 72 VgV dient der Umsetzung von Art. 81, 82 RL 2014/24/EU. § 72 Abs. 1 VgV betont zunächst die Notwendigkeit der **Unabhängigkeit der Preisrichter**, die sich nur auf die Wettbewerbsteilnehmer bezieht. Ferner wird die Bedingung formuliert, dass wenn von den Wettbewerbsteilnehmern eine bestimmte berufliche Qualifikation verlangt wird, mindestens ein Drittel der Preisrichter **über dieselbe oder eine gleichwertige Qualifikation** verfügen muss. Bei Wettbewerben, die Architekten- oder Ingenieurleistungen betreffen, müssen die sog. **Fachpreisrichter** mehr als die Hälfte des Preisgerichts ausmachen (§ 79 Abs. 3 VgV).

2 Nach § 72 Abs. 2 VgV ist das Preisgericht in seinen Entscheidungen und Stellungnahmen unabhängig. Diese Unabhängigkeit bezieht sich auf den Auslober, der zwar über die Zusammensetzung des Preisgerichts entscheiden kann, dieses aber in seinen Entscheidungen nicht beeinflussen darf. Das Preisgericht selbst ist bei seinen Entscheidungen an die in der **Wettbewerbsbekanntmachung genannten Kriterien** gebunden. Zentrale Bedeutung kommt bei jedem Wettbewerb dem **Grundsatz der Anonymität** zu. Die Wettbewerbsarbeiten sind dem Preisgericht anonym vorzulegen, und die Anonymität ist bis zur Stellungnahme oder Entscheidung des Preisgerichts zu wahren (s. auch § 1 Abs. 4 RPW[1]). Dies schließt eine Überarbeitung der Wettbewerbsarbeiten iRd Wettbewerbs nach der Preisverleihung und Aufhebung der Anonymität aus.[2]

3 § 72 Abs. 3 VgV regelt die Berichtspflichten des Preisgerichts (s. auch § 79 Abs. 5 VgV). Nach § 72 Abs. 4 VgV kann das Preisgericht den Teilnehmern am Planungswettbewerb Fragen zu den Wettbewerbsarbeiten stellen, wobei der Grundsatz der Anonymität beachtet werden muss. Dies sowie der gesamte Dialog

---

[7] OLG Karlsruhe 10.8.2021 – 15 Verg 10/21, BeckRS 2021, 52167 = VergabeR 2022, 473 (478) mwN.
[1] Die Art und Weise der Geheimhaltung ist außerdem im Anh. V der RPW näher beschrieben.
[2] VK Südbayern 21.1.2019 – Z3-3-3194-1-38-11/18, IBRRS 2019, 0433.

Vorbemerkung Vor § 73 VgV

ist zu dokumentieren. Weitere Durchführungsbestimmungen bei Wettbewerben, die Architekten- oder Ingenieurleistungen zum Gegenstand haben, normiert § 79 VgV.

Abschnitt 6. Besondere Vorschriften für die Vergabe von Architekten- und Ingenieurleistungen

Unterabschnitt 1. Allgemeines

Vor § 73

Seit Inkrafttreten der Vergaberechtsreform 2016 sind Aufträge über Architekten- und Ingenieurleistungen, deren Wert den einschlägigen EU-Schwellenwert erreichen oder überschreiten,[1] nicht mehr nach den Vorschriften der Vergabeordnung für freiberufliche Leistungen (VOF) zu vergeben. Es gibt im Anwendungsbereich des EU-Vergaberechts **kein allg. Sonderregime mehr für freiberufliche Dienstleistungen** aller Art. Dass das Sonderregime der VOF für die Vergabe von vorab nicht eindeutig beschreibbaren freiberuflichen Leistungen im Zuge der Vergaberechtsreform aufgegeben wurde, entspricht dem Geist der „Eins-zu-Eins-Umsetzung" der EU-Vergaberichtlinien in das deutsche Recht.[2] Schließlich sehen auch die aktuellen EU-Richtlinien keine Sonderregeln für freiberufliche Leistungen vor. 1

Allerdings hat sich der Verordnungsgeber dazu entschieden, in einem begrenzten Umfang **Sonderregelungen** für den spezifischen Bereich der **Vergabe von Architekten- und Ingenieurleistungen** vorzusehen und insoweit vom Prinzip der „Eins-zu-Eins-Umsetzung" abzuweichen. Diese Sonderregelungen sind im Abschn. 6 der VgV mit der Überschrift „Besondere Vorschriften für die Vergabe von Architekten- und Ingenieurleistungen" enthalten. In der Begr. zur Vergabeverordnung heißt es, dass dieser Abschn. den Besonderheiten der Architekten- und Ingenieurleistungen Rechnung tragen soll und spezifische Verfahrensregeln zur Vergabe dieser Leistungen und zu Planungswettbewerben, die Architekten- und/oder Ingenieurleistungen zum Gegenstand haben, enthält. 2

Der Abschn. 6 ist in zwei UAbschn. gegliedert. UAbschn. 1 enthält Sonderregelungen für die **Vergabe von Architekten- und Ingenieurleistungen (§§ 73–77 VgV)**, die neben den allg. Bestimmungen der Abschn. 1 und 2 (§§ 1–63 VgV) zu beachten sind. Der UAbschn. 2 enthält besondere **Bestimmungen für „Planungswettbewerbe für Architekten- und Ingenieurleistungen"**, die zusätzlich zu den allg. Regeln über Wettbewerbe im Abschn. 5 (§§ 69–72) gelten. Die nach dem Wortlaut vorgesehene „zusätzliche" Geltung der besonderen Bestimmungen ist insoweit ungenau, als es sich nicht nur um ergänzende Bestimmungen, sondern zT auch um Bestimmungen handelt, die Abweichungen zu den Regeln der voraus- 3

---

[1] Zur Auftragswertschätzung → § 3 Rn. 1 ff. Die Sonderregelung für Planungsleistungen in § 3 Abs. 7 S. 2 VgV aF ist inzwischen aufgehoben worden, s. dazu → § 3 Fn. 65 sowie die „Klarstellende Erläuterungen zur Auftragswertberechnung vor der Vergabe von Planungs- und Bauleistungen nach der Streichung von § 3 Absatz 7 Satz 2 VgV, § 2 Absatz 2 Satz 2 SektVO und § 3 Absatz 7 Satz 3 VSVgV" des BMWK v. 23.8.2023 (AZ: IB3 – 20611/002).

[2] S. hierzu die „Eckpunkte zur Reform des Vergaberechts", Beschluss des Bundeskabinetts v. 7.1.2015.

gehenden Abschn. enthalten.³ ISd Wirksamkeit der Sonderregelungen des Abschn. 6 wird man von einem Vorrang der spezielleren Vorschriften ausgehen müssen.⁴ Jeweils zu hinterfragen bleibt jedoch die Vereinbarkeit der Sonderregelungen mit den einschlägigen Vorschriften der RL 2014/24/EU.

§ 73 Anwendungsbereich und Grundsätze

(1) **Die Bestimmungen dieses Abschnitts gelten zusätzlich für die Vergabe von Architekten- und Ingenieurleistungen, deren Gegenstand eine Aufgabe ist, deren Lösung vorab nicht eindeutig und erschöpfend beschrieben werden kann.**

(2) **Architekten- und Ingenieurleistungen sind**
1. **Leistungen, die von der Honorarordnung für Architekten und Ingenieure erfasst werden, und**
2. **sonstige Leistungen, für die die berufliche Qualifikation des Architekten oder Ingenieurs erforderlich ist oder vom öffentlichen Auftraggeber gefordert wird.**

(3) **Aufträge über Leistungen nach Absatz 1 sollen unabhängig von Ausführungs- und Lieferinteressen vergeben werden.**

Literatur: Bulla, Die Vergabe von Architekten- und Ingenieurleistungen – Teil 1 VergabeR 2019, 8; Dörr, Die Vergabe von Planungsleistungen unter der neuen HOAI, ZfBR 2021, 360; Matuschak, Auftragswertermittlung bei Architekten- und Ingenieurleistungen nach neuem Vergaberecht, NZBau 2016, 613; Petschulat, Die Vergabe von Planungsleistungen unter dem Einfluss der Entscheidung des EuGH zu der Verbindlichkeit von Mindest- und Höchstsätzen nach der HOAI, ZfBR 2020, 534; Steck, Vergabe von Architekten – und Ingenieurleistungen, VergabeR 2020, 270; Stolz, Die Vergabe von Architekten- und Ingenieurleistungen nach der Vergaberechtsreform, VergabeR 2016, 351; Theis/Strauß, Preiswertung bei Planungsvergaben, ZfBR 2021, 631.

I. Anwendungsbereich (Abs. 1 und 2)

1 Die zusätzlichen Bestimmungen der §§ 73–77 VgV gelten gem. § 73 Abs. 1 VgV nur für solche Architekten- und Ingenieurleistungen, die eine Aufgabe zum Gegenstand haben, **deren Lösung vorab nicht eindeutig und erschöpfend beschrieben werden kann.** Das bedeutet in der Konsequenz, dass die zusätzlichen Bestimmungen der §§ 73–77 VgV nur dann einschlägig sind, wenn Gegenstand des zu vergebenden Auftrags (zumindest auch) **Planungsleistungen** sind. Man wird insoweit auf die bereits zum Anwendungsbereich der VOF vorgenommene Abgrenzung abstellen können, wonach im Falle der Vergabe eines „Vollauftrags" (Planung, Vergabe, Objektüberwachung) und bei der isolierten Vergabe von Planungsleistungen (Vor-, Entwurfs- und/oder Ausführungsplanung) von einer Aufgabe auszugehen ist, deren Lösung vorab nicht eindeutig und erschöpfend beschrieben werden kann.¹ Da es nur darauf ankommt, dass solche Leistungen Gegenstand des Auftrags sind, ist es unerheblich, welchen Anteil die Planungsleistungen am Gesamtauftrag ausmachen. Hingegen soll es sich bei **Leistungen der Vergabe, Objektüberwachung/Bauoberleitung, Objektbetreuung** (Leistungen der Leistungsphasen 6–9 der Leistungsbilder der HOAI) regelmäßig um Leistungen handeln, deren Lösung vorab

---

³ So zB die Regelungen zur Hierarchie der Verfahrensarten; Stolz VergabeR 2016, 351.
⁴ Voppel/Osenbrück/Bubert VgV/Voppel § 73 Rn. 4 mwN.
¹ AA zur Ausführungsplanung Voppel/Osenbrück/Bubert VgV/Voppel VgV § 73 Rn. 24 mwN.

Anwendungsbereich und Grundsätze **§ 73 VgV**

eindeutig und erschöpfend beschrieben werden kann.[2] Demzufolge wäre ein Auftrag, der ausschl. solche Leistungen enthält, allein nach den Vorschriften der Abschn. 1 und 2 der VgV zu vergeben, wobei insbes. der Vorrang des offenen und nicht offenen Verfahrens zu berücksichtigen wäre (§ 14 Abs. 2 VgV). Das Gleiche soll – unter dem Vorbehalt einer Einzelfallbetrachtung – für Vermessungsleistungen, Schallschutzgutachten, Brandschutz- und Standsicherheitsnachweise, Schadstoffgutachten etc gelten.[3] Generell ist festzustellen, dass die tradierte Differenzierung von vorab nicht eindeutig und erschöpfend und vorab eindeutig und erschöpfend beschreibbaren Architekten- und Ingenieurleistungen mit einer hohen Rechtsunsicherheit verbunden und deshalb kritisch zu hinterfragen ist. Da die Unterscheidung vor dem Hintergrund der RL 2014/24/EU keinerlei normative Grundlage mehr findet, ist sie zudem als Rechtfertigung für die Sonderregelungen im 6. Abschn. untauglich.

Aus der VOF wurde außerdem die **Definition der Architekten- und Ingenieurleistungen** übernommen.[4] Danach sind Architekten- und Ingenieurleistungen iSd 6. Abschn. der VgV Leistungen, die von der HOAI erfasst werden. Ob damit nur die ehemals preisrechtlich relevanten Grundleistungen[5] nach § 1 HOAI erfasst werden sollten oder alle Leistungen, die in Bestimmungen der HOAI genannt sind, also zB auch die Beratungsleistungen nach Anl. 1 und die besonderen Leistungen, die in Anl. 2 der HOAI aufgeführt sind, ist nicht geklärt.[6] Die Frage ist jedoch von untergeordneter Relevanz, weil vom Anwendungsbereich des 6. Abschn. auch sonstige Leistungen erfasst sind, für die die berufliche Qualifikation des Architekten und Ingenieurs erforderlich ist oder vom öffentlichen Auftraggeber gefordert wird. Damit obliegt es letztlich dem Auftraggeber zu bestimmen, ob er für die Erbringung der ausgeschriebenen Leistung und damit für die Teilnahme am Vergabeverfahren die berufliche Qualifikation des Architekten oder Ingenieurs zur Bedingung macht (s. zu den Voraussetzungen einer solchen Qualifikation § 75 Abs. 1–3 VgV), mit der Folge, dass er die Vorschriften des 6. Abschn. zu beachten hat. Da es sich bei der Vorgabe der Leistungserbringung ausschl. durch Architekten- und/oder Ingenieure um eine Teilnahmebeschränkung handelt, bedarf diese einer normativen oder zumindest einer sachlichen Rechtfertigung. Eine normative Berufszugangsregelung ist zB die in den landesrechtlichen Bauordnungen geregelte **Bauvorlageberechtigung**, die jedoch nur die Berechtigung, Genehmigungsplanungen als verantwortlicher Planfertiger unterzeichnen zu dürfen, betrifft.[7] Die Forderung der Erbringung von anderen, nicht reglementierten Leistungen durch Architekten- und/oder Ingenieure bedarf stets einer sachlichen, dh auftragsbezogenen Rechtfertigung iSd § 122 Abs. 4 GWB. Das gilt auch für alle sonstigen Grundleistungen nach der HOAI, die keinen Berufszugangsbeschränkungen unterliegen. Es bedarf deshalb – unabhängig von den Regelungen der HOAI – immer zuerst der Entscheidung, ob und inwieweit die Forderung nach der Leistungserbringung durch einen Architekten- und/oder Ingenieur normativ oder sachlich gerechtfertigt ist. Erst dann stellt sich die Frage des Anwendungsbereichs des 6. Abschn. der VgV. Sachlich gerechtfertigt kann eine solche Anforderung zB auch bei der Vergabe von **Projektsteuerungsleis-**

2

---

[2] VK Arnsberg 9.4.2002 – VK 3–03/02, IBRRS 2003, 0559; VK Sachsen 29.6.2001 – 1/SVK/31-01, LSK 2002, 020678; diff. im Bereich von Umbauten und Sanierungen VK Südbayern 31.10.2002 – 42-10/02, IBRRS 2003, 0543; Bulla VergabeR 2019, 8 (16).
[3] S. hierzu Voppel/Osenbrück/Bubert VgV/Voppel VgV § 73 Rn. 25 mwN.
[4] S. § 18 Abs. 2 VOF.
[5] EuGH 4.7.2019 – C-377/17, NZBau 2019, 511 = VergabeR 2019, 614.
[6] Für die Grundleistungen Voppel/Osenbrück/Bubert VgV/Voppel VgV § 73 Rn. 9 mwN.
[7] Über die Bauvorlageberechtigung verfügt insbes., wer Mitglied in einer Architektenkammer ist oder die Berufsbezeichnung Bauingenieur trägt und in einer Ingenieurkammer in eine Liste der Bauvorlageberechtigten Ingenieure eingetragen ist.

tungen sein. Bei diesen ist allerdings – da iW Organisations-, Steuerungs- und Kontrollaufgaben auf der Grundlage eines bestimmten Leistungskatalogs übertragen werden – in Frage zu stellen, ob es sich um Leistungen handelt, deren Lösung vorab nicht eindeutig und erschöpfend beschrieben werden kann.[8]

II. Ausführungs- und Lieferinteressen (Abs. 3)

3   In der Praxis ist bisweilen festzustellen, dass Liefer- und Baufirmen versuchen, die Planer durch Information, Beratung und Beistellung von Ausschreibungstexten, insbes. im Bereich von neuen Materialien oder Fabrikaten, zu unterstützen. Auch die ständige räumliche Nähe der Planer zu den ausführenden Firmen auf der Baustelle, insbes. in der Phase der Objektüberwachung, aber auch die Verbundenheit bei der Lösung baulicher Probleme schaffen eine gewisse Gefahr kollusiven Handelns. Aus diesem Grund wird in Abs. 3 klargestellt, dass etwaige Ausführungs- und Lieferinteressen keine Grundlage für die Auswahl des Architekten oder Ingenieurs sein dürfen. Darüber hinaus ist aus dieser Vorschrift abzuleiten, dass schon im Vergabeverfahren, also vorbeugend, zu prüfen ist, ob ein Bewerber bei der Leistungserbringung einer **Interessenskollision** unterliegen könnte, was insbes. anzunehmen ist, wenn er mit einem potenziellen Ausführungsunternehmen oder Lieferanten verbunden ist und der zu vergebende Auftrag auch die Vorbereitung und Durchführung von Bauvergaben oder die Überwachung der Bauausführung beinhaltet. Wird bei einem Bewerber eine potenzielle Interessenskollision festgestellt, kann dieser entspr. § 124 Abs. 1 Nr. 5 GWB ausgeschlossen werden.

§ 74 Verfahrensart

Architekten- und Ingenieurleistungen werden in der Regel im Verhandlungsverfahren mit Teilnahmewettbewerb nach § 17 oder im wettbewerblichen Dialog nach § 18 vergeben.

Literatur: Stolz, Die Vergabe von Architekten- und Ingenieurleistungen nach der Vergaberechtsreform, VergabeR 2016, 351.

1   Schon nach den Vorschriften des Abschn. 2 könnten Aufträge über Architekten- oder Ingenieurleistungen, die Planungsleistungen enthalten, in einem Verhandlungsverfahren mit Teilnahmewettbewerb vergeben werden, da es sich dabei regelmäßig um Aufträge handelt, die **konzeptionelle und innovative Lösungen** umfassen (§ 14 Abs. 3 Nr. 2 VgV). Nach § 14 Abs. 3 VgV bestünde grds. aber auch die Möglichkeit, (freiwillig) ein offenes oder nicht offenes Verfahren durchzuführen (sog. tool-box-Prinzip). Hier greift indes für Architekten- und Ingenieurleistungen, die in den Anwendungsbereich des §§ 73 ff. VgV fallen, die Sonderregelung des § 74 VgV, wonach diese **„in der Regel" im Verhandlungsverfahren** mit Teilnahmewettbewerb oder im wettbewerblichen Dialog zu vergeben sind.[1] Es besteht hier ein umgekehrtes Regel-/Ausnahmeverhältnis und somit ein Anwendungsvorrang des Verhandlungsverfahrens mit Teilnahmewettbewerb und des wettbewerblichen Dialogs ggü. dem offenen und nicht offenen Verfahren. In der Begr. zu § 74 VgV

---

[8] Für den Anwendungsbereich der VOF bejaht von OLG München 19.12.2013 – Verg 12/13, BeckRS 2014, 957; VK Nordbayern 19.7.2002 – 320.VK-3194-20/02, BeckRS 2002, 32969; VK Sachsen 19.5.2000 – 1/SVK/42-00, IBR 2000, 477; VK Südbayern 9.9.2014 – Z3-3-3194-1-35-08/14, IBRRS 2014, 2635.

[1] Diesen beiden Verfahrensarten kommt nach der Vergaberechtsreform Gleichrangigkeit zu (s. auch → § 14 Rn. 31).

findet sich hierzu der Hinweis, dass die Vergabe von Architekten- und Ingenieurleistungen meist die Notwendigkeit von Verhandlungen in sich birgt, so dass die anderen Verfahrensarten faktisch kaum in Frage kommen dürften.[2] Daraus lässt sich schließen, dass das offene und das nicht offene Verfahren dann zur Verfügung stehen, wenn der Auftraggeber im Einzelfall Verhandlungen nicht für notwendig erachtet, was einer dokumentierten Begründung bedarf. Insbes. kann bei besonderer Dringlichkeit ausnahmsweise auch ein offenes Verfahren mit entspr. verkürzter Angebotsfrist in Betracht kommen (§ 15 Abs. 3 VgV, → § 15 Rn. 9 ff.).

Für die Durchführung des Verhandlungsverfahrens mit Teilnahmewettbewerb gelten die Vorgaben des § 17 VgV uneingeschränkt auch für die Vergabe von Architekten- und Ingenieurleistungen.[3] Ebenso sind die Regelungen zur Eignung (§§ 42 ff. VgV) und zur Bewerberauswahl (§ 51 VgV) zu beachten. Bei der Wahl eines Verhandlungsverfahrens ist auch die Durchführung eines sog. Interessensbekundungsverfahrens möglich und zulässig, soweit es sich bei der Vergabestelle nicht um ein Bundesministerium handelt (§ 38 Abs. 4 VgV). Für den **wettbewerblichen Dialog** gilt § 18 VgV. Diese Verfahrensart – die ohne besondere Voraussetzungen stets wahlweise zur Verfügung steht (→ § 14 Rn. 16) – kann sich etwa dann anbieten, wenn der Auftraggeber zu seinem Beschaffungsbedarf selbst noch keine oder verschiedene Lösungsansätze sieht und iRd Vergabeverfahrens mit mehreren Bietern erste Lösungsansätze entwickelt oder verschiedene Lösungsmöglichkeiten besprochen werden sollen (zur Frage der Vergütung in diesen Fällen → § 77 Rn. 2, 3). Das Gebot des Geheimwettbewerbs (§ 17 Abs. 13 S. 2, § 18 Abs. 5 S. 3 VgV) und der Grundsatz der Vertraulichkeit (§ 5 VgV) schließen es regelmäßig aus, Zwischenergebnisse der Öffentlichkeit zu präsentieren. Auch die finalen Angebotsinhalte/Lösungsvorschläge dürfen nur mit ausdr. Zustimmung der Bieter öffentlich gemacht werden.

2

Für **Verhandlungsverfahren ohne Teilnahmewettbewerb** gelten die Anwendungsvoraussetzungen des § 14 Abs. 4 VgV. Einschlägig kann insbes. der Ausnahmetatbestand nach § 14 Abs. 4 Nr. 2 lit. c VgV im Falle des Schutzes von ausschließlichen Rechten – etwa dem **Urheberrecht** eines Architekten – sein. Steht einem Architekten an einem von ihm entworfenen und nach dem Entwurf realisierten Gebäude oder Ensemble ein Urheberrechtsschutz zu, kann er zwar eine vergaberechtlich korrekte Beauftragung eines Dritten mit der Planung eines Anbaus oder eines Umbaus nicht mit einem Nachprüfungsantrag verhindern.[4] Er kann aber drohende Entstellungen, einen Teilabriss und – je nach seiner vertraglichen Vereinbarung mit dem Bauherrn – sonstige Änderungen des Gebäudes auf dem Zivilrechtsweg verbieten lassen. Dieses Recht, Eingriffe in sein Urheberrecht zu verhindern, lässt sich der Urheber-Architekt entweder durch Zahlung einer Entschädigung „abkaufen" oder er verzichtet auf die Geltendmachung als Gegenleistung zu einer Beauftragung mit den Änderungs- und Zusatzleistungen. Diese Beauftragung ist dann als Ausnahmefall iSd § 14 Abs. 4 Nr. 2 lit. c VgV ohne Bekanntmachung zulässig. Das gilt indes nur, wenn ein konkretes Risiko besteht, dass entspr. Ansprüche geltend gemacht und gerichtlich durchgesetzt werden könnten und so die Durchführung des Projekts durch einen anderen Architekten verhindert werden könnte, was von der öffentlichen Auftraggeber zu prüfen ist. Das ist zB dann nicht der Fall, wenn der Urheber-Architekt seine Nutzungsrechte bereits im früheren Vertragsverhältnis an den Auftraggeber übertragen hatte.

3

Einen anderen Ausnahmefall stellt das **nach einem Realisierungswettbewerb** zwingend erforderliche Verhandlungsverfahren mit dem Gewinner bzw. den hieraus

4

---

[2] BT-Drs. 18/7318, 204.
[3] S. auch Stolz VergabeR 2016, 351 (353).
[4] OLG München 28.9.2020 – Verg 3/20, VPRRS 2021, 0069.

hervorgegangenen Preisträgern dar (§ 14 Abs. 4 Nr. 8 VgV).[5] Auch ein solches Verhandlungsverfahren unterliegt den Bestimmungen des § 17 Abs. 5–14 VgV. In § 80 Abs. 1 VgV wird ergänzend hierzu geregelt, dass der Auftraggeber iRd Verfahrens die **Eignung der Preisträger** anhand der bereits in der Wettbewerbsbekanntmachung anzugebenden Eignungsnachweise überprüfen muss.

§ 75 Eignung

(1) **Wird als Berufsqualifikation der Beruf des Architekten, Innenarchitekten, Landschaftsarchitekten oder Stadtplaners gefordert, so ist zuzulassen, wer nach dem für die öffentliche Auftragsvergabe geltenden Landesrecht berechtigt ist, die entsprechende Berufsbezeichnung zu tragen oder in der Bundesrepublik Deutschland entsprechend tätig zu werden.**

(2) **Wird als Berufsqualifikation der Beruf des „Beratenden Ingenieurs" oder „Ingenieurs" gefordert, so ist zuzulassen, wer nach dem für die öffentliche Auftragsvergabe geltenden Landesrecht berechtigt ist, die entsprechende Berufsbezeichnung zu tragen oder in der Bundesrepublik Deutschland entsprechend tätig zu werden.**

(3) **Juristische Personen sind als Auftragnehmer zuzulassen, wenn sie für die Durchführung der Aufgabe einen verantwortlichen Berufsangehörigen gemäß Absatz 1 oder 2 benennen.**

(4) [1]**Eignungskriterien müssen gemäß § 122 Absatz 4 des Gesetzes gegen Wettbewerbsbeschränkungen mit dem Auftragsgegenstand in Verbindung und zu diesem in einem angemessenen Verhältnis stehen.** [2]**Sie sind bei geeigneten Aufgabenstellungen so zu wählen, dass kleinere Büroorganisationen und Berufsanfänger sich beteiligen können.**

(5) [1]**Die Präsentation von Referenzprojekten ist zugelassen.** [2]**Verlangt der öffentliche Auftraggeber geeignete Referenzen im Sinne von § 46 Absatz 3 Nummer 1, so lässt er hierfür Referenzobjekte zu, deren Planungs- oder Beratungsanforderungen mit denen der zu vergebenden Planungs- oder Beratungsleistung vergleichbar sind.** [3]**Für die Vergleichbarkeit der Referenzobjekte ist es in der Regel unerheblich, ob der Bewerber bereits Objekte derselben Nutzungsart geplant oder realisiert hat.**

(6) **Erfüllen mehrere Bewerber an einem Teilnahmewettbewerb mit festgelegter Höchstzahl gemäß § 51 gleichermaßen die Anforderungen und ist die Bewerberzahl auch nach einer objektiven Auswahl entsprechend der zugrunde gelegten Eignungskriterien zu hoch, kann die Auswahl unter den verbleibenden Bewerbern durch Los getroffen werden.**

Literatur: Vgl. die Angaben bei § 73 VgV.

I. Bedeutung der Vorschrift

1   Auch bei der Vergabe von Architekten- und Ingenieurleistungen im Anwendungsbereich der §§ 73 ff. VgV gelten grds. die allg. Regelungen zur Eignung und zu den Ausschlussgründen nach den §§ 122–126 GWB und §§ 42–51 VgV. Die zusätzlichen Regelungen in § 75 VgV betreffen die Anforderungen an die Leistungsfähigkeit im Allgemeinen (Abs. 4) sowie die geforderte Qualifikation (Abs. 1–3) und

---

[5] Zur Berücksichtigung des Wettbewerbsergebnisses OLG Frankfurt a. M. 11.4.2017 – 11 Verg 4/17, NZBau 2017, 569; VK Südbayern 3.7.2019 – Z3-3-3194-1-09-03/19, IBRRS 2019, 2539; → § 80 Rn. 2.

die Anforderungen an die Referenzen im Besonderen (Abs. 5). Ferner wird unter bestimmten Voraussetzungen die Möglichkeit einer Auswahl unter den Bewerbern im Losverfahren zugelassen (Abs. 6).

II. Anforderungen an die Qualifikation (Abs. 1–3)

Bei § 75 Abs. 1–3 VgV handelt es sich um **keine abschließenden Qualifikationsregelungen;** die Möglichkeit, weitere Eignungsnachweise nach den §§ 42 ff. VgV anzufordern, soll damit nicht beschränkt werden.[1] Die Vorschriften sind von der Regelung in **§ 44 Abs. 2 VgV** zu unterscheiden. Während § 44 Abs. 2 VgV nur die Anforderung und den Nachweis zulässt, dass der Bewerber eine etwaig **in seinem Herkunftsstaat** notwendige Berechtigung besitzt oder Mitglied einer bestimmten Organisation[2] ist, um die ausgeschriebenen Dienstleistungen erbringen zu dürfen (→ § 44 Rn. 9), geht es in § 75 Abs. 1–3 VgV um die auftraggeberseitig bestimmte Vorgabe, dass die Bewerber berechtigt sein müssen, bestimmte Berufsbezeichnungen zu tragen oder in der Bundesrepublik Deutschland entspr. tätig zu werden. Außerhalb normativ gerechtfertigter Zulassungsbeschränkungen (wie zB die landesgesetzlich geregelte Bauvorlageberechtigung), handelt es sich bei der Forderung nach einer der genannten Berufsqualifikationen um eine Anforderung an die technische Leistungsfähigkeit, die – vorbehaltlich der Einhaltung der Grenzen des § 122 Abs. 4 GWB – von § 46 Abs. 3 Nr. 6 VgV gedeckt ist.[3] Als solche muss sie in der **Auftragsbekanntmachung** genannt werden. Wer zum Tragen der betr. Berufsbezeichnungen berechtigt ist, ist in den Landesarchitekten- und den Landesingenieurgesetzen geregelt. Dort ist in Umsetzung der **Berufsanerkennungsrichtlinie**[4] auch geregelt, unter welchen Voraussetzungen Bewerbern aus anderen Mitgliedstaaten der EU eine entspr. Qualifikation zuzuerkennen ist. Ist der Beruf des Architekten oder Ingenieurs im Herkunftsland reglementiert, ist danach zuzulassen, wer nach diesen Regeln berechtigt ist, entspr. Leistungen zu erbringen. Sofern der Beruf im Herkunftsland des Bewerbers nicht reglementiert ist, bestimmt Art. 13 Abs. 2 RL 2005/36/EG, dass eine entspr. Qualifikation nur unter bestimmten Voraussetzungen anerkannt werden muss.[5] Insoweit können sich aus § 75 Abs. 1, 2 VgV weitergehende Anforderungen ergeben als nach § 44 Abs. 2 VgV.

Die **Berufsbezeichnung Architekt** darf jede Person, die in der Architektenliste eines Bundeslandes eingetragen ist, tragen. Die Voraussetzungen für eine Eintragung in die Architektenliste divergieren in den einzelnen Bundesländern und sind im Regelfall, dass die Person ihren Wohnsitz, ihre Niederlassung oder ihre (überwiegende) Berufsausübung in dem betr. Bundesland hat und einen entspr. Hochschulabschluss sowie eine mindestens zwei- oder dreijährige praktische Tätigkeit vorweisen kann. Für die einzelnen Fachrichtungen, wie zB diejenige des Stadtplaners oder des Landschaftsarchitekten, existieren in mehreren Bundesländern keine gesonderten Architektenlisten. In diesem Fall ist eine Eintragung in der (allg.) Architektenliste ausreichend, um die Voraussetzungen nach Abs. 1 zu erfüllen.

---

[1] Begr. zu § 75 Abs. 1, BT-Drs. 18/7318, 204.

[2] Die in Frage kommenden Organisationen sind abschl. in Anh. XI RL 2014/24/EU aufgeführt. Zu den für Deutschland benannten „Berufskammern" gehören insbes. die Architekten- oder Ingenieurkammern.

[3] Voppel/Osenbrück/Bubert VgV/Voppel VgV § 46 Rn. 63.

[4] RL 2005/36/EG des Europäischen Parlaments und des Rates v. 7.9.2005 über die Anerkennung von Berufsqualifikationen.

[5] Dazu gehören der Nachweis einer praktischen Tätigkeit über mindestens zwei Jahre innerhalb der letzten zehn Jahre, entspr. Ausbildungsnachweise, ein berufsvorbereitendes dreijähriges Studium, etc.

4 Anders als nach den landesrechtlichen Bestimmungen für Architekten, ist für das Tragen der **Berufsbezeichnung Ingenieur** eine Eintragung in eine entspr. Liste bei der zuständigen Berufskammer nicht zwingend erforderlich. Vielmehr ist nach den jew. Landesgesetzen auch ein abgeschlossenes Hochschul- oder Fachhochschulstudium an einer technischen oder naturwissenschaftlichen Fakultät ausreichend, um die Berufsbezeichnung Ingenieur führen zu dürfen. Die Berufsbezeichnung **Beratender Ingenieur** darf indes nur tragen, wer in die Liste der Beratenden Ingenieure bei den Ingenieurkammern des jew. Bundeslandes eingetragen ist. Die Voraussetzungen einer Eintragung sind in den Ingenieur- bzw. Ingenieurkammergesetzen der Länder unterschiedlich geregelt.

5 Im Sinne des Verbots der Diskriminierung wegen der Rechtsform stellt § 75 Abs. 3 VgV klar, dass auch **juristische Personen** zuzulassen sind, wenn als Verantwortlicher für die Leistungserbringung eine natürliche Person benannt wird, die die Voraussetzungen nach § 75 Abs. 1, 2 VgV erfüllt.

III. Eignung (Abs. 4)

6 § 75 Abs. 4 S. 1 VgV wiederholt den bereits in § 122 Abs. 4 GWB statuierten Grundsatz, wonach die Eignungskriterien **mit dem Auftragsgegenstand in Verbindung** und zu diesem in einem **angemessenen Verhältnis** stehen müssen (→ GWB § 122 Rn. 23 ff.). Zusätzlich findet sich in § 75 Abs. 4 S. 2 VgV die Vorgabe, dass bei geeigneten Aufgabenstellungen die Eignungskriterien so zu wählen sind, dass sich auch **kleinere Büroorganisationen und Berufsanfänger** beteiligen können. Dabei handelt es sich nicht mehr nur um einen bloßen „Programmsatz",[6] sondern um eine von dem Auftraggeber zu beachtende Verfahrensregelung, mit der der Grundsatz der Angemessenheit der Eignungskriterien iS dieser Marktteilnehmer noch einmal besonders betont wird.[7] Vor dem Hintergrund dieser Regelung wird zu fordern sein, dass der öffentliche Auftraggeber das Verlangen von Referenzen, Umsätzen oder einer bestimmten Personalstärke jew. aus der individuellen Aufgabenstellung heraus rechtfertigen und in der Dokumentation des Vergabeverfahrens entspr. begründen muss, warum iSd Sicherstellung einer ordnungsgemäßen Leistungserbringung geringere Anforderungen nicht in Betracht kommen. Insbes. müssen sich die Auftraggeber auch damit auseinandersetzen, ob die ausgeschriebene Aufgabenstellung auch von „kleineren Büroorganisationen" hinreichend sicher bewältigt werden kann. Dass auch die Auswahlkriterien nach § 51 VgV unter Berücksichtigung der Interessen **kleinerer Büroorganisationen und Berufsanfänger** bestimmt werden müssten, ergibt sich aus § 75 Abs. 4 S. 2 VgV indes nicht.

IV. Referenzen (Abs. 5)

7 § 75 Abs. 5 VgV enthält eine Sonderregelung für die Forderung von geeigneten Referenzen iSv § 46 Abs. 3 Nr. 1 VgV. Danach darf idR nicht verlangt werden, dass der Bewerber bereits **Objekte derselben Nutzungsart** geplant oder realisiert hat. Vielmehr müssen danach Referenzen zugelassen werden, die im Hinblick auf die „Planungs- oder Beratungsanforderungen mit denen der zu vergebenden Planungs- oder Beratungsleistung vergleichbar sind". In der Begr. zur VgV wird insoweit auf die „Honorarzonen" nach § 5 HOAI verwiesen.[8] Zusätzlich wird dort jedoch betont, dass die Beurteilung der Vergleichbarkeit nach wie vor im Ermessen des

---

[6] So noch zu § 4 Abs. 5 VOF: OLG München 10.2.2011 – Verg 24/10, NZBau 2011, 507.
[7] Stolz VergabeR 2016, 351 (359).
[8] BT-Drs. 18/7318, 205.

öffentlichen Auftraggebers steht und diese mitunter auch bei Projekten niedrigerer oder höherer Honorarstufen bejaht werden kann. Sollen ausnahmsweise Referenzprojekte derselben Nutzungsart verlangt werden, bedarf dies einer im Vergabevermerk zu dokumentierenden **besonderen Rechtfertigung.** Damit soll – so die Begr. – der „gedankenlosen" Forderung der gleichen Nutzungsart vorgebeugt werden.[9] Zu diesem Zweck soll eine Beschränkung auf die Zulassung von Referenzprojekten der gleichen Nutzungsart ausgeschlossen werden. Aus § 75 Abs. 5 VgV lässt sich indes nicht ableiten, dass bei der Auswahl der Bewerber nach § 51 VgV die Berücksichtigung von Referenzen der gleichen Nutzungsart iRd vergleichenden Beurteilung der Leistungsfähigkeit ausgeschlossen wäre.[10]

V. Losverfahren (Abs. 6)

Die Regelung zur Auswahl im **Losverfahren** in § 75 Abs. 6 VgV entspricht weitgehend § 10 Abs. 3 VOF. Grds. hat die Begrenzung der Anzahl der Bewerber (Höchst- und Mindestzahl), die zu Verhandlungen aufgefordert werden, nach § 51 VgV bzw. den danach bestimmten Auswahlkriterien zu erfolgen. Wenn es dem öffentlichen Auftraggeber aus objektiv nachvollziehbaren Gründen nicht möglich ist, den Kreis der Bewerber auf die vorgesehene Zahl zu begrenzen, soll eine Losentscheidung möglich sein, damit der Auftraggeber mit einer noch handhabbaren Anzahl von Bewerbern die Verhandlungen aufnehmen kann.[11] Die Regelung macht über die genannten Voraussetzungen – Bewerberanzahl zu hoch und Eignungsanforderungen gleichermaßen erfüllt – deutlich, dass ein Losentscheid nur in **Ausnahmefällen** in Betracht kommt und keine dem Auftraggeber freistehende Alternative zur Auswahl nach vorgegebenen Auswahlkriterien ist.[12] 8

Die Voraussetzungen für einen Losentscheid werden idR schon deshalb nicht vorliegen, weil es kaum denkbar ist, dass Bewerber die Eignungsanforderungen tatsächlich in allen maßgeblichen Belangen gleichermaßen erfüllen. Auch geringfügige Unterschiede sind zu berücksichtigen und schließen eine Auswahl per Losentscheid aus. Lassen die geforderten Erklärungen nur kleine Spielräume, ist es folgerichtig, der gebotenen Differenzierung dadurch Rechnung zu tragen, dass schon ein kleiner Mehrwert zu einer besseren Bewertung führt.[13] Sind im Einzelfall an der Grenze der angegebenen Mindest- bzw. Höchstzahl tatsächlich **gleichermaßen geeignete Bewerber** festzustellen, ist es grds. möglich, einen Losentscheid herbei zu führen. Das Losverfahren ist zu dokumentieren und sollte iSd Transparenz von einer unabhängigen externen Person begleitet werden, die die ordnungsgemäße und neutrale Durchführung prüfen und bestätigen kann. 9

§ 76 Zuschlag

(1) ¹**Architekten- und Ingenieurleistungen werden im Leistungswettbewerb vergeben.** ²**Auf die zu erbringende Leistung anwendbare Gebühren- oder Honorarordnungen bleiben unberührt.**

(2) ¹**Die Ausarbeitung von Lösungsvorschlägen der gestellten Aufgabe kann der öffentliche Auftraggeber nur im Rahmen eines Planungswettbewerbs, eines Verhandlungsverfahrens oder eines wettbewerblichen Dialogs**

---

[9] BT-Drs. 18/7318, 205.
[10] S. auch Bulla VergabeR 2020, 1 (9).
[11] BT-Drs. 18/7318, 205.
[12] S. auch Bulla VergabeR 2020, 1 (9) mwN.
[13] OLG Koblenz 2.10.2012 – 1 Verg 4/12, BeckRS 2012, 21296.

verlangen. ²Die Erstattung der Kosten richtet sich nach § 77. ³Unaufgefordert eingereichte Ausarbeitungen bleiben unberücksichtigt.

Literatur: Bulla, Die Vergabe von Architekten- und Ingenieurleistungen – Teil 2 VergabeR 2020, 1; Dörr, Die Vergabe von Planungsleistungen unter der neuen HOAI, ZfBR 2021, 360; Fuchs/van der Hout/Opitz, HOAI-Urteil des EuGH, Vertrags- und vergaberechtliche Konsequenzen, NZBau 2019, 483; Hattig/Oest, Die Prüfung der Angemessenheit der Angebotspreise durch den Auftraggeber nach Wegfall der verbindlichen Preisspannen in der HOAI, ZfBR 2021, 364; Horn/Hofmann, Das Vergabeverfahren im Licht der HOAI 2021, NZBau 2021, 237; Petschulat, Die Vergabe von Planungsleistungen unter dem Einfluss der Entscheidung des EuGH zu der Verbindlichkeit von Mindest- und Höchstsätzen nach der HOAI, ZfBR 2020, 534; Schmidt, HOAI 2021 – Was folgt aus dem Wegfall des verbindlichen Preisrechts?, NJW 2021, 2491; Schnepel/Zimmermann, HOAI 2021 – Auswirkungen auf das Vergaberecht, ZfBR 2021, 345.

I. Bedeutung der Vorschrift

1   Auch im Bereich der Vergabe von Architekten- und Ingenieurleistungen gelten für die Bestimmung der Zuschlagskriterien die Regelungen des § 127 GWB und § 58 VgV. Für die Vergabe von Architekten- und Ingenieurleistungen von besonderer Bedeutung ist die in § 58 Abs. 2 Nr. 2 VgV enthaltene Regelung, wonach auch die Organisation, Qualifikation und Erfahrung des mit der Ausführung des Auftrags betrauten Personals als Zuschlagskriterium vorgesehen werden kann (→ § 58 Rn. 28 ff.).[1] Insoweit ist jedoch zu beachten, dass eine **„Doppelberücksichtigung" der Qualifikation der maßgeblichen Personen** bei den Auswahlkriterien einerseits und den Zuschlagskriterien andererseits nicht zulässig ist (→ § 58 Rn. 30). Dies gilt nicht nur für die Berücksichtigung des Führungspersonals (§ 46 Abs. 1 Nr. 6 VgV), sondern auch hinsichtlich der Berücksichtigung der Qualifikation der für die Leistungserbringung vorgesehenen technischen Fachkräfte (§ 46 Abs. 1 Nr. 2 VgV).

II. Leistungswettbewerb und Preisrecht (Abs. 1)

2   Zur Wertung der Angebote ist in § 127 GWB bestimmt, dass das wirtschaftlichste Angebot nach dem besten Preis-Leistungs-Verhältnis zu ermitteln ist (Abs. 1), wobei verbindliche Vorschriften zur Preisgestaltung bei der Ermittlung des wirtschaftlichsten Angebots zu beachten sind (Abs. 2). In den Sonderregelungen zur Vergabe von Architekten- und Ingenieurleistungen heißt es in § 76 Abs. 1 VgV, dass Architekten- und Ingenieurleistungen **„im Leistungswettbewerb" zu vergeben** sind und bei der Vergabe von Leistungen, die **nach einer gesetzlichen Gebühren- oder Honorarordnung zu vergüten** sind, der Preis im dort vorgeschriebenen Rahmen zu berücksichtigen ist. Aus diesen Regelungen folgte vor dem Urt. des **EuGH v. 4.7.2019**,[2] dass Honorarangebote von Bietern, die vom persönlichen Anwendungsbereich der HOAI erfasst waren, zwingend ausgeschlossen werden mussten, wenn diese unterhalb der Mindestsätze oder oberhalb der Höchstsätze lagen.[3] Seitdem der EuGH in der zitierten Entscheidung festgestellt hat, dass das verbindliche Preisrecht der HOAI europarechtswidrig ist, kann dieses folgerichtig auch im Vergabeverfahren keine Berücksichtigung mehr finden.[4] Das betrifft indes nur die Regelungen über

---

[1] S. zur alten Rechtslage EuGH 26.3.2015 – C-601/13, EuZW 2015, 433 – Ambisig; OLG Karlsruhe 21.12.2012 – 15 Verg 10/12, NZBau 2013, 528.

[2] EuGH 4.7.2019 – C-377/17, NZBau 2019, 511 = VergabeR 2019, 614.

[3] → VgV § 76 Rn. 3 mwN.

[4] VK Bund 30.8.2019 – VK 2–60/19, VPR 2019, 3347 = BeckRS 2019, 23778; Greb VergabeR 2019, 623 (625); s. auch OLG Rostock 2.10.2019 – 17 Verg 3/19, BeckRS 2019,

die Verbindlichkeit der Mindest- und Höchstsätze. Die übrigen Regelungen der HOAI waren nicht Gegenstand der EuGH-Entscheidung, so dass die in der HOAI enthaltene Honorarberechnungssystematik iÜ in Vergabeverfahren weiterhin Gegenstand der vertraglichen Vereinbarung sein kann.

Unter Beachtung der Rspr. des EuGH verbleiben folgende Möglichkeiten der Verfahrensgestaltung: 3

Den Bietern wird die Möglichkeit eröffnet, das Honorar frei anzubieten. Wie das Honorar zu berechnen ist – nach der Systematik der HOAI oder als Pauschale oder Teilpauschalen für die einzelnen Leistungsstufen –, kann der Auftraggeber bestimmen und vorgeben. Die Höhe des Honorars wird als Zuschlagskriterium berücksichtigt. Allerdings ist § 76 Abs. 1 S. 1 VgV weiterhin zu beachten, wonach Architekten- und Ingenieurleistungen „im Leistungswettbewerb" zu vergeben sind. In der Begründung wird hierzu ausgeführt, dass das wesentliche Zuschlagskriterium „die Qualität" sein soll.[5] Daraus ergibt sich, dass das Honorar nicht als alleiniges Kriterium vorgesehen und auch nicht mit einem übergeordneten Gewicht versehen werden darf.[6] Die Regelung des § 76 Abs. 1 S. 1 VgV bleibt von der Entscheidung des EuGH unberührt. Aus der Entscheidung folgt indes, dass **Honorarangebote, die unterhalb der Mindestsätze oder über den Höchstsätzen der HOAI liegen, nicht mehr ausgeschlossen werden dürfen.** § 76 Abs. 1 S. 2 VgV, wonach der gesetzliche Rahmen einer Gebühren- und Honorarordnung zu beachten ist, findet nach dem Urt. des EuGH keine Anwendung mehr.[7] Im Hinblick auf das Urt. des EuGH ist gerade auch § 76 Abs. 1 S. 2 VgV mWv 19.11.2020 geändert worden. Ein öffentlicher Auftraggeber kann nicht an den Vorgaben der HOAI festgehalten werden, obwohl durch Änderung von § 76 Abs. 1 S. 2 VgV eine Bindungswirkung gerade beseitigt worden ist.[8] Vielmehr sind die Unterschiede, die sich bei den Honorarangeboten ergeben, beim Zuschlagskriterium Preis (Honorar) zu berücksichtigen. Damit kann es zu erheblichen Unterschieden bei den Honorarangeboten kommen. Preisunterschiede von mehr als 20 % zwischen dem Erst- und dem Zweitbieter bedingen idR **eine Preisprüfung nach § 60 VgV.**[9] Ob die Bestimmung des Honorars „nach oben" begrenzt werden kann, etwa auf die Höhe des Mindestsatzes nach der HOAI, ist bislang noch nicht entschieden. Überträgt man die Rspr. des OLG Düsseldorf zur grds. **Zulässigkeit von Preisobergrenzen,**[10] wird man dies aber als zulässig ansehen können. Das gilt jedenfalls dann, solange die Obergrenze nicht gegen das Verhältnismäßigkeitsgebot verstößt.

Als alternative Verfahrensgestaltung kommt die sog. **Festpreisvergabe** in Betracht. § 58 Abs. 2 S. 2 VgV sieht vor, dass der öffentliche Auftraggeber Festpreise vorgeben und bei den Zuschlagskriterien ausschl. auf „Qualitätskriterien" abstellen kann. Diese Regelung beruht auf Art. 67 Abs. 2 der RL 2014/24/EU. Daraus folgt, dass es – auch nach der europäischen VRL – zulässig ist, die Vergütung für alle Bieter gleich vorzugeben und die Zuschlagsentscheidung ausschl. auf der Grundlage von Qualitätskriterien zu treffen.[11] Das schließt zB auch die Möglichkeit ein, das 4

24720 Rn. 53 ff., nach dem die Entscheidung des EuGH keine Aufhebung eines laufenden Verfahrens nach § 63 Abs. 1 VgV rechtfertigt.

[5] BT-Drs. 18/7318, 205, 206.
[6] Fuchs/van der Hout/Opitz NZBau 2019, 483 (490).
[7] OLG Karlsruhe 4.5.2022 – 15 Verg 1/22, BeckRS 2022, 18236; Fuchs/van der Hout/Opitz NZBau 2019, 483 (488).
[8] OLG Karlsruhe 4.5.2022 – 15 Verg 1/22, BeckRS 2022, 18236.
[9] BGH 31.1.2017 – X ZB 10/06, NZBau 2017, 230 = VergabeR 2017, 364; Greb VergabeR 2019, 623 (626).
[10] OLG Düsseldorf 16.5.2018 – Verg 24/17, NZBau 2019, 68.
[11] Fuchs/van der Hout/Opitz NZBau 2019, 483 (490); Greb VergabeR 2019, 623 (625 f.); Bulla VergabeR 2020, 1 (7).

Honorar auf der Grundlage der HOAI-Mindestsätze für alle Anbieter vorzugeben.[12] Allerdings müssen dann auch alle anderen Honorarparameter – wie Nebenkosten, Stundensätze, Umbauzuschlag, besondere Leistungen etc – für alle Bieter in gleicher Höhe bzw. Weise vorgegeben werden. Nur so ist sichergestellt, dass der Preis bei allen Bietern der gleiche ist. Das ist nach § 58 Abs. 2 S. 2 VgV die Voraussetzung dafür, dass der **Zuschlag ausschl. auf der Grundlage von Qualitätskriterien erteilt** werden kann. Diese vergaberechtlich zulässige Vorgehensweise steht nicht im Konflikt mit dem Urt. des EuGH v. 4.7.2019. Dieses bezieht sich nur auf die Vereinbarkeit normativer Preisregelungen mit der Dienstleistungsrichtlinie. Es befasst sich nicht mit der besonderen Situation eines Vergabeverfahrens und der nach der RL 2014/24/EU ausdr. zugelassenen Festpreisvergabe.[13] Bei der Angebotswertung sollen auch **mündliche Ausführungen der Bieter** berücksichtigt werden können, wenn anhand der Dokumentation nachvollziehbar ist, aus welchem Grund welche Note/Punktzahl vergeben worden ist, was auch für die Bewertung durch verschiedene Gremiumsmitglieder gilt.[14]

III. Ausarbeitung von Lösungsvorschlägen (Abs. 3)

5   Aus § 76 Abs. 2 VgV ergibt sich, dass in einem Verhandlungsverfahren oder einem wettbewerblichen Dialog als Zuschlagskriterium auch ein **Lösungsvorschlag** der Bieter zur gestellten Aufgabe in Betracht kommen kann. Der öffentliche Auftraggeber muss in diesem Fall Inhalt, Art und Maß der Lösungsvorschläge eindeutig und verbindlich definieren. Außerdem muss er gem. § 77 Abs. 2 VgV für alle Bieter eine angemessene Vergütung festsetzen (→ § 77 Rn. 2). Unaufgefordert eingereichte Ausarbeitungen dürfen nicht berücksichtigt werden (Abs. 2 S. 3). Sind Lösungsvorschläge in einer bestimmten Planungstiefe verlangt, darf ein Bieter, der einen Lösungsvorschlag mit einer darüber hinausgehenden Planungstiefe einreicht, dies nicht zum Vorteil gereichen.[15]

§ 77 Kosten und Vergütung

(1) **Für die Erstellung der Bewerbungs- und Angebotsunterlagen werden Kosten nicht erstattet.**

(2) **Verlangt der öffentliche Auftraggeber außerhalb von Planungswettbewerben darüber hinaus die Ausarbeitung von Lösungsvorschlägen für die gestellte Planungsaufgabe in Form von Entwürfen, Plänen, Zeichnungen, Berechnungen oder anderen Unterlagen, so ist einheitlich für alle Bewerber eine angemessene Vergütung festzusetzen.**

(3) **Gesetzliche Gebühren- oder Honorarordnungen und der Urheberrechtsschutz bleiben unberührt.**

Literatur: Schweer/Heller, Die Vergütung von Planungsleistungen in VOF-Verfahren, VergabeR 2016, 1; Stolz, Die Vergabe von Architekten- und Ingenieurleistungen nach der Vergaberechtsreform, VergabeR 2016, 351.

1   § 77 Abs. 1 VgV enthält die Grundaussage, dass für die Ausarbeitung von Bewerbungs- und Angebotsunterlagen **keine Kosten** erstattet werden. Als Ausnahme hier-

---

[12] Fuchs/van der Hout/Opitz NZBau 2019, 483 (491).
[13] Vgl. auch Fuchs/van der Hout/Opitz NZBau 2019, 483 (491).
[14] OLG Düsseldorf 24.3.2021 – VII Verg 34/20, BeckRS 2021, 11205; aA VK Südbayern 2.4.2019 – Z3-3-3194-1-43-11/18, BeckRS 2019, 7485.
[15] Zur Beteiligung der Öffentlichkeit → § 74 Rn. 2.

von sieht § 77 Abs. 2 VgV die Pflicht zur Festsetzung einer einheitlichen **angemessenen Vergütung** vor, wenn innerhalb eines Verhandlungsverfahrens oder eines wettbewerblichen Dialogs Lösungsvorschläge, die über die Ausarbeitung von Bewerbungs- oder Angebotsunterlagen hinausgehen („darüber hinaus"), verlangt werden. Damit soll verhindert werden, dass Auftraggeber im Laufe der Verhandlungen von den Bietern Planungsleistungen fordern und diese nicht vergüten. § 77 Abs. 3 VgV stellt klar, dass gesetzliche Gebühren- oder Honorarordnungen und der Urheberrechtsschutz unberührt bleiben.

Bei § 77 Abs. 2 VgV handelt es sich um eine **Verfahrensregel** und nicht um eine Anspruchsgrundlage.[1] Eine unmittelbare Anspruchsgrundlage, wie sie noch in § 20 Abs. 3 VOF enthalten war, findet sich im 6. Abschn. der VgV nicht mehr.[2] Das bedeutet, dass ein entspr. Zahlungsanspruch nur begründet wird, wenn und soweit der Auftraggeber in den Vergabeunterlagen iS einer einseitigen Zahlungsverpflichtung einen Vergütungsanspruch begründet hat, wie dies in § 76 Abs. 2 VgV vorgegeben ist. Unterlässt er dies oder sieht er nur eine unangemessen niedrige Vergütung vor, muss ein entspr. Vergabeverstoß gerügt und die Festsetzung einer angemessenen Vergütung ggf. im Wege eines Nachprüfungsverfahrens durchgesetzt werden.[3] 2

Die Angemessenheit ist nach **Inhalt, Art und Maß der verlangten Lösungsvorschläge** zu bestimmen. Da – anders als nach § 8b EU VOB/A – nicht nur eine Entschädigung, sondern eine Vergütung festzusetzen ist, muss auch ein „Gewinnteil" berücksichtigt werden.[4] IÜ kann die Vergütung auf der Grundlage eines für die Bearbeitung der Aufgabenstellung angemessen prognostizierten Zeitbedarfs **unter Ansatz angemessener Stundensätze** pauschal bestimmt werden.[5] Die HOAI steht dem nicht entgegen, da die Regelungen der HOAI zu den Mindesthonoraren seit dem Urt. des EuGH v. 4.7.2019[6] unangewendet bleiben müssen und diesen damit keine gesetzliche Verbindlichkeit mehr zukommt, so dass zumindest seit dieser Entscheidung der Hinweis in § 77 Abs. 3 VgV ins Leere geht.[7] 3

Unterabschnitt 2. Planungswettbewerbe für Architekten- und Ingenieurleistungen

Vor § 78

Bei Planungswettbewerben, die Architektur- und/oder Ingenieurleistungen zum Gegenstand haben, müssen öffentliche Auftraggeber neben den allg. Bestimmungen im Abschn. 5 zusätzlich die Bestimmungen des Abschn. 6 berücksichtigen. Der Hauptanwendungsfall ist der Architektenwettbewerb. Vorschriften zum Wettbewerb finden sich nicht nur in der VgV, sondern auch im GWB. Aus § 103 GWB ergibt sich, dass Wettbewerbe **keine Verfahren** zur Vergabe öffentlicher Aufträge sind (dazu → GWB § 103 Rn. 125). Nach § 103 Abs. 6 GWB sind Wettbewerbe Auslobungsverfahren, die dem Auftraggeber aufgrund vergleichender Beurteilung durch 1

---

[1] BGH 19.4.2016 – X ZR 77/14, NZBau 2016, 368.
[2] S. zur alten Rechtslage BGH 19.4.2016 – X ZR 77/14, NZBau 2016, 368; Schweer/Heller VergabeR 2016, 1.
[3] BGH 19.4.2016 – X ZR 77/14, NZBau 2016, 368.
[4] S. hierzu OLG Hamm 6.8.2015 – I-17 U 130/12, BeckRS 2015, 18892 = VergabeR 2015, 812; VK Südbayern 21.3.2022 – 3194.Z3-3_01-21-51, BeckRS 2022, 20976.
[5] VK Südbayern 21.3.2022 – 3194.Z3-3_01-21-51, BeckRS 2022, 20976.
[6] EuGH 4.7.2019 – C-377/17, NZBau 2019, 511 = VergabeR 2019, 614.
[7] VK Südbayern 21.3.2022 – 3194.Z3-3_01-21-51, BeckRS 2022, 20976.

ein Preisgericht mit oder ohne Verteilung von Preisen **zu einem Plan oder einer Planung verhelfen sollen.** Dem entspricht § 78 Abs. 2 S. 1 VgV, wonach Planungswettbewerbe dem Ziel dienen, alternative Vorschläge für Planungen, insbes. auf dem Gebiet der Raumplanung, des Städtebaus und des Bauwesens, auf der Grundlage veröffentlichter einheitlicher Richtlinien zu erhalten. Der Wettbewerb endet mithin – anders als ein Vergabeverfahren – nicht mit der Erteilung eines Auftrags, sondern mit der Beurteilung und Prämierung von Planungsvorschlägen durch ein Preisgericht.

2 Die Beauftragung eines Preisträgers bzw. Teilnehmers des Wettbewerbs setzt zwingend zusätzlich ein Vergabeverfahren nach den Regeln über die Vergabe öffentlicher Aufträge voraus.[1] Insoweit ist jedoch die **Sonderregelung des § 14 Abs. 4 Nr. 8 VgV** zu beachten, wonach das anschließende Vergabeverfahren als Verhandlungsverfahren ohne erneute Bekanntmachung auf den oder die Preisträger beschränkt werden kann, soweit in der Auslobung bestimmt ist, dass der Auftrag an den Gewinner oder – wie im Regelfall – an einen der Preisträger vergeben werden soll (dazu → § 14 Rn. 74). Im letzteren Fall müssen alle Preisträger am Verhandlungsverfahren beteiligt werden. Das Verhandlungsverfahren ist nach den Vorschriften des § 17 Abs. 5–14 VgV (dazu → § 17 Rn. 14 ff.) durchzuführen. Schnittstellen zwischen dem Wettbewerb und dem anschließenden Verhandlungsverfahren ergeben sich im Bereich der Zuschlagskriterien und der Eignungskriterien (s. auch → VgV § 80 Rn. 2).

3 Fraglich ist, ob Wettbewerbe der **Nachprüfung nach den §§ 155 ff. GWB** unterliegen.[2] Nach dem Wortlaut des § 155 GWB unterliegen nur öffentliche Aufträge (§ 103 Abs. 1 GWB) und Konzessionen (§ 105 GWB), nicht aber hiervon zu unterscheidende Wettbewerbe (§ 103 Abs. 6 GWB) der Nachprüfung durch die Vergabekammern. Das entspricht Art. 1 Abs. 1 UAbs. 2 RL 2007/66/EG, wonach die Rechtsmittelrichtlinie nur öffentliche Aufträge, Rahmenvereinbarungen, öffentliche Baukonzessionen und dynamische Beschaffungssysteme erfasst.[3] Da nach Art. 1 Abs. 1 UAbs. 3 RL 2007/66/EG nur Entscheidungen der öffentlichen Auftraggeber der Nachprüfung unterliegen, dürften zumindest inhaltliche Entscheidungen eines von diesem unabhängigen Preisgerichts von der Prüfungskompetenz ausgenommen sein.[4] Das gilt aber nicht hinsichtlich der Prüfung der Einhaltung des Verfahrens, insbes. der Beachtung der vorgegebenen Beurteilungskriterien durch das Preisgericht (s. § 72 Abs. 2 VgV und § 79 Abs. 4 VgV). Das gilt jedenfalls bei Realisierungswettbewerben, die einem anschließenden Vergabeverfahren vorgelagert sind.[5]

§ 78 Grundsätze und Anwendungsbereich für Planungswettbewerbe

(1) **Planungswettbewerbe gewährleisten die Wahl der besten Lösung der Planungsaufgabe und sind gleichzeitig ein geeignetes Instrument zur Sicherstellung der Planungsqualität und Förderung der Baukultur.**

---

[1] Soweit § 78 Abs. 2 S. 2 VgV Wettbewerbe ohne Vergabeverfahren erwähnt, handelt es sich um Ideenwettbewerbe, denen – im Unterschied zu sog. Realisierungswettbewerben – noch keine konkrete Realisierungsabsicht zugrunde liegt.

[2] Bejaht von VK Südbayern 27.1.2017 – Z3-3-3194-1-48-11/16, BeckRS 2017, 121875; zur alten Rechtslage OLG Koblenz 16.2.2011 – 1 Verg 2/10, BeckRS 2011, 3435 = VergabeR 2011, 631; OLG Düsseldorf 31.3.2004 – Verg 4/04, IBRRS 2004, 1488.

[3] RL 89/665/EWG idF der RL 2007/66/EG; allerdings werden im Erwgr. 2 RL 2007/66/EG auch Wettbewerbe angesprochen.

[4] Egger EuVergabeR Rn. 1444, der iÜ von einer Anwendung auch auf Wettbewerbe ausgeht.

[5] OLG Karlsruhe 10.8.2021 – 15 Verg 10/21, BeckRS 2021, 52167 = VergabeR 2022, 473 (475); zustimmend Blomeyer/Zimmermann VergabeR 2022, 353 (354).

(2) ¹**Planungswettbewerbe dienen dem Ziel, alternative Vorschläge für Planungen, insbesondere auf dem Gebiet der Raumplanung, des Städtebaus und des Bauwesens, auf der Grundlage veröffentlichter einheitlicher Richtlinien zu erhalten.** ²Sie können vor oder ohne Vergabeverfahren ausgerichtet werden. ³In den einheitlichen Richtlinien wird auch die Mitwirkung der Architekten- und Ingenieurkammern an der Vorbereitung und bei der Durchführung von Planungswettbewerben geregelt. ⁴Der öffentliche Auftraggeber prüft bei Aufgabenstellungen im Hoch-, Städte- und Brückenbau sowie in der Landschafts- und Freiraumplanung, ob für diese ein Planungswettbewerb durchgeführt werden soll, und dokumentiert seine Entscheidung.

(3) ¹**Die Bestimmungen dieses Unterabschnitts sind zusätzlich zu Abschnitt 5 für die Ausrichtung von Planungswettbewerben anzuwenden.** ²Die auf die Durchführung von Planungswettbewerben anwendbaren Regeln nach Absatz 2 sind in der Wettbewerbsbekanntmachung mitzuteilen.

Literatur: Blomeyer/Zimmermann, Nachprüfen erlaubt, Setzen erlaubt – Hinweise zum Architektenwettbewerb, VergabeR 2022, 353; Lindner, Ist es sachlich gerechtfertigt, den Preis bei der Vergabe von Architekten- und Ingenieurleistungen nur untergeordnet zu gewichten?, ZfBR 2021, 835; Stolz, VOF und Wettbewerb, VergabeR 2014, 295; Stolz. Die Vergabe von Architekten- und Ingenieurleistungen nach der Vergaberechtsreform 2016, VergabeR 2016, 351.

§ 78 Abs. 1 VgV dient lediglich der Darstellung der Vorzüge von Planungswettbewerben. Damit sollen öffentliche Auftraggeber animiert werden, verstärkt von diesem Instrument Gebrauch zu machen.[1] Dem gleichen Zweck dient § 78 Abs. 2 S. 4 VgV, wonach der öffentliche Auftraggeber **bei allen Aufgabenstellungen im Hoch-, Städte- und Brückenbau sowie der Landschafts- und Freiraumplanung** zu prüfen hat, ob für diese ein Planungswettbewerb durchgeführt werden soll. Die Entscheidung ist zu dokumentieren. Das bedeutet, dass im Falle des Absehens von einem Planungswettbewerb die hierfür maßgeblichen Gründe im Vergabevermerk festzuhalten sind. Die Vorschrift ist aber nicht iS eines Regel-/Ausnahmeverhältnisses zu verstehen. Das Absehen von einem Wettbewerb erfordert keine überwiegenden oder besonderen Gründe. Wie sich aus der Begründung zu dieser Vorschrift ergibt,[2] geht es vor allem darum sicherzustellen, dass sich die öffentlichen Auftraggeber vor der Einleitung eines Vergabeverfahrens Gedanken darüber machen, ob die Ausrichtung eines Planungswettbewerbes für die konkrete Aufgabenstellung sinnvoll sein kann. Das bedeutet, dass die Durchführung eines Planungswettbewerbs iR eines Nachprüfungsverfahrens nicht durchgesetzt werden kann. Denkbar wäre allenfalls, dass die Nachprüfungsinstanzen den Auftraggeber dazu verpflichten, eine entspr. Abwägung und deren Dokumentation nachzuholen, wenn es an einer solchen fehlen sollte.[3]   **1**

§ 78 Abs. 2 S. 1 VgV greift die Definition des Wettbewerbs in § 103 Abs. 6 GWB auf (→ Vor § 78 Rn. 1) und ergänzt diese um die besonderen Merkmale von Planungswettbewerben, die Architekten- und/oder Ingenieurleistungen zum Gegenstand haben. Wie schon in § 15 VOF, wird auf die Anwendung **„veröffentlichter einheitlicher Richtlinien"** verwiesen. Insoweit kommen insbes. die Richtlinien für Planungswettbewerbe (RPW) in Betracht, da diese auch die geforderte Mitwir-   **2**

---

[1] Begr. zu § 78 Abs. 1 VgV, BT-Drs. 18/7318, 206; s. zur Alternative eines Verhandlungsverfahrens mit Lösungsansätzen die Kommentierungen zu → § 76 Rn. 1 ff., → § 77 Rn. 1 ff.
[2] BT-Drs. 18/7318, 206.
[3] Stolz VergabeR 2016, 351 (364).

kung der Architekten- und Ingenieurkammern vorsehen. Aufgegeben wurde die Möglichkeit der Durchführung eines Wettbewerbs während eines Vergabeverfahrens.[4] Gem. § 78 Abs. 2 S. 2 VgV ist ein Wettbewerb nur noch **vor** oder **ohne Vergabeverfahren** zulässig. Ein Wettbewerb ohne Vergabeverfahren ist ein Ideenwettbewerb.[5] Soll der Wettbewerb eine Auftragsvergabe zur Folge haben (sog. Realisierungswettbewerb), bedarf es in der Folge zusätzlich eines Vergabeverfahrens, bei dem es sich idR um ein Verhandlungsverfahren nach § 14 Abs. 4 Nr. 8 VgV handelt (→ Vor § 78 Rn. 2 und → § 80 Rn. 2).

3 § 78 Abs. 3 S. 1 VgV stellt klar, dass die Regelungen der §§ 79 und 80 VgV **zusätzlich zu den allg. Regelungen des Abschn. 5** gelten. Nicht klar geregelt ist, ob auch die Regelungen des UAbschn. 1 des 6. Abschn. zu beachten sind. Dies ist aus regelungssystematischen Gründen zu verneinen, weil der UAbschn. 1 nach § 73 Abs. 1 VgV zusätzliche Regelungen für die „Vergabe von Architekten- und Ingenieurleistungen" enthält, während der UAbschn. 2 zusätzlich zu den allg. Regelungen für Planungswettbewerbe des Abschn. 5 gilt. Die Regelungen über den Wettbewerb im 5. Abschn. sind abschl. und verweisen nur punktuell auf Vorschriften über das Vergabeverfahren aus dem 1. und 2. Abschn. (s. § 69 Abs. 2 VgV).

4 § 78 Abs. 3 S. 2 VgV regelt in Ergänzung zu § 71 Abs. 1 VgV, dass in der Wettbewerbsbekanntmachung den Bewerbern auch die **einheitlichen Richtlinien**, nach denen der Wettbewerb ausgerichtet wird, bekanntzumachen sind. Hierdurch werden diese Regelungen vergaberechtlich zu Teilnahme- bzw. Wettbewerbsbedingungen, die die Wettbewerbsbeteiligten, insbes. den Auslober, aber auch Teilnehmer und Preisgericht binden.[6]

§ 79 Durchführung von Planungswettbewerben

(1) **Mit der Ausrichtung eines Planungswettbewerbs sind Preise oder neben Preisen Anerkennungen auszuloben, die der Bedeutung und Schwierigkeit der Bauaufgabe sowie dem Leistungsumfang nach der jeweils geltenden Honorarordnung angemessen sind.**

(2) [1]**Ausgeschlossen von Planungswettbewerben sind Personen, die infolge ihrer Beteiligung an der Vorbereitung oder Durchführung des Planungswettbewerbs bevorzugt sein oder Einfluss auf die Entscheidung des Preisgerichts nehmen können.** [2]**Das Gleiche gilt für Personen, die sich durch Angehörige oder ihnen wirtschaftlich verbundene Personen einen entsprechenden Vorteil oder Einfluss verschaffen können.**

(3) [1]**Abweichend von § 72 Absatz 1 Satz 2 muss die Mehrheit der Preisrichter über dieselbe oder eine gleichwertige Qualifikation verfügen, wie sie von den Teilnehmern verlangt wird.** [2]**Auch muss die Mehrheit der Preisrichter unabhängig vom Ausrichter sein.**

(4) [1]**Das Preisgericht hat in seinen Entscheidungen die in der Wettbewerbsbekanntmachung als bindend bezeichneten Vorgaben des Ausrichters zu beachten.** [2]**Nicht zugelassene oder über das geforderte Maß hinausgehende Teilleistungen sind von der Wertung auszuschließen.**

(5) [1]**Das Preisgericht hat einen von den Preisrichtern zu unterzeichnenden Bericht über die Rangfolge und hierin eine Beurteilung der von ihm ausgewählten Wettbewerbsarbeiten zu erstellen.** [2]**Der Ausrichter informiert die Teilnehmer unverzüglich über das Ergebnis durch Versendung des Pro-**

---

[4] In § 15 Abs. 2 VOF noch vorgesehen.
[5] Stolz VergabeR 2014, 295.
[6] OLG Karlsruhe 10.8.2021 – 15 Verg 10/21, BeckRS 2021, 52167 = VergabeR 2022, 473 (477) mwN.

tokolls der Preisgerichtssitzung. ³Der Ausrichter soll spätestens einen Monat nach der Entscheidung des Preisgerichts alle eingereichten Wettbewerbsarbeiten mit Namensangaben der Verfasser unter Auslegung des Protokolls öffentlich ausstellen. ⁴Soweit ein Preisträger wegen mangelnder Teilnahmeberechtigung oder Verstoßes gegen Wettbewerbsregeln nicht berücksichtigt werden kann, rücken die übrigen Preisträger sowie sonstige Teilnehmer in der Rangfolge des Preisgerichts nach, soweit das Preisgericht ausweislich seines Protokolls nichts anderes bestimmt hat.

I. Arten von Planungswettbewerben

Der Auslober hat bei Planungswettbewerben die Auswahl zwischen verschiedenen **Wettbewerbstypen.** Es ist einerseits zwischen **Ideen- und Realisierungswettbewerben** zu unterscheiden (s. § 3 Abs. 1 RPW 2013). Diese Unterscheidung macht sich daran fest, wie der Auftraggeber das Wettbewerbsergebnis verwenden will: Dient es nur als Impuls für eine spätere, differenziertere Lösung der Aufgabe oder der Untersuchung, welche Bebauung oder welche Gestalt für ein Vorhaben auf einem vorgegebenen Grundstück möglich ist, so ist nur die „Idee" gefragt. Das sind die **Ideenwettbewerbe.** Anders gestalten sich **Realisierungswettbewerbe,** mit denen der Auslober konkrete Planungen für konkret zu realisierende Bauvorhaben sucht. Der Teilnehmer weiß, dass das Bauwerk, das Gegenstand des Wettbewerbs ist, später auch realisiert werden soll. 1

Ferner ist zwischen **offenen und nichtoffenen Wettbewerben zu unterscheiden** (s. § 3 Abs. 2, 3 RPW 2013). An offen Wettbewerben – das ist die traditionell übliche, aber in letzter Zeit seltene Wettbewerbsform – kann jeder Planer teilnehmen, der die geforderte Zulassung hat. Anders die nichtoffenen Wettbewerbe, die **zweistufig gegliedert** sind: Zunächst werden bei dieser Form die Interessenten nach vorher bekannt gemachten, eindeutigen und nichtdiskriminierenden Eignungskriterien ausgesucht (§ 71 Abs. 3 VgV). Bei Wettbewerben mit beschränkter Teilnehmerzahl können auch **Bewerber „gesetzt" werden,** an deren Wettbewerbsbeitrag der Auftraggeber aufgrund ihrer besonderen Qualifikationen interessiert ist. Diese Möglichkeit geht aus Anh. V Teil E Nr. 10b RL 2014/24/EU hervor. Das Setzen von Bewerbern ist an keine weiteren Voraussetzungen gebunden Der Wettbewerbsgrundsatz wird dadurch jedenfalls dann nicht verletzt, wenn die Anzahl der vorausgewählten Bewerber in einem angemessenen Verhältnis zur Anzahl der Teilnehmer steht, die zum eigentlichen Realisierungswettbewerb zugelassen werden. Maßgeblich ist, dass die Anzahl der übrigen Bewerber so hoch ist, dass der Wettbewerb gewährleistet ist. Aus Gründen der Gleichbehandlung und zur Wahrung des Wettbewerbs müssen die gesetzten Bewerber die aufgestellten Eignungskriterien erfüllen.[1] Das gilt jedenfalls insoweit, als es sich dabei um Mindestkriterien handelt. Sie sind aber nicht an den Auswahlkriterien zu messen.[2] Der **Möglichkeit des „Setzens"** liegt gerade die Überlegung zugrunde, dass die betreffenden Büros unabhängig vom Erfüllungsgrad bestimmter Eignungskriterien teilnehmen können sollen, weil sich der Auftraggeber von diesen wertvolle Planungsvorschläge verspricht. 2

Der Wettbewerb kann außerdem als **einphasiger oder zweiphasiger Wettbewerb** ausgestaltet werden (§ 3 Abs. 4 RPW). IdR wird ein Wettbewerb in einem zeitlichen Strang bearbeitet (einphasiger Wettbewerb). Bei größeren Wettbewerbsaufgaben kann es angesichts des Arbeitsaufwands sinnvoll sein, die Bearbeitung der 3

---

[1] OLG Karlsruhe 10.8.2021 – 15 Verg 10/21, BeckRS 2021, 52167 = VergabeR 2022, 473 (478) mwN.
[2] Ebenso Blomeyer/Zimmermann VergabeR 2022, 353 (358). AA wohl VK Südbayern 27.1.2017 – Z3-3-3194-1-48-11/16, BeckRS 2017, 121875.

Wettbewerbsaufgabe nochmals zu teilen und zwei unterschiedliche Stufen der Intensität der Ausarbeitung zu fordern, nämlich zunächst nur grundsätzliche Lösungsansätze (zweiphasiger Wettbewerb). Das Preisgericht wählt unter diesen Arbeiten eine geringere Anzahl aus. Diese „vorsortierten" Arbeiten werden von den Einsendern weiter bis zur üblichen Planungstiefe entwickelt und dann endgültig von dem Preisgericht juriert. Eine Veröffentlichung der Wettbewerbsarbeiten zwischen der 1. und 2. Phase verstößt indes gegen das Gebot der Wahrung der Vertraulichkeit nach § 5 VgV. Nach § 69 Abs. 2 VgV gilt diese Vorschrift auch für Planungswettbewerbe. Daraus folgt, dass die Wettbewerbsarbeiten iSd des Geheimwettbewerbs außerhalb des Kreises der Preisrichter und etwaiger weiterer Beteiligter nach § 2 Abs. 3 und 5 RPW nicht bekannt werden dürfen. Die **Beteiligung der Öffentlichkeit** sieht die RPW ausschl. vor Einleitung (s. Präambel) und nach Abschluss des Wettbewerbs (s. § 8 Abs. 1 S. 2 RPW) vor.

II. Preise und Anerkennungen (Abs. 1)

4 Dass ein Wettbewerb mit Preisen dotiert ist, ist nicht selbstverständlich (vgl. § 103 Abs. 6 GWB). Für Planungswettbewerbe, die Architekten- und/oder Ingenieurleitungen zum Gegenstand haben, schreibt § 79 Abs. 1 VgV jedoch verpflichtend vor, dass **Preise und ggf. auch Anerkennungen** auszuloben sind. Maßstab für die Gesamthöhe der Preise und Anerkennungen sind die Bedeutung der Bauaufgabe, ihre Schwierigkeit sowie der Leistungsumfang. Der Bemessung des Preisgeldes anhand der HOAI steht die Entscheidung des EuGH v. 4.7.2019[3] nicht entgegen, weil mit dieser nur die vertragsrechtlich wirkende Verbindlichkeit der Mindest- und Höchstsätze für europarechtswidrig erkannt wurde. Die Bemessung von Preisgeldern nach den Grundsätzen der HOAI ist dagegen ohne Einfluss auf die Dienstleistungsfreiheit. Nach § 7 Abs. 2 RPW ist für einen Wettbewerb ein **Gesamtbetrag** für Preise und Anerkennungen zu berechnen, der sich nach dem Honorar für die geforderte Wettbewerbsleistung richten soll. Das hat eine gewisse Plausibilität, da der Auftraggeber von den Wettbewerbsteilnehmern die entspr. Leistung erhält; allerdings muss er sie teilw. dennoch ein zweites Mal bezahlen, da der beauftragte Preisträger sich idR nur die anteilig erhaltene Preissumme auf die spätere Honorar anrechnen lassen muss. „Anerkennungen" sind in § 79 Abs. 1 VgV nicht definiert; § 7 Abs. 1 S. 3 RPW legt fest, dass sie für „bemerkenswerte Teilleistungen" vergeben werden. Anerkennungen berechtigen nach dem Wortlaut des § 14 Abs. 4 Nr. 8 VgV nicht zur Teilnahme am Verhandlungsverfahren.[4]

III. Ausgeschlossene Verfahrensbeteiligte (Abs. 2)

5 Als Personen, die an der Auslobung oder Durchführung des Wettbewerbs beteiligt sind und deshalb **nicht teilnehmen dürfen,** kommen bei öffentlichen Auftraggebern insbes. die Beschäftigten in Betracht, die den Bedarf des Bauherrn und die sonstigen Vorgaben eines Planungswettbewerbs formulieren und ihn konkret durchführen. Die Auftraggeber schalten für die Vorbereitung der Wettbewerbe häufig **Betreuungsbüros** ein, die in § 2 Abs. 5 RPW näher beschrieben werden: Diese nehmen die Interessen des Auslobers wahr und wirken bei der Erstellung der Auslobung, bei der Organisation und Durchführung des Verfahrens mit und übernehmen idR die Vorprüfung. Auch diese sind vom Teilnahmeverbot betroffen. Sie können schon durch ihre Funktion bevorzugt sein oder sogar Einfluss auf die Entscheidung

---

[3] EuGH 4.7.2019 – C-377/17, BeckRS 2019, 13028.
[4] VK Düsseldorf 12.11.2009 – VK-21/2009-L, IBRRS 2013, 2502.

des Preisgerichts nehmen. § 79 Abs. 2 VgV erstreckt das Teilnahmeverbot auf weitere Personen, die sich mittelbar einen Vorteil oder Einfluss verschaffen könnten (s. auch § 4 Abs. 2 RPW). Zusätzlich ist über die Verweisung in § 69 Abs. 2 VgV auch die Regelung zur Vermeidung von **Interessenskonflikten** nach § 6 VgV zu beachten. Nicht zur Anwendung kommt hingegen § 7 VgV, der nach § 69 Abs. 2 VgV für Planungswettbewerbe ausdr. nicht gilt. Es ist deshalb davon auszugehen, dass nach § 79 Abs. 2 S. 1 VgV und § 4 Abs. 2 RPW ein Beteiligungsrecht „vorbefasster" Personen auch unter der Voraussetzung eines hinreichenden Informationsausgleichs nicht zulässig ist. Das steht in Übereinstimmung mit europäischem Recht, weil auch nach Art. 80 der RL 2014/24/EU bei Wettbewerben die Regelung des Art. 41 der RL (entspricht § 7 VgV) nicht gilt. Daraus folgt, dass bei Planungswettbewerben gem. § 79 Abs. 2 S. 1 VgV und § 4 Abs. 2 RPW vorbefasste Personen iS einer uneingeschränkten Chancengleichheit generell von der Teilnahme ausgeschlossen sind.

IV. Preisrichter (Abs. 3)

§ 79 Abs. 3 VgV sieht entspr. § 6 Abs. 1 RPW für Planungswettbewerbe, die 6 Architekten- und/oder Ingenieurleitungen zum Gegenstand haben, eine von § 72 Abs. 1 S. 2 VgV abweichende Regelung hinsichtlich der Qualifikation der Preisrichter vor. Danach muss die **Mehrheit der Preisrichter** über dieselbe oder eine gleichwertige Qualifikation wie die Teilnehmer verfügen (sog. **Fachpreisrichter**). Unter dieser Voraussetzung können auch Personen, die beim Auslober angestellt sind, als Fachpreisrichter vorgesehen werden. Bei diesen ist jedoch in besonderem Maß darauf zu achten, dass sie ihr Amt persönlich und unabhängig allein nach fachlichen Gesichtspunkten ausüben (§ 72 VgV, § 6 Abs. 1 RPW). Wer Preisrichter wird, bestimmt iÜ der Auslober. § 6 Abs. 1 RPW empfiehlt zur Sicherung der Beschlussfähigkeit des Preisgerichts die Bestimmung einer ausreichenden Anzahl von Stellvertretern.

V. Prüfungs- und Beurteilungsmaßstab (Abs. 4)

§ 79 Abs. 4 S. 1 VgV stellt klar, dass das Preisgericht Wettbewerbsarbeiten, die 7 **bindenden Vorgaben** des Auslobers widersprechen, nicht berücksichtigen darf. Ferner wird klargestellt, dass Wettbewerbsarbeiten, die **über das geforderte Maß** hinausgehen, zwingend auszuschließen sind. Beides ist bereits iRd Vorprüfung zu beachten. Aus dem Grundsatz der Transparenz und Gleichbehandlung folgt ferner, dass das Preisgericht seine Entscheidungen nach den in der Auslobung angegebenen Kriterien treffen muss und hiervon nicht nachträglich abweichen darf, indem Kriterien unberücksichtigt bleiben oder zusätzliche Kriterien berücksichtigt werden (s. auch § 72 Abs. 2 S. 2 VgV).

VI. Abschluss des Wettbewerbs (Abs. 5)

Zum Abschluss des Wettbewerbs muss das **Preisgericht** einen **Bericht** über die 8 Entscheidung und insbes. die Rangfolge der beurteilten Arbeiten erstellen. Der Bericht ist von allen Preisträgern zu unterzeichnen. Soweit ein Preisträger wegen mangelnder Teilnahmeberechtigung oder Verstoßes gegen Wettbewerbsregeln nicht berücksichtigt werden kann, rücken die übrigen Preisträger sowie sonstige Teilnehmer in der Rangfolge des Preisgerichts nach, soweit das Preisgericht ausweislich seines Protokolls nichts anderes bestimmt hat. Mit dieser Bestimmung soll der Fall geregelt werden, dass erst zum Abschluss eines Wettbewerbs erkannt wird, dass ein Preisträger gar nicht zur Teilnahme berechtigt war oder gegen Wettbewerbsregeln verstoßen hat. Die Regelung bezieht sich ausschl. auf das eigentliche Wettbewerbsverfahren. Ist der Auftraggeber bereits in das Verhandlungsverfahren übergegangen, kann die Regelung auf nunmehr als auszuschließend erkannte Preisträger nicht mehr angewendet werden.[5]

9 Der **Auslober** muss die Teilnehmer unverzüglich nach Abschluss des Wettbewerbs über das Ergebnis durch Versendung des Protokolls der Preisgerichtssitzung **informieren**. Er soll ferner spätestens einen Monat nach der Entscheidung des Preisgerichts alle eingereichten Wettbewerbsarbeiten mit Namensangaben der Verfasser unter Auslegung des Protokolls **öffentlich ausstellen.**

10 Ob der Entscheidung des Preisgerichts eine **Erledigungswirkung** iSd § 168 Abs. 2 S. 1 GWB zukommt, ist streitig.[6] Aus § 79 Abs. 5 S. 5 VgV dürfte sich insoweit nichts ergeben, da sich diese Vorschrift an das Preisgericht richtet und keine allg. Rechtsgrundlage für nachträgliche Korrekturen des Wettbewerbsergebnisses beinhaltet. Es dürfte darauf ankommen, ob und inwieweit Wettbewerbe überhaupt der Nachprüfung unterliegen (→ Vor § 78 Rn. 3). Wenn dies bejaht wird, wird man mangels ausdr. gesetzlicher Grundlage grds. keine Erledigungswirkung annehmen können. Allerdings gelten dann – ausgehend von der Information durch Übermittlung des Protokolls – die allg. Regelungen zur Rügeobliegenheit nach § 160 Abs. 3 GWB.

§ 80 Aufforderung zur Verhandlung; Nutzung der Ergebnisse des Planungswettbewerbs

(1) Soweit und sobald das Ergebnis des Planungswettbewerbs realisiert werden soll und beabsichtigt ist, einen oder mehrere der Preisträger mit den zu beschaffenden Planungsleistungen zu beauftragen, hat der öffentliche Auftraggeber in der Aufforderung zur Teilnahme an den Verhandlungen die zum Nachweis der Eignung erforderlichen Unterlagen für die gemäß § 70 Absatz 2 bereits in der Wettbewerbsbekanntmachung genannten Eignungskriterien zu verlangen.

(2) Gesetzliche Vorschriften, nach denen Teillösungen von Teilnehmern des Planungswettbewerbs, die bei der Auftragserteilung nicht berücksichtigt worden sind, nur mit deren Erlaubnis genutzt werden dürfen, bleiben unberührt.

1 Nach § 80 Abs. 1 VgV muss vor einem an den Wettbewerb anschließenden Verhandlungsverfahren nach § 14 Abs. 4 Nr. 8 VgV die **Eignung der Preisträger für die Auftragsausführung** geprüft werden.[1] Insoweit ist zu berücksichtigen, dass auch bei einem Wettbewerb mit beschränkter Teilnehmerzahl (§ 71 Abs. 3 VgV) die Auswahl nicht zwingend anhand der Eignung für die Auftragsausführung erfolgt sein muss, diese vielmehr auch auf die Eignung zur Teilnahme am Wettbewerb bezogen sein kann. Bei einem offenen Wettbewerb hat im Zeitpunkt des Beginns des Verhandlungsverfahrens noch keine Eignungsprüfung stattgefunden. Deshalb wird in § 80 Abs. 1 VgV für Planungswettbewerbe, die Architekten- und/oder Inge-

---

[5] VK Lüneburg 23.1.2012 – VgK-57/2011, BeckRS 2012, 11748. Der erste Preisträger sollte nachträglich wegen Kostenüberschreitung seines Entwurfs ausgeschlossen werden, obwohl die Kosten bereits vor dem Wettbewerb geprüft und für akzeptabel befunden worden waren.
[6] Dafür OLG Düsseldorf 31.3.2004 – Verg 4/04, IBRRS 2004, 1488; aA OLG Koblenz 16.2.2011 – 1 Verg 2/10, BeckRS 2011, 3435.
[1] S. zur Notwendigkeit der gesonderten Eignungsprüfung OLG Düsseldorf 2.12.2009 – VII Verg 39/09, NZBau 2010, 393 = VergabeR 2010, 487.

nieurleistungen zum Gegenstand haben, klargestellt, dass die Preisträger vor Teilnahme am Vergabeverfahren auf ihre Eignung zur Ausführung des Auftrags zu prüfen sind. Um insoweit willkürliche oder überraschende Vorgaben und Entscheidungen zu vermeiden, ist diese Eignungsprüfung auf die Nachweise und Unterlagen beschränkt, die bereits **in der Bekanntmachung zum Wettbewerb** gem. § 70 Abs. 2 VgV als maßgeblich benannt wurden. Fehlt eine entspr. Angabe in der Bekanntmachung, können von den Teilnehmern am Vergabeverfahren **keine (weiteren) Eignungsnachweise** verlangt werden. Auch dürfen in der Wettbewerbsbekanntmachung unzureichend bekannt gegebene Mindestanforderungen an die Eignung nicht mehr zu Anwendung gebracht werden.[2] Zulässig und notwendig ist jedoch stets die Prüfung von Ausschlussgründen nach §§ 123 ff. GWB.

Ob der Auftraggeber das **Verhandlungsverfahren nach § 14 Abs. 4 Nr. 8 VgV nur mit dem ersten Preisträger oder allen Preisträgern** durchführt, hängt von den Festlegungen in der Auslobung ab. Diese können auch vorsehen, dass die Verhandlungen zunächst auf den ersten Preisträger beschränkt werden und nur im Falle des Scheiterns ein Verhandlungsverfahren mit allen Preisträgern durchgeführt wird.[3] Ist in der Auslobung wegen der weiteren Beauftragung auf die Regelung des § 8 Abs. 2 RPW verwiesen, wonach „in der Regel der Gewinner" zu beauftragen ist, muss dem durch eine dieser Festlegung gerecht werdende Gewichtung des zwingend vorzusehenden Zuschlagskriteriums „Wettbewerbsergebnis" (s. Ziff. 24 der Anlage I zur RPW) Rechnung getragen werden.[4] Das wird jedenfalls dann erfüllt, wenn im Verhandlungsverfahren das Wettbewerbsergebnis mit einem Anteil von 60% und damit mehr als der Hälfte der Gesamtpunktzahl gewichtet und auch die Binnengewichtung innerhalb des Kriteriums der **Regelbeauftragung des ersten Preisträgers** gerecht wird. Ein Punktevorsprung des ersten Preisträgers von 12% der Gesamtpunktzahl berücksichtigt die Regelbeauftragung des ersten Preisträgers ausreichend.[5] Wenn in Abweichung zu § 8 Abs. 2 RPW allg. bestimmt ist, dass der Auftrag an einen der Preisträger erteilt wird, kann hingegen für das Kriterium des Wettbewerbsergebnisses auch eine untergeordnete Gewichtung vorgesehen werden. Für diesen Fall wurden bereits Gewichtungen von 35 %[6] und 30 %[7] akzeptiert. Aus der Verpflichtung, die Gewichtung des Kriteriums „Wettbewerbsergebnis" bereits in den Auslobungsunterlagen anzugeben, folgt nicht, dass zu diesem Zeitpunkt auch schon die weiteren Zuschlagskriterien für das Verhandlungsverfahren und deren Gewichtung angegeben werden müssten. Diese können auch erst im Zeitpunkt der Aufforderung zur Angebotsabgabe bestimmt und mitgeteilt werden.

§ 80 Abs. 2 VgV weist klarstellend darauf hin, dass die weitere **Nutzung von Teillösungen,** die ein anderer als der beauftragte Teilnehmer des Planungswettbewerbs entwickelt hat, aus rechtlichen Gründen idR von dessen **Zustimmung** abhängig ist. Dies ergibt sich aus dem UrhG (urheberrechtlicher Schutz) und dem UWG (ergänzender wettbewerbsrechtlicher Leistungsschutz). In diesem Fall muss eine entspr. Berechtigung eingeholt werden, für die der Teilnehmer idR eine angemessene Vergütung verlangen wird.[8]

---

[2] VK Südbayern 3.7.2019 – Z3-3-3194-1-09-03/19, BeckRS 2019, 17177.
[3] OLG Frankfurt a. M. 11.4.2017 – 11 Verg 4/17, BeckRS 2017, 111156 = VergabeR 2017, 666.
[4] VK Südbayern 3.7.2019 – Z3-3-3194-1-09-03/19, BeckRS 2019, 17177; OLG Frankfurt a. M. 11.4.2017 – 11 Verg 4/17, BeckRS 2017, 111156 = VergabeR 2017, 666; OLG Frankfurt a. M. 23.6.2020 – 11 Verg 2/20, BeckRS 2020, 37626; Stolz VergabeR 2014, 295 (298).
[5] OLG Frankfurt a. M. 23.6.2020 – 11 Verg 2/20, BeckRS 2020, 37626.
[6] VK Südbayern 13.10.2014 – Z3-3-3194-1-37-08/14, IBRRS 2015, 0301.
[7] VK Lüneburg 29.9.2014 – VgK-36/2014, BeckRS 2014, 20964.
[8] BT-Drs. 18/7318, 207.

Abschnitt 7. Übergangs- und Schlussbestimmungen

§ 81 Übergangsbestimmungen

¹Zentrale Beschaffungsstellen im Sinne von § 120 Absatz 4 Satz 1 des Gesetzes gegen Wettbewerbsbeschränkungen können bis zum 18. April 2017, andere öffentliche Auftraggeber bis zum 18. Oktober 2018, abweichend von § 53 Absatz 1 die Übermittlung der Angebote, Teilnahmeanträge und Interessensbestätigungen auch auf dem Postweg, anderem geeigneten Weg, Fax oder durch die Kombination dieser Mittel verlangen. ²Dasselbe gilt für die sonstige Kommunikation im Sinne des § 9 Absatz 1, soweit sie nicht die Übermittlung von Bekanntmachungen und die Bereitstellung der Vergabeunterlagen betrifft.

1 Der Verordnungsgeber hat die in Art. 90 Abs. 2 RL 2014/24/EU eingeräumte Möglichkeit genutzt, die Übergangsfristen für die Verpflichtung zur Verwendung elektronischer Mittel auszuschöpfen. Die Pflicht zur Übermittlung von Bekanntmachungen an das EU-Amtsblatt und zur Bereitstellung der Vergabeunterlagen nach § 41 VgV war mit Inkrafttreten der VgV nach Art. 7 VergRModVO ohne Übergangsfrist eingetreten.

2 Seit dem 18.10.2018 sind für die Vergabe von öffentlichen Aufträgen oberhalb der EU-Schwellenwerte elektronische Mittel von allen Beteiligten des Vergabeverfahrens verbindlich vorzugeben und zu verwenden. Dabei kommt es nicht darauf an, zu welchem Zeitpunkt das Vergabeverfahren iSd § 187 Abs. 2 GWB eingeleitet worden ist.[1] Abweichungen von § 53 Abs. 1 VgV sind nur noch in den ausdr. vorgegebenen Ausnahmeregelungen nach § 53 Abs. 2 VgV gestattet.

§ 82 Fristenberechnung

Die Berechnung der in dieser Verordnung geregelten Fristen bestimmt sich nach der Verordnung (EWG, Euratom) Nr. 1182/71 des Rates vom 3. Juni 1971 zur Festlegung der Regeln für die Fristen, Daten und Termine (ABl. L 124 vom 8.6.1971, S. 1).

1 In Anknüpfung an Erwgr. 106 der RL 2014/24/EU stellt § 82 VgV klar, dass bei der Berechnung aller Fristen der VgV das unionsweit einheitliche Fristenregime der **Verordnung (EWG) Nr. 1182/71 des Rates v. 3.6.1971** anzuwenden ist. Die Fristenregelungen des BGB kommen im Oberschwellenbereich nicht zur Anwendung.[1] Ein entspr. Hinweis auf die VO war bereits in den amtlichen Anmerkungen der Vorgängerregelungen des § 12 EG VOL/A und § 7 VOF enthalten. Die VO war der VOL/A-EG als Anh. III beigefügt. Von einer entspr. Beifügung als Anhang zur VgV hat der Verordnungsgeber abgesehen. Die für die Praxis relevanten **Berechnungsregeln** der VO (EWG) Nr. 1182/71 des Rates v. 3.6.1971 lassen sich wie folgt zusammenfassen:

2 Nach Art. 3 Abs. 3 VO (EWG) Nr. 1182/71 umfassen die Fristen die Feiertage, die Sonntage und die Sonnabende, soweit diese nicht ausdr. ausgenommen oder die Fristen nach Arbeitstagen bemessen sind. Soweit die VgV etwa in § 15 Abs. 2 VgV für die Angebotsfrist im offenen Verfahren also von „**Tagen**" spricht, sind das **Kalendertage** (einschl. Feiertage, Sonntage und Sonnabende).[2] Im Gegensatz

---

[1] BR-Drs. 87/16, 227.
[1] DSW/Dieckmann VgV § 82 Rn. 1.
[2] GKN VergabeR-HdB/von Wietersheim § 25 Rn. 6.

dazu sind als **Arbeitstage**[3] alle Tage außer Feiertage, Sonntage und Sonnabende bei der Fristberechnung zu berücksichtigen (Art. 2 Abs. 2 VO (EWG) Nr. 1182/71).[4] Welche Tage des Jahres als **Feiertage** gelten, ergibt sich aus entspr. Mitteilungen der Mitgliedstaaten, die die Kommission im EU-Amtsblatt veröffentlicht.[5] Nur die im Amtsblatt veröffentlichten nationalen Feiertage sind bei der Fristberechnung zu berücksichtigen, nicht aber Feiertage aufgrund landesrechtlicher oder regionaler Regelungen bzw. Brauchtums.[6]

Für den **Beginn der Fristen** gilt Art. 3 Abs. 1 UAbs. 2 VO (EWG) Nr. 1182/71, der wie folgt lautet: **3**

„Ist für den Anfang einer nach Tagen, Wochen, Monaten oder Jahren bemessenen Frist der Zeitpunkt maßgebend, in welchem ein Ereignis eintritt oder eine Handlung vorgenommen wird, so wird bei der Berechnung dieser Frist der Tag nicht mitgerechnet, in den das Ereignis oder die Handlung fällt."

Damit beginnt eine nach (Kalender-)Tagen bemessene Frist erst an dem Tag zu laufen, der einem bestimmten Ereignis folgt (so auch § 187 Abs. 1 BGB). MaW: Alle an eine Handlung geknüpften Fristen beginnen erst an dem Tag nach der Handlung.[7] Beispiel: Die in § 15 Abs. 2 VgV normierte Angebotsfrist im offenen Verfahren beginnt erst an dem Tag nach der Absendung der Auftragsbekanntmachung zu laufen. Das ergibt sich unmittelbar aus Art. 3 Abs. 1 UAbs. 2 VO (EWG) Nr. 1182/71 (aber auch aus § 15 Abs. 2 VgV). Der insoweit abweichende Wortlaut des Art. 27 Abs. 1 UAbs. 2 RL 2014/24/EU („Die Frist für den Eingang der Angebote beträgt mindestens 35 Tage, gerechnet ab dem Tag der Absendung der Auftragsbekanntmachung") ist nicht maßgeblich.

Das **Ende von Fristen** ist in Art. 3 Abs. 2 lit. b VO (EWG) Nr. 1182/71 normiert. Danach gilt: **4**

„Eine nach Tagen bemessene Frist beginnt am Anfang der ersten Stunde des ersten Tages und endet mit Ablauf der letzten Stunde des letzten Tages der Frist."

Bei der Bemessung von Fristen ist daher zu beachten, dass der letzte Tag mit seiner letzten Stunde endet und voll zur Verfügung stehen muss.[8] Das wird in praxi mitunter übersehen. Beispiel: Die Angebotsfrist im offenen Verfahren beträgt nach § 15 Abs. 4 VgV 30 Tage. Sie beginnt an dem Tag, der der Absendung der EU-Auftragsbekanntmachung folgt (→ Rn. 3), und sie endet mit Ablauf der letzten Stunde des 30. Tages, also um 24.00 Uhr. Ist dieses Fristende nicht erwünscht, muss das Fristende auf den 31. Tag gelegt werden; eine Vorverlegung zB auf 14.00 Uhr des 30. Tages würde eine unzulässige Fristverkürzung darstellen.[9]

Eine praxisrelevante **Ausnahme** für das Ende von Fristen gilt nach Art. 3 Abs. 4 S. 1 VO (EWG) Nr. 1182/71, der wie folgt lautet: **5**

---

[3] Anwendungsbeispiele: § 24 Abs. 3 S. 1 VgV und § 26 Abs. 4 VgV.
[4] GKN VergabeR-HdB/von Wietersheim § 25 Rn. 8.
[5] Für das Jahr 2021 ABl. 2020 C 451, 2.
[6] MüKoEuWettbR/Fülling VgV § 82 Rn. 11.
[7] GKN VergabeR-HdB/von Wietersheim § 25 Rn. 10.
[8] GKN VergabeR-HdB/von Wietersheim § 25 Rn. 13.
[9] GKN VergabeR-HdB/von Wietersheim § 25 Rn. 13; DSW/Dieckmann VgV § 82 Rn. 6. Vgl. auch VK Südbayern 15.11.2021 – 3194.Z3-3_01-21-20, VPRRS 2021, 0301: Eine auf 10.00 Uhr festgesetzte Angebotsfrist endet um 10:00:00 Uhr. Verzögerungen durch Bearbeitungsschritte der bereits eingegangenen Angebotsdaten wie Verschlüsselung und Umspeichern in den gesicherten Auftraggeberbereich auf der E-Vergabeplattform dürfen nicht zu einer faktischen Verkürzung der Angebotsfrist führen, so dass es allein auf den Zeitpunkt des vollständigen Uploads durch den Bieter ankommt.

VgV § 83 Anwendungsbestimmungen aus Anlass der Einführung von eForms

„Fällt der letzte Tag einer nicht nach Stunden bemessenen Frist auf einen Feiertag, einen Sonntag oder einen Sonnabend, so endet die Frist mit Ablauf der letzten Stunde des folgenden Arbeitstags."

Diese Verlängerung gilt für Fristen, bis zu deren Ende eine Handlung vorzunehmen ist. Beispiel: Endet die von dem Auftraggeber gesetzte Angebotsfrist an einem Sonntag, so läuft die Frist erst am folgenden Montag um 24.00 Uhr ab (so auch § 193 BGB).[10] Gleiches gilt für die Frist zur Einreichung eines Nachprüfungsantrags nach § 160 Abs. 3 S. 1 Nr. 4 GWB.[11]

6   Von dieser Ausnahme macht die Verordnung wiederum eine gleichermaßen praxisrelevante **Rückausnahme** in Art. 3 Abs. 4 S. 2 VO (EWG) Nr. 1182/71:

„Diese Bestimmung gilt nicht für Fristen, die von einem bestimmten Datum oder einem bestimmten Ereignis an rückwirkend berechnet werden."

Tritt somit am Ende des letzten Tages der Frist eine Rechtswirkung ein, so verschiebt sich das Fristende nicht. Beispiel: Fällt der letzte Tag der **Wartefrist** des § 134 Abs. 2 S. 1 GWB auf einen Sonnabend oder Sonntag, so kann der Zuschlag rechtswirksam an dem Folgetag ab 0.01 Uhr erteilt werden; die Frist verlängert sich nicht auf den folgenden Arbeitstag.[12] § 193 BGB, wonach an die Stelle eines Samstags, Sonntags oder Feiertags der nächste Werktag tritt, wenn eine Willenserklärung innerhalb einer Frist abzugeben ist und der letzte Tag der Frist auf einen Samstag, Sonntag oder Feiertag fällt, findet auf eine Vorabinformation nach § 134 Abs. 1, 2 GWB keine Anwendung.

§ 83 Anwendungsbestimmungen aus Anlass der Einführung von eForms

(1) **Bis zum Ablauf des sich nach Absatz 2 ergebenden Tages sind**
1. **§ 10a Absatz 1, Absatz 2 Satz 1 und Absatz 3 bis 6 nicht anzuwenden und**
2. **die §§ 23, 37, 38, 39, 40, 66 und 70 in ihrer am 23. August 2023 geltenden Fassung weiter anzuwenden.**

(2) **Maßgeblicher Tag im Sinne des Absatzes 1 ist der Tag, an dem**
1. **das Bundesministerium des Innern und für Heimat im Einvernehmen mit dem Bundesministerium für Wirtschaft und Klimaschutz den Datenaustauschstandard eForms entsprechend § 10a Absatz 2 Satz 2 festgelegt und im Bundesanzeiger bekanntgemacht hat und**
2. **das Bundesministerium für Wirtschaft und Klimaschutz im Einvernehmen mit dem Bundesministerium des Innern und für Heimat festgestellt und im Bundesanzeiger bekanntgemacht hat, dass**
   a) **die Voraussetzungen für die elektronische Erstellung von Bekanntmachungen nach der Durchführungsverordnung (EU) 2019/1780 entsprechend § 10a Absatz 1 Satz 1 vorliegen und**
   b) **die Voraussetzungen für die elektronische Übermittlung von Bekanntmachungen über den Datenservice Öffentlicher Einkauf entsprechend § 10a Absatz 5 Satz 1 vorliegen,**
frühestens jedoch der 24. Oktober 2023.

---

[10] GKN VergabeR-HdB/von Wietersheim § 25 Rn. 14; MüKoEuWettbR/Fülling VgV § 82 Rn. 10.
[11] VK Bund 15.7.2021 – VK 2–73/21, BeckRS 2021, 35588.
[12] VK Bund 28.6.2021 – VK 2–77/21, VPRRS 2021, 0179; GKN VergabeR-HdB/von Wietersheim § 25 Rn. 15; MüKoEuWettbR/Fülling VgV § 82 Rn. 10.

Anwendungsbestimmungen aus Anlass der Einführung von eForms **§ 83 VgV**

Der mit der „Verordnung zur Anpassung des Vergaberechts an die Einführung neuer elektronischer Standardformulare („eForms") für EU-Bekanntmachungen und an weitere europarechtliche Anforderungen" v. 17. August 2023 eingefügte § 83 VgV enthält **Anwendungsbestimmungen**, bis zu welchem Tag die mit jener Verordnung eingefügten § 10a Abs. 1, Abs. 2 S. 1 und Abs. 3 bis 6 VgV nicht anzuwenden und die §§ 23, 37, 38, 39, 40, 66 und 70 VgV in ihrer am 23. August 2023 geltenden Fassung weiter anzuwenden sind.

Die Änderungsverordnung trat am Tag nach ihrer Verkündung am 24. August 2023 in Kraft. Die Anwendung der eForms ist jedoch erst zum Ende des Übergangszeitraums der Durchführungsverordnung (EU) 2019/1780 („eForms-Verordnung")[1] am 25.10.2023 verpflichtend. Dies soll nach den Vorstellungen der Verordnungsgebers[2] einen ausreichenden Vorbereitungszeitraum ermöglichen. § 83 VgV normiert insoweit Übergangsbestimmungen zum Abgleich der technischen und rechtlichen Regelungen.[3]

Der für die Anwendung von § 10a Abs. 1, Abs. 2 S. 1 und Abs. 3 bis 6 maßgebliche Tag ist nach Abs. 2 der Folgetag des Tages, an dem
(1) das BMI im Einvernehmen mit dem BMWK den Datenaustauschstandard eForms entspr. § 10a Abs. 2 S. 2 VgV festgelegt und im BAnz. bekanntgemacht hat und
(2) das BMWK im Einvernehmen mit dem BMI festgestellt und im BAnz. bekanntgemacht hat, dass
    (a) die Voraussetzungen für die elektronische Erstellung von Bekanntmachungen nach der Durchführungsverordnung (EU) 2019/1780 entspr. § 10a Abs. 1 S. 1 VgV vorliegen und
    (b) die Voraussetzungen für die elektronische Übermittlung von Bekanntmachungen über den Datenservice Öffentlicher Einkauf entspr. § 10a Abs. 5 S. 1 VgV vorliegen.

Mit am 10. Oktober 2023 veröffentlichten Bekanntmachungen vom 30.8.2023[4] hat das BMI zwei Versionen des Datenaustauschstandards eForms-DE in Kraft gesetzt. Die Version 1.0.1 *kann* ab dem 25. Oktober 2023 verwendet werden. Sie tritt mit Ablauf des 31. Januar 2024 wieder außer Kraft und ist dann nicht mehr anzuwenden. Die jüngere Version 1.1.0 *soll* ab dem 25. Oktober 2023 und *muss* ab dem 1. Februar 2024 angewendet werden. In einer weiteren, ebenfalls am 10. Oktober 2023 veröffentlichten Bekanntmachung vom 29.9.2023[5] stellte das BMWK das Vorliegen der Voraussetzungen (i) für die elektronische Erstellung von Bekanntmachungen nach der Durchführungsverordnung (EU) 2019/1780 entspr. § 10a Abs. 1 S. 1 VgV sowie (ii) für die elektronische Übermittlung von Bekanntmachungen über den Datenservice Öffentlicher Einkauf entspr. § 10a Abs. 5 S. 1 VgV fest. Damit liegen die Voraussetzungen nach § 83 Abs. 2 VgV für die **ab dem 25.10.2023 geltenden Pflichten zur Verwendung des Datenaustauschstandards eForms und zur Übermittlung an den Datenservice Öffentlicher Einkauf** vor.

---

[1] Durchführungsverordnung (EU) 2019/1780 der Kommission v. 23. September 2019 zur Einführung von Standardformularen für die Veröffentlichung von Bekanntmachungen für öffentliche Aufträge und zur Aufhebung der Durchführungsverordnung (EU) 2015/1986 („elektronische Formulare – eForms"), geändert durch die Durchführungsverordnung (EU) 2022/2303 der Kommission v. 4. November 2022 zur Änderung der Durchführungsverordnung (EU) 2019/1780 zur Einführung von Standardformularen für die Veröffentlichung von Bekanntmachungen für öffentliche Aufträge.
[2] BT-Drs. 20/6118, 38.
[3] BT-Drs. 20/6118, 34.
[4] BAnz AT 10.10.2023 B2 und BAnz AT 10.10.2023 B3.
[5] BAnz AT 10.10.2023 B1.

3. Verordnung über die Vergabe von öffentlichen Aufträgen im Bereich des Verkehrs, der Trinkwasserversorgung und der Energieversorgung (Sektorenverordnung – SektVO)

Vom 12. April 2016 (BGBl. I S. 624, 657)

zuletzt geändert durch Art. 2 VO zur Anpassung des Vergaberechts an die Einführung neuer elektronischer Standardformulare („eForms") für EU-Bek. und an weitere europarechtliche Anforderungen v. 17.8.2023 (BGBl. 2023 I Nr. 222).

Einleitung

Literatur: Debus, SektVO – ein Grund zum Feiern für die Kommunen!?, IR 2010, 307; Michaels, Neues einheitliches Vergaberegime für Sektorenauftraggeber, IR 2009, 180; Michaels, Zur Bedeutung der Vergabereform 2016 für kommunale Versorgungsunternehmen, IR 2016, 77 und IR 2016, 100; Müller, Verordnung über die Vergabe von Aufträgen im Bereich des Verkehrs, der Trinkwasserversorgung und der Energieversorgung. Sektorenverordnung (SektVO) – Ein Überblick, VergabeR 2010, 302; Opitz, Die neue Sektorenverordnung, VergabeR 2009, 689; Otting, Neues Verfahrensrecht für Sektorenauftraggeber, CuR 2010, 153; Pooth/Sudbrock, Auswirkungen der Sektorenverordnung auf die Vergabepraxis in kommunalen Unternehmen, KommJur 2010, 446.

Übersicht

	Rn.
I. Bedeutung der SektVO	1
II. Entstehung	4
III. Aufbau	9
IV. Verhältnis zum sonstigen Vergaberecht	17
1. EU-Recht	17
2. GWB	18
3. SaubFahrzeugBeschG	18a
4. VergStatVO, VgV, VSVgV und KonzVgV	19
5. Ausfüllung von Freiräumen der SektVO	20
V. Entwicklungsperspektiven	24

I. Bedeutung der SektVO

Die SektVO dient der ergänzenden **Umsetzung der SRL** nach dem Grundsatz einer „Eins-zu-Eins-Umsetzung" in nationales Recht. Für die Anwendung der SektVO ist in Abgrenzung zur VgV erforderlich, dass die Auftragsvergabe durch den Sektorenauftraggeber im Zusammenhang mit einer Sektorentätigkeit aus den Versorgungsbereichen Verkehr, Trinkwasser oder Energie stehen muss.[1] 1

Die ggü. der VRL getroffene **Sonderregelung** in der SRL, und damit auch in der SektVO, rechtfertigt sich dadurch, dass von der SRL auch rein private Auftraggeber 2

---

[1] BReg, BT-Drs. 18/7318, 141.

SektVO Einl. Einleitung

erfasst sind und dass sich in diesen Bereichen eine Entwicklung in Richtung freier Wettbewerb abzeichnet (vgl. die Befreiungsmöglichkeit gem. § 3 SektVO).[2] Deren Wettbewerbsnachteile durch die Anwendung des Vergaberechts ggü. vergaberechtlich ungebundenen Unternehmen sollte möglichst gering gehalten werden. Dementsprechend enthält die SektVO ggü. der VgV etwa folgende **Erleichterungen**:
- Laufzeit von Rahmenvereinbarungen bis zu acht Jahre nach § 19 Abs. 3 SektVO, anstatt in der Regel bis zu vier Jahren nach § 21 Abs. 6 VgV,
- Möglichkeit der Einrichtung eigener Qualifizierungssysteme, mit denen auch zum Wettbewerb aufgerufen werden kann (§ 37 Abs. 1, § 48 SektVO),
- keine Bindung an einen zwingenden Katalog von Nachweisen für die berufliche und technische Leistungsfähigkeit, der in §§ 44, 46 VgV enthalten ist.

3 Neben der Umsetzung der SRL werden mit § 58 SektVO die vergaberechtsrelevanten Regelungen des Art. 6 Abs. 1 RL 2012/27/EU (**Energieeffizienzrichtlinie**) umgesetzt.[3] Solche Regelungen wurden nicht ganz zu Unrecht als Eingriff in das dogmatische Gerüst des Vergaberechts bewertet,[4] auch wenn die Einbeziehung von Umweltbelangen schon seit längerem erfolgt,[5] und mittlerweile auch als Grundsatz der Vergabe in § 97 Abs. 3 GWB festgeschrieben ist.

II. Entstehung

4 Das Sektorenvergaberecht basierte zunächst auf RL 93/38/EWG, die durch die SKR aufgehoben wurde. Die SKR war bis zum 31.1.2006 in nationales Recht umzusetzen. Die Umsetzung erfolgte zunächst im sog. **Kaskadensystem.** Der Begriff Kaskade charakterisierte das gestufte Zusammenspiel aus GWB, VgV und deren Verweisung auf VOB/A bzw. VOL/A.[6] Nach der komplizierten Regelung in § 7 VgV aF war zwischen den sog. klassischen öffentlichen Auftraggebern iSd § 98 Nr. 1–3 GWB aF und den sog. Sektorenauftraggebern (§ 98 Nr. 4 GWB aF) zu unterscheiden. Erstere hatten je nach Tätigkeit die strengeren Normen des 3. Abschn. der VOB/A bzw. VOL/A oder die freieren Regelungen des 4. Abschn. anzuwenden, während Letztere immer nur deren 4. Abschn. anzuwenden hatten. Dies führte zu Friktionen und heftiger Kritik.[7]

5 Als Reaktion darauf und auf die allg. Kritik an der Ausgestaltung des Vergaberechts ist das Gesetz zur Modernisierung des Vergaberechts (VgRModG)[8] zu verstehen, wodurch die Ermächtigungsgrundlage für die SektVO in § 97 Abs. 6, § 127 Nr. 1, 2, 8, 9 GWB aF geschaffen wurde. Gleichzeitig wurden dadurch allg. Regelungen aus der VgV (zB § 13 VgV aF) in das GWB (bspw. §§ 101a f. GWB aF) überführt, um den Sektorenbereich besser aus der VgV ausgliedern zu können. Allerdings wurde nicht jede allg. Regelung in das GWB übernommen, so dass bspw. damals wie heute für die Schätzung des Auftragswertes sich in § 2 SektVO eine Regelung findet, die weitestgehend parallel auch in § 3 VgV vorhanden ist.

---

[2] IdS Beck VergabeR/Jansen GWB § 142 Rn. 4.

[3] BReg, BT-Drs. 18/7318, 247, dort wurde noch der mittlerweile aufgehobene § 59 SektVO aF und die Umsetzung des Art. 1 RL 2009/33/EG (sog. „Clean-Vehicles-Directive") erwähnt. Nach weitgehender Änderung der RL finden sich die Regelungen nunmehr im SaubFahrzeug-BeschG.

[4] Opitz VergabeR 2009, 689 (696).

[5] Vgl. dazu bspw. Interpretierende Mitteilung der Kommission über das auf das Öffentliche Auftragswesen anwendbare Unionsrecht und die Möglichkeiten zur Berücksichtigung von Umweltbelangen bei der Vergabe öffentlicher Aufträge, KOM(2001) 274 (endg.) v. 4.7.2001.

[6] Zum Kaskadensystem und der Kritik daran Siegel VergabeR 2009, 240 (241 ff.).

[7] Vgl. etwa Dreher/Stockmann/Dreher GWB Vor §§ 97 ff. Rn. 49.

[8] Gesetz zur Modernisierung des Vergaberechts v. 20.4.2009 (BGBl. I 790).

Nur vereinzelt wurde im Entstehungsprozess allg. **Kritik an der SektVO** außerhalb des Kaskadensystems geäußert: Sie sei ein Systembruch und Verstoß gegen die Vorgaben aus dem Koalitionsvertrag, wonach „die Vereinfachung des Vergaberechts unter Aufrechterhaltung der VOB erfolgen muss".[9] Die Mitwirkung der Wirtschaft in den Verdingungsausschüssen, welche zur Akzeptanz der dort ausgehandelten Regeln führe, werde zurückgedrängt.[10] Demgegenüber wird der Vorteil betont, dass das oft langwierige und schwierige Umsetzen von EU-Vergaberegeln durch die Verdingungsausschüsse entfällt.[11] 6

Die SektVO aF hatte inhaltlich weitgehend die Grundsätze der für ausschließliche Sektorenauftraggeber früher geltenden Abschn. 4 VOB/A 2006 bzw. Abschn. 4 VOL/A 2006 übernommen. Nur vereinzelt fanden Verschärfungen für ausschließliche Sektorenauftraggeber statt, indem Regelungen aus dem für sog. klassische öffentliche Auftraggeber geltenden Abschn. 3 VOB/A 2006 bzw. Abschn. 3 VOL/A 2006 als Vorbild dienten. 7

Diese fast vollständige Gleichstellung der sog. klassischen öffentlichen Auftraggeber mit den ausschließlichen, sog. Sektorenauftraggebern war die **wichtigste inhaltliche Neuerung** der SektVO aF. Bedeutsam war daneben auch noch die Einführung der dynamischen elektronischen Verfahren (§ 10 SektVO aF; jetzt vergleichbar mit den dynamischen Beschaffungssystemen nach §§ 20 ff. SektVO), sowie die Maßnahmen zur Umsetzung der Energieeffizienzrichtlinie (→ Rn. 3). Mit der am 18.4.2016 in Kraft getretenen Verordnung zur Modernisierung des Vergaberechts (VergRModVO) wurde der Trend zur Vereinheitlichung der verschiedenen Vergabesysteme weiter fortgesetzt. So haben mittlerweile (fast) genau den gleichen Wortlaut bspw. die Regelung über die Schätzung des Auftragswerts in § 2 SektVO bzw. § 3 VgV und die Regelungen über die Kommunikation in §§ 9–12 VgV bzw. §§ 9–12 SektVO oder die Innovationspartnerschaft in § 19 VgV bzw. § 18 SektVO. Auch gibt es neben dem GWB eine Art „zweiten allgemeinen Teil" mit der Vergabestatistikverordnung (VergStatVO), die sowohl für Vergaben nach VgV, SektVO, KonzVgV sowie VSVgV und sogar teilw. unterhalb der Schwellenwerte gilt, wenn auch mit Unterschieden bei dem Umfang der zu übermittelnden Daten. 8

III. Aufbau

Während VOB/A und VOL/A aF mit ihren vier Abschnitten und der häufigen ersten Gliederungsebene von Paragrafen in Nummern für Juristen noch ungewöhnliche Stilelemente enthielten, wurde dies bereits mit der SektVO aF dem rechtswissenschaftlichen Standard angepasst. Überdies erfolgte damals bereits eine weitgehende **Gleichstellung aller Auftraggeber** bei der Vergabe im Sektorenbereich (zur alten Unterscheidung → Rn. 4). Die teilw. diffizile Abgrenzung der Auftraggebereigenschaft, insbes. zwischen § 99 Nr. 2 und § 100 GWB, ist damit zumeist praktisch irrelevant. Lediglich sehr vereinzelt gelten die Regelungen der SektVO nur für die sog. klassischen öffentlichen Auftraggeber wie bspw. bei Unteraufträgen gem. § 34 Abs. 5 SektVO. 9

Die **Struktur der SektVO** entspricht in weiten Teilen der VgV, trägt aber den Besonderheiten des Sektorenbereichs Rechnung, wobei ein Teil der Normen identisch mit denen der VgV ist (insbes. die Regelungen zur elektronischen Kommunikation sowie zur Zuschlagserteilung). Andere Regelungsbereiche unterscheiden sich deutlich: Die VgV enthält kein § 3 SektVO vergleichbares Antragsverfahren für 10

---

[9] So BDI Stellungnahme v. 15.4.2008, Ausschuss-Drs. 16(9)1143, S. 5; idS auch: Die deutsche Bauindustrie, Stellungnahme v. 7.10.2008, Ausschuss-Drs. 16(9)1166, S. 16.
[10] BDI Stellungnahme v. 8.10.2008, Ausschuss-Drs. 16(9)1176, S. 6.
[11] Müller VergabeR 2010, 302.

Tätigkeiten, die unmittelbar dem Wettbewerb ausgesetzt sind. Weitere Unterschiede bestehen bei der Wahl der Verfahrensarten und den Anforderungen an die Unternehmen (insbes. für die Qualifizierungssysteme). Ein ganz wesentlicher struktureller Unterschied zur VgV folgt daraus, dass die SektVO in ihrer Gesamtheit für alle Arten von Leistungen gilt, also auch für Bauleistungen.[12] Außerdem ist die **Regelungsdichte der SektVO** etwa im Hinblick auf die Paragrafenanzahl etwas geringer als diejenige in der VgV, auch reichen bspw. die Verpflichtungen nach § 8 VgV zu Dokumentation und Vergabevermerk weiter als zur bloßen Dokumentation nach § 8 SektVO.[13]

11 Zunächst werden im 1. Abschn. allgemeine Bestimmungen und Kommunikation geregelt. Der **Anwendungsbereich** der SektVO umfasst gem. § 1 Abs. 1 SektVO grds. alle Sektorentätigkeiten von Sektorenauftraggebern iSd § 100 GWB. Spezielle Ausnahmen gelten nach Abs. 2 und 3 für die vorrangig nach VSVgV bzw. KonzVgV abzuwickelnden Beschaffungen. Während sich die Höhe der zu erreichenden oder überschreitenden Schwellenwerte für die Anwendbarkeit aus § 106 Abs. 2 Nr. 2 GWB iVm Art. 15 SRL in der jew. geltenden Fassung ergibt, ist die Schätzung des Auftragswerts in § 2 SektVO geregelt. Außerdem ist in § 3 SektVO ein Freistellungsverfahren für Sektorentätigkeiten vorgesehen, die unmittelbar dem Wettbewerb ausgesetzt sind. Bei den weiteren allgemeinen Vorschriften entsprechen nicht nur die Überschriften, sondern auch der Verordnungstext teils wörtlich, teils iW den Parallelvorschriften in der VgV: § 4 Gelegentliche gemeinsame Auftragsvergabe, § 5 Wahrung der Vertraulichkeit, § 6 Vermeidung von Interessenkonflikten, § 7 Mitwirkung an der Vorbereitung des Vergabeverfahrens oder § 8 Dokumentation (und Vergabevermerk). Ein substanzieller Unterschied besteht dabei lediglich in Bezug auf den nur nach § 8 VgV erforderlichen Vergabevermerk. Auch bei den Regelungen im Unterabschn. 2 „Kommunikation; Bekanntmachungen" entsprechen die §§ 9–12 SektVO den §§ 9–12 VgV von der Bezeichnung der Auftraggeber abgesehen fast wörtlich. Anders als nach § 13 VgV ist aber im Bereich der SektVO nicht vorgesehen, dass die Bundesregierung mit Zustimmung des Bundesrates konkretisierende Verwaltungsvorschriften erlassen kann.

12 Die Vergabeverfahren sind im 2. Abschn. (§§ 13–57 SektVO) normiert. Dabei besteht für alle Auftraggeber **Wahlfreiheit zwischen den Vergabeverfahren** (offene, nicht offene Verfahren, Verhandlungsverfahren mit Teilnahmewettbewerb und wettbewerblicher Dialog), wie sich aus § 141 Abs. 1 GWB und § 13 Abs. 1 S. 1 SektVO ergibt, außer der Nachrangigkeit des Verhandlungsverfahrens ohne Teilnahmewettbewerb sowie der Innovationspartnerschaft (vgl. § 141 Abs. 2 GWB und § 13 Abs. 1 S. 2, Abs. 2, 3 SektVO). Auch kann die Wahlfreiheit vertraglich eingeschränkt sein (wie etwa bei der Deutschen Bahn AG[14]). Um ein Mindestmaß an Transparenz und Wettbewerb zu gewährleisten, ist gem. § 13 Abs. 2 SektVO ein Verhandlungsverfahren ohne Teilnahmewettbewerb nur in abschließend aufgezählten Sonderfällen zulässig. IÜ enthält Unterabschn. 1 weitere Regelungen zu Verfahrensarten und Fristen und Unterabschn. 2 (§§ 19–25 SektVO) normiert „Besondere Methoden und Instrumente im Vergabeverfahren" für Rahmenvereinbarungen, den Betrieb dynamischer Beschaffungssysteme, die Durchführung elektronischer Auktionen sowie Elektronische Kataloge. Im Unterabschn. 3 werden für die Vorbereitung des Vergabeverfahrens in den §§ 26–34 SektVO die Marktkundung, Aufteilung nach Losen, Leistungsbeschreibung, Technische Anforderungen, Bekanntmachung technischer Anforderungen, Nachweisführung durch Bescheinigungen von Konformitätsbewertungsstellen oder Gütezeichen, Nebenangebote und Unteraufträge geregelt. Daran anschließend enthält Unterabschn. 4 Veröffentlichung, Transparenz in

---

[12] BReg., BT-Drs. 18/7318, 141 f.
[13] Michaels IR 2016, 100 (102 f.).
[14] Dazu Opitz VergabeR 2009, 689 (694).

Einleitung **Einl. SektVO**

den §§ 35–44 SektVO. Schließlich werden in Unterabschn. 5 Anforderungen an die Unternehmen (§§ 45–51 SektVO) in Umsetzung der Art. 76–81 SRL normiert, wobei nach § 142 Nr. 1 GWB – und damit abweichend von § 122 Abs. 1, 2 GWB – Auftraggeber die Unternehmen anhand objektiver Kriterien auswählen, die sie allen Interessierten zugänglich machen.[15]

Im 3. Abschn. waren Besondere Vorschriften für die Beschaffung energieverbrauchsrelevanter Leistungen und von Straßenfahrzeugen in §§ 58 f. SektVO normiert, die sich früher in § 7 Abs. 4–6 SektVO aF befanden und damit der Umsetzung des Art. 6 Abs. 1 RL 2012/27/EU (**Energieeffizienzrichtlinie**) (→ Rn. 3) dienten.[16] Die Regelung zu Straßenfahrzeugen in § 59 SektVO aF wurde aufgehoben, und gleichzeitig trat das SaubFahrzeugBeschG in Kraft (→ SaubFahrzeugBeschG). 13

Die **Anforderungen an Planungswettbewerbe** sind im 4. Abschn. in den §§ 60–63 SektVO normiert. Dies dient der Umsetzung von Titel III Kap. II SRL und umfasst die allg. Bestimmungen zu Planungswettbewerben, die sich früher in § 11 SektVO aF fanden.[17] 14

Außerdem sind im Abschn. 5 **Übergangs- und Schlussbestimmungen** enthalten. Dies umfasst die mittlerweile überholten Übergangsregelungen in § 64 SektVO sowie die Fristberechnung nach § 65 SektVO iVm VO (EWG) Nr. 1182/71. 15

Letztlich enthält die **Anl. 1** noch Konkretisierungen zu § 28 Abs. 2 SektVO (Technische Anforderungen, Begriffsbestimmungen). 16

IV. Verhältnis zum sonstigen Vergaberecht

1. EU-Recht

Bei der Auslegung der SektVO sind die Vorgaben des EU-Rechts, insbes. des AEUV und der SRL, zu beachten. Als allg. Prinzipien des AEUV sind insbes. das Transparenzgebot und der Nichtdiskriminierungsgrundsatz zu berücksichtigen. Die SektVO folgt dem Grundsatz einer „Eins-zu-Eins-Umsetzung" in nationales Recht.[18] 17

2. GWB

Das GWB enthält in § 113 S. 2 Nr. 8 GWB die Ermächtigungsgrundlage für die SektVO. Darüber hinaus sind im GWB allgemeine Regelungen zum Vergaberecht, die nach Maßgabe des § 142 GWB auch für Sektorenauftraggeber zum Zweck der Ausübung von Sektorentätigkeiten entspr. gelten, und einige spezielle Vorschriften zum Sektorenbereich im „Unterabschnitt 1 Vergabe von öffentlichen Aufträgen durch Sektorenauftraggeber" (§§ 136–143 GWB) enthalten. Die Grundsätze des GWB sind ggü. der SektVO vorrangig. In diesem Sinne gilt bspw. auch die Öffnungsklausel für andere oder weitergehende Anforderungen an Auftragnehmer in § 142 GWB iVm § 129 GWB nur für Bundes- und Landesgesetze, nicht aber für die SektVO. 18

3. SaubFahrzeugBeschG

Das SaubFahrzeugBeschG regelt Mindestziele und deren Sicherstellung bei der Beschaffung bestimmter Straßenfahrzeuge und Dienstleistungen, für die diese Straßenfahrzeuge eingesetzt werden, durch definierte öffentliche Auftraggeber und Sek- 18a

---

[15] BReg., BT-Drs. 18/7318, 239.
[16] BReg., BT-Drs. 18/7318, 247.
[17] BReg., BT-Drs. 18/7318, 247.
[18] BReg., BT-Drs. 18/7318, 141.

SektVO Einl. Einleitung

torenauftraggeber, wobei Letztere in § 2 Nr. 2 SaubFahrzeugBeschG mit einer Maßgabe ggü. § 100 GWB definiert sind (→ SaubFahrzeugBeschG Rn. 8 ff.). Nach § 1 Abs. 2 SaubFahrzeugBeschG sind die allg. vergaberechtlichen Vorschriften anzuwenden, soweit in diesem Gesetz oder aufgrund dieses Gesetzes nichts anderes geregelt ist.

4. VergStatVO, VgV, VSVgV und KonzVgV

19 Die VergStatVO statuiert in deren § 3 Abs. 3, 4 Pflichten zur Übermittlung von Daten, die neben der SektVO anzuwenden sind. Die SektVO trifft für die Vergabe von Aufträgen, die im Zusammenhang mit Sektorentätigkeiten stehen (vgl. § 1 Abs. 1 SektVO), eine gegenüber VgV **abschließende Sonderregelung** (vgl. § 1 Abs. 2 Nr. 1 VgV). So kann etwa ein öffentlicher Auftraggeber nicht dadurch weitere Ausschlussgründe für sich in Anspruch nehmen, dass er sich einer anderen Vergabeordnung unterstellt, denn der in § 1 SektVO definierte Anwendungsbereich ist nicht disponibel, sondern zwingend.[19] Umgekehrt gilt die SektVO gem. deren § 1 Abs. 2, 3 nicht für verteidigungs- und sicherheitsrelevante Aufträge sowie die Beschaffung im Wege von Konzessionen iSd § 105 GWB, die in der VSVgV bzw. KonzVgV geregelt sind.

5. Ausfüllung von Freiräumen der SektVO

20 Unbewusste Regelungslücken der SektVO sind vorrangig durch Analogien zu Regelungen aus der SektVO und durch die Heranziehung der Grundsätze des Vergaberechts zu schließen. Auch bei der Sektorenvergabe hat der EuGH betont: „Das Verfahren zum Vergleich der Angebote musste somit in jedem Abschnitt sowohl den Grundsatz der Gleichbehandlung der Bieter als auch den Grundsatz der Transparenz wahren, damit alle Bieter bei der Aufstellung ihrer Angebote über die gleichen Chancen verfügen."[20] Dementsprechend ist der Auftraggeber verpflichtet, die Abgabefrist nach Tag, Uhrzeit und Ort zu bestimmen.[21] Auch ohne ausdr. Regelung im Sektorenbereich wird die Vergabereife für Einleitung eines Vergabeverfahrens verlangt.[22] Außerdem muss ein Angebot bis zum Ende der Angebotsfrist vollständig vorliegen,[23] klar, widerspruchsfrei und den in der Ausschreibung aufgeführten Anforderungen entsprechen,[24] um nicht von der Wertung ausgeschlossen zu werden. Außerdem dürfen weder eine Änderung der ursprünglichen Angebote eines einzelnen Bieters noch nicht bekanntgemachte Zuschlagskriterien berücksichtigt werden.[25]

21 Daneben hat der Verordnungsgeber **bewusste Freiräume** in der SektVO gelassen, um den Auftraggebern eine flexible Handhabung des Verfahrens zu ermöglichen.

22 Dabei kommt auch die ergänzende Anwendung von VgV, UVgO, VOB/A oder VOL/A in Betracht. Zwar ist die SektVO insoweit eine abschließende Sonderregelung (→ Rn. 19), jedoch können diese Regelwerke als eine mögliche Konkretisierung der Grundsätze des Vergaberechts angesehen werden. Insoweit kann die Heranziehung dieser Regelwerke zweckmäßig sein.[26]

---

[19] OLG Düsseldorf 18.4.2012 – VII-Verg 9/12, BeckRS 2012, 16349.
[20] EuGH 25.4.1996 – C-87/94, BeckRS 2004, 77861 = Slg. 1996, I-2043 Rn. 54.
[21] EuGH 25.4.1996 – C-87/94, BeckRS 2004, 77861 = Slg. 1996, I-2043 Rn. 55.
[22] OLG Düsseldorf 27.11.2013 – VII-Verg 20/13, NZBau 2014, 121.
[23] OLG München 29.9.2009 – Verg 12/09, BeckRS 2009, 27005 = VergabeR 2010, 238 (242); Byok NJW 2010, 817 (820).
[24] VK Bund 11.4.2016 – VK 2–17/16, BeckRS 2016, 105346 Rn. 79 ff.
[25] IdS EuGH 25.4.1996 – C-87/94, BeckRS 2004, 77861 = Slg. 1996, I-2043 Rn. 95.
[26] Opitz VergabeR 2009, 689 (700 f.); krit. dazu EOR/Eschenbruch SektVO Einl. Rn. 28.

Anwendungsbereich **§ 1 SektVO**

Nutzt ein öffentlicher Auftraggeber die Freiräume, indem er sich Vorschriften 23
(zB aus der VOB/A) ausdr. unterwirft[27] oder in ständiger Verwaltungspraxis anwendet,[28] kann dies zu einer **Selbstbindung** mit Außenwirkung unter dem Gesichtspunkt des Vertrauensschutzes führen.

V. Entwicklungsperspektiven

Das BMWK hat Ende 2022 eine Öffentliche Konsultation zur Transformation 24
des Vergaberechts („Vergabetransformationspaket") gestartet, bei der über 400
Stellungnahmen eingingen und die auch Auswirkungen auf die SektVO haben
dürfte.

Abschnitt 1. Allgemeine Bestimmungen und Kommunikation

Unterabschnitt 1. Allgemeine Bestimmungen

§ 1 Anwendungsbereich

(1) Diese Verordnung trifft nähere Bestimmungen über das einzuhaltende Verfahren bei der dem Teil 4 des Gesetzes gegen Wettbewerbsbeschränkungen unterliegenden Vergabe von Aufträgen und die Ausrichtung von Wettbewerben zum Zwecke von Tätigkeiten auf dem Gebiet der Trinkwasser- oder Energieversorgung oder des Verkehrs (Sektorentätigkeiten) durch Sektorenauftraggeber.

(2) Diese Verordnung ist nicht anzuwenden auf die Vergabe von verteidigungs- oder sicherheitsspezifischen öffentlichen Aufträgen.

(3) Für die Beschaffung im Wege von Konzessionen im Sinne des § 105 des Gesetzes gegen Wettbewerbsbeschränkungen gilt die Verordnung über die Vergabe von Konzessionen.

Literatur: Vgl. die Angaben bei SektVO Einl.

I. Bedeutung der Vorschrift

§ 1 Abs. 1 SektVO regelt den persönlichen und sachlichen Anwendungsbereich 1
der SektVO entspr. § 136 GWB. Anders als bis zur Vergabereform 2016, finden
sich die Vorschriften zu den maßgeblichen Schwellenwerten, die erreicht oder überschritten werden müssen, nicht mehr in der Verordnung, sondern im GWB.[1] Der
sachliche Anwendungsbereich wird in § 1 Abs. 2, 3 SektVO in thematischer Hinsicht
eingeschränkt. Die unionsrechtlichen Vorgaben dafür sind vor allem in Art. 1, 7–
35 SRL enthalten.

---

[27] OLG Jena 8.12.2008 – 9 U 431/08, BeckRS 2009, 1181 = VergabeR 2009, 524 ff.
[28] OLG Brandenburg 17.12.2007 – 13 W 79/07, BeckRS 2008, 2029 = VergabeR 2008, 294 (295).
[1] BReg., BR-Drs. 18/7318, 208.

II. Persönlicher Anwendungsbereich (Abs. 1)

2   Die SektVO gilt gem. § 1 Abs. 1 SektVO für Sektorenauftraggeber nach § 100 GWB bei der Vergabe öffentlicher Aufträge zum Zwecke einer Sektorentätigkeit iSd § 102 GWB bzw. die einer Sektorentätigkeit dienen.[2] Dabei wird zwar in der SektVO nur in § 1 Abs. 1 SektVO der Begriff Sektorenauftraggeber verwendet, während nachfolgend nur noch der Begriff des Auftraggebers verwendet wird, jedoch ist in allen Normen der SektVO mit Auftraggeber der Sektorenauftraggeber iSd § 100 GWB gemeint, weil der Anwendungsbereich der SektVO klar definiert ist.[3] IÜ gelten für den persönlichen Anwendungsbereich die Ausführungen zu § 136 GWB entspr. (→ GWB § 136 Rn. 2–4).[4]

III. Sachlicher Anwendungsbereich (Abs. 1–3)

1. Grundsatz (Abs. 1)

3   Die SektVO gilt – wie § 136 GWB – grds. für die Vergabe von Aufträgen, die im Zusammenhang mit Sektorentätigkeiten vergeben werden und bestimmte Schwellenwerte nicht unterschreiten (→ GWB § 136 Rn. 5 ff.).

2. Unanwendbarkeit bei verteidigungs- und sicherheitsrelevanten Aufträgen (Abs. 2)

4   Das Sektorenvergaberecht ist nicht anzuwenden auf die Vergabe von verteidigungs- und sicherheitsspezifischen öffentlichen Aufträgen (→ GWB § 136 Rn. 14). Dies ergibt sich für die Regelungen in §§ 136 ff. GWB aus der systematischen Stellung und wird für die SektVO in deren § 1 Abs. 2 klargestellt. Abs. 2 grenzt damit den Anwendungsbereich zur Vergabe verteidigungs- oder sicherheitsspezifischer öffentlicher Aufträge ab.[5] Für diese Aufträge ist vielmehr die VSVgV anzuwenden, welche die Umsetzung der VSVKR bezweckt.[6]

3. Nichtanwendung bei Konzessionen (Abs. 3)

5   Für die Beschaffung im Wege von Konzessionen iSd § 105 GWB gilt – wie bei § 136 GWB (→ GWB § 136 Rn. 15) – das vorrangige Konzessionsvergaberecht. Diese Regelung in § 1 Abs. 3 SektVO ist dem Umstand geschuldet, dass Sektorenauftraggeber im Gegensatz zur früher weitgehenden Regelungsfreiheit in Bezug auf die Vergabe von Bau- und Dienstleistungskonzessionen jetzt die KonzVgV zu beachten haben.[7]

4. Sonderregeln außerhalb der SektVO

6   Die Nichtanwendung der SektVO kann sich – wie allg. beim Sektorenvergaberecht (→ GWB § 136 Rn. 16 f.) – aus Sonderregeln ergeben.

---

[2] BReg., BR-Drs. 18/7318, 208.
[3] OLG München 28.8.2019 – Verg 15/19, NZBau 2020, 198 (199) Rn. 13; Greb/Müller/Dietrich SektVO § 1 Rn. 10.
[4] IdS trotz Unterschiede im Wortlaut Greb/Müller/Dietrich SektVO § 1 Rn. 19 ff.
[5] BReg., BR-Drs. 18/7318, 208.
[6] BReg., BR-Drs. 464/11, 23.
[7] BReg., BR-Drs. 18/7318, 208.

IV. Rechtsschutz

Zwar ist die Bestimmung des Anwendungsbereichs der SektVO als objektive Abgrenzungsregeln grds. nicht bieterschützend, jedoch vermittelt § 1 SektVO insoweit **Bieterschutz,** als durch dessen fehlerhafte Anwendung ein bieterschützendes Vergabeverfahren nicht oder nicht ordnungsgemäß durchgeführt wird.[8]

7

§ 2 Schätzung des Auftragswerts

(1) [1]**Bei der Schätzung des Auftragswerts ist vom voraussichtlichen Gesamtwert der vorgesehenen Leistung ohne Umsatzsteuer auszugehen.** [2]**Zudem sind etwaige Optionen oder Vertragsverlängerungen zu berücksichtigen.** [3]Sieht der Auftraggeber Prämien oder Zahlungen an den Bewerber oder Bieter vor, sind auch diese zu berücksichtigen.

(2) [1]**Die Wahl der Methode zur Berechnung des geschätzten Auftragswerts darf nicht in der Absicht erfolgen, die Anwendung der Bestimmungen des Teils 4 des Gesetzes gegen Wettbewerbsbeschränkungen oder dieser Verordnung zu umgehen.** [2]Eine Auftragsvergabe darf nicht so unterteilt werden, dass sie nicht in den Anwendungsbereich der Bestimmungen des Teils 4 des Gesetzes gegen Wettbewerbsbeschränkungen oder dieser Verordnung fällt, es sei denn, es liegen objektive Gründe dafür vor, etwa wenn eine eigenständige Organisationseinheit selbständig für ihre Auftragsvergabe oder bestimmte Kategorien der Auftragsvergabe zuständig ist.

(3) Maßgeblicher Zeitpunkt für die Schätzung des Auftragswerts ist der Tag, an dem die Auftragsbekanntmachung abgesendet wird oder das Vergabeverfahren auf sonstige Weise eingeleitet wird.

(4) Der Wert einer Rahmenvereinbarung oder eines dynamischen Beschaffungssystems wird auf der Grundlage des geschätzten Gesamtwertes aller Einzelaufträge berechnet, die während der gesamten Laufzeit einer Rahmenvereinbarung oder eines dynamischen Beschaffungssystems geplant sind.

(5) Der zu berücksichtigende Wert im Falle einer Innovationspartnerschaft entspricht dem geschätzten Gesamtwert der Forschungs- und Entwicklungstätigkeiten, die während sämtlicher Phasen der geplanten Partnerschaft stattfinden sollen, sowie der Bau-, Liefer- oder Dienstleistungen, die zu entwickeln und am Ende der geplanten Partnerschaft zu beschaffen sind.

(6) [1]**Bei der Schätzung des Auftragswerts von Bauleistungen ist neben dem Auftragswert der Bauaufträge der geschätzte Gesamtwert aller Liefer- und Dienstleistungen zu berücksichtigen, die für die Ausführung der Bauleistungen erforderlich sind und vom Auftraggeber zur Verfügung gestellt werden.** [2]Die Möglichkeit des Auftraggebers, Aufträge für die Planung und die Ausführung von Bauleistungen entweder getrennt oder gemeinsam zu vergeben, bleibt unberührt.

(7) [1]**Kann das beabsichtigte Bauvorhaben oder die vorgesehene Erbringung einer Dienstleistung zu einem Auftrag führen, der in mehreren Losen vergeben wird, ist der geschätzte Gesamtwert aller Lose zugrunde zu legen.** [2]Erreicht oder überschreitet der geschätzte Gesamtwert den maßgeblichen Schwellenwert, gilt diese Verordnung für die Vergabe jedes Loses.

---

[8] Beck VergabeR/Seidel SektVO § 1 Rn. 13 f.

(8) Kann ein Vorhaben zum Zweck des Erwerbs gleichartiger Lieferungen zu einem Auftrag führen, der in mehreren Losen vergeben wird, ist der geschätzte Gesamtwert aller Lose zugrunde zu legen.

(9) Der Auftraggeber kann bei der Vergabe einzelner Lose von Absatz 7 Satz 2[1] sowie Absatz 8 abweichen, wenn der geschätzte Nettowert des betreffenden Loses bei Liefer- und Dienstleistungsaufträgen unter 80 000 Euro und bei Bauleistungen unter 1 Million Euro liegt und die Summe der Nettowerte dieser Lose 20 Prozent des Gesamtwertes aller Lose nicht übersteigt.

(10) **Bei regelmäßig wiederkehrenden Aufträgen oder Daueraufträgen über Liefer- oder Dienstleistungen sowie bei Liefer- oder Dienstleistungsaufträgen, die innerhalb eines bestimmten Zeitraums verlängert werden sollen, ist der Auftragswert zu schätzen**
1. auf der Grundlage des tatsächlichen Gesamtwertes entsprechender aufeinanderfolgender Aufträge aus dem vorangegangenen Haushaltsjahr oder Geschäftsjahr; dabei sind voraussichtliche Änderungen bei Mengen oder Kosten möglichst zu berücksichtigen, die während der zwölf Monate zu erwarten sind, die auf den ursprünglichen Auftrag folgen; oder
2. auf der Grundlage des geschätzten Gesamtwertes aufeinanderfolgender Aufträge, die während der auf die erste Lieferung folgenden zwölf Monate oder während des auf die erste Lieferung folgenden Haushaltsjahres oder Geschäftsjahres, wenn dieses länger als zwölf Monate ist, vergeben werden.

(11) **Bei Aufträgen über Liefer- oder Dienstleistungen, für die kein Gesamtpreis angegeben wird, ist Berechnungsgrundlage für den geschätzten Auftragswert**
1. bei zeitlich begrenzten Aufträgen mit einer Laufzeit von bis zu 48 Monaten der Gesamtwert für die Laufzeit dieser Aufträge und
2. bei Aufträgen mit unbestimmter Laufzeit oder mit einer Laufzeit von mehr als 48 Monaten der 48-fache Monatswert.

(12) [1]Bei einem Planungswettbewerb nach § 60, der zu einem Dienstleistungsauftrag führen soll, ist der Wert des Dienstleistungsauftrags zu schätzen zuzüglich etwaiger Preisgelder und Zahlungen an Teilnehmer. [2]Bei allen übrigen Planungswettbewerben entspricht der Auftragswert der Summe der Preisgelder und Zahlungen an die Teilnehmer einschließlich des Wertes des Dienstleistungsauftrags, der vergeben werden könnte, soweit der Auftraggeber diese Vergabe in der Wettbewerbsbekanntmachung des Planungswettbewerbs nicht ausschließt.

Literatur: Wagner/Raddatz, Die Berechnung des Auftragswerts bei Energielieferverträgen, RdE 2016, 340. Vgl. iÜ die Angaben bei § 3 VgV.

I. Bedeutung der Vorschrift

1 § 2 SektVO enthält detaillierte Regelungen über die Schätzung des Auftragswertes, der für die Anwendung der Bestimmungen des Sektorenvergaberechts entscheidend ist. Die Regelung dient der Umsetzung von Art. 16 SRL und, wie diese Regelung auch, der umfassenden Berücksichtigung aller Einnahmen, die mit einem Auftrag in Verbindung stehen. Um der Beanstandung durch die EU-Kommission der Sonderregelung in § 2 Abs. 7 S. 2 SektVO aF zu Planungsleistungen abzuhelfen,

---

[1] Bei Drucklegung noch nicht in Kraft.

wurde die (deklaratorische) Regelung aufgehoben.[2] Nachdem sich die Vorschrift zunächst nur an die Schätzung der Auftragswerte in § 3 VgV aF anlehnte, fanden weitere Anpassungen des § 3 VgV an § 2 SektVO statt,[3] so dass die Vorschriften – von wenigen Ausnahmen abgesehen (→ Rn. 2 ff.) – mittlerweile wörtlich identisch sind. Auch die Begründungen sind – vom Vergleich mit der früheren Rechtslage und Bezugnahme auf VRL und VgV bzw. SRL und SektVO abgesehen – weitgehend wörtlich identisch.[4] Schließlich sind auch die europarechtlichen Vorgaben in Art. 16 SRL und Art. 5 VRL überwiegend wortgleich, so dass auf die Kommentierung von § 3 VgV verwiesen wird und nachfolgend nur die marginalen Unterschiede aufgezeigt werden.

II. Unterschiede im Wortlaut zu § 3 VgV

Während in § 2 SektVO nur der Begriff des Auftraggebers verwendet wird, wird in § 3 VgV der Begriff des „öffentlichen" Auftraggebers verwendet, was systematisch richtig ist. 2

Wenn in § 2 Abs. 2 S. 2 SektVO geschrieben ist, dass eine Auftragsvergabe nicht so unterteilt werden darf, „dass sie nicht in den Anwendungsbereich der Bestimmungen des Teils 4 des Gesetzes gegen Wettbewerbsbeschränkungen oder dieser Verordnung fällt", aber in § 3 Abs. 2 S. 2 VgV die präzisierenden Worte „Teils 4 des" weggelassen wurden, so ist dafür kein Grund ersichtlich. Dies gilt umso mehr, als in Abs. 2 S. 1 beider Regelungen der Zusatz „Teils 4" verwendet wurde. Dies führt also auch zu keinem Unterschied in der Auslegung. 3

Wenn in Abs. 9 einerseits in § 2 SektVO der Begriff „Dienstleistungsaufträge", der in § 103 Abs. 4 GWB definiert ist, und in § 3 VgV anderseits der Begriff „Dienstleistungen" verwendet wird, ergibt sich daraus auch kein Unterschied, weil in § 2 SektVO und § 3 VgV die beiden Begriffe weitgehend synonym verwendet werden. Dagegen verweisen im Gleichlauf § 2 Abs. 9 SektVO und § 3 Abs. 9 VgV, nachdem Abs. 7 S. 2 aF durch Art. 2 Nr. 2 bzw. Art. 1 Nr. 2 der VO zur Anpassung des Vergaberechts an die Einführung neuer elektronischer Standardformulare („eForms") für EU-Bekanntmachungen und an weitere europarechtliche Anforderungen vom 17.8.2023 aufgehoben wurde, nunmehr fehlerhaft auf Abs. 7 S. 3 aF, dessen Regelung nunmehr in Abs. 7 S. 2 enthalten ist. 4

In Abs. 12 von § 2 SektVO wird auf den „Planungswettbewerb nach § 60" SektVO verwiesen, wohingegen in § 3 VgV infolge der anderen Paragrafennummerierung auf „§ 69" VgV verwiesen wird. Dementsprechend ergibt sich für die Schätzung an sich auch kein Unterschied. 5

Die übrigen Unterschiede im Wortlaut zwischen § 2 SektVO und § 3 VgV sind rein sprachlicher Natur, aus denen sich keine inhaltlichen Unterschiede ergeben. 6

III. Kontextunterschiede zu § 3 VgV

Anders als bei § 3 VgV, ist bei der Vergabe nach der SektVO häufig der Auftragswert von **Energielieferverträgen** zu schätzen. Bei der Schätzung der Auftragswerte gilt der Grundsatz, dass von der voraussichtlichen Gesamtvergütung für die vorgesehene Leistung ohne Berücksichtigung der Umsatzsteuer auszugehen ist (Abs. 1 S. 1). 7

---

[2] BReg., BT-Drs. 20/6118, 35 (zusammen mit der damaligen Parallelregelung in § 3 Abs. 7 S. 2 VgV aF).

[3] Vgl. dazu BReg., BR-Drs. 40/10, 16; BR-Drs. 70/11, 27.

[4] Vgl. BReg., BR-Drs. 18/7318, 147 ff. zu § 3 VgV einerseits und BR-Drs. 18/7318, 209 f. zu § 2 SektVO andererseits.

In Analogie zur Nichtberücksichtigung der Umsatzsteuer wird vertreten, bei Versicherungsdienstleistungen die Versicherungssteuer[5] bzw. bei Energielieferverträgen die weiteren staatlich gesetzten oder regulierten Preisbestandteile, die nicht dem Energielieferanten selbst zugutekommen,[6] außer Betracht zu lassen. Gegen eine Gleichbehandlung von Mehrwertsteuer und sonstigen Abgaben spricht, dass in Art. 16 Abs. 1 SRL nur die „Mehrwertsteuer" ausgenommen wurde. Für die Gleichbehandlung bei Versicherungsdienstleistungen spricht, dass eine nationale Verkehrssteuer nicht in Form der Mehrwertsteuer, sondern als Versicherungssteuer erhoben wird. Auch seien diese Preisbestandteile für das Interesse der potentiellen Bieter, das für die Beurteilung der Binnenmarktrelevanz maßgeblich ist, bedeutungslos.[7] Ob regulierte Preisbestandteile eine Binnenmarktrelevanz haben und für potentielle Bieter bedeutungslos sind, ist eine komplizierte Frage jenseits von SRL und deutschem Vergaberecht, denn die regulierten Preisbestandteile könnten mittelbare Wirkungen entfalten, wenn dadurch etwa ein Bieter im Zusammenspiel mit andern Faktoren etwa Schwellenwerte etc. überschreitet. Auch stellt sich die Frage, ob nach dieser Meinung nur europäisch (teil-) harmonisierte Preisbestandteile (wie bei der Mehrwertsteuer) außer Betracht bleiben sollen oder alle Preisbestandteile, die für alle Bieter (allgemein oder im konkreten Fall?) die gleiche Wirkung hätten. Die Nichtberücksichtigung von regulierten Preisbestandteilen über die in Art. 16 Abs. 1 SRL erwähnte „Mehrwertsteuer" hinaus würde also eine Büchse der Pandora öffnen, die besser verschlossen bleibt.

§ 3 Antragsverfahren für Tätigkeiten, die unmittelbar dem Wettbewerb ausgesetzt sind

(1) ¹**Auftraggeber können bei der Europäischen Kommission beantragen festzustellen, dass die Vorschriften des Teils 4 des Gesetzes gegen Wettbewerbsbeschränkungen sowie der Sektorenverordnung auf die Auftragsvergabe oder Ausrichtung von Wettbewerben für die Ausübung dieser Tätigkeit keine Anwendung finden.** ²**Dem Antrag ist eine Stellungnahme des Bundeskartellamtes beizufügen.** ³**Dem Antrag sind alle sachdienlichen Informationen beizufügen, insbesondere Gesetze, Verordnungen, Verwaltungsvorschriften oder Vereinbarungen, die darlegen, dass die betreffende Tätigkeit unmittelbar dem Wettbewerb auf Märkten ausgesetzt ist, die keiner Zugangsbeschränkung unterliegen.** ⁴**Eine Kopie des Antrags ist dem Bundesministerium für Wirtschaft und Energie zu übermitteln.**

(2) ¹**Der Antrag des Auftraggebers an das Bundeskartellamt auf Stellungnahme muss die in § 39 Absatz 3 Satz 2 Nummer 1 bis 4 des Gesetzes gegen Wettbewerbsbeschränkungen bezeichneten Angaben enthalten.** ²**§ 39 Absatz 3 Satz 4 und 5 des Gesetzes gegen Wettbewerbsbeschränkungen gilt entsprechend.** ³**Der Antrag nach Absatz 1 kann auch von einem Verband der Auftraggeber gestellt werden.** ⁴**In diesem Fall gelten für die Verbände die Regelungen für Auftraggeber.**

(3) ¹**Das Bundeskartellamt soll die Stellungnahme innerhalb von vier Monaten nach Antragseingang abgeben.** ²**Für die Erarbeitung der beantrag-**

---

[5] So Finanzbehörde der Freien und Hansestadt Hamburg, Leitfaden für die Vergabe von Lieferungen und Leistungen (außer Bauleistungen), 6. Aufl., Stand 1.7.2015, S. 27; wohl auch für § 1 VgV: OLG Celle 18.12.2003 – 13 Verg 22/03, BeckRS 2004, 591; offen gelassen durch VK Schleswig-Holstein 5.1.2006 – VK-SH 31/05, BeckRS 2006, 02641.

[6] So Wagner/Raddatz RdE 2016, 340 ff.

[7] Wagner/Raddatz RdE 2016, 340 (346).

ten Stellungnahme hat das Bundeskartellamt die Ermittlungsbefugnisse nach den §§ 57 bis 59 des Gesetzes gegen Wettbewerbsbeschränkungen. ³Das Bundeskartellamt holt eine Stellungnahme der Bundesnetzagentur ein. ⁴§ 50c Absatz 1 des Gesetzes gegen Wettbewerbsbeschränkungen gilt entsprechend.

(4) Die Stellungnahme des Bundeskartellamtes besitzt keine Bindungswirkung für seine Entscheidungen nach den Teilen 1 bis 3 des Gesetzes gegen Wettbewerbsbeschränkungen.

(5) ¹Einen Antrag nach Absatz 1 kann auch das Bundesministerium für Wirtschaft und Energie stellen. ²In diesem Fall teilt es der Europäischen Kommission sachdienliche Informationen nach Absatz 1 Satz 3 mit. ³Es holt zur wettbewerblichen Beurteilung eine Stellungnahme des Bundeskartellamtes ein, die ebenfalls der Kommission der Europäischen Union übermittelt wird. ⁴Dies gilt auch für den Fall, dass die Europäische Kommission auf eigene Veranlassung für eine der Sektorentätigkeiten in Deutschland ein solches Verfahren einleitet.

(6) Die Feststellung, dass die betreffende Tätigkeit unmittelbar dem Wettbewerb auf Märkten ausgesetzt ist, die keiner Zugangsbeschränkung unterliegen, gilt als getroffen, wenn die Europäische Kommission dies bestätigt hat oder wenn sie innerhalb der Frist nach Artikel 35 in Verbindung mit Anhang IV der Richtlinie 2014/25/EU des Europäischen Parlaments und des Rates vom 26. Februar 2014 über die Vergabe von Aufträgen durch Auftraggeber im Bereich der Wasser-, Energie- und Verkehrsversorgung sowie der Postdienste und zur Aufhebung der Richtlinie 2004/17/EG (ABl. L 94 vom 28.3.2014, S. 243) keine Feststellung getroffen hat und das Bundesministerium für Wirtschaft und Energie die Feststellung oder den Ablauf der Frist im Bundesanzeiger bekanntgemacht hat.

(7) Die Absätze 1 bis 6 gelten für Auftraggeber im Sinne des § 143 des Gesetzes gegen Wettbewerbsbeschränkungen entsprechend.

Literatur: Ohrtmann, Vom Vergaberecht befreit – Private Energieerzeuger sind keine Sektorenauftraggeber mehr, VergabeR 2007, 565; Opitz, Die neue Sektorenverordnung, VergabeR 2009, 689; Rosenkötter/Plantiko, Die Befreiung der Sektorentätigkeiten vom Vergaberechtsregime, NZBau 2010, 78; Schwintowski/Klaue, Wettbewerbsbeschränkungen durch Vergaberecht auf Arzneimittelmärkten, PharmR 2011, 469; Tugendreich/Heller, Freistellung vom Vergaberecht für den Strom- und Gaseinzelhandel, NZBau 2017, 387; Zeiss, Sektorenverordnung verfassungswidrig – Gebührenerhebung durch Bundeskartellamt unzulässig?, NVwZ 2010, 556.

Übersicht

	Rn.
I. Bedeutung der Vorschrift	1
II. Freistellungsverfahren (Abs. 1–3)	5
1. Überblick	5
2. Einleitungsberechtigung (Abs. 1, Abs. 2 S. 3, Abs. 5 S. 1, 4)	9
3. Antragsinhalt	10
4. Stellungnahmen und Ermittlungsbefugnisse (Abs. 3)	11
5. Keine Bindungswirkung für das Wettbewerbsrecht (Abs. 4)	13
6. Feststellung(sfiktion) und Bekanntmachung (Abs. 6)	14
III. Erweiterung auf Auftraggeber nach dem Bundesberggesetz (Abs. 7)	16
IV. Bislang eingeleitete Freistellungsverfahren	17

	Rn.
V. Rechtsschutz	18
1. Maßnahmen des BKartA	18
2. Kommissionsbeschluss	20

I. Bedeutung der Vorschrift

1   Mit der Vorschrift wird Art. 35 SRL umgesetzt, mit der das Verfahren zur Beantragung der in Art. 34 SRL geregelten Ausnahme für Tätigkeiten, die unmittelbar dem Wettbewerb ausgesetzt sind, beschrieben wird. Die Ausnahmeregelung selbst findet sich in § 140 GWB.[1]

2   Die wesentlichen Regelungen über das Freistellungsverfahren ergeben sich bereits aus Art. 35 SRL und des auf dieser Grundlage erlassenen Durchführungsbeschlusses (EU) 2016/1804 v. 10.10.2016 (ABl. 2016 L 275, 39) der Europäischen Kommission. Ähnliches gilt für die Delegierten Entscheidungen der EFTA-Überwachungsbehörde (zB Nr. 42/19/COL v. 17.6.2019, ABl. 2019 L 259, 75: Freistellung des Busverkehrs in Norwegen). Neben den die unionsrechtlichen Regelungen wiederholenden Aussagen normiert § 3 SektVO Einzelheiten der Antragsbefugnis und der Einräumung von Ermittlungsbefugnissen des BKartA (Abs. 3 S. 2–4 in Umsetzung von Art. 35 Abs. 1 SRL).

3   Für Gutachten und Stellungnahmen im Verfahren erhebt das BKartA vom Antragsteller die **Kosten** (Gebühren und Auslagen) nach § 140 Abs. 2 GWB (→ GWB § 140 Rn. 6). Statt des kostenpflichtigen Verfahrens besteht auch die Möglichkeit, kostenfrei die Freistellung bei der Kommission oder dem Bundeswirtschaftsministerium (→ Rn. 9) anzuregen.

4   Die Folgen einer Freistellung ergeben sich aus Art. 34 Abs. 1 SRL und § 140 GWB (→ GWB § 140 Rn. 8 ff.).

II. Freistellungsverfahren (Abs. 1–3)

1. Überblick

5   Die Regelungen über das Freistellungsverfahren ergeben sich aus den Abs. 1–3. Daraus und aus Art. 35 SRL iVm dem Durchführungsbeschluss (EU) 2016/1804 v. 10.10.2016 (ABl. 2016 L 275, 39) wird deutlich, dass die **Kommission** die **Verfahrenshoheit** innehat. Der Durchführungsbeschluss (EU) 2016/1804 ersetzt nach dessen Erwgr. 5 die vorherige Entscheidung 2005/15/EG.

6   Für den Antrag auf Freistellung bei der Kommission holt das **Bundeswirtschaftsministerium** eine Stellungnahme des BKartA ein (Abs. 1 S. 2). Das BKartA wiederum holt grds. (→ Rn. 12) zunächst eine Stellungnahme der Bundesnetzagentur ein (Abs. 3 S. 3).

7   Entsprechendes gilt nach Abs. 5 S. 1–3 bei Antragstellung durch das Bundeswirtschaftsministerium. Dasselbe gilt auch bei Antragstellung durch die Kommission (Abs. 5 S. 4).

8   Beantragt ein **Auftraggeber** oder dessen **Verband** die Freistellung, hat dieser den Antrag mit der Stellungnahme des BKartA nicht nur bei der Kommission, sondern auch eine Kopie beim Bundeswirtschaftsministerium einzureichen (Abs. 1 S. 4 ggf. iVm Abs. 2 S. 4). Auch in diesem Fall ist grds. zunächst eine Stellungnahme der Bundesnetzagentur einzuholen (Abs. 3 S. 3).

---

[1] BReg., BR-Drs. 18/7318, 210.

2. Einleitungsberechtigung (Abs. 1, Abs. 2 S. 3, Abs. 5 S. 1, 4)

Antragsberechtigt sind für den Mitgliedstaat das Bundeswirtschaftsministerium (Abs. 5 S. 1), einzelne Auftraggeber (Abs. 1 und Abs. 2 S. 1) oder ein Verband der Auftraggeber (Abs. 2 S. 3). Außerdem wird in Abs. 5 S. 4 davon ausgegangen, dass die Kommission „auf eigene Veranlassung" ein solches Verfahren einleiten kann. 9

3. Antragsinhalt

Detaillierte Angaben zum Antragsinhalt ergeben sich aus Anh. I des Durchführungsbeschlusses (EU) 2016/1804 v. 10.10.2016 (ABl. 2016 L 275, 39). Dem Antrag sind eine Stellungnahme des BKartA und alle sachdienlichen Informationen beizufügen, insbes. Gesetze, Verordnungen, Verwaltungsvorschriften oder Vereinbarungen, die darlegen, dass die betreffende Tätigkeit unmittelbar dem Wettbewerb auf Märkten ausgesetzt ist, die keiner Zugangsbeschränkung unterliegen (Abs. 1 S. 2, 3). Wird der Antrag vom **Auftraggeber** oder dessen **Verband** gestellt, sind gem. den Verweisungen in Abs. 2 S. 1, 2 (ggf. iVm Abs. 2 S. 4) nach § 39 Abs. 3 S. 2 Nr. 1–4, S. 4, 5 GWB in dem Antrag die Angaben zu dem Antragsteller und zu den Marktverhältnissen zu machen, die sonst bei der Anmeldung über einen Unternehmenszusammenschluss gefordert werden. 10

4. Stellungnahmen und Ermittlungsbefugnisse (Abs. 3)

Damit das BKartA die erforderlichen Stellungnahmen innerhalb von vier Monaten (Abs. 3 S. 1) abgeben kann, erhält es durch Abs. 3 S. 2 die für Kartellbehörden üblichen **Ermittlungsbefugnisse** der §§ 57–59 GWB. Fraglich ist, ob iRd Neuregelung der Ermittlungsbefugnisse durch das GWB-Digitalisierungsgesetz v. 18.1.2021[2] vergessen wurde (vgl. → Rn. 12), die Verweisung in Abs. 3 S. 2 auch auf die neu eingeführten §§ 59a und 59b GWB zu erweitern. Insbes. bei § 59a GWB kommt dies in Betracht, weil diese Regelung lediglich „aus redaktionellen Gründen aus dem bisherigen § 59 herausgelöst"[3] wurde. Demgegenüber dient § 59b GWB der „Umsetzung der Artikel 6 und 7 der Richtlinie (EU) 2019/1 in Bezug auf das Kartellverwaltungsverfahren"[4], so dass eine Bezugnahme darauf weniger nahe liegt. 11

Außerdem wird das BKartA in § 3 Abs. 3 S. 3 SektVO zur Einholung einer Stellungnahme der **Bundesnetzagentur** verpflichtet. Die Beteiligung der Bundesnetzagentur erscheint im Bereich der Trinkwasserversorgung entbehrlich, weil insoweit ihre Zuständigkeit für die Liberalisierung und Deregulierung der betreffenden Sektorentätigkeit nicht reicht (vgl. § 2 Abs. 1 BEGTPG).[5] Die Zusammenarbeit zwischen BKartA und Bundesnetzagentur richtet sich laut dem Wortlaut von § 3 Abs. 3 S. 4 SektVO nach § 50c Abs. 1 GWB, jedoch wurde die bisherige Regelung über die „Behördenzusammenarbeit" in § 50c GWB durch das GWB-Digitalisierungsgesetz v. 18.1.2021 „ohne inhaltliche Änderung"[6] nach § 50f GWB verschoben, so dass die Verweisung in § 3 Abs. 3 S. 4 SektVO auf § 50f Abs. 1 GWB gerichtet sein sollte. 12

5. Keine Bindungswirkung für das Wettbewerbsrecht (Abs. 4)

Abs. 4 ordnet an, dass die Stellungnahmen des BKartA keine Bindungswirkung für deren Entscheidungen nach den Teilen 1–3 des GWB besitzen. Dies entspricht 13

---

[2] BReg., BT-Drs. 19/23492, 109.
[3] BReg., BT-Drs. 19/23492, 117.
[4] BReg., BT-Drs. 19/23492, 117.
[5] Opitz VergabeR 2009, 689 (692).
[6] BReg., BT-Drs. 19/23492, 109.

dem Erwgr. 4 des Durchführungsbeschlusses (EU) 2016/1804 v. 10.10.2016 (ABl. 2016 L 275, 39), wonach eine Entscheidung nach Art. 34 f. SRL die Anwendung der Wettbewerbsvorschriften unberührt lässt.

6. Feststellung(sfiktion) und Bekanntmachung (Abs. 6)

14   Die Feststellung, dass Sektorentätigkeiten auf Märkten mit freiem Zugang unmittelbar dem Wettbewerb ausgesetzt sind, gilt gem. Abs. 6 als getroffen, wenn die Kommission dies bestätigt hat oder wenn sie innerhalb der Frist nach Art. 35 SRL keine Feststellung getroffen und das Bundeswirtschaftsministerium die Feststellung oder den Ablauf der Frist im BAnz. bekannt gemacht hat.

15   Entspr. der kumulativen Verknüpfung von Feststellung oder deren Fiktion im Wortlaut von Abs. 6 mit der Bekanntmachung wird die Bekanntmachung des Bundeswirtschaftsministeriums als konstitutiv bewertet.[7] Dafür spreche das Interesse der Rechtssicherheit.[8] Letzteres überzeugt nicht, denn bereits der Erlass der Kommissionsentscheidung oder der Fristablauf lassen sich rechtssicher feststellen. Dazu ist auch vorgesehen, dass im Amtsblatt der EU Bekanntmachungen betreffend die Eröffnung eines Verfahrens, die Verlängerung der der Kommission zur Verfügung stehenden Fristen und die Freistellung nach Ablauf dieser Fristen veröffentlicht werden.[9] Damit hat die Kommission abschließend von ihrer Befugnis zur Regelung der Einzelheiten hinsichtlich der Bekanntgabe der etwaigen Anwendbarkeit Gebrauch gemacht. Dementsprechend ist die Regelung in Abs. 6 unionskonform so auszulegen, dass die **Bekanntgabe** des Bundeswirtschaftsministeriums lediglich **deklaratorisch** wirkt.[10] Für eine Entbehrlichkeit der Bekanntgabe für die Freistellung spricht auch der Wortlaut von Abs. 1 und die grundsätzliche Verfahrenshoheit der Kommission (→ Rn. 5).

III. Erweiterung auf Auftraggeber nach dem Bundesberggesetz (Abs. 7)

16   Für Auftraggeber nach dem Bundesberggesetz sind in § 143 GWB spezielle Regelungen für die Vergabe getroffen worden. Die Befreiungsvoraussetzungen und das -verfahren können gem. § 143 Abs. 2 S. 2 GWB iVm § 113 S. 2 Nr. 8 GWB in der SektVO getroffen werden. Von dieser Ermächtigung wird in Abs. 7 in der Weise Gebrauch gemacht, dass die Regelungen der Abs. 1–6 für Auftraggeber iSd § 143 GWB entspr. gelten.

IV. Bislang eingeleitete Freistellungsverfahren

17   Erwgr. 43 der SRL stellt im Interesse der Rechtssicherheit klar, dass alle Entscheidungen, die vor Inkrafttreten der SRL bzgl. der Anwendbarkeit der entspr. Bestimmungen in Art. 30 SKR getroffen wurden, weiterhin gelten.[11] Ablehnungen erfolgten in den durchgeführten Verfahren im Elektrizitätssektor ggü. Polen

---

[7] So Greb/Müller/Dietrich SektVO § 3 Rn. 18; Müller VergabeR 2010, 302 (304); Leinemann Vergabe Rn. 1471; Ingenstau/Korbion/Schranner SektVO § 3 Rn. 2; Müller-Wrede GWB/Sudbrock § 140 Rn. 47.

[8] Ingenstau/Korbion/Schranner SektVO § 3 Rn. 2.

[9] Art. 2 des Durchführungsbeschlusses (EU) 2016/1804 v. 10.10.2016 (ABl. 2016 L 275, 39), basierend auf Art. 35 Abs. 6 SRL.

[10] So jetzt auch Beck VergabeR/Burgi/Rast SektVO § 3 Rn. 30.

[11] BReg., BR-Drs. 18/7318, 210.

(2008/741/EG v. 11.9.2008), der Tschechischen Republik (2009/47/EG v. 22.12.2008 und (EU) 2018/1134 v. 5.7.2018) und Güterverkehrsleistungen in Slowenien ((EU) 2020/1025 v. 13.7.2020). Zurückgezogen wurden Anträge in den Bereichen Erzeugung und Verkauf von Strom in Spanien (2009/C 237/08 v. 22.9.2009) und in Polen (2014/C 429/09 v. 18.11.2014), Aufsuchen und Förderung von Erdöl und Erdgas in Italien (2011/C 98/10 v. 22.3.2011) und Dänemark (2011/C 58/07 v. 15.2.2011) und Speicherung von Gas in der Tschechischen Republik (2011/C 11/07 v. 21.12.2011). Zum Antrag (2023/C 175/08 v. 3.4.2023) des Bundesverbands der Energie- und Wasserwirtschaft e.V. (BDEW) zu Tätigkeiten im Zusammenhang mit der Erzeugung von und dem Großhandel mit Strom aus erneuerbaren Energieträgern in Deutschland erfolgte der differenzierte Durchführungsbeschluss (EU) 2023/1978 v. 21.9.2023 (ABl. 2023 L 235, 13). IÜ waren Freistellungsverfahren **erfolgreich** in folgenden Bereichen:
- Bereitstellung von **Flughafeninfrastruktur** für den Frachtverkehr in Österreich (EU) 2017/132 v. 24.1.2017,
- Erbringung von **Schienenpersonenverkehrsdiensten** nach Maßgabe eines Vertrags über gemeinwirtschaftliche Verpflichtungen im Hoheitsgebiet Schwedens (EU 2020/1193 v. 2.7.2020), während nach Art. 2 des Durchführungsbeschlusses die SRL für kommerzielle Schienenpersonenverkehrsdienste weiterhin gelten sollte, jedoch wurde dieser Art. 2 des Durchführungsbeschlusses vom EuG, Urt. v. 1.2.2023, Rs. T-659/20, für nichtig erklärt,
- Erbringung von nicht-kommerziellen **Busverkehrsdiensten** im Gebiet der Regionen, die im Zuständigkeitsbereich des Verkehrsverbundes Ost-Region liegen, sowie in der Region, die im Zuständigkeitsbereich des Oberösterreichischen Verkehrsverbunds liegt ((EU) 2022/418 v. 10.3.2022),
- Erzeugung, Lieferung und/oder Verkauf von **Strom** in England, Schottland und Wales (2006/211/EG v. 8.3.2006 und 2007/141/EG v. 26.2.2007), in Finnland mit Ausnahme der Åland-Inseln (2006/422/EG v. 19.6.2006), in Schweden (2007/706/EG v. 29.10.2007), in Österreich (2008/585/EG v. 7.7.2008), teilw. in den Niederlanden ((EU) 2018/71 v. 12.12.2017), in Italien (2010/304/EU v. 14.7.2010 mit Änderungen durch 2012/539/EU v. 26.9.2012 sowie (EU) 2020/1499 v. 28.7.2020) und in Deutschland (2012/218/EU v. 24.4.2012 und (EU) 2016/1674 v. 15.9.2016 bzgl. Stromeinzelhandel), in Litauen (EU 2020/1500 v. 28.7.2020), in Dänemark (EU 2022/1376 v. 26.7.2022), an Kleinabnehmer in den Niederlanden (EU) 2022/1286 v. 15.7.2022,
- Lieferung von **Erdgas** in England, Schottland und Wales (2007/141/EG v. 26.2.2007), Erdgaseinzelhandel in Deutschland (EU) 2016/1674 v. 15.9.2016 und in der Tschechischen Republik (EU) 2018/1134 v. 5.7.2018, bzw. an Kleinabnehmer in den Niederlanden (EU) 2022/1286 v. 15.7.2022,
- Aufsuchen von **Erdöl-** und/oder **Erdgas**vorkommen und ggf. deren Förderung in den Niederlanden (2009/546/EG v. 8.7.2009), in England, Schottland und Wales (2010/192/EU v. 29.3.2010), in Italien (2011/372/EU v. 24.6.2011) in Dänemark (2011/481/EU v. 28.7.2011), in Zypern (2013/39/EU v. 18.1.2013), in Griechenland ((EU) 2015/1120 v. 8.7.2015), in Portugal ((EU) 2015/2177 v. 20.11.2015), in Rumänien ((EU) 2022/1296 v. 1.7.2022),
- Abbau bitumenhaltiger **Steinkohle** in der Tschechischen Republik (2011/306/EU v. 20.5.2011),
- Gewinnung bzw. den Großhandelsvertrieb von **Torf** in Finnland (EU) 2017/12 v. 23.1.2017 und
- Dienstleistungen im **Postsektor** in Dänemark (2007/169/EG v. 16.3.2007 und (EU) 2020/737 v. 27.5.2020), in Finnland mit Ausnahme der Ålandinseln (2007/564/EG v. 18.8.2007), in Italien (2008/383/EG v. 30.4.2008, 2010/12/EU v. 5.1.2010 und EU 2023/264 v. 18.1.2023), in Schweden (2009/46/EG v.

19.12.2008), in Österreich (2010/142/EU v. 3.3.2010 und 2014/184/EU v. 2.4.2014), in Ungarn (2011/875/EU v. 16.12.2011, 2013/154/EU v. 22.3.2013 und 2014/299/EU v. 22.5.2014), in Polen ((EU) 2016/1195 v. 4.7.2016), in der Kroatischen Republik (EU 2019/1204 v. 12.7.2019) und in Litauen (EU 2023/1228 v. 7.6.2023).

V. Rechtsschutz

1. Maßnahmen des BKartA

18   Der Rechtsschutz gegen die **Eingriffsmaßnahmen** der Kartellbehörden gem. Abs. 3 S. 2 ist in den §§ 57 ff. GWB speziell geregelt.

19   Gegen eine **Kostenentscheidung** nach § 140 GWB ist die Beschwerde gem. §§ 63 ff. GWB gegeben (→ GWB § 140 Rn. 7).

2. Kommissionsbeschluss

20   Ein ablehnender Kommissionsbeschluss kann mit einer **Nichtigkeitsklage** vor dem EuGH gem. Art. 263 f. AEUV angegriffen werden. Ein Mitgliedstaat ist als privilegierter Kläger gem. Art. 263 UAbs. 2 AEUV klageberechtigt.

21   Problematisch ist die Klageberechtigung eines **Auftraggebers** oder dessen Verbandes, weil der Kommissionsbeschluss an den Mitgliedstaat gerichtet ist (vgl. Art. 4 des Durchführungsbeschlusses (EU) 2016/1804 v. 10.10.2016 (ABl. 2016 L 275, 39)) und nicht unmittelbar an einen Auftraggeber. Zur alten Fassung des EG-Vertrages wurde eine Klageberechtigung abgelehnt, weil er mangels bestimmter persönlicher Eigenschaften oder besonderer, ihn aus dem Kreis aller übrigen Personen heraushebender Umstände nicht in ähnlicher Weise wie ein Adressat individualisiert sei.[12] Da aber nunmehr erleichterte Voraussetzungen der Klageberechtigung für sonstige Kläger gem. Art. 263 UAbs. 4 AEUV gelten und den Auftraggebern und deren Verbänden durch § 3 Abs. 1 S. 1 bzw. Abs. 2 S. 3 SektVO iVm Art. 35 Abs. 1 SRL ein eigenes Antragsrecht eingeräumt wurde,[13] sind mittlerweile auch deren Nichtigkeitsklagen zulässig.

22   Die Rechtmäßigkeit eines positiven oder negativen Freistellungsbeschlusses der Kommission kann auch mittels eines **Vorabentscheidungsverfahrens** gem. Art. 267 AEUV im Rahmen einer Klage gegen die Nichtbeachtung der SektVO bei einer konkreten Beschaffungsmaßnahme überprüft werden.[14]

23   Die **Beweislast** tragen der Antragsteller und der betroffene Mitgliedstaat.[15]

§ 4 Gelegentliche gemeinsame Auftragsvergabe

(1) ¹**Mehrere Auftraggeber können vereinbaren, bestimmte Aufträge gemeinsam zu vergeben.** ²**Dies gilt auch für die Auftragsvergabe gemeinsam mit Auftraggebern aus anderen Mitgliedstaaten der Europäischen Union.** ³**Die Möglichkeiten zur Nutzung von zentralen Beschaffungsstellen bleiben unberührt.**

---

[12] Frenz EuropaR-HdB III Rn. 2306.

[13] Die Klageberechtigung aufgrund von Verfahrensrechten bereits vor Inkrafttreten des AEUV bejahend EuGH 4.10.1983 – 191/82, Slg. 1983, 2913 Rn. 28 ff. = NJW 1984, 2026 – FEDIOL; EuGH 20.3.1985 – 264/82, Slg. 1985, 849 Rn. 12 ff. = NJW 1985, 2088 – Timex; EuGH 28.1.1986 – 169/84, Slg. 1986, 391 Rn. 24 ff. = BeckRS 2004, 71925 – Cofaz.

[14] Allg. EuGH 25.7.2002 – C-50/00 P, Slg. 2002, I-6677 Rn. 40 = NJW 2002, 2935 – Unión de Pequeños Agricultores.

[15] EuG 27.4.2016 – T-463/14, BeckRS 2016, 80756 Rn. 41, zur Vorgängerrichtlinie.

(2) ¹Soweit das Vergabeverfahren im Namen und im Auftrag aller Auftraggeber insgesamt gemeinsam durchgeführt wird, sind diese für die Einhaltung der Bestimmungen über das Vergabeverfahren gemeinsam verantwortlich. ²Das gilt auch, wenn ein Auftraggeber das Verfahren in seinem Namen und im Auftrag der anderen Auftraggeber allein ausführt. ³Bei nur teilweise gemeinsamer Durchführung sind die Auftraggeber nur für jene Teile gemeinsam verantwortlich, die gemeinsam durchgeführt wurden. ⁴Wird ein Auftrag durch Auftraggeber aus verschiedenen Mitgliedstaaten der Europäischen Union gemeinsam vergeben, legen diese die Zuständigkeiten und die anwendbaren Bestimmungen des nationalen Rechts durch Vereinbarung fest und geben das in den Vergabeunterlagen an.

Literatur: Baudis, Zur gemeinsamen Beschaffung öffentlicher Auftraggeber nach Maßgabe der RL 2014/24/EU und deren Umsetzung sowie ihren Grenzen, VergabeR 2016, 425.

I. Bedeutung der Vorschrift

Die gemeinsame Auftragsvergabe durch mehrere Auftraggeber oder eine zentrale Beschaffungsstelle dient der **Effektivierung der Beschaffung.** Die institutionalisierte Bündelung bei zentralen Beschaffungsstellen ist in § 120 Abs. 4 GWB geregelt (→ GWB § 120 Rn. 15 ff.).[1] In Ergänzung dieser Bestimmung regelt § 4 SektVO die **gelegentliche gemeinsame Auftragsvergabe,** welche in der Praxis verbreitet war und durch die Bestimmungen zu zentralen Beschaffungsstellen nicht verhindert werden soll.[2] Die Regelungen des § 4 Abs. 1, 2 SektVO entsprechen inhaltlich denjenigen des § 4 Abs. 1, 2 VgV. 1

II. Unionsrechtlicher Hintergrund

Mit der Vorschrift werden – gemeinsam mit § 120 Abs. 4 GWB – **Art. 56, 57 SRL** in nationales Recht umgesetzt. Auch auf Unionsebene hat der europäische Gesetzgeber beide Formen der gemeinsamen Auftragsvergabe anerkannt, also sowohl die institutionalisierte durch zentrale Beschaffungsstellen als auch die gelegentliche.[3] 2

III. Zulässigkeit einer gelegentlichen gemeinsamen Auftragsvergabe (Abs. 1)

In § 4 Abs. 1 S. 1 SektVO wird ausdr. die **Zulässigkeit einer gelegentlichen gemeinsamen Auftragsvergabe anerkannt.** Wie sich aus Abs. 1 S. 2 ergibt, gilt dies konsequenterweise auch für Auftraggeber aus anderen Mitgliedstaaten.[4] Allerdings müssen alle Auftraggeber Sektorenauftraggeber sein.[5] In Abs. 1 S. 3 wird (ebenfalls) klargestellt, dass die Möglichkeit zur Nutzung zentraler Beschaffungsstellen unberührt bleibt. Da die Vorschrift inhaltlich § 4 Abs. 1 VgV entspricht, kann iÜ auf die dortige Kommentierung verwiesen werden (→ VgV § 4 Rn. 4 ff.).[6] 3

---

[1] Hierzu Baudis VergabeR 2016, 425 (429 f.).
[2] BT-Drs. 18/7318, 210.
[3] Erwgr. 80 UAbs. 1 S. 1 der SRL.
[4] Zur gemeinschaftlichen Verantwortung in solchen Fällen VK Bund 8.7.2021 – VK 1/48/21, BeckRS 2021, 35377 Rn. 39.
[5] OLG München 28.8.2019 – Verg 15/19, NZBau 2020, 198 (199) Rn. 13.
[6] Zu § 4 Abs. 1 VgV Baudis VergabeR 2016, 425 (430 f.).

IV. Verfahrensverantwortung (Abs. 2)

4 § 4 Abs. 2 SektVO regelt die wichtige Folgefrage der Verfahrensverantwortung bei gelegentlicher gemeinsamer Auftragsvergabe. Konsequenterweise tragen die Auftraggeber nach Abs. 2 S. 1 auch die **gemeinsame Verfahrensverantwortung**. Dies gilt nach Abs. 2 S. 2 auch dann, wenn ein Auftraggeber das Verfahren im Namen und im Auftrag der anderen Auftraggeber alleine durchführt. Beschränkt sich die Zusammenarbeit jedoch auf einen Teil der Auftragsvergabe, so reduziert sich nach Abs. 2 S. 3 die gemeinsame Verantwortung auf die gemeinsam durchgeführten Verfahrensschritte. Abs. 2 S. 4 enthält schließlich eine Sonderregelung für die (gelegentliche) gemeinschaftliche Auftragsvergabe durch Auftraggeber aus verschiedenen EU-Mitgliedstaaten: Sofern sich die Einzelheiten hier nicht aus einem internationalem Übereinkommen ergeben, schließen die teilnehmenden Auftraggeber Vereinbarungen über die Zuständigkeit und die einzuhaltenden nationalen Bestimmungen.[7] Da die Vorschrift inhaltlich § 4 Abs. 2 VgV entspricht, kann iÜ auf die dortige Kommentierung verwiesen werden (→ VgV § 4 Rn. 8 ff.).[8]

§ 5 Wahrung der Vertraulichkeit

(1) ¹**Sofern in dieser Verordnung oder anderen Rechtsvorschriften nichts anderes bestimmt ist, darf der Auftraggeber keine von den Unternehmen übermittelten und von diesen als vertraulich gekennzeichneten Informationen weitergeben.** ²**Dazu gehören insbesondere Betriebs- und Geschäftsgeheimnisse und die vertraulichen Aspekte der Angebote einschließlich ihrer Anlagen.**

(2) ¹**Bei der gesamten Kommunikation sowie beim Austausch und bei der Speicherung von Informationen muss der Auftraggeber die Integrität der Daten und die Vertraulichkeit der Interessensbekundungen, Interessensbestätigungen, Teilnahmeanträge und Angebote einschließlich ihrer Anlagen gewährleisten.** ²**Die Interessensbekundungen, Interessensbestätigungen, Teilnahmeanträge und Angebote einschließlich ihrer Anlagen sowie die Dokumentation über Öffnung und Wertung der Teilnahmeanträge und Angebote sind auch nach Abschluss des Vergabeverfahrens vertraulich zu behandeln.**

(3) ¹**Der Auftraggeber kann Unternehmen Anforderungen vorschreiben, die auf den Schutz der Vertraulichkeit der Informationen im Rahmen des Vergabeverfahrens abzielen, einschließlich der Informationen, die in Verbindung mit der Verwendung eines Qualifizierungssystems zur Verfügung gestellt werden.** ²**Hierzu gehört insbesondere die Abgabe einer Verschwiegenheitserklärung.**

I. Bedeutung der Vorschrift

1 § 5 SektVO dient der **Wahrung der Vertraulichkeit**.[1] Denn auch während eines Vergabeverfahrens sollen Auftraggeber und Wirtschaftsteilnehmer keine Informationen offenlegen, die als vertraulich eingestuft werden. Die Vorschrift stimmt – abgesehen von den abweichenden Auftraggeberbegriffen – inhaltlich mit derjenigen des § 5 VgV sowie des § 4 KonzVgV überein.

---

[7] BT-Drs. 18/7318, 211.
[8] Zu § 4 Abs. 2 VgV Baudis VergabeR 2016, 425 (430).
[1] VK Lüneburg 20.4.2017 – VgK-04/2017, BeckRS 2017, 110482 Rn. 62.

II. Unionsrechtlicher Hintergrund

Mit § 5 SektVO wird **Art. 39 SRL** in nationales Recht umgesetzt.[2] § 5 Abs. 2 **2**
S. 1 SektVO findet zudem seine Grundlage in Art. 40 Abs. 3 SRL.[3]

III. Einzelheiten

In § 5 Abs. 1 SektVO[4] werden die Auftraggeber zur Wahrung der Vertraulichkeit **3**
verpflichtet. Abs. 2 stellt sodann klar, dass die Vertraulichkeit während der gesamten
Kommunikation sowie beim Austausch und der Speicherung von Daten gewährleistet sein muss.[5] Nach § 5 Abs. 3 SektVO[6] kann der Vertrauensschutz auf die teilnehmenden Unternehmen ausgeweitet werden, wenn der Auftraggeber dies vorgibt.[7]
Wegen der inhaltlichen Identität kann iÜ auf die Kommentierung zu § 5 VgV
verwiesen werden (→ VgV § 5 Rn. 4 ff.).

§ 6 Vermeidung von Interessenkonflikten

(1) **Organmitglieder oder Mitarbeiter des öffentlichen Auftraggebers oder eines im Namen des öffentlichen Auftraggebers handelnden Beschaffungsdienstleisters, bei denen ein Interessenkonflikt besteht, dürfen in einem Vergabeverfahren nicht mitwirken.**

(2) **Ein Interessenkonflikt besteht für Personen, die an der Durchführung des Vergabeverfahrens beteiligt sind oder Einfluss auf den Ausgang eines Vergabeverfahrens nehmen können und die ein direktes oder indirektes finanzielles, wirtschaftliches oder persönliches Interesse haben, das ihre Unparteilichkeit und Unabhängigkeit im Rahmen des Vergabeverfahrens beeinträchtigen könnte.**

(3) **Es wird vermutet, dass ein Interessenkonflikt besteht, wenn die in Absatz 1 genannten Personen**
1. **Bewerber oder Bieter sind,**
2. **einen Bewerber oder Bieter beraten oder sonst unterstützen oder als gesetzliche Vertreter oder nur in dem Vergabeverfahren vertreten,**
3. **beschäftigt oder tätig sind**
   a) **bei einem Bewerber oder Bieter gegen Entgelt oder bei ihm als Mitglied des Vorstandes, Aufsichtsrates oder gleichartigen Organs oder**
   b) **für ein in das Vergabeverfahren eingeschaltetes Unternehmen, wenn dieses Unternehmen zugleich geschäftliche Beziehungen zum öffentlichen Auftraggeber und zum Bewerber oder Bieter hat.**

(4) [1]**Die Vermutung des Absatzes 3 gilt auch für Personen, deren Angehörige die Voraussetzungen nach Absatz 3 Nummer 1 bis 3 erfüllen.** [2]**Angehörige sind der Verlobte, die Ehegatte, Lebenspartner, Verwandte und verschwägerte gerader Linie, Geschwister, Kinder der Geschwister, Ehegatten und Lebenspartner der Geschwister und Geschwister der Ehegatten und Lebenspartner, Geschwister der Eltern sowie Pflegeeltern und Pflegekinder.**

---

[2] BT-Drs. 18/7318, 211.
[3] Dies zurecht ergänzend Beck VergabeR/Krohn SektVO § 5 Rn. 4.
[4] Damit wird Art. 39 Abs. 1 SRL umgesetzt.
[5] BT-Drs. 18/7318, 211.
[6] Damit wird Art. 39 Abs. 2 SRL umgesetzt.
[7] Zu dieser Ausweitung VK Lüneburg 20.4.2017 – VgK-04/2017, BeckRS 2017, 110482 Rn. 65.

SektVO § 7 Mitwirkung an der Vorbereitung des Vergabeverfahrens

Literatur: Greb, Die vergaberechtliche Behandlung von Interessenkonflikten, NZBau 2016, 262; Prieß/Friton/von Rummel, Der „böse Schein" im Vergabeverfahren, NZBau 2019, 690; Ziekow/Siegel, Das Vergabeverfahren als Verwaltungsverfahren, ZfBR 2004, 30; vgl. iÜ die Angaben bei § 6 VgV und Einl. SektVO.

I. Bedeutung der Vorschrift

1   Die Bestimmung dient der Vermeidung von Interessenkonflikten auf der Auftraggeberseite bei der Auftragsvergabe. Personen, die in einem Interessenkonflikt stehen, werden damit vom Vergabeverfahren ausgeschlossen. Das damit konkretisierte **Neutralitätsgebot** ist eine Ausprägung des Gebots fairer Verfahrensgestaltung.[1] Eine weitgehend entspr. Regelung fand sich bereits in § 16 VgV aF.[2] Inhaltlich ist die Vorschrift des § 6 SektVO – abgesehen von den unterschiedlichen Auftraggeberbegriffen – mit derjenigen des § 6 VgV sowie des § 5 KonzVgV identisch. § 6 SektVO wird **ergänzt durch § 7 SektVO,** welcher die Behandlung vorbefasster Unternehmen, der sog. Projektanten, zum Gegenstand hat.[3]

II. Unionsrechtlicher Hintergrund

2   Mit § 6 SektVO wird **Art. 42 der SRL** in nationales Recht umgesetzt.[4]

III. Einzelheiten

3   Die Bestimmung des § 6 SektVO ist ebenso aufgebaut wie diejenige des § 6 VgV: Abs. 1 definiert den **persönlichen Anwendungsbereich.** Er ist – ebenso wie in § 6 VgV und § 6 KonzVgV – begrenzt auf natürliche Personen.[5] Nicht erfasst werden somit juristische Personen. Ausdrücklich erfasst werden im Namen des Auftraggebers handelnde Beschaffungsdienstleister.[6]

4   Abs. 2 regelt die zentrale Voraussetzung eines **Interessenkonflikts.** Um die Handhabung in der Praxis zu erleichtern, werden ist Abs. 3 und 4 widerlegliche Vermutungen für einen Interessenkonflikt aufgestellt.[7]

5   Die **Rechtsfolge** bei Feststellung eines Interessenkonflikts ist nach Abs. 1 der zwingende Ausschluss vom Vergabeverfahren.[8] Wegen der weiteren Einzelheiten kann auf die Kommentierung zur inhaltlich identischen Bestimmung des § 6 VgV verwiesen werden (→ VgV § 6 Rn. 10 ff.).

§ 7 Mitwirkung an der Vorbereitung des Vergabeverfahrens

(1) **Hat ein Unternehmen oder ein mit ihm in Verbindung stehendes Unternehmen den Auftraggeber beraten oder war auf andere Art und Weise an der Vorbereitung des Vergabeverfahrens beteiligt (vorbefasstes Unter-**

---

[1] Ziekow/Siegel ZfBR 2004, 30 (34).
[2] BT-Drs. 18/7318, 212.
[3] Beck VergabeR/Dreher SektVO § 6 Rn. 4.
[4] BT-Drs. 18/7318, 212.
[5] Beck VergabeR/Dreher SektVO § 6 Rn. 1.
[6] OLG Karlsruhe 30.10.2018 – 15 Verg 5/18, NZBau 2019, 200 (202).
[7] Hierzu OLG Karlsruhe 30.10.2018 – 15 Verg 5/18, NZBau 2019, 200 (202). Zur Widerlegung auch Prieß/Friton/von Rummel NZBau 2019, 690 ff.
[8] Eing. auch zu § 6 SektVO: Greb NZBau 2016, 262 ff.

nehmen), so ergreift der Auftraggeber angemessene Maßnahmen, um sicherzustellen, dass der Wettbewerb durch die Teilnahme dieses Unternehmens nicht verzerrt wird.

(2) Die Maßnahmen nach Absatz 1 umfassen insbesondere die Unterrichtung der anderen am Vergabeverfahren teilnehmenden Unternehmen in Bezug auf die einschlägigen Informationen, die im Zusammenhang mit der Einbeziehung des vorbefassten Unternehmens in der Vorbereitung des Vergabeverfahrens ausgetauscht wurden oder daraus resultieren, und die Festlegung angemessener Fristen für den Eingang der Angebote und Teilnahmeanträge.

(3) Vor einem Ausschluss nach § 124 Absatz 1 Nummer 6 des Gesetzes gegen Wettbewerbsbeschränkungen ist dem vorbefassten Unternehmen die Möglichkeit zu geben, nachzuweisen, dass seine Beteiligung an der Vorbereitung des Vergabeverfahrens den Wettbewerb nicht verzerren kann.

Literatur: Vgl. die Angaben bei § 7 VgV.

§ 7 SektVO normiert die sog. Projektantenproblematik und überführt den Regelungsgehalt des früheren § 6 EG Abs. 7 VOL/A in die SektVO. Mit ihm wird Art. 59 RL 2014/25/EU umgesetzt. 1

Abs. 1 verlangt von dem Auftraggeber, Maßnahmen im Falle der Teilnahme eines vorbefassten Projektanten zur Vermeidung von Wettbewerbsverzerrungen im Vergabeverfahren zu ergreifen. Welche Maßnahmen dabei in Betracht kommen, steht in seinem pflichtgemäßen Ermessen. Abs. 2 enthält dafür einen nicht abschl. Katalog von Maßnahmen. Abs. 3 zwingt dazu, den betreffenden Projektanten vor seinem Ausschluss vom Vergabeverfahren anzuhören und ihm Gelegenheit zu geben nachzuweisen, dass seine Beteiligung an der Vorbereitung des Vergabeverfahrens den Wettbewerb nicht verzerren kann (dazu → GWB § 124 Rn. 35). 2

Die Regelung ist identisch mit der Parallelvorschrift des § 7 VgV. Auf deren Kommentierung wird verwiesen (→ VgV § 7 Rn. 1 ff.). 3

§ 8 Dokumentation

(1) ¹Der Auftraggeber ist verpflichtet, den Fortgang des Vergabeverfahrens jeweils zeitnah zu dokumentieren. ²Hierzu stellt er sicher, dass er über eine ausreichende Dokumentation verfügt, um Entscheidungen in allen Phasen des Vergabeverfahrens, insbesondere zu den Verhandlungs- oder Dialogphasen, der Auswahl der Teilnehmer sowie der Zuschlagsentscheidung, nachvollziehbar zu begründen.

(2) ¹Der Auftraggeber bewahrt die sachdienlichen Unterlagen zu jedem Auftrag auf. ²Die Unterlagen müssen so ausführlich sein, dass zu einem späteren Zeitpunkt mindestens folgende Entscheidungen nachvollzogen und gerechtfertigt werden können:
1. Qualifizierung und Auswahl der Teilnehmer sowie Zuschlagserteilung,
2. Rückgriff auf Verhandlungsverfahren ohne vorherigen Teilnahmewettbewerb,
3. Nichtanwendung dieser Verordnung aufgrund der Ausnahmen nach Teil 4 des Gesetzes gegen Wettbewerbsbeschränkungen und
4. Gründe, aus denen andere als elektronische Kommunikationsmittel für die elektronische Einreichung von Angeboten verwendet wurden.

SektVO § 8 Dokumentation

(3) ¹Die Dokumentation ist bis zum Ende der Vertragslaufzeit oder Rahmenvereinbarung aufzubewahren, mindestens jedoch für drei Jahre ab dem Tag des Zuschlags. ²Gleiches gilt für Kopien aller abgeschlossenen Verträge, die mindestens den folgenden Auftragswert haben:
1. 1 Million Euro im Falle von Liefer- oder Dienstleistungsaufträgen,
2. 10 Millionen Euro im Falle von Bauaufträgen.

(4) Die Dokumentation oder deren Hauptelemente ist der Europäischen Kommission sowie den zuständigen Aufsichts- oder Prüfbehörden auf deren Anforderung hin zu übermitteln.

Literatur: Vgl. die Angaben bei § 8 VgV.

I. Dokumentationspflicht

1 Nach der Verordnungsbegr. soll § 8 SektVO „im Grundsatz" § 32 SektVO 2009 entsprechen und die Regelung des Art. 100 RL 2014/25/EU umsetzen.[1] Mit Art. 100 RL 2014/25/EU hat der Unionsgesetzgeber ausgehend von der Überlegung, dass die Rückverfolgbarkeit und die Transparenz für das Ziel unabdingbar ist, solide Verfahren, einschl. einer effizienten Bekämpfung von Korruption und Betrug, zu gewährleisten, die Dokumentationsanforderungen verschärft.[2] Die Dokumentationspflicht dient – auch im Sektorenbereich – dazu, die Entscheidungen des Auftraggebers nachvollziehen und **rechtlich prüfen zu können**.[3] Damit vermittelt § 8 SektVO vollständig **Bieterschutz**.

2 Ähnlich wie § 8 Abs. 2 S. 2 VgV enthält § 8 Abs. 2 S. 2 SektVO nur eine Aufzählung derjenigen Unterlagen, die **mindestens** in der Vergabeakte enthalten sein müssen. Angesichts des Hinweises in § 8 Abs. 2 S. 1 SektVO, wonach die **sachdienlichen Unterlagen** zu jedem Auftrag aufzubewahren sind, wird sich eine Vergabeakte bei einer Vergabe nach der SektVO von einer Vergabeakte eines Verfahrens nach der VgV unterscheiden. Dies gilt auch im Hinblick darauf, dass § 8 SektVO im Gegensatz zu § 8 Abs. 2 VgV keine weitergehenden Pflichten zur Dokumentation des Verfahrens iÜ normiert, insbes. zur Erstellung eines Vergabevermerks. Jedoch begründen die allg. vergaberechtlichen Grundsätze nach § 97 Abs. 1 GWB die **Pflicht** des Auftraggebers, jedes Vergabeverfahren im Anwendungsbereich der SektVO in seinen wesentlichen Schritten und die für die Beurteilung der Rechtmäßigkeit des Verfahrens maßgeblichen Entscheidungen zu dokumentieren (im Detail → VgV § 8 Rn. 6–9).[4] Auch bei Vergaben im Sektorenbereich müssen die Nachprüfungsbehörden in der Lage sein, das Vergabeverfahren anhand einer zusammenhängenden Dokumentation nachzuvollziehen, so dass sich iErg mit Ausnahme des Erfordernisses, über die Vergabe einen Vergabevermerk zu erstellen, wenig Unterschiede ergeben. Bei der § 8 Abs. 2 SektVO widersprechenden Forderung in § 43 Abs. 3 SektVO, die Dokumentation des Verzichts auf die Abgabe elektronischer Angebote im Vergabevermerk vorzunehmen, dürfte es sich demgegenüber um ein Redaktionsversehen handeln,[5] nachdem auch die RL keinen Vergabevermerk, sondern nur die Dokumentation fordert. Im Gegensatz zur VgV hält die SektVO daran fest, dass die Dokumentation zeitnah erfolgen soll, vgl. → VgV § 8 Rn. 8. Zum Erfordernis der **„zeitnahen"** Dokumentation → VOB/A § 20 Rn. 2; zur **Aufbewah-**

---

[1] BR-Drs. 87/16, 234.
[2] Vgl. Erwgr. 132 der RL 2014/25/EU.
[3] Beck VergabeR/Langenbach SektVO § 8 Rn. 5.
[4] Beck VergabeR/Langenbach SektVO § 8 Rn. 7.
[5] Beck VergabeR/Ricken SektVO § 43 Rn. 29.

rungs- und Übermittlungspflicht nach § 8 Abs. 3, 4 SektVO → VgV § 8 Rn. 11.

II. Rechtsschutz

Da die in § 8 SektVO geregelten Pflichten nach der Verordnungsbegr. nicht nur 3
ggü. der Kommission gelten, sondern auch dem Transparenzgrundsatz gehorchen,
ist die Vorschrift **bieterschützend** (näher → VgV § 8 Rn. 12, 13).

Unterabschnitt 2. Kommunikation

§ 9 Grundsätze der Kommunikation

(1) **Für das Senden, Empfangen, Weiterleiten und Speichern von Daten in einem Vergabeverfahren verwenden Auftraggeber und Unternehmen grundsätzlich Geräte und Programme für die elektronische Datenübermittlung (elektronische Mittel).**

(2) **Die Kommunikation in einem Vergabeverfahren kann mündlich erfolgen, wenn sie nicht die Vergabeunterlagen, die Teilnahmeanträge, die Interessensbestätigungen oder die Angebote betrifft und wenn sie ausreichend und in geeigneter Weise dokumentiert wird.**

(3) **In einem Verhandlungsverfahren ohne Teilnahmewettbewerb nach § 13 Absatz 2 Nummer 4 darf die Kommunikation im Vergabeverfahren auch mit anderen als elektronischen Mitteln erfolgen.**

(4) **[1]Der Auftraggeber kann von jedem Unternehmen die Angabe einer eindeutigen Unternehmensbezeichnung sowie einer elektronischen Adresse verlangen (Registrierung). [2]Für den Zugang zur Auftragsbekanntmachung und zu den Vergabeunterlagen darf der Auftraggeber keine Registrierung verlangen; eine freiwillige Registrierung ist zulässig.**

Literatur: Vgl. die Angaben bei § 9 VgV.

§ 9 Abs. 1, 2 SektVO dienen der Umsetzung von Art. 40 Abs. 1 UAbs. 1 S. 1, 1
Abs. 2 RL 2014/25/EU. Die SektVO enthält in § 64 die Übergangsregelung bis
18.4.2017 bzw. 18.10.2018. Die Vorschrift entspricht bis auf Abs. 3 wörtlich dem
§ 9 VgV. Insoweit kann auf die Kommentierung zu § 9 VgV verwiesen werden (s.
→ VgV § 9 Rn. 1 ff.).

Abs. 3 ist mWv 19.11.2020 neu eingefügt worden und steht im Einklang mit 2
dem seinerzeit ebenfalls eingefügten § 17 Abs. 15 VgV (s. → VgV § 17 Rn. 33a).
Bei besonders dringlichen Vergaben soll durch den **Verzicht auf elektronische Mittel** eine Beschleunigung ermöglicht werden. Dies gilt laut Gesetzesbegr. namentlich für die Formvorschriften zur elektronischen Vergabe, insbes. der Entgegennahme von Angeboten, der Bieterkommunikation und der Zuschlagserteilung.
Bei Verfahren, die unter größtem zeitlichen Druck durchzuführen sind, müssen die Auftraggeber somit keine Verzögerungen durch die Anwendung bestimmter Formvorschriften in Kauf nehmen, zB Zeitverlust durch vorherige Registrierung der lieferbereiten Unternehmen auf der Vergabeplattform des Auftraggebers.[1] Dies entbindet den Auftraggeber allerdings nicht von seinen Dokumentationspflichten nach §§ 8 und 9 Abs. 2 SektVO.

---

[1] BT-Drs. 19/21982, 16 f.

§ 10 Anforderungen an die verwendeten elektronischen Mittel

(1) ¹Der Auftraggeber legt das erforderliche Sicherheitsniveau für die elektronischen Mittel fest. ²Elektronische Mittel, die vom Auftraggeber für den Empfang von Angeboten, Teilnahmeanträgen und Interessensbestätigungen sowie von Plänen und Entwürfen für Planungswettbewerbe verwendet werden, müssen gewährleisten, dass
1. die Uhrzeit und der Tag des Datenempfanges genau zu bestimmen sind,
2. kein vorfristiger Zugriff auf die empfangenen Daten möglich ist,
3. der Termin für den erstmaligen Zugriff auf die empfangenen Daten nur von den Berechtigten festgelegt oder geändert werden kann,
4. nur die Berechtigten Zugriff auf die empfangenen Daten oder auf einen Teil derselben haben,
5. nur die Berechtigten nach dem festgesetzten Zeitpunkt Dritten Zugriff auf die empfangenen Daten oder auf einen Teil derselben einräumen dürfen,
6. empfangene Daten nicht an Unberechtigte übermittelt werden und
7. Verstöße oder versuchte Verstöße gegen die Anforderungen gemäß den Nummern 1 bis 6 eindeutig festgestellt werden können.

(2) ¹Die elektronischen Mittel, die vom Auftraggeber für den Empfang von Angeboten, Teilnahmeanträgen und Interessensbestätigungen sowie von Plänen und Entwürfen für Planungswettbewerbe genutzt werden, müssen über eine einheitliche Datenaustauschschnittstelle verfügen. ²Es sind die jeweils geltenden Interoperabilitäts- und Sicherheitsstandards der Informationstechnik gemäß § 3 Absatz 1 des Vertrags über die Errichtung des IT-Planungsrats und über die Grundlagen der Zusammenarbeit beim Einsatz der Informationstechnologie in den Verwaltungen von Bund und Ländern vom 1. April 2010 zu verwenden.

Literatur: Vgl. die Angaben bei § 9 VgV.

1 § 10 SektVO entspricht wörtlich dem § 10 VgV. Auf die entspr. Kommentierung wird verwiesen, → VgV § 10 Rn. 1 ff.

§ 10a Erstellung und Übermittlung von Bekanntmachungen; Datenaustauschstandard eForms

Für die Erstellung und Übermittlung von Auftragsbekanntmachungen, Vorinformationen, Vergabebekanntmachungen und Bekanntmachungen über Auftragsänderungen (Bekanntmachungen) gelten die Anforderungen des § 10a Absatz 1, Absatz 2 Satz 1, Absatz 4 und Absatz 5 Satz 1 und 3 der Vergabeverordnung über die Vorgaben der Durchführungsverordnung (EU) 2019/1780 und des Datenaustauschstandards eForms einschließlich der Regelungen zu verpflichtenden Datenfeldern und der Übermittlung über den Datenservice Öffentlicher Einkauf entsprechend.

Literatur: Michaels, Aktuelle Änderung von VgV, SektVO, KonzVgV und VSVgV, IR 2023, 104.

1 Für den Anwendungsbereich der SektVO (dazu → GWB § 136 Rn. 2 ff., → § 1 Rn. 2 ff.) normiert § 10a SektVO die Grundregeln, wie unionsweite Bekanntmachungen zu erstellen und zu übermitteln sind. Die Vorschrift ist durch die „Verordnung zur Anpassung des Vergaberechts an die Einführung neuer elektronischer Standardformulare („eForms") für EU-Bekanntmachungen und an weitere europarechtliche Anforderungen" v. 17. August 2023[1] in die SektVO eingefügt worden. Mit jener Verordnung sind die VgV, SektVO, KonzVgV und VSVgV an die **Durchführungsverordnung (EU) 2019/1780** der Kommission v. 23. September 2019 zur Einführung von Standardformularen für die Veröffentlichung von Bekanntmachungen für öffentliche Aufträge und zur Aufhebung der Durchführungsverordnung (EU) 2015/1986 („elektronische Formulare – eForms"), geändert durch die Durchführungsverordnung (EU) 2022/2303 der Kommission v. 4. November 2022 zur Änderung der Durchführungsverordnung (EU) 2019/1780 zur Einführung von Standardformularen für die Veröffentlichung von Bekanntmachungen für öffentliche Aufträge angepasst worden.[2]

Für die **Erstellung und Übermittlung von Bekanntmachungen** erklärt § 10a SektVO die Anforderungen von § 10a Abs. 1, Abs. 2 S. 1, Abs. 4 und Abs. 5 S. 1 und 3 VgV über die Vorgaben der Durchführungsverordnung (EU) 2019/1780 und des Datenaustauschstandards eForms einschl. der Regelungen zu verpflichtenden Datenfeldern und der Übermittlung über den Datenservice Öffentlicher Einkauf für entspr. anwendbar. Für sämtliche Bekanntmachungen iSd § 10a SektVO, mithin Auftragsbekanntmachungen, regelmäßige nicht verbindliche Bekanntmachungen, Bekanntmachungen über das Bestehen von Qualifizierungssystemen (§ 37 Abs. 1 SektVO) und Vergabebekanntmachungen einschl. Bekanntmachungen über Auftragsänderungen (§ 38 SektVO), wird die **Anwendung der eForms** in Umsetzung der Vorgaben der Durchführungsverordnung (EU) 2019/1780 im Anwendungsbereich der SektVO mWv 25.10.2023 (→ § 66 Rn. 3) **obligatorisch** vorgeschrieben. Soweit § 10a SektVO auf Vorinformationen verweist, handelt es sich um ein redaktionelles Versehen, da die SektVO keine Vorinformationen kennt (sondern an deren Stelle sog. regelmäßige nicht verbindliche Bekanntmachungen). 2

§ 10a SektVO stellt weiter klar, dass die Bekanntmachungen der Sektorenauftraggeber nach den Vorgaben der Durchführungsverordnung (EU) 2019/1780 einschl. der verpflichtenden und freiwilligen Angaben nach § 10a Abs. 4 VgV (iE → VgV § 10a Rn. 18 ff.) und dem Datenaustauschstandard eForms erstellt (dazu → VgV § 10a Rn. 14 ff.) und über den Datenservice Öffentlicher Einkauf an das Amt für Veröffentlichungen der EU übermittelt werden müssen (iE → VgV § 10a Rn. 21 f.). Auch im Anwendungsbereich der SektVO sind damit bei **strategischen Beschaffungen** Angaben zu strategischen Aspekten der Beschaffung obligatorisch. Dazu gehören etwa soziale und umweltbezogene Aspekte, wesentliche Aspekte der Zuschlagskriterien oder die Teilnahmemöglichkeiten von KMU und Start-ups (dazu → VgV § 10a Rn. 18 ff.). 3

Die Vorschrift enthält keine Verweisungen auf die Ermächtigung zur Erstellung und Aktualisierung des Datenaustauschstandards eForms und zur Einrichtung des Datenservices Öffentlicher Einkauf beim Beschaffungsamt des BMI. Diese sind zentral in § 10a VgV verankert (dort § 10a Abs. 2 S. 2 und § 10a Abs. 5 S. 2 VgV). 4

Soweit § 10a SektVO auf die Parallelvorschrift des § 10a VgV verweist, wird auf dessen Kommentierung Bezug genommen (→ VgV § 10a Rn. 1 ff.). 5

§ 11 Anforderungen an den Einsatz elektronischer Mittel im Vergabeverfahren

(1) [1]**Elektronische Mittel und deren technische Merkmale müssen allgemein verfügbar, nichtdiskriminierend und mit allgemein verbreiteten Geräten und Programmen der Informations- und Kommunikationstechnologie

---

[1] BGBl. 2023 I Nr. 222 v. 23.8.2023.
[2] BT-Drs. 20/6118, 1, 20.

kompatibel sein. ²Sie dürfen den Zugang von Unternehmen zum Vergabeverfahren nicht einschränken. ³Der Auftraggeber gewährleistet die barrierefreie Ausgestaltung der elektronischen Mittel nach den §§ 4, 12a und 12b des Behindertengleichstellungsgesetzes vom 27. April 2002 (BGBl. I S. 1467, 1468) in der jeweils geltenden Fassung.

(2) Der Auftraggeber verwendet für das Senden, Empfangen, Weiterleiten und Speichern von Daten in einem Vergabeverfahren ausschließlich solche elektronischen Mittel, die die Unversehrtheit, die Vertraulichkeit und die Echtheit der Daten gewährleisten.

(3) Der Auftraggeber muss den Unternehmen alle notwendigen Informationen zur Verfügung stellen über
1. die in einem Vergabeverfahren verwendeten elektronischen Mittel,
2. die technischen Parameter zur Einreichung von Teilnahmeanträgen, Angeboten und Interessensbestätigungen mithilfe elektronischer Mittel und
3. verwendete Verschlüsselungs- und Zeiterfassungsverfahren.

Literatur: Vgl. die Angaben bei § 9 VgV.

1   § 11 SektVO setzt Art. 40 Abs. 1 UAbs. 1 S. 2, Abs. 3 S. 1, Abs. 6 UAbs. 1 lit. a RL 2014/25/EU um. Die Vorschrift entspricht wörtlich dem § 11 VgV. Auf die entspr. Kommentierung wird verwiesen, → VgV § 11 Rn. 1 ff.

§ 12 Einsatz alternativer elektronischer Mittel bei der Kommunikation

(1) Der Auftraggeber kann im Vergabeverfahren die Verwendung elektronischer Mittel, die nicht allgemein verfügbar sind (alternative elektronische Mittel), verlangen, wenn er
1. Unternehmen während des gesamten Vergabeverfahrens unter einer Internetadresse einen unentgeltlichen, uneingeschränkten, vollständigen und direkten Zugang zu diesen alternativen elektronischen Mitteln gewährt und
2. diese alternativen elektronischen Mittel selbst verwendet.

(2) ¹Der Auftraggeber kann im Rahmen der Vergabe von Bauleistungen und für Planungswettbewerbe die Nutzung elektronischer Mittel für die Bauwerksdatenmodellierung verlangen. ²Sofern die verlangten elektronischen Mittel für die Bauwerksdatenmodellierung nicht allgemein verfügbar sind, bietet der Auftraggeber einen alternativen Zugang zu ihnen gemäß Absatz 1 an.

Literatur: Vgl. die Angaben bei § 9 VgV.

1   § 12 SektVO setzt Art. 40 Abs. 5 RL 2014/25/EU um und entspricht wörtlich dem § 12 VgV. Auf die entspr. Kommentierung wird verwiesen, → VgV § 12 Rn. 1 ff.

Abschnitt 2. Vergabeverfahren

Unterabschnitt 1. Verfahrensarten, Fristen

§ 13 Wahl der Verfahrensart

(1) ¹Dem Auftraggeber stehen zur Vergabe von Aufträgen das offene Verfahren, das nicht offene Verfahren und das Verhandlungsverfahren mit Teil-

nahmewettbewerb sowie der wettbewerbliche Dialog nach seiner Wahl zur Verfügung. ²Die Innovationspartnerschaft steht nach Maßgabe dieser Verordnung zur Verfügung.

(2) Der Auftraggeber kann Aufträge im Verhandlungsverfahren ohne Teilnahmewettbewerb vergeben,

1. wenn im Rahmen eines Verhandlungsverfahrens mit Teilnahmewettbewerb keine oder keine geeigneten Angebote oder keine geeigneten Teilnahmeanträge abgegeben worden sind, sofern die ursprünglichen Bedingungen des Auftrags nicht grundlegend geändert werden; ein Angebot gilt als ungeeignet, wenn es ohne Abänderung den in der Auftragsbekanntmachung oder den Vergabeunterlagen genannten Bedürfnissen und Anforderungen des Auftraggebers offensichtlich nicht entsprechen kann; ein Teilnahmeantrag gilt als ungeeignet, wenn das Unternehmen aufgrund des § 142 Nummer 2 des Gesetzes gegen Wettbewerbsbeschränkungen auszuschließen ist oder ausgeschlossen werden kann oder wenn es die objektiven Kriterien bezüglich der Eignung nicht erfüllt;
2. wenn ein Auftrag rein den Zwecken von Forschung, Experimenten, Studien oder der Entwicklung dient und nicht den Zwecken einer Gewinnerzielungsabsicht oder Abdeckung von Forschungs- und Entwicklungskosten und sofern der Zuschlag dem Zuschlag für Folgeaufträge nicht abträglich ist, die insbesondere diesen Zwecken dienen;
3. wenn zum Zeitpunkt der Aufforderung zur Abgabe von Angeboten der Auftrag nur von einem bestimmten Unternehmen erbracht oder bereitgestellt werden kann,
   a) weil ein einzigartiges Kunstwerk oder eine einzigartige künstlerische Leistung erschaffen oder erworben werden soll,
   b) weil aus technischen Gründen kein Wettbewerb vorhanden ist oder
   c) wegen des Schutzes von ausschließlichen Rechten, einschließlich der Rechte des geistigen Eigentums;
4. wenn äußerst dringliche, zwingende Gründe im Zusammenhang mit Ereignissen, die der betreffende Auftraggeber nicht voraussehen konnte, es nicht zulassen, die Mindestfristen einzuhalten, die für das offene und das nicht offene Verfahren sowie für das Verhandlungsverfahren mit Teilnahmewettbewerb vorgeschriebenen sind; die Umstände zur Begründung der äußersten Dringlichkeit dürfen dem Auftraggeber nicht zuzurechnen sein;[1]
5. wenn zusätzliche Lieferleistungen des ursprünglichen Auftragnehmers beschafft werden sollen, die entweder zur teilweisen Erneuerung oder Erweiterung bereits erbrachter Leistungen bestimmt sind, und ein Wechsel des Unternehmens dazu führen würde, dass der Auftraggeber eine Leistung mit unterschiedlichen technischen Merkmalen kaufen müsste und dies eine technische Unvereinbarkeit oder unverhältnismäßige technische Schwierigkeiten bei Gebrauch und Wartung mit sich bringen würde;
6. wenn eine Bau- oder Dienstleistung beschafft werden soll, die in der Wiederholung gleichartiger Leistungen besteht, die durch denselben Auftraggeber an das Unternehmen vergeben werden, das den ersten Auftrag erhalten hat, sofern sie einem Grundprojekt entsprechen und dieses Projekt Gegenstand des ersten Auftrags war, das im Rahmen eines Vergabeverfahrens mit Ausnahme eines Verhandlungsverfahrens

---

[1] Siehe hierzu u.a. § 9 Abs. 1 Nr. 7 Satz 2 LNGG.

ohne Teilnahmewettbewerb vergeben wurde; die Möglichkeit der Anwendung des Verhandlungsverfahrens muss bereits in der Auftragsbekanntmachung des ersten Vorhabens angegeben werden; darüber hinaus sind im Grundprojekt bereits der Umfang möglicher Bau- oder Dienstleistungen sowie die Bedingungen, unter denen sie vergeben werden, anzugeben; der für die nachfolgenden Bau- oder Dienstleistungen in Aussicht genommene Gesamtauftragswert wird vom Auftraggeber bei der Berechnung des Auftragswerts berücksichtigt;

7. wenn es sich um eine auf einer Warenbörse notierte und gekaufte Lieferleistung handelt;
8. bei Gelegenheitsbeschaffungen, bei denen es möglich ist, Lieferungen zu beschaffen, indem eine besonders vorteilhafte Gelegenheit genutzt wird, die nur kurzfristig besteht und bei der ein Preis erheblich unter den üblichen Marktpreisen liegt;
9. wenn Liefer- oder Dienstleistungen zu besonders günstigen Bedingungen bei Lieferanten, die ihre Geschäftstätigkeit endgültig einstellen, oder bei Insolvenzverwaltern im Rahmen eines Insolvenzverfahrens oder eines in den Vorschriften eines anderen Mitgliedstaats der Europäischen Union vorgesehenen gleichartigen Verfahrens erworben werden; oder
10. wenn im Anschluss an einen Planungswettbewerb im Sinne des § 60 ein Dienstleistungsauftrag nach den Bedingungen dieses Wettbewerbs an den Gewinner oder an einen der Preisträger vergeben werden muss; im letzteren Fall müssen alle Preisträger des Wettbewerbs zur Teilnahme an den Verhandlungen aufgefordert werden.

(3) Die in Absatz 2 Nummer 3 Buchstabe b und c genannten Voraussetzungen für die Anwendung des Verhandlungsverfahrens ohne Teilnahmewettbewerb gelten nur dann, wenn es keine vernünftige Alternative oder Ersatzlösung gibt und der mangelnde Wettbewerb nicht das Ergebnis einer künstlichen Einschränkung der Auftragsvergabeparameter ist.

Literatur: Vgl. die Angaben bei § 119 GWB und § 14 VgV.

I. Bedeutung der Vorschrift

1 Mit § 13 SektVO wird Art. 44 RL 2014/25/EU umgesetzt. Im Anschluss an § 141 Abs. 1 GWB stehen den Sektorenauftraggebern nach Abs. 1 als zulässige Verfahrensarten iS eines **Typenzwangs**[2]
– das offene Verfahren,
– das nicht offene Verfahren,
– das Verhandlungsverfahren mit Teilnahmewettbewerb und
– der wettbewerbliche Dialog

nach ihrer Wahl zur Verfügung. Die Innovationspartnerschaft ist nur bei Vorliegen der Voraussetzungen gem. § 18 Abs. 1 S. 1 und 2 SektVO zulässig. Abs. 2 benennt in Umsetzung des Art. 50 RL 2014/25/EU abschl.[3] die Voraussetzungen für die Durchführung von Verhandlungsverfahren, bei denen der Auftraggeber ausnahmsweise von der vorherigen Durchführung eines Teilnahmewettbewerbs absehen kann. Zum **Rechtsschutz** s. die Kommentierung bei → VgV § 14 Rn. 82 ff.

---

[2] EOR/Wichmann SektVO § 13 Rn. 10 unter Verweis auf Art. 44 Abs. 1 RL 2014/25/EU.
[3] EOR/Wichmann SektVO § 13 Rn. 12; Greb/Müller/Müller SektVO § 13 Rn. 23; Opitz VergabeR 2009, 689 (694).

II. Verfahrensarten (Abs. 1)

Im Anschluss an § 141 Abs. 1 GWB stehen den Sektorenauftraggebern das offene 2 Verfahren, das nicht offene Verfahren, das Verhandlungsverfahren mit Teilnahmewettbewerb sowie der wettbewerbliche Dialog zur Verfügung. Die Innovationspartnerschaft ist nach Maßgabe des § 18 Abs. 1 S. 1 und 2 SektVO anwendbar.

Die Verfahrensarten sind in → GWB § 119 Rn. 8 ff. und → VgV § 14 Rn. 4 ff. 3 ausführlich kommentiert. Darauf wird verwiesen.

§ 141 Abs. 1 GWB gestattet die **freie Wahl** zwischen dem offenen Verfahren, 4 nicht offenen Verfahren, Verhandlungsverfahren mit Teilnahmewettbewerb sowie wettbewerblichen Dialog. Abs. 1 S. 1 hebt diese Wahlfreiheit deklaratorisch hervor.[4] Einer Begründung für die Verfahrenswahl nach § 141 Abs. 1 GWB bedarf es nicht. Im **Regelfall** wird das **Verhandlungsverfahren** mit Teilnahmewettbewerb gewählt, da es mehr Flexibilität und Entscheidungsspielräume als das offene und nicht offene Verfahren bietet.[5] Doch ist auch das Verhandlungsverfahren kein wettbewerbsfreier Raum. Die Grundsätze der Gleichbehandlung, Transparenz sowie der Vergabe im Wettbewerb gelten auch hier[6] und sind im Verhandlungsverfahren wegen der geringen Regelungsdichte von besonderer Bedeutung.[7]

Im Verhandlungsverfahren dürfen **Verhandlungen über den gesamten Auf-** 5 **tragsinhalt,** also insbes. über den Auftragsgegenstand, die konkrete Art der Ausführung, Termine und Preise, geführt werden[8] (→ GWB § 119 Rn. 26 ff., → VgV § 17 Rn. 20 ff.). Allerdings vollzieht sich der Wettbewerb auch im Verhandlungsverfahren nur innerhalb der für alle Bieter geltenden Wettbewerbsbedingungen, weil anderenfalls eine am Gleichbehandlungsgrundsatz orientierte Angebotswertung nicht möglich wäre.[9] Im Unterschied zu § 51 Abs. 2 VgV verlangt die SektVO keine Mindestanzahl der aufzufordernden Unternehmen.[10] Gleichwohl sollen im Hinblick auf den auch im Verhandlungsverfahren geltenden Wettbewerbs- und Gleichbehandlungsgrundsatz[11] Verhandlungen mit mehreren Unternehmen die Regel sein.[12] Dabei ist es auch im Bereich der Sektorenauftragsvergabe allg. anerkannt, dass der Auftraggeber eine **Reduzierung der Bieter** im Verlauf der Verhandlungen vornehmen darf.[13] Anders als im Bereich der klassischen Auftragsvergabe (vgl. § 17 Abs. 12 VgV), verlangt die SektVO nicht, dass in der Schlussphase der Verhandlungen echter Wettbewerb, also mehrere Angebote,

---

[4] Zu Auftragsvergaben durch die Deutsche Bahn AG vgl. Opitz VergabeR 2009, 689 (694).

[5] OLG München 12.7.2005 – Verg 8/05, BeckRS 2005, 19924.

[6] OLG München 12.7.2005 – Verg 8/05, BeckRS 2005, 19924; BayObLG 5.11.2002 – Verg 22/02, NZBau 2003, 342 (343); OLG Frankfurt a. M. 10.4.2001 – 11 Verg 1/01, NZBau 2002, 161 (163); OLG Celle 16.1.2002 – 13 Verg 1/02, BeckRS 2002, 160346; VK Brandenburg 14.12.2007 – VK 50/07, BeckRS 2008, 03348; VK Bund 8.2.2005 – VK 1–02/05, IBR 2005, 391; EOR/Wichmann SektVO § 13 Rn. 6.

[7] OLG München 12.7.2005 – Verg 8/05, BeckRS 2005, 19924; EOR/Wichmann SektVO § 13 Rn. 6.

[8] BayObLG 2.8.2001 – Verg 8/01, BeckRS 2001, 30099.

[9] VK Bund 8.2.2005 – VK 1–02/05, IBR 2005, 391.

[10] OLG München 13.3.2017 – Verg 15/16, NZBau 2017, 371 (376): mind. drei und max. fünf Bewerber sind nicht zu beanstanden.

[11] OLG München 12.5.2011 – Verg 26/10, ZfBR 2011, 821; 29.9.2009 – Verg 12/09, BeckRS 2009, 27005; 12.7.2005 – Verg 8/05, BeckRS 2005, 19924.

[12] EOR/Wichmann SektVO § 13 Rn. 16. Das Transparenz- und Gleichbehandlungsgebot verlangt eindeutige und objektive, mit dem Auftragsgegenstand in Verbindung stehende Auswahlkriterien und deren Bekanntmachung inkl. Gewichtung und Bewertung: OLG München 13.3.2017 – Verg 15/16, NZBau 2017, 371 (376).

[13] Trautner/Schwabe SektVO-HdB S. 169.

vorliegen müssen. Von daher ist hier eine lineare Strategie iS einer Konzentration der Verhandlungen auf einen sog. preferred bidder zulässig.

III. Verhandlungsverfahren ohne Teilnahmewettbewerb (Abs. 2)

6 Abs. 2 normiert im Anschluss an Art. 50 RL 2014/25/EU **abschließend**[14] die Fälle, in denen ein Verhandlungsverfahren ohne Teilnahmewettbewerb zulässig ist. Bei diesem Verfahren wendet sich der Auftraggeber ohne EU-Auftragsbekanntmachung direkt an Unternehmen und fordert diese zu Vertragsverhandlungen auf. Aufgrund der erheblichen Einschränkung des Wettbewerbs sind die Voraussetzungen für die Zulässigkeit des Verhandlungsverfahrens ohne Teilnahmewettbewerb besonders eng (→ GWB § 119 Rn. 20; → VgV § 14 Rn. 15).[15] In folgenden Fällen kann auf einen Teilnahmewettbewerb verzichtet werden:

1. Keine oder keine geeigneten Angebote oder Teilnahmeanträge (Nr. 1)

7 Ein Verhandlungsverfahren ohne Teilnahmewettbewerb ist zulässig, wenn
i) in einem Verhandlungsverfahren mit Teilnahmewettbewerb
ii) keine oder keine geeigneten Angebote oder keine oder keine geeigneten Teilnahmeanträge abgegeben worden sind, sofern
iii) die ursprünglichen Bedingungen des Auftrags nicht grundlegend geändert werden.

Die Vorschrift setzt Art. 50 lit. a RL 2014/25/EU um. **Ausgangsverfahren** kann nach dem Wortlaut des Art. 50 lit. a RL 2014/25/EU nur ein Verhandlungsverfahren mit Teilnahmewettbewerb sein. Ein Angebot gilt als ungeeignet, wenn es ohne Abänderung den in der Auftragsbekanntmachung oder den Vergabeunterlagen genannten Bedürfnissen und Anforderungen des Auftraggebers offensichtlich nicht entsprechen kann. Ein Teilnahmeantrag gilt als ungeeignet, wenn das Unternehmen aufgrund des § 142 Nr. 2 GWB auszuschließen ist oder ausgeschlossen werden kann oder wenn es die objektiven Kriterien bzgl. der Eignung nicht erfüllt. Das Ausgangsverfahren bedarf der außenwirksamen **Aufhebung bzw. Einstellung** (§ 57 S. 1 SektVO). Ein nahtloser Übergang in das Verhandlungsverfahren ohne Teilnahmewettbewerb ist unzulässig.[16] Die Voraussetzungen dieses Ausnahmetatbestandes entsprechen iÜ denen des § 14 Abs. 4 Nr. 1 VgV. Auf dessen Kommentierung → VgV § 14 Rn. 46 ff. wird verwiesen.

2. Forschungs- und Entwicklungsaufträge (Nr. 2)

8 Ein Verhandlungsverfahren ohne Teilnahmewettbewerb ist im Anschluss an Art. 50 lit. b RL 2014/25/EU zulässig, wenn der betreffende Auftrag
i) rein den Zwecken von Forschung, Experimenten, Studien oder der Entwicklung und
ii) nicht den Zwecken einer Gewinnerzielungsabsicht oder der Abdeckung von Forschungs- und Entwicklungskosten dient und wenn

---

[14] Verordnungsbegr. zu § 13 Abs. 2 SektVO; vgl. auch EuGH 13.1.2005 – C-84/03, BeckRS 2005, 70035; 28.3.1996 – C-318/94, NVwZ 1997, 373; Greb/Müller/Müller SektVO § 13 Rn. 23; EOR/Wichmann SektVO § 13 Rn. 12.

[15] EuGH 4.6.2009 – C-250/07, BeckRS 2009, 70607; EOR/Wichmann SektVO § 13 Rn. 12; Greb/Müller/Müller SektVO § 13 Rn. 23.

[16] OLG Jena 20.6.2005 – 9 Verg 3/05, NZBau 2005, 476 (482); EOR/Wichmann SektVO § 13 Rn. 24.

iii) der Zuschlag dem Zuschlag für Folgeaufträge nicht abträglich ist, die insbes. diesen Zwecken dienen.

Anders als bei der Parallelvorschrift des § 14 Abs. 4 Nr. 4 VgV, ist der Anwendungsbereich von Nr. 2 nicht auf die Vergabe eines Lieferauftrags beschränkt. Auch **Bau- und Dienstleistungen** fallen unter die Ausnahme.[17] Die **Zweckbestimmung** des Auftrags ist exklusiv. Kommerzielle Nebenzwecke (zB die Deckung der Forschungs- und Entwicklungskosten) dürfen nicht mit der Vergabe des Auftrags verfolgt werden. Durch die Vergabe des Auftrags darf einer Vergabe von Folgeaufträgen nicht vorgegriffen werden.[18] **Folgeaufträge** mit dem Ziel der Gewinnerzielung oder der Deckung der Forschungs- und Entwicklungskosten sind damit in einem Verfahren mit Auftragsbekanntmachung zu vergeben.

3. Alleinstellung eines Unternehmens (Nr. 3 und Abs. 3)

Ein Verhandlungsverfahren ohne Teilnahmewettbewerb ist zulässig, wenn zum Zeitpunkt der Aufforderung zur Abgabe von Angeboten der Auftrag wegen seiner künstlerischen oder technischen Besonderheiten oder wegen des Schutzes von ausschließlichen Rechten, einschl. der Rechte des geistigen Eigentums (wie zB Patent-, Urheberrechte), nur von einem bestimmten Unternehmen erbracht werden kann. Die Vorschrift setzt Art. 50 lit. c RL 2014/25/EU um. Vgl. zu den Details die Kommentierung des → VgV § 14 Rn. 51–57a. Bei der Anwendung dieser Vorschrift ist zusätzlich **Abs. 3** zu beachten. In den Fällen von Nr. 3 lit. b und c darf der Auftrag nur dann vergeben werden, wenn es keine vernünftige Alternative oder Ersatzlösung gibt und der mangelnde Wettbewerb nicht das Ergebnis einer künstlichen Einschränkung der Auftragsvergabeparameter ist (dazu ausf. → VgV § 14 Rn. 56). 9

Ausschlaggebender Zeitpunkt für die Beurteilung, ob nur ein Unternehmen den betreffenden Auftrag durchführen kann, ist der Zeitpunkt der **Aufforderung zur Abgabe von Angeboten** durch den Auftraggeber, mithin der Beginn des Vergabeverfahrens. Diese Klarstellung ist durch Art. 4 des am 2.4.2020 in Kraft getretenen Gesetzes zur beschleunigten Beschaffung im Bereich der Verteidigung und Sicherheit und zur Optimierung der Vergabestatistik v. 25.3.2020[19] in Abs. 2 Nr. 3 aufgenommen worden. Die Änderung verfolgte das gleiche Ziel wie die gleichlautenden Änderungen in § 12 Abs. 1 Nr. 1 lit. c VSVgV und § 14 Abs. 4 Nr. 2 VgV, vgl. dazu näher → VgV § 14 Rn. 57a. 9a

4. Äußerste Dringlichkeit (Nr. 4)

Ein Verhandlungsverfahren ohne Teilnahmewettbewerb ist im Anschluss an Art. 50 lit. d RL 2014/25/EU zulässig, wenn äußerst dringliche, zwingende Gründe im Zusammenhang mit Ereignissen, die der betreffende Auftraggeber nicht voraussehen konnte, es nicht zulassen, die für das offene Verfahren, das nicht offene Verfahren und das Verhandlungsverfahren mit Teilnahmewettbewerb vorgeschriebenen Mindestfristen einzuhalten; dabei dürfen die Umstände, die die äußerste Dringlichkeit begründen, dem Auftraggeber nicht zuzurechnen sein. Die Voraussetzungen müssen **kumulativ** vorliegen.[20] Die Vorschrift stimmt inhaltlich mit § 14 Abs. 4 Nr. 3 VgV überein, so dass auf die dortige Kommentierung → VgV § 14 Rn. 58 ff. verwiesen wird. 10

---

[17] EOR/Wichmann SektVO § 13 Rn. 47.
[18] Greb/Müller/Müller SektVO § 13 Rn. 28; EOR/Wichmann SektVO § 13 Rn. 57.
[19] BGBl. I 674 (Nr. 16).
[20] Greb/Müller/Müller SektVO § 13 Rn. 30; EOR/Wichmann SektVO § 13 Rn. 123.

5. Zusätzliche Lieferleistungen (Nr. 5)

11 Bei **Lieferaufträgen** kann auf eine EU-Auftragsbekanntmachung unter den folgenden Voraussetzungen, die kumulativ erfüllt sein müssen,[21] verzichtet werden: Es muss sich um
i) zusätzliche Lieferleistungen des
ii) ursprünglichen Auftragnehmers handeln, die
iii) entweder zur teilweisen Erneuerung oder Erweiterung bereits erbrachter Leistungen bestimmt sind, wenn
iv) ein Wechsel des Unternehmens dazu führen würde, dass der Auftraggeber eine Leistung mit unterschiedlichen technischen Merkmalen kaufen müsste, und dies
v) eine technische Unvereinbarkeit oder unverhältnismäßige technische Schwierigkeiten bei Gebrauch und Wartung mit sich bringen würde.
Die Bestimmung entspricht dem § 14 Abs. 4 Nr. 5 VgV, so dass auf dessen Kommentierung → VgV § 14 Rn. 69 ff. verwiesen wird. Abweichend von § 14 Abs. 4 Nr. 5 letzter S. VgV ist im Sektorenbereich allerdings **keine Beschränkung der Laufzeit** der Zusatzaufträge vorgeschrieben.

6. Wiederholung gleichartiger Bau- oder Dienstleistungen (Nr. 6)

12 Ein Verhandlungsverfahren ohne Teilnahmewettbewerb ist zulässig, wenn eine **Bau- oder Dienstleistung** beschafft werden soll, die
i) in der Wiederholung gleichartiger, bereits beauftragter Bau- oder Dienstleistungen besteht, die
ii) durch denselben Auftraggeber an
iii) das Unternehmen vergeben werden, das den ersten Auftrag erhalten hat, und
iv) die Bau- oder Dienstleistung einem **Grundprojekt** entspricht und dieses Projekt Gegenstand eines ersten Auftrags war, das
v) im Rahmen eines förmlichen Vergabeverfahrens mit Ausnahme eines Verhandlungsverfahrens ohne Teilnahmewettbewerb vergeben wurde.

13 Die wiederholte Vergabe durch ein Verhandlungsverfahren ohne Teilnahmewettbewerb ist iÜ nur zulässig, wenn der Auftraggeber auf die Möglichkeit, dieses Verfahren anzuwenden, in der Auftragsbekanntmachung des ersten Vorhabens hingewiesen hat. Darüber hinaus sind im Grundprojekt bereits der Umfang möglicher zusätzlicher Bau- oder Dienstleistungen sowie die Bedingungen, unter denen sie vergeben werden, anzugeben. Dabei ist der Wert der zusätzlichen Bau- oder Dienstleistungen von vornherein in den Gesamtauftragswert einzurechnen.

14 Die Ausnahmevorschrift entspricht inhaltlich dem § 14 Abs. 4 Nr. 9 VgV (dazu → VgV § 14 Rn. 75 ff.). Ein wesentlicher Unterschied besteht allerdings darin, dass Nr. 6 **keine zeitliche Beschränkung** für die Vergabe der zusätzlichen Bau- oder Dienstleistungen enthält. Von daher können gleichartige Bau- oder Dienstleistungen unbefristet ohne Auftragsbekanntmachung vergeben werden, wenn die weiteren Voraussetzungen der Vorschrift erfüllt sind.

7. Börsenwaren (Nr. 7)

15 Ein Auftrag kann im Verhandlungsverfahren ohne Teilnahmewettbewerb vergeben werden, wenn es sich um eine auf einer Warenbörse notierte und gekaufte Lieferleistung handelt (näher → VgV § 14 Rn. 72).

---

[21] VK Bund 11.4.2003 – VK 2–10/03, BeckRS 2003, 152838; VK Hessen 27.4.2007 – 69d-VK-11/2007, IBRRS 2007, 4570.

8. Gelegenheitsbeschaffungen (Nr. 8)

Bei **Lieferaufträgen** kann auf eine Auftragsbekanntmachung verzichtet werden, wenn die betreffenden Waren aufgrund einer **besonders vorteilhaften Gelegenheit**, die sich für einen sehr kurzen Zeitraum ergeben hat, zu einem erheblich unter den marktüblichen Preisen liegenden Preis beschafft werden können. Eine besonders vorteilhafte Gelegenheit ist anzunehmen, wenn es sich um eine einmalige und sich nur sehr kurzfristig bietende Beschaffungsmöglichkeit handelt, die einen Einkaufspreis unterhalb der üblichen Marktpreise verspricht.[22] Allein ein günstiges Angebot reicht nicht aus. Hinzukommen muss die **„Einmaligkeit"** der Gelegenheit. Es muss feststehen, dass der Preis außerhalb einer freihändigen Auftragsvergabe nicht wiederholt werden kann.[23]

16

9. Beschaffung bei Geschäftseinstellung oder Insolvenz (Nr. 9)

Vgl. die Kommentierung des § 14 Abs. 4 Nr. 7 VgV (→ VgV § 14 Rn. 73).

17

10. Auftrag im Anschluss an einen Planungswettbewerb (Nr. 10)

Ein Verhandlungsverfahren ohne Teilnahmewettbewerb ist zulässig, wenn ein Planungswettbewerb iSv § 60 SektVO durchgeführt wurde und der Dienstleistungsauftrag nach den Bedingungen dieses Wettbewerbs an den Gewinner oder an einen der Preisträger vergeben werden muss. Im letzteren Fall sind alle Preisträger zur Teilnahme an den Verhandlungen aufzufordern. Vgl. dazu ausf. → VgV § 14 Rn. 74.

18

§ 14 Offenes Verfahren; Fristen

(1) In einem offenen Verfahren kann jedes interessierte Unternehmen ein Angebot abgeben.

(2) Die Frist für den Eingang der Angebote (Angebotsfrist) beträgt mindestens 35 Tage, gerechnet ab dem Tag nach der Absendung der Auftragsbekanntmachung.

(3)[1] Für den Fall, dass eine hinreichend begründete Dringlichkeit die Einhaltung der Frist gemäß Absatz 2 unmöglich macht, kann der Auftraggeber eine Frist festlegen, die 15 Tage, gerechnet ab dem Tag nach der Absendung der Auftragsbekanntmachung, nicht unterschreiten darf.

(4) Der Auftraggeber kann die Frist gemäß Absatz 2 um fünf Tage verkürzen, wenn er die elektronische Übermittlung der Angebote akzeptiert.

Literatur: Vgl. die Angaben bei § 119 GWB und § 15 VgV.

I. Bedeutung der Vorschrift

§ 14 SektVO knüpft an § 119 Abs. 3 GWB an und normiert im Bereich des Sektorenvergaberechts das offene Verfahren mit den dort einzuhaltenden Fristen. Die Bestimmung setzt Art. 45 RL 2014/25/EU um. Sie ist iW identisch mit § 15

1

---

[22] OLG Düsseldorf 8.5.2002 – Verg 5/02, NZBau 2002, 697 (699); EOR/Wichmann SektVO § 13 Rn. 158.
[23] OLG Düsseldorf 8.5.2002 – Verg 5/02, NZBau 2002, 697 (699); EOR/Wichmann SektVO § 13 Rn. 158.
[1] Siehe hierzu u.a. § 9 Abs. 1 Nr. 8 LNGG.

Abs. 1–4 VgV, so dass auf die Kommentierung dieser Bestimmungen ergänzend verwiesen werden kann (→ VgV § 15 Rn. 1 ff.; s.a. → GWB § 119 Rn. 12 ff.).

II. Offenes Verfahren (Abs. 1)

2   Das offene Verfahren ist ein Verfahren, in dem der Auftraggeber eine **unbeschränkte Anzahl** von Unternehmen öffentlich zur Abgabe von Angeboten auffordert (§ 119 Abs. 3 GWB). Der Kreis der Unternehmen, die ein Angebot abgeben können, ist bei diesem Verfahrenstyp unbeschränkt. Dementsprechend ordnet Abs. 1 an, dass jedes interessierte Unternehmen ein Angebot abgeben kann. Das offene Verfahren ist damit die wettbewerbsintensivste Vergabeart. Mit ihm werden sowohl die Verwirklichung der unionsrechtlich garantierten Grundfreiheiten als auch das Interesse des Auftraggebers an einer möglichst wirtschaftlichen Beschaffung am besten abgesichert (zu den Merkmalen des offenen Verfahrens näher → GWB § 119 Rn. 12 ff.; → VgV § 15 Rn. 3 ff.).[2]

3   Die öffentliche Aufforderung zur Abgabe von Angeboten erfolgt im offenen Verfahren durch die Veröffentlichung einer **Auftragsbekanntmachung** nach § 35 Abs. 1 SektVO.[3] Sie ist gem. § 35 Abs. 2 SektVO zu erstellen und nach § 40 Abs. 2 S. 1 SektVO EU-weit zu veröffentlichen. Eine zusätzliche nationale Bekanntmachung ist nicht vorgeschrieben, aber zulässig (§ 40 Abs. 3 SektVO). Die Veröffentlichung einer regelmäßigen nicht verbindlichen Bekanntmachung (§ 36 Abs. 4 SektVO) sowie einer Bekanntmachung über das Bestehen eines Qualifizierungssystems (§ 37 Abs. 1 SektVO) sind als Aufruf zum Wettbewerb nur im nicht offenen Verfahren und Verhandlungsverfahren zulässig und kommen für das offene Verfahren nicht zur Anwendung.

III. Angebotsfrist (Abs. 2)

4   Im Unterschied zum früheren Fristenregime in § 17 SektVO aF regelt Abs. 2, dem systematischen Regelungsansatz des Art. 45 Abs. 1 UAbs. 2 RL 2014/25/EU folgend, direkt innerhalb der Norm die für das offene Verfahren anzuwendende Angebotsfrist. Sie beträgt nach Abs. 2 mindestens 35 (Kalender-)Tage (siehe aber Abs. 4: seit dem 18.10.2018 beträgt die Angebotsfrist faktisch nur noch **30 Tage**, → Rn. 10) und beginnt am Tag nach der Absendung der Auftragsbekanntmachung zu laufen. Der Tag der Absendung der Auftragsbekanntmachung wird – insoweit entgegen des an dieser Stelle missverständlich gefassten Art. 45 Abs. 1 UAbs. 2 RL 2014/25/EU – nicht mitgerechnet (→ VgV § 82 Rn. 3; → VgV § 15 Rn. 6). Zur **Verkürzung der Angebotsfrist** durch eine regelmäßige nicht verbindliche Bekanntmachung → § 36 Rn. 2. Die **Berechnung der Fristen** erfolgt nach den Vorschriften der VO (EWG, Euratom) Nr. 1182/71 v. 3.6.1971 (§ 65 SektVO). Gerechnet wird nach Kalendertagen, so dass auch Wochenenden, gesetzliche Feiertage etc in die Fristberechnung einzubeziehen sind (Art. 3 Abs. 3 VO (EWG, Euratom) Nr. 1182/71).

5   Bei der Angebotsfrist handelt es sich nicht um eine Regelfrist, sondern um eine **Mindestfrist,** die den am Auftrag interessierten Unternehmen zur Verfügung stehen muss. Allerdings steht die Mindestfrist unter dem **Vorbehalt der Angemessen-**

---

[2] VGH BW 17.10.2013 – 9 S 123/12, BeckRS 2013, 58287; VK Südbayern 29.6.2010 – Z3-3-3194-1-35-05-10, BeckRS 2010, 37329.

[3] OLG München 12.11.2010 – Verg 21/10, BeckRS 2010, 29116; OLG Naumburg 8.10.2009 – 1 Verg 9/09, IBR 2010, 109; OLG Düsseldorf 9.12.2009 – Verg 37/09, BeckRS 2010, 5178; VK Sachsen 23.5.2001 – 1/SVK/34-01, IBRRS 2004, 3665.

heit.[4] Sie darf somit nicht ohne Prüfung auf ihre Angemessenheit im konkreten Einzelfall festgelegt werden (→ VgV § 15 Rn. 6). In diese Prüfung sind insbes. die Komplexität der Leistung und die Zeit für die Ausarbeitung der Angebote mit zu berücksichtigen (→ § 16 Rn. 1; → VgV § 20 Rn. 4 ff.).

Vorgaben zur **Verlängerung der Angebotsfrist** enthält § 16 Abs. 2, 3 SektVO. 6
Können die Angebote nur nach einer Ortsbesichtigung oder Einsichtnahme in Anlagen zu den Vergabeunterlagen beim Auftraggeber erstellt werden, so ist die Mindestangebotsfrist erforderlichenfalls so zu bemessen, dass die Unternehmen im Besitz aller Informationen sind, die sie für die Angebotserstellung benötigen. Angebotsfristen sind auch dann zwingend zu verlängern, wenn zusätzliche Informationen trotz rechtzeitiger Anforderung durch ein Unternehmen nicht rechtzeitig zur Verfügung gestellt werden oder der Auftraggeber wesentliche Änderungen an den Vergabeunterlagen vornimmt. Das gilt nur dann nicht, wenn die Informationen oder die Änderungen für die Erstellung des Angebotes unerheblich sind (näher zum Ganzen → VgV § 20 Rn. 12 ff.).

Kann der Auftraggeber keinen unentgeltlichen, uneingeschränkten, vollständigen 7
und direkten elektronischen Zugang zu den Vergabeunterlagen anbieten, muss die Angebotsfrist nach § 41 Abs. 4 S. 2 SektVO um fünf Tage verlängert werden,[5] wenn kein Fall hinreichend begründeter Dringlichkeit iSv. Abs. 3 vorliegt. Gleiches gilt in den Fällen des § 41 Abs. 3 SektVO (ausf. → VgV § 41 Rn. 34 ff.).

IV. Dringlichkeit (Abs. 3)

Abs. 3 gestattet die Verkürzung der Angebotsfrist auf bis zu **15 Tage,** wenn eine 8
hinreichend begründete Dringlichkeit die Einhaltung der Angebotsfrist gem. Abs. 2 unmöglich macht (sog. beschleunigtes offenes Verfahren). Dabei handelt es sich um eine absolute Mindestfrist, die nicht weiter reduziert werden kann, auch nicht durch Reduzierung um weitere fünf Tage nach Abs. 4.[6] Die Vorschrift ist deckungsgleich mit § 15 Abs. 3 VgV (ausf. → VgV § 15 Rn. 9 ff.).

Im offenen Verfahren kann die Angebotsfrist auch dann auf bis zu **15 Tage** 9
verkürzt werden, wenn eine **regelmäßige nicht verbindliche Bekanntmachung** veröffentlicht wurde (§ 36 Abs. 3 SektVO). Um die Fristverkürzung nutzen zu können, sind **zwei Voraussetzungen** kumulativ einzuhalten:
i) Der Auftraggeber muss nach § 36 Abs. 1 SektVO eine regelmäßige nicht verbindliche Bekanntmachung veröffentlicht haben. Die regelmäßige nicht verbindliche Bekanntmachung muss nach den Vorgaben der Spalte 5 der Tabelle 2 des Anhangs der Durchführungsverordnung (EU) 2019/1780 iVm § 10a SektVO erstellt werden und alle nach den Vorgaben der Spalte 8 der Tabelle 2 des Anhangs der Durchführungsverordnung (EU) 2019/1780 geforderten Informationen enthalten, soweit diese Informationen zum Zeitpunkt der Veröffentlichung der regelmäßigen nicht verbindlichen Bekanntmachung vorlagen.
ii) Die regelmäßige nicht verbindliche Bekanntmachung muss wenigstens 35 Tage und darf nicht mehr als zwölf Monate vor dem Tag der Absendung der Auftragsbekanntmachung an das Amt für Veröffentlichungen der EU übermittelt worden sein.

---

[4] OLG Naumburg 20.9.2012 – 2 Verg 4/12, BeckRS 2012, 21448 zur Bewerbungsfrist im Verhandlungsverfahren mit Teilnahmewettbewerb. S.a. EOR/Finke SektVO § 14 Rn. 10.
[5] In diesen Fällen beträgt die Angebotsfrist mindestens 40 Kalendertage, bei elektronischer Angebotsübermittlung mindestens 35 Kalendertage und im Falle der Veröffentlichung einer regelmäßigen nicht verbindlichen Bekanntmachung mindestens 20 Kalendertage.
[6] Beck VergabeR/Dörn SektVO § 14 Rn. 16; EOR/Finke SektVO § 14 Rn. 18.

Erfüllt die regelmäßige nicht verbindliche Bekanntmachung diese Anforderungen, kann die Angebotsfrist auf bis zu 15 Tage verkürzt werden (zum Ganzen näher → § 36 Rn. 5; → VgV § 38 Rn. 8–10). Eine weitere Verkürzung kann nicht, auch nicht in Kombination mit anderen Kürzungsoptionen nach Abs. 4, erreicht werden.

V. Elektronische Angebotsabgabe (Abs. 4)

10 Abs. 4 eröffnet die Möglichkeit zur Verkürzung der Angebotsfrist um fünf Tage auf **30 Tage,** wenn der Auftraggeber die Übermittlung der Angebote in elektronischer Form nach § 43 Abs. 1 SektVO akzeptiert. Seit dem 18.10.2018 ist dies für alle Auftraggeber der verpflichtende **Regelfall,** so dass die Angebotsfrist seitdem faktisch 30 Tage beträgt. Die Verkürzung betrifft ausschl. die Angebotsfrist von 35 Tagen nach Abs. 2, nicht hingegen die wegen Dringlichkeit verkürzte Angebotsfrist nach Abs. 3; die letztgenannte Frist von mindestens 15 Tagen kann nicht mehr verkürzt werden (→ Rn. 8).[7]

§ 15 Nicht offenes Verfahren und Verhandlungsverfahren mit vorherigem Teilnahmewettbewerb; Fristen

(1) In einem nicht offenen Verfahren sowie einem Verhandlungsverfahren mit vorherigem Teilnahmewettbewerb kann jedes interessierte Unternehmen einen Teilnahmeantrag abgeben.

(2) [1]Die Frist für den Eingang der Teilnahmeanträge (Teilnahmefrist) beträgt mindestens 30 Tage, gerechnet ab dem Tag nach der Absendung der Auftragsbekanntmachung oder der Aufforderung zur Interessensbekundung. [2]Sie darf auf keinen Fall weniger als 15 Tage betragen.

(3) [1]Die Angebotsfrist kann im gegenseitigen Einvernehmen zwischen dem Auftraggeber und ausgewählten Bewerbern festgelegt werden. [2]Allen ausgewählten Bewerbern muss dieselbe Angebotsfrist eingeräumt werden. [3]Unterbleibt eine einvernehmliche Fristfestlegung, beträgt die Angebotsfrist mindestens zehn Tage, gerechnet ab dem Tag nach der Versendung der Aufforderung zur Angebotsabgabe.

(4) Der Auftraggeber kann im Verhandlungsverfahren den Auftrag auf der Grundlage der Erstangebote vergeben, ohne in Verhandlungen einzutreten, wenn er sich diese Möglichkeit in der Auftragsbekanntmachung oder in der Aufforderung zur Interessensbestätigung vorbehalten hat.

Literatur: Vgl. die Angaben bei § 16 VgV.

I. Bedeutung der Vorschrift

1 § 15 SektVO setzt Art. 46, 47 RL 2014/25/EU um. Abs. 1 stellt klar, dass in einem nicht offenen Verfahren und Verhandlungsverfahren mit Teilnahmewettbewerb jedes interessierte Unternehmen einen Teilnahmeantrag abgeben kann. Eine Beschränkung der Teilnehmerzahl im Vorfeld ist unzulässig.[1] Daneben normiert die Bestimmung die Teilnahmefrist und die Angebotsfrist (Abs. 2 und 3) sowie in Abs. 4 die Option des Auftraggebers, im Verhandlungsverfahren den Auftrag ohne Verhandlungen allein auf Basis der Erstangebote zu vergeben, wenn er sich diese Mög-

---

[7] Beck VergabeR/Dörn SektVO § 14 Rn. 16; EOR/Finke SektVO § 14 Rn. 18.
[1] BT-Drs. 18/7318, 217; EOR/Finke SektVO § 15 Rn. 8.

lichkeit in der Auftragsbekanntmachung oder in der Aufforderung zur Interessensbestätigung vorbehalten hat. Zum **Rechtsschutz** → VgV § 15 Rn. 42 ff.

II. Teilnahmewettbewerb (Abs. 1)

Das nicht offene Verfahren und das Verhandlungsverfahren mit Teilnahmewettbewerb sind dadurch gekennzeichnet, dass sich alle an dem Auftrag interessierten Unternehmen um die Teilnahme an dem Verfahren bewerben können, jedoch nur die von dem Auftraggeber aufgeforderten Bewerber ein Angebot abgeben dürfen (§ 119 Abs. 4 GWB). Kurz gesagt: Der **Bewerberkreis** ist **unbeschränkt,** der Bieterkreis hingegen beschränkt. Jedes interessierte Unternehmen kann also einen Teilnahmeantrag abgeben (vgl. Art. 46 Abs. 1 RL 2014/25/EU). Der Teilnahmewettbewerb steht damit allen interessierten Unternehmen ohne Einschränkung offen (dazu iE → GWB § 119 Rn. 16 ff.). 2

Das nicht offene Verfahren und das Verhandlungsverfahren mit Teilnahmewettbewerb werden durch eine **öffentliche Aufforderung** des Auftraggebers zur Teilnahme (vgl. § 119 Abs. 4 GWB) eingeleitet. Im Anwendungsbereich der SektVO stehen dem Auftraggeber hierfür **drei Formen der Bekanntmachung** alternativ zur Verfügung.[2] 3
i) § 35 SektVO: die Veröffentlichung einer Auftragsbekanntmachung,
ii) § 36 SektVO: die Veröffentlichung einer regelmäßigen nicht verbindlichen Bekanntmachung oder
iii) § 37 SektVO: die Veröffentlichung einer Bekanntmachung über das Bestehen eines Qualifizierungssystems.

Zum Teilnahmewettbewerb vgl. ergänzend → GWB § 119 Rn. 16 ff.; → VgV § 16 Rn. 6–10. Die **Auswahl der Bewerber** erfolgt nach **objektiven Kriterien,** die allen Unternehmen bekannt gegeben werden müssen (→ GWB § 142 Rn. 12; → § 46 Rn. 2).[3] Im Gegensatz zur klassischen Auftragsvergabe haben die Auftraggeber im Sektorenbereich größere Spielräume bei der Festlegung der Eignungskriterien (→ § 46 Rn. 1).[4] Dennoch müssen die vom Auftraggeber gestellten Eignungsanforderungen den Vorgaben des § 122 Abs. 4 S. 1 GWB entsprechen. Sie müssen daher mit dem Auftragsgegenstand in Verbindung und in einem angemessenen Verhältnis zu ihm stehen (→ § 45 Rn. 3, 10 ff.).[5] Letztlich sind nur solche Kriterien zulässig, die zur Sicherstellung einer einwandfreien Ausführung des Auftrags geeignet und erforderlich sind. Die Kriterien müssen es dem Auftraggeber ermöglichen, die Zahl der Bewerber, die zur Angebotsabgabe oder zur Aufnahme von Verhandlungen aufgefordert werden, zu begrenzen. Eine **Mindestzahl** von auszuwählenden Bewerbern ist nicht vorgeschrieben. Allerdings kann die Bewerberzahl so weit verringert werden, dass ein angemessenes Gleichgewicht zwischen den Merkmalen des Verfahrens und dem zu seiner Durchführung erforderlichen Aufwand sichergestellt ist (§ 45 Abs. 3 S. 1 SektVO). In jedem Fall sind so viele Bewerber zu berücksichtigen, dass ein **angemessener Wettbewerb** gewährleistet ist (§ 45 Abs. 3 S. 2 SektVO). Die Mindestzahl der Bewerber nach § 51 Abs. 2 S. 1 VgV (mindestens fünf Teilnehmer beim nicht offenen Verfahren; mindestens drei Teilnehmer beim Verhandlungsverfahren) bildet auch im Anwendungsbereich der SektVO die Untergrenze, soweit entspr. viele geeignete Bewerber vorhanden sind (→ § 45 Rn. 8).[6] 4

---

[2] EOR/Finke SektVO § 15 Rn. 10; Müller-Wrede/Gnittke/Hattig SektVO § 14 Rn. 6.
[3] OLG München 13.3.2017 – Verg 15/16, NZBau 2017, 371 (376).
[4] Begr. zu § 46 SektVO, BT-Drs. 18/7318, 239/240; OLG München 13.3.2017 – Verg 15/16, NZBau 2017, 371 (376).
[5] OLG München 13.3.2017 – Verg 15/16, NZBau 2017, 371 (376).
[6] Das OLG München 13.3.2017 – Verg 15/16, NZBau 2017, 371 (376) hat eine Aufforderung von mindestens drei und maximal fünf Bewerbern in einem Verhandlungsverfahren mit Teilnahmewettbewerb unbeanstandet gelassen.

III. Teilnahmefrist (Abs. 2)

5 Die Teilnahmefrist im nicht offenen Verfahren und im Verhandlungsverfahren mit Teilnahmewettbewerb beträgt nach S. 1 grds. mindestens 30 (Kalender-)Tage. Die sprachliche Ausgestaltung der Norm („mindestens") stellt klar, dass es sich hierbei nicht um eine Regelfrist, sondern um eine **Mindestfrist** handelt, die der Auftraggeber vorgeben muss. Allerdings steht die Mindestfrist unter dem **Vorbehalt der Angemessenheit** nach § 16 Abs. 1 SektVO.[7] Sie darf somit nicht ohne Prüfung auf ihre Angemessenheit im konkreten Einzelfall festgelegt werden. In diese Prüfung sind insbes. die Komplexität der Vergabe und die Zeit für die Ausarbeitung der Teilnahmeanträge mit zu berücksichtigen (ausf. → VgV § 20 Rn. 8).

6 S. 2 schreibt als **Untergrenze** eine Teilnahmefrist von 15 Tagen im nicht offenen Verfahren und im Verhandlungsverfahren mit Teilnahmewettbewerb vor. Hierbei handelt es sich um eine echte Mindestfrist, die keinesfalls unterschritten werden darf. Offen bleibt allerdings das Verhältnis zur Mindestfrist nach S. 1 und welche Voraussetzungen erfüllt sein müssen, um eine Fristkürzung auf bis zu 15 Tage zu begründen. Eine hinreichend begründete Dringlichkeit, die eine Fristverkürzung auf 15 Tage im offenen Verfahren (§ 14 Abs. 3 SektVO) rechtfertigen kann, verlangt die Vorschrift nicht. Erforderlich sind in jedem Fall objektive und dem Auftraggeber nicht zurechenbare Gründe, die es nicht gestatten, die Mindestfrist von 30 Tagen einzuhalten.[8]

7 Die **Berechnung der Teilnahmefrist** erfolgt nach den Vorschriften der VO (EWG, Euratom) Nr. 1182/71 v. 3.6.1971 (§ 65 SektVO). Die Frist beginnt am Tag nach der Absendung der Auftragsbekanntmachung an das Amt für Veröffentlichungen der EU oder der Aufforderung zur Interessensbestätigung (vgl. dazu § 36 Abs. 5 S. 2 SektVO) zu laufen. Der Tag der Absendung der Auftragsbekanntmachung wird – insoweit entgegen des an dieser Stelle missverständlich gefassten Art. 46 Abs. 1 UAbs. 2 RL 2014/25/EU – nicht mitgerechnet.

IV. Angebotsfrist (Abs. 3)

8 Die SektVO gibt dem Auftraggeber für das nicht offene Verfahren und das Verhandlungsverfahren mit Teilnahmewettbewerb keine Angebotsfrist vor. Der Auftraggeber hat deshalb folgende Optionen:
i) Er legt – ohne darüber Einvernehmen mit den Bewerbern herbeigeführt zu haben – eine angemessene Angebotsfrist fest, die die Vorgaben des § 16 Abs. 1 SektVO berücksichtigt.
ii) Er kann die Angebotsfrist iS größtmöglicher Flexibilität mit den ausgewählten Bewerbern einvernehmlich festlegen. Einzige (und auch selbstverständliche) Voraussetzung ist, dass allen Bewerbern dieselbe Angebotsfrist eingeräumt wird (zur **einvernehmlichen Festlegung** → VgV § 16 Rn. 22–25). Gelingt die einvernehmliche Festlegung, gibt es keine Untergrenze für die Angebotsfrist; jene kann also sogar wenige Tage betragen.[9]
iii) Scheitert eine einvernehmliche Festlegung der Angebotsfrist, kann der Auftraggeber eine Angebotsfrist von mindestens zehn Tagen, gerechnet ab dem Tag nach der Aufforderung zur Angebotsabgabe, festlegen. Allerdings müssen

---

[7] OLG Naumburg 20.9.2012 – 2 Verg 4/12, BeckRS 2012, 21448 zur Teilnahmefrist im Verhandlungsverfahren mit Teilnahmewettbewerb; EOR/Finke SektVO § 15 Rn. 10.
[8] Beck VergabeR/Dörn SektVO § 15 Rn. 12.
[9] Beck VergabeR/Dörn SektVO § 15 Rn. 14; EOR/Finke SektVO § 15 Rn. 12.

hierbei selbstverständlich die Anforderungen des § 16 Abs. 1 SektVO an eine **angemessene Fristsetzung** gewahrt bleiben (näher → VgV § 16 Rn. 25).[10]

Abs. 3 lässt offen, wann die einvernehmliche Festlegung der Angebotsfristen im Rahmen eines Verhandlungsverfahrens erfolgen muss, wenn **mehrere Verhandlungsrunden** stattfinden. S. 1 scheint dafür zu sprechen, dass die einvernehmliche Festlegung aller Angebotsfristen, auch derjenigen für überarbeitete und finale Angebote, bereits bei der ersten Aufforderung zur Angebotsabgabe erforderlich ist, da die Vorschrift von einer einvernehmlichen Festlegung mit den „ausgewählten Bewerbern" spricht, die aber in den folgenden Verhandlungsrunden zu „Bietern" werden. Dagegen sprechen aber Praktikabilitätserwägungen, da sich im Verlauf mehrerer Verhandlungsrunden oftmals Anpassungsbedarf hinsichtlich der Fristen für die Ausarbeitung überarbeiteter oder finaler Angebote ergibt. In solchen Fällen können die Bewerber bzw. Bieter nicht an den ursprünglich einvernehmlich festgelegten Angebotsfristen festgehalten werden. Solange die Fristen für die überarbeiteten und finalen Angebote unter strikter Beachtung der Gleichbehandlung der Bieter einvernehmlich festgelegt werden, ist eine einvernehmliche Festlegung neuer Fristen somit auch zu einem späteren Zeitpunkt des Verhandlungsverfahrens zulässig.[11]

8a

V. Zuschlag auf der Grundlage der Erstangebote (Abs. 4)

Im Verhandlungsverfahren mit Teilnahmewettbewerb kann der Auftraggeber den Auftrag auf der Grundlage der Erstangebote vergeben, ohne in Verhandlungen einzutreten, wenn er sich diese Möglichkeit in der Auftragsbekanntmachung oder in der Aufforderung zur Interessensbestätigung vorbehalten hat. Die Vorschrift ist identisch mit § 17 Abs. 11 VgV. Vgl. dazu näher → VgV § 17 Rn. 26.

9

§ 16 Fristsetzung; Pflicht zur Fristverlängerung

(1) **Bei der Festlegung der Fristen für den Eingang der Angebote und der Teilnahmeanträge berücksichtigt der Auftraggeber die Komplexität der Leistung und die Zeit, die für die Ausarbeitung der Angebote erforderlich ist.**

(2) **Können die Angebote nur nach einer Ortsbesichtigung oder Einsichtnahme in Anlagen zu den Vergabeunterlagen beim Auftraggeber erstellt werden, so ist die Mindestangebotsfrist erforderlichenfalls so zu bemessen, dass die Bewerber im Besitz aller Informationen sind, die sie für die Angebotserstellung benötigen.**

(3) [1]**Die Angebotsfristen sind zu verlängern,**
1. **wenn zusätzliche Informationen trotz rechtzeitiger Anforderung durch ein Unternehmen nicht spätestens sechs Tage vor Ablauf der Angebotsfrist zur Verfügung gestellt werden; in Fällen hinreichend begründeter Dringlichkeit nach § 14 Absatz 3 beträgt dieser Zeitraum vier Tage, oder**
2. **wenn der Auftraggeber wesentliche Änderungen an den Vergabeunterlagen vornimmt.**

[2]**Die Fristverlängerung muss in einem angemessenen Verhältnis zur Bedeutung der Information oder Änderung stehen und gewährleisten, dass alle Unternehmen Kenntnis von den Informationen oder Änderungen nehmen können.** [3]**Dies gilt nicht, wenn die Information oder Änderung nicht recht-**

---

[10] EOR/Finke SektVO § 15 Rn. 13.
[11] Beck VergabeR/Dörn SektVO § 15 Rn. 16.

zeitig angefordert wurde oder ihre Bedeutung für die Erstellung des Angebots unerheblich ist.

Literatur: Vgl. die Angaben bei § 20 VgV.

1 **Abs. 1** bestimmt in Umsetzung von Art. 66 Abs. 1 RL 2014/25/EU, dass der Auftraggeber bei der Festlegung der Fristen für den Eingang der Angebote und der Teilnahmeanträge sein **Ermessen angemessen ausüben** muss. Die in den Regelungen über die Verfahrensarten (s. zB §§ 14 Abs. 2, 15 Abs. 2 SektVO) jew. vorgegebenen Fristen sind **Mindestfristen,** die den am Auftrag interessierten Unternehmen als untere Grenze für die Abgabe der Teilnahmeanträge und Angebote zur Verfügung stehen müssen. Mindestfristen stehen unter dem **Vorbehalt der Angemessenheit.**[1] Stets sind ua die Komplexität der Leistung und die für die Ausarbeitung der Teilnahmeanträge und Angebote notwendige Zeit iS einer einzelfallbezogenen Prüfung zu berücksichtigen. Abs. 1 vermittelt Bieterschutz → VgV § 20 Rn. 26.[2]

2 **Abs. 2** enthält das Gebot zur ausreichenden Bemessung der Angebotsfrist, wenn die Angebote nur nach einer **Ortsbesichtigung**[3] oder nach Einsichtnahme in Anlagen zu den Vergabeunterlagen beim Auftraggeber erstellt werden können. Auch derartige, nicht in der Risikosphäre der auftragsinteressierten Unternehmen liegende Umstände führen zu einem höheren Angebotsbearbeitungsaufwand, der bei der Bemessung der Angebotsfrist zwingend zu berücksichtigen ist.[4] In diesen Fällen ist die Angebotsfrist so festzulegen, dass die interessierten Unternehmen im Besitz aller notwendigen Informationen sind, die sie für die Erstellung des Angebotes benötigen.

3 Daneben enthält **Abs. 3,** der Art. 66 Abs. 3 RL 2014/25/EU umsetzt, Vorgaben zur **Verlängerung von Angebotsfristen.** Die Bestimmung ist auf Teilnahmefristen entspr. anwendbar.[5] Störungen im Ablauf des Vergabeverfahrens, die im Verantwortungsbereich des Auftraggebers liegen (wie etwa die in Abs. 3 geregelten Fälle), müssen im Regelfall zu einer Verlängerung der Angebotsfrist führen.

4 Die **Berechnung der Fristen** erfolgt nach den Vorschriften der VO (EWG) Nr. 1182/71 des Rates v. 3.6.1971 zur Festlegung der Regeln für die Fristen, Daten und Termine, § 65 SektVO (näher → VgV § 20 Rn. 3 und → VgV § 82 Rn. 1 ff.).

5 Die Vorschrift ist inhaltlich iW identisch mit der Parallelvorschrift des § 20 VgV. Auf deren Kommentierung wird ergänzend verwiesen (→ VgV § 20 Rn. 1 ff.).

§ 17 Wettbewerblicher Dialog

(1) ¹In der Auftragsbekanntmachung oder den Vergabeunterlagen zur Durchführung eines wettbewerblichen Dialogs beschreibt der Auftraggeber seine Bedürfnisse und Anforderungen an die zu beschaffende Leistung. ²Gleichzeitig nennt und erläutert er die hierbei zugrunde gelegten Zuschlagskriterien und legt einen vorläufigen Zeitrahmen für den Dialog fest.

(2) ¹Der Auftraggeber fordert eine unbeschränkte Anzahl von Unternehmen im Rahmen eines Teilnahmewettbewerbs öffentlich zur Abgabe von

---

[1] OLG Naumburg 20.9.2012 – 2 Verg 4/12, BeckRS 2012, 21448 zur Bewerbungsfrist im Verhandlungsverfahren mit Teilnahmewettbewerb; EOR/Finke SektVO § 16 Rn. 5.

[2] OLG Naumburg 30.4.2014 – 2 Verg 2/14, BeckRS 2014, 14969; 20.9.2012 – 2 Verg 4/12, BeckRS 2012, 21448; Anordnung der Aufhebung des Verfahrens; vgl. auch VK Sachsen-Anhalt 11.4.2011 – 1 VK LVwA 18/09, IBRRS 2012, 0451; VK Bund 17.4.2003 – VK 2–16/03, BeckRS 2003, 152835; VK Sachsen 9.12.2002 – 1/SVK/102-02, ZfBR 2003, 302.

[3] OLG Brandenburg 15.3.2011 – Verg W 5/11, BeckRS 2011, 6544 zur Zulässigkeit der Forderung nach einer Ortsbesichtigung.

[4] OVG Bln-Bbg 27.2.2013 – 6 B 34.12, ZfBR 2013, 617.

[5] OLG Düsseldorf 28.3.2018 – VII-Verg 40/17, BeckRS 2018, 10390.

§ 17 SektVO

Teilnahmeanträgen auf. ²Jedes interessierte Unternehmen kann einen Teilnahmeantrag abgeben. ³Mit dem Teilnahmeantrag übermitteln die Unternehmen die vom Auftraggeber geforderten Informationen für die Prüfung ihrer Eignung.

(3) ¹Die Frist für den Eingang der Teilnahmeanträge beträgt mindestens 30 Tage, gerechnet ab dem Tag nach der Absendung der Auftragsbekanntmachung. ²Sie darf auf keinen Fall weniger als 15 Tage betragen.

(4) ¹Nur diejenigen Unternehmen, die vom Auftraggeber nach Prüfung der übermittelten Informationen dazu aufgefordert werden, können am Dialog teilnehmen. ²Der Auftraggeber kann die Zahl geeigneter Bewerber, die zur Teilnahme am Dialog aufgefordert werden, gemäß § 45 Absatz 3 begrenzen.

(5) ¹Der Auftraggeber eröffnet mit den ausgewählten Unternehmen einen Dialog, in dem er ermittelt und festlegt, wie seine Bedürfnisse und Anforderungen am besten erfüllt werden können. ²Dabei kann er mit den ausgewählten Unternehmen alle Aspekte des Auftrags erörtern. ³Er sorgt dafür, dass alle Unternehmen bei dem Dialog gleichbehandelt werden, gibt Lösungsvorschläge oder vertrauliche Informationen eines Unternehmens nicht ohne dessen Zustimmung an die anderen Unternehmen weiter und verwendet diese nur im Rahmen des jeweiligen Vergabeverfahrens. ⁴Eine solche Zustimmung darf nicht allgemein, sondern nur in Bezug auf die beabsichtigte Mitteilung bestimmter Informationen erteilt werden.

(6) ¹Der Auftraggeber kann vorsehen, dass der Dialog in verschiedenen aufeinanderfolgenden Phasen geführt wird, sofern der Auftraggeber darauf in der Auftragsbekanntmachung oder in den Vergabeunterlagen hingewiesen hat. ²In jeder Dialogphase kann die Zahl der zu erörternden Lösungen anhand der vorgegebenen Zuschlagskriterien verringert werden. ³Der Auftraggeber hat die Unternehmen zu informieren, wenn deren Lösungen nicht für die folgende Dialogphase vorgesehen sind. ⁴In der Schlussphase müssen noch so viele Lösungen vorliegen, dass ein echter Wettbewerb gewährleistet ist, sofern ursprünglich eine ausreichende Anzahl von Lösungen oder geeigneten Bietern vorhanden war.

(7) ¹Der Auftraggeber schließt den Dialog ab, wenn er die Lösungen ermittelt hat, mit denen die Bedürfnisse und Anforderungen an die zu beschaffende Leistung befriedigt werden können. ²Die im Verfahren verbliebenen Teilnehmer sind hierüber zu informieren.

(8) ¹Nach Abschluss des Dialogs fordert der Auftraggeber die Unternehmen auf, auf der Grundlage der eingereichten und in der Dialogphase näher ausgeführten Lösungen ihr endgültiges Angebot vorzulegen. ²Die Angebote müssen alle Einzelheiten enthalten, die zur Ausführung des Projekts erforderlich sind. ³Der Auftraggeber kann Klarstellungen und Ergänzungen zu diesen Angeboten verlangen. ⁴Diese Klarstellungen oder Ergänzungen dürfen nicht dazu führen, dass wesentliche Bestandteile des Angebots oder des öffentlichen Auftrags einschließlich der in der Auftragsbekanntmachung oder in den Vergabeunterlagen festgelegten Bedürfnisse und Anforderungen grundlegend geändert werden, wenn dadurch der Wettbewerb verzerrt wird oder andere am Verfahren beteiligte Unternehmen diskriminiert werden.

(9) ¹Der Auftraggeber hat die Angebote anhand der in der Auftragsbekanntmachung oder in den Vergabeunterlagen festgelegten Zuschlagskriterien zu bewerten. ²Der Auftraggeber kann mit dem Unternehmen, dessen Angebot als das wirtschaftlichste ermittelt wurde, mit dem Ziel Verhand-

lungen führen, im Angebot enthaltene finanzielle Zusagen oder andere Bedingungen zu bestätigen, die in den Auftragsbedingungen abschließend festgelegt werden. ³Dies darf nicht dazu führen, dass wesentliche Bestandteile des Angebots oder des öffentlichen Auftrags einschließlich der in der Auftragsbekanntmachung oder den Vergabeunterlagen festgelegten Bedürfnisse und Anforderungen grundlegend geändert werden, der Wettbewerb verzerrt wird oder andere am Verfahren beteiligte Unternehmen diskriminiert werden.

(10) Der Auftraggeber kann Prämien oder Zahlungen an die Teilnehmer am Dialog vorsehen.

Literatur: Vgl. die Angaben bei § 119 GWB und § 18 VgV.

1 § 17 SektVO regelt den wettbewerblichen Dialog bei der Vergabe von Aufträgen im Anwendungsbereich der SektVO (dazu → GWB § 136 Rn. 2 ff.; → § 1 Rn. 2 ff.). Mit Ausnahme der Möglichkeit der Verkürzung der Teilnahmefrist auf bis zu 15 Tage (§ 17 Abs. 3 S. 2 SektVO) entsprechen die Regelungen denen des § 18 VgV. Daher kann auf die dortige Kommentierung verwiesen werden, → VgV § 18 Rn. 1 ff.

§ 18 Innovationspartnerschaft

(1) ¹Der Auftraggeber kann für die Vergabe eines Auftrags eine Innovationspartnerschaft mit dem Ziel der Entwicklung einer innovativen Leistung und deren anschließenden Erwerb eingehen. ²Der Beschaffungsbedarf, der der Innovationspartnerschaft zugrunde liegt, darf nicht durch auf dem Markt bereits verfügbare Leistungen befriedigt werden können. ³Der Auftraggeber beschreibt in der Auftragsbekanntmachung, der Bekanntmachung über das Bestehen eines Qualifizierungssystems oder den Vergabeunterlagen die Nachfrage nach der innovativen Leistung. ⁴Dabei ist anzugeben, welche Elemente dieser Beschreibung Mindestanforderungen darstellen. ⁵Es sind Eignungskriterien vorzugeben, die die Fähigkeiten der Unternehmen auf dem Gebiet der Forschung und Entwicklung sowie die Ausarbeitung und Umsetzung innovativer Lösungen betreffen. ⁶Die bereitgestellten Informationen müssen so genau sein, dass die Unternehmen Art und Umfang der geforderten Lösung erkennen und entscheiden können, ob sie eine Teilnahme an dem Verfahren beantragen.

(2) ¹Der Auftraggeber fordert eine unbeschränkte Anzahl von Unternehmen im Rahmen eines Teilnahmewettbewerbs öffentlich zur Abgabe von Teilnahmeanträgen auf. ²Jedes interessierte Unternehmen kann einen Teilnahmeantrag abgeben. ³Mit dem Teilnahmeantrag übermitteln die Unternehmen die vom Auftraggeber geforderten Informationen für die Prüfung ihrer Eignung.

(3) ¹Die Frist für den Eingang der Teilnahmeanträge beträgt mindestens 30 Tage, gerechnet ab dem Tag nach der Absendung der Bekanntmachung nach Absatz 1. ²Sie darf auf keinen Fall weniger als 15 Tage betragen.

(4) ¹Nur diejenigen Unternehmen, die vom Auftraggeber infolge einer Bewertung der übermittelten Informationen dazu aufgefordert werden, können ein Angebot in Form von Forschungs- und Innovationsprojekten einreichen. ²Der Auftraggeber kann die Zahl geeigneter Bewerber, die zur Angebotsabgabe aufgefordert werden, gemäß § 45 Absatz 3 begrenzen.

(5) ¹Der Auftraggeber verhandelt mit den Bietern über die von ihnen eingereichten Erstangebote und alle Folgeangebote, mit Ausnahme der

endgültigen Angebote, mit dem Ziel, die Angebote inhaltlich zu verbessern. ²Dabei darf über den gesamten Auftragsinhalt verhandelt werden mit Ausnahme der vom Auftraggeber in den Vergabeunterlagen festgelegten Mindestanforderungen und Zuschlagskriterien. ³Sofern der Auftraggeber in der Auftragsbekanntmachung oder in den Vergabeunterlagen darauf hingewiesen hat, kann er die Verhandlungen in verschiedenen aufeinanderfolgenden Phasen abwickeln, um so die Zahl der Angebote, über die verhandelt wird, anhand der vorgegebenen Zuschlagskriterien zu verringern.

(6) ¹Der Auftraggeber trägt dafür Sorge, dass alle Bieter bei den Verhandlungen gleichbehandelt werden. ²Insbesondere enthält er sich jeder diskriminierenden Weitergabe von Informationen, durch die bestimmte Bieter gegenüber anderen begünstigt werden könnten. ³Er unterrichtet alle Bieter, deren Angebote gemäß Absatz 5 nicht ausgeschieden wurden, in Textform nach § 126b des Bürgerlichen Gesetzbuchs über etwaige Änderungen der Anforderungen und sonstigen Informationen in den Vergabeunterlagen, die nicht die Festlegung der Mindestanforderungen betreffen. ⁴Im Anschluss an solche Änderungen gewährt der Auftraggeber den Bietern ausreichend Zeit, um ihre Angebote zu ändern und gegebenenfalls überarbeitete Angebote einzureichen. ⁵Der Auftraggeber darf vertrauliche Informationen eines an den Verhandlungen teilnehmenden Bieters nicht ohne dessen Zustimmung an die anderen Teilnehmer weitergeben. ⁶Eine solche Zustimmung darf nicht allgemein, sondern nur in Bezug auf die beabsichtigte Mitteilung bestimmter Informationen erteilt werden. ⁷Der Auftraggeber muss in den Vergabeunterlagen die zum Schutz des geistigen Eigentums geltenden Vorkehrungen festlegen.

(7) ¹Die Innovationspartnerschaft wird durch Zuschlag auf Angebote eines oder mehrerer Bieter eingegangen. ²Eine Erteilung des Zuschlags allein auf der Grundlage des niedrigsten Preises oder der niedrigsten Kosten ist ausgeschlossen. ³Der Auftraggeber kann eine Innovationspartnerschaft mit einem Partner oder mit mehreren Partnern, die getrennte Forschungs- und Entwicklungstätigkeiten durchführen, eingehen.

(8) ¹Die Innovationspartnerschaft wird entsprechend dem Forschungs- und Innovationsprozess in zwei aufeinanderfolgenden Phasen strukturiert:
1. einer Forschungs- und Entwicklungsphase, die die Herstellung von Prototypen oder die Entwicklung der Dienstleistung umfasst, und
2. einer Leistungsphase, in der die aus der Partnerschaft hervorgegangene Leistung erbracht wird.

²Die Phasen sind durch die Festlegung von Zwischenzielen zu untergliedern, bei deren Erreichen die Zahlung der Vergütung in angemessenen Teilbeträgen vereinbart wird. ³Der Auftraggeber stellt sicher, dass die Struktur der Partnerschaft und insbesondere die Dauer und der Wert der einzelnen Phasen den Innovationsgrad der vorgeschlagenen Lösung und der Abfolge der Forschungs- und Innovationstätigkeiten widerspiegeln. ⁴Der geschätzte Wert der Liefer- oder Dienstleistung darf in Bezug auf die für ihre Entwicklung erforderlichen Investitionen nicht unverhältnismäßig sein.

(9) Auf der Grundlage der Zwischenziele kann der Auftraggeber am Ende jedes Entwicklungsabschnittes entscheiden, ob er die Innovationspartnerschaft beendet oder, im Fall einer Innovationspartnerschaft mit mehreren Partnern, die Zahl der Partner durch die Kündigung einzelner Verträge reduziert, sofern der Auftraggeber in der Bekanntmachung oder in den Vergabeunterlagen darauf hingewiesen hat, dass diese Möglichkeiten bestehen und unter welchen Umständen davon Gebrauch gemacht werden kann.

(10) Nach Abschluss der Forschungs- und Entwicklungsphase ist der Auftraggeber zum anschließenden Erwerb der innovativen Liefer- oder Dienstleistung nur dann verpflichtet, wenn das bei Eingehung der Innovationspartnerschaft festgelegte Leistungsniveau und die Kostenobergrenze eingehalten werden.

Literatur: Vgl. die Angaben bei § 119 GWB und § 19 VgV.

1   § 18 SektVO regelt die Innovationspartnerschaft bei der Vergabe von Aufträgen im Anwendungsbereich der SektVO (dazu → GWB § 136 Rn. 2 ff.; → § 1 Rn. 2 ff.). Mit Ausnahme der Möglichkeit der Verkürzung der Teilnahmefrist auf bis zu 15 Tage (§ 18 Abs. 3 S. 2 SektVO) entsprechen die Regelungen wörtlich denen des § 19 VgV. Daher kann auf die dortige Kommentierung verwiesen werden, → VgV § 19 Rn. 1 ff.

Unterabschnitt 2. Besondere Methoden und Instrumente im Vergabeverfahren

§ 19 Rahmenvereinbarungen

(1) [1]Der Abschluss einer Rahmenvereinbarung erfolgt im Wege einer nach dieser Verordnung geltenden Verfahrensart. [2]Das in Aussicht genommene Auftragsvolumen ist so genau wie möglich zu ermitteln und bekanntzugeben, braucht aber nicht abschließend festgelegt zu werden. [3]Eine Rahmenvereinbarung darf nicht missbräuchlich oder in einer Art angewendet werden, die den Wettbewerb behindert, einschränkt oder verfälscht.

(2) [1]Auf einer Rahmenvereinbarung beruhende Einzelaufträge werden nach vom Auftraggeber festzulegenden objektiven und nichtdiskriminierenden Regeln und Kriterien vergeben. [2]Dazu kann auch die Durchführung eines erneuten Wettbewerbs zwischen denjenigen Unternehmen, die zum Zeitpunkt des Abschlusses Vertragspartei der Rahmenvereinbarung sind, gehören. [3]Die Regeln und Kriterien sind in den Vergabeunterlagen oder der Bekanntmachung für die Rahmenvereinbarung festzulegen.

(3) Mit Ausnahme angemessen begründeter Sonderfälle, in denen dies insbesondere aufgrund des Gegenstands der Rahmenvereinbarung gerechtfertigt werden kann, beträgt die Laufzeit einer Rahmenvereinbarung maximal acht Jahre.

Literatur: Vgl. die Angaben bei § 21 VgV.

I. Bedeutung der Vorschrift

1   Allg. zur Rahmenvereinbarung, insbes. zu deren **Begriff**,[1] → GWB § 103 Rn. 110 ff.; → VgV § 21 Rn. 1 ff. Mit § 19 SektVO wird Art. 51 RL 2014/25/EU umgesetzt, wobei die Bestimmung des Art. 51 Abs. 2 UAbs. 2 RL 2014/25/EU jedoch nicht in § 19 SektVO aufgenommen wurde.

---

[1] In der Begr. zu § 19 SektVO (BT-Drs. 18/7318, 246) weist der Verordnungsgeber explizit darauf hin, dass konkrete Leistungspflichten und damit der öffentliche Auftrag erst durch den jew., auf der Rahmenvereinbarung beruhenden Einzelauftrag begründet werden, und stellt damit eigens klar, dass Rahmenvereinbarungen per se (regelmäßig) keine öffentlichen Aufträge sind; zur Definition der Rahmenvereinbarung näher → GWB § 103 Rn. 110 ff.; → VgV § 21 Rn. 2.

II. Vergabe der Rahmenvereinbarung (Abs. 1)

Die Vergabe der Rahmenvereinbarung und die insoweit bestehenden Maßgaben 2
sind in Abs. 1 ggü. § 21 Abs. 1 VgV wortgleich geregelt. Die **Wahl der Verfahrensart** erfolgt nach den allg. Regeln der §§ 13 ff. SektVO. Insoweit besteht also die durch § 13 Abs. 1 SektVO gewährte allg. Wahlfreiheit. Hinsichtlich der Regelungen in S. 2 (Ermittlung und Bekanntgabe des **Auftragsvolumens**) sowie in S. 3 (**Missbrauchsverbot**)[2] → VgV § 21 Rn. 6 ff.

III. Vergabe der Einzelaufträge (Abs. 2)

Das Verfahren zur Vergabe der Einzelaufträge ist in Abs. 2 ggü. der parallelen 3
Bestimmung in § 21 Abs. 2–5 VgV weniger detailliert geregelt, wodurch dem Auftraggeber weitere Flexibilität eingeräumt wird. S. 1 und S. 3 bestimmen zum Verfahren lediglich, dass die Einzelaufträge nach vom Auftraggeber festzulegenden **objektiven und nichtdiskriminierenden Regeln und Kriterien** vergeben werden und diese Regeln und Kriterien in den Vergabeunterlagen oder der Bekanntmachung festzulegen sind. Die Begr.[3] ergänzt insoweit, dass der Auftraggeber die bekannt gemachten Kriterien konkretisieren darf, wenn er unter den Rahmenvertragspartnern einen **erneuten (Mini-) Wettbewerb** eröffnet. Dieser erneute (Mini-)Wettbewerb ist in S. 2 geregelt, wobei sich diese Bestimmung iW auf die Feststellung beschränkt, dass die Eröffnung eines erneuten Wettbewerbs zulässig ist. In S. 2 ist allerdings auch die Eigenschaft der Rahmenvereinbarung als **geschlossenes System** (→ VgV § 21 Rn. 14) angesprochen. Insoweit ist auffällig, dass der Wortlaut die Exklusivität nur für die Unternehmens- und nicht für die Auftraggeberseite anordnet. Gleichwohl dürfte es sich auch im Sektorenbereich bei der Rahmenvereinbarung um ein beiderseits geschlossenes System handeln,[4] was letztlich durch das Missbrauchsverbot (Abs. 1 S. 3) begründet ist. Nachdem eine entspr. ausdr. Vorgabe in § 19 SektVO sowie in Art. 51 RL 2014/25/EU fehlt[5], dürfte allerdings nicht zwingend erforderlich sein, dass die abrufberechtigten Auftraggeber als solche auch in der Bekanntmachung genannt werden. Stattdessen dürfte es genügen, dass der Auftraggeber seinen voraussichtlichen Bedarf für das Vergabeverfahren im Vorfeld gemeldet hat und dies ordnungsgemäß dokumentiert ist (vgl. auch → VOB/A § 4a Rn. 7).

Über das Missbrauchsverbot gilt iRd § 19 SektVO zudem das **Verbot wesentli-** 4
cher Änderungen (→ VgV § 21 Rn. 15), auch wenn dieses Verbot dort nicht ausdr. geregelt ist. Nachdem die **weiteren Regeln zur Einzelauftragsvergabe** aus § 21 VgV ganz überwiegend nur konkrete Ausprägungen des allg. Missbrauchsverbots sind (→ VgV § 21 Rn. 9), dürften diese Bestimmungen grds. auch eine Orientierung zu den konkreten Anforderungen im Sektorenbereich bieten. Dabei darf aber nicht die Wertung des Verordnungsgebers unterlaufen werden, der von einer detaillierteren Regelung der Einzelvergabe gerade abgesehen hat. Schließlich ist im Zusammenhang mit der Einzelauftragsvergabe noch Art. 51 Abs. 2 UAbs. 2 RL 2014/25/EU zu beachten, der in § 19 SektVO nicht umgesetzt wurde.[6]

---

[2] Über das Missbrauchsverbot gilt zudem das Verbot der Doppelvergabe, → VgV § 21 Rn. 11.
[3] BT-Drs. 18/7318, 246.
[4] Ebenso Wichmann VergabeR 2017, 1 (5).
[5] Anders als etwa in § 21 Abs. 2 S. 2 VgV und Art. 33 Abs. 2 UAbs. 2 RL 2014/24/EU.
[6] Diese Bestimmung lautet: „Die in Absatz 1 (red.: entspricht § 19 Abs. 2 SektVO) genannten objektiven Regeln und Kriterien gewährleisten die Gleichbehandlung der Wirtschaftsteilnehmer, die Vertragspartei der Vereinbarung sind. Ist eine Neueröffnung des Wettbewerbs einbegriffen, so setzen die Auftraggeber eine hinreichend lang bemessene Frist fest, damit für jeden

SektVO § 20 Grundsätze für den Betrieb dynamischer Beschaffungssysteme

IV. Laufzeit (Abs. 3)

5   Die **max. Regellaufzeit** von Rahmenvereinbarungen beträgt nach Abs. 3 für den Sektorenbereich[7] acht Jahre. Gegenüber § 21 Abs. 6 VgV, der eine max. Regellaufzeit von vier Jahren vorsieht, besteht hier weiterhin eine erhebliche Privilegierung. Zu den Ausnahmen von der Regellaufzeit und der Bedeutung der Regellaufzeit für die Laufzeit der Einzelaufträge → VgV § 21 Rn. 25, 26.[8]

§ 20 Grundsätze für den Betrieb dynamischer Beschaffungssysteme

(1) **Der Auftraggeber kann für die Beschaffung marktüblicher Leistungen ein dynamisches Beschaffungssystem nutzen.**

(2) **Bei der Auftragsvergabe über ein dynamisches Beschaffungssystem befolgt der Auftraggeber die Vorschriften für das nicht offene Verfahren.**

(3) [1]**Ein dynamisches Beschaffungssystem wird mithilfe elektronischer Mittel eingerichtet und betrieben.** [2]**Die §§ 11 und 12 finden Anwendung.**

(4) [1]**Ein dynamisches Beschaffungssystem steht im gesamten Zeitraum seiner Einrichtung allen Bietern offen, die die im jeweiligen Vergabeverfahren festgelegten Eignungskriterien erfüllen.** [2]**Die Zahl der zum dynamischen Beschaffungssystem zugelassenen Bewerber darf nicht begrenzt werden.**

(5) **Der Zugang zu einem dynamischen Beschaffungssystem ist für alle Unternehmen kostenlos.**

Literatur: Vgl. die Angaben bei den §§ 120 GWB und 22 VgV.

1   § 20 SektVO normiert die Grundsätze für den Betrieb dynamischer Beschaffungssysteme (vgl. § 120 Abs. 1 GWB, → GWB § 120 Rn. 7) für die Vergabe von Aufträgen über marktübliche Waren und Leistungen (→ GWB § 120 Rn. 8) oberhalb der EU-Schwellenwerte für den Sektorenbereich. Eine identische Regelung findet sich in § 22 VgV. Auf dessen Kommentierung wird verwiesen, → VgV § 22 Rn. 1 ff.

2   Das dynamische Beschaffungssystem weist eine große Ähnlichkeit mit dem im Sektorenbereich in § 48 SektVO geregelten **Qualifizierungssystem** auf (dazu → § 48 Rn. 1 ff.). Ein Qualifizierungssystem ist ebenfalls zweistufig aufgebaut. Die erste Stufe dient der Eignungsfeststellung der Unternehmen. In einer zweiten Stufe werden sodann die konkreten Aufträge vergeben. Mangels konkreter Vorgaben spricht nichts dagegen, ein Qualifizierungssystem, wie ein dynamisches Beschaffungssystem, mithilfe elektronischer Mittel zu betreiben. Ein Vorteil besteht insoweit darin, dass Qualifizierungssysteme nicht nur auf marktübliche Leistungen beschränkt sind. Außerdem steht im Qualifizierungssystem auf der zweiten Stufe auch das Verhandlungsverfahren offen. Ein Nachteil könnte sein, dass mangels Bekanntheitsgrads und verfügbarer elektronischer Lösungen die Einrichtung für den Massenbetrieb aufwändiger ist als beim dynamischen Beschaffungssystem.

---

einzelnen Auftrag Angebote eingereicht werden können, und vergeben jeden Auftrag an den Bieter, der nach den in den Spezifikationen der Rahmenvereinbarung festgelegten Zuschlagskriterien das beste Angebot eingereicht hat."

[7] Nach alter Rechtslage gab es keine Vorgabe einer max. Regellaufzeit, vgl. BT-Drs. 18/7318, 246.

[8] Vgl. insoweit auch den Erwgr. 72 der RL 2014/25/EU.

§ 21[1] Betrieb eines dynamischen Beschaffungssystems

(1) Der Auftraggeber gibt in der Auftragsbekanntmachung an, dass er ein dynamisches Beschaffungssystem nutzt und für welchen Zeitraum es betrieben wird.

(2) Auftraggeber informieren die Europäische Kommission wie folgt über eine Änderung der Gültigkeitsdauer:
1. Wird die Gültigkeitsdauer ohne Einstellung des dynamischen Beschaffungssystems geändert, erfolgt dies nach den Vorgaben der Spalte 39 der Tabelle 2 des Anhangs der Durchführungsverordnung (EU) 2019/1780 in Verbindung mit § 10a.
2. Wird das dynamische Beschaffungssystem eingestellt, erfolgt dies nach den Vorgaben der Spalte 30 der Tabelle 2 des Anhangs der Durchführungsverordnung (EU) 2019/1780 in Verbindung mit § 10a.

(3) In den Vergabeunterlagen sind mindestens die Art und die geschätzte Menge der zu beschaffenden Leistung sowie alle erforderlichen Daten des dynamischen Beschaffungssystems anzugeben.

(4) [1]In den Vergabeunterlagen ist anzugeben, ob ein dynamisches Beschaffungssystem in Kategorien von Leistungen untergliedert wurde. [2]Gegebenenfalls sind die objektiven Merkmale jeder Kategorie anzugeben.

(5) Hat ein Auftraggeber ein dynamisches Beschaffungssystem in Kategorien von Leistungen untergliedert, legt er für jede Kategorie die Eignungskriterien gesondert fest.

(6) [1]Die zugelassenen Bewerber sind für jede einzelne, über ein dynamisches Beschaffungssystem stattfindende Auftragsvergabe gesondert zur Angebotsabgabe aufzufordern. [2]Wurde ein dynamisches Beschaffungssystem in Kategorien von Leistungen untergliedert, werden jeweils alle für die einem konkreten Auftrag entsprechende Kategorie zugelassenen Bewerber aufgefordert, ein Angebot zu unterbreiten.

Literatur: Vgl. die Angaben bei den §§ 120 GWB und 22 VgV.

1 § 21 SektVO normiert den Betrieb eines dynamischen Beschaffungssystems (vgl. § 120 Abs. 1 GWB, → GWB § 120 Rn. 7) für die Vergabe von Aufträgen über marktübliche Waren und Leistungen (→ GWB § 120 Rn. 8) oberhalb der EU-Schwellenwerte für den Sektorenbereich. Eine nahezu identische Regelung findet sich in § 23 VgV.

2 Abweichungen ergeben sich nur daraus, dass mWv 25.10.2023 die Bekanntmachung über die **Änderung der Gültigkeitsdauer** ohne Einstellung des dynamischen Beschaffungssystems nach den Vorgaben der Spalte 39 der Tabelle 2 des Anhangs der Durchführungsverordnung (EU) 2019/1780 iVm § 10a SektVO und die Bekanntmachung über die **Einstellung** des dynamischen Beschaffungssystems nach den Vorgaben der Spalte 30 der Tabelle 2 des Anhangs der Durchführungsverordnung (EU) 2019/1780 iVm § 10a SektVO erfolgen müssen (allg. zu den eForms → VgV § 10a Rn. 1 ff.). Auf die Kommentierung des § 23 VgV wird iÜ verwiesen, → VgV § 23 Rn. 1 ff.

§ 22 Fristen beim Betrieb eines dynamischen Beschaffungssystems

(1) Abweichend von § 15 gelten bei der Nutzung eines dynamischen Beschaffungssystems die Bestimmungen der Absätze 2 bis 5.

---

[1] Zur Anwendung siehe § 66 Nr. 2.

SektVO § 23 Grundsätze für die Durchführung elektronischer Auktionen

(2) ¹Die Frist für den Eingang der Teilnahmeanträge beträgt mindestens 30 Tage, gerechnet ab dem Tag nach der Absendung der Auftragsbekanntmachung oder im Falle einer regelmäßigen nicht verbindlichen Bekanntmachung nach § 36 Absatz 4 nach der Absendung der Aufforderung zur Interessensbestätigung. ²Sobald die Aufforderung zur Angebotsabgabe für die erste einzelne Auftragsvergabe im Rahmen eines dynamischen Beschaffungssystems abgesandt worden ist, gelten keine weiteren Fristen für den Eingang der Teilnahmeanträge.

(3) ¹Der Auftraggeber bewertet den Antrag eines Unternehmens auf Teilnahme an einem dynamischen Beschaffungssystem unter Zugrundelegung objektiver Kriterien innerhalb von zehn Arbeitstagen nach dessen Eingang. ²In begründeten Einzelfällen, insbesondere wenn Unterlagen geprüft werden müssen oder um auf sonstige Art und Weise zu überprüfen, ob die Eignungskriterien erfüllt sind, kann die Frist auf 15 Arbeitstage verlängert werden. ³Wurde die Aufforderung zur Angebotsabgabe für die erste einzelne Auftragsvergabe im Rahmen eines dynamischen Beschaffungssystems noch nicht versandt, kann der Auftraggeber die Frist verlängern, sofern während der verlängerten Frist keine Aufforderung zur Angebotsabgabe versandt wird. ⁴Die Fristverlängerung ist in den Vergabeunterlagen anzugeben. ⁵Jedes Unternehmen wird unverzüglich darüber informiert, ob es zur Teilnahme an einem dynamischen Beschaffungssystem zugelassen wurde oder nicht.

(4) ¹Die Frist für den Eingang der Angebote beträgt mindestens zehn Tage, gerechnet ab dem Tag nach der Absendung der Aufforderung zur Angebotsabgabe. ²§ 15 Absatz 3 findet Anwendung.

Literatur: Vgl. die Angaben bei den §§ 120 GWB und 22 VgV.

1   § 22 SektVO normiert die Fristen beim Betrieb dynamischer Beschaffungssysteme (vgl. § 120 Abs. 1 GWB, → GWB § 120 Rn. 7) für die Vergabe von Aufträgen über marktübliche Waren und Leistungen (→ GWB § 120 Rn. 8) oberhalb der EU-Schwellenwerte für den Sektorenbereich. Eine identische Regelung findet sich in § 24 VgV. Hinzuweisen ist darauf, dass § 24 VgV in Abs. 5 eine Regelung zur Aktualisierung der Einheitlichen Europäischen Eigenerklärung (EEE, dazu → VgV § 48 Rn. 11) enthält, die in § 22 SektVO fehlt, da die SektVO keine Regelungen zur EEE vorsieht. Auf die Kommentierung in § 24 VgV wird verwiesen, → VgV § 24 Rn. 1 ff.

§ 23 Grundsätze für die Durchführung elektronischer Auktionen

(1) ¹Der Auftraggeber kann im Rahmen eines offenen, eines nicht offenen oder eines Verhandlungsverfahrens vor der Zuschlagserteilung eine elektronische Auktion durchführen, sofern der Inhalt der Vergabeunterlagen hinreichend präzise beschrieben und die Leistung mithilfe automatischer Bewertungsmethoden eingestuft werden kann. ²Geistig-schöpferische Leistungen können nicht Gegenstand elektronischer Auktionen sein. ³Der elektronischen Auktion hat eine vollständige erste Bewertung aller Angebote anhand der Zuschlagskriterien und der jeweils dafür festgelegten Gewichtung vorauszugehen. ⁴Die Sätze 1 und 2 gelten entsprechend bei einem erneuten Vergabeverfahren zwischen den Parteien einer Rahmenvereinbarung nach § 19 und bei einem erneuten Vergabeverfahren während der Laufzeit eines dynamischen Beschaffungssystems nach § 20. ⁵Eine elektronische Auktion kann mehrere, aufeinanderfolgende Phasen umfassen.

(2) ¹Im Rahmen der elektronischen Auktion werden die Angebote mittels festgelegter Methoden elektronisch bewertet und automatisch in eine Rangfolge gebracht. ²Die sich schrittweise wiederholende, elektronische Bewertung der Angebote beruht auf
1. neuen, nach unten korrigierten Preisen, wenn der Zuschlag allein aufgrund des Preises erfolgt, oder
2. neuen, nach unten korrigierten Preisen oder neuen, auf bestimmte Angebotskomponenten abstellenden Werten, wenn das Angebot mit dem besten Preis-Leistungs-Verhältnis oder, bei Verwendung eines Kosten-Wirksamkeits-Ansatzes, mit den niedrigsten Kosten den Zuschlag erhält.

(3) ¹Die Bewertungsmethoden werden mittels einer mathematischen Formel definiert und in der Aufforderung zur Teilnahme an der elektronischen Auktion bekanntgemacht. ²Wird der Zuschlag nicht allein aufgrund des Preises erteilt, muss aus der mathematischen Formel auch die Gewichtung aller Angebotskomponenten nach Absatz 2 Satz 2 Nummer 2 hervorgehen. ³Sind Nebenangebote zugelassen, ist für diese ebenfalls eine mathematische Formel bekanntzumachen.

(4) Angebotskomponenten nach Absatz 2 Satz 2 Nummer 2 müssen numerisch oder prozentual beschrieben werden.

Literatur: Vgl. die Angaben bei § 120 GWB und § 22 VgV.

Die §§ 23, 24 SektVO dienen der Umsetzung von Art. 53 RL 2014/25/EU. 1
Die Vorschriften sind bis auf die Verweise auf andere Vorschriften in der SektVO deckungsgleich mit den §§ 23, 24 VgV. Auf die entspr. Kommentierungen wird verwiesen.

§ 24 Durchführung elektronischer Auktionen

(1) Der Auftraggeber kündigt in der Auftragsbekanntmachung oder in der Aufforderung zur Interessensbestätigung an, dass er eine elektronische Auktion durchführt.

(2) Die Vergabeunterlagen müssen mindestens folgende Angaben enthalten:
1. alle Angebotskomponenten, deren Werte Grundlage der automatischen Neureihung der Angebote sein werden,
2. gegebenenfalls die Obergrenzen der Werte nach Nummer 1, wie sie sich aus den technischen Spezifikationen ergeben,
3. eine Auflistung aller Daten, die den Bietern während der elektronischen Auktion zur Verfügung gestellt werden,
4. den Termin, an dem die Daten nach Nummer 3 den Bietern zur Verfügung gestellt werden,
5. alle für den Ablauf der elektronischen Auktion relevanten Daten und
6. die Bedingungen, unter denen die Bieter während der elektronischen Auktion Gebote abgeben können, insbesondere die Mindestabstände zwischen den der automatischen Neureihung der Angebote zugrunde liegenden Preisen oder Werten.

(3) ¹Der Auftraggeber fordert alle Bieter, die zulässige Angebote unterbreitet haben, gleichzeitig zur Teilnahme an der elektronischen Auktion auf. ²Ab dem genannten Zeitpunkt ist die Internetverbindung gemäß den in der Aufforderung zur Teilnahme an der elektronischen Auktion genannten Anweisungen zu nutzen. ³Der Aufforderung zur Teilnahme an der elektro-

nischen Auktion ist jeweils das Ergebnis der vollständigen Bewertung des betreffenden Angebots nach § 23 Absatz 1 Satz 3 beizufügen.

(4) Eine elektronische Auktion darf frühestens zwei Arbeitstage nach der Versendung der Aufforderung zur Teilnahme gemäß Absatz 3 beginnen.

(5) ¹Der Auftraggeber teilt allen Bietern im Laufe einer jeden Phase der elektronischen Auktion unverzüglich zumindest den jeweiligen Rang ihres Angebotes innerhalb der Reihenfolge aller Angebote mit. ²Er kann den Bietern weitere Daten nach Absatz 2 Nummer 3 zur Verfügung stellen. ³Die Identität der Bieter darf in keiner Phase einer elektronischen Auktion offengelegt werden.

(6) Der Zeitpunkt des Beginns und des Abschlusses einer jeden Phase ist in der Aufforderung zur Teilnahme an einer elektronischen Auktion ebenso anzugeben wie gegebenenfalls die Zeit, die jeweils nach Eingang der letzten neuen Preise oder Werte nach § 23 Absatz 2 Satz 2 Nummer 1 und 2 vergangen sein muss, bevor eine Phase einer elektronischen Auktion abgeschlossen wird.

(7) Eine elektronische Auktion wird abgeschlossen, wenn
1. der vorher festgelegte und in der Aufforderung zur Teilnahme an einer elektronischen Auktion bekanntgemachte Zeitpunkt erreicht ist,
2. von den Bietern keine neuen Preise oder Werte nach § 23 Absatz 2 Satz 2 Nummer 1 und 2 mitgeteilt werden, die die Anforderungen an Mindestabstände nach Absatz 2 Nummer 6 erfüllen, und die vor Beginn einer elektronischen Auktion bekanntgemachte Zeit, die zwischen dem Eingang der letzten neuen Preise oder Werte und dem Abschluss der elektronischen Auktion vergangen sein muss, abgelaufen ist oder
3. die letzte Phase einer elektronischen Auktion abgeschlossen ist.

(8) Der Zuschlag wird nach Abschluss einer elektronischen Auktion entsprechend ihrem Ergebnis mitgeteilt.

Literatur: Vgl. die Angaben bei den §§ 120 GWB und 22 VgV.

1   §§ 23, 24 SektVO dienen der Umsetzung von Art. 53 RL 2014/25/EU. Die Vorschriften sind bis auf die Verweise auf andere Vorschriften in der SektVO deckungsgleich mit den §§ 23, 24 VgV. Auf die entspr. Kommentierung wird verwiesen, → VgV § 23 Rn. 1 ff.; → VgV § 24 Rn. 1 ff.

§ 25 Elektronische Kataloge

(1) ¹Der Auftraggeber kann festlegen, dass Angebote in Form eines elektronischen Kataloges einzureichen sind oder einen elektronischen Katalog beinhalten müssen. ²Angeboten, die in Form eines elektronischen Kataloges eingereicht werden, können weitere Unterlagen beigefügt werden.

(2) Akzeptiert der Auftraggeber Angebote in Form eines elektronischen Kataloges oder schreibt er vor, dass Angebote in Form eines elektronischen Kataloges einzureichen sind, so weist er in der Auftragsbekanntmachung oder, sofern eine regelmäßige nichtverbindliche Bekanntmachung als Auftragsbekanntmachung dient, in der Aufforderung zur Interessensbestätigung darauf hin.

(3) Schließt der Auftraggeber mit einem oder mehreren Unternehmen eine Rahmenvereinbarung im Anschluss an die Einreichung der Angebote in Form eines elektronischen Kataloges, kann er vorschreiben, dass ein

erneutes Vergabeverfahren für Einzelaufträge auf der Grundlage aktualisierter elektronischer Kataloge erfolgt, indem er:
1. **die Bieter auffordert, ihre elektronischen Kataloge an die Anforderungen des zu vergebenden Einzelauftrages anzupassen und erneut einzureichen, oder**
2. **die Bieter informiert, dass er den bereits eingereichten elektronischen Katalogen zu einem bestimmten Zeitpunkt die Daten entnimmt, die erforderlich sind, um Angebote zu erstellen, die den Anforderungen des zu vergebenden Einzelauftrages entsprechen; dieses Verfahren ist in der Auftragsbekanntmachung oder den Vergabeunterlagen für den Abschluss einer Rahmenvereinbarung anzukündigen; der Bieter kann diese Methode der Datenerhebung ablehnen.**

(4) **Vor der Erteilung des Zuschlags sind dem jeweiligen Bieter die gesammelten Daten vorzulegen, sodass dieser die Möglichkeit zum Einspruch oder zur Bestätigung, dass das Angebot keine materiellen Fehler enthält, hat.**

Literatur: Vgl. die Angaben bei den §§ 120 GWB und 22 VgV.

§ 25 SektVO normiert die Grundsätze für die Verwendung elektronischer Kataloge (vgl. § 120 Abs. 3 GWB, → GWB § 120 Rn. 12 ff.) in Vergabeverfahren oberhalb der EU-Schwellenwerte für den Sektorenbereich. Eine gleichlautende Regelung findet sich in § 27 VgV. Soweit Abs. 4 abweichend von § 27 Abs. 4 VgV formuliert ist, ergeben sich daraus keine inhaltlichen Unterschiede. Es wird auf die Kommentierung zu § 27 VgV verwiesen, → VgV § 27 Rn. 1 ff. 1

Unterabschnitt 3. Vorbereitung des Vergabeverfahrens

§ 26 Markterkundung

(1) **Vor der Einleitung eines Vergabeverfahrens darf der Auftraggeber eine Markterkundung zur Vorbereitung der Auftragsvergabe und zur Unterrichtung der Marktteilnehmer über seine Auftragsvergabepläne und -anforderungen durchführen.**

(2) **Die Durchführung von Vergabeverfahren lediglich zur Markterkundung und zum Zwecke der Kosten- oder Preisermittlung ist unzulässig.**

Literatur: Vgl. die Angaben bei § 121 GWB und §§ 28, 31 VgV.

Die RL 2014/25/EU enthält keine Vorgaben für eine Markterkundung. Ebenso enthielt die SektVO aF keine diesbzgl. Regelung. Die Regelung des § 2 EG Abs. 3 VOL/A, die ein Vergabeverfahren lediglich zur Markterkundung und zum Zwecke der Kosten- oder Preisermittlung verboten hatte, wurde in die SektVO übernommen bzw. eine Parallelregelung zu den anderen Vergabeordnungen geschaffen. 1

Da die Regelung **inhaltlich dem § 28 Abs. 1, 2 VgV entspricht,** wird auf die Kommentierung dort verwiesen (→ VgV § 28 Rn. 1 ff.). Zwar weicht der Wortlaut von § 28 Abs. 1 VgV dahingehend ab, dass dort „Markterkundungen" für zulässig erklärt werden, während in Abs. 1 nur „eine Markterkundung" gestattet wird, dies stellt jedoch einen rein redaktionellen Unterschied dar, da eine Beschränkung auf lediglich eine Informationsrunde nicht dem Zweck der Norm entspräche. 2

§ 27 Aufteilung nach Losen

(1) ¹Unbeschadet des § 97 Absatz 4 des Gesetzes gegen Wettbewerbsbeschränkungen kann der Auftraggeber festlegen, ob die Angebote nur für ein Los, für mehrere oder für alle Lose eingereicht werden dürfen. ²Er kann, auch wenn Angebote für mehrere oder alle Lose eingereicht werden dürfen, die Zahl der Lose auf eine Höchstzahl beschränken, für die ein einzelner Bieter den Zuschlag erhalten kann.

(2) ¹Der Auftraggeber gibt die Vorgaben nach Absatz 1 in der Auftragsbekanntmachung, der Aufforderung zur Interessensbestätigung oder im Falle einer Bekanntmachung über das Bestehen eines Qualifizierungssystems in der Aufforderung zu Verhandlungen oder zur Angebotsabgabe bekannt. ²Er gibt die objektiven und nichtdiskriminierenden Kriterien an, die er bei der Vergabe von Losen anzuwenden beabsichtigt, wenn die Anwendung der Zuschlagskriterien dazu führen würde, dass ein einzelner Bieter den Zuschlag für eine größere Zahl von Losen als die Höchstzahl erhält.

(3) In Fällen, in denen ein einziger Bieter den Zuschlag für mehr als ein Los erhalten kann, kann der Auftraggeber Aufträge über mehrere oder alle Lose vergeben, wenn er in der Auftragsbekanntmachung oder in der Aufforderung zur Interessensbestätigung angegeben hat, dass er sich diese Möglichkeit vorbehält und die Lose oder Losgruppen angibt, die kombiniert werden können.

Literatur: Vgl. die Angaben bei § 97 GWB sub Ziff. 3.

1 Die Vorschrift ist mit Ausnahme der Nennung der Bekanntmachung über das Bestehen eines Qualifizierungssystems in Abs. 2 S. 1 **identisch mit § 30 VgV,** so dass auf die dortige Kommentierung verwiesen wird, → VgV § 30 Rn. 1 ff.

§ 28 Leistungsbeschreibung

(1) **Der Auftraggeber fasst die Leistungsbeschreibung (§ 121 des Gesetzes gegen Wettbewerbsbeschränkungen) in einer Weise, dass sie allen Unternehmen den gleichen Zugang zum Vergabeverfahren gewährt und die Öffnung des nationalen Beschaffungsmarktes für den Wettbewerb nicht in ungerechtfertigter Weise behindert.**

(2) ¹In der Leistungsbeschreibung sind die Merkmale des Auftragsgegenstandes zu beschreiben:
1. in Form von Leistungs- oder Funktionsanforderungen oder einer Beschreibung der zu lösenden Aufgabe, die so genau wie möglich zu fassen sind, dass sie ein klares Bild vom Auftragsgegenstand vermitteln und hinreichend vergleichbare Angebote erwarten lassen, die dem Auftraggeber die Erteilung des Zuschlags ermöglichen,
2. unter Bezugnahme auf die in Anlage 1 definierten technischen Anforderungen in der Rangfolge:
    a) nationale Normen, mit denen europäische Normen umgesetzt werden,
    b) Europäische Technische Bewertungen,
    c) gemeinsame technische Spezifikationen,
    d) internationale Normen und andere technische Bezugssysteme, die von den europäischen Normungsgremien erarbeitet wurden oder,
    e) falls solche Normen und Spezifikationen fehlen, nationale Normen, nationale technische Zulassungen oder nationale technische Spezifi-

kationen für die Planung, Berechnung und Ausführung von Bauwerken und den Einsatz von Produkten oder
3. als Kombination der Nummern 1 und 2
   a) in Form von Leistungs- oder Funktionsanforderungen unter Bezugnahme auf die technischen Anforderungen gemäß Nummer 2 als Mittel zur Vermutung der Konformität mit diesen Leistungs- und Funktionsanforderungen oder
   b) mit Bezugnahme auf die technischen Anforderungen gemäß Nummer 2 hinsichtlich bestimmter Merkmale und mit Bezugnahme auf die Leistungs- und Funktionsanforderungen gemäß Nummer 1 hinsichtlich anderer Merkmale.

²Jede Bezugnahme auf eine Anforderung nach Satz 1 Nummer 2 Buchstabe a bis e ist mit dem Zusatz „oder gleichwertig" zu versehen.

(3) ¹Die Merkmale können auch Aspekte der Qualität und der Innovation sowie soziale und umweltbezogene Aspekte betreffen. ²Sie können sich auch auf den Prozess oder die Methode zur Herstellung oder Erbringung der Leistung oder auf ein anderes Stadium im Lebenszyklus des Auftragsgegenstandes einschließlich der Produktions- und Lieferkette beziehen, auch wenn derartige Faktoren keine materiellen Bestandteile der Leistung sind, sofern diese Merkmale in Verbindung mit dem Auftragsgegenstand stehen und zu dessen Wert und Beschaffungszielen verhältnismäßig sind.

(4) In der Leistungsbeschreibung kann ferner festgelegt werden, ob Rechte des geistigen Eigentums übertragen oder dem Auftraggeber daran Nutzungsrechte eingeräumt werden müssen.

(5) Werden verpflichtende Zugänglichkeitserfordernisse im Sinne des § 121 Absatz 2 des Gesetzes gegen Wettbewerbsbeschränkungen mit einem Rechtsakt der Europäischen Union erlassen, so muss die Leistungsbeschreibung, soweit die Kriterien der Zugänglichkeit für Menschen mit Behinderungen oder der Konzeption für alle Nutzer betroffen sind, darauf Bezug nehmen.

(6) ¹In der Leistungsbeschreibung darf nicht auf eine bestimmte Produktion oder Herkunft oder ein besonderes Verfahren oder auf gewerbliche Schutzrechte, Typen oder einen bestimmten Ursprung verwiesen werden, wenn dadurch bestimmte Unternehmen oder bestimmte Produkte begünstigt oder ausgeschlossen werden, es sei denn, dieser Verweis ist durch den Auftragsgegenstand gerechtfertigt. ²Solche Verweise sind ausnahmsweise zulässig, wenn der Auftragsgegenstand anderenfalls nicht hinreichend genau und allgemein verständlich beschrieben werden kann; die Verweise sind mit dem Zusatz „oder gleichwertig" zu versehen.

Literatur: Vgl. die Angaben bei § 121 GWB und § 31 VgV.

Die Regelungen des § 28 SektVO sind nahezu **wortgleich mit § 31 VgV**. Die 1
Abweichungen sind rein redaktionell oder ergeben sich daraus, dass der Auftraggeber anders bezeichnet wird (Abs. 1 und Abs. 2 S. 1 Nr. 1). Auf die Kommentierung zu § 31 wird daher verwiesen (→ VgV § 31 Rn. 1 ff.).

§ 29 Technische Anforderungen

(1) Verweist der Auftraggeber in der Leistungsbeschreibung auf technische Anforderungen nach § 28 Absatz 2 Satz 1 Nummer 2, so darf er ein Angebot nicht mit der Begründung ablehnen, dass die angebotenen Liefer-

und Dienstleistungen nicht den von ihm herangezogenen technischen Anforderungen der Leistungsbeschreibung entsprechen, wenn das Unternehmen in seinem Angebot dem Auftraggeber mit geeigneten Mitteln nachweist, dass die vom Unternehmen vorgeschlagenen Lösungen diesen technischen Anforderungen gleichermaßen entsprechen.

(2) ¹Legt der Auftraggeber die technischen Anforderungen in Form von Leistungs- oder Funktionsanforderungen fest, so darf der Auftraggeber ein Angebot nicht ablehnen, das Folgendem entspricht:
1. einer nationalen Norm, mit der eine europäische Norm umgesetzt wird,
2. einer Europäischen Technischen Bewertung,
3. einer gemeinsamen technischen Spezifikation,
4. einer internationalen Norm oder
5. einem technischen Bezugssystem, das von den europäischen Normungsgremien erarbeitet wurde, wenn diese technischen Anforderungen die von ihm geforderten Leistungs- und Funktionsanforderungen betreffen.

²Das Unternehmen muss in seinem Angebot belegen, dass die jeweilige der Norm entsprechende Liefer- oder Dienstleistung den Leistungs- oder Funktionsanforderungen des Auftraggebers entspricht. ³Belege können insbesondere eine technische Beschreibung des Herstellers oder ein Prüfbericht einer anerkannten Stelle sein.

1 Die Regelungen sind nahezu **wortgleich mit § 32 VgV**. Die Abweichungen sind rein redaktionell oder ergeben sich daraus, dass der Auftraggeber anders bezeichnet wird (Abs. 1 und Abs. 2 S. 1 Nr. 1) sowie aus der abweichenden Verweisnorm. Auf die Kommentierung zu § 32 VgV wird daher verwiesen (→ VgV § 32 Rn. 1 ff.).

§ 30 Bekanntmachung technischer Anforderungen

(1) **Der Auftraggeber stellt den interessierten Unternehmen auf deren Anfrage die technischen Anforderungen zur Verfügung, auf die er sich in seinen Aufträgen regelmäßig bezieht oder die er anzuwenden beabsichtigt.**

(2) **Diese technischen Anforderungen sind elektronisch uneingeschränkt, vollständig, unentgeltlich und unmittelbar zugänglich zu machen.**

(3) **¹Können die technischen Anforderungen nicht gemäß Absatz 2 elektronisch zugänglich gemacht werden, so wählt der Auftraggeber einen anderen Weg, um die technischen Anforderungen zugänglich zu machen. ²Dies gilt auch für den Fall, dass der Auftraggeber Anforderungen an die Vertraulichkeit von durch ihn den Bewerbern oder Bietern zur Verfügung gestellten Unterlagen oder Dokumenten nach § 41 Absatz 4 stellt.**

I. Bedeutung der Vorschrift

1 Die Norm beruht auf Art. 63 RL 2014/25/EG. In den Sektorenbereichen verwenden viele Auftraggeber Spezifikationen, die (nur) für den eigenen Betrieb üblich sind. Um Unternehmen, die mehrfach an den entspr. Beschaffungen teilnehmen und die Spezifikationen daher kennen, keinen über den normalen Wettbewerb hinausgehenden Vorteil zu verschaffen, sieht die RL vor, dass die Auftraggeber auf „Anfrage" diese technischen Spezifikationen zugänglich zu machen haben. Diese Transparenzpflichten bei technischen Anforderungen wurden in § 30 SektVO umgesetzt und, der Digitalisierung im Vergabeverfahren nachkommend, in Abs. 2 und 3 erweitert.

(unbesetzt) 2
(unbesetzt) 3

II. Bekanntmachung technischer Anforderungen (Abs. 1)

Die Pflicht zur Bekanntmachung von technischen Anforderungen gem. § 30 Abs. 1 SektVO entspricht sinngemäß dem alten § 7 Abs. 2 SektVO. In Übereinstimmung mit § 28 Abs. 2 SektVO sind nicht die vom Auftraggeber für den einzelnen Auftragsgegenstand konkret ausgewählten und geforderten technischen Vorgaben gemeint – diese müssen ja ohnehin als Teil der Leistungsbeschreibung veröffentlicht werden. Gemeint sind vielmehr die **technischen Regelwerke** in Form von Normen, technischen Zulassungen oder in anerkannten Verfahren von den Mitgliedstaaten der EU entwickelten und veröffentlichten Vorgaben.[1] Diesem normativen Verständnis folgend, werden Spezifikationen das Tatbestandsmerkmal der Zugänglichkeit zwar stets erfüllen, doch begründet die Vorschrift insoweit eine besondere Verpflichtung des Auftraggebers. **Auf Anfrage** hat er die von ihm **regelmäßig** verwendeten technischen Anforderungen **zur Verfügung zu stellen**. Dies gilt – losgelöst von einem Vergabeverfahren – ggü. **allen interessierten Unternehmen**. 4

III. Elektronische Bereitstellung (Abs. 2, 3)

Die Bekanntmachungsvorgaben für technische Anforderungen wurden, der **Digitalisierung im Vergabeverfahren** nachkommend, durch Ergänzung der Abs. 2 und 3 erweitert. Die technischen Anforderungen sind wie die Vergabeunterlagen gem. § 41 Abs. 1 VgV elektronisch, kostenlos und ohne Zugangshindernisse zur Verfügung zu stellen. Die angesprochenen Ausnahmen bei technischen Hindernissen oder Vertraulichkeitsaspekten entsprechen sinngemäß dem § 41 Abs. 2, 3 VgV. Auf die dortige Kommentierung wird ergänzend verwiesen (→ VgV § 41 Rn. 34 ff., 39 ff.). 5

IV. Rechtsschutz

Hinsichtlich der Rechtsfolgen bei Verstößen kann auf die Ausführungen zu § 121 GWB (→ GWB § 121 Rn. 22 ff.), §§ 31, 32 VgV (→ VgV § 31 Rn. 59 ff., → VgV § 32 Rn. 5) und § 41 VgV (→ VgV § 41 Rn. 44) verwiesen werden. Ein Verstoß gegen die Bekanntmachungspflicht muss aber in der Regel vor Angebotsabgabe gerügt werden, da ein Verstoß aus dem Wortlaut der Norm erkennbar ist.[2] 6

§ 31 Nachweisführung durch Bescheinigungen von Konformitätsbewertungsstellen

(1) ¹**Als Beleg dafür, dass eine Leistung bestimmten, in der Leistungsbeschreibung geforderten Merkmalen entspricht, kann der Auftraggeber die**

---

[1] OLG München 28.7.2008 – Verg 10/08, VergabeR 2008, 965 = BeckRS 2008, 17225; 11.8.2005 – Verg 12/05, VergabeR 2006, 119 = BeckRS 2005, 32161; OLG Düsseldorf 6.10.2004 – VIII Verg 56/04, NZBau 2005, 169 (170); wohl auch OLG Brandenburg 20.8.2002 – Verg W 6/02, NZBau 2002, 694 f.; offen gelassen OLG Koblenz 15.5.2003 – 1 Verg 3/03, VergabeR 2003, 567 (572) = BeckRS 2004, 258.
[2] VK Bund 18.9.2020 – VK 2–49/20, BeckRS 2020, 27978.

Vorlage von Bescheinigungen, insbesondere Testberichten oder Zertifizierungen, einer Konformitätsbewertungsstelle verlangen. ²Wird die Vorlage einer Bescheinigung einer bestimmten Konformitätsbewertungsstelle verlangt, hat der Auftraggeber auch Bescheinigungen gleichwertiger anderer Konformitätsbewertungsstellen zu akzeptieren.

(2) ¹Der Auftraggeber akzeptiert auch andere als die in Absatz 1 genannten geeigneten Unterlagen, insbesondere ein technisches Dossier des Herstellers, wenn das Unternehmen keinen Zugang zu den in Absatz 1 genannten Bescheinigungen oder keine Möglichkeit hatte, diese innerhalb der einschlägigen Fristen einzuholen, sofern das Unternehmen den fehlenden Zugang nicht zu vertreten hat. ²In den Fällen des Satzes 1 hat das Unternehmen durch die vorgelegten Unterlagen zu belegen, dass die von ihm zu erbringende Leistung die angegebenen Anforderungen erfüllt.

(3) Eine Konformitätsbewertungsstelle ist eine Stelle, die gemäß der Verordnung (EG) Nr. 765/2008 des Europäischen Parlaments und des Rates vom 9. Juli 2008 über die Vorschriften für die Akkreditierung und Marktüberwachung im Zusammenhang mit der Vermarktung von Produkten und zur Aufhebung der Verordnung (EWG) Nr. 339/93 des Rates (ABl. L 218 vom 13.8.2008, S. 30) akkreditiert ist und Konformitätsbewertungstätigkeiten durchführt.

Literatur: Vgl. die Angaben bei § 33 VgV.

1   § 31 SektVO dient der Umsetzung von Art. 62 RL 2014/25/EU. Die Vorschrift gibt dem Auftraggeber die Möglichkeit, von den Bietern die Vorlage von Bescheinigungen einer Konformitätsbewertungsstelle zum Nachweis dafür zu verlangen, dass die angebotene Leistung die Anforderungen der Leistungsbeschreibung erfüllt.

2   Die Vorschrift erleichtert dem Auftraggeber die Prüfung der Angebote und schafft durch den Rückgriff auf die Konformitätsbewertung einer dritten Stelle eine höhere Sicherheit für die Qualität der angebotenen Leistung.

3   Auch im Hinblick darauf, dass der Auftraggeber nach Abs. 2 in bestimmten Fällen alternative Konformitätsnachweise zulassen muss, bleibt es erforderlich, dass er die geforderten Merkmale der Leistung konkret beschreibt. Für diese Anforderung an die Leistungsbestimmung kann auf die Rspr. des EuGH zu Gütezeichen verwiesen werden.[1]

4   § 31 SektVO ist nahezu wortgleich mit § 33 VgV, so dass auf die Kommentierung zu → VgV § 33 Rn. 1 ff. verwiesen werden kann.

§ 32 Nachweisführung durch Gütezeichen

(1) Als Beleg dafür, dass eine Leistung bestimmten, in der Leistungsbeschreibung geforderten Merkmalen entspricht, kann der Auftraggeber die Vorlage von Gütezeichen nach Maßgabe der Absätze 2 bis 5 verlangen.

(2) Das Gütezeichen muss allen folgenden Bedingungen genügen:
1. Alle Anforderungen des Gütezeichens sind für die Bestimmung der Merkmale der Leistung geeignet und stehen mit dem Auftragsgegenstand nach § 28 Absatz 3 in Verbindung.
2. Die Anforderungen des Gütezeichens beruhen auf objektiv nachprüfbaren und nichtdiskriminierenden Kriterien.
3. Das Gütezeichen wurde im Rahmen eines offenen und transparenten Verfahrens entwickelt, an dem alle interessierten Kreise teilnehmen können.

---

[1] EuGH 10.5.2012 – C-368/10, ZfBR 2012, 489.

4. Alle betroffenen Unternehmen müssen Zugang zum Gütezeichen haben.
5. Die Anforderungen wurden von einem Dritten festgelegt, auf den das Unternehmen, das das Gütezeichen erwirbt, keinen maßgeblichen Einfluss ausüben konnte.

(3) Für den Fall, dass die Leistung nicht allen Anforderungen des Gütezeichens entsprechen muss, hat der Auftraggeber die betreffenden Anforderungen anzugeben.

(4) Der Auftraggeber muss andere Gütezeichen akzeptieren, die gleichwertige Anforderungen an die Leistung stellen.

(5) Hatte ein Unternehmen aus Gründen, die ihm nicht zugerechnet werden können, nachweislich keine Möglichkeit, das vom Auftraggeber angegebene oder ein gleichwertiges Gütezeichen innerhalb einer einschlägigen Frist zu erlangen, so muss der Auftraggeber andere geeignete Belege akzeptieren, sofern das Unternehmen nachweist, dass die von ihm zu erbringende Leistung die Anforderungen des geforderten Gütezeichens oder die vom Auftraggeber angegebenen spezifischen Anforderungen erfüllt.

Literatur: Vgl. die Angaben bei § 34 VgV.

§ 32 SektVO dient der Umsetzung von Art. 61 RL 2014/25/EU und regelt das Recht des Auftraggebers, von Bietern die Vorlage von Gütezeichen zu verlangen, um nachzuweisen, dass die angebotene Leistung der Leistungsbeschreibung entspricht. 1

Die Vorschrift kodifiziert in Teilen[1] die **Max Havelaar-Rspr.** des EuGH.[2] Der Auftraggeber bleibt gehalten, in der Leistungsbeschreibung zumindest abstrakt zu definieren, welche Merkmale die ausgeschriebene Leistung aufweisen muss. Der Auftraggeber kann gleichwohl zur Konkretisierung der Vorgaben der Leistungsbeschreibung auf das Gütezeichen verweisen. Es ist nicht nur ein Instrumentarium zum formalen Nachweis ihrer Erfüllung durch den Bieter. 2

§ 32 SektVO ist nahezu wortgleich mit § 34 VgV, so dass auf die Kommentierung zu → VgV § 34 Rn. 1 ff. verwiesen werden kann. 3

§ 33 Nebenangebote

(1) ¹Der Auftraggeber kann Nebenangebote zulassen oder vorschreiben. ²Dabei legt er Mindestanforderungen, denen die Nebenangebote genügen müssen, fest.

(2) ¹Die entsprechenden Angaben macht der Auftraggeber in der Bekanntmachung oder den Vergabeunterlagen. ²Fehlt eine entsprechende Angabe, sind keine Nebenangebote zugelassen. ³Es ist auch anzugeben, ob ein Nebenangebot unabhängig oder nur in Verbindung mit einem Hauptangebot eingereicht werden darf. ⁴Fehlt eine solche Angabe, sind Nebenangebote auch ohne ein Hauptangebot zugelassen.

(3) ¹Die Zuschlagskriterien sind gemäß § 127 Absatz 4 des Gesetzes gegen Wettbewerbsbeschränkungen so festzulegen, dass sie sowohl auf Hauptangebote als auch auf Nebenangebote anwendbar sind. ²Nebenangebote können nur zugelassen oder vorgeschrieben werden, wenn der Preis oder die Kosten das alleinige Zuschlagskriterium sind.

---

[1] Begr. zu § 34 VgV, BT-Drs. 18/7318, 173.
[2] EuGH 10.5.2012 – C-368/10, ZfBR 2012, 489.

SektVO § 34 Unteraufträge

(4) ¹**Der Auftraggeber berücksichtigt nur Nebenangebote, die die Mindestanforderungen erfüllen.** ²**Bei den Verfahren zur Vergabe von Liefer- oder Dienstleistungsaufträgen dürfen Auftraggeber, die Nebenangebote zugelassen oder vorgeschrieben haben, ein Nebenangebot nicht allein deshalb zurückweisen, weil es, wenn darauf der Zuschlag erteilt werden sollte, entweder zu einem Dienstleistungsauftrag anstatt zu einem Lieferauftrag oder zu einem Lieferauftrag anstatt zu einem Dienstleistungsauftrag führen würde.**

Literatur: Vgl. die Angaben bei § 35 VgV.

1 Die Vorschrift entspricht weitgehend § 35 VgV, so dass auf dessen Kommentierung Bezug genommen werden kann. Zu beachten ist im Anwendungsbereich des § 33 SektVO zweierlei:

2 Der Auftraggeber muss seine Entscheidung, Nebenangebote zuzulassen oder vorzuschreiben, nicht in der Auftragsbekanntmachung mitteilen. Vielmehr regelt § 33 Abs. 2 S. 1 SektVO in Übereinstimmung mit Art. 64 Abs. 1 RL 2014/25/EU, dass die Angaben auch **in den Vergabeunterlagen** gemacht werden können.

3 Zudem ist der Auftraggeber anzugeben, ob Nebenangebote isoliert oder mit einem Hauptangebot abgegeben werden können. Fehlt die entspr. Angabe, sind auch isolierte Nebenangebote zugelassen.

4 Inhaltlich kein Unterschied zur Regelung des § 35 VgV lässt sich aus dem Umstand ableiten, dass § 33 SektVO wie auch Art. 64 RL 2014/25/EU im Gegensatz zu § 35 Abs. 1 S. 2 VgV bzw. Art. 45 Abs. 1 RL 2014/24/EU nicht darauf hinweist, dass das Nebenangebot mit dem Auftragsgegenstand in Verbindung stehen muss.[1] Es ließe sich weder mit dem Transparenzgebot, dem Gleichbehandlungsgrundsatz noch dem Wettbewerbsprinzip vereinbaren, wenn der Auftraggeber iRd Vergabeverfahrens ein mit dem Auftragsgegenstand nicht in Verbindung stehendes Nebenangebot und damit etwas unabhängiges Anderes beauftragen könnte, so dass das Fehlen der Regelung in Art. 64 RL 2014/25/EU nur damit erklärlich ist, dass die Regelung in der klassischen RL lediglich klarstellenden Charakter hat.[2]

§ 34 Unteraufträge

(1) ¹**Der Auftraggeber kann Unternehmen in der Auftragsbekanntmachung oder den Vergabeunterlagen auffordern, bei Angebotsabgabe die Teile des Auftrags, die sie im Wege der Unterauftragsvergabe an Dritte zu vergeben beabsichtigen, sowie, falls zumutbar, die vorgesehenen Unterauftragnehmer zu benennen.** ²**Vor Zuschlagserteilung kann der Auftraggeber von den Bietern, deren Angebote in die engere Wahl kommen, verlangen, die Unterauftragnehmer zu benennen und nachzuweisen, dass ihnen die erforderlichen Mittel dieser Unterauftragnehmer zur Verfügung stehen.**

(2) **Die Haftung des Hauptauftragnehmers gegenüber dem Auftraggeber bleibt von Absatz 1 unberührt.**

(3) ¹**Bei der Vergabe von Bau- oder Dienstleistungsaufträgen, die in einer Einrichtung des Auftraggebers unter dessen direkter Aufsicht zu erbringen sind, schreibt der Auftraggeber in den Vertragsbedingungen vor, dass der Auftragnehmer spätestens bei Beginn der Auftragsausführung die Namen, die Kontaktdaten und die gesetzlichen Vertreter seiner Unterauftragnehmer mitteilt und dass jede im Rahmen der Auftragsausführung eintretende**

---

[1] AA ohne Begr. Beck VergabeR/Liebschwager SektVO § 33 Rn. 6.
[2] Vgl. GKN VergabeR-HdB/Schulz § 54 Rn. 22.

Änderung auf der Ebene der Unterauftragnehmer mitzuteilen ist. ²Der Auftraggeber kann die Mitteilungspflichten nach Satz 1 auch als Vertragsbedingungen bei der Vergabe anderer Dienstleistungsaufträge oder bei der Vergabe von Lieferaufträgen vorsehen. ³Des Weiteren können die Mitteilungspflichten auch auf Lieferanten, die an Dienstleistungsaufträgen beteiligt sind, sowie auf weitere Stufen in der Kette der Unterauftragnehmer ausgeweitet werden.

(4) Für Unterauftragnehmer aller Stufen gilt § 128 Absatz 1 des Gesetzes gegen Wettbewerbsbeschränkungen.

(5) ¹Der öffentliche Auftraggeber im Sinne des § 100 Absatz 1 Nummer 1 des Gesetzes gegen Wettbewerbsbeschränkungen überprüft vor der Erteilung des Zuschlags, ob Gründe für den Ausschluss des Unterauftragnehmers vorliegen. ²Bei Vorliegen zwingender Ausschlussgründe verlangt der öffentliche Auftraggeber die Ersetzung des Unterauftragnehmers. ³Bei Vorliegen fakultativer Ausschlussgründe kann der öffentliche Auftraggeber verlangen, dass dieser ersetzt wird. ⁴Der öffentliche Auftraggeber kann dem Bewerber oder Bieter dafür eine Frist setzen.

Literatur: Vgl. die Angaben bei § 36 VgV.

§ 34 SektVO ist nahezu wortgleich mit § 36 VgV, so dass auf die Kommentierung zu § 36 VgV verwiesen werden kann, → VgV § 36 Rn. 1 ff.   1

Unterabschnitt 4. Veröffentlichung, Transparenz

§ 35 Auftragsbekanntmachungen; Beschafferprofil; Ex-ante-Transparenz

(1) ¹Der Auftraggeber teilt seine Absicht, einen Auftrag zu vergeben oder eine Rahmenvereinbarung abzuschließen, in einer Auftragsbekanntmachung mit. ²§ 13 Absatz 2, § 36 Absatz 4 und § 37 bleiben unberührt.

(2) Die Auftragsbekanntmachung wird nach den Vorgaben der Spalte 17 der Tabelle 2 des Anhangs der Durchführungsverordnung (EU) 2019/1780 in Verbindung mit § 10a erstellt.

(3) Der Auftraggeber benennt in der Auftragsbekanntmachung die Vergabekammer, an die sich die Unternehmen zur Nachprüfung geltend gemachter Vergabeverstöße wenden können.

(4) ¹Der Auftraggeber kann im Internet zusätzlich ein Beschafferprofil einrichten. ²Dieses kann regelmäßige nicht verbindliche Bekanntmachungen, Angaben über laufende oder aufgehobene Vergabeverfahren, über vergebene Aufträge sowie alle sonstigen Informationen von allgemeinem Interesse wie Kontaktstelle, Telefon- und Faxnummer, Anschrift und E-Mail-Adresse des Auftraggebers enthalten.

(5) Die freiwillige Ex-ante-Transparenzbekanntmachung im Sinne des § 135 Absatz 3 Satz 1 Nummer 2 und Satz 2 des Gesetzes gegen Wettbewerbsbeschränkungen erfolgt nach den Vorgaben der Spalte 26 der Tabelle 2 des Anhangs der Durchführungsverordnung (EU) 2019/1780 in Verbindung mit § 10a.

I. Bedeutung der Vorschrift

1 Im Anwendungsbereich der SektVO sind **drei Formen der Bekanntmachung** einer beabsichtigten Auftragsvergabe zugelassen:
– die klassische Auftragsbekanntmachung (§ 35 SektVO),
– die Veröffentlichung einer regelmäßigen nicht verbindlichen Bekanntmachung als Aufruf zum Wettbewerb (§ 36 Abs. 4 SektVO) und
– die Bekanntmachung über das Bestehen eines Qualifizierungssystems (§ 37 SektVO).
Der Auftraggeber kann zwischen diesen Optionen frei wählen.[1] Allerdings kann nur mittels einer „klassischen" Auftragsbekanntmachung das Vergabeverfahren für jede Verfahrensart eingeleitet werden (Art. 69 S. 1 RL 2014/25/EU).[2] Die Veröffentlichung einer regelmäßigen nicht verbindlichen Bekanntmachung als Aufruf zum Wettbewerb (→ § 36 Rn. 6) und die Bekanntmachung über das Bestehen eines Qualifizierungssystems (→ § 37 Rn. 2) sind nur für die Einleitung eines nicht offenen Verfahrens und eines Verhandlungsverfahrens zugelassen.

2 Abs. 1 behandelt die **klassische Auftragsbekanntmachung.** Die Bestimmung dient der Transparenz des Verfahrens und der Sicherstellung eines diskriminierungsfreien unionsweiten Wettbewerbs und ist **bieterschützend**.[3] Abs. 2 schreibt mWv 25.10.2023 (→ § 66 Rn. 3) die Auftragsbekanntmachung nach den Vorgaben der Spalte 17 der Tabelle 2 des Anhangs der Durchführungsverordnung (EU) 2019/1780 iVm § 10a SektVO zu erstellen. Der Verweis ist mit der „Verordnung zur Anpassung des Vergaberechts an die Einführung neuer elektronischer Standardformulare („eForms") für EU-Bekanntmachungen und an weitere europarechtliche Anforderungen" vom 17. August 2023[4] in die SektVO eingefügt worden. Zur Gewährleistung effektiven Rechtsschutzes verlangt Abs. 3, in der Auftragsbekanntmachung die zuständige **Vergabekammer** als Nachprüfungsbehörde zu benennen. Gem. Abs. 4 können Auftraggeber zusätzlich im Internet ein **Beschafferprofil** einrichten, in dem regelmäßige nicht verbindliche Bekanntmachungen sowie allg. Informationen über geplante, laufende oder aufgehobene Vergabeverfahren, über vergebene Aufträge sowie alle sonstigen, im Zusammenhang mit der Auftragsvergabe relevanten Informationen veröffentlicht werden können. Abs. 5 ist mit der „Verordnung zur Anpassung des Vergaberechts an die Einführung neuer elektronischer Standardformulare („eForms") für EU-Bekanntmachungen und an weitere europarechtliche Anforderungen" vom 17. August 2023[5] in die SektVO eingefügt worden. Es ist mWv 25.10.2023 (→ § 66 Rn. 3) vorgeschrieben, freiwillige Ex-ante-Transparenzbekanntmachungen iSv § 135 Abs. 3 S. 1 Nr. 2 und S. 2 GWB nach den Vorgaben der Spalte 26 der Tabelle 2 des Anhangs der Durchführungsverordnung (EU) 2019/1780 iVm § 10a SektVO zu erstellen.

II. Auftragsbekanntmachung (Abs. 1–3)

3 Die Absicht, einen Auftrag zu vergeben oder eine Rahmenvereinbarung zu schließen, ist im Anwendungsbereich der SektVO unionsweit bekannt zu machen. Dies gilt unabhängig – mit Ausnahme des Verhandlungsverfahrens ohne Teilnahmewett-

---

[1] EOR/Finke SektVO § 35 Rn. 7; MüKoEuWettbR/Schäffer SektVO § 35 Rn. 3.
[2] MüKoEuWettbR/Schäffer SektVO § 35 Rn. 3; Greb/Müller/Fülling SektVO § 35 Rn. 5.
[3] OLG Naumburg 16.9.2002 – 1 Verg 2/02, NZBau 2003, 628 (631); BayObLG 4.2.2003 – Verg 31/02, BeckRS 2003, 2434 = VergabeR 2003, 345 (346); EOR/Finke SektVO § 35 Rn. 5; MüKoEuWettbR/Schäffer SektVO § 35 Rn. 2.
[4] BGBl. 2023 I Nr. 222 v. 23.8.2023.
[5] BGBl. 2023 I Nr. 222 v. 23.8.2023.

bewerb nach § 13 Abs. 2 SektVO – von der gewählten Vergabeart und gewährleistet Transparenz, Gleichbehandlung und unionsweiten Wettbewerb.

Nach Abs. 1 S. 2 bleiben §§ 13 Abs. 2, 36 Abs. 4, 37 SektVO unberührt. Das **4** bedeutet: Die klassische Auftragsbekanntmachung entfällt beim Verhandlungsverfahren ohne Teilnahmewettbewerb. Hier wendet sich der Auftraggeber gem. § 13 Abs. 2 SektVO mit der Aufforderung zur Abgabe von (Erst-) Angeboten direkt an die ausgewählten Unternehmen (→ § 13 Rn. 6 ff.). IU kann nach § 36 Abs. 4 SektVO eine unionsweite regelmäßige nicht verbindliche Bekanntmachung eine Auftragsbekanntmachung im nicht offenen Verfahren oder Verhandlungsverfahren unter den dort geregelten Voraussetzungen ersetzen. Schließlich kann der Auftraggeber die Absicht einer Auftragsvergabe auch durch eine Bekanntmachung über das Bestehen eines Qualifizierungssystems bekannt machen (§ 37 Abs. 1 SektVO).

Abs. 2 schreibt mWv 25.10.2023 (→ § 66 Rn. 3) vor, die Auftragsbekanntmachung nach den Vorgaben der Spalte 17 der Tabelle 2 des Anhangs der Durchführungsverordnung (EU) 2019/1780 iVm § 10a SektVO zu erstellen. Die Auftragsbekanntmachung ist über den Datenservice Öffentlicher Einkauf (dazu → VgV § 10a Rn. 21) an das Amt für Veröffentlichungen der EU zu übermitteln. Für die Bekanntmachungen haben die Auftraggeber den Datenaustauschstandard eForms in der jew. geltenden Fassung zu verwenden (§ 10a SektVO iVm § 10a Abs. 2 S. 1 VgV). Die Vorschrift erfasst alle unionsweit auszuschreibenden Aufträge im Anwendungsbereich der SektVO.

Die Durchführungsverordnung (EU) 2019/1780 zur Einführung von Standardformularen für die Veröffentlichung von Bekanntmachungen für öffentliche Aufträge („elektronische Formulare – eForms") vom 23. September 2019 gilt seit dem 14.11.2022 und ersetzt die Durchführungsverordnung (EU) 2015/1986, durch die die Standardformulare im TED-Meldesystem des Amts für Veröffentlichungen der EU zur Referenz für Bekanntmachungen in Vergabeverfahren oberhalb der EU-Schwellenwerte festgelegt wurden. Zwischen dem 14.11.2022 und dem 24.10.2023 war die Verwendung von eForms fakultativ. In dieser Übergangszeit akzeptierte das Amt für Veröffentlichungen sowohl die alten TED-Schema-Bekanntmachungen als auch die neuen eForms-Bekanntmachungen. Die Verwendung von eForms ist **seit dem 25.10.2023 obligatorisch.** Seit diesem Zeitpunkt akzeptiert das Amt für Veröffentlichungen die alten TED-Schema-Bekanntmachungen nicht mehr, obwohl die bis zum 24.10.2023 eingereichten TED-Schema-Bekanntmachungen weiterhin auf dem TED-Portal angezeigt werden. Die Verwendung des Datenaustauschstandards eForms ist somit zwingend (→ VgV § 10a Rn. 14 ff.). Die einheitlichen Vorgaben garantieren den gleichen Informationsstand der Unternehmen und gewährleisten die Transparenz des Verfahrens sowie die Gleichbehandlung der Bieter.[6]

Abs. 3 verlangt, in der Auftragsbekanntmachung die **Vergabekammer** anzugeben, an die sich die Unternehmen zur Nachprüfung geltend gemachter Vergabeverstöße wenden können. Diese Pflicht dient der Gewährleistung eines effektiven Rechtsschutzes.[7] Die Unternehmen werden in der Bekanntmachung ausdr. darauf hingewiesen, dass ihnen ein besonderer Rechtsschutz vor den Vergabekammern zusteht und wo sie diesen wahrnehmen können (näher → VgV § 37 Rn. 12 f.).

III. Beschafferprofil (Abs. 4)

Nach Abs. 4 haben Auftraggeber *zusätzlich* die Möglichkeit, im Internet ein **7** Beschafferprofil einzurichten. Durch das Wort „zusätzlich" kommt zum Ausdruck, dass die Einrichtung eines Beschafferprofils die Pflichten des Auftraggebers zur

---

[6] RKMPP/Rechten VgV § 37 Rn. 12.
[7] EOR/Finke SektVO § 35 Rn. 8; MüKoEuWettbR/Schäffer SektVO § 35 Rn. 6.

Bekanntmachung nicht einschränkt. Das Beschafferprofil dient vielmehr nur der Außendarstellung des Auftraggebers und ggf. der erleichterten Kommunikation zwischen dem Auftraggeber und (potenziellen) Bietern.[8] Es kann regelmäßige nicht verbindliche Bekanntmachungen nach § 36 SektVO, Angaben über laufende oder aufgehobene Vergabeverfahren, über vergebene Aufträge sowie alle sonstigen Informationen von allg. Interesse wie Kontaktstelle, Telefon- und Faxnummer, Anschrift und E-Mail-Adresse des Auftraggebers enthalten.[9] Ein Beschafferprofil kann auf der Internetseite www.simap.eu.int, auf einer eigens dafür erstellten Internetseite oder auf einer Unterseite der Homepage des Auftraggebers eingerichtet werden.[10]

8   Im Beschafferprofil kann eine **regelmäßige nicht verbindliche Bekanntmachung** veröffentlicht werden (§ 36 Abs. 2 SektVO). In diesem Fall ist dem Amt für Veröffentlichungen der EU über den Datenservice Öffentlicher Einkauf die Mitteilung dieser Veröffentlichung nach den Vorgaben der Spalte 2 der Tabelle 2 des Anhangs der Durchführungsverordnung (EU) 2019/1780 zu melden (§ 36 Abs. 2 S. 2 SektVO). Eine regelmäßige nicht verbindliche Bekanntmachung als Aufruf zum Wettbewerb ist zwingend im EU-Amtsblatt zu veröffentlichen und kann nur *zusätzlich* auf nationaler Ebene in einem Beschafferprofil veröffentlicht werden (→ § 36 Rn. 6).[11]

IV. Ex-ante-Transparenzbekanntmachung (Abs. 5)

9   Abs. 5 ist mit der „Verordnung zur Anpassung des Vergaberechts an die Einführung neuer elektronischer Standardformulare („eForms") für EU-Bekanntmachungen und an weitere europarechtliche Anforderungen" vom 17. August 2023[12] in die SektVO eingefügt worden. Es ist seit dem 25.10.2023 (→ § 66 Rn. 3) vorgeschrieben, freiwillige Ex-ante-Transparenzbekanntmachungen iSv § 135 Abs. 3 S. 1 Nr. 2 und S. 2 GWB nach den Vorgaben der Spalte 26 der Tabelle 2 des Anhangs der Durchführungsverordnung (EU) 2019/1780 iVm § 10a SektVO zu erstellen.

V. Rechtsschutz

10   → VgV § 37 Rn. 17 ff.

§ 36 Regelmäßige nicht verbindliche Bekanntmachung

(1) **Der Auftraggeber kann die Absicht einer geplanten Auftragsvergabe mittels Veröffentlichung einer regelmäßigen nicht verbindlichen Bekanntmachung nach den Vorgaben der Spalte 5 der Tabelle 2 des Anhangs der Durchführungsverordnung (EU) 2019/1780 in Verbindung mit § 10a bekanntgeben.**

(2) [1]**Die regelmäßige nicht verbindliche Bekanntmachung kann durch das Amt für Veröffentlichungen der Europäischen Union über den Datenservice Öffentlicher Einkauf oder im Beschafferprofil veröffentlicht werden.** [2]**Erfolgt die Veröffentlichung im Beschafferprofil, übermittelt der Auftraggeber die Mitteilung dieser Veröffentlichung dem Amt für Veröffentlichungen**

---

[8] MüKoEuWettbR/Schäffer SektVO § 35 Rn. 9.
[9] BR-Drs. 522/09, 47; EOR/Finke SektVO § 35 Rn. 13.
[10] EOR/Finke SektVO § 35 Rn. 12.
[11] MüKoEuWettbR/Schäffer SektVO § 36 Rn. 6.
[12] BGBl. 2023 I Nr. 222 v. 23.8.2023.

der Europäischen Union über den Datenservice Öffentlicher Einkauf nach den Vorgaben der Spalte 2 der Tabelle 2 des Anhangs der Durchführungsverordnung (EU) 2019/1780 in Verbindung mit § 10a.

(3) Hat der Auftraggeber eine regelmäßige nicht verbindliche Bekanntmachung nach Absatz 1 veröffentlicht, kann die Mindestfrist für den Eingang von Angeboten im offenen Verfahren auf 15 Tage verkürzt werden, sofern
1. die regelmäßige nicht verbindliche Bekanntmachung alle nach den Vorgaben der Spalte 8 der Tabelle 2 des Anhangs der Durchführungsverordnung (EU) 2019/1780 geforderten Informationen enthält, soweit diese zum Zeitpunkt der Veröffentlichung der regelmäßigen nicht verbindlichen Bekanntmachung vorlagen, und
2. die regelmäßige nicht verbindliche Bekanntmachung wenigstens 35 Tage und nicht mehr als zwölf Monate vor dem Tag der Absendung der Auftragsbekanntmachung zur Veröffentlichung an das Amt für Veröffentlichungen der Europäischen Union übermittelt wurde.

(4) ¹Der Auftraggeber kann im nicht offenen Verfahren und im Verhandlungsverfahren auf eine Auftragsbekanntmachung nach § 35 verzichten, sofern die regelmäßige nicht verbindliche Bekanntmachung
1. die Liefer- oder Dienstleistungen benennt, die Gegenstand des zu vergebenden Auftrages sein werden,
2. den Hinweis enthält, dass dieser Auftrag im nicht offenen Verfahren oder Verhandlungsverfahren ohne gesonderte Auftragsbekanntmachung vergeben wird,
3. die interessierten Unternehmen auffordert, ihr Interesse mitzuteilen (Interessensbekundung),
4. alle nach den Vorgaben der Spalte 11 der Tabelle 2 des Anhangs der Durchführungsverordnung (EU) 2019/1780 geforderten Informationen enthält und
5. wenigstens 35 Tage und nicht mehr als zwölf Monate vor dem Zeitpunkt der Absendung der Aufforderung zur Interessensbestätigung veröffentlicht wird.
²Ungeachtet der Verpflichtung zur Veröffentlichung der Bekanntmachung können solche regelmäßigen nicht verbindlichen Bekanntmachungen zusätzlich in einem Beschafferprofil veröffentlicht werden.

(5) ¹Der Auftraggeber fordert alle Unternehmen, die auf die Veröffentlichung einer regelmäßigen nicht verbindlichen Bekanntmachung nach Absatz 4 eine Interessensbekundung übermittelt haben, zur Bestätigung ihres Interesses an einer weiteren Teilnahme auf (Aufforderung zur Interessensbestätigung). ²Mit der Aufforderung zur Interessensbestätigung wird der Teilnahmewettbewerb eingeleitet. ³Die Frist für den Eingang der Interessensbestätigung beträgt 30 Tage, gerechnet ab dem Tag nach der Absendung der Aufforderung zur Interessensbestätigung.

(6) Der von der regelmäßigen nicht verbindlichen Bekanntmachung abgedeckte Zeitraum beträgt höchstens zwölf Monate ab dem Tag der Übermittlung der regelmäßigen nicht verbindlichen Bekanntmachung an das Amt für Veröffentlichungen der Europäischen Union.

Im Sektorenbereich ist die regelmäßige nicht verbindliche Bekanntmachung nach § 36 SektVO das rechtliche Pendant zur Vorinformation nach § 38 VgV, so dass ergänzend auf dessen Kommentierung verwiesen werden kann. In Umsetzung von Art. 67 RL 2014/25/EU differenziert § 36 SektVO **zwei Formen** der regelmäßigen nicht verbindlichen Bekanntmachung: Diejenige nach Abs. 1, mit der kein (in

SektVO § 36   Auftragsbekanntmachungen, Beschafferprofil

der Terminologie des EU-Vergaberechts) Aufruf zum Wettbewerb verbunden ist und der noch eine Auftragsbekanntmachung nach § 35 Abs. 1 S. 1 SektVO nachfolgt, und diejenige nach Abs. 4, mit deren Veröffentlichung eine „klassische" Auftragsbekanntmachung nach § 35 Abs. 1 S. 1 SektVO unter den in Abs. 4 normierten Voraussetzungen ersetzt wird.

2   Abweichend vom früheren Rechtszustand nach § 13 SektVO aF, ist die Veröffentlichung der regelmäßigen nicht verbindlichen Bekanntmachung nicht mehr an den Beginn des Kalenderjahres geknüpft, so dass sie jederzeit unterjährig erfolgen kann. Neben der **frühzeitigen Information des Marktes** über eine beabsichtigte Auftragsvergabe dient die regelmäßige nicht verbindliche Bekanntmachung nach Abs. 1 vor allem der schnelleren Durchführung der angekündigten Vergabeverfahren. Denn mit ihr kann nach Abs. 3 eine **Verkürzung der Angebotsfrist** (§ 14 Abs. 2 und 4 SektVO) im offenen Verfahren auf bis zu 15 Tage erreicht werden.

3   Nach **Abs. 1** *kann* der Sektorenauftraggeber die Absicht einer geplanten Auftragsvergabe durch Veröffentlichung einer regelmäßigen nicht verbindlichen Bekanntmachung bekanntmachen (ausf. → VgV § 38 Rn. 3, 4). Diese Bekanntmachung ist nicht obligatorisch; mit ihr ist kein Aufruf zum Wettbewerb verbunden. Ebenso wenig besteht die Pflicht, nach der Veröffentlichung einer regelmäßigen nicht verbindlichen Bekanntmachung das angekündigte Vergabeverfahren durchzuführen bzw. die angekündigte Beschaffung zu realisieren.[1] Die regelmäßige nicht verbindliche Bekanntmachung ist nach Abs. 1 mWv 25.10.2023 (→ § 66 Rn. 3) nach den Vorgaben der Spalte 5 der Tabelle 2 des Anhangs der Durchführungsverordnung (EU) 2019/1780 iVm § 10a SektVO zu erstellen.

4   Sektorenauftraggeber haben nach **Abs. 2** zwei Möglichkeiten, eine regelmäßige nicht verbindliche Bekanntmachung nach Abs. 1 zu veröffentlichen. Sie kann entweder durch das Amt für Veröffentlichungen der EU über den Datenservice Öffentlicher Einkauf veröffentlicht werden. In diesem Fall sind mWv 25.10.2023 die Vorgaben der Spalte 5 der Tabelle 2 des Anhangs der Durchführungsverordnung (EU) 2019/1780 iVm § 10a SektVO einzuhalten. Alternativ kann sie im Beschafferprofil (vgl. § 35 Abs. 4 SektVO) veröffentlicht werden. Wird die regelmäßige nicht verbindliche Bekanntmachung im Beschafferprofil veröffentlicht, muss die Veröffentlichung dem Amt für Veröffentlichungen der EU mWv 25.10.2023 über den Datenservice Öffentlicher Einkauf nach den Vorgaben der Spalte 2 der Tabelle 2 des Anhangs der Durchführungsverordnung (EU) 2019/1780 iVm § 10a SektVO gemeldet werden. Die regelmäßige nicht verbindliche Bekanntmachung darf erst dann im Beschafferprofil veröffentlicht werden, wenn die Mitteilung über ihre Veröffentlichung an das Amt für Veröffentlichungen der EU abgesendet wurde. Einzelheiten dazu → VgV § 38 Rn. 6.

5   **Abs. 3** gestattet dem Auftraggeber, die **Mindestangebotsfrist** im offenen Verfahren (§ 14 Abs. 2 und 4 SektVO: 30 Tage bei elektronischer Übermittlung der Angebote) durch Veröffentlichung einer regelmäßigen nicht verbindlichen Bekanntmachung auf bis zu 15 Tage, gerechnet ab dem Tag nach der Absendung der Auftragsbekanntmachung, **zu verkürzen**. Das setzt – *erstens* – zwingend voraus, dass die regelmäßige nicht verbindliche Bekanntmachung mWv 25.10.2023 alle nach den Vorgaben der Spalte 8 der Tabelle 2 des Anhangs der Durchführungsverordnung (EU) 2019/1780 geforderten Informationen enthält, soweit diese zum Zeitpunkt der Veröffentlichung der regelmäßigen nicht verbindlichen Bekanntmachung vorlagen (Nr. 1), und – *zweitens* –, dass die regelmäßige nicht verbindliche Bekanntmachung wenigstens 35 Tage und nicht mehr als zwölf Monate vor dem Tag der Absendung der Auftragsbekanntmachung zur Veröffentlichung an das Amt für Veröffentlichungen der EU übermittelt wurde (Nr. 2); jenes Zeitfenster ist zwingend einzuhalten. Dabei muss sich die verkürzte Angebotsfrist gem. § 16 Abs. 1 SektVO als angemessen

---

[1] MüKoEuWettbR/Schäffer SektVO § 36 Rn. 2.

erweisen (→ § 16 Rn. 1).[2] Zu den Voraussetzungen dieser Fristverkürzung ausf. → VgV § 38 Rn. 9, 10.

Sektorenauftraggeber können durch die Veröffentlichung einer regelmäßigen **6** nicht verbindlichen Bekanntmachung auf eine EU-weite **Auftragsbekanntmachung nach § 35 SektVO verzichten**, wenn der Auftrag in einem nicht offenen Verfahren oder in einem Verhandlungsverfahren[3] vergeben werden soll und die Voraussetzungen von **Abs. 4** beachtet werden (Abs. 4 S. 1). In diesem Fall substituiert die Veröffentlichung der regelmäßigen nicht verbindlichen Bekanntmachung die Auftragsbekanntmachung und dient ihrerseits unmittelbar der Einleitung des Vergabeverfahrens. Da die regelmäßige nicht verbindliche Bekanntmachung nach Abs. 4 die Auftragsbekanntmachung ersetzt, gelten für ihren Inhalt bzw. für Umfang und Tiefe der mitzuteilenden Informationen hohe Anforderungen. Jene regelmäßige nicht verbindliche Bekanntmachung muss mWv 25.10.2023 zwingend alle nach den Vorgaben der Spalte 11 der Tabelle 2 des Anhangs der Durchführungsverordnung (EU) 2019/1780 geforderten Informationen enthalten und ist im EU-Amtsblatt zu veröffentlichen.[4] Sie kann zusätzlich auf nationaler Ebene in einem Beschafferprofil veröffentlicht werden (S. 2).

Die Nr. 1–5 stellen kumulativ die **inhaltlichen Anforderungen** an die regelmä- **7** ßige nicht verbindliche Bekanntmachung auf, die eine Auftragsbekanntmachung nach § 35 Abs. 1 SektVO substituieren soll. Zu diesen Mindestanforderungen → VgV § 38 Rn. 15–19.

Abs. 5 behandelt das Verfahren im Anschluss an die Veröffentlichung einer regel- **8** mäßigen nicht verbindlichen Bekanntmachung iSv Abs. 4 (ausf. → VgV § 38 Rn. 20–22).

Abs. 6 stellt klar, dass der von einer regelmäßigen nicht verbindlichen Bekannt- **9** machung abgedeckte Zeitraum maximal zwölf Monate beträgt, gerechnet ab dem **Datum ihrer Übermittlung** an das Amt für Veröffentlichungen der EU. Die Benennung dieses Zeitraums wurde erforderlich, nachdem die Veröffentlichung der regelmäßigen nicht verbindlichen Bekanntmachung abweichend vom früheren Recht nicht mehr an den Beginn des Kalenderjahres geknüpft ist.[5]

Zum **Rechtsschutz** → VgV § 38 Rn. 24, 25. **10**

---

§ 37 Bekanntmachung über das Bestehen eines Qualifizierungssystems

(1) **Der Auftraggeber kann die Absicht einer Auftragsvergabe mittels der Bekanntmachung über das Bestehen eines Qualifizierungssystems bekanntmachen.**

(2) [1]**Die Bekanntmachung über das Bestehen eines Qualifizierungssystems wird nach den Vorgaben der Spalte 15 der Tabelle 2 des Anhangs der Durchführungsverordnung (EU) 2019/1780 in Verbindung mit § 10a erstellt.** [2]**Der Auftraggeber gibt in der Bekanntmachung den Zweck und die Gültigkeitsdauer des Systems an.**

(3) **Bekanntmachungen über Änderungen der Gültigkeitsdauer, ohne das System zu ändern oder die Beendigung des Systems, erfolgen nach den Vorgaben der Spalte 39 der Tabelle 2 des Anhangs der Durchführungsverordnung (EU) 2019/1780 in Verbindung mit § 10a.**

---

[2] Zur Parallelvorschrift § 38 Abs. 3 VgV s. OLG Düsseldorf v. 28.3.2018 – VII-Verg 40/17, BeckRS 2018, 10390; MüKoEuWettbR/Schäffer SektVO § 36 Rn. 4.
[3] In offenen Verfahren ist das nicht möglich: MüKoEuWettbR/Schäffer SektVO § 36 Rn. 5.
[4] MüKoEuWettbR/Schäffer SektVO § 36 Rn. 6.
[5] MüKoEuWettbR/Schäffer SektVO § 36 Rn. 13.

SektVO § 37 Bekanntmachung – Bestehen eines Qualifizierungssystems

Literatur: Braun/Petersen, Präqualifikation und Prüfungssysteme, VergabeR 2010, 433; Tugendreich, Der Anwendungsbereich von Präqualifikationsverfahren im deutschen Vergaberecht, NZBau 2011, 467; Verfürth, Sektorenverordnung, 2011, S. 49 ff.

I. Bekanntmachung über das Bestehen eines Qualifizierungssystems (Abs. 1)

1 § 37 SektVO setzt Art. 68 Abs. 1, Art. 44 Abs. 4 lit. b RL 2014/25/EU um. Danach können Sektorenauftraggeber im Rahmen einer beabsichtigten Auftragsvergabe entscheiden, anstelle einer klassischen Auftragsbekanntmachung (§ 35 SektVO) oder einer regelmäßigen nicht verbindlichen Bekanntmachung (§ 36 SektVO) eine Bekanntmachung über das Bestehen eines Qualifizierungssystems zu veröffentlichen. Zwischen diesen Möglichkeiten kann nach pflichtgemäßem Ermessen gewählt werden.[1] Voraussetzungen und Verfahrensvorgaben für Qualifizierungssysteme sind in § 48 SektVO näher normiert; auf die dortige Kommentierung wird verwiesen. Qualifizierungssysteme dienen aufgrund standardisierter Anforderungen für bestimmte Auftragsarten und/oder Auftragsklassen einer **auftragsunabhängigen vorgezogenen Eignungsprüfung** und dem Aufruf zum Wettbewerb bei der Vergabe von Aufträgen (→ § 48 Rn. 1, 2).[2]

2 Macht der Auftraggeber von der Einrichtung eines Qualifikationssystems als Aufruf zum Wettbewerb Gebrauch, so sind nur Auftragsvergaben in nicht offenen Verfahren und Verhandlungsverfahren erfasst (§ 48 Abs. 9 SektVO); offene Verfahren können nicht durch eine Bekanntmachung über das Bestehen eines Qualifizierungssystems in Gang gesetzt werden (Art. 44 Abs. 4 lit. b RL 2014/25/EU, → § 48 Rn. 9).[3]

3 § 48 Abs. 9 SektVO behandelt die **Auswahl der Unternehmen** nach der Veröffentlichung einer Bekanntmachung über das Bestehen eines Qualifizierungssystems. In diesem Fall werden die Unternehmen ausschl. unter denjenigen Unternehmen ausgewählt, die sich iRd Systems qualifiziert haben, die somit in das Verzeichnis der geprüften Unternehmen (§ 48 Abs. 8 S. 1 SektVO) aufgenommen wurden (→ § 48 Rn. 9).[4]

II. Form der Bekanntmachung (Abs. 2)

4 Die Bekanntmachung über das Bestehen eines Qualifizierungssystems ist mWv 25.10.2023 (→ § 66 Rn. 3) nach den Vorgaben der Spalte 15 der Tabelle 2 des Anhangs der Durchführungsverordnung (EU) 2019/1780 iVm § 10a SektVO zu erstellen. Der Auftraggeber gibt in der Bekanntmachung den Zweck und die Gültigkeitsdauer des Systems an.

III. Bekanntmachung von Änderungen (Abs. 3)

5 Der mWv 25.10.2023 geänderte Abs. 3 verlangt, Bekanntmachungen über Änderungen der Gültigkeitsdauer, ohne das System zu ändern, oder über die Beendigung

---

[1] EOR/Finke SektVO § 35 Rn. 7; Müller-Wrede/Gnittke/Hattig SektVO § 14 Rn. 6.

[2] BT-Drs. 18/7318, 232; EOR/Finke SektVO § 35 Rn. 1; EOR/Opitz SektVO § 48 Rn. 2; BeckOK VergabeR/Bonhage SektVO § 37 Rn. 6.

[3] BR-Drs. 87/16, 256; EOR/Finke SektVO § 35 Rn. 5; BeckOK VergabeR/Bonhage SektVO § 37 Rn. 14.

[4] VK Bund 12.1.2015 – VK 2–111/14, BeckRS 2015, 120356; BeckOK VergabeR/Bonhage SektVO § 37 Rn. 13.

des Systems nach den Vorgaben der Spalte 39 der Tabelle 2 des Anhangs der Durchführungsverordnung (EU) 2019/1780 iVm § 10a SektVO zu erstellen.

IV. Rechtsschutz

→ § 48 Rn. 14. 6

§ 38 Vergabebekanntmachungen; Bekanntmachung über Auftragsänderungen

(1) Der Auftraggeber übermittelt spätestens 30 Tage nach Zuschlagserteilung oder nach dem Abschluss einer Rahmenvereinbarung eine Vergabebekanntmachung mit den Ergebnissen des Vergabeverfahrens an das Amt für Veröffentlichungen der Europäischen Union über den Datenservice Öffentlicher Einkauf.

(2) Die Vergabebekanntmachung wird nach den Vorgaben der Spalte 30 der Tabelle 2 des Anhangs der Durchführungsverordnung (EU) 2019/1780 in Verbindung mit § 10a erstellt.

(3) Ist das Vergabeverfahren durch eine regelmäßige nicht verbindliche Bekanntmachung in Gang gesetzt worden und hat der Auftraggeber beschlossen, keine weitere Auftragsvergabe während des Zeitraums vorzunehmen, der von der regelmäßigen nicht verbindlichen Bekanntmachung abgedeckt ist, muss die Vergabebekanntmachung einen entsprechenden Hinweis enthalten.

(4) ¹Die Vergabebekanntmachung umfasst die abgeschlossenen Rahmenvereinbarungen, aber nicht die auf ihrer Grundlage vergebenen Einzelaufträge. ²Bei Aufträgen, die im Rahmen eines dynamischen Beschaffungssystems vergeben werden, umfasst die Vergabebekanntmachung eine vierteljährliche Zusammenstellung der Einzelaufträge, die Zusammenstellung muss spätestens 30 Tage nach Quartalsende versendet werden.

(5) Auftragsänderungen gemäß § 132 Absatz 2 Nummer 2 und 3 des Gesetzes gegen Wettbewerbsbeschränkungen sind gemäß § 132 Absatz 5 des Gesetzes gegen Wettbewerbsbeschränkungen nach den Vorgaben der Spalte 39 der Tabelle 2 des Anhangs der Durchführungsverordnung (EU) 2019/1780 in Verbindung mit § 10a bekanntzumachen.

(6) Der Auftraggeber ist nicht verpflichtet, einzelne Angaben zu veröffentlichen, wenn deren Veröffentlichung
1. den Gesetzesvollzug behindern,
2. dem öffentlichen Interesse zuwiderlaufen,
3. den berechtigten geschäftlichen Interessen eines Unternehmens schaden oder
4. den lauteren Wettbewerb zwischen Unternehmen beeinträchtigen würde.

(7) Bei vergebenen Dienstleistungsaufträgen auf dem Gebiet der Forschung und Entwicklung (F&E-Dienstleistungen) können die Angaben zur Art und Menge der Dienstleistung auf Folgendes beschränkt werden:
1. auf die Angabe „F&E-Dienstleistungen", sofern der Auftrag im Zuge eines Verhandlungsverfahrens ohne vorherigen Teilnahmewettbewerb vergeben wurde,
2. auf Angaben in der Auftragsbekanntmachung, die mindestens ebenso detailliert sind wie in der Auftragsbekanntmachung.

SektVO § 39   Bekanntmachungen über die Vergabe von SABD

1 § 38 SektVO dient der Umsetzung von Art. 70 RL 2014/25/EU und normiert die Pflicht zur – nachträglichen – Bekanntmachung („Vergabebekanntmachung") von vergebenen Aufträgen, Rahmenvereinbarungen und Auftragsänderungen iSv § 132 Abs. 2 Nr. 2, 3 GWB sowie Form, Verfahren und Inhalt dieser Bekanntmachung. Die Vorschrift dient der **ex-post-Transparenz** und bezweckt, den Markt und die Kommission zeitnah über das Ergebnis eines abgeschlossenen Vergabeverfahrens zu informieren.[1]

2 Die Vorschrift ist – mit Ausnahme von Abs. 7 und der mWv 25.10.2023 geltenden Vorgaben der hier einschlägigen Spalten 30 für die Vergabebekanntmachung nach Abs. 2 bzw. 39 für die Bekanntmachung von Auftragsänderungen nach Abs. 5 der Tabelle 2 des Anhangs der Durchführungsverordnung (EU) 2019/1780 – deckungsgleich mit § 39 VgV, so dass auf dessen Kommentierung verwiesen werden kann (→ VgV § 39 Rn. 1 ff.).

3 **Abs. 7** behandelt eine Einschränkung der bekannt zu machenden Angaben zu Art und Umfang von vergebenen **Forschungs- und Entwicklungsdienstleistungen**. Wurde der Auftrag im Wege eines Verhandlungsverfahrens ohne Teilnahmewettbewerb (§ 13 Abs. 2 Nr. 2 SektVO) vergeben, bedarf es zum Schutz der Betriebs- und Geschäftsgeheimnisse des beauftragten Forschungsunternehmens[2] nach Nr. 1 nur der Angabe „F&E-Dienstleistungen". Wurde eine Auftragsbekanntmachung veröffentlicht, reicht nach Nr. 2 ein Verweis auf die oder eine Wiederholung der Angaben in der Auftragsbekanntmachung aus.

§ 39 Bekanntmachungen über die Vergabe sozialer und anderer besonderer Dienstleistungen

(1) [1]Der Auftraggeber teilt seine Absicht, einen Auftrag zur Erbringung sozialer oder anderer besonderer Dienstleistungen im Sinne von § 130 Absatz 1 des Gesetzes gegen Wettbewerbsbeschränkungen zu vergeben, mittels
1. einer Auftragsbekanntmachung gemäß § 35,
2. einer regelmäßigen nicht verbindlichen Bekanntmachung gemäß § 36 Absatz 4 oder
3. einer Bekanntmachung über das Bestehen eines Qualifizierungssystems gemäß § 37
mit. [2]Dies gilt nicht, wenn ein Verhandlungsverfahren ohne vorherigen Teilnahmewettbewerb nach § 13 Absatz 2 zulässig wäre; § 13 Absatz 2 bleibt unberührt.

(2) [1]Die Auftragsbekanntmachung nach Absatz 1 Nummer 1 erfolgt nach den Vorgaben der Spalte 21 und die nicht verbindliche Bekanntmachung nach Nummer 2 nach den Vorgaben der Spalte 13 der Tabelle 2 des Anhangs der Durchführungsverordnung (EU) 2019/1780 jeweils in Verbindung mit § 10a. [2]Die Bekanntmachung über das Bestehen eines Qualifizierungssystems nach Absatz 1 Nummer 3 erfolgt mit einem der Standardformulare nach den Vorgaben der Abschnitte Bekanntmachung und Änderung der Tabelle 2 des Anhangs der Durchführungsverordnung (EU) 2019/1780 in Verbindung mit § 10a[1]

---

[1] MüKoEuWettbR/Schäffer SektVO § 38 Rn. 1; Greb/Müller/Fülling SektVO § 38 Rn. 1; EOR/Finke SektVO § 38 Rn. 7.
[2] MüKoEuWettbR/Schäffer SektVO § 38 Rn. 14, 15; Greb/Müller/Fülling SektVO § 38 Rn. 16.
[1] Fehlende Interpunktion amtlich.

(3) ¹Der **Auftraggeber, der einen Auftrag zur Erbringung von sozialen und anderen besonderen Dienstleistungen vergeben hat, teilt die Ergebnisse des Vergabeverfahrens nach den Vorgaben der Spalte 34 der Tabelle 2 des Anhangs der Durchführungsverordnung (EU) 2019/1780 in Verbindung mit § 10a mit.** ²**Er kann die Vergabebekanntmachungen quartalsweise bündeln.** ³**In diesem Fall versendet er die Zusammenstellung spätestens 30 Tage nach Quartalsende.**

Literatur: Vgl. die Angaben bei § 130 GWB.

I. Bedeutung der Vorschrift

Zum Sonderregime für die Vergabe von sozialen und anderen besonderen Dienstleistungen iSd Anh. XVII RL 2014/25/EU (im Folgenden auch kurz: **SABD**), insbes. zu dessen Anwendungsbereich, wird auf die Kommentierung zu § 130 GWB, dort → GWB § 130 Rn. 1 ff. verwiesen. Hinsichtlich des spezifischen Anwendungsbereichs von § 39 SektVO ist aber zu beachten, dass vorliegend der **Begriff** der SABD ggü. demjenigen des § 130 GWB nicht identisch ist, da Anh. XVII RL 2014/25/EU und Anh. XIV RL 2014/24/EU nicht vollkommen deckungsgleich sind.² Ferner zu beachten ist der ggü. der RL 2014/24/EU **höhere Schwellenwert,** der nach § 106 Abs. 2 Nr. 2 GWB iVm Art. 15 lit. c RL 2014/25/EU – anstelle von 750.000 Euro – 1.000.000 Euro beträgt.³ 1

§ 39 SektVO regelt als einzige Sondervorschrift für SABD in der SektVO allein das Bekanntmachungserfordernis. Die **Privilegierung** für Aufträge über SABD beschränkt sich damit iRd SektVO auf die Art und Weise ihrer Bekanntmachung. IÜ gelten für Aufträge über SABD alle weiteren Vorschriften der SektVO⁴ sowie über § 142 GWB die Bestimmungen aus § 130 GWB. Danach genießt der Auftraggeber weitere Privilegierungen, nämlich zusätzliche Freiheiten bei der Wahl der Verfahrensart (§ 130 Abs. 1 GWB, → GWB § 130 Rn. 17)⁵ und weitere Möglichkeiten von Vertragsänderungen ohne Durchführung eines neuen Vergabeverfahrens (§ 130 Abs. 2 GWB, → GWB § 130 Rn. 18 ff.). 2

II. Ex-Ante-Bekanntmachung (Abs. 1 und 2)

Die **Ex-Ante-Bekanntmachung,** also die Mitteilung der Absicht der Vergabe eines Auftrages über SABD, erfolgt nach Abs. 1 im Wege einer Auftragsbekanntma- 3

---

² Zu der parallelen Problematik der divergierenden Begriffe der SABD in § 130 GWB einerseits und in § 153 GWB andererseits → GWB § 153 Rn. 5.
³ Der Schwellenwert für die SABD wurde – nachdem diese nicht dem GPA unterfallen – bislang nicht angepasst und liegt weiterhin für Sektorenaufträge bei 1.000.000 Euro.
⁴ Warum die SektVO für Aufträge über SABD keine weiteren Privilegierungen aufweist, darüber finden sich in der Begr. zu § 39 SektVO – anders als in der Begr. zu § 22 KonzVgV – keine Ausführungen, vgl. BT-Drs. 18/7318, dort 261 einerseits und 294 f. andererseits. Vermutlich ist der Verordnungsgeber davon ausgegangen, dass solche weiteren Privilegierungen vor dem Hintergrund, dass die SektVO ggü. den Regelungen der VgV bereits ein Sonderregime mit weitreichenden Privilegierungen bereithält, entbehrlich sind. Bedenklich ist dies aber insoweit, als ein öffentlicher Auftraggeber bei der Vergabe von Aufträgen über SABD damit über weitreichendere Privilegierungen verfügt als ein Sektorenauftraggeber. So ist etwa Letzterer nach den §§ 14 ff. SektVO an die dort genannten Mindestfristen gebunden, während Ersterer nach § 65 Abs. 3 VgV von der Beachtung solcher Mindestfristen entbunden ist.
⁵ Abw. von § 13 Abs. 1 SektVO umfasst die freie Wahl nach § 130 Abs. 1 GWB auch die Innovationspartnerschaft.

chung, einer regelmäßigen nicht verbindlichen Bekanntmachung oder einer Bekanntmachung über das Bestehen eines Qualifizierungssystems. Unklar ist, ob mit der Regelung in Abs. 1 eine Privilegierung verbunden sein soll. Denkbar wäre insoweit bspw., dass die regelmäßige nicht verbindliche Bekanntmachung iSv § 36 Abs. 4 SektVO auch für den Fall des offenen Verfahrens zulässig sein soll. Für diese Annahme spricht Art. 92 Abs. 1 UAbs. 1 lit. b RL 2014/25 EU, der eine Beschränkung dieser Bekanntmachungsform auf bestimmte Verfahrensarten nicht vorsieht.[6] Zudem wäre die Regelung in Abs. 1 auch sinnlos, wenn damit keine besonderen Privilegierungen ggü. Aufträgen verbunden wären, die keine SABD zum Gegenstand haben. Die Begr. zu § 39 SektVO trifft zu dieser Frage allerdings keine weiteren Feststellungen.

4 Die **Ausnahme** von dem Bekanntmachungserfordernis nach Abs. 1 S. 2 für Verhandlungsverfahren ohne Teilnahmewettbewerb beruht auf Art. 92 Abs. 1 UAbs. 2 RL 2014/25 EU iVm Art. 50 RL 2014/25 EU.

5 In Abs. 2 wird die Durchführungsverordnung (EU) 2019/1780 der Kommission v. 23. September 2019 umgesetzt. In der Durchführungsverordnung (EU) 2019/1780 werden elektronische Standardformulare (**eForms**) für die Veröffentlichung von Bekanntmachungen für öffentliche Aufträge nicht mehr in abgeschlossenen Formularen, sondern mittels unterschiedlich zu kombinierender Datenfelder je nach Bekanntmachung gem. Tabelle 1 und 2 des Anhangs der Durchführungsverordnung festgelegt.[7] Die Vorgaben gelten mWv 25.10.2023. Für die Ex-Ante-Bekanntmachungen sind in der Tabelle 2[8] die Vorgaben der Spalte 21 (Auftragsbekanntmachung nach Abs. 1 Nr. 1) bzw. der Spalte 13 (nicht verbindliche Bekanntmachung Abs. 1 Nr. 2) zu befolgen. Die Bekanntmachung über das Bestehen eines Qualifizierungssystems (Absatz 1 Nr. 3) erfolgt mit einem der Standardformulare nach den Vorgaben der Abschnitte Bekanntmachung und Änderung in Tabelle 2 des Anhangs der Durchführungsverordnung (EU) 2019/1780. Ergänzend sind jew. die Vorgaben in § 10a SektVO iVm § 10a VgV (iE → VgV § 10a Rn. 1 ff.) zu beachten.

III. Ex-Post-Bekanntmachung (Abs. 3)

6 Die Bekanntmachung über vergebene Aufträge erfolgt abweichend von § 38 SektVO nach Maßgabe von Abs. 3. Diese **Ex-Post-Bekanntmachungen** darf der Auftraggeber quartalsweise bündeln, Abs. 3 S. 2, 3. Abs. 3 beruht auf Art. 92 Abs. 2, 3 RL 2014/25/EU. Die Vergabebekanntmachung erfolgt mWv 25.10.2023 nach den Vorgaben der Spalte 34 der Tabelle 2 des Anhangs der Durchführungsverordnung (EU) 2019/1780 iVm § 10a SektVO. Dazu näher → Rn. 5.

§ 40 Veröffentlichung von Bekanntmachungen

(1) **Der Auftraggeber muss den Tag der Absendung der Bekanntmachungen an das Amt für Veröffentlichungen der Europäischen Union nachweisen können.**

(2) [1]**Bekanntmachungen werden durch das Amt für Veröffentlichungen der Europäischen Union veröffentlicht.** [2]**Als Nachweis der Veröffentlichung dient die Bestätigung der Veröffentlichung der übermittelten Informatio-**

---

[6] Für dieses Verständnis spricht weiter die Begr. zu § 39 SektVO, wonach dieser der Umsetzung von Art. 92 RL 2014/25/EU diene, vgl. BT-Drs. 18/7318, 261.

[7] BT Drs. 20/6118, 1.

[8] Dabei ist zu berücksichtigen, dass die Tabelle 2 des Anhangs der Durchführungsverordnung (EU) 2019/1780 zuletzt durch die Durchführungsverordnung (EU) 2022/2303 der Kommission vom 24. November 2022 eine neue Fassung erhalten hat.

nen, die der Auftraggeber vom Amt für Veröffentlichungen der Europäischen Union erhält.

(3) ¹Bekanntmachungen auf nationaler Ebene dürfen nach der Veröffentlichung durch das Amt für Veröffentlichungen der Europäischen Union oder 48 Stunden nach der Bestätigung über den Eingang der Bekanntmachung durch das Amt für Veröffentlichungen der Europäischen Union veröffentlicht werden. ²Die Veröffentlichung darf nur Angaben enthalten, die in den an das Amt für Veröffentlichungen der Europäischen Union übermittelten Bekanntmachungen enthalten sind oder in einem Beschafferprofil veröffentlicht wurden. ³In der nationalen Bekanntmachung ist der Tag der Übermittlung an das Amt für Veröffentlichungen der Europäischen Union oder der Tag der Veröffentlichung im Beschafferprofil anzugeben.

(4) Der Auftraggeber kann auch Bekanntmachungen über Bau-, Liefer- oder Dienstleistungsaufträge, die nicht der Bekanntmachungspflicht unterliegen, an das Amt für Veröffentlichungen der Europäischen Union übermitteln.

§ 40 SektVO übernimmt aus Art. 71, 72 RL 2014/25/EU die Anforderungen an das Prozedere zur Veröffentlichung unionsweiter Bekanntmachungen. Die Vorschrift gilt gleichermaßen für Auftragsbekanntmachungen, regelmäßige nicht verbindliche Bekanntmachungen, Bekanntmachungen über das Bestehen von Qualifizierungssystemen, Vergabebekanntmachungen und Bekanntmachungen über Auftragsänderungen, die in § 10a SektVO unter dem Oberbegriff „Bekanntmachungen" zusammengefasst werden. Die Vorschrift ist weitgehend identisch mit § 40 VgV, so dass auf dessen Kommentierung ergänzend verwiesen wird, → VgV § 40 Rn. 1 ff. 1

Alle der SektVO unterliegenden Bekanntmachungen – somit Auftragsbekanntmachungen nach § 35 SektVO, regelmäßige nicht verbindliche Bekanntmachungen nach § 36 SektVO, Bekanntmachungen über das Bestehen von Qualifizierungssystemen nach § 37 SektVO, Vergabebekanntmachungen nach § 38 SektVO und Bekanntmachungen über Auftragsänderungen – sind nach § 10a SektVO iVm § 10a Abs. 2 S. 1 VgV mWv 25.10.2023 (→ § 66 Rn. 3) elektronisch nach den Vorgaben der Durchführungsverordnung (EU) 2019/1780 unter Verwendung des Datenaustauschstandards eForms in der jew. geltenden Fassung zu erstellen und über den Datenservice Öffentlicher Einkauf an das Amt für Veröffentlichungen der EU zu übermitteln. Zur elektronischen Übermittlung → VgV § 40 Rn. 2. Der Auftraggeber muss den Tag der Absendung der Bekanntmachung nachweisen können (Abs. 1), → VgV § 40 Rn. 3. 2

Abs. 2 entspricht Art. 71 Abs. 3 RL 2014/25/EU. Danach werden die Bekanntmachungen durch das Amt für Veröffentlichungen der EU veröffentlicht. Als Nachweis der Veröffentlichung dient die Bestätigung der Veröffentlichung der übermittelten Informationen, die der Auftraggeber vom Amt für Veröffentlichungen der EU erhält. Weitere Details der Veröffentlichung enthält Art. 71 Abs. 2 S. 2 und 3 sowie Abs. 3 RL 2014/25/EU. Die Veröffentlichung erfolgt danach spätestens fünf Tage nach ihrer Übermittlung ausschl. in elektronischer Form. Die Kosten für die Veröffentlichung der Bekanntmachungen gehen zu Lasten der Union. Die Veröffentlichung erfolgt ungekürzt in der jew. Originalsprache. Eine Zusammenfassung der wichtigsten Bestandteile davon wird in den übrigen Sprachen der Union veröffentlicht. Verbindlich ist jedoch nur der Wortlaut der Originalsprache, dh der Sprache, in der die Bekanntmachung verfasst wurde. 3

Wird zusätzlich national bekannt gemacht, schreibt Abs. 3 in Umsetzung von Art. 72 RL 2014/25/EU zeitliche und inhaltliche Schranken zum Schutz ausländischer Unternehmen vor. Danach dürfen Bekanntmachungen auf nationaler 4

Ebene entweder nach der Veröffentlichung durch das Amt für Veröffentlichungen der EU oder 48 Stunden nach der Bestätigung über den Eingang der Bekanntmachung durch das Amt für Veröffentlichungen der EU veröffentlicht werden. Zur Berechnung der **Wartefrist** und zu den weiteren inhaltlichen Voraussetzungen → VgV § 40 Rn. 6.[1]

5   **Abs. 4** ermöglicht, Bekanntmachungen über Bau-, Liefer- oder Dienstleistungsaufträge unionsweit zu veröffentlichen, auch wenn diese Aufträge nicht der EU-weiten Veröffentlichungspflicht unterliegen, etwa weil die Schwellenwerte unterschritten werden. Wird hiervon Gebrauch gemacht, sind die Vorgaben des § 40 SektVO für die Veröffentlichung von Bekanntmachungen zu beachten. Das heißt, die Bekanntmachungen für solche Aufträge sind ebenfalls nach § 10a SektVO iVm § 10a Abs. 2 S. 1 VgV elektronisch nach den Vorgaben der Durchführungsverordnung (EU) 2019/1780 zu erstellen und über den Datenservice Öffentlicher Einkauf an das Amt für Veröffentlichungen der EU mit elektronischen Mitteln zu übermitteln. Dabei ist der Datenaustauschstandard eForms in der jew. geltenden Fassung zu verwenden (§ 10a SektVO iVm § 10a Abs. 2 S. 1 VgV). IdR empfiehlt sich ein Hinweis auf die Freiwilligkeit der Bekanntmachung.[2] Die freiwillige EU-Bekanntmachung begründet nicht die Zuständigkeit der Nachprüfungsinstanzen.[3]

6   Die Vorschrift dient der Einhaltung eines transparenten und auf Gleichbehandlung der Bieter bedachten Vergabeverfahrens und vermittelt in Abs. 1 und 3 **Bieterschutz**.[4] Dagegen ist Abs. 2 eine reine Ordnungsvorschrift und damit nicht bieterschützend.

§ 41 Bereitstellung der Vergabeunterlagen

(1) **Der Auftraggeber gibt in der Auftragsbekanntmachung oder der Aufforderung zur Interessensbestätigung eine elektronische Adresse an, unter der die Vergabeunterlagen unentgeltlich, uneingeschränkt, vollständig und direkt abgerufen werden können.**

(2) **[1]Im Falle einer Bekanntmachung über das Bestehen eines Qualifizierungssystems nach § 37 ist dieser Zugang unverzüglich, spätestens zum Zeitpunkt der Absendung der Aufforderung zur Angebotsabgabe oder zu Verhandlungen anzubieten. [2]Der Text der Bekanntmachung oder dieser Aufforderung muss die Internetadresse, über die diese Vergabeunterlagen abrufbar sind, enthalten.**

(3) **[1]Der Auftraggeber kann die Vergabeunterlagen auf einem anderen geeigneten Weg zur Verfügung stellen oder übermitteln, wenn die erforderlichen elektronischen Mittel zum Abruf der Unterlagen
1. aufgrund der besonderen Art der Auftragsvergabe nicht mit allgemein verfügbaren oder verbreiteten Geräten und Programmen der Informations- und Kommunikationstechnologie kompatibel sind,**

---

[1] Zu einem Verstoß gegen Abs. 3: OLG Düsseldorf 13.5.2019 – VII-Verg 47/18, BeckRS 2019, 17244.

[2] EOR/Finke SektVO § 40 Rn. 17.

[3] OLG Frankfurt a. M. 8.5.2012 – 11 Verg 2/12, BeckRS 2012, 10701; OLG München 28.9.2005 – Verg 19/05, BeckRS 2005, 11622; OLG Düsseldorf 31.3.2004 – Verg 74/03, BeckRS 2004, 18443; BayObLG 23.5.2002 – Verg 7/02, BeckRS 2002, 04949 = VergabeR 2002, 510 (512); Greb/Müller/Greb SektVO § 40 Rn. 19.

[4] Zur Wartefrist für die nationale Bekanntmachung nach § 40 Abs. 3 VgV (= § 40 Abs. 3 SektVO): OLG Düsseldorf 13.5.2019 – VII-Verg 47/18, BeckRS 2019, 17244; EOR/Finke SektVO § 40 Rn. 4.

2. Dateiformate zur Beschreibung der Angebote verwenden, die nicht mit allgemein verfügbaren oder verbreiteten Programmen verarbeitet werden können oder die durch andere als kostenlose und allgemein verfügbare Lizenzen geschützt sind, oder
3. die Verwendung von Bürogeräten voraussetzen, die Auftraggebern nicht allgemein zur Verfügung stehen.

²Die Angebotsfrist wird in diesen Fällen um fünf Tage verlängert, sofern nicht ein Fall hinreichend begründeter Dringlichkeit gemäß § 14 Absatz 3 vorliegt oder die Frist gemäß § 15 Absatz 3 im gegenseitigen Einvernehmen festgelegt wurde.

(4) ¹Der Auftraggeber gibt in der Auftragsbekanntmachung oder der Aufforderung zur Interessensbestätigung oder, sofern eine Bekanntmachung über das Bestehen eines Qualifizierungssystems erfolgt, in den Vergabeunterlagen an, welche Maßnahmen er zum Schutz der Vertraulichkeit von Informationen anwendet und wie auf die Vergabeunterlagen zugegriffen werden kann. ²Die Angebotsfrist wird in diesen Fällen um fünf Tage verlängert, es sei denn, die Maßnahme zum Schutz der Vertraulichkeit besteht ausschließlich in der Abgabe einer Verschwiegenheitserklärung, es liegt ein Fall hinreichend begründeter Dringlichkeit gemäß § 14 Absatz 3 vor oder die Frist wurde gemäß § 15 Absatz 3 im gegenseitigen Einvernehmen festgelegt.

Literatur: Vgl. die Angaben bei § 41 VgV.

§ 41 SektVO dient der Umsetzung des Art. 73 RL 2014/25/EU und entspricht weitgehend dem § 41 VgV. Soweit § 41 SektVO auf die Aufforderung zur Interessensbestätigung nach der Veröffentlichung einer regelmäßigen nicht verbindlichen Bekanntmachung verweist, gelten die Ausführungen zur Vorinformation nach § 38 iVm § 41 VgV entspr. (→ VgV § 41 Rn. 31 ff.). 1

Unterhält der Auftraggeber ein Qualifizierungssystem nach § 37 SektVO, sind die Vergabeunterlagen im Unterschied zu der Bekanntmachung nach § 35 Abs. 2 SektVO nicht sofort, sondern unverzüglich, spätestens zum Zeitpunkt der Absendung der Aufforderung zur Angebotsabgabe oder zu Verhandlungen bereit zu stellen. Entweder hat der Text der Bekanntmachung oder die Aufforderung zur Interessensbestätigung die Internetadresse zu enthalten, über die die Vergabeunterlagen abrufbar sind (§ 41 Abs. 2 SektVO). Eine Bereitstellung zum Zeitpunkt der Bekanntmachung des Qualifizierungssystems macht zumeist keinen Sinn, weil zu diesem Zeitpunkt üblicherweise noch keine konkrete Vergabe ansteht und somit keine finalisierten Vergabeunterlagen vorliegen.[1] 2

IU kann auf die Kommentierung zu § 41 VgV, insbes. zu den Besonderheiten bei der Bereitstellung der Vergabeunterlagen bei Verfahren mit vorgeschaltetem Teilnahmewettbewerb (→ VgV § 41 Rn. 17 ff.), verwiesen werden. 3

§ 42 Aufforderung zur Interessensbestätigung, zur Angebotsabgabe, zur Verhandlung oder zur Teilnahme am Dialog

(1) Ist ein Teilnahmewettbewerb durchgeführt worden, wählt der Auftraggeber Bewerber aus, die er auffordert, in einem nicht offenen Verfahren ein Angebot oder in einem Verhandlungsverfahren ein Erstangebot einzureichen und darüber zu verhandeln, am wettbewerblichen Dialog teilzunehmen oder an Verhandlungen im Rahmen einer Innovationspartnerschaft teilzunehmen.

---

[1] Greb/Müller/Honekamp SektVO § 41 Rn. 39.

(2) ¹Die Aufforderung nach Absatz 1 enthält mindestens:
1. einen Hinweis auf die veröffentlichte Auftragsbekanntmachung,
2. den Tag, bis zu dem ein Angebot eingehen muss, die Anschrift der Stelle, bei der es einzureichen ist, die Art der Einreichung sowie die Sprache, in der es abzufassen ist,
3. beim wettbewerblichen Dialog den Termin und den Ort des Beginns der Dialogphase sowie die verwendete Sprache,
4. die Bezeichnung der gegebenenfalls beizufügenden Unterlagen, sofern nicht bereits in der Auftragsbekanntmachung enthalten,
5. die Gewichtung der Zuschlagskriterien oder gegebenenfalls die Kriterien in der absteigenden Rangfolge ihrer Bedeutung, sofern nicht bereits in der Auftragsbekanntmachung oder der Aufforderung zur Interessensbestätigung enthalten.

²Bei öffentlichen Aufträgen, die in einem wettbewerblichen Dialog oder im Rahmen einer Innovationspartnerschaft vergeben werden, sind die in Satz 1 Nummer 2 genannten Angaben nicht in der Aufforderung zur Teilnahme am Dialog oder an den Verhandlungen aufzuführen, sondern zu einem späteren Zeitpunkt in der Aufforderung zur Angebotsabgabe.

(3) ¹Im Falle einer regelmäßigen nicht verbindlichen Bekanntmachung nach § 36 Absatz 4 fordert der Auftraggeber gleichzeitig alle Unternehmen, die eine Interessensbekundung übermittelt haben, nach § 36 Absatz 5 auf, ihr Interesse zu bestätigen. ²Diese Aufforderung umfasst zumindest folgende Angaben:
1. Umfang des Auftrags, einschließlich aller Optionen auf zusätzliche Aufträge, und, sofern möglich, eine Einschätzung der Frist für die Ausübung dieser Optionen; bei wiederkehrenden Aufträgen Art und Umfang und, sofern möglich, das voraussichtliche Datum der Veröffentlichung zukünftiger Auftragsbekanntmachungen für die Liefer- oder Dienstleistungen, die Gegenstand des Auftrags sein sollen,
2. Art des Verfahrens,
3. gegebenenfalls Zeitpunkt, an dem die Lieferleistung erbracht oder die Dienstleistung beginnen oder abgeschlossen sein soll,
4. Internetadresse, über die die Vergabeunterlagen unentgeltlich, uneingeschränkt und vollständig direkt verfügbar sind,
5. falls kein elektronischer Zugang zu den Vergabeunterlagen bereitgestellt werden kann, Anschrift und Schlusstermin für die Anforderung der Vergabeunterlagen sowie die Sprache, in der diese abgefasst sind,
6. Anschrift des öffentlichen Auftraggebers, der den Zuschlag erteilt,
7. alle wirtschaftlichen und technischen Anforderungen, finanziellen Sicherheiten und Angaben, die von den Unternehmen verlangt werden,
8. Art des Auftrags, der Gegenstand des Vergabeverfahrens ist, und
9. die Zuschlagskriterien sowie deren Gewichtung oder gegebenenfalls die Kriterien in der Rangfolge ihrer Bedeutung, wenn diese Angaben nicht in der regelmäßigen nicht verbindlichen Bekanntmachung oder den Vergabeunterlagen enthalten sind.

1 § 42 SektVO setzt Art. 74 RL 2014/25/EU um und behandelt die **Mindestinhalte** der Aufforderung zur Angebotsabgabe, zur Verhandlung (im Rahmen einer Innovationspartnerschaft), zur Teilnahme am wettbewerblichen Dialog sowie zur Interessensbestätigung (im Falle einer regelmäßigen nicht verbindlichen Bekanntmachung nach § 36 Abs. 4 SektVO). Die **Pflichtangaben** sind dem Katalog im Anh. XIII RL 2014/25/EU entnommen. Abs. 1 und 2 finden nur in Verfahrensarten, in denen ein **Teilnahmewettbewerb** (dazu näher → GWB § 119 Rn. 16 und → VgV § 16 Rn. 6) durchgeführt wird, mithin in allen Verfahrensarten mit

Ausnahme des offenen Verfahrens, Anwendung. Sie gelten nicht im Verhandlungsverfahren ohne Teilnahmewettbewerb, weil Art. 74 Abs. 1 RL 2014/25/EU insoweit eindeutig nur von Verhandlungsverfahren mit vorherigem Aufruf zum Wettbewerb spricht. Abs. 3 gilt durch den Verweis auf § 36 Abs. 4 SektVO nur im nicht offenen Verfahren und im Verhandlungsverfahren.

Ist ein Teilnahmewettbewerb durchgeführt worden, haben die Auftraggeber nach Abs. 1 die ausgewählten Bewerber aufzufordern, in einem nicht offenen Verfahren ein Angebot oder einem Verhandlungsverfahren ein Erstangebot einzureichen und darüber zu verhandeln, am wettbewerblichen Dialog teilzunehmen oder an Verhandlungen im Rahmen einer Innovationspartnerschaft teilzunehmen. Nach § 9 Abs. 1 SektVO muss die **Aufforderung elektronisch** in Textform erfolgen. Art. 74 Abs. 1 RL 2014/25/EU schreibt zusätzlich vor, dass die Aufforderung gleichzeitig erfolgen muss. Durch das Erfordernis der **Gleichzeitigkeit** wird die Gleichbehandlung der Bieter sichergestellt. Die **Textform** dient der Dokumentation sowie der sicheren und verlässlichen Kenntnisnahme durch alle Bieter. 2

Auftraggeber, die im nicht offenen Verfahren oder im Verhandlungsverfahren durch Veröffentlichung einer regelmäßigen nicht verbindlichen Bekanntmachung auf eine Auftragsbekanntmachung nach § 35 Abs. 1 SektVO verzichten, fordern die Unternehmen nach Abs. 3 S. 1 auf, ihr Interesse an dem ausgeschriebenen Auftrag zu bekunden (sog. **Interessensbekundung,** vgl. § 36 Abs. 4 Nr. 3 SektVO). Den **Mindestinhalt** der anschl. Aufforderung der Unternehmen zur Bestätigung ihres Interesses an der weiteren Teilnahme am Vergabeverfahren (**Interessensbestätigung,** vgl. § 36 Abs. 5 S. 1 SektVO), die den Teilnahmewettbewerb einleitet, normiert Abs. 3 S. 2. 2a

Die Kataloge der Informationspflichten des § 42 Abs. 2 und Abs. 3 S. 2 SektVO sind nahezu deckungsgleich mit denjenigen des § 52 VgV, so dass auf die Kommentierung des → VgV § 52 Rn. 1 ff. ergänzend verwiesen werden kann. 3

Die Informationspflichten des § 42 SektVO dienen der Transparenz des Verfahrens und vermitteln **Bieterschutz.**[1] 4

§ 43 Form und Übermittlung der Angebote, Teilnahmeanträge, Interessensbekundungen und Interessensbestätigungen

(1) **Die Unternehmen übermitteln ihre Angebote, Teilnahmeanträge, Interessensbekundungen und Interessensbestätigungen in Textform nach § 126b des Bürgerlichen Gesetzbuchs mithilfe elektronischer Mittel.**

(2) [1]**Der Auftraggeber ist nicht verpflichtet, die Einreichung von Angeboten, Teilnahmeanträgen, Interessensbekundungen und Interessensbestätigungen mithilfe elektronischer Mittel zu verlangen, wenn auf die zur Einreichung erforderlichen elektronischen Mittel einer der in § 41 Absatz 3 genannten Gründe zutrifft oder wenn zugleich physische oder maßstabsgetreue Modelle einzureichen sind, die nicht elektronisch übermittelt werden können.** [2]**In diesen Fällen erfolgt die Kommunikation auf dem Postweg oder auf einem anderen geeigneten Weg oder in Kombination von postalischem oder einem anderen geeigneten Weg und unter Verwendung elektronischer Mittel.**

(3) **Der Auftraggeber gibt im Vergabevermerk die Gründe an, warum die Angebote mithilfe anderer als elektronischer Mittel eingereicht werden können.**

---

[1] EOR/Röwekamp SektVO § 42 Rn. 3; für die Parallelvorschrift des § 52 VgV: Müller-Wrede VgV/UVgO/Gnittke/Hattig VgV § 52 Rn. 82 und 83; DSW/Scharf VgV § 52 Rn. 34; HK-VergabeR/Terbrack VgV § 52 Rn. 2; RKMPP/Röwekamp VgV § 52 Rn. 1.

SektVO § 45 Grundsätze

1 § 43 Abs. 1 SektVO entspricht § 53 Abs. 1 VgV. Der Verweis auf § 10 SektVO ist unterblieben.
2 § 43 Abs. 2 SektVO entspricht iW § 53 Abs. 2 S. 1, 2 VgV. Der Verweis benennt die einschlägige Bestimmung der SektVO.
3 § 43 Abs. 3 SektVO entspricht § 53 Abs. 2 S. 3 VgV.
4 Auf die entspr. Erläuterungen zu § 53 VgV kann verwiesen werden.

§ 44 Erhöhte Sicherheitsanforderungen bei der Übermittlung der Angebote, Teilnahmeanträge, Interessensbekundungen und Interessensbestätigungen

(1) ¹Der Auftraggeber prüft im Einzelfall, ob zu übermittelnde Daten erhöhte Anforderungen an die Sicherheit stellen. ²Soweit es erforderlich ist, kann der Auftraggeber verlangen, dass Interessensbekundungen, Interessensbestätigungen, Teilnahmeanträge und Angebote zu versehen sind mit
1. einer fortgeschrittenen elektronischen Signatur,
2. einer qualifizierten elektronischen Signatur,
3. einem fortgeschrittenen elektronischen Siegel oder
4. einem qualifizierten elektronischen Siegel.

(2) ¹Der Auftraggeber kann festlegen, dass Angebote mithilfe anderer als elektronischer Mittel einzureichen sind, wenn sie besonders schutzwürdige Daten enthalten, die bei Verwendung allgemein verfügbarer oder alternativer elektronischer Mittel nicht angemessen geschützt werden können, oder wenn die Sicherheit der elektronischen Mittel nicht gewährleistet werden kann. ²Der Auftraggeber dokumentiert die Gründe, warum er die Einreichung der Angebote mithilfe anderer als elektronischer Mittel für erforderlich hält.

1 Die Vorschrift entspricht iW § 53 Abs. 3, 4 VgV. Sie enthält nur einige sprachliche Abweichungen. Zugleich werden die Möglichkeiten der Beteiligungen in Form von Interessensbekundungen, Interessensbestätigungen, Teilnahmeanträgen und Angeboten in einer anderen Reihenfolge aufgezählt als in § 53 VgV.
2 Die Bestimmung spricht von Auftraggebern und nicht von öffentlichen Auftraggebern wie § 53 VgV. Ebenso umschreibt sie das Erfordernis zur Wiedergabe der Gründe im Vergabevermerk (§ 53 Abs. 4 S. 2 VgV) mit dem Verb „dokumentiert".
3 § 44 Abs. 1 S. 1 SektVO schreibt vor, dass der Auftraggeber „im Einzelfall" zu prüfen hat, ob erhöhte Anforderungen an die zu übermittelnden Daten zu stellen sind. Ein inhaltlicher Unterschied zu § 53 Abs. 3 VgV ist damit nicht verbunden, da auch dort die angeführten erhöhten Anforderungen nur dann vorgegeben werden können, „soweit" dies (im Einzelfall) erforderlich ist. Eine Einzelfallprüfung hat damit auch nach § 53 Abs. 3 VgV stattzufinden.
4 Im Übrigen enthalten die § 44 Abs. 1, 2 SektVO identische Bestimmungen wie § 53 Abs. 3, 4 VgV, so dass auf die dortigen Erläuterungen verwiesen werden kann.

Unterabschnitt 5. Anforderungen an die Unternehmen

§ 45 Grundsätze

(1) **Bei der Auswahl der Teilnehmer an Vergabeverfahren beachtet der Auftraggeber die in den Absätzen 2 und 3 genannten Grundsätze.**

Grundsätze § 45 SektVO

(2) **Bei einem nicht offenen Verfahren, Verhandlungsverfahren, wettbewerblichen Dialog oder einer Innovationspartnerschaft darf der Auftraggeber bezüglich seiner Auswahlentscheidung Unternehmen keine administrativen, technischen oder finanziellen Anforderungen stellen, die er anderen Unternehmen nicht stellt, sowie bei der Aktualisierung von Kriterien keine Nachweise fordern, die sich mit bereits vorhandenen Nachweisen decken.**

(3) [1]**In Fällen, in denen der Auftraggeber ein angemessenes Gleichgewicht zwischen bestimmten Merkmalen des Vergabeverfahrens und den notwendigen Ressourcen für dessen Durchführung sicherstellen muss, kann er bei nicht offenen Verfahren, Verhandlungsverfahren, wettbewerblichen Dialogen oder Innovationspartnerschaften objektive Kriterien festlegen, die es ermöglichen, die Zahl der Bewerber, die zur Angebotsabgabe oder zur Aufnahme von Verhandlungen aufgefordert werden, zu begrenzen.** [2]**Die Zahl der ausgewählten Bewerber muss jedoch der Notwendigkeit Rechnung tragen, dass ein angemessener Wettbewerb gewährleistet sein muss.**

Literatur: Opitz, Was bringt die neue Sektorenrichtlinie?, VergabeR 2014, 369.

I. Bedeutung der Vorschrift

UAbschn. 5 der SektVO regelt die Anforderungen, die an Unternehmen iS einer Teilnahmeberechtigung gestellt werden können, sowie die Auswahlkriterien zur Beschränkung der Teilnehmer bei Verfahren mit Teilnahmewettbewerb. Damit werden die Art. 76–81 RL 2014/25/EU umgesetzt.[1] Gem. § 142 GWB sind insoweit auch die übergeordneten gesetzlichen Regelungen zu den **Eignungskriterien nach § 122 Abs. 3, 4 GWB** sowie zu den **Ausschlussgründen nach §§ 123–126 GWB** mit den in § 142 GWB vorgesehenen Modifikationen zu beachten. 1

Bei den Ausschlussgründen gilt die Besonderheit, dass private Sektorenauftraggeber nach § 100 Abs. 1 Nr. 2 GWB die zwingenden Ausschlussgründe nach § 123 GWB **als fakultative Ausschlussgründe** behandeln können (§ 142 Nr. 2 GWB; § 46 Abs. 2 SektVO). Dass Sektorauftraggeber nach § 142 Nr. 1 GWB die Anforderungen an die Unternehmen nicht unter Beachtung der Vorschriften der § 122 Abs. 1, 2 GWB bestimmen müssen, mithin hierbei nicht auf Eignungskriterien unter den Aspekten der Befähigung und Erlaubnis zur Berufsausübung, der wirtschaftlichen und finanziellen Leistungsfähigkeit oder der technischen und beruflichen Leistungsfähigkeit beschränkt sind,[2] bedeutet nicht, dass solche Anforderungen nicht gestellt oder als Auswahlkriterien vorgesehen werden könnten.[3] 2

Soweit entspr. Eignungskriterien vorgegeben werden, müssen diese nach § 142 Hs. 1 iVm § 122 Abs. 4 GWB **mit dem Auftragsgegenstand in Verbindung und zu diesem im angemessenen Verhältnis stehen** und in der Auftragsbekanntmachung, der regelmäßigen nicht verbindlichen Bekanntmachung oder der Aufforderung zur Interessensbestätigung vollständig angegeben werden.[4] Das gilt auch für sonstige Anforderungen an die Unternehmen, die keine Eignungskriterien sind. Die Pflicht zur Angabe von Eignungskriterien und sonstigen Anforderungen 3

---

[1] S. hierzu Opitz VergabeR 2014, 369 (380 f.).
[2] S. hierzu → GWB § 122 Rn. 8 ff. und → VgV § 42 Rn. 1 ff., → VgV § 43 Rn. 1 ff., → VgV § 44 Rn. 1 ff., → VgV § 45 Rn. 1 ff., → VgV § 46 Rn. 1 ff.
[3] Greb/Müller/Weyand SektVO § 46 Rn. 8.
[4] S. iE → GWB § 122 Rn. 21 ff.

Goldbrunner

an die Unternehmen gilt auch bei der Bekanntmachung eines Qualifizierungssystems nach § 48 SektVO.

II. Zu beachtende Grundsätze

4   Nach § 45 Abs. 1 SektVO müssen bei der Bestimmung der Anforderungen an die Unternehmen und der Auswahlkriterien die Grundsätze nach Abs. 2 und 3 beachtet werden.

1. Gleiche Anforderungen (Abs. 2)

5   Nach Abs. 2 dürfen bei einem nicht offenen Verfahren, Verhandlungsverfahren, wettbewerblichen Dialog oder einer Innovationspartnerschaft Unternehmen keine administrativen, technischen oder finanziellen Anforderungen gestellt werden, die anderen Unternehmen nicht gestellt werden. Warum diese Regelung – wie übrigens auch die zugrundeliegende Richtlinienvorschrift in Art. 76 Abs. 3 RL 2014/25/EU – diesen Grundsatz nicht auf im Sektorenbereich zwar selten vorkommende, aber ebenfalls zulässige offene Verfahren erstreckt, ist nicht ersichtlich. Als **Ausprägung des allg. Gleichbehandlungsgebots** nach § 97 Abs. 2 GWB gilt der Grundsatz, dass allen Unternehmen die gleichen Anforderungen zu stellen sind, selbstverständlich **auch in offenen Verfahren**. Ferner ergibt sich aus dem allg. Gleichbehandlungsgebot, dass dieser Grundsatz für jede Art von Anforderung gilt und nicht auf administrative, technische oder finanzielle Anforderungen beschränkt ist. Somit handelt es sich insoweit nur um eine beispielhafte Aufzählung.

6   Abs. 2 sieht ferner vor, dass bei der Aktualisierung von Kriterien keine Nachweise gefordert werden dürfen, die sich mit bereits vorhandenen Nachweisen decken. Was mit dieser – ebenfalls auf Art. 76 Abs. 3 RL 2014/25/EU beruhenden – Regelung konkret bezweckt wird, bleibt unklar. Die Richtlinienregelung dürfte auf Aktualisierungsregelungen in einem Qualifizierungssystem nach Art. 77 RL 2014/25/EU (umgesetzt in § 48 Abs. 3 SektVO) abzielen. Dass generell keine Nachweise verlangt werden dürfen, die dem Auftraggeber bereits vorliegen ergibt sich bereits aus **dem allg. Verhältnismäßigkeitsgrundsatz** nach § 97 Abs. 1 S. 2 GWB.[5]

2. Beschränkung des Teilnehmerfeldes (Abs. 3)

7   **a) Erforderlichkeit.** Abs. 3 S. 1 sieht in Umsetzung von Art. 78 Abs. 2 RL 2014/25/EU die Möglichkeit des Auftraggebers vor, in Verfahren mit vorherigem Teilnahmewettbewerb den Bewerberkreis, der zur Angebotsabgabe aufgefordert werden soll, zu reduzieren, wenn er ein angemessenes Gleichgewicht zwischen bestimmten Merkmalen des Vergabeverfahrens und den notwendigen Ressourcen für dessen Durchführung sicherstellen muss. Die Erforderlichkeit einer Beschränkung des Teilnehmerfeldes ist vom Auftraggeber im Einzelfall zu prüfen und zu dokumentieren.[6]

8   **b) Zahl der auszuwählenden Bewerber.** Für die Entscheidung, wie viele Bewerber für das weitere Verfahren ausgewählt werden, gibt Abs. 3 S. 2 vor, dass die Zahl der ausgewählten Bewerber der Notwendigkeit Rechnung tragen muss, dass **ein angemessener Wettbewerb gewährleistet** sein muss. Das bedingt, dass

---

[5] Greb/Müller/Weyand SektVO § 45 Rn. 11 f.; Beck VergabeR/Mager SektVO § 45 Rn. 11.
[6] OLG München 13.3.2017 – Verg 15/16, NZBau 2017, 371.

wenigstens drei Unternehmen zu beteiligen sind. Da ein Verhandlungsverfahren, ein wettbewerblicher Dialog oder eine Innovationspartnerschaft idR mit einem höheren Aufwand verbunden sind als ein nicht offenes Verfahren, erscheint eine Orientierung an den in § 51 Abs. 1 VgV vorgesehenen Mindestzahlen von fünf Bewerbern für nicht offene Verfahren und drei Bewerbern bei den anderen Verfahrensarten gerechtfertigt. Es sind jedoch die Besonderheiten des Einzelfalls zu berücksichtigen und zu dokumentieren.[7] In die Erwägungen hat insbes. einzufließen, ob es sich um eine Standardleistung oder um einen komplexen Auftragsgegenstand handelt sowie den entstehenden Verfahrensaufwand.[8]

Die Zahl der aufzufordernden Bewerber ist – dies folgt aus dem Transparenzgrundsatz – in der Auftragsbekanntmachung anzugeben. Wurde die Teilnehmeranzahl nicht eingegrenzt, dh weder eine Mindest- noch eine Höchstzahl angegeben, müssen grds. alle geeigneten Bieter zur Angebotsabgabe aufgefordert werden. Wird eine höhere Zahl als die vorgeschriebene Mindestzahl angegeben, muss eine dieser Angabe entspr. Anzahl an Bewerbern zur Angebotsabgabe aufgefordert werden, soweit eine entspr. Anzahl geeigneter Bewerber zur Verfügung steht. Ist nur eine Mindestzahl angegeben, aber eine größere Anzahl an geeigneten Bewerbern vorhanden, kann die vorgegebene Mindestzahl auch überschritten werden.[9] Es kann jeweils auch eine **Spanne in Form einer Mindest- und einer Höchstzahl** angeben werden[10] (ausf. → VgV § 51 Rn. 10).

c) **Auswahlkriterien.** Nach Abs. 3 erfolgt die **Auswahlentscheidung anhand objektiver Kriterien,** die gem. § 46 Abs. 1 SektVO allen interessierten Unternehmen zugänglich sein, also in der Auftragsbekanntmachung angegeben werden müssen. Im Hinblick auf das Transparenz- und Gleichbehandlungsgebot müssen eindeutige und objektive, mit dem Auftragsgegenstand in Verbindung stehende, nichtdiskriminierende (s. § 46 Abs. 2 SektVO) Auswahlkriterien bekanntgegeben werden.[11]

Dabei darf nicht im Unklaren bleiben, wie diese **Kriterien bewertet und im Verhältnis zueinander gewichtet werden,** insbes. ob sie gleichrangig nebeneinander stehen oder von unterschiedlicher Bedeutung sind. Zwar steht dem Auftraggeber iRd § 45 Abs. 3 SektVO grds. ein Ermessensspielraum zu, es muss jedoch eine Überprüfung der Auswahlentscheidung gewährleistet sein. Hieran sind umso höhere Anforderungen zu stellen, je geringer der Kreis an Bewerbern ist, die zur Angebotsabgabe aufgefordert werden sollen.[12]

Grundlage der anhand dieser Kriterien getroffenen Auswahlentscheidung können allein die hierzu **geforderten Erklärungen und Nachweise** sein. Soll eine Wertungsmatrix mit entspr. Gewichtung der Auswahlkriterien zur Anwendung kommen und steht diese im Zeitpunkt der Bekanntmachung bereits fest, muss diese auch veröffentlicht werden.[13]

Bei der vergleichenden Bewertung der Teilnahmeanträge anhand der vorgegebenen Auswahlkriterien steht dem Auftraggeber ein Beurteilungsspielraum zu. Der **Beurteilungsspielraum** ist nur dann überschritten, wenn das vorgeschriebene Verfahren nicht eingehalten ist, von einem unzutreffenden bzw. nicht hinreichend überprüften Sachverhalt ausgegangen worden ist, sachwidrige Erwägungen für die Ent-

---

[7] OLG München 13.3.2017 – Verg 15/16, NZBau 2017, 371.
[8] Greb/Müller/Weyand SektVO § 45 Rn. 17; Beck VergabeR/Mager SektVO § 45 Rn. 10; Müller-Wrede/Kolpatzik SektVO § 45 Rn. 30.
[9] OLG München 28.4.2006 – Verg 6/06, NZBau 2007, 59.
[10] OLG München 13.3.2017 – Verg 15/16, NZBau 2017, 371.
[11] OLG München 13.3.2017 – Verg 15/16, NZBau 2017, 371.
[12] OLG München 13.3.2017 – Verg 15/16, NZBau 2017, 371.
[13] EuGH 14.7.2016 – C-6/15, NZBau 2016, 772.

scheidung verantwortlich waren oder der Beurteilungsmaßstab nicht zutreffend angewandt wurde.[14]

§ 46 Objektive und nichtdiskriminierende Kriterien

(1) **Der Auftraggeber wählt die Unternehmen anhand objektiver Kriterien aus, die allen interessierten Unternehmen zugänglich sein müssen.**

(2) [1]**Die objektiven und nichtdiskriminierenden Kriterien für die Auswahl der Unternehmen, die eine Qualifizierung im Rahmen eines Qualifizierungssystems beantragen, sowie für die Auswahl der Bewerber und Bieter im offenen Verfahren, nicht offenen Verfahren, Verhandlungsverfahren, wettbewerblichen Dialog oder in einer Innovationspartnerschaft können nach § 142 Nummer 2 des Gesetzes gegen Wettbewerbsbeschränkungen die Anwendung des § 123 des Gesetzes gegen Wettbewerbsbeschränkungen beinhalten.** [2]**Handelt es sich um einen Auftraggeber nach § 100 Absatz 1 Nummer 1 des Gesetzes gegen Wettbewerbsbeschränkungen, beinhalten diese Kriterien nach § 142 Nummer 2 des Gesetzes gegen Wettbewerbsbeschränkungen die Anwendung des § 123 des Gesetzes gegen Wettbewerbsbeschränkungen.**

(3) [1]**Verlangt der Auftraggeber für die wirtschaftliche und finanzielle Leistungsfähigkeit einen bestimmten Mindestjahresumsatz, darf dieser Wert das Zweifache des geschätzten Auftragswerts nur überschreiten, wenn aufgrund der Art des Auftragsgegenstands spezielle Risiken bestehen.** [2]**Der Auftraggeber hat eine solche Anforderung in den Vergabeunterlagen oder im Vergabevermerk hinreichend zu begründen.**

1 § 46 SektVO setzt Art. 78 Abs. 1 RL 2014/25/EU und Art. 80 Abs. 1 RL 2014/25/EU um. Im Gegensatz zur klassischen Auftragsvergabe haben die Auftraggeber im Sektorenbereich **größere Spielräume bei der Festlegung der Anforderungen an Unternehmen** in einem Vergabeverfahren.[1] Es kann sich sowohl um Eignungskriterien als auch um sonstige, durch den Auftragsgegenstand gerechtfertigte Teilnahmeregeln und -kriterien handeln (→ § 45 Rn. 3, 10 ff.). Die Vorschrift gilt für alle Verfahrensarten sowie für Qualifizierungssysteme nach § 48 SektVO. Zu berücksichtigen sind allerdings Sonderregelungen für einzelne Verfahrensarten, wie etwa § 18 Abs. 1 S. 5 SektVO für Innovationspartnerschaften, wonach Eignungskriterien vorzugeben sind, die die Fähigkeiten der Unternehmen auf dem Gebiet der Forschung und Entwicklung sowie die Ausarbeitung und Umsetzung innovativer Lösungen betreffen. Bei Verfahren mit Teilnahmewettbewerb ist anzugeben, welche Kriterien und Anforderungen für die Auswahl der Bewerber nach § 45 Abs. 3 SektVO maßgeblich sein sollen (→ § 45 Rn. 7 ff.). Dabei müssen nicht alle für die generelle Teilnahmeberechtigung vorgegebenen Kriterien als Auswahlkriterien vorgesehen werden.

2 Abs. 1 legt den Grundsatz fest, dass die **Kriterien objektiv,** dh sachlich gerechtfertigt, mit dem Auftragsgegenstand in Verbindung stehend, nichtdiskriminierend und nachprüfbar sein müssen.[2] Außerdem müssen die Kriterien allen zugänglich, also einerseits **transparent** und andererseits **hindernisfrei abrufbar** sein.[3] Die Teilnahmekriterien sind in der Auftragsbekanntmachung, der regelmäßigen nicht

---

[14] OLG München 5.10.2012 – Verg 15/12, BeckRS 2012, 21412.
[1] OLG München 13.3.2017 – Verg 15/16, NZBau 2017, 371; Begr. zu § 46 SektVO, BT-Drs. 18/7318, 239/240.
[2] VK Berlin 20.6.2018 – VK B 2–10/18, IBRRS 2018, 2167.
[3] S. Begr. zu § 46 SektVO, BT-Drs. 18/7318, 240.

verbindlichen Bekanntmachung oder der Aufforderung zur Interessensbestätigung anzugeben (§ 142 Hs. 1 iVm § 122 Abs. 4 S. 2 GWB).[4] Bei den sonstigen „**objektiven Teilnahmeregeln und -kriterien**" kann es sich bspw. um leistungsbezogene Kriterien handeln, mittels derer sichergestellt wird, dass nur Unternehmen beteiligt werden, deren Produkte oder Verfahren bestimmte Leistungs- oder Qualitätsanforderungen erfüllen können.[5]

Abs. 2 S. 1 regelt die Möglichkeit, Ausschlussgründe nach § 123 GWB zu berücksichtigen. Die Vorschrift muss jedoch im Lichte von § 142 GWB ausgelegt werden, wonach auch Sektorenauftraggeber die gesetzlichen Regelungen zu den **Ausschlussgründen nach §§ 123–126 GWB** zu beachten haben. Das gilt für alle Sektorenauftraggeber nach § 100 Abs. 1 Nr. 1 GWB. Gem. § 142 Nr. 2 GWB ist es lediglich privaten Sektorenauftraggebern nach § 100 Abs. 1 Nr. 2 GWB gestattet, die zwingenden Ausschlussgründe nach § 123 GWB als fakultative Ausschlussgründe zu behandeln. Zumindest als solche müssen sie aber auch von privaten Sektorenauftraggebern nach § 100 Abs. 1 Nr. 2 GWB angewendet werden.[6] 3

Die nach Abs. 3 mWv 24.8.2023 eingefügte[7] **Begrenzung der Forderung eines bestimmten Mindestjahresumsatzes** entspricht der in der Parallelvorschrift des § 45 Abs. 2 VgV vorgesehenen Begrenzung (s. iE die Kommentierung zu → VgV § 45 Rn. 9 ff.). 4

§ 47 Eignungsleihe

(1) [1]Ein Bewerber oder Bieter kann für einen bestimmten Auftrag im Hinblick auf die erforderliche wirtschaftliche und finanzielle sowie die technische und berufliche Leistungsfähigkeit die Kapazitäten anderer Unternehmen in Anspruch nehmen, wenn er nachweist, dass ihm die für den Auftrag erforderlichen Mittel tatsächlich zur Verfügung stehen werden, indem er beispielsweise eine entsprechende Verpflichtungserklärung dieser Unternehmen vorlegt. [2]Diese Möglichkeit besteht unabhängig von der Rechtsnatur der zwischen dem Bewerber oder Bieter und den anderen Unternehmen bestehenden Verbindungen. [3]Ein Bewerber oder Bieter kann jedoch im Hinblick auf Nachweise für die erforderliche berufliche Leistungsfähigkeit wie Ausbildungs- und Befähigungsnachweise oder die einschlägige berufliche Erfahrung die Kapazitäten anderer Unternehmen nur dann in Anspruch nehmen, wenn diese die Leistung erbringen, für die diese Kapazitäten benötigt werden.

(2) [1]Der Auftraggeber überprüft im Rahmen der Eignungsprüfung, ob die Unternehmen, deren Kapazitäten der Bewerber oder Bieter für die Erfüllung bestimmter Eignungskriterien in Anspruch nehmen will, die entsprechenden Kriterien erfüllen, und ob Ausschlussgründe vorliegen, sofern er solche festgelegt hat. [2]Hat der Auftraggeber auf zwingende Ausschlussgründe nach § 123 des Gesetzes gegen Wettbewerbsbeschränkungen Bezug genommen, schreibt er vor, dass der Bewerber oder Bieter ein Unternehmen, das das entsprechende Eignungskriterium nicht erfüllt oder bei dem zwingende Ausschlussgründe nach § 123 des Gesetzes gegen Wettbewerbsbeschränkungen vorliegen, ersetzen muss. [3]Hat der Auftraggeber auf fakultative Ausschlussgründe nach § 124 des Gesetzes gegen Wettbewerbsbe-

---

[4] S. → GWB § 122 Rn. 8 ff. und → VgV § 42 Rn. 1 ff., → VgV § 43 Rn. 1 ff., → VgV § 44 Rn. 1 ff., → VgV § 45 Rn. 1 ff., → VgV § 46 Rn. 1 ff.
[5] Greb/Müller/Weyand SektVO § 46 Rn. 10.
[6] Müller-Wrede/Kolpatzik SektVO § 46 Rn. 16.
[7] BGBl. 2023 I Nr. 222.

schränkungen Bezug genommen, kann er vorschreiben, dass der Bewerber oder Bieter auch ein Unternehmen, bei dem fakultative Ausschlussgründe nach § 124 des Gesetzes gegen Wettbewerbsbeschränkungen vorliegen, ersetzen muss. [4]Der Auftraggeber kann dem Bewerber oder Bieter dafür eine Frist setzen.

(3) Nimmt ein Bewerber oder Bieter die Kapazitäten eines anderen Unternehmens im Hinblick auf die erforderliche wirtschaftliche und finanzielle Leistungsfähigkeit in Anspruch, so kann der Auftraggeber eine gemeinsame Haftung des Bewerbers oder Bieters und des anderen Unternehmens für die Auftragsausführung entsprechend dem Umfang der Eignungsleihe verlangen.

(4) **Die Absätze 1 bis 3 gelten auch für Bewerber- oder Bietergemeinschaften.**

(5) **Der Auftraggeber kann vorschreiben, dass bestimmte kritische Aufgaben bei Bauaufträgen, Dienstleistungsaufträgen oder kritische Verlege- oder Installationsarbeiten im Zusammenhang mit einem Lieferauftrag direkt vom Bieter selbst oder im Fall einer Bietergemeinschaft von einem Teilnehmer der Bietergemeinschaft ausgeführt werden müssen.**

Literatur: Vgl. die Angaben bei § 47 VgV.

1 Die Regelungen zur **Eignungsleihe** in § 47 SektVO dienen der Umsetzung von Art. 79 Abs. 1 RL 2014/25/EU. Die Vorschrift stimmt iW mit § 47 VgV überein, so dass auf die dortige Kommentierung verwiesen werden kann.

2 Eine Überprüfung der zwingenden und fakultativen Ausschlussgründe nach §§ 123, 124 GWB ist nach dem Wortlaut von Abs. 2 nur insoweit veranlasst, als der Auftraggeber hierauf „Bezug genommen" hat. Dabei ist jedoch zu beachten, dass Sektorenauftraggeber im Hinblick auf Bewerber oder Bieter die Ausschlussgründe nach §§ 123, 124 GWB grds. beachten müssen (§ 142 Hs. 1 GWB), → GWB § 142 Rn. 14. Es ist lediglich privaten Sektorenauftraggebern nach § 100 Abs. 1 Nr. 2 GWB gestattet, die zwingenden Ausschlussgründe nach § 123 GWB als fakultative Ausschlussgründe zu behandeln (§ 142 Nr. 2 GWB). Zumindest als solche müssen sie aber auch von privaten Sektorenauftraggebern nach § 100 Abs. 1 Nr. 2 GWB angewendet werden.[1] Für den Bereich der Eignungsleihe gilt dies allerdings nur, wenn der Sektorenauftraggeber auf die fakultativen Ausschlussgründe „Bezug genommen" hat, indem er diese als objektive und nichtdiskriminierende Kriterien nach Maßgabe von § 46 SektVO festgelegt und zugänglich gemacht hat (→ § 46 Rn. 2).[2]

§ 48 Qualifizierungssysteme

(1) [1]Der Auftraggeber kann zur Eignungsfeststellung ein Qualifizierungssystem für Unternehmen einrichten und betreiben. [2]Unternehmen müssen jederzeit die Zulassung zum Qualifizierungssystem beantragen können. [3]Das Qualifizierungssystem kann verschiedene Qualifizierungsstufen umfassen.

(2) [1]Der Auftraggeber legt für den Ausschluss und die Eignung von Unternehmen objektive Kriterien fest. [2]Enthalten diese Kriterien technische Anforderungen, so gelten die §§ 28 und 29.

---

[1] Müller-Wrede/Kolpatzik SektVO § 46 Rn. 16.
[2] Ebenso Müller-Wrede/Stoye/Brugger SektVO § 47 Rn. 40; Beck VergabeR/Mager SektVO § 47 Rn. 10 f., 14 f.

(3) Für die Funktionsweise des Qualifizierungssystems, wie etwa die Aufnahme in das System, die Aktualisierung der Kriterien und dessen Dauer, legt der Auftraggeber objektive Vorschriften fest.

(4) ¹Die nach den Absätzen 2 und 3 festgelegten Kriterien und Vorschriften werden den Unternehmen auf Antrag zur Verfügung gestellt. ²Aktualisierungen sind diesen Unternehmen mitzuteilen. ³Entspricht nach Ansicht des Auftraggebers das Qualifizierungssystem bestimmter anderer Auftraggeber, Stellen oder Einrichtungen seinen Anforderungen, so teilt er den Unternehmen deren Namen und Adressen mit.

(5) Enthalten die Kriterien gemäß Absatz 2 Anforderungen an die wirtschaftliche und finanzielle Leistungsfähigkeit oder die fachliche und berufliche Befähigung des Unternehmens, kann das Unternehmen auch die Kapazitäten eines anderen Unternehmens in Anspruch nehmen, unabhängig von dem Rechtsverhältnis, in dem es zu ihm steht.

(6) Bezüglich der Kriterien, Ausbildungsnachweise und Bescheinigungen über die berufliche Befähigung des Unternehmens, einschließlich der einschlägigen beruflichen Erfahrung, können Unternehmen nur die Kapazitäten anderer Unternehmen in Anspruch nehmen, wenn diese auch die Leistung erbringen, für die die Kapazitäten benötigt werden.

(7) Beabsichtigt ein Unternehmen die Kapazitäten eines anderen Unternehmens in Anspruch zu nehmen, weist es dem Auftraggeber beispielsweise durch eine entsprechende Verpflichtungserklärung des anderen Unternehmens nach, dass es während der gesamten Gültigkeitsdauer des Qualifizierungssystems auf dessen Kapazitäten zurückgreifen kann.

(8) ¹Der Auftraggeber führt ein Verzeichnis der geprüften Unternehmen. ²Dieses kann nach Auftragsarten, für die die Prüfung Gültigkeit hat, aufgegliedert werden.

(9) Ist eine Bekanntmachung über das Bestehen eines Qualifizierungssystems gemäß § 37 erfolgt, werden die Aufträge im Wege eines nicht offenen Verfahrens oder eines Verhandlungsverfahrens unter den gemäß diesem System qualifizierten und im Verzeichnis nach Absatz 8 geführten Bewerber vergeben.

(10) ¹Der Auftraggeber kann im Zusammenhang mit Anträgen auf Qualifizierung, der Aktualisierung oder der Aufrechterhaltung einer bereits bestehenden Qualifizierung für das System Gebühren erheben. ²Die Gebühr muss im Verhältnis zu den angefallenen Kosten stehen.

(11) ¹Der Auftraggeber teilt seine Entscheidung hinsichtlich der Qualifizierung den Unternehmen innerhalb von sechs Monaten nach Eingang der Beantragung zur Aufnahme in das Qualifizierungssystem mit. ²Kann eine Entscheidung nicht innerhalb von vier Monaten getroffen werden, so teilt der Auftraggeber innerhalb von zwei Monaten nach Eingang des Antrags dies sowie den voraussichtlichen Entscheidungszeitpunkt dem Unternehmen mit.

(12) ¹Eine Ablehnung ist dem Unternehmen innerhalb von 15 Tagen nach der Entscheidung unter Angabe der Gründe mitzuteilen. ²Dabei darf sich eine Ablehnung nur auf die gemäß Absatz 2 festgelegten objektiven Kriterien beziehen. ³Dasselbe gilt für die Beendigung einer Qualifizierung. ⁴Die beabsichtigte Beendigung ist dem Unternehmen 15 Tage vor dem vorgesehenen Ausschluss unter Angabe der Gründe mitzuteilen.

Literatur: Braun/Petersen, Präqualifikation und Prüfungssysteme, VergabeR 2010, 433; Opitz, Was bringt die neue Sektorenvergaberichtlinie?, VergabeR 2014, 369; Tugendreich, Der

SektVO § 48 Qualifizierungssysteme

Anwendungsbereich von Präqualifikationsverfahren im deutschen Vergaberecht, NZBau 2011, 467; Verfürth, Sektorenverordnung, 2011, S. 49 ff.

I. Bedeutung der Vorschrift

1 Die Einrichtung eines Qualifizierungssystems ermöglicht es dem Auftraggeber, die Eignung potenzieller Bieter unabhängig von einem konkreten Vergabeverfahren zu überprüfen. Zudem ist die Bekanntmachung über die Einrichtung eines Qualifizierungssystems eine Möglichkeit, zum Teilnahmewettbewerb in einem nicht offenen Verfahren oder Verhandlungsverfahren aufzurufen (→ § 37 Rn. 1 ff.). Mit § 48 SektVO werden die Art. 75, 77, 79 RL 2014/25/EU in deutsches Recht umgesetzt.[1] Zu Qualifizierungssystemen im Anwendungsbereich der VgV (→ VgV § 48 Rn. 23 ff.).

II. Einrichtung, Funktionsweise, Qualifizierungsstufen, Kriterien (Abs. 1–4)

2 Nach Abs. 1 S. 1 können Auftraggeber **unabhängig von einem konkreten Vergabeverfahren** ein Qualifizierungssystem einrichten, um die generelle Eignung von Unternehmen zur Ausführung von Aufträgen nach standardisierten Kriterien festzustellen.[2] Diese Möglichkeit ist insbes. für Fälle gedacht, in denen wiederholte Beschaffungen durchzuführen sind. Im Sektorenbereich bestehen häufig spezielle Anforderungen an die auszuführenden Leistungen und damit auch an die Bieter, so dass von vornherein nur ein bestimmter Kreis von Unternehmen für die Auftragsvergabe in Betracht kommt. Die Möglichkeit, die Eignung losgelöst von einem konkreten Vergabeverfahren durch ein vom Auftraggeber definiertes Qualifizierungssystem vorab festzustellen, dient damit der Arbeitserleichterung für Vergabestellen und Bieter sowie der Beschleunigung der Verfahren. Da der Auftraggeber ein Vergabeverfahren durch die Bekanntmachung über die Einrichtung eines Qualifizierungssystems beginnen kann, müssen Unternehmen **jederzeit die Zulassung zum Qualifizierungssystem beantragen können.** Dies gilt auch für den Fall, dass ein Unternehmen erfolglos versucht hat, sich zu qualifizieren. Hat das Unternehmen die Hinderungsgründe beseitigt, kann es jederzeit einen erneuten Antrag stellen.

3 Die **Ausgestaltung des Qualifizierungssystems** liegt im pflichtgemäßen Ermessen des Auftraggebers. Hierfür steht ihm ein weiter Spielraum zur Verfügung. Abs. 3 bestimmt dabei, dass der Auftraggeber objektive Vorschriften über die Funktionsweise des Qualifizierungssystems und seine Dauer festlegen soll. Zu den Vorschriften über die Funktionsweise des Qualifizierungssystems nennt Abs. 3 exemplarisch die Vorgaben des Auftraggebers über die Aufnahme der Unternehmen in das System und die Aktualisierung der Kriterien. Die vom Auftraggeber festzulegende Dauer des Qualifizierungssystems meint den Zeitraum, für den das Qualifizierungssystem gilt. Nach Abs. 1 S. 3 kann der Auftraggeber vorsehen, das Qualifizierungssystem in **verschiedenen Stufen** durchzuführen. Das ist sachgerecht, da Unternehmen, die bereits auf einer frühen Stufe gescheitert sind, solange keinen Aufwand für die weiteren Stufen betreiben müssen, wie die Hindernisse nicht beseitigt sind. Die Stufen und deren Prüfungsumfang müssen ebenfalls objektiv und nichtdiskriminierend sein und sind den Unternehmen bekanntzugeben.

---

[1] BR-Drs. 87/16, 266.
[2] VK Bund 27.1.2015 – VK 2–123/14, VPR 2015, 144; Beck VergabeR/Mager SektVO § 48 Rn. 5.

Da das Qualifizierungssystem der **Eignungsprüfung** dient, muss der Auftrag- 4
geber für den Ausschluss und die Eignung von Unternehmen naturgemäß **objektive Kriterien** festlegen. Vgl. dazu → § 46 Rn. 2. Dabei werden die festgelegten Eignungskriterien für das Qualifizierungssystem zumeist umfassender sein als bei einer konkreten Auftragsvergabe, da das Qualifizierungssystem abstrakt-generell für eine Vielzahl von Beschaffungen gedacht ist. Abs. 2 S. 2 bestimmt, dass die §§ 28, 29 SektVO anzuwenden sind, wenn die vom Auftraggeber aufgestellten Kriterien und Regeln **technische Anforderungen** umfassen. Damit wird klargestellt, dass sich das Qualifizierungssystem nicht nur auf die unternehmensbezogene Eignung, sondern auch auf die Produkte und Verfahren des Unternehmens beziehen kann.[3]

Die **Bekanntmachung** über das Bestehen eines Qualifizierungssystems und 5
seine Gültigkeitsdauer wird nach § 37 Abs. 2 SektVO erstellt (→ § 37 Rn. 4). Die vom Auftraggeber nach den Abs. 2 und 3 festgelegten Kriterien und Vorschriften werden dem Unternehmen jedoch **nur auf Antrag** zur Verfügung gestellt (Abs. 4 S. 1). Aktualisiert der Auftraggeber Inhalte des Qualifizierungssystems, muss er dies allen Unternehmen, die einen Antrag gestellt haben, allerdings **unaufgefordert** mitteilen (Abs. 4 S. 2). Dies ist ein Gebot der Transparenz und Gleichbehandlung. Denn nur, wenn die Unternehmen die Prüfungskriterien und -regeln vollständig kennen, können sie ihr Handeln darauf ausrichten. Für Änderungen der Gültigkeitsdauer des Systems ohne inhaltliche Änderungen oder für die Beendigung des Systems gilt die Bekanntmachungspflicht nach § 37 Abs. 3 SektVO.

Der Auftraggeber braucht nicht zwingend ein eigenes Qualifizierungssystem zu 6
entwickeln. Abs. 4 S. 3 erlaubt stattdessen die Verwendung eines **Qualifizierungssystems eines anderen Auftraggebers**, wenn der Auftraggeber ein solches auch für seine Beschaffungen als interessengerecht erachtet. In diesem Fall ist den Unternehmen mitzuteilen, um welchen anderen Auftraggeber es sich handelt. Aus dieser Formulierung ist zu schließen, dass sich interessierte Unternehmen die für die Qualifizierung erforderlichen Unterlagen bei jenem anderen Auftraggeber zu besorgen haben. Die Durchführung des Qualifizierungssystems iÜ obliegt allerdings dem Auftraggeber selbst.

III. Berücksichtigung der Fähigkeiten anderer Unternehmen (Abs. 5–7)

Um die Anforderungen zu erfüllen, die der Auftraggeber iRd Qualifizierungs- 7
systems aufgestellt hat, kann sich das antragstellende Unternehmen auf die Eignung Dritter beziehen, unabhängig von dem Rechtsverhältnis, in dem dieses zum dritten Unternehmen steht (Abs. 5). Das Unternehmen kann also Nachunternehmer einsetzen oder eine Eignungsleihe durchführen. Wie bei einem normalen Auftrag auch, muss das Unternehmen allerdings nachweisen, dass ihm die Mittel des Dritten **während der gesamten Gültigkeit des Qualifizierungssystems** zur Verfügung stehen (etwa durch eine entspr. Verpflichtungserklärung, Abs. 7). Die Verpflichtungserklärung muss dabei die gesamte Gültigkeitsdauer des Qualifizierungssystems umfassen. Betrifft die Inanspruchnahme des anderen Unternehmens Ausbildungsnachweise, Bescheinigungen über die beruflichen Fähigkeiten oder berufliche Erfahrungen, muss sichergestellt sein, dass dieses Unternehmen die Leistungen im Auftragsfall auch erbringt (Abs. 6). Beruft sich ein Unternehmen auf die Leistungsfähigkeit eines anderen Unternehmens, muss es sich bei seiner Antragstellung auf einen bestimmten Partner für die Auftragserfüllung festlegen. Tauscht das Unternehmen nachträglich, dh während eines laufenden Quali-

---

[3] EOR/Opitz § 48 Rn. 22 f. mwN.

fizierungssystems, das Partnerunternehmen aus, muss der Auftraggeber seine Qualifizierung erneut prüfen.[4]

IV. Verzeichnis der geprüften Unternehmen (Abs. 8)

8   Der Auftraggeber muss ein **Verzeichnis der geprüften Unternehmen** führen. Dieses Verzeichnis kann nach Auftragsarten, für deren Durchführung die Prüfung Gültigkeit hat, aufgegliedert werden. Aus dieser Bestimmung folgt, dass es dem Auftraggeber gestattet ist, mehrere Qualifizierungssysteme mit verschiedenen Anforderungen einzurichten.

V. Aufruf zum Wettbewerb (Abs. 9)

9   Hat der Auftraggeber das Qualifizierungssystem nach § 37 Abs. 1 SektVO bekannt gemacht und zum Wettbewerb aufgerufen,[5] werden Aufträge im **nicht offenen und im Verhandlungsverfahren** nur an Unternehmen vergeben, die sich qualifiziert haben und im Verzeichnis der geprüften Unternehmen (Abs. 8) geführt werden. Der Kreis der zur Angebotsabgabe aufzufordernden Unternehmen beschränkt sich somit auf jene Unternehmen. Ein nicht qualifiziertes Unternehmen darf nicht zur Angebotsabgabe aufgefordert werden. Dies gilt selbst für ein Unternehmen, dessen Eignung dem Auftraggeber positiv bekannt ist, weil es die zu vergebenden Leistungen bislang beanstandungsfrei ausgeführt hat.[6] Gem. § 45 Abs. 3 SektVO kann der Auftraggeber allerdings im nicht offenen Verfahren und im Verhandlungsverfahren die Zahl der Bewerber so weit verringern, dass ein angemessenes Verhältnis zwischen den Besonderheiten des Vergabeverfahrens und dem zu seiner Durchführung erforderlichen Aufwand sichergestellt ist. Hieraus folgt, dass nicht alle Unternehmen, die das Prüfungsverfahren erfolgreich durchlaufen haben, auch zur Angebotsabgabe aufgefordert werden müssen. Soll die Zahl der Bewerber weiter eingeschränkt werden, hat der Auftraggeber eine entspr. Auswahl zu treffen. Vgl. dazu näher die Kommentierung zu § 45 Abs. 3 SektVO und § 46 Abs. 2 SektVO. Der Auftraggeber ist aber nicht verpflichtet, seine Aufträge trotz Einführung eines Qualifizierungssystems und Aufrufs zum Wettbewerb im nicht offenen Verfahren bzw. Verhandlungsverfahren unter den qualifizierten Unternehmen zu vergeben. Es steht ihm schon wegen der Zielsetzung der RL, einen möglichst breiten Wettbewerb zu schaffen, frei, durch ein offenes Verfahren (wieder) alle Bieter anzusprechen.[7] Im offenen Verfahren können Angebote auch von Bietern abgegeben werden, die sich nicht im Qualifizierungssystem qualifiziert haben. Denn § 48 Abs. 9 SektVO ist nur auf das nicht offene Verfahren und Verhandlungsverfahren anwendbar.

VI. Entscheidung über die Qualifikation (Abs. 10–12)

1. Kosten (Abs. 10)

10 Nach Abs. 10 kann der Auftraggeber von den Unternehmen Kosten für die Qualifizierung erheben. Dies betrifft die erstmalige Qualifizierung sowie die Aktualisierung oder Aufrechterhaltung einer bereits bestehenden Qualifizierung. Die Gebühr muss im Verhältnis zu den anfallenden Kosten stehen, Abs. 10 S. 2.

---

[4] VK Bund 27.1.2015 – VK 2–123/14, VPR 2015, 144.
[5] Vgl. EOR/Opitz § 48 Rn. 34 ff..
[6] VK Bund 12.1.2015 – VK 2/111/14, VPR 2015, 136.
[7] Vgl. auch EOR/Opitz § 48 Rn. 37.

2. Prüfungsfrist (Abs. 11)

Gem. Abs. 11 S. 1 ist ein Unternehmen, das einen Antrag auf Aufnahme in das Qualifizierungssystem gestellt hat, innerhalb von sechs Monaten nach Antragstellung über die Entscheidung zu informieren. Der Verordnungsgeber sieht eine **Maximalfrist von sechs Monaten** als ausreichend an, das Prüfungsverfahren abzuschließen. Allerdings ist der Auftraggeber gehalten, die Prüfung und Entscheidung zu beschleunigen. Aus Abs. 11 S. 2 folgt, dass eine Entscheidung **innerhalb von vier Monaten** nach Eingang eines Prüfantrags anzustreben ist. Denn der Auftraggeber hat dem Unternehmen spätestens **zwei Monate** nach Eingang des Antrags die Gründe für eine längere Bearbeitungszeit als vier Monate mitzuteilen und anzugeben, wann über den Antrag entschieden wird. Aus dem Zusammenspiel der genannten Zeiträume folgt, dass das Qualifizierungssystem so zu gestalten ist, dass die Obergrenze von sechs Monaten auch tatsächlich eingehalten werden kann. Denn die Pflicht, spätestens nach zwei Monaten mitzuteilen, wann über den Antrag entschieden wird, lässt die Maximalfrist von sechs Monaten unberührt.

3. Ablehnung des Antrags und Aberkennung der Qualifikation (Abs. 12)

Ablehnungen sind den Unternehmen unverzüglich, spätestens innerhalb von 15 Kalendertagen nach der Ablehnungsentscheidung mitzuteilen. Dabei sind die Gründe für die Ablehnung anzugeben. Die Gründe müssen sich auf die **objektiven Kriterien nach § 48 Abs. 2 SektVO** beziehen. Letzteres ist eine Selbstverständlichkeit, da der Auftraggeber seiner Prüfung nur die von ihm bekanntgegebenen Prüfungskriterien und -regeln zugrunde legen darf.

§ 48 SektVO enthält – anders als noch § 24 Abs. 10 SektVO aF – keine ausdr. Regelung zur nachträglichen **Aberkennung der Qualifikation**. Dass eine solche Aberkennung nach wie vor möglich ist, folgt aber mittelbar aus Abs. 12 S. 3, 4 SektVO, weil dort von „Beendigung" die Rede ist. Die Aberkennung darf nur aus nachträglich bekannt gewordenen Gründen erfolgen, die auf den Prüfkriterien beruhen. Andere Gründe berechtigen nicht zur Aberkennung. Um Überraschungsentscheidungen zu verhindern und dem Unternehmen eine Widerlegung der Gründe zu ermöglichen, ist dem Unternehmen gem. Abs. 12 S. 4 die beabsichtigte Aberkennung mindestens 15 Kalendertage vor dem für das Wirksamwerden der Aberkennung vorgesehenen Zeitpunkt unter Angabe der Gründe mitzuteilen. Textform ist hierfür nicht mehr erforderlich, aus Gründen der Klarheit und Nachweisbarkeit aber zu empfehlen. Geht das Unternehmen nicht gegen die Aberkennung vor, ist es aus dem Verzeichnis der geprüften Unternehmen zu streichen.

VII. Rechtsschutz

§ 48 SektVO ist **bieterschützend.** Verstöße des Auftraggebers gegen § 48 SektVO können deshalb im Wege des Primärrechtsschutzes verfolgt werden. Dies gilt insbes. für die Ablehnung eines Antrages auf Aufnahme in das Qualifizierungssystem oder für die Aberkennung der Qualifikation.[8] Bei der Ablehnung eines Antrags auf Aufnahme in ein Qualifizierungssystem ist Primärrechtsschutz auch dann eröffnet, wenn nicht festgestellt werden kann, ob der maßgebliche Schwellenwert erreicht ist.[9]

---

[8] VK Bund 27.1.2015 – VK 2–123/14, VPR 2015, 144; VK Südbayern 11.12.2018 – Z3-3-3194-1-45-11/16, BeckRS 2018, 37331.

[9] VK Bund 27.1.2015 – VK 2–123/14, VPR 2015, 144.

§ 49 Beleg der Einhaltung von Normen der Qualitätssicherung und des Umweltmanagements

(1) ¹Verlangt der Auftraggeber als Beleg dafür, dass Bewerber oder Bieter bestimmte Normen der Qualitätssicherung erfüllen, die Vorlage von Bescheinigungen unabhängiger Stellen, so bezieht er sich auf Qualitätssicherungssysteme, die
1. den einschlägigen europäischen Normen genügen und
2. von akkreditierten Stellen zertifiziert sind.

²Der Auftraggeber erkennt auch gleichwertige Bescheinigungen von akkreditierten Stellen aus anderen Staaten an. ³Konnte ein Bewerber oder Bieter aus Gründen, die er nicht zu vertreten hat, die betreffenden Bescheinigungen nicht innerhalb einer angemessenen Frist einholen, so muss der Auftraggeber auch andere Unterlagen über gleichwertige Qualitätssicherungssysteme anerkennen, sofern der Bewerber oder Bieter nachweist, dass die vorgeschlagenen Qualitätssicherungsmaßnahmen den geforderten Qualitätssicherungsnormen entsprechen.

(2) ¹Verlangt der Auftraggeber als Beleg dafür, dass Bewerber oder Bieter bestimmte Systeme oder Normen des Umweltmanagements erfüllen, die Vorlage von Bescheinigungen unabhängiger Stellen, so bezieht er sich
1. entweder auf das Gemeinschaftssystem für das Umweltmanagement und die Umweltbetriebsprüfung EMAS der Europäischen Union oder
2. auf andere nach Artikel 45 der Verordnung (EG) Nr. 1221/2009 des Europäischen Parlaments und des Rates vom 25. November 2009 über die freiwillige Teilnahme von Organisationen an einem Gemeinschaftssystem für Umweltmanagement und Umweltbetriebsprüfung und zur Aufhebung der Verordnung (EG) Nr. 761/2001, sowie der Beschlüsse der Kommission 2001/681/EG und 2006/193/EG (ABl. L 342 vom 22.12.2009, S. 1) anerkannte Umweltmanagementsysteme oder
3. auf andere Normen für das Umweltmanagement, die auf den einschlägigen europäischen oder internationalen Normen beruhen und von akkreditierten Stellen zertifiziert sind.

²Der Auftraggeber erkennt auch gleichwertige Bescheinigungen von Stellen in anderen Staaten an. ³Hatte ein Bewerber oder Bieter aus Gründen, die ihm nicht zugerechnet werden können, nachweislich keinen Zugang zu den betreffenden Bescheinigungen oder aus Gründen, die es nicht zu vertreten hat, keine Möglichkeit, diese innerhalb der einschlägigen Fristen zu erlangen, so muss der Auftraggeber auch andere Unterlagen über gleichwertige Umweltmanagementmaßnahmen anerkennen, sofern der Bewerber oder Bieter nachweist, dass diese Maßnahmen mit denen, die nach dem geltenden System oder den geltenden Normen für das Umweltmanagement erforderlich sind, gleichwertig sind.

1 § 49 SektVO ist nahezu wortgleich mit § 49 VgV, so dass auf die Kommentierung zu → VgV § 49 Rn. 1 ff. verwiesen werden kann.

§ 50 Rechtsform von Unternehmen und Bietergemeinschaften

(1) ¹Bewerber oder Bieter, die gemäß den Rechtsvorschriften des Staates, in dem sie niedergelassen sind, zur Erbringung der betreffenden Leistung berechtigt sind, dürfen nicht allein deshalb zurückgewiesen werden, weil sie gemäß den deutschen Rechtsvorschriften eine natürliche oder juristische Person sein müssten. ²Juristische Personen können jedoch bei Dienstleistungsaufträgen sowie bei Lieferaufträgen, die zusätzlich Dienstleistungen

umfassen, verpflichtet werden, in ihrem Antrag auf Teilnahme oder in ihrem Angebot die Namen und die berufliche Befähigung der Personen anzugeben, die für die Erbringung der Leistung als verantwortlich vorgesehen sind.

(2) [1]Bewerber- und Bietergemeinschaften sind wie Einzelbewerber und -bieter zu behandeln. [2]Der Auftraggeber darf nicht verlangen, dass Gruppen von Unternehmen eine bestimmte Rechtsform haben müssen, um einen Antrag auf Teilnahme zu stellen oder ein Angebot abzugeben. [3]Sofern erforderlich kann der Auftraggeber in den Vergabeunterlagen Bedingungen festlegen, wie Gruppen von Unternehmen die Eignungskriterien zu erfüllen und den Auftrag auszuführen haben; solche Bedingungen müssen durch sachliche Gründe gerechtfertigt und angemessen sein.

(3) Unbeschadet des Absatzes 2 kann der Auftraggeber verlangen, dass eine Bietergemeinschaft nach Zuschlagserteilung eine bestimmte Rechtsform annimmt, soweit dies für die ordnungsgemäße Durchführung des Auftrags erforderlich ist.

Literatur: Vgl. die Angaben bei § 43 VgV.

§ 50 SektVO entspricht vollständig § 43 VgV. Auf die dortige Kommentierung wird verwiesen, → VgV § 43 Rn. 1 ff.   1

Unterabschnitt 6. Prüfung und Wertung der Angebote

§ 51 Prüfung und Wertung der Angebote; Nachforderung von Unterlagen

(1) Die Angebote werden geprüft und gewertet, bevor der Zuschlag erteilt wird.

(2) [1]Der Auftraggeber kann den Bewerber oder Bieter unter Einhaltung der Grundsätze der Transparenz und der Gleichbehandlung auffordern, fehlende, unvollständige oder fehlerhafte unternehmensbezogene Unterlagen, insbesondere Eigenerklärungen, Angaben, Bescheinigungen oder sonstige Nachweise, nachzureichen, zu vervollständigen oder zu korrigieren, oder fehlende oder unvollständige leistungsbezogene Unterlagen nachzureichen oder zu vervollständigen. [2]Der Auftraggeber ist berechtigt, in der Auftragsbekanntmachung oder den Vergabeunterlagen festzulegen, dass er keine Unterlagen nachfordern wird.

(3) [1]Die Nachforderung von leistungsbezogenen Unterlagen, die die Wirtschaftlichkeitsbewertung der Angebote anhand der Zuschlagskriterien betreffen, ist ausgeschlossen. [2]Dies gilt nicht für Preisangaben, wenn es sich um unwesentliche Einzelpositionen handelt, deren Einzelpreise den Gesamtpreis nicht verändern oder die Wertungsreihenfolge und den Wettbewerb beeinträchtigen.

(4) Die Unterlagen sind vom Bewerber oder Bieter nach Aufforderung durch den Auftraggeber innerhalb einer von diesem festzulegenden angemessenen, nach dem Kalender bestimmten Frist vorzulegen.

(5) Die Entscheidung zur und das Ergebnis der Nachforderung sind zu dokumentieren.

Literatur: Vgl. die Angaben bei § 56 VgV.

SektVO § 51 Prüfung und Wertung der Angebote; Nachforderungen

I. Bedeutung der Vorschrift

1 Als erste zentrale Vorschrift des Unterabschn. 6 der SektVO (Prüfung und Wertung der Angebote) regelt § 51 SektVO in seinem Abs. 1 die **Prüfung und Wertung der Angebote,** während die Abs. 2–5 detaillierte Regelungen zur **Nachforderung von Unterlagen** enthalten. Diese dienen der Umsetzung von Art. 76 Abs. 4 RL 2014/25/EU und sind fast wortgleich mit § 56 Abs. 2–5 VgV. Die Nachforderung von Unterlagen ist hierbei ins Ermessen des Auftraggebers gestellt und bedarf der Festsetzung einer angemessenen Frist durch den Auftraggeber.

II. Prüfung und Wertung (Abs. 1)

2 § 51 Abs. 1 SektVO stellt klar, dass die Prüfung und Wertung der Angebote der Zuschlagsentscheidung logischerweise vorangehen müssen. Die Angebote sind hierbei auf ihre Vollständigkeit, fachliche und rechnerische Richtigkeit zu prüfen. Da nur vergleichbare Angebote gewertet werden dürfen, müssen die Auftraggeber neben der Vollständigkeit die inhaltliche Richtigkeit der Angebote überprüfen, und zwar sowohl in preislicher als auch in fachlicher Hinsicht. Diese Prüfung ist eine notwendige Voraussetzung für eine mögliche Nachforderung von Unterlagen durch den Auftraggeber gem. § 51 Abs. 2–5 SektVO.[1]

3 Die Prüfung umfasst zunächst die Frage, ob die Angebote vollständig sind. Alle **Angebote** einschl. der Nebenangebote sind im nächsten Schritt auf ihre rechnerische und fachliche Richtigkeit zu überprüfen. Auch wenn die SektVO keine dem § 57 VgV entspr. Regelung enthält, gelten die allg. vergaberechtlichen Grundsätze und Grundregeln des § 97 GWB, insbes. das **Transparenz-, Gleichbehandlungs- und Wettbewerbsgebot,** auch im Bereich der SektVO. Daraus folgt, dass auch im Bereich der SektVO **nur vollständige, widerspruchsfreie und den Anforderungen des Leistungsverzeichnisses entsprechende Angebote** gewertet werden dürfen, da sonst ein Verstoß gegen die genannten Vergaberechtsgrundsätze vorliegen würde. Auch wenn die SektVO den zwingenden Ausschluss eines Angebotes wegen fehlender oder unvollständiger Angaben oder Nachweise nicht ausdr. vorsieht,[2] sind solche Angebote folglich zwingend auszuschließen.[3] Dies gilt auch für das Verhandlungsverfahren;[4] auch hier müssen zur Wertbarkeit des Angebots alle geforderten Erklärungen oder Nachweise vorliegen.[5] Eine entspr. Anwendung des § 57 VgV im Sektorenbereich ist daher geboten (→ VgV § 56 Rn. 2 ff.).

III. Nachforderung von Unterlagen (Abs. 2–5)

4 Fehlende Unterlagen führen allerdings nicht zwangsläufig zum Ausschluss des betreffenden Angebots. Nach § 51 Abs. 2 S. 1 Alt. 1 SektVO können Bewerber oder Bieter aufgefordert werden, **fehlende, unvollständige oder fehlerhafte unternehmensbezogene Unterlagen,** insbes. Eigenerklärungen, Angaben, Bescheinigungen oder sonstige Nachweise, **nachzureichen, zu vervollständigen oder zu**

---

[1] Begr. Kabinettsentwurf der Vergaberechtsmodernisierungsverordnung, S. 271.
[2] VK Sachsen 19.10.2010 – 1/SVK/037-10, IBRRS 2011, 0106.
[3] Hinweise darauf, welche Angebote auf jeden Fall auszuschließen sind, finden sich in Art. 53 Abs. 5 UAbs. 3 und 4 RL 2014/25/EU.
[4] OLG München 29.9.2009 – Verg 12/09, BeckRS 2009, 27005.
[5] OLG München 29.9.2009 – Verg 12/09, BeckRS 2009, 27005; aA VK Hessen 25.1.2011 – 69d-VK-41/2010, IBRRS 2011, 0402 für einen zunächst erklärten Gremienvorbehalt, der bis zur Abgabe des indikativen Angebotes zurückgenommen wurde.

korrigieren. Nach § 51 Abs. 2 S. 1 Alt. 2 SektVO können Bewerber oder Bieter aufgefordert werden, fehlende oder unvollständige leistungsbezogene Unterlagen unter **Beachtung der Einschränkungen des § 51 Abs. 3 SektVO** nachzureichen oder zu vervollständigen.

Die Regelungen in § 51 Abs. 2–5 SektVO weisen inhaltlich keine Unterschiede zu § 56 Abs. 2–5 VgV auf, so dass diesbzgl. vollumfänglich auf die dortige Kommentierung verwiesen werden kann, → VgV § 56 Rn. 7 ff.

§ 52 Zuschlag und Zuschlagskriterien

(1) **Der Zuschlag wird nach Maßgabe des § 127 des Gesetzes gegen Wettbewerbsbeschränkungen auf das wirtschaftlichste Angebot erteilt.**

(2) [1]**Die Ermittlung des wirtschaftlichsten Angebots erfolgt auf der Grundlage des besten Preis-Leistungs-Verhältnisses.** [2]**Neben dem Preis oder den Kosten können auch qualitative, umweltbezogene oder soziale Zuschlagskriterien berücksichtigt werden, insbesondere:**
1. die Qualität, einschließlich des technischen Werts, Ästhetik, Zweckmäßigkeit, Zugänglichkeit der Leistung insbesondere für Menschen mit Behinderungen, ihrer Übereinstimmung mit Anforderungen des „Designs für Alle", soziale, umweltbezogene und innovative Eigenschaften sowie Vertriebs- und Handelsbedingungen,
2. die Organisation, Qualifikation und Erfahrung des mit der Ausführung des Auftrags betrauten Personals, wenn die Qualität des eingesetzten Personals erheblichen Einfluss auf das Niveau der Auftragsausführung haben kann, oder
3. die Verfügbarkeit von Kundendienst und technischer Hilfe sowie Lieferbedingungen wie Liefertermin, Lieferverfahren sowie Liefer- oder Ausführungsfristen.

[3]**Der Auftraggeber kann auch Festpreise oder Festkosten vorgeben, sodass das wirtschaftlichste Angebot ausschließlich nach qualitativen, umweltbezogenen oder sozialen Zuschlagskriterien nach Satz 1 bestimmt wird.**

(3) [1]**Der Auftraggeber gibt in der Auftragsbekanntmachung oder den Vergabeunterlagen an, wie er die einzelnen Zuschlagskriterien gewichtet, um das wirtschaftlichste Angebot zu ermitteln.** [2]**Diese Gewichtung kann auch mittels einer Spanne angegeben werden, deren Bandbreite angemessen sein muss.** [3]**Ist die Gewichtung aus objektiven Gründen nicht möglich, so gibt der Auftraggeber die Zuschlagskriterien in absteigender Rangfolge an.**

(4) **Für den Beleg, ob und inwieweit die angebotene Leistung den geforderten Zuschlagskriterien entspricht, gelten die §§ 31 und 32 entsprechend.**

(5) **Für den Beleg, dass die angebotene Leistung den geforderten Ausführungsbedingungen gemäß § 128 Absatz 2 des Gesetzes gegen Wettbewerbsbeschränkungen entspricht, gelten die §§ 31 und 32 entsprechend.**

§ 52 SektVO setzt Art. 82 RL 2014/25/EU um und ist in den Abs. 1–4 identisch mit § 58 Abs. 1–4 VgV. Bezüglich der Einzelheiten kann vollumfänglich auf dessen Kommentierung verwiesen werden, → VgV § 58 Rn. 3 ff. Die Vorschrift regelt Einzelheiten zum **Vorgehen bei der Angebotswertung** und enthält in Abs. 2 S. 2 nicht abschließende Beispiele für qualitative, soziale und umweltbezogene Kriterien, die Auftraggeber neben dem Preis zur Ermittlung des wirtschaftlichsten Angebots heranziehen können.

2   Die Vorschrift gestaltet damit – teilweise redundant – § 127 GWB näher aus.[1] Sie ist stets zusammen mit § 127 GWB zu lesen, da dieser Regelungen enthält, die in § 52 SektVO nicht erneut aufgenommen wurden.

3   Abs. 2 S. 3 setzt die in Art. 82 Abs. 2 RL 2014/25/EU angelegte Möglichkeit einer Vergabe lediglich nach qualitativen, umweltbezogenen oder sozialen Kriterien bei Vorgabe von Festpreisen oder Festkosten in nationales Recht um (dazu → VgV § 58 Rn. 36).

4   Abs. 3 trifft in Umsetzung von Art. 82 Abs. 5 RL 2014/25/EU Regelungen zur Gewichtung der Zuschlagskriterien (iE → VgV § 58 Rn. 37 ff.).

5   Abs. 4 stellt – wiederum redundant zu §§ 31, 32 SektVO – klar, dass auch für den Nachweis, dass eine angebotene Leistung den Zuschlagskriterien entspricht, Bescheinigungen von Konformitätsbewertungsstellen oder die Vorlage von Gütezeichen verlangt werden können (→ VgV § 58 Rn. 40 ff.).

6   Abs. 5 regelt, dass ein Sektorenauftraggeber auch für den Nachweis, dass eine angebotene Leistung den Ausführungsbedingungen iSd § 128 Abs. 2 GWB entspricht, Bescheinigungen von Konformitätsbewertungsstellen (nach Maßgabe des § 31 SektVO) oder die Vorlage von Gütezeichen (gem. § 32 SektVO) verlangen kann. Zu den Einzelheiten s. die Kommentierung zu §§ 31, 32 SektVO sowie → VgV § 58 Rn. 40 f.

§ 53 Berechnung von Lebenszykluskosten

(1) **Der Auftraggeber kann vorgeben, dass das Zuschlagskriterium „Kosten" auf der Grundlage der Lebenszykluskosten der Leistung berechnet wird.**

(2) [1]**Der Auftraggeber gibt die Methode zur Berechnung der Lebenszykluskosten und die zur Berechnung vom Unternehmen zu übermittelnden Informationen in der Auftragsbekanntmachung oder den Vergabeunterlagen an.** [2]**Die Berechnungsmethode kann umfassen**
1. **die Anschaffungskosten,**
2. **die Nutzungskosten, insbesondere den Verbrauch von Energie und anderen Ressourcen,**
3. **die Wartungskosten,**
4. **Kosten am Ende der Nutzungsdauer, insbesondere die Abholungs-, Entsorgungs- oder Recyclingkosten, oder**
5. **Kosten, die durch die externen Effekte der Umweltbelastung entstehen, die mit der Leistung während ihres Lebenszyklus in Verbindung stehen, sofern ihr Geldwert nach Absatz 3 bestimmt und geprüft werden kann; solche Kosten können Kosten der Emission von Treibhausgasen und anderen Schadstoffen sowie sonstige Kosten für die Eindämmung des Klimawandels umfassen.**

(3) **Die Methode zur Berechnung der Kosten, die durch die externen Effekte der Umweltbelastung entstehen, muss folgende Bedingungen erfüllen:**
1. **Sie beruht auf objektiv nachprüfbaren und nichtdiskriminierenden Kriterien; ist die Methode nicht für die wiederholte oder dauerhafte Anwendung entwickelt worden, darf sie bestimmte Unternehmen weder bevorzugen noch benachteiligen,**
2. **sie ist für alle interessierten Beteiligten zugänglich, und**
3. **die zur Berechnung erforderlichen Informationen lassen sich von Unternehmen, die ihrer Sorgfaltspflicht im üblichen Maße nachkommen, ein-**

---

[1] BR-Drs. 87/16, 212.

schließlich Unternehmen aus Drittstaaten, die dem Übereinkommen über das öffentliche Beschaffungswesen von 1994 (ABl. C 256 vom 3.9.1996, S. 1), geändert durch das Protokoll zur Änderung des Übereinkommens über das öffentliche Beschaffungswesen (ABl. L 68 vom 7.3.2014, S. 2) oder anderen, für die Europäische Union bindenden internationalen Übereinkommen beigetreten sind, mit angemessenem Aufwand bereitstellen.

(4) Sofern eine Methode zur Berechnung der Lebenszykluskosten durch einen Rechtsakt der Europäischen Union verbindlich vorgeschrieben worden ist, hat der Auftraggeber diese Methode vorzugeben.

§ 53 SektVO entspricht wörtlich dem Inhalt von § 59 VgV. Auf die dortige Kommentierung kann daher verwiesen werden, → VgV § 59 Rn. 1 ff. Dies gilt auch für das Verhältnis zu den speziellen Regelungen über die Beschaffung energieverbrauchsrelevanter Leistungen in § 58 SektVO. 1

§ 54 Ungewöhnlich niedrige Angebote

(1) Erscheinen der Preis oder die Kosten eines Angebots im Verhältnis zu der zu erbringenden Leistung ungewöhnlich niedrig, verlangt der Auftraggeber vom Bieter Aufklärung.

(2) ¹Der Auftraggeber prüft die Zusammensetzung des Angebots und berücksichtigt die übermittelten Unterlagen. ²Die Prüfung kann insbesondere betreffen:
1. die Wirtschaftlichkeit des Fertigungsverfahrens einer Lieferleistung oder der Erbringung der Dienstleistung,
2. die gewählten technischen Lösungen oder die außergewöhnlich günstigen Bedingungen, über die das Unternehmen bei der Lieferung der Waren oder bei der Erbringung der Dienstleistung verfügt,
3. die Besonderheiten der angebotenen Liefer- oder Dienstleistung,
4. die Einhaltung der Verpflichtungen nach § 128 Absatz 1 des Gesetzes gegen Wettbewerbsbeschränkungen, insbesondere der für das Unternehmen geltenden umwelt-, sozial- und arbeitsrechtlichen Vorschriften, oder
5. die etwaige Gewährung einer staatlichen Beihilfe an das Unternehmen.

(3) ¹Kann der Auftraggeber nach der Prüfung gemäß den Absätzen 1 und 2 die geringe Höhe des angebotenen Preises oder der angebotenen Kosten nicht zufriedenstellend aufklären, darf er den Zuschlag auf dieses Angebot ablehnen. ²Er lehnt das Angebot ab, wenn er festgestellt hat, dass der Preis oder die Kosten des Angebots ungewöhnlich niedrig sind, weil Verpflichtungen nach Absatz 2 Satz 2 Nummer 4 nicht eingehalten werden.

(4) ¹Stellt der Auftraggeber fest, dass ein Angebot ungewöhnlich niedrig ist, weil der Bieter eine staatliche Beihilfe erhalten hat, so lehnt der Auftraggeber das Angebot ab, wenn der Bieter nicht fristgemäß nachweisen kann, dass die staatliche Beihilfe rechtmäßig gewährt wurde. ²Der Auftraggeber teilt die Ablehnung der Europäischen Kommission mit.

§ 54 SektVO ist identisch mit § 60 VgV und regelt den Umgang mit ungewöhnlich niedrigen Angeboten. Die Vorschrift setzt Art. 84 RL 2014/25/EU in nationales Recht um. Aufgrund der Inhaltsgleichheit der Norm mit § 60 VgV kann vollumfänglich auf die dortige Kommentierung verwiesen werden, → VgV § 60 Rn. 1 ff. 1

SektVO § 55 Angebote, die Erzeugnisse aus Drittländern umfassen

§ 55 Angebote, die Erzeugnisse aus Drittländern umfassen

(1) ¹Der Auftraggeber eines Lieferauftrags kann Angebote zurückweisen, bei denen der Warenanteil zu mehr als 50 Prozent des Gesamtwertes aus Ländern stammt, die nicht Vertragsparteien des Abkommens über den Europäischen Wirtschaftsraum sind und mit denen auch keine sonstigen Vereinbarungen über gegenseitigen Marktzugang bestehen. ²Das Bundesministerium für Wirtschaft und Energie gibt im Bundesanzeiger bekannt, mit welchen Ländern und auf welchen Gebieten solche Vereinbarungen bestehen.

(2) ¹Sind zwei oder mehrere Angebote nach den Zuschlagskriterien gleichwertig, so ist dasjenige Angebot zu bevorzugen, das nicht nach Absatz 1 zurückgewiesen werden kann. ²Die Preise sind als gleichwertig anzusehen, wenn sie nicht um mehr als 3 Prozent voneinander abweichen. ³Satz 1 ist nicht anzuwenden, wenn die Bevorzugung zum Erwerb von Ausrüstungen führen würde, die andere technische Merkmale als die vom Auftraggeber bereits genutzten Ausrüstungen aufweisen und dadurch bei Betrieb und Wartung zu Inkompatibilität oder technischen Schwierigkeiten oder zu unverhältnismäßigen Kosten führen würde.

(3) Software, die in der Ausstattung für Telekommunikationsnetze verwendet wird, gilt als Ware im Sinne des Absatzes 1.

Literatur: v. Bogdandy/Wernicke, Transatlantischer Streit um das Öffentliche Auftragswesen, EuZW 1993, 216; Europäische Kommission, Bericht der Kommission über die Verhandlungen über den Zugang von Unternehmen der Union zu Drittlandsmärkten in Bereichen, die unter die Richtlinie 2014/25/EU fallen, COM(2021) 100 final v. 2.3.2021; dies., Mitteilung v. 24.7.2019, Leitlinien zur Teilnahme von Bietern und Waren aus Drittländern am EU-Beschaffungsmarkt, C(2019) 5494 final; Röwekamp/Blätgen, Die „Drittlandklausel" der Sektorenverordnung, NZBau 2021, 16; Stein/Steinhöfel, Vergaberechtlicher Protektionismus oder Hebel für weltweite Marktöffnungen?, VergabeR 2021, 145; Zillmann, Waren und Dienstleistungen aus Drittstaaten im Vergabeverfahren, NZBau 2003, 480.

I. Bedeutung der Vorschrift

1 Die früher in § 12 VgV aF als **Drittlandklausel** bezeichnete Regelung wurde mit marginalen Änderungen in § 28 SektVO aF und anschließend – von der Anpassung der Überschrift und der Ministeriumsbezeichnung abgesehen – wortgleich in § 55 SektVO[1] übernommen. Dadurch wurde zunächst Art. 58 SKR[2] und nunmehr Art. 85 SRL umgesetzt, wobei sich ggü. der SKR keine Veränderung ergeben hatte.[3] Nach dem Erwgr. 27 der SRL sollen dabei auch die Regelungen des WTO-Übereinkommens über das öffentliche Beschaffungswesen (GPA) beachtet werden. Von Bedeutung ist insoweit das Diskriminierungsverbot gem. Art. III GPA hinsichtlich Unternehmen aus einem Vertragsstaat. Gegenüber Nichtvertragsstaaten ist eine Diskriminierung zulässig. So enthält § 55 SektVO eine unions- und WTO-rechtlich erlaubte Diskriminierung von Angeboten, die aus Drittländern stammen.[4]

2 Hintergrund dieser Regelungen ist das **handelspolitische Prinzip der Gegenseitigkeit**, wonach eine Öffnung für Waren aus Drittstaaten nur erfolgen soll, soweit die jeweiligen Drittlandmärkte für die entsprechenden Waren aus der EU ebenfalls

---

[1] BReg, BT-Drs. 18/7318, 246.
[2] BReg, BR-Drs. 522/09, 54.
[3] BReg, BT-Drs. 18/7318, 246.
[4] OLG Brandenburg 2.6.2020 – 19 Verg 1/20, NZBau 2021, 60 (62) Rn. 66.

geöffnet wurden.⁵ Dies soll einen Anreiz für diese Länder zur Öffnung ihrer Märkte setzen bzw. die Verhandlungsposition ggü. diesen Ländern stärken.⁶ Allerdings findet sich eine solche Regelung nur im Sektorenbereich, nicht aber im sonstigen deutschen Vergaberecht oder in der VRL.

II. Zurückweisungsmöglichkeit (Abs. 1)

1. Überwiegender Warenanteil bei Lieferaufträgen

Ausweislich des Wortlauts gilt die Zurückweisungsmöglichkeit von Angeboten 3 gem. Abs. 1 nur für Lieferaufträge, **nicht** aber für Aufträge über **Bau- oder Dienstleistungen.**⁷

Angebote können nach Abs. 1 S. 1 zurückgewiesen werden, bei denen der Waren- 4 anteil zu mehr als 50 % des Gesamtwertes aus Drittländern stammt. Bei der Bestimmung des Anteils ist Art. 85 Abs. 2 S. 1 SRL zu beachten, der auf die VO (EU) Nr. 952/2013 des Europäischen Parlaments und des Rates v. 9.10.2013 zur Festlegung des Zollkodex der Union⁸ verweist. Maßgeblich ist mithin der dort in den Art. 69 ff. des Zollkodex geregelte **Zollwert der Waren.** Deren Feststellung und die Bestimmung der Herkunft dürften in der Praxis problematisch sein, weil insoweit eine allg. Pflicht der Bieter zur Darlegung dieser Informationen fehlt. Damit setzt die Anwendbarkeit des § 55 SektVO voraus, dass der Auftraggeber Angaben zur Herkunft der angebotenen Ware bzw. zum Fertigungsort verlangen kann.⁹

Entspr. Art. 59 ff. dieses Zollkodexes bestimmt sich auch der Warenursprung. 5 Entscheidend ist dabei nach dem Wortlaut des § 55 Abs. 1 SektVO und Art. 85 SRL nicht die Herkunft des Bieters selbst, sondern die **Herkunft der Waren.** Dementsprechend kann auch ein Bieter aus einem EU-Mitgliedstaat über § 55 SektVO benachteiligt werden.¹⁰ Jedenfalls soweit die Ware noch nicht im Binnenmarkt befindlich ist, kommt ein Verstoß gegen die primärrechtlichen Grundsätze der Warenverkehrsfreiheit (Art. 34, 36 AEUV) nicht in Betracht.¹¹

2. Drittländer

Drittländer sind weder Vertragsparteien des Abkommens über den Europäischen 6 Wirtschaftsraum noch sonstiger Vereinbarungen über gegenseitigen Marktzugang. Dies ergibt sich aus den entspr. völkerrechtlichen Verträgen bzw. deren Nichtexistenz. Nach Abs. 1 S. 2 gibt das Bundeswirtschaftsministerium im BAnz. bekannt, mit welchen Ländern und auf welchen Gebieten solche Vereinbarungen bestehen.

---

⁵ IdS Bericht der Kommission an das Europäische Parlament und den Rat über Handels- und Investitionshindernisse 1.1.2018 – 31.12.2018, COM(2019) 271 final v. 17.6.2019; OLG Brandenburg 2.6.2020 – 19 Verg 1/20, NZBau 2021, 60 (62) Rn. 65; Stein/Steinhöfel VergabeR 2021, 145 (146).
⁶ IdS auch OLG Brandenburg 2.6.2020 – 19 Verg 1/20, NZBau 2021, 60 (65) Rn. 81; Greb/Müller/Müller SektVO § 55 Rn. 3; zur Vorvorgängerregelung auch Zillmann NZBau 2003, 480 (488), mit Zweifeln an der Wirksamkeit; zum transatlantischen Streit im Zusammenhang mit der Einführung der SKR v. Bogdandy/Wernicke EuZW 1993, 216 ff.
⁷ OLG Brandenburg 2.6.2020 – 19 Verg 1/20, NZBau 2021, 60 (62) Rn. 68.
⁸ ABl. 2013 L 269, 1, zuletzt geändert durch Verordnung (EU) 2022/2399 v. 23.11.2022, ABl. 2022 L 317, 1.
⁹ EOR/Röwekamp SektVO § 55 Rn. 7.
¹⁰ OLG Brandenburg 2.6.2020 – 19 Verg 1/20, NZBau 2021, 60 (64) Rn. 78; Leinemann Vergabe Rn. 1683; Röwekamp/Bätgen NZBau 2021, 16 (19).
¹¹ OLG Brandenburg 2.6.2020 – 19 Verg 1/20, NZBau 2021, 60 (63) Rn. 74 mzustAnm Röwekamp/Bätgen NZBau 2021, 16 (18).

SektVO § 55 Angebote, die Erzeugnisse aus Drittländern umfassen

Diese **Bekanntmachung** hat lediglich **deklaratorischen Charakter.** Demgemäß ist es für die Anwendung des § 55 SektVO auch unschädlich, dass noch keine Bekanntmachung erfolgt ist. Die Bekanntmachung zur Vorvorgängerregelung[12] ist nur noch teilw. aktuell. Umfassender und aktueller ist eine Mitteilung der EU-Kommission.[13]

7 Keine Drittländer sind neben den EU-Mitgliedstaaten auch die Vertragsparteien des Abkommens über den Europäischen Wirtschaftsraum wie die Nicht-EU-Staaten Norwegen, Lichtenstein und Island. Vereinbarungen über gegenseitigen Marktzugang bestehen aufgrund EU-Freihandelsabkommen ua mit Chile,[14] Mexiko,[15] der Schweiz[16] und einer Vielzahl anderer Länder.[17] Zu beachten ist dabei, dass einige Vereinbarungen auf einzelne Bereiche beschränkt sind. Häufig werden bspw. nur Bereiche der Elektrizitätsversorgung und des Nahverkehrs erfasst.

3. Zurückweisungsermessen

8 Der Auftraggeber kann die Angebote zurückweisen, muss dies aber nicht. Da die Regelung vorwiegend handelspolitische Ziele verfolgt (→ Rn. 2), sind ermessensleitende Aspekte für den Einzelfall nur schwer zu ermitteln.[18] Ein Ermessensfehler, Verzicht oder eine Verwirkung können nicht allein daraus gefolgert werden, dass die Zurückweisung erst im Nachprüfungsverfahren erfolgt.[19]

III. Wertungsvorrang (Abs. 2)

1. Gleichwertigkeit von Angeboten

9 Nach Abs. 2 S. 1 ist bei nach den Zuschlagskriterien gleichwertigen Angeboten dasjenige Angebot zu bevorzugen, das nicht nach Abs. 1 zurückgewiesen werden kann. Nach Abs. 2 S. 3 liegt eine Gleichwertigkeit der Preise vor, „wenn sie um nicht mehr als 3 % voneinander abweichen." Diese Formulierung ist ungenau, weil eine prozentuale Abweichung nicht voneinander, sondern nur in Abhängigkeit von einem bestimmten Grundwert definiert ist. Welcher Preis den Grundwert bilden soll, lässt sich weder aus § 55 Abs. 2 S. 2 SektVO noch aus der entspr. Formulierung in Art. 85 Abs. 3 S. 2 SRL entnehmen. Ausgehend vom Wortsinn der zu bestimmenden Gleichwertigkeit, sollte die Schwankungsbreite möglichst gering sein. Damit ist bei der Berechnung der prozentualen Abweichung vom **geringeren Preis als Grundwert** auszugehen.[20]

---

[12] Bekanntmachung nach § 12 VgV v. 8.4.2003, BAnz. 2003 Nr. 77, 8529.

[13] Europäische Kommission Mitteilung v. 24.7.2019, Leitlinien zur Teilnahme von Bietern und Waren aus Drittländern am EU-Beschaffungsmarkt, C(2019) 5494 final, S. 6 f.; zur aktuellen Entwicklung: Europäische Kommission, Bericht der Kommission über die Verhandlungen über den Zugang von Unternehmen der Union zu Drittlandsmärkten in Bereichen, die unter die Richtlinie 2014/25/EU fallen, COM(2021) 100 final v. 2.3.2021.

[14] ABl. 2002 L 352, 3.

[15] ABl. 2000 L 276, 45.

[16] ABl. 2002 L 114, 480.

[17] Dazu die Auflistung bei https://www.bmwk.de/Redaktion/DE/Artikel/Aussenwirtschaft/freihandelsabkommen-aktuelle-verhandlungen.html.

[18] OLG Brandenburg 2.6.2020 – 19 Verg 1/20, NZBau 2021, 60 (68) Rn. 102.

[19] IdS mit weiteren Ausführungen zur Ermessensausübung: OLG Brandenburg 2.6.2020 – 19 Verg 1/20, NZBau 2021, 60 (65 ff.) Rn. 83 ff. mzustAnm Röwekamp/Bätgen NZBau 2021, 16 (19 f.).

[20] Wohl aM ohne Begr. als Grundwert das Angebot aus den Drittländern heranziehend: Verfürth SektVO Rn. 270; Beck VergabeR/Langenbach SektVO § 55 Rn. 10.

2. Obligatorischer Wertungsvorrang

Im Gegensatz zur fakultativen Ausschluss nach Abs. 1 ist der Wertungsvorrang nach Abs. 2 zwingend. Dies entspricht Art. 85 Abs. 3 SRL. **10**

3. Ausnahmen

Der Wertungsvorrang besteht nach Abs. 2 S. 2 nicht, „wenn die Bevorzugung zum Erwerb von Ausrüstungen führen würde, die andere technische Merkmale als die vom Auftraggeber bereits genutzten Ausrüstungen aufweisen und dadurch bei Betrieb und Wartung zu Inkompatibilität oder technischen Schwierigkeiten oder zu unverhältnismäßigen Kosten führen würde." Diese Voraussetzungen dürften bei ordnungsgemäßer Bildung von Zuschlagskriterien nicht eintreten.[21] **11**

IV. Erweiterung auf Software (Abs. 3)

Nach Abs. 3 gilt Software, die in der Ausstattung für Telekommunikationsnetze verwendet wird, auch als Ware iSd Abs. 1. Diese Formulierung ist insoweit missverständlich, als die entspr. Software auch Ware iSd Abs. 2 darstellt. Dies ergibt sich aus der Verweisung in Abs. 2 S. 1 auf Abs. 1 sowie aus Art. 85 Abs. 2 UAbs. 2 SRL, der den Anwendungsbereich des gesamten Art. 85 SRL für entspr. Software eröffnet. Allerdings dürfte diese Erweiterung bedeutungslos sein, weil die Regelung aus Art. 39 der früheren RL 93/38 EWG zunächst in Art. 58 Abs. 2 S. 2 SKR und danach in Art. 85 Abs. 2 UAbs. 2 SRL übernommen wurde, ohne zu beachten, dass die neuen SKR und SRL den Telekommunikationssektor aus dem Anwendungsbereich herausgenommen haben. Auch für interne Kommunikationsnetze von Sektorenauftraggebern kommt eine Anwendung des Abs. 3 nicht in Betracht.[22] **12**

V. Rechtsschutz

Diskriminiert ein Auftraggeber Waren auf Grund ihrer Herkunft, ohne sich auf § 55 SektVO berufen zu können, ist dem betroffenen Unternehmen unabhängig von seiner Herkunft der Vergaberechtsweg eröffnet.[23] In den umgekehrten Fällen der ermessensfehlerhaften Nichtzurückweisung (Abs. 1) oder der Nichteinräumung eines Wertungsvorrangs trotz Vorliegens der entspr. Voraussetzungen des Abs. 2 ist eine **bieterschützende** Wirkung des § 55 SektVO abzulehnen, weil die Drittlandklausel handelspolitischen Zielen dient.[24] **13**

§ 56 Unterrichtung der Bewerber oder Bieter

(1) ¹Unbeschadet des § 134 des Gesetzes gegen Wettbewerbsbeschränkungen teilt der Auftraggeber jedem Bewerber und jedem Bieter unverzüglich seine Entscheidungen über den Abschluss einer Rahmenvereinbarung, die Zuschlagserteilung oder die Zulassung zur Teilnahme an einem dynamischen Beschaffungssystem mit. ²Gleiches gilt für die Entscheidung, ein Vergabeverfahren aufzuheben oder erneut einzuleiten einschließlich der Gründe dafür, sofern eine Bekanntmachung veröffentlicht wurde.

---

[21] JurisPK-VergabeR/Summa SektVO § 55 Rn. 14.
[22] JurisPK-VergabeR/Summa SektVO § 55 Rn. 16.
[23] IdS Beck VergabeR/Langenbach SektVO § 55 Rn. 14; Zillmann NZBau 2003, 480 (482).
[24] AM Beck VergabeR/Langenbach SektVO § 55 Rn. 14; Greb/Müller/Müller SektVO § 55 Rn. 22.

SektVO § 56 Unterrichtung der Bewerber oder Bieter

(2) **Der Auftraggeber unterrichtet auf Verlangen des Bewerbers oder Bieters unverzüglich, spätestens innerhalb von 15 Tagen nach Eingang des Antrags in Textform**
1. **jeden nicht erfolgreichen Bewerber über die Gründe für die Ablehnung seines Teilnahmeantrags,**
2. **jeden nicht erfolgreichen Bieter über die Gründe für die Ablehnung seines Angebots,**
3. **jeden Bieter über die Merkmale und Vorteile des erfolgreichen Angebots sowie den Namen des erfolgreichen Bieters und**
4. **jeden Bieter über den Verlauf und die Fortschritte der Verhandlungen und des wettbewerblichen Dialogs mit den Bietern.**

(3) **§ 38 Absatz 6 gilt entsprechend.**

Literatur: Vgl. die Angaben bei § 134 GWB und § 62 VgV.

1   § 56 SektVO dient der Umsetzung von Art. 75 Abs. 1–3 RL 2014/25/EU. Die Vorschrift ergänzt die Informationspflicht nach § 134 GWB und die Mitteilungspflichten nach § 48 Abs. 11, 12 SektVO. Sie differenziert zwischen Informationen, die der Auftraggeber jedem Bewerber und Bieter von sich aus – also proaktiv und ohne entspr. Initiative des Bewerbers oder Bieters – mitzuteilen hat (Abs. 1), und Informationen, die nur auf Verlangen des Bewerbers oder Bieters mitgeteilt werden müssen (Abs. 2). Abs. 3 nimmt mit dem Verweis auf § 38 Abs. 6 SektVO bestimmte Angaben von den Unterrichtungspflichten aus. Auch bei der Vergabe von Aufträgen im Sektorenbereich gilt allerdings **vorrangig die Informations- und Wartepflicht gem. § 134 GWB** (vgl. § 142 GWB). Die Vorschrift betrifft somit die Informationsrechte der Bewerber und Bieter, die unabhängig von der Informationspflicht nach § 134 GWB bestehen.

2   **Abs. 1** ordnet an, alle Bewerber oder Bieter unverzüglich und automatisch, dh **ohne entspr. Aufforderung,** über die Entscheidungen über den Abschluss einer Rahmenvereinbarung, die Zuschlagserteilung oder die Zulassung zur Teilnahme an einem dynamischen Beschaffungssystem sowie über die Gründe für eine Entscheidung, ein Vergabeverfahren, für das eine Bekanntmachung veröffentlicht wurde, aufzuheben oder erneut einzuleiten, zu informieren. Ratio legis von Abs. 1 ist es, Bewerber und Bieter frühestmöglich über den Abschluss eines Vergabeverfahrens in Kenntnis zu setzen, damit sie ihre betrieblichen Kapazitäten und Ressourcen wieder für andere Aufträge einsetzen können. Die Informationspflicht besteht auch hinsichtlich der Gründe in dem Fall der **Aufhebung** des Vergabeverfahrens, wenn der Auftrag bekannt gemacht wurde.

3   Abs. 1 ist inhaltlich identisch mit § 62 Abs. 1 VgV, so dass auf dessen Kommentierung verwiesen werden kann, → VgV § 62 Rn. 1 ff.

4   Im Gegensatz zu Abs. 1 normiert **Abs. 2** Unterrichtungspflichten, die nur **auf Antrag** des betreffenden Bewerbers oder Bieters in Textform gem. § 126b BGB zu erfüllen sind. Die Vorschrift setzt Art. 75 Abs. 2 RL 2014/25/EU um und gewährt in Nr. 1, 2 und 3 erfolglosen Bewerbern und Bietern einen **Informationsanspruch,** der grds. erst nach Erteilung des Zuschlags zum Tragen kommt (**ex-post-Transparenz).** Die praktische Bedeutung dieser Informationspflicht ist aufgrund der gesetzlichen Informationspflicht in § 134 Abs. 1 GWB, die automatisch ggü. jedem Bewerber und Bieter *vor* Zuschlagserteilung zu erfüllen ist, stark reduziert. Daneben schreibt Nr. 4 vor, während des laufenden Vergabeverfahrens und damit noch vor Zuschlagserteilung über den Verlauf und die Fortschritte der Verhandlungen und des wettbewerblichen Dialogs zu informieren.

5   Abs. 2 ist inhaltlich identisch mit § 62 Abs. 2 VgV, so dass auf dessen Kommentierung verwiesen werden kann, → VgV § 62 Rn. 5 ff.

Aufhebung und Einstellung des Verfahrens **§ 57 SektVO**

Abs. 3, der Art. 75 Abs. 3 RL 2014/25/EU umsetzt, erklärt § 38 Abs. 6 SektVO **6** für die in den Abs. 1 und 2 genannten Angaben über die Entscheidungen über den Abschluss einer Rahmenvereinbarung, die Zuschlagserteilung oder die Zulassung zur Teilnahme an einem dynamischen Beschaffungssystem für entspr. anwendbar. Abs. 3 bezweckt, die gebotene Transparenz ausnahmsweise zurücktreten zu lassen, wenn ihr überwiegende rechtliche oder wirtschaftliche Belange entgegenstehen. Danach kann der Auftraggeber bestimmte Informationen, zu deren Erteilung er gem. Abs. 1 und 2 verpflichtet ist, ausnahmsweise zurückhalten, wenn deren Weitergabe den Gesetzesvollzug behindern, dem öffentlichen Interesse zuwiderlaufen, den berechtigten geschäftlichen Interessen eines Unternehmens schaden oder den lauteren Wettbewerb zwischen den Unternehmen beeinträchtigen würde. Auf die Kommentierung der Parallelvorschrift → VgV § 39 Rn. 9 ff. wird verwiesen.

Die Vorschrift ist bieterschützend, vgl. dazu → VgV § 62 Rn. 15 ff. **7**

§ 57 Aufhebung und Einstellung des Verfahrens

¹Ein Vergabeverfahren kann ganz oder bei Losvergabe für einzelne Lose aufgehoben werden oder im Fall eines Verhandlungsverfahrens eingestellt werden. ²In diesen Fällen hat der Auftraggeber den am Vergabeverfahren beteiligten Unternehmen unverzüglich die Aufhebung oder Einstellung des Verfahrens und die Gründe hierfür sowie seine etwaige Absicht, ein neues Vergabeverfahren durchzuführen, in Textform mitzuteilen.

Literatur: Vgl. die Angaben bei § 63 VgV.

In § 57 SektVO wird die Aufhebung und Einstellung eines begonnenen Vergabe- **1** verfahrens für den Sektorenbereich ausdr. zugelassen. Auch wenn die früheren Bestimmungen aus § 26 VOB/A aF bzw. § 26 VOL/A aF auf Vergaben im Sektorenbereich nicht unmittelbar angewendet werden konnten[1], waren auch Sektorenauftraggeber bei ihrer Entscheidung über die Einstellung oder Aufhebung eines Vergabeverfahrens auch seinerzeit nicht völlig frei. Eine solche Beendigung des Vergabeverfahrens konnte nur **aus sachlichen Gründen** erfolgen.[2]

§ 57 SektVO normiert keine Voraussetzungen, unter denen eine Aufhebung **2** oder Einstellung des Vergabeverfahrens zugelassen wird. Daher gilt die durch Richterrecht geprägte Rechtslage. Das Absehen von einem Vertragsschluss ist auch im Bereich der Sektorenauftragsvergabe aus einem sachlichen Grund möglich. Die sachlichen Gründe, die eine Aufhebung bzw. Einstellung der Ausschreibung rechtfertigen, können jedenfalls den Tatbeständen von § 63 VgV bzw. § 17 EU VOB/A entnommen werden (→ VgV § 63 Rn. 8).[3] Die dort enthaltenen Aufhebungsgründe werden vom Normgeber als sachgerecht angesehen. In dieser Hinsicht wird auf die Erläuterungen zu den einzelnen Aufhebungsgründen

---

[1] OLG München 12.7.2005 – Verg 8/05, BeckRS 2005, 19924 = VergabeR 2005, 802 (805).

[2] OLG München 29.9.2009 – Verg 12/09, BeckRS 2009, 27005 = VergabeR 2010, 238 (243); OLG Naumburg 13.10.2006 – 1 Verg 6/06, NJOZ 2007, 261 (265) = BeckRS 2006, 12148; OLG München 12.7.2005 – Verg 8/05, BeckRS 2005, 19924 = VergabeR 2005, 802 (805); VK Brandenburg 14.12.2007 – VK 50/07, BeckRS 2008, 03348; VK Sachsen 17.1.2006 – 1-SVK/151/05, BeckRS 2006, 05537; VK Bund 28.4.2003 – VK 1–19/03, IBR 2003, 379.

[3] Eine Einstellung kann auch dann nicht zugelassen werden, wenn seine Fortführung aus Sicht des Auftraggebers nicht mehr zweckmäßig oder sinnvoll erscheint. Ein sachlicher Grund wird nur anhand objektiver Maßstäbe festgestellt werden können. Zweckmäßigkeitserwägungen des Auftraggebers reichen dazu nicht aus.

in § 63 VgV Bezug genommen. Ein sachlicher Grund liegt etwa vor, wenn kein zuschlagfähiges Angebot vorliegt.[4] Allerdings lässt § 57 SektVO eine Aufhebung oder Einstellung des Verfahrens in weitergehendem Umfang auch dann zu, wenn die Tatbestände aus § 63 VgV oder § 17 EU VOB/A nicht vorliegen.[5] Sind sachliche Gründe gegeben, unterliegt die Entscheidung dem Ermessen des Sektorenauftraggebers.

3   Die **Unterrichtungsverpflichtung** entspricht der Sache nach den Vorgaben aus § 63 Abs. 2 VgV. Zur Zurückhaltung von Informationen über die Aufhebung oder Einstellung eines Vergabeverfahrens vgl. § 5 SektVO.

Abschnitt 3. Besondere Vorschriften für die Beschaffung energieverbrauchsrelevanter Leistungen

§ 58 Beschaffung energieverbrauchsrelevanter Leistungen

(1) ¹Mit der Leistungsbeschreibung sind im Rahmen der technischen Spezifikationen von den Bietern Angaben zum Energieverbrauch von technischen Geräten und Ausrüstungen zu fordern. ²Bei Bauleistungen sind diese Angaben dann zu fordern, wenn die Lieferung von technischen Geräten und Ausrüstungen Bestandteil dieser Bauleistungen sind. ³Dabei ist in geeigneten Fällen eine Analyse minimierter Lebenszykluskosten oder eine vergleichbare Methode zur Gewährleistung der Wirtschaftlichkeit vom Bieter zu fordern.

(2) Bei technischen Geräten und Ausrüstungen kann deren Energieverbrauch bei der Entscheidung über den Zuschlag berücksichtigt werden, bei Bauleistungen jedoch nur dann, wenn die Lieferung der technischen Geräte oder Ausrüstungen ein wesentlicher Bestandteil der Bauleistung ist.

Literatur: Birk, Vergaberecht als Mittel zur Verfolgung der Klimaschutzbelange des Art. 20 a GG, NZBau 2022, 572; Hattenhauer/Butzert, Die Etablierung ökologischer, sozialer, innovativer und qualitativer Aspekte im Vergabeverfahren, ZfBR 2017, 129; Knauff, Energieeffiziente Beschaffung, VergabeR 2019, 274; Rosenauer/Steinthal, Der Umgang mit Klima- und Umweltschutzkriterien im Vergaberecht, KlimR 2022, 202; Schröder, „Grüne" Zuschlagskriterien, NZBau 2014, 467; Zeiss, Weniger Energieverbrauch! – Beschaffung energieeffizienter Geräte und Ausrüstung, NZBau 2011, 658.

I. Bedeutung der Vorschrift

1   Die Bestimmung des § 58 SektVO enthält **Sonderregelungen zur Energieeffizienz,** die bei der Beschaffung energieverbrauchsrelevanter Leistungen, Waren, Geräte oder Ausrüstung zwingend zu beachten sind.[1] Mit ihr wird der Regelungsgehalt des § 7 Abs. 4 SektVO aF in neues Verordnungsrecht überführt.[2] Sie ist zugleich nachrangig ggü. den Bestimmungen über die Beschaffung sauberer Fahrzeuge, die zuvor in § 59 SektVO aF enthalten waren und nunmehr im SaubFahr-

---

[4] VK Bund 14.3.2017 – VK 1–15/17, IBR 2017, 398.
[5] EOR/Wichmann SektVO § 57 Rn. 17.
[1] BT-Drs. 18/7318, 247.
[2] BT-Drs. 18/7318, 247.

zeugBeschG geregelt sind.[3] Die Vorschrift entspricht in weiten Teilen § 67 VgV, ist jedoch weniger streng gefasst als diese.[4] § 58 SektVO regelt lediglich **Mindestanforderungen**; Sektorenauftraggeber dürfen jedoch über diese zwingenden Vorgaben hinausgehen.[5]

II. Unionsrechtlicher Hintergrund

§ 58 SektVO dient der Umsetzung von **Art. 6 Abs. 1 der Energieeffizienz-Richtlinie** 2012/27/EU.[6]

III. Erfasste Aufträge

Originärer Anwendungsbereich sind **Lieferverträge**. Umstritten ist, ob darüber hinaus auch **Dienstleistungsaufträge** erfasst sind. Dagegen spricht die Fokussierung auf „Geräte" in Abs. 1 S. 1,[7] dafür der unionsrechtliche Hintergrund des Art. 6 Abs. 1 UAbs. 1 RL 2012/27/EU.[8] Bei teleologischer Betrachtung sprechen gute Gründe für eine vermittelnde Ansicht: Die Bestimmung kommt auch bei Dienstleistungsaufträgen zur Anwendung, wenn energieverbrauchsrelevante Gegenstände zum Einsatz kommen, welche für die Dienstleistungserbringung wesentlich sind.[9] **Bauaufträge** werden Lieferaufträgen nach § 58 Abs. 1 S. 2 SektVO bzw. § 58 Abs. 2 Hs. 2 SektVO dann gleichgestellt, wenn die Lieferung der Geräte und Ausrüstung wesentlicher Bestandteil der Bauleistung ist. Keine Bestandteile (mehr) sind solche Geräte und Ausrüstung, die lediglich aus Anlass der Bauausführung benutzt werden.[10]

IV. Leistungsbeschreibung (Abs. 1)

Mit der Leistungsbeschreibung nach Abs. 1 S. 1 sind iRd technischen Spezifikationen von den Bietern **Angaben zum Energieverbrauch von technischen Geräten** zu fordern. Das Gleiche gilt nach Abs. 1 S. 2 für Bauaufträge, wenn die Lieferung von technischen Geräten und Ausrüstungen Bestandteil der Bauleistungen ist. Nach Abs. 1 S. 3 werden zudem in geeigneten Fällen eine Analyse minimierter Lebenszykluskosten oder eine vergleichbare Methode zur Gewährleistung der Wirtschaftlichkeit vom Bieter gefordert. Wie aus der Formulierung „sind" / „ist" deutlich wird, besteht im Unterschied zu § 67 VgV (→ VgV § 67 Rn. 14) auf der Rechtsfolgenseite **kein Ermessen**.[11] Allerdings wird man bei der Bestimmung geeigneter Fälle für die Lebenszyklusanalyse einen begrenzten Beurteilungsspielraum anerkennen müssen.

Umstritten ist, ob aus Abs. 1 über die erstmalige Anforderung von Angaben zum Energieverbrauch hinaus auch **eine Überprüfung sowie eine etwaige Nachbes-

---

[3] Zum Vorrang vor § 59 SektVO aF BT-Drs. 18/7318, 247. Zum SaubFahrzeugBeschG ausf. → SaubFahrzeugBeschG sowie Siegel VergabeR 2022, 14 (15 ff.) und Schröder NZBau 2021, 499 ff.
[4] Knauff VergabeR 2019, 274 (276); MüKoEuWettbR/Rusch SektVO § 58 Rn. 2.
[5] MüKoEuWettbR/Rusch SektVO § 58 Rn. 2.
[6] ABl. 2012 L 315, 1.
[7] Knauff VergabeR 2019, 274 (276).
[8] MüKoEuWettbR/Rusch SektVO § 58 Rn. 10.
[9] MüKoEuWettbR/Rusch SektVO § 58 Rn. 11.
[10] Zeiss NZBau 2011, 658 (659).
[11] HK-VergabeR/Winnes SektVO § 58 Rn. 6.

SektVO § 61 Anwendungsbereich

serung abzuleiten ist. Dagegen spricht zwar, dass § 58 SektVO keine parallele Regelung zu § 67 Abs. 4 VgV enthält (→ VgV § 67 Rn. 21).[12] Sinn und Zweck der Vorschrift sprechen jedoch für eine erweiterte Auslegung.[13]

V. Berücksichtigung beim Zuschlag (Abs. 2)

6   Nach Abs. 2 kann der Energieverbrauch auch bei der Entscheidung über den Zuschlag berücksichtigt werden. Anders als bei der Aufnahme in das Leistungsverzeichnis nach Abs. 1 besteht hier ein Ermessen („kann"). Dieses **Ermessen** muss fehlerfrei ausgeübt werden und gestattet den Nachprüfungsinstanzen eine Überprüfung auf Ermessensfehler.[14]

§ 59 *(aufgehoben)*

Abschnitt 4. Planungswettbewerbe

Vor § 60

1   Die Vorschriften zu Wettbewerben in den §§ 60–64 SektVO entsprechen iW den Bestimmungen der §§ 69–72 VgV. Zu beachten ist, dass im Anwendungsbereich der SektVO keine Sonderregelungen für Wettbewerbe im Bereich des Bauwesens vorgesehen sind. Die Regelungen der §§ 78–80 VgV finden hier keine Anwendung. Unabhängig davon ist es auch hier zulässig und sinnvoll, Wettbewerbe nach den Richtlinien für Wettbewerbe (RPW 2013) auszurichten.

§ 60 Anwendungsbereich

(1) **Wettbewerbe nach § 103 Absatz 6 des Gesetzes gegen Wettbewerbsbeschränkungen werden insbesondere auf den Gebieten der Raumplanung, des Städtebaus und des Bauwesens oder der Datenverarbeitung durchgeführt (Planungswettbewerbe).**

(2) **Bei der Durchführung eines Planungswettbewerbs wendet der Auftraggeber die §§ 5, 6, 50 und die Vorschriften dieses Abschnitts an.**

1   § 60 SektVO entspricht mit Ausnahme der Verweisungen dem § 69 VgV. Auf dessen Kommentierung wird verwiesen, → VgV § 69 Rn. 1 ff.

§ 61[1] Veröffentlichung, Transparenz

(1) [1]**Der Auftraggeber teilt seine Absicht, einen Planungswettbewerb auszurichten, in einer Wettbewerbsbekanntmachung mit.** [2]**Die Wettbewerbs-**

---

[12] Deshalb eine Überprüfungs- und Nachermittlungspflicht ablehnend HK-VergabeR/Winnes SektVO § 58 Rn. 7. Zurückhaltend Hattenhauer/Butzert ZfBR 2017, 129 (130: „anscheinend").

[13] So zu Recht Knauff VergabeR 2019, 274 (278); MüKoEuWettbR/Rusch SektVO § 58 Rn. 19.

[14] MüKoEuWettbR/Rusch SektVO § 58 Rn. 16.

[1] Zur Anwendung siehe § 66 Nr. 2.

bekanntmachung wird nach den Vorgaben der Spalte 24 der Tabelle 2 des Anhangs der Durchführungsverordnung (EU) 2019/1780 in Verbindung mit § 10a erstellt.

(2) Beabsichtigt der Auftraggeber im Anschluss an einen Planungswettbewerb einen Dienstleistungsauftrag im Verhandlungsverfahren ohne Teilnahmewettbewerb zu vergeben, hat der Auftraggeber die Eignungskriterien und die zum Nachweis der Eignung erforderlichen Unterlagen hierfür bereits in der Wettbewerbsbekanntmachung anzugeben.

(3) ¹Die Ergebnisse des Planungswettbewerbs sind bekanntzumachen und innerhalb von 30 Tagen an das Amt für Veröffentlichungen der Europäischen Union über den Datenservice Öffentlicher Einkauf zu übermitteln. ²Die Bekanntmachung wird nach den Vorgaben der Spalte 37 der Tabelle 2 des Anhangs der Durchführungsverordnung (EU) 2019/1780 in Verbindung mit § 10a erstellt.

(4) § 38 Absatz 6 gilt entsprechend.

§ 61 SektVO entspricht mit Ausnahme der Vorgaben der Spalte 24 der Tabelle 2 des Anhangs der Durchführungsverordnung (EU) 2019/1780 (für die Wettbewerbsbekanntmachung) und der Spalte 37 der Tabelle 2 des Anhangs der Durchführungsverordnung (EU) 2019/1780 (für die Ergebnisse des Planungswettbewerbs), die jew. mWv 25.10.2023 zu beachten sind, dem § 70 VgV. Auf dessen Kommentierung wird verwiesen, → VgV § 70 Rn. 1 ff.   1

§ 62 Ausrichtung

(1) Die an einem Planungswettbewerb Interessierten sind vor Wettbewerbsbeginn über die geltenden Durchführungsregeln zu informieren.

(2) Die Zulassung von Teilnehmern an einem Planungswettbewerb darf nicht beschränkt werden
1. unter Bezugnahme auf das Gebiet eines Mitgliedstaats der Europäischen Union oder einen Teil davon oder
2. auf nur natürliche oder nur juristische Personen.

(3) ¹Bei einem Planungswettbewerb mit beschränkter Teilnehmerzahl hat der Auftraggeber eindeutige und nichtdiskriminierende Auswahlkriterien festzulegen. ²Die Zahl der Bewerber, die zur Teilnahme aufgefordert werden, muss ausreichen, um einen echten Wettbewerb zu gewährleisten.

§ 62 SektVO entspricht dem § 71 VgV. Auf dessen Kommentierung wird verwiesen, → VgV § 71 Rn. 1 ff.   1

§ 63 Preisgericht

(1) ¹Das Preisgericht darf nur aus Preisrichtern bestehen, die von den Teilnehmern des Planungswettbewerbs unabhängig sind. ²Wird von den Wettbewerbsteilnehmern eine bestimmte berufliche Qualifikation verlangt, muss mindestens ein Drittel der Preisrichter über dieselbe oder eine gleichwertige Qualifikation verfügen.

(2) ¹Das Preisgericht ist in seinen Entscheidungen und Stellungnahmen unabhängig. ²Es trifft seine Entscheidungen nur aufgrund von Kriterien, die in der Wettbewerbsbekanntmachung genannt sind. ³Die Wettbewerbsarbeiten sind ihm anonym vorzulegen. ⁴Die Anonymität ist bis zu den Stellungnahmen oder Entscheidungen des Preisgerichts zu wahren.

(3) ¹Das Preisgericht erstellt einen Bericht über die Rangfolge der von ihm ausgewählten Wettbewerbsarbeiten, indem es auf die einzelnen Projekte eingeht und seine Bemerkungen sowie noch zu klärende Fragen aufführt. ²Dieser Bericht ist von den Preisrichtern zu unterzeichnen.

(4) ¹Die Teilnehmer können zur Klärung bestimmter Aspekte der Wettbewerbsarbeiten aufgefordert werden, Fragen zu beantworten, die das Preisgericht in seinem Protokoll festzuhalten hat. ²Der Dialog zwischen Preisrichtern und Teilnehmern ist zu dokumentieren.

1 § 63 SektVO entspricht dem § 72 VgV. Auf dessen Kommentierung wird verwiesen, → VgV § 72 Rn. 1 ff.

Abschnitt 5. Übergangs- und Schlussbestimmungen

§ 64 Übergangsbestimmungen

¹Zentrale Beschaffungsstellen im Sinne von § 120 Absatz 4 Satz 1 des Gesetzes gegen Wettbewerbsbeschränkungen können bis zum 18. April 2017, andere Auftraggeber bis zum 18. Oktober 2018, abweichend von § 43 Absatz 1 die Übermittlung der Angebote, Teilnahmeanträge und Interessensbestätigungen auch auf dem Postweg, anderem geeigneten Weg, Fax oder durch die Kombination dieser Mittel verlangen. ²Dasselbe gilt für die sonstige Kommunikation im Sinne des § 9 Absatz 1, soweit sie nicht die Übermittlung von Bekanntmachungen und die Bereitstellung der Vergabeunterlagen betrifft.

1 § 64 SektVO dient der Umsetzung des Art. 106 Abs. 2 RL 2014/25/EU. Auf die entspr. Kommentierung zu § 81 VgV wird verwiesen, → VgV § 81 Rn. 1 ff.

§ 65 Fristenberechnung

Die Berechnung der in dieser Verordnung geregelten Fristen bestimmt sich nach der Verordnung (EWG, Euratom) Nr. 1182/71 des Rates vom 3. Juni 1971 zur Festlegung der Regeln für die Fristen, Daten und Termine (ABl. L 124 vom 8.6.1971, S. 1).

1 § 65 SektVO stellt klar, dass die Berechnung von Fristen im Anwendungsbereich der SektVO nach dem unionsweit einheitlichen Fristenregime der Verordnung (EWG, Euratom) Nr. 1182/71 des Rates vom 3. Juni 1971 zur Festlegung der Regeln für die Fristen, Daten und Termine erfolgt.
2 Die Vorschrift ist wortgleich mit § 82 VgV, so dass auf dessen Kommentierung → VgV § 82 Rn. 1 ff. verwiesen wird.

§ 66 Anwendungsbestimmungen aus Anlass der Einführung von eForms

Bis zum Ablauf des sich nach § 83 Absatz 2 der Vergabeverordnung ergebenden Tages sind
1. § 10a nicht anzuwenden und
2. die §§ 21, 35, 36, 37, 38, 39, 40 und 61 in ihrer am 23. August 2023 geltenden Fassung weiter anzuwenden.

1 Der mit der „Verordnung zur Anpassung des Vergaberechts an die Einführung neuer elektronischer Standardformulare („eForms") für EU-Bekanntmachungen

und an weitere europarechtliche Anforderungen" v. 17. August 2023[1] eingefügte § 66 SektVO enthält **Anwendungsbestimmungen**, bis zu welchem Tag der mit jener Verordnung eingefügte § 10a SektVO nicht anzuwenden und die §§ 21, 35, 36, 37, 38, 39, 40 und 61 SektVO in ihrer am 23. August 2023 geltenden Fassung weiter anzuwenden sind.

Die Änderungsverordnung trat am Tag nach ihrer Verkündung am 24. August 2023 in Kraft. Die Anwendung der eForms ist jedoch erst zum Ende des Übergangszeitraums der Durchführungsverordnung (EU) 2019/1780 („eForms-Verordnung")[2] am 25.10.2023 verpflichtend. Dies soll nach den Vorstellungen der Verordnungsgebers[3] einen ausreichenden Vorbereitungszeitraum ermöglichen. § 66 SektVO normiert insoweit Übergangsbestimmungen zum Abgleich der technischen und rechtlichen Regelungen.[4]

§ 66 SektVO verweist für die Anwendung des § 10a SektVO auf die in § 83 Abs. 2 VgV normierten Zeitpunkte. Der für die Anwendung von § 10a SektVO maßgebliche Tag ist danach der Folgetag des Tages, an dem
(1) das BMI im Einvernehmen mit dem BMWK den Datenaustauschstandard eForms entspr. § 10a Abs. 2 S. 2 VgV festgelegt und im BAnz. bekanntgemacht hat und
(2) das BMWK im Einvernehmen mit dem BMI festgestellt und im BAnz. bekanntgemacht hat, dass
  (a) die Voraussetzungen für die elektronische Erstellung von Bekanntmachungen nach der Durchführungsverordnung (EU) 2019/1780 entspr. § 10a Abs. 1 S. 1 VgV vorliegen und
  (b) die Voraussetzungen für die elektronische Übermittlung von Bekanntmachungen über den Datenservice Öffentlicher Einkauf entspr. § 10a Abs. 5 S. 1 VgV vorliegen.

Die Pflichten nach § 10a SektVO sind mWv 25. Oktober 2023 zu beachten (iE dazu → VgV § 83 Rn. 3).

---

[1] BGBl. 2023 I Nr. 222 v. 23.8.2023.
[2] Durchführungsverordnung (EU) 2019/1780 der Kommission v. 23. September 2019 zur Einführung von Standardformularen für die Veröffentlichung von Bekanntmachungen für öffentliche Aufträge und zur Aufhebung der Durchführungsverordnung (EU) 2015/1986 („elektronische Formulare – eForms"), geändert durch die Durchführungsverordnung (EU) 2022/2303 der Kommission v. 4. November 2022 zur Änderung der Durchführungsverordnung (EU) 2019/1780 zur Einführung von Standardformularen für die Veröffentlichung von Bekanntmachungen für öffentliche Aufträge.
[3] BT-Drs. 20/6118, 38.
[4] BT-Drs. 20/6118, 34.

4. Vergabeverordnung für die Bereiche Verteidigung und Sicherheit (VSVgV)

Vom 12. Juli 2012 (BGBl. I S. 1509)

zuletzt geändert durch Art. 3 VO zur Anpassung des Vergaberechts an die Einführung neuer elektronischer Standardformulare („eForms") für EU-Bek. und an weitere europarechtliche Anforderungen v. 17.8.2023 (BGBl. 2023 I Nr. 222)

Einleitung

Literatur: Arrowsmith, The Law of Public and Utilities Procurement, Vol. 2, 3rd ed. Chapter 15; Byok, Reformierter Regelungsrahmen für Beschaffungen im Sicherheits- und Verteidigungssektor, NVwZ 2012, 70; Csaki, Die Entwicklung des Vergaberechts seit 2021, NJW 2022, 1502; Eggers/Siegert, Grenzen ausschreibungsfreier Rüstungsvergabe, NZBau 2023, 14; Eisenhut, Das Vergaberecht der Verteidigungsgüterbeschaffung – Die „Sicherheitsausnahme" des Art. 346 AEUV als Wunderwaffe?, NJW 2022, 3270; Hindelang/Eisentraut, Rüstungsbeschaffung zwischen Bestimmungsfreiheit des Auftraggebers und Sicherstellung von Wettbewerb, EuZW 2019, 149; Höfler/Petersen, Erstreckung des Binnenmarktes auf die Verteidigungs- und Sicherheitsmärkte? – Die Beschaffungsrichtlinie 2009/81/EG, EuZW 2011, 336; Hölzer, Vergaberecht im Verteidigungs- und Sicherheitsbereich der Europäischen Union, 2017; Hölzl, Neu: Der Konkurrent im Sicherheits- und Verteidigungsrecht, VergabeR 2012, 141; Hopf, Gesetz zur Änderung des Vergaberechts für die Bereiche Verteidigung und Sicherheit in Kraft, Teil 1, UBWV 2012, 105, Teil 2, UBWV 2012, 180; Knauff, Rüstungsbeschaffung in Krisenzeiten, NVwZ 2022, 529; Mösinger/Juraschek, Keine Flucht in Sicherheitsinteressen! – Art. 346 AEUV als Ultima Ratio, NZBau 2019, 93; Rosenkötter, Die Verteidigungsrichtlinie 2009/81/EG und ihre Umsetzung, VergabeR 2012, 267; Roth/Lamm, Die Umsetzung der Verteidigungsgüter-Beschaffungsrichtlinie in Deutschland. Ein Überblick über die Regelungen des GWB, der VSVgV und des dritten Abschnitts der VOB/A (VOB/A-VS), NZBau 2012, 609; Scherer-Leydecker, Verteidigungs- und sicherheitsrelevante Aufträge – Eine neue Auftragskategorie im Vergaberecht, NZBau 2012, 509; Sigismund, Das Gesetz zur Beschleunigung von Beschaffungsmaßnahmen der Bundeswehr (Bundeswehrbeschaffungsbeschleunigungsgesetz – BwBBG) – Impulse für das Beschaffungswesen, VergabeR 2023, 289. Vgl. auch die Angaben bei BwBBG.

Übersicht

	Rn.
I. Bedeutung der VSVgV	1
II. Europapolitischer und -rechtlicher Hintergrund	3
III. Verteidigungspolitischer und -rechtlicher Hintergrund	6
IV. Regelungsgehalt der RL 2009/81/EG	10
V. Systematik der Umsetzung der RL 2009/81/EG	17

I. Bedeutung der VSVgV

Die Vergabeverordnung für die Bereiche Verteidigung und Sicherheit (VSVgV) wurde am 18.7.2012 im Bundesgesetzblatt veröffentlicht[1] und trat am 19.7.2012

---

[1] BGBl. I 1509.

in Kraft. Gemeinsam mit der gleichzeitig in Kraft getretenen Änderung des 2. Abschn. („EG-Paragraphen") und Einführung eines 3. Abschn. („VS-Paragraphen") der VOB/A stellte sie den letzten Schritt zur **Umsetzung der RL 2009/81/EG** über die Koordinierung der Verfahren zur Vergabe bestimmter Bau-, Liefer- und Dienstleistungsaufträge in den Bereichen Verteidigung und Sicherheit[2] in das deutsche Vergaberecht dar. Das Hauptziel der RL war die Schaffung eines **modifizierten Vergaberechtsregimes** für die Bereiche Verteidigung und Sicherheit, um unter Berücksichtigung der dort herrschenden besonderen Anforderungen und Interessen den Binnenmarkt auch in diesem Sektor aufzubauen und zu stärken.

2   Im Zuge der Vergaberechtsreform 2016 wurde auch die VSVgV geändert. Die Änderungen dienten insbes. der Anpassung an den seinerzeit novellierten Teil 4 des GWB. Ähnlichkeiten, die nach alter Rechtslage zu VOL/A und VOL/A-EG bestanden hatten, bestehen nicht mehr, da die VOL/A-EG in der VgV aufgegangen und die UVgO stark an die VgV angelehnt ist.[3] Aus dieser asynchronen Überarbeitung ergeben sich an einigen Stellen Differenzen, bei denen durch die Rspr. zu klären sein wird, ob die zT in der VgV vorgenommenen Klarstellungen auch im Anwendungsbereich VSVgV zu berücksichtigen sind oder mangels ausdrücklicher Regelung gerade nicht. Jedenfalls kann man inzwischen sagen, dass vereinzelt zur Auslegung der VSVgV auf die VgV und dazu ergangener Rspr. verwiesen wird.[4]

II. Europapolitischer und -rechtlicher Hintergrund

3   Bereits Anfang der 2000er-Jahre zeigte sich die EU ausdr. bemüht, nach und nach den europäischen Binnenmarkt in den Bereichen Verteidigung und Sicherheit aufzubauen. Handlungsbedarf sah die Union vor allem darin begründet, dass eine starke **Europäische verteidigungstechnologische und -industrielle Basis** (DTIB) ein unverzichtbares Fundament für die Europäische Sicherheits- und Verteidigungspolitik (ESVP) darstellt. Die ESVP wiederum soll die EU nach Art. 42 EUV iRd Gemeinsamen Außen- und Sicherheitspolitik (GASP) in die Lage versetzen, autonom auf internationale Krisen zu reagieren. Darüber hinaus werden im technologieintensiven Verteidigungssektor Spitzenleistungen in Forschung und Entwicklung erbracht, die auf die gesamte Wirtschaft entwicklungs- und wachstumsfördernd wirken, insbes. in den Bereichen Elektronik, Informations- und Kommunikations- sowie Bio- und Nanotechnologie. Viele für die Verteidigungsindustrie entwickelte Technologien, wie etwa satellitengestützte Ortungssysteme, haben in zivilen Sektoren einen erheblichen Wachstumsschub ausgelöst.[5] Allerdings ist der durchschnittliche Anteil der EU-Verteidigungshaushalte am Bruttoinlandsprodukt der Mitgliedstaaten seit dem Ende des Kalten Kriegs erheblich gesunken, was eine stabile, den Anforderungen der ESVP genügenden Verteidigungsindustrie gefährdet. Zwar geben die Mitgliedstaaten nach Angaben der Kommission jährlich zusammen noch immer etwa 214 Mrd. Euro für ihre Verteidigung aus,[6] davon etwa als 43 Mrd. Euro direkt für die Beschaffung von Equipment.[7] Seit dem historischen Ausgabentiefstand

---

[2] ABl. 2009 L 216, 76.
[3] MüKoEuWettbR/Müller VSVgV § 1 Rn. 3.
[4] OLG Düsseldorf 7.11.2018 – Verg 39/18, VPRRS 2019, 0149.
[5] Vgl. Mitteilung der Kommission zur Strategie für eine stärkere und wettbewerbsfähigere europäische Verteidigungsindustrie v. 5.12.2007, KOM(2007) 764 (endg.), S. 2. Nicht im Amtsblatt der EU veröffentlicht.
[6] Vgl. die Zahlen von 2021 der 26 EU Staaten der EDA in: EDA, Defence Data S. 4.
[7] EDA, Defence Data S. 10.

im Verteidigungsbereich 2014 sind diese Ausgaben um 32 % gestiegen.[8] Allein die Ausgaben des Bundesministeriums für Verteidigung für militärische Beschaffungen belief sich im Jahre 2021 auf etwa 7,7 Mrd. Euro.[9] Die europäische Verteidigungsindustrie erwirtschaftete im Jahr 2020 einen Gesamtumsatz von ca. 119 Mrd. Euro und hat über 1,4 Mio. Beschäftigte.[10] Problematisch ist jedoch eine **starke Fragmentierung** dieses großen Marktes in Europa: Im Durchschnitt gaben die Mitgliedstaaten lediglich rund 7,9 Mrd. Euro für kooperative Beschaffungen von Verteidigungs-Equipment aus und verfehlten damit die 2007 gesetzte Zielgröße von 35 % um etwas weniger als die Hälfte.[11] Daneben wird die Fragmentierung in einer fehlenden Koordination und einer Vielzahl unterschiedlicher Bestimmungen, Zulassungsverfahren und Ausfuhrkontrolllisten deutlich. Folge dieser Fragmentierung ist, dass viele Ressourcen unnötig durch „**Doppelgleisigkeiten**" gebunden werden, was innovationshemmend und preistreibend wirkt und der Wettbewerbsfähigkeit schadet.[12] Um diesen Missständen entgegenzuwirken, hatte das Europäische Parlament in seiner Entscheidung v. 17.11.2005 zum Grünbuch über die Beschaffung von Verteidigungsgütern[13] die Kommission aufgefordert, eine Richtlinie auszuarbeiten, die besondere Rücksicht auf die Sicherheitsinteressen der Mitgliedstaaten nimmt, die GASP weiter entwickelt, einen Beitrag zur Stärkung des europäischen Zusammenhalts leistet und den Charakter der Union als „Zivilmacht" bewahrt.[14]

Zu berücksichtigen waren auch die **Entwicklungen des strategischen Umfelds der EU,** in dem aufgrund asymmetrischer und länderübergreifender Bedrohungen die Grenze zwischen äußerer und innerer und zwischen militärischer und nicht-militärischer Sicherheit zunehmend verwischt.[15] Dabei ist insbes. an Grenzkontrollen, Polizeiaktivitäten und Kriseneinsätze zu denken, bei denen militärische und nicht-militärische Einsatzkräfte Hand in Hand arbeiten.[16] Eine bessere Koordinierung der Vergabeverfahren bei Leistungen, die mit Verteidigungsgütern in Zusammenhang stehen, wie etwa Transport, Lagerung und sonstige Logistikdienstleistungen, könnte zudem unnötige Kosten im Verteidigungssektor senken und Umweltauswirkungen deutlich verringern.[17] Konkrete Gestalt nahmen die Bemühungen der EU 2009 durch die Verabschiedung der RL 2009/43/EG[18] bzgl. der Verbringung von Verteidigungsgütern im europäischen Binnenmarkt („Verteidigungsverbringungsrichtlinie") sowie der RL 2009/81/EG bzgl. der Beschaffung dieser Güter durch die öffentliche Hand („Verteidigungsvergaberichtlinie") an. Die RL bilden, gemeinsam mit der Mitteilung der Kommission[19] aus dem Jahr 2007 betr. eine Strategie für eine stärkere und wettbewerbsfähigere europäische Verteidigungsindustrie, das sog. **„Verteidigungspaket" (engl.**

4

---

[8] EDA, Defence Data S. 4.

[9] 15. Bericht des BMVg zu Rüstungsangelegenheiten, Teil 1, Berlin Juni 2022 S. 4.

[10] Kurzdarstellungen zur Europäischen Union, Verteidigungsindustrie, https://www.europarl.europa.eu/factsheets/de/sheet/65/verteidigungsindustrie (Stand 09/2022); Mitteilung der KOM(2016) 950 (endg.), S. 4.

[11] EDA, Defence Data S. 15.

[12] KOM(2007) 764 (endg.), S. 3; Hindelang EuZW 2019, 149 (150).

[13] ABl. 2006 C 280 E, 1595.

[14] Erwgr. 5 der RL 2009/81/EG.

[15] Erwgr. 7 der RL 2009/81/EG.

[16] Erwgr. 11 der RL 2009/81/EG.

[17] Erwgr. 6 der RL 2009/81/EG.

[18] RL 2009/43/EG des Europäischen Parlaments und des Rates v. 6.5.2009 zur Vereinfachung der Bedingungen für die innergemeinschaftliche Verbringung von Verteidigungsgütern, ABl. 2009 L 146, 1.

[19] Mitteilung der Kommission, KOM(2007) 764 (endg.).

VSVgV Einl. Einleitung

defence package). Die RL 2009/81/EG wird durch mehrere erläuternde Guidance Notes der Kommission ergänzt.

5 Die Verteidigungsverbringungsrichtlinie wurde in Deutschland durch das Gesetz zur Umsetzung der RL 2009/43/EG,[20] insbes. mittels Änderung des Außenwirtschaftsgesetzes (AWG), der Außenwirtschaftsverordnung (AWV) und des Kriegswaffenkontrollgesetzes (KrWaffKontrG), implementiert.

III. Verteidigungspolitischer und -rechtlicher Hintergrund

6 Die RL 2009/81/EG ist nur ein **Baustein auf dem Weg zu einem gemeinschaftlichen Verteidigungs- und Sicherheitsmarkt,** wie er im Rahmenübereinkommen zwischen der Bundesrepublik Deutschland, der Französischen Republik, der Italienischen Republik, dem Königreich Schweden, dem Königreich Spanien und dem Vereinigten Königreich Großbritannien und Nordirland über Maßnahmen zur Erleichterung der Umstrukturierung und der Tätigkeit der Europäischen Rüstungsindustrie bereits im Jahr 2000 eingeschlagen wurde.[21] Dieser Staatsvertrag bringt den Wunsch der beteiligten Nationen, einen politischen und rechtlichen Rahmen zu schaffen, um die Umstrukturierung der Industrie zum Zwecke der Förderung einer wettbewerbsfähigeren und stabileren europäischen rüstungstechnologischen und -industriellen Basis im Weltmarkt für Rüstungsgüter zu erleichtern und damit zum Aufbau einer gemeinsamen europäischen Sicherheits- und Verteidigungspolitik zu kommen, zum Ausdruck. Ob die vorbeschriebenen Bemühungen um Konsolidierung der Angebotsseite fruchten werden und die politische Bereitschaft der Nationen bestehen wird, einen auf Wettbewerb und Qualität der Produkte beruhenden europäischen Sicherheits- und Verteidigungsmarkt mit gleichen Rahmenbedingungen (Level Playing Field) in allen beteiligten Nationen zu schaffen, bleibt abzuwarten. In Anbetracht der Vielzahl von Ausnahmevorschriften in der RL 2009/81/EG wird dieser politische Wille aber weiter nötig sein.

6a Seit dem 24.2.2022 stellt der völkerrechtswidrige Angriffskrieg Russlands gegen die Ukraine eine bedeutende neue Herausforderung auch für das Beschaffungswesen im Sicherheits- und Verteidigungsbereich dar. Bundeskanzler Olaf Scholz bezeichnete den Tag in seiner Regierungserklärung vom 27.2.2022 in vielerlei Hinsicht als eine Zeitenwende für Deutschland, Europa und für die internationale Sicherheitsordnung. In diesem Zusammenhang verdeutlichte er, dass die schnellstmögliche Einsatzbereitschaft der Bundeswehr für die Verteidigung des Landes in Zukunft wesentlich höherer Investitionen bedarf. Beschlossen wurde daraufhin ein Sondervermögen für die Bundeswehr in Höhe von 100 Mrd. Euro. Gleichzeitig sollen mit der Einführung des Bundeswehrbeschaffungsbeschleunigungsgesetzes (BwBBG)[22] Vergabeverfahren im Sicherheits- und Verteidigungsbereich vereinfacht und beschleunigt werden.

6b In ihrem Wehrbericht für 2022 attestiert die Wehrbeauftragte des Bundestages, Eva Högl, der Bundeswehr eine unzureichende Ausstattung und beklagte ein zu hohes Maß an Bürokratie für Beschaffungsprozesse.[23] Zudem bestehe das zwingende Erfordernis, das zur Unterstützung der Ukraine abgegebene Material schnellstmöglich zu ersetzen, um die Einsatzbereitschaft der Bundeswehr nicht dauerhaft zu

---

[20] Gesetz zur Umsetzung der RL 2009/43/EG des Europäischen Parlaments und des Rates v. 6.5.2009 zur Vereinfachung der Bedingungen für die innergemeinschaftliche Verbringung von Verteidigungsgütern v. 27.7.2011, BGBl. I 1595.
[21] BGBl. 2001 II 92 ff., in Kraft getreten am 18.4.2001.
[22] BT-Drs. 20/2353.
[23] BT-Drs. 20/5700.

beschädigen.[24] Eine stetige Annäherung hin zum Zwei-Prozent-Ziel der NATO müsse angestrebt werden. Notwendig seien Vereinfachungen im Vergaberecht, wie die Erhöhung der Grenzbeträge für Direktvergaben oder die konsequente Nutzung der Ausnahmevorschrift des Art. 346 Abs. 1 AEUV.[25] Allerdings wird auch anerkannt, dass Verbesserungen nicht nur im Vergaberecht allein, sondern auch bei internen Prozessen im BAAINBw benötigt werden.[26] Mit einem Erlass aus dem BMVg und einer Weisung des Generalinspekteurs soll ab April 2023 das Beschaffungswesen der Bundeswehr grundlegend optimiert werden.[27] Marktverfügbare Lösungen sollen ggü. Neuentwicklungen bei der Beschaffung bevorzugt und bundeswehrinterne Regelungen bei der Beschaffung, die gesetzliche Regelungen zusätzlich verschärfen, ausgesetzt werden. Die Beschaffungsoptimierung ergänzt das im Jahr 2022 in Kraft getretene BwBBG. Erleichterte Vergabeverfahren für Militärausrüstung, vereinfachte europäische Rüstungskooperationen sowie die stärkere Berücksichtigung deutscher Sicherheitsinteressen bei Vergabeverfahren sollen damit erreicht werden.

Die weltweiten Verteidigungsausgaben haben im Jahr 2021 einen neuen Rekordwert iHv 1,956 Bio. Euro erreicht.[28] Aufgrund der anhaltenden Globalisierung in der Branche stehen viele Unternehmen vor enormen Herausforderungen. Zudem kommen neue Wettbewerber auf den Markt. Der Wettbewerb um die wenigen großen Verteidigungsprogramme wird dementsprechend zunehmend offensiv ausgetragen, wobei neue, auch außereuropäische Hersteller, einige mit finanzieller Unterstützung ihrer Regierungen, auf den Markt drängen. Aus Sicht des Europaparlamentes wurde auf den zunehmenden Trend zu Kürzungen in den Verteidigungshaushalten der EU-Mitgliedstaaten aufgrund der Finanz- bzw. Schuldenkrise hingewiesen, der eine verstärkte europäische Zusammenarbeit und Abstimmung erfordere, wenn die EU auch künftig ihrer Verantwortung bei der Konfliktvermeidung im Einklang mit den Grundsätzen der Charta der Vereinten Nationen gerecht werden will.[29] Dementsprechend fordert das Europaparlament eine verstärkte innereuropäische Zusammenarbeit auf Auftraggeberseite, um den Verlust militärischer Fähigkeiten in Europa aufgrund unkoordinierter Kürzungen zu verhindern, die strategische Autonomie der EU zu stärken und auch künftig einen Beitrag zu NATO und anderen Partnerschaften zu leisten.[30] Ohne die verstärkte Zusammenarbeit der Nationen kommt es zu Verschwendungen im doch immerhin 200 Mrd. Euro großen gesamteuropäischen Verteidigungsetat aufgrund von Überkapazitäten, einer fragmentierten Industrie und zersplitterten Märkten. Hingegen führt eine „Bündelung" der Beschaffungen zu Skaleneffekten und Interoperabilität.[31] Eine solche Zusammenarbeit zwischen den EU-Mitgliedstaaten soll auch durch das BwBBG[32] verstärkt und vereinfacht werden, → BwBBG Rn. 25 ff. Freilich wird es in Anbetracht der zunehmenden Komplexität der Technik, des steigenden internationalen Wettbewerbs bei

---

[24] BT-Drs. 20/5700, 8.
[25] BT-Drs. 20/5700, 8 ff.
[26] BT-Drs. 20/5700, 19.
[27] https://www.bmvg.de/de/aktuelles/beschaffung-bundeswehr-schnelligkeit-hat-prioritaet-5615072, zuletzt abgerufen am 30.4.2023.
[28] Stockholm International Peace Research Institute, Trends in World Military Expenditure, 2021, S. 1.
[29] Bericht über die Auswirkungen der Finanzkrise auf den Verteidigungssektor in den EU-Mitgliedstaaten, Verfahren 2011, 2177 (INI), Dokument Nr. P7_TA(2011)0574.
[30] Bericht über die Auswirkungen der Finanzkrise auf den Verteidigungssektor in den EU-Mitgliedstaaten, Verfahren 2011, 2177 (INI), Dokument Nr. P7_TA(2011)0574, S. 4.
[31] Bericht über die Auswirkungen der Finanzkrise auf den Verteidigungssektor in den EU-Mitgliedstaaten, Verfahren 2011, 2177 (INI), Dokument Nr. P7_TA(2011)0574, S. 7 ff.
[32] BT-Drs. 20/2353.

gleichzeitig schrumpfenden Verteidigungshaushalten zu einer Konsolidierung der industriellen Basis kommen.[33]

8 Dementsprechend hat das Europäische Parlament in seiner Resolution zu einer **„Gemeinschaftlichen Sicherheits- und Verteidigungspolitik"** (GSVP)[34] festgehalten, dass die EU in der Lage sein muss, Verantwortung ggü. internationalen Bedrohungen, Krisen und Konflikten, insbes. in ihrer näheren Umgebung zu übernehmen und hierfür eine strategische Autonomie benötigt. Folglich wird die Bedeutung der Durchführung einer technischen Überprüfung der militärischen Stärken und Schwächen der EU-Mitgliedstaaten innerhalb der Europäischen Verteidigungsagentur (EDA) und in Zusammenarbeit mit der NATO unterstrichen, um den Instrumenten des Vertrags von Lissabon, insbes. aber auch der Solidaritätsklausel, gerecht zu werden. Der EDA werden im Vertrag von Lissabon Aufgaben anvertraut, um die militärischen Fähigkeiten der Mitgliedstaaten zu entwickeln und dabei die industrielle und technologische Basis des Verteidigungssektors zu stärken, eine europäische Politik im Bereich der Fähigkeiten und der Rüstung festzulegen und die Ständige Strukturierte Zusammenarbeit umzusetzen. Zudem hat EDA einen freiwilligen „Code of Conduct for Pooling und Sharing"[35] entwickelt, um die Zusammenarbeit zwischen den Mitgliedstaaten bei der Beschaffung, dem Einsatz und der gemeinsamen Verwaltung militärischer Fähigkeiten zu fördern, der vom Europarat begrüßt wurde.[36]

9 Zur Auslegung der Regelungen, die die **kooperative Beschaffung** durch mindestens zwei Mitgliedstaaten betreffen, hat die Europäische Kommission eine rechtlich nicht verbindliche Orientierungshilfe veröffentlicht.[37] Eine solche Beschaffung kann demnach mit oder ohne Inanspruchnahme einer **zentralen Beschaffungsstelle** erfolgen. Ohne Inanspruchnahme wäre es den Staaten überlassen, das anwendbare nationale Recht festzulegen. Wirtschaftsteilnehmer müssten sich zur Durchsetzung ihrer Rechte nur an einen zuständigen Auftraggeber wenden, wobei alle Parteien zur gemeinsamen Haftung verpflichtet sein sollen. Als zentrale Beschaffungsstelle kommen sowohl europäische Einrichtungen als auch nationale in Betracht, in diesem Falle wäre das Recht des federführenden Staates anzuwenden. Auch **Kooperationsprogramme** gem. § 145 Nr. 2 GWB können vom Vergaberecht ausgenommen sein, als neues Produkt idS sind bereits wesentliche Änderungen oder Verbesserungen einzustufen. Ein späterer vollwertiger Beitritt soll ebenso privilegiert werden, wie erheblich variierende nationale Beiträge. IRd Ausnahme gem. § 145 Nr. 7 lit. c Alt. 1 GWB sollen Beschaffungen ausgenommen sein, die im klaren Zusammenhang mit den Zwecken und Zielen der internationalen Organisation stehen. Alt. 2 bezieht sich hingegen auf nationale Beschaffungen, die bspw. aufgrund von finanziellen Beiträgen internationaler Organisationen besonderen Verfahrensregeln unterliegen. IRd **Konvergenz** ist zu unterscheiden, ob die Fähigkeit beim anderen Staat beschafft wird (Ausnahme gem. § 145 Abs. 4 GWB) oder direkt beim Hersteller (Verhandlungsverfahren ohne Teilnahmewettbewerb gem. § 12 Abs. 1 Nr. 1 lit. c VSVgV). Mit Einführung des BwBBG soll es nun auch möglich sein, iR eines Kooperationsprogrammes den Bieterkreis auf Unternehmen, die in einem EU-Mitgliedstaat ansässig sind, zu beschränken (→ BwBBG Rn. 26). Zudem sollen durch das BwBBG Unternehmen aus Staaten, die die notwendige Gewähr

---

[33] Bericht über die Auswirkungen der Finanzkrise auf den Verteidigungssektor in den EU-Mitgliedstaaten, Verfahren 2011, 2177 (INI), Dokument Nr. P7_TA(2011)0574, S. 13.
[34] Entschließung des Europäischen Parlaments v. 22.11.2012 zur Umsetzung der Gemeinsamen Sicherheits- und Verteidigungspolitik, Verfahren 2012/2138(INI), Dokument Nr. P7_TA-PROV(2012)0455.
[35] www.eda.europa.eu/projects.
[36] Council Conclusion on Military Capability, dated 19.11.2012.
[37] 2019/C 157/01.

für die Wahrung deutscher Sicherheitsinteressen nicht bieten, von der Teilnahme an Vergabeverfahren ausgeschlossen werden können.[38] Diese Ausnahmen sind wohl als politisches Signal zugunsten von **Gemeinschaftsprojekten,** wie dem deutsch-französischen „Future Combat Air System" oder der angedachten gemeinsamen Beschaffung von U-Booten mit dem EWR-Mitglied Norwegen, zu deuten.

IV. Regelungsgehalt der RL 2009/81/EG

Der Grund für die angesprochene starke Fragmentierung des Verteidigungsmarkts folgt insbes. aus der Praxis öffentlicher Auftraggeber im Verteidigungsbereich, Leistungen ohne Durchführung eines Vergabeverfahrens zu beschaffen. Dies liegt zum einen am Willen der Staaten, die eigene Verteidigungsindustrie zu fördern, zum anderen am Bedürfnis nach Beschaffungssicherheit, dem Schutz der Vertraulichkeit von sicherheitsrelevanten Informationen und der Unabhängigkeit von anderen Staaten. Grds. war zwar auch für Auftraggeber im Verteidigungsbereich nach Art. 10 der RL 2004/18/EG idF vor Inkrafttreten der RL 2009/81/EG das reguläre Vergabeverfahren anzuwenden. Allerdings rechtfertigten die Mitgliedstaaten die Direktvergaben meist mit Hinweis auf **Art. 346 Abs. 1 lit. b AEUV.** In bestimmten sicherheitsrelevanten Fällen sind sie nach dieser Vorschrift bzgl. des Handels mit Waffen, Munition oder Kriegsmaterial nicht an die Bestimmungen der Verträge gebunden, sofern dies ihres Erachtens **für die wesentlichen Sicherheitsinteressen erforderlich** ist. Für das Vergaberecht bedeutet diese Ausnahmevorschrift folglich, dass solche Aufträge gänzlich ohne Vergabeverfahren vergeben werden können (iE → GWB § 107 Rn. 47 ff.). **10**

Die Reichweite dieser Ausnahmevorschrift war häufiger Anlass zu Auseinandersetzungen zwischen der Kommission als „Hüterin der Verträge" und den Mitgliedstaaten, die sich nach Ansicht der Kommission häufig unberechtigterweise auf diese Bestimmung beriefen. In diesem Zusammenhang ist auf die Mitteilung der Kommission v. 7.12.2006 zu Auslegungsfragen bzgl. der Anwendung des Art. 296 EGV auf die Beschaffung von Verteidigungsgütern hinzuweisen.[39] Dass Art. 346 AEUV angesichts der fundamentalen Bedeutung der Grundfreiheiten und des Binnenmarktprinzips **als Ausnahmevorschrift eng auszulegen** ist, hat auch der EuGH bestätigt.[40] Insbes. dürfen Mitgliedstaaten nicht von der Anwendung des Vergaberechts mit bloßem Hinweis auf ihre Sicherheitsinteressen absehen oder ganze Industriebereiche pauschal ausnehmen. Sie müssen vielmehr jew. im konkreten Einzelfall hinreichend begründen und nachweisen können, warum eine Direktvergabe für den Schutz ihrer wesentlichen Sicherheitsinteressen tatsächlich erforderlich ist.[41] So erkannte das OLG Düsseldorf die Bewahrung wehrtechnischer Kernfähigkeit im Inland als wesentliches Sicherheitsinteresse an.[42] Diese Klarstellung dürfte insbes. vor dem Hintergrund der durch den Angriffskrieg Russlands wiedererstarkten Bedeutung militärischer Verteidigungsfähigkeit von praktischer Relevanz sein.[43] **11**

Liegt eine solche hinreichende Begründung vor, so ist auch weiterhin nach Inkrafttreten der RL 2009/81/EG Art. 346 AEUV anwendbar. Primärrechtliche Vorgaben selbst können durch Sekundärrecht wie der RL 2009/81/EG nicht geän- **12**

---

[38] BT-Drs. 20/2353, 18.
[39] Erwgr. 3 der RL 2009/81/EG.
[40] Vgl. zB EuGH 16.9.1999 – C-414/97, BeckRS 2004, 77125 insbes. Rn. 21 f.; 15.12.2009 – C-372/05, EuZW 2010, 152 insbes. Rn. 70 – Kommission/Deutschland; 20.3.2018 – C-187/16, NZBau 2018, 478 (478).
[41] EuGH 8.4.2008 – C-337/05, NZBau 2008, 401 – Kommission/Italienische Republik.
[42] OLG Düsseldorf 18.8.2021 – VII-Verg 51/20, NZBau 2022, 480.
[43] Eggers/Siegert NZBau 2023, 14 (15).

dert werden. Jedoch kann der **Anwendungsbereich** des Art. 346 AEUV durch die Einführung eines Vergabeverfahrens, das in besonderer Art und Weise auf die Bedürfnisse und Interessen im Verteidigungs- und Sicherheitsbereich Rücksicht nimmt, **insofern eingeschränkt** werden, als eine vollkommen verfahrensfreie Vergabe zum Schutz der wesentlichen Sicherheitsinteressen nun nicht mehr erforderlich iSd Vorschrift ist. Kernbereiche der Verteidigungstechnologie, wie sie bspw. in Panzern, Kampfflugzeugen oder Lenkflugkörper zu finden sind, dürften jedoch weiterhin weder dem klassischen noch der VSVgV unterfallen. Hingegen dürfte sogar ein Teil der in sog. „harten" Verteidigungsgütern wie Panzern, Kampfflugzeugen oder Lenkflugkörpern befindlichen Technologie unter der VSVgV zu beschaffen sein, insbes. aufgrund des in jedem Falle vorgeschalteten Teilnahmewettbewerbs, der die Einhaltung der Geheimhaltungs- und Sicherheitsanforderungen bei der Beschaffung sicherstellen soll. Sensible Güter können zudem in den Vergabeunterlagen rein funktional beschrieben werden, ohne dass technische Details preisgegeben werden.[44]

13 Neben dieser Ausnahme für Verteidigungsgüter eröffnet **Art. 346 Abs. 1 lit. a AEUV** insbes. auch für nicht-militärische sicherheitsrelevante Leistungen Auftraggebern eine Befreiung von der Pflicht zur Anwendung der VSVgV. Nach dieser Vorschrift ist ein Mitgliedstaat nicht verpflichtet, **Auskünfte** zu erteilen, deren Preisgabe seines Erachtens seinen wesentlichen Sicherheitsinteressen widerspricht. Auch hier kann wiederum der Kerngehalt und Wortlaut der primärrechtlichen Norm nicht verändert werden; durch die Eröffnung von Möglichkeiten des Geheimschutzes iRd Vergabeverfahrens wird der Anwendungsbereich des Vergaberechts entspr. erweitert. Hinzuweisen ist dabei auf Rspr. des EuGH, wonach der Anwendungsbereich der Ausnahmevorschrift eng auszulegen ist. Hinzu kommt immer eine Verhältnismäßigkeitsprüfung, in der dazulegen ist, warum eine Ausschreibung im konkreten Fall, dem Schutz der betroffenen Sicherheitsinteressen ausnahmsweise nicht gerecht werden kann.[45] Zu Art. 346 Abs. 1 lit. a AEUV ausf. → GWB § 107 Rn. 45 f.

14 Da darüber hinaus auch solche sicherheitsrelevanten Leistungen unter die VSVgV fallen, die bislang im Regelverfahren hätten ausgeschrieben werden müssen, soll es den Mitgliedstaaten erleichtert werden, sich europarechtskonform zu verhalten und die Anwendung des Art. 346 AEUV auf die **tatsächlichen Ausnahmefälle** zu beschränken. Da sich die Annahme der wesentlichen Sicherheitsinteressen nach der Vorschrift nach der Einschätzung des jew. Mitgliedstaates selbst bestimmt, wird der Erfolg der Bemühungen aber auch zukünftig zu einem erheblichen Teil von deren Kooperationsbereitschaft abhängen. Am 2.4.2020 trat das Gesetz zur beschleunigten Beschaffung im Bereich der Verteidigung und Sicherheit in Kraft, das den Anwendungsbereich der deutschen Umsetzung des Art. 346 AEUV in § 107 Abs. 2 GWB näher konkretisiert. Die dadurch eingeführten Regelbeispiele ersetzen zwar die Einzelfallprüfung nicht, verdeutlichen allerdings die Relevanz der Ausnahmevorschrift. Inwiefern diese Auslegungshilfen in der Praxis tatsächlich Anklang finden und ob von Art. 346 AEUV dadurch häufiger Gebrauch gemacht wird, wird sich zeigen müssen. Indizwirkung kommt hierbei dem Strategiepapier der Bundesregierung zur Stärkung der Sicherheits- und Verteidigungsindustrie vom 12.2.2020 zu, dass eine Reihe an Industriezweigen festlegt, die als Schlüsseltechnologie zu qualifizieren sind. Genau diese Schlüsseltechnologien füllen die Gesetzesänderung aus. Es bleibt abzuwarten, ob diese Ausweitung durch die Einzelfallprüfung begrenzt wird und der rechtlichen Überprüfung stand halten wird. Ob bei kooperativen Vergabeverfahren wesentliche Sicherheitsinteressen eines anderen Staates betroffen sind und bei der gemeinsamen Durchführung dadurch auch die wesentlichen Sicherheitsinteressen

---

[44] Vgl. auch Hölzl VergabeR 2012, 141 (148).
[45] EuGH 20.3.2018 – C-187/16, NZBau 2018, 478 (481 f.); Mösinger/Juraschek NZBau 2019, 93 (93 f.).

der Bundesrepublik Deutschland berührt werden, ist ebenfalls im Einzelfall zu prüfen.[46]

In Abgrenzung dazu enthält die RL 2009/81/EG umfangreiche Regelungen **14a** bzgl. ihres **Anwendungsbereichs.** Darunter fallen zum einen die Lieferung von Militärausrüstung, Bau- und Dienstleistungen speziell für militärische Zwecke sowie Leistungen, die damit unmittelbar in Zusammenhang stehen, zum anderen sog. „sensible" Leistungen für Sicherheitszwecke. Der damit prinzipiell sehr weit eröffnete Anwendungsbereich wird für viele Fallgruppen wieder eingeschränkt. Dies betrifft neben den aus der Vergabekoordinierungs-[47] bzw. Sektorenrichtlinie[48] bzw. deren Nachfolgeregelungen 2014/24/EU und 2014/25/EU bekannten Ausnahmen wie Erwerb und Miete von Grundstücken und Arbeitsverträgen etwa auch Aufträge für die Zwecke nachrichtendienstlicher Tätigkeiten oder Aufträge einer Regierung an eine andere.

Das Verfahren selbst ähnelt grds. dem der RL 2014/24/EU. Zu den markantesten **15** Unterschieden zählen der **Wegfall des offenen Verfahrens** sowie die Regelungen hinsichtlich der **Sicherstellung der Geheimhaltung.** Bemerkenswert sind auch die Regelungen über die Möglichkeit für Auftraggeber, Vorgaben hinsichtlich der **Beteiligung von Unterauftragnehmern** zu machen (iE → § 9 Rn. 1 ff.). Dies soll den Mitgliedstaaten eine Alternative zu den (grds. europarechtswidrigen) Kompensationsgeschäften oder Offsets bieten oder zu deren Vermeidung beitragen.

Hinzuweisen ist schließlich auf die Tatsache, dass es den Mitgliedstaaten überlassen **16** wurde, auch **Wirtschaftsteilnehmer aus Drittstaaten** zum Vergabeverfahren zuzulassen.[49] Die Suche nach einer angemessenen Balance zwischen grds. angestrebter Marktöffnung Europas und andererseits einer ausreichend robusten Positionierung am Weltmarkt befindet sich aktuell in ständiger Justierung. Dem zwischenzeitlich im Europäischen Parlament vorgebrachten Vorschlag, die bekannten Zuschlagskriterien um die Kriterien „Reziprozität des Marktzugangs vis-à-vis dritten Staaten" und „Förderung der europäischen industriellen und technologischen Vorrangstellung" zu erweitern, wurde nicht weiter gefolgt. Dies hätte zwar wohl den Binnenmarkt gestärkt, wohl aber einen protektionistischen Wettlauf insbes. mit den USA zur Folge gehabt, der auf lange Sicht der europäischen Verteidigungsindustrie mehr Schaden als Nutzen gebracht haben dürfte.[50]

V. Systematik der Umsetzung der RL 2009/81/EG

Die Umsetzung der RL 2009/81/EG in das deutsche Recht erfolgte durch eine **17** Erweiterung und teilw. Durchbrechung der bekannten Kaskadenstruktur. In das GWB wurden die Vorschriften zur Anwendbarkeit des Vergaberechts im Verteidigungssektor direkt aufgenommen. Die rechtliche Konstruktion der weiten Eröffnung des Anwendungsbereichs wurde in § 104 GWB übernommen, die Ausnahmetatbestände in den komplett überarbeiteten § 117 GWB eingefügt. Ein Verweis auf die VSVgV, wie er früher in § 100 Abs. 1 Nr. 3 GWB aF geregelt war, existiert nicht mehr. Der Verweis geht nunmehr nur noch in die umgekehrte Richtung, da

---

[46] BT-Drs. 20/2353, 20.

[47] RL 2004/18/EG v. 31.3.2004 über die Koordinierung der Verfahren zur Vergabe öffentlicher Bauaufträge, Lieferaufträge und Dienstleistungsaufträge, ABl. 2004 L 134, 114.

[48] RL 2004/17/EG v. 31.3.2004 zur Koordinierung der Zuschlagserteilung durch Auftraggeber im Bereich der Wasser-, Energie- und Verkehrsversorgung sowie der Postdienste, ABl. 2004 L 134, 1.

[49] Vgl. zuletzt für die Rechtslage in Deutschland OLG Düsseldorf 1.12.2021 – VII-Verg 54/20, NZBau 2022, 605 sowie hierzu Fritz/Klaedtke NZBau 2022, 131 (132).

[50] Hertel/Schöning EuZW 2008, 617 = NZBau 2009, 684.

VSVgV Einl. Einleitung

§ 1 VSVgV regelt, dass das Verfahren nach der VSVgV dann anzuwenden ist, wenn ein öffentlicher Auftraggeber (§ 99 GWB) oder Sektorenauftraggeber (§ 100 GWB) einen Auftrag iSd § 104 GWB vergibt und keine der Ausnahmen nach § 117 GWB oder § 145 GWB greift. Die VSVgV steht auf einer Stufe mit der VgV und der SektVO. Hinsichtlich der Regelungen des Verfahrens selbst wurde ein **zweigleisiger Weg** gewählt, der zwischen sicherheitsrelevanten Liefer- und Dienstleistungsaufträgen einerseits und sicherheitsrelevanten Bauaufträgen andererseits differenziert.

18 Für erstere entspricht die Gesetzessystematik der im Sektorenbereich. Das Vergabeverfahren geht also **aus den Vorschriften der VSVgV selbst** hervor. Aufgrund der weitgehenden Übereinstimmung der RL 2009/81/EG mit der RL 2004/18/EG orientierte sich die VSVgV soweit wie möglich an der VOL/A-EG. Zur vollständigen Regelung des Vergabeverfahrens wurden zudem auch solche Vorschriften der VOL/A-EG in die VSVgV integriert, zu denen kein ausdr. Umsetzungsbedarf aufgrund der RL 2009/81/EG bestand. Abweichungen der RL 2009/81/EG zur RL 2004/18/EG, also die spezifischen Vorschriften für die Bereiche Verteidigung und Sicherheit, wurden in der VSVgV eins zu eins übernommen.[51] Aufgrund der Umsetzung der neuen RL 2014/24/EU besteht diese Kongruenz jedoch nur noch eingeschränkt, da die VOL/A-EG in der deutlich umfangreicheren VgV aufging. Die Vergaberechtsnovelle hatte jedoch keine umfangreiche Änderung der VSVgV zur Folge. Viele der Änderungen, die im Zuge des Inkrafttretens der Verordnung zur Modernisierung des Vergaberechts am 18.4.2016 vorgenommen wurden, dienten der Anpassung an die Neufassung des Teils 4 des GWB.

19 Die VSVgV ist in **fünf Teile** gegliedert: Teil 1 (§§ 1–9 VSVgV) regelt die Allgemeinen Bestimmungen, Teil 2 (§§ 10–37 VSVgV) das eigentliche Vergabeverfahren, Teil 3 (§§ 38–41 VSVgV) das Verfahren zur Vergabe von Unteraufträgen und Teil 4 (§§ 42–44 VSVgV) die besonderen Bestimmungen zu ausgeschlossenen Personen, Dokumentations- und Aufbewahrungspflichten sowie Statistik und Berichtspflichten. Teil 5 (§§ 45–46 VSVgV) enthält die Übergangs- und Schlussbestimmungen.[52]

20 Für die Vergabe von verteidigungs- und sicherheitsspezifischen Bauaufträgen gelten hingegen ausschl. die Allgemeinen Bestimmungen und die Verfahrensvorschriften zur Vergabe von Unteraufträgen sowie die Regelung zu den auftraggeberseits vom Vergabeverfahren ausgeschlossenen Personen. Im Übrigen verweist § 2 Abs. 2 VSVgV hinsichtlich des eigentlichen Vergabeverfahrens auf den 3. Abschn. der VOB/A in der Fassung vom 31.1.2019. Im Baubereich wird das klassische dreistufige Kaskadenprinzip also fortgeführt. Diese Zweigleisigkeit wird damit gerechtfertigt, dass Bauaufträge für militärische Zwecke, die dem Vergaberecht unterfielen, bislang nach der VOB/A vergeben wurden. Deswegen sollen die Vergabestellen das Verfahren für die Vergabe von Bauaufträgen unter den zwingenden Modifikationen der RL 2009/81/EG nach der VOB/A durchführen.[53]

21 Der Rechtsrahmen für Beschaffungen betreffend die Ausrüstung der Bundeswehr wird seitens des BMVg durch das CPM (Customer Product Management), eine ressortinterne Rahmenweisung zur fähigkeitsorientierten Bedarfsermittlung, zeitgerechten und wirtschaftlichen Bedarfsdeckung mit einsatzreifen Produkten und Dienstleistungen sowie zu deren effizienter Nutzung ergänzt. Das novellierte CPM (nov.) ist für Beschaffungen seit dem 4.6.2018 anwendbar.[54] Das CPM gliedert den Beschaffungsprozess in drei Phasen:
– eine **Analysephase,** deren Ziel es ist, Fähigkeitslücken sowie Fähigkeitsüberhänge zu identifizieren und Maßnahmen zu deren Schließung bzw. deren Abbau zu priorisieren.

---

[51] BR-Drs. 321/12, 35, II. Lösung.
[52] HK-VergabeR/Alexander VSVgV § 1 Rn. 5.
[53] Begr. des Referentenentwurfs der VSVgV, BMWi-IB6 Az. 260004, S. 38, in BR-Drs. 312/12 entfallen.
[54] Customer Product Management, BMVg-Al1, Az.:81-01-01.

Anwendungsbereich § 1 VSVgV

- eine **Realisierungsphase,** deren Ziel es ist, dem Nutzer/Betreiber geeignete Produkte und Dienstleistungen zeitgerecht und einsatzreif zur Verfügung zu stellen.
- eine **Nutzungsphase,** deren Ziel die Nutzung (einschließlich Erhaltung und Wiederherstellung) der Produkte (im Falle von Dienstleistungen deren Beanspruchung) entspr. ihrer Zweckbestimmung ist.

Bei der Anwendung des CPM wird regelmäßig zu beachten sein, dass es durch das EU-Vergaberecht überlagert wird. Insbes. bei den Integrierten Projektteams (IPTs) werden die Anforderungen des Art. 10 Abs. 2, 4 VSVgV zu berücksichtigen sein.

Teil 1. Allgemeine Bestimmungen

§ 1 Anwendungsbereich

Diese Verordnung gilt für die Vergabe von verteidigungs- oder sicherheitsspezifischen öffentlichen Aufträgen im Sinne des § 104 Absatz 1 des Gesetzes gegen Wettbewerbsbeschränkungen, die dem Teil 4 des Gesetzes gegen Wettbewerbsbeschränkungen unterfallen und durch öffentliche Auftraggeber im Sinne des § 99 und Sektorenauftraggeber im Sinne des § 100 des Gesetzes gegen Wettbewerbsbeschränkungen vergeben werden.

Literatur: Arrowsmith, The Law of Public and Utilities Procurement, Vol. II. 3rd ed, Chapter 15, Defence and Securities Procurement; Eisenhut, Das Vergaberecht der Verteidigungsgüterbeschaffung, NJW 2022, 3270; Hölzer, Vergaberecht im Verteidigungs- und Sicherheitsbereich der Europäischen Union, 2017; Knauff, Rüstungsbeschaffung in Krisenzeiten, NVwZ 2022, 529. Vgl. auch die Angaben bei den §§ 107, 145 GWB und Einl. VSVgV.

Übersicht

	Rn.
I. Bedeutung der Vorschrift	1
II. Verteidigungs- und sicherheitsspezifische Aufträge iSd § 104 Abs. 1 GWB	4
1. Lieferung von Militärausrüstung (§ 104 Abs. 1 Nr. 1, Abs. 2 GWB)	4
a) „eigens zu militärischen Zwecken konzipiert" (§ 104 Abs. 2 Alt. 1 GWB)	5
b) „für militärische Zwecke angepasst" (§ 104 Abs. 2 Alt. 2 GWB)	6
2. Lieferung von Ausrüstung im Rahmen eines Verschlusssachenauftrags (§ 104 Abs. 1 Nr. 2, Abs. 3 GWB)	12
3. Lieferungen, Bau- und Dienstleistungen in unmittelbarem Zusammenhang (§ 104 Abs. 1 Nr. 3 GWB)	18
4. Bau- und Dienstleistungen – speziell militärisch oder im Rahmen eines Verschlusssachenauftrags (§ 104 Abs. 1 Nr. 4 GWB)	20
III. Ausnahmen gem. §§ 107, 116, 117 GWB	22
IV. Ausnahmen gem. § 145 GWB	23
V. Schwellenwerte (§ 106 Abs. 2 Nr. 3 GWB)	24

I. Bedeutung der Vorschrift

§ 1 VSVgV setzt Art. 2 RL 2009/81/EG in nationales Recht um. Die Vorschrift **1** verweist in Bezug auf den Anwendungsbereich der VSVgV – deklaratorisch – auf die relevanten Normen des GWB und verdeutlicht den **strukturellen Aufbau** dieser Vorschriften: Über die weite Definition der verteidigungs- und sicherheitsrelevanten Aufträge aus § 104 GWB wird der **objektive Anwendungsbereich** eröffnet, jedoch über die allg. geltenden Vorschriften §§ 107, 115 GWB sowie die verteidigungs- und sicherheitsspezifischen Ausnahmevorschriften der §§ 117, 144 ff. GWB wieder eingeschränkt. Hinsichtlich des **subjektiven Anwendungsbereichs** ergeben sich mit dem Verweis auf §§ 99, 100 GWB keine Besonderheiten: die VSVgV gilt grds. für die „klassischen" öffentlichen Auftraggeber und für die Sektorenauftraggeber.[1]

2   Bzgl. **gemischter Aufträge,** die zum einen Teil unter den Anwendungsbereich der VSVgV, zum anderen unter den der VgV bzw. SektVO oder aber keiner der genannten Verordnungen fallen und die nicht geteilt werden können, wird auf die Regelung des § 111 Abs. 3 Nr. 2 GWB (dazu → GWB § 111 Rn. 14) bzw. § 111 Abs. 3 Nr. 5 GWB (dazu → GWB § 111 Rn. 17) verwiesen.

3   Wendet der öffentliche Auftraggeber anstelle der einschlägigen VSVgV rechtsirrig Normen der VgV an, kann dies zu einem Verstoß gegen das Wettbewerbsprinzip nach § 97 Abs. 1 GWB führen, wenn die angewandten Vorschriften ihrem Inhalt nach substanziell von den eigentlich anzuwendenden Normen abweichen und deshalb zumindest die Möglichkeit besteht, dass die Vergabestelle dadurch zu einem anderen Ergebnis kommen kann.[2]

II. Verteidigungs- und sicherheitsspezifische Aufträge iSd § 104 Abs. 1 GWB

1. Lieferung von Militärausrüstung (§ 104 Abs. 1 Nr. 1, Abs. 2 GWB)

4   Nach § 104 Abs. 1 Nr. 1 GWB sind solche Aufträge verteidigungs- und sicherheitsrelevant, die die Lieferung von Militärausrüstung einschl. dazugehöriger Teile, Bauteile oder Bausätze umfassen (vgl. Art. 2 lit. a RL 2009/81/EG). § 104 Abs. 2 GWB definiert Militärausrüstung als „jede Ausrüstung, die **eigens zu militärischen Zwecken konzipiert oder für militärische Zwecke angepasst** wird und zum Einsatz als Waffe, Munition oder Kriegsmaterial bestimmt ist" und entspricht damit der Definition des Art. 1 Nr. 6 RL 2009/81/EG.

5   a) „eigens zu militärischen Zwecken konzipiert" (§ 104 Abs. 2 Alt. 1 GWB). Nach Erwgr. 10 der RL 2009/81/EG sollen unter Militärausrüstung insbes. die Arten von Produkten verstanden werden, die in der vom Europäischen Rat in der **Entscheidung 255/58 v. 15.4.1958 angenommenen Liste von Waffen und Kriegsmaterial**[3] aufgeführt sind. Hierauf bezieht sich auch ausdr. die Gesetzesbegr. der deutschen Umsetzung:[4] Diese Liste betrifft ausschl. Produkte, die speziell zu militärischen Zwecken konzipiert, entwickelt und hergestellt werden. Es handelt sich dabei um eine sog. generische Liste; es wurden also keine konkreten Güter benannt, sondern fünfzehn allg. Kategorien bzw. Gattungen gebildet, wie etwa Nr. 10 „Luftfahrzeuge und ihre Ausrüstung zu militärischen Zwecken". Hinsichtlich der Anwendbarkeit von Art. 346 AEUV ist diese Liste grds. als abschließend anzuse-

---

[1] Beck VergabeR/Otting VS-VgV § 1 Rn. 9.
[2] VK Bund 26.7.2013 – VK 2–46/13, ZfBR 2014, 95.
[3] Entscheidung zur Festlegung der Produkte (Waffen, Munition und Kriegsmaterial) für die Art. 223 Abs. 1 lit. b des Vertrages (heute Art. 346 Abs. 2 lit. b AEUV) Dok. 255/58, Protokoll v. 15.4.1958: Dok. 368/58.
[4] BT-Drs. 17/7275, 13, zu § 99 Abs. 8 GWB aF, dem § 104 Abs. 1 GWB inhaltlich entspricht.

hen.[5] Zu beachten ist allerdings, dass die Liste aufgrund der fortschreitenden Entwicklung seit 1958 insbes. im Bereich der IT weit ausgelegt werden kann (bspw. mithilfe der Gemeinsamen Militärgüterliste der EU, die regelmäßig aktualisiert und im EU-Amtsblatt veröffentlicht wird[6]). Der Anwendungsbereich des § 104 Abs. 2 Alt. 1 GWB kann sogar über die Liste hinausgehen, da diese insofern nicht abschließend ist.[7] Güter, die sich allerdings nicht einer der Kategorien zuordnen lassen, können folglich keine militärischen Güter iSd Art. 346 AEUV sein und in keinem Fall vom Vergaberecht ausgenommen werden.[8] Umgekehrt bedeutet dies, dass Güter, die nach dieser Liste als militärische Güter anzusehen sind, nicht dem regulären Vergabeverfahren unterliegen, sondern **in aller Regel nach den Vorgaben der VSVgV** beschafft werden können. Nur unter den besonderen Voraussetzungen der gesetzlichen Ausnahmen kann eine freie Beschaffung erfolgen.[9]

b) „für militärische Zwecke angepasst" (§ 104 Abs. 2 Alt. 2 GWB). Der Begriff der Militärausrüstung umfasst darüber hinaus Güter, die zunächst für zivile Zwecke konzipiert, allerdings später für militärische Zwecke angepasst wurden und zum Einsatz als Waffe, Munition oder Kriegsmaterial bestimmt sind. Dies wäre bspw. der Fall, wenn ein zunächst für den Zivilgebrauch entwickelter Helikopter später mit eindeutig militärischer Ausstattung, wie etwa Waffensystemen, versehen würde, so dass mit ihm militärische Operationen, wie etwa bewaffnete Aufklärungsflüge oder Feuerunterstützung, ausgeführt werden können.[10] Nicht abschl. geklärt ist, in welchem Umfang Ausrüstung für militärische Zwecke angepasst werden muss, um der RL bzw. der VSVgV zu unterfallen. Rspr. zu dieser Frage ist noch nicht ergangen. 6

Zur alten Rechtslage hat sich der EuGH wiederholt mit der Frage auseinandergesetzt, wann ursprünglich dem zivilen Sektor entstammende Produkte unter den Anwendungsbereich der Art. 346 AEUV fallen. Die **„Agusta"-Entscheidung**[11] konnte mglw. noch dahingehend verstanden werden, dass ein rein subjektives Element auf Auftraggeberseite hinsichtlich der militärischen Nutzung nicht-militärischer Güter ohne Subsumtion unter die Liste von 1958 ausreiche. Im zugrunde liegenden Sachverhalt hatte die Italienische Republik ohne Ausschreibung (nicht spezifisch militärisch konzipierte) Hubschrauber zur Deckung des Bedarfs verschiedener Militär- und Zivilkorps erworben. Der EuGH entschied, „dass beim Erwerb von Ausrüstungsgegenständen, deren Nutzung für militärische Zwecke ungewiss ist, zwingend die Regeln für die Vergabe öffentlicher Aufträge beachtet werden müssen." Daraus könnte man e contrario schließen, dass die sichere militärische Verwendung von nicht-militärischer Ausrüstung eine Anwendung des Art. 346 AEUV ermöglichen könnte.[12] Dieser Ansicht könnte entgegengehalten werden, dass der 7

---

[5] Vgl. EuG 30.9.2003 – T-26/01, BeckRS 2003, 156390 = Slg. 2003, II-3951 – Fiocchi Munizioni/Kommission.
[6] Gemeinsame Militärgüterliste der EU v. 1.3.2022, 2022/C/100/03, ABl. 2022 C 100, 3.; Arrowsmith, The Law of Public and Utilities Procurement, Vol. II. 3rd ed, Chapter 15, Defence and Securities Procurement, Rn. 15–60.
[7] GKN VergabeR-HdB/Krohn § 57 Rn. 13; Hölzer, S. 100 f.
[8] EuGH 7.6.2012 – C-615/10, BeckRS 2012, 80103, Schlussanträge der Generalanwältin Kokott v. 19.1.2012.
[9] S. §§ 107, 116, 117 GWB.
[10] Guidance Note der Kommission Directive 2009/81/EC on the award of contracts in the fields of defence and security – Field of application Nr. 8. Nicht im Amtsblatt der EU veröffentlicht; abrufbar unter https://ec.europa.eu/docsroom/documents/15407/attachments/1/translations/en/renditions/native.
[11] EuGH 8.4.2008 – C-337/05, NZBau 2008, 401.
[12] So Hölzl NZBau 2012, 509 (512); Prieß/Hölzl NZBau 2008, 563 (565).

EuGH die Frage nach der militärischen Zweckbestimmung im Umkehrschluss zu Art. 346 Abs. 1 lit. a Hs. 2 AEUV als zusätzliches, nicht alternatives Tatbestandsmerkmal herangezogen hat. Eine Prüfung der Militärgüterliste wäre damit gar nicht notwendig gewesen, nur bei militärischem Verwendungszweck käme die Anwendung von Art. 346 AEUV überhaupt in Frage.[13]

8   Eine Entscheidung dieser Frage dürfte seit der zur alten Rechtslage ergangenen **„InsTiimi Oy"-Entscheidung** des EuGH[14] allerdings entbehrlich sein. In jenem Fall hatte die Technische Prüfanstalt der finnischen Verteidigungskräfte eine Drehtischanlage für elektromagnetische Messungen, die iRd „elektronischen Kriegsführung" bei der Simulation und Übung militärischer Einsätze Verwendung finden sollte, ohne ordnungsgemäßes Vergabeverfahren beschafft. Die Anlage war zu militärischen Zwecken konstruiert worden, bestand aber aus frei erhältlichen Komponenten und konnte auch für weitgehend gleichartige technische Nutzanwendungen auf dem zivilen Markt verwendet werden. Für die Anwendung von Art. 346 AEUV nach Auffassung des EuGH jedoch Voraussetzung, dass im Gegenstand „aufgrund seiner Eigenschaften – auch infolge substanzieller Veränderungen – als speziell für militärische Zwecke konzipiert und entwickelt angesehen werden kann." Es kommt daher allein auf die **objektiven Eigenschaften und Verwendbarkeit eines Gegenstands**, nicht aber auf einen evtl. vom Auftraggeber subjektiv zugewiesenen speziellen Konzeptions- und Verwendungszweck an.[15]

9   Der Anwendungsbereich der RL 2009/81/EG und damit von § 104 Abs. 2 GWB und der VSVgV ist allerdings nicht mit dem Anwendungsbereich von Art. 346 Abs. 1 lit. b AEUV kongruent. Da die RL 2009/81/EG ausdr. auch Ausrüstung umfasst, die für militärische Zwecke „nur" angepasst wurde, gilt sie auch in Fällen, die nach der alten Rechtslage in den Anwendungsbereich der klassischen Vergaberichtlinie gefallen wären. Zwar ist weiterhin eine Bestimmung der angepassten Güter zum Einsatz als Waffe, Munition oder Kriegsmaterial notwendig, was wiederum mittels Subsumtion unter die Gruppen der Kriegsmaterialliste von 1958 zu überprüfen ist. Es kommt aber nicht darauf an, ob das Erzeugnis so substanziell verändert wurde, dass es als speziell für militärische Zwecke konzipiert und entwickelt angesehen werden kann, sondern es reicht eine **einfache Anpassung** aus.

10   Bei der Drehtischanlage aus der „InsTiimi Oy"-Entscheidung bspw. konnte es sich um einen Bestandteil einer Ausrüstung zur Prüfung und Kontrolle von Waffen handeln (Nr. 15 iVm Nr. 11, 14 der Liste von 1958), da sie die Durchführung elektromagnetischer Messungen ermöglichen und der Simulation militärischer Einsätze dienen sollte, bei der die Zielerfassung geübt wird. Theoretisch konnte die Drehtischanlage außerdem als Teil eines Ortungsgeräts oder einer Beobachtungsvorrichtung angesehen werden (Nr. 5 lit. b, c iVm Nr. 14 der Liste von 1958).[16] Da sie zudem für den militärischen Gebrauch angepasst wurde, dürfte sie dem Verteidigungsvergaberegime unterfallen.

11   Inwieweit das jeweilige Produkt durch die Anpassung in quantitativer und qualitativer Hinsicht verändert werden muss, wird insbes. in Hinblick auf möglichen Missbrauch durch Minimaländerung noch durch die Rspr. geklärt spezifiziert werden müssen. Seine Grenze findet der Anwendungsbereich jedenfalls bei echten **Dual-**

---

[13] Vgl. Schlussanträge des Generalanwalts Mazák v. 10.7.2007 – C-337/05, BeckRS 2007, 70566; vgl. auch EuGH 7.6.2012 – C-615/10, NZBau 2012, 509 Rn. 37 ff. – Insinööritoimisto InsTiimi Oy, Puolustusvoimat; Schlussanträge der Generalanwältin Kokott EuGH v. 19.1.2012 – C-615/10, BeckRS 2012, 80103; ähnlich Hölzer, S. 89.

[14] EuGH 7.6.2012 – C-615/10, NZBau 2012, 509 – Insinööritoimisto InsTiimi Oy, Puolustusvoimat.

[15] Hölzl NZBau 2012, 509 (511).

[16] EuGH 19.1.2012 – C-615/10, BeckRS 2012, 80103 – Schlussanträge der Generalanwältin Kokott.

Anwendungsbereich § 1 VSVgV

Use-Gütern, die ohne jegliche Anpassung sowohl für zivile als auch für militärische Zwecke verwendet werden können (s. auch Art. 2 Nr. 1 der Dual-Use-Verordnung EG 428/2009). Da der subjektive Verwendungszweck allein nicht ausschlaggebend sein kann, unterfallen sie – auch bei einer Anpassungsmöglichkeit – zwingend dem „klassischen" und nicht dem Verteidigungsvergaberecht.[17]

2. Lieferung von Ausrüstung im Rahmen eines Verschlusssachenauftrags (§ 104 Abs. 1 Nr. 2, Abs. 3 GWB)

§ 104 Abs. 1 Nr. 2 GWB dient der Umsetzung von Art. 2 lit. b RL 2009/81/EG und entspr. § 99 Abs. 7 GWB aF, weicht jedoch in der Konstruktion von der Vorgabe ab. Die **RL** sieht eine Anwendung für die Lieferung **„sensibler Ausrüstung"** einschl. Teile, Bauteile und Bausätze vor. Die Definition der sensiblen Ausrüstung in Art. 1 Nr. 6 RL 2009/81/EG besteht aus zwei Elementen: Sensible Ausrüstung ist Ausrüstung (1) für Sicherheitszwecke, bei denen (2) Verschlusssachen verwendet werden oder die solche Verschlusssachen erfordern oder beinhalten. **Verschlusssachen** sind wiederum definiert in Art. 1 Abs. 8 RL 2009/81/EG als Informationen bzw. Material, denen unabhängig von Form, Beschaffenheit oder Art der Übermittlung ein Geheimhaltungsgrad zugewiesen ist oder für die eine Schutzbedürftigkeit anerkannt wurde und die im Interesse der nationalen Sicherheit und nach den in dem betr. Mitgliedstaat geltenden Rechts- und Verwaltungsvorschriften gegen Missbrauch, Zerstörung, Entfernung, Bekanntgabe, Verlust oder Zugriff durch Unbefugte jede andere Art der Preisgabe an Unbekannte geschützt werden müssen. Die Einstufung als Verschlusssache muss auch aufgrund von Sicherheitsinteressen bestehen und nicht aufgrund des Schutzes von Privatsphäre, wirtschaftlichen Interessen oder des Datenschutzes.[18] **12**

Nach der **deutschen Umsetzung** ist ein Auftrag gem. § 104 Abs. 1 Nr. 2 GWB dann als sicherheitsrelevant anzusehen, wenn er die Lieferung von Ausrüstung umfasst, die iR eines **Verschlusssachenauftrags** nach § 104 Abs. 3 GWB vergeben wird, einschl. der dazugehörigen Teile, Bauteile oder Bausätze. Nach § 104 Abs. 3 GWB ist ein Verschlusssachenauftrag dann ein Auftrag für Sicherheitszwecke und damit ein Verschlusssachenauftrag iSd § 104 Abs. 1 Nr. 2 GWB, wenn bei dessen Erfüllung oder Erbringung Verschlusssachen nach § 4 SÜG verwendet werden oder er Verschlusssachen erfordert oder beinhaltet.[19] **13**

Verschlusssachen sind gem. § 4 SÜG im öffentlichen Interesse geheimhaltungsbedürftige Tatsachen, Gegenstände oder Erkenntnisse, unabhängig von ihrer Darstellungsform. Sie werden entspr. ihrer Schutzbedürftigkeit klassifiziert als **14**
- STRENG GEHEIM, wenn die Kenntnisnahme durch Unbefugte den Bestand oder lebenswichtige Interessen der Bundesrepublik Deutschland oder eines ihrer Länder gefährden kann,
- GEHEIM, wenn die Kenntnisnahme durch Unbefugte die Sicherheit der Bundesrepublik Deutschland oder eines ihrer Länder gefährden oder ihren Interessen schweren Schaden zufügen kann,
- VS – VERTRAULICH, wenn die Kenntnisnahme durch Unbefugte für die Interessen der Bundesrepublik Deutschland oder eines ihrer Länder schädlich sein kann,

---

[17] Beck VergabeR/Dörr GWB § 99 Rn. 22; Hölzer, S. 100 f.; aM wohl Hölzl VergabeR 2012, 141 (142).

[18] Guidance Note der Kommission Directive 2009/81/EC on the award of contracts in the fields of defence and security – Field of application Nr. 13. Nicht im Amtsblatt der EU veröffentlicht; abrufbar unter https://ec.europa.eu/docsroom/documents/15407/attachments/1/translations/en/renditions/native.

[19] OLG Düsseldorf 21.10.2015 – VII-Verg 28/14, BeckRS 2015, 18210.

VSVgV § 1 Anwendungsbereich

- VS – NUR FÜR DEN DIENSTGEBRAUCH, wenn die Kenntnisnahme durch Unbefugte für die Interessen der Bundesrepublik Deutschland oder eines ihrer Länder nachteilig sein kann.

15 Die **Gesetzesbegr.** stellt klar, dass auch Aufträge, die Verschlusssachen der Geheimhaltungsstufe VS – NUR FÜR DEN DIENSTGEBRAUCH verwenden, als Verschlusssachenaufträge gelten.[20] Des Weiteren wird dort ausgeführt, dass Auftraggeber auf Bundes-, Landes-, aber auch kommunaler Ebene in den verschiedensten Bereichen, wie etwa polizeilichen Tätigkeiten, Grenzschutz und Kriseneinsätzen, mit der Vergabe von sicherheitsrelevanten Aufträgen betraut sein können.[21]

16 Der deutsche Gesetzgeber hat sich damit entschlossen, die Definition der Verschlusssache aus der RL 2009/81/EG nicht in das GWB aufzunehmen, sondern sich der bestehenden Regelungen über Verschlusssachen nach dem SÜG zu bedienen. Im Hinblick auf die **europarechtskonforme Umsetzung** der RL ist dies unbedenklich: Die RL verweist gerade ausdr. auf die Regelungshoheit der Mitgliedstaaten in Bezug auf Geheimschutz und die jew. geltenden Rechts- und Verwaltungsvorschriften. Zu beachten ist allerdings, dass in europarechtskonformer Auslegung die „Interessen" der Bundesrepublik als „Sicherheitsinteressen" verstanden werden müssen. Dies betrifft insbes. die Geheimhaltungsstufe VS – NUR FÜR DEN DIENSTGEBRAUCH, die bereits bei „Nachteilen" für die Interessen des Bundes oder der Länder durch unbefugte Kenntnisnahme angeordnet werden kann.[22]

17 Ein Auftraggeber kann sich in der Frage, ob ein sicherheitsrelevanter Auftrag vorliegt oder nicht, damit zunächst **allein auf formale Voraussetzungen** berufen; die inhaltliche Prüfung findet unabhängig davon hinsichtlich der möglichen Klassifizierung der verschiedenen Geheimhaltungsstufen statt. Die Klassifizierung kann jedoch im Nachprüfungsverfahren überprüft werden. Zwar steht der jeweiligen Behörde insoweit ein Beurteilungsspielraum zu, eine willkürliche oder offensichtlich falsche Klassifizierung kann jedoch wirksam angegriffen werden.[23]

3. Lieferungen, Bau- und Dienstleistungen in unmittelbarem Zusammenhang (§ 104 Abs. 1 Nr. 3 GWB)

18 § 104 Abs. 1 Nr. 3 GWB setzt wortgleich Art. 2 lit. c RL 2009/81/EG um. Ein verteidigungs- und sicherheitsrelevanter Auftrag liegt danach auch vor bei Bauleistungen, Lieferungen und Dienstleistungen in unmittelbarem Zusammenhang mit Ausrüstung nach § 104 Abs. 1 Nr. 1, 2 GWB in allen Phasen ihres Lebenszyklus. Dies gilt bspw. für spezielle Werkzeuge und Maschinen, die zur Herstellung oder Wartung militärischer Ausrüstung notwendig sind oder etwa die Wartungsarbeiten selbst. Der „Lebenszyklus" umfasst nach Erwgr. 12 der RL 2009/81/EG „Forschung und Entwicklung, industrielle Entwicklung, Herstellung, Reparatur, Modernisierung, Änderung, Instandhaltung, Logistik, Schulung, Erprobung, Rücknahme und Beseitigung" und schließt „Studien, Bewertung, Lagerung, Transport, Integration, Wartung, Demontage, Zerstörung und alle weiteren Dienstleistungen nach der ursprünglichen Konzeption ein". Der

---

[20] BT-Drs. 17/7275, 13, zu § 99 Abs. 9 GWB aF, der § 104 Abs. 3 GWB weitestgehend entspricht.

[21] Vgl. auch Erwgr. 11 der RL 2009/81/EG.

[22] Hölzer, S. 104; Scherer-Leydecker NZBau 2012, 533 (538); ebenso kritisch zu den wettbewerbsbeschränkenden Effekten einer sehr weitgehenden Klassifizierung Arrowsmith, The Law of Public and Utilities Procurement, Vol. II. 3rd ed, Chapter 15, Defence and Securities Procurement, Rn. 15–65.

[23] Vgl. zB OLG Düsseldorf 30.3.2005 – VII-Verg 101/04, BeckRS 2005, 4880.

Anwendungsbereich § 1 VSVgV

unmittelbare Zusammenhang muss dabei so eng verstanden werden, dass die Leistungen **keine sinnvolle Verwendung ohne die militärische Ausrüstung,** mit der sie zusammenhängen, finden können.[24]

Dies gilt entspr. für Aufträge im **unmittelbaren Zusammenhang mit Verschlusssachenaufträgen.** Die jew. Leistungen müssen selbst keine Verschlusssachen verwenden, erfordern oder beinhalten, dürfen jedoch nicht ohne die Ausrüstung, mit der sie zusammenhängen, sinnvoll verwendet werden können.[25] 19

4. Bau- und Dienstleistungen – speziell militärisch oder im Rahmen eines Verschlusssachenauftrags (§ 104 Abs. 1 Nr. 4 GWB)

§ 104 Abs. 1 Nr. 4 GWB entspricht Art. 2 lit. d RL 2009/81/EG. Verteidigungs- und sicherheitsrelevante Aufträge sind auch Aufträge über Bau- und Dienstleistungen speziell für militärische Zwecke oder Aufträge über Bau- und Dienstleistungen, die iR eines Verschlusssachenauftrags vergeben werden. Solche **„selbstständigen" Leistungen** können im Verteidigungsbereich etwa Truppentransporte oder der Bau von Rollfeldern, Luftschutz- oder Atombunkern sein.[26] Zu beachten ist, dass mangels eines über die Liste über Militärausrüstung von 1958 entspr. Katalogs das entscheidende Element bei der Bestimmung der anwendbaren Regelungen vorrangig der **Bestimmungszweck** der Leistung ist, den der Auftraggeber zu Beginn des Vergabeverfahrens festlegt.[27] Dieser muss **spezifisch militärisch** sein und die Anwendung der VSVgV rechtfertigen. 20

Hinsichtlich Bau- und Dienstleistungsaufträgen iR eines Verschlusssachenauftrages sind keine Besonderheiten zu beachten. Die Voraussetzungen entsprechen denen von Lieferaufträgen iR eines Verschlusssachenauftrags. Anknüpfungspunkt ist ebenfalls § 104 Abs. 3 GWB, also die Verwendung von **Verschlusssachen nach der Klassifizierung des § 4 SÜG.** Als Bsp. für einen Verschlusssachenauftrag im Dienstleistungsbereich können der Umzug des Auswärtigen Amts von Bonn nach Berlin[28] oder Leistungen im Bereich der Objektbewachung[29] angeführt werden. Im Bausektor wäre bspw. an die Planung und Errichtung des neuen Dienstgebäudes des Bundesnachrichtendienstes in Berlin zu denken;[30] iE zu prüfen wäre jedoch, inwiefern diese Leistungen gem. § 145 Nr. 1 GWB „zum Zwecke nachrichtendienstlicher Tätigkeit" erbracht werden und damit auch von der VSVgV ausgenommen sind. 21

---

[24] Guidance Note der Kommission Directive 2009/81/EC on the award of contracts in the fields of defence and security – Field of application Nr. 9 f. Nicht im Amtsblatt der EU veröffentlicht; abrufbar unter https://ec.europa.eu/docsroom/documents/15407/attachments/1/translations/en/renditions/native.

[25] Hölzer, S. 104; Guidance Note der Kommission Directive 2009/81/EC on the award of contracts in the fields of defence and security – Field of application Nr. 14. Nicht im Amtsblatt der EU veröffentlicht; abrufbar unter https://ec.europa.eu/docsroom/documents/15407/attachments/1/translations/en/renditions/native.

[26] Guidance Note der Kommission Directive 2009/81/EC on the award of contracts in the fields of defence and security – Field of application Nr. 11. Nicht im Amtsblatt der EU veröffentlicht; abrufbar unter https://ec.europa.eu/docsroom/documents/15407/attachments/1/translations/en/renditions/native.

[27] Guidance Note der Kommission Directive 2009/81/EC on the award of contracts in the fields of defence and security – Field of application Nr. 11. Nicht im Amtsblatt der EU veröffentlicht; abrufbar unter https://ec.europa.eu/docsroom/documents/15407/attachments/1/translations/en/renditions/native.

[28] VK Bund 28.5.1999 – VK 2–8/99, VPRRS 2013, 0936.

[29] VK Bund 3.2.2006 – VK 1–01/06, IBRRS 92253.

[30] OLG Düsseldorf 30.3.2005 – VII-Verg 101/04, BeckRS 2005, 4880.

III. Ausnahmen gem. §§ 107, 116, 117 GWB

22 § 1 VSVgV stellt klar, dass die VSVgV nur für diejenigen verteidigungs- und sicherheitsspezifischen öffentlichen Aufträge gilt, die dem Teil 4 des GWB unterfallen. Dementsprechend sind Aufträge vom Anwendungsbereich ausgeschlossen, die unter eine der **allgemeinen oder verteidigungs- und sicherheitsspezifischen Ausnahmevorschriften** des GWB fallen. Dies betrifft etwa ua Arbeits- und Grundstückskaufverträge, § 107 Abs. 1 Nr. 2, 3 GWB. § 117 Nr. 2 GWB nimmt ausdr. auch weiterhin unter Art. 346 Abs. 1 AEUV fallende Aufträge aus. Ausf. dazu → GWB § 107 Rn. 1 ff. und → GWB § 116 Rn. 1 ff., → GWB § 117 Rn. 1 ff.

IV. Ausnahmen gem. § 145 GWB

23 Weiterhin findet die VSVgV keine Anwendung auf die verteidigungs- und sicherheitsspezifischen Ausnahmen des § 145 GWB. Dazu zählen etwa Aufträge zum Zweck nachrichtendienstlicher Tätigkeiten oder Aufträge einer Regierung an die eines anderen Staates. Ausf. dazu → GWB § 145 Rn. 1 ff.

V. Schwellenwerte (§ 106 Abs. 2 Nr. 3 GWB)

24 § 106 Abs. 2 Nr. 3 GWB legt die Schwellenwerte fest, ab deren Erreichen die VSVgV zur Anwendung kommt. Dies geschieht in Form einer dynamischen Verweisung auf die EU-Schwellenwerte gem. Art. 8 RL 2009/81/EG in der jew. geltenden Fassung.[31] **Änderungen der Schwellenwerte** werden nach Abs. 3 stets vom Bundesministerium für Wirtschaft und Technologie unverzüglich nach deren Veröffentlichung im Amtsblatt der EU im BAnz. bekannt gegeben. Die Schwellenwerte wurden zuletzt durch die VO (EU) 2021/1950 v. 10.11.2021 geändert. Seit In-Kraft-Treten dieser Änderung am 1.1.2022 betragen die Schwellenwerte:
– **431.000 Euro** bei Liefer- und Dienstleistungsaufträgen und
– **5.382.000 Euro** bei Bauaufträgen.

25 Beschaffungen **unterhalb der Schwellenwerte** sind von der Anwendung der VSVgV freigestellt. Es sind jedoch die Grundprinzipien des Europarechts zu beachten (→ GWB Einl. Rn. 11–19), ebenso die Vorgaben des Haushaltsrechts aus § 30 HGrG sowie des § 55 BHO.

§ 2 Anzuwendende Vorschriften für Liefer-, Dienstleistungs- und Bauaufträge

(1) **Für die Vergabe von verteidigungs- oder sicherheitsspezifischen Liefer- und Dienstleistungsaufträgen sind die Vorschriften dieser Verordnung anzuwenden.**

(2) [1]**Für die Vergabe von verteidigungs- oder sicherheitsspezifischen Bauaufträgen sind die §§ 1 bis 4, 6 bis 9 und 38 bis 42 sowie 44 und 45 anzuwenden.** [2]*Im Übrigen ist Abschnitt 3 der Vergabe- und Vertragsordnung für Bauleistungen (VOB/A) in der Fassung der Bekanntmachung vom 31. Januar 2019 (BAnz AT 19.02.2019 B2), der zuletzt durch die Bekanntmachung vom 6. September 2023 (BAnz AT 25.09.2023 B4) geändert worden ist, anzuwenden.*[1]

(3) **Für die Vergabe von verteidigungs- oder sicherheitsspezifischen Liefer-, Dienstleistungs- und Bauaufträgen gelten bei der Erstellung und Über-

---

[31] HK-VergabeR/Alexander VS-VgV § 1 Rn. 12.
[1] Bei Drucklegung noch nicht in Kraft.

mittlung von Bekanntmachungen die Anforderungen des § 10a Absatz 1, Absatz 2 Satz 1, Absatz 4 und Absatz 5 Satz 1 und 3 der Vergabeverordnung über die Vorgaben der Durchführungsverordnung (EU) 2019/1780 und des Datenaustauschstandards eForms einschließlich der Regelungen zu verpflichtenden Datenfeldern und der Übermittlung über den Datenservice Öffentlicher Einkauf entsprechend.

§ 2 Abs. 1 VSVgV schreibt vor, dass die VSVgV auf **Liefer- und Dienstleistungsaufträge** uneingeschränkt Anwendung findet. Zu den Besonderheiten bei der Vergabe von Dienstleistungsaufträgen → VSVgV § 5 Rn. 1 ff. Zum sachlichen Anwendungsbereich der VSVgV → § 1 Rn. 4 ff. Bzgl. des Begriffs der Liefer- und Dienstleistung → GWB § 103 Rn. 70 ff., 107 ff.. Erfasst werden auch freiberufliche Dienstleistungen, die früher in der VOF geregelt waren und nun in der VgV geregelt sind, da diese begriffliche Unterscheidung mit der Gesetzesänderung weggefallen ist.[2]

§ 2 Abs. 2 VSVgV regelt den Anwendungsbereich für verteidigungs- und sicherheitsspezifische **Bauaufträge**. Für Bauaufträge ist die Anwendbarkeit der VSVgV auf die §§ 1–4, 6–9, §§ 38–42 sowie §§ 44, 45 VSVgV beschränkt. Im Übrigen greift der 3. Abschn. der Vergabe- und Vertragsordnung für Bauleistungen (VOB/A). Abs. 2 schafft als statische Verweisung auf den 3. Abschn. der VOB/A die verbindliche Außenrechtswirkung.[3] Der Verordnungsgeber hat in diesem Bereich bisher auf eine Zusammenführung der Regelungen verzichtet und die Zerstreuung auf den drei Ebenen beibehalten.[4] Bzgl. des Begriffs des Bauauftrags s. → GWB § 103 Rn. 74 ff.

In § 2 Abs. 3 VSVgV wird mWv 25.10.2023 (→ § 44a Rn. 3) die neue Regelung zur Anwendung der Durchführungsverordnung (EU) 2019/1780 nach den Anforderungen in § 10a Abs. 1, Abs. 2 Satz 1, Abs. 4, Abs. 5 S. 1 und 3 VgV für verteidigungs- und sicherheitsspezifische Aufträge eingeführt.[5] Insoweit kann auf die Ausführungen zu § 10a VgV Bezug genommen werden (→ VgV § 10a Rn. 1 ff.). Abs. 3 gilt ausdr. sowohl für Liefer- und Dienstleistungsaufträge, auf die gem. Abs. 1 die VSVgV Anwendung findet, als auch für Bauaufträge, auf die gem. Abs. 2 nur bestimmte Regelungen der VSVgV und iÜ die VS VOB/A anzuwenden sind.

§ 3 Schätzung des Auftragswertes

(1) ¹**Bei der Schätzung des Auftragswertes ist von der voraussichtlichen Gesamtvergütung ohne Umsatzsteuer für die vorgesehene Leistung einschließlich etwaiger Prämien oder Zahlungen an Bewerber oder Bieter auszugehen.** ²**Dabei sind alle Optionen und etwaige Vertragsverlängerungen zu berücksichtigen.**

(2) **Der Wert eines beabsichtigten Auftrags darf nicht in der Absicht geschätzt oder aufgeteilt werden, den Auftrag der Anwendung dieser Verordnung zu entziehen.**

(3) **Bei regelmäßig wiederkehrenden Aufträgen oder Daueraufträgen über Liefer- oder Dienstleistungen ist der Auftragswert zu schätzen**
1. **entweder auf der Grundlage des tatsächlichen Gesamtwertes entsprechender aufeinanderfolgender Aufträge aus dem vorangegangenen**

---

[2] Begr. zur VSVgV, BR-Drs. 321/12, 37.
[3] Beck VergabeR/Otting VS-VgV § 2 Rn. 10; MüKoEuWettbR/Müller VS-VgV § 2 Rn. 9.
[4] HK-VergabeR/Winnes VS-VgV § 2 Rn. 3.
[5] Verordnung zur Anpassung des Vergaberechts an die Einführung neuer elektronischer Standardformulare („eForms") für EU-Bekanntmachungen und an weitere europarechtliche Anforderungen, BGBl. 2023 I Nr. 222 v. 23.8.2023.

VSVgV § 3 — Schätzung des Auftragswertes

Haushaltsjahr; dabei sind voraussichtliche Änderungen bei Mengen oder Kosten möglichst zu berücksichtigen, die während der zwölf Monate zu erwarten sind, die auf den ursprünglichen Auftrag folgen, oder

2. auf der Grundlage des geschätzten Gesamtwertes aufeinanderfolgender Aufträge, die während der auf die erste Lieferung folgenden zwölf Monate oder während des auf die erste Lieferung folgenden Haushaltsjahres, wenn dieses länger als zwölf Monate ist, vergeben werden.

(4) Bei Aufträgen über Liefer- oder Dienstleistungen, für die kein Gesamtpreis angegeben wird, ist Berechnungsgrundlage für den geschätzten Auftragswert

1. bei zeitlich begrenzten Aufträgen mit einer Laufzeit von bis zu 48 Monaten der Gesamtwert für die Laufzeit dieser Aufträge;
2. bei Aufträgen mit unbestimmter Laufzeit oder mit einer Laufzeit von mehr als 48 Monaten der 48-fache Monatswert.

(5) Bei Bauleistungen ist neben dem Auftragswert der Bauaufträge der geschätzte Wert aller Lieferleistungen zu berücksichtigen, die für die Ausführungen der Bauleistungen erforderlich sind und von Auftraggebern zur Verfügung gestellt werden.

(6) Der Wert einer Rahmenvereinbarung wird auf der Grundlage des geschätzten Gesamtwertes aller Einzelaufträge berechnet, die während deren Laufzeit geplant sind.

(7) [1]Besteht die beabsichtigte Beschaffung aus mehreren Losen, für die jeweils ein gesonderter Auftrag vergeben wird, ist bei der Schätzung der Wert aller Lose zugrunde zu legen. [2]Bei Lieferaufträgen gilt dies nur für Lose über gleichartige Lieferungen. [3]Erreicht oder überschreitet der Gesamtwert den maßgeblichen EU-Schwellenwert, gilt diese Verordnung für die Vergabe jedes Loses. [4]Dies gilt nicht bis zu einer Summe der Werte dieser Lose von 20 Prozent des Gesamtwertes ohne Umsatzsteuer für

1. Liefer- oder Dienstleistungsaufträge mit einem Wert unter 80 000 Euro und
2. Bauaufträge mit einem Wert unter 1 000 000 Euro.

(8) Maßgeblicher Zeitpunkt für die Schätzung des Auftragswertes ist der Tag, an dem die Bekanntmachung der beabsichtigten Auftragsvergabe abgesendet oder das Vergabeverfahren auf andere Weise eingeleitet wird.

1 § 3 VSVgV setzt Art. 9 RL 2009/81/EG in nationales Recht um. Die Vorschrift orientiert sich inhaltlich und strukturell an der Umsetzung des früheren Art. 9 RL 2004/18/EG in § 3 VgV aF.[1] Zwar entspricht die aktuelle Fassung von § 3 VgV aufgrund der von der RL 2014/24/EU übernommenen Änderungen nicht mehr vollständig § 3 VSVgV, jedoch sind die Modifikationen in § 3 VgV iS eines homogenen Vergaberechts ergänzend bei einer Auslegung von § 3 VSVgV heranzuziehen.[2]

2 Folglich kann sinngemäß auf die Kommentierung zu § 3 VgV (→ VgV § 3 Rn. 5 ff.) Bezug genommen werden, soweit nicht verteidigungs- und sicherheitsspezifische Besonderheiten im Einzelfall eine andere Beurteilung erforderlich machen.

3 Die Streichung von § 3 Abs. 7 S. 3 VSVgV aF durch die „Verordnung zur Anpassung des Vergaberechts an die Einführung neuer elektronischer Standardformulare („eForms") für EU-Bekanntmachungen und an weitere europarechtliche Anforde-

---

[1] Beck VergabeR/Otting VS-VgV § 3 Rn. 2.
[2] Beck VergabeR/Otting VS-VgV § 3 Rn. 4; HK-VergabeR/Alexander VS-VgV § 3 Rn. 3, 17 f., 34; MüKoEuWettbR/Schmidt VS-VgV § 3 Rn. 1.

rungen" v. 17. August 2023[3] stellt klar, dass für Planungsleistungen dieselben Regeln zur Auftragswertberechnung wie für sonstige Dienstleistungen gelten. Danach sind mWv 24.8.2023 bei öffentlichen Aufträgen im Bereich Verteidigung und Sicherheit alle ausgeschriebenen Planungsleistungen zu addieren (dazu ausf. → VgV § 3 Rn. 27 mit Fn. 61).

§ 4 Begriffsbestimmungen

(1) [1]Krise ist jede Situation in einem Mitgliedstaat der Europäischen Union oder einem Drittland, in der ein Schadensereignis eingetreten ist, das deutlich über die Ausmaße von Schadensereignissen des täglichen Lebens hinausgeht und
1. dabei Leben und Gesundheit zahlreicher Menschen erheblich gefährdet oder einschränkt,
2. eine erhebliche Auswirkung auf Sachwerte hat oder
3. lebensnotwendige Versorgungsmaßnahmen für die Bevölkerung erforderlich macht.

[2]Eine Krise liegt auch vor, wenn konkrete Umstände dafür vorliegen, dass ein solches Schadensereignis unmittelbar bevorsteht. [3]Bewaffnete Konflikte und Kriege sind Krisen im Sinne dieser Verordnung.

(2) Unterauftrag ist ein zwischen einem erfolgreichen Bieter und einem oder mehreren Unternehmen geschlossener entgeltlicher Vertrag über die Ausführung des betreffenden Auftrags oder von Teilen des Auftrags.

(3) [1]Forschung und Entwicklung sind alle Tätigkeiten, die Grundlagenforschung, angewandte Forschung und experimentelle Entwicklung umfassen, wobei letztere die Herstellung von technologischen Demonstrationssystemen einschließen kann. [2]Technologische Demonstrationssysteme sind Vorrichtungen zur Demonstration der Leistungen eines neuen Konzepts oder einer neuen Technologie in einem relevanten oder repräsentativen Umfeld.

I. Krise (Abs. 1)

In Abs. 1 wurde die europäische Definition der „**Krise**" aus Art. 1 Nr. 10 RL 2009/81/EG übernommen. Der Begriff „Krise" erlangt Bedeutung für § 8 Abs. 2 Nr. 4, 5, § 12 Abs. 1 Nr. 1 lit. b, aa, § 27 Abs. 1 Nr. 1 lit. i, § 27 Abs. 1 Nr. 2 lit. i VSVgV.[1] Praktische Bedeutung hat der Begriff der Krise durch den russischen Angriff auf die Ukraine erlangt. Bewaffnete Konflikte und Kriege sind unzweifelhaft Krisen iSv Abs. 1. Im Fall von Beschaffungen, die im Zusammenhang mit dem russischen Angriffskrieg gegen die Ukraine stehen, werden regelmäßig die Voraussetzungen einer Krise und eines unvorhergesehenen Ereignisses und äußerst dringlicher zwingender Gründe, die kausal eine Einhaltung der Mindestfristen nicht zulassen, gegeben und damit der Weg zu einem Verhandlungsverfahren ohne Teilnahmewettbewerb eröffnet sein (§ 12 Abs. 1 Nr. 1 lit. b, aa und bb VSVgV).[2] Auch die COVID-19-Pandemie und die Flüchtlingskrise 2015 erfüllten den Krisenbegriff.[3]

---

[3] BGBl. 2023 I Nr. 222 v. 23.8.2023.
[1] Beck VergabeR/Otting VS-VgV § 4 Rn. 9.
[2] BMWK Rundschreiben v. 13.4.22, Az. IB6-206-000#010, S. 4.
[3] Leitlinien der Europäischen Kommission, 2020/C 108 I/ 0, veröffentlicht am 1.4.2020 im ABl. der EU CI 109/1, sowie Mitteilung der Kommission, COM 2015, 454 v. 9.9.2015.

II. Unterauftrag (Abs. 2)

2 Abs. 2 übernimmt die europäische Definition des **„Unterauftrags"** aus Art. 1 Nr. 22 RL 2009/81/EG. Der Begriff „Unterauftrag" wird in §§ 6, 7, 9, 18 VSVgV und §§ 38–41 VSVgV benutzt. Auf die dortigen Kommentierungen wird verwiesen.

III. Forschung und Entwicklung (Abs. 3)

3 In Abs. 3 wurde die Definition von **„Forschung und Entwicklung"** in Teilen aus Art. 1 Nr. 27 RL 2009/81/EG übernommen. Der Begriff „Forschung und Entwicklung" wird in § 12 Abs. 1 Nr. 1 lit. d, e VSVgV verwendet. Er umfasst Grundlagenforschung, angewandte Forschung und experimentelle Entwicklung.[4] **Grundlagenforschung** umfasst experimentelle oder theoretische Arbeiten, die hauptsächlich dem Erwerb von neuem Grundlagenwissen über Phänomene oder beobachtbare Tatsachen ohne erkennbare direkte praktische Anwendungsmöglichkeiten dienen.[5] **Angewandte Forschung** umfasst auch Originalarbeiten zur Erlangung neuer Erkenntnisse. Sie ist jedoch in erster Linie auf ein spezifisches praktisches Ziel oder einen spezifischen praktischen Zweck ausgerichtet. **Experimentelle Entwicklung** umfasst Arbeiten auf der Grundlage von vorhandenen, aus Forschung und/oder praktischer Erfahrung gewonnenen Kenntnissen zur Initiierung der Herstellung neuer Materialien, Produkte oder Geräte, zur Entwicklung neuer Verfahren, Systeme und Dienstleistungen oder zur erheblichen Verbesserung des bereits Vorhandenen.[6] Experimentelle Entwicklung kann Herstellung von technologischen Demonstrationssystemen, dh von Vorrichtungen zur Demonstration der Leistungen eines neuen Konzepts oder einer neuen Technologie in einem relevanten oder repräsentativen Umfeld, einschließen. Der Begriff der Forschung und Entwicklung schließt die Herstellung und Qualifizierung von der Produktion vorausgehenden Prototypen, Werkzeug- und Fertigungstechnik, Industriedesign oder Herstellung nicht ein.[7] Begrifflich ergeben sich keine Unterschiede zu der den §§ 116 Abs. 1 Nr. 2, 145 Abs. 6 GWB zugrunde liegenden Definition, der Anwendungsbereich ist dementsprechend begrenzt (vgl. → § 12 Rn. 15 f.).

4 Weitere Begriffsbestimmungen von Relevanz für den Verteidigungs- und Sicherheitsbereich finden sich in §§ 103 Abs. 5 S. 1; 104 GWB (vgl. zum Begriff des „verbundenen Unternehmens" → VSVgV § 9 Rn. 10).

§ 5 Dienstleistungsaufträge

(1) **Aufträge über Dienstleistungen gemäß Anhang I der Richtlinie 2009/81/EG unterliegen den Vorschriften dieser Verordnung.**

(2) **Aufträge über Dienstleistungen gemäß Anhang II der Richtlinie 2009/81/EG unterliegen ausschließlich den §§ 15 und 35.**

(3) [1]**Aufträge, die sowohl Dienstleistungen gemäß Anhang I als auch solche des Anhangs II der Richtlinie 2009/81/EG umfassen, unterliegen den Vorschriften dieser Verordnung, wenn der Wert der Dienstleistungen nach Anhang I der Richtlinie 2009/81/EG überwiegt.** [2]**Überwiegt der**

---

[4] MüKoEuWettbR/Schmidt VSVgV § 4 Rn. 4.
[5] Erwgr. 13 der RL 2009/81/EG.
[6] Erwgr. 13 der RL 2009/81/EG.
[7] Erwgr. 13 der RL 2009/81/EG.

Wert der Dienstleistungen nach Anhang II der Richtlinie 2009/81/EG, unterliegen diese Aufträge ausschließlich den §§ 15 und 35.

I. Bedeutung der Vorschrift

§ 5 VSVgV setzt Art. 15–17 RL 2009/81 EG in nationales Recht um. Die Vor- 1
schrift bestimmt den Umfang der Anwendbarkeit der VSVgV auf die **Vergabe von Dienstleistungsaufträgen** iSv § 103 Abs. 4 GWB. Sie ähnelt dem § 4 Abs. 2 Nr. 1–3 VgV aF.

Bei Dienstleistungen wird im Anwendungsbereich der VSVgV noch zwischen 2
sog. „**prioritären**" (vorrangigen) und „**nichtprioritären**" (nachrangigen) **Dienstleistungen** unterschieden. Diese Unterscheidung wurde im allg. Vergaberecht im Zuge der Vergaberechtsreform aufgegeben (dazu → GWB § 103 Rn. 109).[1] Die vorrangigen Dienstleistungen sind in Anhang I RL 2009/81/EG, die nachrangigen Dienstleistungen in Anh. II RL 2009/81/EG aufgeführt. Die Unterscheidung dient dazu, die vollständige Anwendbarkeit des Vergaberechts bei Auftragsvergaben nach der VSVgV lediglich auf die Bereiche zu erstrecken, in denen eine vorrangige Binnenmarktrelevanz besteht.[2] Nur diejenigen Dienstleistungen sollen vollständig dem Anwendungsbereich der VSVgV unterfallen, bei denen sich im Binnenmarkt bereits grenzüberschreitende Strukturen entwickelt haben bzw. potenzielle Binnenmarktrelevanz besteht (vorrangige Dienstleistungen). Nachrangige Dienstleistungen sind hingegen wenig binnenmarkttauglich und brauchen nicht vollständig der RL 2009/81/EG zu folgen. Die konkrete Zuordnung erfolgt aufgrund der CPV (Common Procurement Vocabulary)-Codes. Öffentliche Auftraggeber müssen die Kategorie wählen, die so präzise wie möglich dem Beschaffungsvorhaben entspricht.[3] Eine fälschliche Klassifizierung als nachrangige Dienstleistung verstößt gegen den Wettbewerbsgrundsatz und kann durch eine Rüge bzw. ein Nachprüfungsverfahren angegriffen werden.[4] Nur wenn eine Einordnung in eine spezielle Kategorie aus sachgerechten Gründen ausscheidet, kann auf die Kategorie 26 in Anh. II RL 2009/81/EG „sonstige Dienstleistungen" zurückgegriffen werden.[5]

II. Vorrangige Dienstleistungen (Abs. 1)

Die Beschaffung **vorrangiger Dienstleistungen** ist gem. Abs. 1 im vollen 3
Umfang den Regeln der VSVgV unterworfen. Eine Liste der zugeordneten CPV findet sich in Anh. I RL 2009/81/EG.

III. Nachrangige Dienstleistungen (Abs. 2)

Gem. Abs. 2 unterliegen die **nachrangigen Leistungen** (zB Rechtsberatungs- 4
leistungen) gem. Anh. II RL 2009/81/EG nur eingeschränkt dem EU-Vergaberecht. Lediglich die formalen Anforderungen an die Leistungsbeschreibung und technischen Anforderungen (§ 15 VSVgV) und an die Bekanntmachung über die Auftragserteilung (§ 35 VSVgV) sind einzuhalten. Da die betreffenden Dienstleis-

---

[1] MüKoEuWettbR/Müller VSVgV § 5 Rn. 2; Dippel/Sterner/Zeiss VSVgV § 5 Rn. 4.
[2] Vgl. Erwgr. 36, 37 der RL 2009/81/EG.
[3] VK Sachsen 9.7.2010 – 1/SVK/021-10, BeckRS 2010, 25628; bestätigt durch OLG Dresden 12.10.2010 – WVerg 0009/10, BeckRS 2011, 00918.
[4] Dippel/Sterner/Zeiss VSVgV § 5 Rn. 28.
[5] Greb/Müller/Greb SektVO § 4 Rn. 12 zum strukturell vergleichbaren § 4 SektVO aF.

tungen keine Binnenmarktrelevanz aufweisen, ist es insoweit gerechtfertigt, eine Ausnahme von den aus dem EU-Primärrecht resultierenden Anforderungen an Transparenz, Wettbewerb und Gleichbehandlung vorzusehen.[6] Damit entfällt für diese Dienstleistungen insbes. die Pflicht zur vorherigen unionsweiten Bekanntmachung eines Verfahrens. Verfahren über die Vergabe nachrangiger Dienstleistungen unterliegen oberhalb der Schwellenwerte der vollständigen Nachprüfung gem. §§ 155 ff. GWB, allerdings im Prüfungsumfang begrenzt auf das nur beschränkt geltende Vergaberechtsregime, dh die §§ 15, 35 VSVgV sowie die vergaberechtlichen Grundprinzipien des Wettbewerbs, der Transparenz und der Nichtdiskriminierung.[7]

IV. Mischaufträge (Abs. 3)

5 Bei **Mischaufträgen** gelten die Rechtsvorschriften derjenigen Dienstleistung, deren Wert überwiegt (Abs. 3). Mit Mischaufträgen sind Aufträge gemeint, die sowohl Dienstleistungen nach Anl. I RL 2009/81/EG als auch Dienstleistungen nach Anl. II RL 2009/81/EG zum Gegenstand haben. Die anzuwendenden Rechtsvorschriften sind in diesem Fall nach der **main-value-Theorie** zu lösen: Es gelten die Rechtsvorschriften jener Dienstleistung, deren Wert überwiegt.[8] Sollte der Wert der Dienstleistung nach Anlage I RL 2009/81/EG überwiegen, gilt die VSVgV in ihrer Gesamtheit. Sollte hingegen der Wert der Dienstleistungen nach Anl. II RL 2009/81/EG überwiegen, gilt die Sonderregel nach § 5 Abs. 3 S. 2 VSVgV, und es kommen nur §§ 15, 35 VSVgV zur Anwendung.

§ 6 Wahrung der Vertraulichkeit

(1) ¹**Auftraggeber, Bewerber, Bieter und Auftragnehmer wahren gegenseitig die Vertraulichkeit aller Angaben und Unterlagen.** ²**Für die Anforderungen an den Schutz von Verschlusssachen einschließlich ihrer Weitergabe an Unterauftragnehmer gilt § 7.**

(2) ¹**Sofern in dieser Verordnung nichts anderes bestimmt ist, dürfen Auftraggeber nach anderen Rechtsvorschriften vorbehaltlich vertraglich erworbener Rechte keine von den Bewerbern, Bietern und Auftragnehmern übermittelte und von diesen als vertraulich eingestufte Information weitergeben.** ²**Dies gilt insbesondere für technische Geheimnisse und Betriebsgeheimnisse.**

(3) ¹**Bewerber, Bieter und Auftragnehmer dürfen keine von den Auftraggebern als vertraulich eingestufte Information an Dritte weitergeben.** ²**Dies gilt nicht für die Unterauftragsvergabe, wenn die Weitergabe der als vertraulich eingestufte Information für den Teilnahmeantrag, das Angebot oder die Auftragsausführung erforderlich ist.** ³**Bewerber, Bieter und Auftragnehmer müssen die Wahrung der Vertraulichkeit mit den in Aussicht genommenen Unterauftragnehmern vereinbaren.** ⁴**Auftraggeber können an Bewerber, Bieter und Auftragnehmer weitere Anforderungen zur Wahrung der Vertraulichkeit stellen, die mit dem Auftrags-**

---

[6] OLG Düsseldorf 21.4.2010 – VII-Verg 55/09, NZBau 2010, 390.

[7] OLG Dresden 12.10.2010 – WVerg 0009/10, BeckRS 2011, 00918; OLG Stuttgart 7.6.2004 – 2 Verg 4/04, NZBau 2004, 627, jew. zu den strukturell vergleichbaren, nach alter Rechtslage existierenden „I-B Dienstleistungen"; MüKoEuWettbR/Müller VSVgV § 5 Rn. 6.

[8] Dippel/Sterner/Zeiss VSVgV § 5 Rn. 12; MüKoEuWettbR/Müller VSVgV § 5 Rn. 5.

gegenstand im sachlichen Zusammenhang stehen und durch ihn gerechtfertigt sind.

Literatur: Leinenbach, Datenschutz im Vergabeverfahren, ZfBR 2020, 741; Rosenkötter, Wissen ist Macht – Akteneinsicht bei der Überprüfung von Vergabeentscheidungen, NZBau 2021, 96; Rosenkötter/Seeger, Das neue Geschäftsgeheimnisgesetz – Auswirkungen auf das Akteneinsichtsrecht im Vergabeverfahren, NZBau 2019, 619; Schippel, Berücksichtigung von Know-how-Richtlinie und Geschäftsgeheimnisgesetz im Vergaberecht, VergabeR 2019, 480. Vgl. iÜ die Angaben bei § 5 VgV.

I. Gegenseitige Verpflichtung zur Vertraulichkeit (Abs. 1)

Die Vorschrift setzt Art. 6 RL 2009/81/EG in nationales Recht um. S. 1 schreibt eine allg. **gegenseitige** Pflicht zum Schutz **vertraulicher Informationen** (zum Begriff auch → VgV § 5 Rn. 4) unterhalb der Anforderungen, die an den Schutz von Verschlusssachen gem. § 7 VSVgV gestellt werden, vor. Dementsprechend regelt S. 2, dass sich die Anforderungen an den Schutz von Verschlusssachen nach § 7 VSVgV richten. Eine bloß als „vertraulich" eingestufte Information iSd § 6 VSVgV unterfällt damit nicht den Kategorien der Verschlusssache iSd SÜG (dazu → VSVgV § 1 Rn. 14 ff.). Die Schwelle ist niedriger anzusetzen. Öffentlich zugängliche Informationen, auch wenn sie nur der Fachpresse zu entnehmen sind, sind begriffsnotwendig nicht erfasst.[1] Als vertraulich gelten idR Informationen, die nach der Verkehrsanschauung nicht nach außen dringen dürfen und deren Bekanntwerden Nachteile zur Folge hätte, wie insbes. technisches Know-How, Leistungs- bzw. Produktinformationen sowie kommerzielle Angebotsinhalte (Preise, Kalkulationen etc.).[2] Vgl. dazu auch → GWB § 124 Rn. 50. Die Geheimhaltungsverpflichtungen gelten – wie der Wortlaut der Vorschrift („Auftragnehmer") zeigt – für das **gesamte Vergabeverfahren** sowie die sich anschl. Auftragsabwicklungsphase.

II. Geheimhaltung durch den Auftraggeber (Abs. 2)

Der Auftraggeber darf keine ihm von den Bewerbern, Bietern und Auftragnehmern übermittelten und von diesen als **vertraulich eingestuften Informationen** weitergeben, wozu insbes. technische Geheimnisse und Betriebsgeheimnisse sowie die vertraulichen Aspekte der Angebote selbst[3] gehören. Abs. 2 legt dem Auftraggeber dementsprechend eine zusätzliche, über die Anforderungen des § 35 Abs. 2 VSVgV hinausgehende Geheimhaltungsverpflichtung auf. Der öffentliche Auftraggeber im Verteidigungsbereich versteht die Regelung regelmäßig als für ihn umfassend, so dass es keiner Umsetzung durch eine Vertraulichkeitsvereinbarung („NDA") bedarf.[4] Die Begrifflichkeit der technischen Geheimnisse und Betriebsgeheimnisse stammt aus der deutschen Fassung der RL 2009/81/EG und verkennt den tradierten Begriff der „Betriebs- und Geschäfts-

---

[1] VK Bund 4.10.2022 – VK 1–81/2, BeckRS 2022, 31368; HK-VergabeR/Schellenberg VSVgV § 6 Rn. 5.
[2] Dippel/Sterner/Zeiss VSVgV § 6 Rn. 6; MüKoEuWettbR/Hindelang/Eisenhut VSVgV § 6 Rn. 7.
[3] Vgl. Art. 6 letzter Hs. RL 2009/81/EG bzw. § 6 Abs. 2 S. 2 VSVgV.
[4] MüKoEuWettbR/Hindelang/Eisenhut VSVgV § 6 Rn. 2.

geheimnisse" im deutschen Recht. Nichtsdestotrotz ist dieser hier gleichzusetzen und sind die entspr. herausgebildeten Definitionen auch im Verteidigungsvergaberecht anwendbar.[5] An dieser Stelle kann auch auf das GeschGehG verwiesen werden. Es ist umstritten, ob dieses hinter den vergaberechtlichen Regelungen zurücktritt[6] oder für eine gleichlaufende Auslegung herangezogen werden sollte.[7] Daneben sind Verletzungen von Dienstgeheimnissen und besonderer Geheimhaltungspflichten gem. § 353b StGB insbes. iRv Ausschreibungen nach der VSVgV relevant.

2a Eine Weitergabe iSd Abs. 2 liegt nicht vor bei der Übersendung von Vergabeakten an die Vergabekammer iRv Nachprüfungsverfahren[8] oder der gerichtlichen Anordnung eines selbstständigen Beweisverfahrens, kombiniert mit einer einstweiligen Duldungsverfügung iR eines patentrechtlichen Besichtigungsverfahrens.[9] Ferner steht dem Auftraggeber die Weitergabe offen, wenn er zuvor eine vertragliche Vereinbarung hierzu mit dem Auftragnehmer getroffen hat („vorbehaltlich vertraglich erworbener Rechte").

III. Geheimhaltung durch den Auftragnehmer (Abs. 3)

3 Abs. 3 S. 1 regelt, dass Bewerber, Bieter und Auftragnehmer keine als vertraulich eingestufte Information an Dritte weitergeben dürfen. Dazu gibt es in der RL 2009/81/EG keine Vorlage,[10] es handelt sich um eine rein nationale Regelung. Gem. S. 2 gilt eine **Ausnahme für Unterauftragnehmer**, auch potenzielle Unterauftragnehmer, deren Mitwirkung für den Teilnahmeantrag, die Angebotserstellung oder die Auftragsdurchführung erforderlich ist. Freilich muss der Bewerber, Bieter oder Auftragnehmer in diesen Fällen mit dem in Aussicht genommenen Unterauftragnehmer eine geschäftsübliche Geheimhaltungsvereinbarung abschließen (S. 3). Gem. S. 4 und im Einklang mit Art. 22 RL 2009/81/EG können Auftraggeber zudem vorab weitere Anforderungen an die **Eignung** der Bewerber oder Bieter zur Wahrung der Vertraulichkeit stellen, die – wie bspw. die Eignungsanforderungen gem. § 21 Abs. 2 S. 2 VSVgV – mit dem Auftragsgegenstand in sachlichem Zusammenhang stehen und angemessen sein müssen.[11]

§ 7 Anforderungen an den Schutz von Verschlusssachen durch Unternehmen

(1) [1]Im Falle eines Verschlusssachenauftrags im Sinne des § 104 Absatz 3 des Gesetzes gegen Wettbewerbsbeschränkungen müssen Auftraggeber in der Bekanntmachung oder den Vergabeunterlagen die erforderlichen Maßnahmen, Anforderungen und Auflagen benennen, die ein Unternehmen als Bewerber, Bieter oder Auftragnehmer sicherstellen oder erfüllen muss, um den Schutz von Verschlusssachen entsprechend dem jeweiligen Geheimhaltungsgrad zu gewährleisten. [2]Auftraggeber müssen in der Bekanntmachung oder den Vergabeunterlagen auch die erforderlichen Maßnahmen, Anforderungen und Auflagen benennen, die Unterauftragnehmer sicherstellen müs-

---

[5] Dippel/Sterner/Zeiss VSVgV § 6 Rn. 11 f.
[6] Schippel VergabeR 2019, 480 (483).
[7] Rosenkötter/Seeger NZBau 2019, 619 (621).
[8] MüKoEuWettbR/Hindelang/Eisenhut VSVgV § 6 Rn. 8.
[9] OLG Düsseldorf 23.3.2022 – 15 W 14/21, NZBau 2022, 356.
[10] Dippel/Sterner/Zeiss VSVgV § 6 Rn. 37.
[11] Begr. zur VSVgV, BR-Drs. 321/12, 38.

sen, um den Schutz von Verschlusssachen entsprechend dem jeweiligen Geheimhaltungsgrad zu gewährleisten, und deren Einhaltung der Bewerber, Bieter oder Auftragnehmer mit dem Unterauftragnehmer vereinbaren muss.

(2) [1]Auftraggeber müssen insbesondere verlangen, dass der Teilnahmeantrag oder das Angebot folgende Angaben enthält:
1. Wenn der Auftrag Verschlusssachen des Geheimhaltungsgrades „VS-VERTRAULICH" oder höher umfasst, Erklärungen des Bewerbers oder Bieters und der bereits in Aussicht genommenen Unterauftragnehmer,
   a) ob und in welchem Umfang für diese Sicherheitsbescheide des Bundesministeriums für Wirtschaft und Energie oder entsprechender Landesbehörden bestehen oder
   b) dass sie bereit sind, alle notwendigen Maßnahmen und Anforderungen zu erfüllen, die zum Erhalt eines Sicherheitsbescheids zum Zeitpunkt der Auftragsausführung vorausgesetzt werden;
2. Verpflichtungserklärungen
   a) des Bewerbers oder Bieters und
   b) der bereits in Aussicht genommenen Unterauftragnehmer
   während der gesamten Vertragsdauer sowie nach Kündigung, Auflösung oder Ablauf des Vertrags den Schutz aller in ihrem Besitz befindlichen oder ihnen zur Kenntnis gelangter Verschlusssachen gemäß den einschlägigen Rechts- und Verwaltungsvorschriften zu gewährleisten;
3. Verpflichtungserklärungen des Bewerbers oder Bieters, von Unterauftragnehmern, an die er im Zuge der Auftragsausführung Unteraufträge vergibt, Erklärungen und Verpflichtungserklärungen gemäß den Nummern 1 und 2 einzuholen und vor der Vergabe des Unterauftrags den Auftraggebern vorzulegen.

(3) [1]Muss einem Bewerber, Bieter oder bereits in Aussicht genommenen Unterauftragnehmern für den Teilnahmeantrag oder das Erstellen eines Angebots der Zugang zu Verschlusssachen des Geheimhaltungsgrades „VS-VERTRAULICH" oder höher gewährt werden, verlangen Auftraggeber bereits vor Gewährung dieses Zugangs einen Sicherheitsbescheid vom Bundesministerium für Wirtschaft und Energie oder von entsprechenden Landesbehörden und die Verpflichtungserklärungen nach Absatz 2 Nummer 2 und 3. [2]Kann zu diesem Zeitpunkt noch kein Sicherheitsbescheid durch das Bundesministerium für Wirtschaft und Energie oder durch entsprechende Landesbehörden ausgestellt werden und machen Auftraggeber von der Möglichkeit Gebrauch, Zugang zu diesen Verschlusssachen zu gewähren, müssen Auftraggeber die zum Einsatz kommenden Mitarbeiter des Unternehmens überprüfen und ermächtigen, bevor diesen Zugang gewährt wird.

(4) Muss einem Bewerber, Bieter oder bereits in Aussicht genommenen Unterauftragnehmern für den Teilnahmeantrag oder das Erstellen eines Angebots der Zugang zu Verschlusssachen des Geheimhaltungsgrades „VS-NUR FÜR DEN DIENSTGEBRAUCH" gewährt werden, verlangen Auftraggeber bereits vor Gewährung dieses Zugangs die Verpflichtungserklärungen nach Absatz 2 Nummer 2 und 3.

(5) Kommt der Bewerber oder Bieter dem Verlangen des Auftraggebers nach den Absätzen 3 und 4 nicht nach, die Verpflichtungserklärungen vorzulegen, oder können auch im weiteren Verfahren weder ein Sicherheitsbescheid vom Bundesministerium für Wirtschaft und Energie oder von entsprechenden Landesbehörden ausgestellt noch Mitarbeiter zum Zugang

ermächtigt werden, müssen Auftraggeber den Bewerber oder Bieter von der Teilnahme am Vergabeverfahren ausschließen.

(6) [1]Auftraggeber können Bewerbern, Bietern oder bereits in Aussicht genommenen Unterauftragnehmern, die noch nicht in der Geheimschutzbetreuung des Bundesministeriums für Wirtschaft und Energie oder entsprechender Landesbehörden sind oder deren Personal noch nicht überprüft und ermächtigt ist, zusätzliche Zeit gewähren, um diese Anforderungen zu erfüllen. [2]In diesem Fall müssen Auftraggeber diese Möglichkeit und die Frist in der Bekanntmachung mitteilen.

(7) [1]Das Bundesministerium für Wirtschaft und Energie erkennt Sicherheitsbescheide und Ermächtigungen anderer Mitgliedstaaten an, wenn diese den nach den Bestimmungen des Sicherheitsüberprüfungsgesetzes und des § 21 Absatz 4 und 6 der Allgemeinen Verwaltungsvorschrift des Bundesministeriums des Innern zum materiellen und organisatorischen Schutz von Verschlusssachen[1] erforderlichen Sicherheitsbescheiden und Ermächtigungen gleichwertig sind. [2]Auf begründetes Ersuchen der auftraggebenden Behörde hat das Bundesministerium für Wirtschaft und Energie weitere Untersuchungen zur Sicherstellung des Schutzes von Verschlusssachen zu veranlassen und deren Ergebnisse zu berücksichtigen. [3]Das Bundesministerium für Wirtschaft und Energie kann im Einvernehmen mit der Nationalen Sicherheitsbehörde für den Geheimschutz von weiteren Ermittlungen absehen.

(8) Das Bundesministerium für Wirtschaft und Energie kann die Nationale Sicherheitsbehörde des Landes, in dem der Bewerber oder Bieter oder bereits in Aussicht genommene Unterauftragnehmer ansässig ist, oder die Designierte Sicherheitsbehörde dieses Landes ersuchen, zu überprüfen, ob die voraussichtlich genutzten Räumlichkeiten und Einrichtungen, die vorgesehenen Produktions- und Verwaltungsverfahren, die Verfahren zur Behandlung von Informationen oder die persönliche Lage des im Rahmen des Auftrags voraussichtlich eingesetzten Personals den einzuhaltenden Sicherheitsvorschriften entsprechen.

Übersicht

	Rn.
I. Bedeutung der Vorschrift	1
II. „Verschlusssache" (VS)	4
III. Transparenz bzgl. Maßnahmen zum Schutz von Verschlusssachen (Abs. 1)	7
IV. Zugang zu Verschlusssachen während der Auftragsausführung (Abs. 2)	8
V. Zugang zu Verschlusssachen während des Vergabeverfahrens	11
1. VS-VERTRAULICH oder höher (Abs. 3)	11
2. VS-NUR FÜR DEN DIENSTGEBRAUCH (Abs. 4)	13
3. Nach Abschluss des Vergabeverfahrens einbezogene Unterauftragnehmer	15
VI. Zwingender Ausschluss bei Nichterfüllung der Anforderungen der Geheimschutzes (Abs. 5)	16
VII. Ermessen bzgl. Fristverlängerung für Aufnahme in Geheimschutzbetreuung (Abs. 6)	18

---

[1] **Amtl. Anm.:** VS-Anweisung – VSA vom 31. März 2006 in der Fassung vom 26. April 2010 (GMBl 2010 S. 846).

	Rn.
VIII. Gleichwertigkeitsprüfung der Sicherheitsbescheide anderer EU-Mitgliedstaaten (Abs. 7)	19
IX. Beauftragung von Sicherheitsbehörden anderer Mitgliedstaaten (Abs. 8)	21

I. Bedeutung der Vorschrift

Die Vorschrift setzt Art. 7, 22 RL 2009/81/EG in nationales Recht um. Erwgr. 42 der RL 2009/81/EG weist darauf hin, dass Anforderungen an die Informationssicherheit angesichts der Sensibilität der unter diese RL fallenden Ausrüstungsgegenstände von besonders großer Bedeutung sind und die gesamte Lieferkette betreffen. Erwgr. 43 der RL 2009/81/EG stellt ferner klar, dass öffentliche Auftraggeber zur **Gewährleistung der Informationssicherheit** verlangen können, dass sich der Auftragnehmer verpflichtet, Verschlusssachen vor nicht autorisiertem Zugriff zu schützen, und dass er ausreichende Informationen zu seiner Befähigung, dies zu tun, beibringt. 1

Da es noch keine **unionsrechtlichen Regelungen zur Informationssicherheit** gibt, ist es Sache der Mitgliedstaaten bzw. Vergabestellen, die Anforderungen an die Informationssicherheit im Einklang mit ihren jew. nationalen Rechtsvorschriften festzulegen und zu entscheiden, ob sie die nach den nationalen Rechtsvorschriften eines anderen Mitgliedstaats mit positivem Ergebnis durchgeführten Sicherheitsüberprüfungen zu den von ihren eigenen zuständigen Behörden mit positivem Ergebnis durchgeführten Sicherheitsüberprüfungen als gleichwertig ansehen.[2] Dementsprechend ist es auch Sache der Auftraggeber oder der Mitgliedstaaten, das Niveau der technischen Kapazität festzulegen, das diesbzgl. für die Teilnahme an einem Vergabeverfahren erforderlich ist, und zu beurteilen, ob die Bewerber das geforderte Sicherheitsniveau erreicht haben. Zwar haben die Mitgliedstaaten in vielen Fällen bilaterale Sicherheitsübereinkünfte mit Bestimmungen über die gegenseitige Anerkennung nationaler Sicherheitsüberprüfungen abgeschlossen. Selbst wenn derartige Übereinkünfte bestehen, können die Fähigkeiten von Wirtschaftsteilnehmern aus anderen Mitgliedstaaten auf dem Gebiet der Informationssicherheit im Rahmen einer VSVgV-Vergabe dennoch neuerlich überprüft werden, solange diese Überprüfung unter **Einhaltung der Grundsätze der Nichtdiskriminierung, der Gleichbehandlung und der Verhältnismäßigkeit** erfolgt.[3] 2

Erwgr. 67 der RL 2009/81/EG hebt darüber hinaus hervor, dass die RL einen Auftraggeber nicht daran hindern sollte, ein Unternehmen jederzeit im Laufe eines Vergabeverfahrens auszuschließen, wenn der Auftraggeber Kenntnis davon erhält, dass die Vergabe des gesamten oder eines Teils des Auftrags an dieses Unternehmens wesentliche Geheimschutzinteressen des betreffenden Mitgliedstaates gefährden könnten. In diesem Sinne sieht Art. 39 Abs. 2 lit. e RL 2009/81/EG die Möglichkeit des Ausschlusses von der Teilnahme am Vergabeverfahren vor, wenn Unternehmen nicht die erforderliche Vertrauenswürdigkeit aufweisen, um Risiken für die Sicherheit eines Mitgliedstaates auszuschließen. Im deutschen Vergaberecht werden die Anforderungen an den Schutz von Verschlusssachen als spezifische **Eignungskriterien iSd § 122 Abs. 2 S. 1 GWB** angesehen. Die Umsetzung der Art. 7, 22 RL 2009/81/EG beschränkt sich auf den Schutz von Verschlusssachen zum Zwecke des Geheimschutzes. Sonstige Aspekte der Informationssicherheit werden hingegen von § 6 Abs. 1, 3 VSVgV abgedeckt. 3

---

[2] Erwgr. 43 der RL 2009/81/EG.
[3] Erwgr. 68 der RL 2009/81/EG.

II. „Verschlusssache" (VS)

4   Zum Begriff und der Einstufung von Verschlusssachen vgl. zunächst → § 1 Rn. 13 ff. Ob eine Verschlusssache iSv § 104 GWB Verwendung finden wird, wird sich regelmäßig nur im Rahmen einer **Prognoseentscheidung** über die spätere Verwendung beurteilen lassen, so dass die tatsächliche Verwendung unerheblich ist. Ausreichend ist, wenn Teile eines ausgeschriebenen Vertrages, zB die Leistungsbeschreibung, als Verschlusssache einzustufen sind oder wenn der Vertrag selbst eine Verschlusssache ist.[4] Der Verweis auf lediglich den Abs. 3 des § 104 GWB (Bereich der nicht-militärischen Sicherheit) ist ein Redaktionsfehler des Gesetzgebers, so dass § 7 VSVgV für jedweden verteidigungs- und sicherheitsrelevanten Auftrag iSv § 104 Abs. 1 GWB gilt.[5]

5   Das **Geheimschutzverfahren in der Wirtschaft** folgt den gesetzlichen Bestimmungen, insbes. des SÜG und des Bundesdatenschutzgesetzes (BDSG), sowie den im Geheimschutzhandbuch des BMWi (GHB) festgelegten Regeln, deren Geltung durch Abschluss eines öffentlich-rechtlichen Vertrages zwischen BMWi und dem Unternehmen rechtsverbindlich anerkannt wird. Bei internationalen Projekten sind zusätzlich auf zwischenstaatlicher Ebene vereinbarte Regelungen zu beachten. Soweit das BMWi auf Grund des SÜG und des öffentlich-rechtlichen Vertrages zur Datenerhebung bei den Unternehmen berechtigt ist, müssen diese auf Anfrage die entspr. Angaben machen.

6   Ein VS-Auftrag kann direkt vom VS-Herausgeber, einem anderen amtlichen VS-Auftraggeber oder einem nicht amtlichen VS-Auftraggeber erteilt werden, der seinerseits einen VS-Auftrag erhalten hat und Unteraufträge vergibt. Alle Personen, die, insbes. im Zusammenhang mit einem VS-Auftrag, eine sicherheitsempfindliche Tätigkeit ausüben oder ausüben sollen und Kenntnis von VS nehmen oder nehmen sollen, müssen entspr. dem Geheimhaltungsgrad der VS überprüft und ermächtigt sein. Unabhängig von der individuellen Ermächtigung darf ihnen Kenntnis von VS nur gestattet werden, wenn und soweit dies zur Ausübung ihrer auftragsbezogenen VS-Tätigkeit im Unternehmen **unverzichtbar** ist. Der VS-Auftragnehmer hat die zur Einhaltung dieses Grundsatzes erforderlichen Vorkehrungen in seiner Unternehmung zu treffen. Die Weitergabe von VS darf nur mit Einwilligung des VS-Herausgebers erfolgen; dies gilt auch, wenn der vorgesehene Empfänger VS-ermächtigt ist. Die Einwilligung zur Weitergabe von VS kann für ein bestimmtes Programm oder im Einzelfall erteilt werden.

III. Transparenz bzgl. Maßnahmen zum Schutz von Verschlusssachen (Abs. 1)

7   Abs. 1 setzt sowohl Art. 7 RL 2009/81/EG als auch Art. 22 UAbs. 1 RL 2009/81/EG um. Zielsetzung ist es, für Bewerber und Bieter die erforderliche **Transparenz** im Hinblick auf die zum Schutz von Verschlusssachen erforderlichen Maßgaben des Auftraggebers zu schaffen, in dem die zum Schutz von Verschlusssachen auf dem jew. Geheimhaltungsgrad **erforderlichen Maßnahmen, Anforderungen und Auflagen** durch den Auftraggeber in der Bekanntmachung oder den Vergabeunterlagen zu benennen sind. Diese Pflicht erfasst gem. § 7 Abs. 1 S. 1, 2 VSVgV sowohl die erforderlichen Maßnahmen, Anforderungen und Auflagen an den

---

[4] Scherer-Leydecker NZBau 2012, 533 (538).
[5] Vgl. auch § 7 VSVgV aF mit dem Verweis auf § 99 Abs. 3 GWB aF: BR-Drs. 367/15, 85 zeigt, dass im Verordnungsgeber nicht um eine Einengung des Begriffs, sondern um eine erweiternde Klarstellung der Definition des VS Auftrags im Hinblick auf Erwgr. 11 der RL 2009/81/EG ging.

Bewerber, Bieter und Auftragnehmer als auch an Unterauftragnehmer. Die zu benennenden Maßnahmen, Anforderungen und Auflagen werden in § 7 Abs. 2–4 VSVgV konkretisiert. Dabei regelt § 7 Abs. 2 VSVgV die Voraussetzungen für die Gewährung des Zugangs zu Verschlusssachen während der Auftragsausführung und § 7 Abs. 3–4 VSVgV die Voraussetzungen für die Gewährung des Zugangs im Vergabeverfahren.

IV. Zugang zu Verschlusssachen während der Auftragsausführung (Abs. 2)

Abs. 2 dient der Umsetzung von Art. 22 UAbs. 2 RL 2009/81/EG. Die Bestimmung bezieht sich auf die **Gewährung des Zugangs zu Verschlusssachen während der gesamten Vertragsdauer, also auch der Auftragsausführung,** und regelt, welche Angaben Bewerber, Bieter und Unterauftragnehmer bereits im Teilnahmeantrag oder im Angebot ggü. dem Auftraggeber machen müssen. Die erforderlichen Angaben richten sich nach dem jew. Geheimhaltungsgrad der Verschlusssache. 8

Im Falle einer Verschlusssache des Geheimhaltungsgrades **„VS-VERTRAU-LICH"** oder höher müssen Bewerber oder Bieter sowohl die Anforderungen des § 7 Abs. 2 Nr. 1 VSVgV als auch die des § 7 Abs. 2 Nr. 2 VSVgV erfüllen, um ihre Eignung zum Umgang mit diesen Verschlusssachen nachzuweisen. Für ebenfalls erfasste Verschlusssachen des Geheimhaltungsgrades „VS-NUR FÜR DEN DIENSTGEBRAUCH" gelten hingegen lediglich die Anforderungen des § 7 Abs. 2 Nr. 2 VSVgV, sodass Bewerber oder Bieter eine **Verpflichtungserklärung** ggü. dem Auftraggeber abzugeben haben, dass sie den Schutz von Verschlusssachen während der gesamten Vertragsdauer und danach gewährleisten.[6] Die Verpflichtungserklärung umfasst dabei das Merkblatt zur Behandlung von Verschlusssachen (VS) des Geheimhaltungsgrades VS-NUR FÜR DEN DIENSTGEBRAUCH (VS-NfD-Merkblatt, Anl. 5 zur Allgemeinen Verwaltungsvorschrift des Bundesministeriums des Innern, für Bau und Heimat zum materiellen Geheimschutz, Verschlusssachenanweisung – VSA, v. 10.8.2018).[7] 9

§ 7 Abs. 2 Nr. 3 VSVgV regelt, dass sich der Bewerber oder Bieter im Hinblick auf die **Unterauftragsvergabe** in einem Verschlusssachenauftrag ggü. dem Auftraggeber durch Erklärung verpflichten muss, je nach Geheimhaltungsgrad die Angaben nach § 7 Abs. 2 Nr. 1, 2 VSVgV einzuholen und dem Auftraggeber vor der Vergabe des Unterauftrags diese Erklärung vorzulegen. 10

V. Zugang zu Verschlusssachen während des Vergabeverfahrens

1. VS-VERTRAULICH oder höher (Abs. 3)

Abs. 3 regelt die Voraussetzungen, unter denen im Vergabeverfahren der Zugang zu Verschlusssachen des Geheimhaltungsgrades „VS-VERTRAULICH" oder höher eröffnet werden darf. Für den Bewerber, Bieter oder bereits in Aussicht genommenen Unterauftragnehmer muss vom öffentlichen Auftraggeber gem. Abs. 3 S. 1 ein Sicherheitsbescheid vom BMWi oder von entspr. Landesbehörden angefordert werden sowie die Verpflichtungserklärungen nach § 7 Abs. 2 Nr. 2, 3 VSVgV vom Bewerber, Bieter oder von in Aussicht 11

---

[6] BR-Drs. 321/12, 39.
[7] GMBl. 2018, 826, vgl. auch Ziff. 1.7 des Geheimschutzhandbuches des BMWK.

genommenen Unterauftragnehmern abgegeben werden. Die beim BMWi oder bei entspr. Landesbehörden zu beantragenden Sicherheitsbescheide für Unternehmen setzen dabei voraus, dass materielle und personelle Sicherheitsmaßnahmen in den Unternehmen getroffen werden – Verfahren zur Aufnahme in die Geheimschutzbetreuung (→ § 7 Rn. 5). Können die Voraussetzungen des Abs. 3 S. 1 zu diesem Zeitpunkt noch nicht erfüllt werden und machen Auftraggeber von der Möglichkeit Gebrauch, Zugang zu Verschlusssachen zu gewähren, ohne diese an Unternehmen weiterzugeben, müssen Auftraggeber gem. Abs. 3 S. 2 eine Sicherheitsüberprüfung der zum Einsatz kommenden Mitarbeiter des Unternehmens durchführen und diese ermächtigen, bevor der Zugang zu Verschlusssachen gewährt wird.

12   Im Gegensatz zur optionalen Fassung des Art. 22 Abs. 2 RL 2009/81/EG mit einem beispielhaften Katalog möglicher Maßnahmen und Anforderungen gilt für das deutsche Recht: Auftraggeber müssen nach § 21 Abs. 4, 6 der Verschlusssachenanweisung (VSA) vor Weitergabe von Verschlusssachen des Geheimhaltungsgrades „VS-VERTRAULICH" oder höher **Sicherheitsbescheide** über die beteiligten Unternehmen beim BMWi oder bei entspr. Landesbehörden anfordern bzw. Mitarbeiter der beteiligten Unternehmen überprüfen und ermächtigen. Nur diese Verpflichtung der öffentlichen Auftraggeber stellt eine straffreie Gewährung des Zugangs zu Verschlusssachen sicher.

2. VS-NUR FÜR DEN DIENSTGEBRAUCH (Abs. 4)

13   § 7 Abs. 4 VSVgV regelt die Voraussetzungen, unter denen im Vergabeverfahren **Zugang zu Verschlusssachen des Geheimhaltungsgrades „VS-NUR FÜR DEN DIENSTGEBRAUCH"** eröffnet werden darf. Bewerber, Bieter oder bereits in Aussicht genommene Unterauftragnehmer müssen gem. § 7 Abs. 2 Nr. 2 VSVgV eine Verpflichtungserklärung abgeben, den Schutz von Verschlusssachen zu gewährleisten, und gem. § 7 Abs. 2 Nr. 3 VSVgV eine solche Verpflichtungserklärung von zukünftigen Unterauftragnehmern einzuholen.

14   Im Gegensatz zur optionalen Fassung des Art. 22 Abs. 2 RL 2009/81/EG mit einem beispielhaften Katalog möglicher Maßnahmen und Anforderungen gilt für das deutsche Recht wiederum: Bei Verschlusssachen des Geheimhaltungsgrades „VS-NUR FÜR DEN DIENSTGEBRAUCH" ist das **VS-NfD-Merkblatt** (Anl. 5 zur VSA) zum Vertragsbestandteil zu machen. Dies gewährleistet den Schutz von Verschlusssachen und Staatsgeheimnissen. Nur eine Verpflichtung der öffentlichen Auftraggeber, die in Art. 22 UAbs. 2 RL 2009/81/EG möglichen Angaben zu verlangen, stellt eine straffreie Gewährung des Zugangs zu Verschlusssachen sicher.

3. Nach Abschluss des Vergabeverfahrens einbezogene Unterauftragnehmer

15   § 7 Abs. 3, 4 VSVgV erfassen Sachverhalte, bei denen der Zugang zu Verschlusssachen dem Bewerber, Bieter oder in Aussicht genommenen Unterauftragnehmern für den Antrag auf Teilnahme am Wettbewerb oder das Erstellen des Angebots gewährt werden muss. Die Frage, unter welchen Voraussetzungen Unterauftragnehmer, die erst nach Abschluss des Vergabeverfahrens feststehen, der Zugang zu Verschlusssachen eröffnet werden darf, ist nicht Gegenstand der VSVgV, sondern des SÜG und der VSA.[8]

---

[8] BR-Drs. 321/12, 40.

VI. Zwingender Ausschluss bei Nichterfüllung der Anforderungen der Geheimschutzes (Abs. 5)

Erwgr. 67 der RL 2009/81/EG stellt klar, dass die RL einen Auftraggeber nicht daran hindern soll, ein Unternehmen **jederzeit im Laufe eines Vergabeverfahrens auszuschließen,** wenn der Auftraggeber Kenntnis davon erhält, dass die Vergabe des gesamten oder eines Teils des Auftrags an dieses Unternehmen wesentliche Geheimschutzinteressen des betreffenden Mitgliedstaates gefährden können. 16

Abs. 5 bestimmt, dass Auftraggeber Bewerber oder Bieter vom Vergabeverfahren **ausschließen müssen,** wenn diese oder ihre bereits in Aussicht genommenen Unterauftragnehmer die Anforderungen des § 7 Abs. 3, 4 VSVgV nicht erfüllen und ihnen aus diesem Grund der Zugang zu Verschlusssachen des Geheimhaltungsgrades „VS-NUR FÜR DEN DIENSTGEBRAUCH" und „VS-VERTRAULICH" oder höher im Vergabeverfahren nicht gewährt werden darf. 17

VII. Ermessen bzgl. Fristverlängerung für Aufnahme in Geheimschutzbetreuung (Abs. 6)

Abs. 6 setzt im Sachzusammenhang mit der Regelung der Eignungsanforderungen zur Ausführung von Verschlusssachenaufträgen Art. 42 Abs. 1 lit. j UAbs. 3 RL 2009/81/EG um und räumt Auftraggebern das **Ermessen** ein, Bewerbern oder Bietern zusätzliche Zeit zu gewähren, um in die Geheimschutzbetreuung des BMWi oder entspr. Landesbehörden aufgenommen zu werden bzw. deren Personal zu überprüfen oder zu ermächtigen. IRd Ermessensausübung werden Auftraggeber das objektive Interesse an einem wettbewerblichen Verfahren und die Dringlichkeit der Beschaffung im Einzelfall abzuwägen haben.[9] Solange der Bewerber oder Bieter den Anforderungen nicht nachkommen kann oder er die Voraussetzungen nicht erfüllt, darf ihm aufgrund des Vorranges der Geheimschutzinteressen kein Zugang zu Verschlusssachen gewährt werden. 18

VIII. Gleichwertigkeitsprüfung der Sicherheitsbescheide anderer EU-Mitgliedstaaten (Abs. 7)

Abs. 7 dient der Umsetzung von Art. 22 UAbs. 3 RL 2009/81/EG. Bis zur Harmonisierung der nationalen Vorschriften über den Geheimschutz auf europäischer Ebene ermöglicht Art. 22 UAbs. 3 RL 2009/81/EG den Mitgliedstaaten, die Anforderungen an den Schutz von Verschlusssachen an ihren **nationalen Bestimmungen über Sicherheitsbescheide** und Ermächtigungen auszurichten und **die Gleichwertigkeit** entspr. Genehmigungen anderer Mitgliedstaaten prüfen zu dürfen. Die Gleichwertigkeit darf unter Einhaltung der Grundsätze der Nichtdiskriminierung, der Gleichbehandlung und der Verhältnismäßigkeit auch geprüft werden, wenn bilaterale Geheimschutzabkommen mit Bestimmungen über die gegenseitige Anerkennung nationaler Sicherheitsbescheide und Ermächtigungen bestehen.[10] Die Bundesrepublik Deutschland hat indes nicht mit allen EU-Mitgliedstaaten solche bilateralen Geheimschutzabkommen abgeschlossen. Keine bilateralen Geheimschutzabkommen gibt es mit Irland, Malta und Zypern.[11] 19

---

[9] BR-Drs. 321/12, 41.
[10] Erwgr. 68 S. 3 der RL 2009/81/EG.
[11] BR-Drs. 321/12, 41.

20 Das BMWi hat auf begründetes Ersuchen der auftraggebenden Behörde iR seiner Kompetenzen weitere **Untersuchungen zur Sicherstellung des Schutzes von Verschlusssachen** zu veranlassen. Für die Untersuchungen kann das BMWi Zugriff auf die zuständigen Behörden und Dienste nehmen. Das BMWi kann von weiteren Untersuchungen im Einvernehmen mit dem BMI als Nationaler Sicherheitsbehörde für den Geheimschutz absehen. Verschlusssachen dürfen allerdings nur an solche Unternehmen vergeben werden, bei denen die Untersuchungen des BMWi zu einer positiven Feststellung der Gleichwertigkeit ausländischer Sicherheitsbescheide und Ermächtigungen nach § 7 Abs. 7 S. 1 VSVgV geführt haben.[12]

IX. Beauftragung von Sicherheitsbehörden anderer Mitgliedstaaten (Abs. 8)

21 Abs. 8 übernimmt den Wortlaut des Art. 42 Abs. 1 lit. j UAbs. 4 RL 2009/81/ EG. Dadurch wird die Möglichkeit geschaffen, dass das in Deutschland zuständige BMWi die Nationale oder Designierte Sicherheitsbehörde eines anderen Mitgliedstaates beauftragt, eine **„Vor-Ort-Kontrolle"** beim Unternehmen vorzunehmen, um die tatsächlichen Voraussetzungen zur Ausführung eines Verschlusssachenauftrags zu überprüfen. Ein solches Erfordernis dürfte sich allerdings regelmäßig aufgrund der bilateralen Geheimschutzabkommen mit der Mehrzahl der EU-Mitgliedstaaten in rechtlicher und tatsächlicher Hinsicht nicht stellen.[13]

§ 8 Versorgungssicherheit

(1) **Auftraggeber legen in der Bekanntmachung oder den Vergabeunterlagen ihre Anforderungen an die Versorgungssicherheit fest.**

(2) **Auftraggeber können insbesondere verlangen, dass der Teilnahmeantrag oder das Angebot folgende Angaben enthält:**
1. **eine Bescheinigung oder Unterlagen, die belegen, dass der Bewerber oder Bieter in Bezug auf Güterausfuhr, -verbringung und -durchfuhr die mit der Auftragsausführung verbundenen Verpflichtungen erfüllen kann, wozu auch unterstützende Unterlagen der zuständigen Behörden des oder der betreffenden Mitgliedstaaten zählen;**
2. **die Information über alle für den Auftraggeber aufgrund von Ausfuhrkontroll- oder Sicherheitsbeschränkungen geltenden Einschränkungen bezüglich der Angabepflicht, Verbringung oder Verwendung der Güter und Dienstleistungen oder über Festlegungen zu diesen Gütern und Dienstleistungen;**
3. **eine Bescheinigung oder Unterlagen, die belegen, dass Organisation und Standort der Lieferkette des Bewerbers oder Bieters ihm erlauben, die vom Auftraggeber in der Bekanntmachung oder den Vergabeunterlagen genannten Anforderungen an die Versorgungssicherheit zu erfüllen, und die Zusage des Bewerbers oder Bieters, sicherzustellen, dass mögliche Änderungen in seiner Lieferkette während der Auftragsausführung die Erfüllung dieser Anforderungen nicht beeinträchtigen werden;**
4. **die Zusage des Bewerbers oder Bieters, die zur Deckung möglicher Bedarfssteigerungen des Auftraggebers infolge einer Krise erforderli-**

---

[12] BR-Drs. 321/12, 42.
[13] BR-Drs. 321/12, 42.

chen Kapazitäten unter zu vereinbarenden Bedingungen zu schaffen oder beizubehalten;
5. unterstützende Unterlagen bezüglich der Deckung des zusätzlichen Bedarfs des Auftraggebers infolge einer Krise, die durch die für den Bewerber oder Bieter zuständige nationale Behörde ausgestellt worden sind;
6. die Zusage des Bewerbers oder Bieters, für Wartung, Modernisierung oder Anpassung der im Rahmen des Auftrags gelieferten Güter zu sorgen;
7. die Zusage des Bewerbers oder Bieters, den Auftraggeber rechtzeitig über jede Änderung seiner Organisation, Lieferkette oder Unternehmensstrategie zu unterrichten, die seine Verpflichtungen dem Auftraggeber gegenüber berühren könnte;
8. die Zusage des Bewerbers oder Bieters, dem Auftraggeber unter zu vereinbarenden Bedingungen alle speziellen Mittel zur Verfügung zu stellen, die für die Herstellung von Ersatzteilen, Bauteilen, Bausätzen und speziellen Testgeräten erforderlich sind, einschließlich technischer Zeichnungen, Lizenzen und Bedienungsanleitungen, sofern er nicht mehr in der Lage sein sollte, diese Güter zu liefern.

(3) Von einem Bieter darf nicht verlangt werden, eine Zusage eines Mitgliedstaats einzuholen, welche die Freiheit dieses Mitgliedstaats einschränken würde, im Einklang mit internationalen Verträgen und europarechtlichen Rechtsvorschriften seine eigenen Kriterien für die Erteilung einer Ausfuhr-, Verbringungs- oder Durchfuhrgenehmigung unter den zum Zeitpunkt der Genehmigungsentscheidung geltenden Bedingungen anzuwenden.

I. Bedeutung der Vorschrift

Die Vorschrift setzt Art. 23 RL 2009/81/EG in nationales Recht um. Die Anforderungen an die Versorgungssicherheit sind angesichts der Sensibilität der unter die RL 2009/81/EG fallenden Ausrüstungsgegenstände von besonders großer Bedeutung und gelten für die gesamte Lieferkette.[1] Art. 23 lit. a–h RL 2009/81/EG enthält einen Katalog mit einem weiten Spektrum von Beispielen zu Nachweisen und Zusagen des Bieters, die der Auftraggeber zur **Sicherstellung seiner Versorgung in den Bereichen Verteidigung und Sicherheit** verlangen kann. 1

Aufgrund der sicherheitsrelevanten Dimension der Versorgungssicherheit und im Hinblick auf die Möglichkeit des Ausschlusses von der Teilnahme an Vergabeverfahren in Art. 39 Abs. 2 lit. d, e RL 2009/81/EG könnte es sich bei den Anforderungen an die Versorgungssicherheit, nach der Systematik des deutschen Vergaberechts, um spezifische **Eignungskriterien** handeln. Allerdings spricht die Aussage in Art. 47 Abs. 1 lit. a RL 2009/81/EG dafür, dass es sich bei der Versorgungssicherheit im Vergabeverfahren um ein **Zuschlagskriterium** handelt. Trotz der Änderungen im GWB iRd VgRÄG kann davon ausgegangen werden, dass diese Frage auch nach neuer Rechtslage nicht anders zu beurteilen ist. Je nach **Gewicht und Bedeutung** der jew. Anforderung für die Versorgungssicherheit wird nach den konkreten Umständen des jew. Sachverhalts in den Anforderungen entweder ein Eignungs- oder ein Zuschlagskriterium zu sehen sein. Dementsprechend sollte die konkrete Formulierung des Auftraggebers für Eignungskriterien 2

---

[1] Erwgr. 42 der RL 2009/81/EG; Beck VergabeR/Otting VS-VgV § 8 Rn. 3.

bieter- und für Zuschlagskriterien angebotsbezogen ausgestaltet sein.[2] Soweit eine eindeutige Zuordnung als Eignungs- oder Zuschlagskriterium nicht möglich sein sollte, wird es eine **Frage der Verhältnismäßigkeit** sein, ob der öffentliche Auftraggeber die jew. Anforderung an die Versorgungssicherheit als Eignungskriterium gewichten darf oder die Wertung als Zuschlagskriterium ausreichend ist.[3]

II. Bekanntmachung der Anforderungen an die Versorgungssicherheit (Abs. 1)

3   Abs. 1 setzt Art. 23 Abs. 1 RL 2009/81/EG um und schreibt vor, dass die Anforderungen an die Versorgungssicherheit in der **Bekanntmachung** (→ § 18 Rn. 1 ff.) oder den **Vergabeunterlagen** (→ § 16 Rn. 1 ff.) festzulegen sind. Im Hinblick auf Art. 39 Abs. 2 lit. d, e RL 2009/81/EG und die Umsetzung in § 24 Abs. 1 Spiegelstrich 5 VSVgV kann die Nichteinhaltung von Anforderungen an die Versorgungssicherheit zum **Ausschluss von der Teilnahme am Vergabeverfahren führen** (→ GWB § 147 Rn. 1 ff.).[4]

III. Mögliche Anforderungen an die Versorgungssicherheit (Abs. 2)

4   Abs. 2 übernimmt die **exemplarische Liste** möglicher Anforderungen aus Art. 23 UAbs. 2 RL 2009/81/EG.

5   Die **Anforderungen zur Gewährleistung der Versorgungssicherheit** können sehr unterschiedlich sein und bspw. die internen Grundsätze, nach denen zwischen Tochter- und Muttergesellschaft in Bezug auf gewerbliche Schutzrechte verfahren wird, oder das Vorhandensein kritischer Wartungs-, Instandhaltungs- und Überholungskapazitäten zur Gewährleistung der Unterstützung während des Lebenszyklus einer angeschafften Ausrüstung einschließen.[5] Die Bedingungen für die Auftragsausführung dürfen jedenfalls nur die Ausführung des Auftrags selbst betreffen.[6]

IV. Vorrang nationaler Ausfuhr-, Verbringungs- oder Transitgenehmigungen (Abs. 3)

6   Abs. 3 dient der Umsetzung von Art. 23 UAbs. 3 RL 2009/81/EG. Ziel der Vorschrift ist es, die Freiheit der Mitgliedstaaten zur Anwendung bestimmter Prüfkriterien iRd Erteilung einer Ausfuhr-, Verbringungs- oder Transitgenehmigung unter den jew. geltenden Bedingungen zu gewährleisten, soweit dies im Einklang mit den internationalen und gemeinschaftlichen Rechtsvorschriften steht. Daher dürfen öffentliche Auftraggeber von einem Bieter nicht verlangen, die Zusage eines Mitgliedstaates über die Erteilung einer solchen Ausfuhr-, Verbringungs- oder Transitgenehmigung einzuholen.

---

[2] HK-VergabeR/Schellenberg VS-VgV § 8 Rn. 3; MüKoEuWettbR/Müller VSVgV § 8 Rn. 15.

[3] BR-Drs. 321/12, 42; ähnlich Beck VergabeR/Otting VS-VgV § 8 Rn. 5; aA Roth/Lamm NZBau 2012, 609 (613).

[4] BR-Drs. 321/12, 42.

[5] Erwgr. 44 der RL 2009/81/EG.

[6] Erwgr. 45 der RL 2009/81/EG.

Die Regelung in Abs. 3 dient lediglich der Klarstellung[7] des **Vorrangs nationa- 7 ler Regelungen zu Ausfuhr-, Verbringungs- oder Transitgenehmigungen.** Sie vermag also nicht die Anforderungen, wie sie bspw. gem. § 8 Abs. 2 Nr. 1, 2, 5 VSVgV vorgesehen sein können, zu untergraben. Andernfalls wäre das für Verteidigungs- und Sicherheitsvergaben zentrale Kriterium der Versorgungssicherheit nicht gewährleistet.

§ 9 Unteraufträge

(1) [1]**Auftraggeber können den Bieter auffordern, in seinem Angebot den Teil des Auftrags, den er im Wege von Unteraufträgen an Dritte zu vergeben beabsichtigt, und die bereits vorgeschlagenen Unterauftragnehmer sowie den Gegenstand der Unteraufträge bekannt zu geben.** [2]Sie können außerdem verlangen, dass der Auftragnehmer ihnen jede im Zuge der Ausführung des Auftrags eintretende Änderung auf Ebene der Unterauftragnehmer mitteilt.

(2) [1]Auftragnehmer dürfen ihre Unterauftragnehmer für alle Unteraufträge frei wählen, soweit Auftraggeber keine Anforderungen an die Erteilung der Unteraufträge im wettbewerblichen Verfahren gemäß Absatz 3 Nummer 1 und 2 stellen. [2]Von Auftragnehmern darf insbesondere nicht verlangt werden, potenzielle Unterauftragnehmer anderer EU-Mitgliedstaaten aus Gründen der Staatsangehörigkeit zu diskriminieren.

(3) Folgende Anforderungen können Auftraggeber an die Erteilung von Unteraufträgen im wettbewerblichen Verfahren stellen:
1. [1]**Auftraggeber können Auftragnehmer verpflichten, einen Teil des Auftrags an Dritte weiter zu vergeben.** [2]Dazu benennen Auftraggeber eine Wertspanne unter Einschluss eines Mindest- und Höchstprozentsatzes. [3]Der Höchstprozentsatz darf 30 Prozent des Auftragswerts nicht übersteigen. [4]Diese Spanne muss im angemessenen Verhältnis zum Gegenstand und zum Wert des Auftrags und zur Art des betroffenen Industriesektors stehen, einschließlich des auf diesem Markt herrschenden Wettbewerbsniveaus und der einschlägigen technischen Fähigkeiten der industriellen Basis. [5]Jeder Prozentsatz der Unterauftragsvergabe, der in die angegebene Wertspanne fällt, gilt als Erfüllung der Verpflichtung zur Vergabe von Unteraufträgen. [6]Auftragnehmer vergeben die Unteraufträge gemäß den §§ 38 bis 41. [7]In ihrem Angebot geben die Bieter an, welchen Teil oder welche Teile ihres Angebots sie durch Unteraufträge zu vergeben beabsichtigen, um die Wertspanne zu erfüllen. [8]Auftraggeber können die Bieter auffordern, den oder die Teile ihres Angebots, den sie über den geforderten Prozentsatz hinaus durch Unteraufträge zu vergeben beabsichtigen, sowie die bereits in Aussicht genommenen Unterauftragnehmer offenzulegen.
2. Auftraggeber können verlangen, dass Auftragnehmer die Bestimmungen der §§ 38 bis 41 auf alle oder bestimmte Unteraufträge anwenden, die diese an Dritte zu vergeben beabsichtigen.

(4) **Die in den Absätzen 1 und 3 genannten Anforderungen geben die Auftraggeber in der Bekanntmachung oder den Vergabeunterlagen an.**

(5) [1]**Auftraggeber dürfen einen vom Bieter oder Auftragnehmer ausgewählten Unterauftragnehmer nur auf Grundlage der Kriterien ablehnen, die für den Hauptauftrag gelten und in der Bekanntmachung oder den Vergabeunterlagen angegeben wurden.** [2]Lehnen Auftraggeber einen

---
[7] Beck VergabeR/Otting VS-VgV § 8 Rn. 12.

Unterauftragnehmer ab, müssen sie dies gegenüber dem betroffenen Bieter oder dem Auftragnehmer in Textform nach § 126b des Bürgerlichen Gesetzbuchs begründen und darlegen, warum der Unterauftragnehmer ihres Erachtens die für den Hauptauftrag vorgegebenen Kriterien nicht erfüllt.

(6) Die Haftung des Auftragnehmers gegenüber dem Auftraggeber bleibt von den Vorschriften dieser Verordnung zur Unterauftragsvergabe unberührt.

Literatur: Otting, Die Umsetzung der Richtlinie 2009/81/EG in das deutsche Recht: Systematik und erste praktische Erfahrungen, FS Marx 2013; Roth/Lamm, Die Umsetzung der Verteidigungsgüter-Beschaffungsrichtlinie in Deutschland, NZBau 2012, 609.

I. Bedeutung der Vorschrift

1 § 9 VSVgV setzt Art. 21 RL 2009/81/EG in nationales Recht um. Sinn und Zweck der Vorschrift ist die Öffnung der Rüstungs- und Sicherheitsmärkte und Stärkung des Wettbewerbs, insbes. zugunsten wehrtechnisch ausgerichteter, kleiner und mittelständischer Unternehmen (KMU) an der europäischen rüstungstechnologischen und -industriellen Basis, um so die industrielle Zusammenarbeit zu verbessern und effiziente und flexible Unterauftragnehmer zu fördern.[1]

2 Art. 21 RL 2009/81/EG gibt öffentlichen Auftraggebern **verschiedene Instrumente** an die Hand, um das **Verfahren der Unterauftragsvergabe zu steuern** (Art. 21 Abs. 2, 3 RL 2009/81/EG), dem Auftragnehmer eine bestimmte prozentuale Vorgabe des Volumens der Unterauftragsvergabe zu machen (Art. 21 Abs. 3 RL 2009/81/EG) oder dem Auftraggeber die Möglichkeit zu geben, Unterauftragnehmer unter bestimmten Voraussetzungen ablehnen zu können (Art. 21 Abs. 4 RL 2009/81/EG). Die deutsche Umsetzung wählte das Umfassendste der vier europäischen Modelle, welches die größte Einflussnahme auf die Unterauftragsvergabe durch den Auftraggeber ermöglicht.[2]

3 Die politisch motivierten Regelungen zur Unterauftragsvergabe sind im Hinblick auf ihre **Rechtswirkungen** bzgl. Einschränkungen der grds. gegebenen Freiheit bei der Auswahl der Unterauftragnehmer in Zukunft einer weiteren Klärung zuzuführen. Das Zusammenspiel mit den üblichen vergaberechtlichen Regelungen wurde bei der Umsetzung der RL 2009/81/EG nämlich nicht geklärt. Damit wurde offengelassen, wie sich die Unterauftragnehmervorschriften in die vergaberechtliche Systematik einfügen und welcher Rechtscharakter ihnen beizumessen ist. Hinzu kommt, dass § 9 VSVgV geprägt ist durch den auf Ebene des Art. 21 RL 2009/81/EG gefundenen europarechtlichen Kompromiss zu den im militärischen Beschaffungsbereich üblichen Kompensationsgeschäften (sog. „**Offsets**").[3] Während indirekte Offsets[4] generell als unzulässig angesehen werden, eröffnet § 9 VSVgV dem

---

[1] Erwgr. 3 S. 3 der RL 2009/81/EG; HK-VergabeR/Schellenberg VSVgV § 9 Rn. 3.

[2] Leitfaden der Generaldirektion Binnenmarkt der Europäischen Kommission zur RL 2009/81/EG, Unterauftragsvergabe, Rn. 10 ff.

[3] Bei Rüstungsgeschäften von Ländern, in denen keine oder nur eine geringe Wertschöpfung durch das zu liefernde Produkt generiert werden kann, besteht die Neigung, sich den entgangenen Wertschöpfungsanteil vom Auftragnehmer durch „Ersatzwertschöpfung" im Kundenland kompensieren zu lassen. Da ein Offset entspr. der wettbewerbsrechtlichen Auffassung der EU dem Prinzip des diskriminierungsfreien Handels zuwiderläuft, können Ausnahmen nur über Art. 346 AEUV gerechtfertigt werden.

[4] Indirekte Offsets betreffen den Handel mit Waren und Dienstleistungen, die mit den verkauften Gütern in keinem Zusammenhang stehen.

Auftraggeber die Möglichkeit, potenziell direkte Offsets[5] einzufordern. Hierbei wird jedoch stets der übergeordnete europarechtliche Rahmen einzuhalten und das Verbot, die Unterbeauftragung von Unternehmen aus dem eigenen Land zu verlangen (§ 9 Abs. 2 VSVgV), zu beachten sein.[6]

II. Offenlegung von Unterauftragsinformationen (Abs. 1)

Abs. 1 setzt Art. 21 Abs. 2 RL 2009/81/EG um und gibt dem Auftraggeber die Möglichkeit, vom Bieter die Offenlegung des Gegenstandes der Unterauftragsvergabe sowie die Unterauftragnehmer, aber auch etwaige Veränderungen auf der Unterauftragnehmerebene im Verlauf der Vertragsdurchführung zu verlangen. Diese Transparenzpflicht ähnelt § 36 VgV des allg. Vergaberechts. Es wird diskutiert, ob alle Änderungen auf Ebene des Unterauftragnehmers (bspw. ein Wechsel des Geschäftsführers oder Informationen über die Eignung) anzeigepflichtig sind oder lediglich der tatsächliche Wechsel des Unterauftragnehmers bzw. seiner Identität. Regelmäßig lässt sich Klarheit in dieser Frage durch entspr. Vertragsgestaltung schaffen. Kommt es iRd Vertragsabwicklung zu einem zustimmungsbedürftigen Austausch des Unterauftragnehmers, stellt der Austausch eines Unterauftragnehmers keine wesentliche Änderung des Auftragsverhältnisses dar, so dass eine Neuausschreibung nicht erforderlich ist.[7] 4

III. Grundprinzip der freien Auswahl der Unterauftragnehmer (Abs. 2)

Abs. 2 setzt Art. 21 Abs. 1 RL 2009/81/EG um und normiert den Grundsatz, dass Auftragnehmer ihre Unterauftragnehmer frei wählen können, soweit die Auftraggeber keine Anforderungen an die Erteilung der Unteraufträge im wettbewerblichen Verfahren stellen. Darüber hinaus stellt Abs. 2 klar, dass den Mitgliedstaaten eine Diskriminierung aus Gründen der Staatsangehörigkeit nicht gestattet ist. 5

IV. Vorgaben bei der Unterauftragnehmerauswahl (Abs. 3)

Gem. § 9 Abs. 3 Nr. 1 VSVgV kann der Auftraggeber den erfolgreichen Bieter verpflichten, einen Teil des Auftrags an Dritte weiter zu vergeben und insoweit die **freie Wahl des Unterauftragnehmers** gem. Abs. 2 **einschränken.** 6

Ergänzend zu den in Nr. 1 vorgegebenen Randbedingungen für die Vorgaben bei der Unterauftragnehmervergabe ist auszuführen, dass gem. Art. 21 Abs. 4 UAbs. 3 RL 2009/81/EG Bieter selbstverständlich auch vorschlagen können, einen **über die vom Auftraggeber geforderte Spanne hinausgehenden Anteil** vom Gesamtwert als Unteraufträge zu vergeben. Da Art. 21 Abs. 4 UAbs. 3 lediglich klarstellender Natur ist, wurde er nicht in die VSVgV übernommen.[8] 7

Hinsichtlich der Möglichkeit des Auftraggebers zu verlangen, dass Unteraufträge, die einem bestimmten Mindestanteil des Auftragswerts entsprechen, an 8

---

[5] Vgl. zu den „Dual-Use Gütern": VK Bund 20.12.2012 – VK 1–130/12, IBRRS 2013, 0867 „Körperschutzausstattungen" unter Berufung auf EuGH 7.6.2012 – C-615/10, VPRRS 2012, 0193 Rn. 45 mwN.
[6] Roth/Lamm NZBau 2012, 609 (613); MüKoEuWettbR/Müller § 9 VSVgV Rn. 12.
[7] VK Bund 26.6.2019 – VK 2–34/19, ZfBR 2020, 301.
[8] BR-Drs. 321/12, 44.

Dritte vergeben werden, ist zu beachten, dass Bietergemeinschaften und **verbundene Unternehmen nicht als Dritte gelten** (vgl. auch § 38 Abs. 2 VSVgV).[9]

9 Der Begriff des „**verbundenen Unternehmens**" iSd VSVgV ist nicht deckungsgleich mit dem des § 138 Abs. 2 GWB. Dementsprechend kann die iRd GWB-Novelle in § 138 Abs. 2 GWB eingefügte Legaldefinition, die auf Art. 29 Abs. 1, 2 SRL beruht, im Anwendungsbereich des VSVgV nicht herangezogen werden, da die für den Bereich Verteidigung und Sicherheit maßgebliche RL 2009/81/EG den Begriff anders definiert. Freilich wird auch hier eine Prüfung anhand der Maßstäbe von § 271 Abs. 2 HGB einen guten Anhaltspunkt geben.

10 Da das ordnungsgemäße **Funktionieren der Lieferkette des erfolgreichen Bieters nicht beeinträchtigt werden darf,** hat der Prozentsatz, der durch Untervergabe an Dritte vergeben werden kann, den Gegenstand und den Wert des Auftrags angemessen widerzuspiegeln.

11 Im Rahmen eines Verhandlungsverfahrens oder eines wettbewerblichen Dialogs mit Verpflichtungen zur Vergabe von Unteraufträgen können der Auftraggeber und die Bieter die Verpflichtungen oder Empfehlungen zur Vergabe von Unteraufträgen erörtern, um sicherzustellen, dass der Auftraggeber über die Auswirkungen der verschiedenen Möglichkeiten der Untervergabe, insbes. über Kosten, Qualität oder Risiko, umfassend informiert wird. Entspr. der dem Auftraggeber übergebenen Informationen bzgl. der Auswirkungen verschiedener Möglichkeiten der Unterauftragsvergabe und im Hinblick auf die Verantwortlichkeit des Auftragnehmers gem. § 9 Abs. 6 VSVgV ist es regelmäßig erforderlich, dass die vom erfolgreichen Bieter vorgeschlagenen Unterauftragnehmer in jedem Fall die Möglichkeit haben, an für die Vergabe von Unteraufträgen veranstalteten Wettbewerben teilzunehmen.[10]

12 Abs. 3 Nr. 2 setzt Art. 21 Abs. 3 RL 2009/81/EG um und stellt klar, dass die freie Wahl des Unterauftragnehmers ua dadurch eingeschränkt werden darf, dass Auftraggeber verlangen können, dass der erfolgreiche Bieter die Bestimmungen von Titel III der RL 2009/81/EG, umgesetzt in **§§ 38–41 VSVgV, bei der Unterauftragsvergabe anzuwenden hat** und Aufträge, die er ausweislich des Angebots bzw. Teilnahmeantrags an Dritte zu vergeben beabsichtigt hat, nach dem dort geregelten Verfahren vergeben muss.

13 Dies hat **keinen** (vergaberechtlichen) **Einfluss** auf die Möglichkeit eines Bewerbers oder Bieters, sich für den **Nachweis seiner Eignung auf die Leistungsfähigkeit von Unterauftragnehmern** zu berufen (vgl. § 27 Abs. 4 VSVgV). Über die Vorgaben aus § 40 Abs. 1 VSVgV hinsichtlich der Aufnahme des ursprünglich vom Auftraggeber festgelegten sowie weiterer, grds. im Ermessen des Bewerbers oder Bieters stehender Eignungskriterien in die Unterauftragsvergabe wird sichergestellt, dass eine Untervergabe auch an ein anderes als das ursprünglich vorgesehene Unternehmen an der zuvor festgestellten Eignung nichts ändert, da auch dieses Unternehmen die notwendige Leistungsfähigkeit und ggf. weitere Qualifikationen nachweisen muss.

V. Bekanntmachung der Anforderungen (Abs. 4)

14 Abs. 4 übernimmt den Inhalt des Art. 21 Abs. 6 RL 2009/81/EG und stellt klar, dass die in § 9 Abs. 1, 3 VSVgV genannten Anforderungen je nach Verfahrensart

---

[9] Umstr. ist, ob Bietergemeinschaften und verbundene Unternehmen überhaupt nicht an Verfahren zur Unterauftragsvergabe teilnehmen dürfen, so HK-VergabeR/Schellenberg VSVgV § 9 Rn. 14, oder eine Teilnahme zwar zulässig ist, aber keine Anrechnung auf den Untervergabeanteil erfolgt, so MüKoEuWettbR/Müller VSVgV § 9 Rn. 22.

[10] Erwgr. 40 der RL 2009/81/EG.

durch den Auftraggeber in der **Bekanntmachung** oder in den Vergabeunterlagen angegeben werden müssen (zur Bekanntmachung → § 18 Rn. 1 ff.).

VI. Kriterien für die Ablehnung von Unterauftragnehmern (Abs. 5)

Abs. 5 setzt Art. 21 Abs. 5, 6 RL 2009/81/EG um und bestimmt, unter welchen materiellen Voraussetzungen und in welchem Verfahren Auftraggeber einen ausgewählten Unterauftragnehmer ablehnen dürfen. Eine Ablehnung des Unterauftragnehmers darf nur auf Grundlage der Kriterien, die auch für den Hauptauftrag gelten, erfolgen. Damit dürften die wesentlichen Gründe in den Anwendungsbereich der §§ 6 bis 8 sowie der §§ 21 ff. VSVgV fallen.[11]

VII. Haftung des Hauptunternehmers (Abs. 6)

Abs. 6 übernimmt den Inhalt des Art. 21 Abs. 7 RL 2009/81/EG und stellt klar, dass die Regelungen in § 9 Abs. 1–5 VSVgV die Haftung des hauptverantwortlichen Hauptunternehmers unberührt lassen.

Teil 2. Vergabeverfahren

§ 10 Grundsätze des Vergabeverfahrens

(1) ¹**Für die Berücksichtigung mittelständischer Interessen gilt § 97 Absatz 4 des Gesetzes gegen Wettbewerbsbeschränkungen.** ²**Mehrere Teil- oder Fachlose dürfen gemäß § 97 Absatz 4 Satz 3 des Gesetzes gegen Wettbewerbsbeschränkungen zusammen vergeben werden, wenn wirtschaftliche oder technische Gründe dies erfordern, insbesondere weil die Leistungsbeschreibung die Systemfähigkeit der Leistung verlangt und dies durch den Auftragsgegenstand gerechtfertigt ist.**

(2) **Hat ein Bieter oder Bewerber vor Einleitung des Vergabeverfahrens den Auftraggeber beraten oder sonst unterstützt, so hat der Auftraggeber sicherzustellen, dass der Wettbewerb durch die Teilnahme des Bieters oder Bewerbers nicht verfälscht wird.**

(3) **Die Allgemeinen Vertragsbedingungen für die Ausführung von Leistungen (VOL/B) sind grundsätzlich zum Vertragsgegenstand zu machen.**

(4) **Die Durchführung von Vergabeverfahren zur Marktkundung und zum Zwecke der Ertragsberechnung ist unzulässig.**

(5) **Bei der Vergabe sind die Vorschriften über die Preise bei öffentlichen Aufträgen zu beachten.**

Literatur: Vgl. die Angaben bei § 97 GWB (insbs. Ziff. 3), §§ 7, 28 VgV sowie in Nr. 11 (VO PR Nr. 30/53) und Nr. 13 (BwBBG) dieses Werkes.

I. Bedeutung der Vorschrift

Das Vergabeverfahren nach der VSVgV entspricht in seinen Grundzügen dem der VgV. Dementsprechend gelten auch dieselben Verfahrensgrundsätze. Der beson-

---

[11] MüKoEuWettbR/Müller VSVgV § 9 Rn. 24.

deren Sensibilität und den speziellen Anforderungen des Verteidigungsvergaberechts geschuldet ist das **Fehlen spezieller Vorgaben zur Vertragsgestaltung** in § 10 Abs. 3 VSVgV. Ohnehin gehen die Normen des Teils 4 des GWB als höherrangiges Recht vor, sodass der Verweis auf § 97 Abs. 4 GWB lediglich deklaratorische Wirkung hat.[1]

II. Berücksichtigung mittelständischer Interessen (Abs. 1 S. 1)

2   § 10 Abs. 1 S. 1 VSVgV entspricht dem Inhalt nach dem durch die Reform des Vergaberechts entfallenen § 2 EG Abs. 2 VOL/A aF und verweist deklaratorisch auf die Berücksichtigung mittelständischer Interessen nach § 97 Abs. 4 GWB (dazu ausf. → GWB § 97 Rn. 72 ff.). Dies bedeutet vor allem die Pflicht für den Auftraggeber, Aufträge in Fach- und Teillosen zu vergeben, geht jedoch über die bloße Losaufteilung hinaus.[2] Der Auftraggeber hat schon im Vorfeld der Vergabe umfassend zu prüfen, inwiefern Möglichkeiten bestehen, mittelständische, also „kleine und mittlere Unternehmen" (KMU), zu berücksichtigen.

III. Vergabe nach Losen (Abs. 1 S. 2)

3   Hinsichtlich der Zulässigkeit, mehrere Fach- und Teillose gemeinsam zu vergeben, wenn wirtschaftliche oder technische Gründe dies erfordern, verweist § 10 Abs. 1 S. 2 VSVgV auf die Ausnahmevorschrift des § 97 Abs. 4 S. 3 GWB (→ GWB § 97 Rn. 88). Ausdr. benennt § 10 Abs. 1 S. 2 VSVgV (im Unterschied zu den Parallelvorschriften § 30 VgV, § 22 UVgO und § 5 Abs. 2 VOB/A) einen solchen Grund konkret, und zwar, wenn die Leistungsbeschreibung die **Systemfähigkeit der Leistung** verlangt und dies durch den Auftragsgegenstand gerechtfertigt ist. Die Systemfähigkeit der Leistung beschreibt den Umstand, dass der Auftraggeber sicherzustellen hat, dass Subsysteme und Geräte verschiedener Technologien sowie unterschiedlicher Hersteller, Anlagen, Personal und Material zu einer funktionierenden Einheit zusammengeführt werden können.[3] Sieht der Auftraggeber einen solchen Grund als gegeben an, so ist dies im konkreten Fall aktenkundig mit den Umständen dieses Einzelfalles zu begründen.[4]

3a § 3 Abs. 2 **BwBBG**[5] sieht für Vergaben, die die Anwendungsvoraussetzungen dieses Gesetzes erfüllen (iE → BwBBG Rn. 12 ff.), eine Anwendung des § 10 Abs. 1 VSVgV idS vor, dass die gemeinsame Vergabe mehrerer Teil- und Fachlose auch durch **zeitliche Gründe gerechtfertigt** sein kann. Zeitliche Gründe können dabei insbes. in der Eilbedürftigkeit einer Vergabe liegen, auch ohne dass eine Dringlichkeit im vergaberechtlichen Sinne vorliegt.[6] Diese Änderung geht mit der Änderung der Parallelvorschrift des § 97 Abs. 4 S. 3 GWB einher, vgl. → BwBBG Rn. 16 ff. Grds. haben Bieter einen Anspruch auf Beachtung dieser Gebote, die Nachprüfungs-

---

[1] BR-Drs. 321/12; MüKoEuWettbR/S. Krüger VS-VgV § 10 Rn. 1; Beck VergabeR/Losch VS-VgV § 10 Rn. 4.
[2] VK Bund 9.5.2014 – VK 1–26/14, ZfBR 2014, 718, Feststellung eines Verstoßes gegen das Gebot der Fachlosvergabe.
[3] BR-Drs. 321/12, 45.
[4] BR-Drs. 321/12, 45, zu Abs. 1; Dippel/Sterner/Zeiss/Sterner VS-VgV § 10 Rn. 8 f.; ablehnend: VK Bund 9.5.2014 – VK 1–26/14, VPRRS 2014, 0459.
[5] Gesetz zur Beschleunigung von Beschaffungsmaßnahmen für die Bundeswehr (Bundeswehrbeschaffungsbeschleunigungsgesetz – BwBBG) v. 11.7.2022, BGBl. I S. 1078 (Nr. 25).
[6] BT-Drs. 20/2353, 15, zu Abs. 1; Stöß/Zech GSZ 2022, 209 (210).

instanzen können jedoch den Einschätzungsspielraum der Auftraggeber nur eingeschränkt überprüfen.[7]

Da die VgV im Bereich der Aufteilung nach Losen die Möglichkeit der **Loslimitierung** enthält, stellt sich die Frage, ob der öffentliche Auftraggeber auch iRd Vergabe nach den Vorschriften der VSVgV diese Möglichkeit hat. In der VSVgV sind diese weder in den Wortlaut übernommen noch ausdr. in Bezug genommen worden. Eine Loslimitierung war schon nach altem Recht nach vorzugswürdiger[8] Ansicht dann zulässig, wenn es bei der zu beschaffenden Leistung in besonderem Maße auf eine laufende und jederzeitige Lieferfähigkeit des Auftragnehmers ankommt und mit der Auftragsvergabe an ein einziges Unternehmen das Risiko eines (vollständigen oder teilw.) Lieferausfalls oder einer Lieferverzögerung verbunden war.[9] Demnach kann davon ausgegangen werden, dass es sich bei der Regelung in § 30 Abs. 1 S. 2 VgV lediglich um eine Klarstellung handelt, die die Zulässigkeit der Loslimitierung iR eines Vergabeverfahrens nach der VSVgV unberührt lässt.[10] Vgl. hierzu → GWB § 97 Rn. 87 sowie → VgV § 30 Rn. 3 ff. mwN. 3b

IV. Vorbefasste Bieter (Abs. 2)

§ 10 Abs. 2 VSVgV regelt den Umgang mit sog. **„Projektanten"**. Hat ein Bieter oder Bewerber vor Einleitung des Vergabeverfahrens den Auftraggeber beraten oder sonst unterstützt, so hat der Auftraggeber sicherzustellen, dass der Wettbewerb durch die Teilnahme des Bieters oder Bewerbers nicht verfälscht wird. Die Vorschrift entspricht inhaltlich § 7 Abs. 1 VgV, auf dessen Kommentierung (→ VgV § 7 Rn. 1 ff.) verwiesen wird. 4

V. Vertragsbedingungen (Abs. 3)

§ 10 Abs. 3 VSVgV entspricht § 29 Abs. 2 VgV (vgl. → VgV § 29 Rn. 12 f.). Danach sind die Allgemeinen Vertragsbedingungen (VOL/B) „grundsätzlich" zum Vertragsgegenstand zu machen. Der Auftraggeber kann also in begründeten Einzelfällen davon absehen. Allerdings enthält die VSVgV im Gegensatz zur VgV **keine weiteren Einschränkungen.** Daher sind iRd VSVgV sowohl Zusätzliche Vertragsbedingungen, die der VOL/B widersprechen, als auch Ergänzende Vertragsbestimmungen, Vertragsstrafen, von der gesetzlichen Vorgabe abweichende Verjährungsfristen und Sicherheitsleistungen nicht grds. unzulässig.[11] Das Haushaltsrecht, insbes. § 55 Abs. 2 BHO, ist jedoch zu beachten.[12] Auch bleiben Normen außerhalb des Vergaberechts (insbes. §§ 305 ff. BGB bzgl. Allgemeiner Geschäftsbedingungen) unberührt. 5

VI. Keine Ausschreibung zu vergabefremden Zwecken (Abs. 4)

Die Durchführung von Vergabeverfahren zur Markterkundung und zum Zwecke der Ertragsberechnung erklärt Abs. 4 für unzulässig. Zu § 10 Abs. 4 VSVgV wird 6

---

[7] Dippel/Sterner/Zeiss/Sterner VSVgV § 10 Rn. 10; HK-VergabeR/Fehling VSVgV § 10 Rn. 10.
[8] Ausf. dazu: Leinemann/Kirch/Kirch VSVgV § 10 Rn. 20 ff.
[9] OLG Düsseldorf 7.12.2011 – VII-Verg 99/11, BeckRS 2012, 2841.
[10] Ähnlich Dippel/Sterner/Zeiss/Sterner VSVgV § 10 Rn. 5.
[11] Beck VergabeR/Losch VS-VgV § 10 Rn. 40 f.; HK-VergabeR/Fehling VSVgV § 10 Rn. 13.
[12] BR-Drs. 321/12, 46, zu Abs. 3; MüKoEuWettbR/S. Krüger VSVgV § 10 Rn. 9.

auf die Kommentierung des nahezu wortgleichen § 28 Abs. 2 VgV (→ VgV § 28 Rn. 9 ff.) verwiesen.

VII. Vorschriften über die Preise bei öffentlichen Aufträgen (Abs. 5)

7 Bei der Vergabe sind die Vorschriften über die Preise bei öffentlichen Aufträgen zu beachten. § 10 Abs. 5 VSVgV ordnet dies deklaratorisch an. In Bezug genommen sind damit die Bestimmungen der **VO PR Nr. 30/53** v. 21.11.1953 über die Preise bei öffentlichen Aufträgen, zuletzt geändert durch die Dritte Verordnung zur Änderung der VO PR Nr. 30/53 vom 25.11.2021, die am 1.4.2022 in Kraft trat. Die Änderungen der §§ 4 und 9 der Verordnung haben vor allem Auswirkungen auf die Notwendigkeit von Preisprüfungen. Hinsichtlich der Einzelheiten wird auf die Kommentierung der VO PR Nr. 30/53 in Nr. 11 des vorliegenden Werkes Bezug genommen.

8 Weiterhin zu beachten ist die geltende Ressortvereinbarung zwischen dem Bundesministerium der Verteidigung und dem Bundesministerium für Wirtschaft und Energie über vertragliche Preisprüfungsrechte des Bundesamts für Ausrüstung, Informationstechnik und Nutzung der Bundeswehr vom 18.11.2020.[13]

§ 11 Arten der Vergabe von Liefer- und Dienstleistungsaufträgen

(1) ¹Die Vergabe von Liefer- und Dienstleistungsaufträgen erfolgt im nicht offenen Verfahren oder im Verhandlungsverfahren mit Teilnahmewettbewerb. ²In begründeten Ausnahmefällen ist ein Verhandlungsverfahren ohne Teilnahmewettbewerb oder ein wettbewerblicher Dialog zulässig.

(2) Verhandlungen im nicht offenen Verfahren sind unzulässig.

(3) ¹Auftraggeber können vorsehen, dass das Verhandlungsverfahren mit Teilnahmewettbewerb in verschiedenen aufeinanderfolgenden Phasen abgewickelt wird, um so die Zahl der Angebote, über die verhandelt wird, anhand der in der Bekanntmachung oder den Vergabeunterlagen angegebenen Zuschlagskriterien zu verringern. ²Wenn Auftraggeber dies vorsehen, geben sie dies in der Bekanntmachung oder den Vergabeunterlagen an. ³In der Schlussphase des Verfahrens müssen so viele Angebote vorliegen, dass ein echter Wettbewerb gewährleistet ist, sofern eine ausreichende Anzahl geeigneter Bewerber vorhanden ist.

Literatur: Vgl. die Angaben bei § 119 GWB und §§ 15, 16, 17 VgV.

I. Bedeutung der Vorschrift

1 Die Vorschrift setzt Art. 25, 26 RL 2009/81/EG in nationales Recht um. Die wohl markanteste Abweichung der VSVgV von den Verfahrensarten nach der VgV ist der **Wegfall des offenen Verfahrens.** Auch die Innovationspartnerschaft ist nicht vorgesehen.[1] Auftraggeber können bei verteidigungs- und sicherheitsrelevanten Aufträgen frei zwischen dem nicht offenen Verfahren und dem Verhandlungsverfahren mit Teilnahmewettbewerb wählen (vgl. § 146 S. 1 GWB). Das Verhandlungsverfahren ohne Teilnahmewettbewerb und der wettbewerbliche Dialog stehen nur zur Verfügung, soweit dies im GWB vorgesehen ist, § 146 S. 2 GWB.

---

[13] Vgl. MüKoEuWettbR/S. Krüger VSVgV § 10 Rn. 14.
[1] Vgl. § 119 Abs. 7 GWB; krit. HK-VergabeR/Pünder VSVgV § 11 Rn. 2.

Damit wird sichergestellt, dass kein Auftraggeber vor Durchführung eines Teilnahmewettbewerbs nähere Informationen über die zu vergebene Leistung herausgeben muss.[2] IRd Evaluation der RL 2009/81/EG wurde von einem Teil der Auftraggeber die fehlende Möglichkeit der Nutzung des offenen Verfahrens als Mangel bewertet.[3] IErg sieht die Evaluation jedoch keine Veranlassung zur Änderung der RL.[4]

II. Arten der Vergabe (Abs. 1)

Das nicht offene Verfahren (§ 119 Abs. 4 GWB, → GWB § 119 Rn. 16 ff.) und das Verhandlungsverfahren mit Teilnahmewettbewerb (§ 119 Abs. 5 GWB, → GWB § 119 Rn. 23) stehen Auftraggebern ohne Rangverhältnis zur Verfügung. Hintergrund dieser Einordnung des Verhandlungsverfahrens ist die im Regelfall angenommene erhöhte Komplexität bei verteidigungs- und sicherheitsrelevanten Vergaben. In begründeten Ausnahmefällen können Auftraggeber auch das Verhandlungsverfahren ohne Teilnahmewettbewerb (→ GWB § 119 Rn. 24) wählen als oder in einem wettbewerblichen Dialog ausschreiben (→ GWB § 119 Rn. 29 ff.). Diese begründeten Ausnahmefälle sind in § 12 VSVgV für das Verhandlungsverfahren ohne Teilnahmewettbewerb und in § 13 VSVgV für den wettbewerblichen Dialog abschl. geregelt.[5] Nach der 2016 durchgeführten Evaluation[6] entfallen auf die Regelverfahren Verhandlungsverfahren mit Teilnahmewettbewerb (28,5%) und nicht offenes Verfahren (31,7 %) der noch überwiegende Anteil der Verfahren; auffällig ist gleichwohl der mit 37,6 % erhebliche Anteil des Verhandlungsverfahrens ohne Teilnahmewettbewerb. Der wettbewerbliche Dialog wird hiernach nur sehr vereinzelt durchgeführt. 2

III. Verhandlungsverbot im nicht offenen Verfahren (Abs. 2)

Verhandlungen im nicht offenen Verfahren sind nach § 11 Abs. 2 VSVgV unzulässig. Insbes. ist dadurch klargestellt, dass trotz freier Wahl zwischen nicht offenem und Verhandlungsverfahren mit Teilnahmewettbewerb die Verfahren klar abgegrenzt sind und das Verhandlungsverbot im nicht offenen Verfahren uneingeschränkt fortbesteht.[7] Anders als die Parallelvorschrift des § 16 Abs. 9 (iVm § 15 Abs. 5 VgV), enthält die VSVgV keine Bestimmung, nach der Aufklärungsgespräche zulässig sind. 3

---

[2] BR-Drs. 321/12, 46; Dippel/Sterner/Zeiss/Dippel VSVgV § 11 Rn. 2; Hölzl VergabeR 2012, 141 (145).

[3] Evaluation of Directive 2009/81/EC on public procurement in the fields of defence and security, Accompanying the document: Report from the Commission to the European Parliament and the Council on the implementation of Directive 2009/81/EC on public procurement in the fields of defence and security, to comply with Article 73(2) of that Directive, COM(2016) 762 final, 109; Arrowsmith, The Law of Public and Utilities Procurement, Vol. II, 3rd ed., Chapter 15: Defence and Security Procurement, 15–129.

[4] COM(2016) 762 final, 117: "Results from the evaluation, including an overall consensus among Member States and stakeholders, concur that the text of the Directive is broadly fit for purpose and that amending the Directive is not necessary. There is a strong need to focus on its effective implementation."

[5] Einen Verstoß gegen § 11 Abs. 1 S. 1 VSVgV stellt fest: VK Bund 10.1.2014 – VK 1–113/13, VPRRS 2014, 0364.

[6] COM(2016) 762 final, 40.

[7] Dippel/Sterner/Zeiss/Dippel VSVgV § 11 Rn. 21 ff.; MüKoEuWettbR/S. Krüger VSVgV § 11 Rn. 5.

Unter Berücksichtigung des Regelungs- und Schutzzwecks kann die Norm jedoch so ausgelegt werden, dass solche Aufklärungsgespräche iR der allg. vergaberechtlichen Grundsätze zulässig oder sogar geboten sind.[8]

IV. Abschichtung der Verhandlungsteilnehmer im Verhandlungsverfahren (Abs. 3)

4 § 11 Abs. 3 VSVgV gestattet Auftraggebern, das Verhandlungsverfahren mit Teilnahmewettbewerb in verschiedenen aufeinanderfolgenden Phasen abzuwickeln, um so die Zahl der Angebote, über die verhandelt wird, anhand der in der Bekanntmachung oder den Vergabeunterlagen angegebenen Zuschlagskriterien zu verringern. Eine solche Abschichtung ist aus Transparenzgründen in der Bekanntmachung oder den Vergabeunterlagen anzugeben. In der Schlussphase des Verfahrens müssen so viele Angebote vorliegen, dass ein echter Wettbewerb gewährleistet ist, sofern eine ausreichende Anzahl geeigneter Bewerber vorhanden ist. Die Vorschrift entspricht inhaltlich den § 17 Abs. 12 VgV (→ VgV § 17 Rn. 27 ff.) bzw. § 3b EU Abs. 3 Nr. 8 VOB/A.

5 Die Durchführung reiner Preisverhandlungen ist iR eines Verhandlungsverfahrens nach der VSVgV zulässig. Erforderlich ist insoweit nur, dass das Verhandlungsverfahren rechtmäßig gewählt wurde.[9]

6 Auch wenn die VSVgV keine ausdr. Aussage zur Möglichkeit des Zuschlags auf ein Erstangebot enthält (→ § 18 Rn. 3), wird diese Möglichkeit als gegeben angesehen.[10]

§ 12 Verhandlungsverfahren ohne Teilnahmewettbewerb

(1) **Ein Verhandlungsverfahren ohne Teilnahmewettbewerb ist zulässig**
1. **bei Liefer- und Dienstleistungsaufträgen,**
   a) **wenn in einem nicht offenen Verfahren, in einem Verhandlungsverfahren mit Teilnahmewettbewerb oder in einem wettbewerblichen Dialog**
      aa) **keine oder keine geeigneten Angebote oder keine Bewerbungen abgegeben worden sind, sofern die ursprünglichen Bedingungen des Auftrags nicht grundlegend geändert werden;**
      bb) **keine ordnungsgemäßen Angebote oder nur Angebote abgegeben worden sind, die nach dem geltenden Vergaberecht oder nach den im Vergabeverfahren zu beachtenden Rechtsvorschriften unannehmbar sind, sofern die ursprünglichen Bedingungen des Auftrags nicht grundlegend geändert werden und wenn alle und nur die Bieter einbezogen werden, die die Eignungskriterien erfüllen und im Verlauf des vorangegangenen Vergabeverfahrens Angebote eingereicht haben, die den formalen Voraussetzungen für das Vergabeverfahren entsprechen;**
   b) **wenn die Fristen, auch die verkürzten Fristen gemäß § 20 Absatz 2 Satz 2 und Absatz 3 Satz 2, die für das nicht offene Verfahren und das Verhandlungsverfahren mit Teilnahmewettbewerb vorgeschrieben sind, nicht eingehalten werden können, weil**

---

[8] Dippel/Sterner/Zeiss/Dippel VSVgV § 11 Rn. 27.
[9] VK Bund 9.12.2020 – VK 1–100/20, VPRRS 2021, 0007.
[10] Dippel/Sterner/Zeiss/Dippel VSVgV § 11 Rn. 18.

aa) dringliche Gründe im Zusammenhang mit einer Krise es nicht zulassen; ein dringlicher Grund liegt in der Regel vor, wenn
1. mandatierte Auslandseinsätze oder einsatzgleiche Verpflichtungen der Bundeswehr,
2. friedenssichernde Maßnahmen,
3. die Abwehr terroristischer Angriffe oder
4. eingetretene oder unmittelbar drohende Großschadenslagen kurzfristig neue Beschaffungen erfordern oder bestehende Beschaffungsbedarfe steigern; oder
bb) dringliche, zwingende Gründe im Zusammenhang mit Ereignissen, die die Auftraggeber nicht voraussehen konnten, dies nicht zulassen. Umstände, die die zwingende Dringlichkeit begründen, dürfen nicht dem Verhalten der Auftraggeber zuzuschreiben sein;
c) wenn zum Zeitpunkt der Aufforderung zur Abgabe von Angeboten der Auftrag wegen seiner technischen Besonderheiten oder aufgrund des Schutzes von Ausschließlichkeitsrechten wie zum Beispiel des Patent- oder Urheberrechts nur von einem bestimmten Unternehmen durchgeführt werden kann;
d) wenn es sich um Forschungs- und Entwicklungsleistungen handelt;
e) wenn es sich um Güter handelt, die ausschließlich zum Zwecke von Forschung und Entwicklung hergestellt werden; dies gilt nicht für Serienfertigungen zum Nachweis der Marktfähigkeit oder zur Deckung der Forschungs- und Entwicklungskosten;
2. bei Lieferaufträgen
a) über zusätzliche Lieferungen eines Auftragnehmers, die entweder zur teilweisen Erneuerung von gelieferten marktüblichen Gütern oder zur Erweiterung von Lieferungen oder bestehenden Einrichtungen bestimmt sind, wenn ein Wechsel des Unternehmers dazu führen würde, dass der Auftraggeber Güter mit unterschiedlichen technischen Merkmalen kaufen müsste und dies zu einer technischen Unvereinbarkeit oder unverhältnismäßigen technischen Schwierigkeiten bei Gebrauch und Wartung führen würde. Die Laufzeit solcher Aufträge oder Daueraufträge darf fünf Jahre nicht überschreiten, abgesehen von Ausnahmefällen, die unter Berücksichtigung der zu erwartenden Nutzungsdauer gelieferter Güter, Anlagen oder Systeme und den durch einen Wechsel des Unternehmens entstehenden technischen Schwierigkeiten bestimmt werden;
b) bei auf einer Warenbörse notierten und gekauften Ware;
c) wenn Güter zu besonders günstigen Bedingungen bei Lieferanten, die ihre Geschäftstätigkeit endgültig einstellen, oder bei Insolvenzverwaltern im Rahmen eines Insolvenzverfahrens oder eines in den Vorschriften eines anderen Mitgliedstaats vorgesehenen gleichartigen Verfahrens erworben werden;
3. bei Dienstleistungsaufträgen
a) für zusätzliche Dienstleistungen, die weder in dem der Vergabe zugrunde liegenden Entwurf noch im ursprünglich geschlossenen Vertrag vorgesehen sind, die aber wegen eines unvorhergesehenen Ereignisses zur Ausführung der darin beschriebenen Dienstleistung erforderlich sind, sofern der Auftrag an den Unternehmer vergeben wird, der diese Dienstleistung erbringt, wenn der Gesamtwert der Aufträge für die zusätzlichen Dienstleistungen 50 Prozent des Wertes des ursprünglichen Auftrags nicht überschreitet und
aa) sich diese zusätzlichen Dienstleistungen in technischer und wirtschaftlicher Hinsicht nicht ohne wesentlichen Nachteil für den Auftraggeber vom ursprünglichen Auftrag trennen lassen oder

bb) diese Dienstleistungen zwar von der Ausführung des ursprünglichen Auftrags getrennt werden können, aber für dessen Vollendung unbedingt erforderlich sind;
b) **bei neuen Dienstleistungsaufträgen, welche Dienstleistungen wiederholen, die durch denselben Auftraggeber an denselben Auftragnehmer vergeben wurden, sofern sie einem Grundentwurf entsprechen und dieser Entwurf Gegenstand des ursprünglichen Auftrags war, der in einem nicht offenen Verfahren, einem Verhandlungsverfahren mit Teilnahmewettbewerb oder im wettbewerblichen Dialog vergeben wurde. Der Auftraggeber muss die Möglichkeit der Anwendung dieses Verfahrens bereits beim Aufruf zum Wettbewerb für das erste Vorhaben angeben; der für die Fortführung der Dienstleistungen in Aussicht genommene Gesamtauftragswert wird vom Auftraggeber bei der Anwendung des § 106 Absatz 2 Nummer 3 des Gesetzes gegen Wettbewerbsbeschränkungen berücksichtigt. Dieses Verfahren darf nur binnen fünf Jahren nach Abschluss des ursprünglichen Auftrags angewandt werden, abgesehen von Ausnahmefällen, die durch die Berücksichtigung der zu erwartenden Nutzungsdauer gelieferter Güter, Anlagen oder Systeme und den durch einen Wechsel des Unternehmens entstehenden technischen Schwierigkeiten bestimmt werden;**
4. **für Aufträge im Zusammenhang mit der Bereitstellung von Luft- und Seeverkehrsdienstleistungen für die Streit- oder Sicherheitskräfte, die im Ausland eingesetzt werden oder eingesetzt werden sollen, wenn der Auftraggeber diese Dienste bei Unternehmen beschaffen muss, die die Gültigkeit ihrer Angebote nur für so kurze Zeit garantieren, dass auch die verkürzte Frist für das nicht offene Verfahren oder das Verhandlungsverfahren mit Teilnahmewettbewerb einschließlich der verkürzten Fristen gemäß § 20 Absatz 2 Satz 2 und Absatz 3 Satz 2 nicht eingehalten werden kann.**

(2) **Die Auftraggeber müssen die Anwendung des Verhandlungsverfahrens ohne Teilnahmewettbewerb in der Bekanntmachung gemäß § 35 begründen.**

(3) **In den Fällen des Absatzes 1 Nummer 1 Buchstabe b ist der öffentliche Auftraggeber von den Verpflichtungen des § 30 Absatz 1 und 2 befreit.**

Literatur: Arrowsmith, The Law of Public and Utilities Procurement, Vol. II, 3rd ed., Chapter 15: Defence and Security Procurement; Bartetzky-Olbermann/Pauka, Vergaberechtliche Herausforderungen des Ukraine-Krieges, UKuR 2022, 215; Eisenhut, Das Vergaberecht der Verteidigungsgüterbeschaffung, NJW 2022, 3270; Hindelang/Eisentraut, Rüstungsbeschaffung zwischen Bestimmungsfreiheit des Auftraggebers und Sicherstellung von Wettbewerb, EuZW 2019, 149; Höfler, Beschaffung und Betrieb von Waffensystemen im Spannungsfeld von Vergabe- und Beihilfenrecht, NZBau 2015, 736; Knauff, Rüstungsbeschaffung in Krisenzeiten, NVwZ 2022, 529; Marxsen, Der Binnenmarkt der Rüstungsgüter, EuR 2021, 307. Vgl. auch die Angaben bei § 14 VgV; Pauka, Interimsvergabe: Welche Pflicht zur Abwehr einer Gefahr für Leib und Leben hat der öAG im Rahmen der Beschaffung?, VergabeR 2023, 475.

Übersicht

	Rn.
I. Bedeutung der Vorschrift	1
II. Gemeinsame Ausnahmefälle bei Liefer- und Dienstleistungsaufträgen (Abs. 1 Nr. 1)	6
1. Verfahren nach bereits gescheiterten Verfahren (Nr. 1 lit. a)	6
a) Keine oder keine geeigneten Angebote (lit. a, aa)	7
b) Ausgeschlossene Angebote (lit. a, bb)	8

	Rn.
2. Besondere Dringlichkeit (Nr. 1 lit. b)	9
a) Krisensituation (lit. b, aa)	9
b) Sonstige dringende zwingende Umstände (lit. b, bb)	13
3. Vergabe nur an ein bestimmtes Unternehmen (Nr. 1 lit. c)	14
4. Forschungs- und Entwicklungsleistungen (Nr. 1 lit. d)	15
5. Güter zum Zwecke von Forschung und Entwicklung (Nr. 1 lit. e)	17
III. Besondere Ausnahmefälle bei Lieferaufträgen (Abs. 1 Nr. 2)	19
1. Zusätzliche Lieferungen (lit. a)	19
2. Börsenwaren (lit. b)	20
3. Insolvenzkäufe (lit. c)	21
IV. Besondere Ausnahmefälle bei Dienstleistungsaufträgen (Abs. 1 Nr. 3)	22
1. Zusätzliche Dienstleistungen (lit. a)	22
2. Wiederholung gleichartiger Dienstleistungen (lit. b)	23
V. Bereitstellung von Luft- und Seeverkehrsdienstleistungen (Abs. 1 Nr. 4)	24
VI. Begründungserfordernis (Abs. 2)	25
VII. Befreiung von formalen Vorgaben des § 30 (Abs. 3)	26

I. Bedeutung der Vorschrift

Die Vorschrift setzt Art. 28 RL 2009/81/EG in nationales Recht um. Sie enthält einen **Ausnahmekatalog** der Fälle, in denen der Auftraggeber im Verhandlungsverfahren von einem Teilnahmewettbewerb absehen kann. Zu einem großen Teil entsprechen die Fälle den Ausnahmetatbeständen des § 14 Abs. 4 VgV, teilw. angepasst an die besonderen Belange des Verteidigungsvergaberechts. In der Evaluation der RL 2009/81/EG aus dem Jahr 2016[1] wurde festgestellt, dass 38% der Vergabevorgänge und 38 % des Wertes der Aufträge in diesem Verfahren vergeben werden. Die praktische Bedeutung ist entspr. groß. 1

Der Katalog nennt unter **Abs. 1 Nr. 1** Ausnahmen, die **sowohl Liefer- als auch Dienstleistungsaufträge** betreffen. Dies sind Fälle, in denen kein oder kein wirtschaftliches Angebot abgegeben wurde oder in denen alle abgegebenen Angebote ausgeschlossen wurden und Fälle besonderer Dringlichkeit. Hinzukommen Aufträge, die aufgrund rechtlicher oder technischer Besonderheiten nur an ein bestimmtes Unternehmen vergeben werden können, sowie bestimmte Aufträge im Zusammenhang mit Forschungs- und Entwicklungsleistungen. 2

Durch die Änderung der VSVgV vom 2.4.2020[2] wurden Regelbeispiele aufgenommen, bei denen ein dringlicher Grund „in der Regel" vorliegen wird. Darüber hinaus wurde klargestellt, dass für die Bewertung der technischen oder rechtlichen Ausschließlichkeitsrechte auf den Zeitpunkt der Aufforderung zur Angebotsabgabe abzustellen ist. 2a

Unter **Abs. 1 Nr. 2** sind die zusätzlich **nur für Lieferaufträge** geltenden Ausnahmefälle genannt: Dies betrifft bestimmte zusätzliche Lieferungen zur Erneuerung 3

---

[1] Evaluation of Directive 2009/81/EC on public procurement in the fields of defence and security, Accompanying the document: Report from the Commission to the European Parliament and the Council on the implementation of Directive 2009/81/EC on public procurement in the fields of defence and security, to comply with Article 73(2) of that Directive, COM(2016) 762 final,, 40.

[2] Art. 5 G zur Änderung des Gesetzes zur Regelung von Ingenieur- und Architektenleistungen und anderer Gesetze v. 12.11.2020 (BGBl. I S. 2392).

oder Erweiterung vorheriger Lieferungen, Börsenwaren sowie Waren aus Insolvenzkäufen.

4   **Abs. 1 Nr. 3** schließlich betrifft die weiteren Ausnahmefälle **nur für Dienstleistungsaufträge.** Darunter fallen zusätzliche Dienstleistungen, die unvorhersehbar, aber erforderlich sind, sowie sich wiederholende Dienstleistungen.

5   Als **verteidigungsvergaberechtliche Besonderheit** ist das Verhandlungsverfahren ohne Teilnahmewettbewerb auch in bestimmten Aufträgen im Zusammenhang mit der Bereitstellung von Luft- und Seeverkehrsdienstleistungen nach **Abs. 1 Nr. 4** zulässig.

II. Gemeinsame Ausnahmefälle bei Liefer- und Dienstleistungsaufträgen (Abs. 1 Nr. 1)

1. Verfahren nach bereits gescheiterten Verfahren (Nr. 1 lit. a)

6   Zu beachten ist, dass die beiden Fallgruppen unter lit. a, die jew. ein zweites, einem gescheiterten Vergabeverfahren folgendes Verfahren betreffen, nach einem – nur unter den Voraussetzungen des § 13 VSVgV zulässigen – **wettbewerblichen Dialog** als Vorgängerverfahren anwendbar sind.

7   **a) Keine oder keine geeigneten Angebote (lit. a, aa).** Ein Verhandlungsverfahren ohne Teilnahmewettbewerb ist nach § 12 Abs. 1 Nr. 1 lit. a, aa VSVgV zulässig, wenn in einem nicht offenen Verfahren, in einem Verhandlungsverfahren mit Teilnahmewettbewerb oder in einem wettbewerblichen Dialog keine oder keine geeigneten Angebote oder keine Bewerbungen abgegeben worden sind, sofern die ursprünglichen Bedingungen des Auftrags nicht grundlegend geändert werden. Die Vorschrift, die Art. 28 Nr. 1 lit. a RL 2009/81/EG umsetzt, entspricht im Grundsatz § 14 Abs. 4 Nr. 1 VgV (dazu → VgV § 14 Rn. 46 ff.), enthält jedoch insofern einen **Unterschied**, als dass dieses Anschlussverfahren **auch** für den Fall ausgebliebener Teilnahmeanträge oder Angebote in **Verhandlungsverfahren mit Teilnahmewettbewerb oder im Wettbewerblichen Dialog** zur Verfügung steht. Dies schließt für den Bereich der VSVgV eine Handhabbarkeitslücke, die im Anwendungsbereich der VgV teilw. als gesetzgeberisches Versehen eingeordnet wird.[3] Obwohl der Wortlaut der Norm die Konstellation der zwar vorliegenden Teilnahmeanträge, die jedoch die Mindestanforderungen an die Eignung nicht erfüllen, nicht regelt, ist dies bei sachgerechter Auslegung auch als erfasst anzusehen.[4]

8   **b) Ausgeschlossene Angebote (lit. a, bb).** Daneben kommt ein Verhandlungsverfahren ohne Teilnahmewettbewerb nach § 12 Abs. 1 Nr. 1 lit. a, bb VSVgV, der Art. 28 Nr. 1 lit. b RL 2009/81/EG umsetzt, in Betracht, wenn in einem nicht offenen Verfahren, in einem Verhandlungsverfahren mit Teilnahmewettbewerb oder in einem wettbewerblichen Dialog keine ordnungsgemäßen Angebote oder nur Angebote abgegeben worden sind, die nach dem geltenden Vergaberecht oder nach den im Vergabeverfahren zu beachtenden Rechtsvorschriften unannehmbar sind, sofern die ursprünglichen Bedingungen des Auftrags nicht grundlegend geändert werden und wenn alle und nur der Bieter einbezogen werden, die die Eignungskriterien erfüllen und im Verlauf des vorangegangenen Vergabeverfahrens Angebote eingereicht haben, die den formalen Voraussetzungen für das Vergabeverfahren entsprechen. Die Vorschrift entspricht inhaltlich § 14 Abs. 3 Nr. 5 VgV. Da das Verhandlungsverfahren mit Teilnahmewettbewerb iRd VSVgV ohne weitere Voraus-

---

[3] So Böhme NZBau 2020, 486 mwN.
[4] MüKoEuWettbR/S. Krüger VSVgV § 12 Rn. 5.

setzungen zulässig ist, entfällt jedoch der zweistufige Aufbau. Auch kann das gescheiterte Verfahren bereits ein Verhandlungsverfahren mit Teilnahmewettbewerb gewesen sein. Mit dieser Maßgabe kann iÜ auf Kommentierung bei § 14 Abs. 3 Nr. 5 VgV (→ VgV § 14 Rn. 39 ff.) verwiesen werden.

2. Besondere Dringlichkeit (Nr. 1 lit. b)

a) Krisensituation (lit. b, aa). Ein Verhandlungsverfahren ohne Teilnahmewettbewerb ist nach § 12 Abs. 1 Nr. 1 lit. b, aa VSVgV, der Art. 28 Nr. 1 lit. c RL 2009/81/EG umsetzt, auch dann zulässig, wenn **dringliche Gründe**[5] im Zusammenhang mit einer **Krise** es nicht zulassen, die gesetzlich vorgeschriebenen Fristen der beiden Standardverfahren einzuhalten. Zur Definition der „Krise" → § 4 Rn. 1. Dass dringliche Gründe im Zusammenhang mit einer Krise vorliegen, muss der Auftraggeber nachweisen, allein das Vorliegen einer Krisensituation ist nicht ausreichend.[6] Im Gegensatz zur zivilen Beschaffung nach Maßgabe der VgV kann sich der Auftraggeber auf die dringliche Lage auch dann berufen, wenn er sie selbst herbeigeführt hat, da der Ausnahmetatbestand aufgrund seiner Schutzrichtung (insbes. körperliche Integrität und Leben von Menschen) nicht mit formaljuristischen Argumenten wie Vorhersehbarkeit oder Verschulden des Auftraggebers eingeschränkt werden darf.[7] 9

Mit dem Gesetz zur beschleunigten Beschaffung im Bereich der Verteidigung und Sicherheit und zur Optimierung der Vergabestatistik vom 25.3.2020[8] wurden **Regelbeispiele** eingeführt, bei deren Vorliegen ein dringlicher Grund regelmäßig gegeben sein soll. Diese sind: 9a
1. mandatierte Auslandseinsätze oder einsatzgleiche Verpflichtungen der Bundeswehr,
2. friedenssichernde Maßnahmen,
3. die Abwehr terroristischer Angriffe und
4. eingetretene oder unmittelbar drohende Großschadenslagen, die kurzfristig neue Beschaffungen erfordern oder bestehende Beschaffungsbedarfe steigern.

Der Verordnungsgeber verweist in der Begr. darauf, dass den Regelbeispielen ein Gefährdungspotenzial immanent sei, dass eine unmittelbar bevorstehende Schädigung bedeutender Rechtsgüter bzw. deutliche Intensivierung bereits eingetretener Schäden als sehr wahrscheinlich erscheinen lasse. 9b

Darüber hinaus wird auf ein **unerwartetes Ereignis** abgestellt, „bei dem eine größere Anzahl von Menschen getötet oder verletzt wird". Die Verordnungsbegr. führt zB Bombenattentate, Eisenbahnunglücke, Flugzeugabstürze und (Natur-) Katastrophen auf. Die Krise soll hier in Abgrenzung zum „terroristischen Angriff" allerdings gerade nicht durch zielgerichtetes menschliches Handeln herbeigeführt werden, sondern aufgrund höherer Gewalt oder technischen bzw. menschlichen Versagens. Die Abgrenzung mag zwar nicht trennscharf sein, allerdings zielt sie wohl auf die Frage der vorsätzlichen oder ungewollten Herbeiführung ab. 9c

Die Entwicklungen rund um die COVID-19 Pandemie hatte der Verordnungsgeber bei Einführung dieses Begriffs wohl nicht im Blick, allerdings wurde eine **Großschadenslage**, sofern sie konkrete verteidigungs- und sicherheitspolitische Maßnahmen fordert, vor diesem Hintergrund diskutiert. Gerade vor dem Hintergrund der 9d

---

[5] Eine Dringlichkeit verneinend VK Bund 10.1.2014 – VK 1–113/13, VPRRS 2014, 0364.
[6] OLG Düsseldorf 13.4.2016 – VII-Verg 46/15, BeckRS 2016, 12813.
[7] VK Bund 3.9.2015 – VK 2–79/15, VPRRS 2015, 0358; Arrowsmith, The Law of Public and Utilities Procurement, Vol. II, 3rd ed., Chapter 15: Defence and Security Procurement, Rn. 15–130; ausf. Pauka VergabeR 2023, 475 ff.; für den Bereich der VgV s. auch OLG Düsseldorf 15.2.2023 – Verg 9/22, BeckRS 2023, 3362 (Vorlagebeschluss).
[8] BGBl 2020 I 674, zu den Regelbeispielen iE BT-Drs. 19/15603, 59 ff.

Naturkatastrophe durch höhere Gewalt scheint dies auch nicht abwegig, zumal in der Gesetzesbegr. betont wird, dass auch andere Notfalllagen wie „humanitäre Krisen" einen entspr. Bedarf bewirken können. Auch aufgrund der geänderten Sicherheitslage durch den Ukrainekrieg kann eine solche Dringlichkeit grds. begründet sein.[9]

9e Der dadurch entstehende Beschaffungsbedarf dürfte in Anlehnung an Erwgr. 54 der RL 2009/81/EG **auch bei nicht-militärischen Sicherheitskräften bzw. Auslandsdienststellen** entstehen. Der Bedarf muss allerdings direkt an die Krise bzw. die o.g. Regelbeispiele geknüpft sein und zur schnellen Abwendung bzw. Begrenzung von Schädigungen erfolgen. Dadurch werden jedenfalls Neuerungen aus Erkenntnissen des unerwarteten Ereignisses, sofern sie nur mittel- oder längerfristig Abhilfe schaffen bzw. zur Prävention eingesetzt werden, ausgeschlossen. Unwesentlich ist hingegen, ob ein bereits bestehender Beschaffungsbedarf lediglich mengenmäßig erhöht wird (nicht jedoch dringender wird) oder ein gänzlich neuer Bedarf entsteht.

10 Die **Fristen im beschleunigten Verfahren** betragen hinsichtlich der Teilnahmeanträge mindestens 15 Tage bzw. zehn Tage bei elektronischer Übermittlung, gerechnet vom Tag der Absendung der Bekanntmachung an, und mindestens zehn Tage hinsichtlich der Angebotsabgabe, gerechnet ab dem Tag der Absendung der Aufforderung hierzu. Jene regulären Fristen dürfen vor dem Hintergrund der Krise nicht einzuhalten sein, bei neuen Situationen und Entwicklungen soll dies meist unproblematisch der Fall sein. Kritischer sieht die Bundesregierung die Beschaffung bei längerfristigem Vorliegen der Regelbeispiele (also zB bestehenden Einsätzen der Bundeswehr in Krisengebieten), hier sollte eine Prüfung besonders kritisch erfolgen.[10]

11 Die Trennung dieser verteidigungsspezifischen von den übrigen Gründen und deren systematische Stellung ist keineswegs rein symbolisch: Durch das Weglassen des Merkmals „zwingend" bei den Gründen im Zusammenhang mit Krisen wurde deutlich gemacht, dass die Anforderungen hier deutlich niedriger anzusetzen sind. Allein die Dringlichkeit kann ausreichend sein. Insbes. ist auch weder die Vorhersehbarkeit noch die Verschuldensfrage relevant.

12 Die Begründung des Gesetzes zur beschleunigten Beschaffung im Bereich der Verteidigung und Sicherheit[11] verweist darauf, dass neben neu entstehenden Beschaffungsbedarfen auch die **Fälle, in denen sich aufgrund der Gefahrenlage ein bereits vorher bestehender Beschaffungsbedarf mengenmäßig erhöht, erfasst** sind. Diese Konstellation ist danach schon in Art. 28 Nr. 1 lit. c der RL 2009/81/EG angelegt, der auf Art. 23 Abs. 2 lit. d der RL 2009/81/EG verweist, der Bedarfssteigerungen infolge von Krisensituationen betrifft. Erfasst ist danach der Fall, in dem ein Auftraggeber zur Wahrung der Versorgungssicherheit in einem vorangegangenen Vergabeverfahren von den Bietern die Zusage verlangt hat, die zur Deckung möglicher Bedarfssteigerungen infolge einer Krisensituation erforderlichen Kapazitäten unter zu vereinbarenden Bedingungen zu schaffen und/oder beizubehalten. Im Falle einer Krise kann der Auftraggeber dann ohne Teilnahmewettbewerb an dieses Unternehmen herantreten.

13 **b) Sonstige dringende zwingende Umstände (lit. b, bb).** § 12 Abs. 1 Nr. 1 lit. b, bb VSVgV, der Art. 28 Nr. 1 lit. d RL 2009/81/EG umsetzt, entspricht § 14 Abs. 4 Nr. 3 VgV, auf dessen Kommentierung (→ VgV § 14 Rn. 58 ff.) verwiesen werden kann.

---

[9] Bartetzky-Olbermann/Pauka UKuR 2022, 215 (216).
[10] BT-Drs. 19/15603, 61.
[11] BT-Drs. 19/15603, 60.

3. Vergabe nur an ein bestimmtes Unternehmen (Nr. 1 lit. c)

Ein Verhandlungsverfahren ohne Teilnahmewettbewerb ist zulässig, wenn zum **Zeitpunkt der Aufforderung zur Abgabe von Angeboten** der Auftrag wegen seiner technischen Besonderheiten oder aufgrund des Schutzes von Ausschließlichkeitsrechten, wie zB des Patent- oder Urheberrechts, nur von einem bestimmten Unternehmen durchgeführt werden kann, § 12 Abs. 1 Nr. 1 lit. c VSVgV (vgl. Art. 28 Nr. 1 lit. e RL 2009/81/EG). Die Vorschrift entspricht § 14 Abs. 4 Nr. 2 lit. b und c VgV (dazu → VgV § 14 Rn. 51 ff.).[12] Das Tatbestandsmerkmal, wonach der Auftrag nur von einem bestimmten Unternehmen durchgeführt werden kann, ist nicht idS zu verstehen, dass andere Unternehmen inkompetent oder technisch nicht leistungsfähig sind. Es geht ausschl. darum, dass das jew. Unternehmen zB eine eigene Entwicklung vorgenommen hat, an der ihm Schutzrechte zustehen und die es Konkurrenten nicht zur Verfügung stellen muss.[13]

14

Der maßgebliche Zeitpunkt dafür wurde durch die im Jahr 2020 erfolgte Änderung der VSVgV[14] klargestellt. Es ist auf die Aufforderung zur Angebotsabgabe und damit den **Beginn des Vergabeverfahrens** abzustellen. Damit ist für den Auftraggeber Rechtssicherheit geschaffen worden davor, aufgrund von Entwicklungen während des laufenden Vergabeverfahrens nachträglich in ein vergaberechtswidriges Verfahren zu gelangen (iE → VgV § 14 Rn. 57a). Diese Klarstellung ist begrüßenswert. Damit soll insbes. auch verhindert werden, dass Nachprüfungsverfahren missbraucht werden, um einen Entwicklungsvorsprung aufzuholen.[15]

14a

Wenn sich der Auftraggeber darauf beruft, dass der Auftrag aufgrund seiner technischen Besonderheiten von einem einzigen Unternehmen zu erfüllen ist, muss er nachweisen, dass nur ein einziger Wirtschaftsteilnehmer in der Lage ist, Leistungen mit dem von ihm geforderten Schutzniveau zu erbringen.[16] Das OLG Düsseldorf entschied, dass die Anwendung dieses Tatbestandes durch den Auftraggeber willkürfrei getroffen werden muss, um die vergaberechtlichen Grenzen zu wahren, auch wenn der Wettbewerb iErg ausgeschlossen wird.[17] Strenger fasst es allerdings die VK Bund in einer neueren Entscheidung. Danach muss eine solche Direktvergabe an ein bestimmtes Unternehmen objektiv und ohne vernünftigen Zweifel alternativlos sein. Dabei bedarf es einer entspr. Prüfung von Alternativen durch den Auftraggeber.[18] Diese Prüfung möglicher Alternativen muss detailliert dokumentiert werden (dazu ausf. → VgV § 14 Rn. 51 ff.).[19]

14b

Im Zuge der Einführung des BwBBG v. 11.7.2022 wurde in dessen § 4 Abs. 2 Nr. 5 in Erweiterung dieses Ausnahmetatbestandes geregelt, dass technische Gründe für ein Alleinstellungsmerkmal auch vorliegen können, wenn die Beschaffung von Ausrüstung, die bereits bei einem Mitgliedstaat im Einsatz ist, die Einzige ist, die die gemeinsame Durchführung des öffentlichen Auftrags ermöglicht[20] (s. auch → BwBBG Rn. 30).

14c

---

[12] Beispielhaft OLG Karlsruhe 15.11.2013 – 15 Verg 5/13, BeckRS 2014, 8129.
[13] VK Bund 7.12.2015 – VK 2–105/15, ZfBR 2016, 292.
[14] Art. 5 G zur Änderung des Gesetzes zur Regelung von Ingenieur- und Architektenleistungen und anderer Gesetze v. 12.11.2020 (BGBl. I S. 2392).
[15] Gesetz zur beschleunigten Beschaffung im Bereich der Verteidigung und Sicherheit und zur Optimierung der Vergabestatistik, BGBl. 2020 I 674, Art. 2 Nr. 2.
[16] OLG Düsseldorf 13.4.2016 – VII-Verg 66/15, BeckRS 2016, 12813.
[17] OLG Düsseldorf 31.5.2017 – VII-Verg 36/16, NZBau 2017, 623; Hindelang/Eisentraut EuZW 2019, 149 (150); beachte jedoch die sehr strengen Anforderungen des OLG Düsseldorf zu einer Beschaffung von MRT für die Bundeswehr im Anwendungsbereich der VgV, 7.6.2017 – VII-Verg 53/16, NZBau 2018, 77 = BeckRS 2017, 128741.
[18] VK Bund 19.9.2022 – VK 2–80/22, VPRRS 2022, 0266.
[19] VK Bund 29.9.2020 – VK 2-73/20, VPRRS 2020, 0318.
[20] BT-Drs. 20/2353, 19.

4. Forschungs- und Entwicklungsleistungen (Nr. 1 lit. d)

15   Nach § 12 Abs. 1 Nr. 1 lit. d VSVgV, der Art. 28 Nr. 2 lit. a RL 2009/81/EG umsetzt, können Forschungs- und Entwicklungsleistungen im Verhandlungsverfahren ohne Teilnahmewettbewerb beschafft werden. Für Dienstleistungen wird diese Vorschrift jedoch nur dann relevant, wenn deren Ergebnisse ausschl. Eigentum des Auftraggebers für seinen Gebrauch bei der Ausübung seiner eigenen Tätigkeit werden und sie vollständig durch den Auftraggeber vergütet werden. Andere Forschungs- und Entwicklungsdienstleistungen sind nach § 1 VSVgV iVm § 116 Abs. 1 Nr. 2 GWB bereits vom Anwendungsbereich der RL ausgenommen. Dasselbe gilt für Aufträge, die iR eines Kooperationsprogramms nach § 145 Nr. 2 GWB vergeben werden, das auf Forschung und Entwicklung beruht und mit mindestens einem anderen EU-Mitgliedstaat für die Entwicklung eines neuen Produkts und ggf. die späteren Phasen des gesamten oder eines Teils des Lebenszyklus dieses Produkts durchgeführt wird. Erfolgt die Beschaffung einer späteren Phase des Produktlebenszyklus durch einen Mitgliedstaat jedoch gesondert von dem Kooperationsprogramm, fällt diese aus der Ausnahmeregelung[21] und in den Anwendungsbereich von § 12 Abs. 1 Nr. 1 lit. d VSVgV.

16   Lieferaufträge über Güter, die ausschl. zum Zwecke von Forschung und Entwicklung hergestellt werden, werden idR auch von § 12 Abs. 1 Nr. 1 lit. e VSVgV umfasst. Die Abgrenzung zwischen den beiden Fällen erscheint schwierig, ist iErg jedoch nicht relevant.

5. Güter zum Zwecke von Forschung und Entwicklung (Nr. 1 lit. e)

17   § 12 Abs. 1 Nr. 1 lit. e VSVgV, der Art. 28 Nr. 2 lit. b RL 2009/81/EG umsetzt, entspricht grds. § 14 Abs. 4 Nr. 4 VgV (iE → VgV § 14 Rn. 67 f.). Danach dürfen Güter im Verhandlungsverfahren ohne Teilnahmewettbewerb beschafft werden, wenn sie ausschl. zum Zwecke von Forschung und Entwicklung hergestellt werden. Als „Forschung" gilt nicht die Herstellung einer Ware in Serienfertigung, mit der die Marktfähigkeit dieser Ware „erforscht" und nachgewiesen soll. Güter werden auch nicht „zum Zwecke" von Forschung und Entwicklung hergestellt, wenn dadurch die Forschungs- und Entwicklungskosten dieser Ware gedeckt werden sollen. Der Auftraggeber darf neben den Forschungs- und Entwicklungszwecken keine weiteren Zwecke verfolgen, insbes. keine Gewinn-, Rentabilitäts- oder sonstigen kommerziellen Nebenzwecke.[22]

18   Dienstleistungen im Zusammenhang mit solchen Gütern können etwa der bloße Transport, der Aufbau oder auch die Einrichtung/Kalibrierung von Messinstrumenten selbst sein. Das eigentliche Betreiben wäre jedoch wiederum als Forschungs- und Entwicklungsdienstleistung iSv lit. d anzusehen.

III. Besondere Ausnahmefälle bei Lieferaufträgen (Abs. 1 Nr. 2)

1. Zusätzliche Lieferungen (lit. a)

19   § 12 Abs. 1 Nr. 2 lit. a VSVgV, der Art. 28 Nr. 3 lit. a RL 2009/81/EG umsetzt, entspricht grds. § 14 Abs. 4 Nr. 5 VgV (dazu → VgV § 14 Rn. 69 ff.). Allerdings ist zu beachten, dass die **regelmäßige Höchstlaufzeit** fünf anstatt drei Jahre beträgt. Die Ausnahmen für eine Überschreitung der Laufzeit sind beschränkt auf Fälle,

---

[21] 2019/C 157/01 3.3 S. 6.
[22] Dippel/Sterner/Zeiss/Sterner VSVgV § 12 Rn. 13.

die unter Berücksichtigung der zu erwartenden Nutzungsdauer gelieferter Güter, Anlagen oder Systeme und der durch einen Wechsel des Unternehmens entstehenden technischen Schwierigkeiten bestimmt werden.

2. Börsenwaren (lit. b)

§ 12 Abs. 1 Nr. 2 lit. b VSVgV setzt Art. 28 Nr. 3 lit. b RL 2009/81/EG um und entspricht § 14 Abs. 4 Nr. 6 VgV. Auf dessen Kommentierung (→ VgV § 14 Rn. 72) wird verwiesen. 20

3. Insolvenzkäufe (lit. c)

§ 12 Abs. 1 Nr. 2 lit. c VSVgV setzt Art. 28 Nr. 3 lit. c RL 2009/81/EG um und entspricht § 14 Abs. 4 Nr. 7 VgV, auf dessen Kommentierung (→ VgV § 14 Rn. 73) verwiesen wird. 21

IV. Besondere Ausnahmefälle bei Dienstleistungsaufträgen (Abs. 1 Nr. 3)

1. Zusätzliche Dienstleistungen (lit. a)

§ 12 Abs. 1 Nr. 3 lit. a VSVgV, der Art. 28 Nr. 4 lit. a RL 2009/81/EG in deutsches Recht übernimmt, hat weder in der VgV noch in der VOB/A-EU ein Äquivalent. Dies findet seine Begründung darin, dass die Notwendigkeit solcher Regelungen dadurch entfallen ist, dass § 132 Abs. 2 Nr. 2 S. 1 GWB diesen Fall der Auftragsänderungen während der Vertragslaufzeit regelt. Auf dessen Kommentierung → GWB § 132 Rn. 6 ff. wird verwiesen. Die wertmäßige Begrenzung iHv 50% des Auftragswertes wird für den Bereich der VSVgV-Vergaben in der Form geöffnet, dass § 43 Abs. 2 Nr. 6 VSVgV bei entspr. Begründung eine Überschreitung dieser Grenze ermöglicht.[23] 22

2. Wiederholung gleichartiger Dienstleistungen (lit. b)

§ 12 Abs. 1 Nr. 3 lit. b VSVgV, der auf Art. 28 Nr. 4 lit. b RL 2009/81/EG zurückgeht, entspricht grds. § 14 Abs. 4 Nr. 9 VgV, auf dessen Kommentierung (→ VgV § 14 Rn. 75) verwiesen werden kann. Allerdings ist zu beachten, dass das Verfahren nach dieser Regelung **binnen fünf statt binnen drei Jahren** nach Abschluss des ursprünglichen Verfahrens angewendet werden darf. Zudem kann diese Frist in Ausnahmefällen, die unter Berücksichtigung der zu erwartenden Nutzungsdauer gelieferter Güter, Anlagen oder Systeme und der durch einen Wechsel des Unternehmens entstehenden technischen Schwierigkeiten bestimmt werden, verlängert werden. Darüber hinaus wurde § 12 Abs. 1 Nr. 3 lit. b VSVgV dahingehend an § 106 Abs. 2 Nr. 3 GWB angepasst, dass auf Gesetzesebene eine dynamische Verweisung auf die Festsetzung der Höhe der Schwellenwerte durch die Europäische Kommission im Wege delegierter Rechtssetzung durch Verordnung existiert.[24] 23

V. Bereitstellung von Luft- und Seeverkehrsdienstleistungen (Abs. 1 Nr. 4)

Als Sonderfall der besonderen Dringlichkeit ermöglicht § 12 Abs. 1 Nr. 4 VSVgV, der Art. 28 Nr. 5 RL 2009/81/EG übernimmt, das Verhandlungsverfahren ohne 24

---

[23] MüKoEuWettbR/S. Krüger VSVgV § 12 Rn. 28.
[24] BT-Drs. 18/7318, 276.

Teilnahmewettbewerb auch in den Fällen, in denen die **besondere Dringlichkeit** nicht aus der Dringlichkeit der Beschaffung selbst herrührt, sondern daraus, dass die in Frage kommenden Unternehmen die **Gültigkeit ihrer Angebote nur für so kurze Zeit garantieren,** dass die notwendigen Fristen nicht eingehalten werden könnten. Dies gilt für Aufträge im Zusammenhang mit der Bereitstellung von Luft- und Seeverkehrsdienstleistungen für Streit- und Sicherheitskräfte, die im Ausland eingesetzt werden oder eingesetzt werden sollen.[25]

VI. Begründungserfordernis (Abs. 2)

25 § 12 Abs. 2 VSVgV schreibt den Auftraggebern in Umsetzung des Art. 28 Abs. 1 RL 2009/81/EG vor, die Anwendung des Verhandlungsverfahrens ohne Teilnahmewettbewerb in der Bekanntmachung über die Auftragsvergabe nach § 35 VSVgV zu begründen.

VII. Befreiung von formalen Vorgaben des § 30 (Abs. 3)

26 Durch das Gesetz zur Änderung des Gesetzes zur Regelung von Ingenieur- und Architektenleistungen und anderer Gesetze vom 12.11.2020[26] wurden dem öffentlichen Auftraggeber mit Abs. 3 bestimmte formale Erleichterungen gewährt. So wird dieser in Fällen der besonderen Dringlichkeit (Abs. 1 Nr. 1 lit. b) von den formalen Verpflichtungen bzgl. der Angebotsöffnung des § 30 Abs. 1 und 2 VSVgV befreit.[27]

§ 13 Wettbewerblicher Dialog

(1) **Auftraggeber können einen wettbewerblichen Dialog gemäß § 119 Absatz 6 Satz 1 des Gesetzes gegen Wettbewerbsbeschränkungen zur Vergabe besonders komplexer Aufträge durchführen, sofern sie objektiv nicht in der Lage sind,**
1. **die technischen Mittel anzugeben, mit denen ihre Bedürfnisse und Ziele erfüllt werden können, oder**
2. **die rechtlichen oder finanziellen Bedingungen des Vorhabens anzugeben.**

(2) ¹Im wettbewerblichen Dialog eröffnen Auftraggeber gemäß § 119 Absatz 6 Satz 2 des Gesetzes gegen Wettbewerbsbeschränkungen nach einem Teilnahmewettbewerb mit den ausgewählten Unternehmen einen Dialog zur Erörterung aller Aspekte der Angebotsabgabe. ²Im Einzelnen gehen die Auftraggeber wie folgt vor:
1. ¹Die Auftraggeber müssen ihre Bedürfnisse und Anforderungen bekannt machen und erläutern. ²Die Erläuterung erfolgt in der Bekanntmachung oder der Leistungsbeschreibung.
2. ¹Mit den nach §§ 6, 7, 8 und 21 bis 28 ausgewählten geeigneten Unternehmen eröffnen die Auftraggeber einen Dialog, in dem sie ermitteln und festlegen, wie ihre Bedürfnisse am besten erfüllt werden können. ²Dabei können sie mit den ausgewählten Unternehmen alle Einzelheiten des Auftrags erörtern. ³Die Auftraggeber müssen alle Unternehmen bei dem Dialog gleich behandeln. ⁴Insbesondere enthalten sie sich jeder dis-

---

[25] Arrowsmith, The Law of Public and Utilities Procurement, Vol. II, 3rd ed., Chapter 15: Defence and Security Procurement, Rn. 15131.
[26] BR-Drs. 445/20, 13 zu Art. 5.
[27] MüKoEuWettbR/S. Krüger VSVgV § 12 Rn. 32.

kriminierenden Weitergabe von Informationen, durch die bestimmte Bieter gegenüber anderen begünstigt werden können. ⁵Der Auftraggeber darf Lösungsvorschläge oder vertrauliche Informationen eines Unternehmens nicht ohne dessen Zustimmung an die anderen Unternehmen weitergeben.

3. ¹Die Auftraggeber können vorsehen, dass der Dialog in verschiedenen aufeinanderfolgenden Phasen abgewickelt wird, um die Zahl der in der Dialogphase zu erörternden Lösungsvorschläge anhand der in der Bekanntmachung oder in den Vergabeunterlagen angegebenen Zuschlagskriterien zu verringern. ²In der Bekanntmachung oder in der Leistungsbeschreibung ist anzugeben, ob diese Möglichkeit in Anspruch genommen wird. In der Schlussphase müssen noch so viele Angebote vorliegen, dass ein echter Wettbewerb gewährleistet ist, sofern eine ausreichende Zahl von Lösungen vorhanden ist. ³Die Unternehmen, deren Lösungen nicht für die nächstfolgende Dialogphase vorgesehen sind, werden darüber informiert.

4. ¹Die Auftraggeber erklären den Dialog für abgeschlossen, wenn eine oder mehrere Lösungen gefunden worden sind, die ihre Bedürfnisse erfüllen oder erkennbar ist, dass keine Lösung gefunden werden kann. ²Im Falle der ersten Alternative fordern sie die Unternehmen auf, auf der Grundlage der eingereichten und in der Dialogphase näher ausgeführten Lösungen ihr endgültiges Angebot vorzulegen, das alle zur Ausführung des Projekts erforderlichen Einzelheiten enthalten muss. ³Die Auftraggeber können verlangen, dass Präzisierungen, Klarstellungen und Ergänzungen zu diesen Angeboten gemacht werden. ⁴Diese Präzisierungen, Klarstellungen oder Ergänzungen dürfen jedoch keine Änderung der grundlegenden Elemente des Angebots oder der Ausschreibung zur Folge haben, die den Wettbewerb verfälschen oder diskriminierend wirken könnte.

5. ¹Die Auftraggeber müssen die Angebote aufgrund der in der Bekanntmachung oder in den Vergabeunterlagen festgelegten Zuschlagskriterien bewerten. ²Der Zuschlag darf ausschließlich auf das wirtschaftlichste Angebot erfolgen. ³Auftraggeber dürfen das Unternehmen, dessen Angebot als das wirtschaftlichste ermittelt wurde, auffordern, bestimmte Einzelheiten des Angebots näher zu erläutern oder im Angebot enthaltene Zusagen zu bestätigen. ⁴Dies darf nicht dazu führen, dass wesentliche Aspekte des Angebots oder der Ausschreibung geändert werden, und dass der Wettbewerb verzerrt wird oder andere am Verfahren beteiligte Unternehmen diskriminiert werden.

6. Verlangen die Auftraggeber, dass die am wettbewerblichen Dialog teilnehmenden Unternehmen Entwürfe, Pläne, Zeichnungen, Berechnungen oder andere Unterlagen ausarbeiten, müssen sie einheitlich für alle Unternehmen, die die geforderte Unterlage rechtzeitig vorgelegt haben, eine angemessene Kostenerstattung hierfür gewähren.

Literatur: Vgl. die Angaben bei § 119 GWB und § 18 VgV.

§ 13 VSVgV setzt Art. 27 RL 2009/81/EG in nationales Recht um. Die Vorschrift erlaubt die Durchführung eines wettbewerblichen Dialogs bei besonders komplexen Aufträgen (Abs. 1) und gibt das entspr. Prozedere vor (Abs. 2). Der Begriff des Auftraggebers umfasst sowohl den öffentlichen Auftraggeber als auch den Sektorenauftraggeber (→ GWB § 144 Rn. 1).[1] Die Vorschrift entspricht inhalt-

---

[1] BT-Drs. 18/7318, 276; Beck VergabeR/Otting VS-VgV § 13 Rn. 1.

lich dem § 18 VgV sowie den §§ 3a VS Abs. 3 und 3b VS Abs. 3 VOB/A. Der europäische Richtliniengeber hatte es den Mitgliedstaaten überlassen, ob sie sich für die Einführung des wettbewerblichen Dialogs entscheiden. Der deutsche Verordnungsgeber hatte sich für dessen Aufnahme als eigenständige Verfahrensart entschieden.[2]

2 Der wettbewerbliche Dialog ist im Anwendungsfeld der VSVgV nur **in begründeten Ausnahmefällen** zulässig. Er ist ggü. dem nicht offenen Verfahren und dem Verhandlungsverfahren mit Teilnahmewettbewerb eine nachrangige Verfahrensart (§ 11 Abs. 1 S. 2 VSVgV) und kommt nach Abs. 1 nur in Betracht, wenn die Auftraggeber objektiv nicht in der Lage sind, (i) die technischen Mittel anzugeben, mit denen ihre Bedürfnisse und Ziele erfüllt werden können, oder (ii) die rechtlichen oder finanziellen Bedingungen des Vorhabens anzugeben. Zu diesen Anwendungsvoraussetzungen ausf. → VOB/A § 3a VS Rn. 13 ff.

3 Abs. 2 gibt vor, auf welche Weise der wettbewerbliche Dialog durchzuführen ist. Das in Abs. 2 beschriebene Prozedere entspricht nahezu wortgleich dem § 18 VgV, auf dessen Kommentierung verwiesen wird, → VgV § 18 Rn. 7 ff.

§ 14 Rahmenvereinbarungen

(1) [1]**Für den Abschluss einer Rahmenvereinbarung im Sinne des § 103 Absatz 5 Satz 1 des Gesetzes gegen Wettbewerbsbeschränkungen befolgen die Auftraggeber die Verfahrensvorschriften dieser Verordnung.** [2]**Für die Auswahl des Auftragnehmers gelten die Zuschlagskriterien gemäß § 34.** [3]**Auftraggeber dürfen das Instrument einer Rahmenvereinbarung nicht missbräuchlich oder in einer Weise anwenden, durch die der Wettbewerb behindert, eingeschränkt oder verfälscht wird.**

(2) [1]**Auftraggeber vergeben Einzelaufträge nach dem in den Absätzen 3 bis 5 vorgesehenen Verfahren.** [2]**Die Vergabe darf nur erfolgen durch Auftraggeber, die ihren voraussichtlichen Bedarf für das Vergabeverfahren gemeldet haben, an Unternehmen, mit denen die Rahmenvereinbarungen abgeschlossen wurden.** [3]**Bei der Vergabe der Einzelaufträge dürfen die Parteien keine wesentlichen Änderungen an den Bedingungen dieser Rahmenvereinbarung vornehmen.** [4]**Dies gilt insbesondere für den Fall, dass die Rahmenvereinbarung mit einem einzigen Unternehmen geschlossen wurde.**

(3) [1]**Wird eine Rahmenvereinbarung mit einem einzigen Unternehmen geschlossen, so werden die auf dieser Rahmenvereinbarung beruhenden Einzelaufträge entsprechend den Bedingungen der Rahmenvereinbarung vergeben.** [2]**Vor der Vergabe der Einzelaufträge können die Auftraggeber das an der Rahmenvereinbarung beteiligte Unternehmen in Textform nach § 126b des Bürgerlichen Gesetzbuchs befragen und dabei auffordern, sein Angebot erforderlichenfalls zu vervollständigen.**

(4) **Wird eine Rahmenvereinbarung mit mehreren Unternehmen geschlossen, so müssen mindestens drei Unternehmen beteiligt sein, sofern eine ausreichend große Zahl von Unternehmen die Eignungskriterien oder eine ausreichend große Zahl von Angeboten die Zuschlagskriterien erfüllt.**

(5) **Die Vergabe von Einzelaufträgen, die auf einer mit mehreren Unternehmen geschlossenen Rahmenvereinbarung beruhen, erfolgt, sofern**
1. **alle Bedingungen festgelegt sind, nach den Bedingungen der Rahmenvereinbarung ohne erneuten Aufruf zum Wettbewerb oder**

---

[2] KK-VergR/Haak VSVgV § 13 Rn. 1.

2. nicht alle Bedingungen in der Rahmenvereinbarung festgelegt sind, nach erneutem Aufruf der Parteien zum Wettbewerb zu denselben Bedingungen, die erforderlichenfalls zu präzisieren sind, oder nach anderen in den Vergabeunterlagen zur Rahmenvereinbarung genannten Bedingungen. Dabei ist folgendes Verfahren einzuhalten:
   a) Vor Vergabe jedes Einzelauftrags konsultieren die Auftraggeber die Unternehmen, die in der Lage sind, den Einzelauftrag auszuführen.
   b) Auftraggeber setzen eine angemessene Frist für die Abgabe der Angebote für jeden Einzelauftrag; dabei berücksichtigen sie insbesondere die Komplexität des Auftragsgegenstands und die für die Übermittlung der Angebote erforderliche Zeit.
   c) Auftraggeber geben an, in welcher Form die Angebote einzureichen sind, der Inhalt der Angebote ist bis zum Ablauf der Angebotsfrist geheim zu halten.
   d) Die Auftraggeber vergeben die einzelnen Aufträge an das Unternehmen, das auf der Grundlage der in der Rahmenvereinbarung aufgestellten Zuschlagskriterien das wirtschaftlichste Angebot abgegeben hat.

(6) [1]Die Laufzeit einer Rahmenvereinbarung darf sieben Jahre nicht überschreiten. [2]Dies gilt nicht in Sonderfällen, in denen aufgrund der zu erwartenden Nutzungsdauer gelieferter Güter, Anlagen oder Systeme und der durch einen Wechsel des Unternehmens entstehenden technischen Schwierigkeiten eine längere Laufzeit gerechtfertigt ist. [3]Die Auftraggeber begründen die längere Laufzeit in der Bekanntmachung gemäß § 35.

Literatur: Vgl. die Angaben bei § 21 VgV.

I. Bedeutung der Vorschrift

§ 14 VSVgV setzt Art. 29 RL 2009/81/EG in nationales Recht um. Der Verordnungsgeber hat in dieser Vorschrift die Rahmenvereinbarung in Bereich der Vergabe verteidigungs- und sicherheitsspezifischer Aufträge implementiert. Die Vorschrift normiert das Verfahren hinsichtlich der Vergabe der Rahmenvereinbarung wie auch der Einzelaufträge nach Abschluss der Rahmenvereinbarung und stimmt inhaltlich weitgehend mit § 21 VgV überein. Abweichungen ergeben sich ua hinsichtlich der Laufzeit der Rahmenvereinbarung. IÜ wurde das ursprüngliche Schriftformerfordernis für die Einzelabrufe an die auch in § 21 VgV vorgeschriebene Textform angeglichen.[1] 1

II. Vergabe der Rahmenvereinbarung (Abs. 1)

Abs. 1 S. 1 schreibt vor, für den Abschluss einer Rahmenvereinbarung iSd § 103 Abs. 5 S. 1 GWB (zum Begriff → GWB § 103 Rn. 110 ff.) die Verfahrensvorschriften der VSVgV anzuwenden. Für die Auswahl des Auftragnehmers schreibt S. 2 die Anwendung der Zuschlagskriterien gem. § 34 VSVgV vor. Auftraggeber dürfen das Instrument einer Rahmenvereinbarung nicht missbräuchlich oder in einer Weise anwenden, durch die der Wettbewerb behindert, eingeschränkt oder verfälscht wird (S. 3). Abs. 1 entspricht damit iW § 21 Abs. 1 S. 1 und 3 VgV, sodass auf dessen Kommentierung verwiesen wird (→ VgV § 21 Rn. 5, 9 ff.). 2

---

[1] Art. 96 G zum Abbau verzichtbarer Anordnungen der Schriftform im Verwaltungsrecht des Bundes, BGBl. I Nr. 16 v. 29.3.2017, 626 (642).

VSVgV § 15 Leistungsbeschreibung und technische Anforderungen

III. Rahmenvereinbarung mit nur einem Unternehmen (Abs. 2, 3)

3 Abs. 2 schreibt vor, dass Einzelaufträge nach dem in den Abs. 3 bis 5 vorgeschriebenen Verfahren vergeben werden und entspricht der Parallelvorschrift des § 21 Abs. 2 VgV (→ VgV § 21 Rn. 13 ff.).

4 Abs. 3 betrifft den Abschluss einer Rahmenvereinbarung mit nur einem Unternehmen und entspricht § 21 Abs. 3 VgV (→ VgV § 21 Rn. 16 f.).

IV. Rahmenvereinbarung mit mehreren Unternehmen (Abs. 4, 5)

5 Die Abs. 4 und 5 regeln das Verfahren der Vergabe von Einzelaufträgen, wenn eine Rahmenvereinbarung mit mehreren Unternehmen geschlossen wurde. Im Unterschied zur Parallelvorschrift des § 21 VgV schreibt Abs. 4 vor, dass beim Abschluss einer Rahmenvereinbarung mit mehreren Unternehmen **mindestens drei Unternehmen** beteiligt sein müssen, sofern eine hinreichende Zahl an zuschlagsfähigen Angeboten vorliegt. Grund für diese Sonderregelung ist die Gewährleistung der Versorgungssicherheit durch mehrere zur Verfügung stehende Lieferanten.[2]

6 Abs. 5 regelt das Verfahren zur Vergabe der Einzelaufträge. Ein Einzelauftrag kann nach Abs. 5 Nr. 1 ohne einen erneuten Aufruf zum Wettbewerb erfolgen, wenn bereits alle Bedingungen in der Rahmenvereinbarung festgelegt sind. Diese Regelung trägt den verteidigungsspezifischen, zeitkritischen und eiligen Beschaffungsbedarf Rechnung.[3] Eine Entsprechung findet sich in § 21 Abs. 4 Nr. 1 VgV (dazu → VgV § 21 Rn. 18 f.).

7 Abs. 5 Nr. 2 regelt das Vergabeverfahren für Einzelaufträge mit weiterem Konkretisierungsbedarf. Die Vorschrift entspricht § 21 Abs. 4 Nr. 2 und Nr. 3 iVm Abs. 5 VgV (→ VgV § 21 Rn. 20 ff.).

V. Laufzeit der Rahmenvereinbarung (Abs. 6)

8 Nach Abs. 6 darf die Laufzeit der Rahmenvereinbarung **sieben Jahre** grds. nicht überschreiten (im Vergleich zu vier Jahren Laufzeit nach § 21 Abs. 6 VgV). Die längere Laufzeit beschränkt zwar den Wettbewerb, wird durch die RL 2009/81/EG jedoch ausdr. für zulässig erklärt und lässt sich mit dem verteidigungsspezifischen Aspekt der Versorgungssicherheit rechtfertigen.[4] Die Ausnahmefälle, in denen eine längere Laufzeit zulässig ist, sind dafür beschränkt auf die Fälle, in denen aufgrund der zu erwartenden Nutzungsdauer gelieferter Güter, Anlagen oder Systeme und der durch einen Wechsel des Unternehmens entstehenden technischen Schwierigkeiten eine längere Laufzeit gerechtfertigt ist. Eine längere Laufzeit ist zudem in der Bekanntmachung zu begründen.

§ 15 Leistungsbeschreibung und technische Anforderungen

(1) Die Auftraggeber stellen sicher, dass die Leistungsbeschreibung allen Bewerbern und Bietern gleichermaßen zugänglich ist und die Öffnung des

---

[2] Dippel/Sterner/Zeiss/Dippel VSVgV § 24 Rn. 36.
[3] Dippel/Sterner/Zeiss/Dippel VSVgV § 24 Rn. 40.
[4] Vgl. Dippel/Sterner/Zeiss/Zeiss VSVgV § 14 Rn. 55.

nationalen Beschaffungsmarktes für den Wettbewerb durch Anbieter aus anderen EU-Mitgliedstaaten nicht in ungerechtfertigter Weise behindert wird.

(2) ¹Die Leistung ist eindeutig und vollständig zu beschreiben, sodass die Vergleichbarkeit der Angebote gewährleistet ist. ²Technische Anforderungen im Sinne des Anhangs III Nummer 1 Buchstabe b der Richtlinie 2009/81/EG sind zum Gegenstand der Bekanntmachung oder der Vergabeunterlagen zu machen.

(3) Unbeschadet zwingender technischer Vorschriften einschließlich solcher zur Produktsicherheit und technischer Anforderungen, die laut internationaler Standardisierungsvereinbarungen zur Gewährleistung der in diesen Vereinbarungen geforderten Interoperabilität zu erfüllen sind, sind technische Anforderungen in der Leistungsbeschreibung wie folgt festzulegen:
1. unter Bezugnahme auf die in Anhang III der Richtlinie 2009/81/EG definierten technischen Anforderungen in folgender Rangfolge, wobei jede dieser Bezugnahmen mit dem Zusatz „oder gleichwertig" zu versehen ist:
   a) zivile Normen, mit denen europäische Normen umgesetzt werden,
   b) europäische technische Zulassungen,
   c) gemeinsame zivile technische Spezifikationen,
   d) zivile Normen, mit denen internationale Normen umgesetzt werden,
   e) andere internationale zivile Normen,
   f) andere technische Bezugssysteme, die von den europäischen Normungsgremien erarbeitet wurden, oder, falls solche Normen und Spezifikationen fehlen, andere nationale zivile Normen, nationale technische Zulassungen oder nationale technische Spezifikationen für die Planung und Berechnung und Ausführungen von Erzeugnissen sowie den Einsatz von Produkten,
   g) zivile technische Spezifikationen, die von der Industrie entwickelt wurden und von ihr allgemein anerkannt werden, oder
   h) wehrtechnische Normen im Sinne des Anhangs III Nummer 3 der Richtlinie 2009/81/EG und Spezifikationen für Verteidigungsgüter, die diesen Normen entsprechen,
2. oder in Form von Leistungs- oder Funktionsanforderungen, die auch Umwelteigenschaften umfassen können. Diese Anforderungen müssen so klar formuliert werden, dass sie den Bewerbern und Bietern den Auftragsgegenstand eindeutig und abschließend erläutern und den Auftraggebern die Erteilung des Zuschlags ermöglichen,
3. oder als Kombination der Nummern 1 und 2,
   a) entweder in Form von Leistungs- oder Funktionsanforderungen gemäß Nummer 2 unter Bezugnahme auf die in Anhang III der Richtlinie 2009/81/EG definierten technischen Anforderungen gemäß Nummer 1 als Mittel zur Vermutung der Konformität mit diesen Leistungs- und Funktionsanforderungen oder
   b) hinsichtlich bestimmter Merkmale unter Bezugnahme auf die in Anhang III der Richtlinie 2009/81/EG definierten technischen Anforderungen gemäß Nummer 1 und hinsichtlich anderer Merkmale unter Bezugnahme auf die Leistungs- und Funktionsanforderungen gemäß Nummer 2.

(4) ¹Verweisen die Auftraggeber auf die in Absatz 3 Nummer 1 genannten technischen Anforderungen, dürfen sie ein Angebot nicht mit der Begründung ablehnen, die angebotenen Güter und Dienstleistungen entsprächen

nicht den von ihnen herangezogenen Anforderungen, sofern die Unternehmen in ihrem Angebot den Auftraggebern mit geeigneten Mitteln nachweisen, dass die von ihnen vorgeschlagenen Lösungen den technischen Anforderungen, auf die Bezug genommen wurde, gleichermaßen entsprechen. ²Als geeignetes Mittel gelten insbesondere eine technische Beschreibung des Herstellers oder ein Prüfbericht einer anerkannten Stelle.

(5) ¹Legt der Auftraggeber die technischen Anforderungen nach Absatz 3 Nummer 2 in Form von Leistungs- oder Funktionsanforderungen fest, so darf er ein Angebot, das einer Norm, mit der eine europäische Norm umgesetzt wird, oder einer europäischen technischen Zulassung, einer gemeinsamen technischen Spezifikation, einer internationalen Norm oder einem technischen Bezugssystem, das von den europäischen Normungsgremien erarbeitet wurde, entspricht, nicht zurückweisen, wenn diese Spezifikationen die von ihm geforderten Leistungs- oder Funktionsanforderungen betreffen. ²Die Bieter müssen in ihren Angeboten dem Auftraggeber mit allen geeigneten Mitteln nachweisen, dass die der Norm entsprechende jeweilige Ware oder Dienstleistung den Leistungs- oder Funktionsanforderungen des Auftraggebers entspricht. ³Als geeignetes Mittel kann eine technische Beschreibung des Herstellers oder ein Prüfbericht einer anerkannten Stelle gelten.

(6) ¹Schreiben die Auftraggeber Umwelteigenschaften in Form von Leistungs- oder Funktionsanforderungen gemäß Absatz 3 Nummer 2 vor, so können sie ganz oder teilweise die Spezifikationen verwenden, die in europäischen, multinationalen, nationalen oder anderen Umweltzeichen definiert sind, wenn
1. diese sich zur Definition der Merkmale der Güter oder Dienstleistungen eignen, die Gegenstand des Auftrags sind,
2. die Anforderungen an das Umweltzeichen auf der Grundlage von wissenschaftlich abgesicherten Informationen ausgearbeitet werden,
3. die Umweltzeichen im Rahmen eines Verfahrens erlassen werden, an dem interessierte Kreise teilnehmen können und
4. das Umweltzeichen für alle Betroffenen zugänglich und verfügbar ist.
²Die Auftraggeber können in der Leistungsbeschreibung angeben, dass bei Gütern oder Dienstleistungen, die mit einem Umweltzeichen ausgestattet sind, vermutet wird, dass diese den in der Leistungsbeschreibung festgelegten technischen Anforderungen genügen. ³Die Auftraggeber müssen jedes andere geeignete Beweismittel wie technische Unterlagen des Herstellers oder Prüfberichte anerkannter Stellen zulassen.

(7) ¹Anerkannte Stellen sind die Prüf- und Kalibrierlaboratorien sowie die Inspektions- und Zertifizierungsstellen, die den Anforderungen der jeweils anwendbaren europäischen Normen entsprechen. ²Die Auftraggeber erkennen Bescheinigungen von in anderen Mitgliedstaaten ansässigen anerkannten Stellen an.

(8) ¹Soweit es nicht durch den Auftragsgegenstand gerechtfertigt ist, darf in der Leistungsbeschreibung nicht auf eine bestimmte Produktion oder Herkunft oder ein besonderes Verfahren oder auf Marken, Patente, Typen, einen bestimmten Ursprung oder eine bestimmte Produktion verwiesen werden, wenn dadurch bestimmte Unternehmen oder bestimmte Güter begünstigt oder ausgeschlossen werden. ²Solche Verweise sind jedoch ausnahmsweise zulässig, wenn der Auftragsgegenstand nach den Absätzen 2 und 3 nicht eindeutig und vollständig beschrieben werden kann; solche Verweise sind mit dem Zusatz „oder gleichwertig" zu versehen.

Leistungsbeschreibung und technische Anforderungen § 15 VSVgV

Literatur: Hindelang/Eisentraut, Rüstungsbeschaffung zwischen Bestimmungsfreiheit des Auftraggebers und Sicherstellung von Wettbewerb, EuZW 2019, 149. Vgl. auch die Angaben bei § 121 GWB und §§ 31, 32, 34 VgV.

§ 15 VSVgV setzt Art. 18 RL 2009/81/EG in nationales Recht um. Die Vorschrift übernimmt vollständig die Grundsatzvorschrift der RL für die Leistungsbeschreibung.[1] Die Norm entspricht inhaltlich dem § 121 GWB und den §§ 31–34 VgV, auf deren Kommentierung ergänzend verwiesen werden kann. 1

Abs. 1 schreibt dem Auftraggeber vor, die Leistungsbeschreibung für alle Bewerber und Bieter gleichermaßen zugänglich zu machen und so die Öffnung des Binnenmarktes für den Wettbewerb sicher zu stellen. Die Vorschrift setzt damit die in Art. 18 Abs. 2 RL 2009/81/EG vorgeschriebenen Anforderungen an die Leistungsbeschreibung um und entspricht der Regelung in Art. 42 Abs. 2 RL 2014/24/EU, sodass auf die Kommentierung zu § 31 Abs. 1 VgV verwiesen werden kann (dazu→ VgV § 31 Rn. 12). 2

Die Leistung ist gem. **Abs. 2** eindeutig und vollständig zu beschreiben, sodass die Vergleichbarkeit der Angebote gewährleistet ist.[2] § 15 Abs. 2 S. 2 VSVgV entspricht der Regelung in Art. 18 Abs. 1 RL 2009/81/EG. In Anhang III der RL werden die technischen Spezifikationen bei Liefer- und Dienstleistungen definiert. 3

Abs. 3 differenziert in Abweichung vom weitgehend inhaltsgleichen § 31 Abs. 2 S. 1 VgV (dazu→ VgV § 31 Rn. 13 ff.) zwischen zivilen technischen Anforderungen und wehrtechnischen Anforderungen. Anhang III Nr. 3 RL 2009/81/EG definiert „Verteidigungsnormen" als „technische Spezifikation, die von einem Normungsgremium, das auf die Ausarbeitung technischer Spezifikationen für die wiederholte oder kontinuierliche Anwendung im Verteidigungsbereich spezialisiert ist, gebilligt wurde und deren Einhaltung nicht zwingend vorgeschrieben ist".[3] Hierunter fallen zB die NATO Standardization Agreements (STANAG).[4] 4

Abs. 4 entspricht dem § 32 Abs. 1 VgV, sodass auf die entspr. Kommentierung verwiesen werden kann (dazu→ VgV § 32 Rn. 2). Abs. 4 S. 2 legt darüber hinaus fest, dass als geeignete Mittel insbes. eine technische Beschreibung des Herstellers oder ein Prüfbericht einer anerkannten Stelle gelten. Zweck der Vorschrift ist es zum einen, den Bietern zu ermöglichen, die Gleichwertigkeit ihrer Lösung mit allen ihnen zur Verfügung stehenden Nachweisen zu beweisen, zum anderen soll so auch die Interoperabilität der Streitkräfte gem. der bestehenden internationalen Normungsübereinkommen gewährleistet werden.[5] 5

Abs. 5 entspricht inhaltlich dem § 32 Abs. 2 VgV, auf dessen Kommentierung verwiesen werden kann (dazu→ VgV § 32 Rn. 3). 6

Die Regelung des **Abs. 6** implementiert die Vorgaben des Art. 18 Abs. 6 RL 2009/81/EG und war inhaltsgleich mit § 8 EG Abs. 5 S. 1 VOL/A. Anders als die Nachfolgeregelung des § 34 VgV (dazu → VgV § 34 Rn. 1 ff.)., der die Verwendung allg. Gütezeichen regelt, bezieht sich § 15 Abs. 6 VSVgV lediglich auf die Verwendung von Umweltzeichen. 7

---

[1] BR-Drs. 321/12, 50 f. zu § 15 VSVgV.
[2] Verstöße gegen § 15 Abs. 2 S. 1 VSVgV stellten fest: OLG Düsseldorf 13.11.2013 – VII-Verg 19/13, BeckRS 2014, 1931; VK Bund 21.8.2013 – VK 1–67/13, IBRRS 2013, 4490; VK Berlin 21.8.2013 – VK 1–67/13, BeckRS 2013, 21374; kein Verstoß: VK Bund 17.8.2016 – VK 1–54/16, IBRRS 2017, 0534. Zur Produktneutralität gem. § 15 Abs. 8 S. 1 VSVgV: OLG Düsseldorf 31.5.2017 – VII-Verg 36/16, NZBau 2017, 623; dazu: Hindelang/Eisentraut EuZW 2019, 149 (151).
[3] Vgl. MüKoEuWettbR/Lewandowski VSVgV § 15 Rn. 8.
[4] https://www.nato.int/cps/en/natohq/topics_69269.htm.
[5] Erwgr. 38 RL 2009/81/EG.

8 Abs. **7** setzt die Regelung des Art. 18 Abs. 7 RL 2009/81/EG um und definiert, wer als **anerkannte Stellen** anzusehen ist. Nach S. 2 müssen die Auftraggeber auch Bescheinigungen von in anderen Mitgliedstaaten ansässigen anerkannten Stellen als geeignetes Beweismittel zulassen. Diese Regelung bereitet in der Praxis Probleme, da keine amtliche Liste mit den in S. 2 genannten anerkannten Stellen in anderen Mitgliedstaaten existiert.[6]

9 Abs. **8** stellt klar, dass auch für die Vergabeverfahren der VSVgV das Gebot der **produkt-, hersteller- und verfahrensneutralen Ausschreibung** gilt.[7] Eine Ausnahme soll nur dann gelten, wenn der Auftragsgegenstand nach den Abs. 2 und 3 nicht eindeutig und vollständig beschrieben werden kann. Die Vorschrift ist diesbzgl. inhaltsgleich mit der Regelung des § 31 Abs. 6 S. 2 VgV (dazu → VgV § 31 Rn. 49 ff.). § 15 Abs. 8 S. 1 Hs. 1 VSVgV enthält ebenfalls den in der Praxis relevanteren Ausnahmetatbestand des § 31 Abs. 6 S. 1 VgV, wonach eine Vorgabe durch den Auftragsgegenstand gerechtfertigt sein muss. Auch wenn sich der Wortlaut leicht unterscheidet, ist der Normzweck derselbe, sodass auf die entspr. Kommentierung des § 31 VgV verwiesen werden kann (→ VgV § 31 Rn. 49a).

§ 16 Vergabeunterlagen

(1) ¹**Die Vergabeunterlagen umfassen alle Angaben, die erforderlich sind, um eine Entscheidung zur Teilnahme am Vergabeverfahren oder zur Angebotsabgabe zu ermöglichen.** ²**Sie bestehen in der Regel aus**
1. **dem Anschreiben (Aufforderung zur Teilnahme oder Angebotsabgabe oder Begleitschreiben für die Abgabe der angeforderten Unterlagen),**
2. **der Beschreibung der Einzelheiten der Durchführung des Verfahrens (Bewerbungsbedingungen), einschließlich der Angabe der Zuschlagskriterien und deren Gewichtung oder der absteigenden Reihenfolge der diesen Kriterien zuerkannten Bedeutung, sofern nicht in der Bekanntmachung bereits genannt,**
3. **den Vertragsunterlagen, die aus Leistungsbeschreibung und Vertragsbedingungen bestehen, und**
4. **Name und Anschrift der Vergabekammer, die für die Nachprüfung zuständig ist.**

(2) **Sofern die Auftraggeber Nachweise verlangen, haben sie diese in einer abschließenden Liste zusammenzustellen.**

Literatur: Vgl. die Angaben bei § 29 VgV.

1 § 16 VSVgV setzt Art. 34 Abs. 5 lit. e, 47 Abs. 2 RL 2009/81/EG in nationales Recht um. Abs. 1 stimmt iW mit der Regelung des § 29 VgV überein. Dazu → VgV § 29 Rn. 1.

2 Im Vergleich zu jener Parallelvorschrift verlangt **Abs. 1** zusätzlich, Namen und Anschrift der Vergabekammer, die für die Nachprüfung zuständig ist, in die Vergabeunterlagen aufzunehmen. Weiterführende Erläuterungen zu den Vergabeunterlagen werden durch Antworten des Auftraggebers zu Bieterfragen geschaffen und gelten daher als Teil der Vergabeunterlagen.[1]

3 Abs. **2** übernimmt die Regelung des § 9 EG Abs. 4 VOL/A aF bzw. § 8 Abs. 3 VOL/A, zu der es in der VgV bzw. UVgO keine Entsprechung mehr gibt, und ordnet an, eine **abschließende Liste** anzufertigen, die alle von dem Auftraggeber

---

[6] Leinemann/Kirch/Leinemann VSVgV § 15 Rn. 95.
[7] MüKoEuWettbR/Lewandowski VSVgV § 15 Rn. 14.
[1] VK Bund 1.7.2013 – VK 1–45/13, VPRRS 2013, 1278; 8.4.2015 – VK 2–21/15, IBRRS 2015, 0987; 13.1.2012 – VK 3–173/11, BeckRS 2012, 212815.

verlangten „Nachweise" enthält. Bei diesen „Nachweisen" kann es sich um Eignungs- oder um sonstige Nachweise handeln, die der Auftraggeber in der Bekanntmachung verlangt und/oder die aus den übrigen Vergabeunterlagen hervorgehen.[2] Die abschließende Liste soll den Bietern ermöglichen, auf einen Blick zu erkennen, welche Nachweise sie ihren Angeboten beizufügen haben. Sie dient damit gewissermaßen als „Checkliste" bzw. als zum „Abhaken" verwendbare, verlässliche gesonderte Aufstellung der vorzulegenden Nachweise.[3] Dem Auftraggeber wird hiermit vor Augen geführt, dass er die von ihm verlangten Nachweise bereits **zu Beginn des Verfahrens** festlegen und unmissverständlich fordern muss. Zudem dient die Liste der Dokumentation. Stellt der Auftraggeber die Liste nicht auf oder gibt er sie den Bietern nicht bekannt, gelten die verlangten Nachweise **nicht als wirksam gefordert.** Der Auftraggeber kann ein Angebot, das Nachweise nicht enthält, daher selbst dann nicht ausschließen, wenn die Nachweise in der Auftragsbekanntmachung und in den Vergabeunterlagen gefordert waren.[4]

Die rechtlichen Konsequenzen eines Verstoßes gegen § 16 Abs. 2 VSVgV sind noch nicht abschließend geklärt. Überwiegend wird vertreten, dass ein Ausschluss nicht in Betracht kommt, wenn nicht alle geforderten Nachweise in der Liste aufgeführt worden sind. So führte das OLG Düsseldorf auch aus, dass die Forderung nach einer abschließenden Liste der vorzulegenden Eignungsnachweise, jedenfalls für den Fall, dass der Auftraggeber den Bewerbern zusätzlich zu den bereits bekannt gemachten Anforderungen an die Eignung weitere Teilnahmeunterlagen für ihre Bewerbung zur Verfügung stellt, keine für die Vergabestelle außergewöhnliche Anforderung darstelle.[5] Da eine abschließende Liste gefordert ist, sollen auch Ergänzungen während des Vergabeverfahrens unzulässig sein.[6] Sofern es sich um leistungsbezogene Unterlagen handelt, erscheint es nicht zwingend, die Liste zB bei festgestellter Unvollständigkeit zu erweitern, ggf. verbunden mit einer Verlängerung der Angebotsfrist. 4

Fehlt die Liste vollständig, führt das zwar nicht zur Unwirksamkeit der Forderung, aber dazu, dass das Ermessen des Auftraggebers, entspr. Unterlagen nachzufordern, auf null reduziert ist.[7] Angebote dürfen wegen des Fehlens solcher Nachweise also erst ausgeschlossen werden, nachdem den Bietern Gelegenheit gegeben wurde, die Nachweise nachzureichen. 5

§ 17 Vorinformation

(1) Auftraggeber können durch Vorinformation, die von der Europäischen Kommission oder von ihnen selbst in ihrem Beschafferprofil veröffentlicht wird, den geschätzten Gesamtwert der Aufträge oder der Rahmenvereinbarungen mitteilen, die sie in den kommenden zwölf Monaten zu vergeben oder abzuschließen beabsichtigen.
1. Lieferaufträge sind nach Warengruppen unter Bezugnahme auf das Gemeinsame Vokabular für öffentliche Aufträge gemäß der Verordnung (EG) Nr. 213/2008 der Europäischen Kommission vom 28. November 2007 zur Änderung der Verordnung (EG) Nr. 2195/2002 des Europäischen Parlaments und des Rates über das Gemeinsame Vokabular für

---

[2] OLG Düsseldorf 26.3.2012 – VII-Verg 4/12, BeckRS 2012, 11206.
[3] OLG Düsseldorf 28.11.2012 – VII-Verg 8/12, BeckRS 2013, 2326; 26.3.2012 – VII-Verg 4/12, BeckRS 2013, 2326; VK Bund 20.12.2012 – VK 1–130/12, BeckRS 2013, 1201.
[4] OLG Düsseldorf 20.12.2012 – VK 1–130/12, BeckRS 2012, 11206; 3.8.2011 – Verg 30/11, IBR 2011, 715.
[5] VK Bund 3.6.2013 – VK 2–31/13, BeckRS 2014, 8133.
[6] Dippel/Sterner/Zeiss/Prell VSVgV § 16 Rn. 46.
[7] VK Bund 17.3.2014 – VK 1–12/14, IBRRS 2014, 2166 mwN.

öffentliche Aufträge (CPV) und der Vergaberichtlinien des Europäischen Parlaments und des Rates 2004/17/EG und 2004/18/EG im Hinblick auf die Überarbeitung des Vokabulars (ABl. L 74 vom 15.3.2008, S. 1) in der jeweils geltenden Fassung,
2. Dienstleistungsaufträge sind nach den in Anhang I der Richtlinie 2009/81/EG genannten Kategorien
aufzuschlüsseln.

(2) [1]Die Mitteilungen nach Absatz 1 werden unverzüglich nach der Entscheidung über die Genehmigung des Projekts, für das die Auftraggeber beabsichtigen, Aufträge zu erteilen oder Rahmenvereinbarungen abzuschließen, an die Europäische Kommission übermittelt oder im Beschafferprofil veröffentlicht. [2]Die Bekanntmachung der Vorinformation wird nach den Vorgaben der Spalte 6 der Tabelle 2 des Anhangs der Durchführungsverordnung (EU) 2019/1780 in Verbindung mit § 2 Absatz 3 in der jeweils geltenden Fassung erstellt. [3]Veröffentlicht ein Auftraggeber eine Vorinformation in seinem Beschafferprofil, so meldet er dies dem Amt für Veröffentlichungen der Europäischen Union über den Datenservice Öffentlicher Einkauf unter Verwendung der Vorgaben von Spalte 3 der Tabelle 2 des Anhangs der Durchführungsverordnung (EU) 2019/1780 in Verbindung mit § 2 Absatz 3. [4]Die Vorinformationen dürfen nicht in einem Beschafferprofil veröffentlicht werden, bevor die Ankündigung dieser Veröffentlichung an die Europäische Kommission abgesendet wurde. [5]Das Datum der Absendung muss im Beschafferprofil angegeben werden.

(3) Auftraggeber sind zur Veröffentlichung verpflichtet, wenn sie beabsichtigen, von der Möglichkeit einer Verkürzung der Fristen für den Eingang der Angebote gemäß § 20 Absatz 3 Satz 3 und 4 Gebrauch zu machen.

(4) **Die Absätze 1, 2 und 3 gelten nicht für das Verhandlungsverfahren ohne Teilnahmewettbewerb.**

1 § 17 VSVgV setzt Art. 30 Abs. 1 RL 2009/81/EG in nationales Recht um. Die Vorschrift entspricht in Grundzügen dem § 38 VgV. Abweichend davon ist die Veröffentlichung der Vorinformation nach § 17 VSVgV an den Beginn des Haushaltsjahres geknüpft, während sie nach § 38 VgV auch unterjährig erfolgen kann. Die in § 38 VgV eröffnete Möglichkeit, auf eine Auftragsbekanntmachung zu verzichten, wenn die Vorinformation die in § 38 Abs. 4 VgV geforderten Voraussetzungen erfüllt (sog. Interessensbekundungsverfahren, dazu → VgV § 38 Rn. 11 ff.) und der öffentliche Auftraggeber keine oberste Bundesbehörde ist, sieht die VSVgV nicht vor. Im Gegensatz zur VgV umfasst § 17 Abs. 1 VSVgV ausdr. auch Rahmenvereinbarungen.

2 Eine Vorinformation kann auf Veranlassung des Auftraggebers vom Amt für Veröffentlichungen der EU oder vom Auftraggeber selbst in seinem Beschafferprofil veröffentlicht werden.[1] Für die **Erstellung der Vorinformation** sind mWv 25.10.2023 die Vorgaben der Spalte 6 in Tabelle 2 des Anhangs der Durchführungsverordnung (EU) 2019/1780[2] iVm § 2 Abs. 3 VSVgV anzuwenden. Veröf-

---

[1] BR-Drs. 321/12, 51 zu Abs. 1.
[2] Durchführungsverordnung (EU) 2019/1780 der Kommission v. 23.9.2019 zur Einführung von Standardformularen für die Veröffentlichung von Bekanntmachungen für öffentliche Aufträge und zur Aufhebung der Durchführungsverordnung (EU) 2015/1986 („elektronische Formulare – „eForms"), geändert durch Durchführungsverordnung (EU) 2022/2303 der Kommission v. 4.11.2022 zur Änderung der Durchführungsverordnung (EU) 2019/1780 zur Einführung von Standardformularen für die Veröffentlichung von Bekanntmachungen für öffentliche Aufträge.

fentlicht ein Auftraggeber alternativ eine Vorinformation in seinem **Beschafferprofil**, so meldet er dies dem Amt für Veröffentlichungen der EU über den Datenservice Öffentlicher Einkauf unter Verwendung der Vorgaben von Spalte 3 in Tabelle 2 des Anhangs der Durchführungsverordnung (EU) 2019/1780 iVm § 2 Abs. 3 VSVgV. Wird im Beschafferprofil veröffentlicht, dürfen die Vorinformationen dort nicht veröffentlicht werden, bevor die Ankündigung dieser Veröffentlichung an die Europäische Kommission versandt wurde. Das Datum der Absendung muss im Beschafferprofil angegeben werden (dazu → VgV § 38 Rn. 6).

Die Veröffentlichung einer Vorinformation ist nicht zwingend, es sei denn, der 3 Auftraggeber möchte von der Verkürzung einer Angebotsfrist gem. § 20 Abs. 3 S. 3, 4 VSVgV Gebrauch machen (dazu → VgV § 38 Rn. 8). IÜ wird auf die Kommentierung zu § 38 VgV verwiesen, → VgV § 38 Rn. 1 ff.

§ 18 Bekanntmachung von Vergabeverfahren; Ex-ante-Transparenz

(1) Auftraggeber, die einen Auftrag oder eine Rahmenvereinbarung im Wege eines nicht offenen Verfahrens, eines Verhandlungsverfahrens mit Teilnahmewettbewerb oder eines wettbewerblichen Dialogs zu vergeben beabsichtigen, müssen dies durch eine Bekanntmachung mitteilen.

(2) ¹Die Bekanntmachung muss zumindest die in Anhang IV der Richtlinie 2009/81/EG aufgeführten Informationen enthalten. ²Sie wird nach den Vorgaben der Spalte 18 der Tabelle 2 des Anhangs der Durchführungsverordnung (EU) 2019/1780 in Verbindung mit § 2 Absatz 3 erstellt.

(3) Auftraggeber müssen in der Bekanntmachung insbesondere angeben:
1. bei der Vergabe im nicht offenen Verfahren oder Verhandlungsverfahren mit Teilnahmewettbewerb, welche Eignungsanforderungen gelten und welche Eignungsnachweise vorzulegen sind,
2. gemäß § 9 Absatz 4, ob gemäß § 9 Absatz 1 oder 3 Anforderungen an die Vergabe von Unteraufträgen gestellt werden und welchen Inhalt diese haben,
3. ob beabsichtigt ist, ein Verhandlungsverfahren mit Teilnahmewettbewerb oder einen wettbewerblichen Dialog in verschiedenen Phasen abzuwickeln, um die Zahl der Angebote zu verringern, und
4. Namen und Anschrift der Vergabekammer, die für die Nachprüfung zuständig ist.

(4) ¹Die Bekanntmachung ist unter Beachtung der Muster und Modalitäten für die elektronische Übermittlung von Bekanntmachungen nach Anhang VI Nummer 3 der Richtlinie 2009/81/EG oder auf anderem Wege unverzüglich dem Amt für amtliche Veröffentlichungen der Europäischen Union über den Datenservice Öffentlicher Einkauf zu übermitteln. ²Im beschleunigten Verfahren nach § 20 Absatz 2 Satz 2 und Absatz 3 Satz 2 muss die Bekanntmachung unter Beachtung der Muster und Modalitäten für die elektronische Übermittlung von Bekanntmachungen nach Anhang VI Nummer 3 der Richtlinie 2009/81/EG mittels Telefax oder auf elektronischem Weg übermittelt werden. ³Die Auftraggeber müssen den Tag der Absendung nachweisen können.

(5) ¹Die Bekanntmachung und ihr Inhalt dürfen auf nationaler Ebene oder in einem Beschafferprofil nicht vor dem Tag der Absendung an das Amt für amtliche Veröffentlichungen der Europäischen Union über den Datenservice Öffentlicher Einkauf veröffentlicht werden. ²Die Veröffentlichung auf nationaler Ebene darf keine anderen Angaben enthalten als die Bekanntmachung an das Amt für amtliche Veröffentlichungen der Europäischen Union über den Datenservice Öffentlicher Einkauf oder die Veröf-

fentlichung im Beschafferprofil. ³Auf das Datum der Absendung der europaweiten Bekanntmachung an das Amt für amtliche Veröffentlichungen der Europäischen Union über den Datenservice Öffentlicher Einkauf oder der Veröffentlichung im Beschafferprofil ist in der nationalen Bekanntmachung hinzuweisen.

(6) **Die freiwillige Ex-ante-Transparenzbekanntmachung im Sinne des § 135 Absatz 3 Satz 1 Nummer 2 und Satz 2 des Gesetzes gegen Wettbewerbsbeschränkungen erfolgt nach den Vorgaben der Spalte 27 der Tabelle 2 des Anhangs der Durchführungsverordnung (EU) 2019/1780 in Verbindung mit § 2 Absatz 3.**

1 § 18 VSVgV setzt Art. 30 Abs. 2, Art. 32 RL 2009/81/EG in nationales Recht um. **Abs. 1** schreibt die unionsweite Bekanntmachung von Aufträgen und Rahmenvereinbarungen, die im Wege eines nicht offenen Verfahrens, eines Verhandlungsverfahrens mit Teilnahmewettbewerb oder eines wettbewerblichen Dialogs im Anwendungsbereich der VSVgV vergeben werden, vor. Nennenswerte Abweichungen ggü. § 37 Abs. 1 S. 1 VgV ergeben sich nicht (daher → VgV § 37 Rn. 5).

2 **Abs. 2** normiert den Inhalt und die Form der unionsweiten Auftragsbekanntmachung. Nach S. 1 muss die Auftragsbekanntmachung zumindest die in Anhang IV der RL 2009/81/EG aufgeführten Informationen enthalten. S. 2 gilt mWv 25.10.2023 und schreibt vor, die Auftragsbekanntmachung nach den Vorgaben der Spalte 18 der Tabelle 2 des Anhangs der Durchführungsverordnung (EU) 2019/1780[1] iVm § 2 Abs. 3 VSVgV zu erstellen. Für die Erstellung und Übermittlung von Bekanntmachungen erklärt § 2 Abs. 3 VSVgV die Anforderungen gem. § 10a Abs. 1, 2 S. 1, Abs. 4, 5 S. 1 und 3 VgV über die Vorgaben der Durchführungsverordnung (EU) 2019/1780 und des Datenaustauschstandards eForms einschl. der Regelungen zu verpflichtenden Datenfeldern und der Übermittlung über den Datenservice Öffentlicher Einkauf für entspr. anwendbar (dazu → VgV § 10a Rn. 1 ff.).

3 **Abs. 3** zählt exemplarisch auf, welche Angaben die Bekanntmachung insbes. zu enthalten hat. Danach muss in der Bekanntmachung angegeben werden,
– (i) welche Eignungsanforderungen gelten und welche Eignungsnachweise vorzulegen sind, wenn im nicht offenen Verfahren oder Verhandlungsverfahren mit Teilnahmewettbewerb vergeben wird,
– (ii) gem. § 9 Abs. 4 VSVgV, ob gem. § 9 Abs. 1 oder 3 VSVgV Anforderungen an die Vergabe von Unteraufträgen gestellt werden und welchen Inhalt diese haben[2],
– (iii) ob beabsichtigt ist, ein Verhandlungsverfahren mit Teilnahmewettbewerb (s. § 11 Abs. 3 S. 2 VSVgV) oder einen wettbewerblichen Dialog (s. § 13 Abs. 2 Nr. 3 S. 1 und 2 VSVgV) in verschiedenen Phasen abzuwickeln, um die Zahl der Angebote zu verringern, und
– (iv) der Name und die Anschrift der Vergabekammer, die für die Nachprüfung zuständig ist.
Anders als für Aufträge iRd VgV vorgesehen, fehlt hier eine ausdr. Angabe, ob ein Zuschlag auf das Erstangebot erfolgen kann. Dies wird jedoch auch im

---

[1] Durchführungsverordnung (EU) 2019/1780 der Kommission v. 23.9.2019 zur Einführung von Standardformularen für die Veröffentlichung von Bekanntmachungen für öffentliche Aufträge und zur Aufhebung der Durchführungsverordnung (EU) 2015/1986 („elektronische Formulare – „eForms"), geändert durch Durchführungsverordnung (EU) 2022/2303 der Kommission vom 4.11.2022 zur Änderung der Durchführungsverordnung (EU) 2019/1780 zur Einführung von Standardformularen für die Veröffentlichung von Bekanntmachungen für öffentliche Aufträge (im Folgenden „Durchführungsverordnung (EU) 2019/1780").

[2] Dippel/Sterner/Zeiss/Rechten VSVgV § 18 Rn. 39; HK-VergabeR/Franzius VSVgV § 18 Rn. 2.

Anwendungsbereich der VSVgV als möglich angesehen (→ § 11 Rn. 6).[3] Unter Transparenzgesichtspunkten ist ein Hinweis auf diese beabsichtigte Vorgehensweise in der Bekanntmachung zu empfehlen.

Im Hinblick auf den Inhalt der Bekanntmachung muss bei Dienstleistungsaufträ- 4 gen der ausgeschriebene Auftrag nicht nur mithilfe einer verbalen Beschreibung umschrieben, sondern auch durch Angabe eines CPV-Codes kategorisiert werden. Dabei ist es jedoch nicht erforderlich, dass ein besonderer CPV-Code sowie die im gemeinsamen Vokabular genannten Begriffe verwendet werden. Vielmehr obliegt es den Unternehmen, Bekanntmachungen nach weiteren passenden CPV-Codes sowie in diesem Zusammenhang allg. gebräuchlichen Begriffen zu durchsuchen.[4]

Abs. 4 entspricht iW § 15 Abs. 4 VOL/A-EG aF und regelt die Pflicht des Auf- 5 traggebers, Bekanntmachungen unverzüglich auf elektronischem Wege dem Amt für amtliche Veröffentlichungen der Europäischen Union über den Datenservice Öffentlicher Einkauf zu übermitteln. Danach ist die Bekanntmachung unter Beachtung der Muster und Modalitäten für die elektronische Übermittlung von Bekanntmachungen nach Anhang VI Nr. 3 der RL 2009/81/EG oder auf anderem Wege unverzüglich dem Amt für amtliche Veröffentlichungen der Europäischen Union über den Datenservice Öffentlicher Einkauf zu übermitteln. Im beschleunigten Verfahren nach § 20 Abs. 2 S. 2 und Abs. 3 S. 2 VSVgV muss die Bekanntmachung unter Beachtung der Muster und Modalitäten für die elektronische Übermittlung von Bekanntmachungen nach Anhang VI Nr. 3 der RL 2009/81/EG mittels Telefax oder auf elektronischem Weg übermittelt werden. Die Auftraggeber müssen den Tag der Absendung nachweisen können. Vor dem Hintergrund des Art. 6 der (inzwischen aufgehobenen) Durchführungsverordnung (EU) 2015/1986, der allein die Übermittlung über eNotices und TED-eSenders zulässt, ist jedoch die Übermittlung per Post oder Telefax nicht mehr zulässig.

Abs. 5 entspricht iW § 40 Abs. 3 VgV (dazu → VgV § 40 Rn. 6 ff.), mit der 6 Abweichung, dass im Anwendungsbereich der VSVgV die nationale Bekanntmachung nicht vor dem Tag der Absendung an das Amt für amtliche Veröffentlichungen der Europäischen Union veröffentlicht werden darf, wohingegen im Anwendungsbereich der VgV Bekanntmachungen auf nationaler Ebene erst nach der Veröffentlichung durch das Amt für Veröffentlichungen der Europäischen Union oder 48 Stunden nach der Bestätigung über den Eingang der Bekanntmachung durch das selbige veröffentlicht werden dürfen.

Abs. 6 schreibt mWv 25.10.2023 vor, freiwillige Ex-ante-Transparenzbekannt- 7 machungen iSv § 135 Abs. 3 S. 1 Nr. 2 und S. 2 GWB nach den Vorgaben der Spalte 27 in Tabelle 2 des Anhangs der Durchführungsverordnung (EU) 2019/1780 iVm § 2 Abs. 3 VSVgV zu erstellen.

§ 19 Informationsübermittlung

(1) **Die Auftraggeber geben in der Bekanntmachung oder den Vergabeunterlagen an, ob Informationen auf dem Postweg, mittels Telefax, elektronisch, telefonisch oder durch eine Kombination dieser Kommunikationsmittel zu übermitteln sind.**

(2) **Das gewählte Kommunikationsmittel muss allgemein verfügbar sein und darf den Zugang der Unternehmen zu dem Vergabeverfahren nicht beschränken.**

(3) [1]**Die Auftraggeber haben bei der Mitteilung oder Übermittlung und Speicherung von Informationen die Unversehrtheit der Daten und die Ver-**

---

[3] Dippel/Sterner/Zeiss/Dippel VSVgV § 11 Rn. 18.
[4] VK Bund 5.3.2014 – VK-1-8/14, BeckRS 2014, 14348.

traulichkeit der Angebote und Teilnahmeanträge zu gewährleisten. ²Auftraggeber dürfen vom Inhalt der Angebote und Teilnahmeanträge erst nach Ablauf der Frist für ihre Einreichung Kenntnis nehmen. ³Auf dem Postweg oder direkt zu übermittelnde Angebote sind in einem verschlossenen Umschlag einzureichen, als solche zu kennzeichnen und bis zum Ablauf der Angebotsfrist unter Verschluss zu halten. ⁴Bei elektronisch zu übermittelnden Angeboten ist die Unversehrtheit durch entsprechende organisatorische und technische Lösungen nach den Anforderungen des Auftraggebers und die Vertraulichkeit durch Verschlüsselung sicherzustellen. ⁵Die Verschlüsselung muss bis zum Ablauf der Angebotsfrist aufrechterhalten bleiben.

(4) ¹Bei elektronischen Kommunikationsmitteln müssen die technischen Merkmale allgemein zugänglich, kompatibel mit den allgemein verbreiteten Geräten der Informations- und Kommunikationstechnologie und nicht diskriminierend sein. ²Die Auftraggeber haben dafür Sorge zu tragen, dass den interessierten Unternehmen die Informationen über die Spezifikationen, die für die elektronische Übermittlung der Anträge auf Teilnahme und der Angebote erforderlich sind, einschließlich der Verschlüsselung, zugänglich sind. ³Außerdem muss gewährleistet sein, dass die Vorrichtungen für den elektronischen Eingang der Angebote und Teilnahmeanträge den Anforderungen des Anhangs VIII der Richtlinie 2009/81/EG genügen.

(5) ¹Neben den Hinweisen nach Absatz 1 geben die Auftraggeber in der Bekanntmachung an, in welcher Form Anträge auf Teilnahme am Vergabeverfahren oder Angebote einzureichen sind. ²Insbesondere können sie festlegen, dass die Teilnahmeanträge im Falle der elektronischen Übermittlung zu versehen sind mit
1. einer fortgeschrittenen elektronischen Signatur,
2. einer qualifizierten elektronischen Signatur,
3. einem fortgeschrittenen elektronischen Siegel oder
4. einem qualifizierten elektronischen Siegel.
³Anträge auf Teilnahme am Vergabeverfahren können schriftlich oder telefonisch gestellt werden. ⁴Wird ein solcher Antrag telefonisch gestellt, ist dieser vor Ablauf der Frist für den Eingang der Anträge in Schriftform zu bestätigen. ⁵Die Auftraggeber können verlangen, dass per Telefax gestellte Anträge in Schriftform oder elektronischer Form bestätigt werden, sofern dies für das Vorliegen eines gesetzlich gültigen Nachweises erforderlich ist. ⁶In diesem Fall geben die Auftraggeber in der Bekanntmachung diese Anforderung zusammen mit der Frist für die Übermittlung der Bestätigung an.

Literatur: Vgl. die Angaben bei den §§ 5, 9, 53 VgV.

1 § 19 VSVgV setzt Art. 36 RL 2009/81/EG in nationales Recht um. Die Vorschrift regelt die Informationsübermittlung während des Vergabeverfahrens. Der Verordnungsgeber hat den Übergang in die E-Vergabe nicht in die VSVgV übernommen. Es steht dem Auftraggeber damit frei, eines der in **Abs. 1** aufgeführten Kommunikationsmittel zu verwenden. Möglich ist danach auch die Übermittlung der Informationen auf dem Postweg. Dies stellt eine Besonderheit der VSVgV ggü. der VgV dar, die seit der Pflicht zur E-Vergabe idR keine Informationsübermittlung auf dem Postweg mehr gestattet (→ VgV § 53 Rn. 4 ff., zu den Ausnahmen → VgV § 53 Rn. 8 ff.).

2 **Abs. 2** entspr. § 11 Abs. 1 S. 1 und 2 VgV. Auf dessen Kommentierung → VgV § 11 Rn. 2 ff. wird verwiesen.

3 § 19 **Abs. 3** VSVgV verpflichtet Auftraggeber, die Unversehrtheit der Daten und die Vertraulichkeit der Angebote zu gewährleisten. Vergleichbare Regelungen finden sich in §§ 5, 53 Abs. 5, 54 VgV, auf deren Kommentierungen verwiesen wird,

Fristen für Anträgen auf Teilnahme § 20 VSVgV

→ VgV § 5 Rn. 1 ff., § 53 Rn. 31 ff., § 54 Rn. 2 ff. Von der in der Richtlinie eröffneten Möglichkeit, Systeme freiwilliger Akkreditierungen einzuführen, wurde kein Gebrauch gemacht.[1]

§ 19 **Abs. 4 S. 1** VSVgV entspr. § 11 Abs. 1 S. 1 VgV. **Abs. 4 S. 3** enthält Anforderungen an die Vorrichtungen für den elektronischen Empfang von Angeboten und Teilnahmeanträgen. Die RL 2014/24/EU enthält eine sehr ähnliche Liste von Anforderungen[2], die in § 10 Abs. 1 S. 2 VgV umgesetzt wurde. Auf dessen Kommentierung wird verwiesen, → VgV § 10 Rn. 5 ff.   4

Abs. 5 bestimmt die formalen Anforderungen an Teilnahmeanträge und Angebote. Der öffentliche Auftraggeber ist verpflichtet, in seiner Bekanntmachung auch Angaben über die Formanforderungen zu machen (S. 1). **Abs. 5 S. 2** eröffnet dem Auftraggeber die Möglichkeit festzulegen, Teilnahmeanträge im Falle der elektronischen Übermittlung mit einer elektronischen Signatur oder einem Siegel zu versehen. Eine Ergänzung des Rechtsrahmens für elektronische Signaturen um elektronische Siegel wurde iRd Umsetzung der sog. eIDAS-Verordnung (Verordnung EU Nr. 910/2014) durchgeführt.[3] Diese Signaturen oder Siegel werden „Vertrauensdienste" genannt (dazu ausf. → VgV § 53 Rn. 23 f.).   5

Nach **Abs. 5 S. 3** kann der Auftraggeber auch zulassen, dass Teilnahmeanträge schriftlich oder telefonisch gestellt werden, wobei der Eingang eines telefonischen Antrags schriftlich zu bestätigen ist. Eine schriftliche Bestätigung von Antragstellungen per Telefax kann durch den Auftraggeber gefordert werden, wenn dies für das „Vorliegen eines gesetzlich gültigen Nachweises" erforderlich ist.[4]   6

§ 20 Fristen für den Eingang von Anträgen auf Teilnahme und Eingang der Angebote

(1) **Bei der Festsetzung der Fristen für den Eingang der Angebote und der Anträge auf Teilnahme berücksichtigen die Auftraggeber unbeschadet der nachstehend festgelegten Mindestfristen insbesondere die Komplexität des Auftrags und die Zeit, die für die Ausarbeitung der Angebote erforderlich ist.**

(2) **¹Beim nicht offenen Verfahren, im Verhandlungsverfahren mit Teilnahmewettbewerb und im wettbewerblichen Dialog beträgt die von den Auftraggebern festzusetzende Frist für den Eingang der Anträge auf Teilnahme mindestens 37 Tage ab dem Tag der Absendung der Bekanntmachung. ²In Fällen besonderer Dringlichkeit (beschleunigtes Verfahren) beim nicht offenen Verfahren und Verhandlungsverfahren mit Teilnahmewettbewerb beträgt diese Frist mindestens 15 Tage oder mindestens zehn Tage bei elektronischer Übermittlung¹, jeweils gerechnet vom Tag der Absendung der Bekanntmachung an.**

(3) **¹Die von den Auftraggebern festzusetzende Angebotsfrist beim nicht offenen Verfahren beträgt mindestens 40 Tage, gerechnet vom Tag der Absendung der Aufforderung zur Angebotsabgabe an. ²Im beschleunigten Verfahren beträgt die Frist mindestens zehn Tage, gerechnet vom Tag der Absendung der Aufforderung zur Angebotsabgabe an. ³Haben die Auftraggeber**

---

[1] BR-Drs. 321/12, 54, zu Abs. 5.
[2] MüKoEuWettbR/Lewandowski VSVgV § 19 Rn. 11.
[3] Dippel/Sterner/Zeiss/Albrecht VSVgV § 19 Rn. 54.
[4] Dippel/Sterner/Zeiss/Albrecht VSVgV § 19 Rn. 66.
¹ **Amtl. Anm.:** Das Muster und die Modalitäten für die elektronische Übermittlung der Bekanntmachungen sind unter der Internetadresse http://simap.europa.eu abrufbar, vergleiche Anhang VI Nummer 3 der Richtlinie 2009/81/EG.

eine Vorinformation gemäß § 17 veröffentlicht, können sie die Frist für den Eingang der Angebote in der Regel auf 36 Tage ab dem Tag der Absendung der Aufforderung zur Angebotsabgabe, jedoch keinesfalls weniger als 22 Tage festsetzen. [4]Diese verkürzte Frist ist zulässig, sofern die Vorinformation alle die für die Bekanntmachung nach Anhang IV der Richtlinie 2009/81/EG geforderten Informationen – soweit diese zum Zeitpunkt der Veröffentlichung der Bekanntmachung vorlagen – enthielt und die Vorinformation spätestens 52 Tage und frühestens zwölf Monate vor dem Tag der Absendung der Bekanntmachung zur Veröffentlichung übermittelt wurde.

(4) [1]Bei elektronisch erstellten und übermittelten Bekanntmachungen können die Auftraggeber die Frist nach Absatz 2 Satz 1 um sieben Tage verkürzen. [2]Die Auftraggeber können die Frist für den Eingang der Angebote nach Absatz 3 Satz 1 um weitere fünf Tage verkürzen, wenn sie ab der Veröffentlichung der Bekanntmachung die Vergabeunterlagen und unterstützende Unterlagen entsprechend der Angaben in Anhang VI der Richtlinie 2009/81/EG elektronisch frei, direkt und vollständig verfügbar machen; in der Bekanntmachung ist die Internetadresse anzugeben, unter der diese Unterlagen abrufbar sind. [3]Diese Verkürzung nach Satz 2 kann mit der in Satz 1 genannten Verkürzung verbunden werden.

(5) Die Auftraggeber müssen rechtzeitig angeforderte zusätzliche Informationen über die Vergabeunterlagen, die Beschreibung oder die unterstützenden Unterlagen im Falle des nicht offenen Verfahrens spätestens sechs Tage oder im Falle des beschleunigten Verhandlungsverfahrens spätestens vier Tage vor Ablauf der für die Einreichung von Angeboten festgelegten Frist übermitteln.

(6) Können die Angebote nur nach einer Ortsbesichtigung oder Einsichtnahme in nicht übersandte Vergabeunterlagen erstellt werden oder konnten die Fristen nach Absatz 5 nicht eingehalten werden, so sind die Angebotsfristen entsprechend zu verlängern, und zwar so, dass alle betroffenen Unternehmen von allen Informationen, die für die Erstellung des Angebots notwendig sind, Kenntnis nehmen können.

(7) [1]Bis zum Ablauf der Angebotsfrist können Bieter ihre Angebote zurückziehen. [2]Dabei sind die für die Einreichung der Angebote maßgeblichen Formerfordernisse zu beachten.

I. Bedeutung der Vorschrift

1 § 20 VSVgV setzt Art. 33 RL 2009/81/EG in nationales Recht um. Die Vorschrift orientiert sich teilw. an § 12 VOL/A-EG aF. Eine vergleichbare allg. Fristenregelung findet sich so nicht mehr in der VgV, da die Mindestfristen bzw. Fristen für Fälle besonderer Dringlichkeit bei den jeweiligen Verfahren geregelt sind, vgl. §§ 15 ff. VgV. Auch die Länge der Fristen ist nicht mit den Fristen der VgV vergleichbar, da die VSVgV auf der älteren RL 2009/81/EG beruht und die elektronische Kommunikation folglich anders als im Bereich der klassischen Vergabe noch nicht den Regelfall darstellt.

II. Angemessenheit und Mindestfrist (Abs. 1)

2 § 20 Abs. 1 VSVgV stellt klar, dass es sich bei den nachfolgend genannten Fristen um **Mindestfristen** handelt. Bei der Festlegung der Fristen im jew. Einzelfall hat der Auftraggeber die Komplexität und die Zeit, die für die Ausarbeitung der Angebote

erforderlich ist, zu berücksichtigen. Eine solche Frist muss demnach **angemessen** (hierzu → VgV § 20 Rn. 8) sein. Im jew. Einzelfall können also auch bedeutend längere als die angegebenen Mindestfristen zur Angebotsausarbeitung angemessen sein.[2]

III. Bewerbungsfrist (Abs. 2, 4)

Die Bewerbungsfristen beim nicht offenen Verfahren, Verhandlungsverfahren mit Teilnahmewettbewerb sowie beim wettbewerblichen Dialog betragen jew. mind. 37 Tage. Bei elektronischer Absendung der Bekanntmachung (Auftragsbekanntmachungen können nur und ausschl. elektronisch versandt werden, eine andere Form der Übermittlung an das Amt für Veröffentlichungen der Europäischen Union über den Datenservice Öffentlicher Einkauf ist ausgeschlossen), kann die Frist von 37 Tagen um sieben Tage verkürzt werden (Abs. 4 S. 1). Dies dient der Anpassung an die durch die Digitalisierung von Vergabeverfahren verkürzten Übermittlungszeiten.[3] Bei besonderer Dringlichkeit kann die Bewerbungsfrist auf mind. 15 Tage bzw. 10 Tage bei elektronischer Übermittlung herabgesetzt werden (s. dazu ausf. die Fristübersichten → VOB/A § 10b VS Rn. 3, → VOB/A § 10c VS Rn. 3 und → VOB/A § 10d VS Rn. 1). Die Teilnahmefristen unterscheiden sich damit signifikant von dem Fristenregime der VgV: Die VgV sieht für die genannten Verfahren jew. eine Teilnahmefrist von mind. 30 Tagen vor. 3

IV. Angebotsfrist im nicht offenen Verfahren (Abs. 3, 4)

Die Angebotsfrist beim **nicht offenen Verfahren** beträgt im Ausgangspunkt mindestens 40 Tage (Abs. 3 S. 1). Sie wird vom Tag der Absendung der Aufforderung zur Angebotsabgabe an gerechnet. Im sog. beschleunigten Verfahren beträgt die Frist mindestens zehn Tage, gerechnet vom Tag der Absendung der Aufforderung zur Angebotsabgabe an. Auftraggeber können die Angebotsfrist idR auf 36 Tage ab dem Tag der Absendung der Aufforderung zur Angebotsabgabe, jedoch keinesfalls weniger als auf 22 Tage festsetzen, wenn sie eine **Vorinformation gem. § 17 VSVgV** veröffentlicht haben. In diesem Fall muss die Vorinformation – *erstens* – alle die für die Bekanntmachung nach Anhang IV der RL 2009/81/EG geforderten Informationen – soweit diese zum Zeitpunkt der Veröffentlichung der Bekanntmachung vorlagen – enthalten. *Zweitens* muss die Vorinformation spätestens 52 Tage und frühestens zwölf Monate vor dem Tag der Absendung der Bekanntmachung zur Veröffentlichung übermittelt werden. Auch die aufgrund einer Vorinformation verkürzten Fristen müssen iSv Abs. 1 angemessen sein. Zur Vorinformation als Mittel zur **Verkürzung der Angebotsfrist** → VgV § 38 Rn. 8 ff. 4

Die Angebotsfrist nach Abs. 3 S. 1 (40 Tage) kann um weitere fünf Tage auf 35 Tage verkürzt werden, wenn der Auftraggeber ab der Veröffentlichung der Bekanntmachung die Vergabeunterlagen und unterstützende Unterlagen entspr. den Angaben in Anhang VI der RL 2009/81/EG elektronisch frei, direkt und vollständig verfügbar macht; in der Bekanntmachung ist die Internetadresse anzugeben, unter der diese Unterlagen abrufbar sind (§ 20 Abs. 4 S. 2 VSVgV). 5

V. Übersendung von Informationen (Abs. 5)

Die Frist zur Übersendung zusätzlicher Informationen an die Bieter im laufenden Vergabeverfahren beträgt im Falle des nicht offenen Verfahrens spätestens sechs Tage 6

---

[2] Leinemann/Kirch/Kirch VS-VgV § 20 Rn. 2.
[3] Beck VergabeR/Friton/Wolters VS-VgV § 20 Rn. 15.

und im Falle des beschleunigten Verhandlungsverfahrens spätestens vier Tage vor Ablauf der für die Einsendung von Angeboten festgelegten Frist. Eine weitere Verkürzung dieser Fristen ist nicht vorgesehen und damit auch nicht zulässig. Voraussetzung für die zusätzliche Übersendung von Informationen ist, dass der Bieter diese rechtzeitig abgefordert haben muss (dazu → VgV § 20 Rn. 15). Aufgrund des Gleichbehandlungsgrundsatzes sind die zusätzlichen Informationen an alle Bieter zu übersenden, nicht nur an den anfragenden Wirtschaftsteilnehmer (dazu → VgV § 20 Rn. 14).[4] Die Regelung ähnelt § 20 Abs. 3 Nr. 1 VgV, iE → VgV § 20 Rn. 12.

VI. Fristverlängerung (Abs. 6)

7   Nach Abs. 6 Var. 1 ist die Angebotsfrist zu verlängern, wenn Angebote nur nach einer Ortsbesichtigung oder Einsichtnahme in nicht übersandte Vergabeunterlagen erstellt werden können (dazu → VgV § 20 Rn. 10 f.). Nach Var. 2 ist eine Fristverlängerung zu gewähren, wenn die Fristen nach Abs. 5 nicht eingehalten werden können (hierzu → VgV § 20 Rn. 12 ff.). In beiden Fällen ist die Fristverlängerung so auszugestalten, dass alle betroffenen Unternehmen von allen Informationen, die für die Erstellung des Angebots wichtig sind, Kenntnis nehmen können. Der Umfang der jew. Fristverlängerung ist daher stark einzelfallabhängig (iE → VgV § 20 Rn. 21 ff.).

VII. Zurückziehen von Angeboten (Abs. 7)

8   Nach Abs. 7 können die Bieter ihre Angebote bis zum Ablauf der Angebotsfrist zurückziehen. Die Übersendung eines neuen Angebots innerhalb der Frist ohne weitere Angaben bzgl. des alten Angebots kann regelmäßig als konkludente Rücknahme des vorherigen Angebots gesehen werden.[5] Im Gegensatz zu § 10b VS Abs. 7 VOB/A, der das Zurückziehen der Angebote in Textform ermöglicht, verlangt § 20 Abs. 7 VSVgV die Einhaltung der in § 19 Abs. 1 VSVgV (→ § 19 Rn. 1) vorgesehenen Formen.

§ 21 Eignung und Auswahl der Bewerber

(1) **Aufträge werden unter Wahrung der Eignungsanforderungen des § 122 Absatz 1 des Gesetzes gegen Wettbewerbsbeschränkungen vergeben.**

(2) [1]**Auftraggeber können Mindestanforderungen an die Eignung stellen, denen die Bewerber genügen müssen.** [2]**Diese Mindestanforderungen müssen mit dem Auftragsgegenstand im sachlichen Zusammenhang stehen und durch ihn gerechtfertigt sein.** [3]**Die Mindestanforderungen werden in der Bekanntmachung oder den Vergabeunterlagen angegeben.**

(3) [1]**Im nicht offenen Verfahren, Verhandlungsverfahren mit Teilnahmewettbewerb und im wettbewerblichen Dialog dürfen Auftraggeber die Zahl der geeigneten Bewerber begrenzen, die zur Abgabe eines Angebots aufgefordert werden.** [2]**Dazu geben die Auftraggeber in der Bekanntmachung die von ihnen vorgesehenen objektiven und nicht diskriminierenden Anforderungen sowie die vorgesehene Mindestzahl und gegebenenfalls auch die Höchstzahl an Bewerbern an.** [3]**Die Mindestzahl der Bewerber darf nicht niedriger als drei sein.**

---

[4] Dippel/Sterner/Zeiss/Contag VSVgV § 20 Rn. 89.
[5] BGH 29.11.2016 – X ZR 122/14, NZBau 2017, 176; Dippel/Sterner/Zeiss/Contag VSVgV § 20 Rn. 101.

§ 21 VSVgV

1. Sofern geeignete Bewerber in ausreichender Zahl zur Verfügung stehen, wird das Verfahren mit der Anzahl von Bewerbern fortgeführt, die der festgelegten Mindestzahl an Bewerbern entspricht.
2. ¹Sofern die Zahl geeigneter Bewerber unter der Mindestanzahl liegt, kann der Auftraggeber das Verfahren fortführen. ²Ist der Auftraggeber der Auffassung, dass die Zahl der geeigneten Bewerber zu gering ist, um einen echten Wettbewerb zu gewährleisten, so kann er das Verfahren aussetzen und die erste Bekanntmachung gemäß § 18 zur Festsetzung einer neuen Frist für die Einreichung von Anträgen auf Teilnahme erneut veröffentlichen. ³In diesem Fall wird das Verfahren mit den nach der ersten sowie mit den nach der zweiten Bekanntmachung ausgewählten Bewerbern gemäß § 29 fortgeführt. ⁴Die Möglichkeit, das laufende Vergabeverfahren einzustellen und ein neues Verfahren einzuleiten, bleibt unberührt.

(4) ¹Bewerber oder Bieter, die gemäß den Rechtsvorschriften des EU-Mitgliedstaats, in dem sie ihre Niederlassung haben, zur Erbringung der betreffenden Leistung berechtigt sind, dürfen nicht allein deshalb zurückgewiesen werden, weil sie gemäß den einschlägigen deutschen Rechtsvorschriften eine natürliche oder juristische Person sein müssten. ²Im Falle zusätzlicher Dienstleistungen bei Lieferaufträgen und im Falle von Dienstleistungsaufträgen können juristische Personen verpflichtet werden, in ihrem Antrag auf Teilnahme oder Angebot die Namen und die beruflichen Qualifikationen der Personen anzugeben, die für die Durchführung des Auftrags als verantwortlich vorgesehen sind.

(5) ¹Bewerber- und Bietergemeinschaften sind wie Einzelbewerber und -bieter zu behandeln. ²Auftraggeber dürfen nicht verlangen, dass nur Gruppen von Unternehmen, die eine bestimmte Rechtsform haben, einen Teilnahmeantrag stellen oder ein Angebot abgeben dürfen. ³Für den Fall der Auftragserteilung können die Auftraggeber verlangen, dass eine Bietergemeinschaft eine bestimmte Rechtsform annimmt, sofern dies für die ordnungsgemäße Durchführung des Auftrags notwendig ist.

Literatur: Vgl. die Angaben bei § 122 GWB und § 43 VgV.

I. Bedeutung der Vorschrift

Die Vorschrift setzt Art. 38 RL 2009/81/EG in nationales Recht um. Die §§ 21– 28 VSVgV treten ergänzend neben § 122 GWB und die §§ 123 bis 126 iVm 147 GWB.   **1**

II. Eignungsanforderungen (Abs. 1)

§ 21 Abs. 1 VSVgV regelt die Anforderungen an die Eignung der Bewerber und verweist zur Klarstellung auf die Grundsatzvorschrift des § 122 Abs. 1 GWB. Danach werden verteidigungs- und sicherheitsspezifische Aufträge unter Beachtung der Eignungsanforderungen des § 122 Abs. 1 GWB vergeben. S. dazu die Kommentierung → GWB § 122 Rn. 7 ff.   **2**

III. Mindestanforderungen (Abs. 2)

§ 21 Abs. 2 S. 1 und 2 VSVgV orientiert sich an § 122 Abs. 4 S. 1 GWB und hebt hervor, dass die Mindestanforderungen an die Eignung im sachlichen Zusam-   **3**

VSVgV § 21   Eignung und Auswahl der Bewerber

menhang mit dem Auftragsgegenstand stehen und dem Gebot der Verhältnismäßigkeit genügen müssen.¹ Auf dessen Kommentierung (→ GWB § 122 Rn. 23 ff.) wird verwiesen. Mindestanforderungen genügen diesen Erfordernissen, wenn die Bestimmung **durch den Auftragsgegenstand sachlich gerechtfertigt** ist, vom Auftraggeber dafür tatsächlich vorhandene nachvollziehbare objektive und auftragsbezogene Gründe angegeben worden sind und die Bestimmung andere Wirtschaftsteilnehmer nicht diskriminiert, insbes. darf der Bieterkreis nicht unangemessen eingeschränkt werden.² Eine solche unangemessene Einschränkung des Bieterkreises liegt bspw. dann vor, wenn der Auftraggeber eine Eignungsanforderung aufstellt, wonach ein Bieter bereits vor Zuschlagserteilung über eine Zulassung als Luftfahrtbetrieb für Luftfahrtgerät der Bundeswehr verfügen muss, da die Grundvoraussetzung für den Erhalt dieser Zulassung darin besteht, dass bereits Verträge ähnlicher Art mit dem Auftraggeber abgeschlossen wurden und somit neue Unternehmen nie an diesem Ausschreibungsmarkt teilnehmen könnten.³

4   Besondere Eignungskriterien ergeben sich im Bereich der Sicherheit und Verteidigung in Hinsicht auf die Wahrung der Vertraulichkeit nach § 6 VSVgV (→ § 6 Rn. 3), die Anforderungen an Unternehmen zum Schutz von Verschlusssachen nach § 7 VSVgV (→ § 7 Rn. 1 ff.) und die Versorgungssicherheit nach § 8 VSVgV, wobei bei dieser die Einordnung als Eignungs- oder Zuschlagskriterium jew. im Einzelfall getroffen werden muss (→ § 8 Rn. 2).

5   Abs. 2 S. 3 verlangt in verfahrensrechtlicher Hinsicht die **Angabe der Mindestanforderungen** in der Bekanntmachung oder den Vergabeunterlagen. Jene Verpflichtung ergibt sich bereits aus § 18 Abs. 2 S. 1 VSVgV, wonach die Bekanntmachung alle Informationen enthalten muss, die in Anhang IV der RL 2009/81/EG aufgelistet sind. Dazu gehören auch „etwaige Mindestanforderungen" an die Bewerber bzw. an Unterauftragnehmer der Bewerber.⁴ Mindestanforderungen an die Eignung der Bewerber müssen in der Bekanntmachung enthalten sein, iE dazu → GWB § 122 Rn. 22.

IV. Zahlenmäßige Begrenzung der Bewerber (Abs. 3)

6   § 21 Abs. 3 VSVgV orientiert sich an § 51 VgV. Auftraggeber können die Zahl der Bewerber beschränken, die zur Angebotsabgabe aufgefordert werden. Dabei müssen im Gegensatz zu § 51 Abs. 2 S. 1 VgV auch im nicht offenen Verfahren lediglich mindestens drei Bewerber aufgefordert werden. Die Vorschrift ist ergänzt um eine ausdr. Regelung für den Fall, dass **nicht genügend geeignete Bewerber** vorhanden sind: Auftraggeber haben dann nach ordnungsgemäßer Ermessensausübung⁵ die Möglichkeit, das Verfahren auszusetzen, die Bekanntmachung erneut zu veröffentlichen und das Verfahren mit allen Bewerbern fortzuführen, die entweder nach der **ersten oder der zweiten Bekanntmachung** für geeignet befunden wurden (dazu auch → VOB/A § 3b VS Rn. 3).

---

¹ Begr. des Referentenentwurfs der VSVgV, BMWi-IB6 Az. 260004, S. 57, in BR-Drs. 312/12 entfallen.
² OLG Frankfurt a. M. 1.9.2016 – 11 Verg 6/16, BeckRS 2016, 17434; VK Bund 9.2.2016 – VK 1–130/15, ZfBR 2016, 711; OLG Düsseldorf 22.5.2013 – VII-Verg 16/12, BeckRS 2013, 11703.
³ VK Bund 17.3.2014 – VK 1–12/14, IBRRS 2014, 2166.
⁴ MüKoEuWettbR/Queisner VSVgV § 21 Rn. 12.
⁵ Vgl. zur damit im Lichte des Gleichbehandlungsgrundsatzes verbundenen Problematik MüKoEuWettbR/Queisner VSVgV § 21 Rn. 27.

V. Verbot der Zurückweisung aufgrund Rechtsformerfordernis (Abs. 4)

§ 21 Abs. 4 S. 1 VSVgV entspricht § 43 Abs. 1 VgV (→ VgV § 43 Rn. 2 f.). Nach § 21 Abs. 4 S. 2 VSVgV können Auftraggeber im Falle von zusätzlichen Dienstleistungen bei Lieferaufträgen und von Dienstleistungsaufträgen juristische Personen verpflichten, Name und Qualifikation der Personen anzugeben, die für die Durchführung des Auftrags vorgesehen sind.

VI. Bietergemeinschaften (Abs. 5)

§ 21 Abs. 5 VSVgV entspricht § 43 Abs. 2 und 3 VgV. Auf die dortige Kommentierung → VgV § 43 Rn. 4 ff. wird verwiesen.

§ 22 Allgemeine Vorgaben zum Nachweis der Eignung und des Nichtvorliegens von Ausschlussgründen

(1) ¹Auftraggeber müssen in der Bekanntmachung oder im Verhandlungsverfahren ohne Teilnahmewettbewerb in den Vergabeunterlagen angeben, mit welchen Nachweisen gemäß den §§ 6, 7, 8 und 23 bis 28 Unternehmen ihre Eignung und das Nichtvorliegen von Ausschlussgründen nachzuweisen haben. ²Auftraggeber dürfen von den Bewerbern oder Bietern zum Nachweis ihrer Eignung und für das Nichtvorliegen von Ausschlussgründen nur Unterlagen und Angaben fordern, die durch den Gegenstand des Auftrags gerechtfertigt sind.

(2) Soweit mit den vom Auftragsgegenstand betroffenen Verteidigungs- und Sicherheitsinteressen vereinbar, können Auftraggeber zulassen, dass Bewerber oder Bieter ihre Eignung durch die Vorlage einer Erklärung belegen, dass sie die vom Auftraggeber verlangten Eignungskriterien erfüllen und die festgelegten Nachweise auf Aufforderung unverzüglich beibringen können (Eigenerklärung).

(3) ¹Erbringen Bewerber oder Bieter den Nachweis für die an die Eignung gestellten Mindestanforderungen nicht, werden sie im Rahmen eines nicht offenen Verfahrens, Verhandlungsverfahrens mit Teilnahmewettbewerb oder wettbewerblichen Dialogs nicht zur Abgabe eines Angebots aufgefordert. ²Wenn Bewerber oder Bieter im Verhandlungsverfahren ohne Teilnahmewettbewerb ein Angebot abgegeben haben, wird dieses nicht gewertet.

(4) ¹Unternehmen sind verpflichtet, die geforderten Nachweise
1. beim nicht offenen Verfahren und Verhandlungsverfahren mit Teilnahmewettbewerb vor Ablauf der Teilnahmefrist,
2. beim Verhandlungsverfahren ohne Teilnahmewettbewerb vor Ablauf der Angebotsfrist,
3. bei einer Rahmenvereinbarung entsprechend der gewählten Verfahrensart gemäß den Nummern 1 und 2,
4. beim wettbewerblichen Dialog vor Ablauf der Teilnahmefrist
vorzulegen, es sei denn, der jeweilige Nachweis ist elektronisch verfügbar.

(5) ¹Im nicht offenen Verfahren und Verhandlungsverfahren mit Teilnahmewettbewerb dürfen die Vergabeunterlagen nur an geeignete Unternehmen übersandt werden. ²Im Verhandlungsverfahren ohne Teilnahmewettbewerb dürfen die Vergabeunterlagen an die Unternehmen übermittelt werden, die vom Auftraggeber unter Beachtung der §§ 6 und 7 ausgewählt wurden.

VSVgV § 22 Allgemeine Vorgaben zum Nachweis der Eignung

(6) ¹Erklärungen und sonstige Unterlagen, die als Nachweis im Teilnahmewettbewerb oder mit dem Angebot einzureichen sind und auf Anforderung der Auftraggeber nicht bis zum Ablauf der maßgeblichen Frist vorgelegt wurden, können bis zum Ablauf einer zu bestimmenden Nachfrist nachgefordert werden. ²Werden die Nachweise und sonstigen Unterlagen nicht innerhalb der Nachfrist vorgelegt, ist der Bewerber oder Bieter auszuschließen.

Literatur: Vgl. die Angaben bei § 122 GWB und § 48 VgV.

I. Bedeutung der Vorschrift

1 § 22 VSVgV setzt Art. 38 Abs. 4 RL 2009/81/EG in nationales Recht um. Die Vorschrift knüpft an den Regelungsgehalt des § 48 VgV an. § 22 Abs. 1 S. 1 VSVgV entspricht § 48 Abs. 1 VgV bzw. § 35 Abs. 1 UVgO, § 22 Abs. 1 S. 2 VSVgV entspricht § 122 Abs. 4 GWB.

2 § 22 Abs. 2 VSVgV sieht die Möglichkeit des Nachweises durch Eigenerklärungen, anders als die Parallelnorm des § 48 Abs. 2 VgV, nur im Einzelfall vor.[1] § 22 Abs. 3 VSVgV übernimmt die Rechtsfolge, die Art. 38 Abs. 4 RL 2009/81/EG an die mangelnde Leistungsfähigkeit knüpft, für sämtliche Eignungskriterien, wenn der Nachweis nicht erbracht wurde.[2] § 22 Abs. 4 VSVgV legt dezidiert für die einzelnen Vergabearten fest, wann Unternehmen die geforderten Nachweise spätestens vorlegen müssen. § 22 Abs. 5 VSVgV regelt den Grundsatz, dass die Vergabeunterlagen lediglich an geeignete Unternehmen übersandt werden dürfen. Demgemäß dürfen diese Unterlagen nur an entspr. geeignete Unternehmen übersandt werden, siehe dazu insbes. → § 7 Rn. 13 ff.[3] Abs. 6 regelt die Nachforderung fehlender Unterlagen und den Ausschluss des Angebotes, wenn der Nachforderung nicht nachgekommen wird.[4] Auf die Kommentierungen zu § 56 Abs. 2–5 VgV wird verwiesen, → VgV § 56 Rn. 7 ff.

II. Bekanntmachung der Eignungsnachweise (Abs. 1)

3 Im Einklang mit der Verpflichtung aus § 122 Abs. 4 S. 2 GWB (siehe ausf. → GWB § 122 Rn. 22) müssen Auftraggeber nach § 22 Abs. 1 S. 1 VSVgV in der Bekanntmachung angeben, mit welchen **Nachweisen** Bewerber oder Bieter ihre **Eignung und das Nichtvorliegen von Ausschlussgründen** belegen können. Der bloße Verweis auf die Vergabeunterlagen ist nicht zulässig.[5] Die Regelung dient der Transparenz des Vergabeverfahrens und bestimmt iSd Bieterschutzes, dass der Auftraggeber nicht im Nachhinein höhere Anforderungen stellen kann.[6]

4 Abs. 1 S. 2 gibt dem Auftraggeber vor, nur solche Unterlagen zur Eignungsprüfung zu fordern, die **durch den Gegenstand des Auftrags gerechtfertigt** sind. Dabei steht dem Auftraggeber ein gewisser Ermessensspielraum zu, wobei er aber den Verhältnismäßigkeitsgrundsatz zu wahren hat (ausf. → GWB § 122 Rn. 24 ff.).

---

[1] Siehe MüKoEuWettbR/Queisner VSVgV § 33 Rn. 8 f., sowie zur Begr. der Ermöglichung der in der RL nicht vorgesehenen Eigenerklärungen BR-Drs. 321/12, 55, zu Abs. 2.
[2] BR-Drs. 321/12, 56, zu Abs. 3.
[3] BR-Drs. 321/12, 56, zu Abs. 5.
[4] Zur Unzulässigkeit des Ausschlusses eines Angebots bzw. unwirksamen Nachforderung von Erklärungen und Nachweisen vgl. VK Bund 21.8.2013 – VK 1–67/13, IBRRS 2013, 4490.
[5] OLG Düsseldorf 23.6.2010 – Verg 18/10, ZfBR 2010, 823.
[6] Vgl. MüKoEuWettbR/Queisner VSVgV § 22 Rn. 4.

III. Eigenerklärungen (Abs. 2)

Gem. § 22 Abs. 2 VSVgV können Auftraggeber den Nachweis der Eignung durch 5
Eigenerklärung lediglich dann zulassen, wenn dies mit den vom Auftragsgegenstand betroffenen Verteidigungs- und Sicherheitsinteressen vereinbar ist. Die RL 2009/81/EG sieht eine Nachweiserbringung durch Eigenerklärung nicht vor. Der Verordnungsgeber hat sich gleichwohl entschieden, die der Verfahrenserleichterung dienende[7] Eigenerklärung als Nachweis nicht pauschal, wie in der Parallelvorschrift des § 48 Abs. 2 VgV, sondern **nur im Ermessen des Auftraggebers im Einzelfall zuzulassen.** Der dem Auftraggeber zustehende Ermessensspielraum ist von den Nachprüfungsinstanzen lediglich eingeschränkt überprüfbar.[8] Der Auftraggeber muss daher zwischen den Verteidigungs- und Sicherheitsinteressen und der Gefahr einer Falscherklärung, die der Nachweiserbringung durch Eigenerklärung stets anlastet, abwägen.[9]

IV. Unzureichender Nachweis der Eignung (Abs. 3)

Abs. 3 differenziert hier nach Verfahrensart: Im Falle der Eignungsprüfung im 6
Teilnahmewettbewerb führt der mangelnde Nachweis der Eignung dazu, dass der Bewerber nicht zur Angebotsabgabe aufgefordert wird; im Falle eines Verhandlungsverfahrens ohne Teilnahmewettbewerb wird das Angebot nicht gewertet.[10]

Nach bisheriger Rspr. stand die Aufforderung zur Angebotsabgabe einem Wieder- 7
eintritt in die Eignungsprüfung nicht entgegen.[11] Das OLG Düsseldorf postuliert nunmehr jedoch, dass in einem zweistufigen Verfahren die Aufforderung zur Angebotsabgabe einen Vertrauenstatbestand konstituiert und die Bestätigung der Eignung daher grds. nicht revidiert werden kann.[12] Ein solcher Vertrauenstatbestand kann jedoch nur dann begründet werden, wenn der öffentliche Auftraggeber die Eignung der Bewerber abschließend bejaht hat, bevor er sie zum Verhandlungsverfahren zulässt. Hieran fehlt es, wenn der Bieter weiß, dass dem öffentlichen Auftraggeber im Zeitpunkt der Entscheidung über die Zulassung zum Verhandlungsverfahren die Grundlage für eine abschließende Prüfung seiner Eignung fehlte. Dann kann er legitimerweise kein Vertrauen in die Beurteilung seiner Eignung haben.[13] Dazu ausf. → VgV § 16 Rn. 6.

V. Zeitpunkt (Abs. 4)

Abs. 4 präzisiert, zu welchem Zeitpunkt die geforderten Eignungsnachweise vor- 8
zulegen sind, sofern sie nicht elektronisch verfügbar sind.

VI. Übermittlung (Abs. 5)

Abs. 5 trägt dem Umstand Rechnung, dass bereits in den Vergabeunterlagen sen- 9
sible Informationen enthalten sein können. Demgemäß dürfen diese Unterlagen nur

---

[7] BR Drs. 321/12, 55.
[8] Leinemann/Kirch/Büdenbender VS-VgV § 22 Rn. 7.
[9] MüKoEuWettbR/Queisner VSVgV § 22 Rn. 10.
[10] Dippel/Sterner/Zeiss/Gramlich/Wagner VS-VgV § 22 Rn. 20.
[11] VK Bund 1.3.2018 – VK 2–8/18, BeckRS 2018, 10281; Byok NJW 2018, 1859 (1864).
[12] Vgl. OLG Düsseldorf 29.3.2021 – Verg 9/21, NZBau 2021, 632.
[13] OLG Düsseldorf 27.4.2022 – VII Verg 25/21, NZBau 2023, 409 sowie für den Anwendungsbereich der VSVgV OLG Düsseldorf 8.3.2023 – VII-Verg 25/22.

an entspr. geeignete Unternehmen übersandt werden, siehe dazu insbes. → § 7 Rn. 13 ff.[14]

VII. Nachforderung (Abs. 6)

10 Abs. 6 entspricht § 19 EG Abs. 2 S. 1 VOL/A aF. Eine Vereinheitlichung mit den iRd Vergaberechtsreform differenziert getroffenen Regelungen hat in Bezug auf die VSVgV nicht stattgefunden, sodass die hier noch geltende Formulierung nun singulär ist: Anders als in § 56 VgV und § 16a VOB/A-VS ist im Anwendungsbereich der VSVgV weder eine Vervollständigung noch eine Korrektur dem Wortlaut nach erlaubt. Auch fehlt es an den in den Parallelnormen enthaltenen Unterscheidungen zwischen unternehmens- und leistungsbezogenen Unterlagen. Ein Nachweis fehlt, wenn er entweder nicht vorgelegt worden ist oder formale Mängel aufweist.[15] Es bleibt fraglich, wie mit der **Nachforderung wertungsrelevanter Angaben** umzugehen ist.[16] In Anwendung der früheren Parallelregelung des § 19 EG VOL/A kamen grds. alle Angaben mit Ausnahme der gesondert von § 19 EG Abs. 2 S. 2 VOL/A aF angesprochenen (wesentlichen) Preisangaben für eine Nachforderung gem. § 19 EG Abs. 2 VOL/A aF in Betracht. Weitergehende Ausnahmen für „wertungsrelevante Angaben" sah die Vorschrift nicht vor.[17] Es ist daher davon auszugehen, dass im Falle des Fehlens wertungsrelevanter Nachweise und Erklärungen im Lichte der allg. vergaberechtlichen Prinzipien iRd Ermessensausübung die negativen wettbewerblichen Effekte einer Nachforderung zu berücksichtigen sind[18] und eine Nachforderung solcher Nachweise ausscheidet.

§ 23 Zwingender Ausschluss

(1) ¹Der Auftraggeber schließt ein Unternehmen zu jedem Zeitpunkt des Vergabeverfahrens von der Teilnahme aus, wenn ein zwingender Ausschlussgrund nach § 147 in Verbindung mit § 123 des Gesetzes gegen Wettbewerbsbeschränkungen vorliegt. ²§ 147 in Verbindung mit § 125 des Gesetzes gegen Wettbewerbsbeschränkungen bleibt unberührt.

(2) ¹Zur Anwendung des Absatzes 1 kann der öffentliche Auftraggeber die erforderlichen Informationen über die persönliche Lage der Bewerber oder Bieter bei den zuständigen Behörden einholen, wenn er Bedenken in Bezug auf das Nichtvorliegen von Ausschlussgründen hat. ²Betreffen die Informationen einen Bewerber oder Bieter, der in einem anderen Mitgliedstaat als der Auftraggeber ansässig ist, so kann dieser die zuständigen Behörden um Mitarbeit ersuchen. ³Nach Maßgabe des nationalen Rechts des Mitgliedstaats, in dem der Bewerber oder Bieter ansässig ist, betreffen diese Ersuchen juristische und natürliche Personen, gegebenenfalls auch die jeweiligen Unternehmensleiter oder jede andere Person, die befugt ist, den Bewerber oder Bieter zu vertreten, in seinem Namen Entscheidungen zu treffen oder ihn zu kontrollieren.

---

[14] BR-Drs. 321/12, 56, zu Abs. 5.
[15] MüKoEuWettbR/Queisner VSVgV § 22 Rn. 22, im Anwendungsbereich der VOL/A-EG wurden jedoch auch unvollständige Angaben als fehlende Unterlagen eingeordnet, vgl. KMPP/ Dittmann VOL/A § 19 EG Rn. 34.
[16] Dippel/Sterner/Zeiss/Gramlich/Wagner VSVgV § 22 Rn. 30.
[17] OLG Karlsruhe 23.3.2011 – 15 Verg 2/11, ZfBR 2012, 301.
[18] VK Bund 2.5.2018 – VK 1–35/18, BeckRS 2018, 10357; ebenso Dippel/Sterner/Zeiss/ Gramlich/Wagner VSVgV § 22 Rn. 31.

(3) Als ausreichenden Nachweis dafür, dass die in § 147 in Verbindung mit § 123 Absatz 1 bis 3 des Gesetzes gegen Wettbewerbsbeschränkungen genannten Ausschlussgründe auf den Bewerber oder Bieter nicht zutreffen, erkennt der Auftraggeber einen Auszug aus einem einschlägigen Register, insbesondere ein Führungszeugnis aus dem Bundeszentralregister oder, in Ermangelung eines solchen, eine gleichwertige Bescheinigung einer zuständigen Gerichts- oder Verwaltungsbehörde des Herkunftslandes oder des Niederlassungsstaates des Bewerbers oder Bieters an.

(4) Als ausreichenden Nachweis dafür, dass die in § 147 in Verbindung mit § 123 Absatz 4 des Gesetzes gegen Wettbewerbsbeschränkungen genannten Ausschlussgründe auf den Bewerber oder Bieter nicht zutreffen, erkennt der öffentliche Auftraggeber eine von der zuständigen Behörde des Herkunftslandes oder des Niederlassungsstaates des Bewerbers oder Bieters ausgestellte Bescheinigung an.

(5) [1]Wird eine Urkunde oder Bescheinigung von dem Herkunftsland des Bewerbers oder Bieters nicht ausgestellt oder werden darin nicht alle vorgesehenen Fälle erwähnt, so kann sie durch eine Versicherung an Eides statt ersetzt werden. [2]In den Staaten, in denen es keine Versicherung an Eides statt gibt, darf die Versicherung an Eides statt durch eine förmliche Erklärung ersetzt werden, die ein Vertreter des betreffenden Unternehmens vor einer zuständigen Gerichts- oder Verwaltungsbehörde, einem Notar oder einer dafür qualifizierten Berufsorganisation des Herkunftslands abgibt.

§ 23 VSVgV setzt Art. 39 Abs. 1, 3 RL 2009/81/EG in nationales Recht um. In der Vorschrift sind die Regelungen über den zwingenden Ausschluss von Bewerbern und Bietern in einer Norm zusammengefasst. Dabei verweist Abs. 1 auf den § 147 GWB iVm § 123 GWB. Regelungen zu den fakultativen Ausschlussgründen finden sich gesondert in § 24 VSVgV.[1] 1

§ 23 Abs. 1 S. 1 VSVgV schreibt dem Auftraggeber den zwingenden Ausschluss von Bewerbern oder Bietern vom Vergabeverfahren vor, bei denen ein **Ausschlussgrund nach § 123 GWB** vorliegt. § 123 GWB enthält in Abs. 1 einen Katalog an Straftatbeständen des StGB. Ist eine Person, deren Verhalten dem Unternehmen zuzurechnen ist, rechtskräftig wegen einer in § 123 Abs. 1 GWB aufgelisteten Straftaten verurteilt ist gegen jenes Unternehmen eine Geldbuße nach § 30 OWiG rechtskräftig verhängt worden, so ist das betroffene Unternehmen vom Vergabeverfahren auszuschließen (zur Zurechnung iE → GWB § 123 Rn. 9 f.). Ein solcher Ausschluss kann im Laufe des Vergabeverfahrens **jederzeit** erfolgen. Werden dem Auftraggeber erst nach der Durchführung der Eignungsprüfung im Teilnahmewettbewerb für einen Ausschlussgrund bekannt, kann und muss er die Eignungsprüfung erneut vornehmen.[2] Zu den Ausschlussgründen iE → GWB § 123 Rn. 7. Abs. 1 S. 2 lässt die Möglichkeit einer Selbstreinigung nach § 125 GWB unberührt, dazu ausf. → GWB § 125 Rn. 4 ff. 2

§ 123 Abs. 5 GWB sieht für den Auftraggeber die Möglichkeit vor, ausnahmsweise von einem Ausschluss abzusehen, wenn dies aus zwingenden Gründen des öffentlichen Interesses geboten ist. Diese eng auszulegende Ausnahmevorschrift[3] gilt auch im Anwendungsbereich des § 23 VSVgV. 3

§ 23 Abs. 2 VSVgV ermöglicht es dem Auftraggeber, Informationen zum Vorliegen möglicher Ausschlussgründe bei den zuständigen Behörden einzuholen. Dazu muss dieser „Bedenken in Bezug auf das Nichtvorliegen von Ausschlussgründen" haben. An dieses Bedenken sind keine allzu hohen Anforderungen zu stellen. Ein 4

---

[1] BR-Drs. 321/12, 57 („Zu Abs. 1").
[2] MüKoEuWettbR/Queisner VSVgV § 23 Rn. 11.
[3] BT-Drs. 18/6281, 104.

VSVgV § 24   Fakultativer Ausschluss

entspr. Ersuchen kann auch bei ausländischen Behörden gestellt werden, wenn das Unternehmen in einem anderen Mitgliedstaat als der Auftraggeber ansässig ist.

5   Die Abs. 3, 4 und 5 entsprechen § 48 Abs. 4, 5, 6 VgV. Auf deren Kommentierung wird verwiesen, → VgV § 48 Rn. 17 ff.

§ 24 Fakultativer Ausschluss

(1) [1]Der Auftraggeber kann unter Berücksichtigung des Grundsatzes der Verhältnismäßigkeit ein Unternehmen zu jedem Zeitpunkt des Vergabeverfahrens von der Teilnahme an einem Vergabeverfahren ausschließen, wenn ein fakultativer Ausschlussgrund nach § 147 in Verbindung mit § 124 des Gesetzes gegen Wettbewerbsbeschränkungen vorliegt. [2]§ 147 in Verbindung mit § 125 des Gesetzes gegen Wettbewerbsbeschränkungen bleibt unberührt.

(2) Als ausreichenden Nachweis dafür, dass die in § 147 in Verbindung mit § 124 Absatz 1 Nummer 2 des Gesetzes gegen Wettbewerbsbeschränkungen genannten Fälle auf das Unternehmen nicht zutreffen, erkennt der öffentliche Auftraggeber eine von der zuständigen Behörde des Herkunftslandes oder des Niederlassungsstaates des Bewerbers oder Bieters ausgestellte Bescheinigung an.

(3) [1]Wird eine in Absatz 2 genannte Bescheinigung im Herkunftsland des Unternehmens nicht ausgestellt oder werden darin nicht alle in § 147 in Verbindung mit § 124 Absatz 1 Nummer 2 des Gesetzes gegen Wettbewerbsbeschränkungen vorgesehenen Fälle erwähnt, so kann sie durch eine Versicherung an Eides statt ersetzt werden. [2]In den Mitgliedstaaten, in denen es keine Versicherung an Eides statt gibt, gilt § 23 Absatz 5 Satz 2 entsprechend.

Literatur: Vgl. die Angaben bei § 124 GWB und § 48 VgV.

1   § 24 VSVgV setzt Art. 39 Abs. 2, 3 RL 2009/81/EG in nationales Recht um. In der Vorschrift sind die Regelungen hinsichtl. des fakultativen Ausschlusses von Bewerbern und Bietern vom Vergabeverfahren zusammengefasst.

2   Bzgl. der Ausschlussgründe verweist Abs. 1 auf § 147 GWB iVm § 124 GWB, sodass auf die entspr. Kommentierung zu § 124 GWB verwiesen wird, → GWB § 124 Rn. 4 ff.

3   Gem. § 147 iVm § 124 Abs. 1 GWB kann das Unternehmen auch dann von der Teilnahme an einem Vergabeverfahren ausgeschlossen werden, wenn das Unternehmen nicht die erforderliche **Vertrauenswürdigkeit** aufweist, um Risiken für die nationale Sicherheit auszuschließen. Dieser Ausschlussgrund ergänzt die Liste des § 124 Abs. 1 GWB[1] und stellt eine verteidigungsspezifische Besonderheit dar. Welche Risiken davon umfasst sind, führt das Gesetz nicht aus. In der RL 2009/81/EG heißt es diesbzgl. lediglich, dass diese Risiken mit bestimmten Merkmalen der vom Bieter gelieferten Produkte oder mit der Gesellschaftsstruktur des Bewerbers zusammenhängen können.[2] IRd Anwendung des BwBBG wird dieser Ausschlussgrund erweitert, dazu → BwBBG Rn. 26. Auf die Kommentierung zu § 147 GWB → GWB § 147 Rn. 2 wird verwiesen.

4   Die Abs. 2 und 3 entsprechen § 48 Abs. 5, 6 VgV. Auf deren Kommentierung wird verwiesen, → VgV § 48 Rn. 17 ff.

---

[1] S. näher MüKoEuWettbR/Queisner VSVgV § 24 Rn. 19; vgl. auch Erwgr. 67 RL 2009/81/EG.

[2] Erwgr. 65 RL 2009/81/EG.

§ 25 Nachweis der Erlaubnis zur Berufsausübung

(1) Die Auftraggeber können die Bewerber oder Bieter auffordern, als Nachweis für die Erlaubnis zur Berufsausübung
1. den Auszug eines Berufs- oder Handelsregisters gemäß der unverbindlichen Liste des Anhangs VII Teil B und C der Richtlinie 2009/81/EG vorzulegen, wenn die Eintragung gemäß den Vorschriften des Mitgliedstaats ihrer Herkunft oder Niederlassung Voraussetzung für die Berufsausübung ist,
2. darüber eine Erklärung unter Eid abzugeben oder
3. eine sonstige Bescheinigung vorzulegen.

(2) Müssen Bewerber oder Bieter eine bestimmte Berechtigung besitzen oder Mitglied einer bestimmten Organisation sein, um eine Dienstleistung in ihrem Herkunftsmitgliedstaat erbringen zu können, können Auftraggeber Bewerber oder Bieter auffordern, darüber den Nachweis zu erbringen.

I. Bedeutung der Vorschrift

Die Vorschrift setzt Art. 40 RL 2009/81/EG in nationales Recht um. Auftraggeber können mit Blick auf § 122 Abs. 2 S. 2 Nr. 1 GWB prüfen, ob beim Bewerber oder Bieter die Erlaubnis zur Berufsausübung bzw. die Voraussetzungen zur Erbringung der Dienstleistung vorliegen. Dies betrifft wie die §§ 23, 24 VSVgV die Zuverlässigkeit des Bieters.[1] Die Liste der Nachweise in Abs. 1 ist abschließend.[2] 1

Welcher der Nachweise vom Auftraggeber verlangt werden kann, hängt von den Rechtsvorschriften des Staates ab, in dem der Bewerber oder Bieter niedergelassen ist. Anhang VII Teil B und C der RL 2009/81/EG enthält eine Auflistung der einschlägigen Register.[3] Sofern eine Berechtigung zur Berufsausübung bzw. Leistungserbringung konstitutiv für die Auftragsausführung ist, muss der Auftraggeber, entgegen des Wortlautes, einen Nachweis fordern.[4] Das Ermessen bezieht sich dann nur auf die Art der Nachweisführung. 2

II. Nachweis der Erlaubnis zur Berufsausübung

Nach Abs. 1 Nr. 1 kann der Auftraggeber einen Auszug eines Berufs- oder Handelsregisters verlangen, wenn die Eintragung im Herkunftsland des Bieters Voraussetzung für die Berufsausübung ist. Für die Bundesrepublik Deutschland verweist Anhang VII der RL 2009/81/EG im Bereich der Bau- und Lieferaufträge auf das Handelsregister und die Handwerksrolle. Im Bereich der Dienstleistungsaufträge wird zusätzlich auf das Vereinsregister, das Partnerschaftsregister sowie auf die Mitgliederverzeichnisse der Berufskammern der Länder verwiesen. Wenn in der Bekanntmachung keine besondere Form des Nachweises vorgeschrieben ist, sind eine Abschrift der Handelsregistereintragung, eine Bestätigung der Eintragung durch das registerführende Gericht oder ein Ausdruck über die Wiedergabe des aktuellen Registerinhalts bzw. eine Fotokopie dessen ausreichend.[5] 3

Der Nachweis der Berechtigung und Mitgliedschaft in Abs. 2 erlangt im Bereich der Verteidigung und Sicherheit eine besonders große Bedeutung im Zusammen- 4

---

[1] KK-VergR/Rechten VS-VgV § 25 Rn. 1.
[2] MüKoEuWettbR/Queisner VS-VgV § 25 Rn. 1.
[3] MüKoEuWettbR/Queisner VS-VgV § 25 Rn. 4.
[4] Vgl. amtl. Begr. BT-Drs. 321/12, 58; Beck VergabeR/Otting VS-VgV § 25 Rn. 5; Dippel/Sterner/Zeiss/Wagner VS-VgV § 25 Rn. 14; KK-VergR/Rechten VS-VgV § 25 Rn. 2.
[5] Dippel/Sterner/Zeiss/Wagner VS-VgV § 25 Rn. 10.

hang mit der Herstellung, Bearbeitung und dem Handel mit Schusswaffen und Munition gem. § 21 WaffG, wonach das betreffende Unternehmen eine Waffenherstellungs- bzw. Waffenhandelserlaubnis haben muss.[6] Die Erteilung eines Waffenscheins unter den Voraussetzungen des § 28 Abs. 1 S. 1 WaffG kann nur als Einzelerlaubnis für einen konkreten Auftrag erteilt werden[7], sodass das Vorliegen einer solchen Erlaubnis nicht die Bedingung für die Auftragserteilung sein kann.

§ 26 Nachweis der wirtschaftlichen und finanziellen Leistungsfähigkeit

(1) **Auftraggeber können je nach Art, Verwendungszweck und Menge der zu liefernden Güter oder dem Umfang der zu erbringenden Dienstleistungen angemessene Nachweise der finanziellen und wirtschaftlichen Leistungsfähigkeit der Bewerber oder Bieter verlangen, insbesondere die Vorlage**
1. **entsprechender Bankerklärungen oder des Nachweises einer entsprechenden Berufshaftpflichtversicherung,**
2. **von Bilanzen oder Bilanzauszügen, falls deren Veröffentlichung in dem Land, in dem der Bewerber oder Bieter ansässig ist, gesetzlich vorgeschrieben ist,**
3. **einer Erklärung über den Gesamtumsatz und den Umsatz für den durch den Auftragsgegenstand vorausgesetzten Tätigkeitsbereich, jedoch höchstens für die letzten drei Geschäftsjahre, entsprechend dem Gründungsdatum oder dem Datum der Tätigkeitsaufnahme des Unternehmens, sofern entsprechende Angaben verfügbar sind.**

(2) **Können Bewerber oder Bieter aus einem berechtigten Grund die geforderten Nachweise nicht beibringen, so kann der Auftraggeber die Vorlage jedes anderen geeigneten Nachweises zulassen.**

(3) [1]**Bewerber oder Bieter können sich für einen bestimmten Auftrag auf die Leistungsfähigkeit anderer Unternehmen berufen, wenn sie nachweisen, dass ihnen dadurch die erforderlichen Mittel zur Verfügung stehen.** [2]**Dies gilt auch für Bewerber- oder Bietergemeinschaften.**

I. Bedeutung der Vorschrift

1   Die Vorschrift setzt Art. 41 RL 2009/81/EG in nationales Recht um. Sie regelt den Nachweis der wirtschaftlichen und finanziellen Leistungsfähigkeit der Bewerber oder Bieter. Der Nachweis der Eignung in fachlicher und technischer Hinsicht ist in § 27 VSVgV geregelt. Die §§ 26, 27 VSVgV entsprechen hinsichtl. ihres Regelungsgegenstands den §§ 45, 46 VgV.

II. Nachweisarten (Abs. 1, 2)

2   § 26 **Abs. 1** VSVgV enthält eine beispielhafte und **nicht abschließende Aufzählung**[1] geeigneter Nachweise der wirtschaftlichen und finanziellen Leistungsfähigkeit und entspricht § 45 Abs. 4 VgV (dazu → VgV § 45 Rn. 5 ff.). Auftraggeber können je nach den Besonderheiten des Auftragsgegenstandes weitere

---

[6] Vgl. Dippel/Sterner/Zeiss/Wagner VSVgV § 25 Rn. 13.
[7] VGH München 21.9.2020 – 24 ZB 20.272, BeckRS 2020, 26780.
[1] Beck VergabeR/Otting VS-VgV § 26 Rn. 3; Dippel/Sterner/Zeiss/Wagner VS-VgV § 26 Rn. 1.

angemessene Nachweise verlangen², soweit diese mit Blick auf Art, Verwendungszweck und Menge der zu liefernden Güter oder dem Umfang der zu erbringenden Dienstleistung angemessen sind. Der Ermessensspielraum des Auftraggebers wird daher begrenzt, gerichtlich ist dieser nur in Bezug auf die korrekte Sachverhaltsermittlung und die darauf beruhende fehlerfreie Entscheidung überprüfbar.

Der Auftraggeber kann sich gem. Abs. 1 Nr. 2 die **Bilanzen oder Bilanzauszüge** vorlegen lassen, wenn dies im Herkunftsland des Bieters gesetzlich vorgeschrieben ist. Für die Bundesrepublik Deutschland ist die Veröffentlichung von Bilanzen in den §§ 325 ff. HGB für Kapitalgesellschaften und in § 264a HGB für Personengesellschaften geregelt.

Die Ausnahmevorschrift in Abs. 1 Nr. 3 muss so verstanden werden, dass es dem Auftraggeber erlaubt ist, eine Geschäftstätigkeit von drei Jahren als Mindestanforderung an Bewerber oder Bieter zu stellen.³ Anders als in § 45 Abs. 1 S. 2 Nr. 1, Abs. 2 VgV (dazu → VgV § 45 Rn. 9 ff.) schreibt § 26 VSVgV keine ausdr. Grenze für einen maximal forderbaren **Mindestumsatz** auf das Zweifache des geschätzten Auftragswertes vor. Da es sich um die Ausprägung des allg. Verhältnismäßigkeitsgrundsatzes handelt, spricht einiges für eine entspr. Anwendung im Bereich der VSVgV.⁴

§ 26 **Abs. 2** VSVgV erlaubt, wie die inhaltlich gleiche Vorschrift des § 45 Abs. 2 VgV (dazu → VgV § 45 Rn. 17 ff.), Bewerbern und Bieter die **Erbringung alternativer Nachweise**. Voraussetzung dafür ist, dass der Auftraggeber die Nachweise für geeignet erachtet und die ursprünglich geforderten Nachweise aus einem berechtigten Grund nicht beigebracht werden können. Der berechtigte Grund ist durch den Bewerber oder Bieter glaubhaft zu machen. Im Spannungsfeld zwischen Diskriminierungsverbot und den Grundsätzen der Gleichbehandlung und Transparenz sind hohe Anforderungen zu stellen.⁵ Die Versagung nicht geeigneter bzw. die Zulassung geeigneter Alternativnachweise kann im Nachprüfungsverfahren durch die betroffenen Bewerber oder Bieter bzw. deren Wettbewerber gerügt werden und unterliegt der Kontrolle durch die Vergabekammern bzw. Oberlandesgerichte.⁶ Wenn ein berechtigter Grund vorliegt und der alternative Nachweis eine vergleichbare Aussage über die wirtschaftliche und finanzielle Leistungsfähigkeit des Bieters trifft, ist der Ermessensspielraum des Auftraggebers, den Nachweis zu akzeptieren, auf Null reduziert.⁷

III. Eignungsleihe (Abs. 3)

Abs. 3 entspricht inhaltlich § 47 Abs. 1 VgV.⁸ Auf die dortige Kommentierung, → VgV § 47 Rn. 5 ff., sowie auf die Kommentierung des vergleichbaren § 6d EU Abs. 1 S. 1 VOB/A (→ VOB/A § 6d EU Rn. 1 f.) wird verwiesen.

---

² Beck VergabeR/Otting VS-VgV § 26 Rn. 4.
³ OLG Düsseldorf 31.10.2007 – Verg 24/07, BeckRS 2008, 15518.
⁴ So auch MüKoEuWettbR/Queisner VSVgV § 26 Rn. 9.
⁵ Dippel/Sterner/Zeiss/Wagner VSVgV § 26 Rn. 13; MüKoEuWettbR/Queisner VSVgV § 26 Rn. 11.
⁶ BR-Drs. 321/12, 58, zu Abs. 2.
⁷ Dippel/Sterner/Zeiss/Wagner VSVgV § 26 Rn. 14.
⁸ Die Forderung von MüKoEuWettbR/Queisner § 26 VSVgV Rn. 13, dass auch für die Eignungsleihe in Bezug auf die wirtschaftliche und finanzielle Leistungsfähigkeit der Einsatz des Eignungsleihgebers als Unterauftragnehmer erforderlich ist, erscheint nicht zutreffend. Die in § 47 Abs. 3 VgV vorgesehene Möglichkeit der Forderung einer gemeinsamen Haftung erscheint auch ohne ausdr. Regelung zulässig und geboten.

§ 27 Nachweis der technischen und beruflichen Leistungsfähigkeit

(1) ¹Auftraggeber können je nach Art, Verwendungszweck und Menge der zu liefernden Güter oder dem Umfang der zu erbringenden Dienstleistungen angemessene Nachweise der technischen und beruflichen Leistungsfähigkeit verlangen. ²Insbesondere können die Auftraggeber verlangen:
1. bei Lieferaufträgen
   a) eine Liste der wesentlichen in den letzten fünf Jahren erbrachten Lieferungen;
   b) Muster, Beschreibungen oder Fotografien der zu liefernden Güter, deren Echtheit nach Aufforderung durch den Auftraggeber nachzuweisen ist;
   c) Bescheinigungen, die von zuständigen Instituten oder amtlichen Stellen für Qualitätskontrolle ausgestellt wurden, mit denen bestätigt wird, dass die durch entsprechende Bezugnahmen genau bezeichneten Güter bestimmten Spezifikationen oder Normen entsprechen;
   d) die Angabe der technischen Fachkräfte oder der technischen Stellen, unabhängig davon, ob diese dem Unternehmen angeschlossen sind oder nicht, und zwar insbesondere derjenigen, die mit der Qualitätskontrolle beauftragt sind;
   e) eine Beschreibung der technischen Ausrüstung, der Maßnahmen des Unternehmens zur Qualitätssicherung und der Untersuchungs- und Forschungsmöglichkeiten des Unternehmens sowie der internen Vorschriften in Bezug auf gewerbliche Schutzrechte;
   f) bei komplexer Art der zu liefernden Güter oder solchen, die ausnahmsweise einem besonderen Zweck dienen, eine Kontrolle, die vom Auftraggeber oder in dessen Namen von einer zuständigen amtlichen Stelle im Herkunftsland des Unternehmens durchgeführt wird. Diese Kontrolle betrifft Produktionskapazitäten und erforderlichenfalls die Untersuchungs- und Forschungsmöglichkeiten des Unternehmens sowie die von diesem für die Qualitätskontrolle getroffenen Vorkehrungen;
   g) im Falle zusätzlicher Dienst- oder Bauleistungen die Studien- und Ausbildungsnachweise sowie Bescheinigungen darüber, dass das Unternehmen die Erlaubnis zur Berufsausübung sowie die Führungskräfte des Unternehmens und insbesondere die für die Erbringung der Dienst- oder Bauleistung verantwortlichen Personen die erforderliche berufliche Befähigung besitzen;
   h) eine Erklärung, aus der die durchschnittliche jährliche Beschäftigtenzahl des Unternehmens und die Zahl seiner Führungskräfte in den letzten drei Jahren ersichtlich ist;
   i) eine Beschreibung der Ausstattung, der Geräte, der technischen Ausrüstung sowie die Angabe der Anzahl der Mitarbeiter und ihrer Kenntnisse sowie die Angabe der Zulieferer, auf die das Unternehmen zurückgreifen kann, um den Auftrag auszuführen und einen etwaigen steigenden Bedarf des Auftraggebers infolge einer Krise zu decken oder die Wartung, Modernisierung oder Anpassung der im Rahmen des Auftrags gelieferten Güter sicherzustellen. Zur Angabe der Zulieferer gehört die Angabe des geografischen Standortes, falls diese Zulieferer außerhalb der Europäischen Union ansässig sind;
2. bei Dienstleistungsaufträgen
   a) eine Liste der wesentlichen in den letzten fünf Jahren erbrachten Dienstleistungen;

b) Muster, Beschreibungen oder Fotografien der zu erbringenden Dienstleistungen, deren Echtheit nach Aufforderung durch den Auftraggeber nachzuweisen ist;
c) Studien- und Ausbildungsnachweise sowie Bescheinigungen darüber, dass das Unternehmen die Erlaubnis zur Berufsausübung sowie die Führungskräfte des Unternehmens und insbesondere die für die Erbringung der Dienstleistung verantwortlichen Personen die erforderliche berufliche Befähigung besitzen;
d) die Angabe der technischen Fachkräfte oder der technischen Stellen, unabhängig davon, ob diese dem Unternehmen angeschlossen sind oder nicht, und zwar insbesondere derjenigen, die mit der Qualitätskontrolle beauftragt sind;
e) bei Dienstleistungen komplexer Art oder solchen, die ausnahmsweise einem besonderen Zweck dienen, eine Kontrolle, die vom Auftraggeber oder in dessen Namen von einer zuständigen amtlichen Stelle im Herkunftsland des Unternehmens durchgeführt wird. Diese Kontrolle betrifft die technische Leistungsfähigkeit und erforderlichenfalls die Untersuchungs- und Forschungsmöglichkeiten des Unternehmens sowie die von diesem für die Qualitätskontrolle getroffenen Vorkehrungen;
f) im Falle zusätzlicher Bauleistungen die Studien- und Ausbildungsnachweise sowie Bescheinigungen darüber, dass das Unternehmen die Erlaubnis zur Berufsausübung sowie die Führungskräfte des Unternehmens und insbesondere die für die Ausführung der Bauleistung verantwortlichen Personen die erforderliche berufliche Befähigung besitzen;
g) die Angabe der durch den Auftragsgegenstand erforderlichen Umweltmanagementmaßnahmen;
h) eine Erklärung, aus der die durchschnittliche jährliche Beschäftigtenzahl des Unternehmens und die Zahl seiner Führungskräfte in den letzten drei Jahren ersichtlich ist;
i) eine Beschreibung der Ausstattung, der Geräte, der technischen Ausrüstung sowie die Angabe der Anzahl der Mitarbeiter und ihrer Kenntnisse sowie die Angabe der Zulieferer, auf die das Unternehmen zurückgreifen kann, um den Auftrag auszuführen und einen etwaigen steigenden Bedarf des Auftraggebers infolge einer Krise zu decken. Zur Angabe der Zulieferer gehört die Angabe ihres geografischen Standortes, falls diese Zulieferer außerhalb der Europäischen Union ansässig sind.

(2) Verlangt der Auftraggeber Angaben zu erbrachten Liefer- und Dienstleistungen im Sinne des Absatzes 1 Nummer 1 Buchstabe a und Nummer 2 Buchstabe a über erbrachte Leistungen, so sind diese zu erbringen
1. bei Leistungen an öffentliche Auftraggeber durch eine von der zuständigen Behörde ausgestellte Bescheinigung, die beglaubigt werden kann, oder
2. bei Leistungen an private Auftraggeber durch eine von diesen ausgestellte Bescheinigung oder, falls eine solche Bescheinigung nicht erhältlich ist, durch einfache Erklärung.

(3) Auskünfte im Sinne des Absatzes 2 enthalten mindestens die folgenden Angaben:
1. Name der Auskunftsperson;
2. Wert der Leistung;
3. Zeit der Leistungserbringung;

VSVgV § 27   Nachweis der technischen und beruflichen Leistungsfähigkeit

4. **Angabe, ob die Lieferleistung sachmangelfrei und ordnungsgemäß oder die Dienstleistung fachgerecht und ordnungsgemäß ausgeführt wurde.**

(4) [1]**Bewerber oder Bieter können sich für einen bestimmten Auftrag auf die Leistungsfähigkeit anderer Unternehmen berufen, wenn sie nachweisen, dass diese ihnen die für die Auftragsausführung erforderlichen Mittel zur Verfügung stellen.** [2]**Dies gilt auch für Bewerber- oder Bietergemeinschaften.** [3]**Der Nachweis kann auch durch Zusage der Unternehmen erfolgen, die dem Bewerber oder Bieter die für die Auftragsausführung erforderlichen Mittel zur Verfügung stellen.** [4]**Die Zusage muss in Schriftform oder elektronisch mindestens mittels einer fortgeschrittenen elektronischen Signatur oder mindestens mittels eines fortgeschrittenen elektronischen Siegels erfolgen.**

(5) **Können Bewerber oder Bieter aus einem berechtigten Grund die geforderten Nachweise ihrer technischen und beruflichen Leistungsfähigkeit nicht beibringen, so kann der Auftraggeber die Vorlage jedes anderen geeigneten Nachweises zulassen.**

Literatur: Vgl. die Angaben bei § 46 VgV.

1   Die Vorschrift setzt Art. 42 RL 2009/81/EG in nationales Recht um. § 27 Abs. 1 VSVgV enthält eine beispielhafte und **nicht abschließende** Liste möglicher Nachweismöglichkeiten, zur besseren Übersichtlichkeit gesondert für Lieferaufträge (Nr. 1) und Dienstleistungsaufträge (Nr. 2).[1] In weiten Teilen entspr. die Norm inhaltlich der (abschließenden) Liste des § 46 Abs. 3 VgV.

2   Die Regelungen des Abs. 1 Nr. 1 lit. a und Nr. 2 lit. a iVm Abs. 2 und 3, die die **Nachweise für Referenzleistungen** auflisten, entsprechen der Regelung des § 46 Abs. 3 Nr. 1 VgV (dazu → VgV § 46 Rn. 14 ff.). Zu beachten ist jedoch der abweichende Zeitraum: Während im Anwendungsbereich der VgV ein Zeitraum von mindestens drei Jahren vorzusehen ist, wird hier der Zeitraum auf mindestens **fünf Jahre** ausgedehnt. Diese Vorgabe ist als **Mindestvoraussetzung** anzusehen und darf durch die Anforderungen des Auftraggebers nicht unterschritten werden.

3   Abs. 1 Nr. 1 lit. b entspricht § 46 Abs. 3 Nr. 11a VgV. Auch für Abs. 1 Nr. 2 lit. b kann auf diese Vorschrift verwiesen werden (→ VgV § 46 Rn. 40 ff.).
Abs. 1 Nr. 1 lit. c entspricht § 46 Abs. 3 Nr. 11b VgV (→ VgV § 46 Rn. 40 ff.).
Abs. 1 Nr. 1 lit. d und Nr. 2 lit. d entsprechen § 46 Abs. 3 Nr. 2 VgV (→ VgV § 46 Rn. 21 ff.).
Abs. 1 Nr. 1 lit. e entspricht § 46 Abs. 3 Nr. 3 VgV (→ VgV § 46 Rn. 24 ff.). Weitergehend als seine Parallelvorschrift, schreibt § 27 Abs. 1 Nr. 1 lit. e VSVgV vor, dass bei Lieferaufträgen auch Nachweise über die internen Vorschriften bzgl. gewerblicher Schutzrechte gefordert werden können. Dies wird insbes. dann relevant, wenn der Auftraggeber einen besonderen Schutz vor dem Zugriff durch Dritte gewährleisten will.[2]
Abs. 1 Nr. 1 lit. f und Nr. 2 lit. e entsprechen § 46 Abs. 3 Nr. 5 VgV (→ VgV § 46 Rn. 27).
Abs. 1 Nr. 1 lit. g und Nr. 2 lit. c entsprechen § 46 Abs. 3 Nr. 6 VgV (→ VgV § 46 Rn. 29 ff.).
Abs. 1 Nr. 1 lit. h und Nr. 2 lit. h entsprechen § 46 Abs. 3 Nr. 8 VgV (→ VgV § 46 Rn. 32 ff.).
Abs. 1 Nr. 1 lit. i und Nr. 2 lit. i entsprechen § 46 Abs. 3 Nr. 9 VgV (→ VgV § 46 Rn. 35). Weitergehend als seine Parallelvorschrift, schreibt § 27 Abs. 1 Nr. 1 lit. i und Abs. 1 Nr. 2 lit. i vor, dass der Auftraggeber auch Angaben zu der Anzahl

---

[1] BR-Drs. 321/12, 58, zu Abs. 1.
[2] Leinemann/Kirch/Büdenbender VSVgV § 27 Rn. 9.

der Mitarbeiter und ihren Kenntnissen sowie zu Zulieferern anfordern kann, auf die der Auftragnehmer im Falle etwaiger Bedarfssteigerungen infolge einer Krise zurückgreifen kann, um den Auftrag auszuführen. Des Weiteren sind auch Angaben bzgl. des geografischen Standortes erforderlich, falls sich die Zulieferer außerhalb der Europäischen Union befinden. Diese Regelung dient der Gewährleistung der Versorgungssicherheit.

Abs. 1 Nr. 2 lit. c ähnelt § 46 Abs. 3 Nr. 6 VgV (→ VgV § 46 Rn. 29 ff.).

Abs. 1 Nr. 2 lit. g entspricht § 46 Abs. 3 Nr. 7 VgV (→ VgV § 46 Rn. 31).

§ 27 **Abs. 2** VSVgV regelt die besonderen Anforderungen an den **Nachweis** 4 **bereits erbrachter Dienst- bzw. Lieferleistungen** und differenziert zwischen privaten und öffentlichen Auftraggebern. Nachweise für Leistungen gem. Abs. 1 Nr. 1 lit. a und Nr. 2 lit. a sind nach Abs. 2 lit. a durch eine von der zuständigen Behörde ausgestellte Bescheinigung zu erbringen. Die Vorschrift ist damit isoliert strenger als die Parallelregelung in der VgV, da sie eine Eigenerklärung der Bieter nicht gestattet.

Die RL 2009/81/EG sieht eine **Nachweisführung durch Eigenerklärung** 5 nicht vor. Dennoch kann der Auftraggeber gem. § 22 Abs. 2 VSVgV eine Nachweiserbringung des Bieters oder Bewerbers durch Eigenerklärung gestatten, sofern dies mit den vom Auftragsgegenstand betroffenen Verteidigungs- und Sicherheitsinteressen vereinbar ist, vgl. → VSVgV § 22 Rn. 4. In der Zusammenschau dieser beiden Regelungen ist davon auszugehen, dass es auch in Bezug auf Referenzen dem Auftraggeber offensteht, Eigenerklärungen zuzulassen.[3]

Bei Leistungen an private Auftraggeber kann der Auftraggeber gem. Abs. 2 6 Nr. 2 eine von diesen ausgestellte Bescheinigung verlangen und, wenn dies unmöglich ist, auch durch einfache Erklärung. Im Lichte des Art. 42 Abs 1 lit. a ii der RL 2009/81/EG ist Abs. 2 Nr. 2 Alt. 2 so auszulegen, dass eine Eigenerklärung des Bewerbers oder Bieters ausreichend ist, wenn eine Bescheinigung durch den privaten Auftraggeber nicht erhältlich ist.[4] Insoweit ist hier eine Eigenerklärung ohnehin schon qua Wortlaut in Ausnahmefällen zulässig. Entspr. der zuvor dargestellten Möglichkeit des § 22 Abs. 2 VSVgV kann der Auftraggeber dies jedoch auch generell erlauben.

§ 27 **Abs. 3** VSVgV konkretisiert den **Mindestinhalt** der Referenznachweise.[5] 7 Macht ein Bieter anstelle der in Abs. 3 geforderten Angaben die Angabe „dies kann nicht angegeben werden", ist dies nicht als fehlende Angabe zu werten, sondern lediglich als hinter dem geforderten zurückbleibend. Die Referenzangaben enthalten einen Beweiswert, der die stichprobenartige Überprüfung der Richtigkeit ermöglichen soll.[6]

§ 27 **Abs. 4** VSVgV entspr. inhaltlich teilw. der **Eignungsleihe** in § 26 Abs. 2 8 VSVgV und § 47 Abs. 1 VgV. Allerdings schreibt § 27 Abs. 4 VSVgV eine strengere Form der Zusage vor, es wird Schriftform verlangt. Inhaltlich bislang offen ist, ob über den ausdr. Wortlaut hinaus gefordert werden darf, dass der Eignungsleihgeber selbst als Unterauftragnehmer die Leistung erbringt.[7]

§ 27 **Abs. 5** VSVgV erlaubt Bewerbern und Bieter unter bestimmten Voraussetzungen 9 die Erbringung **alternativer Nachweise**. Vgl. hierzu die Kommentierung → § 26 Rn. 5.

---

[3] Ebenso wohl MüKoEuWettbR/Queisner VS-VgV § 27 Rn. 9 unter Verweis auf OLG Düsseldorf 7.11.2018 – Verg 39/18, VPRRS 2019, 0149.

[4] BeckOK VergabeR/Wolters VS-VgV § 27 Rn. 16.

[5] Beck VergabeR/Otting VS-VgV § 27 Rn. 15 ff.; HK-VergabeR/Tomerius VS-VgV § 27 Rn. 22.

[6] OLG Düsseldorf 7.11.2018 – Verg 39/18, VPRRS 2019, 0149.

[7] Dagegen: MüKoEuWettbR/Queisner § 27 VS-VgV Rn. 25, der einen reinen Know-how-Transfer ausreichen lässt.

§ 28 Nachweis für die Einhaltung von Normen des Qualitäts- und Umweltmanagements

(1) ¹Verlangen Auftraggeber zum Nachweis dafür, dass Bewerber oder Bieter bestimmte Normen des Qualitätsmanagements erfüllen, die Vorlage von Bescheinigungen unabhängiger und akkreditierter Stellen, so beziehen sich Auftraggeber auf Qualitätsmanagementsysteme, die
1. den einschlägigen europäischen Normen genügen und
2. von unabhängigen akkreditierten Stellen zertifiziert sind, die den europäischen Normen für die Akkreditierung und Zertifizierung entsprechen.

²Auftraggeber erkennen gleichwertige Bescheinigungen von unabhängigen akkreditierten Stellen aus anderen Mitgliedstaaten und andere Nachweise für gleichwertige Qualitätsmanagementsysteme an.

(2) ¹Verlangen Auftraggeber bei der Vergabe von Dienstleistungsaufträgen als Nachweis der technischen Leistungsfähigkeit, dass Bewerber oder Bieter bestimmte Normen für das Umweltmanagement erfüllen, die Vorlage von Bescheinigungen unabhängiger Stellen, so beziehen sich Auftraggeber
1. entweder auf das Gemeinschaftssystem für das Umweltmanagement und die Umweltbetriebsprüfung (EMAS) oder
2. auf Normen für das Umweltmanagement, die auf den einschlägigen europäischen oder internationalen Normen beruhen und von entsprechenden Stellen zertifiziert sind, die dem Gemeinschaftsrecht oder europäischen oder internationalen Zertifizierungsnormen entsprechen.

²Gleichwertige Bescheinigungen von Stellen in anderen Mitgliedstaaten sind anzuerkennen. ³Auftraggeber erkennen auch andere Nachweise für gleichwertige Umweltmanagementmaßnahmen an, die von Bewerbern oder Bietern vorgelegt werden.

Literatur: Vgl. die Angaben bei § 49 VgV.

1 § 28 VSVgV setzt Art. 43, 44 RL 2009/81/EG in nationales Recht um. Die Vorschrift entspricht inhaltlich weitgehend dem § 49 VgV (→ VgV § 49 Rn. 3 ff.). Während jedoch § 49 VgV als inländischen Nachweis jeden Nachweis einer unabhängigen Stelle akzeptiert und nur bei Nachweisen von ausländischen Stellen eine Akkreditierung verlangt, fordert § 28 VSVgV durchgängig den Nachweis akkreditierter Stellen.[1]

§ 29 Aufforderung zur Abgabe eines Angebots

(1) Beim nicht offenen Verfahren, Verhandlungsverfahren mit Teilnahmewettbewerb und wettbewerblichen Dialog fordern Auftraggeber die Bewerber mit der Benachrichtigung über die Auswahl auf, ihre Angebote einzureichen oder zu verhandeln oder – im Falle des wettbewerblichen Dialogs – am Dialog teilzunehmen.

(2) Die Aufforderung enthält die Vergabeunterlagen und alle unterstützenden Unterlagen oder die Angabe, wie darauf gemäß § 20 Absatz 4 Satz 2 elektronisch zugegriffen werden kann.

(3) ¹Hält eine andere Stelle als der für das Vergabeverfahren zuständige Auftraggeber die Unterlagen bereit, gibt der Auftraggeber in der Aufforde-

---

[1] MüKoEuWettbR/Fett VSVgV § 28 Rn. 1.

Aufforderung zur Abgabe eines Angebots § 29 VSVgV

rung die Anschrift dieser Stelle an und den Zeitpunkt, bis zu dem die Unterlagen angefordert werden können. ²Darüber hinaus sind der Betrag, der für den Erhalt der Unterlagen zu entrichten ist, und die Zahlungsbedingungen anzugeben. ³Die Unternehmen erhalten die Unterlagen unverzüglich nach Zugang der Anforderung.

(4) Veröffentlicht der Auftraggeber zusätzliche Informationen über die Vergabeunterlagen und sonstige ergänzende Unterlagen, so gilt § 20 Absatz 5.

(5) Die Aufforderung enthält über die in den Absätzen 2, 3 und 4 genannten Angaben mindestens:
1. den Hinweis auf die veröffentlichte Bekanntmachung;
2. den Tag, bis zu dem die Angebote eingehen müssen, die Anschrift der Stelle, bei der sie einzureichen sind, sowie die Sprache, in der sie abzufassen sind. Im Falle eines wettbewerblichen Dialogs ist diese Information nicht in der Aufforderung zur Teilnahme am Dialog, sondern in der Aufforderung zur Angebotsabgabe aufzuführen;
3. beim wettbewerblichen Dialog den Termin und den Ort des Beginns der Konsultationsphase sowie die verwendeten Sprachen;
4. die Liste der beizufügenden Eignungsnachweise im Falle des Verhandlungsverfahrens ohne Teilnahmewettbewerb;
5. die Gewichtung der Zuschlagskriterien oder die absteigende Reihenfolge der diesen Kriterien zuerkannten Bedeutung, anhand derer das wirtschaftlichste Angebot bestimmt wird, wenn diese nicht bereits in der Bekanntmachung enthalten sind.

(6) ¹Auftraggeber können verlangen, dass Bieter im Angebot angeben, ob für den Gegenstand des Angebots gewerbliche Schutzrechte bestehen oder von den Bietern oder Dritten beantragt sind. ²Bieter haben stets anzugeben, ob sie erwägen, Angaben aus ihrem Angebot für die Anmeldung eines gewerblichen Schutzrechtes zu verwerten.

(7) ¹Bietergemeinschaften haben im Angebot jeweils die Mitglieder sowie eines ihrer Mitglieder als bevollmächtigen Vertreter für den Abschluss und die Durchführung des Vertrags zu benennen. ²Fehlt eine dieser Angaben im Angebot, so ist sie vor der Zuschlagserteilung beizubringen. ³§ 22 Absatz 6 gilt entsprechend.

Literatur: Vgl. die Angaben bei § 53 VgV.

Die Vorschrift setzt Art. 34 RL 2009/81/EG in nationales Recht um. § 29 Abs. 1–5 VSVgV regeln das Verfahren bei der Aufforderung der Bewerber zur Abgabe ihres Angebots. **Abs. 1** entspricht teilw. § 52 Abs. 1 VgV (dazu → VgV § 52 Rn. 3 f.). Die VSVgV sieht mittlerweile – in konsequenter Umsetzung der E-Vergabe – keine Pflicht zur schriftlichen Angebotsaufforderung mehr vor. 1

Der Aufforderung sind die Vergabeunterlagen und alle unterstützenden Unterlagen beizufügen, **Abs. 2**. Der erforderliche **Umfang der Vergabeunterlagen** wird durch § 16 VSVgV definiert. „Unterstützende Unterlagen" sind solche, die in § 16 VSVgV nicht genannt, aber geeignet sind, die Entschluss der Bewerber, sich am Vergabeverfahren zu beteiligen, zu beeinflussen.[1] 2

Abs. 3 enthält verschiedene Regelungen zur **Bereitstellung der Vergabeunterlagen**. Ermächtigt der Auftraggeber eine andere Stelle mit der Bereitstellung, besteht die Pflicht, diese anzugeben (Abs. 3 S. 1). Daneben muss – in Umsetzung des noch vorhandenen möglichen Modus der Überlassung der Unterlagen in Papierform – 3

---

[1] Dippel/Sterner/Zeiss/Albrecht VSVgV § 29 Rn. 8.

die Angebotsanforderung auch den Betrag, der für den Erhalt der Unterlagen anfällt (sollte ein solcher erhoben werden (Abs. 3 S. 2)), und die Zahlungsmodalitäten enthalten. Des Weiteren müssen die Vergabeunterlagen unverzüglich, also ohne schuldhaftes Zögern (§ 121 Abs. 1 BGB), nach Anforderungszugang bereitgestellt werden (Abs. 3 S. 3).

4 Wenn der Auftraggeber zusätzliche Informationen über die Vergabeunterlagen oder sonstige ergänzende Unterlagen veröffentlicht, gilt nach **Abs. 4** die **Fristenregelung** des § 20 Abs. 5 VSVgV. Danach muss der Auftraggeber die Informationen bzw. Unterlagen im Falle des nicht offenen Verfahrens spätestens sechs Tage oder im Falle des beschleunigten Verhandlungsverfahrens spätestens vier Tage vor Ablauf der für die Einreichung von Angeboten festgelegten Frist übermitteln.

5 Der Mindestinhalt der Aufforderung zur Angebotsabgabe wird in **Abs. 5** normiert. Die dort geforderten Angaben sind für den Auftraggeber in jedem Fall verpflichtend zu machen. Weitere Angaben zu machen, die über die obligatorischen Angaben der Nrn. 2 bis 5 hinausgehen, bleibt dem Auftraggeber überlassen.[2] Inhaltlich entspricht die Vorschrift dem § 52 Abs. 2 VgV, sodass auf die entspr. Kommentierung verwiesen wird (→ VgV § 52 Rn. 5 ff.).

6 **Abs. 6** über die erforderlichen **Angaben bzgl. gewerblicher Schutzrechte** hat Parallelen zu der Regelung des § 53 Abs. 8 VgV (→ VgV § 53 Rn. 57 ff.). Danach können Auftraggeber verlangen, dass Bieter im Angebot angeben, ob für den Gegenstand des Angebots gewerbliche Schutzrechte bestehen oder von den Bietern oder Dritten beantragt sind. Bieter haben stets anzugeben, ob sie erwägen, Angaben aus ihrem Angebot für die Anmeldung eines gewerblichen Schutzrechtes zu verwerten.

7 **Abs. 7** über die formalen Anforderungen bei Bietergemeinschaften entspricht iW § 53 Abs. 9 VgV (→ VgV § 53 Rn. 61 ff.). Die Vorschrift regelt die Möglichkeit für Unternehmen, sich bzgl. der Angebotsabgabe zu einer **Bietergemeinschaft** zusammenzuschließen. Dafür bedarf es einer ausdr. Erklärung, dass es sich um eine Bietergemeinschaft handelt und aus welchen Unternehmen diese besteht.[3] Fehlt eine dieser Angaben im Angebot, so ist sie spätestens vor der Zuschlagserteilung beizubringen. § 22 Abs. 6 VSVgV wird für entspr. anwendbar erklärt.

§ 30 Öffnung der Angebote

(1) ¹**Auf dem Postweg und direkt übermittelte Angebote sind ungeöffnet zu lassen, mit Eingangsvermerk zu versehen und bis zum Zeitpunkt der Öffnung unter Verschluss zu halten.** ²**Elektronische Angebote sind auf geeignete Weise zu kennzeichnen und verschlüsselt aufzubewahren.** ³**Mittels Telefax eingereichte Angebote sind ebenfalls entsprechend zu kennzeichnen und auf geeignete Weise unter Verschluss zu halten.**

(2) ¹**Die Öffnung der Angebote wird von mindestens zwei Vertretern des Auftraggebers gemeinsam durchgeführt und dokumentiert.** ²**Bieter sind nicht zugelassen.** ³**Dabei wird mindestens festgehalten:**
1. **Name und Anschrift der Bieter,**
2. **die Endbeträge ihrer Angebote und andere den Preis betreffenden Angaben,**
3. **ob und von wem Nebenangebote eingereicht worden sind.**

(3) **Die Angebote und ihre Anlagen sowie die Dokumentation über die Angebotsöffnung sind auch nach Abschluss des Vergabeverfahrens sorgfältig zu verwahren und vertraulich zu behandeln.**

Literatur: Vgl. die Angaben bei § 5 VgV.

---

[2] Vgl. Dippel/Sterner/Zeiss/Albrecht VSVgV § 29 Rn. 24.
[3] OLG Karlsruhe 24.7.2007 – 17 Verg 6/07, NJOZ 2008, 3347.

§ 30 VSVgV entspr. im Regelungsgegenstand den §§ 54, 55 VgV, wobei sich die Vorschrift nicht auf Teilnahmeanträge bezieht[1] und konkrete Anforderungen stellt, was bei der Öffnung der Angebote **mindestens** festzuhalten ist.

Die Vorschrift dient dem Transparenzgrundsatz sowie dem Gleichbehandlungs- und Wettbewerbsprinzip.

Abs. 1 S. 1 verbietet es dem Auftraggeber, vor Ablauf der Angebotsfrist den Inhalt der Angebote einzusehen. Auf dem Postweg und direkt übermittelte Angebote sind danach ungeöffnet zu lassen, mit Eingangsvermerk zu versehen und bis zum Zeitpunkt der Öffnung unter Verschluss zu halten. Im Falle einer E-Vergabe erfordert das Verbot der vorzeitigen Kenntnisnahme eine verschlüsselte Speicherung der auf elektronischem Wege eingegangenen Angebote (S. 2).[2] Ein Verstoß gegen dieses Verbot kann einen Schadensersatzanspruch begründen. Von der außerdem noch zugelassenen Abgabe von Angeboten per Telefax (S. 3) ist abzuraten, da die Sicherstellung der Vertraulichkeit sowie der Kenntnisnahme des Inhaltes erst nach Ablauf der Frist praktisch schwer sicherzustellen ist.[3] Abs. 1 entspricht § 54 S. 2, 3 VgV, auf dessen Kommentierung → VgV § 54 Rn. 4 f. verwiesen wird.

Abs. 2 S. 1 schreibt für die Angebotsöffnung ein **Vier-Augen-Prinzip** vor („mind. zwei Vertreter"). Als Vertreter kann jede vom Auftraggeber hierzu ermächtigte Person, zB ein Mitarbeiter, aber auch ein externer Berater (bspw. ein Rechtsanwalt) dienen.[4] Die Anwesenheit von Bietern ist bei der Angebotsöffnung nicht zugelassen (S. 2). Abs. 2 S. 1 und 2 entspricht § 55 Abs. 2 VgV, auf dessen Kommentierung → VgV § 55 Rn. 3 ff. verwiesen wird. S. 3 verlangt, in der Dokumentation der Angebotsöffnung mindestens (i) Namen und Anschrift der Bieter, (ii) die Endbeträge ihrer Angebote und andere, den Preis betreffende Angaben sowie (iii) ob und von wem Nebenangebote eingereicht worden sind, festzuhalten.

Abs. 3 verlangt, die Angebote und ihre Anlagen sowie die Dokumentation über die Angebotsöffnung auch nach dem Abschluss des Vergabeverfahrens sorgfältig zu verwahren und vertraulich zu behandeln. Die Vorschrift entspricht § 5 Abs. 2 S. 2 VgV, auf dessen Kommentierung → VgV § 5 Rn. 8 verwiesen wird.

§ 31 Prüfung der Angebote

(1) Die Angebote sind auf Vollständigkeit sowie auf fachliche und rechnerische Richtigkeit zu prüfen.

(2) Ausgeschlossen werden:
1. **Angebote, die nicht die geforderten oder nachgeforderten Erklärungen und Nachweise enthalten;**
2. **Angebote, die nicht unterschrieben sind oder nicht mindestens versehen sind mit einer fortgeschrittenen elektronischen Signatur oder mit einem fortgeschrittenen elektronischen Siegel;**
3. **Angebote, in denen Änderungen des Bieters an seinen Eintragungen nicht zweifelsfrei sind;**
4. **Angebote, bei denen Änderungen oder Ergänzungen an den Vergabeunterlagen vorgenommen worden sind;**
5. **Angebote, die nicht form- oder fristgerecht eingegangen sind, es sei denn, der Bieter hat dies nicht zu vertreten;**
6. **Angebote von Bietern, die in Bezug auf die Vergabe eine unzulässige, wettbewerbsbeschränkende Abrede getroffen haben;**

---

[1] HK-VergabeR/Christiani VSVgV § 30 Rn. 1.
[2] MüKoEuWettbR/Fett VSVgV § 30 Rn. 3.
[3] Dippel/Sterner/Zeiss/Albrecht VSVgV § 30 Rn. 30 ff.
[4] OLG Düsseldorf 14.11.2018 – Verg 31/18, ZfBR 2019, 511.

7. Angebote von Bietern, die auch als Bewerber gemäß § 24 von der Teilnahme am Wettbewerb hätten ausgeschlossen werden können;
8. Angebote, die nicht die erforderlichen Preisangaben enthalten, es sei denn, es handelt sich um unwesentliche Einzelpositionen, deren Einzelpreise den Gesamtpreis nicht verändern oder die Wertungsreihenfolge und den Wettbewerb nicht beeinträchtigen.

Literatur: Vgl. die Angaben bei den §§ 56 und 57 VgV.

I. Bedeutung der Vorschrift

1   § 31 VSVgV hat keinen europarechtlichen Hintergrund und übernimmt zur vollständigen Abbildung des Vergabeverfahrens Inhalte der §§ 56, 57 VgV. Abs. 1 entspr. § 56 Abs. 1 VgV. Abs. 2 enthält zwingende Ausschlussgründe.

II. Prüfung (Abs. 1)

2   Nach Abs. 1 sind die Angebote auf Vollständigkeit sowie auf fachliche und rechnerische Richtigkeit zu prüfen. Die Prüfung der Angebote dient der Vorbereitung der Wertung. Abs. 1 entspricht der Parallelnorm des § 56 Abs. 1 VgV für die Prüfung der Angebote bei zivilen Beschaffungen, auf deren Kommentierung verwiesen wird, → VgV § 56 Rn. 3 ff.

III. Ausschlussgründe (Abs. 2)

3   Die Ausschlussgründe des § 31 Abs. 2 VSVgV entsprechen in Teilen denen des § 57 Abs. 1 VgV.[1] Bestehen Auslegungszweifel hinsichtl. der den Ausschluss begründenden Tatsachen, ist der Auftraggeber zu deren Aufklärung verpflichtet. Vor dem Ausschluss muss sichergestellt werden, dass der die Ausschlussvoraussetzungen erfüllende Sachverhalt ausermittelt ist.[2] Dem Bieter muss dabei die Gelegenheit eingeräumt werden, eine etwaige Widersprüchlichkeit auszuräumen.[3] Das gilt insbes. dann, wenn ein Versehen wahrscheinlich ist.[4] Andernfalls kann der Auftraggeber im Nachprüfungsverfahren verpflichtet werden, die Aufklärung nachzuholen.[5] Einer solchen Pflicht zur Aufklärung widersprüchlicher Angebote kann sich der Auftraggeber nicht durch einen entspr. Ausschluss in den Vergabeunterlagen entziehen.[6]

4   § 31 Abs. 2 Nr. 1 VSVgV entspricht § 57 Abs. 1 Nr. 2 VgV, → VgV § 57 Rn. 25 ff.

§ 31 Abs. 2 Nr. 2 VSVgV ist Ausdruck der besonderen Formstrenge im Bereich der VSVgV. Sie entspricht § 16 VS Nr. 2 lit. b VOB/A iVm § 13 VS Abs. 1 Nr. 1 VOB/A, auf deren Kommentierung verwiesen wird.

§ 31 Abs. 2 Nr. 3 VSVgV entspricht § 57 Abs. 1 Nr. 3 VgV, → VgV § 57 Rn. 33 f.

§ 31 Abs. 2 Nr. 4 VSVgV entspricht § 57 Abs. 1 Nr. 4 VgV, → VgV § 57 Rn. 35 ff.

---

[1] Für das Vorliegen eines Ausschlussgrundes nach § 31 Abs. 2 Nr. 4 vgl. VK Bund 30.5.2014 – VK 1–32/14, VPRRS 2014, 0550; 25.3.2014 – VK 1–16/14, IBRRS 2014, 2463.
[2] VK Bund 22.12.2017 – VK 2–140/17, BeckRS 2017, 143608 Rn. 70.
[3] VK Bund 23.7.2021 – VK 2–75/21, ZfBR 2022, 199.
[4] VK Bund 23.7.2021 – VK 2–75/21, ZfBR 2022, 199; Csaki NJW 2022, 1508 Rn. 86.
[5] VK Bund 22.12.2017 – VK 2–140/17, BeckRS 2017, 143608 Rn. 82.
[6] VK Bund 23.7.2021 – VK 2–75/21, ZfBR 2022, 199.

§ 31 Abs. 2 Nr. 5 VSVgV entspricht § 57 Abs. 1 Nr. 1 VgV, → VgV § 57 Rn. 11 ff.

§ 31 Abs. 2 Nr. 6 VSVgV regelt den Ausschluss von Angeboten von Bietern, die in Bezug auf die Vergabe eine unzulässige wettbewerbsbeschränkende Abrede getroffen haben. Dies entspricht § 124 Abs. 1 Nr. 4 GWB, auf dessen Kommentierung verwiesen wird, → GWB § 124 Rn. 24 ff.

§ 31 Abs. 2 Nr. 7 VSVgV hat keine Entsprechung in der VgV, da die in § 24 VSVgV in Bezug genommenen Ausschlussgründe des § 124 GWB bei einer Vergabe nach den Vorschriften der VgV auch ohne Verweisungsnorm direkt anwendbar sind. Zu beachten ist allerdings, dass die Aufnahme in die Listung der zwingenden Ausschlussgründe des § 31 VSVgV im Widerspruch zur in § 124 GWB vorgesehenen **Ermessensentscheidung** steht.[7] Zur Auflösung dieses Widerspruchs wird empfohlen, den Ausschlussgrund entgegen dem Wortlaut als Ermessensausschluss anzuwenden.[8]

§ 31 Abs. 2 Nr. 8 VSVgV regelt den Ausschluss bei fehlenden Preisangaben, sofern es sich nicht um unwesentliche Angaben handelt, und ist somit wortgleich zu § 57 Abs. 1 Nr. 5 VgV, daher → VgV § 57 Rn. 39 ff.

§ 32 Nebenangebote

(1) ¹**Auftraggeber können Nebenangebote in der Bekanntmachung zulassen.** ²**In diesem Fall geben Auftraggeber in den Vergabeunterlagen an, welche Mindestanforderungen für Nebenangebote gelten und in welcher Art und Weise Nebenangebote einzureichen sind.** ³**Auftraggeber berücksichtigen nur Nebenangebote, die den in den Vergabeunterlagen festgelegten Mindestanforderungen entsprechen.** ⁴**Nebenangebote sind auszuschließen, wenn sie in der Bekanntmachung nicht ausdrücklich zugelassen sind.**

(2) **Auftraggeber dürfen ein Nebenangebot nicht deshalb zurückweisen, weil es im Falle des Zuschlags zu einem Dienstleistungsauftrag anstelle eines Lieferauftrags oder zu einem Lieferauftrag anstelle eines Dienstleistungsauftrags führen würde.**

Literatur: Vgl. die Angaben bei § 127 GWB und § 35 VgV.

Die Vorschrift setzt Art. 19 RL 2009/81/EG in nationales Recht um. Die europäische Regelung spricht von Varianten. Zu Nebenangeboten allg., deren Definition und Abgrenzungsfragen s. → VgV § 35 Rn. 1 ff. Zur Wertung von Nebenangeboten → VgV § 35 Rn. 21 ff. 1

Abs. 1 normiert die Modalitäten für die **Zulassung und Wertung von Nebenangeboten.** Der Auftraggeber kann nach S. 1 Nebenangebote in der Bekanntmachung zulassen. Die Bestimmung erlaubt nicht (insoweit anders als § 35 Abs. 1 S. 1 VgV, → VgV § 35 Rn. 5), Nebenangebote vorzuschreiben. Nebenangebote sind nach S. 3 auszuschließen, wenn sie in der Bekanntmachung nicht ausdr. zugelassen sind. 2

Lässt der Auftraggeber Nebenangebote zu, ist nach S. 2 in den Vergabeunterlagen anzugeben, welche **Mindestanforderungen** für Nebenangebote gelten und in welcher Art und Weise Nebenangebote einzureichen sind. Danach besteht die generelle Pflicht, die Mindestanforderungen für Nebenangebote vorab zu definieren. Das ist nahezu wortgleich mit § 35 Abs. 2 S. 1 VgV, daher → VgV § 35 Rn. 9 ff. Auftragge- 3

---

[7] MüKoEuWettbR/Fett VSVgV § 31 Rn. 9.
[8] MüKoEuWettbR/Fett VSVgV § 31 Rn. 9 mit Verweis auf Leinemann/Kirch/Kirch VSVgV § 31 Rn. 90–94.

VSVgV § 33 Ungewöhnlich niedrige Angebote

ber berücksichtigen nur Nebenangebote, die den in den Vergabeunterlagen festgelegten Mindestanforderungen entsprechen.

4   **Abs. 2** verbietet in Umsetzung von Art. 19 Abs. 3 RL 2009/81/EG, Nebenangebote zurückzuweisen, weil es im Falle des Zuschlags zu einem Dienstleistungsauftrag anstelle eines Lieferauftrags oder zu einem Lieferauftrag anstelle eines Dienstleistungsauftrags führen würde.

5   Nach § 127 Abs. 4 S. 2 GWB, der bei VSVgV-Vergaben über § 147 S. 1 GWB gilt, sind **Zuschlagskriterien** im Falle der Zulassung von Nebenangeboten so zu bestimmen, dass sie sowohl auf das Hauptangebot als auch auf das Nebenangebot anwendbar sind. Dazu ausf. → GWB § 127 Rn. 42 und → VgV § 35 Rn. 15. Teilw. wird für den Anwendungsbereich der VSVgV vertreten, dass abweichend von der Handhabung in VgV und VOB/A aufgrund des Wortlautes des Art. 19 Abs. 1 der RL 2009/81/EG und der Entscheidung des BGH[1] **Nebenangebote bei dem Preis als alleinigem Zuschlagskriterium nicht zulässig** sind.[2] Dies ist vor dem Hintergrund der Begründung für die Zulassung im Anwendungsbereich von VgV und VOB/A zutreffend: Die Europarechtskonformität von Nebenangeboten nur bei ausschließlicher Bewertung nach dem Preis wird dort mit dem Wortlaut des Art. 67 RL 2014/24/EG begründet, ausf. → VgV § 35 Rn. 15 f. Aufgrund des abweichenden Wortlautes des Art. 47 Abs. 1 RL 2009/81/EG kann dies nicht auf die VSVgV übertragen werden. Die Zulassung von Nebenangeboten bei dem Preis als alleinigem Zuschlagskriterium ist daher im Anwendungsbereich der VSVgV nicht zulässig.

§ 33 Ungewöhnlich niedrige Angebote

(1) ¹Erscheint ein Angebot im Verhältnis zu der zu erbringenden Leistung ungewöhnlich niedrig, verlangen die Auftraggeber vor Ablehnung dieses Angebots vom Bieter Aufklärung über dessen Einzelpositionen. ²Auf Angebote, deren Preise in offenbarem Missverhältnis zur Leistung stehen, darf der Zuschlag nicht erteilt werden.

(2) ¹Auftraggeber prüfen die Zusammensetzung des Angebots und berücksichtigen die gelieferten Nachweise. ²Sie können Bieter zur Aufklärung betreffend der Einzelpositionen des Angebots auffordern.

(3) ¹Angebote, die aufgrund einer staatlichen Beihilfe im Sinne des Artikels 107 des Vertrags über die Arbeitsweise der Europäischen Union ungewöhnlich niedrig sind, dürfen aus diesem Grund nur abgelehnt werden, wenn das Unternehmen nach Aufforderung innerhalb einer von den Auftraggebern festzulegenden ausreichenden Frist nicht nachweisen kann, dass die betreffende Beihilfe rechtmäßig gewährt wurde. ²Auftraggeber, die unter diesen Umständen ein Angebot ablehnen, müssen dies der Europäischen Kommission mitteilen.

Literatur: Vgl. die Angaben bei § 60 VgV.

I. Bedeutung der Vorschrift

1   Die Vorschrift setzt Art. 49 RL 2009/81/EG in nationales Recht um. Sie entspricht im Regelungsgegenstand § 60 VgV, § 16 VS VOB/A, § 16d EU VOB/A und § 27 SektVO.

---

[1] BGH 7.1.2014 – X ZB 15/13, NZBau 2014, 185.
[2] Dippel/Sterner/Zeiss/v. Wietersheim VSVgV § 32 Rn. 3 ff.

Die Vorschrift dient in erster Linie dem Schutz des Auftraggebers vor unverhältnismäßig niedrigen Angeboten, bei denen die ordnungsgemäße Auftragserfüllung aufgrund ihrer Unwirtschaftlichkeit zweifelhaft erscheint. Gerade im Verteidigungs- und Sicherheitsbereich gilt die ordnungsgemäße Auftragserfüllung als entscheidend für die Versorgungssicherheit.[1] Die Preisprüfung nach § 33 VSVgV ist demnach gerade in diesem Anwendungsbereich essenziell. Während Abs. 1 S. 1 eine **Aufklärungspflicht** vor der Ablehnung eines ungewöhnlich niedrigen Angebots enthält, verbietet Abs. 1 S. 2 den Zuschlag auf ein Angebot, dessen Preis in einem **offenbaren Missverhältnis** zur Leistung steht. Anders als im Anwendungsbereich der VgV, die ein gebundenes Ermessen in Bezug auf die Ausschlussentscheidung vorsieht, greift also in diesem Fall ein zwingender Ausschluss. 2

II. Aufklärungspflicht und Zuschlagsverbot (Abs. 1)

Weder die RL 2009/81/EG noch die VSVgV definieren, was ein **ungewöhnlich niedriges Angebot** ist. Maßgeblich für diese Feststellung sind neben anderen abgegebenen Angeboten auch andere Aspekte, wie Erfahrungswerte aus anderen vergleichbaren Ausschreibungen;[2] der prozentuale Abstand zum nächsthöheren Angebot ist nur ein Indiz. Bei einer Unterbietung des nächsthöheren Angebots um mehr als 20% nimmt die Rspr. überwiegend ein ungewöhnlich niedriges Angebot an[3], s. → VgV § 60 Rn. 4 ff. 3

III. Aufklärungsvorgang (Abs. 2)

Gem. Abs. 2 prüfen die Auftraggeber die **Zusammensetzung des Angebotes** unter Berücksichtigung der gelieferten Nachweise. Die in der VgV aufgeführten beispielhaften Begründungen eines niedrigen Preises, vgl. → VgV § 60 Rn. 10 ff., sind auch iRd VSVgV berücksichtigungsfähig. Art. 49 RL 2009/81/EG ermächtigt den Auftraggeber insbes. zur Einholung folgender Auskünfte betr. 4
- die Wirtschaftlichkeit des Bauverfahrens, des Fertigungsverfahrens oder der Erbringung der Dienstleistung,
- die gewählten technischen Lösungen und/oder alle außergewöhnlich günstigen Bedingungen, über die der Bieter bei der Durchführung der Bauleistungen bzw. der Lieferung der Waren oder der Erbringung der Dienstleistung verfügt,
- die Originalität der Bauleistungen, der Lieferungen oder der Dienstleistungen, wie vom Bieter angeboten,
- die Einhaltung der Vorschriften über Arbeitsschutz und Arbeitsbedingungen, die am Ort der Leistungserbringung gelten sowie
- die etwaige Gewährung einer staatlichen Beihilfe an den Bieter.

Anschließend bewertet der Auftraggeber die Ergebnisse der Aufklärung. Die grds. Möglichkeit, auch Unterkostenangebote weiter in der Wertung zu belassen, vgl. → VgV § 60 Rn. 16, ist im Anwendungsbereich der VSVgV aufgrund der besonderen Bedeutung der Leistungssicherheit zurückhaltend zu handhaben.[4] 5

---

[1] Dippel/Sterner/Zeiss/Gabriel VSVgV § 33 Rn. 1; MüKoEuWettbR/Fett VSVgV § 33 Rn. 6.
[2] BGH 31.1.2017 – X ZB 10/16, NZBau 2017, 230.
[3] OLG Düsseldorf 21.10.2015 – VII-Verg 28/14, NZBau 2016, 235 Rn. 130; OLG Frankfurt a.M. 7.4.2022 – 11 Verg 1/22, VPRRS 2022, 0193; OLG Schleswig 28.10.2021 – 54 Verg 5/21, NZBau 2022,114.
[4] Dippel/Sterner/Zeiss/Gabriel VSVgV § 33 Rn. 16.

IV. Ablehnungspflicht bei fehlendem Nachweis der Beihilfekonformität

6 § 33 Abs. 3 VSVgV entspricht § 60 Abs. 4 VgV, → VgV § 60 Rn. 19 ff. Für den Verteidigungs- und Sicherheitsbereich spielen staatliche Beihilfen in der Praxis regelmäßig eine große Rolle, sodass Abs. 3 eine hohe praktische Bedeutung zukommt. Der Verweis auf wesentliche Sicherheitsinteressen aus Art. 346 Abs. 1 lit. b AEUV schränkt die Überprüfung in der Praxis jedoch oft ein.[5]

§ 34 Zuschlag

(1) ¹Die Annahme eines Angebots (Zuschlag) erfolgt in Schriftform oder elektronisch mindestens mittels einer fortgeschrittenen elektronischen Signatur oder mindestens mittels eines fortgeschrittenen elektronischen Siegels. ²Bei Übermittlung durch Telefax genügt die Unterschrift auf der Telefaxvorlage.

(2) ¹Zur Ermittlung des wirtschaftlichsten Angebots wendet der Auftraggeber die in der Bekanntmachung oder den Vergabeunterlagen angegebenen Zuschlagskriterien in der festgelegten Gewichtung oder in der absteigenden Reihenfolge der ihnen zuerkannten Bedeutung an. ²Diese Zuschlagskriterien müssen sachlich durch den Auftragsgegenstand gerechtfertigt sein. ³Insbesondere können folgende Kriterien erfasst sein:
1. Qualität,
2. Preis,
3. Zweckmäßigkeit,
4. technischer Wert, Kundendienst und technische Hilfe,
5. Betriebskosten, Rentabilität, Lebenszykluskosten,
6. Interoperabilität und Eigenschaften beim Einsatz,
7. Umwelteigenschaften,
8. Lieferfrist oder Ausführungsdauer und
9. Versorgungssicherheit.

Literatur: Vgl. die Angaben bei § 127 GWB und § 58 VgV.

I. Bedeutung der Vorschrift

1 Die Vorschrift setzt Art. 47 RL 2009/81/EG in nationales Recht um. § 34 Abs. 1 VSVgV hat hinsichtl. der Form des Zuschlages keine Entsprechung in VgV oder UVgO. Zu beachten ist, dass im Rückschluss aus der Auflistung der möglichen Zuschlagsformen die Textform implizit nicht ausreichend ist.

II. Form des Zuschlags (Abs. 1)

2 Abs. 1 enthält die allg. Aussage, dass der Vertrag zwischen dem öffentlichen Auftraggeber und dem erfolgreichen Bieter durch die Annahme des Angebotes zustande kommt und der Vertragsschluss im Zuschlag liegt, also im Gegensatz zu anderen europäischen Rechtsordnungen Zuschlag und Vertragsschluss zusammenfallen (s. auch → VOB/A § 18 EU Rn. 2). Ferner stellt Abs. 1 klar, dass der **Zuschlag nicht formfrei möglich** ist (anders als der Zuschlag nach der VOB/A, s. → VOB/A § 18 EU Rn. 11). Vielmehr lässt Abs. 1 keine mündliche oder telefonische Annah-

---
[5] Vgl. MüKoEuWettbR/Fett VSVgV § 33 Rn. 17.

meerklärung zu. Entweder wird Schriftform verlangt, also die Annahme mittels eines schriftlich abgefassten Textes mit eigenhändiger Unterschrift (§§ 126, 127 BGB), oder bei elektronischer Annahme mindestens eine fortgeschrittene elektronische Signatur oder mindestens ein fortgeschrittenes elektronisches Siegel. Auch eine Annahme per Telefax ist zulässig. In diesen Fällen genügt die Unterschrift auf der Telefaxvorlage.

III. Zuschlagskriterien (Abs. 2)

Abs. 2 enthält einen beispielhaften und **nicht abschließenden** Katalog der 3 Zuschlagskriterien.[1] Der Katalog der Zuschlagskriterien sowie die Regelungen bzgl. ihrer Gewichtung decken sich in großen Teilen mit den Vorschriften des § 58 VgV (dazu → VgV § 58 Rn. 3 ff.). Abs. 2 nennt weiterhin **spezifische Kriterien**, die sich aus den besonderen Anforderungen im Verteidigungs- und Sicherheitsbereich ergeben. Auswahl und Gewichtung der Zuschlagskriterien müssen durch den Auftragsgegenstand gerechtfertigt sein, dazu → VgV § 58 Rn. 3 f., 37 ff. An einer derartigen Rechtfertigung fehlt es bspw. bei der Berücksichtigung indirekter Offsets, da damit Aspekte berücksichtigt würden, die nicht mit dem Auftragsgegenstand zusammenhängen.[2]

Da der Auftraggeber grds. in der **Wahl der Zuschlagskriterien** frei ist (dazu 4 → GWB § 127 Rn. 12), ist es auch zulässig, den Preis als einziges Kriterium vorzusehen (iE → GWB § 127 Rn. 32, → VgV § 58 Rn. 9).[3] Dies kann etwa der Fall sein, wenn die Leistungsbeschreibung bereits so detailliert und umfassend erstellt wurde, dass im Vergleich der wertungsfähigen Angebote allein der Preis maßgebliches Kriterium für die Ermittlung des besten Preis- Leistungs-Verhältnisses ist, da in Bezug auf die Qualität bei Einhaltung dieser Leistungsanforderungen gleiche Angebote erwartet werden können. Auch ist der Preis dann ausschlaggebend, wenn Angebote bzgl. der Zuschlagskriterien gleichwertig sind.[4]

Dem Preis muss bei der Wertung der Angebote zwar nicht die höchste Bedeutung 5 zukommen, gleichwohl darf er nicht am Rande der Bewertung stehen oder der Zuschlag losgelöst von preislichen Überlegungen erteilt werden (dazu → GWB § 127 Rn. 33).[5] Auch Preisnachlässe seitens der Bieter können hier Berücksichtigung finden.

Da für den Auftraggeber neben den Investitionskosten auch Folgekosten von 6 Bedeutung sein können, kann er dies durch die Zuschlagskriterien **Betriebskosten, Rentabilität, Lebenszykluskosten** abfragen. Darunter fallen Kosten für Nutzung, Instandhaltung und Wartung, aber auch Personal- und Energiekosten können umfasst sein.[6] Der Auftraggeber muss jedoch genau mitteilen, welche der Betriebs- und Lebenszykluskosten in die Wertung einfließen sollen. Die Rentabilität des Beschaffungsgegenstands ergibt sich anhand der Kosten-Nutzen-Rechnung und ist daher eng mit den anderen Kriterien verknüpft.

Die **Interoperabilität** beschreibt die **Integrations- und Kooperationsfähig-** 7 **keit** des Auftragsgegenstandes mit anderen technischen Geräten und Systemen, was insbes. bei großen internationalen Aufträgen und Auftraggebern von Bedeutung sein kann. Vorausgesetzt werden damit bestimmte technische Standards, die sich va

---

[1] Exemplarisch für einen Vergabeverstoß VK Bund 17.3.2014 – VK 1–12/14, IBRRS 2014, 2166; hingegen nicht bei OLG Düsseldorf 21.10.2015 – Verg 28/14, ZfBR 2016, 83 (88).
[2] Dippel/Sterner/Zeiss/Gabriel VSVgV § 34 Rn. 30.
[3] Vgl. auch Art. 47 Abs. 1 lit. b RL 2009/81/EG.
[4] BR-Drs. 321/12, 61, zu Abs. 3.
[5] OLG Düsseldorf 25.5.2005 – VII-Verg 8/05, VPRRS 2013, 0291.
[6] Dippel/Sterner/Zeiss/Gabriel VSVgV § 34 Rn. 19.

auf die bereits vorhandenen Geräte und Systeme des Auftraggebers beziehen. Das Kriterium **Eigenschaften beim Einsatz** hat im Verteidigungs- und Sicherheitsbereich eine große Bedeutung, da der öffentliche Auftraggeber ein besonderes Interesse daran hat, das Verhalten des Beschaffungsgegenstands im praktischen Einsatz vorher abzuschätzen.[7] Auf welche Eigenschaften im Einsatz es dem Auftraggeber ankommt, hat er im Voraus festzulegen und bekannt zu geben.[8]

8 Dem Zuschlagskriterium **Versorgungssicherheit** kommt im Bereich der Verteidigung und Sicherheit eine große Bedeutung zu, da es für den Auftraggeber wichtig sein kann, ob Nachschubmaterial oder Ersatzteile zur Verfügung stehen und ob in Krisensituationen auf eine kurzfristige Bedarfssteigerung reagiert werden kann.[9] Die in Art. 23 RL 2009/81/EG aufgelisteten Aspekte, auf die mit dem Begriff Bezug genommen wird, können neben einer Aufnahme als Zuschlagskriterium auch als Vertragsdurchführungsbestimmung berücksichtigt werden.[10] Die Einholung/Vorlage einer Ausfuhrgarantie, losgelöst von geltenden, mit EU- und internationalem Recht vereinbaren Ausfuhrregelungen, kann nicht vom Bieter verlangt[11] und damit auch nicht iRv Zuschlagskriterien bewertet werden. Zur Einordnung der Versorgungssicherheit als Zuschlags- und nicht als Eignungskriterium s. → § 8 Rn. 2.

§ 35 Bekanntmachung über die Auftragserteilung

(1) ¹Die Auftraggeber sind verpflichtet, die Vergabe eines Auftrags oder den Abschluss einer Rahmenvereinbarung innerhalb von 48 Tagen bekanntzumachen. ²Die Bekanntmachung über die Auftragserteilung wird nach den Vorgaben der Spalte 31 der Tabelle 2 des Anhangs der Durchführungsverordnung (EU) 2019/1780 in Verbindung mit § 2 Absatz 3 erstellt. ³Diese Pflicht besteht nicht für die Vergabe von Einzelaufträgen, die aufgrund einer Rahmenvereinbarung erfolgen.

(2) Die Auftraggeber müssen eine Auftragsvergabe oder den Abschluss einer Rahmenvereinbarung nicht bekannt geben, soweit deren Offenlegung den Gesetzesvollzug behindern, dies dem öffentlichen Interesse, insbesondere Verteidigungs- oder Sicherheitsinteressen, zuwiderlaufen, die berechtigten geschäftlichen Interessen öffentlicher oder privater Unternehmen schädigen oder den lauteren Wettbewerb zwischen ihnen beeinträchtigen könnte.

(3) Auftragsänderungen im Sinne von § 132 Absatz 5 in Verbindung mit § 147 des Gesetzes gegen Wettbewerbsbeschränkungen sind entsprechend den Vorgaben der Spalte 38 der Tabelle 2 des Anhangs der Durchführungsverordnung (EU) 2019/1780 in Verbindung mit § 2 Absatz 3 bekanntzumachen.

I. Bedeutung der Vorschrift

1 § 35 Abs. 1 VSVgV entspricht inhaltlich § 23 EG Abs. 1 VOL/A aF und § 18 VS Abs. 3 VOB/A. Die Parallelvorschrift für die ex-post-Transparenzbekanntmachung

---

[7] Leinemann/Kirch/Kues VSVgV § 34 Rn. 58.
[8] Dippel/Sterner/Zeiss/Gabriel VSVgV § 34 Rn. 23.
[9] Dippel/Sterner/Zeiss/Gabriel VSVgV § 34 Rn. 26.
[10] Art. 20 RL 2009/81/EG; Arrowsmith, The Law of Public and Utilities Procurement, Vol. II, 15–135.
[11] Art. 23 Abs. 3 RL 2009/81/EG; Arrowsmith, The Law of Public and Utilities Procurement, Vol. II, 15–154.

für zivile Beschaffungsaufträge, § 39 VgV, entspricht § 35 VSVgV nicht, insbes. beträgt die Frist dort 30 Tage, statt – wie nach Abs. 1 – 48 Tage. Aus Abs. 1 ergeben sich allenfalls eingeschränkte subjektive Rechte, da Verfahrensbeteiligte bei unterbliebener ex-post-Bekanntmachung einen Verstoß gegen das Transparenzgebot (§ 97 Abs. 1 GWB) nur geltend machen können, sofern ihnen dadurch Informationen vorenthalten wurden, was praktisch nur im Verfahren ohne vorherige Bekanntmachung Bedeutung erlangt.[1] Zum **Rechtsschutz** ausf. → VgV § 39 Rn. 13 ff.

Die Verordnung zur Anpassung des Vergaberechts an die Einführung neuer elektronischer Standardformulare („eForms") für EU-Bekanntmachungen und an weitere europarechtliche Anforderungen[2] führt nach Abs. 1 und 3 mWv 25.10.2023 zur Ablösung der bisher verwendeten Formulare durch neue Datensätze entspr. den Vorgaben des Anhangs der Durchführungsverordnung (EU) 2019/1780 iVm § 2 Abs. 3 VSVgV.

II. Vergabebekanntmachung (Abs. 1)

Abs. 1 S. 1 verpflichtet dazu, die Vergabe eines Auftrags oder den Abschluss einer Rahmenvereinbarung innerhalb von 48 Tagen bekanntzumachen. Diese Pflicht besteht nicht für die Vergabe von Einzelaufträgen, die aufgrund einer Rahmenvereinbarung erfolgen.

Die Bekanntmachung über die Auftragserteilung ist mWv 25.10.2023 nach den Vorgaben der Spalte 31 in Tabelle 2 des Anhangs der Durchführungsverordnung (EU) 2019/1780 iVm § 2 Abs. 3 VSVgV zu erstellen. Bei der Erstellung und Übermittlung der Bekanntmachung gelten die Anforderungen des § 10a Abs. 1, Abs. 2 S. 1, Abs. 4 und Abs. 5 S. 1 und 3 VgV über die Vorgaben der Durchführungsverordnung (EU) 2019/1780 und des Datenaustauschstandards eForms einschl. der Regelungen zu verpflichtenden Datenfeldern und der Übermittlung über den Datenservice Öffentlicher Einkauf entsprechend. S. dazu ausf. → VgV § 10a Rn. 1 ff.

III. Ausnahmen (Abs. 2)

Abs. 2 stellt eine verteidigungs- und sicherheitsspezifische Besonderheit dar, ähnelt jedoch dem § 39 Abs. 6 VgV, iE → VgV § 39 Rn. 9. Danach kann die Pflicht zur Bekanntmachung bei einem berechtigten Geheimhaltungsinteresse beschränkt werden. Die genannten vier Fallgruppen sind abschl. und als Ausnahmevorschriften eng auszulegen.[3] Während § 39 Abs. 6 VgV nur gestattet, bei Vorliegen eines dieser Sachverhalte auf die Veröffentlichung einzelner Angaben zu verzichten, darf gem. § 35 Abs. 2 VSVgV vollständig auf die Bekanntmachung verzichtet werden. Die sektorspezifische Ausnahme bei möglicher Beeinträchtigung von Verteidigungs- oder Sicherheitsinteressen läuft analog zur Ausnahme von der Vorabinformationspflicht gem. § 134 Abs. 3 S. 2 GWB. Auf die dortige Kommentierung wird verwiesen, → GWB § 134 Rn. 154.

IV. Bekanntmachung von Auftragsänderungen (Abs. 3)

Abs. 3 verpflichtet zur Beachtung der Vorgaben der Spalte 38 in Tabelle 2 des Anhangs der Durchführungsverordnung (EU) 2019/1780 iVm § 2 Abs. 3 VSVgV

---

[1] Dippel/Sterner/Zeiss/Rechten VS-VgV § 35 Rn. 29.
[2] BT-Drs.20/6118.
[3] Beck VergabeR/Horn/Hofmann VS-VgV § 35 Rn. 14 ff.; HK-VergabeR/Christiani VSVgV § 34 Rn. 2.

bei der nach § 132 Abs. 5 GWB erforderlichen Bekanntmachung von Auftragsänderungen, die über den Verweis in § 147 GWB auch im Anwendungsbereich der VSVgV gilt. Diese Vorgaben sind mWv 25.10.2023 bei Bekanntmachungen über Auftragsänderungen anzuwenden und betreffen Angaben bzgl. des Verfahrens, des Auftraggebers, des Zwecks der Vergabe und des geänderten Auftragsgegenstands sowie weitere fakultative Angaben.

§ 36 Unterrichtung der Bewerber oder Bieter

(1) [1]Unbeschadet des § 147 in Verbindung mit § 134 des Gesetzes gegen Wettbewerbsbeschränkungen unterrichten die Auftraggeber alle Bewerber oder Bieter unverzüglich über die Gründe für die Entscheidung, einen Auftrag oder eine Rahmenvereinbarung, für die eine Bekanntmachung veröffentlicht wurde, nicht zu vergeben oder das Verfahren neu einzuleiten. [2]Diese Information wird auf Verlangen der Bewerber oder Bieter schriftlich erteilt.

(2) Unbeschadet des § 147 in Verbindung mit § 134 des Gesetzes gegen Wettbewerbsbeschränkungen unterrichten die Auftraggeber auf Verlangen des Betroffenen unverzüglich, spätestens 15 Tage nach Eingang eines entsprechenden Antrags in Textform nach § 126b des Bürgerlichen Gesetzbuchs,
1. jeden nicht erfolgreichen Bewerber über die Gründe für die Ablehnung der Bewerbung;
2. jeden nicht berücksichtigten Bieter über die Gründe für die Ablehnung des Angebots, insbesondere die Gründe dafür, dass keine Gleichwertigkeit im Sinne des § 15 Absatz 4 und 5 dieser Verordnung vorliegt oder dass die Lieferungen oder Dienstleistungen nicht den Leistungs- oder Funktionsanforderungen entsprechen, und in den Fällen der §§ 7 und 8 die Gründe dafür, dass keine Gleichwertigkeit bezüglich der Anforderungen an den Schutz von Verschlusssachen oder an die Versorgungssicherheit durch Unternehmen vorliegt;
3. jeden Bieter, der ein ordnungsgemäßes Angebot eingereicht hat, das jedoch abgelehnt worden ist, über die Merkmale und Vorteile des ausgewählten Angebots sowie über den Namen des Zuschlagsempfängers oder der Vertragspartner der Rahmenvereinbarung.

Literatur: Vgl. die Angaben bei § 62 VgV und § 19 EU VOB/A.

I. Bedeutung der Vorschrift

1 § 36 VSVgV setzt Art. 35 RL 2009/81/EG in nationales Recht um. Die Vorschrift ergänzt die §§ 134, 147 GWB und hat Parallelen zu § 62 VgV und § 19 VS VOB/A. Sie schafft eine ex-post-Informationspflicht des Auftraggebers ggü. den Bewerbern oder Bietern. Diese Verpflichtung besteht darüber hinaus auch ohne einen Antrag der Bieterseite. Über die Regelungen des § 134 GWB hinaus schafft § 36 Abs. 1 VSVgV eine Informationspflicht für den Fall, dass kein Zuschlag erteilt wird.[1] Die Anforderungen an den Auftraggeber für eine nähere Begründung der Vergabeentscheidung auf Antrag finden sich in Abs. 2.

---

[1] Dippel/Sterner/Zeiss/v. Wietersheim VSVgV § 36 Rn. 2.

II. Informationspflicht (Abs. 1)

Abs. 1 verpflichtet den Auftraggeber, die Bewerber oder Bieter unverzüglich über die Gründe einer Aufhebung oder Neueinleitung eines Vergabeverfahrens oder einer Rahmenvereinbarung zu unterrichten. Dies hat **proaktiv**, also ohne einen Antrag der Bieterseite, zu erfolgen. Auf Verlangen des Bieters ist sie in Schriftform zu erteilen. Die Information hat unverzüglich zu erfolgen (vgl. dazu → § 62 VgV Rn. 4a).

Es stellt sich die Frage, in welchem Verhältnis die Bestimmung zur Informationspflicht gem. § 37 Abs. 2 VSVgV steht. Teilw. wird angeführt, dass § 36 Abs 1 VSVgV in Unterscheidung zu § 37 Abs. 2 VSVgV auch rechtswidrige sonstige Verfahrensbeendigungen neben der Aufhebung erfassen soll.[2] Da die Anforderungen deckungsgleich sind, kann dies iErg offenbleiben.

III. Unterrichtung auf Verlangen (Abs. 2)

Abs. 2 sieht eine Unterrichtungspflicht **auf Verlangen** der Bewerber oder Bieter vor. Eine entspr. Regelung findet sich in § 19 VS Abs. 4 VOB/A (wobei dieser ein Verlangen in Schriftform vorsieht). Wurde ein solches **Verlangen in Textform** nach § 126b BGB geltend gemacht, hat der Auftraggeber unverzüglich, jedoch spätestens innerhalb einer Frist von 15 Tagen nach Eingang des entspr. Antrags zu unterrichten. Formvorgaben für die Unterrichtung besehen nicht. Daher könnte die Unterrichtung grds. auch mündlich erfolgen. Aus Beweisgründen ist jedoch mind. eine Unterrichtung in Textform zu empfehlen.

Die Unterrichtungsinhalte unterscheiden nach der Rolle im Verfahren: Gem. Abs. 2 S. 1 lit. a sind **nicht erfolgreiche Bewerber** über die Gründe der Ablehnung der Bewerbung zu informieren. Diese Vorgabe entspricht § 62 Abs. 2 S. 1 Nr. 1 VgV (→ VgV § 62 Rn. 8 f.).

Abs. 2 S. 1 lit. b bezieht sich auf die Unterrichtung **nicht erfolgreicher Bieter**. Detaillierter als in der Parallelvorschrift des § 62 Abs. 2 S. 1 Nr. 2 VgV wird eine Reihe von Aspekten aufgeführt, über die insbes. zu informieren ist:
- fehlende Gleichwertigkeit iSd § 15 Abs. 4 u. 5 VSVgV (→ § 15 Rn. 5 f., → VgV § 32 Rn. 2 f.),
- Gründe der Nichteinhaltung funktionaler Anforderungen,
- fehlender Nachweis der Gleichwertigkeit der Sicherheitsanforderungen gem. § 7 Abs. 7 VSVgV (→ § 7 Rn. 19 f.),
- fehlender Nachweis der Gleichwertigkeit der Versorgungssicherheit, § 8 VSVgV (→ § 8 Rn. 3 ff.).

Während der Nachweis der Gleichwertigkeit in § 7 Abs. 7 VSVgV konkret adressiert ist, erschließt sich der Aspekt der Gleichwertigkeit in Bezug auf die Versorgungssicherheit nicht unmittelbar.[3] Der Wortlaut ist 1:1 aus der RL 2009/81/EG übernommen. Gemeint ist wohl, dass die Gründe, aus denen die Versorgungssicherheit nicht als ausreichend angesehen wird, mitzuteilen sind.[4]

§ 37 Aufhebung und Einstellung des Vergabeverfahrens

(1) **Die Vergabeverfahren können ganz oder bei Vergabe nach Losen auch teilweise aufgehoben werden, wenn**

---

[2] So Dippel/Sterner/Zeiss/v. Wietersheim VSVgV § 36 Rn. 2, wohl abweichend zu § 37 Rn. 22, der auch die nicht rechtmäßige Aufhebung als von der Informationspflicht nach § 37 Abs. 2 VSVgV erfasst sieht.
[3] Dippel/Sterner/Zeiss/v. Wietersheim VSVgV § 36 Rn. 33.
[4] Dippel/Sterner/Zeiss/Sterner VSVgV § 8 Rn. 19.

VSVgV § 37 Aufhebung und Einstellung des Vergabeverfahrens

1. kein Angebot eingegangen ist, das den Bewerbungsbedingungen entspricht,
2. sich die Grundlagen der Vergabeverfahren wesentlich geändert haben,
3. sie kein wirtschaftliches Ergebnis gehabt haben oder
4. andere schwerwiegende Gründe bestehen.

(2) Die Auftraggeber teilen den Bewerbern oder Bietern nach Aufhebung des Vergabeverfahrens mindestens in Textform im Sinne des § 126b des Bürgerlichen Gesetzbuchs unverzüglich die Gründe für ihre Entscheidung mit, auf die Vergabe eines bekannt gemachten Auftrags zu verzichten oder das Vergabeverfahren erneut einzuleiten.

Literatur: Vgl. die Angaben bei § 63 VgV.

I. Bedeutung der Vorschrift

1   § 37 VSVgV basiert nicht auf einer Regelung der RL 2009/81/EG. Er regelt die **Aufhebung und Einstellung** des Vergabeverfahrens und entspricht nahezu vollständig § 63 VgV. Die Differenzierung in der Überschrift wird im Regelungsgehalt nicht fortgeführt. Der Begriff der Einstellung knüpft an § 21 Abs. 3 Nr. 2 VSVgV an, der bei Unterschreiten einer Mindestzahl geeigneter Bewerber die Möglichkeit der Einstellung gewährt.[1] Obwohl in der RL 2009/81/EG keine ausdr. Vorgabe enthalten ist, wird die Aufhebung und Einstellung in Art. 35 Abs. 1 RL 2009/81/EG vorausgesetzt. Unterschieden wird zwischen einer gänzlichen Aufhebung des Vergabeverfahrens und einer Teilaufhebung im Falle der losweisen Vergabe (zur Teilaufhebung ausf. → VgV § 63 Rn. 9 ff.). Auch iRd hier zugelassenen Teilaufhebung ist also die Aufhebung nur in Bezug auf einen Teil eines als Gesamtleistung ausgeschriebenen Vertrags möglich.

2   In § 37 VSVgV fehlt die in § 63 Abs. 1 S. 2 VgV enthaltene Klarstellung, nach der keine Verpflichtung zur Zuschlagserteilung besteht.[2] Es ist allerdings anerkannt, dass auch im Anwendungsbereich der VSVgV die zivilrechtliche Vertragsabschlussfreiheit iRd Privatautonomie greift.[3] Das Vorhandensein eines Aufhebungsgrundes ist also nur Voraussetzung für die vergaberechtliche Rechtfertigung, nicht für die Möglichkeit der Aufhebung an sich. Bei unrechtmäßiger Aufhebung bestehen regelmäßig Schadensersatzansprüche[4] (vgl. → VgV § 63 Rn. 12–14).

II. Aufhebungsgründe (Abs. 1)

3   Die Gründe, die zur Aufhebung eines Vergabeverfahrens im Anwendungsbereich der VSVgV berechtigen, entsprechen denen in § 63 VgV, dazu iE → VgV § 63 Rn. 29 ff. Haben sich die Grundlagen des Vergabeverfahrens wesentlich geändert, kann es nach Abs. 1 Nr. 2 aufgehoben werden. Auswirkungen der COVID-19-Pandemie waren geeignet, eine Aufhebung zu legitimieren, jedoch nur unter der Voraussetzung, dass sich tatsächlich Änderungen am Beschaffungsbedarf ergeben haben.[5]

---

[1] Dippel/Sterner/Zeiss/Sterner VS-VgV § 37 Rn. 3.
[2] MüKoEuWettbR/Säcker VS-VgV § 37 Rn. 2.
[3] BGH 20.3.2014 – X ZB 18/13, NZBau 2014, 310; VK Bund 5.3.2021 – VK1-124/20, VPRRS 2021, 0093; 2.8.2022 – VK 2-64/22, VPRRS 2022, 0267.
[4] Beck VergabeR/Horn/Hofmann VS-VgV § 37 Rn. 9 f.; Dippel/Sterner/Zeiss/Sterner VS-VgV § 37 Rn. 1, 27 ff.
[5] VK Bund 11.12.2020 – VK 2–91/20, VPRRS 2021, 0003.

Ein „anderer schwerwiegender Grund" nach Abs. 1 Nr. 4 kann im Anwendungsbereich der VSVgV auch dann vorliegen, wenn eine gem. § 42 VSVgV voreingenommene Person in unzulässiger Weise am Vergabeverfahren mitgewirkt hat.[6] 4

Bei Vergabeverfahren im Anwendungsbereich der VSVgV gilt darüber hinaus, dass gem. § 21 Abs. 3 S. 3 Nr. 2 VSVgV die Möglichkeit besteht, das laufende Verfahren einzustellen und ein neues Vergabeverfahren einzuleiten, wenn die Mindestanzahl geeigneter Bewerber zu gering ist, um einen echten Wettbewerb zu gewährleisten.[7] 5

III. Mitteilungspflicht (Abs. 2)

Nach Abs. 2 ist der Auftraggeber verpflichtet, den Bewerbern oder Bietern seine Entscheidung über die Aufhebung des Vergabeverfahrens unverzüglich, also ohne schuldhaftes Zögern (§ 121 BGB), mitzuteilen. Die Mitteilungspflicht besteht auch bei einer Einstellung des Verfahrens nach § 21 Abs. 3 S. 3 Nr. 2 VSVgV.[8] Die Mitteilung hat mindestens in Textform iSd § 126b BGB zu erfolgen. Es steht dem Auftraggeber also frei, auch die strengeren Formen (Schriftform, § 126 BGB oder elektronische Form, § 126a BGB) zu wählen. Inhaltlich bedarf es einer Mitteilung mindestens der tragenden Gründe für die Aufhebung; eine reine Mitteilung des Gesetzeswortlauts des Erlaubnistatbestandes ist nicht ausreichend.[9] 6

Die Aufhebung des Vergabeverfahrens ist ein zivilrechtlicher Vorgang, nämlich die Entscheidung des öffentlichen Auftraggebers, keines der abgegebenen Angebote anzunehmen. Als konkrete Ausformung des allg. Transparenzgrundsatzes fordert Abs. 2 iS einer vergaberechtlichen Pflicht, die Auftragsinteressierten unverzüglich über diese Entscheidung zu informieren. Jene vergaberechtlich geschuldete Information bezweckt die Herstellung von Transparenz für Bewerber oder Bieter dahin, dass der bekannt gemachte Auftrag nicht mehr im Raum steht und der Wirtschaftsteilnehmer die Möglichkeit einer Angebotserstellung nicht mehr in seine Dispositionen einplanen muss. 7

Eine unterbliebene unverzügliche Information der Bewerber oder Bieter hat idR keine Auswirkungen auf die materielle Rechtmäßigkeit der Aufhebungsentscheidung, die sich allein nach dem Vorliegen eines vergaberechtlichen Aufhebungsgrundes richtet (→ Rn. 2, → VgV § 63 Rn. 29 ff.). Gleichwohl kann die Vergabekammer in den Fällen, in denen die Aufhebung zwar materiell rechtmäßig war, die Entscheidung über die Aufhebung aber nicht unverzüglich mitgeteilt wurde, im Tenor einen Verstoß gegen die Pflicht zur unverzüglichen Information der Bewerber bzw. Bieter feststellen und hierbei auch eine entspr. Kostenverteilung zu Lasten des öffentlichen Auftraggebers aussprechen.[10] 8

Teil 3. Unterauftragsvergabe

§ 38 Allgemeine Vorgaben zur Unterauftragsvergabe

(1) ¹**In den Fällen des § 9 Absatz 3 Nummer 1 und 2 vergeben Auftragnehmer, die keine öffentlichen Auftraggeber im Sinne des § 99 oder Sektorenauftraggeber im Sinne des § 100 des Gesetzes gegen Wettbewerbsbeschrän-**

---

[6] MüKoEuWettbR/Fett VSVgV § 37 Rn. 8.
[7] Dippel/Sterner/Zeiss/Sterner VSVgV § 37 Rn. 3.
[8] Dippel/Sterner/Zeiss/Sterner VSVgV § 37 Rn. 22.
[9] Dippel/Sterner/Zeiss/Sterner VSVgV § 37 Rn. 25.
[10] VK Bund 25.5.2023 – VK 2–116/22 VS-NfD.

VSVgV § 38   Allgemeine Vorgaben zur Unterauftragsvergabe

kungen oder vergleichbarer Normen anderer Mitgliedstaaten der Europäischen Union sind, Unteraufträge an Dritte nach den Vorschriften dieses Teils. ²Die Auftragnehmer vergeben Unteraufträge im Wege transparenter Verfahren und behandeln sämtliche potenzielle Unterauftragnehmer gleich und in nicht diskriminierender Weise.

(2) ¹Für die Zwecke von Absatz 1 gelten Bietergemeinschaften oder mit dem Auftragnehmer verbundene Unternehmen nicht als Unterauftragnehmer im Sinne dieses Teils. ²Der Bieter fügt dem Angebot eine vollständige Liste dieser Unternehmen bei. ³Ergeben sich Änderungen in den Beziehungen zwischen den Unternehmen, ist dem Auftraggeber darüber eine aktualisierte Liste zur Verfügung zu stellen.

(3) Auftragnehmer, die öffentliche Auftraggeber sind, halten bei der Unterauftragsvergabe die Vorschriften dieser Verordnung über die Vergabe von Hauptaufträgen ein.

(4) Für die Schätzung des Wertes von Unteraufträgen gilt § 3 entsprechend.

I. Bedeutung der Vorschrift

1   § 38 VSVgV setzt Art. 50, 51, 54 RL 2009/81/EG in nationales Recht um. Die Vorschrift unterscheidet, ebenso wie Titel III der RL 2009/81/EG in Kap. I und II, zwischen Auftragnehmern, die keine öffentlichen Auftraggeber sind (Abs. 1), und solchen, die öffentliche Auftraggeber sind (Abs. 3). Keine Umsetzung hat Art. 52 Abs. 7 RL 2009/81/EG erfahren, durch den der Auftragnehmer bei der Vergabe von Unteraufträgen zur Anwendung der **primärrechtlichen Grundsätze der Transparenz und des Wettbewerbs** des AEUV **auch unterhalb der Schwellenwerte** (§ 3 VSVgV) verpflichtet wird. Einer Umsetzung in der VSVgV bedurfte es nicht, da die entspr. Grundsätze des AEUV dort ohnehin gelten.[1] Im Rahmen einer richtlinienkonformen Auslegung wird man im Lichte von Art. 52 Abs. 1, 7 RL 2009/81/EG davon ausgehen müssen, dass die **Schwellenwerte** gem. § 3 VSVgV **überschritten** sein müssen, um zu einer Anwendung der §§ 38 ff. VSVgV zu gelangen.

II. Unterauftragsvergabe durch nicht-öffentliche Auftraggeber (Abs. 1)

2   Abs. 1 S. 1 übernimmt den Inhalt des Art. 50 Abs. 1 RL 2009/81/EG. Dementsprechend kommt das wettbewerbliche Verfahren der Unterauftragsvergabe nur zur Anwendung, wenn der öffentliche Auftraggeber besondere Anforderungen an die Unterauftragsvergabe gem. § 9 Abs. 3 Nr. 1 VSVgV oder § 9 Abs. 3 Nr. 2 VSVgV stellt. Bei der Unterauftragsvergabe sind Auftragnehmer, die keine öffentlichen Auftraggeber sind, an die §§ 39–41 VSVgV gebunden.[2]

2a   Abs. 1 S. 2 übernimmt Art. 51 RL 2009/81/EG. Danach müssen auch die Auftragnehmer, die keine öffentlichen Auftraggeber sind, Unteraufträge im Wege transparenter Verfahren vergeben und sämtliche potenziellen Unterauftragnehmer gleich und in nichtdiskriminierender Weise behandeln. Im Hinblick auf die Grundprinzipien des Transparenzgebotes, der Gleichbehandlung und der Nichtdiskriminierung kann auf die Kommentierung zu § 97 Abs. 1, 2 GWB (→ GWB § 97 Rn. 2 ff.) verwiesen werden.

---

[1] BR-Drs. 321/12, 62; Beck VergabeR/Otting VS-VgV § 38 Rn. 3.
[2] Beck VergabeR/Otting VS-VgV § 38 Rn. 7; MüKoEuWettbR/Fett VSVgV § 38 Rn. 6 ff.

III. Bietergemeinschaften und verbundene Unternehmen (Abs. 2)

Abs. 2 S. 1 übernimmt die Vorgabe aus Art. 50 Abs. 2 RL 2009/81/EG, wonach 3 durch **Bietergemeinschaften oder verbundene Unternehmen** die Anforderungen zur Unterauftragsvergabe **nicht erfüllt werden können,** um ein Leerlaufen der Vorschrift zu vermeiden (vgl. → § 9 Rn. 9 ff.). Abs. 2 S. 2 setzt Art. 50 Abs. 2 UAbs. 2 S. 2 RL 2009/81/EG um und verlangt, dass dem Auftraggeber vom Auftragnehmer mit dessen Angebot eine vollständige Liste der Unterauftragnehmer vorgelegt werden muss. Ergeben sich Änderungen in den Beziehungen zwischen den Unternehmen, ist dem Auftraggeber nach S. 3 darüber eine aktualisierte Liste zur Verfügung zu stellen.

IV. Unterauftragsvergabe durch öffentliche Auftraggeber (Abs. 3)

Abs. 3 übernimmt die Vorgabe des Art. 54 RL 2009/81/EG, wonach bei Unter- 4 auftragsvergaben durch öffentliche Auftraggeber die Vorschriften der VSVgV für die Vergabe von Hauptaufträgen einzuhalten sind. Die §§ 38–41 VSVgV sind in diesen Fällen nicht anzuwenden, sondern vom öffentlichen Auftraggeber ist das Vergaberegime der VSVgV vollständig zu beachten.[3]

V. Wertberechnung der Unteraufträge (Abs. 4)

Abs. 5 setzt Art. 52 Abs. 8 RL 2009/81/EG um und verweist darauf, dass für die 5 Wertberechnung der Unteraufträge § 3 VSVgV entspr. anwendbar ist.

§ 39 Bekanntmachung

(1) ¹Der Auftragnehmer veröffentlicht seine Absicht, einen Unterauftrag zu vergeben, in Form einer Bekanntmachung. ²Die Bekanntmachung enthält zumindest die in Anhang V der Richtlinie 2009/81/EG aufgeführten Informationen sowie die Auswahlkriterien des § 40 Absatz 1. ³Für die Bekanntmachung ist die Einwilligung des Auftraggebers einzuholen. ⁴Die Bekanntmachung wird nach den Vorgaben der Spalte 22 der Tabelle 2 des Anhangs der Durchführungsverordnung (EU) 2019/1780 in Verbindung mit § 2 Absatz 3 erstellt und wird gemäß § 18 Absatz 4 und 5 veröffentlicht.

(2) Eine Bekanntmachung über Unteraufträge ist nicht erforderlich, wenn in entsprechender Anwendung des § 12 eine Bekanntmachung verzichtbar ist, weil ein Verhandlungsverfahren ohne Teilnahmewettbewerb zulässig wäre.

§ 39 VSVgV setzt Art. 52 Abs. 1–3, Art. 53 Abs. 1 RL 2009/81/EG in nationa- 1 les Recht um. Nach Abs. 1 S. 1 muss der Auftragnehmer seine Absicht, einen Unterauftrag zu vergeben, in Form einer unionsweiten Bekanntmachung veröffentlichen. Die Bekanntmachung muss nach S. 2 zumindest die in Anhang V der RL 2009/81/EG aufgeführten Informationen sowie die Auswahlkriterien des § 40 Abs. 1 VSVgV enthalten. S. 3 verlangt, dass die Bekanntmachung der Unter-

---

[3] Beck VergabeR/Otting VS-VgV § 38 Rn. 11; MüKoEuWettbR/Fett VS-VgV § 38 Rn. 13.

aufträge der **vorherigen Einwilligung des Auftraggebers** bedarf. Dies steht im Einklang mit Art. 52 Abs. 2 RL 2009/81/EG, der vorsieht, dass Angaben in der Bekanntmachung der Unterauftragsvergabe von der Zustimmung des Auftraggebers abhängig gemacht werden können. Dies ist sachgerecht, da der Auftraggeber die Möglichkeit haben soll, den Inhalt der Bekanntmachung dahingehend zu überprüfen, ob dieser seine schutzwürdigen Interessen – insbes. die Wahrung der Vertraulichkeit oder den Schutz von Verschlusssachen – gewährleistet.[1] Die Einwilligung darf nur unter **Beachtung des Verhältnismäßigkeitsgrundsatzes** versagt werden.[2]

1a Die Bekanntmachung ist mWv 25.10.2023 nach den Vorgaben der Spalte 22 in Tabelle 2 des Anhangs der Durchführungsverordnung (EU) 2019/1780 iVm § 2 Abs. 3 VSVgV zu erstellen und nach § 18 Abs. 4 und 5 VSVgV zu veröffentlichen. S. 4, der dies anordnet, wurde durch die eForms-VO[3] an die Vorgaben der Durchführungsverordnung (EU) 2019/1780 angepasst (dazu → VgV § 10a Rn. 1 ff.).

2 § 39 Abs. 2 VSVgV übernimmt den Inhalt des Art. 52 Abs. 4 RL 2009/81/EG und stellt klar, dass bei Unteraufträgen, bei denen ein **Verhandlungsverfahren ohne Teilnahmewettbewerb** zulässig wäre, eine Bekanntmachung **verzichtbar** ist. Dies schließt eine Veröffentlichung nach § 18 VSVgV, im Einklang mit Art. 52 Abs. 5 RL 2009/81/EG, natürlich nicht aus.

§ 40 Kriterien zur Auswahl der Unterauftragnehmer

(1) ¹In der Bekanntmachung für den Unterauftrag gibt der Auftragnehmer die vom Auftraggeber festgelegten Eignungskriterien sowie alle anderen Kriterien an, die er für die Auswahl der Unterauftragnehmer anwenden wird. ²Diese Kriterien müssen objektiv und nicht diskriminierend sein und im Einklang mit den Kriterien stehen, die der Auftraggeber für die Auswahl der Bieter für den Hauptauftrag angewandt hat. ³Die geforderte Leistungsfähigkeit muss in unmittelbarem Zusammenhang mit dem Gegenstand des Unterauftrags stehen und das Niveau der geforderten Fähigkeiten muss dem Gegenstand des Unterauftrags angemessen sein.

(2) **Der Auftraggeber darf vom Auftragnehmer nicht verlangen, einen Unterauftrag zu vergeben, wenn dieser nachweist, dass keiner der Unterauftragnehmer, die an dem Wettbewerb teilnehmen, oder keines der eingereichten Angebote die in der Bekanntmachung über den Unterauftrag genannten Kriterien erfüllt und es daher dem erfolgreichen Bieter unmöglich wäre, die Anforderungen des Hauptauftrags zu erfüllen.**

1 § 40 VSVgV setzt Art. 53 Abs. 1, 2 RL 2009/81/EG in nationales Recht um. Die Vorschrift regelt die Festlegung von Eignungs- und Auswahlkriterien, die von Auftragnehmern, die keine öffentlichen Auftraggeber iSv § 99 GWB oder Sektorenauftraggeber iSv § 100 GWB oder vergleichbaren Normen anderer EU-Mitgliedstaaten sind (s. § 38 Abs. 1 VSVgV), an ihre Unterauftragnehmer gestellt werden, sofern diese Auftragnehmer nach § 9 Abs. 3 Nr. 1, 2 VSVgV zur Anwendung der §§ 38 ff. VSVgV verpflichtet wurden.

2 Nach Abs. 1 S. 1 muss der Auftragnehmer alle **Eignungs- und sonstigen Kriterien** – welche sowohl Eignungskriterien als auch Zuschlagskriterien darstellen können[1] – in der Bekanntmachung nach § 39 iVm § 18 VSVgV angeben,

---

[1] Dippel/Sterner/Zeiss § 39 Rn. 9; MüKoEuWettbR/Fett VS-VgV § 39 Rn. 6–8.
[2] BR-Drs. 321/12, 63.
[3] BGBl. 2023 I Nr. 222 v. 17. August 2023.
[1] Beck VergabeR/Otting VS-VgV § 40 Rn. 3.

sofern er hierzu vom Auftraggeber gem. § 9 Abs. 3 Nr. 1, 2 VSVgV verpflichtet wurde.

Nach Abs. 1 S. 2 müssen die Kriterien, wie auch sonst, **objektiv und nicht diskriminierend** sein sowie im Einklang mit den Kriterien stehen, die der Auftraggeber für die Auswahl der Bieter für den Hauptauftrag angewandt hat. Werden Anforderungen an die Leistungsfähigkeit gestellt, müssen diese nach Abs. 1 S. 3 **unmittelbar** mit dem Gegenstand des Unterauftrags **zusammenhängen**, und das Niveau der geforderten Fähigkeiten muss dem Gegenstand des Unterauftrags **angemessen** sein. 3

Abs. 2 gesteht dem Auftragnehmer das Recht zu, eine **Unterauftragsvergabe abzulehnen**, sofern die eingereichten Angebote oder die teilnehmenden Unterauftragnehmer die in der Bekanntmachung aufgestellten Kriterien nicht erfüllen. Den Auftragnehmer trifft die Nachweispflicht, der er nachkommt, indem er darlegt, dass er keine überhöhten Anforderungen gestellt und die allg. vergaberechtlichen Grundsätze bei der Unterauftragnehmervergabe beachtet hat.[2] 4

§ 41 Unteraufträge aufgrund einer Rahmenvereinbarung

(1) ¹**Der Auftragnehmer kann die Anforderungen an die Vergabe von Unteraufträgen im Sinne des § 9 Absatz 3 Nummer 1 und 2 erfüllen, indem er Unteraufträge auf der Grundlage einer Rahmenvereinbarung vergibt, die unter Einhaltung des § 38 Absatz 1 Satz 2, der §§ 39 und 40 geschlossen wurde.** ²**Unteraufträge auf der Grundlage einer solchen Rahmenvereinbarung werden gemäß den Bedingungen der Rahmenvereinbarung vergeben.** ³**Sie dürfen nur an Unternehmen vergeben werden, die von Anfang an Parteien der Rahmenvereinbarung waren.**

(2) **Für die durch den Auftragnehmer geschlossene Rahmenvereinbarung gilt § 14 Absatz 1 Satz 2 und Absatz 6 Satz 1 und 2 entsprechend.**

§ 41 VSVgV setzt Art. 52 Abs. 6 UAbs. 1–4 RL 2009/81/EG in nationales Recht um. Ein Auftragnehmer kann nach Abs. 1 die sich aus § 9 Abs. 3 Nr. 1 und 2 VSVgV ergebenden Anforderungen an die Unterauftragsvergabe auch dadurch erfüllen, dass er die Unteraufträge auf der Grundlage einer Rahmenvereinbarung vergibt. 1

Die vom Auftragnehmer geschlossene Rahmenvereinbarung muss den **Vorschriften der VSVgV zur Unterauftragsvergabe genügen,** also den §§ 38 Abs. 1 S. 2, 39, 40 VSVgV, nicht aber den Anforderungen des § 14 VSVgV. Die auf der Basis von Rahmenvereinbarungen vergebenen Unteraufträge werden in dem Verfahren vergeben, das die Rahmenvereinbarung vorsieht. Bei der Unterauftragsvergabe sind in jedem Fall Bedingungen vorzusehen, die auch **inhaltlich denen der Rahmenvereinbarung entsprechen.** Die Unteraufträge dürfen nur an Unternehmen vergeben werden, die von Anfang an Parteien der Rahmenvereinbarung waren. Auch iÜ dürfen Rahmenvereinbarungen gem. Art. 52 Abs. 6 UAbs. 4 RL 2009/81/EG nicht in missbräuchlicher Weise angewandt werden, um den Wettbewerb zu behindern, einzuschränken oder zu verfälschen.[1] 2

Abs. 2 erklärt § 14 Abs. 1 S. 2, Abs. 6 VSVgV für die durch den Auftragnehmer geschlossene Rahmenvereinbarung für entspr. anwendbar, da diese nur den Hauptauftraggeber unmittelbar verpflichten.[2] Demnach beträgt die Laufzeit einer Rahmenvereinbarung grds. höchstens sieben Jahre und darf nur in Ausnahmefällen, die unter Berücksichtigung der zu erwartenden Nutzungsdauer gelieferter 3

---

[2] HK-VergabeR/Schellenberg VSVgV § 40 Rn. 5.
[1] Dippel/Sterner/Zeiss § 41 Rn. 3; MüKoEuWettbR/Fett VSVgV § 41 Rn. 1.
[2] BR-Drs. 321/12, 64.

Güter, Anlagen oder Systeme und der durch einen Wechsel des Lieferanten entstehenden technischen Schwierigkeiten bestimmt werden, überschritten werden.

Teil 4. Besondere Bestimmungen

§ 42 Ausgeschlossene Personen

(1) **Als Organmitglied oder Mitarbeiter eines Auftraggebers oder als Beauftragter oder als Mitarbeiter eines Beauftragten eines Auftraggebers dürfen bei Entscheidungen in einem Vergabeverfahren für einen Auftraggeber als voreingenommen geltende natürliche Personen nicht mitwirken, soweit sie in diesem Verfahren**
1. **Bieter oder Bewerber sind,**
2. **einen Bieter oder Bewerber beraten oder sonst unterstützen oder als gesetzlicher Vertreter oder nur in dem Vergabeverfahren vertreten,**
3. **beschäftigt oder tätig sind**
   a) **bei einem Bieter oder Bewerber gegen Entgelt oder bei ihm als Mitglied des Vorstandes, Aufsichtsrates oder gleichartigen Organs,**
   b) **für ein in das Vergabeverfahren eingeschaltetes Unternehmen, wenn dieses Unternehmen zugleich geschäftliche Beziehungen zum Auftraggeber und zum Bieter oder Bewerber hat,**
es sei denn, dass daraus kein Interessenkonflikt für die Person entsteht oder sich die Tätigkeiten nicht auf die Entscheidungen in dem Vergabeverfahren auswirken.

(2) **¹Als voreingenommen gelten auch die Personen, deren Angehörige die Voraussetzungen nach Absatz 1 Nummer 1 bis 3 erfüllen. ²Angehörige sind der Verlobte, der Ehegatte, Lebenspartner, Verwandte und Verschwägerte gerader Linie, Geschwister, Kinder der Geschwister, Ehegatten und Lebenspartner der Geschwister und Geschwister der Ehegatten und Lebenspartner, Geschwister der Eltern sowie Pflegeeltern und Pflegekinder.**

1 § 42 VSVgV entspricht inhaltlich dem § 16 VgV aF, auf dessen Kommentierung in der 2. Aufl. deshalb verwiesen wird (→ 2. Aufl. 2013, VgV § 16 Rn. 1 ff.). Trotz einiger inhaltlicher und struktureller Änderungen hat sich die aktuelle Vorschrift des § 6 VgV nicht weit von der Vorschrift des § 16 VgV aF entfernt. Die umfangreiche Kasuistik und die Literatur zu § 6 VgV kann deshalb ebenfalls für die Anwendung und Auslegung von § 42 VSVgV herangezogen werden.[1] Insoweit kann grds. auf die Kommentierung zu § 6 VgV verwiesen werden.

2 Freilich ist im Einzelfall zu berücksichtigen, dass § 42 VSVgV bei Nichterfüllung der Vermutungstatbestände keine weitergehende Prüfung eines Interessenkonflikts verlangt.[2] Denn anders als § 6 VgV, stellt § 42 VSVgV auf eine **widerlegbare** Voreingenommenheit und nicht auf das Bestehen eines Interessenkonflikts ab.[3] Dementsprechend ist eine Differenzierung zwischen denjenigen Personen, deren Voreingenommenheit unwiderlegbar vermutet wird (zB Bieter

---

[1] Kapellmann/Messerschmidt/Schneider VgV § 6 Rn. 1; Voppel/Osenbrück/Bubert VgV/Voppel § 6 Rn. 1–3; HK-VergabeR/Sturhahn VSVgV § 42 Rn. 1; krit.: MüKoEuWettbR/Fett VSVgV § 42 Rn. 6.
[2] HK-VergabeR/Sturhahn VgV § 6 Rn. 1.
[3] MüKoEuWettbR/Fett VSVgV § 42 Rn. 5 f.

und Bewerber) und die deshalb ohne weitere Einzelfallprüfung von einer Mitwirkung am Vergabeverfahren ausgeschlossen werden (§ 42 Abs. 1 Nr. 1 und 2 VSVgV), und denjenigen Personen, deren Voreingenommenheit nur widerlegbar vermutet wird und für die dem öffentlichen Auftraggeber der Nachweis offen steht, dass im konkreten Fall kein Interessenkonflikt besteht (§ 42 Abs. 1 Nr. 3 VSVgV)[4], vorzunehmen.[5]

§ 43 Dokumentations- und Aufbewahrungspflichten

(1) **Das Vergabeverfahren ist von Beginn an in einem Vergabevermerk fortlaufend zu dokumentieren, um die einzelnen Stufen des Verfahrens, die einzelnen Maßnahmen sowie die Begründung der einzelnen Entscheidungen festzuhalten.**

(2) **Der Vergabevermerk umfasst zumindest:**
1. **den Namen und die Anschrift des öffentlichen Auftraggebers, Gegenstand und Wert des Auftrags oder der Rahmenvereinbarung,**
2. **die Namen der berücksichtigten Bewerber oder Bieter und die Gründe für ihre Auswahl,**
3. **die Namen der nicht berücksichtigten Bewerber oder Bieter und die Gründe für ihre Ablehnung,**
4. **die Gründe für die Ablehnung von ungewöhnlich niedrigen Angeboten,**
5. **den Namen des erfolgreichen Bieters und die Gründe für die Auswahl seines Angebots sowie, falls bekannt, den Anteil am Auftrag oder an der Rahmenvereinbarung, den der Zuschlagsempfänger an Dritte weiterzugeben beabsichtigt oder verpflichtet ist weiterzugeben,**
6. **beim Verhandlungsverfahren ohne Teilnahmewettbewerb und wettbewerblichen Dialog die in dieser Verordnung jeweils genannten Umstände oder Gründe, die die Anwendung dieser Verfahren rechtfertigen; gegebenenfalls die Begründung für die Überschreitung der Fristen gemäß § 12 Absatz 1 Nummer 2 Buchstabe a Satz 2 und Nummer 3 Buchstabe b Satz 3 sowie für die Überschreitung der Schwelle von 50 Prozent gemäß § 12 Absatz 1 Nummer 3 Buchstabe a,**
7. **gegebenenfalls die Gründe, aus denen die Auftraggeber auf die Vergabe eines Auftrags oder den Abschluss einer Rahmenvereinbarung verzichtet haben,**
8. **die Gründe, aufgrund derer mehrere Teil- oder Fachlose zusammen vergeben werden sollen,**
9. **die Gründe, warum der Gegenstand des Auftrags die Vorlage von Eigenerklärungen oder von Eignungsnachweisen erfordert,**
10. **die Gründe der Nichtangabe der Gewichtung der Zuschlagskriterien,**
11. **gegebenenfalls die Gründe, die eine über sieben Jahre hinausgehende Laufzeit einer Rahmenvereinbarung rechtfertigen, und**
12. **die Gründe für die Ablehnung von Angeboten.**

(3) **Die Auftraggeber müssen geeignete Maßnahmen treffen, um den Ablauf der mit elektronischen Mitteln durchgeführten Vergabeverfahren zu dokumentieren.**

(4) **Auf Ersuchen der Europäischen Kommission müssen die Auftraggeber den Vermerk in Kopie übermitteln oder dessen wesentlichen Inhalt mitteilen.**

---

[4] VK Bund 26.6.2015 – VK 1–47/15, BeckRS 2016, 7774.
[5] Kapellmann/Messerschmidt/Schneider VgV § 6 Rn. 4; MüKoEuWettbR/Fett VSVgV § 42 Rn. 26.

VSVgV § 44   Übergangsbestimmung

1 Die Vorschrift setzt Art. 37 RL 2009/81/EG in nationales Recht um. Die Umsetzung orientierte sich am früheren § 24 VOL/A-EG für zivile Auftragsvergaben und § 32 SektVO aF.[1]

2 Abs. 1 verlangt, das Vergabeverfahren **von Beginn an** in einem **Vergabevermerk fortlaufend** zu dokumentieren, um die einzelnen Stufen des Verfahrens, die einzelnen Maßnahmen sowie die Begründung der einzelnen Entscheidungen festzuhalten. Gefordert ist eine nachvollziehbare, fortlaufende und zeitgerechte[2] **Dokumentation** der einzelnen Stufen des Verfahrens, der einzelnen Maßnahmen sowie der Begründung der einzelnen Entscheidungen in einem Vergabevermerk. Darin sind insbes. auch die Verhandlungen und deren Ergebnisse darzustellen. Die Dokumentation lediglich von Daten – ohne Inhalte – ist dementsprechend unzureichend.[3] Abweichend von § 8 Abs. 1 S. 1 VgV, der zur Dokumentation die Textform (§ 126b BGB) anordnet, stellt § 43 VSVgV keine Formanforderungen auf. Die Dokumentation ist jedoch auch im Anwendungsbereich der VSVgV in beweisgeeigneter Form zu erstellen, um dem Transparenzgebot Genüge zu tun.[4] Zu Formalien und Inhalt des Vergabevermerks → VgV § 8 Rn. 6 ff. Zur Heilung von Dokumentationsmängeln → VgV § 8 Rn. 13.

3 Abs. 3 ordnet an, geeignete Maßnahmen zu treffen, um den Ablauf der mit elektronischen Mitteln durchgeführten Vergabeverfahren zu dokumentieren. Dazu → VOB/A § 20 Rn. 5.

4 Nach Abs. 4 müssen die Auftraggeber den Vergabevermerk auf Ersuchen der EU-Kommission in Kopie übermitteln oder dessen wesentlichen Inhalt mitteilen. Die Vorschrift bleibt hinter der Regelung in § 8 Abs. 5 VgV zurück, wonach die EU-Kommission sowie die zuständigen Prüf- und Aufsichtsbehörden im klassischen Vergabebereich **auch abgeschlossene Verträge** ab einem gewissen Wertvolumen anfordern können.

5 Die Regelung der Melde- und Berichtspflichten im § 44 VSVgV aF wurde durch die VergRModVO aufgehoben, da sich die Statistikpflichten des Auftraggebers unmittelbar aus § 114 Abs. 2 S. 1 GWB ergeben (→ GWB § 114 Rn. 1 ff.).

Teil 5. Übergangs- und Schlussbestimmungen

§ 44 Übergangsbestimmung

Vergabeverfahren, die vor dem Inkrafttreten der Verordnung begonnen haben, werden einschließlich der sich an diese anschließenden Nachprüfungsverfahren nach dem Recht zu Ende geführt, das zum Zeitpunkt der Einleitung des Verfahrens galt.

1 Die Übergangsbestimmung regelt das anzuwendende Recht für Vergabe- und Nachprüfungsverfahren, die zum Zeitpunkt des Inkrafttretens der VSVgV bereits begonnen haben. Die VSVgV trat am 19.7.2012 in Kraft.[1] Davor waren die zwingenden Vorgaben

---

[1] Ähnlich auch § 20 VS VOB/A für den Baubereich, der allerdings noch in Abs. 2 die Regelung zur Dokumentation des Verzichts auf zusätzlich zum Angebot verlangte Unterlagen und Nachweise enthält.

[2] Der Umstand, dass ein Auftraggeber iR eines Nachprüfungsverfahrens eine Woche (einschl. Feiertag und Wochenende) benötigt, um Unterlagen zusammenzustellen, bedeutet keinen Dokumentationsmangel iSv § 43 VSVgV, VK Bund 27.10.2014 – VK 1–80/14, BeckRS 2014, 122790.

[3] OLG Düsseldorf 21.10.2015 – VII-Verg 28/14, NZBau 2016, 235 (245).

[4] HK-VergabeR/Schellenberg VSVgV § 43 Rn. 2.

[1] BGBl. 2012 I 1509 v. 18.7.2012.

der RL 2009/81/EG nach Ablauf der Umsetzungsfrist am 21.8.2011 gem. den allg. Regeln des Unionsrechts über die Folgen einer nicht erfolgten Umsetzung einer RL unmittelbar anzuwenden.[2] Auf die Kommentierung des weitgehend gleichlautenden § 186 Abs. 2 GWB (→ GWB § 186 Rn. 3 ff.) wird verwiesen.

§ 44a Anwendungsbestimmungen aus Anlass der Einführung von e-Forms

Bis zum Ablauf des sich nach § 83 Absatz 2 der Vergabeverordnung ergebenden Tages sind
1. § 2 Absatz 3 nicht anzuwenden und
2. die §§ 2, 17, 18, 35 und 39 in ihrer am 23. August 2023 geltenden Fassung weiter anzuwenden.

Der mit der „Verordnung zur Anpassung des Vergaberechts an die Einführung **1** neuer elektronischer Standardformulare („eForms") für EU-Bekanntmachungen und an weitere europarechtliche Anforderungen" v. 17. August 2023[1] eingefügte § 44a VSVgV enthält **Anwendungsbestimmungen**, bis zu welchem Tag der mit jener Verordnung eingefügte § 2 Abs. 3 VSVgV nicht anzuwenden und die §§ 2, 17, 18. 35 und 39 VSVgV in ihrer am 23. August 2023 geltenden Fassung weiter anzuwenden sind.

Die Änderungsverordnung trat am Tag nach ihrer Verkündung am 24. August **2** 2023 in Kraft. Die Anwendung der eForms ist jedoch erst zum Ende des Übergangszeitraums der Durchführungsverordnung (EU) 2019/1780 („eForms-Verordnung")[2] am 25.10.2023 verpflichtend. Dies soll nach den Vorstellungen der Verordnungsgebers[3] einen ausreichenden Vorbereitungszeitraum ermöglichen. § 44a VSVgV normiert insoweit Übergangsbestimmungen zum Abgleich der technischen und rechtlichen Regelungen.[4]

§ 44a VSVgV verweist für die Anwendung des § 2 Abs. 3 VSVgV auf die in § 83 **3** Abs. 2 VgV normierten Zeitpunkte. Der für die Anwendung von § 2 Abs. 3 VSVgV maßgebliche Tag ist danach der Folgetag des Tages, an dem
(1) das BMI im Einvernehmen mit dem BMWK den Datenaustauschstandard eForms entspr. § 10a Abs. 2 S. 2 VgV festgelegt und im BAnz. bekanntgemacht hat und
(2) das BMWK im Einvernehmen mit dem BMI festgestellt und im BAnz. bekanntgemacht hat, dass
   (a) die Voraussetzungen für die elektronische Erstellung von Bekanntmachungen nach der Durchführungsverordnung (EU) 2019/1780 entspr. § 10a Abs. 1 S. 1 VgV vorliegen und
   (b) die Voraussetzungen für die elektronische Übermittlung von Bekanntmachungen über den Datenservice Öffentlicher Einkauf entspr. § 10a Abs. 5 S. 1 VgV vorliegen.

---

[2] OLG Düsseldorf 8.6.2011 – Verg 49/11, BeckRS 2011, 18449.
[1] BGBl. 2023 I Nr. 222 v. 23.8.2023.
[2] Durchführungsverordnung (EU) 2019/1780 der Kommission v. 23. September 2019 zur Einführung von Standardformularen für die Veröffentlichung von Bekanntmachungen für öffentliche Aufträge und zur Aufhebung der Durchführungsverordnung (EU) 2015/1986 („elektronische Formulare – eForms"), geändert durch die Durchführungsverordnung (EU) 2022/2303 der Kommission v. 4. November 2022 zur Änderung der Durchführungsverordnung (EU) 2019/1780 zur Einführung von Standardformularen für die Veröffentlichung von Bekanntmachungen für öffentliche Aufträge.
[3] BT-Drs. 20/6118, 38.
[4] BT-Drs. 20/6118, 34.

Die Pflichten nach § 2 Abs. 3 VSVgV sind mWv 25. Oktober 2023 zu beachten (iE dazu → VgV § 83 Rn. 3).

§ 45 Inkrafttreten

Diese Verordnung tritt am Tag nach der Verkündung[1] in Kraft.

1 § 45 VSVgV regelt das Inkrafttreten der Verordnung. Die VSVgV wurde am 18.7.2012 im Bundesgesetzblatt veröffentlicht[2] und trat am 19.7.2012 in Kraft. Durch Verordnung vom 12.4.2016 wurde der vormalige § 46 VSVgV aF mit unverändertem Wortlaut mWv 19.4.2016 zum § 45 VSVgV.[3] Zum vor Inkrafttreten der VSVgV anwendbaren Vergaberechtsregime sei verwiesen auf die Ausführungen in → VSVgV Einl. Rn. 3 ff.

---

[1] Verkündet am 18.7.2012.
[2] BGBl. 2012 I 1509.
[3] BGBl. 2016 I 624.

5. Verordnung über die Vergabe von Konzessionen (Konzessionsvergabeverordnung – KonzVgV)

Vom 12. April 2016 (BGBl. I S. 624, 683)
zul. geänd. durch Art. 4 VO zur Anpassung des Vergaberechts an die Einführung neuer elektronischer Standardformulare („eForms") für EU-Bek. und an weitere europarechtliche Anforderungen v. 17.8.2023 (BGBl. 2023 I Nr. 222)

Einleitung

Literatur: Braun, Neues von der Konzessionsvergabe, VergabeR 2020, 251; Braun, Konzessionen und Klimaschutz, NZBau 2021, 707; Braun, Umgehungsverbote und Grenzen des Konzessionsrechts, NZBau 2018, 652; Braun, Stand der Konzessionsvergabe, NZBau 2019, 622; Bühs, Materielles Rettungsdienstvergaberecht, EuZW 2020, 658; Goldbrunner, Das neue Recht der Konzessionsvergabe, VergabeR 2016, 365; Greb, Die vergaberechtliche Behandlung von Interessenkonflikten, NZBau 2016, 262; Krönke, Das neue Vergaberecht aus verwaltungsrechtlicher Perspektive, NVwZ 2016, 568; Manzke, Die rechtlichen Kriterien für die Zuschlagsentscheidung im Konzessionsvergaberecht, ZfBR 2021, 724; Schröder, Das Verfahren zur Vergabe von Wasserkonzessionen, NVwZ 2017, 504; Siegel, Der neue Rechtsrahmen für die Vergabe von Dienstleistungskonzessionen, VergabeR 2015, 265; Siegel, Das neue Konzessionsvergaberecht, NVwZ 2016, 1672; Siegel, Die Konzessionsvergabe im Unterschwellenbereich, NZBau 2019, 353; von Wietersheim, Aufbau und Struktur des neuen Vergaberechts, VergabeR 2016, 269.

I. Bedeutung der KonzVgV

In der KonzVgV werden die Verfahrensregelungen zur Vergabe von Bau- und Dienstleistungskonzessionen in einer Rechtsverordnung zusammengefasst.[1] Sie wurde – ebenso wie die VgV und die SektVO – aufgrund der Ermächtigung des § 113 GWB erlassen und bildet neben den §§ 148 ff. GWB die **zweite Stufe der Kaskade zur Konzessionsvergabe.** Sie ergänzt insbes. die beiden verfahrensbezogenen Eckpfeiler des § 151 GWB, nämlich das Bekanntmachungserfordernis gem. § 151 S. 1, 2 GWB (→ GWB § 151 Rn. 2 ff.) sowie den Grundsatz der freien Verfahrensgestaltung gem. § 151 S. 3 GWB (→ GWB § 151 Rn. 5 ff.). Zugleich schränkt sie Letzteren wiederum ein.[2] 1

Ebenso wie die Bestimmungen des GWB ist die KonzVgV lediglich ab Erreichen der **Schwellenwerte** einschlägig (zur Rechtslage im Unterschwellenbereich → GWB § 148 Rn. 27 ff.). Diese liegen seit dem 1.1.2022 bei 5.382 Mio. Euro und gelten einheitlich für Bau- und Dienstleistungskonzessionen (→ GWB § 148 Rn. 23).[3] Hingegen sind die **Vergabeordnungen** insoweit **nicht einschlägig:** Denn die VOB/A erfasst auch nach der Neufassung im Jahre 2019 lediglich Baukonzessionen im Unterschwellenbereich (→ GWB § 148 Rn. 15). Und die UVgO ist in ihrem Anwendungsbereich ebenfalls auf den Unterschwellenbereich beschränkt (→ GWB § 148 Rn. 28). 2

---

[1] BT-Drs. 18/7318, 3. Zur zunehmenden Relevanz des Klimaschutzes auch bei der Konzessionsvergabe Braun NZBau 2021, 707 ff.

[2] Zur systematischen Einordnung GKN VergabeR-HdB/Braun § 62 Rn. 5 ff.

[3] Goldbrunner VergabeR 2016, 365 (371); Siegel NVwZ 2016, 1672 (1673 f.).

II. Regelungstechnik

3 Die Regelungstechnik ist eine andere als auf der Ebene des GWB: Während dort iRd §§ 148 ff. GWB häufig auf die allg. Regelungen zur Vergabe verwiesen wird, ist die KonzVgV als **Vollregelung** ausgestaltet. Damit wird zugleich dem Umstand Rechnung getragen, dass das Verfahren der Konzessionsvergabe nicht unerheblich vom Verfahren nach der VgV und der SektVO abweicht.[4] Dies gilt insbes. für die Verfahrensgrundsätze der §§ 12, 13 KonzVgV (→ § 12 Rn. 3 ff.; → § 13 Rn. 3 ff.). Allerdings finden sich in einigen Bereichen auch Entsprechungen. So sind etwa die Bestimmungen der §§ 4, 5 KonzVgV mit denjenigen der §§ 5, 6 VgV weitestgehend identisch.[5]

III. Ergänzung durch die Vergabegrundsätze

4 Zu beachten ist, dass die KonzVgV zwar als Vollregelung ausgestaltet ist, das Verfahren aber **nicht abschließend** regelt. Vielmehr kommen auch bei der Konzessionsvergabe ergänzend die allg. Vergabegrundsätze des § 97 Abs. 1, 2 GWB zur Anwendung.[6] Allerdings sind die zentralen Verfahrensregeln in der KonzVgV enthalten, und die allg. Vergabegrundsätze dürfen lediglich zur Ergänzung oder zur Schließung von Lücken herangezogen werden (→ GWB § 148 Rn. 13; → GWB § 151 Rn. 9).

IV. Übersicht über die KonzVgV

5 Die KonzVgV gliedert sich in **vier Abschnitte**:[7] Abschn. 1 enthält allg. Bestimmungen und Kommunikation (§§ 1–11), Abschn. 2 Bestimmungen zum Vergabeverfahren (§§ 12–32), Abschn. 3 regelt die Ausführung der Konzession (§ 33), und schließlich enthält Abschn. 4 Übergangs- und Schlussbestimmungen (§§ 34–36).

Abschnitt 1. Allgemeine Bestimmungen und Kommunikation

Unterabschnitt 1. Allgemeine Bestimmungen

§ 1 Gegenstand und Anwendungsbereich

Diese Verordnung trifft nähere Bestimmungen über das einzuhaltende Verfahren bei der dem Teil 4 des Gesetzes gegen Wettbewerbsbeschränkungen unterliegenden Vergabe von Konzessionen durch einen Konzessionsgeber.

Literatur: Vgl. die Angaben bei Einl. KonzVgV.

I. Bedeutung der Vorschrift

1 In § 1 KonzVgV werden der **Gegenstand und der Anwendungsbereich** der KonzVgV geregelt. Danach trifft die KonzVgV nähere Bestimmungen über die Vergabe von Konzessionen durch einen Konzessionsgeber nach Teil 4 des GWB.

---

[4] Siegel NVwZ 2016, 1672 (1673).
[5] Hierzu Greb NZBau 2016, 262 ff.
[6] BT-Drs. 18/6281, 130.
[7] Übersicht über die Grundstruktur bei von Wietersheim VergabeR 2016, 269 (274).

II. Gegenstand und Anwendungsbereich

Um in den Anwendungsbereich der KonzVgV zu gelangen, muss zunächst eine Konzession vorliegen, die durch einen Konzessionsgeber vergeben wird. Damit wird – ebenso wie in § 148 GWB (→ GWB § 148 Rn. 16 ff.) – zunächst auf die Begriffe der **Konzession** iSd § 105 GWB (→ GWB § 105 Rn. 4 ff.) und des Konzessionsgebers iSd § 101 GWB (→ GWB § 101 Rn. 3) verwiesen.[1] Weiterhin darf **keine Ausnahme** vom Anwendungsbereich vorliegen. Zu diesen zählen sowohl die allgemeinen Ausnahmen der §§ 107 ff. GWB als auch die besonderen Ausnahmen der §§ 149 f. GWB.[2] 2

Darüber hinaus müssen auch die **Schwellenwerte** erreicht sein (→ GWB § 148 Rn. 23). Da diese auf Unionsebene festgelegt werden, sieht § 106 Abs. 3 GWB vor, dass das Bundesministerium für Wirtschaft und Energie diese unverzüglich im BAnz. bekanntgibt, nachdem sie im EU-Amtsblatt veröffentlicht worden sind. Nach der aktuellen DVO (EU) 2021/1951 beträgt der Schwellenwert bei der Konzessionsvergabe seit dem 1.1.2022 5.382 Mio. Euro.[3] Dieser Wert gilt einheitlich für Bau- und Dienstleistungskonzessionen. 3

Allerdings können **einzelne Bestimmungen der KonzVgV auch im Unterschwellenbereich** zur Anwendung kommen.[4] Dies gilt insbes. für die Berechnung des Vertragswertes nach § 2 KonzVgV, welche auch im schwellenwertnahen Bereich einschlägig ist. Dasselbe gilt für die sich hieran anschließenden Dokumentationspflichten nach § 6 Abs. 2 KonzVgV (→ KonzVgV § 2 Rn. 12). 4

Was das **Verhältnis zu den anderen Vergabeverordnungen** betrifft, wird der Vorrang der KonzVgV ggü. der allg. VgV durch das Vorliegen einer Konzession ausgelöst (→ GWB § 105 Rn. 4 ff. und → GWB § 148 Rn. 16 ff.). Aber auch bei Überschneidungen mit dem Sektorenbereich ist die KonzVgV gem. § 1 Abs. 3 SektVO ggü. der SektVO vorrangig (→ SektVO § 1 Rn. 5). Allerdings gelangt bei der Konzessionsvergabe im Sektorenbereich auch die Bestimmung des § 3 SektVO zur Anwendung (→ GWB § 154 Rn. 18).[5] Schließlich kommt die KonzVgV auch im Verteidigungsbereich zur Anwendung, sofern keine besondere Ausnahme nach § 150 GWB vorliegt (→ GWB § 150 Rn. 5 ff.) und zudem die VSVgV keine vorrangige Sonderregelung trifft.[6] 5

§ 2 Berechnung des geschätzten Vertragswerts

(1) **Der Konzessionsgeber berechnet den geschätzten Vertragswert nach einer objektiven Methode, die in den Vergabeunterlagen anzugeben ist.**

(2) [1]**Die Wahl der Methode zur Berechnung des geschätzten Vertragswerts darf nicht in der Absicht erfolgen, die Anwendung der Bestimmungen des Teils 4 des Gesetzes gegen Wettbewerbsbeschränkungen oder dieser Verordnung zu umgehen.** [2]**Eine Konzession darf insbesondere nicht so aufgeteilt werden, dass sie nicht in den Anwendungsbereich des Teils 4 des Gesetzes gegen Wettbewerbsbeschränkungen fällt, es sei denn, es liegen objektive Gründe für eine solche Aufteilung vor.**

---

[1] Hierzu auch GKN VergabeR-HdB/Braun § 63 Rn. 1 ff. und Rn. 28 ff.
[2] BT-Drs. 18/7318, 249.
[3] DVO (EU) 2021/1951 v. 10.11.2021, ABl. 2021 L 398, 21.
[4] Beck VergabeR/Wollenschläger KonzVgV § 1 Rn. 6. Am Bsp. der Interimsvergabe nach § 12 Abs. 1 KonzVgV iVm § 14 Abs. 3 Nr. 3 VgV VG Ansbach 10.4.2018 – AN 14 E 18.200, BeckRS 2018, 22396 Rn. 81.
[5] HK-VergabeR/Friton/Stein GWB § 154 Rn. 18 f.
[6] Müller-Wrede/Braun/Radu KonzVgV § 2 Rn. 1.

(3) Bei der Berechnung des geschätzten Vertragswerts geht der Konzessionsgeber von dem voraussichtlichen Gesamtumsatz ohne Umsatzsteuer aus, den der Konzessionsnehmer während der Vertragslaufzeit als Gegenleistung erzielt
1. für die Bau- oder Dienstleistungen, die Gegenstand der Konzession sind, und
2. für Lieferungen, die mit diesen Bau- oder Dienstleistungen verbunden sind.

(4) Der Konzessionsgeber berücksichtigt dabei nach den Umständen des jeweiligen Einzelfalls insbesondere
1. den Wert aller Arten von Optionen und möglichen Vertragsverlängerungen,
2. die Einkünfte aus Gebühren oder Entgelten sowie Geldbußen oder Vertragsstrafen, die von den Nutzern der Bauwerke oder Dienstleistungen gezahlt werden, soweit diese nicht im Auftrag des Konzessionsgebers erhoben werden,
3. die Zahlungen des Konzessionsgebers oder jeder anderen Behörde an den Konzessionsnehmer oder weitere finanzielle Vorteile jedweder Art, einschließlich Gegenleistungen für die Erfüllung von Gemeinwohlverpflichtungen sowie staatlicher Investitionsbeihilfen,
4. den Wert von Zuschüssen oder sonstigen finanziellen Vorteilen jeglicher Art, die von Dritten für die Durchführung der Konzession gewährt werden,
5. die Einkünfte aus dem Verkauf von Vermögensgegenständen, die Teil der Konzession sind,
6. den Wert aller Lieferungen und Dienstleistungen, die der Konzessionsgeber für den Konzessionsnehmer bereitstellt, sofern sie für die Erbringung der Bau- oder Dienstleistungen erforderlich sind,
7. Prämien oder Zahlungen an Bewerber oder Bieter.

(5) [1]Maßgeblicher Zeitpunkt für die Berechnung des geschätzten Vertragswerts ist der Zeitpunkt, zu dem die Konzessionsbekanntmachung abgesendet oder das Vergabeverfahren auf sonstige Weise eingeleitet wird. [2]Abweichend davon ist der Zeitpunkt des Zuschlags maßgeblich, falls der Vertragswert zu diesem Zeitpunkt mehr als 20 Prozent über dem nach Satz 1 geschätzten Wert liegt.

(6) [1]Kann ein Bauvorhaben oder eine geplante Dienstleistung zur Vergabe von Konzessionen in Form mehrerer Lose führen, ist der geschätzte Gesamtwert aller Lose zu berücksichtigen. [2]Erreicht oder übersteigt der geschätzte Gesamtwert den maßgeblichen Schwellenwert, ist diese Verordnung für die Vergabe jedes Loses anzuwenden.

Literatur: Klein, Zusammen oder getrennt? Die Auftragswertberechnung bei Bau-, Liefer- und Dienstleistungen, VergabeR 2022, 327. Vgl. auch die Angaben bei § 2 VgV und Einl. KonzVgV.

I. Bedeutung der Vorschrift

1 Der Anwendungsbereich des Kartellvergaberechts wird maßgeblich geprägt durch das Erreichen der Schwellenwerte. Wegen der **Zweiteilung des Vergaberechts** in das Kartellvergaberecht auf der einen Seite und das Haushaltsvergaberecht auf der anderen Seite (→ GWB § 148 Rn. 23, 27 ff.)[1] kommt der ordnungsgemäßen

---

[1] BT-Drs. 18/7318, 250; Siegel VerwArch 2016, 1.

Ermittlung des Vertragswerts eine erhebliche praktische Bedeutung zu. Teilw. wird allerdings die Verortung der Regelung kritisiert, da § 1 KonzVgV das Erreichen der Schwellenwerte voraussetzt und § 2 KonzVgV auch im (zumindest schwellenwertnahen) Unterschwellenbereich zur Anwendung kommt.[2] Systematisch konsequenter wäre daher eine Regelung iRd §§ 148 ff. GWB gewesen.

Über die Schwellenwertberechnung hinaus entfaltet § 2 KonzVgV zudem **indirekte Bedeutung** für die Bestimmung der Unwirtschaftlichkeit bei der Aufhebung des Vergabeverfahrens nach § 32 Abs. 1 S. 1 Nr. 3 KonzVgV[3] sowie für die Streitwertberechnung nach § 50 Abs. 2 GKG.[4] 2

Vergleichbare Regelungen enthalten § 3 VgV (→ VgV § 3 Rn. 5 ff.), § 2 SektVO (→ SektVO § 2 Rn. 2 ff.) sowie § 3 VSVgV. Im Vergleich zur herkömmlichen Vergabe besteht bei der Konzessionsvergabe die Besonderheit, dass Konzessionen typischerweise auf eine längere Laufzeit ausgerichtet sind. Die Ermittlung der Werte der Gegenleistungen für den Konzessionsnehmer trägt daher in erheblichem Umfange einen **prognostischen Charakter**. 3

II. Unionsrechtlicher Hintergrund

§ 2 KonzVgV dient der Umsetzung von **Art. 8 Abs. 2–6 KVR**.[5] Die dortigen Anforderungen sind nahezu wortgleich übernommen worden. Allerdings ist die Rangfolge der Absätze im Vergleich zu Art. 8 KVR ohne erkennbaren sachlichen Grund abgeändert worden.[6] Zudem verwendet die KVR teilw. den spezifischeren Begriff des „Konzessionswertes", während § 2 KonzVgV den allgemeineren Begriff des „Vertragswerts" wählt.[7] Weder die abgeänderte Rangfolge noch die teilw. abweichende Terminologie bewirken jedoch sachliche Unterschiede. Der eigentliche **Schwellenwert** für die Konzessionsvergabe betrug zunächst gem. Art. 8 Abs. 1 KVR iVm§ 106 Abs. 2 Nr. 4 GWB 5.186 Mio. Euro. Die Höhe der Schwellenwerte für die Konzessionsvergabe liegt seit dem 1.1.2022 bei 5.382 Mio. Euro (→ § 1 Rn. 3).[8] Dieser Wert gilt einheitlich für Bau- und Dienstleistungskonzessionen, da die einschlägigen Verträge oftmals beide Leistungskategorien enthalten.[9] 4

III. Grundsätze zur Schätzung

1. Bezugspunkt: voraussichtlicher Gesamtumsatz (Abs. 1 und 3)

Die Ermittlung des Vertragswerts erfolgt gem. § 2 Abs. 1 KonzVgV nach einer **objektiven Methode**, die in den Vergabeunterlagen anzugeben ist.[10] Im Unterschied zur subjektiven Methode kommt es daher nicht auf persönliche Einstellungen 5

---

[2] Beck VergabeR/Wollenschläger KonzVgV § 2 Rn. 12.
[3] OLG Düsseldorf 9.6.2021 – VII-Verg 3/21, BeckRS 2021, 56909 Rn. 36 und 40.
[4] KG 11.5.2022 – Verg 5/21, BeckRS 2022, 14647 Rn. 4; Müller-Wrede/Braun/Radu KonzVgV § 2 Rn. 3.
[5] BT-Drs. 18/7318, 250. Zu den Änderungen während der Entstehungsgeschichte Beck VergabeR/Wollenschläger KonzVgV § 2 Rn. 3 ff.
[6] Müller-Wrede/Braun/Radu KonzVgV § 2 Rn. 9.
[7] Müller-Wrede/Braun/Radu KonzVgV § 2 Rn. 12 f.
[8] DVO (EU) 2021/1952 v. 10.11.2021, ABl. 2021 L 398, 21.
[9] Erwgr. 23 der KVR.
[10] VK Sachsen 3.5.2021 – 1/SVK/001-21, BeckRS 2021, 20833, Rn. 36. Unionsrechtlicher Hintergrund ist hier Art. 8 Abs. 3 S. 1 KVR. Zur Berechnung iE GKN VergabeR-HdB/Braun § 62 Rn. 16 ff.

an, sondern auf eine sachliche und unvoreingenommene Betrachtungsweise.[11] Die Berechnung richtet sich gem. § 2 Abs. 3 KonzVgV nach dem voraussichtlichen Gesamtumsatz (ohne Umsatzsteuer), die der Konzessionsnehmer **während der gesamten Vertragslaufzeit** erzielt.[12] Die Ausblendung der Umsatzsteuer ist darauf zurückzuführen, dass in den EU-Mitgliedstaaten unterschiedliche Umsatzsteuersätze bestehen.[13] Die typischerweise längere Laufzeit von Konzessionen kommt auch in der Regelung zur Schätzung des Vertragswertes zum Ausdruck: Im Unterschied zu § 3 VgV stellt § 2 Abs. 3 KonzVgV explizit auf die Gegenleistungen während der (gesamten) Vertragslaufzeit ab.[14]

2. Relevante Aspekte (Abs. 4)

6   Bei der Ermittlung des Vertragswerts sind gem. § 2 Abs. 4 KonzVgV die Umstände des Einzelfalles zu berücksichtigen. Die nach der Wertung des Verordnungsgebers besonders wichtigen Aspekte werden unter Übernahme der Formulierungen nach Art. 8 Abs. 3 S. 2 KVR **ausdr. aufgelistet:** Zu diesen zählen der Wert aller Arten von Optionen und Vertragsverlängerungen (Nr. 1), die zu erwartenden Einkünfte (Nr. 2), durch den Konzessionsgeber oder andere öffentliche Stellen gewährte finanzielle Vorteile (Nr. 3), durch Dritte gewährte finanzielle Vorteile (Nr. 4), Einkünfte aus dem Verkauf von der Konzession zugehörigen Vermögensgegenständen (Nr. 5), der Wert der durch den Konzessionsgeber bereitgestellten und für die Erbringung der Leistung erforderlichen Lieferungen und Dienstleistungen (Nr. 6) sowie Prämien und Zahlungen an Bewerber oder Bieter (Nr. 7).[15] Dabei sind Nr. 1 und 7 den entspr. Regelungen in § 3 Abs. 1 S. 2, 3 VgV nachgebildet, so dass grds. auf die dortige Kommentierung verwiesen werden kann (→ VgV § 3 Rn. 7 ff.). Bei den Ziffern 2–6 handelt es sich hingegen um konzessionsspezifische Ergänzungen zur Ermittlung der relevanten Gegenleistungen.

7   Die Aufzählung der genannten Aspekte ist **nicht abschließend,** wie aus dem Zusatz „insbesondere" deutlich wird. Sie müssen jedoch nach der Definition des § 2 Abs. 3 KonzVgV als Gegenleistung für den Konzessionsnehmer einzuordnen sein. Fraglich ist, ob auch Miet- und Pachtzahlungen des Konzessionsnehmers an den Konzessionsgeber zu berücksichtigen sind.[16] Dafür spricht letztlich, dass gerade bei Konzessionen die betreffenden Grundstücke eine zentrale Basis für die Erwirtschaftung von Gewinnen bilden können.

3. Umgehungsverbot (Abs. 2)

8   § 2 Abs. 2 KonzVgV enthält darüber hinaus ein Umgehungsverbot, das inhaltlich grds. mit § 3 Abs. 2 VgV übereinstimmt (→ VgV § 3 Rn. 14 ff.).[17] Nach dessen S. 1 darf die Methodenwahl nicht in der Absicht erfolgen, die Anwendung des Kartellvergaberechts zu umgehen. In subjektiver Hinsicht ist eine **Missbrauchsabsicht** erforderlich. Eine solche liegt jedenfalls nicht vor bei (einfacher oder grober) Fahrlässigkeit.[18] Unterschiedlich eingeschätzt wird die Frage, ob eine „Absicht"

---

[11] BeckOK VergabeR/Wenzel KonzVgV § 2 Rn. 9.
[12] VK Südbayern 14.2.2017 – Z3-3-3194-1-54-12/16, BeckRS 2017, 124185 Rn. 224. Unionsrechtlicher Hintergrund ist hier Art. 8 Abs. 2 UAbs. 1 KVR.
[13] Müller-Wrede/Braun/Radu KonzVgV § 2 Rn. 20.
[14] Goldbrunner VergabeR 2016, 365 (371).
[15] Einzelheiten bei Beck VergabeR/Wollenschläger KonzVgV § 2 Rn. 28 ff.
[16] Dagegen Noch VergabeR Rn. 1003.
[17] Unionsrechtlicher Hintergrund ist hier Art. 8 Abs. 4 KVR. Zur Verhältnis des § 2 Abs. 2 KonzVgV zum allg. Umgehungsverbot nach § 14 KonzVgV Braun NZBau 2018, 652 (653).
[18] MüKoEuWettbR/Marx KonzVgV § 2 Rn. 8.

lediglich bei zielgerichtetem Handeln vorliegt (so etwa → VgV § 3 Rn. 16) oder bereits bei jeglichem vorsätzlichen Handeln[19] Für die engere Ansicht spricht zwar der Wortlaut. Allerdings wird eine innere Zielsetzung nur schwerlich nachweisbar sein.[20] Daher sprechen gute Gründe dafür, den Begriff der Absicht weit zu interpretieren iS eines wissentlichen und willentlichen Handels, zu dessen Ermittlung zudem auf objektive Anhaltspunkte abzustellen ist.[21]

Eine besonders naheliegende „Umgehungstaktik" wird in S. 2 behandelt. Danach darf eine Konzession nicht so **aufgeteilt** werden, dass sie nicht in den Anwendungsbereich des Teils 4 des GWB fällt.[22] Etwas anderes gilt lediglich dann, wenn für eine solche Aufteilung objektive Gründe vorliegen. Zur Konkretisierung der **objektiven Gründe** kann auf die Rspr. des EuGH zur Autalhalle Niedernhausen[23] zurückgegriffen werden.[24] Danach ist eine Aufteilung unzulässig, wenn ein Vorhaben unter funktionalen Gesichtspunkten einen einheitlichen Charakter aufweist.[25] Für die Zulässigkeit einer Aufteilung kann auf das in § 3 Abs. 2 S. 2 VgV genannte Beispiel für einen objektiven Grund zurückgegriffen werden:[26] Danach ist eine Aufteilung zulässig, wenn eine eigenständige Organisationseinheit selbständig für ihre Auftragsvergabe oder bestimmte Kategorien der Auftragsvergabe zuständig ist (→ VgV § 3 Rn. 19).[27]

4. Maßgebender Zeitpunkt (Abs. 5)

Maßgebender Zeitpunkt ist gem. § 2 Abs. 5 S. 1 KonzVgV **grds.** die Absendung der Konzessionsbekanntmachung bzw. die sonstige **Einleitung des Vergabeverfahrens** und damit die ex-ante-Perspektive.[28] Als anderweitige Einleitung kommt etwa die Kontaktaufnahme mit einem Unternehmen im Zusammenhang mit der Konzession in Betracht.[29] Dabei kommt es nicht darauf an, dass eine Bekanntmachung iSd § 19 KonzVgV erfolgt.[30] Dieser grds. maßgebende frühe Zeitpunkt entspricht der Regelung des § 3 VgV (→ VgV § 3 Rn. 20). Auch insoweit hat der Verordnungsgeber in Anlehnung an die entspr. Formulierung in Art. 8 Abs. 2 UAbs. 3 KVR die begrenzte Kalkulierbarkeit bei der Konzessionsvergabe berücksichtigt: Nach § 2 Abs. 5 S. 2 KonzVgV ist **ausnahmsweise** der spätere **Zeitpunkt des Zuschlags** maßgebend, wenn der Auftragswert zu diesem Zeitpunkt mehr als 20 % über dem nach S. 1 geschätzten Wert liegt.

---

[19] MüKoEuWettbR/Marx KonzVgV § 2 Rn. 8.
[20] MüKoEuWettbR/Fülling VgV § 3 Rn. 17.
[21] So überzeugend MüKoEuWettbR/Fülling VgV § 3 Rn. 17.
[22] Hierzu ausf. Klein VergabeR 2022, 327 ff.
[23] EuGH 15.3.2012 – C-574/10, NZBau 2012, 311 ff.
[24] BT-Drs. 18/7318, 148. (Gegen-)Beispiel bei KG 4.6.2019 – Verg 8/18, NZBau 2019, 822 ff. zu § 3 VgV.
[25] MüKoEuWettbR/Fülling VgV § 3 Rn. 14.
[26] Beck VergabeR/Wollenschläger KonzVgV § 2 Rn. 23, weist auf die fehlende Erwähnung des Beispiels in § 2 Abs. 2 KonzVgV hin.
[27] So auch HK-VergabeR/Alexander KonzVgV § 2 Rn. 14, der uneingeschränkt auf die Kommentierung zu § 3 Abs. 2 VgV verweist. Zur zulässigen Aufteilung von Verpflegungsleistungen an einzelnen Schulen einer Stadt VK Brandenburg 24.6.2021 – VK 11/21, BeckRS 2021, 49658 Rn. 44 f.
[28] VK Südbayern 14.2.2017 – Z3-3-3194-1-54-12/16, BeckRS 2017, 124185 Rn. 227; zust. Siegel jurisPR-Verg 6/2017 Anm. 4. Unionsrechtlicher Hintergrund ist hier Art. 8 Abs. 2 UAbs. 2 KVR.
[29] BT-Drs. 18/7318, 250, unter Bezugnahme auf Art. 8 Abs. 2 UAbs. 2 KVR.
[30] VK Südbayern 14.2.2017 – Z3-3-3194-1-54-12/16, BeckRS 2017, 124185 Rn. 221.

11 Bei einer ursprünglichen Schätzung knapp unterhalb des Schwellenwertes wird dem Konzessionsgeber damit das **Risiko** aufgebürdet, bei **einer Fehleinschätzung** der Marktlage das Verfahren aufheben und ein neues Vergabeverfahren einleiten zu müssen.[31] Deshalb sind die Anforderungen an die Genauigkeit der Wertermittlung umso höher, je mehr sich der Auftragswert dem Schwellenwert annähert.[32] Zudem erscheint es ratsam, bei schwellenwertnahen Konzessionsvergaben ein Verfahren nach dem GWB durchzuführen.[33]

5. Verfahren

12 Die ordnungsgemäße Schätzung des Vertragswertes ist – insbes. in der Nähe des Schwellenwertes – von erheblicher Bedeutung für die Frage, ob das Kartellvergaberecht zur Anwendung kommt. Deshalb ist die Schätzung des Vertragswertes in den **Vergabevermerk** nach § 6 Abs. 2 KonzVgV aufzunehmen (→ § 6 Rn. 5).[34] Dabei liegt – ebenso wie bei der herkömmlichen Vergabe – die **Darlegungs- und Beweislast** für das Nichterreichen des Schwellenwertes beim Konzessionsgeber (→ VgV § 3 Rn. 37). Deshalb bestehen die Dokumentationspflichten zumindest grds. unabhängig davon, ob der Schwellenwert erreicht wird.[35] Je mehr sich zudem der ermittelte Konzessionswert dem Schwellenwert annähert, desto höhere Anforderungen sind an die Genauigkeit der Wertermittlung und der Dokumentation zu stellen.[36] Fehlt ein Vergabevermerk, hat die Nachprüfungsinstanz den Vertragswert eigenständig zu schätzen.[37]

IV. Kontrolldichte

13 Die ordnungsgemäße Ermittlung des Schwellenwerts ist für den Konzessionsgeber eine komplexe Aufgabe, da ihm die Kalkulation des (späteren) Konzessionärs nicht immer bekannt sein dürfte und zudem ökologische, soziale und innovative Aspekte im Vordergrund stehen können, welche die Berechnung zusätzlich erschweren.[38] Dies spricht dafür, dem Konzessionsgeber einen **Beurteilungsspielraum** bei der Schwellenwertberechnung zuzuerkennen.[39]

V. Besonderheiten bei der Aufteilung in Lose (Abs. 6)

14 Die Schwellenwertberechnung bei einer Aufteilung in Lose ist in § 2 Abs. 6 KonzVgV gesondert geregelt.[40] Nach dessen S. 1 ist der geschätzte Gesamtwert **aller Lose** zu berücksichtigen. In S. 2 wird klargestellt, dass beim Erreichen des

---

[31] Goldbrunner VergabeR 2016, 365 (371).
[32] VK Südbayern 14.2.2017 – Z3-3-3194-1-54-12/16, BeckRS 2017, 124185 Rn. 222.
[33] Donhauser KommunalPraxis Bay. 2016, 238 (245); Beck VergabeR/Wollenschläger KonzVgV § 2 Rn. 39.
[34] VK Südbayern 14.2.2017 – Z3-3-3194-1-54-12/16, BeckRS 2017, 124185 Rn. 225. AA BeckOK VergabeR/Wenzel KonzVgV § 2 Rn. 13.
[35] Beck VergabeR/Wollenschläger KonzVgV § 2 Rn. 43.
[36] VK Südbayern 14.2.2017 – Z3-3-3194-1-54-12/16, BeckRS 2017, 124185 Rn. 225.
[37] VK Südbayern 14.2.2017 – Z3-3-3194-1-54-12/16, BeckRS 2017, 124185 Rn. 226.
[38] Hettich/Soudry/Braun VergabeR Rn. 170.
[39] VK Südbayern 14.2.2017 – Z3-3-3194-1-54-12/16, BeckRS 2017, 124185 Rn. 223; zust. Siegel jurisPR-Verg 6/2017 Anm. 4. Ebenso zu § 3 VgV OLG Koblenz 1.9.2021 – Verg 1/21, NZBau 2021, 434 (437) Rn. 47; OLG Schleswig 28.1.2021 – 54 Verg 6/20, NZBau 2021, 417 (420) Rn. 59.
[40] Unionsrechtlicher Hintergrund ist hier Art. 8 Abs. 6 KVR.

Schwellenwerts die KonzVgV für alle Lose Anwendung findet, also auch für solche, die bei isolierter Betrachtung unterhalb des Schwellenwertes liegen. Da der Inhalt grds. mit § 3 Abs. 7 VgV übereinstimmt, kann iÜ grds. auf die dortige Kommentierung verwiesen werden (→ VgV § 3 Rn. 26).[41]

VI. Rechtsschutz

Bei den Fehlerfolgen ist danach zu differenzieren, ob die **Schätzung** des Vertragswerts **fehlerhaft** war oder nicht. War sie – auch unter Berücksichtigung eines Beurteilungsspielraumes (→ Rn. 13) – fehlerhaft, so richtet sich die Rechtslage nach dem „richtigen" Vertragswert: Wurde der Vertragswert unzulässigerweise unterhalb des Schwellenwerts eingestuft, greifen die Rechtsfolgen des Kartellvergaberechts ein. Insbes. kann dann ein Nachprüfungsverfahren nach §§ 155 ff. GWB eingeleitet werden (→ VgV § 3 Rn. 40).[42]   15

War die Schätzung hingegen **nicht fehlerhaft,** so richten sich die Rechtsfolgen grds. nach dem geschätzten Vertragswert: Gelangte die ordnungsgemäße Schätzung hier zu einer Summe unterhalb des Schwellenwerts, so ist das Kartellvergaberecht nicht einschlägig.[43] Im umgekehrten Fall ist hingegen ein Nachprüfungsverfahren auch dann möglich, wenn in vertretbarer Weise ein Überschreiten der Schwellenwerte angenommen wurde, die tatsächlich eingegangenen Angebote aber unterhalb des Schwellenwertes lagen (→ VgV § 3 Rn. 36).[44] Eine ordnungsgemäße Schätzung ist nach § 2 Abs. 5 S. 2 KonzVgV nur dann nicht relevant, wenn der Vertragswert zum Zeitpunkt des Zuschlags mehr als 20 % über dem zuvor geschätzten Vertragswert liegt (→ Rn. 10).   16

§ 3 Laufzeit von Konzessionen

(1) ¹**Die Laufzeit von Konzessionen ist beschränkt.** ²**Der Konzessionsgeber schätzt die Laufzeit je nach den geforderten Bau- oder Dienstleistungen.**

(2) ¹**Bei Konzessionen mit einer Laufzeit von über fünf Jahren darf die Laufzeit nicht länger sein als der Zeitraum, innerhalb dessen der Konzessionsnehmer nach vernünftigem Ermessen die Investitionsaufwendungen für die Errichtung, die Erhaltung und den Betrieb des Bauwerks oder die Erbringung der Dienstleistungen zuzüglich einer Rendite auf das investierte Kapital unter Berücksichtigung der zur Verwirklichung der spezifischen Vertragsziele notwendigen Investitionen wieder erwirtschaften kann.** ²**Die dabei zugrunde zu legenden Investitionsaufwendungen umfassen sowohl die zu Anfang als auch die während der Laufzeit der Konzessionen vorzunehmenden Investitionen.** ³**In diesem Rahmen kann der Konzessionsgeber für bestimmte Konzessionstypen durchschnittliche Investitionsaufwendungen und durchschnittliche Renditen zugrunde legen, soweit es die Besonderheiten des jeweiligen Konzessionstyps rechtfertigen.**

Literatur: Vgl. die Angaben bei Einl. KonzVgV.

---

[41] Zu den allerdings geringfügigen Unterschieden Beck VergabeR/Wollenschläger KonzVgV § 2 Rn. 42.
[42] Beispiel bei OLG Koblenz 1.9.2021 – Verg 1/21, NZBau 2021, 434 ff.
[43] OLG Stuttgart 12.8.2002 – 2 Verg 9/02, NZBau 2003, 340; OLG Schleswig 30.3.2004 – 6 Verg 1/03, ZfBR 2004, 620.
[44] VK Südbayern 14.2.2017 – Z3-3-3194-1-54-12/16, BeckRS 2017, 124185 Rn. 227.

KonzVgV § 3

I. Bedeutung der Vorschrift

1 Der Faktor Zeit hat bei der Konzessionsvergabe eine ggü. sonstigen Vergaben nochmals gesteigerte Bedeutung.[1] Denn die Investitionen und ein (etwaiger) Gewinn müssen erst erwirtschaftet werden. Seitens des Auftragnehmers besteht daher ein Interesse an einer möglichst langen Laufzeit. Allerdings wird während der Laufzeit das Vergaberecht und damit der Wettbewerb „ausgeblendet". Aus Perspektive des Vergaberechts besteht daher ein Interesse an einer nicht allzu langen Laufzeit.[2] § 3 KonzVgV sieht deshalb eine **Laufzeitbegrenzung** für Konzessionen vor. Da es sich um eine Rahmenbedingung für die Konzessionsvergabe handelt, wäre indessen auch eine Regelung im GWB denkbar gewesen. Bei der Vorschrift des § 3 KonzVgV handelt es sich nicht (mehr) um ein Begriffsmerkmal für eine Konzession, sondern um eine **Rechtmäßigkeitsanforderung**.[3]

2 Durch die zwingende Laufzeitbegrenzung unterscheidet sich die Konzessionsvergabe von der **herkömmlichen Vergabe**:[4] Denn dort können grds. auch unbefristete Verträge geschlossen werden; allerdings setzt auch dort der Verhältnismäßigkeitsgrundsatz Grenzen (→ GWB § 103 Rn. 26 ff.). § 3 KonzVgV enthält keine starre Obergrenze (→ Rn. 5). Demgegenüber sind im **Sondervergaberecht** teilw. feste Laufzeitobergrenzen vorgesehen, etwa nach § 7 Abs. 4 der Boden-Abfertigungsdienst-VO.[5]

II. Unionsrechtlicher Hintergrund

3 In § 3 KonzVgV wird **Art. 18 KVR** umgesetzt.[6] In dessen Abs. 1 hat der europäische Gesetzgeber eine Regelobergrenze von fünf Jahren normiert. Eine längere Laufzeit ist zwar nach Art. 18 Abs. 2 UAbs. 1 KVR möglich; allerdings muss sie damit begründet werden, dass die Investitionsaufwendungen nicht innerhalb der Regelobergrenze von fünf Jahren erwirtschaftet werden können. Dass auch das primäre Unionsrecht einer allzu langen Laufzeit von Vergaben entgegensteht, hat der EuGH allerdings bereits im Jahre 2006 judiziert: Hier hatte er eine lange Laufzeit einer Dienstleistungskonzession von 20 Jahren (mit einer Verlängerungsmöglichkeit auf 30 Jahre) als unvereinbar mit der Dienstleistungsfreiheit erachtet.[7] Zugleich begründen allzu lange Laufzeiten ein Spannungsverhältnis zu den unternehmerischen Grundrechtsgarantien nach Art. 15 f. EU-GR-Charta.[8]

III. Erfordernis einer Laufzeitbegrenzung (Abs. 1)

4 In § 3 Abs. 1 S. 1 KonzVgV wird eine **allg. Laufzeitbegrenzung** vorgegeben.[9] Die Formulierung „ist beschränkt" verdeutlicht, dass diese Regelung nicht ausnah-

---

[1] Siegel NVwZ 2016, 1672 (1676).
[2] Erwgr. 52 der KVR.
[3] Beck VergabeR/Wollenschläger KonzVgV § 3 Rn. 19.
[4] Noch VergabeR Rn. 1006.
[5] Hierzu sowie zu weiteren Sonderregelungen Beck VergabeR/Wollenschläger KonzVgV § 3 Rn. 17.
[6] BT-Drs. 18/7318, 251. Zu den geringfügig abweichenden Formulierungen, welche sich jedoch unionsrechtlich unbedenklich sind: Beck VergabeR/Wollenschläger KonzVgV § 3 Rn. 12 f.
[7] EuGH 9.3.2006 – C-323/03, NZBau 2006, 386 (388) – Kommission/Spanien. Hierzu Siegel ZfBR 2006, 554 ff.
[8] Beck VergabeR/Wollenschläger KonzVgV § 3 Rn. 9.
[9] Hierzu auch GKN VergabeR-HdB/Braun § 65 Rn. 8 f.

mefähig ist.[10] Die Dauer der Laufzeit richtet sich gem. § 3 Abs. 1 S. 2 KonzVgV nach den geforderten Bau- oder Dienstleistungen.

IV. Regelobergrenze (Abs. 2 S. 1)

In § 3 Abs. 2 S. 1 KonzVgV wird in Anlehnung an Art. 18 Abs. 2 UAbs. 1 KVR eine Regelobergrenze von **fünf Jahren** statuiert. Da nach Maßgabe des § 3 Abs. 2 S. 2 KonzVgV auch längere Laufzeiten zulässig sind, handelt es sich um keine starre Obergrenze.[11] Da es sich um eine Obergrenze handelt, sind naturgemäß auch kürzere Laufzeiten zulässig. Der Begriff der Regelobergrenze ist daher nicht dahingehend zu verstehen, dass eine Laufzeit von fünf Jahren die nicht zu begründende Regel bildet, die nur nach oben Abweichungen zulässt.[12] Umgekehrt gibt der Bestimmung auch keine Mindestlaufzeit vor.[13] Die Bestimmung der Frist bis zur Obergrenze von fünf Jahren erfolgt – ebenso wie eine Verlängerung nach Abs. 2 S. 2 (→ Rn. 6) – **nach pflichtgemäßem Ermessen**. Dabei steht dem Konzessionsgeber eine Einschätzungsprärogative zu.[14]

5

V. Längere Laufzeiten (Abs. 2 S. 2)

Etwas anderes – also eine längere Laufzeit – gilt jedoch dann, wenn die Erwirtschaftung der Investitionskosten nach vernünftigem Ermessen eine längere Laufzeit erfordert. Wie sich aus § 3 Abs. 2 S. 2 KonzVgV ergibt, gehören zu den **Investitionskosten** sowohl die anfänglichen als auch die während der Laufzeit der Konzession vorzunehmenden. In Erwgr. 52 S. 6 KVR werden beispielhaft berücksichtigungsfähige Investitionen genannt. Zu diesen zählen auch die Aufwendungen für Infrastruktur, Urheberrechte, Patente, Ausrüstung, Logistik, Anstellung und Schulung von Personal sowie Anschubkosten.[15] Eine Garantie für die Rückerwirtschaftung der Investitionskosten kann der Konzessionsgeber aber (selbstverständlich) nicht abgeben.[16]

6

VI. Änderungen der Laufzeit

Fraglich erscheint, ob und inwieweit Änderungen der Laufzeit zulässig sind. Da dies nicht ausdr. in § 3 KonzVgV geregelt ist, muss nach Sinn und Zweck der Vorschrift differenziert werden. Dabei ist zu unterscheiden zwischen im ursprünglichen Konzessionsvertrag vorgesehenen Verlängerungsoptionen und nachträglich vereinbarten Laufzeitverlängerungen. Auch die Vereinbarung einer **Verlängerungsoption** muss – ebenso wie die Laufzeitvereinbarung als solche – nach pflichtgemäßen Ermessen erfolgen (→ Rn. 5 und → Rn. 10). Führt die Option zu einer Laufzeit von mehr als fünf Jahren, sind zudem die qualifizierten Anforderungen nach Abs. 2 S. 2 zu beachten.[17] Aber auch bei der Ausübung einer zulässigerweise vereinbarten Verlängerungsoption ist der Konzessionsgeber nicht völlig

7

---

[10] Goldbrunner VergabeR 2016, 365 (372).
[11] HK-VergabeR/Friton/Stein KonzVgV § 3 Rn. 5.
[12] So aber offenbar HK-VergabeR/Friton/Stein KonzVgV § 3 Rn. 5.
[13] Müller-Wrede/Braun/Kadenbach KonzVgV § 3 Rn. 8.
[14] Goldbrunner VergabeR 2016, 365 (372).
[15] Hierzu ausf. Müller-Wrede/Braun/Kadenbach KonzVgV § 3 Rn. 25 ff.; Beck VergabeR/Wollenschläger KonzVgV § 3 Rn. 27 ff.
[16] Opitz NVwZ 2014, 753 (759).
[17] HK-VergabeR/Friton/Stein KonzVgV § 3 Rn. 9.

frei: Hier ist nach pflichtgemäßem Ermessen zu prüfen, ob die Voraussetzungen für die Ausübung der Option vorliegen. Anders verhält es sich bei der **nachträglichen Vereinbarung** einer längeren Laufzeit. Dabei handelt es sich zumindest im Regelfall um eine wesentliche Änderung iSd § 154 Nr. 3 iVm § 132 Abs. 1 S. 3 Nr. 3 GWB,[18] welche ein neues Vergabeverfahren erforderlich macht.[19]

VII. Einzelfallbetrachtung oder Typisierung (Abs. 2 S. 3)

8   Nach der Wertung des Art. 18 Abs. 2 KVR erfolgt die Laufzeitberechnung zumindest grds. in einer Einzelfallbetrachtung. Gem. § 3 Abs. 2 S. 3 KonzVgV ist aber auch eine Ermittlung **nach typenbezogenen durchschnittlichen Bewertungen** möglich. Diese ist zwar in der KVR nicht vorgesehen, begegnet aus Gründen der Verfahrensvereinfachung aber grds. keinen unionsrechtlichen Bedenken. Anders verhält es sich, wenn einzelfallbezogene Besonderheiten einer Durchschnittsbetrachtung entgegenstehen.[20] Denn auch die Methodenwahl erfolgt nach pflichtgemäßem Ermessen des Konzessionsgebers („kann"). Bei der typisierenden Betrachtungsweise können auch Erfahrungswerte berücksichtigt werden, welche in der Vergangenheit zu bestimmten Konzessionstypen gewonnen wurden.[21]

VIII. Verfahren

9   Die Schätzung der erforderlichen Laufzeit muss zum **Zeitpunkt der Konzessionsvergabe** feststehen.[22] Zudem muss die Höchstdauer des Konzessionsvertrags in den Vergabeunterlagen dokumentiert werden.[23] Sie ist damit im **Vergabevermerk** zu dokumentieren (→ § 6 Rn. 5).[24] Bei der Nichtaufklärbarkeit eines Widerspruchs über die Laufzeit in den Vertragsunterlagen ist nach Sinn und Zweck des § 2 Abs. 2 KonzVgV von der längeren Vertragslaufzeit auszugehen.[25]

IX. Maßstab

10   Fraglich erscheint, welcher Maßstab bei der Ermittlung einer längeren Laufzeit anzulegen ist. Die subjektiven Vorstellungen des Konzessionsgebers können hier nicht maßgebend sein. Denn dann würde die Laufzeit praktisch in das freie Ermessen des Konzessionsgebers gestellt und die Regelobergrenze von fünf Jahren praktisch bedeutungslos. Daher ist grds. ein objektiver Maßstab heranzuziehen.[26] Ebenso wie der Berechnung der Schwellenwerte (→ § 2 Rn. 1) ist die Erwirtschaftung der Investitionskosten jedoch eine Prognoseentscheidung. Diese orientiert sich gem. § 3 Abs. 2 S. 1 KonzVgV ausdr. an einem „vernünftigen Ermessen". Dies führt im praktischen Ergebnis zu einer **Einschätzungsprärogative** und einer damit verbundenen Vertretbarkeitskontrolle.[27]

---

[18] MüKoEuWettbR/Jaeger GWB § 132 Rn. 14. Hingegen für eine unbenannte, aber ebenfalls wesentliche Änderung → GWB § 132 Rn. 27 ff.
[19] HK-VergabeR/Friton/Stein KonzVgV § 3 Rn. 10.
[20] Beck VergabeR/Wollenschläger KonzVgV § 3 Rn. 43.
[21] BT-Drs. 18/7318, 251.
[22] Erwgr. 52 S. 5 der KVR.
[23] Erwgr. 52 S. 7 der KVR.
[24] KKPP/Dicks GWB § 105 Rn. 21.
[25] VK Südbayern 14.2.2017 – Z3-3-3194-1-54-12/16, BeckRS 2017, 124185 Rn. 228.
[26] Hettich/Soudry/Braun VergabeR Rn. 180.
[27] Goldbrunner VergabeR 2016, 365 (372). Ausf. Beck VergabeR/Wollenschläger KonzVgV § 3 Rn. 34 ff.

§ 4 Wahrung der Vertraulichkeit

(1) ¹Sofern in dieser Verordnung oder anderen Rechtsvorschriften nichts anderes bestimmt ist, darf der Konzessionsgeber keine von den Unternehmen übermittelten und von diesen als vertraulich gekennzeichneten Informationen weitergeben. ²Dazu gehören insbesondere Betriebs- und Geschäftsgeheimnisse und die vertraulichen Aspekte der Angebote einschließlich ihrer Anlagen.

(2) ¹Bei der gesamten Kommunikation sowie beim Austausch und bei der Speicherung von Informationen muss der Konzessionsgeber die Integrität der Daten sowie die Vertraulichkeit der Teilnahmeanträge und Angebote einschließlich ihrer Anlagen gewährleisten. ²Die Teilnahmeanträge und Angebote einschließlich ihrer Anlagen sowie die Dokumentation über die Angebotsöffnung sind auch nach Abschluss des Vergabeverfahrens vertraulich zu behandeln.

(3) ¹Der Konzessionsgeber kann Unternehmen Anforderungen vorschreiben, die auf den Schutz der Vertraulichkeit der Informationen im Rahmen des Vergabeverfahrens abzielen. ²Hierzu gehört insbesondere die Abgabe einer Verschwiegenheitserklärung.

Literatur: Vgl. die Angaben bei § 5 VgV und Einl. KonzVgV.

I. Bedeutung der Vorschrift

§ 4 KonzVgV dient der **Wahrung der Vertraulichkeit**.[1] Denn auch während eines Vergabeverfahrens sollen Auftraggeber und Wirtschaftsteilnehmer keine Informationen offenlegen, die als vertraulich eingestuft werden. Die Vorschrift stimmt – abgesehen von den abweichenden Auftraggeberbegriffen und der dort erforderlichen Erweiterung auf Interessenbekundungen und Interessensbestätigungen – mit derjenigen des § 5 VgV sowie des § 5 SektVO inhaltlich überein. Sie gilt in allen Verfahrensstadien und ist auch nicht mit Zustimmung der Bewerber bzw. Bieter einschränkbar.[2]

II. Unionsrechtlicher Hintergrund

Mit § 4 KonzVgV werden **Art. 28 sowie Art. 29 Abs. 2 S. 2 KVR** in nationales Recht umgesetzt.[3] Dabei soll die Nichteinhaltung der aufgeführten Pflichten die Anwendung angemessener Sanktionen nach sich ziehen.[4]

III. Schutz vertraulicher Unterlagen (Abs. 1)

Gem. Abs. 1 S. 1 dürfen im Vergabeverfahren keine als vertraulich gekennzeichneten Informationen weitergegeben werden. Dazu zählen gem. Abs. 1 S. 2 **insbes. Geschäfts- oder Betriebsgeheimnisse** sowie die vertraulichen Aspekte der Ange-

---

[1] Erwgr. 60 S. 1 der KVR.
[2] VK Südbayern 24.7.2018 – Z3-3-3194-1-11-04/18, BeckRS 2018, 18118 Rn. 227; besprochen von Siegel jurisPR-VergR 10/2018 Anm. 5.
[3] BT-Drs. 18/7318, 251.
[4] Erwgr. 60 S. 2 der KVR.

bote.[5] Zu den schützenswerten Angeboten zählen auch deren Anlagen, wie ausdr. in Abs. 1 S. 1 verdeutlicht wird. Aus der Formulierung „insbesondere" folgt, dass die Aufzählung in Abs. 1 S. 2 nicht abschl. ist. Wegen der weiteren Einzelheiten kann auf die inhaltlich identische Bestimmung des § 5 Abs. 1 VgV verwiesen werden (→ VgV § 5 Rn. 4).

4   Der Schutz nach § 4 Abs. 1 KonzVgV besteht aber nur, soweit sich aus dieser Verordnung oder anderen Rechtsvorschriften nichts anderes ergibt. Diese **Subsidiarität** besteht insbes. ggü. dem Akteneinsichtsrecht nach § 29 f. VwVfG, welches bei der Zuordnung einer Konzessionsvergabe zum öffentlichen Recht einschlägig ist (dazu → GWB § 148 Rn. 35).[6] Darüber hinaus sind auch die Informationsansprüche nach den Informationsfreiheitsgesetzen vorrangig.[7]

IV. Besonderer Schutz beim Informationsaustausch (Abs. 2)

5   Während des Kommunikationsprozesses besteht ein gesteigertes Schutzbedürfnis für vertrauliche Unterlagen. Abs. 2 S. 1 verlangt deshalb, dass der Konzessionsgeber bei der gesamten Kommunikation sowie beim **Austausch und der Speicherung von Daten** die Vertraulichkeit und Integrität gewährleisten muss. Wie Abs. 2 S. 2 klarstellt, gilt dies auch nach Abschluss des Vergabeverfahrens. Wegen der weiteren Einzelheiten kann auf die inhaltlich identische Bestimmung des § 5 Abs. 2 VgV verwiesen werden (→ VgV § 5 Rn. 5 ff.).

V. Anforderungen an Unternehmen (Abs. 3)

6   Die Pflicht zur Wahrung der Vertraulichkeit ist aber nicht auf den Konzessionsgeber beschränkt. Gem. Abs. 3 S. 1 kann der Konzessionsgeber deshalb den mitwirkenden Unternehmen Anforderungen zur Wahrung der Vertraulichkeit vorschreiben. Zu diesen zählt gem. Abs. 3 S. 2 insbes. die Abgabe einer **Verschwiegenheitserklärung**. Wegen der weiteren Einzelheiten kann auf die inhaltlich identische Bestimmung des § 5 Abs. 3 VgV verwiesen werden (→ VgV § 5 Rn. 9).

§ 5 Vermeidung von Interessenkonflikten

(1) **Organmitglieder und Mitarbeiter des Konzessionsgebers oder eines im Namen des Konzessionsgebers handelnden Beschaffungsdienstleisters, bei denen ein Interessenkonflikt besteht, dürfen in einem Vergabeverfahren nicht mitwirken.**

(2) **Ein Interessenkonflikt besteht für Personen, die an der Durchführung des Vergabeverfahrens beteiligt sind oder Einfluss auf den Ausgang eines Vergabeverfahrens nehmen können und die ein direktes oder indirektes finanzielles, wirtschaftliches oder persönliches Interesse haben, das ihre Unparteilichkeit und Unabhängigkeit im Rahmen des Vergabeverfahrens beeinträchtigen könnte.**

(3) **Es wird vermutet, dass ein Interessenkonflikt besteht, wenn die in Absatz 1 genannten Personen**
1. Bewerber oder Bieter sind,
2. einen Bewerber oder Bieter beraten oder sonst unterstützen oder als gesetzlicher Vertreter oder nur in dem Vergabeverfahren vertreten oder

---

[5] Zum Begriff des Geschäftsgeheimnisses ausf. Müller-Wrede/Braun/Rommelfanger KonzVgV § 4 Rn. 19.
[6] Müller-Wrede/Braun/Rommelfanger KonzVgV § 4 Rn. 16.
[7] MüKoEuWettbR/Marx KonzVgV § 4 Rn. 3.

3. beschäftigt oder tätig sind
   a) bei einem Bewerber oder Bieter gegen Entgelt oder als Organmitglied oder
   b) für ein in das Vergabeverfahren eingeschaltetes Unternehmen, wenn dieses Unternehmen zugleich geschäftliche Beziehungen zum Konzessionsgeber und zum Bewerber oder Bieter hat.

(4) ¹Die Vermutung des Absatzes 3 gilt auch für Personen, deren Angehörige die Voraussetzungen nach Absatz 3 Nummer 1 bis 3 erfüllen. ²Angehörige sind der Verlobte, der Ehegatte, Lebenspartner, Verwandte und Verschwägerte gerader Linie, Geschwister, Kinder der Geschwister, Ehegatten und Lebenspartner der Geschwister und Geschwister der Ehegatten und Lebenspartner, Geschwister der Eltern sowie Pflegeeltern und Pflegekinder.

Literatur: Greb, Die Vergaberechtliche Behandlung von Interessenkonflikten, NZBau 2016, 262; Prieß/Friton/von Rummel, Der „böse Schein" im Vergabeverfahren, NZBau 2019, 690; Ziekow/Siegel, Das Vergabeverfahren als Verwaltungsverfahren, ZfBR 2004, 30. Vgl. iÜ die Angaben bei § 6 VgV und Einl. KonzVgV.

I. Bedeutung der Vorschrift

Die Bestimmung dient der Vermeidung von Interessenkonflikten bei der Konzessionsvergabe. Personen, die in einem Interessenkonflikt stehen, werden damit vom Vergabeverfahren ausgeschlossen. Das damit konkretisierte **Neutralitätsgebot** ist eine Ausprägung des Gebots fairer Verfahrensgestaltung.[1] Inhaltlich ist die Vorschrift des § 5 KonzVgV – abgesehen von den unterschiedlichen Auftraggeberbegriffen – mit denjenigen des § 6 VgV sowie des § 6 SektVO identisch.

II. Unionsrechtlicher Hintergrund

Die Vorschrift setzt **Art. 35 KVR** in nationales Recht um.[2] Dieser wiederum dient dazu, Wettbewerbsverzerrungen zu vermeiden sowie die Transparenz und die Gleichbehandlung aller Bewerber und Bieter im Vergabeverfahren zu gewährleisten.[3] Die Formulierungen des § 5 KonzVgV sind zwar nicht wörtlich der KVR zu entnehmen. Dies bewirkt allerdings keinen inhaltlichen Widerspruch. Denn Art. 35 KVR gestattet den Mitgliedstaaten ausdr., geeignete Maßnahmen zu ergreifen, um Interessenkonflikte zu verhindern.[4]

III. Persönlicher Anwendungsbereich (Abs. 1)

In § 5 KonzVgV sind lediglich Interessenkonflikte seitens des **Konzessionsgebers** geregelt. Vergleichbare Interessenkonflikte auf der Bieter-/Bewerberseite können lediglich unter den qualifizierten Anforderungen nach § 154 Nr. 2 iVm § 124 Abs. 1 Nr. 5 GWB zu einem Ausschluss führen (→ GWB § 124 Rn. 32).[5] In persönlicher Hinsicht erfasst Abs. 1 Organmitglieder und Mitarbeiter des Konzessions-

---

[1] Ziekow/Siegel ZfBR 2004, 30 (34).
[2] BT-Drs. 18/7318, 252.
[3] Erwgr. 61 der KVR.
[4] OLG Karlsruhe 30.10.2018 – 15 Verg 5/18, NZBau 2019, 200 (203). Besprochen von Braun VergabeR 2019, 119 f., und Trautner jurisPR-VergR 1/2019 Anm. 1.
[5] BT-Drs. 18/7318, 151 zur Parallelregelung des § 6 VgV; OLG Rostock 12.8.2020 – 17 Verg 3/20, BeckRS 2020, 26600 Rn. 53.

gebers oder eines im Namen des Konzessionsgebers handelnden Beschaffungsdienstleisters.[6] Sie alle zeichnen sich durch eine besondere **Nähebeziehung** zum Konzessionsgeber aus.[7]

IV. Zeitlicher Anwendungsbereich

4   In zeitlicher Hinsicht ist das Mitwirkungsverbot begrenzt auf das **Vergabeverfahren**. Dieses beginnt grds. mit dem internen Beschaffungsbeschluss des Konzessionsgebers[8] und endet mit der Erteilung des Zuschlags.[9] Nicht ausdr. geregelt ist, ob das Mitwirkungsverbot bereits in der **Vorbereitungsphase** des Vergabeverfahrens eingreift. Zwar enthält die KonzVgV keine § 7 VgV entspr. Bestimmung. Dabei dürfte es sich aber um ein Redaktionsversehen handeln.[10] Unabhängig davon erstreckt sich das Vergabeverfahren bei einem weiten materiellen Verständnis auf die Vorbereitungsphase.[11]

V. Vorliegen eines Interessenkonflikts (Abs. 2)

5   Der in Art. 35 UAbs. 1 KVR benannte Interessenkonflikt wird in Abs. 2 definiert: Danach muss ein finanzielles, wirtschaftliches oder persönliches Interesse bestehen, welches die Unparteilichkeit und Unabhängigkeit der Person beeinträchtigen könnte. Einerseits reicht also der böse Schein alleine nicht (mehr) aus für die Annahme eines Interessenkonflikts.[12] Andererseits muss nicht nachgewiesen werden, dass die Unparteilichkeit oder Unabhängigkeit tatsächlich beeinträchtigt ist.[13] Dies ergibt sich auch nicht aus Art. 35 UAbs. 2 KVR, da dort ebenfalls auf die Möglichkeit einer Beeinträchtigung abgestellt wird („wahrgenommen werden könnte"). Erforderlich, aber auch ausreichend ist vielmehr die **konkrete Möglichkeit einer Beeinträchtigung der Unparteilichkeit oder Unabhängigkeit**.[14]

6   Liegt ein solcher Interessenkonflikt vor, so reicht es aus, dass die betreffende Person am Verfahren beteiligt ist oder Einfluss auf das Verfahren nehmen könnte. Für die damit erforderliche **Verfahrensnähe** genügt jedoch keine abstrakte Einflussmöglichkeit. Erforderlich, aber auch ausreichend ist die mit Tatsachen belegte konkrete Möglichkeit der Einflussnahme. Da die Möglichkeit der Einflussnahme genügt, muss die Beteiligung jedoch nicht entscheidungsrelevant sein.[15]

VI. (Widerlegliche) Vermutungen (Abs. 3 und 4)

7   Um die Feststellung eines Interessenkonflikts im Einzelfall zu erleichtern, werden in § 5 Abs. 3, 4 KonzVgV bestimmte Vermutungen für das Vorliegen eines Interes-

---

[6] Zum Begriff des Beschaffungsdienstleisters OLG Karlsruhe 30.10.2018 – 15 Verg 5/18, NZBau 2019, 200 (202). Ausf. Lieb, Beschaffungsdienstleister im Vergabeverfahren, 2022.
[7] Greb NZBau 2016, 262 (264). Ausf. Müller-Wrede/Braun/Gaus KonzVgV § 5 Rn. 11 ff.
[8] Greb NZBau 2016, 262 (264).
[9] Müller-Wrede/Braun/Gaus KonzVgV § 5 Rn. 8.
[10] Müller-Wrede/Braun/Gaus KonzVgV § 5 Rn. 28.
[11] Beck VergabeR/Dreher/Hoffmann KonzVgV § 5 Rn. 3.
[12] Goldbrunner VergabeR 2016, 365 (373); anders noch OLG Brandenburg 3.8.1999 – 6 Verg 1/99, NVwZ 1999, 1142 (1146), zu § 20 VwVfG; vgl. auch OLG Celle 9.4.2009 – 13 Verg 7/08, NZBau 2009, 394 (396 ff.).
[13] So aber Goldbrunner VergabeR 2016, 365 (373).
[14] OLG Brandenburg 6.4.2021 – 17 U 3/19 Kart, BeckRS 2021, 9340 Rn. 50.
[15] Greb NZBau 2016, 262 (264).

senkonflikts aufgestellt. Die Vermutung bezieht sich auf Personen, die zugleich Bewerber und Bieter sind (Abs. 3 Nr. 1), Berater oder Unterstützer von Bietern oder Bewerbern (Abs. 3 Nr. 2)[16] oder bei Bietern oder Bewerbern Beschäftigte (Abs. 3 Nr. 3). In Abs. 4 wird die Vermutung sodann auf Angehörige von Personen erstreckt, welche die Voraussetzungen des Abs. 3 erfüllen. Die Vermutungen sind jedoch widerleglich und bewirken insofern eine **Beweislastumkehr**.[17] Da die Formulierung mit derjenigen des § 6 Abs. 3, 4 VgV übereinstimmt, kann iÜ auf die dortige Kommentierung verwiesen werden (→ VgV § 6 Rn. 20 ff.).

VII. Rechtsschutz

Als Rechtsfolge ordnet § 5 Abs. 1 KonzVgV ein Mitwirkungsverbot an. Aus der Formulierung „dürfen nicht mitwirken" folgt, dass insoweit kein Ermessen eingeräumt ist, der Ausschluss also **zwingend** erfolgen muss. Wie sich (lediglich) aus Art. 35 UAbs. 3 KVR ergibt, auf den in der Verordnungsbegr. verwiesen wird,[18] ist der Ausschluss jedoch aus Gründen der **Verhältnismäßigkeit** auf das erforderliche Maß zu beschränken.[19] Dies ermöglicht insbes. eine Begrenzung auf einzelne Verfahrensschritte. Der Interessenkonflikt muss in jedem Vergabeverfahren gesondert festgestellt werden, ein genereller Ausschluss ohne Einzelfallprüfung ist hingegen unzulässig.[20] Aus Transparenzgründen ist der Vorgang in einem Vergabevermerk gem. § 6 Abs. 2 Nr. 7 KonzVgV zu **dokumentieren** (→ § 6 Rn. 4).[21] IÜ kann auf die Kommentierung des inhaltsgleichen § 6 Abs. 1 VgV verwiesen werden (→ VgV § 6 Rn. 37 ff.).

8

§ 6 Dokumentation und Vergabevermerk

(1) ¹**Der Konzessionsgeber dokumentiert das Vergabeverfahren von Beginn an fortlaufend in Textform nach § 126b des Bürgerlichen Gesetzbuchs, soweit dies für die Begründung von Entscheidungen auf jeder Stufe des Vergabeverfahrens erforderlich ist.** ²**Dazu gehört zum Beispiel die Dokumentation der Kommunikation mit Unternehmen und internen Beratungen, der Vorbereitung der Konzessionsbekanntmachung und der Vergabeunterlagen, der Öffnung der Teilnahmeanträge und Angebote, der Verhandlungen mit den Bewerbern und Bietern sowie der Gründe für Auswahlentscheidungen und den Zuschlag.**

(2) ¹**Der Konzessionsgeber fertigt über jedes Vergabeverfahren einen Vermerk in Textform nach § 126b des Bürgerlichen Gesetzbuchs an.** ²**Dieser Vergabevermerk umfasst mindestens Folgendes:**
1. **den Namen und die Anschrift des Konzessionsgebers sowie Gegenstand und Vertragswert der Konzession,**
2. **die Namen der berücksichtigten Bewerber oder Bieter und die Gründe für ihre Auswahl,**
3. **die nicht berücksichtigten Teilnahmeanträge und Angebote sowie die Namen der nicht berücksichtigten Bewerber oder Bieter und die Gründe für ihre Nichtberücksichtigung,**

---

[16] Hierzu OLG Karlsruhe 30.10.2018 – 15 Verg 5/18, NZBau 2019, 200 (202).
[17] BT-Drs. 18/7318, 252; Müller-Wrede/Braun/Gaus KonzVgV § 5 Rn. 37 f. Zur Widerlegung Prieß/Friton/von Rummel NZBau 2019, 690 ff.
[18] BT-Drs. 18/7318, 252.
[19] Goldbrunner VergabeR 2016, 365 (373).
[20] KG 28.6.2019 – 9 U 55/18, BeckRS 2019, 34806 Rn. 22 f.
[21] Greb NZBau 2016, 262 (266).

4. den Namen des erfolgreichen Bieters und die Gründe für die Auswahl seines Angebots sowie, falls bekannt, den Anteil an der Konzession, den der erfolgreiche Bieter an Dritte weiterzugeben beabsichtigt, und die Namen der Unterauftragnehmer,
5. die Gründe, aus denen der Konzessionsgeber auf die Vergabe einer Konzession verzichtet hat,
6. die Gründe, aus denen andere als elektronische Mittel für die Einreichung der Angebote verwendet wurden, und
7. Angaben zu aufgedeckten Interessenkonflikten und getroffenen Abhilfemaßnahmen.

(3) **Die Dokumentation, der Vergabevermerk, die Teilnahmeanträge und die Angebote einschließlich ihrer Anlagen sind bis zum Ende der Vertragslaufzeit vertraulich zu behandeln und aufzubewahren, mindestens jedoch für drei Jahre ab dem Tag des Zuschlags.**

(4) **§ 4 bleibt unberührt.**

Literatur: Vgl. die Angaben bei § 8 VgV und Einl. KonzVgV.

I. Bedeutung der Vorschrift

1   Die in § 6 KonzVgV geregelte Pflicht zur Dokumentation des Vergabeverfahrens sowie der Erstellung von Vergabevermerken ist eine wichtige **Ausprägung des Transparenzgebots** gem. § 97 Abs. 1 GWB (→ GWB § 97 Rn. 39 ff.) und soll die Nachvollziehbarkeit der Konzessionsvergabe gewährleisten.[1] Sie besteht gem. § 6 Abs. 4 KonzVgV unabhängig von der Pflicht zur Wahrung der Vertraulichkeit nach § 4 KonzVgV. Die Vorschrift entspricht in weiten Teilen den Vorgaben des § 8 VgV.

II. Unionsrechtlicher Hintergrund

2   Mit der Bestimmung des § 6 KonzVgV wird **Art. 37 Abs. 5 KVR** umgesetzt. Danach besteht eine Pflicht zu einer „angemessenen" Protokollierung durch als „für geeignet erachtete" Mittel. Nach der KVR besteht jedoch keine explizite Verpflichtung zur Erstellung eines Vergabevermerks.[2] Die gleichwohl in § 6 Abs. 2 KonzVgV aufgenommene Verpflichtung erfolgte in Anlehnung an die Vorgaben der VRL und der SRL und bildet eine zulässige Konkretisierung der „geeigneten Mittel zur Dokumentation".[3]

III. Dokumentationspflicht (Abs. 1)

3   In § 6 Abs. 1 KonzVgV wird eine **umfassende** Dokumentationspflicht des Konzessionsgebers begründet.[4] In zeitlicher Hinsicht besteht diese Pflicht von Beginn an und fortlaufend während des Vergabeverfahrens. In sachlicher Hinsicht wird sie jedoch begrenzt auf solche Aspekte, welche für die Begründung von Entscheidungen **erforderlich** sind. Erfasst werden aber Zwischenentscheidungen („auf jeder Stufe").[5] Bei einer Bewertung nach dem Schulnotensystem bestehen

---

[1] VK Niedersachsen 18.6.2021 – VgK-17/21, BeckRS 2021, 42974 Rn. 74.
[2] BT-Drs. 18/7318, 253.
[3] Zu den einschlägigen Regelungen in der KVR teilweise krit. Hettich/Soudry/Braun VergabeR Rn. 200 f.
[4] Ausf. Müller-Wrede/Braun/Rommelfanger KonzVgV § 6 Rn. 9 ff.
[5] VK Sachsen 3.5.2021 – 1/SVK/001-21, BeckRS 2021, 20833 Rn. 61 („fortlaufend").

gesteigerte Anforderungen an die Dokumentationspflicht.[6] Zur Erleichterung der Handhabung im Einzelfall werden in Abs. 2 S. 1 besonders bedeutsame dokumentationspflichtige Vorgänge und Aspekte aufgelistet. Diese **Auflistung** ist jedoch beispielhaft und damit nicht abschließend. Die Dokumentation muss in Textform gem. § 126b BGB erfolgen. Da die Formulierung mit derjenigen des § 8 Abs. 1 VgV übereinstimmt, kann iÜ auf die dortige Kommentierung verwiesen werden (→ VgV § 8 Rn. 3 ff.). Die Dokumentationspflicht nach § 6 Abs. 1 KonzVgV gilt zwar im Ausgangspunkt lediglich ab Erreichen der Schwellenwerte. Allerdings sollte auch unterhalb der Schwellenwerte die ordnungsgemäße Ermittlung des Auftragswerts dokumentiert werden. Dabei steigen die Anforderungen, je stärker sich der Auftragswert den Schwellenwerten annähert.[7]

IV. Vergabevermerk (Abs. 2)

In Abs. 2 S. 1 wird die (allgemeine) Dokumentationspflicht des Abs. 1 durch **4** die (besondere) **Pflicht** zur Erstellung eines Vergabevermerks ergänzt. Die **Mindestangaben** eines solchen Vergabevermerks sind im Katalog des Abs. 2 S. 2 aufgelistet. Zu diesen zählen Name und Anschrift des Konzessionsgebers sowie Gegenstand und Vertragswert der Konzession (Nr. 1), Name der berücksichtigten Bewerber/Bieter und die Gründe für deren Auswahl (Nr. 2), nicht berücksichtigte Teilnahmeanträge, Namen der nicht berücksichtigten Bewerber/Bieter und Gründe für die Nichtberücksichtigung (Nr. 3), der Name des erfolgreichen Bieters und Gründe für die Auswahl sowie etwaige an Dritte weiterzugebende Anteile (Nr. 4), Gründe für einen etwaigen Verzicht auf die Vergabe (Nr. 5), Gründe für die Verwendung anderer als elektronischer Mittel für die Angebotseinreichung (Nr. 6) sowie Angaben zu aufgedeckten Interessenkonflikten und etwaig getroffenen Abhilfemaßnahmen (Nr. 7). Die Ziff. 1–4 sowie Ziff. 6 und 7 entsprechen **grds. denjenigen in § 8 Abs. 2 S. 2 Nr. 1, 2, 3, 5, 9, 10 VgV**, so dass auf die dortige Kommentierung verwiesen werden kann (→ VgV § 8 Rn. 8).

Der Katalog ist jedoch **nicht abschließend** („mindestens").[8] Zusätzlich erforder- **5** lich sind insbes. Angaben über die Schätzung des Auftragswerts (→ § 2 Rn. 12)[9] und über die Laufzeitbestimmung (→ § 3 Rn. 9).[10] Zudem fehlt zwar in der Aufzählung des § 6 Abs. 2 S. 2 KonzVgV eine Entsprechung zu § 8 Abs. 2 S. 1 Nr. 4 VgV. Danach muss bei der herkömmlichen Vergabe der Vergabevermerk auch die Gründe für den Ausschluss ungewöhnlich niedriger Angebote enthalten. Zumindest im Regelfall sollte aber auch der Vermerk zur Konzessionsvergabe eine solche Angabe enthalten.[11]

Was das **Verfahren** anbelangt, so muss der Vergabevermerk – anders als die durch- **6** gehend bestehende Dokumentationspflicht nach § 6 Abs. 1 KonzVgV (→ Rn. 3) – erst nach Abschluss des Vergabeverfahrens erstellt werden.[12] Ebenso wie bei § 8 Abs. 2 VgV muss zudem die **Textform** nach § 126b BGB gewahrt werden (→ VgV § 8 Rn. 6).

---

[6] BGH 4.4.2017 – X ZB 3/17, NZBau 2017, 366 (371). Dazu Stein/Wolters NZBau 2020, 339 ff.
[7] VK Sachsen 3.5.2021 – 1/SVK/001-21, BeckRS 2021, 20833 Rn. 62.
[8] MüKoEuWettbR/Marx KonzVgV § 6 Rn. 3.
[9] VK Sachsen 3.5.2021 – 1/SVK/001-21, BeckRS 2021, 20833 Rn. 61.
[10] KKPP/Dicks GWB § 105 Rn. 21.
[11] Beck VergabeR/Langenbach KonzVgV § 6 Rn. 8.
[12] BT-Drs. 18/7318, 151, zur Parallelvorschrift des § 8 Abs. 2 VgV; Goldbrunner VergabeR 2016, 365 (373).

V. Aufbewahrungspflicht (Abs. 3)

7 Die Dokumentationspflicht während des Vergabeverfahrens gem. § 6 Abs. 1 KonzVgV wird in Abs. 3 in zeitlicher Hinsicht ergänzt durch eine Aufbewahrungspflicht nach Abschluss des Verfahrens. Danach sind die Dokumentation, der Vergabevermerk, die Teilnahmeanträge sowie die Angebote einschl. der Anlagen bis zum Ende der Vertragslaufzeit vertraulich zu behandeln und aufzubewahren. Als **Mindestfrist** – was bei kürzeren Laufzeiten relevant wird – werden drei Jahre ab Erteilung des Zuschlags festgesetzt. Gerade bei Konzessionen mit den für sie typischen längeren Laufzeiten sind jedoch entspr. längere Aufbewahrungspflichten angezeigt.[13] Die Aufbewahrung muss nicht in physischer Form erfolgen; erforderlich, aber ausreichend ist eine entspr. gesicherte **elektronische** Speicherung.[14] Da die Formulierung mit derjenigen des § 8 Abs. 4 VgV übereinstimmt, kann iU auf die dortige Kommentierung verwiesen werden (→ VgV § 8 Rn. 11).

VI. Wahrung der Vertraulichkeit (Abs. 4)

8 Nach Abs. 4 bleibt die Bestimmung des § 4 KonzVgV zur Wahrung der Vertraulichkeit unberührt. Da sich dies ohnehin aus systematischen Gründen ergäbe, ist dieser Absatz **klarstellender** Natur.[15]

Unterabschnitt 2. Kommunikation

§ 7 Grundsätze der Kommunikation

(1) **Für das Senden, Empfangen, Weiterleiten und Speichern von Daten in einem Vergabeverfahren verwenden der Konzessionsgeber und die Unternehmen grundsätzlich Geräte und Programme für die elektronische Datenübermittlung (elektronische Mittel).**

(2) **Die Kommunikation kann mündlich erfolgen, wenn sie nicht die Vergabeunterlagen, die Teilnahmeanträge oder die Angebote betrifft und sie ausreichend und in geeigneter Weise dokumentiert wird.**

(3) [1]**Der Konzessionsgeber kann von jedem Unternehmen die Angabe einer eindeutigen Unternehmensbezeichnung sowie einer elektronischen Adresse verlangen (Registrierung).** [2]**Für den Zugang zur Konzessionsbekanntmachung und zu den Vergabeunterlagen darf der Konzessionsgeber keine Registrierung verlangen; eine freiwillige Registrierung ist zulässig.**

Literatur: Vgl. die Angaben bei § 9 VgV.

1 § 7 KonzVgV dient der Umsetzung von Art. 29 RL 2014/23/EU. Zwar sieht die RL 2014/23/EU anders als die RL 2014/24/EU und RL 2014/25/EU keine grds. Verpflichtung zur elektronischen Kommunikation vor. Allerdings geht der Verordnungsgeber davon aus, dass bzgl. der Kommunikation eine Vereinheitlichung für die Konzessionsgeber sinnvoll ist, zumal durch die Verwendung elektronischer Kommunikationsmittel eine Minderung des personellen und sachlichen Aufwands erwartet wird.[1] Auch hier gilt eine Übergangsregelung (§ 34 KonzVgV).

---

[13] BT-Drs. 18/7318, 253.
[14] BT-Drs. 18/7318, 152, zur Parallelvorschrift des § 8 Abs. 4 VgV.
[15] Beck VergabeR/Langenbach KonzVgV § 6 Rn. 13.
[1] BR-Drs. 87/16, 282.

§ 7 KonzVgV entspricht wörtlich dem § 9 VgV. Auf die entspr. Kommentierung wird verwiesen, → VgV § 9 Rn. 1 ff.

§ 8 Anforderungen an die verwendeten elektronischen Mittel

(1) ¹Der Konzessionsgeber legt das erforderliche Sicherheitsniveau für die elektronischen Mittel fest. ²Elektronische Mittel, die der Konzessionsgeber für den Empfang von Teilnahmeanträgen und Angeboten verwendet, müssen gewährleisten, dass
1. die Uhrzeit und der Tag des Datenempfangs genau zu bestimmen sind,
2. kein vorfristiger Zugriff auf die empfangenen Daten möglich ist,
3. der Termin für den erstmaligen Zugriff auf die empfangenen Daten nur von dem oder den Berechtigten festgelegt oder geändert werden kann,
4. nur die Berechtigten Zugriff auf die empfangenen Daten oder auf einen Teil derselben haben,
5. nur die berechtigten Dritten Zugriff auf die empfangenen Daten oder auf einen Teil derselben einräumen dürfen,
6. empfangene Daten nicht an Unberechtigte übermittelt werden und
7. Verstöße oder versuchte Verstöße gegen die Anforderungen gemäß den Nummern 1 bis 6 eindeutig festgestellt werden können.

(2) ¹Die elektronischen Mittel, die der Konzessionsgeber für den Empfang von Teilnahmeanträgen und Angeboten verwendet, müssen über eine einheitliche Datenaustauschschnittstelle verfügen. ²Es sind die jeweils geltenden IT-Interoperabilitäts- und IT-Sicherheitsstandards der Informationstechnik gemäß § 3 Absatz 1 des Vertrags über die Errichtung des IT-Planungsrats und über die Grundlagen der Zusammenarbeit beim Einsatz der Informationstechnologie in den Verwaltungen von Bund und Ländern vom 1. April 2010 zu verwenden.

Literatur: Vgl. die Angaben bei § 9 VgV.

§ 8 KonzVgV entspricht wörtlich dem § 10 VgV. Auf die entspr. Kommentierung wird verwiesen, → VgV § 10 Rn. 1 ff.

§ 8a Erstellung und Übermittlung von Bekanntmachungen; Datenaustauschstandard eForms

Für die Erstellung und Übermittlung von Konzessionsbekanntmachungen, Vorinformationen, Vergabebekanntmachungen und Bekanntmachungen zu Änderungen (Bekanntmachungen) gelten die Anforderung des § 10a Absatz 1, Absatz 2 Satz 1, Absatz 4 und Absatz 5 Satz 1 und 3 der Vergabeverordnung über die Vorgaben der Durchführungsverordnung (EU) 2019/1780 und des Datenaustauschstandards eForms einschließlich der Regelungen zu verpflichtenden Datenfeldern und der Übermittlung über den Datenservice Öffentlicher Einkauf entsprechend.

Literatur: Michaels, Aktuelle Änderung von VgV, SektVO, KonzVgV und VSVgV, IR 2023, 104.

Für den Anwendungsbereich der KonzVgV (dazu → GWB § 148 Rn. 16 ff., → § 1 Rn. 2 ff.) normiert § 8a KonzVgV die Grundregeln, wie unionsweite Bekanntmachungen zu erstellen und zu übermitteln sind. Die Vorschrift ist durch die „Verordnung zur Anpassung des Vergaberechts an die Einführung neuer elektronischer Standardformulare („eForms") für EU-Bekanntmachungen und an weitere europarechtliche Anforderungen" v. 17. August 2023[1] in die KonzVgV eingefügt worden. Mit jener Verordnung sind die VgV, SektVO, KonzVgV und VSVgV an die **Durchführungsverordnung (EU) 2019/1780** der Kommission v. 23. September 2019 zur Einführung von Standardformularen für die Veröffentlichung von Bekanntmachungen für öffentliche Aufträge und zur Aufhebung der Durchführungsverordnung (EU) 2015/1986 („elektronische Formulare – eForms"), geändert durch die Durchführungsverordnung (EU) 2022/2303 der Kommission v. 4. November 2022 zur Änderung der Durchführungsverordnung (EU) 2019/1780 zur Einführung von Standardformularen für die Veröffentlichung von Bekanntmachungen für öffentliche Aufträge angepasst worden.[2]

2   Für die **Erstellung und Übermittlung von Bekanntmachungen** erklärt § 8a KonzVgV die Anforderungen von § 10a Abs. 1, Abs. 2 S. 1, Abs. 4, Abs. 5 S. 1 und 3 VgV über die Vorgaben der Durchführungsverordnung (EU) 2019/1780 und des Datenaustauschstandards eForms einschl. der Regelungen zu verpflichtenden Datenfeldern und der Übermittlung über den Datenservice Öffentlicher Einkauf für entspr. anwendbar. Für sämtliche Bekanntmachungen iSd § 8a KonzVgV, die in der Vorschrift mit Konzessionsbekanntmachungen, Vorinformationen, Vergabebekanntmachungen und Bekanntmachungen zu Änderungen legal definiert sind, wird die **Anwendung der eForms** in Umsetzung der Vorgaben der Durchführungsverordnung (EU) 2019/1780 im Anwendungsbereich der KonzVgV mWv 25.10.2023 (→ § 37 Rn. 3) **obligatorisch** vorgeschrieben.

3   § 8a KonzVgV stellt weiter klar, dass die Bekanntmachungen nach den Vorgaben der Durchführungsverordnung (EU) 2019/1780 einschl. der verpflichtenden und freiwilligen Angaben nach § 10a Abs. 4 VgV (iE → VgV § 10a Rn. 18 ff.) und dem Datenaustauschstandard eForms erstellt (dazu → VgV § 10a Rn. 14 ff.) und über den Datenservice Öffentlicher Einkauf an das Amt für Veröffentlichungen der EU übermittelt werden müssen (iE → VgV § 10a Rn. 21 f.). Auch im Anwendungsbereich der KonzVgV sind damit bei **strategischen Beschaffungen** Angaben zu strategischen Aspekten der Beschaffung obligatorisch. Dazu gehören etwa soziale und umweltbezogene Aspekte, wesentliche Aspekte der Zuschlagskriterien oder die Teilnahmemöglichkeiten von KMU und Start-ups (dazu → VgV § 10a Rn. 18 ff.).

4   Die Vorschrift enthält keine Verweisungen auf die Ermächtigung zur Erstellung und Aktualisierung des Datenaustauschstandards eForms oder zur Einrichtung des Datenservices Öffentlicher Einkauf beim Beschaffungsamt des BMI. Diese sind zentral in § 10a VgV verankert (dort § 10a Abs. 2 S. 2 und § 10a Abs. 5 S. 2 VgV).

5   Soweit § 8a KonzVgV auf die Parallelvorschrift des § 10a VgV verweist, wird auf dessen Kommentierung Bezug genommen (→ VgV § 10a Rn. 1 ff.).

§ 9 Anforderungen an den Einsatz elektronischer Mittel im Vergabeverfahren

(1) [1]Elektronische Mittel und deren technische Merkmale müssen allgemein verfügbar, nichtdiskriminierend und mit allgemein verbreiteten Geräten und Programmen der Informations- und Kommunikationstechnologie kompatibel sein. [2]Sie dürfen den Zugang von Unternehmen zum Vergabeverfahren nicht unangemessen einschränken. [3]Der Konzessionsgeber gewährleistet die barrierefreie Ausgestaltung der elektronischen Mittel nach den §§ 4, 12a und 12b des Behindertengleichstellungsgesetzes vom 27. April 2002 (BGBl. I S. 1467, 1468) in der jeweils geltenden Fassung.

(2) **Der Konzessionsgeber verwendet für das Senden, Empfangen, Weiterleiten und Speichern von Daten ausschließlich solche elektronischen Mittel,**

---

[1] BGBl. 2023 I Nr. 222 v. 23.8.2023.
[2] BT-Drs. 20/6118, 1, 20.

die die Unversehrtheit, die Vertraulichkeit und die Echtheit der Daten gewährleisten.

(3) Der Konzessionsgeber muss den Unternehmen alle notwendigen Informationen zur Verfügung stellen über
1. die in einem Vergabeverfahren verwendeten elektronischen Mittel,
2. die technischen Parameter zur Einreichung von Teilnahmeanträgen und Angeboten mithilfe elektronischer Mittel und
3. die verwendeten Verschlüsselungs- und Zeiterfassungsverfahren.

Literatur: Vgl. die Angaben bei § 9 VgV.

§ 9 KonzVgV regelt nach dem Vorbild des § 11 VgV die Anforderungen an die verwendeten elektronischen Mittel. Auf die entspr. Kommentierung wird verwiesen, → VgV § 11 Rn. 1 ff. 1

§ 10 Einsatz alternativer elektronischer Mittel bei der Kommunikation

Der Konzessionsgeber kann im Vergabeverfahren die Verwendung elektronischer Mittel, die nicht allgemein verfügbar sind (alternative elektronische Mittel), verlangen, wenn der Konzessionsgeber
1. Unternehmen während des gesamten Vergabeverfahrens unter einer Internetadresse einen unentgeltlichen, uneingeschränkten, vollständigen und direkten Zugang zu diesen alternativen elektronischen Mitteln gewährt und
2. diese alternativen elektronischen Mittel selbst verwendet.

Literatur: Vgl. die Angaben bei § 9 VgV.

§ 10 KonzVgV regelt nach dem Vorbild des § 12 VgV den Einsatz alternativer elektronischer Mittel bei der Kommunikation im Konzessionsvergabeverfahren. Auf die entspr. Kommentierung wird verwiesen, → VgV § 12 Rn. 1 ff. 1

§ 11 Allgemeine Verwaltungsvorschriften

Die Bundesregierung kann mit Zustimmung des Bundesrates allgemeine Verwaltungsvorschriften über die zu verwendenden elektronischen Mittel (Basisdienste für die elektronische Konzessionsvergabe) sowie über die einzuhaltenden technischen Standards erlassen.

Es wird auf die Kommentierung zu § 13 VgV verwiesen, → VgV § 13 Rn. 1. 1

Abschnitt 2. Vergabeverfahren

Unterabschnitt 1. Allgemeine Verfahrensvorschriften

§ 12 Allgemeine Grundsätze

(1) ¹Der Konzessionsgeber darf das Verfahren zur Vergabe von Konzessionen nach Maßgabe dieser Verordnung frei ausgestalten. ²Der Konzessionsgeber kann das Verfahren an den Vorschriften der Vergabeverordnung zum Ablauf des Verhandlungsverfahrens mit Teilnahmewettbewerb ausrichten.

(2) ¹Das Verfahren kann ein- oder mehrstufig durchgeführt werden. ²Der Konzessionsgeber darf mit Bewerbern und Bietern Verhandlungen führen. ³Während der Verhandlungen dürfen der Konzessionsgegenstand, die Mindestanforderungen an das Angebot und die Zuschlagskriterien nicht geändert werden.

(3) Der Konzessionsgeber darf Bewerber oder Bieter bei der Weitergabe von Informationen nicht diskriminieren.

Literatur: Vgl. die Angaben bei Einl. KonzVgV.

I. Bedeutung der Vorschrift

1   In § 12 KonzVgV werden die allg. **Grundsätze der Konzessionsvergabe** geregelt. Da zudem die Grundsätze des § 97 GWB sowohl nach Vorstellung des Gesetzgebers[1] als auch des Verordnungsgebers[2] auch bei der Konzessionsvergabe zur Anwendung kommen sollen, wirft dies die Abgrenzungsfrage auf. Hier genießen die (insoweit eigentlich besonderen) Grundsätze der Konzessionsvergabe nach § 12 KonzVgV trotz der niedrigeren Normenstufe aus Spezialitätsgründen grds. Vorrang vor den (allgemeineren) Grundsätzen des § 97 GWB.[3] Letztere kommen daher nur zum Tragen, soweit unter Berücksichtigung der besonderen Grundsätze des § 12 KonzVgV Lücken verbleiben. Die Bestimmung des § 12 KonzVgV konkretisiert zugleich die **Grundsatznorm zur Verfahrensgestaltung**, § 151 GWB (→ GWB § 151 Rn. 6). Allerdings kommt es dabei zu nicht wenigen Doppelregelungen. Dies gilt insbes. für den Grundsatz der freien Verfahrensgestaltung, der sowohl in § 151 S. 3 GWB als auch in § 12 Abs. 1 S. 1 KonzVgV geregelt ist.

II. Unionsrechtlicher Hintergrund

2   Zugleich dient die Vorschrift der Umsetzung des **Art. 30 sowie des Art. 37 Abs. 6 KVR**.[4] Wegen des hohen inhaltlichen Konkretisierungsgrades orientieren sich die einzelnen Regelungen des § 12 KonzVgV streng an den unionsrechtlichen Vorgaben der KVR. Der Grundsatz der freien Verfahrensgestaltung wird in Art. 30 Abs. 1 KVR vorgegeben. Dass dem Konzessionsgeber bei der Ausgestaltung des Verfahrens ein weiter Gestaltungsspielraum verbleiben soll, wird zudem ausdr. in Erwgr. 68 KVR betont.

III. Grundsatz der freien Gestaltung (Abs. 1 S. 1)

3   In Abs. 1 S. 1 der Bestimmung wird der Grundsatz der freien Verfahrensgestaltung bekräftigt. Dieser wird in Art. 30 Abs. 1 KVR begründet und ist **bereits in § 151 S. 3 GWB auf gesetzlicher Ebene** geregelt (→ GWB § 151 Rn. 6).[5] Dieser Grundsatz wird jedoch in vielfältiger Weise **eingeschränkt**[6]: Neben dem grundsätzlichen Bekanntmachungserfordernis gem. § 151 S. 1, 2 GWB (→ GWB § 151 Rn. 2 ff.) enthält bereits § 12 Abs. 3 KonzVgV mit dem dort normierten Diskriminierungsverbot bei der Weitergabe von Informationen eine weitere

---

[1] BT-Drs. 18/6281, 130.
[2] BT-Drs. 18/7318, 257.
[3] Siegel NVwZ 2016, 1672 (1674); Beck VergabeR/Burgi/Wolff KonzVgV § 12 Rn. 10.
[4] BT-Drs. 18/7318, 257.
[5] Zum Grundsatz sowie zu den Grenzen GKN VergabeR-HdB/Braun § 64 Rn. 9 ff.
[6] Beispiel bei BGH 9.3.2021 – KZR 55/19, NZBau 2021, 625 (628 f.).

Allgemeine Grundsätze § 12 KonzVgV

wichtige Einschränkung (→ Rn. 9). Auch die sonstigen verfahrensbezogenen Anforderungen des GWB begrenzen die Freiheit der Verfahrensgestaltung.[7] Zurückhaltung ist allerdings geboten ggü. den allg. Grundsätzen des § 97 GWB, da anderenfalls eine Annäherung an das allg. Vergaberecht bewirkt würde (→ Rn. 1).[8] Schließlich steuern auch die Verfahrensgarantien des § 13 KonzVgV das Verfahren zur Konzessionsvergabe (→ § 13 Rn. 3 ff.). Gleichwohl ist das Verfahren zur Konzessionsvergabe **iErg wesentlich freier** als dasjenige der herkömmlichen Vergabe.[9]

IV. Art des Verfahrens (Abs. 1 S. 2 und Abs. 2 S. 2)

Der Grundsatz der freien Verfahrensgestaltung einerseits, die nicht wenigen Einschränkungen andererseits werfen hier die Frage nach der **„typischen" Verfahrensart** auf. Bereits nach Vorstellung des Gesetzgebers sind sowohl einstufige Verhandlungsverfahren möglich als auch zweistufige Verhandlungsverfahren mit vorgeschaltetem Teilnahmewettbewerb.[10] Es gibt also weder einen numerus clausus der Verfahrensarten[11] noch eine normativ vorgegebene Regelverfahrensart.[12] 4

Gleichwohl hat der Verordnungsgeber seine Vorstellungen von der idealen Verfahrensart in § 12 KonzVgV konkretisiert: Danach werden in § 12 Abs. 2 S. 1 KonzVgV sowohl ein einstufiges als auch ein zweistufiges Verfahren als zulässig erachtet. Und § 12 Abs. 1 S. 2 KonzVgV ermöglicht dem Auftraggeber nach seinem Ermessen („kann") eine Ausrichtung am Verhandlungsverfahren mit Teilnahmewettbewerb.[13] Möchte man die **wettbewerbsrechtliche Ausrichtung auch der Konzessionsvergabe** allerdings nicht zu sehr vernachlässigen, so empfiehlt sich jedoch im Regelfall ein zweistufiges Verhandlungsverfahren mit Teilnahmewettbewerb (→ GWB § 151 Rn. 10; allg. zu diesem Verfahren → GWB § 119 Rn. 22 und → VgV § 14 Rn. 11 ff.).[14] 5

V. Verhandlungen (Abs. 2 S. 2, 3)

Der Grundsatz der freien Verfahrensgestaltung erfährt in § 12 Abs. 2 S. 2 KonzVgV eine bedeutsame **Konkretisierung:** Danach dürfen – in Anlehnung an Art. 37 Abs. 6 S. 1 KVR – Konzessionsgeber mit Bewerbern und Bietern Verhandlungen führen. Diese können sich neben den Details zur Auftragsausführung auch auf den Preis beziehen.[15] 6

Allerdings sind die Verhandlungsbefugnisse **nicht unbegrenzt:** Vielmehr dürfen nach § 12 Abs. 2 S. 3 KonzVgV, der Art. 37 Abs. 6 S. 2 KVR nachgebildet wurde, während der Verhandlungen der Konzessionsgegenstand, die Mindestanforderungen an das Angebot sowie die Zuschlagskriterien nicht geändert werden. Diese Einschränkung ist vor dem Hintergrund des allg. Diskriminierungsverbots zu sehen und hat zur prakti- 7

---

[7] Beck VergabeR/Burgi/Wolff KonzVgV § 12 Rn. 10.
[8] Siegel NVwZ 2016, 1672 (1674).
[9] Krönke NVwZ 2016, 568 (575); Siegel NVwZ 2016, 1672 (1674).
[10] BT-Drs. 18/6281, 130.
[11] Goldbrunner VergabeR 2016, 365 (374).
[12] Siegel NVwZ 2016, 1672 (1674).
[13] Daher für ein „freies Wahlrecht" zwischen diesen Verfahrensarten Müller-Wrede/Braun/Rommelfanger KonzVgV § 12 Rn. 10.
[14] Siegel NVwZ 2016, 1672 (1675).
[15] Noch VergabeR Rn. 1016, unter Berufung auf KG 17.5.2013 – Verg 2/13, NZBau 2013, 533 (534).

schen Folge, dass der Konzessionsgegenstand möglichst weit gefasst und die Mindestanforderungen möglichst gering gehalten werden sollten.[16] Im Hinblick auf die **Zuschlagskriterien** ist allerdings der systematische Zusammenhang mit § 31 Abs. 2 KonzVgV zu beachten: Bei Angeboten, die eine innovative Leistung mit einer außergewöhnlich hohen funktionellen Leistungsfähigkeit voraussetzen, darf die Rangfolge der Zuschlagskriterien geändert werden (→ KonzVgV § 31 Rn. 5 ff.).[17]

8 Die „Verhandlungsgrenze"[18] des § 12 Abs. 2 S. 3 KonzVgV entspricht grds. derjenigen nach § 17 Abs. 10 S. 2 VgV (dazu → VgV § 17 Rn. 22). Allerdings erfasst sie dem Wortlaut nach im Unterschied zur letztgenannten Bestimmung auch den **Konzessionsgegenstand.** Dies steht jedoch in einem Spannungsverhältnis zur grds. freieren Ausgestaltung der Konzessionsvergabe. Daher ist die Grenze insoweit nicht allzu streng auszulegen.[19] Umgekehrt wird eine Änderung der **Teilnahmebedingungen** dem Wortlaut nach nicht von der Grenze des § 12 Abs. 2 S. 3 KonVgV erfasst. Ihre Änderung stünde jedoch in einem Spannungsverhältnis zum allg. Gleichbehandlungs- und Transparenzgrundsatz nach § 97 Abs. 1 und 2 GWB. Daher sind auch insoweit Verhandlungen ausgeschlossen.[20]

VI. Diskriminierungsverbot (Abs. 3)

9 § 12 Abs. 3 KonzVgV enthält ein **besonderes Diskriminierungsverbot,** welches das allg. Diskriminierungsverbot des § 97 Abs. 2 GWB (→ GWB § 97 Rn. 9 ff.) ergänzt und zugleich konkretisiert. Die Vorschrift dient der Umsetzung des Art. 30 Abs. 2 S. 2 KVR, während das allg. Diskriminierungsverbot in Art. 30 Abs. 2 S. 1 KVR vorgegeben wird.[21] Das Diskriminierungsverbot nach § 12 Abs. 3 KonzVgV steht in engem funktionalen Zusammenhang mit dem Umgehungsverbot nach § 14 KonzVgV (→ KonzVgV § 14 Rn. 3 f.).[22]

§ 13 Verfahrensgarantien

(1) **Konzessionen werden auf der Grundlage der von dem Konzessionsgeber gemäß § 31 festgelegten Zuschlagskriterien vergeben, sofern alle folgenden Bedingungen erfüllt sind:**
1. **Der Bieter erfüllt die von dem Konzessionsgeber festgelegten Eignungskriterien und weiteren Teilnahmebedingungen sowie die gegebenenfalls festgelegten Mindestanforderungen, die insbesondere technische, physische, funktionelle und rechtliche Bedingungen und Merkmale umfassen, die jedes Angebot erfüllen sollte, und**
2. **der Bieter ist vorbehaltlich des § 154 Nummer 2 in Verbindung mit § 125 des Gesetzes gegen Wettbewerbsbeschränkungen nicht gemäß § 154 Nummer 2 in Verbindung mit den §§ 123 und 124 des Gesetzes gegen Wettbewerbsbeschränkungen von der Teilnahme am Vergabeverfahren ausgeschlossen.**

(2) **Der Konzessionsgeber erteilt folgende Angaben:**
1. **in der Konzessionsbekanntmachung gemäß § 19 eine Beschreibung der Konzession sowie der Teilnahmebedingungen und**

---

[16] Goldbrunner VergabeR 2016, 365 (374 f.).
[17] Beck VergabeR/Burgi/Wolff KonzVgV § 12 Rn. 17.
[18] So die treffende Bezeichnung bei Beck VergabeR/Burgi/Wolff KonzVgV § 12 Rn. 16.
[19] HK-VergabeR/Friton/Stein KonzVgV § 12 Rn. 6.
[20] Goldbrunner VergabeR 2016, 365 (374 f.).
[21] BT-Drs. 18/7318, 257.
[22] Braun NZBau 2018, 652 (654).

2. in der Konzessionsbekanntmachung gemäß § 19, der Aufforderung zur Angebotsabgabe oder in anderen Vergabeunterlagen die Zuschlagskriterien sowie die gegebenenfalls festgelegten Mindestanforderungen.

(3) ¹Der Konzessionsgeber übermittelt den Teilnehmern an einem Vergabeverfahren einen Organisations- und Zeitplan des Vergabeverfahrens einschließlich eines unverbindlichen Schlusstermins. ²Der Konzessionsgeber teilt sämtliche Änderungen allen Teilnehmern mit. ³Sofern diese Änderungen Inhalte der Konzessionsbekanntmachung betreffen, sind sie bekanntzumachen.

(4) ¹Die Zahl der Bewerber oder Angebote kann auf eine angemessene Zahl begrenzt werden, sofern dies anhand objektiver Kriterien und in transparenter Weise geschieht. ²Die Zahl der zur Teilnahme oder Angebotsabgabe aufgeforderten Bewerber oder Bieter muss ausreichend hoch sein, dass der Wettbewerb gewährleistet ist.

Literatur: Vgl. die Angaben bei Einl. KonzVgV.

I. Bedeutung der Vorschrift

Die in § 13 KonzVgV normierten Verfahrensgarantien **schränken den** in § 151 S. 3 GWB sowie § 12 Abs. 1 S. 1 KonzVgV normierten **Grundsatz der freien Verfahrensgestaltung ein.** Zugleich dienen sie der Verwirklichung der Grundsätze der Transparenz und der Gleichbehandlung.[1] Die in § 13 KonzVgV aufgezählten Verfahrensbestimmungen sind jedoch nicht abschließend. Sie werden ergänzt durch weitere Verfahrensregelungen des § 151 S. 1, 2 GWB sowie der KonzVgV, etwa zur Bekanntmachung gem. § 19 KonzVgV (→ § 19 Rn. 1 ff.). 1

II. Unionsrechtlicher Hintergrund

Die Vorschrift dient der Umsetzung von **Art. 37 Abs. 1–4 KVR,** die auf Unionsebene den in Art. 30 Abs. 1 KVR normierten Grundsatz der freien Verfahrensgestaltung einschränken.[2] Die unionsrechtlich vorgegebenen Verfahrensgarantien sind zwar recht umfangreich ausgestaltet, geraten aber inhaltlich teilw. unspezifisch.[3] Hingegen wurde die Dokumentationspflicht gem. Art. 37 Abs. 5 KVR in § 6 KonzVgV umgesetzt (→ § 6 Rn. 2), und die grundsätzliche Verhandlungsmöglichkeit gem. Art. 37 Abs. 6 KVR in § 12 Abs. 2 S. 2, 3 KonzVgV (→ § 12 Rn. 4). 2

III. Mindestanforderungen (Abs. 1)

1. Reichweite der Anforderungen

In § 13 Abs. 1 KonzVgV werden **Mindestanforderungen zur Vergabe einer Konzession** definiert.[4] Zu diesen zählen die vom Konzessionsgeber festgelegten Eignungskriterien und weiteren Teilnahmebedingungen (Abs. 1 lit. a Alt. 1), die ggf. festgelegten Mindestanforderungen (Abs. 1 lit. a Alt. 2) sowie die Ausschluss- 3

---

[1] BT-Drs. 18/7318, 258.
[2] BT-Drs. 18/7318, 258.
[3] Knauff/Badenhausen NZBau 2014, 395 (400).
[4] Damit wird Art. 37 Abs. 1 KVR umgesetzt. Zu den Anforderungen GKN VergabeR-HdB/Braun § 64 Rn. 12 ff.

gründe gem. § 154 Nr. 2 GWB (Abs. 1 lit. b; → GWB § 154 Rn. 4–6). Bei genauerer Betrachtung handelt es sich um keine echten „Verfahrensgarantien", sondern um die Einhaltung materieller Anforderungen. Die Begrifflichkeit wurde jedoch durch Art. 37 KVR vorbestimmt.

2. Begriff der Teilnahmebedingungen

4   Der Begriff der Teilnahmebedingungen wird in **Anh. V Nr. 7 KVR** definiert. Zu diesen zählen die Vergabe an geschützte Werkstätten oder im Rahmen eines Programms für geschützte Beschäftigungsverhältnisse (Anh. V Nr. 7 lit. a KVR), der Vorbehalt zugunsten eines bestimmten Berufsstands aufgrund von Rechts- und Verwaltungsvorschriften (Anh. V Nr. 7 lit. b KVR) sowie Eignungskriterien, Mindeststandards und Informationserfordernisse (Anh. V Nr. 7 lit. c KVR). Die Aufzählung des Anhangs V Nr. 7 KVR ist nicht abschließend, wie der Zusatz „darunter" verdeutlicht.[5] Allerdings müssen sonstige Anforderungen ihrerseits den allg. Grundsätzen insbes. der § 97 Abs. 1, 2 GWB sowie der § 12 KonzVgV genügen. Durch die Voranstellung der Eignungskriterien in § 13 Abs. 1 Nr. 1 KonzVgV betont der Verordnungsgeber deren besondere Bedeutung ggü. den sonstigen Teilnahmebedingungen.

IV. Mindestangaben (Abs. 2)

1. Reichweite der Angaben

5   In § 13 Abs. 2 KonzVgV werden die Mindestangaben, denen der Konzessionsgeber nachzukommen hat, umschrieben.[6] Zu den Mindestangaben gehören zunächst eine **Beschreibung** der Konzession sowie der **Teilnahmebedingungen** (Abs. 2 Nr. 1). Hinsichtlich der Beschreibung kann auf die Kommentierung zu § 15 KonzVgV verwiesen werden (→ § 15 Rn. 1). Der Begriff der Teilnahmebedingungen entspricht demjenigen des Abs. 1 Nr. 1 (→ Rn. 4). Darüber hinaus sind auch die **Zuschlagskriterien und die ggf. festgelegten Mindestanforderungen** anzugeben (Abs. 2 Nr. 2).

2. Ort der Angaben

6   § 13 Abs. 2 KonzVgV steht in engem sachlichem **Zusammenhang mit der Konzessionsbekanntmachung gem. § 19 KonzVgV.** Diese ist deshalb auch der richtige Ort für die Angabe der Konzessionsbeschreibung und der Teilnahmebedingungen. Anders verhält es sich mit den Zuschlagskriterien und den ggf. festgelegten Mindestanforderungen: Diese können zwar ebenfalls in der Konzessionsbekanntmachung angegeben werden; in Anlehnung an Art. 37 Abs. 2 lit. b KVR kommt jedoch bei ihnen auch eine Angabe in den sonstigen Vergabeunterlagen in Betracht.[7]

V. Organisations- und Zeitplan (Abs. 3)

1. Pflicht zur Erstellung und Übermittlung (Abs. 3 S. 1)

7   Gem. § 13 Abs. 3 S. 1 KonzVgV übermittelt der Konzessionsgeber den Teilnehmern einen Organisations- und Zeitplan des Vergabeverfahrens unter Einbeziehung eines – allerdings unverbindlichen – Schlusstermins. Damit wird Art. 37 Abs. 4

---

[5] BT-Drs. 18/7318, 258.
[6] Mit der Regelung wird Art. 37 Abs. 2 KVR umgesetzt, BT-Drs. 18/7318, 258.
[7] BT-Drs. 18/7318, 258.

S. 1 KVR umgesetzt. Aus der Formulierung „übermittelt" wird deutlich, dass die Übermittlung – ebenso wie die logisch vorausgesetzte Erstellung – nicht im Ermessen des Konzessionsgebers steht, er hierzu vielmehr **verpflichtet** ist. Der Organisations- und Zeitplan fungiert als Ausgleich für die grds. freie Verfahrensgestaltung und soll das Verfahren transparent gestalten. Gleichwohl ist er **nicht verbindlich**. Dies ist zwar explizit nur für den Schlusstermin geregelt, ergibt sich aber aus der Änderungsmöglichkeit nach Abs. 3 S. 2. Auf die Unverbindlichkeit sollte ausdr. hingewiesen werden.[8]

2. Änderungen (Abs. 3 S. 2, 3)

Während eines Verfahrens können sich Änderungen in einem Organisations- und Zeitplan ergeben. Zur Wahrung der Transparenz sieht deshalb § 13 Abs. 3 S. 2, 3 KonzVgV in Umsetzung des Art. 37 Abs. 4 S. 2 KVR entsprechende Mitteilungs- und Bekanntmachungspflichten vor: Gem. § 13 Abs. 2 S. 2 KonzVgV sind deshalb sämtliche Änderungen allen Teilnehmern mitzuteilen. Da keine Einschränkungen vorgesehen sind, erstreckt sich diese **Mitteilungspflicht** auch auf eine Änderung des – wenn auch unverbindlichen – Schlusstermins nach Abs. 3 S. 1. Berührt die Änderung darüber hinaus den Inhalt der Konzession, so fordert Abs. 3 S. 3 sogar eine **Bekanntmachung** der Änderungen. Beide Pflichten stehen nicht im Ermessen des Konzessionsgebers („teilt mit"; „sind bekanntzugeben"). 8

VI. Angebotsbegrenzung (Abs. 4)

In Konkretisierung des Grundsatzes der freien Verfahrensgestaltung (→ § 12 Rn. 3) kann nach Maßgabe des § 13 Abs. 4 KonzVgV die Zahl der Bewerber oder Angebote begrenzt werden. Damit wird **Art. 37 Abs. 3 KVR** umgesetzt.[9] Die Möglichkeit zur Angebotsbegrenzung ist jedoch ihrerseits begrenzt: Sie muss zunächst gem. Abs. 4 S. 1 **anhand objektiver Kriterien und in transparenter Weise** erfolgen. Die Kriterien müssen also an tatsächlich feststellbare und nachprüfbare Eigenschaften anknüpfen und iÜ willkürfrei ausgestaltet sein („objektiv").[10] Zudem muss die Begrenzung aufgrund der Gesamtumstände vorhersehbar sein („transparent").[11] Damit wird den Vergabegrundsätzen des § 97 Abs. 1, 2 GWB Rechnung getragen (→ GWB § 97 Rn. 2 ff.). 9

Aber auch bei Beachtung dieser Anforderungen muss gem. Abs. 4 S. 2 die **Mindestanzahl** der Bewerber oder Bieter ausreichend hoch sein, um den Wettbewerb zu gewährleisten. Anders als nach § 51 Abs. 2 S. 1 VgV (→ VgV § 51 Rn. 10), wird jedoch keine spezifische Mindestzahl vorgegeben. Dies steht einer Beschränkung auf zwei Teilnehmer nicht schlechthin entgegen; allerdings ist dann umso genauer zu begründen, warum gleichwohl das Wettbewerbsprinzip gewahrt wird.[12] Erreicht die Zahl der geeigneten Bewerber oder Bieter nicht die Mindestzahl, so ist das Verfahren gleichwohl lediglich mit den geeigneten Bietern fortzuführen. Dies ergibt sich (auch) aus § 13 Abs. 1 Nr. 1, 2 KonzVgV.[13] 10

---

[8] Noch VergabeR Rn. 1018.
[9] BT-Drs. 18/7318, 259.
[10] HK-VergabeR/Friton/Stein KonzVgV § 13 Rn. 16.
[11] Müller-Wrede/Braun/Gaus KonzVgV § 13 Rn. 49.
[12] Beck VergabeR/Burgi/Wolff KonzVgV § 13 Rn. 21; HK-VergabeR/Friton/Stein KonzVgV § 13 Rn. 17.
[13] Goldbrunner VergabeR 2016, 365 (375) unter Heranziehung des § 51 Abs. 3 VgV.

§ 14 Umgehungsverbot

Das Verfahren zur Vergabe einer Konzession darf nicht in einer Weise ausgestaltet werden, dass es vom Anwendungsbereich des Teils 4 des Gesetzes gegen Wettbewerbsbeschränkungen ausgenommen wird oder bestimmte Unternehmen oder bestimmte Bauleistungen, Lieferungen oder Dienstleistungen auf unzulässige Weise bevorzugt oder benachteiligt werden.

Literatur: Braun, Umgehungsverbote und Grenzen des Konzessionsrechts, NZBau 2018, 652; vgl. iÜ die Angaben bei Einl. KonzVgV.

I. Bedeutung der Vorschrift

1 Die Vorschrift des § 14 KonzVgV enthält ein **allgemeines Umgehungsverbot**. Sie ergänzt das besondere Umgehungsverbot bei der Berechnung der Schwellenwerte nach § 2 Abs. 2 KonzVgV (→ § 2 Rn. 8 f.)[1] und bezieht sich auf die Ausgestaltung des gesamten Verfahrens unter Einbeziehung des Anwendungsbereichs der §§ 148 ff. GWB.[2] Zugleich konkretisiert sie das Diskriminierungsverbot des § 97 Abs. 2 GWB (→ GWB § 97 Rn. 9 ff.), und sie setzt dem Grundsatz der freien Verfahrensgestaltung nach § 151 S. 3 GWB (→ GWB § 151 Rn. 6) und § 12 Abs. 1 S. 1 KonzVgV (→ § 12 Rn. 3) Grenzen, da dieses zugleich diskriminierungsfrei auszugestalten ist. Da sich die Beachtung der positiven Vorgaben zur Ausgestaltung des Verfahrens bereits aus anderen Regelungen ergibt, liegt die praktische Bedeutung des § 14 KonzVgV vornehmlich in einer **zusätzlichen „Warnfunktion"** an die Konzessionsgeber.[3]

II. Unionsrechtlicher Hintergrund

2 § 14 KonzVgV dient der Umsetzung von **Art. 3 Abs. 1 UAbs. 2 KVR**.[4]

III. Begriff der „Umgehung"

3 Der Begriff der Umgehung erscheint im Zusammenhang mit der Ausgestaltung des Verfahrens klärungsbedürftig. Von einer Umgehung kann von vornherein nur dann gesprochen werden, wenn die **Grenzen der freien Verfahrensgestaltung überschritten** werden.[5] Der Grundsatz der freien Verfahrensgestaltung einerseits, das Umgehungsverbot andererseits legen einen Rückgriff auf die aus dem allg. Verwaltungsrecht bekannte Ermessenslehre nahe:[6] In einem solchen System wäre eine Verfahrensausgestaltung, welche eine Umgehung des Anwendungsbereichs oder eine Diskriminierung bestimmter Bieter bewirkt, als Ermessensfehlgebrauch einzuordnen.

4 Zwar muss im Unterschied zu § 2 Abs. 2 KonzVgV (→ § 2 Rn. 6) nach dem Wortlaut keine Umgehungsabsicht vorliegen. Vor dem unionsrechtlichen Hinter-

---

[1] BT-Drs. 18/7318, 259 „gesondertes Missbrauchsverbot".
[2] Braun NZBau 2018, 652 (653); Beck VergabeR/Burgi/Wolff KonzVgV § 14 Rn. 4.
[3] Hingegen weist MüKoEuWettbR/Marx KonzVgV § 14 Rn. 1 der Norm keinen eigenständigen Regelungsgehalt zu, da sie eine Selbstverständlichkeit ausdrücke.
[4] BT-Drs. 18/7318, 259.
[5] Ausf. GKN VergabeR-HdB/Braun § 64 Rn. 28 ff.
[6] Hierzu etwa Maurer/Waldhoff, Allgemeines Verwaltungsrecht, 20. Aufl. 2020, § 7 Rn. 7 ff.; Siegel, Allgemeines Verwaltungsrecht, 15. Aufl. 2024, Rn. 206 ff.

grund des Art. 3 Abs. 1 UAbs. 2 KVR ist aber gleichwohl ein **subjektives Element** zu fordern: Ausreichend, aber erforderlich ist ein vorsätzliches Handeln. Die „Umgehung" muss also wissentlich und willentlich erfolgen.[7]

IV. Kontrolldichte

Nach der Vorstellung des Verordnungsgebers soll das Umgehungsverbot des § 14 KonzVgV gerichtlich **voll überprüfbar** sein.[8] Bei strikten Verfahrensvorgaben verdient diese Aussage uneingeschränkte Zustimmung. Da das Verfahren aber grds. nach dem Ermessen des Konzessionsgebers ausgestaltet werden kann (→ Rn. 3), erfolgt insoweit lediglich die Überprüfung auf Ermessensfehler hin, insbes. einen Ermessensfehlgebrauch.[9] Der Grundsatz der vollständigen Überprüfbarkeit kann zudem **nicht übertragen** werden auf das besondere Missbrauchsverbot des § 2 Abs. 2 KonzVgV; denn dort ist ein Beurteilungsspielraum des Konzessionsgebers anzuerkennen (→ § 2 Rn. 13).

Unterabschnitt 2. Vorbereitung des Vergabeverfahrens

§ 15 Leistungsbeschreibung

(1) ¹In der Leistungsbeschreibung werden die für die vertragsgegenständlichen Bau- oder Dienstleistungen geforderten Merkmale durch technische und funktionelle Anforderungen festgelegt. ²Der Konzessionsgeber fasst die Leistungsbeschreibung gemäß § 152 Absatz 1 in Verbindung mit § 121 Absatz 1 und 3 des Gesetzes gegen Wettbewerbsbeschränkungen in einer Weise, dass allen Unternehmen der gleiche Zugang zum Vergabeverfahren gewährt wird und die Öffnung des nationalen Beschaffungsmarkts für den Wettbewerb nicht in ungerechtfertigter Weise behindert wird.

(2) ¹Die Merkmale können Aspekte der Qualität und Innovation sowie soziale und umweltbezogene Aspekte betreffen. ²Sie können sich auch auf den Prozess oder die Methode zur Herstellung oder Erbringung der Bau- oder Dienstleistungen oder auf ein anderes Stadium im Lebenszyklus des Gegenstands der Konzession einschließlich der Produktions- und Lieferkette beziehen, auch wenn derartige Faktoren keine materiellen Bestandteile des Gegenstands der Konzession sind, sofern diese Merkmale in Verbindung mit dem Gegenstand der Konzession stehen und zu dessen Wert und Beschaffungszielen verhältnismäßig sind.

(3) ¹In der Leistungsbeschreibung darf nicht auf eine bestimmte Produktion oder Herkunft oder ein besonderes Verfahren, das die Erzeugnisse oder Dienstleistungen eines bestimmten Unternehmens kennzeichnet, oder auf gewerbliche Schutzrechte, Typen oder eine bestimmte Erzeugung verwiesen werden, wenn dadurch bestimmte Unternehmen oder bestimmte Produkte begünstigt oder ausgeschlossen werden, es sei denn, dieser Verweis ist durch den Konzessionsgegenstand gerechtfertigt. ²Solche Verweise sind ausnahmsweise zulässig, wenn der Konzessionsgegenstand andernfalls nicht hinreichend genau und allgemein verständlich beschrieben werden kann; diese Verweise sind mit dem Zusatz „oder gleichwertig" zu versehen.

---

[7] Braun NZBau 2018, 652 (654).
[8] BT-Drs. 18/7318, 259. Ebenso Beck VergabeR/Burgi/Wolff KonzVgV § 14 Rn. 5; HK-VergabeR/Friton/Stein KonzVgV § 14 Rn. 2.
[9] Braun NZBau 2018, 652 (654).

(4) **Ein Angebot darf nicht mit der Begründung abgelehnt werden, dass die angebotenen Bau- oder Dienstleistungen nicht den in der Leistungsbeschreibung genannten technischen und funktionellen Anforderungen entsprechen, wenn der Bieter in seinem Angebot mit geeigneten Mitteln nachgewiesen hat, dass die von ihm vorgeschlagenen Lösungen diese Anforderungen in gleichwertiger Weise erfüllen.**

Literatur: Braun, Umgehungsverbote und Grenzen des Konzessionsrechts, NZBau 2018, 652; vgl. iÜ die Angaben bei § 121 GWB und § 31 VgV.

I. Bedeutung der Vorschrift

1   § 15 KonzVgV regelt umfassend diejenigen Aspekte, die eine vergaberechtskonforme Leistungsbeschreibung im Bereich der KonzVgV erfüllen muss. Die Vorschrift bezieht sich auf § 121 GWB und regelt inhaltlich diejenigen Aspekte, die für die Leistungsbeschreibungen in den anderen Verfahrensordnungen im Oberschwellenbereich gelten, enthält jedoch weniger Detailanforderungen als diese.

II. Besonderheiten

2   Die Leistung ist durch Leistungs- oder Funktionsanforderungen einschl. aller Umstände und Bedingungen zu beschreiben, wobei sich das Erfordernis, auch die Umstände und Bedingungen zu beschreiben, aus dem ausdr. Verweis auf § 121 Abs. 1 GWB in **Abs. 1** S. 2 ergibt. Der Verweis auf § 121 Abs. 3 GWB (Beifügung zu den Vergabeunterlagen) wäre aufgrund der Parallelregelung in § 16 S. 2 KonzVgV wohl nicht erforderlich gewesen. **Abs. 2** entspricht mit Ausnahme der Anpassungen für den Vergabegegenstand § 31 Abs. 3 VgV, s. insoweit → VgV § 31 Rn. 42 ff.

3   **Abs. 3** regelt den Grundsatz der Produktneutralität einschl. Ausnahmen und entspricht hierin – für Konzessionen – ohne inhaltliche Abweichung § 31 Abs. 6 VgV. Auf die Kommentierung dort wird daher verwiesen (→ VgV § 31 Rn. 51 ff.). Die Bedingungen an den Gleichwertigkeitsnachweis entsprechen inhaltlich § 32 Abs. 1 VgV, daher insoweit → VgV § 32 Rn. 2.

4   Nicht von dem ausdr. Verweis erfasst sind die Vorgaben zu Zugänglichkeitsanforderungen für Menschen mit Behinderungen (vgl. § 121 Abs. 2 GWB). Im Gegensatz zu den anderen Verfahrensordnungen gibt es zudem keine Regelungen in Bezug auf Rechte geistigen Eigentums (vgl. § 31 Abs. 4 VgV) oder Vorgaben zu den Regelwerken der technischen Anforderungen (vgl. § 31 Abs. 2 VgV). Diese Abweichungen sind sowohl den (reduzierten) Anforderungen der RL 2014/23/EG als auch dem Vergabegegenstand „Konzession" geschuldet, da dem Konzessionsnehmer üblicherweise ein weiterer Spielraum bei der Erbringung der von der Konzession umfassten Leistungen eingeräumt wird als einem „direkten" Auftragnehmer.

§ 16 Vergabeunterlagen

¹**Die Vergabeunterlagen umfassen jede Unterlage, die vom Konzessionsgeber erstellt wird oder auf die er sich bezieht, um Bestandteile der Konzession oder des Verfahrens zu beschreiben oder festzulegen.** ²**Dazu zählen insbesondere die Leistungsbeschreibung, der Entwurf der Vertragsbedingungen, Vorlagen für die Einreichung von Unterlagen durch Bewerber oder Bieter sowie Informationen über allgemeingültige Verpflichtungen.**

Literatur: Vgl. die Angaben bei § 29 VgV.

Üblicherweise enthalten die vergaberechtlichen Vorschriften detaillierte Angaben dazu, was zu den Vergabeunterlagen gehört (zB § 29 VgV, § 8 EU VOB/A). § 16 KonzVgV bestimmt hingegen in Umsetzung der Definition der „Konzessionsunterlagen" nach Art. 5 Nr. 12 RL 2014/23/EU in erfrischender Klarheit und Kürze, dass sämtliche Unterlagen, die vom Konzessionsgeber erstellt werden oder auf die er sich bezieht, um Bestandteile der Konzession oder des Verfahrens zu beschreiben oder festzulegen, zu den Vergabeunterlagen gehören. Dazu zählen insbes., also nicht abschl., die Leistungsbeschreibung, der Entwurf der Vertragsbedingungen, Vorlagen für die Einreichung von Unterlagen durch Bewerber oder Bieter sowie Informationen über allgemeingültige Verpflichtungen. Dabei handelt es sich somit um alle Unterlagen, die nötig sind, damit interessierte Unternehmen entscheiden können, ob sie sich am Vergabeverfahren beteiligen.[1] Diese sind den Bewerbern oder Bietern nach § 17 KonzVgV zur Verfügung zu stellen.

§ 17 Bereitstellung der Vergabeunterlagen

(1) **Der Konzessionsgeber gibt in der Konzessionsbekanntmachung oder – sofern die Konzessionsbekanntmachung keine Aufforderung zur Angebotsabgabe enthält – in der Aufforderung zur Angebotsabgabe eine elektronische Adresse an, unter der die Vergabeunterlagen unentgeltlich, uneingeschränkt, vollständig und direkt abgerufen werden können.**

(2) [1]**Der Konzessionsgeber kann die Vergabeunterlagen auf einem anderen geeigneten Weg übermitteln, wenn aufgrund hinreichend begründeter Umstände aus außergewöhnlichen Sicherheitsgründen oder technischen Gründen oder aufgrund der besonderen Sensibilität von Handelsinformationen, die eines sehr hohen Datenschutzniveaus bedürfen, ein unentgeltlicher, uneingeschränkter und vollständiger elektronischer Zugang nicht angeboten werden kann.** [2]**In diesem Fall gibt der Konzessionsgeber in der Konzessionsbekanntmachung oder der Aufforderung zur Angebotsabgabe an, dass die Vergabeunterlagen auf einem anderen geeigneten Weg übermittelt werden können und die Frist für den Eingang der Angebote verlängert wird.**

Literatur: Vgl. die Angaben bei § 41 VgV.

§ 17 **Abs. 1** KonzVgV setzt Art. 34 Abs. 1 RL 2014/23/EU um. Als Vorbild diente die Umsetzung von Art. 53 Abs. 1 UAbs. 1 RL 2014/24/EU durch § 41 Abs. 1 VgV.[1] Auf die Kommentierung zu § 41 Abs. 1 VgV wird verwiesen, → VgV § 41 Rn. 4 ff.

Mit § 17 **Abs. 2** KonzVgV wird Art. 34 Abs. 2 RL 2014/23/EU nahezu wortgleich umgesetzt. Dem Konzessionsgeber wird die Möglichkeit eingeräumt, die Vergabeunterlagen auf einem anderen Weg als in § 17 Abs. 1 KonzVgV zur Verfügung zu stellen (zu möglichen Alternativen → VgV § 41 Rn. 35 ff.). Die Hürden für die Nutzung dieser Alternative sind allerdings unterschiedlich hoch. Die Vorgabe, dass dies aus „technischen Gründen" zulässig ist, dürfte sich mit den Anforderungen des § 41 Abs. 2 S. 1 VgV decken, so dass auf die entspr. Kommentierung verwiesen werden kann (→ VgV § 41 Rn. 35). Ansonsten wird auf „außergewöhnliche Sicherheitsgründe", die „besondere Sensibilität von Handelsinformationen" Bezug genommen, die ein „sehr hohes Datenschutzniveau" erfordern. Hier bietet es sich an, die für § 28 Abs. 4 KonzVgV bzw. § 53 Abs. 4 VgV geltenden Parameter für die Annahme **„besonders schutzwürdiger Daten"** heranzuzie-

---

[1] BeckOK VergabeR/von Rummel KonzVgV § 16 Rn. 1.
[1] BR-Drs. 87/16, 289.

hen. Nach der Verordnungsbegr. soll ein solcher Fall vorliegen, wenn „es zum Schutz der besonderen Empfindlichkeit bestimmter Daten erforderlich ist, die ein so hohes Schutzniveau verlangen, dass dieses weder bei Verwendung elektronischer noch bei Verwendung alternativer elektronischer Mittel gewährleistet werden kann."[2]

3   Im Vergleich zu § 41 Abs. 3 VgV fällt auf, dass § 17 Abs. 2 KonzVgV deutlich höhere Anforderungen im Hinblick an die Vertraulichkeit stellt. Dies deckt sich allerdings nicht mit § 4 Abs. 3 KonzVgV, der mit den Vorgaben des § 5 Abs. 3 VgV übereinstimmt (→ VgV § 41 Rn. 41). Auch nach der KonzVgV ist es dem Konzessionsgeber gestattet, **Maßnahmen zum Schutz der Vertraulichkeit von Informationen** zu treffen, ohne dass § 4 Abs. 3 KonzVgV vorgibt, welches Maß an Vertraulichkeit hierfür zu bestehen hat. Auch bei der Vergabe von Konzessionen besteht kein Anlass zu der Annahme, dass der Konzessionsgeber verpflichtet werden soll, vertrauliche Unterlagen einer unbeschränkten Öffentlichkeit preis zu geben. Auf außergewöhnliche Sicherheitsgründe oder besonders sensible Informationen stellt § 4 Abs. 3 KonzVgV nicht ab. Daher darf die **Abgabe von Vertraulichkeitserklärungen** gem. § 4 Abs. 3 S. 2 KonzVgV auch unterhalb derartiger Hürden verlangt werden. Hinzu kommt, dass die Vertraulichkeitserklärung nur dann belastet ist, wenn sichergestellt werden kann, dass der oder die Erklärende auch vertrauenswürdig ist. Dies kann der Konzessionsgeber dadurch sicherstellen, dass er ein Verfahren mit vorgeschaltetem Teilnahmewettbewerb gem. § 12 Abs. 1 S. 2 KonzVgV durchführt und die Vergabeunterlagen nur denjenigen Unternehmen zur Verfügung stellt, bei denen keine Ausschlussgründe festgestellt worden sind (→ VgV § 41 Rn. 40 f.). Insoweit kommt dem Konzessionsgeber ein von den Nachprüfungsinstanzen nur eingeschränkt überprüfbarer **Beurteilungsspielraum** bei seiner Bewertung zu, ob und welche Informationen als vertraulich anzusehen sind.[3] Die Gründe für die Einstufung unter die Vertraulichkeit sind zu **dokumentieren**.

4   Im Unterschied zu § 41 Abs. 2 S. 2 VgV und Abs. 3 S. 3 VgV gibt § 17 KonzVgV nicht vor, um wie viele Tage die **Angebotsfrist zu verlängern** ist. Es liegt nahe, sich an der VgV (fünf Tage) zu orientieren.

§ 18 Zusätzliche Auskünfte zu den Vergabeunterlagen

Der Konzessionsgeber erteilt allen Unternehmen, die sich an dem Vergabeverfahren beteiligen, spätestens sechs Tage vor dem Schlusstermin für den Eingang der Angebote zusätzliche Auskünfte zu den Vergabeunterlagen, sofern die Unternehmen diese zusätzlichen Auskünfte rechtzeitig angefordert haben.

1   § 18 KonzVgV dient der Umsetzung von Art. 34 Abs. 3 RL 2014/23/EU. Rechtzeitig angeforderte zusätzliche Auskünfte zu den Vergabeunterlagen sind danach spätestens sechs (Kalender-) Tage vor dem Ablauf der Angebotsfrist zu erteilen. Wenngleich die Vorschrift nur die Erteilung von zusätzlichen Auskünften vor Ablauf der Angebotsfrist normiert, ist sie gleichsam auf **Teilnahmefristen** in einem zweistufigen Verfahren mit Teilnahmewettbewerb entspr. anwendbar.[1]

2   Die Auskunftspflicht dient der Einhaltung eines fairen, mit möglichst großer Beteiligung geführten Wettbewerbs und der Gleichbehandlung der beteiligten

---

[2] BR-Drs. 87/16, 205 und 296.
[3] Greb/Müller/Honekamp SektVO § 41 Rn. 47.
[1] Müller-Wrede/Braun/Horn KonzVgV § 18 Rn. 7.

Unternehmen.² Hinsichtlich aller von den Unternehmen angeforderten Informationen besteht eine **uneingeschränkte** und **umfassende Auskunftspflicht** (→ VgV § 20 Rn. 14). Die Gleichbehandlung bedingt ferner, dass die zusätzlichen Auskünfte ggü. allen Unternehmen **in gleicher Weise** erteilt werden.³ Der Konzessionsgeber ist daher verpflichtet, jede Information gleichermaßen allen Unternehmen zur Verfügung zu stellen. Die Auskünfte sind gem. § 7 Abs. 1 KonzVgV elektronisch bereitzustellen.

Zusätzliche Auskünfte sind allerdings nur dann zu erteilen, wenn sie **rechtzeitig** 3 **angefordert** wurden. Wann ein Auskunftsersuchen idS rechtzeitig ist, ist in der Vorschrift nicht geregelt (vgl. dazu → VgV § 20 Rn. 15, 15a und 16).

Zusätzliche Auskünfte sind spätestens sechs (Kalender-) Tage vor dem Schluss- 4 termin für den Eingang der Angebote zu erteilen. Das gilt gleichermaßen für zusätzliche Auskünfte in einem zweistufigen Verfahren mit Teilnahmewettbewerb; hier sind die zusätzlichen Auskünfte sechs (Kalender-) Tage vor dem Schlusstermin für den Eingang der Teilnahmeanträge zu erteilen.⁴ Da Art. 34 Abs. 3 RL 2014/23/EU für Fälle besonderer Eilbedürftigkeit keine Verkürzung der Frist für die Erteilung zusätzlicher Auskünfte vorsieht, fehlt eine entspr. Regelung in § 18 KonzVgV.

Die **Berechnung** von Fristen im Anwendungsbereich der KonzVgV erfolgt nach 4a dem unionsweit einheitlichen Fristenregime der Verordnung (EWG, Euratom) Nr. 1182/71 des Rates vom 3. Juni 1971 zur Festlegung der Regeln für die Fristen, Daten und Termine (→ § 36 Rn. 1). Art. 3 Abs. 1 S. 2 jener VO Nr. 1182/71 regelt, dass bei einer nach Tagen bemessenen Frist, bei der für den Anfang der Zeitpunkt maßgebend ist, in welchem eine Handlung vorgenommen wird, bei der Fristberechnung der Tag nicht mitgerechnet wird, in den die Handlung fällt. Bei der Berechnung der Sechs-Tages-Frist wird der Schlusstermin für den Eingang der Angebote deshalb nicht mitgerechnet. Für die Einhaltung der Frist reicht es aus, dass die Auskünfte elektronisch abrufbar sind, wenn sie gem. § 7 Abs. 1 KonzVgV elektronisch bereitgestellt werden. Zur Berechnung der Auskunftsfrist näher → VgV § 20 Rn. 13, → VgV § 82 Rn. 1 ff.

Die Auskunftspflicht hat als Ausprägung des Gleichbehandlungs- und Wettbe- 5 werbsgrundsatzes bieterschützenden Charakter.⁵ Konsequenzen, wenn die rechtzeitig angeforderten zusätzlichen Auskünfte nicht innerhalb des Zeitfensters von sechs Tagen erteilt werden, normiert die Vorschrift und auch § 27 KonzVgV nicht. Auch ohne ausdr. Regelung muss die Angebotsfrist in diesen Fällen – wie es die Parallel-

---

² OLG München 25.3.2019 – Verg 10/18, BeckRS 2019, 5289; OLG Düsseldorf 28.3.2018 – VII-Verg 40/17, BeckRS 2018, 10390; OLG Koblenz 30.4.2014 – 1 Verg 2/14, ZfBR 2014, 705; OLG Naumburg 23.7.2001 – 1 Verg 2/01, BeckRS 2001, 31024383; VK Bund 18.1.2019 – VK 1–113/18, VPRRS 2019, 0051; VK Nordbayern 18.12.2018 – RMF-SG21-3194-3-35, VPRRS 2019, 0127; VK Sachsen 24.8.2016 – 1/SVK/017-16, VPRRS 2016, 0435; VK Bund 11.9.2002 – VK 2–42-02, VPRRS 2013, 1764; VK Sachsen 24.4.2008 – 1/SVK/015-08, BeckRS 2008, 10072; Beck VergabeR/Bergmann KonzVgV § 18 Rn. 8.

³ VK Bund 28.1.2017 – VK 2–129/16, BeckRS 2017, 111301; VK Sachsen 24.8.2016 – 1/SVK/017-16, VPRRS 2016, 0435; Beck VergabeR/Bergmann KonzVgV § 18 Rn. 8; Müller-Wrede/Braun/Horn KonzVgV § 18 Rn. 12.

⁴ Müller-Wrede/Braun/Horn KonzVgV § 18 Rn. 7.

⁵ OLG München 25.3.2019 – Verg 10/18, BeckRS 2019, 5289; OLG Düsseldorf 28.3.2018 – VII-Verg 40/17, BeckRS 2018, 10390; OLG Koblenz 30.4.2014 – 1 Verg 2/14, ZfBR 2014, 705; OLG Naumburg 23.7.2001 – 1 Verg 2/01, BeckRS 2001, 31024383; VK Sachsen 26.6.2009 – 1-SVK/024/09, BeckRS 2009, 23149; 24.4.2008 – 1/SVK/015-08, BeckRS 2008, 10072; Beck VergabeR/Bergmann KonzVgV § 18 Rn. 8; Müller-Wrede/Braun/Horn KonzVgV § 18 Rn. 21.

KonzVgV § 19 Zusätzliche Auskünfte zu den Vergabeunterlagen

vorschrift für klassische Auftragsvergaben in § 20 Abs. 3 S. 1 Nr. 1 VgV vorschreibt (dazu → VgV § 20 Rn. 12) – verlängert werden.[6]

Unterabschnitt 3. Bekanntmachungen

§ 19 Konzessionsbekanntmachung; Ex-ante-Transparenz

(1) **Der Konzessionsgeber teilt seine Absicht, eine Konzession zu vergeben, in einer Konzessionsbekanntmachung mit.**

(2) **Die Konzessionsbekanntmachung wird nach den Vorgaben der Spalte 19 der Tabelle 2 des Anhangs der Durchführungsverordnung (EU) 2019/1780 in Verbindung mit § 8a in der jeweils geltenden Fassung erstellt.**

(3) **Der Konzessionsgeber benennt in der Konzessionsbekanntmachung die Vergabekammer, an die sich die Unternehmen zur Nachprüfung geltend gemachter Vergabeverstöße wenden können.**

(4) **Die freiwillige Ex-ante-Transparenzbekanntmachung im Sinne des § 135 Absatz 3 Satz 1 Nummer 2 und Satz 2 des Gesetzes gegen Wettbewerbsbeschränkungen erfolgt nach den Vorgaben der Spalte 28 in Tabelle 2 des Anhangs der Durchführungsverordnung (EU) 2019/1780 in Verbindung mit § 8a.**

Literatur: Goldbrunner, Das neue Recht der Konzessionsvergabe, VergabeR 2016, 365; Schröder, Das Konzessionsvergabeverfahren nach der RL 2014/23/EU, NZBau 2015, 351. Vgl. auch die Angaben bei § 148 GWB (dort Ziff. 2).

1 Der Vergabe von Konzessionen muss nach **Abs. 1** grds. – zu den Ausnahmen → § 20 Rn. 2 ff. – eine **unionsweite Konzessionsbekanntmachung** vorausgehen (Art. 31 Abs. 1 RL 2014/23/EU; § 151 S. 1 GWB). Die Pflicht zur unionsweiten Bekanntmachung ist Ausdruck des Transparenzgrundsatzes und dient der Sicherstellung eines diskriminierungsfreien unionsweiten Wettbewerbs (→ GWB § 151 Rn. 3).[1]

1a Die Veröffentlichung einer Vorinformation iSd § 38 VgV sieht die KonzVgV nur bei Konzessionen über soziale und andere besondere Dienstleistungen vor; solche Konzessionen werden ausschl. mittels Vorinformation bekannt gemacht (Art. 31 Abs. 3 RL 2014/23/EU, dazu → § 22 Rn. 3).

1b Auch wenn die KonzVgV – anders als § 40 Abs. 4 VgV – freiwillige unionsweite Bekanntmachungen nicht vorsieht, kann eine beabsichtigte Konzessionsvergabe freiwillig unionsweit bekanntgemacht werden, etwa wenn die Konzession den einschlägigen Schwellenwert nicht erreicht. Eine **freiwillige Konzessionsbekanntmachung** muss mWv 25.10.2023 in der gleichen Weise und unter Verwendung des Datenaustauschstandards eForms erfolgen wie eine Pflichtbekanntmachung nach § 19 KonzVgV, also nach den Vorgaben der Spalte 19 der Tabelle 2 des Anhangs der Durchführungsverordnung (EU) 2019/1780 iVm § 8a KonzVgV (→ Rn. 2). Dabei empfiehlt es sich, in der Konzessionsbekanntmachung auf den freiwilligen Charakter der Bekanntmachung hinzuweisen.[2]

2 Die Konzessionsbekanntmachung ist gem. **Abs. 2** nach den Vorgaben der Spalte 19 der Tabelle 2 des Anhangs der Durchführungsverordnung (EU) 2019/1780 iVm

---

[6] So auch Beck VergabeR/Bergmann KonzVgV § 18 Rn. 12 und Müller-Wrede/Braun/Micus-Zurheide KonzVgV § 27 Rn. 32.

[1] Beck VergabeR/Krohn KonzVgV § 19 Rn. 4.

[2] Beck VergabeR/Krohn KonzVgV § 19 Rn. 25.

§ 8a KonzVgV zu erstellen. Für die elektronische Bekanntmachung ist der Datenaustauschstandard eForms in der jew. geltenden Fassung zu verwenden (§ 10a Abs. 2 S. 1 VgV, auf den § 8a KonzVgV verweist). Zu den Vorgaben der Durchführungsverordnung (EU) 2019/1780, die ab dem 25.10.2023 obligatorisch sind, → VgV § 10a Rn. 1 ff.; → VgV § 37 Rn. 2. Die einheitlichen Standards für Konzessionsbekanntmachungen garantieren einen gleichen Informationsstand der Unternehmen und gewährleisten die Transparenz des Verfahrens sowie die Gleichbehandlung der Bieter.

Die Konzessionsbekanntmachung ist nach § 8a KonzVgV iVm § 10a Abs. 5 S. 1 VgV dem Amt für Veröffentlichungen der EU elektronisch über den Datenservice Öffentlicher Einkauf zu übermitteln. Zu den Modalitäten der Veröffentlichung der Konzessionsbekanntmachung näher → § 23 Rn. 2 ff. 3

Abs. 3 verlangt, in der Konzessionsbekanntmachung die **Vergabekammer** anzugeben, an die sich die Unternehmen zur Nachprüfung geltend gemachter Vergabeverstöße wenden können. Diese Pflicht dient der **Gewährleistung eines effektiven Rechtsschutzes**.[3] Die Unternehmen werden in der Bekanntmachung ausdr. darauf hingewiesen, dass ihnen ein besonderer Rechtsschutz vor den Vergabekammern zusteht und wo sie diesen wahrnehmen können. 4

Die Konzessionsbekanntmachung muss dazu Namen und Anschrift der zuständigen Vergabekammer (vgl. dazu §§ 156, 159 GWB) sowie genaue Angaben zu den Fristen für das Nachprüfungsverfahren bzw. ggf. Name, Anschrift, Telefon- und Faxnummer und E-Mail-Adresse der Stelle, bei der diese Informationen erhältlich sind, enthalten. 5

Der seit dem 25.10.2023 geltende **Abs. 4** schreibt vor, freiwillige Ex-ante-Transparenzbekanntmachungen iSd § 135 Abs. 3 S. 1 Nr. 2 und S. 2 GWB (→ GWB § 135 Rn. 97) nach den Vorgaben der Spalte 28 in Tabelle 2 des Anhangs der Durchführungsverordnung (EU) 2019/1780 iVm § 8a KonzVgV zu erstellen. 6

Zum **Rechtsschutz** → VgV § 37 Rn. 17 ff. 7

§ 20 Ausnahmen von der Konzessionsbekanntmachung

(1) ¹Von einer Konzessionsbekanntmachung kann abgesehen werden, wenn die Bau- oder Dienstleistung nur von einem bestimmten Unternehmen erbracht werden kann, weil
1. das Ziel der Konzession die Erschaffung oder der Erwerb eines einzigartigen Kunstwerks oder einer einzigartigen künstlerischen Leistung ist,
2. Wettbewerb aus technischen Gründen nicht entstehen kann,
3. ein ausschließliches Recht besteht oder
4. Rechte des geistigen Eigentums oder andere als die in § 101 Absatz 2 in Verbindung mit § 100 Absatz 2 Satz 1 des Gesetzes gegen Wettbewerbsbeschränkungen definierten ausschließlichen Rechte zu beachten sind.

²Satz 1 Nummer 2 bis 4 ist nur anzuwenden, wenn es keine sinnvolle Alternative oder Ersatzlösung gibt und der fehlende Wettbewerb nicht das Ergebnis einer künstlichen Einengung der Parameter der Konzessionsvergabe ist.

(2) ¹Von einer neuen Konzessionsbekanntmachung kann abgesehen werden, wenn bei einem vorausgegangenen Vergabeverfahren keine oder keine geeigneten Teilnahmeanträge oder Angebote eingereicht wurden, sofern die ursprünglichen Bedingungen des Konzessionsvertrags nicht grundle-

---

[3] BeckOK VergabeR/Levin KonzVgV § 19 Rn. 4. Zur Verweisung eines Nachprüfungsantrags an die zuständige Vergabekammer gem. § 83 VwGO iVm § 17a GVG analog: VK Bund 21.2.2023 – VK 2–4/23, VPRRS 2023, 0049 und nachf. VK Südbayern 13.6.2023 – 3194.Z3-3_01-23-11, VPRRS 2023, 0144.

gend geändert werden und der Europäischen Kommission auf Anforderung ein Verfahrensbericht vorgelegt wird. ²Ungeeignet sind
1. ein Teilnahmeantrag, wenn
   a) der Bewerber gemäß § 154 Nummer 2 in Verbindung mit den §§ 123 bis 126 des Gesetzes gegen Wettbewerbsbeschränkungen aufgrund eines zwingenden oder fakultativen Ausschlussgrunds auszuschließen ist oder ausgeschlossen werden könnte oder der Bewerber die gemäß § 152 Absatz 2 in Verbindung mit § 122 des Gesetzes gegen Wettbewerbsbeschränkungen festgelegten Eignungskriterien nicht erfüllt oder
   b) der Teilnahmeantrag ein ungeeignetes Angebot enthält, weil dieses ohne wesentliche Abänderung den in den Vergabeunterlagen genannten Bedürfnissen und Anforderungen des Konzessionsgebers offensichtlich nicht entsprechen kann, und
2. ein Angebot, wenn es ohne wesentliche Abänderung den in den Vergabeunterlagen genannten Bedürfnissen und Anforderungen des Konzessionsgebers offensichtlich nicht entsprechen kann.

Literatur: Vgl. die Angaben bei § 119 GWB und § 14 VgV.

I. Bedeutung der Vorschrift

1 Der Vergabe von Konzessionen muss grds. eine unionsweite Konzessionsbekanntmachung vorausgehen (§ 151 S. 1 GWB, § 19 Abs. 1 KonzVgV). § 20 KonzVgV dient der Umsetzung von Art. 31 Abs. 4, 5 RL 2014/23/EU, in denen die Tatbestände normiert sind, bei deren Vorliegen Konzessionsgeber auf eine unionsweite Bekanntmachung ihrer Konzessionsvergabeabsicht ausnahmsweise verzichten dürfen. Die Vorschrift benennt abschl. nur **zwei Fallgruppen**, in denen ein solches Verfahren zulässig ist.[1] Das sind zum einen die Fälle, in denen die Bau- oder Dienstleistung **objektiv nur von einem bestimmten Unternehmen** erbracht werden kann. Im Hinblick auf technische Gründe und Ausschließlichkeitsrechte gilt dies jedoch nur dann, wenn es keine sinnvolle Alternative oder Ersatzlösung gibt und der fehlende Wettbewerb nicht das Ergebnis einer künstlichen Einengung der Parameter der Konzessionsvergabe ist. Zum anderen sind das die Fälle, in denen bei einem unionsweit bekannt gemachten vorausgegangenen Vergabeverfahren **keine oder keine geeigneten Teilnahmeanträge oder Angebote** eingereicht wurden, sofern die ursprünglichen Bedingungen des Konzessionsvertrags nicht grundlegend geändert werden. Der Unionsgesetzgeber hebt in Erwgr. 51 der RL 2014/23/EU hervor, dass eine Konzessionsvergabe ohne vorherige Bekanntmachung angesichts der negativen Auswirkungen auf den Wettbewerb **nur unter sehr außergewöhnlichen Umständen** zulässig ist. Diese **enge Auslegung** entspricht der Rspr. des EuGH[2] und der nationalen Nachprüfungsinstanzen[3] zur ausnahmsweisen Zulässig-

---

[1] Beck VergabeR/Krohn KonzVgV § 20 Rn. 16; Die weiteren Ausnahmen aus der Parallelvorschrift des § 14 Abs. 4 VgV, insbes. die der besonderen Dringlichkeit, gelten im Konzessionsbereich nicht.

[2] EuGH 15.10.2009 – C-275/08, BeckRS 2009, 71140 Rn. 55; 4.6.2009 – C-250/07, BeckRS 2009, 70607 Rn. 34.

[3] OLG Celle 9.11.2021 – 13 Verg 9/21, VPRRS 2021, 0294; OLG Düsseldorf 14.12.2022 – Verg 1/22, VPRRS 2023, 0125; 12.7.2017 – VII-Verg 13/17, BeckRS 2017, 123147; 7.6.2017 – Verg 53/16, NZBau 2018, 118; OLG Celle 24.9.2014 – 13 Verg 9/14, NZBau 2014, 784; VK Südbayern 5.6.2023 – 3194.Z3-3_01-22-54, VPRRS 2023, 0183; 8.11.2022 – 3194.Z3-3_01-22-6, VPRRS 2023, 0106; VK Rheinland-Pfalz 16.12.2022 – VK 1-4/22, VPRRS 2023, 0075; VK Bund 19.9.2022 – VK 2-80/22, VPRRS 2022, 0266. Vgl. auch Beck VergabeR/Krohn KonzVgV § 20 Rn. 5.

keit eines Verhandlungsverfahrens ohne Teilnahmewettbewerb im klassischen Vergaberecht (dazu → VgV § 14 Rn. 52 ff.). Zur ex-post-Transparenzpflicht, dh der Pflicht, im Anschluss an die Vergabe gem. § 21 Abs. 1 KonzVgV eine Vergabebekanntmachung mit dem Ergebnis des Vergabeverfahrens zu veröffentlichen, → § 21 Rn. 2 ff.

II. Alleinstellung eines Unternehmens (Abs. 1)

Von einer Konzessionsbekanntmachung kann abgesehen werden, wenn die zu 2 vergebende Bau- oder Dienstleistung **objektiv** nur von einem bestimmten Unternehmen erbracht werden kann, weil
i) das Ziel der Konzession die Erschaffung oder der Erwerb eines einzigartigen Kunstwerks oder einer einzigartigen künstlerischen Leistung ist, oder
ii) Wettbewerb aus technischen Gründen nicht entstehen kann, oder
iii) ein ausschließliches Recht besteht oder
iv) Rechte des geistigen Eigentums oder andere als die in § 101 Abs. 2 iVm § 100 Abs. 2 S. 1 GWB definierten ausschließlichen Rechte zu beachten sind.

Die Vorschrift, die Art. 31 Abs. 5 RL 2014/23/EU umsetzt, ist als Ausnahmetat- 3 bestand **eng auszulegen und anzuwenden**.[4] Erwgr. 51 der RL 2014/23/EU hebt dies hervor, indem es dort heißt:

„Angesichts der negativen Auswirkungen auf den Wettbewerb sollte eine Konzessionsvergabe ohne vorherige Veröffentlichung nur unter sehr außergewöhnlichen Umständen zulässig sein. Diese Ausnahmen sollten sich auf Fälle beschränken, in denen von Beginn an klar ist, dass eine Veröffentlichung nicht zu mehr Wettbewerb führen würde, insbesondere weil es objektiv nur einen Wirtschaftsteilnehmer gibt, der den Konzessionsvertrag durchführen kann."

Die in Abs. 1 Nr. 1–4 normierten Sachverhaltskonstellationen, in denen die Bauoder Dienstleistung objektiv[5] nur von einem bestimmten Unternehmen erbracht werden kann, decken sich mit den in § 14 Abs. 4 Nr. 2 VgV geregelten Fallgruppen, in denen das allg. Vergaberecht ein Verhandlungsverfahren ohne Teilnahmewettbewerb durchgeführt werden darf. Auf die Kommentierung dieser Vorschrift → VgV § 14 Rn. 51 ff. wird verwiesen. Ausschließlichkeitsrechte iSv § 101 Abs. 2 iVm § 100 Abs. 2 S. 1 GWB, die die Auftraggebereigenschaft nichtstaatlicher Sektorenauftraggeber begründen, reichen nach S. 1 Nr. 4 nicht aus, eine Konzessionsvergabe ohne Bekanntmachung zu rechtfertigen.[6]

Im Hinblick auf **technische Gründe und Ausschließlichkeitsrechte** darf das 4 Fehlen der Möglichkeit, die Konzession an ein anderes Unternehmen zu vergeben, allerdings nicht durch den Konzessionsgeber selbst im Hinblick auf das anstehende Vergabeverfahren herbeigeführt worden sein.[7] MaW: Der Konzessionsgeber darf den fehlenden Wettbewerb nicht dadurch selbst verursacht haben, dass er sich ohne zwingenden Grund auf eine bestimmte Lösung festgelegt oder künstlich bzw. sachlich nicht gerechtfertigte einengende Vorgaben für das Vorhaben aufgestellt hat.[8] Erwgr. 51 der RL 2014/23/EU fordert in diesem Zusammenhang eine „eingehende Prüfung", ob keine geeigneten alternativen Lösungen zur Verfügung stehen, die im Wettbewerb vergeben werden können. Damit entspricht die Vorschrift nahezu vollständig dem § 14 Abs. 6 VgV (näher → VgV § 14 Rn. 56).

---

[4] Beck VergabeR/Krohn KonzVgV § 20 Rn. 5.
[5] S. Erwgr. 51 RL 2014/23/EU.
[6] Beck VergabeR/Krohn KonzVgV § 20 Rn. 7.
[7] S. Erwgr. 51 RL 2014/23/EU.
[8] Beck VergabeR/Krohn KonzVgV § 20 Rn. 8.

III. Keine oder keine geeigneten Angebote oder Teilnahmeanträge (Abs. 2)

5 Von einer Konzessionsbekanntmachung kann ferner abgesehen werden, wenn in einem vorausgegangenen Vergabeverfahren keine oder keine geeigneten Teilnahmeanträge oder Angebote eingereicht wurden, sofern die ursprünglichen Bedingungen des Konzessionsvertrags **nicht grundlegend geändert** werden. Die Vorschrift setzt Art. 31 Abs. 6 RL 2014/23/EU um. Sie deckt sich weitgehend mit dem in § 14 Abs. 4 Nr. 1 VgV geregelten Fall, in dem nach allg. Vergaberecht ein Verhandlungsverfahren ohne Teilnahmewettbewerb durchgeführt werden darf; auf die Kommentierung dieser Vorschrift → VgV § 14 Rn. 46 ff. wird ergänzend verwiesen.

6 Nach der Legaldefinition in S. 2 **Nr. 1** ist ein **Teilnahmeantrag ungeeignet,** wenn der Bewerber aufgrund eines zwingenden oder fakultativen Ausschlussgrundes nach § 154 Nr. 2 GWB iVm §§ 123–124 GWB auszuschließen ist oder ausgeschlossen werden könnte oder die nach § 154 Abs. 2 GWB iVm § 122 GWB festgelegten Eignungskriterien nicht erfüllt werden (lit. a), oder wenn der Teilnahmeantrag ein ungeeignetes Angebot enthält, das ohne wesentliche Abänderung den in den Vergabeunterlagen genannten Bedürfnissen und Anforderungen des Konzessionsgebers offensichtlich nicht entsprechen kann (lit. b). Nach S. 2 **Nr. 2** ist ein **Angebot ungeeignet,** wenn es ohne wesentliche Abänderung den in den Konzessionsvergabeunterlagen genannten Bedürfnissen und Anforderungen des Konzessionsgebers offensichtlich nicht entsprechen kann. Da bei der Konzessionsvergabe über die Angebote verhandelt werden darf, sind Angebote – anders als nach § 14 Abs. 4 Nr. 1 VgV, dazu → VgV § 14 Rn. 48 – nur dann als ungeeignet anzusehen, wenn sie selbst in Verhandlungen nicht ohne wesentliche Änderungen so angepasst werden können, dass sie den Vorgaben des Konzessionsgebers entsprechen.[9] Können Angebote also im Verhandlungsweg ohne wesentliche Veränderung der in den Konzessionsunterlagen genannten Bedürfnissen und Anforderungen des Konzessionsgebers zuschlagsfähig gemacht werden, sind sie nicht ungeeignet. Wann eine Änderung iSv S. 2 Nr. 2 als wesentlich anzusehen ist, ist der Vorschrift nicht zu entnehmen. Es kommt hier darauf an, ob Verhandlungen über eine Anpassung des Angebots mit dem Ziel, dieses mit den Anforderungen des Konzessionsgebers in Deckung zu bringen, nach den im Einzelfall geltenden Verfahrensregelungen zulässig und nach den Umständen des Falles aussichtsreich sind.[10]

7 Ungeschriebene Voraussetzung für den Verzicht auf eine neue Konzessionsbekanntmachung ist die **rechtmäßige Aufhebung des vorausgegangenen Vergabeverfahrens**, das mit einer Konzessionsbekanntmachung initiiert worden war, gem. § 32 Abs. 1 S. 1 Nr. 1, 3 und 4 KonzVgV. Ein formloser Übergang in ein neues Vergabeverfahren ohne außenwirksame Aufhebung des vorausgegangenen Vergabeverfahrens ist unzulässig (→ VgV § 14 Rn. 43).[11] Eine Aufhebung nach § 32 Abs. 1 S. 1 **Nr. 2** KonzVgV („wesentliche Änderung der Grundlage des Vergabeverfahrens") berechtigt nicht dazu, für das neue Vergabeverfahren auf eine Konzessionsbekanntmachung zu verzichten. Das stellt Abs. 2 S. 1 klar und verlangt, dass die ursprünglichen Bedingungen des Konzessionsvertrags nicht grundlegend geändert werden dürfen. Zur Frage, wann grundlegende Änderungen vorliegen → VgV § 14 Rn. 50.

8 Auf Anforderung ist der Europäischen Kommission ein **Verfahrensbericht** vorzulegen. Die Vorlage des Berichts ist keine tatbestandliche Voraussetzung für den Verzicht auf eine neue Konzessionsbekanntmachung, da sie nur auf eine entspr. Anforderung zu erfolgen hat.[12]

---

[9] Beck VergabeR/Krohn KonzVgV § 20 Rn. 12.
[10] Beck VergabeR/Krohn KonzVgV § 20 Rn. 13.
[11] Müller-Wrede/Braun/Dewald KonzVgV § 20 Rn. 57.
[12] Müller-Wrede/Braun/Dewald KonzVgV § 20 Rn. 83.

§ 21 Vergabebekanntmachung, Bekanntmachung über Änderungen einer Konzession

(1) ¹Der Konzessionsgeber übermittelt spätestens 48 Tage nach der Vergabe einer Konzession eine Vergabebekanntmachung mit dem Ergebnis des Vergabeverfahrens an das Amt für Veröffentlichungen der Europäischen Union über den Datenservice Öffentlicher Einkauf. ²Die Vergabebekanntmachung wird nach den Vorgaben der Spalte 32 der Tabelle 2 des Anhangs der Durchführungsverordnung (EU) 2019/1780 in Verbindung mit § 8a erstellt.

(2) Bekanntmachungen über Änderungen einer Konzession gemäß § 154 Nummer 3 in Verbindung mit § 132 Absatz 5 des Gesetzes gegen Wettbewerbsbeschränkungen werden nach den Vorgaben der Spalte 40 in Tabelle 2 des Anhangs der Durchführungsverordnung (EU) 2019/1780 in Verbindung mit § 8a erstellt.

Literatur: Vgl. die Angaben bei § 148 GWB (dort Ziff. 2).

§ 21 KonzVgV dient der Umsetzung von Art. 32 RL 2014/23/EU und normiert die Pflicht zur – nachträglichen – Bekanntmachung („Vergabebekanntmachung") von vergebenen Konzessionen und Änderungen einer Konzession gem. § 154 Nr. 3 iVm § 132 Abs. 5 GWB. Die Vorschrift dient der **ex-post-Transparenz** und bezweckt, Unternehmen und Kommission zeitnah über das Ergebnis eines Konzessionsvergabeverfahrens zu informieren.[1] 1

Abs. 1 S. 1 verlangt, dass der Konzessionsgeber spätestens 48 Tage nach der Vergabe einer Konzession eine unionsweite Vergabebekanntmachung an das Amt für Veröffentlichungen der EU über den Datenservice Öffentlicher Einkauf übermittelt. Zu melden ist **jede vergebene Konzession.** Auch in den Fällen des § 20 KonzVgV vergebene Konzessionen fallen damit (und zwar erst recht, um wenigstens eine nachträgliche Transparenz herzustellen) unter die Meldepflicht. Die **Aufhebung** eines Vergabeverfahrens nach § 32 KonzVgV[2] bedarf hingegen keiner Bekanntmachung, da sich die Bekanntmachungspflicht nach dem Wortlaut von Abs. 1 S. 1 auf die „Vergabe" einer Konzession beschränkt. Im Falle der Aufhebung des Vergabeverfahrens hat der Konzessionsgeber den Bewerbern und Bietern gem. § 32 Abs. 2 S. 1 KonzVgV unverzüglich die Gründe für seine Entscheidung mitzuteilen. 2

Die **Meldefrist** beträgt maximal 48 (Kalender-) Tage. Sie beginnt am Tag nach der Vergabe der Konzession zu laufen (→ VgV § 82 Rn. 3). Zur Fristwahrung reicht die Absendung der Bekanntmachung innerhalb der Frist aus („übermittelt").[3] 3

Die Vergabebekanntmachung ist mWv 25.10.2023 nach den Vorgaben der Spalte 32 der Tabelle 2 des Anhangs der Durchführungsverordnung (EU) 2019/1780 iVm § 8a KonzVgV zu erstellen (Abs. 1 S. 2) und dem Amt für Veröffentlichungen der EU über den Datenservice Öffentlicher Einkauf **elektronisch zu übermitteln.** 4

Nach **Abs. 2** sind Bekanntmachungen über **Änderungen einer Konzession** gem. § 154 Nr. 3 iVm § 132 Abs. 5 GWB mWv 25.10.2023 nach den Vorgaben der Spalte 40 in Tabelle 2 des Anhangs der Durchführungsverordnung (EU) 2019/1780 iVm § 8a KonzVgV zu erstellen. Dies hat innerhalb der Frist nach Abs. 1 – also innerhalb von 48 Tagen – zu erfolgen.[4] 5

---

[1] Beck VergabeR/Krohn KonzVgV § 21 Rn. 4; Müller/Wrede/Braun/Hofmann KonzVgV § 21 Rn. 1.
[2] Dazu OLG Düsseldorf 9.6.2021 – Verg 3/21, VPRRS 2023, 0172.
[3] Müller/Wrede/Braun/Hofmann KonzVgV § 21 Rn. 7.
[4] Müller/Wrede/Braun/Hofmann KonzVgV § 21 Rn. 13.

6 Anders als die Parallelvorschrift des § 39 Abs. 6 VgV, enthält § 21 KonzVgV keine **Ausnahmen von der Veröffentlichungspflicht** für einzelne besonders sensible Angaben, da auch die RL 2014/23/EU dazu schweigt. Das führt allerdings nicht dazu, dass der Konzessionsgeber sensible Angaben ausnahmslos veröffentlichen muss. Denn § 30 Abs. 3 KonzVgV gestattet dem Konzessionsgeber, bestimmte Informationen ggü. den Bewerbern oder Bietern ausnahmsweise zurückzuhalten, wenn deren Weitergabe den Gesetzesvollzug behindern, dem öffentlichen Interesse zuwiderlaufen, die berechtigten geschäftlichen Interessen von Unternehmen schädigen oder den lauteren Wettbewerb zwischen ihnen beeinträchtigen würde (vgl. auch Art. 40 Abs. 2 RL 2014/23/EU). Solche Angaben, die im bilateralen Verhältnis zu Bewerbern oder Bietern ausnahmsweise zurückgehalten werden dürfen, dürfen erst recht im Rahmen einer unionsweiten Vergabebekanntmachung zurückgehalten werden.[5]

7 Zum **Rechtsschutz** → VgV § 39 Rn. 13 f.

§ 22 Konzessionen, die soziale und andere besondere Dienstleistungen betreffen

(1) **Der Konzessionsgeber teilt seine Absicht, eine Konzession zur Erbringung sozialer Dienstleistungen oder anderer besonderer Dienstleistungen im Sinne des § 153 des Gesetzes gegen Wettbewerbsbeschränkungen zu vergeben, durch eine Vorinformation mit.**

(2) [1]**Auf Vergabebekanntmachungen ist § 21 Absatz 1 anzuwenden.** [2]**Der Konzessionsgeber kann Vergabebekanntmachungen vierteljährlich zusammenfassen.** [3]**In diesem Fall ist die Veröffentlichung der zusammengefassten Bekanntmachungen innerhalb von 48 Tagen nach dem Ende des Quartals zu veranlassen.**

(3) **Die Bekanntmachung der Vorinformation nach Absatz 1 erfolgt nach den Vorgaben der Spalte 14 und die Vergabebekanntmachung nach Absatz 2 nach den Vorgaben der Spalte 35 der Tabelle 2 des Anhangs der Durchführungsverordnung (EU) 2019/1780 jeweils in Verbindung mit § 8a.**

(4) **Auf Bekanntmachungen über Änderungen einer Konzession gemäß § 154 Nummer 3 in Verbindung mit § 132 Absatz 5 des Gesetzes gegen Wettbewerbsbeschränkungen ist § 21 Absatz 2 anzuwenden.**

Literatur: Vgl. die Angaben bei § 130 GWB.

I. Bedeutung der Vorschrift

1 Allg. zum Sonderregime für die Vergabe von sozialen und anderen besonderen Dienstleistungen iSd Anh. IV RL 2014/23/EU (im Folgenden auch kurz: **SABD**), insbes. zu dessen Systematik und dem Begriff der SABD, s. → GWB § 130 Rn. 1 ff.; speziell für die Konzessionsvergabe → GWB § 153 Rn. 2 ff.

2 § 22 KonzVgV regelt – als einzige Sondervorschrift für SABD in der KonzVgV – allein die Bekanntmachung von Konzessionen. Die Privilegierung für Konzessionen über SABD beschränkt sich damit letztlich auf die Art und Weise ihrer **Bekanntmachung**. IÜ gelten für Konzessionen über SABD alle weiteren Vorschriften der KonzVgV[1] sowie über § 153 GWB umfassend die Bestimmungen aus § 151 ff. GWB, → GWB § 153 Rn. 9.

---

[5] Müller/Wrede/Braun/Hofmann KonzVgV § 21 Rn. 15; aA Beck VergabeR/Krohn KonzVgV § 21 Rn. 17, der nur die allg. Ausnahmegründe gem. §§ 107 bis 109 GWB oder §§ 149 f. GWB für anwendbar hält.

[1] S. hierzu und zu der Begr. der eingeschränkten Privilegierung BT-Drs. 18/7318, 294 f.

II. Ex-Ante-Bekanntmachung (Abs. 1)

Abweichend von § 19 KonzVgV wird die Absicht der Vergabe einer Konzession über SABD nach Abs. 1 nicht im Wege einer Konzessionsbekanntmachung, sondern im Wege einer **Vorinformation als Ex-Ante-Bekanntmachung** mitgeteilt. Abs. 1 setzt insoweit die Bestimmung in Art. 31 Abs. 3 der RL 2014/23/EU um.[2]

3

III. Ex-Post-Bekanntmachung (Abs. 2)

Die Bekanntmachung über eine vergebene Konzession hat nach Abs. 2 S. 1 grds. nach den allg. Regeln über die **Ex-Post-Bekanntmachung** von Konzessionen in § 21 Abs. 1 S. 1 KonzVgV[3] zu erfolgen. Abweichend von diesen allg. Regeln darf ein Konzessionsgeber die Vergabebekanntmachungen zu Konzessionen über SABD jedoch vierteljährlich zusammenfassen, Abs. 2 S. 2, 3. Diese Privilegierung beruht auf den Vorgaben des Art. 32 Abs. 1 S. 2 RL 2014/23/EU iVm Art. 33 Abs. 1 UAbs. 2 RL 2014/23/EU.[4]

4

IV. eForms (Abs. 3)

In Abs. 3 wurden mWv 25.10.2023 die Vorgaben der Durchführungsverordnung (EU) 2019/1780 der Kommission v. 23. September 2019 umgesetzt. In der Durchführungsverordnung (EU) 2019/1780 werden elektronische Standardformulare (**eForms**) für die Veröffentlichung von Bekanntmachungen für öffentliche Aufträge und Konzessionen nicht mehr in abgeschlossenen Formularen, sondern mittels unterschiedlich zu kombinierender Datenfelder je nach Bekanntmachung gem. Tabelle 1 und 2 des Anhangs der Durchführungsverordnung festgelegt (iE → VgV § 10a Rn. 1 ff.).[5] Für die Vorinformation nach Abs. 1 sind in der Tabelle 2 die Vorgaben der Spalte 14 zu befolgen. Für die Ex-Post-Bekanntmachung (Vergabebekanntmachung nach Abs. 2) gelten die Vorgaben der Spalte 35 in Tabelle 2.[6] Ergänzend sind jew. die Vorgaben in § 8a KonzVgV iVm § 10a VgV (dazu iE → VgV § 10a Rn. 1 ff.) zu beachten.

4a

V. Bekanntmachung über Änderungen (Abs. 4)

Für Bekanntmachungen über **Änderungen einer Konzession** verweist Abs. 4 auf § 21 Abs. 2 KonzVgV. Insoweit gelten also keine Privilegierungen für Konzessionen über SABD.

5

---

[2] BT-Drs. 18/7318, 295.
[3] Dass Abs. 2 auf § 21 Abs. 1 insgesamt und somit auch auf dessen S. 2 verweist, dürfte lediglich ein redaktionelles Versehen sein. Denn die Vorgaben für die Vergabebekanntmachung ergeben sich vorliegend nicht aus § 21 Abs. 1 S. 2, sondern aus § 22 Abs. 3 KonzVgV.
[4] Vgl. auch BT-Drs. 18/7318, 295.
[5] BT Drs. 20/6118, 1.
[6] Dabei ist zu berücksichtigen, dass die Tabelle 2 des Anhangs der Durchführungsverordnung (EU) 2019/1780 zuletzt durch die Durchführungsverordnung (EU) 2022/2303 der Kommission vom 24. November 2022 eine neue Fassung erhalten hat.

§ 23 Form und Modalitäten der Veröffentlichung von Bekanntmachungen

(1) Der Konzessionsgeber muss den Tag der Absendung der Bekanntmachungen an das Amt für Veröffentlichungen der Europäischen Union nachweisen können.

(2) Als Nachweis der Veröffentlichung dient die Bestätigung des Eingangs der Bekanntmachung und der Veröffentlichung der übermittelten Information, die der Konzessionsgeber vom Amt für Veröffentlichungen der Europäischen Union erhält.

(3) ¹Bekanntmachungen dürfen frühestens 48 Stunden nach der Bestätigung des Amtes für Veröffentlichungen der Europäischen Union über die Veröffentlichung der übermittelten Informationen auf nationaler Ebene veröffentlicht werden. ²Die Veröffentlichung darf nur die Angaben enthalten, die in der an das Amt für Veröffentlichungen der Europäischen Union übermittelten Bekanntmachung enthalten sind. ³In der nationalen Bekanntmachung ist das Datum der Übermittlung an das Amt für Veröffentlichungen der Europäischen Union anzugeben.

Literatur: Vgl. die Angaben bei § 148 GWB (dort Ziff. 2).

1 § 23 KonzVgV dient der Umsetzung von Art. 33 Abs. 2–4 RL 2014/23/EU und normiert die Anforderungen an die Veröffentlichung von Bekanntmachungen im Anwendungsbereich der KonzVgV. Die Vorschrift gilt gleichermaßen für Konzessionsbekanntmachungen, Vorinformationen, Vergabebekanntmachungen und Bekanntmachungen über Änderungen einer Konzession, die in § 8a KonzVgV unter dem Oberbegriff „Bekanntmachungen" zusammengefasst werden. Die Vorschrift ist weitgehend identisch mit § 40 VgV, so dass auf dessen Kommentierung ergänzend verwiesen wird, → VgV § 40 Rn. 1 ff.

2 Nach § 8a KonzVgV iVm § 10a Abs. 1, Abs. 2 S. 1, Abs. 4, Abs. 5 S. 1 und 3 VgV sind alle der KonzVgV unterliegenden Bekanntmachungen – somit Konzessionsbekanntmachungen, Vorinformationen[1], Vergabebekanntmachungen und Bekanntmachungen über Änderungen einer Konzession – mWv 25.10.2023 (→ § 37 Rn. 3) elektronisch nach den Vorgaben der Durchführungsverordnung (EU) 2019/1780 zu erstellen und über den Datenservice Öffentlicher Einkauf an das Amt für Veröffentlichungen der EU mit elektronischen Mitteln zu übermitteln. Für die elektronischen Bekanntmachungen haben Konzessionsgeber den Datenaustauschstandard eForms in der jew. geltenden Fassung zu verwenden (§ 8a KonzVgV iVm § 10a Abs. 2 S. 1 VgV). Zur elektronischen Übermittlung → VgV § 40 Rn. 2. **Abs. 1** verlangt, dass der Konzessionsgeber den Tag der Absendung der Bekanntmachungen an das Amt für Veröffentlichungen der EU nachweisen können muss.

3 **Abs. 2** entspricht Art. 33 Abs. 2 S. 2 RL 2014/23/EU. Danach stellt das Amt für Veröffentlichungen der EU dem Konzessionsgeber eine Bestätigung über den Erhalt der Bekanntmachung und die Veröffentlichung der übermittelten Informationen aus, in der das Datum der Veröffentlichung angegeben ist. Diese Bestätigung dient als **Nachweis für die Veröffentlichung.** Weitere Details der Veröffentlichung enthält Art. 33 Abs. 2 S. 3 und 4 RL 2014/23/EU. Die Veröffentlichung erfolgt danach spätestens fünf Tage nach ihrer Übermittlung ausschl. in elektronischer Form. Die Kosten für die Veröffentlichung der Bekanntmachungen gehen zu Lasten der Union.

---

[1] Obwohl Art. 33 Abs. 1 RL 2014/23/EU nur Konzessionsbekanntmachungen, Zuschlagsbekanntmachungen und Bekanntmachungen der Art. 43 Abs. 1 RL 2014/23/EU in Bezug nimmt, hat der nationale Verordnungsgeber in Abs. 1 die Geltung von § 23 KonzVgV auch für Vorinformationen ausdr. angeordnet: BT-Drs. 18/7318, 263.

Die Veröffentlichung erfolgt ungekürzt in der jew. Originalsprache. Eine Zusammenfassung der wichtigsten Bestandteile davon wird in den übrigen Sprachen der Union veröffentlicht. Verbindlich ist jedoch nur der Wortlaut der Originalsprache, dh der Sprache, in der die Bekanntmachung verfasst wurde.

Wird zusätzlich national bekannt gemacht, schreibt **Abs. 3** in Umsetzung von Art. 33 Abs. 4 RL 2014/23/EU **zeitliche und inhaltliche Schranken** zum Schutz ausländischer Unternehmen vor. Danach dürfen Bekanntmachungen auf nationaler Ebene frühestens 48 Stunden nach der Bestätigung des Amtes für Veröffentlichungen der EU über die Veröffentlichung der übermittelten Informationen veröffentlicht werden.[2] Mit der Bestätigung des Erhalts der Bekanntmachung durch das Amt für Veröffentlichungen der EU beginnt somit die Wartefrist von 48 Stunden zu laufen.[3] Wird die Bekanntmachung bereits vor Ablauf der Wartefrist unionsweit veröffentlicht, darf der Konzessionsgeber ab diesem Zeitpunkt ebenfalls Bekanntmachungen auf nationaler Ebene veröffentlichen.[4] Zur **Berechnung der Wartefrist** und zu den weiteren inhaltlichen Voraussetzungen → VgV § 40 Rn. 6.

Abs. 1 und 3 dienen der Einhaltung eines transparenten und auf Gleichbehandlung der Bieter bedachten Vergabeverfahrens und vermitteln **Bieterschutz**.[5] Dagegen ist Abs. 2 eine reine Ordnungsvorschrift und damit nicht bieterschützend.

Unterabschnitt 4. Auswahlverfahren und Zuschlag

§ 24 Rechtsform von Unternehmen und Bietergemeinschaften

(1) ¹Bewerber oder Bieter, die gemäß den Rechtsvorschriften des Staats, in dem sie niedergelassen sind, zur Erbringung der betreffenden Leistung berechtigt sind, dürfen nicht allein deshalb zurückgewiesen werden, weil sie gemäß den deutschen Rechtsvorschriften eine natürliche oder juristische Person sein müssten. ²Juristische Personen können verpflichtet werden, in ihrem Antrag auf Teilnahme oder in ihrem Angebot die Namen und die berufliche Befähigung der Personen anzugeben, die für die Durchführung des Konzessionsvertrags als verantwortlich vorgesehen sind.

(2) ¹Bewerber- und Bietergemeinschaften sind wie Einzelbewerber und -bieter zu behandeln. ²Der Konzessionsgeber darf nicht verlangen, dass Gruppen von Unternehmen eine bestimmte Rechtsform haben müssen, um einen Antrag auf Teilnahme zu stellen oder ein Angebot abzugeben. ³Sofern erforderlich kann der Konzessionsgeber in den Vergabeunterlagen Bedingungen festlegen, wie Gruppen von Unternehmen die Eignungskriterien zu erfüllen und die Konzession auszuführen haben; solche Bedingungen müssen durch sachliche Gründe gerechtfertigt und angemessen sein.

(3) Unbeschadet des Absatzes 2 kann der Konzessionsgeber verlangen, dass eine Bietergemeinschaft nach Zuschlagserteilung eine bestimmte

---

[2] Zu einem Verstoß gegen Abs. 3: OLG Düsseldorf 13.5.2019 – VII-Verg 47/18, BeckRS 2019, 17244.

[3] BeckOK VergabeR/Conrad KonzVgV § 23 Rn. 18.

[4] So ausdr. Art. 33 Abs. 4 S. 1 RL 2014/23/EU und die Parallelvorschrift § 40 Abs. 3 S. 1 VgV. Es gibt keinen Grund, § 23 Abs. 3 KonzVgV anders zu verstehen: BeckOK VergabeR/Conrad KonzVgV § 23 Rn. 20.

[5] Zur Wartefrist für die nationale Bekanntmachung nach § 40 Abs. 3 VgV (= § 23 Abs. 3 KonzVgV): OLG Düsseldorf 13.5.2019 – VII-Verg 47/18, BeckRS 2019, 17244.

Rechtsform annimmt, soweit dies für die ordnungsgemäße Durchführung der Konzession erforderlich ist.

Literatur: Vgl. die Angaben bei § 43 VgV.

1 § 24 KonzVgV entspricht nahezu vollständig § 43 VgV. Auf die dortige Kommentierung wird verwiesen, → VgV § 43 Rn. 1 ff.

§ 25 Anforderungen an die Auswahl geeigneter Unternehmen; Eignungsleihe

(1) [1]Der Konzessionsgeber legt die Eignungskriterien gemäß § 152 Absatz 2 in Verbindung mit § 122 des Gesetzes gegen Wettbewerbsbeschränkungen fest und gibt die Eignungskriterien in der Konzessionsbekanntmachung an. [2]Ist eine Konzessionsbekanntmachung gemäß § 20 nicht erforderlich, sind die Eignungskriterien in die Vergabeunterlagen aufzunehmen.

(2) Die Eignungskriterien müssen nichtdiskriminierend sein und dem Zweck dienen,
1. sicherzustellen, dass der Konzessionsnehmer zur Durchführung der Konzession in Anbetracht des Konzessionsgegenstands fähig ist, sowie
2. den Wettbewerb zu gewährleisten.

(3) [1]Zur Erfüllung der Eignungskriterien darf ein Unternehmen Kapazitäten anderer Unternehmen einbeziehen, unabhängig davon, welche rechtlichen Beziehungen zwischen ihm und diesen Unternehmen bestehen. [2]Hinsichtlich der finanziellen Leistungsfähigkeit kann der Konzessionsgeber verlangen, dass die Unternehmen gemeinschaftlich für die Vertragsdurchführung haften.

Literatur: Goldbrunner, Das neue Recht der Konzessionsvergabe, VergabeR 2016, 365; Otting, Eignungs- und Zuschlagskriterien im neuen Vergaberecht, VergabeR 2016, 316.

I. Bedeutung der Vorschrift

1 Auch die KonzVgV unterscheidet zwischen den **Eignungskriterien** (§ 25 KonzVgV) und den **Belegen für die Erfüllung der Eignungskriterien** und das Nichtvorliegen von Ausschlussgründen (§ 26 KonzVgV).[1] Die Regelungen zu den **Ausschlussgründen** in §§ 123–126 GWB gelten über die Verweisung in § 154 Nr. 2 GWB grds. auch in einem Konzessionsvergabeverfahren. Lediglich für Konzessionsgeber nach § 101 Abs. 1 Nr. 3 GWB (private Sektorenauftraggeber) gilt, dass sie ein Unternehmen unter den Voraussetzungen des § 123 GWB ausschließen können, aber nicht ausschließen müssen (§ 154 Nr. 2 lit. a GWB).[2] Ferner können Konzessionsgeber im Fall einer Konzession in den Bereichen Verteidigung und Sicherheit ein Unternehmen von der Teilnahme an einem Vergabeverfahren ausschließen, wenn das Unternehmen nicht die erforderliche Vertrauenswürdigkeit aufweist, um Risiken für die nationale Sicherheit auszuschließen; der Nachweis kann auch mithilfe geschützter Datenquellen erfolgen (§ 154 Nr. 2 lit. b GWB).[3]

---

[1] Vgl. zu den Eignungskriterien → GWB § 122 Rn. 1 ff. sowie Otting VergabeR 2016, 316.
[2] Vgl. die Parallelregelung für Aufträge im Sektorenbereich in § 142 Nr. 1 GWB.
[3] Vgl. die Parallelregelung für Aufträge im Verteidigungs- und Sicherheitsbereich in § 147 GWB.

II. Eignungskriterien (Abs. 1 und 2)

§ 25 KonzVgV setzt mit Blick auf die Eignungskriterien Art. 38 Abs. 1, 2 RL 2014/23/EU um. Im Wortlaut des Art. 38 Abs. 1 RL 2014/23/EU wird der Oberbegriff der „Teilnahmebedingungen" verwendet. Bei den Eignungsanforderungen handelt es sich um einen **Unterfall der Teilnahmebedingungen**.[4]

Abs. 1 bestimmt aus Gründen der Klarstellung, dass die Eignungskriterien in der **Konzessionsbekanntmachung** anzugeben bzw. in die Vergabeunterlagen aufzunehmen sind, wenn eine Konzessionsbekanntmachung gem. § 20 KonzVgV nicht erforderlich ist (s. auch → GWB § 122 Rn. 21 ff.).

Auch bei der Vergabe von Konzessionen ist die **Beschränkung der zulässigen Eignungskriterien** auf die Befähigung und Erlaubnis zur Berufsausübung, die wirtschaftliche und finanzielle Leistungsfähigkeit sowie die technische und berufliche Leistungsfähigkeit zu beachten (§ 152 Abs. 2 GWB iVm § 122 Abs. 2 S. 2 Nr. 1–3 GWB).[5] Die Eignungskriterien müssen mit dem Konzessionsgegenstand in Verbindung und zur Sicherstellung der Vertragsdurchführung in einem angemessenen Verhältnis stehen (§ 152 Abs. 2 GWB iVm § 122 Abs. 4 GWB).

In Ergänzung hierzu setzt Abs. 2 die Regelungen des Art. 38 Abs. 1 S. 2 RL 2014/23/EU inhaltlich um. Dementsprechend wird klargestellt, dass die Eignungskriterien auch **nichtdiskriminierend** sein, einen **echten Wettbewerb gewährleisten** und dem Zweck dienen müssen sicherzustellen, dass der Konzessionsnehmer **zur Durchführung der Konzession in Anbetracht des Konzessionsgegenstands fähig ist** (Nr. 1 und 2). Das bedeutet, dass der Konzessionsgeber bei der Wahl der Eignungskriterien auf einen Ausgleich zwischen der für einen idR langfristigen Konzessionsvertrag notwendigen Leistungsfähigkeit einerseits und der Gewährleistung eines hinreichenden Wettbewerbs andererseits zu achten hat.[6] Bei Abs. 2 handelt es sich um eine Konkretisierung der allg. Vergabegrundsätze der Gleichbehandlung, des Wettbewerbs und der Verhältnismäßigkeit nach § 97 Abs. 1, 2 GWB.

III. Eignungsleihe (Abs. 3)

Eine Eignungsleihe ist nach S. 1 auch bei der Vergabe von Konzessionen sowohl hinsichtlich der **wirtschaftlichen und finanziellen** Leistungsfähigkeit als auch hinsichtlich der **technischen und beruflichen Leistungsfähigkeit** zulässig (s. zu den Voraussetzungen die Kommentierungen zu § 26 Abs. 3 KonzVgV und § 47 Abs. 1 VgV). Die Regelung in § 47 Abs. 1 S. 3 VgV, wonach eine Eignungsleihe im Hinblick auf Nachweise für die erforderliche berufliche Leistungsfähigkeit oder die einschlägige berufliche Erfahrung nur unter der Voraussetzung zulässig ist, dass das betreffende Unternehmen die betreffenden Leistungen auch tatsächlich erbringt, kann gem. § 151 S. 2 GWB entspr. angewendet werden, wenn dies in der Konzessionsbekanntmachung oder in den Vergabeunterlagen bekannt gemacht wurde (s. hierzu → VgV § 47 Rn. 1 ff.).[7] Eine Eignungsleihe im Bereich der finanziellen Leistungsfähigkeit kann der Konzessionsgeber nach S. 2 an die Voraussetzung einer **gemeinschaftlichen Haftung** knüpfen (s. hierzu → VgV § 47 Rn. 14 f.). Aus Gründen der Transparenz muss er dies bereits in der Konzessionsbekanntmachung

---

[4] Begr. zu § 25 KonzVgV, BT-Drs. 18/7318, 264 unter Verweis auf Anh. V, Nr. 7 lit. c RL 2014/23/EU.

[5] Goldbrunner VergabeR 2016, 365 (379); Begr. zu § 25 KonzVgV, BT-Drs. 18/7318, 264 unter Verweis auf Erwgr. 63 der RL 2014/23/EU.

[6] Müller-Wrede/Braun/Raabe KonzVgV § 25 Rn. 44.

[7] Ebenso Beck VergabeR/Hübner KonzVgV § 25 Rn. 36, Müller-Wrede/Braun/Stoye/Brugger KonzVgV § 25 Rn. 63.

KonzVgV § 26 Beleg für die Eignung

angeben bzw. in den Vergabeunterlagen, wenn eine Konzessionsbekanntmachung gem. § 20 KonzVgV nicht erforderlich ist.[8] Die Regelung zum Selbstausführungsgebot für bestimmte kritische Aufgaben in § 47 Abs. 5 VgV kann gem. § 151 S. 2 GWB entspr. angewendet werden (s. → VgV § 47 Rn. 17).[9]

7 Die Eignungsleihe ist von den Vorgaben für Unterauftragnehmer in § 33 KonzVgV zu unterscheiden. Soweit die Eignungsleihe über einen Unterauftragnehmer erfolgt, stellt § 33 Abs. 1 S. 3 KonzVgV klar, dass in diesem Falle auch § 25 Abs. 3 KonzVgV zu beachten ist. § 25 Abs. 3 KonzVgV enthält – anders als § 47 Abs. 2 VgV – keine Regelung zur **Überprüfung der Eignung und des Nichtvorliegens von Ausschlussgründen** in Bezug auf das andere Unternehmen. Das bedeutet aber nicht, dass eine solche Prüfung im Anwendungsbereich der KonzVgV entbehrlich wäre. Da das andere Unternehmen dem Bewerber oder Bieter die notwendige Eignung vermitteln soll, ergibt sich die Notwendigkeit einer solchen Prüfung in Bezug auf die Eignung aus § 152 Abs. 2 GWB iVm § 122 Abs. 1 GWB und in Bezug auf die Ausschlussgründe aus § 154 Nr. 2 GWB iVm §§ 123 ff. GWB.[10] Die Regelungen über die **Ersetzung** des anderen Unternehmens in § 47 Abs. 2 VgV können gem. § 151 S. 2 GWB entspr. angewendet werden, wenn dies in der Konzessionsbekanntmachung oder in den Vergabeunterlagen bekannt gemacht wurde (s. → VgV § 47 Rn. 11 ff.).[11]

§ 26 Beleg für die Eignung und das Nichtvorliegen von Ausschlussgründen

(1) **Der Konzessionsgeber prüft die Eignung und das Nichtvorliegen von Ausschlussgründen aufgrund der Vorlage von Eigenerklärungen oder von Nachweisen.**

(2) [1]**In der Konzessionsbekanntmachung ist anzugeben, mit welchen Unterlagen Unternehmen die Eignung und das Nichtvorliegen von Ausschlussgründen zu belegen haben.** [2]**Ist eine Konzessionsbekanntmachung gemäß § 20 nicht erforderlich, sind diese Angaben in die Vergabeunterlagen aufzunehmen.**

(3) **Bei Einbeziehung von Kapazitäten anderer Unternehmen gemäß § 25 Absatz 3 können Konzessionsgeber den Nachweis verlangen, dass die zur Erfüllung der Eignungskriterien erforderlichen Mittel während der gesamten Konzessionslaufzeit zur Verfügung stehen werden.**

Literatur: Vgl. die Angaben bei § 122 GWB und § 48 VgV.

1 § 26 KonzVgV dient der Umsetzung von Art. 38 Abs. 1, 2 S. 2 RL 2014/23/EU im Hinblick auf die Belege für die Erfüllung der Eignungskriterien und das Nichtvorliegen von Ausschlussgründen.[1] Nach **Abs. 1** kann der Konzessionsgeber als Belege für die Erfüllung der Eignungskriterien und das Nichtvorliegen von Ausschlussgründen[2] **nach seiner Wahl Eigenerklärungen oder Nachweise** verlangen. Hier besteht ein wesentlicher Unterschied zur Vergabe öffentlicher Aufträge.

---

[8] Goldbrunner VergabeR 2016, 365 (380); Müller-Wrede/Braun/Raabe KonzVgV § 25 Rn. 67.
[9] Ebenso Müller-Wrede/Braun/Müller-Wrede KonzVgV § 31 Rn. 59; aA Müller-Wrede/Braun/Stoye/Brugger KonzVgV § 25 Rn. 65.
[10] IErg ebenso Müller-Wrede/Braun/Raabe KonzVgV § 25 Rn. 73.
[11] Müller-Wrede/Braun/Raabe KonzVgV § 25 Rn. 74 ff., § 26 Rn. 46.
[1] Vgl. zur Umsetzung: Begr. zu § 26 KonzVgV, BT-Drs. 18/7318, 265.
[2] Vgl. hierzu → KonzVgV § 25 Rn. 1 ff.

Denn die KonzVgV sieht insbes. keine (abschl.) Kataloge zulässiger Belege, keinen Vorrang von Eigenerklärungen gegenüber Nachweisen und keine Pflicht zur grds. Forderung von Nachweisen aus e-Certis vor.[3] Auch im Bereich der Vergabe von Konzessionen kann der Nachweis der Eignung und des Nichtvorliegens von Ausschlussgründen durch die Teilnahme an Präqualifizierungssystemen erbracht werden (§ 152 Abs. 2 GWB iVm § 122 Abs. 3 GWB).[4] Dies entspricht der nach § 151 Abs. 2 GWB eingeräumten Gestaltungsfreiheit bei Konzessionsvergabeverfahren. Lediglich die inhaltlichen Beschränkungen der Eignungskriterien nach § 152 Abs. 2 GWB iVm § 122 Abs. 2 S. 2 Nr. 1–3 GWB sind zu beachten. Bei der Festlegung der Art der geforderten Unterlagen ist zu berücksichtigen, dass diese geeignet und erforderlich sein müssen, um die Erfüllung des jew. Eignungskriteriums bzw. das Nichtvorliegen von Ausschlussgründen zu prüfen und auch im Hinblick auf den zur Beschaffung erforderlichen Aufwand in einem angemessenen Verhältnis stehen müssen.[5] Die Notwendigkeit der ebenfalls in Abs. 1 statuierten Prüfungspflicht des Konzessionsgebers ergibt sich in Bezug auf die Eignung bereits aus § 152 Abs. 2 GWB iVm § 122 Abs. 1 GWB und in Bezug auf die Ausschlussgründe aus § 154 Nr. 2 GWB iVm §§ 123 ff. GWB.

Abs. 2 setzt Art. 38 Abs. 1 S. 1 RL 2014/23/EU im Hinblick auf die Konzessionsbekanntmachung um. Danach sind neben den Eignungskriterien (s. § 25 KonzVgV) auch die Unterlagen, mit denen Unternehmen ihre Eignung und das Nichtvorliegen von Ausschlussgründen zu belegen haben, in der **Konzessionsbekanntmachung** anzugeben (s. → VgV § 48 Rn. 3 ff.). Ist eine Konzessionsbekanntmachung gem. § 20 KonzVgV nicht erforderlich, müssen die Angaben in die Vergabeunterlagen aufgenommen werden. Eignungsnachweise, die nicht auf diese Weise bekannt gegeben wurden, dürfen nachträglich nicht mehr verlangt werden. 2

In Bezug auf eine nach § 25 Abs. 3 KonzVgV grds. zulässige Eignungsleihe sieht **Abs. 3** vor, dass der Nachweis verlangt werden „kann", dass die zur Erfüllung der Eignungskriterien erforderlichen Mittel **während der gesamten Konzessionslaufzeit zur Verfügung stehen** werden. Die Regelung ist richtlinienkonform als „Muss"-Vorschrift auszulegen.[6] Denn Art. 38 Abs. 2 S. 2 RL 2014/23/EU setzt voraus, dass bei der Inanspruchnahme der Kapazitäten anderer Unternehmen durch den Bewerber oder Bieter der zur Erfüllung der Eignungskriterien dieser dem Konzessionsgeber nachweisen „muss", dass die erforderlichen Mittel während der gesamten Laufzeit der Konzession zur Verfügung stehen werden. Dies kann insbes. durch die Vorlage einer entspr. Zusage/Verpflichtungserklärung der betreffenden Unternehmen erfolgen (s. auch → VgV § 47 Rn. 1 ff.).[7] Ferner müssen nach § 152 Abs. 2 GWB iVm § 122 Abs. 1 GWB die für die Bewerber und Bieter geforderten Nachweise zur Eignung und zu den Ausschlussgründen – bezogen auf den Umfang der Eignungsleihe – auch für das andere Unternehmen verlangt werden.[8] 3

§ 27 Fristen für den Eingang von Teilnahmeanträgen und Angeboten

(1) Der Konzessionsgeber berücksichtigt bei der Festsetzung von Fristen insbesondere die Komplexität der Konzession und die Zeit, die für die Einreichung der Teilnahmeanträge und für die Ausarbeitung der Angebote erforderlich ist.

---

[3] S. im Vergleich → VgV § 48 Rn. 1 ff.
[4] Goldbrunner VergabeR 2016, 365 (379); Müller-Wrede/Braun/Raabe KonzVgV § 26 Rn. 17.
[5] Müller-Wrede/Braun/Raabe KonzVgV § 26 Rn. 34 ff.
[6] Begr. zu § 26 KonzVgV, BT-Drs. 18/7318, 265.
[7] Begr. zu § 26 KonzVgV, BT-Drs. 18/7318, 265.
[8] Ebenso Müller-Wrede/Braun/Raabe KonzVgV § 26 Rn. 45.

KonzVgV § 27

(2) **Auf ausreichend lange Fristen ist insbesondere zu achten, wenn eine Ortsbesichtigung oder eine persönliche Einsichtnahme in nicht übermittelte Anlagen zu den Vergabeunterlagen vor Ort erforderlich ist.**

(3) **Die Mindestfrist für den Eingang von Teilnahmeanträgen mit oder ohne Angebot beträgt 30 Tage ab dem Tag nach der Übermittlung der Konzessionsbekanntmachung.**

(4) [1]**Findet das Verfahren in mehreren Stufen statt, beträgt die Mindestfrist für den Eingang von Erstangeboten 22 Tage ab dem Tag nach der Aufforderung zur Angebotsabgabe.** [2]**Der Konzessionsgeber kann die Frist für den Eingang von Angeboten um fünf Tage verkürzen, wenn diese mit elektronischen Mitteln eingereicht werden.**

Literatur: Diemon-Wies, Vergabe von Konzessionen, VergabeR 2016, 162; Goldbrunner, Das neue Recht der Konzessionsvergabe, VergabeR 2016, 365; Siegel, Das neue Konzessionsvergaberecht, NVwZ 2016, 1672. Vgl. auch die Angaben bei § 148 GWB.

1 § 27 KonzVgV setzt die Vorgaben des Art. 39 RL 2014/23/EU im Hinblick auf die Festlegung von Fristen für den Eingang von Teilnahmeanträgen und Angeboten um. Die Vorschrift vermittelt **Bieterschutz**.[1] Sowohl die Vorgabe lediglich von Mindestfristen, obwohl längere Fristen hätten festgelegt werden müssen, als auch die Unterschreitung von Mindestfristen, ohne dass dies durch Abs. 3 und 4 gedeckt ist, sind in einem Nachprüfungsverfahren nachprüfbar.[2]

2 Die Abs. 1 und 2 sind iW deckungsgleich mit der Parallelvorschrift des § 20 Abs. 1, 2 VgV. Auf deren Kommentierung → VgV § 20 Rn. 4 ff. wird ergänzend verwiesen.

3 **Abs. 1** verlangt, dass der Konzessionsgeber insbes. die Komplexität der Konzession und die Zeit, die für die Einreichung der Teilnahmeanträge und für die Ausarbeitung der Angebote erforderlich ist, bei der Festsetzung von Fristen, dh von Teilnahme- und Angebotsfristen, berücksichtigen muss. Die in Abs. 3 und 4 normierten Fristen sind Mindestfristen, die unter dem **Gebot der Angemessenheit** stehen. Sie dürfen somit nicht ohne Prüfung auf ihre Angemessenheit im konkreten Einzelfall festgelegt werden.[3] Vgl. dazu näher → VgV § 20 Rn. 4 ff.

4 **Abs. 2** fordert, insbes. dann, wenn eine **Ortsbesichtigung** oder eine persönliche **Einsichtnahme** in nicht übermittelte Anlagen zu den Vergabeunterlagen vor Ort erforderlich ist, auf die Festlegung ausreichend langer Fristen zu achten. In diesen Fällen müssen die Fristen zwingend länger bemessen sein als die Mindestfristen und so festgesetzt werden, dass alle an der Konzession interessierten Unternehmen von allen für die Erstellung von Teilnahmeanträgen und Angeboten notwendigen Informationen Kenntnis nehmen können (Art. 39 Abs. 2 RL 2014/23/EU).[4] Vgl. dazu → VgV § 20 Rn. 10 f.

---

[1] Konzessionsvergaben oberhalb der Schwellenwerte in § 106 Abs. 2 Nr. 4 GWB unterliegen dem Nachprüfungsverfahren gem. §§ 155 ff. GWB, BT-Drs. 18/6281, 130; Beck VergabeR/Koch KonzVgV § 27 Rn. 5; Müller-Wrede/Braun/Micus-Zurheide KonzVgV § 27 Rn. 57; Goldbrunner VergabeR 2016, 365 (384); Siegel NVwZ 2016, 1672 (1674). Zur Parallelvorschrift des § 20 VgV: → VgV § 20 Rn. 26 ff. und OLG Naumburg 30.4.2014 – 2 Verg 2/14, BeckRS 2014, 14969; 20.9.2012 – 2 Verg 4/12, BeckRS 2012, 21448 – Anordnung der Aufhebung des Verfahrens; vgl. auch VK Sachsen-Anhalt 11.4.2011 – 1 VK LVwA 18/09, IBRRS 2012, 0451; VK Bund 17.4.2003 – VK 2–16/03, BeckRS 2003, 152835; VK Sachsen 9.12.2002 – 1/SVK/102-02, ZfBR 2003, 302.

[2] Müller-Wrede/Braun/Micus-Zurheide KonzVgV § 27 Rn. 58.

[3] Beck VergabeR/Koch KonzVgV § 27 Rn. 9; Müller-Wrede/Braun/Micus-Zurheide KonzVgV § 27 Rn. 11; OLG Naumburg 20.9.2012 – 2 Verg 4/12, BeckRS 2012, 21448.

[4] Beck VergabeR/Koch KonzVgV § 27 Rn. 8.

Die in **Abs. 3 und 4** normierten Fristen sind **Mindestfristen,** die den an der 5
Konzession interessierten Unternehmen als untere Grenze zur Verfügung stehen
müssen. Konzessionsgeber dürfen das Konzessionsvergabeverfahren – vorbehaltlich
der Einhaltung der Vorschriften in Teil 4 des GWB und der KonzVgV (zu diesen
Grenzen → GWB § 150 Rn. 7 ff.) – im Unterschied zu den typisierten Verfahrensarten im allg. Vergaberecht grds.[5] frei ausgestalten (§ 151 S. 3 GWB, § 12 Abs. 1
S. 1 KonzVgV).[6] Dabei kann das Konzessionsvergabeverfahren ein- oder zweistufig
mit vorgeschaltetem Teilnahmewettbewerb durchgeführt werden (§ 12 Abs. 2 S. 1
KonzVgV, dazu iE → GWB § 150 Rn. 5 ff.). § 12 Abs. 1 S. 2 KonzVgV stellt klar,
dass das Konzessionsvergabeverfahren an den Vorschriften der VgV zum Ablauf des
Verhandlungsverfahrens mit Teilnahmewettbewerb ausgerichtet werden kann.

Wird ein **einstufiges Verfahren** durchgeführt, beträgt die **Angebotsfrist** nach 6
dem insoweit sprachlich missglückten Abs. 3 mindestens 30 Tage, gerechnet ab dem
Tag nach der Übermittlung der Konzessionsbekanntmachung.

In **zweistufigen Verfahren** beträgt die Frist für den **Eingang von Teilnahme-** 7
anträgen nach Abs. 3 mindestens 30 Tage, gerechnet ab dem Tag nach der Übermittlung der Konzessionsbekanntmachung. Diese Frist kann nicht verkürzt werden,
da Abs. 4 S. 2 insoweit nur die Verkürzung der Angebotsfrist normiert. Die Frist
für den Eingang der **Erstangebote** beträgt mindestens 22 Tage, gerechnet ab dem
Tag nach der Aufforderung zur Angebotsabgabe (Abs. 4 S. 1). Für **Folgeangebote**
gilt diese Mindestfrist nicht; die für jene Angebote festzulegende Frist steht lediglich
unter dem Primat der Angemessenheit.[7]

Bei **elektronischer Angebotsabgabe** kann die Frist für den Eingang von Ange- 8
boten nach Abs. 4 S. 2 um fünf Tage verkürzt werden. Diese Option gilt nicht nur
für die Frist für den Eingang der Erstangebote nach S. 1, sondern für jede „Frist für
den Eingang von Angeboten", mithin auch für die Frist nach Abs. 3.[8]

Zur nachträglichen **Verlängerung der Angebotsfrist** bei zusätzlichen Informa- 9
tionen oder wesentlichen Änderungen der Vergabeunterlagen → VgV § 20
Rn. 12 ff. und → § 18 Rn. 5.

Eine Regelung zur **Bindefrist** findet sich in der KonzVgV nicht. Gleichwohl ist 10
die Festlegung einer Bindefrist, also einer Frist, innerhalb der die Bieter an ihre
Angebote gebunden sind, vergabe- und zivilrechtlich unabdingbar.[9] Zur
Bindefrist ausf. → VOB/A § 10 EU Rn. 16 ff. Wird das Konzessionsvergabeverfahren an den Vorschriften der VgV zum Verhandlungsverfahren mit Teilnahmewettbewerb ausgerichtet, so muss eine Bindefrist für solche Angebote festgelegt werden,
auf die der Zuschlag ohne weitere Verhandlungen erteilt werden kann.[10] Die Bindefrist steht unter dem **Vorbehalt der Angemessenheit** und sollte so kurz wie
möglich und nicht länger bemessen werden, als für eine zügige Prüfung und Wertung der Angebote benötigt wird.

§ 36 KonzVgV stellt klar, dass die **Berechnung der Fristen** nach den Vorschrif- 11
ten der VO (EWG) Nr. 1182/71 des Rates v. 3.6.1971 zur Festlegung der Regeln
für die Fristen, Daten und Termine (vgl. dazu näher → VgV § 82 Rn. 1 ff.) erfolgt.
Gerechnet wird nach Kalendertagen, so dass auch Wochenenden, gesetzliche Feiertage etc in die Fristberechnung einzubeziehen sind (Art. 3 Abs. 3 VO (EWG)
Nr. 1182/71). Die Fristen beginnen jew. am ersten Tag nach der Absendung der

---

[5] Zu den zahlreichen Einschränkungen dieses Grundsatzes s. den Überblick bei Siegel NVwZ
2016, 1672 (1674).
[6] Dazu BT-Drs. 18/6218, 130.
[7] Müller-Wrede/Braun/Micus-Zurheide KonzVgV § 27 Rn. 43.
[8] Müller-Wrede/Braun/Micus-Zurheide KonzVgV § 27 Rn. 47; Goldbrunner VergabeR
2016, 365 (380).
[9] Müller-Wrede/Braun/Micus-Zurheide KonzVgV § 27 Rn. 50.
[10] Müller-Wrede/Braun/Micus-Zurheide KonzVgV § 27 Rn. 52.

Konzessionsbekanntmachung bzw. der Absendung der Aufforderung zur Angebotsabgabe. Der Tag der Absendung der Konzessionsbekanntmachung bzw. der Aufforderung zur Angebotsabgabe wird nicht mitgerechnet (Art. 3 Abs. 1 VO (EWG) Nr. 1182/71).

§ 28 Form und Übermittlung der Teilnahmeanträge und Angebote

(1) **Bewerber oder Bieter übermitteln ihre Teilnahmeanträge und Angebote grundsätzlich in Textform nach § 126b des Bürgerlichen Gesetzbuchs mithilfe elektronischer Mittel.**

(2) ¹**Der Konzessionsgeber ist nicht verpflichtet, die Einreichung von Teilnahmeanträgen und Angeboten mithilfe elektronischer Mittel zu verlangen, wenn auf die zur Einreichung erforderlichen elektronischen Mittel einer der in § 17 Absatz 2 genannten Gründe zutrifft oder wenn zugleich physische oder maßstabsgetreue Modelle einzureichen sind, die nicht elektronisch übermittelt werden können.** ²**In diesen Fällen erfolgt die Kommunikation auf dem Postweg oder auf einem anderen geeigneten Weg oder in Kombination von postalischem oder einem anderen geeigneten Weg und der Verwendung elektronischer Mittel.** ³**Der Konzessionsgeber gibt im Vergabevermerk die Gründe an, warum die Angebote mithilfe anderer als elektronischer Mittel eingereicht werden können.**

(3) ¹**Der Konzessionsgeber prüft, ob zu übermittelnde Daten erhöhte Anforderungen an die Sicherheit der Datenübermittlung stellen.** ²**Soweit es erforderlich ist, kann der Konzessionsgeber verlangen, dass Teilnahmeanträge und Angebote zu versehen sind mit**
1. **einer fortgeschrittenen elektronischen Signatur,**
2. **einer qualifizierten elektronischen Signatur,**
3. **einem fortgeschrittenen elektronischen Siegel oder**
4. **einem qualifizierten elektronischen Siegel.**

(4) ¹**Der Konzessionsgeber kann festlegen, dass Angebote mithilfe anderer als elektronischer Mittel einzureichen sind, wenn sie besonders schutzwürdige Daten enthalten, die bei Verwendung allgemein verfügbarer oder alternativer elektronischer Mittel nicht angemessen geschützt werden können.** ²**Der Konzessionsgeber gibt im Vergabevermerk die Gründe an, warum er die Einreichung der Angebote mithilfe anderer als elektronischer Mittel für erforderlich hält.**

1 § 28 KonzVgV entspricht nahezu wortgleich dem Inhalt von § 53 Abs. 1–4 VgV. Der Verweis in Abs. 2 erfolgt auf die einschlägige Regelung der KonzVgV. Lediglich der Verweis auf die Bestimmung über die elektronischen Mittel wird in Abs. 1 nicht durch die Benennung von § 8 KonzVgV ergänzt. Dies führt nicht zu einer inhaltlichen Modifikation.
2 Auf die Kommentierung → VgV § 53 Rn. 1 ff. wird verwiesen.

§ 29 Prüfung und Aufbewahrung der ungeöffneten Teilnahmeanträge und Angebote

¹**Der Konzessionsgeber prüft den Inhalt der Teilnahmeanträge und Angebote erst nach Ablauf der Frist für ihre Einreichung.** ²**Bei der Aufbewahrung der ungeöffneten Teilnahmeanträge und Angebote sind die Integrität und die Vertraulichkeit der Daten zu gewährleisten.**

Literatur: Vgl. die Angaben bei § 54 VgV.

§ 29 KonzVgV dient der Umsetzung von Art. 29 Abs. 2 UAbs. 2 RL 2014/23/ EU. Danach hat der Konzessionsgeber bei der gesamten Kommunikation im Vergabeverfahren sowie beim Austausch und der Speicherung von Informationen sicherzustellen, dass die **Integrität der Daten** und die **Vertraulichkeit der Angebote und Teilnahmeanträge** gewährleistet ist.

Teilnahmeanträge und Angebote dürfen auch bei der Vergabe von Konzessionen erst nach Ablauf der Frist für ihre Einreichung geprüft werden. Bis dahin ist die Integrität und die Vertraulichkeit der Daten zu gewährleisten (→ VgV § 54 Rn. 3). Das gilt unabhängig davon, in welcher Form die Teilnahmeanträge und Angebote eingereicht werden können. Um dieser Anforderung nachkommen zu können, muss der Konzessionsgeber für **schriftlich einzureichende Teilnahmeanträge und Angebote** vorgeben, dass diese in einem verschlossenen Umschlag einzureichen und als solche deutlich zu kennzeichnen sind. Derart eingereichte Teilnahmeanträge und Angebote sind bis zum Ablauf der Einreichungsfrist ungeöffnet zu lassen und unter Verschluss zu halten. Läuft die Frist für die Überarbeitung von Angeboten iRd Verhandlungen an unterschiedlichen Tagen ab, sind die überarbeiteten Angebote bis zum Ablauf der letzten Frist unter Verschluss zu halten. Die Vertraulichkeit **elektronischer Teilnahmeanträge und Angebote** ist durch **Verschlüsselung** sicherzustellen. Die Verschlüsselung ist bis zum Ablauf des Einreichungstermins aufrecht zu erhalten. Wird ein Verfahren mit qualifizierter Signatur gewählt, wird diese Anforderung regelmäßig erfüllt. Zur Behandlung von Teilnahmeanträgen und Angeboten, die per Telefax eingehen, → VgV § 54 Rn. 5.

Die Vorschrift dient der Gewährleistung eines chancengleichen und geheimen Wettbewerbs, der Sicherstellung eines transparenten Vergabeverfahrens sowie der Verhinderung von Manipulationen und ist deshalb **bieterschützend.**

§ 30 Unterrichtung der Bewerber oder Bieter

(1) Unbeschadet § 134 des Gesetzes gegen Wettbewerbsbeschränkungen unterrichtet der Konzessionsgeber alle Bewerber oder Bieter unverzüglich über die Entscheidungen hinsichtlich des Zuschlags, einschließlich des Namens des erfolgreichen Bieters, der Gründe für die Ablehnung ihrer Teilnahmeanträge oder Angebote sowie die Gründe für eine Entscheidung, Konzessionen, für die eine Konzessionsbekanntmachung veröffentlicht wurde, nicht zu vergeben oder das Verfahren neu einzuleiten.

(2) Auf Anfrage der Betroffenen in Textform gemäß § 126b des Bürgerlichen Gesetzbuchs unterrichtet der Konzessionsgeber unverzüglich, in jedem Fall binnen 15 Tagen, jeden Bieter, der ein ordnungsgemäßes Angebot eingereicht hat, über die Merkmale und relativen Vorteile des ausgewählten Angebots.

**(3) Der Konzessionsgeber kann beschließen, bestimmte in Absatz 1 genannte Angaben zur Konzession nicht mitzuteilen, soweit die Offenlegung dieser Angaben
1. den Gesetzesvollzug behindern,
2. dem öffentlichen Interesse auf sonstige Weise zuwiderlaufen,
3. die berechtigten geschäftlichen Interessen von Unternehmen schädigen oder den lauteren Wettbewerb zwischen ihnen beeinträchtigen würde.**

Literatur: Vgl. die Angaben bei § 134 GWB und § 62 VgV.

§ 30 KonzVgV dient der Umsetzung von Art. 40 RL 2014/23/EU. Auch bei der Vergabe von Konzessionen gilt vorrangig die **Informations- und Wartepflicht** gem. § 134 GWB (vgl. § 154 Nr. 4 GWB). Die Vorschrift betrifft somit die Informationsrechte der Bewerber und Bieter, die unabhängig von der Informationspflicht nach § 134 GWB bestehen.

2   Die Vorschrift differenziert zwischen Informationen, die der Konzessionsgeber von sich aus – also proaktiv und ohne entspr. Initiative des Bewerbers oder Bieters – mitzuteilen hat (Abs. 1), und Informationen, die nur auf Anfrage in Textform gem. § 126b BGB und nur an Bieter, die ein ordnungsgemäßes Angebot eingereicht haben, mitgeteilt werden müssen (Abs. 2). Abs. 3 eröffnet die Möglichkeit, bestimmte Angaben nicht offenzulegen.

3   **Abs. 1** ordnet an, alle Bewerber oder Bieter unverzüglich und automatisch, dh **ohne entspr. Aufforderung,** über die Entscheidungen hinsichtlich des Zuschlags, einschl. des Namens des erfolgreichen Bieters, der Gründe für die Ablehnung ihrer Teilnahmeanträge oder Angebote sowie über die Gründe für eine Entscheidung, Konzessionen, für die eine Konzessionsbekanntmachung veröffentlicht wurde, nicht zu vergeben oder das Verfahren neu einzuleiten, zu informieren. Ratio legis von Abs. 1 ist es, Bewerber und Bieter, deren Verfahrensausschluss feststeht, rasch über die Aussichtslosigkeit ihrer Verfahrensteilnahme zu informieren, damit sie ihre betrieblichen Kapazitäten wieder für andere Aufträge einsetzen können (→ VgV § 62 Rn. 3).[1] Die Informationspflicht besteht auch hinsichtlich der Gründe in dem Fall der **Aufhebung des Vergabeverfahrens**, wenn die Konzession unionsweit bekannt gemacht wurde (vgl. auch § 32 Abs. 2 KonzVgV und → VgV § 62 Rn. 4a).

4   Die Vorschrift schreibt eine **proaktive Unterrichtung** vor. Die Unterrichtungspflicht entsteht also nicht etwa erst durch ein entspr. Verlangen der Bewerber oder Bieter, wie dies bei Abs. 2 der Fall ist. Eine konkrete **Frist** zur Unterrichtung ist nicht vorgeschrieben. Geboten ist eine **kurzfristige Verständigung** innerhalb weniger Tage.[2] Art. 40 Abs. 1 RL 2014/23/EU spricht in dieser Hinsicht von einer Verständigung „so bald wie möglich", Abs. 1 von „unverzüglich". Eine konkrete **Form** der Unterrichtung ist – anders als in Abs. 2 – ebenfalls nicht vorgeschrieben. Allerdings sollte die Information aus Gründen der Verfahrensintegrität stets der Textform gem. § 126b BGB entsprechen.[3]

5   Im Gegensatz zu Abs. 1 normiert **Abs. 2** Unterrichtungspflichten, die nur **auf Anfrage** des betreffenden Bieters, die jener in Textform gem. § 126b BGB zu stellen hat, zu erfüllen sind. Die Vorschrift setzt Art. 40 Abs. 1 UAbs. 2 RL 2014/23/EU um und gewährt erfolglosen Bietern, die ein ordnungsgemäßes Angebot eingereicht haben, einen Informationsanspruch, der freilich erst nach der Vergabe der Konzession zum Tragen kommt **(ex-post-Transparenz).**[4] Die praktische Bedeutung dieser Informationspflicht ist aufgrund der gesetzlichen Informations- und Wartepflicht in § 134 Abs. 1 GWB, die automatisch ggü. jedem Bewerber und Bieter vor Zuschlagserteilung zu erfüllen ist, stark reduziert.

6   Den Informationsanspruch haben – anders als bei Vergaben nach der VgV und SektVO – nur solche Bieter, die ein **ordnungsgemäßes Angebot eingereicht** haben. Das ist bei solchen Angeboten der Fall, die den in den Konzessionsvergabeunterlagen aufgestellten formalen Anforderungen an die Angebote entsprechen und nicht auf der ersten Wertungsstufe ausgeschieden worden sind.[5] Der betreffende Bieter ist – wenn er einen Antrag in Textform nach § 126b BGB stellt – bei gleichzeitiger Wahrung der Vertraulichkeit der Angebotsinhalte (§ 4 Abs. 1 KonzVgV) über die **Merkmale und relativen Vorteile des ausgewählten Angebotes** zu unterrichten (näher → VgV § 62 Rn. 11; → VOB/A § 19 EU Rn. 12).

---

[1] Beck VergabeR/Koch KonzVgV § 30 Rn. 4.
[2] Beck VergabeR/Koch KonzVgV § 30 Rn. 6.
[3] Beck VergabeR/Koch KonzVgV § 30 Rn. 7.
[4] Vgl. OLG Koblenz 10.8.2000 – 1 Verg 2/00, NZBau 2000, 534.
[5] Beck VergabeR/Koch KonzVgV § 30 Rn. 9.

Die Anfrage des betreffenden Bieters muss in Textform gem. § 126b BGB gestellt werden. Die Information muss alsdann unverzüglich, spätestens jedoch innerhalb einer **Frist von 15 Kalendertagen** nach Eingang des Antrags erteilt werden. Die Frist beginnt am Tag nach dem Eingang des Antrags (§ 36 KonzVgV; Art. 3 Abs. 1 UAbs. 2 VO (EWG) Nr. 1182/71) und endet mit Ablauf des 15. Kalendertages. Die Mitteilung muss entspr. den Vorgaben des Art. 40 Abs. 1 UAbs. 2 RL 2014/23/EU so schnell wie möglich erfolgen; dabei darf die volle Frist von 15 (Kalender-) Tagen nicht überschritten werden. Die Mitteilung muss innerhalb von 15 Kalendertagen bei dem anfragenden Bieter eingehen. Eine bestimmte Form ist für die Auskunft nicht vorgeschrieben, doch sollte auch hier aus Gründen der Verfahrensintegrität stets die **Textform** gem. § 126b BGB gewählt werden. 7

Abs. 3 gestattet in Umsetzung von Art. 40 Abs. 2 RL 2014/23/EU dem Konzessionsgeber, bestimmte Informationen, zu deren Erteilung er gem. Abs. 1 verpflichtet ist, ausnahmsweise zurückzuhalten, wenn deren Weitergabe den Gesetzesvollzug behindern, dem öffentlichen Interesse zuwiderlaufen, die berechtigten geschäftlichen Interessen von Unternehmen schädigen oder den lauteren Wettbewerb zwischen ihnen beeinträchtigen würde. Abs. 3 bezweckt, die gebotene Transparenz ausnahmsweise zurücktreten zu lassen, wenn ihr **überwiegende rechtliche oder wirtschaftliche Belange** entgegenstehen. Dabei muss der Konzessionsgeber zwischen den Informationsrechten nicht berücksichtigter Bieter und den schutzwürdigen Geheimhaltungsinteressen abwägen und seine Entscheidung, bestimmte Informationen nicht zu teilen, dokumentiert begründen (vgl. dazu näher → VgV § 62 Rn. 11 und → VgV § 39 Rn. 10). 8

Die Vorschrift vermittelt **Bieterschutz** (näher → VgV § 62 Rn. 15 ff.). 9

§ 31 Zuschlagskriterien

(1) **Die Zuschlagskriterien nach § 152 Absatz 3 des Gesetzes gegen Wettbewerbsbeschränkungen sind in absteigender Rangfolge anzugeben.**

(2) **¹Enthält ein Angebot eine innovative Lösung mit außergewöhnlich hoher funktioneller Leistungsfähigkeit, die der Konzessionsgeber nicht vorhersehen konnte, kann die Reihenfolge der Zuschlagskriterien entsprechend geändert werden. ²In diesem Fall hat der Konzessionsgeber die Bieter über die geänderte Reihenfolge der Zuschlagskriterien zu unterrichten und unter Wahrung der Mindestfrist nach § 27 Absatz 4 Satz 1 eine neue Aufforderung zur Angebotsabgabe zu veröffentlichen. ³Wurden die Zuschlagskriterien zu demselben Zeitpunkt wie die Konzessionsbekanntmachung veröffentlicht, ist eine neue Konzessionsbekanntmachung unter Wahrung der Mindestfrist gemäß § 27 Absatz 3 zu veröffentlichen.**

(3) **Der Konzessionsgeber überprüft nach § 152 Absatz 3 des Gesetzes gegen Wettbewerbsbeschränkungen, ob die Angebote die Zuschlagskriterien tatsächlich erfüllen.**

Literatur: Manzke, Die rechtlichen Kriterien für die Zuschlagsentscheidung im Konzessionsvergaberecht, ZfBR 2021, 724. Vgl. auch die Angaben bei § 148 GWB (dort insbes. Ziff. 2).

I. Bedeutung der Vorschrift

§ 31 KonzVgV trifft Regelungen zu den Zuschlagskriterien bei der Vergabe von Konzessionen und setzt die Inhalte des Art. 41 RL 2014/23/EU um, die zT bereits in § 152 Abs. 3 GWB in nationales Recht umgesetzt sind. Die Vorschrift ist stets zusammen mit § 152 Abs. 3 GWB zu lesen (iE → GWB § 152 Rn. 9 ff.). Die Regelungen zu den Zuschlagskriterien bei Konzessionen sollen geringere Anforde- 1 rungen an die Konzessionsgeber stellen als diejenigen zu den Zuschlagskriterien bei öffentlichen Aufträgen und Sektorenaufträgen. Allerdings müssen stets die **Grundsätze der Gleichbehandlung, Nichtdiskriminierung und Transparenz** gewahrt sein, wie durch die Verweisung auf Art. 3 RL 2014/23/EU in Art. 41 RL 2014/23/EU klargestellt wird.

2 § 31 KonzVgV ist umfassend **bieterschützend**. Sowohl das Unterlassen der Angabe der Zuschlagskriterien oder ihrer Rangfolge als auch unzulässige Änderungen der Zuschlagskriterien oder die nicht erfolgte oder nicht mögliche Prüfung der Erfüllung der Zuschlagskriterien[1] verletzen die Bieter in ihren Rechten gem. § 97 Abs. 6 GWB.

II. Rangfolge der Zuschlagskriterien (Abs. 1)

3 Die Zuschlagskriterien sind nach Abs. 1 in absteigender Rangfolge anzugeben. Die Regelung ist offenbar von der Ausnahmeregelung des Art. 67 Abs. 5 S. 3 RL 2014/24/EU bzw. § 58 Abs. 3 S. 3 VgV abgeleitet, wo eine Angabe der Zuschlagskriterien in absteigender Reihenfolge im – praktisch so gut wie nie vorkommenden – Fall zulässig ist, dass die Gewichtung aus objektiven Gründen nicht möglich ist. Gem. Abs. 1 soll die Angabe in absteigender Rangfolge dagegen der Regelfall sein.

4 Der Wortlaut des Abs. 1 (ebenso Art. 41 Abs. 3 RL 2014/23/EU) verlangt keine Angabe einer Gewichtung der Zuschlagskriterien (dazu auch → GWB § 152 Rn. 13). Dies ist mit dem **Transparenzgrundsatz** und der Forderung, dass der Konzessionsgeber **keine uneingeschränkte Wahlfreiheit** haben darf, aber nur schwer vereinbar (zu den Grenzen der freien Verfahrensgestaltung → GWB § 151 Rn. 7 ff.). Die Angabe von Zuschlagskriterien ohne Gewichtung ist per se intransparent und anfällig für Manipulationen,[2] weil der Konzessionsgeber sonst erst in Kenntnis der eingegangenen Angebote die letztlich angewandte Gewichtung festlegen kann, was ihm eine fast uneingeschränkte Wahlfreiheit eröffnet, solange er die absteigende Rangfolge einhält. Es macht einen fundamentalen Unterschied, ob der Konzessionsgeber bspw. bei einer angegebenen Reihenfolge von Kriterium A – Kriterium B das Kriterium A mit 51 % und das Kriterium B mit 49 % gewichtet oder Kriterium A mit 99 % und Kriterium B mit 1 %. Aus diesem Grund ist als Mindeststandard zu fordern, dass der Konzessionsgeber die Gewichtung der **Zuschlagskriterien zumindest vor Öffnung der Angebote festlegt**. Im Regelfall sollte der Konzessionsgeber ebenso wie bei den öffentlichen Aufträgen sowohl die Gewichtung als auch die mit der Gewichtung untrennbar zusammenhängende Bewertungsformel bekanntgeben (→ VgV § 58 Rn. 5 ff.).

III. Änderung der Reihenfolge der Zuschlagskriterien (Abs. 2)

5 Abs. 2 setzt die Vorgaben des Art. 41 Abs. 3 UAbs. 2, 3 RL 2014/23/EU zur ausnahmsweisen Änderung der Reihenfolge der Zuschlagskriterien nach Eingang der Angebote um. Geht ein Angebot ein, das eine **innovative Lösung** mit einer **außergewöhnlich hohen funktionellen Leistungsfähigkeit** umfasst, kann die Reihenfolge der Zuschlagskriterien nach Abs. 2 ausnahmsweise geändert werden (dazu auch → GWB § 152 Rn. 14). Voraussetzung dafür ist, dass der Konzessionsgeber die angebotene innovative Lösung bei aller Umsicht nicht vorhersehen konnte.

---

[1] EuGH 4.12.2003 – C-448/01, NZBau 2004, 105; VK Westfalen 3.2.2015 – VK 1–1/15, VPRRS 2015, 0067.
[2] EuGH 14.7.2016 – C-6/15, NZBau 2016, 772.

Wird die Reihenfolge der Zuschlagskriterien im Nachhinein geändert, sind die Verfahrensteilnehmer über die geänderte Reihenfolge zu unterrichten und unter Einhaltung der Mindestfristen nach § 27 Abs. 4 S. 1 KonzVgV erneut zur Angebotsabgabe aufzufordern. In dem Fall, dass die Zuschlagskriterien bereits zum selben Zeitpunkt wie die Konzessionsbekanntmachung veröffentlicht worden waren, muss der Konzessionsgeber unter Einhaltung der Mindestfristen nach § 27 Abs. 3 KonzVgV eine neue Konzessionsbekanntmachung veröffentlichen.

Die Regelung stellt klar, dass eine Änderung der Reihenfolge der Zuschlagskriterien nach Eingang der Angebote nur unter zwei Voraussetzungen möglich ist: Zum einen darf der **Konzessionsgeber** die innovative Lösung mit der außergewöhnlich hohen funktionellen Leistungsfähigkeit **nicht vorhergesehen** haben, da er sonst eine dieser Lösung entspr. Reihenfolge der Zuschlagskriterien bereits von Anfang an hätte festlegen können, was sämtlichen Bietern Hinweise gegeben hätte, dass der Konzessionsgeber an einer solchen Lösung interessiert ist. Zweitens müssen – wie bei jeder nachträglichen Änderung der Zuschlagskriterien – die **Bieter über die Änderung unterrichtet** werden, und ihnen muss die Möglichkeit eingeräumt werden, **neue Angebote einzureichen,** wobei die Mindestfristen nach § 27 Abs. 4 S. 1 KonzVgV (22 Tage bzw. 17 Tage bei elektronischer Angebotseinreichung) gewahrt werden müssen. Bei der Frage, ob eine innovative Lösung mit einer außergewöhnlich hohen funktionellen Leistungsfähigkeit vorliegt, hat der Konzessionsgeber einen Beurteilungsspielraum. 6

Abs. 2 ist ein gesetzlich geregelter Fall einer Rückversetzung eines Verfahrens in den Stand vor der Aufforderung zur Angebotsabgabe. Die Regelung ist wegen der Voraussetzung der Unvorhersehbarkeit strenger als die bisher von der Rspr.[3] gebildeten Regeln zu einer entspr. Rückversetzung, wonach der öffentliche Auftraggeber für seine Rückversetzungsentscheidung (Teilaufhebung) lediglich einen sachlichen Grund braucht, so dass eine Diskriminierung einzelner Bieter ausgeschlossen und seine Entscheidung nicht willkürlich ist oder nur zum Schein erfolgt.[4] 7

IV. Prüfung der Zuschlagskriterien (Abs. 3)

Abs. 3 setzt Art. 41 Abs. 2 UAbs. 3 RL 2014/23/EU um. Die Regelung stellt vergleichbar mit § 127 Abs. 4 S. 1 GWB (der für Konzessionen nicht gilt) klar, dass der Konzessionsgeber auch tatsächlich zu überprüfen hat, ob die eingereichten Angebote die Zuschlagskriterien erfüllen. 8

Diese Verpflichtung führt weiterhin dazu, dass der Konzessionsgeber nur solche Zuschlagskriterien wählen darf, deren Einhaltung er im Zuge des Vergabeverfahrens mit vertretbarem Aufwand auch überprüfen kann. Gerade bei den nach § 152 Abs. 3 GWB ausdr. zulässigen umweltbezogenen und sozialen Belangen kann dies im Einzelfall schwierig sein (→ VgV § 58 Rn. 22). 9

§ 32 Aufhebung von Vergabeverfahren

(1) ¹**Der Konzessionsgeber ist berechtigt, ein Vergabeverfahren ganz oder teilweise aufzuheben, wenn**
1. kein Angebot eingegangen ist, das den Bedingungen entspricht,
2. sich die Grundlage des Vergabeverfahrens wesentlich geändert hat,

---

[3] Vgl. zB EuGH 24.1.2008 – C-532/06, ZfBR 2008, 309; OLG Düsseldorf 12.1.2015 – Verg 29/14, ZfBR 2015, 502; vgl. auch BGH 20.3.2014 – X ZB 18/13, NZBau 2014, 310 zur Aufhebung.
[4] BGH 20.3.2014 – X ZB 18/13, NZBau 2014, 310; 18.2.2003 – X ZB 43/02, NZBau 2003, 293; 5.11.2002 – X ZR 232/00, NZBau 2003, 168.

KonzVgV § 33   Vergabe von Unteraufträgen

3. kein wirtschaftliches Ergebnis erzielt wurde oder
4. andere schwerwiegende Gründe bestehen.
²Im Übrigen ist der Konzessionsgeber grundsätzlich nicht verpflichtet, den Zuschlag zu erteilen.

(2) ¹Der Konzessionsgeber teilt den Bewerbern oder Bietern nach Aufhebung des Vergabeverfahrens unverzüglich die Gründe für seine Entscheidung mit, auf die Vergabe einer Konzession zu verzichten oder das Verfahren erneut einzuleiten. ²Auf Antrag teilt er ihnen dies in Textform nach § 126b des Bürgerlichen Gesetzbuchs mit.

1   § 32 KonzVgV entspricht inhaltlich der Bestimmung des § 63 VgV, so dass auf die dortigen Erläuterungen → VgV § 63 Rn. 1 ff. verwiesen werden kann.

Abschnitt 3. Ausführung der Konzession

§ 33 Vergabe von Unteraufträgen

(1) ¹Der Konzessionsgeber kann Unternehmen in der Konzessionsbekanntmachung oder den Vergabeunterlagen auffordern, bei Angebotsabgabe die Teile der Konzession, die sie im Wege der Unterauftragsvergabe an Dritte zu vergeben beabsichtigen, sowie, falls zumutbar, die vorgesehenen Unterauftragnehmer zu benennen. ²Vor Zuschlagserteilung kann der Konzessionsgeber von den Bietern, deren Angebote in die engere Wahl kommen, verlangen, die Unterauftragnehmer zu benennen und nachzuweisen, dass ihnen die erforderlichen Mittel dieser Unterauftragnehmer zur Verfügung stehen. ³Wenn ein Bewerber oder Bieter die Vergabe eines Teils der Konzession an einen Dritten im Wege der Unterauftragsvergabe beabsichtigt und sich zugleich im Hinblick auf seine Leistungsfähigkeit auf die Kapazitäten dieses Dritten beruft, ist auch § 25 Absatz 3 anzuwenden.

(2) Die Haftung des Hauptauftragnehmers gegenüber dem Konzessionsgeber bleibt von Absatz 1 unberührt.

(3) Der Konzessionsnehmer einer Baukonzession, der im Rahmen dieser Baukonzession Aufträge an Dritte vergibt, deren Gegenstand die Erbringung von Bauleistungen im Sinne des § 103 Absatz 3 des Gesetzes gegen Wettbewerbsbeschränkungen ist, hat in der Regel Teil B der Vergabe- und Vertragsordnung für Bauleistungen, die Allgemeinen Vertragsbedingungen für die Ausführung von Bauleistungen, und Teil C der Vergabe und Vertragsordnung für Bauleistungen, die Allgemeinen Technischen Vertragsbedingungen für Bauleistungen, zum Vertragsgegenstand zu machen.

(4) ¹Im Falle von Baukonzessionen und in Bezug auf Dienstleistungen, die in der Einrichtung des Konzessionsgebers unter dessen direkter Aufsicht zu erbringen sind, schreibt der Konzessionsgeber dem Konzessionsnehmer in den Vertragsbedingungen vor, dass dieser spätestens bei Beginn der Durchführung der Konzession die Namen, die Kontaktdaten und die gesetzlichen Vertreter der Unterauftragnehmer mitteilt und dass jede im Rahmen der Durchführung der Konzession eintretende Änderung auf der Ebene der Unterauftragnehmer mitzuteilen ist. ²Der Konzessionsgeber kann die Mitteilungspflichten auch als Vertragsbedingungen für die Vergabe von Dienstleistungskonzessionen vorsehen, bei denen die Dienstleistungen nicht in der Einrichtung des Konzessionsgebers unter dessen direkter Aufsicht zu erbringen sind. ³Des Weiteren können die Mitteilungspflichten

auch auf Lieferanten, die bei Bau- oder Dienstleistungskonzessionen beteiligt sind, sowie auf weitere Stufen in der Kette der Unterauftragnehmer ausgeweitet werden.

(5) Für Unterauftragnehmer aller Stufen ist § 152 Absatz 4 in Verbindung mit § 128 Absatz 1 des Gesetzes gegen Wettbewerbsbeschränkungen anzuwenden.

(6) ¹Der Konzessionsgeber überprüft vor der Erteilung des Zuschlags, ob Gründe für den Ausschluss von Unterauftragnehmern vorliegen. ²Bei Vorliegen zwingender Ausschlussgründe verlangt der Konzessionsgeber, dass der Unterauftragnehmer ersetzt wird, bei Vorliegen fakultativer Ausschlussgründe kann der Konzessionsgeber verlangen, dass der Unterauftragnehmer ersetzt wird. ³Der Konzessionsgeber kann dem Bewerber oder Bieter dafür eine Frist setzen.

Literatur: Vgl. die Angaben bei § 36 VgV.

I. Bedeutung der Vorschrift

§ 33 KonzVgV setzt Art. 42 RL 2014/23/EU in nationales Recht um. IRd **Unterauftragsvergabe** wird der gesamte oder ein Teil des Auftrags auf eine dritte Person übertragen. Die Unterauftragsvergabe ist von der **Eignungsleihe** nach § 25 Abs. 3 KonzVgV zu unterscheiden, bei der sich ein Unternehmen auf Kapazitäten Dritter berufen kann, ohne dass diese zugleich als Unterauftragnehmer mit einem Teil der Leistungserbringung beauftragt werden müssen (dazu → § 25 Rn. 6). Der Wortlaut der Vorschrift ist an der Umsetzung des Art. 71 RL 2014/24/EU zur Vergabe von Unteraufträgen durch öffentliche Auftraggeber in § 36 VgV ausgerichtet, wobei zu berücksichtigen ist, dass der Wortlaut des § 36 VgV gem. § 2 VgV die Frage der Unterauftragsvergabe bei der Vergabe von Bauaufträgen nicht regelt. 1

§ 33 Abs. 1, 6 sind **bieterschützend**.[1] Die Bieter haben einen Anspruch darauf, 2 dass der Auftraggeber ermessensfehlerfrei die Benennung der Unterauftragnehmerleistungen und der Unterauftragnehmer verlangt. Die Pflicht zur Prüfung von Ausschlussgründen nach Abs. 6 ist darüber hinaus auch drittschützend, da Bieter durch die Vorschrift vor Wettbewerb durch unzuverlässige Unternehmen geschützt werden.

II. Verweis auf § 36 VgV und Besonderheiten

Abs. 1 und 2 stimmen wörtlich mit § 36 Abs. 1, 2 VgV überein, so dass auf die 3 entspr. Kommentierung verwiesen werden kann, → VgV § 36 Rn. 8 ff.

Abs. 3 richtet sich im Hinblick auf die grds. Vorgabe der VOB/B und VOB/C 4 für den Unterauftragnehmer einer Baukonzession an dem früheren § 22 EG Abs. 2 Nr. 1 VOB/A aF iVm § 8 EG Abs. 3 VOB/A aF aus. Während Auftragnehmer von Bauaufträgen über § 8a EU Abs. 1 VOB/A, § 4 Abs. 8 Nr. 2 VOB/B verpflichtet sind, die VOB/B und VOB/C der Weitervergabe von Bauleistungen an Unterauftragnehmer zu Grunde zu legen, besteht eine solche Verpflichtung für den Baukonzessionsnehmer nicht. Abs. 3 spricht nur davon, dass deren Vereinbarung die Regel sein soll, lässt also Ausnahmen zu.[2]

---

[1] AA Beck VergabeR/Liebschwager KonzVgV § 33 Rn. 16, wonach (nur) Abs. 5 bieterschützend sei.
[2] MüKoEuWettbR/Fett KonzVgV § 33 Rn. 19.

KonzVgV § 35   Elektronische Kommunikation durch Auslandsdienststellen

5   Abs. 4 entspricht wortgleich § 36 Abs. 3 VgV, daher → VgV § 36 Rn. 17. Abs. 5 und 6 haben denselben Regelungsgehalt wie § 36 Abs. 4, 5 VgV, dazu → VgV § 36 Rn. 20 ff.

6   Eine Pflicht des Baukonzessionsnehmers zur **Anwendung des Vergaberechts** bei der Vergabe von Unterauftragnehmerleistungen besteht nicht (mehr). Eine solche Pflicht hatte § 98 Nr. 6 GWB aF enthalten durch eine Erstreckung des persönlichen Anwendungsbereichs des Vergaberechts auf Baukonzessionäre. Eine vergleichbare Regelung findet sich seit der Vergaberechtsreform 2016 weder im GWB noch der KonzVgV oder der VOB/A. § 98 Nr. 6 GWB aF hat in der Praxis kaum Anwendung gefunden; seine Streichung wurde daher der Beschaffungsrealität gerecht und brachte eine Erleichterung für Baukonzessionsnehmer.

Abschnitt 4. Übergangs- und Schlussbestimmungen

§ 34 Übergangsbestimmung für die elektronische Kommunikation und elektronische Übermittlung von Teilnahmeanträgen und Angeboten

[1]Abweichend von § 28 Absatz 1 kann der Konzessionsgeber bis zum 18. Oktober 2018 die Übermittlung der Teilnahmeanträge und Angebote auch auf dem Postweg, einem anderen geeigneten Weg, Fax oder durch die Kombination dieser Mittel verlangen. [2]Dasselbe gilt für die sonstige Kommunikation im Sinne des § 7 Absatz 1, soweit sie nicht die Übermittlung von Bekanntmachungen gemäß § 23 und die Bereitstellung der Vergabeunterlagen gemäß § 17 betrifft.

1   Es wird auf die entspr. Kommentierung zu § 81 VgV verwiesen.

§ 35 Elektronische Kommunikation durch Auslandsdienststellen

Auslandsdienststellen sind bei der Vergabe von Konzessionen nicht verpflichtet, elektronische Mittel nach den §§ 7 bis 11 und 28 dieser Verordnung anzuwenden.

1   Der Verordnungsgeber hat mit § 35 KonzVgV seinen durch Art. 29 Abs. 1 UAbs. 1 RL 2014/23/EU eröffneten Spielraum bei der Umsetzung der RL 2014/23/EU europarechtskonform genutzt und hinsichtlich der elektronischen Kommunikation bei der Vergabe von Konzessionen durch **Auslandsdienststellen** lediglich die elektronische Veröffentlichung der Bekanntmachungen gem. den §§ 19–23 KonzVgV und die elektronische Verfügbarkeit der Vergabeunterlagen gem. § 17 KonzVgV für verbindlich erklärt.

2   Diese Regelung betrifft insbes. die Auslandsvertretungen der Bundesrepublik Deutschland im Zuständigkeitsbereich des Auswärtigen Amtes. Hierzu gehören ua Botschaften, Generalkonsulate, Konsulate und ständige Vertretungen bei zwischenstaatlichen und überstaatlichen Organisationen.[1] Außerdem betrifft die Regelung außerhalb Deutschlands stationierte Einheiten der Bundeswehr. Zum Begriff s. auch → UVgO § 53 Rn. 2. Außer bei Bekanntmachungen und der elektronischen Verfügbarkeit der Vergabeunterlagen können die Konzessionsgeber selbst entscheiden, ob sie von den Regelungen über elektronische Mittel nach den §§ 7–11, 28 KonzVgV Gebrauch machen.

---

[1] Beck VergabeR/Hübner KonzVgV § 35 Rn. 8.

In der Begr. des Verordnungsgebers zur KonzVgV[2] wird dazu ausgeführt, dass 3
Vergabeverfahren durch Auslandsdienststellen von Konzessionsgebern von der
Pflicht zur elektronischen Kommunikation befreit sind, da sich die Möglichkeiten
zur elektronischen Kommunikation von Auslandsdienststellen weltweit je nach
Dienstort technisch stark unterscheiden können, weil teilw. nur Satellitenverbindungen möglich sind. Diese Auslandsdienststellen können für alle Mitteilungen und für
den gesamten Kommunikations- und Informationsaustausch statt der elektronischen
Mittel sämtliche der in Art. 29 Abs. 1 UAbs. 1 RL 2014/23/EU genannten Kommunikationsmittel nutzen, wie zB Post oder Fax (lit. b), die mündliche (auch telefonische) Mitteilung, sofern der Inhalt der mündlichen Mitteilung auf einem dauerhaften Datenträger hinreichend dokumentiert wird (lit. c), oder die persönliche Abgabe
gegen Empfangsbestätigung (lit. d). Darüber hinaus sind Bewerber und Bieter in
Vergabeverfahren durch Auslandsdienststellen nicht verpflichtet, Teilnahmeanträge
und Angebote elektronisch einzureichen. Damit wird der Tatsache Rechnung getragen, dass insbes. die Verwendung von E-Vergabe Plattformen weltweit nicht möglich
ist.[3]

§ 36 Fristberechnung

**Die Berechnung der in dieser Verordnung geregelten Fristen bestimmt
sich nach der Verordnung (EWG, Euratom) Nr. 1182/71 des Rates vom
3. Juni 1971 zur Festlegung der Regeln für die Fristen, Daten und Termine
(ABl. L 124 vom 8.6.1971, S. 1).**

§ 36 KonzVgV stellt klar, dass die Berechnung von Fristen im Anwendungsbereich 1
der KonzVgV nach dem unionsweit einheitlichen Fristenregime der Verordnung
(EWG, Euratom) Nr. 1182/71 des Rates vom 3. Juni 1971 zur Festlegung der
Regeln für die Fristen, Daten und Termine erfolgt.
Die Vorschrift ist wortgleich mit § 82 VgV, so dass auf dessen Kommentierung 2
verwiesen werden kann (→ VgV § 82 Rn. 1 ff.).

§ 37 Anwendungsbestimmungen aus Anlass der Einführung von eForms

**Bis zum Ablauf des sich nach § 83 Absatz 2 der Vergabeverordnung ergebenden Tages sind
1. § 8a nicht anzuwenden und
2. die §§ 19, 21, 22 und 23 in ihrer am 23. August 2023 geltenden Fassung
weiter anzuwenden.**

Der mit der „Verordnung zur Anpassung des Vergaberechts an die Einführung 1
neuer elektronischer Standardformulare („eForms") für EU-Bekanntmachungen
und an weitere europarechtliche Anforderungen" v. 17. August 2023[1] eingefügte
§ 37 KonzVgV enthält **Anwendungsbestimmungen**, bis zu welchem Tag der mit
jener Verordnung eingefügte § 8a KonzVgV nicht anzuwenden und die §§ 19, 21,
22 und 23 KonzVgV in ihrer am 23. August 2023 geltenden Fassung weiter anzuwenden sind.
Die Änderungsverordnung trat am Tag nach ihrer Verkündung am 24. August 2
2023 in Kraft. Die Anwendung der eForms ist jedoch erst zum Ende des Übergangs-

---

[2] BR-Drs. 87/16, 299 zu § 35 KonzVgV.
[3] BeckOK VergabeR/Nikolaides KonzVgV § 35 Rn. 4.
[1] BGBl. 2023 I Nr. 222 v. 23.8.2023.

zeitraums der Durchführungsverordnung (EU) 2019/1780 („eForms-Verordnung")[2] am 25.10.2023 verpflichtend. Dies soll nach den Vorstellungen der Verordnungsgebers[3] einen ausreichenden Vorbereitungszeitraum ermöglichen. § 37 KonzVgV normiert insoweit Übergangsbestimmungen zum Abgleich der technischen und rechtlichen Regelungen.[4]

3 § 37 KonzVgV verweist für die Anwendung des § 8a KonzVgV auf die in § 83 Abs. 2 VgV normierten Zeitpunkte. Der für die Anwendung von § 8a KonzVgV maßgebliche Tag ist danach der Folgetag des Tages, an dem
(1) das BMI im Einvernehmen mit dem BMWK den Datenaustauschstandard eForms entspr. § 10a Abs. 2 S. 2 VgV festgelegt und im BAnz. bekanntgemacht hat und
(2) das BMWK im Einvernehmen mit dem BMI festgestellt und im BAnz. bekanntgemacht hat, dass
  (a) die Voraussetzungen für die elektronische Erstellung von Bekanntmachungen nach der Durchführungsverordnung (EU) 2019/1780 entspr. § 10a Abs. 1 S. 1 VgV vorliegen und
  (b) die Voraussetzungen für die elektronische Übermittlung von Bekanntmachungen über den Datenservice Öffentlicher Einkauf entspr. § 10a Abs. 5 S. 1 VgV vorliegen.

Die Pflichten nach § 8a KonzVgV sind mWv 25. Oktober 2023 zu beachten (iE dazu → VgV § 83 Rn. 3).

---

[2] Durchführungsverordnung (EU) 2019/1780 der Kommission v. 23. September 2019 zur Einführung von Standardformularen für die Veröffentlichung von Bekanntmachungen für öffentliche Aufträge und zur Aufhebung der Durchführungsverordnung (EU) 2015/1986 („elektronische Formulare – eForms"), geändert durch die Durchführungsverordnung (EU) 2022/2303 der Kommission v. 4. November 2022 zur Änderung der Durchführungsverordnung (EU) 2019/1780 zur Einführung von Standardformularen für die Veröffentlichung von Bekanntmachungen für öffentliche Aufträge.
[3] BT-Drs. 20/6118, 38.
[4] BT-Drs. 20/6118, 34.

6. Verordnung zur Statistik über die Vergabe öffentlicher Aufträge und Konzessionen (Vergabestatistikverordnung – VergStatVO)

Vom 12. April 2016
(BGBl. I S. 624)

zuletzt geändert durch Art. 5 G zur beschleunigten Beschaffung im Bereich der Verteidigung und Sicherheit und zur Optimierung der Vergabestatistik v. 25.3.2020 (BGBl. I S. 674)

Einleitung

Literatur: Allianz für nachhaltige Beschaffung, Jahresbericht 2014, S. 29 ff.; Bundesministerium für Wirtschaft und Klimaschutz, Vergabestatistik, Bericht für das erste Halbjahr 2021; Bundesministerium für Wirtschaft und Klimaschutz, Vergabestatistik, Bericht für das zweite Halbjahr 2021; Europäische Kommission, Annual Public Procurement Implementation Review 2012; Hesse, Die Vergabestatistikverordnung kann auch den Dritten Sektor betreffen, npoR 2021, 141; Kienbaum, 1. Zwischenbericht, Statistik der öffentlichen Beschaffung in Deutschland – Grundlagen und Methodik, 2014; Klipstein, Entwurf zu Änderungen des Vergaberechts im Bereich Vergabestatistik, Verteidigung und Sicherheit, 18.9.2019, https://blog.cosinex.de/2019/09/18/entwurf-aenderungen-vergaberecht-vergabestatistik-verteidigung/, abgerufen am 24.5.2023; Kremer/Beyer, Die neue Vergabestatistik: Konzeption, Methodik und erste Ergebnisse, WISTA 02/2023, 60; Statistisches Bundesamt, Newsletter Vergabestatistik; Statistisches Bundesamt, Vergabestatistik – Geschäftsstatistik im Auftrag des Bundesministeriums für Wirtschaft und Klimaschutz, Datenmeldung in der Vergabestatistik – Informationsblatt, Stand 27.4.2023; Witte, Vergabestatistik auf Knopfdruck? Zwischen Anspruch und Wirklichkeit, 1.12.2021, https://blog.cosinex.de/2021/12/01/vergabestatistik-anspruch-und-wirklichkeit/, abgerufen am 24.5.2023.

I. Geschichte der VergStatVO

Die Verordnung zur Statistik über die Vergabe öffentlicher Aufträge und Konzessionen (**Vergabestatistikverordnung** – VergStatVO) wurde am 12.4.2016 iRd VergRModVO erlassen.[1] Auch vor dem Erlass der VergStatVO bestanden bereits Pflichten zur Übermittlung von statistischen Daten zu den im jew. Kalenderjahr durchgeführten Vergabeverfahren. Die Regelungen hierzu fanden sich in § 17 VgV aF (klassische Auftragsvergabe), § 33 SektVO aF (Auftragsvergabe im Sektorenbereich) und § 44 VSVgV aF (Bereich Verteidigung und Sicherheit).[2] Diese Erhebung diente in erster Linie der Erfüllung von Überwachungspflichten der EU und der WTO[3], war „unzulänglich, arbeitsintensiv und fehlerbehaftet"[4] und sollte durch die VergStatVO vereinfacht und verbessert werden.[5]

1

---

[1] BGBl. I 2016 S. 624.
[2] Ausf. Kienbaum, Statistik der öffentlichen Beschaffung in Deutschland – Grundlagen und Methodik, S. 73 ff.
[3] Kienbaum, Statistik der öffentlichen Beschaffung in Deutschland – Grundlagen und Methodik, S. 73.
[4] Allianz für nachhaltige Beschaffung, Jahresbericht 2014, S. 30.
[5] BR-Drs. 87/16, 152.

2 Die VergStatVO wurde zunächst nur teilw. in Kraft gesetzt, da die technischen Voraussetzungen für die Erfassung, Aufbereitung und Auswertung der Daten erst noch geschaffen werden mussten.[6] Bis zum Inkrafttreten der gesamten VergStatVO bestand lediglich eine **Übermittlungspflicht** für die in der Übergangsregelung des § 8 aF (§ 7 nF) aufgeführten Daten (→ § 7 Rn. 1). Noch vor Inkrafttreten der §§ 1–7 aF wurde die VergStatVO iRd Gesetzes zur beschleunigten Beschaffung im Bereich der Verteidigung und Sicherheit und zur Optimierung der Vergabestatistik vom 25.3.2020[7] novelliert, sodass die ursprünglichen Regelungen nie ihre Wirkung entfalteten. An ihre Stelle traten die neuen §§ 1–6, die sofort in Kraft traten. Um dennoch sicherzustellen, dass alle technischen Voraussetzungen geschaffen wurden, bevor die Übermittlungspflichten griffen, sah der neue § 6 eine Anwendungsregelung vor (→ § 6 Rn. 1).

3 Die **Novellierung** im Jahr 2020 diente der Anpassung der VergStatVO an technische und rechtliche Anforderungen an die Vergabestatistik, die während des Aufbaus der Statistik erkannt wurden.[8] Sie führt jedoch auch – entgegen dem gesetzgeberischen Willen[9] – zu erheblichem Mehraufwand für die Auftraggeber bei der Meldung der Daten[10] und entspricht teilw. nicht den realen Gegebenheiten bei der Vergabe öffentlicher Aufträge.[11] Als Übergangslösung gibt das Statistische Bundesamt zahlreiche Handreichungen zur Erläuterung der korrekten Datenübermittlung aus.[12] Eine **Überarbeitung** der VergStatVO zur Lösung dieser Probleme ist deshalb wünschenswert und zu erwarten.

II. Bedeutung der VergStatVO

4 Die VergStatVO setzt die unionsrechtlichen Vorgaben der RL 2014/24/EU und RL 2014/25/EU um (→ Rn. 5). Auf bundesrechtlicher Ebene ist § 114 Abs. 2 S. 3 GWB die **Rechtsgrundlage** für den Erlass der VergStatVO (→ GWB § 114 Rn. 10 ff.).

5 Mit der auf Grundlage der VergStatVO erhobenen Daten erstellten Vergabestatistik werden verschiedene **Zwecke** verfolgt. Zunächst dient sie der möglichst unbürokratischen Erfüllung der sich aus Art. 85 RL 2014/24/EU und Art. 101 RL 2014/25/EU ergebenden Berichtspflichten.[13] Diese verpflichten die Mitgliedstaaten bei der Vergabe durch öffentliche Auftraggeber (§ 99 GWB) und Sektorenauftraggeber (§ 100 GWB) im Oberschwellenbereich, der Kommission einen statistischen Bericht zu übermitteln. Ziel der *europarechtlichen* Regelungen ist die Erhebung von Vergabedaten, um die **effektive Umsetzung des europäischen Vergaberechts** zu überwachen und durchzusetzen.[14] Die bis zum Erlass der VergStatVO bestehenden Übermittlungspflichten (→ Rn. 1) genügten schon den vor Erlass der RL geltenden

---

[6] BT-Drs. 19/15603, 64.

[7] BGBl. I 2020 S. 674.

[8] Klipstein, 18.9.2019, https://blog.cosinex.de/2019/09/18/entwurf-aenderungen-vergaberecht-vergabestatistik-verteidigung/, abgerufen am 24.5.2023.

[9] BT-Drs. 19/15603, 62.

[10] Witte, 1.12.2021, https://blog.cosinex.de/2021/12/01/vergabestatistik-anspruch-und-wirklichkeit/, abgerufen am 24.5.2023.

[11] Kremer/Beyer WISTA 02/2023, 60 (68).

[12] ZB Statistisches Bundesamt, Datenmeldung in der Vergabestatistik – Informationsblatt, Stand 27.4.2023; ausf. zur korrekten Übermittlung der Daten an das Statistische Bundesamt → § 3 Rn. 1 ff.

[13] von Wietersheim, jurisPR-VergR 10/2020 Anm. 1.

[14] Vgl. Europäische Kommission, Annual Public Procurement Implementation Review 2012, S. 38.

Anforderungen des Europarechts nicht.[15] Trotz des Ziels, die Einhaltung des europäischen Vergaberechts im Oberschwellenbereich zu überwachen und durchzusetzen, dient die Vergabestatistik als solche nicht der Kontrolle der Einhaltung des Vergaberechts und ist hierzu auch nicht geeignet.[16]

Die VergStatVO geht zudem deutlich **über die europarechtlichen Anforderungen hinaus**: Die Berichtspflichten erfassen auch Aufträge im Unterschwellenbereich **ab einem Netto-Auftragswert von 25.000 Euro**.[17] Hierdurch sollen zuverlässige Daten über das Vergabevolumen aller staatlichen Ebenen (Bund, Länder, Kommunen, sonstige Auftraggeber) gewonnen und ermittelt werden, wie sich die Aufträge auf die verschiedenen Leistungsarten verteilen, inwieweit Nachhaltigkeitskriterien bei der Vergabe eine Rolle spielen und wie mittelstandsfreundlich die Vergabepraxis in Deutschland ist.[18] Die Vergabestatistik soll somit einen Beitrag zur Versachlichung der politischen Diskussion um eine (angeblich oder tatsächlich) zu wenig qualitätsorientierte Vergabe leisten[19], als Grundlage für eine evidenzbasierte Wirtschaftspolitik im Bereich der öffentlichen Beschaffung dienen[20] und von den Auftraggebern zur strategischen Optimierung der Vergabeverfahren genutzt werden.[21] Um die gewonnenen Daten zur Vergabeverfahrensoptimierung und Forschung einsetzen zu können, sind entspr. Übermittlungspflichten an Behörden und Länder (→ § 4 Rn. 7 ff.) sowie Forschungseinrichtungen (→ § 5) vorgesehen.

§ 1 Anwendungsbereich und Grundsätze der Datenübermittlung

(1) ¹Diese Verordnung regelt die Pflichten der Auftraggeber im Sinne von § 98 des Gesetzes gegen Wettbewerbsbeschränkungen zur Übermittlung der in § 3 aufgeführten Daten an das vom Bundesministerium für Wirtschaft und Energie zum Empfang und zur Verarbeitung der Daten beauftragte Statistische Bundesamt. ²Zur Erfüllung ihrer Pflichten nach Satz 1 bedienen sich die Auftraggeber Berichtsstellen. ³Berichtsstellen sind diejenigen Stellen, die Informationen über vergebene Aufträge und Konzessionen als Auftrag- oder Konzessionsgeber selbst oder für einen anderen Auftrag- oder Konzessionsgeber melden.

(2) Die Daten nach § 3 sind innerhalb von 60 Tagen nach Zuschlagserteilung zu übermitteln.

(3) ¹Die Übermittlung der Daten an das Statistische Bundesamt erfolgt elektronisch. ²Hierfür sind die vom Statistischen Bundesamt zur Verfügung gestellten sicheren elektronischen Verfahren zu nutzen. ³Bei der Übermittlung der Daten ist sicherzustellen, dass die nach Bundes- oder Landesrecht zuständigen Datenschutzaufsichtsbehörden die Möglichkeit zur Einsicht in die Protokolldaten betreffend die Übermittlung der Daten haben.

(4) Das Statistische Bundesamt speichert die erhaltenen Daten, bereitet sie statistisch auf und erstellt im Auftrag des Bundesministeriums für Wirtschaft und Energie eine Vergabestatistik.

---

[15] Europäische Kommission, Annual Public Procurement Implementation Review 2012, S. 38 f.
[16] Statistisches Bundesamt, Newsletter Vergabestatistik 03/2021.
[17] Ausf. → § 2 Rn. 10 ff.
[18] Kremer/Beyer WISTA 02/2023, 60 (61); ausf. zu den aktuellsten Ergebnissen s. BMWK, Vergabestatistik, Bericht für das zweite Halbjahr 2021.
[19] Hesse npoR 2021, 141 (141).
[20] BMWK, Vergabestatistik, Bericht für das erste Halbjahr 2021, S. 4.
[21] Kienbaum, Statistik der öffentlichen Beschaffung in Deutschland – Grundlagen und Methodik, S. 27 f.

VergStatVO § 1 Anwendungsb. u. Grunds. der Datenübermittlung

Literatur: Riege-Wcislo/Werle, Die neuen Pflichten nach der Vergabestatistikverordnung – Registrierung als Berichtsstelle in der Praxis und Meldewege zur Vergabestatistik, 4.11.2020; Statistisches Bundesamt, Meldewege zur Vergabestatistik – Kann die Berichtsstelle über mehrere Meldewege melden? Kann sich die Berichtsstelle das IDEV-Formular zu Testzwecken vor der Registrierung anschauen? Wie kann zur Vergabestatistik gemeldet werden?, 5.1.2021, https://erhebungsportal.estatistik.de/Erhebungsportal/#eqEuGDLojyd7rk4S/unterstuetzte-statistiken/oeffentliche-finanzen-oeffentlicher-dienst-steuern/oeffentliche-finanzen/vergabe-oeffentlicher-auftraege-und-konzessionen/meldewege-zur-vergabestatistik, abgerufen am 19.6.2023; Statistisches Bundesamt, Registrierung als Berichtsstelle – Wie und wann erfolgt die Registrierung als Berichtsstelle? Wie wird die Ansprechperson der Berichtsstelle geändert?, 3.2.2022, https://erhebungsportal.estatistik.de/Erhebungsportal/#VWx1qHXX6qBS0xfN/unterstuetzte-statistiken/oeffentliche-finanzen-oeffentlicher-dienst-steuern/oeffentliche-finanzen/vergabe-oeffentlicher-auftraege-und-konzessionen/registrierung-als-berichtsstelle, abgerufen am 13.6.2023; Turner/Trautner, Nicht frei von Medienbrüchen: Zwei Jahre Pflicht zur digitalen Vergabe – Die Anlaufschwierigkeiten im Spiegel der aktuellen Rechtsprechung –, ZfBR 2021, 394; Witte, Vergabestatistik auf Knopfdruck? Zwischen Anspruch und Wirklichkeit, 1.12.2021, https://blog.cosinex.de/2021/12/01/vergabestatistik-anspruch-und-wirklichkeit/, abgerufen am 19.6.2023. Vgl. iÜ die Angaben bei Einl. VergStatVO.

I. Bedeutung der Vorschrift

1 § 1 stellt die **Grundstrukturen für die Erstellung der Vergabestatistik** dar. Hierfür werden in Abs. 1 S. 1 die Adressaten der Übermittlungspflicht (→ Rn. 3) und die Zuständigkeit des Statistischen Bundesamts als Empfänger der Daten und Ersteller der Statistik festgelegt (→ Rn. 4). Abs. 1 S. 2 und 3 legen fest, dass die Übermittlung der Daten von Berichtsstellen vorgenommen wird und definieren den Begriff der Berichtsstelle (→ Rn. 5 ff.). In Abs. 2 wird eine Frist zur Datenübermittlung von 60 Tagen nach Zuschlagserteilung bestimmt (→ Rn. 8 f.). Abs. 3 sieht ein elektronisches Verfahren zur Datenübermittlung vor und regelt die Überwachung der Übermittlung aus Sicht des Datenschutzes (→ Rn. 10 ff.). Abs. 4 regelt die Datenerfassung, -speicherung und -verarbeitung durch das Statistische Bundesamt (→ Rn. 16).

2 **Ziel der VergStatVO** ist die Schaffung einer allg., bundesweiten, belastbaren und validen Statistik zur Vergabe öffentlicher Aufträge (→ Einl. Rn. 6).[1] Da nur rund 11 Prozent der Vergaben in der Bundesrepublik Deutschland im Oberschwellenbereich sind[2], ist es für die Schaffung einer allg. Vergabestatistik entscheidend, auch Daten zu Unterschwellenvergaben zu erfassen. Für die Anwendbarkeit der VergStatVO kommt es deshalb anders als für die Anwendbarkeit des GWB nicht auf die Überschreitung der EU-Schwellenwerte an.[3] Je nach Volumen der Vergabe bestehen jedoch gem. § 2 unterschiedliche Übermittlungspflichten (→ § 2 Rn. 3 ff., 10 ff.). Zudem unterscheiden sich die zu übermittelnden Daten je nach Art des Auftraggebers (→ § 3 Rn. 2).

II. Adressaten der VergStatVO (Abs. 1 S. 1)

3 Gem. Abs. 1 S. 1 sind alle **Auftraggeber iSd § 98 GWB** (→ GWB § 98 Rn. 2 f.) – aber auch nur diese – zur Datenübermittlung verpflichtet. Erfasst sind also grds. sowohl öffentliche Auftraggeber (§ 99 GWB) als auch Sektorenauftragge-

---

[1] BMWK, Vergabestatistik – Bericht für das zweite Halbjahr 2021, S. 6.
[2] BMWK, Vergabestatistik – Bericht für das zweite Halbjahr 2021, S. 13; BMWK, Vergabestatistik – Bericht für das erste Halbjahr 2021, S. 13.
[3] Beck VergabeR/Schlange-Schöningen VergStatVO § 1 Rn. 15.

ber (§ 100 GWB) und Konzessionsgeber (§ 101 GWB). Zuwendungsempfänger sind dagegen nur übermittlungspflichtig, soweit es sich bei ihnen auch um öffentliche Auftraggeber iSd § 99 GWB handelt.[4] Eine **projektbezogene Auftraggebereigenschaft iSd § 99 Nr. 4 GWB** führt also auch zu einer Verpflichtung zur Datenübermittlung. In praktischer Hinsicht problematisch ist dabei insbes., dass teilw. erst deutlich nach Projektbeginn sicher geklärt werden kann, ob eine projektbezogene Auftraggebereigenschaft vorliegt. Zuvor ist jedoch – da eine Bestätigung des Zuwendungsgebers für die Registrierung erforderlich ist – keine Registrierung als Auftraggeber und damit auch keine Meldung von Daten möglich.

Als **Empfänger** der zu übermittelnden Daten wird das **Statistische Bundesamt** 4 bestimmt, dem gem. § 8 Abs. 1 BStatG vom BMWi die Erstellung der Vergabestatistik übertragen wurde. Die Meldung der Daten direkt an das Statistische Bundesamt dient dem bestmöglichen Datenschutz.[5] Sie erfolgt entweder über eine .CORE Schnittstelle, mit Hilfe derer die iRd Vergabeverfahrens auf der vom Auftraggeber genutzten elektronischen Vergabeplattform eingetragenen Daten theoretisch automatisiert übernommen und nach Kontrolle durch die Berichtstelle an das Statistische Bundesamt übermittelt werden können[6], oder manuell über ein online-Formular (IDEV).[7] Auch bei einer Übermittlung via .CORE Schnittstelle müssen jedoch regelmäßig Angaben ergänzt oder korrigiert werden, da die zu meldenden Daten nicht vollständig den iRd Vergabeverfahrens einzutragenden Daten entsprechen.[8] Ausf. zur korrekten Übertragung der Daten → § 3 Rn. 1 ff.

III. Berichtsstellen (Abs. 1 S. 2 und 3)

Abs. 1 S. 2 führt den **Begriff der Berichtstelle** ein. S. 3 definiert Berichtstellen 5 als „diejenigen Stellen, die Informationen über vergebene Aufträge und Konzessionen als Auftrag- oder Konzessionsgeber selbst oder für einen anderen Auftrag- oder Konzessionsgeber melden." Berichtstellen sind also **nicht zwingend identisch mit den Auftraggebern**. Die Auftraggeber können ihre Berichtstelle selbst wählen. In Betracht kommen als Berichtstellen nicht nur staatliche Stellen, sondern auch private Akteure wie bspw. Rechtsanwaltskanzleien oder Projektsteuerungsbüros.[9] Ein Auftraggeber kann mehrere Berichtstellen haben, ebenso kann eine Berichtstelle für mehrere Auftraggeber tätig sein.

Berichtstellen wurden erst mit der Novelle der VergStatVO 2020 eingeführt 6 (→ Einl. Rn. 2 f.) und sollen die richtige Zuordnung der Meldungen durch das Statistische Bundesamt erleichtern. Darüber hinaus vereinfacht die Angabe der Berichtstelle bei der Datenübermittlung die Kommunikation zwischen Statistischem Bundesamt und Berichtstelle im Falle von Rückfragen zu den übermittelten Daten.[10] Die Ergänzung war aufgrund der „vielschichtigen Struktur des Beschaffungssystems in Deutschland" notwendig, da ein Auftraggeber mehrere Beschaffungsstellen haben kann.[11]

---

[4] Kremer/Beyer WISTA 2/2023, 60 (66); Beck VergabeR/Schlange-Schöningen GWB § 114 Rn. 36; Beck VergabeR/Schlange-Schöningen VergStatVO § 1 Rn. 15.
[5] BT-Drs. 19/15603, 62.
[6] Zur .CORE Schnittstelle s. https://erhebungsportal.estatistik.de/Erhebungsportal/#eChsfHGESbCtva32/online-meldeverfahren/melden-ueber-core/was-ist-estatistik-core, abgerufen am 9.6.2023.
[7] Turner/Trautner ZfBR 2021, 394 (400).
[8] Witte, 1.12.2021, https://blog.cosinex.de/2021/12/01/vergabestatistik-anspruch-und-wirklichkeit/, abgerufen am 19.6.2023.
[9] BMWK, Vergabestatistik, Bericht für das zweite Halbjahr 2021, S. 7.
[10] Beck VergabeR/Schlange-Schöningen VergStatVO § 1 Rn. 17.
[11] BT-Drs. 19/15603, 62.

Diese können sich nun alle einzeln als Berichtstelle registrieren und die von ihnen durchgeführten Vergaben selbstständig melden.[12] Um eine Zuordnung zum Auftraggeber zu ermöglichen, ist dieser iRd Meldung der Daten zu nennen.[13] Durch die Einführung der Berichtsstellen soll der Eingriff in die eigene Organisationsverantwortung der Auftraggeber gering gehalten werden: **Die Entscheidung, welche Stelle die Daten übermittelt, verbleibt beim Auftraggeber.**[14]

7   **Aufgabe der Berichtsstellen** ist die Übermittlung der gem. § 3 zu übermittelnden Daten an das Statistische Bundesamt. Um als Berichtstelle Daten übermitteln zu können, ist eine **Registrierung als Berichtsstelle** über das Online-IDEV-Registrierungsformular beim Statistischen Bundesamt erforderlich.[15] Die Registrierung war und ist seit dem 1.7.2020 möglich. Bei der Registrierung muss die Adresse der Berichtsstelle verpflichtend angegeben werden. An die genannte Adresse versendet das Statistische Bundesamt per Post die Kennung, das Passwort sowie die Berichtseinheit-ID (BID), die zur Meldung von Daten notwendig sind.[16] Die Nennung einer Ansprechperson erfolgt freiwillig, wird aber vom Statistischen Bundesamt zur Erleichterung der Kommunikation bei evtl. Rückfragen dringend empfohlen. Das **Melderkonto** ist nicht personengebunden und kann von allen Personen/Abteilungen innerhalb einer Berichtstelle zur Meldung von Daten an die Vergabestatistik genutzt werden. Die genannte Ansprechperson kann jedoch nicht spezifisch für jede gemeldete Vergabe angepasst werden und sollte deshalb in der Lage sein, Rückfragen an den richtigen Bearbeiter weiterleiten zu können.[17] Auch wenn jeder Auftraggeber grds. eine beliebige Anzahl an Berichtsstellen bestimmen kann, wird zur Vermeidung von uneinheitlichen Eintragungen und Doppelmeldungen empfohlen, nur so viele Berichtsstellen zu benennen, wie zwingend notwendig sind.[18]

IV. Übermittlungsfrist (Abs. 2)

8   Abs. 2 legt als Zeitraum für die **Übermittlung der Daten** eine Frist von **60 Tagen ab Erteilung des Zuschlags** fest. Die Berichtsstellen sind verpflichtet, innerhalb dieses Zeitraums die gem. § 3 zu meldenden Daten an das Statistische Bundesamt zu senden. Eine **nachträgliche Meldung ist nicht möglich.** Werden die Daten nicht bzw. nicht rechtzeitig übermittelt, so liegt ein Rechtsverstoß vor, der allerdings (bis jetzt) nicht sanktioniert wird.[19] Sollte bei der Meldung der Daten ein Fehler unterlaufen sein, so kann dieser innerhalb der 60-Tages-Frist korrigiert werden.[20] Teilw. findet auch eine Korrektur auf Rückfrage des Statistischen Bundesamts statt.

---

[12] BT-Drs. 19/15603, 62.

[13] Näher zu den zu übermittelnden Daten und den bei Übermittlung und Erstellung der Vergabestatistik auftretenden Problemen → § 3 Rn. 1 ff.

[14] BT-Drs. 19/15603, 62.

[15] Die Registrierung kann unter folgendem Link vorgenommen werden: www.vergabestatistik.org/registrierung.

[16] Riege-Wcislo/Werle, Die neuen Pflichten nach der Vergabestatistikverordnung, 4.11.2020.

[17] Statistisches Bundesamt, 3.2.2022, https://erhebungsportal.estatistik.de/Erhebungsportal/#VWx1qHXX6qBS0xfN/unterstuetzte-statistiken/oeffentliche-finanzen-oeffentlicher-dienst-steuern/oeffentliche-finanzen/vergabe-oeffentlicher-auftraege-und-konzessionen/registrierung-als-berichtsstelle, abgerufen am 13.6.2023.

[18] Riege-Wcislo/Werle, Die neuen Pflichten nach der Vergabestatistikverordnung, 4.11.2020.

[19] Statistisches Bundesamt, Newsletter Vergabestatistik 01/2021, 22.2.2021.

[20] Eine ausf. Anleitung des Statistischen Bundesamts zur Korrektur oder Löschung fehlerhafter Meldungen findet sich unter: https://erhebungsportal.estatistik.de/Erhebungsportal/#kQE7wJY1oKNqZXcb/unterstuetzte-statistiken/oeffentliche-finanzen-oeffentlicher-dienst-steuern/oeffentliche-finanzen/vergabe-oeffentlicher-auftraege-und-konzessionen/hinweise-zu-korrekturmeldungen-falschmeldungen-uebersicht-ueber-ihre-meldungen, abgerufen am 13.6.2023.

Durch die Frist soll sichergestellt werden, dass das Statistische Bundesamt zeitnah eine vollständige und damit aussagekräftige Statistik erstellen kann.[21] So wird ermöglicht, dass 60 Tage nach Quartalsende mit der statistischen Aufbereitung der vollständig übermittelten Daten begonnen wird.[22]

9

V. Elektronische Übermittlung (Abs. 3)

1. Inhalt und Zweck

Abs. 3 regelt in Grundzügen die **Art und Weise der Datenübermittlung**: Nach S. 1 hat die Übermittlung elektronisch zu erfolgen, gem. S. 2 sind die vom Statistischen Bundesamt zur Verfügung gestellten Verfahren zu nutzen[23] und gem. S. 3 erhalten die zuständigen Datenschutzaufsichtsbehörden Einsicht in die Protokolldaten bzgl. der Datenübermittlung.

10

Abs. 3 dient somit einerseits dem **Datenschutz**, indem ein Zugriff nicht berechtigter Dritter auf die Daten (rechtlich) ausgeschlossen wird,[24] andererseits der Digitalisierung und damit der Erleichterung des Übermittlungsprozesses für die Vergabestellen durch die Nutzung von Synergieeffekten mit elektronischen Vergabemanagementsystemen.[25]

11

Das Statistische Bundesamt stellt **drei verschiedene elektronische Verfahren zur Datenübermittlung** iSd S. 2 zur Verfügung: Die Daten können händisch via IDEV-Formular (Internet Datenerhebung im Verbund), via eSTATISTIK.CORE (kurz: .CORE) und damit via Anbindung des elektronischen Vergabemanagementsystems oder per Upload einer selbst erstellten CSV-Datei über die .CORE Webanwendung übertragen werden.[26] Nach Registrierung als Berichtsstelle können alle drei Übertragungswege parallel genutzt werden. Bei der Nutzung mehrerer Übertragungswege ist besonders darauf zu achten, Doppelmeldungen zu vermeiden.[27]

12

2. Übertragung per IDEV-Formular

Zur **Meldung per IDEV-Formular** muss sich die Berichtsstelle nach erfolgreicher Registrierung auf https://www-idev.destatis.de/idev/OnlineMeldung anmelden. Die Zugangsdaten (Benutzerkennung und Passwort) erhält die Berichtsstelle per Post nach der Registrierung.[28] Um Daten zu melden, muss das Online-Formular unter Beachtung der Ausfüllhinweise vollständig und korrekt ausgefüllt und abgesandt werden.[29] Um das IDEV-Verfahren nutzen zu können, wird ein internetfähiger Computer mit aktuellem Browser mit aktiviertem JavaScript benötigt. Empfohlen wird die Nutzung von Mozilla Firefox.[30] Die Datenübermittlung via IDEV-Formu-

13

---

[21] BT-Drs. 19/15603, 62.
[22] Kremer/Beyer, WISTA 02/2023, 60 (64).
[23] BT-Drs. 19/15603, 63.
[24] BT-Drs. 19/15603, 63.
[25] Beck VergabeR/Schlange-Schöningen VergStatVO § 1 Rn. 21; vgl. Kremer/Beyer WISTA 2/2023, 60 (64).
[26] Statistisches Bundesamt, 5.1.2021, https://erhebungsportal.estatistik.de/Erhebungsportal/#Rot0sVH3oEz3NFZP/unterstuetzte-statistiken/oeffentliche-finanzen-oeffentlicher-dienststeuern/oeffentliche-finanzen/vergabe-oeffentlicher-auftraege-und-konzessionen/meldewege-zur-vergabestatistik, abgerufen am 19.6.2023.
[27] Riege-Wcislo/Werle, Die neuen Pflichten nach der Vergabestatistikverordnung, 4.11.2020.
[28] Riege-Wcislo/Werle, Die neuen Pflichten nach der Vergabestatistikverordnung, 4.11.2020.
[29] Ausf. zur korrekten Eingabe der Daten → § 3.
[30] Statistisches Bundesamt, IDEV-Online-Hilfe, https://www-idev.destatis.de/idev/doc/hilfe2_1.html, abgerufen am 19.6.2023.

lar eignet sich insbes. in den Fällen, in denen für die Durchführung des Vergabeverfahrens keine Vergabemanagementsoftware mit .CORE Schnittstelle genutzt wird.[31] Dies betrifft insbes. Fälle der „Direktvergabe" an nur ein Unternehmen.

3. Übertragung per .CORE Schnittstelle

14 Um Daten automatisch per .CORE Schnittstelle zu melden, ist die Verwendung einer Vergabemanagementsoftware, die die **Meldung via .CORE Schnittstelle** an das Statistische Bundesamt unterstützt, notwendig.[32] Bei diesem Verfahren erfasst das Vergabemanagementsystem (soweit möglich) automatisch die zu meldenden Daten. Ausweislich der Gesetzesbegr. geht der Gesetzgeber von der Datenübertragung per .CORE Schnittstelle als Regelfall aus, sodass keine doppelte Datenerfassung nötig ist und kein zusätzlicher Verwaltungsaufwand entsteht.[33] In der Praxis bietet die Nutzung des .CORE Verfahrens zwar eine Erleichterung ggü. der Meldung via IDEV-Formular[34], eine Übertragung der Daten „auf Knopfdruck" – wie vom Gesetzgeber erwartet[35] – ist aufgrund der für die Vergabestatistik geforderten Datenstruktur, die von den während eines Vergabeverfahrens regelmäßig eingetragenen Daten abweicht, jedoch nicht möglich.[36]

4. Übertragung über die .CORE Webanwendung

15 Zuletzt ist auch eine **Meldung über die .CORE Webanwendung** möglich. Hierfür muss von der Berichtsstelle eigenständig eine CSV-Datei, die den Anforderungen der Vergabestatistik genügt, erstellt und hochgeladen werden.[37] Das Statistische Bundesamt empfiehlt aufgrund der hohen Komplexität der Erstellung der CSV-Datei die Meldung per .CORE Webanwendung nur, wenn kein Vergabemanagementsystem mit .CORE Schnittstelle genutzt wird und die Berichtsstelle über eine IT-Abteilung verfügt, die zuverlässig zur Erstellung der CSV-Datei in der Lage ist.[38] Das Statistische Bundesamt stellt ausführliche Informationen, Vorlagen und Beispieldateien zur Erstellung der CSV-Datei zur Verfügung.[39]

VI. Verarbeitung der Daten und Erstellung der Vergabestatistik (Abs. 4)

16 Abs. 4 ermächtigt das Statistische Bundesamt zur **Erstellung der Vergabestatistik**. Umfasst sind sowohl die Speicherung und statistische Aufbereitung der Daten

---

[31] Riege-Wcislo/Werle, Die neuen Pflichten nach der Vergabestatistikverordnung, 4.11.2020.
[32] Schlange-Schöningen in: Beck VergabeR VergStatVO § 1 Rn. 22; eine Liste des Statistischen Bundesamtes, in der das .CORE Meldeverfahren unterstützende Softwareanbieter aufgeführt werden, ist abrufbar unter www.vergabestatistik.org/ListeSoftwareanbieter.
[33] BT-Drs. 19/15603, 62.
[34] Turner/Trautner ZfBR 2021, 394 (400).
[35] BT-Drs. 19/15603, 62.
[36] Witte, 1.12.2021, https://blog.cosinex.de/2021/12/01/vergabestatistik-anspruch-und-wirklichkeit/, abgerufen am 19.6.2023.
[37] Statistisches Bundesamt, 5.1.2021, https://erhebungsportal.estatistik.de/Erhebungsportal/#Rot0sVH3oEz3NFZP/unterstuetzte-statistiken/oeffentliche-finanzen-oeffentlicher-dienst-steuern/oeffentliche-finanzen/vergabe-oeffentlicher-auftraege-und-konzessionen/meldewege-zur-vergabestatistik, abgerufen am 19.6.2023.
[38] Riege-Wcislo/Werle, Die neuen Pflichten nach der Vergabestatistikverordnung, 4.11.2020.
[39] Eine ausführlichere Beschreibung des Verfahrens via .CORE Webanwendung und weiterführende Links finden sich bei Riege-Wcislo/Werle, Die neuen Pflichten nach der Vergabestatistikverordnung, 4.11.2020.

als auch die Erstellung der Vergabestatistik.[40] Gem. § 1 BStatG erstellt das Statistische Bundesamt die Vergabestatistik **fachlich unabhängig unter Einsatz der jew. sachgerechten Methoden und Informationstechniken**.[41] Um diese Unabhängigkeit zu wahren, macht die VergStatVO keine weiteren Vorgaben, wie die Statistik zu erstellen ist. Das Statistische Bundesamt veröffentlicht jährlich einen **Qualitätsbericht**, indem auch die Methodik der Vergabestatistik dargestellt wird.[42]

§ 2 Art und Umfang der Datenübermittlung

(1) **Auftraggeber im Sinne von § 98 des Gesetzes gegen Wettbewerbsbeschränkungen übermitteln nach der Vergabe eines öffentlichen Auftrags nach § 103 Absatz 1 des Gesetzes gegen Wettbewerbsbeschränkungen oder einer Konzession nach § 105 des Gesetzes gegen Wettbewerbsbeschränkungen bei Erreichen oder Überschreiten der in § 106 des Gesetzes gegen Wettbewerbsbeschränkungen genannten Schwellenwerte die in § 3 Absatz 1 genannten Daten.**

(2) **Öffentliche Auftraggeber im Sinne des § 99 des Gesetzes gegen Wettbewerbsbeschränkungen übermitteln nach der Vergabe eines öffentlichen Auftrags die in § 3 Absatz 2 und 3 aufgeführten Daten, wenn**
1. **der Auftragswert ohne Umsatzsteuer 25 000 Euro überschreitet,**
2. **der Auftragswert den geltenden Schwellenwert gemäß § 106 des Gesetzes gegen Wettbewerbsbeschränkungen unterschreitet,**
3. **die Vergabe des öffentlichen Auftrags nach den jeweils maßgeblichen Vorgaben des Bundes oder der Länder vergabe- oder haushaltsrechtlichen Verfahrensregeln unterliegt und**
4. **der Auftrag im Übrigen unter die Regelungen des Teils 4 des Gesetzes gegen Wettbewerbsbeschränkungen fallen würde.**

(3) **Die vorstehenden Pflichten gelten nicht bei der Vergabe öffentlicher Aufträge und Konzessionen durch Auslandsdienststellen von Auftraggebern.**

Literatur: Statistisches Bundesamt, Rechtsgrundlagen und Auskunftspflicht – Wer muss wann Daten an die Vergabestatistik melden? Sind freihändige Vergaben, In-House Vergaben, Direktaufträge, Auftragsänderungen meldepflichtig?, 3.2.2023, https://erhebungsportal.estatis tik.de/Erhebungsportal/#4i92ZeqvITNt2NIb/unterstuetzte-statistiken/oeffentliche-finanzen-oeffentlicher-dienst-steuern/oeffentliche-finanzen/vergabe-oeffentlicher-auftraege-und-kon zessionen/rechtsgrundlagen-und-auskunftspflicht, abgerufen am 21.6.2023. Vgl. iÜ die Angaben bei Einl. VergStatVO.

Übersicht

	Rn.
I. Bedeutung der Vorschrift	1
II. Datenübermittlung bei Oberschwellenvergaben (Abs. 1)	3
1. Anwendungsbereich	3
2. Adressaten des Abs. 1	5
3. Zeitpunkt und Umfang der Datenübermittlung	7
III. Datenübermittlung bei Unterschwellenvergaben (Abs. 2)	10

---

[40] BT-Drs. 19/15603, 63.
[41] Beck VergabeR/Schlange-Schöningen VergStatVO § 1 Rn. 23.
[42] Der aktuelle Qualitätsbericht ist abrufbar über den Internetauftritt des Statistischen Bundesamts, derzeit unter https://www.destatis.de/DE/Methoden/Qualitaet/Qualitaetsberichte/Oeffentliche-Finanzen/einfuehrung.html.

	Rn.
1. Anwendungsbereich	10
a) Nr. 1: Auftragswert über 25.000 Euro	11
b) Nr. 2: Unterschreiten der Schwellenwerte gem. § 106 GWB	12
c) Nr. 3: Vergabe unterliegt vergabe- oder haushaltsrechtlichen Verfahrensregeln	13
d) Nr. 4: im Übrigen Anwendbarkeit des Teils 4 des GWB	14
2. Adressaten des Abs. 2	16
3. Zeitpunkt und Umfang der Datenübermittlung	18
IV. Ausnahme für Vergaben von Auslandsdienststellen (Abs. 3)	21

I. Bedeutung der Vorschrift

1 § 2 regelt, *wann und in welchem Umfang* eine Datenübermittlungspflicht besteht. Entscheidend für den **Umfang der Datenübermittlungspflicht** ist demnach, ob es sich um eine Unter- oder Oberschwellenvergabe handelt. Abs. 1 iVm § 3 Abs. 1 den Umfang der Übermittlungspflicht bei Oberschwellenvergaben (→ Rn. 3 ff.), Abs. 2 iVm § 3 Abs. 2, 3 den Umfang bei Unterschwellenvergaben (→ Rn. 10 ff.). In Abs. 3 ist eine Ausnahme für Vergaben durch Auslandsdienststellen von Auftraggebern vorgesehen (→ Rn. 21).

2 Ausschlaggebend für die Zuordnung des Auftrags zum Ober- oder Unterschwellenbereich ist iRd VergStatVO die ex-post-Betrachtung: Maßgeblich ist nicht die zur Wahl des richtigen Verfahrens durchgeführte Schätzung des Auftragswerts (→ GWB § 106 Rn. 8), sondern der **tatsächliche Nettoauftragswert inkl. aller Optionen und Verlängerungen** (unabhängig davon, ob diese tatsächlich abgerufen werden).[1] Dass diese Abweichung in der Praxis zu Fehlmeldungen führt, versteht sich von selbst.

II. Datenübermittlung bei Oberschwellenvergaben (Abs. 1)

1. Anwendungsbereich

3 Abs. 1 regelt die **Übermittlungspflichten bei Erreichen oder Überschreiten der Schwellenwerte** gem. § 106 GWB (→ GWB § 106 Rn. 10 ff.). Handelt es sich um ein Vergabeverfahren unterhalb der Schwellenwerte, so ist Abs. 2 einschlägig (→ Rn. 10 ff.).

4 Problematisch ist, ob Abs. 1 auch dann anwendbar ist, wenn der Teil 4 des GWB aufgrund von Ausnahmeregelungen (bspw. §§ 107 ff., 116 f., 137 ff., 145, 149 f. GWB) keine Anwendung findet. Eine klarstellende Regelung, wie sie in Abs. 2 Nr. 4 für den Bereich der Unterschwellenvergaben existiert (→ Rn. 14 f.), fehlt in Abs. 1. Nach herrschender und richtiger Auffassung ist auch Abs. 1 **nur anwendbar, soweit Teil 4 des GWB anwendbar ist, mithin keine Ausnahmetatbestände erfüllt sind**.[2] Hierfür ist es auch nicht notwendig, die Regelung des Abs. 2

---

[1] Statistisches Bundesamt, Newsletter Vergabestatistik 03/2021; aA Beck VergabeR/ Schlange-Schöningen VergStatVO § 2 Rn. 9; näher zur richtigen Einordnung des Verfahrens, Auswahl der korrekten Anlage der VergStatVO und Meldung der Daten → § 3 Rn. 1 ff.

[2] So auch iErg Beck VergabeR/Schlange-Schöningen VergStatVO § 2 Rn. 4; vgl. auch Statistisches Bundesamt, 3.2.2023, https://erhebungsportal.estatistik.de/Erhebungsportal/#CRZp 23r06DDtNxmS/unterstuetzte-statistiken/oeffentliche-finanzen-oeffentlicher-dienst-steuern/ oeffentliche-finanzen/vergabe-oeffentlicher-auftraege-und-konzessionen/rechtsgrundlagen-und-auskunftspflicht, abgerufen am 21.6.2023, das dies explizit für In-House-Vergaben (§ 108 GWB) feststellt.

Nr. 4 entspr. auf Abs. 1 anzuwenden.³ Die Voraussetzung der Anwendbarkeit von Teil 4 des GWB ergibt sich vielmehr aus der Systematik des GWB selbst. Die Ausnahmetatbestände erklären Teil 4 des GWB bei Vorliegen ihrer Voraussetzungen für nicht anwendbar. Hierunter fällt auch § 114 Abs. 2 S. 3 GWB, der wiederum die Rechtsgrundlage für die VergStatVO ist, sodass auch diese nicht anwendbar ist. Dass der Gesetzgeber die Problematik erkannt hat, ergibt sich aus § 106 Abs. 1 S. 2 GWB, der im Falle des Unterschreitens der Schwellenwerte gem. § 106 GWB § 114 Abs. 2 GWB explizit von der Rechtsfolge des § 106 Abs. 1 S. 1 GWB – also der Unanwendbarkeit von Teil 4 des GWB – ausnimmt. Daraus ergibt sich, dass der Gesetzgeber für den Fall, dass die VergStatVO trotz fehlender Anwendbarkeit des Teils 4 des GWB anwendbar sein soll, dies explizit in Form einer Ausnahmeregelung für § 114 Abs. 2 GWB regelt. Im Umkehrschluss ist Abs. 1 nicht anzuwenden, wenn ein entspr. Anwendungsbefehl fehlt.

2. Adressaten des Abs. 1

Nach Abs. 1 sind alle Auftraggeber iSd § 98 GWB zur Datenübermittlung verpflichtet. Erfasst sind somit öffentliche Auftraggeber (§ 99 GWB), Sektorenauftraggeber (§ 100 GWB) und Konzessionsgeber (§ 101 GWB). 5

Der Wortlaut von § 2 wurde iRd Gesetzes zur beschleunigten Beschaffung im Bereich der Verteidigung und Sicherheit und zur Optimierung der Vergabestatistik vom 25.3.2020 nicht an die Einführung der Berichtsstellen angepasst.⁴ Auftraggeber gem. § 98 GWB sind somit gem. Abs. 1 zur Meldung der Daten verpflichtet, die Übermittlung wird jedoch entgegen dem Wortlaut von den von den Auftraggebern benannten Berichtsstellen vorgenommen (→ § 1 Rn. 5 ff.). 6

3. Zeitpunkt und Umfang der Datenübermittlung

Die **Übermittlungspflicht** gem. Abs. 1 gilt sowohl bei der Vergabe eines öffentlichen Auftrags iSd § 103 Abs. 1 GWB (→ GWB § 103 Rn. 6 ff.) als auch bei der Vergabe einer Konzession gem. § 105 GWB (→ GWB § 105 Rn. 4 ff.). Meldepflichtig sind mithin Daten zu allen dem formellen EU-Vergaberecht unterfallenden Verfahren.⁵ 7

Abs. 1 bestimmt, dass die Meldepflicht „nach der Vergabe" beginnt. Diese Regelung wird durch die Fristenregelung des § 1 Abs. 2 konkretisiert, wonach die **Übermittlung der Daten innerhalb von 60 Tagen nach Zuschlagserteilung** erfolgen muss (→ § 1 Rn. 8 f.). 8

Bzgl. der konkret zu übermittelnden Daten, also den **Umfang der Übermittlungspflicht**, trifft Abs. 1 keine eigene Regelung, sondern verweist auf § 3 Abs. 1 (→ § 3 Rn. 12 ff.).⁶ 9

III. Datenübermittlung bei Unterschwellenvergaben (Abs. 2)

1. Anwendungsbereich

Abs. 2 regelt die **Übermittlungspflichten bei Unterschreiten der Schwellenwerte** gem. § 106 GWB (→ GWB § 106 Rn. 10 ff.). Der Anwendungsbereich des Abs. 2 ist eröffnet, wenn kumulativ die Voraussetzungen der Nrn. 1–4 vorliegen. 10

---

³ So Beck VergabeR/Schlange-Schöningen VergStatVO § 2 Rn. 4.
⁴ BGBl. I 2020 S. 674; s. zur Geschichte der VergStatVO → Einl. Rn. 1 ff.
⁵ Beck VergabeR/Schlange-Schöningen VergStatVO § 2 Rn. 4.
⁶ Beck VergabeR/Schlange-Schöningen VergStatVO § 2 Rn. 5.

11 **a) Nr. 1: Auftragswert über 25.000 Euro.** Nach Abs. 2 Nr. 1 gilt die Datenübermittlungspflicht erst ab einem Nettoauftragswert von 25.000 Euro.[7] Unterhalb dieser **Bagatellgrenze** sind freiwillige Meldungen an die Vergabestatistik ab einem Auftragswert von 1.001 Euro möglich.[8] Dies entspricht der „alten" Grenze für die Pflicht zur Abfrage des Gewerbezentralregisters. Ein Abruf des Wettbewerbsregisters ist dagegen nach derzeitiger Rechtslage erst ab einem Auftragswert von 30.000 Euro netto verpflichtend, § 6 Abs. 1 S. 1 WRegG. Die festgelegte Bagatellgrenze bewegt sich damit also noch unter diesem Wert, so dass Auftraggeber unterschiedliche Grenzen beachten müssen.

12 **b) Nr. 2: Unterschreiten der Schwellenwerte gem. § 106 GWB.** Gem. Abs. 2 Nr. 2 ist Abs. 2 nur bei Unterschwellenvergaben anwendbar. Erreicht oder überschreitet der tatsächliche Auftragswert den Schwellenwert nach § 106 GWB, so hat die Meldung unabhängig von der gewählten Verfahrensart nach Abs. 1 zu erfolgen (→ Rn. 3 ff.).[9]

13 **c) Nr. 3: Vergabe unterliegt vergabe- oder haushaltsrechtlichen Verfahrensregeln.** Abs. 2 Nr. 3 schränkt die Übermittlungspflichten für Aufträge im Unterschwellenbereich ein: **Meldepflichtig sind nur Beschaffungsvorgänge, für die vergabe- oder haushaltsrechtliche Verfahrensregeln gelten.** Daten müssen also nur übertragen werden, wenn das maßgebliche Haushaltsrecht bzw. die Vergabegesetze der Länder die Anwendung bspw. der UVgO oder der VOB/A 1. Abschn. anordnen. Unterliegt eine Vergabe keinem konkreten Verfahrensrecht, so muss sie auch nicht an die Vergabestatistik gemeldet werden.[10] In den meisten Fällen unterliegen allerdings auch Unterschwellenvergaben landes- oder bundesrechtlichen Verfahrensregeln, sodass die Einschränkung des Abs. 2 Nr. 3 nur selten greift. Dies kann bspw. der Fall sein, wenn die Anwendung verfahrensrechtlicher Regelungen nur empfohlen wird.[11]

14 **d) Nr. 4: im Übrigen Anwendbarkeit des Teils 4 des GWB.** Abs. 2 Nr. 4 (§ 2 Abs. 2 Nr. 3 aF) dient der Umsetzung der Vorgaben des Art. 85 Abs. 2 RL 2014/24/EU.[12] Dieser verpflichtet die Mitgliedstaaten, im Rhythmus von drei Jahren einen statistischen Bericht über öffentliche Aufträge, für die die RL nur aufgrund der Unterschreitung der Schwellenwerte nicht gilt, an die Kommission zu übermitteln. Um dieser Pflicht nachzukommen, sollen deshalb (nur) solche Vergaben zwingend an die Vergabestatistik gemeldet werden.

15 Da die Übermittlungspflicht nach Abs. 2 nur gilt, wenn es sich um einen durch einen öffentlichen Auftraggeber (→ Rn. 16) vergebenen öffentlichen Auftrag (→ Rn. 18) handelt und die Überschreitung der Schwellenwerte keine Voraussetzung ist, wäre Teil 4 des GWB nur dann nicht anwendbar, wenn eine Ausnahmeregelung einschlägig wäre. Ist dies der Fall, so ist jedoch von vornherein § 114 Abs. 2 GWB und die auf ihn gestützte VergStatVO nicht anwendbar.[13] Die Regelung hat

---

[7] Zur richtigen Bestimmung des Auftragswerts → Rn. 2.
[8] Kremer/Beyer WISTA 2/2023, 60 (63).
[9] Statistisches Bundesamt, Newsletter Vergabestatistik 03/2021.
[10] BT-Drs. 19/15603, 63.
[11] So wird in Bayern kommunalen Auftraggebern die Anwendung der UVgO nur empfohlen; vgl. die Bekanntmachung des Bayerischen Staatsministeriums des Innern und für Integration über die Vergabe von Aufträgen im kommunalen Bereich vom 31. Juli 2018 (AllMBl. S. 547), die zuletzt durch Bekanntmachung vom 6. September 2022 (BayMBl. Nr. 523) geändert worden ist. Die Vorgabe ist aber unklar, da eine insoweit unklare Meldepflicht bei der Inanspruchnahme der Wertgrenzen postuliert wird, vgl. Ziff. 1.4.3 S. 2 der Bekanntmachung.
[12] BR-Drs. 87/16, 300.
[13] Ausf. hierzu → Rn. 4.

2. Adressaten des Abs. 2

Nach Abs. 2 sind nur öffentliche Auftraggeber iSd § 99 GWB zur Datenübermittlungspflichtet. Der **Kreis der übermittlungspflichtigen Auftraggeber** ist mithin enger als im Oberschwellenbereich, da Sektorenauftraggeber und Konzessionsgeber nicht erfasst werden.[14] Vergibt allerdings ein Sektorenauftraggeber einen Auftrag, der nicht im Bereich der Sektorentätigkeit erfolgt, so ist dieser meldepflichtig, da der Auftraggeber dann als öffentlicher Auftraggeber iSv § 99 GWB handelt.[15] 16

Auch iRv Abs. 2 ist die Übermittlung der Daten entgegen dem Wortlaut von der vom öffentlichen Auftraggeber bestimmten Berichtsstelle vorzunehmen (näher hierzu → Rn. 6). 17

3. Zeitpunkt und Umfang der Datenübermittlung

Auch die Übermittlungspflicht gem. Abs. 2 gilt nur bei der Vergabe eines öffentlichen Auftrags iSd § 103 Abs. 1 GWB (→ GWB § 103 Rn. 6 ff.). Erfasst sind damit **auch Vergaben von freiberuflichen Leistungen** gem. § 50 UVgO.[16] Eine freiwillige Meldung von Vergabedaten im Unterschwellenbereich durch Sektorenauftraggeber und Konzessionsgeber bleibt hiervon unberührt: Grds. kann jede Vergabe ab einem Wert von 1.001 Euro freiwillig an die Vergabestatistik gemeldet werden.[17] 18

Abs. 2 bestimmt, dass die Meldepflicht „nach der Vergabe" beginnt. Diese Regelung wird durch die Fristenregelung des § 1 Abs. 2 konkretisiert, wonach die Übermittlung der Daten innerhalb von 60 Tagen nach Zuschlagserteilung erfolgen muss (siehe zu dieser Grenze auch → § 1 Rn. 8 f.). 19

Bezüglich der konkret zu übermittelnden Daten trifft Abs. 2 keine eigene Regelung, sondern verweist auf § 3 Abs. 2 und 3 (→ § 3 Rn. 71 ff.).[18] 20

IV. Ausnahme für Vergaben von Auslandsdienststellen (Abs. 3)

Nach Abs. 3 sind Auslandsdienststellen, also bspw. Auslandsvertretungen der Bundesrepublik Deutschland im Zuständigkeitsbereich des Auswärtigen Amtes oder außerhalb Deutschlands stationierte Einheiten der Bundeswehr (zum Begriff auch → UVgO § 53 Rn. 2), aus Praktikabilitätsgründen nicht von den Übermittlungspflichten erfasst.[19] Dies entspricht der Logik von § 24 VOB/A, der für nationale 21

---

[14] BR-Drs. 87/16, 300.
[15] Statistisches Bundesamt, 3.2.2023, https://erhebungsportal.estatistik.de/Erhebungsportal/#RKCX2ZJaDdovbUXb/unterstuetzte-statistiken/oeffentliche-finanzen-oeffentlicher-dienststeuern/oeffentliche-finanzen/vergabe-oeffentliche-auftraege-und-konzessionen/rechtsgrundlagen-und-auskunftspflicht, abgerufen am 22.6.2023.
[16] Statistisches Bundesamt, 3.2.2023, https://erhebungsportal.estatistik.de/Erhebungsportal/#RKCX2ZJaDdovbUXb/unterstuetzte-statistiken/oeffentliche-finanzen-oeffentlicher-dienststeuern/oeffentliche-finanzen/vergabe-oeffentliche-auftraege-und-konzessionen/rechtsgrundlagen-und-auskunftspflicht, abgerufen am 22.6.2023.
[17] Statistisches Bundesamt, 3.2.2023, https://erhebungsportal.estatistik.de/Erhebungsportal/#RKCX2ZJaDdovbUXb/unterstuetzte-statistiken/oeffentliche-finanzen-oeffentlicher-dienststeuern/oeffentliche-finanzen/vergabe-oeffentliche-auftraege-und-konzessionen/rechtsgrundlagen-und-auskunftspflicht, abgerufen am 22.6.2023; siehe zur freiwilligen Datenmeldung auch → § 3 Rn. 71.
[18] Beck VergabeR/Schlange-Schöningen VergStatVO § 2 Rn. 5.
[19] BR-Drs. 87/16, 300.

Bauvergaben bereits eine weitreichende Reduzierung des Verfahrensaufwands ermöglicht.

§ 3 Zu übermittelnde Daten

(1) **In den Fällen des § 2 Absatz 1 umfasst die Pflicht zur Übermittlung die folgenden Daten:**
1. bei der Vergabe öffentlicher Aufträge durch öffentliche Auftraggeber umfasst die Pflicht zur Übermittlung die Daten gemäß Anlage 1,
2. bei der Vergabe öffentlicher Aufträge über soziale und andere besondere Dienstleistungen nach § 130 des Gesetzes gegen Wettbewerbsbeschränkungen durch öffentliche Auftraggeber umfasst die Pflicht zur Übermittlung die Daten gemäß Anlage 2,
3. bei der Vergabe öffentlicher Aufträge durch Sektorenauftraggeber nach § 100 des Gesetzes gegen Wettbewerbsbeschränkungen zum Zweck der Ausübung einer Sektorentätigkeit nach § 102 des Gesetzes gegen Wettbewerbsbeschränkungen umfasst die Pflicht zur Übermittlung die Daten gemäß Anlage 3,
4. bei der Vergabe öffentlicher Aufträge über soziale und andere besondere Dienstleistungen nach § 142 in Verbindung mit § 130 des Gesetzes gegen Wettbewerbsbeschränkungen durch Sektorenauftraggeber zum Zweck der Ausübung einer Sektorentätigkeit umfasst die Pflicht zur Übermittlung die Daten gemäß Anlage 4,
5. bei der Vergabe von Konzessionen durch Konzessionsgeber nach § 101 des Gesetzes gegen Wettbewerbsbeschränkungen umfasst die Pflicht zur Übermittlung die Daten gemäß Anlage 5,
6. bei der Vergabe von Konzessionen über soziale und andere besondere Dienstleistungen nach § 153 des Gesetzes gegen Wettbewerbsbeschränkungen durch Konzessionsgeber umfasst die Pflicht zur Übermittlung die Daten gemäß Anlage 6 und
7. bei der Vergabe verteidigungs- oder sicherheitsspezifischer öffentlicher Aufträge nach § 104 des Gesetzes gegen Wettbewerbsbeschränkungen durch öffentliche Auftraggeber und Sektorenauftraggeber umfasst die Pflicht zur Übermittlung die Daten gemäß Anlage 7.

(2) In den Fällen des § 2 Absatz 2 umfasst die Pflicht zur Übermittlung die Daten gemäß Anlage 8.

(3) Sofern Auftraggeber freiwillig Daten gemäß den Anlagen 1 bis 8 zu den Absätzen 1 und 2 zur statistischen Auswertung übermitteln, sind § 1 Absatz 2 und 3 und § 4 auch für diese Daten anzuwenden.

Literatur: Riege-Wcislo/Werle, Die neuen Pflichten nach der Vergabestatistikverordnung – Registrierung als Berichtsstelle in der Praxis und Meldewege zur Vergabestatistik, 4.11.2020; Statistisches Bundesamt, Hinweise zu Korrekturmeldungen, Falschmeldungen, Übersicht über Ihre Meldungen – Wie kann eine fehlerhafte Meldung korrigiert oder gelöscht werden? Wo finde ich eine Übersicht, was gemeldet wurde?, 2.8.2022, https://erhebungsportal.estatistik.de/Erhebungsportal/#BJi0RzV4OgxKRmNb/unterstuetzte-statistiken/oeffentliche-finanzen-oeffentlicher-dienst-steuern/oeffentliche-finanzen/vergabe-oeffentlicher-auftraege-und-konzessionen/hinweise-zu-korrekturmeldungen-falschmeldungen-uebersicht-ueber-ihre-meldungen, abgerufen am 4.7.2023; Statistisches Bundesamt, Hinweise zur Datenmeldung, 1.2.2023, https://erhebungsportal.estatistik.de/Erhebungsportal/#dNAI0tM0psmgaoON/unterstuetzte-statistiken/oeffentliche-finanzen-oeffentlicher-dienst-steuern/oeffentliche-finanzen/vergabe-oeffentlicher-auftraege-und-konzessionen/hinweise-zur-datenmeldung, abgerufen am 29.6.2023; Witte, Vergabestatistik auf Knopfdruck? Zwischen Anspruch

Zu übermittelnde Daten **§ 3 VergStatVO**

und Wirklichkeit, 1.12.2021, https://blog.cosinex.de/2021/12/01/vergabestatistik-anspruch-und-wirklichkeit/, abgerufen am 19.6.2023. Vgl. iÜ die Angaben bei Einl. VergStatVO.

Übersicht

	Rn.
I. Bedeutung der Vorschrift	1
1. Inhalt und Systematik	1
2. Abweichende Zuordnung zum Ober- bzw. Unterschwellenbereich	6
II. Merkmale zur technischen Umsetzung der Datenübermittlung (Abschn. 2 der Anlagen 1–8)	9
III. Zu übermittelnde Daten bei Oberschwellenvergaben (Abs. 1 iVm Anlagen 1–7 Abschn. 1)	12
1. Gemeinsamkeiten	13
a) Angaben zum Auftraggeber	13
aa) Name des Auftraggebers	15
bb) Leitweg-ID	17
cc) Art des Auftraggebers	19
dd) Postleitzahl des Auftraggebers	22
ee) Zentrale Beschaffungsstelle	23
b) Angaben zum Auftragsgegenstand	24
aa) Bekanntmachungsnummer im Amtsblatt der EU	25
bb) Auftragsnummer	26
cc) Common Procurement Vocabulary-Code (CPV-Code)	27
dd) Auftragswert	28
ee) Aufteilung des Auftrags in Lose	32
c) Angaben zum Verfahren: Nachhaltigkeitskriterien (in Verbindung mit Anlage 9)	36
d) Angaben zur Auftragsvergabe	39
aa) Datum des Vertragsabschlusses	40
bb) Gesamtzahl eingegangener Angebote	41
cc) Anzahl Angebote von KMU	42
dd) Anzahl Angebote aus anderen EU-Mitgliedstaaten	45
ee) Anzahl elektronisch übermittelter Angebote	46
ff) Auftragnehmer ist ein KMU	47
gg) Herkunftsland Auftragnehmer	48
e) Bemerkungsfeld	49
2. Besondere Meldepflichten abhängig von der Verfahrensart	51
a) Meldung nach Anlage 1 und 3 (öffentlicher Auftrag)	51
aa) Art des Auftrags	52
bb) Zuschlagskriterium	53
cc) Verfahrensart	55
dd) Rahmenvereinbarung	56
ee) Dynamisches Beschaffungssystem, Elektronische Auktion	57
b) Meldung nach Anlage 2 und 4 (öffentlicher Auftrag über eine soziale oder andere besondere Dienstleistung)	58
aa) Art des Auftrags	59
bb) Zuschlagskriterium	60
cc) Verfahrensart	61
dd) Rahmenvereinbarung	62
c) Meldung nach Anlage 5 und 6 (Konzessionen)	63
aa) Art des Auftrags	64
bb) Verfahrensart	65

Meeßen

	Rn.
d) Meldung nach Anlage 7 (Verteidigung und Sicherheit)	66
aa) Art des Auftrags	67
bb) Zuschlagskriterium	68
cc) Verfahrensart	69
dd) Rahmenvereinbarung	70
IV. Zu übermittelnde Daten bei Unterschwellenvergaben (Abs. 2)	71
1. Angaben zum Auftraggeber	72
2. Angaben zum Auftragsgegenstand	73
3. Angaben zum Verfahren	77
4. Angaben zur Auftragsvergabe	80
5. Bemerkungsfeld	82
V. Anwendbarkeit der § 1 Abs. 2 und 3 sowie § 4 bei freiwilliger Datenmeldung	86

I. Bedeutung der Vorschrift

1. Inhalt und Systematik

1 § 3 regelt iVm den Anlagen 1–8 der VergStatVO, welche Daten an das Statistische Bundesamt zu übermitteln sind. **Differenziert wird dabei zunächst nach dem Auftragswert**: bei Vergaben mit einem **bezuschlagten Auftragswert** *oberhalb der Schwellenwerte* müssen gem. § 2 Abs. 1 Daten nach Abs. 1 iVm den Anlagen 1–7 übermittelt werden (→ Rn. 12 ff.), bei Vergaben mit einem bezuschlagten Auftragswert *unterhalb der Schwellenwerte* richtet sich der Umfang der zu übermittelnden Daten gem. § 2 Abs. 2 nach Abs. 2 iVm Anlage 8 (→ Rn. 71 ff.). Bei Auftragswerten *oberhalb der Schwellenwerte* wird dann weiter nach Art des Auftraggebers und Art der vergebenen Leistung differenziert.

2 Abs. 1 unterscheidet dabei zwischen sieben verschiedenen Kombinationen von Auftraggebern und Auftragsgegenständen, denen nach den Nummern 1–7 jew. eine der Anlagen 1–7 zugeordnet wird:

Nr. 1 erfasst die Vergabe **öffentlicher Aufträge** (§ 103 GWB) durch **öffentliche Auftraggeber** (§ 99 GWB) und ordnet die Datenmeldung gem. **Anlage 1** an.

Nr. 2 erfasst die Vergabe **öffentlicher Aufträge über soziale und andere besondere Dienstleistungen** (§ 130 GWB) durch öffentliche Auftraggeber (§ 99 GWB) und ordnet die Datenmeldung gem. **Anlage 2** an.

Nr. 3 erfasst die Vergabe **öffentlicher Aufträge** (§ 103 GWB) durch **Sektorenauftraggeber** (§ 100 GWB) im Rahmen ihrer **Sektorentätigkeit** (§ 102 GWB) und ordnet die Datenmeldung gem. **Anlage 3** an.

Nr. 4 erfasst die Vergabe **öffentlicher Aufträge über soziale und andere besondere Dienstleistungen** (§ 142 GWB iVm § 130 GWB) durch **Sektorenauftraggeber** (§ 100 GWB) im Rahmen ihrer **Sektorentätigkeit** (§ 102 GWB) und ordnet die Datenmeldung gem. **Anlage 4** an.

Nr. 5 erfasst die Vergabe von **Konzessionen** (§ 105 GWB) durch **Konzessionsgeber** (§ 101 GWB) und ordnet die Datenmeldung gem. **Anlage 5** an.

Nr. 6 erfasst die Vergabe von **Konzessionen über soziale und andere besondere Dienstleistungen** (§ 153 GWB) durch **Konzessionsgeber** (§ 101 GWB) und ordnet die Datenmeldung gem. **Anlage 6** an.

Nr. 7 erfasst die Vergabe **verteidigungs- und sicherheitsspezifischer öffentlicher Aufträge** (§ 104 GWB) durch **öffentliche Auftraggeber** (§ 99 GWB) **oder Sektorenauftraggeber** (§ 100 GWB) und ordnet die Datenmeldung gem. **Anlage 7** an.

3 Die Anlagen stimmen dabei inhaltlich weitestgehend überein, sodass für diese Kommentierung zunächst die sich entspr. Angaben gemeinsam für alle Anlagen erläutert werden (→ Rn. 13 ff.), bevor im zweiten Teil die Unterschiede hervorgehoben und erklärt werden (→ Rn. 51 ff.).

Alle Anlagen sind untergliedert in einen Abschn. 1 und einen Abschn. 2. Die gem. Abschn. 1 der Anlagen zu meldenden Merkmale sind die Mikrodaten, die vom Statistischen Bundesamt aufbereitet werden und die letztendlich in die Vergabestatistik einfließen. Die gem. Abschn. 2 der Anlagen abgefragten Daten dienen lediglich der technischen Umsetzung der Datenübermittlung. Diese Daten (mit Ausnahme der Auftraggebereigenschaft) fließen nicht in die Vergabestatistik ein.[1] Zu Abschn. 2 der Anlagen 1–8 → Rn. 9 ff.

Neben der Aufteilung der Anlagen in zwei Abschnitte werden die Anlagen 1–8 in Merkmalsgruppen und diese wiederum in einzelne Merkmale untergliedert. An dieser Aufteilung orientiert sich – mit einigen Abweichungen – auch das IDEV-Formular des statistischen Bundesamtes[2] sowie die vorliegende Kommentierung.

2. Abweichende Zuordnung zum Ober- bzw. Unterschwellenbereich

Im Rahmen der VergStatVO erfolgt die Zuordnung zum „Ober- bzw. Unterschwellenbereich" *nicht* aufgrund der vom Auftraggeber gem. § 106 Abs. 1 GWB iVm § 3 VgV, § 2 SektVO, § 2 KonzVgV oder § 3 VSVgV durchgeführten Schätzung des Auftragswertes. Entscheidend ist die **Betrachtung ex-post**: liegt der **tatsächliche Nettoauftragswert inkl. aller Optionen und Verlängerungen** (unabhängig davon, ob diese tatsächlich abgerufen werden), wie er sich aus dem bezuschlagten Angebot ergibt, oberhalb der Schwellenwerte gem. § 106 Abs. 2 GWB, so hat die Meldung nach Abs. 1 zu erfolgen.[3]

Dies gilt grds. auch dann, wenn tatsächlich kein europaweites Vergabeverfahren nach dem Teil 4 des GWB durchgeführt wurde, weil der zu Beginn des Vergabeverfahrens vom Auftraggeber geschätzte Auftragswert unterhalb der Schwellenwerte lag. Hier ist allerdings zu beachten, dass die Anlagen 1–7 keine Möglichkeit vorsehen, andere als die GWB-Verfahrensarten anzugeben. Aus diesem Grund muss die Meldung des Verfahrens ausnahmsweise nach Anlage 8 erfolgen. Hierbei ist jedoch zu beachten, dass auch alle **freiwilligen Angaben verpflichtend** auszufüllen sind, da es sich um eine Oberschwellenvergabe iSd VergStatVO handelt und deshalb die Übermittlungspflicht nach § 2 Abs. 1 greift. Um dem Statistischen Bundesamt die richtige Einordnung des Verfahrens zu ermöglichen, ist eine entspr. Information im Bemerkungsfeld zu hinterlegen (ausf. zum korrekten Ausfüllen des Bemerkungsfeldes → Rn. 49 f.; → Rn. 82 ff.).[4]

Liegt der **tatsächliche Auftragswert unterhalb der Schwellenwerte**, so erfolgt die Datenmeldung nach Abs. 2 iVm Anlage 8. Dies gilt auch dann, wenn eine Verfahrensart im Oberschwellenbereich durchgeführt wurde. Als Vergabeverfahrenstyp ist dann „Sonstiges" zu wählen, im Bemerkungsfeld die Anmerkung „Unterschwelliger Auftragswert, aber vorsorglich Wahl der EU-Verfahrensart XY (Oberschwellenbereich)" oder eine ähnliche Bemerkung unter Angabe der Begründung für die Verfahrenswahl zu hinterlegen.[5] Typischer Fall ist bspw. auch die Wahl eines europaweiten Verfahrens, weil die geschätzten Auftragswerte gem. § 3 Abs. 7 oder Abs. 8 VgV als gleichartige Leistungen zusammenzurechnen sind.

---

[1] BT-Drs. 19/15603, 65.
[2] Abrufbar unter www.i-dev.destatis.de.
[3] Statistisches Bundesamt, Newsletter Vergabestatistik 03/2021.
[4] Statistisches Bundesamt, Newsletter Vergabestatistik 03/2021; Statistisches Bundesamt, Datenmeldung in der Vergabestatistik – Informationsblatt, Stand: 27.4.2023.
[5] Statistisches Bundesamt, Datenmeldung in der Vergabestatistik – Informationsblatt, Stand: 27.4.2023.

II. Merkmale zur technischen Umsetzung der Datenübermittlung (Abschn. 2 der Anlagen 1–8)

9 Die Anlagen 1–8 der VergStatVO sind in zwei Abschnitte untergliedert, wobei die Abschnitte 2 bei allen Anlagen identisch sind. Die dort zu meldenden Daten dienen der **technischen Umsetzung der Datenübermittlung** und werden (größtenteils) nicht statistisch ausgewertet.[6] Da die nach Abschn. 2 zu meldenden Daten teilw. schon bei der Registrierung der Berichtsstelle, teilw. zu Beginn der Datenmeldung angegeben werden müssen, wird ihre Kommentierung auch hier vorangestellt.

10 Um sich beim Statistischen Bundesamt als Berichtsstelle zu registrieren, müssen zunächst sämtliche der Anlagen 1–8 geforderten Daten zur Berichtsstelle hinterlegt werden. Hierzu zählen der Name und die Adresse der Organisation, die als Berichtsstelle registriert werden soll. Diese Angaben sind **verpflichtend** und ermöglichen dem Statistischen Bundesamt die postalische Zusendung der Berichtseinheit-ID, der Kennung und des Passworts, die zur Anmeldung und zur Meldung von Daten benötigt werden.[7] **Freiwillig** kann darüber hinaus ein Postfach der Berichtsstelle sowie Vor- und Nachname, Telefonnummer und E-Mail-Adresse einer Kontaktperson hinterlegt werden, um eventuelle Rückfragen des Statistischen Bundesamtes zu den Datenmeldungen zu erleichtern.[8] Die bei der Registrierung angegebenen Daten sind bei der Datenmeldung via IDEV-Formular automatisch hinterlegt und können zu Beginn der Meldung überprüft und bei Bedarf korrigiert werden.[9] Handelt es sich um eine Meldung über ein Vergabeportal, so werden diese Daten über die Schnittstelle hinterlegt und idR ebenfalls nochmals zu Bestätigung angezeigt.

11 Nach Bestätigung der Kontaktdaten **muss verpflichtend** angegeben werden, um welche Kombination von Auftraggeber und Auftraggegenstand es sich handelt (→ Rn. 2). Diese Angabe entscheidet darüber, welche Anlage einschlägig ist und damit welche Daten im Verlauf des IDEV-Formulars bzw. des eingebetteten Formulars des Vergabeportals erhoben werden. Handelt es sich (gem. Zuordnung nach Abs. 1) um eine Unterschwellenvergabe, so ist dies anzugeben, die Datenmeldung erfolgt dann nach Anlage 8.[10] Des Weiteren **muss** angegeben werden, ob es sich um eine **Korrekturmeldung** handelt. Diese Angabe erleichtert die korrekte Zuordnung einer Korrekturmeldung zu einer Erstmeldung und trägt dazu bei, Rückfragen und Doppelmeldungen zu vermeiden.[11]

III. Zu übermittelnde Daten bei Oberschwellenvergaben (Abs. 1 iVm Anlagen 1–7 Abschn. 1)

12 In den meisten Punkten stimmen die Anlagen 1–7 überein. Soweit dies der Fall ist, werden die zu meldenden Daten und evtl. zu beachtenden Besonderheiten unter Ziffer III.1. (in der Reihenfolge, in der sie in den Anlagen aufgeführt sind) gesammelt dargestellt. Die Unterschiede zwischen den einzelnen Anlagen werden unter Ziffer III.2. dargestellt.

---

[6] BT-Drs. 19/15603, 65.
[7] Riege-Wcislo/Werle, Die neuen Pflichten nach der Vergabestatistikverordnung, 4.11.2020.
[8] Ausf. → § 1 Rn. 5 ff.
[9] Riege-Wcislo/Werle, Die neuen Pflichten nach der Vergabestatistikverordnung, 4.11.2020.
[10] Beachte hierzu den Sonderfall „Option 5" → Rn. 50.
[11] Ausf. zur Korrektur fehlerhafter Meldungen Statistisches Bundesamt, 2.8.2022, https://erhebungsportal.estatistik.de/Erhebungsportal/#BJi0RzV4OgxKRmNb/unterstuetzte-statistiken/oeffentliche-finanzen-oeffentlicher-dienst-steuern/oeffentliche-finanzen/vergabe-oeffentlicher-auftraege-und-konzessionen/hinweise-zu-korrekturmeldungen-falschmeldungen-uebersicht-ueber-ihre-meldungen, abgerufen am 4.7.2023.

Zu übermittelnde Daten **§ 3 VergStatVO**

1. Gemeinsamkeiten

a) Angaben zum Auftraggeber. Zunächst verlangen die Anlagen 1–8 Angaben zum Auftraggeber. Besonderheiten ergeben sich innerhalb dieser Merkmalsgruppe bei Vergabeverfahren, die von **mehreren Auftraggebern gem. § 4 VgV bzw. § 2 EU Abs. 4 VOB/A** gemeinschaftlich durchgeführt werden. Die Vergabestatistik kann jew. nur die Daten eines einzigen Auftraggebers erfassen. Wird ein Vergabeverfahren von mehreren Auftraggebern gemeinsam durchgeführt, sind deshalb nur die Daten desjenigen Auftraggebers in der Datenmeldung anzugeben, der die **größten Anteile an der beschafften Leistung hält**.[12] Idealerweise bestimmt dieser in diesem Fall auch die meldende Berichtsstelle. Bei solchen gemeinsamen Beschaffungen ist besonders darauf zu achten, dass die Meldung nur von einer Berichtsstelle durchgeführt wird, um Doppelmeldungen zu vermeiden.[13] 13

Im IDEV-Formular des Statistischen Bundesamtes werden – anders als in den Anlagen 1–8 – auch die Merkmale „Bekanntmachungsnummer im Amtsblatt der EU" sowie „Auftragsnummer" bei den Angaben zum Auftraggeber aufgeführt. 14

aa) Name des Auftraggebers. Der für die Vergabestatistik zu meldende **Auftraggeber** ist die Institution, die die **Leistung benötigt, erhält und bezahlt**. Dies gilt auch dann, wenn die Durchführung des Vergabeverfahrens an eine andere Stelle übertragen wird.[14] 15

Bei der Meldung des Namens des Auftraggebers ist darauf zu achten, dass alle Berichtsstellen, die für den jew. Auftraggeber Meldungen an die Vergabestatistik durchführen, eine **einheitliche Schreibweise** des Namens des Auftraggebers verwenden. Nur so kann eine korrekte, auftraggeberspezifische Auswertung ermöglicht werden.[15] Ausführliche Hinweise zur richtigen Bezeichnung der Auftraggeber finden sich in der Info-Box im IDEV-Formular.[16] 16

bb) Leitweg-ID. Die Leitweg-ID ist eine eindeutige Zeichenkette zur Identifizierung öffentlicher Auftraggeber als Rechnungsempfänger. Sie besteht aus bis zu 44 Ziffern in drei Blöcken.[17] Die Angabe der Leitweg-ID ist (nur) **für Auftraggeber auf Bundesebene verpflichtend**.[18] Die Leitweg-ID stimmt nicht mit der Berichtseinheits-ID überein, die jede Berichtsstelle zur eindeutigen Identifizierbarkeit bei der Registrierung erhält. 17

Bei der Datenmeldung an die Vergabestatistik kann die Leitweg-ID nur bis zu einer Länge von 22 Ziffern angegeben werden. Sollte die Leitweg-ID eines Auftraggebers länger sein, so ist nur der erste Block der Leitweg-ID zu melden. Erfolgt die Datenmeldung über .CORE-Schnittstelle, so erfolgt die Kürzung automatisch. Die auftretende Fehlermeldung kann ignoriert werden.[19] 18

---

[12] Statistisches Bundesamt, Infobox IDEV-Formular, www-idev.destatis.de, abgerufen am 29.6.2023.
[13] Riege-Wcislo/Werle, Die neuen Pflichten nach der Vergabestatistikverordnung, 4.11.2020.
[14] Statistisches Bundesamt, Newsletter Vergabestatistik 01/2021.
[15] Statistisches Bundesamt, Newsletter Vergabestatistik 02/2021.
[16] Abrufbar unter www-idev.destatis.de, abgerufen am 29.6.2023.
[17] BMI/BMF, FAQ zum Thema Leitweg-ID, https://www.e-rechnung-bund.de/faq/leitweg-id/, abgerufen am 29.6.2023.
[18] Hinweis: Im IDEV-Formular wird die Angabe der Leitweg-ID als „freiwillige Angabe" bezeichnet. Dies trifft jedoch nur auf Auftraggeber auf Landes- oder Kommunalebene zu.
[19] Statistisches Bundesamt, 1.2.2023, https://erhebungsportal.estatistik.de/Erhebungsportal/#dNAI0tM0psmgaoON/unterstuetzte-statistiken/oeffentliche-finanzen-oeffentlicher-dienststeuern/oeffentliche-finanzen/vergabe-oeffentlicher-auftraege-und-konzessionen/hinweise-zur-datenmeldung, abgerufen am 29.6.2023.

VergStatVO § 3

19 **cc) Art des Auftraggebers.** Um eine detaillierte Datengrundlage und damit ein möglichst genaues Bild über die Beschaffungsaktivitäten in Deutschland zu erhalten, ist eine exakte Zuordnung des Auftraggebers vorzunehmen.[20] Die Auswahlmöglichkeiten sind dabei durch die Anlagen zur VergStatVO vorgegeben. Differenziert wird dabei zunächst zwischen Auftraggebern auf Bundes-, Landes- oder Kommunalebene oder sonstigen Auftraggebern. „Sonstiger Auftraggeber" ist dabei lediglich eine Auffangkategorie. Lässt sich ein Auftraggeber einer staatlichen Ebene zuordnen, ist dies immer vorrangig.[21]

20 Innerhalb der einzelnen staatlichen Ebenen erfolgt eine weitere Differenzierung: unterschieden wird auf jeder Ebene zwischen Körperschaften des öffentlichen Rechts, Anstalten des öffentlichen Rechts und Stiftungen des öffentlichen Rechts. Auf Bundes- beziehungsweise Landesebene wird differenziert zwischen Obersten Bundes-/Landesbehörden und oberen, mittleren und unteren Bundes-/Landesbehörden; auf Kommunalebene kann mangels mehrstufigen Verwaltungsaufbaus Kommunalbehörde ausgewählt werden. Sollte keine dieser Kategorien zutreffen, so besteht auch hier jew. die Möglichkeit, „Sonstiger Auftraggeber" auf der entspr. Ebene anzugeben.[22]

21 Wird ein Auftraggeber von mehr als einer staatlichen Ebene beherrscht, so erfolgt die Zuordnung zu derjenigen Ebene, die aufgrund der mehrheitlichen Eigentums- oder Gesellschaftsanteile, finanziellen Beteiligungen oder sonstiger Bestimmungen dominant ist.[23]

22 **dd) Postleitzahl des Auftraggebers.** Die Angabe der Postleitzahl des Auftraggebers dient der räumlichen Zuordnung. Hierdurch werden regional- oder landesspezifische statistische Auswertungen ermöglicht (bspw. durch die statistischen Landesämter gem. § 4 Abs. 5 (→ § 4 Rn. 12)). Auch hier ist bei gemeinsamen Beschaffungen auf den „führenden" Auftraggeber abzustellen.

23 **ee) Zentrale Beschaffungsstelle.** Weiterhin ist anzugeben, ob die Vergabe durch eine Zentrale Beschaffungsstelle, wie bspw. dem Beschaffungsamt des BMI (BeschA) oder der Generalzolldirektion (GZD), durchgeführt wurde. Gemeint ist die Vergabe durch eine zentrale Beschaffungsstelle gem. § 4 Abs. 3 VgV, nicht die Vergabe durch eine interne zentrale Organisationseinheit des Auftraggebers, wie zB eine zentrale Vergabestelle.[24]

24 **b) Angaben zum Auftragsgegenstand.** Die Angaben zum Auftragsgegenstand unterscheiden sich teilw. je nach einschlägiger Anlage der VergStatVO. Die Kommentierung zu den Merkmalen „Art des Auftrags" und „Zuschlagskriterium" findet sich daher unter III.2. (→ Rn. 51 ff.).

25 **aa) Bekanntmachungsnummer im Amtsblatt der EU.** Die Angabe der Bekanntmachungsnummer im Amtsblatt der EU dient vor allem der richtigen Zuordnung von Korrekturmeldungen. Grundsätzlich ist die **Bekanntmachungsnummer der Auftragsbekanntmachung** im Amtsblatt der EU zu veröffentlichen. Liegt eine Auftragsbekanntmachung nicht vor – bspw., weil ein Verhandlungsverfahren ohne Teilnahmewettbewerb (→ GWB § 119 Rn. 24) durchgeführt wurde – so muss anstelle der Auftragsbekanntmachungsnummer die **Bekanntmachungsnummer der Bekanntmachung vergebener Aufträge** gemeldet werden. Liegt weder

---

[20] BT-Drs. 19/15603, 65.
[21] Statistisches Bundesamt, Newsletter Vergabestatistik 03/2021.
[22] Für eine ausf. Erläuterung mit Beispielen s. Statistisches Bundesamt, Newsletter Vergabestatistik 03/2021.
[23] Statistisches Bundesamt, Infobox IDEV-Formular, www-idev.destatis.de, abgerufen am 29.6.2023.
[24] Statistisches Bundesamt, IDEV-Formular, www-idev.destatis.de, abgerufen am 30.6.2023.

eine Auftragsbekanntmachung noch eine Bekanntmachung vergebener Aufträge vor, so muss keine Angabe zur Bekanntmachungsnummer im Amtsblatt der EU gemacht werden. Die richtige Zuordnung von Korrekturmeldungen erfolgt dann mit Hilfe der internen Auftragsnummer (→ Rn. 26).[25]

bb) Auftragsnummer. Bei der Auftragsnummer handelt es sich um eine **intern vom Auftraggeber** bzw. der Berichtsstelle vergebene **eindeutige Bezeichnung des spezifischen Vergabeverfahrens**, bspw. eine interne Auftragsnummer oder ein Aktenzeichen. Die Angabe der Auftragsnummer dient – wie auch die Angabe der Bekanntmachungsnummer im Amtsblatt der EU – der richtigen Zuordnung von Korrekturmeldungen.[26] Während das Merkmal in den Anlagen zur VergStatVO als verpflichtende Angabe aufgeführt ist, verlangt das Statistische Bundesamt die Angabe nur, soweit keine Bekanntmachungsnummer im Amtsblatt der EU vorliegt.[27] Existiert beim Auftraggeber/der Berichtsstelle keine eindeutige Auftragsnummer, so muss eine solche von der meldenden Berichtsstelle erstellt werden.[28] Entscheidend ist, dass bei Erst- und Korrekturmeldung die exakt gleiche Auftragsnummer angegeben wird und die Berichtsstelle bei eventuellen Rückfragen die Auftragsnummer zuverlässig einer bestimmten Vergabe zuordnen kann.[29]

26

cc) Common Procurement Vocabulary-Code (CPV-Code). Die europaweit geltenden **CPV-Codes** (gemeinsames Vokabular für öffentliche Aufträge) dienen der unionsweit einheitlichen Beschreibung der ausgeschriebenen Leistung und müssen zur Klassifizierung der Haupt- und Zusatzteile der Leistung bei der Bekanntmachung im Amtsblatt der EU angegeben werden.[30] An die Vergabestatistik können ein bis drei CPV-Codes gemeldet werden, wobei die Angabe mindestens eines Codes verpflichtend ist. CPV-Codes bestehen aus acht Ziffern und einer durch einen Bindestrich getrennten Prüfziffer und sind untergliedert in vier Ebenen (Abteilungen, Gruppen, Klassen und Kategorien), wobei jede Ebene den Auftragsgegenstand weiter präzisiert.[31] Um eine möglichst präzise Erfassung der Vergabedaten zu ermöglichen, sollte gem. Angabe des Statistischen Bundesamts der Auftragsgegenstand mithilfe eines CPV-Codes auf Ebene der Kategorie beschrieben werden (dh, mindestens die ersten fünf der insgesamt acht Ziffern des Codes ohne Prüfziffer sind keine Nullen). Außerdem sollten mehrere, sich ergänzende CPV-Codes angegeben werden. Ist eine Beschreibung auf Ebene der Kategorie nicht möglich, so kann eine höhere Ebene gewählt werden.[32] Um die Suche nach dem passenden CPV-

27

---

[25] Statistisches Bundesamt, Infobox IDEV-Formular, www-idev.destatis.de, abgerufen am 30.6.2023.

[26] Statistisches Bundesamt, Infobox IDEV-Formular, www-idev.destatis.de, abgerufen am 30.6.2023.

[27] Statistisches Bundesamt, IDEV-Formular, www-idev.destatis.de, abgerufen am 30.6.2023.

[28] Ein Vorschlag für die Erstellung eindeutiger Auftragsnummern durch die Berichtsstelle findet sich unter Statistisches Bundesamt, 1.2.2023, https://erhebungsportal.estatistik.de/Erhebungsportal/#dNAI0tM0psmgaoON/unterstuetzte-statistiken/oeffentliche-finanzen-oeffentlicher-dienst-steuern/vergabe-oeffentlicher-auftraege-und-konzessionen/hinweise-zur-datenmeldung, abgerufen am 30.6.2023.

[29] Statistisches Bundesamt, Newsletter Vergabestatistik 02/2021.

[30] Beck VergabeR/Schlange-Schöningen VergStatVO § 3 Rn. 7.

[31] Ausf. zu CPV-Codes Europäische Union, https://simap.ted.europa.eu/de/web/simap/cpv, abgerufen am 30.6.2023.

[32] Statistisches Bundesamt, Infobox IDEV-Formular, www-idev.destatis.de, abgerufen am 30.6.2023; ausf. zur Angabe des CPV-Codes siehe auch Statistisches Bundesamt, 1.2.2023, https://erhebungsportal.estatistik.de/ Erhebungsportal/#dNAI0tM0psmgaoON/ unterstuetzte-statistiken/oeffentliche-finanzen-oeffentlicher-dienst-steuern/oeffentliche-finanzen/vergabe-oeffentlicher-auftraege-und-konzessionen/hinweise-zur-datenmeldung, abgerufen am 30.6.2023.

Code zu erleichtern, stellt ua das BMWK eine CPV-Code Suchmaschine bereit, mit der passende Codes mithilfe von Schlagwörtern gesucht werden können.[33]

28 **dd) Auftragswert.** Der an die Vergabestatistik zu meldende Auftragswert ist der **Netto-Auftragswert zum Zeitpunkt des Zuschlags inkl. aller Optionen und Verlängerungen**, unabhängig davon, ob diese tatsächlich abgerufen werden.[34] Auch hier weicht die Beurteilung der VergabeStatVO also von der „verfahrensrechtlichen" Auftragswertschätzung ab. Bei einer losweisen Vergabe ist der **Gesamtwert aller Lose** zu melden, eine Meldung der einzelnen Lose erfolgt nicht.[35] Damit die Meldung des Auftragswertes verarbeitet werden kann, ist der Auftragswert gerundet auf volle Euro und **ohne** Angabe von Nachkommastellen, Tausender-Trennzeichen oder Bezeichnung der Währung anzugeben.[36]

29 Der gemeldete Auftragswert wird – genauso wie die sonstigen, an die Vergabestatistik gemeldeten Daten – nicht als Einzeldatensatz veröffentlicht. Ein Rückschluss auf einzelne Verfahren ist damit ausgeschlossen, ein Geheimhaltungsbedarf besteht nicht. Die Meldung des korrekten Auftragswertes ist verpflichtend.[37]

30 Eine (freiwillige) Meldung an die Vergabestatistik wird erst ab einem Auftragswert von 1.001 Euro möglich. In Fällen, in denen der Vergabestelle keine Kosten entstehen, ist deshalb auch keine Meldung erforderlich bzw. möglich.[38]

31 Eine weitere Besonderheit stellen **Rahmenverträge** dar: Auch hier muss der Auftragswert für die gesamte Laufzeit des Vertrages inkl. aller Optionen und Verlängerungen angegeben werden. Ob von den Optionen und Verlängerungen Gebrauch gemacht wird, spielt keine Rolle. Die einzelnen Abrufe aus dem Rahmenvertrag sind – insoweit konform mit der materiellrechtlichen Vorgabe des Vergaberechts – nicht zu melden. Relevanter Zeitpunkt für die Meldung ist der Zeitpunkt des Vertragsschlusses (also des Zuschlags), nicht der Zeitpunkt der einzelnen Abrufe.[39]

32 **ee) Aufteilung des Auftrags in Lose.** Bei der Datenmeldung muss angegeben werden, ob der Auftrag in Lose aufgeteilt wurde. Erfasst wird hiervon sowohl eine Aufteilung in Teillose (→ GWB § 97 Rn. 79) als auch in Fachlose (→ GWB § 97 Rn. 80). Eine Ausnahme bildet die Vergabe verteidigungs- oder sicherheitsspezifischer öffentlicher Aufträge, bei denen gem. Anlage 7 keine Angabe zur Aufteilung in Lose gemacht werden muss.

---

[33] Abrufbar unter https://www.bmwi.de/CPV-Code-Suche, abgerufen am 30.6.2023.

[34] Statistisches Bundesamt, 1.2.2023, https://erhebungsportal.estatistik.de/Erhebungsportal/#dNAI0tM0psmgaoON/unterstuetzte-statistiken/oeffentliche-finanzen-oeffentlicher-dienststeuern/oeffentliche-finanzen/vergabe-oeffentlicher-auftraege-und-konzessionen/hinweise-zur-datenmeldung, abgerufen am 30.6.2023.

[35] Statistisches Bundesamt, Datenmeldung in der Vergabestatistik – Informationsblatt, Stand 27.4.2023; ausf. zur Datenmeldung bei losweiser Vergabe → Rn. 32 ff.

[36] Statistisches Bundesamt, Newsletter Vergabestatistik 04/2021, hier findet sich auch eine Tabelle mit Beispielen für falsche Meldungen und wie diese korrigiert werden müssen.

[37] Statistisches Bundesamt, 1.2.2023, https://erhebungsportal.estatistik.de/Erhebungsportal/#dNAI0tM0psmgaoON/unterstuetzte-statistiken/oeffentliche-finanzen-oeffentlicher-dienststeuern/oeffentliche-finanzen/vergabe-oeffentlicher-auftraege-und-konzessionen/hinweise-zur-datenmeldung, abgerufen am 30.6.2023.

[38] Ausf. hierzu Statistisches Bundesamt, 1.2.2023, https://erhebungsportal.estatistik.de/Erhebungsportal/#dNAI0tM0psmgaoON/unterstuetzte-statistiken/oeffentliche-finanzen-oeffentlicher-dienststeuern/oeffentliche-finanzen/vergabe-oeffentlicher-auftraege-und-konzessionen/hinweise-zur-datenmeldung, abgerufen am 30.6.2023.

[39] Statistisches Bundesamt, 1.2.2023, https://erhebungsportal.estatistik.de/Erhebungsportal/#dNAI0tM0psmgaoON/unterstuetzte-statistiken/oeffentliche-finanzen-oeffentlicher-dienststeuern/oeffentliche-finanzen/vergabe-oeffentlicher-auftraege-und-konzessionen/hinweise-zur-datenmeldung, abgerufen am 30.6.2023.

Zu beachten ist, dass eine **einzelne Meldung der vergebenen Lose** an die Vergabestatistik **nicht möglich** ist. Meldepflichtig ist immer nur der **Gesamtauftrag**. Die Meldung muss in diesen Fällen innerhalb von 60 Tagen nach Bezuschlagung des letzten Loses erfolgen.[40] Für die Bestimmung, ob es sich um eine „vergabestatistische" Ober- oder Unterschwellenvergabe handelt und nach welcher Anlage der Vergabeverordnung Daten gemeldet werden müssen, muss daher der Wert aller Lose zusammen betrachtet werden.[41] 33

Hieraus folgen einige Besonderheiten bei der **Datenmeldung von Gesamtaufträgen**[42]: 34
Als Datum des Vertragsabschlusses (→ Rn. 40) ist nur das Datum der Bezuschlagung des **letzten** Loses zu melden.
Soweit die für die Vergabestatistik abgefragten Merkmale addierbar sind, wird nur die **Gesamtsumme** gemeldet (bspw. Gesamtzahl der eingegangenen Angebote, Auftragswert etc.).
Bei Merkmalen, die nicht addierbar sind, werden nur die Daten des Loses gemeldet, das den **größten Anteil** am Gesamtauftrag hat (bspw. Auftragnehmer ist ein KMU, Herkunftsland des Auftragnehmers etc.).

In der Praxis führt die Meldung als Gesamtauftrag anstelle der Meldung der einzelnen Lose zu erheblichen Problemen, sowohl für das Statistische Bundesamt bei der Plausibilisierung und Aufbereitung als auch für die Auftraggeber bei der Meldung der Daten.[43] Durch die ungenauen Möglichkeiten zur Datenmeldung insbes. bei nicht addierbaren Merkmalen wird auch die Datenqualität und mit ihr die Aussagekraft der Vergabestatistik beeinträchtigt.[44] 35

c) Angaben zum Verfahren: Nachhaltigkeitskriterien (in Verbindung mit Anlage 9). Abgesehen vom Merkmal „Nachhaltigkeitskriterien" unterscheiden sich die in der Merkmalsgruppe „Angaben zum Verfahren" zu meldenden Daten je nach Anlage. Die Kommentierung zu den sich unterscheidenden Merkmalen findet sich unter III.2. (→ Rn. 51 ff.). 36

Die Erhebung, ob und an welcher Stelle im Vergabeverfahren Nachhaltigkeitskriterien in die Bewertung eingeflossen sind, soll Erkenntnisse darüber bringen, wie die im Vergaberecht vorgesehenen Möglichkeiten der nachhaltigen Beschaffung in der Praxis genutzt werden.[45] 37

Um die Meldung und Auswertung der Daten zu vereinfachen, geben die Anlagen der VergStatVO spezifische Hinweise, an welchen Stellen des Vergabeverfahrens Nachhaltigkeitsaspekte in die Bewertung einbezogen werden können und welche Bereiche unter die Kategorie „Nachhaltigkeit" fallen: Zu den Nachhaltigkeitskriterien zählen demnach **umweltbezogene Kriterien, soziale Kriterien und inno-** 38

---

[40] Statistisches Bundesamt, Datenmeldung in der Vergabestatistik – Informationsblatt, Stand: 27.4.2023; siehe zur Übermittlungsfrist → § 1 Rn. 8 f.

[41] Statistisches Bundesamt, Datenmeldung in der Vergabestatistik – Informationsblatt, Stand: 27.4.2023; zur Wahl der korrekten Anlage → Rn. 2.

[42] Siehe hierzu auch Statistisches Bundesamt, Newsletter Vergabestatistik 01/2021; Statistisches Bundesamt, Infobox IDEV-Formular, www-idev.destatis.de, abgerufen am 3.7.2023.

[43] BMWK, Vergabestatistik – Bericht für das erste Halbjahr 2021, S. 8; Kremer/Beyer WISTA 2/2023, 60 (68); Statistisches Bundesamt, Newsletter Vergabestatistik 02/2021; Statistisches Bundesamt, Vergabestatistik – Geschäftsstatistik im Auftrag des BMWK, 16.3.2023, S. 7; Beck VergabeR/Schlange-Schöningen VergStatVO § 3 Rn. 9; Witte, 1.12.2021, https://blog.cosinex.de/2021/12/01/vergabestatistik-anspruch-und-wirklichkeit/, abgerufen am 3.7.2023.

[44] Beck VergabeR/Schlange-Schöningen VergStatVO § 3 Rn. 9; Witte, 1.12.2021, https://blog.cosinex.de/2021/12/01/vergabestatistik-anspruch-und-wirklichkeit/, abgerufen am 3.7.2023.

[45] BT-Drs. 19/15603, 65.

vative Kriterien**, die iRd **Leistungsbeschreibung, der Eignung, des Zuschlags sowie der Ausführungsbedingungen** in die Bewertung einfließen können.[46] Um die Meldung für die Auftraggeber zu vereinfachen, greift die **Anlage 9** diese Kriterien auf und veranschaulicht sie mithilfe von Beispielen. Die Auflistung der Beispiele in Anlage 9 ist dabei nicht abschließend.[47] Darüber hinaus finden sich Informationen zur Verwendung von Nachhaltigkeitskriterien im Vergabeverfahren in den Infoboxen des IDEV-Formulars.[48]

39   **d) Angaben zur Auftragsvergabe.** Die Angaben zur Auftragsvergabe sind bei allen Anlagen identisch. Eine Ausnahme stellt lediglich Anlage 7 zur Meldung verteidigungs- oder sicherheitsspezifischer öffentlicher Aufträge dar: Hier entfallen die Angaben zur Anzahl der Angebote von KMU, zur Anzahl der Angebote aus anderen Mitgliedstaaten der EU sowie dazu, ob der Auftragnehmer ein KMU ist.

40   **aa) Datum des Vertragsabschlusses.** Die Meldung des Datums des Vertragsabschlusses bzw. des Zuschlags ermöglicht die zeitliche Zuordnung der Vergabe und damit die nach Quartalen gestaffelte statistische Aufbereitung und Veröffentlichung. Vergabeverfahren, bei denen der (letzte) Zuschlag nach dem 1.10.2020 erteilt wurde, sind meldepflichtig. Relevant ist dies insbes. bei losweisen Vergaben: für die Meldung entscheidend ist nur das Datum des Zuschlags des letzten vergebenen Loses der Gesamtvergabe. Fällt dieses auf einen Zeitpunkt nach dem 1.10.2020, so ist die gesamte Vergabe meldepflichtig, also auch die Lose, die vor dem 1.10.2020 bezuschlagt wurden.[49]

41   **bb) Gesamtzahl eingegangener Angebote.** Die Vergabestatistik erfasst nicht die Anzahl unterschiedlicher Bieter, sondern die Summe aller eingegangenen Angebote. Zu melden ist deshalb bei mehreren Haupt- oder Nebenangeboten oder Verhandlungsvergaben mit mehreren Verhandlungsrunden die Gesamtzahl der Angebote. Gemeint sind nur Erstangebote, Anpassungen bzw. Modifikationen der Angebote sind nicht auf die Gesamtzahl der Angebote aufzuschlagen. Bei losweisen Vergaben sind die Angebote für alle Lose zusammenzuzählen und gemeinsam zu melden (→ Rn. 34).[50]

42   **cc) Anzahl Angebote von KMU.** Die Erhebung der Anzahl der Angebote von Kleinstunternehmen sowie kleineren und mittleren Unternehmen (KMU) dient – ebenso wie die Angabe, ob es sich beim Auftragnehmer um ein KMU handelt (→ Rn. 47) – der politisch besonders bedeutenden Ermittlung der Mittelstandsfreundlichkeit des deutschen Vergabewesens.[51]

43   Im Rahmen der Vergabestatistik gilt für KMU die Definition der Europäischen Kommission gem. Art. 2 Abs. 1 des Anhangs zur Empfehlung 2003/361/EG: Nach dieser setzt sich die Größenklasse der Kleinstunternehmen sowie der kleinen und mittleren Unternehmen (KMU) aus Unternehmen zusammen, die weniger als 250

---

[46] BT-Drs. 19/15603, 65.
[47] BT-Drs. 19/15603, 66.
[48] Statistisches Bundesamt, Infobox IDEV-Formular, www-idev.destatis.de, abgerufen am 3.7.2023.
[49] Statistisches Bundesamt, Infobox IDEV-Formular, www-idev.destatis.de, abgerufen am 30.6.2023; ausf. zur Meldung von losweise durchgeführten Vergabeverfahren → Rn. 32 ff.
[50] Statistisches Bundesamt, Newsletter Vergabestatistik 01/2021.
[51] Statistisches Bundesamt, 1.2.2023, https://erhebungsportal.estatistik.de/Erhebungsportal/#dNAI0tM0psmgaoON/unterstuetzte-statistiken/oeffentliche-finanzen-oeffentlicher-dienst-steuern/oeffentliche-finanzen/vergabe-oeffentlicher-auftraege-und-konzessionen/hinweise-zur-datenmeldung, abgerufen am 3.7.2023; siehe beispielsweise BMWK, Vergabestatistik – Bericht für das zweite Halbjahr 2021, S. 4.

Personen beschäftigen und die entweder einen Jahresumsatz von höchstens 50 Mio. Euro erzielen oder deren Jahresbilanzsumme sich auf höchstens 43 Mio. Euro beläuft.

Um die Meldepflicht erfüllen zu können, müssen die Auftraggeber während des Vergabeverfahrens für jeden Bieter ermitteln, ob es sich um ein KMU nach dieser Definition handelt.[52] Aus diesem Grund wird die KMU-Eigenschaft der Bieter in vielen Fällen mit den Angaben zum Unternehmen iRd Angebotsformulare abgefragt. Handelt es sich um eine Bietergemeinschaft, so kann die gesamte Bietergemeinschaft als KMU eingeordnet werden, wenn der überwiegende Teil des Auftrags von (einem) Partner(n) der Bietergemeinschaft erbracht wird, der/die als KMU einzustufen ist/sind.[53] Die Grundsätze zur Meldung der Gesamtzahl eingegangener Angebote (→ Rn. 41) gelten darüber hinaus auch für die Meldung der Anzahl der Angebote von KMU. 44

dd) Anzahl Angebote aus anderen EU-Mitgliedstaaten. Die Grundsätze zur Meldung der Gesamtzahl eingegangener Angebote (→ Rn. 41) gelten zudem auch für die Meldung der Anzahl der Angebote aus anderen EU-Mitgliedstaaten. 45

ee) Anzahl elektronisch übermittelter Angebote. Elektronisch übermittelte Angebote iSd VergStatVO sind nur solche, deren Übermittlung den Anforderungen des § 10 Abs. 1 S. 2 VgV (→ VgV § 10 Rn. 5 ff.) genügt. Angebote, die durch einfache, unverschlüsselte E-Mail übermittelt wurden, sind demnach nicht als „elektronisch übermittelt" zu melden.[54] 46

ff) Auftragnehmer ist ein KMU. Es ist anzugeben, ob es sich beim Auftragnehmer im ein KMU iSd Empfehlung 2003/361/EG handelt (→ Rn. 43). Handelt es sich um eine losweise Vergabe, so ist nur die KMU-Eigenschaft desjenigen Auftragnehmers zu melden, der den größten Anteil am Gesamtauftrag hat (→ Rn. 34). 47

gg) Herkunftsland Auftragnehmer. Das Herkunftsland des Auftragnehmers ist zu melden. Gemeldet werden können alle Länder der Welt entspr. der von Eurostat bekanntgegebenen Bezeichnungen.[55] Handelt es sich um eine losweise Vergabe, so ist nur das Herkunftsland desjenigen Auftragnehmers zu melden, der den größten Anteil am Gesamtauftrag hat (→ Rn. 34). Wurde der Auftrag an mehrere Wirtschaftsteilnehmer gemeinsam vergeben, so ist das Herkunftsland desjenigen Bieters anzugeben, der den größten Anteil am Gesamtauftrag ausführt. Bei gleich großen Anteilen entscheidet der Auftraggeber frei, welches der Herkunftsländer der Bieter angegeben wird.[56] 48

e) Bemerkungsfeld. Alle Anlagen bieten die Möglichkeit, **freiwillig** Bemerkungen zur Datenmeldung zu hinterlegen. Das Bemerkungsfeld soll nur dann ausgefüllt werden, wenn dies zur Bearbeitung der Datenmeldung notwendig ist.[57] Da die Auswertung und Aufbereitung der Daten aus den Bemerkungsfeldern nicht maschinell erfolgen kann, entsteht hierbei ein hoher Zeitaufwand bei der Erstellung der 49

---

[52] Beck VergabeR/Schlange-Schöningen VergStatVO § 3 Rn. 12.
[53] Statistisches Bundesamt, Infobox IDEV-Formular, www-idev.destatis.de, abgerufen am 3.7.2023.
[54] Statistisches Bundesamt, Infobox IDEV-Formular, www-idev.destatis.de, abgerufen am 3.7.2023.
[55] Statistisches Bundesamt, Infobox IDEV-Formular, www-idev.destatis.de, abgerufen am 3.7.2023.
[56] Statistisches Bundesamt, Infobox IDEV-Formular, www-idev.destatis.de, abgerufen am 3.7.2023.
[57] Statistisches Bundesamt, Newsletter Vergabestatistik 02/2021.

VergStatVO § 3 Zu übermittelnde Daten

Vergabestatistik. Das Statistische Bundesamt bittet daher in seinen Veröffentlichungen darum, unnötige Angaben zu vermeiden.[58] **Folgende Angaben sollen deshalb nicht gemacht werden**:[59]
Füllzeichen oder Platzhalter
Anschriften von Auftrags-/Konzessionsnehmern
Beschreibungen des Auftragsgegenstandes der Datenmeldung
Feiertagswünsche oder Grußformeln
Erklärungen zur Vorgehensweise bei der Vergabe
mehrdeutige Anmerkungen

50 Da einige Vergabekonstellationen durch die Anlagen der VergStatVO nicht abgebildet werden können sowie um eine korrekte Zuordnung insbes. bei freiwilligen Meldungen zu ermöglichen, **muss das Bemerkungsfeld in bestimmten Fällen allerdings zwingend ausgefüllt werden**. Um die Aufbereitung der Daten so einfach und fehlerfrei wie möglich zu gestalten, gibt das Statistische Bundesamt in diesen Fällen genau vor, wie das Bemerkungsfeld auszufüllen ist.[60] Dabei gilt **bei Auftragswerten im Oberschwellenbereich**[61]: Wurde das Verfahren nach einer **nationalen Verfahrensart** durchgeführt (→ Rn. 7), so **sollen** folgende zusätzliche Angaben im Bemerkungsfeld hinterlegt werden:
Bei Vergabe von Bau-, Dienstleistungs- oder Lieferaufträgen durch einen öffentlichen Auftraggeber: **Option 5**.
Bei Vergabe von sozialen oder besonderen Dienstleistungen durch einen öffentlichen Auftraggeber: **Option 5 soz. o. bes. DL**.
Bei Vergabe öffentlicher Aufträge durch Sektorenauftraggeber: **Option 5 Sektorenauftraggeber**.
Bei Vergabe von sozialen oder besonderen Dienstleistungen durch Sektorenauftraggeber: **Option 5 Sektorenauftraggeber soz. o. bes. DL**.
Bei Vergabe einer Konzession: **Option 5 Konzessionsgeber**.
Bei Vergabe einer Konzession über soziale oder besondere Dienstleistungen: **Option 5 Konzessionsgeber soz. o. bes. DL**.
Bei einer Vergabe eines verteidigungs- oder sicherheitsspezifischen öffentlichen Auftrags durch einen öffentlichen Auftraggeber oder Sektorenauftraggeber: **Option 5 verteidigungs- o. sicherheitsspezifischer öA**.
Diese Angaben im Bemerkungsfeld ermöglichen dem Statistischen Bundesamt die Zuordnung des Verfahrens zur richtigen Anlage der VergStatVO und entsprechen den nach Abschn. zwei der Anlagen 1–8 zu meldenden Daten zur Auftraggebereigenschaft (→ Rn. 11).
Des Weiteren können **freiwillig weitere Informationen** im Bemerkungsfeld hinterlegt werden.
Bei Losvergaben: „Gesamtauftrag bestehend aus X Losen, alle Lose enthalten".
Falls **keine** Ansprechperson/Kontakt-E-Mail-Adresse hinterlegt ist: Name und Kontaktdaten einer Ansprechperson.

---

[58] Statistisches Bundesamt, Hilfreiche Angaben im Bemerkungsfeld der Datenmeldung an die Vergabestatistik (VgS) – Informationsblatt, Stand: 28.4.2023.
[59] Ausf. mit Beispielen zu zu vermeidenden Angaben: Statistisches Bundesamt, Hilfreiche Angaben im Bemerkungsfeld der Datenmeldung an die Vergabestatistik (VgS) – Informationsblatt, Stand: 28.4.2023.
[60] Ausf. Informationen zur korrekten Ausfüllung des Bemerkungsfeldes veröffentlicht das Statistische Bundesamt in seinen Informationsblättern: Statistisches Bundesamt, Hilfreiche Angaben im Bemerkungsfeld der Datenmeldung an die Vergabestatistik (VgS) – Informationsblatt, Stand: 28.4.2023; Statistisches Bundesamt, Datenmeldung in der Vergabestatistik – Informationsblatt, Stand: 27.4.2023.
[61] Zu Auftragswerten im Unterschwellenbereich → Rn. 83.

2. Besondere Meldepflichten abhängig von der Verfahrensart

a) Meldung nach Anlage 1 und 3 (öffentlicher Auftrag). Die Anlagen 1 und 3 regeln die meldepflichtigen Daten bei der Vergabe („einfacher") öffentlicher Aufträge und entsprechen sich inhaltlich. Soweit sie sich von den Anlagen 2 und 4–7 unterscheiden, werden die Besonderheiten im Folgenden dargestellt. 51

aa) Art des Auftrags. Im Rahmen der Merkmalsgruppe „Angaben zum Auftragsgegenstand" (→ Rn. 24 ff.) ist die Art des vergebenen Auftrags anzugeben. Die Anlagen 1 und 3 orientieren sich dabei an den Auftragsarten gem. § 103 GWB: unterschieden wird zwischen Lieferaufträgen (§ 103 Abs. 2 GWB), Bauaufträgen (§ 103 Abs. 3 GWB) und Dienstleistungsaufträgen (§ 103 Abs. 4 GWB). 52

bb) Zuschlagskriterium. Bezüglich der Zuschlagskriterien muss zunächst angegeben werden, ob die Zuschlagsentscheidung allein aufgrund des niedrigsten Preises oder der geringsten Kosten getroffen wurde, oder ob Qualitätskriterien iSd § 58 Abs. 2 VgV in die Bewertung eingeflossen sind.[62] Falls Qualitätskriterien herangezogen wurden, muss das Verhältnis von Preis bzw. Kosten zu den Qualitätskriterien bei der Gewichtung in Prozent angegeben werden. Eine spezifische Benennung der ausschlaggebenden Qualitätskriterien ist nicht gefordert. Sofern es sich bei den Qualitätskriterien um Nachhaltigkeitskriterien iSd Anlage 9 handelt, so sind hierzu iRd Merkmalsgruppe „Angaben zum Verfahren" genauere Angaben zu machen (→ Rn. 36 ff.). 53

Die Erhebung der Gewichtung von Preis/Kosten und Qualitätskriterien kann zu einer Versachlichung der Diskussion um eine zu wenig qualitätsorientierte Vergabepraxis in Deutschland beitragen. Aus den Daten lässt sich allerdings nicht ableiten, welche Qualitätskriterien bei der Bezuschlagung von Angeboten herangezogen werden und entscheidend sind.[63] Im Jahr 2021 war in fast 60 % der Fälle allein der Preis als Zuschlagskriterium gesetzt.[64] 54

cc) Verfahrensart. Für die Vergabestatistik wird auch erhoben, nach welcher Verfahrensart das jew. Vergabeverfahren durchgeführt wurde. Die Statistik erfasst dabei alle nach den Verfahrensordnungen zulässigen Verfahrensarten. Nicht erfasst werden allerdings Aufträge, die iRv Auftragserweiterungen (Nachtragsvereinbarungen) beauftragt werden. Daher werden große Anteile der nationalen Beschaffungen nicht erfasst. 55

dd) Rahmenvereinbarung. Es muss angegeben werden, ob das Vergabeverfahren zum Abschluss einer Rahmenvereinbarung führte. Bei Rahmenvereinbarungen ist zu beachten, dass diese nur einmal innerhalb von 60 Tagen nach dem Zuschlag an die Vergabestatistik zu melden sind. Die einzelnen Abrufe aus dem Rahmenvertrag sind danach nicht mehr meldepflichtig.[65] 56

ee) Dynamisches Beschaffungssystem, Elektronische Auktion. Im Rahmen der Anlagen 1 und 3 muss darüber hinaus angegeben werden, ob für das Vergabeverfahren ein dynamisches Beschaffungssystem gem. § 22 VgV (→ VgV 57

---

[62] Beck VergabeR/Schlange-Schöningen VergStatVO § 3 Rn. 10.
[63] Hesse npoR 2021, 141 (141).
[64] BMWK, Vergabestatistik – Bericht für das zweite Halbjahr 2021, S. 39; BMWK, Vergabestatistik – Bericht für das erste Halbjahr 2021, S. 36.
[65] Statistisches Bundesamt, 1.2.2023, https://erhebungsportal.estatistik.de/Erhebungsportal/#qytyGWsUeOZWSvsb/unterstuetzte-statistiken/oeffentliche-finanzen-oeffentlicher-dienst-steuern/oeffentliche-finanzen/vergabe-oeffentlicher-auftraege-und-konzessionen/hinweise-zur-datenmeldung, abgerufen am 4.7.2023; zurecht kritisch zur Datenerhebung bei Rahmenverträgen, da es zu einer Verfälschung der Datenbasis kommt Beck VergabeR/Schlange-Schöningen VergStatVO § 3 Rn. 13.

§ 22 Rn. 1 ff.) genutzt und/oder eine elektronische Auktion gem. § 25 VgV (→ VgV § 25 Rn. 1 ff.) durchgeführt wurde.

58 **b) Meldung nach Anlage 2 und 4 (öffentlicher Auftrag über eine soziale oder andere besondere Dienstleistung).** Die Anlagen 2 und 4 regeln die meldepflichtigen Daten bei der Vergabe öffentlicher Aufträge über soziale und andere besondere Dienstleistungen und entsprechen sich inhaltlich. Soweit sie sich von den Anlagen 1, 3 und 5–7 unterscheiden, werden die Besonderheiten im Folgenden dargestellt.

59 **aa) Art des Auftrags.** Auch die Anlagen 2 und 4 fordern als verpflichtende Angabe die Art des Auftrags. Allerdings besteht hier keine Auswahlmöglichkeit: es handelt sich grds. um einen Auftrag über soziale oder andere besondere Dienstleistungen.

60 **bb) Zuschlagskriterium.** Die gem. Anlage 2 und 4 zu den Zuschlagskriterien erhobenen Daten entsprechen denen der Anlagen 1 und 3 (→ Rn. 53 f.).

61 **cc) Verfahrensart.** Auch bei sozialen und anderen besonderen Dienstleistungen wird erhoben, nach welcher Verfahrensart das jew. Vergabeverfahren durchgeführt wurde. Die Statistik erfasst dabei alle gem. den Vergabeverordnungen zulässigen Verfahrensarten. Für Datenmeldungen nach **Anlage 4** (also bei Vergaben öffentlicher Aufträge über soziale und andere besondere Dienstleistungen durch Sektorenauftraggeber) entsprechen die möglichen Verfahrensarten denen der Anlage 3 (→ Rn. 55).

62 **dd) Rahmenvereinbarung.** Die gem. Anlage 2 und 4 zum Abschluss eines Rahmenvertrages erhobenen Daten entsprechen denen der Anlagen 1 und 3 (→ Rn. 56).

63 **c) Meldung nach Anlage 5 und 6 (Konzessionen).** Die Anlagen 5 und 6 regeln die meldepflichtigen Daten bei der Vergabe von („einfachen") Konzessionen und Konzessionen über soziale und andere besondere Dienstleistungen durch Konzessionsgeber. Soweit sie sich von den Anlagen 1–4 und 7 unterscheiden, werden die Besonderheiten im Folgenden dargestellt.

64 **aa) Art des Auftrags.** Im Rahmen der **Anlage 5** kann die Vergabe einer Baukonzession oder einer Dienstleistungskonzession gemeldet werden. **Anlage 6** bietet keine Wahlmöglichkeit: hier können nur Konzessionen über soziale und andere besondere Dienstleistungen gemeldet werden.

65 **bb) Verfahrensart.** Als Verfahrensart kommen jew. entweder das Vergabeverfahren mit vorheriger Veröffentlichung einer Konzessionsbekanntmachung oder das Vergabeverfahren ohne vorherige Veröffentlichung einer Konzessionsbekanntmachung in Betracht. Unterschiede bestehen je nach Anlage bei der Rechtsgrundlage der gewählten Verfahrensart: Bei Anlage 5 richten sich die Verfahrensarten nach § 19 KonzVgV oder § 20 KonzVgV, bei Anlage 6 nach § 22 KonzVgV.

66 **d) Meldung nach Anlage 7 (Verteidigung und Sicherheit).** Die Anlage 7 regelt die meldepflichtigen Daten bei der Vergabe verteidigungs- oder sicherheitsspezifischer öffentlicher Aufträge durch öffentliche Auftraggeber oder Sektorenauftraggeber. Soweit sie sich von den Anlagen 1–6 unterscheiden, werden die Besonderheiten im Folgenden dargestellt.

67 **aa) Art des Auftrags.** Die Angaben zur Art des Auftrags entsprechen denen in Anlage 1 und 3, → Rn. 52.

68 **bb) Zuschlagskriterium.** Im Rahmen der Anlage 7 muss angegeben werden, ob nur der Preis bzw. die Kosten als Zuschlagskriterium herangezogen wurden, oder ob Preis-/Kosten- und Qualitätskriterien für die Zuschlagsentscheidung bewertet wurden. Die **Gewichtung** der einzelnen Kriterien muss jedoch – anders als in den Anlagen 1–4 – **nicht angegeben** werden. Abgesehen davon gelten die Ausführungen in → Rn. 53 f. auch für Anlage 7.

cc) Verfahrensart. Auch bei verteidigungs- oder sicherheitsspezifischen öffentlichen Aufträgen wird erhoben, nach welcher Verfahrensart das jew. Vergabeverfahren durchgeführt wurde. Die Statistik erfasst dabei alle gem. den einschlägigen Verfahrensordnungen möglichen Verfahrensarten. 69

dd) Rahmenvereinbarung. Die gem. Anlage 7 zum Abschluss eines Rahmenvertrages erhobenen Daten entsprechen denen der Anlagen 1 und 3 (→ Rn. 56). 70

IV. Zu übermittelnde Daten bei Unterschwellenvergaben (Abs. 2)

Bei Unterschwellenvergaben, deren Meldung nach Abs. 2 iVm Anlage 8 erfolgt, besteht die **Möglichkeit, alle Merkmale zu melden**. Der Aufbau der Anlage 8 orientiert sich insoweit an dem der Anlagen 1 und 3. Der wesentliche Unterschied liegt in der Verpflichtung zur Datenmeldung: während im Bereich der Oberschwelle alle Angaben (mit Ausnahme des Bemerkungsfelds) verpflichtend sind, müssen bei Unterschwellenvergaben nur rund die Hälfte der Merkmale gemeldet werden, die Meldung der übrigen Merkmale erfolgt **freiwillig**. Hierdurch soll der Aufwand für die Berichtsstellen bei niedrigeren Auftragswerten gering bleiben.[66] Da Unterschwellenvergaben den mit Abstand größten Anteil an den in der Bundesrepublik Deutschland durchgeführten Vergabeverfahren haben[67], relativiert sich durch den Verzicht vieler Berichtsstellen, die freiwilligen Angaben zu melden, die Aussagekraft der Vergabestatistik.[68] 71

1. Angaben zum Auftraggeber

Die iRd Merkmalsgruppe „Angaben zum Auftraggeber" zu meldenden Daten entsprechen denen der Anlagen 1–7 (→ Rn. 13 ff.). Diese Daten sind auch iRd Anlage 8 **verpflichtend** zu melden. Hierdurch soll eine genaue Einordnung des Auftraggebers ermöglicht werden.[69] 72

2. Angaben zum Auftragsgegenstand

Da bei Unterschwellenvergaben eine Ausschreibung im Amtsblatt der EU nicht verpflichtend ist, erhebt Anlage 8 auch keine Daten zur Bekanntmachungsnummer im Amtsblatt der EU. Eine höhere Bedeutung kommt deshalb hier dem Merkmal **Auftragsnummer** zu, die verpflichtend angegeben werden muss (→ Rn. 26). 73

Die Merkmale **CPV-Code** und **Auftragswert** entsprechen denen der Anlagen 1–7 und sind auch iRd Anlage 8 verpflichtend (→ Rn. 27 f.). 74

Die Angabe zur **Art des Auftrags** ist verpflichtend. Angegeben werden können – wie bei den Anlagen 1 und 3 (→ Rn. 52) – Bau-, Liefer- und Dienstleistungsaufträge. Obwohl nach Anlage 8 iVm Abs. 3 auch die freiwillige Meldung anderer 75

---

[66] BT-Drs. 19/15603, 66.
[67] Im Jahr 2021 waren knapp 90 % der gemeldeten Vergaben unterhalb der Schwellenwerte, BMWK, Vergabestatistik – Bericht für das zweite Halbjahr 2021, S. 13; BMWK, Vergabestatistik – Bericht für das erste Halbjahr 2021, S. 13.
[68] S. bspw. zu den Zuschlagskriterien in Vergabeverfahren BMWK, Vergabestatistik – Bericht für das zweite Halbjahr 2021, S. 39.
[69] BT-Drs. 19/15603, 66.

VergStatVO § 3

Auftragsarten unterhalb der Schwellenwerte möglich ist, besteht keine Möglichkeit, eine „Sonstige Auftragsart" zu melden oder keine Angabe zu machen. Eine genaue und richtige Datenerhebung bei freiwilligen Meldungen von sozialen oder anderen besonderen Dienstleistungen oder Konzessionen ist damit nicht möglich.[70]

76 Neben den verpflichtenden Angaben können Angaben zur **Aufteilung des Auftrags in Lose** (→ Rn. 32 ff.) sowie zum **Zuschlagskriterium** (→ Rn. 53 f.) **freiwillig** gemacht werden.

3. Angaben zum Verfahren

77 Die Angaben zu **Rahmenvereinbarung, dynamischem Beschaffungssystem** und **elektronischer Auktion** sind **freiwillig** und entsprechen inhaltlich den in Anlage 1 und 3 erhobenen Daten (→ Rn. 56 f.).

78 Die **Verfahrensart** ist **verpflichtend** anzugeben. Bei Meldungen nach Anlage 8 erfasst die Vergabestatistik die Verfahrensarten nach UVgO und VOB/A 1. Abschnitt. Sollte keine dieser Verfahrensarten einschlägig sein, so kann „Sonstige Verfahren" angegeben werden.[71]

79 Auch die Angabe, ob – und wenn ja, welche – **Nachhaltigkeitskriterien** berücksichtigt wurden, ist **verpflichtend**. Anlage 8 verlangt hier jedoch weniger Daten als die Anlagen 1–7: Wenn Nachhaltigkeitskriterien berücksichtigt wurden, muss lediglich angegeben werden, welche Art von Nachhaltigkeitskriterium (bzw. Arten von Nachhaltigkeitskriterien) herangezogen wurden. In welchem Verfahrensstadium diese relevant waren, muss nicht gemeldet werden. Um die Einordnung zu erleichtern, bietet Anlage 9 Beispiele, an denen sich die Berichtsstellen bei der Datenmeldung orientieren können.[72]

4. Angaben zur Auftragsvergabe

80 Die Angaben Gesamtzahl eingegangener Angebote (→ Rn. 41), Anzahl der Angebote von KMU (→ Rn. 42 ff.), Anzahl der Angebote aus anderen EU-Mitgliedstaaten (→ Rn. 45), Anzahl elektronisch übermittelter Angebote (→ Rn. 46) und Herkunftsland Auftragnehmer (→ Rn. 48) sind **freiwillig** und entsprechen inhaltlich den in den Anlagen 1–6 erhobenen Daten.

81 **Verpflichtend** muss das Datum des Vertragsabschlusses (→ Rn. 40) angegeben werden, sowie, ob es sich beim Auftragnehmer um ein KMU handelt (→ Rn. 47). Auch diese Merkmale entsprechen den Anlagen 1–6.

5. Bemerkungsfeld

82 Auch iRd Anlage 8 können **freiwillig** Bemerkungen zur Datenmeldung hinterlegt werden. Das Bemerkungsfeld soll nur dann ausgefüllt werden, wenn dies zur Bearbeitung der Datenmeldung notwendig ist.[73]

83 Da einige Vergabekonstellationen durch die Anlagen der VergStatVO nicht abgebildet werden können sowie um eine korrekte Zuordnung insbes. bei freiwilligen Meldungen zu ermöglichen, **muss das Bemerkungsfeld in bestimmten Fällen**

---

[70] Das Statistische Bundesamt versucht die richtige Auswertung mithilfe von Angaben im Bemerkungsfeld zu ermöglichen. In diesen Fällen ist das Bemerkungsfeld zwingend auszufüllen, um eine falsche Zuordnung der Meldung und Rückfragen zu vermeiden. Ausf. hierzu → Rn. 83 f.

[71] Dies ist insbes. dann der Fall, wenn der Auftragswert unterhalb der Schwellenwerte liegt, aber ein Vergabeverfahren der Oberschwelle gewählt wurde („Option 4"), vgl. Statistisches Bundesamt, Datenmeldung in der Vergabestatistik – Informationsblatt, Stand: 27.4.2023.

[72] Ausf. zu den Nachhaltigkeitskriterien und Anlage 9 → Rn. 36 ff.

[73] Ausf. → Rn. 49.

zwingend ausgefüllt werden. Um die Aufbereitung der Daten so einfach und fehlerfrei wie möglich zu gestalten, gibt das Statistische Bundesamt in diesen Fällen genau vor, wie das Bemerkungsfeld auszufüllen ist.[74] Dabei gilt **bei Auftragswerten im Unterschwellenbereich**[75]:
Bei der Meldung der Vergabe sozialer oder besonderer Dienstleistungen: **Soz. o. bes. DL**.
Bei der Meldung der Vergabe verteidigungs- oder sicherheitsspezifischer Leistungen: **Verteidigung/Sicherheit**.
Bei der freiwilligen Meldung als Sektorenauftraggeber: **Sektorenauftraggeber**.
Bei der freiwilligen Meldung der Vergabe einer sozialen oder besonderen Dienstleistung als Sektorenauftraggeber: **Sektorenauftraggeber Soz. o. bes. DL**.
Bei der freiwilligen Meldung als Konzessionsgeber: **Konzessionsgeber**.
Bei der freiwilligen Meldung der Vergabe einer sozialen oder besonderen Dienstleistung als Konzessionsgeber: **Konzessionsgeber Soz. o. bes. DL**.
Wenn eine oberschwellige Verfahrensart gewählt wurde[76]: **Unterschwelliger Auftragswert, aber oberschwellige Verfahrensart XY**.

Diese Angaben im Bemerkungsfeld verhindern eine falsche Umsetzung in eine 84 andere Anlage aufgrund einer unstimmigen Schwellenwertzuordnung durch das Statistische Bundesamt.[77]

Des Weiteren können **freiwillig weitere hilfreiche Informationen** im Bemer- 85 kungsfeld hinterlegt werden.

Bei Losvergaben: „Gesamtauftrag bestehend aus X Losen, alle Lose enthalten".
Falls **keine** Ansprechperson/Kontakt-E-Mail-Adresse hinterlegt ist: Name und Kontaktdaten einer Ansprechperson.

V. Anwendbarkeit der § 1 Abs. 2 und 3 sowie § 4 bei freiwilliger Datenmeldung

Abs. 3 erklärt § 1 Abs. 2 und 3 sowie § 4 für anwendbar, wenn freiwillig Daten 86 übermittelt werden. Hierdurch soll die freiwillige Meldung von Daten ermöglicht werden.[78] Dies betrifft die Fälle, in denen eine Berichtsstelle Daten zu einer Vergabe übermitteln will, deren Wertgrenzen die § 2 nicht überschreitet, sowie die Meldung der freiwilligen Merkmale der Anlagen 1–8.[79]

Es gelten somit auch bei der freiwilligen Datenübermittlung die Meldefrist von 87 60 Tagen (→ § 1 Rn. 8 f.), die elektronische Übermittlung unter Anwendung der sicheren Übermittlungswege des Statistischen Bundesamtes (→ § 1 Rn. 10 ff.) sowie die Veröffentlichungs-, Auswertungs- und Übermittlungsrechte gem. § 4 (→ § 4).

Nicht umfasst ist § 1 Abs. 4, der das Statistische Bundesamt zur Speicherung 88 und statistischen Aufbereitung der Daten und zur Erstellung der Vergabestatistik ermächtigt. Da das Statistische Bundesamt selbstverständlich auch die freiwilligen

---

[74] Ausf. Informationen zur korrekten Ausfüllung des Bemerkungsfeldes veröffentlicht das Statistische Bundesamt in seinen Informationsblättern: Statistisches Bundesamt, Hilfreiche Angaben im Bemerkungsfeld der Datenmeldung an die Vergabestatistik (VgS) – Informationsblatt, Stand: 28.4.2023; Statistisches Bundesamt, Datenmeldung in der Vergabestatistik – Informationsblatt, Stand: 27.4.2023.
[75] Zu Auftragswerten im Oberschwellenbereich → Rn. 50.
[76] S. hierzu auch → Rn. 78.
[77] Statistisches Bundesamt, Hilfreiche Angaben im Bemerkungsfeld der Datenmeldung an die Vergabestatistik (VgS) – Informationsblatt, Stand: 28.4.2023.
[78] BT-Drs. 19/15603, 63.
[79] Beck VergabeR/Schlange-Schöningen VergStatVO § 3 Rn. 17.

Daten speichert und auswertet und sie in die Vergabestatistik einfließen, ist davon auszugehen, dass es sich hierbei um ein redaktionelles Versehen handelt.

89 Auch die Datenübermittlung für die wissenschaftliche Forschung gem. § 5 ist auf freiwillig übermittelte Daten nicht anwendbar. Dies steht im Widerspruch zum Ziel des § 5 (→ § 5 Rn. 1), eine anwendungsorientierte Forschung auf valider Datenbasis zu ermöglichen. Deshalb ist zu vermuten, dass es sich auch beim Fehlen eines Verweises auf § 5 um ein redaktionelles Versehen handelt.

§ 4 Statistische Aufbereitung und Übermittlung der Daten; Veröffentlichung statistischer Auswertungen; Datenbank

(1) Das Statistische Bundesamt ist mit Einwilligung des Bundesministeriums für Wirtschaft und Energie berechtigt, aus den aufbereiteten Daten statistische Auswertungen zu veröffentlichen.

(2) Das Bundesministerium für Wirtschaft und Energie ist berechtigt, zur Erfüllung der Berichtspflichten der Bundesrepublik Deutschland, die sich aus der Richtlinie 2014/23/EU des Europäischen Parlaments und des Rates vom 26. Februar 2014 über die Konzessionsvergabe (ABl. L 94 vom 28.3.2014, S. 1), der Richtlinie 2014/24/EU des Europäischen Parlaments und des Rates vom 26. Februar 2014 über die öffentliche Auftragsvergabe und zur Aufhebung der Richtlinie 2004/18/EG (ABl. L 94 vom 28.3.2014, S. 65), der Richtlinie 2014/25/EU des Europäischen Parlaments und des Rates vom 26. Februar 2014 über die Vergabe von Aufträgen durch Auftraggeber im Bereich der Wasser-, Energie- und Verkehrsversorgung sowie der Postdienste und zur Aufhebung der Richtlinie 2004/17/EG (ABl. L 94 vom 28.3.2014, S. 243) und der Richtlinie 2009/81/EG des Europäischen Parlaments und des Rates vom 13. Juli 2009 über die Koordinierung der Verfahren zur Vergabe bestimmter Bau-, Liefer- und Dienstleistungsaufträge in den Bereichen Verteidigung und Sicherheit und zur Änderung der Richtlinien 2004/17/EG und 2004/18/EG (ABl. L 216 vom 20.8.2009, S. 76) gegenüber der Europäischen Kommission ergeben, statistische Auswertungen an die Europäische Kommission zu übermitteln.

(3) Das Bundesministerium für Wirtschaft und Energie stellt den Berichtsstellen die für die Analyse und Planung ihres Beschaffungsverhaltens erforderlichen eigenen Daten sowie statistische Auswertungen zur Verfügung.

(4) Bundes-, Landes- oder Kommunalbehörden können auf Antrag beim Bundesministerium für Wirtschaft und Energie statistische Auswertungen erhalten.

(5) Das Bundesministerium für Wirtschaft und Energie stellt den statistischen Landesämtern auf deren Antrag die ihren jeweiligen Erhebungsbereich betreffenden und vorhandenen Daten für die gesonderte Aufbereitung auf regionaler und auf Landesebene zur Verfügung.

(6) Das durch das Bundesministerium für Wirtschaft und Energie beauftragte Statistische Bundesamt ist berechtigt, die statistischen Auswertungen durchzuführen und die statistischen Auswertungen und Daten nach den Absätzen 3 bis 5 zu übermitteln.

(7) [1]Das Statistische Bundesamt ist berechtigt, die Angaben zu den Merkmalen gemäß Abschnitt 2 der Anlagen 1 bis 8, mit Ausnahme der Angaben zu Auftraggebereigenschaft und Korrekturmeldung, in einer Datenbank zu speichern, um die technische Umsetzung der Datenübermittlung zu

gewährleisten. ²Die freiwilligen Angaben zu den für Rückfragen zur Verfügung stehenden Personen sind auf Verlangen unverzüglich zu löschen.

Literatur: Bundesministerium für Wirtschaft und Klimaschutz, Vergabestatistik, https://www.bmwk.de/Redaktion/DE/Artikel/Wirtschaft/vergabestatistik.html, abgerufen am 27.6.2023. Vgl. iÜ die Angaben bei Einl. VergStatVO.

I. Bedeutung der Vorschrift

§ 4 regelt die **Veröffentlichung der Vergabestatistik** durch das statistische Bundesamt (→ Rn. 2 ff.) sowie die Übermittlung der Daten an die Europäische Kommission (→ Rn. 6), die Berichtsstellen (→ Rn. 8 ff.), Bundes-, Landes- und Kommunalbehörden (→ Rn. 11) sowie die statistischen Landesämter (→ Rn. 12). Abs. 6 ermächtigt das Statistische Bundesamt zur statistischen Auswertung und Übermittlung der Daten gem. Abs. 3–5 (→ Rn. 13). In Abs. 7 findet sich darüber hinaus eine Ermächtigungsgrundlage zur Errichtung einer Datenbank zur Speicherung der Daten, die zur technischen Umsetzung der Datenübermittlung benötigt werden (→ Rn. 14 f.). 1

II. Veröffentlichung statistischer Auswertungen durch das Statistische Bundesamt (Abs. 1)

Mit Einwilligung des Bundesministeriums für Wirtschaft und Energie (jetzt: Bundesministerium für Wirtschaft und Klimaschutz (BMWK)) kann das Statistische Bundesamt gem. Abs. 1 aus den gem. § 1 Abs. 4 statistisch aufbereiteten Daten gewonnene statistische Auswertungen veröffentlichen. Die Berechtigung zur Veröffentlichung der Daten erstreckt sich dabei nicht auf Einzeldatensätze, eine **individuelle Zuordnung der veröffentlichten Daten** zu einzelnen Auftraggebern oder Vergabeverfahren **darf nicht möglich sein**.[1] Aus Abs. 1 folgt auch kein Anspruch Dritter auf Übermittlung von Informationen.[2] 2

Auf Grundlage des Abs. 1 veröffentlicht das Statistische Bundesamt quartalsweise aggregierte Daten in tabellarischer Form. Die Daten sind kostenlos über die gemeinsam von den statistischen Ämtern der Länder und des Bundes entwickelte[3] Datenbank GENESIS-Online (Gemeinsames neues statistisches Informationssystem) abrufbar.[4] 3

Zu **Inhalt und Umfang der veröffentlichten Daten** schreibt das Statistische Bundesamt in seinem jährlichen Qualitätsbericht:[5] 4

„*Die Statistik liefert Angaben nicht nur zum Beschaffungsvolumen von Bund, Ländern und Kommunen und dessen Verteilung auf Liefer-, Dienst- und Bauleistungsaufträge, sondern gibt auch Aufschluss darüber, in welchen Phasen des Vergabeverfahrens z. B. Nachhaltigkeitskriterien eine Rolle spielen oder welche Zuschlagskriterien entscheidend sind. Es wird abgebildet, in welchem Umfang öffentliche Aufträge an kleine und mittlere Unternehmen erteilt werden, aus welchem Herkunftsland der Auftragnehmer kommt und wie sich die Angebotsverteilung auf die Ausschreibung darstellt.*"

---

[1] Vgl. BR-Drs. 87/16, 304.
[2] BT-Drs. 19/15603, 63 f.
[3] Beck VergabeR/Schlange-Schöningen VergStatVO § 4 Rn. 3.
[4] Abrufbar unter https://www.genesis.destatis.de/genesis/online; Suchbegriff: Vergabestatistik oder „79994".
[5] Statistisches Bundesamt, Vergabestatistik – Geschäftsstatistik im Auftrag des BMWK, 16.3.2023, S. 6.

5 Daneben veröffentlicht das **BMWK halbjährlich einen Bericht zur Vergabestatistik**, in dem auf Basis der an das Statistische Bundesamt übermittelten und von diesem aufbereiteten und ausgewerteten Daten verschiedene Kenngrößen zu wesentlichen Beschaffungsaspekten dargestellt werden.[6]

III. Erfüllung der Berichtspflichten gegenüber der Europäischen Kommission (Abs. 2)

6 Abs. 2 regelt die Übermittlung der statistischen Auswertungen an die Europäische Kommission durch das BMWK. Er dient damit maßgeblich dem Ziel der VergStatVO, den sich aus den RL 2014/23/EU, 2014/24/EU, 2014/25/EU und 2009/81/EG ergebenden Übermittlungspflichten nachzukommen (→ Einl. Rn. 4 f.).[7]

IV. Datenübermittlung an sonstige Stellen (Abs. 3–5)

7 Abs. 3–5 regeln die Übermittlung von Daten an weitere berechtigte Stellen. Art und Umfang der übermittelbaren Daten unterscheiden sich dabei je nach Art der berechtigten Stelle.

1. Berichtsstellen

8 Nach Abs. 3 werden den Berichtsstellen vom BMWK sowohl die von diesen selbst übermittelten Daten als auch statistische Auswertungen zur Verfügung gestellt. Die Übermittlung der eigenen Daten soll den Berichtsstellen – bzw. den Auftraggebern, für die die Berichtsstellen die Daten an das Statistische Bundesamt übermitteln – die **Auswertung und Planung ihres Einkaufsverhaltens ermöglichen**.[8] Eine Übermittlung direkt an die Auftraggeber, wie sie in § 6 Abs. 4 aF vorgesehen war, ist aufgrund der Einführung der Berichtsstellen hierbei nicht mehr möglich, da nur letztere beim Statistischen Bundesamt registriert sind.[9]

9 Neben den von der jew. Berichtsstelle übermittelten Mikrodaten können die Berichtsstellen auch aus diesen gewonnene statistische Auswertungen erhalten, soweit diese den Auswertungsmöglichkeiten der elektronischen Vergabestatistik entsprechen. Benötigen die Berichtsstellen darüberhinausgehende Auswertungen, muss hierfür eine bilaterale Vereinbarung getroffen werden.[10]

10 Die Daten und statistischen Auswertungen können beim BMWK angefordert werden. Der Anspruch auf Rückübermittlung besteht nur, wenn die Daten und statistischen Auswertungen für die Analyse und Planung des Beschaffungsverhaltens der Auftraggeber erforderlich sind.[11] Der Datenschutz bei der Rückübermittlung soll durch die Verwendung der sicheren Übermittlungssysteme des Statistischen Bundesamtes gewährleistet werden (→ § 1 Rn. 10 ff.).[12]

---

[6] BMWK, Vergabestatistik, https://www.bmwk.de/Redaktion/DE/Artikel/Wirtschaft/vergabestatistik.html, abgerufen am 27.6.2023; aktueller Bericht: BMWK, Vergabestatistik, Bericht für das zweite Halbjahr 2021.
[7] BR-Drs. 87/16, 304.
[8] BR-Drs. 87/16, 304.
[9] BT-Drs. 19/15603, 64.
[10] BR-Drs. 87/16, 304.
[11] BR-Drs. 87/16, 304.
[12] BT-Drs. 19/15603, 64.

Statistische Aufbereitung und Übermittlung § 4 VergStatVO

2. Bundes-, Landes- oder Kommunalbehörden

Gem. Abs. 4 können Bundes-, Landes- oder Kommunalbehörden beim BMWK die Übermittlung statistischer Auswertungen beantragen. Entspr. dem Zweck der Vorgängerregelung (§ 6 Abs. 6 aF), sollen hierdurch **regionalspezifische Auswertungen** zur Erfüllung verschiedener Aufgaben bereitgestellt werden.[13] Anders als zuvor werden den entspr. Behörden dafür jedoch keine Einzeldaten mehr zur Verfügung gestellt, sondern nur noch statistische Auswertungen. Aus diesem Grund ist die Beschränkung des § 6 Abs. 6 aF, es müsse sich um Daten aus dem örtlichen und sachlichen Zuständigkeitsbereich der jew. Behörde handeln, entfallen. Auch eine besondere Regelung zur Datenübermittlung ist nicht mehr nötig.[14]   11

3. Statistische Landesämter

Gem. Abs. 5 können die statistischen Landesämter beim BMWK die Übermittlung der für ihren Erhebungsbereich vorhandenen Daten beantragen. Diese können die Daten dann regional- oder landespezifisch aufbereiten, um ihre hoheitlichen Aufgaben zu erfüllen.[15] Die Regelung trägt den Interessen der Länder Rechnung, mithilfe der erhobenen Mikrodaten (deren Erhebung gerade auf Landes- und Kommunalebene zu einem erheblichen Aufwand führt) regionalisierte Ergebnisse für die verschiedenen Interessengruppen auf Landes- und Regionalebene bereitzustellen.[16]   12

V. Ermächtigung des Statistischen Bundesamts zur Ausführung der statistischen Auswertungen und Übermittlung der Daten (Abs. 6)

Abs. 6 ermächtigt das Statistische Bundesamt im Auftrag des BMWK zur Erfüllung der aus den Abs. 3–5 folgenden Pflichten. Zum Ersten ist das Statistische Bundesamt berechtigt, die gem. Abs. 3 und 4 notwendigen statistischen Auswertungen durchzuführen. Zum Zweiten wird dem Statistischen Bundesamt durch Abs. 6 die Berechtigung zur Übermittlung der statistischen Auswertungen und der erhobenen Mikrodaten an die nach den Abs. 3–5 berechtigten Stellen übertragen.[17]   13

VI. Datenbank zur technischen Umsetzung der Datenübermittlung (Abs. 7)

Abs. 7 regelt die **Grundvoraussetzungen**, die **für die Übermittlung der Daten** (sowohl Meldung der Daten durch die Berichtsstelle als auch Rückübermittlung gem. Abs. 3) gegeben sein müssen: Hiernach wird das Statistische Bundesamt ermächtigt, eine Datenbank zu erstellen, in der die Angaben gem. Abschn. 2 der Anlagen 1–8 – mit Ausnahme der Angaben zu Auftraggebereigenschaft und Korrekturmeldung – gespeichert werden. Diese Angaben sind notwendig, um die reibungslose Übertragung der Daten technisch umzusetzen[18], und ermöglichen im Falle von   14

---

[13] BR-Drs. 87/16, 304.
[14] BT-Drs. 19/15603, 64.
[15] BR-Drs. 87/16, 304.
[16] BR-Drs. 367/1/15, 4.
[17] BT-Drs. 19/15603, 64.
[18] BT-Drs. 19/15603, 64.

VergStatVO § 5   Datenübermittlung für die wissenschaftliche Forschung

Unklarheiten Rückfragen des Statistischen Bundesamtes an die Berichtsstellen und dienen damit auch der Gewährleistung einer hoher Datenqualität.[19]

15   Soweit die Berichtsstellen freiwillige Angaben zu einer natürlichen Kontaktperson gemacht haben, werden auch diese Angaben in der Datenbank gespeichert. Rechtsgrundlage der Verarbeitung der personenbezogenen Daten der Kontaktperson ist Art. 6 Abs. 1 lit. a DSGVO (Einwilligung der betroffenen Person). Abs. 7 S. 2 stellt klar, dass die gespeicherten personenbezogenen Daten auf Verlangen der betroffenen Person oder Berichtsstelle unverzüglich gelöscht werden müssen.[20] Abs. 7 S. 2 ist dabei rein deklaratorisch, das Recht auf Löschung ergibt sich unmittelbar aus Art. 17 Abs. 1 lit. b DSGVO.

§ 5 Datenübermittlung für die wissenschaftliche Forschung

(1) Das Bundesministerium für Wirtschaft und Energie stellt Hochschulen und anderen Einrichtungen, die wissenschaftliche Forschung betreiben, auf Antrag statistische Auswertungen oder Daten in anonymisierter Form zur Verfügung, soweit
1. **dies für die Durchführung wissenschaftlicher Forschungsarbeiten erforderlich ist und**
2. **die Übermittlung der Daten oder die Erstellung der statistischen Auswertungen keinen unverhältnismäßigen Aufwand erfordert.**

(2) Das durch das Bundesministerium für Wirtschaft und Energie beauftragte Statistische Bundesamt ist berechtigt, die statistischen Auswertungen durchzuführen und die statistischen Auswertungen und Daten nach Absatz 1 zu übermitteln.

Literatur: Vgl. die Angaben bei Einl. VergStatVO.

I. Bedeutung der Vorschrift

1   § 5 betrifft die **Übermittlung** der iRd Vergabestatistik erhobenen Daten (in anonymisierter Form) bzw. statistischer Auswertungen dieser Daten **an Einrichtungen, die wissenschaftliche Forschung betreiben**. Ziel der Vorschrift ist die Ermöglichung einer anwendungsorientierten Forschung auf valider Datenbasis, ohne die Anonymität der Daten zu verletzen. Die Ergebnisse dieser Forschung sollen dem Gesetzgeber, der Politik, den Behörden und den Vergabestellen Impulse zur Weiterentwicklung des öffentlichen Beschaffungswesens liefern.[1]

II. Übermittlung statistischer Auswertungen oder Daten (Abs. 1)

2   Abs. 1 regelt die Voraussetzungen für die Datenübermittlung. Inhalt des Anspruchs ist die **Übermittlung statistischer Auswertungen oder statistischer Daten in anonymisierter Form**. Ein Anspruch auf Übermittlung nicht-anonymisierter Daten besteht nicht. Berechtigte sind Einrichtungen, die wissenschaftliche Forschung betreiben. Hierunter fallen insbes. Fachhochschulen, Hochschulen, Universitäten und wissenschaftliche Forschungseinrichtungen.[2]

---

[19] Statistisches Bundesamt, Newsletter Vergabestatistik 02/2021; Kremer/Beyer WISTA 02/2023, 60 (69).
[20] BT-Drs. 19/15603, 64.
[1] BR-Drs. 87/16, 305.
[2] BR-Drs. 87/16, 305.

Zuständig für die Bereitstellung der Daten ist das **Bundesministerium für Wirtschaft und Energie** (jetzt: Bundesministerium für Wirtschaft und Klimaschutz (BMWK)). Die berechtigte Forschungseinrichtung muss die Übermittlung der Daten beim BMWK **beantragen**.[3]

Damit ein Anspruch besteht, müssen kumulativ die Voraussetzungen der Nrn. 1 und 2 vorliegen: Die beantragten Daten oder statistischen Auswertungen müssen für die Durchführung der wissenschaftlichen Forschungsarbeiten **erforderlich** sein (Nr. 1). Die Übermittlungspflicht besteht des Weiteren nur, wenn die Übermittlung der Daten oder die Erstellung der statistischen Auswertungen **keinen unverhältnismäßigen Aufwand** erfordert (Nr. 2).

III. Durchführung und Übermittlung durch das Statistische Bundesamt (Abs. 2)

Hat das BMWK dem Antrag stattgegeben, so berechtigt Abs. 2 das **Statistische Bundesamt,** die entspr. statistischen **Auswertungen durchzuführen** und Ergebnisse der Auswertung sowie ggf. die Einzeldaten in anonymisierter Form an die Antragstellerin zu **übermitteln**.[4]

§ 6 Anwendungsbestimmung

(1) **Das Bundesministerium für Wirtschaft und Energie hat**
1. **das Vorliegen der Voraussetzungen einer elektronischen Datenübertragung entsprechend den Vorgaben des § 1 Absatz 3 festzustellen und**
2. **die Feststellung nach Nummer 1 im Bundesanzeiger bekanntzumachen.**

(2) **Die §§ 1 bis 5 sind ab dem ersten Tag des vierten Monats, der auf den Monat der Bekanntmachung nach Absatz 1 Satz 1 Nummer 2 folgt, anzuwenden; dieser Tag ist vom Bundesministerium für Wirtschaft und Energie unverzüglich im Bundesanzeiger bekanntzumachen.**

Literatur: Vgl. die Angaben bei Einl. VergStatVO.

Die VergStatVO ist gem. Art. 6 Abs. 1 des Gesetzes zur beschleunigten Beschaffung im Bereich der Verteidigung und Sicherheit und zur Optimierung der Vergabestatistik v. 25.3.2020[1] am 2.4.2020 in Kraft getreten.[2] Um eine reibungslose Datenübertragung sicherzustellen,[3] regelt § 6, dass die §§ 1–5 nicht schon bei Inkrafttreten der VergStatVO anwendbar sein sollen, sondern erst bei Vorliegen der technischen Voraussetzungen zur Datenübermittlung. Dass dies der Fall ist, sollte nach Abs. 1 vom Bundesministerium für Wirtschaft und Energie (jetzt: Bundesministerium für Wirtschaft und Klimaschutz) festgestellt (Abs. 1 Nr. 1) und im BAnz. bekannt gemacht (Abs. 1 Nr. 2) werden. Nach Abs. 2 sind die §§ 1–5 ab dem ersten Tag des vierten Monats, der auf den Monat der Bekanntmachung folgt, anzuwenden.

Die Bekanntmachung nach § 6 erfolgte am 3.6.2020[4], sodass die §§ 1–5 seit dem 1.10.2020 anwendbar sind.

---

[3] BT-Drs. 19/15603, 64.
[4] BT-Drs. 19/15603, 64.
[1] BGBl. 2020 I S. 674.
[2] Ausf. zur Geschichte der VergStatVO → Einl. Rn. 1 ff.
[3] BT-Drs. 19/15603, 64.
[4] BAnz AT 25.6.2020 B2.

§ 7 Übergangsregelung

(1) ¹Solange die §§ 1 bis 5 nicht nach § 6 anzuwenden sind, übermitteln die Auftraggeber dem Bundesministerium für Wirtschaft und Energie für vergebene Aufträge, die der Vergabeverordnung unterliegen, eine jährliche statistische Aufstellung der jeweils im Vorjahr vergebenen Aufträge, und zwar getrennt nach öffentlichen Liefer-, Dienstleistungs- und Bauaufträgen. ²Für jeden Auftraggeber enthält die statistische Aufstellung mindestens die Zahl und den Wert der vergebenen Aufträge. ³Die Daten werden, soweit möglich, wie folgt aufgeschlüsselt:
1. nach den jeweiligen Vergabeverfahren,
2. nach Waren, Dienstleistungen und Bauarbeiten gemäß den Kategorien der Common Procurement Vocabulary-Nomenklatur,
3. nach der Staatszugehörigkeit des Bieters, an den der Auftrag vergeben wurde.

(2) Die statistischen Aufstellungen im Sinne des Absatzes 1 für oberste und obere Bundesbehörden und für vergleichbare Bundeseinrichtungen enthalten auch den geschätzten Gesamtwert der Aufträge unterhalb der Schwellenwerte.

(3) ¹Solange die §§ 1 bis 5 nicht nach § 6 anzuwenden sind, übermitteln die Sektorenauftraggeber dem Bundesministerium für Wirtschaft und Energie für vergebene Aufträge, die der Sektorenverordnung unterliegen, eine jährliche Aufstellung der jeweils im Vorjahr vergebenen Aufträge, und zwar getrennt nach öffentlichen Liefer-, Dienstleistungs- und Bauaufträgen. ²Für jeden Sektorenauftraggeber enthält die statistische Aufstellung mindestens die Zahl und den Wert der vergebenen Aufträge. ³Die Sätze 1 und 2 gelten nicht für Auftraggeber der Bereiche Gas- und Wärmeversorgung und Eisenbahnverkehr, ausgenommen Schnellbahnen. ⁴In den anderen Sektorenbereichen entfallen Angaben über Dienstleistungsaufträge.

(4) ¹Die Sektorenauftraggeber übermitteln dem Bundesministerium für Wirtschaft und Energie auch den Gesamtwert der vergebenen Aufträge unterhalb der Schwellenwerte, die ohne eine Schwellenwertfestlegung von der Datenübermittlungspflicht erfasst wären. ²Aufträge von geringem Wert können aus Gründen der Vereinfachung unberücksichtigt bleiben.

(5) ¹Solange die §§ 1 bis 5 nicht nach § 6 anzuwenden sind, übermitteln die öffentlichen Auftraggeber und Sektorenauftraggeber dem Bundesministerium für Wirtschaft und Energie für vergebene Aufträge, die der Vergabeverordnung für die Bereiche Verteidigung und Sicherheit unterliegen, eine jährliche Aufstellung der jeweils im Vorjahr vergebenen Aufträge, und zwar getrennt nach öffentlichen Liefer-, Dienstleistungs- und Bauaufträgen. ²Für jeden Auftraggeber enthält die statistische Aufstellung mindestens die Zahl und den Wert der vergebenen Aufträge. ³Die Daten werden, soweit möglich, wie folgt aufgeschlüsselt:
1. nach den jeweiligen Vergabeverfahren,
2. nach Waren, Dienstleistungen und Bauarbeiten gemäß den Kategorien der Common Procurement Vocabulary-Nomenklatur,
3. nach der Staatszugehörigkeit des Bieters, an den der Auftrag vergeben wurde.

(6) ¹Das Bundesministerium für Wirtschaft und Energie setzt jeweils durch Allgemeinverfügung fest, in welcher Form die statistischen Angaben zu übermitteln sind. ²Die Allgemeinverfügung wird im Bundesanzeiger bekannt gemacht.

Anlage 1 **Anlage 1 VergStatVO**

Bevor die §§ 1–5 gem. § 6 am 1.10.2020 anwendbar wurden (→ § 6 Rn. 1 f.), **1** galten die Übermittlungspflichten der Übergangsregelung des § 7 (§ 8 aF, → Einl. Rn. 1 ff.). Die Form der Übermittlung der Daten wurde gem. Abs. 6 vom Bundesministerium für Wirtschaft und Energie (BMWi) durch Allgemeinverfügung festgelegt. Dies geschah zum letzten Mal für die ersten drei Quartale 2020 durch Allgemeinverfügungen des BMWi vom 10.12.2020.[1] § 7 hat seit dem Abschluss der Datenmeldungen für diesen Zeitraum **keine praktische Bedeutung mehr**.

Anlage 1

(zu § 3 Absatz 1 Nummer 1)

Öffentlicher Auftrag durch einen öffentlichen Auftraggeber

Abschnitt 1 Daten, die durch öffentliche Auftraggeber nach Zuschlagserteilung im Rahmen der Vergabe eines öffentlichen Auftrages im Oberschwellenbereich dem Statistischen Bundesamt zugeleitet werden

Merkmalsgruppe	Name des Merkmals	Ausprägungen/Bemerkungen
Angaben zum Auftraggeber	Name des Auftraggebers[1]	Anzugeben ist hier die Bezeichnung des Auftraggebers und keine einzelnen Organisationseinheiten innerhalb des Auftraggebers.
	Leitweg-ID	Jeder öffentliche Auftraggeber verfügt über eine oder mehrere Leitweg-ID, die zur Übermittlung der elektronischen Rechnung gem. E-Rechnungsverordnung vom 13. Oktober 2017 (BGBl. I S. 3555) (ERechV) (auf Bundesebene) in den Vergabeunterlagen angegeben werden müssen. Die Angabe ist nur für Auftraggeber auf Bundesebene verpflichtend.
	Art des Auftraggebers	Öffentliche Auftraggeber Bund ☐ Oberste Bundesbehörden ☐ Obere, mittlere und untere Bundesbehörden ☐ Körperschaften des öffentlichen Rechts auf Bundesebene ☐ Anstalten des öffentlichen Rechts auf Bundesebene ☐ Stiftungen des öffentlichen Rechts auf Bundesebene ☐ Sonstige Auftraggeber auf Bundesebene

---

[1] Allgemeinverfügungen des BMWi v. 10.12.2020, BAnz AT 4.1.2021 B1 (öffentliche Auftraggeber iSd § 99 GWB), BAnz AT 4.1.2021 B2 (Sektorenauftraggeber iSd § 100 GWB), BAnz AT 4.1.2021 B3 (Verteidigung und Sicherheit iSd § 104 GWB).

[1] **Amtl. Anm.:** Anmerkung: „Auftraggeber" bezeichnet im Folgenden die in § 98 des Gesetzes gegen Wettbewerbsbeschränkungen genannten Auftraggeber.

Meeßen

VergStatVO Anlage 1 — Übergangsregelung

Merkmals-gruppe	Name des Merkmals	Ausprägungen/Bemerkungen
		Land ☐ Oberste Landesbehörden ☐ Obere, mittlere und untere Landesbehörden ☐ Körperschaften des öffentlichen Rechts auf Landesebene ☐ Anstalten des öffentlichen Rechts auf Landesebene ☐ Stiftungen des öffentlichen Rechts auf Landesebene ☐ Sonstige Auftraggeber auf Landesebene Kommunen ☐ Kommunalbehörden ☐ Körperschaften des öffentlichen Rechts auf Kommunalebene ☐ Anstalten des öffentlichen Rechts auf Kommunalebene ☐ Stiftungen des öffentlichen Rechts auf Kommunalebene ☐ Sonstige Auftraggeber auf Kommunalebene Sonstige ☐ Sonstige Auftraggeber
	Postleitzahl des Auftraggebers	Räumliche Zuordnung des Auftraggebers
	Zentrale Beschaffungsstelle	☐ ja ☐ nein
Angaben zum Auftragsgegenstand	Bekanntmachungsnummer im Amtsblatt der EU	Bekanntmachungsnummer im Amtsblatt der EU
	Auftragsnummer	Interne Auftrags-Nr. oder vergebenes Aktenzeichen
	Art des Auftrages	☐ Bauauftrag ☐ Lieferauftrag ☐ Dienstleistungsauftrag
	Common Procurement Vocabulary-Code (CPV-Code)	Die Angabe dient der Ermittlung des Auftragsgegenstandes. Anzugeben ist der Hauptteil des CPV-Codes (ohne Zusatzteil). Mehrfachnennung ist möglich. Es können bis zu drei CPV-Codes angegeben werden.
	Auftragswert	Ermittlung des Netto-Auftragswertes in Euro
	Aufteilung des Auftrags in Lose	☐ ja ☐ nein
	Zuschlagskriterium	Ermittlung der Zuschlagskriterien für die Zuschlagsentscheidung: ☐ nur Preis

Anlage 1 VergStatVO

Merkmals-gruppe	Name des Merkmals	Ausprägungen/Bemerkungen
		☐ nur Kosten ☐ Preis und Qualitätskriterien ☐ Kosten und Qualitätskriterien Wenn Zuschlagskriterium: ☒ Preis und Qualitätskriterien → Gewichtung Preis vs. Qualitätskriterien in % Wenn Zuschlagskriterium: ☒ Kosten und Qualitätskriterien → Gewichtung Kosten vs. Qualitätskriterien in %
Angaben zum Verfahren	Verfahrensart	☐ Offenes Verfahren (§ 15 VgV; § 3 EU Nr. 1 Vergabe- und Vertragsordnung für Bauleistungen, Teil A, in der Fassung der Bekanntmachung vom 31. Januar 2019 (BAnz AT 19.2.2019 B2) (VOB/A) ☐ Nicht offenes Verfahren (§ 16 VgV; § 3 EU Nr. 2 VOB/A) ☐ Verhandlungsverfahren mit Teilnahmewettbewerb (§ 17 Abs. 1 VgV; § 3 EU Nr. 3 VOB/A) ☐ Verhandlungsverfahren ohne Teilnahmewettbewerb (§ 17 Abs. 5 VgV; § 3 EU Nr. 3 VOB/A) ☐ Wettbewerblicher Dialog (§ 18 VgV; § 3 EU Nr. 4 VOB/A) ☐ Innovationspartnerschaft (§ 19 VgV; § 3 EU Nr. 5 VOB/A)
	Rahmenvereinbarung	☐ ja ☐ nein
	Dynamisches Beschaffungssystem	☐ ja ☐ nein
	Elektronische Auktion	☐ ja ☐ nein
	Nachhaltigkeitskriterien (siehe Anlage 9)	Berücksichtigung nachhaltiger Kriterien bei der Leistungsbeschreibung, bei der Eignung, bei den Zuschlagskriterien oder bei den Ausführungsbedingungen ☐ ja ☐ nein Wenn Nachhaltigkeitskriterien ☒ ja → Ermittlung, an welcher Stelle des Vergabeverfahrens das/die Nachhaltigkeitskriterium/en vorgegeben wurde/n: ☐ Leistungsbeschreibung ☐ Eignung ☐ Zuschlag ☐ Ausführungsbedingungen (Mehrfachnennung ist möglich.)

VergStatVO Anlage 1 — Übergangsregelung

Merkmalsgruppe	Name des Merkmals	Ausprägungen/Bemerkungen
		Wenn Leistungsbeschreibung ☒ → Ermittlung, welche Art von Nachhaltigkeitskriterium: ☐ umweltbezogen ☐ sozial ☐ innovativ (Mehrfachnennung ist möglich.) Wenn Eignung ☒ → Ermittlung, welche Art von Nachhaltigkeitskriterium: ☐ umweltbezogen ☐ sozial ☐ innovativ (Mehrfachnennung ist möglich.) Wenn Zuschlag ☒ → Ermittlung, welche Art von Nachhaltigkeitskriterium: ☐ umweltbezogen ☐ sozial ☐ innovativ (Mehrfachnennung ist möglich.) Wenn Ausführungsbedingung ☒ → Ermittlung, welche Art von Nachhaltigkeitskriterium: ☐ umweltbezogen ☐ sozial ☐ innovativ (Mehrfachnennung ist möglich.)
Angaben zur Auftragsvergabe	Datum des Vertragsabschlusses	Zeitliche Zuordnung der Vergabe
	Gesamtanzahl eingegangener Angebote	Anzahl der Angebote, die insgesamt eingegangen sind
	Anzahl Angebote von KMU	Anzahl der Angebote, die von Kleinstunternehmen und/oder kleinen und/oder mittleren Unternehmen eingegangen sind. Es wird die KMU-Definition in der Empfehlung 2003/361/EG der Kommission vom 6. Mai 2003 betreffend die Definition der Kleinstunternehmen sowie der kleinen und mittleren Unternehmen (ABl. L 124 vom 20.5.2003, S. 36) zugrunde gelegt.
	Anzahl Angebote aus anderen EU-Mitgliedstaaten	Anzahl der Angebote, die aus anderen europäischen Mitgliedstaaten eingegangen sind
	Anzahl elektronisch übermittelter Angebote	Anzahl der auf elektronischem Wege eingegangenen Angebote

Anlage 1 **Anlage 1 VergStatVO**

Merkmals-gruppe	Name des Merkmals	Ausprägungen/Bemerkungen
	Auftragnehmer ist ein KMU	☐ ja ☐ nein
	Herkunftsland Auftragnehmer	Angabe des Herkunftslandes des Auftragnehmers
Abschlussseite	Bemerkung	Freiwillige Angabe

Abschnitt 2 Merkmale, die ausschließlich der technischen Umsetzung der Datenübermittlung nach § 2 Absatz 1 dienen

Merkmals-gruppe	Name des Merkmals	Ausprägungen/Bemerkungen
Merkmale	Name der Berichtsstelle	Zur Erfüllung ihrer Meldepflichten bedienen sich die Auftraggeber Berichtsstellen. Berichtsstellen sind diejenigen Stellen, die Informationen über vergebene Aufträge als Auftraggeber selbst oder für einen anderen Auftraggeber melden.
	Straße	
	Hausnummer	
	Postleitzahl	
	Ort	
	Postfachnummer	Freiwillige Angaben
	Postleitzahl des Postfaches	
	Ort des Postfaches	
	Nachname Ansprechperson	
	Vorname Ansprechperson	
	E-Mail-Adresse	
	Telefonnummer	
	Auftraggebereigenschaft[2]	☐ Öffentlicher Auftrag durch öffentliche Auftraggeber im Oberschwellenbereich ☐ Öffentlicher Auftrag durch öffentliche Auftraggeber über soziale und andere besondere Dienstleistungen im Oberschwellenbereich ☐ Öffentlicher Auftrag durch Sektorenauftraggeber im Oberschwellenbereich ☐ Öffentlicher Auftrag durch Sektorenauftraggeber über soziale und andere besondere Dienstleistungen im Oberschwellenbereich

---

[2] **Amtl. Anm.:** Anmerkung: „Auftraggeber" bezeichnet in diesem Fall die in § 98 des Gesetzes gegen Wettbewerbsbeschränkungen genannten Auftraggeber.

VergStatVO Anlage 2 Übergangsregelung

Merkmals-gruppe	Name des Merkmals	Ausprägungen/Bemerkungen
		☐ Konzession durch Konzessionsgeber im Oberschwellenbereich ☐ Konzession durch Konzessionsgeber über soziale und andere besondere Dienstleistungen im Oberschwellenbereich ☐ Verteidigungs- und sicherheitsspezifischer öffentlicher Auftrag durch öffentliche Auftraggeber und Sektorenauftraggeber im Oberschwellenbereich ☐ Öffentliche Aufträge durch öffentliche Auftraggeber im Unterschwellenbereich
Angaben zur Meldung	Korrekturmeldung	☐ ja ☐ nein

Anlage 2

(zu § 3 Absatz 1 Nummer 2)

Öffentlicher Auftrag über eine soziale oder andere besondere Dienstleistung durch einen öffentlichen Auftraggeber

Abschnitt 1 Daten, die durch öffentliche Auftraggeber nach Zuschlagserteilung im Rahmen der Vergabe eines öffentlichen Auftrages im Oberschwellenbereich über soziale und andere besondere Dienstleistungen nach Anhang XIV der Richtlinie 2014/24/EU dem Statistischen Bundesamt zugeleitet werden

Merkmals-gruppe	Name des Merkmals	Ausprägungen/Bemerkungen
Angaben zum Auftraggeber	Name des Auftraggebers[1]	Anzugeben ist hier die Bezeichnung des Auftraggebers und keine einzelnen Organisationseinheiten innerhalb des Auftraggebers.
	Leitweg-ID	Jeder öffentliche Auftraggeber verfügt über eine oder mehrere Leitweg-ID, die zur Übermittlung der elektronischen Rechnung gem. ERechV (auf Bundesebene) in den Vergabeunterlagen angegeben werden müssen. Die Angabe ist nur für Auftraggeber auf Bundesebene verpflichtend.
	Art des Auftraggebers	Öffentliche Auftraggeber Bund ☐ Oberste Bundesbehörden ☐ Obere, mittlere und untere Bundesbehörden

---

[1] **Amtl. Anm.:** Anmerkung: „Auftraggeber" bezeichnet in diesem Fall die in § 98 des Gesetzes gegen Wettbewerbsbeschränkungen genannten Auftraggeber.

Anlage 2 VergStatVO

Merkmals-gruppe	Name des Merkmals	Ausprägungen/Bemerkungen
		☐ Körperschaften des öffentlichen Rechts auf Bundesebene ☐ Anstalten des öffentlichen Rechts auf Bundesebene ☐ Stiftungen des öffentlichen Rechts auf Bundesebene ☐ Sonstige Auftraggeber auf Bundesebene Land ☐ Oberste Landesbehörden ☐ Obere, mittlere und untere Landesbehörden ☐ Körperschaften des öffentlichen Rechts auf Landesebene ☐ Anstalten des öffentlichen Rechts auf Landesebene ☐ Stiftungen des öffentlichen Rechts auf Landesebene ☐ Sonstige Auftraggeber auf Landesebene Kommunen ☐ Kommunalbehörden ☐ Körperschaften des öffentlichen Rechts auf Kommunalebene ☐ Anstalten des öffentlichen Rechts auf Kommunalebene ☐ Stiftungen des öffentlichen Rechts auf Kommunalebene ☐ Sonstige Auftraggeber auf Kommunalebene Sonstige ☐ Sonstige Auftraggeber
	Postleitzahl des Auftraggebers	Räumliche Zuordnung des Auftraggebers
	Zentrale Beschaffungsstelle	☐ ja ☐ nein
Angaben zum Auftragsgegenstand	Bekanntmachungsnummer im Amtsblatt der EU	Bekanntmachungsnummer im Amtsblatt der EU
	Auftragsnummer	Interne Auftrags-Nr. oder vergebenes Aktenzeichen
	Art des Auftrages	☒ Aufträge über soziale und andere besondere Dienstleistungen
	CPV-Code	Die Angabe dient der Ermittlung des Auftragsgegenstandes. Anzugeben ist der Hauptteil des CPV-Codes (ohne Zusatzteil). Mehrfachnennung ist möglich. Es können bis zu drei CPV-Codes angegeben werden.

VergStatVO Anlage 2 Übergangsregelung

Merkmalsgruppe	Name des Merkmals	Ausprägungen/Bemerkungen
	Auftragswert	Ermittlung des Netto-Auftragswertes in Euro
	Aufteilung des Auftrags in Lose	☐ ja ☐ nein
	Zuschlagskriterium	Ermittlung der Zuschlagskriterien für die Zuschlagsentscheidung: ☐ nur Preis ☐ nur Kosten ☐ Preis und Qualitätskriterien ☐ Kosten und Qualitätskriterien Wenn Zuschlagskriterium: ☒ Preis und Qualitätskriterien → Gewichtung Preis vs. Qualitätskriterien in % Wenn Zuschlagskriterium: ☒ Kosten und Qualitätskriterien → Gewichtung Kosten vs. Qualitätskriterien in %
Angaben zum Verfahren	Verfahrensart	☐ Offenes Verfahren (§ 15 VgV) ☐ Nicht offenes Verfahren (§ 16 VgV) ☐ Verhandlungsverfahren mit Teilnahmewettbewerb (§ 17 Abs. 1 VgV) ☐ Verhandlungsverfahren ohne Teilnahmewettbewerb (§ 17 Abs. 5 VgV) ☐ Wettbewerblicher Dialog (§ 18 VgV) ☐ Innovationspartnerschaft (§ 19 VgV)
	Rahmenvereinbarung	☐ ja ☐ nein
	Nachhaltigkeitskriterien (siehe Anlage 9)	Berücksichtigung nachhaltiger Kriterien bei der Leistungsbeschreibung, bei der Eignung, bei den Zuschlagskriterien oder bei den Ausführungsbedingungen ☐ ja ☐ nein Wenn Nachhaltigkeitskriterien ☒ ja → Ermittlung, an welcher Stelle des Vergabeverfahrens das/die Nachhaltigkeitskriterium/en vorgegeben wurde/n: ☐ Leistungsbeschreibung ☐ Eignung ☐ Zuschlag ☐ Ausführungsbedingungen (Mehrfachnennung ist möglich.) Wenn Leistungsbeschreibung ☒ → Ermittlung, welche Art von Nachhaltigkeitskriterium: ☐ umweltbezogen ☐ sozial ☐ innovativ (Mehrfachnennung ist möglich.)

Anlage 2 VergStatVO

Merkmals-gruppe	Name des Merkmals	Ausprägungen/Bemerkungen
		Wenn Eignung ☒ → Ermittlung, welche Art von Nachhaltigkeitskriterium: ☐ umweltbezogen ☐ sozial ☐ innovativ (Mehrfachnennung ist möglich.) Wenn Zuschlag ☒ → Ermittlung, welche Art von Nachhaltigkeitskriterium: ☐ umweltbezogen ☐ sozial ☐ innovativ (Mehrfachnennung ist möglich.) Wenn Ausführungsbedingung ☒ → Ermittlung, welche Art von Nachhaltigkeitskriterium: ☐ umweltbezogen ☐ sozial ☐ innovativ (Mehrfachnennung ist möglich.)
Angaben zur Auftragsvergabe	Datum des Vertragsabschlusses	Zeitliche Zuordnung der Vergabe
	Gesamtanzahl eingegangener Angebote	Anzahl der Angebote, die insgesamt eingegangen sind
	Anzahl Angebote von KMU	Anzahl der Angebote, die von Kleinstunternehmen und/oder kleinen und/oder mittleren Unternehmen eingegangen sind. Es wird die KMU-Definition in der Empfehlung 2003/361/EG der Kommission vom 6. Mai 2003 betreffend die Definition der Kleinstunternehmen sowie der kleinen und mittleren Unternehmen (ABl. L 124 vom 20.5.2003, S. 36) zugrunde gelegt.
	Anzahl Angebote aus anderen EU-Mitgliedstaaten	Anzahl der Angebote, die aus anderen europäischen Mitgliedstaaten eingegangen sind
	Anzahl elektronisch übermittelter Angebote	Anzahl der auf elektronischem Wege eingegangenen Angebote
	Auftragnehmer ist ein KMU	☐ ja ☐ nein
	Herkunftsland Auftragnehmer	Angabe des Herkunftslandes des Auftragnehmers
Abschlussseite	Bemerkung	Freiwillige Angabe

VergStatVO Anlage 2 — Übergangsregelung

Abschnitt 2 Merkmale, die ausschließlich der technischen Umsetzung der Datenübermittlung nach § 2 Absatz 1 dienen

Merkmalsgruppe	Name des Merkmals	Ausprägungen/Bemerkungen
Merkmale	Name der Berichtsstelle	Zur Erfüllung ihrer Meldepflichten bedienen sich die Auftraggeber Berichtsstellen. Berichtsstellen sind diejenigen Stellen, die Informationen über vergebene Aufträge als Auftraggeber selbst oder für einen anderen Auftraggeber melden.
	Straße	
	Hausnummer	
	Postleitzahl	
	Ort	
	Postfachnummer	Freiwillige Angaben
	Postleitzahl des Postfaches	
	Ort des Postfaches	
	Nachname Ansprechperson	
	Vorname Ansprechperson	
	E-Mail-Adresse	
	Telefonnummer	
	Auftraggebereigenschaft[2]	☐ Öffentlicher Auftrag durch öffentliche Auftraggeber im Oberschwellenbereich ☐ Öffentlicher Auftrag durch öffentliche Auftraggeber über soziale und andere besondere Dienstleistungen im Oberschwellenbereich ☐ Öffentlicher Auftrag durch Sektorenauftraggeber im Oberschwellenbereich ☐ Öffentlicher Auftrag durch Sektorenauftraggeber über soziale und andere besondere Dienstleistungen im Oberschwellenbereich ☐ Konzession durch Konzessionsgeber im Oberschwellenbereich ☐ Konzession durch Konzessionsgeber über soziale und andere besondere Dienstleistungen im Oberschwellenbereich ☐ Verteidigungs- und sicherheitsspezifischer öffentlicher Auftrag durch öffentliche Auftraggeber und Sektorenauftraggeber im Oberschwellenbereich

---

[2] **Amtl. Anm.**: Anmerkung: „Auftraggeber" bezeichnet in diesem Fall die in § 98 des Gesetzes gegen Wettbewerbsbeschränkungen genannten Auftraggeber.

Merkmals-gruppe	Name des Merkmals	Ausprägungen/Bemerkungen
		☐ Öffentliche Aufträge durch öffentliche Auftraggeber im Unterschwellenbereich
Angaben zur Meldung	Korrekturmeldung	☐ ja ☐ nein

Anlage 3

(zu § 3 Absatz 1 Nummer 3)

Öffentlicher Auftrag durch einen Sektorenauftraggeber

Abschnitt 1 Daten, die durch Sektorenauftraggeber nach Zuschlagserteilung im Rahmen der Vergabe eines öffentlichen Auftrages im Oberschwellenbereich dem Statistischen Bundesamt zugeleitet werden

Merkmals-gruppe	Name des Merkmals	Ausprägungen/Bemerkungen
Angaben zum Auftraggeber	Name des Auftraggebers[1]	Anzugeben ist hier die Bezeichnung des Auftraggebers und keine einzelnen Organisationseinheiten innerhalb des Auftraggebers.
	Leitweg-ID	Jeder öffentliche (Sektoren-)Auftraggeber verfügt über eine oder mehrere Leitweg-ID, die zur Übermittlung der elektronischen Rechnung gem. ERechV (auf Bundesebene) in den Vergabeunterlagen angegeben werden müssen. Die Angabe ist nur für (Sektoren-)Auftraggeber auf Bundesebene verpflichtend.
	Art des Auftraggebers	Öffentliche Auftraggeber Bund ☐ Oberste Bundesbehörden ☐ Obere, mittlere und untere Bundesbehörden ☐ Körperschaften des öffentlichen Rechts auf Bundesebene ☐ Anstalten des öffentlichen Rechts auf Bundesebene ☐ Stiftungen des öffentlichen Rechts auf Bundesebene ☐ Sonstige Auftraggeber auf Bundesebene Land ☐ Oberste Landesbehörden

---

[1] **Amtl. Anm.:** Anmerkung: „Auftraggeber" bezeichnet die in § 98 des Gesetzes gegen Wettbewerbsbeschränkungen genannten Auftraggeber.

VergStatVO Anlage 3 — Übergangsregelung

Merkmalsgruppe	Name des Merkmals	Ausprägungen/Bemerkungen
		☐ Obere, mittlere und untere Landesbehörden ☐ Körperschaften des öffentlichen Rechts auf Landesebene ☐ Anstalten des öffentlichen Rechts auf Landesebene ☐ Stiftungen des öffentlichen Rechts auf Landesebene ☐ Sonstige Auftraggeber auf Landesebene Kommunen ☐ Kommunalbehörden ☐ Körperschaften des öffentlichen Rechts auf Kommunalebene ☐ Anstalten des öffentlichen Rechts auf Kommunalebene ☐ Stiftungen des öffentlichen Rechts auf Kommunalebene ☐ Sonstige Auftraggeber auf Kommunalebene Sonstige ☐ Sonstige Auftraggeber
	Postleitzahl des Auftraggebers	Räumliche Zuordnung des Auftraggebers
	Zentrale Beschaffungsstelle	☐ ja ☐ nein
Angaben zum Auftragsgegenstand	Bekanntmachungsnummer im Amtsblatt der EU	Bekanntmachungsnummer im Amtsblatt der EU
	Auftragsnummer	Interne Auftrags-Nr. oder vergebenes Aktenzeichen
	Art des Auftrages	☐ Bauauftrag ☐ Lieferauftrag ☐ Dienstleistungsauftrag
	CPV-Code	Die Angabe dient der Ermittlung des Auftragsgegenstandes. Anzugeben ist der Hauptteil des CPV-Codes (ohne Zusatzteil). Mehrfachnennung ist möglich. Es können bis zu drei CPV-Codes angegeben werden.
	Auftragswert	Ermittlung des Netto-Auftragswertes in Euro
	Aufteilung des Auftrags in Lose	☐ ja ☐ nein
	Zuschlagskriterium	Ermittlung der Zuschlagskriterien für die Zuschlagsentscheidung: ☐ nur Preis ☐ nur Kosten ☐ Preis und Qualitätskriterien

Anlage 3 VergStatVO

Merkmals-gruppe	Name des Merkmals	Ausprägungen/Bemerkungen
		☐ Kosten und Qualitätskriterien Wenn Zuschlagskriterium: ☒ Preis und Qualitätskriterien → Gewichtung Preis vs. Qualitätskriterien in % Wenn Zuschlagskriterium: ☒ Kosten und Qualitätskriterien → Gewichtung Kosten vs. Qualitätskriterien in %
Angaben zum Verfahren	Verfahrensart	☐ Offenes Verfahren (§ 14 SektVO) ☐ Nicht offenes Verfahren (§ 15 SektVO) ☐ Verhandlungsverfahren mit Teilnahmewettbewerb (§ 15 SektVO) ☐ Verhandlungsverfahren ohne Teilnahmewettbewerb (§ 13 Abs. 2 SektVO) ☐ Wettbewerblicher Dialog (§ 17 SektVO) ☐ Innovationspartnerschaft (§ 18 SektVO)
	Rahmenvereinbarung	☐ ja ☐ nein
	Dynamisches Beschaffungssystem	☐ ja ☐ nein
	Elektronische Auktion	☐ ja ☐ nein
	Nachhaltigkeitskriterien (siehe Anlage 9)	Berücksichtigung nachhaltiger Kriterien bei der Leistungsbeschreibung, bei der Eignung, bei den Zuschlagskriterien oder bei den Ausführungsbedingungen ☐ ja ☐ nein Wenn Nachhaltigkeitskriterien ☒ ja → Ermittlung, an welcher Stelle des Vergabeverfahrens das/die Nachhaltigkeitskriterium/en vorgegeben wurde/n: ☐ Leistungsbeschreibung ☐ Eignung ☐ Zuschlag ☐ Ausführungsbedingungen (Mehrfachnennung ist möglich.) Wenn Leistungsbeschreibung ☒ → Ermittlung, welche Art von Nachhaltigkeitskriterium: ☐ umweltbezogen ☐ sozial ☐ innovativ (Mehrfachnennung ist möglich.) Wenn Eignung ☒ → Ermittlung, welche Art von Nachhaltigkeitskriterium:

VergStatVO Anlage 3 Übergangsregelung

Merkmals-gruppe	Name des Merkmals	Ausprägungen/Bemerkungen
		☐ umweltbezogen ☐ sozial ☐ innovativ (Mehrfachnennung ist möglich.) Wenn Zuschlag ☒ → Ermittlung, welche Art von Nachhaltigkeitskriterium: ☐ umweltbezogen ☐ sozial ☐ innovativ (Mehrfachnennung ist möglich.) Wenn Ausführungsbedingung ☒ → Ermittlung, welche Art von Nachhaltigkeitskriterium: ☐ umweltbezogen ☐ sozial ☐ innovativ (Mehrfachnennung ist möglich.)
Angaben zur Auftragsvergabe	Datum des Vertragsabschlusses	Zeitliche Zuordnung der Vergabe
	Gesamtanzahl eingegangener Angebote	Anzahl der Angebote, die insgesamt eingegangen sind
	Anzahl Angebote von KMU	Anzahl der Angebote, die von Kleinstunternehmen und/oder kleinen und/oder mittleren Unternehmen eingegangen sind. Es wird die KMU-Definition in der Empfehlung 2003/361/EG der Kommission vom 6. Mai 2003 betreffend die Definition der Kleinstunternehmen sowie der kleinen und mittleren Unternehmen (ABl. L 124 vom 20.5.2003, S. 36) zugrunde gelegt.
	Anzahl Angebote aus anderen EU-Mitgliedstaaten	Anzahl der Angebote, die aus anderen europäischen Mitgliedstaaten eingegangen sind
	Anzahl elektronisch übermittelter Angebote	Anzahl der auf elektronischem Wege eingegangenen Angebote
	Auftragnehmer ist ein KMU	☐ ja ☐ nein
	Herkunftsland Auftragnehmer	Angabe des Herkunftslandes des Auftragnehmers
Abschlussseite	Bemerkung	Freiwillige Angabe

Anlage 3 VergStatVO

Abschnitt 2 Merkmale, die ausschließlich der technischen Umsetzung der Datenübermittlung nach § 2 Absatz 1 dienen

Merkmalsgruppe	Name des Merkmals	Ausprägungen/Bemerkungen
Merkmale	Name der Berichtsstelle	Zur Erfüllung ihrer Meldepflichten bedienen sich die (Sektoren-)Auftraggeber Berichtsstellen. Berichtsstellen sind diejenigen Stellen, die Informationen über vergebene Aufträge als (Sektoren-)Auftraggeber selbst oder für einen anderen (Sektoren-)Auftraggeber melden.
	Straße	
	Hausnummer	
	Postleitzahl	
	Ort	
	Postfachnummer	Freiwillige Angaben
	Postleitzahl des Postfaches	
	Ort des Postfaches	
	Nachname Ansprechperson	
	Vorname Ansprechperson	
	E-Mail-Adresse	
	Telefonnummer	
	Auftraggebereigenschaft[2]	☐ Öffentlicher Auftrag durch öffentliche Auftraggeber im Oberschwellenbereich ☐ Öffentlicher Auftrag durch öffentliche Auftraggeber über soziale und andere besondere Dienstleistungen im Oberschwellenbereich ☐ Öffentlicher Auftrag durch Sektorenauftraggeber im Oberschwellenbereich ☐ Öffentlicher Auftrag durch Sektorenauftraggeber über soziale und andere besondere Dienstleistungen im Oberschwellenbereich ☐ Konzession durch Konzessionsgeber im Oberschwellenbereich ☐ Konzession durch Konzessionsgeber über soziale und andere besondere Dienstleistungen im Oberschwellenbereich ☐ Verteidigungs- und sicherheitsspezifischer öffentlicher Auftrag durch öffent-

---

[2] **Amtl. Anm.:** Anmerkung: „Auftraggeber" bezeichnet im Folgenden die in § 98 des Gesetzes gegen Wettbewerbsbeschränkungen genannten Auftraggeber.

VergStatVO Anlage 4 Übergangsregelung

Merkmals-gruppe	Name des Merkmals	Ausprägungen/Bemerkungen
		liche Auftraggeber und Sektorenauftraggeber im Oberschwellenbereich ☐ Öffentliche Aufträge durch öffentliche Auftraggeber im Unterschwellenbereich
Angaben zur Meldung	Korrekturmeldung	☐ ja ☐ nein

Anlage 4

(zu § 3 Absatz 1 Nummer 4)

Öffentlicher Auftrag über eine soziale oder andere besondere Dienstleistung durch einen Sektorenauftraggeber

Abschnitt 1 Daten, die durch Sektorenauftraggeber nach Zuschlagserteilung im Rahmen der Vergabe eines öffentlichen Auftrages im Oberschwellenbereich über soziale und andere besondere Dienstleistungen nach Anhang XVII der Richtlinie 2014/25/EU dem Statistischen Bundesamt zugeleitet werden

Merkmals-gruppe	Name des Merkmals	Ausprägungen/Bemerkungen
Angaben zum Auftraggeber	Name des Auftraggebers[1]	Anzugeben ist hier die Bezeichnung des Auftraggebers und keine einzelnen Organisationseinheiten innerhalb des Auftraggebers.
	Leitweg-ID	Jeder öffentliche (Sektoren-)Auftraggeber verfügt über eine oder mehrere Leitweg-ID, die zur Übermittlung der elektronischen Rechnung gem. ERechV (auf Bundesebene) in den Vergabeunterlagen angegeben werden müssen. Die Angabe ist nur für (Sektoren-)Auftraggeber auf Bundesebene verpflichtend.
	Art des Auftraggebers	Öffentliche Auftraggeber Bund ☐ Oberste Bundesbehörden ☐ Obere, mittlere und untere Bundesbehörden ☐ Körperschaften des öffentlichen Rechts auf Bundesebene ☐ Anstalten des öffentlichen Rechts auf Bundesebene ☐ Stiftungen des öffentlichen Rechts auf Bundesebene ☐ Sonstige Auftraggeber auf Bundesebene

[1] **Amtl. Anm.**: Anmerkung: „Auftraggeber" bezeichnet im Folgenden die in § 98 des Gesetzes gegen Wettbewerbsbeschränkungen genannten Auftraggeber.

Anlage 4 VergStatVO

Merkmalsgruppe	Name des Merkmals	Ausprägungen/Bemerkungen
		Land ☐ Oberste Landesbehörden ☐ Obere, mittlere und untere Landesbehörden ☐ Körperschaften des öffentlichen Rechts auf Landesebene ☐ Anstalten des öffentlichen Rechts auf Landesebene ☐ Stiftungen des öffentlichen Rechts auf Landesebene ☐ Sonstige Auftraggeber auf Landesebene Kommunen ☐ Kommunalbehörden ☐ Körperschaften des öffentlichen Rechts auf Kommunalebene ☐ Anstalten des öffentlichen Rechts auf Kommunalebene ☐ Stiftungen des öffentlichen Rechts auf Kommunalebene ☐ Sonstige Auftraggeber auf Kommunalebene Sonstige ☐ Sonstige Auftraggeber
	Postleitzahl des Auftraggebers	Räumliche Zuordnung des Auftraggebers
	Zentrale Beschaffungsstelle	☐ ja ☐ nein
Angaben zum Auftragsgegenstand	Bekanntmachungsnummer im Amtsblatt der EU	Bekanntmachungsnummer im Amtsblatt der EU
	Auftragsnummer	Interne Auftrags-Nr. oder vergebenes Aktenzeichen
	Art des Auftrages	☒ Aufträge über soziale und andere besondere Dienstleistungen
	CPV-Code	Die Angabe dient der Ermittlung des Auftragsgegenstandes. Anzugeben ist der Hauptteil des CPV-Codes (ohne Zusatzteil). Mehrfachnennung ist möglich. Es können bis zu drei CPV-Codes angegeben werden.
	Auftragswert	Ermittlung des Netto-Auftragswertes in Euro
	Aufteilung des Auftrags in Lose	☐ ja ☐ nein
	Zuschlagskriterium	Ermittlung der Zuschlagskriterien für die Zuschlagsentscheidung: ☐ nur Preis ☐ nur Kosten

Meeßen

VergStatVO Anlage 4 — Übergangsregelung

Merkmals-gruppe	Name des Merkmals	Ausprägungen/Bemerkungen
		☐ Preis und Qualitätskriterien ☐ Kosten und Qualitätskriterien Wenn Zuschlagskriterium: ☒ Preis und Qualitätskriterien → Gewichtung Preis vs. Qualitätskriterien in % Wenn Zuschlagskriterium: ☒ Kosten und Qualitätskriterien → Gewichtung Kosten vs. Qualitätskriterien in %
Angaben zum Verfahren	Verfahrensart	☐ Offenes Verfahren (§ 14 SektVO) ☐ Nicht offenes Verfahren (§ 15 SektVO) ☐ Verhandlungsverfahren mit Teilnahmewettbewerb (§ 15 SektVO) ☐ Verhandlungsverfahren ohne Teilnahmewettbewerb (§ 13 Abs. 2 SektVO) ☐ Wettbewerblicher Dialog (§ 17 SektVO) ☐ Innovationspartnerschaft (§ 18 SektVO)
	Rahmenvereinbarung	☐ ja ☐ nein
	Nachhaltigkeitskriterien (siehe Anlage 9)	Berücksichtigung nachhaltiger Kriterien bei der Leistungsbeschreibung, bei der Eignung, bei den Zuschlagskriterien oder bei den Ausführungsbedingungen ☐ ja ☐ nein Wenn Nachhaltigkeitskriterien ☒ ja → Ermittlung, an welcher Stelle des Vergabeverfahrens das/die Nachhaltigkeitskriterium/en vorgegeben wurde/n: ☐ Leistungsbeschreibung ☐ Eignung ☐ Zuschlag ☐ Ausführungsbedingungen (Mehrfachnennung ist möglich.) Wenn Leistungsbeschreibung ☒ → Ermittlung, welche Art von Nachhaltigkeitskriterium: ☐ umweltbezogen ☐ sozial ☐ innovativ (Mehrfachnennung ist möglich.) Wenn Eignung ☒ → Ermittlung, welche Art von Nachhaltigkeitskriterium: ☐ umweltbezogen ☐ sozial ☐ innovativ (Mehrfachnennung ist möglich.)

Anlage 4

Anlage 4 VergStatVO

Merkmals-gruppe	Name des Merkmals	Ausprägungen/Bemerkungen
		Wenn Zuschlag ☒ → Ermittlung, welche Art von Nachhaltigkeitskriterium: ☐ umweltbezogen ☐ sozial ☐ innovativ (Mehrfachnennung ist möglich.) Wenn Ausführungsbedingung ☒ → Ermittlung, welche Art von Nachhaltigkeitskriterium: ☐ umweltbezogen ☐ sozial ☐ innovativ (Mehrfachnennung ist möglich.)
Angaben zur Auftragsvergabe	Datum des Vertragsabschlusses	Zeitliche Zuordnung der Vergabe
	Gesamtanzahl eingegangener Angebote	Anzahl der Angebote, die insgesamt eingegangen sind
	Anzahl Angebote von KMU	Anzahl der Angebote, die von Kleinstunternehmen und/oder kleinen und/oder mittleren Unternehmen eingegangen sind. Es wird die KMU-Definition in der Empfehlung 2003/361/EG der Kommission vom 6. Mai 2003 betreffend die Definition der Kleinstunternehmen sowie der kleinen und mittleren Unternehmen (ABl. L 124 vom 20.5.2003, S. 36) zugrunde gelegt.
	Anzahl Angebote aus anderen EU-Mitgliedstaaten	Anzahl der Angebote, die aus anderen europäischen Mitgliedstaaten eingegangen sind
	Anzahl elektronisch übermittelter Angebote	Anzahl der auf elektronischem Wege eingegangenen Angebote
	Auftragnehmer ist ein KMU	☐ ja ☐ nein
	Herkunftsland Auftragnehmer	Angabe des Herkunftslandes des Auftragnehmers
Abschlussseite	Bemerkung	Freiwillige Angabe

Abschnitt 2 Merkmale, die ausschließlich der technischen Umsetzung der Datenübermittlung nach § 2 Absatz 1 dienen

Merkmals-gruppe	Name des Merkmals	Ausprägungen/Bemerkungen
Merkmale	Name der Berichtsstelle	Zur Erfüllung ihrer Meldepflichten bedienen sich die (Sektoren-)Auftraggeber Berichtsstellen. Berichtsstellen sind diejeni-

VergStatVO Anlage 4 Übergangsregelung

Merkmalsgruppe	Name des Merkmals	Ausprägungen/Bemerkungen
		gen Stellen, die Informationen über vergebene Aufträge als (Sektoren-)Auftraggeber selbst oder für einen anderen (Sektoren-)Auftraggeber melden.
	Straße	
	Hausnummer	
	Postleitzahl	
	Ort	
	Postfachnummer	Freiwillige Angaben
	Postleitzahl des Postfaches	
	Ort des Postfaches	
	Nachname Ansprechperson	
	Vorname Ansprechperson	
	E-Mail-Adresse	
	Telefonnummer	
	Auftraggebereigenschaft[2]	☐ Öffentlicher Auftrag durch öffentliche Auftraggeber im Oberschwellenbereich ☐ Öffentlicher Auftrag durch öffentliche Auftraggeber über soziale und andere besondere Dienstleistungen im Oberschwellenbereich ☐ Öffentlicher Auftrag durch Sektorenauftraggeber im Oberschwellenbereich ☐ Öffentlicher Auftrag durch Sektorenauftraggeber über soziale und andere besondere Dienstleistungen im Oberschwellenbereich ☐ Konzession durch Konzessionsgeber im Oberschwellenbereich ☐ Konzession durch Konzessionsgeber über soziale und andere besondere Dienstleistungen im Oberschwellenbereich ☐ Verteidigungs- und sicherheitsspezifischer öffentlicher Auftrag durch öffentliche Auftraggeber und Sektorenauftraggeber im Oberschwellenbereich ☐ Öffentliche Aufträge durch öffentliche Auftraggeber im Unterschwellenbereich
Angaben zur Meldung	Korrekturmeldung	☐ ja ☐ nein

---

[2] **Amtl. Anm.:** Anmerkung: „Auftraggeber" bezeichnet in diesem Fall die in § 98 des Gesetzes gegen Wettbewerbsbeschränkungen genannten Auftraggeber.

Anlage 5

(zu § 3 Absatz 1 Nummer 5)

Konzession durch einen Konzessionsgeber

Abschnitt 1 Daten, die durch Konzessionsgeber nach Vergabe einer Konzession im Oberschwellenbereich dem Statistischen Bundesamt zugeleitet werden

Merkmalsgruppe	Name des Merkmals	Ausprägungen/Bemerkungen
Angaben zum Auftraggeber	Name des Auftraggebers[1]	Anzugeben ist hier die Bezeichnung des Auftraggebers und keine einzelnen Organisationseinheiten innerhalb des Auftraggebers.
	Leitweg-ID	Jeder Konzessionsgeber verfügt über eine oder mehrere Leitweg-ID, die zur Übermittlung der elektronischen Rechnung gem. ERechV (auf Bundesebene) in den Vergabeunterlagen angegeben werden müssen. Die Angabe ist nur für Konzessionsgeber auf Bundesebene verpflichtend.
	Art des Auftraggebers	Öffentliche Auftraggeber Bund ☐ Oberste Bundesbehörden ☐ Obere, mittlere und untere Bundesbehörden ☐ Körperschaften des öffentlichen Rechts auf Bundesebene ☐ Anstalten des öffentlichen Rechts auf Bundesebene ☐ Stiftungen des öffentlichen Rechts auf Bundesebene ☐ Sonstige Auftraggeber auf Bundesebene Land ☐ Oberste Landesbehörden ☐ Obere, mittlere und untere Landesbehörden ☐ Körperschaften des öffentlichen Rechts auf Landesebene ☐ Anstalten des öffentlichen Rechts auf Landesebene ☐ Stiftungen des öffentlichen Rechts auf Landesebene ☐ Sonstige Auftraggeber auf Landesebene Kommunen ☐ Kommunalbehörden

---

[1] **Amtl. Anm.:** Anmerkung: „Auftraggeber" bezeichnet im Folgenden die in § 98 des Gesetzes gegen Wettbewerbsbeschränkungen genannten Auftraggeber.

VergStatVO Anlage 5 — Übergangsregelung

Merkmalsgruppe	Name des Merkmals	Ausprägungen/Bemerkungen
		☐ Körperschaften des öffentlichen Rechts auf Kommunalebene ☐ Anstalten des öffentlichen Rechts auf Kommunalebene ☐ Stiftungen des öffentlichen Rechts auf Kommunalebene ☐ Sonstige Auftraggeber auf Kommunalebene Sonstige ☐ Sonstige Auftraggeber
	Postleitzahl des Auftraggebers	Räumliche Zuordnung des Auftraggebers
	Zentrale Beschaffungsstelle	☐ ja ☐ nein
Angaben zum Auftragsgegenstand	Bekanntmachungsnummer im Amtsblatt der EU	Bekanntmachungsnummer im Amtsblatt der EU
	Auftragsnummer	Interne Auftrags-Nr. oder vergebenes Aktenzeichen
	Art des Auftrages	☐ Baukonzession ☐ Dienstleistungskonzession
	CPV-Code	Die Angabe dient der Ermittlung des Auftragsgegenstandes. Anzugeben ist der Hauptteil des CPV-Codes (ohne Zusatzteil). Mehrfachnennung ist möglich. Es können bis zu drei CPV-Codes angegeben werden.
	Auftragswert	Ermittlung des Netto-Auftragswertes in Euro
	Aufteilung des Auftrags in Lose	☐ ja ☐ nein
Angaben zum Verfahren	Verfahrensart	☐ Vergabeverfahren mit vorheriger Veröffentlichung einer Konzessionsbekanntmachung (§ 19 KonzVgV) ☐ Vergabeverfahren ohne vorherige Veröffentlichung einer Konzessionsbekanntmachung (§ 20 KonzVgV)
	Nachhaltigkeitskriterien (siehe Anlage 9)	Berücksichtigung nachhaltiger Kriterien bei der Leistungsbeschreibung, bei der Eignung, bei den Zuschlagskriterien oder bei den Ausführungsbedingungen ☐ ja ☐ nein Wenn Nachhaltigkeitskriterien ☒ ja → Ermittlung, an welcher Stelle des Vergabeverfahrens das/die Nachhaltigkeitskriterium/en vorgegeben wurde/n: ☐ Leistungsbeschreibung

Merkmalsgruppe	Name des Merkmals	Ausprägungen/Bemerkungen
		☐ Eignung ☐ Zuschlag ☐ Ausführungsbedingungen (Mehrfachnennung ist möglich.) Wenn Leistungsbeschreibung ☒ → Ermittlung, welche Art von Nachhaltigkeitskriterium: ☐ umweltbezogen ☐ sozial ☐ innovativ (Mehrfachnennung ist möglich.) Wenn Eignung ☒ → Ermittlung, welche Art von Nachhaltigkeitskriterium: ☐ umweltbezogen ☐ sozial ☐ innovativ (Mehrfachnennung ist möglich.) Wenn Zuschlag ☒ → Ermittlung, welche Art von Nachhaltigkeitskriterium: ☐ umweltbezogen ☐ sozial ☐ innovativ (Mehrfachnennung ist möglich.) Wenn Ausführungsbedingung ☒ → Ermittlung, welche Art von Nachhaltigkeitskriterium: ☐ umweltbezogen ☐ sozial ☐ innovativ (Mehrfachnennung ist möglich.)
Angaben zur Auftragsvergabe	Datum des Vertragsabschlusses	Zeitliche Zuordnung der Vergabe
	Gesamtanzahl eingegangener Angebote	Anzahl der Angebote, die insgesamt eingegangen sind
	Anzahl Angebote von KMU	Anzahl der Angebote, die von Kleinstunternehmen und/oder kleinen und/oder mittleren Unternehmen eingegangen sind. Es wird die KMU-Definition in der Empfehlung 2003/361/EG der Kommission vom 6. Mai 2003 betreffend die Definition der Kleinstunternehmen sowie der kleinen und mittleren Unternehmen (ABl. L 124 vom 20.5.2003, S. 36) zugrunde gelegt.
	Anzahl Angebote aus anderen EU-Mitgliedstaaten	Anzahl der Angebote, die aus anderen europäischen Mitgliedstaaten eingegangen sind

VergStatVO Anlage 5 Übergangsregelung

Merkmals-gruppe	Name des Merkmals	Ausprägungen/Bemerkungen
	Anzahl elektronisch übermittelter Angebote	Anzahl der auf elektronischem Wege eingegangenen Angebote
	Auftragnehmer ist ein KMU	☐ ja ☐ nein
	Herkunftsland Auftragnehmer	Angabe des Herkunftslandes des Auftragnehmers
Abschlussseite	Bemerkung	Freiwillige Angabe

Abschnitt 2 Merkmale, die ausschließlich der technischen Umsetzung der Datenübermittlung nach § 2 Absatz 1 dienen

Merkmals-gruppe	Name des Merkmals	Ausprägungen/Bemerkungen
Merkmale	Name der Berichtsstelle	Zur Erfüllung ihrer Meldepflichten bedienen sich die Konzessionsgeber Berichtsstellen. Berichtsstellen sind diejenigen Stellen, die Informationen über vergebene Konzessionen als Konzessionsgeber selbst oder für einen anderen Konzessionsgeber melden.
	Straße	
	Hausnummer	
	Postleitzahl	
	Ort	
	Postfachnummer	Freiwillige Angaben
	Postleitzahl des Postfaches	
	Ort des Postfaches	
	Nachname Ansprechperson	
	Vorname Ansprechperson	
	E-Mail-Adresse	
	Telefonnummer	
	Auftraggebereigenschaft[2]	☐ Öffentlicher Auftrag durch öffentliche Auftraggeber im Oberschwellenbereich ☐ Öffentlicher Auftrag durch öffentliche Auftraggeber über soziale und andere besondere Dienstleistungen im Oberschwellenbereich ☐ Öffentlicher Auftrag durch Sektorenauftraggeber im Oberschwellenbereich

---

[2] **Amtl. Anm.**: Anmerkung: „Auftraggeber" bezeichnet in diesem Fall die in § 98 des Gesetzes gegen Wettbewerbsbeschränkungen genannten Auftraggeber.

Merkmals-gruppe	Name des Merkmals	Ausprägungen/Bemerkungen
		☐ Öffentlicher Auftrag durch Sektorenauftraggeber über soziale und andere besondere Dienstleistungen im Oberschwellenbereich ☐ Konzession durch Konzessionsgeber im Oberschwellenbereich ☐ Konzession durch Konzessionsgeber über soziale und andere besondere Dienstleistungen im Oberschwellenbereich ☐ Verteidigungs- und sicherheitsspezifischer öffentlicher Auftrag durch öffentliche Auftraggeber und Sektorenauftraggeber im Oberschwellenbereich ☐ Öffentliche Aufträge durch öffentliche Auftraggeber im Unterschwellenbereich
Angaben zur Meldung	Korrekturmeldung	☐ ja ☐ nein

Anlage 6

(zu § 3 Absatz 1 Nummer 6)

Konzession über eine soziale oder andere besondere Dienstleistung durch einen Konzessionsgeber

Abschnitt 1 Daten, die durch Konzessionsgeber nach Vergabe einer Konzession im Oberschwellenbereich über soziale und andere besondere Dienstleistungen nach Anhang IV der Richtlinie 2014/23/EU dem Statistischen Bundesamt zugeleitet werden

Merkmals-gruppe	Name des Merkmals	Ausprägungen/Bemerkungen
Angaben zum Auftraggeber	Name des Auftraggebers[1]	Anzugeben ist hier die Bezeichnung des Auftraggebers und keine einzelnen Organisationseinheiten innerhalb des Auftraggebers.
	Leitweg-ID	Jeder Konzessionsgeber verfügt über eine oder mehrere Leitweg-ID, die zur Übermittlung der elektronischen Rechnung gem. ERechV (auf Bundesebene) in den Vergabeunterlagen angegeben werden müssen. Die Angabe ist nur für Konzessionsgeber auf Bundesebene verpflichtend.

---

[1] **Amtl. Anm.**: Anmerkung: „Auftraggeber" bezeichnet im Folgenden die in § 98 des Gesetzes gegen Wettbewerbsbeschränkungen genannten Auftraggeber.

VergStatVO Anlage 6 — Übergangsregelung

Merkmals-gruppe	Name des Merkmals	Ausprägungen/Bemerkungen
	Art des Auftraggebers	Öffentliche Auftraggeber Bund ☐ Oberste Bundesbehörden ☐ Obere, mittlere und untere Bundesbehörden ☐ Körperschaften des öffentlichen Rechts auf Bundesebene ☐ Anstalten des öffentlichen Rechts auf Bundesebene ☐ Stiftungen des öffentlichen Rechts auf Bundesebene ☐ Sonstige Auftraggeber auf Bundesebene Land ☐ Oberste Landesbehörden ☐ Obere, mittlere und untere Landesbehörden ☐ Körperschaften des öffentlichen Rechts auf Landesebene ☐ Anstalten des öffentlichen Rechts auf Landesebene ☐ Stiftungen des öffentlichen Rechts auf Landesebene ☐ Sonstige Auftraggeber auf Landesebene Kommunen ☐ Kommunalbehörden ☐ Körperschaften des öffentlichen Rechts auf Kommunalebene ☐ Anstalten des öffentlichen Rechts auf Kommunalebene ☐ Stiftungen des öffentlichen Rechts auf Kommunalebene ☐ Sonstige Auftraggeber auf Kommunalebene Sonstige ☐ Sonstige Auftraggeber
	Postleitzahl des Auftraggebers	Räumliche Zuordnung des Auftraggebers
	Zentrale Beschaffungsstelle	☐ ja ☐ nein
Angaben zum Auftragsgegenstand	Bekanntmachungsnummer im Amtsblatt der EU	Bekanntmachungsnummer im Amtsblatt der EU
	Auftragsnummer	Interne Auftrags-Nr. oder vergebenes Aktenzeichen
	Art des Auftrages	☒ Konzessionen über soziale und andere besondere Dienstleistungen

Anlage 6 VergStatVO

Merkmals-gruppe	Name des Merkmals	Ausprägungen/Bemerkungen
	CPV-Code	Die Angabe dient der Ermittlung des Auftragsgegenstandes. Anzugeben ist der Hauptteil des CPV-Codes (ohne Zusatzteil). Mehrfachnennung ist möglich. Es können bis zu drei CPV-Codes angegeben werden.
	Auftragswert	Ermittlung des Netto-Auftragswertes in Euro
	Aufteilung des Auftrags in Lose	☐ ja ☐ nein
Angaben zum Verfahren	Verfahrensart	☐ Vergabeverfahren mit vorheriger Veröffentlichung einer Konzessionsbekanntmachung (§ 22 KonzVgV) ☐ Vergabeverfahren ohne vorherige Veröffentlichung einer Konzessionsbekanntmachung (§ 22 KonzVgV)
	Nachhaltigkeitskriterien (siehe Anlage 9)	Berücksichtigung nachhaltiger Kriterien bei der Leistungsbeschreibung, bei der Eignung, bei den Zuschlagskriterien oder bei den Ausführungsbedingungen ☐ ja ☐ nein Wenn Nachhaltigkeitskriterien ☒ ja → Ermittlung, an welcher Stelle des Vergabeverfahrens das/die Nachhaltigkeitskriterium/en vorgegeben wurde/n: ☐ Leistungsbeschreibung ☐ Eignung ☐ Zuschlag ☐ Ausführungsbedingungen (Mehrfachnennung ist möglich.) Wenn Leistungsbeschreibung ☒ → Ermittlung, welche Art von Nachhaltigkeitskriterium: ☐ umweltbezogen ☐ sozial ☐ innovativ (Mehrfachnennung ist möglich.) Wenn Eignung ☒ → Ermittlung, welche Art von Nachhaltigkeitskriterium: ☐ umweltbezogen ☐ sozial ☐ innovativ (Mehrfachnennung ist möglich.) Wenn Zuschlag ☒ → Ermittlung, welche Art von Nachhaltigkeitskriterium: ☐ umweltbezogen ☐ sozial ☐ innovativ (Mehrfachnennung ist möglich.)

VergStatVO Anlage 6

Übergangsregelung

Merkmalsgruppe	Name des Merkmals	Ausprägungen/Bemerkungen
		Wenn Ausführungsbedingung ☒ → Ermittlung, welche Art von Nachhaltigkeitskriterium: ☐ umweltbezogen ☐ sozial ☐ innovativ (Mehrfachnennung ist möglich.)
Angaben zur Auftragsvergabe	Datum des Vertragsabschlusses	Zeitliche Zuordnung der Vergabe
	Gesamtanzahl eingegangener Angebote	Anzahl der Angebote, die insgesamt eingegangen sind
	Anzahl Angebote von KMU	Anzahl der Angebote, die von Kleinstunternehmen und/oder kleinen und/oder mittleren Unternehmen eingegangen sind. Es wird die KMU-Definition in der Empfehlung 2003/361/EG der Kommission vom 6. Mai 2003 betreffend die Definition der Kleinstunternehmen sowie der kleinen und mittleren Unternehmen (ABl. L 124 vom 20.5.2003, S. 36) zugrunde gelegt.
	Anzahl Angebote aus anderen EU-Mitgliedstaaten	Anzahl der Angebote, die aus anderen europäischen Mitgliedstaaten eingegangen sind
	Anzahl elektronisch übermittelter Angebote	Anzahl der auf elektronischem Wege eingegangenen Angebote
	Auftragnehmer ist ein KMU	☐ ja ☐ nein
	Herkunftsland Auftragnehmer	Angabe des Herkunftslandes des Auftragnehmers
Abschlussseite	Bemerkung	Freiwillige Angabe

Abschnitt 2 Merkmale, die ausschließlich der technischen Umsetzung der Datenübermittlung nach § 2 Absatz 1 dienen

Merkmalsgruppe	Name des Merkmals	Ausprägungen/Bemerkungen
Merkmale	Name der Berichtsstelle	Zur Erfüllung ihrer Meldepflichten bedienen sich die Konzessionsgeber Berichtsstellen. Berichtsstellen sind diejenigen Stellen, die Informationen über vergebene Konzessionen als Konzessionsgeber selbst oder für einen anderen Konzessionsgeber melden.
	Straße	
	Hausnummer	
	Postleitzahl	
	Ort	

Anlage 6 VergStatVO

Merkmals-gruppe	Name des Merkmals	Ausprägungen/Bemerkungen
	Postfachnummer	Freiwillige Angaben
	Postleitzahl des Postfaches	
	Ort des Postfaches	
	Nachname Ansprechperson	
	Vorname Ansprechperson	
	E-Mail-Adresse	
	Telefonnummer	
	Auftraggebereigenschaft[2]	☐ Öffentlicher Auftrag durch öffentliche Auftraggeber im Oberschwellenbereich ☐ Öffentlicher Auftrag durch öffentliche Auftraggeber über soziale und andere besondere Dienstleistungen im Oberschwellenbereich ☐ Öffentlicher Auftrag durch Sektorenauftraggeber im Oberschwellenbereich ☐ Öffentlicher Auftrag durch Sektorenauftraggeber über soziale und andere besondere Dienstleistungen im Oberschwellenbereich ☐ Konzession durch Konzessionsgeber im Oberschwellenbereich ☐ Konzession durch Konzessionsgeber über soziale und andere besondere Dienstleistungen im Oberschwellenbereich ☐ Verteidigungs- und sicherheitsspezifischer öffentlicher Auftrag durch öffentliche Auftraggeber und Sektorenauftraggeber im Oberschwellenbereich ☐ Öffentliche Aufträge durch öffentliche Auftraggeber im Unterschwellenbereich
Angaben zur Meldung	Korrekturmeldung	☐ ja ☐ nein

---

[2] **Amtl. Anm.:** Anmerkung: „Auftraggeber" bezeichnet in diesem Fall die in § 98 des Gesetzes gegen Wettbewerbsbeschränkungen genannten Auftraggeber.

Anlage 7

(zu § 3 Absatz 1 Nummer 7)

Verteidigungs- oder sicherheitsspezifischer öffentlicher Auftrag durch einen öffentlichen Auftraggeber oder einen Sektorenauftraggeber

Abschnitt 1 Daten, die durch öffentliche Auftraggeber und Sektorenauftraggeber nach Zuschlagserteilung im Rahmen der Vergabe eines verteidigungs- oder sicherheitsspezifischen öffentlichen Auftrages im Oberschwellenbereich dem Statistischen Bundesamt zugeleitet werden

Merkmalsgruppe	Name des Merkmals	Ausprägungen/Bemerkungen
Angaben zum Auftraggeber	Name des Auftraggebers[1]	Anzugeben ist hier die Bezeichnung des Auftraggebers und keine einzelnen Organisationseinheiten innerhalb des Auftraggebers.
	Leitweg-ID	Jeder öffentliche Auftraggeber verfügt über eine oder mehrere Leitweg-ID, die zur Übermittlung der elektronischen Rechnung gem. ERechV (auf Bundesebene) in den Vergabeunterlagen angegeben werden müssen. Die Angabe ist nur für Auftraggeber auf Bundesebene verpflichtend.
	Art des Auftraggebers	Öffentliche Auftraggeber Bund ☐ Oberste Bundesbehörden ☐ Obere, mittlere und untere Bundesbehörden ☐ Körperschaften des öffentlichen Rechts auf Bundesebene ☐ Anstalten des öffentlichen Rechts auf Bundesebene ☐ Stiftungen des öffentlichen Rechts auf Bundesebene ☐ Sonstige Auftraggeber auf Bundesebene Land ☐ Oberste Landesbehörden ☐ Obere, mittlere und untere Landesbehörden ☐ Körperschaften des öffentlichen Rechts auf Landesebene ☐ Anstalten des öffentlichen Rechts auf Landesebene

---

[1] **Amtl. Anm.:** Anmerkung: „Auftraggeber" bezeichnet im Folgenden die in § 98 des Gesetzes gegen Wettbewerbsbeschränkungen genannten Auftraggeber.

Anlage 7 VergStatVO

Merkmals-gruppe	Name des Merkmals	Ausprägungen/Bemerkungen
		☐ Stiftungen des öffentlichen Rechts auf Landesebene ☐ Sonstige Auftraggeber auf Landesebene Kommunen ☐ Kommunalbehörden ☐ Körperschaften des öffentlichen Rechts auf Kommunalebene ☐ Anstalten des öffentlichen Rechts auf Kommunalebene ☐ Stiftungen des öffentlichen Rechts auf Kommunalebene ☐ Sonstige Auftraggeber auf Kommunalebene Sonstige ☐ Sonstige Auftraggeber
	Postleitzahl des Auftraggebers	Räumliche Zuordnung des Auftraggebers
	Zentrale Beschaffungsstelle	☐ ja ☐ nein
Angaben zum Auftragsgegenstand	Bekanntmachungsnummer im Amtsblatt der EU	Bekanntmachungsnummer im Amtsblatt der EU
	Auftragsnummer	Interne Auftrags-Nr. oder vergebenes Aktenzeichen
	Art des Auftrages	☐ Bauauftrag ☐ Lieferauftrag ☐ Dienstleistungsauftrag
	CPV-Code	Die Angabe dient der Ermittlung des Auftragsgegenstandes. Anzugeben ist der Hauptteil des CPV-Codes (ohne Zusatzteil). Mehrfachnennung ist möglich. Es können bis zu drei CPV-Codes angegeben werden.
	Auftragswert	Ermittlung des Netto-Auftragswertes in Euro
	Zuschlagskriterium	Ermittlung der Zuschlagskriterien für die Zuschlagsentscheidung: ☐ nur Preis ☐ nur Kosten ☐ Preis und Qualitätskriterien ☐ Kosten und Qualitätskriterien
Angaben zum Verfahren	Verfahrensart	☐ Nicht offenes Verfahren (§ 11 VSVgV; § 3 VS Nr. 1 VOB/A) [einschließlich des beschleunigten, nicht offenen Verfahrens] ☐ Verhandlungsverfahren mit Teilnahmewettbewerb (§ 11 VSVgV; § 3 VS Nr. 2 VOB/A) [einschließlich des beschleunigten Verhandlungsverfahrens]

VergStatVO Anlage 7 — Übergangsregelung

Merkmals-gruppe	Name des Merkmals	Ausprägungen/Bemerkungen
		☐ Verhandlungsverfahren ohne Teilnahmewettbewerb (§ 12 VSVgV; § 3 VS Nr. 2 VOB/A) ☐ Wettbewerblicher Dialog (§ 13 VSVgV; § 3 VS Nr. 3 VOB/A)
	Rahmenvereinbarung	☐ ja ☐ nein
	Nachhaltigkeitskriterien (siehe Anlage 9)	Berücksichtigung nachhaltiger Kriterien bei der Leistungsbeschreibung, bei der Eignung, bei den Zuschlagskriterien oder bei den Ausführungsbedingungen ☐ ja ☐ nein Wenn Nachhaltigkeitskriterien ☒ ja → Ermittlung, an welcher Stelle des Vergabeverfahrens das/die Nachhaltigkeitskriterium/en vorgegeben wurde/n: ☐ Leistungsbeschreibung ☐ Eignung ☐ Zuschlag ☐ Ausführungsbedingungen (Mehrfachnennung ist möglich.) Wenn Leistungsbeschreibung ☒ → Ermittlung, welche Art von Nachhaltigkeitskriterium: ☐ umweltbezogen ☐ sozial ☐ innovativ (Mehrfachnennung ist möglich.) Wenn Eignung ☒ → Ermittlung, welche Art von Nachhaltigkeitskriterium: ☐ umweltbezogen ☐ sozial ☐ innovativ (Mehrfachnennung ist möglich.) Wenn Zuschlag ☒ → Ermittlung, welche Art von Nachhaltigkeitskriterium: ☐ umweltbezogen ☐ sozial ☐ innovativ (Mehrfachnennung ist möglich.) Wenn Ausführungsbedingung ☒ → Ermittlung, welche Art von Nachhaltigkeitskriterium: ☐ umweltbezogen ☐ sozial ☐ innovativ (Mehrfachnennung ist möglich.)

Anlage 7

Anlage 7 VergStatVO

Merkmals-gruppe	Name des Merkmals	Ausprägungen/Bemerkungen
Angaben zur Auftragsvergabe	Datum des Vertragsabschlusses	Zeitliche Zuordnung der Vergabe
	Gesamtanzahl eingegangener Angebote	Anzahl der Angebote, die insgesamt eingegangen sind
	Anzahl elektronisch übermittelter Angebote	Anzahl der auf elektronischem Wege eingegangenen Angebote
	Herkunftsland Auftragnehmer	Angabe des Herkunftslandes des Auftragnehmers
Abschlussseite	Bemerkung	Freiwillige Angabe

Abschnitt 2 Merkmale, die ausschließlich der technischen Umsetzung der Datenübermittlung nach § 2 Absatz 1 dienen

Merkmals-gruppe	Name des Merkmals	Ausprägungen/Bemerkungen
Merkmale	Name der Berichtsstelle	Zur Erfüllung ihrer Meldepflichten bedienen sich die Auftraggeber Berichtsstellen. Berichtsstellen sind diejenigen Stellen, die Informationen über vergebene Aufträge als Auftraggeber selbst oder für einen anderen Auftraggeber melden.
	Straße	
	Hausnummer	
	Postleitzahl	
	Ort	
	Postfachnummer	Freiwillige Angaben
	Postleitzahl des Postfaches	
	Ort des Postfaches	
	Nachname Ansprechperson	
	Vorname Ansprechperson	
	E-Mail-Adresse	
	Telefonnummer	
	Auftraggebereigenschaft[2]	☐ Öffentlicher Auftrag durch öffentliche Auftraggeber im Oberschwellenbereich ☐ Öffentlicher Auftrag durch öffentliche Auftraggeber über soziale und andere besondere Dienstleistungen im Oberschwellenbereich

[2] **Amtl. Anm.**: Anmerkung: „Auftraggeber" bezeichnet in diesem Fall die in § 98 des Gesetzes gegen Wettbewerbsbeschränkungen genannten Auftraggeber."

VergStatVO Anlage 8 Übergangsregelung

Merkmalsgruppe	Name des Merkmals	Ausprägungen/Bemerkungen
		☐ Öffentlicher Auftrag durch Sektorenauftraggeber im Oberschwellenbereich ☐ Öffentlicher Auftrag durch Sektorenauftraggeber über soziale und andere besondere Dienstleistungen im Oberschwellenbereich ☐ Konzession durch Konzessionsgeber im Oberschwellenbereich ☐ Konzession durch Konzessionsgeber über soziale und andere besondere Dienstleistungen im Oberschwellenbereich ☐ Verteidigungs- und sicherheitsspezifischer öffentlicher Auftrag durch öffentliche Auftraggeber und Sektorenauftraggeber im Oberschwellenbereich ☐ Öffentliche Aufträge durch öffentliche Auftraggeber im Unterschwellenbereich
Angaben zur Meldung	Korrekturmeldung	☐ ja ☐ nein

Anlage 8

(zu § 3 Absatz 2)

Öffentlicher Auftrag durch einen öffentlichen Auftraggeber unterhalb des EU-Schwellenwertes

Abschnitt 1 Daten, die durch öffentliche Auftraggeber nach Zuschlagserteilung im Rahmen der Vergabe eines öffentlichen Auftrages im Unterschwellenbereich dem Statistischen Bundesamt zugeleitet werden

Merkmalsgruppe	Name des Merkmals	Ausprägungen/Bemerkungen
Angaben zum Auftraggeber	Name des Auftraggebers[1]	Anzugeben ist hier die Bezeichnung des Auftraggebers und keine einzelnen Organisationseinheiten innerhalb des Auftraggebers.
	Leitweg-ID	Jeder öffentliche Auftraggeber verfügt über eine oder mehrere Leitweg-ID, die zur Übermittlung der elektronischen Rechnung gem. ERechV (auf Bundesebene) in den Vergabeunterlagen angegeben werden müssen.

---

[1] **Amtl. Anm.**: Anmerkung: „Auftraggeber" bezeichnet im Folgenden die in § 99 des Gesetzes gegen Wettbewerbsbeschränkungen genannten Auftraggeber.

Anlage 8 VergStatVO

Merkmalsgruppe	Name des Merkmals	Ausprägungen/Bemerkungen
		Die Angabe ist nur für Auftraggeber auf Bundesebene verpflichtend.
	Art des Auftraggebers	Öffentliche Auftraggeber Bund ☐ Oberste Bundesbehörden ☐ Obere, mittlere und untere Bundesbehörden ☐ Körperschaften des öffentlichen Rechts auf Bundesebene ☐ Anstalten des öffentlichen Rechts auf Bundesebene ☐ Stiftungen des öffentlichen Rechts auf Bundesebene ☐ Sonstige Auftraggeber auf Bundesebene Land ☐ Oberste Landesbehörden ☐ Obere, mittlere und untere Landesbehörden ☐ Körperschaften des öffentlichen Rechts auf Landesebene ☐ Anstalten des öffentlichen Rechts auf Landesebene ☐ Stiftungen des öffentlichen Rechts auf Landesebene ☐ Sonstige Auftraggeber auf Landesebene Kommunen ☐ Kommunalbehörden ☐ Körperschaften des öffentlichen Rechts auf Kommunalebene ☐ Anstalten des öffentlichen Rechts auf Kommunalebene ☐ Stiftungen des öffentlichen Rechts auf Kommunalebene ☐ Sonstige Auftraggeber auf Kommunalebene Sonstige ☐ Sonstige Auftraggeber
	Postleitzahl des Auftraggebers	Räumliche Zuordnung des Auftraggebers
	Zentrale Beschaffungsstelle	☐ ja ☐ nein
Angaben zum Auftragsgegenstand	Auftragsnummer	Interne Auftrags-Nr. oder vergebenes Aktenzeichen
	Art des Auftrages	☐ Bauauftrag ☐ Lieferauftrag ☐ Dienstleistungsauftrag

VergStatVO Anlage 8　　　　　　　　　　　　　　　　Übergangsregelung

Merkmals-gruppe	Name des Merkmals	Ausprägungen/Bemerkungen
	CPV-Code	Die Angabe dient der Ermittlung des Auftragsgegenstandes. Anzugeben ist der Hauptteil des CPV-Codes (ohne Zusatzteil). Mehrfachnennung ist möglich. Es können bis zu drei CPV-Codes angegeben werden.
	Auftragswert	Ermittlung des Netto-Auftragswertes in Euro
	Aufteilung des Auftrags in Lose	Freiwillige Angabe ☐ ja　☐ nein　☐ keine Angabe
	Zuschlagskriterium	Freiwillige Angabe Ermittlung der Zuschlagskriterien für die Zuschlagsentscheidung: ☐ nur Preis ☐ nur Kosten ☐ Preis und Qualitätskriterien ☐ Kosten und Qualitätskriterien ☐ keine Angabe Wenn Zuschlagskriterium: ☒ Preis und Qualitätskriterien → Gewichtung Preis vs. Qualitätskriterien in % Wenn Zuschlagskriterium: ☒ Kosten und Qualitätskriterien → Gewichtung Kosten vs. Qualitätskriterien in %
Angaben zum Verfahren	Verfahrensart	☐ Öffentliche Ausschreibung (§ 9 UVgO; § 3 Abs. 1 VOB/A) ☐ Beschränkte Ausschreibung mit Teilnahmewettbewerb (§ 10 UVgO; § 3 Abs. 2 VOB/A) ☐ Beschränkte Ausschreibung ohne Teilnahmewettbewerb (§ 11 UVgO; § 3 Abs. 2 VOB/A) ☐ Verhandlungsvergabe/freihändige Vergabe mit Teilnahmewettbewerb (§ 12 Abs. 1 UVgO; § 3 Abs. 3 VOB/A) ☐ Verhandlungsvergabe/freihändige Vergabe ohne Teilnahmewettbewerb (§ 12 Abs. 2 UVgO; § 3 Abs. 3 VOB/A) ☐ Sonstige Verfahren
	Rahmenvereinbarung	Freiwillige Angabe ☐ ja　☐ nein　☐ keine Angabe
	Dynamisches Beschaffungssystem	Freiwillige Angabe ☐ ja　☐ nein　☐ keine Angabe
	Elektronische Auktion	Freiwillige Angabe ☐ ja　☐ nein　☐ keine Angabe

Anlage 8 VergStatVO

Merkmals-gruppe	Name des Merkmals	Ausprägungen/Bemerkungen
	Nachhaltigkeitskriterien (siehe Anlage 9)	Berücksichtigung nachhaltiger Kriterien bei der Leistungsbeschreibung, bei der Eignung, bei den Zuschlagskriterien oder bei den Ausführungsbedingungen ☐ ja ☐ nein
		Wenn Nachhaltigkeitskriterien ☒ ja → Ermittlung, welches Kriterium bei o.g. Merkmalen beachtet wurde: ☐ umweltbezogen ☐ sozial ☐ innovativ (Mehrfachnennung ist möglich.)
Angaben zur Auftragsvergabe	Datum des Vertragsabschlusses	Zeitliche Zuordnung der Vergabe
	Gesamtanzahl eingegangener Angebote	Freiwillige Angabe Anzahl der Angebote, die insgesamt eingegangen sind
	Anzahl Angebote von KMU	Freiwillige Angabe Anzahl der Angebote, die von Kleinstunternehmen und/oder kleinen und/oder mittleren Unternehmen eingegangen sind. Es wird die KMU-Definition in der Empfehlung 2003/361/EG der Kommission vom 6. Mai 2003 betreffend die Definition der Kleinstunternehmen sowie der kleinen und mittleren Unternehmen (ABl. L 124 vom 20.5.2003, S. 36) zugrunde gelegt.
	Anzahl Angebote aus anderen EU-Mitgliedstaaten	Freiwillige Angabe Anzahl der Angebote, die aus anderen europäischen Mitgliedstaaten eingegangen sind
	Anzahl elektronisch übermittelter Angebote	Freiwillige Angabe Anzahl der auf elektronischem Wege eingegangenen Angebote
	Auftragnehmer ist ein KMU	☐ ja ☐ nein
	Herkunftsland Auftragnehmer	Freiwillige Angabe Angabe des Herkunftslandes des Auftragnehmers ☐ keine Angabe
Abschlussseite	Bemerkung	Freiwillige Angabe

VergStatVO Anlage 8   Übergangsregelung

Abschnitt 2 Merkmale, die ausschließlich der technischen Umsetzung der Datenübermittlung nach § 2 Absatz 2 dienen

Merkmals-gruppe	Name des Merkmals	Ausprägungen/Bemerkungen
Merkmale	Name der Berichtsstelle	Zur Erfüllung ihrer Meldepflichten bedienen sich die Auftraggeber Berichtsstellen. Berichtsstellen sind diejenigen Stellen, die Informationen über vergebene Aufträge als Auftraggeber selbst oder für einen anderen Auftraggeber melden.
	Straße	
	Hausnummer	
	Postleitzahl	
	Ort	
	Postfachnummer	Freiwillige Angaben
	Postleitzahl des Postfaches	
	Ort des Postfaches	
	Nachname Ansprechperson	
	Vorname Ansprechperson	
	E-Mail-Adresse	
	Telefonnummer	
	Auftraggebereigenschaft[2]	☐ Öffentlicher Auftrag durch öffentliche Auftraggeber im Oberschwellenbereich ☐ Öffentlicher Auftrag durch öffentliche Auftraggeber über soziale und andere besondere Dienstleistungen im Oberschwellenbereich ☐ Öffentlicher Auftrag durch Sektorenauftraggeber im Oberschwellenbereich ☐ Öffentlicher Auftrag durch Sektorenauftraggeber über soziale und andere besondere Dienstleistungen im Oberschwellenbereich ☐ Konzession durch Konzessionsgeber im Oberschwellenbereich ☐ Konzession durch Konzessionsgeber über soziale und andere besondere Dienstleistungen im Oberschwellenbereich ☐ Verteidigungs- und sicherheitsspezifischer öffentlicher Auftrag durch öffent-

---

[2] **Amtl. Anm.:** Anmerkung: „Auftraggeber" bezeichnet die in § 99 des Gesetzes gegen Wettbewerbsbeschränkungen genannten Auftraggeber.

Merkmals-gruppe	Name des Merkmals	Ausprägungen/Bemerkungen
		liche Auftraggeber und Sektorenauftraggeber im Oberschwellenbereich ☐ Öffentliche Aufträge durch öffentliche Auftraggeber im Unterschwellenbereich
Angaben zur Meldung	Korrekturmeldung	☐ ja ☐ nein

Anlage 9

Erläuterung zu den Nachhaltigkeitskriterien im Sinne der Anlagen 1 bis 8

In einem Vergabeverfahren können insbesondere folgende Nachhaltigkeitskriterien einbezogen werden. Die nachfolgende Aufzählung ist nicht abschließend.

Umweltbezogene Kriterien
– Anforderung der Erfüllung der Voraussetzungen eines ISO-14024-Typ-I-Umweltzeichens (zum Beispiel Blauer Engel, Nordischer Schwan, Österreichisches Umweltzeichen) oder gleichwertige Kriterien
– Anforderung einer Übereinstimmung mit der durch die Verordnung (EG) Nr. 1221/2009 festgelegten Strategie für Umweltmanagement und -betriebsprüfung (EMAS)
– Anforderung einer Übereinstimmung mit einem Umweltmanagementsystem gemäß der Norm ISO 14001, mit Ausnahme der durch die Verordnung (EG) Nr. 1221/2009 festgelegten Strategie für Umweltmanagement und -betriebsprüfung (EMAS)
– Anforderung einer Übereinstimmung mit der höchsten Energieeffizienzklasse (im Einklang mit der Definition in verschiedenen Rechtsvorschriften, zum Beispiel in der Verordnung (EU) Nr. 626/2011 über Luftkonditionierer)
– Anforderung einer Übereinstimmung, für den größten Teil der betreffenden Beschaffung, mit der Verordnung (EG) Nr. 834/2007 über die ökologische/biologische Produktion und die Kennzeichnung von ökologischen/biologischen Produkten
– Vorgabe einer Kostenberechnung auf der Grundlage von Lebenszykluskosten

Soziale Kriterien
– Beschäftigungsmöglichkeiten für Langzeitarbeitslose, Benachteiligte und/oder für Menschen mit Behinderungen
– Zugänglichkeit der Leistung für Menschen mit Behinderungen
– faire Arbeitsbedingungen
– Schutz der Menschen- und Arbeitnehmerrechte in globalen Wertschöpfungsketten
– Gleichstellung der Geschlechter
– Gleichstellung von ethnischen Gruppen
– Kernarbeitsnormen der Internationalen Arbeitsorganisation (IAO) entlang der globalen Wertschöpfungskette

Innovative Kriterien
– Die in Auftrag gegebenen Bauleistungen, Lieferungen oder Dienstleistungen sind innovativ für die Organisation.
– Die in Auftrag gegebenen Bauleistungen, Lieferungen oder Dienstleistungen sind innovativ für den gesamten Markt.

VergStatVO Anlage 9 — Übergangsregelung

– Die technischen Spezifikationen beruhen in erster Linie auf den Funktions- und Leistungsanforderungen und nicht auf der Beschreibung der technischen Lösung.
– Die in Auftrag gegebenen Bauleistungen, Lieferungen oder Dienstleistungen umfassen Forschungs- und Entwicklungstätigkeiten.
– Die in Auftrag gegebenen Bauleistungen, Lieferungen oder Dienstleistungen dürften die Wirksamkeit der Arbeit des Beschaffers erhöhen."

7. Vergabe- und Vertragsordnung für Bauleistungen (VOB) – Teil A Allgemeine Bestimmungen für die Vergabe von Bauleistungen[1]

Vom 31.1.2019 (BAnz AT 19.2.2019 B2), zuletzt geändert durch Bekanntmachung vom 6. September 2023 (BAnz AT 25.9.2023 B4).

Einleitung

Literatur: Adams, eVergabe – die nächsten Schritte, Vergabe Fokus 2016, 11; Boldt, Integrierte Projektabwicklung – Ein Zukunftsmodell für öffentliche Auftraggeber?, NZBau 2019, 547; Burgi, Europa- und verfassungsrechtlicher Rahmen der Vergaberechtsreform, VergabeR 2016, 261; Byok, Reformierter Regelungsrahmen für Beschaffungen im Sicherheits- und Verteidigungssektor, NVwZ 2012, 70; Csaki, Die Entwicklung des Vergaberechts seit 2022, NJW 2023, 1478; Gesing/Kirch, Die „neue" VOB/A, Vergabe News 4/2019, 62; Hattig, Die neue VOB/A 2019, Vergabe Navigator 2/2019, 14; Höfler/Petersen, Erstreckung des Binnenmarktes auf die Verteidigungs- und Sicherheitsmärkte? – Die Beschaffungsrichtlinie 2009/81/EG, EuZW 2011, 336; Hölzl, Neu: Der Konkurrent im Sicherheits- und Verteidigungsbereich, VergabeR 2012, 141; Huerkamp/Kühling, Primärrechtsschutz für Unterschwellenvergaben aus Luxemburg? Zu den Folgen aus den Äquivalenz- und Effektivitätsforderungen des EuGH, NVwZ 2011, 1409; Janssen, Die VOB/A 2019 – Änderungen und Hintergründe, NZBau 2019, 147; Leinemann/Lorenz, VOB/A – Alles bleibt neu?, VergabeNews 2016, 66; Lenhart, Aktuelle Fragen bei Unterschwellenvergaben nach VOB/A, VergabeR 2010, 336; Lutz, Die Mitteilung der Europäischen Kommission zur Vergabe von Aufträgen, die nicht unter die europäischen Vergaberichtlinien fallen, VergabeR 2007, 372; Mieruszewski/Janitzek, Die Vergabe von Bau- und Dienstleistungskonzessionen nach der Konzessionsvergabeverordnung (KonzVgV), VergabeNews 2016, 82; Portz, Das neue Vergaberecht: Eine Bewertung aus kommunaler Sicht, BauR 2016, 52; Reuber, Die neue VOB/A, VergabeR 2016, 339; Rosenkötter, Die Verteidigungsrichtlinie 2009/81/EG und ihre Umsetzung, VergabeR 2012, 267; Roth/Lamm, Die Umsetzung der Verteidigungsgüter-Beschaffungsrichtlinie in Deutschland, NZBau 2012, 609; Scherer-Leydecker, Verteidigungs- und sicherheitsrelevante Aufträge – Eine neue Auftragskategorie im Vergaberecht, NZBau 2012, 533; Schüler, Reform der VOB/A – Übersicht der Neuregelungen, IBR 2019, 242; Siegel, Die Konzessionsvergabe im Unterschwellenbereich, NZBau 2019, 353; Sitsen, Vergaben im Verteidigungs- und Sicherheitsbereich – Rechtsschutzmöglichkeiten übergangener Bieter, Jahrbuch forum vergabe 2012, 109; Sturmberg, Das Vergaberecht en marche – jetzt neue VOB/A zur nationalen Vergabe von Bauleistungen, BauR 2019, 427; von Wietersheim, Aufbau und Struktur des neuen Vergaberechts, VergabeR 2016, 269.

I. VOB/A 2019

Am 19.2.2019 wurden die vom Deutschen Vergabe- und Vertragsausschuss für Bauleistungen (DVA) überarbeiteten Abschn. 1–3 der Vergabe- und Vertragsord- **1**

---

[1] Die Änderungen durch Bek. v. 16.6.2023 (BAnz AT 04.07.2023 B3) und Bek. v. 6.9.2023 (BAnz AT 25.09.2023 B4) waren bei Drucklegung noch nicht in Kraft getreten, sind aber im Text bereits berücksichtigt (Abdruck erfolgt kursiv mit Hinweis).

VOB/A Einl. — Einleitung

nung für Bauleistungen Teil A (VOB/A) im BAnz. veröffentlicht.[1] Auf Bundesebene trat Abschn. 1 zum 1.3.2019 in Kraft. Auf Länderebene waren dazu Änderungen von Verwaltungsvorschriften bzw. den Landesvergabegesetzen notwendig, sofern die VOB/A nicht durch dynamische Verweisung gilt. Mit dem Inkrafttreten der Änderungsverordnung zur Verordnung über die Vergabe öffentlicher Aufträge (Vergabeverordnung – VgV) und der Vergabeverordnung für die Bereiche Verteidigung und Sicherheit (Vergabeverordnung Verteidigung und Sicherheit – VSVgV) am 18.7.2019 waren die Abschn. 2 und 3 in der Fassung der Bekanntmachung vom 31. Januar 2019 (BAnz AT 19.02.2019 B2) anzuwenden.[2]

2   Die Bestimmungen des Abschn. 2 (VOB/A-EU) sind gem. § 106 Abs. 1 GWB für unionsweite Vergaben öffentlicher Auftraggeber bei Bauaufträgen ab Erreichen der Schwellenwerte nach § 106 Abs. 2 Nr. 1 GWB anzuwenden. Sie werden durch die **Verweisung in § 2 S. 2 VgV** verbindlich vorgeschrieben.

3   Die Regelungen des Abschn. 3 (VOB/A-VS) gelten für die Vergabe von verteidigungs- und sicherheitsspezifischen Bauaufträgen iSd § 104 Abs. 1 GWB, die dem Teil 4 des GWB unterfallen und durch öffentliche Auftraggeber iSd § 99 GWB sowie Sektorenauftraggeber iSd § 100 GWB vergeben werden. Ihre Anwendung wird durch die **Verweisung in § 2 Abs. 2 S. 2 VSVgV** verbindlich vorgeschrieben. Danach sind für die Vergabe von verteidigungs- und sicherheitsspezifischen Bauaufträgen die §§ 1–4, 6–9 VSVgV und §§ 38–42 VSVgV sowie §§ 44–46 VSVgV und iÜ die Bestimmungen des Abschn. 3 anzuwenden.

4   Eine wesentliche Änderung war die im Abschn. 1 eingeführte **Wahlfreiheit zwischen Öffentlicher Ausschreibung und Beschränkter Ausschreibung mit Teilnahmewettbewerb** (§ 3a Abs. 1 VOB/A). Der Auftraggeber darf seitdem zwischen beiden Verfahrensarten frei wählen. Der Vorrang der Öffentlichen Ausschreibung ist entfallen.

5   Daneben wurden in Abschn. 1 ua flexiblere Regelungen im Kontext der Eignungsprüfung (§§ 6a Abs. 5 und 6b VOB/A), die Voraussetzungen für die Abgabe mehrerer Hauptangebote (§§ 8 Abs. 2 Nr. 4, 12 Abs. 1 Nr. 2 lit. k, 13 Abs. 3 und 16 Abs. 1 Nr. 7 VOB/A) und die Pflicht zur Angabe der Zuschlagskriterien in der Auftragsbekanntmachung oder den Vergabeunterlagen (§ 12 Abs. 1 Nr. 2 lit. r VOB/A) eingeführt. Die Abschn. 2 und 3 wurden vorwiegend redaktionell geändert.

5a Das BMWSB hat am 16.6.2023 Änderungen des 2. und 3. Abschn. der VOB/A bekannt gemacht[3], durch die die geänderten Vorschriften der VgV und VSVgV zur Einführung neuer EU-Bekanntmachungsformulare (eForms, dazu → VgV § 10a Rn. 1 ff.) nachgezeichnet wurden. Weitere Änderungen des 2. und 3. Abschn., die die Änderungen gem. der Bekanntmachung v. 16.6.2023 ergänzen bzw. korrigieren, wurden am 6.9.2023[4] bekannt gemacht. Die Änderungen treten mit der Aktualisierung der Verweise in § 2 S. 2 VgV und § 2 Abs. 2 S. 2 VSVgV in Kraft. Ein Termin für die Aktualisierung jener Verweise stand bei Redaktionsschluss dieser Auflage nicht fest.[5] Das BMWSB hat angekündigt, in einem Erlass im GMBl. auf das Inkrafttreten der Änderungen der VOB/A hinzuweisen.

---

[1] BAnz. AT 19.2.2019 B2.

[2] Dies folgt aus der Änderung der statischen Verweise in § 2 S. 2 VgV und § 2 Abs. 2 S. 2 VSVgV.

[3] BAnz. AT 4.7.2023 B4.

[4] BAnz. AT 25.9.2023 B4.

[5] Die Verordnung der Bundesregierung zur Änderung vergaberechtlicher Vorschriften auf BT-Drs. 20/9047 befand sich gem. § 113 GWB bei Redaktionsschluss dieser Auflage in der parlamentarischen Abstimmung. Mit Beschlussempfehlung vom 15.11.2023 BT-Drs. 20/934 hat der Wirtschaftsausschuss empfohlen, auf die Ablehnung oder Änderung der Verordnung zu verzichten.

II. Struktur

Die VOB/A 2019 ist in drei Abschn. gegliedert: **6**
Die Bestimmungen des **Abschn. 1** gelten ausschl. und abschl. für die Vergabe von Bauleistungen (§ 1 VOB/A), deren Auftragswerte unterhalb des EU-Schwellenwertes gem. § 106 GWB liegen.
Der **Abschn. 2** ist abschl. und unter Ausschluss der Vorschriften des Abschn. 1 auf die Vergabe von (nicht verteidigungs- und sicherheitsspezifischen) öffentlichen Bauaufträgen anzuwenden, bei denen der geschätzte Gesamtauftragswert der Baumaßnahme oder des Bauwerks mindestens dem in § 106 GWB geregelten Schwellenwert für Bauaufträge ohne Umsatzsteuer entspricht (§ 1 EU Abs. 2 S. 1 VOB/A).
Der **Abschn. 3** setzt die für die Vergabe verteidigungs- und sicherheitsspezifischer öffentlicher Bauaufträge geltenden Verfahrensbestimmungen der RL 2009/81/EG um. Er ist abschl. und unter Ausschluss der Anwendung der Bestimmungen des Abschn. 1 auf die Vergabe von öffentlichen Bauaufträgen im Bereich Verteidigung und Sicherheit anzuwenden, bei denen der geschätzte Gesamtauftragswert der Baumaßnahme oder des Bauwerks mindestens dem sich aus § 106 Abs. 2 Nr. 3 GWB ergebenden Schwellenwert ohne Umsatzsteuer entspricht (§ 2 Abs. 2 S. 2 VSVgV; § 1 VS Abs. 2 Nr. 1 VOB/A).

III. Anwendungsbereich

1. Abschn. 1

a) Persönlicher Anwendungsbereich. Die klassischen öffentlichen Auftragge- **7** ber (Bund, Länder, Bezirke, Landkreise, Gemeinden, kommunale Verbände sowie kommunale bzw. kommunal verwaltete Stiftungen) sind durch ein Geflecht haushaltsrechtlicher Vorschriften bei ihren Auftragsvergaben an die Anwendung der VOB/A gebunden. Auf Bundesebene ergibt sich der Anwendungsbefehl aus den Vorschriften des HGrG, des § 55 Abs. 1 BHO sowie den Verwaltungsvorschriften zu § 55 BHO (VV-BHO). Die Vorschriften in den Landeshaushaltsordnungen entspr. diesen Regelungen (vgl. etwa Art. 55 Abs. 2 BayHO). Dabei bestimmt sich die Anwendbarkeit des Abschn. 1 nach der jew. Einführungsregelung des Bundes bzw. der einzelnen Bundesländer. Auch die auf kommunaler Ebene geltenden haushaltsrechtlichen Vorschriften (etwa § 30 Abs. 2 BayKommHV-Doppik) schreiben vor, beim Abschluss von Verträgen nach **einheitlichen Richtlinien** zu verfahren. Unterhalb der Schwellenwerte sind die Vorschriften der VOB/A solche einheitlichen Richtlinien. Vgl. zum Ganzen auch → GWB Einl. Rn. 27.

Daneben können auch **private Auftraggeber** zur Anwendung der Bestimmun- **8** gen des Abschn. 1 verpflichtet sein. Das ist vor allem der Fall, wenn die Anwendung der VOB/A in Allgemeinen Nebenbestimmungen zu Zuwendungsbescheiden (etwa **ANBestP**) als Auflage angeordnet wird. Verstöße gegen solche Auflagen können zur Rückforderung der bewilligten Mittel führen. Vgl. näher → § 3 Rn. 5. Private Auftraggeber können sich schließlich freiwillig den Bestimmungen der VOB/A unterwerfen. In diesem Fall sind sie an die VOB/A gebunden.[6]

b) Sachlicher Anwendungsbereich. Abschn. 1 ist einschlägig bei der Vergabe **9** von Bauleistungen, deren Auftragswert unterhalb des EU-Schwellenwerts (§ 106 GWB) liegt. Sachlich erfasst ist die Vergabe von **Bauleistungen** iSv § 1 VOB/A. Zum Begriff → § 1 Rn. 2 ff. Erfasst ist auch die Vergabe von **Baukonzessionen** unterhalb des EU-Schwellenwertes. Nach § 23 Abs. 2 VOB/A sind für die Vergabe

---

[6] Vgl. dazu OLG Düsseldorf 15.8.2011 – 27 W 1/11, BeckRS 2011, 23161; Dicks VergabeR 2012, 531 (534).

VOB/A Einl. Einleitung

von Baukonzessionen die §§ 1–22 VOB/A sinngemäß anzuwenden (→ § 23 Rn. 19 ff.).

2. Abschn. 2

10 **a) Persönlicher Anwendungsbereich.** Die Bestimmungen des Abschn. 2 sind von öffentlichen Auftraggebern iSv § 99 GWB anzuwenden (§ 1 EU Abs. 2 S. 1 VOB/A).

11 **b) Sachlicher Anwendungsbereich.** Abschn. 2 ist bei der Vergabe öffentlicher Bauaufträge, die nicht verteidigungs- und sicherheitsspezifisch sind (vgl. § 104 GWB), anzuwenden, bei denen der geschätzte Gesamtauftragswert der Baumaßnahme oder des Bauwerks (alle Bauaufträge für eine bauliche Anlage) mindestens dem in § 106 GWB geregelten Schwellenwert ohne Umsatzsteuer entspricht (§ 1 EU Abs. 2 S. 1 VOB/A). **Bauaufträge** sind nach § 1 EU Abs. 1 VOB/A Verträge über die Ausführung oder die gleichzeitige Planung und Ausführung eines Bauvorhabens oder eines Bauwerks für einen öffentlichen Auftraggeber, das Ergebnis von Tief- oder Hochbauarbeiten ist und eine wirtschaftliche oder technische Funktion erfüllen soll, oder einer dem öffentlichen Auftraggeber unmittelbar wirtschaftlich zugutekommenden Bauleistung, die Dritte gem. den vom Auftraggeber genannten Erfordernissen erbringen, wobei der öffentliche Auftraggeber einen entscheidenden Einfluss auf die Art und die Planung des Vorhabens hat. Die Vorschrift übernimmt damit die Definition des öffentlichen Bauauftrags in § 103 Abs. 3 GWB; auf dessen Kommentierung → GWB § 103 Rn. 77 ff. wird verwiesen.

12 **Baukonzessionen** sind entgeltliche Verträge, mit denen ein oder mehrere Konzessionsgeber ein oder mehrere Unternehmen mit der Erbringung von Bauleistungen betrauen; dabei besteht die Gegenleistung für die Bauleistungen entweder allein in dem Recht zur Nutzung des Bauwerks oder in diesem Recht zzgl. einer Zahlung (§ 105 Abs. 1 Nr. 1 GWB und § 23 Abs. 1 VOB/A). Die Vergabe von Baukonzessionen oberhalb des Schwellenwertes erfolgt nicht nach den Bestimmungen des Abschn. 2, sondern allein nach den Regelungen der Verordnung über die Vergabe von Konzessionen (KonzVgV).[7]

13 Ebenfalls nicht anwendbar ist Abschn. 2 auf die Vergabe von Bauaufträgen zum Zwecke der Ausübung von Tätigkeiten auf dem Gebiet der Trinkwasser- oder Energieversorgung oder des Verkehrs (sog. **Sektorentätigkeiten**). Diese Auftragsvergaben erfolgen nach § 1 Abs. 1 SektVO gem. den Bestimmungen der SektVO. Für die Abgrenzung kommt es darauf an, dass der zu vergebende Auftrag zumindest überwiegend der Ausübung einer Sektorentätigkeit dient (dazu → GWB § 136 Rn. 10).[8]

3. Abschn. 3

14 **a) Persönlicher Anwendungsbereich.** Die Bestimmungen des Abschn. 3 sind von Auftraggebern iSv § 99 GWB und Sektorenauftraggebern iSv § 100 GWB für die Vergabe von Bauaufträgen anzuwenden, bei denen der geschätzte Gesamtauftragswert der Baumaßnahme oder des Bauwerks (alle Bauaufträge für eine bauliche Anlage) mindestens dem sich aus § 106 Abs. 2 Nr. 3 GWB ergebenden **Schwellenwert** ohne Umsatzsteuer entspricht (§ 1 VS Abs. 2 Nr. 1 VOB/A).

---

[7] BGBl. I 624 (683).
[8] Dazu iE OLG Düsseldorf 17.8.2022 – Verg 50/21, VPRRS 2022, 0202; 21.5.2008 – Verg 19/08, NZBau 2009, 67 (68); OLG München 13.3.2017 – Verg 15/16, NZBau 2017, 371 Rn. 23; EuGH 28.10.2020 – C-521/18, NZBau 2021, 53 Rn. 37; Opitz VergabeR 2009, 689 (690).

b) Sachlicher Anwendungsbereich. Auf die Vergabe von Bauaufträgen iSv **15** § 1 VS Abs. 1 S. 1, 2 VOB/A finden – neben den Bestimmungen der §§ 1–4, 6–9 VSVgV sowie §§ 38–42 VSVgV und §§ 44, 45 VSVgV – die Vorschriften des 3. Abschn. Anwendung (vgl. § 2 Abs. 2 VSVgV). **Bauaufträge** sind nach der Legaldefinition des § 1 VS Abs. 1 S. 1 VOB/A Verträge über die Ausführung oder die gleichzeitige Planung und Ausführung eines Bauvorhabens oder eines Bauwerkes für den Auftraggeber, das Ergebnis von Tief- oder Hochbauarbeiten ist und eine wirtschaftliche oder technische Funktion erfüllen soll, oder einer dem Auftraggeber unmittelbar wirtschaftlich zugutekommenden Bauleistung durch Dritte gem. den vom Auftraggeber genannten Erfordernissen. Vgl. dazu → GWB § 103 Rn. 77 ff.

Dabei muss es sich um sog. **verteidigungs- und sicherheitsspezifische Bau-** **16** **aufträge** (vgl. § 104 GWB) handeln. Nach § 1 VS Abs. 1 S. 2 VOB/A haben verteidigungs- und sicherheitsspezifische Bauaufträge Bauleistungen zum Gegenstand, die in allen Phasen ihres Lebenszyklus im unmittelbaren Zusammenhang mit den in § 104 Abs. 1 GWB genannten Ausrüstungen stehen, sowie Bauleistungen speziell für militärische Zwecke oder Bauleistungen im Rahmen eines Verschlusssachenauftrags. Bauleistungen im Rahmen eines Verschlusssachenauftrags sind Bauleistungen, bei deren Erbringung Verschlusssachen nach § 4 des Gesetzes über die Voraussetzungen und das Verfahren von Sicherheitsüberprüfungen des Bundes oder nach den entspr. Bestimmungen der Länder verwendet werden oder die solche Verschlusssachen erfordern oder beinhalten.

Abschnitt 1. Basisparagrafen

§ 1 Bauleistungen

Bauleistungen sind Arbeiten jeder Art, durch die eine bauliche Anlage hergestellt, instand gehalten, geändert oder beseitigt wird.

Übersicht

	Rn.
I. Bedeutung der Vorschrift	1
II. Begriff der Bauleistungen	2
1. Bezugspunkt der Bauleistung: die bauliche Anlage	3
a) Bauwerk	4
b) Andere bauliche Anlagen	6
2. Herstellung von baulichen Anlagen	7
3. Instandhaltung und Reparatur von baulichen Anlagen	13
4. Änderung von baulichen Anlagen	16
5. Beseitigung von baulichen Anlagen	17
6. Bedeutung der VOB/C	18
III. Abgrenzung des Geltungsbereichs der VOB/A	19
1. Abgrenzung zur UVgO	19
2. Architekten- und Ingenieurleistungen	24
3. Typengemischte Verträge	26

I. Bedeutung der Vorschrift

§ 1 VOB/A regelt den **sachlichen Anwendungsbereich** der VOB/A. Die **1** Norm definiert Bauleistungen und beschreibt damit, welche Leistungen unter Beachtung der VOB/A auszuschreiben sind. Zugleich legt sie fest, was Gegenstand eines VOB-Bauvertrages sein kann.[1] Bauverträge[2] sind Verträge, denen die VOB/B als Allgemeine Geschäftsbedingungen zugrunde liegen. Wird die VOB/B vollständig einbezogen, ist sie von der Inhaltskontrolle gem. § 307 Abs. 1, 2 BGB ausgenommen, wenn dies in einem Vertrag mit einem Unternehmer oder einer juristischen Person des öffentlichen Rechts bzw. einem öffentlich-rechtlichen Sondervermögen erfolgt. Allerdings führt jede noch so geringe Abweichung in weiteren Vertragsbedingungen (BVB, ZVB, etc) dazu, dass die Einzelbestimmungen der VOB/B der Kontrolle von §§ 307 ff. BGB unterzogen werden.[3] In Verträgen mit Verbrauchern kommt eine solche Privilegierung nicht in Betracht.[4] Dies gilt auch nach § 650c Abs. 4 S. 2 BGB für alle ab 1.1.2018 geschlossenen Verträge.

II. Begriff der Bauleistungen

2   Die Vergabe von Bauleistungen ist neben den übrigen persönlichen und sachlichen Voraussetzungen Voraussetzung für die Anwendbarkeit der Bestimmungen der VOB/A. § 1 VOB/A gibt dem Begriff der Bauleistungen eine zentrale Bedeutung. Der Begriff der Bauleistung ist zu unterscheiden und abzugrenzen vom unionsrechtlichen Begriff des (öffentlichen) Bauauftrages,[5] an den auch § 103 Abs. 3 GWB anknüpft.

1. Bezugspunkt der Bauleistung: die bauliche Anlage

3   Bauleistungen sind Arbeiten und Leistungen, die sich auf **bauliche Anlagen** beziehen. Sie dienen dem Zweck, bauliche Anlagen zu errichten, instand zu halten, zu ändern oder zu beseitigen. Für europaweite Vergaben verweist die RL 2014/24/EU auf die in ihrem Anhang aufgezählten Tätigkeiten. Sie stehen tatsächlich zwar idR Bauleistungen gleich. Rechtliche Verbindlichkeit entfaltet die RL 2014/24/EU aber für Ausschreibungen unterhalb der Schwellenwerte und damit außerhalb ihres Geltungsbereiches nicht. Zur Eingrenzung des Begriffes ist auf nationale Regelungen zurückzugreifen. Eine bauliche Anlage ist nach der Musterbauordnung und den daran angelehnten Landesbauordnungen der Bundesländer eine mit dem Erdboden verbundene, aus Bauteilen hergestellte Anlage, die zumindest auf gewisse Dauer erstellt ist. Auch Arbeiten an einem Grundstück werden davon erfasst.[6]

4   **a) Bauwerk.** Bauliche Anlagen sind idR Bauwerke, also unbewegliche, durch Verwendung von Arbeit und Materialien hergestellte und mit dem Erdboden verbundene Sachen über und/oder unter der Erdoberfläche.[7] Der Begriff des Bauwerks erfasst in erster Linie das, was der natürliche Sprachgebrauch hierunter versteht. Als Bauwerke gelten alle Arten von Gebäuden (auch unterirdische, vgl. § 1 Abs. 1

---

[1] Ingenstau/Korbion/Korbion VOB/A § 1 Rn. 2.

[2] Der Begriff des Bauvertrags ist abzugrenzen vom Begriff des Bauauftrags. Ersterer beschreibt einen (idR Werk-)Vertrag über Bauleistungen. Letzterer ist Teil der Definition „öffentliche Bauaufträge" aus Art. 2 Abs. 1 Nr. 6 RL 2014/24/EU.

[3] Vgl. zuletzt zur Bestimmung des § 4 Abs. 7 VOB/B und dem darauf gestützten Kündigungsrecht, BGH 19.1.2023 – VII ZR 34/20, IBR 2023, 179.

[4] BGH 24.7.2008 – VII ZR 55/07, NZBau 2008, 640.

[5] Für den für die Qualifikation des Vertrages nach nationalem Recht (etwa: Werk- oder Dienstvertrag) ohne Belang bleibt, EuGH 29.10.2009 – C-536/07, NZBau 2009, 792 Rn. 54; 20.10.2005 – C-264/03, BeckRS 2005, 70808 = VergabeR 2006, 54 Rn. 36.

[6] Kapellmann/Messerschmidt/Lederer VOB/A § 1 Rn. 6, 11; dies gilt etwa für das Ausheben einer Baugrube KMPP/Marx VOB/A § 1 Rn. 42.

[7] BGH 18.1.2001 – VII ZR 247/98, NZBau 2001, 201; 4.11.1982 – VII ZR 65/82, NJW 1983, 567 (568).

ErbbauRG), Türme, Häuser, Mauern, Straßen, Brücken, Kanäle, Brunnen, Leitungssysteme, Zäune, Werbetafeln, Schaukästen usw.[8]

Bauleistungen sind auch Arbeiten an Werkstoffen, maschinellen oder elektronischen Teilen, die für einen **späteren Zusammenbau** eines Bauwerkes oder einer baulichen Anlage produziert werden. Aus technischer Sichtweise bzw. nach der Verkehrsanschauung muss dazu eine **dauerhafte Verbindung** mit dem Bauwerk angestrebt werden. Maßgeblich ist die Zweckbestimmung im Einzelfall.[9] Ob die einzelnen Teile nach oder mit ihrem Einbau in rechtlicher Hinsicht gem. § 94 BGB zu wesentlichen Bestandteilen des Bauwerkes oder des entspr. Grundstückes werden, spielt keine Rolle. Selbst Arbeiten und Leistungen, die an Gegenständen erbracht werden, welche rechtlich lediglich als Zubehör eines Bauwerks anzusehen sind (zB Baumpflegearbeiten), sind Bauleistungen iSv § 1 VOB/A.[10] Zur Ausführung eines Bauvorhabens zählen somit alle Arbeiten, die für ein Bauwerk oder an einem solchen erbracht werden,[11] auch eine ggf. überdies notwendige geistige Tätigkeit.[12] Arbeiten, die nur dazu dienen, ein Grundstück zur Bebauung frei zu machen, gelten dagegen nicht als Arbeiten an einem Bauwerk[13] (zu Abbrucharbeiten → Rn. 17).

b) Andere bauliche Anlagen. Neben Bauwerken gibt es andere bauliche Anlagen, die Bezugspunkt von Bauleistungen sein können. Dazu gehören vor allem Arbeiten an einem **Grundstück**.[14] Aufschüttungen, Abgrabungen oder die Schaffung unterirdischer künstlicher Hohlräume und Landschaftsbauarbeiten sind ebenfalls Bauleistungen iSv § 1 VOB/A.

2. Herstellung von baulichen Anlagen

Als Bauleistungen gelten die Arbeiten zur Herstellung einer baulichen Anlage oder Teilen hiervon. Für das Merkmal der Herstellung kommt es nicht darauf an, ob besondere Werk- oder Fachbereiche betroffen sind, bestimmte technische Ausführungsarten eingehalten werden oder ein bestimmter Fertigstellungsgrad erreicht wird. Maßgeblich ist allein, dass die Arbeiten (mit) dazu dienen, einer baulichen Anlage eine bestimmte Funktion zu vermitteln.

Damit gehören nicht nur die klassischen Ausbaugewerke, sondern auch solche Leistungen zur Herstellung einer baulichen Anlage, die primär keinen gebäudeanlagenspezifischen Zweck verfolgen. Auch der Einbau von Heizkraftwerksanlagen oder medizintechnischer Einrichtungen in ein Labor gehört zur Herstellung baulicher Anlagen.[15]

Für das Merkmal der Herstellung ist es **unerheblich,** ob durch die entspr. Leistungen die bauliche Anlage **als Ganzes** fertig gestellt wird; auch die Herstellung einzelner Bauteile oder Bauglieder ist eine Bauleistung. Die Herstellung ist weiter unabhängig davon, ob sie einen äußerlich hervortretenden, körperlich abgesetzten Teil des ganzen Baus betrifft.[16] Alle Teilleistungen, die für die Errichtung einer baulichen Anlage erbracht werden, sind Bauleistungen. Der erreichte Fertigstellungsgrad ist ohne Bedeutung (vgl. § 7 Abs. 2 VOB/B).

---

[8] FKZGM/Franke/Stoye VOB/A § 1 Rn. 5, je mit weiteren Beispielen.
[9] BayObLG 23.7.2002 – Verg 17/02, BeckRS 2002, 7148 = VergabeR 2002, 662.
[10] OLG Düsseldorf 29.7.1998 – U (Kart) 24/98, BeckRS 9998, 00931 = BauR 1999, 241 (247).
[11] OLG München 28.9.2005 – Verg 19/05, BeckRS 2005, 11622 = IBR 2005, 700.
[12] Beck VOB/B/Jagenburg/Jagenburg Vor § 1 Rn. 34.
[13] BGH 24.2.2005 – VII ZR 86/04, NZBau 2005, 281.
[14] HRR/Bauer VOB/A § 1 Rn. 11.
[15] Jacob/Ring/Wolf BauR-HdB/Schabel § 4 Rn. 104.
[16] Kapellmann/Messerschmidt/Lederer VOB/A § 1 Rn. 14.

VOB/A § 1 — Bauleistungen

10 Die Arbeiten müssen nicht darin bestehen, einzelne Materialien zusammenzufügen, aufzustellen oder in der gewünschten Weise zu bearbeiten. Ausreichend ist, dass sie in unmittelbarem (**örtlichen** oder **zeitlichen**) Zusammenhang mit der Herstellung der baulichen Anlage stehen. Die (vorbereitende) Reinigung des Erdreiches im Zusammenhang mit der Bebauung des Grundstückes stellt ebenso eine Bauleistung dar[17] wie (abschl.) Baureinigungsarbeiten.[18] Der notwendige Zusammenhang kann sich aus **tatsächlichen** oder **rechtlichen** Gründen ergeben. Die (behördlich) angeordnete Anlage eines Löschwasserteiches dient ebenso der Herstellung einer baulichen Anlage wie das Ausheben einer Baugrube.[19]

11 Arbeiten zur Herstellung einer baulichen Anlage müssen nicht Gegenstände betreffen, die individuell für die Anlage angefertigt worden sind. Auch die Verarbeitung von Gegenständen aus allg. Serienproduktion kann eine Bauleistung sein. Wird eine Unterscheidung zwischen individualisierten Gegenständen und Materialien aus allg. Serienproduktion gefordert, entstehen unlösbare **Abgrenzungsfragen**. So soll einerseits die Einbettung eines Heizöltanks in das Erdreich und sein Anschluss an die vorhandene Ölzufuhr keine Bauleistung darstellen.[20] Andererseits werden sowohl das Auftragen einer Beschichtung auf den Außenputz,[21] der Einbau einer Be- und Entlüftungsanlage in einer Großgaststätte,[22] der Einbau einer Ballenpresse in die Papierentsorgungsanlage,[23] der Einbau eines Dieselnotstromaggregates in ein Hotel[24] oder der nachträgliche Einbau einer Beschallungsanlage in einem Hotelballsaal[25] als Bauleistungen angesehen.[26] Es ist nicht nachvollziehbar, welches Entscheidungskriterium beim Einbau eines Heizöltanks (der ebenfalls aus allg. Serienproduktion stammen kann) für eine Einordnung als Bauleistung fehlt, das beim Einbau einer – aus in Serie produzierten Einzelteilen bestehenden – Be- und Entlüftungsanlage, der Installation vorgefertigter Dieselnotstromaggregate, dem Auftragen von Beschichtungen auf den Außenputz oder dem Einbau von Beschallungsanlagen zusätzlich vorhanden ist. Die alleinige Herkunft der ver- oder bearbeiteten Gegenstände aus Serienproduktion kann dafür nicht ausschlaggebend sein. Eine Bauleistung liegt vor, wenn Lieferung und Montage zur **Herstellung einer funktionalen Einheit** erforderlich sind.[27] Lediglich die Herstellung solcher Gegenstände, die von einer baulichen Anlage unabhängig erfolgt, bevor ihr Verwendungszweck feststeht, ist keine Bauleistung. Hier fehlt es am Merkmal eines Zusammenhanges dieser Tätigkeit mit der Errichtung einer baulichen Anlage. Auch die Absicht der Vergabestelle, die beschafften Gegenstände für ein bestimmtes (Bau-)Vorhaben zu verwenden, genügt nicht,[28] wenn die Leistung keine Montage- oder Installationsarbeiten, sondern nur die Lieferung umfasst.[29]

12 Bauleistungen sind nicht nur solche Arbeiten, die für die **Funktion der zu errichtenden Anlage** zwingend notwendig sind und ohne die sie nicht als vollständig hergestellt anzusehen ist. Diese streng funktionale Sichtweise engt den Begriff der Bauleistung ebenfalls zu sehr ein. Gerade die Errichtung von Nebenanlagen

---

[17] KG 21.12.2009 – 2 Verg 11/09, BeckRS 2010, 3552 = VergabeR 2010, 501.
[18] OLG Celle 18.6.1976 – 15 W 23/75, BeckRS 1976, 31153564 = BauR 1976, 365.
[19] BGH 24.3.1977 – VII ZR 220/75, NJW 1977, 1146 = BauR 1977, 203 (204).
[20] HRR/Bauer VOB/A § 1 Rn. 15.
[21] BGH 8.1.1970 – VII ZR 35/68, BeckRS 1970, 31125650 = BauR 1970, 47.
[22] OLG Hamm 26.11.1985 – 27 U 144/84, NJW-RR 1986, 376.
[23] BGH 4.12.1986 – VII ZR 354/85, BeckRS 1986, 1010.
[24] BGH 10.7.1987 – V ZR 285/86, NJW 1987, 3178.
[25] OLG Hamburg 29.4.1988 – 11 U 146/87, NJW-RR 1988, 1106.
[26] Beispiele nach HRR/Bauer VOB/A § 1 Rn. 16.
[27] OLG Dresden 2.11.2004 – WVerg 11/04, BeckRS 2004, 12508 = VergabeR 2005, 258.
[28] OLG München 28.9.2005 – Verg 19/05, BeckRS 2005, 11622 = IBR 2005, 700.
[29] VK Nordbayern 19.8.2019 – RMF-SG21-3194-4-40, VPR 2020, 11.

oder Nebenteilen eines Bauwerkes kann auch dann eine Bauleistung sein, wenn das Bauwerk ohne sie nicht als vollständig angesehen wird. Es reicht aus, wenn sie im Zusammenhang mit einer baulichen Anlage erfolgt. ZB handelt es sich bei der Vergrößerung einer Terrasse um eine Bauleistung, obwohl das entsprechende Gebäude auch ohne die vergrößerte Terrasse schon als vollständig hergestellt gelten kann. Die funktionale Betrachtung ist auch in anderen Grenzfällen problematisch, die nicht anhand objektiver Kriterien gelöst werden können. Es ist nicht ersichtlich, warum der Einbau einer Einbruchsalarmanlage für die vollständige Herstellung eines Kaufhauses notwendig sein soll und damit eine Bauleistung darstellt,[30] für die Errichtung eines Wohnhauses dagegen nicht.[31] Daher reicht es aus, die Einordnung einer Tätigkeit als Bauleistung davon abhängig zu machen, ob sie im **Zusammenhang mit einer baulichen Anlage** erbracht wird. Somit ist auch die Lieferung und Montage bzw. Erneuerung einer Brandmeldeanlage in einem Museumsgebäude eine Bauleistung.[32] Die Wartung einer Brandmeldeanlage oder das Auswechseln einzelner Meldegeräte stellt dagegen keine Bauleistung dar.[33]

3. Instandhaltung und Reparatur von baulichen Anlagen

Als Bauleistungen gelten auch Instandhaltungsarbeiten an einer baulichen Anlage. 13
Instandhaltungsmaßnahmen sind Leistungen, die **ohne** (nennenswerte) **Eingriffe in die Bausubstanz** der **Erhaltung** des Soll-Zustandes einer baulichen Anlage dienen und damit dem bestimmungsgemäßen Gebrauch der Anlage ermöglichen, § 2 Abs. 9 HOAI. Hierunter fallen in erster Linie Reinigungs-, Pflege- und Wartungsleistungen, etwa die Wartung und Störungsbeseitigung an einer Ampel,[34] also konservierende und vorbeugende Maßnahmen. Kleinere Beseitigungsarbeiten und geringfügige Umbauarbeiten (wie die Verlegung einer vorhandenen Lichtleitung) oder geringfügige Verschönerungsarbeiten sind ebenfalls Instandhaltungsmaßnahmen. Die Einordnung der Instandhaltungsmaßnahmen als Bauleistung hängt nicht davon ab, ob sie für den Bestand der baulichen Anlage wesentlich sind.[35]

Von Instandhaltungsmaßnahmen sind die **Instandsetzungs- und Reparaturar-** 14 **beiten** abzugrenzen. Sie werden in § 1 VOB/A (offenbar bewusst) nicht besonders erwähnt. Als Instandsetzungen gelten Maßnahmen, die der Wiederherstellung des zum bestimmungsgemäßen Gebrauch geeigneten Zustandes (Soll-Zustand) einer baulichen Anlage dienen, § 2 Abs. 8 HOAI. Durch sie werden einzelne, durch Witterung, Abnutzung oder Einwirkungen Dritter aufgetretene anlagenbezogene Schäden behoben. Solche Arbeiten können, je nach Umfang und Intensität, auch von den Tatbestandsmerkmalen „Herstellung" bzw. „Änderung" erfasst sein.

Da § 1 VOB/A Arbeiten „aller Art" erfasst, ist der Begriff der Bauleistung weit 15
auszulegen. Die schwierige Differenzierung zwischen Instandhaltungs- und Instandsetzungsmaßnahmen ist somit für die vergaberechtliche Qualifikation als Bauleistung ohne Bedeutung. Dies gilt erst recht für die weitere Differenzierung der einzelnen Instandsetzungsarten (Sanierung, Renovierung und Modernisierung) untereinander. Allerdings kann bei Instandhaltungsarbeiten mit nur geringem Instandsetzungsanteil oder bei Reinigungsleistungen der Dienstleistungscharakter der Gesamttätigkeit überwiegen.[36]

---

[30] OLG Hamm 11.11.1975 – 21 U 42/75, NJW 1976, 1269.
[31] OLG Frankfurt a. M. 11.5.1988 – 17 U 130/87, NJW 1988, 2546.
[32] BayObLG 23.7.2002 – Verg 17/02, NZBau 2003, 340 (341).
[33] OLG Düsseldorf 14.4.2010 – VII-Verg 60/09, IBRRS 2010, 2500 = VergabeR 2011, 78.
[34] BayObLG 29.3.2000 – Verg 2/00, NZBau 2000, 594.
[35] Kapellmann/Messerschmidt/Lederer VOB/A § 1 Rn. 17.
[36] OLG Düsseldorf 18.10.2006 – VII-Verg 35/06, BeckRS 2007, 00456 = VergabeR 2007, 200; VK Berlin 2.6.2009 – VK-B2-12/09, IBR 2009, 539.

4. Änderung von baulichen Anlagen

16   Arbeiten, durch die eine bauliche Anlage geändert wird, sind gleichfalls Bauleistungen. Änderungen einer baulichen Anlage sind **Um-** und **Erweiterungsbauten.** Ein Umbau ist gem. § 2 Abs. 5 HOAI die grundlegende Umgestaltung eines vorhandenen baulichen Objektes mit nennenswerten Eingriffen in Konstruktion oder Bestand. Erweiterungs- bzw. Ergänzungsarbeiten führen die Anlage entweder einer höherwertigen Funktion zu oder erweitern sie in ihrer Ausdehnung, vgl. § 2 Abs. 4 HOAI. Dabei kommt es – wie auch bei der Herstellung von baulichen Anlagen – nicht darauf an, ob die Ergänzungsleistungen fest mit der ursprünglichen Anlage verbunden werden oder von wesentlicher Bedeutung für ihre Funktion sind.[37] Umbauten und Ergänzungen können auch Bestandteile betreffen, die nicht von wesentlicher Bedeutung für Funktion oder Bestand der Anlage sind, wenn nur ein ausreichender wirtschaftlicher oder funktionaler Zusammenhang besteht. Auch der Einbau von technischen Anlagen in ein Bestandsgebäude stellt eine Bauleistung dar, wenn das Gebäude ohne die Anlage nicht als vollständig fertig gestellt anzusehen wäre, würde es neu errichtet werden.[38]

5. Beseitigung von baulichen Anlagen

17   Bauleistungen sind auch Tätigkeiten, durch die bauliche Anlagen in ihrer Substanz zerstört und beseitigt oder in ihre Einzelteile zerlegt werden. Als Beseitigung einer baulichen Anlage gelten sowohl **Rückbau,** mit der Entfernung einzelner Teile (evtl. zur Wiederverwertung), als auch **Abbruch,** also die kontrollierte Zerstörung.[39] Verwertungsarbeiten, die im Anschluss an den Abbruch auf dem Grundstück stattfinden (Zerkleinerung von Fels- bzw. Betonteilen, Verbrennung von Holzteilen), sind keine Bauleistungen mehr. Es ist jedoch zu differenzieren, ob die durch den Abbruch/die Zerstörung der baulichen Anlage entstandenen Stoffe zum Bau einer anderen baulichen Anlage wiederverwertet werden (dann Bauleistung) oder ob diese Stoffe nur zum Abtransport vorbereitet werden, weil sie entsorgt werden (dann keine Bauleistung mehr). Zur Abgrenzung kann § 5 Abs. 1 KrWG herangezogen werden. Der entstandene Stoff ist entweder als Abfall zu beseitigen oder kann und soll (für eine andere bauliche Anlage) (wieder-)verwertet werden. Erfolgt die Verwertung zum Zwecke oder im Zusammenhang mit der Errichtung, Änderung, Instandhaltung oder Instandsetzung einer (anderen) baulichen Anlage und liegen die Anforderungen der DIN 18299 Ziff. 2.3.1 S. 2 vor, handelt es sich um Bauleistungen. Wiederaufbereitete (Recycling-) Stoffe können danach dann verwendet werden und gelten als ungebraucht, wenn sie für den jew. Verwendungszweck geeignet und auf-einander abgestimmt sind.

6. Bedeutung der VOB/C

18   Die unter der VOB/C zusammengefassten DIN-Normen (DIN 18299 bis DIN 18459) bezeichnen **typische Bauleistungen.**[40] Die DIN 18299 enthält allg. Regelungen für Bauarbeiten jeder Art. Danach sind Bauleistungen nicht nur die

---

[37] Kapellmann/Messerschmidt/Lederer VOB/A § 1 Rn. 20; aA Beck VOB/A/Messerschmidt § 1 Rn. 63.

[38] OLG Brandenburg 29.3.2012 – Verg W 2/12, BeckRS 2012, 15438 = VergabeR 2013, 49.

[39] Unter anderen Aspekten gilt der Abbruch nicht als Arbeit an einem Bauwerk, BGH 9.3.2004 – X ZR 67/01, NZBau 2004, 434.

[40] Selbständige Gerüstbauverträge sind jedoch vor allem bei Überschreitung der vertraglichen Bauzeit als Mietverträge einzuordnen, OLG Celle 3.4.2007 – 16 U 267/06, IBRRS 2007, 2735 = BauR 2007, 1583.

Bauleistungen **§ 1 VOB/A**

reinen (lohnabhängigen), durch Personal und/oder Maschinen auszuführenden Arbeitsleistungen, sondern auch die Lieferung der dazugehörigen Stoffe und Bauteile einschließlich des Abladens und des Lagerns auf der Baustelle (DIN 18299 Ziff. 2.1.1). Die Einbeziehung von beigestellten Stoffen, Bauteilen und Leistungen ordnet § 3 Abs. 6 S. 1 VgV bei der Bestimmung des Gesamtauftragswertes ausdr. an.

III. Abgrenzung des Geltungsbereichs der VOB/A

1. Abgrenzung zur UVgO

Die UVgO gilt für die Vergabe von öffentlichen Liefer- und Dienstleistungen, § 1 UVgO. Davon sind Bauleistungen nach der VOB/A ausgenommen. Ob die **Vorrangstellung der VOB/A** damit fortbesteht, kann bezweifelt werden. Das vormalige Regel- Ausnahme- Verhältnis, welches die VOL/A noch vermittelt hatte, wird in § 1 UVgO nicht fortgeführt.[41] Zur Abgrenzung kann iZw auch auf die Regelungen des GWB inhaltlich zurückgegriffen werden. 19

In Grenzfällen, in denen etwa maschinelle und elektrotechnische Einrichtungen für eine bauliche Anlage geliefert werden sollen, kommt es darauf an, ob die vertragsbezogene **Funktionsfähigkeit des Bauwerkes** von der Lieferung abhängt. Die bloße Lieferung von (maschinellen) Einrichtungen oder von elektrotechnischen Anlagen, die nicht der Gebäudefunktion dienen, unterfällt dem Anwendungsbereich der UVgO.[42] Generell gelten Beschaffungsmaßnahmen dann als Bauauftrag, wenn die Anlagen für ein funktionsfähiges Bauwerk erforderlich und von wesentlicher Bedeutung sind.[43] 20

Bauleistungen iSv § 1 VOB/A sind auch der Einbau von Heizungs- oder Stromerzeugungsanlagen und Aufzügen. Werden dagegen EDV-Anlagen oder EDV-Geräte nur geliefert, medizinische Geräte oder Laborgegenstände nur aufgestellt oder mobile Energieerzeugungsgeräte und Einrichtungen überbracht, handelt es sich um Leistungen nach der VgV. Dient die Lieferung der EDV-Anlagen dem Hauptzweck des Gebäudes (Rechenzentrum) oder werden medizinische Geräte oder Laborgegenstände – etwa in Klinikbereichen – als wesentliches Element der Gebäudeausstattung geliefert und eingebaut, handelt es sich wiederum um Bauleistungen. 21

Die Einordnung als Bauleistung geht nicht deswegen verloren, weil nur vormals in den Bau erstmals installierte Anlagen ausgetauscht werden. Die dazu notwendigen handwerklichen Maßnahmen sind nur dann keine Bauleistungen, wenn sie sich beim Austausch einer Anlage auf das bloße Lösen bzw. Ab- und Anschrauben beschränken. Auch die **Erneuerung** und **Ergänzung** solcher Anlagen durch Modernisierungen sind als Bauleistungen einzuordnen.[44] 22

Enthält der ausgeschriebene Auftrag sowohl Elemente eines Bauauftrags als auch eines Lieferauftrags oder eines Dienstleistungsauftrags, kommt es auf den **Hauptgegenstand des Auftrags** an.[45] Dies ergibt sich aus § 110 Abs. 1 GWB, auch wenn der Teil 4 des GWB unterhalb der Schwellenwerte keine Geltung beansprucht. Werden im Schwerpunkt keine individuellen, auf das jew. Gebäude angefertigten Geräte und Ausstattungsteile, sondern Serienprodukte verlangt und belaufen sich die daneben notwendigen Baumaßnahmen nur auf einen Bruchteil 23

---

[41] Müller-Wrede/Müller-Wrede VgV/UVgO UVgO § 1 Rn. 11.
[42] OLG München 28.9.2005 – Verg 19/05, BeckRS 2005, 11622 = IBR 2005, 700 – seinerzeit noch mit Zuordnung zur VOL/A.
[43] OLG München 19.3.2019 – Verg 3/19, NZBau 2019, 670.
[44] BayObLG 23.7.2002 – Verg 17/02, NZBau 2003, 340 (341).
[45] OLG Brandenburg 25.5.2010 – Verg W 15/09, IBRRS 75323.

2. Architekten- und Ingenieurleistungen

24 Planungsleistungen, die gleichzeitig **Teil eines Gesamtauftrags** sind, der hauptsächlich Ausführungsleistungen enthält, etwa bei Bauträger-, Generalunternehmer-, Generalübernehmer- oder Totalübernehmerverträgen, gelten ebenfalls als Bauaufträge und unterfallen der VOB/A. Dies ordnet (oberhalb der Schwellenwerte) § 103 Abs. 3 GWB an.

25 **Architekten-, Ingenieur- oder Statikerleistungen** sind dagegen, auch wenn sie im Zusammenhang mit der Errichtung von Bauwerken erbracht werden, **keine Bauleistung**.[48] Ob diese Leistungen der HOAI unterfallen oder außerhalb des typischen Leistungsspektrums der HOAI erbracht werden, ist unerheblich. Für die Vergabe von Architekten- und Ingenieurleistungen enthält die VgV in den §§ 73 ff. einschlägige Regelungen. Von Bauleistungen, also handwerklichen Tätigkeiten, unterscheiden sich Architekten- und Ingenieurleistungen dadurch, dass sie geistig-schöpferischer Natur sind.

3. Typengemischte Verträge

26 Auch typengemischte Verträge müssen zwingend einem Vergaberegime zugeordnet werden. Der gleiche Leistungsgegenstand darf nicht in einem Vergabeverfahren nach VOB/A und einem weiteren nach VOL/A ausgeschrieben werden. Für die Einordnung typengemischter Verträge kommt es – wie im Bereich der europaweiten Ausschreibungen – darauf an, welche Tätigkeit bei einer an einem **objektivierten Maßstab** auszurichtenden Betrachtung den Hauptgegenstand darstellt, vgl. § 110 Abs. 1 GWB. Dies ist danach zu bestimmen, wo der **rechtliche und wirtschaftliche Schwerpunkt** des Vertrages liegen soll.[49] Wie der Auftraggeber den Auftrag selbst einordnet, ist unerheblich.[50] Gemischte Verträge sind danach einheitlich nach den Regeln zu behandeln, die für ihren Schwerpunkt gelten.[51] Stellen die Bauleistungen nur Nebenarbeiten im Verhältnis zum Hauptgegenstand des Vertrages dar,[52] oder werden sie neben der Lieferung von Waren (etwa als dazu notwendige Verlegeleistungen und Anbringen) lediglich als Nebentätigkeit verlangt, ist der Vertrag daher einheitlich als Lieferauftrag anzusehen. Der Hauptgegenstand des Vertrages ist zwar in erster Linie wirtschaftlich zu bestimmen.[53] Feste Wertgrenzen, insbes. in der Weise, dass ab einem bestimmten wertmäßigen Anteil eine bestimmte Auftragsart nicht mehr angenommen werden

---

[46] OLG München 5.11.2009 – Verg 15/09, IBRRS 2010, 2665 = VergabeR 2010, 677.

[47] OLG Düsseldorf 14.4.2010 – VII-Verg 60/09, IBRRS 2010, 2500 = VergabeR 2011, 78.

[48] BGH 24.11.1988 – VII ZR 222/87, BeckRS 1988, 3763 = BauR 1989, 219 (220).

[49] EuGH 6.5.2010 – C-145/08 und C-149/08, NVwZ 2010, 825 Rn. 48 ff.; 29.10.2009 – C-536/07, NZBau 2009, 792 Rn. 57 ff.

[50] EuGH 29.10.2009 – C-536/07, NZBau 2009, 792 Rn. 56.

[51] EuGH 29.10.2009 – C-536/07, NZBau 2009, 792 Rn. 56, die Bezeichnung des Vertrages spielt keine Rolle; OLG Düsseldorf 12.3.2003 – Verg 49/02, IBRRS 2003, 1404; 5.7.2000 – Verg 5/99, NZBau 2001, 106 (107); OLG Brandenburg 3.8.1999 – 6 Verg 1/99, NZBau 2000, 39 (41).

[52] Wie die Installation von standardisierter Server- und IT-Infrastruktur, VK Nordbayern 31.7.2019 – RMF-SG21-3194-4-38, VPR 2019, 246.

[53] EuGH 18.1.2007 – C-220/05, NZBau 2007, 185 (188); 14.11.2002 – C-411/00, NZBau 2003, 52 (54).

kann, bestehen jedoch nicht.[54] Die Wertanteile vermitteln für die rechtliche Einordnung des gesamten Auftrages im Regelfall lediglich Anhaltspunkte und eine erste Orientierung. Sie stellen aber nur ein Kriterium zur Ermittlung des Hauptgegenstandes des Vertrages dar.[55] Maßgeblich ist das **„Gepräge" des Vertragsgegenstandes.**[56] Daneben ist bei Bauleistungen auf den Funktionszusammenhang abzustellen. Ein Auftrag zur Errichtung eines digitalen Alarmierungssystems für die nichtpolizeiliche Gefahrenabwehr ist daher kein Bau-, sondern ein Liefer- bzw. Dienstauftrag.[57] Diese Abgrenzungskriterien sind auf den Bereich der Unterschwellenvergabe nach VOB/A zu übertragen.

§ 2 Grundsätze

(1) ¹**Bauleistungen werden im Wettbewerb und im Wege transparenter Verfahren vergeben.** ²**Dabei werden die Grundsätze der Wirtschaftlichkeit und der Verhältnismäßigkeit gewahrt.** ³**Wettbewerbsbeschränkende und unlautere Verhaltensweisen sind zu bekämpfen.**

(2) **Bei der Vergabe von Bauleistungen darf kein Unternehmen diskriminiert werden.**

(3) **Bauleistungen werden an fachkundige, leistungsfähige und zuverlässige Unternehmen zu angemessenen Preisen vergeben.**

(4) **Auftraggeber, Bewerber, Bieter und Auftragnehmer wahren die Vertraulichkeit aller Informationen und Unterlagen nach Maßgabe dieser Vergabeordnung oder anderer Rechtsvorschriften.**

(5) **Die Durchführung von Vergabeverfahren zum Zwecke der Markterkundung ist unzulässig.**

(6) **Der Auftraggeber soll erst dann ausschreiben, wenn alle Vergabeunterlagen fertig gestellt sind und wenn innerhalb der angegebenen Fristen mit der Ausführung begonnen werden kann.**

(7) **Es ist anzustreben, die Aufträge so zu erteilen, dass die ganzjährige Bautätigkeit gefördert wird.**

Literatur: Vgl. die Angaben bei § 97 GWB, § 122 GWB und § 2 EU VOB/A.

I. Bedeutung der Vorschrift

§ 2 VOB/A enthält **Grundsätze für Bauvergaben unterhalb der Schwellenwerte,** die weitgehend denen für Vergaben ab Erreichen der Schwellenwerte in § 2 EU VOB/A entsprechen. Strukturell enthalten die Abs. 1 und 2 die allg. Anforderungen, die das Haushaltsrecht an die Vergabe von öffentlichen Aufträgen stellt. Während Abs. 3 den Begriff der Eignung definiert, betreffen Abs. 4 die Wahrung der Vertraulichkeit von Informationen und Unterlagen, Abs. 5 das Verbot der Durchführung von Vergabeverfahren zum Zwecke der Markterkundung und Abs. 6 das sog. Gebot der Ausschreibungsreife. Eine bauspezifische Regelung zur Förderung der ganzjährigen Bautätigkeit enthält Abs. 7.

1

---

[54] Ein Instandsetzungsanteil von 25 % in einem Wartungs- und Instandsetzungsvertrag rechtfertigt nicht (mehr) die Anwendung der VOB/A: OLG Düsseldorf 18.10.2006 – VII-Verg 35/06, BeckRS 2007, 00456 = VergabeR 2007, 200 (202).
[55] EuGH 21.2.2008 – C-412/04, BeckRS 2008, 70277 = VergabeR 2008, 501 Rn. 47 ff.; OLG Düsseldorf 12.3.2003 – Verg 49/02, IBRRS 2003, 1404.
[56] OLG Brandenburg 30.5.2008 – Verg W 5/08, NZBau 2009, 139 (140).
[57] OLG Düsseldorf 16.10.2019 – Verg 66/18, VPR 2020, 29.

II. Wettbewerb, Transparenz, Wirtschaftlichkeit und Diskriminierungsverbot (Abs. 1 und 2)

2 Abs. 1 entspricht wörtlich dem § 2 EU Abs. 1 VOB/A, weshalb auf die dortige Kommentierung verwiesen wird (→ VOB/A § 2 EU Rn. 2 ff.).

3 Das **Verbot der Diskriminierung** von Unternehmen bei der Vergabe nach § 2 Abs. 2 VOB/A entspricht dem aus den Grundfreiheiten des AEUV fließenden Gleichbehandlungsbot, soweit es sich um Bauaufträge zwar unterhalb der Schwellenwerte, jedoch von grenzüberschreitendem Interesse handelt (→ GWB Einl. § 97 Rn. 13 ff.). Da aber auch § 97 Abs. 2 GWB keinen grenzüberschreitenden Bezug voraussetzt, sondern ebenso Differenzierungen zwischen Unternehmen aus demselben Mitgliedstaat erfasst, spricht nichts dagegen, die zur Anwendung des § 97 Abs. 2 GWB entwickelten Grundsätze (→ GWB § 97 Rn. 9 ff.) auf § 2 Abs. 2 VOB/A zu übertragen.

III. Eignung und Preisangemessenheit (Abs. 3)

4 Gem. Abs. 3 dürfen Bauleistungen nur an geeignete, dh fachkundige, leistungsfähige und zuverlässige, Unternehmen vergeben werden. Das Nähere über die durchzuführende **Eignungsprüfung** ist in § 6a VOB/A geregelt (→ VOB/A § 6a Rn. 1 ff.).

5 Die Vorgabe der Vergabe zu **angemessenen Preisen** in Abs. 3 formuliert keine eigenständige Prüfanforderung. Das Kriterium der Preisangemessenheit fasst vielmehr die nach § 16d VOB/A vorzunehmende Prüfung auf das Vorliegen eines unangemessen hohen oder niedrigen Preises und die Ermittlung des wirtschaftlichsten Angebots (→ VOB/A § 16d EU Rn. 3, 4) zusammen.

IV. Vertraulichkeit (Abs. 4)

6 Nach Abs. 4 müssen Auftraggeber, Bewerber, Bieter und Auftragnehmer die Vertraulichkeit aller Informationen und Unterlagen nach Maßgabe dieser Vergabeordnung oder anderer Vorschriften wahren. Die Vorschrift entspricht zum Großteil dem Wortlaut von § 6 Abs. 1 VSVgV, weshalb auf die dortige Kommentierung verwiesen werden kann, → VSVgV § 6 Rn. 1 ff.

V. Markterkundungen (Abs. 5)

7 Abs. 5 untersagt die Durchführung von Vergabeverfahren zum Zwecke der Markterkundung. Die Vorschrift stimmt mit § 28 Abs. 2 VgV (daher → VgV § 28 Rn. 9 ff.) und § 2 EU Abs. 7 S. 2 VOB/A (dazu → VOB/A § 2 EU Rn. 12) überein.

VI. Gebot der Ausschreibungsreife (Abs. 6)

8 Abs. 6 verlangt, erst dann auszuschreiben, wenn alle Vergabeunterlagen fertig gestellt sind und wenn innerhalb der angegebenen Fristen mit der Ausführung begonnen werden kann. Die Vorschrift stimmt inhaltlich mit § 2 EU Abs. 8 VOB/A überein, so dass auf deren Kommentierung (→ VOB/A § 2 EU Rn. 13 ff.) verwiesen wird.

VII. Ganzjährige Bautätigkeit (Abs. 7)

Abs. 7 ist identisch mit dem Wortlaut von § 2 EU Abs. 9 VOB/A, so dass auf die 9
entspr. Kommentierung (→ VOB/A § 2 EU Rn. 26 f.) verwiesen wird.

§ 3 Arten der Vergabe

Die Vergabe von Bauleistungen erfolgt nach Öffentlicher Ausschreibung, Beschränkter Ausschreibung mit oder ohne Teilnahmewettbewerb oder nach Freihändiger Vergabe.
1. Bei Öffentlicher Ausschreibung werden Bauleistungen im vorgeschriebenen Verfahren nach öffentlicher Aufforderung einer unbeschränkten Zahl von Unternehmen zur Einreichung von Angeboten vergeben.
2. Bei Beschränkter Ausschreibung (Beschränkte Ausschreibung mit oder ohne Teilnahmewettbewerb) werden Bauleistungen im vorgeschriebenen Verfahren nach Aufforderung einer beschränkten Zahl von Unternehmen zur Einreichung von Angeboten vergeben.
3. Bei Freihändiger Vergabe werden Bauleistungen in einem vereinfachten Verfahren vergeben.

Literatur: Baudis, Überblick zu den Rahmenbedingungen binnenmarktrelevanter Vergaben, VergabeR 2019, 589; Brüning, Rückforderung von Zuwendungen wegen Vergabefehlern, ZfBR 2020, 154; Dageförde, Die Vorabinformationspflicht im Vergaberechtsschutz: Eine unendliche Geschichte, NZBau 2020, 72; Deling, Kriterien der „Binnenmarktrelevanz" und ihre Konsequenzen unterhalb der Schwellenwerte, Teil 1, NZBau 2011, 725 und Teil 2, NZBau 2012, 17; Etscheid, Die Rückforderung von Zuwendungen wegen Vergaberechtsverstößen und Strategien zu ihrer Vermeidung, DÖV 2017, 403; Gass, Zuwendungen und Vergaberecht – zu Rückforderungsrichtlinien und Ermessensausübung, ZfBR 2022, 32; Glahs, Einflüsse des Vergaberechts auf die Auslegung von öffentlichen Bauaufträgen, NZBau 2020, 213; König/Neun/Görlich, Öffentliche Auftragsvergaben in Krisenzeiten, COVuR 2020, 25; Meister, In dubio pro Binnenmarktrelevanz?, NZBau 2015, 757; Portz, Zuwendungen und Vergaberecht – Zwischen Rückforderungsrichtlinien und Ermessensausübung, ZfBR 2021, 514; Schaller, Zuwendungen – Prüfung der zwecksentsprechenden Verwendung von staatlichen Fördermitteln, LKV 2022, 298; Siegel, Die Konzessionsvergabe im Unterschwellenbereich, NZBau 2019, 353; Stein/v. Rummel, Grenzüberschreitendes Interesse bei Unterschwellenvergaben, NZBau 2018, 589; Stoye/Brugger, Vertrag bleibt Vertrag: Anordnungen des Auftraggebers nach VOB/B grundsätzlich ausschreibungsfrei!, VergabeR 2011, 803; Tomerius/Gottwald, Stochern im vergaberechtlichen Nebel – „Binnenmarktrelevanz" von öffentlichen Aufträgen aus Sicht der kommunalen Vergabepraxis, LKV 2019, 289. Vgl. ergänzend auch die Angaben bei den §§ 119 GWB und 14 VgV.

Übersicht

	Rn.
I. Bedeutung der Vorschrift	1
II. Öffentliche Ausschreibung (Abs. 1)	6
III. Beschränkte Ausschreibung (Abs. 2)	9
IV. Freihändige Vergabe (Abs. 3)	17
V. Rechtsschutz	22

I. Bedeutung der Vorschrift

Für die Vergabe von öffentlichen Aufträgen über Bauleistungen (§ 1 VOB/A) im 1
Unterschwellenbereich enthält § 3 VOB/A eine abschl. Aufzählung der zulässigen

VOB/A § 3

Arten der Vergabe

Vergabearten: die Öffentliche Ausschreibung, die Beschränkte Ausschreibung (mit oder ohne Teilnahmewettbewerb) und die Freihändige Vergabe. Andere als die genannten Verfahrensarten kommen bei den Bauvergaben im Unterschwellenbereich nicht zur Anwendung. Der wettbewerbliche Dialog und die Innovationspartnerschaft sind nur im Oberschwellenbereich anwendbar.

2 Die Öffentliche Ausschreibung und die Beschränkte Ausschreibung mit Teilnahmewettbewerb sind die vorrangigen Regelverfahren (§ 3a Abs. 1 VOB/A; → § 3a Rn. 4). Sie können bei jeder Auftragsvergabe innerhalb der VOB/A ohne weitere Voraussetzungen und Begründung gewählt werden, selbst wenn weniger wettbewerbsintensive Verfahrensarten im Ausnahmefall zulässig wären. Die anderen Verfahrensarten stehen nur zur Verfügung, soweit dies nach § 3a Abs. 2 und 3 VOB/A gestattet ist.

3 Der persönliche **Anwendungsbereich** des § 3 VOB/A betrifft vor allem die klassischen öffentlichen Auftraggeber gem. § 99 Nr. 1 GWB, die aufgrund haushaltsrechtlicher Bindungen verpflichtet sind, bei Bauvergaben im Unterschwellenbereich die Vorschriften der VOB/A anzuwenden (→ VOB/A Einl. Rn. 7). Im Oberschwellenbereich richtet sich die Vergabe von Bauaufträgen ausschl. nach § 3 EU VOB/A bzw. – soweit verteidigungs- und sicherheitsspezifische Bauaufträge vergeben werden – nach § 3 VS VOB/A. Bauauftragsvergaben im Sektorenbereich erfolgen gem. § 1 Abs. 1 SektVO ausschl. gem. den Bestimmungen der SektVO. Im Sektorenbereich können die Verfahren frei gewählt werden (§ 141 Abs. 1 GWB; § 13 Abs. 1 SektVO). § 3 VOB/A ist in all diesen Fällen nicht anwendbar.

4 Für **privatrechtlich organisierte Auftraggeber** iSv § 99 Nr. 2 GWB gilt § 3 VOB/A – vorbehaltlich besonderer Regelungen im Einzelfall – mangels entspr. haushaltsrechtlicher Vorgaben nicht. Auch sonstige private Auftraggeber sind nicht zur Anwendung von § 3 VOB/A verpflichtet. Etwas anderes kann jedoch dann gelten, wenn sie eine Ausschreibung gem. den Vorschriften der VOB/A durchführen und sich freiwillig den Regeln der VOB/A unterwerfen. An diese Festlegung sind sie dann natürlich gebunden. Die aus der Bindung an die VOB/A folgenden Verhaltenspflichten konkretisieren zugleich die Rücksichtnahmepflichten nach § 241 Abs. 2 BGB.[1] Verstöße dagegen können zu Schadensersatzpflichten führen.[2]

5 Schließlich kann der Anwendungsbereich des § 3 VOB/A für private Auftraggeber eröffnet sein, wenn sie für eine bestimmte Baumaßnahme eine **öffentliche Zuwendung** iSv §§ 23, 44 BHO bzw. der entspr. LHO der Bundesländer erhalten. Die Zuwendungsbescheide der öffentlichen Hand sehen regelmäßig die Beachtung der „Allgemeinen Nebenbestimmungen für Zuwendungen zur Projektförderung" (ANBest-P) vor (vgl. etwa Anl. 2 zu VV Nr. 5.1 zu § 44 BHO). Gem. Ziff. 3.1 **ANBest-P** hat der Zuwendungsempfänger für die Vergabe von Aufträgen aus dem 1. Abschn. der VOB/A zu beachten. Allerdings besteht die Verpflichtung zur Einhaltung des Vergaberechts nur im Verhältnis zwischen dem Zuwendungsgeber und dem Zuwendungsempfänger; der Zuwendungsbescheid entfaltet keine dritt- oder bieterschützende Wirkung. Bei den Bestimmungen der ANBest-P handelt es sich um **Auflagen** iSd § 36 Abs. 2 Nr. 4 VwVfG.[3] Verstöße des Zuwendungsempfängers gegen § 3 VOB/A (etwa durch die Wahl einer unzulässigen Vergabeart) können zur

---

[1] OLG Düsseldorf 15.8.2011 – 27 W 1/11, BeckRS 2011, 23161; Dicks VergabeR 2012, 531 (534).

[2] BGH 15.4.2008 – X ZR 129/06, VergabeR 2008, 641 (642) = IBRRS 2008, 1531; 21.2.2006 – X ZR 39/03, NZBau 2006, 456 (457); OLG Düsseldorf 12.6.2003 – 5 U 109/02, IBR 2003, 566.

[3] OVG RhPf 25.9.2012 – 6 A 10478/12.OVG, BeckRS 2012, 58276; NdsOVG 3.9.2012 – 8 LA 187/11, BeckRS 2012, 58856; OVG NRW 20.4.2012 – 4 A 1055/09, NZBau 2012, 589; VGH BW 28.9.2011 – 9 S 1273/10, BeckRS 2011, 55135; OVG LSA 5.3.2010 – 1 L 6/10, NVwZ-RR 2010, 593; OVG NRW 22.2.2005 – 15 A 1065/04, NZBau 2006, 64 (65).

Rückforderung der Zuwendung führen.[4] Gleiches gilt, wenn die Zuwendung nicht mit einer verwaltungsrechtlichen Auflage verbunden wird, sondern auf der Grundlage einer privatrechtlichen Vereinbarung zwischen Zuschussgeber und Zuschussempfänger erfolgt. Dies kann etwa bei Zuwendungen durch Förderbanken der Fall sein. Enthält die Vereinbarung die Auflage, dass der Zuschussempfänger bei seiner Beschaffungstätigkeit die Vorgaben der VOB/A zu beachten hat, müssen die geförderten Aufträge grds. im Wege einer öffentlichen Ausschreibung vergeben werden. Verstöße des Zuwendungsempfängers gegen Förderauflagen können auch hier zur Rückforderung der Zuwendung führen.[5]

II. Öffentliche Ausschreibung (Abs. 1)

Öffentliche Ausschreibungen sind Verfahren, in denen Bauleistungen im vorgeschriebenen Verfahren nach öffentlicher Aufforderung einer unbeschränkten Zahl von Unternehmen zur Einreichung von Angeboten vergeben werden. Oberhalb der Schwellenwerte entspricht die Öffentliche Ausschreibung dem offenen Verfahren. Der Kreis der Unternehmen, die ein Angebot abgeben können, ist nicht beschränkt. Jedes an dem Auftrag interessierte Unternehmen kann ein Angebot abgeben. Zu den Merkmalen und zum Verfahrensablauf näher → GWB § 119 Rn. 13 ff. sowie → VgV § 15 Rn. 3, 4. 6

Die **öffentliche Aufforderung** erfolgt durch eine (nationale) **Auftragsbekanntmachung** nach § 12 Abs. 1 Nr. 1 VOB/A. Über diese Pflicht zur Publizität soll ein möglichst großer Kreis von Unternehmen angesprochen werden, sich um den Auftrag zu bewerben. Zu den Einzelheiten → § 12 Rn. 5–8. Die Auftragsbekanntmachung ist zwingend vorgeschrieben. Sie kann nicht durch eine direkte Ansprache potenziell interessierter Unternehmen ersetzt werden. Jedoch ist es dem Auftraggeber gestattet, nach bereits erfolgter Auftragsbekanntmachung Unternehmen direkt anzusprechen und zur Teilnahme am Vergabeverfahren aufzufordern.[6] Eine solche **Direktansprache** ist freilich nur zulässig, wenn andere Unternehmen nicht diskriminiert werden. Insbes. sind Wettbewerbs- und Informationsvorsprünge bei den Unternehmen zu vermeiden. Die Direktansprache darf von daher erst nach 7

---

[4] EuGH 26.5.2016 – C-260/14, BeckRS 2016, 81060: ein Verstoß gegen nationales Vergaberecht kann bei der Verwendung von Finanzmitteln aus EU-Quellen zur Rückforderung von EU-Geldern führen; BVerwG 13.2.2013 – 3 B 58.12, IBR 2013, 294; OVG Schleswig 23.8.2022 – 5 LB 9/20, VPRRS 2022, 0255 zur rechtskonformen Ermessensausübung im Einzelfall unter Beachtung des Verhältnismäßigkeitsgrundsatzes; OVG NRW 24.2.2021 – 4 A 2038/16, BeckRS 2021, 3168; OVG Schleswig 18.12.2020 – 5 LA 179/20, BeckRS 2020, 43051: grds. kein Widerruf bei nur formalen Fehlern; VG Würzburg 18.3.2019 – 8 K 18.1161, BeckRS 2019, 4442; VG Schleswig 13.12.2017 – 12 A 205/15, BeckRS 2017, 135970; VG Bayreuth 23.8.2016 – 5 K 15.67, BeckRS 2016, 54190; NdsOVG 9.2012 – 8 LA 187/11, BeckRS 2012, 58856; BayVGH 23.5.2012 – 4 ZB 10.547, NZBau 2012, 663; OVG NRW 20.4.2012 – 4 A 1055/09, NZBau 2012, 589; 13.2.2012 – 12 A 1217/11, BeckRS 2012, 49001; VGH BW 28.9.2011 – 9 S 1273/10, BeckRS 2011, 55135; OVG LSA 5.3.2010 – 1 L 6/10, NVwZ-RR 2010, 593. Vgl. zB Ziff. 2.2 der Bekanntmachung des Bayerischen Staatsministeriums der Finanzen und für Heimat über die Richtlinie zur Rückforderung von Zuwendungen bei schweren Vergabeverstößen (Rückforderungsrichtlinie – RZVR) vom 25. Februar 2021 (BayMBl. Nr. 182): „Liegt ein schwerer Vergabeverstoß vor, ist grundsätzlich ein Widerruf des Zuwendungsbescheids und die Neufestsetzung (Kürzung) der Zuwendung vorzunehmen. Dabei ist davon auszugehen, dass im Rahmen der vorzunehmenden Interessenabwägung das öffentliche Interesse an einer Rückforderung überwiegt."

[5] BGH 17.11.2011 – III ZR 234/10, VergabeR 2012, 173 (176) = BeckRS 2011, 28620.
[6] OLG Schleswig 17.2.2000 – 11 U 91/98, NZBau 2000, 207.

der Auftragsbekanntmachung erfolgen. Auch dürfen den kontaktierten Unternehmen die Vergabeunterlagen nicht ohne entspr. Antrag der Unternehmen zur Verfügung gestellt werden (näher → § 12a Rn. 2).

8 Bei der Öffentlichen Ausschreibung erfolgt die Auftragsvergabe im **vorgeschriebenen Verfahren** nach den Vorschriften des 1. Abschn. der VOB/A, soweit diese auf die Öffentliche Ausschreibung anwendbar sind. Die insoweit zentralen Verfahrensvorschriften sind ua:
– öffentliche Bekanntmachung des Auftrags (§ 12 Abs. 1 Nr. 1 VOB/A),
– Verbot von Verhandlungen über eine Änderung der Angebote oder Preise (§ 15 Abs. 3 VOB/A) sowie
– Einhaltung des formalisierten Verfahrens zur Prüfung und Wertung der Angebote (§§ 16–16d VOB/A).

III. Beschränkte Ausschreibung (Abs. 2)

9 Beschränkte Ausschreibungen sind Verfahren, bei denen Bauleistungen im vorgeschriebenen Verfahren nach Aufforderung einer beschränkten Zahl von Unternehmen zur Einreichung von Angeboten vergeben werden. Bei der Beschränkten Ausschreibung wird somit nur eine beschränkte Zahl von Unternehmen zur Abgabe eines Angebotes aufgefordert; der Angebotswettbewerb findet nur zwischen den zur Abgabe eines Angebotes aufgeforderten Bewerbern statt. Die Beschränkte Ausschreibung mit Teilnahmewettbewerb ist mit der Öffentlichen Ausschreibung seit Inkrafttreten der VOB/A 2019 das vorrangige Regelverfahren (§ 3a Abs. 1 VOB/A; ausf. → § 3a Rn. 4). Hingegen ist die Beschränkte Ausschreibung ohne Teilnahmewettbewerb wegen ihrer wettbewerbsreduzierenden Wirkung nur subsidiär anwendbar und nur in den in § 3a Abs. 2 VOB/A geregelten Ausnahmefällen zulässig (→ § 3a Rn. 6 ff.).

10 Anders als bei der Öffentlichen Ausschreibung[7], wird der Auftrag bei der Beschränkten Ausschreibung in einem **zweistufigen Verfahren** vergeben (→ VgV § 16 Rn. 5 ff.). Dabei erfolgt die Prüfung der Eignung der Bewerber in einem gesonderten, der Angebotswertung vorgelagerten Verfahrensschritt: Auf der ersten Stufe werden die geeigneten Unternehmen identifiziert; § 6b Abs. 5 S. 1 VOB/A schreibt insofern vor, dass bei Beschränkter Ausschreibung die Eignung vor der Aufforderung zur Angebotsabgabe zu prüfen ist. Im Anschluss an die Eignungsprüfung werden die geeigneten Unternehmen auf der zweiten Stufe zur Angebotsabgabe aufgefordert. Mit Blick auf die erste Verfahrensstufe (also der Auswahl der zur Angebotsabgabe aufzufordernden Unternehmen) differenziert die VOB/A zwischen der Beschränkten Ausschreibung ohne Teilnahmewettbewerb und mit Teilnahmewettbewerb.

11 Bei der Beschränkten Ausschreibung ohne Teilnahmewettbewerb wendet sich der Auftraggeber mit der Aufforderung zur Angebotsabgabe **ohne Auftragsbekanntmachung** direkt an von ihm ausgewählte Bieter. Deren Auswahl (im Allgemeinen **mindestens drei geeignete Bewerber,** § 3b Abs. 3 VOB/A) erfolgt nach pflichtgemäßem Ermessen, das durch das Wettbewerbsprinzip und das Diskriminierungsverbot (insbes. die Pflicht zum Wechsel unter den geeigneten Unternehmen nach § 3b Abs. 4 VOB/A) determiniert ist.[8] **Auswahlkriterien** sind allein die Fachkunde, Leistungsfähigkeit und Zuverlässigkeit der Unternehmen (§ 6a Abs. 1 VOB/

---

[7] Auch eine öffentliche Ausschreibung kann mehrstufig ablaufen. In praxi ist dies die Ausnahme. Voraussetzung ist stets, dass die zur Teilnahme an der zweiten, von dem öffentlichen Auftraggeber selbst gesetzten „Wertungsstufe" zugelassenen Bieter kein zweites Angebot abgeben dürfen: VK Bund 7.5.2019 – VK 1–17/19, BeckRS 2019, 16136.

[8] OLG Saarbrücken 28.1.2015 – 1 U 138/14, BeckRS 2015, 5288 zur Auswahl der Teilnehmer an einer Beschränkten Ausschreibung nach Aufhebung einer Öffentlichen Ausschreibung.

A, § 6b Abs. 4 VOB/A). Die Auswahl ist nach sachgerechten Gesichtspunkten vorzunehmen; dabei sind willkürliche Ungleichbehandlungen zu unterlassen.[9]

Im Anschluss an die Bewerberauswahl findet die Beschränkte Ausschreibung **im vorgeschriebenen Verfahren** statt. Zentrale Verfahrensregeln für die Beschränkte Ausschreibung ohne Teilnahmewettbewerb sind ua: 12
- Verbot von Verhandlungen über eine Änderung der Angebote oder Preise (§ 15 Abs. 3 VOB/A) sowie
- Einhaltung des formalisierten Verfahrens zur Prüfung und Wertung der Angebote (§§ 16–16d VOB/A).

Die Beschränkte Ausschreibung mit **Teilnahmewettbewerb** entspricht dem nicht offenen Verfahren nach § 3 EU Nr. 2 VOB/A. Vgl. zu den Merkmalen und zum Verfahrensablauf näher → GWB § 119 Rn. 16 ff.; → VgV § 16 Rn. 6 ff. und → § 3b Rn. 2. Die Auswahl der Bewerber, die zur Angebotsabgabe aufgefordert werden sollen, erfolgt hier mittels Durchführung eines Teilnahmewettbewerbs. Durch die öffentliche Bekanntmachung des Teilnahmewettbewerbs nach § 12 Abs. 2 Nr. 1 VOB/A wird ein unbeschränkter Kreis von Unternehmen aufgefordert, Teilnahmeanträge zu stellen. Dabei sind in der Auftragsbekanntmachung die mit dem Teilnahmeantrag vorzulegenden Nachweise für die Eignung zu nennen (§ 6b Abs. 4 S. 2 VOB/A). Der Teilnahmewettbewerb ist eine **vorgezogene auftragsabhängige Eignungsprüfung**.[10] Er dient dazu, die Eignung, mithin Fachkunde, Leistungsfähigkeit und Zuverlässigkeit, der Bewerber zu ermitteln und diejenigen Bewerber zu identifizieren, die zur Abgabe eines Angebotes aufgefordert werden. Er ist kein selbständiges, vom eigentlichen Vergabeverfahren abgekoppeltes Verfahren, sondern Bestandteil des förmlichen Vergabeverfahrens[11] und schließt mit der Auswahl der geeigneten Bewerber ab. 13

Die **Bewerberauswahl** im Verfahren mit Teilnahmewettbewerb ist detailliert in § 3b Abs. 2 VOB/A normiert. Vgl. dazu ausf. → § 3b Rn. 2 und → VgV § 16 Rn. 4 ff. 14

Teilnahmeanträge, die die in der Auftragsbekanntmachung geforderten Nachweise nicht enthalten oder nach Ablauf der Bewerbungsfrist eingehen, müssen ausgeschlossen werden.[12] Gleichsam dürfen Unternehmen, die keinen Teilnahmeantrag gestellt haben, nicht zur Angebotsabgabe aufgefordert werden; anderenfalls wird gegen das Diskriminierungsverbot (§ 2 Abs. 2 VOB/A) verstoßen.[13] Oberhalb der Schwellenwerte ist dies in § 16 Abs. 4 VgV ausdr. normiert. 15

Im Anschluss an den Teilnahmewettbewerb ist die Beschränkte Ausschreibung im vorgeschriebenen Verfahren durchzuführen (→ Rn. 12). Für den Teilnahmewettbewerb gelten ua folgende **Sonderregelungen:** 16
- öffentliche Bekanntmachung des Teilnahmewettbewerbs (§ 12 Abs. 2 Nr. 1 VOB/A),
- Pflicht zur ausreichenden Bemessung der Teilnahmefrist (§ 10 Abs. 3 VOB/A) und

---

[9] OLG Schleswig 4.5.2001 – 6 Verg 2/2001, IBRRS 2003, 1486.
[10] VK RhPf 20.4.2010 – VK-2-7/10, BeckRS 2015, 55862.
[11] OLG Koblenz 4.10.2010 – 1 Verg 9/10, BeckRS 2010, 24261; OLG Brandenburg 19.12.2002 – Verg W 9/02, NZBau 2003, 229; OLG Düsseldorf 24.9.2002 – Verg 48/02, NZBau 2003, 349 (350); VK Bund 12.1.2015 – VK 2–111/14, VPRRS 2015, 0072; VK Münster 12.5.2009 – VK 5/09, IBRRS 2009, 2742; VK BW 26.8.2009 – 1 VK 43/09, IBRRS 2010, 0080.
[12] OLG Celle 9.4.2009 – 13 Verg 7/08, NZBau 2009, 394; OLG Düsseldorf 19.3.2001 – Verg 7/01, VergabeR 2001, 221 = IBRRS 2013, 2387; VK Nordbayern 25.11.2005 – 320.VK-3194-38/05, BeckRS 2005, 44216.
[13] OLG Karlsruhe 15.10.2008 – 15 Verg 9/08, NZBau 2008, 784; VK Bund 22.2.2008 – VK 1–4/08, ZfBR 2008, 412.

VOB/A § 3   Arten der Vergabe

– Pflicht zur gleichzeitigen Übersendung der Vergabeunterlagen an die ausgewählten Bewerber (§ 12a Abs. 1 Nr. 2 VOB/A).

IV. Freihändige Vergabe (Abs. 3)

17   Bei der Freihändigen Vergabe werden Bauleistungen in einem vereinfachten Verfahren vergeben. Der Auftraggeber wendet sich in dieser Verfahrensart unmittelbar an ein oder mehrere Unternehmen und verhandelt mit ihnen über die Auftragsbedingungen. Ihre Zulässigkeitsvoraussetzungen sind in § 3a Abs. 3 VOB/A beispielhaft („besonders") aufgeführt (ausf. → § 3a Rn. 22 ff.). Die Freihändige Vergabe steht in der Verfahrenshierarchie an letzter Stelle und darf nur gewählt werden, wenn eine Öffentliche Ausschreibung oder Beschränkte Ausschreibungen unzweckmäßig sind (§ 3a Abs. 3 S. 1 VOB/A). Das Pendant zur Freihändigen Vergabe ist im Bereich oberhalb der Schwellenwerte das Verhandlungsverfahren (näher → GWB § 119 Rn. 20 ff.).

18   Auch wenn dies in § 3 VOB/A nicht ausdr. vorgesehen ist, kann der Freihändigen Vergabe ein **Teilnahmewettbewerb** vorgeschaltet werden. Dies kann etwa dann sinnvoll sein, wenn die Leistung nach Art und Umfang nicht eindeutig und erschöpfend beschrieben werden kann und der Auftraggeber sich zunächst einen Überblick über den Kreis der geeigneten Bieter verschaffen will. Entscheidet sich der Auftraggeber, einen Teilnahmewettbewerb durchzuführen, ist er an die dafür von der VOB/A aufgestellten Regelungen gebunden.

19   Die Auftragsvergabe erfolgt in einem **vereinfachten Verfahren.** Der Auftraggeber ist in der Verfahrensgestaltung weitgehend flexibel. Er kann mit einem oder mehreren Bietern Verhandlungen über Angebote und Preise führen.[14] Der Gegenstand der Beschaffung muss im Gegensatz zur Öffentlichen und Beschränkten Ausschreibung nicht in allen Einzelheiten feststehen und kann im Wege von Verhandlungen geändert werden. Nach Ablauf der Angebotsfrist beginnt ein dynamischer Prozess, in dem sich durch Verhandlungen sowohl auf Nachfrage- als auch auf Angebotsseite Veränderungen ergeben können.[15]

20   Die Freihändige Vergabe ist demnach zwar nur geringen formalen Anforderungen unterworfen, aber **kein wettbewerbsfreier Raum.**[16] Auch hier gelten die Grundsätze des Wettbewerbs, der Transparenz und der Gleichbehandlung. Insbes. muss auch hier grds. **mit mehreren Bietern** verhandelt werden.[17] Gleichbehandlung verlangt vor allem, allen Bietern die gleichen Informationen zukommen zu lassen und ihnen die Chance zu geben, innerhalb gleicher Fristen zu gleichen Bedingungen Angebote abzugeben.[18] Der Auftraggeber ist verpflichtet, den Bietern den vorgesehenen Verfahrensablauf mitzuteilen, davon nicht überraschend oder willkürlich abzuweichen und die Entscheidung über die Auslese der Bieter nach den bekannt gemachten Kriterien zu treffen.[19] Alle während des Verfahrens getroffenen Entscheidungen, die zum Ausscheiden bzw. Abschichten von Bietern oder zur Aufnahme von Vertragsverhandlun-

---

[14] BayObLG 2.8.2001 – Verg 8/01, IBR 2001, 687.

[15] OLG Celle 16.1.2002 – 13 Verg 1/02, VergabeR 2002, 299 (301) = BeckRS 2002, 160346.

[16] BGH 10.9.2009 – VII ZR 255/08, IBR 2009, 629; OLG München 12.7.2005 – Verg 8/05, VergabeR 2005, 802 (805) = BeckRS 2005, 19924; BayObLG 5.11.2002 – Verg 22/02, NZBau 2003, 342 (343); OLG Frankfurt a. M. 10.4.2001 – 11 Verg 1/01, NZBau 2002, 161 (163).

[17] OLG Düsseldorf 23.2.2005 – VII-Verg 78/04, VergabeR 2005, 503 (507) = NZBau 2005, 537.

[18] OLG Celle 16.1.2002 – 13 Verg 1/02, VergabeR 2002, 299 (301) = BeckRS 2002, 160346.

[19] OLG Frankfurt a. M. 10.4.2001 – 11 Verg 1/01, NZBau 2002, 161 (163).

Arten der Vergabe § 3 VOB/A

gen mit einem Bieter führen, müssen vor der Zuschlagserteilung nachvollziehbar dokumentiert werden, um dem **Transparenzgebot** Genüge zu tun.[20]

Zentrale Regelungen der VOB/A für die Freihändige Vergabe sind ua: 21
- Pflicht zum Wechsel unter den Bewerbern (§ 3b Abs. 4 VOB/A),
- vorgezogene Eignungsprüfung (§ 6b Abs. 5 S. 1 VOB/A) und die
- entspr. Anwendung der Vorschriften über die Angebotswertung (§ 16d Abs. 5 VOB/A).

V. Rechtsschutz

Unterhalb der Schwellenwerte kann die Wahl einer unzulässigen Vergabeart mangels Zuständigkeit der Vergabekammern nicht zum Gegenstand eines Nachprüfungsverfahrens gemacht werden.[21] Etwas anderes gilt aber, wenn die Schwellenwerte erreicht bzw. überschritten sind, jedoch nur nach dem 1. Abschn. ausgeschrieben worden war. Maßgebend ist der tatsächlich „richtige", nicht der unzutreffend geschätzte Auftragswert.[22] 22

Nach der Rspr. des EuGH[23] und der Mitteilung der Kommission v. 1.8.2006[24] sind grds. auch bei Auftragsvergaben unterhalb der Schwellenwerte die sich aus dem EU-Primärrecht ergebenden Grundfreiheiten der Warenverkehrsfreiheit, Niederlassungsfreiheit und Dienstleistungsfreiheit zu beachten (näher → GWB Einl. Rn. 11 ff., → GWB § 107 Rn. 12, → GWB Vor § 155 Rn. 19 ff.). Dies gilt jedoch nur dann, wenn diese **Aufträge binnenmarktrelevant** sind, an diesen Aufträgen also ein **eindeutiges grenzüberschreitendes Interesse** besteht.[25] Kriterien, die auf ein eindeutiges grenzüberschreitendes Interesse hinweisen, können ua ein gewisses Volumen des fraglichen Auftrags in Verbindung mit dem Leistungsort, technische 23

---

[20] OLG Brandenburg 3.8.1999 – 6 Verg 1/99, NZBau 2000, 39.
[21] BVerfG 27.2.2008 – 1 BvR 437/08, VergabeR 2008, 924 = BeckRS 2008, 40349; 13.6.2006 – 1 BvR 1160/03, NZBau 2006, 791.
[22] OLG Düsseldorf 6.4.2022 – VII-Verg 34/21, BeckRS 2022, 22966 = VergabeR 2022, 647 (650); 16.2.2006 – Verg 6/06, IBR 2006, 356; 30.7.2003 – VII-Verg 5/03, BeckRS 2003, 17897; VK Bund 6.7.2023 – VK 2-46/23, VPRRS 2023, 0159. Zur Antragsbefugnis in diesen Fällen: OLG Düsseldorf 6.4.2022 – VII-Verg 34/21, BeckRS 2022, 22966 = VergabeR 2022, 647 (654); 10.2.2021 – Verg 23/20, BeckRS 2021, 21311 und 30.9.2020 – VII-Verg 15/20. Zur (fehlenden) Rügeobliegenheit in diesen Fällen OLG Düsseldorf 6.4.2022 – VII-Verg 34/21, BeckRS 2022, 22966 = VergabeR 2022, 647 (654) unter ausdrücklicher Abkehr von OLG Düsseldorf 11.1.2012 – VII-Verg 67/11, BeckRS 2012, 6486. Vgl. auch OLG Stuttgart 12.8.2002 – 2 Verg 9/02, NZBau 2003, 340 zu dem umgekehrten Fall, dass irrtümlich EU-weit ausgeschrieben wird: Kein Primärrechtsschutz.
[23] EuGH 16.4.2015 – C-278/14, BeckRS 2015, 80504; EuGH 23.12.2009 – C-376/08, VergabeR 2010, 469 (473) = NZBau 2010, 261; 21.2.2008 – C-412/04, IBR 2008, 229.
[24] Mitteilung der Europäischen Kommission v. 24.7.2006 zu Auslegungsfragen in Bezug auf das Unionsrecht, das für die Vergabe öffentlicher Aufträge gilt, die nicht oder nur teilweise unter die Vergaberichtlinien fallen, ABl. 2006 C 179, 2; vgl. dazu auch EuG 20.5.2010 – T-258/06, NZBau 2010, 510.
[25] EuGH 5.4.2017 – C-298/15, ZfBR 2017, 484; 6.10.2016 – C-318/15, NZBau 2016, 781; 23.12.2009 – C-376/08, VergabeR 2010, 469 (473) = NZBau 2010, 261; zum Begriff und zur Ausfüllung der Binnenmarktrelevanz BGH 30.8.2011 – X ZR 55/10, NZBau 2012, 46, zur Beurteilung der Frage, ob an einem öffentlichen Auftrag ein grenzüberschreitendes Interesse besteht, ist eine Prognose darüber anzustellen, ob der Auftrag nach den konkreten Marktverhältnissen, dh mit Blick auf die angesprochenen Branchenkreise und ihre Bereitschaft, Aufträge ggf. in Anbetracht ihres Volumens und des Ortes der Auftragsdurchführung auch grenzüberschreitend auszuführen, für ausländische Anbieter interessant sein könnte.

Merkmale des Auftrags oder Besonderheiten der betreffenden Waren sein.[26] Solche Aufträge müssen in einem transparenten, nichtdiskriminierenden und die Gleichbehandlung der interessierten Unternehmen gewährleistenden Verfahren vergeben werden.[27] Der EuGH verlangt bei binnenmarktrelevanten Aufträgen unterhalb der Schwellenwerte die Durchführung eines transparenten, auf Gleichbehandlung der Unternehmen bedachten Vergabeverfahrens.[28] Die erforderliche Transparenz ist hergestellt, wenn die in den anderen Mitgliedstaaten niedergelassenen Unternehmen vor der Vergabe Zugang zu angemessenen Informationen über die zu vergebende Leistung haben und ihr Interesse an dem Auftrag bekunden können.[29] Hierfür reicht eine nationale Bekanntmachung des Auftrags nach § 12 Abs. 1 VOB/A grds. aus. Jedoch wäre es ein Verstoß gegen das EU-Primärrecht, einen binnenmarktrelevanten Auftrag ohne Bekanntmachung, etwa nur im Wege der Beschränkten Ausschreibung ohne Teilnahmewettbewerb oder gar der Freihändigen Vergabe, zu vergeben.

24 Bei der öffentlichen Finanzierung einer Baumaßnahme unter Förderauflagen kann die Wahl einer Vergabeart, die gegen Förderauflagen verstößt, zur **Rückforderung von Zuwendungen** führen (→ Rn. 5).[30]

25 Wählt der Auftraggeber eine unzutreffende Vergabeart, kann dieser Verstoß keine Schadensersatzansprüche bei denjenigen Unternehmen, die nicht an dem betreffenden Vergabeverfahren teilgenommen haben, begründen. Insofern entsteht mit einem Unternehmen, das unter Verstoß gegen § 3b Abs. 3 VOB/A nicht an einer Beschränkten Ausschreibung beteiligt wird, kein vorvertragliches Verhältnis (→ GWB § 181 Rn. 4 ff.).[31]

26 Auch können Bieter, die an einem Vergabeverfahren teilnehmen, keine Schadensersatzansprüche allein aus einer fehlerhaften Wahl der Vergabeart herleiten.[32] Denn

---

[26] EuGH 6.10.2016 – C-318/15, NZBau 2016, 781. S. auch OLG Düsseldorf 21.6.2023 – 27 U 4/22, VPRRS 2023, 0130.

[27] EuGH 16.4.2015 – C-278/14, BeckRS 2015, 80504; EuG 20.5.2010 – T-258/06, IBR 2010, 406; EuGH 21.2.2008 – C-412/04, IBR 2008, 229.

[28] EuGH 6.10.2016 – C-318/15, NZBau 2016, 781; 21.7.2005 – C-231/03, NZBau 2005, 592 (593); 7.12.2000 – C-324/98, EuZW 2001, 90 (94).

[29] EuGH 21.7.2005 – C-231, NZBau 2005, 592 (593); 13.10.2005 – C-458/03, NZBau 2005, 644 (647).

[30] EuGH 26.5.2016 – C-261/14, IBRRS 2016, 1869 zur Rückforderung von EU-Fördermitteln bei einem Verstoß gegen Unterschwellenvergaberecht; BVerwG 13.2.2013 – 3 B 58.12, IBR 2013, 294; OVG NRW 24.2.2021 – 4 A 2038/16, VPRRS 2021, 0056: Die fehlerhafte Wahl der Verfahrensart stellt zwar idR einen schwerwiegenden Vergaberechtsverstoß dar. Diese Regelannahme entbindet den Zuwendungsgeber aber nicht davon, die Umstände des jew. Einzelfalls zu würdigen; OVG Schleswig 18.12.2020 – 5 LA 179/20, BeckRS 2020, 43051: grds. kein Widerruf bei nur formalen Fehlern; VG Würzburg 18.3.2019 – 8 K 18.1161, BeckRS 2019, 4442; VG Schleswig 13.12.2017 – 12 A 205/15, BeckRS 2017, 135970; VG Bayreuth 23.8.2016 – 5 K 15.67, BeckRS 2016, 54190; NdsOVG 3.9.2012 – 8 LA 187/11, BeckRS 2012, 58856; BayVGH 23.5.2012 – 4 ZB 10.547, NZBau 2012, 663; OVG NRW 22.2.2005 – 15 A 1065/04, NZBau 2006, 64; einschränkend aber OVG RhPf 25.9.2012 – 6 A 10478/12.OVG, BeckRS 2012, 58276, auch wenn ein Auftrag unzulässigerweise aufgrund einer Beschränkten Ausschreibung mit Teilnahmewettbewerb statt einer Öffentlichen Ausschreibung vergeben wird, muss ein solcher Vergabeverstoß nicht ausnahmslos als schwerwiegend erachtet werden; zum Ganzen auch Portz ZfBR 2021, 514.

[31] KG 27.11.2003 – 2 U 174/02, VergabeR 2004, 490 = BeckRS 2004, 2580. S. dazu auch OLG Düsseldorf 30.6.2021 – Verg 43/20, VPRRS 2021, 0190: Schadensersatz nur bei einem Vergabeverfahren, an dem der Anspruchsteller teilgenommen hat und infolge eines Vergaberechtsverstoßes einer Zuschlagschance beraubt wurde oder vergebliche Aufwendungen für ein Angebot hatte.

[32] OLG Düsseldorf 29.7.1998 – U (Kart) 24/98, BauR 1999, 241 = BeckRS 9998, 00931.

allein dadurch entsteht dem Bieter kein Schaden. Eine falsche Vergabeart stellt keinen Verstoß gegen die guten Sitten im Wettbewerb (§ 1 UWG) und keine sittenwidrige Schädigung (§ 826 BGB) dar.[33] Schadensersatzansprüche kommen jedoch in Betracht, wenn eine Öffentliche Ausschreibung entgegen § 17 Abs. 1 VOB/A aufgehoben und der Auftrag alsdann unter Verstoß gegen § 3a Abs. 3 Nr. 4 VOB/A freihändig vergeben wird (näher → VgV § 63 Rn. 63 ff.).[34]

§ 3a Zulässigkeitsvoraussetzungen

(1) [1]Dem Auftraggeber stehen nach seiner Wahl die Öffentliche Ausschreibung und die Beschränkte Ausschreibung mit Teilnahmewettbewerb zur Verfügung. [2]Die anderen Verfahrensarten stehen nur zur Verfügung, soweit dies nach den Absätzen zwei und drei gestattet ist.

(2) Beschränkte Ausschreibung ohne Teilnahmewettbewerb kann erfolgen,
1. bis zu folgendem Auftragswert der Bauleistung ohne Umsatzsteuer:[1]
    a) 50 000 Euro für Ausbaugewerke (ohne Energie- und Gebäudetechnik), Landschaftsbau und Straßenausstattung,
    b) 150 000 Euro für Tief-, Verkehrswege- und Ingenieurbau,
    c) 100 000 Euro für alle übrigen Gewerke,
2. wenn eine Öffentliche Ausschreibung oder eine Beschränkte Ausschreibung mit Teilnahmewettbewerb kein annehmbares Ergebnis gehabt hat,
3. wenn die Öffentliche Ausschreibung oder eine Beschränkte Ausschreibung mit Teilnahmewettbewerb aus anderen Gründen (z.B. Dringlichkeit, Geheimhaltung) unzweckmäßig ist.

(3) [1]Freihändige Vergabe ist zulässig, wenn die Öffentliche Ausschreibung oder Beschränkte Ausschreibungen unzweckmäßig sind, besonders,
1. wenn für die Leistung aus besonderen Gründen (z.B. Patentschutz, besondere Erfahrung oder Geräte) nur ein bestimmtes Unternehmen in Betracht kommt,
2. wenn die Leistung besonders dringlich ist,
3. wenn die Leistung nach Art und Umfang vor der Vergabe nicht so eindeutig und erschöpfend festgelegt werden kann, dass hinreichend vergleichbare Angebote erwartet werden können,
4. wenn nach Aufhebung einer Öffentlichen Ausschreibung oder Beschränkten Ausschreibung eine erneute Ausschreibung kein annehmbares Ergebnis verspricht,
5. wenn es aus Gründen der Geheimhaltung erforderlich ist,
6. wenn sich eine kleine Leistung von einer vergebenen größeren Leistung nicht ohne Nachteil trennen lässt.

[2]Freihändige Vergabe kann außerdem bis zu einem Auftragswert von 10 000 Euro ohne Umsatzsteuer erfolgen.[2]

(4) [1]Bauleistungen bis zu einem voraussichtlichen Auftragswert von 3000 Euro ohne Umsatzsteuer können unter Berücksichtigung der Haus-

---

[33] OLG Düsseldorf 29.7.1998 – U (Kart) 24/98, BauR 1999, 241 = BeckRS 9998, 00931.
[34] OLG Düsseldorf 29.7.1998 – U (Kart) 24/98, BauR 1999, 241 = BeckRS 9998, 00931.
[1] **Amtl. Anm.:** Für Bauleistungen zu Wohnzwecken kann bis zum 31. Dezember 2021 eine Beschränkte Ausschreibung ohne Teilnahmewettbewerb für jedes Gewerk bis zu einem Auftragswert von 1 000 000 Euro ohne Umsatzsteuer erfolgen.
[2] **Amtl. Anm.:** Für Bauleistungen zu Wohnzwecken kann bis zum 31. Dezember 2021 eine Freihändige Vergabe bis zu einem Auftragswert von 100 000 Euro ohne Umsatzsteuer erfolgen.

VOB/A § 3a — Zulässigkeitsvoraussetzungen

haltsgrundsätze der Wirtschaftlichkeit und Sparsamkeit ohne die Durchführung eines Vergabeverfahrens beschafft werden (Direktauftrag). ²Der Auftraggeber soll zwischen den beauftragten Unternehmen wechseln.

Literatur: Vgl. die Angaben bei § 119 GWB, § 14 VgV und § 3 VOB/A.

Übersicht

	Rn.
I. Bedeutung der Vorschrift	1
II. Vorrang der Öffentlichen Ausschreibung und der Beschränkten Ausschreibung mit Teilnahmewettbewerb (Abs. 1)	4
III. Beschränkte Ausschreibung ohne Öffentlichen Teilnahmewettbewerb (Abs. 2)	6
1. Auftragswerte (Nr. 1)	7
2. Kein annehmbares Ergebnis (Nr. 2)	9
3. Unzweckmäßigkeit aus anderen Gründen (Nr. 3)	12
IV. Freihändige Vergabe (Abs. 3)	22
1. Alleinstellung (Nr. 1)	23
2. Besondere Dringlichkeit (Nr. 2)	28
3. Keine eindeutige und erschöpfende Beschreibbarkeit der Leistung (Nr. 3)	32
4. Erneute Ausschreibung nicht erfolgversprechend (Nr. 4)	35
5. Geheimhaltung (Nr. 5)	37
6. Kleiner Anschlussauftrag (Nr. 6)	38
7. Auftragswert (S. 2)	40
V. Direktauftrag (Abs. 4)	41

I. Bedeutung der Vorschrift

1 Für die Vergabe öffentlicher Aufträge über Bauleistungen (§ 1 VOB/A) im Anwendungsbereich des 1. Abschn. der VOB/A stellt die Vorschrift abschl. drei Verfahrensarten iS eines **Typenzwangs** zur Verfügung und normiert deren Zulässigkeitsvoraussetzungen:
- die Öffentliche Ausschreibung (zu deren Merkmalen → § 3 Rn. 6–8),
- die Beschränkte Ausschreibung (zu deren Merkmalen → § 3 Rn. 9–16) und
- die Freihändige Vergabe (zu deren Merkmalen → § 3 Rn. 17–21).

Dabei enthielt die VOB/A 2019 eine signifikante Änderung ggü. ihren Vorgängerfassungen: Seitdem stehen auch im Anwendungsbereich des 1. Abschn. die **Öffentliche Ausschreibung und die Beschränkte Ausschreibung mit Teilnahmewettbewerb als gleichrangige Verfahrenstypen** zur Verfügung. Der öffentliche Auftraggeber kann zwischen diesen beiden Verfahrensarten frei wählen (Abs. 1 S. 1).

2 Die anderen Verfahrensarten, dh die Beschränkte Ausschreibung ohne Teilnahmewettbewerb und die Freihändige Vergabe, stehen hingegen nur zur Verfügung, wenn dies nach den Abs. 2 und 3 gestattet ist (Abs. 1 S. 2). Auf eine Öffentliche Ausschreibung oder eine Beschränkte Ausschreibung mit Teilnahmewettbewerb kann demnach nur verzichtet werden, wenn die Voraussetzungen für die Zulässigkeit einer Beschränkten Ausschreibung ohne Teilnahmewettbewerb nach Abs. 2 oder einer Freihändigen Vergabe nach Abs. 3 vorliegen.

3 Jene **Verfahrenshierarchie** gilt auch innerhalb dieser nachrangigen Verfahrensarten: Die Beschränkte Ausschreibung ohne Teilnahmewettbewerb ist ggü. der Freihändigen Vergabe vorrangig anzuwenden, weil die Freihändige Vergabe erst zulässig ist, wenn auch die Beschränkte Ausschreibung ohne Teilnahmewettbewerb unzweckmäßig ist (Abs. 3 S. 1). Direktaufträge können bis zu einem Auftragswert

Zulässigkeitsvoraussetzungen § 3a VOB/A

von 3.000 Euro (netto) ohne Durchführung eines Vergabeverfahrens vergeben werden (Abs. 4).

II. Vorrang der Öffentlichen Ausschreibung und der Beschränkten Ausschreibung mit Teilnahmewettbewerb (Abs. 1)

Abs. 1 regelt das Rangverhältnis der zulässigen Verfahrensarten. Anders als nach der VOB/A 2016, kann der öffentliche Auftraggeber nach S. 1 zwischen der Öffentlichen Ausschreibung und der Beschränkten Ausschreibung mit Teilnahmewettbewerb als **vorrangige Standardverfahren** frei wählen. Damit besteht ein Gleichlauf der Rechtslage oberhalb und unterhalb der Schwellenwerte, nachdem oberhalb der Schwellenwerte seit der Vergaberechtsreform 2016 das offene Verfahren und das nicht offene Verfahren gleichrangig sind (→ VgV § 14 Rn. 27 ff.; → GWB § 119 Rn. 10).[3] Konsequenterweise gibt es für die Beschränkte Ausschreibung mit Teilnahmewettbewerb keine besonderen Zulässigkeitsvoraussetzungen mehr. Ihre Anwendung bedarf auch keiner besonderen Begründung mehr. 4

Die anderen Verfahrensarten stehen nur zur Verfügung, soweit dies nach den Abs. 2 und 3 gestattet ist (S. 2). Die Zulässigkeit der Beschränkten Ausschreibung ohne Teilnahmewettbewerb und der Freihändigen Vergabe ergibt sich damit ausschl. aus ihren jew. Anwendungsvoraussetzungen.[4] Umgekehrt können eine Öffentliche Ausschreibung oder Beschränkte Ausschreibung mit Teilnahmewettbewerb auch in Fällen durchgeführt werden, in denen eine Beschränkte Ausschreibung ohne Teilnahmewettbewerb oder eine Freihändige Vergabe zulässig wären.[5] Das folgt aus der Formulierung „kann erfolgen". Entscheidet sich der öffentliche Auftraggeber in diesem Fall für die höherrangige Verfahrensart, sind selbstverständlich die insoweit geltenden Verfahrensregeln anzuwenden. 5

III. Beschränkte Ausschreibung ohne Öffentlichen Teilnahmewettbewerb (Abs. 2)

Die Beschränkte Ausschreibung ohne Öffentlichen Teilnahmewettbewerb ist in den Fällen des Abs. 2 Nr. 1–3 zulässig. Der Katalog ist nicht abschl., wie sich aus dem Auffangtatbestand in Abs. 2 Nr. 3 („aus anderen Gründen", „zB") ergibt.[6] Für das Vorliegen der Ausnahmen trägt der öffentliche Auftraggeber die Darlegungs- und Beweislast.[7] Insbesondere ist die Begründung für die Wahl der Beschränkten Ausschreibung ohne Öffentlichen Teilnahmewettbewerb nach § 20 Abs. 1 Nr. 9 VOB/A zu dokumentieren. 6

1. Auftragswerte (Nr. 1)

2009 wurden zur erleichterten Rechtfertigung von Beschränkten Ausschreibungen einheitliche Schwellenwerte in die VOB/A eingeführt. Hintergrund dafür war 7

---

[3] Vgl. auch § 55 Abs. 1 S. 1 BHO: „Dem Abschluss von Verträgen über Lieferungen und Leistungen muss eine Öffentliche Ausschreibung oder eine Beschränkte Ausschreibung mit Teilnahmewettbewerb vorausgehen, sofern nicht die Natur des Geschäfts oder besondere Umstände eine Ausnahme rechtfertigen."
[4] VK Bund 20.7.2004 – VK 1–75/04, BeckRS 2004, 151052.
[5] MüKoEuWettbR/Pauka/Knauff VOB/A § 3a Rn. 6.
[6] HK-VergabeR/Pünder VOB/A § 3a Rn. 5; Kapellmann/Messerschmidt/Stickler VOB/A § 3a Rn. 8.
[7] OVG NRW 13.2.2012 – 12 A 1217/11, BeckRS 2012, 49001.

die Überlegung, dass sich der mit öffentlichen Ausschreibungen und Teilnahmewettbewerben verbundene Aufwand unterhalb der normierten Auftragsgrenzen regelmäßig nicht lohnt.[8] Die Nr. 1 ersetzte die Regelung in § 3 Nr. 3 Abs. 1 lit. a VOB/A 2006, wonach von einer Öffentlichen Ausschreibung abgesehen werden konnte, wenn sie „für den Auftraggeber oder die Bewerber einen Aufwand verursachen würde, der zu dem erreichbaren Vorteil oder dem Wert der Leistung im Missverhältnis stehen würde". Jene qualitative Beschreibung des Ausnahmetatbestands wurde in Nr. 1 gleichsam quantifiziert. Werden die Auftragsgrenzen unterschritten, entfällt der Nachweis eines Missverhältnisses zwischen Aufwand und erreichbarem Vorteil bzw. Wert der Leistung.

8 Nr. 1 lässt eine Beschränkte Ausschreibung ohne Teilnahmewettbewerb bis zu folgenden Netto-Auftragswerten – bei Losvergaben bezogen auf das jew. Los[9] – zu:
(a) 50.000 Euro für Ausbaugewerke (ohne Energie- und Gebäudetechnik), Landschaftsbau (DIN 18320 Ziff. 1) und Straßenausstattung (vgl. § 46 Abs. 1 S. 2 HOAI, somit Verkehrsbeschilderung, Markierung, Wegweisung, Leiteinrichtungen, Lichtsignalsteuerung, Straßenbeleuchtung),[10]
(b) 150.000 Euro für Tief-, Verkehrswege- (vgl. § 45 HOAI und DIN 18315–18318) und Ingenieurbau (vgl. § 41 HOAI),
(c) 100.000 Euro für alle übrigen Gewerke.
Diese Auftragswerte gelten iS einer bundesweiten Vereinheitlichung. Jedoch sind die zumeist höheren **Schwellenwerte einzelner Bundesländer** zu beachten. Im Freistaat Bayern gilt derzeit für Beschränkte Ausschreibungen von Bauleistungen sowohl für staatliche als auch kommunale Auftraggeber ein Schwellenwert von 1 Mio. Euro. Das mit einer Beschränkten Ausschreibung ohne Teilnahmewettbewerb einhergehende Transparenzdefizit wird durch § 20 Abs. 3 und 4 VOB/A abgemildert. Nach § 20 Abs. 4 VOB/A gilt eine **ex-ante-Transparenz**: Es muss über beabsichtigte Beschränkte Ausschreibungen ab einem voraussichtlichen Auftragswert von 25.000 Euro ohne Umsatzsteuer auf Internetportalen oder in Beschafferprofilen informiert werden. Ergänzt wird diese Pflicht durch die **ex-post-Transparenz** nach § 20 Abs. 3 Nr. 1 VOB/A. Danach muss der Auftraggeber über den erfolgten Zuschlag auf geeignete Weise, zB auf Internetportalen oder im Beschafferprofil, informieren, wenn der Auftragswert 25.000 Euro ohne Umsatzsteuer übersteigt. Zu den weiteren **Verfahrensanforderungen** und landesspezifischen Besonderheiten bei Beschränkten Ausschreibungen ohne Teilnahmewettbewerb (→ VOB/A § 3b Rn. 3a f.). Zur **Schätzung des Auftragswerts** kann auf § 3 VgV zurückgegriffen werden. Wichtig ist eine ordnungsgemäße und belastbare Schätzung des voraussichtlichen Netto-Auftragswertes vor Einleitung des Vergabeverfahrens (→ VgV § 3 Rn. 5 ff.). Umfasst die Bauleistung mehrere Gewerke, für die unterschiedliche Wertgrenzen vorgesehen sind, gilt der Wert des höchsten Gewerkes.[11] Darüber hinaus konnte nach der amtl. Fußnote zur Nr. 1 für **Bauleistungen zu Wohnzwecken** bis zum 31.12.2021 eine Beschränkte Ausschreibung ohne Teilnahmewettbewerb für jedes Gewerk bis zu einem Auftragswert von 1.000.000 Euro ohne Umsatzsteuer erfolgen. Damit sollten Wohnungsbauvorhaben erleichtert werden. Jene Privilegierungen für Bauleistungen zu Wohnzwecken endeten zum 31.12.2021.

---

[8] HK-VergabeR/Pünder VOB/A § 3a Rn. 7; Kapellmann/Messerschmidt/Stickler VOB/A § 3a Rn. 9.

[9] Kapellmann/Messerschmidt/Stickler VOB/A § 3a Rn. 10; MüKoEuWettbR/Pauka/Knauff VOB/A § 3a Rn. 7.

[10] Für diese Gewerke gilt der Wert von 100.000 Euro nach lit. c: Kapellmann/Messerschmidt/Stickler VOB/A § 3a Rn. 12.

[11] Kapellmann/Messerschmidt/Stickler VOB/A § 3a Rn. 10.

2. Kein annehmbares Ergebnis (Nr. 2)

Eine Beschränkte Ausschreibung ohne Teilnahmewettbewerb kann stattfinden, 9
wenn eine zuvor durchgeführte Öffentliche Ausschreibung oder Beschränkte Ausschreibung mit Teilnahmewettbewerb „kein annehmbares Ergebnis" gehabt hat. Der öffentliche Auftraggeber darf somit auf die nachrangige Beschränkte Ausschreibung ohne Teilnahmewettbewerb zurückgreifen, wenn er bei dem vorherigen Vergabeverfahren **keine zuschlagsfähigen Angebote** erhalten hat. Die Voraussetzungen dieses Ausnahmetatbestandes sind:
(i) In formaler Hinsicht kann die Beschränkte Ausschreibung ohne Teilnahmewettbewerb erst dann beginnen, nachdem die vorherige Öffentliche Ausschreibung oder Beschränkte Ausschreibung mit Teilnahmewettbewerb **wirksam aufgehoben** wurden.[12] Ein formloser Übergang in die Beschränkte Ausschreibung ohne Teilnahmewettbewerb ist unzulässig.[13] Als **Aufhebungsgründe** kommen § 17 Abs. 1 Nr. 1 und Nr. 3 VOB/A in Betracht. Eine Aufhebung nach § 17 Abs. 1 **Nr. 2** VOB/A wegen des Bedarfs grundlegender Änderungen der Vergabeunterlagen rechtfertigt keine anschließende Beschränkte Ausschreibung ohne Teilnahmewettbewerb, da grundlegende Änderungen der Vergabeunterlagen eine neue Öffentliche Ausschreibung oder Beschränkte Ausschreibung mit Teilnahmewettbewerb erfordern.[14] Liegt **kein durch § 17 Abs. 1 Nr. 1 oder 3 VOB/A gerechtfertigter Aufhebungsgrund** vor, ist eine Beschränkte Ausschreibung ohne Teilnahmewettbewerb unzulässig.[15] Das ist etwa dann anzunehmen, wenn das Scheitern der Öffentlichen Ausschreibung oder Beschränkten Ausschreibung mit Teilnahmewettbewerb dem öffentlichen Auftraggeber zuzurechnen ist.[16] Die Rspr. hat dies angenommen, wenn die Ausschreibungsbedingungen die Erfüllung des ausgeschriebenen Auftrags bis an die Grenze der Unmöglichkeit erschwerten und deshalb keine oder keine wirtschaftlichen Angebote eingegangen sind.[17]
(ii) Die Öffentliche Ausschreibung oder Beschränkte Ausschreibung mit Teilnahmewettbewerb müssen ohne **„annehmbares Ergebnis"** geblieben sein. Das ist dann der Fall, wenn kein Angebot in die engere Wahl gelangt ist. Auf welcher Wertungsstufe die Entscheidung über den Ausschluss der jew. Angebote erfolgt, ist unerheblich. Kein annehmbares Ergebnis liegt somit vor, wenn die Angebote aus formalen Gründen nach § 16 Abs. 1 oder 2 VOB/A oder wegen fehlender Eignung der Bieter nach § 16b VOB/A oder wegen unangemessener Preise nach § 16d Abs. 1 Nr. 1 und 2 VOB/A ausgeschlossen wurden.[18] Die Prüfung, ob **unangemessen hohe Preise** vorliegen, beurteilt sich allein nach § 16d Abs. 1 Nr. 1 und 2 VOB/A (dazu ausf. → VgV § 60 Rn. 24 ff. und → VOB/A § 16d EU Rn. 16 ff.).[19]

Wird die Öffentliche Ausschreibung oder die Beschränkte Ausschreibung mit 10
Teilnahmewettbewerb aus einem der oben in → Rn. 9 rechtlich anerkannten

---

[12] OLG Dresden 16.10.2001 – WVerg 0007/01, BeckRS 2001, 17461 = VergabeR 2002, 142 (145); Kapellmann/Messerschmidt/Stickler VOB/A § 3a Rn. 20.
[13] OLG Jena 20.6.2005 – 9 Verg 3/05, BeckRS 2005, 7166 = VergabeR 2005, 492 (501); Kapellmann/Messerschmidt/Stickler VOB/A § 3a Rn. 20.
[14] HK-VergabeR/Pünder VOB/A § 3a Rn. 10; Kapellmann/Messerschmidt/Stickler VOB/A § 3a Rn. 18.
[15] Kapellmann/Messerschmidt/Stickler VOB/A § 3a Rn. 19.
[16] HK-VergabeR/Pünder VOB/A § 3a Rn. 10; Kapellmann/Messerschmidt/Stickler VOB/A § 3a Rn. 19.
[17] OLG Dresden 16.10.2001 – WVerg 0007/01, BeckRS 2001, 17461 = VergabeR 2002, 142 (145).
[18] Kapellmann/Messerschmidt/Stickler VOB/A § 3a Rn. 17.
[19] HK-VergabeR/Pünder VOB/A § 3a Rn. 9.

Gründe aufgehoben, richtet sich die **Auswahl der Unternehmen,** die zur Abgabe eines Angebotes in der anschließenden Beschränkten Ausschreibung ohne Teilnahmewettbewerb aufgefordert werden, nach § 3b Abs. 3 VOB/A. Ein Anspruch des einzelnen Bewerbers auf Beteiligung an der Beschränkten Ausschreibung ohne Teilnahmewettbewerb besteht danach nicht. Der Auftraggeber ist allerdings gehalten, seine Auswahl nach pflichtgemäßem Ermessen auszuüben und bei der Auswahl der Teilnehmer **nach objektiven, nichtdiskriminierenden und auftragsbezogenen Kriterien** vorzugehen und willkürliche Ungleichbehandlungen zu unterlassen. Danach müssen also nicht alle (geeigneten) Bieter, die sich an der vorherigen Ausschreibung beteiligt hatten, im Folgevergabefahren zur Abgabe eines Angebotes aufgefordert werden. Der Bieterkreis kann vielmehr erweitert, jedoch auch beschränkt werden.[20] Allerdings müssen triftige Gründe vorliegen, wenn der preisgünstigste Bieter der ersten Ausschreibung nicht zur Abgabe eines Angebotes aufgefordert werden soll, vor allem in den Fällen, in denen die Aufhebung mit einem unannehmbaren Ergebnis begründet worden ist.[21]

11 Nach Aufhebung der Öffentlichen Ausschreibung oder Beschränkten Ausschreibung mit Teilnahmewettbewerb kann beschränkt ohne Teilnahmewettbewerb ausgeschrieben, aber auch freihändig vergeben werden (§ 3a Abs. 4 Nr. 4 VOB/A). Dabei ist der **Vorrang der Beschränkten Ausschreibung** vor der Freihändigen Vergabe zu beachten.[22] Lässt sich in einer Beschränkten Ausschreibung ohne Teilnahmewettbewerb ein annehmbares Ergebnis prognostizieren, ist eine Freihändige Vergabe unzulässig. Eine Freihändige Vergabe kommt aber in Betracht, wenn nur noch ein Bieter für den Auftrag in Frage kommt.[23]

3. Unzweckmäßigkeit aus anderen Gründen (Nr. 3)

12 Nach dem Auffangtatbestand der Nr. 3 ist eine Beschränkte Ausschreibung ohne Teilnahmewettbewerb zulässig, wenn die Öffentliche Ausschreibung oder eine Beschränkte Ausschreibung mit Teilnahmewettbewerb „aus anderen Gründen unzweckmäßig" ist. Erfasst sind die Fälle, die nicht unter Nr. 1 und 2 fallen, jedoch einen gleichwertigen, objektiv aus der Eigenart der konkreten Bauleistung abzuleitenden Grund zum Verzicht auf eine Öffentliche Ausschreibung oder Beschränkte Ausschreibung mit Teilnahmewettbewerb darstellen.[24] Das Merkmal der **Unzweckmäßigkeit** ist nicht schon dann erfüllt, wenn überhaupt Zweckmäßigkeitsgesichtspunkte für eine Beschränkte Ausschreibung ohne Teilnahmewettbewerb sprechen.[25] Es ist vielmehr eine **Abwägung der Zweckmäßigkeitsgesichtspunkte** vorzunehmen. Darin ist einerseits alles einzustellen, was für eine Öffentliche Ausschreibung bzw. Beschränkte Ausschreibung mit Teilnahmewettbewerb spricht, und andererseits alles, was für eine Beschränkte Ausschreibung ohne Teilnahmewettbewerb spricht, wobei Maßstab der mit der jew. Vergabeart nach den Vergabegrundsätzen verfolgte Zweck ist. Bei dieser Abwägung müssen die Zweckmäßigkeitsgesichtspunkte für die Beschränkte Ausschreibung ohne Teilnahmewettbewerb so gewichtig sein, dass sie diejenigen für eine Öffentliche Ausschreibung bzw. Beschränkte Ausschreibung mit Teilnahmewettbewerb überwiegen. Das ist etwa der Fall, wenn das Beschaffungs-

---

[20] OLG Saarbrücken 28.1.2015 – 1 U 138/14, BeckRS 2015, 5288, zur Auswahl der Teilnehmer an einer Beschränkten Ausschreibung nach Aufhebung einer Öffentlichen Ausschreibung.
[21] OLG Saarbrücken 28.1.2015 – 1 U 138/14, BeckRS 2015, 5288; Kapellmann/Messerschmidt/Stickler VOB/A § 3a Rn. 21.
[22] Kapellmann/Messerschmidt/Stickler VOB/A § 3a Rn. 24.
[23] Kapellmann/Messerschmidt/Stickler VOB/A § 3a Rn. 24.
[24] Ingenstau/Korbion/Stolz VOB/A § 3a Rn. 19.
[25] Kapellmann/Messerschmidt/Stickler VOB/A § 3a Rn. 29.

ziel mit einer Öffentlichen Ausschreibung nicht effektiv erreicht werden kann.[26] Der Auftraggeber hat die entspr. Erwägungen nachvollziehbar zu dokumentieren.

Die Vorschrift nennt als Beispiele der Unzweckmäßigkeit die Dringlichkeit und Geheimhaltungsbedürftigkeit des Auftrags. Die **Dringlichkeit** kennzeichnet die objektiv zu beurteilende Eilbedürftigkeit der zu vergebenden Bauleistung. Es muss sich um äußere Umstände handeln, die aus objektiver Sicht eine beschleunigte Vergabe notwendig machen.[27] Auf die subjektive Einschätzung des Auftraggebers kommt es nicht an. Sofern sie nicht missbräuchlich herbeigeführt wurde, kann sich der Auftraggeber auch dann auf die Dringlichkeit berufen, wenn er sie **selbst verursacht** hat (→ VgV § 15 Rn. 10).[28] Zum Begriff der Dringlichkeit ausf. → VgV § 15 Rn. 9–11. 13

An das **Maß der Dringlichkeit** werden für die Beschränkte Ausschreibung ohne Teilnahmewettbewerb geringere Anforderungen gestellt als für die Freihändige Vergabe, denn § 3a Abs. 4 Nr. 2 VOB/A verlangt eine besondere Dringlichkeit. Besonders dringlich ist die Vergabe dann, wenn der Zeitfaktor eine so große Rolle spielt, dass auch eine Beschränkte Ausschreibung ohne Teilnahmewettbewerb unzweckmäßig ist, wie dies zB bei den Leistungen im Zusammenhang mit der Beseitigung der Hochwasserschäden im Jahr 2022 der Fall war (→ Rn. 28, 29). 14

Gründe der **Geheimhaltung** können ebenfalls eine Beschränkte Ausschreibung ohne Teilnahmewettbewerb rechtfertigen. Auch hier kommt es allein auf objektive Umstände, die sich aus der Eigenart der Leistung ergeben, an.[29] Dabei sind betriebliche Geheimhaltungsbelange der Bieter irrelevant. Der Ausnahmefall ist gegeben, wenn zB bei Bauprojekten im militärischen Bereich den Gefahren von militärischer Spionage vorgebeugt werden soll oder aus sonstigen Gründen ein besonderes Sicherheitsbedürfnis besteht, etwa bei forschungsbezogenen Bauvorhaben im universitären Bereich. Dass für die Baumaßnahme besondere Geheimhaltungsvorschriften bestehen, denen die Leistung unterworfen ist, ist nicht erforderlich. 15

(Derzeit nicht besetzt.) 16–21

IV. Freihändige Vergabe (Abs. 3)

Die Freihändige Vergabe ist zulässig, wenn die Öffentliche Ausschreibung oder Beschränkte Ausschreibungen unzweckmäßig sind. Sie ist die Vergabeart, die den Wettbewerb am stärksten reduziert und steht deshalb in der Verfahrenshierarchie an letzter Stelle. Sie darf nur in den in Abs. 3 beispielhaft („besonders") genannten Fällen zur Anwendung kommen. Ihre Wahl ist nach § 20 Abs. 1 Nr. 9 VOB/A zu **dokumentieren.** Da die Freihändige Vergabe den Wettbewerb am stärksten reduziert, müssen die Ausnahmebestimmungen besonders eng ausgelegt werden. Vgl. zum Verfahren und dessen Ausgestaltung → § 3 Rn. 17–20. Nach Abs. 3 S. 1 ist die Freihändige Vergabe insbes. in folgenden Fällen zulässig: 22

1. Alleinstellung (Nr. 1)

Eine Freihändige Vergabe kann stattfinden, wenn für die Leistung aus besonderen Gründen nur ein bestimmtes Unternehmen in Betracht kommt. Als besondere Gründe benennt die Vorschrift exemplarisch **technische** (besondere Erfahrung oder 23

---

[26] OVG NRW 2.9.2008 – 15 A 2328/06, DVBl 2008, 1450 (1451) = BeckRS 2008, 39546.
[27] VG Aachen 10.5.2006 – 6 K 2724/03, BeckRS 2006, 23135; HK-VergabeR/Pünder VOB/A § 3a Rn. 11; Kapellmann/Messerschmidt/Stickler VOB/A § 3a Rn. 26.
[28] Dagegen noch zur alten Rechtslage: OLG Düsseldorf 29.2.2012 – Verg 75/11, IBRRS 2012, 1733. AA auch Kapellmann/Messerschmidt/Stickler VOB/A § 3a Rn. 26 und MüKoEu-WettbR/Pauka/Knauff VOB/A § 3a Rn. 14.
[29] Kapellmann/Messerschmidt/Stickler VOB/A § 3a Rn. 28.

VOB/A § 3a

Geräte) oder **rechtliche** (Patentschutz) **Alleinstellungsmerkmale** des Unternehmens, die dazu führen, dass nur dieses bestimmte Unternehmen beauftragt werden kann. Andere Gründe müssen den aufgeführten Beispielen gleichen.[30] Zum der Vergabe vorgelagerten **Leistungsbestimmungsrecht des öffentlichen Auftraggebers** und seinen Grenzen ausf. → VgV § 14 Rn. 52 ff.

24 Soweit technische Besonderheiten betroffen sind, müssen zwei Voraussetzungen kumulativ vorliegen: (i) Die Bauleistungen, die Gegenstand des Auftrags sind, müssen eine technische Besonderheit aufweisen, und (ii) der Auftrag kann aufgrund dieser technischen Besonderheiten nur an ein bestimmtes Unternehmen vergeben werden.[31] Eine Freihändige Vergabe ist danach (in den seltenen Fällen) zulässig, wenn nur ein bestimmtes Unternehmen eine **besondere Erfahrung** oder **technische Ausstattung** besitzt, die für den Auftrag zwingend erforderlich ist.

25 Erfasst sind auch Fälle, in denen aus **rechtlichen Gründen** nur ein bestimmtes Unternehmen den Zuschlag erhalten kann. Dies können insbes. **Ausschließlichkeitsrechte** wie Patent- und Urheberrechte,[32] eingetragene Warenzeichen, Vertriebslizenzen sowie sonstige gewerbliche Schutzrechte sein.[33] Auch das alleinige Eigentum[34] bzw. Erbbaurecht am Baugrundstück oder das Vorkaufsrecht an einem Grundstück fallen hierunter. Die Voraussetzungen der Bestimmung sind erfüllt, wenn der Auftraggeber seinen Beschaffungsbedarf nur mit dem nämlichen Schutzrecht oder Eigentum oder jedenfalls unter dessen Zuhilfenahme decken kann.[35] Ausschließlichkeitsrechte von Unternehmen können auch in einer behördlichen Genehmigung oder langfristig bindenden Verträgen begründet sein.[36] In diesen Fällen ist die Verknüpfung des Auftrags mit einem bestimmten Unternehmen eine rechtliche Notwendigkeit bzw. bildet das Ausschließlichkeitsrecht ein rechtliches Hindernis bei der Vergabe an ein anderes Unternehmen. Beruft sich der Auftraggeber darauf, dass ein Auftrag aufgrund des Schutzes eines Patents nur von einem bestimmten Unternehmen ausgeführt werden kann, müssen die Patentvoraussetzungen erfüllt sein, und es muss im konkreten Fall von der technischen Lehre des Patents Gebrauch gemacht werden.[37] Allein die Existenz eines Patents genügt jedoch nicht. Hinzukommen muss, dass aufgrund des Patents nur dieser eine Bieter in Betracht kommt.[38] Verfügen mehrere Unternehmen über Lizenzen oder können entspr. Lizenzrechte erworben werden, ist die Vorschrift nicht einschlägig.[39]

26 Die Ausnahmebestimmung ist eng auszulegen.[40] Der Auftraggeber muss beweisen, dass allein dieser bestimmte Bieter für den Auftrag in Betracht kommt.[41] Voraus-

---

[30] BayVGH 23.5.2012 – 4 ZB 10.547, NZBau 2012, 663 ff. – Verwendung von Fertigbauteilen.
[31] EuGH 2.6.2005 – C-394/02, BeckRS 2005, 70408 = VergabeR 2005, 467 (470).
[32] OLG Düsseldorf 20.10.2008 – VII Verg 46/08, BeckRS 2009, 4981 = VergabeR 2009, 173 (175).
[33] Kapellmann/Messerschmidt/Stickler VOB/A § 3a Rn. 31.
[34] OLG Frankfurt a. M. 30.8.2011 – 11 Verg 3/11, BeckRS 2011, 24232; OLG Düsseldorf 28.5.2003 – Verg 10/03, NZBau 2004, 175; OLG München 28.3.1996 – U (K) 4720/95, NJWE-WettbR 1996, 262 (263).
[35] OLG Frankfurt a. M. 30.8.2011 – 11 Verg 3/11, BeckRS 2011, 24232.
[36] OLG Frankfurt a. M. 30.8.2011 – 11 Verg 3/11, BeckRS 2011, 24232.
[37] OLG Düsseldorf 28.5.2003 – Verg 10/03, NZBau 2004, 175 (176).
[38] OLG Düsseldorf 20.10.2008 – VII Verg 46/08, BeckRS 2009, 4981 = VergabeR 2009, 173 (175); Kapellmann/Messerschmidt/Stickler VOB/A § 3a Rn. 31.
[39] OLG Düsseldorf 20.10.2008 – VII Verg 46/08, BeckRS 2009, 4981 = VergabeR 2009, 173 (175).
[40] OLG Karlsruhe 21.7.2010 – 15 Verg 6/10, BeckRS 2011, 1084.
[41] EuGH 2.6.2005 – C-394/02, BeckRS 2005, 70408 = VergabeR 2005, 467 (470); OLG Düsseldorf 20.10.2008 – VII Verg 46/08, BeckRS 2009, 4981 = VergabeR 2009, 173 (175).

setzung dafür ist eine aktuelle Marktkenntnis, die durch eine umfassende **Markterkundung** eingeholt und belegt werden muss.[42] Diese muss sich auf den relevanten Markt für die nachgefragte Beschaffung beziehen und darf sich nicht auf einen lokalen oder regionalen Bieterkreis beschränken. Eine Anfrage bei einer Auftragsberatungsstelle reicht dafür nicht aus. Nicht ausreichend ist, wenn der Auftraggeber lediglich subjektiv zu der Auffassung gelangt, dass nur ein bestimmtes Unternehmen eine wirtschaftliche Leistungserbringung erwarten lässt.[43] Die Nähe eines Unternehmens zum Ort der Leistungserbringung ist von daher unerheblich.[44] Unzulässig ist es auch, eine Freihändige Vergabe an ein lokales Unternehmen mit der Erforderlichkeit einer Betriebsstätte in der Nähe des Erfüllungsortes zu begründen.[45]

Das betreffende Unternehmen muss also quasi Monopolist der nachgefragten 27 Leistung sein. Ist nicht von vornherein ausgeschlossen, dass noch weitere Unternehmen für die Auftragsdurchführung in Frage kommen, scheidet die Freihändige Vergabe aus.[46] Das ist insbes. in den Fällen zu beachten, in denen ein **orts- bzw. gemeindeansässiges Unternehmen** freihändig beauftragt werden soll. Dies ist nur im Ausnahmefall zulässig, wenn eine Bewerbung auswärtiger Unternehmen angesichts des Umfangs des zu vergebenden Auftrags schlechterdings nicht erwartet werden kann.[47] Dieser Ausnahmefall wird freilich selten vorliegen. Er setzt eine **aktuelle und dokumentierte Marktanalyse** voraus, die die sichere Prognose erlaubt, dass eine Beteiligung weiterer Unternehmen auch aus dem regionalen Umfeld ausgeschlossen ist.[48]

2. Besondere Dringlichkeit (Nr. 2)

Eine Freihändige Vergabe kommt in Betracht, wenn die Leistung besonders 28 dringlich ist. An die besondere Dringlichkeit sind **hohe Anforderungen** zu stellen, da die Vorschrift ein **gesteigertes Maß an Dringlichkeit** verlangt.[49] Insofern reicht eine (normale) Dringlichkeit nach Abs. 2 Nr. 3 (→ Rn. 14), die eine Beschränkte Ausschreibung ohne Teilnahmewettbewerb rechtfertigen kann, nicht aus.[50] Der Auftraggeber hat deshalb stets zu prüfen, ob dem dringenden Beschaffungsbedarf durch eine Beschränkte Ausschreibung ohne Teilnahmewettbewerb abgeholfen werden kann. Dabei sind die jew. Fristen für die unterschiedlichen Verfahren dahingehend miteinander zu vergleichen, ob überhaupt ein Zeitgewinn zu erzielen ist.[51] Die Darlegungs- und Feststellungslast für die Voraussetzungen der Ausnahme trägt der Auftraggeber, wobei diese Ausnahmeregelung sehr eng auszulegen ist und eine sorgfältige Abwägung, Begründung und umfassende Dokumentation erfordert.[52]

---

[42] OLG Düsseldorf 28.12.2011 – Verg 73/11, ZfBR 2012, 392; VK Hessen 27.4.2007 – 69d-VK-11/2007, IBRRS 2007, 4570; Kapellmann/Messerschmidt/Stickler VOB/A § 3a Rn. 31.
[43] EuGH 15.10.2009 – C-275/08, IBRRS 2009, 3308; VK Arnsberg 20.5.2011 – 1 VK 17/11, IBRRS 2011, 3360.
[44] EuGH 10.4.2003 – C-20/01 und C-28/01, NZBau 2003, 393 (396).
[45] OLG Düsseldorf 8.5.2002 – Verg 5/02, BeckRS 2002, 05224 = VergabeR 2002, 665 (667); Kapellmann/Messerschmidt/Stickler VOB/A § 3a Rn. 32; zum Kriterium der Ortsnähe EuGH 10.4.2003 – C-20/01 und C-28/01, NZBau 2003, 393 (396).
[46] Kapellmann/Messerschmidt/Stickler VOB/A § 3a Rn. 32.
[47] Kapellmann/Messerschmidt/Stickler VOB/A § 3a Rn. 32; aA Ingenstau/Korbion/Stolz VOB/A § 3a Rn. 29.
[48] Kapellmann/Messerschmidt/Stickler VOB/A § 3a Rn. 32.
[49] EuGH 10.4.2003 – C-20/01 und C-28/01, NZBau 2003, 393 (396).
[50] OLG München 5.10.2012 – Verg 15/12, BeckRS 2012, 21412.
[51] VK Bund 20.5.2003 – VK 1–35/03, BeckRS 2010, 29919.
[52] OLG Düsseldorf 20.12.2019 – Verg 18/19, VPRRS 2020, 0152.

29 Besondere Dringlichkeit ist demnach nur anzunehmen, wenn die Beschaffung derart eilbedürftig ist, dass selbst der Zeitbedarf für eine Beschränkte Ausschreibung ohne Teilnahmewettbewerb (Angebotsfrist nicht unter zehn Kalendertagen, § 10 Abs. 1 S. 1 VOB/A) zu groß wäre.[53] Das ist regelmäßig bei unaufschiebbaren, nicht durch den Auftraggeber verursachten Ereignissen der Fall, bei denen eine gravierende Beeinträchtigung für die Allgemeinheit und die staatliche Aufgabenerfüllung droht, etwa durch einen schweren, nicht wiedergutzumachenden Schaden. Die Auftragsvergabe darf nach alledem bei objektiver Beurteilung der gegebenen Ausnahmesituation keinen Aufschub dulden, wie dies zB für die Behebung von Katastrophenschäden[54] oder **akuten Gefahrensituationen** in Betracht kommen kann.[55] Bei einer **Insolvenz** des Ist-Auftragnehmers und einer daraus folgenden Kündigung des Bauvertrags kann ein Fall besonderer Dringlichkeit zu bejahen sein.[56] Der drohende **Verfall von Haushaltsmitteln** nach dem Jährlichkeitsgrundsatz begründet hingegen keine besondere Dringlichkeit.[57] Auch wirtschaftliche Nachteile können keine besondere Dringlichkeit rechtfertigen.[58]

30 Nach der zum alten Recht ergangenen Rspr.[59] konnte sich der Auftraggeber auf die Dringlichkeit nicht berufen, wenn er sie **selbst verursacht** hatte. Vor dem Hintergrund von Erwgr. 46 der RL 2014/24/EU gilt dies allerdings für den Unterschwellenbereich nicht uneingeschränkt (ausf. → VgV § 15 Rn. 9–11 und → UVgO § 8 Rn. 33).

31 Die freihändige Vergabe eines Auftrags unter Berufung auf den Tatbestand der besonderen Dringlichkeit ist allerdings nicht unbeschränkt und unbegrenzt zulässig. Stets ist der **Grundsatz der Verhältnismäßigkeit** hinsichtlich Umfang und Dauer des Auftrags zu beachten (ausf. → VgV § 14 Rn. 65 f.). Die Vergabe des Auftrags

---

[53] Kapellmann/Messerschmidt/Stickler VOB/A § 3a Rn. 35.
[54] OLG Düsseldorf 17.7.2002 – Verg 30/02, BeckRS 2006, 01807.
[55] OLG Frankfurt a.M. 7.6.2022 – 11 Verg 12/21, VPRRS 2022, 0189; OLG Düsseldorf 20.12.2019 – Verg 18/19, VPRRS 2020, 0152; VK BW 16.5.2018 – 1 VK 13/18, ZfBR 2018, 727.
[56] VK Bund 29.6.2005 – VK 3–52/05, BeckRS 2005, 151434.
[57] VGH BW 28.9.2011 – 9 S 1273/10, BeckRS 2011, 55135; HK-VergabeR/Pünder VOB/A § 3a Rn. 18.
[58] Das OLG Frankfurt a.M. 7.6.2022 – 11 Verg 12/21, VPRRS 2022, 0189 lässt wirtschaftliche Schäden, die monatlich im siebenstelligen Bereich liegen, nicht genügen.
[59] OLG Düsseldorf 10.6.2015 – VII-Verg 39/14, BeckRS 2015, 10629; 29.2.2012 – VII-Verg 75/11, BeckRS 2012, 8570; 28.12.2011 – VII-Verg 73/11, BeckRS 2012, 4018; vgl. auch VGH BW 28.9.2011 – 9 S 1273/10, BeckRS 2011, 55135, zum drohenden Verfall von Haushaltsmitteln; VK Arnsberg 18.7.2012 – VK 09/12; aber VK Lüneburg 3.2.2012 – VgK-01/2012, IBRRS 2012, 4206: Im Lichte des Art. 14 AEUV ist davon auszugehen, dass im Falle zwingender Dringlichkeit bei Dienstleistungen von allgemeinem wirtschaftlichen Interesse der Daseinsvorsorge die freihändige Vergabe oder das Verhandlungsverfahren ohne Bekanntmachung selbst dann gerechtfertigt sind, wenn die Gründe der Dringlichkeit aus der Sphäre des Auftraggebers stammen. Dazu nunmehr für den Oberschwellenbereich OLG Düsseldorf 15.2.2023 – Verg 9/22, VPRRS 2023, 0059 (Vorlage an EuGH), OLG Frankfurt a. M. 24.11.2022 – 11 Verg 5/22, VPRRS 2023, 0021 und BayObLG 31.10.2022 – Verg 13/22, VPRRS 2022, 0290. Das BayObLG bringt es auf den Punkt: „Im Bereich der Daseinsvorsorge kann Dringlichkeit der (Interims-) Vergabe für eine gewisse Zeit auch dann gegeben sein, wenn sie auf vom Auftraggeber zu vertretenden Umständen beruht, denn auch dieser Aspekt kann eine Unterbrechung der Dienstleistung der Daseinsvorsorge zu Lasten der Nutzer nicht ohne Weiteres rechtfertigen. Der Aspekt der Zurechenbarkeit und Vorhersehbarkeit tritt in diesen Fällen (…) hinter die Notwendigkeit der Kontinuität der Versorgungsleistung zurück." Das gilt erst recht im Unterschwellenbereich, wo Art. 32 Abs. 2 lit. c der RL 2014/24/EU nicht zur Anwendung kommt.

muss zur vorübergehenden Bewältigung der konkreten Situation quantitativ und zeitlich geboten sein. Die Beschaffung darf nicht dazu führen, dass das an sich erforderliche Vergabeverfahren nicht durchgeführt wird.[60] Zulässig sind daher allenfalls **Interimsvergaben** – je nach Einzelfall – für eine gewisse Übergangszeit in einem Spektrum von drei bis maximal 12 Monaten.[61] In diesem Zeitraum ist die Ausschreibung des Auftrags vorzubereiten.[62] Die Vergabe eines großvolumigen und unbefristeten Auftrags kann deshalb keinesfalls mit Dringlichkeitserwägungen gerechtfertigt werden.

3. Keine eindeutige und erschöpfende Beschreibbarkeit der Leistung (Nr. 3)

Der Anwendungsbereich der Freihändigen Vergabe ist dann eröffnet, wenn die Leistung nach Art und Umfang vor der Vergabe nicht so eindeutig und erschöpfend beschrieben werden kann, dass hinreichend vergleichbare Angebote erwartet werden können. Dieser Ausnahmefall hat seinen Ausgangspunkt in § 7 Abs. 1 Nr. 1 VOB/A. Danach hat der Auftraggeber die Bauleistung so eindeutig und erschöpfend zu beschreiben, dass alle Bieter sie im gleichen Sinn verstehen und ihre Preise sicher und ohne umfangreiche Vorarbeiten berechnen können. Dadurch wird die Vergleichbarkeit der Angebote sichergestellt. Die Vorschrift erfasst die Fälle, in denen sämtliche Beschreibungsvarianten nach §§ 7b, 7c VOB/A (also auch die Leistungsbeschreibung mit Leistungsprogramm) versagen und eine Ausschreibung deshalb nicht in Betracht kommt.[63] 32

Unter die Vorschrift fallen Sachverhalte, bei denen eine exakte Beschreibung der auszuführenden Bauleistungen auf Grund von Umständen, die in der Natur des Beschaffungsgegenstandes liegen, objektiv nicht möglich ist. Erforderlich ist stets, dass die Bauleistung zu Beginn des Vergabeverfahrens („vor der Vergabe") nicht eindeutig und erschöpfend beschrieben werden kann. Dabei ist auf den Zeitpunkt der Einleitung des Vergabeverfahrens abzustellen. Dies kann vor allem bei neuartigen und komplexen Bauvorhaben, bei denen dem Auftraggeber für die Beschreibung der Bauleistung das notwendige Know-how fehlt und die Unkenntnis nur durch Kommunikation und Verhandlungen mit den Bietern beseitigt werden kann, der Fall sein.[64] Die Freihändige Vergabe dient hier dazu, dem Auftraggeber die für die Beschaffung notwendigen Informationen zu verschaffen.[65] Allerdings rechtfertigen in diesem Zeitpunkt vorhandene subjektive tatsächliche oder fachliche Schwierigkeiten des Auftraggebers es nicht ohne Weiteres, in eine Freihändige Vergabe auszuweichen. Es ist stets sorgfältig zu prüfen, ob von externer Seite (etwa durch ein Ingenieurbüro) das erforderliche Fachwissen zur Beschreibung der Leistung zur Verfügung gestellt werden kann. Sofern das mit zumutbarem Kostenaufwand möglich ist, ist eine Freihändige Vergabe unzulässig (s. dazu ausf. → UVgO § 8 Rn. 21). 33

Weitere Fälle, die unter Nr. 3 subsumiert werden können, können die eines unterbrochenen Bauvorhabens, zB durch **Insolvenz** des bisherigen Auftragnehmers oder 34

---

[60] VK Lüneburg 3.2.2012 – VgK-01/2012, IBRRS 2012, 4206.
[61] VK Arnsberg 25.8.2008 – VK 14/08, IBRRS 2008, 2849, Interimsbeauftragung von einem Jahr im Bereich der Daseinsvorsorge nach VOL/A zulässig.
[62] VK Sachsen 7.4.2004 – 1/SVK/023-04, IBRRS 2004, 3471; zur Dringlichkeit im Zusammenhang mit dem Abruf von Fördermitteln VK Düsseldorf 31.3.2000 – VK-3/2000-B, IBRRS 2013, 3398.
[63] Kapellmann/Messerschmidt/Stickler VOB/A § 3a Rn. 36.
[64] VG Schleswig 13.12.2017 – 12 A 205/15, BeckRS 2017, 135970; HK-VergabeR/Pünder VOB/A § 3a Rn. 20; Kapellmann/Messerschmidt/Stickler VOB/A § 3a Rn. 37.
[65] OLG Hamm 6.10.1992 – 26 U 86/91, BeckRS 1992, 3414.

Kündigung, sein.[66] Hier lässt sich die Restleistung häufig nur sehr schwierig und mit erheblichem Aufwand beschreiben, weil der Umfang der bis zur Vertragsbeendigung erbrachten Leistungen und der noch zu erbringenden Restleistungen einschl. etwaig erforderlicher Mängelbeseitigungen selten genau feststeht bzw. nur mit hohem Aufwand feststellbar ist. In diesen Fällen kann es je nach Sachlage zulässig sein, die Restleistungen im Wege der Freihändigen Vergabe zu beauftragen.

4. Erneute Ausschreibung nicht erfolgversprechend (Nr. 4)

35   Eine Bauleistung darf freihändig vergeben werden, wenn nach Aufhebung einer Öffentlichen Ausschreibung oder Beschränkten Ausschreibung eine erneute Ausschreibung kein annehmbares Ergebnis verspricht. Zu den Voraussetzungen iE:
i) Die **rechtmäßige Aufhebung** der Ausschreibung nach § 17 Abs. 1 **Nr. 1** VOB/A **oder** § 17 Abs. 1 **Nr. 3** VOB/A. Eine Aufhebung nach § 17 Abs. 1 **Nr. 2** VOB/A rechtfertigt hingegen keine Freihändige Vergabe. Grundlegende Änderungen der Vergabeunterlagen erfordern vielmehr eine neue Ausschreibung.[67] Auch dürfen verschuldete Fehler in den Vergabeunterlagen (zu denken ist etwa an unzumutbare Vertragsklauseln) nicht zum Anlass genommen werden, die Ausschreibung aufzuheben und den Auftrag alsdann freihändig zu vergeben. Sofern die Vergabeunterlagen in solchen Fällen nicht grdl. geändert werden müssen, ist der Auftraggeber verpflichtet, die Vergabeunterlagen im laufenden Verfahren zu korrigieren und die eingeleitete Ausschreibung fortzusetzen.[68] Liegen die Aufhebungsvoraussetzungen nicht vor, besteht gleichwohl keine Verpflichtung, einen Zuschlag zu erteilen (näher → VOB/A § 18 EU Rn. 33).[69] Doch kommen durch eine Freihändige Vergabe des Auftrags ggü. dem Bieter, der iRd Öffentlichen oder Beschränkten Ausschreibung das wirtschaftlichste Angebot abgegeben hatte, aus dem Gesichtspunkt des Verschuldens bei Vertragsschluss Schadensersatzansprüche in Betracht.

36 ii) Erforderlich ist eine belastbare und dokumentierte Prognose aus einer ex-ante-Sicht, dass eine neue Öffentliche oder Beschränkte Ausschreibung **kein annehmbares Ergebnis** verspricht. Das ist der Fall, wenn aufgrund konkreter Anhaltspunkte mit hinreichender Wahrscheinlichkeit davon ausgegangen werden kann, dass sich der Misserfolg der Öffentlichen oder Beschränkten Ausschreibung wiederholt. Eine solche Prognose kann etwa dann gerechtfertigt sein, wenn der Wettbewerb in einer erneuten Ausschreibung eingeschränkt wäre, weil die Angebotspreise den Unternehmen bekannt geworden sind, oder wenn ohnehin nur ein Bieter in Betracht kommt.[70]

5. Geheimhaltung (Nr. 5)

37   Unterliegt die Bauleistung einem Geheimhaltungs*erfordernis*, kann sie freihändig vergeben werden. Es kommt nicht darauf an, ob die Bauleistung Geheimhaltungs-

---

[66] VK Bund 29.6.2005 – VK 3–52/05, BeckRS 2005, 151434; VÜA Bayern 23.9.1999 – VÜA 4/99, IBR 1999, 561; HK-VergabeR/Pünder VOB/A § 3a Rn. 20; Kapellmann/Messerschmidt/Stickler VOB/A § 3a Rn. 37.
[67] HK-VergabeR/Pünder VOB/A § 3a Rn. 21; Kapellmann/Messerschmidt/Stickler VOB/A § 3a Rn. 41.
[68] AA Kapellmann/Messerschmidt/Stickler VOB/A § 3a Rn. 41.
[69] BGH 5.11.2002 – X ZR 232/00, BeckRS 2002, 09532 = VergabeR 2003, 163 (165); 18.2.2003 – X ZB 43/02, BeckRS 2003, 2527 = VergabeR 2003, 313 (317); 8.9.1998 – X ZR 99–96, NJW 1998, 3640 (3643); OLG München 12.7.2005 – Verg 8/05, BeckRS 2005, 19924 = VergabeR 2005, 802 (804).
[70] Kapellmann/Messerschmidt/Stickler VOB/A § 3a Rn. 42.

vorschriften unterworfen ist.[71] Bestehen solche Vorschriften, etwa nach Maßgabe der Regelungen der Allgemeinen Verwaltungsvorschrift zum Geheimschutz (Verschlusssachenanweisung – VSA) oder des Gesetzes über die Voraussetzungen und das Verfahren von Sicherheitsüberprüfungen des Bundes und den Schutz von Verschlusssachen (Sicherheitsüberprüfungsgesetz – SÜG), und ist ein entspr. Geheimhaltungsgrad verfügt, so ist die Geheimhaltung *erforderlich* iSv Nr. 5. Anderenfalls hat der Auftraggeber zu prüfen, ob die insoweit gem. Abs. 2 Nr. 3 vorrangige Beschränkte Ausschreibung ohne Teilnahmewettbewerb dem Geheimhaltungsbedarf ebenso gut Rechnung trägt.[72] Nur wenn dies nicht der Fall ist, ist die Freihändige Vergabe auch erforderlich. Dabei können nur die öffentlichen Geheimhaltungsinteressen eine Freihändige Vergabe rechtfertigen.[73] Betriebliche Geheimhaltungsbelange des Bieters sind nicht relevant.[74]

6. Kleiner Anschlussauftrag (Nr. 6)

Eine „kleine Leistung", die sich von einer bereits vergebenen größeren Leistung **38** nicht ohne Nachteil trennen lässt, kann freihändig vergeben werden. Zwischen Haupt- und Zusatzauftrag muss ein **unmittelbarer materieller Zusammenhang** bestehen.[75] Dieser Zusammenhang muss so beschaffen sein, dass eine Trennung von Haupt- und Zusatzauftrag **Nachteile** wirtschaftlicher oder technischer Art für den Auftraggeber (etwa wegen unterschiedlicher Mängelverantwortlichkeiten) mit sich bringen würde.[76]

Die Vorschrift behandelt **Anschlussaufträge** für Leistungen, die nicht zum Leis- **39** tungsumfang des Hauptvertrages gehören. Hierzu zählen Bauleistungen nach § 1 Abs. 4 S. 2 VOB/B. Jene Anschlussaufträge unterfallen dem Vergaberecht, und zwar unabhängig davon, welchen Auftragswert die Leistungen haben und in welchem technischen und wirtschaftlichen Zusammenhang sie mit den vertraglich vereinbarten Leistungen stehen (dazu ausf. → § 22 Rn. 2). Der Zusatzauftrag darf freihändig vergeben werden, wenn er im Verhältnis zum Hauptauftrag „klein" ist. Sein Auftragsvolumen darf somit ggü. demjenigen der Hauptleistung nicht nennenswert ins Gewicht fallen. Die Vorschrift nennt allerdings **keine Wertgrenzen.** Prinzipiell ist von einer niedrigen Wertgrenze auszugehen, um eine missbräuchliche Anwendung zu vermeiden.[77] IS einer Richtschnur sollte auf die 20 %-Grenze des früheren § 3 Abs. 5 lit. d VOL/A abgestellt werden.

7. Auftragswert (S. 2)

Diese Vorschrift wurde in die VOB/A 2009 aufgenommen, um eine bundesein- **40** heitliche Regelung zur erleichterten freihändigen Vergabe von „Bagatellaufträgen" zu schaffen. Gleichzeitig sollte nach den Erwägungen des DVA die Flut der unterschiedlichen Bagatellwertgrenzen in den Bundesländern eingedämmt werden. Das ist – mit Verlaub – gründlich misslungen. Bauleistungen mit einem – ggf. nach § 3 VgV geschätzten – Netto-Auftragswert von bis zu 10.000 Euro können danach freihändig vergeben werden. Diese Wertgrenze gilt einheitlich für alle Gewerke und

---

[71] Kapellmann/Messerschmidt/Stickler VOB/A § 3a Rn. 44.
[72] EuGH 8.9.1998 – X ZR 99–96, NZBau 2008, 723 (725); HK-VergabeR/Pünder VOB/A § 3a Rn. 22.
[73] VK Brandenburg 22.5.2008 – VK 11/08, IBRRS 2008, 1947.
[74] HK-VergabeR/Pünder VOB/A § 3a Rn. 22.
[75] BayVGH 29.7.2008 – 4 ZB 07.2230, BeckRS 2010, 48580; HK-VergabeR/Pünder VOB/A § 3a Rn. 23; Kapellmann/Messerschmidt/Stickler VOB/A § 3a Rn. 45; Ingenstau/Korbion/Stolz VOB/A § 3a Rn. 32.
[76] Ingenstau/Korbion/Stolz VOB/A § 3a Rn. 32.
[77] Kapellmann/Messerschmidt/Stickler VOB/A § 3a Rn. 45.

pro Los.[78] In den Richtlinien des **VHB** zu 111 wird in Ziff. 1.1.3 darauf hingewiesen, dass bei Anwendung der Wertgrenze ausnahmslos mehrere Unternehmen zur Angebotsabgabe aufzufordern sind. Bei der Rechtsanwendung sind stets die zumeist deutlich höheren **Schwellenwerte einzelner Bundesländer** zu beachten. Im Freistaat Bayern gilt derzeit für die Freihändige Vergabe von Bauleistungen sowohl für staatliche[79] als auch kommunale[80] Auftraggeber ein Netto-Schwellenwert von 100.000 Euro.

V. Direktauftrag (Abs. 4)

41   Bauleistungen können bis zu einem Netto-Auftragswert von 3.000 Euro ohne die Durchführung eines Vergabeverfahrens im Wege des Direktauftrags beschafft werden. Bis zu dieser Schwelle ist somit **überhaupt kein Vergabeverfahren durchzuführen.** Damit sind die Vorschriften, die im Kontext der Verfahrensarten eine Rolle spielen, wie etwa über die festzulegenden Fristen (§ 10 VOB/A) oder die Erstellung der Leistungsbeschreibung (§ 7 VOB/A), beim Direktauftrag nicht anzuwenden. Der Direktauftrag ist bis zu einer Grenze von 3.000 Euro (netto) statthaft. Zu beachten sind auch in diesem Zusammenhang zahlreiche Sonderregelungen der Bundesländer zu höheren Schwellenwerten für den Direktauftrag.[81] Der Auftragswert ist nach Maßgabe von § 3 VgV zu schätzen. Beim Direktauftrag sind freilich die haushaltsrechtlichen Grundsätze der **Wirtschaftlichkeit und Sparsamkeit** einzuhalten. Was ein marktgerechter Preis für die zu beschaffende Bauleistung ist, ist durch angemessene Maßnahmen im Vorfeld der Beschaffung zu ermitteln. Die Haushaltsgrundsätze der Wirtschaftlichkeit und Sparsamkeit werden idR beachtet, wenn der Anbieter aufgrund einer Marktrecherche bzw. eines Preisvergleichs von drei Anbietern ausgewählt wird. Zusätzlich soll zwischen den beauftragten Unternehmen gewechselt werden, um auch hier hinreichenden Wettbewerb sicherzustellen und Hoflieferantentum zu verhindern.

§ 3b Ablauf der Verfahren

(1) ¹**Bei einer Öffentlichen Ausschreibung fordert der Auftraggeber eine unbeschränkte Anzahl von Unternehmen öffentlich zur Abgabe von Angeboten auf.** ²**Jedes interessierte Unternehmen kann ein Angebot abgeben.**

(2) ¹**Bei Beschränkter Ausschreibung mit Teilnahmewettbewerb erfolgt die Auswahl der Unternehmen, die zur Angebotsabgabe aufgefordert werden, durch die Auswertung des Teilnahmewettbewerbs.** ²**Dazu fordert der Auftraggeber eine unbeschränkte Anzahl von Unternehmen öffentlich zur Abgabe von Teilnahmeanträgen auf.** ³**Die Auswahl der Bewerber erfolgt anhand der vom Auftraggeber festgelegten Eignungskriterien.** ⁴**Die transparenten, objektiven und nichtdiskriminierenden Eignungskriterien für die**

---

[78] Kapellmann/Messerschmidt/Stickler VOB/A § 3a Rn. 46.

[79] Ziff. 1.6 S. 2 der Bekanntmachung der Bayerischen Staatsregierung über die Verwaltungsvorschrift zum öffentlichen Auftragswesen (VVöA) vom 24. März 2020 (BayMBl. Nr. 155), die zuletzt durch Bekanntmachung vom 6. September 2022 (BayMBl. Nr. 522) geändert worden ist.

[80] Ziff. 1.2.9 der Bekanntmachung des Bayerischen Staatsministeriums des Innern und für Integration über die Vergabe von Aufträgen im kommunalen Bereich vom 31. Juli 2018 (AllMBl. S. 547), die zuletzt durch Bekanntmachung vom 6. September 2022 (BayMBl. Nr. 523) geändert worden ist.

[81] Im Freistaat Bayern gilt bis zum 31.12.2023 für staatliche und kommunale Auftraggeber ein Schwellenwert von 25.000 Euro (netto) für den Direktauftrag.

Begrenzung der Zahl der Bewerber, die Mindestzahl und gegebenenfalls Höchstzahl der einzuladenden Bewerber gibt der Auftraggeber in der Auftragsbekanntmachung des Teilnahmewettbewerbs an. ⁵Die vorgesehene **Mindestzahl der einzuladenden Bewerber darf nicht niedriger als fünf sein.** ⁶**Liegt die Zahl geeigneter Bewerber unter der Mindestzahl, darf der Auftraggeber das Verfahren mit dem oder den geeigneten Bewerber(n) fortführen.**

(3) **Bei Beschränkter Ausschreibung ohne Teilnahmewettbewerb sollen mehrere, im Allgemeinen mindestens drei geeignete Unternehmen aufgefordert werden.**

(4) **Bei Beschränkter Ausschreibung ohne Teilnahmewettbewerb und Freihändiger Vergabe soll unter den Unternehmen möglichst gewechselt werden.**

Literatur: Janssen, Die VOB/A 2019 – Änderungen und Hintergründe, NZBau 2019, 147; Sturmberg, Das Vergaberecht en marche – jetzt neue VOB/A zur nationalen Vergabe von Bauleistungen, BauR 2019, 427.

I. Öffentliche Ausschreibung (Abs. 1)

Abs. 1 regelt die Öffentliche Ausschreibung in ihren Wesensmerkmalen. Es handelt sich um ein Verfahren, bei dem der Auftraggeber eine **unbeschränkte Anzahl von Unternehmen** öffentlich zur Abgabe von Angeboten auffordert. Jedes interessierte Unternehmen kann ein Angebot abgeben. Der Vergabewettbewerb ist unbeschränkt. Die Öffentliche Ausschreibung ist damit die wettbewerbsintensivste Verfahrensart mit dem größtmöglichen Bieterkreis. Durch ihre Formstrenge ist sie am besten geeignet, im Wettbewerb das wirtschaftlichste Ergebnis hervorzubringen.[1] Die öffentliche Aufforderung zur Abgabe von Angeboten erfolgt durch eine (nationale) Auftragsbekanntmachung nach § 12 Abs. 1 Nr. 1 VOB/A. Die Öffentliche Ausschreibung entspricht dem offenen Verfahren oberhalb der Schwellenwerte nach § 3 EU Nr. 1 VOB/A. Zu den Merkmalen und zum Verfahrensablauf näher → GWB § 119 Rn. 13 ff., → VgV § 15 Rn. 3, 4 und → § 3 Rn. 6–8.

II. Beschränkte Ausschreibung mit Teilnahmewettbewerb (Abs. 2)

Abs. 2 normiert die Beschränkte Ausschreibung mit Teilnahmewettbewerb als **das neben der Öffentlichen Ausschreibung gleichrangige Regelverfahren** für Bauauftragsvergaben im Anwendungsbereich der VOB/A. Die öffentliche Aufforderung zur Abgabe von Teilnahmeanträgen erfolgt durch eine (nationale) Auftragsbekanntmachung nach § 12 Abs. 2 Nr. 1 VOB/A. Die Beschränkte Ausschreibung mit Teilnahmewettbewerb entspricht damit dem nicht offenen Verfahren oberhalb der Schwellenwerte nach § 3 EU Nr. 2 VOB/A. Zu den Merkmalen und zum Verfahrensablauf näher → GWB § 119 Rn. 16 ff., → VgV § 16 Rn. 6 ff. und → § 3 Rn. 13. Die Auswahl der Bewerber, die zur Angebotsabgabe aufgefordert werden, erfolgt mittels Durchführung eines **Teilnahmewettbewerbs**. Dieser dient dazu, die Eignung, mithin Fachkunde, Leistungsfähigkeit und Zuverlässigkeit, der Bewerber nach Maßgabe der nach den §§ 6a, 6b VOB/A festgelegten Eignungskriterien zu ermitteln und diejenigen Bewerber zu identifizieren, die zur Abgabe eines Angebotes (§ 6b Abs. 5 VOB/A) aufgefordert werden.

---

[1] Dazu schon OLG Düsseldorf 27.10.2004 – VII-Verg 52/04, IBRRS 2004, 3497.

VOB/A § 3b

2a Die **Bewerberauswahl** im Verfahren mit Teilnahmewettbewerb ist erstmals mit der Novelle der VOB/A 2019 näher in Abs. 2 normiert worden. Dabei vollzieht sich die Eignungsprüfung im Teilnahmewettbewerb in zwei Stufen: Auf der 1. Wertungsstufe prüft der Auftraggeber die Teilnahmeanträge zunächst unter formalen Gesichtspunkten (wie etwa rechtzeitiger Eingang, Vollständigkeit etc). Im Anschluss folgt die materielle Eignungsprüfung (2. Wertungsstufe) gem. § 6b Abs. 5 VOB/A.

2b Auf jener 2. Stufe gilt zunächst der allg. Grundsatz (§ 2 Abs. 1 Nr. 1 VOB/A), dass nur solche Bewerber auszuwählen sind, die die für die Auftragsausführung erforderliche Fachkunde, Leistungsfähigkeit und Zuverlässigkeit aufweisen und die geforderten Nachweise mit dem Teilnahmeantrag vorgelegt haben (§ 6b Abs. 4 S. 2 VOB/A).[2] Die Pflicht, zwischen den Bewerbern möglichst zu wechseln (→ Rn. 5), gilt bei der Beschränkten Ausschreibung mit Teilnahmewettbewerb nicht, weil es sich bei dem Teilnahmewettbewerb um eine Bestenauslese handelt, auf deren korrekte Anwendung die Bewerber einen Anspruch haben, mit dem sich ein Wechsel zwischen den Bewerbern nicht verträgt. Der Auftraggeber hat bei der Bewerberauswahl einen Beurteilungsspielraum, der nur eingeschränkt überprüfbar ist.[3] Er ist insbes. nicht verpflichtet, sämtliche geeigneten Bewerber zuzulassen.[4] Die transparenten, objektiven und nichtdiskriminierenden Eignungskriterien für die Begrenzung der Zahl der Bewerber, die Mindestzahl und ggf. Höchstzahl der einzuladenden Bewerber sind in der Auftragsbekanntmachung anzugeben[5] (ausf. → VgV § 16 Rn. 7 und → VgV § 51 Rn. 8 ff.). Dabei darf die vorgesehene Mindestzahl der einzuladenden Bewerber **nicht niedriger als fünf** sein. Liegt die Zahl geeigneter Bewerber unter der Mindestzahl, darf der Auftraggeber das Verfahren mit dem oder den geeigneten Bewerber(n) fortführen. In diesem Ausnahmefall kann es zulässig sein, nur diese Bewerber auszuwählen, wenn nur diese über die erforderliche Fachkunde, Leistungsfähigkeit und Zuverlässigkeit verfügen.[6]

III. Beschränkte Ausschreibung ohne Teilnahmewettbewerb (Abs. 3)

3 Die Beschränkte Ausschreibung ohne Teilnahmewettbewerb ist ggü. der Öffentlichen Ausschreibung und der Beschränkten Ausschreibung mit Teilnahmewettbewerb aufgrund ihrer wettbewerbsbeschränkenden Wirkung eine **nachrangige Verfahrensart** und nur bei Vorliegen eines der unter § 3a Abs. 2 VOB/A genannten Ausnahmefälle zulässig. Der Vergabewettbewerb vollzieht sich in diesem Verfahren von vornherein exklusiv unter den Unternehmen, die der Auftraggeber zur Angebotsabgabe aufgefordert hat. Ein durch Auftragsbekanntmachung initiierter Teilnahmewettbewerb findet nicht statt (→ § 3 Rn. 11 f.). Ungeachtet dessen wird der

---

[2] OLG Düsseldorf 19.3.2001 – Verg 7/01, IBRRS 2013, 2387 = VergabeR 2001, 221.

[3] OLG Saarbrücken 28.1.2015 – 1 U 138/14, BeckRS 2015, 5288; OLG München 26.6.2007 – Verg 6/07, BeckRS 2008, 08701 = VergabeR 2007, 684 (689); OLG Düsseldorf 24.5.2007 – Verg 12/07, BeckRS 2009, 28989.

[4] OLG Saarbrücken 28.1.2015 – 1 U 138/14, BeckRS 2015, 5288.

[5] BGH 16.10.2001 – X ZR 100/99, BeckRS 2001, 09163 = VergabeR 2002, 42 (43); OLG München 26.6.2007 – Verg 6/07, BeckRS 2008, 08701 = VergabeR 2007, 684 (689); OLG Schleswig 19.2.2007 – Verg 14/06, BeckRS 2007, 08500; VK Bund 25.1.2012 – VK 1–174/11, IBRRS 2012, 2086; 24.6.2011 – VK 1–63/11, VPRRS 2011, 0442; zur Dokumentation der Auswahlentscheidung BayObLG 20.4.2005 – Verg 26/04, BeckRS 2005, 18627 = VergabeR 2005, 532 (535); VK Südbayern 9.4.2003 – 11–03/03, BeckRS 2003, 32292.

[6] OLG Düsseldorf 9.6.2010 – Verg 14/10, BeckRS 2010, 19463; zur (ausnahmsweisen) Zulässigkeit eines Losverfahrens OLG Rostock 1.8.2003 – 17 Verg 7/03, BeckRS 2010, 27479 = VergabeR 2004, 240 (241).

Auftrag auch bei der Beschränkten Ausschreibung ohne Teilnahmewettbewerb gleichsam wie bei der Beschränkten Ausschreibung mit Teilnahmewettbewerb in einem zweistufigen Verfahren vergeben (→ § 3 Rn. 10).

Abs. 3 enthält für den Ablauf der Eignungsprüfung und die Auswahl der Bewerber bei der Beschränkten Ausschreibung ohne Teilnahmewettbewerb nur rudimentäre Vorgaben, wenn es dort heißt, es sollen mehrere, „im Allgemeinen" mindestens drei geeignete Unternehmen zur Angebotsabgabe aufgefordert werden.[7] Das heißt: Die der Aufforderung zur Angebotsabgabe vorgelagerte Eignungsprüfung konzentriert sich auf die Auswahl der Unternehmen, die die für die Auftragsausführung erforderliche Fachkunde, Leistungsfähigkeit und Zuverlässigkeit aufweisen (§ 6b Abs. 5 VOB/A). Der Auftraggeber hat alsdann nach pflichtgemäßem Ermessen darüber zu entscheiden, wie viele Unternehmen er zur Abgabe von Angeboten auffordert. Die Auswahl der Bieter erfolgt damit weitgehend formfrei. Einer besonderen Begründung und Dokumentation bedarf es, wenn weniger als drei Unternehmen aufgefordert werden, obwohl es mehr geeignete Unternehmen gibt. Werden dagegen zur Stärkung des Wettbewerbs mehr als drei Unternehmen zur Angebotsabgabe aufgefordert, ist dies nicht zu rechtfertigen. 3a

Mit Blick auf die wettbewerbsbeschränkende Wirkung von Beschränkten Ausschreibungen ohne Teilnahmewettbewerb gelten bei diesen Verfahren **erhöhte Transparenz- und Informationspflichten**. Nach § 20 Abs. 4 VOB/A hat der Auftraggeber fortlaufend über beabsichtigte Vergaben im Wege der Beschränkten Ausschreibung ohne Teilnahmewettbewerb auf Internetportalen oder in seinem Beschafferprofil informieren. Ergänzt wird diese Pflicht durch die **ex-post-Transparenz** nach § 20 Abs. 3 Nr. 1 VOB/A. Danach muss der Auftraggeber über den erfolgten Zuschlag auf geeignete Weise, zB auf Internetportalen oder im Beschafferprofil, informieren, wenn der Auftragswert 25.000 Euro ohne Umsatzsteuer übersteigt. Weitergehende Transparenz- und Informationspflichten können sich aus landesrechtlichen Vorschriften ergeben.[8] 3b

§ 3b VOB/A regelt nicht, wie viele Unternehmen bei **Freihändiger Vergabe** zur Abgabe eines Angebotes aufzufordern sind. Doch ist auch die Freihändige Vergabe kein wettbewerbsfreier Raum. Auch bei ihr gelten die Grundsätze des Vergaberechts, namentlich das Wettbewerbsprinzip. Die Aufforderung nur eines Unternehmens zur Angebotsabgabe ist im Regelfall nicht gerechtfertigt, wie § 3a Abs. 3 Nr. 1 VOB/A zeigt. Von daher empfiehlt es sich, auch bei der Freihändigen Vergabe im Allgemeinen mindestens drei Unternehmen zur Angebotsabgabe aufzufordern. 4

IV. Wechsel unter den Unternehmen (Abs. 4)

Nach Abs. 4 soll bei Beschränkter Ausschreibung ohne Teilnahmewettbewerb und Freihändiger Vergabe unter den Unternehmen möglichst gewechselt werden. 5

---

[7] Landesrechtliche Sondervorschriften sind hierbei stets zu beachten. Ziff. 1.5.1 der Bekanntmachung des Bayerischen Staatsministeriums des Innern und für Integration über die Vergabe von Aufträgen im kommunalen Bereich vom 31. Juli 2018 (AllMBl. S. 547), die zuletzt durch Bekanntmachung vom 6. September 2022 (BayMBl. Nr. 523) geändert worden ist, schreibt zB vor, dass bei Beschränkten Ausschreibungen idR mindestens drei bis zehn Bewerber zur Abgabe eines Angebotes aufzufordern sind. Die Anzahl der aufzufordernden Bewerber ist danach unter Berücksichtigung von Marktsituation und Auftragswert festzulegen.

[8] So schreibt etwa Ziff. 1.3 der Bekanntmachung des Bayerischen Staatsministeriums des Innern und für Integration über die Vergabe von Aufträgen im kommunalen Bereich vom 31. Juli 2018 (AllMBl. S. 547), die zuletzt durch Bekanntmachung vom 6. September 2022 (BayMBl. Nr. 523) geändert worden ist, eine ex-ante-Veröffentlichung mit vorgeschriebenen Inhalten ab einem Auftragsvolumen von 50.000 Euro und eine Wartefrist von sieben Kalendertagen zwischen der Veröffentlichung und der Aufforderung zur Angebotsabgabe vor.

Diese Regelung trägt dem Wettbewerbsgrundsatz und der wettbewerbshemmenden Wirkung der beiden Verfahrensarten Rechnung.[9] Eine Beschränkung des Wettbewerbs auf ortsansässige Unternehmen ist nicht zulässig (§ 6 Abs. 1 VOB/A). **Landesrechtliche Vorschriften** sind vorrangig zu beachten. So ist im Freistaat Bayern idR mindestens ein Bewerber, bei Beschränkten Ausschreibungen ab einem Auftragswert von 75.000 Euro (ohne Umsatzsteuer) sind mindestens drei Bewerber aufzufordern, die ihre Niederlassung nicht im eigenen Landkreis des kommunalen Auftraggebers bzw. bei kreisfreien Städten im eigenen Stadtgebiet haben.[10] Abhängig von der Marktsituation, dem Wert des Auftrags und der Natur der ausgeschriebenen Leistung kann es zur Wahrung eines ausreichenden Wettbewerbs notwendig sein, den räumlichen Umkreis der aufzufordernden Unternehmen weiter auszudehnen. Dies ist bspw. dann der Fall, wenn die Leistungserbringung einen hohen Spezialisierungsgrad erfordert und es nur wenige Wettbewerber am Markt gibt. Auftraggeber sollten zu Dokumentationszwecken Listen der Unternehmen führen, die zur Abgabe von Angeboten bei Beschränkten Ausschreibungen ohne Teilnahmewettbewerb oder Freihändigen Vergaben aufgefordert werden. Auf diese Weise ist sichergestellt, dass alle in Frage kommenden Unternehmen die Chance erhalten, sich zu bewerben.[11]

§ 4 Vertragsarten

(1) **Bauleistungen sind so zu vergeben, dass die Vergütung nach Leistung bemessen wird (Leistungsvertrag), und zwar:**
1. **in der Regel zu Einheitspreisen für technisch und wirtschaftlich einheitliche Teilleistungen, deren Menge nach Maß, Gewicht oder Stückzahl vom Auftraggeber in den Vertragsunterlagen anzugeben ist (Einheitspreisvertrag),**
2. **in geeigneten Fällen für eine Pauschalsumme, wenn die Leistung nach Ausführungsart und Umfang genau bestimmt ist und mit einer Änderung bei der Ausführung nicht zu rechnen ist (Pauschalvertrag).**

(2) **Abweichend von Absatz 1 können Bauleistungen geringeren Umfangs, die überwiegend Lohnkosten verursachen, im Stundenlohn vergeben werden (Stundenlohnvertrag).**

(3) **Das Angebotsverfahren ist darauf abzustellen, dass der Bieter die Preise, die er für seine Leistungen fordert, in die Leistungsbeschreibung einzusetzen oder in anderer Weise im Angebot anzugeben hat.**

(4) **Das Auf- und Abgebotsverfahren, bei dem vom Auftraggeber angegebene Preise dem Auf- und Abgebot der Bieter unterstellt werden, soll nur ausnahmsweise bei regelmäßig wiederkehrenden Unterhaltungsarbeiten, deren Umfang möglichst zu umgrenzen ist, angewandt werden.**

1 § 4 VOB/A ist wortlautidentisch mit § 4 EU VOB/A, so dass auf die dortige Kommentierung vollumfänglich verwiesen wird → VOB/A § 4 EU Rn. 1 ff.

---

[9] BeckOK VergabeR/Meiners VOB/A § 3b Rn. 4.
[10] Ziff. 1.5.2 der Bekanntmachung des Bayerischen Staatsministeriums des Innern und für Integration über die Vergabe von Aufträgen im kommunalen Bereich vom 31. Juli 2018 (AllMBl. S. 547), die zuletzt durch Bekanntmachung vom 6. September 2022 (BayMBl. Nr. 523) geändert worden ist.
[11] OLG Düsseldorf 7.12.2005 – Verg 68/05, BeckRS 2006, 1786, zur Zulässigkeit eines Vorschlags, die Vergabekammer nicht einzuschalten, sofern der Auftraggeber bereit ist, dem Bieter Aufträge im Wege der Freihändigen Vergabe zu erteilen.

§ 4a Rahmenvereinbarungen

(1) ¹Rahmenvereinbarungen sind Aufträge, die ein oder mehrere Auftraggeber an ein oder mehrere Unternehmen vergeben können, um die Bedingungen für Einzelaufträge, die während eines bestimmten Zeitraumes vergeben werden sollen, festzulegen, insbesondere über den in Aussicht genommenen Preis. ²Das in Aussicht genommene Auftragsvolumen ist so genau wie möglich zu ermitteln und bekannt zu geben, braucht aber nicht abschließend festgelegt zu werden. ³Eine Rahmenvereinbarung darf nicht missbräuchlich oder in einer Art angewendet werden, die den Wettbewerb behindert, einschränkt oder verfälscht. ⁴Die Laufzeit einer Rahmenvereinbarung darf vier Jahre nicht überschreiten, es sei denn, es liegt ein im Gegenstand der Rahmenvereinbarung begründeter Ausnahmefall vor.

(2) Die Erteilung von Einzelaufträgen ist nur zulässig zwischen den Auftraggebern, die ihren voraussichtlichen Bedarf für das Vergabeverfahren gemeldet haben, und den Unternehmen, mit denen Rahmenvereinbarungen abgeschlossen wurden.

Literatur: Vgl. die Angaben bei § 21 VgV.

I. Bedeutung der Vorschrift

§ 4a VOB/A regelt die rechtlichen Vorgaben für Rahmenvereinbarungen über Bauleistungen. Damit ist – anders als nach früherer Rechtslage – auch die Frage nach der **Zulässigkeit von Rahmenvereinbarungen** im Baubereich geklärt.[1] 1

II. Begriff der Rahmenvereinbarung (Abs. 1 S. 1)

In Abs. 1 S. 1 wird der **Begriff** der Rahmenvereinbarung weitgehend deckungsgleich mit § 103 Abs. 5 S. 1 GWB und Art. 33 Abs. 1 UAbs. 2 RL 2014/24/EU definiert (→ GWB § 103 Rn. 110 ff.).[2] Zur Abgrenzung von Rahmenvereinbarungen und Zulassungssystemen ohne Auswahlentscheidung → VgV § 21 Rn. 3. 2

III. Ermittlung und Bekanntgabe des Auftragsvolumens (Abs. 1 S. 2)

Zu den Vorgaben hinsichtlich der Ermittlung und Bekanntgabe des Auftragsvolumens, insbes. zur Vorgabe von Mindest- und Höchstmengen sowie den Folgen der Unter- und Überschreitung der prognostizierten Mengen, s. die Kommentierung der wortgleichen Regelung in → VgV § 21 Rn. 6 ff. 3

---

[1] Reuber VergabeR 2016, 339 (343) mwN. Die Frage nach der Zulässigkeit von Rahmenvereinbarungen ist entgegen Reuber nunmehr auch im Unterschwellenbereich geklärt, da mit § 4a VOB/A zwischenzeitlich auch in den Abschn. 1 der VOB/A eine ausdr. Regelung der Rahmenvereinbarung aufgenommen wurde.

[2] Anders als in den vorgenannten Bestimmungen werden in Abs. 1 S. 1 Rahmenvereinbarungen allerdings explizit als „Aufträge" bezeichnet. Das ist insoweit fragwürdig, als durch § 103 Abs. 5 S. 2 GWB klargestellt ist, dass Rahmenvereinbarungen per se keine öffentlichen Aufträge sein müssen (→ VgV § 21 Rn. 2). Dies wird für den Bereich des 1. Abschn. der VOB/A durch den Wortlaut dieser Bestimmung wieder in Frage gestellt.

IV. Missbrauchsverbot (Abs. 1 S. 3)

4 Das **Missbrauchsverbot** wird in Abs. 1 S. 3 ggü. § 21 Abs. 1 S. 3 VgV wortgleich geregelt. Zum Missbrauchsverbot und insbes. zu dem davon umfassten **Verbot der Doppelvergabe** → VgV § 21 Rn. 10 ff.

5 Nachdem die detaillierten Bestimmungen zu den Rahmenvereinbarungen in § 21 VgV und in § 4a EU VOB/A ganz überwiegend nur konkrete Ausprägungen des allg. Missbrauchsverbots sind (→ VgV § 21 Rn. 9), können diese Bestimmungen grds. auch eine Orientierung zu den konkreten Anforderungen an Rahmenvereinbarungen im Geltungsbereich des 1. Abschn. der VOB/A bieten. Dabei darf aber nicht die Wertung des Ordnungsgebers unterlaufen werden, der von einer detaillierteren Regelung der Rahmenvereinbarung, wie sie in § 4a EU VOB/A enthalten ist, bei § 4a VOB/A gerade abgesehen hat.

V. Laufzeit (Abs. 1 S. 4)

6 Die **max. Regellaufzeit** von Rahmenvereinbarungen beträgt nach Abs. 1 S. 4 vier Jahre. Zu den Ausnahmen von der Regellaufzeit und der Bedeutung der Regellaufzeit für die Laufzeit der Einzelaufträge → VgV § 21 Rn. 25, 26.

VI. Geschlossenes System (Abs. 2)

7 Nach Abs. 2 sind Rahmenvereinbarungen ein geschlossenes System, zu dem weder auf Auftraggeberseite noch auf Seiten der Unternehmen weitere Personen nachträglich Zutritt erhalten (→ VgV § 21 Rn. 14). Abs. 2 fordert allerdings – anders als § 21 Abs. 2 S. 2 VgV und § 4a EU Abs. 2 S. 2 VOB/A – nicht, dass der abrufberechtigte Auftraggeber in der Auftragsbekanntmachung genannt ist. Vielmehr ist ausreichend, dass der Auftraggeber seinen voraussichtlichen Bedarf für das Vergabeverfahren im Vorfeld gemeldet hat. UU kann somit auch ein Auftraggeber abrufberechtigt sein, der nicht ausdr. in der Rahmenvereinbarung oder in der ihr zugrundeliegenden Bekanntmachung genannt ist. Hierfür spricht zumindest der Wortlaut des Abs. 2, der allein auf die Bedarfsmeldung abstellt. Gleichwohl muss auch dann die Bedarfsmeldung und deren Zeitpunkt (vor Vergabe der Rahmenvereinbarung) ordnungsgemäß dokumentiert sein.

§ 5 Vergabe nach Losen, Einheitliche Vergabe

(1) **Bauleistungen sollen so vergeben werden, dass eine einheitliche Ausführung und zweifelsfreie umfassende Haftung für Mängelansprüche erreicht wird; sie sollen daher in der Regel mit den zur Leistung gehörigen Lieferungen vergeben werden.**

(2) [1]**Bauleistungen sind in der Menge aufgeteilt (Teillose) und getrennt nach Art oder Fachgebiet (Fachlose) zu vergeben.** [2]**Bei der Vergabe kann aus wirtschaftlichen oder technischen Gründen auf eine Aufteilung oder Trennung verzichtet werden.**

Literatur: Vgl. die Angaben bei § 97 GWB sub Ziff. 3.

1 Abs. 1 ist nahezu **wortlautidentisch mit § 5 EU Abs. 1 VOB/A**, sodass vollumfänglich auf die dortige Kommentierung verwiesen wird (→ VOB/A § 5 EU Rn. 5 ff.).

Abs. 2 ist **inhaltsgleich mit § 97 Abs. 4** S. 2, 3 **GWB** und ebenfalls dem Gedanken der Mittelstandsförderung verpflichtet,[1] so dass auf die dortige Kommentierung verwiesen wird (→ GWB § 97 Rn. 77 ff.).

§ 6 Teilnehmer am Wettbewerb

(1) **Der Wettbewerb darf nicht auf Unternehmen beschränkt werden, die in bestimmten Regionen oder Orten ansässig sind.**

(2) **Bietergemeinschaften sind Einzelbietern gleichzusetzen, wenn sie die Arbeiten im eigenen Betrieb oder in den Betrieben der Mitglieder ausführen.**

(3) **Am Wettbewerb können sich nur Unternehmen beteiligen, die sich gewerbsmäßig mit der Ausführung von Leistungen der ausgeschriebenen Art befassen.**

Literatur: Vgl. die Angaben bei § 6 EU VOB/A.

I. Keine Beschränkung auf ortsansässige Unternehmen (Abs. 1)

Abs. 1 verbietet die Beschränkung des Wettbewerbs auf Unternehmen, die in bestimmten Regionen oder Orten ansässig sind. Die Vorschrift entspricht § 6 EU Abs. 3 Nr. 1 VOB/A. Auf dessen Kommentierung → VOB/A § 6 EU Rn. 2, 3 wird verwiesen.

II. Bietergemeinschaften (Abs. 2)

Die Regelung bestimmt, dass Bietergemeinschaften dann Einzelbietern gleichzusetzen sind, wenn sie die Arbeiten im eigenen Betrieb oder in den Betrieben der Mitglieder ausführen. Diese Einschränkung in § 6 Abs. 2 Hs. 2 VOB/A nimmt Bezug auf das **Selbstausführungsgebot**.[1] Das Selbstausführungsgebot besagt, dass jedenfalls ein Teil der Leistungen vom Bieter selbst ausgeführt werden muss. Diese Forderung findet ihre Entsprechung in § 4 Abs. 8 Nr. 1 VOB/B, wonach der Auftragnehmer die Leistungen **im eigenen Betrieb** auszuführen hat. Mit dieser Regelung sollen Unternehmen von der Vergabe ferngehalten werden, die Bauleistungen nur vermitteln oder als Generalübernehmer auftreten. Der EuGH hat in seiner Entscheidung v. 26.9.2019 aber klargestellt, dass nationale Vorgaben bestimmter Eigenleistungsquoten rechtswidrig sind.[2] Die Entscheidung ist zwar im Oberschwellenbereich ergangen, aber auf die Unterschwellenvergabe übertragbar. Aus Sicht des EuGH berücksichtigt eine abstrakte Quote nicht, welchen Wirtschaftsbereich der Auftrag betrifft, um welche Art von Arbeiten es sich handelt, welche Identität die Unterauftragnehmer haben und ermöglicht keine Einzel-

---

[1] KMPP/Kus VOB/A § 5 Rn. 10.
[1] Dieses gilt grds. nur für nationale Vergabeverfahren, wenngleich auch die EU VOB/A in § 6d Abs. 4 ein begrenztes Selbstausführungsgebot enthält → VOB/A § 8 EU Rn. 8. Auch § 43 Abs. 2 S. 1 VgV und § 6 EU Abs. 3 Nr. 2 S. 1 VOB/A enthalten keine Forderung dahingehend, dass die Arbeiten im eigenen Betrieb oder in den Betrieben der Bietergemeinschaft ausgeführt werden müssen; s. auch EuGH 5.4.2017 – C-298/15, VergabeR 2017, 448 = NZBau 2017, 748.
[2] EuGH 26.9.2019 – C 63/18, NZBau 2019, 792 Rn. 29 ff.

fallprüfung.[3] Diese Argumente sind auch im Unterschwellenbereich gültig, begründet der EuGH doch genau damit die Rechtswidrigkeit einer abstrakten Vorgabe im Unterschwellenbereich, die Hauptleistung dürfe nicht von Nachunternehmern ausgeführt werden.[4] Aus diesem Grund sind bspw. Bestimmungen wie § 6 Abs. 1 S. 2 des Sächsischen Vergabegesetzes,[5] wonach die Weitergabe von Leistungen an Nachunternehmer nur bis max. 50 % des Auftragswertes erfolgen darf, mit dem Unionsrecht nicht vereinbar. Der Auftraggeber kann somit auch im Unterschwellenbereich nur analog § 6d EU Abs. 4 VOB/A im Einzelfall aus objektiven Gründen die **Ausführung bestimmter kritischer Aufgaben** dem Bieter bzw. der Bietergemeinschaft oder einem Mitglied der Bietergemeinschaft übertragen. Was kritische Aufgaben sind, kann der Auftraggeber wiederum nur selbst subjektiv definieren.[6] Dh die vom Auftraggeber subjektiv, aber ohne sachfremde Erwägungen als kritisch angesehenen Aufgaben dürfen aus nachvollziehbaren objektiven Gründen dem Bieter vorbehalten werden (zum Begriff der Nachunternehmerleistungen → VgV § 36 Rn. 5, 6; → VOB/A § 8 EU Rn. 5–7).

3   S. zu **Bietergemeinschaften** → VgV § 43 Rn. 1 ff.

III. Gewerbsmäßig tätige Unternehmen (Abs. 3)

4   § 6 Abs. 3 VOB/A bestimmt, dass sich nur Unternehmen beteiligen dürfen, die sich **gewerbsmäßig** mit der Ausführung von Leistungen der ausgeschriebenen Art befassen. Ein Unternehmen befasst sich **gewerbsmäßig** mit einer Leistung, wenn es sich selbstständig und nachhaltig am Wirtschaftsleben mit der Absicht beteiligt, Gewinn zu erzielen.[7] Dies impliziert auch, dass das Unternehmen alle erforderlichen gewerberechtlichen Voraussetzungen erfüllen muss (zB Erlaubnis oder Anzeige, gewerberechtliche Zuverlässigkeit, Eintragung in die Handwerksrolle oder Mitgliedschaft in der IHK). Dabei erfüllen auch Tochtergesellschaften der öffentlichen Hand, die aus erwerbswirtschaftlichen Gründen gegründet werden, das Merkmal der Gewerbsmäßigkeit. Die Teilnahme einer gGmbH an öffentlichen Ausschreibungen ist deshalb grds. zulässig.[8] Für europaweite Vergaben ist eine § 6 Abs. 3 VOB/A entspr. Parallelregelung in der EU VOB/A nicht mehr enthalten (anders als dies noch mit § 6 EG Abs. 1 Nr. 3 VOB/A der Fall war). Grund hierfür ist die Rspr. des EuGH, wonach auch öffentliche Einrichtungen, die nicht in erster Linie Gewinnerzielung anstreben, nicht über die Organisationsstruktur eines Unternehmens verfügen und nicht ständig auf dem Markt tätig sind (zB Universitäten, Forschungsinstitute, Behörden), an öffentlichen Vergabeverfahren teilnehmen dürfen.[9]

5   Die weitere Tatbestandsvoraussetzung, wonach es sich um **Leistungen der ausgeschriebenen Art** handeln muss, will verhindern, dass Unternehmen auch für gewerkefremde Leistungen anbieten. Zur notwendigen Abgrenzung kann Anlage A

---

[3] EuGH 26.9.2019 – C 63/18, NZBau 2019, 792 Rn. 40 mit Verweis auf sein Urt. v. 5.4.2017 – C-298/15, VergabeR 2017, 448 = NZBau 2017, 748.

[4] EuGH 5.4.2017 – C-298/15, VergabeR 2017, 448 = NZBau 2017, 748 Rn. 54 f. – Borta.

[5] SächsGVBl. 2013, 109.

[6] MüKoEuWettbR/Hövelberndt VOB/A § 6d EU Rn. 42 f.

[7] Kapellmann/Messerschmidt/Glahs VOB/A § 6 Rn. 17–19.

[8] OLG Koblenz 28.10.2009 – 1 Verg 8/09, VergabeR 2010, 284 (287) = BeckRS 2009, 28773; OLG Düsseldorf 14.7.2004 – Verg 33/04, IBR 2004, 639; VK Sachsen 15.2.2011 – 1/SVK/052-10, IBR 2011, 480; zur Qualifizierung eines Berufsbildungswerks als öffentliche Einrichtung OLG Düsseldorf 17.11.2004 – Verg 46/04, BeckRS 2004, 12150.

[9] EuGH 23.12.2009 – C-305/08, NZBau 2010, 188; 6.10.2015 – C-203/14, VergabeR 2016, 214 = EuZW 2015, 908 Rn. 35; OLG Düsseldorf 7.8.2013 – VII-Verg 14/13, NZBau 2014, 57.

zur HandwO herangezogen werden, in der die zulassungspflichtigen Handwerksgewerbe aufgelistet sind.[10] Zur Abgrenzung der einzelnen Handwerke untereinander kann auf den jew. Abschn. 1 der DIN-Normen der VOB/C zurückgegriffen werden. Steht fest, dass ein Bieter sich nicht hauptsächlich mit der Ausführung von Leistungen der ausgeschriebenen Art befasst, ist allerdings § 5 HandwO zu beachten; danach darf ein Unternehmen Arbeiten in anderen Handwerken ausführen, wenn sie mit dem Leistungsangebot seines Gewerbes technisch oder fachlich zusammenhängen oder es wirtschaftlich ergänzen.

§ 6a Eignungsnachweise

(1) ¹**Zum Nachweis ihrer Eignung ist die Fachkunde, Leistungsfähigkeit und Zuverlässigkeit der Bewerber oder Bieter zu prüfen.** ²Bei der Beurteilung der Zuverlässigkeit werden Selbstreinigungsmaßnahmen in entsprechender Anwendung des § 6f EU Absatz 1 und 2 berücksichtigt.

(2) **Der Nachweis umfasst die folgenden Angaben:**
1. **den Umsatz des Unternehmens jeweils bezogen auf die letzten drei abgeschlossenen Geschäftsjahre, soweit er Bauleistungen und andere Leistungen betrifft, die mit der zu vergebenden Leistung vergleichbar sind, unter Einschluss des Anteils bei gemeinsam mit anderen Unternehmen ausgeführten Aufträgen,**
2. **die Ausführung von Leistungen in den letzten bis zu fünf abgeschlossenen Kalenderjahren, die mit der zu vergebenden Leistung vergleichbar sind.** Um einen ausreichenden Wettbewerb sicherzustellen, kann der Auftraggeber darauf hinweisen, dass auch einschlägige Bauleistungen berücksichtigt werden, die mehr als fünf Jahre zurückliegen,
3. **die Zahl der in den letzten drei abgeschlossenen Kalenderjahren jahresdurchschnittlich beschäftigten Arbeitskräfte, gegliedert nach Lohngruppen mit gesondert ausgewiesenem technischem Leitungspersonal,**
4. **die Eintragung in das Berufsregister ihres Sitzes oder Wohnsitzes, sowie Angaben,**
5. **ob ein Insolvenzverfahren oder ein vergleichbares gesetzlich geregeltes Verfahren eröffnet oder die Eröffnung beantragt worden ist oder der Antrag mangels Masse abgelehnt wurde oder ein Insolvenzplan rechtskräftig bestätigt wurde,**
6. **ob sich das Unternehmen in Liquidation befindet,**
7. **dass nachweislich keine schwere Verfehlung begangen wurde, die die Zuverlässigkeit als Bewerber oder Bieter in Frage stellt,**
8. **dass die Verpflichtung zur Zahlung von Steuern und Abgaben sowie der Beiträge zur Sozialversicherung ordnungsgemäß erfüllt wurde,**
9. **dass sich das Unternehmen bei der Berufsgenossenschaft angemeldet hat.**

---

[10] Untauglich für die Abgrenzung ist dagegen der im Handelsregister eingetragene Unternehmensgegenstand, auch wenn dieser zunächst die Organe zwingt, nur Geschäfte, die zum eingetragenen Unternehmensgegenstand gehören, auszuführen und damit anzubieten. Es steht den Gesellschaftern des Unternehmens aber jederzeit offen, entspr. Tätigkeiten zu genehmigen. Die Angebotsabgabe indiziert den Bestand der Genehmigung, da nicht unterstellt werden kann, dass die vertretungsberechtigten Personen gegen die Vorgaben der Gesellschafter des Unternehmens handeln. Daher ist Hammacher in seinem Diskussionsbeitrag in VergabeR 2004, 127 (129) nicht zuzustimmen, dass dem Bieter der Zuschlag nicht erteilt werden dürfte, wenn die angebotene Leistung nicht zum Unternehmensgegenstand passt.

VOB/A § 6a

(3) **Andere, auf den konkreten Auftrag bezogene zusätzliche, insbesondere für die Prüfung der Fachkunde geeignete Angaben können verlangt werden.**

(4) **Der Auftraggeber wird andere ihm geeignet erscheinende Nachweise der wirtschaftlichen und finanziellen Leistungsfähigkeit zulassen, wenn er feststellt, dass stichhaltige Gründe dafür bestehen.**

(5) **Der Auftraggeber kann bis zu einem Auftragswert von 10 000 Euro auf Angaben nach Absatz 2 Nummer 1 bis 3, 5 und 6 verzichten, wenn dies durch Art und Umfang des Auftrags gerechtfertigt ist.**

Literatur: Vgl. die Angaben bei § 6a EU VOB/A.

I. Prüfung der Eignung (Abs. 1)

1   Abs. 1 S. 1 bestimmt, dass zum Nachweis ihrer Eignung die **Fachkunde, Leistungsfähigkeit** und **Zuverlässigkeit** der Bewerber bzw. Bieter zu prüfen ist. Diese Eignungsprüfung betrifft sowohl die persönlichen als auch die sachlichen Voraussetzungen, die ausgeschriebenen Leistungen ordnungsgemäß erbringen zu können; sie ist eine **Pflicht** des Auftraggebers. Der Auftraggeber darf insbes. nicht nach dem Grundsatz „bekannt und bewährt" verfahren und bestimmte Unternehmen von der Eignungsprüfung ausnehmen. Vielmehr ist die Eignung für jede Vergabe stets aufs Neue zu prüfen. Dies folgt sowohl aus dem Wettbewerbs- als auch aus dem Gleichbehandlungsprinzip. Im Hinblick auf die Leistungsausführung ist es aber gestattet, auf Erfahrungen aus früheren Leistungsbeziehungen zurückzugreifen.[1] Bspw. muss das gekündigte Unternehmen an nachfolgenden Vergabeverfahren nicht beteiligt werden, wenn der Auftraggeber eine Kündigung aus wichtigem Grund aussprechen musste und die durch die Kündigung indizierte negative Prognose im neuen Vergabeverfahren nicht aufgrund von geänderten Umständen positiv ausfällt.[2]

1a   Gem. Abs. 1 S. 2 ist der Auftraggeber verpflichtet Selbstreinigungsmaßnahmen in entspr. Anwendung des § 6f EU Abs. 1 und 2 VOB/A zu berücksichtigen. Dh die Bieter haben einen Anspruch darauf, dass der Auftraggeber sich mit etwaigen Selbstreinigungsmaßnahmen auseinandersetzt. Zu den Einzelheiten der Selbstreinigung wird auf → GWB § 125 Rn. 1 ff. verwiesen.

II. Eignungsnachweise (Abs. 2)

2   Abs. 2 zählt die Angaben auf, die von den Unternehmen zum Nachweis ihrer Eignung abgefragt werden müssen.[3] Dieser Katalog ist **nicht abschließend,** wie sich aus Abs. 3 ergibt.

1. Umsatz in den letzten drei Geschäftsjahren (Nr. 1)

3   Nr. 1 entspricht § 6a EU Nr. 2 S. 1 lit. c VOB/A. Auf die dortige Kommentierung wird verwiesen, → VOB/A § 6a EU Rn. 3 ff.

---

[1] OLG Celle 9.1.2017 – 13 Verg 9/16, ZfBR 2017, 407; OLG Karlsruhe 10.7.2015 – 15 Verg 3/15, ZfBR 2016, 202; OLG Frankfurt a. M. 24.2.2009 – 11 Verg 19/08, BeckRS 2009, 7443 = VergabeR 2009, 629 (636).

[2] Vgl. EuGH 13.12.2012 – C-465/11, BeckRS 2012, 82647; OLG München 1.7.2013 – Verg 8/13, BeckRS 2013, 11807 = VergabeR 2013, 923 mzustAnm Hartung VergabeR 2013, 928; OLG Karlsruhe 10.7.2015 – 15 Verg 3/15, ZfBR 2016, 202. S. für Vergaben oberhalb des EU-Schwellenwerts § 124 Abs. 1 Nr. 7 GWB.

[3] Dies folgt aus dem Umkehrschluss zu Abs. 5, wonach bis zu einem Auftragsvolumen von 10.000 Euro auf bestimmte Angaben verzichtet werden kann.

2. Vergleichbare Leistungen in den letzten drei Geschäftsjahren (Nr. 2)

Nr. 2 entspricht § 6a EU Nr. 3 lit. a Hs. 1 VOB/A. Auf die dortige Kommentierung wird verwiesen, → VOB/A § 6a EU Rn. 7.

3. Jahresdurchschnittlich beschäftigte Arbeitskräfte (Nr. 3)

Nr. 3 entspricht § 6a EU Nr. 3 lit. g VOB/A. Sinn der Abfrage der jahresdurchschnittlich beschäftigten Arbeitnehmer ist die Prüfung der Leistungsfähigkeit des Bieters in personeller Hinsicht.[4] Die Aufgliederung in Lohngruppen und Angabe des Leitungspersonal soll wiederum Anhaltspunkte für die Beurteilung der Fachkunde liefern.[5]

4. Eintragung in das Berufsregister (Nr. 4)

Nr. 4 ist Teil der Regelung des § 6a EU Nr. 1 VOB/A. Auf die dortige Kommentierung wird verwiesen, → VOB/A § 6a EU Rn. 2 ff.

5. Nachweis fehlender fakultativer Ausschlussgründe (Nr. 5–9)

§ 16 Abs. 2 VOB/A legt **fakultative Ausschlussgründe** fest. Danach **können** Angebote von Bietern ausgeschlossen werden, bei denen ein Insolvenzverfahren beantragt oder eröffnet wurde, die sich in Liquidation befinden, eine nachweislich schwere Verfehlung begangen haben, die ihre Zuverlässigkeit in Frage stellt, die Steuern, Abgaben und Beiträge zur Sozialversicherung nicht bezahlt haben und Bieter, die nicht bei der Berufsgenossenschaft angemeldet sind. Um prüfen zu können, ob diese Ausschlussgründe vorliegen, eröffnen Nr. 5–9 die Möglichkeit, entspr. Angaben von den Bietern zu verlangen. Anhand dieser Angaben muss der Auftraggeber dann nach pflichtgemäßen Ermessen entscheiden, ob er den Bieter gem. § 16 Abs. 2 VOB/A ausschließt. Auf die Einzelheiten der Kommentierung des § 16 Abs. 2 VOB/A (→ VOB/A § 16 Rn. 8 ff.) wird verwiesen.

6. Formfragen

Abs. 2 legt nicht fest, in welcher Form Nachweise vorzulegen sind. Im Idealfall bestimmt der Auftraggeber in der Bekanntmachung bzw. der Aufforderung zur Angebotsabgabe, welche Form er für die Nachweise verlangt. Da die Nachweise mit dem Angebot bzw. auf spätere Anforderung vorzulegen sind (§ 6b Abs. 4 VOB/A), sind **schriftliche Nachweise** erforderlich. Sind keine speziellen Anforderungen an die Form der Nachweise bekannt gemacht, reichen grds. Kopien der Originaldokumente aus.[6] Weitergehende Nachweisanforderungen sollten nur im Ausnahmefall vorgesehen werden, bspw. die Forderung nach „dokumentenechten" Eintragungen. Denn die Forderung „dokumentenecht" geht über die bloße Schriftform hinaus, so dass insbes. Kopien von Verpflichtungserklärungen nicht ausreichend sein sollen.[7]

---

[4] Vgl. Kapellmann/Messerschmidt/Glahs VOB/A § 6a Rn. 15.

[5] HRR/Herrmann VOB/A § 6a Rn. 10, der zu Recht darauf hinweist, dass von besonderem Interesse für den Auftraggeber der Nachweis der Verfügbarkeit des Personals im Auftragsfall ist; vgl. dazu auch VK Bund 24.1.2020 – VK 1–97/19, BeckRS 2020, 7160.

[6] OLG Düsseldorf 26.1.2006 – Verg 92/05, IBR 2006, 292.

[7] So die VK Halle 30.5.2002 – VK Hal 16/02, IBR 2003, 1049, die dann die Vorlage der Originale erwartet; ähnlich VK Sachsen-Anhalt 16.3.2007 – 1 VK LVwA 03/07, IBR 2007, 521, aA aber nachf. OLG Naumburg, ausweislich der Sachverhaltsdarstellung im Beschl. v. 17.8.2007 – 1 Verg 5/07, BeckRS 2007, 18468 = VergabeR 2008, 291 zur Wirksamkeit der Rücknahme der Beschwerde gegen die Entscheidung der VK Sachsen-Anhalt nach mündlicher Verhandlung.

VOB/A § 6b Mittel der Nachweisführung, Verfahren

Ebenso verzichtet werden sollte auf die Forderung, Eigenerklärungen an Eides Statt zu versichern.[8] Denn derartige, unnötig gesteigerte Formerfordernisse erhöhen das Risiko unvollständiger und damit grds. auszuschließender Angebote.

III. Zusätzliche Angaben (Abs. 3)

9 Nach Abs. 3 können für die Prüfung der Eignung andere als die in Abs. 2 genannten Nachweise verlangt werden. Diese Möglichkeit wird im Gegensatz zu Vergaben oberhalb der Schwellenwerte, dort ist der Katalog für den Nachweis der beruflichen und technischen Leistungsfähigkeit in § 6a EU Nr. 3 VOB/A abschließend,[9] wie der fehlende S. 2, der dem Auftraggeber ermöglicht, andere ihm geeignet erscheinende Nachweise zu fordern, im Vergleich zu § 6a EU Nr. 2 VOB/A deutlich macht, ausdr. auch für den Nachweis der Fachkunde eingeräumt. Die dann geforderten Angaben müssen sich **auf den konkreten Auftrag beziehen** und für die Prüfung notwendig sein. Dabei billigt die Rspr. dem Auftraggeber einen weitgehenden Beurteilungsspielraum zu und greift nur bei **unzumutbaren Forderungen** ein.[10]

IV. Andere geeignete Nachweise (Abs. 4)

10 Abs. 4 entspricht § 6a EU Nr. 2 letzter S. VOB/A. Auf die dortige Kommentierung wird verwiesen, → VOB/A § 6a EU Rn. 5.

V. Verzicht auf Nachweise (Abs. 5)

11 Korrespondierend mit der Wertgrenze für die Zulässigkeit der freihändigen Vergabe (→ VOB/A § 3a Rn. 40), gestattet Abs. 5 dem Auftraggeber, bei der Prüfung der Eignung bis zu einem Auftragswert von 10.000 Euro auf Angaben zum Umsatz (Abs. 2 Nr. 1), zu vergleichbaren Leistungen (Abs. 2 Nr. 2), zu der Zahl der Beschäftigten (Abs. 2 Nr. 3) und zur Insolvenz und Liquidation (Abs. 2 Nr. 5 und 6) zu verzichten, wenn dies durch Art und Umfang des Auftrags gerechtfertigt ist. Alle übrigen Nachweise muss der Auftraggeber abfragen.

§ 6b Mittel der Nachweisführung, Verfahren

(1) **Der Nachweis der Eignung kann mit der vom Auftraggeber direkt abrufbaren Eintragung in die allgemein zugängliche Liste des Vereins für die Präqualifikation von Bauunternehmen e.V. (Präqualifikationsverzeichnis) erfolgen.**

(2) [1]**Die Angaben können die Bewerber oder Bieter auch durch Einzelnachweise erbringen.** [2]**Der Auftraggeber kann dabei vorsehen, dass für einzelne Angaben Eigenerklärungen ausreichend sind.** [3]**Eigenerklärungen, die als vorläufiger Nachweis dienen, sind von den Bietern, deren Angebote in die engere Wahl kommen, oder von den in Frage kommenden Bewerbern durch entsprechende Bescheinigungen der zuständigen Stellen zu bestätigen.**

---

[8] Die Vergabestelle ist regelmäßig keine für eine Versicherung an Eides Statt zuständige Behörde iSd § 156 StGB.
[9] → VOB/A § 6a EU Rn. 5; Kapellmann/Messerschmidt/Glahs VOB/A § 6a EU Rn. 14.
[10] OLG Koblenz 4.10.2010 – 1 Verg 8/10, BeckRS 2010, 24260 = VergabeR 2011, 224 mzustAnm Horn VergabeR 2011, 227 (228); vgl. auch Kapellmann/Messerschmidt/Glahs VOB/A § 6a Rn. 24 mwN.

(3) **Der Auftraggeber verzichtet auf die Vorlage von Nachweisen, wenn die den Zuschlag erteilende Stelle bereits im Besitz dieser Nachweise ist.**

(4) ¹**Bei Öffentlicher Ausschreibung sind in der Aufforderung zur Angebotsabgabe die Nachweise zu bezeichnen, deren Vorlage mit dem Angebot verlangt oder deren spätere Anforderung vorbehalten wird.** ²**Bei Beschränkter Ausschreibung mit Teilnahmewettbewerb ist zu verlangen, dass die Eigenerklärungen oder Nachweise bereits mit dem Teilnahmeantrag vorgelegt werden.**

(5) ¹**Bei Beschränkter Ausschreibung und Freihändiger Vergabe ist vor der Aufforderung zur Angebotsabgabe die Eignung der Unternehmen zu prüfen.** ²**Dabei sind die Unternehmen auszuwählen, deren Eignung die für die Erfüllung der vertraglichen Verpflichtungen notwendige Sicherheit bietet; dies bedeutet, dass sie die erforderliche Fachkunde, Leistungsfähigkeit und Zuverlässigkeit besitzen und über ausreichende technische und wirtschaftliche Mittel verfügen.**

Literatur: Vgl. die Angaben bei § 6b EU VOB/A.

I. Präqualifikationsverzeichnis (Abs. 1)

§ 6b Abs. 1 VOB/A entspricht § 6b EU Abs. 1 S. 1 Nr. 1 S. 1 VOB/A. Auf die dortige Kommentierung wird verwiesen, → VOB/A § 6b EU Rn. 2 ff. Auch wenn § 6b Abs. 1 VOB/A – anders als § 6b EU Abs. 1 S. 1 Nr. 1 S. 2 VOB/A – keine Regelung dahin enthält, dass die im Präqualifikationsverzeichnis hinterlegten Angaben nicht ohne Begründung in Zweifel gezogen werden können, versteht es sich von selbst, dass dies auch für Unterschwellenvergaben gilt.

II. Einzelnachweise, Eigenerklärungen (Abs. 2)

§ 6b Abs. 2 VOB/A entspricht § 6b EU Abs. 1 S. 1 Nr. 2 VOB/A. Auf die dortige Kommentierung wird verwiesen, → VOB/A § 6b EU Rn. 4 ff.

III. Verzicht auf Nachweise (Abs. 3)

Gem. Abs. 3 ist der Auftraggeber gehalten, auf die Vorlage von Nachweisen zu verzichten, wenn die den Zuschlag erteilende Stelle, dh die konkret zuständige Vergabestelle, im Besitz des entspr. Nachweises ist (s. dazu → VgV § 48 Rn. 15). Die Regelung wird nur für den Bereich der Beschränkten Ausschreibung ohne Teilnahmewettbewerb oder der Freihändigen Vergabe sinnvoll Anwendung finden können. IRd Öffentlichen Ausschreibung oder beim Teilnahmewettbewerb ist der Verzicht auf die Nachweise dagegen nur denkbar, wenn der Bieter die geforderten Nachweise nicht vorlegt und darauf verweist, der Auftraggeber habe sie schon.

IV. Zeitpunkt der Eignungsprüfung (Abs. 4 und 5)

Bei **Öffentlicher Ausschreibung** sind gem. Abs. 4 in der Aufforderung zur Abgabe eines Angebotes die Nachweise zu bezeichnen, deren Vorlage mit dem Angebot verlangt oder deren spätere Anforderung vorbehalten wird. Gem. § 12 Abs. 1 Nr. 2 lit. w) VOB/A sollen die geforderten Eignungsnachweise aber bereits in der Bekanntmachung benannt werden. Abs. 4 meint somit den spätesten Zeitpunkt, zu dem die vorzulegenden Nachweise benannt werden und der Auftraggeber die Entscheidung treffen muss, ob diese mit dem Angebot oder erst auf besondere Nachfrage vorzulegen sind. Hat der Auftraggeber in der Bekanntmachung Nachweise benannt, kann er in der Aufforderung nicht nachträglich auf die Nachweise verzichten, ist doch nicht auszuschließen, dass Bieter aufgrund der Forderung der Nachweise auf den Abruf der Vergabeunterlagen verzichten.[1] Auch hier gilt, dass die mit dem Angebot vorzulegenden Nachweise so weit wie möglich reduziert und nur den in die engere Wahl gekommenen Bietern Erklärungspflichten durch Anfordern der Unterlagen auferlegt werden sollten.

5   Bei **Beschränkter Ausschreibung nach Öffentlichem Teilnahmewettbewerb** sind die Nachweise bereits mit dem Teilnahmeantrag vorzulegen, da hier die Eignung der Unternehmen vor der Aufforderung zur Angebotsabgabe zu prüfen ist, § 6b Abs. 4 S. 2 VOB/A. Dementsprechend bestimmt § 6b Abs. 5 VOB/A für die **Beschränkte Ausschreibung ohne Teilnahmewettbewerb,** dass lediglich Unternehmen ausgewählt werden dürfen, die über die erforderliche Eignung verfügen. Gleiches gilt bei **Freihändiger Vergabe.**

§ 7 Leistungsbeschreibung

(1)
1. Die Leistung ist eindeutig und so erschöpfend zu beschreiben, dass alle Unternehmen die Beschreibung im gleichen Sinne verstehen müssen und ihre Preise sicher und ohne umfangreiche Vorarbeiten berechnen können.
2. Um eine einwandfreie Preisermittlung zu ermöglichen, sind alle sie beeinflussenden Umstände festzustellen und in den Vergabeunterlagen anzugeben.
3. Dem Auftragnehmer darf kein ungewöhnliches Wagnis aufgebürdet werden für Umstände und Ereignisse, auf die er keinen Einfluss hat und deren Einwirkung auf die Preise und Fristen er nicht im Voraus schätzen kann.
4. [1]Bedarfspositionen sind grundsätzlich nicht in die Leistungsbeschreibung aufzunehmen. [2]Angehängte Stundenlohnarbeiten dürfen nur in dem unbedingt erforderlichen Umfang in die Leistungsbeschreibung aufgenommen werden.
5. Erforderlichenfalls sind auch der Zweck und die vorgesehene Beanspruchung der fertigen Leistung anzugeben.
6. Die für die Ausführung der Leistung wesentlichen Verhältnisse der Baustelle, z.B. Boden- und Wasserverhältnisse, sind so zu beschreiben, dass das Unternehmen ihre Auswirkungen auf die bauliche Anlage und die Bauausführung hinreichend beurteilen kann.
7. Die „Hinweise für das Aufstellen der Leistungsbeschreibung" in Abschnitt 0 der Allgemeinen Technischen Vertragsbedingungen für Bauleistungen, DIN 18299 ff., sind zu beachten.

(2) In technischen Spezifikationen darf nicht auf eine bestimmte Produktion oder Herkunft oder ein besonderes Verfahren, das die von einem bestimmten Unternehmen bereitgestellten Produkte charakterisiert, oder auf Marken, Patente, Typen oder einen bestimmten Ursprung oder eine bestimmte Produktion verwiesen werden, es sei denn
1. dies ist durch den Auftragsgegenstand gerechtfertigt oder
2. der Auftragsgegenstand kann nicht hinreichend genau und allgemein verständlich beschrieben werden; solche Verweise sind mit dem Zusatz „oder gleichwertig" zu versehen.

---

[1] Vgl. Kapellmann/Messerschmidt/Glahs VOB/A § 6b Rn. 8.

Technische Spezifikationen § 7a VOB/A

(3) **Bei der Beschreibung der Leistung sind die verkehrsüblichen Bezeichnungen zu beachten.**

Literatur: Vgl. die Angaben bei § 7 EU VOB/A, § 121 GWB und § 31 VgV.

Die Regelungen sind nahezu **wortgleich mit § 7 EU VOB/A**. Lediglich Abs. 2 ist im Vergleich mit der Regelung im EU-Recht abweichend formuliert. Die Abweichung ist jedoch rein redaktionell; ein inhaltlicher Unterschied ist mit der Formulierung, die die für eine Produktvorgabe zulässigen Begründungen zusammenfasst, nicht verbunden. Auf die Kommentierung zu § 7 EU VOB/A wird daher verwiesen (→ VOB A § 7 EU Rn. 1 ff.). **1**

§ 7a Technische Spezifikationen

(1) **Die technischen Anforderungen (Spezifikationen – siehe Anhang TS Nummer 1) an den Auftragsgegenstand müssen allen Unternehmen gleichermaßen zugänglich sein.**

(2) **Die technischen Spezifikationen sind in den Vergabeunterlagen zu formulieren:**
1. **entweder unter Bezugnahme auf die in Anhang TS definierten technischen Spezifikationen in der Rangfolge**
    a) **nationale Normen, mit denen europäische Normen umgesetzt werden,**
    b) **europäische technische Bewertungen,**
    c) **gemeinsame technische Spezifikationen,**
    d) **internationale Normen und andere technische Bezugssysteme, die von den europäischen Normungsgremien erarbeitet wurden oder,**
    e) **falls solche Normen und Spezifikationen fehlen, nationale Normen, nationale technische Zulassungen oder nationale technische Spezifikationen für die Planung, Berechnung und Ausführung von Bauwerken und den Einsatz von Produkten.**
Jede Bezugnahme ist mit dem Zusatz „oder gleichwertig" zu versehen;
2. **oder in Form von Leistungs- oder Funktionsanforderungen, die so genau zu fassen sind, dass sie den Unternehmen ein klares Bild vom Auftragsgegenstand vermitteln und dem Auftraggeber die Erteilung des Zuschlags ermöglichen;**
3. **oder in Kombination der Nummern 1 und 2, das heißt**
    a) **in Form von Leistungs- oder Funktionsanforderungen unter Bezugnahme auf die Spezifikationen gemäß Nummer 1 als Mittel zur Vermutung der Konformität mit diesen Leistungs- oder Funktionsanforderungen;**
    b) **oder mit Bezugnahme auf die Spezifikationen gemäß Nummer 1 hinsichtlich bestimmter Merkmale und mit Bezugnahme auf die Leistungs- oder Funktionsanforderungen gemäß Nummer 2 hinsichtlich anderer Merkmale.**

(3) **[1]Verweist der Auftraggeber in der Leistungsbeschreibung auf die in Absatz 2 Nummer 1 genannten Spezifikationen, so darf er ein Angebot nicht mit der Begründung ablehnen, die angebotene Leistung entspräche nicht den herangezogenen Spezifikationen, sofern der Bieter in seinem Angebot dem Auftraggeber nachweist, dass die von ihm vorgeschlagenen Lösungen den Anforderungen der technischen Spezifikation, auf die Bezug genommen wurde, gleichermaßen entsprechen. [2]Als geeignetes Mittel kann eine technische Beschreibung des Herstellers oder ein Prüfbericht einer anerkannten Stelle gelten.**

Meeßen

VOB/A § 7a Technische Spezifikationen

(4) ¹Legt der Auftraggeber die technischen Spezifikationen in Form von Leistungs- oder Funktionsanforderungen fest, so darf er ein Angebot, das einer nationalen Norm entspricht, mit der eine europäische Norm umgesetzt wird, oder einer europäischen technischen Bewertung, einer gemeinsamen technischen Spezifikation, einer internationalen Norm oder einem technischen Bezugssystem, das von den europäischen Normungsgremien erarbeitet wurde, entspricht, nicht zurückweisen, wenn diese Spezifikationen die geforderten Leistungs- oder Funktionsanforderungen betreffen. ²Der Bieter muss in seinem Angebot mit geeigneten Mitteln dem Auftraggeber nachweisen, dass die der Norm entsprechende jeweilige Leistung den Leistungs- oder Funktionsanforderungen des Auftraggebers entspricht. ³Als geeignetes Mittel kann eine technische Beschreibung des Herstellers oder ein Prüfbericht einer anerkannten Stelle gelten.

(5) ¹Schreibt der Auftraggeber Umwelteigenschaften in Form von Leistungs- oder Funktionsanforderungen vor, so kann er die Spezifikationen verwenden, die in europäischen, multinationalen oder anderen Umweltzeichen definiert sind, wenn
1. sie sich zur Definition der Merkmale des Auftragsgegenstands eignen,
2. die Anforderungen des Umweltzeichens auf Grundlage von wissenschaftlich abgesicherten Informationen ausgearbeitet werden,
3. die Umweltzeichen im Rahmen eines Verfahrens erlassen werden, an dem interessierte Kreise – wie z.B. staatliche Stellen, Verbraucher, Hersteller, Händler und Umweltorganisationen – teilnehmen können, und
4. wenn das Umweltzeichen für alle Betroffenen zugänglich und verfügbar ist.

²Der Auftraggeber kann in den Vergabeunterlagen angeben, dass bei Leistungen, die mit einem Umweltzeichen ausgestattet sind, vermutet wird, dass sie den in der Leistungsbeschreibung festgelegten technischen Spezifikationen genügen. ³Der Auftraggeber muss jedoch auch jedes andere geeignete Beweismittel, wie technische Unterlagen des Herstellers oder Prüfberichte anerkannter Stellen, akzeptieren. ⁴Anerkannte Stellen sind die Prüf- und Eichlaboratorien sowie die Inspektions- und Zertifizierungsstellen, die mit den anwendbaren europäischen Normen übereinstimmen. ⁵Der Auftraggeber erkennt Bescheinigungen von in anderen Mitgliedstaaten ansässigen anerkannten Stellen an.

Literatur: Vgl. die Angaben bei § 7a EU VOB/A.

I. Bedeutung der Vorschrift

1   Die Vorschrift enthält zwei unterschiedliche Regelungsbereiche. In Umsetzung der Vergabegrundsätze gem. § 2 EU Abs. 1, 2 VOB/A legt die Norm für die „technischen Anforderungen an den Auftragsgegenstand" fest, wie diese vom Auftraggeber beschrieben werden müssen (Abs. 1 und 2), sowie, wie die Unternehmen die Übereinstimmung ihres Angebots mit den Spezifikationen nachweisen können und müssen (Abs. 3–5). Die Regelungen entsprechen in Zielsetzung und grds. Inhalt § 7a EU VOB/A. Auf die Kommentierung zu § 7 EU VOB/A wird daher zusätzlich verwiesen (→ VOB/A § 7a EU Rn. 1 ff.).

II. Besonderheiten

2   Folgende Besonderheiten sind im Vergleich mit § 7a EU VOB/A insbes. zu beachten:

Leistungsbeschreibung mit Leistungsverzeichnis § 7b VOB/A

§ 7a EU **Abs. 1** Nr. 2–5 VOB/A enthalten neben der Forderung der allg. Zugänglichkeit (Abs. 1) weitere Anforderungen an die Inhalte und Beschreibung der technischen Spezifikationen, die im 1. Abschn. nicht aufgenommen wurden. Mit dieser Lücke entfallen insbes. die Anforderungen an den Auftraggeber hins. der **Zugänglichkeit der Leistungen** für Menschen mit Behinderung (§ 7a EU Abs. 1 Nrn. 4–5 VOB/A), wobei dies jedoch für „klassische" Auftraggeber keine Rolle spielen dürfte, da diese ohnehin weitgehend durch die entspr., in Bezug genommenen Normen zur Barrierefreiheit verpflichtet sind. Das „Fehlen" der Nrn. 2–3 bewirkt keine inhaltliche Änderung, da der Auftraggeber die Leistungsbeschreibung frei gestalten kann.

Abs. 2 enthält nur eine redaktionelle Abweichung (Bauwerk/Bauleistungen). Ein 3 inhaltlicher Unterschied ist hiermit nicht verbunden.

Abs. 3 und 4 betreffenden den sog. „Gleichwertigkeitsnachweis", mit dem Bieter 4 nachweisen können, dass ihr Angebot mit den ausgeschriebenen Spezifikationen übereinstimmt. Beide Regelungen haben gemeinsam, dass – im Gegensatz zu § 7a EU Abs. 5 VOB/A – nicht klargestellt wird, dass der Auftraggeber bestimmte Nachweise auch ausdr. fordern kann. Dies ändert aber nichts daran, dass die Forderung bestimmter Nachweise zulässig ist.

Abs. 3 enthält zudem neben redaktionellen Abweichungen die Ergänzung, dass 5 auch eine **technische Beschreibung des Herstellers als „Erstnachweis"** zulässig ist. Im EU-Recht ist dieser Nachweis nur dann zugelassen, wenn das Unternehmen unverschuldet keinen Zugang zu dem qualifizierten Zertifikat oder Prüfbericht hatte (vgl. § 7a EU Abs. 3 Nr. 3 VOB/A). Hierin liegt also eine deutliche Erleichterung für die Unternehmen, die die Gleichwertigkeit ihrer angebotenen Lösung nachweisen müssen.

Abs. 4 weicht von der Regelung im 2. Abschn. inhaltlich lediglich dahingehend 6 ab, dass nicht der Prüfbericht einer „Konformitätsbewertungsstelle", sondern der Prüfbericht einer **„anerkannten Stelle"** als geeignet festgelegt wird. Neben den europarechtlich definierten Konformitätsbewertungsstellen sind daher noch weitere Stellen als Referenzstellen zugelassen. Genauere Festlegungen dazu, welche Stellen anerkannt sind, gibt es bisher nicht. Es ist aber zu vermuten, dass es auf die Perspektive einer Fachperson aus dem betreffenden Bereich ankommt.

Abs. 5 entspricht inhaltlich weitgehend § 7a EU Abs. 6 VOB/A – mit der Abwei- 7 chung, dass im 1. Abschn. nicht die Forderung von „Gütezeichen", sondern lediglich von **„Umweltzeichen"** für den Nachweis von „Umwelteigenschaften" vorgesehen ist. Aufgrund des eindeutigen Wortlauts ist hiermit eine Einschränkung verbunden, da Gütezeichen für „soziale" oder sonstige Merkmale nicht erfasst werden.

§ 7b Leistungsbeschreibung mit Leistungsverzeichnis

(1) **Die Leistung ist in der Regel durch eine allgemeine Darstellung der Bauaufgabe (Baubeschreibung) und ein in Teilleistungen gegliedertes Leistungsverzeichnis zu beschreiben.**

(2) ¹**Erforderlichenfalls ist die Leistung auch zeichnerisch oder durch Probestücke darzustellen oder anders zu erklären, z.B. durch Hinweise auf ähnliche Leistungen, durch Mengen- oder statische Berechnungen.** ²**Zeichnungen und Proben, die für die Ausführung maßgebend sein sollen, sind eindeutig zu bezeichnen.**

(3) **Leistungen, die nach den Vertragsbedingungen, den Technischen Vertragsbedingungen oder der gewerblichen Verkehrssitte zu der geforderten Leistung gehören (§ 2 Absatz 1 VOB/B), brauchen nicht besonders aufgeführt zu werden.**

VOB/A § 7c — Leistungsbeschreibung mit Leistungsprogramm

(4) ¹Im Leistungsverzeichnis ist die Leistung derart aufzugliedern, dass unter einer Ordnungszahl (Position) nur solche Leistungen aufgenommen werden, die nach ihrer technischen Beschaffenheit und für die Preisbildung als in sich gleichartig anzusehen sind. ²Ungleichartige Leistungen sollen unter einer Ordnungszahl (Sammelposition) nur zusammengefasst werden, wenn eine Teilleistung gegenüber einer anderen für die Bildung eines Durchschnittspreises ohne nennenswerten Einfluss ist.

1   Die Regelung ist wortgleich mit § 7b EU VOB/A. Auf die Kommentierung zu § 7b EU VOB/A wird daher verwiesen (→ VOB/A § 7b EU Rn. 1 ff.).

2   Unterschiede gibt es in Bezug auf die Anwendung der Regelungen insofern, als die Handbücher für die Vergabe und Durchführung von Bauleistungen (VHB) im Bereich der nationalen Vergaben unterschiedliche Regelungen vorsehen. Zu beachten ist insbes., dass es hier teilw. unterschiedliche Formblätter gibt.

§ 7c Leistungsbeschreibung mit Leistungsprogramm

(1) Wenn es nach Abwägen aller Umstände zweckmäßig ist, abweichend von § 7b Absatz 1 zusammen mit der Bauausführung auch den Entwurf für die Leistung dem Wettbewerb zu unterstellen, um die technisch, wirtschaftlich und gestalterisch beste sowie funktionsgerechteste Lösung der Bauaufgabe zu ermitteln, kann die Leistung durch ein Leistungsprogramm dargestellt werden.

(2)
1. Das Leistungsprogramm umfasst eine Beschreibung der Bauaufgabe, aus der die Unternehmen alle für die Entwurfsbearbeitung und ihr Angebot maßgebenden Bedingungen und Umstände erkennen können und in der sowohl der Zweck der fertigen Leistung als auch die an sie gestellten technischen, wirtschaftlichen, gestalterischen und funktionsbedingten Anforderungen angegeben sind, sowie gegebenenfalls ein Musterleistungsverzeichnis, in dem die Mengenangaben ganz oder teilweise offengelassen sind.
2. § 7b Absatz 2 bis 4 gilt sinngemäß.

(3) ¹Von dem Bieter ist ein Angebot zu verlangen, das außer der Ausführung der Leistung den Entwurf nebst eingehender Erläuterung und eine Darstellung der Bauausführung sowie eine eingehende und zweckmäßig gegliederte Beschreibung der Leistung – gegebenenfalls mit Mengen- und Preisangaben für Teile der Leistung – umfasst. ²Bei Beschreibung der Leistung mit Mengen- und Preisangaben ist vom Bieter zu verlangen, dass er
1. die Vollständigkeit seiner Angaben, insbesondere die von ihm selbst ermittelten Mengen, entweder ohne Einschränkung oder im Rahmen einer in den Vergabeunterlagen anzugebenden Mengentoleranz vertritt, und dass er
2. etwaige Annahmen, zu denen er in besonderen Fällen gezwungen ist, weil zum Zeitpunkt der Angebotsabgabe einzelne Teilleistungen nach Art und Menge noch nicht bestimmt werden können (z.B. Aushub-, Abbruch- oder Wasserhaltungsarbeiten) – erforderlichenfalls anhand von Plänen und Mengenermittlungen – begründet.

1   Die Regelung ist mit Ausnahme der Nummerierung in Abs. 3 wortgleich mit § 7c EU VOB/A. Auf die Kommentierung zu § 7c EU VOB/A wird daher verwiesen (→ § 7c EU Rn. 1 ff.).

2   Unterschiede gibt es in Bezug auf die Anwendung der Regelungen insofern, als die Handbücher für die Vergabe und Durchführung von Bauleistungen (VHB) –

Vergabeunterlagen **§ 8 VOB/A**

soweit diese die neuen Formblätter für die Durchführung von funktionalen Ausschreibungen, also mit Leistungsbeschreibung mit Leistungsprogramm, enthalten – im Bereich der nationalen Vergaben unterschiedliche Regelungen vorsehen. Zu beachten ist insbes., dass es auch hier teilw. unterschiedliche Formblätter (national/ EU-Vergabe) gibt.

§ 8 Vergabeunterlagen

(1) **Die Vergabeunterlagen bestehen aus**
1. **dem Anschreiben (Aufforderung zur Angebotsabgabe gemäß Absatz 2 Nummer 1 bis 3), gegebenenfalls Teilnahmebedingungen (Absatz 2 Nummer 6) und**
2. **den Vertragsunterlagen (§§ 7 bis 7c und 8a).**

(2)
1. Das Anschreiben muss alle Angaben nach § 12 Absatz 1 Nummer 2 enthalten, die außer den Vertragsunterlagen für den Entschluss zur Abgabe eines Angebots notwendig sind, sofern sie nicht bereits veröffentlicht wurden.
2. In den Vergabeunterlagen kann der Auftraggeber die Bieter auffordern, in ihrem Angebot die Leistungen anzugeben, die sie an Nachunternehmen zu vergeben beabsichtigen.
3. [1]Der Auftraggeber hat anzugeben:
   a) ob er Nebenangebote nicht zulässt,
   b) ob er Nebenangebote ausnahmsweise nur in Verbindung mit einem Hauptangebot zulässt.

   [2]Die Zuschlagskriterien sind so festzulegen, dass sie sowohl auf Hauptangebote als auch auf Nebenangebote anwendbar sind. [3]Es ist dabei auch zulässig, dass der Preis das einzige Zuschlagskriterium ist. [4]Von Bietern, die eine Leistung anbieten, deren Ausführung nicht in Allgemeinen Technischen Vertragsbedingungen oder in den Vergabeunterlagen geregelt ist, sind im Angebot entsprechende Angaben über Ausführung und Beschaffenheit dieser Leistung zu verlangen.
4. Der Auftraggeber kann in den Vergabeunterlagen angeben, dass er die Abgabe mehrerer Hauptangebote nicht zulässt.
5. Der Auftraggeber hat an zentraler Stelle in den Vergabeunterlagen abschließend alle Unterlagen im Sinne von § 16a Absatz 1 mit Ausnahme von Produktangaben anzugeben.
6. Auftraggeber, die ständig Bauleistungen vergeben, sollen die Erfordernisse, die die Unternehmen bei der Bearbeitung ihrer Angebote beachten müssen, in den Teilnahmebedingungen zusammenfassen und dem Anschreiben beifügen.

Literatur: Vgl. die Angaben bei §§ 35, 36 VgV.

§ 8 VOB/A entspricht iW § 8 EU VOB/A, daher → VOB/A § 8 EU Rn. 1 ff. Unterschiede gibt es lediglich bei den Regelungen zu Nachunternehmen und Nebenangeboten. **1**

I. Nachunternehmen (Abs. 2 Nr. 2)

§ 8 EU Abs. 2 Nr. 2 VOB/A spricht von Unterauftragnehmern. § 8 Abs. 2 Nr. 2 VOB/A verwendet hingegen die herkömmliche Bezeichnung „**Nachunternehmen**". Im Unterschied zu § 8 EU Abs. 2 Nr. 2 VOB/A enthält § 8 Abs. 2 Nr. 2 **2**

VOB/A § 8a Allgemeine, Besondere und Zusätzliche Vertragsbedingungen

VOB/A nicht die Bestimmung, dass der Auftraggeber den Bieter auffordern kann, die **Namen, gesetzlichen Vertreter und Kontaktdaten** der Nachunternehmer anzugeben. Was dies für Folgen haben soll, ist unklar. Bis zur Vergaberechtsreform entsprachen sich § 8 EG Abs. 2 Nr. 2 VOB/A und § 8 Abs. 2 Nr. 2 VOB/A: Der Auftraggeber konnte die Bieter auffordern, in ihrem Angebot die Leistungen anzugeben, die sie an Nachunternehmen zu vergeben beabsichtigen. Wenn § 8 EU Abs. 2 Nr. 2 VOB/A ausdr. gestattet, dass der Auftraggeber Namen, gesetzliche Vertreter und Kontaktdaten der Unterauftragnehmer abfragt, § 8 Abs. 2 Nr. 2 VOB/A eine solche Regelung allerdings nicht enthält, scheint es, dass der Auftraggeber im Unterschwellenbereich die besagten Angaben gerade nicht fordern darf. Dies würde iErg allerdings bedeuten, dass der Auftraggeber die Eignung der Nachunternehmer und damit letztlich des Bieters, der sich ihrer bedient, überhaupt nicht prüfen kann. Ein für die Praxis schwer verständliches Ergebnis. Lösen kann man dieses Dilemma auch nicht über den Gedanken, dass die Beauftragung eines Nachunternehmers ein Unterfall der Eignungsleihe ist.[1] Denn der Abschn. 1 der VOB/A enthält keine § 6d EU VOB/A entsprechende Vorschrift, die eine Eignungsprüfung im Rahmen einer Eignungsleihe vorsieht. Daher scheint angesichts des Wortlauts von § 8 Abs. 2 Nr. 2 VOB/A dem Auftraggeber nur gestattet zu sein, mit dem Angebot die Angabe der Leistungen zu fordern, die der Bieter an Nachunternehmen zu vergeben beabsichtigt, jedoch keine weiteren Angaben zur Eignung des Nachunternehmers. Richtiger ist es aber, dem Auftraggeber auch bei Unterschwellenvergaben zu gestatten, von den Bietern auch für Nachunternehmer Eignungsnachweis zu fordern.[2] Dies setzt aber schon aus Transparenzgründen voraus, dass der Auftraggeber schon in der Auftragsbekanntmachung darauf verweist.

II. Nebenangebote (Abs. 2 Nr. 3)

3 S. zu Nebenangeboten ausf. → § 35 VgV Rn. 1 ff. Für den Unterschwellenbereich gelten (zusammengefasst) folgende Besonderheiten: § 8 Abs. 2 Nr. 3 lit. a VOB/A verpflichtet den Auftraggeber anzugeben, ob Nebenangebote **nicht zugelassen** sind. Diese negative Formulierung impliziert, dass Nebenangebote grds. zu berücksichtigen sind, wenn diese Angabe in den Vergabeunterlagen fehlt. Im Oberschwellenbereich muss der Auftraggeber Nebenangebote hingegen ausdr. zulassen (§ 8 EU Abs. 2 Nr. 3 S. 2 VOB/A). Anders als im Oberschwellenbereich, muss der Auftraggeber im Unterschwellenbereich **keine Mindestanforderungen** definieren, die die Nebenangebote erfüllen müssen.[3] Dies ist freilich nur dann der Fall, wenn ohne ausdr. formulierte Wertungskriterien das wirtschaftlichste Angebot nicht nach transparenten und willkürfreien Gesichtspunkten bestimmt werden kann.[4]

§ 8a Allgemeine, Besondere und Zusätzliche Vertragsbedingungen

(1) [1]In den Vergabeunterlagen ist vorzuschreiben, dass die Allgemeinen Vertragsbedingungen für die Ausführung von Bauleistungen (VOB/B) und die Allgemeinen Technischen Vertragsbedingungen für Bauleistungen (VOB/C) Bestandteile des Vertrags werden. [2]Das gilt auch für etwaige

---

[1] Hödl VPR 2016, 215.
[2] Wie hier Kapellmann/Messerschmidt/Schneider VOB/A § 8 Rn. 49 mit Verweis auf die Rspr. zu Oberschwellenvergaben.
[3] BGH 10.5.2016 – X ZR 66/15, NZBau 2016, 576 = VergabeR 2016, 747; 30.8.2011 – X ZR 55/10, NZBau 2012, 46 = VergabeR 2012, 26.
[4] BGH 10.5.2016 – X ZR 66/15, NZBau 2016, 576 = VergabeR 2016, 747; vgl. hierzu ausf. die Kommentierung in → VgV § 35 Rn. 17.

Allgemeine, Besondere und Zusätzliche Vertragsbedingungen § 8a VOB/A

Zusätzliche Vertragsbedingungen und etwaige Zusätzliche Technische Vertragsbedingungen, soweit sie Bestandteile des Vertrags werden sollen.

(2)
1. ¹Die Allgemeinen Vertragsbedingungen bleiben grundsätzlich unverändert. ²Sie können von Auftraggebern, die ständig Bauleistungen vergeben, für die bei ihnen allgemein gegebenen Verhältnisse durch Zusätzliche Vertragsbedingungen ergänzt werden. ³Diese dürfen den Allgemeinen Vertragsbedingungen nicht widersprechen.
2. ¹Für die Erfordernisse des Einzelfalles sind die Allgemeinen Vertragsbedingungen und etwaige Zusätzliche Vertragsbedingungen durch Besondere Vertragsbedingungen zu ergänzen. ²In diesen sollen sich Abweichungen von den Allgemeinen Vertragsbedingungen auf die Fälle beschränken, in denen dort besondere Vereinbarungen ausdrücklich vorgesehen sind und auch nur soweit es die Eigenart der Leistung und ihre Ausführung erfordern.

(3) ¹Die Allgemeinen Technischen Vertragsbedingungen bleiben grundsätzlich unverändert. ²Sie können von Auftraggebern, die ständig Bauleistungen vergeben, für die bei ihnen allgemein gegebenen Verhältnisse durch Zusätzliche Technische Vertragsbedingungen ergänzt werden. ³Für die Erfordernisse des Einzelfalles sind Ergänzungen und Änderungen in der Leistungsbeschreibung festzulegen.

(4)
1. In den Zusätzlichen Vertragsbedingungen oder in den Besonderen Vertragsbedingungen sollen, soweit erforderlich, folgende Punkte geregelt werden:
    a) Unterlagen (§ 8b Absatz 3; § 3 Absatz 5 und 6 VOB/B),
    b) Benutzung von Lager- und Arbeitsplätzen, Zufahrtswegen, Anschlussgleisen, Wasser- und Energieanschlüssen (§ 4 Absatz 4 VOB/B),
    c) Weitervergabe an Nachunternehmen (§ 4 Absatz 8 VOB/B),
    d) Ausführungsfristen (§ 9; § 5 VOB/B),
    e) Haftung (§ 10 Absatz 2 VOB/B),
    f) Vertragsstrafen und Beschleunigungsvergütungen (§ 9a; § 11 VOB/B),
    g) Abnahme (§ 12 VOB/B),
    h) Vertragsart (§§ 4, 4a), Abrechnung (§ 14 VOB/B),
    i) Stundenlohnarbeiten (§ 15 VOB/B),
    j) Zahlungen, Vorauszahlungen (§ 16 VOB/B),
    k) Sicherheitsleistung (§ 9c; § 17 VOB/B),
    l) Gerichtsstand (§ 18 Absatz 1 VOB/B),
    m) Lohn- und Gehaltsnebenkosten,
    n) Änderung der Vertragspreise (§ 9d).
2. ¹Im Einzelfall erforderliche besondere Vereinbarungen über die Mängelansprüche sowie deren Verjährung (§ 9b; § 13 Absatz 1, 4 und 7 VOB/B) und über die Verteilung der Gefahr für die Schäden, die durch Hochwasser, Sturmfluten, Grundwasser, Wind, Schnee, Eis und dergleichen entstehen können (§ 7 VOB/B), sind in den Besonderen Vertragsbedingungen zu treffen. ²Sind für bestimmte Bauleistungen gleichgelagerte Voraussetzungen im Sinne von § 9b gegeben, so dürfen die besonderen Vereinbarungen auch in Zusätzlichen Technischen Vertragsbedingungen vorgesehen werden.

§ 8a VOB/A entspricht inhaltlich § 8a EU VOB/A. Redaktionelle Unterschiede ergeben sich allein aufgrund der unterschiedlichen Verweisungen und der abweichenden Terminologie des 2. Abschnitts. 1

Auf die Kommentierung → VOB/A § 8a EU Rn. 1 ff. wird verwiesen. 2

§ 8b Kosten- und Vertrauensregelung, Schiedsverfahren

(1)
1. Bei Öffentlicher Ausschreibung kann eine Erstattung der Kosten für die Vervielfältigung der Leistungsbeschreibung und der anderen Unterlagen sowie für die Kosten der postalischen Versendung verlangt werden.
2. Bei Beschränkter Ausschreibung und Freihändiger Vergabe sind alle Unterlagen unentgeltlich abzugeben.

(2)
1. ¹Für die Bearbeitung des Angebots wird keine Entschädigung gewährt. ²Verlangt jedoch der Auftraggeber, dass der Bieter Entwürfe, Pläne, Zeichnungen, statische Berechnungen, Mengenberechnungen oder andere Unterlagen ausarbeitet, insbesondere in den Fällen des § 7c, so ist einheitlich für alle Bieter in der Ausschreibung eine angemessene Entschädigung festzusetzen. ³Diese Entschädigung steht jedem Bieter zu, der in der Ausschreibung entsprechendes Angebot mit den geforderten Unterlagen rechtzeitig eingereicht hat.
2. Diese Grundsätze gelten für die Freihändige Vergabe entsprechend.

(3) ¹Der Auftraggeber darf Angebotsunterlagen und die in den Angeboten enthaltenen eigenen Vorschläge eines Bieters nur für die Prüfung und Wertung der Angebote (§§ 16c und 16d) verwenden. ²Eine darüber hinausgehende Verwendung bedarf der vorherigen schriftlichen Vereinbarung.

(4) Sollen Streitigkeiten aus dem Vertrag unter Ausschluss des ordentlichen Rechtswegs im schiedsrichterlichen Verfahren ausgetragen werden, so ist es in besonderer, nur das Schiedsverfahren betreffender Urkunde zu vereinbaren, soweit nicht § 1031 Absatz 2 der Zivilprozessordnung (ZPO) auch eine andere Form der Vereinbarung zulässt.

Literatur: Vgl. die Angaben bei § 8b EU VOB/A.

I. Entgelt für die Vergabeunterlagen (Abs. 1)

1. Öffentliche Ausschreibung (Nr. 1)

1   Bei Öffentlicher Ausschreibung kann von den am Auftrag interessierten Unternehmen die Erstattung der Kosten für die Vervielfältigung der Leistungsbeschreibung und der anderen Unterlagen sowie für die postalische Versendung verlangt werden (Nr. 1). Hingegen sind bei Beschränkter Ausschreibung und Freihändiger Vergabe alle Unterlagen unentgeltlich abzugeben (Nr. 2). Der Grund für diese Differenzierung liegt darin, dass das Feld der am Auftrag interessierten Unternehmen bei Öffentlicher Ausschreibung im Vorhinein nicht absehbar ist. Bei Öffentlicher Ausschreibung wird eine unbeschränkte Anzahl von Unternehmen öffentlich zur Abgabe von Angeboten aufgefordert (→ § 3 Rn. 6 ff.). Jedes interessierte Unternehmen kann ein Angebot abgeben (§ 3b Abs. 1 VOB/A). Auch solche Unternehmen, die sich nur über die Ausschreibung informieren wollen, aber kein konkretes Auftragsinteresse haben, haben Anspruch auf Übersendung der Vergabeunterlagen, sofern jene nicht elektronisch iSd § 11 Abs. 2 und 3 VOB/A zur Verfügung gestellt werden (§ 12a Abs. 1 Nr. 1 VOB/A). Die Öffentliche Ausschreibung kann deshalb – sofern sie nicht elektronisch erfolgt – mit einem beträchtlichen Kostenaufwand für den Auftraggeber verbunden sein. Dies ist bei Beschränkter Ausschreibung und Freihändiger Vergabe anders, da hier die Zahl der Bewerber von vornherein beschränkt ist und der Auftraggeber die Auswahl unter den Bewerbern selbst trifft

Kosten- und Vertrauensregelung, Schiedsverfahren **§ 8b VOB/A**

(§ 3b Abs. 2–4 VOB/A, → § 3b Rn. 2 ff.).[1] Nr. 1 überlässt es der Ermessensentscheidung des Auftraggebers, ob eine Kostenerstattung verlangt wird.[2] Wird davon Gebrauch gemacht, ist sie natürlich einheitlich zu fordern. Bei **elektronischer Bereitstellung** auf einer E-Vergabeplattform besteht kein Kostenerstattungsanspruch, da die Vergabeunterlagen in diesem Fall unentgeltlich abgerufen werden (§ 11 Abs. 3 S. 1 VOB/A).

a) Erstattungsanspruch. Der Erstattungsanspruch des Auftraggebers gilt nur bei der Öffentlichen Ausschreibung und ist auf die Vervielfältigungs- und Versendungskosten beschränkt. Es kann nur eine Erstattung der Kosten der **Vervielfältigung der Leistungsbeschreibung** (§§ 7b, 7c VOB/A) und der **anderen Unterlagen** sowie der **postalischen Versendung** verlangt werden. Mit den „anderen Unterlagen" werden alle Dokumente erfasst, die notwendig sind, um die Unternehmen in die Lage zu versetzen, die Ausschreibung zu bearbeiten und das Angebot ordnungsgemäß zu erstellen, mithin die Vergabeunterlagen nach § 8 VOB/A einschl. etwaiger Bodengutachten, Berechnungen, Pläne, Raumbuch etc.[3] 2

Die **Höhe des Anspruchs** ist auf die Kosten der Vervielfältigung der o. g. Dokumente sowie der postalischen Versendung begrenzt. Die Kosten für die erstmalige Erstellung der Unterlagen sind nicht erstattungsfähig. Vervielfältigungskosten sind die Materialkosten für Papier, Druckfarbe usw, die Kosten für Abschreibung, Instandhaltung und Instandsetzung für die genutzten Geräte sowie etwaige Gemeinkosten (wie etwa bei der Anmietung von Räumen für Kopierer).[4] **Arbeitskosten** (Gehalt bzw. Lohn des für die Vervielfältigung eingesetzten Personals) sind nur anzusetzen, wenn das Personal eigens für die Vervielfältigung der Unterlagen eingestellt wird.[5] Die Umsatzsteuer ist einzurechnen, wenn der Auftraggeber nicht vorsteuerabzugsberechtigt ist.[6] Dies gilt auch dann, wenn die Vervielfältigung und Abgabe der Unterlagen einem Ingenieurbüro als Erfüllungsgehilfen oblegt.[7] Wird ein externes Büro mit der Vervielfältigung und Versendung beauftragt, ist die dem Dritten gezahlte Vergütung einschl. Gewinnanteil und Umsatzsteuer anzusetzen.[8] Auch die **Kosten** für den **Versand der Unterlagen** können verlangt werden (also Porto, Verpackung, Ordner etc).[9] Regelmäßig empfiehlt sich, eine angemessene Pauschale festzusetzen. 3

b) Auftragsbekanntmachung. Die Höhe der Kosten und Zahlungsbedingungen (Kontoverbindung, Zahlungsweise etc) sind in der Auftragsbekanntmachung anzugeben, § 12 Abs. 1 Nr. 2 lit. m VOB/A. Der Versand der Vergabeunterlagen kann von der Zahlung der festgesetzten Kosten für Vervielfältigung und Übersen- 4

---

[1] VK Lüneburg 17.10.2006 – VgK-25/2006, IBRRS 57236; HK-VergabeR/Franzius VOB/A § 8b Rn. 3; Kapellmann/Messerschmidt/von Rintelen VOB/A § 8b Rn. 3.

[2] Nach Ziff. 3 der RL zu 121/122 des VHB (Ausgabe 2017, Stand 2019) sind Auftraggeber der Bundesbauverwaltung verpflichtet, die Vergabeunterlagen elektronisch zum Abruf bereit zu stellen (§ 11 Abs. 3 S. 1 VOB/A). Sie haben damit auch bei Öffentlicher Ausschreibung keinen Kostenerstattungsanspruch.

[3] HK-VergabeR/Franzius VOB/A § 8b Rn. 6; Höfler BauR 2000, 337 (338); diff. Kapellmann/Messerschmidt/von Rintelen VOB/A § 8b Rn. 6.

[4] HK-VergabeR/Franzius VOB/A § 8b Rn. 6; Kapellmann/Messerschmidt/von Rintelen VOB/A § 8b Rn. 5.

[5] VK Sachsen 12.3.2001 – 1/SVK/9-01, IBRRS 2013, 3874; HK-VergabeR/Franzius VOB/A § 8b Rn. 6.

[6] Kapellmann/Messerschmidt/von Rintelen VOB/A § 8b Rn. 4.

[7] VK Sachsen 12.3.2001 – 1/SVK/9-01, IBRRS 2013, 3874.

[8] Kapellmann/Messerschmidt/von Rintelen VOB/A § 8b Rn. 4.

[9] Kapellmann/Messerschmidt/von Rintelen VOB/A § 8b Rn. 5; Ingenstau/Korbion/von Wietersheim VOB/A § 8b Rn. 9.

dung abhängig gemacht werden.[10] Enthält die Auftragsbekanntmachung hierzu keinen Hinweis, kann nachträglich keine Entschädigung verlangt werden.[11]

2. Beschränkte Ausschreibung und Freihändige Vergabe (Nr. 2)

5   Bei Beschränkter Ausschreibung und Freihändiger Vergabe – auch nach Durchführung eines Öffentlichen Teilnahmewettbewerbs – sind alle Unterlagen unentgeltlich abzugeben. Eine Kostenerstattung ist nicht vorgesehen.

II. Entschädigung für die Angebotsbearbeitung (Abs. 2)

6   Abs. 2 entspricht inhaltlich dem § 8b EU Abs. 1 Nr. 1, 2 VOB/A, vgl. dazu → VOB/A § 8b EU Rn. 1 ff.

III. Verwendung der Angebotsunterlagen (Abs. 3)

7   Abs. 3 S. 1 schreibt vor, die Angebotsunterlagen und die in den Angeboten enthaltenen eigenen Vorschläge eines Bieters nur für die Prüfung und Wertung der Angebote zu verwenden. Die Vorschrift entspricht inhaltlich dem § 8b EU Abs. 2 VOB/A. Vgl. → VOB/A § 8b EU Rn. 8 ff.

IV. Streitigkeiten unter Ausschluss des ordentlichen Rechtswegs (Abs. 4)

8   Abs. 4 entspricht inhaltlich dem § 8b EU Abs. 3 VOB/A. Vgl. dazu → VOB/A § 8b EU Rn. 12.

§ 9 Ausführungsfristen, Einzelfristen, Verzug

(1)
1. ¹Die Ausführungsfristen sind ausreichend zu bemessen; Jahreszeit, Arbeitsbedingungen und etwaige besondere Schwierigkeiten sind zu berücksichtigen. ²Für die Bauvorbereitung ist dem Auftragnehmer genügend Zeit zu gewähren.
2. Außergewöhnlich kurze Fristen sind nur bei besonderer Dringlichkeit vorzusehen.
3. Soll vereinbart werden, dass mit der Ausführung erst nach Aufforderung zu beginnen ist (§ 5 Absatz 2 VOB/B), so muss die Frist, innerhalb derer die Aufforderung ausgesprochen werden kann, unter billiger Berücksichtigung der für die Ausführung maßgebenden Verhältnisse zumutbar sein; sie ist in den Vergabeunterlagen festzulegen.

(2)
1. Wenn es ein erhebliches Interesse des Auftraggebers erfordert, sind Einzelfristen für in sich abgeschlossene Teile der Leistung zu bestimmen.
2. Wird ein Bauzeitenplan aufgestellt, damit die Leistungen aller Unternehmen sicher ineinandergreifen, so sollen nur die für den Fortgang der Gesamtarbeit besonders wichtigen Einzelfristen als vertraglich verbindliche Fristen (Vertragsfristen) bezeichnet werden.

---

[10] HK-VergabeR/Franzius VOB/A § 8b Rn. 4.
[11] HK-VergabeR/Franzius VOB/A § 8b Rn. 5; Kapellmann/Messerschmidt/von Rintelen VOB/A § 8b Rn. 6; Ingenstau/Korbion/von Wietersheim VOB/A § 8b Rn. 12.

(3) Ist für die Einhaltung von Ausführungsfristen die Übergabe von Zeichnungen oder anderen Unterlagen wichtig, so soll hierfür ebenfalls eine Frist festgelegt werden.

(4) ¹Der Auftraggeber darf in den Vertragsunterlagen eine Pauschalierung des Verzugsschadens (§ 5 Absatz 4 VOB/B) vorsehen; sie soll fünf Prozent der Auftragssumme nicht überschreiten. ²Der Nachweis eines geringeren Schadens ist zuzulassen.

§ 9 VOB/A ist nahezu wortgleich mit § 9 EU VOB/A. Auf die dortige Kommentierung wird verwiesen, → VOB/A § 9 EU Rn. 1 ff. 1

§ 9a Vertragsstrafen, Beschleunigungsvergütung

¹Vertragsstrafen für die Überschreitung von Vertragsfristen sind nur zu vereinbaren, wenn die Überschreitung erhebliche Nachteile verursachen kann. ²Die Strafe ist in angemessenen Grenzen zu halten. ³Beschleunigungsvergütungen (Prämien) sind nur vorzusehen, wenn die Fertigstellung vor Ablauf der Vertragsfristen erhebliche Vorteile bringt.

§ 9a VOB/A ist wortgleich mit § 9a EU VOB/A. Auf die dortige Kommentierung wird verwiesen, → VOB/A § 9a EU Rn. 1 ff. 1

§ 9b Verjährung der Mängelansprüche

¹Andere Verjährungsfristen als nach § 13 Absatz 4 VOB/B sollen nur vorgesehen werden, wenn dies wegen der Eigenart der Leistung erforderlich ist. ²In solchen Fällen sind alle Umstände gegeneinander abzuwägen, insbesondere, wann etwaige Mängel wahrscheinlich erkennbar werden und wieweit die Mängelursachen noch nachgewiesen werden können, aber auch die Wirkung auf die Preise und die Notwendigkeit einer billigen Bemessung der Verjährungsfristen für Mängelansprüche.

§ 9b VOB/A entspricht § 9b EU VOB/A. Auf die dortige Kommentierung wird verwiesen, → VOB/A § 9b EU Rn. 1 ff. 1

§ 9c Sicherheitsleistung

(1) ¹Auf Sicherheitsleistung soll ganz oder teilweise verzichtet werden, wenn Mängel der Leistung voraussichtlich nicht eintreten. ²Unterschreitet die Auftragssumme 250 000 Euro ohne Umsatzsteuer, ist auf Sicherheitsleistung für die Vertragserfüllung und in der Regel auf Sicherheitsleistung für die Mängelansprüche zu verzichten. ³Bei Beschränkter Ausschreibung sowie bei Freihändiger Vergabe sollen Sicherheitsleistungen in der Regel nicht verlangt werden.

(2) ¹Die Sicherheit soll nicht höher bemessen und ihre Rückgabe nicht für einen späteren Zeitpunkt vorgesehen werden, als nötig ist, um den Auftraggeber vor Schaden zu bewahren. ²Die Sicherheit für die Erfüllung sämtlicher Verpflichtungen aus dem Vertrag soll fünf Prozent der Auftragssumme nicht überschreiten. ³Die Sicherheit für Mängelansprüche soll drei Prozent der Abrechnungssumme nicht überschreiten.

VOB/A § 10 — Angebots-, Bewerbungs-, Bindefristen

1 § 9c VOB/A ist mit Ausnahme der Bezeichnung der Verfahrensarten in Abs. 1 S. 3 identisch mit § 9c EU VOB/A.
2 Auf die dortige Kommentierung wird verwiesen, → VOB/A § 9c EU Rn. 1 ff.

§ 9d Änderung der Vergütung

¹Sind wesentliche Änderungen der Preisermittlungsgrundlagen zu erwarten, deren Eintritt oder Ausmaß ungewiss ist, so kann eine angemessene Änderung der Vergütung in den Vertragsunterlagen vorgesehen werden. ²Die Einzelheiten der Preisänderungen sind festzulegen.

1 § 9d VOB/A ist wortgleich mit § 9d EU VOB/A. Auf die dortige Kommentierung wird verwiesen, → VOB/A § 9d EU Rn. 1 ff.

§ 10 Angebots-, Bewerbungs-, Bindefristen

(1) ¹Für die Bearbeitung und Einreichung der Angebote ist eine ausreichende Angebotsfrist vorzusehen, auch bei Dringlichkeit nicht unter zehn Kalendertagen. ²Dabei ist insbesondere der zusätzliche Aufwand für die Besichtigung von Baustellen oder die Beschaffung von Unterlagen für die Angebotsbearbeitung zu berücksichtigen.

(2) Bis zum Ablauf der Angebotsfrist können Angebote in Textform zurückgezogen werden.

(3) Für die Einreichung von Teilnahmeanträgen bei Beschränkter Ausschreibung mit Teilnahmewettbewerb ist eine ausreichende Bewerbungsfrist vorzusehen.

(4) ¹Der Auftraggeber bestimmt eine angemessene Frist, innerhalb der die Bieter an ihre Angebote gebunden sind (Bindefrist). ²Diese soll so kurz wie möglich und nicht länger bemessen werden, als der Auftraggeber für eine zügige Prüfung und Wertung der Angebote (§§ 16 bis 16d) benötigt. ³Eine längere Bindefrist als 30 Kalendertage soll nur in begründeten Fällen festgelegt werden. ⁴Das Ende der Bindefrist ist durch Angabe des Kalendertages zu bezeichnen.

(5) Die Bindefrist beginnt mit dem Ablauf der Angebotsfrist.

(6) Die Absätze 4 und 5 gelten bei Freihändiger Vergabe entsprechend.

Literatur: Vgl. die Angaben bei § 10 EU VOB/A.

Übersicht

	Rn.
I. Bedeutung der Vorschrift	1
II. Angebotsfrist (Abs. 1)	5
1. Beginn	5
2. Ablauf	6
3. Ausreichende Bemessung	9
a) Kriterien	10
b) Mindestfrist bei Dringlichkeit	12
4. Änderung der Angebotsfrist	13
III. Rücknahme von Angeboten (Abs. 2)	14
IV. Bewerbungsfrist (Abs. 3)	16
V. Bindefrist (Abs. 4 und 5)	18
VI. Bindefristen bei Freihändiger Vergabe (Abs. 6)	21

I. Bedeutung der Vorschrift

§ 10 VOB/A normiert Vorgaben zur Bemessung der Angebots-, Bewerbungs- und Bindefristen in Bauvergabeverfahren unterhalb des EU-Schwellenwertes. Im Unterschied zu den EU-rechtlichen Bestimmungen sieht die Vorschrift für Angebote und Teilnahmeanträge keine starren Mindest-Fristen vor, sondern verlangt die Festlegung „ausreichender" Fristen. Damit gilt auch im Unterschwellenbereich das **Gebot der Angemessenheit** der festgelegten Fristen.

Die **Angebotsfrist** ist der Zeitraum, der den Unternehmen für die Bearbeitung und Einreichung der Angebote zur Verfügung steht. Als **Ausschlussfrist**[1] markiert sie eine wichtige Zäsur im Vergabeverfahren: Vor ihrem Ablauf können Angebote in Textform zurückgezogen werden (Abs. 2), während die Bieter nach Fristablauf an ihre Angebote gebunden sind (Abs. 5). Nach Fristablauf eingereichte Angebote sind nach § 16 Abs. 1 Nr. 1 VOB/A auszuschließen. Abs. 1 S. 1 verlangt, eine ausreichende Angebotsfrist vorzusehen und benennt beispielhaft („insbesondere") Kriterien, die bei der Fristbemessung zu berücksichtigen sind.

Die **Bewerbungsfrist** ist der Zeitraum, der den Unternehmen in Verfahren mit einem Teilnahmewettbewerb zur Verfügung steht, ihr Auftragsinteresse kundzutun und ihre Eignung zur Auftragsdurchführung durch einen Teilnahmeantrag nachzuweisen. Der Teilnahmewettbewerb dient dazu, die Eignung der Bewerber für den zu vergebenden Auftrag zu ermitteln (näher → GWB § 119 Rn. 17; → VgV § 16 Rn. 6). Dabei kann jedes interessierte Unternehmen einen Teilnahmeantrag, mit dem es die von dem öffentlichen Auftraggeber geforderten Informationen für die Prüfung seiner Eignung übermittelt, abgeben. Nach Abs. 3 ist auch für die Bewerbungsfrist ein ausreichendes Zeitfenster vorzusehen. Die Bewerbungsfrist ist ebenfalls eine Ausschlussfrist; verspätet eingereichte Teilnahmeanträge müssen ausgeschlossen werden.[2]

Die **Bindefrist** knüpft an den Ablauf der Angebotsfrist an (Abs. 5) und markiert den Zeitraum, in dem die Bieter an ihre Angebote gebunden sind und diese nicht mehr ändern, berichtigen oder zurückziehen können.[3] Abs. 4 normiert die Vorgaben zu ihrer Bemessung. Sie ist für die innerbetriebliche Disposition der Bieter von grundlegender Bedeutung. Sie sind innerhalb der Bindefrist in der Verfügung über ihre Betriebsmittel eingeschränkt und haben deshalb ein hohes Interesse daran, dass die Entscheidungsphase des Auftraggebers bis zum Zuschlag so kurz wie möglich und nur so lang wie nötig ist.

II. Angebotsfrist (Abs. 1)

1. Beginn

Die VOB/A regelt nicht, wann die Angebotsfrist zu laufen beginnt. Die Feststellung ihres Beginns ist für die Beantwortung der Frage notwendig, ob sie iSv Abs. 1 S. 1 ausreichend bemessen ist. Es ist nach der jew. Vergabeart zu unterscheiden: Bei der

---

[1] VK Südbayern 15.11.2021 – 3194.Z3-3_01-21-20, VPRRS 2021, 0301: Ist der Schlusstermin für den Eingang der Angebote mit einem Datum und zB 10:00 Uhr Ortszeit angegeben, endet die Angebotsfrist „Punkt" 10 Uhr, dh um 10:00:00 Uhr, und nicht erst um 10:00:59 Uhr, dh mit Umspringen der Uhr auf 10:01(:00) Uhr; VK Bund 26.10.2016 – VK 1–92/16, VPRRS 2017, 0076; OLG Jena 22.4.2004 – 6 Verg 2/04, IBRRS 2004, 1060; VK Münster 15.1.2003 – VK 22/02, IBRRS 2003, 0431; Ingenstau/Korbion/von Wietersheim VOB/A § 10 Rn. 1.

[2] Zu § 25 Nr. 1 Abs. 2 lit. a VOL/A 2006: VK Schleswig-Holstein 28.1.2009 – VK-SH 18/08, BeckRS 2009, 5398; HK-VergabeR/Franzius VOB/A § 10 Rn. 13.

[3] BayObLG 21.5.1999 – Verg 1/99, NZBau 2000, 49 (51); OLG Jena 28.6.2000 – 6 Verg 2/00, IBRRS 2003, 1016.

Öffentlichen Ausschreibung beginnt die Angebotsfrist entspr. den Vorgaben bei EU-Ausschreibungen (§ 10a EU Abs. 1 VOB/A) am Tag nach der Absendung der Auftragsbekanntmachung zu laufen, weil der Auftraggeber seine Vergabeabsicht hier erstmals mit Außenwirkung kundtut.[4] Bei der Beschränkten Ausschreibung und Freihändigen Vergabe beginnt die Angebotsfrist am Tag nach der Absendung der Aufforderung zur Angebotsabgabe (§ 8 Abs. 1 Nr. 1 VOB/A), die nach § 12a Abs. 1 Nr. 2 VOB/A an alle ausgewählten Bewerber am selben Tag abzusenden ist, zu laufen.[5] In allen Fällen bestimmt sich der Fristbeginn rein objektiv. Nicht maßgebend ist also, wann der jew. Bieter oder Bewerber von der Ausschreibung Kenntnis erlangt.

2. Ablauf

6 Der Ablauf der Angebotsfrist wird durch den von dem öffentlichen Auftraggeber festgesetzten kalendarischen Endtermin für die Einreichung der Angebote vorgegeben.[6] Nach dessen Ablauf beginnt die Bindefrist (Abs. 5). Angebote, die dem Auftraggeber nach Ablauf der Angebotsfrist zugehen, sind nach § 16 Abs. 1 Nr. 1 VOB/A auszuschließen.[7] Der Bieter trägt das Risiko der vollständigen und rechtzeitigen Übermittlung seines Angebotes[8] (→ VgV § 57 Rn. 21; → VOB/A § 14 EU Rn. 5). Bei einer Angebotsabgabe über eine elektronische Vergabeplattform ist für den maßgeblichen Zugangszeitpunkt eines Angebots nicht auf die Abrufbarkeit (bzw. Öffnungsmöglichkeit) der Angebotsdatei durch den Auftraggeber abzustellen, sondern auf den vollständigen Upload der übermittelten Angebotsdaten auf dem Server der genutzten Vergabeplattform. Verzögerungen durch Bearbeitungsschritte der bereits eingegangenen Angebotsdaten, wie Verschlüsselung und Umspeichern in den gesicherten Auftraggeberbereich auf der Vergabeplattform, führen nicht zu einer faktischen Verkürzung der Angebotsfrist.[9] Auf ein **Verschulden** des Bieters an dem verspäteten Zugang des Angebotes kommt es nicht an. Eine Wiedereinsetzung in den vorigen Stand kommt nicht in Betracht.[10] Ein verspätetes Angebot muss auch dann von der Wertung ausgeschlossen werden, wenn allein der Auftraggeber die Verspätung verursacht hat.[11] Bei einer **Parallelausschreibung** mit gestaffelten Eröffnungsterminen kann festgelegt werden, dass die Angebotsfrist mit dem Zeitpunkt des ersten Eröffnungstermins endet. Diese Festlegung ist wegen der besonderen wettbewerblichen Situation bei gestaffelten Eröffnungsterminen sinnvoll. Der

---

[4] OVG Bln-Bbg 27.2.2013 – 6 B 34.12, ZfBR 2013, 617 (618); HK-VergabeR/Franzius VOB/A § 10 Rn. 6; Ingenstau/Korbion/von Wietersheim VOB/A § 10 Rn. 2.

[5] Ingenstau/Korbion/von Wietersheim VOB/A § 10 Rn. 2.

[6] HK-VergabeR/Franzius VOB/A § 10 Rn. 6; Ingenstau/Korbion/von Wietersheim VOB/A § 10 Rn. 3.

[7] HK-VergabeR/Franzius VOB/A § 10 Rn. 6.

[8] VK Sachsen 29.12.2004 – 1/SVK/123-04, BeckRS 2005, 7781; VÜA Baden-Württemberg 16.1.1997 – 1 VÜ 6/96, IBR 1997, 319.

[9] VK Südbayern 15.11.2021 – 3194.Z3-3_01-21-20, VPRRS 2021, 0301: „Wenn der öffentliche Auftraggeber sich einer elektronischen Plattform bedient und den Bietern vorgibt, dass Angebote, Teilnahmeanträge, Interessensbekundungen und Interessensbestätigungen dort einzustellen sind, so genügt für den Zugang bereits das rechtzeitige Einstellen auf der Plattform, und zwar unabhängig davon, ob der öffentliche Auftraggeber die Erklärung ausdruckt oder auf seinem Computer speichert, unabhängig davon, ob vom Inhalt der Erklärung Kenntnis nimmt und auch unabhängig davon, ob die Plattform auf seinen Servern befindlich ist oder an ganz anderer Stelle. Entscheidend ist, dass eine Lesbarkeit, Reproduzierbarkeit und Speicher- oder Ausdrucksmöglichkeit bei dem Empfänger gegeben ist."

[10] VK Bund 26.9.2001 – VK 2–30/01, IBRRS 2001, 0559; VK Nordbayern 16.8.2000 – 320.VK-3194-18/00, BeckRS 2000, 30370.

[11] VK Nordbayern 15.4.2002 – 320.VK-3194-08/02, BeckRS 2002, 32781.

Auftraggeber muss dafür Vorsorge treffen, dass Bieter aus der Kenntnis der Ergebnisse früherer Eröffnungstermine nicht Wettbewerbsvorteile für ihre später zu öffnenden Angebote ziehen können.[12]

Die Angebotsfrist ist mit Datum und Uhrzeit zu bestimmen.[13] Wird keine Uhrzeit angegeben, läuft die Frist bis Mitternacht des benannten Tages.[14] Eine auf einen Samstag, Sonntag oder Feiertag festgesetzte Angebotsfrist läuft erst am darauffolgenden Werktag um 24.00 Uhr ab (§ 193 BGB).[15] Werden für die Angebotsfrist unterschiedliche Termine genannt (etwa in der Auftragsbekanntmachung als Termin zB der 9.11.2023 0.00 Uhr und in den Vergabeunterlagen als Termin der 9.11.2023 24.00 Uhr), gehen diese Widersprüche zu Lasten des Auftraggebers, so dass die längere Frist gilt.[16] 7

Auch bei der **Freihändigen Vergabe** dürfen – und sollten – aus Gründen der Gleichbehandlung der Bieter und der Transparenz des Verfahrens für alle Bieter gleichermaßen geltende Angebotsfristen gesetzt werden. Die Frist muss auch hier angemessen sein und darf den Wettbewerb nicht unangemessen beschränken.[17] An die gesetzte Frist ist der Auftraggeber gebunden. Ein verspätet eingereichtes Angebot ist aus Gründen der Transparenz und Gleichbehandlung zwingend von dem Verfahren auszuschließen.[18] 8

3. Ausreichende Bemessung

Nach Abs. 1 S. 1 ist für die Bearbeitung und Einreichung der Angebote eine **ausreichende Angebotsfrist** vorzusehen. Deren Dauer darf auch bei Dringlichkeit nicht unter zehn Kalendertagen liegen. Durch diese **Generalklausel** soll sichergestellt werden, dass den Unternehmen für die Angebotserstellung genügend Zeit zur Verfügung steht, um Nachteile aufgrund einer nicht ordnungsgemäßen Angebotskalkulation sowohl für Auftraggeber als auch für die Unternehmen zu vermeiden.[19] Die Pflicht zur ausreichenden Bemessung der Angebotsfrist gilt für alle Vergabearten, also auch bei der Freihändigen Vergabe. 9

a) Kriterien. Die Bemessung der **Angebotsfrist** hängt in erster Linie von der **Komplexität der zu vergebenden Leistung** ab.[20] Bei einer funktionalen Ausschreibung, bei der den Unternehmen auch Planungsleistungen abverlangt werden (§ 7c VOB/A), ist die Angebotsfrist entspr. dem erhöhten Arbeitsumfang zu bemes- 10

---

[12] BayObLG 21.12.2000 – Verg 13/00, IBRRS 36920 = VergabeR 2001, 131 (132); VK Nordbayern 27.11.2000 – 320.VK-3194-30/00, IBRRS 2000, 1277.
[13] VHB Bund Ausgabe 2017, Stand 2019, Richtlinien zu Formblatt 111, Ziff. 6.2.3. Zum Ablauf der Angebotsfrist um 10.00 Uhr: VK Südbayern 15.11.2021 – 3194.Z3-3_01-21-20, VPRRS 2021, 0301.
[14] Ingenstau/Korbion/von Wietersheim VOB/A § 10 Rn. 3. In diesem Fall ist die Möglichkeit zur Entgegennahme der Angebote organisatorisch sicherzustellen: VK Thüringen 9.1.2017 – 250–4004-7985/2016-E-013-SM, BeckRS 2017, 160120.
[15] OLG Jena 14.11.2001 – 6 Verg 6/01, BeckRS 2001, 09317 = VergabeR 2002, 165 (167); VK Schleswig-Holstein 26.10.2004 – VK-SH 26/04, IBRRS 2004, 3301; Ingenstau/Korbion/von Wietersheim VOB/A § 10 Rn. 12.
[16] OLG München 2.3.2009 – Verg 1/09, BeckRS 2009, 7803; VK Thüringen 9.1.2017 – 250–4004-7985/2016-E-013-SM, BeckRS 2017, 160120.
[17] OLG Düsseldorf 7.1.2002 – Verg 36/01, IBRRS 37542 = VergabeR 2002, 169 (170); OLG Celle 16.1.2002 – 13 Verg 1/02, BeckRS 2002, 160346 = VergabeR 2002, 299 (301).
[18] OLG Düsseldorf 7.1.2002 – Verg 36/01, IBRRS 37542 = VergabeR 2002, 169 (170).
[19] OLG Naumburg 20.9.2012 – 2 Verg 4/12, BeckRS 2012, 21448; VK Bund 28.9.2005 – VK 2–120/05, BeckRS 2005, 152096.
[20] VK Sachsen 9.12.2002 – 1/SVK/102-02, IBRRS 2003, 0171.

sen.[21] Bei der Vergabe von Bauaufträgen mit **Binnenmarktrelevanz**[22] (näher → GWB Einl. Rn. 11 ff., → GWB § 107 Rn. 12, → GWB Vor § 155 Rn. 19 ff.) muss die Angebotsfrist so bemessen werden, dass sich auch Unternehmen aus anderen Mitgliedstaaten mit einem wettbewerbsfähigen Angebot an der Ausschreibung beteiligen können.[23] Bei solchen Aufträgen empfiehlt es sich zumeist, sich an den für EU-weite Ausschreibungen vorgegebenen Fristen zu orientieren. Die gleichen Anforderungen gelten bei Bauaufträgen, deren Volumen dem für EU-Ausschreibungen einschlägigen EU-Schwellenwert nahekommen.[24]

11 Zu den weiteren, insoweit zu berücksichtigenden Kriterien ausf. → VgV § 20 Rn. 6. S. 2 benennt beispielhaft zwei Gesichtspunkte, die bei der Bemessung der Angebotsfrist zu berücksichtigen sind: den zusätzlichen Aufwand für die **Besichtigung von Baustellen** oder die **Beschaffung von Unterlagen** für die Angebotsbearbeitung (→ VgV § 20 Rn. 10, 11).

12 **b) Mindestfrist bei Dringlichkeit.** Abs. 1 S. 1 Hs. 2 stellt klar, dass auch bei Dringlichkeit einer Vergabe eine ausreichende Angebotsfrist festzulegen ist. Diese Frist beträgt mindestens **zehn Kalendertage.** Diese Frist darf keinesfalls unterschritten werden (zur **Dringlichkeit** ausf. → VgV § 15 Rn. 9, 10).[25] Für das Vorliegen der Dringlichkeit und die Angemessenheit der verkürzten Frist trägt der Auftraggeber die Darlegungs- und Beweislast.[26] An die Dringlichkeit sind hohe Anforderungen zu stellen. Es gelten die gleichen engen Voraussetzungen wie bei § 3a Abs. 2 Nr. 3 VOB/A (→ § 3a Rn. 13).[27] Hinsichtlich der Beurteilung der Frage der Dringlichkeit besteht ein nur eingeschränkt überprüfbarer **Beurteilungsspielraum** (→ VOB/A § 10a EU Rn. 40).[28]

4. Änderung der Angebotsfrist

13 § 10 VOB/A normiert nicht, ob und in welchen Fällen eine bereits laufende Angebotsfrist modifiziert, namentlich verkürzt oder verlängert, werden kann. Bei der Entscheidung ist generell darauf abzustellen, ob durch die vergaberechtlichen Grundsätze der Gleichbehandlung, Nichtdiskriminierung und Transparenz sowie das Wettbewerbsgebot tangiert werden. Vor diesem Hintergrund bedarf es stets einer sorgfältigen Prüfung im Einzelfall, wobei von folgenden Grundsätzen auszugehen ist: Die nachträgliche **Verkürzung** einer bereits laufenden Angebotsfrist ist unzulässig, und zwar auch dann, wenn die verkürzte Frist durch eine neue Auftragsbekanntmachung veröffentlicht wird. Sie führt zumeist zu einer Einschränkung des Wettbewerbs, da die Unternehmen ihre Angebotsbearbeitung auf die bereits bekannt gegebene Angebotsfrist eingestellt haben und ihr Vertrauen insoweit schutzwürdig ist. Die nachträgliche **Verlängerung** der Angebotsfrist ist hingegen im Regelfall zulässig. Für Bauvergaben oberhalb der Schwellenwerte ist ausdr. vorgese-

---

[21] HK-VergabeR/Franzius VOB/A § 10 Rn. 9; Ingenstau/Korbion/von Wietersheim VOB/A § 10 Rn. 8.
[22] Vgl. dazu Mitteilung der Kommission v. 1.8.2006, ABl. 2006 L 179, 2; EuGH 5.4.2017 – C-298/15, ZfBR 2017, 484; 6.10.2016 – C-318/15, NZBau 2016, 781; EuGH 23.12.2009 – C-376/08, IBRRS 2009, 4122; zum Begriff und zur Ausfüllung der Binnenmarktrelevanz BGH 30.8.2011 – X ZR 55/10, NZBau 2012, 46.
[23] EuG 20.5.2010 – T-258/06, BeckRS 2010, 90598 = VergabeR 2010, 593 (609); HK-VergabeR/Franzius VOB/A § 10 Rn. 9.
[24] HK-VergabeR/Franzius VOB/A § 10 Rn. 10.
[25] Ingenstau/Korbion/von Wietersheim VOB/A § 10 Rn. 11.
[26] EuGH 15.10.2009 – C-275/08, IBRRS 2009, 3308.
[27] Ingenstau/Korbion/von Wietersheim VOB/A § 10 Rn. 11.
[28] OLG Düsseldorf 17.7.2002 – Verg 30/02, BeckRS 2006, 01807 = VergabeR 2003, 55 (56).

hen (vgl. § 10a EU Abs. 6 VOB/A), dass Angebotsfristen zu verlängern sind, wenn rechtzeitig angeforderte Zusatzinformationen nicht rechtzeitig zur Verfügung gestellt[29] oder an den Vergabeunterlagen wesentliche Änderungen vorgenommen werden. Unterhalb der Schwellenwerte kann nichts anderes gelten. Aber auch jenseits dieser Sachverhalte ist die Verlängerung von Angebotsfristen im Bedarfsfall nach pflichtgemäßem Ermessen im erforderlichen Umfang unter Wahrung des Grundsatzes der Gleichbehandlung zulässig. Das dem Auftraggeber hierbei zur Verfügung stehende **Ermessen** ist nur insoweit überprüfbar, als der Auftraggeber die Grenzen des Ermessens eingehalten hat und ob nicht sachfremde oder willkürliche Motive für die Verlängerung maßgebend waren. Zum Zeitpunkt der Fristverlängerung sowie zum Ermessensspielraum des öffentlichen Auftraggebers → VgV § 20 Rn. 24, 25.

III. Rücknahme von Angeboten (Abs. 2)

Nach Abs. 2 können Angebote **bis zum Ablauf der Angebotsfrist** in Textform 14 zurückgezogen werden. Nach Ablauf der Angebotsfrist sind die Bieter an ihre Angebote gebunden (Abs. 5). Auf den Zeitpunkt der Öffnung der Angebote kommt es nicht an. Ist das Angebot also bereits geöffnet, kann es dennoch zurückgezogen werden, wenn die Angebotsfrist noch nicht abgelaufen ist.[30] Bei der Freihändigen Vergabe tritt die Angebotsbindung entweder – wenn keine Angebotsfrist bestimmt wurde – mit dem Zugang des Angebotes beim Auftraggeber[31] oder – falls eine Angebotsfrist bestimmt wurde – mit dem Ablauf dieser Frist ein. Vor diesen Zeitpunkten können Angebote jederzeit ohne Angabe von Gründen zurückgezogen werden. Eine Rücknahme nach Ablauf der Angebotsfrist ist hingegen wegen der nach § 10 Abs. 4 VOB/A eingetretenen Bindung an das Angebot grds. (zu den Ausnahmen → VOB/A § 10a EU Rn. 36, 37) nicht möglich.

Zu **Form, Zugang** und **Rechtsfolgen** der Zurückziehung von Angeboten vor 15 dem Ablauf der Angebotsfrist wird auf die Kommentierung in → VOB/A § 10a EU Rn. 13–15 verwiesen.

IV. Bewerbungsfrist (Abs. 3)

Abs. 3 schreibt vor, für die Einreichung von Teilnahmeanträgen eine **ausrei-** 16 **chende Bewerbungsfrist** (zum Begriff → Rn. 3) festzusetzen. Die Vorschrift normiert diese Anforderung ausdr. nur für die Beschränkte Ausschreibung mit Teilnahmewettbewerb, doch kann für die Bewerbungsfrist bei einer Freihändigen Vergabe, die ausnahmsweise mit einem Teilnahmewettbewerb durchgeführt wird,[32] nichts anderes gelten. Die Bewerbungsfrist beginnt am Tag nach der Absendung der Auftragsbekanntmachung zu laufen (arg. § 10b EU Abs. 1 VOB/A). Ihr Ende ist in der

---

[29] Vgl. dazu OLG Brandenburg 12.1.2010 – Verg W 5/09, BeckRS 2010, 1942: Der Auftraggeber darf bei der Entscheidung auch berücksichtigen, ob und welches Risiko besteht, dass ein Nachprüfungsverfahren wegen einer von ihm abgelehnten Verlängerung der Angebotsfrist oder wegen einer zu kurz bemessenen Verlängerung eingeleitet wird.

[30] Ingenstau/Korbion/von Wietersheim VOB/A § 10 Rn. 14.

[31] VK Bund 11.3.2022 – VK 1–23/22, VPRRS 2022, 0169: Zugegangen ist ein Angebot im Rahmen eines Vergabeverfahrens erst mit der Öffnung des Angebots, jedoch nicht bereits mit dem eventuell früheren Eingang beim Auftraggeber, weil das Angebot zwar in den Machtbereich des Auftraggebers gelangt ist, er aber von dessen Inhalt erst mit Ablauf der Angebotsfrist Kenntnis nehmen darf; vgl. zu den Voraussetzungen des Zugangs von Willenserklärungen unter Abwesenden nur Grüneberg/Ellenberger BGB § 130 Rn. 5.

[32] Das ist zulässig: Ingenstau/Korbion/von Wietersheim VOB/A § 3 Rn. 30.

Auftragsbekanntmachung anzugeben (§ 12 Abs. 2 Nr. 2 VOB/A iVm § 12 Abs. 1 Nr. 2 lit. n VOB/A).

17 Eine bestimmte Mindestfrist sieht die Vorschrift nicht vor. Die Bewerbungsfrist muss jew. **einzelfallbezogen angemessen** sein, um einem fachkundigen Unternehmen eine ordnungsgemäße und aussichtsreiche Bewerbung zu ermöglichen. Sie muss sämtlichen Bewerbern zugutekommen, weil die Vergabe iRd Beschränkten Ausschreibung mit Teilnahmewettbewerb dem Wettbewerb unterstellt ist und allen interessierten Unternehmen die gleichen Chancen eingeräumt werden müssen. Bei der **Fristbemessung** sind die Komplexität der ausgeschriebenen Leistung und die Bearbeitungszeit zur Erstellung eines Teilnahmeantrages, namentlich der Umfang der innerhalb dieser Frist vom Bewerber zu erledigenden Aufgaben, sowie die Dauer seiner Übermittlung zu berücksichtigen.[33] Werden Nachweise verlangt, die durch Dritte ausgestellt werden (etwa behördliche Genehmigungen etc), sollte der Zeitbedarf für die notwendige Beschaffung der Nachweise eingeplant werden. Dabei ist jedoch regelmäßig von einem geringeren Aufwand als für Abgabe eines Angebotes auszugehen. Anderes kann jedoch dann gelten, wenn bereits für den Teilnahmeantrag die Ausarbeitung von Konzepten oder Lösungsvorschlägen verlangt wird (zu den weiteren zu berücksichtigenden Bemessungskriterien ausf. → VgV § 20 Rn. 8). Zur **Änderung der Bewerbungsfrist** → Rn. 13. Auch wenn die VOB/A 2019 dazu keine Aussage trifft, sind verspätet eingereichte Teilnahmeanträge aus Gründen der Gleichbehandlung und Verfahrenstransparenz zwingend auszuschließen.[34]

V. Bindefrist (Abs. 4 und 5)

18 Nach Abs. 4 S. 1 bestimmt der Auftraggeber eine angemessene Frist, innerhalb der die Bieter an ihre Angebote gebunden sind (Bindefrist). Die Bindefrist ist die Zeitspanne, innerhalb der die Bieter an ihre Angebote gebunden sind und diese nicht ändern, berichtigen oder zurückziehen können.[35] Die Bindefrist beginnt – unabhängig von der Öffnung der Angebote – mit dem Ablauf der Angebotsfrist (Abs. 5). Zur vergabe- und zivilrechtlichen **Bedeutung der Bindefrist** → VOB/A § 10a EU Rn. 16, 17.

19 Die Bestimmung der Bindefrist liegt im pflichtgemäßen Ermessen des Auftraggebers. Ihre Länge steht unter dem **Vorbehalt der Angemessenheit**. Ermessenslenkend ist Abs. 4 S. 2 und 3. Danach soll die Bindefrist so kurz wie möglich und länger bemessen werden, als für eine zügige Prüfung und Wertung der Angebote (§§ 16–16d VOB/A) benötigt wird (Abs. 4 S. 2). Im Gegensatz zu den EU-rechtlichen Vorgaben, die eine Regelbindefrist von 60 Tagen vorsehen, soll die Bindefrist im Unterschwellenbereich im Regelfall nur **30 Kalendertage** betragen. Es wird somit bei nationalen Bauvergaben (widerleglich) vermutet, dass der öffentliche Auftraggeber diesen Zeitraum für eine zügige Prüfung und Wertung der Angebote benötigt. Diese Frist stellt allerdings keine Höchstgrenze dar. Eine längere Bindefrist ist in begründeten Ausnahmefällen, wie etwa bei einem komplexen Vergabeverfahren und damit verbundenen langwierigen Prozess zur Wertung der Angebote, zulässig (Abs. 4 S. 3). Auch die besonderen Bedingungen der internen Willensbildung einer Gemeinde können eine mögliche Rechtfertigung für eine längere Binde-

---

[33] OLG Naumburg 20.9.2012 – 2 Verg 4/12, BeckRS 2012, 21448; HK-VergabeR/Franzius VOB/A § 10 Rn. 11.

[34] HK-VergabeR/Franzius VOB/A § 10 Rn. 13. § 42 Abs. 3 UVgO ordnet dies an.

[35] OLG München 9.8.2005 – Verg 11/05, BeckRS 2005, 09940; BayObLG 21.5.1999 – Verg 1/99, NZBau 2000, 49 (51).

frist darstellen.[36] Dies bedeutet jedoch nicht, dass kommunale Auftraggeber wegen ihrer organisatorischen Bedingungen die Regelfrist ohne weiteres überschreiten dürften. Auch insoweit bedarf es jew. einer auf die Umstände des Einzelfalls gerichteten Betrachtung.[37] Dabei sind gerade in Zeiten mit kurzfristigen hohen Preisschwankungen und Fachkräftemangel die Interessen der Bieter bei der Festsetzung der Bindefrist besonders zu berücksichtigen, um ihnen kein ungewöhnliches Wagnis iSd § 7 Abs. 1 Nr. 3 VOB/A aufzuerlegen.[38] Das Ende der Bindefrist ist durch Angabe des Kalendertags festzulegen (Abs. 4 S. 4). Die Vorschrift korrespondiert mit § 12 Abs. 1 Nr. 2 lit. o VOB/A, wonach die Bindefrist in der Auftragsbekanntmachung anzugeben ist. Zusätzlich ist die Bindefrist gem. § 8 Abs. 2 Nr. 1 VOB/A in der Aufforderung zur Abgabe eines Angebotes zu kommunizieren.

Hinsichtlich der weiteren Details zu den Rechtsfragen der Bindefrist, insbes. zu den Rechtsfolgen des Ablaufs, zur Verlängerung, zur Bindungswirkung etc wird auf die ausf. Kommentierung des gleichlautenden § 10a EU Abs. 8, 9 VOB/A → VOB/A § 10a EU Rn. 16 ff. verwiesen. 20

VI. Bindefristen bei Freihändiger Vergabe (Abs. 6)

Die Bestimmungen der Abs. 4 und 5 gelten bei Freihändiger Vergabe entsprechend. Auch in dieser Verfahrensart gelten die vergaberechtlichen Grundsätze des Wettbewerbs, der Transparenz und der Gleichbehandlung. Um den Ablauf des Verfahrens zu strukturieren, ist auch hier eine angemessene Bindefrist festzulegen, innerhalb der die Bieter an ihre Angebote gebunden sind.[39] 21

§ 11 Grundsätze der Informationsübermittlung

(1) [1]**Der Auftraggeber gibt in der Auftragsbekanntmachung oder den Vergabeunterlagen an, auf welchem Weg die Kommunikation erfolgen soll.** [2]**Für den Fall der elektronischen Kommunikation gelten die Absätze 2 bis 6 sowie § 11a.** [3]**Eine mündliche Kommunikation ist jeweils zulässig, wenn sie nicht die Vergabeunterlagen, die Teilnahmeanträge oder die Angebote betrifft und wenn sie in geeigneter Weise ausreichend dokumentiert wird.**

(2) **Vergabeunterlagen sind elektronisch zur Verfügung zu stellen.**

(3) [1]**Der Auftraggeber gibt in der Auftragsbekanntmachung eine elektronische Adresse an, unter der die Vergabeunterlagen unentgeltlich, uneingeschränkt, vollständig und direkt abgerufen werden können.** [2]**Absatz 7 bleibt unberührt.**

(4) **Die Unternehmen übermitteln ihre Angebote und Teilnahmeanträge in Textform mithilfe elektronischer Mittel.**

(5) [1]**Der Auftraggeber prüft im Einzelfall, ob zu übermittelnde Daten erhöhte Anforderungen an die Sicherheit stellen.** [2]**Soweit es erforderlich ist, kann der Auftraggeber verlangen, dass Angebote und Teilnahmeanträge zu versehen sind mit**

---

[36] BGH 21.11.1991 – VII ZR 203/90, IBRRS 2000, 0160.

[37] VK Südbayern 5.8.2022 – 3194.Z3-3_01-22-29, VPRRS 2022, 0239; MüKoEuWettbR/Sperber VOB/A § 10 Rn. 21.

[38] VK Südbayern 5.8.2022 – 3194.Z3-3_01-22-29, VPRRS 2022, 0239, die eine Bindefrist von 138 Tagen statt der Regelfrist von 60 Tagen in EU-Bauvergaben für rechtswidrig erklärt hat.

[39] OLG Düsseldorf 17.1.2002 – Verg 36/01, VPRRS 2002, 0284 = VergabeR 2002, 169 (170).

1. einer fortgeschrittenen elektronischen Signatur,
2. einer qualifizierten elektronischen Signatur,
3. einem fortgeschrittenen elektronischen Siegel oder
4. einem qualifizierten elektronischen Siegel.

(6) [1]Der Auftraggeber kann von jedem Unternehmen die Angabe einer eindeutigen Unternehmensbezeichnung sowie einer elektronischen Adresse verlangen (Registrierung). [2]Für den Zugang zur Auftragsbekanntmachung und zu den Vergabeunterlagen darf der Auftraggeber keine Registrierung verlangen. [3]Eine freiwillige Registrierung ist zulässig.

(7) [1]Enthalten die Vergabeunterlagen schutzwürdige Daten, kann der Auftraggeber Maßnahmen zum Schutz der Vertraulichkeit der Informationen anwenden. [2]Der Auftraggeber kann den Zugriff auf die Vergabeunterlagen insbesondere von der Abgabe einer Verschwiegenheitserklärung abhängig machen. [3]Die Maßnahmen sind in der Auftragsbekanntmachung anzugeben.

1 § 11 Abs. 1 S. 1 VOB/A eröffnet dem Auftraggeber im Unterschwellenbereich die Wahl, welche Kommunikationsmittel er im Vergabeverfahren einsetzt. Damit soll berücksichtigt werden, dass nicht alle Vergabestellen und Bieter auf eine durchgehende elektronische Kommunikation und Vergabe eingerichtet sind. Für den Fall der elektronischen Kommunikation gelten nach S. 2 die Abs. 2 bis 6 sowie § 11a VOB/A.

2 § 11 Abs. 1 S. 3 VOB/A entspricht § 9 Abs. 2 VgV. Auf die dortige Kommentierung wird verwiesen, → VgV § 9 Rn. 9 ff.

3 Die Abs. 2 und 3 decken sich mit § 41 Abs. 1 VgV, → VgV § 41 Rn. 4 ff.

4 Abs. 4 entspricht § 53 Abs. 1 VgV, dazu → VgV § 53 Rn. 4 ff.

5 Abs. 5 entspricht dem § 53 Abs. 3 VgV, → VgV § 53 Rn. 19 ff.

6 Abs. 6 deckt sich mit § 9 Abs. 3 VgV, → VgV § 9 Rn. 11 ff.

§ 11a Anforderungen an elektronische Mittel

(1) [1]Elektronische Mittel und deren technische Merkmale müssen allgemein verfügbar, nichtdiskriminierend und mit allgemein verbreiteten Geräten und Programmen der Informations- und Kommunikationstechnologie kompatibel sein. [2]Sie dürfen den Zugang von Unternehmen zum Vergabeverfahren nicht einschränken. [3]Der Auftraggeber gewährleistet die barrierefreie Ausgestaltung der elektronischen Mittel nach den §§ 4, 12a und 12b des Behindertengleichstellungsgesetzes vom 27. April 2002 (BGBl. I S. 1467, 1468) in der jeweils geltenden Fassung.

(2) Der Auftraggeber verwendet für das Senden, Empfangen, Weiterleiten und Speichern von Daten in einem Vergabeverfahren ausschließlich solche elektronischen Mittel, die die Unversehrtheit, die Vertraulichkeit und die Echtheit der Daten gewährleisten.

(3) Der Auftraggeber muss den Unternehmen alle notwendigen Informationen zur Verfügung stellen über
1. die in einem Vergabeverfahren verwendeten elektronischen Mittel,
2. die technischen Parameter zur Einreichung von Teilnahmeanträgen, Angeboten mithilfe elektronischer Mittel und
3. verwendete Verschlüsselungs- und Zeiterfassungsverfahren.

(4) [1]Der Auftraggeber legt das erforderliche Sicherheitsniveau für die elektronischen Mittel fest. [2]Elektronische Mittel, die vom Auftraggeber für den Empfang von Angeboten und Teilnahmeanträgen verwendet werden, müssen gewährleisten, dass

1. die Uhrzeit und der Tag des Datenempfanges genau zu bestimmen sind,
2. kein vorfristiger Zugriff auf die empfangenen Daten möglich ist,
3. der Termin für den erstmaligen Zugriff auf die empfangenen Daten nur von den Berechtigten festgelegt oder geändert werden kann,
4. nur die Berechtigten Zugriff auf die empfangenen Daten oder auf einen Teil derselben haben,
5. nur die Berechtigten nach dem festgesetzten Zeitpunkt Dritten Zugriff auf die empfangenen Daten oder auf einen Teil derselben einräumen dürfen,
6. empfangene Daten nicht an Unberechtigte übermittelt werden und
7. Verstöße oder versuchte Verstöße gegen die Anforderungen gemäß den Nummern 1 bis 6 eindeutig festgestellt werden können.

(5) ¹Die elektronischen Mittel, die von dem Auftraggeber für den Empfang von Angeboten und Teilnahmeanträgen genutzt werden, müssen über eine einheitliche Datenaustauschschnittstelle verfügen. ²Es sind die jeweils geltenden Interoperabilitäts- und Sicherheitsstandards der Informationstechnik gemäß § 3 Absatz 1 des Vertrags über die Errichtung des IT-Planungsrats und über die Grundlagen der Zusammenarbeit beim Einsatz der Informationstechnologie in den Verwaltungen von Bund und Ländern vom 1. April 2010 zu verwenden.

(6) Der Auftraggeber kann im Vergabeverfahren die Verwendung elektronischer Mittel, die nicht allgemein verfügbar sind (alternative elektronische Mittel), verlangen, wenn er
1. Unternehmen während des gesamten Vergabeverfahrens unter einer Internetadresse einen unentgeltlichen, uneingeschränkten, vollständigen und direkten Zugang zu diesen alternativen elektronischen Mitteln gewährt und
2. diese alternativen elektronischen Mittel selbst verwendet.

(7) ¹Der Auftraggeber kann für die Vergabe von Bauleistungen und für Wettbewerbe die Nutzung elektronischer Mittel im Rahmen der Bauwerksdatenmodellierung verlangen. ²Sofern die verlangten elektronischen Mittel für die Bauwerksdatenmodellierung nicht allgemein verfügbar sind, bietet der Auftraggeber einen alternativen Zugang zu ihnen gemäß Absatz 6 an.

§ 11a Abs. 1–3 VOB/A entsprechen § 11 Abs. 1–3 VgV. Auf die Kommentierung dieser Vorschriften wird daher verwiesen, → VgV § 11 Rn. 2 ff. **1**

Die Abs. 4 und 5 decken sich mit § 10 Abs. 1, 2 VgV, dazu ausf. → VgV § 10 Rn. 2 ff. **2**

Die Abs. 6 und 7 entsprechen § 12 Abs. 1, 2 VgV. Auf die entspr. Kommentierung wird verwiesen, → VgV § 12 Rn. 3 ff. **3**

§ 12 Auftragsbekanntmachung

(1)
1. Öffentliche Ausschreibungen sind bekannt zu machen, z.B. in Tageszeitungen, amtlichen Veröffentlichungsblättern oder auf unentgeltlich nutzbaren und direkt zugänglichen Internetportalen; sie können auch auf www.service.bund.de veröffentlicht werden.
2. Diese Auftragsbekanntmachungen sollen folgende Angaben enthalten:
    a) Name, Anschrift, Telefon-, Telefaxnummer sowie E-Mail-Adresse des Auftraggebers (Vergabestelle),
    b) gewähltes Vergabeverfahren,

VOB/A § 12

    c) gegebenenfalls Auftragsvergabe auf elektronischem Wege und Verfahren der Ver- und Entschlüsselung,
    d) Art des Auftrags,
    e) Ort der Ausführung,
    f) Art und Umfang der Leistung,
    g) Angaben über den Zweck der baulichen Anlage oder des Auftrags, wenn auch Planungsleistungen gefordert werden,
    h) falls der Auftrag in mehrere Lose aufgeteilt ist, Art und Umfang der einzelnen Lose und Möglichkeit, Angebote für eines, mehrere oder alle Lose einzureichen,
    i) Zeitpunkt, bis zu dem die Bauleistungen beendet werden sollen oder Dauer des Bauleistungsauftrags; sofern möglich, Zeitpunkt, zu dem die Bauleistungen begonnen werden sollen,
    j) gegebenenfalls Angaben nach § 8 Absatz 2 Nummer 3 zur Nichtzulassung von Nebenangeboten,
    k) gegebenenfalls Angaben nach § 8 Absatz 2 Nummer 4 zur Nichtzulassung der Abgabe mehrerer Hauptangebote,
    l) Name und Anschrift, Telefon- und Telefaxnummer, E-Mail-Adresse der Stelle, bei der die Vergabeunterlagen und zusätzliche Unterlagen angefordert und eingesehen werden können; bei Veröffentlichung der Auftragsbekanntmachung auf einem Internetportal die Angabe einer Internetadresse, unter der die Vergabeunterlagen unentgeltlich, uneingeschränkt, vollständig und direkt abgerufen werden können; § 11 Absatz 7 bleibt unberührt,
    m) gegebenenfalls Höhe und Bedingungen für die Zahlung des Betrags, der für die Unterlagen zu entrichten ist,
    n) bei Teilnahmeantrag: Frist für den Eingang der Anträge auf Teilnahme, Anschrift, an die diese Anträge zu richten sind, Tag, an dem die Aufforderungen zur Angebotsabgabe spätestens abgesandt werden,
    o) Frist für den Eingang der Angebote und die Bindefrist,
    p) Anschrift, an die die Angebote zu richten sind, gegebenenfalls auch Anschrift, an die Angebote elektronisch zu übermitteln sind,
    q) Sprache, in der die Angebote abgefasst sein müssen,
    r) die Zuschlagskriterien, sofern diese nicht in den Vergabeunterlagen genannt werden, und gegebenenfalls deren Gewichtung,
    s) Datum, Uhrzeit und Ort des Eröffnungstermins sowie Angabe, welche Personen bei der Eröffnung der Angebote anwesend sein dürfen,
    t) gegebenenfalls geforderte Sicherheiten,
    u) wesentliche Finanzierungs- und Zahlungsbedingungen und/oder Hinweise auf die maßgeblichen Vorschriften, in denen sie enthalten sind,
    v) gegebenenfalls Rechtsform, die die Bietergemeinschaft nach der Auftragsvergabe haben muss,
    w) verlangte Nachweise für die Beurteilung der Eignung des Bewerbers oder Bieters,
    x) Name und Anschrift der Stelle, an die sich der Bewerber oder Bieter zur Nachprüfung behaupteter Verstöße gegen Vergabebestimmungen wenden kann.

(2)
1. ¹Bei Beschränkter Ausschreibung mit Teilnahmewettbewerb sind die Unternehmen durch Auftragsbekanntmachungen, z.B. in Tageszeitungen, amtlichen Veröffentlichungsblättern oder auf unentgeltlich nutzba-

ren und direkt zugänglichen Internetportalen, aufzufordern, ihre Teilnahme am Wettbewerb zu beantragen. ²Die Auftragsbekanntmachung kann auch auf www.service.bund.de veröffentlicht werden.
2. Diese Auftragsbekanntmachungen sollen die Angaben gemäß § 12 Absatz 1 Nummer 2 enthalten.

(3) Teilnahmeanträge sind auch dann zu berücksichtigen, wenn sie durch Telefax oder in sonstiger Weise elektronisch übermittelt werden, sofern die sonstigen Teilnahmebedingungen erfüllt sind.

Übersicht

	Rn.
I. Bedeutung der Vorschrift	1
II. Auftragsbekanntmachung bei Öffentlicher Ausschreibung (Abs. 1)	5
1. Veröffentlichung (Nr. 1)	5
a) Printmedien	6
b) Internetportale	7
2. Inhalt (Nr. 2)	9
a) Auftraggeber (lit. a)	11
b) Vergabeverfahren (lit. b)	12
c) Elektronische Vergabe (lit. c)	13
d) Art des Auftrags (lit. d)	14
e) Ort der Ausführung (lit. e)	15
f) Art und Umfang der Leistung (lit. f)	16
g) Zweck der baulichen Anlage (lit. g)	17
h) Lose (lit. h)	18
i) Ausführungsfristen (lit. i)	19
j) Nebenangebote (lit. j)	20
k) Mehrere Hauptangebote (lit. k)	20a
l) Vergabeunterlagen (lit. l)	21
m) Entschädigung (lit. m)	22
n) Teilnahmeanträge (lit. n)	23
o) Angebots- und Bindefrist (lit. o)	24
p) Anschrift der Annahmestelle für Angebote (lit. p)	25
q) Sprache (lit. q)	26
r) Zuschlagskriterien (lit. r)	26a
s) Eröffnungstermin (lit. s)	27
t) Sicherheiten (lit. t)	28
u) Zahlungsbedingungen (lit. u)	29
v) Bietergemeinschaften (lit. v)	30
w) Eignungsnachweise (lit. w)	31
x) Nachprüfungsstelle (lit. x)	33
III. Auftragsbekanntmachung bei Beschränkter Ausschreibung mit Teilnahmewettbewerb (Abs. 2)	34
1. Veröffentlichung (Nr. 1)	35
2. Inhalt (Nr. 2)	36
IV. Teilnahmeanträge (Abs. 3)	37

I. Bedeutung der Vorschrift

Als zentrale Publikationsvorschrift für die Vergabe von öffentlichen Aufträgen über Bauleistungen unterhalb der Schwellenwerte normiert § 12 Abs. 1, 2 VOB/A die Pflicht zur Bekanntmachung von Öffentlichen Ausschreibungen und 1

VOB/A § 12 — Auftragsbekanntmachung

Beschränkten Ausschreibungen mit Teilnahmewettbewerb. Die Vorschrift differenziert nach der Art des gewählten Vergabeverfahrens; Abs. 1 regelt die Bekanntmachung von Öffentlichen Ausschreibungen, Abs. 2 die Bekanntmachung von Beschränkten Ausschreibungen mit Teilnahmewettbewerb. Die jew. Nr. 1 benennt exemplarisch die in Betracht kommenden Medien für die Veröffentlichung der Auftragsbekanntmachung; die jew. Nr. 2 regelt den Inhalt der Auftragsbekanntmachung. Abs. 3 ist eine Sondervorschrift für die Behandlung von Teilnahmeanträgen.

2   Die Vorschrift ist eine tragende Säule des **Wettbewerbs- und Transparenzgebotes:** Mittels einer Auftragsbekanntmachung sollen möglichst viele Unternehmen von einer Ausschreibung Kenntnis nehmen und sich um den ausgeschriebenen Auftrag bewerben. Abs. 1 korrespondiert mit § 3 Nr. 1 VOB/A, der die Öffentliche Ausschreibung als Aufforderung einer unbeschränkten Zahl von Unternehmen zur Einreichung von Angeboten definiert. Abs. 2 spiegelt sich in § 3b Abs. 2 S. 2 VOB/A, der die Bekanntmachung bei der Beschränkten Ausschreibung mit Teilnahmewettbewerb als öffentliche Aufforderung, Teilnahmeanträge zu stellen, bezeichnet.

3   Die Auftragsbekanntmachung entfällt bei der Beschränkten Ausschreibung ohne Teilnahmewettbewerb (näher → VOB/A § 3 Rn. 11 f.) und bei der Freihändigen Vergabe ohne Teilnahmewettbewerb (näher → VOB/A § 3 Rn. 19 ff.). In diesen Fällen wendet sich der Auftraggeber mit der Aufforderung zur Angebotsabgabe unmittelbar an die von ihm ausgewählten Bewerber.

4   Die Auftragsbekanntmachung bezweckt damit die Publizität der Beschaffung sicher und gewährleistet, dass am Auftrag interessierte Unternehmen von der bevorstehenden Auftragsvergabe erfahren und ihr Interesse bekunden können. Es soll damit sichergestellt werden, dass **alle Interessenten die gleichen Informationen erhalten**, um ihnen die Beurteilung zu ermöglichen, ob sich die Abgabe eines Angebotes lohnt.[1] Die Bekanntmachung bezweckt damit die Publizität des Bauvergabeverfahrens und die **Sicherstellung ordnungsgemäßer, möglichst weit verbreiteter Bauvergabewettbewerbe**.[2] Sie soll gewährleisten, dass ein möglichst breiter Markt von der Beschaffungsabsicht Kenntnis erlangen und sich an der Ausschreibung beteiligen kann.[3] Damit soll ein transparentes und am Wettbewerbsprinzip orientiertes Vergabeverfahren gefördert werden.[4] Die Vorschrift ist damit bieterschützend. Oberhalb der Schwellenwerte können Verstöße gegen die Pflicht zur Bekanntmachung öffentlicher Auftragsvergaben in einem Nachprüfungsverfahren geltend gemacht werden[5] (näher → VgV § 37 Rn. 17 ff.). Zu den Fehlerfolgen im Unterschwellenbereich → VOB/A § 3 Rn. 22 ff.[6]

---

[1] OLG Jena 9.9.2010 – 9 Verg 4/10, BeckRS 2010, 22129; OLG Koblenz 4.9.2008 – 1 Verg 4/08, BeckRS 2008, 23015; OLG Düsseldorf 9.3.2007 – Verg 5/07, BeckRS 2007, 17754; OLG Schleswig 22.5.2006 – 1 Verg 5/06, BeckRS 2006, 6579.

[2] BayObLG 4.2.2003 – Verg 31/02, BeckRS 2003, 02434 = VergabeR 2003, 345 (346).

[3] VK Düsseldorf 17.10.2003 – VK-31/2003-L; VK Münster 21.8.2003 – VK 18/03, IBRRS 2003, 2839.

[4] BayObLG 4.2.2003 – Verg 31/02, BeckRS 2003, 02434 = VergabeR 2003, 345 (346).

[5] BGH 27.11.2007 – X ZR 18/07, BeckRS 2008, 01230 = VergabeR 2008, 219 (220); OLG Jena 9.9.2010 – 9 Verg 4/10, BeckRS 2010, 22129; OLG Koblenz 4.9.2008 – 1 Verg 4/08, BeckRS 2008, 23015; OLG Düsseldorf 9.3.2007 – Verg 5/07, BeckRS 2007, 17754; OLG Schleswig 22.5.2006 – 1 Verg 5/06, BeckRS 2006, 6579; OLG Naumburg 16.9.2002 – 1 Verg 2/02, NZBau 2003, 628 (631); BayObLG 4.2.2003 – Verg 31/02, BeckRS 2003, 02434 = VergabeR 2003, 345 (346); VK Düsseldorf 17.10.2003 – VK-31/2003-L; VK Münster 21.8.2003 – VK 18/03, IBRRS 2003, 2839; HK-VergabeR/Franzius VOB/A § 12 Rn. 1.

[6] BGH 6.10.2020 – XIII ZR 21/19, VPRRS 2020, 0342.

II. Auftragsbekanntmachung bei Öffentlicher Ausschreibung (Abs. 1)

1. Veröffentlichung (Nr. 1)

Nach Nr. 1 sind Öffentliche Ausschreibungen bekannt zu machen. Die Auftragsbekanntmachung ist zwingend. Die Wahl des geeigneten Mediums zu ihrer Veröffentlichung steht im pflichtgemäßen Ermessen des Auftraggebers.[7] Seine Entscheidung, wo die Auftragsbekanntmachung konkret veröffentlicht wird, orientiert sich am Sinn und Zweck der Öffentlichen Ausschreibung, einen möglichst großen und unbeschränkten Kreis von Unternehmen von der Beschaffungsabsicht zu informieren und eine unzulässige Bevorzugung von ortsansässigen Unternehmen nach § 6 Abs. 1 VOB/A zu vermeiden.[8]

a) Printmedien. Als **geeignete Publikationsorgane** für die Auftragsbekanntmachung nennt Nr. 1 exemplarisch Tageszeitungen oder amtliche Veröffentlichungsblätter. Stets ist zu prüfen, ob mit dem gewählten Medium die in Betracht kommenden Unternehmen erreicht und ein ausreichend großer Bewerberkreis angesprochen werden können.[9] Dies ist im Allgemeinen bei amtlichen Veröffentlichungsblättern eher erfüllt als bei Tageszeitungen, wenn deren Auflage und regionale Verbreitung begrenzt sind, oder bei Fachzeitschriften, die aufgrund ihres hohen Spezialisierungsgrades eine geringere Breitenwirkung erzielen. Eine Veröffentlichung in einer Fachzeitschrift wird allenfalls in Betracht kommen, wenn ein fachspezifischer Bieterkreis ohne regionale Begrenzung erreicht werden soll.[10] Die Veröffentlichung nur in örtlichen Tageszeitungen ist idR wegen des Verbotes, ortsansässige Unternehmen zu bevorzugen (näher → VOB/A § 6 EU Rn. 1), unzulässig, wenn diese keinen **ausreichenden Verbreitungsgrad** haben.[11] Deshalb ist stets zu prüfen, ob verschiedene Bekanntmachungsorgane kumulativ eingesetzt werden, soweit dies für die Herstellung eines ausreichenden Wettbewerbs zweckmäßig und notwendig ist. Ein wichtiges Kriterium ist die **Marktrelevanz des Auftrags**, die sich insbes. aus dem Auftragsgegenstand und dem Auftragswert ergibt.[12] Ausschreibungen von komplexen Bauaufträgen (wie etwa Generalunternehmerleistungen) sind in überregional verbreiteten Organen zu veröffentlichen, um eine größere Zahl genügend qualifizierter Unternehmen anzusprechen. Vor allem die Vergabe von Bauaufträgen mit **Binnenmarktrelevanz**[13] (näher → VOB/A § 3 Rn. 23 und → GWB Einl. Rn. 13 ff.) bedarf einer angemessenen und hinreichend zugänglichen Auftragsbekanntmachung, damit sich auch Unternehmen aus anderen Mitgliedstaaten mit einem wettbewerbsfähigen Angebot an

---

[7] OVG NRW 24.6.2014 – 13 A 1607/13, BeckRS 2014, 52989.
[8] BayObLG 4.2.2003 – Verg 31/02, IBRRS 2003, 0908 = VergabeR 2003, 345 (346); HK-VergabeR/Franzius VOB/A § 12 Rn. 6.
[9] OVG NRW 24.6.2014 – 13 A 1607/13, BeckRS 2014, 52989; VG Düsseldorf 5.6.2013 – 6 K 2273/12, BeckRS 2013, 204818.
[10] VK Brandenburg 22.5.2008 – VK 11/08, IBRRS 2008, 1947.
[11] BayObLG 4.2.2003 – Verg 31/02, IBRRS 2003, 0908 = VergabeR 2003, 345 (346); HK-VergabeR/Franzius VOB/A § 12 Rn. 6.
[12] VK Brandenburg 22.5.2008 – VK 11/08, IBRRS 2008, 1947.
[13] Vgl. zu Begriff und Ausfüllung dieses Begriffs die Mitteilung der Kommission v. 1.8.2006, ABl. 2006 L 179, 2. Die dagegen erhobene Nichtigkeitsklage hat das EuG mit Urt. v. 20.5.2010 – T-258/06, BeckRS 2010, 90598 = VergabeR 2010, 593 ff., abgewiesen; vgl. dazu auch EuGH 23.12.2009 – C-376/08, IBRRS 2009, 4122; BGH 30.8.2011 – X ZR 55/10, NZBau 2012, 46.

der Ausschreibung beteiligen können.[14] Bei solchen Aufträgen empfiehlt es sich zumeist, die Ausschreibung EU-weit auf der Ausschreibungsdatenbank TED bekanntzumachen.[15]

7 b) Internetportale. Für die Auftragsbekanntmachung müssen nicht zwingend Printmedien verwendet werden. Abs. 1 gestattet es, Auftragsbekanntmachungen ausschl. elektronisch auf **unentgeltlich nutzbaren und direkt zugänglichen Internetportalen** zu veröffentlichen. Es wird dem Auftraggeber überlassen, ob die Auftragsbekanntmachung über die Seite www.service.bund.de gefunden werden kann oder nicht. Das **VHB** 2017 (Stand 2019) schreibt für seinen Anwendungsbereich in Ziff. 1.1 der Richtlinien zu 121–122 dagegen ausdr. vor, Öffentliche Ausschreibungen und Teilnahmewettbewerbe vor Beschränkten Ausschreibungen auf dem Internetportal www.service.bund.de bekannt zu machen. Daneben sollen Ausschreibungen und Teilnahmewettbewerbe in Tageszeitungen oder Fachzeitschriften veröffentlicht werden, wenn dies zur Erfüllung des Ausschreibungszwecks geboten ist. Die mittlerweile eingerichteten Plattformen auf Bundes-, Landes- und Kommunalebene haben sich in der Praxis etabliert und sind iSv Nr. 1 unentgeltlich nutzbare und direkt zugängliche Internetportale. Angesichts der allg. Verbreitung elektronischer Mittel stellt eine regelmäßige Datenbankrecherche über das Internet auch für kleine und mittlere Unternehmen keine unzumutbare Hürde dar.[16] Allerdings genügt eine rein elektronische Bekanntmachung nur dann den Anforderungen der Transparenz, wenn dem durchschnittlichen Nutzer des Internets der entspr. Internetauftritt des Auftraggebers bekannt ist. Intransparenz kann dann anzunehmen sein, wenn sich Auftragsbekanntmachungen nur zufällig oder mit großem Aufwand finden lassen.[17]

7a Anfang 2023 haben das Bundesministerium des Innern und für Heimat (BMI), das Beschaffungsamt des BMI (BeschA) und die Freie Hansestadt Bremen mit dem „Datenservice Öffentlicher Einkauf" den zentralen **Online-Bekanntmachungsservice** gestartet, der alle veröffentlichungspflichtigen Bekanntmachungen zu Vergabeverfahren von Bund, Ländern und Kommunen bereitstellt. Auf der Plattform „Datenservice Öffentlicher Einkauf" werden Bekanntmachungsdaten aus Ausschreibungen zentral zusammengeführt und fortlaufend aktualisiert (dazu ausf. → VgV § 10a Rn. 21 f.). Erklärtes Ziel ist es, die Transparenz in öffentlichen Vergabeverfahren zu erhöhen sowie Unternehmen, Verwaltung und Zivilgesellschaft Informationen zentral und leicht zugänglich zu machen. Der über die Internetseite www.oeffentlichevergabe.de frei zugängliche Bekanntmachungsservice bündelt Ausschreibungsdaten verschiedener Vergabeplattformen und wird fortlaufend erweitert. Perspektivisch sollen über diesen Service zentral alle Bekanntmachungen von Bund, Ländern und Kommunen gefunden werden können. Der Datenbestand wird beginnend mit der Übernahme von Bekanntmachungsdaten aus service.bund.de sukzessive mit Bekanntmachungsdaten aus dem mit dem Vermittlungsservice gekoppelten Vergabeplattformen des Bundes und der Länder erweitert. Angesichts des Funktionsumfangs des Bekanntmachungsservice und der beabsichtigten sukzessiven Erweiterung der Datenbasis soll der bisherige Web-Service service.bund.de perspektivisch nicht mehr benötigt werden.[18]

---

[14] EuGH 21.7.2005 – C-231/03, ZfBR 2005, 701; HK-VergabeR/Franzius VOB/A § 12 Rn. 8.

[15] HK-VergabeR/Franzius VOB/A § 12 Rn. 8.

[16] So schon BayObLG 4.2.2003 – Verg 31/02, BeckRS 2003, 02434 = VergabeR 2003, 345 (346).

[17] Ingenstau/Korbion/von Wietersheim VOB/A § 12 Rn. 3; VK Südbayern 25.6.2010 – Z3-3-3194-1-30-05/10, IBRRS 2010, 4288.

[18] forum vergabe e.V., Monatsinfo 02/2023, S. 39.

Der Auftraggeber kann auch kumulativ verschiedene Medien zur Auftragsbekanntmachung nutzen. Er kann etwa eine Kurzfassung der Auftragsbekanntmachung in Printmedien veröffentlichen und dabei auf den vollständigen Text der Auftragsbekanntmachung unter Angabe einer Internetadresse verweisen. Den Unternehmen ist es zumutbar, sich über den Langtext der Auftragsbekanntmachung aus dem Internet zu informieren.[19] Dabei ist aber sicherzustellen, dass der vollständige Bekanntmachungstext unverändert bleibt. Zulässig ist schließlich auch eine **freiwillige EU-weite Bekanntmachung** in der Ausschreibungsdatenbank TED der EU. Zwar ist dies ausdr. nur für die Vergabe von Liefer- oder Dienstleistungsaufträgen in § 40 Abs. 4 VgV vorgesehen, während eine entspr. Vorschrift in der VOB/A fehlt. Jedoch kann Art. 51 Abs. 6 RL 2014/24/EU direkt angewendet werden.

2. Inhalt (Nr. 2)

Nr. 2 enthält einen **Katalog von Mindestangaben,** die eine Auftragsbekanntmachung enthalten soll. Dem Auftraggeber ist es unbenommen, über die Mindestangaben hinaus weitere Angaben in der Auftragsbekanntmachung zu veröffentlichen, wenn und soweit dies im jew. Beschaffungsvorgang sinnvoll ist. Maßstab für den Inhalt und Umfang der mitzuteilenden Informationen ist, dass sich die Unternehmen ein möglichst umfassendes Bild über die ausgeschriebene Bauleistung machen können. Sie müssen klar und zweifelsfrei bereits anhand der Informationen in der Auftragsbekanntmachung erkennen können, ob die Abgabe eines Angebotes für sie in Frage kommt.[20] Mit Blick darauf erzeugt die Auftragsbekanntmachung für die interessierten Unternehmen **Vertrauensschutz.** Der öffentliche Auftraggeber ist an die in der Bekanntmachung aufgestellten Vorgaben gebunden.[21] Auch ist die Auftragsbekanntmachung ggü. etwaigen abweichenden Vergabeunterlagen vorrangig.[22] Der Auftraggeber kann sich nur in engen Grenzen durch widersprechende bzw. konkretisierende Vergabeunterlagen von den bekannt gemachten Festlegungen befreien.[23] Zulässig ist es daher allenfalls, den Inhalt der Auftragsbekanntmachung zu konkretisieren. Die Rücknahme, Verschärfung oder Erleichterung von bekannt gemachten Bedingungen in den Vergabeunterlagen ist aus Gründen der Gleichbehandlung und der Transparenz unzulässig.[24] Modifikationen der Vergabeunterlagen, die zugleich Auswirkungen auf den Inhalt der veröffentlichten Auftragsbekanntmachung haben (zB veränderte Angebotsfristen, Herabsetzung veröffentlichter Anforderungen an die Eignung der Bieter etc), sind aus Gründen der Transparenz und

---

[19] BayObLG 4.2.2003 – Verg 31/02, BeckRS 2003, 02434 = VergabeR 2003, 345 (346).
[20] OLG Düsseldorf 9.3.2007 – Verg 5/07, BeckRS 2007, 17754; VK Sachsen 26.3.2008 – 1/SVK/005-08, IBRRS 2008, 1452; VÜA Brandenburg 16.11.1997 – 1 VÜA 11/97, IBR 1998, 280.
[21] BGH 6.10.2020 – XIII ZR 21/19, VPRRS 2020, 0342; HK-VergabeR/Franzius VOB/A § 12 Rn. 13.
[22] OLG Naumburg 18.8.2011 – 2 Verg 3/11, ZfBR 2012, 85; OLG München 12.11.2010 – Verg 21/10, BeckRS 2010, 29116.
[23] OLG Düsseldorf 27.10.2010 – Verg 47/10, BeckRS 2010, 27621; OLG Hamburg 24.9.2010 – 1 Verg 2/10, NZBau 2010, 780; OLG Frankfurt a. M. 10.6.2008 – 11 Verg 3/08, BeckRS 2008, 20396; OLG Dresden 28.2.2002 – WVerg 10/02, NJOZ 2003, 3508; VK Bund 5.6.2003 – VK 2–42/03, BeckRS 2003, 152810.
[24] BGH 6.10.2020 – XIII ZR 21/19, VPRRS 2020, 0342; OLG Düsseldorf 27.10.2010 – Verg 47/10, BeckRS 2010, 27621; OLG Hamburg 24.9.2010 – 1 Verg 2/10, NZBau 2010, 780; OLG Düsseldorf 23.6.2010 – Verg 18/10, ZfBR 2010, 823; OLG Celle 21.9.2009 – 9 Verg 7/09, BeckRS 2009, 86482; OLG Frankfurt a. M. 10.6.2008 – 11 Verg 3/08, BeckRS 2008, 20396; OLG Düsseldorf 18.10.2006 – Verg 35/06, BeckRS 2007, 00456 = VergabeR 2007, 200 (205).

Gleichbehandlung in einer Korrekturbekanntmachung zu veröffentlichen. Sie dürfen nicht allein auf die Vergabeunterlagen beschränkt werden.

10 Für die **Auslegung der Auftragsbekanntmachung** gilt ein objektivierter Maßstab. Maßgebend ist die Sicht eines vernünftigen, mit öffentlichen Vergaben vertrauten Bieters.[25] Dabei ist für die Auslegung unerheblich, welchen Inhalt die Vergabeunterlagen haben. Für die Auftragsbekanntmachung auslegungsrelevant sind mithin nur solche die Umstände, die bis zu ihrer Veröffentlichung gegeben waren.[26] Nur bis dahin hervorgetretene Umstände können somit bedeutsam dafür sein, wie die Auftragsbekanntmachung zu dem maßgebenden Zeitpunkt ihrer Veröffentlichung objektiv zu verstehen war und welchen Inhalt sie deshalb hatte und fortan behielt.[27] Von der Auftragsbekanntmachung abweichende Vergabeunterlagen werfen nur noch die Frage auf, ob sie eine zulässige Konkretisierung der Bekanntmachung darstellen (→ Rn. 9) oder ob sie unbeachtlich sind, weil es für das richtige Verständnis der Auftragsbekanntmachung grds. nur auf ihren Inhalt ankommen kann.[28]

11 a) **Auftraggeber (lit. a).** Mit dem Namen und der Anschrift des Auftraggebers sind auch die Telefon- und Telefaxnummer sowie seine E-Mail-Adresse anzugeben. Durch die genaue Benennung sollen dessen Erreichbarkeit und Identifizierbarkeit gewährleistet sein. Die Angabe eines im Auftrag des Auftraggebers tätigen Architektenbüros oder eines zuständigen Mitarbeiters des Auftraggebers allein genügt nicht. Unterscheidet sich die den Auftrag vergebende Stelle („Auftraggeber") von der die Ausschreibung durchführenden Stelle („Vergabestelle"), sind beide Stellen anzugeben. Dies ist insbes. bedeutsam für die Frage, mit welcher Stelle im Verlauf des Verfahrens zu kommunizieren ist, etwa im Zusammenhang mit Bieterfragen nach § 12a Abs. 4 VOB/A.

12 b) **Vergabeverfahren (lit. b).** Damit die Unternehmen die Möglichkeit haben, ihre Zuschlagschancen realistisch einzuschätzen, ist die Vergabeart anzugeben. An dieser Stelle beschränkt sich die Angabe auf die Öffentliche Ausschreibung als gewählte Vergabeart. Einer Begründung bedarf es nicht.

13 c) **Elektronische Vergabe (lit. c).** Nach dieser Vorschrift soll die Auftragsbekanntmachung darüber informieren, ob ggf. eine elektronische Vergabe erfolgt. Der Auftraggeber kann bei nationalen Vergabeverfahren gem. § 13 Abs. 1 Nr. 1 S. 1 VOB/A ausschl. elektronische Angebote zur Einreichung vorgeben. In diesem Fall ist das Verfahren der Ver- und Entschlüsselung anzugeben. Die Vorschrift korrespondiert mit § 11a Abs. 1 Nr. 3 VOB/A. Danach muss der Auftraggeber bei einer elektronischen Vergabe auch dafür Sorge tragen, dass den Unternehmen Informationen über die Spezifikationen der Geräte, die für die elektronische Übermittlung von Angeboten erforderlich sind, einschl. der Verschlüsselung zugänglich sind. Die entspr. Angaben müssen in der Auftragsbekanntmachung erfolgen.

14 d) **Art des Auftrags (lit. d).** Mit der Angabe der Art des Auftrags soll klargestellt werden, welche baugewerblichen Tätigkeiten bei der Ausführung des Auftrags gefordert werden (zB Gerüstbau, Straßenbau, Mauerwerksarbeiten), damit das Unterneh-

---

[25] OLG München 9.8.2012 – Verg 10/12, BeckRS 2012, 20301; OLG Frankfurt a. M. 13.12.2011 – 11 Verg 8/11, IBRRS 2012, 0647; OLG München 10.9.2009 – Verg 10/09, BeckRS 2009, 27004 = VergabeR 2010, 266 (271); OLG Frankfurt a. M. 10.6.2008 – 11 Verg 3/08, BeckRS 2008, 20396; OLG Düsseldorf 24.5.2006 – Verg 14/06, ZfBR 2007, 181; vgl. auch BGH 3.4.2012 – X ZR 130/10, NZBau 2012, 513, zur Auslegung vorformulierter Vergabeunterlagen.
[26] OLG München 12.11.2010 – Verg 21/10, BeckRS 2010, 29116; OLG Düsseldorf 24.5.2006 – Verg 14/06, ZfBR 2007, 181.
[27] OLG Düsseldorf 24.5.2006 – Verg 14/06, ZfBR 2007, 181.
[28] OLG Düsseldorf 24.5.2006 – Verg 14/06, ZfBR 2007, 181.

men prima facie prüfen kann, ob sein Betrieb auf diese Arbeiten eingerichtet ist. Die Information kann sich auf eine grobe Skizzierung beschränken, da lit. f in diesem Punkt ohnehin weiterführende Angaben erfordert. Das Muster 121 des VHB differenziert hier lediglich zwischen der Ausführung von Bauleistungen, der Planung und Ausführung von Bauleistungen sowie Bauleistungen durch Dritte.

e) Ort der Ausführung (lit. e). Die Angabe des Ortes der Auftragsausführung ist für die Unternehmen von besonderer Bedeutung. Für nur lokal tätige Unternehmen ist der Ausführungsort ein entscheidendes Kriterium für die Bewerbung um Aufträge. Für überregionale Unternehmen ist die Kenntnis über den Ort der Auftragsausführung für die Angebotskalkulation wichtig; die Unternehmen können mit dieser Information die anfallenden Transportkosten oder sonstigen Kosten, etwa für die Beistellung von Hilfsmitteln und Arbeitskräften, in ihre Kalkulation einrechnen.[29]

15

f) Art und Umfang der Leistung (lit. f). Art und Umfang der Leistung sollen so genau beschrieben sein, dass die Unternehmen ihr entnehmen können, ob ihr Betrieb gewerke- und kapazitätsmäßig hierauf eingerichtet ist. Genaue Einzelheiten sind hier nicht anzugeben, da diese auch den Vergabeunterlagen entnommen werden können. Notwendig sind aber erschöpfende Angaben, anhand derer sich die Unternehmen ein Bild von dem Auftrag machen und abschätzen können, ob sich die weitere Befassung mit der Ausschreibung lohnt.[30]

16

g) Zweck der baulichen Anlage (lit. g). Lit. g verlangt Angaben über den Zweck der baulichen Anlage oder des Auftrags, wenn neben den Bauleistungen zusätzlich **Planungsleistungen** ausgeschrieben werden. Dies betrifft vor allem die Ausschreibung einer Leistungsbeschreibung mit Leistungsprogramm nach § 7c VOB/A. Werden neben der Bauleistung auch Planungsleistungen vergeben, sollen die Unternehmen schon aufgrund der Auftragsbekanntmachung feststellen können, ob und inwieweit sie angesichts dieses Anforderungsprofils über die notwendige Eignung für einen solchen Auftrag verfügen. Sofern keine entspr. Kapazitäten im Planungsbereich vorgehalten werden, soll ihnen die Information ermöglichen, sich frühzeitig einen entspr. geeigneten Vertragspartner zu suchen.

17

h) Lose (lit. h). Die durch lit. h verlangten Angaben zu einer Losvergabe sind für die Kalkulation der Unternehmen von hoher Bedeutung. Ob eine Losvergabe erfolgt, hat der Auftraggeber nach § 5 Abs. 2 VOB/A zu prüfen. Danach sind Bauleistungen im Regelfall in Teillosen und Fachlosen zu vergeben; auf eine Losteilung kann ausnahmsweise aus wirtschaftlichen oder technischen Gründen verzichtet werden. Wird der Bauauftrag in Lose aufgeteilt, sind in der Auftragsbekanntmachung Anzahl, Art (Fach- oder Teillose) und Größe der Lose anzugeben. Daneben muss darüber informiert werden, ob Angebote für ein, mehrere oder alle Lose einzureichen sind. Im Anwendungsbereich des **VHB** sieht das entspr. Muster 121 drei Möglichkeiten der Einreichung von Angeboten bei einer Losvergabe vor. Die Angabe „nur für ein Los" sichert eine breite Streuung der künftigen Auftragnehmer, weil für jedes Los ein anderer Bieter den Zuschlag erhält. Die Angabe „für ein oder mehrere Lose" bedeutet, dass in diesem Fall kein Bieter für alle Lose anbieten darf, so dass mindestens zwei Bieter einen Zuschlag erhalten werden. Es ist aber auch möglich, dass für jedes Los ein anderer Bieter den Zuschlag erhält. „Für alle Lose" bedeutet schließlich, dass jeder Bieter für alle Lose Angebote abgeben kann, so dass die Möglichkeit besteht, dass ein Bieter den Zuschlag für alle Lose erhält. Die Zuschlagsentscheidung ist für jedes Los separat zu treffen.[31] In der Auftragsbekannt-

18

---

[29] Kapellmann/Messerschmidt/Planker VOB/A § 12 Rn. 15.
[30] VK Brandenburg 25.4.2003 – VK 21/03, IBRRS 2003, 3220; HK-VergabeR/Franzius VOB/A § 12 Rn. 25.
[31] VK Niedersachsen 31.1.2012 – VgK-58/2011, IBRRS 2012, 1442.

machung muss die **Abgrenzung der Lose** eindeutig und zweifelsfrei sein. Die bloße Unterteilung der Leistungsbeschreibung in Titel genügt nicht.[32] Unklarheiten oder Widersprüche gehen zu Lasten des Auftraggebers. Eine nachträgliche Aufteilung der Bauleistung in Lose nach Kenntnis der angebotenen Preise verstößt gegen § 15 Abs. 3 VOB/A.

19 **i) Ausführungsfristen (lit. i).** Die Angabe der Ausführungsfristen ist für die Unternehmen von zentraler Bedeutung, damit sie prüfen können, ob sie innerhalb der angegebenen Bauzeit über freie Kapazitäten verfügen und damit letztlich leistungsfähig sind. Deshalb verlangt lit. i möglichst **genaue Angaben zu Beginn, Dauer sowie Beendigung der Bauzeit.** Dabei sollen Beginn und Ende der Ausführungsfrist, dh der Zeitraum zwischen Zuschlag und Fertigstellung der Bauleistung, jew. mit einem konkreten Datum benannt werden. Zulässig ist auch die Angabe, dass der Beginn der Arbeiten innerhalb von zB zwei Wochen nach Zuschlagserteilung erfolgt und die Bauleistungen bis zu einem bestimmten Datum oder innerhalb einer bestimmten Ausführungsfrist auszuführen sind. Absehbare Bauunterbrechungen oder bereits bei Beginn der Ausschreibung bekannte Behinderungstatbestände, wie etwa Sperrzeiten bei Eisenbahnmaßnahmen, sind ebenfalls anzugeben.

20 **j) Nebenangebote (lit. j).** Lit. j fordert von dem Auftraggeber „gegebenenfalls" Angaben nach § 8 Abs. 2 Nr. 3 VOB/A zur Nichtzulassung von Nebenangeboten. Nach § 8 Abs. 2 Nr. 3 lit. a, b VOB/A ist in der Aufforderung zur Angebotsabgabe anzugeben, ob Nebenangebote nicht oder ausnahmsweise nur in Verbindung mit einem Hauptangebot zugelassen sind. Diese Angaben sind auch in der Auftragsbekanntmachung zu machen. Der 1. Abschn. der VOB/A unterstellt durch die Formulierung „Nichtzulassung von Nebenangeboten" ein grundsätzliches Interesse des Auftraggebers an Nebenangeboten. Wenn er keine Nebenangebote oder Nebenangebote nur in Verbindung mit einem Hauptangebot zulassen will, ist dies in der Auftragsbekanntmachung anzugeben, damit sich die Unternehmen rechtzeitig hierauf einstellen können.[33] Ist somit die Abgabe von Nebenangeboten nicht ausdr. in der Auftragsbekanntmachung ausgeschlossen, so sind diese zugelassen und zu werten.[34]

20a **k) Mehrere Hauptangebote (lit. k).** Die VOB/A enthält an verschiedenen Stellen Regelungen zur Zulässigkeit mehrerer Hauptangebote (§ 8 Abs. 2 Nr. 4, § 13 Abs. 3 S. 3, 4 VOB/A und § 16 Abs. 1 Nr. 7 VOB/A), die schon seit längerem anerkannt war.[35] Werden mehrere Hauptangebote abgegeben, muss jedes aus sich heraus zuschlagsfähig sein (§ 13 Abs. 3 S. 3 VOB/A). Ferner muss bei per Post eingereichten Angeboten jedes Hauptangebot für sich in einem eigenen Umschlag eingereicht werden (§ 13 Abs. 3 S. 4 mit § 13 Abs. 1 Nr. 2 S. 2 VOB/A). In der Auftragsbekanntmachung oder den Vergabeunterlagen kann der Auftraggeber festlegen, dass er mehrere Hauptangebote nicht zulässt, also dass nur ein einziges Angebot je Bieter abgegeben werden darf. Dennoch abgegebene Hauptangebote müssen gem. § 16 Abs. 1 Nr. 7 VOB/A ausgeschlossen werden.

21 **l) Vergabeunterlagen (lit. l).** Die VOB/A hat die elektronische Vergabe für den 1. Abschn. nicht verbindlich eingeführt. Entscheiden sich Auftraggeber für das herkömmliche Verfahren, sind Name und Anschrift sowie Telefon- und Tele-

---

[32] Kapellmann/Messerschmidt/Planker VOB/A § 12 Rn. 18.
[33] HK-VergabeR/Franzius VOB/A § 12 Rn. 31.
[34] HK-VergabeR/Franzius VOB/A § 12 Rn. 31; Kapellmann/Messerschmidt/Planker VOB/A § 12 Rn. 20; Ingenstau/Korbion/von Wietersheim VOB/A § 12 Rn. 16. Das gilt nur nach dem 1. Abschn. der VOB/A. Bei unionsweiten Bauvergaben sind dagegen Nebenangebote ausdr. zuzulassen, anderenfalls sie nicht gewertet werden können.
[35] BGH 29.11.2016 – X ZR 122/14, BeckRS 2016, 112804; OLG München 29.10.2013 – Verg 11/13, IBRRS 2013, 4495; VK Sachsen 24.1.2018 – 1/SVK/034-17, IBRRS 2018, 3422.

faxnummer bzw. E-Mail-Adresse der Stelle zu nennen, bei der die Vergabeunterlagen und zusätzlichen Unterlagen angefordert und eingesehen werden können. Lit. l verdeutlicht, dass es zulässig ist, die Vergabeunterlagen durch Dritte (etwa durch ein Planungsbüro oder eine Rechtsanwaltskanzlei) bereitzuhalten und auszugeben. Entscheiden sich Auftraggeber für die **elektronische Abwicklung** des Vergabeverfahrens, so gelten identische Vorschriften wie oberhalb der Schwelle. Im Falle der Veröffentlichung der Auftragsbekanntmachung auf einem Internetportal verlangt lit. l die Angabe einer Internetadresse, unter die Vergabeunterlagen unentgeltlich, uneingeschränkt, vollständig und direkt abgerufen werden können. Durch den Verweis auf § 11 Abs. 7 VOB/A ist klargestellt, dass der Auftraggeber bei elektronischer Vergabe Maßnahmen zum Schutz der Vertraulichkeit von Informationen anwenden kann. Er kann den Zugriff auf die Vergabeunterlagen insbes. von der Abgabe einer Verschwiegenheitserklärung abhängig machen. Solche Maßnahmen sind in der Auftragsbekanntmachung anzugeben.

22 **m) Entschädigung (lit. m).** Bei Öffentlicher Ausschreibung kann nach § 8b Abs. 1 Nr. 1 VOB/A für die Vervielfältigung der Leistungsbeschreibung und der anderen Unterlagen und Übersendung der Vergabeunterlagen eine Kostenerstattung gefordert werden. Entscheidet sich der Auftraggeber dafür, eine Entschädigung zu verlangen, sind die Höhe des Entgelts und die Zahlungsbedingungen (Kontoverbindung, Zahlungsmöglichkeiten/etwaige Vorauskasse etc) in der Bekanntmachung anzugeben. Sofern der Versand der Vergabeunterlagen von der Entgeltzahlung abhängig gemacht wird, ist auch dies anzugeben. Fehlt ein entspr. Hinweis in der Bekanntmachung, sind die Vergabeunterlagen unentgeltlich abzugeben (näher → VOB/A § 8b Rn. 4).

23 **n) Teilnahmeanträge (lit. n).** Lit. n gilt nicht bei der Öffentlichen Ausschreibung, sondern bei der Beschränkten Ausschreibung mit Teilnahmewettbewerb, weil nur in diesem Verfahren Teilnahmeanträge einzureichen sind (zum Teilnahmewettbewerb → VOB/A § 3 Rn. 13 und → VgV § 16 Rn. 4 ff.). Der Auftraggeber hat die Frist für den Eingang der Teilnahmeanträge bekanntzumachen (zur Bemessung der **Bewerbungsfrist** → VOB/A § 10 Rn. 16, 17). Innerhalb dieser Frist muss der Bewerber die Nachweise seiner Eignung (§ 6a Abs. 1 VOB/A) erbringen. Der Teilnahmewettbewerb ist Bestandteil des Vergabeverfahrens. Unternehmen, die sich nicht oder nicht rechtzeitig beworben haben, dürfen nicht zur Angebotsabgabe aufgefordert werden.[36] Zusätzlich ist die Stelle anzugeben, an die die Teilnahmeanträge zu richten sind. Schließlich ist der Tag anzugeben, an dem die Aufforderungen zur Angebotsabgabe spätestens versandt werden. Diese Information ermöglicht den Unternehmen eine vorausschauende Planung; sie können sich mithilfe dieser Information auf den eigentlichen Beginn des Vergabeverfahrens – die Abgabe eines Angebotes – einstellen, sofern ihr Teilnahmeantrag Erfolg hat.[37]

24 **o) Angebots- und Bindefrist (lit. o).** In der Auftragsbekanntmachung ist über die Angebotsfrist (näher → VOB/A § 10 Rn. 5 ff.) und die Bindefrist (ausf. → VOB/A § 10 Rn. 18) informieren. Die Angebotsfrist endet mit dem von dem Auftraggeber festgesetzten kalendarischen Endtermin für die Einreichung der Angebote.[38] Nach dessen Ablauf beginnt die Bindefrist (§ 10 Abs. 5 VOB/A).

25 **p) Anschrift der Annahmestelle für Angebote (lit. p).** Lit. p verlangt eine Information über die Anschrift, an die die Angebote zu richten sind, ggf. auch über die Anschrift, an die die Angebote elektronisch zu übermitteln sind. Wichtig ist

---

[36] OLG Düsseldorf 30.5.2001 – Verg 23/00, BeckRS 2001, 160724.
[37] HK-VergabeR/Franzius VOB/A § 12 Rn. 38.
[38] HK-VergabeR/Franzius VOB/A § 10 Rn. 6; Ingenstau/Korbion/von Wietersheim VOB/A § 10 Rn. 3.

Völlink

VOB/A § 12 — Auftragsbekanntmachung

diese Mitteilung dann, wenn der Auftraggeber einen Dritten, zB ein Architektur- oder Rechtsanwaltsbüro, mit der Entgegennahme der Angebote beauftragt hat. Auftraggeber und die zur Entgegennahme der Angebote bestimmte Stelle können also auseinanderfallen. Ist die Abgabe von elektronischen Angeboten zugelassen, muss die entspr. Internet- bzw. E-Mail-Adresse angegeben werden, an die die Angebote elektronisch zu richten sind.

26   **q) Sprache (lit. q).** In der Bekanntmachung ist die Sprache, in der die Angebote abzufassen sind, anzugeben. Für nationale Vergaben darf die Angebotslegung in deutscher Sprache verlangt werden. Angebote, die nicht in der deutschen Sprache verfasst sind, sind dann konsequenterweise auszuschließen. Das gilt auch dann, wenn nur Teile des Angebots, etwa behördliche Genehmigungen und sonstige Eignungsnachweise, in einer fremden Sprache vorgelegt werden und das Angebot dadurch nicht gewertet werden kann.[39] Sicherheitshalber empfiehlt sich ein Hinweis in der Bekanntmachung, dass Angebot sowie beizubringende Erklärungen in deutscher Sprache abzufassen sind und einem Schriftstück, das in einer anderen Sprache abgefasst ist, eine Übersetzung beizufügen ist. Umgekehrt besteht kein Anspruch darauf, von dem Auftraggeber fremdsprachige Vergabeunterlagen oder sonstige Informationen, wie etwa iRv Bieterfragen, zu erhalten.

26a **r) Zuschlagskriterien (lit. r).** Auftraggeber sind verpflichtet, die Zuschlagskriterien und deren Gewichtung in der Auftragsbekanntmachung oder den Vergabeunterlagen anzugeben. Wo dies erfolgt, kann der Auftraggeber also selbst bestimmen. Der – nicht abschl. – Katalog möglicher Zuschlagskriterien in § 16d Abs. 1 Nr. 5 VOB/A wurde mit der VOB/A 2019 wesentlich erweitert.

27   **s) Eröffnungstermin (lit. s).** Datum, Uhrzeit und genauer Ort des Eröffnungstermins sind anzugeben. Zusätzlich sollte über den Eröffnungsraum mit Zimmernummer informiert werden. Daneben muss ein Hinweis erfolgen, welche Personen bei der Eröffnung der Angebote anwesend sein dürfen. Nach § 14a Abs. 1 S. 1 VOB/A sind bei Zulassung schriftlicher Angebote nur die Bieter und ihre Bevollmächtigten zugelassen. Bieter, deren Angebote nicht oder nicht rechtzeitig zugegangen sind, haben kein Anwesenheitsrecht.[40] Es empfiehlt sich, zusätzlich in der Auftragsbekanntmachung Angaben zum Nachweis einer Bevollmächtigung zu machen.

28   **t) Sicherheiten (lit. t).** Art und Höhe der ggf. geforderten vertraglichen Sicherheiten sind in der Auftragsbekanntmachung anzugeben. Sicherheiten begründen für den Bieter zusätzliche Kosten, die er bei seiner Angebotskalkulation berücksichtigen muss. Die frühzeitige Information über Sicherheitsverlangen ist deshalb für den Entschluss des Unternehmens, sich an der Vergabe zu beteiligen, von wesentlicher Bedeutung.

29   **u) Zahlungsbedingungen (lit. u).** Auf wesentliche vertragliche Finanzierungs- und Zahlungsbedingungen und/oder auf die einschlägigen Vorschriften, in denen sie enthalten sind, ist bereits in der Auftragsbekanntmachung hinzuweisen. Da der Auftragnehmer bei der Vertragserfüllung nach den Vorschriften der VOB/B grds. vorleistungspflichtig ist, hat er ein starkes Interesse zu erfahren, ob und in welcher Höhe ggf. Voraus- bzw. Abschlagszahlungen geleistet werden. Sofern die VOB/B Vertragsbestandteil wird, reicht es, auf § 16 VOB/B zu verweisen.[41] Bei abweichenden Finanzierungs- bzw. Zahlungsbedingungen, zB bei der

---

[39] Str., anders HK-VergabeR/Franzius VOB/A § 12 Rn. 41, kein Ausschluss ohne vorherigen Hinweis in der Bekanntmachung.
[40] Kapellmann/Messerschmidt/Planker VOB/A § 12 Rn. 31.
[41] Kapellmann/Messerschmidt/Planker VOB/A § 12 Rn. 33; Beck VergabeR/Krohn § 12 Rn. 32.

Vereinbarung von Vorauszahlungen (vgl. § 16 Abs. 2 VOB/B), muss der Auftraggeber die konkret von ihm vorgesehenen Bedingungen und Einzelheiten benennen.[42]

v) Bietergemeinschaften (lit. v). Interessierten Unternehmen steht es nach § 6 Abs. 2 VOB/A frei, sich zu Bietergemeinschaften zusammenzuschließen. Bietergemeinschaften sind damit unter denselben Bedingungen wie Einzelbieter zum Wettbewerb zugelassen. Die Anforderungen an die Rechtsform, welche eine Bietergemeinschaft haben muss, an die der Auftrag vergeben wird, sind in der Auftragsbekanntmachung zu benennen. Die Rechtsform des Zusammenschlusses ist aus Sicht des Auftraggebers vor allem aus Gründen der Mängelhaftung wichtig. Im Regelfall wird eine gesamtschuldnerische Haftung der Mitglieder der Bietergemeinschaft im Auftragsfall verlangt. Oberhalb der Schwellenwerte kann nicht verlangt werden, dass die Bietergemeinschaft schon zur Einreichung des Angebotes eine bestimmte Rechtsform annimmt (§ 6 EU Abs. 3 Nr. 2 S. 2 VOB/A). Unterhalb der Schwellenwerte gilt dies genauso. 30

w) Eignungsnachweise (lit. w). Bereits in der Auftragsbekanntmachung ist darüber zu informieren, welche Nachweise zur Beurteilung der Eignung des Bewerbers oder Bieters verlangt werden. Die frühzeitige Information dient der Chancengleichheit der Unternehmen, denen genügend Zeit verbleiben muss, sich die erforderlichen Unterlagen zu beschaffen. Dies führt zu größerer Transparenz und Chancengleichheit.[43] 31

Die Bieter müssen der Auftragsbekanntmachung deutlich und sicher entnehmen können, welche Erklärungen von ihnen wann abzugeben sind.[44] Unklarheiten oder Widersprüche gehen zu Lasten des Auftraggebers.[45] Die Eignung eines Bieters, insbes. seine für die ordnungsgemäße Leistungserbringung erforderliche Leistungsfähigkeit, darf nur an Kriterien gemessen werden, die der Auftraggeber in der Auftragsbekanntmachung transparent aufgestellt hat. Allein die Anforderung der Nachweise in der Auftragsbekanntmachung ist rechtlich verbindlich; der Auftraggeber darf hiervon (zB in der Angebotsaufforderung oder bei der Wertung) nicht mehr abweichen.[46] Schließt der Auftraggeber einen Bieter zu Unrecht wegen Nichterfüllung nicht-bekanntgemachter Eignungskriterien als ungeeignet aus und erteilt er den Auftrag einem anderen Bieter, steht es dem Schadensersatzanspruch des ausgeschlossenen Bieters nicht entgegen, dass der Auftraggeber die Erfüllung und den Nachweis dieser Eignungskriterien in den Vergabeunterlagen hätte voraussetzen dürfen.[47] 32

x) Nachprüfungsstelle (lit. x). Die Nachprüfungsstelle, an die sich die Unternehmen zur Nachprüfung behaupteter Verstöße gegen Vergabebestimmungen wenden können (§ 21 VOB/A), ist mit Anschrift und Kontaktdaten wie Telefon und Telefax, E-Mail-Adresse zu benennen. 33

---

[42] Kapellmann/Messerschmidt/Planker VOB/A § 12 Rn. 33.
[43] OLG München 21.8.2008 – Verg 13/08, BeckRS 2008, 20532 = VergabeR 2009, 65 (69); OLG Düsseldorf 12.3.2008 – VII Verg 56/07, BeckRS 2008, 21252 = VergabeR 2008, 671 (673); OLG Koblenz 7.11.2007 – 1 Verg 6/07, BeckRS 2008, 8767 = VergabeR 2008, 264; OLG Frankfurt a. M. 15.7.2008 – 11 Verg 4/08, ZfBR 2009, 86; 10.6.2008 – 11 Verg 3/08, BeckRS 2008, 20396.
[44] BGH 3.4.2012 – X ZR 130/10, BeckRS 2012, 11501.
[45] OLG Düsseldorf 26.3.2012 – VII Verg 4/12, BeckRS 2012, 11206.
[46] OLG Düsseldorf 27.4.2022 – Verg 25/21, VPRRS 2022, 0285; 11.7.2018 – Verg 24/18, VPRRS 2018, 0292; VK Bund 31.5.2023 – VK 1-35/23, VPRRS 2023, 0165; Kapellmann/Messerschmidt/Planker VOB/A § 12 Rn. 35.
[47] BGH 6.10.2020 – XIII ZR 21/19, VPRRS 2020, 0342.

III. Auftragsbekanntmachung bei Beschränkter Ausschreibung mit Teilnahmewettbewerb (Abs. 2)

34 Bei der Beschränkten Ausschreibung mit Teilnahmewettbewerb werden die Unternehmen durch eine Auftragsbekanntmachung öffentlich aufgefordert, Teilnahmeanträge zu stellen. Der Bewerber weist zunächst seine Eignung für den ausgeschriebenen Auftrag nach. Sodann wählt der Auftraggeber eine angemessene Zahl von geeigneten Bewerbern aus, die er zur Abgabe eines Angebotes auffordert (→ VOB/A § 3 Rn. 13 und → VgV § 16 Rn. 4 ff.). Form und Inhalt der Auftragsbekanntmachung bei dieser Verfahrensart stimmen mit derjenigen einer Öffentlichen Ausschreibung nach § 12 Abs. 1 Nr. 1 VOB/A überein. Die Vorschrift ist auf die Freihändige Vergabe mit Teilnahmewettbewerb entspr. anwendbar.[48]

1. Veröffentlichung (Nr. 1)

35 Ebenso wie die Öffentliche Ausschreibung hat die Bekanntmachung einer Beschränkten Ausschreibung mit Teilnahmewettbewerb etwa in Tageszeitungen, amtlichen Veröffentlichungsblättern oder auf unentgeltlich nutzbaren und direkt zugänglichen Internetportalen zu erfolgen; dazu oben → Rn. 5–8.

2. Inhalt (Nr. 2)

36 Der **Mindestinhalt** der Auftragsbekanntmachung entspricht den Angaben, die bei einer Öffentlichen Ausschreibung mitgeteilt werden sollen. Insoweit wird auf die obigen → Rn. 9–33 Bezug genommen.

IV. Teilnahmeanträge (Abs. 3)

37 Teilnahmeanträge sind auch dann zu berücksichtigen, wenn sie per Telefax oder in sonstiger Weise elektronisch übermittelt werden, sofern die sonstigen Teilnahmebedingungen erfüllt sind. Die in Abs. 3 genannten Übertragungswege können jedoch nur dann in Anspruch genommen werden, wenn sie in der Auftragsbekanntmachung nicht ausgeschlossen wurden.[49] Der Auftraggeber kann nach § 11 Abs. 1 Nr. 1 VOB/A bestimmen, in welcher Form Teilnahmeanträge einzureichen sind. Sind Teilnahmeanträge auf elektronischem Weg zugelassen, muss der Auftraggeber die entspr. Zugangsmöglichkeiten schaffen.

38 Teilnahmeanträge sind nur zuzulassen, wenn die **sonstigen Teilnahmebedingungen** erfüllt sind. Der Antrag muss formal und inhaltlich den in der Auftragsbekanntmachung angegebenen Anforderungen entsprechen. Er muss fristgerecht mitsamt geforderter Eignungsnachweise eingehen. Ein verspäteter Teilnahmeantrag muss zwingend unberücksichtigt bleiben.[50]

§ 12a Versand der Vergabeunterlagen

(1) **Soweit die Vergabeunterlagen nicht elektronisch im Sinne von § 11 Absatz 2 und 3 zur Verfügung gestellt werden, sind sie**
1. den Unternehmen unverzüglich in geeigneter Weise zu übermitteln.
2. bei Beschränkter Ausschreibung und Freihändiger Vergabe an alle ausgewählten Bewerber am selben Tag abzusenden.

---

[48] HK-VergabeR/Franzius VOB/A § 12 Rn. 54.
[49] HK-VergabeR/Franzius VOB/A § 12 Rn. 57.
[50] OLG Düsseldorf 30.5.2001 – Verg 23/00, BeckRS 2001, 160724.

(2) **Wenn von den für die Preisermittlung wesentlichen Unterlagen keine Vervielfältigungen abgegeben werden können, sind diese in ausreichender Weise zur Einsicht auszulegen.**

(3) **Die Namen der Unternehmen, die Vergabeunterlagen erhalten oder eingesehen haben, sind geheim zu halten.**

(4) **Erbitten Unternehmen zusätzliche sachdienliche Auskünfte über die Vergabeunterlagen, so sind diese Auskünfte allen Unternehmen unverzüglich in gleicher Weise zu erteilen.**

I. Übermittlung der Vergabeunterlagen (Abs. 1)

1. Öffentliche Ausschreibung (Nr. 1)

Bei öffentlicher Ausschreibung verlangt Abs. 1 Nr. 1, den Unternehmen die Vergabeunterlagen **unverzüglich und in geeigneter Weise** zu übermitteln, soweit die Vergabeunterlagen nicht elektronisch iSv § 11 Abs. 2 und 3 VOB/A zur Verfügung gestellt werden. Dadurch sollen die Unternehmen in die Lage versetzt werden, die Angebotsfrist (§ 10 Abs. 1 VOB/A) möglichst voll auszuschöpfen. Die Vorschrift vermittelt **Bieterschutz**. Unverzüglich bedeutet ohne schuldhaftes Zögern (§ 121 BGB). Der Auftraggeber hat daher bei der hier normierten nicht-elektronischen Bereitstellung sicherzustellen, dass die Vergabeunterlagen in ausreichender Zahl zur Verfügung stehen und ohne Zeitverzug an die Unternehmen übermittelt werden können. Die Unternehmen haben Anspruch darauf, dass der Auftraggeber erst dann mit der Ausschreibung beginnt, wenn er die Vergabeunterlagen abschl. fertig gestellt hat (§ 2 Abs. 6 VOB/A). Das bedeutet zugleich, dass die Vergabeunterlagen bereits zum Zeitpunkt der Auftragsbekanntmachung finalisiert sein müssen. Die Unternehmen können also nicht darauf verwiesen werden, dass die Vergabeunterlagen noch nicht, etwa durch eine vorgesetzte Dienststelle, freigegeben seien; eine solche Handhabung wäre zugleich ein Verstoß gegen § 2 Abs. 6 VOB/A.[1] Jeder Zeitverzug ist tunlichst zu vermeiden. Anderenfalls muss die Angebotsfrist zwingend verlängert werden. Ferner verstieße es gegen den Gleichbehandlungsgrundsatz, die Anfragen der Unternehmen zunächst zu sammeln und die Vergabeunterlagen zu „Sammelterminen" zu verschicken. Vielmehr führt das Gebot der unverzüglichen Übermittlung zwingend dazu, dass die Unternehmen die Vergabeunterlagen zu unterschiedlichen Zeitpunkten erhalten.

Auch verträgt sich die bei nicht-elektronischer Vergabe mitunter noch zu beobachtende Praxis, in der Bekanntmachung eine **Frist für die Anforderung der Vergabeunterlagen** zu setzen, nicht mit Abs. 1 Nr. 1. Eine zeitlich befristete Einschränkung der Pflicht, die Vergabeunterlagen unverzüglich zu übermitteln, ist der Vorschrift nicht zu entnehmen. Deshalb ist die Festlegung einer Frist für die Anforderung der Vergabeunterlagen in der Auftragsbekanntmachung unzulässig.[2] Der Versand darf iÜ nur an diejenigen Unternehmen erfolgen, die die Vergabeunterlagen aufgrund der Auftragsbekanntmachung angefordert haben. Es verstieße gegen den Gleichbehandlungsgrundsatz, wenn die Vergabeunterlagen auch an Unternehmen übermittelt würden, die ihr Interesse nur vor Beginn des Vergabeverfahrens ggü. dem Auftraggeber bekundet hatten. Die Übermittlung der Vergabeunterlagen setzt also zwingend einen entspr. Antrag des Unternehmens aus Anlass der erfolgten Bekanntmachung voraus.[3]

---

[1] HK-VergabeR/Franzius VOB/A § 12a Rn. 4.
[2] VK Sachsen 19.4.2012 – 1/SVK/009-12, BeckRS 2012, 10679.
[3] BayObLG 4.2.2003 – Verg 31/02, NZBau 2003, 584; HK-VergabeR/Franzius VOB/A § 12a Rn. 3.

VOB/A § 12a　　　　　　　　　　　　　　　　　Versand der Vergabeunterlagen

3　　Die Übermittlung der Vergabeunterlagen muss **in geeigneter Weise** erfolgen. Welcher Übertragungsweg geeignet ist, entscheidet der Auftraggeber nach pflichtgemäßem Ermessen. Es muss nur sichergestellt sein, dass die Vergabeunterlagen dem Unternehmen möglichst zeitnah zugehen. Es besteht kein Anspruch darauf, die Vergabeunterlagen auf einem bestimmten Übertragungsweg zu erhalten.[4] Die Übersendung im Postversand ist ausreichend. Es ist ggü. allen Bewerbern eine **einheitliche Übertragungsform** zu wählen. So wäre es bspw. unzulässig, die Vergabeunterlagen einem Bewerber per Post zu übermitteln, während die übrigen Bewerber sie per E-Mail erhalten.[5] Der Auftraggeber ist verpflichtet, die Vergabeunterlagen erneut zu versenden, wenn sie auf dem Postweg verloren gegangen sind.[6] Zulässig ist auch eine elektronische Übermittlung, sofern die elektronische Übermittlung in der Bekanntmachung vorgesehen ist.

2. Beschränkte Ausschreibung und Freihändige Vergabe (Nr. 2)

4　　Anders als bei der Öffentlichen Ausschreibung, steht bei der Beschränkten Ausschreibung und der Freihändigen Vergabe der Kreis der Bewerber, die zur Angebotsabgabe aufgefordert werden, fest. Der Vergabewettbewerb beschränkt sich auf diese Bewerber. Abs. 1 Nr. 2 ist Ausfluss des Gleichbehandlungs- und Transparenzgebotes und dient dem Zweck, bei nicht-elektronischen Vergaben gleiche Wettbewerbsbedingungen unter diesen Bewerbern herzustellen. In diesen Fällen sind die Vergabeunterlagen **am selben Tag abzusenden.** An dem Folgetag nach der Absendung beginnt die Angebotsfrist zu laufen. Über die Art der Übermittlung entscheidet der Auftraggeber nach pflichtgemäßem Ermessen. Auch hier dürfen die Wettbewerbschancen der Bewerber nicht aus Gründen beeinträchtigt werden, die in der Sphäre des Auftraggebers liegen. Wie bei der Öffentlichen Ausschreibung, haben die Bewerber keinen Anspruch darauf, die Vergabeunterlagen auf einem bestimmten Übertragungsweg zu erhalten. Der Versand auf dem Postweg ist ausreichend; unterschiedliche Postlaufzeiten sind unerheblich, zumal die Vorschrift lediglich ein Absenden am selben Tag verlangt. Der Auftraggeber kann die Vergabeunterlagen auch elektronisch übermitteln. Bewerbern, die elektronisch kommunizieren, muss der Auftraggeber die Vergabeunterlagen dementsprechend zeitgleich zusenden. Bewerbern, die nicht elektronisch kommunizieren, muss er die Vergabeunterlagen zeitgleich entweder – soweit sinnvoll möglich – vorab per Telefax, jedenfalls aber taggleich per Post übermitteln.

5　　Entspr. dem Zweck des Abs. 1 Nr. 2, gleiche Wettbewerbsbedingungen für die Bewerber sicherzustellen, gilt die Pflicht zur gleichzeitigen Abgabe der Vergabeunterlagen auch bei Beschränkten Ausschreibungen und Freihändigen Vergaben ohne Teilnahmewettbewerb.[7]

II. Umfang der Vergabeunterlagen (Abs. 2)

6　　Der Auftraggeber ist verpflichtet, den Unternehmen alle Unterlagen, die für die Angebotserstellung erforderlich sind, namentlich die für die **Preisermittlung wesentlichen Unterlagen,** in Form von **Vervielfältigungen** zur Verfügung zu stellen. Nur dann, wenn die Unternehmen vollständige Vergabeunterlagen erhalten und zur Erstellung des Angebotes verwenden können, ist gewährleistet, dass sie die ausgeschriebene Leistung im gleichen Sinne verstehen und ihre Preise sicher kalkulieren können (§ 7 Abs. 1 Nr. 1 VOB/A).

---

[4] HK-VergabeR/Franzius VOB/A § 12a Rn. 4.
[5] HK-VergabeR/Franzius VOB/A § 12a Rn. 5.
[6] OLG Düsseldorf 21.12.2005 – Verg 75/05, BeckRS 2006, 1789.
[7] HK-VergabeR/Franzius VOB/A § 12a Rn. 8.

Abs. 2 hat die (seltene) Situation im Blick, dass der Auftraggeber ausnahmsweise 7
nicht in der Lage ist, den Unternehmen die Vergabeunterlagen vollständig zur Verfügung zu stellen (und zwar auch nicht in elektronischer Form oder als CD-ROM etc). Danach sind Unterlagen, die für die Preisermittlung wesentlich sind, jedoch nicht vervielfältigt werden können, in ausreichender Weise zur Einsicht auszulegen. Damit wird sichergestellt, dass die Angebotskalkulation auf der Grundlage vollständiger Vergabeunterlagen erfolgen kann.[8] Der Auftraggeber hat nach pflichtgemäßem Ermessen zu entscheiden, ob die nicht kopierfähigen Unterlagen für die Preisermittlung wesentlich sind; dabei sollte er sich von einer eher großzügigen Auslegung leiten lassen. Erfasst sind für die Preisermittlung wesentliche Unterlagen, deren Vervielfältigung entweder aus technischen Gründen nicht möglich bzw. mit unverhältnismäßig hohem Aufwand verbunden ist oder aus rechtlichen Gründen (etwa aus urheberrechtlichen Gründen) dem Auftraggeber untersagt ist. Hierzu zählen zB Probestücke, Muster, großformatige Pläne, umfangreiche Sachverständigengutachten, Detailzeichnungen oder farbige Darstellungen.

Diese Unterlagen sind **in ausreichender Weise** zur Einsicht auszulegen. In 8
örtlicher Hinsicht bietet sich eine Auslage im Regelfall am Sitz des Auftraggebers an. In zeitlicher Hinsicht muss die Einsichtnahme unverzüglich nach erfolgter Auftragsbekanntmachung ermöglicht werden; die nicht kopierfähigen Unterlagen sind Bestandteil der Vergabeunterlagen, die gem. § 12a Abs. 1 Nr. 1 VOB/A unverzüglich zur Verfügung zu stellen sind. Das bedeutet zugleich, dass auch die auszulegenden Unterlagen zum Beginn der Ausschreibung vollständig fertig zu stellen sind. Daneben muss die Auslage den Unternehmen eine angemessene Einsichtnahme ermöglichen; insofern empfiehlt sich eine Auslage zu den Bürozeiten des Auftraggebers. Dabei darf die Auslage schließlich nicht auf einen bestimmten Zeitraum begrenzt werden, sondern ist bis zum Ablauf der Angebotsfrist zu gewährleisten.

III. Geheimhaltung der Bewerber (Abs. 3)

Zur Gewährleistung größtmöglicher Verfahrensintegrität sowie zur Verhinderung 9
von Preisabsprachen sind die Namen der Unternehmen, die Vergabeunterlagen erhalten oder eingesehen haben, geheim zu halten.[9] Die Vertraulichkeit ist auch anlässlich der Auslage von nicht versandfähigen Unterlagen nach Abs. 2 zu gewährleisten. Hinsichtlich weiterer Einzelheiten wird auf → VOB/A § 12a EU Rn. 6 verwiesen.

IV. Auskünfte (Abs. 4)

Nach Abs. 4 haben alle Unternehmen **Anspruch auf Erteilung sachdienli-** 10
cher Auskünfte über die Vergabeunterlagen. Der Auftraggeber ist zur unverzüglichen Erteilung der Auskünfte ggü. allen Unternehmen verpflichtet.[10] Die Vorschrift stellt die Einhaltung eines fairen Wettbewerbs, die Transparenz der Vergabe sowie die Gleichbehandlung der Unternehmen sicher und ist **bieterschützend**.[11]

---

[8] VK Lüneburg 26.1.2005 – 203-VgK-56/2004, IBRRS 2005, 0479.
[9] BVerwG 30.1.2014 – 8 B 27.13, NZBau 2014, 524 zur unzulässigen Veranstaltung von gemeinsamen Ortsbesichtigungen mit den Bietern.
[10] OLG Naumburg 23.7.2001 – 1 Verg 2/01, BeckRS 2001, 31024383.
[11] VK Südbayern 20.5.2019 – Z3-3-3194-1-05-02/19 zu § 20 VgV; OLG Naumburg 23.7.2001 – 1 Verg 2/01, BeckRS 2001, 31024383; VK Sachsen 26.6.2009 – 1-SVK/024/09, BeckRS 2009, 23149; 24.4.2008 – 1/SVK/015-08, IBRRS 2008, 1391.

VOB/A § 12a

1. Sachdienlichkeit

11 Wann eine Auskunft sachdienlich ist, bestimmt sich nicht aus der Sicht des Auftraggebers, sondern des Unternehmens. Im Regelfall ist eine Auskunft sachdienlich, wenn sie bei objektiver Betrachtung in einem sachlichen Zusammenhang mit dem Auftragsgegenstand oder dem Verfahren steht.[12] Dies kann etwa die Erläuterung eines rechtlichen oder technischen Aspektes betreffen, der die **Wettbewerbsposition des Unternehmens** verbessern kann. Informationen, die gegeben werden, weil ein Unternehmen eindeutige Angaben in den Vergabeunterlagen nur individuell missverstanden oder nicht genau gelesen hat, sind indessen nicht sachdienlich; hier reicht eine bilaterale Aufklärung aus. Um eine sachdienliche Auskunft handelt es sich indessen, wenn die erbetene Information Missverständnisse beheben oder Verständnisfragen hinsichtlich der Vergabeunterlagen beantworten kann.[13]

12 Dabei ist generell eine **großzügige Handhabung** geboten.[14] Es sind nicht nur Auskünfte zu erteilen, die technische Fragen betreffen, sondern auch und gerade solche, die für die Preiskalkulation bedeutsam sein können.[15] Auch müssen Auskünfte bei technischen, wirtschaftlichen und rechtlichen Fragen hinsichtlich des Bauvertrags erteilt werden. Insbes. dann, wenn sich Nachfragen zu einzelnen Punkten häufen, ist kritisch zu hinterfragen, ob die Vergabeunterlagen objektiv missverständliche Regelungen enthalten und ggf. korrigiert werden müssen. Entspr. Korrekturen sind dann natürlich allen Unternehmen bekannt zu geben. Nach der Regelung ist nicht erforderlich, dass es sich um Auskünfte über die geforderte Leistung oder die Grundlagen der Preisermittlung handelt. Betreffen derartige, auf Unklarheiten oder Lücken in der Leistungsbeschreibung beruhende Anfragen die geforderte Leistung und/oder die **Grundlagen der Preisberechnung**, müssen sie selbstverständlich auch den anderen Unternehmen mitgeteilt werden.[16]

13 Unabhängig von entspr. Anfragen der Unternehmen besteht die Pflicht, jedem Unternehmen **wesentliche Änderungen** der Vergabeunterlagen unverzüglich bekanntzugeben.[17] Die Auskünfte müssen – dies ist eine Selbstverständlichkeit – richtig, vollständig und widerspruchsfrei sein.[18] Daneben ist stets zu beachten, dass mit zusätzlichen Auskünften grds. nur Klarstellungen in Bezug auf den konkreten Beschaffungsgegenstand vorgenommen werden können. Dagegen ist es unzulässig, den ausgeschriebenen Auftrag durch weitreichende Korrekturen iRd Auskunftserteilung zu verändern.[19]

2. Zeitliche Vorgaben

14 Die Auskünfte sind **unverzüglich** zu erteilen. Das bedeutet nach § 121 BGB prinzipiell ein Handeln ohne schuldhaftes Zögern, wobei dem Auftraggeber jedoch eine gewisse Bearbeitungsfrist von wenigen Tagen zuzubilligen ist. Es ist zulässig (und in der Praxis auch üblich), Fragen zu sammeln und diese mit den Antworten zeitnah allen Unternehmen bereit zu stellen. Anders als § 12a EU Abs. 3 VOB/A, begrenzt die Vorschrift iÜ nicht den Zeitpunkt, bis zu dem Auskünfte zu erteilen

---

[12] OLG Naumburg 23.7.2001 – 1 Verg 2/01, BeckRS 2001, 31024383; VK Südbayern 20.5.2019 – Z3-3-3194-1-05-02/19; VK Nordbayern 18.12.2018 – RMF-SG21-3194-3-35, VPRRS 2019, 0127; HK-VergabeR/Franzius VOB/A § 12a Rn. 12.
[13] OLG Düsseldorf 23.3.2005 – VII-Verg 77/04, BeckRS 2005, 4430.
[14] VK Südbayern 20.5.2019 – Z3-3-3194-1-05-02/19; VK Nordbayern 18.12.2018 – RMF-SG21-3194-3-35, VPRRS 2019, 0127.
[15] OLG Naumburg 23.7.2001 – 1 Verg 2/01, BeckRS 2001, 31024383.
[16] OLG Düsseldorf 23.3.2005 – VII-Verg 77/04, BeckRS 2005, 4430.
[17] BGH 24.4.1997 – VII ZR 106/95, NJW-RR 1997, 1106.
[18] VK Bund 12.12.2008 – VK 2–136/08, VPRRS 2014, 0087.
[19] EuGH 10.5.2012 – C-368/10, NZBau 2012, 445 = VergabeR 2012, 569 (576).

sind.[20] Bieterfragen dürfen somit grds. auch bis kurz vor dem Ablauf der Angebotsfrist gestellt und müssen dann entspr. kurzfristig beantwortet werden. Das kann mitunter dazu führen, dass die Angebotsfrist zu verlängern ist, wenn die Auskunft nicht mehr rechtzeitig erteilt werden kann.[21] Mit Blick darauf ist es dem Auftraggeber gestattet, das Verfahren zur Erteilung sachdienlicher Auskünfte zu strukturieren und hierbei eine angemessene **Ausschlussfrist** für den letztmöglichen Eingang von Fragen zu den Vergabeunterlagen festzulegen.[22] Vgl. zur Auskunftspflicht auch → VgV § 20 Rn. 14 und 15.

3. Gleichbehandlung

Grundlage des Abs. 4 ist die Gleichbehandlung aller Teilnehmer in einem Vergabeverfahren.[23] Der Auftraggeber ist daher verpflichtet, jede (sachdienliche) Frage und ihre Antwort zugleich auch den anderen Unternehmen mitzuteilen. Die zusätzlichen Informationen müssen ggü. allen Unternehmen **in gleicher Weise** erteilt werden.[24] Dies ergibt sich aus dem Grundsatz der Gleichbehandlung und der Bedeutung einer einheitlichen Informationsbasis aller Bieter für den Erhalt vergleichbarer Angebote und damit für einen fairen Wettbewerb. Besonders wichtig ist auch die Herstellung von Transparenz. Jeder Bieter muss sein Angebot in dem Vertrauen erstellen können, dass er über dieselben Informationen verfügt wie seine Mitbewerber. Muss er befürchten, dass ohne sein Wissen Informationen fließen, so erschüttert dies das Vertrauen in den gleichbehandelnden Vergabewettbewerb.[25] Nur im Ausnahmefall kann eine Bieterfrage individuell beantwortet werden, wenn sie offensichtlich ein individuelles Missverständnis des Bieters betrifft und die allseitige Beantwortung der Frage Betriebs- oder Geschäftsgeheimnisse verletzen oder die Identität des Bieters preisgeben würde.[26] Werden nur einem Unternehmen wettbewerbs- und preisrelevante Kalkulationsgrundlagen zur Verfügung gestellt, kann diese Ungleichbehandlung mangels vergleichbarer Angebote zur Rückversetzung oder im Ausnahmefall zur Aufhebung des Vergabeverfahrens führen.[27] Dabei reicht es aus, dass nicht ausgeschlossen werden kann, dass die unterbliebene Bieteröffentlichkeit auf die Angebotserstellung Auswirkungen hatte.[28] Die Auskunftsadressaten beschränken sich freilich auf die dem Auftraggeber zum Zeitpunkt der Auskunftserteilung bekannten Unternehmen. Im Verfahrensverlauf später hinzukommende Unternehmen sind, ohne dass es hierfür eines besonderen Antrags bedarf, mit der Übermittlung der Vergabeunterlagen entspr. nachzuinformieren. Um allen Unternehmen die notwendigen Auskünfte erteilen zu können, ist deshalb – sofern das Vergabeverfahren nicht mit elektronischen Mitteln durchgeführt wird – tunlichst

---

[20] HK-VergabeR/Franzius VOB/A § 12a Rn. 15.

[21] Vgl. aber VK BW 26.3.2010 – 1 VK 11/10, BeckRS 2010, 24477: berechtigte Zurückweisung von Bieterfragen, die weniger als 24 Stunden vor Ablauf der Angebotsfrist gestellt werden.

[22] VK Sachsen 24.4.2008 – 1/SVK/015-08, BeckRS 2008, 10072.

[23] VK Sachsen 26.6.2009 – 1-SVK/024/09, BeckRS 2009, 23149.

[24] VK Bund 27.1.2017 – VK 2–131/16, BeckRS 2017, 113308; VK Sachsen 24.8.2016 – 1/SVK/017-16, VPRRS 2016, 0435.

[25] VK Bund 27.1.2017 – VK 2–131/16, BeckRS 2017, 113308.

[26] VK Sachsen 24.8.2016 – 1/SVK/017-16, VPRRS 2016, 0435. Indessen sind selbst dann die Fragen und Antworten so zu abstrahieren, dass Bieteröffentlichkeit hergestellt werden kann.

[27] VK Bund 27.1.2017 – VK 2–131/16, BeckRS 2017, 113308; VK Sachsen 24.8.2016 – 1/SVK/017-16, VPRRS 2016, 0435; VK Lüneburg 24.11.2003 – 203-VgK-29/2003, IBRRS 2004, 0020.

[28] VK Bund 27.1.2017 – VK 2–131/16, BeckRS 2017, 113308; VK Sachsen 24.8.2016 – 1/SVK/017-16, VPRRS 2016, 0435.

in Form einer Bewerberliste zu dokumentieren, welche Unternehmen wann die Vergabeunterlagen erhalten haben.

16 Die Auskünfte sind ggü. allen Unternehmen in gleicher Weise zu erteilen. Eine spezielle **Form der Auskunft** – wie iÜ auch der zu stellenden Bieterfrage – ist nicht vorgeschrieben. Auch hier sollte der Auftraggeber **größtmögliche Transparenz** walten lassen. Er sollte sich stets von der Überlegung leiten lassen, dass die Fragen der Unternehmen und seine Antworten hierauf Bestandteil der Vergabeunterlagen sind. Häufig – insbes. gilt dies für Freihändige Vergaben bzw. Verhandlungsverfahren – sind die Festlegungen in den Antworten für die Vertragsauslegung relevant. Von daher sollte der Auftraggeber stets – und zwar bereits in der Auftragsbekanntmachung – verlangen, dass die Unternehmen ihre Fragen in **Textform** zu stellen haben, und diese Fragen auch nur in Textform beantworten.

§ 13 Form und Inhalt der Angebote

(1)
1. ¹Der Auftraggeber legt fest, in welcher Form die Angebote einzureichen sind. ²Schriftlich eingereichte Angebote müssen unterzeichnet sein. ³Elektronische Angebote sind nach Wahl des Auftraggebers in Textform oder versehen mit
   a) einer fortgeschrittenen elektronischen Signatur,
   b) einer qualifizierten elektronischen Signatur,
   c) einem fortgeschrittenen elektronischen Siegel oder
   d) einem qualifizierten elektronischen Siegel
   zu übermitteln.
2. ¹Der Auftraggeber hat die Datenintegrität und die Vertraulichkeit der Angebote auf geeignete Weise zu gewährleisten. ²Per Post oder direkt übermittelte Angebote sind in einem verschlossenen Umschlag einzureichen, als solche zu kennzeichnen und bis zum Ablauf der für die Einreichung vorgesehenen Frist unter Verschluss zu halten. ³Bei elektronisch übermittelten Angeboten ist dies durch entsprechende technische Lösungen nach den Anforderungen des Auftraggebers und durch Verschlüsselung sicherzustellen. ⁴Die Verschlüsselung muss bis zur Öffnung des ersten Angebots aufrechterhalten bleiben.
3. Die Angebote müssen die geforderten Preise enthalten.
4. Die Angebote müssen die geforderten Erklärungen und Nachweise enthalten.
5. ¹Änderungen an den Vergabeunterlagen sind unzulässig. ²Änderungen des Bieters an seinen Eintragungen müssen zweifelsfrei sein.
6. Bieter können für die Angebotsabgabe eine selbstgefertigte Abschrift oder Kurzfassung des Leistungsverzeichnisses benutzen, wenn sie den vom Auftraggeber verfassten Wortlaut des Leistungsverzeichnisses im Angebot als allein verbindlich anerkennen; Kurzfassungen müssen jedoch die Ordnungszahlen (Positionen) vollzählig, in der gleichen Reihenfolge und mit den gleichen Nummern wie in dem vom Auftraggeber verfassten Leistungsverzeichnis wiedergeben.
7. Muster und Proben der Bieter müssen als zum Angebot gehörig gekennzeichnet sein.

(2) ¹Eine Leistung, die von den vorgesehenen technischen Spezifikationen nach § 7a Absatz 1 abweicht, kann angeboten werden, wenn sie mit dem geforderten Schutzniveau in Bezug auf Sicherheit, Gesundheit und Gebrauchstauglichkeit gleichwertig ist. ²Die Abweichung muss im Angebot

eindeutig bezeichnet sein. ³Die Gleichwertigkeit ist mit dem Angebot nachzuweisen.

(3) ¹Die Anzahl von Nebenangeboten ist an einer vom Auftraggeber in den Vergabeunterlagen bezeichneten Stelle aufzuführen. ²Etwaige Nebenangebote müssen auf besonderer Anlage erstellt und als solche deutlich gekennzeichnet werden. ³Werden mehrere Hauptangebote abgegeben, muss jedes aus sich heraus zuschlagsfähig sein. ⁴Absatz 1 Nummer 2 Satz 2 gilt für jedes Hauptangebot entsprechend.

(4) Soweit Preisnachlässe ohne Bedingungen gewährt werden, sind diese an einer vom Auftraggeber in den Vergabeunterlagen bezeichneten Stelle aufzuführen.

(5) ¹Bietergemeinschaften haben die Mitglieder zu benennen sowie eines ihrer Mitglieder als bevollmächtigten Vertreter für den Abschluss und die Durchführung des Vertrags zu bezeichnen. ²Fehlt die Bezeichnung des bevollmächtigten Vertreters im Angebot, so ist sie vor der Zuschlagserteilung beizubringen.

(6) Der Auftraggeber hat die Anforderungen an den Inhalt der Angebote nach den Absätzen 1 bis 5 in die Vergabeunterlagen aufzunehmen.

Bis auf geringfügige Abweichungen in der Darstellung in Abs. 1 entspricht die 1
Bestimmung dem Inhalt von § 13 EU VOB/A, so dass auf die dortigen Erläuterungen und die dortigen Verweisungen auf die Erläuterungen zu § 53 VgV verwiesen werden kann, → VOB/A § 13 EU Rn. 1 ff.

§ 14 Öffnung der Angebote, Öffnungstermin bei ausschließlicher Zulassung elektronischer Angebote

(1) ¹Sind nur elektronische Angebote zugelassen, wird die Öffnung der Angebote von mindestens zwei Vertretern des Auftraggebers gemeinsam an einem Termin (Öffnungstermin) unverzüglich nach Ablauf der Angebotsfrist durchgeführt. ²Bis zu diesem Termin sind die elektronischen Angebote zu kennzeichnen und verschlüsselt aufzubewahren.

(2)
1. Der Verhandlungsleiter stellt fest, ob die elektronischen Angebote verschlüsselt sind.
2. Die Angebote werden geöffnet und in allen wesentlichen Teilen im Öffnungstermin gekennzeichnet.
3. Muster und Proben der Bieter müssen im Termin zur Stelle sein.

(3) ¹Über den Öffnungstermin ist eine Niederschrift in Textform zu fertigen, in der die beiden Vertreter des Auftraggebers zu benennen sind. ²Der Niederschrift ist eine Aufstellung mit folgenden Angaben beizufügen:
a) Name und Anschrift der Bieter,
b) die Endbeträge der Angebote oder einzelner Lose,
c) Preisnachlässe ohne Bedingungen,
d) Anzahl der jeweiligen Nebenangebote.

(4) ¹Angebote, die nach Ablauf der Angebotsfrist eingegangen sind, sind in der Niederschrift oder in einem Nachtrag besonders aufzuführen. ²Die Eingangszeiten und die etwa bekannten Gründe, aus denen die Angebote nicht vorgelegen haben, sind zu vermerken.

(5) ¹Ein Angebot, das nachweislich vor Ablauf der Angebotsfrist dem Auftraggeber zugegangen war, aber dem Verhandlungsleiter nicht vorgelegen hat, ist mit allen Angaben in die Niederschrift oder in einen Nachtrag

aufzunehmen. ²Den Bietern ist dieser Sachverhalt unverzüglich in Textform mitzuteilen. ³In die Mitteilung sind die Feststellung, ob die Angebote verschlüsselt waren, sowie die Angaben nach Absatz 3 Buchstabe a bis d aufzunehmen. ⁴Im Übrigen gilt Absatz 4 Satz 2.

(6) ¹Bei Ausschreibungen stellt der Auftraggeber den Bietern die in Absatz 3 Buchstabe a bis d genannten Informationen unverzüglich elektronisch zur Verfügung. ²Den Bietern und ihren Bevollmächtigten ist die Einsicht in die Niederschrift und ihre Nachträge (Absätze 4 und 5 sowie § 16c Absatz 3) zu gestatten.

(7) Die Niederschrift darf nicht veröffentlicht werden.

(8) Die Angebote und ihre Anlagen sind sorgfältig zu verwahren und geheim zu halten.

1   Die Bestimmung regelt die Behandlung von elektronischen Angeboten und ihre Öffnung. Sie greift dazu die auf elektronische Angebote bezogenen Regelungen aus § 14 EU VOB/A auf.
2   Auf die Erläuterungen zu § 14 EU VOB/A kann verwiesen werden, → VOB/A § 14 EU Rn. 4 ff.
3   Nicht enthalten sind die Regelungen, die auf schriftliche Angebote ausgerichtet sind. Dies betrifft
    • die Erwähnung von schriftlichen Angeboten, § 14 EU Abs. 1 S. 3 VOB/A,
    • die Schriftformalternative der Eröffnungsniederschrift, § 14 EU Abs. 3 Nr. 1 VOB/A,
    • die Pflicht zur Aufbewahrung des Umschlags eines verspäteten Angebotes, § 14 EU Abs. 4 S. 3 VOB/A.
    • Das Gleiche gilt für den Inhalt der Mitteilung aus § 14 EU Abs. 5 Nr. 2 VOB/A.

§ 14a Öffnung der Angebote, Eröffnungstermin bei Zulassung schriftlicher Angebote

(1) ¹Sind schriftliche Angebote zugelassen, ist bei Ausschreibungen für die Öffnung und Verlesung (Eröffnung) der Angebote ein Eröffnungstermin abzuhalten, in dem nur die Bieter und ihre Bevollmächtigten zugegen sein dürfen. ²Bis zu diesem Termin sind die zugegangenen Angebote auf dem ungeöffneten Umschlag mit Eingangsvermerk zu versehen und unter Verschluss zu halten. ³Elektronische Angebote sind zu kennzeichnen und verschlüsselt aufzubewahren.

(2) Zur Eröffnung zuzulassen sind nur Angebote, die bis zum Ablauf der Angebotsfrist eingegangen sind.

(3)
1. Der Verhandlungsleiter stellt fest, ob der Verschluss der schriftlichen Angebote unversehrt ist und die elektronischen Angebote verschlüsselt sind.
2. ¹Die Angebote werden geöffnet und in allen wesentlichen Teilen im Eröffnungstermin gekennzeichnet. ²Name und Anschrift der Bieter und die Endbeträge der Angebote oder einzelner Lose, sowie Preisnachlässe ohne Bedingungen werden verlesen. ³Es wird bekannt gegeben, ob und von wem und in welcher Zahl Nebenangebote eingereicht sind. ⁴Weiteres aus dem Inhalt der Angebote soll nicht mitgeteilt werden.
3. Muster und Proben der Bieter müssen im Termin zur Stelle sein.

Öffnung der Angebote § 14a VOB/A

(4)
1. ¹Über den Eröffnungstermin ist eine Niederschrift in Schriftform oder in elektronischer Form zu fertigen. ²In ihr ist zu vermerken, dass die Angaben nach Absatz 3 Nummer 2 verlesen und als richtig anerkannt oder welche Einwendungen erhoben worden sind.
2. Sie ist vom Verhandlungsleiter zu unterschreiben oder mit einer Signatur nach § 13 Absatz 1 Nummer 1 zu versehen; die anwesenden Bieter und Bevollmächtigten sind berechtigt, mit zu unterzeichnen oder eine Signatur nach § 13 Absatz 1 Nummer 1 anzubringen.

(5) ¹Angebote, die nach Ablauf der Angebotsfrist eingegangen sind (Absatz 2), sind in der Niederschrift oder in einem Nachtrag besonders aufzuführen. ²Die Eingangszeiten und die etwa bekannten Gründe, aus denen die Angebote nicht vorgelegen haben, sind zu vermerken. ³Der Umschlag und andere Beweismittel sind aufzubewahren.

(6) ¹Ein Angebot, das nachweislich vor Ablauf der Angebotsfrist dem Auftraggeber zugegangen war, aber dem Verhandlungsleiter nicht vorgelegen hat, ist mit allen Angaben in die Niederschrift oder in einen Nachtrag aufzunehmen. ²Den Bietern ist dieser Sachverhalt unverzüglich in Textform mitzuteilen. ³In die Mitteilung sind die Feststellung, ob der Verschluss unversehrt war und die Angaben nach Absatz 3 Nummer 2 aufzunehmen. ⁴Im Übrigen gilt Absatz 5 Satz 2 und 3.

(7) Den Bietern und ihren Bevollmächtigten ist die Einsicht in die Niederschrift und ihre Nachträge (Absätze 5 und 6 sowie § 16c Absatz 3) zu gestatten; den Bietern sind nach Antragstellung die Namen der Bieter sowie die verlesenen und die nachgerechneten Endbeträge der Angebote sowie die Zahl ihrer Nebenangebote nach der rechnerischen Prüfung unverzüglich mitzuteilen.

(8) **Die Niederschrift darf nicht veröffentlicht werden.**

(9) **Die Angebote und ihre Anlagen sind sorgfältig zu verwahren und geheim zu halten; dies gilt auch bei Freihändiger Vergabe.**

Die Bestimmung regelt die Öffnung der Angebote, wenn (neben elektronischen Angeboten auch) schriftliche Angebote zugelassen sind. Abs. 1 S. 1, 2 betrifft schriftliche Angebote; Abs. 1 S. 3 elektronische Angebote. Sie greift dazu die Regelungen aus § 14 EU VOB/A auf, die ebenfalls die Öffnung von schriftlichen (per Post oder direkt zugegangenen – Abs. 1 S. 3) und von elektronischen Angeboten (Abs. 1 S. 2) regeln. 1

Die Bestimmung ist weitgehend mit § 14 EU VOB/A identisch. 2

Nach § 14a Abs. 1 S. 1 VOB/A dürfen bei der Öffnung der schriftlichen Angebote Bieter und ihre Bevollmächtigte teilnehmen. 3

Abs. 2 betont, dass zur Eröffnung nur die Angebote zugelassen sind, die bis zum Ablauf der Angebotsfrist auch (tatsächlich) eingegangen sind. Dies stellt jedoch keine Besonderheit bei der Öffnung der Angebote dar. Es handelt sich ohnehin nur um eine deklaratorische Klarstellung, da Abs. 4 die Öffnung dieser Angebote ebenfalls regelt. § 14 EU VOB/A enthält diesen Abs. nicht. Der Eingang ist gleichzusetzen mit dem Zugang. Abs. 3 Nr. 2 konkretisiert wie § 14 EU Abs. 3 S. 2 lit. a–d VOB/A die Vorgaben über die Mitteilung zu den geöffneten Angeboten. Abs. 6 S. 3 differenziert zwar nicht zwischen schriftlichen und elektronischen Angeboten, dabei dürfte es sich aber um Redaktionsversehen handeln, so dass inhaltlich das gleiche gilt wie nach § 14 EU Abs. 5 S. 3 VOB/A. Abs. 7 regelt inhaltlich das gleiche wie § 14 EU Abs. 6 VOB/A. In Abs. 9 wird im 2. Hs. die Notwendigkeit zur Geheimhaltung auch für die Freihändige Vergabe klargestellt. 4

Im Übrigen kann auf die Erläuterungen zu § 14 EU VOB/A verwiesen werden. 5

§ 15 Aufklärung des Angebotsinhalts

(1)
1. Bei Ausschreibungen darf der Auftraggeber nach Öffnung der Angebote bis zur Zuschlagserteilung von einem Bieter nur Aufklärung verlangen, um sich über seine Eignung, insbesondere seine technische und wirtschaftliche Leistungsfähigkeit, das Angebot selbst, etwaige Nebenangebote, die geplante Art der Durchführung, etwaige Ursprungsorte oder Bezugsquellen von Stoffen oder Bauteilen und über die Angemessenheit der Preise, wenn nötig durch Einsicht in die vorzulegenden Preisermittlungen (Kalkulationen), zu unterrichten.
2. ¹Die Ergebnisse solcher Aufklärungen sind geheim zu halten. ²Sie sollen in Textform niedergelegt werden.

(2) Verweigert ein Bieter die geforderten Aufklärungen und Angaben oder lässt er die ihm gesetzte angemessene Frist unbeantwortet verstreichen, so ist sein Angebot auszuschließen.

(3) Verhandlungen, besonders über Änderung der Angebote oder Preise, sind unstatthaft, außer, wenn sie bei Nebenangeboten oder Angeboten aufgrund eines Leistungsprogramms nötig sind, um unumgängliche technische Änderungen geringen Umfangs und daraus sich ergebende Änderungen der Preise zu vereinbaren.

1 § 15 VOB/A regelt die Aufklärung über das Angebot oder die Eignung des Bieters. Die Vorschrift entspricht § 15 EU Abs. 1–3 VOB/A und enthält auch keine wesentlich von § 15 Abs. 5 VgV abweichenden Regelungen.

2 Auf die Kommentierung zu § 15 EU Abs. 1–3 VOB/A, → VOB/A § 15 EU Rn. 1 ff., und des § 15 Abs. 5 VgV, → VgV § 15 Rn. 14 ff., kann daher verwiesen werden.

§ 16 Ausschluss von Angeboten

(1) **Auszuschließen sind:**
1. Angebote, die nicht fristgerecht eingegangen sind,
2. Angebote, die den Bestimmungen des § 13 Absatz 1 Nummer 1, 2 und 5 nicht entsprechen,
3. Angebote, die die geforderten Unterlagen im Sinne von § 8 Absatz 2 Nummer 5 nicht enthalten, wenn der Auftraggeber gemäß § 16a Absatz 3 festgelegt hat, dass er keine Unterlagen nachfordern wird. Satz 1 gilt für Teilnahmeanträge entsprechend,
4. Angebote, bei denen der Bieter Erklärungen oder Nachweise, deren Vorlage sich der Auftraggeber vorbehalten hat, auf Anforderung nicht innerhalb einer angemessenen, nach dem Kalender bestimmten Frist vorgelegt hat. Satz 1 gilt für Teilnahmeanträge entsprechend,
5. Angebote von Bietern, die in Bezug auf die Ausschreibung eine Abrede getroffen haben, die eine unzulässige Wettbewerbsbeschränkung darstellt,
6. Nebenangebote, wenn der Auftraggeber in der Auftragsbekanntmachung oder in den Vergabeunterlagen erklärt hat, dass er diese nicht zulässt,
7. Hauptangebote von Bietern, die mehrere Hauptangebote abgegeben haben, wenn der Auftraggeber die Abgabe mehrerer Hauptangebote in der Auftragsbekanntmachung oder in den Vergabeunterlagen nicht zugelassen hat,
8. Nebenangebote, die dem § 13 Absatz 3 Satz 2 nicht entsprechen,

Ausschluss von Angeboten § 16 VOB/A

9. Hauptangebote, die dem § 13 Absatz 3 Satz 3 nicht entsprechen,
10. Angebote von Bietern, die im Vergabeverfahren vorsätzlich unzutreffende Erklärungen in Bezug auf ihre Fachkunde, Leistungsfähigkeit und Zuverlässigkeit abgegeben haben.

(2) Außerdem können Angebote von Bietern ausgeschlossen werden, wenn
1. ein Insolvenzverfahren oder ein vergleichbares gesetzlich geregeltes Verfahren eröffnet oder die Eröffnung beantragt worden ist oder der Antrag mangels Masse abgelehnt wurde oder ein Insolvenzplan rechtskräftig bestätigt wurde,
2. sich das Unternehmen in Liquidation befindet,
3. nachweislich eine schwere Verfehlung begangen wurde, die die Zuverlässigkeit als Bewerber oder Bieter in Frage stellt,
4. die Verpflichtung zur Zahlung von Steuern und Abgaben sowie der Beiträge zur Sozialversicherung nicht ordnungsgemäß erfüllt wurde,
5. sich das Unternehmen nicht bei der Berufsgenossenschaft angemeldet hat.

I. Bedeutung der Vorschrift

§ 16 VOB/A entspricht in Abs. 1 nahezu vollständig dem § 16 EU VOB/A. **1**
Durch die VOB/A 2019 wurde Abs. 1 Nr. 1 angepasst. Die Bezugnahme auf **2** vom Bieter nicht zu vertretende Gründe für die nicht rechtzeitige Vorlage des Angebotes ist seitdem entfallen. Maßgeblich ist allein der fristgerechte Eingang.

Auch Abs. 1 Nr. 3 wurde neu gefasst. Dort wird der Ausschluss wegen fehlender Unterlagen ergänzend davon abhängig gemacht, dass der Auftraggeber die Nachforderung fehlender Angaben nach § 16a Abs. 3 VOB/A ausgeschlossen hat. Dies gilt auch für Teilnahmeanträge.

Absatz 1 Nr. 7 übernimmt die von der Rspr. grds. zugelassene Einreichung von mehreren Hauptangeboten. Ein Ausschluss droht nur, wenn der Auftraggeber in der Auftragsbekanntmachung oder in den Vergabeunterlagen mehrere Hauptangebote für unzulässig erklärt hat.

In Anknüpfung an die Zulässigkeit mehrerer Hauptangebote wird durch Abs. 1 Nr. 9 klargestellt, dass diese den Vorgaben des § 13 Abs. 3 S. 3 VOB/A entsprechen, also jedes Hauptangebot für sich zuschlagsfähig ist. Die an den Verstoß gegen diese Vorgabe geknüpfte Ausschlussfolge betrifft dann aber nur das jew. betroffene Hauptangebot. Die übrigen (zuschlagsfähigen) Hauptangebote bleiben in der Wertung.

§ 16 Abs. 2 VOB/A enthält fakultative Ausschlussgründe. Da § 124 GWB für **3** Vergaben unterhalb der Schwellenwerte nicht gilt, würden diese Tatbestände andernfalls nicht geregelt sein.

II. Zwingende Ausschlussgründe (Abs. 1)

Da die zwingenden Ausschlussgründe aus § 16 Abs. 1 Nr. 1, 2, 3, 4, 6, 7, 8 und **4** 9 VOB/A mit den Ausschlussgründen aus § 16 EU Nr. 1–8 VOB/A übereinstimmen, wird auf die Erläuterungen zu § 16 EU VOB/A insoweit verwiesen, → VOB/A § 16 EU Rn. 3ff. Ebenso kann auf § 57 VgV → VgV § 57 Rn. 12ff. verwiesen werden, soweit sich die Ausschlussgründe decken. Auf folgende Ausschlussgründe wird besonders eingegangen:

Herrmann

VOB/A § 16

1. Unzulässige Wettbewerbsbeschränkungen (Nr. 5)

5   Für einen Ausschluss aus diesem Grund ist eine **wettbewerbsbeschränkende Absprache** zwischen zwei oder mehr Bietern erforderlich. Verhält sich nur ein einzelner Bieter wettbewerbsfeindlich, kann sein Angebot nicht nach dieser Vorschrift, wohl aber wegen fehlender Eignung oder Zuverlässigkeit ausgeschlossen werden. Wettbewerbsbeschränkende Abreden stellen in erster Linie **Preisabsprachen** dar, die zu einer Manipulation des wirtschaftlichsten Angebots führen oder auch in der Vereinbarung von Niedrigpreisen zur Verdrängung anderer Unternehmen bestehen können. Untersagt ist auch eine **unerlaubte Kartellbildung** (→ GWB § 124 Rn. 25). Die Bildung von **Bietergemeinschaften** ist grds. zulässig, es sei denn, dass sie gegen das Kartellverbot des § 1 GWB verstoßen. Die Bildung einer Bietergemeinschaft bringt zwar regelmäßig die gegenseitige Verpflichtung mit sich, von eigenen Angeboten abzusehen und nicht mit anderen Unternehmen zusammenzuarbeiten, worin eine gewisse Wettbewerbsbeschränkung liegt. Doch ist eine Bietergemeinschaft von Unternehmen **unterschiedlicher Branchen** eher unbedenklich, weil zwischen ihnen regelmäßig kein Wettbewerb herrscht. Bei Bietergemeinschaften zwischen Unternehmen **gleichartiger Branchen** ist die Bildung einer Bietergemeinschaft grds. nicht wettbewerbsschädlich, wenn **objektiv** die Unternehmen allein nicht in der Lage sind, den Auftrag durchzuführen, sondern erst die Zusammenarbeit die Durchführung des Auftrags ermöglicht, und **subjektiv** sich die Zusammenarbeit der Unternehmen als im Rahmen wirtschaftlich zweckmäßigen und kaufmännisch vernünftigen Handelns darstellt, wobei den Unternehmen eine Einschätzungsprärogative zusteht, die nur eingeschränkt gerichtlich überprüfbar ist.[1] Die Beweislast für eine wettbewerbsbeschränkende Bietergemeinschaft liegt beim Auftraggeber (s. dazu ausf. → GWB § 124 Rn. 27 ff.). Schmiergelder, die Zahlung von Abfindungssummen bei Nichtbeteiligung an der Ausschreibung, Betrugshandlungen und die unlautere Abwerbung von Mitarbeitern anderer Bieter fallen unter Abs. 2 Nr. 3. Es genügt auch der Austausch von Teilen des Angebotes zwischen zwei Bietern[2] oder die Abgabe eines Angebotes in Kenntnis des Angebotes eines anderen Bieters (→ GWB § 124 Rn. 26).[3] Besteht eine wechselseitige Kenntnis beider Bieter jew. vom Angebot des anderen Bieters, rechtfertigt dies den Ausschluss beider Angebote. Die Beweislast für die Kenntnis liegt beim Auftraggeber; dieser hat dem betreffenden Bieter vor Ausschluss des Angebotes Gelegenheit zur Widerlegung der Vermutung zu geben, dass die Angebote voneinander beeinflusst worden sind[4] (zum Ganzen auch → GWB § 124 Rn. 24 ff.; → VgV § 53 Rn. 61).

6   Hierher gehört auch die **parallele Beteiligung** eines Bieters an einem Wettbewerb sowohl **als Einzelbieter** als auch im Rahmen einer **Bietergemeinschaft**. Für den Unterschwellenbereich – mit grenzüberschreitendem Interesse – hat der EuGH den automatischen Ausschluss von Angeboten eines Bieterkonsortiums und eines Einzelmitglieds für unvereinbar mit dem europäischen Recht angesehen.[5] Der EuGH argumentiert, dass ein Ausschluss wegen abgestimmter Angebote und eines damit verbundenen unfairen Wettbewerbs erst dann in Betracht kommt, wenn den beteiligten Unternehmen die Möglichkeit des Nachweises eingeräumt wurde, dass die fraglichen Angebote völlig unabhängig voneinander erstellt worden sind. Genauso hat der EuGH in dem Fall entschieden, dass parallele Angebote von mitei-

---

[1] OLG Düsseldorf 9.11.2011 – Verg 35/11, ZfBR 2012, 305.
[2] OLG München 11.8.2008 – Verg 16/08, ZfBR 2008, 721.
[3] OLG Naumburg 2.8.2012 – 2 Verg 3/12, BeckRS 2012, 21447.
[4] OLG Naumburg 2.8.2012 – 2 Verg 3/12, BeckRS 2012, 21447; aA OLG Düsseldorf 13.9.2004 – W (Kart) 24/04, IBRRS 2005, 1969; OLG München 17.1.2011 – Verg 2/11, IBR 2011, 231.
[5] EuGH 23.12.2009 – C-376/08, EuZW 2010, 150.

nander verbundenen Unternehmen abgegeben worden sind.[6] Diesen Gedanken kann man auf das parallele Angebot von Bietergemeinschaft und Bieter übertragen: Auch hier ist ein Ausschluss nur dann gerechtfertigt, wenn tatsächlich ein Wettbewerbsverstoß in der Form vorliegt, dass ein **Angebot in Kenntnis eines Konkurrenzangebotes abgegeben** worden ist, bzw. die Unternehmen nicht nachweisen konnten, dass die Angebote völlig unabhängig voneinander konzipiert worden sind. Dies gilt auch für den Fall, dass **konzernverbundene Unternehmen** Angebote abgeben.[7] Ein solcher Nachweis dürfte jedoch im Fall einer „**verdeckten" Bietergemeinschaft,** bei welcher sich zwei Bieter gegenseitig zum Nachunternehmer bestellen und die Verpflichtungserklärung für beide von einer Person ausgefüllt wird, schwerlich zu führen sein.[8] Damit liegt ein Verstoß gegen den **Geheimwettbewerb** dann vor,[9] wenn der Einzelbieter in Kenntnis des Angebotes der Bietergemeinschaft und die Bietergemeinschaft ihr Angebot in Kenntnis des Angebotes des Einzelbieters abgegeben haben. Der Wettbewerbsgrundsatz kann nur gewährleistet werden, wenn sich konkurrierende Unternehmen unabhängig voneinander um einen Auftrag bemühen. Deshalb liegt kein Verstoß gegen den Wettbewerbsgrundsatz vor, wenn der Einzelbieter ein Angebot für Lose abgibt, für welche sich die Bietergemeinschaft nicht bewirbt.[10] Es ist auch unschädlich, wenn sich ein Bieter für ein Los und gleichzeitig als Mitglied einer Bietergemeinschaft für den Gesamtauftrag bewirbt,[11] weil der Auftragsgegenstand nicht identisch ist. Beteiligen sich mehrere **konzernverbundene Unternehmen** an einer Ausschreibung, besteht grds. eine Vermutung, dass der Geheimwettbewerb nicht eingehalten worden ist. Es ist Sache der konzernverbundenen Unternehmen, diese Vermutung zu widerlegen.[12] Die Vermutung kann nicht widerlegt werden, wenn auf die jew. Angebote ein ungehinderter Zugriff besteht.[13] Das gleiche gilt, wenn diese Vermutung auf einem Abhängigkeitsverhältnis beruht und nicht widerlegt werden kann, weil die Angebote nicht eigenständig erstellt worden sind.[14] Es ist dagegen unschädlich, wenn sich ein von einem Bieter benannter **Nachunternehmer** seinerseits um den Auftrag bemüht, weil er das Angebot des Bieters nicht kennt. Der Bieter darf sich im Vorfeld bei verschiedenen Nachunternehmern nach deren Preisen erkundigen, um sein Angebot zu kalkulieren, ohne Gefahr zu laufen, dass sein Angebot ausgeschlossen wird. Anders liegt der Fall aber, wenn im Zuge der Nachunternehmerverhandlungen beide Bieter Kenntnis vom Angebot des jew. anderen Bieters erlangen.[15] Die gegenseitige Kenntnis kann aber nicht ohne weiteres vermutet werden; die Beweislast liegt beim Auftraggeber.[16] Kann die gegenseitige Kenntnis nachgewiesen werden, wird wiederum widerlegbar vermutet, dass eine gegenseitige Beeinflussung bei der Angebotsangabe vorgelegen hat[17] (ausf. → GWB § 124 Rn. 28, 29).

---

[6] EuGH 19.5.2009 – C-538/07, NZBau 2009, 607; vgl. dazu auch OLG Düsseldorf 13.4.2011 – Verg 4/11, IBR 2011, 287.

[7] OLG Düsseldorf 11.5.2011 – Verg 8/11, ZfBR 2011, 789.

[8] VK Schleswig-Holstein 17.9.2008 – VK-SH 10/08, IBR 2008, 756 = BeckRS 2008, 21735.

[9] OLG Düsseldorf 16.9.2003 – Verg 52/03, IBR 2003, 686 = BeckRS 2004, 02041.

[10] OLG München 28.4.2006 – Verg 6/06, NZBau 2007, 59.

[11] VK Lüneburg 5.3.2008 – VgK-03/2008, ZfBR 2008, 734.

[12] OLG Düsseldorf 13.4.2011 – Verg 4/11, NZBau 2011, 371.

[13] OLG Düsseldorf 11.5.2011 – Verg 1/11, BeckRS 2011, 18921; 11.5.2011 – Verg 8/11, ZfBR 2011, 789; anders, wenn der gemeinsamen Rechtsabteilung die jew. Angebote nicht bekannt sind OLG Düsseldorf 19.9.2011 – Verg 63/11, BeckRS 2011, 26032.

[14] OLG Düsseldorf 16.3.2022 – VII-Verg 28/21, NZBau 2023, 191 = VergabeR 2023, 535.

[15] OLG Naumburg 2.8.2012 – 2 Verg 3/12, BeckRS 2012, 21447.

[16] OLG Naumburg 2.8.2012 – 2 Verg 3/12, BeckRS 2012, 21447.

[17] OLG Naumburg 2.8.2012 – 2 Verg 3/12, BeckRS 2012, 21447.

2. Vorsätzlich unzutreffende Eignungserklärungen (Abs. 1 Nr. 10)

7 Dieser zwingende Ausschlussgrund ist seit 2009 Bestandteil der VOB/A. Zu beachten ist, dass **Vorsatz erforderlich** ist, Fahrlässigkeit reicht nicht aus. Die zwingende Ausschlussfolge lässt sich damit erklären, dass in der Praxis die Auftraggeber sehr häufig von den Bietern **Eigenerklärungen** für bestimmte Eignungsnachweise anfordern. Wenn es keine scharfe Sanktion für lügnerische Eigenerklärungen gibt, kann die Richtigkeit der Eigenerklärungen kaum sichergestellt werden. Doch spielt der Ausschlussgrund in der Praxis kaum eine Rolle. Da der Nachweis eines vorsätzlichen Handelns schwierig ist, werden Bieter, an deren Eignung aufgrund einer unzutreffenden Erklärung Zweifel bestehen, in der Praxis erst in der zweiten Wertungsstufe iRd Eignungsprüfung wegen fehlender Eignung ausgeschlossen. Ist der Bieter zur Durchführung des konkret ausgeschriebenen Auftrags nach der korrekt getroffenen Prognoseentscheidung des Auftraggebers nicht geeignet, ist sein Angebot auszuschließen; ein Ermessen besteht hier nicht mehr. Unwahre Angaben des Nachunternehmers sind dem Bieter zuzurechnen.[18]

III. Ausschlussgründe nach Ermessen (Abs. 2)

8 § 16 Abs. 2 VOB/A enthält Ausschlussgründe, die als weniger schwerwiegend eingestuft werden und deshalb nicht zwingend zu einem Ausschluss des Angebotes[19] führen müssen. Vielmehr steht es im pflichtgemäßen Ermessen des Auftraggebers, ob er das Angebot ausschließt oder nicht. Im Grunde genommen stellen die aufgezählten Gründe Eignungskriterien dar, weil sie die Leistungsfähigkeit und Zuverlässigkeit des Bieters betreffen. Die **fehlende Eignung** eines Bieters führt aber zwangsläufig zu einem Ausschluss seines Angebotes, denn einem ungeeigneten Bieter darf der Zuschlag nicht erteilt werden. So ist das Ermessen zB dann auf Null geschrumpft, wenn nach Insolvenzeröffnung feststeht, dass der Auftrag nicht erfüllt werden kann. Die Prüfung, ob ein Angebot aus einem der Ausschlussgründe nach § 16 Abs. 2 VOB/A ausgeschlossen werden kann, vollzieht sich in **drei Schritten:** Zunächst sind die tatbestandlichen Voraussetzungen zu ermitteln und festzustellen, wie zB die Eröffnung eines Insolvenzverfahrens. Ob der Sachverhalt zutreffend ermittelt und unter die Tatbestandmerkmale korrekt subsumiert worden ist, ist von den Nachprüfungsinstanzen uneingeschränkt überprüfbar. Im zweiten Schritt ist dann die **Prognose** zu treffen, ob vom Bieter trotz des Vorliegens der tatbestandlichen Voraussetzungen erwartet werden kann, dass er den konkreten Auftrag ordnungsgemäß durchführen wird. Allein das Vorliegen der tatbestandlichen Voraussetzungen reicht für einen Ausschluss nicht aus.[20] Die Prognoseentscheidung ist wegen des dem Auftraggeber eingeräumten Beurteilungsspielraums nur eingeschränkt gerichtlich überprüfbar. Im dritten Schritt stellt sich dann die Frage der Ermessensausübung: Ergibt die Prognose, dass der Bieter aufgrund des festgestellten Sachverhalts nicht die Gewähr für eine ordnungsgemäße Ausführung des Auftrags bietet, ist sein Angebot wegen fehlender Eignung auszuschließen, ein Ermessen besteht nicht mehr.[21]

9 Die einzelnen Ausschlussgründe sind unter Abs. 2 Nr. 1–5 aufgeführt. Es handelt sich um Bieter, bei denen entweder Zweifel an ihrer wirtschaftlichen Leistungsfähig-

---

[18] OLG Düsseldorf 16.11.2011 – Verg 60/11, ZfBR 2012, 179.
[19] Vom Ausschluss betroffen ist nach der VOB/A das Angebot des ungeeigneten Bieters, nicht, wie in §§ 123, 124 GWB und § 6e EU VOB/A das Unternehmen.
[20] OLG Brandenburg 14.12.2007 – Verg W 21/07, NZBau 2008, 277; OLG München 22.11.2012 – Verg 22/12, NZBau 2013, 261; vgl. hierzu auch EuGH 13.12.2012 – C-465/11, EuZW 2013, 151 – Forposta SA, kein automatischer Ausschluss nach schwerer Verfehlung.
[21] OLG München 22.11.2012 – Verg 22/12, NZBau 2013, 261.

keit (Nr. 1 und 2) oder an ihrer Zuverlässigkeit bestehen (Nr. 3, 4 und 5). Die abstrakte Gefahr, die durch die Eröffnung der **Insolvenz** entsteht, reicht nicht für den Ausschluss; die Rspr. verlangt eine konkrete und gezielte Prüfung, ob der Bieter nicht trotz der Insolvenz geeignet ist;[22] ebenso wenig darf das Angebot eines in Insolvenz gefallenen Bieters ohne entspr. Prüfung in der Wertung bleiben[23] (→ GWB § 124 Rn. 12–14). Problematisch ist bei Unternehmen in **Liquidation,** ob bei einer Unternehmensübernahme zwischen Angebotseröffnung und Auftragserteilung der übernehmende Betrieb weiter an der Ausschreibung teilnehmen darf. Ändert sich nur der Name, ist dies unschädlich, weil der Vertragspartner derselbe bleibt. Fällt ein Mitglied einer **Bietergemeinschaft** in Insolvenz, darf die Bietergemeinschaft gleichfalls nicht ohne weiteres ausgeschlossen werden; vielmehr ist erneut die Eignung der verbliebenen Bietergemeinschaft zu prüfen.[24] Dies gilt aber nur dann, wenn die Bietergemeinschaft trotz der Insolvenz eines Mitglieds weiter fortbesteht (→ GWB § 124 Rn. 17).

§ 16 Abs. 2 Nr. 3 VOB/A verlangt eine vom Bieter oder Bewerber begangene **10 schwere Verfehlung,** die seine Zuverlässigkeit in Frage stellt (→ GWB § 124 Rn. 18 ff.). Eine schwere Verfehlung liegt bei einem reinen Bagatelldelikt nicht vor; zudem muss die Verfehlung geeignet sein, Zweifel an der Zuverlässigkeit zu wecken.[25] Dies ist nicht der Fall, wenn die Verfehlung in keinem Zusammenhang mit dem ausgeschriebenen Auftrag steht. Ein rechtskräftiges Urteil ist nicht erforderlich; es genügt, wenn bereits nach Aktenlage ein konkreter und ohne weiteres greifbarer Verdacht besteht, zB ein Haftbefehl gegen den Geschäftsführer besteht, auch wenn dieser außer Vollzug gesetzt worden ist,[26] denn die Außervollzugsetzung beseitigt nicht den dringenden Tatverdacht, sondern lediglich die Flucht- oder Verdunklungsgefahr. Die Unschuldsvermutung wird dadurch nicht verletzt.[27] Die Verurteilung zu einer Bewährungsstrafe genügt jedenfalls dann, wenn die Straftat iRd beruflichen Tätigkeit begangen worden ist.[28] Der Bieter kann aber durch eine **Selbstreinigung** wieder zur Eignung zurückfinden (→ GWB § 125 Rn. 5 ff.). Er muss aktiv an der Aufklärung mitwirken[29] und Vorsorge dafür treffen, dass eine erneute Verfehlung verhindert wird.[30] Dies erfordert allem personelle und organisatorische Konsequenzen.[31] Fraglich ist, ob zur Selbstreinigung auch die volle oder zumindest teilw. Schadenswiedergutmachung gehört (dazu → GWB § 125 Rn. 6). Wirken sich die Rechtsverstöße unmittelbar auf die Auftragsdurchführung aus und sind sie von einigem Gewicht, können sie nicht nur zum Ausschluss des Angebotes, sondern auch zur Verhängung einer Vergabesperre führen.[32]

Die Ausschlussgründe der **fehlenden Steuerzahlung** (Nr. 4) und der **fehlenden 11 Anmeldung bei der Berufsgenossenschaft** (Nr. 5) setzen keine Straf- oder Bußgeldverfahren voraus. Geprüft wird hier letztlich die Zuverlässigkeit des Bieters; die fehlende Zahlung von öffentlichen Steuern und Abgaben wird als Anzeichen für

---

[22] OLG Düsseldorf 19.1.2007 – 3 VK 05/2006, ZfBR 2007, 302.
[23] VK Sachsen-Anhalt 21.6.2012 – 2 VK LSA 08/12, IBRRS 2012, 3933; OLG Celle 18.2.2013 – 13 Verg 1/13, BeckRS 2013, 197610.
[24] OLG Celle 5.9.2007 – 13 Verg 9/07, IBR 2007, 577.
[25] BayObLG 13.6.2022 – Verg 6/22, VPRRS 2022, 0209.
[26] OLG München 22.11.2012 – Verg 22/12, NZBau 2013, 261.
[27] OLG Saarbrücken 29.12.2003 – 1 Verg 4/03, ZfBR 2004, 490.
[28] OLG München 21.4.2006 – Verg 8/06, ZfBR 2006, 507.
[29] EuGH 24.10.2018 – C-124/17, VPR 2019, 2; VK Westfalen 25.4.2019 – VK 2–41/18, VPR 2019, 1007.
[30] OLG Frankfurt a. M. 20.7.2004 – 11 Verg 6/04, BeckRS 2004, 14379.
[31] OLG Düsseldorf 9.4.2003 – Verg 66/02, BeckRS 2003, 17910; OLG Brandenburg 14.12.2007 – Verg W 21/07, NZBau 2008, 277.
[32] KG 17.1.2011 – 2 U 4/06 (Kart), BeckRS 2011, 21680.

die Unzuverlässigkeit gewertet. Verlangt der Auftraggeber Bescheinigungen der Steuerbehörde im Original, genügt eine beglaubigte Fotokopie möglicherweise nicht.[33] Ebenso sind veraltete und auf den ersten Blick als ungültig erkennbare Dokumente als Nullum anzusehen.[34]

§ 16a Nachforderung von Unterlagen

(1) [1]Der Auftraggeber muss Bieter, die für den Zuschlag in Betracht kommen, unter Einhaltung der Grundsätze der Transparenz und der Gleichbehandlung auffordern, fehlende, unvollständige oder fehlerhafte unternehmensbezogene Unterlagen – insbesondere Erklärungen, Angaben oder Nachweise – nachzureichen, zu vervollständigen oder zu korrigieren, oder fehlende oder unvollständige leistungsbezogene Unterlagen – insbesondere Erklärungen, Produkt- und sonstige Angaben oder Nachweise – nachzureichen oder zu vervollständigen (Nachforderung), es sei denn, er hat von seinem Recht aus Absatz 3 Gebrauch gemacht. [2]Es sind nur Unterlagen nachzufordern, die bereits mit dem Angebot vorzulegen waren.

(2) [1]Fehlende Preisangaben dürfen nicht nachgefordert werden. [2]Angebote die den Bestimmungen des § 13 Absatz 1 Nummer 3 nicht entsprechen, sind auszuschließen. [3]Dies gilt nicht für Angebote, bei denen lediglich in unwesentlichen Positionen die Angabe des Preises fehlt und sowohl durch die Außerachtlassung dieser Positionen der Wettbewerb und die Wertungsreihenfolge nicht beeinträchtigt werden als auch bei Wertung dieser Positionen mit dem jeweils höchsten Wettbewerbspreis. [4]Hierbei wird nur auf den Preis ohne Berücksichtigung etwaiger Nebenangebote abgestellt. [5]Der Auftraggeber fordert den Bieter nach Maßgabe von Absatz 1 auf, die fehlenden Preispositionen zu ergänzen. [6]Die Sätze 3 bis 5 gelten nicht, wenn der Auftraggeber das Nachfordern von Preisangaben gemäß Absatz 3 ausgeschlossen hat.

(3) Der Auftraggeber kann in der Auftragsbekanntmachung oder den Vergabeunterlagen festlegen, dass er keine Unterlagen oder Preisangaben nachfordern wird.

(4) [1]Die Unterlagen oder fehlenden Preisangaben sind vom Bewerber oder Bieter nach Aufforderung durch den Auftraggeber innerhalb einer angemessenen, nach dem Kalender bestimmten Frist vorzulegen. [2]Die Frist soll sechs Kalendertage nicht überschreiten.

(5) Werden die nachgeforderten Unterlagen nicht innerhalb der Frist vorgelegt, ist das Angebot auszuschließen.

(6) Die Absätze 1, 3, 4 und 5 gelten für den Teilnahmewettbewerb entsprechend.

1 § 16a VOB/A stellt eine vollständige und sehr ausführliche Regelung ggü. dem früheren § 16a VOB/A (2016) dar. Da § 16a VOB/A praktisch wortgleich mit § 16a EU VOB/A ist, kann weitgehend auf die dortige Kommentierung verwiesen werden, → VOB/A § 16a EU Rn. 2 ff.

2 Unterschiede ergeben sich nur insoweit, als § 16a VOB/A keine Vorschrift zur Umsetzung der RL 2014/24/EU ist, sondern zum nationalen Haushaltsrecht des

---

[33] OLG Koblenz 4.7.2007 – 1 Verg 3/07, IBR 2007, 639; OLG Düsseldorf 22.12.2010 – Verg 56/10, BeckRS 2011, 1615; offen gelassen OLG München 10.9.2009 – Verg 10/09, BeckRS 2009, 27004.

[34] OLG München 27.7.2018 – Verg 2/18, VPR 2019, 20; 17.12.2019 – Verg 25/19, IBRRS 2021, 0832.

Bundes und der Länder zählt. Die Vorschrift muss daher, anders als § 16a EU VOB/A, nicht richtlinienkonform ausgelegt werden. Daher bestehen im nationalen Recht keine Bedenken gegen die grundsätzliche Verpflichtung zur Nachforderung (→ VOB/A § 16a EU Rn. 10). Auch unterliegt insbes. die **Korrektur fehlerhafter unternehmensbezogener Unterlagen** nicht den aus Art. 56 Abs. 3 RL 2014/24/EU stammenden Einschränkungen der vollen Einhaltung der Grundsätze der Transparenz und der Gleichbehandlung (→ VOB/A § 16a EU Rn. 19). Ob allerdings der öffentliche Auftraggeber unterhalb der Schwellenwerte verpflichtet ist, bei jeglicher Vorlage inhaltlich unzureichender unternehmensbezogener Unterlagen, zB nicht vergleichbarer Referenzen, unzureichender Mindestumsätze, nicht ausreichender Versicherungsnachweise etc, den Bieter vor dem Ausschluss des Angebots aufzufordern, diese durch inhaltlich ausreichende unternehmensbezogene Unterlagen zu korrigieren, erscheint zweifelhaft. Solche nachträglichen inhaltlichen Angebotsänderungen sind nicht Sinn und Zweck der Nachforderung und mit den auch unterhalb der Schwellenwerte zu beachtenden Grundsätzen der Transparenz und Gleichbehandlung schwer vereinbar.

§ 16b Eignung

(1) ¹**Bei Öffentlicher Ausschreibung ist die Eignung der Bieter zu prüfen.** ²**Dabei sind anhand der vorgelegten Nachweise die Angebote der Bieter auszuwählen, deren Eignung die für die Erfüllung der vertraglichen Verpflichtungen notwendigen Sicherheiten bietet; dies bedeutet, dass sie die erforderliche Fachkunde, Leistungsfähigkeit und Zuverlässigkeit besitzen und über ausreichende technische und wirtschaftliche Mittel verfügen.**

(2) **Abweichend von Absatz 1 können die Angebote zuerst geprüft werden, sofern sichergestellt ist, dass die anschließende Prüfung der Eignung unparteiisch und transparent erfolgt.**

(3) **Bei Beschränkter Ausschreibung und Freihändiger Vergabe sind nur Umstände zu berücksichtigen, die nach Aufforderung zur Angebotsabgabe Zweifel an der Eignung des Bieters begründen (vgl. § 6b Absatz 4).**

I. Bedeutung der Vorschrift

§ 16b VOB/A wurde durch die Einfügung des Abs. 2, der die Prüfung der Angebote vor der Eignungsprüfung erlaubt, partiell an § 16b EU VOB/A angepasst. Die Norm unterscheidet sich aber weiterhin erheblich vom Recht oberhalb der Schwellenwerte und enthält wie vor die **traditionelle Struktur der Eignungsprüfung,** die sich aus der Prüfung der **Fachkunde, Leistungsfähigkeit** und **Zuverlässigkeit** zusammensetzt. Der unbestimmte Rechtsbegriff der Zuverlässigkeit wird nicht wie im Oberschwellenbereich oder auch nach § 31 UVgO durch die Prüfung der Ausschlussgründe des §§ 123, 124 GWB ersetzt. Unter Berücksichtigung dieser Besonderheit kann ansonsten auf die Kommentierungen zu § 16b EU VOB/A, § 42 VgV und § 122 GWB verwiesen werden. 1

II. Eignungsprüfung

1. Allgemeines

Auf der zweiten Wertungsstufe werden die persönlichen und sachlichen Voraussetzungen der Bieter, also ihre Eignung für die Auftragsdurchführung, geprüft. Eignung setzt sich zusammen aus Fachkunde, Leistungsfähigkeit und Zuverlässigkeit. Die 2

VOB/A § 16b — Eignung

Eignungsprüfung vollzieht sich in **zwei Stufen:** Zunächst wird die **formelle Prüfung** vorgenommen. Der Auftraggeber prüft anhand der eingereichten Eignungsnachweise, ob diese vollständig vorgelegt worden sind. Ist dies nicht der Fall bzw. hat der Bieter diese nicht nach Fristsetzung nachgereicht, ist das Angebot zwingend auszuschließen. Auch im Falle von Unterschwellenvergaben hat der Auftraggeber die erforderlichen Nachweise in der **Bekanntmachung** anzugeben,[1] und zwar **unmissverständlich**[2] (→ VOB/A § 12 Rn. 31).

3 Sind die Nachweise vollständig, schließt sich in der zweiten Stufe die **materielle Eignungsprüfung** an. In dieser wird überprüft, ob der Bieter – ausgehend von den eingereichten Nachweisen – auch tatsächlich persönlich und fachlich für den Auftrag geeignet ist. Die Eignungsprüfung ist eine unternehmensbezogene Untersuchung, ob ein Unternehmen nach seiner personellen, finanziellen und technischen Ausstattung in der Lage sein wird, den Auftrag auszuführen[3] (zu den Einzelheiten → VOB/A § 16b EU Rn. 2f.; → VgV § 42 Rn. 7ff.).

4 Die Eignungsprüfung dient bei der öffentlichen Ausschreibung dazu, diejenigen Unternehmen zu ermitteln, die zur Erbringung der konkret nachgefragten Bauleistung nach Fachkunde, Leistungsfähigkeit und Zuverlässigkeit **generell** in Betracht kommen und die unzureichend qualifizierten Bieter auszusondern. Sie dient nicht der Ermittlung qualitativer Unterschiede zwischen den einzelnen Bewerbern. Wird die Eignung grds. festgestellt, ist es nicht mehr zulässig, ein sog. **„Mehr an Eignung"** auf einer weiteren Wertungsstufe zu berücksichtigen.[4]

5 Eine punktuelle Durchbrechung dieses Grundsatzes ist allerdings auch im 1. Abschn. der VOB/A gem. § 16d Abs. 1 Nr. 5 lit. b VOB/A enthalten: Der Auftraggeber kann die **Organisation, Qualifikation und Erfahrung des mit der Ausführung des Auftrags betrauten Personals** als Zuschlagskriterium verwenden, wenn die Qualität des eingesetzten Personals erheblichen Einfluss auf das Niveau der Auftragsausführung haben kann (vgl. zu den Einzelheiten → § 16d Rn. 10 und → VgV § 58 Rn. 27 ff.). Außerhalb des Anwendungsbereichs des § 16d Abs. 1 Nr. 5 lit. b VOB/A verbleibt es aber bei der strikten **Trennung von Eignungs- und Zuschlagskriterien.**

2. Fachkunde und Leistungsfähigkeit

6 **Fachkundig** ist ein Bieter, wenn er über die für die Vorbereitung und Ausführung der Leistung notwendigen technischen Kenntnisse verfügt. **Leistungsfähig** ist ein Bieter, der über das für die fachgerechte und fristgerechte Ausführung notwendige Personal und Gerät verfügt und die Erfüllung seiner Verbindlichkeiten erwarten lässt. Der Bieterbetrieb muss also technisch, organisatorisch und finanziell so ausgestattet sein, dass eine eigene frist- und sachgerechte Ausführung zu erwarten ist (zu den Einzelheiten → GWB § 122 Rn. 27 ff.).

3. Zuverlässigkeit

7 **Zuverlässig** ist ein Bieter, der seinen gesetzlichen Verpflichtungen nachgekommen ist und der aufgrund der Erfüllung früherer Verträge eine einwandfreie Ausführung des ausgeschriebenen Auftrags einschließl. der Gewährleistung erwarten lässt. Fehlende Zuverlässigkeit kann sich ergeben aufgrund Schwarzarbeit oder Beschäftigung illegal arbeitender Arbeitnehmer sowie wegen gravierender, also den Auftraggeber in finanzieller oder tatsächlicher Hinsicht erheblich belastender, Mängel bei

---

[1] OLG Hamm 12.9.2012 – I-12 U 50/12, BeckRS 2012, 22198.
[2] Vgl. hierzu grds. BGH 3.4.2012 – X ZR 130/10, BeckRS 2012, 11501.
[3] OLG Düsseldorf 6.5.2011 – Verg 26/11, BeckRS 2011, 18447.
[4] BGH 15.4.2008 – X ZR 129/06, NZBau 2008, 505; 8.9.1998 – X ZR 109–96, NJW 1998, 3644.

früheren Aufträgen[5] und wegen unredlichen Verhaltens im laufenden Vergabeverfahren, also bei absichtlichen Rechenfehlern oder bei einer Vielzahl auch unabsichtlicher Rechenfehler,[6] bei Verschleierung eines geplanten Nachunternehmereinsatzes[7] und bei einer versuchten Änderung der Preise nach der Öffnung der Angebote.

Einen Aspekt der Zuverlässigkeit stellt die **Gesetzestreue** dar. Zur Zuverlässigkeit gehört, dass der Bieter seinen gesetzlichen Verpflichtungen nachkommt. Zu denken ist hierbei insbes. an die in § 128 Abs. 1 GWB genannten Verpflichtungen, insbes. Steuern, Abgaben und Beiträge zur Sozialversicherung zu entrichten, die arbeitsschutzrechtlichen Regelungen einzuhalten und den Arbeitnehmerinnen und Arbeitnehmern wenigstens diejenigen **Mindestarbeitsbedingungen** einschließl. des **Mindestentgelts** zu gewähren, die nach dem MiLoG, einem nach dem TVG mit den Wirkungen des AEntG für allgemein verbindlich erklärten Tarifvertrag oder einer nach § 7, § 7a oder § 11 AEntG oder einer nach § 3a den AÜG erlassenen Rechtsverordnung für die betreffende Leistung verbindlich vorgegeben werden. Der EuGH hat die Verpflichtung von Bietern zur Zahlung eines Mindestlohns auf gesetzlicher Grundlage für zulässig erachtet[8] (zur **Selbstreinigung** → GWB § 125 Rn. 4 ff.). 8

Neben der Gesetzestreue sind noch die spezialgesetzlichen Ausschlussgründe des § 21 AEntG, § 98c AufenthG, § 19 MiLoG und § 21 SchwarzArbG zu beachten. 9

4. Beschränkte Ausschreibung, Freihändige Vergabe

Bei Beschränkter Ausschreibung und Freihändiger Vergabe dürfen nur Umstände berücksichtigt werden, die nach der Aufforderung zur Angebotsabgabe Zweifel an der Eignung des Bieters begründen. In diesen Verfahren wird die **Eignung entweder bereits iRd Teilnahmewettbewerbs geprüft**, wenn (ausnahmsweise) ein solcher stattfindet (→ VOB/A § 3b Rn. 2b). Findet kein Teilnahmewettbewerb statt, dürfen **nur geeignete Bieter zur Angebotsabgabe aufgefordert werden** (→ VOB/A § 3b Rn. 3a). Jedenfalls muss die Eignungsprüfung vor Angebotsabgabe abgeschlossen sein. Ein Rückschritt auf diese bereits abgeschlossene Stufe kann deshalb nur dann erfolgen, wenn entweder dem Auftraggeber erst nachträglich Umstände bekannt werden, die an der Eignung des Bieters Zweifel erwecken, aber bereits bei der ersten Überprüfung gegeben waren, oder wenn der Bieter erst nach der ersten Überprüfung Tatsachen schafft, die an seiner Eignung zweifeln lassen.[9] 10

§ 16c Prüfung

(1) **Die nicht ausgeschlossenen Angebote geeigneter Bieter sind auf die Einhaltung der gestellten Anforderungen, insbesondere in rechnerischer, technischer und wirtschaftlicher Hinsicht zu prüfen.**

(2)
1. **Entspricht der Gesamtbetrag einer Ordnungszahl (Position) nicht dem Ergebnis der Multiplikation von Mengenansatz und Einheitspreis, so ist der Einheitspreis maßgebend.**
2. **Bei Vergabe für eine Pauschalsumme gilt diese ohne Rücksicht auf etwa angegebene Einzelpreise.**
3. **Die Nummern 1 und 2 gelten auch bei Freihändiger Vergabe.**

---

[5] OLG Stuttgart 29.4.2003 – 1 U 130/02, BeckRS 2003, 30316981; s. auch OLG München 5.10.2012 – Verg 15/12, BeckRS 2012, 21412; 1.7.2013 – Verg 8/13, BeckRS 2013, 11807.
[6] OLG München 10.11.2010 – Verg 19/10, BeckRS 2010, 28579.
[7] OLG Düsseldorf 18.7.2001 – Verg 16/01, VPRRS 2013, 0711.
[8] EuGH 17.11.2015 – C-115/14, NVwZ 2016, 212.
[9] BGH 7.1.2014 – X ZB 15/13, NZBau 2014, 185.

VOB/A § 16d

(3) Die aufgrund der Prüfung festgestellten Angebotsendsummen sind in der Niederschrift über den (Er-)Öffnungstermin zu vermerken.

1 § 16c VOB/A entspricht weitgehend § 16c EU VOB/A. Es fehlt lediglich der Verweis auf § 7a EU Abs. 6 VOB/A. Dafür enthält § 16c VOB/A einen Abs. 2 Nr. 3, in dem klargestellt wird, dass § 16c Abs. 2 Nr. 1, 2 VOB/A auch bei Freihändiger Vergabe gelten, was eigentlich eine Selbstverständlichkeit ist. Maßgebliche inhaltliche Unterschiede ergeben sich daraus nicht, so dass vollumfänglich auf die Kommentierungen zu § 16c EU VOB/A (→ VOB/A § 16c EU Rn. 2 ff.) sowie zu § 56 Abs. 1 VgV (→ VgV § 56 Rn. 3 ff.) verwiesen werden kann.

§ 16d Wertung

(1)
1. Auf ein Angebot mit einem unangemessen hohen oder niedrigen Preis darf der Zuschlag nicht erteilt werden.
2. [1]Erscheint ein Angebotspreis unangemessen niedrig und ist anhand vorliegender Unterlagen über die Preisermittlung die Angemessenheit nicht zu beurteilen, ist in Textform vom Bieter Aufklärung über die Ermittlung der Preise für die Gesamtleistung oder für Teilleistungen zu verlangen, gegebenenfalls unter Festlegung einer zumutbaren Antwortfrist. [2]Bei der Beurteilung der Angemessenheit sind die Wirtschaftlichkeit des Bauverfahrens, die gewählten technischen Lösungen oder sonstige günstige Ausführungsbedingungen zu berücksichtigen.
3. In die engere Wahl kommen nur solche Angebote, die unter Berücksichtigung rationellen Baubetriebs und sparsamer Wirtschaftsführung eine einwandfreie Ausführung einschließlich Haftung für Mängelansprüche erwarten lassen.
4. [1]Der Zuschlag wird auf das wirtschaftlichste Angebot erteilt. [2]Grundlage dafür ist eine Bewertung des Auftraggebers, ob und inwieweit das Angebot die vorgegebenen Zuschlagskriterien erfüllt. [3]Das wirtschaftlichste Angebot bestimmt sich nach dem besten Preis-Leistungs-Verhältnis. [4]Zu dessen Ermittlung können neben dem Preis oder den Kosten auch qualitative, umweltbezogene oder soziale Aspekte berücksichtigt werden.
5. [1]Es dürfen nur Zuschlagskriterien und gegebenenfalls deren Gewichtung berücksichtigt werden, die in der Auftragsbekanntmachung oder in den Vergabeunterlagen genannt sind. [2]Zuschlagskriterien können neben dem Preis oder den Kosten insbesondere sein:
   a) Qualität einschließlich technischer Wert, Ästhetik, Zweckmäßigkeit, Zugänglichkeit, „Design für alle", soziale, umweltbezogene und innovative Eigenschaften;
   b) Organisation, Qualifikation und Erfahrung des mit der Ausführung des Auftrags betrauten Personals, wenn die Qualität des eingesetzten Personals erheblichen Einfluss auf das Niveau der Auftragsausführung haben kann, oder
   c) Kundendienst und technische Hilfe sowie Ausführungsfrist.
   [3]Die Zuschlagskriterien müssen mit dem Auftragsgegenstand in Verbindung stehen. [4]Zuschlagskriterien stehen mit dem Auftragsgegenstand in Verbindung, wenn sie sich in irgendeiner Hinsicht auf diesen beziehen, auch wenn derartige Faktoren sich nicht auf die materiellen Eigenschaften des Auftragsgegenstandes auswirken.
6. Die Zuschlagskriterien müssen so festgelegt und bestimmt sein, dass die Möglichkeit eines wirksamen Wettbewerbs gewährleistet wird, der Zuschlag nicht willkürlich erteilt werden kann und eine wirksame Über-

prüfung möglich ist, ob und inwieweit die Angebote die Zuschlagskriterien erfüllen.

7. Es können auch Festpreise oder Festkosten vorgegeben werden, sodass der Wettbewerb nur über die Qualität stattfindet.

(2) Ein Angebot nach § 13 Absatz 2 ist wie ein Hauptangebot zu werten.

(3) Nebenangebote sind zu werten, es sei denn, der Auftraggeber hat sie in der Auftragsbekanntmachung oder in den Vergabeunterlagen nicht zugelassen.

(4) ¹Preisnachlässe ohne Bedingung sind nicht zu werten, wenn sie nicht an der vom Auftraggeber nach § 13 Absatz 4 bezeichneten Stelle aufgeführt sind. ²Unaufgefordert angebotene Preisnachlässe mit Bedingungen für die Zahlungsfrist (Skonti) werden bei der Wertung der Angebote nicht berücksichtigt.

(5) ¹Die Bestimmungen von Absatz 1 und § 16b gelten auch bei Freihändiger Vergabe. ²Die Absätze 2 bis 4, § 16 Absatz 1 und § 6 Absatz 2 sind entsprechend auch bei Freihändiger Vergabe anzuwenden.

Literatur: Vgl. die Angaben bei § 127 GWB und § 58 VgV.

I. Bedeutung der Vorschrift

§ 16d VOB/A ist eine zentrale Bestimmung innerhalb der VOB/A, weil in ihr die Wertung der eingereichten Angebote geregelt ist. § 16d VOB/A wurde bei der Reform 2019 in vielen Punkten an § 16d EU VOB/A angepasst, sodass die **Unterschiede zwischen dem Ober- und Unterschwellenbereich reduziert** wurden. Von § 16d EU VOB/A wurden zB die detaillierten Regelungen zu den Zuschlagskriterien und die überfällige Klarstellung übernommen, dass auch unterhalb der Schwellenwerte nur Zuschlagskriterien und ggf. deren Gewichtung berücksichtigt werden dürfen, die in der Auftragsbekanntmachung oder in den Vergabeunterlagen genannt sind. Zudem besteht seitdem auch im Unterschwellenbereich die Möglichkeit, die **Organisation, Qualifikation und Erfahrung des mit der Ausführung des Auftrags betrauten Personals als Zuschlagskriterium zu verwenden,** wenn die Qualität des eingesetzten Personals erheblichen Einfluss auf das Niveau der Auftragsausführung haben kann. Es fehlen lediglich die Regelungen zu den Lebenszykluskosten des § 16d EU Abs. 2 VOB/A. Dafür ist die Wertung der Nebenangebote in § 16d Abs. 3 VOB/A enthalten, während diese im Oberschwellenbereich in § 8 EU Abs. 2 Nr. 3 VOB/A geregelt ist. Soweit vergleichbare Regelungen enthalten sind, wird auf die Kommentierung zu § 16d EU VOB/A verwiesen. 1

Die Wertung der Angebote iwS erfolgt in **vier Stufen:** In der ersten Stufe werden die Angebote daraufhin überprüft, ob sie wegen inhaltlicher oder formeller Mängel auszuschließen sind (§§ 16, 16a VOB/A). In der zweiten Stufe wird die Eignung der Bieter in persönlicher und sachlicher Hinsicht bewertet (§ 16b VOB/A). In der dritten Wertungsstufe werden die Preise geprüft (§ 16d Abs. 1 Nr. 1, 2 VOB/A), bevor dann in der vierten und letzten Stufe das wirtschaftlichste Angebot ermittelt wird (Wertung ieS). Die Abfolge der einzelnen Prüfungsschritte ist in § 16 VOB/A folgerichtig festgelegt und deshalb im nationalen Recht (s. § 16b Abs. 1 S. 1 VOB/A) zwingend einzuhalten. § 16d VOB/A regelt nur die letzten beiden Wertungsstufen, nämlich die Preiswertung und die eigentliche vergleichende Wertung. Die Wertung endet allerdings dann mit der Preiswertung, wenn als **einziges Wertungskriterium** der **Preis** genannt ist. Dann fällt die Berücksichtigung anderer Kriterien, wie Qualität etc, aus. 2

II. Prüfung der Angemessenheit der Preise (Abs. 1 Nr. 1, 2)

3 Die Regelung des § 16d Abs. 1 VOB/A entspricht weitgehend § 16d EU Abs. 1 Nr. 1, 2 und 4 VOB/A. Auf die entspr. Kommentierung kann daher verwiesen werden (→ VOB/A § 16d EU Rn. 3 ff.). Allerdings muss § 16d Abs. 1 VOB/A – anders als § 16d EU Abs. 1 VOB/A – **nicht im Lichte des Art. 69 Abs. 3 RL 2014/24/EU richtlinienkonform ausgelegt werden.** Es bleibt daher beim Wortlaut des § 16d Abs. 1 Nr. 1 VOB/A, dass auf ein Angebot mit einem unangemessen hohen oder niedrigen Preis der Zuschlag nicht erteilt werden darf. Gleichzeitig kennt der 1. Abschn. der VOB/A keinen geschriebenen zwingenden Ausschlussgrund wie in § 16d EU Abs. 1 Nr. 1 S. 2 VOB/A, wenn ein Angebot deshalb unangemessen niedrig ist, weil der Bieter gegen geltende umwelt-, sozial- und arbeitsrechtliche Anforderungen verstößt. Dennoch können solche unangemessen niedrigen Angebote auch im Geltungsbereich des Abschn. 1 der VOB/A nach § 16d Abs. 1 Nr. 1 VOB/A ausgeschlossen werden.

4 Auch im Bereich unterhalb der EU-Schwellenwerte hat der Auftraggeber bei einem ungewöhnlich niedrig erscheinenden Angebot eine **Prognoseentscheidung** auf der Grundlage des Angebots und der hierzu von dem Bieter erteilten Auskünfte zu treffen, ob der Bieter in der Lage ist, seine Leistungen auftragsgerecht zu erbringen.[1] Diese **Entscheidung** über den Ausschluss eines Angebots nach § 16d EU Abs. 1 Nr. 1 S. 1 VOB/A kann der Auftraggeber nach dem klaren Wortlaut der Norm erst **nach der Prüfung über die Angemessenheit** der Preise vornehmen. Auf die vorherige Prüfung kann nicht verzichtet werden, dies würde zwingend zu einer Entscheidung auf einer unzureichenden Tatsachengrundlage führen (zu den Einzelheiten → VgV § 60 Rn. 13 ff.). Nach der Rspr. des BGH[2] steht es nicht im Belieben des Auftraggebers, den Auftrag trotz weiterbestehender Ungereimtheiten doch an den Bieter mit dem ungewöhnlich niedrigen Angebot zu vergeben. Die **Ablehnung des Zuschlags** ist vielmehr grds. geboten, wenn der **Auftraggeber verbleibende Ungewissheiten nicht zufriedenstellend aufklären** kann.

III. Ermittlung des wirtschaftlichsten Angebotes (Abs. 1 Nr. 3–5)

1. Bestes Preis-Leistungs-Verhältnis

5 § 16d Abs. 1 Nr. 3 VOB/A ist eine zentrale Vorschrift, da in ihr die eigentliche Wertung der Angebote geregelt ist. Die geprüften Angebote werden miteinander nach Inhalt und Preis verglichen. Ziel ist es, das **wirtschaftlichste Angebot** zu finden, damit der Auftraggeber die ihm zur Verfügung stehenden Mittel so sparsam und effektiv wie möglich verwenden und den Bieter auswählen kann, der die Gewähr für die ordnungsgemäße Ausführung des Auftrags bietet. In dieser letzten Wertungsstufe sind nur noch Angebote zu beurteilen, die unter Berücksichtigung rationellen Baubetriebs und sparsamer Wirtschaftsführung eine **einwandfreie Ausführung** einschließl. einer Haftung für Mängelansprüche erwarten lassen. Dieser Satz ist auch überflüssig, weil die vorangegangenen Wertungsstufen gerade der Auswahl solcher Angebote dienten. Unter den verbliebenen Angeboten soll der Zuschlag auf dasjenige Angebot erteilt werden, das unter Berücksichtigung aller Gesichtspunkte als das wirtschaftlichste erscheint und eine Prognose für eine ein-

---

[1] OLG Frankfurt a. M. 6.3.2013 – 11 Verg 7/12, BeckRS 2013, 6833; OLG Karlsruhe 6.8.2014 – 15 Verg 7/14, BeckRS 2014, 20739.
[2] BGH 31.1.2017 – X ZB 10/16, BeckRS 2017, 102839.

wandfreie Ausführung zulässt (zu den Einzelheiten → VOB/A § 16d EU Rn. 22 ff.; → VgV § 58 Rn. 3 ff.).

§ 16d Abs. 1 Nr. 4 VOB/A übernimmt aus dem Oberschwellenbereich die **6** wesentlichen Regelungen zur Ermittlung des wirtschaftlichsten Angebots. Dieses wird durch eine Bewertung des Auftraggebers ermittelt, ob und inwieweit das Angebot die vorgegebenen Zuschlagskriterien erfüllt. Wie im Oberschwellenbereich bestimmt sich das wirtschaftlichste Angebot nach dem **besten Preis-Leistungs-Verhältnis.**

2. Wertungskriterien

§ 16d Abs. 1 Nr. 5 S. 1 VOB/A enthält die überfällige Klarstellung, dass auch **7** unterhalb der EU-Schwellenwerte **nur Zuschlagskriterien** und ggf. deren Gewichtung **berücksichtigt werden dürfen, die in der Auftragsbekanntmachung oder in den Vergabeunterlagen genannt sind.** Die bereits zur früheren Rechtslage sehr zweifelhafte Rspr. des BGH, wonach im Unterschwellenbereich nicht in jedem Fall die Festlegung bzw. Bekanntgabe von Kriterien zur Ermittlung des wirtschaftlichsten Angebots erforderlich sein sollte, sondern nur dann, wenn nach Lage der Dinge ohne ausdr. formulierte Wertungskriterien das wirtschaftlichste Angebot nicht nach transparenten und willkürfreien Gesichtspunkten bestimmt werden kann,[3] ist damit überholt.

a) Kriterien des Abs. 1 Nr. 5 S. 2. § 16d Abs. 1 Nr. 5 S. 2 VOB/A übernimmt **8** aus dem Oberschwellenbereich die **beispielhafte Auflistung** zulässiger Zuschlagskriterien. Die aufgeführten – nicht abschließenden – Beispiele füllen die unbestimmten Rechtsbegriffe der **„qualitativen", „umweltbezogenen"** und **„sozialen" Zuschlagskriterien** aus.[4] Die Aufzählung ist **weder abschließend** noch gibt sie eine Rangfolge der zu beachtenden Kriterien an. Will der Auftraggeber andere ihm wichtig erscheinende Gesichtspunkte bei der Auswahl des wirtschaftlichsten Angebots heranziehen, bleibt ihm dies unbenommen. An die festgelegten und bekanntgemachten Kriterien ist der Auftraggeber gebunden.

Der Auftraggeber ist in der Wahl der Zuschlagskriterien im Ansatz frei; er kann **9** bestimmen, worauf es ihm bei der Durchführung des Auftrags in erster Linie ankommt, solange die gewählten Kriterien einen **ausreichenden Bezug zum Auftragsgegenstand** gem. § 16d Abs. 1 Nr. 5 S. 3 und 4 VOB/A aufweisen (zu den Einzelheiten → VgV § 58 Rn. 12 ff.). Ähnlich wie im Oberschwellenbereich ist dieser Bezug weit gefasst und liegt nach § 16d Abs. 1 Nr. 5 S. 4 VOB/A schon dann vor, wenn die Zuschlagskriterien sich **in irgendeiner Hinsicht auf den Auftragsgegenstand beziehen,** auch wenn derartige Faktoren sich nicht auf die materiellen Eigenschaften des Auftragsgegenstands auswirken. Weiterhin unzulässig sind dagegen allgemeinpolitische Gesichtspunkte. Ebenfalls nach wie vor unzulässig ist das Kriterium der **Ortsansässigkeit,** weil es auch ortsfremden Bietern möglich ist, die Leistung vor Ort zu erbringen, etwa durch die Einrichtung von Baubüros etc vor Ort oder andere organisatorische Maßnahmen.[5]

Für den Zuschlag kommen nur Kriterien in Betracht, die zur Auswahl des wirt- **10** schaftlich günstigsten Angebots dienen. Darum sind als **Zuschlagskriterien** Kriterien ausgeschlossen, die iW der Beurteilung der fachlichen Eignung der Bieter dienen. Allerdings übernimmt § 16d Abs. 1 Nr. 5 S. 2 lit. b VOB/A die Regelung aus dem Oberschwellenbereich, wonach die **Organisation, Qualifikation und Erfahrung** des mit der **Ausführung des Auftrags betrauten Personals** als

---

[3] BGH 10.5.2016 – X ZR 66/15, NZBau 2016, 576.
[4] BR-Drs. 87/16, 212.
[5] OLG München 28.4.2006 – Verg 6/06, NZBau 2007, 59; BayObLG 3.7.2002 – Verg 13/02, BeckRS 2002, 6147.

VOB/A § 16d   Wertung

Zuschlagskriterium verwendet werden kann, wenn die Qualität des eingesetzten Personals erheblichen Einfluss auf das Niveau der Auftragsausführung haben kann (zu den Einzelheiten → VgV § 58 Rn. 27 ff.)

11 **b) Preis als einziges Kriterium.** Gem. § 16d Abs. 1 Nr. 4 S. 2 VOB/A **können** neben dem Preis oder den Kosten auch qualitative, umweltbezogene oder soziale Aspekte berücksichtigt werden. Daraus ergibt sich, dass solche Aspekte nicht zwingend bei jeder Vergabe berücksichtigt werden müssen, sondern **das beste Preis-Leistungs-Verhältnis auch nach dem niedrigsten Preis** ermittelt werden kann, was in der Praxis im Baubereich so auch üblich ist. In § 8 Abs. 2 Nr. 3 S. 3 VOB/A ist geregelt, dass Nebenangebote auch zulässig sind, wenn der Preis einziges Zuschlagskriterium ist. Damit muss auch für Hauptangebote das in der Praxis weit verbreitete **Zuschlagskriterium des niedrigsten Preises zulässig** sein, wenn qualitative Anforderungen ausreichend über die Vorgaben der Leistungsbeschreibung gesichert sind.

IV. Wertung eines Angebotes nach § 13 Abs. 2 VOB/A (Abs. 2)

12   Ein Angebot nach § 13 Abs. 2 VOB/A ist nicht als Nebenangebot, sondern als Hauptangebot zu werten (→ VOB/A § 16d EU Rn. 29 f.).

V. Wertung von Nebenangeboten (Abs. 3)

1. Allgemeines

13   Nebenangebote sind zu werten, wenn sie der Auftraggeber in der Auftragsbekanntmachung oder in den Vergabeunterlagen zugelassen hat. Nebenangebote, welche trotz Nichtzulassung eingereicht worden sind, sind zwingend nach § 16 Abs. 1 Nr. 6 VOB/A auszuschließen. Die **Wertung von Nebenangeboten** vollzieht sich **in drei Stufen** (→ VgV § 35 Rn. 21 ff.). Zunächst wird geprüft, ob Nebenangebote überhaupt zugelassen sind. In einem zweiten Schritt wird geprüft, ob das Nebenangebot die Mindestanforderungen erfüllt und – sofern gefordert – die alternativ angebotene Leistung gleichwertig zur ausgeschriebenen Leistung ist. Anschließend erfolgt die Wertung anhand der einheitlichen Zuschlagskriterien wie bei allen anderen Angeboten. Abgesehen von diesen zusätzlichen Schritten für Nebenangebote ist selbstverständlich – wie bei Hauptangeboten – zu klären, ob zwingende oder Ausschlussgründe nach Ermessen vorliegen. Zudem ist die Eignung des Bieters zu prüfen, falls diese noch nicht beim Hauptangebot bewertet worden ist. Auch die Regelungen zur Prüfung der Angemessenheit der Preise sind zu beachten. Wie bei der Wertung der Hauptangebote ist die Wertung Stufe für Stufe durchzuführen (→ Rn. 1, 2), falls der Auftraggeber nicht von der Möglichkeit des § 16b Abs. 2 VOB/A Gebrauch macht; es gelten die gleichen Wertungsgrundsätze.

2. Ausschlussgründe

14   Nebenangebote sind nach § 16 Abs. 1 Nr. 6 VOB/A zwingend auszuschließen, wenn sie nicht dem § 13 Abs. 3 S. 2 VOB/A entsprechen, also nicht auf **besonderer Anlage** gemacht und als solche deutlich gekennzeichnet sind. Damit scheidet eine Wertung von Nebenangeboten aus, welche sich aus Abweichungen innerhalb des Hauptangebotes mittelbar ergeben, ohne dass darauf hingewiesen wird. Die Nebenangebote müssen so **eindeutig und erschöpfend** beschrieben sein, dass sich der Auftraggeber ein klares Bild über die vom Amtsvorschlag abweichende Ausführung

der Leistung machen kann.[6] Dies ist deshalb unabdingbare Voraussetzung, weil die Vergabestelle die Einzelheiten der abweichenden Leistungsausführung nicht kennt und ohne klare Information über die Leistungsmodalitäten nicht in die Wertung einsteigen kann. Ein **unklares Nebenangebot** ist nicht wertbar, weil der abzuschließende Vertragsinhalt unklar ist.

3. Mindestanforderungen und Gleichwertigkeit

Die **Formulierung von Mindestanforderungen,** die die Nebenangebote einhalten müssen, ist nach der Rspr. des BGH[7] im Unterschwellenbereich (anders als im Oberschwellenbereich, s. § 8 EU Abs. 2 Nr. 3 lit. b VOB/A und § 35 Abs. 2 S. 1 VgV) nicht erforderlich. Dies ist im Zusammenspiel mit § 8 Abs. 2 Nr. 3 S. 2 VOB/A problematisch, wonach Nebenangebote auch zulässig sind, wenn der Preis einziges Zuschlagskriterium ist. Ohne Formulierung von Mindestanforderungen, die selbstverständlich **auch im Unterschwellenbereich zulässig** sind, ist es für den Auftraggeber schwierig, sog. **abgemagerte Nebenangebote** zurückzuweisen, welche qualitativ oder quantitativ erheblich hinter dem Amtsvorschlag zurückbleiben. Typische abgemagerte Nebenangebote bestehen in einem geringeren Leistungsumfang und sind deshalb regelmäßig nicht wirtschaftlicher als der Amtsvorschlag. Aufgrund der Verpflichtung in § 16d Abs. 1 Nr. 4 S. 3 VOB/A, den Zuschlag auf das Angebot mit dem besten Preis-Leistungs-Verhältnis zu erteilen, muss auch unterhalb der EU-Schwellenwerte strikt darauf geachtet werden, dass ein Nebenangebot nicht qualitativ so weit hinter der Qualität eines dem Amtsvorschlag entsprechenden Hauptangebots zurückbleibt, dass es mit diesem nicht mehr vergleichbar ist und seine Wertung einen **Verstoß gegen den Grundsatz der Gleichbehandlung** der Bieter darstellt.[8]

15

Sind **Mindestbedingungen** für die Nebenangebote festgelegt worden, ist eine **Gleichwertigkeitsprüfung** mit den Hauptangeboten **nicht durchzuführen.**[9] Die Frage, ob das Nebenangebot zu den anderen Hauptangeboten gleichwertig ist, entfällt, weil durch die vom Auftraggeber festgesetzten Mindestbedingungen die Gleichwertigkeit mit dem Hauptangebot objektiv im Vorfeld geprüft und festgelegt ist. Eine Gleichwertigkeitsprüfung lässt sich aus der VOB/A nicht herleiten, eine solche ist nur für eine Abweichung von den geforderten technischen Spezifikationen verlangt, vgl. hierzu § 7a Abs. 2 Nr. 1 S. 2, Abs. 3 S. 1 VOB/A. Anders wird dies nur dann zu beurteilen sein, wenn der Auftraggeber im Unterschwellenbereich auf die **Festlegung von Mindestbedingungen verzichtet** hat und eine reine Preiswertung durchführen will. Um einen Verstoß gegen den auch im Unterschwellenbereich geltenden Gleichbehandlungsgrundsatz zu vermeiden, muss der Auftraggeber prüfen, ob die alternativ angebotene Leistung den Vertragszweck ebenso erfüllt und dementsprechend für seinen Bedarf ebenso geeignet ist wie der Amtsvorschlag.[10]

16

VI. Preisnachlässe (Abs. 4)

§ 16d Abs. 4 VOB/A entspricht § 16d EU Abs. 4 VOB/A so dass auf die dortige Kommentierung verwiesen werden kann (→ VOB/A § 16d EU Rn. 30 f.)

17

---

[6] OLG Naumburg 11.7.2000 – 1 Verg 4/00, BeckRS 2000, 30471252; ähnlich auch OLG Brandenburg 29.7.2008 – Verg W 10/08, BeckRS 2008, 15856.
[7] BGH 30.8.2011 – X ZR 55/10, NZBau 2012, 46.
[8] BGH 10.5.2016 – X ZR 66/15, NZBau 2016, 576.
[9] OLG München 9.9.2010 – Verg 16/10, BeckRS 2010, 22055.
[10] OLG Brandenburg 29.7.2008 – Verg W 10/08, BeckRS 2008, 15856; KMPP/Dittmann VOB/A § 16 Rn. 293 ff. mwN.

VII. Freihändige Vergabe (Abs. 5)

18 Die Bestimmungen von Abs. 1 (Prüfung der Preise) und § 16b VOB/A gelten auch bei Freihändiger Vergabe. Die Abs. 2–4 und § 16 Abs. 1 und § 6 Abs. 2 VOB/A sind bei Freihändiger Vergabe nur entspr. anwendbar.

§ 17 Aufhebung der Ausschreibung

(1) Die Ausschreibung kann aufgehoben werden, wenn:
1. **kein Angebot eingegangen ist, das den Ausschreibungsbedingungen entspricht,**
2. **die Vergabeunterlagen grundlegend geändert werden müssen,**
3. **andere schwerwiegende Gründe bestehen.**

(2) Die Bewerber und Bieter sind von der Aufhebung der Ausschreibung unter Angabe der Gründe, gegebenenfalls über die Absicht, ein neues Vergabeverfahren einzuleiten, unverzüglich in Textform zu unterrichten.

1 Die Regelung enthält wortgleich den Inhalt von § 17 EU Abs. 1, 2 Nr. 1 VOB/A. Auf die dortigen Erläuterungen kann verwiesen werden, → VOB/A § 17 EU Rn. 1 ff. sowie → VgV § 63 Rn. 29 ff.

2 Auch wenn die Regelung über die Möglichkeit zur Zurückhaltung bestimmter Informationen aus § 17 EU Abs. 2 Nr. 2 VOB/A nicht aufgegriffen wird, sind jene dort aufgeführten Tatbestände auch im Unterschwellenbereich dazu geeignet, um eine Zurückhaltung von Informationen zu rechtfertigen.

§ 18 Zuschlag

(1) Der Zuschlag ist möglichst bald, mindestens aber so rechtzeitig zu erteilen, dass dem Bieter die Erklärung noch vor Ablauf der Bindefrist (§ 10 Absatz 4 bis 6) zugeht.

(2) Werden Erweiterungen, Einschränkungen oder Änderungen vorgenommen oder wird der Zuschlag verspätet erteilt, so ist der Bieter bei Erteilung des Zuschlags aufzufordern, sich unverzüglich über die Annahme zu erklären.

Literatur: Vgl. die Angaben bei den §§ 10 EU, 18 EU VOB/A.

I. Zuschlagserteilung (Abs. 1)

1 § 18 Abs. 1 VOB/A normiert als vergabeverfahrensrechtliche Vorschrift das Zustandekommen des Bauvertrages durch die Erteilung des Zuschlags als den abschließenden Akt des Vergabeverfahrens. In der Zuschlagserteilung liegt die zivilrechtliche Annahme des Angebots, durch die der Bauvertrag zustande kommt. Abs. 1 enthält zum Schutz des Auftraggebers dafür eine Verfahrensanweisung: Danach ist der Zuschlag möglichst bald, mindestens aber so rechtzeitig zu erteilen, dass dem Bieter die Erklärung noch vor Ablauf der Bindefrist[1] (dazu → VOB/A § 10a EU Rn. 16, 17) zugeht. Zivilrechtliches Pendant zu Abs. 1 ist § 148 BGB, wonach ein Angebot nur innerhalb der hierfür bestimmten Frist angenommen werden kann. Die Vorschrift entspricht dem § 18 EU Abs. 1 VOB/A, der die Zuschlagserteilung in Vergabeverfahren oberhalb des Schwellenwertes normiert. Auf die entspr. Kom-

---

[1] Gem. § 10 Abs. 4 S. 3 VOB/A soll eine längere Bindefrist als 30 Kalendertage nur in begründeten Fällen festgelegt werden.

mentierung → VOB/A § 18 EU Rn. 4 ff. wird daher verwiesen. Zur fehlenden Informations- und Wartepflicht vor der Zuschlagserteilung im Unterschwellenbereich → VOB/A § 19 Rn. 2.[2] Zu landesrechtlichen Informations- und Wartepflichten vor der Zuschlagserteilung näher → GWB § 134 Rn. 178 ff.

II. Modifizierter und verspäteter Zuschlag (Abs. 2)

Abs. 2 ist das vergaberechtliche Spiegelbild von § 150 Abs. 1, 2 BGB und enthält **2** Regelungen zur zivilrechtlichen Wirksamkeit des Vertragsschlusses im Fall einer Annahme unter Erweiterungen, Einschränkungen oder Änderungen sowie einer verspäteten Annahme.[3] In einem öffentlichen Vergabeverfahren kommt der ausgeschriebene Bauvertrag zustande, wenn das Angebot des Bieters – *erstens* – ohne Einschränkungen, Änderungen oder Erweiterungen und – *zweitens* – rechtzeitig, dh innerhalb der Bindefrist, durch die Zuschlagserklärung des Auftraggebers angenommen wird. Zur vergabe- und zivilrechtlichen Bedeutung der **Bindefrist** → VOB/A § 10a EU Rn. 16, 17. Wird der Zuschlag nach Ablauf der Bindefrist oder unter Änderung des Angebotes des Bieters erteilt, nimmt der Auftraggeber das Angebot des Bieters nicht an, sondern unterbreitet diesem ein neues Angebot. In jenen Fällen ist der Bieter nach Abs. 2 bei Erteilung des Zuschlags aufzufordern, sich unverzüglich über die Annahme zu erklären. Die Vorschrift ist deckungsgleich mit § 18 EU Abs. 2 VOB/A, so dass auf dessen Kommentierung → VOB/A § 18 EU Rn. 16 ff. verwiesen wird.

§ 19 Nicht berücksichtigte Bewerbungen und Angebote

(1) ¹Bieter, deren Angebote ausgeschlossen worden sind (§ 16) und solche, deren Angebote nicht in die engere Wahl kommen, sollen unverzüglich unterrichtet werden. ²Die übrigen Bieter sind zu unterrichten, sobald der Zuschlag erteilt worden ist.

(2) Auf Verlangen sind den nicht berücksichtigten Bewerbern oder Bietern innerhalb einer Frist von 15 Kalendertagen nach Eingang ihres in Textform gestellten Antrags die Gründe für die Nichtberücksichtigung ihrer Bewerbung oder ihres Angebots in Textform mitzuteilen, den Bietern auch die Merkmale und Vorteile des Angebots des erfolgreichen Bieters sowie dessen Name.

(3) Nicht berücksichtigte Angebote und Ausarbeitungen der Bieter dürfen nicht für eine neue Vergabe oder für andere Zwecke benutzt werden.

(4) Entwürfe, Ausarbeitungen, Muster und Proben zu nicht berücksichtigten Angeboten sind zurückzugeben, wenn dies im Angebot oder innerhalb von 30 Kalendertagen nach Ablehnung des Angebots verlangt wird.

Literatur: *Dageförde*, Die Vorabinformationspflicht im Vergaberechtsschutz: Eine unendliche Geschichte, NZBau 2020, 72; *Dicks*, Nochmals: Primärrechtsschutz bei Aufträgen unterhalb der Schwellenwerte, VergabeR 2012, 531; *Emme/Schrotz*, Mehr Rechtsschutz bei Vergaben außerhalb des Kartellvergaberechts, NZBau 2012, 216; *Glahs*, Akteneinsichts- und Informationsfreiheitsansprüche im Vergabe- und Nachprüfungsverfahren, NZBau 2014, 75; *Laboranowitsch*,

---

[2] OLG Düsseldorf 21.6.2023 – 27 U 4/22, VPRRS 2023, 0130 unter Aufgabe seines Urt. v. 13.12.2017 – 27 U 25/17, BeckRS 2017, 137490; so auch schon KG 7.1.2020 – 9 U 79/19, BeckRS 2020, 3268 und OLG Celle 9.1.2020 – 13 W 56/19, BeckRS 2020, 28.

[3] Kapellmann/Messerschmidt/Stickler/Mädler VOB/A § 18 Rn. 2; MüKoEuWettbR/Seebo VOB/A § 18 Rn. 3.

VOB/A § 19 — Nicht berücksichtigte Bewerbungen und Angebote

Zwischen Geheimhaltung und Transparenz – Auskunftsansprüche aus Informationsfreiheitsrecht im Vergabeverfahren?, VergabeFokus 2021, 12; Macht/Städler, Die Informationspflichten des öffentlichen Auftraggebers für ausgeschiedene Bewerber – Sinn oder Unsinn?, NZBau 2012, 143; Scharen, Rechtsschutz bei Vergaben unterhalb der Schwellenwerte, VergabeR 2011, 653; Sitsen, Ist die Zweiteilung des Vergaberechts noch verfassungskonform?, ZfBR 2018, 654. Vgl. auch die Angaben bei § 134 GWB, § 62 VgV und § 19 EU VOB/A.

I. Bedeutung der Vorschrift

1 Abs. 1 normiert für Bauvergaben im Unterschwellenbereich die Informationspflichten des öffentlichen Auftraggebers ggü. nicht berücksichtigten Bietern. Diese sind unverzüglich und schon vor Erteilung des Zuschlags, sobald feststeht, dass ihre Angebote ausgeschlossen worden sind (§ 16 VOB/A) oder nicht in die engere Wahl kommen, über die Ablehnung ihrer Angebote zu informieren. Dahinter steht der Gedanke, dass Bieter bis zum Ablauf der Bindefrist (näher → § 10 Rn. 18) an ihr Angebot gebunden sind. Durch die Ablehnung des Angebotes vor Ablauf der Bindefrist erlischt die Bindung an das Angebot (§ 146 BGB). Hierdurch können die Bieter ihre betrieblichen Planungen wieder anderweitig ausrichten. Dies soll ihnen durch die unverzügliche Unterrichtung ermöglicht werden. Abs. 2 erweitert den Informationsanspruch nach Abs. 1 in zweierlei Hinsicht: Zum einen sind auch erfolglose Bewerber (also Unternehmen, die kein Angebot, sondern einen im Teilnahmewettbewerb erfolglosen Teilnahmeantrag abgegeben haben) zu informieren. Daneben müssen – allerdings nur auf in Textform gestelltes Verlangen – die Gründe für die Nichtberücksichtigung des Teilnahmeantrags bzw. des Angebots mitgeteilt werden. Die Abs. 3 und 4 enthalten – in Ergänzung zu § 8b Abs. 2 VOB/A – nähere Bestimmungen über den Umgang mit nicht berücksichtigten Angeboten und Ausarbeitungen. Der frühere Abs. 5, der eine ex-ante-Transparenz für Beschränkte Ausschreibungen ab einem Auftragswert mit 25.000 Euro normiert hatte, findet sich in § 20 Abs. 4 VOB/A.

2 § 19 Abs. 1, 2 VOB/A sieht **keine Informations- und Wartepflicht** des öffentlichen Auftraggebers vor der Zuschlagserteilung vor. Die Unterrichtung der erfolglosen Bieter und Bewerber dient damit nicht der Gewährleistung effektiven Primärrechtsschutzes vor Zuschlagserteilung.[1] Die Vorschrift zielt vielmehr darauf ab, Unternehmen über die Aussichtslosigkeit ihrer Verfahrensteilnahme zeitnah zu informieren, damit sie ihre Kapazitäten für andere Aufträge einsetzen können. Das dadurch bestehende Rechtsschutzdefizit unterhalb der Schwellenwerte kann nicht durch eine analoge Anwendung der Informationspflicht nach § 134 Abs. 1 GWB aufgefangen werden,[2] sondern ist de lege lata hinzunehmen.[3] Ein Verstoß

---

[1] Kapellmann/Messerschmidt/Stickler/Mädler VOB/A § 19 Rn. 3; MüKoEuWettbR/Seebo VOB/A § 19 Rn. 3; HK-VergabeR/Mentzinis VOB/A § 19 Rn. 2; Ingenstau/Korbion/Reichling/Stamm VOB/A § 19 Rn. 2.

[2] So nunmehr auch OLG Düsseldorf 21.6.2023 – 27 U 4/22, VPRRS 2023, 0130 unter Aufgabe seines Urt. v. 13.12.2017 – 27 U 25/17, BeckRS 2017, 137490; KG 7.1.2020 – 9 U 79/19, BeckRS 2020, 3268; OLG Celle 9.1.2020 – 13 W 56/19, BeckRS 2020, 28; OLG Dresden 25.4.2006 – 20 U 0467/06, NZBau 2006, 529 (530).

[3] Unterhalb der Schwellenwerte ist eine Vorabinformationspflicht nach Auffassung des BVerfG 13.6.2006 – 1 BvR 1160/03, BeckRS 2006, 2645 verfassungsrechtlich nicht geboten. Anders noch OLG Düsseldorf 13.12.2017 – 27 U 25/17, BeckRS 2017, 137490 für die Vergabe einer unterschwelligen Dienstleistungskonzession ohne Binnenmarktrelevanz und Dicks VergabeR 2012, 531 (544) unter Hinweis auf BVerfG 13.6.2006 – 1 BvR 1160/03, BeckRS 2006, 2645 Rn. 73, OVG Bln-Bbg 30.11.2010 – 1 S 107.10, ZfBR 2011, 803 „Wochenmarktveranstaltung" und EuG 20.9.2011 – T-461/08 Rn. 118–122, BeckRS 2011, 81495. Diese Auffassung

gegen § 19 Abs. 1 oder 2 VOB/A lässt die Wirksamkeit des Vertrags zwischen Auftraggeber und Auftragnehmer daher unberührt.[4] Landesrechtlich können dagegen Informations- und Wartepflichten bei Unterschwellenvergaben eingeführt werden.[5] In **Sachsen** ist nach § 8 SächsVergabeG bei Erreichen bestimmter Auftragswerte eine Vorabinformation von sieben Kalendertagen vorgeschrieben. Gleiches gilt gem. § 19 Abs. 1, 2 ThürVgG in **Thüringen,** gem. § 12 VgG MV in **Mecklenburg-Vorpommern** sowie gem. § 19 Abs. 1 S. 1, 2 LVG LSA in **Sachsen-Anhalt,** gem. § 16 Abs. 1 NTVergG in **Niedersachsen** und gem. § 4 Abs. 2 NachprüfVO RhPf. in **Rheinland-Pfalz** (näher → GWB § 134 Rn. 178 ff.; zum Rechtsschutz unterhalb der Schwellenwerte ausf. → GWB Vor § 155 Rn. 15 ff.).

II. Unterrichtungspflicht (Abs. 1)

1. Regelungsinhalt

Die Informationspflicht nach Abs. 1 besteht nach dem Wortlaut von Abs. 1 ggü. 3 Bietern, also Unternehmen, die im betreffenden Vergabeverfahren ein Angebot abgegeben haben. Danach wären Bewerber, die in einem zweistufigen Verfahren, bspw. der Beschränkten Ausschreibung mit Teilnahmewettbewerb (näher → § 3 Rn. 13), einen erfolglosen Teilnahmeantrag eingereicht haben, nicht zu informieren. Der Grundsatz der Transparenz gebietet es allerdings, auch Bewerber zeitnah und proaktiv über den Ausschluss bzw. die Ablehnung ihres Teilnahmeantrags zu informieren.[6] Bieter, deren Angebote nach § 16 VOB/A ausgeschlossen worden sind, und solche, deren Angebote nicht in die engere Wahl kommen, sollen unverzüglich verständigt werden. Die übrigen Bieter, deren Angebote nicht ausgeschlossen wurden und in die engere Wahl gekommen sind, sind nach S. 2 zu informieren, sobald der Zuschlag erteilt worden ist. Abs. 1 orientiert sich an dem Wertungsvorgang in §§ 16–16d VOB/A und sieht eine **proaktive** und **stufenweise Verständigung** vor. Bei zügiger Durchführung der Wertung können die Benachrichtigungen auch gleichzeitig erfolgen. Die **Gründe** für die Nichtberücksichtigung müssen in der Absage nach Abs. 1 nicht mitgeteilt werden. Sie sind jedoch nach Abs. 2 auf Verlangen – und zwar auch ggü. Bewerbern – anzugeben (→ Rn. 7). Die Textform für die Information ist nur in den Fällen des Abs. 2 vorgesehen. Aus Beweis- und Dokumentationsgründen empfiehlt sie sich aber auch für die Information nach Abs. 1.[7] Das VHB 2017 hält hierfür das Formblatt 332 „Absageschreiben" bereit.

2. Ausgeschlossene Angebote

Bieter, deren Angebote auf der ersten Wertungsstufe nach § 16 VOB/A ausge- 4 schlossen worden sind, sollen **unverzüglich,** dh ohne schuldhaftes Zögern, nach der Ausschlussentscheidung verständigt werden. Eine konkrete **Frist** zur Unterrichtung ist nicht vorgeschrieben. Geboten ist eine kurzfristige Verständigung innerhalb

---

hat das OLG Düsseldorf 21.6.2023 – 27 U 4/22, VPRRS 2023, 0130 inzwischen aufgegeben. Gegen eine Informations- und Wartepflicht auch schon: Kaiser VergabeR 2018, 178 und Hömke IR 2018, 117. Für eine Informations- und Wartepflicht bei binnenmarktrelevanten Beschaffungen Jansen/Geitel VergabeR 2018, 376 (381).

[4] Kapellmann/Messerschmidt/Stickler/Mädler VOB/A § 19 Rn. 23.
[5] Dazu ausf. Sitsen ZfBR 2018, 654.
[6] Kapellmann/Messerschmidt/Stickler/Mädler VOB/A § 19 Rn. 6; aA Ingenstau/Korbion/Reichling/Stamm VOB/A § 19 Rn. 7.
[7] Ingenstau/Korbion/Reichling/Stamm VOB/A § 19 Rn. 11.

VOB/A § 19 Nicht berücksichtigte Bewerbungen und Angebote

weniger Tage. Erfasst sind die in §§ 16 Abs. 1, 2 und 16a VOB/A genannten Ausschlussgründe.[8]

3. Angebote, die nicht die engere Wahl kommen

5   Gleiches gilt für Bieter, deren Angebote nicht in die engere Wahl gekommen sind. Damit sind Angebote gemeint, die auf der zweiten (§ 16b VOB/A) und der dritten Wertungsstufe (§ 16d Abs. 1 Nr. 1, 2 VOB/A) ausscheiden. Des Weiteren zählen hierzu Bieter, die keine einwandfreie Ausführung der Bauleistung einschl. Haftung für Mängelansprüche erwarten lassen (§ 16d Abs. 1 Nr. 3 S. 1 VOB/A).[9]

4. Übrige Angebote

6   Bieter, deren Angebote in die engere Wahl und damit in die vierte Wertungsstufe gekommen sind, sind nach Abs. 1 S. 2 nach der Zuschlagserteilung zu informieren. Eine Informations- und Wartepflicht besteht nicht, es sei denn, sie ist landesrechtlich vorgeschrieben (→ Rn. 2). Da hier ein besonderes Interesse der Bieter an einer zeitnahen Information zu bejahen ist, sind diese umgehend nach Erteilung des Zuschlags zu benachrichtigen.

III. Mitteilung der Gründe der Nichtberücksichtigung (Abs. 2)

1. Regelungsinhalt

7   Abs. 2 regelt weitergehende Informationspflichten ggü. erfolglosen Bewerbern und Bietern. Während nach Abs. 1 nur über die Tatsache der Nichtberücksichtigung des Angebotes informiert werden muss, sind nach Abs. 2 auch die **Gründe der Nichtberücksichtigung** des Teilnahmeantrags oder des Angebotes in Textform mitzuteilen. Die Vorschrift vermittelt damit auch erfolglosen **Bewerbern** - dh Unternehmen, die in einem Verfahren mit Teilnahmewettbewerb (näher → § 3 Rn. 13) einen erfolglosen Teilnahmeantrag eingereicht haben - einen **Informationsanspruch**.[10] Der Informationsanspruch der erfolglosen Bewerber nach Abs. 2 ist nicht auf die Zeit nach Zuschlagserteilung beschränkt. Die Information muss vielmehr bei entspr. frühzeitiger Antragstellung schon vor dem Zuschlag (idR nach Abschluss eines Teilnahmewettbewerbs) erteilt werden. Erforderlich ist ein in **Textform** gestellter Antrag. Der Informationsanspruch besteht nur **auf Verlangen**. Eine Ausschlussfrist für dieses Verlangen enthält die VOB/A nach wie vor nicht. Die Information kann im Einzelfall verweigert werden, wenn mit dem Eingang des Antrags nicht mehr gerechnet zu werden brauchte bzw. kein rechtlich schutzwürdiges Interesse an der Begründung mehr besteht. Das ist im Regelfall bei Anfragen nach Ablauf von sechs Monaten nach der Zuschlagsmitteilung anzunehmen.[11]

---

[8] HK-VergabeR/Mentzinis VOB/A § 19 Rn. 8; Ingenstau/Korbion/Reichling/Stamm VOB/A § 19 Rn. 8.

[9] HK-VergabeR/Mentzinis VOB/A § 19 Rn. 9; Ingenstau/Korbion/Reichling/Stamm VOB/A § 19 Rn. 9.

[10] HK-VergabeR/Mentzinis VOB/A § 19 Rn. 14; Ingenstau/Korbion/Reichling/Stamm VOB/A § 19 Rn. 14.

[11] Kapellmann/Messerschmidt/Stickler/Mädler VOB/A § 19 Rn. 21; Ingenstau/Korbion/Reichling/Stamm VOB/A § 19 Rn. 21.

2. Information von Bewerbern

Bewerber sind über die Gründe für die Nichtberücksichtigung ihrer Bewerbung zu informieren. Ausreichend ist eine kurze, aber angemessene und nachvollziehbare Begründung (näher → VgV § 62 Rn. 8). Im Anwendungsbereich des VHB ist die Verwendung des Formblatts 336 „Mitteilung über Nichtberücksichtigung" vorgeschrieben. **8**

3. Information von Bietern

Bieter sind über die Gründe für die Erfolglosigkeit ihres Angebotes in Kenntnis zu setzen. Es sind diejenigen Gründe nachvollziehbar zu benennen, die sich aus dem Wertungsvorgang nach §§ 16–16d VOB/A (formale Angebotsmängel, Eignungskriterien, Angemessenheit der Preise, Wirtschaftlichkeit) iE ergeben haben. Die Begründung muss eine Informationstiefe haben, die den Bieter in die Lage versetzt zu erkennen, warum sein Angebot nicht zum Zug gekommen ist. Sie sollte sich an den Vorgaben der Rspr. zum Inhalt des Absageschreibens nach § 134 Abs. 1 GWB (→ GWB § 134 Rn. 85 ff.) orientieren.[12] **9**

Ferner müssen die **Merkmale und Vorteile des erfolgreichen Angebotes** sowie der **Name des erfolgreichen Bieters** mitgeteilt werden. Mitzuteilen ist damit auch, welche positiven Eigenschaften das erfolgreiche Angebot aufweist. Bei den Merkmalen und Vorteilen handelt es sich um diejenigen Zuschlagskriterien, die den Ausschlag für die Wertungsreihenfolge in der vierten Wertungsstufe gegeben haben. Die Informationspflicht beschränkt sich auf die in Abs. 2 genannten Angaben. Weitere Auskünfte über den Inhalt der Angebote anderer Bieter darf der Auftraggeber aufgrund seiner Geheimhaltungsverpflichtung nicht erteilen.[13] **10**

Weitergehende Informationsrechte bestehen idR nicht. Ein Anspruch auf Akteneinsicht ist für Vergabeverfahren im Unterschwellenbereich gesetzlich nicht geregelt. Soweit sich ausnahmsweise ein Anspruch auf Akteneinsicht in Vergabeverfahren im Unterschwellenbereich aus § 242 BGB ergeben kann, sind für den Umfang der Akteneinsicht bei Vergabeverfahren nach der VOB/A die Wertungen der §§ 14, 14a und 19 VOB/A zu berücksichtigen.[14] **10a**

4. Informationsfrist

Abs. 2 schreibt eine Informationsfrist von **15 Kalendertagen** vor. Die Frist beginnt am Folgetag nach Antragseingang (§ 187 Abs. 1 BGB) und endet mit Ablauf des 15. Kalendertages.[15] Ist noch kein Zuschlag erteilt, beginnt die Frist erst mit der Mitteilung nach Abs. 1 S. 2 zu laufen.[16] Da Abs. 2 von „mitzuteilen" spricht, kommt es zur Fristwahrung auf die Absendung innerhalb der Frist an.[17] **11**

5. Form der Informationserteilung

Die Information ist in **Textform** zu erteilen. Nach § 126b BGB muss die Erklärung in einer Urkunde oder auf andere, zur dauerhaften Wiedergabe in Schriftzei- **11a**

---

[12] OLG Köln 29.1.2020 – 11 U 14/19, VPRRS 2020, 0059: Danach genügt es, dem unterlegenen Bieter in Stichworten die Gründe seiner Nichtberücksichtigung mitzuteilen, etwa dass ein anderer Bieter ein wirtschaftlicheres Angebot abgegeben hat.
[13] OLG Köln 29.1.2020 – 11 U 14/19, VPRRS 2020, 0059.
[14] Dazu OLG Köln 29.1.2020 – 11 U 14/19, VPRRS 2020, 0059.
[15] Ingenstau/Korbion/Reichling/Stamm VOB/A § 19 Rn. 21; Kapellmann/Messerschmidt/Stickler/Mädler VOB/A § 19 Rn. 22.
[16] AA Kapellmann/Messerschmidt/Stickler/Mädler VOB/A § 19 Rn. 22.
[17] Ingenstau/Korbion/Reichling/Stamm VOB/A § 19 Rn. 21; Kapellmann/Messerschmidt/Stickler/Mädler VOB/A § 19 Rn. 22.

IV. Verbot der Nutzung nicht berücksichtigter Angebote und Ausarbeitungen (Abs. 3)

12 Abs. 3 untersagt es, nicht berücksichtigte Angebote und Ausarbeitungen der Bieter für eine neue Vergabe oder für andere Zwecke zu verwenden. Die Vorschrift ist mit § 19 EU Abs. 5 VOB/A identisch, so dass auf dessen Kommentierung verwiesen wird (→ VOB/A § 19 EU Rn. 16–18).

V. Rückgabe nicht berücksichtigter Angebotsunterlagen (Abs. 4)

13 Nach Abs. 4 sind Entwürfe, Ausarbeitungen, Muster und Proben, die im Zusammenhang mit der Angebotsabgabe eingereicht wurden, zurückzugeben, sofern dies im Angebot oder innerhalb einer **Frist von 30 Kalendertagen** nach Ablehnung des Angebotes verlangt wird. Vgl. dazu → VOB/A § 19 EU Rn. 19–21.

§ 20 Dokumentation, Informationspflicht

(1) ¹Das Vergabeverfahren ist zeitnah so zu dokumentieren, dass die einzelnen Stufen des Verfahrens, die einzelnen Maßnahmen, die maßgebenden Feststellungen sowie die Begründung der einzelnen Entscheidungen in Textform festgehalten werden. ²Diese Dokumentation muss mindestens enthalten:
1. Name und Anschrift des Auftraggebers,
2. Art und Umfang der Leistung,
3. Wert des Auftrags,
4. Namen der berücksichtigten Bewerber oder Bieter und Gründe für ihre Auswahl,
5. Namen der nicht berücksichtigten Bewerber oder Bieter und die Gründe für die Ablehnung,
6. Gründe für die Ablehnung von ungewöhnlich niedrigen Angeboten,
7. Name des Auftragnehmers und Gründe für die Erteilung des Zuschlags auf sein Angebot,
8. Anteil der beabsichtigten Weitergabe an Nachunternehmen, soweit bekannt,
9. bei Beschränkter Ausschreibung ohne Teilnahmewettbewerb, Freihändiger Vergabe Gründe für die Wahl des jeweiligen Verfahrens,
10. gegebenenfalls die Gründe, aus denen der Auftraggeber auf die Vergabe eines Auftrags verzichtet hat.

³Der Auftraggeber trifft geeignete Maßnahmen, um den Ablauf der mit elektronischen Mitteln durchgeführten Vergabeverfahren zu dokumentieren.

(2) ¹Wird auf die Vorlage zusätzlich zum Angebot verlangter Unterlagen und Nachweise verzichtet, ist dies in der Dokumentation zu begründen. ²Dies gilt auch für den Verzicht auf Angaben zur Eignung gemäß § 6a Absatz 5.

(3) ¹Nach Zuschlagserteilung hat der Auftraggeber auf geeignete Weise, z.B. auf Internetportalen oder im Beschafferprofil zu informieren, wenn bei
1. Beschränkten Ausschreibungen ohne Teilnahmewettbewerb der Auftragswert 25 000 Euro ohne Umsatzsteuer,
2. Freihändigen Vergaben der Auftragswert 15 000 Euro ohne Umsatzsteuer

übersteigt. ²Diese Informationen werden sechs Monate vorgehalten und müssen folgende Angaben enthalten:
a) Name, Anschrift, Telefon-, Telefaxnummer und E-Mail-Adresse des Auftraggebers,
b) gewähltes Vergabeverfahren,
c) Auftragsgegenstand,
d) Ort der Ausführung,
e) Name des beauftragten Unternehmens.

(4) ¹Der Auftraggeber informiert fortlaufend Unternehmen auf Internetportalen oder in seinem Beschafferprofil über beabsichtigte Beschränkte Ausschreibungen nach § 3a Absatz 2 Nummer 1 ab einem voraussichtlichen Auftragswert von 25 000 Euro ohne Umsatzsteuer.
²Diese Informationen müssen folgende Angaben enthalten:
1. Name, Anschrift, Telefon-, Telefaxnummer und E-Mail-Adresse des Auftraggebers,
2. Auftragsgegenstand,
3. Ort der Ausführung,
4. Art und voraussichtlicher Umfang der Leistung,
5. voraussichtlicher Zeitraum der Ausführung.

Literatur: Vgl. die Angaben bei § 8 VgV.

I. Bedeutung der Vorschrift

§ 20 VOB/A regelt in seinen Abs. 1 und 2 die Dokumentation des Vergabeverfahrens unterhalb der Schwellenwerte in einer ggü. § 8 VgV abgeschwächten Form. Anders als bei § 8 Abs. 2 und 3 VgV genügt die Dokumentation und bedarf es keines gesonderten Vergabevermerkes. Freilich darf nicht verkannt werden, dass Teil der Dokumentation auch eine Begründung der einzelnen Entscheidungen in Textform ist (§ 20 Abs. 1 S. 1 Hs. 2 VOB/A). In der Sache unterscheiden sich die Regelungen in § 20 Abs. 1 und 2 VOB/A und § 8 VgV praktisch mit Ausnahme der Aufbewahrungspflichten wenig. Neben der Dokumentation des Vergabeverfahrens regelt § 20 VOB/A in Abs. 3 und Abs. 4 Pflichten des Auftraggebers zur Erhöhung der Transparenz der Verfahren unterhalb der Schwellenwerte. Abs. 3 bestimmt, dass über alle Vergaben im Wege der Beschränkten Ausschreibung ab einem Auftragsvolumen von 25.000 Euro und der Freihändigen Vergaben ab 15.000 Euro ex post zu informieren ist. Zudem wurde mit der Novellierung 2019 die früher deplatziert[1] in § 19 Abs. 5 VOB/A 2016 vorgesehene ex-ante Transparenzpflicht als Abs. 4 für beabsichtigte beschränkte Ausschreibungen angefügt.

II. Pflicht zur Dokumentation (Abs. 1)

1. Zeitnahe Dokumentation, Formalien

Das Vergabeverfahren ist **zeitnah** zu dokumentieren. Eine bestimmte Frist sieht Abs. 1 nicht vor. Aufgrund der ausf. Regelungen in § 8 VgV liegt es nahe, die zu § 8

---

[1] Janssen NZBau 2019, 147 (152).

VgV bestehenden Grundsätze entspr. auf Abs. 1 anzuwenden (→ VgV § 8 Rn. 3, 6). Anders als § 8 VgV, der die nachträgliche Erstellung eines Vergabevermerks zulässt, differenziert § 20 VOB/A nicht zwischen Dokumentation und Vergabevermerk, sondern bestimmt, dass eine zeitnahe Dokumentation zu erstellen ist, die die Begründung der einzelnen Entscheidungen enthalten muss, also die Wesensmerkmale des Vergabevermerks. Die Dokumentation ist laufend fortzuschreiben.

3   Notwendig für die Dokumentation ist **Textform** nach § 126b BGB. Anders als § 8 Abs. 3 S. 2 VgV, lässt es § 20 VOB/A nicht zu, dass die Dokumentation auf Informationen in der Bekanntmachung verweist. Auch bestehen im Unterschwellenbereich nicht die Aufbewahrungspflichten des § 8 Abs. 4 VgV. Im Hinblick auf die **negative Beweiskraft** des Vergabevermerks bestehen keine Unterschiede zu § 8 VgV, so dass auf die dortige Kommentierung verwiesen wird (→ VgV § 8 Rn. 10).

2. Inhalt der Dokumentation

4   S. 1 normiert allg., welchen Inhalt der Vergabevermerk haben muss. Sodann zählt S. 2 einzelne Mindestinhalte auf, die nicht abschl. sind (hierzu und zu den weiter erforderlichen Angaben → VgV § 8 Rn. 8).

3. Dokumentation eines elektronischen Verfahrens

5   Wird ein elektronisches Vergabeverfahren durchgeführt, sind nach S. 3 **geeignete Maßnahmen zur Dokumentation** zu treffen. Nach § 13 Abs. 1 Nr. 1 S. 3 Alt. 2 VOB/A sind elektronisch übermittelte Angebote nach Wahl des Auftraggebers mit einer fortgeschrittenen oder qualifizierten elektronischen Signatur zu versehen. Gem. § 13 Abs. 1 Nr. 2 VOB/A ist zudem die Datenintegrität und Vertraulichkeit der Angebote zu gewährleisten. S. 3 verpflichtet den Auftraggeber zu dokumentieren, dass und auf welche Weise er diesen Anforderungen nachgekommen ist.

III. Verzicht auf Unterlagen und Nachweise (Abs. 2)

6   Abs. 2 ordnet an, in der Dokumentation zu begründen, wenn auf Unterlagen und Nachweise verzichtet wird, die ursprünglich mit dem Angebot verlangt waren. Gemeint sind damit etwa Nachweise nach §§ 6a, 6b VOB/A. Die praktische Bedeutung der Vorschrift ist gering. Denn die Forderung bestimmter Nachweise hat **Bindungswirkung** für das Verfahren. Der Auftraggeber darf seine bekannt gemachten Bedingungen nachträglich weder erleichtern noch verschärfen oder gar nicht bekannt gemachte Kriterien berücksichtigen.[2] Damit bleibt für die Anwendung des Abs. 2 nur insoweit Raum, als sich eine Forderung als **rechtswidrig oder unzumutbar** herausstellt. Beispiele hierfür sind Forderungen nach Verpflichtungserklärungen von Nachunternehmern bereits mit dem Teilnahmeantrag oder Angebot,[3] nach Vorlage von Nachweisen für den Abschluss einer Haftpflichtversicherung bereits im Teilnahmewettbewerb[4] oder nach Vorlage einer eidesstattlichen Versicherung zur Verifizierung von Eigenerklärungen.[5]

---

[2] BGH 6.10.2020 – XIII ZR 21/19, BeckRS 2020, 31476; OLG Karlsruhe 7.5.2014 – 15 Verg 4/13, BeckRS 2015, 8088; OLG München 29.9.2009 – Verg 12/09, BeckRS 2009, 27005 = VergabeR 2010, 238; OLG Brandenburg 5.1.2006 – Verg W 12/05, ZfBR 2006, 503.

[3] BGH 3.4.2012 – X ZR 130/10, NZBau 2012, 513 mAnm Hänsel NJW-Spezial 2012, 396; BGH 10.6.2008 – X ZR 78/07, NZBau 2008, 592 (593).

[4] VK Thüringen 2.3.2009 – 250–4004.20-584/2009-002-EF, IBR 2009, 294.

[5] Vgl. § 27 Abs. 1 S. 1 VwVfG; dessen Voraussetzungen sind bei öffentlichen Auftragsvergaben nicht erfüllt.

IV. Ex-post-Transparenz unterhalb der Schwellenwerte (Abs. 3)

1. Informationspflicht

Die Regelung korrespondiert mit Abs. 4. Gem. Abs. 4 hat der Auftraggeber ab einem voraussichtlichen Netto-Auftragswert von 25.000 Euro über die von ihm beabsichtigten Beschränkten Ausschreibungen zu informieren. Hierdurch soll sichergestellt werden, dass die an derartigen Aufträgen interessierten Unternehmen rechtzeitig von geplanten Beschaffungen erfahren und sich um diese Aufträge bewerben können. Entspr. dazu bestimmt Abs. 3, dass der Auftraggeber bei Beschränkten Ausschreibungen und Freihändigen Vergaben nach erteiltem Zuschlag insbes. bekanntmachen muss, wer den Zuschlag erhalten hat. Mit dieser Vorschrift soll eine größere Transparenz erreicht werden, um es übergangenen Bietern zu ermöglichen, die Vergabe ggf. zu überprüfen. Denn unterhalb der Schwellenwerte gibt es keine[6] dem § 19 EU Abs. 2 VOB/A entspr. Pflicht zur Vorabinformation, so dass die Bieter häufig im Unklaren darüber sind, ob das Verfahren bereits abgeschlossen ist und wer den Auftrag erhalten hat.

7

2. Wertgrenzen, Informationsinhalt

Zu informieren ist bei Beschränkten Ausschreibungen ohne Teilnahmewettbewerb, wenn der Netto-Auftragswert 25.000 Euro übersteigt. Bei Freihändigen Vergaben gilt die Informationspflicht bei einem Netto-Auftragswert von 15.000 Euro. Die Informationen müssen die in S. 2 geforderten Informationen enthalten. Veröffentlichen kann der Auftraggeber „auf geeignete Weise". Als Regelbeispiele nennt S. 1 Internetportale oder ein Beschafferprofil. Dort sind die Informationen sechs Monate vorzuhalten.

8

V. Ex-ante-Transparenz unterhalb der Schwellenwerte (Abs. 4)

Nach dieser Regelung hat der Auftraggeber fortlaufend Unternehmen über im Wege der Beschränkten Ausschreibung beabsichtigte Vergaben auf Internetportalen oder in seinem Beschafferprofil informieren. Sinn und Zweck der Bestimmung ist die Schaffung einer größeren Transparenz der Vergabe von bestimmten Aufträgen im Wege der Beschränkten Ausschreibung ohne Teilnahmewettbewerb.[7] Durch den Verweis auf § 3a Abs. 2 Nr. 1 VOB/A wird klargestellt, dass die ex-ante Transparenzpflicht nur für die dort genannten Fälle der Beschränkten Ausschreibung ohne Teilnahmewettbewerb gilt, dh die unterhalb der für Ausbaugewerke ohne Energie- und Gebäudetechnik mit Euro 50.000,00, Tief-, Verkehrswege und Ingenieurbau mit Euro 150.000,00 und für alle übrigen Gewerke mit Euro 50.000,00 bestimmten Wertgrenzen[8] liegenden Aufträge. Gem. § 20 Abs. 4 S. 1 VOB/A ist dies einheitlich für alle Aufträge ab einem Volumen von Euro 25.000,00 der Fall.

9

§ 21 Nachprüfungsstellen

In der Auftragsbekanntmachung und den Vergabeunterlagen sind die Nachprüfungsstellen mit Anschrift anzugeben, an die sich der Bewerber

---

[6] Zu den landesrechtlichen Vorab-Informationspflichten → GWB § 134 Rn. 178 ff.
[7] HRR/Holz VOB/A § 19 Rn. 24.
[8] In den Bundesländern sind für die Unterschwellenvergaben zT erheblich höhere Wertgrenzen geregelt.

VOB/A § 21 — Nachprüfungsstellen

oder Bieter zur Nachprüfung behaupteter Verstöße gegen die Vergabebestimmungen wenden kann.

Literatur: Vgl. die Angaben bei Vor § 155 GWB und Einl. VOB/A.

I. Bedeutung der Vorschrift

1   Nach § 21 VOB/A sind die zuständigen Nachprüfungsstellen mit Anschrift in der Auftragsbekanntmachung und in den Vergabeunterlagen anzugeben. Durch diese Information soll den Unternehmen die Anzeige und Durchsetzung von Vergabeverstößen bei den zuständigen Behörden erleichtert werden. Bei Vergaben oberhalb der Schwellenwerte gilt ausschl. § 21 EU VOB/A. Die Vorschrift ist nicht nur eine bloße Formvorschrift, sondern eine **wichtige Ordnungsbestimmung,** die dem Rechtsschutz der Unternehmen dient. Auf entspr. Rüge kann die Nachprüfungsstelle die Weisung erteilen, die Angaben sowohl in der Auftragsbekanntmachung als auch in den Vergabeunterlagen zu ergänzen. Die unrichtige Bezeichnung der Nachprüfungsstelle als Vergabekammer begründet bei einer Vergabe unterhalb der Schwellenwerte aber nicht den Rechtsweg nach dem GWB-Vergaberecht.[1] Die Vergabekammer prüft autonom, ob der Schwellenwert tatsächlich erreicht und damit das Nachprüfungsverfahren eröffnet ist.[2] Zur Binnenmarktrelevanz → GWB § 134 Rn. 164 und → § 3 Rn. 23. Zu landesrechtlichen Vorabinformationspflichten → GWB § 134 Rn. 178 ff.

II. Nachprüfungsstellen

1. Fach- und Rechtsaufsichtsbehörden

2   Nachprüfungsstelle ist die Behörde, die nach dem einschlägigen Verwaltungsorganisationsrecht die **Dienst-, Fach- oder Rechtsaufsicht** über den betreffenden Auftraggeber ausübt.[3] Bei Vergaben des Bundes oder der Länder sind Nachprüfungsstellen die jew. vorgesetzten Dienststellen, die die Fach- und Rechtsaufsicht innehaben. Kommunale Auftraggeber unterliegen der Fach- und Rechtsaufsicht durch die zuständige Kommunalaufsichtsbehörde. Eine **VOB-Stelle** kann als Nachprüfungsstelle benannt werden, sofern sie ggü. dem betreffenden Auftraggeber Kontroll- und Weisungsbefugnisse hat.

2. Auftragsbekanntmachung

3   Die Nachprüfungsstelle ist gem. § 12 Abs. 1 Nr. 2 lit. x VOB/A in der Auftragsbekanntmachung und gem. § 8 Abs. 2 Nr. 1 VOB/A in der Aufforderung zur Angebotsabgabe zu benennen. Inhaltlich sind solche Angaben zu machen, die die Unternehmen in die Lage versetzen, die Nachprüfungsstelle rasch einzuschalten. Erforderlich sind **exakte Angaben** wie der genaue Name der Nachprüfungsstelle, deren vollständige Anschrift mit Telefon- und Faxnummer und E-Mail-Adresse.

---

[1] OLG Frankfurt a. M. 8.5.2012 – 11 Verg 2/12, BeckRS 2012, 10701; OLG München 28.9.2005 – Verg 19/05, BeckRS 2005, 11622; OLG Düsseldorf 31.3.2004 – VII-Verg 74/03, BeckRS 2004, 18443; BayObLG 23.5.2002 – Verg 7/02, BeckRS 2002, 04949 = VergabeR 2002, 510 (512); VK Brandenburg 4.5.2012 – VK 11/12, BeckRS 2012, 22276; MüKoEuWettbR/Seebo VOB/A § 21 Rn. 2; Ingenstau/Korbion/Reichling/Stamm VOB/A § 21 Rn. 1.

[2] OLG Düsseldorf 6.4.2022 – Verg 34/21, VPRRS 2023, 0040; OLG Stuttgart 12.8.2002 – 2 Verg 9/02, NZBau 2003, 340; VK Bund 6.7.2023 – VK 2–46/23, VPRRS 2023, 0159.

[3] MüKoEuWettbR/Seebo VOB/A § 21 Rn. 3; Ingenstau/Korbion/Reichling/Stamm VOB/A § 21 Rn. 2.

Änderungen während der Vertragslaufzeit § 22 VOB/A

3. Befugnisse

Nachprüfungsstellen werden vAw oder auf Antrag tätig. Im Rahmen der Dienst-, 4
Fach- oder Rechtsaufsicht haben sie ggü. dem Auftraggeber **Kontroll- und Weisungsbefugnisse** und können alle Maßnahmen ergreifen, die erforderlich sind, um die Rechtmäßigkeit des Verfahrens wiederherzustellen (zB Aufhebung einzelner Vergabeentscheidungen, Aussetzung und Zuschlagsverbot oder gar die Aufhebung des Vergabeverfahrens).[4]

Ein Anspruch auf Einschreiten der Nachprüfungsstelle besteht allerdings nicht 5
(→ GWB § 155 Rn. 14). Ob diese in das Verfahren eingreift, steht in ihrem pflichtgemäßen Ermessen. Ihre Einschaltung hat **keinen Suspensiveffekt;** dieser kann jedoch von der Nachprüfungsstelle verfügt werden. Nach Zuschlagserteilung ist für ein Tätigwerden der Nachprüfungsstelle kein Raum mehr.[5]

Zum daneben bestehenden **zivilprozessualen Primärrechtsschutz** näher 6
→ GWB Vor § 155 Rn. 15 ff.[6]

§ 22 Änderungen während der Vertragslaufzeit

Vertragsänderungen nach den Bestimmungen der VOB/B erfordern kein neues Vergabeverfahren; ausgenommen davon sind Vertragsänderungen nach § 1 Absatz 4 Satz 2 VOB/B.

Literatur: Diehr, VOB-Nachtragsmanagement – Auswirkungen der neuen gesetzlichen Leitbilder des GWB und BGB-E für das öffentliche Bauauftragswesen, ZfBR 2017, 762; Hausmann/Queisner, Auftragsänderungen während der Vertragslaufzeit, NZBau 2016, 619; Kulartz/Duikers, Ausschreibungspflicht bei Vertragsänderungen. VergabeR 2008, 728; Schmidt, Vergaberechtliche Fallstricke bei Nachträgen, NJW-Spezial 2017, 108; Stoye/Brugger, Vertrag bleibt Vertrag: Anordnungen des Auftraggebers nach VOB/B grundsätzlich ausschreibungsfrei!, VergabeR 2011, 803. Vgl. auch die Angaben bei § 132 GWB.

Hs. 1 stellt Vertragsänderungen nach den Bestimmungen der VOB/B von der 1
Anwendung des Vergaberechts frei. Die Vorschrift erfasst in erster Linie (aber nicht nur) die klassischen Nachtragsfälle iSd § 1 Abs. 3 und 4 S. 1 VOB/B. Im Anwendungsbereich der VOB/B hat der Auftraggeber das Recht, während der Vertragsdurchführung Änderungen des Bauentwurfs anzuordnen (§ 1 Abs. 3 VOB/B). Die insoweit vom Leistungsbestimmungsrecht getragenen geänderten Leistungen sind vom Auftragnehmer mit auszuführen.[1] Gleiches gilt für nicht vereinbarte Leistungen, die zur Ausführung der vertraglichen Leistungen erforderlich werden (§ 1 Abs. 4 S. 1 VOB/B). Diese **Nachtragsleistungen** sind bereits im Hauptvertrag angelegt.[2] Hs. 1 stellt klar, dass die Beauftragung solcher Nachtragsleistungen unabhängig von Umfang und Auftragswert der geänderten oder zusätzlichen Leistungen[3], soweit diese dem Anordnungsrecht unterliegen, kein neues Vergabeverfahren erfor-

---

[4] MüKoEuWettbR/Seebo VOB/A § 21 Rn. 6; Ingenstau/Korbion/Reichling/Stamm VOB/A § 21 Rn. 5.

[5] MüKoEuWettbR/Seebo VOB/A § 21 Rn. 6; Ingenstau/Korbion/Reichling VOB/A § 21 Rn. 5.

[6] Einen instruktiven Überblick gibt → BeckOK VergabeR/Friton GWB EU und GPA Rn. 73 ff.

[1] OLG Frankfurt a. M. 21.9.2011 – 1 U 154/10, BeckRS 2011, 23198.

[2] MüKoEuWettbR/Seebo VOB/A § 22 Rn. 3; Kapellmann/Messerschmidt/Glahs VOB/A § 22 Rn. 4; Stoye/Brugger VergabeR 2011, 803 (810); Kulartz/Duikers VergabeR 2008, 728 (735 ff.).

[3] Ingenstau/Korbion/Stolz VOB/A § 22 Rn. 3.

dert.[4] Auch die mit den vorgenannten Leistungsänderungen bzw. -erweiterungen einhergehenden **Anpassungen der Vergütungsabrede** gem. § 2 Abs. 5 und Abs. 6 VOB/B werden von der Freistellung erfasst.[5]

1a Hs. 1 privilegiert allg. „*Vertragsänderungen nach den Bestimmungen der VOB/B*". Damit beschränkt sich die Freistellung nicht auf die klassischen Nachtragsleistungen der VOB/B. Gleichsam ausschreibungsfrei sind etwa die Zustimmung zum ursprünglich nicht genehmigten Nachunternehmereinsatz (§ 4 Abs. 8 Nr. 1 VOB/B), die Verlängerung von Ausführungsfristen (§ 6 Abs. 2 VOB/B), die Anordnung von Stundenlohnarbeiten (§§ 2 Abs. 10 iVm 15 VOB/B) und die nachträgliche Vereinbarung von Vorauszahlungen (§ 16 Abs. 2 Nr. 1 VOB/B).[6] All diese Freistellungen gelten freilich nur, wenn die VOB/B wirksam in den Bauvertrag einbezogen wurde.[7]

2 Anders zu beurteilen sind die Fälle, in denen dem Auftragnehmer „andere Leistungen" iSv § 1 Abs. 4 S. 2 VOB/B übertragen werden sollen. Hierbei handelt es sich um **zusätzliche, vom Auftraggeber gewünschte Leistungen**, die keine Änderung des Bauentwurfs nach § 1 Abs. 3 VOB/B darstellen und auch nicht nach § 1 Abs. 4 S. 1 VOB/B zur Ausführung der vertraglichen Leistung erforderlich sind. Vertragsrechtlich ist die Beauftragung solcher Leistungen ohnehin nur mit Zustimmung des Auftragnehmers möglich, da solche Anschlussaufträge nicht vom Bauvertrag abgedeckt sind. Vergaberechtlich stellt Hs. 2 klar, dass jene Vertragsänderungen dem Vergaberecht unterfallen. Das gilt unabhängig davon, welchen Auftragswert die Leistungen haben und in welchem technischen und wirtschaftlichen Zusammenhang sie mit den vertraglich vereinbarten Leistungen stehen.[8] Die Wahl der Verfahrensart richtet sich in diesen Fällen nach § 3a VOB/A. Mitunter kann eine Freihändige Vergabe jener Leistungen an den Ist-Auftragnehmer unter den Voraussetzungen des § 3a Abs. 3 S. 1 Nr. 1, 3 oder 6 VOB/A zulässig sein (→ VOB/A § 3 Rn. 38 f.).[9]

§ 23 Baukonzessionen

(1) Eine Baukonzession ist ein Vertrag über die Durchführung eines Bauauftrags, bei dem die Gegenleistung für die Bauarbeiten statt in einem Entgelt in dem befristeten Recht auf Nutzung der baulichen Anlage, gegebenenfalls zuzüglich der Zahlung eines Preises besteht.

(2) Für die Vergabe von Baukonzessionen sind die §§ 1 bis 22 sinngemäß anzuwenden.

Literatur: Diemon-Wies, Vergabe von Konzessionen, VergabeR 2016, 162; Gemeinsamer Erfahrungsbericht des Bundesrechnungshofs und der Rechnungshöfe der Länder zur Wirtschaftlichkeit von ÖPP-Projekten, 2011; Goldbrunner, Das neue Recht der Konzessionsvergabe,

---

[4] Ändern sich nach Vertragsschluss lediglich die Mengen oder Massen, fehlt es bereits an einer Vertragsänderung iSd § 22 VOB/A, da im Einheitspreisvertrag nicht die ausgeschriebene, sondern die tatsächlich notwendige Menge geschuldet ist und entspr. vergütet werden muss (§ 2 Abs. 2 VOB/B); Hs. 1 ist in diesen Fällen nicht anwendbar: BeckOK VergabeR/Heinrich VOB/A § 22 Rn. 16 und Ingenstau/Korbion/Stolz VOB/A § 22 Rn. 3.

[5] MüKoEuWettbR/Seebo VOB/A § 22 Rn. 3; Kapellmann/Messerschmidt/Glahs VOB/A § 22 Rn. 4; Ingenstau/Korbion/Stolz VOB/A § 22 Rn. 3; HK-VergabeR/Ritzenhoff VOB/A § 22 Rn. 5.

[6] MüKoEuWettbR/Seebo VOB/A § 22 Rn. 5; BeckOK VergabeR/Heinrich VOB/A § 22 Rn. 19; Ingenstau/Korbion/Stolz VOB/A § 22 Rn. 3.

[7] BeckOK VergabeR/Heinrich VOB/A § 22 Rn. 7.

[8] Ingenstau/Korbion/Stolz VOB/A § 22 Rn. 3.

[9] MüKoEuWettbR/Seebo VOB/A § 22 Rn. 7; Ingenstau/Korbion/Stolz VOB/A § 22 Rn. 5.

VergabeR 2016, 365; Hertwig, Grundstücksgeschäfte und Vergaberecht nach der Entscheidung des EuGH zu „Bad Wildeshausen", VergabeR 2010, 554; Losch, Die Konzession im Licht der Rechtsprechung – ein stetiger Wandel, VergabeR 2010, 163; Schäfer/Conzen, Praxishandbuch der Immobilien-Investitionen, 2. Aufl. 2011; Vavra, Die Vergabe von Dienstleistungskonzessionen, VergabeR 2010, 351. Vgl. auch die Angaben bei den §§ 105 und 148 GWB.

Übersicht

	Rn.
I. Bedeutung der Vorschrift	1
II. Modellalternativen	11
1. Straßenbau	12
a) A-Modell	13
b) F-Modell	14
c) V-Modell	15
2. ÖPP-Modelle in Hochbau und anderen Bereichen	16
III. Die Baukonzession (Abs. 1)	19
1. Begriff	19
a) Abgrenzung zu Bauaufträgen	20
b) Abgrenzung zur Dienstleistungskonzession	24
2. Rechtsnatur	26
3. Beteiligte	27
4. Inhalt des Konzessionsvertrages	28
5. Vergabe von Unterkonzessionen	30
IV. Vergabevorschriften für die Erteilung von Baukonzessionen (Abs. 2)	31
1. Geltung der Basisparagrafen	31
2. Geltung der Vergabegrundsätze des Unionsrechts	35
3. Anwendung der VOB/B	36
V. Besonderheiten im Verfahren zur Konzessionsvergabe	38
VI. Rechtsschutz	44
1. Primärrechtsschutz	44
2. Sekundärrechtsschutz	45

I. Bedeutung der Vorschrift

Seit dem Inkrafttreten des modernisierten Vergaberechts wird die Vergabe von **1** Konzessionen für unionsweite Beschaffungen in der KonzVgV geregelt (dazu → KonzVgV § 1 Rn. 2). Die VOB/A betrifft deshalb nur Vergaben von Baukonzessionen unterhalb der Schwellenwerte.

Die Bedeutung der Vergabe von Konzessionen gerade auch im Bauwesen bleibt **2** ungebrochen. Gerade im kommunalen Bereich dürfte sich wegen des doch erheblichen Schwellenwertes ein großer Teil der Konzessionsvergaben unter der Geltung des ersten Abschn. der VOB/A abspielen (dazu auch → GWB § 148 Rn. 30).

Vergibt die öffentliche Hand Konzessionen, bezweckt sie damit idR, ihre Haus- **3** halte (zumindest kurzfristig) von den laufenden Belastungen oder besonders hohen Kosten für Anschaffung oder Errichtung besonders aufwändiger Vorhaben zu entlasten. Konzessionen stellen eine Facette von **Öffentlich-Privaten Partnerschaften (ÖPP)** im Wirtschaftsleben dar.[1]

Die ÖPP verfolgen das **Ziel,** bestimmte öffentliche Projekte effizienter dadurch **4** zu realisieren, dass eine langfristig angelegte Zusammenarbeit zwischen öffentlicher

---

[1] Vgl. den Projektüberblick im PPP-Sonderheft der Zeitschrift der Bayerischen Staatsbauverwaltung für Hochbau, Städtebau, Wohnungsbau, Straßen- und Brückenbau, März 2010.

Hand und privater Wirtschaft erfolgt. Die Projekte werden langfristig zur wirtschaftlicheren Erfüllung öffentlicher Aufgaben und nach dem **Lebenszyklusansatz** beauftragt. Den Auftragnehmern werden nicht nur Planung und Errichtung, sondern auch Betrieb, Finanzierung, Instandhaltung und Instandsetzung sowie ggf. die Verwertung in eigenem wirtschaftlichem Risiko übertragen. ÖPP erlauben es in geeigneten Fällen, öffentliche Investitionsvorhaben wirtschaftlicher zu verwirklichen, ohne mit einer materiellen Privatisierung die Gesamtverantwortung für die Daseinsvorsorge aus den Händen geben zu müssen. Die für die Aufgabenerfüllung erforderlichen Ressourcen sollen von den Partnern in einem gemeinsamen Organisationsmodell zusammengeführt und vorhandene Projektrisiken entspr. der Managementkompetenz der Projektpartner angemessen verteilt werden.[2]

5 Charakteristisch für das **Wesen eines ÖPP-Projektes** sind ua folgende Aspekte:
- die langfristige Zusammenarbeit zwischen öffentlichem und privatem Partner,
- die vollständige oder teilw. Übertragung der Finanzierung auf die Privatwirtschaft,
- die Beschränkung des öffentlichen Partners auf Vorgabe und Überwachung der Ziele der Zusammenarbeit sowie der Qualität der zu erbringenden Leistung sowie
- eine Risikoteilung, nach der im Grundsatz das Risiko jew. von demjenigen getragen werden soll, der es (besser) beurteilen, kontrollieren und beherrschen kann, wodurch eine deutliche Verlagerung von Risiken auf den privaten Partner herbeigeführt wird.

6 Die verstärkte Nutzung von Konzessionsmodellen ist politisch gewollt und steht im Zusammenhang mit den finanziellen Engpässen der öffentlichen (auch der kommunalen) Haushalte. Diese sind zunehmend nicht mehr in der Lage, die notwendigen Infrastrukturmaßnahmen und Verkehrsprojekte aus ihren laufenden Budgets zeitnah allein zu finanzieren. Eine mit der Konzessionierung verbundene private (Vor-)Finanzierung solcher Vorhaben kann zT verhindern, dass zu Lasten der Allgemeinheit auf notwendige Großprojekte oder Projekte der Daseinsvorsorge ganz oder auf absehbare Zeit verzichtet werden muss. Die Entscheidung für ein Konzessionsmodell dient damit auch einer **beschleunigten Realisierung** größerer Projekte unabhängig vom jährlichen Haushaltsvolumen des Auftraggebers.

7 Die Übertragung der Verantwortung für Bauvorhaben der öffentlichen Hand auf Private kann aus folgenden Gründen **vorteilhaft** sein:
- Zugriff auf besonderes Wissen und Können Privater in bestimmten Bereichen (Abfall, Personenbeförderung, Wasserversorgung etc),
- Kostenoptimierung durch Synergieeffekte wegen frühzeitiger Einbindung der Privaten in die Projektvorbereitung,
- Bildung eines Gesamtpakets mit einheitlicher Planung, Projektsteuerung, Bau und Betrieb sowie Erhaltung und Instandsetzung und -haltung sowie Finanzierung,
- privatwirtschaftlich flexible Unternehmensführung ohne Bindungen an das öffentliche Dienstrecht und
- mögliche kürzere Bauzeiten und nachträgliche Preisverhandlungen (soweit nicht nach VOB/A weiter vergeben werden muss) mit der Folge von Kosteneinsparungen.

8 Dem stehen folgende **Nachteile**[3] im Zusammenhang mit der Einbeziehung Privater in öffentliche Bauvorhaben durch die Ausschreibung von Konzessionierungs- oder Betreibermodellen gegenüber:
- Gefahr der Abhängigkeit von nur einem privaten Investor bei langfristiger Vertragsbindung (vgl. dazu die Schwierigkeiten beim Start der Mauterfassung durch das Konsortium „Toll-Collect"),

---

[2] Erfahrungsbericht – Öffentlich-Private Partnerschaften in Deutschland des BMVBS, S. 4.
[3] Einen umfassenden Überblick über die operativen und strategischen Vor- und Nachteile geben Schäfer/Conzen Immobilien-Projektentwicklung-HdB/Grandke/Napp S. 144 f.

- mögliche Monopolbindungen in der Wirtschaft unter Aufhebung der grds. durchzuhaltenden Trennung zwischen Planung und Ausführung,
- Rest-Verantwortung der öffentlichen Hand für Schäden und andere Haftungsgründe und
- mittelstandsfeindliche (aber vergaberechtlich zulässige) Außerachtlassung des Fachlosprinzips.[4]

Besonders negativ wirkt sich die **Verschiebung der Belastungen** auf zukünftige Haushalte aus. Die Vorfinanzierung öffentlicher Straßenbauvorhaben durch Private mit der Verpflichtung, die Kosten über einen Zeitraum von 15 Jahren zurückzuzahlen, wird aus diesem Grund nicht weiterverfolgt. Allein die Zinsbelastung erreicht bis zu 50 % des Finanzierungsvolumens. Die Finanzierungskosten führen zu einer späteren, aber umso höheren Belastung der öffentlichen Haushalte. Der Bundesrechnungshof, der etwa die Konzessionsvergaben für den Engelbergtunnel, den Streckenabschnitt Merzig-Perl der BAB A 8, einen Teilabschnitt der BAB A 61 sowie für den Bau der vierten Röhre des Elbtunnels geprüft hat, hat sie daher schon in der Vergangenheit (2009) als im Vergleich zu einer Haushaltsfinanzierung unwirtschaftlich und vor dem Hintergrund der Vorgaben aus Art. 115 Abs. 1 S. 2 GG als verfassungsrechtlich bedenklich angesehen.[5] Die Unwirtschaftlichkeit verstärkt sich noch, wenn der Staat auch einen Teil der Nutzungskosten selbst übernimmt, um damit den Preis für die Nutzer auf ein sozialadäquates Maß zu senken.[6] Ein unter grober Verletzung des Grundsatzes der Wirtschaftlichkeit und Sparsamkeit abgeschlossener Vertrag (etwa beim Immobilienleasing) kann auch zivilrechtlich als sittenwidrig anzusehen sein.[7] Sowohl die haushaltsrechtliche Behandlung als auch die Vorbereitung und Vergabe sowie die Ermittlung der Wirtschaftlichkeit von ÖPP-Projekten und der Vergleich zur alternativ möglichen „konventionellen" Ausschreibung hat unter strikter Beachtung der dafür geltenden Rahmenbedingungen zu erfolgen.[8]

Der VerfGH RhPf hat die private Vorfinanzierung öffentlicher Investitionen als verfassungsgemäß angesehen. Die Auswirkungen der privaten Vorfinanzierung öffentlicher Investitionen müssen dabei nach dem Gebot der Vollständigkeit des Haushalts transparent gemacht werden. Die zur Vorfinanzierung zur Verfügung stehenden Mittel können nicht als staatliche Einnahmen ausgewiesen werden. Wegen der Verlagerung von (erheblichen) Ausgaben auf künftige Haushaltsjahre bedarf es einer parlamentarischen Ermächtigung. Die aus dem Gebot der Wirtschaftlichkeit folgende Pflicht zum zweckmäßigen Mitteleinsatz fordert schließlich eine **Überprüfung der Wirtschaftlichkeit** jeder einzelnen Maßnahme. Dabei kann auch eine volkswirtschaftliche Betrachtung erfolgen, in die die durch die beschleunigte Verwirklichung erzielten infrastrukturellen und raumordnerischen Verbesserungen ein-

---

[4] OLG Celle 26.4.2010 – 13 Verg 4/10, NZBau 2010, 715; OLG Jena 6.6.2007 – 9 Verg 3/07, NZBau 2007, 730 (733).

[5] BT-Drs. 13/2600, 58, 59. Die Bedenken wurden im Gutachten des Bundesbeauftragten für Wirtschaftlichkeit in der Verwaltung v. 5.1.2009 weiterhin aufrechterhalten.

[6] Endler NZBau 2002, 125 (126); Nr. 2.1.2 der Mitteilung der Kommission zu Auslegungsfragen im Bereich Konzessionen im Gemeinschaftsrecht v. 12.4.2000, NZBau 2000, 413 (414); sehr krit. äußert sich auch hier das Gutachten des Bundesbeauftragten für Wirtschaftlichkeit in der Verwaltung v. 5.1.2009. Auch der Europäische Rechnungshof hat den kofinanzierten Projekten „keine wesentlichen Vorteile" bescheinigt, Sonderbericht Öffentlich-private Partnerschaften in der EU: Weitverbreitete Defizite und begrenzte Vorteile v. 7.2.2018.

[7] BGH 25.1.2006 – VIII ZR 398/03, IBR 2006, 229 = BeckRS 2006, 02890.

[8] Dazu Gemeinsamer Erfahrungsbericht zur Wirtschaftlichkeit von ÖPP-Projekten des Bundesrechnungshofs und der Rechnungshöfe der Länder v. 14.11.2011, zu finden unter http://www.rechnungshof-hessen.de/veroeffentlichungen/veroeffentlichungen_hrh/Gemeinsamer_Erfahrungsbericht_zur_Wirtschaftlichkeit_von_OEPP.pdf.

fließen.[9] Vor der Entscheidung, ob ein privates Nutzungs- und Finanzierungsmodell oder ein konventioneller Bauauftrag vergeben wird, ist daher die Wirtschaftlichkeit beider Alternativen zu berechnen und zu vergleichen.[10] Die Erstellung einer derartigen Wirtschaftlichkeitsuntersuchung wird auf Bundesebene von § 7 Abs. 2 BHO angeordnet. Bei der Schätzung des Auftragswertes kann dabei ein Abschlag zum Vergleichswert bei konventioneller Ausschreibung (PSC)[11] von 10 % vorgenommen werden.[12] Zu Gunsten der ÖPP-Variante können dabei neben monetären Erwägungen (Kostenersparnis) auch nichtmonetäre Gründe (etwa volkswirtschaftliche Effekte durch schnelle(re) Realisierung) sprechen.[13] Diese Erwägungen sind auch auf den kommunalen Bereich übertragbar. Die aktuelle Inflation dürfte die Problematik der Verschiebung von Lasten auf künftige Haushalte noch verstärken.

II. Modellalternativen

11   Öffentlich-Private Partnerschaften werden unterdessen auf fast allen Ebenen der staatlichen Daseinsvorsorge begründet. Sie betreffen Straßen- und Hochbauprojekte sowie Dienstleistungen. Vertragsgegenstand sind etwa Abfallentsorgung, Energieversorgung, Wasserversorgung, Errichtung und Betrieb öffentlicher Einrichtungen (zB Justizvollzugsanstalten) sowie von Verkehrsinfrastrukturprojekten (Kanäle, Flughäfen, Autobahnen, etc).[14]

1. Straßenbau

12   ÖPP-Projekte im Straßenbau, vor allem im Bundesfernstraßenbau, basieren auf der Idee, Planung, Finanzierung, Bau, Ausrüstung und Betrieb in einem **Gesamtleistungspaket** zusammenzufassen, so dass der öffentliche Auftraggeber für das Projekt nur noch eine Überwachungsfunktion wahrnehmen muss. Dazu treten neben den zunächst bevorzugten Ausbau-(A-)Modellen[15] und Finanzierungs-(F-)Modellen zunehmend die Verfügbarkeits(V-)Modelle.

13   **a) A-Modell.** Beim A-Modell werden Ausbau zusätzlicher Fahrstreifen sowie Erhaltung und Betrieb entspr. Autobahnabschnitte sowie die dazu notwendige Finanzierung (bestehend aus Vorfinanzierung der Bauleistungen und laufender Finanzierung der Erhaltungs- und Betriebsleistungen) einem privaten Betreiber übertragen. Dieser erhält zur Refinanzierung der Investitions- und Betriebskosten sowie zur Kompensation des betriebswirtschaftlichen Risikos und als Gewinn einen weitergeleiteten Teil des Gebührenaufkommens aus der **Mauterhebung** (Lkw-Maut), die auf den von ihm betriebenen Autobahnabschnitt entfällt. Zugleich kann

---

[9] VerfGH RhPf 20.11.1996 – VGH N 3/96, NVwZ-RR 1998, 145 (148); ebenso Stober NJW 2007, 2008 (2012).
[10] Ingenstau/Korbion/Düsterdiek VOB/A § 23 Rn. 49 ff.; vgl. auch Nr. 1.1 Grünbuch der EU-Kommission zur ÖPP v. 30.4.2004; zu Inhalt und Ablauf einer Wirtschaftlichkeitsuntersuchung Diederichs NZBau 2009, 547.
[11] Public Sector Comparator. Der Vergleich der Kostenermittlungen ist allerdings nicht allein maßgeblich für die Annahme der Wirtschaftlichkeit der ÖPP-Variante.
[12] OLG Brandenburg 7.4.2009 – Verg W 14/08, NZBau 2010, 71 (72).
[13] Neben der Verwaltungsvorschrift zu § 7 BHO geben dazu Leitfäden die notwendigen Rahmenbedingungen vor.
[14] Eine Übersicht bietet: HRR/Weifenbach VOB/A § 22 Rn. 21 ff.
[15] Nach der ersten Staffel mit vier Pilotprojekten, ua BAB A 8 München-Augsburg, wurden in einer zweiten Staffel weitere Ausbauvorhaben ausgeschrieben, etwa BAB A 8 Augsburg-Ulm. Einen Überblick enthält die Informationsbroschüre des BMVBS zu ÖPP A-Modellen, die etwa von der Website der ÖPP-Plattform heruntergeladen werden kann.

eine feste oder im Wettbewerb anzubietende Anschubfinanzierung gewährt werden.[16] Durch den Übergang von allg. Benutzungsgebühren zu Mautgebühren kann jedem Autobahnabschnitt das anteilig für seine Nutzung erlöste Gebührenaufkommen zugeordnet werden.[17] Die Zweckbindung der Autobahnmaut zu Gunsten der Verkehrsinfrastrukturfinanzierung ergibt sich aus § 11 Abs. 3 S. 2 BFStrMG.[18] Der Preiswettbewerb betrifft entweder die Höhe der vom Bieter verlangten Anschubfinanzierung oder die Höhe eines von ihm zu kalkulierenden Einheitsmautsatzes. Die Aufträge für die Leistungen des Betreibers nach dem A-Modell sollen als **Baukonzession** vergeben werden.[19]

b) **F-Modell.** Beim sog. F-Modell werden Planung, Bau, Unterhaltung, Betrieb und Finanzierung eines bestimmten Ingenieurbauwerkes (Brücken, Tunnel) im Zuge von Bundesfernstraßen oder mehrstreifigen Bundesstraßen auf einen privaten Betreiber übertragen. Dieser erhält für seine Leistung das Recht, von den Nutzern eine Maut zu erheben. Aus den **Mauteinnahmen** sind die Investitions-, Betriebs- und Finanzierungskosten zu erlösen und Risiko sowie Gewinn zu decken. Gesetzliche Grundlage für das F-Modell und die Möglichkeit, Private mit der Befugnis zur Erhebung einer Maut zu beleihen, ist § 15 FStrG iVm dem § 2 Abs. 1 FStrPrivFinG. Die Mauteinnahmen müssen dem jeweiligen Projekt zugeordnet sein, § 2 Abs. 1 S. 3 FStrPrivFinG.

c) **V-Modell.** Aktuelle Projekte[20] werden als Verfügbarkeits-Modelle konzipiert. Ausgangspunkt ist die Struktur der A-Modelle. Die Vergütung wird als **verkehrsmengenunabhängiges Verfügbarkeitsentgelt** geleistet. Neben einem feststehenden regelmäßigen Entgelt (etwa 85 %) wird ein Teil der Vergütung (etwa 15 %) in Abhängigkeit von der Aufrechterhaltung der Verfügbarkeit und der Vermeidung von Beeinträchtigungen durch Qualitätsmängel geleistet. Dadurch wird die Erhaltung im Vergleich zu Errichtung bzw. Ausbau aufgewertet. In der Regel werden kürzere Laufzeiten vorgesehen (20 Jahre) als für A-Modelle. Mit den Verfügbarkeitsmodellen sollen die Effizienzvorteile privater Betreiber zur Geltung gebracht werden. Die privaten Betreiber haben echte Investitions- und Betreiberrisiken zu übernehmen. Die Anforderungen an die Erhaltung können dabei auch durch Bezugnahmen auf einschlägige Regelwerke (etwa ZTV Funktion[21]) konkretisiert werden. Es handelt sich aber nicht um Konzessionen, sondern um Bauverträge (die als Projektverträge bezeichnet werden). Die Vergütung des Auftragnehmers hängt davon ab, in welchem Maße er die Verfügbarkeit der Straße gewährleistet. Ein Konzessionscharakter ist damit nicht verbunden.

2. ÖPP-Modelle in Hochbau und anderen Bereichen

Die Zusammenarbeit der öffentlichen Hand mit Privaten kann in verschiedenen Formen erfolgen. Neben der Errichtung, der Finanzierung und dem Betrieb von

---

[16] Neumann/Müller NZBau 2003, 299 (300).

[17] Roth NVwZ 2003, 1056.

[18] Gesetz über die Erhebung von streckenbezogenen Gebühren für die Benutzung von Bundesautobahnen und Bundesstraßen (Bundesfernstraßenmautgesetz – BFStrMG) v. 12.7.2011, BGBl. I, S. 1378.

[19] OLG München 7.4.2011 – Verg 5/11, NZBau 2011, 439; Neumann/Müller NZBau 2003, 299 (301); Müller-Wrede Kompendium/Horn/Schneevogl Kap. 16 Rn. 14; aA mit beachtlichen Argumenten Roth NVwZ 2003, 1056 (1059); Roth NZBau 2006, 84 (89); Burgi DVBl 2007, 649 (654).

[20] Vor allem Ausschreibungen der DEGES, etwa BAB A 9, BAB A 7 Nord; ebenso die Errichtung eines weiteren Teilstückes der BAB A 94 und das Ausbauvorhaben der BAB A 3 (Nürnberg – Würzburg) sind als Verfügbarkeits-Modell vergeben worden.

[21] Zusätzliche Technische Vertragsbedingungen für Funktionsbauverträge.

Hochbauprojekten können private Kapitalbeteiligungen an der Finanzierung und Verwaltung öffentlicher Infrastrukturen und Leistungen des öffentlichen Sektors in sämtlichen Formen der Zusammenarbeit erfolgen.[22] Dafür kommen nahezu alle Sachverhalte in Betracht, bei denen auf der einen Seite die öffentliche Hand und auf der anderen Seite Private beteiligt sind, die partnerschaftlich kooperieren.[23] Ausnahmen bestehen bei rechtlichen Grenzen.[24]

17 ÖPP können in folgenden **Gestaltungsformen** auftreten:[25]
– Gründung wirtschaftlicher Gesellschaften bei gleichzeitiger Auftragsvergabe an sie und spätere Veräußerung von Gesellschaftsanteilen bereits beauftragter Tochtergesellschaften öffentlicher Auftraggeber an Private,
– Konzessionierung Privater durch die öffentliche Hand, bei der sich der Konzessionär bei der Nutzung refinanziert, bzw. Gründung öffentlich-öffentlicher Partnerschaften im Vorfeld von Konzessionsverfahren (etwa nach § 46 Abs. 2 EnWG),[26]
– Privatfinanzierung und Betrieb öffentlicher Infrastruktur durch Private, die die öffentliche Hand vergütet (Betreibermodelle),
– Beleihung Privater mit Hoheitsrechten in Fällen, in denen Private in Kooperation mit einem Träger öffentlicher Gewalt Aufgaben für diesen erledigen.[27]

18 Im Gutachten zu PPP im öffentlichen Hochbau vom September 2003 werden sieben Vertragsmodelle unterschieden (Erwerbermodell, FM Leasingmodell, Vermietungsmodell, Inhabermodell, Contractingmodell, Konzessionsmodell und Gesellschaftsmodell).[28] Soweit die Zusammenarbeit der Partner sich auf Privatfinanzierungen, schlichte Vorfinanzierungen, Leasingmodelle oder Forfaitierungen mit Einredeverzicht des öffentlichen Auftraggebers beziehen, handelt es sich nicht um (echte) ÖPP-Projekte.

III. Die Baukonzession (Abs. 1)

1. Begriff

19 Baukonzessionen sind Verträge, durch die ein oder mehrere Konzessionsgeber ein oder mehrere Unternehmen mit der Erbringung von Bauleistungen betrauen, wobei die Gegenleistung für die Bauleistungen ausschl. in dem **Recht auf Nutzung des Bauwerks** oder in diesem Recht zuzüglich einer Zahlung besteht (Art. 5 Nr. 1 lit. a RL 2014/23/EU, § 105 Abs. 1 Nr. 1 GWB, → GWB § 105 Rn. 4 ff. sowie → GWB § 148 Rn. 16 ff.). Im Bereich oberhalb der Schwellenwerte ist allein diese Begriffsbestimmung maßgeblich. Auf die nationalen Regelungen über die Bezeichnung der Vertragspartner kommt es für die rechtliche Qualifikation der Verträge und damit auch zur Bestimmung der einschlägigen Vergabebestimmungen nicht an.[29] Ob und unter welchen Voraussetzungen Erschließungs-,[30] städtebauliche oder andere grundstücksbezogene Verträge zur Verwirklichung städtebaulicher Vorgaben

---

[22] Sie können den Rechtscharakter von Dienstleistungskonzessionen aufweisen.
[23] Dreher NZBau 2002, 245 (246).
[24] So ist die Vergabe von Entsorgungsdienstleistungen als Konzession gesetzeswidrig, BGH 18.6.2012 – X ZB 9/11, BeckRS 2012, 15777 = VergabeR 2012, 839; OLG Düsseldorf 19.10.2011 – VII-Verg 51/11, NZBau 2012, 190.
[25] Beispiele nach Dreher NZBau 2002, 245 (247).
[26] Dazu OLG Düsseldorf 9.1.2013 – VII-Verg 26/12, NZBau 2013, 120.
[27] Dazu Zeiss DVBl 2003, 435.
[28] Vgl. PPP im öffentlichen Hochbau, Bd. II: Rechtliche Rahmenbedingungen, 17.9.2003, S. 3 ff.
[29] EuGH 29.10.2009 – C-536/07, NZBau 2009, 792 Rn. 56.
[30] Dazu EuGH 26.5.2011 – C-306/08, VergabeR 2011, 693.

darunter fallen, mit der Folge, dass es sich um ausschreibungspflichtige Rechtsgeschäfte handelt, wurde bis zur Entscheidung des EuGH v. 25.3.2010[31] unterschiedlich beurteilt.[32]

a) Abgrenzung zu Bauaufträgen. Eine Baukonzession unterscheidet sich von einem Bauauftrag nur insoweit, als die **Gegenleistung** für die Bauleistungen statt in einer Vergütung in dem Recht auf Nutzung der baulichen Anlage, ggf. zuzüglich einer Zahlung eines besteht (s. dazu → GWB § 105 Rn. 15 ff.). Ob eine Baukonzession vorliegt, ist im Bereich oberhalb der Schwellenwerte allein nach europäischem Recht zu beurteilen.[33] Zu Baukonzessionen s. ausf. → GWB § 105 Rn. 33 ff. 20

Nach Art. 5 Nr. 1 RL 2014/23/EU und § 105 Abs. 2 GWB folgt die Abgrenzung danach, dass bei der Vergabe einer (Bau-) Konzession das Betriebsrisiko für die Nutzung des Bauwerks auf den Konzessionsnehmer übergeht. Dies ist der Fall, wenn unter normalen Betriebsbedingungen nicht gewährleistet ist, dass die Investitionsaufwendungen oder die Kosten für den Betrieb des Bauwerks wieder erwirtschaftet werden können (§ 105 Abs. 2 S. 2 Nr. 1 GWB, → GWB § 105 Rn. 24 ff.) und der Konzessionsnehmer den Unwägbarkeiten des Marktes tatsächlich ausgesetzt ist, so dass potenzielle geschätzte Verluste nicht vernachlässigbar sind (§ 105 Abs. 2 S. 2 Nr. 2 GWB, → GWB § 105 Rn. 31 ff.). Obwohl der Teil 4 des GWB und die Richtlinie über die Vergabe von Konzessionen (bis auf die Fälle mit grenzüberschreitender Bedeutung) nicht auf Vergaben unterhalb der Schwellenwerte anwendbar sind, können die Gesichtspunkte auch zur Bestimmung einer Konzession nach § 23 VOB/A herangezogen werden. 21

Der Konzessionär hat damit das **Baurisiko** (Investitionsrisiko) und zumindest einen bedeutenden Teil des **Nutzungsrisikos** (Risiko der wirtschaftlichen Verwertung, Verwaltung, Auslastung und Amortisation) zu tragen (ausf. → GWB § 105 Rn. 28 ff.). Verbleibt das Nutzungsrisiko überwiegend beim Auftraggeber, liegt keine Konzession vor.[34] Das Gleiche gilt, wenn der Auftraggeber das Baurisiko und einen Großteil der Baukosten übernimmt. Eine Abgrenzung, welcher prozentuale Risikoanteil beim Auftraggeber verbleiben kann, ohne dass der Charakter einer Baukonzession verloren geht, ist nur anhand der Besonderheiten des Einzelfalles möglich.[35] Nutzungsrisiko (und -kosten) einerseits und Baurisiko (und -kosten) andererseits sind in eine **Gesamtbetrachtung** einzustellen. Selbst wenn der Auftraggeber mehr als 20 % der Baukosten, etwa in Form einer über das eingeräumte Nutzungsrecht hinausgehenden Vergütung übernimmt, verbleibt es beim Konzessionscharakter, wenn der Konzessionär zumindest einen wesentlichen Teil der Risiken trägt, die sich aus der Nutzung ergeben. Erst wenn der Kostenzuschuss oder der in 22

---

[31] EuGH 25.3.2010 – C-451/08, NZBau 2010, 321. Diese Vorgaben sind in der nationalen Rspr. aufgegriffen worden, OLG Düsseldorf 9.6.2010 – Verg 9/10, BeckRS 2010, 14585 = VergabeR 2010, 971.

[32] EuGH 18.1.2007 – C-220/05, NZBau 2007, 185; OLG Düsseldorf 12.12.2007 – VII-Verg 30/07, NZBau 2008, 139; 6.2.2008 – VII-Verg 37/07, NZBau 2008, 271; 30.4.2008 – Verg 23/08, NZBau 2008, 461; OLG Bremen 13.3.2008 – Verg 51/07, NZBau 2008, 339; OLG Karlsruhe 13.6.2008 – 15 Verg 3/08, NZBau 2008, 537; OLG Düsseldorf 13.6.2007 – VII-Verg 2/07, NZBau 2007, 530; vorsichtiger: OLG München 4.4.2008 – Verg 4/08, NZBau 2008, 542; aA VK Brandenburg 15.2.2008 – VK 2/08, BeckRS 2008, 05519; VK Rheinland-Pfalz 11.12.2008 – VK 38/08, IBR 2009, 156; der Erlass eines Bebauungsplanes oder der Abschluss eines städtebaulichen Vertrages mit dem Grundstückseigentümer ist nicht ausschreibungspflichtig, OLG Düsseldorf 4.3.2009 – Verg VII 67/08, NZBau 2009, 334; umf. dazu Ingenstau/Korbion/Düsterdiek VOB/A § 23 Rn. 3–39.

[33] EuGH 18.1.2007 – C-220/05, NZBau 2007, 185.

[34] KK-VergR/Wieddekind VOB/A § 23 Rn. 2.

[35] EuGH 11.6.2009 – C-300/07, NZBau 2009, 520.

Geld gewährte Vergütungsanteil das Nutzungsrisiko des Konzessionärs wesentlich oder sogar vollständig abfedert, liegt ein normaler Bauauftrag vor.[36] Gleiches gilt, wenn das Baurisiko vollständig beim Auftraggeber verbleibt. Die Grenze zwischen Baukonzession und Bauauftrag anhand der Risikoverteilung kann im Einzelfall nur schwierig gezogen werden. Dem Konzessionär müssen jedenfalls deutlich sichtbar die Risiken der Nutzung des Bauwerks verbleiben. Ein Aspekt des Risikos kann auch das Haftungsrisiko darstellen.[37] Wie viel Risiko der Konzessionär tragen muss,[38] um den Vertrag als Konzession einordnen zu können, war Gegenstand zweier Vorlageentscheidungen zum EuGH.[39] Nach Auffassung des EuGH setzt die Annahme einer Konzession voraus, dass die Gegenleistung durch einen Dritten erbracht wird und der Auftragnehmer das (möglicherweise auch geringe) wirtschaftliche Risiko des Auftraggebers übernimmt.[40] Ein Betriebs- oder Vergütungsrisiko besteht für den Auftragnehmer nicht, wenn er ausschl. die öffentliche Hand als Schuldner hat.[41] Diese Grundsätze dürften weiterhin gelten.[42]

23 Sowohl die RL 2014/23/EU als auch das GWB sprechen davon, dass der Konzessionsnehmer mit den ihm übertragenen Leistungen **zu betrauen ist**. Aus dem Erwgr. 68 der RL 2014/23/EU ergibt sich dazu, dass die Aufgabenübertragung solche Tätigkeiten betrifft, die üblicherweise dem Konzessionsgeber obliegen. Damit kommt dem Element der Betrauung die Bedeutung einer Zuständigkeitsverlagerung zu. Dies aber stellt klar, dass auch nach dem neuen Vergaberecht eine Konzession ein Beschaffungselement aufweist (eine Leistung des Konzessionsgebers wird auf den Konzessionsnehmer übertragen).[43] S. dazu ausf. → GWB § 148 Rn. 17 ff.

24 **b) Abgrenzung zur Dienstleistungskonzession.** Auch wenn der Abgrenzung im Bereich oberhalb der Schwellenwerte durch die Einbeziehung der Dienstleistungskonzessionen in den Geltungsbereich des Teils 4 des GWB und der KonzVgV bei weitem nicht mehr die Bedeutung zukommt, spielt sie unterhalb der Schwellenwerte noch eine Rolle. Lediglich die Vergabe von Baukonzessionen ist dabei in der VOB/A geregelt. Die UVgO enthält keine gleichwertige Regelung für Dienstleistungskonzessionen.

25 Dienstleistungskonzessionen können gleichfalls nicht frei vergeben werden. Es gelten – bei Binnenmarktrelevanz – die Grundfreiheiten des AEUV.[44] Im Bereich oberhalb der Schwellenwerte bemisst sich die Frage, ob Vertragskonstellationen als Dienstleistungskonzessionen einzustufen sind, allein anhand des Unionsrechts.[45] Die Abgrenzung von Baukonzession und Dienstleistungskonzession hat somit anhand

---

[36] OLG Schleswig 6.7.1999 – 6 U Kart 22/99, NZBau 2000, 100 (102); Endler NZBau 2002, 125 (128).

[37] Müller Wrede Kompendium/Jennert S. 207 ff.

[38] Nr. 2.1.2 der Mitteilung der Kommission zu Auslegungsfragen im Bereich Konzessionen im Gemeinschaftsrecht v. 12.4.2000, NZBau 2000, 413 (415).

[39] Zu Dienstleistungskonzessionen OLG München 2.7.2009 – Verg 5/09, BeckRS 2009, 18430 = VergabeR 2009, 781; OLG Jena 8.5.2008 – 9 Verg 2/08, BeckRS 2008, 9319 = VergabeR 2008, 653.

[40] EuGH 10.9.2009 – C-206/08, NZBau 2009, 729; OLG Brandenburg 12.1.2010 – Verg W 7/09, BeckRS 2010, 1943 = VergabeR 2010, 699; OLG Jena 11.12.2009 – 9 Verg 2/08, BeckRS 2010, 2457 = VergabeR 2010, 705.

[41] BGH 1.12.2008 – X ZB 31/08, NZBau 2009, 201 (204).

[42] Vgl. etwa: OLG Düsseldorf 19.2.2020 – Verg 1/19, VPR 2020, 178.

[43] Goldbrunner VergabeR 2016, 365 (366).

[44] EuGH 15.10.2009 – C-196/08, BeckRS 2009, 71138 = VergabeR 2010, 478; EuGH 13.9.2007 – C-260/04, IBRRS 2007, 4847 = VergabeR 2008, 213.

[45] EuGH 18.7.2007 – C-382/05, BeckRS 2007, 70527 = VergabeR 2007, 604 Rn. 31; OLG Düsseldorf 23.5.2007 – VII-Verg 50/06, NZBau 2007, 525.

des **Vertragsgegenstandes** zu erfolgen. Maßgeblich ist der Hauptgegenstand des Vertrages, § 110 Abs. 1 GWB. Dies gilt auch für den Bereich unterhalb der Schwellenwerte entspr. Bei **typengemischten** Verträgen kommt es darauf an, welche Leistungsanteile den **Schwerpunkt** des beabsichtigten Konzessionsverhältnisses ausmachen sollen,[46] bzw. dem Vertrag sein wesentliches Gepräge geben.[47] Spielen Bauleistungen bei der Auftragsvergabe nur eine untergeordnete Rolle oder geht es nur um die Nutzung eines bereits bestehenden Bauwerks, liegt keine Baukonzession vor. Umgekehrt bleiben Bauleistungen als Instandhaltungsarbeiten auch nachrangig, wenn primäres Leistungsziel eine Dienstleistung darstellt (etwa der Betrieb einer Rennstrecke).[48] Tatsächlich trennbare Leistungen können je nach den für diese Verträge geltenden Regelungen als Baukonzession oder Dienstleistungskonzession vergeben werden, § 111 Abs. 1 GWB.[49]

2. Rechtsnatur

Die Rechtsnatur der Baukonzession hängt vom Vertragsgegenstand ab. Geht die Konzession mit der Einräumung hoheitlicher Befugnisse einher (etwa Beleihung), kann sie öffentlich-rechtlicher Natur sein.[50] Eine öffentlich-rechtliche Rechtsnatur kommt etwa für Betreibermodelle in Form des F-Modells in Betracht, bei denen auf Grundlage von § 15 FStrG iVm dem FStrPrivFinG Bau, Unterhaltung, Betrieb und Finanzierung auf einen privaten Betreiber übertragen werden, einschließlich der Befugnis zur Einziehung der von den Straßenbenutzern zu entrichtenden Mautgebühren. Um einen Vertrag als öffentlich-rechtlich einzuordnen, der sowohl zivilrechtliche (Bau, Unterhaltung, Betrieb) als auch öffentlich-rechtliche (etwa Übertragung von Hoheitsbefugnissen) Regelungsgegenstände enthält, muss der Schwerpunkt des gesamten Vertragswerkes im öffentlichen Recht liegen.[51] Der Umstand, dass durch einen Vertrag im Allgemeininteresse liegende Aufgaben erfüllt werden sollen, reicht zur Qualifikation als öffentlich-rechtlicher Vertrag nicht aus. Die von der öffentlichen Hand abgeschlossenen Werk- und Dienstverträge gehören demnach grds. ausschl. dem Privatrecht an. Nicht das Ziel der Aufgabenerfüllung, sondern die dafür gewählte Rechtsform ist für die rechtliche Einordnung des gewählten Mittels maßgeblich. Die Motivation und das angestrebte Ziel bestimmen nicht zugleich die Rechtsnatur der dazu gewählten Umsetzung.[52] Die Übertragung einer Konzession auf der Grundlage eines Betreibermodells in Form des A-Modells stellt somit einen privat-rechtlichen Vertrag dar.[53] Echte Erschließungsverträge und städtebauliche Verträge mit Bauverpflichtung

26

---

[46] EuGH 29.10.2009 – C-536/07, IBRRS 2009, 3447 = VergabeR 2010, 188 Rn. 57; OLG Brandenburg 3.8.1999 – 6 Verg 1/99, NZBau 2000, 39.
[47] OLG Karlsruhe 6.2.2013 – 15 Verg 11/12, IBR 2013, 422, Bau und Betrieb einer Autobahnrastanlage; OLG Brandenburg 30.5.2008 – Verg W 5/08, NZBau 2009, 139.
[48] OLG Brandenburg 30.5.2008 – Verg W 5/08, NZBau 2009, 139.
[49] Nr. 2.3 der Mitteilung der Kommission zu Auslegungsfragen im Bereich Konzessionen im Gemeinschaftsrecht v. 12.4.2000, NZBau 2000, 413 (416); vgl. auch OLG Düsseldorf 12.3.2003 – Verg 49/02, BeckRS 2004, 02039.
[50] Der Charakter eines ausschreibungspflichtigen öffentlichen Auftrages geht damit nicht verloren, vgl. etwa EuGH 12.7.2001 – C-399/98, NZBau 2001, 512; BayObLG 28.5.2003 – Verg 7/03, BeckRS 2003, 7750 = VergabeR 2003, 563 (564); zur Differenzierung nach dem Vertragsgegenstand als Kriterium für die Bestimmung des Rechtsweges bei einer Dienstleistungskonzession: BGH 23.1.2012 – X ZB 5/11, BeckRS 2012, 4377 = VergabeR 2012, 440.
[51] BVerwG 11.2.1993 – 4 C 18/91, BVerwGE 92, 56 (64) = NJW 1993, 2695.
[52] BVerwG 2.5.2007 – 6 B 10/07, NZBau 2007, 398 (390).
[53] „Privatisierung auf Zeit", so das OLG München 12.2.2019 – 9 U 728/18 Bau, IBR 2019, 243; durch den Konzessionsvertrag wird auch nicht die Straßenbaulast (anteilig) übertragen.

können jedoch öffentlich-rechtliche Regelungsgegenstände von so großem Gewicht enthalten, dass sie im Vergleich zu den zugleich zu regelnden zivilrechtlichen Gegenständen den Schwerpunkt der Regelung bilden und damit zur Einordnung des gesamten Vertrages als öffentlich-rechtlich führen. Bei der Baukonzession handelt es sich in der Regel um einen **privatrechtlichen Vertrag;** dies gilt sowohl für die zivilrechtliche Gestattung zur Nutzung der baulichen Anlage durch den Konzessionär als auch für die Verpflichtung des Konzessionärs zu Bau, Errichtung und Betrieb der Anlage.[54]

3. Beteiligte

27 Vertragspartner der Baukonzession sind der **Konzessionsgeber** (Auftraggeber) und **Konzessionsnehmer** (Auftragnehmer). Konzessionsnehmer ist in der Regel ein privater Unternehmer, der die bauliche Anlage errichtet und betreibt. Es kann sich auch um eine Projektgesellschaft oder ein Finanzierungskonsortium im Hintergrund etc handeln. Unterscheidet sich diese als Rechtsperson vom Bieter oder der Bietergemeinschaft, muss dies in den Vergabeunterlagen ausdr. vorgesehen sein. Andernfalls droht eine (nichtige) de-facto-Vergabe. Ein Austausch des Vertragspartners (Bieter-Projektgesellschaft) führt zu einer wesentlichen Änderung der ausgeschriebenen Leistung, die vom durchgeführten Vergabeverfahren nicht gedeckt ist. Bei der Vergabe von Baukonzessionen an andere öffentliche Auftraggeber handelt es sich nur dann um vergabefreie **„in-house-Geschäfte"**, wenn die Voraussetzungen von § 108 GWB erfüllt sind. Dies dürfte auch für den Bereich unterhalb der Schwellenwerte anzuwenden sein. In der Vergangenheit war dies bejaht worden, falls eine zu 100 % von der öffentlichen Hand gehaltene privatrechtliche Eigengesellschaft beauftragt wird.[55] Die Erteilung einer Baukonzession an einen öffentlichen Auftraggeber spielt in der Praxis keine große Rolle.[56]

4. Inhalt des Konzessionsvertrages

28 Wesentlicher Inhalt des Konzessionsvertrages ist – neben der Verpflichtung zu einer Bauleistung – die Übertragung (zumindest eines wesentlichen Teils) des Nutzungsrisikos, der Nutzungsrechte und der Befugnis, das Nutzungsentgelt der baulichen Anlage zu erhalten, auf den Konzessionär.[57] Ggf. sind die Grundlagen und die Voraussetzungen für zuzügliche Zahlungen (Anschubfinanzierung oder Ausfallkompensation) zu regeln. Die Konzessionsverträge können folgende Regelungsinhalte haben:
– Übertragung der Erlaubnis und Pflicht auf einen privaten Unternehmer zur Errichtung einer baulichen Anlage oder einer anderen Bauleistung (ggf. einschließl. Erhaltungs- und Betriebspflicht);[58]
– Sicherstellung der Projektfinanzierung, bestehend aus der Vorfinanzierung der Bauleistung und laufender Sicherstellung von zur Verfügung stehendem Kapital für Erhaltung und Betrieb durch den privaten Unternehmer; Patronate für oder Eintrittsrechte der Finanzierer im Krisenfall;

---

[54] Kapellmann/Messerschmidt/Ganske VOB/A § 23 Rn. 13; OLG Celle 24.11.1999 – 13 Verg 7/99, NZBau 2000, 299 (300).
[55] EuGH 11.5.2006 – C-340/04, NZBau 2006, 453; 13.10.2005 – C-458/03, NZBau 2005, 645; 7.12.2000 – C-94/99, NZBau 2001, 99 (101); VK Düsseldorf 7.7.2000 – VK 12/2000 – L, NZBau 2001, 46.
[56] Auch in diesem Fall sind die Vergabebestimmungen einzuhalten, EuGH 18.1.2007 – C-220/05, NZBau 2007, 185.
[57] Kapellmann/Messerschmidt/Ganske VOB/A § 23 Rn. 28.
[58] Dies setzt voraus, dass der Konzessionsgeber auch Inhaber dieser Rechte ist.

- Übertragung von Planung, Ausführung und Betrieb des Projekts auf den privaten Unternehmer während der Konzessionsdauer, einschließl. der Planungsverantwortung und Baugrundrisiken;[59]
- Bestimmung des Konzessionszeitraums einschließl. eventueller Verlängerungen oder Verkürzungen, Kündigungs- oder Eintrittsrechte bzw. -pflichten für Krisensituationen;
- Regelungen zur Übergabe des Projektes ggf. mit einer Definition von dabei einzuhaltenden Zustandsparametern und Erhaltungszuständen nach Ablauf der Konzessionszeit.

Weitere Regelungsinhalte können in Abhängigkeit von der konkreten Projektierung im Hinblick auf die Detailfragen im Zusammenhang mit Wartung, Instandhaltung und Verkehrssicherung mit Freistellungsbestimmungen, Eintrittsrechten sowie über die Befugnisse zur Erhebung von Benutzungsentgelten, drohenden Vertragsstrafen etc getroffen werden.[60] 29

5. Vergabe von Unterkonzessionen

Auch die Vergabe von Unterkonzessionen unterliegt den Vorgaben aus § 23 VOB/A. Dies gilt zumindest, soweit der Konzessionär an die Bestimmungen der VOB/A gebunden ist, weil er entweder selbst ein Konzessionsgeber ist (§ 101 GWB) oder weil dies im Konzessionsvertrag vorgeschrieben wird. In anderen Fällen gilt die Beauftragung eines Bauunternehmers durch den Konzessionär als Nachunternehmervergabe und bedarf der Genehmigung des Auftraggebers, § 4 Abs. 8 VOB/B.[61] Damit behält der Auftraggeber die Einflussmöglichkeit, um die Grundsätze des § 23 VOB/A auch im nachgeordneten Vertragsverhältnis einzufordern. 30

IV. Vergabevorschriften für die Erteilung von Baukonzessionen (Abs. 2)

1. Geltung der Basisparagrafen

Nach § 23 Abs. 2 VOB/A sind die §§ 1–22 VOB/A auf die Vergabe von Baukonzessionen **sinngemäß anzuwenden.** Dies bedeutet, dass bei der Entscheidung über die Anwendbarkeit die Unterschiede zwischen der Erteilung einer Baukonzession und der Vergabe eines (konventionellen) Bauauftrages berücksichtigt werden müssen. Die angeordnete „sinngemäße" Anwendung der §§ 1–22 VOB/A steht im Zusammenhang mit der Vergabe von Baukonzessionen. Daher ist die Frage, ob die einzelnen Regelungen dieser Paragrafen für die Vergabe von Baukonzessionen „passen", danach zu beantworten, ob sie einen Bezug zur Vergabe des (Baukonzessions-) Auftrags aufweisen oder (nur) die Ausgestaltung der vertraglichen Beziehungen zwischen Konzessionär und Konzessionsnehmer betreffen. In diesem Sinn sind die §§ 1–22 VOB/A nur bzgl. der darin enthaltenen Regelungen mit Bezug zu den vergaberechtlichen Regelungen (mit Vergabebezug) auf die Vergabe von Baukonzessionen anzuwenden, nicht aber im Hinblick auf Vorgaben zur Ausgestaltung von Verträgen (Vertragsbezug). 31

---

[59] Die Konzessionsverträge können als allgemeine Geschäftsbedingungen der Inhaltskontrolle unterworfen sein. Trotz generell möglicher Übertragung können (zu) einseitige Bestimmungen zum Baugrundrisiko unwirksam sein, KG 10.9.2012 – 23 U 161/11, IBR 2012, 695.

[60] Vgl. etwa das Gutachten zur Erarbeitung der Muster eines Konzessionsvertrages für das A-Modell aus dem April 2004.

[61] Ingenstau/Korbion/Düsterdiek VOB/A § 23 Rn. 78.

32   Die Baukonzession räumt als Gegenleistung ein Nutzungsrecht ein. Eine (zusätzliche) Vergütung ist nicht generell vorgesehen. Daher passen all die Paragrafen, die sich mit der Ausgestaltung der Vertragsinhalte befassen, nicht. Dies betrifft etwa die Regelungen über die Vergütung des Anbieters. Es handelt sich um die § 4, § 9d und § 16c Abs. 2, 3 VOB/A.[62] Auch die übrigen Paragrafen sind bei der Vergabe von Baukonzessionen daraufhin zu prüfen, ob und inwieweit sie gelten können.[63] So werden etwa **Ausnahmen vom Grundsatz der losweisen Vergabe** bei komplexen ÖPP-Maßnahmen zugelassen.[64] Auch ist fraglich, ob die in § 10 VOB/A vorgegebene Zuschlagsfrist bei komplexen Vergaben eingehalten werden kann. Ebenso wird die Anwesenheit der Bieter nach § 14a Abs. 1 VOB/A beim Eröffnungstermin in Verhandlungsverfahren über komplexe Ausschreibungsgegenstände mit schriftlichen Angeboten nicht gefordert werden können.[65]

33   Soweit die Bestimmungen Grundsätze für ein ordnungsgemäßes Vergabeverfahren betreffen und die darauf basierenden Vorgänge zur Auswahl des Vertragspartners regeln, sind sie grds. auch für die Konzessionsvergabe anzuwenden. Eine Konzession ist ebenfalls an fachkundige, leistungsfähige und zuverlässige Unternehmer zu vergeben, da es sich in der Regel um Maßnahmen von erheblicher Bedeutung mit langer Geltungsdauer (Konzessionszeiträume) handelt. Auch die Bestimmungen über die Wahl der Vergabeart (§ 3 VOB/A), die Grundsätze der Vergabe, eine ordnungsgemäße Bekanntmachung und über die Prüfung und Wertung (§ 16 VOB/A) sind auf die Vergabe von Baukonzessionen anzuwenden.[66]

34   Eine bedeutsame **Einschränkung** betrifft die **Anwendbarkeit von § 7 Abs. 1 VOB/A.** Zwar verbleibt es auch bei der Konzessionsvergabe dabei, dass der Leistungsstand eindeutig und erschöpfend beschrieben werden muss, § 7 Abs. 1 Nr. 1 VOB/A.[67] Den Konzessionären werden mit dem Nutzungsrecht in der Regel auch alle sich aus der Natur der Nutzung ergebenden Risiken sowie die Verantwortung für die technischen und finanziellen Aspekte der Errichtung übertragen.[68] Die Vorgabe aus § 7 Abs. 1 Nr. 3 VOB/A, nach der den Bietern kein ungewöhnliches Wagnis auferlegt werden darf, kann damit auf die Konzessionsvergabe nicht in vollem Umfang übertragen werden. Gerade die Übertragung der Risiken auf den Konzessionär macht dieses Institut für öffentliche Auftraggeber attraktiv.[69] Sie ist auch zulässig.[70] Dies gilt vor allem, wenn die Risikoübertragung in Verhandlungen offen angesprochen wird.[71] Jedoch bestehen weiterhin Grenzen, etwa aus dem Recht der Allgemeinen Geschäftsbedingungen.[72]

---

[62] Kapellmann/Messerschmidt/Ganske VOB/A § 23 Rn. 62.

[63] AA Kapellmann/Messerschmidt/Ganske VOB/A § 22 Rn. 21: Die Bestimmungen der VOB/A sind iÜ „uneingeschränkt zu beachten".

[64] OLG Celle 26.4.2010 – 13 Verg 4/10, NZBau 2010, 715.

[65] OLG Jena 6.6.2007 – 9 Verg 3/07, NZBau 2007, 730; weitere Einzelheiten bei HHKW/Scherer-Leydecker VOB/A § 22 Rn. 6 ff.; Müller-Wrede Kompendium/Horn/Schneevogl Kap. 16 Rn. 17 ff.

[66] Die Kommission stellt dem Konzessionsgeber die Wahl des nach seiner Auffassung geeignetsten Verfahrens frei, Nr. 3.2.1.2 der Mitteilung der Kommission zu Auslegungsfragen im Bereich Konzessionen im Gemeinschaftsrecht v. 12.4.2000; hierzu iE auch Müller-Wrede Kompendium/Horn/Schneevogl Kap. 16 Rn. 32 ff.

[67] EuGH 22.4.2010 – C-423/07, NZBau 2010, 643.

[68] Nr. 2.1.2 der Mitteilung der Kommission zu Auslegungsfragen im Bereich Konzessionen im Gemeinschaftsrecht v. 12.4.2000, NZBau 2000, 413 (414).

[69] Einschränkend Stickler BauR 2003, 1105 (1110); Roth NZBau 2006, 84 (86 ff.).

[70] OLG München 12.2.2019 – 9 U 728/18 Bau, IBR 2019, 243; OLG Celle 26.11.2019 – 13 U 127/18, IBR 2020, 61.

[71] KG 14.2.2006 – 21 U 5/03, NZBau 2006, 241.

[72] KG 10.9.2012 – 23 U 161/11, IBR 2012, 695.

2. Geltung der Vergabegrundsätze des Unionsrechts

Unabhängig davon, welche Bestimmungen der VOB/A sinngemäß auf die Vergabe einer Baukonzession anzuwenden sind, gelten dafür bei Vergaben mit Binnenmarktrelevanz die zentralen Grundsätze des AEUV. Dabei handelt es sich um die Normen, in denen das Diskriminierungsverbot, die Dienstleistungs- und Niederlassungsfreiheit sowie die Freiheit des Warenverkehrs geregelt werden. Darüber hinaus müssen die Grundsätze der Gleichbehandlung und der Transparenz eingehalten werden.[73]   35

3. Anwendung der VOB/B

Zu den Vorschriften, die nach § 23 Abs. 2 VOB/A sinngemäß anzuwenden sind, zählt § 8a Abs. 1 VOB/A. Danach haben die Vergabeunterlagen auch für Baukonzessionen die Geltung der VOB/B vorzusehen. Sie sind jedoch ihrerseits auf eine **entspr. Anwendung** reduziert, soweit die Vergabe einer Konzession mit dem Abschluss eines Bauauftrages vergleichbar ist. Die Bestimmungen über die Vergütung (§ 2 VOB/B), die Bezahlung und die Normen über die Minderung der Vergütung (§§ 13, 14–16 VOB/B) können deshalb nur behutsam übertragen werden. Die Vorschriften über eine frühzeitige Beendigung des Bauvertrages (§ 4 Abs. 7, § 5 Abs. 4 und § 6 Abs. 7 VOB/B) und das Kündigungsrecht des Auftraggebers (§ 8 Abs. 1 Nr. 1 VOB/B) sollen dagegen auf Konzessionsmodelle mit festgelegten Laufzeiten nicht angewendet werden können.[74] Ob dies in jeder Hinsicht richtig ist, muss bezweifelt werden. Gerade dann, wenn der Konzessionsnehmer aus in eigener Verantwortung liegenden Gründen mit der Fertigstellung oder der Weiterarbeit an einem für die Konzession wesentlichen Bauwerk in Verzug gerät, muss dem Konzessionsgeber die Möglichkeit verbleiben, nach vorheriger Fristsetzung außerordentlich kündigen zu können (auch wenn keine entspr. Regelungen im Konzessionsvertrag enthalten sein sollten).   36

Die Bestimmungen der VOB/B werden für Konzessionsverträge idR meist ohne inhaltliche Abweichungen vereinbart. Obwohl die Einbeziehung gem. § 23 Abs. 2 VOB/A normativ durch die Vorgabe der nur entspr. Anwendbarkeit angeordnet wird, unterliegen alle vereinbarten Bestimmungen der VOB/B – auch in Verträgen mit öffentlichen Auftraggebern – einzeln der Inhaltskontrolle, § 310 Abs. 1 BGB. In diesem Fall sind als Individualvereinbarungen vorrangig und wirksam. Soweit die Verträge (wie etwa in fernstraßenbezogenen Betreibermodellen) auf Musterkonzessionsverträgen beruhen, dürften sie generell als Allgemeine Geschäftsbedingungen zu werten sein.[75] Dabei kann der Konzessionscharakter indes bei der Beurteilung, ob eine unangemessene Benachteiligung vorliegt, eine Rolle spielen.[76]   37

V. Besonderheiten im Verfahren zur Konzessionsvergabe

Konzessionsprojekte im ÖPP-Bereich sind vor Beginn der Ausschreibung einer **Wirtschaftlichkeitsuntersuchung** (etwa nach § 7 Abs. 2 BHO) zu unterziehen. Die Ausschreibung als Konzession iR eines ÖPP-Projekts ist haushaltsrechtlich nur   38

---

[73] Nr. 3.1 der Mitteilung der Kommission zu Auslegungsfragen im Bereich Konzessionen im Gemeinschaftsrecht v. 12.4.2000, NZBau 2000, 458 (459).
[74] Kapellmann/Messerschmidt/Merkens VOB/A § 23 Rn. 69.
[75] KG 10.9.2012 – 23 U 161/11, IBR 2012, 695; ebenso schon Kunkel/Weigelt NJW 2007, 2433; gegen eine weitgehende Einbeziehung sperrt sich HHKW/Scherer-Leydecker VOB/A § 22 Rn. 16.
[76] OLG München 12.2.2019 – 9 U 728/18 Bau, IBR 2019, 243; KG 10.9.2012 – 23 U 161/11, IBR 2012, 695.

zulässig, wenn sie im Vergleich zur konventionellen Vergabe für den öffentlichen Auftraggeber „wirtschaftlich vorteilhaft" ist.[77] Die Wirtschaftlichkeitsuntersuchung schafft erst die rechtlichen und wirtschaftlichen Voraussetzungen für die Ausschreibungsreife und die Bereitstellung der Haushaltsmittel.[78]

39 Bei der **Wahl des Vergabeverfahrens** kann sich der Auftraggeber zwischen einer Beschränkten Ausschreibung und einer Freihändigen Vergabe (im Bereich oberhalb der Schwellenwerte: dem Verhandlungsverfahren und dem wettbewerblichen Dialog) entscheiden. In der Praxis wird das Verhandlungsverfahren weiter bevorzugt, obwohl das wettbewerbliche Dialog dogmatisch als vorrangig und besser geeignet eingeschätzt wird.[79] Der wettbewerbliche Dialog ist Sonderkonstellationen vorbehalten, in denen die Rahmenbedingungen des geplanten Vorhabens nicht benannt werden können.[80] Aufgrund der für die Konzessionsnehmer geforderten hohen Anforderungen an die Leistungsfähigkeit und zur Vermeidung hoher Kosten für die Erstellung von unberücksichtigt bleibenden Angeboten bietet sich eine im vorherigen Teilnahmewettbewerb durchgeführte Eignungsprüfung an.

40 Komplexe ÖPP-Projekte, mit denen Bauleistungen, Erhaltung, Betrieb sowie die notwendigen Nebenleistungen beauftragt werden sollen, können **zusammengefasst vergeben** werden. Dies ist in der Regel aus wirtschaftlichen oder technischen Gründen gerechtfertigt.[81]

41 ÖPP-Projekte rechtfertigen ausnahmsweise eine über 20-jährige **Laufzeit**, obwohl eine solche Laufzeit iA als Beschränkung des Dienstleistungsverkehrs und Verstoß gegen das Wettbewerbsgebot eingestuft werden muss.[82] Eine Überschreitung der üblichen Vertragslaufzeiten ist nur aus zwingenden Gründen des Allgemeininteresses gerechtfertigt, wenn sie zur Erreichung des verfolgten Ziels geeignet ist und nicht über das zur Zielerreichung Erforderliche hinausgeht.[83] Um die für die öffentliche Hand realisierbaren Sparpotentiale zur Anwendung zu bringen und die dazu notwendigen Amortisationsmöglichkeiten von Betreibern im Hinblick auf ihre Investitionen auszuschöpfen, ist für große Projekte mit Amortisationsschwellen von 20–25 Jahren daher auch eine Laufzeit von 30 Jahren im Einzelfall gerechtfertigt. Eine wesentliche Verlängerung der Vertragslaufzeit bedarf auch für Konzessionsverträge einer erneuten Ausschreibung.[84]

42 Wurde die notwendige Wirtschaftlichkeitsuntersuchung unter Beachtung der zu berücksichtigenden Umstände für die Prognosen des Kostenbedarfs ermittelt, kann der Auftraggeber, wenn selbst das günstigste Bieterangebot deutlich über dieser Prognose liegt, Nachverhandlungen – ggf. auch mit dem nächstplatzierten Bieter – ohne Erfolg bleiben und somit iErg die konventionelle Beschaffungsvariante sich als

---

[77] Weber/Schäfer/Hausmann PPP-HdB/Weger/Moß/Parzych § 11.

[78] Sie ist zwar dafür nicht allein maßgeblich. Jedoch ist sie auch bei der Wertung der Angebote zu berücksichtigen, Hertwig NZBau 2007, 543.

[79] Müller/Brauser-Jung NVwZ 2007, 884 (889); Schenke/Klimpel DVBl 2006, 1492 (1495); Knauff NZBau 2005, 249; diff. Drömann NZBau 2007, 751 (752); Burgi DVBl 2007, 649 (655 f.).

[80] Müller-Wrede Kompendium/Jennert Kap. 6 Rn. 73. Die Kommission stellt die Wahl des Vergabeverfahrens dem Konzessionsgeber weitgehend frei, Nr. 3.2.1.2 der Mitteilung v. 29.4.2000; zu den möglichen Gestaltungsalternativen OLG Brandenburg 7.5.2009 – Verg W 6/09, NZBau 2009, 734.

[81] Vergleichbare Situation bei wirtschaftlicher, technischer und rechtlicher Beratung bei ÖPP-Projekten, OLG Celle 26.4.2010 – 13 Verg 4/10, NZBau 2010, 715; OLG Jena 6.6.2007 – 9 Verg 3/07, NZBau 2007, 730.

[82] VK Arnsberg 21.2.2006 – VK 29/05, IBR 2006, 1341; → GWB § 99 Rn. 25–27; → GWB § 99 Rn. 206.

[83] EuGH 9.3.2006 – C-323/03, NZBau 2006, 386 Rn. 44 ff.

[84] EuGH 18.9.2019 – C-526/17, NZBau 2020, 40.

günstiger herausstellt, das Verfahren gem. § 17 Abs. 1 Nr. 1, 3 VOB/A **aufheben**.[85] Ob die Aufgabe des ÖPP-Projekts zugunsten der konventionellen Ausschreibung als endgültige Aufgabe des Beschaffungsvorhabens angesehen werden kann, mit der Folge, dass ein Nachprüfungsverfahren nicht zulässig ist,[86] ist zweifelhaft. Es wird zT empfohlen, den Bietern das Ergebnis der Wirtschaftlichkeitsuntersuchung bekannt zu geben.[87] Dies kann jedoch zu einer Beschränkung des Wettbewerbs führen, weil sich die Bieter mit ihren Angeboten daran orientieren. Es ist daher empfehlenswert, bei der Bekanntmachung des Ergebnisses der Wirtschaftlichkeitsuntersuchung einen Abschlag vorzunehmen.[88]

Auch im Bereich von Konzessionen kommen Mehrvergütungsansprüche des Konzessionsnehmers in Betracht, wenn sich der Zuschlag verzögert hat und der Vertragsbeginn nicht eingehalten werden kann.[89] 43

VI. Rechtsschutz

1. Primärrechtsschutz

Baukonzessionen unterhalb der Schwellenwerte können im Wege des Primärrechtsschutzes nicht überprüft werden. Das Vergabenachprüfungsverfahren ist **nicht eröffnet**. Es besteht jedoch die Möglichkeit, im Zivilrechtsweg einstweiligen Rechtsschutz zu erlangen und den Auftraggeber über eine einstweilige Verfügung zur Unterlassung der Auftragserteilung oder der Fortsetzung des Vergabeverfahrens zu verpflichten.[90] Etwas anderes gilt, wenn das Projekt Binnenmarktrelevanz ausstrahlt, weil ihm ein grenzüberschreitendes Interesse zugemessen wird. 44

2. Sekundärrechtschutz

Schadensersatz ist nach den allg. Regelungen zu leisten, wenn eine Konzession vergaberechtswidrig erteilt wird. In Betracht kommt auch ein Amtshaftungsanspruch gem. § 839 BGB iVm Art. 34 S. 1 GG. Diesen Anspruch kann eine Gemeinde geltend machen, wenn die Rechtsaufsichtsbehörde ein vom Landesrechnungshof als **unwirtschaftlich** eingeschätztes Investorenmodell genehmigt.[91] 45

§ 24 Vergabe im Ausland

Für die Vergabe von Bauleistungen einer Auslandsdienststelle im Ausland oder einer inländischen Dienststelle, die im Ausland dort zu erbringende Bauleistungen vergibt, kann

---

[85] OLG Düsseldorf 8.6.2011 – Verg 55/10, ZfBR 2012, 193; vgl. zur Notwendigkeit eines ordnungsgemäß geschätzten Auftragswertes für die Aufhebung einer Ausschreibung wegen Überschreitung der bereitstehenden Haushaltsmittel: BGH 20.11.2012 – X ZR 108/10, NZBau 2013, 180; 5.11.2002 – X ZR 232/00, NZBau 2003, 168; 8.9.1998 – X ZR 99–96, NJW 1998, 3640; OLG Düsseldorf 13.12.2006 – VII-Verg 54/06, NZBau 2007, 462; eine Aufhebung kann auch dann gerechtfertigt sein, wenn (aus anderen Gründen) das Gebrauchmachen von einer bereits erteilten Verpflichtungsermächtigung untersagt wird, OLG Düsseldorf 26.6.2013 – VII-Verg 2/13, BeckRS 2013, 16145.
[86] So VK Schleswig-Holstein 4.2.2008 – VK-SH 28/07, IBR 2008, 235.
[87] Hertwig NZBau 2007, 543 (548).
[88] OLG Brandenburg 7.4.2009 – Verg W 14/08, NZBau 2010, 71 (72).
[89] BGH 18.12.2014 – VII ZR 60/14, NZBau 2015, 220.
[90] OLG Düsseldorf 13.1.2010 – I-27 U 1/09, NZBau 2010, 328; OLG Brandenburg 17.12.2007 – 13 W 79/07, NZBau 2008, 207.
[91] BGH 12.12.2002 – III ZR 201/01, NJW 2003, 1318 (1319).

1. Freihändige Vergabe erfolgen, wenn dies durch Ausführungsbestimmungen eines Bundes- oder Landesministeriums bis zu einem bestimmten Höchstwert (Wertgrenze) zugelassen ist,
2. auf Angaben nach § 6a verzichtet werden, wenn die örtlichen Verhältnisse eine Vergabe im Ausland erfordern und die Angaben aufgrund der örtlichen Verhältnisse nicht erlangt werden können,
3. abweichend von § 8a Absatz 1 von der Vereinbarung der VOB/B und VOB/C abgesehen werden, wenn die örtlichen Verhältnisse eine Vergabe im Ausland sowie den Verzicht auf die Vereinbarung der VOB/B und VOB/C im Einzelfall erfordern, durch das zugrunde liegende Vertragswerk eine wirtschaftliche Verwendung der Haushaltsmittel gewährleistet ist und die gewünschten technischen Standards eingehalten werden.

I. Bedeutung der Vorschrift

1   Auf die Vergabe von öffentlichen Aufträgen deutscher öffentlicher Auftraggeber, deren Durchführung im Ausland – etwa bei dem Bau deutscher Auslandsvertretungen – stattfindet, findet deutsches Vergaberecht Anwendung.[1] Dass der Auftrag im Ausland vergeben und ausgeführt wird, bedeutet nicht, dass ausländisches Recht die VOB/A verdrängt.[2] In praxi führt die vollständige Anwendung der VOB/A, insbes. die dort enthaltene Verpflichtung zur Vereinbarung der VOB/B und VOB/C (§ 8a Abs. 1 S. 1 VOB/A), bei Bauvergaben mit Auslandsbezug allerdings häufig zu Einschränkungen des lokalen Wettbewerbs, nachdem diese rein deutschen Regelwerke den meisten ausländischen Unternehmen praktisch unbekannt sind und über die Einbeziehung der VOB/C eine Vielzahl von (deutschen) technischen Standards bei der Bauausführung vorgegeben werden, die häufig mit den örtlichen Standards konfligieren.[3] Der in die VOB/A 2019 eingefügte § 24 VOB/A trägt diesen Schwierigkeiten Rechnung und enthält neben Erleichterungen im Vergabeverfahren die Möglichkeit, unter bestimmten Voraussetzungen vertraglich auf die Vorgaben der VOB/B und VOB/C (und damit auch auf die Einhaltung der entspr. technischen Standards) zu verzichten.

II. Anwendungsbereich

2   Die Vorschrift privilegiert die Vergabe von Bauleistungen einer **Auslandsdienststelle** im Ausland oder einer **inländischen Dienststelle**, die im Ausland dort zu erbringende Bauleistungen vergibt. Zur Terminologie der Auslandsdienstelle ausf. → UVgO § 53 Rn. 2; zum Begriff der inländischen Dienstelle → UVgO § 53 Rn. 3. Stets muss es sich um im **Ausland** auszuführende Bauleistungen handeln. Da die Vorschrift insoweit nicht weiter differenziert, ist damit sowohl das EU-Ausland als auch das Nicht-EU-Ausland gemeint.[4]

3   Eine **Bauleistung** wird im Ausland erbracht, wenn sich der Ort der Bauausführung, also die bauliche Anlage (§ 1 VOB/A), im Ausland befindet.[5] Auf den Ort

---

[1] OLG Düsseldorf 17.12.2012 – Verg 47/12, BeckRS 2013, 3317.
[2] Ingenstau/Korbion/von Wietersheim VOB/A § 24 Rn. 2; jurisPK-VergabeR/Gerlach VOB/A § 24 Rn. 8.
[3] MüKoEuWettbR/Seebo VOB/A § 24 Rn. 1.
[4] MüKoEuWettbR/Seebo VOB/A § 24 Rn. 2; Ingenstau/Korbion/von Wietersheim VOB/A § 24 Rn. 10; jurisPK-VergabeR/Gerlach VOB/A § 24 Rn. 20.
[5] MüKoEuWettbR/Seebo VOB/A § 24 Rn. 2; Ingenstau/Korbion/von Wietersheim VOB/A § 24 Rn. 11.

III. Privilegierungen

1. Freihändige Vergabe (Nr. 1)

Sofern eine Freihändige Vergabe nach § 3a Abs. 3 VOB/A gerechtfertigt werden kann, gelten für die Vergabe von Bauleistungen im Ausland keine Besonderheiten.[7] Zur Freihändigen Vergabe ausf. → VOB/A § 3 Rn. 17. Nr. 1 erweitert den Anwendungsbereich der Freihändigen Vergabe von Bauleistungen einer Auslandsdienststelle im Ausland oder einer inländischen Dienststelle über im Ausland zu erbringende Bauleistungen, wenn sie durch Ausführungsbestimmungen eines Bundes- oder Landesministeriums bis zu einem bestimmten Höchstwert (**Wertgrenze**) zugelassen ist. Die Festsetzung einer entspr. Wertgrenze durch Ausführungsbestimmungen auf Bundes- oder Landesebene ist Voraussetzung für die Anwendbarkeit von Nr. 1.[8]

2. Verzicht auf Angaben nach § 6a VOB/A (Nr. 2)

Darüber hinaus kann abweichend von § 6a VOB/A auf die Vorlage von Eignungsnachweisen verzichtet werden, wenn
i) die örtlichen Verhältnisse eine Vergabe im Ausland *erfordern* und
ii) die Angaben aufgrund der örtlichen Verhältnisse nicht erlangt werden können.
Beide Voraussetzungen müssen kumulativ vorliegen.

Der Verzicht setzt zunächst voraus, dass die örtlichen Verhältnisse eine **Vergabe im Ausland erfordern.** Um den Verzicht zu rechtfertigen, müssen also nicht nur die Bauleistungen im Ausland erbracht werden (→ Rn. 2). Es muss zusätzlich auch das Vergabeverfahren im Ausland durchgeführt werden.[9] Denn nur wenn sich der Auftraggeber vor allem an im Ausland ansässige bzw. lokale Unternehmen wendet, kann die Situation eintreten, dass jene Unternehmen bestimmte der in § 6a Abs. 2 VOB/A geforderten Angaben zum Eignungsnachweis (wie etwa eine Bestätigung über die Zahlung von Steuern und Abgaben) nicht vorlegen können.[10]

Der Begriff der **örtlichen Verhältnisse** ist weit zu verstehen. Darunter fallen alle tatsächlichen bzw. technischen Bedingungen (wie zB bestimmte Materialanforderungen, architektonische Vorgaben, erforderliche Baumaschinen etc) sowie recht-

---

[6] Ingenstau/Korbion/von Wietersheim VOB/A § 24 Rn. 11.
[7] Das BMI hat mit Erlass v. 10.12.2019 – Az. 70421/3#4 – mWv 1.1.2020 in Abstimmung mit dem AA und dem BMVg für die Fälle des § 3a Abs. 3 Nr. 2 und Nr. 3 VOB/A für die Vergabe von Bauleistungen durch das BMI, AA und BMVg allerdings Auslegungsregeln vorgegeben, die eine Freihändige Vergabe nach diesen Vorschriften erleichtern. Danach sind Fälle, die dringlich sind, weil zB wegen klimatischer Bedingungen nur ein konkretes Zeitfenster im Jahr für die Beschaffung zur Verfügung steht, oder Fälle von Verhandlungsbedarf, zB auch, wenn trotz sorgfältiger Erstellung der Leistungsbeschreibung nicht erwartet werden kann, dass diese von Bietern ohne Missverständnisse und/oder Aufklärungsbedarf verstanden wird und mithin auch nicht mit hinreichend vergleichbaren Angeboten gerechnet werden kann, von § 3a Abs. 3 Nr. 2 und Nr. 3 VOB/A erfasst.
[8] Das BMI hat mit Erlass v. 10.12.2019 – Az. 70421/3#4 – mWv 1.1.2020 in Abstimmung mit dem AA und dem BMVg die Wertgrenze einheitlich für alle Auslands-Baumaßnahmen des BMI, AA und BMVg auf den EU-Schwellenwert festgelegt.
[9] MüKoEuWettbR/Seebo VOB/A § 24 Rn. 8; Ingenstau/Korbion/von Wietersheim VOB/A § 24 Rn. 15.
[10] Ingenstau/Korbion/von Wietersheim VOB/A § 24 Rn. 15.

VOB/A § 24

lichen Umstände am Ort der Bauausführung (zB rechtliche, insbes. arbeits-, steuer- und zollrechtliche Rahmenbedingungen des betreffenden Ausführungsstaates).[11]

8 Diese örtlichen Verhältnisse müssen die Vergabe im Ausland **erfordern**. Das ist der Fall, wenn die örtlichen Verhältnisse ein erhebliches Gewicht haben und daher die Gründe für eine Vergabe im Ausland überwiegen.[12]

9 Auf die Eignungsnachweise kann schließlich nur dann verzichtet werden, wenn die Angaben nach § 6a VOB/A aufgrund der örtlichen Verhältnisse **nicht erlangt werden können**. Hierfür kann es im Einzelfall sowohl faktische als auch rechtliche Gründe geben (zB wenn eine Bescheinigung über die Zahlung von Steuern und Abgaben von der zuständigen Behörde entweder gar nicht oder nicht in absehbarer Zeit ausgestellt wird). An die Entscheidung, auf einen bestimmten Nachweis zu verzichten, sind allerdings **hohe Anforderungen** zu stellen, weil auch Auslandsbauten grds. nur von leistungsfähigen und gesetzestreuen Unternehmen ausgeführt werden sollen.[13] Ein Verzicht auf Eignungsnachweise kommt deshalb nicht in Betracht, wenn die örtlichen Verhältnisse solche Angaben zur Leistungsfähigkeit zulassen, die mit den Angaben aus dem Katalog des § 6a Abs. 2 Nr. 1–9 VOB/A in ihrer Aussagekraft vergleichbar sind.[14] Können solche Angaben von den ausländischen Unternehmen gemacht werden, sind sie auch zu verlangen.

3. Absehen von der Vereinbarung der VOB/B und VOB/C (Nr. 3)

10 Nr. 3 erlaubt es, abweichend von § 8a Abs. 1 VOB/A von der Vereinbarung der VOB/B und VOB/C abzusehen, wenn
i) die örtlichen Verhältnisse eine Vergabe im Ausland sowie den Verzicht auf die Vereinbarung der VOB/B und VOB/C *im Einzelfall erfordern*,
ii) durch das zugrundeliegende Vertragswerk eine wirtschaftliche Verwendung der Haushaltsmittel gewährleistet ist und
iii) die gewünschten technischen Standards eingehalten werden.
Die Voraussetzungen müssen kumulativ erfüllt sein.

11 Die örtlichen Verhältnisse müssen zunächst eine Vergabe im Ausland (ausf. dazu → Rn. 6–8) und den Verzicht auf die Vereinbarung der VOB/B und VOB/C **im Einzelfall erfordern**. Bei dem Verzicht auf die vertragliche Einbeziehung der VOB/B und VOB/C handelt es sich – wie die Betonung des jew. Einzelfalls zeigt – um eine **für jedes Vergabeverfahren zu treffende Ausnahmeentscheidung**, die einer besonderen sachlichen Rechtfertigung bedarf.[15] Hintergrund dafür ist, dass die VOB/B eine faire und rechtlich belastbare Vertragsbeziehung und die VOB/C (die bei Geltung der VOB/B nach § 1 Abs. 1 S. 2 VOB/B als Vertragsbestandteil gilt) die technisch einwandfreie Ausführung der Bauleistungen einschl. deren korrekter Abrechnung und damit letztlich die wirtschaftliche Mittelverwendung absichern, so dass auf diese beiden, für die (deutsche) Baupraxis eminent wichtigen Regelwerke nur im Ausnahmefall verzichtet werden soll.[16]

12 Voraussetzung für den Verzicht auf die vertragliche Einbeziehung von VOB/B und VOB/C ist deshalb, dass eine **wirtschaftliche Verwendung der Haushalts-**

---

[11] MüKoEuWettbR/Seebo VOB/A § 24 Rn. 8; Ingenstau/Korbion/von Wietersheim VOB/A § 24 Rn. 16.
[12] MüKoEuWettbR/Seebo VOB/A § 24 Rn. 8; jurisPK-VergabeR/Gerlach VOB/A § 24 Rn. 26.
[13] MüKoEuWettbR/Seebo VOB/A § 24 Rn. 8.
[14] jurisPK-VergabeR/Gerlach VOB/A § 24 Rn. 27.
[15] MüKoEuWettbR/Seebo VOB/A § 24 Rn. 9.
[16] MüKoEuWettbR/Seebo VOB/A § 24 Rn. 9; Ingenstau/Korbion/von Wietersheim VOB/A § 24 Rn. 24; jurisPK-VergabeR/Gerlach VOB/A § 24 Rn. 33.

mittel durch das in der betreffenden Auslandsvergabe konkret vorgegebene Vertragswerk auch ohne die Einbeziehung der VOB/B und VOB/C gewährleistet ist. Das Vertragswerk muss daher Regelungen enthalten, die eine gleichermaßen rechtlich belastbare und wirtschaftliche Vertragsdurchführung erwarten lassen. In dieser Hinsicht bedarf es also der Vereinbarung klarer und rechtlich verbindlicher wechselseitiger Vertragspflichten (Vertragsinhalt, eindeutige und erschöpfende Leistungsbeschreibung, Regelungen zu Leistungsänderungen, Mängelhaftung und deren Absicherung durch Bürgschaften etc sowie Vertragsstrafen) und klarer Regelungen zur Abrechnung und Zahlung der Bauleistungen.[17]

Schließlich müssen durch das zugrunde liegende Vertragswerk ohne die Einbeziehung der VOB/B und VOB/C **die gewünschten technischen Standards** eingehalten werden. Diese Standards müssen inhaltlich klar in einer eindeutigen und erschöpfenden Leistungsbeschreibung zum Ausdruck kommen und aufgrund der örtlichen Verhältnisse auch durchgesetzt werden können.[18]   13

Abschnitt 2. Vergabebestimmungen im Anwendungsbereich der Richtlinie 2014/24/EU (VOB/A–EU)

§ 1 EU Anwendungsbereich

(1) **Bauaufträge sind Verträge über die Ausführung oder die gleichzeitige Planung und Ausführung**
1. **eines Bauvorhabens oder eines Bauwerks für einen öffentlichen Auftraggeber, das**
   a) **Ergebnis von Tief- oder Hochbauarbeiten ist und**
   b) **eine wirtschaftliche oder technische Funktion erfüllen soll oder**
2. **einer dem öffentlichen Auftraggeber unmittelbar wirtschaftlich zugutekommenden Bauleistung, die Dritte gemäß den vom öffentlichen Auftraggeber genannten Erfordernissen erbringen, wobei der öffentliche Auftraggeber einen entscheidenden Einfluss auf die Art und die Planung des Vorhabens hat.**

(2) [1]**Die Bestimmungen dieses Abschnitts sind von öffentlichen Auftraggebern im Sinne von § 99 GWB für Bauaufträge anzuwenden, bei denen der geschätzte Gesamtauftragswert der Baumaßnahme oder des Bauwerks (alle Bauaufträge für eine bauliche Anlage) mindestens dem in § 106 GWB geregelten Schwellenwert für Bauaufträge ohne Umsatzsteuer entspricht.** [2]**Die Schätzung des Auftragswerts ist gemäß § 3 VgV vorzunehmen.**

Literatur: Zu Abs. 1: Vgl. die Angaben bei § 103 GWB. Zu Abs. 2: Vgl. die Angaben bei § 106 GWB und § 3 VgV.

I. Bedeutung der Vorschrift

Die Regelungen der VOB/A-EU dienen dazu, das Verfahren zur Vergabe von   1
Bauaufträgen iSv § 103 Abs. 3 GWB zu regeln (zur Struktur des deutschen Vergabe-

---

[17] MüKoEuWettbR/Seebo VOB/A § 24 Rn. 9, der die Verwendung der FIDIC-Vertragsmuster oder der „CCAG travaux" im vom französischen Rechtskreis geprägten Ausland vorschlägt; Ingenstau/Korbion/von Wietersheim VOB/A § 24 Rn. 29.
[18] Ingenstau/Korbion/von Wietersheim VOB/A § 24 Rn. 30; jurisPK-VergabeR/Gerlach VOB/A § 24 Rn. 35.

VOB/A–EU § 2 — Grundsätze

rechts → GWB Einl. § 97 Rn. 20 ff.). Der **Anwendungsbereich** der Vorschriften der VOB/A-EU in sachlicher wie personeller Hinsicht wird **durch § 1 EU VOB/A beschrieben, jedoch nicht festgelegt**. Denn normsystematisch ist § 1 EU VOB/A überflüssig, werden doch die Bestimmungen zum Anwendungsbereich des Vergaberechts ab Erreichen der Schwellenwerte vollständig und abschl. durch die Normen der §§ 97 ff. GWB getroffen. Auch der Verweis auf das Verfahren der Schätzung der Auftragswerte nach § 3 VgV durch § 1 EU Abs. 2 S. 2 VOB/A wirkt rein deklaratorisch, gilt doch § 3 VgV ausweislich des § 1 Abs. 2 S. 1 VgV unmittelbar auch für die Vergabe von Bauaufträgen.

2   Der Regelungslogik des Sonderrechts für Bauvergaben in der VOB/A folgend, als zentrale Grundlage für die Durchführung von Verfahren zur Vergabe von Bauaufträgen zu dienen, wiederholt die VOB/A-EU allerdings solche Regelungen aus GWB und VgV, die „für den Anwender besonders wichtig" sind.[1] Dies ist unschädlich, solange dem Anwender jederzeit deutlich wird, dass **maßgebend die einschlägigen Regelungen des GWB** (und der VgV) und nicht die wiederholenden Bestimmungen der VOB/A-EU sind. Diesbzgl. ist es regelungstechnisch verfehlt, dass § 1 EU Abs. 1 VOB/A zur Beschreibung des sachlichen Anwendungsbereichs teilw. eine von § 103 Abs. 3 GWB abweichende Terminologie verwendet.

II. Regelungsinhalt

3   Abs. 1 des § 1 EU VOB/A beschreibt den **Begriff des Bauauftrags,** bei dessen Vorliegen für Vergaben ab Erreichen der Schwellenwerte der Anwendungsbereich der VOB/A-EU eröffnet ist. Da insoweit allein maßgebend die Auslegung des § 103 Abs. 3 GWB ist, sei auf die dortige Kommentierung verwiesen (→ GWB § 103 Rn. 77 ff.). Zu beachten ist, dass der 2. Abschn. der VOB/A – anders als der 1. Abschn. in § 23 VOB/A – keine Regelung zur Vergabe von Baukonzessionen enthält. Diesbzgl. ist ausschl. die KonzVgV einschlägig.

4   Zur Kennzeichnung des **persönlichen Anwendungsbereichs** verweist § 1 EU Abs. 2 VOB/A auf § 99 GWB, für die Festlegung der Schwellenwerte auf § 106 GWB und für das Verfahren der Schätzung des Auftragswerts auf § 3 VgV.

§ 2 EU Grundsätze

(1) [1]**Öffentliche Aufträge werden im Wettbewerb und im Wege transparenter Verfahren vergeben.** [2]**Dabei werden die Grundsätze der Wirtschaftlichkeit und der Verhältnismäßigkeit gewahrt.** [3]**Wettbewerbsbeschränkende und unlautere Verhaltensweisen sind zu bekämpfen.**

(2) **Die Teilnehmer an einem Vergabeverfahren sind gleich zu behandeln, es sei denn, eine Ungleichbehandlung ist aufgrund des GWB ausdrücklich geboten oder gestattet.**

(3) **Öffentliche Aufträge werden an fachkundige und leistungsfähige (geeignete) Unternehmen vergeben, die nicht nach § 6e EU ausgeschlossen worden sind.**

(4) [1]**Mehrere öffentliche Auftraggeber können vereinbaren, einen bestimmten Auftrag gemeinsam zu vergeben.** [2]**Es gilt § 4 VgV.**

(5) **Die Regelungen darüber, wann natürliche Personen bei Entscheidungen in einem Vergabeverfahren für einen öffentlichen Auftraggeber als voreingenommen gelten und an einem Vergabeverfahren nicht mitwirken dürfen, richten sich nach § 6 VgV.**

---

[1] Hinweise für die VOB/A 2016, BAnz. AT 19.1.2016 B3, S. 3.

(6) **Öffentliche Auftraggeber, Bewerber, Bieter und Auftragnehmer wahren die Vertraulichkeit aller Informationen und Unterlagen nach Maßgabe dieser Vergabeordnung oder anderen Rechtsvorschriften.**

(7) [1]**Vor der Einleitung eines Vergabeverfahrens kann der öffentliche Auftraggeber Marktkonsultationen zur Vorbereitung der Auftragsvergabe und zur Unterrichtung der Unternehmer über seine Pläne zur Auftragsvergabe und die Anforderungen an den Auftrag durchführen.** [2]**Die Durchführung von Vergabeverfahren zum Zwecke der Markterkundung ist unzulässig.**

(8) **Der öffentliche Auftraggeber soll erst dann ausschreiben, wenn alle Vergabeunterlagen fertig gestellt sind und wenn innerhalb der angegebenen Fristen mit der Ausführung begonnen werden kann.**

(9) **Es ist anzustreben, die Aufträge so zu erteilen, dass die ganzjährige Bautätigkeit gefördert wird.**

Literatur: Abate, Die rechtssichere Umsetzung sozialer und ökologischer Zwecke in der Vergabepraxis, KommJur 2012, 41; Burgi, Die Förderung sozialer und technischer Innovationen durch das Vergaberecht, NZBau 2011, 577; Diemon-Wies, Soziale und ökologische Kriterien in der Vergabepraxis, VergabeR 2010, 317; Gabriel, Bietergemeinschaftsbildung unter Prüfungsvorbehalt: Strengere kartellrechtliche Zulässigkeitsvoraussetzungen qua neuer Rechtsprechungstendenz, VergabeR 2012, 555; ders./Voll, Markterkundungen öffentlicher Auftraggeber im Grenzbereich zwischen Leistungsbestimmungsrecht und Ausschreibungspflicht, NZBau 2019, 83; Höfler, Transparenz bei der Vergabe öffentlicher Aufträge, NZBau 2010, 73; Mager/v. d. Recke, Die Beachtung des Geheimwettbewerbs bei Parallelangeboten konzernverbundener Unternehmen, NZBau 2011, 541; Mutschler-Siebert/Queisner, Sinn und Zweck der Vergabereife und ihre Bedeutung für das Beschaffungswesen, NZBau 2014, 535; Roth, Markterkundung, Vergabeverfahren ohne Vergabeverfahren und die Bestimmungsfreiheit öffentlicher Auftraggeber, NZBau 2018, 77; Wagner-Cardenal/Scharf/Dierkes, Ausschreibung „ohne" öffentlich-rechtliche Zulassung, NZBau 2012, 74; Willenbruch, Rechtliche Aspekte der Markterkundung, VergabeR 2018, 103. Vgl. iÜ die Angaben bei den §§ 97, 122 GWB und § 28 VgV.

Übersicht

	Rn.
I. Bedeutung der Vorschrift	1
II. Wettbewerb, Transparenz, Gleichbehandlung und Wirtschaftlichkeit (Abs. 1 und 2)	3
III. Eignungsprüfung (Abs. 3)	7
IV. Gemeinsame Vergabe (Abs. 4)	8
V. Vermeidung von Interessenskonflikten (Abs. 5)	9
VI. Vertraulichkeit (Abs. 6)	10
VII. Marktkonsultationen (Abs. 7)	11
VIII. Gebot der Vergabereife (Abs. 8)	13
1. Fertigstellung der Vergabeunterlagen	13
2. Ausführungsbeginn innerhalb der angegebenen Fristen	18
a) Rechtliche Voraussetzungen	19
b) Tatsächliche Voraussetzungen	23
IX. Ganzjährige Bautätigkeit	26
X. Rechtsschutz	28

I. Bedeutung der Vorschrift

§ 2 EU VOB/A führt **Grundsätze für Bauvergaben** ab Erreichen der Schwellenwerte zusammen, die im GWB und – für Liefer- und Dienstleistungen – in der 1

VOB/A–EU § 2 Grundsätze

VgV in anderer Systematik gegliedert sind. Soweit die Vorschrift auf Bestimmungen der VgV verweist (§ 2 Abs. 4 S. 2, § 2 EU Abs. 5 VOB/A), handelt es sich um deklaratorische Hinweise, da diese Bestimmungen gem. § 2 S. 1 VgV ohnehin auch auf die Vergabe von Bauaufträgen anzuwenden sind.

2   **Strukturell** enthalten die Abs. 1 und 2 die allg. Anforderungen, die EU- und Haushaltsrecht an die Vergabe von öffentlichen Aufträgen stellen. Während Abs. 3 den Begriff der Eignung definiert, betreffen Abs. 4 die gemeinsame Vergabe durch mehrere öffentliche Auftraggeber, Abs. 5 das Vorliegen von Voreingenommenheit in Vergabeverfahren, Abs. 6 die Wahrung der Vertraulichkeit von Informationen und Unterlagen, Abs. 7 die Durchführung von Marktkonsultationen vor Einleitung eines Vergabeverfahrens und Abs. 8 das sog. Gebot der Ausschreibungsreife. Eine bauspezifische Regelung zur Förderung der ganzjährigen Bautätigkeit enthält Abs. 9.

II. Wettbewerb, Transparenz, Gleichbehandlung und Wirtschaftlichkeit (Abs. 1 und 2)

3   Da der Regelungsgehalt der Abs. 1 und 2 des § 2 EU VOB/A **identisch mit § 97 Abs. 1, 2 GWB** ist, sei auf die dortige Kommentierung verwiesen (→ GWB § 97 Rn. 2 ff.). Einzige Ausnahme ist der die Bekämpfung wettbewerbsbeschränkender und unlauterer Verhaltensweisen vorgebende § 2 EU Abs. 1 S. 2 VOB/A. Eine derartige Vorschrift findet sich in GWB und VgV nicht.

4   § 2 EU Abs. 1 S. 2 VOB/A gibt dem öffentlichen Auftraggeber **keine zusätzlichen Durchsetzungs- oder Sanktionsmöglichkeiten** bei festgestellten wettbewerbsbeschränkenden und unlauteren Verhaltensweisen. Die Vorschrift stellt keine Generalermächtigung öffentlicher Auftraggeber zur Durchsetzung des Wettbewerbsrechts dar. Insoweit bleibt es bei dem durch das Vergaberecht vorgesehenen Instrumentarium, bspw. des Ausschlusses eines Bieters aufgrund wettbewerbsbeeinträchtigender Sachverhalte, zB nach § 124 Abs. 1 Nr. 4, 6 GWB oder § 124 Abs. 1 Nr. 9 GWB. Gleichwohl hat § 2 EU Abs. 1 S. 2 VOB/A nicht nur deklaratorische Wirkung. Vielmehr verlangt die Bestimmung dem öffentlichen Auftraggeber ab, **aktiv gegen die dort genannten Verhaltensweisen vorzugehen**.[1] Elemente dieser Handlungspflicht sind die Pflicht zur Ermittlung wettbewerbsbeschränkender und unlauterer Verhaltensweisen sowie die Pflicht, gegen derartige Verhaltensweisen mit den durch das Vergaberecht zur Verfügung gestellten Instrumenten vorzugehen. Dementsprechend bewirkt § 2 EU Abs. 1 S. 2 VOB/A bspw. eine Reduzierung des Ermessens des öffentlichen Auftraggebers zum Ausschluss wegen eines einschlägigen fakultativen Ausschlussgrundes nach § 124 Abs. 1 Nr. 4, 6 GWB oder § 124 Abs. 1 Nr. 9 GWB.

5   Hat der Auftraggeber Anhaltspunkte dafür, dass wettbewerbsbeschränkende oder unlautere Verhaltensweisen vorliegen, denen er mit den im Vergaberecht vorgesehenen Instrumenten begegnen könnte, so darf er nicht untätig bleiben. Welche Maßnahmen er ergreift, liegt jedoch in seinem **Ermessen**.[2] Zwar ist § 2 EU Abs. 1 S. 2 VOB/A **bieterschützend**.[3] Jedoch können andere Bieter, die aufgrund des wettbewerbswidrigen Verhaltens in ihren Chancen im Vergabeverfahren beeinträchtigt werden können, grds. nur ein Tätigwerden des öffentlichen Auftraggebers, nicht die Ergreifung bestimmter Maßnahmen beanspruchen. Etwas anderes gilt allerdings dann, wenn das Ermessen des Auftraggebers hinsichtlich der Auswahl in Betracht kommender Maßnahmen reduziert ist.

---

[1] Beck VergabeR/Osseforth VOB/A § 2 EU Rn. 16.
[2] Kapellmann/Messerschmidt/Glahs VOB/A § 2 Rn. 25.
[3] Kapellmann/Messerschmidt/Glahs VOB/A § 2 Rn. 25.

Das Vorliegen einer „wettbewerbsbeschränkenden" oder „unlauteren" Verhaltensweise iSv § 2 EU Abs. 1 S. 2 VOB/A setzt **nicht die Verletzung von wettbewerbsrechtlichen Vorschriften**, insbes. des GWB oder des UWG, voraus. Erfasst ist vielmehr schon eine Verhaltensweise, die sich durch Beeinträchtigungen von Gleichbehandlung oder Transparenz negativ auf eine wettbewerbliche Vergabe (→ GWB § 97 Rn. 2 ff.) auswirken kann.[4] Ohne Bedeutung ist, ob die wettbewerbsbeschränke Verhaltensweise aus der **Sphäre** eines Bewerbers oder Bieters oder aus der des öffentlichen Auftraggebers selbst stammt.[5] Der öffentliche Auftraggeber muss daher auch gegen ein Handeln seiner Beschäftigten vorgehen, das ein wettbewerbsgerechtes Verhalten zu gefährden droht.

III. Eignungsprüfung (Abs. 3)

Die **überflüssige Norm** des § 2 EU Abs. 3 VOB/A betreffend die Vergabe öffentlicher Aufträge an fachkundige und leistungsfähige, nicht nach § 6e EU VOB/A ausgeschlossene Unternehmen wird von § 6 EU VOB/A – hier systematisch zutreffend verortet – wiederholt. Inhaltlich entspricht sie § 122 Abs. 1 GWB, so dass auf die dortigen Kommentierungen verwiesen werden kann (→ GWB § 122 Rn. 7 ff.).

IV. Gemeinsame Vergabe (Abs. 4)

Gem. Abs. 4 können mehrere öffentliche Auftraggeber vereinbaren, einen bestimmten Auftrag gemeinsam zu vergeben. Hierbei gilt § 4 VgV, so dass auf die dortige Kommentierung verwiesen werden kann (→ VgV § 4 Rn. 1 ff.).

V. Vermeidung von Interessenskonflikten (Abs. 5)

Gem. Abs. 5 richten sich die Regelungen darüber, wann natürliche Personen bei Entscheidungen in einem Vergabeverfahren für einen öffentlichen Auftraggeber als voreingenommen gelten und an einem Vergabeverfahren nicht mitwirken dürfen, nach § 6 VgV, so dass auf die dortige Kommentierung verwiesen werden kann (→ VgV § 6 Rn. 1 ff.).

VI. Vertraulichkeit (Abs. 6)

Nach Abs. 6 müssen öffentliche Auftraggeber, Bewerber, Bieter und Auftragnehmer die Vertraulichkeit aller Informationen und Unterlagen nach Maßgabe dieser Vergabeordnung oder anderer Vorschriften wahren. Die Vorschrift entspricht zum Großteil dem Wortlaut von § 6 Abs. 1 VSVgV. Es kann daher auf die Kommentierung (→ VSVgV § 6 Rn. 1 ff.) dort verwiesen werden.

VII. Marktkonsultationen (Abs. 7)

S. 1 gestattet dem öffentlichen Auftraggeber, **vor der Einleitung** eines Vergabeverfahrens Marktkonsultationen zur Vorbereitung der Auftragsvergabe und zur Unterrichtung der Unternehmen über seine Pläne zur Auftragsvergabe und die

---

[4] Beck VOB/A/Soudry § 2 Rn. 72.
[5] Beck VOB/A/Soudry § 2 Rn. 72.

Anforderungen an den Auftrag durchzuführen. Solche Markterkundungen sind zulässig, solange sie nicht in Gestalt eines Vergabeverfahrens durchgeführt werden und einen Vergabewettbewerb vortäuschen.[6] Die **Schwelle** von der bloßen Markterkundung **zum Beginn eines Vergabeverfahrens** im materiellen Sinn ist überschritten, wenn der öffentliche Auftraggeber seinen internen Beschaffungsbeschluss objektiv nach außen durch Maßnahmen umsetzt, die konkret zu einem Vertragsschluss mit einem auszuwählenden Unternehmen führen sollen.[7] Es genügen konkrete Vertragsverhandlungen mit einem Interessenten.[8] Die Vorschrift entspricht inhaltlich dem § 28 Abs. 1 VgV, auf dessen Kommentierung ergänzend verwiesen wird (→ VgV § 28 Rn. 2 ff.).

12 Während Marktkonsultationen im Vorfeld eines Vergabeverfahrens zulässig sind, ist die Durchführung von Vergabeverfahren zum Zwecke der Markterkundung nach S. 2 hingegen untersagt. Die Vorschrift normiert das **Verbot des Ausschreibungsmissbrauchs** für Zwecke, die nicht auf eine Beschaffung und die Erteilung eines Zuschlags ausgerichtet sind.[9] Sie ist in allen Verfahrensarten anwendbar und gilt auch für den Abschluss von Rahmenvereinbarungen.[10] Ratio legis ist, dass ein Vergabeverfahren nur in der Absicht durchgeführt werden darf, den Zuschlag für die ausgeschriebene Leistung zu erteilen.[11] Durch die Einleitung eines Vergabeverfahrens entsteht ein auf eine Auftragserteilung zielendes vorvertragliches Schuldverhältnis, aufgrund dessen jedes am Auftrag interessierte Unternehmen erwarten kann, dass die Ausschreibung grds. mit einer Zuschlagserteilung endet.[12] Bieter können also davon ausgehen, dass sie ihr Angebot nicht ohne Zuschlagschance abgeben.[13] Daher verstoßen Ausschreibungen, die nicht auf einen Vertragsschluss hinzielen, auch gegen das Transparenzgebot.[14] S. 2 entspricht § 28 Abs. 2 VgV, auf dessen Kommentierung verwiesen wird (→ VgV § 28 Rn. 9 ff.).

VIII. Gebot der Vergabereife (Abs. 8)

1. Fertigstellung der Vergabeunterlagen

13 Abs. 8 verlangt, erst dann auszuschreiben, wenn alle Vergabeunterlagen fertig gestellt sind und innerhalb der angegebenen Fristen mit der Ausführung begonnen werden

---

[6] Zur Abgrenzung eines materiellen Vergabeverfahrens zu einer bloßen Markterkundung: OLG München 19.7.2012 – Verg 8/12, BeckRS 2012, 16370 = VergabeR 2012, 856 (862); vgl. auch OLG Düsseldorf 29.10.2008 – Verg 35/08, IBRRS 2008, 3082.

[7] OLG München 19.7.2012 – Verg 8/12, BeckRS 2012, 16370 = VergabeR 2012, 856 (862); HK-VergabeR/Fehling VOB/A § 2 Rn. 31.

[8] OLG München 19.7.2012 – Verg 8/12, BeckRS 2012, 16370 = VergabeR 2012, 856 (862).

[9] So schon VÜA Thüringen 29.8.1996 – 2 VÜ 1/96, IBR 1997, 91.

[10] MüKoEuWettbR/Knauff/Meurers VOB/A § 2 Rn. 86; HK-VergabeR/Fehling VOB/A § 2 Rn. 27.

[11] OLG Dresden 23.4.2009 – WVerg 11/08, ZfBR 2009, 610 (613); OLG Celle 8.11.2001 – 13 Verg 9/01, NZBau 2002, 400 (402).

[12] BGH 8.12.2020 – XIII ZR 19/19, VPRRS 2021, 0050; 8.9.1998 – X ZR 48/97, NJW 1998, 3636 (3637).

[13] OLG Düsseldorf 27.11.2013 – VII-Verg 20/13, NZBau 2014, 121; Kapellmann/Messerschmidt/Glahs VOB/A § 2 Rn. 44. Hat die Vergabestelle in transparenter Weise eine Preisobergrenze festgelegt, kann allein darauf nicht der Vorwurf einer fehlenden Vergabeabsicht gestützt werden: VK Bund 12.7.2016 – VK 2–49/16, VPRRS 2016, 0275.

[14] OLG Celle 8.11.2001 – 13 Verg 9/01, NZBau 2002, 400 (402); KG 15.4.2004 – 2 Verg 22/03, IBRRS 2004, 3531 = VergabeR 2004, 762 (766).

kann. Die Vorschrift normiert das sog. **Gebot der Vergabereife**. Das Gebot, das letztlich auch in § 121 Abs. 1 GWB enthalten ist, verlangt ganz generell, dass ein Vergabeverfahren nur dann eingeleitet wird, wenn es nach seinem Vorbereitungsstand zu erwarten ist, dass der Zuschlag binnen der vorgesehenen Fristen in einem transparenten und diskriminierungsfreien Verfahren erteilt und mit der Ausführung der Leistung begonnen werden kann.[15] Unter fehlender Vergabereife ist mit den Worten des OLG Düsseldorf[16] die unzureichende Durchdringung des geforderten Auftragsinhalts bzw. die unzureichende Sachverhaltsermittlung durch den öffentlichen Auftraggeber zu verstehen. Bei Abs. 8 handelt es sich um eine vom Auftraggeber einzuhaltende Schutzvorschrift zu Gunsten der am Auftrag interessierten Unternehmen.[17] Zweck der Norm ist es sicherzustellen, dass sich der Auftraggeber spätestens bei Beginn des Vergabeverfahrens darüber im Klaren ist, dass überhaupt und was konkret beschafft werden soll. Dies dient vor allem dem Schutz der an dem Auftrag interessierten Unternehmen, denn diese müssen den Vergabeunterlagen entnehmen können, was sie anzubieten haben. Sie sollen nicht veranlasst werden, den womöglich ganz beträchtlichen Aufwand zur Teilnahme am Vergabeverfahren zu betreiben, ohne dass feststeht, dass der Auftraggeber eine ernsthafte Vergabeabsicht verfolgt und er diese den Bietern ggü. auch artikulieren kann.[18] Die Vorschrift ist **bieterschützend**, da mit der Einhaltung der Anforderungen an die Vollständigkeit der Vergabeunterlagen die Transparenz des Vergabeverfahrens, die Kalkulierbarkeit und die Vergleichbarkeit der Angebote untereinander stehen und fallen.[19] Sie gilt in allen Vergabearten und unabhängig davon, ob die jew. Verfahrensordnung dies ausdr. bestimmt.[20]

Die **Vergabeunterlagen** bestehen nach § 8 EU Abs. 1 VOB/A aus dem Anschreiben (Aufforderung zur Angebotsabgabe), ggf. Teilnahmebedingungen (§ 8 EU Abs. 2 VOB/A) und den Vertragsunterlagen. Letztere sind Allgemeine, Besondere und Zusätzliche Vertragsbedingungen nach § 8a EU VOB/A sowie die **Leistungsbeschreibung** nach §§ 7 EU–7c EU VOB/A. In der Leistungsbeschreibung ist die Leistung eindeutig und so erschöpfend zu beschreiben, dass alle Unternehmen die Beschreibung im gleichen Sinn verstehen müssen und ihre Preise ohne umfangreiche Vorarbeiten berechnen können, so dass vergleichbare Angebote zu erwarten sind (→ GWB § 121 Rn. 4 ff.).[21] Im Allgemeinen sind alle Angaben in die Vergabeunterlagen einzustellen, die erforderlich sind, um den Unternehmen eine Entscheidung zur Teilnahme am Vergabeverfahren zu ermöglichen (vgl. die Legaldefinition in § 29 Abs. 1 VgV). Erfasst sind somit namentlich alle kalkulationsrelevanten Informationen und solche Unterlagen, die später Gegenstand des Bauvertrages werden, wie etwa auch erforderliche Zeichnungen, Pläne, Berechnungen, ggf. Bodenuntersuchungen bzw. sonstige Fachgutachten.[22] **14**

Auch bei einer **funktionalen oder nur teilfunktionalen Ausschreibung** unterliegt der öffentliche Auftraggeber gewissen Anforderungen an die Bestimmtheit der **15**

---

[15] VK Südbayern 21.1.2019 – Z3-3-3194-1-38-11/18, IBRRS 2019, 0433.

[16] OLG Düsseldorf 27.6.2018 – Verg 59/17, BeckRS 2018, 19915; 19.9.2018 – Verg 17/18, BeckRS 2018, 58390.

[17] OLG Karlsruhe 29.4.2022 – 15 Verg 2/22, VPRRS 2022, 0203; 16.11.2016 – 15 Verg 5/16, BeckRS 2016, 122101; OLG Düsseldorf 27.11.2013 – VII-Verg 20/13, NZBau 2014, 121; VK Bund 25.11.2014 – VK 2–93/14, IBRRS 2015, 0023.

[18] VK Bund 30.9.2010 – VK 2–80/10, IBRRS 2014, 1836.

[19] OLG Düsseldorf 11.12.2013 – Verg 22/13, BeckRS 2014, 3638; 12.6.2013 – VII-Verg 7/13, NZBau 2013, 788; 17.11.2008 – Verg 52/08, BeckRS 2009, 05996; 8.9.2004 – Verg 35/04, BeckRS 2005, 6877; 14.2.2001 – Verg 14/00, BeckRS 2001, 3588.

[20] OLG Düsseldorf 27.11.2013 – VII-Verg 20/13, NZBau 2014, 121 zur SektVO.

[21] Vgl. auch OLG Düsseldorf 27.11.2013 – VII-Verg 20/13, NZBau 2014, 121.

[22] Ingenstau/Korbion/Schranner VOB/A § 2 Rn. 123; Wagner-Cardenal/Scharf/Dierkes NZBau 2012, 74 (75).

Vergabeunterlagen, denn Abs. 8 gilt auch hier.[23] Für solche Ausschreibungen ist es typisch, dass Planung und Konzeptionierung der Leistung entweder ganz oder teilw. auf den Bieter übertragen werden, um dessen Sachverstand und unternehmerische bzw. technische Kreativität nutzbar zu machen. Jedoch muss auch bei der funktionalen Ausschreibung die eigene Planung des Auftraggebers vor der Ausschreibung zumindest insoweit feststehen, als das Leistungsziel, die Rahmenbedingungen, die Leistungserbringung und die wesentlichen Einzelheiten der Leistung in einer Weise bekannt sind, dass mit Veränderungen nicht mehr zu rechnen ist.[24] Auch bei einer funktionalen Ausschreibung ist es notwendig, den Beschaffungsbedarf optimal und mit größtmöglicher Bestimmtheit zum Ausdruck zu bringen. Deshalb muss der öffentliche Auftraggeber auch bei einer funktionalen oder teilfunktonalen Ausschreibung iRd ihm Möglichen selbst planen und die notwendigen Festlegungen treffen.[25] Unterlässt er eine Planung insges. und vergibt er planungsrelevante Aufträge, ohne eine solche Planung entweder zu Beginn der Ausschreibung zur Verfügung zu stellen oder in der Angebotsphase durch den Bieter im Wettbewerb erstellen zu lassen, verletzt er seine Pflicht zur sorgfältigen Vorbereitung einer Auftragsvergabe nach Abs. 8.[26]

16 **Fertigstellung** bedeutet, dass alle Vergabeunterlagen inhaltlich abschl. und vollständig vorbereitet sind, dem Qualitätsmaßstab einer Ausschreibung nach § 7 EU VOB/A genügen[27] und den Bietern überreicht werden können.[28] Es genügt nicht, wenn der Auftraggeber zB nur die Leistungsbeschreibung und die Allgemeinen Vertragsbedingungen zur Verfügung stellt, nicht jedoch die Zusätzlichen und/oder Besonderen Vertragsbedingungen, da sich der Bieter dann kein umfassendes Bild über Art und Umfang der geforderten Leistung machen kann.[29]

17 In zeitlicher Hinsicht müssen die Vergabeunterlagen bei **Beginn der Ausschreibung** vollständig vorliegen (sog. formelle Vergabereife). Dies korrespondiert mit § 11 EU Abs. 3 VOB/A, wonach in der Auftragsbekanntmachung oder der Aufforderung zur Interessensbestätigung eine elektronische Adresse anzugeben ist, unter der die Vergabeunterlagen ua vollständig abgerufen werden können. Damit ist klargestellt, dass die Vergabeunterlagen nicht nur im offenen Verfahren, sondern in allen Verfahren mit einem Teilnahmewettbewerb bereits zu den in § 11 EU Abs. 3 VOB/A normierten Zeitpunkten vorliegen müssen (dazu auch → GWB § 121 Rn. 21, → VgV § 41 Rn. 17 ff.).

2. Ausführungsbeginn innerhalb der angegebenen Fristen

18 Zum Gebot der Vergabereife gehört auch, dass mit der Ausführung der Leistung innerhalb der angegebenen Fristen begonnen werden kann. Mit den „angegebenen Fristen" sind die Fristen gemeint, die in der Auftragsbekanntmachung und/oder den Vergabeunterlagen aufgeführt sind[30] und innerhalb der der Zuschlagsempfänger das konkret ausgeschriebene Gewerk umzusetzen hat, mithin die vorgesehenen Ver-

---

[23] OLG Düsseldorf 11.12.2013 – Verg 22/13, BeckRS 2014, 3638; 12.6.2013 – VII-Verg 7/13, NZBau 2013, 788.
[24] OLG Naumburg 16.9.2002 – 1 Verg 2/02, NZBau 2003, 628 (631).
[25] OLG Düsseldorf 12.6.2013 – VII-Verg 7/13, NZBau 2013, 788.
[26] OLG Düsseldorf 11.12.2013 – Verg 22/13, BeckRS 2014, 3638; OLG Naumburg 16.9.2002 – 1 Verg 2/02, NZBau 2003, 628 (631); OLG Düsseldorf 14.2.2001 – Verg 14/00, BeckRS 2001, 3588.
[27] OLG Naumburg 16.9.2002 – 1 Verg 2/02, NZBau 2003, 628.
[28] Überarbeitungen der Vergabeunterlagen aufgrund einer Vielzahl von Bieterfragen und -rügen führen nicht stets dazu, dass von einer fehlenden Vergabereife auszugehen ist: OLG Düsseldorf 19.9.2018 – Verg 17/18, BeckRS 2018, 58390.
[29] Ingenstau/Korbion/Schranner VOB/A § 2 Rn. 123.
[30] Wagner-Cardenal/Scharf/Dierkes NZBau 2012, 74 (75).

tragsfristen.[31] Innerhalb dieser Fristen kann mit der Ausführung nur begonnen werden, wenn alle rechtlichen und tatsächlichen Anforderungen an den Beginn der Leistungsausführung erfüllt sind (sog. konzeptionelle Vergabereife).[32]

a) Rechtliche Voraussetzungen. Der Auftraggeber ist dafür verantwortlich, vor Beginn der Ausschreibung alle **rechtlichen Voraussetzungen** dafür zu schaffen, dass mit den ausgeschriebenen Leistungen innerhalb der angegebenen Fristen begonnen werden kann.[33] Sofern für den ausgeschriebenen Auftrag nichts anderes vorgesehen ist, hat der Auftraggeber die für das konkrete Bauprojekt erforderlichen **öffentlich-rechtlichen Genehmigungen** iSv § 4 Abs. 1 Nr. 1 S. 2 VOB/B in zumindest vollziehbarer Form[34] vor Beginn der Ausschreibung einzuholen. Dazu zählen zB die Baugenehmigung, Zuwendungsbescheide, Genehmigungen nach dem Straßenverkehrsrecht, dem Wasserrecht, dem Gewerberecht und dem Umweltrecht.

Doch gilt dies nicht ausnahmslos. Ein kategorisches Erfordernis des Vorliegens sämtlicher öffentlich-rechtlicher Genehmigungen bereits bei Beginn des Vergabeverfahrens kann nach richtiger Auff. der Vergabekammer des Bundes[35] öffentliche Beschaffungen in nicht mehr zumutbarer Weise behindern, da sich die Auftragsvergabe durch die im Vergabeverfahren einzuhaltenden Fristen sowie den längeren Wertungsvorgang bei komplexen Beschaffungen maßgeblich verzögern kann, wenn zunächst alle erforderlichen Genehmigungen abzuwarten wären. Es ist somit im Interesse der Förderung öffentlicher Investitionen sachgerecht, dem **Auftraggeber,** der letztlich das Risiko einer falschen Prognose trägt,[36] bei offenen tatsächlichen oder rechtlichen Fragen eine **Einschätzungsprärogative** zu überlassen.[37] Eine vergaberechtliche Grenzziehung ist allenfalls geboten, wenn die Leistung überhaupt erst aufgrund der öffentlich-rechtlichen Genehmigung eindeutig und erschöpfend beschrieben werden kann, dh ohne die Genehmigung schon keine vergleichbaren Angebote abgegeben werden können, oder wenn bereits zum Zeitpunkt der Ausschreibung mangels Erfüllung notwendiger Voraussetzungen schlechthin ausgeschlossen ist, dass der Auftrag innerhalb der vorgesehenen Fristen ausgeführt werden kann.[38]

---

[31] Wagner-Cardenal/Scharf/Dierkes NZBau 2012, 74 (75).

[32] OLG Düsseldorf 27.11.2013 – VII-Verg 20/13, NZBau 2014, 121; VK Bund 12.3.2019 – VK 1–7/19, BeckRS 2019, 5488; 25.11.2014 – VK 2–93/14, IBRRS 2015, 0023; Wagner-Cardenal/Scharf/Dierkes NZBau 2012, 74 (75).

[33] OLG Düsseldorf 8.9.2004 – Verg 35/04, BeckRS 2005, 6877; VK Bund 12.3.2019 – VK 1–7/19, BeckRS 2019, 5488; VK BW 7.8.2017 – 1 VK 26/17, BeckRS 2017, 125472.

[34] Auf die Bestandskraft der behördlichen Genehmigung kommt es nicht an. Im Vergabenachprüfungsverfahren wird kein „In-sich"-Prozess über die Rechtmäßigkeit von behördlichen Entscheidungen geführt: OLG Düsseldorf 27.11.2013 – VII-Verg 20/13, NZBau 2014, 121 und VK Bund 12.3.2019 – VK 1–7/19, BeckRS 2019, 5488. So auch OLG München 27.7.2018 – Verg 2/18, VPRRS 2018, 0289 und VK Südbayern 31.1.2023 – 3194.Z3-3_01-22-37, VPRRS 2023, 0154.

[35] VK Bund 19.7.2013 – VK 1–54/13, BeckRS 2014, 422, insoweit bestätigt durch OLG Düsseldorf 27.11.2013 – VII-Verg 20/13, NZBau 2014, 121; so auch VK BW 7.8.2017 – 1 VK 26/17, BeckRS 2017, 125472.

[36] Dazu VK Bund 12.3.2019 – VK 1–7/19, BeckRS 2019, 5488.

[37] VK Südbayern 21.1.2019 – Z3-3-3194-1-38-11/18, IBRRS 2019, 0433: Bei offenen tatsächlichen oder rechtlichen Fragen besteht ein Beurteilungsspielraum des Auftraggebers dahingehend, dass er in einer Prognose beurteilungsfehlerfrei zu dem Schluss kommt, dass der Leistungsausführung keine zivil- oder öffentlich-rechtlichen Hindernisse entgegenstehen. So auch MüKoEuWettbR/Knauff/Meurers VOB/A § 2 Rn. 93.

[38] OLG Karlsruhe 16.11.2016 – 15 Verg 5/16, BeckRS 2016, 122101; MüKoEuWettbR/Knauff/Meurers VOB/A § 2 Rn. 94.

VOB/A–EU § 2 — Grundsätze

21 Insbes. bei komplexen Beschaffungen müssen die erforderlichen öffentlich-rechtlichen Genehmigungen somit nicht zwingend bereits bei Ausschreibungsbeginn vorliegen.[39] So ist es namentlich bei funktionalen Ausschreibungen oder Bauaufträgen iS einer **Public Private Partnership** oftmals gar nicht möglich, die erforderlichen öffentlich-rechtlichen Genehmigungen für die Realisierung des Vorhabens einzuholen, bevor der Zuschlag erteilt wird, weil erst mit dem Zuschlag feststeht, wie das von dem Bieter geplante Projekt genau beschaffen sein wird.[40] Insofern reicht es zur **Herstellung der Vergabereife** aus, wenn der Auftraggeber die Zulässigkeit des Beschaffungsvorhabens unter allen bei der Vorbereitung (oder ggf. auch später) erkennbaren Gesichtspunkten überprüft und dem Prüfungsergebnis angemessen Rechnung getragen hat.[41] Eine Ausschreibung ohne gesichertes Baurecht verstößt demnach nicht gegen Abs. 8, wenn der Auftraggeber bei Beginn der Ausschreibung keine ernsthaften Zweifel daran hat, dass die erforderliche Genehmigung bis zum vorgesehenen Leistungsbeginn vollziehbar vorliegen wird.[42] Das **Transparenzgebot** erfordert in solchen Fällen jedoch, die Unternehmen in der Auftragsbekanntmachung und den Vergabeunterlagen darüber zu informieren, dass die Genehmigung für das ausgeschriebene Bauprojekt noch nicht vorliegt und sich Änderungen aus der endgültigen behördlichen Entscheidung ergeben können.[43]

22 Daneben sind alle ggf. erforderlichen **privatrechtlichen Voraussetzungen** für den Ausführungsbeginn zu schaffen (zB Eigentumserwerb, Erwerb bzw. Sicherung erforderlicher dinglicher Rechte, Dienstbarkeiten und Erbbaurechte), soweit diese nach der konkreten Ausgestaltung des ausgeschriebenen Bauvertrags nicht von dem Leistungssoll des Auftragnehmers umfasst sind (zB die Bereitstellung des Baugrundstücks[44]). Rechtliche Hindernisse, soweit sie vorhersehbar sind, sind zu beseitigen. Verschieben sich die Ausführungsfristen dadurch, dass der Auftraggeber die rechtlichen Voraussetzungen für den ausgeschriebenen Beginn nicht oder nur unzureichend geschaffen hat, hat hierfür ausschl. der Auftraggeber einzustehen.[45] Er trägt für die notwendige Rechtssicherheit das alleinige und verschuldensunabhängige Risiko.[46] Pflichtverletzungen können zu einer Anpassung der Ausführungsfrist (§ 6 Abs. 2 Nr. 1 lit. a VOB/B) und zu Ansprüchen des Auftragnehmers auf Ersatz der durch die Verzögerung verursachten Mehrkosten (§ 2 Abs. 5 VOB/B) führen.

23 **b) Tatsächliche Voraussetzungen.** Der Auftraggeber muss auch in tatsächlicher Hinsicht vor Ausschreibungsbeginn alles Erforderliche tun, damit mit den ausgeschriebenen Leistungen innerhalb der angegebenen Fristen begonnen werden kann. Zur Vergabereife gehören zB – soweit die Ausschreibung dies als Vertragssoll des Auftraggebers vorsieht – die Bereitstellung und Freimachung des Grundstücks sowie sonstige, für den Arbeitsbeginn notwendige Vorleistungen und

---

[39] VK BW 7.8.2017 – 1 VK 26/17, BeckRS 2017, 125472, für eine noch ausstehende immissionsschutzrechtliche Genehmigung, wenn unter gewöhnlichen Umständen damit zu rechnen ist, dass diese rechtzeitig erteilt wird.
[40] Vgl. dazu OLG Celle 12.5.2005 – 13 Verg 6/05, ZfBR 2005, 611.
[41] OLG Düsseldorf 17.11.2008 – Verg 52/08, BeckRS 2009, 05996; vgl. dazu instruktiv Wagner-Cardenal/Scharf/Dierkes NZBau 2012, 74 (76).
[42] VK Bund 19.7.2013 – VK 1–54/13, BeckRS 2014, 422; Wagner-Cardenal/Scharf/Dierkes NZBau 2012, 74 (76).
[43] Vgl. dazu OLG Celle 12.5.2005 – 13 Verg 6/05, ZfBR 2005, 611; MüKoEuWettbR/Knauff/Meurers VOB/A § 2 Rn. 95; Wagner-Cardenal/Scharf/Dierkes NZBau 2012, 74 (77).
[44] Vgl. dazu OLG Naumburg 20.9.2012 – 2 Verg 4/12, BeckRS 2012, 21448.
[45] VK Bund 12.3.2019 – VK 1–7/19, BeckRS 2019, 5488.
[46] OLG Jena 22.3.2005 – 8 U 318/04, NZBau 2005, 341.

Grundsätze **§ 2 VOB/A–EU**

Mitwirkungshandlungen des Auftraggebers. Insbes. muss daneben die **Finanzierung gesichert** sein.[47] Dies ist nur dann der Fall, wenn die erforderlichen Mittel tatsächlich zugewiesen sind bzw. die nach den haushaltsrechtlichen Bestimmungen erforderliche Verpflichtungsermächtigung (vgl. zB § 38 Abs. 1 BHO) erteilt ist (Grundsatz der Haushaltsklarheit).[48] Ausschreibungen ins Blaue hinein ohne verbindliche Finanzierungszusage verstoßen gegen § 2 EU Abs. 8 VOB/A und rechtfertigen vor allem nicht die sanktionslose **Aufhebung** der Ausschreibung, wenn die Haushaltsmittel tatsächlich nicht zur Verfügung stehen (dazu → VgV § 63 Rn. 49).[49] Der Auftraggeber hat deshalb vor Beginn der Ausschreibung mit der gebotenen Sorgfalt **Kostenermittlungen** vorzunehmen und zu prüfen, ob der Finanzierungsbedarf auch in Anbetracht der erkennbaren Eventualitäten des Projekts ausreichend ist (→ VgV § 63 Rn. 49).[50] Soweit er einen Dritten (zB ein Ingenieurbüro) mit der Ermittlung der Kosten beauftragt hat, haftet er für dessen Fehler bei der Feststellung des Finanzierungsbedarfs nach § 278 BGB.[51] Bei **alternativen Finanzierungsmodellen** (insbes. bei der Einbeziehung von Privatunternehmen in öffentliche Bauvorhaben durch die Ausschreibung von Konzessions- oder Betreibermodellen) muss sichergestellt sein, dass das private Nutzungs- und Finanzierungsmodell wirtschaftlicher ist als die konventionelle Finanzierung.[52] Daneben muss der Auftraggeber gewährleisten, dass die Finanzierung des Bauvorhabens während der gesamten Vertragslaufzeit sichergestellt ist.

Ist die Finanzierung des Bauvorhabens nicht gesichert, darf auch nicht auf der Grundlage eines Hinweises in den Vergabeunterlagen „vorbehaltlich der Mittelvergabe" ausgeschrieben werden. Ein solcher **Vorbehalt der Mittelbereitstellung** ist überraschend iSv § 305c BGB, verstößt gegen § 307 BGB und ist unwirksam.[53] Der Vorbehalt schützt auch nicht vor Ansprüchen der Bieter auf Erstattung von Kosten für eine nutzlose Angebotserstellung. Dies gilt auch dann, wenn die Ausschreibung dringlich und die Mittelbereitstellung zumindest wahrscheinlich ist. Da eine sichere Grenzziehung nicht möglich ist und uU hohe Angebotserstellungskosten zu Lasten der Bieter gehen, die sich an der Ausschreibung angesichts des Vorbehaltes nicht beteiligen, ist eine derartige Einschränkung unzulässig. Das Erfordernis der Vergabereife insbes. durch Bereitstellung der Mittel kann auch nicht durch innerdienstliche Verwaltungsvorschriften beschränkt werden.[54]

Wird ohne gesicherte und ausreichende Finanzierung ausgeschrieben, ist der Auftraggeber mindestens verpflichtet, die Bewerber **über die ungesicherte Finanzierung aufzuklären**.[55] Die Informationspflicht besteht unabhängig davon, ob durch eine Richtlinie oder Verwaltungsanweisung ausnahmsweise die Ausschreibung ohne vorherige Mittelzuweisung erlaubt wird.[56] Der Hinweis muss klar und deutlich in der Auftragsbekanntmachung und in der Aufforderung zur Angebotsabgabe ent-

24

25

---

[47] OLG Düsseldorf 27.11.2013 – VII-Verg 20/13, NZBau 2014, 121; VK Sachsen-Anhalt 12.9.2018 – 3 VK LSA 49/18, IBRRS 2018, 3748; VK Bund 25.11.2014 – VK 2–93/14, IBRRS 2015, 0023; MüKoEuWettbR/Knauff/Meurers VOB/A § 2 Rn. 92.
[48] OLG Schleswig 11.12.1995 – 9 U 132/93, ZVgR 1997, 170 (172) = LSK 1999, 350984; OLG Frankfurt a. M. 20.2.1997 – 1 U 105/95, ZVgR 1997, 268 (271) = LSK 1999, 350508; MüKoEuWettbR/Knauff/Meurers VOB/A § 2 Rn. 92.
[49] BGH 8.9.1998 – X ZR 48/97, NJW 1998, 3636 (3638).
[50] BGH 8.9.1998 – X ZR 99/96, NJW 1998, 3640 (3641).
[51] BGH 8.9.1998 – X ZR 99/96, NJW 1998, 3640 (3642).
[52] VerfGH RhPf 20.11.1996 – VGH N 3/96, NVwZ-RR 1998, 145 (148).
[53] LG München I 29.10.1996 – 11 O 8041/96, IBR 1997, 135.
[54] BGH 8.9.1998 – X ZR 48/97, NJW 1998, 3636 (3638).
[55] BGH 8.9.1998 – X ZR 48/97, NJW 1998, 3636 (3637).
[56] BGH 8.9.1998 – X ZR 48/97, NJW 1998, 3636 (3638).

halten sein. Eine Verletzung der Aufklärungspflicht kann zu Schadensersatzansprüchen der Unternehmen führen.[57]

IX. Ganzjährige Bautätigkeit

26 Nach Abs. 9 ist anzustreben, Aufträge so zu erteilen, dass eine ganzjährige Bautätigkeit gefördert wird. Dies ist eine politische Zielbestimmung und nicht als vergaberechtlicher Grundsatz einzuordnen,[58] weshalb der Vorschrift auch kein rechtlich verbindlicher Charakter beizumessen ist. Die Vorschrift ist mithin **nicht bieterschützend**. Die Vorschrift findet keine Grundlage in den Vergaberichtlinien, widerspricht diesen jedoch auch nicht, beschränkt die Grundfreiheiten nicht und ist mithin europarechtlich unbedenklich.

27 Abs. 9 verfolgt aus **wirtschaftspolitischen und sozialpolitischen Erwägungen** das Ziel, die Beschäftigungslage in der Bauwirtschaft zu erreichen, die in den Wintermonaten Auftragsrückgänge verzeichnet. Die Regelung flankiert das System der Winterbauförderung, das durch das Gesetz zur Förderung ganzjähriger Beschäftigung vom 24.4.2006 weiterentwickelt wurde. Die ganzjährige Bautätigkeit verbessert zudem die **Auslastung** von Geräten und Maschinen über das ganze Jahr, was die Wirtschaftlichkeit von Baumaßnahmen verbessern kann.[59]

X. Rechtsschutz

28 Abs. 7 ist bieterschützend.[60] Gleiches gilt für Abs. 8.[61] Verstöße können im Einzelfall so schwerwiegend sein, dass eine Aufhebung der Ausschreibung geboten ist.[62] Die fehlende Finanzierung eines ausgeschriebenen Projekts kann hingegen nicht zum Gegenstand eines Nachprüfungsverfahrens gemacht werden.[63] Stehen die für die Durchführung des Vorhabens nötigen finanziellen Mittel nicht bereit, kann dieser Mangel nicht durch eine Entscheidung der Nachprüfungsinstanz korrigiert werden. Der in seiner diesbezüglichen Erwartung enttäuschte Bieter ist daher von vornherein auf Schadensersatzansprüche verwiesen, wenn der Auftraggeber nicht auf die fehlende Finanzierung hingewiesen hat.

29 Ein Verstoß gegen § 2 EU Abs. 7, 8 VOB/A kann zur Haftung nach § 311 Abs. 2 BGB iVm § 280 Abs. 1 BGB und oberhalb der Schwellenwerte zusätzlich nach § 181 GWB führen. Die Ersatzpflicht findet ihren Grund in der Verletzung von Rücksichtnahmepflichten durch Missachtung von Vergabevorschriften.[64] Der auf

---

[57] BGH 8.9.1998 – X ZR 48/97, NJW 1998, 3636 (3638).
[58] Kapellmann/Messerschmidt/Glahs EU VOB/A § 2 Rn. 11.
[59] jurisPK/Hoffmann/Lausen EU VOB/A § 2 Rn. 90.
[60] OLG Düsseldorf 8.9.2004 – verg 35/04, BeckRS 2005, 6877; KG 15.4.2004 – 2 Verg 22/03, IBRRS 2004, 3531 = VergabeR 2004, 762 (765); OLG Celle 8.11.2001 – 13 Verg 9/01, NZBau 2002, 400 (402); HK-VergabeR/Fehling VOB/A § 2 Rn. 33.
[61] OLG Karlsruhe 16.11.2016 – 15 Verg 5/16, BeckRS 2016, 122101; OLG Düsseldorf 11.12.2013 – Verg 22/13, BeckRS 2014, 3638; 27.11.2013 – VII-Verg 20/13, NZBau 2014, 121; 12.6.2013 – VII-Verg 7/13, NZBau 2013, 788; 17.11.2008 – Verg 52/08, BeckRS 2009, 05996; 8.9.2004 – Verg 35/04, BeckRS 2005, 6877; 14.2.2001 – Verg 14/00, BeckRS 2001, 3588; OLG Naumburg 16.9.2002 – 1 Verg 2/02, NZBau 2003, 628 (630); VK Bund 25.11.2014 – VK 2–93/14, IBRRS 2015, 0023; HK-VergabeR/Fehling VOB/A § 2 Rn. 39.
[62] OLG Karlsruhe 16.11.2016 – 15 Verg 5/16, BeckRS 2016, 122101; KG 15.4.2004 – 2 Verg 22/03, IBRRS 2004, 3531 = VergabeR 2004, 762 (765).
[63] KG 22.8.2001 – KartVerg 3/01, NZBau 2002, 402 (404).
[64] BGH 9.6.2011 – X ZR 143/10, VPRRS 2011, 0223.

Verstöße des öffentlichen Auftraggebers gegen Vergabevorschriften gestützte Schadensersatzanspruch des Bieters ist somit nicht daran geknüpft, dass der Bieter auf die Einhaltung dieser Regelungen durch den Auftraggeber vertraut hat. Verstößt der Auftraggeber gegen Abs. 7, können sämtliche Bieter ihre Aufwendungen für die Ausarbeitung des Angebotes beanspruchen.[65]

Wird ein Vergabeverfahren eingeleitet, ohne dass die Voraussetzungen des Abs. 8 erfüllt sind (insbes. bei fehlender Finanzierung), ist eine sanktionslose Aufhebung nicht gerechtfertigt, wenn die **fehlende Finanzierung** bei sorgfältig durchgeführter Ermittlung des Kostenbedarfs vor der Ausschreibung der Vergabestelle hätte bekannt sein müssen (dazu auch → VgV § 63 Rn. 63).[66] Die Schadensersatzpflicht ist grds. nur auf den Ersatz des negativen Interesses begrenzt.[67] Demgegenüber setzt der weitergehende Anspruch auf Ersatz des entgangenen Gewinns nicht nur voraus, dass dem Bieter bei Fortsetzung des Verfahrens der Zuschlag hätte erteilt werden müssen, weil er das annehmbarste Angebot abgegeben hat; er setzt darüber hinaus voraus, dass der ausgeschriebene Auftrag tatsächlich erteilt worden ist.[68] Ein Anspruch auf Ersatz entgangenen Gewinns kommt somit nur dann in Betracht, wenn das Vergabeverfahren mit einem Zuschlag abgeschlossen wird, der Zuschlag jedoch nicht demjenigen Bieter erteilt wird, auf dessen Angebot bei Beachtung der maßgeblichen vergaberechtlichen Vorschriften allein ein Zuschlag hätte erteilt werden dürfen.[69]

30

§ 3 EU Arten der Vergabe

Die Vergabe von öffentlichen Aufträgen erfolgt im offenen Verfahren, im nicht offenen Verfahren, im Verhandlungsverfahren, im wettbewerblichen Dialog oder in der Innovationspartnerschaft.
1. **Das offene Verfahren** ist ein Verfahren, in dem der öffentliche Auftraggeber eine unbeschränkte Anzahl von Unternehmen öffentlich zur Abgabe von Angeboten auffordert.
2. **Das nicht offene Verfahren** ist ein Verfahren, bei dem der öffentliche Auftraggeber nach vorheriger öffentlicher Aufforderung zur Teilnahme eine beschränkte Anzahl von Unternehmen nach objektiven, transparenten und nichtdiskriminierenden Kriterien auswählt (Teilnahmewettbewerb), die er zur Abgabe von Angeboten auffordert.
3. **Das Verhandlungsverfahren** ist ein Verfahren, bei dem sich der öffentliche Auftraggeber mit oder ohne Teilnahmewettbewerb an ausgewählte Unternehmen wendet, um mit einem oder mehreren dieser Unternehmen über die Angebote zu verhandeln.
4. **Der wettbewerbliche Dialog** ist ein Verfahren zur Vergabe öffentlicher Aufträge mit dem Ziel der Ermittlung und Festlegung der Mittel, mit denen die Bedürfnisse des öffentlichen Auftraggebers am besten erfüllt werden können.
5. **Die Innovationspartnerschaft** ist ein Verfahren zur Entwicklung innovativer, noch nicht auf dem Markt verfügbarer Bauleistungen und zum anschließenden Erwerb der daraus hervorgehenden Leistungen.

---

[65] BGH 8.9.1998 – X ZR 48/97, NJW 1998, 3636 (3637).
[66] BGH 8.12.2020 – XIII ZR 19/19, VPRRS 2021, 0050; 8.9.1998 – X ZR 99/96, NJW 1998, 3640 (3641).
[67] BGH 8.12.2020 – XIII ZR 19/19, VPRRS 2021, 0050; 16.12.2003 – X ZR 282/02, NZBau 2004, 283.
[68] BGH 3.4.2007 – X ZR 19/06, NZBau 2007, 523 (524); 1.8.2006 – X ZR 115/04, NZBau 2006, 797 (798); 16.12.2003 – X ZR 282/02, NZBau 2004, 283; 5.11.2002 – X ZR 232/00, NZBau 2003, 168.
[69] BGH 8.12.2020 – XIII ZR 19/19, VPRRS 2021, 0050.

VOB/A–EU § 3   Arten der Vergabe

Literatur: Vgl. die Angaben bei § 119 GWB und § 14 VgV.

1   § 3 EU VOB/A enthält für die Vergabe von Bauaufträgen iSv § 1 EU Abs. 1 VOB/A (→ GWB § 103 Rn. 74 ff.) oberhalb der Schwellenwerte eine **abschließende Aufzählung der zulässigen Vergabeverfahrensarten:**
- das offene Verfahren,
- das nicht offene Verfahren,
- das Verhandlungsverfahren (mit oder ohne Teilnahmewettbewerb),
- den wettbewerblichen Dialog und
- die Innovationspartnerschaft.

Andere als diese fünf Verfahrensarten stehen nicht zur Verfügung (**Typenzwang**). Ein gewähltes Verfahren kann auch nicht durch Elemente anderer Verfahren modifiziert werden (→ GWB § 119 Rn. 4, 8, → VgV § 14 Rn. 1).

2   Die Vorschrift übernimmt die **Legaldefinitionen** der Verfahrensarten aus § 119 Abs. 3–7 GWB. Nr. 1 definiert offene Verfahren als Verfahren, in denen eine unbeschränkte Anzahl von Unternehmen öffentlich zur Abgabe von Angeboten aufgefordert wird (→ GWB § 119 Rn. 12 ff., → VgV § 14 Rn. 4). Nicht offene Verfahren sind dadurch gekennzeichnet, dass der öffentliche Auftraggeber nach vorheriger öffentlicher Aufforderung zur Teilnahme eine beschränkte Anzahl von Unternehmen nach objektiven, transparenten und nichtdiskriminierenden Kriterien auswählt (Teilnahmewettbewerb), die er zur Abgabe von Angeboten auffordert (Nr. 2, → GWB § 119 Rn. 16 ff., → VgV § 14 Rn. 6 ff.). Verhandlungsverfahren mit oder ohne Teilnahmewettbewerb sind Verfahren, bei denen sich der Auftraggeber an ausgewählte Unternehmen wendet und mit einem oder mehreren dieser Unternehmen über die Angebote verhandelt (Nr. 3, → GWB § 119 Rn. 20 ff., → VgV § 14 Rn. 10 ff.). Der wettbewerbliche Dialog ist ein Verfahren zur Vergabe öffentlicher Aufträge mit dem Ziel der Ermittlung und Festlegung der Mittel, mit denen die Bedürfnisse des öffentlichen Auftraggebers am besten erfüllt werden können (Nr. 4, → GWB § 119 Rn. 29 ff., → VgV § 14 Rn. 16 ff.). Die Innovationspartnerschaft ist schließlich ein Verfahren zur Entwicklung innovativer, noch nicht auf dem Markt verfügbarer Bauleistungen und zum anschließenden Erwerb der daraus hervorgehenden Leistungen (Nr. 5, → GWB § 119 Rn. 33, → VgV § 14 Rn. 21).

3   **Offene Verfahren** und **nicht offene Verfahren** stehen seit der Reform des Vergaberechts im Jahr 2016 auch auf deutscher Rechtsebene oberhalb der Schwellenwerte als **gleichrangige Verfahrenstypen** zur Verfügung. Nach § 119 Abs. 2 S. 1 GWB hat der Auftraggeber die Wahl zwischen dem offenen Verfahren und dem nicht offenen Verfahren (→ GWB § 119 Rn. 10). § 3a EU Abs. 1 S. 1 VOB/A wiederholt diese Flexibilität für Bauvergaben. Der Gesetzgeber hat damit für den Bereich der Vergabe öffentlicher Bauaufträge oberhalb der Schwellenwerte anerkannt, dass das nicht offene Verfahren ggü. dem offenen Verfahren keinen Nachteil für den Wettbewerb darstellt (→ GWB § 119 Rn. 10).[1] Die anderen Verfahrensarten stehen nur zur Verfügung, soweit dies durch gesetzliche Bestimmungen oder nach § 3a EU Abs. 2–5 VOB/A gestattet ist (vgl. § 3a EU Abs. 1 S. 2 VOB/A).

4   Der **Anwendungsbereich** der Vorschrift ist für öffentliche Auftraggeber eröffnet, soweit diese Bauaufträge mit einem Auftragsvolumen oberhalb der Schwellenwertes vergeben. Sektorenauftraggeber können das offene Verfahren, das nicht offene Verfahren, das Verhandlungsverfahren mit Teilnahmewettbewerb und den wettbewerblichen Dialog nach ihrer Wahl anwenden (§ 141 Abs. 1 GWB; § 13 Abs. 1 S. 1 SektVO, → SektVO § 13 Rn. 4). Für die Vergabe von verteidigungs- und sicherheitsspezifischen Bauaufträgen ordnet § 3a VS Abs. 1 VOB/A die Anwendung des

---

[1] Reuber VergabeR 2016, 339 (341).

nicht offenen Verfahrens oder des Verhandlungsverfahrens mit Teilnahmewettbewerb als Standardregelverfahren an. Ein offenes Verfahren ist dort ausgeschlossen (→ VOB/A § 3 VS Rn. 1, 2). In begründeten Ausnahmefällen ist ein Verhandlungsverfahren ohne Teilnahmewettbewerb oder ein wettbewerblicher Dialog zulässig (§ 3a VS Abs. 1 S. 2 VOB/A).

Die Aufzählung der zulässigen Verfahrensarten in § 3 EU VOB/A ist im Wortlaut identisch mit § 119 Abs. 3–7 GWB. Auf dessen Kommentierung (→ GWB § 119 Rn. 12 ff.) sowie auf die Kommentierung des § 14 Abs. 1 VgV (→ VgV § 14 Rn. 4 ff.) kann daher verwiesen werden. 5

Zum **Rechtsschutz** → GWB § 119 Rn. 9; → VgV § 14 Rn. 82 ff. 6

§ 3a EU Zulässigkeitsvoraussetzungen

(1) ¹Dem öffentlichen Auftraggeber stehen nach seiner Wahl das offene und das nicht offene Verfahren zur Verfügung. ²Die anderen Verfahrensarten stehen nur zur Verfügung, soweit dies durch gesetzliche Bestimmungen oder nach den Absätzen 2 bis 5 gestattet ist.

(2) Das Verhandlungsverfahren mit Teilnahmewettbewerb ist zulässig,
1. wenn mindestens eines der folgenden Kriterien erfüllt ist:
   a) die Bedürfnisse des öffentlichen Auftraggebers können nicht ohne die Anpassung bereits verfügbarer Lösungen erfüllt werden;
   b) der Auftrag umfasst konzeptionelle oder innovative Lösungen;
   c) der Auftrag kann aufgrund konkreter Umstände, die mit der Art, der Komplexität oder dem rechtlichen oder finanziellen Rahmen oder den damit einhergehenden Risiken zusammenhängen, nicht ohne vorherige Verhandlungen vergeben werden;
   d) die technischen Spezifikationen können von dem öffentlichen Auftraggeber nicht mit ausreichender Genauigkeit unter Verweis auf eine Norm, eine europäische technische Bewertung (ETA), eine gemeinsame technische Spezifikation oder technische Referenzen im Sinne des Anhangs TS Nummern 2 bis 5 der Richtlinie 2014/24/EU erstellt werden.
2. wenn ein offenes Verfahren oder nicht offenes Verfahren wegen nicht ordnungsgemäßer oder nicht annehmbarer Angebote aufgehoben wurde. Nicht ordnungsgemäß sind insbesondere Angebote, die nicht den Vergabeunterlagen entsprechen, nicht fristgerecht eingegangen sind, nachweislich auf kollusiven Absprachen oder Korruption beruhen oder nach Einschätzung des öffentlichen Auftraggebers ungewöhnlich niedrig sind. Unannehmbar sind insbesondere Angebote von Bietern, die nicht über die erforderlichen Qualifikationen verfügen und Angebote, deren Preis das vor Einleitung des Vergabeverfahrens festgelegte und schriftlich dokumentierte Budget des öffentlichen Auftraggebers übersteigt.

(3) Das Verhandlungsverfahren ohne Teilnahmewettbewerb ist zulässig,
1. wenn bei einem offenen Verfahren oder bei einem nicht offenen Verfahren
   a) keine ordnungsgemäßen oder nur unannehmbare Angebote abgegeben worden sind und
   b) in das Verhandlungsverfahren alle – und nur die – Bieter aus dem vorausgegangenen Verfahren einbezogen werden, die fachkundig und leistungsfähig (geeignet) sind und die nicht nach § 6e EU ausgeschlossen worden sind.

2. wenn bei einem offenen Verfahren oder bei einem nicht offenen Verfahren
   a) keine Angebote oder keine Teilnahmeanträge abgegeben worden sind oder
   b) nur Angebote oder Teilnahmeanträge solcher Bewerber oder Bieter abgegeben worden sind, die nicht fachkundig oder leistungsfähig (geeignet) sind oder die nach § 6e EU ausgeschlossen worden sind oder
   c) nur solche Angebote abgegeben worden sind, die den in den Vergabeunterlagen genannten Bedingungen nicht entsprechen

   und die ursprünglichen Vertragsunterlagen nicht grundlegend geändert werden. Der Europäischen Kommission wird auf Anforderung ein Bericht vorgelegt.
3. wenn die Leistungen aus einem der folgenden Gründe nur von einem bestimmten Unternehmen erbracht werden können:
   a) Erschaffung oder Erwerb eines einzigartigen Kunstwerks oder einer einzigartigen künstlerischen Leistung als Ziel der Auftragsvergabe;
   b) nicht vorhandener Wettbewerb aus technischen Gründen;
   c) Schutz von ausschließlichen Rechten, einschließlich der Rechte des geistigen Eigentums.

   Die in Buchstabe b und c festgelegten Ausnahmen gelten nur dann, wenn es keine vernünftige Alternative oder Ersatzlösung gibt und der mangelnde Wettbewerb nicht das Ergebnis einer künstlichen Einschränkung der Auftragsvergabeparameter ist.
4. wenn wegen der äußersten Dringlichkeit der Leistung aus zwingenden Gründen infolge von Ereignissen, die der öffentliche Auftraggeber nicht verursacht hat und nicht voraussehen konnte, die in § 10a EU, § 10b EU und § 10c EU Absatz 1 vorgeschriebenen Fristen nicht eingehalten werden können.
5. wenn gleichartige Bauleistungen wiederholt werden, die durch denselben öffentlichen Auftraggeber an den Auftragnehmer vergeben werden, der den ursprünglichen Auftrag erhalten hat, und wenn sie einem Grundentwurf entsprechen und dieser Gegenstand des ursprünglichen Auftrags war, der in Einklang mit § 3a EU vergeben wurde. Der Umfang der nachfolgenden Bauleistungen und die Bedingungen, unter denen sie vergeben werden, sind im ursprünglichen Projekt anzugeben. Die Möglichkeit, dieses Verfahren anzuwenden, muss bereits bei der Auftragsbekanntmachung der Ausschreibung für das erste Vorhaben angegeben werden; der für die Fortsetzung der Bauarbeiten in Aussicht gestellte Gesamtauftragswert wird vom öffentlichen Auftraggeber bei der Anwendung von § 3 VgV berücksichtigt. Dieses Verfahren darf jedoch nur innerhalb von drei Jahren nach Abschluss des ersten Auftrags angewandt werden.

(4) Der wettbewerbliche Dialog ist unter den Voraussetzungen des Absatzes 2 zulässig.

(5) [1]Der öffentliche Auftraggeber kann für die Vergabe eines öffentlichen Auftrags eine Innovationspartnerschaft mit dem Ziel der Entwicklung einer innovativen Leistung und deren anschließendem Erwerb eingehen. [2]Der Beschaffungsbedarf, der der Innovationspartnerschaft zugrunde liegt, darf nicht durch auf dem Markt bereits verfügbare Bauleistungen befriedigt werden können.

Literatur: Vgl. die Angaben bei § 119 GWB und § 14 VgV.

I. Bedeutung der Vorschrift

Die Vorschrift normiert die Zulässigkeitsvoraussetzungen der Verfahrensarten bei der Vergabe von öffentlichen Bauaufträgen oberhalb der Schwellenwerte. Seit der Vergaberechtsreform 2016 stehen **offene Verfahren** und **nicht offene Verfahren** im Anschluss an Art. 26 Abs. 2 RL 2014/24/EU[1] auch auf deutscher Rechtsebene als **gleichrangige Verfahrenstypen** zur Verfügung. Der Auftraggeber hat nach § 119 Abs. 2 S. 1 GWB die Wahl zwischen dem offenen Verfahren und dem nicht offenen Verfahren (→ GWB § 119 Rn. 10). Abs. 1 S. 1 wiederholt diese Flexibilität für die Vergabe von öffentlichen Bauaufträgen. IÜ bleibt es bei der Hierarchie der Verfahrensarten. Vorrang haben das offene Verfahren und das nicht offene Verfahren. Die anderen Verfahrensarten stehen hingegen nur zur Verfügung, wenn dies durch gesetzliche Bestimmungen oder nach Abs. 2–5 gestattet ist. Zum Rechtsschutz → GWB § 119 Rn. 9; → VgV § 14 Rn. 82 ff. 1

Die Vorschrift ist wie folgt strukturiert: 2
– Abs. 1 normiert gleichermaßen die Gleichrangigkeit (S. 1) von offenen und nicht offenen Verfahren und deren Vorrangigkeit (S. 2) vor den anderen Verfahrensarten.
– Abs. 2 führt die Zulässigkeitsvoraussetzungen des Verhandlungsverfahrens mit Teilnahmewettbewerb auf.
– Abs. 3 enthält die Voraussetzungen für das Verhandlungsverfahren ohne Teilnahmewettbewerb.
– Abs. 4 erklärt den wettbewerblichen Dialog unter den Voraussetzungen von Abs. 2 für zulässig; die Zulässigkeitsvoraussetzungen von Verhandlungsverfahren mit Teilnahmewettbewerb und wettbewerblichem Dialog sind somit identisch.
– Abs. 5 benennt die Voraussetzungen zur Vergabe eines öffentlichen Bauauftrags im Wege einer Innovationspartnerschaft.

II. Offenes Verfahren und nicht offenes Verfahren (Abs. 1)

Nach Abs. 1 S. 1 stehen für die Vergabe öffentlicher Bauaufträge im Anwendungsbereich des 2. Abschn. der VOB/A das offene Verfahren und das nicht offene Verfahren als **vorrangige Standardverfahren** zur Verfügung. Der Auftraggeber kann – im Anschluss an § 119 Abs. 2 S. 1 GWB – zwischen dem offenen Verfahren und dem nicht offenen Verfahren frei wählen. Mit Blick auf die **Gleichrangigkeit beider Verfahrenstypen** kann sich der öffentliche Auftraggeber ohne Einschränkung für das offene oder das nicht offene Verfahren entscheiden. Konsequenterweise gibt es für das nicht offene Verfahren auch keine besonderen Anwendungsvoraussetzungen. Auch bedarf die Wahl des nicht offenen Verfahrens keiner Begründung. 3

Im Übrigen gilt die **Hierarchie der Verfahrensarten.** Vorrang haben das offene Verfahren und das nicht offene Verfahren. Auf ein offenes Verfahren oder nicht offenes Verfahren kann nach S. 2 ausnahmsweise verzichtet werden, wenn ein Verhandlungsverfahren mit Teilnahmewettbewerb nach Abs. 2, ein wettbewerblicher Dialog nach Abs. 4 (iVm Abs. 2), ein Verhandlungsverfahren ohne Teilnahmewettbewerb nach Abs. 3 oder eine Innovationspartnerschaft nach Abs. 5 zulässig sind. Die **Ausnahmen** vom vorrangig anzuwendenden offenen Verfahren und nicht offenen 4

---

[1] Die Wahlfreiheit war auf europäischer Rechtsebene bereits in Art. 28 Abs. 2 RL 2004/18/EG vorgesehen.

Verfahren sind **eng auszulegen**[2] und gem. § 20 EU VOB/A (mit § 8 Abs. 2 Nr. 6 bzw. 7 VgV) aktenkundig zu machen. Umgekehrt kann ein offenes Verfahren auch in Fällen durchgeführt werden, in denen der Auftraggeber in zulässiger Weise auf einen nachrangigen Verfahrenstypus zurückgreifen könnte. Entscheidet sich der Auftraggeber in diesem Fall für das offene Verfahren, ist er daran gebunden und muss dann die für das offene Verfahren geltenden Regeln der VOB/A anwenden.

III. Verhandlungsverfahren mit Teilnahmewettbewerb (Abs. 2)

5   Unter den in Abs. 2 abschl.[3] genannten Voraussetzungen ist das Verhandlungsverfahren mit Teilnahmewettbewerb gestattet. Die Voraussetzungen gelten nach Abs. 4 gleichermaßen für den wettbewerblichen Dialog. Zur Absenkung der Zugangsvoraussetzungen für ein Verhandlungsverfahren zunächst → VgV § 14 Rn. 32. Zu den Ausnahmetatbeständen iE:

1. Notwendigkeit der Anpassung bereits verfügbarer Lösungen (Nr. 1 lit. a)

6   Das Verhandlungsverfahren mit Teilnahmewettbewerb ist zulässig, wenn die Bedürfnisse des öffentlichen Auftraggebers nicht ohne die Anpassung bereits verfügbarer Lösungen erfüllt werden können. Dieser im Baubereich selten einschlägige Ausnahmefall setzt voraus, dass der Markt für Bauleistungen grds. verfügbare Lösungen für den Bedarf des Auftraggebers bereithält, die aber eine Modifikation erfordern. Das kann etwa bei Bauleistungen, bei denen keine Normbauten errichtet werden, oder bei komplexen Bauvorhaben, die besonders hoch entwickelte Anforderungen an die Leistungserbringung stellen, oder bei der Beschaffung von technischen Anlagen in Forschungsbauten, die als wesentlicher Gebäudebestandteil Gegenstand der Bauleistungen sind, der Fall sein[4] (näher auch → VgV § 14 Rn. 33 und 33a).

2. Konzeptionelle oder innovative Lösungen (Nr. 1 lit. b)

7   Das Verhandlungsverfahren mit Teilnahmewettbewerb ist zugelassen, wenn der zu vergebende Auftrag konzeptionelle oder innovative Lösungen umfasst. Konzeptionelle Leistungen sind anzunehmen, wenn die Leistungsbeschreibung nur das Ziel der Beschaffung vorgibt, deren Lösung durch das Know-how des Bieters erarbeitet werden muss.[5] Zum Begriff der „Innovation" s. die Legaldefinition in Art. 2 Nr. 22 RL 2014/24/EU u. → VgV § 19 Rn. 1. Konzeptionelle oder innovative Lösungen kommen insbes. dann in Betracht, wenn neue Verfahren Anwendung finden sollen, die noch nicht erprobt bzw. für das konkrete Bauvorhaben erstmalig entwickelt werden.[6] Das Gleiche gilt nach S. 7 des 42. Erwgr.s der RL 2014/24/EU bei großen, integrierten Verkehrsinfrastrukturprojekten oder bei der Vergabe von Bauaufträgen,

---

[2] EuGH 8.4.2008 – C-337/05, EuZW 2008, 372 (375); 18.11.2004 – C-126/03, BeckRS 2004, 78186 = VergabeR 2005, 57 (59); 13.1.2005 – C-84/03, BeckRS 2005, 70035 = VergabeR 2005, 176 (182); 10.4.2003 – C-20/01 und C-28/01, NZBau 2003, 393 (395); OLG Düsseldorf 20.12.2019 – VII Verg 18/19, BeckRS 2019, 38775; 29.2.2012 – Verg 75/11, IBRRS 2012, 1733; 6.10.2010 – Verg 44/10, IBRRS 2010, 4298.
[3] BR-Drs. 87/16, 168; EuGH 13.1.2005 – C-84/03, BeckRS 2005, 70035 = VergabeR 2005, 176 (182).
[4] MüKoEuWettbR/Pauka/Knauff VOB/A § 3aEU Rn. 9; Kapellmann/Messerschmidt/Stickler/Mädler VOB/A § 3aEU Rn. 13.
[5] MüKoEuWettbR/Pauka/Knauff VOB/A § 3aEU Rn. 12.
[6] Kapellmann/Messerschmidt/Stickler/Mädler VOB/A § 3aEU Rn. 14.

bei denen die Bauleistungen mit neuen, innovativen Finanzierungsmethoden verbunden werden, wie es etwa bei der Vergabe von ÖPP-Projekten der Fall sein kann (näher → VgV § 14 Rn. 34 ff.).

3. Notwendigkeit von Verhandlungen (Nr. 1 lit. c)

Kann der Auftrag aufgrund objektiv vorliegender und konkreter Umstände, die mit der Art, der Komplexität oder dem rechtlichen oder finanziellen Rahmen oder den damit einhergehenden Risiken zusammenhängen, nicht ohne vorherige Verhandlungen vergeben werden, kann ein Verhandlungsverfahren mit Teilnahmewettbewerb gewählt werden. Die Ausnahmevorschrift stimmt mit § 14 Abs. 3 Nr. 3 VgV überein (zu den Details → VgV § 14 Rn. 36 ff.). 8

4. Keine Möglichkeit, die Leistung mit hinreichender Genauigkeit zu beschreiben (Nr. 1 lit. d)

Können die technischen Spezifikationen von dem öffentlichen Auftraggeber objektiv nicht mit ausreichender Genauigkeit unter Verweis auf eine Norm, eine europäische technische Bewertung (ETA), eine gemeinsame technische Spezifikation oder technische Referenzen iSd Anhangs TS Nr. 2–5 RL 2014/24/EU erstellt werden, kann das Verhandlungsverfahren mit Teilnahmewettbewerb gewählt werden. Die Bestimmung, die Art. 26 Abs. 4 lit. a iv RL 2014/24/EU umsetzt, entspricht § 14 Abs. 3 Nr. 4 VgV (ausf. → VgV § 14 Rn. 37–38a). 9

5. Scheitern eines offenen oder nicht offenen Verfahrens (Nr. 2)

Wurde ein offenes Verfahren oder nicht offenes Verfahren wegen nicht ordnungsgemäßer oder nicht annehmbarer Angebote aufgehoben, kann der öffentliche Auftraggeber ein Verhandlungsverfahren mit Teilnahmewettbewerb wählen. Nach der Legaldefinition sind **nicht ordnungsgemäß** insbes. **Angebote,** die nicht den Vergabeunterlagen entsprechen, nicht fristgerecht eingegangen sind, nachweislich auf kollusiven Absprachen oder Korruption beruhen oder nach Einschätzung des öffentlichen Auftraggebers ungewöhnlich niedrig sind. **Unannehmbar** sind insbes. **Angebote** von Bietern, die nicht über die erforderlichen Qualifikationen verfügen, und Angebote, deren Preis das vor Einleitung des Vergabeverfahrens festgelegte und schriftlich dokumentierte Budget des öffentlichen Auftraggebers übersteigt. Die Ausnahme geht auf Art. 26 Abs. 4 lit. a v RL 2014/24/EU zurück und entspricht § 14 Abs. 3 Nr. 5 VgV, auf dessen Kommentierung → VgV § 14 Rn. 39–44 verwiesen wird. 10

IV. Verhandlungsverfahren ohne Teilnahmewettbewerb (Abs. 3)

Abs. 3 normiert abschl.[7] fünf Fälle, in denen das Verhandlungsverfahren ohne Teilnahmewettbewerb zulässig ist. Da dieses Verfahren den Wettbewerb besonders stark einschränkt, sind die Tatbestandsmerkmale **restriktiv auszulegen.**[8] Sie müssen 11

---

[7] BR-Drs. 87/16, 168; EuGH 8.4.2008 – C-337/05, EuZW 2008, 372; 13.1.2005 – C-84/03, BeckRS 2005, 70035 = VergabeR 2005, 176 (182); VK Sachsen 17.12.2007 – 1/SVK/073-07, VPRRS 2008, 0003.

[8] EuGH 15.10.2009 – C-275/08, NZBau 2010, 63 (67); 8.4.2008 – C-337/05, NVwZ 2008, 769; 18.11.2004 – C-126/03, BeckRS 2004, 78186 = VergabeR 2005, 57 (59); 13.1.2005 – C-84/03, BeckRS 2005, 70035 = VergabeR 2005, 176 (182); 10.4.2003 – C-20/01 und C-28/01, NZBau 2003, 393 (395); OLG Düsseldorf 20.12.2019 – VII Verg 18/19, BeckRS 2019, 38775.

objektiv nachprüfbar vorliegen, auf subjektive Vorstellungen des Auftraggebers kommt es nicht an (→ GWB § 119 Rn. 24). Liegen die Voraussetzungen des Abs. 3 vor, ist der Auftraggeber selbstverständlich berechtigt, zur Stärkung des Wettbewerbs eine Auftragsbekanntmachung zu veröffentlichen.

1. Scheitern eines offenen oder nicht offenen Verfahrens (Nr. 1 und 2)

12   Wurde ein offenes Verfahren oder nicht offenes Verfahren[9] wegen nicht ordnungsgemäßer oder nicht annehmbarer Angebote aufgehoben, kann der öffentliche Auftraggeber zunächst ein Verhandlungsverfahren mit Teilnahmewettbewerb wählen (näher → Rn. 10; → VgV § 14 Rn. 39–43). Von einer erneuten unionsweiten Auftragsbekanntmachung und der Durchführung eines Teilnahmewettbewerbs kann indessen abgesehen werden, wenn in das Verhandlungsverfahren alle – aber auch nur die – Bieter aus dem vorausgegangenen Verfahren einbezogen werden, die fachkundig und leistungsfähig (also die aufgestellten Eignungskriterien erfüllen) und die nicht nach § 6e EU VOB/A ausgeschlossen worden sind (**Nr. 1**). In diesen Fällen wird also nur mit den – geeigneten – Bietern des Ausgangsverfahrens verhandelt. Andere Unternehmen, die sich nicht am Ausgangsverfahren mit einem Angebot beteiligt hatten, dürfen nicht zu Verhandlungen aufgefordert werden.

13   Das Verhandlungsverfahren ohne Teilnahmewettbewerb darf ferner ausnahmsweise stattfinden (**Nr. 2**), wenn
i) bei einem offenen Verfahren oder nicht offenen Verfahren
ii) keine Angebote oder Teilnahmeanträge abgegeben worden sind oder
iii) nur Angebote oder Teilnahmeanträge von Bewerbern oder Bietern abgegeben worden sind, die nicht fachkundig oder leistungsfähig (geeignet) sind oder die nach § 6e EU VOB/A ausgeschlossen worden sind oder
iv) nur Angebote abgegeben worden sind, die den in den Vergabeunterlagen genannten Bedingungen nicht entsprechen und
v) die ursprünglichen Vertragsunterlagen nicht grundlegend geändert werden.
In diesem Fall ist der Kommission auf Anforderung ein Bericht vorzulegen.

14   In diesen Fällen besteht – anders als bei Nr. 1 – keine Verpflichtung, alle Bieter aus dem Erstverfahren in das Verhandlungsverfahren einzubeziehen.[10] Selbst Unternehmen, die sich am Erstverfahren nicht beteiligt hatten, können somit zu Verhandlungen aufgefordert werden. Allerdings setzt das voraus, dass die ursprünglichen **Vertragsunterlagen nicht grundlegend geändert** werden (näher → VgV § 14 Rn. 49, 50).

2. Alleinstellung eines Unternehmens (Nr. 3)

15   Ein Verhandlungsverfahren ohne Teilnahmewettbewerb ist zulässig, wenn der Auftrag wegen seiner künstlerischen oder technischen Besonderheiten oder aufgrund des Schutzes von ausschließlichen Rechten (insbes. gewerbliche Schutzrechte wie zB Patent-, Urheberrechte) objektiv nur von einem bestimmten Unternehmen erbracht werden kann. Dabei gelten die in Buchst. b und c festge-

---

[9] Verhandlungsverfahren mit Teilnahmewettbewerb, wettbewerblicher Dialog und Innovationspartnerschaft sind nach dem Wortlaut von Nr. 1 und des zugrundeliegenden Art. 26 Abs. 4 lit. b RL 2014/24/EU somit keine tauglichen Erstverfahren. Für das Verhandlungsverfahren mit Teilnahmewettbewerb als tauglichem Erstverfahren aber: Kapellmann/Messerschmidt/Stickler/Mädler VOB/A § 3aEU Rn. 35 und MüKoEuWettbR/Pauka/Knauff VOB/A § 3aEU Rn. 23.

[10] OLG Naumburg 13.5.2008 – 1 Verg 3/08, BeckRS 2008, 14157 = VergabeR 2009, 91; OLG Jena 20.6.2005 – 9 Verg 3/05, BeckRS 2005, 7166 = VergabeR 2005, 492 (501).

legten Ausnahmen nur dann, wenn es keine vernünftige Alternative oder Ersatzlösung gibt und der mangelnde Wettbewerb nicht das Ergebnis einer künstlichen Einschränkung der Auftragsvergabeparameter ist. Die Vorschrift entspricht § 14 Abs. 4 Nr. 2, Abs. 6 VgV, so dass auf dessen Kommentierung → VgV § 14 Rn. 51 ff. verwiesen wird.

3. Äußerste Dringlichkeit (Nr. 4)

Ein Verhandlungsverfahren ohne Teilnahmewettbewerb ist gestattet, wenn wegen der äußersten Dringlichkeit der Leistung aus zwingenden Gründen infolge von Ereignissen, die der öffentliche Auftraggeber nicht verursacht hat und nicht voraussehen konnte, die in §§ 10a, 10b und § 10c EU VOB/A vorgeschriebenen Fristen nicht eingehalten werden können. Die Voraussetzungen der Dringlichkeitsvergabe sind mit denjenigen des § 14 Abs. 4 Nr. 3 VgV identisch, so dass auf dessen Kommentierung → VgV § 14 Rn. 58 ff. verwiesen werden kann. **16**

4. Wiederholung gleichartiger Bauleistungen (Nr. 5)

Sollen gleichartige Bauleistungen wiederholt vergeben werden, kann ein Verhandlungsverfahren ohne Teilnahmewettbewerb zulässig sein. Die Vorschrift knüpft an einen schon bestehenden Vertrag mit einem Auftragnehmer an. Es soll bei dem Bestandsauftragnehmer eine Bauleistung beschafft werden, die **17**
i) in der Wiederholung gleichartiger, bereits beauftragter Bauleistungen besteht, die
ii) durch denselben öffentlichen Auftraggeber an
iii) das Unternehmen vergeben werden, das den ersten Auftrag erhalten hat, und
iv) die Bauleistung einem Grundentwurf entspricht und dieser Grundentwurf Gegenstand des ersten Auftrags war, der
v) im Rahmen eines förmlichen Vergabeverfahrens mit Ausnahme eines Verhandlungsverfahrens ohne Teilnahmewettbewerb vergeben wurde.
Der Umfang der nachfolgenden Bauleistungen und die Bedingungen, unter denen sie vergeben werden, sind im ursprünglichen Projekt anzugeben. Die Möglichkeit, dieses Verfahren anzuwenden, muss bereits bei der Auftragsbekanntmachung der Ausschreibung für das erste Vorhaben angegeben werden; der für die Fortsetzung der Bauarbeiten in Aussicht gestellte Gesamtauftragswert wird vom öffentlichen Auftraggeber bei der Anwendung von § 3 VgV berücksichtigt. Dieses Verfahren darf jedoch nur innerhalb von drei Jahren nach Abschluss des ersten Auftrags angewandt werden. Die Vorschrift entspricht dem § 14 Abs. 4 Nr. 9 VgV, der die wiederholte Vergabe gleichartiger Dienstleistungen normiert. Auf dessen Kommentierung → VgV § 14 Rn. 75 ff. wird verwiesen.

V. Wettbewerblicher Dialog (Abs. 4)

Der wettbewerbliche Dialog ist ein Verfahren zur Vergabe öffentlicher Aufträge mit dem Ziel der Ermittlung und Festlegung der Mittel, mit denen die Bedürfnisse des öffentlichen Auftraggebers am besten erfüllt werden können (§ 119 Abs. 6 S. 1 GWB). Er ist nach Abs. 4 unter denselben Voraussetzungen, die für ein Verhandlungsverfahren mit Teilnahmewettbewerb gelten, zulässig.[11] Sofern die Voraussetzungen in Abs. 2 vorliegen, hat der Auftraggeber die **freie Wahl** zwischen diesen Verfahren (→ GWB § 119 Rn. 29). **18**

---

[11] Ollmann VergabeR 2016, 413 (414).

VI. Innovationspartnerschaft (Abs. 5)

19 Der öffentliche Auftraggeber kann für die Vergabe eines öffentlichen Auftrags eine Innovationspartnerschaft mit dem Ziel der **Entwicklung** einer innovativen Leistung und deren anschließenden **Erwerb** eingehen. Der Beschaffungsbedarf, der der Innovationspartnerschaft zugrunde liegt, darf allerdings nicht durch auf dem Markt bereits verfügbare Bauleistungen befriedigt werden können. Vgl. dazu → VgV § 19 Rn. 6 ff.

§ 3b EU Ablauf der Verfahren

(1) ¹Bei einem offenen Verfahren wird eine unbeschränkte Anzahl von Unternehmen öffentlich zur Abgabe von Angeboten aufgefordert. ²Jedes interessierte Unternehmen kann ein Angebot abgeben.

(2)
1. ¹Bei einem nicht offenen Verfahren wird im Rahmen eines Teilnahmewettbewerbs eine unbeschränkte Anzahl von Unternehmen öffentlich zur Abgabe von Teilnahmeanträgen aufgefordert. ²Jedes interessierte Unternehmen kann einen Teilnahmeantrag abgeben. ³Mit dem Teilnahmeantrag übermitteln die Unternehmen die vom öffentlichen Auftraggeber geforderten Informationen für die Prüfung der Eignung und das Nichtvorliegen von Ausschlussgründen.
2. Nur diejenigen Unternehmen, die vom öffentlichen Auftraggeber infolge einer Bewertung der übermittelten Information dazu aufgefordert werden, können ein Angebot einreichen.
3. ¹Der öffentliche Auftraggeber kann die Zahl geeigneter Bewerber, die zur Angebotsabgabe aufgefordert werden, begrenzen. ²Dazu gibt der öffentliche Auftraggeber in der Auftragsbekanntmachung oder der Aufforderung zur Interessensbestätigung die von ihm vorgesehenen objektiven und nicht diskriminierenden Eignungskriterien für die Begrenzung der Zahl, die vorgesehene Mindestzahl und gegebenenfalls auch die Höchstzahl der einzuladenden Bewerber an. ³Die vorgesehene Mindestzahl der einzuladenden Bewerber darf nicht niedriger als fünf sein. ⁴In jedem Fall muss die Zahl der eingeladenen Bewerber ausreichend hoch sein, dass ein echter Wettbewerb gewährleistet ist. ⁵Sofern geeignete Bewerber in ausreichender Zahl zur Verfügung stehen, lädt der öffentliche Auftraggeber von diesen eine Anzahl ein, die nicht niedriger als die festgelegte Mindestzahl ist. ⁶Sofern die Zahl geeigneter Bewerber unter der Mindestzahl liegt, darf der öffentliche Auftraggeber das Verfahren ausschließlich mit diesem oder diesen geeigneten Bewerber(n) fortführen.

(3)
1. ¹Bei einem Verhandlungsverfahren mit Teilnahmewettbewerb wird im Rahmen des Teilnahmewettbewerbs eine unbeschränkte Anzahl von Unternehmen öffentlich zur Abgabe von Teilnahmeanträgen aufgefordert. ²Jedes interessierte Unternehmen kann einen Teilnahmeantrag abgeben. ³Mit dem Teilnahmeantrag übermitteln die Unternehmen die vom öffentlichen Auftraggeber geforderten Informationen für die Prüfung der Eignung und das Nichtvorliegen von Ausschlussgründen.
2. Nur diejenigen Unternehmen, die vom öffentlichen Auftraggeber infolge einer Bewertung der übermittelten Informationen dazu aufgefordert werden, können ein Erstangebot übermitteln, das die Grundlage für die späteren Verhandlungen bildet.

Ablauf der Verfahren § 3b VOB/A–EU

3. Im Übrigen gilt Absatz 2 Nummer 3 mit der Maßgabe, dass die in der Auftragsbekanntmachung oder der Aufforderung zur Interessensbestätigung anzugebende Mindestzahl nicht niedriger als drei sein darf.
4. Bei einem Verhandlungsverfahren ohne Teilnahmewettbewerb erfolgt keine öffentliche Aufforderung zur Teilnahme.
5. Die Mindestanforderungen und die Zuschlagskriterien sind nicht Gegenstand von Verhandlungen.
6. Der öffentliche Auftraggeber verhandelt mit den Bietern über die von ihnen eingereichten Erstangebote und alle Folgeangebote, mit Ausnahme der endgültigen Angebote, mit dem Ziel, die Angebote inhaltlich zu verbessern.
7. Der öffentliche Auftraggeber kann öffentliche Aufträge auf der Grundlage der Erstangebote vergeben, ohne in Verhandlungen einzutreten, wenn er in der Auftragsbekanntmachung oder in der Aufforderung zur Interessensbestätigung darauf hingewiesen hat, dass er sich diese Möglichkeit vorbehält.
8. [1]Der öffentliche Auftraggeber kann vorsehen, dass das Verhandlungsverfahren in verschiedenen aufeinander folgenden Phasen abgewickelt wird, um die Zahl der Angebote, über die verhandelt wird, oder die zu erörternden Lösungen anhand der vorgegebenen Zuschlagskriterien zu verringern. [2]Wenn der öffentliche Auftraggeber dies vorsieht, gibt er dies in der Auftragsbekanntmachung, der Aufforderung zur Interessensbestätigung oder in den Vergabeunterlagen an. [3]In der Schlussphase des Verfahrens müssen so viele Angebote vorliegen, dass ein echter Wettbewerb gewährleistet ist, sofern eine ausreichende Anzahl von geeigneten Bietern vorhanden ist.
9. [1]Der öffentliche Auftraggeber stellt sicher, dass alle Bieter bei den Verhandlungen gleichbehandelt werden. [2]Insbesondere enthält er sich jeder diskriminierenden Weitergabe von Informationen, durch die bestimmte Bieter gegenüber anderen begünstigt werden könnten. [3]Er unterrichtet alle Bieter, deren Angebote nicht gemäß Nummer 8 ausgeschieden wurden, schriftlich über etwaige Änderungen der Leistungsbeschreibung, insbesondere der technischen Anforderungen oder anderer Bestandteile der Vergabeunterlagen, die nicht die Festlegung der Mindestanforderungen betreffen. [4]Im Anschluss an solche Änderungen gewährt der öffentliche Auftraggeber den Bietern ausreichend Zeit, um ihre Angebote zu ändern und gegebenenfalls überarbeitete Angebote einzureichen. [5]Der öffentliche Auftraggeber darf vertrauliche Informationen eines an den Verhandlungen teilnehmenden Bieters nicht ohne dessen Zustimmung an die anderen Teilnehmer weitergeben. [6]Eine solche Zustimmung darf nicht allgemein erteilt werden, sondern wird nur in Bezug auf die beabsichtigte Mitteilung bestimmter Informationen erteilt.
10. [1]Beabsichtigt der öffentliche Auftraggeber, die Verhandlungen abzuschließen, so unterrichtet er die verbleibenden Bieter und legt eine einheitliche Frist für die Einreichung neuer oder überarbeiteter Angebote fest. [2]Er vergewissert sich, dass die endgültigen Angebote den Mindestanforderungen entsprechen und erteilt den Zuschlag.

(4)
1. [1]Beim wettbewerblichen Dialog fordert der öffentliche Auftraggeber eine unbeschränkte Anzahl von Unternehmen im Rahmen eines Teilnahmewettbewerbs öffentlich zur Abgabe von Teilnahmeanträgen auf. [2]Jedes interessierte Unternehmen kann einen Teilnahmeantrag abgeben.

Völlink

VOB/A–EU § 3b

[3]Mit dem Teilnahmeantrag übermitteln die Unternehmen die vom öffentlichen Auftraggeber geforderten Informationen für die Prüfung der Eignung und das Nichtvorliegen von Ausschlussgründen.

2. [1]Nur diejenigen Unternehmen, die vom öffentlichen Auftraggeber infolge einer Bewertung der übermittelten Informationen dazu aufgefordert werden, können in den Dialog mit dem öffentlichen Auftraggeber eintreten. [2]Im Übrigen gilt Absatz 2 Nummer 3 mit der Maßgabe, dass die in der Auftragsbekanntmachung anzugebende Mindestzahl nicht niedriger als drei sein darf.

3. [1]In der Auftragsbekanntmachung oder den Vergabeunterlagen zur Durchführung eines wettbewerblichen Dialogs beschreibt der öffentliche Auftraggeber seine Bedürfnisse und Anforderungen an die zu beschaffende Leistung. [2]Gleichzeitig erläutert und definiert er die hierbei zugrunde gelegten Zuschlagskriterien und legt einen vorläufigen Zeitrahmen für Verhandlungen fest.

4. [1]Der öffentliche Auftraggeber eröffnet mit den ausgewählten Unternehmen einen Dialog, in dem er ermittelt und festlegt, wie seine Bedürfnisse am besten erfüllt werden können. [2]Dabei kann er mit den ausgewählten Unternehmen alle Einzelheiten des Auftrags erörtern. [3]Er sorgt dafür, dass alle Unternehmen bei dem Dialog gleichbehandelt werden, gibt Lösungsvorschläge oder vertrauliche Informationen eines Unternehmens nicht ohne dessen Zustimmung an die anderen Unternehmen weiter und verwendet diese nur im Rahmen des Vergabeverfahrens.

5. [1]Der öffentliche Auftraggeber kann vorsehen, dass der Dialog in verschiedenen aufeinander folgenden Phasen geführt wird, sofern der öffentliche Auftraggeber darauf in der Auftragsbekanntmachung oder in den Vergabeunterlagen hingewiesen hat. [2]In jeder Dialogphase kann die Zahl der zu erörternden Lösungen anhand der vorgegebenen Zuschlagskriterien verringert werden. [3]Der öffentliche Auftraggeber hat die Unternehmen zu informieren, wenn deren Lösungen nicht für die folgende Dialogphase vorgesehen sind. [4]In der Schlussphase müssen noch so viele Lösungen vorliegen, dass ein echter Wettbewerb gewährleistet ist, sofern ursprünglich eine ausreichende Anzahl von Lösungen oder geeigneten Bietern vorhanden war.

6. [1]Der öffentliche Auftraggeber schließt den Dialog ab, wenn
   a) eine Lösung gefunden worden ist, die seine Bedürfnisse und Anforderungen erfüllt, oder
   b) erkennbar ist, dass keine Lösung gefunden werden kann.

   [2]Der öffentliche Auftraggeber informiert die Unternehmen über den Abschluss des Dialogs.

7. [1]Im Fall von Nummer 6 Buchstabe a fordert der öffentliche Auftraggeber die Unternehmen auf, auf der Grundlage der eingereichten und in der Dialogphase näher ausgeführten Lösungen ihr endgültiges Angebot vorzulegen. [2]Die Angebote müssen alle Einzelheiten enthalten, die zur Ausführung des Projekts erforderlich sind. [3]Der öffentliche Auftraggeber kann Klarstellungen und Ergänzungen zu diesen Angeboten verlangen. [4]Diese Klarstellungen und Ergänzungen dürfen nicht dazu führen, dass grundlegende Elemente des Angebots oder der Auftragsbekanntmachung geändert werden, der Wettbewerb verzerrt wird oder andere am Verfahren beteiligte Unternehmen diskriminiert werden.

8. [1]Der öffentliche Auftraggeber bewertet die Angebote anhand der in der Auftragsbekanntmachung oder in der Beschreibung festgelegten Zuschlagskriterien. [2]Der öffentliche Auftraggeber kann mit dem

Unternehmen, dessen Angebot als das wirtschaftlichste ermittelt wurde, mit dem Ziel Verhandlungen führen, um im Angebot enthaltene finanzielle Zusagen oder andere Bedingungen zu bestätigen, die in den Auftragsbedingungen abschließend festgelegt werden. [3]Dies darf nicht dazu führen, dass wesentliche Bestandteile des Angebots oder des öffentlichen Auftrags einschließlich der in der Auftragsbekanntmachung oder der Beschreibung festgelegten Bedürfnisse und Anforderungen grundlegend geändert werden, und dass der Wettbewerb verzerrt wird oder andere am Verfahren beteiligte Unternehmen diskriminiert werden.

9. Verlangt der öffentliche Auftraggeber, dass die am wettbewerblichen Dialog teilnehmenden Unternehmen Entwürfe, Pläne, Zeichnungen, Berechnungen oder andere Unterlagen ausarbeiten, muss er einheitlich allen Unternehmen, die die geforderten Unterlagen rechtzeitig vorgelegt haben, eine angemessene Kostenerstattung gewähren.

(5)
1. [1]Bei einer Innovationspartnerschaft beschreibt der öffentliche Auftraggeber in der Auftragsbekanntmachung oder den Vergabeunterlagen die Nachfrage nach der innovativen Bauleistung. [2]Dabei ist anzugeben, welche Elemente dieser Beschreibung Mindestanforderungen darstellen. [3]Es sind Eignungskriterien vorzugeben, die die Fähigkeiten der Unternehmen auf dem Gebiet der Forschung und Entwicklung sowie die Ausarbeitung und Umsetzung innovativer Lösungen betreffen. [4]Die bereitgestellten Informationen müssen so genau sein, dass die Unternehmen Art und Umfang der geforderten Lösung erkennen und entscheiden können, ob sie eine Teilnahme an dem Verfahren beantragen.

2. [1]Der öffentliche Auftraggeber fordert eine unbeschränkte Anzahl von Unternehmen im Rahmen eines Teilnahmewettbewerbs öffentlich zur Abgabe von Teilnahmeanträgen auf. [2]Jedes interessierte Unternehmen kann einen Teilnahmeantrag abgeben. [3]Mit dem Teilnahmeantrag übermitteln die Unternehmen die vom öffentlichen Auftraggeber geforderten Informationen für die Prüfung der Eignung und das Nichtvorliegen von Ausschlussgründen.

3. [1]Nur diejenigen Unternehmen, die vom öffentlichen Auftraggeber infolge einer Bewertung der übermittelten Informationen dazu aufgefordert werden, können ein Angebot in Form von Forschungs- und Innovationsprojekten einreichen. [2]Im Übrigen gilt Absatz 2 Nummer 3 mit der Maßgabe, dass die in der Auftragsbekanntmachung anzugebende Mindestzahl nicht niedriger als drei sein darf.

4. [1]Der öffentliche Auftraggeber verhandelt mit den Bietern über die von ihnen eingereichten Erstangebote und alle Folgeangebote, mit Ausnahme der endgültigen Angebote, mit dem Ziel, die Angebote inhaltlich zu verbessern. [2]Dabei darf über den gesamten Auftragsinhalt verhandelt werden mit Ausnahme der vom öffentlichen Auftraggeber in den Vergabeunterlagen festgelegten Mindestanforderungen und Zuschlagskriterien. [3]Sofern der öffentliche Auftraggeber in der Auftragsbekanntmachung oder in den Vergabeunterlagen darauf hingewiesen hat, kann er die Verhandlungen in verschiedenen aufeinander folgenden Phasen abwickeln, um so die Zahl der Angebote, über die verhandelt wird, anhand der vorgegebenen Zuschlagskriterien zu verringern.

5. [1]Der öffentliche Auftraggeber trägt dafür Sorge, dass alle Bieter bei den Verhandlungen gleichbehandelt werden. [2]Insbesondere enthält er sich

jeder diskriminierenden Weitergabe von Informationen, durch die bestimmte Bieter gegenüber anderen begünstigt werden könnten. ³Er unterrichtet alle Bieter, deren Angebote gemäß Nummer 4 Satz 3 nicht ausgeschieden wurden, in Textform über etwaige Änderungen der Anforderungen und sonstigen Informationen in den Vergabeunterlagen, die nicht die Festlegung der Mindestanforderungen betreffen. ⁴Im Anschluss an solche Änderungen gewährt der öffentliche Auftraggeber den Bietern ausreichend Zeit, um ihre Angebote zu ändern und gegebenenfalls überarbeitete Angebote einzureichen. ⁵Der öffentliche Auftraggeber darf vertrauliche Informationen eines an den Verhandlungen teilnehmenden Bieters nicht ohne dessen Zustimmung an die anderen Teilnehmer weitergeben. ⁶Eine solche Zustimmung darf nicht allgemein, sondern nur in Bezug auf die beabsichtigte Mitteilung bestimmter Informationen erteilt werden. ⁷Der öffentliche Auftraggeber muss in den Vergabeunterlagen die zum Schutz des geistigen Eigentums geltenden Vorkehrungen festlegen.

6. ¹Die Innovationspartnerschaft wird durch Zuschlag auf Angebote eines oder mehrerer Bieter eingegangen. ²Eine Erteilung des Zuschlags allein auf der Grundlage des niedrigsten Preises oder der niedrigsten Kosten ist ausgeschlossen. ³Der öffentliche Auftraggeber kann die Innovationspartnerschaft mit einem Partner oder mit mehreren Partnern, die getrennte Forschungs- und Entwicklungstätigkeiten durchführen, eingehen.

7. ¹Die Innovationspartnerschaft wird entsprechend dem Forschungs- und Innovationsprozess in zwei aufeinander folgenden Phasen strukturiert:
   a) einer Forschungs- und Entwicklungsphase, die die Herstellung von Prototypen oder die Entwicklung der Bauleistung umfasst, und
   b) einer Leistungsphase, in der die aus der Partnerschaft hervorgegangene Leistung erbracht wird.

   ²Die Phasen sind durch die Festlegung von Zwischenzielen zu untergliedern, bei deren Erreichen die Zahlung der Vergütung in angemessenen Teilbeträgen vereinbart wird. ³Der öffentliche Auftraggeber stellt sicher, dass die Struktur der Partnerschaft und insbesondere die Dauer und der Wert der einzelnen Phasen den Innovationsgrad der vorgeschlagenen Lösung und der Abfolge der Forschungs- und Innovationstätigkeiten widerspiegeln. ⁴Der geschätzte Wert der Bauleistung darf in Bezug auf die für ihre Entwicklung erforderlichen Investitionen nicht unverhältnismäßig sein.

8. Auf der Grundlage der Zwischenziele kann der öffentliche Auftraggeber am Ende jedes Entwicklungsabschnitts entscheiden, ob er die Innovationspartnerschaft beendet oder, im Fall einer Innovationspartnerschaft mit mehreren Partnern, die Zahl der Partner durch die Kündigung einzelner Verträge reduziert, sofern der öffentliche Auftraggeber in der Auftragsbekanntmachung oder in den Vergabeunterlagen darauf hingewiesen hat, dass diese Möglichkeiten bestehen und unter welchen Umständen davon Gebrauch gemacht werden kann.

9. Nach Abschluss der Forschungs- und Entwicklungsphase ist der öffentliche Auftraggeber zum anschließenden Erwerb der innovativen Leistung nur dann verpflichtet, wenn das bei Eingehung der Innovationspartnerschaft festgelegte Leistungsniveau und die Kostenobergrenze eingehalten werden.

Literatur: Vgl. die Angaben bei § 119 GWB.

I. Bedeutung der Vorschrift

Die Vorschrift – ein Musterbeispiel für die teilw. vollkommen überdimensionierte 1
Rechtsetzung in der VOB/A – normiert den jew. Ablauf der in § 3 EU VOB/A
aufgeführten Verfahrensarten. Sie ist wie folgt strukturiert:
- Abs. 1 normiert den Ablauf eines offenen Verfahrens.
- Abs. 2 enthält Vorgaben für die Durchführung eines nicht offenen Verfahrens.
- Abs. 3 enthält die Vorgaben für den Ablauf eines Verhandlungsverfahrens.
- Abs. 4 normiert den Ablauf eines wettbewerblichen Dialogs.
- Abs. 5 schließlich regelt den Ablauf der Ausschreibung einer Innovationspartnerschaft.

Die Verfahrensregelungen des § 3b EU VOB/A vermitteln Bieterschutz (vgl. zu
den Parallelvorschriften der VgV → VgV § 15 Rn. 42; → VgV § 16 Rn. 29;
→ VgV § 17 Rn. 34; → VgV § 18 Rn. 5 sowie → VgV § 19 Rn. 2).

II. Offenes Verfahren (Abs. 1)

Bei einem offenen Verfahren fordert der öffentliche Auftraggeber eine **unbe-** 2
schränkte Anzahl von Unternehmen öffentlich zur Abgabe von Angeboten auf.
Jedes interessierte Unternehmen kann ein Angebot abgeben. Der Vergabewettbewerb ist unbeschränkt. Die Vorschrift setzt Art. 27 Abs. 1 UAbs. 1 RL 2014/24/
EU um und entspricht vollständig § 15 Abs. 1 VgV. Vgl. näher → GWB § 119
Rn. 12 ff. und → VgV § 15 Rn. 3 ff.

III. Nicht offenes Verfahren (Abs. 2)

Abs. 2 geht auf Art. 28 RL 2014/24/EU zurück. Bei einem nicht offenen Verfahren 3
wird im Rahmen eines Teilnahmewettbewerbs eine unbeschränkte Anzahl von Unternehmen öffentlich zur Abgabe von Teilnahmeanträgen aufgefordert. Jedes interessierte
Unternehmen kann einen Teilnahmeantrag abgeben. Mit dem Teilnahmeantrag übermitteln die Unternehmen die vom öffentlichen Auftraggeber geforderten Nachweise
für die Prüfung der Eignung und das Nichtvorliegen von Ausschlussgründen (Nr. 1).
Der Vergabewettbewerb ist hier beschränkt, da nur diejenigen Unternehmen, die vom
öffentlichen Auftraggeber infolge einer Bewertung der übermittelten Information
dazu aufgefordert werden, ein Angebot einreichen können (Nr. 2). Nr. 1 und 2 entsprechen § 16 Abs. 1, 4 VgV. Zu den Merkmalen des nicht offenen Verfahrens näher
→ GWB § 119 Rn. 16 ff. und → VgV § 16 Rn. 4 ff. Zur Eignungsprüfung im Teilnahmewettbewerb ausf. → VgV § 51 Rn. 4 ff.

Nr. 3 enthält Regelungen zur **Begrenzung der Zahl der Bewerber**, die zur 4
Abgabe eines Angebotes im nicht offenen Verfahren aufgefordert werden. Dazu gibt
der öffentliche Auftraggeber in der Auftragsbekanntmachung oder der Aufforderung
zur Interessensbestätigung die von ihm vorgesehenen objektiven und nichtdiskriminierenden Eignungskriterien für die Begrenzung der Zahl, die vorgesehene Mindestzahl und ggf. auch die Höchstzahl der einzuladenden Bewerber an. Die vorgesehene
Mindestzahl der einzuladenden Bewerber darf nicht niedriger als fünf sein. In jedem
Fall muss die Zahl der eingeladenen Bewerber ausreichend hoch sein, dass ein echter
Wettbewerb gewährleistet ist. Sofern geeignete Bewerber in ausreichender Zahl zur
Verfügung stehen, lädt der öffentliche Auftraggeber von diesen eine Anzahl ein, die
nicht niedriger als die festgelegte Mindestzahl ist. Sofern die Zahl geeigneter Bewerber unter der Mindestzahl liegt, darf der öffentliche Auftraggeber das Verfahren
ausschl. mit diesem oder diesen geeigneten Bewerber(n) fortführen. Nr. 3 entspricht
damit § 51 Abs. 1–3 VgV. Zur Bewerberauswahl näher → GWB § 119 Rn. 18,
→ VgV § 16 Rn. 7 sowie → VgV § 51 Rn. 4 ff.

IV. Verhandlungsverfahren (Abs. 3)

5 Abs. 3 beruht auf Art. 29 RL 2014/24/EU und § 119 Abs. 5 GWB. Die Vorschrift differenziert zwischen Verhandlungsverfahren mit Teilnahmewettbewerb und ohne Teilnahmewettbewerb. Bei Verhandlungsverfahren mit Teilnahmewettbewerb wird im Rahmen eines Teilnahmewettbewerbs eine unbeschränkte Anzahl von Unternehmen öffentlich zur Abgabe von Teilnahmeanträgen aufgefordert. Jedes interessierte Unternehmen kann einen Teilnahmeantrag abgeben (dazu ausf. → GWB § 119 Rn. 23 und → VgV § 17 Rn. 7). Mit dem Teilnahmeantrag übermitteln die Unternehmen die vom öffentlichen Auftraggeber geforderten Nachweise für die Prüfung der Eignung und das Nichtvorliegen von Ausschlussgründen (Nr. 1). Der Vergabewettbewerb ist insofern beschränkt, als nur diejenigen Unternehmen, die vom öffentlichen Auftraggeber infolge einer Bewertung der übermittelten Information dazu aufgefordert werden, ein Erstangebot einreichen können (Nr. 2). Die Mindestzahl der aufzufordernden Bewerber muss mindestens drei betragen (Nr. 3). Bei einem Verhandlungsverfahren ohne Teilnahmewettbewerb erfolgt keine öffentliche Aufforderung zur Teilnahme. Hier werden die Unternehmen ohne vorherige Durchführung eines unionsweiten Teilnahmewettbewerbs zur Abgabe von Erstangeboten aufgefordert (Nr. 4). Zu den Merkmalen des Verhandlungsverfahrens ausf. → GWB § 119 Rn. 20 ff. und → VgV § 17 Rn. 20 ff.

6 Nr. 1 entspricht § 17 Abs. 1 VgV (→ VgV § 17 Rn. 7 und 8). Nr. 2 entspricht § 17 Abs. 4 VgV (→ VgV § 17 Rn. 13). Nr. 3 entspricht § 51 Abs. 2 S. 1 VgV (→ VgV § 51 Rn. 10).

7 Nr. 4 entspricht § 17 Abs. 5 VgV (→ VgV § 17 Rn. 14 und → GWB § 119 Rn. 24).

8 Die Nr. 5–10 entsprechen § 17 Abs. 10–14 VgV (→ VgV § 17 Rn. 20 ff.).

V. Wettbewerblicher Dialog (Abs. 4)

9 Abs. 4 basiert auf § 119 Abs. 6 GWB und regelt in Umsetzung von Art. 30 Abs. 2 RL 2014/24/EU den wettbewerblichen Dialog bei der Vergabe von Bauaufträgen. In weiten Teilen entsprechen die Regelungen wörtlich denen des § 18 VgV. Daher kann auf die dortige Kommentierung verwiesen werden. Zu den Grundlagen und zum Verfahrensablauf näher auch → GWB § 119 Rn. 29 ff.

10 Wesentliches Merkmal des wettbewerblichen Dialogs ist die Beschaffung von Bauleistungen, deren finale Merkmale im Wege des Dialogs zwischen den Bietern und dem Auftraggeber entspr. dem vom Auftraggeber vorab festgelegten Bedürfnissen und Anforderungen entwickelt werden müssen. Als Anwendungsfeld nennt die RL 2014/24/EU Bauleistungen, bei denen keine Normbauten errichtet werden oder die konzeptionelle oder innovative Lösungen umfassen.[1] Die konkrete Bauleistung steht somit erst am Ende der Dialogphase fest (→ GWB § 119 Rn. 31, 32). Das Gebot der eindeutigen und erschöpfenden Beschreibung der Leistung iSv § 7 EU Abs. 1 VOB/A gilt beim wettbewerblichen Dialog nicht.

11 Nr. 1 entspricht § 18 Abs. 2 VgV. Nr. 2 entspricht § 18 Abs. 4 VgV. Nr. 3 entspricht § 18 Abs. 1 VgV. Auf die Kommentierungen dieser Vorschriften wird verwiesen.

12 Nr. 4 entspricht § 18 Abs. 5 VgV (→ VgV § 18 Rn. 13). Allerdings fehlt – abweichend von § 18 Abs. 5 S. 4 VgV – die ausdr. Regelung, dass die Zustimmung zur Weitergabe von Lösungsvorschlägen oder vertraulichen Informationen eines Unternehmens an andere nicht allgemein, sondern nur in Bezug auf die beabsichtigte Mitteilung bestimmter Informationen erteilt werden darf. Aufgrund des ein-

---

[1] Erwgr. 43 RL 2014/24/EU.

Vertragsarten **§ 4 VOB/A–EU**

deutigen Wortlauts in Art. 30 Abs. 3 UAbs. 3 S. 3 RL 2014/24/EU gilt dieses Verbot auch beim wettbewerblichen Dialog bei der Beschaffung von Bauleistungen. Zur Dialogphase näher → VgV § 18 Rn. 13.

Nr. 5–8 entsprechen den Vorgaben in § 18 Abs. 6–9 VgV, so dass auch insoweit 13 auf die Kommentierung dieser Vorschriften verwiesen wird. Nr. 6 S. 1 lit. b sieht ausdr. die Beendigung des wettbewerblichen Dialogs für den Fall vor, dass erkennbar wird, dass keine Lösung für die Bedürfnisse und Anforderungen des Auftraggebers gefunden werden kann. Der Auftraggeber hat in diesem Fall die Möglichkeit, das Verfahren aus schwerwiegendem Grund iSv § 17 EU Abs. 1 Nr. 3 VOB/A aufzuheben (→ VgV § 18 Rn. 21).

Nr. 9 verpflichtet den Auftraggeber zur Zahlung einer angemessenen Aufwands- 14 entschädigung, wenn er iRd wettbewerblichen Dialogs von den teilnehmenden Unternehmen die Ausarbeitung von Entwürfen, Plänen, Zeichnungen, Berechnungen oder anderen Unterlagen verlangt. Diese Verpflichtung geht auf Art. 30 Abs. 8 RL 2014/24/EU zurück, der den Auftraggebern insoweit ein Ermessen einräumt. Die Vorschrift entspricht § 18 Abs. 10 VgV. Vgl. näher → VgV § 18 Rn. 25.

VI. Innovationspartnerschaft (Abs. 5)

Für die Beschaffung von innovativen Bauleistungen steht dem Auftraggeber die 15 mit Art. 31 RL 2014/24/EU eingeführte Innovationspartnerschaft als zusätzliche Verfahrensart zur Verfügung. Mit diesem speziellen Beschaffungsverfahren soll den öffentlichen Auftraggebern die Möglichkeit eröffnet werden, eine langfristige Innovationspartnerschaft nicht nur für die Entwicklung, sondern auch **für die anschließende Beschaffung** neuer, innovativer Bauleistungen zu begründen, **ohne erneut ausschreiben zu müssen** (→ GWB § 119 Rn. 33). Die Regelungen in Abs. 5 entsprechen weitestgehend denen des § 19 VgV. Auf die dortige Kommentierung wird daher verwiesen.

Anwendungsvoraussetzung der Innovationspartnerschaft ist, dass der Beschaf- 16 fungsbedarf **nicht durch auf dem Markt bereits verfügbare Bauleistungen befriedigt** werden kann. Kann der Auftraggeber seinen Bedarf dagegen durch bereits am Markt vorhandene Bauleistungen oder durch Anpassung bereits verfügbarer Lösungen befriedigen, scheidet die Innovationspartnerschaft aus.[2]

Nr. 1 und 2 entsprechen iÜ § 19 Abs. 1, 2 VgV. Auf die Kommentierung dieser 17 Vorschriften wird verwiesen (→ VgV § 19 Rn. 6 ff.).

Die Teilnahmefrist für die Innovationspartnerschaft ist bei Bauvergaben in 18 § 10d EU VOB/A geregelt und beträgt 30 Kalendertage.

Nr. 3 entspricht § 19 Abs. 4 VgV. Allerdings sieht § 3b EU Abs. 5 Nr. 3 S. 2 19 VOB/A eine Mindestanzahl von drei Bewerbern vor. Diese Regelung begegnet **erheblichen europarechtlichen Bedenken.** § 19 Abs. 7 S. 1, 3 VgV stellen in Umsetzung von Art. 31 Abs. 1 UAbs. 3 RL 2014/24/EU klar, dass die Innovationspartnerschaft auch nur mit einem einzigen Unternehmen eingegangen werden kann. Die Innovationspartnerschaft erlaubt daher als einziges Verfahren die Verhandlung mit nur einem Unternehmen (→ VgV § 19 Rn. 13). Diese Möglichkeit wäre dem Auftraggeber durch die vorgegebene Mindestzahl an auszuwählenden Bietern genommen.

Die Nr. 4–9 entsprechen wörtlich § 19 Abs. 5–10 VgV. Dazu näher → VgV § 19 20 Rn. 12 ff.

§ 4 EU Vertragsarten

(1) **Bauaufträge sind so zu vergeben, dass die Vergütung nach Leistung bemessen wird (Leistungsvertrag), und zwar:**

---

[2] Erwgr. 43 RL 2014/24/EU.

VOB/A–EU § 4

1. in der Regel zu **Einheitspreisen** für technisch und wirtschaftlich einheitliche Teilleistungen, deren Menge nach Maß, Gewicht oder Stückzahl vom öffentlichen Auftraggeber in den Vertragsunterlagen anzugeben ist (**Einheitspreisvertrag**),
2. in geeigneten Fällen für eine **Pauschalsumme**, wenn die Leistung nach Ausführungsart und Umfang genau bestimmt ist und mit einer Änderung bei der Ausführung nicht zu rechnen ist (**Pauschalvertrag**).

(2) Abweichend von Absatz 1 können Bauaufträge geringeren Umfangs, die überwiegend Lohnkosten verursachen, im Stundenlohn vergeben werden (Stundenlohnvertrag).

(3) Das Angebotsverfahren ist darauf abzustellen, dass der Bieter die Preise, die er für seine Leistungen fordert, in die Leistungsbeschreibung einzusetzen oder in anderer Weise im Angebot anzugeben hat.

(4) Das Auf- und Abgebotsverfahren, bei dem vom öffentlichen Auftraggeber angegebene Preise dem Auf- und Abgebot der Bieter unterstellt werden, soll nur ausnahmsweise bei regelmäßig wiederkehrenden Unterhaltungsarbeiten, deren Umfang möglichst zu umgrenzen ist, angewandt werden.

Literatur: Boldt/Rodde im Auftrag des BBSR, Mustervertragsbedingungen für Mehrparteienverträge im öffentlichen Bauwesen im Geiste Integrierter Projektabwicklung, Endbericht 2022; Kapellmann/Schiffers, Vergütung, Nachträge und Behinderungsfolgen beim Bauvertrag, Bd. 1, Einheitspreisvertrag, 7. Aufl. 2017; Kapellmann/Schiffers, Vergütung, Nachträge und Behinderungsfolgen beim Bauvertrag, Bd. 2, Pauschalvertrag einschließlich Schlüsselfertigbau, 6. Aufl. 2017; Luz, Ende des Einheitspreisvertrages?, BauR 2003, 591; Noelle, Absteigerungen auf Internet-Marktplätzen und Vergaberecht, NZBau 2002, 197; Oberhauser, Der Bauvertrag mit GMP-Abrede – Struktur und Vertragsgestaltung, BauR 2000, 1397; Peters, Das Gebot wirtschaftlichen Arbeitens beim Stundenlohnvertrag und beim Einheitspreisvertrag, NZBau 2009, 573; Stemmer, Vergabe und Vergütung bei misch- und auffällig hoch oder niedrig kalkulierten Einheitspreisen, ZfBR 2006, 128; Sundermeier/Flüthmann, Herausforderungen und Potenziale der Integrierten Projektabwicklung, TU Berlin, 2023.

Übersicht

	Rn.
I. Bedeutung der Vorschrift	1
II. Vertragliche Ausgestaltung (Abs. 1 und 2)	4
1. Leistungsvertrag (Abs. 1)	7
a) Einheitspreisvertrag (Nr. 1)	9
b) Pauschalvertrag (Nr. 2)	12
2. Aufwandsvertrag (Abs. 2)	19
3. Alternative Vergütungsmodelle	22
III. Verfahrensgestaltung (Abs. 3 und 4)	27
1. Angebotsverfahren (Abs. 3)	28
2. Auf- und Abgebotsverfahren (Abs. 4)	35

I. Bedeutung der Vorschrift

1 § 4 EU VOB/A enthält wesentliche **Regelungen zur Vergütungsvereinbarung**.[1] Abs. 1 und 2 betreffen die vertragliche Ausgestaltung der Vergütungsverein-

---

[1] Die Überschrift „Vertragstyp" ist irreführend, da die Vergütungsberechnung allein nicht den Vertragstyp kennzeichnet; vgl. Kapellmann/Messerschmidt/Markus VOB/A § 4 Rn. 1.

barung. Die Abs. 3 und 4 betreffen die Verfahrensregeln zur Findung der Vergütungsvereinbarung. Die Vorschrift ist wortlautidentisch mit § 4 VOB/A und § 4 VS VOB/A. Sie fand sich wortgleich bereits in § 4 EG VOB/A 2012. Die VgV, die SektVO, die KonzVgV, die VSVgV sowie die UVgO enthalten keine vergleichbare Regelung.

Die Wahl der Vergütungsvereinbarung ist immer stark abhängig vom Inhalt der **Leistungsbeschreibung,** so dass § 4 EU VOB/A und §§ 7 EU–7c EU VOB/A zusammenwirken. Denn der Wettbewerbs- und Transparenzgrundsatz verpflichten den öffentlichen Auftraggeber dazu, mit seiner Leistungsbeschreibung eine sichere Preisfindung zu ermöglichen, um den Zuschlag auf das wirtschaftlichste und nicht das spekulativste Angebot erteilen zu können (iE → GWB § 121 Rn. 5 ff.). 2

Die Beschaffung der öffentlichen Hand ist in Deutschland heute noch dadurch geprägt, dass Auftraggeber häufig danach streben, von den Bietern aufgrund einer detaillierten Leistungsbeschreibung vermeintlich feste Preise abzuverlangen und die Bewertung der Wirtschaftlichkeit nach § 127 Abs. 1 GWB, § 16d EU Abs. 2 Nr. 1 VOB/A allein nach dem Preis vorzunehmen (zur Zulässigkeit → GWB § 127 Rn. 32). Die Realität zeigt, dass dieser Weg nicht erfolgreich ist. 40 % der vom Bundesbauministerium untersuchten Hochbauprojekte haben den Kostenrahmen überschritten;[2] die Hertie School of Governance beziffert die durchschnittliche Kostensteigerung bei Großprojekten auf 73 %.[3] Die billigste Angebot ist iErg daher oft nicht das wirtschaftlichste. Der Wissenschaftliche Beirat beim BMWi fordert zu berücksichtigen, dass reine Preiswettbewerbe im weiteren Verlauf zu kostspieligen Konflikten und Verzögerungen führen können. Er empfiehlt daher, bei großen, komplexen Bauprojekten funktionale Ausschreibungen vorzunehmen und das Know-how des Marktes in die Definition der Leistung einzubeziehen.[4] 2a

Im Hinblick auf den **Bieterschutz** ist zu differenzieren: § 4 EU Abs. 1 Nr. 2 VOB/A ist bieterschützend. Die Bieter haben einen Anspruch darauf, dass der öffentliche Auftraggeber die Leistung nach Ausführungsart und Umfang genau bestimmt und mit einer Änderung der Ausführung nicht zu rechnen ist.[5] Auch Abs. 2 ist bieterschützend, da Bieter zum Schutz vor Kalkulationsrisiken einen Anspruch darauf haben, dass der öffentliche Auftraggeber Stundenlohnverträge nur für Bauleistungen abschließt, die überwiegend Lohnkosten verursachen.[6] Im Übrigen bietet § 4 EU VOB/A keinen Primärrechtsschutz, sondern enthält Bestimmungen zur Ausgestaltung des Verfahrens und der Verträge,[7] deren Verletzung ein transparentes, nichtdiskriminierendes und verhältnismäßiges Wettbewerbsverfahren nicht in Frage stellen. 3

II. Vertragliche Ausgestaltung (Abs. 1 und 2)

Abs. 1 stellt den Grundsatz auf, dass die Vergütung nach Leistung zu bemessen ist **(Leistungsvertrag).** Im Regelfall soll die Leistungsvergütung nach Einheitspreisen für die einzelnen Teilleistungen berechnet werden (Einheitspreisvertrag, Abs. 1 Nr. 1). In geeigneten Fällen ist die Vereinbarung einer Pauschalsumme für die gesamte Bauleistung oder für Teilleistungen möglich (Pauschalvertrag, Abs. 1 Nr. 2). 4

---

[2] https://www.bundestag.de/webarchiv/presse/hib/201604/418428-418428.
[3] Hertie School of Governance, 2015, Studie: Großprojekte in Deutschland – zwischen Ambition und Realität, Fact Sheet 1.
[4] Gutachten des Wissenschaftlichen Beirats beim Bundesministerium für Wirtschaft und Energie, Öffentliche Infrastruktur in Deutschland: Probleme und Reformbedarf, 2020, 27 f.
[5] VK Düsseldorf 22.7.2011 – VK-10/2011-B, BeckRS 2011, 21563.
[6] So auch Kapellmann/Messerschmidt/Markus VOB/A § 4 Rn. 9.
[7] HK-VergabeR/Tomerius VOB/A § 4 Rn. 39.

Ausnahmsweise kann die Vergütung nach Aufwand bemessen werden (**Aufwandsvertrag**). Abs. 2 lässt bei Bauleistungen geringeren Umfangs die Vergütung nach Stundenlohn zu (Stundenlohnvertrag).

5 Der Vorrang des Leistungsvertrags vor dem Aufwandsvertrag ist ein preisrechtlicher Grundsatz. Abs. 1 wird einem grundlegenden Gedanken des Preisrechts gerecht. Nach § 1 Abs. 1 der **Verordnung PR Nr. 30/53 über die Preise bei öffentlichen Aufträgen** (VO PR Nr. 30/53), die nach ihrem § 2 Abs. 5 nicht auf Bauleistungen anwendbar ist, ist für Leistungen auf Grund öffentlicher Aufträge bei der Vereinbarung von Preisen grds. Marktpreisen vor Selbstkostenpreisen der Vorzug zu geben (→ PreisV Rn. 25 ff.).

6 Einheitspreise, Pauschalsummen und Stundenlöhne sind **Festpreise**, der Auftragnehmer trägt also das Risiko von Preisänderungen, insbes. Inflationsrisiken.[8] Abweichende Vereinbarungen durch Preisanpassungsklauseln sind nach § 9d EU VOB/A in den Grenzen des Preisklauselgesetzes[9] gesondert zu vereinbaren. Auch nach § 1 Abs. 2 VO PR Nr. 30/53 sind feste Preise bei Abschluss des Vertrages festzulegen, soweit es die Verhältnisse des Auftrags ermöglichen (→ PreisV Rn. 10). Die historische Inflation infolge des Ukraine-Kriegs hat es gleichwohl ermöglicht, vergaberechtskonform Preisanpassungen wegen Störung der Geschäftsgrundlage iSv § 313 BGB vorzunehmen.[10] Wenn sich durch eine Zuschlagsverzögerung jedoch die Ausführungsfristen verschieben, kann der Auftragnehmer auch ohne ausdr. Preisanpassungsklausel einen Anspruch auf Vergütungsanpassung nach § 2 Abs. 5 VOB/B geltend machen,[11] sofern der öffentliche Auftraggeber vor Vertragsschluss nicht unwidersprochen einen eindeutigen Modifizierungswillen zum Ausdruck bringt und der Auftragnehmer dies vorbehaltlos annimmt (dazu → VOB/A § 10a EU Rn. 33).[12] Da ein solches Vorgehen aber regelmäßig aufgrund des Verhandlungsverbots des § 15 Abs. 3, § 3b EU Abs. 4 Nr. 8 VOB/A und des Gleichbehandlungs- und Wettbewerbsgrundsatzes (§ 97 Abs. 1 GWB, § 3b Abs. 3 Nr. 8, § 3b EU Abs. 5 Nr. 5 VOB/A) vergaberechtlich unzulässig wäre, erweisen sich Vergabe- und Vertragsrecht hier als nicht sachgerecht aufeinander abgestimmt.[13]

1. Leistungsvertrag (Abs. 1)

7 Beim Leistungsvertrag hängt die Vergütung von der Erbringung der Bauleistung ab, also vom Werkerfolg. Die unterschiedlichen Spielarten des Leistungsvertrags, der Einheitspreisvertrag und der Pauschalvertrag, basieren auf einer unterschiedlichen **Risikoverteilung für die Erreichung des Werkerfolgs**. Beim Einheitspreisvertrag trägt der öffentliche Auftraggeber das Mengenrisiko und damit auch das Pla-

---

[8] jurisPK-VergabeR/Freiberg VOB/A § 4 Rn. 19; KMPP/Kus VOB/A § 4 Rn. 23.

[9] Gesetz über das Verbot der Verwendung von Preisklauseln bei der Bestimmung von Geldschulden (Preisklauselgesetz) v. 7. September 2007 (BGBl. I S. 2246, 2247), das zuletzt durch Art. 8 Abs. 8 des Gesetzes v. 29. Juli 2009 (BGBl. I S. 2355) geändert worden ist.

[10] BMWSB und BMDV, Lieferengpässe und Preissteigerungen wichtiger Baumaterialien als Folge des Ukraine-Kriegs, Erlasse jew. v. 25. März 2022, BWI7-70437/9#4 bzw. StB 14/7134.2/005/3655805; vgl. auch BMWK, Hinweise zum Umgang mit Preissteigerungen in der öffentlichen Auftragsvergabe (Liefer- und Dienstleistungen) vor dem Hintergrund des russischen Angriffskriegs auf die Ukraine v. 24. Juni 2022, IB6-20606-001.

[11] BGH 11.5.2009 – VII ZR 11/08, NJW 2009, 2443; 18.12.2014 – VII ZR 60/14, NZBau 2015, 220; ohne Änderung der Ausführungsfristen begründet die Zuschlagsverzögerung keinen Anspruch auf Vergütungsanpassung, BGH 10.9.2009 – VII ZR 82/08, NJW 2010, 519.

[12] BGH 3.7.2020 – VII ZR 144/19, NZBau 2020, 570; 6.9.2012 – VII ZR 193/10, BeckRS 2012, 20586.

[13] BGH 11.5.2009 – VII ZR 11/08, NJW 2009, 2443.

nungsrisiko. Beim (Global-) Pauschalvertrag übernimmt der Auftragnehmer das Mengenrisiko und zumindest auch Teile des Planungsrisikos.

Im Rahmen des Leistungsvertrags ist der Einheitspreisvertrag der Regelfall. Der **Einheitspreisvertrag genießt** jedoch **keinen Vorrang.**[14] Unter den Voraussetzungen des Abs. 1 Nr. 2 kann der öffentliche Auftraggeber alternativ auch den Pauschalvertrag wählen. 8

a) Einheitspreisvertrag (Nr. 1). Beim Einheitspreisvertrag werden die vom Bieter angebotenen Einheitspreise für technisch und wirtschaftlich einheitliche Teilleistungen vereinbart. Ihre **Menge** (Vordersatz) ist vom öffentlichen Auftraggeber nach Maß, Gewicht oder Stückzahl in den Vergabeunterlagen anzugeben, hat jedoch nur für die Zwecke der Kalkulation der Bieter (indikative) Bedeutung.[15] Das sich hieraus ergebende Mengengerüst muss auch der Angebotswertung zugrunde gelegt werden. Soweit der Gesamtbetrag einer Position nicht der Multiplikation von Vordersatz und Einheitspreis entspricht, ist für die Wertung nach § 16c EU Abs. 2 Nr. 1 VOB/A der Einheitspreis maßgeblich. Nur so ist im Hinblick auf den tatsächlichen Leistungsumfang eine verlässliche Prognose des wirtschaftlichsten Angebots möglich und bleibt § 127 Abs. 1 GWB gewahrt. Vor diesem Hintergrund ist auch erforderlich, dass der öffentliche Auftraggeber dokumentiert, auf welcher Grundlage er das Mengengerüst kalkuliert hat. Für die sorgfältig zu ermittelnden Mengen und Maße im Vordersatz enthält die VOB/C nicht abschließende Regeln. Die Aufmaßregeln der konkreten Leistungsbeschreibung haben jedoch Vorrang ggü. generellen Vorgaben wie der VOB/C, auch wenn sie erst durch Auslegung zu ermitteln sind. Einer solchen Auslegung ist zur Sicherung von Transparenz und Gleichbehandlung der objektive Empfängerhorizont zu Grunde zu legen und nicht das spezifische Verständnis einzelner Bieter aufgrund individueller Erfahrungen.[16] 9

Der Einheitspreisvertrag erfordert eine detaillierte **("konstruktive") Leistungsbeschreibung.** Der öffentliche Auftraggeber hat ein Leistungsverzeichnis aufzustellen, in dem er die verschiedenen Teilleistungen – die von ihm benötigten Materialien oder Arbeitsstunden – als Leistungspositionen geordnet auflistet und die jew. von ihm erwartete Anzahl benennt. Der Regelfall einer Vergütung nach Einheitspreisen korrespondiert mit dem Regelfall einer Leistungsbeschreibung gem. § 7b EU VOB/A mit allgemeiner Darstellung der Bauaufgabe (Baubeschreibung) und einem in Teilleistungen gegliederten Leistungsverzeichnis.[17] Die Einheitspreise enthalten keinen Aufwand für Planungsleistungen; der Auftragnehmer hat nur die Aufgabe der Lieferung und Montage. 10

Für die Vergütung des Auftragnehmers werden die jew. Teilleistungen vergütet, auf Basis der Einheitspreise multipliziert mit der tatsächlich vom öffentlichen Auftraggeber abgerufenen Anzahl. Der **öffentliche Auftraggeber** trägt daher das **Mengenrisiko.** Soweit die ausgeführte Menge der unter einem Einheitspreis erfassten Leistung um mehr als 10 % von dem im Vertrag vorgesehenen Umfang abweicht, sind die Einheitspreise nach § 2 Abs. 3 VOB/B anzupassen, da die Kalkulation des Einheitspreises idR mengenabhängig erfolgt. Diese Preisanpassungsklausel kann jedoch abbedungen werden, auch durch AGB.[18] Wie die Vergütungsanpassung bei Mengenmehrung vorzunehmen ist, wenn eine Einigung über den neuen Einheitspreis nicht zustande kommt, ist in § 2 Abs. 3 Nr. 2 VOB/B nicht geregelt. Die 11

---

[14] Kapellmann/Messerschmidt/Markus VOB/A § 4 Rn. 9,10; KMPP/Kus VOB/A § 4 Rn. 31; abl.: MüKoEuWettbR/Hövelberndt VOB/A § 4 Rn. 6; Beck VergabeR/Janssen VOB/A-EU § 4 Rn. 50.
[15] OLG Karlsruhe 20.4.2021 – 19 U 28/19, BeckRS 2021, 54444, Rn. 27.
[16] OLG Frankfurt a. M. 26.3.2019 – 21 U 17/18, BeckRS 2019, 10327.
[17] Kapellmann/Messerschmidt/Markus VOB/B § 2 Rn. 209.
[18] BGH 8.7.1993 – VII ZR 79/92, NJW 1993, 2738.

Preisbildung erfolgt in diesem Fall im Wege der ergänzenden Vertragsauslegung nach §§ 133, 157 BGB. Nach der Rspr. des BGH ist für die Bemessung des neuen Einheitspreises bei Mehrmengen nicht eine vorkalkulatorische Preisfortschreibung maßgeblich, sondern die tatsächlich erforderlichen Kosten zzgl. angemessener Zuschläge.[19]

12 **b) Pauschalvertrag (Nr. 2).** Abs. 1 Nr. 2 erlaubt den Abschluss des Leistungsvertrages als Pauschalvertrag, wenn die Leistung nach Ausführungsart und Umfang genau bestimmt ist und mit einer Änderung der Leistung und der Ausführungsart nicht zu rechnen ist. Die hier geforderte Genauigkeit bestimmt sich nach dem Beschaffungswillen des öffentlichen Auftraggebers.[20] Eine Ausführungsplanung etwa ist schon deswegen nicht erforderlich, weil anderenfalls die Möglichkeit der funktionalen Ausschreibung nach § 7 EU VOB/A leerliefe. Ausreichend ist die Einhaltung der Maßstäbe des § 7 EU Abs. 1 VOB/A, wonach die Leistung eindeutig und so erschöpfend zu beschreiben ist, dass alle Bieter die Beschreibung im gleichen Sinne verstehen müssen und ihre Preise sicher und ohne umfangreiche Vorarbeiten berechnen können (dazu → GWB § 121 Rn. 4 ff.). Dies ist auch erreichbar durch eine hinreichend präzise Beschreibung der Leistungsziele und Rahmenbedingungen.

12a Beim Pauschalvertrag wird die Bauleistung mit einer einheitlichen Pauschalsumme vergütet. Beim **Detail-Pauschalvertrag** werden Pauschalpreise für Teilleistungen angeboten, welche in einer differenziert ausgearbeiteten (detaillierten) Leistungsbeschreibung mit Leistungsverzeichnis nach § 7b EU VOB/A enthalten sind. Beim **Global-Pauschalvertrag** hingegen liefert der öffentliche Auftraggeber eine präzise Beschreibung der terminlichen, qualitativen und funktionalen Ziele der Leistung, jedoch nur eine generelle (globale) Beschreibung der hierfür erforderlichen Arbeitsschritte und konkreten Inhalte der Leistung. Dies entspricht einer Leistungsbeschreibung mit Leistungsprogramm nach § 7c EU VOB/A. Der Auftragnehmer muss im Global-Pauschalvertrag also wesentliche Planungsleistungen erbringen und die Leistungsermittlung erstellen.[21] Die Vergütung erfasst im Global-Pauschalvertrag daher alle zur Verwirklichung des Bausolls erforderlichen Leistungen.[22]

13 Beim Pauschalvertrag liegt das **Mengenrisiko** beim Auftragnehmer. Die Vergütung bleibt für die ausgeschriebene Leistung unabhängig von der ausgeführten Menge oder dem benötigten Personalaufwand pauschal. Nach § 2 Abs. 7 Nr. 1 VOB/B erfolgt eine Preisanpassung erst bei einer Störung der Geschäftsgrundlage nach § 313 BGB, die ein Festhalten an der Pauschalsumme unzumutbar macht. Auch beim Globalpauschalvertrag mit funktionaler Leistungsbeschreibung sind jedoch Leistungen gesondert zu vergüten, die nach Auslegung der vertraglichen Vereinbarung, insbes. der Leistungsbeschreibung, nicht vom Pauschalpreis erfasst sind.[23]

14 Die Attraktivität des Pauschalvertrages für den öffentlichen Auftraggeber liegt darin, dass die Abrechnung vereinfacht ist, da das beim Einheitspreisvertrag erforderliche zeitaufwendige Aufmaß entfällt.[24] Darüber hinaus kann beim Pauschalvertrag eine **differenziertere Risikoverteilung** erfolgen als beim Einheitspreisvertrag. Neben der Beteiligung des Auftragnehmers am Mengenrisiko können beim Global-Pauschalvertrag mit funktionaler Leistungsbeschreibung das Know-how der ausfüh-

---

[19] BGH 8.8.2019 – VII ZR 34/18, ZfBR 2019, 777; ausf. Kapellmann/Messerschmidt/Markus VOB/B § 2 Rn. 236.
[20] Kapellmann/Messerschmidt/Markus VOB/A § 4 Rn. 38.
[21] OLG Düsseldorf 26.6.2001 – 21 U 203/00, IBRRS 2001, 0555.
[22] Ingenstau/Korbion/Schranner VOB/A § 4 Rn. 16.
[23] BGH 13.3.2008 – VII ZR 194/06, NJW 2008, 2106; OLG Bremen 23.8.2018 – 2 U 120/17, BeckRS 2018, 28069; OLG Jena 27.2.2020 – 8 U 498/19, BeckRS 2020, 47265.
[24] So auch jurisPK-VergabeR/Freiberg VOB/A § 4 Rn. 32.

renden Unternehmen für die baubetriebswirtschaftliche Ausgestaltung der Leistungserbringung und technische Lösungen genutzt und Planungsrisiken auf den Auftragnehmer übertragen werden. Umgekehrt ergibt sich für den öffentliche Auftraggeber jedoch das Risiko, dass der Auftragnehmer bei der Bauausführung an Material oder Personal, also der Qualität, spart.

Die Vereinbarung eines Pauschalpreises setzt nach Abs. 1 Nr. 2 voraus, dass zwischen öffentlichem Auftraggeber und Bieter bei Angebotsabgabe **Ausführungsart und Umfang der Leistung genau bestimmt** sind. Die geforderte Genauigkeit hängt von der Art des Ausschreibungsprogramms ab.[25] Es ist nicht erforderlich, dass der öffentliche Auftraggeber hierfür eine Leistungsbeschreibung mit Leistungsverzeichnis nach § 7b EU VOB/A vorgibt. Ein Pauschalpreis kann vergaberechtlich auch vereinbart werden, wenn die Leistung (durch eine Leistungsbeschreibung mit Leistungsprogramm nach § 7c EU VOB/A) nur funktional genau bestimmt ist.[26] 15

Des Weiteren erfordert die Vereinbarung eines Pauschalpreises, dass der öffentliche Auftraggeber im Wege einer Prognoseentscheidung zu dem Ergebnis gelangt, dass mit einer **Änderung der Leistung** und der Ausführung nicht zu rechnen ist. Diese erfordert eine detaillierte Auseinandersetzung mit den Risiken. Die Gründe für die Entscheidung sind zu dokumentieren. 16

Die Nutzung des Pauschalvertrages ist darüber hinaus auf „**geeignete Fälle**" beschränkt. Das Tatbestandsmerkmal ist durch die Kriterien „genau bestimmt" und „mit Änderungen nicht zu rechnen" definiert.[27] Der öffentliche Auftraggeber kann die Eignung in den Grenzen seiner Beschaffungsfreiheit[28] weitgehend selbst bestimmen.[29] IErg ist für die Wahl des Einheitspreisvertrages oder des Pauschalvertrages regelmäßig vorgreifend, ob der öffentliche Auftraggeber eine konstruktive oder funktionale Leistungsbeschreibung wählt, welche Anforderungen er also an die Genauigkeit der Leistungsbestimmung stellt. Dies wiederum ist davon abhängig, wie er Risiken verteilen und die Kompetenz der ausführenden Unternehmen einbinden will. Soweit seine Entscheidung sachlich gerechtfertigt und nichtdiskriminierend ist, genießt der öffentliche Auftraggeber hier Entscheidungsfreiheit. Regelmäßig werden bei der Wahl des Global-Pauschalvertrages verschiedene Leistungen gebündelt. Soweit nach der Leistungsbestimmung des öffentlichen Auftraggebers eine Fach- und Teillosvergabe überhaupt noch möglich ist, erfordert die Losbündelung nach § 97 Abs. 4 GWB wirtschaftliche oder technische Gründe. 17

Wenn lediglich für Teile der Leistung die Voraussetzungen für einen Pauschalvertrag iSv § 4 EU Abs. 1 Nr. 2 VOB/A vorliegen, etwa weil Risiken zu große Wagnisse für einzelne Leistungen begründen, können verschiedene Vergütungsvereinbarungen auch kombiniert werden.[30] In dem Fall werden einzelne Leistungen zum Pauschalpreis und andere zB mit einem Einheitspreisvertrag vergeben (**gemischter Vertrag**). 18

2. Aufwandsvertrag (Abs. 2)

Als eng auszulegende Ausnahmevorschrift erlaubt Abs. 2 die Vereinbarung eines Stundenlohnvertrages als Aufwandsvertrag. Die Besonderheit des Stundenlohnvertrages besteht darin, dass, anders als beim Leistungsvertrag, die **Bemessungsgrundlage** der Vergütung nicht der Wert der erbrachten Leistung ist, sondern der **zeitliche** 19

---

[25] Kapellmann/Messerschmidt/Markus VOB/A § 4 Rn. 38.
[26] KMPP/Kus VOB/A § 4 Rn. 38; Kapellmann/Messerschmidt/Markus VOB/A § 4 Rn. 39.
[27] Kapellmann/Messerschmidt/Markus VOB/A § 4 Rn. 44.
[28] OLG Düsseldorf 14.9.2016 – VII-Verg 1/16, BeckRS 2016, 18567.
[29] KMPP/Kus VOB/A § 4 Rn. 36.
[30] So auch jurisPK-VergabeR/Freiberg VOB/A § 4 Rn. 26.

Aufwand, welcher für die Erbringung der Leistung notwendig ist. Der Aufwandsvertrag ist aus diesem Grund für den Auftraggeber risikoreicher, da sich keine abschl. Voraussage des zeitlichen Aufwands machen lässt und der Auftragnehmer großen Einfluss auf die Kostengestaltung hat. Die Vergabe mit Stundenlohnvertrag ist nur dann zulässig, wenn Bauleistungen geringeren Umfangs vergeben werden, die überwiegend Lohnkosten verursachen.

20 Wann eine **Bauleistung geringeren Umfangs** vorliegt, ist im Einzelfall zu beurteilen. Der geringe Umfang setzt voraus, dass es sich um Teilleistungen handelt und nicht etwa die Erstellung eines Gesamtbauwerks. In Betracht kommen etwa Reparatur-, Wartungs- oder Renovierungsaufträge. Bei Leistungen, die überwiegend Lohnkosten verursachen, müssen die Lohnkosten im Vordergrund stehen, also mehr als 50 % ausmachen[31] und insbes. die Materialkosten überwiegen.

21 Stundenlohnverträge können selbständig vereinbart werden oder als „angehängte Stundenlohnarbeiten" auch in **Kombination** zB mit einem Einheitspreisvertrag oder Pauschalvertrag.[32]

3. Alternative Vergütungsmodelle

22 Die Regelungen der Abs. 1 und 2 zum Inhalt der Vergütungsvereinbarung sind **nicht abschließend,** andere Vergütungsregelungen bleiben möglich. § 4 EU VOB/A ist keine Verbotsnorm, die über § 134 BGB zur Nichtigkeit eines Vertrags mit abweichender Typologie führt.[33]

23 § 5 Nr. 3 VOB/A 2006 enthielt noch die Regelung zum **Selbstkostenerstattungspreis** als Unterfall des Aufwandsvertrages. Dort war geregelt:

„(Abs. 1) Bauleistungen größeren Umfangs dürfen ausnahmsweise nach Selbstkosten vergeben werden, wenn sie vor der Vergabe nicht eindeutig und so erschöpfend bestimmt werden können, dass eine einwandfreie Preisermittlung möglich ist (Selbstkostenerstattungsvertrag). (Abs. 2) Bei der Vergabe ist festzulegen, wie Löhne, Stoffe, Gerätevorhaltung und andere Kosten einschließlich der Gemeinkosten zu vergüten sind und der Gewinn zu bemessen ist."

Der Selbstkostenerstattungsvertrag als Preismodell ist seit der Neufassung der VOB 2009 nicht mehr ausdr. geregelt. Seine Streichung aus dem Kanon der Vertragstypen in der VOB/A erfolgte vor dem Hintergrund, dass dieser Vertragstypus in der deutschen Praxis keine signifikante Anwendung fand.[34] Denn die Vereinbarung eines Selbsterstattungsvertrags wurde mit Kostenrisiken und der Gefahr der Unwirtschaftlichkeit verbunden.[35] Ein generelles Verbot zu seiner Verwendung folgt daraus nicht.[36]

23a Der Selbstkostenerstattungsvertrag rückt aufgrund (neuer) Bauvertragsmodelle der integrierten Projektabwicklung (sog. **Allianzmodelle**[37]) wieder vermehrt in den Fokus. Solche Allianzmodelle verbinden die Projektbeteiligten und damit die Kompetenzen in einem Vertrag. Den Modellen ist gemein, dass Auftraggeber, Planer und Bauunternehmen Projekte nach der Vergabe kooperativ planen und erst auf

---

[31] So auch Ingenstau/Korbion/Schranner VOB/A § 4 Rn. 31; jurisPK-VergabeR/Freiberg VOB/A § 4 Rn. 39.

[32] So auch jurisPK-VergabeR/Freiberg VOB/A § 4 Rn. 42.

[33] So auch jurisPK-VergabeR/Freiberg VOB/A § 4 Rn. 8; Kapellmann/Messerschmidt/Markus VOB/A § 4 Rn. 5; KMPP/Kus VOB/A § 4 Rn. 2.

[34] Vgl. Erläuternde Hinweise für die Vergabe- und Vertragsordnung für Bauleistungen Fassung 2009, BAnz. 2009 Nr. 155, 3549 ff.; Ingenstau/Korbion/Schranner VOB/A § 4 Rn. 35.

[35] Ingenstau/Korbion/Schranner VOB/A § 4 Rn. 35.

[36] Ingenstau/Korbion/Schranner VOB/A § 4 Rn. 35; MüKoEuWettbR/Hövelberndt VOB/A § 4 Rn. 38.

[37] Alternativ IPA (integrierte Projektabwicklung), MPV (Mehrparteienvertrag).

Grundlage der gemeinsamen Planung über die Erbringung der Bauleistungen entschieden wird.[38] Eine Ausgestaltung des Allianzvertrages sieht ein Vergütungssystem aus Selbstkostenerstattungsbasis („cost + fee") vor. Grundlage für die Abrechnung und Vergütung der Leistungen der einzelnen Partner bilden die Herstellungskosten (= direkte Projektkosten) zzgl. eines unternehmensspezifischen Deckungsbeitrags für Gemeinkosten, Allgemeine Geschäftskosten und Gewinn. Dieser Deckungsbeitrag wird im Vergabeverfahren unternehmensspezifisch ermittelt und faktisch durch die Kostenstrukturen der einzelnen Unternehmen bestimmt.[39]

Die unterschiedlichen Interessen des öffentlichen Auftraggebers und seines Auftragnehmers können vielfach durch Anreizvergütungen stärker miteinander in Einklang gebracht werden.[40] Eine **Beschleunigungsprämie** etwa kann vereinbart werden für eine vorzeitige Fertigstellung des Bauvorhabens. Sie ist gedeckt vom Wirtschaftlichkeitsgrundsatz nach § 6 Abs. 1 HGrG und § 7 Abs. 1 S. 1 BHO, wenn sie eine vorzeitige Fertigstellung fördert und die Prämie auch der Höhe nach durch den Nutzen der vorzeitigen Fertigstellung für den öffentlichen Auftraggeber gerechtfertigt ist (→ VOB/A § 9a EU Rn. 6 ff.). **Optimierungsprämien** können gewährt werden, wenn der Auftragnehmer bei gleichbleibenden Qualitätsstandards Änderungen an der Ausführungsplanung vorschlägt, deren Umsetzung für den öffentlichen Auftraggeber zu Kosteneinsparungen führt. 24

Für Planungsleistungen war eine vergleichbare Optimierungsprämie bis 2021 in § 7 Abs. 6 HOAI wie folgt geregelt. „Für Planungsleistungen, die technisch-wirtschaftliche oder umweltverträgliche Lösungsmöglichkeiten nutzen und zu einer wesentlichen Kostensenkung ohne Verminderung des vertraglich festgelegten Standards führen, kann ein Erfolgshonorar schriftlich vereinbart werden. Das Erfolgshonorar kann bis zu 20 % des vereinbarten Honorars betragen." Für diese Regelung gibt es heute kein Bedürfnis mehr. Denn das bindende Preisrecht der HOAI verstieß nach Feststellung des EuGH gegen das Gemeinschaftsrecht[41] und hat zur Neufassung der HOAI geführt. Erfolgshonorare für Planungs- und Bauleistungen können im Wege der Vertragsgestaltung weiterhin vereinbart werden. 24a

Eine weitere Variante sind **Zielpreisverträge,** wie sie etwa in Großbritannien bei öffentlichen Großbauprojekten regelmäßig auf der Grundlage der Vertragsmodelle des New Engineering Contract (NEC4) oder der Project Partnering Contracts (PPC) vereinbart werden. Beim flexiblen Zielpreisvertrag werden sowohl Kostensteigerungen als auch Einsparungen zwischen öffentlichem Auftraggeber und Auftragnehmer geteilt („gain share/pain share"). Im Garantierter-Maximal-Preis Modell **(GMP-Vergütungsmodell)** hingegen wird zwischen den Vertragspartnern eine Kostenobergrenze vereinbart, darüberhinausgehende Kostensteigerungen gehen also zu Lasten des Auftragnehmers. Der garantierte Maximalpreis beinhaltet die Eigenkosten des Auftragnehmers,[42] die Direktkosten der eingesetzten Nachunternehmer, einen Management- und Regiezuschlag auf die Nachunternehmerkosten, die Allgemeinen Geschäftskosten (AGK) und Baustellengemeinkosten (BGK) sowie Risikokosten und Gewinn. Um die erforderliche Transparenz für die Nachunternehmerkosten herzustellen, ist das Open-Book- 25

---

[38] Überblick im Gutachten „Einbindung des Baus in die Planung", Hauptverband der Deutschen Bauindustrie, 2018, S. 8 ff.; Püstow/Meiners VergabeR 2020, 281 (292 ff.).

[39] Mustervertragsbedingungen für Mehrparteienverträge im öffentlichen Bauwesen bei Integrierter Projektabwicklung, Endbericht, 21; Herausforderung und Potenziale der Integrierten Projektabwicklung, TU Berlin, 17, 52 ff.

[40] Reformkommission Bau von Großprojekten, Endbericht, 60 ff.

[41] EuGH 4.7.2019 – C-377/17, BeckRS 2019, 13028.

[42] Nach dem klassischen GMP-Modell wird der Eigenanteil des Auftragnehmers an den Kosten als Pauschalpreis vereinbart; vgl. Grünhoff NZBau 2000, 313 (314 f.); alternativ ist jedoch auch die Vereinbarung einer Selbstkostenerstattung möglich.

Verfahren („Prinzip der gläsernen Taschen")[43] anzuwenden. Der garantierte Maximalpreis entspricht nicht zwingend der nach Fertigstellung des Bauvorhabens geschuldeten Vergütung (tatsächlicher Preis).[44] Denn der vereinbarte garantierte Maximalpreis dient als Zielpreis und Maßstab für einen ggf. an den Auftragnehmer zu zahlenden Anteil an erzielten Kosteneinsparungen. Kosteneinsparungen können durch vom Auftragnehmer eingebrachte Planungsoptimierungen, durch Optimierungen im Bauverfahren oder durch ein günstiges Verhandeln von Nachunternehmerleistungen[45] erzielt werden. Bewirken die Kosteneinsparungen iErg ein Unterschreiten des im Vorfeld vereinbarten Zielpreises, wird der dadurch erzielte Gewinn nach einer festgelegten Quote zwischen Auftragnehmer und öffentlichem Auftraggeber aufgeteilt. Das Risiko einer Kostensteigerung trägt der Auftragnehmer beim GMP-Modell hingegen allein: der garantierte Maximalpreis bildet eine Kostenobergrenze. Diese Art der Ausgestaltung der Verträge schafft für den Auftragnehmer einen starken Anreiz, Einsparungen zu erzielen.[46]

26   Eine weitere Vergütungsalternative ist die **Baukonzession** nach § 105 Abs. 1 Nr. 1 GWB (vgl. auch § 23 VOB/A), deren Vergabe in der KonzVgV geregelt ist. Bei der Baukonzession überträgt der Konzessionsgeber dem Konzessionsnehmer das Betriebsrisiko des Bauwerks und räumt ihm als Gegenleistung das Recht zu dessen Nutzung ein, ggf. zzgl. einer Zahlung (dazu → GWB § 105 Rn. 6).

III. Verfahrensgestaltung (Abs. 3 und 4)

27   § 4 EU Abs. 3, 4 VOB/A bestimmen, wie der öffentliche Auftraggeber das Vergabeverfahren zum Zwecke der Preisfindung ausgestaltet. In aller Regel ist nach Abs. 3 ein Angebotsverfahren durchzuführen. Das Auf- und Abgebotsverfahren nach Abs. 4 soll nur in Ausnahmefällen gewählt werden.

1. Angebotsverfahren (Abs. 3)

28   Im Angebotsverfahren fordert der öffentliche Auftraggeber die Bieter auf, in ihrem Angebot ihre verbindlichen Preise auf Basis der Leistungsbeschreibung anzugeben. Je nach Vertragstyp hat der Bieter Einheitspreise, Pauschalpreise, Stundenlohnsätze oder andere Preisformen (zB GMP oder Zielpreis) oder Preisbestandteile (zB Zuschlagsätze) anzugeben.

29   Insbes. bei der Abfrage von Einheitspreisen sind die Preise regelmäßig das vom öffentlichen Auftraggeber übersandte Leistungsverzeichnis einzusetzen. Dabei ist typischerweise je Teilleistung der Preis für eine Einheit (**Einheitspreis**) und auf Basis der Mengenangaben des öffentlichen Auftraggebers der Gesamtpreis für die Anzahl der ausgeschriebenen Teilleistungen einer Position anzugeben (**Positionspreis** = Einheitspreis multipliziert mit Maß/Gewicht/Stückzahl). Maßgebend für die Vergütung bleibt nach § 2 Abs. 2 VOB/B der Einheitspreis, nicht der Positionspreis. Gibt es Unstimmigkeiten zwischen Einheitspreis und Positionspreis, hat nach § 16c EU Abs. 2 Nr. 1 VOB/A der Einheitspreis Vorrang.

30   **Andere Formen** der Preisangabe sind zulässig. Im Interesse der Transparenz und Vergleichbarkeit der Angebote ist der öffentliche Auftraggeber gut beraten, den Bietern hierfür verbindlich ein Preisblatt vorzugeben.

---

[43] Messerschmidt/Voit/Richter Syst. D Rn. 280.
[44] Grünhoff NZBau 2000, 313 (314).
[45] Soweit keine Selbstkostenerstattung der Eigenkosten des Auftragnehmers, sondern ein Pauschalpreis vereinbart ist, handelt es sich bei den Nachunternehmerkosten um den einzigen variablen Bestandteil des garantierten Maximalpreises, der dem Anreiz von Einsparungen zugänglich ist, Grünhoff NZBau 2000, 313 (314).
[46] Püstow/Meiners VergabeR 2020, 281 (288).

Der öffentliche Auftraggeber muss **Klarheit** darüber schaffen, ob Einheitspreise oder Pauschalpreise anzugeben sind. Das Leistungsverzeichnis ist gem. §§ 133, 157 BGB nach dem objektiven Empfängerhorizont eines sach- und fachkundigen Bieters auszulegen. Wenn der öffentliche Auftraggeber nicht deutlich macht, dass die Bieter das Mengenrisiko tragen und Pauschalangebote abgegeben werden sollen, kann dies im Einzelfall dazu führen, dass Bieter berechtigt Einheitspreise anbieten.[47] Bei hinreichender Klarheit der Vergabeunterlagen ist ein Angebot auszuschließen, wenn der Bieter statt der geforderten Einheitspreise einen Pauschalpreis angibt.[48] 31

Bieter müssen die Preise im Angebotsverfahren, wie vom öffentlichen Auftraggeber gefordert, vollständig und mit dem Betrag angeben, der für die betreffende Leistung beansprucht wird. Ein Angebot ist nach § 16 Nr. 3 VOB/A, § 13 EU Abs. 1 Nr. 3 VOB/A zwingend auszuschließen, wenn ein Bieter eine **Mischkalkulation** zwischen den Leistungspositionen vornimmt,[49] etwa, um erkannte Fehler des öffentlichen Auftraggebers im Interesse eines Vorteils bei der Angebotswertung strategisch auszunutzen (dazu ausf. → VgV § 57 Rn. 43). Eine unzulässige Mischkalkulation liegt vor, wenn (1.) der Bieter in seinem Angebot einen bestimmten Positionspreis niedriger angibt, als dies nach seiner diesbzgl. internen Kalkulation angemessen wäre, während (2.) der Bieter einen anderen Positionspreis höher angibt, als dies nach seiner internen Kalkulation angemessen wäre und (3.) diese Auf- und Abpreisung in einem von dem Bieter beabsichtigten, kausalen Zusammenhang steht.[50] 32

Verhandlungen über die Preise sind im Verhandlungsverfahren statthaft (→ GWB § 119 Rn. 20 ff., → VgV § 14 Rn. 10 ff.), § 3b EU Abs. 3 Nr. 6 VOB/A.[51] Im offenen und nicht offenen Verfahren darf der öffentliche Auftraggeber grds. keine Verhandlungen über eine Änderung der angebotenen Preise führen. Enge Ausnahmen bei Nebenangeboten oder Angeboten aufgrund eines Leistungsprogramms sind für unumgängliche technische Änderungen geringen Umfangs in § 15 EU Abs. 3 VOB/A abschl. geregelt (→ VOB/A § 15 EU Rn. 18 ff.). 33

Eine **Nachforderung** fehlender Preise ist nach § 16a EU VOB/A nur dann ausnahmsweise zulässig, wenn in einer unwesentlichen Position die Angabe des Preises fehlt und durch die Außerachtlassung dieser Position der Wettbewerb und die Wertungsreihenfolge, auch bei Wertung dieser Position mit dem jew. höchsten Wettbewerbspreis, nicht beeinträchtigt werden und das Angebot daher nicht nach § 16 EU Nr. 3 VOB/A auszuschließen ist (näher → VOB/A § 16a EU Rn. 20 ff.). 34

2. Auf- und Abgebotsverfahren (Abs. 4)

Im Auf- und Abgebotsverfahren sind vom öffentlichen Auftraggeber die Art der Leistung nach § 7 EU VOB/A und die ihm angemessen erscheinenden Preise vorzugeben. Der Bieter gibt dann sein Auf- bzw. Abgebot an, dh er kann die vom öffentlichen Auftraggeber angegebenen Preise bestätigen, oder er gibt nach oben oder unten abweichende Preise an. Das Abgebotsverfahren ist **keine elektronische Auktion** nach § 120 Abs. 2 GWB, § 4b EU Abs. 2 VOB/A, §§ 25, 26 VgV, könnte aber (wie auch das Angebotsverfahren) im Wege einer elektronischen Auktion durchgeführt werden. 35

---

[47] OLG Brandenburg 4.6.2008 – 4 U 122/07, BeckRS 2008, 12530.
[48] VK Bund 6.7.2011 – VK 1–60/11, IBRRS 2012, 0241.
[49] BGH 18.5.2004 – X ZR 7/04, ZfBR 2004, 710; OLG Stuttgart 27.2.2018 – 10 U 98/17, BeckRS 2018, 5758; OLG Zweibrücken 13.9.2021 – 1 U 93/20, BeckRS 2021, 46545.
[50] KG 14.8.2012 – Verg 8/12, NZBau 2012, 717.
[51] § 17 Abs. 10 VgV ist insofern eindeutiger, als dort konkretisiert wird, dass über den gesamten Angebotsinhalt verhandelt werden darf, also auch die Preise. Für das Verhandlungsverfahren in Bauvergaben gilt aber nichts anderes.

36 Das Auf- und Abgebotsverfahren soll nach Abs. 4 nur ausnahmsweise bei **regelmäßig wiederkehrenden Unterhaltungsarbeiten** angewendet werden. Bauunterhaltungsarbeiten dienen dem Fortbestand einer baulichen Anlage und sind zur Erreichung dieses Ziels regelmäßig wiederkehrend notwendig.[52] Darunter fallen auch geringfügige Umbau- und Erweiterungsarbeiten, die untrennbar mit Unterhaltungsarbeiten verbunden sind.[53] Havarieleistungen zählen hierzu nicht.[54]

37 Der **Umfang** der im Auf- und Angebotsverfahren vergebenen Unterhaltungsarbeiten ist nach Abs. 4 möglichst zu umgrenzen. Die Begrenzung kann zeitlich, technisch und nach Auftragshöhe erfolgen. So werden für die genannten Arbeiten üblicherweise Zeitverträge abgeschlossen. Sie verpflichten den Auftragnehmer für eine bestimmte Zeit (idR 12 Monate), definierte Leistungen auf Abruf zu den im Rahmenvertrag festgelegten Bedingungen auszuführen.

38 Bis Mitte des 19. Jahrhunderts war das Absteigerungsverfahren (Lizitation) in Deutschland bei der Vergabe öffentlicher Aufträge herrschend. Heute hat das Auf- und Abgebotsverfahren kaum praktische Bedeutung und soll nach Abs. 4 nur ausnahmsweise angewendet werden. Abs. 4 wird **kritisch** bewertet, weil er den Bieter anstatt zur Kalkulation zur Spekulation verleitet. Die Gefahr wird darin gesehen, dass der Bieter den vom öffentlichen Auftraggeber angegebenen Preis übernimmt und sich nicht ausreichend mit einer eigenen Kalkulation befasst.[55]

§ 4a **EU** Rahmenvereinbarungen

(1) ¹**Der Abschluss einer Rahmenvereinbarung erfolgt im Rahmen einer nach dieser Vergabeordnung anwendbaren Verfahrensart.** ²**Das in Aussicht genommene Auftragsvolumen ist so genau wie möglich zu ermitteln und bekannt zu geben, braucht aber nicht abschließend festgelegt zu werden.** ³**Eine Rahmenvereinbarung darf nicht missbräuchlich oder in einer Art angewendet werden, die den Wettbewerb behindert, einschränkt oder verfälscht.**

(2) ¹**Auf einer Rahmenvereinbarung beruhende Einzelaufträge werden nach den Kriterien dieses Absatzes und der Absätze 3 bis 5 vergeben.** ²**Die Einzelauftragsvergabe erfolgt ausschließlich zwischen den in der Auftragsbekanntmachung oder der Aufforderung zur Interessensbestätigung genannten öffentlichen Auftraggebern und denjenigen Unternehmen, die zum Zeitpunkt des Abschlusses des Einzelauftrags Vertragspartei der Rahmenvereinbarung sind.** ³**Dabei dürfen keine wesentlichen Änderungen an den Bedingungen der Rahmenvereinbarung vorgenommen werden.**

(3) ¹**Wird eine Rahmenvereinbarung mit nur einem Unternehmen geschlossen, so werden die auf dieser Rahmenvereinbarung beruhenden Einzelaufträge entsprechend den Bedingungen der Rahmenvereinbarung vergeben.** ²**Für die Vergabe der Einzelaufträge kann der öffentliche Auftraggeber das an der Rahmenvereinbarung beteiligte Unternehmen in Textform auffordern, sein Angebot erforderlichenfalls zu vervollständigen.**

(4) **Wird eine Rahmenvereinbarung mit mehr als einem Unternehmen geschlossen, werden die Einzelaufträge wie folgt vergeben:**

---

[52] Ingenstau/Korbion/Schranner VOB/A § 4 Rn. 48; Kapellmann/Messerschmidt/Markus VOB/A § 4 Rn. 55.

[53] HK-VergabeR/Tomerius VOB/A § 4 Rn. 37; Ingenstau/Korbion/Schranner VOB/A § 4 Rn. 48.

[54] LG Cottbus 24.10.2007 – 5 O 99/07, BeckRS 2007, 19104.

[55] Ausf. HRR/Bauer VOB/A § 4 Rn. 37.

1. gemäß den Bedingungen der Rahmenvereinbarung ohne erneutes Vergabeverfahren, wenn in der Rahmenvereinbarung alle Bedingungen für die Erbringung der Bauleistung sowie die objektiven Bedingungen für die Auswahl der Unternehmen festgelegt sind, die sie als Partei der Rahmenvereinbarung ausführen werden; die letztgenannten Bedingungen sind in der Auftragsbekanntmachung oder den Vergabeunterlagen für die Rahmenvereinbarung zu nennen;
2. wenn in der Rahmenvereinbarung alle Bedingungen für die Erbringung der Bauleistung festgelegt sind, teilweise ohne erneutes Vergabeverfahren gemäß Nummer 1 und teilweise mit erneutem Vergabeverfahren zwischen den Unternehmen, die Partei der Rahmenvereinbarung sind, gemäß Nummer 3, wenn diese Möglichkeit in der Auftragsbekanntmachung oder den Vergabeunterlagen für die Rahmenvereinbarung durch den öffentlichen Auftraggeber festgelegt ist; die Entscheidung, ob bestimmte Bauleistungen nach erneutem Vergabeverfahren oder direkt entsprechend den Bedingungen der Rahmenvereinbarung beschafft werden sollen, wird nach objektiven Kriterien getroffen, die in der Auftragsbekanntmachung oder den Vergabeunterlagen für die Rahmenvereinbarung festgelegt sind; in der Auftragsbekanntmachung oder den Vergabeunterlagen ist außerdem festzulegen, welche Bedingungen einem erneuten Vergabeverfahren unterliegen können; diese Möglichkeiten gelten auch für jedes Los einer Rahmenvereinbarung, für das alle Bedingungen für die Erbringung der Bauleistung in der Rahmenvereinbarung festgelegt sind, ungeachtet dessen, ob alle Bedingungen für die Erbringung einer Bauleistung für andere Lose festgelegt wurden; oder
3. sofern nicht alle Bedingungen zur Erbringung der Bauleistung in der Rahmenvereinbarung festgelegt sind, mittels eines erneuten Vergabeverfahrens zwischen den Unternehmen, die Parteien der Rahmenvereinbarung sind.

(5) Die in Absatz 4 Nummer 2 und 3 genannten Vergabeverfahren beruhen auf denselben Bedingungen wie der Abschluss der Rahmenvereinbarung und erforderlichenfalls auf genauer formulierten Bedingungen sowie gegebenenfalls auf weiteren Bedingungen, die in der Auftragsbekanntmachung oder den Vergabeunterlagen für die Rahmenvereinbarung in Übereinstimmung mit dem folgenden Verfahren genannt werden:
1. vor Vergabe jedes Einzelauftrags konsultiert der öffentliche Auftraggeber in Textform die Unternehmen, die in der Lage sind, den Auftrag auszuführen;
2. der öffentliche Auftraggeber setzt eine ausreichende Frist für die Abgabe der Angebote für jeden Einzelauftrag fest; dabei berücksichtigt er unter anderem die Komplexität des Auftragsgegenstands und die für die Übermittlung der Angebote erforderliche Zeit;
3. die Angebote sind in Textform einzureichen und dürfen bis zum Ablauf der Einreichungsfrist nicht geöffnet werden;
4. der öffentliche Auftraggeber vergibt die Einzelaufträge an den Bieter, der auf der Grundlage der in der Auftragsbekanntmachung oder den Vergabeunterlagen für die Rahmenvereinbarung genannten Zuschlagskriterien das jeweils wirtschaftlichste Angebot vorgelegt hat.

(6) Die Laufzeit einer Rahmenvereinbarung darf höchstens vier Jahre betragen, es sei denn, es liegt ein im Gegenstand der Rahmenvereinbarung begründeter Sonderfall vor.

Literatur: Vgl. die Angaben bei § 21 VgV.

VOB/A–EU § 5 Einheitliche Vergabe, Vergabe nach Losen

1 In § 4a EU VOB/A sind die Vorgaben für Rahmenvereinbarungen über Bauleistungen bestimmt. Geklärt wurde damit zugleich die Frage nach der **Zulässigkeit von Rahmenvereinbarungen** im Baubereich. Diese Frage war nach alter Rechtslage offen.[1]

2 Die Bestimmung in § 4a EU VOB/A ist – abgesehen von wenigen marginalen Anpassungen – **wortgleich** mit derjenigen in § 21 VgV. Zu den einzelnen Regelungen kann deshalb auf die Kommentierung zu → VgV § 21 Rn. 1 ff. verwiesen werden.

§ 4b EU Besondere Instrumente und Methoden

(1) **Der öffentliche Auftraggeber kann unter den Voraussetzungen der §§ 22 bis 24 VgV für die Beschaffung marktüblicher Leistungen ein dynamisches Beschaffungssystem nutzen.**

(2) **Der öffentliche Auftraggeber kann im Rahmen eines offenen, eines nicht offenen oder eines Verhandlungsverfahrens vor der Zuschlagserteilung eine elektronische Auktion durchführen, sofern die Voraussetzungen der §§ 25 und 26 VgV vorliegen.**

(3) **¹Ist der Rückgriff auf elektronische Kommunikationsmittel vorgeschrieben, kann der öffentliche Auftraggeber festlegen, dass die Angebote in Form eines elektronischen Katalogs einzureichen sind oder einen elektronischen Katalog beinhalten müssen. ²Das Verfahren richtet sich nach § 27 VgV.**

Literatur: Vgl. die Angaben bei den §§ 120 GWB und 22 VgV.

1 Abs. 1 normiert für die Beschaffung marktüblicher Bauleistungen[1] (→ GWB § 120 Rn. 7 ff.) die Anwendbarkeit von **dynamischen Beschaffungssystemen.** Ausführliche Regelungen über dynamische Beschaffungssysteme finden sich in den §§ 22–24 VgV. Abs. 1 verweist insoweit auf diese Regelungen und bestimmt, dass ihre Voraussetzungen bei der Nutzung eines dynamischen Beschaffungssystems einzuhalten sind. Insofern kann auf die Kommentierung zu §§ 22–24 VgV verwiesen werden.

2 Abs. 2 erlaubt unter der Bedingung, dass die Voraussetzungen der §§ 25, 26 VgV vorliegen, die **Durchführung von elektronischen Auktionen** vor der Zuschlagserteilung iR eines offenen, eines nicht offenen oder eines Verhandlungsverfahrens. Die elektronische Auktion ist vollumfänglich in den §§ 25, 26 VgV geregelt, so dass auf die Kommentierung dort verwiesen werden kann.

3 Abs. 3 gestattet dem öffentlichen Auftraggeber, soweit der Rückgriff auf elektronische Kommunikationsmittel vorgeschrieben ist, die Festlegung, dass die Angebote in Form eines elektronischen Katalogs einzureichen sind oder einen elektronischen Katalog beinhalten müssen. Die Voraussetzungen für elektronische Kataloge sind vollständig in § 27 VgV enthalten, so dass auf die Kommentierung dort verwiesen werden kann.

§ 5 EU Einheitliche Vergabe, Vergabe nach Losen

(1) **Bauaufträge sollen so vergeben werden, dass eine einheitliche Ausführung und zweifelsfreie umfassende Haftung für Mängelansprüche erreicht**

---

[1] Reuber VergabeR 2016, 339 (343) mwN.
[1] Standard-Bauleistungen sind etwa das Erstellen von Mauern, die keinen außergewöhnlichen statischen Anforderungen genügen müssen, so: MüKoEuWettbR/Jagenburg/Wirth VOB/A § 4bEU Rn. 12.

wird; sie sollen daher in der Regel mit den zur Leistung gehörigen Lieferungen vergeben werden.

(2)
1. ¹Mittelständische Interessen sind bei der Vergabe öffentlicher Aufträge vornehmlich zu berücksichtigen. ²Leistungen sind in der Menge aufgeteilt (Teillose) und getrennt nach Art oder Fachgebiet (Fachlose) zu vergeben. ³Mehrere Teil- oder Fachlose dürfen zusammen vergeben werden, wenn wirtschaftliche oder technische Gründe dies erfordern. ⁴Wird ein Unternehmen, das nicht öffentlicher Auftraggeber ist, mit der Wahrnehmung oder Durchführung einer öffentlichen Aufgabe betraut, verpflichtet der öffentliche Auftraggeber das Unternehmen, sofern es Unteraufträge an Dritte vergibt, nach den Sätzen 1 bis 3 zu verfahren.
2. Weicht der öffentliche Auftraggeber vom Gebot der Losaufteilung ab, begründet er dies im Vergabevermerk.
3. ¹Der öffentliche Auftraggeber gibt in der Auftragsbekanntmachung oder in der Aufforderung zur Interessensbestätigung an, ob Angebote nur für ein Los oder für mehrere oder alle Lose eingereicht werden können. ²Der öffentliche Auftraggeber kann die Zahl der Lose beschränken, für die ein einzelner Bieter einen Zuschlag erhalten kann. ³Dies gilt auch dann, wenn ein Bieter Angebote für mehrere oder alle Lose einreichen darf. ⁴Diese Begrenzung ist nur zulässig, sofern der öffentliche Auftraggeber die Höchstzahl der Lose pro Bieter in der Auftragsbekanntmachung oder in der Aufforderung zur Interessensbestätigung angegeben hat. ⁵Für den Fall, dass ein einzelner Bieter nach Anwendung der Zuschlagskriterien eine größere Zahl an Losen als die zuvor festgelegte Höchstzahl erhalten würde, legt der öffentliche Auftraggeber in den Vergabeunterlagen objektive und nichtdiskriminierende Regeln für die Erteilung des Zuschlags fest. ⁶In Fällen, in denen ein einziger Bieter den Zuschlag für mehr als ein Los erhalten kann, kann der öffentliche Auftraggeber Aufträge über mehrere oder alle Lose vergeben, wenn er in der Auftragsbekanntmachung oder in der Aufforderung zur Interessensbestätigung angegeben hat, dass er sich diese Möglichkeit vorbehält und die Lose oder Losgruppen angibt, die kombiniert werden können.

Literatur: Vgl. die Angaben bei § 97 GWB sub Ziff. 3.

I. Bedeutung der Vorschrift

§ 5 EU VOB/A verpflichtet den öffentlichen Auftraggeber zu einer sorgfältigen Entscheidung über die Losbildung und den Leistungsumfang etwaiger Lose. Die Regelung bringt den **Grundsatz der Einheitlichkeit** durch Ausführung und Vergabe von Bauleistungen gemeinsam mit den dazugehörigen Lieferungen (Abs. 1) sowie den **Grundsatz des Mittelstandsschutzes** durch Losvergabe (Abs. 2) miteinander in Einklang. Die Pflicht zur Losvergabe besteht nur insoweit, als die Leistungen so teilbar sind, dass die einheitliche Ausführung und umfassende Haftung für Mängelansprüche möglich bleiben; einen Vorrang des Abs. 2 gibt es also nicht.[1]
§ 5 EU Abs. 1 VOB/A ist wortlautidentisch mit der Vorgängerregelung des § 5 EG Abs. 1 VOB/A 2012.

---

[1] AA jurisPK-VergabeR/Lausen VOB/A § 5 Rn. 8; von der Pflicht zur Suche nach praktischer Konkordanz im Falle der Kollision beider Ziele spricht MüKoEuWettbR/Ganske VOB/A § 5 Rn. 2.

2 Das Ziel des Abs. 1 gebietet eine **Schnittstellenvorsicht** des öffentlichen Auftraggebers, um eine einheitliche Ausführung und damit Verantwortlichkeit in der Bauausführung zu sichern. Dies soll eine effiziente Bauausführung ermöglichen und Streit über die Frage vermeiden, wer die Verantwortung für eine fehlende oder mangelhafte Einzelleistung trägt.

3 Ziel des Abs. 2 ist es, teilbare Leistungen in **Teil- und Fachlosen** zu vergeben. Der Staat soll hierdurch seine große Nachfragekraft nutzen, um einen Beitrag zum Schutz des Mittelstands zu leisten. Das **Gebot der Mittelstandsvergabe** ist ein wirtschaftspolitisches Ziel und nimmt im volkswirtschaftlichen Interesse auch wirtschaftliche Nachteile bei der einzelnen Auftragsvergabe in Kauf. Art. 46 Abs. 1 RL 2014/24/EU hat die Zulässigkeit der Losvergabe für Vergaben oberhalb der Schwellenwerte klargestellt.

4 Zwischen Abs. 1 und 2 besteht kein Widerspruch. Das Gebot der Teil- und Fachlosvergabe nach Abs. 2 besteht nur, soweit die Ziele des Abs. 1 gewahrt sind. Die Pflicht zur Teil- und Fachlosvergabe besteht also nur für technisch, fachlich und wirtschaftlich teilbare Leistungen. Die **Entscheidung über die Losbildung** vollzieht sich daher **in drei Schritten**. Der öffentliche Auftraggeber muss *erstens* sein Beschaffungsziel definieren. Eine Losvergabe kommt danach nur in Betracht, wenn die mit dem Beschaffungsprojekt verfolgten (übergeordneten) Ziele des öffentlichen Auftraggebers sich auch bei einer Losaufteilung erreichen lassen.[2] Soweit die Zielerreichung auch bei einer Losaufteilung möglich ist, muss der öffentliche Auftraggeber *zweitens* definieren, ob eine mögliche Losaufteilung auch vor dem Gebot der Schnittstellenvorsicht nach Abs. 1 rechtlich vertretbar ist. § 5 EU Abs. 1 VOB/A ist im Lichte des § 97 Abs. 4 S. 2 GWB dahingehend zu lesen, dass eine einheitliche Vergabe geboten ist, soweit nur dadurch eine zweifelsfreie Haftung gesichert werden kann.[3] Eine schlicht einfachere Durchsetzung von Mängelansprüchen reicht hierfür nicht, da sie typischerweise mit jeder Gesamtlosvergabe verbunden ist.[4] Im Hinblick auf die danach noch teilbaren Leistungen greift *drittens* das Gebot der Losvergabe des Abs. 2 und kann durch (weitere) wirtschaftliche oder technische Gründe durchbrochen werden.

II. Einheitliche Vergabe (Abs. 1)

5 Abs. 1 hält den öffentlichen Auftraggeber an, eindeutig **voneinander abgrenzbare Verantwortungsbereiche** zu schaffen und Schnittstellen zwischen Unternehmern der gleichen Branche zu vermeiden („Leistung aus einer Hand"). Bauleistungen, die jew. einem Handwerks- oder Gewerbezweig zugehören, sollen einheitlich, dh idR an einen Unternehmer der jew. Branche, vergeben werden.[5] Mit der Regelung ist nicht gemeint, dass sämtliche zu einem Bauwerk gehörenden Leistungen an einen einzelnen Auftragnehmer vergeben werden sollen.[6] Jedoch kann die Aufteilung des Gesamtauftrags zur Schaffung unwirtschaftlicher Splitterlose führen und/oder einen Koordinationsaufwand begründen, der die Erreichung der Beschaffungsziele gefährdet.[7] Abs. 1

---

[2] OLG Celle 26.4.2010 – 13 Verg 4/10, BeckRS 2010, 14388; OLG Jena 6.6.2007 – 9 Verg 3/07, ZfBR 2007, 603; OLG Brandenburg 27.11.2008 – W 15/08, NZBau 2009, 337; VK Sachsen 25.9.2009 – 1/SVK/038-09, BeckRS 2010, 02254.

[3] Nach der Reformkommission kann die Komplexität von Großprojekten die Losbündelung gebieten; Reformkommission Bau von Großprojekten, Endbericht 2015, 46.

[4] OLG Düsseldorf 11.7.2007 – Verg 10/07, BeckRS 2008, 01321.

[5] FKZGM/Stoye VOB/A § 5 EU Rn. 3; Ingenstau/Korbion/Schranner VOB § 5 Rn. 15; BeckOK VergabeR/von dem Knesebeck VOB/A § 5 EU Rn. 7.

[6] jurisPK-VergabeR/Lausen VOB/A § 5 Rn. 8.

[7] Gutachten des Wissenschaftlichen Beirats beim Bundesministerium für Wirtschaft und Energie, Öffentliche Infrastruktur in Deutschland: Probleme und Reformbedarf, 2020, 28.

definiert vor diesem Hintergrund durch das Gebot der einheitlichen Ausführung auch Grenzen für die Losaufteilung.[8]

Durch eine einheitliche Ausführung soll eine umfassende zweifelsfreie Haftung für Mängelansprüche erreicht werden. Ziel ist es, **Abgrenzungsschwierigkeiten**, die bei der Frage der Verantwortlichkeit der beteiligten Unternehmen für einen Mangel auftreten können, zu vermeiden.[9]

Abs. 1 ist **nicht bieterschützend**.[10] Die Vorschrift ist eine haushaltsrechtlich motivierte Verpflichtung des öffentlichen Auftraggebers, durch Schnittstellenvorsicht eine wirtschaftliche Beschaffung zu sichern. Bewerber und Bieter können aus Abs. 1 keinen Anspruch darauf herleiten, dass der öffentliche Auftraggeber Lose bündelt oder den Leistungsumfang erweitert. Das Leistungsbestimmungsrecht (→ VgV § 14 Rn. 53) verbleibt insofern beim öffentlichen Auftraggeber.

Der Begriff „zweifelsfreie umfassende Haftung" bezieht sich auf bereits (nach § 13 VOB/B) bestehende Mängelansprüche und **erweitert den Haftungsmaßstab nicht**. Nach § 13 VOB/B hat der Auftragnehmer dem öffentlichen Auftraggeber seine Leistung zum Zeitpunkt der Abnahme frei von Sachmängeln zu verschaffen. Dazu muss die Leistung die vereinbarte Beschaffenheit haben und den anerkannten Regeln der Technik entsprechen. Abs. 1 appelliert an den öffentlichen Auftraggeber, die eindeutige und lückenlose Haftung für Mängelansprüche sicherzustellen.[11] Der öffentliche Auftraggeber muss also erreichen, dass er die Leistungspflichten des Auftragnehmers und auch seine Mängelansprüche gegen den Auftragnehmer durchsetzen kann. Die Merkmale „umfassend" und „zweifelsfrei" begründen deshalb das Ziel, dass der öffentliche Auftraggeber die Vergabe so strukturiert, dass durch einen eindeutigen Leistungszuschnitt Klarheit über die Person des Anspruchsgegners gesichert wird.

Die Schnittstellenvorsicht wird durch Abs. 1 Hs. 2 für gemischte Leistungen dahingehend konkretisiert, dass Bauleistungen idR mit den **zur Leistung gehörenden Lieferungen** zu vergeben sind. Auch dies soll eine einheitliche Ausführung und eindeutige Haftung für Mängelansprüche sichern. Der Bedarf einer gemeinsamen Beauftragung von Bauleistungen und Baustoffen ist auch bei Haftung des Baustoffhändlers für Nacherfüllungsaufwendungen[12] nicht aufgehoben, weil sie den öffentlichen Auftraggeber nicht von der Pflicht entlastet, den Schaden dem Bauunternehmer oder seinem Lieferanten nachweisen zu müssen. Abs. 1 läuft parallel zur VOB/C – Allgemeine Technische Vertragsbedingung für Bauleistungen ATV) – DIN 18299, Ziff. 2.1.1, wonach Bauleistungen grds. auch die Lieferung der dazu gehörenden Stoffe und Bauteile einschl. des Abladens und Lagerns auf der Baustelle umfassen. Der Unternehmer trägt damit bis zur Abnahme die Gefahr eines zufälligen Untergangs und muss die von seinen Lieferanten gelieferten Materialien prüfen. Dies stellt deshalb keine unsachgemäße Benachteiligung des Auftragnehmers dar, weil ihm der Rückgriff auf den Lieferanten verbleibt und er als Fachmann eine ordnungsgemäße Prüfung durchführen kann. Schließlich vermeidet diese Regelung Konflikte über die Ursache von und Verantwortung für Mängel.[13]

Abweichungen vom Grundsatz der einheitlichen Vergabe sind in Einzelfällen zulässig, wenn der öffentliche Auftraggeber dies technisch oder wirtschaftlich begründen kann oder die Bereitstellung der Stoffe und Bauteile durch den öffentlichen Auftraggeber orts- oder gewerbeüblich ist. Technisch oder wirtschaftlich ist

---

[8] KMPP/Kus VOB/A § 5 Rn. 24.
[9] Kapellmann/Messerschmidt/Stickler VOB/A § 5 Rn. 7.
[10] KG 8.8.2015 – Verg 1/15.
[11] FKZGM/Stoye VOB/A § 5 EU Rn. 5.
[12] Der Ausschluss dieser Haftung darf nicht in AGB vorgenommen werden, § 309 Nr. 8b cc BGB.
[13] jurisPK-VergabeR/Lausen VOB/A § 5 Rn. 16.

ein Abweichen gerechtfertigt, wenn der Liefer- ggü. dem Leistungsanteil entweder aufgrund seiner Komplexität oder aufgrund seines Werts eine besondere Bedeutung erlangt und vor diesem Hintergrund eine eigene Leistungsbeziehung zum Lieferanten geboten erscheint.[14] Ob der zur Abweichung berechtigende Einzelfall zutrifft, muss vom öffentlichen Auftraggeber bei der durchzuführenden Vergabe geprüft werden. Die Ausnahme und ihre spezifischen Gründe sind dann in die Dokumentation aufzunehmen.[15]

11 Soweit der öffentliche Auftraggeber Lieferungen und Bauleistungen nicht gemeinsam vergibt, kann der Auftragnehmer nach § 4 Abs. 3 VOB/B Bedenken gegen die Stoffe oder Bauteile anmelden. In diesem Fall entfällt nach § 13 Abs. 3 VOB/B die Haftung des Auftragnehmers für Mängel, die auf vom öffentlichen Auftraggeber bereitgestellte Stoffe oder Bauteile zurückzuführen sind.[16]

III. Losaufteilung (Abs. 2)

12 Abs. 2 Nr. 1 wiederholt (deklaratorisch) den Gesetzeswortlaut des § 97 Abs. 4 GWB, Abs. 2 Nr. 3 ist zwar nicht wortgleich, jedoch **inhaltlich identisch mit § 30 VgV**, so dass auf die dortigen Kommentierungen verwiesen wird (→ GWB § 97 Rn. 70 ff.; → VgV § 30 Rn. 1 ff.). Die in Abs. 2 Nr. 2 statuierte Pflicht zur Begründung einer Abweichung vom Gebot der Losaufteilung im **Vergabevermerk** ist zwar außerhalb der für die Vergabe von Bauleistungen geltenden Regelungen nicht explizit angeordnet, gleichwohl aber auch dort zu beachten (→ GWB § 97 Rn. 78).

§ 6 EU Teilnehmer am Wettbewerb

(1) **Öffentliche Aufträge werden an fachkundige und leistungsfähige (geeignete) Unternehmen vergeben, die nicht nach § 6e EU ausgeschlossen worden sind.**

(2) [1]**Ein Unternehmen ist geeignet, wenn es die durch den öffentlichen Auftraggeber im Einzelnen zur ordnungsgemäßen Ausführung des öffentlichen Auftrags festgelegten Kriterien (Eignungskriterien) erfüllt.** [2]**Die Eignungskriterien dürfen ausschließlich Folgendes betreffen:**
1. **Befähigung und Erlaubnis zur Berufsausübung,**
2. **wirtschaftliche und finanzielle Leistungsfähigkeit,**
3. **technische und berufliche Leistungsfähigkeit.**

[3]**Die Eignungskriterien müssen mit dem Auftragsgegenstand in Verbindung und zu diesem in einem angemessenen Verhältnis stehen.**

(3)
1. **Der Wettbewerb darf nicht auf Unternehmen beschränkt werden, die in bestimmten Regionen oder Orten ansässig sind.**
2. [1]**Bewerber- und Bietergemeinschaften sind Einzelbewerbern und -bietern gleichzusetzen.** [2]**Für den Fall der Auftragserteilung kann der öffentliche Auftraggeber verlangen, dass eine Bietergemeinschaft eine bestimmte Rechtsform annimmt, sofern dies für die ordnungsgemäße Durchführung des Auftrags notwendig ist.**

---

[14] Kapellmann/Messerschmidt/Stickler VOB/A § 5 Rn. 11, 12; Ingenstau/Korbion/Schranner VOB/A § 5 Rn. 17.
[15] jurisPK-VergabeR/Lausen VOB/A § 5 Rn. 18.
[16] jurisPK-VergabeR/Lausen VOB/A § 5 Rn. 19.

3. Der öffentliche Auftraggeber kann das Recht zur Teilnahme an dem Vergabeverfahren unter den Voraussetzungen des § 118 GWB beschränken.

4. ¹Hat ein Bewerber oder Bieter oder ein mit ihm in Verbindung stehendes Unternehmen vor Einleitung des Vergabeverfahrens den öffentlichen Auftraggeber beraten oder sonst unterstützt, so ergreift der öffentliche Auftraggeber angemessene Maßnahmen, um sicherzustellen, dass der Wettbewerb durch die Teilnahme dieses Bieters oder Bewerbers nicht verfälscht wird. ²Der betreffende Bewerber oder Bieter wird vom Verfahren nur dann ausgeschlossen, wenn keine andere Möglichkeit besteht, den Grundsatz der Gleichbehandlung zu gewährleisten. ³Vor einem solchen Ausschluss gibt der öffentliche Auftraggeber den Bewerbern oder Bietern die Möglichkeit, nachzuweisen, dass ihre Beteiligung an der Vorbereitung des Vergabeverfahrens den Wettbewerb nicht verzerren kann. ⁴Die ergriffenen Maßnahmen werden im Vergabevermerk dokumentiert.

Literatur: Frenz, Einbeziehung von Transportentfernungen in öffentliche Ausschreibungen, VergabeR 2013, 13. Vgl. iÜ die Angaben bei § 122 GWB, § 7 VgV und § 43 VgV.

I. Eignung und Eignungskriterien (Abs. 1 und 2)

§ 6 EU Abs. 1, 2 VOB/A **wiederholen deklaratorisch die gesetzlichen Bestimmungen** des § 122 Abs. 1, 2 GWB und § 122 Abs. 4 S. 1 GWB, so dass auf die dortigen Kommentierungen verwiesen werden kann (→ GWB § 122 Rn. 7 ff.). 1

II. Keine Beschränkung auf ortsansässige Unternehmen (Abs. 3 Nr. 1)

Der Wettbewerb darf nicht auf Unternehmen beschränkt werden, die in bestimmten Regionen oder Orten ansässig sind. Es ist eine **Säule des Gleichbehandlungsgrundsatzes und des Wettbewerbsprinzips**, ortsansässige und ortsfremde Unternehmen gleich zu behandeln. Dies stärkt den Wettbewerb unter den Unternehmen. Eine Ausnahme ist allenfalls iRd Parallelregelung des § 6 Abs. 1 VOB/A bei nationalen Vergaben mit geringen Auftragswerten zulässig. Hier kann es in Betracht kommen, in einer Beschränkten Ausschreibung oder Freihändigen Vergabe vor allem (aber nicht nur) Unternehmen aus dem Einzugsgebiet der Vergabestelle zur Angebotsabgabe aufzufordern, wenn die Vergabestelle bei objektiver Betrachtung zu dem Ergebnis gelangt, dass die Kosten im Verhältnis zum Auftragswert so erheblich sind, dass ortsferne Bieter sich schon aus Kostengründen nicht an einer bestimmten Ausschreibung beteiligen. 2

Das Verbot der Benachteiligung ortsfremder Bieter betrifft zunächst die **Gestaltung des Beschaffungsbedarfs.** Zwar genießt der Auftraggeber hier weitgehende Freiheiten. Daher ist der Auftraggeber grds. berechtigt, sich bei der Festlegung des Leistungsorts oder des Orts, an dem mit der Leistungserbringung begonnen werden soll, in erster Linie an seinen eigenen Bedürfnissen zu orientieren.[1] Dem Auftraggeber ist es allerdings untersagt, die Vergabebedingungen so zu gestalten, dass sich faktisch nur Unternehmen um den Auftrag bewerben können, die entweder ortsansässig sind oder mit einem ortsansässigen Unternehmen zusammenarbeiten. Eine potentielle Benachteiligung nicht ortsansässiger Unternehmen ist nur dann hinzu- 3

---

[1] OLG Koblenz 20.4.2016 – Verg 1/16, NZBau 2016, 792.

nehmen, wenn die Ortswahl sachlich legitimiert ist, die Vergabebedingungen zur Erreichung des legitimen Zwecks geeignet sind und die Ungleichbehandlung sich auf das Notwendige beschränkt, also verhältnismäßig ist.[2]

4   Nr. 1 verbietet ferner jegliche **mittelbare Diskriminierung** ortsferner Unternehmen. Dies gilt insbes. für die Festlegung der Eignungs- und Zuschlagskriterien. Verboten sind bspw. Kriterien wie „vorherige Zusammenarbeit", „regionale Erfahrung", „Erfahrung mit dem sächsischen Kataster", „Erfahrung mit Fördermittelanträgen im Freistaat Sachsen" oder dgl.[3] Diese Kriterien bevorzugen ortsansässige Unternehmen und verstoßen gegen Nr. 1. Genauso unzulässig ist es, bei der Wertung positiv zu berücksichtigen, dass ein Bieter die zuständigen Ansprechpartner bei Behörden oder gar der Vergabestelle kennt. Ähnliche Probleme stellen sich in den Fällen, in denen der Auftraggeber eine „**Verfügbarkeit vor Ort**" oder eine „verstärkte Präsenz" fordert. Die Rspr. setzt derartigen Kriterien zu Recht enge Grenzen.[4] Das OLG Düsseldorf hat dabei entschieden, dass das Kriterium „Verfügbarkeit und örtliche Präsenz" ein Eignungsmerkmal ist, das bei der Wertung nicht herangezogen werden darf.[5] Eine geforderte Einsatzbereitschaft innerhalb von 30 Minuten nach Eingang einer Störmeldung ist bei der Vergabe der technischen Betriebsführung der öffentlichen Wasserversorgungsanlagen und der Schmutzwasserentsorgung hingegen ein sachlich gerechtfertigtes und wettbewerbsrechtlich zulässiges Eignungskriterium, das keine Diskriminierung ortsfremder Bieter darstellt.[6]

III. Bewerber- und Bietergemeinschaften (Abs. 3 Nr. 2)

5   S. die Kommentierung zu § 43 Abs. 2 S. 1, Abs. 3 VgV.

IV. Beschränkung des Rechts zur Teilnahme am Vergabeverfahren (Abs. 3 Nr. 3)

6   Nach § 118 GWB können öffentliche Auftraggeber das Recht zur Teilnahme am Vergabeverfahren **Werkstätten für Menschen mit Behinderungen und Unternehmen** vorbehalten, deren Hauptzweck die soziale und berufliche Integration von Menschen mit Behinderungen oder von benachteiligten Personen ist. Dafür müssen bestimmte Voraussetzungen vorliegen, die § 118 GWB iE regelt. Nr. 3 stellt deklaratorisch fest, dass § 118 GWB auch für die Vergabe von Bauleistungen gilt.

V. Vorbefasste Bieter (Abs. 3 Nr. 4)

7   Nr. 4 **entspricht inhaltlich § 7 VgV** und nimmt den Ausschlussgrund des § 124 Abs. 1 Nr. 6 GWB in Bezug (S. 2). Auf die dortigen Kommentierungen wird verwiesen.

---

[2] OLG Koblenz 20.4.2016 – Verg 1/16, NZBau 2016, 792.
[3] VK Sachsen 31.1.2007 – 1/SVK/124-06, IBR 2007, 277; 19.11.2001 – 1/SVK/119-01, IBR 2002, 277.
[4] EuGH 27.10.2005 – C-234/03, IBR 2005, 696 = BeckRS 2005, 70822; VK Bund 22.1.2016 – VK 2–131/15, VPR 2016, 131; VK Bund 19.7.2013 – VK 1–51/13, VPR 2014, 36; VK Sachsen 31.1.2007 – 1/SVK/124-06, IBR 2007, 278 = BeckRS 2007, 3767.
[5] OLG Düsseldorf 3.8.2011 – Verg 16/11, IBR 2011, 662 = BeckRS 2011, 22545.
[6] OLG München 11.4.2013 – Verg 03/13, VPR 2013, 88 = BeckRS 2013, 7174.

VI. Rechtsschutz

Die Regelungen des § 6 EU Abs. 3 VOB/A sind **vollständig bieterschützend.** 8
Verstöße können zum Gegenstand eines Nachprüfungsverfahrens gemacht werden
oder Grundlage für Schadensersatzansprüche benachteiligter Bieter sein.

§ 6a EU Eignungsnachweise

Der öffentliche Auftraggeber kann Unternehmen nur die in den Nummern 1 bis 3 genannten Anforderungen an die Teilnahme auferlegen.
1. **Zum Nachweis der Befähigung und Erlaubnis zur Berufsausübung kann der öffentliche Auftraggeber die Eintragung in das Berufs- oder Handelsregister oder der Handwerksrolle ihres Sitzes oder Wohnsitzes verlangen.**
2. [1]**Zum Nachweis der wirtschaftlichen und finanziellen Leistungsfähigkeit kann der öffentliche Auftraggeber verlangen:**
    a) **die Vorlage entsprechender Bankerklärungen oder gegebenenfalls den Nachweis einer entsprechenden Berufshaftpflichtversicherung.**
    b) **die Vorlage von Jahresabschlüssen, falls deren Veröffentlichung in dem Land, in dem das Unternehmen ansässig ist, gesetzlich vorgeschrieben ist.**
    Zusätzlich können weitere Informationen, zum Beispiel über das Verhältnis zwischen Vermögen und Verbindlichkeiten in den Jahresabschlüssen, verlangt werden. Die Methoden und Kriterien für die Berücksichtigung weiterer Informationen müssen in den Vergabeunterlagen spezifiziert werden; sie müssen transparent, objektiv und nichtdiskriminierend sein.
    c) **eine Erklärung über den Umsatz des Unternehmens jeweils bezogen auf die letzten drei abgeschlossenen Geschäftsjahre, soweit er Bauleistungen und andere Leistungen betrifft, die mit der zu vergebenden Leistung vergleichbar sind, unter Einschluss des Anteils bei gemeinsam mit anderen Unternehmen ausgeführten Aufträgen.**
    Der öffentliche Auftraggeber kann von dem Unternehmen insbesondere verlangen, einen bestimmten Mindestjahresumsatz, einschließlich eines Mindestumsatzes in dem vom Auftrag abgedeckten Bereich nachzuweisen. Der geforderte Mindestjahresumsatz darf das Zweifache des geschätzten Auftragswerts nur in hinreichend begründeten Fällen übersteigen. Die Gründe sind in den Vergabeunterlagen oder in dem Vergabevermerk gemäß § 20 EU anzugeben.
    Ist ein Auftrag in Lose unterteilt, finden diese Regelungen auf jedes einzelne Los Anwendung. Der öffentliche Auftraggeber kann jedoch den Mindestjahresumsatz, der von Unternehmen verlangt wird, unter Bezugnahme auf eine Gruppe von Losen in dem Fall festlegen, dass der erfolgreiche Bieter den Zuschlag für mehrere Lose erhält, die gleichzeitig auszuführen sind.
    Sind auf einer Rahmenvereinbarung basierende Aufträge infolge eines erneuten Aufrufs zum Wettbewerb zu vergeben, wird der Höchstjahresumsatz aufgrund des erwarteten maximalen Umfangs spezifischer Aufträge berechnet, die gleichzeitig ausgeführt werden, oder – wenn dieser nicht bekannt ist – aufgrund des geschätzten Werts der Rahmenvereinbarung. Bei dynamischen Beschaffungssystemen wird der Höchstjahresumsatz auf der Basis des erwarteten Höchstumfangs konkreter Aufträge berechnet, die nach diesem System vergeben werden sollen.

²Der öffentliche Auftraggeber wird andere ihm geeignet erscheinende Nachweise der wirtschaftlichen und finanziellen Leistungsfähigkeit zulassen, wenn er feststellt, dass stichhaltige Gründe dafür bestehen.

3. Zum Nachweis der beruflichen und technischen Leistungsfähigkeit kann der öffentliche Auftraggeber je nach Art, Menge oder Umfang oder Verwendungszweck der ausgeschriebenen Leistung verlangen:
   a) Angaben über die Ausführung von Leistungen in den letzten bis zu fünf abgeschlossenen Kalenderjahren, die mit der zu vergebenden Leistung vergleichbar sind, wobei für die wichtigsten Bauleistungen Bescheinigungen über die ordnungsgemäße Ausführung und das Ergebnis beizufügen sind. Um einen ausreichenden Wettbewerb sicherzustellen, kann der öffentliche Auftraggeber darauf hinweisen, dass er auch einschlägige Bauleistungen berücksichtigen werde, die mehr als fünf Jahre zurückliegen;
   b) Angabe der technischen Fachkräfte oder der technischen Stellen, unabhängig davon, ob sie seinem Unternehmen angehören oder nicht, und zwar insbesondere derjenigen, die mit der Qualitätskontrolle beauftragt sind, und derjenigen, über die der Unternehmer für die Errichtung des Bauwerks verfügt;
   c) die Beschreibung der technischen Ausrüstung und Maßnahmen des Unternehmens zur Qualitätssicherung und seiner Untersuchungs- und Forschungsmöglichkeiten;
   d) Angabe des Lieferkettenmanagement- und -überwachungssystems, das dem Unternehmen zur Vertragserfüllung zur Verfügung steht;
   e) Studiennachweise und Bescheinigungen über die berufliche Befähigung des Dienstleisters oder Unternehmers und/oder der Führungskräfte des Unternehmens, sofern sie nicht als Zuschlagskriterium bewertet werden;
   f) Angabe der Umweltmanagementmaßnahmen, die der Unternehmer während der Auftragsausführung anwenden kann;
   g) Angaben über die Zahl der in den letzten drei abgeschlossenen Kalenderjahren jahresdurchschnittlich beschäftigten Arbeitskräfte, gliedert nach Lohngruppen mit gesondert ausgewiesenem technischem Leitungspersonal;
   h) eine Erklärung, aus der hervorgeht, über welche Ausstattung, welche Geräte und welche technische Ausrüstung das Unternehmen für die Ausführung des Auftrags verfügt;
   i) Angabe, welche Teile des Auftrags der Unternehmer unter Umständen als Unteraufträge zu vergeben beabsichtigt.

Literatur: Reuber, Die neue VOB/A, VergabeR 2016, 339.

1 § 6a EU VOB/A regelt die Eignungsanforderungen, die der öffentliche Auftraggeber an Unternehmen stellen darf. Wie sich aus § 6a EU S. 1 VOB/A ergibt, dürfen „nur" die in den Nr. 1–3 genannten Anforderungen an die Teilnahme auferlegt werden.[1]

2 So kann nach S. 1 Nr. 1 zum Nachweis der **Befähigung und Erlaubnis zur Berufsausübung** der öffentliche Auftraggeber ausschließl. die Eintragung in das Berufs- oder Handelsregister oder die Handwerksrolle ihres Sitzes oder Wohnsitzes verlangen. Dies gilt jedoch nicht in Bezug auf Bieter, die ihren Sitz nicht in Deutschland haben. Wie sich aus Art. 58 Abs. 2 RL 2014/24/EU ergibt, gilt in Bezug auf die Befähigung der Erlaubnis zur Berufsausübung das sog. **Herkunftslandprinzip**,

---

[1] Reuber VergabeR 2016, 339 (344).

dh, dass ein Bewerber oder Bieter, der nach den Rechtsvorschriften des EU-Mitgliedstaates nach seiner Niederlassung berechtigt ist, im Rahmen seiner Berufsausübung Leistungen der ausgeschriebenen Art zu erbringen, hierzu auch in allen anderen Mitgliedstaaten berechtigt sein soll. Dementsprechend sieht die RL 2014/24/EU in Anh. XI eine abschl. Liste der Belege, die der Auftraggeber – je EU-Mitgliedstaat – insoweit verlangen kann, vor. Für Unternehmen mit Sitz in Deutschland ist dort aufgeführt, dass die Eintragung in das Handelsregister oder die Handwerksrolle verlangt werden kann. Von Unternehmen aus anderen Mitgliedstaaten kann dagegen nur die Eintragung in ein im Anh. XI RL 2014/24/EU für ihren Mitgliedstaat aufgeführtes Register verlangt werden, soweit dort die Eintragung in dieses Register Voraussetzung für die Erbringung der ausgeschriebenen Leistungen ist. Von ausländischen Unternehmen kann jedenfalls nicht die Eintragung in das deutsche Handelsregister oder die Handwerksrolle verlangt werden.

Mit S. 1 Nr. 2 wird Art. 58 Abs. 3 RL 2014/24/EU iVm Anh. XII Teil 1 **3** RL 2014/24/EU umgesetzt. Anders als die Parallelvorschrift für den Bereich der Liefer- und Dienstleistungen, § 45 VgV, enthält Nr. 2 – soweit nicht nach S. 1 Nr. 2 lit. b „weitere Informationen" zu etwa geforderten Jahresabschlüssen verlangt werden können – eine **abschl. Regelung der Anforderungen, die in Bezug auf die wirtschaftliche und finanzielle Leistungsfähigkeit verlangt werden können.**[2] Das hätte so nicht vorgesehen werden müssen, da die entspr. Richtlinienregelung in Art. 58 Abs. 3 RL 2014/24/EU iVm Anh. XII Teil 1 RL 2014/24/EU für den Bereich der wirtschaftlichen und finanziellen Leistungsfähigkeit keine abschl. Auflistung entspr. Eignungsnachweise enthält. Da diese Regelung den Bieter nicht belastet, handelt es sich indes um eine europarechtlich unbedenkliche „überschießende Umsetzung", so dass davon ausgegangen werden muss, dass zur wirtschaftlichen und finanziellen Leistungsfähigkeit außerhalb der Öffnungsklausel in S. 1 Nr. 2 lit. b ausschließl. die unter § 6a EU S. 2 Nr. 2 VOB/A aufgelisteten Nachweise verlangt werden dürfen.

Die aufgezählten Nachweise der wirtschaftlichen und finanziellen Leistungsfähig- **4** keit entsprechen den in der Parallelvorschrift zu § 45 VgV genannten Nachweisen. § 6a EU S. 2 Nr. 2 lit. a VOB/A (Bankerklärungen/Berufshaftpflichtversicherung) entspricht § 45 Abs. 1 Nr. 3, Abs. 4 Nr. 1, 2 VgV, § 6a EU S. 2 Nr. 2 lit. b VOB/A (Jahresabschlüsse) entspricht § 45 Abs. 1 Nr. 2, Abs. 4 Nr. 3 VgV und § 6a EU S. 2 Nr. 2 lit. c VOB/A (Umsatzangaben und Mindestumsätze) entspricht § 45 Abs. 1 Nr. 1, Abs. 2, 3, 4 Nr. 4 VgV (s. iE → VgV § 45 Rn. 1 ff.).

Zusätzlich findet sich in § 6a EU Nr. 2 lit. c VOB/A in Umsetzung von Art. 58 **5** Abs. 3 UAbs. 5 RL 2014/24/EU eine Sonderregelung zu den möglichen Anforderungen an die Umsätze bei losweiser Vergabe, Rahmenvereinbarungen und dynamischen Beschaffungssystemen. § 6a EU S. 3 VOB/A entspricht § 45 Abs. 5 VgV. Danach können Bewerber oder Bieter, die aus einem berechtigten Grund die geforderten Unterlagen nicht beibringen können, ihre wirtschaftliche und finanzielle Leistungsfähigkeit durch **Vorlage anderer, vom öffentlichen Auftraggeber als geeignet angesehener Unterlagen** belegen (s. → VgV § 45 Rn. 17 ff.). Die Regelung gilt ausschließl. für den Bereich der finanziellen und wirtschaftlichen, nicht aber für den Bereich der beruflichen und technischen Leistungsfähigkeit.[3]

In § 6a EU Nr. 3 VOB/A sind die Nachweise der **beruflichen und technischen** **6** **Leistungsfähigkeit** aufgelistet, die der öffentliche Auftraggeber „je nach Art,

---

[2] Ebenso Reuber VergabeR 2016, 339 (344), Fn. 13; aA unter Verweis auf die Öffnungsklausel in § 6a EU Nr. 2 S. 2 VOB/A VK Lüneburg 10.8.2020 – VgK 19/2020, IBRRS 2021, 0091; Beck VergabeR/Mager VOB/A-EU § 6a Rn. 9; FKZGM/Mertens VOB/A § 6a Rn. 8; Ingenstau/Korbion/Schranner VOB/A § 6a EU Rn. 3; Kapellmann/Messerschmidt/Glahs VOB/A-EU § 6a Rn. 2.

[3] Ingenstau/Korbion/Schranner VOB/A § 6a EU Rn. 5.

VOB/A–EU § 6b — Mittel der Nachweisführung, Verfahren

Menge oder Umfang oder Verwendungszweck der ausgeschriebenen Leistung" verlangen kann. Die zitierte Einschränkung ist Ausdruck des Verhältnismäßigkeitsgrundsatzes und des Gebots des Auftragsbezugs iSv § 122 Abs. 4 S. 1 GWB und § 6 EU Abs. 2 S. 3 VOB/A. Die gestellten Anforderungen müssen unter Berücksichtigung von Art, Menge, Umfang und Verwendungszweck der im konkreten Fall ausgeschriebenen Leistungen verhältnismäßig sein. Die unter den Buchst. a–i iE aufgeführten Nachweise zur beruflichen und technischen Leistungsfähigkeit entsprechen den Vorgaben in Art. 58 Abs. 4 RL 2014/24/EU iVm Anh. XII Teil 2 RL 2014/24/EU und der Umsetzung in der Parallelvorschrift für Liefer- und Dienstleistungsaufträge in § 46 Abs. 3 Nr. 1–10 VgV (s. hierzu iE → VgV § 46 Rn. 11 ff.).

7 Für die unter § 6a EU Nr. 3 lit. a VOB/A aufgeführten **Referenzen** muss bei Bauleistungen allerdings ein **Zeitraum von mindestens fünf abgeschlossenen Kalenderjahren eröffnet sein.** Dieser Zeitraum kann – insbes. bei seltenen oder besonders umfangreichen Bauvorhaben[4] – zum Zwecke der Sicherstellung eines ausreichenden Wettbewerbs auch noch verlängert werden. Eine Verkürzung ist indes nicht zulässig.

§ 6b EU Mittel der Nachweisführung, Verfahren

(1) ¹Der Nachweis, auch über das Nichtvorliegen von Ausschlussgründen nach § 6e EU, kann wie folgt geführt werden:
1. durch die vom öffentlichen Auftraggeber direkt abrufbare Eintragung in die allgemein zugängliche Liste des Vereins für die Präqualifikation von Bauunternehmen e.V. (Präqualifikationsverzeichnis). Die im Präqualifikationsverzeichnis hinterlegten Angaben werden nicht ohne Begründung in Zweifel gezogen. Hinsichtlich der Zahlung von Steuern und Abgaben sowie der Sozialversicherungsbeiträge kann grundsätzlich eine zusätzliche Bescheinigung verlangt werden.
Die Eintragung in ein gleichwertiges Verzeichnis anderer Mitgliedstaaten ist als Nachweis ebenso zugelassen.
2. durch Vorlage von Einzelnachweisen. Der öffentliche Auftraggeber kann vorsehen, dass für einzelne Angaben Eigenerklärungen ausreichend sind. Eigenerklärungen, die als vorläufiger Nachweis dienen, sind von den Bietern, deren Angebote in die engere Wahl kommen, durch entsprechende Bescheinigungen der zuständigen Stellen zu bestätigen.
²Der öffentliche Auftraggeber akzeptiert als vorläufigen Nachweis auch eine Einheitliche Europäische Eigenerklärung (EEE).

(2)
1. Wenn dies zur angemessenen Durchführung des Verfahrens erforderlich ist, kann der öffentliche Auftraggeber Bewerber und Bieter, die eine Eigenerklärung abgegeben haben, jederzeit während des Verfahrens auffordern, sämtliche oder einen Teil der Nachweise beizubringen.
2. Beim offenen Verfahren fordert der öffentliche Auftraggeber vor Zuschlagserteilung den Bieter, an den er den Auftrag vergeben will und der bislang nur eine Eigenerklärung als vorläufigen Nachweis vorgelegt hat, auf, die einschlägigen Nachweise unverzüglich beizubringen und prüft diese.
3. ¹Beim nicht offenen Verfahren, beim Verhandlungsverfahren sowie beim wettbewerblichen Dialog und bei der Innovationspartnerschaft fordert der öffentliche Auftraggeber die in Frage kommenden Bewerber auf,

---

[4] Reuber VergabeR 2016, 339 (344).

ihre Eigenerklärungen durch einschlägige Nachweise unverzüglich zu belegen und prüft diese. ²Dabei sind die Bewerber auszuwählen, deren Eignung die für die Erfüllung der vertraglichen Verpflichtungen notwendige Sicherheit bietet.
4. Der öffentliche Auftraggeber greift auf das Informationssystem e-Certis zurück und verlangt in erster Linie jene Arten von Bescheinigungen und dokumentarischen Nachweisen, die von e-Certis abgedeckt sind.

(3) Unternehmen müssen keine Nachweise vorlegen,
– sofern und soweit die Zuschlag erteilende Stelle diese direkt über eine gebührenfreie nationale Datenbank in einem Mitgliedstaat erhalten kann, oder
– wenn die Zuschlag erteilende Stelle bereits im Besitz dieser Nachweise ist.

I. Bedeutung der Vorschrift

Während § 6a EU VOB/A die Anforderungen, die der öffentliche Auftraggeber 1
an die Eignung der Unternehmen stellen darf, betrifft, regelt § 6b EU VOB/A die **Art und Form der Eignungsnachweise**. Der öffentliche Auftraggeber muss den Unternehmen zwei alternative Möglichkeiten der Nachweisführung einräumen. Die eine Möglichkeit ist die **Eintragung in ein Präqualifikationsverzeichnis** nach § 6b EU Abs. 1 Nr. 1 VOB/A. Die andere ist die **Vorlage von Einzelnachweisen** zu den gestellten Anforderungen nach § 6b EU Abs. 1 Nr. 2 VOB/A. Im Bereich der Nachweisführung durch Einzelnachweise kann der öffentliche Auftraggeber wählen, ob er Belege in Form von echten Nachweisen, dh **Bescheinigungen** bzw. anderen, von Dritten ausgestellten Dokumenten, oder **Eigenerklärungen** verlangt. Den in § 48 Abs. 2 VgV für den Bereich von Liefer- und Dienstleistungsaufträgen enthaltenen Grundsatz, dass idR nur Eigenerklärungen verlangt werden dürfen, kennt der 2. Abschn. der VOB/A nicht. Dem Auftraggeber steht es offen, anstelle von Nachweisen als Beleg für die Erfüllung der gestellten Anforderungen Eigenerklärungen ausreichen zu lassen. Dabei hat der öffentliche Auftraggeber wiederum die Wahl, ob er die Eigenerklärungen als **„endgültigen Nachweis"** ausreichen lässt oder die Eigenerklärungen nur als **„vorläufigen Nachweis"** zulässt.[1] Im letzteren Fall ist er gem. § 6b EU Abs. 2 Nr. 2, 3 VOB/A verpflichtet, vor einer Auftragserteilung bzw. Auswahl im Teilnahmewettbewerb die Nachweise zu den eingereichten Eigenerklärungen anzufordern.

II. Präqualifikation (Abs. 1 Nr. 1)

Präqualifikation iSv § 6b EU Abs. 1 Nr. 1 VOB/A bedeutet, dass ein in die Liste 2
des Vereins für die Präqualifikation von Bauunternehmen eV eingetragenes Unternehmen **eine von einem konkreten Vergabeverfahren losgelöste Prüfung der Eignung** durch eine von diesem Verein zugelassene Präqualifizierungsstelle anhand standardisierter Eignungsnachweise mit Erfolg bestanden hat und infolgedessen in die Liste des Vereins eingetragen wurde, auf die in dem konkreten Vergabeverfahren zur Vermeidung wiederholter Eignungsprüfungen zurückgegriffen werden kann. Die europarechtliche Grundlage hierfür findet sich in Art. 64 RL 2014/24/EU. § 6b EU Abs. 1 Nr. 1 S. 1 VOB/A statuiert insoweit eine **Eignungsvermutung**. Danach dürfen bei Bewerbern oder Bietern, die in die allgemein zugängliche Liste

---

[1] Ebenso Beck VergabeR/Mager VOB/A-EU § 6b Rn. 11 f.; Ingenstau/Korbion/Schranner VOB/A § 6b EU Rn. 3.

des Vereins für Präqualifikation von Bauunternehmen eV (Präqualifikationsverzeichnis) eingetragen sind, die im Präqualifikationsverzeichnis hinterlegten Angaben vom öffentlichen Auftraggeber nicht ohne Begründung in Zweifel gezogen werden. Aufgrund dieser Vermutungsregelung ist von der Richtigkeit der Präqualifikation auszugehen, wenn der Auftraggeber keine Anhaltspunkte dafür hat, dass die im Präqualifikationsverzeichnis hinterlegten Angaben überholt oder aus einem anderen Grund falsch sind.[2] Lediglich im Hinblick auf die **Entrichtung von Steuern, Abgaben oder Sozialversicherungsbeiträgen** ist es dem öffentlichen Auftraggeber unabhängig von etwaigen „Verdachtsmomenten" freigestellt, die gesonderte Vorlage entspr. Belege – Eigenerklärungen oder Bescheinigungen – zu verlangen. Damit wird dem Umstand Rechnung getragen, dass sich abseits der üblichen Zertifizierungen kurzfristige Änderungen in diesem Bereich einstellen können, die möglicherweise zu einem Ausschluss veranlassen.[3] Auch bei präqualifizierten Unternehmen ist der öffentliche Auftraggeber jedoch verpflichtet zu prüfen, ob die im Präqualifikationsverzeichnis hinterlegten Nachweise die im konkreten Vergabeverfahren festgelegten Eignungsanforderungen erfüllen.[4] Erfüllen etwa die im Präqualifikationsverzeichnis hinterlegten Referenzen nicht die im konkreten Vergabeverfahren festgelegten Referenzanforderungen, dürfen keine weiteren Referenzen nachgefordert werden, sondern das Unternehmen ist auszuschließen.[5]

3   Zu beachten ist jedoch, dass Art. 64 RL 2014/24/EU nicht nur die Wirkung der Eintragung in ein Präqualifikationsverzeichnis regelt, sondern auch **Voraussetzungen in Bezug auf die entspr. Zertifizierungsstellen** enthält. Soweit es sich um privatrechtliche Zertifizierungsstellen handelt, müssen diese gem. Art. 64 Abs. 1 RL 2014/24/EU dem „europäischen Zertifizierungsstandard iSd Anhangs VII genügen". Indes ist der Verweis auf Anh. VII RL 2014/24/EU, in dem die Begriffsbestimmungen zu den „Technischen Spezifikationen" enthalten sind, für eine Klarstellung der Anforderungen, die an entspr. Zertifizierungsstellen zu stellen sind, nicht hilfreich. Es stellt sich damit die Frage, ob die vom Verein für die Präqualifikation von Bauunternehmen eV zugelassenen Zertifizierungsstellen, bei denen es sich, soweit ersichtlich, um privatrechtlich organisierte Institutionen handelt, die nach Art. 64 RL 2014/24/EU geltenden Voraussetzungen erfüllen. Sollte dies nicht der Fall sein, könnte zumindest im Anwendungsbereich des 2. Abschn. der VOB/A die Eintragung in die Präqualifikationsliste keine Eignungsvermutung vermitteln (s. auch → VgV § 48 Rn. 23 ff.).

III. Einzelnachweise (Abs. 1 Nr. 2)

4   Bewerber oder Bieter, die nicht in das Präqualifikationsverzeichnis nach § 6b EU Abs. 1 Nr. 1 VOB/A eingetragen sind, müssen die Erfüllung der gem. § 6a EU VOB/A bestimmten Anforderungen an die Eignung sowie die Nichterfüllung von Ausschlussgründen (s. § 6e EU VOB/A) in Form von Einzelnachweisen belegen. In welcher Form diese Einzelnachweise zu führen sind, kann der öffentliche Auftraggeber nach § 6b EU Abs. 1 Nr. 2 VOB/A grds. frei entscheiden. Nach dieser Vorschrift ist er berechtigt, unmittelbar Nachweise in Form von Bescheinigungen oder anderen von Dritten ausgestellten Dokumenten zu fordern. Er hat aber auch die Möglichkeit, anstelle von solchen Nachweisen **Eigenerklärungen** anzufordern. Insoweit kann er sich dafür entscheiden, die Eigenerklärungen als **„endgültigen**

---

[2] VK Sachsen-Anhalt 26.6.2019 – 1 VK LSA 30/18, IBRRS 2019, 2361.
[3] Noch VergabeR Kap. A Rn. 761, 762; s. auch → VgV § 48 Rn. 27.
[4] OLG Düsseldorf 8.6.2022 – Verg 19/22, IBRRS 2022, 1970; VK Bund 8.6.2021 – VK 1–38/21, IBRRS 2021, 3011.
[5] OLG Düsseldorf 8.6.2022 – Verg 19/22, IBRRS 2022, 1970.

Nachweis" genügen zu lassen. In diesem Fall darf er weitere Nachweise zur Überprüfung der Richtigkeit der vorgelegten Eigenerklärungen nur noch unter der Voraussetzung des § 6b EU Abs. 2 Nr. 1 VOB/A anfordern, dass dies zur angemessenen Durchführung des Verfahrens erforderlich ist. Das ist immer dann der Fall, wenn der öffentliche Auftraggeber konkrete Anhaltspunkte dafür hat, dass die abgegebenen Eigenerklärungen unzutreffend sein könnten.[6]

Der öffentliche Auftraggeber kann Eigenerklärungen aber auch als **„vorläufigen** 5 **Nachweis"** verlangen. In diesem Fall ist er nicht nur berechtigt, sondern gem. § 6b EU Abs. 2 Nr. 2, 3 VOB/A verpflichtet, vom „Zuschlagsbieter" bzw. den in einem Teilnahmewettbewerb für die Auswahl in Betracht gezogenen Bewerbern die einschlägigen Nachweise (Bescheinigungen etc) zum Beleg ihrer Eigenerklärungen vorzulegen.[7] Das **Vergabehandbuch** des Bundes sowie die entspr. Vergabehandbücher der Länder geben den öffentlichen Auftraggebern den Weg der Anforderung einer Eigenerklärung als vorläufigen Nachweis vor. Danach haben nicht präqualifizierte Bieter zunächst eine Eigenerklärung mittels Formblatt 124 einzureichen und die öffentlichen Auftraggeber vom Zuschlagsbieter die entspr. Bescheinigungen und Nachweise zur Verifizierung der Eigenerklärungen vor Zuschlagserteilung anzufordern.[8]

Nach § 6b EU Nr. 2 S. 4 VOB/A akzeptiert der öffentliche Auftraggeber als 6 vorläufigen Nachweis der Eignung auch eine **Einheitliche Europäische Eigenerklärung** (EEE; s. hierzu iE → VgV § 48 Rn. 1 ff.). Die in Bezug auf die EEE statuierte Akzeptanzpflicht wirkt sich iE wie folgt aus: Verlangt der öffentliche Auftraggeber ausschl. Eigenerklärungen als „endgültigen Nachweis", ist auch eine entspr. ausgefüllte EEE als solche zu akzeptieren.[9] Werden Eigenerklärungen als vorläufiger Nachweis der Eignung verlangt, ist eine eingereichte und entspr. ausgefüllte EEE als solche auch dann zu akzeptieren, wenn der öffentliche Auftraggeber hierfür grds. andere Formulare vorgesehen hat (zB das Formblatt 124 der einschlägigen Vergabehandbücher). Fordert der öffentliche Auftraggeber bereits mit dem Teilnahmeantrag bzw. Angebot die Vorlage von Bescheinigungen oder anderen Dokumenten, kann ein Bewerber oder Bieter anstelle der Vorlage dieser Unterlagen eine ausgefüllte EEE als vorläufigen Beleg seiner Eignung vorlegen. Der öffentliche Auftraggeber darf den Bewerber oder Bieter in diesem Fall nicht wegen Fehlens der geforderten Unterlagen ausschließen. Vielmehr muss er von dem betreffenden Bieter die geforderten Unterlagen unter Fristsetzung nachfordern. Dies ergibt sich aus § 6b EU Abs. 2 Nr. 2, 3 VOB/A.

Bei den in § 6b EU Abs. 2 Nr. 3 S. 1 VOB/A angesprochenen Verfahren mit 7 **Teilnahmewettbewerb** bietet es sich idR nicht an, Eigenerklärungen als „vorläufigen Nachweis" zu verlangen. In diesem Fall müssten von allen Bewerbern obligatorisch zusätzlich die Nachweise zum Beleg der Eigenerklärungen nachgefordert werden, bevor eine Auswahlentscheidung getroffen wird. Es ist deshalb bei solchen Verfahren zulässig, unmittelbar mit dem Teilnahmeantrag die entspr. Nachweise und Bescheinigungen zu verlangen und die Möglichkeit der Abgabe von Eigenerklärungen auszuschließen. Insoweit kann auch die Akzeptanzpflicht in Bezug auf eine EEE ausgeschlossen werden.[10] Der Auftraggeber kann sich in einem Teilnahmewettbewerb aber auch auf Eigenerklärungen als endgültigen Nachweis der Eignung

---

[6] Ingenstau/Korbion/Schranner VOB/A § 6b EU Rn. 4.
[7] Ebenso Ingenstau/Korbion/Schranner VOB/A § 6b EU Rn. 3.
[8] S. Richtlinie 4.1.1 der Richtlinien zu 321 VHB-Bund-Stand Juli 2019; soweit darin vorgesehen ist, die entspr. Belege von allen Unternehmen „der engeren Wahl" anzufordern, widerspricht dies § 6b EU Abs. 2 Nr. 2 VOB/A, der diese Möglichkeit nur in Bezug auf den „Zuschlagsbieter" eröffnet.
[9] RKMPP/Röwekamp VgV § 50 Rn. 24; s. → VgV § 48 Rn. 6 ff.
[10] Erwgr. 84 der RL 2014/24/EU; s. → VgV § 42 Rn. 6 ff.

beschränken. Soweit § 6b EU Abs. 2 Nr. 3 S. 2 VOB/A für Verfahren mit Teilnahmewettbewerb vorsieht, dass die Bewerber auszuwählen sind, deren Eignung die für die Erfüllung der vertraglichen Verpflichtungen notwendige Sicherheit bieten, ist ergänzend auf § 3b EU Abs. 2 Nr. 3 VOB/A zu verweisen, wonach diese Auswahl anhand vorab bestimmter und bekannt gegebener objektiver und nichtdiskriminierender Eignungskriterien zu erfolgen hat (s. auch → VOB/A § 3b EU Rn. 1 ff. sowie → VgV § 51 Rn. 1 ff.).

8   Soweit der Auftraggeber anstelle oder zum Beleg von Eigenerklärungen Nachweise fordert, soll er nach § 6b EU Abs. 2 Nr. 4 VOB/A in erster Linie jene Arten von Bescheinigungen und dokumentarischen Nachweisen verlangen, die vom **Online-Dokumenten-Archiv e-Certis** abgedeckt sind (s. hierzu iE → VgV § 48 Rn. 6 ff.).

IV. Befreiung von der Vorlage von Nachweisen (Abs. 3)

9   Nach § 6b EU Abs. 3 VOB/A müssen Unternehmen die geforderten **Nachweise ausnahmsweise nicht vorlegen**, wenn diese entweder über eine gebührenfreie nationale Datenbank abgerufen werden können oder die Vergabestelle bereits im Besitz dieser Nachweise ist. Mit dieser Regelung wurde Art. 59 Abs. 5 RL 2014/24/EU umgesetzt. Liegen diese Voraussetzungen vor, kann ein Bieter, der die geforderten Nachweise nicht rechtzeitig vorlegt, nicht ausgeschlossen werden. Zu beachten ist, dass die Vorschrift hinsichtlich des Besitzes des entspr. Nachweises nicht auf den „öffentlichen Auftraggeber", sondern auf die den „Zuschlag erteilende Stelle" abstellt, dh, dass die konkret zuständige Vergabestelle im Besitz des entspr. Nachweises sein muss.[11] Selbst wenn dies der Fall ist, kann gem. § 6b EU Abs. 2 Nr. 1 VOB/A dennoch ein entspr. Nachweis verlangt werden, wenn dies iSd Prüfung der Aktualität erforderlich erscheint.[12] Will sich ein Bewerber oder Bieter auf eine Ausnahme von der Vorlagepflicht berufen, hat er dem öffentlichen Auftraggeber darüber Auskunft zu erteilen, im Rahmen welcher Vergabeverfahren welche Unterlagen eingereicht worden sind bzw. bei welcher konkreten Datenbank welche Unterlagen abrufbar sind.[13]

§ 6c EU Qualitätssicherung und Umweltmanagement

(1) ¹Verlangt der öffentliche Auftraggeber zum Nachweis dafür, dass Bewerber oder Bieter bestimmte Normen der Qualitätssicherung erfüllen, die Vorlage von Bescheinigungen unabhängiger Stellen, so bezieht sich der öffentliche Auftraggeber auf Qualitätssicherungssysteme, die
1. den einschlägigen europäischen Normen genügen und
2. von akkreditierten Stellen zertifiziert sind.
²Der öffentliche Auftraggeber erkennt auch gleichwertige Bescheinigungen von akkreditierten Stellen aus anderen Staaten an. ³Konnte ein Unternehmen aus Gründen, die es nicht zu vertreten hat, die betreffenden Bescheinigungen nicht innerhalb der einschlägigen Fristen einholen, so muss der öffentliche Auftraggeber auch andere Unterlagen über gleichwertige Qualitätssicherungssysteme anerkennen, sofern das Unternehmen nachweist, dass die vorgeschlagenen Qualitätssicherungsmaßnahmen den geforderten Qualitätssicherungsnormen entsprechen.

---

[11] Ebenso Jansen NZBau 2019, 147 (149).
[12] IdS auch Ingenstau/Korbion/Schranner VOB/A § 6b EU Rn. 7.
[13] VK Thüringen 19.8.2019 – 250–4004-13510/2019-E-013-EF, IBRRS 2020, 0338 für die Parallelvorschrift in § 50 Abs. 3 Nr. 2 VgV; Beck VergabeR/Mager VOB/A-EU § 6b Rn. 32 f.

(2) ¹Verlangt der öffentliche Auftraggeber zum Nachweis dafür, dass Bewerber oder Bieter bestimmte Systeme oder Normen des Umweltmanagements erfüllen, die Vorlage von Bescheinigungen unabhängiger Stellen, so bezieht sich der öffentliche Auftraggeber
1. entweder auf das Gemeinschaftssystem für das Umweltmanagement und die Umweltbetriebsprüfung (EMAS) der Europäischen Union oder
2. auf andere nach Artikel 45 der Verordnung (EG) 1221/2009 anerkannte Umweltmanagementsysteme oder
3. auf andere Normen für das Umweltmanagement, die auf den einschlägigen europäischen oder internationalen Normen beruhen und von akkreditierten Stellen zertifiziert sind.

²Der öffentliche Auftraggeber erkennt auch gleichwertige Bescheinigungen von Stellen in anderen Staaten an. ³Hatte ein Unternehmen aus Gründen, die ihm nicht zugerechnet werden können, nachweislich keinen Zugang zu den betreffenden Bescheinigungen oder aus Gründen, die es nicht zu vertreten hat, keine Möglichkeit, diese innerhalb der einschlägigen Fristen zu erlangen, so muss der öffentliche Auftraggeber auch andere Nachweise über gleichwertige Umweltmanagementmaßnahmen anerkennen, sofern das Unternehmen nachweist, dass diese Maßnahmen mit denen, die nach dem geltenden System oder den geltenden Normen für das Umweltmanagement erforderlich sind, gleichwertig sind.

§ 6c EU VOB/A hat denselben Regelungsgehalt wie § 49 VgV, so dass auf die Kommentierung zu → VgV § 49 Rn. 1 ff. verwiesen werden kann. **1**

§ 6d EU Kapazitäten anderer Unternehmen

(1) ¹Ein Bewerber oder Bieter kann sich zum Nachweis seiner Eignung auf andere Unternehmen stützen – ungeachtet des rechtlichen Charakters der zwischen ihm und diesen Unternehmen bestehenden Verbindungen (Eignungsleihe). ²In diesem Fall weist er dem öffentlichen Auftraggeber gegenüber nach, dass ihm die erforderlichen Kapazitäten zur Verfügung stehen werden, indem er beispielsweise die diesbezüglichen verpflichtenden Zusagen dieser Unternehmen vorlegt. ³Eine Inanspruchnahme der Kapazitäten anderer Unternehmen für die berufliche Befähigung (§ 6a EU Absatz 1 Nummer 3 Buchstabe e) oder der beruflichen Erfahrung (§ 6a EU Absatz 1 Nummer 3 Buchstaben a und b) ist nur möglich, wenn diese Unternehmen die Arbeiten ausführen, für die diese Kapazitäten benötigt werden. ⁴Der öffentliche Auftraggeber hat zu überprüfen, ob diese Unternehmen die entsprechenden Anforderungen an die Eignung gemäß § 6a EU erfüllen und ob Ausschlussgründe gemäß § 6 EU vorliegen. ⁵Der öffentliche Auftraggeber schreibt vor, dass der Bieter ein Unternehmen, das eine einschlägige Eignungsanforderung nicht erfüllt oder bei dem Ausschlussgründe gemäß § 6e EU Absatz 1 bis 5 vorliegen, zu ersetzen hat. ⁶Der öffentliche Auftraggeber kann vorschreiben, dass der Bieter ein Unternehmen, bei dem Ausschlussgründe gemäß § 6e EU Absatz 6 vorliegen, ersetzt.

(2) Nimmt ein Bewerber oder Bieter im Hinblick auf die Kriterien für die wirtschaftliche und finanzielle Leistungsfähigkeit die Kapazitäten anderer Unternehmen in Anspruch, so kann der öffentliche Auftraggeber vorschreiben, dass Bewerber oder Bieter und diese Unternehmen gemeinsam für die Auftragsausführung haften.

(3) Werden die Kapazitäten anderer Unternehmen gemäß Absatz 1 in Anspruch genommen, so muss die Nachweisführung entsprechend § 6b EU auch für diese Unternehmen erfolgen.

(4) **Der öffentliche Auftraggeber kann vorschreiben, dass bestimmte kritische Aufgaben direkt vom Bieter selbst oder – wenn der Bieter einer Bietergemeinschaft angehört – von einem Mitglied der Bietergemeinschaft ausgeführt werden.**

1 § 6d EU VOB/A dient – wie § 47 VgV – der Umsetzung von Art. 63 RL 2014/24/EU. Soweit in den beiden Vorschriften unterschiedliche Formulierungen oder Begrifflichkeiten verwendet werden (zB „Zusagen" statt „Verpflichtungserklärungen"), ergibt sich hieraus kein abweichender Regelungsgehalt, so dass auf die Kommentierung zu → VgV § 47 Rn. 1 ff. verwiesen werden kann.

2 Die in § 47 Abs. 3 VgV enthaltene Regelung, wonach die Grundsätze der Eignungsleihe auch für Bewerber- oder Bietergemeinschaften gelten, fehlt zwar in § 6d EU VOB/A. Dies ergibt sich aber aus § 6 EU Abs. 3 Nr. 2 S. 1 VOB/A.

3 Mit § 6d EU Abs. 3 VOB/A wird klargestellt, dass die Anforderungen an die Nachweisführung zur Eignung des anderen Unternehmens und des Nichtvorliegens von Ausschlussgründen die gleichen sind, wie sie für den Bieter selbst gelten.

§ 6e EU Ausschlussgründe

(1) **Der öffentliche Auftraggeber schließt ein Unternehmen zu jedem Zeitpunkt des Vergabeverfahrens von der Teilnahme aus, wenn er Kenntnis davon hat, dass eine Person, deren Verhalten nach Absatz 3 dem Unternehmen zuzurechnen ist, rechtskräftig verurteilt oder gegen das Unternehmen eine Geldbuße nach § 30 des Gesetzes über Ordnungswidrigkeiten rechtskräftig festgesetzt worden ist wegen einer Straftat nach:**
1. **§ 129 des Strafgesetzbuchs (StGB) (Bildung krimineller Vereinigungen), § 129a StGB (Bildung terroristischer Vereinigungen) oder § 129b StGB (kriminelle und terroristische Vereinigungen im Ausland),**
2. **§ 89c StGB (Terrorismusfinanzierung) oder wegen der Teilnahme an einer solchen Tat oder wegen der Bereitstellung oder Sammlung finanzieller Mittel in Kenntnis dessen, dass diese finanziellen Mittel ganz oder teilweise dazu verwendet werden oder verwendet werden sollen, eine Tat nach § 89a Absatz 2 Nummer 2 StGB zu begehen,**
3. **§ 261 StGB (Geldwäsche; Verschleierung unrechtmäßig erlangter Vermögenswerte),**
4. **§ 263 StGB (Betrug), soweit sich die Straftat gegen den Haushalt der Europäischen Union oder gegen Haushalte richtet, die von der Europäischen Union oder in ihrem Auftrag verwaltet werden,**
5. **§ 264 StGB (Subventionsbetrug), soweit sich die Straftat gegen den Haushalt der Europäischen Union oder gegen Haushalte richtet, die von der Europäischen Union oder in ihrem Auftrag verwaltet werden,**
6. **§ 299 StGB (Bestechlichkeit und Bestechung im geschäftlichen Verkehr), §§ 299a und 299b StGB (Bestechlichkeit und Bestechung im Gesundheitswesen),**
7. **§ 108e StGB (Bestechlichkeit und Bestechung von Mandatsträgern),**
8. **den §§ 333 und 334 StGB (Vorteilsgewährung und Bestechung), jeweils auch in Verbindung mit § 335a StGB (Ausländische und internationale Bedienstete),**
9. **Artikel 2 § 2 des Gesetzes zur Bekämpfung internationaler Bestechung (Bestechung ausländischer Abgeordneter im Zusammenhang mit internationalem Geschäftsverkehr) oder**
10. **den §§ 232, 232a Absatz 1 bis 5, den §§ 232b bis 233a StGB (Menschenhandel, Zwangsprostitution, Zwangsarbeit, Ausbeutung der Arbeitskraft, Ausbeutung unter Ausnutzung einer Freiheitsberaubung).**

(2) Einer Verurteilung oder der Festsetzung einer Geldbuße im Sinne des Absatzes 1 stehen eine Verurteilung oder die Festsetzung einer Geldbuße nach den vergleichbaren Vorschriften anderer Staaten gleich.

(3) Das Verhalten einer rechtskräftig verurteilten Person ist einem Unternehmen zuzurechnen, wenn diese Person als für die Leitung des Unternehmens Verantwortlicher gehandelt hat; dazu gehört auch die Überwachung der Geschäftsführung oder die sonstige Ausübung von Kontrollbefugnissen in leitender Stellung.

(4) [1]Der öffentliche Auftraggeber schließt ein Unternehmen von der Teilnahme an einem Vergabeverfahren aus, wenn
1. das Unternehmen seinen Verpflichtungen zur Zahlung von Steuern, Abgaben und Beiträgen zur Sozialversicherung nicht nachgekommen ist und dies durch eine rechtskräftige Gerichts- oder bestandskräftige Verwaltungsentscheidung festgestellt wurde, oder
2. der öffentliche Auftraggeber auf sonstige geeignete Weise die Verletzung einer Verpflichtung nach Nummer 1 nachweisen kann.

[2]Satz 1 findet keine Anwendung, wenn das Unternehmen seinen Verpflichtungen dadurch nachgekommen ist, dass es die Zahlung vorgenommen oder sich zur Zahlung der Steuern, Abgaben und Beiträge zur Sozialversicherung einschließlich Zinsen, Säumnis- und Strafzuschlägen verpflichtet hat.

(5) [1]Von einem Ausschluss nach Absatz 1 kann abgesehen werden, wenn dies aus zwingenden Gründen des öffentlichen Interesses geboten ist. [2]Von einem Ausschluss nach Absatz 4 Satz 1 kann abgesehen werden, wenn dies aus zwingenden Gründen des öffentlichen Interesses geboten ist oder ein Ausschluss offensichtlich unverhältnismäßig wäre. [3]§ 6f EU Absatz 1 und 2 bleiben unberührt.

(6) Der öffentliche Auftraggeber kann unter Berücksichtigung des Grundsatzes der Verhältnismäßigkeit ein Unternehmen zu jedem Zeitpunkt des Vergabeverfahrens von der Teilnahme an einem Vergabeverfahren ausschließen, wenn
1. das Unternehmen bei der Ausführung öffentlicher Aufträge nachweislich gegen geltende umwelt-, sozial- und arbeitsrechtliche Verpflichtungen verstoßen hat,
2. das Unternehmen zahlungsunfähig ist, über das Vermögen des Unternehmens ein Insolvenzverfahren oder ein vergleichbares Verfahren beantragt oder eröffnet worden ist, die Eröffnung eines solchen Verfahrens mangels Masse abgelehnt worden ist, sich das Unternehmen im Verfahren der Liquidation befindet oder seine Tätigkeit eingestellt hat,
3. das Unternehmen im Rahmen der beruflichen Tätigkeit nachweislich eine schwere Verfehlung begangen hat, durch die die Integrität des Unternehmens infrage gestellt wird; § 6e EU Absatz 3 ist entsprechend anzuwenden,
4. der öffentliche Auftraggeber über hinreichende Anhaltspunkte dafür verfügt, dass das Unternehmen mit anderen Unternehmen Vereinbarungen getroffen oder Verhaltensweisen aufeinander abgestimmt hat, die eine Verhinderung, Einschränkung oder Verfälschung des Wettbewerbs bezwecken oder bewirken,
5. ein Interessenkonflikt bei der Durchführung des Vergabeverfahrens besteht, der die Unparteilichkeit und Unabhängigkeit einer für den öffentlichen Auftraggeber tätigen Person bei der Durchführung des Vergabeverfahrens beeinträchtigen könnte und der durch andere, weniger einschneidende Maßnahmen nicht wirksam beseitigt werden kann,

6. eine Wettbewerbsverzerrung daraus resultiert, dass das Unternehmen bereits in die Vorbereitung des Vergabeverfahrens einbezogen war, und diese Wettbewerbsverzerrung nicht durch andere, weniger einschneidende Maßnahmen beseitigt werden kann,
7. das Unternehmen eine wesentliche Anforderung bei der Ausführung eines früheren öffentlichen Auftrags erheblich oder fortdauernd mangelhaft erfüllt hat und dies zu einer vorzeitigen Beendigung, zu Schadensersatz oder zu einer vergleichbaren Rechtsfolge geführt hat,
8. das Unternehmen in Bezug auf Ausschlussgründe oder Eignungskriterien eine schwerwiegende Täuschung begangen, Auskünfte zurückgehalten hat oder nicht in der Lage ist, die erforderlichen Nachweise zu übermitteln oder
9. das Unternehmen
    a) versucht hat, die Entscheidungsfindung des öffentlichen Auftraggebers in unzulässiger Weise zu beeinflussen,
    b) versucht hat, vertrauliche Informationen zu erhalten, durch die es unzulässige Vorteile beim Vergabeverfahren erlangen könnte, oder
    c) fahrlässig oder vorsätzlich irreführende Informationen übermittelt hat, die die Vergabeentscheidung des öffentlichen Auftraggebers erheblich beeinflussen könnten oder versucht hat, solche Informationen zu übermitteln.

Literatur: Vgl. die Angaben bei den §§ 123, 124 und 125 GWB sowie Einl. WRegG.

1 § 6e EU VOB/A wiederholt in den Abs. 1–5 die Regelung des **§ 123 GWB** zu den zwingenden Ausschlussgründen und in Abs. 6 die Regelung des **§ 124 Abs. 1 GWB** zu den fakultativen Ausschlussgründen. Auf die Kommentierung dieser Vorschriften wird verwiesen. Wegen der zentralen Bedeutung der Vorschriften sollten diese auch noch einmal in der VOB/A erscheinen.[1]

2 Daneben sind die spezialgesetzlichen Ausschlussgründe nach § 21 AEntG, § 98c AufenthG, § 19 MiLoG, § 21 SchwarzArbG und § 22 LkSG zu berücksichtigen. Dies ergibt sich unmittelbar aus **§ 124 Abs. 2 GWB,** der nicht in die VOB/A übernommen wurde (s. die Kommentierung zu → GWB § 124 Rn. 54 ff.).

§ 6f EU Selbstreinigung

(1) [1]Öffentliche Auftraggeber schließen ein Unternehmen, bei dem ein Ausschlussgrund nach § 6e EU vorliegt, nicht von der Teilnahme an dem Vergabeverfahren aus, wenn das Unternehmen dem öffentlichen Auftraggeber oder nach § 8 des Wettbewerbsregistergesetzes dem Bundeskartellamt nachgewiesen hat, dass es
1. für jeden durch eine Straftat oder ein Fehlverhalten verursachten Schaden einen Ausgleich gezahlt oder sich zur Zahlung eines Ausgleichs verpflichtet hat,
2. die Tatsachen und Umstände, die mit der Straftat oder dem Fehlverhalten und dem dadurch verursachten Schaden in Zusammenhang stehen, durch eine aktive Zusammenarbeit mit den Ermittlungsbehörden und dem öffentlichen Auftraggeber umfassend geklärt hat und
3. konkrete technische, organisatorische und personelle Maßnahmen ergriffen hat, die geeignet sind, weitere Straftaten oder weiteres Fehlverhalten zu vermeiden.

---

[1] S. Hinweise für die VOB/A 2016, BAnz. AT 19.1.2016 B3.

²§ 6e EU Absatz 4 Satz 2 bleibt unberührt.

(2) ¹Bei der Bewertung der von dem Unternehmen ergriffenen Selbstreinigungsmaßnahmen sind die Schwere und die besonderen Umstände der Straftat oder des Fehlverhaltens zu berücksichtigen. ²Die Entscheidung, dass die Selbstreinigungsmaßnahmen des Unternehmens als unzureichend bewertet werden, ist gegenüber dem Unternehmen zu begründen.

(3) Wenn ein Unternehmen, bei dem ein Ausschlussgrund vorliegt, keine oder keine ausreichenden Selbstreinigungsmaßnahmen nach Absatz 1 ergreift, darf es
1. bei Vorliegen eines Ausschlussgrundes nach § 6e EU Absatz 1 bis 4 höchstens für einen Zeitraum von fünf Jahren ab dem Tag der rechtskräftigen Verurteilung von der Teilnahme an Vergabeverfahren ausgeschlossen werden,
2. bei Vorliegen eines Ausschlussgrundes nach § 6e EU Absatz 6 höchstens für einen Zeitraum von drei Jahren ab dem betreffenden Ereignis von der Teilnahme an Vergabeverfahren ausgeschlossen werden.

Literatur: Vgl. die Angaben bei § 125 GWB und Einl. WRegG.

§ 6f EU VOB/A wiederholt in den Abs. 1–2 die Regelung des **§ 125 GWB** zur Selbstreinigung und in Abs. 3 die Regelung des **§ 126 GWB** zur Höchstdauer der Berücksichtigung von Ausschlussgründen. Auf die Kommentierung dieser Vorschriften wird verwiesen, → GWB § 125 Rn. 1 ff., → GWB § 126 Rn. 1 ff.

§ 7 EU Leistungsbeschreibung

(1)
1. Die Leistung ist eindeutig und so erschöpfend zu beschreiben, dass alle Bewerber die Beschreibung im gleichen Sinne verstehen müssen und ihre Preise sicher und ohne umfangreiche Vorarbeiten berechnen können.
2. Um eine einwandfreie Preisermittlung zu ermöglichen, sind alle sie beeinflussenden Umstände festzustellen und in den Vergabeunterlagen anzugeben.
3. Dem Auftragnehmer darf kein ungewöhnliches Wagnis aufgebürdet werden für Umstände und Ereignisse, auf die er keinen Einfluss hat und deren Einwirkung auf die Preise und Fristen er nicht im Voraus schätzen kann.
4. ¹Bedarfspositionen sind grundsätzlich nicht in die Leistungsbeschreibung aufzunehmen. ²Angehängte Stundenlohnarbeiten dürfen nur in dem unbedingt erforderlichen Umfang in die Leistungsbeschreibung aufgenommen werden.
5. Erforderlichenfalls sind auch der Zweck und die vorgesehene Beanspruchung der fertigen Leistung anzugeben.
6. Die für die Ausführung der Leistung wesentlichen Verhältnisse der Baustelle, z.B. Boden- und Wasserverhältnisse, sind so zu beschreiben, dass der Bewerber ihre Auswirkungen auf die bauliche Anlage und die Bauausführung hinreichend beurteilen kann.
7. Die „Hinweise für das Aufstellen der Leistungsbeschreibung" in Abschnitt 0 der Allgemeinen Technischen Vertragsbedingungen für Bauleistungen, DIN 18299 ff., sind zu beachten.

(2) ¹Soweit es nicht durch den Auftragsgegenstand gerechtfertigt ist, darf in technischen Spezifikationen nicht auf eine bestimmte Produktion oder Herkunft oder ein besonderes Verfahren, das die von einem bestimmten Unternehmen bereitgestellten Produkte charakterisiert, oder auf Marken, Patente, Typen oder einen bestimmten Ursprung oder eine bestimmte Produktion verwiesen werden, wenn dadurch bestimmte Unternehmen oder bestimmte Produkte begünstigt oder ausgeschlossen werden. ²Solche Verweise sind jedoch ausnahmsweise zulässig, wenn der Auftragsgegenstand nicht hinreichend genau und allgemein verständlich beschrieben werden kann; solche Verweise sind mit dem Zusatz „oder gleichwertig" zu versehen.

(3) **Bei der Beschreibung der Leistung sind die verkehrsüblichen Bezeichnungen zu beachten.**

Literatur: Bujupi, Zulässige Risikoverteilung auf den Bieter bei Maßnahmen des Umweltschutzes, ZfBR 2023, 227; Carstens, Modernisierung des Vergaberechts – nicht ohne Barrierefreiheit, ZRP 2015, 141; Dicks, Ungewöhnliche und unzumutbare Wagnisse, NZBau 2014, 731; Eiermann, Primärrechtsschutz gegen öffentliche Auftraggeber bei europaweiten Ausschreibungen durch Vergabenachprüfungsverfahren, Teil 2, NZBau 2016, 76; Fuchs/Schneeweiß/Bauer, Das neue Geologiedatengesetz – Fluch oder Segen? – Denkbare Auswirkungen auf Vergabepraxis und Bauvertragsrecht, NZBau 2021, 643; Gerlach/Manzke, Das Gebot der eindeutigen Leistungsbeschreibung zwischen Vergaberecht und Allgemeiner Rechtsgeschäftslehre, VergabeR 2016, 443; Jasper, Umweltkriterien in der kommunalen Vergabe, KommJur 2009, 56; Kobelt, Verbot der Verlagerung unzumutbarer Risiken im Vergabevertragsrecht, NZBau 2023, 365; Leinemann, Der Ukraine-Krieg als ein auf (Bau-)Verträge einwirkendes Ereignis höherer Gewalt im Vertrags- und Vergaberecht, UKuR 2022, 53; Tugendreich, Der Kunde ist König – Umfang des Leistungsbestimmungsrechts des Auftraggebers, NZBau 2013, 90. Vgl. auch die Angaben bei § 121 GWB, § 31 VgV.

I. Bedeutung der Vorschrift

1 Der Auftraggeber konkretisiert anhand der Leistungsbeschreibung, was er beschaffen will. Die Bestimmungen der §§ 7 EU–7c EU VOB/A geben dem öffentlichen Auftraggeber vor, welche Vorgaben er bei der Beschreibung von Bauleistungen zu beachten hat, damit die Bieter vergleichbare und wertungsfähige Angebote abgeben können. Überwiegend sind die alten Regelungen der VOB/A-EG zur Leistungsbeschreibung, technischen Spezifikation, Leistungsbeschreibung mit Leistungsverzeichnis oder Leistungsprogramm wortgleich in die VOB/A-EU übernommen worden. Es besteht zudem eine **weitgehende inhaltliche Übereinstimmung mit den Vorgaben aus § 121 GWB und § 31 VgV** für Dienst- und Lieferleistungen.[1] Das betrifft insbes. die Ausführungen zur Funktion der Leistungsbeschreibung, zum Anwendungsbereich und zu den allg. Auslegungsgrundsätzen, den generellen Anforderungen an die Leistungsbeschreibung, den Merkmalen des Auftragsgegenstandes, zur Einbeziehung von Zugänglichkeitserfordernissen für Menschen mit Behinderung und zu Rechten des geistigen Eigentums sowie zum Gebot der Produktneutralität. Nachfolgend werden alle Aspekte der Leistungsbeschreibung zusammenfassend behandelt, die für den Baubereich von besonderer Bedeutung sind: Sie heben sich durch eine ausdr. Regelung vom Dienst- und Lieferbereich inhaltlich oder durch eine besondere Detailbeschreibung bzw. -genauigkeit ab. Abweichend wird im Baubereich insbes. das Thema ungewöhnliches Wagnis behandelt.

---

[1] Dies betrifft § 7 EU Abs. 1 Nr. 1, 2, 4 sowie § 7a EU Abs. 1–4 VOB/A.

II. Generelle Anforderungen an die Leistungsbeschreibung (Abs. 1)

1. Grundsatz der eindeutigen und erschöpfenden Leistungsbeschreibung (Abs. 1 Nr. 1, 2, 4)

Die Vorgabe zur eindeutigen und erschöpfenden Leistungsbeschreibung entspricht inhaltlich weitgehend § 121 GWB und § 31 VgV (vgl. → GWB § 121 Rn. 1 ff., → VgV § 31 Rn. 1 ff.). In der Bau-Praxis werden diese Anforderungen mit dem Begriff „Bausoll" umschrieben. Für den Baubereich enthält § 7 EU Abs. 1 VOB/A im Unterschied zu den Vergabeordnungen für Dienst- und Lieferleistungen ausdrückliche Regelungen zum Verbot des ungewöhnlichen Wagnisses, zum Umgang mit Bedarfspositionen sowie einen Hinweis auf die Allgemeinen Technischen Vertragsbedingungen (ATV). Zusätzlich finden sich in § 7b EU VOB/A und § 7c EU VOB/A detaillierte Hinweise zur Aufstellung des Leistungsverzeichnisses und des Leistungsprogramms. Die Regelung des § 7 EU Abs. 1 VOB/A 2016 ist wortgleich mit der in § 7 EU Abs. 1 VOB/A 2019. Gleiches gilt für § 7 EU VOB/A Abs. 1 Nr. 6, 7 zu Verhältnissen auf der Baustelle und den Hinweisen in den ATV, DIN 18299.

2. Kein ungewöhnliches Wagnis (Abs. 1 Nr. 3)

Abs. 1 Nr. 3 enthält das **Verbot, dem Auftragnehmer ein ungewöhnliches Wagnis** aufzuerlegen. Ungewöhnlich ist ein Wagnis stets dann, wenn es (1) der in der jew. Vertragsart üblichen **Wagnisverteilung nicht entspricht** und (2) einer vernünftigen kalkulatorischen Bewertung des Auftragnehmers nicht zugänglich ist. Die Betonung liegt auf dem Wort „ungewöhnlich". Die VOB/A kennt das Verbot weiterhin, während es im Dienst- und Lieferleistungsbereich keine ausdr. Erwähnung mehr findet. Vergleichbar sind dennoch alle Sachverhalte, bei denen die **Risikoverteilung zulasten des Bieters** von den Nachprüfungsinstanzen **als „nicht mehr zumutbar"** eingeordnet wird. In vergleichbaren Fällen kann im Baubereich stets von einem ungewöhnlichen Wagnis ausgegangen werden. Auf die Kommentierung des § 31 Nr. 4 VgV wird für Beispiele verwiesen (→ VgV § 31 Rn. 30 ff.).

Ein **ungewöhnliches Wagnis** wird im Baubereich bereits angenommen, wenn der Auftragnehmer auf Umstände und Ereignisse keinen Einfluss hat, deren Auswirkung auf die Preise und Fristen folglich nicht im Voraus schätzen kann, aber dennoch das Risiko übernehmen muss.[2] Der Eintritt des Ereignisses muss ungewiss und die Verhinderung des Eintritts dem Bieter entzogen sein. Hat der Auftragnehmer auf Umstände und Ereignisse, auf denen das Wagnis beruht, dagegen Einfluss und kann er deren Einwirkung auf die Preise schätzen, ist die **Risikoverlagerung** zulässig. IRd Schätzungen wird dem Auftragnehmer durchaus zugemutet, seine Erfahrung und veröffentlichte Richtwerte heranzuziehen.[3] Es ist vergaberechtlich zulässig, dem Bieter die Verlagerung eines ungewöhnlichen Wagnisses ausdr. aufzuerlegen, wenn er mit einem geschätzten Risikoaufschlag darauf reagieren und die Preise entspr. anpassen kann.[4] Eine Einpreisung notwendiger Gerüststellung über die Ausführungszeit hinaus für Folgearbeiten kann daher noch zumutbar sein.[5] Eine Übernahme der Haftung für Zufall und höhere Gewalt, die unzumutbar lange Ausdehnung von Verjährungsfristen oder die Übernahme einer das Normalmaß

---

[2] VK Bund 24.1.2008 – VK 3–151/07, IBRRS 2008, 0540.
[3] OLG Karlsruhe 21.12.2006 – 17 Verg 8/06, BeckRS 2007, 03130.
[4] VK Bund 12.10.2011 – VK 2–115/11, IBRRS 2013, 2418.
[5] BGH 8.9.1998 – X ZR 85/97, NJW 1998, 3634.

übersteigenden Mängelhaftung ist nicht mehr üblich.[6] Auch die Sicherstellung und Verfügbarkeit der Bauflächen bleibt ein typisches Risiko des Auftraggebers. Bestehen insoweit Probleme, deren Einfluss auf die Bauausführung ungewiss bleibt, ist es vergaberechtswidrig, das Risiko dem Auftragnehmer zuzumuten.[7] Ein ungewöhnliches Wagnis liegt auch dann vor, wenn – zB aufgrund von Kriegswirren – ohne eine Preisgleitklausel eine einheitliche und sichere Kalkulation der Bieter nicht möglich ist.[8] In einem solchen Fall kann das Ermessen des Auftraggebers zur Aufnahme einer Preisgleitklausel auf Null reduziert sein (vgl. → VOB/A § 9d EU Rn. 1 ff.).

4a Hintergrund der Regelung ist, dass die öffentliche Hand als Nachfrager regelmäßig über erweiterte Handlungsspielräume verfügt und die Möglichkeit hätte, Vertragspartner in dem betreffenden Markt übertriebene Wagnisse aufzubürden. Entsprechendes Ungleichgewicht soll hier ausgeglichen werden.[9] Die Vorschrift wird mitunter zur „Generalklausel des Bauvertragsrechts" erhoben; weil sie sich auf den Auftragnehmer als Vertragspartner bezieht. Sie ist aber allein aus dem vergaberechtlichen Grundsatz des fairen und uneingeschränkten Wettbewerbs zu begreifen und anzuwenden. § 7 EU Abs. 1 Nr. 3 VOB/A ist keine Verbotsnorm iSd § 134 BGB, bleibt dem Auftraggeber aber aufgrund der vergaberechtlichen Vorgabe dennoch verwehrt – wenn auch „nur" vergaberechtlich sanktionsbewehrt.

5 Von der Verbotsnorm umfasst sind damit weder **gewöhnliche Wagnisse,** welche **vertragstypisch** vom Auftragnehmer zu tragen sind,[10] noch Wagnisse, die bewusst vom Bieter übernommen werden (→ VgV § 31 Rn. 30). Denn Wagnisse aufzuerlegen oder einzugehen, ist dem Rechtsverkehr an sich nicht fremd; es gehört zum Wesen der Privatautonomie (→ VgV § 31 Rn. 32 ff.). Als vertragstypisch gelten bspw. die Beschaffbarkeit und Finanzierbarkeit von Materialien oder technische Schwierigkeiten der Ausführung. Nicht ungewöhnlich sind auch besondere Bauwagnisse, die sich typischerweise bei einer bestimmten Bauausführung oder einem Teil derselben realisieren können.[11] Gleiches gilt, wenn sich das Wagnis typischerweise bei einer Vielzahl von Baumaßnahmen realisieren kann, es ist als gewöhnliches, allgemeines Bauwagnis einzustufen. Üblich ist zudem die Übernahme **rechtlicher Risiken** wie die Auferlegung von Sachmängelpflichten, Sicherheitsleistungen, das Einkalkulieren von Überstunden, Vertragsstrafen und die richtige Ermittlung der Umsatzsteuer[12] (ausf. → VgV § 31 Rn. 30 ff.).

6 Da der **Inhalt der Leistungsbeschreibung** keine vom Gesetzesrecht abweichende Vereinbarung ist, unterliegt sie **nicht der Inhaltskontrolle Allgemeiner Geschäftsbedingungen** (§ 307 BGB).[13] Erst eine Einbeziehung ihrer Bestandteile in den Bauvertrag und eine ungeachtet des konkreten Bauvorhabens bestehende Absicht, sie mehrfach zu verwenden, eröffnet den Anwendungsbereich der § 307 Abs. 1, 2 BGB. Klauseln, die sich hiernach nicht auf eine Leistungsbestimmung beschränken, sondern das Hauptleistungsversprechen einschränken, ausgestalten

---

[6] OLG Dresden 23.4.2009 – WVerg 0011/08, IBRRS 2009, 1948 = BeckRS 2009, 18958.

[7] VK Düsseldorf 28.1.2010 – VK -37/2009-B, BeckRS 2010, 02522.

[8] VK Westfalen 12.7.2022 – VK 3 – 24/22, NZBau 2022, 621; VK Niedersachsen 1.2.2023 – VgK-27/2022, BeckRS 2023, 3171.

[9] VK Bund 12.10.2011 – VK 2–115/11, IBRRS 2013, 2418; VK Niedersachsen 3.9.2012 – VgK 29/2012, IBRRS 2012, 4687.

[10] OLG Düsseldorf 9.7.2003 – Verg 26/03, IBRRS 2003, 1975 = BeckRS 2006, 01806.

[11] OLG Düsseldorf 19.10.2011 – I-27 W 1/11, BeckRS 2012, 6423, „Koordinierung Trockenbauarbeiten"; OLG Naumburg 22.1.2002 – 1 U (Kart) 2/01, BeckRS 2002, 30234008 = BauR 2002, 833, „Munitionsberäumung Truppenübungsplatz".

[12] VK Brandenburg 28.1.2008 – VK 59/07, IBRRS 2008, 1337.

[13] Für die gleichlautenden Regelungen im früheren AGB-G: BGH 26.9.1996 – VII ZR 318/95, NJW 1997, 135.

oder modifizieren, sind dann inhaltlich zu kontrollieren.[14] Verstoßen sie gegen § 7 EU VOB/A, begründet dies zwar nicht zwangsläufig die **Unwirksamkeit** der Klausel, doch kann die vergaberechtlich unzulässige Auferlegung eines unkalkulierbaren Wagnisses zugleich eine unangemessene Benachteiligung iSv § 307 Abs. 2 BGB darstellen. So etwa, wenn mit dem Pauschalpreis alle Arbeiten abgegolten sein sollen, die zwar nicht in der Leistungsbeschreibung benannt, aber nach den Regeln der Baukunst notwendig werden.[15] Auch eine Klausel, die den Bieter anhält, sich vor Kalkulation des Angebots von der Situation an Ort und Stelle zu informieren und die zugleich Nachforderungen auf Grund unberücksichtigter Schwierigkeiten ausschließt, begegnet Bedenken.[16]

3. Bedarfspositionen (Abs. 1 Nr. 4 S. 1)

Während der Umgang mit Bedarfspositionen in der VgV keine Erwähnung findet, enthält § 7 EU Abs. 1 Nr. 4 S. 1 VOB/A den ausdr. Hinweis, dass Bedarfspositionen (auch Eventualpositionen genannt) grds. nicht in die Leistungsbeschreibung aufzunehmen sind.[17] Da Bedarfspositionen der anzustrebenden sicheren Kalkulation zuwiderlaufen, schließt die Regelung ihre Aufnahme „grundsätzlich" aus. Sie kommen in der Leistungsbeschreibung nur im Einzelfall und dann nur unter engen Voraussetzungen vor. Bedarfspositionen sind Vertragspositionen, bei denen zum Zeitpunkt der Ausschreibung noch nicht feststeht, ob und in welchem Umfang die beschriebenen Leistungen in der Durchführung des Bauvorhabens erforderlich werden.[18] Nur solche Positionen, bei denen trotz **Ausschöpfung aller örtlichen und technischen Erkenntnismöglichkeiten** zum Zeitpunkt der Ausschreibung objektiv *nicht* feststellbar ist, ob und in welchem Umfang Leistungen zur Ausführung gelangen werden, dürfen als Bedarfs- bzw. Eventualposition ausgeschrieben werden.[19] Nach dem seit der VOB/A 2009 zugespitzten Wortlaut ist ein zulässiger Rahmen kaum mehr erkennbar. Ausnahmen müssen deshalb ausf. begründet sein und sind entspr. im Vergabevermerk zu dokumentieren.[20] Bedarfspositionen sind insbes. nicht zulässig, um den Mangel einer unzureichenden Planung auszugleichen.[21]

Die Zulässigkeit von **Wahl- oder Alternativpositionen** ist weder in der VOB/A noch in den übrigen Vergabeordnungen ausdr. geregelt. Ihre Anwendung bemisst sich nach ähnlich strengen Maßstäben wie die Anwendung von Bedarfspositionen. In der Entscheidungspraxis wird eine begrenzte Aufnahme von Wahlpositionen für zulässig erachtet, wenn der Auftraggeber aus objektiven Gründen die Art und Weise der Ausführung einer Leistung nicht festlegen kann und damit ein **berechtigtes Interesse** zur Aufnahme einer Wahl- oder Alternativposition besteht.[22] Hiervon zu unterscheiden sind sog. **Zulagepositionen**, die unter bestimmten Voraussetzungen regeln, dass der Auftragnehmer eine zusätzliche Vergütung zu einer Grundposition

---

[14] BGH 12.6.2001 – XI ZR 274/00, NJW 2001, 2635 (2636).
[15] OLG München 22.5.1990 – 9 U 6108/89, IBR 1990, 677 = BauR 1990, 776.
[16] BGH 26.2.2004 – VII ZR 96/03, NZBau 2004, 324 (325).
[17] BGH 19.6.2018 – X ZR 100/16, NZBau 2018, 776; VK Sachsen-Anhalt 6.7.2017 – 3 VK LSA 42/17, VPRRS 2017, 0334.
[18] BGH 23.1.2003 – VII ZR 10/01, NZBau 2003, 376.
[19] Vgl. → VgV § 31 Rn. 38 f.; OLG Düsseldorf 10.2.2010 – Verg 36/09, IBRRS 2011, 0698 = BeckRS 2010, 18762.
[20] OLG München 15.7.2005 – Verg 14/05, IBRRS 2005, 2257 = BeckRS 2005, 8298.
[21] OLG Saarbrücken 22.10.1999 – 5 Verg 4/99, NZBau 2000, 158.
[22] Vgl. → VgV § 31 Rn. 40; OLG München 22.10.2015 – Verg 5/15, NZBau 2016, 63; OLG Düsseldorf 15.5.2019 – Verg 61/18, NZBau 2019, 742 = VergabeR 2019, 789; VK Bund 21.10.2018 – VK 2–88/18, ZfBR 2019, 297 = IBRRS 2018, 3610.

verlangen kann, zB eine Zulage für bestimmte Erschwernisse. Die Aufnahme von Zulagepositionen kommt somit dann zur Anwendung, wenn bei Erstellung des Leistungsverzeichnisses noch nicht feststeht, welche Schwierigkeiten die Ausführung der Teilleistung mit sich bringt. Die im Leistungsverzeichnis als Zulagepositionen aufgeführten Leistungen stellen – je nach Ausgestaltung – eine Ergänzung zu einer Grundposition und damit eine Teil-Grundposition dar oder eine Auswahl zwischen zwei Varianten der Position und damit eine Wahlposition. Wenn eine Vielzahl der Wahlpositionen und noch zusätzlich aufgeführten Bedarfspositionen das Vergabeverfahren insges. intransparent machen, ist eine Vergleichbarkeit der Angebote nicht mehr möglich.[23] Der Auftraggeber muss daher grds. ein berechtigtes Interesse haben, sich nicht festzulegen, wenn er Alternativen ausschreibt (vgl. § 31 Nr. 3 VgV). Auf die Kommentierung zu → VgV § 31 Rn. 38 f. wird iÜ verwiesen.

4. Angehängte Stundenlohnarbeiten (Abs. 1 Nr. 4 S. 2)

8   Die dargelegten **einschränkenden Grundsätze für Bedarfspositionen** gelten nicht nur bei Leistungsverträgen, die über Einheitspreise oder Pauschalpreise vergütet werden, sondern auch für **Stundenlohnverträge**. Auch angehängte Stundenlohnarbeiten, die durch ihre Verbindung mit ausgeschriebenen Bauleistungen gekennzeichnet sind, dürfen gem. Abs. 1 Nr. 4 S. 2 ausdr. nicht ohne zwingende Notwendigkeit aufgeführt werden, weil sie üblicherweise ohne fest umschriebenen Leistungsumfang für Unvorhergesehenes vorgesehen sind. Sind sie ausnahmsweise zulässig, hat der Bieter Stundenlohnverrechnungssätze anzugeben, in denen Lohn- und Gehaltskosten sowie deren Nebenkosten enthalten sind.[24]

5. Angabe von Zweck und vorgesehener Beanspruchung (Abs. 1 Nr. 5)

9   Die Angabe von Zweck und vorgesehener Beanspruchung der fertigen Leistung steht im Gegensatz zur VgV (→ VgV § 31 Rn. 12 ff.) nicht im Ermessen des Auftraggebers, sondern ist – soweit für Verständnis und Kalkulation der Leistung erforderlich – Teil des Inhalts einer eindeutigen und erschöpfenden Leistungsbeschreibung. Sollen etwa in einem Gebäude schwere Maschinen in den einzelnen Stockwerken untergebracht werden, ist dies dem Bieter mitzuteilen. Dabei sind Größe und Gewicht dieser Maschinen anzugeben. Der Bieter hat dann die Möglichkeit zu prüfen, welche Betondecke oder welcher Estrich dieser Belastung standhält[25] und dies sodann in seiner Kalkulation zu berücksichtigen.

6. Wesentliche Verhältnisse der Baustelle (Abs. 1 Nr. 6)

10   Die Regelung verlangt, alle Umstände der Baustelle zu beschreiben, die für die ordnungsgemäße Bauausführung und zugleich für die Kalkulation der Leistung wesentlich sind. Es kommt auf die Verhältnisse im konkreten Einzelfall an. Beispielhaft genannt werden die **Boden- und Wasserverhältnisse**, über die ggf. ein Gutachten eingeholt werden muss. Öffentlichen Auftraggebern, die über eine eigene Bauabteilung verfügen, ist aufgrund des vorhandenen vertieften Sachverstands eine umfangreichere Prüfungs- und Hinweispflicht aufzuerlegen.[26] Angaben zum **Baugrund** als dem Teil der Erdoberfläche, der mit den darunterliegenden Erd- und Grundwasserschichten maßgeblich für die Errichtung eines Bauwerks ist, haben die

---

[23] VK Sachsen-Anhalt 6.7.2017 – 3 VK LSA 42/17, VPR 2018, 23.
[24] Zu ihrer Wertung vgl. VK Nordbayern 10.11.2006 – 21.VK-3194-33/06, ZfBR 2007, 206.
[25] Vgl. Beispiele bei Ingenstau/Korbion/Schranner VOB/A § 7 Rn. 50.
[26] OLG Celle 23.2.2012 – 16 U 4/10, IBRRS 2014, 1208 = BeckRS 2012, 211832.

Rspr. wiederholt auch in Bezug auf die spätere Vertragsauslegung beschäftigt. Sind die Angaben unvollständig, ist der Vertrag deswegen zwar nicht nichtig; die unvollständige Formulierung kann allerdings die Annahme des Auftragnehmers rechtfertigen, insoweit seien keine Besonderheiten zu erwarten, zumal ihm nach § 7 EU Abs. 1 Nr. 3 VOB/A kein ungewöhnliches Wagnis zugemutet werden soll (→ Rn. 3 ff.).[27] Grds. trägt der Auftraggeber das Risiko für ein Auseinanderfallen von Angaben in der Ausschreibung zu den tatsächlich gegebenen Bau- und Wasserverhältnissen.[28] Hier spricht man vom sog. **unechten Baugrundrisiko,** das sich verwirklicht, weil die Ausschreibung unzureichend war, Boden- und Wasserverhältnisse nicht ausreichend untersucht wurden oder für den Fachmann offenkundige Mängel der Leistungsbeschreibung vom Auftragnehmer nicht gerügt wurden.

Im Gegensatz dazu spricht man vom **echten Baugrundrisiko,** wenn sich trotz Erkundung der Baugrundverhältnisse und trotz Erfüllung aller Prüfungs- und Hinweispflichten die in jedem Baugrund versteckte Gefahr einer Abweichung des Bodens von den erkundeten Verhältnissen realisiert. Führt etwa die Leistungsbeschreibung einer Tiefbaumaßnahme den Baugrund mit den **Bodenklassen** 3–5 ohne Angabe über die Anteile dieser drei Gruppen an, darf eine solche Beschreibung so verstanden werden, dass bei der Preisermittlung auf etwa gleichmäßige Anteile dieser Bodengruppen abgestellt werden soll. Überwiegt dann tonige Schluffschicht (Bodenklasse 5), kommt es darauf an, ob der Unternehmer sehenden Auges ein Risiko eingegangen ist. War ein solches Wagnis nicht ohne Weiteres zu erwarten, wird es auch nicht Vertragsinhalt.[29] Der Auftraggeber muss auch ihm bekannte Verhältnisse mitteilen, wie im Boden laufende **Telefon- oder sonstige Versorgungsleitungen,** wenn dies die Ausführung oder Preiskalkulation beeinflussen kann.

Eigene Kenntnisse zum Baugrund muss der Bieter allerdings bei der Angebotskalkulation einbeziehen, auch wenn er diese Kenntnis durch ein anderes Vorhaben erlangt hat. Er trägt insoweit eine Mitverantwortung, die ihm auch zumutbare Prüfungen auferlegt. Ist das Objekt in der Nähe eines Gewässers geplant, in dem wasserführende Schichten üblich sind, hat er den Auftraggeber auf die Notwendigkeit einer Betonwanne hinzuweisen. Er darf auch nicht erwarten, dass der Auftraggeber den Baugrund unter jeglichem Gesichtspunkt der zur Bauausführung erforderlichen einzelnen Arbeiten prüft. Ist die Sanierung einer Brücke geschuldet, muss der Auftraggeber den Baugrund nicht für die Errichtung des Traggerüstes untersuchen.[30] Der Bieter darf auch nicht annehmen, in der Leistungsbeschreibung fehlende Angaben zur Kontamination eines zum Aushub und zur Weiterverwendung vorgesehenen Bodens bedeuteten, dieser sei unbelastet. Folgt nämlich ohne Weiteres aus den Gesamtumständen, dass der im Leistungsverzeichnis beschriebene Boden kontaminiert ist, ist kein ausdrücklicher Hinweis notwendig. Das ist zB für den Boden unterhalb einer alten, teerhaltigen Asphaltschicht anzunehmen.[31] Zu Recht wird daher in den Vergabehandbüchern empfohlen, die Ergebnisse etwaiger Gutachten zum Baugrund und die hieraus folgenden Anforderungen vollständig und eindeutig in der Leistungsbeschreibung anzugeben, statt sie lediglich beizufügen.

Klauseln in Ausschreibungs- und Vertragsbedingungen des Auftraggebers, die **Allgemeine Geschäftsbedingungen** darstellen, können an den Verbotsklauseln des AGB-Rechts gemessen werden. Eine allg. Regelung in den AGB des Auftraggebers, die eine uneingeschränkte Risikoverlagerung auf den Auftragnehmer enthält, widerspricht § 307 Abs. 1 BGB und ist deshalb unzulässig: Das kann einen Anspruchsver-

---

[27] BGH 22.12.2011 – VII ZR 67/11, NJW 2012, 518.
[28] OLG Dresden 6.10.2015 – 9 U 272/15, NZBau 2016, 164.
[29] BGH 20.8.2009 – VII ZR 205/507, NJW 2010, 227.
[30] OLG Brandenburg 16.7.2008 – 4 U 187/07, NZBau 2009, 181 (182).
[31] BGH 22.12.2011 – VII ZR 67/11, NJW 2012, 518.

zicht des Auftragnehmers aufgrund Nichtkenntnis betreffen, den Ausschluss der Gewähr des Auftraggebers für die Richtigkeit und Vollständigkeit der in den Vergabeunterlagen benannten Verhältnisse oder auch das Abwälzen der Prüfungspflicht zu Bodenverhältnissen auf den Auftragnehmer ohne Vergütung beinhalten. Es besteht kein Grundsatz, dass die Übernahme jeglichen Baugrundrisikos stets als unangemessene Benachteiligung zu qualifizieren wäre. Erfolgt diese Risikoverlagerung offengelegt und differenziert, ist eine solche Vereinbarung nicht AGB-widrig, insbes. wenn der Auftragnehmer deren Bedeutung durch eigene Bodenuntersuchungen erkannt hat. Dagegen kann vom Bieter nicht erwartet werden, die örtliche Situation selbst mit einer Videokamera wegen der Klüftigkeit des Gesteins zu prüfen.[32] Zumutbar ist die Einsichtnahme in Pläne und Gutachten, soweit ortsfremde Bieter dadurch nicht benachteiligt werden. Der Ausschluss umfangreicher Vorarbeiten gilt nicht, wenn dem Bieter im Rahmen einer Leistungsbeschreibung mit Leistungsprogramm Planungsleistungen auferlegt werden.

7. Hinweise für das Aufstellen der Leistungsbeschreibung (Abs. 1 Nr. 7)

14 Die Aufforderung, die „Hinweise für das Aufstellen der Leistungsbeschreibung" zu beachten, ist verbindlich und hat zur Folge, dass die Kriterien in den 0-Abschnitten der VOB/C Bestandteil der VOB/A werden. Die in Bezug genommenen **ATV DIN 18 299 ff.** schreiben für die Gestaltung der Leistungsbeschreibung „nach den Erfordernissen des Einzelfalls" Angaben zur Baustelle und zur Ausführung vor. Der Auftraggeber muss die ATV in der Leistungsbeschreibung ausführen, ein Verweis reicht nicht. Gem. der Formulierung „beachten" haben die in Bezug genommenen DIN-Normen Empfehlungscharakter. Sie können die anerkannten Regeln der Technik wiedergeben, aber auch weniger beinhalten und gelten als „General-Normen" nicht nur für VOB/C, sondern für jede Bauleistung schlechthin, die alle Baubeteiligten, angefangen beim Architekten und Ingenieur über den Bauleiter und Bauunternehmer bis hin zum Bau begleitenden Baujuristen, beherrschen müssen. Ergänzend sind die Angaben in den die jew. Gewerke im Abschnitt 0 betreffenden Normen (ATV DIN 18300 ff.) heranzuziehen. Letztere haben als speziellere Regelungen Vorrang vor den Angaben im Abschn. 0 der ATV DIN 18299.

15 Der Abschn. 0 der **ATV DIN 18 299** fordert in der Leistungsbeschreibung fünf Angaben: zur Baustelle, zur Ausführung, Einzelangaben bei Abweichungen von den ATV und zu Nebenleistungen, besonderen Leistungen und den Abrechnungseinheiten für Teilleistungen. Das kann die Lage der Baustelle betreffen, aber auch Zufahrtsmöglichkeiten, freizuhaltende Flächen, Anschlüsse für Wasser und Nutzungsbedingungen, Schutzzeiten wegen Immissionen, Pflanzbestände und sonstige Hindernisse, einzuhaltende Arbeitszeitunterbrechungen, Arbeiten bei laufendem Betrieb, Vorhalten von Gerüsten, Verwendung von RC-Baustoffen, Entsorgungsleistungen. Nebenleistungen – die für die Preisbildung von erheblicher Bedeutung sind – und besondere Leistungen werden idR mit einer Position im Leistungsverzeichnis aufgeführt.

III. Gebot der produktneutralen Ausschreibung (Abs. 2)

16 Die Regelung zum Gebot der produktneutralen Ausschreibung entspricht inhaltlich dem § 31 Abs. 6 VgV. Auf die Kommentierung dort wird verwiesen (→ VgV § 31 Rn. 49 ff.).

---

[32] OLG Stuttgart 16.2.2000 – 4 U 126/99, BeckRS 2013, 1703.

IV. Beachtung verkehrsüblicher Bezeichnungen (Abs. 3)

Die Forderung der Verwendung verkehrsüblicher Bezeichnungen ist Ausdruck 17
des Grundsatzes der eindeutigen und erschöpfenden Leistungsbeschreibung. Die
Regelung ist wortgleich mit dem alten § 7 EU Abs. 2 VOB/A. Die Beachtung
verkehrsüblicher Bezeichnungen ist zwingend. Dies entspricht der allg. Formulierung in Abs. 1 Nr. 1 und § 121 Abs. 1 GWB, dass die Leistung so eindeutig und
erschöpfend zu beschreiben ist, dass sie allen Unternehmen „im gleichen Sinn verständlich ist" (→ GWB § 121 Rn. 4 ff.). Dies ist gerade im Baubereich von besonderer Relevanz, da sich Bauleistungen ohne Verwendung verkehrsüblicher Bezeichnungen häufig nicht erschöpfend beschreiben lassen. Abzustellen ist auch hier auf
Sprachgebrauch und **Verständnis der jew. Fachkreise**. Bezeichnungen, die nur
regional oder in kleineren Kreisen verwendet werden, reichen nicht aus. Es sind
also Begriffe zu verwenden, die in den jew. Fachkreisen Gültigkeit besitzen und die
auch bei einem fachkundigen und zuverlässigen Bieter kraft seiner Ausbildung und
Erfahrung als bekannt vorausgesetzt werden müssen, zB DIN-Normen.[33] Vernachlässigt der Auftraggeber die Verwendung verkehrsüblicher Bezeichnungen schuldhaft
oder weist er nicht auf Besonderheiten hin, die der Auftragnehmer nicht ohne
weiteres erkennen kann, macht er sich ggf. schadenersatzpflichtig (zB nach den
§§ 311 Abs. 2, 280 Abs. 1 und 241 Abs. 2 BGB oder §§ 823, 826 BGB). Daher
empfiehlt sich die Verwendung bzw. Zugrundelegung sog. „standardisierter Leistungsbeschreibungen".[34]

V. Rechtsschutz

Zu den allg. Rechtsfolgen aus einer fehlerhaften Leistungsbeschreibung wird auf 18
die Kommentierung zum Primär- und Sekundärrechtsschutz der inhaltsgleichen
Regelungen des § 121 GWB und § 31 VgV verwiesen (→ VgV § 31 Rn. 59 ff.;
→ GWB § 121 Rn. 22 ff.). Die Regelungen der §§ 7 EU–7c EU VOB/A sind in
der Mehrzahl bieterschützend. Die geregelten Anforderungen richten sich zwar in
erster Linie an die Auftraggeber, bezwecken aber gleichzeitig einen Bieterschutz.
Eine fehlerhafte Leistungsbeschreibung kann insoweit **Bieterrechte nach § 97
Abs. 6 GWB** verletzen. Bieter könnten in gravierenden Fällen bei **Schwere des Verstoßes** eine
Rückversetzung, aber wenn der Rechtsverstoß dadurch nicht ausgeglichen werden
kann, auch eine **Aufhebung und Wiederholung** eines Vergabeverfahrens erreichen.[35] Gleichermaßen können dem Auftragnehmer unter bestimmten Voraussetzungen **Schadensersatzansprüche** durch **Mehraufwand** bei der Erstellung der
Angebote, aber auch später bei Ausführung der Leistung zustehen.

§ 7a EU Technische Spezifikationen, Testberichte, Zertifizierungen, Gütezeichen

(1)
1. **Die technischen Anforderungen (Spezifikationen – siehe Anhang TS Nummer 1) an den Auftragsgegenstand müssen allen Unternehmen gleichermaßen zugänglich sein.**

---

[33] OLG Dresden 27.3.2003 – 19 U 1971/02, IBRRS 2003, 1263.
[34] ZB Standardleistungsbuch (StLB-Bau), Gemeinsamer Ausschuss Elektronik im Bauwesen (GAEB), Leistungsbeschreibung für die Vergabe und Ausführung von Bauleistungen im Straßen- und Brückenbau (HVA-StB).
[35] OLG München 20.3.2014 – Verg 17/13, NZBau 2014, 456.

VOB/A–EU § 7a — Technische Spezifikationen, Testberichte

2. Die geforderten Merkmale können sich auch auf den spezifischen Prozess oder die spezifische Methode zur Produktion beziehungsweise Erbringung der angeforderten Leistungen oder auf einen spezifischen Prozess eines anderen Lebenszyklus-Stadiums davon beziehen, auch wenn derartige Faktoren nicht materielle Bestandteile von ihnen sind, sofern sie in Verbindung mit dem Auftragsgegenstand stehen und zu dessen Wert und Zielen verhältnismäßig sind.
3. In den technischen Spezifikationen kann angegeben werden, ob Rechte des geistigen Eigentums übertragen werden müssen.
4. Bei jeglicher Beschaffung, die zur Nutzung durch natürliche Personen – ganz gleich, ob durch die Allgemeinheit oder das Personal des öffentlichen Auftraggebers – vorgesehen ist, werden die technischen Spezifikationen – außer in ordnungsgemäß begründeten Fällen – so erstellt, dass die Kriterien der Zugänglichkeit für Personen mit Behinderungen oder der Konzeption für alle Nutzer berücksichtigt werden.
5. Werden verpflichtende Zugänglichkeitserfordernisse mit einem Rechtsakt der Europäischen Union erlassen, so müssen die technischen Spezifikationen, soweit die Kriterien der Zugänglichkeit für Personen mit Behinderungen oder der Konzeption für alle Nutzer betroffen sind, darauf Bezug nehmen.

(2) Die technischen Spezifikationen sind in den Vergabeunterlagen zu formulieren:
1. entweder unter Bezugnahme auf die in Anhang TS definierten technischen Spezifikationen in der Rangfolge
   a) nationale Normen, mit denen europäische Normen umgesetzt werden,
   b) europäische technische Bewertungen,
   c) gemeinsame technische Spezifikationen,
   d) internationale Normen und andere technische Bezugssysteme, die von den europäischen Normungsgremien erarbeitet wurden oder,
   e) falls solche Normen und Spezifikationen fehlen, nationale Normen, nationale technische Zulassungen oder nationale technische Spezifikationen für die Planung, Berechnung und Ausführung von Bauleistungen und den Einsatz von Produkten.

   Jede Bezugnahme ist mit dem Zusatz „oder gleichwertig" zu versehen;
2. oder in Form von Leistungs- oder Funktionsanforderungen, die so genau zu fassen sind, dass sie den Unternehmen ein klares Bild vom Auftragsgegenstand vermitteln und dem Auftraggeber die Erteilung des Zuschlags ermöglichen;
3. oder in Kombination der Nummern 1 und 2, das heißt
   a) in Form von Leistungs- oder Funktionsanforderungen unter Bezugnahme auf die Spezifikationen gemäß Nummer 1 als Mittel zur Vermutung der Konformität mit diesen Leistungs- oder Funktionsanforderungen;
   b) oder mit Bezugnahme auf die Spezifikationen gemäß Nummer 1 hinsichtlich bestimmter Merkmale und mit Bezugnahme auf die Leistungs- oder Funktionsanforderungen gemäß Nummer 2 hinsichtlich anderer Merkmale.

(3)
1. [1]Verweist der öffentliche Auftraggeber in der Leistungsbeschreibung auf die in Absatz 2 Nummer 1 genannten Spezifikationen, so darf er ein Angebot nicht mit der Begründung ablehnen, die angebotene Leistung entspräche nicht den herangezogenen Spezifikationen, sofern der Bieter

in seinem Angebot dem öffentlichen Auftraggeber nachweist, dass die von ihm vorgeschlagenen Lösungen den Anforderungen der technischen Spezifikation, auf die Bezug genommen wurde, gleichermaßen entsprechen. ²Als geeignetes Mittel kann ein Prüfbericht oder eine Zertifizierung einer akkreditierten Konformitätsbewertungsstelle gelten.
2. Eine Konformitätsbewertungsstelle im Sinne dieses Absatzes muss gemäß der Verordnung (EG) Nr. 765/2008 des Europäischen Parlaments und des Rates akkreditiert sein.
3. Der öffentliche Auftraggeber akzeptiert auch andere geeignete Nachweise, wie beispielsweise eine technische Beschreibung des Herstellers, wenn
   a) das betreffende Unternehmen keinen Zugang zu den genannten Zertifikaten oder Prüfberichten hatte oder
   b) das betreffende Unternehmen keine Möglichkeit hatte, diese Zertifikate oder Prüfberichte innerhalb der einschlägigen Fristen einzuholen, sofern das betreffende Unternehmen den fehlenden Zugang nicht zu verantworten hat
   c) und sofern es anhand dieser Nachweise die Erfüllung der festgelegten Anforderungen belegt.

(4) ¹Legt der öffentliche Auftraggeber die technischen Spezifikationen in Form von Leistungs- oder Funktionsanforderungen fest, so darf er ein Angebot, das einer nationalen Norm entspricht, mit der eine europäische Norm umgesetzt wird, oder einer europäischen technischen Bewertung, einer gemeinsamen technischen Spezifikation, einer internationalen Norm oder einem technischen Bezugssystem, das von den europäischen Normungsgremien erarbeitet wurde, entspricht, nicht zurückweisen, wenn diese Spezifikationen die geforderten Leistungs- oder Funktionsanforderungen betreffen. ²Der Bieter muss in seinem Angebot mit geeigneten Mitteln dem öffentlichen Auftraggeber nachweisen, dass die der Norm entsprechende jeweilige Leistung den Leistungs- oder Funktionsanforderungen des öffentlichen Auftraggebers entspricht. ³Als geeignetes Mittel kann eine technische Beschreibung des Herstellers oder ein Prüfbericht einer Konformitätsbewertungsstelle gelten.

(5)
1. ¹Zum Nachweis dafür, dass eine Bauleistung bestimmten, in der Leistungsbeschreibung geforderten Merkmalen entspricht, kann der öffentliche Auftraggeber die Vorlage von Bescheinigungen, insbesondere Testberichten oder Zertifizierungen, einer Konformitätsbewertungsstelle verlangen. ²Wird die Vorlage einer Bescheinigung einer bestimmten Konformitätsbewertungsstelle verlangt, hat der öffentliche Auftraggeber auch Bescheinigungen gleichwertiger anderer Konformitätsbewertungsstellen zu akzeptieren.
2. ¹Der öffentliche Auftraggeber akzeptiert auch andere als die in Nummer 1 genannten geeigneten Nachweise, insbesondere ein technisches Dossier des Herstellers, wenn das Unternehmen keinen Zugang zu den in Nummer 1 genannten Bescheinigungen oder keine Möglichkeit hatte, diese innerhalb der einschlägigen Fristen einzuholen, sofern das Unternehmen den fehlenden Zugang nicht zu vertreten hat. ²In diesen Fällen hat das Unternehmen durch die vorgelegten Nachweise zu belegen, dass die von ihm zu erbringende Leistung die vom öffentlichen Auftraggeber angegebenen spezifischen Anforderungen erfüllt.
3. Eine Konformitätsbewertungsstelle ist eine Stelle, die gemäß der Verordnung (EG) Nr. 765/2008 des Europäischen Parlaments und des Rates

vom 9. Juli 2008 über die Vorschriften für die Akkreditierung und Marktüberwachung im Zusammenhang mit der Vermarktung von Produkten und zur Aufhebung der Verordnung (EWG) Nr. 339/93 des Rates (ABl. L 218 vom 13.8.2008, S. 30) akkreditiert ist und Konformitätsbewertungstätigkeiten durchführt.

(6)
1. Der öffentliche Auftraggeber kann für Leistungen mit spezifischen umweltbezogenen, sozialen oder sonstigen Merkmalen in den technischen Spezifikationen, den Zuschlagskriterien oder den Ausführungsbedingungen ein bestimmtes Gütezeichen als Nachweis dafür verlangen, dass die Leistungen den geforderten Merkmalen entsprechen, sofern alle nachfolgend genannten Bedingungen erfüllt sind:
   a) die Gütezeichen-Anforderungen betreffen lediglich Kriterien, die mit dem Auftragsgegenstand in Verbindung stehen und für die Bestimmung der Merkmale des Auftragsgegenstands geeignet sind;
   b) die Gütezeichen-Anforderungen basieren auf objektiv nachprüfbaren und nichtdiskriminierenden Kriterien;
   c) die Gütezeichen werden im Rahmen eines offenen und transparenten Verfahrens eingeführt, an dem alle relevanten interessierten Kreise – wie z.B. staatliche Stellen, Verbraucher, Sozialpartner, Hersteller, Händler und Nichtregierungsorganisationen – teilnehmen können;
   d) die Gütezeichen sind für alle Betroffenen zugänglich;
   e) die Anforderungen an die Gütezeichen werden von einem Dritten festgelegt, auf den der Unternehmer, der das Gütezeichen beantragt, keinen maßgeblichen Einfluss ausüben kann.
2. Für den Fall, dass die Leistung nicht allen Anforderungen des Gütezeichens entsprechen muss, hat der öffentliche Auftraggeber die betreffenden Anforderungen anzugeben.
3. Der öffentliche Auftraggeber akzeptiert andere Gütezeichen, die gleichwertige Anforderungen an die Leistung stellen.
4. Hatte ein Unternehmen aus Gründen, die ihm nicht zugerechnet werden können, nachweislich keine Möglichkeit, das vom öffentlichen Auftraggeber angegebene oder ein gleichwertiges Gütezeichen innerhalb der einschlägigen Fristen zu erlangen, so muss der öffentliche Auftraggeber andere geeignete Nachweise akzeptieren, sofern das Unternehmen nachweist, dass die von ihm zu erbringende Leistung die Anforderungen des geforderten Gütezeichens oder die vom öffentlichen Auftraggeber angegebenen spezifischen Anforderungen erfüllt.

Literatur: Halstenberg/Klein, Neues zu den Anforderungen bei der Verwendung von Normen, Zertifikaten und Gütezeichen in Vergabeverfahren, NZBau 2017, 469, Knauff, Die Verwendbarkeit von (Umwelt-) Gütezeichen in Vergabeverfahren, VergabeR 2017, 553. Vgl. iÜ die Angaben bei §§ 32–34 VgV, § 7 EU VOB/A.

I. Bedeutung der Vorschrift

1   Die Vorschrift enthält zwei unterschiedliche Regelungsbereiche. In Umsetzung der **Vergabegrundsätze** gem. § 2 EU Abs. 1, 2 VOB/A wird für die „technischen Anforderungen an den Auftragsgegenstand" festgelegt, wie diese vom Auftraggeber beschrieben werden müssen (Abs. 1 und 2), sowie, wie die Unternehmen die Übereinstimmung ihres Angebots mit den Spezifikationen nachweisen können und müssen (Abs. 3–6). Die Vorschrift wurde mit der Vergaberechtsreform 2016 gemeinsam

mit § 7 EU VOB/A neu strukturiert, iRd Novellierung der VOB/A 2019 dagegen nur redaktionell geändert.

II. Zugänglichkeit der technischen Anforderungen (Abs. 1 Nr. 1)

In Abs. 1 Nr. 1 wird zunächst eine grdl. Anforderung an die bei der Leistungsbeschreibung von öffentlichen Bauaufträgen zu verwendenden **technischen Anforderungen** definiert: Die Regelungen hierzu müssen allen Bietern **gleichermaßen zugänglich** sein, und die Öffnung der Märkte für den Wettbewerb darf nicht in ungerechtfertigter Weise behindert werden. Sie sind so genau zu fassen, dass sie den Bietern ein klares Bild vom Auftragsgegenstand vermitteln und dem öffentlichen Auftraggeber die Erteilung des Zuschlags ermöglichen.[1] Die technischen Anforderungen werden auch als **technische Spezifikation** bezeichnet und werden im Anhang TS Nr. 1 definiert und zusammengefasst. Sie umfassen Bauleistungen, Materialien, Erzeugnisse oder eine Lieferung, um den Leistungszweck zu erfüllen, wozu auch Umwelt- oder Klimaleistungsstufen oder die Anforderungen an „Design für alle" gehören können. Der Begriff der technischen Anforderungen oder Spezifikationen meint dabei nicht die durch den Auftraggeber für das Bauvorhaben konkret ausgewählten und geforderten technischen Vorgaben. Vielmehr sind nur **technische Regelwerke** in Form von Normen, technischen Zulassungen oder in anerkannten Verfahren von den EU-Mitgliedstaaten entwickelte und veröffentlichte Vorgaben umfasst. Vgl. näher → VgV § 31 Rn. 20 ff. 2

III. Weitere Vorgaben für die Festlegung der technischen Anforderungen (Abs. 1 Nr. 2–5)

In den Abs. 1 Nr. 2–5 werden weitere Anforderungen an die Inhalte und Beschreibung der technischen Spezifikationen vorgegeben. Der **Begriff der technischen Spezifikation** in Abs. 3 und **Anhang TS Nr. 1** wird weit ausgelegt. Er kann sich auch auf Produktionsprozesse oder -methoden oder sonstige Lebenszyklusstadien des Auftragsgegenstandes beziehen. Voraussetzung ist, dass ein **Bezug zum Auftragsgegenstand** besteht. Dabei wird ein Auftragsbezug teilw. auch angenommen bei Produktionsfaktoren, die nicht materielle Bestandteile der Leistung sind, bspw. Vorgaben zur Herstellung der Baustoffe durch Einhaltung der ILO-Kernarbeitsnormen (s. dazu → GWB § 128 Rn. 6).[2] Voraussetzung ist jedoch auch für solche „Prozessvorgaben", dass es um die Einhaltung von Anforderungen geht, die nur für den konkreten Produktionsprozess des vom Auftraggeber zu beschaffenden Produkts gelten und von jedem Bieter – unabhängig von den am jew. Standort geltenden rechtlichen Rahmenbedingungen – erfüllt werden können[3] 3

Technische Spezifikationen können Angaben zu **Rechten des geistigen Eigentums** enthalten. Dazu näher → VgV § 31 Rn. 45. 4

Technische Spezifikationen müssen **Zugänglichkeitskriterien** in der Leistungsbeschreibung enthalten, wenn auf EU-Ebene durch Rechtsakt verpflichtende Zugänglichkeitserfordernisse erlassen werden (Nr. 5) und diese Kriterien der Zugänglichkeit für Personen mit Behinderungen oder der Konzeption für alle Nutzer dienen. In begründeten Fällen darf davon abgewichen werden (Nr. 4). Die 5

---

[1] EuGH 10.5.2012 – C-368/10, NZBau 2012, 445.
[2] OLG Düsseldorf 25.6.2014 – Verg 39/13, ZfBR 2014, 815.
[3] VK Bund 3.12.2020 – VK 1-94/20, VPRRS 2021, 0013.

Regelungen entsprechen § 31 Abs. 5 VgV (→ VgV § 31 Rn. 48) und § 121 Abs. 2 GWB (→ GWB § 121 Rn. 20).

IV. Formulierung der Technischen Spezifikationen (Abs. 2)

6 Abs. 2 regelt, wie die technischen Spezifikationen in den Vergabeunterlagen zu formulieren sind. Inhaltlich entsprechen die Vorgaben denjenigen, die § 31 Abs. 2 VgV für die Formulierung der Leistungsbeschreibung macht. Dabei formuliert die VOB/A – wie auch Art. 42 Abs. 2 RL 2014/24/EU – die Leistungs- und Funktionsanforderung als Unterbegriff der technischen Spezifikation, während § 31 Abs. 2 VgV umgekehrt vorgeht und die „Beschreibung der Merkmale des Auftragsgegenstands" als Oberbegriff, die technische Spezifikation dagegen neben der Leistungs- und Funktionsanforderung als Beschreibungsvarianten nennt. Ein inhaltlicher Unterschied ist hiermit jedoch wohl nicht verbunden, da auch alle Kombinationsvarianten der Beschreibungsmöglichkeiten zulässig sind. Vgl. daher iÜ zur Beschreibung der technischen Anforderungen die Kommentierung zu → VgV § 31 Rn. 13 ff. Jede Bezugnahme auf die genannten Normen ist mit dem Zusatz „oder gleichwertig" zu versehen, um insbes. eine Diskriminierung ausländischer Produkte auszuschließen. Fehlt der Zusatz, ist die Beschreibung vergaberechtswidrig.[4]

V. Gleichwertigkeitsnachweise (Abs. 3 und 4)

7 Abs. 3 und 4 legen fest, dass und wie Bieter nachweisen können, dass ihr Angebot den Anforderungen des öffentlichen Auftraggebers entspricht, obwohl es nicht die vorgegebenen technischen Spezifikationen einhält (sog. Gleichwertigkeitsnachweis). Die Abs. entsprechen dabei inhaltlich – bei abweichender Reihenfolge der Regelungen – § 32 und § 33 VgV. Siehe daher auch → VgV § 32 Rn. 1 ff., → VgV § 33 Rn. 1 ff.

8 Beide Bestimmungen sind **bieterschützend.** Der Bieter hat einen Anspruch darauf, dass der öffentliche Auftraggeber Abweichungen von seinen technischen Spezifikationen (nur) unter den Voraussetzungen der Vorschriften zulässt.

1. Technische Spezifikationen (Abs. 3)

9 Der öffentliche Auftraggeber kann die technischen Anforderungen an die Leistung nach Abs. 2 Nr. 1 formulieren unter Bezug auf die in Anhang TS definierten technischen Spezifikationen oder, falls solche fehlen, unter Bezug auf nationale Normen, nationale technische Zulassungen oder nationale technische Spezifikationen. Soweit die Spezifikationen selbst Abweichungen zulassen, indem sie etwa als Soll- und nicht als Muss-Vorschrift ausgestaltet sind, muss für Abweichungen kein Gleichwertigkeitsnachweis geführt werden.[5]

10 Abs. 2 Nr. 1 fordert, dass jede Bezugnahme auf technische Spezifikationen oder nationale Regelungen mit dem Zusatz **„oder gleichwertig"** zu versehen ist. **Konsequenz** der Zulassung gleichwertiger technischer Spezifikationen ist, dass der Bieter nach Abs. 3 den Nachweis erbringen kann, dass sein Angebot zwar nicht den nach Abs. 2 Nr. 1 vorgegebenen technischen Spezifikationen entspricht, aber dennoch den Anforderungen des öffentlichen Auftraggebers genügt. Hierfür trägt der Bieter gem. der ausdr. Formulierung des Abs. 2 Nr. 1 die Darlegungs- und Beweislast. Die inhaltlichen Anforderungen an einen solchen gleichwertigen Nachweis sind dagegen nicht bestimmt, da dies bedeuten würde, dass der Auftraggeber die Gleich-

---

[4] OLG Frankfurt a. M. 12.11.2020 – 11 Verg 13/20, NZBau 2021, 349.
[5] OLG München 7.4.2011 – Verg 5/11, NZBau 2011, 439.

wertigkeitsprüfung für unbekannte Fälle vorwegnehmen müsste. Vielmehr sind die vom Auftraggeber ausdr. genannten Merkmale als Prüfparameter heranzuziehen.[6] In Bezug auf die technische Beurteilung der vorgelegten Nachweise hat der Auftraggeber – wie auch bei der Beurteilung der Gleichwertigkeit eines Nebenangebots – einen Beurteilungsspielraum.[7]

In formaler Hinsicht kann nach Abs. 3 Nr. 1 der Nachweis mittels eines **Prüfberichts oder** einer **Zertifizierung einer akkreditierten Konformitätsbewertungsstelle** erfolgen. Eine Eigenerklärung des Bieters genügt somit nicht, der Nachweis muss mit einer Stellungnahme oder einem Bericht einer dritten, neutralen und fachkundigen Stelle geführt werden. Abs. 3 Nr. 2 schreibt vor, dass eine Konformitätsbewertungsstelle gem. der VO (EG) Nr. 765/2008 des Europäischen Parlaments und des Rates akkreditiert sein muss. Siehe ausf. → VgV § 33 Rn. 10 ff. 11

Der Auftraggeber muss nach Abs. 3 Nr. 3 unter bestimmten Voraussetzungen auch **andere geeignete Nachweise** akzeptieren. Exemplarisch nennt die Vorschrift technische Beschreibungen des Herstellers. Diese Akzeptanzpflicht des öffentlichen Auftraggebers betrifft jedoch nur Fälle, in denen das betr. Unternehmen keinen Zugang zu den genannten Zertifikaten oder Prüfberichten hatte oder keine Möglichkeit hatte, diese Zertifikate oder Prüfberichte innerhalb der einschlägigen Fristen einzuholen. Dies gilt jedoch nur, sofern das betr. Unternehmen den fehlenden Zugang nicht zu verantworten hat und sofern es anhand dieser Nachweise die Erfüllung der festgelegten Anforderungen belegt. 12

Der Bieter muss den Gleichwertigkeitsnachweis bereits **mit dem Angebot** erbringen.[8] Er kann insoweit nicht anführen, die Gleichwertigkeit sei dem öffentlichen Auftraggeber aus anderem Zusammenhang bekannt. Denn die Vorschriften bezwecken nicht die Zurechnung von Wissen innerhalb eines Behördenapparats, sondern den tatsächlichen Vorgang der Angebotsprüfung durch die dafür im Einzelfall berufenen Personen.[9] 13

2. Leistungs- und Funktionsanforderungen (Abs. 4)

Der Auftraggeber kann die technischen Spezifikationen nach Abs. 2 Nr. 2 auch funktional in Form von Leistungs- oder Funktionsanforderungen beschreiben. Diese sind so genau zu fassen, dass sie den Unternehmen ein **klares Bild vom Auftragsgegenstand** vermitteln. Abs. 4 erlaubt dem Bieter, die Erfüllung dieser Anforderungen dadurch nachzuweisen, dass sein Angebot einer Regelung entspricht, die von einem europäischen Normungsgremium erarbeitet wurde oder die eine europäische Norm umsetzt. 14

Der Bieter muss des Weiteren jedoch den Nachweis erbringen, dass die geltend gemachte Regelung die vom öffentlichen Auftraggeber geforderten Leistungs- und Funktionsanforderungen betrifft und die der Norm entspr. Leistung ihrerseits den Leistungs- und Funktionsanforderungen des öffentlichen Auftraggebers genügt. Als **geeignetes Mittel** nennt Abs. 4 die technische Beschreibung des Herstellers oder einen Prüfbericht einer Konformitätsbewertungsstelle. Eine substanzielle Erleichterung der Nachweisführung ergibt sich daraus nicht. 15

Auch der Nachweis nach Abs. 4 muss mit dem Angebot erfolgen (→ Rn. 13). 16

---

[6] Ingenstau/Korbion/Schranner VOB/A § 7a Rn. 14.

[7] VK Rheinland 26.5.2021 – VK 3/21, VPRRS 2022, 0265; OLG Schleswig 22.1.2019 – 54 Verg 3/18, BeckRS 2019, 590 mwN.

[8] OLG Saarbrücken 27.4.2011 – 1 Verg 5/10, BeckRS 2011, 11576; EuGH 12.7.2018 – C-14/17, BeckRS 2018, 14877 (beide zu Lieferleistungen); VK Lüneburg 1.11.2017 – VgK-30/2017, IBRRS 2019, 0554.

[9] OLG Koblenz 2.2.2011 – Verg 1/11, NZBau 2011, 316.

VOB/A–EU § 7b — Leistungsbeschreibung mit Leistungsverzeichnis

VI. Verlangen von Bescheinigungen einer Konformitätsbewertungsstelle (Abs. 5)

17 Abs. 5 gibt dem öffentlichen Auftraggeber ausdr. die Möglichkeit, von den Bietern die Vorlage von Bescheinigungen einer Konformitätsbewertungsstelle zum Nachweis dafür zu verlangen, dass die angebotene Leistung die Anforderungen der Leistungsbeschreibung erfüllt. Abs. 5 ist **bieterschützend.** Der Bieter hat ggü. dem öffentlichen Auftraggeber Anspruch darauf, dass die in Abs. 5 genannten Nachweise (jedoch nur diese) akzeptiert werden. Die Vorschrift ist nahezu wortgleich mit § 33 VgV, so dass auf die Kommentierung zu § 33 VgV verwiesen wird (→ VgV § 33 Rn. 1 ff.). Da es sich um einen „geforderten" Nachweis handelt, sind auf diesen die Regelungen zur Nachforderung gem. § 16a EU VOB/A anwendbar.

VII. Verlangen von Gütezeichen (Abs. 6)

18 Abs. 6 regelt das Recht des Auftraggebers, von Bietern das Vorliegen und den Beleg von Gütezeichen zu verlangen, um nachzuweisen, dass die angebotene Leistung der Leistungsbeschreibung entspricht. Abs. 6 ist **bieterschützend.** Der Bieter hat ggü. dem öffentlichen Auftraggeber Anspruch darauf, dass nur Gütezeichen gefordert werden, die den in Abs. 6 genannten Voraussetzungen entsprechen. Die Vorschrift entspricht inhaltlich § 34 VgV, so dass iÜ auf die Kommentierung zu → VgV § 34 Rn. 1 ff. verwiesen wird.

19 Abs. 6 Nr. 1 konkretisiert – insoweit abweichend von § 34 Abs. 1 VgV –, dass das Gütezeichen zum Nachweis spezifischer umweltbezogener, sozialer oder sonstiger Merkmale gefordert werden kann. Eine Einengung des Anwendungsbereichs ggü. § 34 VgV ist hiermit nicht verbunden.

20 Ferner konkretisiert Nr. 1 lit. c – über § 34 Abs. 2 Nr. 3 VgV hinausgehend – die interessierten Kreise, denen das Verfahren zur Entwicklung des Gütezeichens offenstehen muss, dahingehend, dass am Verfahren zur Einführung der Gütezeichen staatliche Stellen, Verbraucher, Sozialpartner, Hersteller, Händler und Nichtregierungsorganisationen teilnehmen können. Insbes. mit dieser Anforderung geht Abs. 6 über die lauterkeitsrechtlichen Anforderungen an Gütezeichen hinaus, da Abs. 6 zusätzlich den Marktzugang schützt.[10]

§ 7b EU Leistungsbeschreibung mit Leistungsverzeichnis

(1) **Die Leistung ist in der Regel durch eine allgemeine Darstellung der Bauaufgabe (Baubeschreibung) und ein in Teilleistungen gegliedertes Leistungsverzeichnis zu beschreiben.**

(2) [1]**Erforderlichenfalls ist die Leistung auch zeichnerisch oder durch Probestücke darzustellen oder anders zu erklären, z.B. durch Hinweise auf ähnliche Leistungen, durch Mengen- oder statische Berechnungen.** [2]**Zeichnungen und Proben, die für die Ausführung maßgebend sein sollen, sind eindeutig zu bezeichnen.**

(3) **Leistungen, die nach den Vertragsbedingungen, den Technischen Vertragsbedingungen oder der gewerblichen Verkehrssitte zu der geforderten Leistung gehören (§ 2 Absatz 1 VOB/B), brauchen nicht besonders aufgeführt zu werden.**

(4) [1]**Im Leistungsverzeichnis ist die Leistung derart aufzugliedern, dass unter einer Ordnungszahl (Position) nur solche Leistungen aufgenommen**

---

[10] OLG Düsseldorf 23.8.2018 – 20 U 123/17, BeckRS 2018, 24416.

werden, die nach ihrer technischen Beschaffenheit und für die Preisbildung als in sich gleichartig anzusehen sind. ²Ungleichartige Leistungen sollen unter einer Ordnungszahl (Sammelposition) nur zusammengefasst werden, wenn eine Teilleistung gegenüber einer anderen für die Bildung eines Durchschnittspreises ohne nennenswerten Einfluss ist.

Literatur: Vgl. die Angaben bei § 7 EU VOB/A.

I. Bedeutung der Vorschrift

Die VOB/A differenziert – im Gegensatz zu den übrigen Vergabeordnungen – 1
zwischen der Leistungsbeschreibung mit Leistungsverzeichnis (§ 7b EU Abs. 1–4 VOB/A) und der Leistungsbeschreibung mit Leistungsprogramm (§ 7c EU Abs. 1–3 VOB/A). Diese unterscheiden sich im Umfang der durch den Auftragnehmer zu erbringenden Leistungen: Wird die Leistung durch ein Leistungsprogramm (funktionale Leistungsbeschreibung) dargestellt, obliegt dem Auftragnehmer neben der Bauausführung auch der Entwurf der Bauaufgabe selbst (§ 7c EU Abs. 2 VOB/A). IdR ist aber die Leistung durch eine allg. Darstellung der Bauaufgabe (Baubeschreibung) und ein in Teilleistungen gegliedertes Leistungsverzeichnis zu beschreiben (§ 7b EU Abs. 1 VOB/A). Planungsaufwand und Vollständigkeitsrisiko bleiben dabei beim Auftraggeber. Die Leistungsbeschreibung mit Leistungsverzeichnis ist „in der Regel", also im Normalfall zu verwenden, während die Leistungsbeschreibung mit Leistungsprogramm – die nur ausnahmsweise bei Zweckmäßigkeit in Betracht kommt – einer besonderen Begründung bedarf.

II. Baubeschreibung und Leistungsverzeichnis (Abs. 1)

Eine Beschreibung der Leistung setzt voraus, dass sich der Auftraggeber zunächst 2
über ihren Inhalt Klarheit verschafft und über die hierfür notwendigen Unterlagen verfügt. In Ziff. 4.3.1 VHB 2017 (Stand: 2019) heißt es hierzu: „Vor dem Aufstellen der Leistungsbeschreibung müssen die Ausführungspläne, soweit sie nicht vom Auftragnehmer zu erstellen sind, und die Mengenberechnungen vorliegen." Die Leistungsbeschreibung gliedert sich in die Baubeschreibung und das Leistungsverzeichnis.

Die **Baubeschreibung** enthält eine allg. Beschreibung der Bauaufgabe. Sie muss 3
nicht als solche bezeichnet werden, vielfach wird der Begriff „Vorbemerkungen" verwendet. Adressat ist der Baufachmann als potenzieller Bieter, was es rechtfertigt, sie inhaltlich auf die für ihn **notwendigen Angaben** zu beschränken, ohne Selbstverständliches zu erläutern. Die juristischen Bedingungen des Vertrages finden keinen Eingang.[1]

Daneben soll die Leistung durch ein in Teilleistungen gegliedertes **Leistungsver-** 4
zeichnis beschrieben werden. Seine Angaben sollten im Interesse der einwandfreien Preisermittlung so genau wie möglich sein und genießen dementsprechend **Vorrang ggü. der Baubeschreibung.** Wie das Leistungsverzeichnis aufzugliedern ist, folgt aus § 7b EU Abs. 4 VOB/A. Die Mengen jeder Teilleistung sind nach Maß, Zeit, Gewicht oder Stückzahl (sog. **Vordersätze**) möglichst zutreffend zu ermitteln und mit der Abrechnungseinheit, zB lfd. m oder m³, anzugeben. Mit diesen *Positionen* genannten Teilleistungen macht der Auftraggeber zugleich Vorgaben hinsichtlich der geforderten Preisangaben.[2] Zum Inhalt des Leistungsverzeichnisses werden teilw. vereinheitlichende Vorgaben in den Vergabehandbüchern getroffen.[3]

---

[1] Zur Baubeschreibung vgl. detailliert Ziff. 4.3.2.1 VHB 2017 (Stand: 2019).
[2] VK Thüringen 9.4.2020 – 250–4002-1940/2020-N-007-EF.
[3] Vgl. bspw. die Ziff. 4.3.2.2 ff. VHB Bund 2017 (Stand: 2019).

VOB/A–EU § 7b Leistungsbeschreibung mit Leistungsverzeichnis

5   Bei Ungewissheit über die nach dem ersten Spiegelstrich anzugebenden Mengen ist die **max. zu erwartende Menge** anzugeben. Ergaben zwar die Erkundigungen keinen Aufschluss zum Leistungsumfang, können aber erfahrungsgemäß kleine Mengen auftreten, sollte keine Leistungsposition ausgeschrieben werden. Folgt bei der Ausführung die Notwendigkeit der Leistung, so ist der Preis nach § 2 Abs. 6 VOB/B zu ermitteln. Sonst könnte sich bei kleinen Mengen, deren endgültiger Umfang unsicher ist, ein hoch angesetzter Preis auf die Gesamtsumme des Auftrags kaum, bei der Abrechnung der tatsächlich höheren Mengen aber deutlich zugunsten des Bieters auswirken. Bei nachträglicher Preisvereinbarung nach § 2 Abs. 6 VOB/B muss diese an das Preisniveau des Ursprungsangebots anknüpfen. Der Preis bleibt sachgerecht, Auswirkungen auf die Gesamtabrechnung hat der Preis nur in der gerechtfertigten Höhe. Im anderen Fall, nämlich bei Ausschreibung der maximal zu erwartenden Mengen, wäre der Angebotspreis auf jeden Fall niedriger als bei der Ausschreibung einer kleinen Menge. Der Bieter erleidet durch dieses Vorgehen keinen Nachteil. Er ist im Fall überraschender Mengenminderung über § 2 Abs. 3 Nr. 3 VOB/B geschützt. Die Forderung möglichst genauer und vollständiger Angaben richtet sich auch dann an den Auftraggeber, wenn er Architekten oder Ingenieure mit der Erstellung eines Leistungsverzeichnisses betraut hat. Da er für die Einhaltung der vergaberechtlichen Bestimmungen verantwortlich bleibt, empfiehlt sich zumindest eine summarische Prüfung von Dritten erstellter Unterlagen vor deren Versendung.

6   Im Anwendungsbereich des VHB soll der Leistungsbeschreibung das **Standardleistungsbuch für Bauwesen** des GAEB (StLB-Bau und StLB (Z)) zugrunde gelegt werden.[4] Das Standardleistungsbuch ist inzwischen nur noch elektronisch verfügbar und stellt als Programmmodul Textbausteine für Leistungsverzeichnisse für viele Arten von Bauleistungen (derzeit 77 Gewerke) systematisch zur Verfügung. Die entspr. Textbausteine können dann entweder ausgedruckt oder direkt in eine sog. GAEB-Datei, die iRd meisten Bauvergaben als Hilfsmittel bereitgestellt wird, eingelesen werden.

III. Ergänzende Darstellungsmittel (Abs. 2)

7   Das Gebot, die Leistung eindeutig und erschöpfend zu beschreiben, kann die Notwendigkeit begründen, die Leistungsbeschreibung noch durch Ergänzungsmittel zu präzisieren und diese dem Leistungsverzeichnis beizufügen. Eine weitergehende Darstellung etwa durch Ausführungspläne und Zeichnungen ist für die Durchführung einer Baumaßnahme letztlich unabdingbar und bildet nach dieser Regelung zu Unrecht die Ausnahme.[5] Erwähnte Mittel sind **Zeichnungen** oder **Probestücke;** ferner wird (beispielhaft) angeboten, die Leistung durch Hinweise auf ähnliche Leistungen oder durch **Mengen- oder statische Berechnungen** zu erläutern. Der Vorschlag, durch Hinweise auf ähnliche Leistungen zu erklären, ist kritisch zu bewerten.[6] Denn derartige Hinweise eröffnen zusätzlichen Erläuterungsbedarf zum Grad der Ähnlichkeit, der sich womöglich nicht mit letzter Gewissheit klären lässt.

8   **Zeichnungen** und **Proben,** die für die Ausführung maßgebend sein sollen, sind als solche zu bezeichnen. Daraus folgt im Umkehrschluss, dass es auch Zeichnungen und Proben geben kann, die zwar zur Information beigefügt werden, nicht aber **maßgeblich für die Ausführung** sein sollen. Probestücke sollten stets aus dem geforderten Material bestehen.[7]

---

[4] Für den Bund nach Richtlinie 100 Ziff. 4.2.2 VHB 2017 (Stand: 2019), für Bayern nach Richtlinie 250 Ziffer 1.1.2 VHB 2019 (Stand: 2023).
[5] So aber wohl BayObLG 17.11.2004 – Verg 16/04, NJOZ 2005, 1341 (1344).
[6] Kapellmann/Messerschmidt/Kapellmann VOB/A § 7 Rn. 66 „völlig missglückt".
[7] OLG Braunschweig 26.10.2006 – 8 U 182/05, BeckRS 2006, 135462.

Wie ein **Widerspruch** zwischen dem schriftlichen Teil der Leistungsbeschreibung und den Ergänzungsmitteln zu behandeln ist, ist umstritten. Vertreten wird,[8] der schriftliche Teil ginge den nur beigegebenen Ergänzungsmitteln vor; andere[9] meinen, die schriftliche und die zeichnerische Darstellung seien grds. gleichwertig, wobei iZw der spezielleren Zeichnung der Vorrang zukommen müsse. Sachgerecht erscheint die vermittelnde Ansicht, wonach die ergänzenden Pläne dem schriftlichen Teil dann vorgehen, wenn sie entspr. als **maßgebend bezeichnet** wurden und an der richtigen Stelle im Text – etwa durch eine korrespondierende Nummerierung – in Bezug genommen sind.[10] Im Allg. wird der Hinweis in der Vorbemerkung zum Leistungsverzeichnis empfohlen, dass die **schriftliche Leistungsbeschreibung Vorrang** vor anderen Bestandteilen hat.[11]

IV. Entbehrliche Angaben (Abs. 3)

Zur Eindeutigkeit einer Leistungsbeschreibung und der Vergabeunterlagen gehört es auch, auf überflüssige Angaben zu verzichten, um durch Wiederholungen nicht unnötig Verwirrung zu stiften. Es bleibt dennoch dem Auftraggeber überlassen, im Einzelfall zu Vertragsbedingungen, Technischen Vertragsbedingungen und **gewerblicher Verkehrssitte** in der Leistungsbeschreibung Angaben zu machen. IdR wird dies mit Blick auf die notwendigen Bestandteile der Vergabeunterlagen (§§ 8 EU ff. VOB/A) entbehrlich sein. Zur gewerblichen Verkehrssitte sind die in den jew. Fachkreisen (im Unterschied zur „allgemeinen" Verkehrssitte) üblichen und erforderlichen, über die Bestimmungen der Allgemeinen Technischen Vertragsbedingungen für Bauleistungen hinausgehenden Leistungen zu verstehen. Die gewerbliche Verkehrssitte bestimmt gleichsam den Inhalt der Bauleistungspflicht. Gehen aber bspw. Prüf- und Hinweispflichten des späteren Auftragnehmers nach der Vorstellung des Auftraggebers über die üblichen und in § 4 Abs. 3 VOB/B geregelten hinaus, sind sie gesondert aufzuführen.[12]

Die von § 7b EU Abs. 3 VOB/A genannten Kriterien sind für die in der Praxis bedeutsame Abgrenzung von **Nebenleistungen** und **Besonderen Leistungen** maßgeblich. Ist im **Bauvertrag** die Geltung der VOB/A vereinbart (vgl. § 8a EU Abs. 1 VOB/A), gehört hierzu auch die VOB/C (§ 1 Abs. 1 S. 2 VOB/B). Dann folgt aus ihm und nicht aus der Leistungsbeschreibung die Abgrenzung von vertraglich geschuldeter Nebenleistung und gesondert zu vergütender Besonderer Leistung. Eine besondere Leistung iSv Abschn. 4 der ATV kann demnach unter den Voraussetzungen des § 2 Abs. 5–8 VOB/B besonders zu vergüten sein.[13]

V. Gliederung des Leistungsverzeichnisses (Abs. 4)

Die Systematik der Gliederung des Leistungsverzeichnisses sieht vor, dass die Leistungen, die nach ihrer technischen Beschaffenheit und für die Preisbildung als in sich gleichartig anzusehen sind, unter eine **Ordnungszahl (Position)** zusammengefasst werden dürfen. Dieses Prinzip trägt dem Bedürfnis der Bieter nach

---

[8] Ingenstau/Korbion/Schranner VOB/A § 7b Rn. 11.
[9] Ingenstau/Korbion/Keldungs VOB/B § 1 Abs. 2 Rn. 14; Beck VOB/B/Jagenburg § 1 Nr. 2 Rn. 12; Leinemann Vergabe Rn. 424.
[10] Kapellmann/Messerschmidt/Kapellmann VOB/A § 7 Rn. 64, 69.
[11] Beck VOB/A/Hertwig § 9 Rn. 50.
[12] VK Düsseldorf 29.7.2011 – VK-19/2011, NZBau 2011, 637.
[13] OLG Köln 22.4.2009 – 11 U 29/09, BeckRS 2010, 5370; 28.5.2009 – 11 U 29/09, BeckRS 2009, 27808.

VOB/A–EU § 7c   Leistungsbeschreibung mit Leistungsprogramm

einwandfreier Kalkulation Rechnung und erleichtert die spätere Vergleichbarkeit der Angebote. Die so zu bildenden Teile der Leistung sind **keine Teilleistungen** iSv § 266 BGB und **keine Teillose** gem. § 5 EU Abs. 2 Nr. 1 VOB/A. Ist etwa die Gesamtinstandsetzung eines tragenden Bauteils die auszuschreibende Leistung, verlangt § 7b EU Abs. 4 VOB/A die **Trennung der einzelnen Arbeitsschritte.** Die Einzelleistungen wie Freilegen, Sichern, Ausbauen zerstörter Teile als Konstruktionsfreiraum und Ansetzen tragfähiger neuer Teile mit wirksamen Verbindungsmitteln als Konstruktionsergänzung müssen einzeln beschrieben werden. Denn eine Position wie „1.000 laufende Meter Auswechseln vermorschter Konstruktionshölzer verschiedener Abmessungen" würde den Bieter zwingen, die nicht beschriebenen Anforderungen spekulativ auf seinen Einheitspreis aufzuschlagen. Auch müssen bei Erdarbeiten die verschiedenen Bodenklassen getrennt werden; es genügt nicht die Angabe „… Kubikmeter Boden der Klasse 4 bis 7"; notfalls muss dies über **Alternativ- oder Bedarfspositionen** geschehen, wenn die Bodenbeschaffenheit nicht ermittelbar und daher nicht hinreichend klar ist.

13 Enthalten die Positionen keine weiteren Angaben, ist von **Grundpositionen** („Ausführungspositionen", „Normalpositionen") auszugehen. Sie enthalten die Leistungen, die zur Ausführung kommen und die iRd vorgesehenen Mengenansatzes mit dem angegebenen Einheitspreis abgerechnet werden. Die Erfassung einer Leistung in Grundpositionen entspricht dem Gebot der eindeutigen und erschöpfenden Leistungsbeschreibung am ehesten.

14 **Wahl- und Bedarfspositionen** sowie angehängte Stundenlohnarbeiten sind nur unter bestimmten Voraussetzungen zulässig und als solche zu kennzeichnen. In Bezug auf solche Positionen ist zudem jew. anzugeben, ob und in welchem Umfang diese iRd Angebotswertung gewertet werden. Bei Stundenlohnarbeiten geschieht dies idR unter Nennung einer (fiktiven und unverbindlichen) Stundenangabe als Mengenvorgabe.

15 S. 2 formuliert, unter welchen Bedingungen ausnahmsweise ungleichartige Leistungen zu einer **Sammelposition** zusammengefasst werden dürfen. Dies soll zulässig sein, wenn eine Teilleistung ggü. einer anderen für die Bildung eines Durchschnittspreises ohne nennenswerten Einfluss ist. Von dieser Regelung wird allenfalls zurückhaltend Gebrauch zu machen sein, zumal offenbleibt, wann von einem nennenswerten Einfluss gesprochen werden kann.

§ 7c EU Leistungsbeschreibung mit Leistungsprogramm

(1) **Wenn es nach Abwägen aller Umstände zweckmäßig ist, abweichend von § 7b EU Absatz 1 zusammen mit der Bauausführung auch den Entwurf für die Leistung dem Wettbewerb zu unterstellen, um die technisch, wirtschaftlich und gestalterisch beste sowie funktionsgerechteste Lösung der Bauaufgabe zu ermitteln, kann die Leistung durch ein Leistungsprogramm dargestellt werden.**

(2)
1. **Das Leistungsprogramm umfasst eine Beschreibung der Bauaufgabe, aus der die Unternehmen alle für die Entwurfsbearbeitung und ihr Angebot maßgebenden Bedingungen und Umstände erkennen können und in der sowohl der Zweck der fertigen Leistung als auch die an sie gestellten technischen, wirtschaftlichen, gestalterischen und funktionsbedingten Anforderungen angegeben sind, sowie gegebenenfalls ein Musterleistungsverzeichnis, in dem die Mengenangaben ganz oder teilweise offengelassen sind.**
2. **§ 7b EU Absatz 2 bis 4 gilt sinngemäß.**

(3)
1. Von dem Bieter ist ein Angebot zu verlangen, das außer der Ausführung der Leistung den Entwurf nebst eingehender Erläuterung und eine Darstellung der Bauausführung sowie eine eingehende und zweckmäßig gegliederte Beschreibung der Leistung – gegebenenfalls mit Mengen- und Preisangaben für Teile der Leistung – umfasst. Bei Beschreibung der Leistung mit Mengen- und Preisangaben ist vom Bieter zu verlangen, dass er
2. die Vollständigkeit seiner Angaben, insbesondere die von ihm selbst ermittelten Mengen, entweder ohne Einschränkung oder im Rahmen einer in den Vergabeunterlagen anzugebenden Mengentoleranz vertritt, und
3. etwaige Annahmen, zu denen er in besonderen Fällen gezwungen ist, weil zum Zeitpunkt der Angebotsabgabe einzelne Teilleistungen nach Art und Menge nicht bestimmt werden können (z.B. Aushub-, Abbruch- oder Wasserhaltungsarbeiten) – erforderlichenfalls anhand von Plänen und Mengenermittlungen – begründet.

Literatur: Hänsel, Generalunternehmervergaben durch öffentliche Auftraggeber, NJW-Spezial 2019, 108; Kulartz/Weidemann, Zulässigkeit und Zweckmäßigkeit funktionaler Ausschreibungen, NZBau 2021, 571; Meckler, Grenzen der Verpflichtung zur Losvergabe nach vergaberechtlicher Rechtsprechung, NZBau 2019, 492. Vgl. iÜ die Nachweise bei § 7 EU VOB/A.

I. Bedeutung der Vorschrift

Als Ausnahme zur Darstellung in einem Leistungsverzeichnis berechtigt § 7c EU VOB/A den Auftraggeber unter bestimmten Bedingungen, die Leistung durch ein Leistungsprogramm (**„funktionale Leistungsbeschreibung"**) darzustellen. Diese Ausschreibungstechnik überträgt dem Unternehmer neben der Bauausführung auch Planungsleistungen. Auf Aufforderung muss der Bieter in Gestalt von Entwurfs-, Ausführungs- oder Angebotsunterlagen Leistungen erbringen, die eigentlich dem Auftraggeber obliegen. Der Auftraggeber nennt lediglich den Zweck, „die Funktion", die das Bauwerk erfüllen soll; die dafür geeignete konstruktive Lösung herauszuarbeiten, obliegt den Bietern, die insoweit einen – je nach Ausschreibung unterschiedlich großen – Gestaltungsspielraum haben. Beispiele zu den Aspekten, die iRd funktionalen Leistungsbeschreibung zu nennen sind, können Anhang 9 (dort Ziffer F) der Handbücher für die Vergabe und Durchführung von Bauleistungen (VHB) entnommen werden. Denkbar und zulässig sind auch **Mischformen**, bei denen bestimmte Leistungsbereiche wiederum detaillierter beschrieben werden. Funktionalen Leistungsbeschreibungen ist wesensimmanent, dass sie zu unterschiedlichen Angeboten führen, was die Wertung erschwert. Der Mangel an Vergleichbarkeit – und somit an Transparenz – ist hinzunehmen, solange er allein aus den unterschiedlichen operativ-konzeptionellen Ansätzen der Bieter resultiert.[1]

Mit einer funktionalen Ausschreibung kann der Auftraggeber den eigenen Planungsaufwand und in bestimmten Fällen auch die Kosten für das Gesamtprojekt reduzieren; es kommt zu einer **Verlagerung des Vollständigkeitsrisikos** auf den Auftragnehmer. Ein Freibrief des Auftraggebers, sich auf kostengünstige Weise von eigenen Aufgaben und Verantwortlichkeiten zulasten des Bieters zu entledigen, geht damit freilich nicht einher.[2] Die eigene Planung des Auftraggebers muss so weit feststehen, dass die Kriterien für die spätere Angebotswertung, das Leistungsziel, die Rahmenbedingungen (zB die Baugrundverhältnisse) sowie die wesentlichen Einzel-

---
[1] VK Arnsberg 20.7.2010 – VK 09/10, IBRRS 2010, 4294; VK Hessen 26.4.2007 – 69d-VK-08/2007, IBRRS 2007, 3596.
[2] OLG Düsseldorf 1.6.2016 – VII Verg 6/2016, BeckRS 2016, 13257.

heiten der Leistung bekannt sind und mit Veränderungen nicht zu rechnen ist (→ § 7 EU Rn. 3, 10). Andernfalls fehlt es an der **Vergabereife**.[3] Zur Vergabereife ausf. → VOB/A § 2 EU Rn. 13 ff.

3   **Vorteile** bietet die Leistungsbeschreibung mit Leistungsprogramm auch für den Bieter: Er kann früh auf das Gesamtkonzept Einfluss nehmen; seine Möglichkeiten, Erfahrungen und Kenntnisse fließen früher als sonst in den Bauprozess ein. Gerade die Planungsphase kann für die gesamten Baukosten von wesentlicher Bedeutung sein. Allerdings schränkt diese Verfahrensart zugleich den Bewerberkreis ein, denn den hohen Aufwand der Angebotsbearbeitung werden sich kleine und mittlere Unternehmen kaum leisten können. Nach § 8b EU Abs. 1 Nr. 1 S. 2 VOB/A ist daher in diesen Fällen für alle Bieter eine angemessene Entschädigung festzusetzen (iE → VOB/A § 8b EU Rn. 2 ff.).

4   Anerkannt sind **Mischformen** von Leistungsbeschreibungen mit Leistungsverzeichnis und Leistungsprogramm in einer Ausschreibung. Steht demgegenüber nur die Verbesserung vorhandener Planungsleistungen im Vordergrund, ist ggf. die Zulassung von Nebenangeboten in Bezug auf einzelne Positionen innerhalb einer Leistungsbeschreibung mit Leistungsverzeichnis geeigneter. Zulässig ist auch eine **teilfunktionale Leistungsbeschreibung:**[4] Dabei kann der Auftraggeber den Entwurf selbst erstellen und den Auftragnehmer mit der Ausführungsplanung bis zur schlüsselfertigen Errichtung beauftragen („Schlüsselfertigbau").[5] Auch während des Vergabeverfahrens darf der Auftraggeber von einer Leistungsbeschreibung mit Leistungsverzeichnis zu einer teilfunktionalen Leistungsbeschreibung wechseln, wenn dies zweckmäßig ist.[6] Bei Bodenverbesserungsarbeiten können zB die Ausführungsplanung und statischen Berechnungen dem Bieter aufgegeben werden, wenn sich dadurch das dort vorhandene Expertenwissen zu Nutze gemacht werden kann. Der Auftraggeber muss allerdings auch selbst planen und alle **notwendigen Festlegungen für die Entwurfsplanung** vollständig treffen.[7]

II. Zweckmäßigkeit (Abs. 1)

5   Einer Darstellung der Leistung durch das Leistungsprogramm muss eine **umfassende Abwägung** vorausgegangen sein. Dabei ist zu prüfen, ob es **zweckmäßig** ist, auch den Entwurf der Leistung auszuschreiben, um so die technisch, wirtschaftlich und gestalterisch **beste sowie funktionsgerechteste Lösung** der gestellten Bauaufgabe zu ermitteln. Erst wenn die Zweckmäßigkeit für diese Kriterien kumulativ erfüllt ist, kann sich der Auftraggeber seiner originären Aufgaben entledigen. Er muss insbes. prüfen, ob die von ihm erstrebte Lösung der Bauaufgabe nicht in gleicher Weise durch eine Leistungsbeschreibung mit Leistungsverzeichnis unter Zulassung von Änderungsvorschlägen und Nebenangeboten erreicht wird. Vgl. hierzu ausf. → VgV § 31 Rn. 42 ff.

6   Nach Ziff. 4.4.1.1 VHB 2017 (Stand 2019) ist die **Zweckmäßigkeit** zB anzunehmen,
– wenn sie wegen der fertigungsgerechten Planung in Fällen notwendig ist, in denen es bspw. bei Fertigteilbauten wegen der Verschiedenartigkeit von Systemen den

---

[3] OLG Naumburg 16.9.2002 – 1 Verg 2/02, NZBau 2003, 628 (631).
[4] OLG Düsseldorf 11.12.2013 – VII-Verg 22/13, NZBau 2014, 374.
[5] VK Münster 17.7.2013 – VK 6/13, ZfBR 2014, 184.
[6] VK Lüneburg 7.10.2015 – VgK 31/2015, IBRRS 2016, 0013.
[7] VK Lüneburg 7.10.2015 – VgK 31/2015, IBRRS 2016, 0013; OLG Düsseldorf 12.6.2013 – VII Verg 7/13, NZBau 2013, 788; VK Westfalen 29.4.2021 – VK 1–6/21, BeckRS 2021, 56687.

Bietern freigestellt sein muss, die Gesamtleistung so anzubieten, wie es ihrem System entspricht,
- wenn mehrere technische Lösungen möglich sind, die nicht iE neutral beschrieben werden können, und der Auftraggeber seine Entscheidung unter dem Gesichtspunkt der Wirtschaftlichkeit und Funktionsgerechtigkeit erst aufgrund der Angebote treffen will.

III. Anforderungen an das Leistungsprogramm (Abs. 2)

§ 7c EU Abs. 2 Nr. 1 VOB/A formuliert (neben den allg. nach § 7 EU Abs. 1, 3 VOB/A) die besonderen Anforderungen, die bei der Erstellung des Leistungsprogramms zu beachten sind. In § 7c EU Abs. 2 Nr. 2 VOB/A wird auf § 7b EU Abs. 2–4 VOB/A verwiesen. Zu den Anforderungen enthalten die Vergabehandbücher – einheitlich in Anhang 9 Nr. 3 – weiterführende Hinweise. **7**

IV. Anforderungen an das Angebot (Abs. 3)

§ 7c EU Abs. 3 Nr. 1–3 VOB/A präzisiert die Anforderungen, die an die im Rahmen einer funktionalen Bauausschreibung einzureichenden **Angebote** zu stellen sind, um ihre **Vergleichbarkeit** und ihre **Wertung** zu sichern. Grds. gilt: Hinsichtlich des Detaillierungsgrades der Angebote ist mit Blick auf die für ein Leistungsprogramm geeigneten komplexeren Bauvorhaben und die zugleich eingeräumten Freiräume bei der technisch-konstruktiven Ausgestaltung Augenmaß erforderlich. Die besondere Gestaltung der Ausschreibung und Angebote kann dazu führen, dass Defizite und aufgeklärt werden können.[8] Die Grenzen der Aufklärung werden durch die Vorgaben im Leistungsprogramm und die Bieterangaben im Angebot bestimmt. **8**

Ist eine Entwurfsplanung in den Vergabeunterlagen nicht ausdr. verlangt, kann nicht angenommen werden, dass die eigenen planerischen Leistungen des Bieters im Rahmen einer funktionalen Ausschreibung eine Selbstverständlichkeit darstellen und ohne explizite Forderung des Auftraggebers ein eigener Entwurf zu erbringen sei.[9] Das gilt auch dann, wenn der Auftraggeber – was bereits Zweifel an der Zulässigkeit einer funktionalen Leistungsbeschreibung begründet – einen „lediglich als Hilfestellung" detaillierten Entwurf übermittelt, den ein Bieter zulässigerweise zur Grundlage seines Angebots macht. **9**

Die Ausschreibung mit Leistungsprogramm beinhaltet, dass es dem Auftraggeber auf die auch qualitativ beste (funktionale) Lösung ankommt. Nach der Rspr. muss daher zwingend eine Wertung qualitativer Kriterien erfolgen, der **Preis als einziges Zuschlagskriterium ist nicht zulässig**.[10] Dagegen kann aber gem. § 16d EU Abs. 2 Nr. 4 VOB/A ein Festpreis vorgegeben werden, sodass der Wettbewerb nur über die Qualität stattfindet (iE → VgV § 58 Rn. 36). **10**

§ 8 EU Vergabeunterlagen

(1) **Die Vergabeunterlagen bestehen aus**
1. **dem Anschreiben (Aufforderung zur Angebotsabgabe gemäß Absatz 2 Nummer 1 bis 3), gegebenenfalls Teilnahmebedingungen (Absatz 2 Nummer 6) und**
2. **den Vertragsunterlagen (§ 8a EU und §§ 7 EU bis 7c EU).**

---

[8] OLG Saarbrücken 23.11.2005 – 1 Verg 3/05, NZBau 2006, 457.
[9] OLG Brandenburg 22.8.2003 – Verg W 47/03, IBRRS 2003, 2755.
[10] OLG Düsseldorf 11.12.2013 – VII-Verg 22/13, NZBau 2014, 374; VK Südbayern 21.11.2016 – Z3-3-3194-1-37-09/16, BeckRS 2016, 55879.

(2)
1. Das Anschreiben muss die *Informationen nach Vorgabe der Spalte 16 der Tabelle 2 des Anhangs der Durchführungsverordnung (EU) 2019/1780*[1] enthalten, die außer den Vertragsunterlagen für den Entschluss zur Abgabe eines Angebots notwendig sind, sofern sie nicht bereits veröffentlicht wurden.
2. In den Vergabeunterlagen kann der öffentliche Auftraggeber den Bieter auffordern, in seinem Angebot die Leistungen, die er im Wege von Unteraufträgen an Dritte zu vergeben gedenkt, sowie die gegebenenfalls vorgeschlagenen Unterauftragnehmer mit Namen, gesetzlichen Vertretern und Kontaktdaten anzugeben.
3. [1]Der öffentliche Auftraggeber kann Nebenangebote in der Auftragsbekanntmachung oder in der Aufforderung zur Interessensbestätigung zulassen oder vorschreiben. [2]Fehlt eine entsprechende Angabe, sind keine Nebenangebote zugelassen. [3]Nebenangebote müssen mit dem Auftragsgegenstand in Verbindung stehen. [4]Hat der öffentliche Auftraggeber in der Auftragsbekanntmachung oder in der Aufforderung zur Interessensbestätigung Nebenangebote zugelassen oder vorgeschrieben, hat er anzugeben,
   a) in welcher Art und Weise Nebenangebote einzureichen sind, insbesondere, ob er Nebenangebote ausnahmsweise nur in Verbindung mit einem Hauptangebot zulässt,
   b) die Mindestanforderungen an Nebenangebote.
   [5]Die Zuschlagskriterien sind so festzulegen, dass sie sowohl auf Hauptangebote als auch auf Nebenangebote anwendbar sind. [6]Es ist auch zulässig, dass der Preis das einzige Zuschlagskriterium ist. [7]Von Bietern, die eine Leistung anbieten, deren Ausführung nicht in Allgemeinen Technischen Vertragsbedingungen oder in den Vergabeunterlagen geregelt ist, sind im Angebot entsprechende Angaben über Ausführung und Beschaffenheit dieser Leistung zu verlangen.
4. Der öffentliche Auftraggeber kann in der Auftragsbekanntmachung oder in der Aufforderung zur Interessensbestätigung angeben, dass er die Abgabe mehrerer Hauptangebote nicht zulässt.
5. Der öffentliche Auftraggeber hat an zentraler Stelle in den Vergabeunterlagen abschließend alle Unterlagen im Sinne von § 16a EU Absatz 1 mit Ausnahme von Produktangaben anzugeben.
6. Öffentliche Auftraggeber, die ständig Bauaufträge vergeben, sollen die Erfordernisse, die die Unternehmen bei der Bearbeitung ihrer Angebote beachten müssen, in den Teilnahmebedingungen zusammenfassen und dem Anschreiben beifügen.

Literatur: Janssen, Die VOB/A 2019 – Änderungen und Hintergründe, NZBau 2019, 147. Vgl. iÜ die Angaben bei den §§ 29, 35, 36 VgV.

I. Vergabeunterlagen (Abs. 1)

1. Begriff und Inhalt

1 § 8 EU VOB/A normiert den Inhalt der Vergabeunterlagen. Nach Abs. 1 bestehen diese aus einem **Anschreiben**, dh der Aufforderung zur Angebotsabgabe (§ 8 EU Abs. 2 Nr. 1–3 VOB/A), ggf. beigefügten **Teilnahmebedingungen** (§ 8 EU Abs. 2 Nr. 6 VOB/A, in § 29 Abs. 1 Nr. 2 VgV „Bewerbungsbedingungen"

---

[1] Bei Drucklegung noch nicht in Kraft.

genannt) und den **Vertragsunterlagen** (§ 8a EU VOB/A und §§ 7 EU bis 7c EU VOB/A). Die Vertragsunterlagen bestehen wiederum grds. aus den Allgemeinen Vertragsbedingungen für die Ausführung von Bauleistungen, dh der VOB/B, und den Allgemeinen Technischen Vertragsbedingungen für Bauleistungen, dh der VOB/C. Beide soll der Auftraggeber zum Bestandteil des Vertrages machen (§ 8a EU Abs. 1 S. 1 VOB/A). Daneben kann der Auftraggeber – soweit erforderlich – in Besonderen oder Zusätzlichen Vertragsbedingungen Regelungen in vertraglicher Hinsicht treffen (§ 8a EU Abs. 1 S. 1 iVm Abs. 4 VOB/A). Bestandteil der Vertragsunterlagen ist zudem eine **Leistungsbeschreibung**, die im Regelfall eine allgemeine Baubeschreibung mit einem Leistungsverzeichnis ist, in dem die einzelnen Teilleistungen aufgegliedert sind (§§ 7 EU iVm 7b EU VOB/A) und im Ausnahmefall ein Beschreibung der Bauaufgabe mit einem Leistungsprogramm, die sog. funktionale Leistungsbeschreibung (§ 7c EU VOB/A). Zudem sollen die Technischen Spezifikationen (§ 7a EU VOB/A) berücksichtigt werden. Zu den Vertragsunterlagen s. die Kommentierungen zu §§ 7–7c, 8a VOB/A. IE → VgV § 29 Rn. 1.

2. Auslegung der Vergabeunterlagen, Verhältnis zwischen Bekanntmachung und Vergabeunterlagen

→ VgV § 29 Rn. 3 ff. 2

II. Anschreiben (Abs. 2 Nr. 1)

Das Anschreiben muss – anders als das Anschreiben im Liefer- und Dienstleistungsbereich gem. § 29 Abs. 1 Nr. 1 VgV – die Informationen nach Vorgabe der Spalte 16 der Tabelle 2 des Anhangs der Durchführungsverordnung (EU) 2019/1780 enthalten, die außer den Vertragsunterlagen zur Abgabe eines Angebots notwendig sind, sofern sie nicht bereits veröffentlicht wurden. Der frühere Verweis auf den Anhang V Teil C RL 2014/24/EU wurde gestrichen.[2] Da dort sämtliche für den Entschluss zur Abgabe eines Angebotes zu nennenden Informationen aufgelistet sind, ist nicht ersichtlich, welche über die Auftragsbekanntmachung hinausgehenden, nicht veröffentlichten, für den Entschluss zur Angebotsabgabe notwendigen Angaben das Anschreiben enthalten könnte. Damit bleibt im Anschreiben nur Raum für Präzisierungen, zB zum Ausführungszeitraum, und es ist nicht erkennbar, welchen Grund die zu § 29 VgV vermeintlich abweichende Regelung hat. Vgl. zum Anschreiben daher → VgV § 29 Rn. 8, 9. 3

III. Unterauftragnehmer (Abs. 2 Nr. 2)

Unterauftragnehmer oder untechnisch Nachunternehmer spielen bei der Vergabe von Bauleistungen eine zentrale Rolle, da Bauleistungen regelmäßig arbeitsteilig ausgeführt werden Der Unterauftragnehmer tritt dann gewissermaßen an die Stelle des Bieters. Daher ist es notwendig, dass der Auftraggeber auch die Eignung der vorgesehenen Unterauftragnehmer überprüfen kann. Regelungen hierzu enthält Abs. 2 Nr. 2. Danach kann der öffentliche Auftraggeber den Bieter in den Vergabeunterlagen auffordern, in seinem Angebot die Leistungen, die er im Wege von Unteraufträgen an Dritte zu vergeben gedenkt, sowie die ggf. vorgeschlagenen Unterauftragnehmer mit Namen, gesetzlichen Vertretern und Kontaktdaten anzugeben. 4

---

[2] Bekanntmachung des BMWSB zur Änderung der Vergabe- und Vertragsordnung für Bauleistungen Teil A (VOB/A) v. 6.9.2023, BAnz. AT 25.9.2023 B4, 2.

1. Unterauftragnehmerleistungen

5 Abs. 2 Nr. 2 besagt nichts darüber, was Unterauftragnehmerleistungen sind. Streng genommen sind dies alle Leistungen, die der Bieter nicht selbst auszuführen gedenkt.

6 Freilich ist nicht jeder Erfüllungsgehilfe des Bieters ein „Unterauftragnehmer" im vergaberechtlichen Sinne. Als Unterauftragnehmer ist nur anzusehen, wer – ohne eigenes Auftragsverhältnis zum Auftraggeber – bestimmte Teile der in der Leistungsbeschreibung festgelegten Leistungen selbständig erbringt.[3] Der Unterauftragnehmer schuldet mithin einen eigenen (**werkvertraglichen**) **Erfolg,** dh er muss auf der Baustelle wenigstens mit Montagearbeiten betraut sein.[4] Auch Leistungen von durch den Auftragnehmer eingeschalteten Ingenieuren und Planern zur technologischen Bearbeitung der Entwurfsplanung, der Ausführungsplanung und zur Beibringung von Standsicherheitsnachweisen sind Unterauftragnehmerleistungen.[5] Bloße **Zulieferer** sind dagegen keine Unterauftragnehmer. Hilfsfunktionen wie Speditionsleistungen oder Baugerätevermietungen fallen ebenfalls nicht darunter.[6] Problematisch ist die Einordnung von **externen Prüfleistungen**. Eine anerkannte Prüfstelle zB nach DIN 10453 ist jedenfalls dann als Unterauftragnehmer zu qualifizieren, wenn diese Prüfstelle, obwohl sie vermeintlich keinen unmittelbaren Einfluss auf die Leistungen ausübt, nach den maßgeblichen Regelungen der VOB/C eine Nebenleistung darstellt,[7] da der Bieter ohne diese Leistung den vertraglich geschuldeten Erfolg nicht bewirken kann. Zudem führt die Prüfung bei Schlechtleistungen dazu, dass der Unternehmer Mängel beseitigen muss, weshalb die Prüfung sehr wohl unmittelbaren Einfluss auf die Ausführung haben kann.[8] Demgegenüber vertritt das OLG München[9] die Ansicht, dass Prüfleistungen, die nur von allgemein anerkannten und zertifizierten Prüfstellen durchgeführt werden können, grds. nicht vom Bieter zu erbringen sind, so dass der Bieter diese Leistungen mithin auch nicht an Unterauftragnehmer vergeben könne. Es handle sich vielmehr um bloße Hilfsleistungen, so dass insoweit eine Qualifizierung der Prüfstelle als Unterauftragnehmer nicht in Betracht komme. Die Frage, ob auch Laborleistungen, die der Qualitätskontrolle dienen und auch von bietereigenen Prüfstellen oder anerkannten Ingenieurbüros erbracht werden können, als bloße Hilfsleistungen anzusehen sind, hat das OLG München zwar tendenziell bejaht, iErg aber offengelassen.[10] Vor dem Hintergrund der Regelungen des Unionsrechts ist es letztlich sachgerechter und auch für den Anwender einfacher, wenn für auf den Bieter übertragene (Überwachungs-) Leis-

---

[3] VK Südbayern 5.6.2019 – Z3-3-3194-1-06-02/19, BeckRS 2019, 14438 mit Verweis auf OLG Düsseldorf 25.6.2014 – Verg 38/13, BeckRS 2014, 15908.

[4] VK BW 23.7.2014 – 1 VK 28/14, VPR 2015, 32; der bloße Einsatz von Leiharbeitnehmern durch den Bieter stellt daher keine Unterauftragnehmerleistung dar, VK Sachsen-Anhalt 15.2.2013 – 2 VK LSA 42/12, VPR 2014, 29.

[5] OLG Naumburg 26.1.2005 – 1 Verg 21/04, IBR 2005, 1245; VK Sachsen-Anhalt 3.5.2016 – 3 VK LSA 05/16, IBRRS 2016, 2667 bejaht dies zutreffend für die SiGeKO.

[6] OLG Saarbrücken 2.4.2013 – 1 Verg 1/13, BeckRS 2013, 9837 zur Anmietung von Geräten; VK Sachsen 20.4.2006 – 1/SVK/029-06, IBR 2006, 416; s. OLG München 10.9.2009 – Verg 10/09, BeckRS 2009, 27004 = VergabeR 2010, 266 (273 ff.), für einen Altholzverwerter und VK Nordbayern 14.10.2015 – 21.VK-3194-23/15, VPR 2016, 29 für Anmieten, Vorhalten und Betreiben eines Zwischenlagers mit Z 1.1- und Z 1.2-Böden.

[7] Vgl. zB DIN 18331 (Ausgabe 2019), Abschnitt 4.17.

[8] OLG Düsseldorf 20.10.2008 – VII-Verg 41/08, BeckRS 2008, 23085 = VergabeR 2009, 228 mAnm Goede VergabeR 2009, 234 ff.

[9] OLG München 12.10.2012 – Verg 16/12, IBRRS 2012, 3781 = VergabeR 2013, 108; ebenso BayObLG 31.8.2022 – Verg 18/21, ZfBR 2022, 826.

[10] OLG München 12.10.2012 – Verg 16/12, IBRRS 2012, 3781 = VergabeR 2013, 108.

tungen Unternehmen, die der Bieter für diese Leistungen einsetzen will, als Unterauftragnehmer qualifiziert werden. Art. 71 Abs. 2 RL 2014/24/EU bestimmt Unteraufträge als „den Anteil des Auftrages, den [der Bieter] gegebenenfalls im Wege von Unteraufträgen an Dritte zu vergeben gedenkt...".[11] Im Übrigen ist für die Abgrenzung Folgendes zu berücksichtigen: Nimmt der Unterauftragnehmer auf die zu erbringenden Leistungen unmittelbaren Einfluss dergestalt, dass sich sein Tätigwerden auf die Qualität der erbrachten Leistungen direkt auswirkt, muss es gestattet sein, die eingesetzten Unterauftragnehmer zu prüfen. Liegen dagegen Tätigkeiten vor, die keinen unmittelbaren Leistungsbezug aufweisen, besteht auch kein schützenswertes Interesse des Auftraggebers, über diese Unternehmen informiert zu werden, was zB auch der Fall wäre, wenn der Auftraggeber eine konkrete Prüfstellenart vorgibt und dem Bieter insofern keine Auswahlmöglichkeit einräumt[12] (zum Ganzen auch → VgV § 36 Rn. 5 ff.).

Die an die vergaberechtliche Behandlung von Unterauftragnehmern zu stellenden Anforderungen gelten auch für **konzernverbundene Unternehmen** des Bieters, da diese ebenfalls Unterauftragnehmer sind.[13] Auch können sie **Unterauftragnehmer der zweiten Stufe** („Unter-Unterauftragnehmer") betreffen (s. dazu auch → VgV § 36 Rn. 19).[14] Ist mit Angebotsabgabe ein Verzeichnis der Unterauftragnehmer vorzulegen, sind mit Angebotsabgabe auch die Unter-Unterauftragnehmer aufzuführen. Dafür ist nicht erforderlich, dass der Auftraggeber explizit eine „ausführliche Übersicht der Unterauftragnehmer" verlangt.[15] 7

2. Selbstausführungsgebot

In der Praxis ist nicht selten zu beobachten, dass Auftraggeber versuchen, den Einsatz von Unterauftragnehmern einzuschränken. § 8 EU VOB/A bietet hierzu allerdings keine Handhabe. § 6d EU Abs. 4 VOB/A, der eine Vorgabe zulässt, wonach bestimmte kritische Aufgaben direkt vom Bieter auszuführen sind, gilt nach § 6d EU Abs. 1 S. 1 VOB/A nur für die Eignungsleihe. Daher ist es **nicht zulässig**, wenn der Auftraggeber eine bestimmte Eigenleistungsquote vorgibt oder bspw. Angebote mit einer höheren Eigenleistungsquote besser bewertet oder gar vorsieht, dass Unterauftragnehmer nicht eingesetzt werden dürfen.[16] Eine Ausnahme davon gilt nur, wenn den betroffenen Arbeiten wesentlicher Charakter zukommt und der Auftraggeber die Leistungsfähigkeit der einzusetzenden Unterauftragnehmer nicht prüfen kann.[17] Beschränkungen des Einsatzes von Unterauftragnehmern sind daher im Oberschwellenbereich nur im Ausnahmefall möglich.[18] Zum Selbstausführungsgebot im Unterschwellenbereich → VOB/A § 6 Rn. 2. 8

---

[11] Ausweislich des Erwgr. 105 der RL 2014/24/EU ist Zweck der Offenlegung der Unterauftragung auch das Informationsinteresse des Auftraggebers daran, wer Leistungen auf Baustellen, in oder an Gebäuden durchführt.

[12] BayObLG 31.8.2022 – Verg 18/21, ZfBR 2022, 826.

[13] OLG Düsseldorf 23.6.2010 – Verg 18/10, IBRRS 2010, 3414; 17.4.2019 – VII-Verg 36/18, NZBau 2019, 737 Rn. 73 zur Pflicht des herrschenden Unternehmens, Tochtergesellschaften zu benennen.

[14] OLG Düsseldorf 28.4.2008 – VII-Verg 1/08, IBRRS 2008, 4208 = VergabeR 2008, 948 (953); 13.4.2006 – Verg 10/06, NZBau 2006, 810 (812); VK Sachsen 15.3.2007 – 1/SVK/007-07, IBR 2007, 516.

[15] VK Sachsen 28.8.2015 – 1/SVK/020-15, BeckRS 2015, 17933.

[16] EuGH 26.9.2019 – C-63/18, VPR 2020, 2082.

[17] EuGH 14.7.2016 – C-406/14, NZBau 2016, 571; 10.10.2013 – C-94/12, NZBau 2014, 114; 18.3.2004 – C-314/01, NZBau 2004, 340; VK Brandenburg 14.3.2014 – VK 2/14, IBR 2014, 627; VK Sachsen 10.2.2012 – 1/SVK/001-12, IBR 2012, 604.

[18] S. für eine Vergabe unterhalb des Schwellenwerts, aber mit grenzüberschreitendem Interesse EuGH 5.4.2017 – C-298/15, NZBau 2017, 748 – Borta.

3. Angaben zu Unterauftragnehmern, Eignungsnachweise, Verpflichtungserklärung

9 Nach Abs. 2 Nr. 2 können die Bieter aufgefordert werden, die **Leistungen** anzugeben, die an Unterauftragnehmer vergeben werden sollen. In der Praxis werden allerdings regelmäßig nicht nur leistungsbezogene, sondern **weitergehende Angaben** zum Unterauftragnehmereinsatz verlangt (etwa die namentliche Benennung der Unterauftragnehmer, Eignungsnachweise sowie Verpflichtungserklärungen der Unterauftragnehmer). Dabei lässt sich nach der bis zur Vergaberechtsreform 2016 ergangenen Rspr. nicht abstrakt-generell sagen, ob derartige Forderungen zulässig sind oder nicht. Der BGH hat hierzu ausgeführt, dass es die Bieter unzumutbar belasten „kann", wenn ihnen durch die Vergabeunterlagen ein unverhältnismäßiger Erklärungsaufwand bereitet wird.[19]

10 § 8 EU Abs. 2 Nr. 2 VOB/A stellt klar, dass der Auftraggeber auch Angaben zum **Namen** der vorgeschlagenen Unterauftragnehmer, deren **gesetzliche Vertreter und Kontaktdaten** verlangen kann. Derartige Angaben werden in der Praxis nahezu ausnahmslos gefordert. Dies ist vom Ausgangspunkt her auch interessengerecht, da der Auftraggeber die Eignung nicht nur der Bieter, sondern auch der tatsächlichen Leistungserbringer beurteilen können muss. Allerdings gestattet die Regelung nicht, dass der Auftraggeber die besagten Angaben schlechthin bei jeder Vergabe fordern darf. Vielmehr hat der Auftraggeber eine **Ermessensentscheidung** zu treffen, da er die Angaben nicht zu fordern hat, sondern nur fordern kann. Vor diesem Hintergrund hat die vor der Vergaberechtsreform 2016 ergangene Entscheidung des BGH vom 10.6.2008 nach wie vor Bedeutung.[20] Hiernach ist die **Zumutbarkeit** oder Unzumutbarkeit solcher Forderungen in jedem **Einzelfall** unter Berücksichtigung der beteiligten Interessen zu beurteilen (→ VgV § 36 Rn. 11). Handelt es sich um ein größeres Bauvorhaben, bei dem die Bieter erfahrungsgemäß umfänglich Unterauftragnehmer einsetzen, kann es eher unzumutbar sein, wenn jeder Bieter für jeden Unterauftragnehmer schon mit dem Angebot uU umfangreiche Eignungsnachweise beibringen muss als bei einem vergleichsweise kleinen Bauvorhaben mit einem voraussichtlich überschaubaren Bieterkreis, bei dem für den Einsatz von Unterauftragnehmern ohnehin nur beschränkter Raum ist.[21] Jedenfalls obliegt es dem Bieter, der die Unzumutbarkeit geltend macht, die dafür maßgeblichen Umstände darzutun. **Verpflichtungserklärungen** sollten hingegen nur von Bietern, deren Angebote in die engere Wahl gelangt sind, verlangt werden.[22] Sinnvoll ist es grds., wenn der Auftraggeber im Rahmen seiner Ermessensentscheidung klarstellt, für welche Leistungen bzw. Leistungsbereiche er von den Bietern konkrete Angaben zum Einsatz von Unterauftragnehmern fordert.

---

[19] BGH 10.6.2008 – X ZR 78/07, NZBau 2008, 592.

[20] § 36 Abs. 1 S. 1 VgV (der auf die Vergabe von Bauleistungen nicht anwendbar ist, § 2 S. 1 VgV) bestimmt idS, dass der Bieter die vorgesehenen Unterauftragnehmer bei Angebotsabgabe nur dann zu benennen hat, falls dies zumutbar ist. Nach § 36 Abs. 1 S. 2 VgV kann der öffentliche Auftraggeber von den Bietern, deren Angebote in die engere Wahl kommen, vor Zuschlagserteilung verlangen, die Unterauftragnehmer zu benennen und nachzuweisen, dass ihnen die erforderlichen Mittel dieser Unterauftragnehmer zur Verfügung stehen. Handelt es sich um Dienstleistungen, die in einer Einrichtung des öffentlichen Auftraggebers unter dessen direkter Aufsicht zu erbringen sind, hat der Auftraggeber vorzuschreiben, dass der Auftragnehmer spätestens bei Beginn der Auftragsausführung die Namen, die Kontaktdaten und die gesetzlichen Vertreter seiner Unterauftragnehmer mitteilt, § 36 Abs. 3 S. 1 VgV.

[21] BGH 3.4.2012 – X ZR 130/10, NZBau 2012, 513 mAnm Hänsel NJW-Spezial 2012, 396.

[22] OLG München 22.1.2009 – Verg 26/08, BeckRS 2009, 04246; aA OLG Naumburg 30.9.2010 – 1 U 50/10, BeckRS 2010, 30331.

4. Inhalt der Unterauftragnehmererklärung

Die Anforderungen, die die Rspr. an den Inhalt der Unterauftragnehmererklärung stellt, sind praktisch unübersehbar geworden. Dies betrifft zunächst die Bezeichnung der Leistungen, für die der Bieter einen Unterauftragnehmer einsetzen will. **Unklare Angaben** führen zur Unvollständigkeit der Erklärung und können zum Ausschluss des Angebotes führen. Dies ist insbes. der Fall, wenn es die Angaben des Bieters nicht erlauben, dem Unterauftragnehmer konkrete Leistungsbestandteile anhand des Leistungsverzeichnisses eindeutig zuzuordnen. Dabei genügt grds. schon eine einzelne Unklarheit ohne Rücksicht auf ihr Gewicht.[23] Gibt ein Bieter in einem Unterauftragnehmerverzeichnis **nur schlagwortartig** an, welche Leistungen durch Unterauftragnehmer ausgeführt werden sollen, reicht dies nur dann aus, wenn sich aus den Schlagwörtern ohne Weiteres eine eindeutige Zuordnung zu Leistungsbereichen und Ordnungsziffern im Leistungsverzeichnis ableiten lässt.[24]

Werden für eine Leistung **mehrere Unterauftragnehmer** benannt und ergibt sich keine zweifelsfreie Leistungszuordnung, ist das Angebot zwingend auszuschließen.[25] Gleiches gilt, wenn zwar nur ein Unterauftragnehmer angegeben, allerdings der Zusatz „**oder gleichwertig**" angefügt wird.[26] Wird ein benannter Unterauftragnehmer insolvent,[27] weigert er sich, für den Bieter tätig zu werden,[28] oder ist aus sonstigen Gründen ein **Wechsel des Unterauftragnehmers** erforderlich, kann dies wegen fehlender Leistungsfähigkeit zum Angebotsausschluss führen. Voraussetzung ist dabei, dass im Rahmen einer ggf. zu wiederholenden Eignungsprüfung die Prognoseentscheidung zur Eignung zum Nachteil des Bieters ausfällt. Dem Bieter ist es aber verwehrt, nachträglich einen anderen Unterauftragnehmer zu benennen oder die Leistungen in den eigenen Betrieb zu übernehmen, da dies nur das Ergebnis unzulässigen Nachverhandelns sein kann.[29] Eine Regelung für die Ersetzung von Unterauftragnehmern, wie sie § 36 Abs. 5 VgV für Unterauftragnehmer und § 6d EU Abs. 1 S. 5 VOB/A für die Eignungsleihe vorsehen, kennt § 8 EU VOB/A nicht.

Zu beachten ist schließlich, dass ein Unterauftragnehmer für die von ihm zu übernehmenden Teile der Leistung in fachlicher, persönlicher und wirtschaftlicher Hinsicht denselben **Eignungsanforderungen** zu genügen hat wie der Bieter, zB eine verlangte mindestens dreijährige Geschäftstätigkeit.[30] Ein **wettbewerbswidriges Fehlverhalten** des Unterauftragnehmers im Vergabeverfahren ist dem Bieter aber nur zuzurechnen, wenn der Unterauftragnehmer unter der Leitung oder Kontrolle des Bieters tätig war, der Bieter die wettbewerbswidrigen Ziele des Unterauftragnehmers kannte und durch sein eigenes Verhalten dazu beitragen wollte, dass sie erreicht werden, oder wenn der Bieter das Fehlverhalten des Unterauftragnehmers

---

[23] OLG Dresden 11.4.2006 – WVerg 6/06, NZBau 2006, 667.
[24] OLG Schleswig 10.3.2006 – 1 (6) Verg 13/05, IBRRS 2006, 0795.
[25] VK Düsseldorf 26.6.2007 – VK-18/2007-B, IBR 2007, 1218; VK Sachsen 20.4.2006 – 1/SVK/029-06, IBR 2006, 415. Unklarheiten können dabei nicht durch eine Aufklärung beseitigt werden.
[26] VK Sachsen-Anhalt 30.11.2004 – VK 2-LVwA LSA 40/04, IBR 2005, 45; VK Sachsen 6.5.2002 – 1/SVK/034-02, IBR 2002, 436.
[27] OLG Schleswig 30.5.2012 – 1 Verg 2/12, IBRRS 2012, 2273 = VergabeR 2012, 900.
[28] OLG Düsseldorf 5.5.2004 – Verg 10/04, NZBau 2004, 460.
[29] OLG Düsseldorf 5.5.2004 – Verg 10/04, NZBau 2004, 460; VK Sachsen-Anhalt 7.8.2018 – 3 VK LSA 46/18, IBRRS 2018, 3728.
[30] OLG Celle 13.5.2019 – 13 Verg 2/19, IBRRS 2019, 1775; OLG Düsseldorf 16.11.2011 – Verg 60/11, BeckRS 2011, 27252; OLG München 9.8.2012 – Verg 10/12, BeckRS 2012, 20301.

vernünftigerweise vorhersehen konnte und bereit war, die daraus erwachsende Gefahr auf sich zu nehmen.[31]

IV. Nebenangebote (Abs. 2 Nr. 3)

14 Vgl. die Kommentierung zu → VgV § 35 Rn. 1 ff.

V. Mehrere Hauptangebote (Abs. 2 Nr. 4)

14a Gem. Abs. 2 Nr. 4 kann der Auftraggeber in der Auftragsbekanntmachung oder in der Aufforderung zur Interessensbestätigung festlegen, dass er die grds. zulässige[32] Abgabe mehrerer Hauptangebote nicht gestattet. Jedes Hauptangebot muss aus sich heraus zuschlagsfähig sein, § 13 EU Abs. 3 S. 3 VOB/A. Nicht zugelassene und nicht allein zuschlagsfähige Hauptangebote werden ausgeschlossen, § 16 EU Abs. 1 Nr. 6 bzw. Nr. 8 VOB/A. Der DVA hat dabei bewusst nicht geregelt, wie sich die Hauptangebote eines Bieters voneinander unterscheiden müssen. Nach Auffassung des DVA sollen mehrere Haupangebote nicht nur dann zulässig sein, wenn sie sich technisch unterscheiden, sondern auch dann, wenn der Unterschied nur im Preis besteht.[33] Letzteres hat der BGH vor Einführung der VOB/A 2019 offengelassen,[34] das OLG München aber für unzulässig erachtet.[35]

VI. Auflistung der mit dem Angebot einzureichenden Unterlagen (Abs. 2 Nr. 5)

14b Die mit der Überarbeitung der VOB/A 2019 eingeführte Regelung gibt dem Auftraggeber auf, an zentraler Stelle in den Vergabeunterlagen alle Unterlagen iSd § 16a EU Abs. 1 VOB/A abschl. aufzulisten, also alle Unterlagen, die der Bieter mit dem Angebot vorzulegen hat. Gem. seines Satzes 2 meint § 16a EU Abs. 1 VOB/A nur diese Unterlagen, die, wenn sie dem Angebot fehlen, unvollständig oder fehlerhaft sind, dann innerhalb einer angemessenen Frist, die idR sechs Kalendertage nicht übersteigen soll, nachzureichen sind. Voraussetzung ist insoweit freilich, dass der Auftraggeber die Nachforderung von Unterlagen nicht gem. § 16a EU Abs. 3 VOB/A in der Bekanntmachung oder den Vergabeunterlagen ausgeschlossen hat.[36] Die geforderte Auflistung dieser Unterlagen soll an zentraler Stelle in den Vergabeunterlagen genannt werden. Was zentral in den Vergabeunterlagen meint, lässt die Regelung offen. Aus Gründen der Transparenz kann damit aber nur eine Stelle gemeint sein, die die Bieter nicht übersehen können bzw. dürfen, wie zB in der Aufforderung zur Angebotsabgabe oder besser im von den Bietern ausfüllenden Angebotsblankett.

---

[31] EuGH 21.7.2016 – C-542/14, BeckRS 2016, 81617.
[32] Vgl. BGH 29.11.2016 – X ZR 122/14, BeckRS 2016, 112804 Rn. 12 f. mit Verweis auf OLG München 29.10.2013 – Verg 11/13, BeckRS 2013, 19147 = VergabeR 2014, 436 (439 f.), OLG Düsseldorf 23.3.2010 – Verg 61/09, BeckRS 2010, 15137 = VergabeR 2010, 1012 (1013 f.) und 9.3.2011 – Verg 52/10, BeckRS 2011, 8605 = VergabeR 2011, 598 (600 f.).
[33] Janssen NZBau 2019, 147 (149).
[34] BGH 29.11.2016 – X ZR 122/14, NZBau 2017, 176 Rn. 15 f.
[35] OLG München 29.10.2013 – Verg 11/13, BeckRS 2013, 19147 = VergabeR 2014, 436 (439 f.), aA VK Sachsen 23.7.2019 – 1/SVK/016-19 mit Verweis auf § 8 EU Abs. 2 Nr. 4 VOB/A.
[36] Mit dieser Regelung wurde die VOB/A weiter an die VgV angeglichen, die die Möglichkeit, auf die Vorlagen von Unterlagen zu verzichten, seit 2016 kennt (→ VgV § 56 Rn. 30).

Vertragsbedingungen § 8a VOB/A–EU

VII. Teilnahmebedingungen (Abs. 2 Nr. 6)

Nach § 8 EU Abs. 2 Nr. 6 VOB/A sollen Auftraggeber, die ständig Bauleistungen 15 vergeben, Teilnahmebedingungen (nach herkömmlicher Terminologie „Bewerbungsbedingungen" genannt) aufstellen. Diese Teilnahmebedingungen sind dem Anschreiben beizufügen (→ VgV § 29 Rn. 10).

VIII. Rechtsschutz

→ VgV § 29 Rn. 14–16. 16

§ 8a EU Allgemeine, Besondere und Zusätzliche Vertragsbedingungen

(1) ^{1}In den Vergabeunterlagen ist vorzuschreiben, dass die Allgemeinen Vertragsbedingungen für die Ausführung von Bauleistungen (VOB/B) und die Allgemeinen Technischen Vertragsbedingungen für Bauleistungen (VOB/C) Bestandteile des Vertrags werden. ^{2}Das gilt auch für etwaige Zusätzliche Vertragsbedingungen und etwaige Zusätzliche Technische Vertragsbedingungen, soweit sie Bestandteile des Vertrags werden sollen.

(2)
1. ^{1}Die Allgemeinen Vertragsbedingungen bleiben grundsätzlich unverändert. ^{2}Sie können von öffentlichen Auftraggebern, die ständig Bauaufträge vergeben, für die bei ihnen allgemein gegebenen Verhältnisse durch Zusätzliche Vertragsbedingungen ergänzt werden. ^{3}Diese dürfen den Allgemeinen Vertragsbedingungen nicht widersprechen.
2. ^{1}Für die Erfordernisse des Einzelfalles sind die Allgemeinen Vertragsbedingungen und etwaige Zusätzliche Vertragsbedingungen durch Besondere Vertragsbedingungen zu ergänzen. ^{2}In diesen sollen sich Abweichungen von den Allgemeinen Vertragsbedingungen auf die Fälle beschränken, in denen dort besondere Vereinbarungen ausdrücklich vorgesehen sind und auch nur soweit es die Eigenart der Leistung und ihre Ausführung erfordern.

(3) ^{1}Die Allgemeinen Technischen Vertragsbedingungen bleiben grundsätzlich unverändert. ^{2}Sie können von öffentlichen Auftraggebern, die ständig Bauaufträge vergeben, für die bei ihnen allgemein gegebenen Verhältnisse durch Zusätzliche Technische Vertragsbedingungen ergänzt werden. ^{3}Für die Erfordernisse des Einzelfalles sind Ergänzungen und Änderungen in der Leistungsbeschreibung festzulegen.

(4)
1. In den Zusätzlichen Vertragsbedingungen oder in den Besonderen Vertragsbedingungen sollen, soweit erforderlich, folgende Punkte geregelt werden:
    a) Unterlagen (§ 8b EU Absatz 2; § 3 Absatz 5 und 6 VOB/B),
    b) Benutzung von Lager- und Arbeitsplätzen, Zufahrtswegen, Anschlussgleisen, Wasser- und Energieanschlüssen (§ 4 Absatz 4 VOB/B),
    c) Weitervergabe an Nachunternehmen (§ 4 Absatz 8 VOB/B),
    d) Ausführungsfristen (§ 9 EU; § 5 VOB/B),
    e) Haftung (§ 10 Absatz 2 VOB/B),
    f) Vertragsstrafen und Beschleunigungsvergütungen (§ 9a EU; § 11 VOB/B),
    g) Abnahme (§ 12 VOB/B),

VOB/A–EU § 8a

h) Vertragsart (§§ 4 EU, 4a EU), Abrechnung (§ 14 VOB/B),
i) Stundenlohnarbeiten (§ 15 VOB/B),
j) Zahlungen, Vorauszahlungen (§ 16 VOB/B),
k) Sicherheitsleistung (§ 9c EU; § 17 VOB/B),
l) Gerichtsstand (§ 18 Absatz 1 VOB/B),
m) Lohn- und Gehaltsnebenkosten,
n) Änderung der Vertragspreise (§ 9d EU).

2. [1]Im Einzelfall erforderliche besondere Vereinbarungen über die Mängelansprüche sowie deren Verjährung (§ 9b EU; § 13 Absatz 1, 4 und 7 VOB/B) und über die Verteilung der Gefahr bei Schäden, die durch Hochwasser, Sturmfluten, Grundwasser, Wind, Schnee, Eis und dergleichen entstehen können (§ 7 VOB/B), sind in den Besonderen Vertragsbedingungen zu treffen. [2]Sind für bestimmte Bauleistungen gleichgelagerte Voraussetzungen im Sinne von § 9b EU gegeben, so dürfen die besonderen Vereinbarungen auch in Zusätzlichen Technischen Vertragsbedingungen vorgesehen werden.

Literatur: Graf von Westphalen, Vertragsgestaltung am Bau mit Allgemeinen Geschäftsbedingungen, BauR 2012, 699; Grams, Geltung der VOB/B und der VOB/C 2012 aufgrund dynamischer Verweisung in älteren Bauwerkvertrag?, ZflR 2013, 321; Pfeiffer, Die Bedeutung der AGB-Kontrolle für die Durchführung von Bauverträgen, BauR 2014, 402; Rodemann, Der Bumerangeffekt bei Einsatz von AGB, BauR 2020, 519; Schmeel, Zur Privilegierung der „VOB/B als Ganzes", § 310 Abs. 1 Satz 3 BGB, BauR 2021, 1729; Schmidt, Bauvertrag, in Graf von Westphalen, Vertragsrecht und AGB-Klauselwerke, Stand März 2022; Schmidt, Die Vereinbarung der VOB/B als Ganzes – ein untauglicher Versuch?, NJW-Spezial 2018, 236; Trautner, Verstoß gegen bieterschützende Vorschrift bei Verwendung eigenen Vertragswerks, NZBau 2023, 88.

I. Grundsatz (Abs. 1)

1   Nach Abs. 1 S. 1 sind die **VOB/B** und die **VOB/C obligatorische Vertragsbestandteile.** Sie müssen deshalb in jeden öffentlichen Bauvertrag einbezogen werden. Kein Vertragsbestandteil werden die 0-Abschnitte in der in der VOB/C zusammengefassten DIN-Normen („Hinweise für das Aufstellen der Leistungsbeschreibung"). Sie sind aber bei der Aufstellung der Vergabeunterlagen vom Auftraggeber zu beachten.[1] Zusätzliche Vertragsbedingungen und Zusätzliche Technische Vertragsbedingungen, dh generelle, die allgemeinen Vertragsbedingungen ergänzende Regelungen eines ständig Aufträge vergebenden Auftraggebers, sind dagegen nur **fakultative Vertragsbestandteile.** Diese sind nach S. 2 in den Vergabeunterlagen zu nennen, sofern sie Vertragsbestandteile werden sollen. Zu den fakultativen Vertragsunterlagen gehören auch die für die Erfordernisse des Einzelfalls vorgesehenen Besonderen Vertragsbedingungen. Diese soll der Auftraggeber nur soweit notwendig ergänzend vorgeben.

2   Bei der VOB/B und der VOB/C handelt es sich um Allgemeine Geschäftsbedingungen. Daher müssen sie in den Vertrag einbezogen werden, § 305 Abs. 2 BGB. Bei den durch öffentliche Auftragsvergaben angesprochenen Bauunternehmen handelt es sich aber um Unternehmer iSd § 14 BGB. Für diese genügt der, was S. 1 betont, auch erforderliche Hinweis auf die Geltung der VOB/B und VOB/C. Eine Beifügung in den Vergabeunterlagen ist nicht notwendig.[2] Gleiches kann für die

---

[1] Vgl. Kapellmann/Messerschmidt/Markus VOB/A § 7 Rn. 73 ff. zur vergabe- und baurechtlichen Bedeutung der 0-Abschnitte mwN.

[2] BGH 15.1.2014 – VIII ZR 111/13, BeckRS 2014, 3240, der klarstellt (Rn. 17), dass auch im kaufmännischen Verkehr eine rechtsgeschäftliche Vereinbarung über die Geltung von AGB erforderlich ist und Branchenüblichkeit allein nicht genügt.

fakultativen Vertragsbestandteile, soweit es sich um veröffentlichte Vertragsbedingungen handelt, gelten, wobei das Transparenzgebot gebietet, dass die Bedingungen ohne Schwierigkeiten zu Kenntnis genommen werden können, was man bei einer Veröffentlichung auf der Homepage des Auftraggebers bejahen kann.[3]

II. Allgemeine Vertragsbedingungen (Abs. 2 Nr. 1 S. 1)

Bei den Allgemeinen Vertragsbedingungen handelt es sich um die VOB/B. Sie soll **grds. unverändert** bleiben, da die VOB/B nach dem Verständnis des DVA die Interessen von Auftraggeber und Auftragnehmer in einen angemessenen Ausgleich bringt. Vergaberechtlicher **Zweck der Vorschrift** ist es, dafür zu sorgen, dass die VOB/B als Ganzes Anwendung findet und damit eine gesonderte Inhaltskontrolle der einzelnen Regelungen der VOB/B nach den §§ 307 ff. BGB unterbleibt.[4] Andernfalls unterliegt die VOB/B bei jedwedem und nicht erst substanziellen Eingriff durch den Auftraggeber der Inhaltskontrolle am Maßstab der §§ 305 ff. BGB, was dazu führt, dass zahlreiche, den Auftraggeber begünstigende Klauseln einer isolierten Inhaltskontrolle nicht standhalten.[5] Durch S. 1 wird dem Interesse des Bieters Rechnung getragen, unabhängig von Unsicherheiten über die Geltung der Regelungen der VOB/B und der Frage der Inhaltskontrolle von AGB, sein Angebot kalkulieren zu können. Die Vorschrift ist somit eine gesondert normierte Ausprägung des Verbots des § 7 EU Abs. 1 Nr. 3 VOB/A, dem Bieter keine ungewöhnlichen Wagnisse aufzuerlegen.[6]

III. Zusätzliche Vertragsbedingungen (Abs. 2 Nr. 1 S. 2)

Auftraggeber, die ständig Bauleistungen vergeben, können die VOB/B durch Zusätzliche Vertragsbedingungen ergänzen, die im Grundsatz für alle von ihnen geschlossenen Bauaufträge gelten sollen. Dass diese Zusätzlichen Vertragsbedingungen der VOB/B nicht widersprechen dürfen, sollte eine Selbstverständlichkeit sein. Ebenso wie bei den Teilnahmebedingungen (→ VOB/A § 8 EU Rn. 15) räumt S. 2 dieses Recht nur Auftraggebern ein, die ständig Bauleistungen vergeben. Andere Auftraggeber müssen im Einzelfall erforderliche Ergänzungen durch Besondere Vertragsbedingungen regeln, Abs. 2 Nr. 2 S. 1. Außer dem Umstand, dass bei einem Verstoß gegen die Berechtigung, Zusätzliche Vertragsbedingungen vorzugeben, die Einbeziehung in den Vertrag verbunden mit einem Verstoß gegen das Transparenzgebot scheitern könnte, ist nicht ersichtlich, welche Folgen die unberechtigte Abfassung Zusätzlicher Vertragsbedingungen haben könnte.

IV. Besondere Vertragsbedingungen (Abs. 2 Nr. 2)

Soweit im Einzelfall erforderlich, kann der Auftraggeber die VOB/B, die VOB/C und etwaige Zusätzliche Vertragsbedingungen durch Besondere Vertragsbedin-

---

[3] Wobei auch insoweit das Transparenzgebot gebietet, dass die Bedingungen leicht annavigiert werden können und sich nicht erst auf irgendwelchen Unterseiten finden lassen. Vgl. dazu auch Kapellmann/Messerschmidt/Schneider VOB/A § 8a Rn. 10 ff., der mwN zudem darauf hinweist, dass die Verletzung der vergaberechtlichen Vorgaben die zivilrechtliche Einbeziehung nicht zwangsläufig ausschließt.
[4] VK Südbayern 14.2.2022 – 3194.Z3-3_01-21-44, ZfBR 2022, 408.
[5] BGH 19.1.2023 – VII ZR 34/20, BeckRS 2023, 2732 Rn. 17; 10.5.2007 – VII ZR 226/05, NZBau 2007, 581 Rn. 16 f.; 22.1.2004 – VII ZR 419/02, NZBau 2004, 267.
[6] VK Südbayern 14.2.2022 – 3194.Z3-3_01-21-44, ZfBR 2022, 408.

gungen ergänzen. Besondere Vertragsbedingungen sollen **nur im Einzelfall** aufgestellt werden und sich auf Fälle beschränken, in denen in der VOB/B besondere Vereinbarungen ausdr. vorgesehen sind und auch nur, soweit es die Eigenart der Leistung und ihre Ausführung erfordern. Im Idealfall sind Besondere Vertragsbedingungen keine Allgemeinen Geschäftsbedingungen, sondern Individualvereinbarungen.[7] Beabsichtigt der Auftraggeber, die Besonderen Vertragsbedingungen mehrfach zu verwenden, was schon bei einer losweisen Vergabe der Fall sein kann, unterfallen auch sie der Kontrolle am Maßstab der §§ 305 ff. BGB. Gleiches gilt, wenn der Auftraggeber die Besonderen Vertragsbedingungen zwar nur einmal verwenden will, aber dabei auf ein von einem Dritten für den mehrfachen Gebrauch erstelltes Klauselwerk zurückgreift.[8] In diesen Fällen liegen streng genommen keine Besonderen Vertragsbedingungen, sondern Zusätzliche Vertragsbedingungen gem. § 8a EU Abs. 2 Nr. 1 S. 2 VOB/A vor.

V. Allgemeine Technische Vertragsbedingungen (Abs. 3)

6   Verbindlich vorgeschrieben ist neben der Geltung der VOB/B die Vereinbarung der VOB/C (vgl. § 1 Abs. 2 Nr. 5 VOB/B). Bei der VOB/C handelt es sich wie bei der VOB/B um Allgemeine Geschäftsbedingungen.[9] Dies gilt insbes. für die Abrechnungsregeln der VOB/C.[10] Die VOB/C bleibt nach S. 1 grds. unverändert. Sie kann nach S. 2 von Auftraggebern, die ständig Bauleistungen vergeben, durch Zusätzliche Technische Vertragsbedingungen ergänzt werden. Für die Erfordernisse des Einzelfalls sind nach S. 3 allerdings keine Besonderen Technischen Vertragsbedingungen, sondern **Ergänzungen und Änderungen in der Leistungsbeschreibung** festzulegen. Diese Bestimmung unterstreicht, dass die Besonderen Technischen Vertragsbedingungen tatsächlich Individualvereinbarungen für jede Vergabe sein und nicht gedankenlos immer wieder aufs Neue verwendet werden sollen.

VI. Inhalt der Zusätzlichen Vertragsbedingungen oder Besonderen Vertragsbedingungen (Abs. 4)

7   Nr. 1 enthält eine Aufzählung derjenigen Punkte, die in Zusätzlichen Vertragsbedingungen oder in Besonderen Vertragsbedingungen geregelt werden sollen. Diese Aufzählung ist **nicht abschließend**. Nr. 2 legt weitere Punkte fest, für die eine Regelung im Einzelfall vorgesehen werden können. Beide Vorschriften sind aus sich heraus verständlich.

VII. Rechtsschutz

8   § 8a EU VOB/A trifft Regelungen sowohl zum Vergabeverfahren als auch zu dem abzuschließenden Werkvertrag. Dabei sind die Pflichten des Auftraggebers aus

---

[7] Kapellmann/Messerschmidt/Schneider VOB/A § 8a Rn. 15, der zu Recht darauf verweist, dass dies bei Auftraggebern, die regelmäßig Bauleistungen vergeben, eher nicht der Fall ist. Dieser Befund wird jedenfalls für die Bundesbauten durch die Einheitlichen Vertragsmuster der Besonderen Vertragsbedingungen im Vergabehandbuch bestätigt.

[8] BGH 24.11.2005 – VII ZR 87/04, NZBau 2006, 390 (391); 23.6.2005 – VII ZR 277/04, NZBau 2005, 590; 11.12.2003 – VII ZR 31/03, NZBau 2004, 215; zur Abschwächung von AGB im Zuge von Verhandlungen, wobei der gesetzesfremde Kerngehalt der Klausel bestehen bleibt, BGH 22.10.2015 – VII ZR 58/14, NZBau 2016, 213 mAnm Faber/Groß NZBau 2016, 216.

[9] BGH 27.7.2006 – VII ZR 202/04, NZBau 2006, 777 (778).

[10] BGH 17.6.2004 – VII ZR 75/03, NZBau 2004, 500 (501).

§ 8a EU VOB/A zur Gestaltung des Vergabeverfahrens und Einbeziehung der VOB/B und VOB/C bieterschützend.[11] Zur Frage, ob auch die Regelungen zum Inhalt des abzuschließenden Werkvertrages Bieterschutz vermitteln, → VgV § 29 Rn. 15.

§ 8b EU Kosten- und Vertrauensregelung, Schiedsverfahren

(1)
1. ¹Für die Bearbeitung des Angebots wird keine Entschädigung gewährt. Verlangt jedoch der öffentliche Auftraggeber, dass das Unternehmen Entwürfe, Pläne, Zeichnungen, statische Berechnungen, Mengenberechnungen oder andere Unterlagen ausarbeitet, insbesondere in den Fällen des § 7c EU, so ist einheitlich für alle Bieter in der Ausschreibung eine angemessene Entschädigung festzusetzen. ² Diese Entschädigung steht jedem Bieter zu, der ein der Ausschreibung entsprechendes Angebot mit den geforderten Unterlagen rechtzeitig eingereicht hat.
2. Diese Grundsätze gelten für Verhandlungsverfahren, wettbewerbliche Dialoge und Innovationspartnerschaften entsprechend.

(2) ¹Der öffentliche Auftraggeber darf Angebotsunterlagen und die in den Angeboten enthaltenen eigenen Vorschläge eines Bieters nur für die Prüfung und Wertung der Angebote (§§ 16c EU und 16d EU) verwenden. ²Eine darüber hinausgehende Verwendung bedarf der vorherigen schriftlichen Vereinbarung.

(3) Sollen Streitigkeiten aus dem Vertrag unter Ausschluss des ordentlichen Rechtsweges im schiedsrichterlichen Verfahren ausgetragen werden, so ist es in besonderer, nur das Schiedsverfahren betreffender Urkunde zu vereinbaren, soweit nicht § 1031 Absatz 2 ZPO auch eine andere Form der Vereinbarung zulässt.

Literatur: Bornheim/Hähnel, Zur Kostenerstattungspflicht des Auftraggebers im Wettbewerblichen Dialog nach § 3a Abs. 4 Nr. 7 VOB/A 2009, VergabeR 2011, 62; Drügemöller, Ausschreibungsdatenbank und Urheberrechtsschutz, VergabeR 2007, 749; Hertwig, Geistiges Eigentum und „gute Ideen" im Vergaberecht, FS Bartenbach 2005, 55; Höfler, Kostenerstattung im Vergabeverfahren nach der VOB/A, BauR 2006, 337; Nestler, Der Schutz nicht urheberrechtsfähiger Bauzeichnungen, BauR 1994, 589; Pauly, Zur Erstattungsfähigkeit innerbetrieblichen Arbeits- und Zeitaufwandes im Bau- und Vergaberecht – zugleich Kurzbesprechung von BGH Urt. vom 8.12.2020 – XIII ZR 19/19, ZfBR 2022, 328; Rosenkötter/Seeger, Das neue Geschäftsgeheimnisgesetz, NZBau 2019, 619; Schmidt, Welches Honorar ist für Architekten- und Ingenieurleistungen im Falle der Funktionalen Leistungsbeschreibung zu zahlen?, ZfBR 1999, 237; Zirkel, Schadensersatz auf Grund der Übernahme einer „guten Idee"?, VergabeR 2006, 321.

I. Entschädigung für die Angebotsbearbeitung (Abs. 1)

1. Grundsatz: Keine Kostenerstattung (Nr. 1 S. 1 und Nr. 2)

Akquisitionsbemühungen eines Unternehmens, einen Auftrag zu erhalten, sind in aller Regel nicht vergütungspflichtig, sondern zählen zu den allg. Geschäftskosten des Unternehmens. Zivilrechtlich stellt § 632 Abs. 3 BGB klar, dass iZw kein Kostenerstattungsanspruch für einen Kostenanschlag besteht, weil die Erstellung eines 1

---

[11] VK Südbayern 14.2.2022 – 3194.Z3-3_01-21-44, ZfBR 2022, 408; Trautner NZBau 2023, 88.

Angebots nicht als gesondertes Werk zu beurteilen ist.[1] Bei der Teilnahme an Ausschreibungen gilt das genauso: Die Aufforderung zur Abgabe eines Angebotes ist nur eine invitatio ad offerendum. Dem öffentlichen Auftraggeber fehlt idR der Wille zum Abschluss eines sich bereits auf das Angebot beziehenden Dienst- oder Werkvertrags.[2] Vor diesem Hintergrund stellt Nr. 1 S. 1 als **Grundregel** auch vergaberechtlich klar, dass – unabhängig von der gewählten Vergabeverfahrensart – für die Angebotsbearbeitung grds. **keine Entschädigung** gewährt wird. Sämtliche diesbzgl. Aufwendungen – wie zB auch der Aufwand zur Erläuterung bzw. Präsentation des Angebots – sind unabhängig von dem betriebenen Aufwand – abgesehen von dem Ausnahmefall des S. 2 – nicht vergütungspflichtig.[3] Dies gilt nach Nr. 2 auch im Verhandlungsverfahren, wettbewerblichen Dialog und bei der Ausschreibung von Innovationspartnerschaften. Insoweit realisiert sich das unternehmerische Risiko der Teilnahme an einem Vergabeverfahren. Da der ausgeschriebene Auftrag eben nur einmal vergeben werden kann, ist es jedem Bieter bekannt, dass die Vergabe des Auftrags an ihn unterbleiben kann.[4]

2. Ausnahme: Entschädigung für Sonderleistungen (Nr. 1 S. 2, 3)

2   Die Vorschrift begründet einen Entschädigungsanspruch, wenn der öffentliche Auftraggeber originär ihm obliegende Aufgaben im Vergabeverfahren auf die Bieter verlagert, etwa dann, wenn er das Bauvorhaben nicht vollständig geplant und beschrieben hat und stattdessen von den Bietern mit der Abgabe des Angebots Planungs- bzw. Projektierungsleistungen verlangt, was insbes. in den Fällen des § 7c EU VOB/A (Leistungsbeschreibung mit Leistungsprogramm) zum Tragen kommt, wenn dort von den Unternehmen Entwürfe, Pläne, Zeichnungen, statische Berechnungen, Mengenberechnungen oder andere Unterlagen ausgearbeitet werden sollen.[5] In diesen Fällen wird bereits der Entwurf für die zu vergebende Leistung dem vergaberechtlichen Wettbewerb unterstellt, um die technisch, wirtschaftlich und gestalterisch beste und funktionsgerechteste Lösung der Bauaufgabe zu ermitteln.[6] Diese regelmäßig umfangreichen Vorleistungen, die vor allem bei Verhandlungsverfahren, wettbewerblichen Dialogen und der Vergabe von Innovationspartnerschaften anfallen, dürfen den Bietern nicht ohne eine Gegenleistung in Form einer Entschädigung abverlangt werden.

3   In solchen Fällen ist unter den folgenden **Voraussetzungen** eine angemessene Entschädigung festzusetzen:
(i) Der Auftraggeber muss von den Bietern **Planungs- bzw. Projektierungsleistungen** verlangt haben. Die Vorschrift nennt beispielhaft Entwürfe, Pläne, Zeichnungen, statische Berechnungen, Mengenberechnungen (zB Wirtschaftlichkeits- und Kapazitätsberechnungen) oder andere Unterlagen. Diese **Sonderleistungen** sind von dem normalen Aufwand für die Bearbeitung des Angebots abzugrenzen. Ihr Umfang muss so erheblich sein, dass sie sich nicht mehr als eine bloße

---

[1] BGH 19.4.2016 – X ZR 77/14, NZBau 2016, 368 zur Parallelvorschrift des früheren § 13 Abs. 3 VOF; Beck VergabeR/Rechten VOB/A-EU § 8b Rn. 7; Ingenstau/Korbion/von Wietersheim VOB/A § 8b Rn. 14. Zur Rechtslage vor dem 1.1.2002 vgl. BGH 12.7.1979 – VII ZR 154/78, NJW 1979, 2202; OLG Koblenz 31.7.1997 – 5 U 90/97, NJW-RR 1998, 813; OLG Düsseldorf 13.3.1991 – 19 U 47/90, IBR 1991, 275 = BauR 1991, 613.
[2] BGH 12.7.1979 – VII ZR 154/78, NJW 1979, 2202 f.; OLG Düsseldorf 30.1.2003 – I-5 U 13/02, NZBau 2003, 459 f.
[3] Das gilt erst recht für Teilnahmeanträge, vgl. HK-VergabeR/Franzius VOB/A § 8b Rn. 8.
[4] BGH 8.9.1998 – X ZR 99/96, NJW 1998, 3640 (3641); Beck VergabeR/Rechten VOB/A-EU § 8b Rn. 7.
[5] Beck VergabeR/Rechten VOB/A-EU § 8b Rn. 9; Kapellmann/Messerschmidt/von Rintelen VOB/A § 8b Rn. 10.
[6] Beck VergabeR/Rechten VOB/A-EU § 8b Rn. 9.

Bearbeitung, sondern als eine **Ausarbeitung** des Angebots darstellen.[7] Es muss sich dabei also um über das übliche und allg. zu erwartende Maß deutlich hinausgehende, individuelle Ausarbeitungen handeln.[8] Die Erstellung der Unterlagen muss somit für die Bieter einen Umfang begründen, der die regelkonforme und ordnungsgemäße Bearbeitung des Angebots des Bieters übersteigt.[9] Entschädigungspflichtige Sonderleistungen sind in den Fällen der **funktionalen Leistungsbeschreibung** (§ 7c EU VOB/A) regelmäßig zu bejahen.[10] Die Erstellung von Musterflächen zur Prüfung der fachlichen Eignung des Bieters fällt nicht hierunter.[11]

(ii) Derartige Sonderleistungen sind nur dann zu entschädigen, wenn sie **von dem** 4 **öffentlichen Auftraggeber verlangt** wurden. Die Initiative muss also vom öffentlichen Auftraggeber, etwa in der Aufforderung zur Abgabe eines Angebotes, ausgehen. Keine Entschädigungspflicht besteht, wenn der Bieter aus eigenem Antrieb Unterlagen zur Erläuterung seines Angebotes beifügt (wie etwa nicht verlangte Bauzeitenpläne, Zeichnungen, sonstige Pläne etc). Zusätzlicher – auch sehr umfangreicher – Aufwand, der für die Ausarbeitung von **Nebenangeboten** anfällt, ist deshalb ebenfalls nicht zu vergüten. Das gilt jedenfalls dann, wenn Nebenangebote nur zugelassen werden.[12] Demgegenüber besteht eine Entschädigungspflicht, wenn die Nebenangebote – wie es § 8 EU Abs. 2 Nr. 3 S. 1 VOB/A zulässt – von dem öffentlichen Auftraggeber nicht nur zugelassen, sondern ausdr. vorgeschrieben werden.

(iii) Einen Entschädigungsanspruch haben nur jene Bieter, die rechtzeitig ein **der** 5 **Ausschreibung entspr. Angebot** mit den geforderten Unterlagen eingereicht haben. Darunter fallen alle Angebote, die gem. § 16d EU VOB/A wertbar sind. Angebote, die nach den §§ 16 EU und 16b EU VOB/A ausgeschlossen werden, entspr. nicht der Ausschreibung; in diesen Fällen besteht kein Entschädigungsanspruch.[13]

(iv) Der Auftraggeber hat schließlich eine **angemessene Entschädigung festzu-** 6 **setzen**. Ein Entschädigungsanspruch besteht nur, wenn und soweit der Auftraggeber in der Auftragsbekanntmachung oder in den Vergabeunterlagen eine Entschädigung festgesetzt hat. Unterbleibt die Festsetzung oder ist die Entschädigung unangemessen niedrig, verstößt der Auftraggeber gegen Abs. 1 Nr. 1 S. 2, der eine bieterschützende Vorschrift iSv § 97 Abs. 6 GWB ist.[14] Der Verstoß muss spätestens bis zur Angebotsabgabe gerügt und ggf. zum Gegenstand eines Nachprüfungsverfahrens gemacht werden.[15] Anderenfalls bestehen keine Entschädigungsansprüche.

Geschuldet ist eine angemessene Entschädigung. Diese ist nach billigem Ermessen 7 (§ 315 BGB) in der Auftragsbekanntmachung bzw. in der Aufforderung zur Abgabe

---

[7] Beck VergabeR/Rechten VOB/A-EU § 8b Rn. 9; HK-VergabeR/Franzius VOB/A § 8b Rn. 10; Ingenstau/Korbion/von Wietersheim VOB/A § 8b Rn. 18.

[8] VK Lüneburg 24.7.2000 – 203 VgK 08/2000, BeckRS 2012, 47043; Beck VergabeR/Rechten VOB/A-EU § 8b Rn. 11; Ingenstau/Korbion/von Wietersheim VOB/A § 8b Rn. 18.

[9] Beck VergabeR/Rechten VOB/A-EU § 8b Rn. 11; Ingenstau/Korbion/von Wietersheim VOB/A § 8b Rn. 18.

[10] Beck VergabeR/Rechten VOB/A-EU § 8b Rn. 9; Kapellmann/Messerschmidt/von Rintelen VOB/A § 8b Rn. 10; Ingenstau/Korbion/von Wietersheim VOB/A § 8b Rn. 18.

[11] OLG Düsseldorf 30.1.2003 – I-5 U 13/02, NZBau 2003, 459 f.; HK-VergabeR/Franzius VOB/A § 8b Rn. 10.

[12] Beck VergabeR/Rechten VOB/A-EU § 8b Rn. 11; Kapellmann/Messerschmidt/von Rintelen VOB/A § 8b Rn. 9.

[13] Beck VergabeR/Rechten VOB/A-EU § 8b Rn. 22; Kapellmann/Messerschmidt/von Rintelen VOB/A § 8b Rn. 12b.

[14] Vgl. VK Südbayern 21.11.2016 – Z3-3-3194-1-37-09/16, BeckRS 2016, 55879; Beck VergabeR/Rechten VOB/A-EU § 8b Rn. 18.

[15] BGH 19.4.2016 – X ZR 77/14, NZBau 2016, 368 zur Parallelvorschrift des früheren § 13 Abs. 3 VOF; Kapellmann/Messerschmidt/von Rintelen VOB/A § 8b Rn. 11; Ingenstau/Korbion/von Wietersheim VOB/A § 8b Rn. 18.

eines Angebots festzusetzen. Die Vorschrift spricht nicht von einer „Vergütung", was bei der Bemessung der angemessenen Entschädigung zu berücksichtigen ist. Entschädigung ist nach dem Sprachgebrauch ein im Billigkeitswege zu gewährender Ausgleich für einen eingetretenen „Schaden". Entschädigung bedeutet daher **Aufwendungsersatz ohne Gewinnanteil**.[16] Abzustellen ist auf die üblicherweise für die Angebotsbearbeitung als Teil der Allgemeinen Geschäftskosten kalkulierten Aufwendungen in der Höhe, die für die überobligatorische Ausarbeitung des Angebots unter normalen Umständen bei einem durchschnittlichen Bieter anzusetzen sind.[17] Die Honorarsätze der HOAI sind irrelevant.[18] Die HOAI ist auf Unternehmen, die neben Bauleistungen auch Planungsleistungen erbringen, zur nachträglichen Bestimmung einer Vergütung für planerische Leistungen ohnehin nicht anwendbar.[19]

II. Verwendung der Angebotsunterlagen (Abs. 2)

8   Abs. 2 S. 1 schreibt vor, die Angebotsunterlagen und die in den Angeboten enthaltenen eigenen Vorschläge eines Bieters nur für die Prüfung und Wertung der Angebote (§§ 16c EU und 16d EU VOB/A) zu verwenden. Jede weitergehende Verwendung bedarf der vorherigen schriftlichen Vereinbarung mit dem betreffenden Bieter (S. 2). Der Schutz gilt in sämtlichen Vergabeverfahren und betrifft sowohl Hauptangebote als auch Nebenangebote.[20] Das **Verwertungsverbot** steht im Zusammenhang mit dem Geheimhaltungsgebot (§ 14 EU Abs. 8 VOB/A und § 15 EU Abs. 1 Nr. 2 S. 1 VOB/A) und wird ergänzt durch § 19 EU Abs. 5, 6 VOB/A. Es bezweckt den **Schutz der Geschäftsgeheimnisse** des Bieters sowie seiner Eigentums-, Urheber- und sonstigen Rechte an den von ihm eingereichten Angebotsunterlagen.[21]

1. Eigentum

9   Sehen die Vergabeunterlagen keine speziellen Regelungen vor, verbleibt das Eigentum an den Angebotsunterlagen beim Bieter. Bieter haben bei der Abgabe des Angebotes im Regelfall keinen über die bloße Besitzverschaffung hinausgehenden Übereignungswillen.[22] Etwas anderes gilt dann, wenn der Bieter neben dem Besitzrecht offenkundig auch das Eigentum an den Angebotsunterlagen auf den Auftraggeber übertragen will. Das wird regelmäßig dann anzunehmen sein, wenn sich die Angebotsunterlagen für keine weitere Verwendung eignen und für den Bieter deshalb kein Bedürfnis an einer Rückgabe besteht.[23] Anders hingegen bei Entwürfen, Ausarbeitungen, Mustern und Proben iSv § 19 EU Abs. 6 VOB/A; diese Angebotsunterlagen werden nur eingereicht, um den Zuschlag zu erhalten. Sie sind zurückzu-

---

[16] Ingenstau/Korbion/von Wietersheim VOB/A § 8b Rn. 21.
[17] Beck VergabeR/Rechten VOB/A-EU § 8b Rn. 15; Kapellmann/Messerschmidt/von Rintelen VOB/A § 8b Rn. 12.
[18] Beck VergabeR/Rechten VOB/A-EU § 8b Rn. 16; Kapellmann/Messerschmidt/von Rintelen VOB/A § 8b Rn. 12; Ingenstau/Korbion/von Wietersheim VOB/A § 8b Rn. 21.
[19] BGH 22.5.1997 – VII ZR 290/95, NJW 1997, 2329; vgl. auch OLG Köln 27.1.2014 – 11 U 100/13, BeckRS 2016, 15950.
[20] Beck VergabeR/Rechten VOB/A-EU § 8b Rn. 24.
[21] HK-VergabeR/Franzius VOB/A § 8b Rn. 15.
[22] Beck VergabeR/Rechten VOB/A-EU § 8b Rn. 27; Ingenstau/Korbion/von Wietersheim VOB/A § 8b Rn. 32.
[23] HK-VergabeR/Franzius VOB/A § 8b Rn. 18; Kapellmann/Messerschmidt/von Rintelen VOB/A § 8b Rn. 15.

geben, da insoweit eine weitere Verwendungsmöglichkeit durch den Bieter unterstellt wird.[24]

2. Urheberrecht

Darstellungen technischer Art in Angeboten können zwar unter § 2 Abs. 1 Nr. 7 UrhG fallen. Sie sind jedoch im Regelfall nicht urheberrechtlich geschützt, da sie keine persönlich geistige Schöpfung iSv § 2 Abs. 2 UrhG darstellen.[25] Das Urheberrecht reicht nur so weit, wie urheberechtlich geschützte Verhältnisse vorliegen.[26] Bei öffentlichen Ausschreibungen fehlt es im Regelfall an einer persönlich-geistigen Schöpfung, da sich das Angebot zumeist nur an den Vergabeunterlagen orientiert.[27] Unabhängig davon, ob im Einzelfall ein Urheberrecht besteht, beschränkt Abs. 2 S. 1 die Verwendung der Angebotsunterlagen und der in den Angeboten enthaltenen eigenen Vorschläge des Bieters.[28] Erfasst sind auch zeichnerische und textliche Darstellungen sowie das in ihnen liegende betriebliche Know-how sowie Nebenangebote.[29] Diese Unterlagen dürfen **ausschließlich für die Prüfung und Wertung der Angebote** (§§ 16c EU–16d EU VOB/A) verwendet werden. Die Nutzung von Angebotsinhalten auch für ein Verhandlungsverfahren, etwa im Anschluss an die Aufhebung eines offenen Verfahrens nach § 3a EU Abs. 3 Nr. 1 VOB/A, verstößt gegen § 19 EU Abs. 5 VOB/A (näher → VOB/A § 19 EU Rn. 17). Auch die Verwendung von Vorschlägen zur Optimierung von Anforderungen der Leistungsbeschreibung beim Verhandlungsverfahren (etwa um Kosten zu reduzieren) ist ohne Zustimmung des betreffenden Bieters nicht gestattet. 10

Nach S. 2 kann nur eine **vorherige schriftliche Vereinbarung** mit dem betreffenden Bieter ein Verwendungsrecht des öffentlichen Auftraggebers an den Angebotsunterlagen begründen. Die Schriftform ist keine Wirksamkeitsvoraussetzung, sondern hat lediglich Beweisfunktion und soll Unklarheiten vermeiden.[30] Ihre Einhaltung ist aber empfehlenswert. Die Festsetzung einer Entschädigung nach Abs. 2 ersetzt sie nicht, weil durch die Entschädigung nur der Anteil überobligatorischer Angebotsausarbeitung, nicht aber das Verwendungsrecht finanziell abgegolten wird. In die Vereinbarung sollten Regelungen über Art und Umfang der Verwendung, Höhe der zu zahlenden Entschädigung und ein Verzicht auf das Urheberrecht und sonstige Rechte aufgenommen werden. 11

III. Schiedsvereinbarung (Abs. 3)

Auch bei öffentlichen Bauvorhaben setzen sich Formen alternativer Streitbeilegung immer mehr durch. Zu nennen sind hierbei nicht nur Schiedsgerichts- oder Schiedsgutachterverfahren, sondern auch Mediations- oder Adjudikationsverfahren. Auch wenn diese Verfahren nicht in Abs. 3 erwähnt sind, ist ihre Zulässigkeit unbestritten. Abs. 3 legt fest, dass die Durchführung eines schiedsrichterlichen Verfahrens in einer gesonderten Urkunde zu vereinbaren ist. Die Regelung ist allerdings über- 12

---

[24] HK-VergabeR/Franzius VOB/A § 8b Rn. 18; Kapellmann/Messerschmidt/von Rintelen VOB/A § 8b Rn. 15.
[25] BGH 29.3.1984 – I ZR 32/82, BeckRS 9998, 100573 = BauR 1984, 423; OLG München 4.8.2005 – 8 U 1540/05, IBRRS 55490 = VergabeR 2006, 423; Kapellmann/Messerschmidt/ von Rintelen VOB/A § 8b Rn. 19.
[26] OLG München 4.8.2005 – 8 U 1540/05, IBRRS 55490 = VergabeR 2006, 423.
[27] Zirkel VergabeR 2006, 321 (324).
[28] Ingenstau/Korbion/von Wietersheim VOB/A § 8b Rn. 42.
[29] OLG Düsseldorf 26.11.1985 – 23 U 66/85, NJW-RR 1986, 508 (509).
[30] HK-VergabeR/Franzius VOB/A § 8b Rn. 19; Kapellmann/Messerschmidt/von Rintelen VOB/A § 8b Rn. 23; Ingenstau/Korbion/von Wietersheim VOB/A § 8b Rn. 46.

flüssig,[31] da die besonderen Formerfordernisse der ZPO nur greifen, wenn der Auftraggeber eine natürliche Person ist und die Bauleistungen nicht zu gewerblichen oder selbstständigen beruflichen Zwecken beschafft werden, dh zu persönlichen, privaten oder familiären Zwecken. Da dies in der Vergabepraxis aber nicht vorkommt, können Schiedsvereinbarungen entgegen Abs. 3 auch in Zusätzlichen Vertragsbedingungen oder in den Besonderen Vertragsbedingungen getroffen werden.[32]

IV. Rechtsschutz

13 Abs. 1 ist bieterschützend. Die Überprüfung der Angemessenheit einer Entschädigung kann zum Gegenstand eines Nachprüfungsverfahrens gemacht werden.[33] Die Vergabekammer kann dem Auftraggeber aufgeben, eine angemessene Vergütung festzusetzen.[34] Sie ist hingegen nicht befugt, durch Festsetzung einer von ihr für angemessen erachteten Entschädigung anstelle des Auftraggebers auf die Rechtmäßigkeit des Vergabeverfahrens einzuwirken. Das wäre schon deshalb nicht statthaft, weil die vergaberechtlichen Abhilfemöglichkeiten nicht auf eine Anhebung der Entschädigung reduziert sind. Vielmehr kann der Auftraggeber, wenn sich im Nachprüfungsverfahren herausstellt, dass er eine unangemessen niedrige Entschädigung festgesetzt hat, ebenso gut bei gleichbleibender Entschädigung Abstriche bei den über die Ausarbeitung des Angebots geforderten Unterlagen vornehmen.[35]

14 Die Verletzung des Verwertungsverbotes nach Abs. 2 kann Schadensersatzansprüche aus dem Gesichtspunkt des Verschuldens bei Vertragsschluss (§ 311 Abs. 2 iVm § 280 Abs. 1 iVm § 241 Abs. 2 BGB) und aus § 823 Abs. 2 BGB iVm § 8b EU Abs. 2 S. 1 VOB/A begründen. Dies gilt auch, wenn die Verwendung keine Urheberrechte verletzt.[36] Die Verletzung des Urheberrechts – soweit ein solches besteht – kann Beseitigungs-, Unterlassungs- und Schadensersatzansprüche begründen (§ 97 Abs. 1 UrhG). Angebote sind Geschäftsgeheimnisse iSv § 2 Nr. 1 GeschGehG. Ihre zweckwidrige Verwendung verstößt gegen § 4 Abs. 2 Nr. 1 GeschGehG und kann eine Strafbarkeit begründen.[37]

§ 8c EU Anforderungen an energieverbrauchsrelevante Waren, technische Geräte oder Ausrüstungen

(1) **Wenn die Lieferung von energieverbrauchsrelevanten Waren, technischen Geräten oder Ausrüstungen wesentlicher Bestandteil einer Bauleistung ist, müssen die Anforderungen der Absätze 2 bis 4 beachtet werden.**

(2) **In der Leistungsbeschreibung sollen im Hinblick auf die Energieeffizienz insbesondere folgende Anforderungen gestellt werden:**
1. **das höchste Leistungsniveau an Energieeffizienz und**
2. **soweit vorhanden, die höchste Energieeffizienzklasse im Sinne der Energieverbrauchskennzeichnungsverordnung.**

---

[31] von Rintelen bezeichnet die Vorschrift treffend als ein „Mahnmal für schlechte Regelungstechnik".
[32] HK-VergabeR/Franzius VOB/A § 8b Rn. 20; Kapellmann/Messerschmidt/von Rintelen VOB/A § 8b Rn. 26.
[33] Vgl. VK Südbayern 21.11.2016 – Z3-3-3194-1-37-09/16, BeckRS 2016, 55879.
[34] BGH 19.4.2016 – X ZR 77/14, NZBau 2016, 368 zur Parallelvorschrift des § 13 Abs. 3 VOF aF; VK Südbayern 21.11.2016 – Z3-3-3194-1-37-09/16, BeckRS 2016, 55879.
[35] VK Südbayern 21.11.2016 – Z3-3-3194-1-37-09/16, BeckRS 2016, 55879.
[36] OLG München 4.8.2005 – 8 U 1540/05, IBR 2006, 578.
[37] BGH 10.5.1995 – 1 StR 764/94, BeckRS 9998, 166675.

(3) In der Leistungsbeschreibung oder an anderer geeigneter Stelle in den Vergabeunterlagen sind von den Bietern folgende Informationen zu fordern:
1. konkrete Angaben zum Energieverbrauch, es sei denn, die auf dem Markt angebotenen Waren, technischen Geräte oder Ausrüstungen unterscheiden sich im zulässigen Energieverbrauch nur geringfügig, und
2. in geeigneten Fällen,
   a) eine Analyse minimierter Lebenszykluskosten oder
   b) die Ergebnisse einer Buchstabe a vergleichbaren Methode zur Überprüfung der Wirtschaftlichkeit.

(4) Sind energieverbrauchende Waren, technische Geräte oder Ausrüstungen wesentlicher Bestandteil einer Bauleistung und sind über die in der Leistungsbeschreibung gestellten Mindestanforderungen hinsichtlich der Energieeffizienz hinaus nicht nur geringfügige Unterschiede im Energieverbrauch zu erwarten, ist das Zuschlagskriterium „Energieeffizienz" zu berücksichtigen.

Literatur: Vgl. die Angaben bei § 67 VgV.

Gem. § 8c EU VOB/A werden an die Lieferung von energieverbrauchsrelevanten Waren, technischen Geräten und Ausrüstungen besondere Anforderungen gestellt, soweit die Lieferung wesentlicher Bestandteil einer Bauleistung ist. § 8c EU VOB/A entspricht iW dem § 67 VgV, so dass auf die dortige Kommentierung verwiesen werden kann, → VgV § 67 Rn. 1 ff. 1

Im Gegensatz zu § 67 Abs. 3 VgV enthält § 8c EU VOB/A keine Vorgabe, dass der öffentliche Auftraggeber von den Bietern übermittelte Informationen überprüfen und hierzu ergänzende Erläuterungen fordern darf. Diese Regelung ist ohnehin redundant, denn selbstverständlich darf ein Auftraggeber auch ohne konkrete Regelung bei entspr. Anlass vom Bieter Aufklärung verlangen. Insofern enthält § 8c EU VOB/A iErg keinen anderen Regelungsinhalt ggü. § 67 VgV. 2

§ 9 EU Ausführungsfristen, Einzelfristen, Verzug

(1)
1. ¹Die Ausführungsfristen sind ausreichend zu bemessen; Jahreszeit, Arbeitsbedingungen und etwaige besondere Schwierigkeiten sind zu berücksichtigen. ²Für die Bauvorbereitung ist dem Auftragnehmer genügend Zeit zu gewähren.
2. Außergewöhnlich kurze Fristen sind nur bei besonderer Dringlichkeit vorzusehen.
3. Soll vereinbart werden, dass mit der Ausführung erst nach Aufforderung zu beginnen ist (§ 5 Absatz 2 VOB/B), so muss die Frist, innerhalb derer die Aufforderung ausgesprochen werden kann, unter billiger Berücksichtigung der für die Ausführung maßgebenden Verhältnisse zumutbar sein; sie ist in den Vergabeunterlagen festzulegen.

(2)
1. Wenn es ein erhebliches Interesse des öffentlichen Auftraggebers erfordert, sind Einzelfristen für in sich abgeschlossene Teile der Leistung zu bestimmen.
2. Wird ein Bauzeitenplan aufgestellt, damit die Leistungen aller Unternehmen sicher ineinandergreifen, so sollen nur die für den Fortgang der Gesamtarbeit besonders wichtigen Einzelfristen als vertraglich verbindliche Fristen (Vertragsfristen) bezeichnet werden.

(3) Ist für die Einhaltung von Ausführungsfristen die Übergabe von Zeichnungen oder anderen Unterlagen wichtig, so soll hierfür ebenfalls eine Frist festgelegt werden.

(4) ¹**Der öffentliche Auftraggeber darf in den Vertragsunterlagen eine Pauschalierung des Verzugsschadens (§ 5 Absatz 4 VOB/B) vorsehen; sie soll fünf Prozent der Auftragssumme nicht überschreiten.** ²**Der Nachweis eines geringeren Schadens ist zuzulassen.**

Literatur: Gröning, Die Anpassung der Bauzeit im laufenden Vergabeverfahren, VergabeR 2020, 725; Hänsel, Die Rechtsprechung des BGH zum verzögerten Vergabeverfahren, NJW-Spezial 2015, 236; Kayser/Pfarr, Achtung, Mehrvergütungsfalle! Auswege in der Vergabekonzeption und ihre Grenzen, NZBau 2011, 584; Kimmich, Beschleunigung von Bauabläufen und Anspruchsgrundlagen: Ist die Forderung nach Einhaltung der Vertragsfristen eine konkludente Beschleunigungsanordnung?, BauR 2008, 263; Kniffka, Bauzeit-Anpassungen wegen verzögerter Vergabe in Bietergesprächen, VergabeR 2015, 735; Kuhn, Die Rechte des Auftraggebers nach § 5 Abs. 4 VOB/B im Fall der Vereinbarung von Einzelfristen als Vertragsfristen, ZfBR 2022, 214; Langen, Die Bauzeit im Rahmen der Vertragsgestaltung, NZBau 2009, 145; Nelskamp, Verlängerung der Ausführungsfrist beim Bauvertrag, NJW 2007, 2929; Roquette/Schweiger, Die Mär vom Vorbehalt – kein Ausschluss von Bauzeitansprüchen durch Abschluss von Nachtragsvereinbarungen, BauR 2008, 734; Schumann, Terminsicherung im Anlagenbau: Vertragsstrafe oder pauschalierter Schadensersatz?, ZfBR 2009, 307; Tomic, Vergabeverzögerung – Bauzeitänderung – Geklärtes – Ungeklärtes, NZBau 2010, 5. Vgl. ergänzend auch die Angaben bei den §§ 10a EU, 18 EU VOB/A.

I. Bedeutung der Vorschrift

1 Das Werkvertragsrecht des BGB enthält keine Vorgaben zu Ausführungsfristen. Ohne vertragliche Regelungen würde es deshalb bei dem Grundsatz des § 271 BGB verbleiben, wonach der Auftraggeber die Leistung sofort verlangen und der Auftragnehmer sie sofort bewirken kann.[1] Vor diesem Hintergrund enthält nahezu jeder Bauvertrag Bestimmungen über die von beiden Seiten einzuhaltenden Fristen. § 9 EU VOB/A legt hierzu den rechtlichen Rahmen für öffentliche Bauaufträge fest.

II. Ausführungsfrist (Abs. 1)

1. Grundsätze (Nr. 1)

2 Die Ausführungsfrist ist der Zeitraum, der dem Auftragnehmer zwischen Beginn und Fertigstellung der Bauleistung zur Verfügung steht. Regelmäßig bezieht sich die Ausführungsfrist auf die gesamte Leistung. Es ist aber auch möglich, nur bestimmte Teilleistungen mit einer Frist zu belegen. Bei der Definition der Ausführungsfrist hat der Auftraggeber mehrere Möglichkeiten. Er kann das Datum der Arbeitsaufnahme und das Datum der Fertigstellung exakt nach dem Kalender bestimmen. Er kann die Ausführungsfrist aber auch nach Zeiteinheiten (Tage, Wochen, Monate) bemessen. Gerade diese Variante hat im Zusammenhang mit Ansprüchen des Auftragnehmers wegen eingetretener Vergabeverzögerungen oder gestörten Bauablaufes besondere Bedeutung (→ Rn. 15 f.).

3 Gibt der Auftraggeber eine Bauzeit nach Kalender- oder Werktagen vor, ergibt sich ein Unterschied zwischen **Netto- und Bruttobauzeit.** Diese Unterscheidung

---

[1] Vgl. zu Fälligkeit für den Beginn und die Durchführung der Herstellung Althaus FS Kainz, 2019, 6.

wird in der Praxis häufig nicht beachtet, was zu Problemen bei der Baudurchführung führen kann: Der Auftraggeber geht davon aus, dass es sich bei seiner Festlegung (zB „Bauende: 320 Tage nach Zuschlagserteilung") um eine feststehende Frist handelt und meint damit die insges. für die Bauausführung zur Verfügung stehende Zeit, die Bruttobauzeit. Allerdings regeln die von ihm vorgesehenen Vertragsbedingungen häufig etwas anderes. Bspw. bestimmte Ziff. 105 der Zusätzlichen Vertragsbedingungen für die Ausführung von Bauleistungen im Straßen- und Brückenbau (ZVB-StB), dass Werktage, an denen aus zwingenden witterungsbedingten Gründen keine Arbeiten ausgeführt werden konnten oder bei denen die Ausführung spätestens drei Stunden nach Arbeitsbeginn abgebrochen werden müssen, nicht auf die Ausführungsfrist angerechnet werden. Wird diese oder eine ähnliche Bestimmung Vertragsbestandteil, ist die vorgegebene Frist nur eine Nettobauzeit, mit der Folge, dass sich die tatsächliche Bauzeit erheblich nach hinten verschieben kann. Diese Konsequenz muss der Auftraggeber bei der Gestaltung der Vergabeunterlagen beachten.

S. 1 ordnet an, die Ausführungsfristen ausreichend zu bestimmen. Dabei ist der 4 Auftraggeber verpflichtet, **alle Umstände, die Einfluss auf die Bauzeit haben,** bei der Bemessung der Ausführungsfrist zu berücksichtigen. Die von der Vorschrift genannten Umstände „Jahreszeit" und „Arbeitsbedingungen" sind nicht abschließend. Vielmehr sind auch andere „besondere Schwierigkeiten" zu berücksichtigen. Zu nennen sind dabei insbes. zeitliche oder örtliche Abhängigkeiten mit vorgehenden oder nachfolgenden Gewerken, erforderliche Genehmigungen, Planlaufzeiten usw.

Für die **Bauvorbereitung** ist dem Auftragnehmer genügend Zeit zu gewähren, 5 S. 2. Diese Bestimmung regelt die Frist zwischen Zuschlagserteilung und Baubeginn. Zur Bauvorbereitung gehören alle Handlungen, die erforderlich sind, um mit den Arbeiten auf der Baustelle beginnen zu können. Zu nennen sind dabei insbes. die Beschaffung des nötigen Baumaterials, die Beauftragung von Nachunternehmern, die Einrichtung der Baustelle usw. Die verbreitete Bestimmung in Vergabeunterlagen, wonach der Auftragnehmer unmittelbar nach Zuschlagserteilung mit den Arbeiten zu beginnen hat, ist daher unzulässig.

S. 2 besagt nichts darüber, welche Frist angemessen ist. Als Anhaltspunkt kann 6 § 5 Abs. 2 S. 2 VOB/B gelten, wonach der Auftragnehmer innerhalb von **12 Werktagen nach Aufforderung durch den Auftraggeber** zu beginnen hat. Diese Frist ist allerdings nur eine **Richtgröße**, wobei häufig eine längere Frist erforderlich ist.[2] Bei der Bemessung der Frist muss der Auftraggeber auch darauf achten, dass er selbst in der Lage ist, die von ihm vorzunehmenden Mitwirkungshandlungen rechtzeitig zu erbringen.

2. Außergewöhnlich kurze Fristen (Nr. 2)

Außergewöhnlich kurze Fristen sind gem. Abs. 1 Nr. 2 nur bei **besonderer** 7 **Dringlichkeit** vorzusehen. Besondere Dringlichkeit liegt vor, wenn die Leistungen aufgrund unabwendbarer Umstände schneller als üblich ausgeführt werden müssen, etwa wenn ein drohender Schaden verhindert werden soll. Zu beachten ist dabei allerdings, dass es sich nach allg. vergaberechtlichen Grundsätzen um Umstände handeln muss, die für den Auftraggeber nicht vorhersehbar waren und ihm nicht zurechenbar sind. Es darf sich also nicht um eine vom Auftraggeber selbstverschuldete Dringlichkeit handeln.[3] Außergewöhnlich kurze Fristen werden nur durch die Unaufschiebbarkeit der Bauleistung (zB Reparatur eines Wasserrohrbruchs) oder

---

[2] Vgl. Ingenstau/Korbion/Sienz VOB/A § 9 Rn. 13.
[3] OLG Düsseldorf 29.2.2012 – Verg 75/11, BeckRS 2012, 8570, für die Wahl des nicht offenen Verfahrens aus Gründen besonderer Dringlichkeit, die dem Auftraggeber zuzurechnen waren.

besonders schützenswerte Interessen des Auftraggebers oder der Allgemeinheit (zB verkehrshindernde Arbeiten) gerechtfertigt.[4] Dagegen kann sich der Auftraggeber nicht darauf berufen, Dringlichkeit liege vor, weil ein früheres Verfahren unter einem Fehler litt und daher ein erneutes Verfahren durchgeführt werden muss.[5] Insbesondere führen politisch vorgegebene Zeitpläne nicht zu einer besonderen Dringlichkeit, da sich politische Aspekte dem Vergaberechtsregime unterzuordnen haben.[6] Auch lassen sich kurze Fristen nicht mit der Erwägung rechtfertigen, dass sich gerade dadurch die leistungsfähigsten Anbieter herauskristallisieren.[7]

3. Ausführungsbeginn nach Aufforderung (Nr. 3)

8 Der Auftraggeber kann vorsehen, mit der Ausführung der Bauleistung erst nach Aufforderung zu beginnen, Nr. 3 iVm § 5 Abs. 2 VOB/B. Von dieser Möglichkeit wird in der Praxis häufig Gebrauch gemacht. Teilw. wird auch vorgesehen, dass der Auftragnehmer spätestens 12 Werktage nach Zuschlagserteilung mit seinen Leistungen zu beginnen habe. Diese flexible Bestimmung des Baubeginns erfreute sich nicht zuletzt deshalb großer Beliebtheit, weil die Auftraggeber meinten, damit das Problem der **Zuschlagsverzögerung** in den Griff zu bekommen. Begründet wurde diese Ansicht damit, dass derartige variable Beginnklauseln stets an den tatsächlichen Zuschlagstermin anknüpfen. Dieser Ansicht hat der BGH allerdings eine Absage erteilt.[8] Würde die Frist von 12 Werktagen tatsächlich erst mit dem Zuschlag zu laufen beginnen, wäre der Baubeginn für die Bieter nicht kalkulierbar. Dies wäre ein Verstoß gegen das Verbot der Auferlegung eines ungewöhnlichen Wagnisses, § 7 EU Abs. 1 Nr. 3 VOB/A. Die Klausel kann deshalb nur so ausgelegt werden, dass die vom Auftraggeber vorgesehene Frist **mit dem Datum des ursprünglich vorgesehenen Zuschlags zu laufen beginnt.** Es empfiehlt sich daher nicht mehr, in den Vergabeunterlagen einen Baubeginn binnen 12 Werktagen nach Zuschlagserteilung vorzusehen. Nachdem der BGH geklärt hat, dass Ansprüche des Auftragnehmers wegen eines verzögerten Zuschlags nur in Betracht kommen, wenn damit eine Verschiebung der Bauzeit einhergeht,[9] würde sich der Baubeginn bei praktisch jeder Bindefristverlängerung verschieben, da eine Bindefristverlängerung sog gut wie immer einen größeren Zeitraum als 12 Werktage umfasst. Vorzugswürdig ist es, eine längere Frist zwischen Zuschlagsfrist und Baubeginn vorzusehen, damit eventuelle Bindefristverlängerungen nicht zu einer Verschiebung des Baubeginns führen. Die andere und in § 5 Abs. 2 S. 1 VOB/B vorgesehene Variante, dass nach Aufforderung durch den Auftraggeber mit der Ausführung zu beginnen sei, wenn keine Beginnfrist vorgesehen ist, ist demgegenüber unabhängig von der Zuschlagserteilung. Diese Variante, in der der Auftraggeber den Baubeginn einseitig bestimmen kann,[10] ist durch Nr. 3 für den öffentlichen Auftraggeber untersagt. Er muss, wenn die Leistung erst auf Abruf erfolgen soll, die Frist, innerhalb der die Aufforderung erfolgt, in den Vergabeunterlagen bestimmen.

III. Einzelfristen, Bauzeitenplan (Abs. 2)

9 Einzelfristen können für **in sich abgeschlossene Teile der Leistung** vereinbart werden. Häufig geschieht dies dadurch, dass ein Bauzeitenplan dem Vergabeunterla-

---

[4] Vgl. Kapellmann/Messerschmidt/Schneider VOB/A § 9 Rn. 57 f.
[5] OLG Düsseldorf 29.2.2012 – Verg 75/11, BeckRS 2012, 8570 = IBR 2012, 534.
[6] OLG Düsseldorf 1.8.2005 – Verg 41/05, BeckRS 2005, 12246.
[7] KG 5.1.2000 – KartVerg 11/99, BeckRS 2008, 12116 = BauR 2000, 1579.
[8] BGH 10.9.2009 – VII ZR 152/08, NJW 2010, 522 Rn. 18 ff. (20).
[9] BGH 10.9.2009 – VII ZR 82/08, NJW 2010, 519 (520).
[10] Vgl. ausf. dazu und den sich insbes. für den Auftragnehmer ergebenden Problemen Kapellmann/Messerschmidt/Sacher VOB/B § 5 Rn. 119 ff.

gen beigefügt wird. Zu beachten ist allerdings, dass in einem Bauzeitenplan enthaltene Einzelfristen nur dann als Vertragsfristen gelten, wenn dies im Vertrag ausdr. vereinbart ist, § 5 Abs. 1 S. 2 VOB/B. Die bloße Beifügung eines Bauzeitenplans genügt also nicht. Die Bestimmung „in sich abgeschlossenen Teilen der Leistung" ist gleichgesetzt mit den gleichlautenden Regelungen in § 12 Abs. 2 (Teilabnahme) und § 8 Abs. 3 Nr. 1 S. 2 VOB/B (Teilkündigung) und als ein räumlich zusammenhängendes Gewerk anzusehen bzw. Teilleistungen, die eine selbständige Funktion erfüllen.[11] Die Gleichsetzung mit der Verwendung in der VOB/B ist schon vor dem Hintergrund der Einheitlichkeit der Vergabe- und Vertragsbedingungen zwingend. Zwar regelt § 12 Abs. 2 VOB/B die Voraussetzungen der Teilabnahme und definiert damit den Zeitpunkt, ab dem der Auftraggeber verpflichtet ist, eine Teilleistung zu übernehmen und sie als iW vertragsgerecht zu billigen. Ebenso zutreffend lässt sich darauf verweisen, dass es bei Abs. 2 Nr. 1 nicht um die Billigung einer Teilleistung als vertragsgerecht gehe und das Kontroll- und Überwachungsinteresse des Auftraggebers ganz andere terminliche Festlegungen gebieten könne als diejenigen Tatsachen, die einen Anspruch des Auftragnehmers auf eine Teilabnahme begründen. Nicht richtig ist aber die gegen die Gleichsetzung mit dem Verständnis der VOB/B gerichtete Annahme,[12] es sei für eine abgeschlossene Teilleistung iSd Nr. 1 nicht entscheidend, ob die Teilleistung funktions- oder gebrauchstauglich ist, sondern es darauf ankomme, ob die Teilleistung einem bestimmten Zeitabschnitt bzw. Termin zugeordnet werden kann oder in sonstiger Weise für den Bauablauf bedeutsam ist. Der BGH hat schon klargestellt, dass bei klarer räumlicher oder zeitlicher Trennung der Leistungsteile eines Gewerks bzw. bei selbstständiger Funktion der Teilleistung ebenfalls von in sich geschlossenen Teilen der Leistung gesprochen werden kann.[13] Damit bleibt dem Auftraggeber genügend Raum für die Festlegung von Einzelfristen.

Da eine verbindliche Einzelfrist Anknüpfungspunkt für Schadensersatz- und Vertragsstrafenansprüche des Auftraggebers sein oder zur Kündigung führen kann, lässt Nr. 1 eine Vereinbarung nur zu, wenn sie durch ein **erhebliches Interesse des Auftraggebers** erforderlich ist. Dies kann bei Gewerken der Fall sein, die für den Bauablauf von zentraler Bedeutung sind, weil Folgegewerke auf ihnen aufbauen. Der Auftraggeber hat dabei ein Ermessen, welches unter Berücksichtigung der Umstände des Einzelfalls auszuüben ist. Die Erwägungen, die den Auftraggeber bestimmt haben, von einem erheblichen Interesse auszugehen, sind im Vergabevermerk zu dokumentieren.

Wird ein **Bauzeitenplan** aufgestellt, sollen nur die für den Fortgang der Gesamtleistungen besonders wichtigen Einzelfristen als Vertragsfristen vereinbart werden (Nr. 2). Dabei handelt es sich um die in der Praxis als „Meilensteine" bezeichneten Fristen, die auf dem „kritischen Weg" liegen. Es ist dem Auftraggeber also nicht gestattet, etwa durch eine Regelung in seinen Besonderen Vertragsbedingungen festzuschreiben, dass alle in einem Bauzeitenplan aufgenommen Fristen Vertragsfristen iSd § 5 Abs. 1 VOB/B sind. Eine derartige Regelung begegnet schon zivilrechtlichen Bedenken,[14] vergaberechtlich ist sie hingegen unzulässig. Allerdings kann die vergaberechtlich unzulässige Regelung zivilrechtlich wirksam sein.[15]

---

[11] BGH 20.8.2009 – VII ZR 212/07., NZBau 2010, 47 Rn. 16 ff. zum Begriff der in sich abgeschlossenen Leistung in § 8 Abs. 3 Nr. 1 S. 2 VOB/B; vgl. auch Kapellmann/Messerschmidt/Schneider VOB/A § 9 Rn. 69 ff.
[12] So noch 3. Aufl. VOB/A § 9 EU Rn. 9.
[13] BGH 20.8.2009 – VII ZR 212/07, NZBau 2010, 47 Rn. 22; vgl. zur Abgrenzung auch OLG Celle 27.2.2019 – 7 U 227/18, BeckRS 2019, 45475 Rn. 19 ff.
[14] BGH 14.1.1999 – VII ZR 73–98, NJW 1999, 1108.
[15] Worauf Kuhn ZfBR 2022, 214 (219) zutreffend hinweist.

IV. Zeichnungen, sonstige Unterlagen (Abs. 3)

12 Abs. 3 betrifft **Planlieferfristen,** dh die vom Auftraggeber nach § 3 Abs. 1 VOB/B für die Ausführung bereitzustellenden Unterlagen, wie zB Ausführungs-, Bewehrungs- und Schalpläne. Dabei kann es sich freilich nicht um Unterlagen handeln, die für die Angebotsbearbeitung eine Rolle spielen, da der Auftraggeber erst ausschreiben soll, wenn alle Vergabeunterlagen fertigstellt sind (→ VOB/A § 2 EU Rn. 13 ff). Daher meint Abs. 3 vorrangig Unterlagen, die nach Vertragsschluss von beiden Seiten der jew. anderen zu übergeben sind, wie bspw. die vom Auftragnehmer zu erstellende Planung bei funktionalen Ausschreibungen oder die zu fertigende Werk- und Montageplanung und ihren Rücklauf nach Prüfung durch den Auftraggeber.[16] Die festzulegenden Fristen müssen den Zeitbedarf berücksichtigen, den der Auftragnehmer zur Umsetzung der Planung in seinem Betriebsablauf braucht und der Auftraggeber selbst zur Freigabe ihm vorzulegender Unterlagen.[17] Strittig ist, ob festgelegte Planlieferfristen Vertragsfristen sind.[18] Dieser Streit spielt bei der Bauausführung allerdings nur eine untergeordnete Rolle, da der Auftragnehmer behindert ist, wenn der Auftraggeber auf entspr. Abruf seinen Planlieferverpflichtungen und damit seinen Mitwirkungspflichten nicht nachkommt. Jedenfalls kann der Auftragnehmer wegen § 286 Abs. 4 BGB nicht in Verzug geraten, da er aufgrund eines Umstandes nicht leisten kann, den er nicht zu vertreten hat.

V. Pauschalierung des Verzugsschadens (Abs. 4)

13 Abs. 4 räumt dem Auftraggeber die Möglichkeit ein, Schäden zu pauschalieren, die eintreten können, wenn der Auftragnehmer in Verzug gerät. Diese Möglichkeit hat in der Praxis keine Bedeutung erlangt.[19] Zum einen werden Verzugsschäden zumeist über Vertragsstrafen abgedeckt, die nichts anderes als Schadenspauschalierungen sind. Zum anderen wird es sich bei diesen Pauschalierungen häufig um Allgemeine Geschäftsbedingungen handeln, so dass die Vereinbarung der **Inhaltskontrolle nach § 309 Nr. 5 BGB** unterliegt. Danach darf die Pauschale den nach dem gewöhnlichen Lauf der Dinge zu erwartenden Schaden nicht übersteigen. Ferner muss eine Öffnungsklausel vorhanden sein, was auch S. 2 fordert.

14 Die Vorschrift betrifft nur **Verzugsschäden des Auftraggebers.** Solche Schäden können bspw. höhere Kosten für eine länger vorzuhaltende Fremdüberwachung sein, Zahlungen an Anwohner oder für Mietflächen, Versicherungsprämien und dgl. Eigenkosten des Auftraggebers können dagegen nur im Ausnahmefall pauschaliert werden, zB wenn ein von dem übrigen Geschäftsbetrieb abgesonderter Verwaltungszweig eigens zu dem Zweck der Abwicklung von Fremdschäden eingerichtet und unterhalten wird und eindeutig abgrenzbare Kosten verursacht.[20]

VI. Sonderfall: Zuschlag mit geänderten Fristen

15 Nicht selten verzögert sich ein Vergabeverfahren durch ein Nachprüfungsverfahren oder bspw. dann, wenn die Genehmigung von Fördermitteln oder die erforderli-

---

[16] MüKoEuWettbR/Baldringer VOB/A § 9 Rn. 21; BeckOK VergabeR/Heinrich VOB/A § 9EU Rn. 14 f.
[17] Vgl. Kapellmann/Messerschmidt/Schneider VOB/A § 9 Rn. 89 mit Angabe von Orientierungsfristen und wN.
[18] Bejahend Ingenstau/Korbion/Sienz VOB/A § 9 Rn. 12; diff. Kapellmann/Messerschmidt/Schneider VOB/A § 9 Rn. 93.
[19] Vgl. ausf. dazu Kapellmann/Messerschmidt/Schneider VOB/A § 9 Rn. 96 ff.
[20] HRR/Heiermann/Bauer VOB/A § 9 Rn. 35.

che Zustimmung Dritter dauert, oder der Auftraggeber nach Losen vergibt und die Baustelle im Verzug ist. Es stellt sich dann die Frage, welche Auswirkungen die verspätete Zuschlagserteilung auf die Ausführungsfristen und die Kosten der Ausführung hat. Insoweit ist zu differenzieren:[21] Der Auftraggeber gibt mit dem Zuschlagsschreiben oder bei der Abfrage der Bindefristverlängerung neue Ausführungsfristen vor. Oder der Auftraggeber erklärt sich gar nicht dazu.

Im ersten Fall sollte nach der älteren Rspr. eine Änderung der Ausführungsfristen iSd § 18 EU Abs. 2 VOB/A bzw. § 150 Abs. 2 BGB vorliegen, so dass sich der Bieter über die Annahme zu erklären hatte.[22] Gleiches sollte für den Fall gelten, dass in den Vergabeunterlagen überhaupt keine Frist genannt ist und der Auftraggeber erstmals im Zuschlagsschreiben bestimmte Ausführungsfristen oder einen Endtermin anordnet.[23] In der Alternative stellte sich die Frage, ob durch die Bindefristverlängerung ein konkludentes Einverständnis mit der Verschiebung der Ausführungsfristen erklärt wird und ob sich die Folgen für die Leistung und ihre Vergütung im Wege der Auslegung der Erklärungen ermitteln lassen (müssen).[24] Mit seinem Urt. v. 11.5.2009[25] hat der BGH der zivilrechtlichen Lösung, wonach der Bieter sich immer erklären müsse, wenn der Auftraggeber neue Fristen nenne oder ein konkludentes Einverständnis vorläge, eine Absage erteilt und die sog. vergaberechtliche Lösung bejaht, wonach der Auftraggeber im Zweifel ohne Verletzung des Nachverhandlungsverbots und des Transparenzgebots den Zuschlag erteilen will. In zwei weiteren Entscheidungen 2009 hat der BGH seine Auffassung bekräftigt.[26] Zum Ganzen ausf. → VOB/A § 10a EU Rn. 33 ff.

15a

Demzufolge darf der Auftraggeber grds. auch keinen Zuschlag mit Änderungen nach § 18 EU Abs. 2 VOB/A erteilen. Denn diese Regelung erlaubt einen veränderten Zuschlag nur dann, wenn der Auftraggeber damit nicht gegen das **Nachverhandlungsverbot** verstößt.[27] Vielmehr kommt der Vertrag mit den ursprünglich ausgeschriebenen Fristen und Terminen zustande, selbst wenn diese Fristen bereits abgelaufen sind oder nicht mehr eingehalten werden können. Der so zustande gekommene Bauvertrag ist ergänzend dann dahin auszulegen, dass die Bauzeit unter Berücksichtigung der Umstände des Einzelfalls anzupassen ist.[28] Erteilt der Auftraggeber allerdings den **Zuschlag** auf das Angebot **ausdr. und hinreichend deutlich mit geänderten Ausführungsfristen,** ohne dass dies in der Ausschreibung so vorgesehen ist, kann darin gem. § 150 Abs. 2 BGB die Ablehnung des Angebots des Bieters verbunden mit einem neuen Angebot des

16

---

[21] Mit ausf. Darstellung der unterschiedlichen Auffassungen OLG Naumburg 7.6.2019 – 7 U 69/18 und nachf. die Zurückweisung der Revision BGH 3.7.2020, VII ZR 144/19, NZBau 2020, 570 = VergabeR 2020, 757 Rn. 24 ff.

[22] OLG München 6.7.1993 – 13 U 6930/92, IBR 1995, 369; vgl. auch BGH 24.2.2005 – VII ZR 141/03, NJW 2005, 1653 (1655); OLG Naumburg 9.4.2003 – 6 U 71/02, IBRRS 2004, 2032 = BauR 2004, 1668.

[23] OLG München 6.7.1993 – 13 U 6930/92, IBR 1995, 369.

[24] Vgl. Kapellmann NZBau 2003, 1 und Kapellmann NZBau 2007, 401.

[25] BGH 11.5.2009 – VII ZR 11/08, BeckRS 2009, 12598.

[26] BGH 10.9.2009 – VII ZR 152/08, BeckRS 2009, 25389, und 26.11.2009 – VII ZR 131/08, BeckRS 2009, 89266.

[27] BGH 22.7.2010 – VII ZR 129/09, NJW 2010, 3436; 11.5.2009 – VII ZR 11/08, BeckRS 2009, 12598. Einigen sich Auftraggeber und Auftragnehmer trotzdem bereits im Vergabeverfahren über neue Termine, steht dem Auftragnehmer ein Anspruch auf die verzögerungsbedingten Mehrkosten zu, wenn sich der Auftragnehmer derartige Mehrkosten bei der Einigung vorbehält: BGH 18.12.2014 – VII ZR 60/14, BeckRS 2015, 02717 = NJW-Spezial 2015, 174 mAnmHänsel.

[28] BGH 22.7.2010 – VII ZR 129/09, NJW 2010, 3436; 11.5.2009 – VII ZR 11/08, BeckRS 2009, 12598.

Auftraggebers liegen.[29] Nimmt der Bieter dieses modifizierte Angebot an, ohne dass er sich Mehrkostenansprüche vorbehält, muss er die Leistung in der neuen Bauzeit zu den vereinbarten Preisen erbringen.[30] Denn grds. haben Vergaberechtsverstöße auf Zustandekommen und Inhalt des Vertrages keine Auswirkungen.[31] Dazu iE → VOB/A § 10a EU Rn. 34.

VII. Rechtsschutz

17 § 9 EU VOB/A ist teilw. als Soll-Vorschrift und teilw. als Muss-Vorschrift formuliert. Die Muss-Vorschriften sind zwingend. Aber auch die Soll-Vorschriften sind einzuhalten. Von ihnen darf nur abgewichen werden, wenn ein begründeter Ausnahmefall vorliegt. Dies ist im Vergabevermerk zu dokumentieren. Noch nicht geklärt ist, ob § 9 EU VOB/A bieterschützenden Charakter hat.[32] Der Streit hierüber kann allerdings dahinstehen. Denn ein Verstoß gegen § 9 EU VOB/A, bspw. in Gestalt einer zu kurzen Ausführungsfrist, führt idR zu einem **ungewöhnlichen Wagnis,** dessen Auferlegung nach § 7 EU Abs. 1 Nr. 3 VOB/A unzulässig und nachprüfbar ist.

18 Ist der Bauvertrag mit Regelungen zustande gekommen, die gegen § 9 EU VOB/A verstoßen, wirkt sich dieser Verstoß nur noch auf die entspr. Vereinbarungen aus, wenn **zivilrechtliche Unwirksamkeitsgründe** vorliegen. Allerdings führen Verstöße gegen § 9 EU VOB/A nicht generell zu einer unangemessenen Benachteiligung des Auftragnehmers iSv § 307 Abs. 1 BGB.[33] Vielmehr ist stets im Einzelfall anhand der §§ 305 ff. BGB zu prüfen, ob die Klausel unwirksam ist.

§ 9a EU Vertragsstrafen, Beschleunigungsvergütung

[1]Vertragsstrafen für die Überschreitung von Vertragsfristen sind nur zu vereinbaren, wenn die Überschreitung erhebliche Nachteile verursachen kann. [2]Die Strafe ist in angemessenen Grenzen zu halten. [3]Beschleunigungsvergütungen (Prämien) sind nur vorzusehen, wenn die Fertigstellung vor Ablauf der Vertragsfristen erhebliche Vorteile bringt.

---

[29] Vgl. schon die Andeutung des BGH 11.5.2009 – VII ZR 11/08, BeckRS 2009, 12598 Rn. 33, 34 f., und ausdr. BGH 22.7.2010 – VII ZR 213/08, BeckRS 2010, 17916 Rn. 3, 15 ff., mit der Auslegung iS eines Vorschlags, welcher noch der Zustimmung des Bieters bedürfe; BGH 6.9.2012 – VII ZR 193/10, NJW 2012, 3505 = VergabeR 2013, 212 Rn. 2 f., 15 ff., 18 ff., insbes. 21, dort Auslegung als modifizierte Annahme wegen der Beschränkung auf nur einen Teil der angebotenen Leistungen zu einem veränderten Preis und der verbindlichen Vorgabe der neuen Bauzeit einschl. der Aufforderung zur unverzüglichen Annahmeerklärung; vgl. zuletzt mit ausf. Darlegung der Rspr. des BGH OLG Naumburg 7.6.2019 – 7 U 69/18 und nachf. die Zurückweisung der Revision BGH 3.7.2020, VII ZR 144/19, NZBau 2020, 570 = VergabeR 2020, 757 Rn. 24 ff.; krit. Gröning VergabeR 2020, 725.
[30] BGH 6.9.2012 – VII ZR 193/10, NJW 2012, 3505 = VergabeR 2013, 212.
[31] BGH 1.6.2017 – VII ZR 49/16, NZBau 2017, 559 Rn. 16.
[32] HRR/Weifenbach VOB/A § 9 EU Rn. 3, Bieterschutz bejaht; diff. Beck VergabeR/Motzke VOB/A § 9 Rn. 9 ff.: Nr. 1 S. 1 als Programmsatz nicht bieterschützend (Rn. 22), Abs. 1 Nr. 1 S. 2 bieterschützend (Rn. 24), Abs. 1 Nr. 2 deutlich bieterschützend (Rn. 26), Abs. 1 Nr. 3 bieterschützend (Rn. 28), Abs. 2 Nr. 1 bieterschützend (Rn. 29), Abs. 2 Nr. 2 bieterschützend (Rn. 33), Abs. 3 wendet sich ausschl. an den Auftraggeber, damit dessen Interessen durch die handelnde Vergabestelle sachgerecht wahrgenommen werden (Rn. 38), Abs. 4 S. 1 Hs. 1 nicht bieterschützend (Rn. 40), Abs. 4 S. 1 Hs. 2 bieterschützend (Rn. 41 f.), Abs. 4 S. 2 bieterschützend (Rn. 45); Kapellmann/Messerschmidt-Schneider VOB/A § 9 Rn. 8, bieterschützend oberhalb der Schwellenwerts.
[33] Kapellmann/Messerschmidt/Schneider VOB/A § 9 Rn. 16 ff.

Literatur: Dier, Vertragsstrafen nach VOB und VOL – Möglichkeiten und Grenzen des öffentlichen Auftraggebers bei Ausschreibung und Vertragsgestaltung, ZfBR 2008, 768; Hafkesbrink/Schoofs, Die Geltung der Vertragsstrafenregelung bei Vereinbarung von neuen Terminen, BauR 2010, 133; Mayr, Welche Termine können in AGB des Bestellers noch wirksam vertragsstrafenbewehrt werden und wenn ja, wie? BauR 2013, 1192; Oberhauser, Vertragsstrafe – ihre Durchsetzung und Abwehr, 2003; Reichelt/Keinert, Die unendliche Geschichte von Vertragsstrafen in Bauverträgen, ZfIR 2013, 231; Retzlaff, Aktuelle Fragen der Vertragsstrafe im Baurecht, BauR 2015, 384; Schumann, Terminsicherung im Anlagenbau: Vertragsstrafe oder pauschalierter Schadenersatz?, ZfBR 2009, 307.

I. Vertragsstrafen (S. 1 und 2)

1. Vergaberechtliche Voraussetzungen

Nach S. 1 ist eine Vertragsstrafe für Fristüberschreitungen nur vorzusehen, wenn 1 die Überschreitung vereinbarter Vertragsfristen **erhebliche Nachteile** verursachen kann. Damit darf eine Vertragsstrafe nicht vorgesehen werden, wenn gar keine oder nur unerhebliche Nachteile zu befürchten sind. Die Vorschrift definiert nicht, was unter erheblichen Nachteilen zu verstehen ist, dh insbes., wo die Grenze zwischen erheblichen und unerheblichen Nachteilen verläuft. Allein der Hinweis des Auftraggebers auf einen drohenden Vermögensschaden reicht nicht aus, da eine Terminüberschreitung für den Auftraggeber praktisch immer mit Mehraufwand und daraus resultierenden Mehrkosten verbunden ist. Es müssen deshalb weitere Gründe vorliegen, zB dass der Baufortschritt entscheidend vom Einhalten einer bestimmten Zwischenfrist abhängt, die Fristüberschreitung zu einer längeren Nichtnutzbarkeit des Bauvorhabens führt oder schwer nachweisbare Einnahmeverluste drohen (etwa beim Bau einer Schule oder bei verspäteter Fertigstellung einer Sportstätte). Bei dieser Bewertung steht dem Auftraggeber ein **Beurteilungsspielraum** zu, der nur eingeschränkt überprüfbar ist. Die Beweggründe für die Bestimmung der Vertragsstrafe sollten ordnungsgemäß im Vergabevermerk dokumentiert sein.

2. Zivilrechtliche Voraussetzungen; AGB-Recht

Will der Auftraggeber eine Vertragsstrafe geltend machen, muss diese zunächst 2 ausdr. **vereinbart werden.** Sieht ein Klauselwerk eine durch Ankreuzen auszuübende Option vor, ob der Verwender einen Vertragsstrafenanspruch gegen seinen Vertragspartner vorsehen will, ist vorbehaltlich besonderer Umstände des Einzelfalls keine Vertragsstrafe vereinbart, wenn zB die Ankreuzoption nicht ausgeübt wird.[1] Enthält ein Formular eine Ankreuzoption und einen Lückentext, so führt allein der Eintrag eines Prozentsatzes in der Lücke ohne Ausübung der Ankreuzoption nicht zu einer Vertragsstrafenvereinbarung.[2]

Gem. S. 2 ist die Vertragsstrafe in **angemessenen Grenzen** zu halten. Vertragsstra- 3 fenklauseln der öffentlichen Hand sind im Regelfall Allgemeine Geschäftsbedingungen. Deshalb ist hier die Rspr. des BGH[3] zur Angemessenheit der Tagessätze und zur Höchstgrenze der Vertragsstrafe zu beachten. Zulässig ist danach eine Obergrenze von insges. 5 % der Auftragssumme und 0,30 % der Auftragssumme pro Arbeitstag. Das VHB bestimmt in der Richtlinie zu den Besonderen Vertragsbedingungen (Formblatt 214), dass die Höhe 0,1 % der Auftragssumme je Werktag nicht überschreiten darf.

---

[1] BGH 20.6.2013 – VII ZR 82/12, NZBau 2013, 567 (568) Rn. 15 f.
[2] BGH 20.6.2013 – VII ZR 82/12, NZBau 2013, 567 (568) Rn. 15 f.
[3] BGH 6.12.2007 – VII ZR 28/07, NJW-RR 2008, 615 (616); 23.1.2003 – VII ZR 210/01, NJW 2003, 1805 (1808); 6.12.2012 – VII ZR 133/11, NZBau 2013, 222 (223), für die Obergrenze bei einer Vertragsstrafe auf Zwischentermine.

Auch wenn der Auftraggeber **Vertragsstrafen für andere Pflichtverletzungen** des Auftragnehmers vereinbaren will, ist stets die AGB-Rspr. zu beachten. Vertragsstrafenklauseln dürfen nicht verschuldensunabhängig sein.[4] Stets ist auf die Angemessenheit der Strafe zu achten. Zudem dürfen Vertragsstrafenklauseln nicht unklar sein,[5] was bspw. der Fall ist, wenn die Begriffe „Auftragssumme" und „Schlussrechnungssumme" nebeneinander verwendet werden.[6] Als wirksam hat das OLG Celle eine Klausel angesehen, wonach der Auftragnehmer im Falle einer unzulässigen Wettbewerbsbeschränkung eine Vertragsstrafe iHv 15 % der Auftragssumme zu zahlen hat, es sei denn, dass ein Schaden in anderer Höhe nachgewiesen wird.[7]

3. Rechtsschutz

4   Bei S. 1 und 2 handelt es sich um Vorschriften zum Inhalt des abzuschließenden Bauvertrages. Ob derartige Vorschriften Bieterschutz vermitteln, ist umstritten (→ VgV § 29 Rn. 15). Für die Vereinbarung einer Vertragsstrafe ist maßgeblich, ob es den Bietern möglich und zumutbar ist abzuschätzen, ob und in welchem Umfang es zur Verwirkung einer Vertragsstrafe kommen kann, und dieses Risiko in ihrer Kalkulation entspr. zu berücksichtigen.[8] Ist dies nicht der Fall, ist die Regelung auch vergaberechtlich zu beanstanden. Letztlich muss die Korrektur einer unangemessenen Klausel spätestens **über das allg. Zivilrecht nach Abschluss des Vertrags** erfolgen.[9]

5   Allein der Umstand, dass eine Vertragsstrafe vereinbart wurde, ohne dass die Voraussetzungen des § 9a EU S. 1, 2 VOB/A vorlagen, kann einer vereinbarten Vertragsstrafe nach Ansicht des BGH nicht ihre Wirkung nehmen.[10] Vielmehr muss der Auftragnehmer im Zivilprozess Tatsachen vortragen, die die Durchsetzung der Vertragsstrafe **im Einzelfall an Treu und Glauben** scheitern lassen. Wenn der Bieter bereits bei Angebotsabgabe hätte erkennen können, dass die Voraussetzungen des § 9a EU VOB/A nicht gegeben sind, dh insbes., dass dem Auftraggeber bei einer Fristüberschreitung keine erheblichen Nachteile drohen können, ist er nicht schutzwürdig und dem Auftraggeber die Berufung auf die Vertragsstrafe nicht verwehrt. Die Entscheidung des BGH verdeutlicht, dass die Frage, ob die Voraussetzungen des § 9a EU S. 1, 2 VOB/A vorliegen, bereits im Vergabeverfahren und nicht erst bei der Vertragsabwicklung zu überprüfen ist. Deshalb muss ein Bieter auch das Recht haben, sich bereits im Vergabeverfahren auf eine Verletzung der Vorschrift zu berufen. Die Geltendmachung des Vergabeverstoßes ist aber keine Voraussetzung für einen etwaigen Schadensersatzprozess des Bieters nach Vertragsschluss.[11]

---

[4] BGH 26.9.1996 – VII ZR 318/95, NJW 1997, 135 (136); 24.4.1991 – VIII ZR 180/90, NJW-RR 1991, 1013 (1015).

[5] BGH 27.11.2013 – VII ZR 371/12, NZBau 2014, 100 (101).

[6] BGH 6.12.2007 – VII ZR 28/07, NJW-RR 2008, 615 f.; dagegen ist eine fehlende Festlegung, ob die Brutto- oder die Nettoabrechnungssumme mit „Abrechnungssumme" gemeint ist, unschädlich, die Klausel ist als Vertragsstrafe aus der Nettoabrechnungssumme wirksam, BGH 5.5.2022 – VII ZR 176/20, BeckRS 2022, 14595.

[7] OLG Celle 6.10.2011 – 6 U 61/11, IBR 2012, 506, bestätigt durch BGH 23.5.2012 – VII ZR 217/11, BeckRS 2012, 23844.

[8] Vgl. OLG Düsseldorf 6.9.2017 – Verg 9/17, BeckRS 2017, 150181.

[9] So zutreffend VK Sachsen 21.4.2015 – 1/SVK/010-15, VPR 2015, 280.

[10] BGH 30.3.2006 – VII ZR 44/05, NZBau 2006, 504; anders noch OLG Jena 22.10.1996 – 8 U 474/96, IBRRS 2004, 1662 = BauR 2001, 1446.

[11] Vgl. BGH 18.6.2019 – X ZR 86/17, NZBau 2019, 661 = VergabeR 2019, 753 Rn. 28 ff., 31 und 17.9.2019 – X ZR 124/18, NZBau 2019, 798 = VergabeR 2020, 176 mzustAnm Deckers; aA noch OLG Celle 18.1.2018 – 11 U 121/17, NZBau 2018, 314 = VergabeR 2018, 342 mit zu Recht ablAnm Overbuschmann VergabeR 2018, 347.

II. Beschleunigungsvergütungen (S. 3)

Nach S. 3 kann der Auftraggeber eine **Verkürzung** der Ausführungsfrist vorsehen, wenn er dem Auftragnehmer dafür eine Beschleunigungsvergütung gewährt. Der Auftragnehmer kann dann entscheiden, ob er seine Arbeiten beschleunigen will. Eine Pflicht zur Beschleunigung besteht dagegen nicht. Auch ist es dem Auftraggeber nicht gestattet, ein Nebenangebot darüber zu fordern, welche Beschleunigungsvergütung für den Fall verlangt wird, dass die Ausführungsfrist um einen bestimmten Zeitraum unterschritten wird. 6

Eine Beschleunigungsvergütung kann auf zweierlei Art und Weise gewährt werden. Möglich ist *erstens*, dass (analog zur Vertragsstrafe) ein bestimmter Geldbetrag pro Unterschreitung der Gesamtfertigstellungsfrist bis zu einer bestimmten Höchstgrenze vereinbart wird. Daneben – *zweitens* – kann der Auftraggeber auch eine genau definierte Unterschreitung der Fertigstellungsfrist festlegen, die honoriert wird. Bei der Gestaltung der entspr. Klausel in den Vergabeunterlagen ist darauf achten, dass Beschleunigungsmaßnahmen mit einem **Beschleunigungserfolg** verknüpft werden. Ist dies nicht der Fall, kann es bereits genügen, dass der Auftragnehmer tatsächlich Beschleunigungsmaßnahmen ergriffen hat, um die Prämie zu verdienen.[12] Daneben ist in den Vergabeunterlagen genau zu definieren, welche **Mitwirkungshandlungen** des Auftraggebers erforderlich sind, zB die schnellere Übergabe von Ausführungsplänen. 7

Eine Beschleunigungsvergütung ist nur zulässig, wenn feststeht, dass durch ihre Vereinbarung **erhebliche Vorteile** eintreten. Der Vorteil darf also nicht nur im Bereich des Möglichen liegen, sondern muss sich bereits in der Vergabephase konkret benennen lassen. Ob ein Vorteil zu erwarten ist, richtet sich nach einem Vergleich zwischen der zu zahlenden Beschleunigungsvergütung und dem sich aus der Beschleunigung für den Auftraggeber folgenden Nutzen. Lediglich ideelle Vorteile genügen nicht, etwa die Zahlung einer Beschleunigungsvergütung, damit das Erscheinungsbild eines Stadtjubiläums, Volksfestes oÄ nicht durch eine Baustelle gestört wird. Zur Frage, wann ein Vorteil erheblich ist, treffen die vergaberechtlichen Bestimmungen keine Aussage. Jedenfalls genügt nicht, dass sich Vorteile lediglich rechnerisch nachweisen lassen. Vielmehr müssen die Vorteile deutlich vermögenswirksam werden, auch unter Berücksichtigung der höheren Eigenaufwendungen des Auftraggebers, die Beschleunigungsmaßnahmen immer mit sich bringen. Ob dies gegeben ist, lässt sich jew. nur anhand der Umstände des Einzelfalls einschätzen. 8

§ 9b EU Verjährung der Mängelansprüche

¹Andere Verjährungsfristen als nach § 13 Absatz 4 VOB/B sollen nur vorgesehen werden, wenn dies wegen der Eigenart der Leistung erforderlich ist. ²In solchen Fällen sind alle Umstände gegeneinander abzuwägen, insbesondere, wann etwaige Mängel wahrscheinlich erkennbar werden und wieweit die Mängelursachen noch nachgewiesen werden können, aber auch die Wirkung auf die Preise und die Notwendigkeit einer billigen Bemessung der Verjährungsfristen für Mängelansprüche.

Literatur: Bräuer, Der Verjährungsbeginn bei der Gewährleistungsbürgschaft, NZBau 2007, 477; Faber/Werner, Hemmung der Verjährung durch werkvertragliche Nacherfüllung, NJW 2008, 1910; Fischer, Verjährung der werkvertraglichen Mängelansprüche bei Gebäudearbeiten, BauR 2005, 1073; Hartung/Reimann, Verjährungsfallen im Baurecht, BauR 2011, 14; Tomic, Verjährung des Kostenerstattungsanspruchs (§§ 4 Nr. 7, 8 Nr. 3 VOB/B), BauR 2006, 441; Zimmermann, Verjährungsbeginn von Rückzahlungsansprüchen der öffentlichen Auftraggeber,

---

[12] OLG Köln 18.8.2005 – 7 U 129/04, NZBau 2006, 45.

VOB/A–EU § 9b — Verjährung der Mängelansprüche

BauR 2007, 1798; Zirkel, Sind Ausschlussfristen für erkennbare Mängel in AGB für werkvertragliche Leistungen passé?, NZBau 2006, 412.

I. Vereinbarung abweichender Verjährungsfristen

1 § 9b EU VOB/A bestimmt, wie der Auftraggeber die vertraglichen Regelungen im Hinblick auf die Verjährung der Mängelansprüche (nach alter Terminologie die „Gewährleistungsfrist") zu gestalten hat. Dabei verweist die Vorschrift auf die Regelfristen des § 13 Abs. 4 VOB/B. Diese Fristen stellen den Auftragnehmer besser als die gesetzliche Regelung des § 634a Abs. 1 Nr. 2 BGB. Entspr. § 8 EU Abs. 2 S. 2 VOB/A, der den Grundsatz formuliert, dass die VOB/B nur geändert werden soll, wenn sie dies ausdr. zulässt und die Eigenart der Leistung und ihre Ausführung es erfordern,[1] bestimmt **S. 1**, dass andere (insbes. längere) Verjährungsfristen nur vorgesehen werden sollen, wenn dies wegen der **Eigenart der Leistung** erforderlich ist. Dabei muss es sich um **objektive Gründe** handeln. Lediglich subjektive Vorstellungen bzw. Interessen des Auftraggebers genügen nicht, um längere Fristen rechtfertigen zu können. Durch die Verlängerung der Regelverjährung von zwei auf vier Jahre durch die VOB/B 2002 hat sich die Notwendigkeit für den Auftraggeber, längere Verjährungsfristen vorzusehen, zwar entschärft. Gleichwohl ist zu beobachten, dass bei öffentlichen Auftragsvergaben zumeist ohne Begründung eine Verjährungsfrist von fünf Jahren vorgesehen wird.[2] Dies dürfte aber bereits eine nach der Rspr. des BGH die Privilegierung der VOB/B aufhebende Abweichung darstellen, mit der Folge, dass diese der Inhaltskontrolle unterliegt.[3] Nicht selten werden für bestimmte Gewerke (Dachdeckerarbeiten, Abdichtung „erdberührter" Bauteile) noch längere Verjährungsfristen von sieben oder gar zehn Jahren vorgegeben.[4] Die Bauwirtschaft hat sich damit arrangiert. Es existiert soweit ersichtlich keine veröffentlichte Entscheidung zu einer Vergabe, bei der ein Bieter gegen eine Verlängerung der Regelfrist auf fünf Jahre vorgegangen ist. Auch eine Verkürzung der Verjährungsfrist kommt in Betracht, wenn Mängel unwahrscheinlich sind oder sofort erkannt werden können (zB Gerüstarbeiten, Erdbewegungsarbeiten oÄ).

2 **S. 2** gibt dem Auftraggeber einen **Abwägungsprozess** auf, in den alle Umstände des Einzelfalls einzubeziehen sind. Die dort genannten Umstände sind nicht abschließend. Zunächst stellt die Vorschrift darauf ab, wann etwaige Mängel wahrscheinlich erkennbar werden und inwieweit die Mängelursache noch nachgewiesen werden kann. Bedeutung erlangen diese Umstände insbes. dann, wenn der Auftraggeber neuartige Stoffe oder eine noch nicht hinreichend erprobte Ausführungsart vorsieht. Zu beachten ist bei der Abwägung aber auch, welche Auswirkungen verlängerte Mängelhaftungsfristen auf die Preise haben. Denn es versteht sich von selbst, dass die Bieter längere Mängelhaftungsfristen als höheres Wagnis auf die anzubietenden Preise umlegen. Dies betrifft nicht nur das verlängerte Mängelhaftungsrisiko als solches, sondern auch damit einhergehende höhere Avalkosten für auszureichende Mängelhaftungsbürgschaften.

---

[1] Kapellmann/Messerschmidt-Langen VOB/A § 9b Rn. 5.
[2] Kapellmann/Messerschmidt-Langen VOB/A § 9b Rn. 4; Ingenstau/Korbion-Sienz VOB/A § 9b Rn. 10.
[3] BGH 19.1.2023 – VII ZR 34/20, NJW 2023, 1356 Rn. 17 ff. mwN zur eigenen Rspr.
[4] Was als vorformulierte Klausel die Privilegierung der VOB/B aufhebt, aber individualvertraglich jedenfalls zivilrechtlich zulässig ist: BGH 9.5.1996 – VII ZR 259/94, NJW 1996, 2155, Verjährungsfrist von zehn Jahren und ein Monat für Flachdacharbeiten zivilrechtlich zulässig; vgl. auch OLG Köln 28.7.2016 – 7 U 179/15, NZBau 2017, 82, das mit zahlreichen Nachweisen unterstreicht, dass die Rspr. des BGH auch für die aktuelle Rechtslage noch gültig ist.

II. Rechtsschutz

§ 9b EU VOB/A vermittelt **Bieterschutz**.[5] Denn anders als bspw. bei unwirksamen Klauseln zur Vertragsstrafe ist es dem Auftragnehmer nicht möglich, iRd Vertragsabwicklung geltend zu machen, dass bspw. eine fünfjährige Verjährungsfrist vereinbart wurde, obwohl die Voraussetzungen des § 9b EU VOB/A nicht vorlagen. Hier wird nämlich die Grenze zu einem AGB-Verstoß noch nicht überschritten. Der Bieter kann daher vom Auftraggeber Auskunft darüber verlangen, welche Umstände ein Abweichen von der Regelfrist begründen und welche Ursachen hierfür maßgeblich waren. Dies gilt insbes. deshalb, weil der Auftraggeber verpflichtet ist, den Bietern alle Umstände mitzuteilen, die sich auf die Leistung und Preisgestaltung auswirken können, § 7 EU Abs. 1 Nr. 2 VOB/A (→ VgV § 29 Rn. 15; → § 9a Rn. 4). 3

§ 9c EU Sicherheitsleistung

(1) ¹**Auf Sicherheitsleistung soll ganz oder teilweise verzichtet werden, wenn Mängel der Leistung voraussichtlich nicht eintreten.** ²**Unterschreitet die Auftragssumme 250 000 Euro ohne Umsatzsteuer, ist auf Sicherheitsleistung für die Vertragserfüllung und in der Regel auf Sicherheitsleistung für die Mängelansprüche zu verzichten.** ³**Bei nicht offenen Verfahren sowie bei Verhandlungsverfahren und wettbewerblichen Dialogen sollen Sicherheitsleistungen in der Regel nicht verlangt werden.**

(2) ¹**Die Sicherheit soll nicht höher bemessen und ihre Rückgabe nicht für einen späteren Zeitpunkt vorgesehen werden, als nötig ist, um den öffentlichen Auftraggeber vor Schaden zu bewahren.** ²**Die Sicherheit für die Erfüllung sämtlicher Verpflichtungen aus dem Vertrag soll fünf Prozent der Auftragssumme nicht überschreiten.** ³**Die Sicherheit für Mängelansprüche soll drei Prozent der Abrechnungssumme nicht überschreiten.**

Literatur: Graf von Westphalen, Neueste AGB-rechtliche Entwicklungen zur Bürgschaft, ZfIR 2016, 369; Hildebrandt, Folgen einer unwirksamen Sicherungsabrede im Bauvertrag, ZfIR 2002, 872; Maxem, Herausgabe und Verwertung von Bürgschaften nach Verjährung der Hauptschuld, NZBau 2007, 72; Roquette/Giesen, Die Zulässigkeit bedingter Bürgschaftserklärungen, ZfIR 2003, 297; Siegburg, Zur formularmäßigen Vereinbarung eines Sicherheitseinbehalts im Bauvertrag, ZfIR 2004, 89; Trapp/Werner, Herausgabe von Vertragserfüllungs- und Gewährleistungsbürgschaftsurkunden, BauR 2008, 1209.

I. Bedeutung der Vorschrift

Aus dem **Regel-Ausnahme-Verhältnis** des § 9c EU VOB/A folgt, dass die VOB/A-EU Sicherheiten grds. für zulässig erachtet, wenn nicht § 9c EU VOB/A etwas anderes bestimmt. Dieser Befund darf allerdings nicht darüber hinwegtäuschen, dass die Stellung von Sicherheiten durch den Auftragnehmer im Vertrag ausdr. vereinbart werden muss. Denn weder das Werkvertragsrecht des BGB noch die VOB/B enthalten eine Bestimmung, die dem Auftragnehmer eine Pflicht zur Stellung einer Sicherheit auferlegt. Auch besteht **kein Handelsbrauch** dahingehend, dass der Auftragnehmer stets eine Erfüllungsbürgschaft oder Mängelansprüchebürgschaft zu stellen hat.[1] 1

---

[5] Beck VergabeR/Rechten VOB/A § 9b EU Rn. 15 mwN.
[1] OLG Hamm 2.6.1997 – 17 U 128/96, NJW-RR 1997, 1242 (1243); Kapellmann/Messerschmidt/Thierau VOB/A § 9c Rn. 1 aE mwN.

VOB/A–EU § 9c — Sicherheitsleistung

2 § 9c EU VOB/A trifft keine Festlegungen dazu, welche **Sicherungsmittel** der Auftraggeber verlangen kann bzw. der Auftragnehmer zu stellen hat. Es gelten deshalb § 17 VOB/B sowie die §§ 232–240 BGB. Nach § 17 Abs. 2 VOB/B kann Sicherheit durch Einbehalt oder Hinterlegung von Geld oder durch Bürgschaft geleistet werden. Der Auftragnehmer hat die Wahl unter den verschiedenen Arten der Sicherheit; er kann eine Sicherheit durch eine andere ersetzen (§ 17 Abs. 3 VOB/B). Praktische Bedeutung erlangt hat allein der Einbehalt von Geld, wobei der Auftragnehmer berechtigt ist, Bareinbehalte durch Bürgschaften abzulösen.

3 Vertragliche Vereinbarungen, nach denen der Auftragnehmer verpflichtet ist, Sicherheiten zu stellen und die die inhaltliche Ausgestaltung der Sicherung regeln (**„Sicherungsklausel"**), werden so gut wie immer in Allgemeinen Geschäftsbedingungen getroffen. Dies gilt insbes. für die Ergänzenden oder Besonderen Vertragsbedingungen der öffentlichen Hand. Sicherungsklauseln der öffentlichen Hand sind daher in den meisten Fällen am **Maßstab des AGB-Rechts** (§§ 305 ff. BGB) zu messen. Dabei hat die Rspr. in der Vergangenheit praktisch alle gängigen Klauseln, die in der Praxis verwendet wurden, für unzulässig erklärt. Dies betrifft insbes. die Unzulässigkeit von Bürgschaften auf erstes Anfordern,[2] den Ausschluss der Einrede des § 768 BGB,[3] des § 770 Abs. 1, 2 BGB,[4] Einschränkungen bei der Ablösbarkeit eines Bareinbehalts durch Bürgschaften,[5] Kumulation von Erfüllungs- und Gewährleistungssicherheit,[6] Ausweitungen des Sicherungszwecks,[7] die fehlende Möglichkeit einer Teilenthaftung nach Ablauf der Mängelhaftungsfrist[8] sowie die Kumulierung von Elementen aus der Sicherheit für die Vertragserfüllung und die Mängelansprüche.[9]

4 Zur **Rückgabe der Sicherheit** bestimmt § 17 Abs. 8 Nr. 1 VOB/B, dass eine nicht verwertete Sicherheit für die Vertragserfüllung zum vereinbarten Zeitpunkt, spätestens nach Abnahme und Stellung einer Sicherheit für Mängelansprüche, zurückzugeben ist. Nach § 17 Abs. 8 Nr. 2 VOB/B ist eine nicht verwertete Sicherheit für Mängelansprüche nach Ablauf von zwei Jahren zurückzugeben, wobei auch ein anderer Rückgabezeitpunkt vereinbart werden kann. Dies ist zu empfehlen, da nach zwei Jahren kaum sicher beurteilt werden kann, ob die Leistungen des Auftragnehmers tatsächlich mangelfrei sind. Dies ist auch formularmäßig zulässig.[10]

---

[2] BGH 22.11.2001 – VII ZR 208/00, NJW 2002, 894, für eine Gewährleistungsbürgschaft auf erstes Anfordern ohne Möglichkeit der Umdeutung in eine selbstschuldnerische Bürgschaft; 18.4.2002 – VII ZR 192/01, NJW 2002, 2388 (2389); 4.7.2002 – VII ZR 502/99, NJW 2002, 3098 (3099), für eine Vertragserfüllungsbürgschaft auf erstes Anfordern mit der Möglichkeit einer Umdeutung während einer Übergangszeit; 25.3.2004 – VII ZR 453/02, NZBau 2004, 322 (323), für Vertragserfüllungsbürgschaften der öffentlichen Hand auf erstes Anfordern; vgl. auch BGH 5.6.1997 – VII ZR 324/95, NJW 1997, 2598 (2599).

[3] BGH 16.6.2009 – XI ZR 145/08, NJW 2009, 3422 (3423).

[4] BGH 16.1.2003 – IX ZR 171/00, NJW 2003, 1521 (1522 f.); nach BGH 16.6.2016 – VII ZR 29/13, NJW 2016, 2802 (2803) führt dies allerdings nicht zur Gesamtnichtigkeit der Sicherungsklausel.

[5] BGH 13.11.2003 – VII ZR 57/02, NJW 2004, 443, zu einer Bestimmung, wonach ein Gewährleistungseinbehalt nur abgelöst werden kann, wenn keine wesentlichen Mängel vorhanden sind.

[6] BGH 16.6.2016 – VII ZR 29/13, NJW 2016, 2802 (2803); 5.5.2011 – VII ZR 179/10, NZBau 2011, 410 (412 f.).

[7] BGH 4.12.1997 – IX ZR 247–96, NJW 1998, 1140 (1141), zur Erweiterung einer Gewährleistungsbürgschaft auf Schadensersatzansprüche, die nicht Folge eines Mangels sind.

[8] BGH 26.3.2015 – VII ZR 92/14, NJW 2015, 1952 (1953 f.).

[9] OLG Celle 6.4.2017 – 8 U 204/16, BeckRS 2017, 111363; OLG Rostock 17.7.2019 – 4 U 66/19, BeckRS 2019, 23551.

[10] Kapellmann/Messerschmidt/Thierau VOB/B § 17 Rn. 228 f.; Ingenstau/Korbion/Joussen VOB/B § 17 Abs. 8 Rn. 16 f.

Sicherungsklauseln der öffentlichen Hand sehen häufig vor, dass eine Sicherheit für die Vertragserfüllung ganz oder teilw. in eine Sicherheit für Mängelansprüche „umgewandelt" wird. Eine solche Regelung ist auch in Allgemeinen Geschäftsbedingungen grds. wirksam.[11]

II. Verzicht auf Sicherheitsleistung (Abs. 1)

Gem. S. 1 soll auf Sicherheitsleistung ganz oder teilw. verzichtet werden, wenn **Mängel der Leistung voraussichtlich nicht eintreten** (zB bei Gerüst- oder Erdbewegungsarbeiten).

S. 2 bestimmt weiter, dass auf eine **Vertragserfüllungssicherheit** zu verzichten ist, wenn die Auftragssumme 250.000 Euro ohne Umsatzsteuer unterschreitet. Mit dieser Regelung sollen insbes. kleinere und mittelständische Unternehmen entlastet werden, da die von den Banken und Kautionsversicherern ihrerseits geforderten Sicherheiten zunehmend zum Problem für solche Unternehmen werden. Für die **Mängelansprüchesicherheit** gilt dieser Verzicht allerdings nur in der Regel, dh der Auftraggeber muss besondere Gründe vorweisen können, wenn er bei Aufträgen unter 250.000 Euro eine Sicherheit für Mängelansprüche vereinbaren will. In Bauverträgen, welche durch nicht offene Verfahren, Verhandlungsverfahren und wettbewerbliche Dialoge zustandekommen, sollen Sicherheiten idR verlangt werden, S. 3. Diese Vorgabe ist nicht nachvollziehbar. Der Auftraggeber kennt auch beim nicht offenen Verfahren oder Verhandlungsverfahren nach Teilnahmewettbewerb die Bieter nicht besser als im offenen Verfahren, so dass er die Solvenz und damit sein Sicherungsbedürfnis vorab nicht beurteilen kann.[12] Zudem hat der Auftraggeber die freie Wahl zwischen dem offenen und dem nicht offenen Verfahren, so dass die Wahl der Vergabeart keine Aussage über die Notwendigkeit einer Sicherheit enthält. Bauaufträge, die im Verhandlungsverfahren oder in wettbewerblichen Dialogen vergeben werden, zeichnen sich idR durch Größe und Komplexität aus, so dass gerade hier das Sicherungsbedürfnis des Auftraggebers gegeben ist.

III. Höhe der Sicherheitsleistung (Abs. 2)

Nach Abs. 2 soll die Sicherheit nicht höher bemessen werden als nötig, um den Auftraggeber vor Schaden zu bewahren. Die in der Vorschrift genannten Werte von 5 % der Auftragssumme für die Erfüllungssicherheit und 3 % für die Mängelansprüchesicherheit werden dem gerecht; durchaus üblich sind auch 10 % für die Erfüllung[13] und 5 % für Mängelansprüche.

IV. Rechtsschutz

→ VOB/A § 9 EU Rn. 17, 18.

§ 9d EU Änderung der Vergütung

¹Sind wesentliche Änderungen der Preisermittlungsgrundlagen zu erwarten, deren Eintritt oder Ausmaß ungewiss ist, so kann eine angemes-

---

[11] BGH 25.3.2004 – VII ZR 453/02, NZBau 2004, 322 (323).
[12] Hierauf weist Ingenstau/Korbion/Joussen VOB/A § 9c Rn. 11 zutreffend hin.
[13] Eine Sicherheit iHv 10 % kann für die Vertragserfüllung auch in AGB wirksam vereinbart werden, BGH 7.4.2016 – VII ZR 56/15, NJW 2016, 1945; die neben einer Vertragserfüllungsbürgschaft vereinbarte Beschränkung von Abschlagszahlungen auf 90 % führt allerdings zur Unwirksamkeit der Sicherungsabrede, BGH 9.12.2010 – VII ZR 7/10, NJW 2011, 2125 (2127).

sene Änderung der Vergütung in den Vertragsunterlagen vorgesehen werden. ²Die Einzelheiten der Preisänderungen sind festzulegen.

Literatur: Hammacher, Stoffpreisgleitklauseln im Stahlbau, BauR 2012, 1712; Gottwald/Gaus, Vergaberechtsanwendung in der Krise, NZBau 2023, 498; Lührmann/Egle/Thomas, Störung der Geschäftsgrundlage: Preisanpassung durch Ukraine-Krieg? NZBau 2022, 251; Schulz/Gabriel, Die Verwendung von Preisgleitklauseln bei öffentlichen Auftragsvergaben, ZfBR 2007, 448.

I. Bedeutung der Vorschrift

1   In aller Regel sind Preise in Verträgen fest, dh unveränderbar, vereinbart.[1] Kommt ein Vertrag ohne die Möglichkeit einer Preisanpassung zustande, trägt der Auftragnehmer das Risiko, dass sich seine Kalkulationsannahmen wegen eingetretener Kostensteigerungen als unrichtig erweisen. Nur in seltenen Ausnahmefällen kann es zu einer rechtlich erheblichen Störung der Geschäftsgrundlage nach § 313 BGB kommen, so dass eine **Anpassung der Preise** praktisch als nie möglich angesehen wurde.[2] Diese Annahme hat sich durch die Corona-Pandemie, den Ukraine-Krieg und in Zeiten steigender Inflation als überholt gezeigt. Gerade Verträge über größere Baumaßnahmen laufen regelmäßig über mehrere Jahre; in diesen Fällen besteht ein großes Bedürfnis nach Anpassung bestimmter Preise an die Kostenentwicklung. Hierbei handelt es sich nicht stets um das Interesse des Auftragnehmers, gestiegene Material- oder Lohnkosten an den Auftraggeber „weiterzugeben". Gerade die Entwicklung der Preise für die Produktgruppen Stahl und Stahllegierungen, Aluminium, Kupfer, Erdölprodukte (Bitumen, Kunststoffrohre, Folien und Dichtbahnen, Asphaltmischgut), Epoxidharze, Zementprodukte, Holz sowie gusseiserne Rohre in den letzten Jahren hat gezeigt, dass eine Korrektur von Einheitspreisen durch Stoffpreisgleitklauseln für eine ordnungsgemäße Bauausführung unabdingbar ist. § 9d EU VOB/A bestimmt, dass eine angemessene **Änderung der Vergütung** in den Vertragsunterlagen vorgesehen werden kann, wenn wesentliche Änderungen der Preisermittlungsgrundlagen zu erwarten sind, deren Eintritt oder Ausmaß ungewiss ist. Nach der Vorschrift soll der Auftraggeber die beiderseitigen Interessen in den Vertragsbedingungen zu einem angemessenen Ausgleich bringen. Dadurch wird einerseits erreicht, dass das Kalkulationsrisiko für den Auftragnehmer beherrschbar bleibt. Andererseits liegt es durchaus auch im Interesse des Auftraggebers, da die Notwendigkeit von Risikozuschlägen durch die Auftragnehmer eingeschränkt werden kann. Letztlich geht § 9d EU VOB/A damit auf den allg. Grundsatz zurück, dass dem Bieter **kein ungewöhnliches Wagnis** aufgebürdet werden darf für Umstände und Ereignisse, auf die er keinen Einfluss hat und deren Einwirkung auf die Preise er im Voraus nicht schätzen kann (§ 7 EU Abs. 1 Nr. 3 VOB/A, dazu iE → § 7 EU Rn. 3 ff.).

1a   Ob die durch die Corona-Pandemie, den Ukraine-Krieg und die Inflation unklare Preisentwicklung ein ungewöhnliches Wagnis darstellt, das den Auftraggeber zur Verwendung einer Preisgleitklausel zwingt, wurde von den Vergabenachprüfungsinstanzen unterschiedlich beurteilt.[3] Entscheidend ist der Einzelfall, also der Anteil der

---

[1] Ingenstau/Korbion/Sienz VOB/A § 9d Rn. 1.
[2] Kapellmann/Messerschmidt/Schneider VOB/A § 9d, der noch darauf verweist, dass insoweit zwischen Einheitspreisverträgen, bei denen der Wegfall der Geschäftsgrundlage praktisch nie gegeben ist, und Pauschalverträgen, bei denen dies selten der Fall ist, unterschieden werden kann.
[3] Bejaht: VK Westfalen 12.7.2022 – VK 3–24/22, NZBau 2022, 621; VK Niedersachsen 1.2.2023 – VgK-27/2022, IBRRS 2023, 0759 = BeckRS 2023, 3171, beide für Bauvergaben; verneint VK Bund 19.10.2022 – VK 1–85/22, BeckRS 2022, 46400 = VergabeR 2023, 402 mkritAnm Herrmann, für Lieferleistung.

den Preisrisiken unterliegenden Materialien, die Länge der Bauzeit und die konkrete Preisentwicklung der Materialien. Die zwischenzeitlich ausgelaufenen[4] sog. Corona- und/oder Ukraine-Erlasse, die die Verwendung von Stoffgleitklauseln vorsahen, entfalten als inneradministrativ wirkende Vorschrift allerdings keine vergaberechtliche Relevanz.[5] Der Auftraggeber muss unter Nutzung des ihm eingeräumten Ermessens aber nachweislich prüfen, ob mit wesentlichen Änderungen der Preise nicht zu rechnen ist, wenn er entgegen den Annahmen vergleichbarer Erlasse auf eine Preisgleitklausel verzichtet.[6]

Preisgleitklauseln können alle in die Kalkulation des Auftragnehmers einfließenden Positionen betreffen. Neben den üblichen Anpassungsklauseln für Lohn- und Materialkosten können in bestimmten Fällen auch **andere Kostenarten** der Gleitung unterfallen, zB für Treibstoff, Energie, Maut, Sozialleistungen oÄ. Preisgleitklauseln sind nicht abhängig von der Art der Preisvereinbarung; insbes. können Preisgleitklauseln auch bei Pauschalpreisverträgen vereinbart werden. Lediglich beim Selbstkostenerstattungsvertrag werden keine Preisgleitklauseln benötigt, da der Werklohn des Auftragnehmers ohnehin nachträglich anhand seiner Selbstkosten ermittelt wird.

II. Rechtliche Rahmenbedingungen

1. Preisklauselgesetz

Bei der Verwendung von Preisgleitklauseln ist das Gesetz über das Verbot der Verwendung von Preisklauseln bei der Bestimmung von Geldschulden (Preisklauselgesetz – PreisklG) zu beachten. Das PreisklG hat das frühere Preisangaben- und Preisklauselgesetz sowie die Preisangabenverordnung ersetzt. Die wichtigste Änderung des PreisklG besteht in der Abschaffung des Genehmigungsverfahrens, für das früher das Bundesamt für Wirtschaft und Ausfuhrkontrolle zuständig war. Stattdessen besteht nun ein System von **Legalausnahmen.** Vereinbaren die Beteiligten eine unwirksame Klausel, tritt die Unwirksamkeit nach § 8 PreisklG erst zum Zeitpunkt des rechtskräftig festgestellten Verstoßes ein; die Rechtswirkungen der Preisklausel bleiben bis zum Zeitpunkt der Unwirksamkeit unberührt. Durch die Abkehr vom Genehmigungserfordernis und die ex-nunc-Unwirksamkeit bleiben Verstöße gegen das PreisklG damit praktisch folgenlos. Die bei der Vergabe von Bauaufträgen üblichen Preisgleitklauseln (Spannungsklauseln, Kostenelementeklauseln) sind nach wie vor zulässig, da diese Klauseln nach § 1 Abs. 2 Nr. 2, 3 PreisklG nicht vom Preisklauselverbot des § 1 Abs. 1 PreisklG umfasst sind.[7]

2. AGB-rechtliche Beurteilung

Die von der öffentlichen Hand verwendeten Preisgleitklauseln sind für eine Vielzahl von Anwendungsfällen konzipiert. Sie unterfallen daher der Kontrolle durch das AGB-Recht der §§ 305 ff. BGB. Dabei spielen die Einschränkungen des § 309 Nr. 1 BGB (kurzfristige Preiserhöhungen) und des § 308 Nr. 4 BGB (einseitiges Leistungsänderungsrecht) in der Praxis keine Rolle, da Preisgleitklauseln ausnahmslos von der öffentlichen Hand gestellt werden, so dass sich der Auftraggeber nicht

---

[4] Vgl. BMWSB 1.3.2022 – 70406/21#1 (Corona) und 20.6.2023 – BII6 – 70437/9#4 (Ukraine).
[5] VK Westfalen 12.7.2022 – VK 3–24/22, NZBau 2022, 621, mit Verweis auf Beck VergabeR/Dörr GWB § 97 Abs. 6 Rn. 25.
[6] Worauf Summa zutreffend in seiner Leseanmerkung zur Besprechung der Entscheidung der VK Westfalen 12.7.2022 – VK 3–24/22 von Zerweil IBR 2022, 532 hinweist.
[7] BGH 8.6.2006 – VII ZR 13/05, NZBau 2006, 571 (572 f.), zur Lohnklausel in Form einer sog. „Pfennigklausel" als Kostenelementeklausel.

auf etwaige Verstöße gegen die genannten Vorschriften berufen kann. Zu beachten sind allerdings die Regelungen zur **Intransparenz**, § 305c BGB. Die von der öffentlichen Hand verwendeten Preisgleitklauseln zeichnen sich nicht gerade durch Klarheit und Übersichtlichkeit aus. Häufig entstehen hierdurch Auslegungsschwierigkeiten. Diese Schwierigkeiten gehen insbes. wegen § 305c Abs. 2 BGB zu Lasten des Auftraggebers, was sich vor allem bei unklaren Bagatellklauseln oder Selbstbehalten manifestiert. Lässt die Klausel mehrere Varianten zu, wie oder auf der Grundlage welcher Bezugsgrößen der Selbstbehalt berechnet werden kann, gilt die für den Auftragnehmer günstigste Variante. Nicht Vertragsbestandteil wird eine Stoffpreisgleitklausel des öffentlichen Auftraggebers von Bauleistungen, wenn sie **überraschend** ist, weil sie ohne ausreichenden Hinweis den Auftragnehmer zur Vermeidung erheblicher Nachteile bei Stoffpreissenkungen dazu anhält, bereits bei seiner Kalkulation von üblichen Grundsätzen abzuweichen.[8] Relevanz haben diese Unwirksamkeitsgründe dann, wenn es zu **fallenden Preisen** kommt und der Auftraggeber Einheitspreise nach unten korrigieren will. Deswegen ist auf die Gestaltung von Preisanpassungsklauseln größte Sorgfalt zu verwenden, damit sich diese Klauseln nicht nur einseitig zulasten des Auftraggebers auswirken können.

3. Vergaberechtliche Voraussetzungen

5 § 9d EU VOB/A nennt zwei Voraussetzungen, die **kumulativ** vorliegen müssen, damit eine Preisgleitklausel vereinbart werden kann:
(1) Es müssen **Änderungen der Preisermittlungsgrundlagen** zu erwarten sein, deren Eintritt oder Ausmaß ungewiss ist. Eine Änderung der Preisermittlungsgrundlagen liegt vor, wenn sich bestimmte Umstände, die der Bieter seiner Kalkulation zugrunde gelegt hat, während der Vertragsdurchführung verschieben. Dabei muss es sich um eine **ungewisse Änderung** handeln. Hieraus folgt, dass bspw. Irrtümer oder Kalkulationsfehler des Bieters nicht berücksichtigt werden. Ebenso wenig ist es erforderlich, dass die Veränderungen dem Auftraggeber zuzurechnen sind oder in anderer Weise in seinen Risikobereich fallen. Vielmehr will § 9d EU VOB/A sicherstellen, dass **von beiden Seiten unbeeinflussbare Umstände**, die Auswirkungen auf die Preisermittlungsgrundlagen haben, ausgeglichen werden. Der Verweis auf den Begriff „Preisermittlungsgrundlagen" zeigt, dass § 9d EU VOB/A keine geänderten oder zusätzlichen Leistungen iSd § 2 Abs. 5, 6 VOB/B betrifft.

6 (2) Daneben muss es sich um eine **wesentliche Änderung** handeln. Sind nur geringfügige Änderungen zu erwarten, ist keine Preisgleitklausel vorzusehen. Wann eine Änderung wesentlich ist, ist eine Frage des Einzelfalls. Dabei kommt es nicht auf den Gesamtwert des Auftrags an, sondern auf diejenigen Kostenelemente, die erfahrungsgemäß größeren Schwankungen unterworfen sind.[9] Die Änderungen müssen allerdings nicht so weit gehen, dass die Voraussetzungen eines ungewöhnlichen Wagnisses, so aber die aktuelle Rechtsprechung zur Pflicht, Preisgleitklauseln vorzusehen,[10] oder des Wegfalls der Geschäftsgrundlage gegeben sind.[11]

---

[8] BGH 1.10.2014 – VII ZR 344/13, NJW 2015, 49 (50); 25.1.2018 – VII ZR 219/14, NZBau 2018, 285.

[9] Ingenstau/Korbion/Sienz VOB/A § 9d Rn. 14; Kapellmann/Messerschmidt/Schneider VOB/A § 9d Rn. 5 geht davon aus, dass eine wesentliche Änderung vorliegt, wenn die Änderungen iErg den kalkulierten Prozentsatz für Wagnis erheblich verändern, was bei einem Wert von 25 % der Fall ist.

[10] Vgl. VK Westfalen 12.7.2022 – VK 3–24/22, NZBau 2022, 621; VK Niedersachsen 1.2.2023 – VgK-27/2022, IBRRS 2023, 0759 = BeckRS 2023, 3171 beide für Bauvergaben; VK Bund 19.10.2022 – VK 1–85/22, BeckRS 2022, 46400 = VergabeR 2023, 402 für Lieferleistung.

[11] Ingenstau/Korbion/Sienz VOB/A § 9d Rn. 14; Kapellmann/Messerschmidt/Schneider VOB/A § 9d Rn. 5.

III. Einzelfälle

1. Lohngleitklausel

Die Vergütung des Auftragnehmers kann durch eine Lohngleitklausel nach der sog. Cent-, Lohnlisten- oder Prozentklausel angepasst werden. Die Lohn- und die Prozentklausel spielen bei der öffentlichen Auftragsvergabe keine Rolle; angewandt wird praktisch ausschl. die **Centklausel** (früher „Pfennigklausel" genannt). Anknüpfungspunkt für die Berechnung auf der Grundlage einer Centklausel ist ein in den Vertrag einzubeziehender Änderungssatz, der sich nach dem Verhältnis des Personalkostenanteils an der Gesamtauftragssumme zu dem der Preiskalkulation zugrundeliegenden Tariflohn in Cent ergibt. Dabei wird eine Vergütungsänderung für noch nicht erbrachte Leistungsteile ab dem Zeitpunkt einer Erhöhung des maßgeblichen Tariflohns vereinbart. Der für die Centklausel verwendete Standardtext ist im Formblatt 224 des Vergabehandbuchs des Bundesministeriums für Wohnen, Stadtentwicklung und Bauentwicklung enthalten. 7

In der Praxis wird gelegentlich ein **überhöhter Änderungssatz** angeboten, um hierdurch eine spätere Erhöhung der Vergütung zu erhalten. Erreicht wird dies dadurch, dass nicht nur lohnbezogene bzw. gehaltsbezogene Faktoren in den Änderungssatz eingerechnet werden. Vor derartigen Versuchen sei gewarnt, da der Bieter den Ausschluss seines Angebots riskiert.[12] Unabhängig davon läuft der Auftragnehmer Gefahr, bereits erhaltene Beträge zurückzahlen zu müssen.[13] 8

2. Stoffpreisgleitklauseln

Stoffpreisgleitklauseln sind insbes. im Straßen- und Brückenbau weit verbreitet. Häufigstes Beispiel ist die Stoffpreisgleitklausel Stahl. Aber auch für andere Materialien kann eine Preisgleitung vereinbart werden, bspw. für Asphalt. Die bereits in → Rn. 4 zitierte Entscheidung des BGH zur Unwirksamkeit einer Preisgleitklausel betraf eine Stoffpreisgleitklausel zu Stahlpreisen.[14] 9

3. Selbstbeteiligung des Auftragnehmers

Die von der öffentlichen Hand verwendeten Gleitklauseln enthalten zumeist eine sog. **„Bagatell- und Selbstbeteiligungsklausel"**, wonach Mehr- oder Minderbeträge nur ausgeglichen werden, soweit sie eine bestimmte Prozentzahl der Abrechnungssumme über- oder unterschreiten. Lange Zeit war streitig, ob derartige Selbstbeteiligungsklauseln AGB-rechtlich zulässig sind. Mit Gleitklauseln verringert der Auftraggeber das Kalkulationsrisiko des Auftragnehmers, indem Preiserhöhungen möglich sind. Damit können Bagatell- und Selbstbeteiligungsklauseln nicht gegen die Grundlagen der gesetzlichen Regelung des BGB verstoßen, da der Auftragnehmer nach dem Gesetz das Kalkulationsrisiko in vollem Umfang zu tragen hat. Es ist nicht unangemessen, dass der Auftraggeber das von ihm übernommene Risiko begrenzt und einen anderen Teil des Risikos beim Auftragnehmer belässt.[15] 10

---

[12] VÜA Bund 28.8.1998 – 1 VÜ 21/97, IBR 1999, 145; in einer solchen Gestaltung dürfte zudem ein unzulässiges Verschieben von Preisbestandteilen iSd Entscheidung BGH 18.5.2004 – X ZB 7/04, NZBau 2004, 457 (459) zu sehen sein.

[13] Vgl. dazu BGH 8.6.2006 – VII ZR 13/05, NZBau 2006, 571 (572 f.).

[14] BGH 1.10.2014 – VII ZR 344/13, NJW 2015, 49 (50).

[15] BGH 8.6.2006 – VII ZR 13/05, NZBau 2006, 571 (573); 22.11.2001 – VII ZR 150/01, NZBau 2002, 89.

IV. Rechtsschutz

11 § 9d EU VOB/A ist eine Kann-Bestimmung, die den Auftraggeber nicht verpflichtet, Preisgleitklauseln vorzusehen. Er muss allerdings – gerade aufgrund der jüngsten Entwicklungen – beurteilen, ob wesentliche Änderungen der Preisermittlungsgrundlagen zu erwarten sind und sodann sein Ermessen ausüben. Im Einzelfall kann der Verzicht auf Preisgleitklauseln allerdings dazu führen, dass das Kalkulationsrisiko des Auftragnehmers derart steigt, dass ein **ungewöhnliches Wagnis** vorliegt.[16] In derartigen Fällen kann sich das Ermessen des Auftraggebers auf null reduzieren, mit der Folge, dass eine Preisgleitklausel im Vertrag vorzusehen ist. Solche Ermessensfehler können im laufenden Verfahren gerügt und nachgeprüft werden.

§ 10 EU Fristen

(1) **¹Bei der Festsetzung der Fristen für den Eingang der Angebote (Angebotsfrist) und der Anträge auf Teilnahme (Teilnahmefrist) berücksichtigt der öffentliche Auftraggeber die Komplexität des Auftrags und die Zeit, die für die Ausarbeitung der Angebote erforderlich ist (Angemessenheit).** ²**Die Angemessenheit der Frist prüft der öffentliche Auftraggeber in jedem Einzelfall gesondert.** ³**Die nachstehend genannten Mindestfristen stehen unter dem Vorbehalt der Angemessenheit.**

(2) **Falls die Angebote nur nach einer Ortsbesichtigung oder Einsichtnahme in nicht übersandte Unterlagen erstellt werden können, sind längere Fristen als die Mindestfristen festzulegen, damit alle Unternehmen von allen Informationen, die für die Erstellung des Angebotes erforderlich sind, Kenntnis nehmen können.**

Literatur: Hausmann, Der Vergütungsanspruch gegen den öffentlichen Auftraggeber bei der Verlängerung der Bindefristen im Vergabeverfahren, LKV 2010, 160; Hormann, Vertragsanpassung nach verzögerter Zuschlagserteilung – Zugleich Anmerkung zu BGH v. 11.5.2009 – VII ZR 11/08, ZfBR 2009, 529; Kau/Hänsel, Verzögerte Vergabe – Schadensersatz für die Verzögerung des Zuschlags?, NJW 2011, 1914; Kayser/Pfarr, Achtung: Mehrvergütungsfalle! Auswege in der Vergabekonzeption und ihre Grenzen, NZBau 2011, 584; Kniffka, Bauzeitanpassungen wegen verzögerter Vergabe in Bietergesprächen, VergabeR 2015, 735; Kues/Simlesa, Schwierige Zeiten für Bauverträge aufgrund von Sanktionen und Krieg, NZBau 2022, 319; Leinemann, Zu Inhalt und Umfang des Vergabeverfahrensrisikos, BauR 2009, 1032; Markus, Zur Ermittlung der Mehrvergütung bei verzögerter Vergabe, NZBau 2012, 414; Markus, Proportionale Anpassung der Ausführungsfristen bei verlängerter Zuschlags- und Bindefrist, NZBau 2008, 561; Pauly, Zu Wesen und Umfang der Mehrvergütungsansprüche des Auftragnehmers im Falle nach verlängerter Zuschlagsfrist erteilten Zuschlags, BauR 2009, 560; Peters, Die behindernde Wirkung eines Nachprüfungsverfahrens, NZBau 2010, 156; Tomic: Vergabeverzögerung – Bauzeitänderung – Geklärtes – Ungeklärtes, NZBau 2010, 5; Verfürth, Mehrkosten bei verspätetem Zuschlag – Vermeidungsstrategien öffentlicher Auftraggeber, NZBau 2010, 1; Wessel, Bauzeitverzögerungen, Ausführungsfristen und „Zeitpuffer", ZfBR 2010, 527.

---

[16] VOB-Stelle Sachsen-Anhalt 9.10.1997, IBR 1998, 189; inzident auch OLG Stuttgart 24.11.2008 – 10 U 97/08, BeckRS 2009, 3038 = VergabeR 2009, 514 (bestätigt von BGH 10.9.2009 – VII ZR 255/08, NZBau 2009, 781); VK Westfalen 12.7.2022 – VK 3–24/22, NZBau 2022, 621; VK Niedersachsen 1.2.2023 – VgK-27/2022, IBRRS 2023, 0759 = BeckRS 2023, 3171, beide für Bauvergaben; VK Bund 19.10.2022 – VK 1–85/22, BeckRS 2022, 46400 = VergabeR 2023, 402 für Lieferleistung.

Fristen im offenen Verfahren § 10a VOB/A–EU

Abs. 1 bestimmt in Umsetzung des Art. 47 RL 2014/24/EU für den Bauvergabebereich oberhalb der Schwellenwerte iS einer **Generalklausel,** dass der öffentliche Auftraggeber bei der Festsetzung der Fristen für den Eingang der Angebote (Angebotsfrist) und der Anträge auf Teilnahme (Teilnahmefrist) sein Ermessen angemessen ausüben muss. Die in den §§ 10a EU–10d EU VOB/A normierten Fristen sind **Mindestfristen,** die den am Auftrag interessierten Unternehmen als untere Grenze für die Abgabe der Teilnahmeanträge und Angebote zur Verfügung stehen müssen. Auch diese Mindestfristen stehen indessen unter dem **Vorbehalt der Angemessenheit.**[1] Vgl. dazu näher → VgV § 20 Rn. 4 ff. Die Vorschrift hält den Auftraggeber zu einer entspr. einzelfallbezogenen Prüfung an. Sie vermittelt Bieterschutz (dazu → VgV § 20 Rn. 26).[2] 1

Abs. 2 enthält das Gebot zur ausreichenden Bemessung der Angebotsfrist, wenn die Angebote nur nach einer **Ortsbesichtigung**[3] oder **Einsichtnahme** in nicht übersandte **Unterlagen** erstellt werden können. Auch derartige, nicht in der Risikosphäre der Unternehmen liegende Umstände führen in zeitlicher Hinsicht zu einem höheren Angebotsbearbeitungsaufwand, der bei der Bemessung der Angebotsfrist zu berücksichtigen ist.[4] In diesen Fällen müssen die Fristen um den erforderlichen Zeitraum angemessen verlängert werden, damit alle interessierten Unternehmen von den für die Erstellung des Angebots notwendigen Informationen Kenntnis nehmen und diese in die Angebote einarbeiten können. Zum Umfang der Fristverlängerung → VgV § 20 Rn. 11. 2

Die **Berechnung der Fristen** erfolgt nach den Vorschriften der VO (EWG) Nr. 1182/71 des Rates v. 3.6.1971 zur Festlegung der Regeln für die Fristen, Daten und Termine. Näher dazu → VgV § 20 Rn. 3, → VgV § 82 Rn. 1 und → VOB/A § 10a EU Rn. 2. 3

Die Vorschrift ist iW inhaltlich identisch mit der Parallelvorschrift des § 20 Abs. 1 S. 1, Abs. 2 VgV. Auf deren Kommentierung wird deshalb verwiesen. 4

§ 10a EU Fristen im offenen Verfahren

(1) **Beim offenen Verfahren beträgt die Angebotsfrist mindestens 35 Kalendertage, gerechnet vom Tag nach Absendung der Auftragsbekanntmachung.**

(2) [1]**Die Angebotsfrist kann auf 15 Kalendertage, gerechnet vom Tag nach Absendung der Auftragsbekanntmachung, verkürzt werden.** [2]**Voraussetzung dafür ist, dass eine Vorinformation nach dem vorgeschriebenen Muster gemäß § 12 EU Absatz 1 Nummer 2**[1] **mindestens 35 Kalendertage, höchstens aber zwölf Monate vor dem Tag der Absendung der Auftragsbekanntmachung an das Amt für Veröffentlichungen der Europäischen Union abgesandt wurde.** [3]**Diese Vorinformation muss mindestens die im Muster einer Auftragsbekanntmachung nach Anhang V Teil C der Richtli-**

---

[1] OLG Naumburg 20.9.2012 – 2 Verg 4/12, BeckRS 2012, 21448 zur Teilnahmefrist im Verhandlungsverfahren mit Teilnahmewettbewerb.
[2] OLG Naumburg 30.4.2014 – 2 Verg 2/14, BeckRS 2014, 14969; 20.9.2012 – 2 Verg 4/12, BeckRS 2012, 21448 – Anordnung der Aufhebung des Verfahrens; vgl. auch VK Sachsen-Anhalt 11.4.2011 – 1 VK LVwA 18/09, IBRRS 2012, 0451; VK Bund 17.4.2003 – VK 2–16/03, BeckRS 2003, 152835; VK Sachsen 9.12.2002 – 1/SVK/102-02, IBRRS 2003, 0171.
[3] Vgl. OLG Brandenburg 15.3.2011 – Verg W 5/11, BeckRS 2011, 6544 zur Zulässigkeit der Forderung nach einer Ortsbesichtigung.
[4] Vgl. dazu OVG Bln-Bbg 27.2.2013 – 6 B 34.12, ZfBR 2013, 617.
[1] Bei Drucklegung noch nicht in Kraft.

VOB/A–EU § 10a
Fristen im offenen Verfahren

nie 2014/24/EU für das offene Verfahren geforderten Angaben enthalten, soweit diese Informationen zum Zeitpunkt der Absendung der Vorinformation vorlagen.

(3) Für den Fall, dass eine vom öffentlichen Auftraggeber hinreichend begründete Dringlichkeit die Einhaltung der Frist nach Absatz 1 unmöglich macht, kann der öffentliche Auftraggeber eine Frist festlegen, die 15 Kalendertage, gerechnet vom Tag nach Absendung der Auftragsbekanntmachung, nicht unterschreiten darf.

(4) Die Angebotsfrist nach Absatz 1 kann um fünf Kalendertage verkürzt werden, wenn die elektronische Übermittlung der Angebote gemäß § 11 EU Absatz 4 akzeptiert wird.

(5) [1]Kann ein unentgeltlicher, uneingeschränkter und vollständiger direkter Zugang aus den in § 11b EU genannten Gründen zu bestimmten Vergabeunterlagen nicht angeboten werden, so kann in der Auftragsbekanntmachung angegeben werden, dass die betreffenden Vergabeunterlagen im Einklang mit § 11b EU Absatz 1 nicht elektronisch, sondern durch andere Mittel übermittelt werden, bzw. welche Maßnahmen zum Schutz der Vertraulichkeit der Informationen gefordert werden und wie auf die betreffenden Dokumente zugegriffen werden kann. [2]In einem derartigen Fall wird die Angebotsfrist um fünf Kalendertage verlängert, außer im Fall einer hinreichend begründeten Dringlichkeit gemäß Absatz 3.

(6) [1]In den folgenden Fällen verlängert der öffentliche Auftraggeber die Fristen für den Eingang der Angebote, sodass alle betroffenen Unternehmen Kenntnis aller Informationen haben können, die für die Erstellung des Angebots erforderlich sind:
1. wenn rechtzeitig angeforderte Zusatzinformationen nicht spätestens sechs Kalendertage vor Ablauf der Angebotsfrist allen Unternehmen in gleicher Weise zur Verfügung gestellt werden können. Bei beschleunigten Verfahren (Dringlichkeit) im Sinne von Absatz 3 beträgt dieser Zeitraum vier Kalendertage;
2. wenn an den Vergabeunterlagen wesentliche Änderungen vorgenommen werden.

[2]Die Fristverlängerung muss in einem angemessenen Verhältnis zur Bedeutung der Informationen oder Änderungen stehen. [3]Wurden die Zusatzinformationen entweder nicht rechtzeitig angefordert oder ist ihre Bedeutung für die Erstellung zulässiger Angebote unerheblich, so ist der öffentliche Auftraggeber nicht verpflichtet, die Fristen zu verlängern.

(7) Bis zum Ablauf der Angebotsfrist können Angebote in Textform zurückgezogen werden.

(8) [1]Der öffentliche Auftraggeber bestimmt eine angemessene Frist, innerhalb der die Bieter an ihre Angebote gebunden sind (Bindefrist). [2]Diese soll so kurz wie möglich und nicht länger bemessen werden, als der öffentliche Auftraggeber für eine zügige Prüfung und Wertung der Angebote (§§ 16 EU bis 16d EU) benötigt. [3]Die Bindefrist beträgt regelmäßig 60 Kalendertage. [4]In begründeten Fällen kann der öffentliche Auftraggeber eine längere Frist festlegen. [5]Das Ende der Bindefrist ist durch Angabe des Kalendertags zu bezeichnen.

(9) Die Bindefrist beginnt mit dem Ablauf der Angebotsfrist.

Literatur: Vgl. die Angaben bei § 10 EU VOB/A.

Übersicht

	Rn.
I. Bedeutung der Vorschrift	1
II. Angebotsfrist (Abs. 1)	3
III. Verkürzung der Angebotsfrist (Abs. 2–4)	4
1. Vorinformation (Abs. 2)	4
2. Dringlichkeit (Abs. 3)	6
3. Elektronische Angebotsabgabe (Abs. 4)	7
IV. Verlängerung der Angebotsfrist (Abs. 5 und 6)	8
1. Keine elektronische Bereitstellung der Vergabeunterlagen (Abs. 5)	8
2. Zusätzliche Informationen und wesentliche Änderungen der Vergabeunterlagen (Abs. 6)	9
V. Rücknahme von Angeboten (Abs. 7)	12
1. Zeitpunkt	12
2. Textform	13
3. Zugang	14
4. Rechtsfolgen	15
VI. Bindefrist (Abs. 8 und 9)	16
1. Bedeutung	16
2. Bemessung	18
3. Fristbeginn	22
4. Fristende	23
5. Verlängerung	24
6. Vergabeverfahrensrisiko	33
7. Angebotsbindung	35
VII. Rechtsschutz	38

I. Bedeutung der Vorschrift

Für die Vergabe von Bauaufträgen oberhalb der Schwellenwerte normiert § 10a EU VOB/A im Umsetzung des Art. 27 RL 2014/24/EU das Regime, das der öffentliche Auftraggeber im offenen Verfahren bei der Festlegung der Frist für den Eingang der Angebote **(Angebotsfrist)** anzuwenden hat. Daneben enthält die Bestimmung Vorgaben zur Verkürzung und Verlängerung der Angebotsfrist, zur Rücknahme von Angeboten sowie zum Beginn und zur Bemessung der Bindefrist. 1

Die **Berechnung der Fristen** erfolgt nach den Vorschriften der VO (EWG, Euratom) Nr. 1182/71 v. 3.6.1971.[2] Gerechnet wird nach Kalendertagen, so dass auch Wochenenden, gesetzliche Feiertage etc in die Fristberechnung einzubeziehen sind (Art. 3 Abs. 3 VO (EWG, Euratom) Nr. 1182/71). Die Angebotsfrist ist eine Mindestfrist, die unter dem **Vorbehalt der Angemessenheit** steht (→ VOB/A § 10 EU Rn. 1).[3] Die Angemessenheit der Frist ist in jedem Einzelfall im Lichte der Komplexität des ausgeschriebenen Auftrags und des Zeitbedarfs für die Ausarbei- 2

---

[2] Diese Regelung ist als Verordnung iSd Art. 288 AEUV in all ihren Teilen verbindlich und gilt unmittelbar, so auch Kapellmann/Messerschmidt/Planker VOB/A § 10aEU Rn. 3; aA MüKoEuWettbR/Sperber VOB/A § 10aEU Rn. 4, der allein die §§ 187 ff. BGB für anwendbar hält, weil der 2. Abschn. der VOB/A keinen, dem § 82 VgV entspr. Befehl zur Anwendung der VO (EWG, Euratom) Nr. 1182/71 v. 3.6.1971 enthalte.

[3] Vgl. auch OLG Düsseldorf 19.6.2013 – VII-Verg 4/13, VPRRS 2013, 0795 zur ausreichenden Bemessung der Angebotsfrist, wenn diese in die Weihnachtsfeiertage und den Jahreswechsel, verbunden mit entspr. Urlaubsabwesenheiten, fällt.

tung der Angebote zu prüfen (ausf. → VgV § 20 Rn. 4 ff.).[4] Dabei sind das Anforderungsprofil der Vergabeunterlagen und sonstige besondere Umstände, zB die Notwendigkeit des Ausgleichs des Wissensvorsprungs eines teilnahmeinteressierten Projektanten (vgl. § 6 EU Abs. 3 Nr. 4 VOB/A), zu berücksichtigen.[5] Zu den zu berücksichtigenden Umständen ausf. → VgV § 20 Rn. 6, 7.

In der nachfolgenden Übersicht sind die Fristen des § 10a EU VOB/A zusammengefasst:

Angebotsfrist	offenes Verfahren (Kalendertage)
Mindestfrist, Abs. 1	35
Veröffentlichung einer Vorinformation, Abs. 2	15
Dringlichkeit, Abs. 3	15
elektronische Übermittlung der Angebote, Abs. 4	30
keine elektronischen Vergabeunterlagen, Abs. 5	40
Bindefrist, Abs. 8 S. 3	60

II. Angebotsfrist (Abs. 1)

3   Beim offenen Verfahren beträgt die Angebotsfrist mindestens 35 (Kalender-)Tage. Allerdings ist nach Streichung der früheren Übergangsregelung in § 23 EU VOB/A aF die elektronische Übermittlung der Angebote als alleinige Übertragungsform für alle Bauvergaben oberhalb der EU-Schwellenwerte verbindlich, so dass die Frist von **30 Tagen nach Abs. 4** die Mindestfrist bildet.[6] Es handelt sich hierbei nicht um eine Regelfrist, sondern um eine **Mindestfrist**.[7] Sie stellt die Untergrenze des Zeitraums dar, den der öffentliche Auftraggeber für die Einreichung der Angebote vorgeben muss. **Fristbeginn** ist der Tag nach der Absendung der Auftragsbekanntmachung.[8] Der Tag der Absendung der Auftragsbekanntmachung wird – insoweit entgegen des an dieser Stelle missverständlich gefassten Art. 27 Abs. 1 UAbs. 2 RL 2014/24/EU – nicht mitgerechnet (vgl. Art. 3 Abs. 1 VO (EWG/Euratom) Nr. 1182/71; § 187 Abs. 1 BGB). Da der Beginn der Angebotsfrist an den Zeitpunkt der Absendung der Auftragsbekanntmachung gekoppelt ist, ist es unerheblich, zu welchem Zeitpunkt ein interessiertes Unternehmen die Ausschreibung zur Kenntnis genommen hat; der Fristbeginn bestimmt sich somit rein objektiv.[9] Der **Ablauf der Angebotsfrist** wird durch den von dem öffentlichen Auftraggeber festgesetzten kalendarischen Endtermin für die Einreichung der Angebote vorgegeben. Nach dessen Ablauf beginnt die Bindefrist

---

[4] OLG Naumburg 20.9.2012 – 2 Verg 4/12, BeckRS 2012, 21448, zur Bewerbungsfrist im Verhandlungsverfahren mit öffentlichem Teilnahmewettbewerb.
[5] OLG Naumburg 20.9.2012 – 2 Verg 4/12, BeckRS 2012, 21448.
[6] HK-VergabeR/Franzius VOB/A § 10 EU Rn. 6.
[7] Vgl. auch OLG Düsseldorf 19.6.2013 – VII-Verg 4/13, VPRRS 2013, 0795; MüKoEuWettbR/Sperber VOB/A § 10aEU Rn. 3.
[8] MüKoEuWettbR/Sperber VOB/A § 10aEU Rn. 4; Ingenstau/Korbion/von Wietersheim VOB/A § 10 EU Rn. 8.
[9] Ingenstau/Korbion/von Wietersheim VOB/A § 10 Rn. 2; VK Sachsen 9.12.2002 – 1/SVK/102-02, IBRRS 2003, 0171.

(Abs. 9, → Rn. 16). Auf den Zeitpunkt der Öffnung der Angebote kommt es seit der Vergaberechtsreform 2016 nicht mehr an (→ VOB/A § 10 Rn. 6).[10] Angebote, die dem Auftraggeber nach Ablauf der Angebotsfrist zugehen, sind nach § 16 EU Nr. 1 VOB/A auszuschließen. Für den Fristablauf gilt Art. 3 Abs. 2 lit. b VO (EWG, Euratom) Nr. 1182/71: Die Frist endet mit Ablauf der letzten Stunde des letzten Tages der Frist, es sei denn, der Auftraggeber hat eine bestimmte Uhrzeit für den Eingang der Angebote benannt.[11] Die Frist nach Abs. 1 *kann* unter den Voraussetzungen der Abs. 2, 3 und 4 verkürzt werden. Sie *muss* in den Fällen der Abs. 5 und 6 verlängert werden.

III. Verkürzung der Angebotsfrist (Abs. 2–4)

1. Vorinformation (Abs. 2)

Abs. 2 setzt Art. 27 Abs. 2 RL 2014/24/EU um und ermöglicht dem öffentlichen Auftraggeber, die Mindestangebotsfrist des Abs. 1 durch Veröffentlichung einer **Vorinformation** auf bis zu 15 Kalendertage zu verkürzen. Die verkürzte Frist wird vom Tag nach der Absendung der Auftragsbekanntmachung berechnet. Soll diese Option genutzt werden, müssen die folgenden **zwei Voraussetzungen kumulativ** vorliegen: 4

i) Es muss eine Vorinformation nach § 12 EU Abs. 1 Nr. 2 VOB/A veröffentlicht werden. Bei dem Verweis auf das Muster einer Auftragsbekanntmachung nach Anh. V Teil C RL 2014/24/EU handelt es sich um ein redaktionelles Versehen. Gemeint sind vielmehr die in der Vorinformation aufzuführenden Angaben des Anh. V Teil B RL 2014/24/EU.[12] Diese Angaben sind zu machen, soweit diese Informationen zum Zeitpunkt der Absendung der Vorinformation vorlagen. Sind bestimmte, an sich notwendige Angaben aus objektiven Gründen nicht möglich, ist dies unschädlich.[13]

ii) Die Vorinformation muss wenigstens 35 Tage und darf nicht mehr als zwölf Monate vor dem Tag der Absendung der Auftragsbekanntmachung zur Veröffentlichung an das Amt für Veröffentlichungen der EU übermittelt worden sein.

Erfüllt die Vorinformation diese Anforderungen, kann die Angebotsfrist auf bis zu 15 Kalendertage, gerechnet von dem Tag nach der Absendung der Auftragsbekanntmachung, verkürzt werden. Unter dieser Grenze darf die mittels Vorinformation verkürzte Angebotsfrist keinesfalls liegen. Doch muss der Auftraggeber stets die **Angemessenheit** der verkürzten Angebotsfrist im Auge behalten (→ Rn. 2).[14] Insbes. muss den Unternehmen genügend Zeit verbleiben, inner- 5

---

[10] HK-VergabeR/Franzius VOB/A § 10 Rn. 6; Ingenstau/Korbion/von Wietersheim VOB/A § 10 Rn. 3.

[11] Zum rechtzeitigen Zugang VK Südbayern 15.11.2021 – 3194.Z3-3_01-21-20, VPRRS 2021, 0301: „Wenn der öffentliche Auftraggeber sich einer elektronischen Plattform bedient und den Bietern vorgibt, dass Angebote, Teilnahmeanträge, Interessensbekundungen und Interessensbestätigungen dort einzustellen sind, so genügt für den Zugang bereits das rechtzeitige Einstellen auf der Plattform, und zwar unabhängig davon, ob der öffentliche Auftraggeber die Erklärung ausdruckt oder auf seinem Computer speichert, unabhängig davon, ob er vom Inhalt der Erklärung Kenntnis nimmt und auch unabhängig davon, ob die Plattform auf seinen Servern befindlich ist oder an ganz anderer Stelle. Entscheidend ist, dass eine Lesbarkeit, Reproduzierbarkeit und Speicher- oder Ausdrucksmöglichkeit bei dem Empfänger gegeben ist."

[12] Beck VergabeR/Osseforth VOB/A § 10a EU Rn. 20; aA MüKoEuWettbR/Sperber VOB/A § 10aEU Rn. 6.

[13] Ingenstau/Korbion/von Wietersheim VOB/A § 10a EU Rn. 13.

[14] Vgl. dazu VK Sachsen 9.12.2002 – 1/SVK/102-02, IBRRS 2003, 0171; HK-VergabeR/Franzius VOB/A § 10 EU Rn. 4.

halb der verkürzten Frist ihre Angebote ordnungsgemäß zu kalkulieren.[15] Je mehr sich die verkürzte Angebotsfrist der Untergrenze von 15 Tagen annähert, desto höher sind die Anforderungen an ihre Rechtfertigung.[16] Wird diese absolute Untergrenze gewählt, müssen hierfür außergewöhnliche Umstände vorliegen, die zu dokumentieren sind.[17] Hat der Bieter angesichts zu knapper Fristen keine Möglichkeit, ein ausreichend kalkuliertes Angebot zu erstellen, kann im Ausnahmefall eine **Aufhebung** der Ausschreibung gerechtfertigt sein.[18]

2. Dringlichkeit (Abs. 3)

6   Abs. 3 sieht die Möglichkeit vor, die Angebotsfrist auf bis zu 15 Kalendertage zu verkürzen, wenn eine **hinreichend begründete Dringlichkeit** die Einhaltung der Angebotsfrist gem. Abs. 1 unmöglich macht. Die Vorschrift normiert das mit der Vergaberechtsreform 2016 eingeführte **beschleunigte offene Verfahren.** Sie ist inhaltlich identisch mit § 15 Abs. 3 VgV, so dass auf dessen Kommentierung → VgV § 15 Rn. 9 verwiesen werden kann.

3. Elektronische Angebotsabgabe (Abs. 4)

7   Abs. 4 eröffnet eine weitere Möglichkeit zur Verkürzung der Angebotsfrist des Abs. 1 um fünf Tage auf 30 Tage, wenn der öffentliche Auftraggeber die Übermittlung der Angebote in elektronischer Form nach § 11 EU Abs. 4 VOB/A akzeptiert. Seit dem 18.10.2018 ist dies für alle öffentlichen Auftraggeber bei Oberschwellenvergaben der Regelfall, so dass die „eigentliche" Mindestangebotsfrist im offenen Verfahren nicht diejenige des Abs. 1, sondern die des Abs. 4 – also 30 Tage – ist.[19] Die Verkürzungsoption ist ausschl. auf die Angebotsfrist nach Abs. 1, nicht hingegen auf diejenigen nach Abs. 2 und 3 anwendbar.[20]

IV. Verlängerung der Angebotsfrist (Abs. 5 und 6)

1. Keine elektronische Bereitstellung der Vergabeunterlagen (Abs. 5)

8   § 11 EU Abs. 3 VOB/A schreibt vor, den Unternehmen einen unentgeltlichen, uneingeschränkten, vollständigen und direkten Zugang zu den Vergabeunterlagen zu gewährleisten. Nur dann, wenn ein solcher Zugang mittels elektronischer Mittel sichergestellt ist, kann die Angebotsfrist von 30 Kalendertagen nach Abs. 4 in Anspruch genommen werden. Sofern ausnahmsweise kein elektronischer Zugang zu den Vergabeunterlagen aus den in § 11b EU VOB/A genannten Gründen bereitgestellt werden kann, verlangt Abs. 5 S. 2, die Angebotsfristen von vornherein um **fünf Kalendertage** zu verlängern. Das gilt nach dem Wortlaut von Abs. 5 auch dann, wenn nur Teile der Vergabeunterlagen nicht elektronisch bereitgestellt werden.[21] In diesen Fällen muss die Angebotsfrist mindestens 40 Kalendertage, bei elektronischer Angebotsübermittlung mindestens 35 Kalender-

---

[15]   VK Sachsen 1.2.2002 – 1/SVK/139-01, IBRRS 2004, 3750.
[16]   HK-VergabeR/Franzius VOB/A § 10 EU Rn. 4.
[17]   VK Sachsen 9.12.2002 – 1/SVK/102-02, IBRRS 2003, 0171; HK-VergabeR/Franzius VOB/A § 10 EU Rn. 4.
[18]   Vgl. dazu VK Sachsen 9.12.2002 – 1/SVK/102-02, IBRRS 2003, 0171.
[19]   HK-VergabeR/Franzius VOB/A § 10 EU Rn. 6.
[20]   MüKoEuWettbR/Sperber VOB/A § 10aEU Rn. 5; Ingenstau/Korbion/von Wietersheim VOB/A § 10a EU Rn. 19.
[21]   MüKoEuWettbR/Sperber VOB/A § 10aEU Rn. 10.

tage und im Falle der Veröffentlichung einer Vorinformation mindestens 20 Kalendertage betragen.[22] Dies gilt wiederum nicht, wenn ein Fall einer hinreichend begründeten Dringlichkeit nach Abs. 3 vorliegt.

2. Zusätzliche Informationen und wesentliche Änderungen der Vergabeunterlagen (Abs. 6)

Abs. 6 normiert zwei Fälle, in denen die Angebotsfristen nachträglich, dh nach dem Beginn der Ausschreibung, zu verlängern sind. Nr. 1 betrifft den Fall, dass **zusätzliche Informationen** zu den Vergabeunterlagen trotz rechtzeitiger Anforderung durch ein Unternehmen von dem öffentlichen Auftraggeber nicht spätestens sechs Kalendertage (bzw. vier Kalendertage in beschleunigten Verfahren) vor dem Ablauf der Angebotsfrist zur Verfügung gestellt werden. § 12a EU Abs. 3 S. 1 VOB/A ordnet in dieser Hinsicht an, rechtzeitig beantragte Auskünfte über die Vergabeunterlagen spätestens sechs Kalendertage vor Ablauf der Angebotsfrist allen Unternehmen in gleicher Weise zu erteilen. In beschleunigten Verfahren nach § 10a EU Abs. 2 VOB/A und § 10b EU Abs. 5 VOB/A beträgt diese Frist gem. § 12a EU Abs. 3 S. 2 VOB/A vier Kalendertage. Lassen sich diese Fristen nicht einhalten, ist die Angebotsfrist angemessen zu verlängern. Zur **Auskunftspflicht** und zur **Rechtzeitigkeit** eines Auskunftsersuchens kann auf die Kommentierung in → VgV § 20 Rn. 12–16 verwiesen werden. 9

Angebotsfristen sind nach Nr. 2 auch dann zu verlängern, wenn an den **Vergabeunterlagen** (vgl. § 8 EU VOB/A) **wesentliche Änderungen** vorgenommen werden. Zur Frage, welche Änderungen erfasst sind, wird auf die Kommentierung in → VgV § 20 Rn. 17–20 verwiesen. 10

Sind die Voraussetzungen der Nr. 1 oder Nr. 2 erfüllt, ist die Angebotsfrist zu verlängern. Das muss jedoch dann nicht erfolgen, wenn die Information nicht rechtzeitig angefordert wurde (dazu → VgV § 20 Rn. 15–16) oder ihre Bedeutung für die Erstellung zulässiger Angebote unerheblich ist.[23] In welchem **Umfang** die Verlängerung zu erfolgen hat, ist nach pflichtgemäßem Ermessen unter Berücksichtigung der Umstände des Einzelfalles zu entscheiden. Ermessenslenkend ist Abs. 6 S. 2: Danach muss die Fristverlängerung in einem **angemessenen Verhältnis** zur Bedeutung der Information oder Änderung stehen. Hierzu kann auf die Kommentierung in → VgV § 20 Rn. 22 ff. verwiesen werden. 11

V. Rücknahme von Angeboten (Abs. 7)

1. Zeitpunkt

Die Angebotsfrist endet mit dem Ablauf des von dem Auftraggeber festgelegten Termins für die Einreichung der Angebote. Auf den Zeitpunkt der Öffnung der Angebote kommt es seit der Vergaberechtsreform 2016 nicht mehr an (→ VOB/A § 10 Rn. 6).[24] Bis zum Ablauf dieses Termins können Angebote in Textform zurückgezogen werden. Eine Rücknahme nach Ablauf der Angebotsfrist ist hingegen wegen der nach Abs. 9 eingetretenen Bindung an das Angebot grds. (zu den Ausnahmen → Rn. 36, 37) nicht möglich. 12

---

[22] HK-VergabeR/Franzius VOB/A § 10 EU Rn. 8; Ingenstau/Korbion/von Wietersheim VOB/A § 10a EU Rn. 22.
[23] VK Bund 18.1.2019 – VK 1–113/18, VPRRS 2019, 0051.
[24] HK-VergabeR/Franzius VOB/A § 10 Rn. 6; Ingenstau/Korbion/von Wietersheim VOB/A § 10 Rn. 3.

2. Textform

13 Für die Rücknahme schreibt Abs. 7 die **Textform** (§ 126b BGB) vor. Mündliche Erklärungen sind unbeachtlich. Für die Rücknahme muss nicht die Form, in der das Angebot abzugeben war, gewählt werden. In jedem Fall muss die Erklärung aus der objektiven und verständigen Sicht des Auftraggebers hinreichend klar erkennen lassen, dass der Bieter sich nicht mehr an seinem Angebot festhalten lassen will. Unklarheiten gehen zu Lasten des Bieters. Sendet ein Bieter auf elektronischem Weg ein Hauptangebot und mit einem zeitlichen Abstand (etwa zwei Stunden) kommentarlos eine weitere als Hauptangebot erkennbare Offerte, ist dies regelmäßig, wenn nicht besondere Umstände auf einen abweichenden Willen des Absenders hindeuten, dahin zu verstehen, dass das spätere Angebot an die Stelle des früher eingereichten treten soll, nicht aber, dass beide als Hauptangebote gelten sollen.[25] Die Rücknahme muss nicht zwangsläufig das gesamte Angebot erfassen. Auch selbstständige Teile des Angebots, wie etwa Nebenangebote oder Angebote für einzelne Lose, können isoliert zurückgezogen werden.[26]

3. Zugang

14 Die Rücknahme des Angebotes ist eine **empfangsbedürftige Willenserklärung.** Zu ihrer Wirksamkeit muss sie dem Auftraggeber rechtzeitig vor Ablauf der Angebotsfrist zugehen (§ 130 Abs. 1 S. 1 BGB). Das Risiko des rechtzeitigen Zugangs ebenso wie die Beweislast für den Zeitpunkt des Zugangs trägt der Bieter. Die Rücknahme ist zugegangen, sobald die Erklärung in den Herrschaftsbereich des Auftraggebers gelangt ist und dieser unter normalen Umständen die Möglichkeit hat, von ihrem Inhalt Kenntnis zu nehmen.[27]

4. Rechtsfolgen

15 Wird das Angebot formgerecht bis zum Ablauf der Angebotsfrist zurückgenommen, wird es mit Zugang der Rücknahmeerklärung bei dem Auftraggeber gegenstandslos. Der Bieter muss, sofern er noch Interesse an dem Auftrag hat, innerhalb der Angebotsfrist ein neues Angebot einreichen. Nach erfolgter Rücknahme darf der Auftraggeber das zurückgenommene Angebot nicht für eine neue Vergabe oder für andere Zwecke verwenden. IÜ kann die Herausgabe von Entwürfen, Ausarbeitungen, Mustern und Proben verlangt werden. § 19 EU Abs. 5, 6 VOB/A gilt auch hier.

VI. Bindefrist (Abs. 8 und 9)

1. Bedeutung

16 Nach Abs. 8 S. 1 bestimmt der öffentliche Auftraggeber eine angemessene Frist, bis zu deren Ablauf die Bieter an ihre Angebote gebunden sind (Bindefrist). Innerhalb der Bindefrist können die Bieter ihre Angebote nicht ändern, berichtigen oder zurückziehen.[28] Während dieser Frist muss der Bieter mit seiner Beauftragung rechnen und sich darauf einrichten.[29] Der Zuschlag kann jederzeit innerhalb dieser

---

[25] BGH 29.11.2016 – X ZR 122/14, IBRRS 2017, 0326.
[26] MüKoEuWettbR/Sperber VOB/A § 10 Rn. 16.
[27] Vgl. dazu BGH 21.1.2004 – XII ZR 214/00, NJW 2004, 1320.
[28] OLG München 9.8.2005 – Verg 11/05, BeckRS 2005, 09940; BayObLG 21.5.1999 – Verg 1/99, NZBau 2000, 49 (51). Vgl. zur Bindefrist instruktiv auch BayObLG 26.4.2023 – Verg 16/22, VPRRS 2023, 0112.
[29] OLG München 23.6.2009 – Verg 8/09, BeckRS 2009, 17241.

Frist erteilt werden, das Ende der Bindefrist muss nicht abgewartet werden. Abs. 8 S. 1 ist das vergaberechtliche Spiegelbild des zivilrechtlichen Zustandekommens eines Bauvertrages im Wege einer öffentlichen Ausschreibung: Zivilrechtlich kann nach § 148 BGB die Annahme eines befristeten Angebotes nur innerhalb dieser Frist erklärt werden. Mit der Abgabe des Angebotes erklärt der Bieter sein Einverständnis mit der vom Auftraggeber in den Vergabeunterlagen festgelegten Bindefrist und macht diese zum Bestandteil seines Angebotes. Der innerhalb der Bindefrist auf dieses Angebot erteilte Zuschlag stellt die fristgerechte Annahme des Angebots dar und lässt den Vertrag mit dem Inhalt des Angebotes zustande kommen.[30] Bei der vergaberechtlich durch den Auftraggeber vorzugebenden Bindefrist handelt es sich somit um die zivilrechtliche Annahmefrist iSv § 148 BGB.[31] Erfolgt die Annahme des Angebotes (der Zuschlag) nicht innerhalb der Bindefrist, erlischt das Angebot gem. den §§ 146, 148 BGB (zu den vergaberechtlichen Folgen → Rn. 31, 32). § 18 EU Abs. 1 VOB/A sieht zwar vor, dass der Zuschlag innerhalb der Bindefrist zu erteilen ist, jedoch geht § 18 EU Abs. 2 VOB/A davon aus, dass der Zuschlag auch nach dem Ablauf der Bindefrist erteilt werden kann. Dann kommt allerdings der Vertrag nicht schon mit dem Zuschlag zustande. Vielmehr ist der **verspätete Zuschlag** ein neues Angebot des Auftraggebers, das der Bieter annehmen oder ablehnen darf (§ 150 Abs. 1 BGB).[32] Nimmt der Bieter in diesem Fall „den Zuschlag", also das neue Angebot des Auftraggebers, an, kommt der Vertrag zustande. Nur wenn der Bieter den Zuschlag ablehnt und auch mit keinem anderen Bieter ein Vertrag zustande kommt, kann ein Grund gegeben sein, das Vergabeverfahren durch Aufhebung aus schwerwiegendem Grund (§ 17 Abs. 1 VOB/A) zu beenden (aber → Rn. 31, 32). Allein der Ablauf der Bindefrist genügt hierfür nicht.[33]

Wird ausnahmsweise keine Bindefrist bestimmt, gilt § 147 Abs. 2 BGB.[34] Danach **17** ist ein Bieter so lange an sein Angebot gebunden, wie mit der Annahme des Angebotes unter regelmäßigen Umständen gerechnet werden darf. Bei einem Vergabeverfahren ist allen Bietern bekannt, dass es durch Rügen oder Nachprüfungsanträge zu Verzögerungen kommen kann. Es ist daher regelmäßig davon auszugehen, dass sie sich so lange an ihr Angebot gebunden halten wollen, bis entweder das Vergabeverfahren durch die Erteilung eines Zuschlags beendet ist oder sie ihr Angebot ausdr. zurückziehen.[35]

2. Bemessung

Die Bindefrist steht ebenso wie die Angebotsfrist unter dem **Vorbehalt der** **18** **Angemessenheit** (Abs. 8 S. 1). Sie soll so kurz wie möglich und nicht länger bemessen werden, als für eine zügige Prüfung und Wertung der Angebote (§§ 16 EU–16d EU VOB/A) benötigt wird (Abs. 8 S. 2). Regelmäßig beträgt sie 60 Kalendertage (Abs. 8 S. 3); in begründeten Fällen kann eine längere Frist festgelegt werden (Abs. 8 S. 4).

Abs. 8 S. 3 ersetzt nicht die beschaffungsbezogene Festlegung der Bindefrist durch **19** den öffentlichen Auftraggeber. Dieser bestimmt die Länge der Bindefrist nach seinem pflichtgemäßen Ermessen. Maßstab hierfür sind Zweckmäßigkeitsgesichts-

---

[30] OLG Dresden 12.10.2016 – 16 U 91/16, BeckRS 2016, 135957.
[31] MüKoEuWettbR/Sperber VOB/A § 10 Rn. 19; HK-VergabeR/Franzius VOB/A § 10 Rn. 17; Ingenstau/Korbion/von Wietersheim VOB/A § 10 Rn. 24, 25 und 35.
[32] OLG Dresden 12.10.2016 – 16 U 91/16, BeckRS 2016, 135957.
[33] BayObLG 21.5.1999 – Verg 1/99, NZBau 2000, 49 (51).
[34] BGH 21.11.1991 – VII ZR 203/90, NJW 1992, 827 (828).
[35] OLG München 23.6.2009 – Verg 8/09, BeckRS 2009, 17241 = VergabeR 2009, 942 (944).

punkte und das Interesse der Beteiligten an einer zügigen Vergabeentscheidung.[36] Die Vorgabe einer möglichst kurzen Bindefrist entspringt den allg. Grundsätzen der Gleichbehandlung, der Transparenz und der Verhältnismäßigkeit.[37] Unnötig lange Bindefristen erhöhen die Vorhaltekosten und beeinträchtigen den Wettbewerb.[38] Es liegt deshalb im Interesse aller Beteiligten, diese Frist so kurz wie möglich zu bemessen.

20 Für die **Länge** der Bindefrist gibt S. 3 mit **60 Kalendertagen** einen Regelrahmen vor. Dieser Regelfrist liegt die Erwägung zugrunde, dass Bieter erfahrungsgemäß Zulieferer und Unterauftragnehmer nur für begrenzte Zeit an ihre Angebote binden können und bis zur Erteilung des Zuschlags in der Verfügung über ihre Betriebsmittel erheblich eingeschränkt sind. Dem Auftraggeber soll für die Zuschlagsentscheidung deshalb nur so viel Zeit zuzubilligen sein, wie durch eine zügige Prüfung und Wertung der Angebote benötigt wird.[39] Bei unionsweiten Bauvergaben wird (widerleglich) vermutet, dass der öffentliche Auftraggeber einen Zeitraum von 60 Tagen für eine zügige Prüfung und Wertung der Angebote benötigt.[40]

21 Die Frist von 60 Kalendertagen ist allerdings **keine Höchstfrist**.[41] Sie kann in begründeten Fällen auch länger bemessen sein. Da es sich um eine Regelfrist handelt, braucht der Auftraggeber eine bis auf 60 Kalendertage festgesetzte Bindefrist nicht näher zu begründen. Eine **längere Bindefrist** darf hingegen nur **in sachlich begründeten Ausnahmefällen** festgelegt werden (s. dazu auch → VOB/A § 10 Rn. 19). Auftraggeber sind mithin keineswegs automatisch berechtigt, eine längere Bindefrist in Anspruch zu nehmen. Bei umfangreichen und komplexen Baumaßnahmen kann wegen des prognostizierten Umfangs eingehender Angebote und einer Vielzahl von Nebenangeboten ein höherer Prüfungs- und Wertungsaufwand anfallen und dementsprechend eine längere Bindefrist gerechtfertigt sein.[42] Ferner kann die Art und Weise der internen Willensbildung in einer Gemeinde und die Beteiligung von ehrenamtlich tätigen Mitgliedern in Beschlussorganen eine längere Bindefrist rechtfertigen.[43] Gleiches gilt, wenn zahlreiche Nebenangebote geprüft werden müssen oder eine Abstimmung mit anderen Behörden notwendig wird.[44]

3. Fristbeginn

22 Nach Abs. 9 beginnt die Bindefrist mit dem Ablauf der Angebotsfrist. Der Ablauf der Angebotsfrist wird durch den von dem öffentlichen Auftraggeber festgesetzten kalendarischen Endtermin für die Einreichung der Angebote vorgegeben.[45] Ab

---

[36] VK Südbayern 5.8.2022 – 3194.Z3-3_01-22-29, VPRRS 2022, 0239.
[37] OLG Stuttgart 24.11.2008 – 10 U 97/08, BeckRS 2009, 3038.
[38] VK Südbayern 5.8.2022 – 3194.Z3-3_01-22-29, VPRRS 2022, 0239; VK Bund 16.7.2002 – VK 2-50/02, IBRRS 2013, 3939; HK-VergabeR/Franzius VOB/A § 10 Rn. 16.
[39] VK Südbayern 5.8.2022 – 3194.Z3-3_01-22-29, VPRRS 2022, 0239, die eine Bindefrist von 138 Tagen statt der Regelfrist von 60 Tagen in EU-Bauvergaben für rechtswidrig erklärt hat; OLG Düsseldorf 9.7.1999 – 12 U 91/98, IBR 1999, 520 = BauR 1999, 1288.
[40] VK Südbayern 5.8.2022 – 3194.Z3-3_01-22-29, VPRRS 2022, 0239.
[41] BGH 21.11.1991 – VII ZR 203/90, NJW 1992, 827.
[42] HK-VergabeR/Franzius VOB/A § 10 Rn. 15.
[43] BGH 21.11.1991 – VII ZR 203/90, NJW 1992, 827 (828); OLG Köln 27.5.1992 – 13 U 23/90, IBR 1992, 439. Die VK Südbayern 5.8.2022 – 3194.Z3-3_01-22-29, VPRRS 2022, 0239 hat eine Bindefrist von 138 Tagen statt der Regelfrist von 60 Tagen in EU-Bauvergaben für rechtswidrig erklärt.
[44] OLG Hamm 6.12.1995 – 25 U 66/94, IBR 1996, 53 = BauR 1996, 243.
[45] HK-VergabeR/Franzius VOB/A § 10 Rn. 6; Ingenstau/Korbion/von Wietersheim VOB/A § 10 Rn. 3.

4. Fristende

Nach S. 5 ist das Ende der Bindefrist durch Angabe eines Kalendertages zu bezeichnen. Die Bindefrist ist in der Auftragsbekanntmachung anzugeben und in der Aufforderung zur Abgabe eines Angebotes zu wiederholen. Die bloße Angabe,

„Der Bieter hält sich auf die Dauer von 8 Wochen – beginnend mit dem Eingang des Angebotes – an sein Angebot gebunden",

ist danach unzulässig.[47]

5. Verlängerung

Von der Festsetzung einer über der Regelobergrenze von 60 Kalendertagen liegenden Bindefrist ist der Fall zu unterscheiden, dass die ursprüngliche Bindefrist nachträglich zu verlängern ist. Eine solche Verlängerung ist nach allg. Auffassung zulässig.[48] Sie muss allerdings **sachlich geboten** sein.[49] Anlass für eine sachlich gebotene Verlängerung kann zB die Notwendigkeit der Durchführung von Aufklärungsgesprächen oder ein unerwartet hoher Prüfungs- und Wertungsaufwand für zahlreiche Angebote und (zulässigerweise eingereichter) Nebenangebote sein. Zur Prüfung und Wertung eines Nebenangebotes sind Nachforschungen allerdings nur iRd verfügbaren Erkenntnismöglichkeiten und innerhalb der zeitlichen Grenzen der Bindefrist anzustellen.[50] Eine Verlängerung der Bindefrist für die Prüfung von Nebenangeboten ist daher nur dann zulässig, wenn der Bieter seiner Pflicht, sein Nebenangebot in allen wertungsrelevanten Gesichtspunkten vollständig und verständlich darzustellen, nachgekommen ist.

Die Notwendigkeit einer Verlängerung der Bindefrist ergibt sich häufig nach der **Einleitung eines Nachprüfungsverfahrens.** Das mit der Information des Auftraggebers über den Nachprüfungsantrag einhergehende **Zuschlagsverbot** gem. § 169 Abs. 1 GWB wirkt sich nicht auf laufende Bindefristen aus, so dass diese um die voraussichtliche Dauer des Nachprüfungsverfahrens[51] zu verlängern sind.

Die Bindefrist kann nur im Einvernehmen mit den Bietern verlängert werden. Ihre **einseitige Verlängerung** durch den Auftraggeber ist **nicht möglich.**[52] Lässt sich absehen, dass der Auftrag nicht innerhalb der vorgesehenen Bindefrist erteilt werden kann, ist mit den Bietern rechtzeitig vor Fristablauf eine angemessene Verlängerung der Bindefrist zu vereinbaren.[53]

---

[46] OLG München 23.6.2009 – Verg 8/09, BeckRS 2009, 17241; BayObLG 1.10.2001 – Verg 6/01, BeckRS 2001, 9796; VG Köln 21.11.2013 – 16 K 6287/11, BeckRS 2013, 59302.
[47] LG Koblenz 4.11.1992 – 15 O 125/92, IBR 1994, 9.
[48] KG 5.10.2007 – 21 U 52/07, NZBau 2008, 180; OLG Düsseldorf 29.12.2001 – Verg 22/01, NZBau 2002, 578; VK Bund 23.1.2007 – VK 1–08/07, BeckRS 2007, 142833; Ingenstau/Korbion/von Wietersheim VOB/A § 10 Rn. 32.
[49] BayObLG 21.5.1999 – Verg 1/99, NZBau 2000, 49 (51).
[50] VK Bund 25.3.2003 – VK 1–11/03, BeckRS 2003, 152834.
[51] Im Regelfall mindestens sieben Wochen gem. §§ 167 Abs. 1 S. 1, 173 Abs. 1 GWB.
[52] BayObLG 21.5.1999 – Verg 1/99, NZBau 2000, 49 (51).
[53] Die Verlängerung der Bindefrist verstößt nicht gegen § 15 Abs. 1 VOB/A, OLG Düsseldorf 29.12.2001 – Verg 22/01, BeckRS 9998, 26297 = VergabeR 2002, 267 (269); OLG Jena 13.10.1999 – 6 Verg 1/99, NZBau 2001, 39 (40); OLG Dresden 14.4.2000 – WVerg 0001/00, BauR 2000, 1591 (1593).

27 Die **Zustimmung zur Verlängerung der Bindefrist** kann ausdr. oder konkludent erfolgen.[54] Vergaberechtliche Sondervorschriften existieren dazu nicht. Wird vor Ablauf der Bindefrist ein Nachprüfungsverfahren eingeleitet, liegt darin zugleich die Erklärung des betreffenden Bieters, an seinem Angebot auch nach Ablauf der Bindefrist festhalten zu wollen. Das Betreiben eines Nachprüfungsverfahrens mit dem Ziel, die Zuschlagschancen zu wahren, ist als **stillschweigende Verlängerung** der Bindefrist auszulegen.[55] Unerheblich ist, ob der Nachprüfungsantrag vor oder nach Ablauf der Bindefrist gestellt wird.[56] Gleichsam liegt in einem vor Ablauf der Bindefrist zugegangenen Rügeschreiben eine stillschweigende Verlängerung der Bindefrist.[57] Auch nach Ablauf der Bindefrist ist von einer stillschweigenden Verlängerung der Bindefrist bei den am Vergabeverfahren beteiligten Bietern auszugehen, solange sie ihr Angebot nicht zurückziehen.[58]

28 **Mit welchen Bietern** die Verlängerung der Bindefrist zu vereinbaren ist, hängt von den Umständen des Einzelfalls ab. Generell gilt, dass der Auftraggeber nur diejenigen Bieter, die abhängig von dem jew. Verfahrensstand für den Zuschlag in Betracht kommen, um eine Verlängerung der Bindefrist bitten muss.[59] Sofern die Prüfung und Wertung der Angebote noch nicht stattgefunden hat, sind alle Bieter aufzufordern, die Bindefrist zu verlängern.[60] Ist die Angebotswertung bereits fortgeschritten, reicht es aus, wenn die Bieter, deren Angebote in die engere Wahl gekommen sind, zur Verlängerung der Bindefrist aufgefordert werden.[61] Lässt sich der Auftraggeber in dieser Situation nur von einem Bieter die Bindefrist verlängern, verstößt dies gegen den Gleichbehandlungsgrundsatz.[62] Ist die Angebotswertung hingegen abgeschlossen und steht die Reihenfolge der Bieter fest, ist die Verlängerung der Bindefrist nur mit dem bestplatzierten Bieter zulässig.[63] Im Verhandlungsverfahren kann die Verlängerung der Bindefrist mit nur einem Bieter hingegen gegen den Gleichbehandlungsgrundsatz verstoßen, sofern die Angebote in dem jew. Verfahrensstadium noch veränderbar sind.[64]

29 Die **Zustimmung** zur Verlängerung der Bindefrist muss **ohne Vorbehalt** erklärt werden.[65] Die vorbehaltlose Einwilligung zur Bindefristverlängerung konserviert die ansonsten ablaufende Bindefrist, sie ändert aber nicht den Inhalt des Angebotes

---

[54] VK Nordbayern 19.11.2008 – 21.VK-3194-50/08, BeckRS 2008, 46612.

[55] OLG Rostock 25.9.2013 – 17 Verg 3/13, BeckRS 2013, 17782; OLG München 11.5.2007 – Verg 4/07, NJOZ 2008, 2351 (2352); OLG Schleswig 8.5.2007 – 1 Verg 2/07, IBR 2007, 388; VK Bund 26.2.2007 – VK 2–9/07, IBRRS 2007, 2891.

[56] OLG München 23.6.2009 – Verg 8/09, BeckRS 2009, 17241 = VergabeR 2009, 942 (945); OLG Schleswig 8.5.2007 – 1 Verg 2/07, BeckRS 2008, 7858; VK Bund 26.2.2007 – VK 2–9/07, IBRRS 2007, 2891.

[57] OLG München 11.5.2007 – Verg 4/07, NJOZ 2008, 2351 (2352).

[58] OLG München 23.6.2009 – Verg 8/09, BeckRS 2009, 17241 = VergabeR 2009, 942 (945); 11.5.2007 – Verg 4/07, NJOZ 2008, 2351 (2352).

[59] OLG Jena 30.10.2006 – 9 Verg 4/06, BeckRS 9998, 65774; OLG Naumburg 13.10.2006 – 1 Verg 7/06, BeckRS 2006, 12149; OLG Düsseldorf 29.12.2001 – Verg 22/01, NZBau 2002, 578 (579).

[60] Ingenstau/Korbion/von Wietersheim VOB/A § 10 Rn. 32.

[61] BGH 10.6.2008 – X ZR 78/07, BeckRS 2008, 15904 = VergabeR 2008, 782 (784); OLG Naumburg 13.5.2003 – 1 Verg 2/03, NZBau 2004, 62 (63); BayObLG 21.5.1999 – Verg 1/99, NZBau 2000, 49 (51).

[62] OLG München 29.9.2009 – Verg 12/09, BeckRS 2009, 27005 = VergabeR 2010, 238 (242); 23.6.2009 – Verg 8/09, BeckRS 2009, 17241 = VergabeR 2009, 942 (945).

[63] Kaiser VergabeR 2009, 947.

[64] Kaiser VergabeR 2009, 947.

[65] BayObLG 21.8.2002 – Verg 21/02, BeckRS 2002, 08123; HK-VergabeR/Franzius VOB/A § 10 Rn. 34.

(→ Rn. 34).[66] Macht der Bieter seine Zustimmung hingegen von Bedingungen abhängig, so erlischt sein Angebot mit Ablauf der Bindefrist. Sein modifiziertes Angebot kann nicht beauftragt werden, weil es dem Nachverhandlungsverbot gem. § 15 EU Abs. 3 VOB/A unterliegt.[67] Das Angebot eines Preisnachlasses für den Fall der Verlängerung der Zuschlags- und Bindefrist ist ein unzulässiges Nachverhandeln und daher auszuschließen.[68] Gleiches gilt, wenn die Zustimmung davon abhängig gemacht wird, dass wegen der verschobenen Bauzeit ein Nachtrag anerkannt wird.[69] Das gilt auch dann, wenn der Bieter nach Fristablauf erklärt, er stimme neuerlichen Bindefristverlängerungen nunmehr ohne Vorbehalt zu oder wenn auf den Vorbehalt später verzichtet wird.[70]

Wird die Bindefrist vor deren Ablauf im Einvernehmen mit den verbliebenen Bietern verlängert, stellt das Zuschlagsschreiben die Annahme des Angebotes und nicht ein neues Angebot dar. Für die Wirksamkeit des Zuschlags ist eine Annahmeerklärung durch den Bieter nicht erforderlich.[71]

Allein durch den **Ablauf von Bindefristen** endet das Vergabeverfahren nicht.[72] Ein Angebot ist also nicht allein deshalb auszuschließen, weil die Bindefrist verstrichen ist. Auch wenn ein Angebot gem. den §§ 146, 148 BGB wegen Ablaufs der Bindefrist zivilrechtlich erloschen ist, ist das Angebot nicht zugleich vergaberechtlich hinfällig.[73] Der Ablauf der Bindefrist führt mithin nicht dazu, dass in dem betreffenden Vergabeverfahren kein Zuschlag mehr erteilt werden kann.[74] Die **Folge des Ablaufs der Bindefrist** ist nur, dass der Bieter zivilrechtlich nicht mehr an sein Angebot gebunden ist, so dass sich der Zuschlag nunmehr als neues Angebot des Auftraggebers iSv § 150 Abs. 1 BGB darstellt. In diesem Fall hängt der wirksame Vertragsschluss nach § 150 Abs. 1 BGB von der Annahme durch den Bieter ab.[75]

---

[66] BGH 10.9.2009 – VII ZR 82/08, BeckRS 2009, 25390 = VergabeR 2010, 70 (71); 10.9.2009 – VII ZR 152/08, NZBau 2009, 771 (773); HK-VergabeR/Franzius VOB/A § 10 Rn. 34.
[67] OLG Dresden 8.11.2002 – WVerg 19/02, BeckRS 2002, 17325 = VergabeR 2003, 333 (335); HK-VergabeR/Franzius VOB/A § 10 Rn. 33.
[68] BayObLG 21.8.2002 – Verg 21/02, BeckRS 2002, 08123.
[69] OLG Dresden 8.11.2002 – WVerg 19/02, BeckRS 2002, 17325 = VergabeR 2003, 333 (335).
[70] OLG Dresden 8.11.2002 – WVerg 19/02, BeckRS 2002, 17325 = VergabeR 2003, 333 (335).
[71] OLG Dresden 25.9.2000 – WVerg 0004/00, BeckRS 9998, 04025. S. dazu BayObLG 26.4.2023 – Verg 16/22, VPRRS 2023, 0112.
[72] BayObLG 11.1.2023 – Verg 2/21, VPRRS 2023, 0029; 21.5.1999 – Verg 1/99, NZBau 2000, 49 (50).
[73] BayObLG 11.1.2023 – Verg 2/21, VPRRS 2023, 0029; OLG Düsseldorf 9.12.2008 – Verg 70/08, BeckRS 2009, 10367; OLG Celle 30.1.2020 – 13 Verg 14/19, BeckRS 2020, 966.
[74] BGH 28.10.2003 – X ZR 248/02, NZBau 2004, 166 (167); OLG Düsseldorf 1.10.2012 – VII-Verg 34/12, BeckRS 2012, 23822; OLG Dresden 28.7.2011 – Verg 5/11, BeckRS 2011, 28418; OLG München 23.6.2009 – Verg 8/09, BeckRS 2009, 17241 = VergabeR 2009, 942 (945); OLG Düsseldorf 20.2.2007 – Verg 3/07, BeckRS 2007, 17753; OLG Frankfurt a. M. 5.8.2003 – 11 Verg 1/02, IBRRS 2003, 2206.
[75] OLG Düsseldorf 12.12.2012 – VII-Verg 38/12, BeckRS 2013, 3105; OLG Dresden 28.7.2011 – Verg 5/11, BeckRS 2011, 28418; OLG Düsseldorf 4.2.2009 – Verg 70/08, BeckRS 2009, 29066; 20.2.2007 – Verg 3/07, BeckRS 2007, 17753; OLG Naumburg 1.9.2004 – 1 Verg 11/04, BeckRS 2004, 10166; OLG Frankfurt a. M. 5.8.2003 – 11 Verg 1/02, IBRRS 2003, 2206; BayObLG 1.10.2001 – Verg 6/01, BeckRS 2001, 09796 = VergabeR 2002, 63 (66); OLG Hamburg 25.2.2002 – 1 Verg 1/01, NZBau 2002, 519; OLG Dresden 14.4.2000 – WVerg 0001/00, BeckRS 2000, 31361816; aA OLG Jena 30.10.2006 – 9 Verg 4/06, NZBau 2007, 195 (196).

32 Aufgrund seiner **haushaltsrechtlichen Verpflichtungen** ist der öffentliche Auftraggeber damit nicht gehindert und im Regelfall sogar verpflichtet, den Zuschlag zu erteilen, auch wenn die Bindefrist abgelaufen ist.[76] Damit ist es auch unzulässig, eine Ausschreibung nur deshalb aufzuheben, weil die Bindefristen der Angebote der engeren Wahl abgelaufen sind, die betroffenen Bieter aber weiterhin zum Vertragsschluss bereit sind.[77] In diesen Fällen kann und muss der Auftraggeber auch nach Ablauf der Zuschlags- und Bindefrist um eine Verlängerung der Bindefrist bitten.[78]

6. Vergabeverfahrensrisiko

33 Verzögert sich die Zuschlagserteilung, gehen damit zumeist auch **Verschiebungen der ausgeschriebenen Ausführungsfristen sowie Preissteigerungen** (etwa für höhere Material-, Personal- und Unterauftragnehmerkosten) einher. In diesen Fällen stellt sich die Frage, wer die mit der **Verzögerung des Verfahrens** verbundenen Risiken, namentlich in Form von Mehrvergütungsansprüchen des Auftragnehmers und Anpassungen der Bauzeit, zu tragen hat. In mehreren Urteilen seit Mai 2009 hat der BGH klargestellt, dass der Auftraggeber das sog. Vergabeverfahrensrisiko trägt.[79] In seiner Grundsatzentscheidung v. 11.5.2009[80] hat der BGH dazu festgestellt:

> „Die Verzögerung des Vergabeverfahrens darf nicht zu Lasten des Bieters gehen, der sich im Wettbewerb durchgesetzt hat. Die Einrichtung des Vergaberechtsschutzes nach dem Vierten Teil des Gesetzes gegen Wettbewerbsbeschränkungen soll die Rechtsstellung der Bieter gegenüber den Auftraggebern stärken, nicht schwächen. Wird diese Rechtsposition – oder andere Rechtspositionen im Unterschwellenbereich – in Anspruch genommen, darf das nicht dazu führen, dass die Bieterseite am Ende wirtschaftlich schlechter dasteht als zuvor, indem die Verzögerungskosten auf sie übergewälzt werden. Bestünde diese latente Gefahr, würde der Rechtsschutz dadurch entwertet."

34 Diese Grundsätze reichen über das Nachprüfungsverfahren als Ursache für die Verzögerung der Zuschlagserteilung hinaus. Der BGH hat hervorgehoben, dass den **Auftraggeber** das **Vergabeverfahrensrisiko bei allen verfahrenstypischen Verzögerungen** trifft.[81] Insbes. kann er sich als Herr des Verfahrens nicht auf ein

---

[76] BGH 28.10.2003 – X ZR 248/02, NZBau 2004, 166 (167); BayObLG 11.1.2023 – Verg 2/21, VPRRS 2023, 0029; OLG Celle 30.1.2020 – 13 Verg 14/19, BeckRS 2020, 966; OLG München 23.6.2009 – Verg 8/09, BeckRS 2009, 17241 = VergabeR 2009, 942 (945); OLG Düsseldorf 9.12.2008 – Verg 70/08, BeckRS 2009, 10367; OLG Frankfurt a. M. 5.8.2003 – 11 Verg 1/02, BeckRS 9998, 26371 = VergabeR 2003, 725 (729); BayObLG 15.7.2002 – Verg 15/02, BeckRS 2002, 8320 = VergabeR 2002, 534 (536).

[77] OLG Naumburg 13.10.2006 – 1 Verg 6/06, NJOZ 2007, 261 (273).

[78] OLG Dresden 28.7.2011 – Verg 5/11, BeckRS 2011, 28418; OLG Celle 2.12.2010 – 13 Verg 12/10, BeckRS 2011, 528; OLG Düsseldorf 20.2.2007 – Verg 3/07, IBRRS 2007, 4334; VK Bund 5.4.2013 – VK 3–14/13, BeckRS 2013, 197671.

[79] BGH 8.3.2012 – VII ZR 202/09, BeckRS 2012, 8070 = VergabeR 2012, 611; 25.11.2010 – VII ZR 201/08, BeckRS 2011, 730 = VergabeR 2011, 448; 22.7.2010 – VII ZR 213/08, BeckRS 2010, 17916 = VergabeR 2010, 945; 10.9.2009 – VII ZR 255/08, BeckRS 2009, 26577; 10.9.2009 – VII ZR 152/08, NZBau 2009, 771; 11.5.2009 – VII ZR 11/08, NZBau 2009, 370; 10.1.2013 – VII ZR 37/11, NZBau 2013, 190: die Risikoverteilung verstößt nicht gegen europarechtliche Vorgaben.

[80] BGH 11.5.2009 – VII ZR 11/08, NZBau 2009, 370 (374).

[81] BGH 11.5.2009 – VII ZR 11/08, NZBau 2009, 370 (375); vgl. auch OLG Hamm 26.6.2008 – 21 U 17/08, IBRRS 2008, 1800 = VergabeR 2009, 52 (58); KG 5.10.2007 – 21 U 52/07, BeckRS 2008, 00747; VK Brandenburg 30.9.2008 – VK 30/08, IBR 2008, 675;

fehlendes Verschulden an der Verzögerung berufen; unerheblich ist daher, ob das gegen ihn eingeleitete Nachprüfungsverfahren erfolglos war.[82] Entspr. Erklärungen zur Bindefristverlängerung sind regelmäßig so zu verstehen, dass sie im Einklang mit vergaberechtlichen Bestimmungen stehen.[83] Wird die Bindefrist verlängert, ohne dass sich die Beteiligten zu einer etwaigen Neubestimmung damit kollidierender Ausführungsfristen erklärt haben, wird im Falle des Zuschlags das ursprüngliche Angebot mit den darin enthaltenen Ausführungsfristen Vertragsinhalt, auch wenn die ausgeschriebenen Fristen und Termine nicht mehr eingehalten werden können.[84] Eines vom Bieter anlässlich der **Verlängerung der Bindefrist** erklärten Vorbehalts zur Geltendmachung etwaiger Mehrvergütungsansprüche bzw. einer Verlängerung der Bauzeit bedarf es nicht. Die vorbehaltlose Bindefristverlängerung lässt das Angebot inhaltlich unberührt.[85] Die Zustimmung zur Bindefristverlängerung kann indessen nicht dahin ausgelegt werden, dass der Bieter sein Angebot in preislicher Hinsicht trotz eines veränderten Ausführungsbeginns aufrechterhalten will. Die Bindefristverlängerung hat vielmehr nur die Bedeutung, dass das ursprüngliche Vertragsangebot inhaltlich konserviert und die rechtsgeschäftliche Bindungsfrist iSd § 148 BGB verlängert werden soll.[86] Aussagen dazu, was vertraglich zu gelten hat, wenn die Ausführungsfristen der Ausschreibung und des Angebots nicht mehr eingehalten werden können, sind damit nicht verbunden. Insbesondere ändert der Bieter hiermit nicht sein Angebot hinsichtlich der Ausführungstermine ab.[87] Behält sich der Bieter anlässlich der Bindefristverlängerung die Geltendmachung einer Mehrvergütung sowie einer Bauzeitanpassung vor, erfolgt damit ebenfalls keine Änderung des Angebotsinhalts.[88] Jedoch hat der Auftragnehmer nach Zuschlag einen Anspruch auf **Anpassung der Bauzeit** unter Berücksichtigung der Umstände des Einzelfalles und sinngemäßer Anwendung des § 6 Abs. 3, 4 VOB/B. Die Vergütung ist in Anlehnung an die Grundsätze des § 2 Abs. 5 VOB/B anzupassen.[89] Dabei ist für den **Mehrvergütungsanspruch** des Auftragnehmers nicht die Verzögerung des

---

OLG Hamm 5.12.2006 – 24 U 58/05, NZBau 2007, 312 (313); LG Berlin 15.11.2006 – 23 O 148/06, BeckRS 2009, 12603; OLG Jena 22.3.2005 – 8 U 318/04, NZBau 2005, 341 (343).

[82] BGH 11.5.2009 – VII ZR 11/08, NZBau 2009, 370 (374).

[83] BGH 25.11.2010 – VII ZR 201/08, BeckRS 2011, 00730 = VergabeR 2011, 448 (450); 10.9.2009 – VII ZR 152/08, NZBau 2009, 771 (772).

[84] BGH 22.7.2010 – VII ZR 213/08, BeckRS 2010, 17916 = VergabeR 2010, 945 (948); 11.5.2009 – VII ZR 11/08, NZBau 2009, 370 (373).

[85] BGH 10.9.2009 – VII ZR 82/08, BeckRS 2009, 25390 = VergabeR 2010, 70 (71); 10.9.2009 – VII ZR 152/08, NZBau 2009, 771 (773).

[86] BGH 10.9.2009 – VII ZR 82/08, BeckRS 2009, 25390 = VergabeR 2010, 70 (71); 10.9.2009 – VII ZR 152/08, NZBau 2009, 771 (773).

[87] BGH 25.11.2010 – VII ZR 201/08, BeckRS 2011, 00730 = VergabeR 2011, 448 (449).

[88] BGH 25.11.2010 – VII ZR 201/08, BeckRS 2011, 00730 = VergabeR 2011, 448 (449); 10.9.2009 – VII ZR 82/08, BeckRS 2009, 25390 = VergabeR 2010, 70 (71).

[89] BGH 22.7.2010 – VII ZR 213/08, BeckRS 2010, 17916 = VergabeR 2010, 945 (949); 11.5.2009 – VII ZR 11/08, NZBau 2009, 370 (373); OLG Hamm 26.6.2008 – 21 U 17/08, IBRRS 2008, 1800 = VergabeR 2009, 52 (58); OLG Jena 22.3.2005 – 8 U 318/04, NZBau 2005, 341; VK Sachsen 15.5.2007 – 1/SVK/028-07, BeckRS 2007, 141806; LG Berlin 15.11.2006 – 23 O 148/06, BeckRS 2009, 12603. Wird die Bindefrist verlängert, ohne dass es dadurch zu einer Änderung der Ausführungsfristen kommt, besteht hingegen kein Mehrvergütungsanspruch, BGH 10.9.2009 – VII ZR 82/08, BeckRS 2009, 25390 = VergabeR 2010, 70 (71). Das gilt selbst dann, wenn sich die Kalkulationsgrundlagen des Auftragnehmers ausschl. aufgrund der verlängerten Bindefrist geändert haben. Gleiches gilt im Verhandlungsverfahren, wenn der Bieter nicht die Verhandlungen nutzt, den Vertragsschluss von der Anpassung des Preises für die durch die Verzögerung entstandenen Mehrkosten zu machen, BGH 10.9.2009 – VII ZR 255/08, BeckRS 2009, 26577.

Zuschlags an sich maßgeblich, sondern die Frage, in welchem Umfang sich hierdurch die Ausführungsfristen und als weitere Folge hiervon die Preise geändert haben.[90] Der Mehrvergütungsanspruch besteht demnach nur, soweit die Verzögerung des Vergabeverfahrens auch zu einer Verschiebung der Bauzeit geführt hat und die Bauzeitverschiebung kausal für die entstandenen Mehrkosten geworden ist.[91] Ändern sich durch die verspätete Zuschlagserteilung allein die Kalkulationsgrundlagen, kann daraus allein kein Mehrvergütungsanspruch hergeleitet werden.[92] Die Preisanpassung ist auf der Grundlage der tatsächlichen **Mehr- oder Minderkosten**, die dem Auftragnehmer durch die veränderte Bauzeit entstanden sind, durchzuführen.[93] Zu ersetzen ist die Differenz der Kosten, die dem Auftragnehmer bei Ausführung der Leistung im ausgeschriebenen Zeitraum entstanden wären, im Vergleich zu denjenigen Kosten, die im nun verschobenen Ausführungszeitraum entstanden sind.[94] Hinsichtlich der Kosten, die im ausgeschriebenen Zeitraum entstanden wären, ist auf die Marktpreise abzustellen, sofern keine anderen Anhaltspunkte vorliegen. Lehnt der Auftraggeber die Anpassung schon dem Grunde nach ab, besteht keine Pflicht, die Arbeit aufzunehmen. Kündigt der Auftraggeber in diesen Fällen den Vertrag, so ist die Kündigung nach § 8 Abs. 1 VOB/B zu behandeln.[95]

7. Angebotsbindung

35   Der Bieter ist während der Bindefrist an sein Angebot gebunden. Auf ein grundlos zurückgezogenes Angebot darf der Zuschlag erteilt werden. Weigert sich der Bieter, den Auftrag auszuführen, kann der Auftraggeber nach Kündigung gem. § 8 Abs. 3 VOB/B Schadensersatz beanspruchen.[96] Aus dem Nachverhandlungsverbot in § 15 EU Abs. 3 VOB/A folgt auch, dass im offenen und nicht offenen Verfahren während der laufenden Bindefrist keine Änderungen am Angebot vorgenommen werden dürfen.[97] Vom Nachverhandlungsverbot sind namentlich die wesentlichen Elemente des Angebots – und dazu gehören auch die künftigen Vertragsparteien – umfasst. Änderungen am Angebot, die Bieter und Auftraggeber im Zusammenwirken nicht vereinbaren dürfen, darf der Bieter auch nicht allein vornehmen. Die Verschmelzung eines Bieterunternehmens kraft Eintragung in das Handelsregister während der Bindefrist führt danach zu einer Auswechslung des Bieters und stellt eine unzulässige inhaltliche Änderung des Angebotes dar.[98] Anders als in Vergabeverfahren, in denen mangels zulässiger Verhandlungen über den Angebotsinhalt ein **Bieterwechsel** nach Angebotsabgabe zu Rechtsunsicherheit und Intransparenz führt, weil Wirksamwerden und Zeitpunkt des Bieterwechsels nicht offenbar werden, besteht mangels Nachverhandlungsverbot im Verhandlungsverfahren grds. die Gelegenheit, Änderungen in der Person des Bieters, die noch während der Verhand-

---

[90] BGH 22.7.2010 – VII ZR 213/08, BeckRS 2010, 17916 = VergabeR 2010, 945 (952); 10.9.2009 – VII ZR 82/08, BeckRS 2009, 25390 = VergabeR 2010, 70 (72).
[91] BGH 8.3.2012 – VII ZR 202/09, BeckRS 2012, 8070 = VergabeR 2012, 611 (613); Althaus VergabeR 2012, 616.
[92] BGH 10.9.2009 – VII ZR 152/08, NZBau 2009, 771 (774); 10.9.2009 – VII ZR 82/08, BeckRS 2009, 25390 = VergabeR 2010, 70 (71).
[93] BGH 8.3.2012 – VII ZR 202/09, BeckRS 2012, 8070 = VergabeR 2012, 611 (613).
[94] BGH 8.3.2012 – VII ZR 202/09, BeckRS 2012, 8070 = VergabeR 2012, 611 (613).
[95] OLG Jena 22.3.2005 – 8 U 318/04, NZBau 2005, 341.
[96] BGH 24.11.2005 – VII ZR 87/04, NZBau 2006, 390; OLG Hamm 6.12.1995 – 25 U 66/94, BauR 1996, 243; OLG Köln 27.5.1992 – 13 U 23/90, IBR 1992, 439.
[97] OLG Düsseldorf 25.4.2012 – Verg 61/11, ZfBR 2012, 613.
[98] OLG Düsseldorf 18.10.2006 – VII-Verg 30/06, BeckRS 2006, 13426 = VergabeR 2007, 92 (93 f.); 25.5.2005 – Verg 8/05, VPRRS 2013, 0291; 11.10.2006 – Verg 34/06, BeckRS 2007, 04399.

lungsphase eintreten, transparent vorzunehmen.[99] Wird ein Angebot im **Verhandlungsverfahren** auf Verlangen des Auftraggebers modifiziert (**"optimiertes Angebot"**), erlischt das ursprüngliche Angebot gem. § 146 BGB, da der Bieter mit der Abgabe des modifizierten Angebotes zum Ausdruck bringt, dass er das ursprüngliche Angebot nur in der modifizierten, jew. aktuellen Fassung gegen sich gelten lassen möchte. Im Verhandlungsverfahren gibt es somit stets nur ein Angebot eines Bieters, das im Laufe des Verfahrens modifiziert und aktualisiert oder ausdr. unverändert aufrecht erhalten bleibt (vgl. auch → VgV § 17 Rn. 20).[100]

Die Bindefrist trägt dem wirtschaftlichen Sicherungsinteresse des Auftraggebers Rechnung. Deshalb kann die **Bindungswirkung** eines Angebotes **nur in Ausnahmefällen** beseitigt werden. Eine Lösung vom Angebot kommt nur nach zivilrechtlichen Grundsätzen (zB durch Anfechtung gem. § 119 Abs. 1 BGB wegen eines Erklärungsirrtums[101] oder durch Berufung auf den Wegfall bzw. die Änderung der Geschäftsgrundlage gem. § 313 BGB) in Betracht. Dabei ist zu beachten, dass der Auftraggeber nicht verpflichtet ist, Angebote auf Kalkulationsfehler zu überprüfen oder weitere Ermittlungen anzustellen. Das bloße Vorliegen eines Kalkulationsfehlers genügt also nicht. Dies kann ausnahmsweise anders sein, wenn sich der **Kalkulationsirrtum** und seine unzumutbaren Folgen für den Bieter aus dessen Angebot oder an dem Auftraggeber sonst bekannten Umständen geradezu aufdrängen.[102] 36

Ausnahmsweise kann der Auftraggeber daran gehindert sein, den Zuschlag zu erteilen, wenn der Zuschlag sich als **unzulässige Rechtsausübung** (§ 242 BGB) darstellen würde. Allein die Kenntnis eines Kalkulationsirrtums genügt dafür jedoch nicht. Ob der Auftraggeber treuwidrig handelt, ist eine Frage der Umstände des Einzelfalles. Dabei kommt dem **Ausmaß des Kalkulationsirrtums** und seiner wirtschaftlichen Folgen für den Bieter zentrale Bedeutung zu. Eine unzulässige Rechtsausübung ist jedenfalls dann anzunehmen, wenn der Auftraggeber den Kalkulationsfehler erkennt und der Fehler so gewichtig ist, dass die Vertragsdurchführung für den Bieter schlechthin unzumutbar wäre, etwa weil dieser dadurch in erhebliche wirtschaftliche Schwierigkeiten geriete.[103] Beruht das Angebot auf einem Kalkulationsirrtum des Bieters, kann die Zuschlagserteilung auch dann unzulässig sein, wenn der öffentliche Auftraggeber bei wirtschaftlicher Betrachtung ersichtlich nicht davon ausgehen kann, dass der Bieter sich mit dem irrig kalkulierten Preis als auch nur annähernd äquivalente Gegenleistung für die von ihm zu erbringende Leistung begnügen kann. Als maßgebliches Indiz für einen insoweit erforderlichen erheblichen Kalkulationsirrtum spricht, wenn allein der **Abstand zum zweitgünstigsten Angebot besonders groß** ist.[104] 37

VII. Rechtsschutz

Die Bestimmungen über die von dem öffentlichen Auftraggeber einzuhaltenden Fristen dienen dem Ziel, gleiche Teilnahmebedingungen für alle Unternehmen zu 38

---

[99] OLG Düsseldorf 3.8.2011 – Verg 16/11, BeckRS 2011, 22545.
[100] OLG Brandenburg 16.2.2012 – Verg W 1/12, BeckRS 2012, 5195 = VergabeR 2012, 866 (872); VK Baden-Württemberg 4.8.2009 – 1 VK 30/09, BeckRS 2013, 57395.
[101] Nach OLG Karlsruhe 11.11.2011 – 15 Verg 11/11, BeckRS 2014, 14634 ist ein Angebot, bei dem der Bieter einem Erklärungsirrtum unterliegt und das daher anfechtbar ist, zwingend auszuschließen.
[102] BGH 7.7.1998 – X ZR 17–97, NJW 1998, 3192 (3193); OLG Nürnberg 30.5.1996 – 13 U 3675–95, NJW-RR 1998, 595.
[103] BGH 7.7.1998 – X ZR 17–97, NJW 1998, 3192 (3194).
[104] BGH 11.11.2014 – X ZR 32/14, BeckRS 2014, 23351; Ingenstau/Korbion/von Wietersheim VOB/A § 10 Rn. 37.

schaffen und Diskriminierungen auszuschließen. Abs. 1 ist somit eine bieterschützende Vorschrift.[105] Die Norm bezweckt, eine Beschränkung des Wettbewerbs durch zu kurze Fristsetzungen zu verhindern.[106] Den interessierten Unternehmen soll ein Mindestmaß an Zeit für die Erstellung eines ordnungsgemäßen Angebots zur Verfügung stehen, um Nachteile aufgrund einer nicht ordnungsgemäßen Angebotskalkulation zu vermeiden.[107] Im Nachprüfungsverfahren ist die Antragsbefugnis auch dann zu bejahen, wenn kein Angebot abgegeben wird, aber dargelegt wird, dass die zu kurze Angebotsfrist eine Angebotsabgabe verhindert hat.[108] Das Interesse am Auftrag ist in solchen Fällen hinreichend durch vorprozessuale Rüge und Nachprüfungsantrag dokumentiert (dazu iE → GWB § 160 Rn. 12).

39 Die **Vorinformation** nach Abs. 2 ist – da sie nicht dem Aufruf zum Wettbewerb dient – eine der eigentlichen Auftragsbekanntmachung vorgelagerte, rechtlich unverbindliche Absichtserklärung des Auftraggebers, einen bestimmten Bauauftrag vergeben zu wollen. Fehler iRd Vorinformation können nicht zum Gegenstand eines Nachprüfungsverfahrens gemacht werden, da § 12 EU Abs. 1 VOB/A nicht zu den Bestimmungen über das Vergabeverfahren gem. § 97 Abs. 6 GWB zählt. Etwas anderes gilt jedoch dann, wenn die Angebotsfrist verkürzt wird, ohne dass die Voraussetzungen des Abs. 2 vorliegen.[109]

40 Abs. 3 ist bieterschützend. Eine Verkürzung der Angebotsfrist brauchen die am Auftrag interessierten Unternehmen nur dann hinzunehmen, wenn der öffentliche Auftraggeber die **Dringlichkeit der Beschaffung** hinreichend begründen kann. Bei der Feststellung der Dringlichkeit steht dem öffentlichen Auftraggeber allerdings ein **Beurteilungsspielraum** zu, dessen Ausübung nach den in der Rspr. anerkannten Grundsätzen von den Vergabenachprüfungsinstanzen lediglich darauf zu überprüfen ist, ob er die Entscheidung auf der Grundlage eines zutreffend ermittelten Sachverhalts getroffen und diese nicht mit sachfremden Erwägungen, sondern willkürfrei sowie in Übereinstimmung mit hergebrachten Beurteilungsgrundsätzen begründet hat.[110]

41 Kann kein unentgeltlicher, uneingeschränkter und vollständiger direkter Zugang zu den Vergabeunterlagen gewährt werden, haben die Unternehmen – außer im Falle einer hinreichend begründeten Dringlichkeit – einen **Anspruch auf Verlängerung der Angebotsfrist** um fünf Kalendertage (Abs. 5). Diesen Anspruch können die Unternehmen in einem Nachprüfungsverfahren durchsetzen.

42 Die Informationspflicht und der Anspruch auf Verlängerung der Angebotsfrist nach Abs. 6 haben als Ausprägung des Gleichbehandlungs- und Wettbewerbsgrundsatzes bieterschützenden Charakter.[111] Erfolgt die Fristverlängerung kurz vor dem

---

[105] OLG Naumburg 30.4.2014 – 2 Verg 2/14, BeckRS 2014, 14969; 20.9.2012 – 2 Verg 4/12, BeckRS 2012, 21448, Anordnung der Aufhebung des Verfahrens; OLG Düsseldorf 19.6.2013 – VII-Verg 4/13, VPRRS 2013, 0795; VK Lüneburg 13.8.2014 – VgK-29/2014, BeckRS 2014, 17232; VK Sachsen-Anhalt 11.4.2011 – 1 VK LVwA 18/09, IBRRS 2012, 0451; VK Bund 17.4.2003 – VK 2–16/03, BeckRS 2003, 152835; VK Sachsen 9.12.2002 – 1/SVK/102-02, IBRRS 2003, 0171.
[106] OLG Naumburg 20.9.2012 – 2 Verg 4/12, BeckRS 2012, 21448.
[107] VK Bund 28.9.2005 – VK 2–120/05, BeckRS 2005, 152096.
[108] EuGH 12.2.2004 – C-230/02, NZBau 2004, 221; OLG Düsseldorf 19.6.2013 – VII-Verg 4/13, VPRRS 2013, 0795.
[109] EuGH 26.9.2000 – C-225/98, NJW 2000, 3629.
[110] OLG Düsseldorf 10.6.2015 – VII-Verg 39/14, BeckRS 2015, 10629; 17.7.2002 – Verg 30/02, BeckRS 2006, 01807.
[111] OLG München 25.3.2019 – Verg 10/18, BeckRS 2019, 5289; OLG Düsseldorf 28.3.2018 – VII-Verg 40/17, BeckRS 2018, 10390; OLG Koblenz 30.4.2014 – 1 Verg 2/14, BeckRS 2014, 9768; OLG Naumburg 23.7.2001 – 1 Verg. 2/01, BeckRS 2001, 31024383; VK Sachsen 24.8.2016 – 1/SVK/017-16, VPRRS 2016, 0435; 26.6.2009 – 1-SVK/024/09, BeckRS 2009, 23149; 24.4.2008 – 1/SVK/015-08, BeckRS 2008, 10072.

Ablauf der Angebotsfrist, sind ggf. inzwischen eingegangene Angebote ungeöffnet zu lassen, und den betreffenden Unternehmen ist Gelegenheit zur Abgabe neuer Angebote zu geben.

Bieter haben oberhalb der Schwellenwerte einen **Anspruch auf Einhaltung der Bindefristen.** Bieterschützend ist insbes. das Gebot, die Bindefrist so kurz wie möglich und nicht länger zu bemessen, als für eine zügige Prüfung und Wertung der Angebote benötigt wird.[112] Gleiches gilt für die Pflicht, das Ende der Bindefrist durch die Angabe eines Kalendertages zu bezeichnen. 43

Ein Bieter, der keine Zustimmung zur Verlängerung der Bindefrist abgibt, scheidet nicht aus dem Vergabeverfahren aus. Dessen **Antragsbefugnis** (§ 160 Abs. 2 S. 2 GWB) entfällt dadurch nicht (→ GWB § 160 Rn. 11).[113] Es verstößt gegen den Gleichbehandlungsgrundsatz, wenn sich der Auftraggeber nur von einem Bieter die Bindefrist verlängern lässt (näher → Rn. 28). Wird deshalb ein Bieter, der Anspruch auf weitere Teilnahme am Vergabeverfahren hat, nicht zur Verlängerung der Bindefrist aufgefordert, bleibt dessen Angebot im Vergabeverfahren.[114] 44

Da Angebots- und Bindefristen in der Auftragsbekanntmachung anzugeben sind, besteht bei Verstößen die **Rügeobliegenheit** nach § 160 Abs. 3 S. 1 Nr. 2 GWB. Ein Bieter, der mehrfach vorbehaltlos seine Zustimmung zu einer Bindefristverlängerung abgibt, kann zu einem späteren Zeitpunkt mit vergaberechtlichen Einwendungen, die auf der Bindefristverlängerung beruhen, nicht mehr gehört werden.[115] 45

Die mehrfache Verlängerung der Bindefrist rechtfertigt für sich genommen nicht die **Aufhebung** des Verfahrens. Vielmehr genießt ein Bieter im Interesse einer fairen Risikobegrenzung Vertrauensschutz davor, dass seine Amortisationschance durch zusätzliche Risiken vollständig beseitigt wird, die in den vergaberechtlichen Bestimmungen keine Grundlage finden.[116] 46

§ 10b EU Fristen im nicht offenen Verfahren

(1) **Beim nicht offenen Verfahren beträgt die Teilnahmefrist mindestens 30 Kalendertage, gerechnet vom Tag nach Absendung der Auftragsbekanntmachung oder der Aufforderung zur Interessensbestätigung.**

(2) **Die Angebotsfrist beträgt mindestens 30 Kalendertage, gerechnet vom Tag nach Absendung der Aufforderung zur Angebotsabgabe.**

(3) ¹**Die Angebotsfrist nach Absatz 2 kann auf zehn Kalendertage, gerechnet vom Tag nach Absendung der Aufforderung zur Angebotsabgabe, verkürzt werden.** ²**Voraussetzung dafür ist, dass eine Vorinformation nach dem vorgeschriebenen Muster gemäß § 12 EU Absatz 1 Nummer 2¹ mindestens 35 Kalendertage, höchstens aber zwölf Monate vor dem Tag der Absendung der Auftragsbekanntmachung an das Amt für Veröffentlichungen der Europäischen Union abgesandt wurde.** ³**Diese Vorinformation muss mindestens die im Muster einer Auftragsbekanntmachung nach Anhang V Teil C der Richtlinie 2014/24/EU für das nicht offene Verfahren geforderten Angaben**

---

[112] VK Südbayern 5.8.2022 – 3194.Z3-3_01-22-29, VPRRS 2022, 0239; VK Sachsen 29.11.2001 – 1/SVK/109-01, IBRRS 2004, 3698.
[113] OLG Celle 30.1.2020 – 13 Verg 14/19, BeckRS 2020, 966. Vgl. auch BayObLG 26.4.2023 – Verg 16/22, VPRRS 2023, 0112.
[114] Gersterkamp VergabeR 2002, 454 (461).
[115] VK Sachsen 15.5.2007 – 1/SVK/028-07, BeckRS 2007, 141806.
[116] VK Sachsen 15.5.2007 – 1/SVK/028-07, BeckRS 2007, 141806, zur Verlängerung der Bindefrist um nahezu eineinhalb Jahre.
¹ Bei Drucklegung noch nicht in Kraft.

enthalten, soweit diese Informationen zum Zeitpunkt der Absendung der Vorinformation vorlagen.

(4) Die Angebotsfrist nach Absatz 2 kann um fünf Kalendertage verkürzt werden, wenn die elektronische Übermittlung der Angebote gemäß § 11 EU Absatz 4 akzeptiert wird.

(5) Aus Gründen der Dringlichkeit kann
1. die Teilnahmefrist auf mindestens 15 Kalendertage, gerechnet vom Tag nach Absendung der Auftragsbekanntmachung,
2. die Angebotsfrist auf mindestens zehn Kalendertage, gerechnet vom Tag nach Absendung der Aufforderung zur Angebotsabgabe

verkürzt werden.

(6) [1]In den folgenden Fällen verlängert der öffentliche Auftraggeber die Angebotsfrist, sodass alle betroffenen Unternehmen Kenntnis aller Informationen haben können, die für die Erstellung des Angebots erforderlich sind:
1. wenn rechtzeitig angeforderte Zusatzinformationen nicht spätestens sechs Kalendertage vor Ablauf der Angebotsfrist allen Unternehmen in gleicher Weise zur Verfügung gestellt werden können. Bei beschleunigten Verfahren im Sinne von Absatz 5 beträgt dieser Zeitraum vier Kalendertage;
2. wenn an den Vergabeunterlagen wesentliche Änderungen vorgenommen werden.

[2]Die Fristverlängerung muss in einem angemessenen Verhältnis zur Bedeutung der Informationen oder Änderungen stehen. [3]Wurden die Zusatzinformationen entweder nicht rechtzeitig angefordert oder ist ihre Bedeutung für die Erstellung zulässiger Angebote unerheblich, so ist der öffentliche Auftraggeber nicht verpflichtet, die Fristen zu verlängern.

(7) Bis zum Ablauf der Angebotsfrist können Angebote in Textform zurückgezogen werden.

(8) [1]Der öffentliche Auftraggeber bestimmt eine angemessene Frist, innerhalb der die Bieter an ihre Angebote gebunden sind (Bindefrist). [2]Diese soll so kurz wie möglich und nicht länger bemessen werden, als der öffentliche Auftraggeber für eine zügige Prüfung und Wertung der Angebote (§§ 16 EU bis 16d EU) benötigt. [3]Die Bindefrist beträgt regelmäßig 60 Kalendertage. [4]In begründeten Fällen kann der öffentliche Auftraggeber eine längere Frist festlegen. [5]Das Ende der Bindefrist ist durch Angabe des Kalendertags zu bezeichnen.

(9) Die Bindefrist beginnt mit dem Ablauf der Angebotsfrist.

Literatur: Vgl. die Angaben bei § 10 EU VOB/A.

I. Bedeutung der Vorschrift

1   Für die Vergabe von Bauaufträgen oberhalb der Schwellenwerte normiert § 10b EU VOB/A in Umsetzung von Art. 28 RL 2014/24/EU das Regime, das der öffentliche Auftraggeber beim nicht offenen Verfahren bei der Festlegung der Fristen für den Eingang der Teilnahmeanträge (**Teilnahmefrist**) und der Angebote (**Angebotsfrist**) anzuwenden hat. Daneben enthält die Bestimmung Vorgaben zur Verkürzung und Verlängerung der vorgenannten Fristen, zur Rücknahme von Angeboten sowie zum Beginn und zur Bemessung der Bindefrist (zur **Berechnung der Fristen** → VOB/A § 10a EU Rn. 2). Teilnahme- und Angebotsfristen sind Mindestfristen, die unter dem Vorbehalt der Angemessenheit stehen (§ 10 EU

Abs. 1 VOB/A). Die **Angemessenheit der Frist** ist in jedem Einzelfall im Lichte der Komplexität des Auftrags und des Zeitbedarfs für die Ausarbeitung der Teilnahmeanträge und Angebote zu prüfen (ausf. → VgV § 20 Rn. 4 ff.).[2] Zu den bei der Festlegung der Teilnahme- und Angebotsfrist zu berücksichtigenden Umständen → VgV § 20 Rn. 6–8. Zum **Rechtsschutz** → VOB/A § 10a EU Rn. 38 ff.

In der nachfolgenden Übersicht sind die Fristen des § 10b EU VOB/A zusammengefasst:

	nicht offenes Verfahren (Kalendertage)
Teilnahmefrist	
Mindestfrist, Abs. 1	30
Dringlichkeit, Abs. 5 Nr. 1	15
Angebotsfrist	
Mindestfrist, Abs. 2	30
Veröffentlichung einer Vorinformation, Abs. 3	10
elektronische Übermittlung der Angebote, Abs. 4	25
Dringlichkeit, Abs. 5 Nr. 2	10
Bindefrist, Abs. 8 S. 3	60

II. Teilnahmefrist (Abs. 1)

Beim nicht offenen Verfahren beträgt die Teilnahmefrist mindestens **30 (Kalender-)Tage**, gerechnet vom Tag nach der Absendung der Auftragsbekanntmachung oder der Aufforderung zur Interessensbestätigung (insoweit gegen den anders lautenden Wortlaut des Art. 28 Abs. 1 UAbs. 2 RL 2014/24/EU). Sie ist eine **Ausschlussfrist**. Nach Fristablauf eingegangene Teilnahmeanträge sind auszuschließen. Für die **Fristberechnung** gilt die VO (EWG, Euratom) Nr. 1182/71 (→ VOB/A § 10a EU Rn. 2). Die Teilnahmefrist ist eine **Mindestfrist**. Sie muss jeweils einzelfallbezogen angemessen festgelegt werden, um interessierten Unternehmen eine ordnungsgemäße und aussichtsreiche Bewerbung zu ermöglichen (→ VOB/A § 10 EU Rn. 1). Dies gilt namentlich bei der Ausschreibung eines Großbauvorhabens mit entspr. angepassten strengeren Anforderungen an den Nachweis der Eignung bzw. bei komplexen Beschaffungen, die die vollständige Errichtung eines Gebäudes nebst dessen Planung und Finanzierung zum Gegenstand haben. Dabei sind das Anforderungsprofil der Bewerbungsbedingungen im Vergleich zum Regelfall einer Ausschreibung und sonstige besondere Umstände, zB die Notwendigkeit des Ausgleichs des zeitlichen und Wissensvorsprungs eines Projektanten, zu berücksichtigen. In solchen Fällen ist die Festsetzung der Mindestfrist regelmäßig unangemessen[3] (näher → VgV § 20 Rn. 8). Abs. 5 Nr. 1 sieht die Möglichkeit vor, die Teilnahmefrist aus Gründen der **Dringlichkeit** auf bis zu 15 Kalendertage, gerechnet vom Tag nach der Absendung der Auftragsbekanntmachung, zu verkürzen.

---

[2] OLG Naumburg 20.9.2012 – 2 Verg 4/12, BeckRS 2012, 21448, zur Teilnahmefrist im Verhandlungsverfahren mit öffentlichem Teilnahmewettbewerb.

[3] OLG Naumburg 20.9.2012 – 2 Verg 4/12, BeckRS 2012, 21448: drei Monate Teilnahmefrist, wenn die Planung, Errichtung und Finanzierung des Neubaus eines Verwaltungsgebäudes mit Grundstücksbeschaffung durch den Bieter vergeben werden soll.

Völlink

III. Angebotsfrist (Abs. 2)

3   Die Angebotsfrist im nicht offenen Verfahren beträgt mindestens **30 Kalendertage,** gerechnet vom Tag nach der Absendung der Aufforderung zur Angebotsabgabe. Auch hierbei handelt es sich um eine **Mindestfrist,** die die Untergrenze darstellt, die der öffentliche Auftraggeber für die Einreichung der Angebote vorgeben muss (s. aber → Rn. 6). **Fristbeginn** ist der Tag nach der Absendung der Aufforderung zur Angebotsabgabe. Der Tag der Absendung wird – insoweit entgegen des an dieser Stelle anders lautenden Art. 28 Abs. 2 UAbs. 2 RL 2014/24/EU – nicht mitgerechnet (vgl. Art. 3 Abs. 1 VO (EWG/Euratom) Nr. 1182/71; § 187 Abs. 1 BGB). Zum **Fristablauf** → VOB/A § 10a EU Rn. 3. Die Frist *kann* unter den Voraussetzungen der Abs. 3, 4 und 5 verkürzt werden. Sie *muss* in den Fällen des Abs. 6 angemessen verlängert werden.

IV. Verkürzung der Angebotsfrist (Abs. 3 und 4)

1. Vorinformation (Abs. 3)

4   Abs. 3 setzt Art. 28 Abs. 3 RL 2014/24/EU um und ermöglicht dem öffentlichen Auftraggeber, die Angebotsfrist im nicht offenen Verfahren durch Veröffentlichung einer Vorinformation auf **bis zu zehn Kalendertage** zu verkürzen. Die verkürzte Frist wird vom Tag nach der Absendung der Aufforderung zur Angebotsabgabe berechnet. Soll diese Option zur Fristverkürzung genutzt werden, müssen die folgenden **zwei Voraussetzungen kumulativ** vorliegen: (i) Der Auftraggeber muss eine Vorinformation nach dem vorgeschriebenen Muster gem. § 12 EU Abs. 1 Nr. 2 VOB/A veröffentlicht haben. Die Vorinformation muss alle nach Anh. V Teil C RL 2014/24/EU für das nicht offene Verfahren geforderten Angaben enthalten, soweit diese Informationen zum Zeitpunkt der Absendung der Vorinformation vorlagen. Sind bestimmte, an sich notwendige Angaben aus objektiven Gründen nicht möglich, ist dies unschädlich. (ii) Die Vorinformation muss wenigstens 35 Tage und darf nicht mehr als zwölf Monate vor dem Tag der Absendung der Auftragsbekanntmachung zur Veröffentlichung an das Amt für Veröffentlichungen der EU übermittelt worden sein.

5   Erfüllt die Vorinformation diese Anforderungen, kann die Angebotsfrist auf bis zu zehn Kalendertage verkürzt werden. Unter dieser Grenze darf die mittels Vorinformation verkürzte Angebotsfrist keinesfalls liegen. Doch muss der Auftraggeber stets die **Angemessenheit der verkürzten Angebotsfrist** im Auge behalten (→ Rn. 1 mit den dortigen Verweisen; → VOB/A § 10a EU Rn. 5).[4]

2. Elektronische Angebotsabgabe (Abs. 4)

6   Abs. 4 eröffnet eine weitere Möglichkeit zur Verkürzung der Angebotsfrist gem. Abs. 2 von 30 Tagen um fünf Tage auf 25 Tage, wenn der öffentliche Auftraggeber die Übermittlung der Angebote in elektronischer Form nach § 11 EU Abs. 4 VOB/A akzeptiert. Seit dem 18.10.2018 ist dies für alle öffentlichen Auftraggeber der verpflichtende Regelfall. Seitdem ist die verkürzte Angebotsfrist von 25 Tagen somit die **Regel-Angebotsfrist.** Die Verkürzung betrifft ausschl. die Angebotsfrist von 30 Tagen nach Abs. 2, nicht hingegen eine wegen Dringlichkeit verkürzte Angebotsfrist nach Abs. 5 Nr. 2.

---

[4] Vgl. dazu VK Sachsen 9.12.2002 – 1/SVK/102-02, IBRRS 2003, 0171.

V. Dringlichkeit (Abs. 5)

Abs. 5 sieht die Möglichkeit vor, die Teilnahmefrist aus Gründen der Dringlichkeit auf bis zu 15 Kalendertage, gerechnet vom Tag nach Absendung der Auftragsbekanntmachung (Nr. 1), und die Angebotsfrist auf bis zu zehn Kalendertage, gerechnet vom Tag nach der Absendung der Aufforderung zur Angebotsabgabe (Nr. 2), zu verkürzen (sog. **beschleunigtes nicht offenes Verfahren**). Die Vorschrift setzt Art. 28 Abs. 6 RL 2014/24/EU um. Während Art. 28 Abs. 6 RL 2014/24/EU von einer **hinreichend begründeten Dringlichkeit** spricht, die die Einhaltung der Teilnahme- und Angebotsfristen unmöglich macht, verlangt Abs. 5 nur eine „Dringlichkeit"; materielle Unterschiede bestehen indessen nicht (zu diesem Merkmal → VgV § 15 Rn. 9, 10). Erwgr. 46 der RL 2014/24/EU macht deutlich, dass es sich dabei nicht um eine zwingende Dringlichkeit wegen unvorhersehbarer und vom öffentlichen Auftraggeber nicht zu verantwortender Ereignisse handeln muss. Liegt eine hinreichend begründete Dringlichkeit vor, können die Teilnahmefrist auf ein Minimum von bis zu 15 Tagen, gerechnet vom Tag nach der Absendung der Auftragsbekanntmachung, und die Angebotsfrist auf bis zu zehn Tage, gerechnet ab dem Tag nach der Absendung der Aufforderung zur Angebotsabgabe, verkürzt werden. Hierbei handelt es sich um **echte Mindestfristen**, die nicht noch weiter unterschritten werden dürfen. Auch diese Fristen stehen selbstverständlich unter dem Vorbehalt der Angemessenheit.[5]

VI. Verlängerung der Angebotsfrist (Abs. 6)

Abs. 6 normiert zwei Fälle, in denen die Angebotsfristen nachträglich, dh nach dem Beginn der Ausschreibung, grds. zwingend zu verlängern sind. Die Verlängerung muss nach Nr. 1 dann erfolgen, wenn **zusätzliche Informationen** zu den Vergabeunterlagen trotz rechtzeitiger Anforderung durch ein Unternehmen von dem öffentlichen Auftraggeber nicht spätestens sechs Kalendertage (bzw. vier Kalendertage in beschleunigten Verfahren) vor dem Ablauf der Angebotsfrist zur Verfügung gestellt werden. Zur **Auskunftspflicht** und zur **Rechtzeitigkeit** einer verlangten Auskunft kann auf die Kommentierung in → VgV § 20 Rn. 12–16 verwiesen werden. Angebotsfristen sind nach Nr. 2 auch dann zu verlängern, wenn an den **Vergabeunterlagen** (vgl. § 8 EU VOB/A) **wesentliche Änderungen** vorgenommen werden. Zur Frage, welche Änderungen erfasst sind, wird auf die Kommentierung in → VgV § 20 Rn. 17–20 verwiesen. Zur Ermessensentscheidung und zum Umfang der Verlängerung → VOB/A § 10a EU Rn. 11 und → VgV § 20 Rn. 22 ff. Wenngleich Abs. 6 nur die Verlängerung von Angebotsfristen normiert, besteht gleichsam die Pflicht zur **Verlängerung von Teilnahmefristen** in einem zweistufigen Verfahren mit Teilnahmewettbewerb in den hier geregelten Fällen.[6]

VII. Zurückziehung von Angeboten (Abs. 7)

Bis zum Ablauf der Angebotsfrist können Angebote in Textform zurückgezogen werden. Abs. 7 entspricht § 10a EU Abs. 7 VOB/A, so dass auf dessen Kommentierung → VOB/A § 10a EU Rn. 12 ff. verwiesen wird.

---

[5] MüKoEuWettbR/Sperber VOB/A § 10bEU Rn. 7.
[6] OLG Düsseldorf 28.3.2018 – VII-Verg 40/17, BeckRS 2018, 10390.

VIII. Bindefrist (Abs. 8 und 9)

10 Der öffentliche Auftraggeber bestimmt beim nicht offenen Verfahren eine angemessene Frist, innerhalb der die Bieter an ihre Angebote gebunden sind (Bindefrist, Abs. 8 S. 1). Die Bindefrist, die mit dem Ablauf der Angebotsfrist beginnt (Abs. 9), soll so kurz wie möglich und nicht länger bemessen werden, als der öffentliche Auftraggeber für eine zügige Prüfung und Wertung der Angebote (§§ 16 EU bis 16d EU) benötigt. Sie beträgt **regelmäßig 60 Kalendertage**. In begründeten Fällen kann der öffentliche Auftraggeber eine längere Frist festlegen. Das Ende der Bindefrist ist durch Angabe des Kalendertags zu bezeichnen. Die Abs. 8 und 9 entsprechen § 10a EU Abs. 8, 9 VOB/A, so dass auf dessen Kommentierung → VOB/A § 10a EU Rn. 16 ff. verwiesen wird.

§ 10c EU Fristen im Verhandlungsverfahren

(1) **Beim Verhandlungsverfahren mit Teilnahmewettbewerb ist entsprechend §§ 10 EU und 10b EU zu verfahren.**

(2) [1]**Beim Verhandlungsverfahren ohne Teilnahmewettbewerb ist auch bei Dringlichkeit für die Bearbeitung und Einreichung der Angebote eine ausreichende Angebotsfrist nicht unter zehn Kalendertagen vorzusehen.** [2]**Dabei ist insbesondere der zusätzliche Aufwand für die Besichtigung von Baustellen oder die Beschaffung von Unterlagen für die Angebotsbearbeitung zu berücksichtigen.** [3]**Es ist entsprechend § 10b EU Absatz 7 bis 9 zu verfahren.**

Literatur: Vgl. die Angaben bei § 10 EU VOB/A.

I. Bedeutung der Vorschrift

1 Für die Vergabe von Bauaufträgen oberhalb der Schwellenwerte normiert § 10c EU VOB/A das Regime, das der öffentliche Auftraggeber im **Verhandlungsverfahren** bei der Festlegung der Fristen anzuwenden hat. Die Vorschrift differenziert zwischen den Fristen beim Verhandlungsverfahren mit Teilnahmewettbewerb (Abs. 1) und ohne Teilnahmewettbewerb (Abs. 2). Abs. 1 setzt Art. 29 Abs. 1 UAbs. 4 RL 2014/24/EU um und ordnet an, dass beim Verhandlungsverfahren mit Teilnahmewettbewerb entspr. den §§ 10 EU und 10b EU zu verfahren ist. Durch den Verweis auf § 10b EU VOB/A wird deutlich, dass sich das nicht offene Verfahren und das Verhandlungsverfahren mit Teilnahmewettbewerb hinsichtlich der zu beachtenden Fristen nicht unterscheiden. Abs. 2, der keine Anknüpfungsnorm in der RL 2014/24/EU hat, normiert die beim Verhandlungsverfahren ohne Teilnahmewettbewerb vorzusehenden Fristen.

In der nachfolgenden Übersicht sind die Fristen sowie die Möglichkeiten ihrer Verkürzung gem. Abs. 1 zusammengefasst:

	Verhandlungsverfahren mit Teilnahmewettbewerb (Kalendertage)
Teilnahmefrist	
Mindestfrist, § 10b EU Abs. 1 VOB/A	30
Dringlichkeit, § 10b EU Abs. 5 Nr. 1 VOB/A	15
Angebotsfrist	

§ 10c VOB/A–EU

Fristen im Verhandlungsverfahren

	Verhandlungsverfahren mit Teilnahmewettbewerb (Kalendertage)
Mindestfrist, § 10b EU Abs. 2 VOB/A	30
Veröffentlichung einer Vorinformation, § 10b EU Abs. 3 VOB/A	10
elektronische Übermittlung der Angebote, § 10b EU Abs. 4 VOB/A	25
Dringlichkeit, § 10b EU Abs. 5 Nr. 2 VOB/A	10
Bindefrist, § 10b EU Abs. 8 S. 3 VOB/A	60

II. Verhandlungsverfahren mit Teilnahmewettbewerb (Abs. 1)

Beim Verhandlungsverfahren mit Teilnahmewettbewerb (zu den Zulässigkeitsvoraussetzungen gem. § 3a EU Abs. 2 VOB/A, → VOB/A § 3a EU Rn. 5 ff.) ist entspr. § 10 EU VOB/A und § 10b EU VOB/A zu verfahren. Durch den Verweis auf § 10 EU VOB/A ist klargestellt, dass der öffentliche Auftraggeber bei der Festsetzung der Teilnahme- und Angebotsfristen auch im Verhandlungsverfahren mit Teilnahmewettbewerb sein Ermessen angemessen ausüben muss. Auch die für das Verhandlungsverfahren normierten Fristen sind **Mindestfristen**, die unter dem Vorbehalt der **Angemessenheit** stehen (→ VOB/A § 10 EU Rn. 1). 2

IÜ ist im Verhandlungsverfahren mit Teilnahmewettbewerb nach § 10b EU VOB/A zu verfahren. Danach beträgt die **Teilnahmefrist** im Ausgangspunkt 30 Kalendertage, gerechnet vom Tag nach der Absendung der Auftragsbekanntmachung. Insbes. beim Verhandlungsverfahren mit Teilnahmewettbewerb sollte sich aber die Teilnahmefrist nicht nur an der Mindestfrist orientieren, sondern sie muss jew. einzelfallbezogen angemessen sein, um einem fachkundigen Unternehmen eine ordnungsgemäße und aussichtsreiche Bewerbung zu ermöglichen.[1] Bei **komplexen Beschaffungen**, die nicht nur die Bauleistungen, sondern auch die Planung und Finanzierung des Vorhabens zum Gegenstand haben, ist im Regelfall eine **deutlich längere Teilnahmefrist** festzulegen.[2] Liegt ein Fall hinreichend begründeter **Dringlichkeit** vor (sog. **beschleunigtes Verhandlungsverfahren**), kann die Teilnahmefrist auf 15 Kalendertage reduziert werden (→ VOB/A § 10b EU Rn. 7). 3

Durch den Verweis auf § 10b EU VOB/A ist auch die **Angebotsfrist** im Verhandlungsverfahren mit Teilnahmewettbewerb normiert. Die Regelung bezieht sich nur auf **Erstangebote** (§ 3b EU Abs. 3 Nr. 2 VOB/A), nicht auf Folgeangebote.[3] Fristen für jene Angebote sind zwar nicht an eine Mindestfrist gekoppelt, sie müssen freilich gleichsam angemessen sein (§ 10a EU Abs. 1 S. 1 VOB/A).[4] Die Mindestfrist für den Eingang der Erstangebote beläuft sich auf **30 Kalendertage.** Sie kann unter den Voraussetzungen des § 10b EU Abs. 3–5 Nr. 2 VOB/A verkürzt und sie *muss* unter den Voraussetzungen des § 10b EU Abs. 6 VOB/A verlängert werden. In 4

---

[1] OLG Naumburg 20.9.2012 – 2 Verg 4/12, BeckRS 2012, 21448.
[2] OLG Naumburg 20.9.2012 – 2 Verg 4/12, BeckRS 2012, 21448: drei Monate Teilnahmefrist, wenn die Planung, Errichtung und Finanzierung des Neubaus eines Verwaltungsgebäudes mit Grundstücksbeschaffung durch den Bieter vergeben werden soll.
[3] HK-VergabeR/Franzius VOB/A § 10c EU Rn. 3.
[4] Je nach Aufwand für die Bieter können sie auch nur wenige Tage betragen, etwa wenn nur neue Preise angeboten werden sollen.

VOB/A–EU § 10d   Fristen im wettbewerblichen Dialog

jedem Fall ist eine angemessene Frist vorzusehen, wobei Art und Umfang der zu vergebenden Leistung, die Komplexität der Vergabeunterlagen sowie der vom Bieter zu bewältigende Bearbeitungsaufwand ermessenslenkend sind (ausf. → VgV § 20 Rn. 6, 7).

5   Der Verweis auf § 10b EU VOB/A stellt zudem klar, dass auch im Verhandlungsverfahren mit Teilnahmewettbewerb eine angemessene **Bindefrist** (→ VOB/A § 10a EU Rn. 16 ff.), die gem. § 10b EU Abs. 8 S. 3 VOB/A im Regelfall 60 Kalendertage beträgt, festzusetzen ist. Dies gilt nicht für Erstangebote, sondern nur **für Folge- und endgültige Angebote**, auf die ein Zuschlag erteilt werden soll. Will der öffentliche Auftraggeber ausnahmsweise eine Bindung der Bieter an ihre Erstangebote, muss er dies ausdr. bestimmen.[5]

III. Verhandlungsverfahren ohne Teilnahmewettbewerb (Abs. 2)

6   Beim Verhandlungsverfahren ohne Teilnahmewettbewerb (zu den Zulässigkeitsvoraussetzungen gem. § 3a EU Abs. 3 VOB/A, → VOB/A § 3a EU Rn. 11 ff.) verlangt Abs. 2 S. 1, eine **ausreichende Angebotsfrist** vorzusehen. Dabei ist ein ggf. zusätzlicher Aufwand für die Besichtigung von Baustellen oder die Beschaffung von Unterlagen für die Bearbeitung des Angebotes zu berücksichtigen. Die Frist darf auch bei **Dringlichkeit** (→ VOB/A § 10b EU Rn. 7) der Beschaffung zehn Kalendertage nicht unterschreiten. In besonderen Ausnahmesituationen, in denen sofortiges Handeln erforderlich ist, kann etwas anderes gelten.[6]

7   IÜ verweist Abs. 2 S. 3 auf § 10b EU Abs. 7–9 VOB/A und ordnet dessen entspr. Geltung an. Auch beim Verhandlungsverfahren ohne Teilnahmewettbewerb kann das Erstangebot also bis zum Ablauf der Angebotsfrist zurückgezogen werden (→ VOB/A § 10a EU Rn. 12 ff.), sofern nicht ausnahmsweise bereits für das Erstangebot eine Bindefrist festgesetzt wurde. Darüber hinaus ist für Folgeangebote eine angemessene **Bindefrist** (→ VOB/A § 10a EU Rn. 16 ff.) festzusetzen.

§ 10d EU Fristen im wettbewerblichen Dialog und bei der Innovationspartnerschaft

[1]**Beim wettbewerblichen Dialog und bei einer Innovationspartnerschaft beträgt die Teilnahmefrist mindestens 30 Kalendertage, gerechnet vom Tag nach Absendung der Auftragsbekanntmachung.** [2]**§ 10b EU Absatz 7 bis 9 gilt entsprechend.**

Literatur: Vgl. die Angaben bei § 10 EU VOB/A.

1   Für die Vergabe von Bauaufträgen oberhalb der Schwellenwerte normiert § 10d EU VOB/A das Regime, das der öffentliche Auftraggeber bei der Festsetzung von Fristen für die Abgabe von Teilnahmeanträgen beim **wettbewerblichen Dialog** und bei einer **Innovationspartnerschaft** anzuwenden hat. Eine Angebotsfrist ist nicht vorgeschrieben. Auch besteht keine Möglichkeit, die Teilnahme- und Angebotsfristen zu verkürzen. In der nachfolgenden Übersicht sind diese Fristen zusammengefasst:

---

[5] HK-VergabeR/Franzius VOB/A § 10c EU Rn. 3.
[6] HK-VergabeR/Franzius VOB/A § 10c EU Rn. 4; aA MüKoEuWettbR/Sperber VOB/A § 10cEU Rn. 3.

Grundsätze der Informationsübermittlung § 11 VOB/A–EU

Teilnahmefrist	Wettbewerblicher Dialog/Innovationspartnerschaft (Kalendertage)
Mindestfrist, S. 1	30
Dringlichkeit	keine Regelung
Angebotsfrist	
Mindestfrist	keine Regelung
Veröffentlichung einer Vorinformation	keine Regelung
elektronische Übermittlung der Angebote	keine Regelung
Dringlichkeit	keine Regelung
Bindefrist, § 10b EU Abs. 8 S. 3 VOB/A	60

Beim **wettbewerblichen Dialog** beträgt die **Teilnahmefrist** mindestens 30 Kalendertage, gerechnet vom Tag nach der Absendung der Auftragsbekanntmachung (vgl. Art. 30 Abs. 1 UAbs. 2 RL 2014/24/EU). Eine Verkürzung der Teilnahmefrist, etwa aus Gründen der Dringlichkeit, ist nicht vorgesehen und damit unzulässig. Fristen für die Erstellung der Angebote nach Abschluss der Dialogphase sind ebenfalls nicht normiert. Darüber entscheidet der öffentliche Auftraggeber nach den individuellen Umständen des Verfahrens nach pflichtgemäßem Ermessen und unter Berücksichtigung der Komplexität des Auftrags und der Zeit, die für die Ausarbeitung der Angebote erforderlich ist, nach Maßgabe des § 10 EU VOB/A (→ VOB/A § 10 EU Rn. 1). Die Rücknahme von Angeboten vor Ablauf der Angebotsfrist ist in entspr. Anwendung des § 10b EU Abs. 7 VOB/A möglich (→ VOB/A § 10a EU Rn. 12 ff.). Durch den Verweis auf § 10b EU Abs. 8–9 VOB/A ist zudem klargestellt, dass im wettbewerblichen Dialog eine angemessene **Bindefrist** (→ VOB/A § 10a EU Rn. 16 ff.), die gem. S. 2 iVm § 10b EU Abs. 8 S. 3 VOB/A im Regelfall 60 Kalendertage beträgt, festzusetzen ist.

2

Bei einer **Innovationspartnerschaft** beträgt die **Teilnahmefrist** ebenfalls mindestens 30 Kalendertage, gerechnet vom Tag nach der Absendung der Auftragsbekanntmachung (vgl. Art. 31 Abs. 1 UAbs. 4 RL 2014/24/EU). Eine Verkürzung der Teilnahmefrist ist auch hier nicht vorgesehen und damit unzulässig. Nicht normiert sind Fristen für die Erstellung der Erst- und Folgeangebote. Diese sind von dem öffentlichen Auftraggeber je nach Einzelfall angemessen und unter Berücksichtigung der Komplexität des Auftrags und der Zeit, die für die Ausarbeitung der Angebote erforderlich ist, nach Maßgabe des § 10 EU VOB/A (→ VOB/A § 10 EU Rn. 1) festzulegen. Die Rücknahme von Angeboten vor Ablauf der Angebotsfrist ist in entspr. Anwendung des § 10b EU Abs. 7 VOB/A möglich (→ VOB/A § 10a EU Rn. 12 ff.). Durch den Verweis auf § 10b EU Abs. 8–9 VOB/A ist klargestellt, dass auch bei der Innovationspartnerschaft eine angemessene **Bindefrist** (→ VOB/A § 10a EU Rn. 16 ff.), die gem. S. 2 iVm § 10b EU Abs. 8 S. 3 VOB/A im Regelfall 60 Kalendertage beträgt, festzusetzen ist.

3

§ 11 EU Grundsätze der Informationsübermittlung

(1) **Für das Senden, Empfangen, Weiterleiten und Speichern von Daten in einem Vergabeverfahren verwenden der öffentliche Auftraggeber und die Unternehmen grundsätzlich Geräte und Programme für die elektronische Datenübermittlung (elektronische Mittel).**

(2) ¹Auftragsbekanntmachungen, Vorinformationen nach § 12 EU Absatz 1 oder Absatz 2, Vergabebekanntmachungen und Bekanntmachungen über Auftragsänderungen (Bekanntmachungen) sind dem Amt für Veröffentlichungen der Europäischen Union *elektronisch über den zentralen Datenservice Öffentlicher Einkauf*¹ zu übermitteln. ²Der öffentliche Auftraggeber muss den Tag der Absendung nachweisen können.

(3) Der öffentliche Auftraggeber gibt in der Auftragsbekanntmachung oder der Aufforderung zur Interessensbestätigung eine elektronische Adresse an, unter der die Vergabeunterlagen unentgeltlich, uneingeschränkt, vollständig und direkt abgerufen werden können.

(4) Die Unternehmen übermitteln ihre Angebote, Teilnahmeanträge, Interessensbekundungen und Interessensbestätigungen in Textform mithilfe elektronischer Mittel.

(5) ¹Der öffentliche Auftraggeber prüft im Einzelfall, ob zu übermittelnde Daten erhöhte Anforderungen an die Sicherheit stellen. ²Soweit es erforderlich ist, kann der öffentliche Auftraggeber verlangen, dass Angebote, Teilnahmeanträge, Interessensbestätigungen und Interessensbekundungen zu versehen sind mit:
1. einer fortgeschrittenen elektronischen Signatur,
2. einer qualifizierten elektronischen Signatur,
3. einem fortgeschrittenen elektronischen Siegel oder
4. einem qualifizierten elektronischen Siegel.

(6) ¹Der öffentliche Auftraggeber kann von jedem Unternehmen die Angabe einer eindeutigen Unternehmensbezeichnung sowie einer elektronischen Adresse verlangen (Registrierung). ²Für den Zugang zur Auftragsbekanntmachung und zu den Vergabeunterlagen darf der öffentliche Auftraggeber keine Registrierung verlangen. ³Eine freiwillige Registrierung ist zulässig.

(7) Die Kommunikation in einem Vergabeverfahren kann mündlich erfolgen, wenn sie nicht die Vergabeunterlagen, die Teilnahmeanträge, die Interessensbestätigungen oder die Angebote betrifft und wenn sie ausreichend und in geeigneter Weise dokumentiert wird.

1 § 11 EU Abs. 1, 6–7 VOB/A entsprechen § 9 Abs. 1–3 VgV, dazu → VgV § 9 Rn. 1 ff.
2 Abs. 2 entspricht dem § 10a Abs. 5 S. 1 VgV, dazu → VgV § 10a Rn. 10, 21.²
3 Abs. 3 deckt sich mit § 41 Abs. 1 VgV, → VgV § 41 Rn. 1 ff.
4 Die Abs. 4 und 5 stimmen mit § 53 Abs. 1, 3 VgV überein, → VgV § 53 Rn. 1 ff.

§ 11a EU Anforderungen an elektronische Mittel

(1) ¹Elektronische Mittel und deren technische Merkmale müssen allgemein verfügbar, nichtdiskriminierend und mit allgemein verbreiteten Geräten und Programmen der Informations- und Kommunikationstechnologie kompatibel sein. ²Sie dürfen den Zugang von Unternehmen zum Vergabeverfahren nicht einschränken. ³Der öffentliche Auftraggeber gewährleistet die barrierefreie Ausgestaltung der elektronischen Mittel

---

¹ Bei Drucklegung noch nicht in Kraft.
² Mit der Bekanntmachung der Änderung der Vergabe- und Vertragsordnung v. 16.6.2023 (BAnz AT 4.7.2023 B4) wurde Abs. 2 in Angleichung an den neu eingeführten § 10a VgV dahingehend ergänzt, dass die Übermittlung von Veröffentlichungen ab dem 25.10.2023 über den zentralen Datenservice Öffentlicher Einkauf zu erfolgen hat.

nach den §§ 4, 12a und 12b des Behindertengleichstellungsgesetzes vom 27. April 2002 (BGBl. I S. 1467, 1468) in der jeweils geltenden Fassung.

(2) Der öffentliche Auftraggeber verwendet für das Senden, Empfangen, Weiterleiten und Speichern von Daten in einem Vergabeverfahren ausschließlich solche elektronischen Mittel, die die Unversehrtheit, die Vertraulichkeit und die Echtheit der Daten gewährleisten.

(3) Der öffentliche Auftraggeber muss den Unternehmen alle notwendigen Informationen zur Verfügung stellen über
1. die in einem Vergabeverfahren verwendeten elektronischen Mittel,
2. die technischen Parameter zur Einreichung von Teilnahmeanträgen, Angeboten und Interessensbestätigungen mithilfe elektronischer Mittel und
3. verwendete Verschlüsselungs- und Zeiterfassungsverfahren.

(4) [1]Der öffentliche Auftraggeber legt das erforderliche Sicherheitsniveau für die elektronischen Mittel fest. [2]Elektronische Mittel, die vom öffentlichen Auftraggeber für den Empfang von Angeboten, Teilnahmeanträgen und Interessensbestätigungen sowie von Plänen und Entwürfen für Planungswettbewerbe verwendet werden, müssen gewährleisten, dass
1. die Uhrzeit und der Tag des Datenempfangs genau zu bestimmen sind,
2. kein vorfristiger Zugriff auf die empfangenen Daten möglich ist,
3. der Termin für den erstmaligen Zugriff auf die empfangenen Daten nur von den Berechtigten festgelegt oder geändert werden kann,
4. nur die Berechtigten Zugriff auf die empfangenen Daten oder auf einen Teil derselben haben,
5. nur die Berechtigten nach dem festgesetzten Zeitpunkt Dritten Zugriff auf die empfangenen Daten oder auf einen Teil derselben einräumen dürfen,
6. empfangene Daten nicht an Unberechtigte übermittelt werden und
7. Verstöße oder versuchte Verstöße gegen die Anforderungen gemäß Nummern 1 bis 6 eindeutig festgestellt werden können.

(5) [1]Die elektronischen Mittel, die von dem öffentlichen Auftraggeber für den Empfang von Angeboten, Teilnahmeanträgen und Interessensbestätigungen sowie von Plänen und Entwürfen für Planungswettbewerbe genutzt werden, müssen über eine einheitliche Datenaustauschschnittstelle verfügen. [2]Es sind die jeweils geltenden Interoperabilitäts- und Sicherheitsstandards der Informationstechnik gemäß § 3 Absatz 1 des Vertrags über die Errichtung des IT-Planungsrats und über die Grundlagen der Zusammenarbeit beim Einsatz der Informationstechnologie in den Verwaltungen von Bund und Ländern vom 1. April 2010 zu verwenden.

(6) Der öffentliche Auftraggeber kann im Vergabeverfahren die Verwendung elektronischer Mittel, die nicht allgemein verfügbar sind (alternative elektronische Mittel), verlangen, wenn er
1. Unternehmen während des gesamten Vergabeverfahrens unter einer Internetadresse einen unentgeltlichen, uneingeschränkten, vollständigen und direkten Zugang zu diesen alternativen elektronischen Mitteln gewährt,
2. diese alternativen elektronischen Mittel selbst verwendet.

(7) [1]Der öffentliche Auftraggeber kann für die Vergabe von Bauleistungen und für Wettbewerbe die Nutzung elektronischer Mittel im Rahmen der

VOB/A–EU § 11b Ausnahmen von der Verwendung elektronischer Mittel

Bauwerksdatenmodellierung verlangen. ²Sofern die verlangten elektronischen Mittel für die Bauwerksdatenmodellierung nicht allgemein verfügbar sind, bietet der öffentliche Auftraggeber einen alternativen Zugang zu ihnen gemäß Absatz 6 an.

1 § 11a EU Abs. 1–3 VOB/A entsprechen § 11 VgV, dazu → VgV § 11 Rn. 1 ff.
2 Die Abs. 4 und 5 stimmen mit § 10 VgV überein, dazu → VgV § 10 Rn. 1 ff.
3 Die Abs. 6 und 7 decken sich mit § 12 VgV, dazu → VgV § 12 Rn. 1 ff.

§ 11b EU Ausnahmen von der Verwendung elektronischer Mittel

(1) ¹Der öffentliche Auftraggeber kann die Vergabeunterlagen auf einem anderen geeigneten Weg übermitteln, wenn die erforderlichen elektronischen Mittel zum Abruf der Vergabeunterlagen
1. aufgrund der besonderen Art der Auftragsvergabe nicht mit allgemein verfügbaren oder verbreiteten Geräten und Programmen der Informations- und Kommunikationstechnologie kompatibel sind,
2. Dateiformate zur Beschreibung der Angebote verwenden, die nicht mit allgemein verfügbaren oder verbreiteten Programmen verarbeitet werden können oder die durch andere als kostenlose und allgemein verfügbare Lizenzen geschützt sind, oder
3. die Verwendung von Bürogeräten voraussetzen, die öffentlichen Auftraggebern nicht allgemein zur Verfügung stehen.

²Die Angebotsfrist wird in diesen Fällen um fünf Kalendertage verlängert, sofern nicht ein Fall hinreichend begründeter Dringlichkeit gemäß § 10a EU Absatz 3 oder § 10b EU Absatz 5 vorliegt.

(2) ¹In den Fällen des § 5 Absatz 3 VgV gibt der öffentliche Auftraggeber in der Auftragsbekanntmachung oder in der Aufforderung zur Interessensbestätigung an, welche Maßnahmen zum Schutz der Vertraulichkeit von Informationen er anwendet und wie auf die Vergabeunterlagen zugegriffen werden kann. ²Die Angebotsfrist wird um fünf Kalendertage verlängert, sofern nicht ein Fall hinreichend begründeter Dringlichkeit gemäß § 10a EU Absatz 3 oder § 10b EU Absatz 5 vorliegt.

(3) ¹Der öffentliche Auftraggeber ist nicht verpflichtet, die Einreichung von Angeboten mithilfe elektronischer Mittel zu verlangen, wenn auf die zur Einreichung erforderlichen elektronischen Mittel einer der in Absatz 1 Nummer 1 bis 3 genannten Gründe zutrifft oder wenn zugleich physische oder maßstabsgetreue Modelle einzureichen sind, die nicht elektronisch übermittelt werden können. ²In diesen Fällen erfolgt die Kommunikation auf dem Postweg oder auf einem anderen geeigneten Weg oder in Kombination von postalischem oder einem anderen geeigneten Weg und Verwendung elektronischer Mittel. ³Der öffentliche Auftraggeber gibt im Vergabevermerk die Gründe an, warum die Angebote mithilfe anderer als elektronischer Mittel eingereicht werden können.

(4) ¹Der öffentliche Auftraggeber kann festlegen, dass Angebote mithilfe anderer als elektronischer Mittel einzureichen sind, wenn sie besonders schutzwürdige Daten enthalten, die bei Verwendung allgemein verfügbarer oder alternativer elektronischer Mittel nicht angemessen geschützt werden können, oder wenn die Sicherheit der elektronischen Mittel nicht gewährleistet werden kann. ²Der öffentliche Auftraggeber gibt im Vergabevermerk die Gründe an, warum er die Einreichung der Angebote mithilfe anderer als elektronischer Mittel für erforderlich hält.

Vorinformation, Auftragsbekanntmachung § 12 VOB/A–EU

§ 11b EU Abs. 1, 2 VOB/A entsprechen § 41 Abs. 2, 3 VgV. Im Unterschied 1
zu § 41 Abs. 3 S. 2 VgV sieht § 11b EU Abs. 2 VOB/A nicht vor, dass eine Verlängerung der Angebotsfrist entfällt, wenn die Maßnahme zum Schutz der Vertraulichkeit ausschl. in der Abgabe einer Verschwiegenheitserklärung besteht. IÜ kann auf die Kommentierung zu § 41 Abs. 2, 3 VgV verwiesen werden, → VgV § 41 Rn. 34 ff.

§ 11b EU Abs. 3, 4 VOB/A stimmt mit § 53 Abs. 2, 4 VgV überein, so dass auf 2
die dortige Kommentierung verwiesen wird, → VgV § 53 Rn. 8 ff.

§ 12 EU Vorinformation, Auftragsbekanntmachung, *Ex-Ante-Bekanntmachung*[1]

(1)
1. Die Absicht einer geplanten Auftragsvergabe kann mittels einer Vorinformation bekannt gegeben werden, die die wesentlichen Merkmale des beabsichtigten Bauauftrags enthält.
2. [1]Eine Vorinformation ist nur dann verpflichtend, wenn der öffentliche Auftraggeber von der Möglichkeit einer Verkürzung der Angebotsfrist gemäß § 10a EU Absatz 2 oder § 10b EU Absatz 3 Gebrauch machen möchte. [2]*In diesem Fall ist die Vorinformation nach den Vorgaben der Spalte 7 in Tabelle 2 des Anhangs der Durchführungsverordnung (EU) 2019/1780 in Verbindung mit § 10a VgV zu erstellen.*[2]
3. *Eine Vorinformation nur zu Informationszwecken ist nach den Vorgaben der Spalte 4 in Tabelle 2 des Anhangs der Durchführungsverordnung (EU) 2019/1780 in Verbindung mit § 10a VgV zu erstellen.*[3]
4. [1]*Nach Genehmigung der Planung ist die Vorinformation sobald wie möglich über den zentralen Datenservice Öffentlicher Einkauf dem Amt für Veröffentlichungen der Europäischen Union zu übermitteln oder im Beschafferprofil zu veröffentlichen; in diesem Fall ist dem Amt für Veröffentlichungen der Europäischen Union zuvor über den zentralen Datenservice Öffentlicher Einkauf der Ankündigung dieser Veröffentlichung nach den Vorgaben der Spalte 1 in Tabelle 2 des Anhangs der Durchführungsverordnung (EU) 2019/1780 in Verbindung mit § 10a VgV zu melden.*[4] [2]Dabei ist der Tag der Übermittlung anzugeben. [3]Die Vorinformation kann außerdem in Tageszeitungen, amtlichen Veröffentlichungsblättern oder Internetportalen veröffentlicht werden.

(2)
1. [1]Bei nicht offenen Verfahren und Verhandlungsverfahren kann ein subzentraler öffentlicher Auftraggeber eine Vorinformation als Aufruf zum Wettbewerb bekannt geben, sofern die Vorinformation sämtliche folgenden Bedingungen erfüllt:
   a) sie bezieht sich eigens auf den Gegenstand des zu vergebenden Auftrags;
   b) sie muss den Hinweis enthalten, dass dieser Auftrag im nicht offenen Verfahren oder im Verhandlungsverfahren ohne spätere Veröffentlichung eines Aufrufs zum Wettbewerb vergeben wird, sowie die Aufforderung an die interessierten Unternehmen, ihr Interesse mitzuteilen;

---

[1] Bei Drucklegung noch nicht in Kraft.
[2] Bei Drucklegung noch nicht in Kraft.
[3] Bei Drucklegung noch nicht in Kraft.
[4] Bei Drucklegung noch nicht in Kraft.

VOB/A–EU § 12 — Vorinformation, Auftragsbekanntmachung

    c) *sie muss nach den Vorgaben der Spalte 10 in Tabelle 2 des Anhangs der Durchführungsverordnung (EU) 2019/1780 in Verbindung mit § 10a VgV erstellt werden;*[5]

    d) sie muss spätestens 35 Kalendertage und frühestens zwölf Monate vor dem Zeitpunkt der Absendung der Aufforderung zur Interessensbestätigung an das Amt für Veröffentlichungen der Europäischen Union zur Veröffentlichung übermittelt worden sein.

[2]Derartige Vorinformationen werden nicht in einem Beschafferprofil veröffentlicht. [3]Allerdings kann gegebenenfalls die zusätzliche Veröffentlichung auf nationaler Ebene gemäß Absatz 3 Nummer 5 in einem Beschafferprofil erfolgen.

2. Die Regelungen des Absatzes 3 Nummer 3 bis 5 gelten entsprechend.
3. Subzentrale öffentliche Auftraggeber sind alle öffentlichen Auftraggeber mit Ausnahme der obersten Bundesbehörden.

(3)
1. [1]Die Unternehmen sind durch Auftragsbekanntmachung aufzufordern, am Wettbewerb teilzunehmen. [2]Dies gilt für alle Arten der Vergabe nach § 3 EU, ausgenommen Verhandlungsverfahren ohne Teilnahmewettbewerb und Verfahren, bei denen eine Vorinformation als Aufruf zum Wettbewerb nach Absatz 2 durchgeführt wurde.
2. *Die Auftragsbekanntmachung wird nach den Vorgaben der Spalte 16 in Tabelle 2 des Anhangs der Durchführungsverordnung (EU) 2019/1780 in Verbindung mit § 10a VgV erstellt und ist dem Amt für Veröffentlichungen der Europäischen Union elektronisch über den zentralen Datenservice Öffentlicher Einkauf zu übermitteln.*[6]
3. [1]Die Auftragsbekanntmachung wird unentgeltlich fünf Kalendertage nach ihrer Übermittlung in der Originalsprache veröffentlicht. [2]Eine Zusammenfassung der wichtigsten Angaben wird in den übrigen Amtssprachen der Europäischen Union veröffentlicht; der Wortlaut der Originalsprache ist verbindlich.
4. [1]Der öffentliche Auftraggeber muss den Tag der Absendung der Auftragsbekanntmachung nachweisen können. [2]Das Amt für Veröffentlichungen der Europäischen Union stellt dem öffentlichen Auftraggeber eine Bestätigung des Erhalts der Auftragsbekanntmachung und der Veröffentlichung der übermittelten Informationen aus, in denen der Tag dieser Veröffentlichung angegeben ist. [3]Diese Bestätigung dient als Nachweis der Veröffentlichung.
5. [1]Die Auftragsbekanntmachung kann zusätzlich im Inland veröffentlicht werden, beispielsweise in Tageszeitungen, amtlichen Veröffentlichungsblättern oder Internetportalen. [2]Sie darf nur die Angaben enthalten, die dem Amt für Veröffentlichungen der Europäischen Union übermittelt wurden und muss auf den Tag der Übermittlung hinweisen. [3]Sie darf nicht vor der Veröffentlichung durch dieses Amt veröffentlicht werden. [4]Die Veröffentlichung auf nationaler Ebene kann jedoch in jedem Fall erfolgen, wenn der öffentliche Auftraggeber nicht innerhalb von 48 Stunden nach Bestätigung des Eingangs der Auftragsbekanntmachung gemäß Nummer 4 über die Veröffentlichung unterrichtet wurde.

(4) Die freiwillige Ex-Ante-Transparenzbekanntmachung im Sinne des § 135 Absatz 3 Satz 1 Nummer 2 und Satz 2 des Gesetzes gegen Wettbewerbsbeschränkungen erfolgt nach den Vorgaben der Spalte 25 in Tabelle 2 des Anhangs der Durchführungsverordnung (EU) 2019/1780 in Verbindung mit § 10a VgV.[7]

---

[5] Bei Drucklegung noch nicht in Kraft.
[6] Bei Drucklegung noch nicht in Kraft.
[7] Bei Drucklegung noch nicht in Kraft.

I. Bedeutung der Vorschrift

Als zentrale Publikationsvorschrift für die unionsweite Vergabe von Bauaufträgen iSv § 1 EU VOB/A fasst § 12 EU Abs. 1– 3 VOB/A die Anforderungen an unionsweit zu veröffentlichende Vorinformationen und Auftragsbekanntmachungen zusammen. Die Vorschrift unterscheidet **zwei Formen von Bekanntmachungen:** Die Vorinformation nach Abs. 1 und 2 sowie die „klassische" Auftragsbekanntmachung nach Abs. 3. Sie setzt die „ex-ante"-Bekanntmachungspflichten gem. Art. 48 und 49 RL 2014/24/EU um. Änderungen der Vorschrift erfolgten durch die Bekanntmachung der Änderung der Vergabe- und Vertragsordnung für Bauleistungen Teil A v. 16.6.2023[8] sowie v. 6.9.2023[9] aus Anlass der Einführung neuer EU-Bekanntmachungsformulare (eForms). So enthält die Vorschrift neben den Verweisen auf die neuen eForms-Standarddatensätze in Abs. 4 Vorgaben zur Veröffentlichung von freiwilligen Ex-Ante-Transparenzbekanntmachungen iSv § 135 Abs. 3 S. 1 Nr. 2 und S. 2 GWB. Zur Einführung der eForms ausf. → VgV § 10a Rn. 1 ff

1

II. Vorinformation ohne Aufruf zum Wettbewerb (Abs. 1)

Abs. 1 **Nr. 1** lässt die Bekanntgabe der Absicht einer geplanten Auftragsvergabe durch eine Vorinformation zu. Diese muss die wesentlichen Merkmale des beabsichtigten Bauauftrags enthalten. Die Vorschrift setzt Art. 48 Abs. 1 RL 2014/24/EU um. Sie behandelt die „einfache" Vorinformation, mit der kein Aufruf zum Wettbewerb verbunden und die einer Auftragsbekanntmachung vorgeschaltet werden *kann*, aber nicht *muss*.

2

Die Vorinformation nach Abs. 1 ist eine der eigentlichen Auftragsbekanntmachung nach Abs. 3 vorgeschaltete formalisierte Mitteilung des öffentlichen Auftraggebers über die beabsichtigte Vergabe eines Bauauftrages. Zum Zweck der Vorinformation → VgV § 38 Rn. 3.

3

Wie der Wortlaut der Vorschrift („kann … bekannt gegeben werden") zeigt, ist die Vorinformation **nicht obligatorisch.** Sie ist nur dann vorgeschrieben, wenn die Angebotsfristen in dem der Vorinformation nachfolgenden Vergabeverfahren verkürzt werden sollen **(Nr. 2 S. 1).**[10] Durch eine Vorinformation kann eine **Verkürzung der Angebotsfristen** im offenen Verfahren auf bis zu 15 Tage (§ 10a EU Abs. 2 S. 1 VOB/A) und im nicht offenen Verfahren (§ 10b EU Abs. 3 VOB/A) bzw. Verhandlungsverfahren (§ 10c EU Abs. 1 VOB/A) auf bis zu zehn Tage erreicht werden. Sollen durch die Vorinformation die Angebotsfristen verkürzt werden, sind allerdings die **Zeitfenster** des § 10a EU Abs. 2 S. 2 VOB/A und § 10b EU Abs. 3 S. 2 VOB/A zu beachten. Danach muss die Vorinformation mindestens 35 Tage und sie darf höchstens zwölf Monate vor der Absendung der Auftragsbekanntmachung an das Amt für Veröffentlichungen der EU veröffentlicht worden sein. Die Vorinformation, die zur Verkürzung der Angebotsfrist genutzt wird, ist nach den Vorgaben der Spalte 7 in Tabelle 2 des Anhangs der Durchführungsverordnung (EU) 2019/1780 iVm § 10a VgV zu erstellen (Nr. 2 S. 2).

4

Vorinformationen, die nur Informationszwecken dienen, also jene fakultativen Vorinformationen nach Abs. 1 Nr. 1, sind nach den Vorgaben der Spalte 4 in Tabelle 2 des Anhangs der Durchführungsverordnung (EU) 2019/1780 iVm § 10a VgV zu erstellen **(Nr. 3).** Die Vorinformation kann entweder dem Amt für Veröffentlichungen der EU über den zentralen Datenservice Öffentlicher Einkauf (dazu → VgV

5

---

[8] BAnz. AT 4.7.2023 B4, 2.
[9] BAnz. AT 25.9.2023 B4, 2.
[10] EuGH 26.9.2000 – C-225/98, NJW 2000, 3629 (3631).

§ 10a Rn. 21) übermittelt oder im Beschafferprofil veröffentlicht werden (**Nr. 4**). Entscheidet sich der öffentliche Auftraggeber für die Veröffentlichung im Beschafferprofil, so ist dem Amt für Veröffentlichungen der EU zuvor über den zentralen Datenservice Öffentlicher Einkauf die Ankündigung dieser Veröffentlichung nach den Vorgaben der Spalte 1 in Tabelle 2 des Anhangs der Durchführungsverordnung (EU) 2019/1780 iVm § 10a VgV zu melden, wobei der Tag der Übermittlung anzugeben ist. Zu veröffentlichen ist die Vorinformation so bald wie möglich nach **Genehmigung der Planung.** Die Fertigstellung der Genehmigungsplanung reicht nicht. Die Genehmigung muss nach den maßgebenden bauordnungsrechtlichen Bestimmungen bestandskräftig sein.[11]

6 Daneben kann die Vorinformation in nationalen Medien wie Tageszeitungen, amtlichen Veröffentlichungsblättern oder auf Internetportalen veröffentlicht werden. In diesem Fall darf die nationale Veröffentlichung entspr. § 12 EU Abs. 3 Nr. 5 S. 2 VOB/A keine zusätzlichen Informationen enthalten und nicht vor dem Tag der Absendung der Vorinformation an das Amt für Veröffentlichungen der EU veröffentlicht werden.

III. Vorinformation als Aufruf zum Wettbewerb (Abs. 2)

7 Abs. 2 behandelt die Vorinformation als Aufruf zum Wettbewerb, die durch das Gesetz zur Modernisierung des Vergaberechts auch für die sog. **subzentralen öffentlichen Auftraggeber** – das sind alle öffentlichen Auftraggeber mit Ausnahme der obersten Bundesbehörden (s. Abs. 2 Nr. 3)[12] – eingeführt wurde. Die Vorschrift setzt Art. 48 Abs. 2 RL 2014/24/EU um. Mit der Veröffentlichung dieser „qualifizierten" Vorinformation kann auf die ansonsten obligatorische Auftragsbekanntmachung verzichtet werden. Stattdessen werden die am Auftrag interessierten Unternehmen zur Beteiligung an einem Teilnahmewettbewerb aufgefordert (**Aufforderung zur Interessenbekundung**). Allerdings ist diese Art der Vorinformation als Aufruf zum Wettbewerb auf das **nicht offene Verfahren und Verhandlungsverfahren beschränkt.** Nur in diesen beiden Verfahrensarten kann sie die klassische Auftragsbekanntmachung ersetzen. Für den wettbewerblichen Dialog und die Innovationspartnerschaft besteht diese Möglichkeit nicht, obgleich diesen Verfahren ebenfalls ein Teilnahmewettbewerb vorgeschaltet ist.[13] Eine Veröffentlichung der Vorinformation allein im Beschafferprofil ist unzulässig; sie kann dort nur zusätzlich erfolgen (S. 2).

8 Zu den inhaltlichen Anforderungen der Vorinformation als Aufruf zum Wettbewerb wird auf die Kommentierung des iW inhaltsgleichen § 38 Abs. 4 VgV → VgV § 38 Rn. 11 ff. verwiesen. Vorinformationen als Aufruf zum Wettbewerb sind nach den Vorgaben der Spalte 10 in Tabelle 2 des Anhangs der Durchführungsverordnung (EU) 2019/1780 iVm § 10a VgV zu erstellen.

9 Das **Verfahren** im Anschluss an die Veröffentlichung der Vorinformation als Aufruf zum Wettbewerb wird in der VOB/A-EU nur rudimentär behandelt. § 12a EU Abs. 1 S. 1 Nr. 3 VOB/A normiert lediglich, dass alle ausgewählten Bewerber gleichzeitig in Textform zu einer Interessensbestätigung aufgefordert werden. Zu weiteren Verfahrensdetails wird auf → VgV § 38 Rn. 20–22 verwiesen.

---

[11] Vgl. OLG Düsseldorf 27.11.2013 – VII-Verg 20/13, IBRRS 2013, 4933; MüKoEuWettbR/Stollhoff VOB/A § 12EU Rn. 6; Ingenstau/Korbion/von Wietersheim VOB/A § 12 EU Rn. 4.

[12] S. auch die Begriffsbestimmung in Art. 2 Abs. 1 Nr. 3 RL 2014/24/EU. Zu den obersten Bundesbehörden → GWB § 106 Rn. 14 und https://de.wikipedia.org/wiki/Bundesbeh%C3%B6rde_(Deutschland).

[13] MüKoEuWettbR/Stollhoff VOB/A § 12EU Rn. 10; HK-VergabeR/Franzius VOB/A § 12 EU Rn. 13.

IV. Auftragsbekanntmachung (Abs. 3)

1. Grundsatz: Pflicht zur Auftragsbekanntmachung (Nr. 1)

Nr. 1, die auf Art. 49 RL 2014/24/EU zurückgeht, ordnet an, öffentliche Bau- 10
aufträge durch eine Auftragsbekanntmachung unionsweit auszuschreiben. Das gilt
für alle Arten der Vergabe nach § 3 EU VOB/A mit Ausnahme des Verhandlungsverfahrens ohne Teilnahmewettbewerb. Auf eine Auftragsbekanntmachung im nicht
offenen Verfahren und Verhandlungsverfahren mit Teilnahmewettbewerb kann verzichtet werden, wenn eine Vorinformation als Aufruf zum Wettbewerb nach Abs. 2
veröffentlicht wird (ausf. → VgV § 38 Rn. 11 ff.). Zur **Bindung** des öffentlichen
Auftraggebers an die Auftragsbekanntmachung → VOB/A § 12 Rn. 9. Zur **Auslegung** der Auftragsbekanntmachung → VOB/A § 12 Rn. 10.

2. Erstellung und Veröffentlichung (Nr. 2–4)

Die Auftragsbekanntmachung wird nach den Vorgaben der Spalte 16 in Tabelle 11
2 des Anhangs der Durchführungsverordnung (EU) 2019/1780 iVm § 10a VgV
erstellt und ist dem Amt für Veröffentlichungen der EU über den zentralen Datenservice Öffentlicher Einkauf zu übermitteln (Nr. 2).

Die Auftragsbekanntmachung wird unentgeltlich fünf (Kalender-) Tage nach ihrer 12
Übermittlung in der Originalsprache veröffentlicht. Eine Zusammenfassung der
wichtigsten Angaben wird in den übrigen Amtssprachen der EU veröffentlicht.
Verbindlich ist jedoch nur der Wortlaut der Originalsprache, dh der Sprache, in der
die Bekanntmachung verfasst und versandt wurde (Nr. 3).

Der Auftraggeber muss den Tag der Absendung der Bekanntmachung nachweisen 13
können. Hierfür stellt das Amt für Veröffentlichungen der EU eine automatisch
generierte Bestätigung aus (Nr. 4).

3. Veröffentlichung im Inland (Nr. 5)

Die EU-weite Auftragsbekanntmachung ist zwingend vorgeschrieben. Dagegen 14
ist ihre zusätzliche nationale Veröffentlichung fakultativ. Dies kann in Tageszeitungen, amtl. Veröffentlichungsblättern oder auf Internetportalen erfolgen (S. 1). Wird
hiervon Gebrauch gemacht, schreibt Nr. 5 **zeitliche und inhaltliche Schranken**
zum Schutz ausländischer Unternehmen vor. Inländische Unternehmen sollen keinen Zeit- und Informationsvorsprung ggü. ausländischen Mitbewerbern erhalten.
Inlandsveröffentlichungen dürfen deshalb gem. S. 2 allein die Angaben enthalten,
die dem Amt für Veröffentlichungen der EU übermittelt wurden, und müssen auf
den Tag der Übermittlung hinweisen. Ferner dürfen sie nicht vor der Veröffentlichung durch das Amt für Veröffentlichungen der EU veröffentlicht werden (ausf.
→ VgV § 40 Rn. 6). Anders hingegen, wenn der öffentliche Auftraggeber nicht
innerhalb von 48 Stunden nach der Bestätigung des Eingangs der Auftragsbekanntmachung durch das Amt für Veröffentlichungen der EU über die Veröffentlichung
unterrichtet wurde. Der Lauf dieser Frist setzt voraus, dass der öffentliche Auftraggeber vom Amt für Veröffentlichungen der EU getrennte Bestätigungen über den
Eingang der Auftragsbekanntmachung (Beginn der 48-Stunden-Frist) und über die
erfolgte Veröffentlichung der Auftragsbekanntmachung erhält.[14]

V. Freiwillige Ex-Ante-Transparenzbekanntmachung (Abs. 4)

Abs. 4 enthält eine Neuregelung zur Veröffentlichung von freiwilligen Ex-Ante- 14a
Transparenzbekanntmachungen iSv § 135 Abs. 3 S. 1 Nr. 2 und S. 2 GWB. Zu

---

[14] MüKoEuWettbR/Stollhoff VOB/A § 12EU Rn. 28.

VOB/A–EU § 12a Versand der Vergabeunterlagen

dieser Bekanntmachung näher → GWB § 135 Rn. 97 ff. Jene Bekanntmachungen sind unionsweit nach den Vorgaben der Spalte 25 in Tabelle 2 des Anhangs der Durchführungsverordnung (EU) 2019/1780 iVm § 10a VgV zu veröffentlichen.

VI. Rechtsschutz

15 Zur Vorinformation → VgV § 38 Rn. 24, 25.
16 Zu Verstößen gegen die Bekanntmachungspflicht → VgV § 37 Rn. 17 ff.

§ 12a EU Versand der Vergabeunterlagen

(1)
1. ¹Die Vergabeunterlagen werden ab dem Tag der Veröffentlichung einer Auftragsbekanntmachung gemäß § 12 EU Absatz 3 oder dem Tag der Aufforderung zur Interessensbestätigung gemäß Nummer 3 unentgeltlich mit uneingeschränktem und vollständigem direkten Zugang anhand elektronischer Mittel angeboten. ²Die Auftragsbekanntmachung oder die Aufforderung zur Interessensbestätigung muss die Internet-Adresse, über die diese Vergabeunterlagen abrufbar sind, enthalten.
2. Diese Verpflichtung entfällt in den in Fällen nach § 11b EU Absatz 1.
3. ¹Bei nicht offenen Verfahren, Verhandlungsverfahren, wettbewerblichen Dialogen und Innovationspartnerschaften werden alle ausgewählten Bewerber gleichzeitig in Textform aufgefordert, am Wettbewerb teilzunehmen oder wenn eine Vorinformation als Aufruf zum Wettbewerb gemäß § 12 EU Absatz 2 genutzt wurde, zu einer Interessensbestätigung aufgefordert. ²Die Aufforderungen enthalten einen Verweis auf die elektronische Adresse, über die die Vergabeunterlagen direkt elektronisch zur Verfügung gestellt werden. ³Bei den in Nummer 2 genannten Gründen sind den Aufforderungen die Vergabeunterlagen beizufügen, soweit sie nicht bereits auf andere Art und Weise zur Verfügung gestellt wurden.

(2) Die Namen der Unternehmen, die Vergabeunterlagen erhalten oder eingesehen haben, sind geheim zu halten.

(3) ¹Rechtzeitig beantragte Auskünfte über die Vergabeunterlagen sind spätestens sechs Kalendertage vor Ablauf der Angebotsfrist allen Unternehmen in gleicher Weise zu erteilen. ²Bei beschleunigten Verfahren nach § 10a EU Absatz 2, sowie § 10b EU Absatz 5 beträgt diese Frist vier Kalendertage.

I. Bereitstellung der Vergabeunterlagen (Abs. 1)

1 Abs. 1 S. 1 Nr. 1 ordnet an, dass die Vergabeunterlagen ab dem Tag der Veröffentlichung einer Auftragsbekanntmachung gem. § 12 EU Abs. 3 VOB/A oder dem Tag der Aufforderung zur Interessensbestätigung gem. Nr. 3 unentgeltlich mit uneingeschränktem und vollständigem direkten Zugang anhand elektronischer Mittel angeboten werden müssen. Die Auftragsbekanntmachung oder die Aufforderung zur Interessensbestätigung muss die Internet-Adresse, über die diese Vergabeunterlagen abrufbar sind, enthalten. Damit entspricht die Bestimmung dem § 41 Abs. 1 VgV, dazu → VgV § 41 Rn. 4 ff.

2 Nr. 2 iVm § 11b EU Abs. 1 VOB/A enthält eine Ausnahme von der Verpflichtung nach Nr. 1 und deckt sich mit § 41 Abs. 2 VgV, dazu → VgV § 41 Rn. 34 ff.

Nach Nr. 3 werden bei nicht offenen Verfahren, Verhandlungsverfahren, wettbewerblichen Dialogen und Innovationspartnerschaften alle ausgewählten Bewerber gleichzeitig in Textform aufgefordert, am Wettbewerb teilzunehmen oder, wenn eine Vorinformation als Aufruf zum Wettbewerb gem. § 12 EU Abs. 2 VOB/A genutzt wurde, zu einer Interessensbestätigung aufgefordert. Die Aufforderungen enthalten einen Verweis auf die elektronische Adresse, über die die Vergabeunterlagen direkt elektronisch zur Verfügung gestellt werden. Nr. 3 fasst § 52 Abs. 2, 3 VgV zusammen, dazu → VgV § 52 Rn. 5 ff. 3

Die Vorgabe in Abs. 1 S. 2, wonach die Aufforderungen einen Verweis auf die elektronische Adresse enthalten, über die die Vergabeunterlagen direkt elektronisch zur Verfügung gestellt werden, deckt sich mit § 52 Abs. 3 S. 2 Nr. 4 VgV, → VgV § 52 Rn. 20. 4

Abs. 1 S. 3 stellt klar, dass die Vergabeunterlagen spätestens mit der Aufforderung nach Abs. 1 S. 1 Nr. 2 zur Verfügung zu stellen sind. 5

II. Geheimhaltung der Unternehmen (Abs. 2)

Zur Gewährleistung größtmöglicher Verfahrensintegrität sowie zur Verhinderung von Preisabsprachen sind die Namen der Unternehmen, die die Vergabeunterlagen erhalten oder eingesehen haben, geheim zu halten. Das **Gebot der Vertraulichkeit** ist eine Säule des Vergaberechts. Es dient dem Schutz des Wettbewerbs.[1] Denn wesentliches und unverzichtbares Kennzeichen einer Auftragsvergabe im Wettbewerb ist die **Gewährleistung eines Geheimwettbewerbs** zwischen den an der Ausschreibung teilnehmenden Unternehmen. Nur dann, wenn jedes Unternehmen die ausgeschriebene Leistung in Unkenntnis der Angebote, Angebotsgrundlagen und Angebotskalkulation seiner Mitbewerber anbietet, ist ein echter Wettbewerb möglich.[2] Die Geheimhaltungspflicht ist zwingend und gilt für alle Vergabeverfahren. Sie kann nicht mit Zustimmung der Unternehmen eingeschränkt werden und endet erst nach dem Öffnungstermin (§ 14 EU Abs. 6 VOB/A). Da sicherzustellen ist, dass die einzelnen Unternehmen untereinander nicht von ihrer Teilnahme an dem Vergabeverfahren erfahren, ist die Veranstaltung gemeinsamer Baustellenbesichtigungen oder sonstiger Bieterkonferenzen unzulässig. 6

III. Erteilung von Auskünften (Abs. 3)

S. 1 verlangt, rechtzeitig beantragte Auskünfte über die Vergabeunterlagen spätestens **sechs Kalendertage vor Ablauf der Angebotsfrist** allen Unternehmen in gleicher Weise zu erteilen. Bei beschleunigten Verfahren nach § 10a EU Abs. 2, § 10b EU Abs. 5 VOB/A gilt eine Frist von vier Kalendertagen (S. 2). Die Fristen sind eine absolute Untergrenze, damit die Unternehmen die zusätzlichen Auskünfte noch in ihr Angebot einarbeiten können.[3] Zweck der Vorschrift ist es, individuellen Klärungsbedarf der Unternehmen so zu kanalisieren, dass ein geordneter Ablauf des Vergabeverfahrens sichergestellt ist. Lassen sich diese Fristen nicht einhalten, ist die Angebotsfrist angemessen zu verlängern (→ VOB/A § 10a EU Rn. 9). Zur **Auskunftspflicht** und zur **Rechtzeitigkeit** einer verlangten Auskunft → VgV § 20 Rn. 12–16. 7

Hält ein Unternehmen Aussagen in den Vergabeunterlagen für unklar oder auslegungsbedürftig, so ist dies dem Auftraggeber unverzüglich mitzuteilen und dieser 8

---

[1] OLG Düsseldorf 1.8.2012 – VII-Verg 105/11, BeckRS 2012, 18206.
[2] OLG München 11.8.2008 – Verg 16/08, BeckRS 2008, 17227.
[3] VK Sachsen 9.12.2002 – 1/SVK/102-02, IBRRS 2003, 0171.

VOB/A–EU § 13   Form und Inhalt der Angebote

um Aufklärung zu bitten.[4] Es darf eine Leistungsbeschreibung, die nach seiner Auffassung den Vorschriften des § 7 EU VOB/A zuwiderläuft, nicht einfach hinnehmen. Vielmehr muss es sich hieraus ergebende Zweifelsfragen vor Abgabe des Angebotes klären, notfalls auch durch Hinzuziehung rechtlichen Beistandes.[5] Regelmäßig enthalten die Bewerbungsbedingungen öffentlicher Auftraggeber auch eine entspr. Verpflichtung, den Auftraggeber auf solche Fehler hinzuweisen. Diese Aufklärungsobliegenheit korrespondiert mit der **Rügeobliegenheit** nach § 160 Abs. 3 S. 1 Nr. 1, 2 GWB. Im Nachprüfungsverfahren kann sich der Bieter regelmäßig nur dann auf eine Unklarheit der Vergabeunterlagen berufen, wenn er den Versuch einer Aufklärung unternommen hat sowie seiner Rügeobliegenheit bis zum Ablauf der Angebotsfrist nachgekommen ist.[6] Es reicht vor allem nicht aus, im Angebot nur zu vermerken, wie eine unklare Angabe verstanden worden ist und diese in das Angebot einzuarbeiten.[7]

IV. Rechtsschutz

9   Abs. 1 ist bieterschützend (→ VgV § 41 Rn. 44 ff.). Auch die Geheimhaltungspflicht nach Abs. 2 ist bieterschützend. Die Auskunftspflicht nach Abs. 3 hat als Ausprägung des Gleichbehandlungs- und Wettbewerbsgrundsatzes ebenfalls bieterschützenden Charakter (s. → VgV § 20 Rn. 14, 27).[8]

§ 13 EU Form und Inhalt der Angebote

(1)
1. [1]Der öffentliche Auftraggeber legt unter Berücksichtigung von § 11 EU fest, in welcher Form die Angebote einzureichen sind. [2]Schriftliche Angebote müssen unterzeichnet sein. [3]Elektronisch übermittelte Angebote sind nach Wahl des Auftraggebers zu versehen mit
   a) einer fortgeschrittenen elektronischen Signatur,
   b) einer qualifizierten elektronischen Signatur,
   c) einem fortgeschrittenen elektronischen Siegel oder
   d) einem qualifizierten elektronischen Siegel,
   sofern der öffentliche Auftraggeber dies in Einzelfällen entsprechend § 11 EU verlangt hat.
2. [1]Der öffentliche Auftraggeber hat die Datenintegrität und die Vertraulichkeit der Angebote gemäß § 11a EU Absatz 2 zu gewährleisten. [2]Per Post oder direkt übermittelte Angebote sind in einem verschlossenen Umschlag einzureichen, als solche zu kennzeichnen und bis zum Ablauf

---

[4] OLG Frankfurt a. M. 23.12.2005 – 11 Verg 13/05, BeckRS 2006, 12422 = VergabeR 2006, 212 (217); BayObLG 22.6.2004 – Verg 13/04, NZBau 2004, 626; VK Sachsen 29.7.2002 – 1/SVK/069-02, IBRRS 2002, 1035; VK Brandenburg 8.5.2000 – 1 VK 49/99, IBR 2000, 407.

[5] OLG Schleswig 15.4.2011 – 1 Verg 10/10, NZBau 2011, 375; OLG Düsseldorf 14.4.2010 – Verg 60/09, BeckRS 2010, 15895; BayObLG 22.6.2004 – Verg 13/04, NZBau 2004, 626.

[6] OLG Naumburg 29.10.2001 – 1 Verg 11/01, BeckRS 2009, 13730; VK Sachsen 19.4.2004 – 1/SVK/025-04, IBRRS 2004, 3472; VK Münster 14.11.2002 – VK 16/02, IBRRS 2003, 0044; VK Nordbayern 26.9.2000 – 320.VK-3194-23/00, BeckRS 2000, 29944.

[7] BayObLG 22.6.2004 – Verg 13/04, NZBau 2004, 626.

[8] OLG Koblenz 30.4.2014 – 1 Verg 2/14, BeckRS 2014, 9768; OLG Naumburg 23.7.2001 – 1 Verg 2/01, BeckRS 2001, 31024383; VK Sachsen 26.6.2009 – 1-SVK/024/09, BeckRS 2009, 23149; 24.4.2008 – 1/SVK/015-08, BeckRS 2008, 10072.

Form und Inhalt der Angebote § 13 VOB/A–EU

der für die Einreichung vorgesehenen Frist unter Verschluss zu halten. ³Bei elektronisch übermittelten Angeboten ist dies durch entsprechende technische Lösungen nach den Anforderungen des öffentlichen Auftraggebers und durch Verschlüsselung sicherzustellen. ⁴Die Verschlüsselung muss bis zur Öffnung des ersten Angebots aufrechterhalten bleiben.
3. Die Angebote müssen die geforderten Preise enthalten.
4. Die Angebote müssen die geforderten Erklärungen und Nachweise enthalten.
5. ¹Das Angebot ist auf der Grundlage der Vergabeunterlagen zu erstellen. ²Änderungen an den Vergabeunterlagen sind unzulässig. ³Änderungen des Bieters an seinen Eintragungen müssen zweifelsfrei sein.
6. Bieter können für die Angebotsabgabe eine selbstgefertigte Abschrift oder Kurzfassung des Leistungsverzeichnisses benutzen, wenn sie den vom öffentlichen Auftraggeber verfassten Wortlaut des Leistungsverzeichnisses im Angebot als allein verbindlich anerkennen; Kurzfassungen müssen jedoch die Ordnungszahlen (Positionen) vollzählig, in der gleichen Reihenfolge und mit den gleichen Nummern wie in dem vom öffentlichen Auftraggeber verfassten Leistungsverzeichnis, wiedergeben.
7. Muster und Proben der Bieter müssen als zum Angebot gehörig gekennzeichnet sein.

(2) ¹Eine Leistung, die von den vorgesehenen technischen Spezifikationen nach § 7a EU Absatz 1 Nummer 1 abweicht, kann angeboten werden, wenn sie mit dem geforderten Schutzniveau in Bezug auf Sicherheit, Gesundheit und Gebrauchstauglichkeit gleichwertig ist. ²Die Abweichung muss im Angebot eindeutig bezeichnet sein. ³Die Gleichwertigkeit ist mit dem Angebot nachzuweisen.

(3) ¹Die Anzahl von Nebenangeboten ist an einer vom öffentlichen Auftraggeber in den Vergabeunterlagen bezeichneten Stelle aufzuführen. ²Etwaige Nebenangebote müssen auf besonderer Anlage erstellt und als solche deutlich gekennzeichnet werden. ³Werden mehrere Hauptangebote abgegeben, muss jedes aus sich heraus zuschlagsfähig sein. ⁴Absatz 1 Nummer 2 Satz 2 gilt für jedes Hauptangebot entsprechend.

(4) Soweit Preisnachlässe ohne Bedingungen gewährt werden, sind diese an einer vom öffentlichen Auftraggeber in den Vergabeunterlagen bezeichneten Stelle aufzuführen.

(5) ¹Bietergemeinschaften haben die Mitglieder zu benennen sowie eines ihrer Mitglieder als bevollmächtigten Vertreter für den Abschluss und die Durchführung des Vertrags zu bezeichnen. ²Fehlt die Bezeichnung des bevollmächtigten Vertreters im Angebot, so ist sie vor der Zuschlagserteilung beizubringen.

(6) Der öffentliche Auftraggeber hat die Anforderungen an den Inhalt der Angebote nach den Absätzen 1 bis 5 in die Vergabeunterlagen aufzunehmen.

Literatur: Vgl. die Angaben bei § 53 VgV.

Übersicht

	Rn.
I. Bedeutung der Vorschrift	1
II. Form der Angebote (Abs. 1 Nr. 1)	2
1. Schriftliche Angebote	3
a) Schriftliche Einreichung	3

VOB/A–EU § 13 Form und Inhalt der Angebote

Rn.
- b) Rechtswirksame Unterschriftsleistung ... 4
- 2. Elektronisch übermittelte Angebote ... 5
- III. Vertraulichkeit der Angebote (Abs. 1 Nr. 2) ... 7
- IV. Inhalt der Angebote (Abs. 1 Nr. 3–7) ... 11
  - 1. Preise (Nr. 3), Erklärungen und Nachweise (Nr. 4), Unzulässigkeit von Änderungen an den Vergabeunterlagen (Nr. 5 S. 1, 2) .. 11
  - 2. Änderungen des Bieters an seinen Eintragungen (Abs. 1 Nr. 5 S. 3) ... 13
  - 3. Abschriften, Kurzfassungen (Abs. 1 Nr. 6) ... 14
  - 4. Muster und Proben (Abs. 1 Nr. 7) ... 15
- V. Abweichung von technischen Spezifikationen (Abs. 2) ... 16
- VI. Nebenangebote (Abs. 3) ... 20
- VII. Preisnachlässe (Abs. 4) ... 22
- VIII. Bietergemeinschaften (Abs. 5) ... 23
- IX. Anforderungen an den Inhalt der Angebote (Abs. 6) ... 24
- X. Rechtsschutz ... 25
  - 1. Primärrechtsschutz ... 25
  - 2. Sekundärrechtsschutz ... 26

I. Bedeutung der Vorschrift

1 § 13 EU VOB/A regelt die Vorgaben zu Form und Inhalt der Angebote im Bereich unionsweiter Vergaben von Bauaufträgen. Er enthält zugleich Anforderungen an die Kommunikation bei der Einreichung von elektronischen Angeboten, die zT in § 53 VgV geregelt sind, zT in § 11 EU VOB/A. Damit trifft die Bestimmung zwar der Sache nach weitgehend inhaltsgleiche Bestimmungen zu anderweit bestehenden Regelungen (insbes. zu § 53 VgV). Die Systematik und die gewählten Formulierungen erschweren jedoch die Wiedererkennung dadurch, dass die (vormalige) Struktur des § 13 EG VOB/A fortgeführt wurde. Soweit andere Regelungen identische oder inhaltsgleiche Bestimmungen enthalten, kann auf die Erläuterungen dazu verwiesen werden; soweit dies nicht der Fall ist oder zu Unübersichtlichkeit oder Verwirrung führen könnte, erfolgt eine Erläuterung.

II. Form der Angebote (Abs. 1 Nr. 1)

2 Der Auftraggeber legt unter Berücksichtigung von § 11 EU VOB/A fest, in welcher Form die Angebote einzureichen sind (S. 1).

1. Schriftliche Angebote

3 **a) Schriftliche Einreichung.** Trotz der angestrebten Vereinheitlichung in Richtung elektronischer Vergabe sind schriftliche Angebote weiterhin zulässig, wenn dies der Auftraggeber bestimmt. Schriftlich eingereichte Angebote müssen (wirksam) unterzeichnet sein (S. 2). Mündliche und damit auch telefonische Angebote sind nicht zulässig. **Schriftlich** bedeutet nach §§ 126, 127 BGB, dass der Text schriftlich abgefasst und eigenhändig unterschrieben sein muss. Angebote per Fernschreiber, **Telefax** oder Telegramm entsprechen zwar der Schriftform, müssen aber dann ausgeschlossen werden, wenn sie nicht in einem Begleit- oder Bestätigungsschreiben unter Bezugnahme auf das Fax oder Telegramm vom Bieter eigenhändig unterschrieben worden sind; es fehlt sonst an der geforderten eigenhändigen Unterschrift. § 127 Abs. 2 S. 1 BGB greift nicht ein, weil vor Angebotsabgabe zwischen Bieter und Auftraggeber keine rechtsgeschäftliche Vereinbarung getroffen wird. Vielmehr legt der Auftraggeber einseitig die Form fest. Er wird auch iZw Wert auf die eigenhändige Unterschrift legen, um Manipulationsmöglichkeiten auszuschließen und sicherzugehen, dass das Angebot von dem jew. Bieter stammt und rechtsverbindlich ist. Da § 13 EU Abs. 1 VOB/A die Einreichung von Telefaxen im Gegensatz zu § 53 Abs. 6 S. 2 VgV nicht regelt, kann auch für die VOB/A-EU nicht davon ausgegangen werden, dass die Unterschrift auf der Telefaxvorlage ausreicht.

b) Rechtswirksame Unterschriftsleistung. Zur Frage der Notwendigkeit und 4 den Anforderungen an eine rechtswirksame Unterzeichnung kann iÜ auf die Erläuterungen zu § 53 Abs. 6 VgV → VgV § 53 Rn. 33 f. verwiesen werden.

2. Elektronisch übermittelte Angebote

Der öffentliche Auftraggeber kann digitale Angebote zulassen; dies ist die bevor- 5 zugte Übermittlungsform. Seit dem Ablauf der Übergangsfristen im Oktober 2018 dazu hat die Kommunikation grds. elektronisch zu erfolgen.

Elektronisch übermittelte Angebote sind im Fall eines besonderen Verlangens 6 nach § 11 EU Abs. 5 S. 2 VOB/A nach Wahl des Auftraggebers entspr. den Vorgaben der eIDAS-VO Nr. 910/2014/EU mit einer fortgeschrittenen elektronischen Signatur, mit einer qualifizierten elektronischen Signatur, mit einem fortgeschrittenen elektronischen Siegel oder mit einem qualifizierten elektronischen Siegel zu versehen. Dazu hat der öffentliche Auftraggeber die Anforderungen aus § 10 VgV zu beachten. Sie gelten gem. § 2 VgV auch für die Vergabe von Bauaufträgen im Bereich der unionsweiten Ausschreibungen. Es ist zum einen eine Verfälschung der Angebote zu verhindern und zum anderen sicherzustellen, dass andere Bieter nicht vor der Eröffnung auf das digitale Angebot zugreifen können. Für die Einzelheiten wird auf die Erläuterungen zu → VgV § 10, → VgV § 53 und → VOB/A §§ 11 EU, 11a EU verwiesen. § 11 EU Abs. 5 VOB/A entspricht § 53 Abs. 3 VgV. § 11a EU VOB/A greift die Grundsätze von §§ 10, 11 VgV für Bauvergaben auf.

III. Vertraulichkeit der Angebote (Abs. 1 Nr. 2)

Der Wettbewerbsgrundsatz verlangt die **Gewährleistung des Geheimwettbe-** 7 **werbs.** Die Bieter müssen sich darauf verlassen können, dass ihre Angebote, welche Geschäftsgeheimnisse enthalten, den anderen Bietern nicht bekannt werden. Deshalb haben die Auftraggeber nach Nr. 2 S. 1 die Vertraulichkeit der Angebote zu gewährleisten.

Für elektronische Angebote wird dazu auf § 11a EU Abs. 2 VOB/A verwiesen. 8 Danach sind ausschl. solche elektronischen Mittel zu verwenden, die die Unversehrtheit, die Vertraulichkeit und die Echtheit der Daten gewährleisten. Zugleich verlangt Nr. 2 S. 3, 4, dass die Vertraulichkeit bei **elektronischen Angeboten** durch **Verschlüsselung** und entspr. technische Lösungen des Auftraggebers sicherzustellen (S. 3). Die Verschlüsselung muss bis zur Submission gewährleistet sein (S. 4). Unklar ist, ob dem Bieter die Verantwortung für die Verschlüsselung obliegt.[1]

Für per Post oder direkt übermittelte (schriftliche) Angebote regelt Abs. 1 Nr. 2 9 S. 2, dass diese in einem verschlossenen Umschlag einzureichen, als Angebote zu kennzeichnen und bis zum Eröffnungstermin unter Verschluss zu halten sind. Der **Eingangsvermerk** ist mit einem Namenszug zu versehen,[2] der den Verantwortlichen der Vergabestelle ausweist, welcher die Richtigkeit des Eingangs dokumentiert

---

[1] So aber OLG Karlsruhe 17.3.2017 – 15 Verg 2/17, BeckRS 2017, 111933 = VergabeR 2017, 512.
[2] OLG Naumburg 31.3.2008 – 1 Verg 1/08, ZfBR 2008, 725; VK Sachsen-Anhalt 18.12.2009 – VK 2 LVwA LSA-30/09, IBRRS 2010, 1508.

VOB/A–EU § 13 Form und Inhalt der Angebote

und die Verantwortung dafür übernimmt, dass nach Eingang die Angebote nicht mehr verändert und nicht von Dritten eingesehen werden können. Der Verschluss darf auch nicht auf Wunsch des Bieters, welcher das Angebot eingereicht hat, geöffnet werden; hier besteht die Gefahr der Manipulation.

10 Verstößt der Auftraggeber gegen diese Pflicht, können dem Bieter nach den Vorschriften über Pflichtverletzungen im vorvertraglichen Schuldverhältnis Schadensersatzansprüche zustehen, wenn ihm aufgrund des Bekanntwerdens seiner Geschäftsgeheimnisse ein Schaden entstanden ist (§ 280 Abs. 1 S. 1, §§ 241 Abs. 2, 311 Abs. 2 Nr. 1 BGB). Nach der Submission muss auch für die digitalen Angebote sichergestellt sein, dass ihr Inhalt nicht verändert werden kann.[3]

IV. Inhalt der Angebote (Abs. 1 Nr. 3–7)

1. Preise (Nr. 3), Erklärungen und Nachweise (Nr. 4), Unzulässigkeit von Änderungen an den Vergabeunterlagen (Nr. 5 S. 1, 2)

11 Die Vorgaben, dass die Angebote die geforderten Preise, Erklärungen und Nachweise enthalten müssen, entsprechen dem Inhalt von § 53 Abs. 7 S. 2 VgV. Auf die Erläuterungen zu § 53 VgV wird insoweit verwiesen, → VgV § 53 Rn. 38 ff.

12 Die Verpflichtung zur Beachtung der Vergabeunterlagen (Abs. 1 Nr. 5 S. 1) und die Unzulässigkeit von Änderungen an den Vergabeunterlagen (Abs. 1 Nr. 5 S. 2) entspricht der Vorgabe aus § 53 Abs. 7 S. 1 VgV, dazu → VgV § 53 Rn. 37. Die Betonung, dass das Angebot auf der Grundlage der Vergabeunterlagen zu erstellen ist (S. 1), enthält nicht lediglich eine deklaratorische Klarstellung. Damit wird zugleich klargestellt, dass auch abweichende Angebote ohne physische Manipulationen der Vergabeunterlagen unzulässig sind.[4] Dies legt die Grundlage für einen entspr. Ausschluss nach § 16 EU Nr. 2 VOB/A.

2. Änderungen des Bieters an seinen Eintragungen (Abs. 1 Nr. 5 S. 3)

13 Änderungen, die der Bieter an seinen Eintragungen vornimmt, müssen zweifelsfrei sein, also das Geänderte eindeutig erkennbar und dem Wortlaut oder der Ziffer nach klar sein. Sobald Zweifel an der geschriebenen Ziffer oder Mehrdeutigkeiten in der Form auftreten, dass die Änderungen mit den anderen Angaben nicht mehr in Einklang zu bringen sind, scheidet das Angebot aus. **Eintragungsfehler** gehen stets zu Lasten des Bieters. Nach Öffnung der Angebote sind Änderungen gar nicht mehr zulässig, weil der Bieter ab diesem Zeitpunkt an sein Angebot gebunden ist.

3. Abschriften, Kurzfassungen (Abs. 1 Nr. 6)

14 Bieter können eine selbstgefertigte Abschrift oder eine selbstgefertigte Kurzfassung des Leistungsverzeichnisses benutzen, wenn sie den vom Auftraggeber verfassten Wortlaut des Leistungsverzeichnisses im Angebot als allein verbindlich anerkennen. Kurzfassungen müssen jedoch die Ordnungszahlen (Positionen) vollzählig, in der gleichen Reihenfolge und mit den gleichen Nummern wie in dem vom Auftraggeber verfassten Leistungsverzeichnis wiedergeben. Dadurch soll den Bietern, welche ihre Angebote mittels Textverarbeitungsprogrammen erstellen, die Abgabe eines Angebots erleichtert werden. Doch gehen Übertragungsfehler zu Lasten des Bieters, wenn zB die Forderung zur Fabrikatsangabe nicht übernommen worden ist und

---

[3] Vgl. hierzu OLG München 9.8.2010 – Verg 13/10, BeckRS 2010, 20438.

[4] Auf die Rspr. des BGH 18.6.2019 – X ZR 86/17, NZBau 2019, 661 wird bei den Erläuterungen zu §§ 53, 57 VgV eingegangen.

deshalb die Fabrikatsangabe fehlt[5] oder die Fabrikatsangabe an der falschen Stelle erfolgt.[6] Ein Bieter, der die elektronische Datei des Leistungsverzeichnisses der Vergabestelle ausdruckt und ausfüllt, verwendet aber keine „selbstgefertigte Abschrift".[7] Legt der öffentliche Auftraggeber den Vergabeunterlagen ein Kurzleistungsverzeichnis bei, darf sich der Bieter auf die Vollständigkeit verlassen.[8]

4. Muster und Proben (Abs. 1 Nr. 7)

Diese muss der Bieter als zum Angebot gehörig kennzeichnen. Bei Widersprüchen zwischen dem schriftlichen Angebot und dem tatsächlich eingereichten Muster ist auf das Angebot abzustellen, welches den Vertragsinhalt festlegt. Ein abweichendes Muster führt wegen der Widersprüchlichkeit zum Ausschluss des Angebots,[9] weil der Vertragsinhalt unklar ist. Dem Bieter ist daher dringend anzuraten, auf die Identität zwischen Muster und Angebot zu achten. 15

V. Abweichung von technischen Spezifikationen (Abs. 2)

Unter technischen Spezifikationen sind nur technische Regelwerke, Normen oder allg. Eigenschafts- und Funktionsbeschreibungen zu verstehen, nicht aber individuelle, auf das konkrete Bauvorhaben bezogene technische Angaben,[10] wie etwa eine bestimmte Haltekonstruktion.[11] Auch die Alternativen aus Nr. 1 und 2 des Anhangs TS sind bei der Frage zu berücksichtigen, was unter Technischen Spezifikationen zu verstehen ist. Insoweit wird auf die Erläuterungen zu § 7a EU Abs. 1 VOB/A (→ VOB/A § 7 EU Rn. 2) Bezug genommen. 16

Die Zulassung von Abweichungen von technischen Spezifikationen dient insbes. der Gewährleistung der Freiheit des Dienstleistungsverkehrs innerhalb der EU in den Bereichen, in denen gemeinsame europäische Normen und gemeinsame technische Spezifikationen nicht definiert sind (vgl. Anhang TS zur VOB/A).[12] Die Abweichung von einer technischen Spezifikation ist **kein Nebenangebot.** Die Abweichung muss deutlich als solche gekennzeichnet sein, zusätzlich ist die Gleichwertigkeit mit dem Angebot nachzuweisen (dazu auch → VOB/A § 7a EU Rn. 7 f.). Diese Regelung soll die Überprüfung ermöglichen, ob die abweichende technische Spezifikation in der Tat zu demselben Schutzniveau in Bezug auf Sicherheit, Gesundheit und Gebrauchstauglichkeit führt. Schutzniveau bedeutet, dass die in den vorgesehenen technischen Spezifikationen angeführten Mindestforderungen gewahrt sein müssen, wie zB Anforderungen nach DIN. 17

Fehlt der **Nachweis der Gleichwertigkeit oder die Gleichwertigkeit,** kann das Angebot nicht gewertet werden.[13] Der Bieter muss nicht nur darlegen, dass er etwas anders macht, sondern auch, was genau er anders macht. Er hat daher in den betreffenden Angebotspositionen, den davon erfassten Positionsgruppen, dem jew. Abschnitt oder uU im ganzen Angebot eindeutig und klar verständlich zu sagen, dass eine Abweichung von den technischen Spezifikationen vorliegt und worin sie liegt.[14] Fehlen die deutliche Kennzeichnung oder die Gleichwertigkeitsnachweise, 18

---

[5] Vgl. hierzu OLG München 12.11.2010 – Verg 21/10, BeckRS 2010, 29116.
[6] OLG Brandenburg 10.8.2010 – Verg W 1/10, IBR 2010, 706.
[7] OLG Schleswig 25.9.2009 – 1 U 42/08, BeckRS 2009, 87851.
[8] BGH 15.1.2013 – X ZR 155/10, NZBau 2013, 319.
[9] VK Bund 5.8.2009 – VK 1–128/09, BeckRS 2009, 138499.
[10] OLG München 28.7.2008 – Verg 10/08, NZBau 2008, 794.
[11] OLG München 11.8.2005 – Verg 12/05, IBR 2005, 564.
[12] OLG Naumburg 17.6.2003 – 1 Verg 9/03, NJOZ 2003, 3397 (3400).
[13] VK Hannover 16.6.2004 – VgK 04/2004, IBR 2005, 1013.
[14] OLG Koblenz 15.5.2003 – 1 Verg 3/03, NZBau 2004, 464.

VOB/A–EU § 13   Form und Inhalt der Angebote

hat der Auftraggeber diese nach § 16a EU VOB/A nachzufordern. Da die Nachforderungsfrist von idR sechs Kalendertagen recht knapp ist, empfiehlt es sich für den Bieter, sowohl die Kennzeichnung als auch die Gleichwertigkeitsnachweise vollständig zum Öffnungstermin vorzulegen.

19   Die Gleichwertigkeitsnachweise werden von dritter Seite zu erbringen sein, zB durch Prüfberichte oder Sachverständigengutachten. Unklarheiten gehen zu Lasten des Bieters, die Vergabestelle ist nicht zu Aufklärungsgesprächen verpflichtet. Ein Angebot nach § 13 EU Abs. 2 VOB/A liegt aber dann nicht vor, wenn der Bieter nicht von solchen allg. technischen Spezifikationen abweicht, sondern innerhalb der vorgegebenen technischen Spezifikation nicht die geforderte Qualität anbietet.[15] Eine Abweichung von technischen Spezifikationen ist dann nicht gegeben, wenn das technische Regelwerk lediglich Sollvorschriften enthält und der Bieter von diesen Sollvorschriften abweicht;[16] in diesem Fall hat der Bieter keine Gleichwertigkeitsnachweise mit seinem Angebot vorzulegen.

VI. Nebenangebote (Abs. 3)

20   Zur Frage, wann Nebenangebote vorliegen, wird zunächst auf die Erläuterungen zu § 35 VgV, → VgV § 35 Rn. 1, verwiesen.

21   Die Anzahl der Nebenangebote ist an einer vom Auftraggeber in den Vergabeunterlagen bezeichneten Stelle anzugeben (S. 1), außerdem müssen etwaige Nebenangebote auf besonderer Anlage gemacht und als solche deutlich gekennzeichnet sein (S. 2). Nebenangebote sind entspr. der Leistungsbeschreibung erschöpfend und mit allen Daten zu beschreiben, so dass der Auftraggeber sich ein **klares Bild über die angebotene Ausführung** der Leistung machen kann.[17] Werden Nebenangebote nicht auf besonderer Anlage gemacht oder nicht als solche deutlich gekennzeichnet, führt dies zum zwingenden Ausschluss nach § 16 EU Nr. 6 VOB/A. Dies ergibt sich bereits aus dem Schutzzweck der Vorschrift, die eine vollständige Bekanntgabe der Nebenangebote im Öffnungstermin sowie eine gesicherte Erkenntnismöglichkeit des Auftraggebers sicherstellen will. Lediglich die fehlende Angabe der Nebenangebote an einer vom Auftraggeber festgelegten Stelle ist als reine Ordnungsvorschrift zu qualifizieren, deren Verletzung nicht zum Ausschluss führt.

21a   In Übernahme der Grundsätze der Rspr., wonach auch **mehrere Hauptangebote** zulässig sein können, sieht S. 3 Anforderungen für einen solchen Fall vor. Danach muss, wenn mehrere Hauptangebote abgegeben werden, jedes von sich heraus (also nicht lediglich zusammen mit anderen Angebotsteilen) zuschlagsfähig sein. Die Zuschlagsfähigkeit betrifft dabei sämtliche Wertungsparameter, die ein erfolgreiches Angebot aufweisen muss, um für den Zuschlag ausgewählt werden zu können.

VII. Preisnachlässe (Abs. 4)

22   Globale Preisnachlässe – Preisnachlässe, die nicht an Bedingungen geknüpft sind – sind an der vom Auftraggeber in den Vergabeunterlagen dafür bezeichneten Stelle aufzuführen. Dies soll sicherstellen, dass solche Preisnachlässe im Öffnungstermin vom Versammlungsleiter nicht übersehen, sondern nach § 14 EU Abs. 3 Nr. 1 lit. c VOB/A bekannt gegeben werden. Zudem dient diese Regelung der Transparenz

---

[15] OLG München 28.7.2008 – Verg 10/08, NZBau 2008, 794 (795).
[16] OLG München 7.4.2011 – Verg 5/11, NZBau 2011, 439.
[17] OLG Koblenz 29.8.2003 – 1 Verg 7/03, IBR 2003, 620.

Form und Inhalt der Angebote § 13 VOB/A–EU

im Vergabeverfahren und dem Ausschluss von Manipulationsmöglichkeiten. Die Regelung betrifft nur Preisnachlässe auf das Gesamtangebot; Preisnachlässe für einzelne Positionen können an anderen Stellen aufgeführt werden.[18]

VIII. Bietergemeinschaften (Abs. 5)

Abs. 5 entspricht wörtlich dem Inhalt von § 53 Abs. 9 VgV. Auf die dortigen Erläuterungen → VgV § 53 Rn. 61 ff. kann daher verwiesen werden. 23

IX. Anforderungen an den Inhalt der Angebote (Abs. 6)

Der Auftraggeber hat die Anforderungen an den Inhalt der Angebote nach den Abs. 1–5 in die Vergabeunterlagen aufzunehmen. Mit der Verpflichtung des Bieters, ein vollständiges und wertbares Angebot abzugeben, korrespondiert die Pflicht des Auftraggebers, die **Anforderungen an die Angebote klar und deutlich in die Vergabeunterlagen aufzunehmen**. Er hat eindeutig und unmissverständlich zu formulieren, welche Erklärungen und Nachweise er mit dem Angebot fordert,[19] da das Fehlen der verlangten Erklärungen und Nachweise mit der scharfen Sanktion des Ausschlusses eines Angebots belegt ist.[20] Ein Angebot darf deshalb nur dann wegen fehlender Erklärungen oder Nachweise ausgeschlossen werden, wenn der Auftraggeber deren Vorlage eindeutig und unmissverständlich verlangt hat.[21] Da sich die Vergabeunterlagen als vorformulierte Vertragsbestandteile an eine unbestimmte Anzahl von Bietern wenden, ist für die **Auslegung** der objektive Empfängerhorizont der potenziellen Bieter, also eines abstrakt bestimmten Adressatenkreises maßgeblich.[22] Verstehen die beteiligten Kreise übereinstimmend eine bestimmte Klausel entgegen ihrem Wortlaut in einem anderen Sinn, schadet die missverständliche Formulierung nicht. Bleiben Unklarheiten, dürfen diese nicht zu Lasten des Bieters gehen; eine rechtmäßige Wertung und Zuschlagserteilung ist nur möglich, wenn die Anforderungen von allen beteiligten fachkundigen Bietern in gleicher Weise verstanden und ihren Angeboten zugrunde gelegt werden können, da nur dann vergleichbare Angebote vorliegen.[23] Doch empfiehlt sich für den Bieter eine sorgfältige Lektüre[24] und eine Nachfrage,[25] um nicht vergeblich Zeit und Geld für ein Angebot aufzuwenden, welches möglicherweise nicht in die Wertung kommt. Auf die Angaben des Auftraggebers kann der Bieter auch vertrauen. Weder darf der Auftraggeber nach Angebotsabgabe zusätzliche Erklärungen oder Nachweise verlangen noch darf er bei der Wertung auf geforderte Erklärungen oder Nachweise 24

---

[18] OLG Saarbrücken 13.6.2012 – 1 U 357/11, BeckRS 2012, 13625, wertet einen solchen Preisnachlass als Nebenangebot.

[19] BGH 3.4.2012 – X ZR 130/10, NZBau 2012, 513; OLG München 12.10.2012 – Verg 16/12, BeckRS 2012, 21236 = VergabeR 2013, 108; OLG München 10.9.2009 – Verg 10/09, BeckRS 2009, 27004.

[20] BGH 10.6.2008 – X ZR 78/07, ZfBR 2008, 702; OLG München 21.8.2008 – Verg 13/08, ZfBR 2008, 838.

[21] BGH 3.4.2012 – X ZR 130/10, NZBau 2012, 513; OLG München 12.10.2012 – Verg 16/12, BeckRS 2012, 21236 = VergabeR 2013, 108.

[22] OLG München 21.4.2017 – Verg 2/17, BeckRS 2017, 107792 = VergabeR 2017, 525; 10.9.2009 – Verg 10/09, BeckRS 2009, 27004.

[23] OLG Frankfurt a. M. 24.3.2012 – 11 Verg 6/12, NZBau 2012, 726; OLG Schleswig 15.4.2011 – 1 Verg 10/10, BeckRS 2011, 11797 = VergabeR 2011, 586.

[24] OLG Düsseldorf 24.9.2014 – Verg 19/14, VPR 2015, 108.

[25] BayObLG 22.6.2004 – Verg 13/04, IBR 2004, 535.

verzichten. Der Auftraggeber hat alle **kalkulationsrelevanten Umstände** in den Vergabeunterlagen aufzuführen, um den Bietern eine vernünftige Kalkulation zu ermöglichen.[26] Die ausgeschriebenen Vertragsklauseln müssen eine kaufmännisch vernünftige Kalkulation zumutbar ermöglichen. Gehen dagegen Preis- und Kalkulationsrisiken über das Maß hinaus, das Bietern typischerweise obliegt, können die entspr. Klauseln auch in Vergabenachprüfungsverfahren überprüft und beanstandet werden.[27] Ändert der Auftraggeber Teile des Leistungsverzeichnisses vor der Submission, hat er allen Bieter in geeigneter Form das aktualisierte Leistungsverzeichnis zu übersenden[28], bzw. bei einer Ausschreibung auf einer Internet-Plattform allen Bietern einen entspr. Link zu übermitteln, der klar und eindeutig die Schritte zum Herunterladen erläutert. Sind die Anweisungen eindeutig, trägt dann allerdings der Bieter die Verantwortung dafür, dass seine Mitarbeiter die Änderungsunterlagen korrekt herunterladen und ausfüllen. Ergänzt eine Vergabestelle vor dem Submissionstermin per Fax ggü. allen Bietern das Leistungsverzeichnis um eine weitere Position, kann sie nur mittels einer Empfangsbestätigung den Zugang des Faxes nachweisen.[29] Allerdings dürfen Vergabeunterlagen nur insoweit abgeändert werden, wie sie den Umfang der wesentlichen Bedingungen des Auftrags nicht verändern.[30] Wesentliche Bedingungen des Auftrags sind technische Spezifikationen und die Zuschlagskriterien. Änderungen haben transparent und diskriminierungsfrei zu erfolgen und den Bietern ausreichend Zeit für eine Neukalkulation zu gewähren.[31] Für den Auftraggeber bedeutet Abs. 6 eine **starke Selbstverpflichtung und -bindung.**

X. Rechtsschutz

1. Primärrechtsschutz

25   Da § 13 EU VOB/A nur die eigentliche Wertung durch die Beschreibung der Anforderungen an die Angebote der Bieter (Abs. 1–5) und die Anforderungen an die Vergabeunterlagen des Auftraggebers (Abs. 6) vorbereitet, können Verstöße gegen diese Obliegenheiten nur dann zu einem Primärrechtsschutz führen, wenn auf diesen Verstößen ein Ausschluss nach § 16 EU VOB/A basiert oder ein Bieter trotz Verstoßes nicht von der Wertung ausgeschlossen worden ist. Da Abs. 6 für den Auftraggeber eine **echte Pflicht** begründet, können auf Verstöße gegen diese Vorschrift Nachprüfungsanträge gestützt werden, wobei jedoch Verstöße gegen speziellere Pflichten Vorrang haben, wie zB gegen eine unterlassene Bekanntmachung von Wertungskriterien. Erlauben die ausgeschriebenen Vertragsklauseln keine kaufmännisch vernünftige Kalkulation, können sie im Nachprüfungsverfahren ausnahmsweise beanstandet werden.[32]

2. Sekundärrechtsschutz

26   → VgV § 53 Rn. 67, 68.

---

[26] OLG Schleswig 28.10.2021 – 54 Verg 5/21, VPRRS 2022, 0040; VK Rheinland-Pfalz 20.9.2012 – VK 2–25/12, IBRRS 2012, 4184.
[27] OLG Düsseldorf 21.4.2021 – Verg 1/20, NZBau 2022, 611.
[28] VK Südbayern 25.6.2010 – Z3-3-3194-1-30-05/10, BeckRS 2011, 2911.
[29] Anders VK Hessen 10.12.2010 – 69d VK-38/2010, IBRRS 2011, 1094.
[30] EuGH 10.5.2012 – C-368/10, BeckRS 2012, 80912.
[31] OLG Düsseldorf 13.1.2010 – I-27 U 1/09, NZBau 2010, 328.
[32] OLG Düsseldorf 21.4.2021 – Verg 1/20, NZBau 2022, 611.

§ 14 EU Öffnung der Angebote, Öffnungstermin

(1) ¹Die Öffnung der Angebote wird von mindestens zwei Vertretern des öffentlichen Auftraggebers gemeinsam an einem Termin (Öffnungstermin) unverzüglich nach Ablauf der Angebotsfrist durchgeführt. ²Bis zu diesem Termin sind die elektronischen Angebote zu kennzeichnen und verschlüsselt aufzubewahren. ³Per Post oder direkt zugegangene Angebote sind auf dem ungeöffneten Umschlag mit Eingangsvermerk zu versehen und unter Verschluss zu halten.

(2)
1. Der Verhandlungsleiter stellt fest, ob der Verschluss der schriftlichen Angebote unversehrt ist und die elektronischen Angebote verschlüsselt sind.
2. Die Angebote werden geöffnet und in allen wesentlichen Teilen im Öffnungstermin gekennzeichnet.
3. Muster und Proben der Bieter müssen im Termin zur Stelle sein.

(3) ¹Über den Öffnungstermin ist eine Niederschrift in Textform zu fertigen, in der die beiden Vertreter des öffentlichen Auftraggebers zu benennen sind. ²Der Niederschrift ist eine Aufstellung mit folgenden Angaben beizufügen:
a) Name und Anschrift der Bieter,
b) die Endbeträge der Angebote oder einzelner Lose,
c) Preisnachlässe ohne Bedingungen,
d) Anzahl der jeweiligen Nebenangebote.

(4) ¹Angebote, die nach Ablauf der Angebotsfrist eingegangen sind, sind in der Niederschrift oder in einem Nachtrag besonders aufzuführen. ²Die Eingangszeiten und die etwa bekannten Gründe, aus denen die Angebote nicht vorgelegen haben, sind zu vermerken. ³Der Umschlag und andere Beweismittel sind aufzubewahren.

(5) ¹Ein Angebot, das nachweislich vor Ablauf der Angebotsfrist dem öffentlichen Auftraggeber zugegangen war, aber dem Verhandlungsleiter nicht vorgelegen hat, ist mit allen Angaben in die Niederschrift oder in einen Nachtrag aufzunehmen. ²Den Bietern ist dieser Sachverhalt unverzüglich in Textform mitzuteilen. ³In die Mitteilung sind die Feststellung, ob bei schriftlichen Angeboten der Verschluss unversehrt war oder bei elektronischen Angeboten diese verschlüsselt waren und die Angaben nach Absatz 3 Buchstabe a bis d aufzunehmen. ⁴Im Übrigen gilt Absatz 4 Satz 2 und 3.

(6) ¹In offenen und nicht offenen Verfahren stellt der öffentliche Auftraggeber den Bietern die in Absatz 3 Buchstabe a bis d genannten Informationen unverzüglich elektronisch zur Verfügung. ²Den Bietern und ihren Bevollmächtigten ist die Einsicht in die Niederschrift und ihre Nachträge (Absätze 4 und 5 sowie § 16c EU Absatz 3) zu gestatten.

(7) Die Niederschrift darf nicht veröffentlicht werden.

(8) Die Angebote und ihre Anlagen sind sorgfältig zu verwahren und geheim zu halten.

Übersicht

	Rn.
I. Bedeutung der Vorschrift	1
1. Zweck	1
2. Anwendungsbereich	3

VOB/A–EU § 14   Öffnung der Angebote, Öffnungstermin

	Rn.
II. Durchführung des Öffnungstermins (Abs. 1)	4
1. Terminbestimmung	4
2. Zugelassene Personen	7
3. Zuzulassende Angebote	8
III. Eröffnungsvorgang (Abs. 2)	11
1. Feststellungen und Handlungen des Verhandlungsleiters (Nr. 1)	11
2. Öffnung und Kennzeichnung der Angebote (Nr. 2)	13
3. Präsente Muster und Proben (Nr. 3)	14
IV. Niederschrift über den Öffnungstermin (Abs. 3 und 4)	15
1. Rechtliche Bedeutung	15
2. Notwendiger Inhalt und Behandlung verspäteter Angebote Abs. 3–5	17
3. Informationsrechte der Bieter (Abs. 6); Verbot der Veröffentlichung (Abs. 7)	24
V. Behandlung verspäteter Angebote	26
1. Grundsatz: Ausschluss; Dokumentation (Abs. 4)	26
2. Ausnahme: Nachweislich rechtzeitig zugegangenes Angebot (Abs. 5)	28
a) Beweislast für den rechtzeitigen Zugang	29
b) Nicht rechtzeitige Vorlage beim Verhandlungsleiter	30
c) Benachrichtigung der übrigen Bieter und Aufnahme in die Niederschrift	33
3. Versehentliche Zulassung verspäteter Angebote	34
VI. Veröffentlichungsverbot der Niederschrift (Abs. 7); Aufbewahrungs- und Geheimhaltungsverpflichtung (Abs. 8)	35
VII. Rechtsschutz	38
1. Primärrechtsschutz	38
2. Sekundärrechtsschutz	40

I. Bedeutung der Vorschrift

1. Zweck

1 Das Vergabeverfahren soll den ordnungsgemäßen und nachvollziehbaren Verlauf der öffentlichen Auftragsvergabe sicherstellen. Aus diesem Grund ist es stark formalisiert. Die Formalien müssen für jeden Bieter in gleicher Weise von vornherein erkennbar sein. § 14 EU VOB/A dient diesem Ziel und ist damit zugleich Ausfluss des **Transparenzgebotes** aus § 97 Abs. 1 GWB.

2 Nach dem Ablauf der Angebotsfrist (§ 10 EU Abs. 1 S. 1 VOB/A) können die Bieter ihre Angebote nicht mehr zurückziehen (§ 10a EU Abs. 7 VOB/A) und bleiben nunmehr bis zum Ablauf der Bindefrist[1] daran gebunden.[2] Diese beginnt nach Ablauf der Angebotsfrist zu laufen (§ 10a EU Abs. 9 VOB/A). Dies gilt nicht nur für das offene Verfahren, sondern auch für das nicht offene Verfahren (§§ 10b EU Abs. 7, 9 VOB/A) und das Verhandlungsverfahren (§ 10c EU Abs. 2 VOB/A) sowie den wettbewerblichen Dialog und die Innovationspartnerschaft (§ 10d EU S. 2 VOB/A).

---

[1] Zur Begrenzung der Länge der Bindefrist: VK Südbayern 5.8.2022 – 3194.Z3-3_01-22-29, BeckRS 2022, 26750.

[2] Es sei denn, dem Bieter ist ein Festhalten am Angebot unzumutbar: BGH 11.11.2014 – X ZR 32/14, BeckRS 2014, 23351 = VergabeR 2015, 176.; OLG Dresden 2.7.2019 – 16 U 975/19, BeckRS 2019, 30814 = VergabeR 2020, 543.

2. Anwendungsbereich

§ 14 EU VOB/A gilt für das offene und das nicht offene Verfahren. Beim Verhandlungsverfahren, dem wettbewerblichen Dialog und der Innovationspartnerschaft gelten zwar die Grundsätze zur Angebots- und Bindefrist ebenfalls (vgl. § 10c EU Abs. 2 VOB/A, § 10d EU S. 2 VOB/A). Der öffentliche Auftraggeber ist aber nicht verpflichtet, einen Öffnungstermin durchzuführen. Auch dort bleibt ihm dies aber unbenommen.[3] Die Verpflichtung zur sorgfältigen Verwahrung und Geheimhaltung der Angebote und ihrer Anlagen gilt für sämtliche Verfahrensarten. Dies folgt aus § 5 VgV, der gem. § 2 VgV auch für die Ausschreibung von Bauaufträgen oberhalb der Schwellenwerte gilt.

II. Durchführung des Öffnungstermins (Abs. 1)

1. Terminbestimmung

Mit der Öffnung der Angebote erlangt der Auftraggeber unter Wahrung der Grundsätze des Geheimwettbewerbes und der Gleichbehandlung erstmals und gleichzeitig von den eingegangenen Angeboten Kenntnis. Bereits ab dem Zeitpunkt des Ablaufs der Angebotsfrist ist eine Modifikation des eigenen Angebots, zB die Möglichkeit, sein Angebot zurückzuziehen, § 10 EU Abs. 7 VOB/A, nicht mehr gegeben. Der ursprüngliche Zweck, die Bieter mit der Information über den Inhalt der übrigen Angebote und die eigenen Chancen an einer Auftragserteilung zu informieren, hat durch die reduzierten Anwesenheitsrechte im Öffnungstermin erheblich an Bedeutung verloren. Dieser Zweck wird nun durch die gem. Abs. 6 elektronisch zur Verfügung zu stellenden Informationen nach Abs. 3 erfüllt. Spätestens bei der Versendung der Vergabeunterlagen muss in dem Anschreiben Ort und Zeit des Öffnungstermins angegeben[4] werden.

Der Öffnungstermin ist pünktlich durchzuführen, wenn er nicht aufgrund einer notwendigen Verlängerung der Angebotsfrist (§ 10a EU Abs. 6 VOB/A) verschoben werden muss.[5] Die **rechtzeitige Übermittlung des Angebots** steht grds. im ausschließlichen **Bieterrisiko.** Dies gilt insbes. für die in der Sphäre des Bieters liegenden Umstände (richtige Bedienung der Vergabeplattform, Installation der notwendigen Updates, Beachtung der Vorgaben aus Betriebshandbüchern) für die Abgabe elektronischer Angebote.[6] Eine **Vorverlegung** des Öffnungstermins ist generell unzulässig. Eine komplette **Neubestimmung** von Ort oder Zeit des Öffnungstermins darf nur aus wichtigen Gründen geschehen.[7] Liegen diese Gründe vor, steht die Neubestimmung des Termins im Ermessen des Verhandlungsleiters. Er kann von den Bietern nicht dazu gezwungen werden, auch nicht, wenn glaubhaft gemacht wurde, dass die Vergabeunterlagen etwa nach § 11b EU

---

[3] AA OLG Naumburg 13.5.2008 – 1 Verg 3/08, BeckRS 2008, 14157 = VergabeR 2009, 91 (94), kein Eröffnungstermin im Verhandlungsverfahren.

[4] Zu den Folgen einer unrichtigen Zeitbezeichnung: OLG Schleswig 25.10.2007 – 1 Verg 7/07, IBR 2008, 1048.

[5] OLG Düsseldorf 21.12.2005 – Verg 75/05, IBR 2006, 218; Ingenstau/Korbion/von Wietersheim VOB/A § 14a Rn. 7. Dies gilt auch bei unterbliebener Beantwortung rechtzeitig gestellter Bieterfragen, OLG Brandenburg 12.1.2010 – Verg W 5/09, IBR 2010, 168.

[6] OLG Düsseldorf 12.6.2019 – Verg 8/19, NZBau 2020, 109; VK Südbayern 15.11.2021 – 3194.Z3-3_01-21-20, VPR 2022,9.

[7] OLG Düsseldorf 21.12.2005 – Verg 75/05, IBR 2006, 218; zur Haftung der Post bei verspäteter Auslieferung von Angebotsunterlagen: OLG Köln 24.5.2005 – 3 U 195/04, IBR 2005, 1309.

Abs. 1 oder Abs. 3 VOB/A bei der Übermittlung (nur) zu einem Bieter verloren gegangen sind.[8]

6   Das Ermessen der Vergabestelle kann eingeschränkt sein, wenn feststeht, dass nicht im Verantwortungsbereich der Bieter liegende Gründe bestehen, die eine rechtzeitige Abgabe von Angeboten hindern. So begründet die Notwendigkeit zur **elektronischen Angebotsabgabe** die Abhängigkeit von der Funktionsfähigkeit der dazu bereitgestellten Gerätschaften und Programme durch den Auftraggeber. Dies schließt auch die Vergabeplattform, die Verschlüsselungssoftware und die Speicherkapazitäten des öffentlichen Auftraggebers ein. Steht schon vor Ablauf der Angebotsfrist fest, dass aus Gründen, die dem Verantwortungsbereich des öffentlichen Auftraggebers zugeordnet werden müssen, eine rechtzeitige Angebotsabgabe nicht möglich sein wird, verdichtet sich das Ermessen hin zu der notwendigen angemessenen **Verlängerung der Angebotsfrist**. Treten diese Gründe nach dem Öffnungstermin zu Tage, kommt eine Zurückversetzung oder eine Aufhebung des Verfahrens in Betracht.

2. Zugelassene Personen

7   Am Öffnungstermin dürfen **Bieter oder ihre Bevollmächtigten nicht teilnehmen.** Die entspr. Befugnis besteht seit der VOB/A 2016 nicht mehr. Allerdings sind die Informationen aus der Niederschrift den Bietern unverzüglich elektronisch zur Verfügung zu stellen, § 14 EU Abs. 6 S. 1 VOB/A. Neben dem **Verhandlungsleiter** soll **mindestens ein weiterer Vertreter** des öffentlichen Auftraggebers an dem Öffnungstermin teilnehmen. Ob daneben weitere Personen für den öffentlichen Auftragnehmer teilnehmen dürfen, regelt Abs. 1 nicht. Nach dem Wortlaut (mindestens zwei) ist dies jedenfalls nicht ausgeschlossen. Zur Vermeidung von Interessenkonflikten soll der Öffnungstermin von einem mit der Vergabe nicht befassten Bediensteten geleitet werden. Der Verhandlungsleiter soll also weder an der Ausarbeitung der Vergabeunterlagen oder der Festlegung des Ausschreibungsverfahrens mitgewirkt haben noch an der Prüfung und Wertung beteiligt sein. Bei kleineren oder privaten Auftraggebern ist die Personaldecke mitunter so dünn, dass der Verhandlungsleiter uU der Bauherr selbst ist, soweit dieser die Aufgabe nicht an einen fachkundigen Beauftragten wie einen Architekten oder Ingenieur übertragen hat. In derartigen atypischen Fällen sind Ausnahmen zulässig.

3. Zuzulassende Angebote

8   Zur Öffnung sind grds. nur Angebote zuzulassen, die bis zum Ablauf der Angebotsfrist und der unverzüglich danach erfolgenden Öffnung der Angebote (§ 14 EU Abs. 1 VOB/A) eingegangen waren, § 14 EU Abs. 4, 5 VOB/A. Die Voraussetzungen dafür sind streng formalistisch einzuhalten. Schriftlich eingereichte Angebote müssen sich verschlossen (§ 13 EU Abs. 2 S. 2 VOB/A)[9] und unversehrt **im Submissionsraum** befinden und dem Verhandlungsleiter **vorliegen;** elektronische Angebote müssen vollständig und verschlüsselt und in der erforderlichen Form (Textform, in besonderen Fällen nach Wahl des Auftraggebers mit fortgeschrittener oder qualifizierter Signatur bzw. Siegel) hochgeladen worden sein (§ 13 EU Abs. 1 Nr. 1 S. 2, Abs. 1 Nr. 2 S. 3, 4 VOB/A) und der Vergabestelle auf der Plattform zugänglich sein. Dieser Zustand muss bei Öffnung des ersten (schriftlichen) Angebots oder bei Beginn der Entschlüsselung des ersten verschlüsselten elektronischen

---

[8] So schon – bezogen auf die Übermittlung auf dem Postweg –: OLG Düsseldorf 21.12.2005 – Verg 75/05, IBR 2006, 218.

[9] VK Baden-Württemberg 4.9.2014 – 1 VK 40/14, VPR 2016, 20.

Angebots vorliegen. Liegen schriftliche und elektronische Angebote vor, kommt es darauf an, welcher Öffnungsvorgang zunächst erfolgt.[10]

Ein **elektronisches Angebot** muss zu diesem Zeitpunkt verschlüsselt[11] vorliegen und den Anforderungen aus § 13 EU Abs. 1 Nr. 1 S. 3 VOB/A genügen. Ein elektronisches Angebot ist rechtzeitig abgegeben, wenn es vor Ablauf der Abgabefrist vollständig hochgeladen und verschlüsselt ist. Der Bieter trägt insoweit das Transportrisiko. Er muss dem Auftraggeber das Angebot so nahebringen, dass es nur noch an ihm liegt, vom Angebot Kenntnis zu nehmen. Auf die interne Abrufbarkeit der Angebotsdatei durch den Auftraggeber vor Ablauf der Angebotsfrist kommt es nicht an.[12] Der Verhandlungsleiter muss über einen im Submissionsraum vorhandenen Computer Zugriff auf die Datei haben, in der das verschlüsselte (und – sofern im Einzelfall gefordert – ausreichend signierte) Angebot enthalten ist. Das elektronische Angebot wird dadurch geöffnet, dass der Verhandlungsleiter dem Computer den Befehl zur Entschlüsselung der entspr. Datei gibt, durch den der Inhalt des Angebots lesbar gemacht werden kann. Verzögerungen durch Bearbeitungsschritte der bereits eingegangenen Angebotsdaten, wie Verschlüsselung und Umspeichern in den gesicherten Auftraggeberbereich auf der E-Vergabeplattform, führen nicht zu einer faktischen Verkürzung der Angebotsfrist. Ebenso ist das Angebot des Bieters als rechtzeitig eingereicht anzusehen, wenn der genaue Zeitpunkt des vollständigen Uploads von der Vergabeplattform nicht gespeichert wurde bzw. die entspr. Logfiles nicht mehr vorhanden sind.[13]

Die Angebote müssen mit einem **Eingangsvermerk** versehen oder elektronisch gekennzeichnet sein, um den rechtzeitigen Eingang bei der Vergabestelle zu belegen. Es dürfen nur **Originalangebote**, nicht jedoch Kopien übermittelt worden sein.[14] Ein Angebot, das bis zum Ablauf der Angebotsfrist nicht eingegangen ist, wird nur dann weiterhin berücksichtigt, wenn es nachweislich vor Ablauf der Angebotsfrist dem Auftraggeber zugegangen war, § 14 EU Abs. 5 S. 1 VOB/A. Zwar enthält § 16 EU Nr. 1 VOB/A die entspr. Ausnahme nicht mehr. Es ist jedoch nicht erkennbar, welchen Sinn der Normgeber in diesem Fall der Vorgabe beigemessen haben könnte, dass für nachweislich zugegangene Angebote ein Nachtrag zur Niederschrift über den Öffnungstermin aufzunehmen ist. Liegt ein Angebot indes bei Ablauf der Angebotsfrist dem Auftraggeber (als Institution) noch nicht iS eines Zugangs (vollständig) vor, kann der **Ausschluss** auch über § 14 EU Abs. 5 VOB/A nicht abgewendet werden. Diese Bestimmung erlaubt die **nachträgliche Aufnahme in die Niederschrift** nur, soweit die Angebote nachweislich vor Ablauf der Angebotsfrist dem öffentlichen Auftraggeber zugegangen waren, jedoch dem Verhandlungsleiter nicht vorgelegen hatten (§ 14 EU Abs. 5 S. 1 VOB/A). Für elektronische Angebote dürfte es auf diese Unterscheidung nur in den Fällen ankommen, in denen der Verhandlungsleiter über die Plattform keinen Zugriff auf die hochgeladenen Angebote erhält. Im Übrigen reicht die vollständige Übermittlung der Dateien auf den der Vergabestelle mit Ablauf der Angebotsfrist zugänglich werdenden Teil der Plattform für einen Zugang beim öffentlichen Auftraggeber aus.[15] Der Bieter kann in den Ausschreibungsunterlagen geforderte, aber versehentlich unterlassene Erklärungen nicht

---

[10] Daran dürfte sich auch durch die Änderung in Abs. 4 nichts geändert haben.
[11] Ob die vorab erfolgte Zuleitung per E-Mail zum Ausschluss führt, ist umstritten: dagegen OLG Frankfurt a. M. 18.2.2020 – 11 Verg 7/19, VPR 2020, 131; strenger: OLG Karlsruhe 17.3.2017 – 15 Verg 2/17, BeckRS 2017, 111933 = VergabeR 2017, 512.
[12] VK Südbayern 15.11.2021 – 3194.Z3-3_01-21-20, VPR 2022, 9.
[13] VK Südbayern 15.11.2021 – 3194.Z3-3_01-21-20, VPR 2022, 9.
[14] Kapellmann/Messerschmidt/Planker VOB/A § 14 Rn. 10.
[15] So zur entspr. Rechtslage bei einer Willenserklärung per E-Mail: in Grüneberg/Ellenberger BGB § 130 Rn. 7a.

noch während des Eröffnungstermins nachholen – auch nicht, wenn es sich um nebensächliche Verstöße handelt.[16] Es besteht kein Spielraum für eine großzügige Behandlung solcher Angebote, denen geforderte und damit kalkulationserhebliche Erklärungen fehlen.[17] Die Problematik wird durch § 16a EU VOB/A jedoch erheblich relativiert.

III. Eröffnungsvorgang (Abs. 2)

1. Feststellungen und Handlungen des Verhandlungsleiters (Nr. 1)

11   Der Verhandlungsleiter hat festzustellen, ob der Verschluss (Umschlag) der vorliegenden schriftlichen Angebote unversehrt ist. Bei elektronischen Angeboten hat er zu prüfen, ob sie verschlüsselt sind. Von der Unversehrtheit der Verschlüsselung geht der Normgeber offenbar aus.

12   Die Behandlung unverschlossener Angebote ist der Behandlung unverschlüsselter elektronischer Angebote gleichgestellt. Beide müssen ausgeschlossen werden, § 16 EU Nr. 2 VOB/A, § 13 EU Abs. 1 Nr. 2 S. 2, 3 VOB/A. Angebote, die versehentlich vor Submission geöffnet werden, sind unverzüglich wieder zu schließen. Über ihre Wertung ist anhand der allg. Verfahrensgrundsätze (Gleichbehandlungsgebot, Wettbewerbsprinzip) eine Ermessensentscheidung zu treffen.[18] Das gleiche gilt für den Fall, in dem Angebote versehentlich (soweit dies bei den Voreinstellungen der Vergabeplattformen möglich ist) oder aufgrund von Fehlfunktionen der Vergabeplattform vor dem für den Öffnungstermin festgelegten Zeitpunkt entschlüsselt und/oder geöffnet werden.

2. Öffnung und Kennzeichnung der Angebote (Nr. 2)

13   Der Verhandlungsleiter hat die Angebote zu öffnen und in allen ihren wesentlichen Teilen (erneut) zu kennzeichnen, § 14 EU Abs. 2 Nr. 2 VOB/A. Dies geschieht bei schriftlich eingereichten Angeboten durch Lochen oder auf andere geeignete Weise, so dass nachträgliche Änderungen und Ergänzungen verhindert werden.[19] Dabei sind Datum und Uhrzeit der Öffnung anzugeben und durch Unterschrift des Verhandlungsleiters zu bestätigen. Unterbleibt eine Kennzeichnung im Eröffnungstermin, liegt ein Vergabeverstoß vor,[20] der zur Aufhebung führen kann.[21] Die **Kennzeichnungspflicht** ist **bieterschützend**.[22] Unschädlich ist, wenn die Angebote zuerst verlesen und erst danach gekennzeichnet werden.[23] Eine nochmalige Kennzeichnung der im Eröffnungstermin entschlüsselten elektronischen Angebote wird nicht vorgeschrieben. Solche Angebote müssen auch nicht ausgedruckt und dann gelocht werden. Die Vergabestelle hat aber auf andere geeignete Weise sicherzustellen, dass keine Möglichkeit zur nachträglichen Manipulation (durch Ergänzung oder Änderung einzelner Teile der elektronischen Angebote) besteht (§ 13 EU Abs. 1 Nr. 2 S. 1 VOB/A).

---

[16] So aber BGH 8.9.1998 – X ZR 85/97, BeckRS 1998, 30023554 = BauR 1990, 463.
[17] BGH 18.2.2003 – X ZB 43/02, NZBau 2003, 293 (295).
[18] FKZGM/Grünhagen VOB/A § 14 Rn. 21 f.
[19] VK Sachsen 24.5.2007 – 1/SKV/029-07, BeckRS 2007, 10401.
[20] VÜA Bund 3.4.1996 – 1 VÜ 1/96, IBR 1996, 407.
[21] VK Niedersachsen 18.11.2015 – VgK 42/15, BeckRS 2016, 5267; OLG Naumburg 7.3.2008 – 1 Verg 1/08, BeckRS 2008, 10396 = VergabeR 2008, 710 (714); 31.3.2008 – 1 Verg 1/08, BeckRS 2008, 8304 = VergabeR 2008, 971 (975); VK Sachsen 24.5.2007 – 1/SKV/029-07, BeckRS 2007, 10401; 24.2.2005 – 1/SVK/004-05, IBRRS 2006, 0031.
[22] VK Südbayern 13.1.2003 – 52–11/02, IBR 2003, 321.
[23] OLG Hamburg 21.1.2004 – 1 Verg 5/03, IBR 2004, 216.

Öffnung der Angebote, Öffnungstermin § 14 VOB/A–EU

3. Präsente Muster und Proben (Nr. 3)

Muster und Proben für die angebotene Leistung müssen im Termin zur Stelle sein, § 14 EU Abs. 2 Nr. 3 VOB/A. Damit soll ausgeschlossen werden, dass Wettbewerbsverzerrungen eintreten, wenn sie später nachgereicht werden. Sind sie nicht Gegenstand des Angebots, hat der Bieter Muster und Proben nur dann zum Termin mitzubringen, wenn der Auftraggeber dies ausdr. verlangt hat.[24] Sind Muster und Proben Bestandteil des Angebots, müssen sie als Angebotsbestandteil beim Termin vorliegen und als zum Angebot gehörig gekennzeichnet sein, § 13 EU Abs. 1 Nr. 7 VOB/A. Liegen solche Muster und Proben nicht vor, ist das Angebot unvollständig. Es wird ausgeschlossen. § 16a EU VOB/A, nach dem eine Nachfrist nach entspr. Aufforderung gesetzt werden kann, ist nicht einschlägig. Es handelt sich nicht um Erklärungen, Produkt- oder sonstige Angaben oder Nachweise iSv § 16a EU Abs. 1 VOB/A. Der fortbestehende Ausnahmecharakter von § 16a EU VOB/A lässt eine analoge Anwendung nicht zu.[25] Die Eigenschaften der Proben sind für den Fall des Vertragsschlusses als Soll-Beschaffenheit vereinbart, § 13 Abs. 2 S. 1 VOB/B.

IV. Niederschrift über den Öffnungstermin (Abs. 3 und 4)

1. Rechtliche Bedeutung

Die in Schriftform oder in elektronischer Form anzufertigende Niederschrift über den Eröffnungstermin dient dazu, die **Vorgänge im Öffnungstermin beweiskräftig festzuhalten.** Vorgänge und Tatsachen, die nicht protokolliert worden sind, können den Bietern nicht entgegengehalten werden, wenn sie nicht – bei elektronischen Mitteln – von der Vergabeplattform dokumentiert worden sind. Die Vergabestelle kann sich nicht darauf berufen, dass das Protokoll unvollständig ist, wenn sie die Unvollständigkeit nicht (anders) beweisen kann.[26] Bis zum Beweis des Gegenteils wird fingiert, dass die Niederschrift vollständig und inhaltlich richtig ist. Die Niederschrift hat keine Verbindlichkeit für die darin enthaltene Bieterreihenfolge und schafft auch keinen entspr. Vertrauenstatbestand iS eines subjektiven Rechts.[27] Deshalb führen unrichtig verlesene Angaben auch nicht zum Angebotsausschluss.[28] Dies gilt vor allem für die zuletzt vermehrt aufgetretene Problematik, dass ein Einzelbieter, der sich auf der Plattform registriert hatte, später aber als Vertreter einer Bietergemeinschaft angeboten hat, in der Plattform weiter als Einzelbieter geführt wird. Die Bekanntgabe nur des Bevollmächtigten (bzw. des federführenden Mitglieds der Bietergemeinschaft) genügt zwar nicht. Ein **Verstoß** gegen diese Pflicht hat der betroffene Bieter indes nicht zu verantworten. Er bleibt daher für ihn **folgenlos.**[29] Eine Änderung der Bieteridentität liegt erst recht nicht vor.

Den Bieter treffen nicht länger Obliegenheiten, wie noch bei der ihm früher gestatteten Anwesenheit im Öffnungstermin. Nach § 14 EU Abs. 6 VOB/A ist die Niederschrift den Bietern zwar unverzüglich zur Verfügung zu stellen. Sie ist aber nicht länger zu verlesen mit dem Vermerk, dass sie verlesen und als richtig anerkannt worden ist oder welche Einwendungen erhoben worden waren. Ein unterbleibender Widerspruch eines Bieters, der im Eröffnungstermin anwesend war, ist nicht länger

---

[24] Kapellmann/Messerschmidt/Planker VOB/A § 14a Rn. 22.
[25] Die Norm gilt aber als Ausdruck eines Wertungswandels, der dadurch geprägt ist, dass auf formalen Aspekten beruhende Angebotsausschlüsse vermieden werden sollen, BGH 18.6.2019 – X ZR 86/17, NZBau 2019, 661.
[26] BGH 26.10.1999 – X ZR 30/98, NZBau 2000, 35 (36).
[27] VK Bund 4.7.2011 – VK 3–74/11, IBR 2012, 162.
[28] VK Nordbayern 7.7.2015 – 21.VK-3194-21/15, VPR 2015, 249.
[29] KG 24.8.1999 – Kart Verg 5/99, NZBau 2000, 258 (259).

VOB/A–EU § 14 — Öffnung der Angebote, Öffnungstermin

möglich. Damit kann er auch nicht länger Zweifel an der Unrichtigkeit der Verlesung begründen.[30] Dies reduziert die Beweiskraft der Niederschrift ggü. den tatsächlichen Gegebenheiten.

2. Notwendiger Inhalt und Behandlung verspäteter Angebote Abs. 3–5

17 In der Niederschrift sind mindestens die in Abs. 3 lit. a–d aufgezählten Angaben aufzunehmen:
– Name und Anschrift der Bieter (a),
– die Endbeträge der Angebote oder einzelner Lose (b),
– Preisnachlässe ohne Bedingung (c),
– Anzahl der jeweiligen Nebenangebote (d).
Ebenso ist die festgestellte Angebotsendsumme anzugeben, § 16c EU Abs. 3 VOB/A. In der Mitteilung ist auch anzugeben, ob bei schriftlichen Angeboten der Verschluss unversehrt war und ob elektronische Angebote verschlüsselt waren. Ebenso sind Angebote, die nach Ablauf der Angebotsfrist eingegangen sind, in der Niederschrift oder in einem Nachtrag dazu besonders aufzuführen.

18 Angebote, die nach Ablauf der Angebotsfrist eingegangen sind, sind in der Niederschrift oder in einem Nachtrag gesondert aufzuführen. Dabei sind Eingangszeit und bekannte Gründe, aus denen das Angebot nicht vorgelegen hatte, zu vermerken. Beweismittel, wie ein Umschlag, sind aufzubewahren (Abs. 4).

19 Angebote, die nachweislich vor Ablauf der Angebotsfrist dem öffentlichen Auftraggeber zugegangen waren, aber (lediglich) dem Verhandlungsleiter nicht vorgelegen hatten, sind mit allen Angaben in die Niederschrift oder in einen **Nachtrag** aufzunehmen. Den Bietern ist dieser Sachverhalt unverzüglich in Textform mitzuteilen. Dabei ist auch die Mitteilung aufzunehmen, ob ein schriftliches Angebot verschlossen und ein elektronisches Angebot verschlüsselt war. Damit soll den Konkurrenten die Prüfung ermöglicht werden, ob das verspätete Angebot zu Recht in die Wertung einbezogen wird. Auch die übrigen Angaben aus Abs. 3 lit. a–d sind aufzunehmen. Eingangszeiten und bekannte Hindernisse der Vorlage sind ebenfalls aufzunehmen (Abs. 5).

20 Die Angaben zu den Endbeträgen der Angebote bzw. der einzelnen Lose betreffen die **Bruttosumme einschl. Umsatzsteuer**. Dies gilt auch dann, wenn bei den Preisen der einzelnen Lose Nettosummen angegeben werden; hier sollte zweckmäßigerweise jedoch zusätzlich die gesamte Nettoangebotssumme bekannt gegeben werden.[31]

21 Wird ein Angebotspreis in der Niederschrift nicht angegeben, ist maßgeblich, ob das Angebot tatsächlich die erforderlichen Angaben enthält. Ausreichend ist es, wenn die Einzelpreise vollständig im Angebot enthalten sind.[32] Auch andere, den Preis betreffende Angaben sind anzugeben. § 14 EU Abs. 3 Nr. 1 lit. c VOB/A schreibt dies für **Nachlässe ohne Bedingungen** vor. Der Wortlaut der Bestimmung lässt offen, ob es sich um eine abschl. Regelung handelt. Jedenfalls erscheint es nicht ausgeschlossen, auch andere Angaben in die Niederschrift aufzunehmen, insbes. solche, die nach dem Inhalt des Formblattes zur Abgabe eines Angebotes im Hinblick auf den Angebotspreis verlangt werden. Danach sind auch bedingte Preisnachlässe und **Skonti** aufzunehmen, soweit sie für den Verhandlungsleiter erkennbar sind bzw. sein müssen, § 13 EU Abs. 4 VOB/A.[33]

---

[30] Zu einer solchen Konstellation OLG Nürnberg 15.1.1997 – 4 U 2299/96, BeckRS 1997, 1280 = BauR 1997, 825.

[31] HRR/Holz VOB/A § 14 Rn. 22.

[32] OLG Düsseldorf 22.12.1995 – 22 U 130/95, NJW-RR 1997, 1452.

[33] Kapellmann/Messerschmidt/Planker VOB/A § 14 Rn. 19. Die Wertung erfolgt gem. § 16d EU Abs. 4 VOB/A.

Problematisch ist, ob auch die Anpassungssätze von mit angebotenen **Lohn-** 22
gleitklauseln verlesen werden müssen. Dies wurde zT bejaht, da es sich nicht um
einen „Einzelpreis", sondern um einen das ganze Angebot betreffenden Faktor
handele.[34] Diese Auff. geht allerdings zu weit. Die Preisgestaltung der Bieter darf
nicht transparent gemacht werden. Deshalb beschränkt § 14 EU Abs. 3 VOB/
A die aufzunehmenden Angaben auf die Endbeträge. Die mit den Angeboten
eingereichten Lohngleitklauseln betreffen jedoch nicht den für die Wertung maßgeblichen Angebotspreis, sondern den nach Abschluss der Baumaßnahme anhand
des Zeitablaufes in Ansatz zu bringenden Schlussrechnungspreis. Es handelt sich
damit um ein Kalkulationselement und nicht um die Angabe des Angebotspreises,
der für die Wertung der Angebote maßgeblich ist.

In der Niederschrift über die Öffnung der Angebote ist nach § 14 EU Abs. 3 S. 1 23
lit. d VOB/A schließlich die Anzahl der jew. **Nebenangebote** anzugeben. Neben
der Tatsache, dass und wie viele Nebenangebote überhaupt vorliegen, sind insbes.
aus dem Inhalt oder über die Preise **keine weiteren Angaben** zu machen. Die
Auswirkung des Nebenangebots auf den Angebotsendpreis ist über die Aufnahme
der Angebotsendsumme in die Verhandlungsniederschrift zu vermerken (§ 16c EU
Abs. 3 VOB/A). Die unterbliebene Bekanntgabe, dass ein Nebenangebot vorliegt,
stellt zwar einen Vergabeverstoß dar, führt aber nicht zum Ausschluss des betroffenen
Angebots.[35] Dies gilt zumindest dann, wenn zweifelsfrei feststeht, dass das Nebenangebot rechtzeitig vorgelegen hat. Hierfür trägt der Bieter die Beweislast.[36] Sind
Nebenangebote ohne Verbindung mit einem Hauptangebot zugelassen worden,
sollten sie bei der Eröffnung wie Hauptangebote behandelt werden.

3. Informationsrechte der Bieter (Abs. 6); Verbot der Veröffentli-chung (Abs. 7)

In offenen und in nicht offenen Verfahren hat der öffentliche Auftraggeber den 24
Bietern die Informationen nach § 14 EU Abs. 3 lit. a–d VOB/A von sich aus
unverzüglich elektronisch zur Verfügung zu stellen. Darüber hinaus sind
den Bietern und ihren Bevollmächtigten Einsicht in die Niederschrift und ihre
Nachträge zu gestatten, welche ggf. nach Abs. 4 oder Abs. 5 erforderlich werden.
Dies schließt das Recht ein, über die nachgerechneten Angebotssummen informiert zu werden, die sich in solchen Konstellationen ergeben, § 16c EU Abs. 3
VOB/A. Nur damit können die Bieter auch in gleicher Weise über die nachgerechneten Endbeträge der Angebote, die nach § 14 EU Abs. 5 VOB/A ergänzt
werden, sowie die Zahl ihrer Nebenangebote informiert werden. Dies hat nicht
zuletzt Bedeutung für Bieter, die einen Vergabenachprüfungsantrag vorbereiten
oder eine Rüge erheben wollen.[37]

Ob auch Informationen über die Auswirkungen nachträglich einbezogener Ange- 25
bote von sich aus durch den öffentlichen Auftraggeber gegeben werden müssen,
regelt § 14 EU Abs. 6 VOB/A nicht ausdrücklich. Aus dem Wort „gestatten" in
S. 2 kann jedoch entnommen werden, dass die Einsicht begehrt werden muss, bevor
der öffentliche Auftraggeber tätig wird. Es steht aber im **Ermessen** der Vergabestelle,
ob sie den Bietern die Ergänzungen der Niederschrift nach rechnerischer Prüfung
von sich aus mitteilt. Beantragt ein Bieter die Mitteilung, muss sie jedenfalls erfolgen.
Die Einsicht muss unverzüglich, also max. nach einer angemessenen Bearbeitungs-
und Überlegungsfrist von etwa ein bis drei Tagen erfolgen. Einer Versendung bedarf
es nicht.

---

[34] Kapellmann/Messerschmidt/Planker VOB/A § 14 Rn. 19.
[35] OLG Jena 22.12.1999 – 6 Verg 3/99, NZBau 2000, 349 (351).
[36] OLG Nürnberg 15.1.1997 – 4 U 2299/96, BeckRS 1997, 1280 = BauR 1997, 825.
[37] Kapellmann/Messerschmidt/Planker VOB/A § 14 Rn. 29.

V. Behandlung verspäteter Angebote

1. Grundsatz: Ausschluss; Dokumentation (Abs. 4)

26 Angebote, die nach Ablauf der Angebotsfrist eingegangen sind, werden (zwingend) ausgeschlossen, § 16 EU Nr. 1 VOB/A.[38] Die Angebotsfrist ist abgelaufen. Eine verspätete Zulassung gefährdet den Grundsatz der Gleichbehandlung.

27 Derartige verspätete Angebote sind aber dennoch in einen **Nachtrag zur Niederschrift** über den Öffnungstermin aufzunehmen. Dabei sind die Eingangszeit und die etwa bekannten Gründe der Verspätung zu vermerken. Der Umschlag (bei schriftlichen Angeboten) oder andere Beweismittel sind aufzubewahren, § 14 EU Abs. 4 S. 1–3 VOB/A. Damit kann erforderlichenfalls der Ausschlussgrund belegt werden.

2. Ausnahme: Nachweislich rechtzeitig zugegangenes Angebot (Abs. 5)

28 Lediglich dann, wenn ein Angebot dem öffentlichen Auftraggeber zugegangen war, dem Verhandlungsleiter aber nicht vorgelegen hat, kommt eine Aufnahme in die Wertung gem. § 14 EU Abs. 5 VOB/A und damit ein Absehen vom Ausschluss in Betracht (§ 16 EU Nr. 1 VOB/A).[39] Dies gilt (weiterhin) – analog – auch für Nebenangebote.[40]

29 **a) Beweislast für den rechtzeitigen Zugang.** Den Bieter trifft die Beweislast dafür, dass er das Angebot rechtzeitig und am richtigen Ort abgegeben hat, wenn er verlangt, dass sein Angebot noch in die Wertung einzubeziehen ist. Verteidigt der Auftraggeber seine Entscheidung, das Angebot eines Bieters einbezogen zu haben, kann auch den Auftraggeber die Nachweispflicht treffen, dass ihn das Angebot tatsächlich rechtzeitig erreicht hat und ihm vor Ablauf der Angebotsfrist zugegangen war. Es kommt also auf die Verfahrens- bzw. die Prozesssituation an. Das gleiche gilt bei elektronischen Angeboten im Hinblick auf die Frage, ob das Angebot rechtzeitig auf der dem Auftraggeber nach Ablauf der Angebotsfrist zugänglich werdenden Seite der Vergabeplattform übermittelt worden war.

30 **b) Nicht rechtzeitige Vorlage beim Verhandlungsleiter.** Für die Einbeziehung in die Wertung kommt es allein darauf an, ob das Angebot rechtzeitig vor Ablauf der Angebotsfrist beim öffentlichen Auftraggeber eingegangen war. Maßgeblich ist der Zugang (§ 130 Abs. 1 BGB).

31 Der Zugang eines schriftlichen Angebotes ist erfolgt, wenn es den Herrschaftsbereich des Bieters verlassen hat,[41] in den Machtbereich des Empfängers gelangt ist und dieser unter normalen Umständen davon Kenntnis erlangen kann oder hätte können.[42] Auf die Umstände, die dazu führen, dass das Angebot bei Ablauf der Angebotsfrist dem Verhandlungsleiter nicht vorgelegen hat, kommt es nicht an.

---

[38] OLG Koblenz 20.2.2009 – 1 Verg 1/09, IBR 2009, 226; OLG Frankfurt a. M. 11.5.2004 – 11 Verg 8 u. 9/04, NZBau 2004, 567 (568); OLG Düsseldorf 7.1.2002 – Verg 36/01, IBR 2002, 208 = VergabeR 2002, 169; VK Sachsen 29.12.2004 – 1/SVK/123-04, IBR 2005, 398; verspätet ist auch ein Angebot, das nur um Sekunden zu spät eingeht, VK Bund 26.10.2016 – VK 1–92/16, IBRRS 2017, 0722 und grds. auch: VK Südbayern 15.11.2021 – 3194.Z3-3_01-21-20, VPR 2022, 9.

[39] OLG Koblenz 20.2.2009 – 1 Verg 1/09, IBR 2009, 226; OLG Düsseldorf 21.8.2002 – Verg 39/02, IBR 2003, 214.

[40] VK Baden-Württemberg 7.3.2003 – 1 VK 06/03, IBRRS 2003, 1505.

[41] OLG Koblenz 20.2.2009 – 1 Verg 1/09, IBR 2009, 226.

[42] VK Bund 1.9.2006 – VK 3 – 105/06, BeckRS 2006, 135620.

Ebenso kommt es grds. nicht mehr darauf an, aus welchen Gründen ein Zugang beim Auftraggeber nicht rechtzeitig war. Der Bieter trägt das **Übermittlungsrisiko.**[43] Dies gilt auch für Umstände aus seiner Sphäre bei der Übermittlung eines elektronischen Angebotes.[44] Zweifel über die maßgebliche Uhrzeit für den Ablauf der Angebotsfrist (00.00 Uhr/24.00 Uhr) gehen weiter zu Lasten des Auftraggebers.[45]

Für **elektronische Angebote** reicht es für den Zugang nach § 130 BGB aus, wenn – wie bei einer E-Mail – das Angebot auf der Vergabeplattform für den Auftraggeber abrufbar (und verschlüsselt) gespeichert ist. Bei der Vergabeplattform handelt es sich um elektronische Mittel (iSv § 9 Abs. 1 VgV). Die Anforderungen sind vom öffentlichen Auftraggeber festzulegen. Die Sicherstellung der in § 10 Abs. 1 S. 2, § 11 VgV abgebildeten Funktionen ist dabei vom öffentlichen Auftraggeber zu gewährleisten. Die verwendeten Technologien dürfen den Zugang von Unternehmen zu Vergabeverfahren nicht einschränken, § 11 Abs. 1 S. 2 VgV. Diese Bestimmungen der VgV gelten auch für die Vergabe von Bauleistungen im Bereich der unionsweiten Ausschreibungen, § 2 S. 1 VgV. Ob **Fehlfunktionen der Plattform,** die nachweislich (etwa durch die Hotline des Betreibers bestätigt) nicht aus dem Verantwortungsbereich der Bieter stammen, es dennoch nicht rechtfertigen können, solche Angebote noch nachträglich zuzulassen,[46] ist zweifelhaft. Bei einer Fehlfunktion der Plattform handelt es sich jedenfalls um einen so schweren Fehler des Verfahrens, dass ein Zuschlag iÜ nicht erteilt werden kann. Das Verfahren ist vielmehr zurückzuversetzen oder aufzuheben, da sich andernfalls die beschriebenen Fehlfunktionen allein zu Lasten der Bieter auswirken. Ein Verschulden des Plattformbetreibers hat sich die Vergabestelle nach § 278 BGB zurechnen zu lassen.[47]

c) Benachrichtigung der übrigen Bieter und Aufnahme in die Niederschrift. Will der öffentliche Auftraggeber ein nach Ablauf der Angebotsfrist dem Verhandlungsleiter nicht vorliegendes, jedoch zugegangenes Angebot gem. § 14 EU Abs. 5 VOB/A in die Wertung einbeziehen, muss er dies den anderen Bietern unverzüglich in Textform mitteilen und dabei auch angeben, dass der Verschluss bei einem schriftlichen Angebot unversehrt war oder bei einem elektronischen Angebot die Verschlüsselung noch bestand. Darüber hinaus hat er die Angaben nach § 14 Abs. 3 lit. a–d VOB/A nachzuholen und das Angebot auch mit allen übrigen Angaben nachträglich in die Niederschrift oder einen Nachtrag aufzunehmen. Dabei hat er auch die Eingangszeiten und die bekannten Gründe, aus denen das Angebot nicht rechtzeitig vorgelegt worden war, zu vermerken. Der Umschlag oder andere Beweismittel sind aufzuheben. Ein Verstoß gegen diese bloße Ordnungsvorschrift hat für die Vergabestelle oder die betroffenen Bieter jedoch keine rechtlichen Konsequenzen.

3. Versehentliche Zulassung verspäteter Angebote

Hat der Auftraggeber ein verspätetes und nicht nach § 14 EU Abs. 5 VOB/A zuzulassendes Angebot versehentlich dennoch zur Eröffnung zugelassen, so ist dieses Angebot gem. § 16 EU Nr. 1 VOB/A auszuschließen. Dies kann und muss – wie andere zwingende Ausschlussgründe auch – in jedem Stadium des Verfahrens noch berücksichtigt werden. Die Erteilung eines Zuschlags auf ein derartiges verspätetes Angebot kann Schadensersatzansprüche des eigentlich berechtigten Bieters auslösen.

---

[43] OLG Düsseldorf 7.1.2002 – Verg 36/01, IBR 2002, 208 = VergabeR 2002, 169.
[44] OLG Düsseldorf 12.6.2019 – Verg 8/19, NZBau 2020, 109.
[45] OLG München 2.3.2009 – Verg 1/09, BeckRS 2009, 7803 = VergabeR 2009, 816 (819).
[46] OLG Karlsruhe 17.3.2017 – 15 Verg 2/17, BeckRS 2017, 111933 = VergabeR 2017, 512.
[47] VK Südbayern 15.11.2021 – 3194.Z3-3_01-21-20, VPR 2022, 9.

VI. Veröffentlichungsverbot der Niederschrift (Abs. 7); Aufbewahrungs- und Geheimhaltungsverpflichtung (Abs. 8)

35 Der öffentliche Auftraggeber hat die Angebote und ihre Anlagen sorgfältig zu verwahren und geheim zu halten. Diese Verpflichtung besteht ohne zeitliche Beschränkung. Soweit Muster und Proben und Ausarbeitungen des Angebots nicht innerhalb von 30 Kalendertagen nach Ablehnung eines Angebots an die nicht berücksichtigten Bieter zurückzugeben sind (§ 19 EU Abs. 6 VOB/A), besteht die strikte Geheimhaltungs- und Verwahrungspflicht nach Maßgabe der verwaltungsintern dafür festgelegten Aufbewahrungsfristen.[48] Das Angebot, auf das der Zuschlag erteilt worden ist, muss mindestens so lange aufbewahrt werden, bis alle Verpflichtungen des Auftragnehmers aus dem Bauvertrag einschl. der Mängelansprüche erloschen sind und die Prüfung durch die zuständige Rechnungsprüfungsbehörde abgeschlossen ist.

36 Dritte dürfen keine **Auskünfte über das Ergebnis des Wettbewerbs** und den Inhalt einzelner Angebote erhalten. Nachdem der Auftrag erteilt ist, kann jedoch auf Anfrage den nicht zum Zuge gekommenen Bietern der Name des Auftragnehmers mitgeteilt werden. Nach § 19 EU Abs. 2 VOB/A können dabei in geringfügigem Maße Auskünfte über den Wertungsvorgang erteilt werden. Die Pflicht zur Geheimhaltung endet nicht mit der Zuschlagserteilung.[49] Angaben zu Einzelheiten des beauftragten Angebotes dürfen nicht erteilt werden.[50] Das Gebot der Geheimhaltung und der Aufbewahrung sichert in besonderem Maße den Wettbewerb und dient zugleich der Einhaltung des Gleichbehandlungsgebotes und des Wettbewerbsprinzips.[51] Bieter, die ihr Angebot in Kenntnis des Inhalts eines konkurrierenden Angebots erstellen, verletzen gleichfalls das Geheimhaltungsgebot und den dadurch geschützten Wettbewerbsgrundsatz.[52] Das IFG wird zwar nach Abschluss des Vergabeverfahrens nicht durch die (Vertraulichkeits-) Vorschriften der Vergabeverordnung verdrängt; § 5 Abs. 2 VgV ist aber eine Vertraulichkeitsregelung iSv § 3 Abs. 4 IFG.[53]

37 Deshalb darf auch die Niederschrift nicht veröffentlicht werden, § 14 EU Abs. 7 VOB/A.

VII. Rechtsschutz

1. Primärrechtsschutz

38 § 14 EU VOB/A ist **bieterschützend**.[54] Die Vorschrift dient der Transparenz des Vergabeverfahrens und damit auch den Interessen der Bieter an einem unbeein-

---

[48] Kapellmann/Messerschmidt/Planker VOB/A § 14 Rn. 36.
[49] Ingenstau/Korbion/von Wietersheim VOB/A § 14a Rn. 50.
[50] OLG München 21.11.2012 – 1 U 3787/12, Hinweisbeschluss gem. § 522 ZPO; unklar und relativierend zum Verhältnis von Vertraulichkeitsgebot und Geheimhaltungspflicht OLG Karlsruhe 16.6.2010 – 15 Verg 4/10, IBR 2010, 1378.
[51] KG 31.5.2000 – KartVerg 1/00, BeckRS 2000, 09432.
[52] OLG Düsseldorf 13.4.2011 – VII-Verg 4/11, BeckRS 2011, 8603 = VergabeR 2011, 731; OLG München 19.3.2009 – Verg 2/09, BeckRS 2009, 8710 = VergabeR 2009, 61 (63); OLG Jena 19.4.2003 – 6 Verg 3/04, VergabeR 2004, 520 (521).
[53] BVerwG 15.12.2020 – 10 C 24.19, NZBau 2021, 342; OVG Bln-Bbg 12.7.2018 – OVG 12 B 8.17, BeckRS 2018, 19043 = VergabeR 2019, 243. Einen Informationsanspruch bejaht dagegen: VG Berlin 8.12.2021 – 2 K 48/20, VPR 2022, 111. Allg. zu Umfang und Grenzen des Zugangs zu Informationen nach dem Informationsfreiheitsgesetz auch: BVerwG 15.11.2012 – 7 C 1/12, NVwZ 2013, 431; SchlHOVG 6.12.2012 – 4 LB 11/12, NVwZ 2013, 810.
[54] HRR/Holz VOB/A § 14 Rn. 2; VK Sachsen 13.2.2002 – 1/SVK/002-02, IBRRS 2002, 0405.

flussten Wettbewerb. Unbeachtlich können Fehler bei der Verlesung der Angebote sein. Dies ist bei den Einzelbestimmungen näher dargestellt worden. Verstöße gegen § 14 EU VOB/A führen auch für die Bereiche, die unterhalb der Schwellenwerte liegen, zur Möglichkeit, bevorstehende Auftragserteilungen im Wege einer einstweiligen Verfügung zu stoppen. Dies dürfte jedoch – wie in Nachprüfungsverfahren oberhalb der Schwellenwerte – nur dann der Fall sein, soweit die geltend gemachten Verstöße nicht unbeachtlich sind. Dies ist vor allem bei Fehlern im Hinblick auf die Verlesung zu berücksichtigen.

Ein Verstoß gegen § 14 EU VOB/A berechtigt die Vergabestelle zur Zurückversetzung des Verfahrens oder **Aufhebung** der Ausschreibung, wenn auch eine Rückversetzung des Verfahrens auf den Zeitpunkt der Angebotsöffnung kein rechtmäßiges Verfahren mehr erwarten lässt. Ob eine Pflicht zur Aufhebung besteht, wenn die Kennzeichnungspflicht verletzt wird, ist zweifelhaft.[55] Auch in diesem Fall kommt aber jedenfalls eine Rückversetzung in das Stadium vor Angebotsabgabe in Betracht. Das Gleiche gilt, wenn die Vergabestelle durch eine unrichtige Angabe in der Aufforderung zur Abgabe eines Angebots die Verspätung eines Angebots verursacht hat.[56]   39

2. Sekundärrechtsschutz

Verstöße gegen § 14 EU VOB/A können, soweit hierdurch bei den betroffenen Bietern ein Schaden entsteht, Ansprüche nach den§§ 280 Abs. 1, 241 Abs. 2, 311 Abs. 2 BGB auslösen. Dies gilt auch dann, wenn nach Verstoß gegen § 14 EU VOB/A der Auftrag an einen Bieter erteilt wird, der ausgeschlossen hätte werden müssen, bzw. ein Auftrag an einen Bieter erteilt wird, der nicht vergabekonform ausgewählt worden ist. Auch Verstöße gegen die Geheimhaltungsverpflichtungen können im Schadensfall weitere Ansprüche der betroffenen Bieter begründen.   40

§ 15 EU Aufklärung des Angebotsinhalts

(1)
1. **Im offenen und nicht offenen Verfahren darf der öffentliche Auftraggeber nach Öffnung der Angebote bis zur Zuschlagserteilung von einem Bieter nur Aufklärung verlangen, um sich über seine Eignung, insbesondere seine technische und wirtschaftliche Leistungsfähigkeit, das Angebot selbst, etwaige Nebenangebote, die geplante Art der Durchführung, etwaige Ursprungsorte oder Bezugsquellen von Stoffen oder Bauteilen und über die Angemessenheit der Preise, wenn nötig durch Einsicht in die vorzulegenden Preisermittlungen (Kalkulationen) zu unterrichten.**
2. [1]**Die Ergebnisse solcher Aufklärungen sind geheim zu halten.** [2]**Sie sollen in Textform niedergelegt werden.**

(2) **Verweigert ein Bieter die geforderten Aufklärungen und Angaben oder lässt er die ihm gesetzte angemessene Frist unbeantwortet verstreichen, so ist sein Angebot auszuschließen.**

(3) **Verhandlungen in offenen und nicht offenen Verfahren, besonders über Änderung der Angebote oder Preise, sind unstatthaft, außer, wenn sie bei Nebenangeboten oder Angeboten aufgrund eines Leistungsprogramms nötig sind, um unumgängliche technische Änderungen geringen Umfangs und daraus sich ergebende Änderungen der Preise zu vereinbaren.**

---

[55] So aber OLG Naumburg 7.3.2008 – 1 Verg 1/08, BeckRS 2008, 10396 = VergabeR 2008, 710 (714); 31.3.2008 – 1 Verg 1/08, BeckRS 2008, 8304 = VergabeR 2008, 971 (975); VK Sachsen 24.5.2007 – 1/SVK/029-07, BeckRS 2007, 10401.
[56] VK Nordbayern 15.4.2002 – 320.VK-3194-08/02, IBR 2002, 627.

VOB/A–EU § 15 Aufklärung des Angebotsinhalts

(4) **Der öffentliche Auftraggeber darf nach § 8c EU Absatz 3 übermittelte Informationen überprüfen und hierzu ergänzende Erläuterungen von den Bietern fordern.**

Literatur: Vgl. die Angaben bei § 15 VgV.

Übersicht

	Rn.
I. Bedeutung der Vorschrift	1
II. Aufklärungen nach Angebotsöffnung (Abs. 1)	3
1. Anwendungsbereich	3
2. Zeitraum	4
3. Gegenstand der Aufklärung	5
a) Eignung	6
b) Angebot	7
c) Nebenangebote	8
d) Geplante Durchführung	9
e) Ursprungsorte oder Bezugsquellen	10
f) Angemessenheit der Preise	11
4. Aufklärungsergebnisse und Vermerk	13
5. Verpflichtung zur Aufklärung?	14
III. Verweigerung (Abs. 2)	15
1. Weigerung des Bieters	15
2. Folgen der Weigerung	16
IV. Unstatthafte Verhandlungen (Abs. 3)	17
1. Verhandlungsverbot	17
2. Ausnahme – unumgängliche Änderungen	18
V. Aufklärung über Informationen zum Energieverbrauch (Abs. 4)	20
VI. Rechtsschutz	21

I. Bedeutung der Vorschrift

1 § 15 EU VOB/A regelt die Aufklärung über das Angebot oder die Eignung des Bieters. Die Vorschrift enthält trotz ihres umfangreicheren Wortlauts keine wesentlich von § 15 Abs. 5 VgV abweichenden Regelungen. Auf die Kommentierung zu → VgV § 15 Rn. 14 ff. kann daher ergänzend verwiesen werden.

2 Die Angebotsaufklärung dient der Klärung des Angebotsinhalts, wenn nach rechnerischer, technischer und wirtschaftlicher Prüfung noch Zweifelsfragen bzgl. des Angebotsinhalts bestehen. Sie ist von der Nachforderung von Unterlagen (Erklärungen oder Nachweisen) gem. § 56 Abs. 2–5 VgV bzw. § 16a EU VOB/A zu unterscheiden. Das Nachfordern dient der Vervollständigung der Angebote entspr. der in der Auftragsbekanntmachung bzw. den Vergabeunterlagen genannten Anforderungen. Die Angebotsaufklärung setzt demgegenüber grds. ein vollständiges Angebot voraus und beginnt dann, wenn nach Vorliegen aller vom Auftraggeber geforderten Unterlagen noch Restzweifel am Inhalt des Angebotes bestehen. Für die Angebotsaufklärung gilt der **Grundsatz**, dass **sie grds. nicht zu einer Änderung des Angebotes** führen darf, sondern nur der weiteren Information und Aufklärung dient. Weder der Angebotsinhalt noch der Preis dürfen im Wege der Angebotsaufklärung verändert werden.[1] Wegen der Bindung des Bieters an sein Angebot ist § 15 EU VOB/A als **eng auszulegende Ausnahmeregelung** einzustufen.[2]

---

[1] S. aber die Rspr. des BGH zur Beifügung von Bieter-AGB BGH 18.6.2019 – X ZR 86/17, NZBau 2019,661; s. auch → § 15 VgV Rn. 39a ff.

[2] Beck VergabeR/Lausen VOB/A-EU § 15 Rn. 5; Kapellmann/Messerschmidt/Planker VOB/A § 15 Rn. 2.

II. Aufklärungen nach Angebotsöffnung (Abs. 1)

1. Anwendungsbereich

§ 15 EU VOB/A gilt nach dem Wortlaut nur für das **offene und nicht offene Verfahren**, nicht also für Verfahren, die Verhandlungen mit den Bietern erlauben wie das Verhandlungsverfahren, der wettbewerbliche Dialog oder die Innovationspartnerschaft. Allerdings ist jedenfalls die **Geheimhaltungsverpflichtung** gem. § 5 Abs. 2 VgV iVm § 2 VgV als allg. Grundsatz in allen Verfahrensarten zu beachten.[3] Ebenso darf auch bei Verfahrensarten, die Verhandlungen mit den Bietern erlauben, nach Abschluss der Verhandlungsrunden iRd Angebotsaufklärung **keine Änderung der finalen Angebote** erfolgen (zu den Einzelheiten → VgV § 15 Rn. 16 ff.).

2. Zeitraum

Das Zeitfenster für die Aufklärung des Angebots umfasst den Zeitraum zwischen der **Öffnung der Angebote** und der **Zuschlagserteilung**, § 15 EU Abs. 1 Nr. 1 S. 1 VOB/A (zu den Einzelheiten → VgV § 15 Rn. 17). Allerdings ist auch im Baubereich trotz des Wortlauts des § 15 EU Abs. 1 Nr. 1 VOB/A eine **Aufklärung über die Eignung auch im Rahmen eines Teilnahmewettbewerbs** in einem nicht offenen Verfahren oder Verhandlungsverfahren zulässig, wenn dort Unklarheiten zB hinsichtlich zum Beleg der Eignung vorgelegter Unterlagen bestehen. In diesem Fall ist die Aufklärung vor Abschluss des Teilnahmewettbewerbs durchzuführen.

3. Gegenstand der Aufklärung

§ 15 EU Abs. 1 VOB/A ist als **Ausnahmevorschrift** eng auszulegen; die aufgeführten Alternativen, welche die zulässigen Gegenstände der Aufklärung benennen, sind grds. als **abschließende Aufzählung** anzusehen.[4] Bei jeder Aufklärung ist strikt darauf zu achten, dass die Schwelle zur unzulässigen Angebotsänderung nicht überschritten wird.

a) Eignung. Gegenstand der Aufklärung eines Angebots können auch Fragen der Eignung sein, insbes. die technische und wirtschaftliche Leistungsfähigkeit des Bieters. Dabei darf der Auftraggeber keine zusätzlichen Eignungsnachweise verlangen, die nicht bereits in der Auftragsbekanntmachung gefordert worden sind.[5] Auf der anderen Seite muss er aber Zweifel klären, die sich aufgrund der Vorlage oder auch der Nachforderung bisher nicht vorgelegter Nachweise ergeben. Er darf folglich keine bisher nicht bekannt gemachten Anforderungen an Referenzen stellen (zB nachträglich Mindestanforderungen in Bezug auf die Bausumme oder auf bestimmte technische Merkmale des Referenzprojekts einführen), wohl aber unklare Referenzangaben iRd bisher gestellten Anforderungen klären.

b) Angebot. Da das Angebot nach Ablauf der Angebotsfrist nicht mehr abgeändert werden darf, darf die Aufklärung über das Angebot nur dazu dienen, etwaige Zweifelsfragen – wie technische oder wirtschaftliche Ausdrucksweisen oder Spezialverfahren – abzuklären, wenn diese nicht schon über die nach § 133 BGB notwendige **Auslegung des Angebotes** geklärt werden können. Dabei darf es zu keiner unstatthaften Verhandlung über die Änderung der Angebote oder Preise kommen, dh die Auslegung darf nicht derart überzogen werden, dass sie den

---

[3] Beck VergabeR/Lausen VOB/A-EU § 15 Rn. 55.
[4] Kapellmann/Messerschmidt/Planker VOB/A § 15 Rn. 2.
[5] OLG München 21.8.2008 – Verg 13/08, BeckRS 2008, 20532.

VOB/A–EU § 15 — Aufklärung des Angebotsinhalts

ursprünglichen Inhalt des Angebots verlässt.[6] Zu den Einzelheiten → VgV § 15 Rn. 23 ff.

8   **c) Nebenangebote.** Bei Nebenangeboten (zum Begriff → VgV § 35 Rn. 1) besteht häufig ein höheres Aufklärungsbedürfnis, weil diese eine nicht vom Auftraggeber konzipierte Lösung vorsehen und es zweifelhaft sein kann, ob sie den **Mindestanforderungen** entsprechen. Dies versucht die Sonderregelung des § 15 EU Abs. 3 VOB/A in engem Rahmen zu berücksichtigen (vgl. → Rn. 18 ff.). Lässt sich allerdings nicht nachvollziehen, dass das **Nebenangebot den Mindestbedingungen entspricht**, ist das Nebenangebot wegen fehlender Erläuterungen nicht nachvollziehbar und damit nicht wertbar[7], wenn die entspr. Angaben nicht nach § 16a EU VOB/A nachgefordert werden können. Hat der Bieter den Inhalt des Nebenangebotes nicht eindeutig festgelegt,[8] dürfen die fehlenden Angaben nicht iRd Aufklärung nachgeholt werden.

9   **d) Geplante Durchführung.** Zweck der Aufklärung ist in diesem Fall die Unterrichtung des Auftraggebers über die geplante Art der Durchführung der Baumaßnahme, zB hinsichtlich der Ausführungsfristen. Die Aufklärung hat „passiv" zu erfolgen, dh ohne dass der Auftraggeber dem Bieter neue, von den Vergabeunterlagen abweichende Vorgaben (zB Verkürzung von Einzelfristen) macht und deren „Bestätigung" abfragt; dies wäre eine unstatthafte Verhandlung.[9] Wird im Wege von „Aufklärungsgesprächen" die Bauausführung grdl. geändert, liegt hierin eine unstatthafte Änderung der Gesamtkonzeption und nicht nur eine Erläuterung der Baudurchführung, weil das Angebot geändert wird.[10] Hat der Bieter eine um 40 % kürzere Ausführungsfrist für eine Baumaßnahme angeboten, kann mittels der Aufklärung geklärt werden, auf welche Art und Weise der Bieter dies zustande bringen will.[11]

10   **e) Ursprungsorte oder Bezugsquellen.** Anhand der Angaben zu den Ursprungsorten und Bezugsquellen von Stoffen oder Bauteilen kann der Auftraggeber nicht nur die Zuverlässigkeit und Eignung der Lieferanten, sondern auch die Qualität der Stoffe zu überprüfen. Dies kann notwendig sein, wenn zB vorgegebene Qualitätsanforderungen an Gesteinsarten oder Materialien für den Straßenbau nur bei bestimmten Steinbrüchen oder Lieferanten erfüllt werden können oder der Bieter neuartige Stoffe anbietet. Außerdem fallen hierunter die Fälle des § 7 EU Abs. 2 S. 2 VOB/A, wenn Stoffe oder Bauteile mit dem Zusatz „oder gleichwertig" angeboten werden und die Gleichwertigkeit auch nach den vorgelegten Unterlagen des Bieters zweifelhaft geblieben ist.

11   **f) Angemessenheit der Preise.** Eine Aufklärung über die Angemessenheit der Preise ist dann angebracht, wenn Zweifel an der Wirtschaftlichkeit oder Korrektheit der angegebenen Preise bestehen. Doch darf die Aufklärung keinesfalls dazu führen, dass der Bieter seine Preise noch ändert; dies wäre eine unzulässige Änderung seines Angebotes. Hat die Vergabestelle Zweifel, ob eine **Mischkalkulation** vorliegt, ist dies ein berechtigter Grund für eine Aufklärungsverhandlung. Da bloße Zweifel für den Ausschluss eines solchen Angebotes nicht ausreichen, ist in einem solchen Fall eine Angebotsaufklärung durch den Auftraggeber regelmäßig erforderlich, um nicht

---

[6] Zur Angebotsauslegung Beck VergabeR/Lausen VOB/A-EU § 15 Rn. 5; OLG München 17.9.2007 – Verg 10/07, ZfBR 2007, 828.

[7] OLG München 10.11.2010 – Verg 19/10, NZBau 2011, 253; 12.9.2005 – Verg 20/05, NZBau 2006, 131 (133).

[8] OLG Naumburg 23.3.2012 – 2 Verg 15/11, BeckRS 2012, 5985.

[9] OLG Naumburg 29.3.2003 – 1 U 119/02, BeckRS 2003, 30316965.

[10] OLG Celle 5.9.2007 – 13 Verg 9/07, NZBau 2007, 663 (665).

[11] OLG Düsseldorf 6.5.2011 – Verg 26/11, BeckRS 2011, 18447.

Gefahr zu laufen, die Entscheidung über den Ausschluss oder die Berücksichtigung des betreffenden Angebots auf einer unzureichenden Tatsachengrundlage zu treffen. Der **Einblick in die Kalkulationsunterlagen** kann nur gefordert werden, wenn dies nötig ist. Eine Notwendigkeit zur Prüfung der Kalkulation kann dann vorliegen, wenn der Auftraggeber den Verdacht einer unzulässigen wettbewerbsbeschränkenden Preisabsprache hat, er unangemessen hohe oder niedrige Preise oder allg. für die betreffende ausgeschriebene Leistung aus dem Rahmen fallende Preise oder den Verdacht einer Mischkalkulation überprüfen will.[12] Hierbei kann es sich aber stets nur um Aufklärungsbedarf handeln, der über die Angaben auf den **EFB-Preis-Formularen** hinausreicht. Die Ausfüllung dieser Formulare kann stets verlangt werden, auch wenn diese nicht Vertragsbestandteil werden.[13] Sind die Angaben in diesen Formularen zweifelhaft, können sie iRd Aufklärung geklärt werden. Zur Aufklärung über die Kalkulation von Nachunternehmern → VgV § 15 Rn. 29.

12

4. Aufklärungsergebnisse und Vermerk

Die Aufklärungsergebnisse sind **geheim zu halten**. Das Aufklärungsergebnis ist **in Textform** niederzulegen (zu den Einzelheiten → VgV § 15 Rn. 32 f.).

13

5. Verpflichtung zur Aufklärung?

Grds. besteht **kein Anspruch** des Bieters auf Aufklärung des Angebotsinhalts.[14] Jedoch kann sich – neben der speziell vorgesehenen Aufklärungspflicht bei ungewöhnlich niedrigen Angeboten gem. § 16d EU Abs. 1 VOB/A – eine Verpflichtung zur Aufklärung aus **pflichtgemäßem Ermessen,** aus dem **Gleichbehandlungsgrundsatz** oder aus dem **Grundsatz von Treu und Glauben** ergeben (zu den Einzelheiten → VgV § 15 Rn. 34).

14

III. Verweigerung (Abs. 2)

1. Weigerung des Bieters

Der Bieter ist zur Mitwirkung an der Aufklärung nicht verpflichtet, sondern kann die Auskunft verweigern. Lässt der Bieter die ihm gesetzte **angemessene Frist** zur Aufklärung ohne Antwort verstreichen, so wird dies einer Weigerung gleichgesetzt (zur angemessenen Frist → VgV § 15 Rn. 35).

15

2. Folgen der Weigerung

Verweigert der Bieter geforderte Angaben oder Aufklärungen, so ist sein Angebot zwingend auszuschließen. Anders als nach den früheren Fassungen der VOB/A, wo es im pflichtgemäßen Ermessen des Auftraggebers stand, ob er das Angebot ausschließt oder nicht, besteht nach Abs. 2 ein **zwingender Ausschlussgrund.** Dies ist auch sachgerecht, da ein Zuschlag auf ein unklares Angebot nicht erteilt werden darf, weil sonst Umfang und Inhalt der vertraglich geschuldeten Leistungen nicht klar sind. Nach der Rspr. soll es der Weigerung gleichstehen, wenn der Bieter lediglich untaugliche Unterlagen vorlegt, die dem Aufklärungsbedarf nicht abhelfen.[15]

16

---

[12] OLG München 10.11.2010 – Verg 19/10, BeckRS 2010, 28579.
[13] BGH 23.3.2011 – X ZR 92/09, BeckRS 2011, 13880.
[14] Kapellmann/Messerschmidt/Planker VOB/A § 15 Rn. 13; OLG Koblenz 15.7.2008 – 1 Verg 2/08, IBR 2008, 591.
[15] VK Südbayern 4.10.2010 – Z3-3-3194-1-45-07/10, VPRRS 2011, 0353.

IV. Unstatthafte Verhandlungen (Abs. 3)

1. Verhandlungsverbot

17 § 15 EU Abs. 3 Hs. 1 VOB/A bestimmt, dass im offenen und nicht offenen Verfahren Verhandlungen, insbes. über Änderungen der Angebote oder Preise, unstatthaft sind. Das Gleiche gilt für Verfahrensarten, in denen Verhandlungen an sich zulässig sind, nach Abgabe des letztverbindlichen Angebots. Diese Regelung ist Ausfluss des Transparenz-, Wettbewerbs- und Gleichbehandlungsgrundsatzes. Denn mit der Abgabe der Angebote sind die Bieter an ihre Angebote gebunden. Eine nachträgliche Änderung würde gegen die Gleichbehandlung der Bieter und die Transparenz des Wettbewerbs verstoßen (zu den Einzelheiten → VgV § 15 Rn. 38 ff.).

2. Ausnahme – unumgängliche Änderungen

18 Eine Ausnahme von dem Verhandlungsverbot soll nach § 15 EU Abs. 3 2. Hs dann gelten, wenn sich bei Nebenangeboten oder Angeboten aufgrund eines Leistungsprogramms die Notwendigkeit ergibt, **unumgängliche technische Änderungen** geringen Umfangs und sich daraus ergebende Preisänderungen zu vereinbaren. Die Vorschrift muss vor dem Hintergrund von Art. 56 Abs. 3 RL 2014/24/EU und der Rspr. des EuGH zu nachträglichen Änderungen von Angeboten[16] äußerst restriktiv ausgelegt werden.

18a **Unumgängliche Änderungen** sind nur solche Änderungen, ohne die die sachgerechte Durchführung des Bauvorhabens nicht möglich wäre.[17] Dabei ist maßgeblich, dass die Durchführung nach den konkreten technischen oder wirtschaftlichen Anforderungen des Auftraggebers nicht möglich wäre, es muss keine objektive Unmöglichkeit vorliegen.[18] Erforderlich sind aber hier immer auftretende Zweifelsfragen oder Unklarheiten beim Auftraggeber.[19]

18b Die technischen Änderungen haben einen **geringen Umfang,** wenn sie bezogen auf das konkrete Bauvorhaben sowie die bisher vorgesehene Ausführungsart und den vorgesehenen Ausführungsumfang eine nur unwesentliche Bedeutung haben.[20] Hierbei ist immer auf die Umstände des Einzelfalls abzustellen.[21]

18c Die Preisänderungen müssen **kausal** auf die unumgänglichen Änderungen zurückzuführen sein. Die Preisänderungen dürfen keine gravierenden preislichen Auswirkungen haben und keinesfalls zu einer **Änderung der Bieterreihenfolge** führen, selbst wenn die beabsichtigten technischen Änderungen geringfügig wären. Der Auftraggeber darf die Änderungen nicht zum Anlass nehmen, allg. über die technischen Änderungen hinaus über die angebotenen Preise zu verhandeln.[22]

19 Aufgrund des gem. Art. 56 Abs. 3 RL 2014/24/EU besonders zu beachtenden Gleichbehandlungsgrundsatzes sind Verhandlungen über geringfügige unumgängliche Änderungen jedenfalls dann unstatthaft, wenn die Nebenangebote nicht den gesetzten **Mindestanforderungen** gem. § 8 EU Abs. 2 Nr. 3 lit. b VOB/A entsprechen oder Angebote vom vorgegebenen Leistungsprogramm gem. § 7c EU VOB/A

---

[16] EuGH 29.3.2012 – C-599/10, IBRRS 2012, 1222.
[17] OLG Celle 30.1.2003 – 13 Verg 13/02, IBRRS 2003, 0344; Beck VergabeR/Lausen VOB/A-EU § 15 Rn. 57.
[18] KK-VergR/Stolz § 15 VOB/A EU Rn. 51.
[19] Beck VergabeR/Lausen § 15 VOB/A-EU Rn. 56.
[20] VK Bund 26.8.1999 – VK 2–20/99, NZBau 2000, 398 (400).
[21] Beck VergabeR/Lausen § 15 VOB/A-EU Rn. 57.
[22] KK-VergR/Stolz § 15 VOB/A EU Rn. 52 f.

abweichen.[23] Das entspr. Angebot darf nicht erst durch die Aufklärung so abgeändert werden, dass es dem Leistungsverzeichnis entspricht, also durch die Verhandlungen erst zuschlagsfähig gemacht werden. Von dieser Ausprägung des Gleichbehandlungsgrundsatzes kann auch § 15 EU Abs. 3 Hs. 2 VOB/A keine Ausnahme gewähren. Sonst würden zB Nebenangebote ggü. den Hauptangeboten bevorzugt, weil bei Hauptangeboten eine solche Nachbesserung nicht statthaft ist. Die Aufklärung setzt daher ein Nebenangebot voraus, welches den Mindestanforderungen entspricht, oder ein Leistungsprogramm, welches den Anforderungen Genüge tut.[24] Nur wenn sich idR unumgängliche technische Änderungen zeigen, soll Abs. 3 entspr. Verhandlungen über geringfügige unumgängliche Änderungen erlauben.

Es ist allerdings zweifelhaft, ob die Vorschrift überhaupt mit den nach Art. 56 Abs. 3 RL 2014/24/EU besonders zu beachtenden **Grundsätzen der Transparenz und Gleichbehandlung** in Einklang gebracht werden kann. Wenn ein Angebot, das den Anforderungen des Auftraggebers nicht genügt, aber gleichwohl den Mindestanforderungen an Nebenangebote entspricht oder ein Leistungsprogramm enthält, welches den Vorgaben des Auftraggebers Genüge tut, trotz § 127 Abs. 4 S. 2 GWB sich in der Wertung als das wirtschaftlichste erweist, lässt dies auf Fehler bei der Formulierung der Leistungsbeschreibung, der Mindestanforderungen an Nebenangebote oder der Zuschlagskriterien schließen. Es dürfte schwerlich mit den Grundsätzen der Transparenz und Gleichbehandlung zu vereinbaren sein, die wegen solcher Fehler an sich gebotene Zurückversetzung oder Aufhebung des Vergabeverfahrens durch Nachverhandlungen mit dem präferierten Bieter zu vermeiden.[25] § 15 EU Abs. 3 2. Hs VOB/A dürfte im Bereich oberhalb der EU-Schwellenwerte daher nur einen sehr schmalen Anwendungsbereich in Bezug auf minimale Änderungen haben, die eine Rückversetzung des Verfahrens als unverhältnismäßig erscheinen lassen und keinerlei Auswirkungen auf den Wettbewerb haben können. 19a

V. Aufklärung über Informationen zum Energieverbrauch (Abs. 4)

Abs. 4 stellt klar, dass der öffentliche Auftraggeber auch gem. § 8c EU Abs. 3 VOB/A vom Bieter übermittelte Informationen zum Energieverbrauch, den Lebenszykluskosten oder einer vergleichbaren Methode zur Überprüfung der Wirtschaftlichkeit überprüfen und hierzu ergänzende Erläuterungen von den Bietern fordern darf. Die Regelung ist streng genommen überflüssig, da dies einen Fall der Aufklärung des Angebots gem. Abs. 1 darstellt. Auch hier darf es nicht zu einer nachträglichen Änderung des Angebots durch die Aufklärung kommen. 20

VI. Rechtsschutz

Verstößt der Auftraggeber gegen Abs. 3, indem er unstatthafte Verhandlungen mit einem Bieter führt, verletzt er die anderen Bieter in ihren Rechten nach § 97 Abs. 6 GWB; der **Gleichbehandlungsgrundsatz** des § 97 Abs. 2 GWB ist ebenso verletzt wie das Transparenz- und Wettbewerbsgebot. Der benachteiligte Bieter kann dies im Nachprüfungsverfahren rügen. Jedoch ist das Angebot des bevorzugten Bieters nicht automatisch auszuschließen, sondern es sind nur seine unzulässigerweise 21

---

[23] OLG Frankfurt a. M. 26.3.2002 – 11 Verg 3/01, NZBau 2002, 692 (693); KK-VergR/Stolz § 15 VOB/A EU Rn. 50.
[24] Vgl. hierzu OLG Saarbrücken 23.11.2005 – 1 Verg 3/05, BeckRS 2006, 1544.
[25] So aber KG 3.11.1999 – Kart Verg 3/99, NZBau 2000, 209 (211).

verbesserten Angebotsteile bei der Wertung nicht zu berücksichtigen.[26] Zu den Einzelheiten → VgV § 15 Rn. 42 ff.

§ 16 EU Ausschluss von Angeboten

Auszuschließen sind
1. Angebote, die nicht fristgerecht eingegangen sind,
2. Angebote, die den Bestimmungen des § 13 EU Absatz 1 Nummer 1, 2 und 5 nicht entsprechen,
3. Angebote, die die geforderten Unterlagen im Sinne von § 8 EU Absatz 2 Nummer 5 nicht enthalten, wenn der öffentliche Auftraggeber gemäß § 16a EU Absatz 3 festgelegt hat, dass er keine Unterlagen nachfordern wird. Satz 1 gilt für Teilnahmeanträge entsprechend,
4. Angebote, bei denen der Bieter Erklärungen oder Nachweise, deren Vorlage sich der öffentliche Auftraggeber vorbehalten hat, auf Anforderung nicht innerhalb einer angemessenen, nach dem Kalender bestimmten Frist vorgelegt hat. Satz 1 gilt für Teilnahmeanträge entsprechend,
5. nicht zugelassene Nebenangebote sowie Nebenangebote, die den Mindestanforderungen nicht entsprechen,
6. Hauptangebote von Bietern, die mehrere Hauptangebote abgegeben haben, wenn der öffentliche Auftraggeber die Abgabe mehrerer Hauptangebote in der Auftragsbekanntmachung oder in der Aufforderung zur Interessensbestätigung nicht zugelassen hat,
7. Nebenangebote, die dem § 13 EU Absatz 3 Satz 2 nicht entsprechen,
8. Hauptangebote, die dem § 13 EU Absatz 3 Satz 3 nicht entsprechen.

Literatur: Gröning, Grenzen des Angebotsausschlusses wegen Änderungen an den Vergabeunterlagen, NZBau 2020, 275; Hettich, Kein Angebotsausschluss trotz Beifügung von Bieter-AGB, NZBau 2020, 80; Stanko, AGB und die Änderung der Vergabeunterlagen – Wertungswandel in der Rechtsprechung?, NZBau 2020, 632. Vgl. iÜ die Angaben bei § 57 VgV.

I. Bedeutung der Vorschrift

1   Mit der Fassung der VOB/A-EU 2019 sind die einzelnen Wertungsschritte in unterschiedlichen Bestimmungen geregelt. Die Regelungen zu den (zwingenden) Ausschlussgründen sind in § 16 EU VOB/A enthalten.

2   Die Regelung entspricht zT wörtlich, zT der Sache nach der Bestimmung über den zwingenden Ausschluss von Beiträgen in § 57 VgV. Insoweit wird auf die dortigen Erläuterungen verwiesen, → VgV § 57 Rn. 11 ff. Neben den Ausschlussgründen gegen Angebote normiert das GWB in den §§ 123 und 124 GWB Ausschlussgründe, die die Unternehmen treffen können. Insoweit wird auf die dortigen Erläuterungen verwiesen, → GWB § 123 Rn. 5 ff., → GWB § 124 Rn. 6 ff. Die Eignungsprüfung der Bieter wird iÜ in § 16b EU VOB/A geregelt, dazu iE → § 16b EU Rn. 1 ff.

II. Zwingende Ausschlussgründe

3   Der Ausschluss von Angeboten muss bei bestimmten Gründen zwingend erfolgen, der Vergabestelle steht in diesem Fall kein Ermessen zu. Die Gründe liegen in

---

[26] BGH 6.2.2002 – X ZR 185/99, BeckRS 2002, 2919; OLG München 9.8.2005 – Verg 11/05, BeckRS 2005, 09940.

formellen oder inhaltlichen Mängeln, die so schwer wiegen, dass eine Wertung des vorliegenden Angebotes entweder nicht durchführbar ist oder zu einer schwerwiegenden Verletzung des Gleichbehandlungsgrundsatzes im Verhältnis zu den korrekt handelnden Bietern führen würde. Der Auftraggeber darf in seinen Vergabeunterlagen keine weiteren zwingenden Ausschlussgründe vorsehen; der Katalog ist abschließend.[1] Umgekehrt darf der Auftraggeber die zwingende Rechtsfolge auch nicht aufweichen.[2]

1. Verspätete Angebote (Nr. 1)

Die Bestimmung entspricht § 57 Abs. 1 Nr. 1 VgV, soweit dort nicht fristgerechte Angebote vom Ausschluss bedroht werden. Auf die dortigen Erläuterungen → VgV § 57 Rn. 18–20 wird verwiesen. Anders als in § 57 VgV, kommt es für den (zwingenden) Ausschlussgrund nicht darauf an, ob der Bieter den nicht fristgerechten Eingang zu vertreten hat. Lediglich der (unerkannte) nachweisliche Zugang vor Ablauf der Angebotsfrist (§ 14 EU Abs. 5 VOB/A) führt dazu, dass das betroffene Angebot in die Niederschrift oder einen Nachtrag zur Niederschrift über den Öffnungstermin aufgenommen wird und ein Ausschluss unterbleiben kann. **4**

2. Nicht dem § 13 EU Abs. 1 Nr. 1, 2, 5 VOB/A entsprechende Angebote (Nr. 2)

a) Nicht formgerechte Angebote (§ 13 EU Abs. 1 Nr. 1, 2 VOB/A). Angebote, die der geforderten Form nicht entsprechen, sind zwingend auszuschließen.[3] Soweit eine vom Grundsatz der Textform nach § 11 EU Abs. 4 VOB/A abweichende Übermittlung verlangt wird, sind dazu die Voraussetzungen für diesen Ausnahmefall erforderlich, § 11b EU Abs. 1, 3 VOB/A. Fehlt die geforderte Form für die Unterschrift oder Signatur, bestehen Zweifel an der **Verbindlichkeit des Angebotes.** Die Verwendung einer fehlerhaften elektronischen Signatur darf jedoch nicht ohne weiteres sofort zum Ausschluss führen. Es bedarf zunächst einer Auslegung des Angebots,[4] jedenfalls aber einer Einzelfallprüfung.[5] Allerdings darf eine falsche elektronische Signatur oder eine fehlende Unterschrift nicht nachgefordert werden.[6] **5**

Verlangt der öffentliche Auftraggeber, dass der Bieter ein gefordertes schriftliches Angebot an einer bestimmten Stelle unterschreibt (§ 13 EU Abs. 1 S. 2 VOB/A), ist diese Klausel nach dem objektiven Empfängerhorizont der jeweiligen Bieter auszulegen. Befindet sich die Unterschrift an der falschen Stelle und ist unklar, ob sie das gesamte Angebot abdecken soll, ist das Angebot wegen der Zweifel, ob der Bieter den gesamten Angebotsinhalt rechtsverbindlich erklären will, ebenfalls auszuschließen. Dies gilt auch für die Fälle, in denen Unterschriften an verschiedenen Stellen gefordert werden. Auch hier ist ausschlaggebend, ob die Unterschrift oder die Unterschriften den gesamten Angebotsinhalt abdecken. Doch ist iZw davon auszugehen, dass der Bieter ein wertungsfähiges Angebot abgeben will.[7] Die ordnungsgemäße **Unterzeichnung eines Hauptangebotes** deckt jedoch in diesen **6**

---

[1] OLG Frankfurt a. M. 24.7.2012 – 11 Verg 6/12, BeckRS 2012, 17821, für den Fall, dass Mindeststundenverrechnungssätze unterschritten werden.
[2] OLG München 20.1.2020 – Verg 19/19, BeckRS 2020, 7125 = VergabeR 2020, 842; Beck VergabeR/Opitz VOB/A § 16 EU Rn. 15.
[3] BGH 16.5.2023 – XIII ZR 14/21, NZBau 2023, 542.
[4] OLG Düsseldorf 13.4.2016 – Verg 52/15, VPR 2016, 220.
[5] VK Südbayern 17.4.2013 – Z3-3-3194-1-07-03/13, VPR 2013, 13.
[6] OLG Düsseldorf 13.4.2016 – Verg 52/15, VPR 2016, 220.
[7] OLG Frankfurt a. M. 26.6.2012 – 11 Verg 12/11, BeckRS 2012, 18676.

Fällen (wie bisher) regelmäßig auch zusätzlich eingereichte Nebenangebote ab, wenn die vom Auftraggeber festgelegten Anforderungen eingehalten worden sind.[8] Nach den maßgeblichen Verständnismöglichkeiten der Bieterkreise ist die Forderung nach einer **rechtsverbindlichen Unterschrift** regelmäßig dahingehend auszulegen, dass der Unterzeichner bei der Angebotsabgabe über die erforderliche **Vertretungsmacht** verfügt haben muss;[9] ein weiterer Nachweis ggü. dem öffentlichen Auftraggeber, dass der Unterzeichner tatsächlich über eine gesetzliche oder rechtsgeschäftliche Vertretungsmacht verfügt, ist grds. nicht erforderlich. Auf einen ausdr. Vertretungszusatz kann sogar verzichtet werden, wenn die Vertretung der Vertragspartei durch die den Vertrag unterzeichnende Person auf andere Weise hinreichend deutlich wird.[10] Die Identität des Bieters zum Eröffnungstermin feststehen. Sie kann sich auch im Wege der Auslegung des Angebots nach §§ 133, 157 BGB ergeben. Zur Wahrung des Geheimwettbewerbs ist es erforderlich, die per Post oder direkt übermittelten Angebote in einem verschlossenen Umschlag (§ 13 EU Abs. 1 Nr. 2 S. 2 VOB/A) bzw. die elektronisch übermittelten Angebote durch digitale Verschlüsselung (§ 13 EU Abs. 1 Nr. 2 S. 3 VOB/A) zu sichern. Werden die Angebote in einem unverschlossenen Umschlag bzw. ohne entspr. Verschlüsselung eingereicht, müssen diese wegen des nicht auszuschließenden Verstoßes gegen den Geheimwettbewerb und des Manipulationsverdachts zwingend ausgeschlossen werden.

7   **b) Änderungen an den Vergabeunterlagen (§ 13 EU Abs. 1 Nr. 5 S. 1 VOB/A).** Dieser Ausschlussgrund entspricht § 57 Abs. 1 Nr. 4 VgV. Auf die dortigen Erläuterungen wird Bezug genommen, → VgV § 57 Rn. 35 ff.[11]

8   **c) Änderungen des Bieters an seinen Eintragungen (§ 13 EU Abs. 1 Nr. 5 S. 2 VOB/A).** Insoweit wird auf die Erläuterungen zu § 57 Abs. 1 Nr. 3 VgV Bezug genommen, → VgV § 57 Rn. 33.

3. Angebote ohne geforderte Unterlagen im Sinne von § 8 EU Abs. 2 Nr. 5 VOB/A (Nr. 3)

9   Nach § 8 EU Abs. 2 Nr. 5 VOB/A hat der öffentliche Auftraggeber an zentraler Stelle in den Vergabeunterlagen abschl. alle Unterlagen iSv § 16a EU Abs. 1 VOB/A mit Ausnahme der Produktangaben anzugeben. Bei den Unterlagen nach § 16a EU Abs. 1 VOB/A handelt es sich insbes. um Erklärungen, Angaben oder Nachweise. Fehlen diese geforderten Unterlagen bei dem Angebot, muss der betroffene Bieter zur Nachreichung aufgefordert werden. Der öffentliche Auftraggeber kann indes nach § 16a EU Abs. 3 VOB/A in der Auftragsbekanntmachung oder in den Vergabeunterlagen festlegen, dass er fehlende Unterlagen oder Preisangaben nicht nachfordern wird. Dementsprechend sieht § 16 EU Nr. 3 VOB/A in diesem Fall vor, dass Angebote, bei denen geforderte Unterlagen fehlen, auszuschließen sind.[12]

10 Der bis zur VOB/A 2019 in § 16 EU Nr. 3 VOB/A geregelte Ausschluss wegen fehlender Preisangaben ist in § 16a EU Abs. 2 VOB/A enthalten.

4. Fehlende angeforderte vorbehaltene Erklärungen und Nachweise (Nr. 4)

11 Diese Bestimmung war 2016 neu eingeführt worden. Sie findet auch keine Entsprechung im früheren § 16 EG Abs. 1 Nr. 3 VOB/A 2012 (jetzt § 16a EU VOB/A).

---

[8] BGH 23.3.2011 – X ZR 92/09, BeckRS 2011, 13880.
[9] BGH 20.11.2012 – X ZR 108/10, BeckRS 2012, 25606.
[10] OLG Düsseldorf 8.7.2020 – Verg 6/20, VPR 2021, 117.
[11] Dies gilt auch im Hinblick auf die Rspr.: BGH 18.6.2019 – X ZR 86/17, NZBau 2019, 661.
[12] Dazu auch OLG München 17.12.2019 – Verg 25/19, VPRRS 2021, 0068.

Sie betrifft Erklärungen und Nachweise, die sich der öffentliche Auftraggeber 12
vorbehalten hat und die nicht innerhalb einer angemessenen Frist auf Anforderung
vorgelegt worden sind.

Voraussetzung ist zunächst ein entspr. Vorbehalt. Da zum Zeitpunkt der Erstellung 13
der Vergabeunterlagen noch nicht feststeht, welche Erklärungen und Nachweise iE
nachzufordern sein werden, können an den Inhalt des Vorbehaltes nicht die gleichen
strengen Anforderungen gestellt werden, wie an die Forderung zur Vorlage von
Erklärungen und Nachweise mit dem Angebot oder mit dem Teilnahmeantrag. Ein
Vorbehalt ist dann wirksam, wenn er – wie in den aktuellen Teilnahmebedingungen – global gefasst ist (etwa: Eignungsnachweise für Unterauftragnehmer für
den Fall, dass sich der Bieter auf Unterauftragnehmer beruft). Der Vorbehalt ist auch
dann nicht entbehrlich, wenn der öffentliche Auftraggeber zur Nachforderung von
Erklärungen und/oder Nachweisen verpflichtet ist (etwa nach § 6d EU Abs. 3
VOB/A). Vor allem dann, wenn der öffentliche Auftraggeber insoweit nicht tätig
geworden war und keinen Vorbehalt aufgenommen hatte, führt dieses Versäumnis
nicht dazu, dass die Voraussetzungen für einen Ausschluss nach § 16 EU Nr. 4
VOB/A reduziert werden.

Der Vorbehalt unterliegt auch dann nicht der Anforderung, dass er mit der 14
Bekanntmachung bereits ausgesprochen worden sein muss, wenn er nicht nur Erklärungen, sondern Eignungsnachweise betrifft. Dagegen spricht zum einen, dass § 122
Abs. 4 S. 2 GWB diese Forderung nur für Eignungskriterien, nicht aber für die zu
ihrem Beleg zu fordernden Nachweise vorgibt. Außerdem müssen in aller Regel
die Vergabeunterlagen bereits mit der Veröffentlichung der Bekanntmachung abrufbar sein, so dass insoweit kein Informationsdefizit mehr droht.[13]

Wird die Frist nicht eingehalten, besteht kein Anspruch auf nochmalige Nachfor- 15
derung nach § 16a EU VOB/A.[14]

5. Nicht zugelassene und nicht den Mindestanforderungen entsprechende Nebenangebote (Nr. 5)

Die Bestimmung des § 16 EU Nr. 5 VOB/A entspricht § 57 Abs. 1 Nr. 6, Abs. 2 16
VgV. Auf die dortigen Erläuterungen → VgV § 57 Rn. 48, 52 kann daher verwiesen
werden.

6. Hauptangebote, wenn mehrere Hauptangebote nicht zugelassen sind (Nr. 6)

Für den Fall, dass der öffentliche Auftraggeber in der Auftragsbekanntmachung 17
oder in der Aufforderung zur Interessenbestätigung die Abgabe mehrerer Hauptangebote nicht zugelassen hat, sind Hauptangebote der Bieter, die mehrere Hauptangebote abgegeben haben, auszuschließen. Die Ausschlussdrohung betrifft dann alle
Hauptangebote. Sie beschränkt sich nach dem Wortlaut nicht auf die „weiteren"
Hauptangebote.

7. Nebenangebote, die § 13 EU Abs. 3 S. 2 VOB/A nicht entsprechen (Nr. 7)

Auch Nebenangebote, die nicht auf einer besonderen Anlage erstellt worden und 18
als solche gekennzeichnet worden sind, sind nach § 16 EU Nr. 7 VOB/A auszuschließen. Auf die Erläuterungen dazu bei § 13 EU VOB/A → VOB/A § 13 EU
Rn. 21 wird ergänzend verwiesen.

---

[13] VK Nordbayern 28.11.2016 – 21 VK-3195-35/16, IBRRS 2017, 0314.
[14] OLG München 17.12.2019 – Verg 25/19, VPRRS 2021, 0068; OLG Düsseldorf
17.2.2016 – Verg 37/14, VPR 2016, 226.

8. Hauptangebote, die § 13 EU Abs. 3 S. 3 VOB/A nicht entsprechen (Nr. 8)

19 Für den Fall, dass die Abgabe mehrerer Hauptangebote zulässig ist, müssen alle Hauptangebote (jedes für sich) zuschlagsfähig sind. Hauptangebote, bei denen das nicht der Fall ist, sind ebenfalls auszuschließen. Diese Ausschlussdrohung erfasst nur die betroffenen Hauptangebote. Die verbleibenden (zuschlagsfähigen) Hauptangebote verbleiben in der Wertung.

§ 16a EU Nachforderung von Unterlagen

(1) [1]Der öffentliche Auftraggeber muss Bieter, die für den Zuschlag in Betracht kommen, unter Einhaltung der Grundsätze der Transparenz und der Gleichbehandlung auffordern, fehlende, unvollständige oder fehlerhafte unternehmensbezogene Unterlagen – insbesondere Erklärungen, Angaben oder Nachweise – nachzureichen, zu vervollständigen oder zu korrigieren, oder fehlende oder unvollständige leistungsbezogene Unterlagen – insbesondere Erklärungen, Produkt- und sonstige Angaben oder Nachweise – nachzureichen oder zu vervollständigen (Nachforderung), es sei denn, er hat von seinem Recht aus Absatz 3 Gebrauch gemacht. [2]Es sind keine Unterlagen nachzufordern, die bereits mit dem Angebot vorzulegen waren.

(2) [1]Fehlende Preisangaben dürfen nicht nachgefordert werden. [2]Angebote die den Bestimmungen des § 13 EU Absatz 1 Nummer 3 nicht entsprechen, sind auszuschließen. [3]Dies gilt nicht für Angebote, bei denen lediglich in unwesentlichen Positionen die Angabe des Preises fehlt und sowohl durch die Außerachtlassung dieser Positionen der Wettbewerb und die Wertungsreihenfolge nicht beeinträchtigt werden als auch bei Wertung dieser Positionen mit dem jeweils höchsten Wettbewerbspreis. [4]Hierbei wird nur auf den Preis ohne Berücksichtigung etwaiger Nebenangebote abgestellt. [5]Der öffentliche Auftraggeber fordert den Bieter nach Maßgabe von Absatz 1 auf, die fehlenden Preispositionen zu ergänzen. [6]Die Sätze 3 bis 5 gelten nicht, wenn der öffentliche Auftraggeber das Nachfordern von Preisangaben gemäß Absatz 3 ausgeschlossen hat.

(3) Der öffentliche Auftraggeber kann in der Auftragsbekanntmachung oder den Vergabeunterlagen festlegen, dass er keine Unterlagen oder Preisangaben nachfordern wird.

(4) [1]Die Unterlagen oder fehlenden Preisangaben sind vom Bewerber oder Bieter nach Aufforderung durch den öffentlichen Auftraggeber innerhalb einer angemessenen, nach dem Kalender bestimmten Frist vorzulegen. [2]Die Frist soll sechs Kalendertage nicht überschreiten.

(5) Werden die nachgeforderten Unterlagen nicht innerhalb der Frist vorgelegt, ist das Angebot auszuschließen.

(6) Die Absätze 1, 3, 4 und 5 gelten für den Teilnahmewettbewerb entsprechend.

Literatur: Vgl. die Angaben bei § 56 VgV.

Übersicht

	Rn.
I. Bedeutung der Vorschrift	1
II. Nachforderung von Unterlagen	2
1. Unterlagen	2

	Rn.
a) Unternehmensbezogene Unterlagen	3
b) Leistungsbezogene Unterlagen	4
c) Fehlende, unvollständige oder fehlerhafte Unterlagen	6
2. Nachfordern von Unterlagen	8
a) Pflicht zur Nachforderung	8
b) Zeitpunkt der Nachforderung	11
3. Nachfordern unternehmensbezogener Unterlagen	12
4. Nachfordern leistungsbezogener Unterlagen	17
5. Nachfordern von Preisangaben (Abs. 2)	20
6. Absehen von der Nachforderung von Unterlagen (Abs. 3)	24
7. Frist zur Nachforderung von Unterlagen (Abs. 4)	29
8. Rechtsfolge nicht fristgerechter Vorlage (Abs. 5)	32
9. Entsprechende Anwendung im Teilnahmewettbewerb (Abs. 6)	33
10. Dokumentation	34

I. Bedeutung der Vorschrift

§ 16a EU VOB/A stellt eine ggü. dem früheren § 16a EU VOB/A (2016) fast 1 vollständig neu gefasste und sehr ausführliche Regelung zur Nachforderung von Unterlagen dar. Die Norm ist sowohl in der Terminologie als auch im Regelungsgehalt deutlich von den Regelungen der § 56 Abs. 2–5 VgV und § 51 Abs. 2–5 SektVO beeinflusst. Statt aber im praktisch äußerst relevanten Bereich des Nachforderns von Unterlagen die bisherige Rechtszersplitterung zwischen dem Liefer- und Dienstleistungsbereich einerseits und dem Baubereich andererseits, die nicht mit bauspezifischen Besonderheiten zu rechtfertigen ist, ganz zu beseitigen und die bewährten Regelungen der VgV zu übernehmen, verbleiben auch nach der Novellierung immer noch wesentliche Unterschiede. So besteht grds. nach wie vor die **Pflicht des Auftraggebers zur Nachforderung,** auch wenn diese durch § 16a EU Abs. 3 VOB/A nunmehr relativiert wird. Schwerer wiegt, dass § 16a EU VOB/A keine dem § 56 Abs. 3 S. 1 VgV entspr. Regelung enthält und so eine Pflicht zur Nachforderung von wertungsrelevanten leistungsbezogenen Unterlagen vorsieht, was Manipulationsmöglichkeiten eröffnet und zu einem Spannungsverhältnis mit den Grundsätzen der Transparenz und der Gleichbehandlung führt.

II. Nachforderung von Unterlagen

1. Unterlagen

§ 16a EU VOB/A hält nicht mehr an den früheren Begriffen der **Nachforde-** 2 **rung von Erklärungen und Nachweisen** fest und verwendet stattdessen wie § 56 Abs. 2–4 VgV und § 51 Abs. 2–4 SektVO den in Art. 56 Abs. 3 RL 2014/24/EU angelegten Begriff der **Unterlagen.** Zudem hat die Norm die ebenfalls in der RL angelegte Begrifflichkeit der fehlenden, unvollständigen oder fehlerhaften Unterlagen übernommen. Auch die Differenzierung in unternehmensbezogene und leistungsbezogene Unterlagen findet sich nunmehr in der VOB/A-EU. Zum Begriff der Unterlagen → VgV § 56 Rn. 8. § 16a EU Abs. 1 S. 2 VOB/A stellt klar, dass nach dieser Vorschrift nur solche Unterlagen nachgefordert werden dürfen, **die bereits mit dem Angebot vorzulegen** waren. Dies entspricht der Verordnungsbegr. der VgV und der einhelligen Rspr. zur VgV.[1]

---

[1] BR-Drs. 87/16, 209, so zur Rechtslage vor dem 18.4.2016 schon OLG München 29.10.2013 – Verg 11/13, BeckRS 2013, 19147; OLG Düsseldorf 21.10.2015 – Verg 35/15, ZfBR 2016, 192.

VOB/A–EU § 16a — Nachforderung von Unterlagen

3 **a) Unternehmensbezogene Unterlagen.** Unternehmensbezogene Unterlagen sind sämtliche Unterlagen, die nicht die künftige Leistungserbringung im ausgeschriebenen Auftrag, sondern die derzeitige Situation des Unternehmens bzw. dessen in der Vergangenheit gesammelte Erfahrungen betreffen (→ VgV § 56 Rn. 9). Es handelt sich daher insbes. um **Unterlagen zum Beleg der Eignung.**[2] § 16a EU Abs. 1 S. 1 VOB/A nennt beispielhaft Erklärungen, Angaben oder Nachweise. Zur Vorlage von unternehmensbezogenen Unterlagen für benannte Unterauftragnehmer im Falle einer Eignungsleihe gem. § 6d EU Abs. 1 VOB/A → VgV § 56 Rn. 10.

4 **b) Leistungsbezogene Unterlagen.** Leistungsbezogene Unterlagen sind solche, die die künftige Leistungserbringung im ausgeschriebenen Auftrag beschreiben oder definieren (zu den Einzelheiten → VgV § 56 Rn. 11 ff.) mit **Ausnahme der Preisangaben,** die in § 16a EU Abs. 2 VOB/A gesondert geregelt sind (→ Rn. 20). § 16a EU Abs. 1 S. 1 VOB/A nennt beispielhaft **Erklärungen, Produkt- oder sonstige Angaben oder Nachweise.**

5 Die Benennung der Produktangaben stellt klar, dass auch **fehlende Hersteller- und Typangaben** als leistungsbezogene Unterlagen nachgefordert werden dürfen bzw. müssen. Dies war unter der früheren Rechtslage sehr umstritten, die wohl überwiegende Meinung lehnte eine Nachforderung ab, da es sich um integrale Angebotsbestandteile handle.[3] Diese Auffassung ist nunmehr überholt, die Klarstellung der Zulässigkeit der Nachforderung von fehlenden Hersteller- und Typangaben bedeutet eine Erleichterung für die Praxis. Da § 16a EU VOB/A keine dem § 56 Abs. 3 S. 1 VgV entspr. Regelung enthält, sind solche Angaben nach dem Wortlaut sogar dann nachzufordern, wenn sie wertungsrelevant sind, also zB bei der Bewertung qualitativer Zuschlagskriterien. Zu den hiergegen bestehenden Bedenken (→ Rn. 19).

5a Zu den leistungsbezogenen Unterlagen gehören zB auch Arbeitskarten bei Wartungsverträgen[4], Unterlagen zur Aufgliederung von Einheitspreisen[5] oder die EFB-Preisblätter.[6] Auch wenn die beiden letztgenannten Unterlagen sich mit den angebotenen Preisen beschäftigen, handelt es sich dennoch nicht um Preisangaben, sondern um Erläuterungen dazu, wie der Angebotspreis zustande gekommen ist.[7] Leistungsbezogene Unterlagen sind auch Erläuterungen zu Mengenansätzen oder Einzelpreisen bei Nebenangeboten, wenn deren Aufgliederung verlangt wird[8], oder sonstige, vom Auftraggeber geforderte Erläuterungen zu technischen Nebenangeboten.[9] Auch ein Bauzeitenplan kann eine leistungsbezogene Unterlage sein. Zwar wird dieser idR erst nach dem Zuschlag verlangt, doch kann der Auftraggeber ihn auch schon vor Zuschlagsentscheidung fordern.[10]

6 **c) Fehlende, unvollständige oder fehlerhafte Unterlagen. Fehlende Unterlagen** sind solche, die mit dem Angebot bis zur Angebotsabgabe einzureichen

---

[2] Vgl. Müller-Wrede VgV/UVgO/Horn § 56 Rn. 20.
[3] VK Thüringen 12.4.2013 – 250–4002-2400/2013-E-008-SOK, BeckRS 2013, 52148; VK Sachsen-Anhalt 23.12.2016 – 3 VK LSA 53/16, IBRRS 2017, 0499; VK Westfalen 9.6.2017 – VK 1–12/17, BeckRS 2017, 151645; für eine Nachforderungsmöglichkeit VK Südbayern 15.5.2015 – Z3-3-3194-1-05-01/15, IBRRS 2015, 1925.
[4] OLG Dresden 21.2.2012 – Verg 1/12, ZfBR 2012, 504.
[5] OLG Düsseldorf 23.3.2005 – Verg 2/05, BeckRS 2005, 4428.
[6] BGH 18.9.2007 – X ZR 89/04, IBR 2008, 40.
[7] OLG Saarbrücken 16.12.2015 – 1 U 87/15, ZfBR 2016, 384; s. auch OLG Düsseldorf 19.5.2021 – Verg 13/21, NZBau 2021, 694.
[8] OLG Düsseldorf 10.8.2011 – VII-Verg 66/11, BeckRS 2011, 20452.
[9] OLG Naumburg 23.2.2012 – 2 Verg 15/11, BeckRS 2012, 5985.
[10] OLG München 23.5.2007 – Verg 3/07, BeckRS 2008, 8703.

waren und physisch nicht vorgelegt worden sind.[11] Das Gleiche gilt für unlesbare oder sonst nicht wahrnehmbare Angaben in den Unterlagen. **Unvollständige Unterlagen** sind solche, die mit dem Angebot bis zur Angebotsabgabe einzureichen waren und teilw. physisch nicht vorgelegt worden sind. Solche Unterlagen muss der Auftraggeber gem. § 16a EU S. 1 VOB/A vom Bieter oder Bewerber nachfordern (zu formal von den Anforderungen abweichenden Unterlagen → VgV § 56 Rn. 21a).

Unterlagen können nur dann fehlen, unvollständig oder fehlerhaft sein, wenn sie auch **vorher wirksam verlangt** worden sind. Sämtliche Eignungskriterien sind gem. § 122 Abs. 4 GWB in der Auftragsbekanntmachung, der Vorinformation oder der Aufforderung zur Interessensbestätigung aufzuführen. Andere Unterlagen müssen jedenfalls in den Vergabeunterlagen gem. § 8 EU VOB/A gefordert sein. Sind zB Eignungsnachweise nicht wirksam gefordert worden, kann ein Angebot eines Bieters, das diese nicht enthält, nicht von der Wertung ausgeschlossen werden. Für eine Nachforderung gem. § 16a EU VOB/A ist dann kein Raum, da keine Unterlagen fehlen. 7

2. Nachfordern von Unterlagen

a) Pflicht zur Nachforderung. Ergibt die Prüfung auf Vollständigkeit, dass Unterlagen fehlen, unvollständig oder (bei unternehmensbezogenen Unterlagen) fehlerhaft sind, **müssen** diese gem. § 16a EU Abs. 1 S. 1 VOB/A bis zum Ablauf einer vom Auftraggeber zu bestimmenden Nachfrist **nachgefordert** werden, es sei denn, der Auftraggeber hat von seinem Recht aus § 16a EU Abs. 3 VOB/A Gebrauch gemacht und in der Auftragsbekanntmachung festgelegt, dass er keine Unterlagen oder Preisangaben nachfordern wird. Damit hält der Normgeber der VOB/A auch in der Ausgabe 2019 an der von den Regelungen der VgV abweichenden Nachforderungspflicht fest. 8

Dem Auftraggeber steht – wenn er nicht vorab von seinem Recht aus § 16a EU Abs. 3 VOB/A Gebrauch gemacht hat – **kein Ermessen** zu: Er **hat** fehlende, unvollständige oder fehlerhafte Unterlagen nachzuverlangen. Die Nachforderungspflicht beschränkt sich allerdings auf die Angebote von Bietern, die für den **Zuschlag in Betracht** kommen. Unterlässt der Auftraggeber eine Nachforderung, weil er die vom Bieter nachzureichenden Informationen bereits kennt, darf dieses Versäumnis nicht zu Lasten des Bieters gehen.[12] 9

Es bestehen allerdings Zweifel, ob § 16a EU Abs. 1 S. 1 VOB/A mit seiner Pflicht zur Nachforderung Art. 56 Abs. 3 RL 2014/24/EU korrekt umsetzt. Die RL räumt dem öffentlichen Auftraggeber nämlich **Ermessen** ein. Ob der deutsche Normgeber über die Öffnungsklausel für nationale Regelungen in Art. 56 Abs. 3 RL 2014/24/EU daher eine Nachforderungspflicht festschreiben kann, erscheint zweifelhaft. Es spricht einiges dafür, dass diese Öffnungsklausel nur ein Zurückbleiben der nationalen Regelungen hinter den Nachforderungsmöglichkeiten nach Art. 56 Abs. 3 RL 2014/24/EU, nicht aber ein Mehr an Nachforderungsmöglichkeiten ermöglicht. Durch die Möglichkeit des Auftraggebers, nach § 16a EU Abs. 3 VOB/A vorab in der Bekanntmachung oder den Vergabeunterlagen festzulegen, dass er auf die Nachforderung von Unterlagen ganz oder teilw. verzichtet (→ Rn. 25), besteht allerdings der **europarechtlich geforderte Entscheidungsspielraum des Auftraggebers**, und die Problematik dürfte damit entschärft sein. 10

b) Zeitpunkt der Nachforderung. Zeitlich hat die Nachforderung von Unterlagen im offenen Verfahren vor Abschluss der Angebotswertung zu erfolgen, da ein 11

---

[11] OLG Düsseldorf 12.9.2012 – VII-Verg 108/11, BeckRS 2012, 57035; s. auch OLG München 15.3.2012 – Verg 2/12, NZBau 2012, 460.
[12] OLG München 12.11.2012 – Verg 23/12, BeckRS 2012, 23578.

unvollständiges Angebot nicht gewertet werden kann. In **mehrstufigen Verfahren** besteht die Möglichkeit zur Nachforderung von unternehmensbezogenen Unterlagen, die Aspekte der Eignung betreffen, **nur bis zum Abschluss des Teilnahmewettbewerbs,** da gem. § 42 Abs. 2 VgV nur solche Bewerber zur Angebotsabgabe aufgefordert werden dürfen, die ihre Eignung im Rahmen eines Teilnahmewettbewerbs nachgewiesen haben und bei denen keine Ausschlussgründe vorliegen.[13]

3. Nachfordern unternehmensbezogener Unterlagen

12 Nach § 16a EU Abs. 1 S. 1 Alt. 1 VOB/A können Bewerber oder Bieter aufgefordert werden, fehlende, unvollständige oder fehlerhafte unternehmensbezogene Unterlagen, insbes. Eigenerklärungen, Angaben, Bescheinigungen oder sonstige Nachweise, nachzureichen, zu vervollständigen oder zu korrigieren. Dabei können **fehlende** unternehmensbezogene Unterlagen **nachgefordert, unvollständige** unternehmensbezogene Unterlagen **vervollständigt** und **fehlerhafte** unternehmensbezogene Unterlagen **korrigiert** werden. Die Regelung räumt bzgl. der unternehmensbezogenen Unterlagen im Vergleich zu § 16a EU VOB/A (2016) Nachforderungsmöglichkeiten in größerem Umfang ein, da sie die Korrektur fehlerhafter unternehmensbezogener Unterlagen durch Nachforderung ermöglicht (zu den hierfür bestehenden Grenzen → Rn. 16).

13 **Fehlende unternehmensbezogene Unterlagen** sind solche, die mit dem Angebot bis zur Angebotsabgabe einzureichen waren und physisch nicht vorgelegt worden sind.[14] Das Gleiche gilt für unlesbare oder sonst nicht wahrnehmbare Angaben in den Unterlagen. **Unvollständige unternehmensbezogene Unterlagen** sind solche, die mit dem Angebot bis zur Angebotsabgabe einzureichen waren und teilw. physisch nicht vorgelegt worden sind. Fehlenden unternehmensbezogenen Unterlagen stehen solche gleich, die physisch vorgelegt worden sind, aber **in formaler Hinsicht** von den Anforderungen abweichen. Solche Unterlagen darf der Bewerber oder Bieter auf Aufforderung des Auftraggebers nachreichen und vervollständigen. Zu den Einzelheiten → VgV § 56 Rn. 21.

14 **Fehlerhafte unternehmensbezogene Unterlagen** sind solche, die mit dem Angebot bis zur Angebotsabgabe einzureichen waren und formgerecht, lesbar und vollständig abgegeben wurden, aber inhaltlich den Anforderungen der Vergabeunterlagen nicht entsprechen oder sonst falsch sind. Nach § 16a EU Abs. 1 S. 1 Alt. 1 VOB/A ist daher jedenfalls die Korrektur offensichtlicher Unrichtigkeiten[15] durch Nachforderung der korrekten Angaben zulässig, zB wenn der Bieter den Umsatz seines Unternehmens oder die Anzahl der Mitarbeiter aufgrund eines Schreibfehlers falsch angibt. Solche offensichtlichen Unrichtigkeiten konnten allerdings schon bisher iRd Angebotsauslegung bzw. -aufklärung berichtigt werden.

15 Ebenso wie § 56 Abs. 2 S. 1 Alt. 1 VgV ist auch § 16a EU Abs. 1 S. 1 Alt. 1 VOB/A richtlinienkonform auszulegen und erlaubt **keine Korrektur** einmal eingereichter **materiell unzureichender unternehmensbezogener Unterlagen.**[16] Der Wortlaut des § 16a EU Abs. 1 S. 1 Alt. 1 VOB/A geht über den Wortlaut des Art. 56 Abs. 3 der zugrundeliegenden RL 2014/24/EU hinaus. Der Richtlinientext spricht lediglich davon, dass unvollständige, fehlerhafte oder nicht

---

[13] BR-Drs. 87/16, 209/210; OLG Düsseldorf 27.4.2022 – Verg 25/21, VPRRS 2022, 0285.
[14] OLG Düsseldorf 9.12.2012 – VII-Verg 108/11, NZBau 2013, 61; s. auch OLG München 15.3.2012 – Verg 2/12, NZBau 2012, 460.
[15] IdS – allerdings zu unrichtigen Preisangaben – schon OLG München 29.7.2010 – Verg 9/10, BeckRS 2010, 23564.
[16] OLG Düsseldorf 28.3.2018 – Verg 42/17, NZBau 2018, 491; OLG Karlsruhe 14.8.2019 – 15 Verg 10/19, BeckRS 2019, 21317.

vorhandene Unterlagen übermittelt, ergänzt, erläutert oder vervollständigt werden können. Eine **Korrektur fehlerhafter Unterlagen** sieht die RL 2014/24/EU nicht vor (zu den Einzelheiten → VgV § 56 Rn. 23). Gerade iRd VOB/A mit ihrer grundsätzlichen Nachforderungspflicht ist der Auftraggeber nicht berechtigt und erst recht nicht verpflichtet, mit dem Angebot eingereichte, aber inhaltlich unzureichende unternehmensbezogene Unterlagen nachzufordern, zB den Bieter aufzufordern, anstatt eingereichter, aber nicht den Anforderungen genügender Referenzen andere, ggf. ausreichende Referenzen nachzureichen. Ohne die gebotene richtlinienkonforme Auslegung käme es zu der im Hinblick auf die Transparenz und Gleichbehandlung untragbaren Situation, dass der öffentliche Auftraggeber im Geltungsbereich des § 16a EU VOB/A jede inhaltlich unzureichende Unterlage zur Eignung eines Bieters (unternehmensbezogene Unterlage) zum Anlass nehmen müsste, den Bieter aufzufordern, diese zu korrigieren, dh durch eine inhaltlich ausreichende Unterlage zu ersetzen. **Möglich ist damit nur das reine Korrigieren von Schreibfehlern und das Erläutern unklarer oder widersprüchlicher Angaben.**

Auch fehlende, unvollständige oder fehlerhafte Unterlagen zur Eignung, aufgrund derer **in einem Teilnahmewettbewerb** die geeignetsten Bewerber ermittelt werden, sind, anders als nach der VgV (→ VgV § 56 Rn. 24), nach der VOB/A-EU nachzufordern, weil die VOB/A-EU den Rechtsgedanken des § 56 Abs. 3 S. 1 VgV bewusst nicht übernommen hat.

4. Nachfordern leistungsbezogener Unterlagen

Fehlende oder unvollständige leistungsbezogene Unterlagen sind solche, die mit dem Angebot bis zur Angebotsabgabe einzureichen waren und physisch ganz oder teilweise nicht vorgelegt worden sind. Das Gleiche gilt für unlesbare oder sonst nicht wahrnehmbare Angaben in den Unterlagen. Nach § 16a EU Abs. 2 S. 1 Alt. 2 VOB/A können Bewerber oder Bieter aufgefordert werden, fehlende oder unvollständige leistungsbezogene Unterlagen **nachzureichen** oder zu **vervollständigen.** Anders als bei den unternehmensbezogenen Unterlagen, ist eine **Korrektur** fehlerhafter leistungsbezogener Unterlagen, abgesehen von offensichtlichen Unrichtigkeiten, **nicht zulässig.** Fehlenden leistungsbezogenen Unterlagen stehen solche gleich, die physisch vorgelegt worden sind, aber **in formaler Hinsicht** von den Anforderungen abweichen (→ VgV § 56 Rn. 21). Nachgereicht oder vervollständigt werden können bspw. leistungsbezogene Unterlagen, die für die Erfüllung der Kriterien der Leistungsbeschreibung vorzulegen sind.[17]

Da § 16a EU VOB/A keine dem § 56 Abs. 3 S. 1 VgV entspr. Regelung enthält, sind fehlende oder unvollständige leistungsbezogene **Unterlagen auch dann nachzufordern, wenn sie wertungsrelevant** sind, also zB bei der Bewertung qualitativer Zuschlagskriterien eine Rolle spielen.[18] So sind zB fehlende oder unvollständige Produktangaben auch dann nachzufordern, wenn die zu benennenden Produkte in die Bewertung qualitativer Zuschlagskriterien eingehen. Nachzufordern wären bspw. auch fehlende oder unvollständige Konzepte (Ausführungskonzept, Konzept zur Kostenkontrolle etc), wenn diese bei der Bewertung nichtpreislicher Zuschlagskriterien eine Rolle spielen.

Es bestehen allerdings **Zweifel,** ob § 16a EU Abs. 1 S. 1 Alt. 2 VOB/A mit seiner Pflicht zur Nachforderung wertungsrelevanter fehlender oder unvollständiger leistungsbezogener Unterlagen **Art. 56 Abs. 3 RL 2014/24/EU korrekt umsetzt.** Nach Art. 56 Abs. 3 RL 2014/24/EU muss die Aufforderung des öffentlichen Auftraggebers, Unterlagen innerhalb einer angemessenen Frist zu übermitteln, zu ergän-

---

[17] BR-Drs. 87/16, 209.
[18] So ausdr. auch „Auslegungserlass" des BMI v. 26.2.2020, Az.: 70421/2#1 ff.

zen, zu erläutern oder zu vervollständigen, unter **voller Einhaltung der Grundsätze der Transparenz und der Gleichbehandlung** erfolgen. Die Nachforderung wertungsrelevanter fehlender oder unvollständiger leistungsbezogener Unterlagen, die der Verordnungsgeber der VgV aus guten Gründen ausgeschlossen hat, eröffnet nämlich eine **Vielzahl an Manipulationsmöglichkeiten.** Insbes. kann so ein bereits abgegebenes Angebot im offenen oder nicht offenen Verfahren noch inhaltlich verbessert werden. So kann ein Bieter zB die an sich mit dem Angebot geforderte Angabe der anzubietenden Fabrikate und Typen zunächst unterlassen und diese dann in Kenntnis der Submissionspreise (§ 14 EU Abs. 6 S. 1 VOB/A) „passgenau" nachreichen und so nachträglich die Zuschlagschancen seines Angebots zu erhöhen. Kritisch ist auch, dass die Vergabestelle zum Zeitpunkt einer solchen Nachforderung Kenntnis von den Angebotsinhalten der anderen Bieter hat und diese bei entspr. Manipulationsabsicht an den Bieter, der die wertungsrelevanten Angaben bisher zurückgehalten hat, weitergeben kann. Besonders kritisch erscheint die Nachforderung wertungsrelevanter unvollständiger leistungsbezogener Unterlagen bei der **Bewertung von Konzepten** (die bei Bauvergaben allerdings bislang sehr selten stattfindet). Bereits die Abgrenzung zwischen einem unvollständigen und einem inhaltlich mangelhaften Konzept ist kaum zu treffen. Zudem kann jeder Bieter, der sich gegen eine Abwertung seines Konzepts aufgrund fehlender Ausführungen zu bestimmten Aspekten wendet, vorbringen, dass der Auftraggeber diese als unvollständige unternehmensbezogene Unterlagen hätte nachfordern müssen. Dies zeigt, dass eine Pflicht zur Nachforderung wertungsrelevanter fehlender oder unvollständiger leistungsbezogener Unterlagen unter voller Einhaltung der Grundsätze der Transparenz und der Gleichbehandlung **in bestimmten Fällen praktisch kaum durchführbar** ist. Bis zu einer Klärung der zahlreichen Zweifelsfragen durch die Rspr. (ggf. durch ein Vorabentscheidungsverfahren nach Art. 267 AEUV) ist der Auftraggeber jedenfalls gut beraten, die Nachforderung wertungsrelevanter fehlender oder unvollständiger leistungsbezogener Unterlagen gem. § 16a EU Abs. 3 VOB/A in der Auftragsbekanntmachung oder den Vergabeunterlagen auszuschließen.

5. Nachfordern von Preisangaben (Abs. 2)

20 Anders als sonstige leistungsbezogene Unterlagen dürfen **fehlende Preisangaben** regelmäßig nicht nachgefordert werden. Angebote, die den Bestimmungen des § 13 EU Abs. 1 Nr. 3 VOB/A nicht entsprechen, sind auszuschließen. § 16a EU Abs. 2 S. 3–5 VOB/A regeln die Ausnahmen von dieser Ausschlusspflicht. Anders als in § 16 EU Nr. 3 VOB/A (2016) ist nicht mehr maßgeblich, dass lediglich in einer einzelnen unwesentlichen Position die Angabe des Preises fehlt, sondern, dass **unwesentliche Positionen** vergessen worden sind und die Wertungsreihenfolge nicht verändert wird. § 16a EU Abs. 2 S. 3 VOB/A stellt wie § 56 Abs. 3 S. 2 VgV zutreffend auf die **fehlende Wettbewerbsrelevanz** ab, wobei die VOB/A den Begriff der Einzelposition nicht verwendet. Sind die übrigen Voraussetzungen des § 16a EU Abs. 2 S. 3–5 VOB/A erfüllt, können daher **auch mehrere unwesentliche Preispositionen** nachgefordert werden.

21 Bei der Beurteilung, ob die fehlenden Positionen lediglich **unwesentliche Positionen** sind, steht der Vergabestelle ein gewisser Beurteilungsspielraum zu. Die Unwesentlichkeit kann sich entweder aus der Relation des Preises für die betreffende Position zum Gesamtangebotspreis ergeben oder aber aus der Relation der Wichtigkeit der angebotenen Position zur Gesamtbauleistung (zB Schraube zur Sporthalle). Geht man von der Preisrelation aus, wird sich hier jedenfalls unter 1 % anbieten. Fehlen in einem Angebot 6 % der geforderten Preisangaben, welche 10 % des Gesamtentgelts ausmachen, kann nicht von einer unwesentlichen Einzelposition ausgegangen werden.[19]

---

[19] OLG Brandenburg 1.11.2011 – Verg W 12/11, BeckRS 2011, 25289.

Die fehlende Wettbewerbsrelevanz der nicht angegebenen unwesentlichen Positionen liegt nach § 16a EU Abs. 2 S. 3 VOB/A dann vor, wenn sowohl durch die Außerachtlassung dieser Positionen der Wettbewerb und die Wertungsreihenfolge nicht beeinträchtigt werden als auch bei Wertung dieser Positionen mit dem jew. höchsten Wettbewerbspreis. Zunächst wird also die Reihenfolge der Angebote ermittelt, wenn die fehlenden Positionen mit 0 Euro gewertet werden. Im zweiten Schritt wird geprüft, ob sich bei Wertung der Positionen mit dem höchsten Preis der Konkurrenz an der Wertungsreihenfolge etwas ändert.[20] Hierbei wird nach § 16a EU Abs. 2 S. 4 VOB/A nur auf den **Preis ohne Berücksichtigung etwaiger Nebenangebote** abgestellt. Ergibt sich im Vergleich eine **andere Bieterreihenfolge**, ist das **Angebot auszuschließen**. Bleibt das Angebot in der Wertung, ist dem Bieter nach § 16a EU Abs. 2 S. 5 VOB/A Gelegenheit zu geben, die von ihm verlangten Preise zu benennen. 22

§ 16a EU Abs. 2 S. 6 VOB/A stellt klar, dass § 16a EU Abs. 2 S. 3–5 VOB/A nicht gelten, wenn der öffentliche Auftraggeber das Nachfordern von Preisangaben gem. Abs. 3 ausgeschlossen hat. In diesem Fall führt jede fehlende Preisangabe zum sofortigen Ausschluss des Angebots gem. § 16a EU Abs. 2 S. 2 VOB/A. 23

6. Absehen von der Nachforderung von Unterlagen (Abs. 3)

Eine wesentliche Änderung in der VOB/A 2019 stellte die in § 16 EU Abs. 3 VOB/A normierte Möglichkeit des öffentlichen Auftraggebers dar, in der Auftragsbekanntmachung oder den Vergabeunterlagen festzulegen, dass er keine Unterlagen oder Preisangaben nachfordern wird. Die Regelung entspricht iW § 56 Abs. 2 S. 2 VgV, wobei in der VOB/A-EU klargestellt wird, dass der Auftraggeber auch auf die Nachforderung von Preisangaben verzichten kann. Trifft der öffentliche Auftraggeber keine entspr. Regelung in der Auftragsbekanntmachung oder den Vergabeunterlagen, besteht in der VOB/A eine Verpflichtung zur Nachforderung. 24

Verzichtet der Auftraggeber in der Auftragsbekanntmachung oder den Vergabeunterlagen vollständig auf die Nachforderung von Unterlagen, kann er damit einen Rechtszustand herstellen, wie er vor 2009 allg. gültig war. Dies hat – schon aus Gründen der Gleichbehandlung der Bieter – die Konsequenz, dass grds. **jegliche fehlende, unvollständige oder fehlerhafte Unterlage**, gleich, ob es sich um unternehmensbezogene oder leistungsbezogene Unterlagen handelt, zum **Ausschluss des Angebots** führen muss.[21] Anders kann dies unter Beachtung der vor dem Jahr 2009 ergangenen Rspr.[22] nur dann beurteilt werden, wenn eine **Wettbewerbsrelevanz** der fehlenden Unterlage **offensichtlich ausgeschlossen** ist. 25

Kann das Fehlen der geforderten Unterlagen unter keinem denkbaren Gesichtspunkt zu einer Wettbewerbsbeeinträchtigung führen, ist das Angebot des Bieters nicht als unvollständig zu behandeln. Dies ist zB der Fall, wenn Prüfzeugnisse für eine nicht ausgeschriebenen Leistung verlangt werden.[23] Beim Fehlen von zwei Typenbezeichnungen soll ein Angebot nicht unvollständig sein, wenn das Leitfabrikat angegeben ist und eine Regelung in den Vergabeunterlagen besteht, dass bei fehlender Typangabe das Leitfabrikat angeboten sein soll.[24] Nicht zur Unvollständigkeit eines Angebots führt die unterlassene Rücksendung von Unterlagen der Vergabestelle, die entweder keine eigenständige Erklärung des Bieters enthalten (Baube- 25a

---

[20] OLG Brandenburg 1.11.2011 – Verg W 12/11, BeckRS 2011, 25289; vgl. jetzt auch ausdrücklich § 16a EU Abs. 2 S. 2 VOB/A.
[21] BGH 18.9.2007 – X ZR 89/04, NJW-Spezial 2008, 78.
[22] ZB BayObLG 27.7.2004 – Verg 14/04, BeckRS 2004, 8249; BayObLG 15.9.2004 – Verg 26/03, BeckRS 2004, 9730.
[23] BayObLG 15.9.2004 – Verg 26/03, BeckRS 2004, 9730.
[24] OLG Düsseldorf 4.7.2005 – Verg 35/05, ZfBR 2006, 87.

schreibung samt Plänen)[25], oder von denen der Bieter erklärt, dass sie Bestandteil seines Angebotes sein sollen (Leistungsbeschreibung und EVB).[26] Eine Unvollständigkeit des Angebots liegt auch nicht vor, wenn der Bieter auf sein Angebot nicht zutreffende und deshalb nicht auszufüllende Formulare (Leerblätter) nicht an den Auftraggeber übermittelt. Bei einer funktionalen Leistungsbeschreibung ist der Bieter nicht verpflichtet, ohne ausdr. Forderung in den Ausschreibungsunterlagen seinem Angebot eine eigene Entwurfsplanung beizufügen.[27]

26 § 16a EU Abs. 3 VOB/A erlaubt wie § 56 Abs. 2 S. 2 VgV (→ VgV § 56 Rn. 31) dem öffentlichen Auftraggeber – a maiore ad minus – nicht nur, gar keinen Gebrauch von der Nachforderungsmöglichkeit zu machen, sondern auch, die **Nachforderung auf bestimmte Unterlagen** (zB nur unternehmensbezogene Unterlagen, oder sämtliche Unterlagen außer wertungsrelevanten, leistungsbezogenen Unterlagen) **zu beschränken.**[28] Dies mag nicht der Intention des Normgebers der VOB/A entsprechen, der möglicherweise eine „Ganz-oder-gar-nicht"-Regelung wollte. Die Zulässigkeit ergibt sich aber aus dem in Art. 56 Abs. 3 RL 2014/24/EU vorgesehenen **Entscheidungsspielraum des Auftraggebers** (→ Rn. 8 ff.). Die Vorschrift ist insoweit richtlinienkonform auszulegen.

27 Beschränkt der Auftraggeber die Nachforderung auf bestimmte Unterlagen, muss er in der Auftragsbekanntmachung oder den Vergabeunterlagen **exakt mitteilen, für welche Unterlagen er die Nachforderung ausschließt** und welche er (zwingend) nachfordern wird. Diese Regelung muss **für alle Bieter einheitlich** sein, und der Auftraggeber muss sich im Verfahren strikt an seine eigenen Vorgaben halten.

28 Eine Mitteilung gem. § 16a EU Abs. 3 VOB/A ist für den Auftraggeber für das weitere Vergabeverfahren **bindend.** Jedenfalls nach Angebotsabgabe dürfte es ihm aus Transparenzgründen verwehrt sein, nachträglich doch Unterlagen nachzufordern. Während der laufenden Angebotsfrist dürfte ein Abrücken von der Mitteilung dagegen möglich sein, da in diesem Zeitraum die Vergabeunterlagen jederzeit geändert werden können, solange dies in einem transparenten und gleichbehandelnden Verfahren erfolgt.

7. Frist zur Nachforderung von Unterlagen (Abs. 4)

29 Eine weitere erhebliche Änderung ggü. der Vorgängerregelung § 16a EU S. 2 VOB/A (2016) ist der Verzicht in § 16a EU Abs. 4 S. 1 VOB/A auf die Vorgabe einer festen Frist für die Nachforderung der fehlenden, unvollständigen oder fehlerhaften Unterlagen. Die Frist muss nunmehr wie bei § 56 Abs. 4 VgV lediglich **angemessen** und **nach dem Kalender bestimmt** sein (zu den Einzelheiten → VgV § 56 Rn. 33). Diese Rechtsvereinheitlichung ist auch sinnvoll, da der Zeitaufwand je nach geforderter Unterlage sehr unterschiedlich ausfallen kann. Bei der Festlegung muss der öffentliche Auftraggeber berücksichtigen, welchen Zeitbedarf der Bieter zur Vervollständigung voraussichtlich benötigen wird. Dabei ist zu beachten, dass die Nachforderung nach § 16a EU Abs. 1 S. 2 VOB/A ohnehin nur Unterlagen betrifft, die bereits mit dem Angebot vorzulegen waren. Diese müsste der Bieter daher regelmäßig bereits parat haben und kurzfristig vorlegen können.

30 § 16a EU Abs. 4 S. 2 VOB/A regelt, dass die unter der früheren Rechtslage zwingende Frist von **sechs Kalendertagen** nach Aufforderung durch den Auftraggeber **nicht überschritten** werden soll. Dies stellt klar, dass auch **kürzere Fristen** festgesetzt werden dürfen, solange sie im Einzelfall angemessen sind. Eine Orientierung

---

[25] OLG München 23.5.2007 – Verg 3/07, BeckRS 2008, 8703.
[26] OLG Düsseldorf 25.6.2008 – Verg 22/08, NZBau 2009, 71.
[27] OLG Brandenburg 19.9.2003 – Verg W 4/03, IBRRS 2003, 2755.
[28] VK Berlin 24.1.2023 – VK B 2–35/22, IBRRS 2023, 0487.

an einer Frist von sechs Kalendertagen dürfte dennoch nach wie vor **der Regelfall sein**[29] Deutlich unter sechs Kalendertagen liegende Fristen bedürfen damit einer besonderen Begründung. Eine **Überschreitung der sechs Kalendertage** ist aufgrund der „Soll-Vorschrift" ein **begründungspflichtiger Sonderfall,** der insbesondere dann eingreifen wird, wenn die Nachforderungsfrist über die Weihnachts- oder Osterfeiertage läuft und sich dadurch ansonsten faktisch massiv verkürzen würde oder wenn geforderte Unterlagen aufgrund von besonderen Umständen, die nicht von den Bietern verschuldet sind, von diesen nicht kurzfristig beigebracht werden können. Die Begründung für die Festlegung der Nachforderungsfrist ist zu dokumentieren.

Kalendertage schließen Feiertage sowie die Samstage und Sonntage ein. Fällt allerdings das Fristende auf einen Feiertag oder Samstag oder Sonntag, endet die Frist in entspr. Anwendung des § 193 BGB[30] oder Art. 3 Abs. 4 VO (EWG) Nr. 1182/71 mit Ablauf der letzten Stunde des folgenden Arbeitstags. Zum Zeitpunkt der Nachforderung → VgV § 56 Rn. 16.

8. Rechtsfolge nicht fristgerechter Vorlage (Abs. 5)

Rechtsfolge bei **Versäumung der Nachfrist** ist gem. § 16a EU Abs. 5 VOB/A der zwingende Ausschluss des betreffenden Angebots von der Wertung. Die Setzung einer weiteren Nachfrist oder gar der (nachträgliche) Verzicht auf die Vorlage der geforderten Erklärungen und Nachweise verstoßen gegen die Grundsätze der Verfahrenstransparenz und der Gleichbehandlung der Bieter.[31] Zu den Einzelheiten → VgV § 56 Rn. 34 f.

9. Entsprechende Anwendung im Teilnahmewettbewerb (Abs. 6)

§ 16a EU Abs. 6 VOB/A stellt klar, dass die Regelungen zur Nachforderung grds. auch für Teilnahmewettbewerbe gelten. Die Regelung wurde notwendig, da die Nachforderungspflicht gem. § 16a EU Abs. 1 S. 1 VOB/A nur für Bieter gelten soll, die für den Zuschlag in Betracht kommen, was im Teilnahmewettbewerb noch nicht absehbar ist. Die Verweisung beinhaltet nicht § 16a EU Abs. 2 VOB/A, da im Teilnahmewettbewerb keine Preisangaben zu machen sind und diese daher auch nicht fehlen können. In sinngemäßer Übernahme der Regelung des § 16a EU Abs. 1 S. 1 VOB/A dürfte die Nachforderungspflicht auch nur für Bewerber im Teilnahmewettbewerb gelten, bei denen **noch eine Chance besteht, dass sie zur Angebotsabgabe aufgefordert werden,** also zB nicht bei solchen, bei denen auch ohne die fehlenden, unvollständigen oder fehlerhaften Unterlagen bereits feststeht, dass sie Mindestanforderungen an die Eignung nicht erfüllen. Hängt die Beurteilung der Aussichten eines Bewerbers, zur Angebotsabgabe aufgefordert zu werden, dagegen von den nachzufordernden Unterlagen ab, sind diese nachzufordern, wenn der Auftraggeber die Nachforderung nicht nach § 16a EU Abs. 3 VOB/A ausgeschlossen hat.

10. Dokumentation

Gemäß § 20 EU VOB/A, der bzgl. der Dokumentation des Vergabeverfahrens auf § 8 VgV verweist, ist eine Dokumentation des Nachforderns von Erklärungen

---

[29] Zur VgV sieht OLG Düsseldorf 14.11.2018 – Verg 31/18, NZBau 2019, 393 eine Frist von sechs Kalendertagen als Regelfall vor.
[30] Kapellmann/Messerschmidt/Frister VOB/A § 16a Rn. 24.
[31] VK Bund 29.4.2011 – VK 1–34/11, IBRRS 2011, 4320; VK Rheinland-Pfalz 23.10.2013 – VK 2–18/13, BeckRS 2016, 44405; OLG Brandenburg 20.9.2011 – Verg W 11/11, BeckRS 2011, 23533.

und Nachweisen zwingend geboten. Ist das Ergebnis der Nachforderung so unzureichend dokumentiert, dass nicht nachvollzogen werden kann, ob die nachgeforderten Unterlagen fristgemäß, vollständig und inhaltlich richtig nachgereicht wurden, kann sowohl der Bieter, demgegenüber die Nachforderung erfolgt ist, als auch ein konkurrierender Bieter in seinen Rechten aus § 97 Abs. 6 GWB verletzt sein.

§ 16b EU Eignung

(1) [1]Beim offenen Verfahren ist die Eignung der Bieter zu prüfen. [2]Dabei sind anhand der vorgelegten Nachweise die Angebote der Bieter auszuwählen, deren Eignung die für die Erfüllung der vertraglichen Verpflichtungen notwendigen Sicherheiten bietet; dies bedeutet, dass sie die erforderliche Fachkunde und Leistungsfähigkeit besitzen, keine Ausschlussgründe gemäß § 6e EU vorliegen und sie über ausreichende technische und wirtschaftliche Mittel verfügen.

(2) Abweichend von Absatz 1 können die Angebote zuerst geprüft werden, sofern sichergestellt ist, dass die anschließende Prüfung des Nichtvorliegens von Ausschlussgründen und der Einhaltung der Eignungsanforderungen unparteiisch und transparent erfolgt.

(3) Beim nicht offenen Verfahren, Verhandlungsverfahren, beim wettbewerblichen Dialog und bei einer Innovationspartnerschaft sind nur Umstände zu berücksichtigen, die nach Aufforderung zur Angebotsabgabe Zweifel an der Eignung des Bieters begründen (vgl. § 6b EU Absatz 2 Nummer 3).

Literatur: Macht/Städler, Brennende Fragen des Vergaberechts – Immer Ärger mit der Eignung!, NZBau 2013, 14; Prieß, Exclusio corruptoris? – Die gemeinschaftsrechtlichen Grenzen des Ausschlusses vom Vergabeverfahren wegen Korruptionsdelikten, NZBau 2009, 587; Prieß/Friton, Ausschluss bleibt Ausnahme, NZBau 2009, 300; Prieß/Stein, Nicht nur sauber, sondern rein: Die Wiederherstellung der Zuverlässigkeit durch Selbstreinigung, NZBau 2008, 230. Vgl. iÜ die Angaben bei § 122 GWB.

I. Bedeutung der Vorschrift

1 § 16b EU VOB/A regelt das **Prüf- und Wertungsprogramm** nach Angebotsabgabe in Bezug auf die Eignung der Bieter[1] und ergänzt die Regelungen in §§ 122 ff. GWB. Die Vorschrift dient der Umsetzung von Art. 56 Abs. 1, 2 RL 2014/24/EU, soweit dieser nicht bereits in § 122 GWB umgesetzt ist. Trotz des leicht abweichenden Wortlauts bestehen inhaltlich – abgesehen davon, dass nach § 6b EU Abs. 1 Nr. 2 VOB/A im Regelfall Nachweise vorzulegen sind und Eigenerklärungen nur für einzelne Angaben ausreichen – wenige Unterschiede zu § 42 VgV. Auf die Kommentierungen zu § 122 GWB und § 42 VgV kann insoweit verwiesen werden.

II. Eignungsprüfung

1. Allgemeines

2 Gem. § 122 GWB werden öffentliche Aufträge an fachkundige und leistungsfähige (geeignete) Unternehmen vergeben, die nicht nach § 123 GWB oder § 124

---

[1] Beck VergabeR/Opitz VOB/A-EU § 16b Rn. 6.

GWB ausgeschlossen worden sind. Im Anschluss an die Systematik des Art. 58 RL 2014/24/EU wird zwischen **Eignungskriterien** und **Ausschlussgründen** differenziert. Die Begriffe **Fachkunde** und **Leistungsfähigkeit** bleiben in der VOB/A-EU erhalten, während die bisher verwendeten unbestimmten Rechtsbegriffe der Zuverlässigkeit und Gesetzestreue entfallen; dazu → GWB § 122 Rn. 3.[2] Die Vorgaben der §§ 123, 124, 128 Abs. 1 GWB gewährleisten, dass nur solche Unternehmen den Zuschlag erhalten, die keine der dort genannten Ausschlussgründe erfüllen und die Prognose erlauben, dass sie alle für sie geltenden rechtlichen Verpflichtungen einhalten.

Die Eignungsprüfung vollzieht sich in **zwei Stufen**: Zunächst wird die **formelle Prüfung** vorgenommen. Der Auftraggeber prüft anhand der eingereichten Eignungsnachweise, ob diese vollständig vorgelegt worden sind. Ist dies nicht der Fall bzw. hat der Bieter diese nicht nach Fristsetzung nachgereicht, ist das Angebot zwingend auszuschließen. Sind die Nachweise vollständig, schließt sich in der zweiten Stufe die **materielle Eignungsprüfung** an. In dieser wird überprüft, ob der Bieter – ausgehend von den eingereichten Nachweisen – auch tatsächlich persönlich und fachlich für den Auftrag geeignet ist. Die Eignungsprüfung ist eine **unternehmensbezogene Untersuchung**, ob ein Unternehmen nach seiner personellen, finanziellen und technischen Ausstattung in der Lage sein wird, den Auftrag auszuführen.[3] Der Auftraggeber überprüft die Eignung des Bieters mittels einer **Prognoseentscheidung** (dazu → GWB § 122 Rn. 9). Wie bei jeder Prognoseentscheidung, steht dem Auftraggeber ein **Beurteilungsspielraum** zu, der von den Nachprüfungsinstanzen nur eingeschränkt überprüfbar ist (zu den Einzelheiten → VgV § 42 Rn. 4 ff.). 3

2. Eignungsprüfung vor Angebotswertung (Abs. 1)

§ 16b EU Abs. 1 VOB/A geht von der **Eignungsprüfung vor der Angebotswertung** auf der sog. zweiten Wertungsstufe aus, die auch heute – außer bei der Nutzung der Einheitlichen Europäischen Eigenerklärung (s. § 6b EU Abs. 1 S. 2 VOB/A bzw. § 50 VgV) – den Regelfall darstellt. Danach ist die Eignung vor der Entscheidung, wer den Zuschlag erhalten soll, zu prüfen. Ergeben sich aber später Anhaltspunkte dafür, dass der Bieter doch Mindestanforderungen an die Eignung nicht erfüllt oder Ausschlussgründe verwirklicht, dürfen diese Erkenntnisse noch berücksichtigt werden. Ist der Auftraggeber nach ordnungsgemäßer Eignungsprüfung zu dem Ergebnis gekommen, dass ein Bieter die für den Auftrag erforderliche Eignung nicht besitzt, ist dessen Angebot von der Wertung auszuschließen; ein **Ermessen** steht dem Auftraggeber dann **nicht** mehr zu.[4] Der öffentliche Auftraggeber kann **Mindestanforderungen** an die Eignung stellen, wie zB vergleichbare Referenzen oder ein bestimmtes Bilanzergebnis innerhalb der letzten drei Geschäftsjahre. Mindestanforderungen sind in der Auftragsbekanntmachung anzugeben.[5] Die Eignungskriterien der Fachkunde und Leistungsfähigkeit dürfen ausschl. Folgendes betreffen: 4
1. Befähigung und Erlaubnis zur Berufsausübung,
2. wirtschaftliche und finanzielle Leistungsfähigkeit und die
3. technische und berufliche Leistungsfähigkeit.

Dazu auch → GWB § 122 Rn. 27 ff. Alle Eignungskriterien, die Auftraggeber für den konkreten Auftrag stellen, müssen daher unter eine dieser drei Kategorien untergeordnet werden können. Eignungskriterien, die diesen Kategorien nicht zugeord-

---

[2] Gesetzesbegr. zum GWB, BT-Drs. 18/6281, 101.
[3] OLG Düsseldorf 6.5.2011 – Verg 26/11, IBRRS 2011, 1895.
[4] OLG München 22.11.2012 – Verg 22/12, NZBau 2013, 261.
[5] OLG Koblenz 25.9.2012 – 1 Verg 5/12, NZBau 2013, 63.

VOB/A–EU § 16b — Eignung

net werden können, sind unzulässig.⁶ Zu den Einzelheiten → GWB § 122 Rn. 27 ff. sowie → VgV § 42 Rn. 3.

3. Eignungsprüfung nach Angebotswertung (Abs. 2)

5 § 16b EU Abs. 2 VOB/A sieht für das **offene Verfahren** – und nur für das offene Verfahren – die Möglichkeit einer **Ausnahme von der grds. geltenden Prüfungsreihenfolge "Eignungsprüfung vor Angebotsprüfung"** vor. Danach kann zunächst die Prüfung der Angebote durchgeführt werden und damit auch eine Reihenfolge nach dem Angebotspreis gebildet werden, bevor die Eignungsprüfung durchgeführt wird. Dies ist so bereits in Art. 56 Abs. 2 RL 2014/24/EU vorgesehen. Öffentliche Auftraggeber, die von dieser Möglichkeit Gebrauch machen, müssen sicherstellen, dass die Prüfung des Nichtvorliegens von Ausschlussgründen und der Einhaltung der Eignungskriterien unparteiisch und transparent erfolgt, damit kein Auftrag an einen Bieter vergeben wird, der nach den §§ 123, 124 GWB hätte ausgeschlossen werden müssen, bzw. der die Mindestanforderungen des öffentlichen Auftraggebers an die Eignung nicht erfüllt (→ VgV § 42 Rn. 15 f.).

4. Nicht offenes Verfahren, Verhandlungsverfahren, wettbewerblicher Dialog und Innovationspartnerschaft

6 Beim nicht offenen Verfahren, Verhandlungsverfahren, wettbewerblichen Dialog und bei einer Innovationspartnerschaft sind bei der Eignungsprüfung nur Umstände zu berücksichtigen, die nach Aufforderung zur Angebotsabgabe Zweifel an der Eignung des Bieters begründen. In diesen Verfahren wird die **Eignung bereits im Rahmen des Teilnahmewettbewerbs geprüft,** und es dürfen gem. § 3b EU Abs. 2 bzw. Abs. 3 Nr. 2 VOB/A nur geeignete Bieter zur Angebotsabgabe aufgefordert werden. Ein Rückschritt auf diese bereits abgeschlossene Stufe kann deshalb nur dann erfolgen, wenn entweder dem **Auftraggeber erst nachträglich Umstände bekannt werden, die an der Eignung des Bieters Zweifel erwecken,** aber bereits bei der ersten Überprüfung gegeben waren, oder wenn der Bieter erst nach der ersten Überprüfung Tatsachen schafft, die an seiner Eignung zweifeln lassen. Durch die Eignungsprüfung im Teilnahmewettbewerb wird ein Vertrauenstatbestand für die Bieter dahin begründet, dass sie nicht damit rechnen müssen, der ihnen durch die Erstellung der Angebote und Teilnahme am Wettbewerb entstandene Aufwand könnte dadurch nachträglich nutzlos werden, dass der Auftraggeber die Eignung bei gleichbleibender tatsächlicher Grundlage abweichend beurteilt.⁷ Dazu auch → VgV § 16 Rn. 6.

7 Der entspr. Vertrauenstatbestand gilt jedoch nur im Verhältnis des zur Angebotsabgabe zugelassenen Bieters zum öffentlichen Auftraggeber. Er ist nicht in der Lage, die **Rechtsschutzmöglichkeiten anderer Bieter zu verkürzen,** die im Nachprüfungsverfahren geltend machen, dass ein Konkurrent zu Unrecht zur Angebotsabgabe zugelassen worden ist. Soweit dies von einigen OLG so vertreten wird⁸, beruht dies auf einem Missverständnis der Rspr. des BGH und ist mit der Garantie eines effektiven Rechtsschutzes nach Art. 1 Abs. 2 und Art. 2 Abs. 1 RL 2007/66/EG nicht zu vereinbaren. Konkurrierende Bieter, die zB selbst nicht zur Angebotsabgabe zugelassen wurden, weil der Auftraggeber einer vergaberechtswidrigen Eignungsprüfung im Teilnahmewettbewerb einen anderen Bieter, der zB die Mindestanforderungen an die Eignung nicht erfüllt, doch zur Angebotsabgabe aufgefor-

---

⁶ Gesetzesbegr. zum GWB, BT-Drs. 18/6281, 101.
⁷ BGH 7.1.2014 – X ZB 15/13, NZBau 2014, 185.
⁸ S. OLG Düsseldorf 29.3.2021 – Verg 9/21, NZBau 2021, 632; ähnlich OLG Karlsruhe 21.5.2021 – 15 Verg 4/21, NZBau 2022, 303.

dert hat, müssen dies im Nachprüfungsverfahren geltend machen können. Ansonsten käme der bloßen Entscheidung des Auftraggebers, einen Bieter zur Angebotsabgabe zuzulassen, eine vergleichbare Zäsurwirkung wie dem Zuschlag nach § 168 Abs. 2 S. 1 GWB zu, was einer ausdr. gesetzlichen Grundlage bedürfte und völlig sachwidrig wäre. **Vertrauensschutz kann sich nicht darauf richten, dass ein rechtswidriger Zustand fortgesetzt wird.**[9] Ist der öffentliche Auftraggeber von Gesetzes wegen zum Angebotsausschluss verpflichtet, kann ein rechtlich schützenswertes Vertrauen des betreffenden Bieters, sein Angebot werde nicht von der Wertung ausgeschlossen werden, nicht entstehen. In einem solchen Fall ist den Nachprüfungsinstanzen nicht verwehrt, auch noch nach Abschluss des Teilnahmewettbewerbs rechtzeitig gerügte Verstöße iRd Eignungsprüfung aufzugreifen.[10]

§ 16c EU Prüfung

(1) ¹**Die nicht ausgeschlossenen Angebote geeigneter Bieter sind auf die Einhaltung der gestellten Anforderungen, insbesondere in rechnerischer, technischer und wirtschaftlicher Hinsicht zu prüfen.** ²**Als Nachweis für die Erfüllung spezifischer umweltbezogener, sozialer oder sonstiger Merkmale der zu vergebenden Leistung sind Bescheinigungen, insbesondere Gütezeichen, Testberichte, Konformitätserklärungen und Zertifizierungen, welche die in § 7a EU genannten Bedingungen erfüllen, zugelassen.**

(2)
1. **Entspricht der Gesamtbetrag einer Ordnungszahl (Position) nicht dem Ergebnis der Multiplikation von Mengenansatz und Einheitspreis, so ist der Einheitspreis maßgebend.**
2. **Bei Vergabe für eine Pauschalsumme gilt diese ohne Rücksicht auf etwa angegebene Einzelpreise.**

(3) **Die aufgrund der Prüfung festgestellten Angebotsendsummen sind in der Niederschrift über den Öffnungstermin zu vermerken.**

I. Bedeutung der Vorschrift

§ 16c EU VOB/A blieb iRd VOB/A 2019 unverändert und regelt die Prüfung der nicht ausgeschlossenen Angebote geeigneter Bieter in rechnerischer, technischer und wirtschaftlicher Hinsicht. 1

II. Prüfung (Abs. 1)

Die Prüfung der Angebote dient der **Vorbereitung der Wertung.** Die Angebote einschließl. zugelassener Nebenangebote sind auf ihre Vollständigkeit sowie in rechnerischer, technischer und wirtschaftlicher Hinsicht zu prüfen. 2

Bei der **rechnerischen Prüfung** sind alle Rechenschritte nachzuvollziehen, die einzelnen Positionen nochmals zusammenzurechnen und die Endsumme unter Berücksichtigung von Mehrwertsteuer, Nachlässen und Skonti zu überprüfen und ggf. neu zu bilden. Die im Öffnungstermin festgestellte Summe (→ VOB/A § 14 EU Rn. 17 ff.) wird durch die nun ermittelte Summe ersetzt; dadurch kann sich eine Verschiebung der Bieterreihenfolge ergeben. 2a

---

[9] VK BW 14.7.2017 – 1 VK 20/17, VPRRS 2017, 0281; VK Bund 1.3.2018 – VK 2–8/18, IBRRS 2018, 1168.
[10] S. zB OLG München 17.9.2015 – Verg 3/15, NZBau 2015, 711; 19.12.2013 – Verg 12/13, NZBau 2014, 389.

VOB/A–EU § 16c

2b Die **technische Prüfung** dient der Feststellung, ob die Angebote und auch eventuelle Nebenangebote den technischen Vorgaben der ausgeschriebenen Leistung entsprechen. Die **wirtschaftliche Prüfung** vollzieht die Angebote daraufhin nach, welche Positionen sich neben dem eigentlichen Preis auf die Beurteilung des Angebotes in wirtschaftlicher Hinsicht auswirken, wie zB Haltbarkeit, Wartungsanfälligkeit und Folgekosten. Sie ist eigentlich bereits Teil der Wertung (§ 16d EU VOB/A), wobei die geprüften wirtschaftlichen Aspekte bei der Wertung nur dann eine Rolle spielen dürfen, wenn sie als Zuschlagskriterien in den Vergabeunterlagen bekanntgegeben wurden. Trotz des etwas anderen Wortlauts entspricht § 16c EU Abs. 1 VOB/A inhaltlich iW § 56 Abs. 1 VgV, so dass auf die dortige Kommentierung verwiesen werden kann (→ VgV § 56 Rn. 3 ff.).

3 § 16c EU Abs. 1 S. 2 VOB/A stellt klar, dass der Nachweis für die Erfüllung spezifischer umweltbezogener, sozialer oder sonstiger Merkmale der zu vergebenden Leistung durch Bescheinigungen, insbes. Gütezeichen, Testberichte, Konformitätserklärungen und Zertifizierungen, welche die in § 7a EU VOB/A genannten Bedingungen erfüllen, erbracht werden kann (zu den Einzelheiten s. die Kommentierung zu § 7a EU VOB/A sowie zu §§ 33, 34 VgV). Welche Bescheinigungen der Auftraggeber verlangt, muss er transparent in den Vergabeunterlagen angeben.

III. Auslegungsregel (Abs. 2)

1. Einheitspreis (Nr. 1)

4 Da es häufiger vorkommt, dass in den Angeboten widersprüchliche Preisangaben enthalten sind, enthält § 16c EU Abs. 2 Nr. 1 VOB/A eine Auslegungsregel, um den Ausschluss solcher Angebote zu vermeiden. Denn an sich kann auf ein widersprüchliches Angebot der Zuschlag nicht erteilt werden, weil der Vertragsinhalt unklar ist. § 16c EU Abs. 2 Nr. 1 VOB/A geht als **spezielle Auslegungsregel** der allg. Auslegungsregel des § 133 BGB vor. Liegt die in § 16c EU Abs. 2 Nr. 1 VOB/A geschilderte Alternative vor, ist die vorgeschriebene Auslegung bindend; es darf nicht mit anderen Auslegungsvorschriften ein dieser widersprechendes Ergebnis begründet werden. Ist jedoch ein eingesetzter Einheitspreis aus anderen Gründen offensichtlich unzutreffend (es sind zB durch ein offensichtliches Schreibversehen mehrere Nullen an eine Zahl angehängt worden), hat erst die Korrektur des offensichtlich falschen Einheitspreises zu erfolgen. Es entspricht einem allg. Rechtsgrundsatz, dass sich niemand an Erklärungen festhalten lassen muss, von denen der Vertragspartner klar erkennt, dass sie von seinem Gegenüber nur aufgrund eines offensichtlichen Versehens abgegeben worden sind.[1] Entspricht der Gesamtbetrag einer Position nicht dem Ergebnis einer Multiplikation von Mengenansatz und Einheitspreis, statuiert § 16c EU Abs. 2 Nr. 1 VOB/A den **Vorrang des Einheitspreises,** also des Einzelpreises für ein Stück einer Position, weil dieser die Urgrundlage der Kalkulation des Bieters darstellt. Nicht geregelt ist der Fall, dass ein Einheitspreis an zwei verschiedenen Stellen unterschiedlich angegeben worden ist, bspw. bei verschiedenen Stellen im Leistungsverzeichnis oder bei den einzelnen Positionen im **Leistungsverzeichnis** und im abschließenden Angebotsblatt, welches zusammenfassend nochmals die Preise zur Vorbereitung der Wertung enthält. Hier ist auf die Grundvorschrift des § 133 BGB zurückzugreifen. Ergibt sich danach, dass nur einer der beiden Einheitspreise ernsthaft in Frage kommt, weil der andere Einheitspreis entweder außergewöhnlich hoch oder außergewöhnlich niedrig ist, oder weil nur ein Gesamtpreis mit dem Ergebnis der Multiplikation von Mengenansatz und Einheitspreis übereinstimmt, oder weil der Einheitspreis an verschiedenen Stellen bis auf eine einzige stets gleich angegeben worden ist, ist dieser

---

[1] OLG München 29.7.2010 – Verg 9/10, BeckRS 2010, 23564.

Wertung **§ 16d VOB/A–EU**

dem Angebot zugrunde zu legen. Führt auch eine Auslegung nach § 133 BGB nicht weiter, kann dem Angebot der Zuschlag wegen der differierenden Preisangaben nicht erteilt werden. Ein absoluter Vorrang desjenigen Einheitspreises, der sich bei den einzelnen Positionen im Leistungsverzeichnis befindet, würde den allg. Auslegungsregeln widersprechen, da nicht in jedem Fall von dessen Richtigkeit ausgegangen werden kann. Ergeben sich Differenzen zwischen einem im Leistungsverzeichnis und einem in den EFB-Preisblättern enthaltenen Einheitspreis, hat jedoch der im Leistungsverzeichnis enthaltene Einheitspreis Vorrang.[2] Dies liegt daran, dass das Leistungsverzeichnis das eigentliche Angebot enthält und Vertragsbestandteil wird, die Preisblätter aber nicht. Wird der Einheitspreis in Ziffern und in Worten angegeben, entspricht aber nur einer dieser Preise dem Ergebnis der Multiplikation, ist dieser ausschlaggebend.

2. Pauschalsumme (Nr. 2)

Bei Vergaben für eine Pauschalsumme ist allein die Pauschalsumme ausschlaggebend, auf die angegebenen Einzelpreise kommt es nicht an. 5

IV. Vermerk (Abs. 3)

Die durch die Prüfung festgestellten Angebotsendsummen einschließl. der Endsummen für die Nebenangebote sind in der Niederschrift über den Öffnungstermin zu vermerken. Hieraus ergibt sich die Reihenfolge der Bieter nach rechnerischer Prüfung. Wird der Vermerk unterlassen, kann allein hierauf kein Nachprüfungsantrag gestützt werden, weil die bloße **fehlende Dokumentation,** die das Ergebnis einer internen Prüfung enthält, nicht kausal für eine bestimmte Wertung ist. Kausal kann nur ein fehlerhaftes Ergebnis der rechnerischen Prüfung sein. Die Bieter haben nach § 14 EU Abs. 6 S. 2 VOB/A iVm § 16c EU Abs. 3 VOB/A ein Recht auf Einsicht in die Niederschrift und ihre Nachträge als Folge des Transparenzgebotes des § 97 Abs. 1 GWB. 6

§ 16d EU Wertung

(1)
1. ¹**Auf ein Angebot mit einem unangemessen hohen oder niedrigen Preis oder mit unangemessen hohen oder niedrigen Kosten darf der Zuschlag nicht erteilt werden.** ²**Insbesondere lehnt der öffentliche Auftraggeber ein Angebot ab, das unangemessen niedrig ist, weil es den geltenden umwelt-, sozial- und arbeitsrechtlichen Anforderungen nicht genügt.**
2. ¹**Erscheint ein Angebotspreis unangemessen niedrig und ist anhand vorliegender Unterlagen über die Preisermittlung die Angemessenheit nicht zu beurteilen, ist vor Ablehnung des Angebots vom Bieter in Textform Aufklärung über die Ermittlung der Preise oder Kosten für die Gesamtleistung oder für Teilleistungen zu verlangen, gegebenenfalls unter Festlegung einer zumutbaren Antwortfrist.** ²**Bei der Beurteilung der Angemessenheit prüft der öffentliche Auftraggeber – in Rücksprache mit dem Bieter – die betreffende Zusammensetzung und berücksichtigt dabei die gelieferten Nachweise.**
3. ¹**Sind Angebote auf Grund einer staatlichen Beihilfe ungewöhnlich niedrig, ist dies nur dann ein Grund sie zurückzuweisen, wenn der Bieter nicht nachweisen kann, dass die betreffende Beihilfe rechtmäßig gewährt wurde.** ²**Für diesen Nachweis hat der öffentliche Auftraggeber dem Bie-**

---

[2] Vgl. hierzu OLG Düsseldorf 20.10.2008 – Verg 41/08, BeckRS 2008, 23085.

VOB/A–EU § 16d

ter eine ausreichende Frist zu gewähren. ³Öffentliche Auftraggeber, die trotz entsprechender Nachweise des Bieters ein Angebot zurückweisen, müssen die Kommission der Europäischen Union darüber unterrichten.
4. In die engere Wahl kommen nur solche Angebote, die unter Berücksichtigung rationellen Baubetriebs und sparsamer Wirtschaftsführung eine einwandfreie Ausführung einschließlich Haftung für Mängelansprüche erwarten lassen.

(2)
1. ¹Der Zuschlag wird auf das wirtschaftlichste Angebot erteilt. ²Grundlage dafür ist eine Bewertung des öffentlichen Auftraggebers, ob und inwieweit das Angebot die vorgegebenen Zuschlagskriterien erfüllt. ³Das wirtschaftlichste Angebot bestimmt sich nach dem besten Preis-Leistungs-Verhältnis. ⁴Zu dessen Ermittlung können neben dem Preis oder den Kosten auch qualitative, umweltbezogene oder soziale Aspekte berücksichtigt werden.
2. ¹Es dürfen nur Zuschlagskriterien und deren Gewichtung berücksichtigt werden, die in der Auftragsbekanntmachung oder in den Vergabeunterlagen genannt sind. ²Zuschlagskriterien können insbesondere sein:
   a) Qualität einschließlich technischer Wert, Ästhetik, Zweckmäßigkeit, Zugänglichkeit, „Design für alle", soziale, umweltbezogene und innovative Eigenschaften;
   b) Organisation, Qualifikation und Erfahrung des mit der Ausführung des Auftrags betrauten Personals, wenn die Qualität des eingesetzten Personals erheblichen Einfluss auf das Niveau der Auftragsausführung haben kann,
   oder
   c) Kundendienst und technische Hilfe sowie Ausführungsfrist.
   ³Die Zuschlagskriterien müssen mit dem Auftragsgegenstand in Verbindung stehen. ⁴Zuschlagskriterien stehen mit dem Auftragsgegenstand in Verbindung, wenn sie sich in irgendeiner Hinsicht und in irgendeinem Lebenszyklus-Stadium auf diesen beziehen, auch wenn derartige Faktoren sich nicht auf die materiellen Eigenschaften des Auftragsgegenstands auswirken.
3. Die Zuschlagskriterien müssen so festgelegt und bestimmt sein, dass die Möglichkeit eines wirksamen Wettbewerbs gewährleistet wird, der Zuschlag nicht willkürlich erteilt werden kann und eine wirksame Überprüfung möglich ist, ob und inwieweit die Angebote die Zuschlagskriterien erfüllen.
4. Es können auch Festpreise oder Festkosten vorgegeben werden, sodass der Wettbewerb nur über die Qualität stattfindet.
5. Die Lebenszykluskostenrechnung umfasst die folgenden Kosten ganz oder teilweise:
   a) von dem öffentlichen Auftraggeber oder anderen Nutzern getragene Kosten, insbesondere Anschaffungskosten, Nutzungskosten, Wartungskosten, sowie Kosten am Ende der Nutzungsdauer (wie Abholungs- und Recyclingkosten);
   b) Kosten, die durch die externen Effekte der Umweltbelastung entstehen, die mit der Leistung während ihres Lebenszyklus in Verbindung stehen, sofern ihr Geldwert bestimmt und geprüft werden kann; solche Kosten können Kosten der Emission von Treibhausgasen und anderen Schadstoffen sowie sonstige Kosten für die Eindämmung des Klimawandels umfassen.
6. ¹Bewertet der öffentliche Auftraggeber den Lebenszykluskostenansatz, hat er in der Auftragsbekanntmachung oder in den Vergabeunterlagen

die vom Unternehmer bereitzustellenden Daten und die Methode zur Ermittlung der Lebenszykluskosten zu benennen. ²Die Methode zur Bewertung der externen Umweltkosten muss
a) auf objektiv nachprüfbaren und nichtdiskriminierenden Kriterien beruhen,
b) für alle interessierten Parteien zugänglich sein und
c) gewährleisten, dass sich die geforderten Daten von den Unternehmen mit vertretbarem Aufwand bereitstellen lassen.
7. Für den Fall, dass eine gemeinsame Methode zur Berechnung der Lebenszykluskosten durch einen Rechtsakt der Europäischen Union verbindlich vorgeschrieben wird, findet diese gemeinsame Methode bei der Bewertung der Lebenszykluskosten Anwendung.

(3) Ein Angebot nach § 13 EU Absatz 2 ist wie ein Hauptangebot zu werten.

(4) ¹Preisnachlässe ohne Bedingung sind nicht zu werten, wenn sie nicht an der vom öffentlichen Auftraggeber nach § 13 EU Absatz 4 bezeichneten Stelle aufgeführt sind. ²Unaufgefordert angebotene Preisnachlässe mit Bedingungen für die Zahlungsfrist (Skonti) werden bei der Wertung der Angebote nicht berücksichtigt.

(5) ¹Die Bestimmungen der Absätze 1 und 2 sowie der §§ 16b EU, 16c EU Absatz 2 gelten auch bei Verhandlungsverfahren, wettbewerblichen Dialogen und Innovationspartnerschaften. ²Die Absätze 3 und 4 sowie die §§ 16 EU, 16c EU Absatz 1 sind entsprechend auch bei Verhandlungsverfahren, wettbewerblichen Dialogen und Innovationspartnerschaften anzuwenden.

Literatur: Vgl. die Angaben bei § 127 GWB und § 58 VgV.

Übersicht

	Rn.
I. Bedeutung der Vorschrift	1
II. Prüfung der Angemessenheit der Preise (Abs. 1 Nr. 1–4)	4
1. Verbot des Zuschlags auf unangemessen hohe oder niedrige Angebote (Abs. 1 Nr. 1)	4
2. Umgang mit ungewöhnlich niedrigen Angeboten	5
a) Ermessensentscheidung über den Ausschluss bei nicht zufriedenstellender Erklärung der Preise (Abs. 1 Nr. 1 S. 1)	5
b) Zwingender Ausschluss bei Verstoß gegen geltende umwelt-, sozial- und arbeitsrechtliche Anforderungen (Abs. 1 Nr. 1 S. 2)	7
c) Aufklärung ungewöhnlich niedrig erscheinender Preise (Abs. 1 Nr. 2)	8
d) Aufklärungspflicht bei ungewöhnlich niedrigen Angeboten (Abs. 1 Nr. 2 S. 1)	11
e) Durchführung der Aufklärung	12
f) Gegenstand der Aufklärung	13
3. Ungewöhnlich niedrige Angebote aufgrund staatlicher Beihilfen (Abs. 1 Nr. 3)	15
4. Umgang mit ungewöhnlich hohen Angeboten	16
5. Rechtsschutz	21
III. Ermittlung des wirtschaftlichsten Angebotes (Abs. 2)	22
1. Bestes Preis-Leistungsverhältnis (Nr. 1)	23
2. Qualitative, umweltbezogene und soziale Kriterien (Nr. 2)	24
3. Anforderungen an Zuschlagskriterien (Nr. 3)	26

VOB/A–EU § 16d

	Rn.
4. Vorgabe von Festpreisen oder Festkosten (Nr. 4)	27
5. Ermittlung des wirtschaftlichsten Angebotes unter Heranziehung von Lebenszykluskosten (Nr. 5–7)	28
IV. Wertung eines Angebotes nach § 13 EU Abs. 2 VOB/A (Abs. 3)	29
V. Preisnachlässe (Abs. 4)	30
1. Ohne Bedingung (S. 1)	30
2. Mit Bedingungen für die Zahlungsfrist (S. 2)	31
VI. Geltung bei Verhandlungsverfahren, wettbewerblichen Dialogen und Innovationspartnerschaften (Abs. 5)	32
VII. Rechtsschutz	33

I. Bedeutung der Vorschrift

1 § 16d EU VOB/A enthält Regelungen zum Umgang mit **ungewöhnlich hohen oder niedrigen Angeboten** und zur **Ermittlung des wirtschaftlichsten Angebots** nach dem besten Preis-Leistungs-Verhältnis ggf. unter **Berücksichtigung von Lebenszykluskosten.** § 16d EU VOB/A regelt damit nur die letzten beiden sog. Wertungsstufen, nämlich die Preisprüfung und die eigentliche vergleichende Wertung der Angebote anhand der bekanntgemachten Zuschlagskriterien. Die bisher zwingende Einhaltung der sog. Wertungsstufen in der VOB/A ist allerdings durch § 16b EU Abs. 2 VOB/A, der wie § 42 Abs. 3 VgV eine Angebotsprüfung vor der Eignungsprüfung zulässt, aufgelöst worden.

2 Soweit es um den Umgang mit ungewöhnlich niedrigen Angeboten geht, ist § 16d EU Abs. 1 Nr. 1–4 VOB/A das Gegenstück zu § 60 VgV im Bereich der Bauvergaben und soll Art. 69 der RL 2014/24/EU in nationales Recht umsetzen. Die Vorschrift, die bereits bei der VOB/A-EG 2012 weitgehend unverändert geblieben ist, wurde nicht ausreichend an die RL 2014/24/EU angepasst und muss deshalb **richtlinienkonform ausgelegt** werden. Insbes. § 16d EU Abs. 1 Nr. 1 S. 1 VOB/A muss **immer in Zusammenschau mit Art. 69 RL 2014/24/EU** gelesen werden. Aus der Formulierung der Norm darf keinesfalls der Fehlschluss gezogen werden, dass ungewöhnlich niedrig erscheinende Angebote oder nicht kostendeckende Angebote zwingend der Zuschlag nicht erteilt werden dürfte. Für das Verbot, den Zuschlag auf unangemessen hohe Angebote zu erteilen, besteht keine Grundlage in der RL 2014/24/EU.

3 § 16d EU Abs. 2 Nr. 1–4 VOB/A entspricht weitgehend § 58 VgV und dient der Umsetzung des Art. 67 der RL 2014/24/EU. § 16d EU Abs. 2 Nr. 5–7 VOB/A entspricht weitgehend § 59 VgV und setzt Art. 68 der RL 2014/24/EU in nationales Recht um. § 16d EU Abs. 3–5 VOB/A enthält Regelungen zur Wertung von Angeboten, die von technischen Spezifikationen abweichen (Abs. 3), zur Wertbarkeit von Preisnachlässen (Abs. 4) und zur Anwendbarkeit der Norm auf Verhandlungsverfahren, wettbewerbliche Dialoge und Innovationspartnerschaften (Abs. 5).

II. Prüfung der Angemessenheit der Preise (Abs. 1 Nr. 1–4)

1. Verbot des Zuschlags auf unangemessen hohe oder niedrige Angebote (Abs. 1 Nr. 1)

4 Nach dem Wortlaut des § 16d EU Abs. 1 Nr. 1 S. 1 VOB/A darf auf ein Angebot mit einem unangemessen hohen oder niedrigen Preis oder mit unangemessen hohen oder niedrigen Kosten der Zuschlag nicht erteilt werden. Diese Formulierung darf aber nicht zu der Annahme verleiten, dass die Fallgruppen der ungewöhnlich niedrig

und ungewöhnlich hoch erscheinenden Angebote gleich behandelt werden dürften und erst recht nicht dazu, dass solche Angebote einfach auszuschließen wären. Vielmehr ist im Falle der ungewöhnlich niedrig erscheinenden Preise nach § 16d EU Abs. 1 Nr. 1 S. 2 bis Nr. 3 VOB/A vorzugehen und dabei die Wertungen des Art. 69 Abs. 3 RL 2014/24/EU zu beachten (→ Rn. 5 ff.). Bei ungewöhnlich hoch erscheinenden Angeboten stellt sich dagegen die Frage, ob das Vergabeverfahren aufgehoben werden kann, da nur so der Zuschlag auf solche Angebote (wenn sie in der Rangstelle auf dem ersten Platz stehen) vermieden werden kann (→ Rn. 16 ff.).

2. Umgang mit ungewöhnlich niedrigen Angeboten

a) Ermessensentscheidung über den Ausschluss bei nicht zufriedenstellender Erklärung der Preise (Abs. 1 Nr. 1 S. 1). Aufgrund seiner missglückten und nicht ausreichend an die RL 2014/24/EU angepassten Formulierung ist § 16d EU Abs. 1 Nr. 1 S. 1 VOB/A **richtlinienkonform auszulegen**. Nach dem maßgeblichen Wortlaut des Art. 69 Abs. 3 der RL 2014/24/EU kann der Auftraggeber ein **ungewöhnlich niedrig erscheinendes Angebot nur dann ablehnen**, wenn die beigebrachten Nachweise das **niedrige Niveau des vorgeschlagenen Preises** bzw. der vorgeschlagenen Kosten unter Berücksichtigung der in Art. 69 Abs. 2 der RL 2014/24/EU genannten Faktoren **nicht zufriedenstellend erklären**. Ein unangemessen niedriges Angebot, auf das nach § 16d EU Abs. 1 Nr. 1 S. 1 VOB/A der Zuschlag nicht erteilt werden darf, ist daher ein Angebot, bei dem der öffentliche Auftraggeber nach der Prüfung gem. Abs. 1 Nr. 2 die geringe Höhe des angebotenen Preises oder der angebotenen Kosten nicht zufriedenstellend aufklären kann.[1] Maßgeblich ist daher nur die Aufklärbarkeit und Nachvollziehbarkeit der Preisgestaltung, nicht der prozentuale Abstand von der Konkurrenzangeboten oder der Kostenprognose des Auftraggebers (zu den Einzelheiten → VgV § 60 Rn. 5 ff.).

Aufgrund der Vorgaben des Art. 69 Abs. 3 RL 2014/24/EU ist – wie bei § 60 Abs. 3 S. 1 VgV – auch iRd § 16d EU Abs. 1 Nr. 1 S. 1 VOB/A ein **rechtlich gebundenes Ermessen** auszuüben. Der Auftraggeber hat eine **Prognoseentscheidung** auf der Grundlage des Angebots und der hierzu von dem Bieter erteilten Auskünfte zu treffen, ob der Bieter in der Lage ist, seine Leistungen auftragsgerecht zu erbringen.[2] Diese Entscheidung über den Ausschluss eines Angebots nach § 16d EU Abs. 1 Nr. 1 S. 1 VOB/A kann der Auftraggeber nach dem klaren Wortlaut der Norm erst **nach der Prüfung über die Angemessenheit** der Preise vornehmen. Auf die vorherige Prüfung kann nicht verzichtet werden, dies würde zwingend zu einer Entscheidung auf einer unzureichenden Tatsachengrundlage führen (zu den Einzelheiten → VgV § 60 Rn. 10 ff.). Nach der Rspr. des BGH[3] steht es nicht im Belieben des Auftraggebers, den Auftrag trotz weiterbestehender Ungereimtheiten doch an den Bieter mit dem ungewöhnlich niedrigen Angebot zu vergeben. Die **Ablehnung des Zuschlags** ist vielmehr grds. geboten, wenn der **Auftraggeber verbleibende Ungewissheiten nicht zufriedenstellend aufklären kann**.

b) Zwingender Ausschluss bei Verstoß gegen geltende umwelt-, sozial- und arbeitsrechtliche Anforderungen (Abs. 1 Nr. 1 S. 2). Zwingend auszuschließen ist ein unangemessen niedriges Angebot dann, wenn der Auftraggeber feststellt, dass der niedrige Preis aus der Nichteinhaltung von geltenden umwelt-, sozial- und arbeitsrechtlichen Anforderungen gem. § 128 Abs. 1 GWB resultiert. Die Feststellung des Verstoßes muss auf einer gesicherten Tatsachengrundlage erfol-

---

[1] BGH 31.1.2017 – X ZB 10/16, NZBau 2017, 230.
[2] OLG Frankfurt a. M. 6.3.2013 – 11 Verg 7/12, BeckRS 2013, 6833; OLG Karlsruhe 6.8.2014 – 15 Verg 7/14, ZfBR 2014, 809.
[3] BGH 31.1.2017 – X ZB 10/16, NZBau 2017, 230.

VOB/A–EU § 16d

gen.[4] Aufgrund des zwingenden Ausschlussgrundes ist die Prüfung der Einhaltung der für das Unternehmen geltenden umwelt-, sozial- und arbeitsrechtlichen Vorschriften von großer Bedeutung (zu den Einzelheiten → VgV § 60 Rn. 17 ff.).

8   c) Aufklärung ungewöhnlich niedrig erscheinender Preise (Abs. 1 Nr. 2). Erscheint ein Angebotspreis unangemessen niedrig und ist anhand vorliegender Unterlagen über die Preisermittlung die Angemessenheit nicht zu beurteilen, verlangt der öffentliche Auftraggeber vom Bieter Aufklärung. Zur Ermittlung der Angemessenheit der Preise werden bei Bauaufträgen üblicherweise die **Formblätter EFB-Preis** vom Auftraggeber angefordert, welche die Kalkulationsbestandteile und die Aufgliederung wichtiger Einheitspreise verlangen. Diese Formblätter werden aber nicht Vertragsbestandteil, weil sie lediglich die Kalkulation des Bieters offenlegen bzw. erläutern sollen.

9   Preise oder Kosten erscheinen dann als ungewöhnlich niedrig, wenn sie **erheblich unterhalb der eingegangenen Konkurrenzangebote** oder einer qualifizierten Kostenermittlung zB nach DIN 276 liegen.[5] Eine Überprüfung der Angemessenheit von besonders niedrigen Angebotspreisen hat der öffentliche Auftraggeber insbes. dann vorzunehmen, wenn die Gesamtpreise der konkurrierenden Angebote so weit auseinander liegen, dass der Eindruck entsteht, ein Angebotspreis sei unangemessen niedrig.[6] Maßgeblich sind nicht einzelne Preispositionen, sondern der **Gesamtpreis**.[7]

10   Der Auftraggeber hat bei der Frage, ob er eine Aufklärung für erforderlich halten muss oder nicht, einen gewissem Beurteilungsspielraum. Die Rspr. hat allerdings im Sinne einer einheitlichen Prüfungspraxis bestimmte Prozentsätze als **Aufgreifschwellen** entwickelt, bei deren Erreichen der Auftraggeber verpflichtet ist, die Angemessenheit des Angebotspreises zu prüfen. Eine **Prüfpflicht** des Auftraggebers wird in der Rspr.[8] überwiegend dann angenommen, wenn sich ein prozentualer Abstand zum Angebot des nächstplatzierten Bieters von **20 % der Gesamtauftragssumme** ergibt (zu den Einzelheiten → VgV § 60 Rn. 3 ff.).

11   d) Aufklärungspflicht bei ungewöhnlich niedrigen Angeboten (Abs. 1 Nr. 2 S. 1). Erscheint aufgrund des Preisabstands zu den Konkurrenzangeboten, der Kostenschätzung oder den Erfahrungswerten des Auftraggebers Angebot ungewöhnlich niedrig, **muss der Auftraggeber in eine Aufklärung über den Preis eintreten.**[9] Er hat hierbei kein Ermessen.[10] Dem Bieter muss Gelegenheit gegeben werden, den Eindruck eines ungewöhnlich niedrigen Preises zu entkräften oder aber beachtliche Gründe dafür aufzuzeigen, dass sein Angebot trotzdem annehmbar ist.[11] Er ist an der Aufklärung zwingend zu beteiligen. Ohne Aufklärung kann

---

[4] OLG München 22.11.2012 – Verg 22/12, NZBau 2013, 261; BGH 26.10.1999 – X ZR 30/98, NJW 2000, 661.

[5] OLG Karlsruhe 6.8.2014 – 15 Verg 7/14, BeckRS 2014, 20739; OLG München 21.5.2010 – Verg 2/10, BeckRS 2010, 13748; VK Bund 17.1.2011 – VK 1–139/10, IBRRS 2013, 2244.

[6] VK Südbayern 14.8.2015 – Z3-3-3194-1-34-05/15, IBRRS 2015, 2539.

[7] OLG München 25.9.2014 – Verg 10/14, BeckRS 2014, 18451; OLG Karlsruhe 22.7.2011 – 15 Verg 8/11, BeckRS 2015, 12265; diff. in einem Sonderfall OLG Düsseldorf 31.10.2012 – VII Verg 17/12, BeckRS 2012, 24284.

[8] BGH 31.1.2017 – X ZB 10/16, NZBau 2017, 230; OLG Düsseldorf 18.9.2019 – Verg 10/19, NZBau 2020, 613; OLG München 25.9.2014 – Verg 10/14, BeckRS 2014, 18451; so auch schon frühere Entscheidungen wie BayObLG 2.8.2004 – Verg 16/04, BeckRS 2004, 827.

[9] EuGH 29.3.2012 – C-599/10, IBRRS 2012, 1222.

[10] VK Südbayern 14.8.2015 – Z3-3-3194-1-34-05/15, IBRRS 2015, 2539.

[11] EuGH 29.3.2012 – C-599/10, BeckRS 2012, 80681; OLG Karlsruhe 6.8.2014 – 15 Verg 7/14, BeckRS 2014, 20739; OLG Celle 30.9.2010 – 13 Verg 10/10, BeckRS 2010, 27711.

selbst bei einem Angebotspreis, der so weit unter dem Preis des nächst günstigeren Konkurrenten liegt, dass die Aufgreifschwelle deutlich überschritten ist, nicht ohne weiteres von einem unangemessen niedrigen Preis ausgegangen und das Angebot ausgeschlossen werden.

e) Durchführung der Aufklärung. Stellt der Auftraggeber einen ungewöhnlich niedrigen Preis fest, muss er dem Bieter Gelegenheit geben, den Preis zu erklären und die Angemessenheit nachzuweisen.[12] Der Bieter ist **in Textform** gem. § 126b BGB zur Aufklärung aufzufordern (zu den Einzelheiten → VgV § 60 Rn. 6 ff.). 12

f) Gegenstand der Aufklärung. Art. 69 Abs. 2 der RL 2014/24/EU enthält eine **nicht abschließende Aufzählung möglicher Prüfungsgegenstände**, an denen sich der Auftraggeber bei seiner Prüfung orientieren kann. Berücksichtigt werden können insbes. die Wirtschaftlichkeit des Fertigungsverfahrens oder der Erbringung der Bauleistung, die gewählten technischen Lösungen oder die außergewöhnlich günstigen Bedingungen, über die das Unternehmen bei der Durchführung der Bauleistung verfügt, und die Besonderheiten der angebotenen Bauleistung. 13

Aufgrund des zwingenden Ausschlussgrunds des § 16d EU Abs. 1 Nr. 1 S. 2 VOB/A ist die Prüfung der Einhaltung der für das Unternehmen geltenden umwelt-, sozial- und arbeitsrechtlichen Vorschriften von großer Bedeutung (zu den Einzelheiten → VgV § 60 Rn. 11 f.). 14

3. Ungewöhnlich niedrige Angebote aufgrund staatlicher Beihilfen (Abs. 1 Nr. 3)

§ 16d EU Abs. 1 Nr. 3 VOB/A regelt den Umgang mit Angeboten, die deshalb ungewöhnlich niedrig sind, weil der Bieter eine staatliche Beihilfe erhalten hat. Ein ungewöhnlich niedrig erscheinendes Angebot, dessen günstiger Preis darauf beruht, dass das Unternehmen auf **rechtmäßige Weise staatliche Beihilfen empfängt** oder empfangen hat, darf trotz der missverständlichen Formulierung des § 16d EU Abs. 1 Nr. 3 S. 2 VOB/A **nicht ausgeschlossen werden** (zu den Einzelheiten → VgV § 60 Rn. 19 ff.). 15

4. Umgang mit ungewöhnlich hohen Angeboten

Ein ungewöhnlich hohes Angebot liegt dann vor, wenn auch das günstigste wertbare Angebot weit über der Kostenermittlung des Auftraggebers liegt und nach Auffassung des Auftraggebers die Leistung des Bieters in keinem Verhältnis zu dem von ihm geforderten Preis liegt. Diese Problematik tritt in Hochkonjunkturphasen im Baubereich immer wieder auf. Nach dem klaren Wortlaut des Art. 69 RL 2014/24/EU fallen ungewöhnlich hohe Angebote nicht in den Anwendungsbereich dieser Vorschrift. Die RL 2014/24/EU kennt – da Art. 69 Abs. 3 RL 2014/24/EU nicht anwendbar ist – auch keinen Ausschlussgrund für ungewöhnlich hohe Angebote. Es ist daher zweifelhaft, ob der Normgeber des § 16d EU Abs. 1 Nr. 1 VOB/A einen zwingenden Ausschlussgrund für ungewöhnlich hohe Angebote schaffen konnte. **Ein ungewöhnlich hohes Angebot darf jedenfalls nicht allein deshalb ausgeschlossen werden, weil es ungewöhnlich hoch ist.** Ein Ausschluss kommt jedenfalls dann in Betracht, wenn das Angebot ungewöhnlich hoch erscheint, weil die Kostenermittlung des Auftraggebers nicht vertretbar war.[13] 16

Nach § 16d EU Abs. 1 Nr. 1 S. 1 VOB/A darf auf ein Angebot mit einem unangemessen hohen Preis oder mit unangemessen hohen Kosten der Zuschlag nicht 17

---

[12] EuGH 27.11.2001 – C-285/99, BeckRS 2001, 160746.
[13] Vgl. zB die Sachverhalte v. VK Südbayern 3.5.2021 – 3194.Z3-3_01-20-10, VPRRS 2021, 0121 und 15.5.2020 – Z3-3-3194-1-37-10/19, VPRRS 2020, 0187.

erteilt werden. Von einem **unangemessen hohen Angebot** ist auszugehen, wenn der Preis eine **vertretbare Kostenermittlung**[14] bei weitem übersteigt. Zu denken ist an die Heranziehung der für unangemessen niedrige Angebote von der Rspr. befürworteten Aufgreifschwelle von 20 % über den vertretbar ermittelten Kosten.[15] Maßgeblich ist auch hier der Gesamtpreis, nicht der Preis für eine Einzelposition. Sind Einzelpositionen auffallend hoch bepreist, kann dies ein Anzeichen für eine **Mischkalkulation** sein. Das kann etwa der Fall sein, wenn der Bieter überhöhte Kosten für die Baustelleneinrichtung in sein Angebot eingerechnet hat, weil er eine frühe und überhöhte Abschlagszahlung erhalten möchte.

18 Für die Kostenermittlung muss die Vergabestelle oder der von ihr ggf. beauftragte Fachmann **Methoden** wählen, die ein wirklichkeitsnahes Schätzungsergebnis ernsthaft erwarten lassen.[16] Dies ist im Baubereich regelmäßig ein **Vorgehen nach DIN 276** mit einer Detaillierung bis zum **bepreisten Leistungsverzeichnis**. Eine Kostenberechnung nach DIN 276 iRd Leistungsphasen 2 und 3 der HOAI ist regelmäßig nicht ausreichend.[17] Zu einer ordnungsgemäßen Kostenprognose gehören aktuell eingeholte datierte Angebote und eine ordnungsgemäß in der Vergabeakte dokumentierte ex-ante Schätzung.[18]

18a Ist die **Ermittlung des Auftragswertes** durch den Auftraggeber fehlerhaft erheblich zu niedrig ausgefallen, darf auch eine wesentliche Überschreitung des geschätzten Auftragswertes nicht zur Annahme eines unangemessen hohen Preises führen. Die Aufhebung darf kein generell verfügbares Instrument zur Korrektur der in Ausschreibungen erzielten Submissionsergebnisse sein.[19] Eine Kostenprognose ist nicht vertretbar, wenn sie auf erkennbar unrichtigen Daten beruht, insbes., wenn sie eine vorhersehbare Kostenentwicklung unberücksichtigt lässt oder ungeprüft und pauschal auf anderen Kalkulationsgrundlagen beruhende Werte übernimmt.[20]

19 Aufgrund des zweifelhaften Ausschlussgrunds für solche Angebote kann der Auftraggeber die Verpflichtung aus § 16d EU Abs. 1 Nr. 1 VOB/A, auf unangemessen hohe Angebote den Zuschlag nicht zu erteilen, **nur durch Aufhebung des betreffenden Vergabeverfahren erreichen,** wenn ein solches Angebot dennoch die erste Rangstelle im Verfahren einnimmt (weil zB nur ein einziges Angebot abgegeben wurde oder die anderen Angebote noch höher sind). Der Auftraggeber ist nicht dazu verpflichtet, unangemessen hohe Angebote anzunehmen, sondern er kann – wenn die Voraussetzungen vorliegen – das **Vergabeverfahren** nach § 17 EU Abs. 1 Nr. 3 VOB/A aus anderen schwerwiegenden Gründen **aufheben** (→ VgV § 60 Rn. 26). Die **mangelnde Finanzierbarkeit eines Vorhabens** kann ein schwerwiegender Grund iSd § 17 EU Abs. 1 Nr. 3 VOB/A sein.

19a Voraussetzung für eine Aufhebung wegen mangelnder Finanzierbarkeit ist das Vorliegen einer Finanzierungslücke, die nicht auf einen Fehler des Auftraggebers bei der Ermittlung des Finanzierungsbedarfs und der daran anschließenden Einwerbung der benötigten Mittel zurückzuführen ist.[21] Zu einer ordnungsgemäßen

---

[14] Hierzu grdl. BGH 20.11.2012 – X ZR 108/10, NZBau 2013, 180; OLG Rostock 30.9.2021 – 17 Verg 5/21, VPRRS 2021, 0304.
[15] OLG Düsseldorf 25.4.2012 – VII-Verg 61/11, BeckRS 2012, 12846.
[16] BGH 20.11.2012 – X ZR 108/10, NZBau 2013, 180.
[17] OLG Rostock 30.9.2021 – 17 Verg 5/21, VPRRS 2021, 0304; VK Niedersachsen 8.6.2020 – VgK-09/2020, VPRRS 2020, 0187.
[18] VK Lüneburg 13.3.2017 – VgK-02/2017, VPRRS 2017, 0273.
[19] BGH 20.11.2012 – X ZR 108/10, NZBau 2013, 180.
[20] OLG Düsseldorf 13.3.2019 – Verg 42/18, BeckRS 2019, 14762.
[21] So schon BGH 8.9.1998 – X ZR 99/96, NJW 1998, 3640; OLG Rostock 30.9.2021 – 17 Verg 5/21, VPRRS 2021, 0304.

Ermittlung des Finanzierungsbedarfs gehört es, einen **Sicherheitszuschlag auf das Ergebnis der sorgfältig geschätzten Kosten** vorzunehmen (dazu (→ VgV § 63 Rn. 42 ff.). Die Höhe des Sicherheitszuschlags hängt von den Umständen des Einzelfalls ab.[22] Ist die Prognose des Auftragswerts allerdings bereits methodisch nicht vertretbar, da keine Methode gewählt wurde, die ein realitätsnahes Ergebnis erwarten lässt, ändert auch ein Risikozuschlag von 10% an der Unvertretbarkeit einer solchen Kostenermittlung nichts.[23]

Bei einer nicht vertretbaren Kostenermittlung ist eine nicht von § 17 EU Abs. 1 VOB/A gedeckte **Aufhebung zwar rechtswidrig, aber regelmäßig wirksam**, wenn sie auf einem **sachlichen Grund** (wie fehlenden Haushaltsmitteln oder der Absicht des Auftraggebers, die Leistungsbeschreibung mit dem Ziel einer kostengünstigeren Lösung zu ändern) beruht und nicht missbräuchlich erfolgt.[24] Der Bieter kann in diesem Fall aber die Feststellung der Rechtswidrigkeit der Aufhebung erwirken (→ VgV § 63 Rn. 60) und auf dieser Basis vor den ordentlichen Gerichten Schadensersatz geltend machen. Ein Schadensersatzanspruch beschränkt sich in solchen Fällen allerdings so gut wie immer auf die Erstattung des negativen Interesses (→ VgV § 63 Rn. 65).[25]

5. Rechtsschutz

Die Regelungen über den Umgang mit ungewöhnlich niedrigen Angeboten gem. § 16d EU Abs. 1 VOB/A sollen in erster Linie dem **Schutz des Auftraggebers** dienen, der bei Zuschlagserteilung auf ein Angebot mit einem ungewöhnlich niedrigen Preis Gefahr läuft, dass der Bieter entweder in eine qualitativ schlechte Leistung erbringt oder aber in unberechtigte Nachforderungen auszuweichen versucht.[26] Nach der Rspr. des BGH[27] haben aber auch **Mitbewerber** einen **Anspruch darauf, dass der Auftraggeber die in § 16d EU Abs. 1 und 2 VOB/A vorgesehene Prüfung vornimmt**, wenn ein Angebotspreis aufgrund des signifikanten Abstands zum nächstgünstigen Gebot oder ähnlicher Anhaltspunkte, wie etwa der augenfälligen Abweichung von preislichen Erfahrungswerten aus anderen Beschaffungsvorgängen, ungewöhnlich niedrig erscheint. Diese Rspr. steht auch im Einklang mit der Rspr. des EuGH,[28] wonach durch die für die Preisprüfung geltenden Vorschriften Willkür des öffentlichen Auftraggebers verhindert und ein gesunder Wettbewerb zwischen den Unternehmen gefördert werden soll (→ VgV § 60 Rn. 29 ff.).

III. Ermittlung des wirtschaftlichsten Angebotes (Abs. 2)

§ 16d EU Abs. 2 VOB/A ist eine zentrale Vorschrift, da in ihr die eigentliche Wertung der Angebote geregelt ist. Die geprüften Angebote werden miteinander nach Leistung und Preis anhand der bekannt gemachten Zuschlagskriterien verglichen. Ziel ist es, das Angebot mit den besten Preis-Leistungs-Verhältnis zu finden, damit der Auftraggeber die ihm zur Verfügung stehenden Mittel so sparsam und effektiv wie möglich verwenden kann.

---

[22] OLG Düsseldorf 29.8.2018 – Verg 14/17, NZBau 2019, 195.
[23] VK Südbayern 28.9.2020 – 3194.Z3-3_01-20-11, VPRRS 2020, 0312.
[24] BGH 20.3.2014 – X ZB 18/13, NZBau 2014, 310; → VgV § 63 Rn. 24 ff.
[25] BGH 8.12.2020 – XIII ZR 19/19, NZBau 2021, 279; BGH 9.6.2011 – X ZR 143/10, NZBau 2011, 498.
[26] BayObLG 12.9.2000 – Verg 4/00, ZfBR 2001, 45.
[27] BGH 31.1.2017 – X ZB 10/16, NZBau 2017, 230.
[28] EuGH 29.3.2012 – C-599/10, IBRRS 2012, 1222.

1. Bestes Preis-Leistungsverhältnis (Nr. 1)

23　Der nationale Gesetzgeber hat in § 127 Abs. 1 GWB klargestellt, dass der **Zuschlag auf das wirtschaftlichste Angebot** erteilt werden muss. § 127 Abs. 1 S. 3 GWB füllt den Begriff des wirtschaftlichsten Angebots richtlinienkonform durch das Konzept des **besten Preis-Leistungs-Verhältnisses** aus. Diese Regelungen werden in § 16d EU Abs. 2 Nr. 1 VOB/A rein deklaratorisch wiederholt. Dem Auftraggeber steht bei der Auswahl und der Gewichtung der qualitativen, umweltbezogenen und/oder sozialen Kriterien ein weiter Ermessensspielraum zu. Die Zuschlagskriterien müssen lediglich gem. § 127 Abs. 3 GWB mit dem **Auftragsgegenstand in Verbindung** stehen. § 127 Abs. 1 S. 3 GWB stellt in Übereinstimmung mit Art. 67 Abs. 2 S. 1 RL 2014/24/EU klar, dass der Zuschlag auch allein auf das **preislich günstigste Angebot** erteilt werden kann (zu den Einzelheiten → VgV § 58 Rn. 3 ff.).

2. Qualitative, umweltbezogene und soziale Kriterien (Nr. 2)

24　§ 16d EU Abs. 2 Nr. 2 VOB/A stellt zunächst klar, dass bei der Ermittlung des wirtschaftlichsten Angebots nur Zuschlagskriterien und deren Gewichtung berücksichtigt werden dürfen, die in der Auftragsbekanntmachung oder in den Vergabeunterlagen genannt sind.

25　§ 16d EU Abs. 2 Nr. 2 VOB/A setzt Art. 67 Abs. 2 S. 2 lit. a–c RL 2014/24/EU um, indem er eine **beispielhafte Auflistung** zulässiger Zuschlagskriterien vorgibt. Die aufgeführten – nicht abschließenden – Beispiele füllen die unbestimmten Rechtsbegriffe der „qualitativen", „umweltbezogenen", und „sozialen" Zuschlagskriterien aus.[29] Der Auftraggeber ist in der Wahl der Zuschlagskriterien im Ansatz frei; er kann bestimmen, worauf es ihm bei der Durchführung des Auftrages in erster Linie ankommt, solange die gewählten Kriterien einen ausreichenden Bezug zum Auftragsgegenstand gem. § 127 Abs. 3 GWB aufweisen und den Anforderungen des § 127 Abs. 4 GWB genügen (zu den Einzelheiten → GWB § 127 Rn. 12 ff. sowie → VgV § 58 Rn. 12 ff.).

3. Anforderungen an Zuschlagskriterien (Nr. 3)

26　§ 16d EU Abs. 2 Nr. 3 VOB/A wiederholt die Anforderungen des § 127 Abs. 4 GWB, wonach die Zuschlagskriterien so festgelegt und bestimmt sein müssen, dass die **Möglichkeit eines wirksamen Wettbewerbs** gewährleistet ist und der **Zuschlag nicht willkürlich** erteilt werden kann. Zudem müssen sämtliche **Zuschlagskriterien** für die Vergabestelle und ggf. die Nachprüfungsinstanzen **überprüfbar** sein.[30] Zum Ganzen ausf. → GWB § 127 Rn. 26 ff.

4. Vorgabe von Festpreisen oder Festkosten (Nr. 4)

27　Nach § 16d EU Abs. 2 Nr. 4 VOB/A können auch Festpreise oder Festkosten vorgegeben werden, sodass der Wettbewerb nur über die Qualität stattfindet (zu den Einzelheiten → VgV § 58 Rn. 36).

5. Ermittlung des wirtschaftlichsten Angebotes unter Heranziehung von Lebenszykluskosten (Nr. 5–7)

28　Nach § 16d EU Abs. 2 Nr. 5–7 VOB/A kann der Auftraggeber bei der Ermittlung der Kosten eines **Angebotes sämtliche über den gesamten Lebenszyklus der**

---

[29] BR-Drs. 87/16, 212.
[30] EuGH 4.12.2003 – C-448/01, NVwZ 2004, 201; VK Westfalen 3.2.2015 – VK 1–1/15, VPRRS 2015, 0067.

Leistung anfallende Kosten als Zuschlagskriterium berücksichtigen. Will der Auftraggeber die Lebenszykluskosten bei seiner Vergabeentscheidung berücksichtigen, so muss er dies zur Wahrung der Transparenz des Vergabeverfahrens bereits in der Auftragsbekanntmachung bzw. in den Vergabeunterlagen kenntlich machen und die von ihm gewählte Berechnungsmethode ebenso angeben wie die Informationen, welche die Bieter ihm zur Berechnung zu übermitteln haben.[31] § 16d EU Abs. 2 Nr. 5–7 VOB/A entspricht trotz der anders strukturierten Wortlauts § 59 VgV, so dass umfassend auf die dortige Kommentierung verwiesen werden kann, → VgV § 59 Rn. 1 ff.

IV. Wertung eines Angebotes nach § 13 EU Abs. 2 VOB/A (Abs. 3)

Ein Angebot nach § 13 EU Abs. 2 VOB/A ist **nicht als Nebenangebot,** sondern als **Hauptangebot** zu werten. Der Grund hierfür liegt darin, dass das Angebot keine abweichende Lösung vorsieht, sondern nur von technischen Spezifikationen abweicht. Als technische Spezifikationen iSd § 13 EU Abs. 2 VOB/A werden traditionell nur **allgemeine technische Regelwerke** und ggf. auch **allgemeine standardisierte technische Vorgaben** zu verstehen, nicht jedoch individuelle, auf das konkrete Bauvorhaben bezogene Funktions- oder Leistungsanforderungen.[32] Ein Angebot nach § 13 EU Abs. 2 VOB/A soll dann nicht vorliegen, wenn der Bieter nicht von solchen allgemeinen technischen Spezifikationen abweicht, sondern innerhalb der vorgegebenen technischen Spezifikation nicht die geforderte Qualität anbietet.[33] 29

Die Abweichung muss nach § 13 EU Abs. 2 S. 2 VOB/A eindeutig bezeichnet und die Gleichwertigkeit mit dem Angebot nachgewiesen sein. Fehlen im Angebot Erklärungen oder Nachweise zur Gleichwertigkeit, sind diese nach § 16a EU VOB/A nachzufordern.[34] Bei der Wertung hat der Auftraggeber – zusätzlich zu der Überprüfung auf den sonstigen Wertungsstufen – festzustellen, ob die angebotene Leistung trotz der Abweichung mit dem geforderten Schutzniveau in Bezug auf Sicherheit, Gesundheit und Gebrauchstauglichkeit gleichwertig ist. Ist dies nicht der Fall, ist das Angebot zwingend auszuschließen, weil es den Anforderungen des Leistungsverzeichnisses nicht entspricht.[35] 29a

V. Preisnachlässe (Abs. 4)

1. Ohne Bedingung (S. 1)

Als Preisnachlass oder Rabatt bezeichnet man einen im Angebot ausgewiesenen prozentualen oder nominell angebotenen Abzug von der Angebots- oder Abrechnungssumme.[36] Werden **globale Preisnachlässe** nicht an der vom Auftraggeber 30

---

[31] BR-Drs. 87/16, 214.

[32] OLG Brandenburg 30.1.2014 – Verg W 2/14, NZBau 2014, 525; OLG München 28.7.2008 – Verg 10/08, VPRRS 2008, 0222; OLG Düsseldorf 6.10.2004 – VII Verg 56/04, NZBau 2005, 169; aA Stolz VergabeR 2008, 322 (327 ff.); s. zum Begriff der technischen Spezifikation aber EuGH 25.10.2018 – C-413/17, ZfBR 2019, 494.

[33] OLG Brandenburg 30.1.2014 – Verg W 2/14, NZBau 2014, 525; OLG München 28.7.2008 – Verg 10/08, VPRRS 2008, 0222.

[34] Beck VergabeR/Opitz VOB/A-EU § 16d Rn. 75; OLG Saarbrücken 27.4.2011 – 1 Verg 5/10, IBRRS 2011, 1786.

[35] Kapellmann/Messerschmidt/Frister VOB/A § 16d Rn. 46.

[36] Beck VergabeR/Opitz VOB/A-EU § 16d Rn. 77.

VOB/A–EU § 16d

vorgeschriebenen Stelle aufgeführt, sind diese auch dann nicht zu werten, wenn trotz der Aufführung des Preisnachlasses an einer anderen Stelle die Transparenz und Manipulationssicherheit in gleicher verlässlicher Weise erreicht werden kann. Für eine teleologische Reduktion ist kein Raum.[37] Doch gilt dies nur für Preisnachlässe für das Gesamtangebot, nicht für Abschläge bei Einzelpreisen.[38]

2. Mit Bedingungen für die Zahlungsfrist (S. 2)

31 Unaufgefordert angebotene Preisnachlässe mit Bedingungen für die Zahlungsfrist (Skonti) führen zwar nicht zum Ausschluss des Angebotes, sind aber bei der Wertung nicht zu berücksichtigen. Aus dem Wortlaut ergibt sich, dass Skonti dann gewertet werden können, wenn die Vergabestelle zum Angebot von Preisnachlässen aufgefordert hat.[39] An einen einmal erklärten Ausschluss der Wertung von Skonti ist der Auftraggeber gebunden.[40] Ein Skonto kann nicht gewertet werden, wenn in der Skontoeinräumung ein Verstoß gegen Preisbindungsvorschriften vorliegt.[41] Das Skonto muss eindeutig angeboten werden, also ergeben, ob es für einzelne Zahlungen oder für alle Zahlungen gelten soll. Dasselbe gilt für sonstige **Nachlässe,** also Preisabschläge. Diese dürfen nicht an unzulässige Bedingungen geknüpft werden, sondern müssen sich auf objektive Tatsachen, wie Nachlass bei einer bestimmten Leistungsposition, beziehen. Ein vergaberechtswidriger **Koppelungsnachlass** liegt vor, wenn der Bieter versucht, mit einer Nachlassgewährung in einem später submittierten Los ein vorliegendes Wettbewerbsergebnis in einem vorherigen Los zu unterlaufen.[42] Zulässig ist aber das Angebot eines günstigeren Preises, wenn der Zuschlag auf mehrere Lose erfolgt.[43]

VI. Geltung bei Verhandlungsverfahren, wettbewerblichen Dialogen und Innovationspartnerschaften (Abs. 5)

32 Die Bestimmungen der Abs. 1 und 2 (Prüfung der Preise und Ermittlung des wirtschaftlichsten Angebots) sowie die §§ 16b EU, 16c EU Abs. 2 VOB/A gelten auch bei Verhandlungsverfahren, wettbewerblichen Dialogen und Innovationspartnerschaften. Die Abs. 3 und 4 (Abweichung von technischen Spezifikationen und Wertung von Preisnachlässen) sowie §§ 16 EU, 16c EU Abs. 1 VOB/A sind bei Verhandlungsverfahren, wettbewerblichen Dialogen und Innovationspartnerschaften nur entspr. anwendbar.

VII. Rechtsschutz

33 § 16d EU VOB/A ist eine zentrale Vorschrift innerhalb der VOB/A-EU und enthält grundlegende Vorschriften zur Prüfung und Wertung. Daher unterliegen **grds. alle Verstöße gegen Bestimmungen des § 16d EU VOB/A** dem Primärrechtsschutz, sind also **bieterschützend.** Zur bieterschützenden Funktion des § 16d EU Abs. 1 Nr. 1 VOB/A → Rn. 21.

---

[37] BGH 20.1.2009 – X ZR 113/7, BeckRS 2009, 06499.
[38] VK Nordbayern 28.10.2009 – 21. VK – 3194 – 47/09, BeckRS 2011, 01132.
[39] BGH 11.3.2008 – X ZR 134/05, NZBau 2008, 459.
[40] OLG Jena 21.9.2009 – 9 Verg 7/09, BeckRS 2009, 86482.
[41] BGH 24.6.2003 – KZR 32/02, BeckRS 2003, 5948; vgl. auch OLG München 29.11.2007 – Verg 13/07, BeckRS 2007, 19484.
[42] VK Sachsen 23.5.2003 – 1/SVK/030-03, IBRRS 2003, 1978.
[43] OLG München 21.5.2010 – Verg 2/10, BeckRS 2010, 13748.

§ 17 EU Aufhebung der Ausschreibung

(1) Die Ausschreibung kann aufgehoben werden, wenn:
1. kein Angebot eingegangen ist, das den Ausschreibungsbedingungen entspricht,
2. die Vergabeunterlagen grundlegend geändert werden müssen,
3. andere schwerwiegende Gründe bestehen.

(2)
1. Die Bewerber und Bieter sind von der Aufhebung der Ausschreibung unter Angabe der Gründe, gegebenenfalls über die Absicht, ein neues Vergabeverfahren einzuleiten, unverzüglich in Textform zu unterrichten.
2. Dabei kann der öffentliche Auftraggeber bestimmte Informationen zurückhalten, wenn die Weitergabe
   a) den Gesetzesvollzug behindern,
   b) dem öffentlichen Interesse zuwiderlaufen,
   c) die berechtigten geschäftlichen Interessen von öffentlichen oder privaten Unternehmen schädigen oder
   d) den fairen Wettbewerb beeinträchtigen würde.

Literatur: Vgl. die Angaben bei § 63 VgV.

I. Aufhebungsgründe (Abs. 1)

§ 17 EU Abs. 1 VOB/A wiederholt die Aufhebungsgründe aus § 63 Abs. 1 Nr. 1, 2 und 4 VgV, so dass auf die dortigen Erläuterungen → VgV § 63 Rn. 29 ff. verwiesen werden kann. **1**

Der Aufhebungsgrund, dass kein wirtschaftliches Ergebnis erzielt worden ist (§ 63 Abs. 1 Nr. 3 VgV), ist von der VOB/A-EU nicht normiert. Dies führt jedoch nicht zu einer inhaltlichen Abweichung, da insoweit die Gründe aus Abs. 1 Nr. 1, 3 greifen. **2**

Im Gegensatz zu § 63 VgV nimmt § 17 EU VOB/A nicht Bezug auf ein Vergabeverfahren, sondern erlaubt die Aufhebung der Ausschreibung. Darin liegt kein rechtserheblicher Unterschied. **3**

II. Mitteilungspflichten (Abs. 2)

Abs. 2 Nr. 1 verpflichtet den öffentlichen Auftraggeber, die Bewerber und Bieter von der Aufhebung der Ausschreibung unter Angabe der Gründe und ggf. über die Absicht, ein neues Vergabeverfahren einzuleiten, unverzüglich in Textform zu unterrichten. Dazu → VgV § 63 Rn. 54 ff. **3a**

Abs. 2 Nr. 2 enthält Tatbestände für die Einschränkung der Mitteilungspflichten. Die Mitteilungspflichten und die Einschränkungen sind Ausprägungen des Transparenz- und Gleichbehandlungsgebotes sowie des Geheimnisschutzes. Sie sind bieterschützend. **4**

Bei der Angabe der Gründe über die Aufhebung und die Absicht, ggf. ein neues Vergabeverfahren einzuleiten, kann der öffentliche Auftraggeber gem. Abs. 2 Nr. 2 bestimmte Informationen zurückhalten, wenn die Weitergabe **5**
– entweder den Gesetzesvollzug behindern (lit. a),
– dem öffentlichen Interesse zuwiderlaufen (lit. b),
– die berechtigten geschäftlichen Interessen von öffentlichen oder privaten Unternehmen schädigen (lit. c) oder
– den fairen Wettbewerb schädigen würde (lit. d).

Die Informationspflicht als solche darf damit nicht beeinträchtigt werden. Die Einschränkungen betreffen allein den **Inhalt der Mitteilung**. Für den dabei anzulegenden Maßstab wird auf die Kommentierungen zu § 39 Abs. 6 VgV, → VgV § 39 Rn. 9 ff., sowie § 164 Abs. 2 GWB (Geheimhaltung), § 165 Abs. 2 GWB (Geschäftsgeheimnisse) und § 5 VgV (Wahrung der Vertraulichkeit) verwiesen.

III. Beendigung von wettbewerblichem Dialog und Innovationspartnerschaft

6   Über die Bestimmungen in § 17 EU Abs. 1 VOB/A hinaus, sehen die Regelungen der VOB/A-EU in § 3b EU VOB/A Sonderbestimmungen für den Abschluss des wettbewerblichen Dialoges (§ 3b EU Abs. 4 Nr. 6 lit. b VOB/A) und der Innovationspartnerschaft (§ 3b EU Abs. 5 Nr. 8 VOB/A) vor.

1. Abschluss des wettbewerblichen Dialogs

7   Der Auftraggeber hat den wettbewerblichen Dialog für abgeschlossen zu erklären, wenn entweder eine seinen Bedürfnissen entspr. Lösung gefunden wurde, oder wenn erkennbar eine solche Lösung nicht gefunden werden kann, § 3b EU Abs. 4 Nr. 6 lit. b VOB/A. Diese Bestimmungen gehen den Aufhebungstatbeständen aus § 17 EU Abs. 1 VOB/A als leges speciales vor.[1] Die Feststellung des Scheiterns verpflichtet und ermächtigt zur Einstellung des Dialogs. Eine zusätzliche Pflicht zur Fortsetzung des Verfahrens kann daher nicht über § 17 EU VOB/A begründet werden.

8   Ob die Voraussetzungen des Scheiterns tatsächlich vorliegen, ist jedoch in einem Nachprüfungsverfahren überprüfbar. Die Rspr. des EuGH zur Überprüfbarkeit der Entscheidung des Auftraggebers über den Widerruf der Ausschreibung[2] gilt auch für den Abschluss des wettbewerblichen Dialogs. Ist der wettbewerbliche Dialog nicht gescheitert, kann das Verfahren nur unter den Voraussetzungen des § 17 EU Abs. 1 VOB/A beendet werden. Diese Vorschrift wird durch die Bestimmungen über die Einstellung des wettbewerblichen Dialogs nicht verdrängt.[3]

2. Beendigung der Innovationspartnerschaft

9   Die Ausführungen zum wettbewerblichen Dialog gelten für die Beendigung der Innovationspartnerschaft nach § 3b EU Abs. 5 Nr. 8 VOB/A entsprechend.

§ 18 EU Zuschlag

(1) **Der Zuschlag ist möglichst bald, mindestens aber so rechtzeitig zu erteilen, dass dem Bieter die Erklärung noch vor Ablauf der Bindefrist zugeht.**

(2) **Werden Erweiterungen, Einschränkungen oder Änderungen vorgenommen oder wird der Zuschlag verspätet erteilt, so ist der Bieter bei Erteilung des Zuschlags aufzufordern, sich unverzüglich über die Annahme zu erklären.**

---

[1] Kapellmann/Messerschmidt/Schneider VOB/A § 3b EU Rn. 107; Opitz VergabeR 2006, 451 (454); Kolpatzik VergabeR 2007, 279 (294).
[2] EuGH 18.6.2002 – C-92/00, NZBau 2002, 458.
[3] Kapellmann/Messerschmidt/Schneider VOB/A § 3b EU Rn. 107.

(3)
1. Die Erteilung eines Bauauftrags ist bekannt zu machen.
2. Die Vergabebekanntmachung wird nach den Vorgaben der Spalte 29 in Tabelle 2 des Anhangs der Durchführungsverordnung (EU) 2019/1780 in Verbindung mit § 10a VgV erstellt.[1]
3. Aufgrund einer Rahmenvereinbarung vergebene Einzelaufträge werden nicht bekannt gemacht.
4. Erfolgte eine Vorinformation als Aufruf zum Wettbewerb nach § 12 EU Absatz 2 und soll keine weitere Auftragsvergabe während des Zeitraums, der von der Vorinformation abgedeckt ist, vorgenommen werden, so enthält die Vergabebekanntmachung einen entsprechenden Hinweis.
5. Nicht in die Vergabebekanntmachung aufzunehmen sind Angaben, deren Veröffentlichung
   a) den Gesetzesvollzug behindern,
   b) dem öffentlichen Interesse zuwiderlaufen,
   c) die berechtigten geschäftlichen Interessen öffentlicher oder privater Unternehmen schädigen oder
   d) den fairen Wettbewerb beeinträchtigen würde.

(4) **Die Vergabebekanntmachung ist dem Amt für Veröffentlichungen der Europäischen Union in kürzester Frist – spätestens 30 Kalendertage nach Auftragserteilung – elektronisch** *über den zentralen Datenservice Öffentlicher Einkauf*[2] **zu übermitteln.**

Literatur: Gröning, Anspruch auf Ersatz des positiven Interesses nach irregulärer Neuvergabe, NZBau 2022, 204; Herrmann, Begrenzung der Aufhebungsbedürftigkeit vergaberechtswidriger Verträge, VergabeR 2009, 249; Kau/Hänsel, Verzögerte Vergabe – Schadensersatz für die Verzögerung des Zuschlags?, NJW 2011, 1914; Kniffka, Bauzeitanpassungen wegen verzögerter Vergabe in Bietergesprächen, VergabeR 2015, 735; Leinemann, Die neue Rechtsprechung des BGH zum Vergabeverfahrensrisiko, NJW 2010, 471; Randhahn, Vergabeverzögerung: Abschied vom vergaberechtlichen Ansatz, NZBau 2021, 14; Tomic, Vergabeverzögerung – Bauzeitänderung – Geklärtes – Ungeklärtes, NZBau 2010, 5; v. Graevenitz/Richter, Formerfordernis für zivilrechtliche Vergabeverträge, ZRP 2022, 215; Verfürth, Mehrkosten bei verspätetem Zuschlag – Vermeidungsstrategien öffentlicher Auftraggeber, NZBau 2010, 1. Vgl. auch ergänzend die Angaben bei den §§ 9 EU, 10 EU VOB/A.

Übersicht

	Rn.
I. Bedeutung der Vorschrift	1
II. Zuschlagserteilung (Abs. 1)	4
1. Zuschlag innerhalb der Bindefrist	4
2. Form des Zuschlags	11
3. Stellvertretung	14
4. Spätere urkundliche Festlegung	15
III. Modifizierter und verspäteter Zuschlag (Abs. 2)	16
1. Modifizierter Zuschlag	18
2. Verspäteter Zuschlag	21
IV. Vergabebekanntmachung (Abs. 3)	22
V. Bekanntmachungsfrist (Abs. 4)	28
VI. Rechtsschutz	29

---

[1] Bei Drucklegung noch nicht in Kraft.
[2] Bei Drucklegung noch nicht in Kraft.

VOB/A–EU § 18 — Zuschlag

I. Bedeutung der Vorschrift

1 Oberhalb der Schwellenwerte regelt § 18 EU Abs. 1, 2 VOB/A, der kein EU-sekundärrechtliches Vorbild in der RL 2014/24/EU hat, das Zustandekommen des Bauvertrages durch die Erteilung des Zuschlags als den abschl. Akt des Vergabeverfahrens. Das im Rahmen einer öffentlichen Ausschreibung eingereichte Angebot ist zivilrechtlich ein Antrag des Bieters auf Abschluss eines Vertrages. Der Zuschlag, der vor Ablauf der Bindefrist erfolgt und das abgegebene Angebot nicht abändert, enthält die Annahme des Angebotes durch den Auftraggeber und bringt den Vertrag zustande.[3] Abs. 1 trifft zum Schutz des Auftraggebers eine vergabeverfahrensrechtliche Anordnung: Der Auftraggeber wird angehalten, den Zuschlag möglichst bald, jedenfalls aber rechtzeitig bis zum Ablauf der Bindefrist[4] (dazu → VOB/A § 10a EU Rn. 16, 17) zu erteilen. Abs. 2 ist das vergaberechtliche Spiegelbild von § 150 Abs. 1, 2 BGB: Wird der Zuschlag nach Ablauf der Bindefrist oder unter Änderung des Angebotes des Bieters erteilt, nimmt der Auftraggeber das Angebot des Bieters nicht an, sondern unterbreitet diesem ein neues Angebot; über dessen Annahme muss sich der Bieter unverzüglich erklären (dazu → GWB § 168 Rn. 26).

2 Zuschlag und Vertragsschluss sind ein **einheitlicher Vorgang.**[5] Der vergabeverfahrensrechtliche Zuschlag ist damit gleichzeitig die zivilrechtliche Annahme des Vertragsangebotes.[6] Vgl. dazu auch ausf. → GWB § 168 Rn. 24 ff. Oberhalb der Schwellenwerte gilt dies mit der Besonderheit, dass nach der (internen) Zuschlagsentscheidung zunächst die Informations- und Wartepflicht des § 134 Abs. 1, 2 GWB zu erfüllen ist. Die überholte Auffassung,[7] der Zuschlag spalte sich in einen öffentlich-rechtlichen Teil (die hoheitliche Zuschlagsentscheidung) und einen zivilrechtlichen Teil (den anschließenden Vertragsschluss) auf, hat das BVerwG[8] mit Recht abgelehnt, denn bei der Beschaffung von Waren, Dienstleistungen und Bauleistungen tritt die öffentliche Hand wie ein privater Auftraggeber als Nachfrager am Markt auf und schließt privatrechtliche Verträge ab. Die Beschaffungstätigkeit der öffentlichen Hand ist somit ein fiskalischer Vorgang, der dem Zivilrecht unterfällt.[9] Mit dem Zuschlag und dessen Zugang innerhalb der Bindefrist kommt der Bauvertrag zustande.[10] Die materiell-rechtlich wirksame Erteilung des Zuschlags beendet das Vergabeverfahren.[11] Das gilt auch dann, wenn

---

[3] OLG Dresden 12.10.2016 – 16 U 91/16, BeckRS 2016, 135957; OLG Naumburg 16.10.2007 – 1 Verg 6/07, BeckRS 2007, 19564; OLG Düsseldorf 14.3.2001 – Verg 30/00, BeckRS 2014, 14639 = VergabeR 2001, 226 (227).

[4] Gem. § 10a EU Abs. 8 S. 3 VOB/A beträgt die Bindefrist regelmäßig 60 Kalendertage.

[5] BVerwG 2.5.2007 – 6 B 10/07, NJW 2007, 2275; VK Westfalen 12.3.2015 – VK 1–5/15, IBRRS 2015, 0911; VK Bund 29.4.1999 – VK 1–7/99, NZBau 2000, 53 (56); MüKoEu-WettbR/Seebo VOB/A § 18EU Rn. 6; Kapellmann/Messerschmidt/Stickler/Mädler VOB/A § 18 Rn. 7; Ingenstau/Korbion/Reichling/Stamm VOB/A § 18 Rn. 1, 2.

[6] VK Westfalen 12.3.2015 – VK 1–5/15, IBRRS 2015, 0911.

[7] OVG RhPf 25.5.2005 – 7 B 10356/05, NZBau 2005, 411; ebenso noch SächsOVG 13.4.2006 – 2 E 270/05, NZBau 2006, 393; OVG NRW 11.8.2006 – 15 E 880/06, BeckRS 2006, 25135 = VergabeR 2006, 771.

[8] BVerwG 2.5.2007 – 6 B 10/07, NJW 2007, 2275; vgl. auch OVG Bln 28.7.2006 – 1 L 59/06, NZBau 2006, 668; VG Karlsruhe 14.6.2006 – 8 K 1437/06, NZBau 2006, 672; VG München 27.2.2007 – M 16 E 07.664, IBRRS 2007, 2333.

[9] BGH 23.1.2011 – X ZB 5/11, BeckRS 2012, 4377 = VergabeR 2012, 440 (442); BVerwG 2.5.2007 – 6 B 10/07, NJW 2007, 2275 (2276); BVerfG 13.6.2006 – 1 BvR 1160/03, BeckRS 2006, 26458 = VergabeR 2006, 871 (878).

[10] BGH 19.12.2000 – X ZB 14/00, NZBau 2001, 151 (152).

[11] KG 11.11.2004 – 2 Verg 16/04, NZBau 2005, 538 (542); OLG Düsseldorf 11.3.2002 – Verg 43/01, NZBau 2003, 55 (57); OLG Jena 8.6.2000 – 6 Verg 2/00, NZBau 2001, 163.

Gegenstand der Vergabe ein öffentlich-rechtlicher Vertrag ist.[12] Ein wirksam erteilter Zuschlag kann nach § 168 Abs. 2 S. 1 GWB nicht aufgehoben werden (→ GWB § 168 Rn. 22 ff.).[13]

Die Abs. 3 und 4, die Art. 50 RL 2014/24/EU umsetzen, halten den öffentlichen Auftraggeber dazu an, die Erteilung eines Bauauftrages nach Abschluss des Vergabeverfahrens öffentlich bekannt zu machen. Diese Verpflichtung zur **ex-post-Transparenz** bezweckt, interessierten Unternehmen und der Kommission zu ermöglichen, sich zeitnah über Ablauf und Ergebnis des durchgeführten Vergabeverfahrens zu informieren.[14]

II. Zuschlagserteilung (Abs. 1)

1. Zuschlag innerhalb der Bindefrist

Nach Abs. 1 ist der Zuschlag möglichst bald, mindestens aber so rechtzeitig zu erteilen, dass dem Bieter die Erklärung noch vor dem Ablauf der Bindefrist zugeht. Zivilrechtlich folgt dies aus § 148 BGB, wonach ein Angebot nur innerhalb der hierfür bestimmten Frist angenommen werden kann.[15] Die Vorschrift bezweckt einerseits die **Beschleunigung des Verfahrens,** indem sie den Auftraggeber anhält, den Zuschlag „möglichst bald", dh ohne schuldhaftes Zögern, zu erteilen. Sie dient daneben dem Schutz des Auftraggebers davor, den Zuschlag auf ein Angebot zu erteilen, an das der Bieter nicht mehr gebunden ist.

Die Bindefrist beginnt mit dem Ablauf der Angebotsfrist (dazu → VOB/A § 10a EU Rn. 22). Der Auftraggeber hat daher unverzüglich nach der Submission mit der Prüfung und Wertung der Angebote zu beginnen und diese so zu beschleunigen, dass der Zuschlag innerhalb der Bindefrist erteilt werden kann. Nach § 10a EU Abs. 8 S. 5 VOB/A (offenes Verfahren) und § 10b EU Abs. 8 S. 5 VOB/A (nicht offenes Verfahren) ist das Ende der Bindefrist in den Vergabeunterlagen durch Angabe eines Kalendertages zu bezeichnen. Gem. § 10a EU Abs. 8 S. 3 VOB/A beträgt die Bindefrist regelmäßig 60 Kalendertage; dazu → VOB/A § 10a EU Rn. 20.

Maßgeblicher Zeitpunkt für die Wirksamkeit der Zuschlagserteilung und die damit verbundenen Rechtsfolgen ist der **Zugang des Zuschlags** beim Bieter nach § 130 Abs. 1 S. 1 BGB.[16] Als empfangsbedürftige Willenserklärung ist der Zuschlag zugegangen, sobald er so in den Bereich des Bieters gelangt ist, dass dieser unter gewöhnlichen Verhältnissen die Möglichkeit hat, von ihm Kenntnis zu nehmen.[17] Eine öffentliche Verkündung des Zuschlags, ein Beschluss der Gemeindevertretung oder eine Presseerklärung reichen nicht.

Ein nach Fristablauf zugegangener Zuschlag ist nach § 149 BGB dann nicht als verspätet anzusehen, wenn er dergestalt abgesandt worden ist, dass er bei regelmäßiger Beförderung rechtzeitig zugegangen wäre und der Bieter dies hätte erkennen müssen. In diesem Fall ist der Bieter verpflichtet, die Verspätung unverzüglich anzuzeigen. Anderenfalls gilt der Zuschlag als rechtzeitig erteilt.

---

[12] OVG Saarl 23.6.1992 – 2 R 51/90, NJW 1993, 1612.
[13] BGH 19.12.2000 – X ZB 14/00, NZBau 2001, 151 (152); VK Bund 28.6.2021 – VK 2-77/21, VPRRS 2021, 0179.
[14] Kapellmann/Messerschmidt/Stickler/Mädler VOB/A § 18 EU Rn. 4.
[15] OLG Naumburg 28.9.2001 – 1 Verg 6/01, NZBau 2002, 168 (170).
[16] BGH 9.2.2004 – X ZB 44/03, NJW 2004, 2092 (2093); BayObLG 9.9.2004 – Verg 18/04, BeckRS 2004, 09727 = VergabeR 2005, 126 (127); OLG Jena 7.10.2003 – 6 Verg 6/03, BeckRS 9998, 26394 = VergabeR 2004, 106 (111).
[17] BGH 21.1.2004 – XII ZR 214/00, NJW 2004, 1320; 27.10.1982 – V ZR 24/82, NJW 1983, 929 (930).

VOB/A–EU § 18 — Zuschlag

8 Die **Beweislast für den Zugang des Zuschlags und dessen Zeitpunkt** trägt der Auftraggeber.[18] Bei Telefaxdokumenten liefert das Fax-Sendeprotokoll nach immer noch aktueller Rspr. keinen Anscheinsbeweis,[19] sondern nur ein (widerlegbares) Indiz für den Zugang.[20] Eine E-Mail geht dem Empfänger dann zu, wenn sie abrufbereit in seinem elektronischen Postfach eingegangen ist, beim Eingang außerhalb der Geschäftszeit am folgenden Tag. Auf die tatsächliche Kenntnisnahme durch den Empfänger kommt es nicht an.[21] Zur Vermeidung von Unsicherheiten ist es ratsam, sich den Erhalt des Zuschlagsschreibens bestätigen zu lassen. Diese Bestätigung ist lediglich eine Beweisurkunde über den bereits erteilten Zuschlag.[22] Zusätzliche Erklärungen des Auftragnehmers zum Vertragsinhalt auf der Urkunde sind deshalb bedeutungslos.

9 Nach **Ablauf der Bindefrist** erlischt das Angebot gem. §§ 146, 148 BGB.[23] Ein verspäteter Zuschlag gilt nach § 150 Abs. 1 BGB als neues Angebot des Auftraggebers, das der Annahme durch den Bieter bedarf, um den Vertrag wirksam werden zu lassen (→ GWB § 168 Rn. 26).[24] Um das Risiko einer Ablehnung des verspäteten Zuschlags zu vermeiden, hat der Auftraggeber rechtzeitig im Einvernehmen mit den Bietern eine **Verlängerung der Bindefrist** vorzunehmen (zu den Einzelheiten → VOB/A § 10a EU Rn. 24 ff.). Es reicht aus, wenn die für die Vergabe noch in Betracht kommenden Bieter aufgefordert werden, der Verlängerung der Frist zuzustimmen. Die Zustimmung aller Bieter ist nicht erforderlich.[25] Dies gilt auch, wenn die Bindefrist während eines laufenden Vergabenachprüfungsverfahrens abzulaufen droht. Die bloße Zustimmung zur Verlängerung der Bindefrist ist im Hinblick auf Vertragsfristen und Angebotspreis rechtsgeschäftlich neutral.[26] Erklären sich die Bieter mit der Fristverlängerung einverstanden, kommt der Vertrag mit den ausgeschriebenen Fristen und Terminen zustande, wenn der Zuschlag innerhalb der verlängerten Frist erteilt wird.[27]

10 Dies gilt auch dann, wenn durch Verzögerungen etwa infolge eines Nachprüfungsverfahrens die ursprünglich ausgeschriebenen Fristen und Termine obsolet

---

[18] Vgl. BGH 24.2.2016 – XII ZR 5/15, NJW 2016, 1441; Kapellmann/Messerschmidt/Stickler/Mädler VOB/A § 18 Rn. 18; MüKoEuWettbR/Seebo VOB/A § 18EU Rn. 10.

[19] BGH 7.12.1994 – VIII ZR 153/93, NJW 1995, 665 (666); vgl. auch OLG Rostock 24.9.1997 – 5 U 23–96, NJW-RR 1998, 526, zum Zugang eines Telefaxes außerhalb üblicher Geschäftszeiten.

[20] VK Bund 13.6.2007 – VK 2–48/07, BeckRS 2007, 142860.

[21] OLG München 15.3.2012 – Verg 2/12, BeckRS 2012, 6248; Grüneberg/Ellenberger BGB § 130 Rn. 7a.

[22] OLG Bremen 18.8.2003 – Verg 6/2003, IBRRS 2003, 2373.

[23] OLG Saarbrücken 21.3.2006 – 4 U 51/05, BeckRS 2006, 04584; HK-VergabeR/Mentzinis VOB/A § 18 Rn. 9.

[24] BGH 6.9.2012 – VII ZR 193/10, BeckRS 2012, 20586; OLG Dresden 12.10.2016 – 16 U 91/16, BeckRS 2016, 135957; OLG Naumburg 26.6.2014 – 9 U 5/14, IBRRS 2014, 1842; KG 20.5.2011 – 7 U 125/10, BeckRS 2011, 23834; OLG Naumburg 16.10.2007 – 1 Verg 6/07, BeckRS 2007, 19564; 1.9.2004 – 1 Verg 11/04, BeckRS 2004, 10166; OLG Frankfurt a. M. 5.8.2003 – 11 Verg 1/02, BeckRS 9998, 26371 = VergabeR 2003, 725 (729); BayObLG 15.7.2002 – Verg 15/02, NZBau 2002, 689; OLG Hamburg 25.2.2002 – 1 Verg 1/01, NZBau 2002, 519; BayObLG 21.5.1999 – Verg 1/99, NZBau 2000, 49 (51).

[25] OLG Naumburg 13.5.2003 – 1 Verg 2/03, NZBau 2004, 62; KG 4.4.2002 – KartVerg 5/02, BeckRS 2002, 3174 = VergabeR 2002, 235 (241).

[26] BGH 26.11.2009 – VII ZR 131/08, NZBau 2010, 102 (103); 11.5.2009 – VII ZR 11/08, BeckRS 2009, 12598 = VergabeR 2009, 595 (599).

[27] BGH 11.5.2009 – VII ZR 11/08, BeckRS 2009, 12598 = VergabeR 2009, 595 (599); OLG Dresden 25.9.2000 – WVerg 0004/00, BeckRS 9998, 04025; BayObLG 21.5.1999 – Verg 1/99, NZBau 2000, 49 (51).

werden.[28] Hinsichtlich sämtlicher Zeitverzögerungen, die in einem Vergabeverfahren auftreten, trägt der Auftraggeber das **Vergabeverfahrensrisiko** (näher → VOB/A § 10a EU Rn. 33). In diesen Fällen sind Bauzeit unter Berücksichtigung der Umstände des Einzelfalls unter sinngemäßer Anwendung des § 6 Abs. 3, 4 VOB/B und Vergütungsanspruch in Anlehnung an die Grundsätze des § 2 Abs. 5 VOB/B anzupassen.[29] Führt die **Verschiebung des Zuschlags** nicht zu einer Änderung der Ausführungsfristen, sondern nur zu einer Verschiebung des Zuschlagstermins, besteht hingegen kein Anspruch auf Mehrvergütung.[30] Gleichfalls unbeachtlich ist ein entgegenstehender Wille des Bieters. Dieser ist innerhalb der Zuschlags- und Bindefrist an sein Angebot gebunden (→ VOB/A § 10a EU Rn. 35–37). Wird die Auftragsausführung abgelehnt, stehen dem Auftraggeber Schadensersatzansprüche zu.[31]

2. Form des Zuschlags

Der Zuschlag unterliegt grds. keinen Formerfordernissen. Soweit die Vergabeunterlagen nichts anderes vorsehen, kann er auch mündlich, telefonisch[32] oder per Telefax[33] erteilt werden. Aus Gründen der Rechtsklarheit und der Dokumentation empfiehlt es sich regelmäßig, den Zuschlag schriftlich bzw. in Textform – soweit zulässig – zu erteilen. Das VHB 2017 stellt hierfür das Formblatt 338 (Auftragsschreiben) zur Verfügung. Ist der ausgeschriebene Bauvertrag notariell zu beurkunden (etwa nach § 311b BGB, § 11 Abs. 2 ErbbauRG oder § 15 Abs. 3, 4 GmbHG), gilt § 125 S. 1 BGB, wenn die notarielle Beurkundung nicht erfolgt. **11**

Sehen die Vergabeunterlagen eine (gewillkürte) **Schriftform** vor, gilt § 127 Abs. 2 S. 1 BGB: Es reicht zur Wahrung der Schriftform ein Schriftwechsel zwischen den Parteien, also ein schriftliches Angebot und ein schriftlicher Zuschlag.[34] Erfolgt der Zuschlag nur mündlich, obwohl die Vergabeunterlagen die Schriftform vorschreiben, ist nur „im Zweifel" von der **Nichtigkeit** des Zuschlags (§ 125 S. 2 BGB) auszugehen, wenn die vereinbarte Schriftform Wirksamkeitsvoraussetzung für den Vertrag war.[35] Regelmäßig dient ein Schriftformerfordernis hinsichtlich des Zuschlags aber nur Dokumentations- und Beweiszwecken, so dass in diesen Fällen iZw keine Nichtigkeit anzunehmen ist.[36] **12**

Die **Formvorschriften des Kommunalrechts** für Gemeinden, Kreise, Zweckverbände oder andere öffentliche Körperschaften sind keine Formvorschriften, sondern materielle Vorschriften, die die Vertretungsmacht beschränken.[37] Ein Verstoß führt daher nicht gem. § 125 S. 1 BGB zur Nichtigkeit, sondern zur schwebenden **13**

---

[28] BGH 26.11.2009 – VII ZR 131/08, NZBau 2010, 102; 11.5.2009 – VII ZR 11/08, BeckRS 2009, 12598 = VergabeR 2009, 595 (599).
[29] BGH 11.5.2009 – VII ZR 11/08, BeckRS 2009, 12598 = VergabeR 2009, 595 (601).
[30] BGH 10.9.2009 – VII ZR 82/08, BeckRS 2009, 25390.
[31] BGH 24.11.2005 – VII ZR 87/04, BeckRS 2006, 00499 = BauR 2006, 514.
[32] BayObLG 10.10.2000 – Verg 5/00, BeckRS 2000, 09229 = VergabeR 2001, 55 (58).
[33] BGH 9.2.2004 – X ZB 44/03, NZBau 2004, 229; OLG Düsseldorf 23.5.2007 – Verg 14/07, IBRRS 2007, 4463; OLG Bremen 17.11.2003 – Verg 6/03, NZBau 2004, 172.
[34] Kapellmann/Messerschmidt/Stickler/Mädler VOB/A § 18 Rn. 23.
[35] Kapellmann/Messerschmidt/Stickler/Mädler VOB/A § 18 Rn. 26.
[36] Kapellmann/Messerschmidt/Stickler/Mädler VOB/A § 18 Rn. 26; MüKoEuWettbR/Seebo VOB/A § 18EU Rn. 14.
[37] BGH 27.11.2003 – VII ZR 346/01, NZBau 2004, 207 (208); 20.1.1994 – VII ZR 174/92, NJW 1994, 1528; OLG Frankfurt a. M. 25.6.2013 – 11 U 94/12, BeckRS 2013, 16295; OLG Brandenburg 29.1.2002 – Verg W 8/01, NZBau 2002, 625 (626); Kapellmann/Messerschmidt/Stickler/Mädler VOB/A § 18 Rn. 25.

Unwirksamkeit des Vertrages (§ 177 Abs. 1 BGB).[38] Der Formmangel kann durch formwirksame Genehmigung gem. § 184 Abs. 2 BGB geheilt werden.[39] Allerdings ist eine nur konkludente Zuschlagserteilung in diesen Fällen nicht ausreichend.[40] Ein Vertrag ist trotz Nichteinhaltung der notwendigen Schriftform wirksam, wenn der mit der Formvorschrift bezweckte Schutz deshalb bedeutungslos geworden ist, weil das nach den öffentlich-rechtlichen Vorschriften zuständige Organ der Gebietskörperschaft den Zuschlag bereits beschlossen hat.[41] In diesem Fall verstößt die Berufung der Körperschaft auf die Unwirksamkeit der Erklärung gegen Treu und Glauben.[42]

3. Stellvertretung

14 Der Zuschlag kann von dem Auftraggeber selbst oder durch einen bevollmächtigten Vertreter (§§ 164 ff. BGB) erteilt werden. Bevollmächtigte des Auftraggebers sind die ihn gesetzlich bzw. organschaftlich vertretenden Personen oder Mitarbeiter, die mit der Durchführung des Vergabeverfahrens beauftragt wurden. Da der vom Auftraggeber beauftragte Architekt nicht allein aufgrund seiner Stellung rechtsgeschäftliche Vertretungsmacht besitzt,[43] bedarf dieser bzw. ein sonstiger, iRd Vergabe eingeschalteter Dritter einer ausdr. erteilten **Vollmacht.** Solange diese nicht erteilt wird, ist der Vertrag schwebend unwirksam (§ 177 Abs. 1 BGB).

4. Spätere urkundliche Festlegung

15 Wird auf ein Angebot innerhalb der Bindefrist und ohne Abänderungen der Zuschlag erteilt, kommt der Bauvertrag zustande, auch wenn eine spätere urkundliche Festlegung vorgesehen ist. Die **Beurkundung** hat keine konstitutive Bedeutung, sondern setzt einen wirksam zustande gekommenen Vertrag voraus.[44] Die Notwendigkeit einer etwaigen notariellen Beurkundung gem. § 311b BGB bleibt hiervon unberührt. Nach Zuschlagserteilung beurkundete Abänderungen des Vertrags können wirtschaftlich einem Neuabschluss eines Vertrags gleichkommen, der einer erneuten Ausschreibung bedarf.[45]

III. Modifizierter und verspäteter Zuschlag (Abs. 2)

16 Der ausgeschriebene Bauvertrag kommt zustande, wenn das Angebot des Bieters (i) ohne Einschränkungen, Änderungen oder Erweiterungen und (ii) innerhalb der Bindefrist durch den Zuschlag des Auftraggebers angenommen wird.[46] In allen anderen Fällen ist der Bieter nach Abs. 2 bei Erteilung des Zuschlags aufzufordern, sich unverzüglich über die Annahme zu erklären. Die Vorschrift ist das vergaberecht-

---

[38] BGHZ 97, 224 (238); OLG Frankfurt a. M. 25.6.2013 – 11 U 94/12, BeckRS 2013, 16295; OLG Schleswig 1.6.1999 – 6 VerG 1/99, NZBau 2000, 96 (97); Kapellmann/Messerschmidt/Stickler/Mädler VOB/A § 18 Rn. 25; HK-VergabeR/Mentzinis VOB/A § 18 Rn. 7.

[39] OLG Schleswig 28.11.2005 – 6 Verg 7/05, BeckRS 2005, 13846 = VergabeR 2006, 258 (260); 1.6.1999 – 6 VerG 1/99, NZBau 2000, 96 (97).

[40] OLG Dresden 21.7.2000 – WVerg 5/00, IBRRS 2003, 0781.

[41] OLG Koblenz 14.1.2003 – 3 U 1685/01, BeckRS 2010, 5487; OLG Brandenburg 29.1.2002 – Verg W 8/01, NZBau 2002, 625 (626).

[42] BGH 16.11.1978 – III ZR 81/77, NJW 1980, 117 (118).

[43] StRspr seit BGH 15.2.1960 – VII ZR 10/59, NJW 1960, 859; MüKoEuWettbR/Seebo VOB/A § 18EU Rn. 16.

[44] OLG Naumburg 23.12.2004 – 4 U 162/04, IBRRS 2005, 3192.

[45] OLG Jena 14.10.2003 – 6 Verg 5/03, BeckRS 2003, 9274 = VergabeR 2004, 113 (114).

[46] OLG Dresden 12.10.2016 – 16 U 91/16, BeckRS 2016, 135957.

liche Spiegelbild des § 150 Abs. 1, 2 BGB: Der modifizierte oder verspätete Zuschlag gilt zivilrechtlich als Ablehnung des Angebotes des Bieters und als **Angebot des Auftraggebers,** den Vertrag nach Maßgabe der Änderungen abzuschließen (s. auch → GWB § 168 Rn. 26).

Das Angebot des Auftraggebers hebt die Bindung des Bieters an dessen Angebot auf (§ 146 BGB). Ein Vertrag kommt in diesem Fall nur zustande, wenn der Bieter das Angebot des Auftraggebers annimmt.[47] Dabei ist der Bieter aufzufordern, sich unverzüglich über die Annahme zu erklären. Wird hierfür eine Annahmefrist gesetzt, kann das Angebot nur innerhalb der Frist angenommen werden (§ 146 BGB). Wird keine Annahmefrist gesetzt, muss die Annahme innerhalb einer Zeitspanne erfolgen, während der unter gewöhnlichen Umständen mit der Annahme gerechnet werden kann (§ 147 Abs. 2 BGB). Lehnt der Bieter das Angebot ab oder nimmt er es nicht rechtzeitig an, erlischt das Angebot des Auftraggebers. Die Annahme kann jedoch stillschweigend, zB durch Aufnahme der Bauarbeiten, erklärt werden.[48]   17

1. Modifizierter Zuschlag

Schon geringfügige, unwesentliche Änderungsvorschläge ggü. dem unterbreiteten Vertragsangebot führen vertragsrechtlich dazu, dass es für das Zustandekommen des Vertrags einer neuen Erklärung des Vertragspartners bedarf. Das gilt auch iRd Vergaberechts. Auch hier bewirken schon geringfügige Änderungen keinen Vertragsschluss.[49] Die Begriffe der Erweiterungen, Einschränkungen oder Änderungen sind demgemäß weit zu verstehen.[50] Ein Fall des Abs. 2 kann deshalb zu bejahen sein, wenn einzelne Teile des Angebotes nur geringfügig geändert werden.[51] Aus Abs. 2 kann dabei keinesfalls gefolgert werden, dass der Auftraggeber stets berechtigt sei, Erweiterungen, Einschränkungen oder Änderungen vorzunehmen. Vielmehr ist dies vergaberechtlich nur in den engen Grenzen des Nachverhandlungsverbots gem. § 15 EU Abs. 3 VOB/A zulässig. Ein Verstoß gegen § 15 EU Abs. 3 VOB/A hat auf die Wirksamkeit des Vertragsschlusses jedoch keinen Einfluss.   18

Verzögert sich die Zuschlagserteilung (etwa infolge der Einleitung eines Nachprüfungsverfahrens) und enthält das Zuschlagschreiben des Auftraggebers einen Hinweis auf später „noch mitzuteilende exakte Fristen", gilt dies iZw nicht als modifiziertes Angebot iSd Abs. 2.[52] Vielmehr kommt der **Zuschlag in einem verzögerten Vergabeverfahren** iZw auch dann zu den ausgeschriebenen Fristen und Terminen zustande, wenn diese nicht mehr eingehalten werden können und   19

---

[47] OLG Dresden 12.10.2016 – 16 U 91/16, BeckRS 2016, 135957; KG 20.5.2011 – 7 U 125/10, IBRRS 2011, 2096; OLG Naumburg 16.10.2007 – 1 Verg 6/07, BeckRS 2007, 19564; 1.9.2004 – 1 Verg 11/04, BeckRS 2004, 10166; OLG Frankfurt a. M. 5.8.2003 – 11 Verg 1/02, BeckRS 9998, 26371 = VergabeR 2003, 725 (729); BayObLG 15.7.2002 – Verg 15/02, NZBau 2002, 689; OLG Hamburg 25.2.2002 – 1 Verg 1/01, NZBau 2002, 519; BayObLG 21.5.1999 – Verg 1/99, NZBau 2000, 49 (51).

[48] Kapellmann/Messerschmidt/Stickler/Mädler VOB/A § 18 Rn. 38; MüKoEuWettbR/Seebo VOB/A § 18EU Rn. 23.

[49] OLG Celle 29.12.2022 – 13 U 3/22, VPRRS 2023, 0011 für einen mit dem Zuschlagsschreiben erstmals übersandten Vertragsentwurf, der von dem Angebot des Zuschlagsempfängers abweicht: „Soweit die Annahmeerklärung eine inhaltliche Änderung darstellt, ist deren Art und Ausmaß unerheblich."; KG 20.5.2011 – 7 U 125/10, BeckRS 2011, 23834.

[50] Kapellmann/Messerschmidt/Stickler/Mädler VOB/A § 18 Rn. 39; HK-VergabeR/Mentzinis VOB/A § 18 Rn. 8.

[51] OLG Celle 29.12.2022 – 13 U 3/22, VPRRS 2023, 0011.

[52] BGH 25.11.2010 – VII ZR 201/08, BeckRS 2011, 00730 = VergabeR 2011, 448 (450).

die Vergabestelle im Zuschlagsschreiben eine neue Bauzeit erwähnt.[53] Durch die bloße **Mitteilung einer neuen Bauzeit** wird das Angebot daher nicht abgelehnt und abgeändert. Zu diesem Ergebnis gelangt der BGH durch eine Auslegung der Interessen beider Vertragsparteien am Zustandekommen des Vertrags. Primäres Ziel des Auftraggebers in einem öffentlichen Vergabeverfahren sei es, das Verfahren durch einen verbindlichen Vertrag zu beenden. Gerade deshalb habe er die Bindefristverlängerung eingeholt. Eine vom Angebot des Bieters abweichende Annahme (§ 150 Abs. 2 BGB) müsse hingegen eindeutig zum Ausdruck gebracht werden. Gegen ein modifiziertes Angebot des Auftraggebers spreche auch das Nachverhandlungsverbot. Angaben im Zuschlagsschreiben zur neuen Bauzeit seien deshalb iZw nur Hinweise auf die Notwendigkeit geänderter vertraglicher Festlegungen aufgrund veränderter Umstände.[54] Vgl. dazu auch → VOB/A § 9 EU Rn. 15, 16 und → VOB/A § 10a EU Rn. 33. Enthält hingegen das Zuschlagsschreiben des Auftraggebers wegen der Verzögerung des Vergabeverfahrens eine neue Bauzeit **und** bringt der Auftraggeber eindeutig und klar zum Ausdruck, dass er den Vertrag zu dem angebotenen Preis bindend schließen will, kann es nicht dahin ausgelegt werden, der Zuschlag sei auf eine Leistung zur ausgeschriebenen Bauzeit erteilt worden, selbst wenn der Auftraggeber damit gegen das Nachverhandlungsverbot verstößt.[55] Ein solches modifiziertes Angebot des Auftraggebers kann regelmäßig auch nicht dahin ausgelegt werden, dass stillschweigend das Angebot unterbreitet wird, die Vergütung wegen dem Auftragnehmer infolge der Bauzeitänderung etwa entstehender Mehrkosten in Anlehnung an die Grundsätze des § 2 Abs. 5 VOB/B anzupassen. Ergibt sich somit aus dem Zuschlagsschreiben, dass nicht die in der Auftragsbekanntmachung und den Vergabeunterlagen enthaltene, sondern eine neue Bauzeit zum Bestandteil des Vertrags werden soll, hat der Auftraggeber nicht das Angebot des Bestbieters angenommen, sondern einen modifizierten Zuschlag erteilt. Nimmt der Bieter das modifizierte Angebot vorbehaltlos an, muss er die Leistung in der neuen Bauzeit zu den vereinbarten Preisen erbringen.[56]

20 Die Bitte um Skontogewährung ist ein Fall des Abs. 2.[57] Gleiches gilt bei der Änderung von Vertragsbedingungen.[58] Kein Fall des Abs. 2 ist die Erteilung des Zuschlags auf ein oder mehrere Lose, wenn sich der Auftraggeber eine losweise Vergabe an verschiedene Bieter vorbehalten hat und dann mehrere Lose an einen Bieter vergibt, oder die Beauftragung bereits im Leistungsverzeichnis vorgesehener Wahl- oder Bedarfspositionen im Zuschlagsschreiben.

2. Verspäteter Zuschlag

21 Nach **Ablauf der Bindefrist** (→ VOB/A § 10a EU Rn. 16) erlischt das Angebot gem. §§ 146, 148 BGB.[59] Die Zuschlagserteilung nach Ablauf der Bindefrist

---

[53] BGH 25.11.2010 – VII ZR 201/08, BeckRS 2011, 00730 = VergabeR 2011, 448 (450); 22.7.2010 – VII ZR 213/08, BeckRS 2010, 17916 = VergabeR 2010, 945 (947); OLG Brandenburg 4.12.2012 – Verg W 7/12, BeckRS 2013, 3473.
[54] Vgl. hierzu OLG Brandenburg 4.12.2012 – Verg W 7/12, BeckRS 2013, 3473.
[55] BGH 3.7.2020 – VII-ZR 144/19, NZBau 2020, 570 (572); BGH 6.9.2012 – VII ZR 193/10, BeckRS 2012, 20586; OLG Brandenburg 4.12.2012 – Verg W 7/12, BeckRS 2013, 3473.
[56] BGH 3.7.2020 – VII-ZR 144/19, NZBau 2020, 570 (572): Eine solche vorbehaltlose Annahme des modifizierten Angebotes durch den Bieter ist zu verneinen, wenn der Bieter zwar die geänderten Bauzeiten akzeptiert, die Ausführung der Arbeiten jedoch von einer zusätzlichen Vergütung abhängig macht; BGH 6.9.2012 – VII ZR 193/10, BeckRS 2012, 20586.
[57] OLG Hamm 14.2.1992 – 26 U 118/91, IBR 1992, 180 = BauR 1992, 779.
[58] OLG Dresden 12.10.2016 – 16 U 91/16, BeckRS 2016, 135957.
[59] OLG Saarbrücken 21.3.2006 – 4 U 51/05, BeckRS 2006, 04584; HK-VergabeR/Mentzinis VOB/A § 18 Rn. 9.

(→ Rn. 4–9) gilt nach § 150 Abs. 1 BGB als neues Angebot des Auftraggebers, welches vom Bieter angenommen werden kann, aber auch ohne weiteres abgelehnt werden kann.[60] Daraus folgt, dass allein der Ablauf der Bindefrist nicht zur Beendigung des Vergabeverfahrens führt.[61] Vielmehr kann der Zuschlag auch noch nach Ablauf der Bindefrist erteilt werden. So entspricht gefestigter Rspr., dass der Auftraggeber nicht nur nicht daran gehindert ist, sondern unter der Geltung des öffentlichen Haushaltsrechts im Einzelfall sogar dazu gehalten sein kann, den Zuschlag auf ein verfristetes Angebot zu erteilen[62] (vgl. → VOB/A § 10a EU Rn. 31, 32).

IV. Vergabebekanntmachung (Abs. 3)

Nr. 1 schreibt vor, die Erteilung eines Bauauftrages bekannt zu machen. Die Verpflichtung zur **ex-post-Transparenz** bezweckt, interessierten Unternehmen und der Kommission zu ermöglichen, sich zeitnah über den Ausgang eines durchgeführten Vergabeverfahrens zu informieren.[63] Da die Vorschrift von der „Erteilung eines Bauauftrages" spricht, muss über die Aufhebung bzw. Einstellung eines Vergabeverfahrens nicht per Vergabebekanntmachung informiert werden. In diesen Fällen sind aber die betroffenen Bewerber und Bieter von der Aufhebung und unter Angabe der Gründe in Textform zu unterrichten (§ 17 EU Abs. 2 VOB/A). 22

Der Bekanntmachungspflicht unterfallen **sämtliche vergebenen Bauaufträge** iSv § 103 Abs. 3 GWB iVm § 1 EU VOB/A. Es spielt keine Rolle, in welcher Verfahrensart der Auftrag vergeben wurde. Demgemäß sind auch im Verhandlungsverfahren ohne Teilnahmewettbewerb nach § 3 EU Abs. 3 VOB/A vergebene Aufträge zu melden.[64] 23

Nr. 2, die auf Art. 50 Abs. 1 UAbs. 2 RL 2014/24/EU zurückgeht, verlangt, die Vergabebekanntmachung nach den Vorgaben der Spalte 29 in Tabelle 2 des Anhangs der Durchführungsverordnung (EU) 2019/1780 iVm § 10a VgV zu erstellen (zu den mWv 25.10.2023 zu beachtenden eForms-Vorgaben → VgV § 10a Rn. 1 ff.). 24

Auch der Abschluss einer **Rahmenvereinbarung** ist bekanntzumachen. Erstaunlicherweise fehlt dazu auch in der VOB/A 2019 eine Aussage. Die Verpflichtung ergibt sich direkt aus Art. 50 Abs. 1 RL 2014/24/EU. Nicht meldepflichtig sind die aufgrund einer Rahmenvereinbarung erteilten Einzelaufträge (Nr. 3). 25

Nach Nr. 4 muss die Vergabebekanntmachung in den Fällen, in denen eine Vorinformation als Aufruf zum Wettbewerb erfolgte, einen entspr. Hinweis enthalten, wenn der öffentliche Auftraggeber während des von der Vorinformation abgedeckten Zeitraums von zwölf Monaten keine weitere Vergabe vornehmen wird. Die Regelung, deren Grundlage Art. 50 Abs. 2 UAbs. 1 RL 2014/24/EU ist, dient der Transparenz und soll die Planungssicherheit der interessierten Unternehmen erhöhen.[65] 26

Nr. 5 lit. a–d setzt Art. 50 Abs. 4 RL 2014/24/EU um. In den genannten Fällen muss der Auftraggeber von der Veröffentlichung bestimmter sensibler Einzelangaben absehen. Die Vorschrift ist inhaltlich identisch mit § 39 Abs. 6 VgV (→ VgV § 39 Rn. 9 ff.). 27

---

[60] OLG Dresden 12.10.2016 – 16 U 91/16, BeckRS 2016, 135957.
[61] OLG Düsseldorf 4.2.2009 – Verg 70/08, ZfBR 2013, 289 (290); BayObLG 21.5.1999 – Verg 1/99, NZBau 2000, 49.
[62] BGH 28.10.2003 – X ZR 248/02, NZBau 2004, 166 (167); OLG Düsseldorf 4.2.2009 – Verg 70/08, ZfBR 2013, 289 (290).
[63] Kapellmann/Messerschmidt/Stickler/Mädler VOB/A § 18 EU Rn. 4; MüKoEuWettbR/Seebo VOB/A § 18EU Rn. 4.
[64] Kapellmann/Messerschmidt/Stickler/Mädler VOB/A § 18 EU Rn. 6; MüKoEuWettbR/Seebo VOB/A § 18EU Rn. 30; Ingenstau/Korbion/Reichling/Stamm VOB/A § 18 EU Rn. 7.
[65] Kapellmann/Messerschmidt/Stickler/Mädler VOB/A § 18EU Rn. 11.

V. Bekanntmachungsfrist (Abs. 4)

28 Die Vergabebekanntmachung ist dem Amt für Veröffentlichungen der EU in kürzester Frist, jedoch spätestens innerhalb von 30 Kalendertagen nach Auftragserteilung über den zentralen Datenservice Öffentlicher Einkauf (näher → VgV § 10a Rn. 21) zu übermitteln. Die Frist beginnt am Tag nach der Erteilung des Zuschlags.[66] Zur Fristwahrung reicht die rechtzeitige Absendung innerhalb der Frist aus. Der Tag der Absendung muss vom Auftraggeber nachgewiesen werden können (Art. 51 Abs. 5 RL 2014/24/EU).

VI. Rechtsschutz

29 Nach § 168 Abs. 2 S. 1 GWB kann ein wirksam erteilter Zuschlag nicht aufgehoben werden, und zwar auch dann nicht, wenn das Vergabeverfahren rechtswidrig war.[67] Das Vergabeverfahren ist mit der wirksamen Zuschlagserteilung abgeschlossen, ohne dass die Vergabekammer rückwirkende Einflussmöglichkeiten hat.[68] Der wirksame Zuschlag bildet damit die **Grenze des Primärrechtsschutzes**.[69] Vgl. dazu ausf. → GWB § 168 Rn. 22 ff. Dabei stellt auch die Weiterführung eines entgegen den Bestimmungen des Vergaberechts nicht ausgeschriebenen öffentlichen Auftrags trotz einer vertraglichen Kündigungsmöglichkeit keine Neuvergabe dar, die den Vergaberechtsweg eröffnen könnte.[70] In dem (bloßen) **Unterlassen einer Kündigung** liegt kein (neuer) Beschaffungsakt des Auftraggebers.

30 Zweifel an der Wirksamkeit des Zuschlags sind iRd Zulässigkeit des Nachprüfungsantrags zu klären. Im Fall eines **Dissenses** (§§ 154, 155 BGB)[71] kommt der Vertrag erst nach vollständiger Einigung zustande und beendet erst dann das Vergabeverfahren.[72] Wird eine vollmachtlose mündliche Auftragserteilung erst nach Inkrafttreten des Zuschlagsverbots nach § 169 Abs. 1 GWB genehmigt, kommt der Zuschlag nicht mehr wirksam zustande.[73] Wird im Nachprüfungsverfahren die Feststellung begehrt, dass das Vergabeverfahren durch Zuschlag an den Antragsteller beendet sei, fehlt die Antragsbefugnis, und zwar auch dann, wenn damit der Schluss verbunden wird, der Auftrag dürfe nicht anderweitig (erneut) vergeben werden.[74]

---

[66] Art. 3 Abs. 1 S. 2 VO (EWG, Euratom) Nr. 1182/71 v. 3.6.1971.

[67] OLG Düsseldorf 19.4.2017 – VII-Verg 38/16, IBRRS 2017, 2334; BayObLG 10.10.2000 – Verg 5/00, BeckRS 2000, 09229 = VergabeR 2001, 55 (56).

[68] OLG Düsseldorf 23.2.2005 – VII-Verg 78/04, NZBau 2005, 537.

[69] BGH 1.2.2005 – X ZB 27/04, NZBau 2005, 290 (292); 19.12.2000 – X ZB 14/00, NZBau 2001, 151 (152); OLG Düsseldorf 19.4.2017 – VII-Verg 38/16, IBRRS 2017, 2334; KG 19.4.2012 – Verg 7/11, BeckRS 2012, 19210.

[70] KG 19.4.2012 – Verg 7/11, BeckRS 2012, 19210.

[71] Vgl. dazu OLG Jena 7.10.2003 – 6 Verg 6/03, BeckRS 9998, 26394 = VergabeR 2004, 106 (110).

[72] OLG Jena 8.6.2000 – 6 Verg 2/00, IBRRS 2003, 0845 = BauR 2000, 1611.

[73] OLG Düsseldorf 14.3.2001 – Verg 30/00, BeckRS 2014, 14639 = VergabeR 2001, 226 (227).

[74] OLG Dresden 11.4.2005 – WVerg 5/05, NZBau 2006, 469; OLG Brandenburg 5.10.2004 – VergW 12/04, BeckRS 2004, 10541 = VergabeR 2005, 138 (139). Vgl. auch VK Bund 28.9.2022 – VK 2–86/22, VPRRS 2022, 0264 zu einem Nachprüfungsantrag auf Unterlassung einer Doppelvergabe; danach ist Vergabenachprüfungsantrag unzulässig, wenn das Begehren des Antragstellers nicht darauf gerichtet ist, die Chancen auf den Zuschlagserhalt im streitgegenständlichen Vergabeverfahren zu sichern, sondern er die Vergabe des ausgeschriebenen

§ 18 VOB/A–EU

Die **Zuschlagsverbote** nach den §§ 169 Abs. 1, 173 Abs. 3 GWB sind gesetzliche Verbote iSv § 134 BGB. Ein nach Zustellung des Nachprüfungsantrags erteilter Zuschlag ist somit nach § 134 BGB nichtig, ohne dass es wie in den Fällen des § 135 Abs. 1 Nr. 1 und Nr. 2 GWB einer nach rechtzeitigem Antrag ausgesprochenen Feststellung der Vergabekammer bedürfte. Diese Rechtsfolge tritt unabhängig von der Kenntnis des Auftraggebers ein.[75] Gleiches gilt in den Fällen, in denen der Auftraggeber unter Missachtung der durch die Vergabekammer angeordneten Maßnahmen zur Beseitigung einer Rechtsverletzung des Bieters den Zuschlag erteilt.[76] Ein **Verstoß gegen die Ausschreibungspflicht** führt hingegen nicht zur Nichtigkeit des Zuschlags nach § 134 BGB,[77] sondern zeitigt die Rechtsfolgen des § 135 GWB. Ein Zuschlag kann allerdings nach § 138 BGB nichtig sein, wenn der Auftraggeber in bewusster Missachtung des Vergaberechts gehandelt und überdies kollusiv mit dem Auftragnehmer zusammengewirkt hat.[78] Die sittenwidrige Vorgehensweise nur einer Vertragspartei reicht nicht aus.[79] Bei der Beurteilung der Sittenwidrigkeit ist auf den Zeitpunkt der Vornahme des Rechtsgeschäfts abzustellen. Auf die spätere Entwicklung kommt es für die Gültigkeit des Vertrags nicht an.[80] Sonstige Fehler des Vergabeverfahrens lassen die Wirksamkeit des Vertrages unberührt.[81]   **31**

Bieter haben **keinen Anspruch auf Erteilung des Zuschlags**. § 63 Abs. 1 S. 2 VgV stellt das ausdr. klar (→ VgV § 63 Rn. 24, 25).[82] Auch in den Fällen, in denen kein Aufhebungsgrund nach § 17 EU Abs. 1 VOB/A besteht, kann der Auftraggeber   **32**

Auftrags verhindern will, um auf diese Weise die Erfüllung eines bereits geschlossenen Vertrags zu gewährleisten.

[75] VK Südbayern 8.11.2022 – 3194.Z3-3_01-22-6, VPRRS 2023, 0106; OLG Düsseldorf 27.3.2013 – Verg 53/12, VPRRS 2014, 0658; OLG München 19.1.2010 – Verg 1/10, VPRRS 2013, 0090; 12.7.2005 – Verg 8/05, BeckRS 2005, 19924 = VergabeR 2005, 802 (807); OLG Frankfurt a. M. 7.9.2004 – 11 Verg 11/04, NZBau 2004, 692 (696); VK Bund 7.6.2010 – VK 3–54/10, BeckRS 2010, 143618.

[76] BayObLG 1.10.2001 – Verg 6/01, BeckRS 2001, 09796 = VergabeR 2002, 63 (67); OLG Düsseldorf 14.2.2001 – Verg 13/00, NZBau 2002, 54 (56).

[77] KG 19.4.2012 – Verg 7/11, BeckRS 2012, 19210; OLG Karlsruhe 6.2.2007 – 17 Verg 7/06, BeckRS 2007, 02710; OLG Hamburg 25.1.2007 – 1 Verg 5/06, NZBau 2007, 801 (803); OLG Celle 25.8.2005 – 13 Verg 8/05, BeckRS 2005, 11457 = VergabeR 2005, 809 (811); OLG Düsseldorf 3.12.2003 – Verg 37/03, NZBau 2004, 113 (114); OLG Schleswig 6.7.1999 – 6 U Kart 22/99, NZBau 2000, 100 (101); VK Südbayern 29.4.2010 – Z3-3-3194-1-03-01/10, BeckRS 2010, 37324; zweifelnd KG 11.11.2004 – 2 Verg 16/04, NZBau 2005, 538 (542); vgl. auch LG München I 20.12.2005 – 33 O 16465/04, IBRRS 2006, 0178 = VergabeR 2006, 268 (271).

[78] BGH 19.12.2000 – X ZB 14/00, NZBau 2001, 151 (154); OLG Düsseldorf 30.4.2008 – Verg 23/08, NZBau 2008, 461 (465); OLG Hamburg 25.1.2007 – 1 Verg 5/06, NZBau 2007, 801 (803); OLG Karlsruhe 6.2.2007 – 17 Verg 7/06, NZBau 2007, 395 (399); OLG Celle 25.8.2005 – 13 Verg 8/05, BeckRS 2005, 11457 = VergabeR 2005, 809 (811); OLG Düsseldorf 3.12.2003 – Verg 37/03, NZBau 2004, 113 (116).

[79] OLG Brandenburg 22.4.2010 – Verg W 5/10, BeckRS 2010, 12610; OLG Hamburg 25.1.2007 – 1 Verg 5/06, NZBau 2007, 801 (803); OLG Düsseldorf 18.6.2008 – VII-Verg 23/08, BeckRS 2008, 21321.

[80] KG 19.4.2012 – Verg 7/11, BeckRS 2012, 19210.

[81] BGH 1.2.2005 – X ZB 27/04, NZBau 2005, 290.

[82] Zur alten Rechtslage BGH 5.11.2002 – X ZR 232/00, NZBau 2003, 168 (169); 8.9.1998 – X ZR 99–96, NJW 1998, 3640 (3643); OLG München 31.10.2012 – Verg 19/12, BeckRS 2012, 22638; 28.8.2012 – Verg 11/12, BeckRS 2012, 18793; 12.7.2005 – Verg 8/05, BeckRS 2005, 19924 = VergabeR 2005, 802 (804); OLG Celle 22.5.2003 – 13 Verg 9/03, BeckRS 2003, 05618 = VergabeR 2003, 455; VK Bund 8.2.2011 – VK 2–134/10, ZfBR 2013, 92; Kapellmann/Messerschmidt/Stickler/Mädler VOB/A § 18 Rn. 10.

VOB/A–EU § 18 — Zuschlag

nicht gezwungen werden, den Zuschlag zu erteilen[83] (ausf. → GWB § 168 Rn. 20; → VgV § 63 Rn. 24). Ein Kontrahierungszwang würde der wirtschaftlichen Dispositionsfreiheit des öffentlichen Auftraggebers widersprechen.[84] Dieser Grundsatz gilt jedoch nicht ausnahmslos. So darf die zuschlagslose Verfahrensbeendigung nicht willkürlich bzw. rechtsmissbräuchlich – etwa gezielt zu Lasten bestimmter Bieter – erfolgen.[85] Dies kann vor allem bei einer **Scheinaufhebung** der Fall sein, bei der der Zuschlag auf das Angebot des Bestbieters durch die Aufhebung vermieden werden soll, um den fraglichen Auftrag an einen Dritten erteilen zu können, obwohl dieser nach der ursprünglichen Wertung keine Zuschlagschance hatte.[86] Eine Anordnung zur Erteilung des Zuschlags an einen Bieter durch die Vergabekammer kommt daher nur in extremen Ausnahmefällen in Betracht, in denen die beantragte Zuschlagserteilung die einzige Möglichkeit zum rechtmäßigen Abschluss des Vergabeverfahrens darstellt. Wenn die Vergabeabsicht unverändert[87] fortbesteht, kein Aufhebungsgrund besteht und das Vergabeverfahren in rechtmäßiger Weise unter Beachtung aller dem Auftraggeber zustehenden Wertungs- und Beurteilungsspielräume nur durch Zuschlagserteilung an den betreffenden Bieter beendet werden kann,[88] kann ein **Kontrahierungszwang** zu bejahen sein, der von der Vergabekammer mit Fristsetzung und Zwangsgeldandrohung durchgesetzt werden kann.[89] Vgl. dazu auch → GWB § 168 Rn. 21.

33 Die Pflicht zur Bekanntmachung vergebener Aufträge nach Abs. 3 vermittelt keinen Bieterschutz, da sie lediglich dem öffentlichen Interesse an einer transparenten Vergabe öffentlicher Bauaufträge dient.[90] Hiervon gelten jedoch zwei Ausnahmen: (i) Erfolgte die Vergabe des Auftrags in einem Verhandlungsverfahren ohne Teilnahmewettbewerb (§ 3a EU Abs. 3 VOB/A) oder im Wege der Direktvergabe (§ 132 Abs. 5 GWB), besteht ein rechtlich schützenswertes Interesse der Unternehmen, durch eine Vergabebekanntmachung Informationen über den Auftrag und die Zuschlagserteilung zu erhalten, um so ggf. deren Rechtmäßigkeit gem. § 135 GWB

---

[83] BGH 20.3.2014 – X ZB 18/13, NZBau 2014, 310; 1.2.2005 – X ZB 27/04, NZBau 2005, 290; 18.2.2003 – X ZB 43/02, NZBau 2003, 293 (294); OLG Düsseldorf 9.6.2021 – Verg 3/21, VPRRS 2023, 0172; OLG Rostock 2.10.2019 – 17 Verg 3/19, VPRRS 2019, 0346; OLG München 6.12.2012 – Verg 25/12, BeckRS 2012, 25589; 23.12.2010 – Verg 21/10, BeckRS 2011, 890; OLG Dresden 10.7.2003 – WVerg 15/02, NZBau 2003, 573; OLG Celle 22.5.2003 – 13 Verg 9/03, BeckRS 2003, 05618 = VergabeR 2003, 455 (456); KG 10.12.2002 – KartVerg 16/02, BeckRS 2002, 09839 = VergabeR 2003, 180 (182); VK Bund 16.2.2023 – VK 1–1/23, VPRRS 2023, 0168; 8.2.2011 – VK 2–134/10, ZfBR 2013, 92.

[84] BGH 20.3.2014 – X ZB 18/13, NZBau 2014, 310; OLG München 31.10.2012 – Verg 19/12, BeckRS 2012, 22638; 28.8.2012 – Verg 11/12, BeckRS 2012, 18793; 3.11.2011 – Verg 14/11, BeckRS 2011, 26151.

[85] VK Bund 8.2.2011 – VK 2–134/10, ZfBR 2013, 92.

[86] BGH 18.2.2003 – X ZB 43/02, NZBau 2003, 293 (294); VK Bund 8.2.2011 – VK 2–134/10, ZfBR 2013, 92.

[87] Eine lediglich losweise Aufteilung in Teilleistungen anstelle der ursprünglich vorgesehenen Gesamtvergabe ändert nichts am Fortbestehen der ursprünglichen Vergabeabsicht: VK Bund 8.2.2011 – VK 2–134/10, ZfBR 2013, 92.

[88] OLG München 31.10.2012 – Verg 19/12, BeckRS 2012, 22638; BayObLG 5.11.2002 – Verg 22/02, NZBau 2003, 342 (345); vgl. auch OLG Düsseldorf 10.5.2000 – Verg 5/00, NZBau 2000, 540 (542).

[89] OLG Celle 10.1.2008 – 13 Verg 11/07, BeckRS 2008, 01740; OLG Naumburg 13.10.2006 – 1 Verg 6/06, BeckRS 2006, 12148 = VergabeR 2007, 125 (128); BayObLG 5.11.2002 – Verg 22/02, NZBau 2003, 342 (345).

[90] HK-VergabeR/Mentzinis VOB/A § 18 EU Rn. 12; Kapellmann/Messerschmidt/Stickler/Mädler VOB/A § 18 EU Rn. 20; Ingenstau/Korbion/Reichling/Stamm VOB/A § 18 EU Rn. 36.

überprüfen zu lassen.[91] (ii) Soweit der Zuschlagsempfänger die Veröffentlichung von geheimhaltungsbedürftigen Angaben nach Maßgabe von Abs. 3 Nr. 5 verhindern will, kann die Vergabekammer trotz bereits erfolgter Zuschlagserteilung (§ 168 Abs. 2 S. 1 GWB) eingeschaltet werden, da sich der Nachprüfungsantrag insoweit nicht gegen die Zuschlagserteilung, sondern auf die **Unterlassung der Bekanntmachung sensibler Angaben** richtet (§ 156 Abs. 2 GWB). In diesem Fall ist ein Nachprüfungsverfahren die für den Zuschlagsempfänger einzig effektive Option, Rechtsverletzungen zu verhindern.[92]

34 Fehlerhafte Zuschlagsentscheidungen können Schadensersatzansprüche nach § 181 S. 1 GWB und den § 311 Abs. 2 Nr. 1, §§ 241 Abs. 2, 280 Abs. 1 BGB begründen.[93] Ersatzfähig ist das positive Interesse, wenn dem erstrangigen Bieter der Zuschlag hätte erteilt werden müssen.[94] IÜ ist das negative Interesse zu ersetzen, wenn der Bieter eine echte Chance auf den Zuschlag hatte.[95] Dies ist unter Berücksichtigung der für die Auftragserteilung vorgesehenen Zuschlagskriterien und deren Gewichtung, zu denen der Auftraggeber nach den Grundsätzen der sekundären Darlegungslast vorzutragen hat, zu prüfen.[96] Dabei ist die ex-ante-Sicht des Auftraggebers im Zeitpunkt der Zuschlagsentscheidung maßgebend.[97]

35 Die Verletzung berechtigter geschäftlicher Interessen oder eine unterlassene Berücksichtigung der Belange des fairen Wettbewerbs zwischen den Unternehmen kann daneben zu Schadensersatzansprüchen nach den Grundsätzen des Verschuldens bei Vertragsschluss (§§ 241 Abs. 2, 311 Abs. 2 Nr. 1, § 280 Abs. 1 BGB) führen. Der Auftraggeber ist deshalb gut beraten, vor der Veröffentlichung sensibler Angaben Rücksprache mit dem betreffenden Auftragnehmer zu halten.

§ 19 EU Nicht berücksichtigte Bewerbungen und Angebote

(1) **Bewerber, deren Bewerbung abgelehnt wurde, sowie Bieter, deren Angebote ausgeschlossen worden sind (§ 16 EU), und solche, deren Angebote nicht in die engere Wahl kommen, sollen unverzüglich unterrichtet werden.**

(2) ¹**Der öffentliche Auftraggeber hat die betroffenen Bieter, deren Angebote nicht berücksichtigt werden sollen,**
1. **über den Namen des Unternehmens, dessen Angebot angenommen werden soll,**
2. **über die Gründe der vorgesehenen Nichtberücksichtigung ihres Angebots und**
3. **über den frühesten Zeitpunkt des Vertragsschlusses**

unverzüglich in Textform zu informieren. ²**Dies gilt auch für Bewerber, denen keine Information nach Absatz 1 über die Ablehnung ihrer Bewer-**

---

[91] RKMPP/Rechten VgV § 39 Rn. 7.
[92] So auch Kapellmann/Messerschmidt/Stickler/Mädler VOB/A § 18 EU Rn. 20, MüKo-EuWettbR/Seebo VOB/A § 18EU Rn. 37 und HK-VergabeR/Mentzinis VOB/A § 18 EU Rn. 12.
[93] BGH 8.12.2020 – XIII ZR 19/19, VPRRS 2021, 0050; 27.11.2007 – X ZR 18/07, BeckRS 2008, 01230 = VergabeR 2008, 219.
[94] BGH 15.4.2008 – X ZR 129/06, BeckRS 2008, 10415 = VergabeR 2008, 641; 18.9.2007 – X ZR 89/04, VergabeR 2008, 69 (70); 1.8.2006 – X ZR 115/04, ZfBR 2007, 40; 16.12.2003 – X ZR 282/02, NJW 2004, 2165; 5.11.2002 – X ZR 232/00, NZBau 2003, 168 (169).
[95] BGH 27.11.2007 – X ZR 18/07, BeckRS 2008, 01230 = VergabeR 2008, 219 (222).
[96] BGH 27.11.2007 – X ZR 18/07, BeckRS 2008, 01230 = VergabeR 2008, 219 (222).
[97] OLG Naumburg 29.4.2003 – 1 U 119/02, NJOZ 2004, 1366 (1370).

bung zur Verfügung gestellt wurde, bevor die Mitteilung über die Zuschlagsentscheidung an die betroffenen Bieter ergangen ist. ³Ein Vertrag darf erst 15 Kalendertage nach Absendung der Information nach den Sätzen 1 und 2 geschlossen werden. ⁴Wird die Information per Telefax oder auf elektronischem Weg versendet, verkürzt sich die Frist auf zehn Kalendertage. ⁵Die Frist beginnt am Tag nach Absendung der Information durch den öffentlichen Auftraggeber; auf den Tag des Zugangs beim betroffenen Bewerber oder Bieter kommt es nicht an.

(3) Die Informationspflicht nach Absatz 2 entfällt in den Fällen, in denen das Verhandlungsverfahren ohne Teilnahmewettbewerb wegen besonderer Dringlichkeit gerechtfertigt ist.

(4) ¹Auf Verlangen des Bewerbers oder Bieters unterrichtet der öffentliche Auftraggeber in Textform so schnell wie möglich, spätestens jedoch innerhalb einer Frist von 15 Kalendertagen nach Eingang des Antrags,
1. jeden nicht erfolgreichen Bewerber über die Gründe für die Ablehnung seines Teilnahmeantrags;
2. jeden Bieter, der ein ordnungsgemäßes Angebot eingereicht hat, über die Merkmale und relativen Vorteile des ausgewählten Angebots sowie über den Namen des erfolgreichen Bieters oder der Parteien der Rahmenvereinbarung;
3. jeden Bieter, der ein ordnungsgemäßes Angebot eingereicht hat, über den Verlauf und die Fortschritte der Verhandlungen und des Dialogs mit den Bietern.
²§ 17 EU Absatz 2 Nummer 2 gilt entsprechend.

(5) Nicht berücksichtigte Angebote und Ausarbeitungen der Bieter dürfen nicht für eine neue Vergabe oder für andere Zwecke benutzt werden.

(6) Entwürfe, Ausarbeitungen, Muster und Proben zu nicht berücksichtigten Angeboten sind zurückzugeben, wenn dies im Angebot oder innerhalb von 30 Kalendertagen nach Ablehnung des Angebots verlangt wird.

Literatur: Dageförde, Die Vorabinformationspflicht im Vergaberechtsschutz: Eine unendliche Geschichte, NZBau 2020, 72; Hertwig, Geistiges Eigentum und „gute Ideen" im Vergaberecht, FS Bartenbach, 2005; Macht/Städler, Die Informationspflichten des öffentlichen Auftraggebers für ausgeschiedene Bewerber – Sinn oder Unsinn?, NZBau 2012, 143; Nestler, Der Schutz nicht urheberrechtsfähiger Bauzeichnungen, BauR 1994, 589; Schäffer, Die „richtige" Vorabinformation – ein Handlungsleitfaden für Vergabestellen und Bieter, VergabeFokus 2021, 15; Zirkel, Schadensersatz auf Grund der Übernahme einer „guten Idee"?, VergabeR 2006, 321. Vgl. auch die Angaben bei § 134 GWB, § 62 VgV und § 19 VOB/A.

Übersicht

	Rn.
I. Bedeutung der Vorschrift	1
II. Unverzügliche Unterrichtung (Abs. 1)	2
III. Informations- und Wartepflicht (Abs. 2 und 3)	7
IV. Unterrichtung auf Verlangen (Abs. 4)	9
1. Verlangen des Bewerbers oder Bieters	10
2. Unterrichtung von Bewerbern	11
3. Unterrichtung von Bietern	12
4. Ausnahme: Keine Unterrichtungspflicht	15
V. Verbot der Nutzung nicht berücksichtigter Angebote und Ausarbeitungen (Abs. 5)	16

	Rn.
VI. Rückgabe nicht berücksichtigter Angebotsunterlagen (Abs. 6)	19
VII. Rechtsschutz	22

I. Bedeutung der Vorschrift

Für die Vergabe von Bauaufträgen oberhalb der Schwellenwerte normiert 1
§ 19 EU VOB/A iS eines abschl. Regelwerkes **sämtliche Informationspflichten** des öffentlichen Auftraggebers ggü. nicht berücksichtigten Bewerbern und Bietern. Die Vorschrift setzt Art. 55 Abs. 2 RL 2014/24/EU um. Dabei folgen die Informationspflichten einer chronologischen Ordnung: Steht die Ablehnung eines Teilnahmeantrags bzw. der Ausschluss eines Angebotes schon frühzeitig fest, soll nach Abs. 1 eine proaktive – also nicht antragsgebundene – und unverzügliche Unterrichtung der betroffenen Bewerber und Bieter erfolgen. Abs. 2, der die Informations- und Wartepflicht gem. § 134 GWB wörtlich wiederholt, ergänzt die Informationspflicht nach Abs. 1 insoweit, als alle erfolglosen Bieter zwingend vor Erteilung des Zuschlags unverzüglich in Textform zu unterrichten sind; dabei müssen die Informationen die in Abs. 2 Nr. 1–3 genannten Angaben enthalten. Diesen (zusätzlichen) Informationsanspruch haben auch jene Bieter, die bereits nach Abs. 1 vorab über den Ausschluss ihres Angebotes informiert worden sind. In diesem Fall müssen die betroffenen Bieter also ein zweites Mal informiert werden. Erfolglose Bewerber, die noch keine Information über die Ablehnung ihrer Bewerbung nach Abs. 1 erhalten haben, bevor die Mitteilung über die Zuschlagserteilung an die betroffenen Bieter ergangen ist, sind spätestens nach Abschluss der Angebotswertung zu unterrichten. Abs. 3 wiederholt § 134 Abs. 3 S. 1 GWB und lässt die Informationspflicht nach Abs. 2 in den Fällen, in denen das Verhandlungsverfahren ohne Teilnahmewettbewerb wegen besonderer Dringlichkeit gerechtfertigt ist, entfallen. Abs. 4 enthält Informationspflichten des Auftraggebers, die nicht automatisch, sondern nur auf entspr. Verlangen eines Bewerbers bzw. Bieters zu erfüllen sind. Die Abs. 5 und 6 enthalten schließlich nähere Bestimmungen über die Verwendung von nicht berücksichtigten Angeboten und Ausarbeitungen der Bieter sowie über die Rückgabe von Entwürfen, Ausarbeitungen, Mustern und Proben zu nicht berücksichtigten Angeboten.

II. Unverzügliche Unterrichtung (Abs. 1)

Abs. 1 schreibt die proaktive und unverzügliche Unterrichtung von Bewerbern 2
und Bietern vor, sobald sich im Vergabeverfahren herausgestellt hat, dass ihre Bewerbungen bzw. Angebote im weiteren Verfahren aussichtslos sind. Diese **gestufte Information** kommt etwa dann zum Tragen, wenn die erste Wertungsstufe abgeschlossen ist, der Ausschluss eines Angebotes damit bereits früh feststeht und der Auftraggeber für die weiteren Wertungsstufen noch Zeit benötigt (etwa zur Durchführung von Aufklärungsgesprächen).[1] In solchen Fällen **sollen**[2] die schon früh ausgeschlossenen Bieter unverzüglich informiert werden; es soll damit nicht bis zum Abschluss des Vergabeverfahrens zugewartet werden. Das bedeutet: Bieter, deren Angebotsausschluss schon frühzeitig feststeht, sollen hierüber zunächst unverzüglich

---

[1] Vgl. dazu OLG Düsseldorf 19.3.2008 – VII Verg 13/08, BeckRS 2009, 08822 = VergabeR 2009, 193 (198).

[2] „Sollen" bedeutet sog. intendiertes Ermessen des Auftraggebers: Im Regelfall besteht die Informationspflicht ggü. abgelehnten Bewerbern und Bietern; hiervon kann aber in sachlich begründeten Ausnahmefällen abgewichen werden.

VOB/A–EU § 19 Nicht berücksichtigte Bewerbungen und Angebote

unterrichtet werden, und sie sind anschließend – nach Abschluss der Wertung und vor Zuschlagserteilung – zwingend nach Abs. 2 (der dem § 134 Abs. 1 GWB entspricht) abermals zu informieren.

3   Ratio legis von Abs. 1 ist es, Bewerber und Bieter, deren Verfahrensausschluss frühzeitig feststeht, rasch über die Aussichtslosigkeit ihrer Verfahrensteilnahme zu informieren, damit sie ihre betriebliche Planung für andere Aufträge einsetzen können.[3] Im Hinblick auf diesen Normzweck kann der Auftraggeber ausnahmsweise von der Unterrichtung nach Abs. 1 absehen (die Vorschrift spricht in diesem Sinne von „sollen"), wenn die Wertung aller Angebote ohne Verzögerungen durchgeführt wird und alle nicht berücksichtigten Bieter mit dem Absageschreiben nach Abs. 2 von der Ablehnung ihrer Angebote informiert werden.

4   Abs. 1 orientiert sich an dem Wertungsvorgang in § 16 EU VOB/A und sieht eine **proaktive Verständigung** vor. Die Unterrichtungspflicht entsteht also nicht etwa erst durch ein entspr. Verlangen der Bieter bzw. Bewerber, wie dies bei Abs. 4 der Fall ist. Die **Gründe** für die Nichtberücksichtigung müssen in der Absage nach Abs. 1 nicht mitgeteilt werden; dies muss vielmehr in der Absage nach Abs. 2 erfolgen. Für die Absage nach Abs. 1 ist iÜ **keine Textform** vorgeschrieben. Doch sollte der Auftraggeber aus Beweis- und Dokumentationsgründen auch für die Information nach Abs. 1 die Textform verwenden.

5   Die **Unterrichtungspflicht** besteht auch **ggü. Bewerbern,** deren Teilnahmeantrag abgelehnt wurde (etwa nach Abschluss eines Teilnahmewettbewerbs im nicht offenen Verfahren). Diese sollen unverzüglich über die Ablehnung ihres Teilnahmeantrags unterrichtet werden. Das **VHB** sieht in den Richtlinien zu 334 in Ziff. 1.2 vor, Bewerber, die nicht zur Angebotsabgabe aufgefordert werden, unter Angabe der Gründe für die Ablehnung der Bewerbung nach Abschluss der ersten Stufe des Verfahrens unter Verwendung des Formblatts „Mitteilung über die Nichtberücksichtigung – Bewerber 336" zu informieren. Sofern diese Information nicht nach Abschluss des Teilnahmewettbewerbs erteilt wird, müssen die nicht berücksichtigten Bewerber – neben den nicht berücksichtigten Bietern – gem. Abs. 2 S. 2 informiert werden.

6   Bieter, deren Angebote nach Maßgabe des § 16 EU VOB/A (also auf der ersten Wertungsstufe) ausgeschlossen worden sind, sollen unverzüglich, dh nach § 121 Abs. 1 S. 1 BGB ohne schuldhaftes Zögern, nach der Ausschlussentscheidung unterrichtet werden. Eine konkrete **Frist** zur Unterrichtung ist nicht vorgeschrieben. Geboten ist eine **kurzfristige Verständigung** innerhalb weniger Tage.[4] Erfasst sind zunächst die in § 16 und § 16a EU VOB/A genannten Ausschlussgründe.[5] Gleiches gilt für Bieter, deren Angebote nicht in die engere Wahl gekommen sind. Damit sind solche Angebote gemeint, die auf der zweiten (§ 16b EU Abs. 1 VOB/A) und der dritten Wertungsstufe (§ 16d EU Abs. 1 Nr. 1 VOB/A) ausscheiden.[6] Des Weiteren zählen hierzu Bieter, deren Angebote keine einwandfreie Ausführung der Bauleistung einschl. Haftung für Mängelansprüche erwarten lassen (§ 16d EU Abs. 1 Nr. 4 VOB/A).[7]

III. Informations- und Wartepflicht (Abs. 2 und 3)

7   In Ergänzung zu Abs. 1 schreibt Abs. 2 vor, Bieter, deren Angebote nicht berücksichtigt worden sind, **vor Erteilung des Zuschlags** in Textform zu informieren.

---

[3] Kapellmann/Messerschmidt/Stickler/Mädler VOB/A § 19EU Rn. 3; Ingenstau/Korbion/Reichling/Stamm VOB/A § 19 EU Rn. 5.
[4] AA Kapellmann/Messerschmidt/Stickler/Mädler VOB/A § 19 Rn. 10: 15 Kalendertage.
[5] HK-VergabeR/Mentzinis VOB/A § 19 Rn. 8; Ingenstau/Korbion/Reichling/Stamm VOB/A § 19 Rn. 8.
[6] HK-VergabeR/Mentzinis VOB/A § 19 Rn. 9; Ingenstau/Korbion/Reichling/Stamm VOB/A § 19 Rn. 9.
[7] HK-VergabeR/Mentzinis VOB/A § 19 Rn. 9.

Die Information muss die in Abs. 2 S. 1 Nr. 1–3 vorgeschriebenen Mindestangaben enthalten. Erfolglose Bewerber, die noch keine Information über die Ablehnung ihres Teilnahmeantrags nach Abs. 1 erhalten haben, bevor die Mitteilung über die Zuschlagserteilung an die betroffenen Bieter ergangen ist, sind nach S. 2 spätestens nach Abschluss der Angebotswertung zu unterrichten (→ Rn. 5). Gleichzeitig ordnet Abs. 2 S. 3 eine **Wartepflicht** des Auftraggebers an: Er muss 15 Kalendertage nach Absendung der Information mit der Erteilung des Zuschlags warten. Die Frist verkürzt sich auf zehn Tage, sofern die Information per Telefax oder auf elektronischem Weg versendet wird. Abs. 3 lässt die Informationspflicht in den Fällen entfallen, in denen das Verhandlungsverfahren ohne Teilnahmewettbewerb wegen besonderer Dringlichkeit gerechtfertigt ist (vgl. § 3a EU Abs. 3 Nr. 4 VOB/A. dazu → GWB § 134 Rn. 113 ff.).

§ 19 EU Abs. 2, 3 VOB/A wiederholt wörtlich die in § 134 Abs. 1, 2, 3 S. 1 GWB normierte Informations- und Wartepflicht und ist damit überflüssig. Auf dessen Kommentierung wird daher verwiesen. **8**

IV. Unterrichtung auf Verlangen (Abs. 4)

Im Gegensatz zu Abs. 1 und 2 normiert Abs. 4 Unterrichtungspflichten des **9** öffentlichen Auftraggebers, die nur auf ein entspr. **Verlangen** des betreffenden Bewerbers oder Bieters zu erfüllen sind. Die Vorschrift setzt Art. 55 Abs. 2 RL 2014/24/EU um und gewährt in Nr. 1 und 2 erfolglosen Bewerbern und Bietern einen Informationsanspruch, der so schnell wie möglich, spätestens jedoch innerhalb einer Frist von 15 Kalendertagen nach Eingang des Antrags (dazu → VgV § 62 Rn. 7) in Textform zu erfüllen ist **(ex-post-Transparenz).**[8] Die praktische Bedeutung dieser Informationspflicht ist aufgrund der gesetzlichen Informations- und Wartepflicht in § 134 Abs. 1 GWB, die automatisch ggü. jedem erfolglosen Bewerber und Bieter vor Zuschlagserteilung einzuhalten ist, stark reduziert. Daneben schreibt Nr. 3 vor, vor Zuschlagserteilung über den Verlauf und die Fortschritte der Verhandlungen und des Dialogs zu informieren.

1. Verlangen des Bewerbers oder Bieters

Der Informationsanspruch besteht nur **auf Verlangen.** Für das Verlangen ist – **10** anders als im Unterschwellenbereich nach § 19 Abs. 2 VOB/A (dort Textform) – keine spezielle Form vorgeschrieben. Erforderlich ist ein Antrag, der auch in elektronischer Form gestellt werden kann (§ 126 Abs. 3 BGB iVm § 126a BGB). Vgl. dazu näher und zur **Auskunftsfrist** → VgV § 62 Rn. 6, 7.

2. Unterrichtung von Bewerbern

Den abgelehnten Bewerbern sind die **Gründe für die Ablehnung des Teilnahme-** **11** **meantrags** mitzuteilen. Geboten ist eine angemessene und nachvollziehbare Begründung (näher → VgV § 62 Rn. 8 und 9).

3. Unterrichtung von Bietern

Jeder Bieter, der ein ordnungsgemäßes Angebot eingereicht hat, ist über die **12** Merkmale und relativen Vorteile des ausgewählten Angebotes sowie über den Namen des erfolgreichen Bieters oder der Parteien der Rahmenvereinbarung zu unterrichten (vgl. auch Art. 55 Abs. 2 lit. c RL 2014/24/EU). Den Informationsanspruch haben also nur Bieter, die ein **ordnungsgemäßes Angebot** eingereicht

---

[8] Vgl. OLG Koblenz 10.8.2000 – 1 Verg 2/00, BeckRS 9998, 26203.

VOB/A–EU § 19 Nicht berücksichtigte Bewerbungen und Angebote

haben. Das ist bei solchen Angeboten der Fall, die den Anforderungen des § 13 EU VOB/A entsprechen und nicht auf der ersten, zweiten und dritten Wertungsstufe ausgeschieden worden sind, also in die engere Wahl gelangt sind.[9]

13 Liegt ein idS ordnungsgemäßes Angebot vor, muss der betreffende Bieter über die **Merkmale und relativen Vorteile des erfolgreichen Angebotes** sowie den **Namen des erfolgreichen Bieters** bzw. die Parteien der Rahmenvereinbarung unterrichtet werden. Mitzuteilen ist damit auch, welche positiven Eigenschaften das erfolgreiche Angebot aufweist (ausf. → VgV § 62 Rn. 11).

14 Bieter, die ein ordnungsgemäßes Angebot eingereicht haben (→ Rn. 12), sind schließlich über den **Verlauf und die Fortschritte der Verhandlungen** und des **wettbewerblichen Dialogs** mit den Bietern zu unterrichten. Die Regelung setzt Art. 55 Abs. 2 lit. d RL 2014/24/EU um. Sie entspricht dem § 62 Abs. 2 Nr. 4 VgV (→ VgV § 62 Rn. 12 und 13).

4. Ausnahme: Keine Unterrichtungspflicht

15 Abs. 4 S. 2 verweist auf § 17 EU Abs. 2 Nr. 2 VOB/A. Danach kann der Auftraggeber bestimmte Informationen, zu deren Erteilung er gem. Abs. 4 verpflichtet ist, ausnahmsweise zurückhalten, wenn deren Weitergabe den Gesetzesvollzug behindern, dem öffentlichen Interesse zuwiderlaufen, die berechtigten geschäftlichen Interessen von öffentlichen oder privaten Unternehmen schädigen oder den fairen Wettbewerb beeinträchtigen würde (vgl. auch Art. 55 Abs. 3 RL 2014/24/EU). Hinsichtlich der Einzelheiten der Ausnahmetatbestände näher → VgV § 39 Rn. 9 ff.

V. Verbot der Nutzung nicht berücksichtigter Angebote und Ausarbeitungen (Abs. 5)

16 Die Abgabe eines Angebotes lässt das Eigentum und die sonstigen Rechte des Bieters (zB Urheberrechte) an seinem Angebot unberührt (näher → VOB/A § 8b EU Rn. 9, 10). Dementsprechend untersagt es Abs. 5, nicht berücksichtigte Angebote und Ausarbeitungen der Bieter für eine neue Vergabe oder für andere Zwecke zu verwenden. Die Vorschrift knüpft an § 8b EU Abs. 2 VOB/A an, wonach die Angebotsunterlagen und die in den Angeboten enthaltenen Vorschläge eines Bieters nur für die Prüfung und Wertung der Angebote verwendet werden dürfen.

17 Abs. 5 verbietet jede weitergehende Nutzung nicht berücksichtigter Angebote und Ausarbeitungen, insbes. die Weitergabe an andere Bieter, über das Vergabeverfahren hinaus. Das Verbot gilt in allen Verfahrensarten und betrifft auch Nebenangebote.[10] Für das Verhandlungsverfahren gilt § 3b EU Abs. 3 Nr. 9 S. 4 VOB/A. Für den wettbewerblichen Dialog gilt § 3b EU Abs. 4 Nr. 4 S. 2 VOB/A.

18 Abs. 5 ist disponibel. Die Verwendung der Angebotsunterlagen bedarf einer **vorherigen** schriftlichen **Vereinbarung** (vgl. § 8b EU Abs. 2 S. 2 VOB/A).[11] Eine vorformulierte Klausel in den Vergabeunterlagen reicht dafür nicht aus[12] (näher → VOB/A § 8b EU Rn. 11).

---

[9] Kapellmann/Messerschmidt/Stickler/Mädler VOB/A § 19 EU Rn. 44.

[10] Kapellmann/Messerschmidt/Stickler/Mädler VOB/A § 19 Rn. 29; OLG Düsseldorf 26.11.1985 – 23 U 66/85, NJW-RR 1986, 508 (509).

[11] Ingenstau/Korbion/Reichling/Stamm VOB/A § 19 Rn. 24; Kapellmann/Messerschmidt/Stickler/Mädler VOB/A § 19 Rn. 30.

[12] Ingenstau/Korbion/Reichling/Stamm VOB/A § 19 Rn. 24; Kapellmann/Messerschmidt/Stickler/Mädler VOB/A § 19 Rn. 30.

VI. Rückgabe nicht berücksichtigter Angebotsunterlagen (Abs. 6)

Nach Abs. 6 sind Entwürfe, Ausarbeitungen, Muster und Proben zu nicht berücksichtigten Angeboten zurückzugeben, sofern dies im Angebot oder innerhalb einer Frist von 30 Kalendertagen nach Ablehnung des Angebotes verlangt wird. Nicht berücksichtigte Bieter bleiben grds. Eigentümer der von ihnen eingereichten Angebotsunterlagen (→ VOB/A § 8b EU Rn. 9).[13] Sie haben gegen den Auftraggeber Herausgabeansprüche nach § 985 BGB und § 695 S. 1 BGB. Nach Abs. 6 sind ihnen deshalb die Entwürfe, Ausarbeitungen, Muster und Proben, die sie im Zusammenhang mit der Angebotsabgabe eingereicht haben, zurückzugeben, sofern dies im Angebot oder innerhalb einer **Frist von 30 Kalendertagen** nach Ablehnung des Angebotes verlangt wird. Die Rückgabepflicht besteht auch, wenn das Angebot vor dem Ablauf der Angebotsfrist zurückgezogen wird.[14]

Die Frist von 30 Kalendertagen ist **keine Ausschlussfrist,** weil der zivilrechtliche Herausgabeanspruch nach § 985 BGB nicht fristgebunden ist.[15] Rückgabeverlangen nach Ablauf der Frist können deshalb nicht wegen Verspätung abgelehnt werden.[16] Allenfalls sind die Sorgfaltspflichten aus dem Eigentümer-Besitzer-Verhältnis (§§ 987 ff. BGB) bzw. aus der Verwahrung (§§ 688 ff. BGB) abgemildert, wenn die Bieter erfolglos unter Fristsetzung aufgefordert wurden, die Angebotsunterlagen zurückzunehmen. Wird innerhalb der Frist keine Rückgabe verlangt, bedeutet das nicht, dass der Bieter mit der Verwendung der Angebotsunterlagen durch den Auftraggeber für eine neue Vergabe nach Abs. 5 einverstanden ist.[17]

Die Vorschrift normiert nicht die **Kosten der Rückgabe.** Zweckmäßigerweise sollte die Ausschreibung hierzu eine Aussage treffen. Ist dies nicht der Fall, sind die Angebotsunterlagen nach § 697 BGB auf Kosten und Gefahr des Bieters am Sitz des Auftraggebers herauszugeben.[18]

VII. Rechtsschutz

Dazu → GWB § 135 Rn. 38 ff. sowie → VgV § 62 Rn. 15 und 16.

Eine **Verletzung des Nutzungsverbots** nach Abs. 5 kann Schadensersatzansprüche nach §§ 241 Abs. 2, 311 Abs. 2 Nr. 1, § 280 Abs. 1 BGB begründen.[19] Ferner sind Ansprüche aus ungerechtfertigter Bereicherung nach § 812 BGB und wegen (unechter) Geschäftsführung ohne Auftrag nach den § 687 Abs. 2 S. 1, § 681 S. 2, § 667 BGB denkbar. Daneben kann die **Verletzung von Geschäftsgeheimnissen** Beseitigungs-, Unterlassungs- und (bei Verschulden) Schadensersatzansprüche begründen. Nebenangebote genießen urheberrechtlichen Schutz gem. § 2 Abs. 1 Nr. 1 UrhG bzw. § 2 Abs. 1 Nr. 7, Abs. 2 UrhG, wenn die konkrete Darstellung des technischen Inhalts – ausnahmsweise – eine persönlich geistige Schöpfung

---

[13] Ingenstau/Korbion/Reichling/Stamm VOB/A § 19 Rn. 26.
[14] Kapellmann/Messerschmidt/Stickler/Mädler VOB/A § 19 Rn. 33.
[15] Ingenstau/Korbion/Reichling/Stamm VOB/A § 19 Rn. 25; Kapellmann/Messerschmidt/Stickler/Mädler VOB/A § 19 Rn. 34.
[16] Ingenstau/Korbion/Reichling/Stamm VOB/A § 19 Rn. 25; Kapellmann/Messerschmidt/Stickler/Mädler VOB/A § 19 Rn. 34.
[17] Ingenstau/Korbion/Reichling/Stamm VOB/A § 19 Rn. 28; Kapellmann/Messerschmidt/Stickler/Mädler VOB/A § 19 Rn. 34.
[18] Ingenstau/Korbion/Reichling/Stamm VOB/A § 19 Rn. 26; Kapellmann/Messerschmidt/Stickler/Mädler VOB/A § 19 Rn. 35.
[19] OLG München 4.8.2005 – 8 U 1540/05, IBRRS 55490; Zirkel VergabeR 2006, 321 (324).

iSv § 2 Abs. 2 UrhG darstellt. Dies ist nicht der Fall, wenn eine technische Lösung auf allg. technischen Wissen beruht.[20] Angebote sind Geschäftsgeheimnisse iSv § 2 Nr. 1 GeschGehG. Ihre zweckwidrige Verwendung verstößt gegen § 4 Abs. 2 Nr. 1 GeschGehG.[21]

§ 20 EU Dokumentation

Das Vergabeverfahren ist gemäß § 8 VgV zu dokumentieren.

1 Für die Dokumentation des Vergabeverfahrens gilt § 8 VgV, was bereits aus § 2 S. 1 VgV folgt, so dass § 20 EU VOB/A nur deklaratorische Wirkung hat. Auf die Kommentierung zu § 8 VgV wird verwiesen, → VgV § 8 Rn. 1 ff.

§ 21 EU Nachprüfungsbehörden

In der Bekanntmachung und den Vergabeunterlagen ist die Nachprüfungsbehörde mit Anschrift anzugeben, an die sich der Bewerber oder Bieter zur Nachprüfung behaupteter Verstöße gegen die Vergabebestimmungen wenden kann.

Literatur: Vgl. die Angaben bei Vor § 155 GWB und Einl. VOB/A.

1 Oberhalb der Schwellenwerte haben Unternehmen gem. § 97 Abs. 6 GWB Anspruch darauf, dass der Auftraggeber die Bestimmungen über das Vergabeverfahren einhält (→ GWB § 97 Rn. 107 ff.). Die Durchsetzung dieses Anspruchs erfolgt nach § 155 GWB unbeschadet der Prüfungsmöglichkeiten von Aufsichtsbehörden durch Einleitung eines Nachprüfungsverfahrens vor der **Vergabekammer.** Diese ist im Anwendungsbereich des 2. Abschn. der VOB/A die ausschl. zuständige **Eingangsinstanz** für die Nachprüfung behaupteter Vergabeverstöße.[1] Vgl. dazu näher → GWB Vor § 155 Rn. 10 ff. und → GWB § 155 Rn. 11 ff.

2 Zur Gewährleistung effektiven Rechtsschutzes ordnet § 21 EU VOB/A an, die Nachprüfungsbehörde, an die sich Unternehmen zur Nachprüfung behaupteter Vergabeverstöße wenden können (also die zuständige Vergabekammer), mit Anschrift in der Auftragsbekanntmachung und den Vergabeunterlagen anzugeben. Welche Vergabekammer zuständig ist, normiert § 159 GWB (→ GWB § 159 Rn. 6 ff). Weitergehende Informationspflichten enthält § 12 EU Abs. 3 Nr. 2 VOB/A. Danach ist die Auftragsbekanntmachung nach den Vorgaben der Spalte 16 in Tabelle 2 des Anhangs der Durchführungsverordnung (EU) 2019/1780 iVm § 10a VgV zu erstellen.

3 § 21 EU VOB/A vermittelt Bieterschutz.[2] Regelmäßig liegt zugleich ein Verstoß gegen § 12 EU Abs. 3 Nr. 2 VOB/A vor. Der Verstoß bleibt allerdings folgenlos, wenn die Vergabekammer ein Nachprüfungsverfahren rechtzeitig, dh vor wirksamer Erteilung des Zuschlags, eingeleitet hat.[3] Fehlende oder unzutreffende Angaben in der Auftragsbekanntmachung und den Vergabeunterlagen haben iÜ keinen Einfluss auf die Zuständigkeit der Vergabekammer. Die Vergabekammer prüft vielmehr auto-

---

[20] OLG München 4.8.2005 – 8 U 1540/05, IBRRS 55490.
[21] BGH 10.5.1995 – 1 StR 764/94, BB 1995, 2546.
[1] BGH 15.7.2008 – X ZB 17/08, NZBau 2008, 662 (663).
[2] MüKoEuWettbR/Seebo VOB/A § 21EU Rn. 7; Ingenstau/Korbion/Reichling/Stamm VOB/A § 21 EU Rn. 8.
[3] VK Schleswig-Holstein 17.9.2008 – VK-SH 10/08, BeckRS 2008, 21735; VK Südbayern 26.11.2002 – 120.3-3194-1-46-11/02, BeckRS 2002, 32996; Ingenstau/Korbion/Reichling/ Stamm VOB/A § 21 EU Rn. 8.

nom, ob das Nachprüfungsverfahren eröffnet ist.[4] Unterschreitet der Auftragswert den EU-Schwellenwert, sind die Nachprüfungsinstanzen somit auch dann nicht zuständig, wenn der Auftraggeber sie in den Vergabeunterlagen als Nachprüfungsbehörde benannt hat.[5] Wird eine örtlich unzuständige Vergabekammer angerufen, kann der Nachprüfungsantrag gem. § 83 S. 1 VwGO iVm § 17a Abs. 2 S. 1 GVG analog an die zuständige Vergabekammer verwiesen werden.[6] Der **Verweisungsbeschluss** ist auch dann gem. § 83 VwGO iVm § 17a Abs. 2 S. 3 GVG bindend, wenn große Zweifel an der Richtigkeit des Verweisungsbeschlusses bestehen, dieser aber nicht willkürlich ergangen ist. Er ist allerdings nur formell – dh hinsichtlich der Zuständigkeit – bindend. Eine materielle Bindungswirkung besitzt der Verweisungsbeschluss nicht. An die tragenden Gründe des Verweisungsbeschlusses ist die Vergabekammer, an die verwiesen wurde, nicht gebunden.[7]

Die Angabe der Vergabekammer als Nachprüfungsbehörde in der Auftragsbekanntmachung und den Vergabeunterlagen kann im Hinblick auf die **Zuordnung** eines Auftrags zum **80 %-Kontingent** nach § 3 Abs. 9 VgV, der gem. § 2 S. 1 VgV auch für Bauaufträge gilt, relevant sein. Die Zuordnung eines Auftrags zum (freien) 20 %-Kontingent muss klar erkennbar erfolgen (dazu → VgV § 3 Rn. 29).[8] Schreibt der öffentliche Auftraggeber ein Los europaweit aus und wird in der Auftragsbekanntmachung als Nachprüfungsbehörde die Vergabekammer angegeben, ist damit die Zuordnung des betreffenden Auftrags zu dem (ausschreibungspflichtigen) 80 %-Kontingent bindend festgelegt, so dass der Anwendungsbereich des Teils 4 des GWB eröffnet ist.[9] **4**

Sofern durch den Verstoß gegen § 21 EU VOB/A im Nachprüfungsverfahren Kosten entstanden sind, können diese gem. § 182 Abs. 3 S. 3 GWB dem Auftraggeber auferlegt werden. Hat also der Auftraggeber die Vergabekammer als zuständige Stelle für Rechtsbehelfs-/Nachprüfungsverfahren für die Einleitung von Nachprüfungsverfahren genannt, obwohl diese nicht zuständig ist, können ihm die Kosten des Nachprüfungsverfahrens auferlegt werden.[10] **5**

§ 22 EU Auftragsänderungen während der Vertragslaufzeit

(1) [1]**Wesentliche Änderungen eines öffentlichen Auftrags während der Vertragslaufzeit erfordern ein neues Vergabeverfahren.** [2]**Wesentlich sind Änderungen, die dazu führen, dass sich der öffentliche Auftrag erheblich von dem ursprünglich vergebenen öffentlichen Auftrag unterscheidet.** [3]**Eine wesentliche Änderung liegt insbesondere vor, wenn**

---

[4] OLG Düsseldorf 6.4.2022 – Verg 34/21, VPRRS 2023, 0040; VK Bund 6.7.2023 – VK 2–46/23, VPRRS 2023, 0159; OLG Stuttgart 12.8.2002 – 2 Verg 9/02, NZBau 2003, 340.

[5] OLG Frankfurt a. M. 8.5.2012 – 11 Verg 2/12, BeckRS 2012, 10701; OLG München 28.9.2005 – Verg 19/05, BeckRS 2005, 11622; OLG Düsseldorf 31.3.2004 – Verg 74/03, BeckRS 2004, 18443; BayObLG 23.5.2002 – Verg 7/02, BeckRS 2002, 04949 = VergabeR 2002, 510 (512).

[6] VK Bund 21.2.2023 – VK 2–4/23, VPRRS 2023, 0049; OLG Jena 16.7.2007 – 9 Verg 4/07, BeckRS 2008, 6000; OLG Düsseldorf 18.1.2005 – Verg 104/04, BeckRS 2005, 03568. Entscheidungen der Vergabekammer über die Verweisung des Nachprüfungsantrags an eine andere Vergabekammer sind nicht isoliert anfechtbar: OLG Dresden 26.6.2012 – Verg 3/12, BeckRS 2012, 20904.

[7] VK Südbayern 13.6.2023 – 3194.Z3-3_01-23-11, VPRRS 2023, 0144.

[8] VK Berlin 3.1.2006 – VK-B2-57/05, IBRRS 2006, 1197.

[9] BayObLG 13.8.2001 – Verg 10/01, NZBau 2001, 643 (644); VK Schleswig-Holstein 31.1.2006 – VK-SH 33/05, IBRRS 2006, 0499.

[10] VK Hessen 8.2.2012 – 69d-VK-02/2012, IBRRS 2012, 0812.

VOB/A–EU § 22 Auftragsänderungen während der Vertragslaufzeit

1. mit der Änderung Bedingungen eingeführt werden, die, wenn sie für das ursprüngliche Vergabeverfahren gegolten hätten,
   a) die Zulassung anderer Bewerber oder Bieter ermöglicht hätten,
   b) die Annahme eines anderen Angebots ermöglicht hätten oder
   c) das Interesse weiterer Teilnehmer am Vergabeverfahren geweckt hätten,
2. mit der Änderung das wirtschaftliche Gleichgewicht des öffentlichen Auftrags zugunsten des Auftragnehmers in einer Weise verschoben wird, die im ursprünglichen Auftrag nicht vorgesehen war,
3. mit der Änderung der Umfang des öffentlichen Auftrags erheblich ausgeweitet wird oder
4. ein neuer Auftragnehmer den Auftragnehmer in anderen als den in Absatz 2 Nummer 4 vorgesehenen Fällen ersetzt.

(2) [1]Unbeschadet des Absatzes 1 ist die Änderung eines öffentlichen Auftrags ohne Durchführung eines neuen Vergabeverfahrens zulässig, wenn
1. in den ursprünglichen Vergabeunterlagen klare, genaue und eindeutig formulierte Überprüfungsklauseln oder Optionen vorgesehen sind, die Angaben zu Art, Umfang und Voraussetzungen möglicher Auftragsänderungen enthalten, und sich aufgrund der Änderung der Gesamtcharakter des Auftrags nicht verändert,
2. zusätzliche Liefer-, Bau- oder Dienstleistungen erforderlich geworden sind, die nicht in den ursprünglichen Vergabeunterlagen vorgesehen waren, und ein Wechsel des Auftragnehmers
   a) aus wirtschaftlichen oder technischen Gründen nicht erfolgen kann und
   b) mit erheblichen Schwierigkeiten oder beträchtlichen Zusatzkosten für den öffentlichen Auftraggeber verbunden wäre,
3. die Änderung aufgrund von Umständen erforderlich geworden ist, die der öffentliche Auftraggeber im Rahmen seiner Sorgfaltspflicht nicht vorhersehen konnte und sich aufgrund der Änderung der Gesamtcharakter des Auftrags nicht verändert,
4. ein neuer Auftragnehmer den bisherigen Auftragnehmer ersetzt
   a) aufgrund einer Überprüfungsklausel im Sinne von Nummer 1,
   b) aufgrund der Tatsache, dass ein anderes Unternehmen, das die ursprünglich festgelegten Anforderungen an die Eignung erfüllt, im Zuge einer Unternehmensumstrukturierung, wie zum Beispiel durch Übernahme, Zusammenschluss, Erwerb oder Insolvenz, ganz oder teilweise an die Stelle des ursprünglichen Auftragnehmers tritt, sofern dies keine weiteren wesentlichen Änderungen im Sinne des Absatzes 1 zur Folge hat, oder
   c) aufgrund der Tatsache, dass der öffentliche Auftraggeber selbst die Verpflichtungen des Hauptauftragnehmers gegenüber seinen Unterauftragnehmern übernimmt.

[2]In den Fällen der Nummern 2 und 3 darf der Preis um nicht mehr als 50 Prozent des Werts des ursprünglichen Auftrags erhöht werden. [3]Bei mehreren aufeinander folgenden Änderungen des Auftrags gilt diese Beschränkung für den Wert jeder einzelnen Änderung, sofern die Änderungen nicht mit dem Ziel vorgenommen werden, die Vorschriften dieses Teils zu umgehen.

(3) [1]Die Änderung eines öffentlichen Auftrags ohne Durchführung eines neuen Vergabeverfahrens ist ferner zulässig, wenn sich der Gesamtcharakter des Auftrags nicht ändert und der Wert der Änderung
1. die jeweiligen Schwellenwerte nach § 106 GWB nicht übersteigt und

Anwendungsbereich § 1 VOB/A–VS

2. bei Liefer- und Dienstleistungsaufträgen nicht mehr als zehn Prozent und bei Bauaufträgen nicht mehr als 15 Prozent des ursprünglichen Auftragswertes beträgt.
²Bei mehreren aufeinander folgenden Änderungen ist der Gesamtwert der Änderungen maßgeblich.

(4) Enthält der Vertrag eine Indexierungsklausel, wird für die Wertberechnung gemäß Absatz 2 Satz 2 und 3 sowie gemäß Absatz 3 der höhere Preis als Referenzwert herangezogen.

(5) *Änderungen nach Absatz 2 Nummer 2 und 3 sind nach den Vorgaben der Spalte 38 in Tabelle 2 des Anhangs der Durchführungsverordnung (EU) 2019/1780 in Verbindung mit § 10a VgV über den zentralen Datenservice Öffentlicher Einkauf im Amtsblatt der Europäischen Union bekannt zu machen.*[1]

Literatur: Vgl. die Angaben bei § 132 GWB.

Die Vorschrift ist **identisch mit § 132 GWB,** so dass auf die dortige Kommentierung verwiesen wird, → GWB § 132 Rn. 1 ff. 1

Abschnitt 3. Vergabebestimmungen im Anwendungsbereich der Richtlinie 2009/81/EG (VOB/A–VS)

§ 1 VS Anwendungsbereich

(1) ¹Bauaufträge sind Verträge über die Ausführung oder die gleichzeitige Planung und Ausführung
1. eines Bauvorhabens oder eines Bauwerks für den Auftraggeber, das
   a) Ergebnis von Tief- oder Hochbauarbeiten ist und
   b) eine wirtschaftliche oder technische Funktion erfüllen soll, oder
2. einer dem Auftraggeber unmittelbar wirtschaftlich zugutekommenden Bauleistung durch Dritte gemäß den vom Auftraggeber genannten Erfordernissen.

²Im Bereich Verteidigung und Sicherheit haben Bauaufträge Bauleistungen zum Gegenstand, die in allen Phasen ihres Lebenszyklus im unmittelbaren Zusammenhang mit den in § 104 Absatz 1 GWB genannten Ausrüstungen stehen, sowie Bauleistungen speziell für militärische Zwecke oder Bauleistungen im Rahmen eines Verschlusssachenauftrags. ³Bauleistungen im Rahmen eines Verschlusssachenauftrags sind Bauleistungen, bei deren Erbringung Verschlusssachen nach § 4 des Gesetzes über die Voraussetzungen und das Verfahren von Sicherheitsüberprüfungen des Bundes oder nach den entsprechenden Bestimmungen der Länder verwendet werden oder die solche Verschlusssachen erfordern oder beinhalten.

(2)
1. Die Bestimmungen dieses Abschnitts sind von Auftraggebern im Sinne von § 99 GWB und Sektorenauftraggebern im Sinne von § 100 GWB für Bauaufträge nach Absatz 1 anzuwenden, bei denen der geschätzte Gesamtauftragswert der Baumaßnahme oder des Bauwerkes (alle Bauaufträge für eine bauliche Anlage) mindestens dem sich aus § 106 Absatz 2 Nummer 3 GWB ergebenden Schwellenwert ohne Umsatzsteuer entspricht.

---

[1] Bei Drucklegung noch nicht in Kraft.

2. **Die Schätzung des Auftragswerts richtet sich nach § 3 der Vergabeverordnung Verteidigung und Sicherheit (VSVgV).**

(3) Ist bei einem Bauauftrag ein Teil der Leistung verteidigungs- oder sicherheitsspezifisch, gelten die Bestimmungen des § 111 GWB.

Literatur: Byok, Reformierter Regelungsrahmen für Beschaffungen im Sicherheits- und Verteidigungssektor, NVwZ 2012, 70; Gabriel, Defence Procurement: Auftragsvergaben im Bereich staatlicher Verteidigung und Sicherheit nach dem „Defence Package" der Europäischen Kommission, VergabeR 2009, 380; Herrmann/Polster, Die Vergabe von sicherheitsrelevanten Aufträgen, NVwZ 2010, 341; Hertel/Schöning, Der neue Rechtsrahmen für die Auftragsvergabe im Rüstungssektor, NZBau 2009, 684; Höfler/Petersen, Erstreckung des Binnenmarkts auf die Verteidigungs- und Sicherheitsmärkte? – Die Beschaffungsrichtlinie 2009/81/EG, EuZW 2011, 336; Hölzl, Neu: Der Konkurrent im Sicherheits- und Verteidigungsbereich, VergabeR 2012, 141; Probst/Tews, Ausschreibung von (nachrangigen) Sicherheitsdienstleistungen auf deutschen Flughäfen, VergabeR 2011, 818; Rosenkötter, Die Verteidigungsrichtlinie 2009/81/EG und ihre Umsetzung, VergabeR 2012, 267; Roth/Lamm, Die Umsetzung der Verteidigungsgüter-Beschaffungsrichtlinie in Deutschland – Ein Überblick über die Regelungen des GWB, der VSVgV und des dritten Abschnitts der VOB/A (VOB/A-VS), NZBau 2012, 609; Schäfer, EU-Vergaberecht 2010/11 – zwischen Konsolidierung, Fragmentierung und Kohärenz, VergabeR 2011, 275; Scherer-Leydecker, Verteidigungs- und sicherheitsrelevante Aufträge – Eine neue Auftragskategorie im Vergaberecht, NZBau 2012, 533; Wagner/Bauer, Grundzüge des zukünftigen Vergaberegimes in den Bereichen Verteidigung und Sicherheit, VergabeR 2009, 856. Vgl. iÜ die Angaben bei § 104 GWB und VSVgV Einl.

I. Sachlicher Anwendungsbereich

1   Abs. 1 regelt den sachlichen Anwendungsbereich der VOB/A-VS (dazu auch → VOB/A Einl. Rn. 15).

2   Erfasst werden **Bauaufträge,** § 1 VS Abs. 1 VOB/A. Die Definition für Bauaufträge entspricht wörtlich der Definition aus § 1 EU Abs. 1 VOB/A. Auf die Erläuterungen zu → VOB/A § 1 EU Rn. 3 und → GWB § 103 Rn. 74 ff. wird daher Bezug genommen.

3   Gegenstand der von der VOB/A-VS erfassten Bauaufträge sind Bauleistungen, die in allen Phasen ihres Lebenszyklus im unmittelbaren Zusammenhang mit den in § 104 Abs. 1 GWB genannten Ausrüstungen stehen, militärischen Zwecken dienen[1] oder Gegenstand eines Verschlusssachenauftrages sind. Bauleistungen, die Gegenstand eines Verschlusssachenauftrages sind, sind solche, bei deren Erbringung **Verschlusssachen** nach § 4 SÜG verwendet werden oder die Verschlusssachen erfordern oder sie beinhalten (§ 104 Abs. 3 GWB). Vgl. dazu näher → VSVgV § 1 Rn. 12 ff., 18–20.

4   Die VOB/A-VS ist nur einschlägig, soweit Vergaben nicht nach §§ 107 Abs. 2, 117 GWB oder § 145 GWB von der Geltung des Teils 4 des GWB ausgenommen sind. Weiterhin gelten die Bestimmungen der VOB/A-VS, soweit die Bestimmungen der VSVgV nicht vorrangig sind. Nach § 2 Abs. 1 VSVgV sind für die Vergabe von sicherheits- und verteidigungsrelevanten Bauaufträgen zunächst die §§ 1–4, 6–9, 38–42, 44–46 der VSVgV anzuwenden. (Nur) iÜ sind die Regelungen der VOB/A-VS anzuwenden (vgl. § 2 VSVgV).

---

[1] Für Dual Use-Güter hat der EuGH klargestellt, dass sie nur dann militärischen Zwecken dienen, wenn sie speziell dafür konzipiert und entwickelt wurden, EuGH 7.6.2012 – C-615/10, BeckRS 2012, 81171 = VergabeR 2012, 711; vgl. auch → VSVgV § 1 Rn. 5 ff.

Grundsätze § 2 VOB/A–VS

II. Persönlicher Anwendungsbereich

Zur Anwendung sind alle öffentlichen Auftraggeber iSv § 99 GWB und Sektoren- 5
auftraggeber iSv § 100 GWB verpflichtet, § 1 VS Abs. 2 Nr. 1 VOB/A. Die SektVO
gilt insoweit nicht, § 1 Abs. 2 SektVO.

III. Ermittlung der Schwellenwerte

Die Höhe der einschlägigen Schwellenwerte wird in § 1 VS Abs. 2 Nr. 2 VOB/ 6
A durch Bezugnahme auf § 3 VSVgV festgelegt. Auf die dortigen Erläuterungen
kann verwiesen werden, → VSVgV § 3 Rn. 1.

IV. Gemischte Aufträge

Für **gemischte Aufträge** verweist § 1 VS Abs. 3 VOB/A auf § 111 GWB. Auf 7
die dortigen Erläuterungen kann verwiesen werden, → GWB § 111 Rn. 1 ff.

§ 2 VS Grundsätze

(1) [1]**Öffentliche Aufträge werden im Wettbewerb und im Wege transparenter Verfahren vergeben.** [2]**Dabei werden die Grundsätze der Wirtschaftlichkeit und der Verhältnismäßigkeit gewahrt.** [3]**Wettbewerbsbeschränkende und unlautere Verhaltensweisen sind zu bekämpfen.**

(2) **Die Teilnehmer an einem Vergabeverfahren sind gleich zu behandeln, es sei denn, eine Ungleichbehandlung ist aufgrund des GWB ausdrücklich geboten oder gestattet.**

(3) **Öffentliche Aufträge werden an fachkundige und leistungsfähige (geeignete) Unternehmen vergeben, die nicht nach § 6e VS ausgeschlossen worden sind.**

(4) **Die Regelungen darüber, wann natürliche Personen bei Entscheidungen in einem Vergabeverfahren für einen Auftraggeber als voreingenommen gelten und an einem Vergabeverfahren nicht mitwirken dürfen, richten sich nach § 42 VSVgV.**

(5) **Auftraggeber, Bewerber, Bieter und Auftragnehmer wahren die Vertraulichkeit aller Informationen und Unterlagen nach Maßgabe dieser Vergabeordnung oder anderen Rechtsvorschriften.**

(6) [1]**Vor der Einleitung eines Vergabeverfahrens kann der Auftraggeber Marktkonsultationen zur Vorbereitung der Auftragsvergabe und zur Unterrichtung der Unternehmer über seine Pläne zur Auftragsvergabe und die Anforderungen an den Auftrag durchführen.** [2]**Die Durchführung von Vergabeverfahren zum Zwecke der Marktkundung ist unzulässig.**

(7) [1]**Der Auftraggeber kann Bewerbern und Bietern Auflagen zum Schutz von Verschlusssachen machen, die sie diesen im Zuge des Verfahrens zur Vergabe eines Auftrags übermitteln.** [2]**Er kann von diesen Bewerbern und Bietern verlangen, die Einhaltung dieser Auflagen durch ihre Unterauftragnehmer sicherzustellen.**

Literatur: Vgl. die Angaben bei den §§ 97, 122 GWB sowie bei § 2 EU VOB/A.

§ 2 VS VOB/A führt **Grundsätze für verteidigungs- oder sicherheitsspezi-** 1
fische Bauvergaben zusammen, die im GWB und – für Liefer- und Dienstleistun-

VOB/A–VS § 3 — Arten der Vergabe

gen – in der VSVgV in anderer Systematik gegliedert sind. Strukturell enthalten die Abs. 1 und 2 die allg. Anforderungen, die EU- und Haushaltsrecht an die Vergabe von öffentlichen Aufträgen stellen. Während Abs. 3 den Begriff der Eignung definiert, betreffen Abs. 4 das Vorliegen von Voreingenommenheit in Vergabeverfahren, Abs. 5 die Wahrung der Vertraulichkeit von Informationen und Unterlagen, Abs. 6 die Durchführung von Marktkonsultationen vor Einleitung eines Vergabeverfahrens und Abs. 7 Auflagen zum Schutz von Verschlusssachen.

2 Die Vorschrift ist das Pendant zu § 2 EU VOB/A, der die Grundsätze für die Vergabe von Bauaufträgen im nicht verteidigungs- oder sicherheitsspezifischen Bereich oberhalb der Schwellenwerte regelt. Zur Definition des Bauauftrags im Bereich Verteidigung und Sicherheit → VOB/A § 1 VS Rn. 3.

3 Da sich die Abs. 1–6 mit § 2 EU Abs. 1–3, 5–7 VOB/A inhaltlich decken, wird insoweit auf die Kommentierung des § 2 EU VOB/A verwiesen.

4 Nach **Abs. 7** S. 1 können Bewerbern und Bietern **Auflagen zum Schutz von Verschlusssachen** (→ VSVgV § 1 Rn. 14 ff.) gemacht werden; diese sind im Zuge des Vergabeverfahrens zu übermitteln. Auftraggeber können nach S. 2 iÜ von den Bewerbern und Bietern verlangen, die Einhaltung dieser Auflagen durch ihre Unterauftragnehmer sicherzustellen. Die Vorschrift setzt Art. 7 RL 2009/81/EG nahezu wortgleich um und dient dem Schutz der **Informationssicherheit** (→ VSVgV § 7 Rn. 1 ff.).

5 Die Anforderungen an den Schutz von Verschlusssachen durch Unternehmen normiert § 7 VSVgV, der gem. § 2 Abs. 2 VSVgV auf die Vergabe von verteidigungs- und sicherheitsspezifischen Bauaufträgen anwendbar ist. § 7 Abs. 1 VSVgV verpflichtet die Auftraggeber, in der Auftragsbekanntmachung oder den Vergabeunterlagen die erforderlichen Maßnahmen, Anforderungen und Auflagen zu benennen, die ein Unternehmen als Bewerber, Bieter oder Auftragnehmer sicherstellen oder erfüllen muss, um den Schutz von Verschlusssachen entspr. dem jew. Geheimhaltungsgrad (→ VSVgV § 1 Rn. 12 ff.) zu gewährleisten. Auftraggeber müssen in der Auftragsbekanntmachung oder den Vergabeunterlagen auch die erforderlichen Maßnahmen, Anforderungen und Auflagen kommunizieren, die Unterauftragnehmer sicherstellen müssen, um den Schutz von Verschlusssachen entspr. dem jew. Geheimhaltungsgrad zu gewährleisten, und deren Einhaltung der Bewerber, Bieter oder Auftragnehmer mit dem Unterauftragnehmer vereinbaren muss. Hierzu zählen etwa die **Vorlage von Verpflichtungserklärungen,** Verschlusssachen jederzeit in Übereinstimmung mit den Rechts- und Verwaltungsvorschriften zu verwahren, sowie der Nachweis, die Verarbeitung, Speicherung und Übermittlung solcher Verschlusssachen auf der geforderten Sicherheitsstufe zu gewährleisten. Hinsichtlich der weiteren Einzelheiten wird auf die Kommentierung des § 7 VSVgV (→ VSVgV § 7 Rn. 1 ff.) verwiesen.

6 Korrespondierend dazu verlangt § 6b VS Abs. 5 S. 1 VOB/A, dass ein Bewerber die zum Schutz von Verschlusssachen geforderten Angaben und Nachweise vorlegen muss, bevor ihm Zugang zu Verschlusssachen des Grades „VS-VERTRAULICH" oder höher gewährt wird. Anderenfalls ist der Bewerber von dem Verfahren auszuschließen. Die Vorschrift stimmt mit § 7 Abs. 5 VSVgV überein (→ VSVgV § 7 Rn. 17).

§ 3 VS Arten der Vergabe

Bauaufträge im Sinne von § 1 VS werden von öffentlichen Auftraggebern nach § 99 GWB und Sektorenauftraggebern im Sinne von § 100 GWB vergeben:
1. im nicht offenen Verfahren; bei einem nicht offenen Verfahren wird öffentlich zur Teilnahme, aus dem Bewerberkreis sodann eine

Arten der Vergabe **§ 3 VOB/A–VS**

beschränkte Anzahl von Unternehmen zur Angebotsabgabe aufgefordert,
2. im **Verhandlungsverfahren**; beim Verhandlungsverfahren mit oder ohne Teilnahmewettbewerb wendet sich der Auftraggeber an ausgewählte Unternehmen und verhandelt mit einem oder mehreren dieser Unternehmen über die von diesen unterbreiteten Angebote, um diese entsprechend den in der Auftragsbekanntmachung, den Vergabeunterlagen und etwaigen sonstigen Unterlagen angegebenen Anforderungen anzupassen,
3. im **wettbewerblichen Dialog**; ein wettbewerblicher Dialog ist ein Verfahren zur Vergabe öffentlicher Aufträge mit dem Ziel der Ermittlung und Festlegung der Mittel, mit denen die Bedürfnisse des öffentlichen Auftraggebers am besten erfüllt werden können.

Literatur: Vgl. die Angaben bei § 119 GWB und § 14 VgV.

§ 3 VS VOB/A übernimmt den Inhalt des Art. 25 UAbs. 2, 3, 4 RL 2009/81/ 1
EG. Die Vorschrift zählt **abschließend** iS eines Typenzwangs die für die Vergabe verteidigungs- und sicherheitsspezifischer Bauaufträge iSv § 1 VS VOB/A durch öffentliche Auftraggeber nach § 99 GWB und Sektorenauftraggeber nach § 100 GWB **zulässigen Vergabeverfahrensarten** auf:
– das nicht offene Verfahren,
– das Verhandlungsverfahren sowie
– den wettbewerblichen Dialog.
Das offene Verfahren ist aufgrund der Sensibilität dieser Bereiche für die Vergabe verteidigungs- und sicherheitsspezifischer Bauaufträge nicht vorgesehen und darf nicht angewendet werden (vgl. auch → GWB § 146 Rn. 4 und → VSVgV § 11 Rn. 1).[1] Auch die Innovationspartnerschaft ist nicht vorgesehen. Die Zulässigkeitsvoraussetzungen der Vergabearten sind in einem eigenständigen Paragrafen – § 3a VS VOB/A – normiert. Auch der Ablauf der Verfahren wird in einer eigenständigen Norm – § 3b VS VOB/A – beschrieben.

Standardverfahren für die Vergabe verteidigungs- und sicherheitsspezifischer 2
Bauaufträge sind das nicht offene Verfahren sowie das Verhandlungsverfahren mit Teilnahmewettbewerb (§ 3a VS Abs. 1 VOB/A). Zwischen diesen Verfahren kann frei gewählt werden (→ GWB § 146 Rn. 4). Das Verhandlungsverfahren ohne Teilnahmewettbewerb sowie der wettbewerbliche Dialog sind nur in den in § 3a VS Abs. 2, 3 VOB/A normierten Fällen zulässig.

Zu den Merkmalen und zum Ablauf der Verfahren wird auf die Kommentierung 3
des § 119 GWB, § 14 VgV und der §§ 16–18 VgV verwiesen. Beim **nicht offenen Verfahren** müssen – anders als bei der Vergabe klassischer Bauaufträge – mindestens **drei geeignete Bewerber** zur Angebotsabgabe aufgefordert werden (§ 3b VS Abs. 1 S. 1 VOB/A). Auf jeden Fall muss die Zahl der aufgeforderten Bewerber einen echten Wettbewerb sicherstellen, wenn nicht mindestens drei geeignete Bewerber vorhanden sind. Die Eignung der Bewerber ist anhand der mit dem Teilnahmeantrag vorgelegten Nachweise zu prüfen.

Anders als bei der Vergabe von Liefer- und Dienstleistungen (vgl. § 21 Abs. 3 4
S. 1 VSVgV), ist eine Begrenzung des Bewerberkreises durch den Teilnahmewettbewerb bei der Vergabe von Bauleistungen im nicht offenen Verfahren nicht vorgesehen (Art. 38 Abs. 3 RL 2009/81/EG).[2] Beim **Verhandlungsverfahren** mit Teilnahmewettbewerb sowie beim **wettbewerblichen Dialog** müssen bei einer

---

[1] Vgl. BT-Drs. 17/7275, 18; näher hierzu Hölzl VergabeR 2012, 141 (144 f.); Rosenkötter VergabeR 2012, 267 (276).
[2] Krit. dazu Roth/Lamm NZBau 2012, 609 (614).

hinreichenden Zahl geeigneter Bewerber mindestens **drei Bewerber** zu Verhandlungen bzw. zum Dialog aufgefordert werden (§ 3b VS Abs. 2 Nr. 1 VOB/A). Nur in diesen Verfahren dürfen die Auftraggeber die Zahl der geeigneten Bewerber, die zur Abgabe eines Angebotes aufgefordert werden, begrenzen (§ 3b VS Abs. 2 Nr. 2 S. 1 VOB/A).

5   Zum **Bieterschutz** → VgV § 14 Rn. 82.

§ 3a VS Zulässigkeitsvoraussetzungen

(1) ¹**Die Vergabe von Aufträgen erfolgt im nicht offenen Verfahren oder im Verhandlungsverfahren mit Teilnahmewettbewerb.** ²In begründeten Ausnahmefällen ist ein Verhandlungsverfahren ohne Teilnahmewettbewerb oder ein wettbewerblicher Dialog zulässig.

(2) Das Verhandlungsverfahren ohne Teilnahmewettbewerb ist zulässig,
1. wenn bei einem nicht offenen Verfahren, einem Verhandlungsverfahren mit Teilnahmewettbewerb oder einem wettbewerblichen Dialog
   a) keine wirtschaftlichen Angebote abgegeben worden sind und
   b) die ursprünglichen Vertragsunterlagen nicht grundlegend geändert werden und
   c) in das Verhandlungsverfahren alle Bieter aus dem vorausgegangenen Verfahren einbezogen werden, die fachkundig und leistungsfähig (geeignet) sind und die nicht nach § 6e VS ausgeschlossen worden sind,
2. wenn bei einem nicht offenen Verfahren, einem Verhandlungsverfahren mit Teilnahmewettbewerb oder einem wettbewerblichen Dialog
   a) keine Angebote oder keine Bewerbungen abgegeben worden sind oder
   b) nur solche Angebote abgegeben worden sind, die nach § 16 VS auszuschließen sind,
   und die ursprünglichen Vertragsunterlagen nicht grundlegend geändert werden.
3. wenn die Arbeiten aus technischen Gründen oder auf Grund des Schutzes von Ausschließlichkeitsrechten nur von einem bestimmten Unternehmen ausgeführt werden können,
4. wenn wegen der Dringlichkeit der Leistung aus zwingenden Gründen infolge von Ereignissen, die der Auftraggeber nicht verursacht hat und nicht voraussehen konnte, oder wegen dringlicher Gründe in Krisensituationen die in §§ 10b VS bis 10d VS vorgeschriebenen Fristen nicht eingehalten werden können,
5. wenn gleichartige Bauleistungen wiederholt werden, die durch denselben Auftraggeber an den Auftragnehmer vergeben werden, der den ursprünglichen Auftrag erhalten hat, und wenn sie einem Grundentwurf entsprechen und dieser Gegenstand des ursprünglichen Auftrags war, der nach einem nicht offenen Verfahren, einem Verhandlungsverfahren mit Teilnahmewettbewerb oder im wettbewerblichen Dialog vergeben wurde. Die Möglichkeit, dieses Verfahren anzuwenden, muss bereits bei der Auftragsbekanntmachung für das erste Vorhaben angegeben werden; der für die Fortsetzung der Bauarbeiten in Aussicht gestellte Gesamtauftragswert wird vom Auftraggeber bei der Anwendung von § 1 VS berücksichtigt. Dieses Verfahren darf jedoch nur innerhalb von fünf Jahren nach Abschluss des ersten Auftrags angewandt werden.

(3) **Der wettbewerbliche Dialog ist zulässig, wenn der Auftraggeber objektiv nicht in der Lage ist,**
1. **die technischen Mittel anzugeben, mit denen seine Bedürfnisse und Anforderungen erfüllt werden können, oder**
2. **die rechtlichen oder finanziellen Bedingungen des Vorhabens anzugeben.**

Literatur: Vgl. die Angaben bei § 119 GWB und § 14 VgV.

I. Bedeutung der Vorschrift

Verteidigungs- und sicherheitsspezifische Bauaufträge werden nach § 3 VS VOB/A in nicht offenen Verfahren, Verhandlungsverfahren oder im wettbewerblichen Dialog vergeben. § 3a VS VOB/A normiert die Zulässigkeitsvoraussetzungen dieser Verfahrensarten. Dabei legt Abs. 1 S. 1 im Anschluss an § 146 GWB das **nicht offene Verfahren und das Verhandlungsverfahren mit Teilnahmewettbewerb** als **gleichwertige Standardverfahren** fest. Die Auftraggeber sind somit bei der Vergabe verteidigungs- und sicherheitsspezifischer Bauaufträge frei, entweder das nicht offene Verfahren oder das Verhandlungsverfahren mit Teilnahmewettbewerb zu wählen (→ GWB § 146 Rn. 4). Das offene Verfahren und die Innovationspartnerschaft sind hingegen ausgeschlossen. 1

Wie auch bei Vergaben im nicht verteidigungs- und sicherheitsspezifischen Bereich, darf nur in Ausnahmefällen auf die vorherige Veröffentlichung einer Auftragsbekanntmachung verzichtet werden. Abs. 2 normiert im Anschluss an Art. 25 UAbs. 4, Art. 28 Abs. 1 RL 2009/81/EG abschl. die Ausnahmetatbestände, in denen ein **Verhandlungsverfahren ohne Teilnahmewettbewerb** zulässig ist. Im Unterschied zur Rechtslage bei klassischen Bauauftragsvergaben, bei denen der **wettbewerbliche Dialog** stets dann zulässig ist, wenn die Voraussetzungen für ein Verhandlungsverfahren mit Teilnahmewettbewerb vorliegen (s. Art. 26 Abs. 4 RL 2014/24/EU), dürfen verteidigungs- und sicherheitsspezifische Bauaufträge nur ausnahmsweise im wettbewerblichen Dialog vergeben werden. Die Fälle, in denen ausnahmsweise ein wettbewerblicher Dialog gewählt werden kann, sind in Umsetzung von Art. 27 RL 2009/81/EG in Abs. 3 normiert. 2

II. Standardverfahren (Abs. 1)

Die Vergabe verteidigungs- und sicherheitsspezifischer Bauaufträge erfolgt **vorrangig im nicht offenen Verfahren oder im Verhandlungsverfahren mit Teilnahmewettbewerb.** Zwischen diesen Verfahrensarten kann der Auftraggeber frei wählen (→ GWB § 146 Rn. 4). In beiden Verfahrensarten wird den besonderen Interessen des Auftraggebers bei der Vergabe sensibler Verteidigungs- und Sicherheitsaufträge durch den erforderlichen Teilnahmewettbewerb und die Möglichkeit, bereits dort Bewerber auszuschließen, die die notwendigen Sicherheits- bzw. Integritätsanforderungen nicht erfüllen, Rechnung getragen.[1] Daneben sind verteidigungs- und sicherheitsspezifische Bauaufträge häufig durch besondere Anforderungen an Komplexität, Informationssicherheit und Versorgungssicherheit gekennzeichnet, deren Erfüllung oftmals eingehene Verhandlungen bei der Auftragsvergabe erfordern. Aus diesem Grund ist auch das Verhandlungsverfahren mit Teilnahmewettbewerb als Standardverfahren zugelassen.[2] Zu den Merkmalen und zum Ablauf der Verfahren wird auf die Kommentierung der §§ 16, 17 VgV verwiesen. 3

[1] BT-Drs. 17/7275, 18; Hölzl VergabeR 2012, 141 (145).
[2] Vgl. Erwgr. 47 RL 2009/81/EG sowie BT-Drs. 17/7275, 18.

III. Verhandlungsverfahren ohne Teilnahmewettbewerb (Abs. 2)

4 Abs. 2 regelt abschl.[3] fünf Fälle, in denen ein Verhandlungsverfahren ohne Teilnahmewettbewerb zulässig ist. Da das Verhandlungsverfahren ohne Teilnahmewettbewerb den Wettbewerb am stärksten einschränkt, sind die Tatbestandsmerkmale sehr eng auszulegen und anzuwenden (→ GWB § 119 Rn. 24, → VgV § 14 Rn. 15).[4] Sie müssen objektiv nachprüfbar vorliegen, auf die subjektiven Vorstellungen des Auftraggebers kommt es nicht an. Liegen die Voraussetzungen des Abs. 2 vor, ist der Auftraggeber selbstverständlich berechtigt, zur Stärkung des Wettbewerbs eine Auftragsbekanntmachung zu veröffentlichen.

1. Keine wirtschaftlichen Angebote (Nr. 1)

5 Ein Verhandlungsverfahren ohne Teilnahmewettbewerb ist im Anschluss an Art. 28 Abs. 1 lit. b RL 2009/81/EG zulässig, wenn
– (i) bei einem nicht offenen Verfahren, Verhandlungsverfahren mit Teilnahmewettbewerb oder wettbewerblichen Dialog
– (ii) keine wirtschaftlichen Angebote abgegeben worden sind,
– (iii) die ursprünglichen Vertragsunterlagen nicht grundlegend geändert werden und
– (iv) in das Verhandlungsverfahren alle Bieter aus dem vorausgegangenen Verfahren einbezogen werden, die fachkundig und leistungsfähig (mithin geeignet) und die nicht nach § 6e VS VOB/A ausgeschlossen worden sind.

6 Zu den Voraussetzungen:
– (i) Taugliche Erstverfahren können nur Verfahren mit einem Teilnahmewettbewerb sein.
– (ii) Im vorangegangenen Verfahren sind **keine wirtschaftlichen Angebote** abgegeben worden. Das ist der Fall, wenn kein Angebot in die engere Wahl gekommen ist, unabhängig davon, auf welcher Wertungsstufe die Angebote ausgeschlossen wurden.[5]
– (iii) Daneben dürfen die ursprünglichen Vertragsunterlagen nicht grundlegend geändert werden (→ VgV § 14 Rn. 49, 50).
– (iv) Mit Blick auf Art. 28 Abs. 1 lit. b RL 2009/81/EG[6] sind diejenigen Bieter aus dem Erstverfahren in das Verhandlungsverfahren einzubeziehen, die fachkundig und leistungsfähig sind und im Erstverfahren Angebote abgegeben haben, die nicht aus formalen Gründen, also in der ersten Wertungsstufe, ausgeschlossen worden sind.[7] Es kann also nur mit Bietern verhandelt werden, deren Angebote im Erstverfahren weder auf der ersten noch auf der zweiten Wertungsstufe ausgeschlossen wurden.

---

[3] EuGH 13.1.2005 – C-84/03, BeckRS 70035 = VergabeR 2005, 176 (182).

[4] EuGH 15.10.2009 – C-275/08, NZBau 2010, 63 (67); 8.4.2008 – C-337/05, NVwZ 2008, 769; 18.11.2004 – C-126/03, BeckRS 2004, 78186 = VergabeR 2005, 57 (59); 13.1.2005 – C-84/03, BeckRS 70035 = VergabeR 2005, 176 (182); 10.4.2003 – C-20/01, NZBau 2003, 393 (395).

[5] KG 20.4.2011 – Verg 2/11, BeckRS 2011, 22535.

[6] „(...) wenn sie in das betreffende Verhandlungsverfahren alle die Bieter und nur die Bieter einbeziehen, die die Kriterien der Artikel 39 bis 46 erfüllen und die im Verlauf des vorangegangenen nicht offenen Verfahrens oder wettbewerblichen Dialogs Angebote eingereicht haben, die den formalen Voraussetzungen für das Vergabeverfahren entsprechen."

[7] OLG Naumburg 13.5.2008 – 1 Verg 3/08, IBRRS 2008, 1948 = VergabeR 2009, 91 (94); OLG Bremen 3.4.2007 – Verg 2/07, BeckRS 2007, 10370 = VergabeR 2007, 517 (520).

2. Fehlende oder nur auszuschließende Angebote (Nr. 2)

Ein Verhandlungsverfahren ohne Teilnahmewettbewerb darf ferner ausnahmsweise stattfinden, wenn
- (i) bei einem nicht offenen Verfahren, einem Verhandlungsverfahren mit Teilnahmewettbewerb oder einem wettbewerblichen Dialog
- (ii) keine Angebote oder Bewerbungen abgegeben worden sind oder nur solche Angebote abgegeben worden sind, die nach § 16 VS VOB/A auszuschließen sind, und
- (iii) die ursprünglichen Vertragsunterlagen nicht grundlegend geändert werden.

Die Vorschrift beruht auf Art. 28 Abs. 1 lit. a RL 2009/81/EG. Sie ist mit § 3a EU Abs. 3 Nr. 2 VOB/A nahezu identisch, so dass auf dessen Kommentierung → VOB/A § 3a EU Rn. 13 und 14 verwiesen wird.

Zu den Voraussetzungen:
- (i) Taugliche Erstverfahren können nur Verfahren mit einem Teilnahmewettbewerb sein.
- (ii) Normiert ist der Sachverhalt, dass im Erstverfahren entweder überhaupt keine Angebote oder Teilnahmeanträge oder nur Angebote abgegeben wurden, die nach § 16 VS VOB/A auszuschließen sind. Der Ausschluss der Angebote muss somit auf der ersten Wertungsstufe erfolgt sein. Ausschlussgründe sind die in § 16 VS VOB/A normierten Tatbestände.
- (iii) Daneben dürfen die ursprünglichen Vertragsunterlagen nicht grundlegend geändert werden (→ VgV § 14 Rn. 49, 50).

3. Alleinstellung eines Unternehmens (Nr. 3)

Das Verhandlungsverfahren ohne Teilnahmewettbewerb ist zulässig, wenn die Bauleistungen aus technischen Gründen oder aufgrund des Schutzes von Ausschließlichkeitsrechten nur von einem bestimmten Unternehmen ausgeführt werden können (vgl. Art. 28 Abs. 1 lit. e RL 2009/81/EG). Der Ausnahmetatbestand entspricht inhaltlich dem § 14 Abs. 4 Nr. 2 lit. b, c VgV. Auf dessen Kommentierung → VgV § 14 Rn. 51 ff. wird verwiesen.

4. Besondere Dringlichkeit (Nr. 4)

Ein Verhandlungsverfahren ohne Teilnahmewettbewerb ist zulässig, wenn wegen der Dringlichkeit der zu vergebenden Bauleistung aus zwingenden Gründen infolge von Ereignissen, die der Auftraggeber nicht verursacht hat und nicht vorsehen konnte, oder wegen dringlicher Gründe in Krisensituationen die in den §§ 10b VS–10d VS VOB/A vorgeschriebenen Fristen nicht eingehalten werden können. Die Bestimmung setzt Art. 28 Abs. 1 lit. c, d RL 2009/81/EG um. Sie entspricht weitestgehend dem § 14 Abs. 4 Nr. 3 VgV (→ VgV § 14 Rn. 58). Zur Rechtfertigung eines Verhandlungsverfahrens kommen alternativ dringliche Gründe im Zusammenhang mit einer **Krise** (zum Begriff vgl. Art. 1 Nr. 10 RL 2009/81/EG[8] sowie § 4 Abs. 1 VSVgV) oder allg. dringliche, zwingende Gründe im Zusammenhang mit Ereignissen, die der Auftraggeber nicht vorsehen konnte, in Betracht.

---

[8] Krise ist danach „jede Situation in einem Mitgliedstaat oder einem Drittland, in der ein Schadensereignis eingetreten ist, welches deutlich über die Ausmaße von Schadensereignissen des täglichen Lebens hinausgeht und dabei Leben und Gesundheit zahlreicher Menschen erheblich gefährdet oder einschränkt, eine erhebliche Auswirkung auf Sachwerte hat oder lebensnotwendige Versorgungsmaßnahmen für die Bevölkerung erforderlich macht; eine Krise liegt auch vor, wenn das Eintreten eines solchen Schadensereignisses als unmittelbar vorstehend angesehen wird; bewaffnete Konflikte und Kriege sind Krisen im Sinne dieser Richtlinie". Vgl. auch Erwgr. 54 der RL 2009/81/EG, der weitere Fälle von Dringlichkeitsvergaben in Krisensituationen zulässt.

5. Wiederholung gleichartiger Bauleistungen (Nr. 5)

11 Sollen neue Bauleistungen, die in der Wiederholung gleichartiger Bauleistungen bestehen, durch den Auftraggeber an den vertraglich bereits gebundenen Auftragnehmer vergeben werden, kann ein Verhandlungsverfahren ohne Teilnahmewettbewerb zulässig sein. Die Vorschrift, die Art. 28 Abs. 4 lit. b RL 2009/81/EG umsetzt, knüpft an einen schon bestehenden Vertrag mit dem Auftragnehmer an, der um zusätzliche gleichartige Bauleistungen erweitert werden soll.

12 Zu den Voraussetzungen:
- (i) Eine mit den Bauleistungen, die Gegenstand des ersten Bauauftrags waren, **gleichartige Bauleistung** soll an den Ist-Auftragnehmer vergeben werden. Dabei müssen die Bauleistungen einem **Grundentwurf** entsprechen, der Gegenstand des ersten Auftrags war (vertiefend → VgV § 14 Rn. 75 ff.).
- (ii) Der erste Auftrag muss in einem nicht offenen Verfahren, Verhandlungsverfahren mit Teilnahmewettbewerb oder einem wettbewerblichen Dialog vergeben worden sein. Ein Verhandlungsverfahren ohne Teilnahmewettbewerb kann nicht **Ausgangsverfahren** für eine wiederholte Vergabe sein.
- (iii) Das Verfahren ist nur zulässig, wenn der Auftraggeber auf die Möglichkeit, dieses Verfahren anzuwenden, in der Auftragsbekanntmachung der Ausschreibung des ersten Vorhabens hingewiesen hatte. Daneben muss der für die Fortsetzung der Bauarbeiten in Aussicht gestellte Gesamtauftragswert bei der Anwendung von § 1 VS VOB/A berücksichtigt werden. Dementsprechend berechnet sich bei einer wiederholten Bauvergabe der **Schwellenwert** nach § 1 VS VOB/A nach dem voraussichtlichen Gesamtauftragswert inklusive des Wertes aller Wiederholungsleistungen.
- (iv) Das Verhandlungsverfahren darf nur innerhalb eines Zeitfensters von **fünf Jahren** nach Abschluss des ersten Auftrags angewendet werden. Die Frist beginnt mit dem Vertragsschluss für den ersten Auftrag. Ist dieses Zeitfenster überschritten, muss die Wiederholungsleistung neu ausgeschrieben werden.

IV. Wettbewerblicher Dialog (Abs. 3)

13 Art. 27 RL 2009/81/EG enthält Vorgaben für die Zulässigkeit des wettbewerblichen Dialogs bei der Vergabe verteidigungs- und sicherheitsspezifischer Aufträge. Diese sind für die Vergabe von Bauaufträgen in Abs. 1 S. 2 und Abs. 3 umgesetzt worden. Danach kann der Auftraggeber **„in begründeten Ausnahmefällen"**, die entspr. zu dokumentieren sind, einen wettbewerblichen Dialog durchführen. Ggü. den Standardverfahren ist der wettbewerbliche Dialog **nachrangig**.

14 Die Fälle, in denen der wettbewerbliche Dialog ausnahmsweise zulässig ist, sind in Abs. 3 konkretisiert. Dabei folgen die **Zulässigkeitsvoraussetzungen** im Anwendungsbereich der Vergabe verteidigungs- und sicherheitsspezifischer Bauaufträge nicht denjenigen des Verhandlungsverfahrens mit Teilnahmewettbewerb, wie es bei der Vergabe klassischer Bauaufträge der Fall ist (vgl. § 3a EU Abs. 4 VOB/A). Zu den Voraussetzungen iE:

15 Der wettbewerbliche Dialog ist zulässig, wenn einer der in Abs. 3 Nr. 1 oder Abs. 3 Nr. 2 genannten, für den Auftraggeber **objektiv schwierigen Sachverhalte** vorliegt. Erwgr. 48 der RL 2009/81/EG präzisiert diese Sachverhalte wie folgt:

„Für Auftraggeber, die besonders komplexe Vorhaben durchführen, kann es – ohne dass ihnen dies anzulasten wäre – objektiv unmöglich sein, die Mittel zu bestimmen, die ihren Bedürfnissen gerecht werden können, oder zu beurteilen, was der Markt an technischen bzw. finanziellen oder rechtlichen Lösungen bieten kann. Dies kann insbesondere bei der Durchführung von Projekten der Fall sein, die die Integration oder Kombination vielfältiger technologischer oder operativer Fähigkeiten erfordern, oder die auf einer komplexen strukturierten Finan-

zierung basieren, deren finanzielle und rechtliche Konstruktion nicht im Voraus vorgeschrieben werden kann. Da ein solcher Auftrag nicht präzise genug festgelegt werden kann, um den Bietern die Erstellung ihrer Angebote zu ermöglichen, wäre die Anwendung des nicht offenen Verfahrens oder des Verhandlungsverfahren mit Veröffentlichung einer Bekanntmachung nicht praktikabel. Es sollte deshalb ein flexibles Verfahren vorgesehen werden, das sowohl den Wettbewerb zwischen den Wirtschaftsteilnehmern aufrechterhält als auch die Verpflichtung der Auftraggeber, mit den einzelnen Bewerbern alle Aspekte des Auftrags zu erörtern. (…)"

Bei Nr. 1 kommt in Betracht, dass der Auftraggeber überhaupt keine technischen Mittel für die Erfüllung seines Beschaffungsbedarfs spezifizieren kann. Dies wird allerdings nur ausnahmsweise zutreffen, da der Auftraggeber Leistungen auch bei Unklarheiten der technischen Umsetzung funktional ausschreiben kann.[9] Denkbar ist auch, dass dem Auftraggeber mehrere technische Mittel bekannt sind, er aber außer Stande ist, das für ihn am besten geeignete Mittel anzugeben. Vor dem Hintergrund konkreter Erfahrungen mit Großprojekten hat der EU-Richtliniengeber in Erwgr. 42 der RL 2014/24/EU namentlich **integrierte Infrastrukturprojekte** als Anwendungsbeispiele angeführt. 16

Nr. 2 trifft vor allem auf Beschaffungsvorhaben mit **komplex strukturierten Finanzierungen** zu. Typischer Anwendungsfall sind **ÖPP-Projekte:** Hier ist eine wirtschaftlich optimale Beschaffung oftmals nur möglich, wenn die rechtlichen und finanziellen Auftragsbedingungen im Zusammenwirken mit den Bietern im Einzelfall festgelegt werden. Dabei werden bspw. Regelungen zu Vertragslaufzeit, Risikozuordnung, Haftungsmaßstab und Kündigungsrechten in Abhängigkeit vom konkreten Projekt festgelegt, um die Beschaffung wirtschaftlich zu optimieren. Dies trifft indes nicht für jedes ÖPP-Projekt zu. Soweit sich für bestimmte Projektarten **standardisierte Vertragsmuster** herausgebildet haben, die allg. akzeptiert sind, liegt keine besondere rechtliche Komplexität vor.[10] Die Regelung ist auch dann einschlägig, wenn sich der Auftraggeber zur Kostenminimierung unterschiedliche Arten der Vergütung anbieten lassen will.[11] 17

Der Auftraggeber muss **objektiv** nicht in der Lage sein, die technischen und/oder rechtlichen bzw. finanziellen Rahmenbedingungen anzugeben. Die Formulierung verdeutlicht, dass die Zulässigkeitsvoraussetzungen des Abs. 3 gerichtlich voll überprüfbar sind. Der Auftraggeber muss **zumutbare Anstrengungen** unternehmen, um die technischen Mittel und finanziellen sowie rechtlichen Bedingungen seines Beschaffungsvorhabens zu ermitteln. Erforderlichenfalls ist fachkundiger Rat einzuholen. Der Auftraggeber muss jedoch keine externen Studien beauftragen.[12] Dies wäre nicht sachgerecht, weil ein hiermit beauftragtes Unternehmen zur Vermeidung von Wettbewerbsverzerrungen in aller Regel von einem anschließenden wettbewerblichen Dialog auszuschließen wäre und die für besonders komplexe Beschaffungen ohnehin geringe Anzahl geeigneter Unternehmen dadurch nochmals reduziert würde. Es reicht aus, wenn die objektive Schwierigkeit nur für **bestimmte Leistungsteile** vorliegt und diese mit anderen Leistungsteilen zusammengefasst vergeben werden dürfen. 18

§ 3b VS Ablauf der Verfahren

(1) ¹**Beim nicht offenen Verfahren müssen mindestens drei geeignete Bewerber aufgefordert werden.** ²**Auf jeden Fall muss die Zahl der aufgefor-**

---

[9] Europäische Kommission, Erläuterungen – Wettbewerblicher Dialog – Klassische Richtlinie, Nr. 2.2.
[10] Drömann NZBau 2007, 751 (753).
[11] Europäische Kommission, Erläuterungen – Wettbewerblicher Dialog – Klassische Richtlinie, Nr. 2.3.
[12] Europäische Kommission, Erläuterungen – Wettbewerblicher Dialog – Klassische Richtlinie, Nr. 2.1.

VOB/A–VS § 3b

derten Bewerber einen echten Wettbewerb sicherstellen. ³Die Eignung ist anhand der mit dem Teilnahmeantrag vorgelegten Nachweise zu prüfen.

(2)
1. Beim Verhandlungsverfahren mit Teilnahmewettbewerb und beim wettbewerblichen Dialog müssen bei einer hinreichenden Anzahl geeigneter Bewerber mindestens drei Bewerber zu Verhandlungen oder zum Dialog aufgefordert werden.
2. ¹Will der Auftraggeber die Zahl der Teilnehmer im Verhandlungsverfahren mit Teilnahmewettbewerb oder im wettbewerblichen Dialog begrenzen, so gibt er in der Auftragsbekanntmachung Folgendes an:
   a) die von ihm vorgesehenen objektiven, nicht diskriminierenden und auftragsbezogenen Kriterien und
   b) die vorgesehene Mindestzahl und gegebenenfalls auch die Höchstzahl der einzuladenden Bewerber.
   ²Sofern die Zahl von Bewerbern, die die Eignungskriterien und die Mindestanforderungen an die Leistungsfähigkeit erfüllen, unter der Mindestanzahl liegt, kann der Auftraggeber das Verfahren fortführen, indem er den oder die Bewerber einlädt, die über die geforderte Leistungsfähigkeit verfügen. ³Ist der Auftraggeber der Auffassung, dass die Zahl der geeigneten Bewerber zu gering ist, um einen echten Wettbewerb zu gewährleisten, so kann er das Verfahren aussetzen und die erste Auftragsbekanntmachung gemäß § 12 VS Absatz 2 zur Festsetzung einer neuen Frist für die Einreichung von Anträgen auf Teilnahme erneut veröffentlichen. ⁴In diesem Fall werden die nach der ersten sowie die nach der zweiten Veröffentlichung ausgewählten Bewerber eingeladen. ⁵Diese Möglichkeit besteht unbeschadet des Rechts des Auftraggebers, das laufende Vergabeverfahren einzustellen und ein neues Verfahren auszuschreiben.
3. ¹Der Auftraggeber trägt dafür Sorge, dass alle Bieter bei den Verhandlungen gleichbehandelt werden. ²Insbesondere enthält er sich jeder diskriminierenden Weitergabe von Informationen, durch die bestimmte Bieter gegenüber anderen begünstigt werden könnten.
4. ¹Der Auftraggeber kann vorsehen, dass das Verhandlungsverfahren in verschiedenen aufeinander folgenden Phasen durchgeführt wird. ²In jeder Verhandlungsphase kann die Zahl der Angebote, über die verhandelt wird, auf der Grundlage der in der Auftragsbekanntmachung oder in den Vertragsunterlagen angegebenen Zuschlagskriterien verringert werden. ³In der Schlussphase müssen noch so viele Angebote vorliegen, dass ein Wettbewerb gewährleistet ist.

(3)
1. Beim wettbewerblichen Dialog hat der Auftraggeber seine Bedürfnisse und Anforderungen bekannt zu machen; die Erläuterung dieser Anforderungen erfolgt in der Auftragsbekanntmachung oder in einer Beschreibung.
2. ¹Mit den Unternehmen, die ausgewählt wurden, ist ein Dialog zu eröffnen. ²In dem Dialog legt der Auftraggeber fest, wie seine Bedürfnisse am besten erfüllt werden können; er kann mit den ausgewählten Unternehmen alle Einzelheiten des Auftrags erörtern.
3. ¹Der Auftraggeber hat dafür zu sorgen, dass alle Unternehmen bei dem Dialog gleichbehandelt werden; insbesondere darf er Informationen nicht so weitergeben, dass bestimmte Unternehmen begünstigt werden könnten. ²Der Auftraggeber darf Lösungsvorschläge oder vertrauliche Informationen eines Unternehmens

a) nicht ohne dessen Zustimmung an die anderen Unternehmen weitergeben und
b) nur im Rahmen des Vergabeverfahrens verwenden.
4. ¹Der Auftraggeber kann vorsehen, dass der Dialog in verschiedenen aufeinander folgenden Phasen geführt wird. ²In jeder Dialogphase kann die Zahl der zu erörternden Lösungen auf Grundlage der in der Auftragsbekanntmachung oder in den Vergabeunterlagen angegebenen Zuschlagskriterien verringert werden. ³Der Auftraggeber hat die Unternehmen zu informieren, wenn deren Lösungen nicht für die nächstfolgende Dialogphase vorgesehen sind. ⁴In der Schlussphase müssen noch so viele Angebote vorliegen, dass ein Wettbewerb gewährleistet ist.
5. ¹Der Auftraggeber hat den Dialog für abgeschlossen zu erklären, wenn
a) eine Lösung gefunden worden ist, die seine Bedürfnisse und Anforderungen erfüllt, oder
b) erkennbar ist, dass keine Lösung gefunden werden kann.
²Der Auftraggeber hat die Unternehmen über den Abschluss des Dialogs zu informieren.
6. ¹Im Fall von Nummer 5 Buchstabe a hat der Auftraggeber die Unternehmen aufzufordern, auf der Grundlage der eingereichten und in der Dialogphase näher ausgeführten Lösungen ihr endgültiges Angebot vorzulegen. ²Die Angebote müssen alle Einzelheiten enthalten, die zur Ausführung des Projekts erforderlich sind. ³Der Auftraggeber kann verlangen, dass Präzisierungen, Klarstellungen und Ergänzungen zu diesen Angeboten gemacht werden. ⁴Diese Präzisierungen, Klarstellungen oder Ergänzungen dürfen jedoch nicht dazu führen, dass grundlegende Elemente des Angebots oder der Ausschreibung geändert werden, dass der Wettbewerb verzerrt wird oder andere am Verfahren beteiligte Unternehmen diskriminiert werden.
7. ¹Der Auftraggeber hat die Angebote auf Grund der in der Auftragsbekanntmachung oder in den Vergabeunterlagen festgelegten Zuschlagskriterien zu bewerten und das wirtschaftlichste Angebot auszuwählen. ²Der Auftraggeber darf das Unternehmen, dessen Angebot als das wirtschaftlichste ermittelt wurde, auffordern, bestimmte Einzelheiten des Angebots näher zu erläutern oder im Angebot enthaltene Zusagen zu bestätigen. ³Dies darf nicht dazu führen, dass wesentliche Aspekte des Angebots oder der Ausschreibung geändert werden, und dass der Wettbewerb verzerrt wird oder andere am Verfahren beteiligte Unternehmen diskriminiert werden.
8. Verlangt der Auftraggeber, dass die am wettbewerblichen Dialog teilnehmenden Unternehmen Entwürfe, Pläne, Zeichnungen, Berechnungen oder andere Unterlagen ausarbeiten, muss er einheitlich allen Unternehmen, die die geforderten Unterlagen rechtzeitig vorgelegt haben, eine angemessene Kostenerstattung gewähren.

I. Nicht offenes Verfahren (Abs. 1)

Zu den Merkmalen des nicht offenen Verfahrens → GWB § 119 Rn. 16 ff. und → VgV § 16 Rn. 4 ff. Nach Abs. 1 S. 1 müssen beim nicht offenen Verfahren (insoweit abweichend von § 3b Abs. 2 Nr. 3 S. 3 VOB/A/EU, dort fünf) nur **drei Bewerber** zur Angebotsabgabe aufgefordert werden. Auf jeden Fall muss die Zahl der aufgeforderten Bewerber einen echten Wettbewerb sicherstellen. Ihre Eignung (§ 122 Abs. 1 GWB) ist anhand der mit dem Teilnahmeantrag vorgelegten Nachweise zu prüfen (§ 6b VS Abs. 3 und 4 VOB/A). Zur Eignungsprüfung im Teilnahmewettbewerb → VgV § 51 Rn. 4 ff.

II. Verhandlungsverfahren (Abs. 2)

2   Zu den Merkmalen des Verhandlungsverfahrens → GWB § 119 Rn. 20 ff. und → VgV § 17 Rn. 20 ff.

3   Nach Nr. 1 müssen beim Verhandlungsverfahren mit Teilnahmewettbewerb und beim wettbewerblichen Dialog – im Falle einer hinreichenden Anzahl geeigneter Bewerber – **mindestens drei Bewerber** zu Verhandlungen oder zum Dialog aufgefordert werden. Soll die Zahl der Unternehmen, die zur Angebotsabgabe aufgefordert werden, begrenzt werden, sind die für die Bewerberauswahl vorgesehenen objektiven, nichtdiskriminierenden und auftragsbezogenen Kriterien sowie die vorgesehene Mindestzahl und ggf. auch die Höchstzahl der einzuladenden Bewerber in der Auftragsbekanntmachung anzugeben. Zur Begrenzung der Zahl der Teilnehmer nach Nr. 2 vgl. → VgV § 51 Rn. 10 ff. Stehen nicht genügend geeignete Bewerber zur Verfügung, hat der Auftraggeber nach Nr. 2 **drei Optionen:**
Er kann in dieser Situation entweder
(i)   das Verfahren fortführen und den oder die Bewerber zur Abgabe eines Angebotes auffordern, der bzw. die über die geforderte Leistungsfähigkeit verfügen; oder
(ii) er kann das Vergabeverfahren im Stand des abgeschlossenen Teilnahmewettbewerbs aussetzen und die erste Auftragsbekanntmachung gem. § 12 VS Abs. 2 VOB/A mit der Festsetzung einer Frist für die Einreichung von neuen Teilnahmeanträgen erneut veröffentlichen; es werden also **zwei Teilnahmewettbewerbe** in ein und demselben Vergabeverfahren durchgeführt.[1] In diesem Fall wird das Vergabeverfahren anschließend zusammengeführt, indem die nach dem ersten sowie die nach dem zweiten Teilnahmewettbewerb ausgewählten Bewerber zur Abgabe eines Angebotes aufgefordert werden; oder
(iii) er kann das Verfahren einstellen und anschließend neu ausschreiben.
Seine Entscheidung hat der Auftraggeber nach pflichtgemäßem Ermessen zu treffen.

4   Nr. 3 entspricht § 17 Abs. 13 S. 1, 2 VgV. Vgl. näher → VgV § 17 Rn. 30.
5   Nr. 4 entspricht den Vorgaben in § 17 Abs. 12 VgV → VgV § 17 Rn. 27.

III. Wettbewerblicher Dialog (Abs. 3)

6   Abs. 3 regelt den wettbewerblichen Dialog bei der Vergabe von Bauaufträgen im Anwendungsbereich der RL 2009/81/EG. In weiten Teilen entsprechen die Regelungen wörtlich denen des § 18 VgV. Zu den Merkmalen des wettbewerblichen Dialogs → GWB § 119 Rn. 29 ff. und → VgV § 18 Rn. 7 ff.

7   Wesentliches Merkmal des wettbewerblichen Dialogs ist die Beschaffung von Bauleistungen, deren finale Merkmale im Wege des Dialogs zwischen den Bietern und dem Auftraggeber entspr. den vom Auftraggeber vorab festgelegten Bedürfnissen und Anforderungen entwickelt werden müssen. Die konkrete Bauleistung steht somit erst am Ende der Dialogphase fest. Das Gebot der eindeutigen und erschöpfenden Beschreibung der Leistung iSv § 7 VS Abs. 1 VOB/A gilt beim wettbewerbli-

---

[1] MüKoEuWettbR/Kau VOB/A § 3b VS Rn. 11. Hinter dieser Spezialregelung, die es nur bei der Vergabe verteidigungs- und sicherheitsspezifischer Bauaufträge im Verhandlungsverfahren mit Teilnahmewettbewerb und wettbewerblichen Dialog gibt, steht der Gedanke, den in diesem Bereich ohnehin de facto eingeschränkten Bauvergabewettbewerb zu stärken, indem ein längerer bzw. nochmaliger Teilnahmewettbewerb zur Verfügung gestellt wird.

chen Dialog nicht. Entspr. Regelungen zu § 18 Abs. 2–4 VgV fehlen. Für die Teilnahmefrist ist § 10d VS VOB/A zu beachten. Der Auftraggeber hat auch hier die Möglichkeit, die Anzahl der Bewerber, die zur Teilnahme am Dialog aufgefordert werden, zu begrenzen, wenn er sich dies in der Auftragsbekanntmachung vorbehalten hat.

Nr. 1 entspricht § 18 Abs. 1 VgV. Obwohl dies – anders als in § 18 Abs. 1 S. 2 VgV – an dieser Stelle nicht explizit geregelt ist, hat der Auftraggeber in der Auftragsbekanntmachung oder den Vergabeunterlagen die Zuschlagskriterien und deren Gewichtung zu nennen. Die Festlegung eines vorläufigen Zeitplans für den Dialog ist zwar nicht vorgesehen, gleichwohl aber sinnvoll. **8**

Nr. 2 und 3 entsprechen § 18 Abs. 5 VgV. Allerdings fehlt – abweichend von § 18 Abs. 5 S. 4 VgV – die ausdr. Regelung, dass die Zustimmung zur Weitergabe von Lösungsvorschlägen oder vertraulichen Informationen eines Unternehmens an andere nicht allgemein (also gewissermaßen blanko), sondern nur in Bezug auf die beabsichtigte Mitteilung bestimmter Informationen erteilt werden darf. Art. 27 RL 2009/81/EG enthält dazu keine Bestimmungen. Die Regelung in Art. 30 Abs. 3 UAbs. 3 S. 2 RL 2014/24/EU ist jedoch Ausdruck des allg. Gleichbehandlungsgrundsatzes zum Schutz der Interessen der Bieter. Daher gilt er auch und gerade bei der Beschaffung von Bauleistungen im besonders sensiblen Verteidigungs- und Sicherheitsbereich. Eine Bestimmung in der Auftragsbekanntmachung oder den Vergabeunterlagen, dass der Bewerber mit Abgabe des Teilnahmeantrags oder des Angebots seine Zustimmung zur Weitergabe von Lösungsvorschlägen oder vertraulichen Informationen erteilt, ist unzulässig. Näher → VgV § 18 Rn. 13 ff. **9**

Nr. 4–7 entsprechen den Vorgaben in § 18 Abs. 6–9 VgV. Nr. 5 S. 1 lit. b sieht die **Beendigung** des wettbewerblichen Dialogs auch für den Fall vor, dass erkennbar wird, dass keine Lösung für die Bedürfnisse und Anforderungen des Auftraggebers gefunden werden kann. Der Auftraggeber hat dann die Möglichkeit, das Verfahren aus schwerwiegendem Grund iSv § 17 VS Abs. 1 Nr. 3 VOB/A aufzuheben (→ VgV § 18 Rn. 21). **10**

Nr. 8 verpflichtet den Auftraggeber zur Zahlung einer angemessenen **Aufwandsentschädigung**, wenn er iRd wettbewerblichen Dialogs von den teilnehmenden Unternehmen die Ausarbeitung von Entwürfen, Plänen, Zeichnungen, Berechnungen oder anderen Unterlagen verlangt (vgl. Art. 27 Abs. 8 RL 2009/81/EG). Die Vorschrift entspricht § 18 Abs. 10 VgV. Vgl. näher → VgV § 18 Rn. 25. **11**

§ 4 VS Vertragsarten

(1) **Bauaufträge sind so zu vergeben, dass die Vergütung nach Leistung bemessen wird (Leistungsvertrag), und zwar:**
1. **in der Regel zu Einheitspreisen für technisch und wirtschaftlich einheitliche Teilleistungen, deren Menge nach Maß, Gewicht oder Stückzahl vom Auftraggeber in den Vertragsunterlagen anzugeben ist (Einheitspreisvertrag),**
2. **in geeigneten Fällen für eine Pauschalsumme, wenn die Leistung nach Ausführungsart und Umfang genau bestimmt ist und mit einer Änderung bei der Ausführung nicht zu rechnen ist (Pauschalvertrag).**

(2) **Abweichend von Absatz 1 können Bauaufträge geringeren Umfangs, die überwiegend Lohnkosten verursachen, im Stundenlohn vergeben werden (Stundenlohnvertrag).**

(3) **Das Angebotsverfahren ist darauf abzustellen, dass der Bieter die Preise, die er für seine Leistungen fordert, in die Leistungsbeschreibung einzusetzen oder in anderer Weise im Angebot anzugeben hat.**

VOB/A–VS § 4a — Rahmenvereinbarungen

(4) Das Auf- und Abgebotsverfahren, bei dem vom Auftraggeber angegebene Preise dem Auf- und Abgebot der Bieter unterstellt werden, soll nur ausnahmsweise bei regelmäßig wiederkehrenden Unterhaltungsarbeiten, deren Umfang möglichst zu umgrenzen ist, angewandt werden.

1 § 4 VS VOB/A ist wortlautidentisch mit § 4 EU VOB/A, so dass auf die dortige Kommentierung vollumfänglich verwiesen wird, → VOB/A § 4 EU Rn. 1 ff.

§ 4a VS Rahmenvereinbarungen

(1) [1]Der Abschluss einer Rahmenvereinbarung erfolgt im Rahmen einer nach dieser Vergabeordnung anwendbaren Verfahrensart. [2]Das in Aussicht genommene Auftragsvolumen ist so genau wie möglich zu ermitteln und bekannt zu geben, braucht aber nicht abschließend festgelegt zu werden. [3]Eine Rahmenvereinbarung darf nicht missbräuchlich oder in einer Art angewendet werden, die den Wettbewerb behindert, einschränkt oder verfälscht.

(2) [1]Auf einer Rahmenvereinbarung beruhende Einzelaufträge werden nach den Kriterien dieses Absatzes und der Absätze 3 bis 5 vergeben. [2]Die Einzelauftragsvergabe erfolgt ausschließlich zwischen den in der Auftragsbekanntmachung oder der Aufforderung zur Interessensbestätigung genannten Auftraggebern und denjenigen Unternehmen, die zum Zeitpunkt des Abschlusses des Einzelauftrags Vertragspartei der Rahmenvereinbarung sind. [3]Dabei dürfen keine wesentlichen Änderungen an den Bedingungen der Rahmenvereinbarung vorgenommen werden.

(3) [1]Wird eine Rahmenvereinbarung mit nur einem Unternehmen geschlossen, so werden die auf dieser Rahmenvereinbarung beruhenden Einzelaufträge entsprechend den Bedingungen der Rahmenvereinbarung vergeben. [2]Für die Vergabe der Einzelaufträge kann der öffentliche Auftraggeber das an der Rahmenvereinbarung beteiligte Unternehmen in Textform auffordern, sein Angebot erforderlichenfalls zu vervollständigen.

(4) [1]Wird eine Rahmenvereinbarung mit mehr als einem Unternehmen geschlossen, so müssen mindestens drei Unternehmen beteiligt sein, sofern eine ausreichend große Zahl von Unternehmen die Eignungskriterien oder eine ausreichend große Zahl von zulässigen Angeboten die Zuschlagskriterien erfüllt. [2]Die Einzelaufträge, die auf einer mit mehreren Unternehmen geschlossenen Rahmenvereinbarung beruhen, werden wie folgt vergeben:
1. gemäß den Bedingungen der Rahmenvereinbarung ohne erneutes Vergabeverfahren, wenn in der Rahmenvereinbarung alle Bedingungen für die Erbringung der Bauleistung sowie die objektiven Bedingungen für die Auswahl der Unternehmen festgelegt sind, die sie als Partei der Rahmenvereinbarung ausführen werden; die letztgenannten Bedingungen sind in der Auftragsbekanntmachung oder den Vergabeunterlagen für die Rahmenvereinbarung zu nennen;
2. wenn in der Rahmenvereinbarung alle Bedingungen für die Erbringung der Bauleistung festgelegt sind, teilweise ohne erneutes Vergabeverfahren gemäß Nummer 1 und teilweise mit erneutem Vergabeverfahren zwischen den Unternehmen, die Partei der Rahmenvereinbarung sind, gemäß Nummer 3, wenn diese Möglichkeit in der Auftragsbekanntmachung oder den Vergabeunterlagen für die Rahmenvereinbarung durch den öffentlichen Auftraggeber festgelegt ist; die Entscheidung, ob bestimmte Bauleistungen nach erneutem Vergabeverfahren oder direkt entsprechend den Bedingungen der Rahmenvereinbarung beschafft werden sollen, wird nach objektiven Kriterien getroffen, die in der Auftrags-

bekanntmachung oder den Vergabeunterlagen für die Rahmenvereinbarung festgelegt sind; in der Auftragsbekanntmachung oder den Vergabeunterlagen ist außerdem festzulegen, welche Bedingungen einem erneuten Vergabeverfahren unterliegen können; diese Möglichkeiten gelten auch für jedes Los einer Rahmenvereinbarung, für das alle Bedingungen für die Erbringung der Bauleistung in der Rahmenvereinbarung festgelegt sind, ungeachtet dessen, ob alle Bedingungen für die Erbringung einer Bauleistung für andere Lose festgelegt wurden; oder
3. sofern nicht alle Bedingungen zur Erbringung der Bauleistung in der Rahmenvereinbarung festgelegt sind, mittels eines erneuten Vergabeverfahrens zwischen den Unternehmen, die Parteien der Rahmenvereinbarung sind.

(5) Die in Absatz 4 Nummer 2 und 3 genannten Vergabeverfahren beruhen auf denselben Bedingungen wie der Abschluss der Rahmenvereinbarung und erforderlichenfalls auf genauer formulierten Bedingungen sowie gegebenenfalls auf weiteren Bedingungen, die in der Auftragsbekanntmachung oder den Vergabeunterlagen für die Rahmenvereinbarung in Übereinstimmung mit dem folgenden Verfahren genannt werden:
1. vor Vergabe jedes Einzelauftrags konsultiert der öffentliche Auftraggeber in Textform die Unternehmen, die in der Lage sind, den Auftrag auszuführen;
2. der öffentliche Auftraggeber setzt eine ausreichende Frist für die Abgabe der Angebote für jeden Einzelauftrag fest; dabei berücksichtigt er unter anderem die Komplexität des Auftragsgegenstands und die für die Übermittlung der Angebote erforderliche Zeit;
3. die Angebote sind in Textform einzureichen und dürfen bis zum Ablauf der Einreichungsfrist nicht geöffnet werden;
4. der öffentliche Auftraggeber vergibt die Einzelaufträge an den Bieter, der auf der Grundlage der in der Auftragsbekanntmachung oder den Vergabeunterlagen für die Rahmenvereinbarung genannten Zuschlagskriterien das jeweils wirtschaftlichste Angebot vorgelegt hat.

(6) Die Laufzeit einer Rahmenvereinbarung darf höchstens sieben Jahre betragen, es sei denn, es liegt ein im Gegenstand der Rahmenvereinbarung begründeter Sonderfall vor.

Literatur: Vgl. die Angaben bei § 21 VgV.

§ 4a VS VOB/A enthält Vorgaben für Rahmenvereinbarungen über Bauleistungen im Anwendungsbereich der RL 2009/81/EG. Die Bestimmung ist weitgehend wortgleich mit derjenigen in § 21 VgV. Zu den einzelnen Regelungen kann deshalb auf die Kommentierung zu → VgV § 21 Rn. 5 ff. verwiesen werden. 1

Abweichungen ergeben sich allerdings im Hinblick auf 2
(i) die Mindestzahl der zu beteiligenden Unternehmen (drei, Abs. 4 S. 1)[1] und
(ii) die maximale Laufzeit (sieben Jahre, Abs. 6).[2]

§ 5 VS Einheitliche Vergabe, Vergabe nach Losen

(1) Bauaufträge sollen so vergeben werden, dass eine einheitliche Ausführung und zweifelsfreie umfassende Haftung für Mängelansprüche erreicht wird; sie sollen daher in der Regel mit den zur Leistung gehörigen Lieferungen vergeben werden.

---

[1] Bei § 21 VgV fehlt eine solche Mindestvorgabe, → VgV § 21 Rn. 12.
[2] Bei § 21 VgV beträgt die maximale Laufzeit vier Jahre, → VgV § 21 Rn. 25.

VOB/A–VS § 6 — Teilnehmer am Wettbewerb

(2) [1]Mittelständische Interessen sind bei der Vergabe öffentlicher Aufträge vornehmlich zu berücksichtigen. [2]Leistungen sind in der Menge aufgeteilt (Teillose) und getrennt nach Art oder Fachgebiet (Fachlose) zu vergeben. [3]Mehrere Teil- oder Fachlose dürfen zusammen vergeben werden, wenn wirtschaftliche oder technische Gründe dies erfordern. [4]Wird ein Unternehmen, das nicht öffentlicher Auftraggeber ist, mit der Wahrnehmung oder Durchführung einer öffentlichen Aufgabe betraut, verpflichtet der Auftraggeber das Unternehmen, sofern es Unteraufträge an Dritte vergibt, nach den Sätzen 1 bis 3 zu verfahren.

Literatur: Vgl. die Nachweise zu § 97 GWB sub Nr. 3.

1 Abs. 1 ist wortlautidentisch mit § 5 EU Abs. 1 VOB/A, Abs. 2 ist inhaltsgleich mit § 97 Abs. 4 GWB, so dass auf die dortigen Kommentierungen verwiesen wird.

§ 6 VS Teilnehmer am Wettbewerb

(1) Öffentliche Aufträge werden an fachkundige und leistungsfähige (geeignete) Unternehmen vergeben, die nicht nach § 6e VS ausgeschlossen worden sind.

(2) [1]Ein Unternehmen ist geeignet, wenn es die durch den Auftraggeber im Einzelnen zur ordnungsgemäßen Ausführung des Auftrags festgelegten Kriterien (Eignungskriterien) erfüllt. [2]Die Eignungskriterien dürfen ausschließlich Folgendes betreffen:
1. Befähigung und Erlaubnis zur Berufsausübung,
2. wirtschaftliche und finanzielle Leistungsfähigkeit,
3. technische und berufliche Leistungsfähigkeit.

[3]Die Eignungskriterien müssen mit dem Auftragsgegenstand in Verbindung und zu diesem in einem angemessenen Verhältnis stehen.

(3)
1. Der Wettbewerb darf nicht auf Unternehmen beschränkt werden, die in bestimmten Regionen oder Orten ansässig sind.
2. [1]Bietergemeinschaften sind Einzelbietern gleichzusetzen. [2]Der Auftraggeber kann von Bietergemeinschaften die Annahme einer bestimmten Rechtsform verlangen, wenn dies für die ordnungsgemäße Durchführung des Auftrags notwendig ist. [3]Die Annahme dieser Rechtsform kann von der Bietergemeinschaft nur verlangt werden, wenn ihr der Auftrag erteilt wird.
3. Hat ein Bewerber oder Bieter vor Einleitung des Vergabeverfahrens den Auftraggeber beraten oder sonst unterstützt, so hat der Auftraggeber sicherzustellen, dass der Wettbewerb durch die Teilnahme dieses Bewerbers oder Bieters nicht verfälscht wird.

Literatur: Vgl. die Angaben bei § 122 GWB.

I. Eignung und Eignungskriterien (Abs. 1 und 2)

1 § 6 VS Abs. 1, 2 VOB/A **wiederholen deklaratorisch die gesetzlichen Bestimmungen** des § 122 Abs. 1, 2, 4 S. 1 GWB, so dass auf die dortigen Kommentierungen verwiesen werden kann (→ GWB § 122 Rn. 7 ff.).

II. Keine Beschränkung auf ortsansässige Unternehmen (Abs. 3 Nr. 1)

→ VOB/A § 6 EU Rn. 2.   2

III. Bewerber- und Bietergemeinschaften (Abs. 3 Nr. 2)

→ VgV § 43 Rn. 4, 5.   3

IV. Vorbefasste Bieter (Abs. 3 Nr. 3)

Nr. 3 entspricht inhaltlich § 7 Abs. 1 VgV. Auf die dortige Kommentierung wird 4 verwiesen. Zwar nimmt Nr. 3 nicht ausdr. Bezug auf einen **Ausschluss des Bieters,** wenn die durch die Vorbefassung resultierende Wettbewerbsverzerrung nicht durch andere, weniger einschneidende Maßnahmen beseitigt werden kann (§ 124 Abs. 1 Nr. 6 GWB, s. die entspr. Regelung in § 6 EU Abs. 3 Nr. 4 S. 2 VOB/A). Allerdings gilt der besagte Ausschlussgrund wegen § 147 S. 1 GWB auch ohne diesen Bezug. Vor einem Ausschluss ist der Bieter entspr. § 7 Abs. 3 VgV anzuhören.

V. Rechtsschutz

Die Regelungen des § 6 VS Abs. 3 VOB/A sind **vollständig bieterschützend.** 5 Verstöße können zum Gegenstand eines Nachprüfungsverfahrens gemacht werden oder Grundlage für Schadensersatzansprüche benachteiligter Bieter sein.

§ 6a VS Eignungsnachweise

(1) **Zum Nachweis ist die Eignung (Fachkunde und Leistungsfähigkeit) sowie das Nichtvorliegen von Ausschlussgründen gemäß § 6e VS der Bewerber oder Bieter zu prüfen.**

(2)
1. **Der Nachweis umfasst die folgenden Angaben:**
   a) **den Umsatz des Unternehmens jeweils bezogen auf die letzten drei abgeschlossenen Geschäftsjahre, soweit er Bauleistungen und andere Leistungen betrifft, die mit der zu vergebenden Leistung vergleichbar sind, unter Einschluss des Anteils bei gemeinsam mit anderen Unternehmen ausgeführten Aufträgen,**
   b) **die Ausführung von Leistungen in den letzten fünf abgeschlossenen Geschäftsjahren, die mit der zu vergebenden Leistung vergleichbar sind,**
   c) **die Zahl der in den letzten drei abgeschlossenen Geschäftsjahren jahresdurchschnittlich beschäftigten Arbeitskräfte, gegliedert nach Lohngruppen mit gesondert ausgewiesenem technischem Leitungspersonal,**
   d) **die Eintragung in das Berufsregister ihres Sitzes oder Wohnsitzes und**
   e) **die Anmeldung des Unternehmens bei der Berufsgenossenschaft.**
2. **Andere, auf den konkreten Auftrag bezogene zusätzliche geeignete Angaben können verlangt werden, insbesondere Angaben und Nachweise, die für den Umgang mit Verschlusssachen erforderlich sind oder die Versorgungssicherheit gewährleisten sollen, sowie Angaben, die für die Prüfung der Fachkunde geeignet sind.**

VOB/A–VS § 6b

Mittel der Nachweisführung, Verfahren

3. **Der Auftraggeber wird andere ihm geeignet erscheinende Nachweise der wirtschaftlichen und finanziellen Leistungsfähigkeit zulassen, wenn er feststellt, dass stichhaltige Gründe dafür bestehen.**
4. **Kann ein Unternehmen aus einem berechtigten Grund die geforderten Nachweise nicht beibringen, kann es den Nachweis seiner Eignung durch Vorlage anderer Belege erbringen, die der Auftraggeber für geeignet hält.**

1 Abs. 1 statuiert die **Verpflichtung zur Prüfung der Eignung** der Bewerber oder Bieter sowie von Ausschlussgründen gem. § 6e VS VOB/A (s. iE → GWB § 122 Rn. 1 ff. und → VgV § 42 Rn. 1 ff.).

2 **Abs. 2** regelt, welche **Nachweise** für die Eignung gefordert werden müssen (Nr. 1) bzw. können (Nr. 2). Zu beachten ist, dass gem. § 147 GWB die gesetzliche Regelung des § 122 GWB auch im Anwendungsbereich des Abschn. 3 der VOB/A vorrangig zu beachten ist.

3 Die in **Nr. 1** aufgezählten und zwingend zu verlangenden Angaben sind von den in § 122 Abs. 2 GWB genannten Aspekten gedeckt. Allerdings kann von ausländischen Bietern die Anmeldung zu einer deutschen **Berufsgenossenschaft** nur für den Fall der Zuschlagserteilung verlangt werden. Ausländische Bieter, die aufgrund internationaler Vereinbarungen von der Pflicht zur Mitgliedschaft bei einer deutschen Berufsgenossenschaft befreit sind, können die Berufsgenossenschaft ihres Wohnsitzes, bei der sie versichert sein müssen, angeben.

4 Weitergehende Eignungsanforderungen nach **Nr. 2** müssen ebenfalls von den in § 122 Abs. 2 GWB genannten übergeordneten Aspekten gedeckt sein. Insoweit ist eine Orientierung an § 6a EU Nr. 2, 3 VOB/A möglich. Die weiteren Eignungsanforderungen müssen außerdem dem Gebot des Auftragsbezugs entsprechen. Das ist im Anwendungsbereich des Abschn. 3 regelmäßig der Fall, wenn es sich um Angaben und Nachweise handelt, die für den Umgang mit Verschlusssachen erforderlich sind oder die Versorgungssicherheit gewährleisten sollen.

5 Der öffentliche Auftraggeber kann bei den Eignungsanforderungen nach Nr. 1 und 2 auch **Mindestanforderungen** vorgeben. Insoweit enthält die Vorschrift in Bezug auf einen etwaigen Mindestumsatz zwar – anders als § 6a EU VOB/A – keine ausdr. Beschränkung auf das Zweifache des Auftragswertes. Es ist jedoch zu beachten, dass sämtliche Mindestanforderungen nach § 122 Abs. 4 S. 1 GWB dem Verhältnismäßigkeitsgrundsatz unterliegen, so dass auch im Anwendungsbereich von § 6a VS VOB/A ein **Mindestumsatz** von mehr als dem Zweifachen des Auftragswerts einer gesonderten Rechtfertigung bedarf.

6 Kann ein Bewerber oder Bieter aus berechtigtem Grund geforderte Angaben oder Belege nicht beibringen, kann er nach **Nr. 3 und 4** andere, zum Nachweis seiner Eignung geeignete Unterlagen vorlegen. Der Auftraggeber muss in diesem Fall überprüfen, ob für die Ersetzung ein berechtigter Grund vorliegt und ob die vorgelegten Unterlagen geeignet sind, die Eignung in gleicher Weise zu belegen. Insoweit kommt dem Auftraggeber ein Beurteilungsspielraum zu.

§ 6b VS Mittel der Nachweisführung, Verfahren

(1) [1]Der Nachweis, auch über das Nichtvorliegen von Ausschlussgründen nach § 6e VS, kann mit der vom Auftraggeber direkt abrufbaren Eintragung in die allgemein zugängliche Liste des Vereins für die Präqualifikation von Bauunternehmen e.V. (Präqualifikationsverzeichnis) erfolgen. [2]Die Eintragung in ein gleichwertiges Verzeichnis anderer Mitgliedstaaten ist als Nachweis zugelassen.

(2) [1]Die Angaben können die Bewerber oder Bieter auch durch Einzelnachweise erbringen. [2]Der Auftraggeber kann dabei vorsehen, dass für ein-

zelne Angaben Eigenerklärungen ausreichend sind, soweit es mit Verteidigungs- und Sicherheitsinteressen vereinbar ist. ³Eigenerklärungen, die als vorläufiger Nachweis dienen, sind von den Bietern, deren Angebote in die engere Wahl kommen, durch entsprechende Bescheinigungen der zuständigen Stellen zu bestätigen.

(3) Der Auftraggeber verlangt, dass die Nachweise bereits mit dem Teilnahmeantrag vorgelegt werden.

(4) ¹Vor der Aufforderung zur Angebotsabgabe ist die Eignung der Unternehmen zu prüfen. ²Dabei sind die Unternehmen auszuwählen, deren Eignung die für die Erfüllung der vertraglichen Verpflichtungen notwendige Sicherheit bietet.

(5) ¹Muss einem Bewerber für das Erstellen eines Angebotes der Zugang zu Verschlusssachen des Grades „VS-VERTRAULICH" oder höher gewährt werden, muss der Bewerber bereits vor Gewährung des Zugangs die geforderten Angaben und Nachweise vorlegen. ²Kommt der Bewerber dem nicht nach, schließt der Auftraggeber ihn von der Teilnahme am Vergabeverfahren aus.

Die Regelungen in **Abs. 1 und 2** entsprechen iW den Regelungen in § 6b EU 1 Abs. 1 Nr. 1, 2 VOB/A zur **Nachweisführung mittels Präqualifikation oder Einzelnachweisen.** Dazu iE → VOB/A § 6b EU Rn. 2ff. In Bezug auf die Nachweisführung durch Einzelnachweise ist jedoch die Einschränkung zu beachten, dass Eigenerklärungen nur insoweit zugelassen werden dürfen, als dies mit den zugrundeliegenden Verteidigungs- bzw. Sicherheitsinteressen vereinbar ist. Der Nachweis der Erfüllung sicherheitsrelevanter Eignungskriterien – etwa einer geforderten Sicherheitsüberprüfung – kann generell nicht über Eigenerklärungen, sondern nur über entspr. Bescheinigungen der zuständigen Stellen geführt werden.

Die Abs. 3–5 regeln den Teilnahmewettbewerb. Danach muss gefordert werden, 2 dass die Bewerber die Eignungsnachweise bereits mit dem Teilnahmeantrag vorlegen müssen **(Abs. 3)**. Für die Nachforderung fehlender unternehmensbezogener Unterlagen im Teilnahmewettbewerb gilt § 16a VS VOB/A (§ 16a VS Abs. 6 VOB/A; s. → VOB/A § 16a EU Rn. 1 ff.). Zur Angebotsabgabe dürfen nur Bewerber aufgefordert werden, die einen vollständigen Teilnahmeantrag eingereicht haben und die nach entspr. Prüfung der damit vorgelegten Eignungsnachweise die für die Erfüllung der vertraglichen Verpflichtungen notwendige Sicherheit bieten **(Abs. 4)**.

Abs. 5 fordert, dass ein Bieter frühzeitig seine Berechtigung zum Zugang zu 3 Verschlusssachen des Grades „VS-VERTRAULICH" oder höher nachweisen muss, sofern für das Erstellen des Angebotes der Zugang zu Verschlusssachen des Grades „VS-VERTRAULICH" oder höher erforderlich ist (s. dazu ausf. → VSVgV § 7 Rn. 11 f.). Kommt der Bewerber dem nicht nach, schließt der Auftraggeber ihn von der Teilnahme am Vergabeverfahren aus.

§ 6c VS Qualitätssicherung und Umweltmanagement

(1) ¹Der Auftraggeber kann zusätzlich Angaben über Umweltmanagementverfahren verlangen, die der Bewerber oder Bieter bei der Ausführung des Auftrags gegebenenfalls anwenden will. ²In diesem Fall kann der Auftraggeber zum Nachweis dafür, dass der Bewerber oder Bieter bestimmte Normen für das Umweltmanagement erfüllt, die Vorlage von Bescheinigungen unabhängiger Stellen verlangen. ³Der Auftraggeber nimmt dabei Bezug auf
1. das Gemeinschaftssystem für das Umweltmanagement und die Umweltbetriebsprüfung (EMAS) oder

VOB/A–VS § 6d — Kapazitäten anderer Unternehmen

2. ¹Normen für das Umweltmanagement, die
   a) auf den einschlägigen europäischen oder internationalen Normen beruhen und
   b) von entsprechenden Stellen zertifiziert sind, die dem Gemeinschaftsrecht oder einschlägigen europäischen oder internationalen Zertifizierungsnormen entsprechen.

²Gleichwertige Bescheinigungen von Stellen in anderen Mitgliedstaaten sind anzuerkennen. ³Der Auftraggeber erkennt auch andere Nachweise für gleichwertige Umweltmanagement-Maßnahmen an, die von Bewerbern oder Bietern vorgelegt werden.

(2) ¹Auftraggeber können zum Nachweis dafür, dass der Bewerber oder Bieter bestimmte Qualitätssicherungsnormen erfüllt, die Vorlage von Bescheinigungen unabhängiger Stellen verlangen. ²Der Auftraggeber nimmt dabei auf Qualitätssicherungsverfahren Bezug, die
1. den einschlägigen europäischen Normen genügen und
2. von entsprechenden Stellen zertifiziert sind, die den europäischen Zertifizierungsnormen entsprechen.

³Gleichwertige Bescheinigungen von Stellen aus anderen Mitgliedstaaten sind anzuerkennen. ⁴Der Auftraggeber erkennt auch andere gleichwertige Nachweise für Qualitätssicherungsmaßnahmen an.

1   Abs. 1 S. 1, 2 haben denselben Regelungsgehalt wie § 49 Abs. 2 S. 1 Hs. 1 VgV. Abs. 1 S. 3 Nr. 1, 2 lit. b stimmen weitestgehend mit § 49 Abs. 2 S. 1 Hs. 2 Nr. 1, 3 VgV überein, so dass auf die entspr. Kommentierung verwiesen wird, → VgV § 49 Rn. 12 ff.

2   Abs. 1 S. 3 Nr. 2 lit. a ist insofern allgemeiner gehalten, als der Auftraggeber auf die einschlägigen europäischen oder internationalen Normen Bezug nimmt und nicht, wie § 49 Abs. 2 S. 1 Hs. 2 Nr. 2 VgV, auf Gemeinschaftssysteme, die nach Art. 45 VO (EG) Nr. 1221/2009 sowie den Beschlüssen der Kommission 2001/681/EG und 2006/193/EG anerkannt sind.

3   Abs. 1 S. 4 stimmt sinngemäß mit § 49 Abs. 2 S. 2 VgV überein. Abs. 1 S. 5 enthält, ähnlich wie § 49 Abs. 2 S. 3 VgV, die Pflicht des Auftraggebers, auch andere Nachweise für gleichwertige Umweltmanagement-Maßnahmen anzuerkennen, die von Bewerbern oder Bietern vorgelegt werden. § 6c VS VOB/A jedoch stellt, anders als § 49 VgV, keine Voraussetzungen auf bzgl. des „Ob" der Zulassung anderer Nachweise durch den Auftraggeber und des „Wie" des Nachweises der Gleichwertigkeit. Somit wird es für den Bieter oder Bewerber iRd § 6c VS VOB/A regelmäßig leichter sein, Nachweise für gleichwertige Umweltmanagement-Maßnahmen durch andere Belege zu erbringen, sofern sie gleichwertig sind.

4   Abs. 2 stimmt wörtlich mit § 49 Abs. 1 VgV überein, so dass auf die entspr. Kommentierung Bezug genommen wird, → VgV § 49 Rn. 4 ff.

§ 6d VS Kapazitäten anderer Unternehmen

¹Ein Bewerber oder Bieter kann sich, gegebenenfalls auch als Mitglied einer Bietergemeinschaft, zur Erfüllung eines Auftrags der Fähigkeiten anderer Unternehmen bedienen. ²Dabei kommt es nicht auf den rechtlichen Charakter der Verbindung zwischen ihm und diesen Unternehmen an. ³In diesem Fall fordert der Auftraggeber von den in der engeren Wahl befindlichen Bewerbern oder Bietern den Nachweis darüber, dass ihnen die erforderlichen Mittel zur Verfügung stehen. ⁴Als Nachweise können beispielsweise entsprechende Verpflichtungserklärungen dieser Unternehmen vorgelegt werden.

Ausschlussgründe § 6e VOB/A–VS

§ 6d VS VOB/A regelt die sog. **Eignungsleihe.** Die Regelung entspricht inhalt- 1
lich § 6d EU Abs. 1 UAbs. 1, 2 VOB/A sowie § 47 Abs. 1 S. 1, 2 VgV (s. die
dortigen Kommentierungen → VOB/A § 6d EU Rn. 1 ff.; → VgV § 47 Rn. 1 ff.).
Im Anwendungsbereich des Abschn. 3 der VOB/A können aber keine weiteren 2
Voraussetzungen an die Eignungsleihe – wie zB eine gemeinsame Haftung oder die
Ausführung der Arbeiten – gestellt werden. Auch sieht § 6d VS VOB/A keine
ausdr. Verpflichtung vor, die „anderen Unternehmen" auf ihre Eignung und das
Nichtvorliegen von Ausschlussgründen hin zu prüfen. Diese Verpflichtung ergibt
sich jedoch unmittelbar aus § 122 Abs. 1 GWB iVm §§ 123, 124 GWB.

§ 6e VS Ausschlussgründe

(1) **Der Auftraggeber schließt ein Unternehmen zu jedem Zeitpunkt des Vergabeverfahrens von der Teilnahme aus, wenn er Kenntnis davon hat, dass eine Person, deren Verhalten nach Absatz 3 dem Unternehmen zuzurechnen ist, rechtskräftig verurteilt oder gegen das Unternehmen eine Geldbuße nach § 30 des Gesetzes über Ordnungswidrigkeiten rechtskräftig festgesetzt worden ist wegen einer Straftat nach:**
1. **§ 129 StGB (Bildung krimineller Vereinigungen), § 129a StGB (Bildung terroristischer Vereinigungen) oder § 129b StGB (kriminelle und terroristische Vereinigungen im Ausland),**
2. **§ 89c StGB (Terrorismusfinanzierung) oder wegen der Teilnahme an einer solchen Tat oder wegen der Bereitstellung oder Sammlung finanzieller Mittel in Kenntnis dessen, dass diese finanziellen Mittel ganz oder teilweise dazu verwendet werden oder verwendet werden sollen, eine Tat nach § 89a Absatz 2 Nummer 2 StGB zu begehen,**
3. **§ 261 StGB (Geldwäsche; Verschleierung unrechtmäßig erlangter Vermögenswerte),**
4. **§ 263 StGB (Betrug), soweit sich die Straftat gegen den Haushalt der Europäischen Union oder gegen Haushalte richtet, die von der Europäischen Union oder in ihrem Auftrag verwaltet werden,**
5. **§ 264 StGB (Subventionsbetrug), soweit sich die Straftat gegen den Haushalt der Europäischen Union oder gegen Haushalte richtet, die von der Europäischen Union oder in ihrem Auftrag verwaltet werden,**
6. **§ 299 StGB (Bestechlichkeit und Bestechung im geschäftlichen Verkehr), den §§ 299a und 299b StGB (Bestechlichkeit und Bestechung im Gesundheitswesen),**
7. **§ 108e StGB (Bestechlichkeit und Bestechung von Mandatsträgern),**
8. **den §§ 333 und 334 StGB (Vorteilsgewährung und Bestechung), jeweils auch in Verbindung mit § 335a StGB (Ausländische und internationale Bedienstete),**
9. **Artikel 2 § 2 des Gesetzes zur Bekämpfung internationaler Bestechung (Bestechung ausländischer Abgeordneter im Zusammenhang mit internationalem Geschäftsverkehr) oder**
10. **den §§ 232, 232a Absatz 1 bis 5, den §§ 232b bis 233a StGB (Menschenhandel, Zwangsprostitution, Zwangsarbeit, Ausbeutung der Arbeitskraft, Ausbeutung unter Ausnutzung einer Freiheitsberaubung).**

(2) **Einer Verurteilung oder der Festsetzung einer Geldbuße im Sinne des Absatzes 1 stehen eine Verurteilung oder die Festsetzung einer Geldbuße nach den vergleichbaren Vorschriften anderer Staaten gleich.**

(3) **Das Verhalten einer rechtskräftig verurteilten Person ist einem Unternehmen zuzurechnen, wenn diese Person als für die Leitung des Unternehmens Verantwortlicher gehandelt hat; dazu gehört auch die Überwachung**

VOB/A–VS § 6e

der Geschäftsführung oder die sonstige Ausübung von Kontrollbefugnissen in leitender Stellung.

(4) ¹Der Auftraggeber schließt ein Unternehmen von der Teilnahme an einem Vergabeverfahren aus, wenn
1. das Unternehmen seinen Verpflichtungen zur Zahlung von Steuern, Abgaben und Beiträgen zur Sozialversicherung nicht nachgekommen ist und dies durch eine rechtskräftige Gerichts- oder bestandskräftige Verwaltungsentscheidung festgestellt wurde, oder
2. der Auftraggeber auf sonstige geeignete Weise die Verletzung einer Verpflichtung nach Nummer 1 nachweisen kann.

²Satz 1 findet keine Anwendung, wenn das Unternehmen seinen Verpflichtungen dadurch nachgekommen ist, dass es die Zahlung vorgenommen oder sich zur Zahlung der Steuern, Abgaben und Beiträge zur Sozialversicherung einschließlich Zinsen, Säumnis- und Strafzuschlägen verpflichtet hat.

(5) ¹Von einem Ausschluss nach Absatz 1 kann abgesehen werden, wenn dies aus zwingenden Gründen des öffentlichen Interesses geboten ist. ²Von einem Ausschluss nach Absatz 4 Satz 1 kann abgesehen werden, wenn dies aus zwingenden Gründen des öffentlichen Interesses geboten ist oder ein Ausschluss offensichtlich unverhältnismäßig wäre. ³§ 6f VS Absatz 1 und 2 bleiben unberührt.

(6) Der Auftraggeber kann unter Berücksichtigung des Grundsatzes der Verhältnismäßigkeit ein Unternehmen zu jedem Zeitpunkt des Vergabeverfahrens von der Teilnahme an einem Vergabeverfahren ausschließen, wenn
1. das Unternehmen bei der Ausführung öffentlicher Aufträge nachweislich gegen geltende umwelt-, sozial- und arbeitsrechtliche Verpflichtungen verstoßen hat,
2. das Unternehmen zahlungsunfähig ist, über das Vermögen des Unternehmens ein Insolvenzverfahren oder ein vergleichbares Verfahren beantragt oder eröffnet worden ist, die Eröffnung eines solchen Verfahrens mangels Masse abgelehnt worden ist, sich das Unternehmen im Verfahren der Liquidation befindet oder seine Tätigkeit eingestellt hat,
3. das Unternehmen im Rahmen der beruflichen Tätigkeit nachweislich eine schwere Verfehlung begangen hat, durch die die Integrität des Unternehmens infrage gestellt wird insbesondere im Rahmen seiner beruflichen Tätigkeit seine Pflicht zur Gewährleistung der Informations- oder Versorgungssicherheit bei einem früheren Auftrag verletzt hat; Absatz 3 ist entsprechend anzuwenden,
4. der Auftraggeber über hinreichende Anhaltspunkte dafür verfügt, dass das Unternehmen mit anderen Unternehmen Vereinbarungen getroffen oder Verhaltensweisen aufeinander abgestimmt hat, die eine Verhinderung, Einschränkung oder Verfälschung des Wettbewerbs bezwecken oder bewirken,
5. ein Interessenkonflikt bei der Durchführung des Vergabeverfahrens besteht, der die Unparteilichkeit und Unabhängigkeit einer für den Auftraggeber tätigen Person bei der Durchführung des Vergabeverfahrens beeinträchtigen könnte und der durch andere, weniger einschneidende Maßnahmen nicht wirksam beseitigt werden kann,
6. eine Wettbewerbsverzerrung daraus resultiert, dass das Unternehmen bereits in die Vorbereitung des Vergabeverfahrens einbezogen war, und diese Wettbewerbsverzerrung nicht durch andere, weniger einschneidende Maßnahmen beseitigt werden kann,

§ 6e VOB/A–VS

7. das Unternehmen eine wesentliche Anforderung bei der Ausführung eines früheren öffentlichen Auftrags erheblich oder fortdauernd mangelhaft erfüllt hat und dies zu einer vorzeitigen Beendigung, zu Schadensersatz oder zu einer vergleichbaren Rechtsfolge geführt hat,
8. das Unternehmen in Bezug auf Ausschlussgründe oder Eignungskriterien eine schwerwiegende Täuschung begangen, Auskünfte zurückgehalten hat oder nicht in der Lage ist, die erforderlichen Nachweise zu übermitteln oder
9. das Unternehmen
   a) versucht hat, die Entscheidungsfindung des Auftraggebers in unzulässiger Weise zu beeinflussen,
   b) versucht hat, vertrauliche Informationen zu erhalten, durch die es unzulässige Vorteile beim Vergabeverfahren erlangen könnte,
   c) fahrlässig oder vorsätzlich irreführende Informationen übermittelt hat, die die Vergabeentscheidung des Auftraggebers erheblich beeinflussen könnten oder versucht hat, solche Informationen zu übermitteln, oder
10. das Unternehmen nachweislich nicht die erforderliche Vertrauenswürdigkeit aufweist, um Risiken für die nationale Sicherheit auszuschließen; als Beweismittel kommen auch geschützte Datenquellen in Betracht.

Literatur: Vgl. die Angaben bei den §§ 123, 124 und 125 GWB sowie bei Einl. WRegG.

§ 6e VS VOB/A **wiederholt** in den Abs. 1–5 die Regelung des **§ 123 GWB** zu 1 den zwingenden Ausschlussgründen und im Abs. 6 die Regelung des **§ 124 Abs. 1 GWB** zu den fakultativen Ausschlussgründen. Auf die Kommentierungen dieser Vorschriften wird verwiesen.

Daneben sind die spezialgesetzlichen Ausschlussgründe nach § 21 AEntG, § 98c 2 AufenthG, § 19 MiLoG, § 21 SchwarzArbG und § 22 LkSG zu berücksichtigen. Dies ergibt sich aus **§ 124 Abs. 2 GWB**, der nicht in die VOB/A übernommen wurde (s. die Kommentierung zu → GWB § 124 Rn. 54 ff.).

Eine **schwere Verfehlung** iSv Abs. 6 Nr. 3, durch die die Integrität des Unter- 3 nehmens in Frage gestellt wird, liegt bei verteidigungs- oder sicherheitsspezifischen öffentlichen Aufträgen insbes. dann vor, wenn eine rechtskräftige Verurteilung wegen eines Verstoßes gegen geltende Rechtsvorschriften über die Ausfuhr von Verteidigungs- und/oder Sicherheitsgütern erfolgt ist oder wenn im Rahmen eines früheren Auftrags die Pflicht zur Gewährleistung der Informations- oder Versorgungssicherheit verletzt wurde.[1]

Im Bereich der fakultativen Ausschlussgründe ist außerdem die Vorschrift des 4 § 147 GWB übernommen worden, wonach ein Unternehmen auch dann ausgeschlossen werden kann, wenn es nachweislich nicht die erforderliche Vertrauenswürdigkeit aufweist, um Risiken für die nationale Sicherheit auszuschließen (Abs. 6 Nr. 10). Dabei wird klargestellt, dass hierfür als Beweismittel auch geschützte Datenquellen in Betracht kommen (dazu → GWB § 147 Rn. 2). Dieser zusätzliche Ausschlussgrund der fehlenden Vertrauenswürdigkeit beruht auf Art. 39 Abs. 2 lit. e RL 2009/81/EG.[2]

Im Zusammenhang mit den Ausschlussgründen sind ferner die Regelungen zur 5 Selbstreinigung und zur Höchstdauer der Berücksichtigung von Ausschlussgründen in § 6f VS VOB/A zu berücksichtigen.

---

[1] Gesetzesbegr. zu § 147 GWB, BT-Drs. 18/6281, 127.
[2] Gesetzesbegr. zu § 147 GWB, BT-Drs. 18/6281, 127.

§ 6f VS Selbstreinigung

(1) ¹Auftraggeber schließen ein Unternehmen, bei dem ein Ausschlussgrund nach § 6e VS vorliegt, nicht von der Teilnahme an dem Vergabeverfahren aus, wenn das Unternehmen dem Auftraggeber oder nach § 8 des Wettbewerbsregistergesetzes dem Bundeskartellamt nachgewiesen hat, dass es
1. für jeden durch eine Straftat oder ein Fehlverhalten verursachten Schaden einen Ausgleich gezahlt oder sich zur Zahlung eines Ausgleichs verpflichtet hat,
2. die Tatsachen und Umstände, die mit der Straftat oder dem Fehlverhalten und dem dadurch verursachten Schaden in Zusammenhang stehen, durch eine aktive Zusammenarbeit mit den Ermittlungsbehörden und dem Auftraggeber umfassend geklärt hat und
3. konkrete technische, organisatorische und personelle Maßnahmen ergriffen hat, die geeignet sind, weitere Straftaten oder weiteres Fehlverhalten zu vermeiden.

²§ 6e VS Absatz 4 Satz 2 bleibt unberührt.

(2) ¹Bei der Bewertung der von dem Unternehmen ergriffenen Selbstreinigungsmaßnahmen sind die Schwere und die besonderen Umstände der Straftat oder des Fehlverhaltens zu berücksichtigen. ²Die Entscheidung, dass die Selbstreinigungsmaßnahmen des Unternehmens als unzureichend bewertet werden, ist gegenüber dem Unternehmen zu begründen.

(3) Wenn ein Unternehmen, bei dem ein Ausschlussgrund vorliegt, keine oder keine ausreichenden Selbstreinigungsmaßnahmen nach Absatz 1 ergreift, darf es
1. bei Vorliegen eines Ausschlussgrundes nach § 6e VS Absatz 1 bis 4 höchstens für einen Zeitraum von fünf Jahren ab dem Tag der rechtskräftigen Verurteilung von der Teilnahme an Vergabeverfahren ausgeschlossen werden,
2. bei Vorliegen eines Ausschlussgrundes nach § 6e VS Absatz 6 höchstens für einen Zeitraum von drei Jahren ab dem betreffenden Ereignis von der Teilnahme an Vergabeverfahren ausgeschlossen werden.

Literatur: Vgl. die Angaben bei § 125 GWB und Einl. WRegG.

1 § 6f VS VOB/A wiederholt in den Abs. 1–2 die Regelung des **§ 125 GWB** zur Selbstreinigung und in dem Abs. 3 die Regelung des **§ 126 GWB** zur Höchstdauer der Berücksichtigung von Ausschlussgründen. Auf die Kommentierungen dieser Vorschriften wird verwiesen, → GWB § 125 Rn. 1 ff., → GWB § 126 Rn. 1 ff.

§ 7 VS Leistungsbeschreibung

(1)
1. Die Leistung ist eindeutig und so erschöpfend zu beschreiben, dass alle Unternehmen die Beschreibung im gleichen Sinne verstehen müssen und ihre Preise sicher und ohne umfangreiche Vorarbeiten berechnen können.
2. Um eine einwandfreie Preisermittlung zu ermöglichen, sind alle sie beeinflussenden Umstände festzustellen und in den Vergabeunterlagen anzugeben.
3. Dem Auftragnehmer darf kein ungewöhnliches Wagnis aufgebürdet werden für Umstände und Ereignisse, auf die er keinen Einfluss hat und deren Einwirkung auf die Preise und Fristen er nicht im Voraus schätzen kann.

Technische Spezifikationen § 7a VOB/A–VS

4. ¹Bedarfspositionen sind grundsätzlich nicht in die Leistungsbeschreibung aufzunehmen. ²Angehängte Stundenlohnarbeiten dürfen nur in dem unbedingt erforderlichen Umfang in die Leistungsbeschreibung aufgenommen werden.
5. Erforderlichenfalls sind auch der Zweck und die vorgesehene Beanspruchung der fertigen Leistung anzugeben.
6. Die für die Ausführung der Leistung wesentlichen Verhältnisse der Baustelle, z.B. Boden- und Wasserverhältnisse, sind so zu beschreiben, dass das Unternehmen ihre Auswirkungen auf die bauliche Anlage und die Bauausführung hinreichend beurteilen kann.
7. Die „Hinweise für das Aufstellen der Leistungsbeschreibung" in Abschnitt 0 der Allgemeinen Technischen Vertragsbedingungen für Bauleistungen, DIN 18299 ff., sind zu beachten.

(2) ¹Soweit es nicht durch den Auftragsgegenstand gerechtfertigt ist, darf in technischen Spezifikationen nicht auf eine bestimmte Produktion oder Herkunft oder ein besonderes Verfahren, das die von einem bestimmten Unternehmen bereitgestellten Produkte charakterisiert, oder auf Marken, Patente, Typen oder einen bestimmten Ursprung oder eine bestimmte Produktion verwiesen werden, wenn dadurch bestimmte Unternehmen oder bestimmte Produkte begünstigt oder ausgeschlossen werden. ²Solche Verweise sind jedoch ausnahmsweise zulässig, wenn der Auftragsgegenstand nicht hinreichend genau und allgemein verständlich beschrieben werden kann; solche Verweise sind mit dem Zusatz „oder gleichwertig" zu versehen.

(3) Bei der Beschreibung der Leistung sind die verkehrsüblichen Bezeichnungen zu beachten.

Die Regelungen sind **wortgleich mit § 7 EU VOB/A**. Auf die Kommentierung zu § 7 EU VOB/A wird daher verwiesen (→ VOB/A § 7 EU Rn. 1 ff.). 1

§ 7a VS Technische Spezifikationen

(1) Die technischen Anforderungen (Spezifikationen – siehe Anhang TS Nummer 1) an den Auftragsgegenstand müssen allen Unternehmen gleichermaßen zugänglich sein.

(2) Die technischen Spezifikationen sind in den Vergabeunterlagen zu formulieren:
1. entweder unter Bezugnahme auf die in Anhang TS definierten technischen Spezifikationen in der Rangfolge
    a) nationale zivile Normen, mit denen europäische Normen umgesetzt werden,
    b) europäische technische Bewertungen,
    c) gemeinsame zivile technische Spezifikationen,
    d) nationale zivile Normen, mit denen internationale Normen umgesetzt werden,
    e) andere internationale zivile Normen,
    f) andere technische Bezugssysteme, die von den europäischen Normungsgremien erarbeitet wurden oder, falls solche Normen und Spezifikationen fehlen, nationale Normen, nationale technische Zulassungen oder nationale technische Spezifikationen für die Planung, Berechnung und Ausführung von Bauwerken und den Einsatz von Produkten,

VOB/A–VS § 7a — Technische Spezifikationen

g) zivile technische Spezifikationen, die von der Industrie entwickelt wurden und von ihr allgemein anerkannt werden oder

h) die in Anhang III Nummer 3 der Richtlinie 2009/81/EG definierten nationalen „Verteidigungsnormen" und Spezifikationen für Verteidigungsgüter, die diesen Normen entsprechen.

Jede Bezugnahme ist mit dem Zusatz „oder gleichwertig" zu versehen;

2. oder in Form von Leistungs- oder Funktionsanforderungen, die so genau zu fassen sind, dass sie den Unternehmen ein klares Bild vom Auftragsgegenstand vermitteln und dem Auftraggeber die Erteilung des Zuschlags ermöglichen;

3. oder in Kombination von Nummern 1 und Nummer 2, das heißt
    a) in Form von Leistungs- oder Funktionsanforderungen unter Bezugnahme auf die Spezifikationen gemäß Nummer 1 als Mittel zur Vermutung der Konformität mit diesen Leistungs- oder Funktionsanforderungen;
    b) oder mit Bezugnahme auf die Spezifikationen gemäß Nummer 1 hinsichtlich bestimmter Merkmale und mit Bezugnahme auf die Leistungs- oder Funktionsanforderungen gemäß Nummer 2 hinsichtlich anderer Merkmale.

(3) [1]Verweist der Auftraggeber in der Leistungsbeschreibung auf die in Absatz 2 Nummer 1 genannten Spezifikationen, so darf er ein Angebot nicht mit der Begründung ablehnen, die angebotene Leistung entspräche nicht den herangezogenen Spezifikationen, sofern der Bieter in seinem Angebot dem Auftraggeber nachweist, dass die von ihm vorgeschlagenen Lösungen den Anforderungen der technischen Spezifikation, auf die Bezug genommen wurde, gleichermaßen entsprechen. [2]Als geeignetes Mittel kann eine technische Beschreibung des Herstellers oder ein Prüfbericht einer anerkannten Stelle gelten.

(4) [1]Legt der Auftraggeber die technischen Spezifikationen in Form von Leistungs- oder Funktionsanforderungen fest, so darf er ein Angebot, das einer nationalen Norm, mit der eine europäische Norm umgesetzt wird, oder einer europäischen technischen Bewertung, einer gemeinsamen technischen Spezifikation, einer internationalen Norm oder einem technischen Bezugssystem, das von den europäischen Normungsgremien erarbeitet wurde, entspricht, nicht zurückweisen, wenn diese Spezifikationen die geforderten Leistungs- oder Funktionsanforderungen betreffen. [2]Der Bieter muss in seinem Angebot mit geeigneten Mitteln dem Auftraggeber nachweisen, dass die der Norm entsprechende jeweilige Leistung den Leistungs- oder Funktionsanforderungen des Auftraggebers entspricht. [3]Als geeignetes Mittel kann eine technische Beschreibung des Herstellers oder ein Prüfbericht einer anerkannten Stelle gelten.

(5) [1]Schreibt der Auftraggeber Umwelteigenschaften in Form von Leistungs- oder Funktionsanforderungen vor, so kann er die Spezifikationen verwenden, die in europäischen, multinationalen oder anderen Umweltzeichen definiert sind, wenn

1. sie sich zur Definition der Merkmale des Auftragsgegenstands eignen,
2. die Anforderungen des Umweltzeichens auf Grundlage von wissenschaftlich abgesicherten Informationen ausgearbeitet werden,
3. die Umweltzeichen im Rahmen eines Verfahrens erlassen werden, an dem interessierte Kreise – wie z.B. staatliche Stellen, Verbraucher, Hersteller, Händler und Umweltorganisationen – teilnehmen können, und
4. das Umweltzeichen für alle Betroffenen zugänglich und verfügbar ist.

§ 7a VOB/A–VS

²Der Auftraggeber kann in den Vergabeunterlagen angeben, dass bei Leistungen, die mit einem Umweltzeichen ausgestattet sind, vermutet wird, dass sie den in der Leistungsbeschreibung festgelegten technischen Spezifikationen genügen. ³Der Auftraggeber muss jedoch auch jedes andere geeignete Beweismittel, wie technische Unterlagen des Herstellers oder Prüfberichte anerkannter Stellen, akzeptieren. ⁴Anerkannte Stellen sind die Prüf- und Eichlaboratorien sowie die Inspektions- und Zertifizierungsstellen, die mit den anwendbaren europäischen Normen übereinstimmen. ⁵Der Auftraggeber erkennt Bescheinigungen von in anderen Mitgliedstaaten ansässigen anerkannten Stellen an.

Der Auftraggeber kann in den Vergabeunterlagen angeben, dass bei Leistungen, die mit einem Umweltzeichen ausgestattet sind, vermutet wird, dass sie den in der Leistungsbeschreibung festgelegten technischen Spezifikationen genügen. Der Auftraggeber muss jedoch auch jedes andere geeignete Beweismittel, wie technische Unterlagen des Herstellers oder Prüfberichte anerkannter Stellen, akzeptieren. Anerkannte Stellen sind die Prüf- und Eichlaboratorien sowie die Inspektions- und Zertifizierungsstellen, die mit den anwendbaren europäischen Normen übereinstimmen. Der Auftraggeber erkennt Bescheinigungen von in anderen Mitgliedstaaten ansässigen anerkannten Stellen an.

Literatur: Vgl. die Angaben bei § 7a EU VOB/A.

I. Bedeutung der Vorschrift

Die Vorschrift enthält zwei unterschiedliche Regelungsbereiche. In Umsetzung der **Vergabegrundsätze** gem. § 2 VS Abs. 1, 2 VOB/A wird für die „technischen Anforderungen an den Auftragsgegenstand" festgelegt, wie diese vom Auftraggeber beschrieben werden müssen (Abs. 1 und 2), sowie, wie die Unternehmen die Übereinstimmung ihres Angebots mit den Spezifikationen nachweisen können und müssen (Abs. 3–5). Die Regelungen entsprechen in Zielsetzung und grds. Inhalt **§ 7a EU VOB/A.** Auf die Kommentierung zu § 7 EU VOB/A wird daher zusätzlich verwiesen (→ VOB/A § 7a EU Rn. 1 ff.). 1

II. Besonderheiten

Folgende Besonderheiten sind im Vergleich mit § 7a EU VOB/A zu beachten: § 7a EU Abs. 1 Nr. 2–5 VOB/A enthalten neben der Forderung der allg. Zugänglichkeit (Abs. 1) weitere Anforderungen an die Inhalte und Beschreibung der technischen Spezifikationen, die im 1. Abschn. nicht aufgenommen wurden. § 7a VS VOB/A entspricht in diesem Punkt § 7a VOB/A 1. Abschn. Mit dieser Lücke entfallen insbes. die Anforderungen an den Auftraggeber hinsichtl. der **Zugänglichkeit der Leistungen** für Menschen mit Behinderung (§ 7a EU Abs. 1 Nrn. 4–5 VOB/A), wobei dies jedoch für „klassische" Auftraggeber keine Rolle spielen dürfte, da diese ohnehin weitgehend durch die entspr., in Bezug genommenen Normen zur Barrierefreiheit verpflichtet sind. Das „Fehlen" der Nrn. 2–3 bewirkt keine inhaltliche Änderung, da der Auftraggeber die Leistungsbeschreibung frei gestalten kann. 2

Abs. 2 enthält redaktionelle Abweichungen dahingehend, dass in Bezug auf die referenzierten Normen zwischen zivilen Normen und „Verteidigungsnormen" unterschieden wird. Zudem wird der Kreis der zulässigen Normen um „technische Spezifikationen, die von der Industrie entwickelt wurden und allgemein anerkannt 3

VOB/A–VS § 7c Leistungsbeschreibung mit Leistungsprogramm

sind", erweitert. Ein inhaltlicher Unterschied liegt also lediglich darin, dass dem Auftraggeber für die Leistungsbeschreibung ein deutlich weiterer Kreis an Normen zur Verfügung steht. Grund für die Abweichung ist der zu Grunde liegende europäische Rechtsrahmen. Denn die Auflistung entspricht den technischen Spezifikationen, die in Art. 18 Absatz 3 lit. a RL 2009/81/EG genannt sind.

4   Abs. 3 und 4 betreffen den sog. „Gleichwertigkeitsnachweis", mit dem Bieter nachweisen können, dass ihr Angebot mit den ausgeschriebenen Spezifikationen übereinstimmt. Beide Regelungen haben gemeinsam, dass – im Gegensatz zu § 7a EU Abs. 5 VOB/A – nicht klargestellt wird, dass der Auftraggeber bestimmte Nachweise auch ausdr. fordern kann. Dies ändert aber nichts daran, dass die Forderung bestimmter Nachweise zulässig ist. § 7a VS VOB/A entspricht in diesem Punkt § 7a VOB/A 1. Abschn. (→ VOB/A § 7a Rn. 5 f.).

5   Abs. 5 entspricht inhaltlich § 7a Abs. 6 VOB/A – auch hier ist also, anders als im 2. Abschn., nicht die Forderung von „Gütezeichen", sondern lediglich von **Umweltzeichen**" für den Nachweis von „Umwelteigenschaften" vorgesehen. Aufgrund des eindeutigen Wortlauts ist hiermit eine Einschränkung verbunden, da Gütezeichen für „soziale" oder sonstige Merkmale nicht erfasst werden.

§ 7b VS Leistungsbeschreibung mit Leistungsverzeichnis

(1) Die Leistung ist in der Regel durch eine allgemeine Darstellung der Bauaufgabe (Baubeschreibung) und ein in Teilleistungen gegliedertes Leistungsverzeichnis zu beschreiben.

(2) ¹Erforderlichenfalls ist die Leistung auch zeichnerisch oder durch Probestücke darzustellen oder anders zu erklären, z.B. durch Hinweise auf ähnliche Leistungen, durch Mengen- oder statische Berechnungen. ²Zeichnungen und Proben, die für die Ausführung maßgebend sein sollen, sind eindeutig zu bezeichnen.

(3) Leistungen, die nach den Vertragsbedingungen, den Technischen Vertragsbedingungen oder der gewerblichen Verkehrssitte zu der geforderten Leistung gehören (§ 2 Absatz 1 VOB/B), brauchen nicht besonders aufgeführt zu werden.

(4) ¹Im Leistungsverzeichnis ist die Leistung derart aufzugliedern, dass unter einer Ordnungszahl (Position) nur solche Leistungen aufgenommen werden, die nach ihrer technischen Beschaffenheit und für die Preisbildung als in sich gleichartig anzusehen sind. ²Ungleichartige Leistungen sollen unter einer Ordnungszahl (Sammelposition) nur zusammengefasst werden, wenn eine Teilleistung gegenüber einer anderen für die Bildung eines Durchschnittspreises ohne nennenswerten Einfluss ist.

1   Die Regelung ist wortgleich mit § 7b EU VOB/A. Auf die Kommentierung zu § 7b EU VOB/A wird daher verwiesen (→ VOB/A § 7b EU Rn. 1 ff.).

§ 7c VS Leistungsbeschreibung mit Leistungsprogramm

(1) Wenn es nach Abwägen aller Umstände zweckmäßig ist, abweichend von § 7b VS Absatz 1 zusammen mit der Bauausführung auch den Entwurf für die Leistung dem Wettbewerb zu unterstellen, um die technisch, wirtschaftlich und gestalterisch beste sowie funktionsgerechteste Lösung der Bauaufgabe zu ermitteln, kann die Leistung durch ein Leistungsprogramm dargestellt werden.

Vergabeunterlagen **§ 8 VOB/A–VS**

(2)
1. Das Leistungsprogramm umfasst eine Beschreibung der Bauaufgabe, aus der die Unternehmen alle für die Entwurfsbearbeitung und ihr Angebot maßgebenden Bedingungen und Umstände erkennen können und in der sowohl der Zweck der fertigen Leistung als auch die an sie gestellten technischen, wirtschaftlichen, gestalterischen und funktionsbedingten Anforderungen angegeben sind, sowie gegebenenfalls ein Musterleistungsverzeichnis, in dem die Mengenangaben ganz oder teilweise offengelassen sind.
2. § 7b VS Absatz 2 bis 4 gilt sinngemäß.

(3) ¹Von dem Bieter ist ein Angebot zu verlangen, das außer der Ausführung der Leistung den Entwurf nebst eingehender Erläuterung und eine Darstellung der Bauausführung sowie eine eingehende und zweckmäßig gegliederte Beschreibung der Leistung – gegebenenfalls mit Mengen- und Preisangaben für Teile der Leistung – umfasst. ²Bei Beschreibung der Leistung mit Mengen- und Preisangaben ist vom Bieter zu verlangen, dass er
1. die Vollständigkeit seiner Angaben, insbesondere die von ihm selbst ermittelten Mengen, entweder ohne Einschränkung oder im Rahmen einer in den Vergabeunterlagen anzugebenden Mengentoleranz vertritt, und
2. etwaige Annahmen, zu denen er in besonderen Fällen gezwungen ist, weil zum Zeitpunkt der Angebotsabgabe einzelne Teilleistungen nach Art und Menge noch nicht bestimmt werden können (z.B. Aushub-, Abbruch- oder Wasserhaltungsarbeiten) – erforderlichenfalls anhand von Plänen und Mengenermittlungen – begründet.

Die Regelung ist mit Ausnahme der Nummerierung in Abs. 3 wortgleich mit 1 § 7c EU VOB/A. Auf dessen Kommentierung wird daher verwiesen (→ § 7c EU Rn. 1 ff.).

§ 8 VS Vergabeunterlagen

(1) **Die Vergabeunterlagen bestehen aus**
1. dem Anschreiben (Aufforderung zur Angebotsabgabe gemäß Absatz 2 Nummer 1 bis 3), gegebenenfalls Teilnahmebedingungen (Absatz 2 Nummer 6) und
2. den Vertragsunterlagen (Absatz 3 und §§ 7 VS bis 7c VS, § 8a VS Absatz 1 bis 3).

(2)
1. Das Anschreiben muss die *Informationen nach Vorgabe der Spalte 18 der Tabelle 2 des Anhangs der Durchführungsverordnung (EU) 2019/1780*[1] enthalten, die außer den Vertragsunterlagen für den Entschluss zur Abgabe eines Angebots notwendig sind, sofern sie nicht bereits veröffentlicht wurden.
2. In den Vergabeunterlagen kann der Auftraggeber die Bieter auffordern, in ihrem Angebot die Leistungen anzugeben, die sie an Nachunternehmen zu vergeben beabsichtigen.
3. ¹Hat der Auftraggeber in der Auftragsbekanntmachung Nebenangebote zugelassen, hat er anzugeben:
    a) ob er Nebenangebote ausnahmsweise nur in Verbindung mit einem Hauptangebot zulässt,
    b) die Mindestanforderungen für Nebenangebote.

---

[1] Bei Drucklegung noch nicht in Kraft.

VOB/A–VS § 8 Vergabeunterlagen

²Von Bietern, die eine Leistung anbieten, deren Ausführung nicht in Allgemeinen Technischen Vertragsbedingungen oder in den Vergabeunterlagen geregelt ist, sind im Angebot entsprechende Angaben über Ausführung und Beschaffenheit dieser Leistung zu verlangen.

4. Der Auftraggeber kann in der Auftragsbekanntmachung angeben, dass er die Abgabe mehrerer Hauptangebote nicht zulässt.
5. Der Auftraggeber hat an zentraler Stelle in den Vergabeunterlagen abschließend alle Unterlagen im Sinne von § 16a VS Absatz 1 mit Ausnahme von Produktangaben anzugeben.
6. Auftraggeber, die ständig Bauaufträge vergeben, sollen die Erfordernisse, die die Unternehmen bei der Bearbeitung ihrer Angebote beachten müssen, in den Teilnahmebedingungen zusammenfassen und dem Anschreiben beifügen.

(3) Bei der Vergabe von Verschlusssachenaufträgen und Aufträgen, die Anforderungen an die Versorgungssicherheit beinhalten, benennt der Auftraggeber in der Auftragsbekanntmachung oder den Vergabeunterlagen alle Maßnahmen und Anforderungen, die erforderlich sind, um den Schutz solcher Verschlusssachen entsprechend der jeweiligen Sicherheitsstufe zu gewährleisten bzw. um die Versorgungssicherheit zu gewährleisten.

Literatur: Vgl. die Angaben bei §§ 29, 35, 36 VgV.

I. Vergabeunterlagen

1 § 8 VS VOB/A entspricht weitgehend § 8 EU VOB/A. Inhaltliche Unterschiede gibt es – bedingt durch die Vergabe eines Auftrags im Bereich Verteidigung und Sicherheit – aufgrund der Regelung des Abs. 3 zu Verschlusssachenaufträgen und Aufträgen, die Anforderungen an die Versorgungssicherheit beinhalten. Es kann daher auf die Kommentierung zu § 8 EU VOB/A verwiesen werden, → VOB/A § 8 EU Rn. 1 ff.

2 Bei der Vergabe von Leistungen an **Nachunternehmer** entspricht § 8 VS Abs. 2 Nr. 2 VOB/A der Regelung in § 8 Abs. 2 Nr. 2 VOB/A (→ VOB/A § 8 Rn. 2) und nicht der Regelung des § 8 EU Abs. 2 VOB/A, wonach die namentliche Benennung des Unterauftragnehmers gefordert werden kann.

3 § 8 VS Abs. 2 Nr. 3 VOB/A stellt wie § 8 Abs. 2 Nr. 3 VOB/A nur wenige Vorgaben für **Nebenangebote** auf, wobei der Auftraggeber wie bei § 8 EU Abs. 2 Nr. 3 VOB/A Nebenangebote ausdr. **zulassen** muss und **Mindestanforderungen** anzugeben hat. Hingegen entfällt die Möglichkeit für den Auftraggeber, Nebenangebote vorzuschreiben.

II. Anschreiben

4 Abs. 2 Nr. 1 schreibt vor, dass das Anschreiben die Informationen nach Vorgabe der Spalte 18 der Tabelle 2 des Anhangs der Durchführungsverordnung (EU) 2019/1780 enthalten muss, die außer den Vertragsunterlagen für den Entschluss zur Abgabe eines Angebots notwendig sind, sofern sie nicht bereits veröffentlicht wurden. Dadurch sollen die Bieter in die Lage versetzt werden zu prüfen, ob sie ein Angebot abgeben können. Der frühere Verweis auf den Anhang XV der Durchführungsverordnung (EU) Nr. 2015/1986, die durch die Durchführungsverordnung

Vertragsbedingungen **§ 8a VOB/A–VS**

(EU) Nr. 2019/1780 zur Einführung elektronischer Formulare (eForms) aufgehoben wurde (iE → VgV § 10a Rn. 1 ff.), wurde gestrichen.[2]

III. Verschlusssachenaufträge

Mit Abs. 3 werden die Regelungen aus Art. 22 (Informationssicherheit) und 23 (Versorgungssicherheit) der RL 2009/81/EG in deutsches Recht umgesetzt. Bestehen besondere Bedürfnisse im Hinblick auf die Informationssicherheit und die Versorgungssicherheit, hat der Auftraggeber anzugeben, welche Anforderungen und Maßnahmen einzuhalten sind (§ 2 VS Abs. 7 VOB/A). Ohne derartige Angaben entstehen keine entspr. Verpflichtungen der Bieter. Welche Maßnahmen und Anforderungen iE erforderlich und zulässig sein können, lässt sich Abs. 3 nicht entnehmen. Insoweit verbleibt es bei den gem. § 2 VSVgV auch für Bauaufträge geltenden Regelungen der §§ 7 und 8 VSVgV.[3]

§ 8a VS Allgemeine, Besondere und Zusätzliche Vertragsbedingungen

(1) ¹In den Vergabeunterlagen ist vorzuschreiben, dass die Allgemeinen Vertragsbedingungen für die Ausführung von Bauleistungen (VOB/B) und die Allgemeinen Technischen Vertragsbedingungen für Bauleistungen (VOB/C) Bestandteile des Vertrags werden. ²Das gilt auch für etwaige Zusätzliche Vertragsbedingungen und etwaige Zusätzliche Technische Vertragsbedingungen, soweit sie Bestandteile des Vertrags werden sollen.

(2)
1. ¹Die Allgemeinen Vertragsbedingungen bleiben grundsätzlich unverändert. ²Sie können von Auftraggebern, die ständig Bauaufträge vergeben, für die bei ihnen allgemein gegebenen Verhältnisse durch Zusätzliche Vertragsbedingungen ergänzt werden. ³Diese dürfen den Allgemeinen Vertragsbedingungen nicht widersprechen.
2. ¹Für die Erfordernisse des Einzelfalles sind die Allgemeinen Vertragsbedingungen und etwaige Zusätzliche Vertragsbedingungen durch Besondere Vertragsbedingungen zu ergänzen. ²In diesen sollen sich Abweichungen von den Allgemeinen Vertragsbedingungen auf die Fälle beschränken, in denen dort besondere Vereinbarungen ausdrücklich vorgesehen sind und auch nur soweit es die Eigenart der Leistung und ihre Ausführung erfordern.

(3) ¹Die Allgemeinen Technischen Vertragsbedingungen bleiben grundsätzlich unverändert. ²Sie können von Auftraggebern, die ständig Bauaufträge vergeben, für die bei ihnen allgemein gegebenen Verhältnisse durch Zusätzliche Technische Vertragsbedingungen ergänzt werden. ³Für die Erfordernisse des Einzelfalles sind Ergänzungen und Änderungen in der Leistungsbeschreibung festzulegen.

(4)
1. In den Zusätzlichen Vertragsbedingungen oder in den Besonderen Vertragsbedingungen sollen, soweit erforderlich, folgende Punkte geregelt werden:

---

[2] Bekanntmachung des BMWSB zur Änderung der Vergabe- und Vertragsordnung für Bauleistungen Teil A (VOB/A) v. 6.9.2023, BAnz. AT 25.9.2023 B4, 2.
[3] Vgl. Beck VergabeR/Otting VOB/A § 8 VS Rn. 19.

Goede

VOB/A–VS § 8b   Kosten- und Vertrauensregelung, Schiedsverfahren

    a) Unterlagen (§ 8b VS Absatz 3; § 3 Absatz 5 und 6 VOB/B),
    b) Benutzung von Lager- und Arbeitsplätzen, Zufahrtswegen, Anschlussgleisen, Wasser- und Energieanschlüssen (§ 4 Absatz 4 VOB/B),
    c) Weitervergabe an Nachunternehmen (§ 4 Absatz 8 VOB/B),
    d) Ausführungsfristen (§ 9 VS; § 5 VOB/B),
    e) Haftung (§ 10 Absatz 2 VOB/B),
    f) Vertragsstrafen und Beschleunigungsvergütungen (§ 9a VS; § 11 VOB/B),
    g) Abnahme (§ 12 VOB/B),
    h) Vertragsart (§§ 4 VS, 4a VS), Abrechnung (§ 14 VOB/B),
    i) Stundenlohnarbeiten (§ 15 VOB/B),
    j) Zahlungen, Vorauszahlungen (§ 16 VOB/B),
    k) Sicherheitsleistung (§ 9c VS; § 17 VOB/B),
    l) Gerichtsstand (§ 18 Absatz 1 VOB/B),
    m) Lohn- und Gehaltsnebenkosten,
    n) Änderung der Vertragspreise (§ 9d VS).

2. ¹Im Einzelfall erforderliche besondere Vereinbarungen über die Mängelansprüche sowie deren Verjährung (§ 9b VS; § 13 Absatz 1, 4 und 7 VOB/B) und über die Verteilung der Gefahr bei Schäden, die durch Hochwasser, Sturmfluten, Grundwasser, Wind, Schnee, Eis und dergleichen entstehen können (§ 7 VOB/B), sind in den Besonderen Vertragsbedingungen zu treffen. ²Sind für bestimmte Bauleistungen gleichgelagerte Voraussetzungen im Sinne von § 9b VS gegeben, so dürfen die besonderen Vereinbarungen auch in Zusätzlichen Technischen Vertragsbedingungen vorgesehen werden.

1 § 8a VS VOB/A entspricht § 8a EU VOB/A. Auf die dortige Kommentierung wird verwiesen, → VOB/A § 8a EU Rn. 1 ff.

§ 8b VS Kosten- und Vertrauensregelung, Schiedsverfahren

(1) Beim nicht offenen Verfahren, beim Verhandlungsverfahren und beim wettbewerblichen Dialog sind alle Unterlagen unentgeltlich abzugeben.

(2)
1. ¹Für die Bearbeitung des Angebotes wird keine Entschädigung gewährt. ²Verlangt jedoch der Auftraggeber, dass der Bieter Entwürfe, Pläne, Zeichnungen, statische Berechnungen, Mengenberechnungen oder andere Unterlagen ausarbeitet, insbesondere in den Fällen des § 7c VS, so ist einheitlich für alle Bieter in der Ausschreibung eine angemessene Entschädigung festzusetzen. ³Diese Entschädigung steht jedem Bieter zu, der ein der Ausschreibung entsprechendes Angebot mit den geforderten Unterlagen rechtzeitig eingereicht hat.
2. Diese Grundsätze gelten für Verhandlungsverfahren und wettbewerblichen Dialog entsprechend.

(3) ¹Der Auftraggeber darf Angebotsunterlagen und die in den Angeboten enthaltenen eigenen Vorschläge eines Bieters nur für die Prüfung und Wertung der Angebote (§§ 16c VS und 16d VS) verwenden. ²Eine darüber hinausgehende Verwendung bedarf der vorherigen schriftlichen Vereinbarung.

(4) Sollen Streitigkeiten aus dem Vertrag unter Ausschluss des ordentlichen Rechtsweges im schiedsrichterlichen Verfahren ausgetragen werden, so ist es in besonderer, nur das Schiedsverfahren betreffender Urkunde zu

vereinbaren, soweit nicht § 1031 Absatz 2 ZPO auch eine andere Form der Vereinbarung zulässt.

Literatur: Vgl. die Angaben bei § 8b EU VOB/A.

Eine Kostenerstattung für die Vergabeunterlagen ist bei der Bauauftragsvergabe im Bereich Verteidigung und Sicherheit nicht vorgesehen. Beim nicht offenen Verfahren, Verhandlungsverfahren und wettbewerblichen Dialog sind daher nach Abs. 1 alle Vergabeunterlagen unentgeltlich abzugeben. 1

Abs. 2 entspricht vollständig dem § 8b EU Abs. 1 VOB/A. Abs. 3 ist mit § 8b EU Abs. 2 VOB/A, Abs. 4 ist mit § 8b EU Abs. 3 VOB/A identisch. Auf die diesbzgl. Kommentierungen bei → VOB/A § 8b EU Rn. 1 ff. wird daher verwiesen. 2

§ 9 VS Ausführungsfristen, Einzelfristen, Verzug

(1)
1. ¹Die Ausführungsfristen sind ausreichend zu bemessen; Jahreszeit, Arbeitsbedingungen und etwaige besondere Schwierigkeiten sind zu berücksichtigen. ²Für die Bauvorbereitung ist dem Auftragnehmer genügend Zeit zu gewähren.
2. Außergewöhnlich kurze Fristen sind nur bei besonderer Dringlichkeit vorzusehen.
3. Soll vereinbart werden, dass mit der Ausführung erst nach Aufforderung zu beginnen ist (§ 5 Absatz 2 VOB/B), so muss die Frist, innerhalb derer die Aufforderung ausgesprochen werden kann, unter billiger Berücksichtigung der für die Ausführung maßgebenden Verhältnisse zumutbar sein; sie ist in den Vergabeunterlagen festzulegen.

(2)
1. Wenn es ein erhebliches Interesse des Auftraggebers erfordert, sind Einzelfristen für in sich abgeschlossene Teile der Leistung zu bestimmen.
2. Wird ein Bauzeitenplan aufgestellt, damit die Leistungen aller Unternehmen sicher ineinandergreifen, so sollen nur die für den Fortgang der Gesamtarbeit besonders wichtigen Einzelfristen als vertraglich verbindliche Fristen (Vertragsfristen) bezeichnet werden.

(3) Ist für die Einhaltung von Ausführungsfristen die Übergabe von Zeichnungen oder anderen Unterlagen wichtig, so soll hierfür ebenfalls eine Frist festgelegt werden.

(4) ¹Der Auftraggeber darf in den Vertragsunterlagen eine Pauschalierung des Verzugsschadens (§ 5 Absatz 4 VOB/B) vorsehen; sie soll fünf Prozent der Auftragssumme nicht überschreiten. ²Der Nachweis eines geringeren Schadens ist zuzulassen.

§ 9 VS VOB/A entspricht § 9 EU VOB/A. Auf die dortige Kommentierung wird verwiesen (→ VOB/A § 9 EU Rn. 1 ff.). 1

§ 9a VS Vertragsstrafen, Beschleunigungsvergütung

¹Vertragsstrafen für die Überschreitung von Vertragsfristen sind nur zu vereinbaren, wenn die Überschreitung erhebliche Nachteile verursachen kann. ²Die Strafe ist in angemessenen Grenzen zu halten. ³Beschleunigungsvergütungen (Prämien) sind nur vorzusehen, wenn die Fertigstellung vor Ablauf der Vertragsfristen erhebliche Vorteile bringt.

VOB/A–VS § 10

1 § 9a VS VOB/A entspricht § 9a EU VOB/A. Auf die dortige Kommentierung wird verwiesen (→ VOB/A § 9a EU Rn. 1 ff.).

§ 9b VS Verjährung der Mängelansprüche

¹Andere Verjährungsfristen als nach § 13 Absatz 4 VOB/B sollen nur vorgesehen werden, wenn dies wegen der Eigenart der Leistung erforderlich ist. ²In solchen Fällen sind alle Umstände gegeneinander abzuwägen, insbesondere, wann etwaige Mängel wahrscheinlich erkennbar werden und wieweit die Mängelursachen noch nachgewiesen werden können, aber auch die Wirkung auf die Preise und die Notwendigkeit einer billigen Bemessung der Verjährungsfristen für Mängelansprüche.

1 § 9b VS VOB/A entspricht § 9b EU VOB/A. Auf die dortige Kommentierung wird verwiesen (→ VOB/A § 9b EU Rn. 1 ff.).

§ 9c VS Sicherheitsleistung

(1) ¹Auf Sicherheitsleistung soll ganz oder teilweise verzichtet werden, wenn Mängel der Leistung voraussichtlich nicht eintreten. ²Unterschreitet die Auftragssumme 250 000 Euro ohne Umsatzsteuer, ist auf Sicherheitsleistung für die Vertragserfüllung und in der Regel auf Sicherheitsleistung für die Mängelansprüche zu verzichten. ³Bei nicht offenen Verfahren sowie bei Verhandlungsverfahren und wettbewerblichem Dialog sollen Sicherheitsleistungen in der Regel nicht verlangt werden.

(2) ¹Die Sicherheit soll nicht höher bemessen und ihre Rückgabe nicht für einen späteren Zeitpunkt vorgesehen werden, als nötig ist, um den Auftraggeber vor Schaden zu bewahren. ²Die Sicherheit für die Erfüllung sämtlicher Verpflichtungen aus dem Vertrag soll fünf Prozent der Auftragssumme nicht überschreiten. ³Die Sicherheit für Mängelansprüche soll drei Prozent der Abrechnungssumme nicht überschreiten.

1 § 9c VS VOB/A entspricht § 9c EU VOB/A. Auf die dortige Kommentierung wird verwiesen (→ VOB/A § 9c EU Rn. 1 ff.).

§ 9d VS Änderung der Vergütung

¹Sind wesentliche Änderungen der Preisermittlungsgrundlagen zu erwarten, deren Eintritt oder Ausmaß ungewiss ist, so kann eine angemessene Änderung der Vergütung in den Vertragsunterlagen vorgesehen werden. ²Die Einzelheiten der Preisänderungen sind festzulegen.

1 § 9d VS VOB/A entspricht § 9d EU VOB/A. Auf die dortige Kommentierung wird verwiesen (→ VOB/A § 9d EU Rn. 1 ff.).

§ 10 VS Fristen

Falls die Angebote nur nach einer Ortsbesichtigung oder Einsichtnahme in nicht übersandte Unterlagen erstellt werden können, sind längere Fristen als die Mindestfristen festzulegen, damit alle Unternehmen von allen Informationen, die für die Erstellung des Angebotes erforderlich sind, Kenntnis nehmen können.

Literatur: Vgl. die Angaben bei § 10 EU VOB/A.

§ 10b VOB/A–VS

Die Vorschrift normiert das Gebot zur angemessenen, dh sachgerechten, Bemessung der Angebotsfrist, wenn die Angebote nur nach einer **Ortsbesichtigung**[1] oder nach einer **Einsichtnahme** in nicht mit der Aufforderung zur Abgabe eines Angebotes übersandte **Unterlagen** erstellt werden können. Derartige, nicht in der Risikosphäre der Unternehmen liegende Umstände führen in zeitlicher Hinsicht zu einem höheren Angebotsbearbeitungsaufwand, der bei der Bemessung der Angebotsfrist von vornherein, dh noch vor dem Beginn der Ausschreibung, zu berücksichtigen ist.[2] In diesen Fällen müssen die in den §§ 10b VS – 10d VS VOB/A normierten Mindestfristen um den erforderlichen Zeitraum angemessen verlängert werden, damit alle interessierten Unternehmen von den für die Erstellung des Angebotes notwendigen Informationen Kenntnis nehmen und diese in die Angebote einarbeiten können. Zum Umfang der Fristverlängerung → VgV § 20 Rn. 11. 1

Die Vorschrift vermittelt Bieterschutz (dazu → VgV § 20 Rn. 26).[3] 2

§ 10a VS

frei

§ 10b VS Fristen im nicht offenen Verfahren

(1) **Beim nicht offenen Verfahren beträgt die Frist für den Eingang der Anträge auf Teilnahme (Bewerbungsfrist) mindestens 37 Kalendertage, gerechnet vom Tag nach Absendung der Auftragsbekanntmachung.**

(2) **Die Bewerbungsfrist kann bei Auftragsbekanntmachungen, die über das Internetportal des Amtes für Veröffentlichungen der Europäischen Union auf elektronischem Weg erstellt und übermittelt werden (elektronischen Auftragsbekanntmachungen), um sieben Kalendertage verkürzt werden.**

(3) **Die Angebotsfrist beträgt mindestens 40 Kalendertage, gerechnet vom Tag nach Absendung der Aufforderung zur Angebotsabgabe.**

(4) **¹Die Angebotsfrist kann auf 36 Kalendertage, gerechnet vom Tag nach Absendung der Aufforderung zur Angebotsabgabe, verkürzt werden; sie darf 22 Kalendertage nicht unterschreiten. ²Voraussetzung dafür ist, dass eine Vorinformation nach dem vorgeschriebenen Muster gemäß § 12 VS Absatz 1 Nummer 2**[1] **mindestens 52 Kalendertage, höchstens aber zwölf Monate vor Absendung der Auftragsbekanntmachung des Auftrags an das Amt für Veröffentlichungen der Europäischen Union abgesandt wurde. ³Diese Vorinformation muss mindestens die im Muster einer Auftragsbekanntmachung nach § 12 VS Absatz 2 Nummer 2**[2] **für das nicht offene Verfahren geforderten Angaben enthalten, soweit diese Informationen zum Zeitpunkt der Absendung der Vorinformation vorlagen.**

(5) **Die Angebotsfrist kann um weitere fünf Kalendertage verkürzt werden, wenn ab der Veröffentlichung der Auftragsbekanntmachung die Ver-**

---

[1] OLG Brandenburg 15.3.2011 – Verg W 5/11, BeckRS 2011, 6544, zur Zulässigkeit der Forderung nach einer Ortsbesichtigung.

[2] Vgl. dazu OVG Bln-Bbg 27.2.2013 – OVG 6 B 34.12, BeckRS 2013, 50112.

[3] OLG Naumburg 30.4.2014 – 2 Verg 2/14, BeckRS 2014, 14969; 20.9.2012 – 2 Verg 4/12, BeckRS 2012, 21448, Anordnung der Aufhebung des Verfahrens; vgl. auch VK Sachsen-Anhalt 11.4.2011 – 1 VK LVwA 18/09, IBRRS 2012, 0451; VK Bund 17.4.2003 – VK 2 – 16/03, BeckRS 2003, 152835; VK Sachsen 9.12.2002 – 1/SVK/102-02, IBRRS 2003, 0171.

[1] Bei Drucklegung noch nicht in Kraft.

[2] Bei Drucklegung noch nicht in Kraft.

tragsunterlagen und alle zusätzlichen Unterlagen auf elektronischem Weg frei zugänglich, direkt und vollständig zur Verfügung gestellt werden; in der Auftragsbekanntmachung ist die Internetadresse anzugeben, unter der diese Unterlagen abgerufen werden können.

(6) Aus Gründen der Dringlichkeit kann
1. die Bewerbungsfrist auf mindestens 15 Kalendertage oder mindestens zehn Kalendertage bei elektronischer Auftragsbekanntmachung, wenn ab der Veröffentlichung der Auftragsbekanntmachung die Vertragsunterlagen und alle zusätzlichen Unterlagen auf elektronischem Weg frei zugänglich, direkt und vollständig zur Verfügung gestellt werden; in der Auftragsbekanntmachung ist die Internetadresse anzugeben, unter der diese Unterlagen abgerufen werden können,
2. die Angebotsfrist auf mindestens zehn Kalendertage
verkürzt werden.

(7) Bis zum Ablauf der Angebotsfrist können Angebote in Textform zurückgezogen werden.

(8) [1]Der Auftraggeber bestimmt eine angemessene Frist, innerhalb der die Bieter an ihre Angebote gebunden sind (Bindefrist). [2]Diese soll so kurz wie möglich und nicht länger bemessen werden, als der Auftraggeber für eine zügige Prüfung und Wertung der Angebote (§§ 16 VS bis 16d VS) benötigt. [3]Eine längere Bindefrist als 30 Kalendertage soll nur in begründeten Fällen festgelegt werden. [4]Das Ende der Bindefrist ist durch Angabe des Kalendertags zu bezeichnen.

(9) **Die Bindefrist beginnt mit dem Ablauf der Angebotsfrist.**

Literatur: Vgl. die Angaben bei § 10 EU VOB/A.

1 Für die Vergabe von verteidigungs- und sicherheitsspezifischen Bauaufträgen oberhalb der Schwellenwerte normiert § 10b VS VOB/A das Regime, das der Auftraggeber bei der Festsetzung von Fristen für die Abgabe von Teilnahmeanträgen und Angeboten **im nicht offenen Verfahren** anzuwenden hat. Daneben enthält die Regelung Vorgaben zum Ablauf der Angebotsfrist, zur Rücknahme von Angeboten sowie zum Beginn und zur Bemessung der Bindefrist. Dabei ist zu beachten, dass die Fristbestimmungen im Bereich der Vergabe von verteidigungs- und sicherheitsspezifischen Bauaufträgen die nach der Vergaberechtsreform 2016 für klassische Auftragsvergaben eröffneten kürzeren Verfahrensfristen nicht übernommen haben. Bewerbungs- und Angebotsfristen sind Mindestfristen, die unter dem Vorbehalt der Angemessenheit stehen (→ VOB/A § 10 EU Rn. 1). Die **Angemessenheit der Frist** ist in jedem Einzelfall im Lichte der Komplexität des Auftrags und des Zeitbedarfs für die Ausarbeitung der Teilnahmeanträge und Angebote zu prüfen (ausf. → VgV § 20 Rn. 4ff.).[3] Zu den bei der Festlegung der Teilnahme- und Angebotsfrist zu berücksichtigenden Umständen → VgV § 20 Rn. 6–8. Die Vorschrift, die auf Art. 33 RL 2009/81/EG beruht, vermittelt **Bieterschutz** (→ VOB/A § 10a EU Rn. 38).[4] Da zu kurze Angebots- oder Bewerbungsfristen im Regelfall aus der Auftragsbekanntmachung

---

[3] OLG Naumburg 20.9.2012 – 2 Verg 4/12, BeckRS 2012, 21448, zur Teilnahmefrist im Verhandlungsverfahren mit öffentlichem Teilnahmewettbewerb.

[4] OLG Naumburg 30.4.2014 – 2 Verg 2/14, BeckRS 2014, 14969; 20.9.2012 – 2 Verg 4/12, BeckRS 2012, 21448, Anordnung der Aufhebung des Verfahrens; VK Lüneburg 13.8.2014 – VgK-29/2014, BeckRS 2014, 17232; VK Sachsen-Anhalt 11.4.2011 – 1 VK LVwA 18/09, IBRRS 2012, 0451; VK Bund 28.9.2005 – VK 2–120/05, BeckRS 2005, 152096; 17.4.2003 – VK 2–16/03, BeckRS 2003, 152835; VK Sachsen 9.12.2002 – 1/SVK/102-02, IBRRS 2003, 0171.

Fristen im Verhandlungsverfahren **§ 10c VOB/A–VS**

erkennbar sind, muss ein Verstoß nach § 160 Abs. 3 S. 1 Nr. 2 GWB spätestens bei Abgabe des Teilnahmeantrages bzw. Angebotes gerügt werden.

Zur **Berechnung der Fristen** → VOB/A § 10a EU Rn. 2. 2

In der nachfolgenden Übersicht sind die Fristen des § 10b VS VOB/A zusammen- 3 gefasst:

	nicht offenes Verfahren (Kalendertage)
Bewerbungsfrist	
Mindestfrist, Abs. 1	37
elektronische Auftragsbekanntmachung (Regelfall), Abs. 2	30
Dringlichkeit, Abs. 6 Nr. 1	15 bzw. 10
Angebotsfrist	
Mindestfrist, Abs. 3	40
Veröffentlichung einer Vorinformation, Abs. 4	36 bzw. 22
elektronisch verfügbare Unterlagen, Abs. 5	35
Dringlichkeit, Abs. 6 Nr. 2	10
Bindefrist, Abs. 8 S. 3	30

Die Abs. 7, 8 und 9 entsprechen – mit Ausnahme der in Abs. 8 S. 3 deutlich kürzeren 4 Bindefrist von nur 30 Kalendertagen – § 10a EU Abs. 7–9 VOB/A. Auf die entspr. Kommentierung (→ VOB/A § 10a EU Rn. 12 ff.) wird daher verwiesen.

§ 10c VS Fristen im Verhandlungsverfahren

(1) **Beim Verhandlungsverfahren mit Teilnahmewettbewerb ist entsprechend §§ 10 VS und 10b VS Absatz 1, 2, 6 Nummer 1 und Absatz 8 bis 9 zu verfahren.**

(2) ¹**Beim Verhandlungsverfahren ohne Teilnahmewettbewerb ist auch bei Dringlichkeit für die Bearbeitung und Einreichung der Angebote eine ausreichende Angebotsfrist nicht unter zehn Kalendertagen vorzusehen.** ²**Dabei ist insbesondere der zusätzliche Aufwand für die Besichtigung von Baustellen oder die Beschaffung von Unterlagen für die Angebotsbearbeitung zu berücksichtigen.** ³**Es ist entsprechend § 10b VS Absatz 8 und 9 zu verfahren.**

Literatur: Vgl. die Angaben bei § 10 EU VOB/A.

I. Bedeutung der Vorschrift

Für die Vergabe von verteidigungs- und sicherheitsspezifischen Bauaufträgen ober- 1 halb der Schwellenwerte normiert § 10c VS VOB/A das Regime, das der Auftraggeber bei der Festsetzung von Fristen für die Abgabe von Teilnahmeanträgen (Bewerbungsfrist) und Angeboten (Angebotsfrist) im **Verhandlungsverfahren** anzuwenden hat. Die Vorschrift differenziert zwischen den Fristen im Verhandlungsverfahren mit Teilnahmewettbewerb (Abs. 1) und ohne Teilnahmewettbewerb (Abs. 2). Dabei ist zu beachten, dass die Fristbestimmungen die nach der Vergaberechtsreform 2016 eröffneten kürzeren Verfahrensfristen für klassische Auftragsvergaben nicht übernommen haben. Zur **Berechnung der Fristen** → VOB/A § 10a EU Rn. 2.

II. Verhandlungsverfahren mit Teilnahmewettbewerb (Abs. 1)

2   Beim Verhandlungsverfahren mit Teilnahmewettbewerb ist entspr. §§ 10 VS, 10b VS Abs. 1, 2, 6 Nr. 1, Abs. 8–9 VOB/A zu verfahren. Der Verweis auf § 10 VS VOB/A stellt klar, dass der Auftraggeber bei der Festsetzung der Bewerbungs- und Angebotsfristen im Verhandlungsverfahren mit Teilnahmewettbewerb sein **Ermessen angemessen ausüben** muss. Auch die für das Verhandlungsverfahren normierten Fristen sind Mindestfristen, die unter dem **Vorbehalt der Angemessenheit** stehen (→ VOB/A § 10 EU Rn. 1 und 2). Art. 33 Abs. 1 RL 2009/81/EG ordnet in dieser Hinsicht an, dass der Auftraggeber bei der Festsetzung der Fristen für den Eingang der Anträge auf Teilnahme und der Angebote unbeschadet der in Art. 33 RL 2009/81/EG festgelegten Mindestfristen insbes. die Komplexität des Auftrags und die Zeit, die für die Angebotserstellung erforderlich ist, berücksichtigt. Im Übrigen richten sich die Regelungen zur Bemessung der Bewerbungsfristen nach den Regelungen des nicht offenen Verfahrens gem. § 10b VS Abs. 1, 2, 6 Nr. 1, Abs. 8–9 VOB/A. Ein Verweis auf die Vorschriften zur Bemessung der Angebotsfrist fehlt, nachdem Art. 33 RL 2009/81/EG hierzu keine Regelung trifft. Auch beim Verhandlungsverfahren ist eine angemessene **Bindefrist** festzusetzen, die mit dem Ablauf der Angebotsfrist beginnt (→ VOB/A § 10a EU Rn. 16 ff.) und im Regelfall 30 Kalendertage beträgt.

3   In der nachfolgenden Übersicht sind die Fristen des Abs. 1 zusammengefasst:

	Verhandlungsverfahren (Kalendertage)
Bewerbungsfrist	
Mindestfrist, § 10b VS Abs. 1 VOB/A	37
elektronische Auftragsbekanntmachung (Regelfall), § 10b VS Abs. 2 VOB/A	30
Dringlichkeit, § 10b VS Abs. 6 Nr. 1 VOB/A	15 bzw. 10
Angebotsfrist	
Mindestfrist	keine Regelung
Veröffentlichung einer Vorinformation	keine Regelung
elektronisch verfügbare Unterlagen	keine Regelung
Dringlichkeit, § 10b VS Abs. 6 Nr. 2 VOB/A	10
Bindefrist, § 10b VS Abs. 8 S. 3 VOB/A	30

III. Verhandlungsverfahren ohne Teilnahmewettbewerb (Abs. 2)

4   Abs. 2, der keine Anknüpfungsnorm in der RL 2009/81/EG hat, normiert die beim Verhandlungsverfahren ohne Teilnahmewettbewerb vorzusehenden Fristen. Beim Verhandlungsverfahren ohne Teilnahmewettbewerb (vgl. § 3a VS Abs. 2 VOB/A) verlangt Abs. 2 S. 1, eine **ausreichende Angebotsfrist** vorzusehen.

Fristen im wettbewerblichen Dialog **§ 10d VOB/A–VS**

Diese darf auch bei Dringlichkeit (→ VOB/A § 10b EU Rn. 7) der Beschaffung zehn Kalendertage nicht unterschreiten (→ VOB/A § 10c EU Rn. 6). Dabei ist ein ggf. zusätzlicher Aufwand für die Besichtigung von Baustellen oder die Beschaffung von Unterlagen für die Bearbeitung des Angebotes zu berücksichtigen. Im Übrigen verweist Abs. 2 S. 3 auf § 10b VS Abs. 8, 9 VOB/A und ordnet dessen entspr. Geltung an. Auch beim Verhandlungsverfahren ohne Teilnahmewettbewerb kann das Erstangebot also bis zum Ablauf der Angebotsfrist zurückgezogen werden (→ VOB/A § 10a EU Rn. 12 ff.). Im Übrigen ist eine angemessene **Bindefrist** festzusetzen, die mit dem Ablauf der Angebotsfrist beginnt und im Regelfall 30 Kalendertage beträgt.

§ 10d VS Fristen im wettbewerblichen Dialog

Beim wettbewerblichen Dialog ist entsprechend §§ 10 VS und 10b VS Absatz 1, 2 und 8 bis 9 zu verfahren.

Literatur: Vgl. die Angaben bei § 10 EU VOB/A.

Für die Vergabe von verteidigungs- und sicherheitsspezifischen Bauaufträgen **1** oberhalb der Schwellenwerte normiert § 10d VS VOB/A das Regime, das der öffentliche Auftraggeber bei der Festsetzung von Fristen für die Abgabe von Teilnahmeanträgen und Angeboten beim **wettbewerblichen Dialog** anzuwenden hat. Nicht geregelt sind die Fristen bei der Vergabe einer Innovationspartnerschaft, weil diese Verfahrensart im 3. Abschn. der VOB/A nicht vorgesehen ist. Die Fristbestimmungen im Bereich der Vergabe von verteidigungs- und sicherheitsspezifischen Bauaufträgen haben die nach der Vergaberechtsreform 2016 eröffneten kürzeren Verfahrensfristen für klassische Auftragsvergaben nicht übernommen (zur **Berechnung der Fristen** → VOB/A § 10a EU Rn. 2).

In der nachfolgenden Übersicht sind die Fristen des § 10d VS VOB/A zusammengefasst:

	Wettbewerblicher Dialog (Kalendertage)
Bewerbungsfrist	
Mindestfrist, § 10b VS Abs. 1 VOB/A	37
elektronische Auftragsbekanntmachung (Regelfall), § 10b VS Abs. 2 VOB/A	30
Dringlichkeit	keine Regelung
Angebotsfrist	
Mindestfrist	keine Regelung
Veröffentlichung einer Vorinformation	keine Regelung
elektronisch verfügbare Unterlagen	keine Regelung
Dringlichkeit	keine Regelung
Bindefrist, § 10b VS Abs. 8 S. 3 VOB/A	30

Beim wettbewerblichen Dialog ist entspr. §§ 10 VS, 10b VS Abs. 1, 2, Abs. 8–9 **2** VOB/A zu verfahren. Der Verweis auf § 10 VS VOB/A stellt klar, dass der Auftraggeber bei der Festsetzung der Teilnahme- und Angebotsfristen im wettbewerblichen Dialog sein Ermessen angemessen ausüben muss. Die normierten Fristen sind Mindestfristen, die unter dem **Vorbehalt der Angemessenheit** stehen (→ VOB/A § 10 EU Rn. 1).

3   Die **Bewerbungsfrist** beträgt im Ausgangspunkt mindestens 37 Kalendertage, gerechnet vom Tag nach der Absendung der Auftragsbekanntmachung. Sie kann bei elektronischen Auftragsbekanntmachungen über das Internetportal des Amtes für Veröffentlichungen der EU auf bis zu 30 Kalendertage reduziert werden. Das ist der Regelfall. Eine weitere Verkürzung, etwa aus Gründen der Dringlichkeit, ist nicht vorgesehen und damit unzulässig. Eine Regelung zur **Angebotsfrist** existiert nicht. Insoweit gilt der Grundsatz nach § 10 VS VOB/A: Auch diese Frist muss im Lichte der Komplexität des Auftrags und der Zeit, die für die Ausarbeitung der Angebote erforderlich ist, angemessen sein.

4   Im Übrigen ist nach § 10b VS Abs. 8, 9 VOB/A zu verfahren. Auch beim wettbewerblichen Dialog ist somit eine angemessene **Bindefrist** festzusetzen, die mit dem Ablauf der Angebotsfrist beginnt (→ VOB/A § 10a EU Rn. 16 ff.) und im Regelfall 30 Kalendertage beträgt.

§ 11 VS Grundsätze der Informationsübermittlung

(1)
1. Der Auftraggeber gibt in der Auftragsbekanntmachung oder den Vergabeunterlagen an, ob Informationen per Post, Telefax, direkt, elektronisch oder durch eine Kombination dieser Kommunikationsmittel übermittelt werden.
2. ¹Das für die elektronische Übermittlung gewählte Netz muss allgemein verfügbar sein und darf den Zugang der Bewerber und Bieter zu den Vergabeverfahren nicht beschränken. ²Die dafür zu verwendenden Programme und ihre technischen Merkmale müssen allgemein zugänglich, mit allgemein verbreiteten Erzeugnissen der Informations- und Kommunikationstechnologie kompatibel und nicht diskriminierend sein.
3. ¹Der Auftraggeber hat dafür Sorge zu tragen, dass den interessierten Unternehmen die Informationen über die Spezifikationen der Geräte, die für die elektronische Übermittlung der Anträge auf Teilnahme und der Angebote erforderlich sind, einschließlich Verschlüsselung zugänglich sind. ²Außerdem muss gewährleistet sein, dass die in § 11a VS genannten Anforderungen erfüllt sind.

(2) Der Auftraggeber kann im Internet ein Beschafferprofil einrichten, in dem allgemeine Informationen wie Kontaktstelle, Telefon- und Telefaxnummer, Postanschrift und E-Mail-Adresse sowie Angaben über Ausschreibungen, geplante und vergebene Aufträge oder aufgehobene Verfahren veröffentlicht werden können.

(3) ¹Der Auftraggeber hat die Datenintegrität und die Vertraulichkeit der übermittelten Anträge auf Teilnahme am Vergabeverfahren auf geeignete Weise zu gewährleisten. ²Per Post oder direkt übermittelte Anträge sind
1. in einem verschlossenen Umschlag einzureichen,
2. als Anträge auf Teilnahme auf dem Umschlag zu kennzeichnen und
3. bis zum Ablauf der vorgesehenen Frist unter Verschluss zu halten.
³Bei elektronisch übermittelten Teilnahmeanträgen sind Datenintegrität und Vertraulichkeit durch entsprechende organisatorische und technische Lösungen nach den Anforderungen des Auftraggebers und durch Verschlüsselung sicherzustellen. ⁴Die Verschlüsselung muss bis zum Ablauf der Frist, die für die Einreichung der Anträge bestimmt ist, aufrechterhalten bleiben.

(4) **Anträge auf Teilnahme am Vergabeverfahren können auch per Telefax oder telefonisch gestellt werden, müssen dann aber vom Unternehmen bis**

zum Ablauf der Frist für die Abgabe der Teilnahmeanträge durch Übermittlung per Post, direkt oder elektronisch bestätigt werden.

§ 11 VS VOB/A dient der Umsetzung von Art. 36 RL 2009/81/EG. **Abs. 1** 1 normiert den Informationsaustausch zwischen Auftraggeber und Bewerbern bzw. Bietern bei der Vergabe von verteidigungs- und sicherheitsspezifischen Bauaufträgen. Abs. 1 Nr. 1 lässt dem Auftraggeber ein Wahlrecht, welche Kommunikationsmittel er im Vergabeverfahren einsetzen möchte; auch eine Kombination ist zulässig. Nr. 2 deckt sich weitgehend mit § 11 Abs. 1 S. 1, 2 VgV, während Nr. 3 den Vorgaben in § 11 Abs. 3 VgV entspricht. Auf die dortigen Kommentierungen kann verwiesen werden, → VgV § 11 Rn. 2 ff.

Abs. 2 eröffnet dem Auftraggeber die Möglichkeit, im Internet ein Beschafferpro- 2 fil einzurichten, in dem allg. Informationen wie Kontaktstelle, Telefon- und Telefaxnummer, Postanschrift und E-Mail-Adresse sowie Angaben über Ausschreibungen, geplante und vergebene Aufträge oder aufgehobene Verfahren veröffentlicht werden können (dazu näher → VgV § 37 Rn. 14).

Abs. 3 bezieht sich lediglich auf Teilnahmeanträge, während § 13 VS VOB/A 3 den Umgang mit Angeboten regelt. Die Vorgaben in Abs. 3 S. 1 entsprechen den Regelungen in § 5 Abs. 2 S. 1 VgV, so dass auf die dortige Kommentierung verwiesen werden kann, → VgV § 5 Rn. 5 ff. Abs. 3 S. 2 regelt die Übermittlung von Teilnahmeanträgen per Post oder in persona. Die Regelungen decken sich insoweit mit den Bestimmungen in § 53 Abs. 5 VgV (hierzu → VgV § 53 Rn. 31) und § 54 S. 2 VgV (hierzu → VgV § 54 Rn. 4). Abs. 3 S. 3 und 4 entspreche § 54 S. 1 VgV und § 55 Abs. 1 VgV, wobei in Bezug auf die technischen Anforderungen auf die Kommentierung zu § 10 VgV verwiesen werden kann.

Sofern ein Teilnahmeantrag per Telefax oder telefonisch gestellt wird, muss dieser 4 bis zum Ablauf der Frist für die Abgabe der Teilnahmeanträge durch Übermittlung per Post, direkt (dh persönlich) oder elektronisch bestätigt werden. Die Vorgaben zur Sicherstellung der Vertraulichkeit sind gem. Abs. 3 S. 1 auch für derartig eingereichte Teilnahmeanträge einzuhalten.

§ 11a VS Anforderungen an elektronische Mittel

Die Geräte müssen gewährleisten, dass
1. für die Angebote eine elektronische Signatur oder ein elektronisches Siegel verwendet werden können,
2. Tag und Uhrzeit des Eingangs der Teilnahmeanträge oder Angebote genau bestimmbar sind,
3. ein Zugang zu den Daten nicht vor Ablauf des hierfür festgesetzten Termins erfolgt,
4. bei einem Verstoß gegen das Zugangsverbot der Verstoß sicher festgestellt werden kann,
5. ausschließlich die hierfür bestimmten Personen den Zeitpunkt der Öffnung der Daten festlegen oder ändern können,
6. der Zugang zu den übermittelten Daten nur möglich ist, wenn die hierfür bestimmten Personen gleichzeitig und erst nach dem festgesetzten Zeitpunkt tätig werden und
7. die übermittelten Daten ausschließlich den zur Kenntnisnahme bestimmten Personen zugänglich bleiben.

Literatur: Vgl. die Angaben bei den §§ 9 und 10 VgV.

§ 11a VS VOB/A entspricht weitgehend bis auf die Reihenfolge und einige 1 sprachliche Unterschiede dem § 10 Abs. 1 S. 2 VgV, so dass auf die dortige Kommentierung verwiesen werden kann, → VgV § 10 Rn. 5 ff. Außerdem wird in Nr. 1 klargestellt, dass der Auftraggeber verpflichtet ist, elektronische Mittel einzusetzen, die die Abgabe von Angeboten per elektronischer Signatur iSd § 13 VS Abs. 1 Nr. 1 VOB/A ermöglichen.

§ 12 VS Vorinformation, Auftragsbekanntmachung, *Ex-Ante-Bekanntmachung*[1]

(1)
1. Als Vorinformation sind die wesentlichen Merkmale der beabsichtigten Bauaufträge oder Rahmenvereinbarungen mit mindestens einem geschätzten Gesamtauftragswert für Bauleistungen nach § 106 Absatz 2 Nummer 3 GWB ohne Umsatzsteuer bekannt zu machen.
2. [1]Eine Vorinformation ist nur dann verpflichtend, wenn der Auftraggeber von der Möglichkeit einer Verkürzung der Angebotsfrist gemäß § 10b VS Absatz 4 Gebrauch machen möchte. *[2]In diesem Fall ist die Vorinformation nach den Vorgaben der Spalte 9 in Tabelle 2 des Anhangs der Durchführungsverordnung (EU) 2019/1780 in Verbindung mit § 10a VgV, soweit dieser aufgrund von § 2 Absatz 3 VSVgV hinsichtlich der Regelungen zu den Vorgaben der Durchführungsverordnung (EU) 2019/1780 und des Datenaustauschstandards eForms einschließlich der Regelungen zu verpflichtenden Datenfeldern Anwendung findet, zu erstellen.*[2]
3. *Eine Vorinformation nur zu Informationszwecken ist nach den Vorgaben der Spalte 6 in Tabelle 2 des Anhangs der Durchführungsverordnung (EU) 2019/1780 in Verbindung mit § 10a VgV, soweit dieser aufgrund von § 2 Absatz 3 VSVgV hinsichtlich der Regelungen zu den Vorgaben der Durchführungsverordnung (EU) 2019/1780 und des Datenaustauschstandards eForms einschließlich der Regelungen zu verpflichtenden Datenfeldern Anwendung findet, zu erstellen.*[3]
4. [1]*Nach Genehmigung der Planung ist die Vorinformation sobald wie möglich über den zentralen Datenservice Öffentlicher Einkauf dem Amt für Veröffentlichungen der Europäischen Union zu übermitteln oder im Beschafferprofil nach § 11 VS Absatz 2 zu veröffentlichen; in diesem Fall ist dem Amt für Veröffentlichungen der Europäischen Union zuvor über den zentralen Datenservice Öffentlicher Einkauf die Veröffentlichung nach den Vorgaben der Spalte 3 in Tabelle 2 des Anhangs der Durchführungsverordnung (EU) 2019/1780 in Verbindung mit § 10a VgV, soweit dieser aufgrund von § 2 Absatz 3 VSVgV hinsichtlich der Regelungen zu den Vorgaben der Durchführungsverordnung (EU) 2019/1780 und des Datenaustauschstandards eForms einschließlich der Regelungen zu verpflichtenden Datenfeldern Anwendung findet, zu melden, Anhang VI der Richtlinie 2009/81/EG ist zu beachten.*[4] [2]Die Vorinformation kann außerdem in Tageszeitungen, amtlichen Veröffentlichungsblättern oder Internetportalen veröffentlicht werden.

(2)
1. Die Unternehmen sind durch Auftragsbekanntmachungen aufzufordern, ihre Teilnahme am Wettbewerb zu beantragen, wenn Bauaufträge im Sinne von § 1 VS oder Rahmenvereinbarungen in einem nicht offenen Verfahren, in einem Verhandlungsverfahren mit Teilnahmewettbewerb oder in einem wettbewerblichen Dialog vergeben werden.

---

[1] Bei Drucklegung noch nicht in Kraft.
[2] Bei Drucklegung noch nicht in Kraft.
[3] Bei Drucklegung noch nicht in Kraft.
[4] Bei Drucklegung noch nicht in Kraft.

Vorinformation, Auftragsbekanntmachung § 12 VOB/A–VS

2. ¹*Die Auftragsbekanntmachungen müssen nach den Vorgaben der Spalte 18 in Tabelle 2 des Anhangs der Durchführungsverordnung (EU) 2019/1780 in Verbindung mit § 10a VgV, soweit dieser aufgrund von § 2 Absatz 3 VSVgV hinsichtlich der Regelungen zu den Vorgaben der Durchführungsverordnung (EU) 2019/1780 und des Datenaustauschstandards eForms einschließlich der Regelungen zu verpflichtenden Datenfeldern Anwendung findet, erstellt werden.* ²*Wird der Inhalt der Auftragsbekanntmachung nicht auf elektronischem Weg übermittelt, soll er nicht mehr als 650 Wörter umfassen.* ³*Auftragsbekanntmachungen sind im Amtsblatt der Europäischen Union zu veröffentlichen und dem Amt für Veröffentlichungen der Europäischen Union unverzüglich, in Fällen des beschleunigten Verfahrens per Telefax oder elektronisch über den zentralen Datenservice Öffentlicher Einkauf zu übermitteln.*[5]
3. Der Auftraggeber muss nachweisen können, an welchem Tag die Auftragsbekanntmachung an das Amt für Veröffentlichungen der Europäischen Union abgesendet wurde.
4. ¹Die Auftragsbekanntmachung wird unentgeltlich, spätestens zwölf Kalendertage nach der Absendung im Supplement zum Amtsblatt der Europäischen Union in der Originalsprache veröffentlicht. ²Eine Zusammenfassung der wichtigsten Angaben wird in den übrigen Amtssprachen der Europäischen Union veröffentlicht; der Wortlaut der Originalsprache ist verbindlich.
5. Auftragsbekanntmachungen, die über das Internetportal des Amtes für Veröffentlichungen der Europäischen Union[6] auf elektronischem Weg erstellt und übermittelt wurden, werden abweichend von Nummer 4 spätestens fünf Kalendertage nach ihrer Absendung veröffentlicht.
6. ¹Die Auftragsbekanntmachungen können zusätzlich im Inland veröffentlicht werden, beispielsweise in Tageszeitungen, amtlichen Veröffentlichungsblättern oder Internetportalen. ²Sie dürfen nur die Angaben enthalten, die dem Amt für Veröffentlichungen der Europäischen Union übermittelt wurden, und dürfen nicht vor Absendung an dieses Amt veröffentlicht werden.

(3) *Die freiwillige Ex-Ante-Transparenzbekanntmachung im Sinne des § 135 Absatz 3 Satz 1 Nummer 2 und Satz 2 des Gesetzes gegen Wettbewerbsbeschränkungen erfolgt nach den Vorgaben der Spalte 27 in Tabelle 2 des Anhangs der Durchführungsverordnung (EU) 2019/1780 in Verbindung mit § 10a VgV, soweit dieser aufgrund von § 2 Absatz 3 VSVgV hinsichtlich der Regelungen zu den Vorgaben der Durchführungsverordnung (EU) 2019/1780 und des Datenaustauschstandards eForms einschließlich der Regelungen zu verpflichtenden Datenfeldern Anwendung findet.*[7]

I. Bedeutung der Vorschrift

Als zentrale Publikationsvorschrift für die unionsweite Vergabe von verteidigungs- und sicherheitsspezifischen Bauaufträgen (vgl. § 104 GWB) oberhalb des Schwellenwertes (vgl. § 106 Abs. 2 Nr. 3 GWB) fasst § 12 VS Abs. 1 und 2 VOB/A die Anforderungen an Vorinformationen und Auftragsbekanntmachungen zusammen. Die Vorinformation als Aufruf zum Wettbewerb, wie sie in § 12 EU Abs. 2 VOB/A 2016 eingeführt worden ist, ist für die Vergabe von verteidigungs- und sicherheitsspezifischen Bauaufträgen nicht vorgesehen. Änderungen der Vorschrift erfolgten durch die Bekanntmachungen des BMWSB zur Änderung der Vergabe- und Ver-

1

---

[5] Bei Drucklegung noch nicht in Kraft.
[6] **Amtl. Anm.:** http://simap.europa.eu/
[7] Bei Drucklegung noch nicht in Kraft.

VOB/A–VS § 12 Vorinformation, Auftragsbekanntmachung

tragsordnung für Bauleistungen Teil A v. 16.6.2023[8] sowie v. 6.9.2023[9] aus Anlass der Einführung neuer EU-Bekanntmachungsformulare (eForms). So enthält die Vorschrift neben den Verweisen auf die neuen eForms-Standarddatensätze in Abs. 3 Vorgaben zur Veröffentlichung von freiwilligen Ex-Ante-Transparenzbekanntmachungen iSv § 135 Abs. 3 S. 1 Nr. 2 und S. 2 GWB. Zur Einführung der eForms ausf. → VgV § 10a Rn. 1 ff.

II. Vorinformation (Abs. 1)

2   Nach Nr. 1 sind die wesentlichen Merkmale der beabsichtigten Bauaufträge oder Rahmenvereinbarungen mit einem geschätzten Gesamtauftragswert für Bauleistungen nach § 106 Abs. 2 Nr. 3 GWB ohne Umsatzsteuer als Vorinformation bekannt zu machen. Die Vorschrift beruht auf Art. 30 Abs. 1 RL 2009/81/EG (zum Gegenstand und Zweck der Vorinformation → VgV § 38 Rn. 3, 4; → VOB/A § 12 EU Rn. 3). Eine Vorinformation kommt nur bei Bauaufträgen mit einem geschätzten **Gesamtauftragswert** für Bauleistungen nach § 106 Abs. 2 Nr. 3 GWB ohne Umsatzsteuer in Betracht.

3   Sie ist nach Nr. 2 nur dann vorgeschrieben, wenn von der Möglichkeit Gebrauch gemacht werden soll, die **Angebotsfrist** gem. § 10b VS Abs. 4 VOB/A zu **verkürzen.** In allen anderen Fällen ist die Vorinformation fakultativ. Die Vorinformation, die zur Verkürzung der Angebotsfrist genutzt wird, ist nach den Vorgaben der Spalte 9 in Tabelle 2 des Anhangs der Durchführungsverordnung (EU) 2019/1780 iVm § 10a VgV, soweit dieser aufgrund von § 2 Abs. 3 VSVgV hinsichtlich der Regelungen zu den Vorgaben der Durchführungsverordnung (EU) 2019/1780 und des Datenaustauschstandards eForms einschl. der Regelungen zu verpflichtenden Datenfeldern Anwendung findet, zu erstellen. Soll durch die Vorinformation die Angebotsfrist verkürzt werden, sind die **zeitlichen Vorgaben** des § 10b VS Abs. 4 VOB/A zu beachten. Danach muss die Vorinformation mindestens 52 Tage und sie darf höchstens zwölf Monate vor der Absendung der Auftragsbekanntmachung an das Amt für Veröffentlichungen der EU veröffentlicht worden sein. Vorinformationen nur zu Informationszwecken sind nach den Vorgaben der Spalte 6 in Tabelle 2 des Anhangs der Durchführungsverordnung (EU) 2019/1780 iVm § 10a VgV, soweit jener aufgrund von § 2 Abs. 3 VSVgV anwendbar ist, zu erstellen (Nr. 3).

4   Die Vorinformation muss sobald wie möglich nach Genehmigung der Planung (→ VOB/A § 12 EU Rn. 5) über den zentralen Datenservice Öffentlicher Einkauf (→ VgV § 10a Rn. 21) dem Amt für Veröffentlichungen der EU übermittelt oder im **Beschafferprofil** nach § 11 VS Abs. 2 VOB/A veröffentlicht werden. Bei der Veröffentlichung im Beschafferprofil ist die Veröffentlichung dem Amt für Veröffentlichungen zuvor über den zentralen Datenservice Öffentlicher Einkauf die Veröffentlichung nach den Vorgaben der Spalte 3 in Tabelle 2 des Anhangs der Durchführungsverordnung (EU) 2019/1780 iVm § 10a VgV, soweit dieser aufgrund von § 2 Abs. 3 VSVgV hinsichtlich der Regelungen zu den Vorgaben der Durchführungsverordnung (EU) 2019/1780 und des Datenaustauschstandards eForms einschl. der Regelungen zu verpflichtenden Datenfeldern Anwendung findet, zu melden. Dabei ist Anh. VI RL 2009/81/EG zu beachten. Die Vorinformation kann außerdem national in Tageszeitungen, amtl. Veröffentlichungsblättern oder auf Internetportalen veröffentlicht werden. In diesem Fall darf die nationale Veröffentlichung entspr. Abs. 2 Nr. 6 S. 2 keine zusätzlichen Informationen enthalten und nicht vor dem Tag der Absendung der Vorinformation an das Amt für Veröffentlichungen der EU veröffentlicht werden.

---

[8] BAnz. AT 4.7.2023 B4, 2.
[9] BAnz. AT 25.9.2023 B4, 2.

Versand der Vergabeunterlagen **§ 12a VOB/A–VS**

III. Auftragsbekanntmachung (Abs. 2)

Nach Abs. 2 Nr. 1 müssen Bauaufträge iSv § 1 VS VOB/A oder Rahmenvereinbarungen, die in einem nicht offenen Verfahren, einem Verhandlungsverfahrens mit Teilnahmewettbewerb oder einem wettbewerblichen Dialog vergeben werden, unionsweit bekannt gemacht werden. Die Vorschrift beruht auf Art. 30 Abs. 2 RL 2009/81/EG. Die Durchführung eines offenen Verfahrens ist bei der Vergabe von verteidigungs- und sicherheitsspezifischen Bauaufträgen unzulässig. Nicht der Bekanntmachungspflicht unterliegt das Verhandlungsverfahren ohne Teilnahmewettbewerb, wenn die in § 3a VS Abs. 2 VOB/A genannten Voraussetzungen vorliegen (vgl. Art. 30 Abs. 1 UAbs. 5 RL 2009/81/EG). 5

Abs. 2 Nr. 2–6 geben die Modalitäten für die Erstellung, den Inhalt und die Veröffentlichung der Auftragsbekanntmachung vor. Sie setzen Art. 32 RL 2009/81/EG um. Danach muss die Bekanntmachung nach den Vorgaben der Spalte 18 in Tabelle 2 des Anhangs der Durchführungsverordnung (EU) 2019/1780 iVm § 10a VgV, soweit dieser aufgrund von § 2 Abs. 3 VSVgV hinsichtlich der Regelungen zu den Vorgaben der Durchführungsverordnung (EU) 2019/1780 und des Datenaustauschstandards eForms einschl. der Regelungen zu verpflichtenden Datenfeldern Anwendung findet, erstellt werden. Sie wird im EU-Amtsblatt veröffentlicht und dem Amt für Veröffentlichungen der EU elektronisch über den zentralen Datenservice Öffentlicher Einkauf übermittelt (Nr. 2). Die Vorschriften entsprechen inhaltlich dem § 12 EU Abs. 3 Nr. 2–5 VOB/A, so dass auf dessen Kommentierung verwiesen werden kann. 6

IV. Freiwillige Ex-Ante-Transparenzbekanntmachung (Abs. 3)

Abs. 3 enthält eine Neuregelung zur Veröffentlichung von freiwilligen Ex-Ante-Transparenzbekanntmachungen iSv § 135 Abs. 3 S. 1 Nr. 2 und S. 2 GWB. Zu dieser Bekanntmachung näher → GWB § 135 Rn. 97 ff. Jene Bekanntmachungen sind unionsweit nach den Vorgaben der Spalte 27 in Tabelle 2 des Anhangs der Durchführungsverordnung (EU) 2019/1780 iVm § 10a VgV, soweit dieser aufgrund von § 2 Abs. 3 VSVgV hinsichtlich der Regelungen zu den Vorgaben der Durchführungsverordnung (EU) 2019/1780 und des Datenaustauschstandards eForms einschl. der Regelungen zu verpflichtenden Datenfeldern Anwendung findet, zu veröffentlichen. 6a

V. Rechtsschutz

Zur Vorinformation → VgV § 38 Rn. 24, 25. 7
Zu Verstößen gegen die Bekanntmachungspflicht → VgV § 37 Rn. 17 ff. 8

§ 12a VS Versand der Vergabeunterlagen

(1)
1. **Die Vergabeunterlagen sind den Unternehmen unverzüglich in geeigneter Weise zu übermitteln.**
2. **Die Vergabeunterlagen sind bei nicht offenen Verfahren sowie bei Verhandlungsverfahren und wettbewerblichem Dialog an alle ausgewählten Bewerber am selben Tag abzusenden.**

(2) **Wenn von den für die Preisermittlung wesentlichen Unterlagen keine Vervielfältigungen abgegeben werden können, sind diese in ausreichender Weise zur Einsicht auszulegen.**

VOB/A–VS § 13

(3) Die Namen der Unternehmen, die Vergabeunterlagen erhalten oder eingesehen haben, sind geheim zu halten.

(4) ¹Rechtzeitig beantragte Auskünfte über die Vergabeunterlagen sind spätestens sechs Kalendertage vor Ablauf der Angebotsfrist allen Unternehmen in gleicher Weise zu erteilen. ²Bei nicht offenen Verfahren und beschleunigten Verhandlungsverfahren nach § 10b VS Absatz 6 beträgt diese Frist vier Kalendertage.

I. Übermittlung der Vergabeunterlagen (Abs. 1)

1   Das offene Verfahren ist als Verfahrensart bei Bauvergaben der Bereiche Verteidigung und Sicherheit gem. § 3 VS VOB/A nicht vorgesehen. Zulässig sind nur das nicht offene Verfahren, das Verhandlungsverfahren und der wettbewerbliche Dialog. Bei all diesen Verfahrensarten sind die Vergabeunterlagen den Bewerbern **unverzüglich in geeigneter Weise zu übermitteln** (ausf. → VOB/A § 12a Rn. 1–3) und am selben Tag abzusenden (ausf. → VOB/A § 12a Rn. 4). Entspr. dem Zweck des § 12a VS Abs. 1 Nr. 2 VOB/A, gleiche Wettbewerbsbedingungen für die Bewerber sicherzustellen, gilt die Pflicht zur gleichzeitigen Abgabe der Vergabeunterlagen auch beim Verhandlungsverfahren ohne Teilnahmewettbewerb.

II. Umfang der Vergabeunterlagen (Abs. 2)

2   Abs. 2 verlangt, die für die Preisermittlung wesentlichen Unterlagen in ausreichender Weise zur Einsicht vorzulegen, wenn von diesen Unterlagen keine Vervielfältigungen abgegeben werden können. Die Vorschrift ist deckungsgleich mit § 12a Abs. 2 VOB/A. Vgl. näher → VOB/A § 12a Rn. 6–8.

III. Geheimhaltung der Bewerber (Abs. 3)

3   Zur Gewährleistung größtmöglicher Verfahrensintegrität sowie zur Verhinderung von Preisabsprachen sind die Namen der Unternehmen, die die Vergabeunterlagen erhalten oder eingesehen haben, geheim zu halten. Abs. 3 ist wortgleich mit § 12a EU Abs. 2 VOB/A. Hinsichtlich weiterer Einzelheiten wird auf → VOB/A § 12a EU Rn. 2 verwiesen.

IV. Erteilung von Auskünften (Abs. 4)

4   Abs. 4 S. 1 verlangt, rechtzeitig beantragte Auskünfte über die Vergabeunterlagen spätestens sechs Kalendertage vor Ablauf der Angebotsfrist allen Unternehmen in gleicher Weise zu erteilen. Bei nicht offenen Verfahren und beschleunigten Verhandlungsverfahren nach § 10b VS Abs. 6 VOB/A gilt eine Frist von vier Kalendertagen (S. 2). Die Vorschrift ist deckungsgleich mit § 12a EU Abs. 3 VOB/A. Vgl. näher → VOB/A § 12a EU Rn. 3 f.

§ 13 VS Form und Inhalt der Angebote

(1)
1. ¹Der Auftraggeber legt fest, in welcher Form die Angebote einzureichen sind. ²Sie müssen unterzeichnet sein. ³Elektronisch übermittelte Angebote sind nach Wahl des Auftraggebers zu versehen mit

Form und Inhalt der Angebote § 13 VOB/A–VS

    a) einer fortgeschrittenen elektronischen Signatur,
    b) einer qualifizierten elektronischen Signatur,
    c) einem fortgeschrittenen elektronischen Siegel oder
    d) einem qualifizierten elektronischen Siegel.
2. ¹Der Auftraggeber hat die Datenintegrität und die Vertraulichkeit der Angebote auf geeignete Weise zu gewährleisten. ²Per Post oder direkt übermittelte Angebote sind in einem verschlossenen Umschlag einzureichen, als solche zu kennzeichnen und bis zum Ablauf der für die Einreichung vorgesehenen Frist unter Verschluss zu halten. ³Bei elektronisch übermittelten Angeboten ist dies durch entsprechende technische Lösungen nach den Anforderungen des Auftraggebers und durch Verschlüsselung sicherzustellen. ⁴Die Verschlüsselung muss bis zur Öffnung des ersten Angebots aufrechterhalten bleiben.
3. Die Angebote müssen die geforderten Preise enthalten.
4. Die Angebote müssen die geforderten Erklärungen und Nachweise enthalten.
5. ¹Änderungen an den Vergabeunterlagen sind unzulässig. ²Änderungen des Bieters an seinen Eintragungen müssen zweifelsfrei sein.
6. Bieter können für die Angebotsabgabe eine selbstgefertigte Abschrift oder Kurzfassung des Leistungsverzeichnisses benutzen, wenn sie den vom Auftraggeber verfassten Wortlaut des Leistungsverzeichnisses im Angebot als allein verbindlich anerkennen; Kurzfassungen müssen jedoch die Ordnungszahlen (Positionen) vollzählig, in der gleichen Reihenfolge und mit den gleichen Nummern wie in dem vom Auftraggeber verfassten Leistungsverzeichnis wiedergeben.
7. Muster und Proben der Bieter müssen als zum Angebot gehörig gekennzeichnet sein.

(2) ¹Eine Leistung, die von den vorgesehenen technischen Spezifikationen nach § 7a VS Absatz 1 abweicht, kann angeboten werden, wenn sie mit dem geforderten Schutzniveau in Bezug auf Sicherheit, Gesundheit und Gebrauchstauglichkeit gleichwertig ist. ²Die Abweichung muss im Angebot eindeutig bezeichnet sein. ³Die Gleichwertigkeit ist mit dem Angebot nachzuweisen.

(3) ¹Die Anzahl von Nebenangeboten ist an einer vom Auftraggeber in den Vergabeunterlagen bezeichneten Stelle aufzuführen. ²Etwaige Nebenangebote müssen auf besonderer Anlage erstellt und als solche deutlich gekennzeichnet werden. ³Werden mehrere Hauptangebote abgegeben, muss jedes aus sich heraus zuschlagsfähig sein. ⁴Absatz 1 Nummer 2 Satz 2 gilt für jedes Hauptangebot entsprechend.

(4) Soweit Preisnachlässe ohne Bedingungen gewährt werden, sind diese an einer vom Auftraggeber in den Vergabeunterlagen bezeichneten Stelle aufzuführen.

(5) ¹Bietergemeinschaften haben die Mitglieder zu benennen sowie eines ihrer Mitglieder als bevollmächtigten Vertreter für den Abschluss und die Durchführung des Vertrags zu bezeichnen. ²Fehlt die Bezeichnung des bevollmächtigten Vertreters im Angebot, so ist sie vor der Zuschlagserteilung beizubringen.

(6) Der Auftraggeber hat die Anforderungen an den Inhalt der Angebote nach den Absätzen 1 bis 5 in die Vergabeunterlagen aufzunehmen.

§ 13 VS VOB/A ist weitgehend identisch mit dem Wortlaut von § 13 EU VOB/A. § 13 VS Abs. 1 Nr. 1 VOB/A eröffnet dem Auftraggeber allerdings eine größere Freiheit bei der Bestimmung der Form der Angebotsübermittlung. Ihm steht dazu die **(freie) Auswahl der geeignet erscheinenden Übermittlungsarten** zur Verfügung. Dies soll sogar die Übermittlung per Telefax einschließen.[1] Allerdings dürfte dies generell mit der Verpflichtung zur Geheimhaltung aus § 14 VS Abs. 8 VOB/A nur schwer und für den Fall der Klassifizierung als geheimhaltungsbedürftig (§ 2 VS Abs. 7 VOB/A) gar nicht vereinbar sein.

2   Überdies sind elektronisch übermittelte Angebote stets mit einer fortgeschrittenen elektronischen Signatur oder mit einer qualifizierten elektronischen Signatur bzw. entspr. Siegel zu versehen (§ 13 VS Abs. 1 Nr. 1 S. 3 VOB/A). Dazu bedarf es keiner erhöhten Anforderungen an die Sicherheit (wie nach § 13 EU Abs. 1 Nr. 1 S. 3 VOB/A – durch Bezugnahme auf § 11 EU VOB/A).

3   Im Übrigen kann auf die Kommentierung zu § 13 EU VOB/A verwiesen werden.

§ 14 VS Öffnung der Angebote, Öffnungstermin

(1) [1]**Die Öffnung der Angebote wird von mindestens zwei Vertretern des Auftraggebers gemeinsam an einem Termin (Öffnungstermin) unverzüglich nach Ablauf der Angebotsfrist durchgeführt.** [2]Bis zu diesem Termin sind die elektronischen Angebote zu kennzeichnen und verschlüsselt aufzubewahren. [3]Per Post oder direkt zugegangene Angebote sind auf dem ungeöffneten Umschlag mit Eingangsvermerk zu versehen und unter Verschluss zu halten.

(2)
1. **Der Verhandlungsleiter stellt fest, ob der Verschluss der schriftlichen Angebote unversehrt ist und die elektronischen Angebote verschlüsselt sind.**
2. Die Angebote werden geöffnet und in allen wesentlichen Teilen im Öffnungstermin gekennzeichnet.
3. Muster und Proben der Bieter müssen im Termin zur Stelle sein.

(3) [1]Über den Öffnungstermin ist eine Niederschrift in Textform zu fertigen, in der die beiden Vertreter des Auftraggebers zu benennen sind. [2]Der Niederschrift ist eine Aufstellung mit folgenden Angaben beizufügen:
a) Name und Anschrift der Bieter,
b) die Endbeträge der Angebote oder einzelner Lose,
c) Preisnachlässe ohne Bedingungen,
d) Anzahl der jeweiligen Nebenangebote.

(4) [1]Angebote, die nach Ablauf der Angebotsfrist eingegangen sind, sind in der Niederschrift oder in einem Nachtrag besonders aufzuführen. [2]Die Eingangszeiten und die etwa bekannten Gründe, aus denen die Angebote nicht vorgelegen haben, sind zu vermerken. [3]Der Umschlag und andere Beweismittel sind aufzubewahren.

(5) [1]Ein Angebot, das nachweislich vor Ablauf der Angebotsfrist dem Auftraggeber zugegangen war, aber dem Verhandlungsleiter nicht vorgelegen hat, ist mit allen Angaben in die Niederschrift oder in einen Nachtrag aufzunehmen. [2]Den Bietern ist dieser Sachverhalt unverzüglich in Textform mitzuteilen. [3]In die Mitteilung sind die Feststellung, ob bei schriftlichen Angeboten der Verschluss unversehrt war und bei elektronischen Angeboten diese verschlüsselt waren, sowie die Angaben nach Absatz 3 Buchstabe a bis d aufzunehmen. [4]Im Übrigen gilt Absatz 4 Satz 2 und 3.

(6) [1]In nicht offenen Verfahren stellt der Auftraggeber den Bietern die in Absatz 3 Buchstabe a bis d genannten Informationen unverzüglich elektro-

---

[1] MüKoEuWettbR/Stollhoff VOB/A § 13 VS Rn. 3.

nisch zur Verfügung. ²Den Bietern und ihren Bevollmächtigten ist die Einsicht in die Niederschrift und ihre Nachträge (Absätze 4 und 5 sowie § 16c VS Absatz 3) zu gestatten.

(7) Die Niederschrift darf nicht veröffentlicht werden.

(8) Die Angebote und ihre Anlagen sind sorgfältig zu verwahren und geheim zu halten.

Die Bestimmung entspricht bis auf die Verweisungen auf die Regelungen der VOB/A-VS dem Inhalt von § 14 EU VOB/A, so dass auf die dortigen Erläuterungen → VOB/A § 14 EU Rn. 1 ff. verwiesen werden kann. 1

§ 15 VS Aufklärung des Angebotsinhalts

(1)
1. Im nicht offenen Verfahren darf der Auftraggeber nach Öffnung der Angebote bis zur Zuschlagserteilung von einem Bieter nur Aufklärung verlangen, um sich über seine Eignung, insbesondere seine technische und wirtschaftliche Leistungsfähigkeit, das Angebot selbst, etwaige Nebenangebote, die geplante Art der Durchführung, etwaige Ursprungsorte oder Bezugsquellen von Stoffen oder Bauteilen und über die Angemessenheit der Preise, wenn nötig durch Einsicht in die vorzulegenden Preisermittlungen (Kalkulationen) zu unterrichten.
2. ¹Die Ergebnisse solcher Aufklärungen sind geheim zu halten. ²Sie sollen in Textform niedergelegt werden.

(2) Verweigert ein Bieter die geforderten Aufklärungen und Angaben oder lässt er die ihm gesetzte angemessene Frist unbeantwortet verstreichen, so ist sein Angebot auszuschließen.

(3) Verhandlungen in nicht offenen Verfahren, besonders über Änderung der Angebote oder Preise, sind unstatthaft, außer, wenn sie bei Nebenangeboten oder Angeboten aufgrund eines Leistungsprogramms nötig sind, um unumgängliche technische Änderungen geringen Umfangs und daraus sich ergebende Änderungen der Preise zu vereinbaren.

§ 15 VS VOB/A regelt die Aufklärung über das Angebot oder die Eignung des Bieters. Die Vorschrift entspricht § 15 EU Abs. 1–3 VOB/A mit der einzigen Abweichung, dass lediglich von nicht offenen Verfahren die Rede ist, **da die VOB/A-VS kein offenes Verfahren vorsieht**. Abgesehen davon enthält die Vorschrift auch keine wesentlich von § 15 Abs. 5 VgV abweichenden Regelungen. Auf die Kommentierungen zu § 15 EU Abs. 1–3 VOB/A → VOB/A § 15 EU Rn. 1 ff. und § 15 Abs. 5 VgV → VgV § 15 Rn. 14 ff. kann daher verwiesen werden. 1

§ 16 VS Ausschluss von Angeboten

Auszuschließen sind:
1. Angebote, die nicht fristgerecht eingegangen sind,
2. Angebote, die den Bestimmungen des § 13 VS Absatz 1 Nummer 1, 2 und 5 nicht entsprechen,
3. Angebote, die die geforderten Unterlagen im Sinne von § 8 VS Absatz 2 Nummer 5 nicht enthalten, wenn der Auftraggeber gemäß § 16a VS Absatz 3 festgelegt hat, dass er keine Unterlagen nachfordern wird. Satz 1 gilt für Teilnahmeanträge entsprechende.
4. Angebote, bei denen der Bieter Erklärungen oder Nachweise, deren Vorlage sich der öffentliche Auftraggeber vorbehalten hat, auf Anforderung

nicht innerhalb einer angemessenen, nach dem Kalender bestimmten Frist vorgelegt hat. Satz 1 gilt für Teilnahmeanträge entsprechend,
5. nicht zugelassene Nebenangebote sowie Nebenangebote, die den Mindestanforderungen nicht entsprechen,
6. Hauptangebote, von Bietern, die mehrere Hauptangebote abgegeben haben, wenn der Auftraggeber die Abgabe mehrerer Hauptangebote in der Auftragsbekanntmachung nicht zugelassen hat,
7. Nebenangebote, die dem § 13 VS Absatz 3 Satz 2 nicht entsprechen,
8. Hauptangebote, die dem § 13 VS Absatz 3 Satz 3 nicht entsprechen.

1 Die Regelung entspricht inhaltlich dem § 16 EU VOB/A, so dass auf die dortigen Erläuterungen Bezug genommen werden kann, → VOB/A § 16 EU Rn. 1 ff.

§ 16a VS Nachforderung von Unterlagen

(1) [1]Der Auftraggeber muss Bieter, die für den Zuschlag in Betracht kommen, unter Einhaltung der Grundsätze der Transparenz und der Gleichbehandlung auffordern, fehlende, unvollständige oder fehlerhafte unternehmensbezogene Unterlagen – insbesondere Erklärungen, Angaben oder Nachweise – nachzureichen, zu vervollständigen oder zu korrigieren, oder fehlende oder unvollständige leistungsbezogene Unterlagen – insbesondere Erklärungen, Produkt- und sonstige Angaben oder Nachweise – nachzureichen oder zu vervollständigen (Nachforderung), es sei denn, er hat von seinem Recht aus Absatz 3 Gebrauch gemacht. [2]Es sind nur Unterlagen nachzufordern, die bereits mit dem Angebot vorzulegen waren.

(2) [1]Fehlende Preisangaben dürfen nicht nachgefordert werden. [2]Angebote die den Bestimmungen des § 13 VS Absatz 1 Nummer 3 nicht entsprechen, sind auszuschließen. [3]Dies gilt nicht für Angebote, bei denen lediglich in unwesentlichen Positionen die Angabe des Preises fehlt und sowohl durch die Außerachtlassung dieser Positionen der Wettbewerb und die Wertungsreihenfolge nicht beeinträchtigt werden als auch bei Wertung dieser Positionen mit dem jeweils höchsten Wettbewerbspreis. [4]Hierbei wird nur auf den Preis ohne Berücksichtigung etwaiger Nebenangebote abgestellt. [5]Der Auftraggeber fordert den Bieter nach Maßgabe von Absatz 1 auf, die fehlenden Preispositionen zu ergänzen. [6]Die Sätze 3 bis 5 gelten nicht, wenn der Auftraggeber das Nachfordern von Preisangaben gemäß Absatz 3 ausgeschlossen hat.

(3) Der Auftraggeber kann in der Auftragsbekanntmachung oder den Vergabeunterlagen festlegen, dass er keine Unterlagen oder Preisangaben nachfordern wird.

(4) [1]Die Unterlagen oder fehlenden Preisangaben sind vom Bewerber oder Bieter nach Aufforderung durch den Auftraggeber innerhalb einer angemessenen, nach dem Kalender bestimmten Frist vorzulegen. [2]Die Frist soll sechs Kalendertage nicht überschreiten.

(5) Werden die nachgeforderten Unterlagen nicht innerhalb der Frist vorgelegt, ist das Angebot auszuschließen.

(6) Die Absätze 1, 3, 4 und 5 gelten für den Teilnahmewettbewerb entsprechend.

1 § 16a VS VOB/A entspricht fast wortgleich dem § 16a EU VOB/A. Es wird lediglich die Bezeichnung Auftraggeber anstatt öffentlicher Auftraggeber wie in der VOB/A-EU verwendet. Da § 16a VS VOB/A inhaltlich keine Unterschiede zu

Prüfung **§ 16c VOB/A–VS**

§ 16a EU VOB/A aufweist, kann vollumfänglich auf die dortige Kommentierung verwiesen werden, → VOB/A § 16a EU Rn. 1 ff.

§ 16b VS Eignung

Beim nicht offenen Verfahren, Verhandlungsverfahren und beim wettbewerblichen Dialog sind nur Umstände zu berücksichtigen, die nach Aufforderung zur Angebotsabgabe Zweifel an der Eignung des Bieters begründen (vgl. § 6b VS Absatz 4).

§ 16b VS VOB/A entspricht iW § 16b EU Abs. 3 VOB/A. Die Vorschrift stellt 1
klar, dass bei der Eignungsprüfung im Rahmen eines **nicht offenen Verfahrens, Verhandlungsverfahrens mit Teilnahmewettbewerb** oder **wettbewerblichen Dialogs** nur Umstände zu berücksichtigen sind, die nach Aufforderung zur Angebotsabgabe Zweifel an der Eignung des Bieters begründen. Da bei diesen Verfahrensarten die Eignung der Bewerber gem. § 6b VS Abs. 4 VOB/A vorab in einem **Teilnahmewettbewerb** geprüft wird (→ VOB/A § 6b VS Rn. 2), bedarf es nach der Aufforderung zur Angebotsabgabe einer Eignungsprüfung nur noch dann, wenn neue Umstände (die im Teilnahmewettbewerb noch nicht bewertet werden konnten) aufgetreten sind, die Zweifel an der Eignung des Bieters begründen. Da das offene Verfahren gem. § 3 VS VOB/A nicht zur Verfügung steht, bedarf es keiner Regelungen wie in § 16b EU Abs. 1 und 2 VOB/A.

Die Eignung ist allerdings nach Angebotsabgabe vollständig zu prüfen, wenn 2
ein **Verhandlungsverfahren ohne Teilnahmewettbewerb** gem. § 3a VS Abs. 2 Nr. 2–4 VOB/A durchgeführt wird, da dann die Eignung noch nicht vorab geprüft wurde, auch wenn Bieter, deren Eignung zweifelhaft ist, gar nicht zur Angebotsabgabe aufgefordert werden dürfen. In diesem Fall ist eine Orientierung an § 16b EU Abs. 1 VOB/A geboten.

§ 16c VS Prüfung

(1) Die nicht ausgeschlossenen Angebote geeigneter Bieter sind auf die Einhaltung der gestellten Anforderungen, insbesondere in rechnerischer, technischer und wirtschaftlicher Hinsicht zu prüfen.
1. Entspricht der Gesamtbetrag einer Ordnungszahl (Position) nicht dem Ergebnis der Multiplikation von Mengenansatz und Einheitspreis, so ist der Einheitspreis maßgebend.
2. Bei Vergabe für eine Pauschalsumme gilt diese ohne Rücksicht auf etwa angegebene Einzelpreise.

(2) Die aufgrund der Prüfung festgestellten Angebotsendsummen sind in der Niederschrift über den Eröffnungstermin zu vermerken.

§ 16c VS Abs. 1 S. 1 VOB/A entspricht wörtlich § 16c EU Abs. 1 S. 1 VOB/A. 1
Es fehlt lediglich der Verweis auf § 7a EU Abs. 6 VOB/A in § 16c EU Abs. 1 S. 2 VOB/A.
§ 16c VS Abs. 1 S. 2 Nr. 1 und 2 VOB/A entspricht wörtlich § 16c EU Abs. 2 2
Nr. 1 und 2 VOB/A.
§ 16c VS Abs. 2 VOB/A entspricht wörtlich § 16c EU Abs. 3 VOB/A. 3
Daher kann vollumfänglich auf die Kommentierungen zu § 16c EU VOB/A 4
→ VOB/A § 16c EU Rn. 1 ff. (mit Ausnahme der Rn. 3) sowie zu § 56 Abs. 1 VgV → VgV § 56 Rn. 3 ff. verwiesen werden.

Steck   2529

§ 16d VS Wertung

(1)
1. Auf ein Angebot mit einem unangemessen hohen oder niedrigen Preis darf der Zuschlag nicht erteilt werden.
2. ¹Erscheint ein Angebotspreis unangemessen niedrig und ist anhand vorliegender Unterlagen über die Preisermittlung die Angemessenheit nicht zu beurteilen, ist vor Ablehnung des Angebots vom Bieter in Textform Aufklärung über die Ermittlung der Preise für die Gesamtleistung oder für Teilleistungen zu verlangen, gegebenenfalls unter Festlegung einer zumutbaren Antwortfrist. ²Bei der Beurteilung der Angemessenheit prüft der Auftraggeber – in Rücksprache mit dem Bieter – die betreffende Zusammensetzung und berücksichtigt dabei die gelieferten Nachweise.
3. In die engere Wahl kommen nur solche Angebote, die unter Berücksichtigung rationellen Baubetriebs und sparsamer Wirtschaftsführung eine einwandfreie Ausführung einschließlich Haftung für Mängelansprüche erwarten lassen.

(2) ¹Bei der Wertung der Angebote dürfen nur Zuschlagskriterien und deren Gewichtung berücksichtigt werden, die in der Auftragsbekanntmachung oder in den Vergabeunterlagen genannt sind. ²Die Zuschlagskriterien müssen mit dem Auftragsgegenstand zusammenhängen und können beispielsweise sein: Qualität, Preis, technischer Wert, Ästhetik, Zweckmäßigkeit, Umwelteigenschaften, Betriebs- und Folgekosten, Rentabilität, Kundendienst, Versorgungssicherheit, Interoperabilität und Eigenschaft beim Einsatz und technische Hilfe oder Ausführungsfrist.

(3) ¹Sind Angebote auf Grund einer staatlichen Beihilfe ungewöhnlich niedrig, ist dies nur dann ein Grund sie zurückzuweisen, wenn der Bieter nicht nachweisen kann, dass die betreffende Beihilfe rechtmäßig gewährt wurde. ²Für diesen Nachweis hat der Auftraggeber dem Bieter eine ausreichende Frist zu gewähren. ³Auftraggeber, die trotz entsprechender Nachweise des Bieters ein Angebot zurückweisen, müssen die Kommission der Europäischen Union darüber unterrichten.

(4) Ein Angebot nach § 13 VS Absatz 2 ist wie ein Hauptangebot zu werten.

(5) ¹Preisnachlässe ohne Bedingung sind nicht zu werten, wenn sie nicht an der vom Auftraggeber nach § 13 VS Absatz 4 bezeichneten Stelle aufgeführt sind. ²Unaufgefordert angebotene Preisnachlässe mit Bedingungen für die Zahlungsfrist (Skonti) werden bei der Wertung der Angebote nicht berücksichtigt.

(6) ¹Die Bestimmungen der Absätze 1 bis 3, § 16b VS, § 16c VS Absatz 2 gelten auch bei Verhandlungsverfahren und wettbewerblichem Dialog. ²Die Absätze 4 und 5, § 16 VS sowie § 16c VS Absatz 1 sind entsprechend auch bei Verhandlungsverfahren und wettbewerblichem Dialog anzuwenden.

I. Bedeutung der Vorschrift

1 § 16d VS VOB/A regelt die Wertung der eingereichten Angebote. Die Vorschrift entspricht fast wortgleich § 16 EG Abs. 6–11 VOB/A aF und unterscheidet sich damit erheblich sowohl von § 16d EU VOB/A als auch von § 16d VOB/A. Soweit vergleichbare Regelungen enthalten sind, wird auf die Kommentierungen zu § 16d EU VOB/A und §§ 58 und 60 VgV verwiesen.

II. Prüfung der Angemessenheit der Preise (Abs. 1 und 3)

Die Regelung des § 16d VS Abs. 1 VOB/A entspricht weitgehend § 16d EU Abs. 1 Nr. 1, 2 und 4 VOB/A. § 16d VS Abs. 3 VOB/A entspricht § 16d EU Abs. 1 Nr. 3 VOB/A. Auf die entspr. Kommentierung kann daher verwiesen werden (→ VOB/A § 16d EU Rn. 4 ff.) § 16d VS Abs. 1 Nr. 1 VOB/A muss im Lichte des Art. 49 der RL 2009/81/EG ausgelegt werden. Dieser enthält allerdings keine Art. 69 Abs. 3 der RL 2014/24/EU entspr. Vorschrift, die entgegen dem Wortlaut des § 16d VS Abs. 1 Nr. 1 VOB/A eine nur fakultative Ausschlussmöglichkeit unangemessen niedriger Angebote vorschreiben würde (→ VOB/A § 16d EU Rn. 5 ff.). Nach § 16d VS Abs. 1 Nr. 1 VOB/A sind **unangemessen niedrige Angebote daher zwingend auszuschließen.** 2

Ein unangemessen niedriges Angebot ist aber auch unter Geltung des § 16d VS Abs. 1 VOB/A ein solches, bei dem die iRd Preisprüfung vom Bieter beigebrachten Nachweise das **niedrige Niveau der angebotenen Preises** bzw. der angebotenen Kosten **nicht zufriedenstellend erklären** und daher der öffentliche Auftraggeber nach der Prüfung gem. Abs. 1 Nr. 2 die geringe Höhe des Preises oder der Kosten nicht zufriedenstellend aufklären kann (→ VOB/A § 16d EU Rn. 5).[1] 2a

Gleichzeitig enthält § 16d VS VOB/A keinen zwingenden Ausschlussgrund wie in § 16d EU Abs. 1 Nr. 1 S. 2 VOB/A, wenn ein Angebot deshalb unangemessen niedrig ist, weil der Bieter gegen **geltende umwelt-, sozial- und arbeitsrechtliche Anforderungen** verstößt. Dennoch sind solche unangemessen niedrigen Angebote auch im Geltungsbereich der VOB/A-VS nach § 16d VS Abs. 1 Nr. 1 VOB/A auszuschließen, wenn sie nicht bereits nach § 123 Abs. 4 Nr. 1 GWB bzw. nach Ermessensausübung gem. § 124 Abs. 1 Nr. 1 GWB ausgeschlossen worden sind. IÜ kann auf die Kommentierung zu → VOB/A § 16d EU Rn. 4 ff. und zu → VgV § 60 Rn. 1 ff. verwiesen werden. 3

III. Ermittlung des wirtschaftlichsten Angebotes (Abs. 2)

1. Bestes Preis-Leistungsverhältnis

Nach § 127 Abs. 1 GWB, der gem. § 147 S. 1 GWB auch auf die Vergabe von verteidigungs- oder sicherheitsspezifischen Aufträgen anzuwenden ist, muss der **Zuschlag auf das wirtschaftlichste Angebot** erteilt werden. Dieses bestimmt sich gem. § 127 Abs. 1 S. 2 GWB nach dem **besten Preis-Leistungsverhältnis.** § 127 Abs. 1 S. 3 GWB stellt in Übereinstimmung mit Art. 47 Abs. 1 lit. b der RL 2009/81/EG klar, dass der Zuschlag auch allein auf das **preislich günstigste Angebot** erteilt werden kann (zu den Einzelheiten → VOB/A § 16d EU Rn. 23 und → VgV § 58 Rn. 3 ff.). 4

2. Wertungskriterien

§ 16d VS Abs. 2 S. 1 VOB/A stellt zunächst klar, dass bei der Ermittlung des wirtschaftlichsten Angebots nur Zuschlagskriterien und deren Gewichtung berücksichtigt werden dürfen, die in der Auftragsbekanntmachung oder in den Vergabeunterlagen genannt sind. 5

Neben den in § 16d VS Abs. 2 S. 2 VOB/A beispielhaft genannten zulässigen Zuschlagskriterien darf der Auftraggeber gem. § 147 S. 1, § 127 Abs. 1 S. 3 GWB auch **qualitative, umweltbezogene und soziale Aspekte** bei der Ermittlung des wirtschaftlichsten Angebots berücksichtigen. Die Rechtslage ist damit trotz des unterschiedlichen Wortlauts vergleichbar mit § 16d EU Abs. 2 VOB/A und § 58 6

---

[1] BGH 31.1.2017 – X ZB 10/16, NZBau 2017, 230.

VOB/A–VS § 17 — Aufhebung der Ausschreibung

Abs. 2 VgV. Auf die entspr. Kommentierung kann daher verwiesen werden, → VgV § 58 Rn. 12 ff.

7 § 16d VS VOB/A enthält keine mit § 16d EU Abs. 2 Nr. 2 lit. b VOB/A oder § 58 Abs. 2 Nr. 2 VgV vergleichbare Vorschrift, nach der die Organisation, Qualifikation und Erfahrung des mit der Ausführung des Auftrags betrauten Personals als Zuschlagskriterium verwendet werden kann, wenn die Qualität des eingesetzten Personals erheblichen Einfluss auf das Niveau der Auftragsausführung haben kann. Allerdings hat der EuGH[2] schon zur RL 2004/18/EG, deren Art. 53 mit Art. 47 der RL 2009/81/EG vergleichbar ist, entschieden, dass es bei der Vergabe eines Auftrags über Dienstleistungen mit intellektuellem Charakter im Bereich der Fortbildung und Beratung Art. 53 Abs. 1 lit. a der RL 2004/18/EG nicht zuwiderläuft, dass durch den öffentlichen Auftraggeber ein Kriterium aufgestellt wird, nach dem die Qualität der von den Bietern für die Ausführung dieses Auftrags konkret vorgeschlagenen Teams unter Berücksichtigung der Zusammensetzung des jew. Teams sowie der Erfahrung und des beruflichen Werdegangs der betroffenen Personen bewertet werden. Wenn die **Organisation, Qualifikation und Erfahrung des eingesetzten Personals** erheblichen Einfluss auf das Niveau der Auftragsausführung einer Baumaßnahme im Bereich Verteidigung oder Sicherheit haben kann, darf daher auch im Geltungsbereich der VOB/A-VS ein solches Zuschlagskriterium gewählt werden.

IV. Wertung eines Angebotes nach § 13 Abs. 2 VOB/A (Abs. 2)

8 Ein Angebot nach § 13 VS Abs. 2 VOB/A ist nicht als Nebenangebot, sondern als Hauptangebot zu werten (→ VOB/A § 16d EU Rn. 29).

V. Preisnachlässe (Abs. 5)

9 § 16d VS Abs. 5 VOB/A entspricht § 16d EU Abs. 4 VOB/A so dass auf die dortige Kommentierung verwiesen werden kann (→ VOB/A § 16d EU Rn. 30 f.).

VI. Geltung bei Verhandlungsverfahren und wettbewerblichen Dialogen (Abs. 6)

10 Die Bestimmungen der Abs. 1–3, § 16b VS VOB/A, § 16c VS Abs. 2 VOB/A gelten auch bei Verhandlungsverfahren und wettbewerblichem Dialog. Die Abs. 4 und 5, § 16 VS VOB/A sowie § 16c VS Abs. 1 VOB/A sind entspr. auch bei Verhandlungsverfahren und wettbewerblichem Dialog anzuwenden.

§ 17 VS Aufhebung der Ausschreibung

(1) **Die Ausschreibung kann aufgehoben werden, wenn:**
1. **kein Angebot eingegangen ist, das den Ausschreibungsbedingungen entspricht,**
2. **die Vergabeunterlagen grundlegend geändert werden müssen,**
3. **andere schwerwiegende Gründe bestehen.**

---

[2] Vgl. EuGH 26.3.2015 – C-601/13, IBRRS 2015, 0691 – Ambisig.

Zuschlag **§ 18 VOB/A–VS**

(2)
1. Die Bewerber und Bieter sind von der Aufhebung der Ausschreibung unter Angabe der Gründe, gegebenenfalls über die Absicht, ein neues Vergabeverfahren einzuleiten, unverzüglich in Textform zu unterrichten.
2. Dabei kann der Auftraggeber bestimmte Informationen zurückhalten, wenn die Weitergabe
   a) den Gesetzesvollzug behindern,
   b) dem öffentlichen Interesse zuwiderlaufen,
   c) die berechtigten geschäftlichen Interessen von öffentlichen oder privaten Unternehmen schädigen oder
   d) den fairen Wettbewerb beeinträchtigen würde.

Die Vorschrift entspricht inhaltlich § 17 EU VOB/A. Auf die dortigen Erläuterungen → VOB/A § 17 EU Rn. 1 ff. kann verwiesen werden. Dies gilt lediglich nicht im Hinblick auf die Erläuterungen zur Innovationspartnerschaft, die nicht als Verfahrensart von § 3 VS VOB/A zugelassen ist. 1

§ 18 VS Zuschlag

(1) **Der Zuschlag ist möglichst bald, mindestens aber so rechtzeitig zu erteilen, dass dem Bieter die Erklärung noch vor Ablauf der Bindefrist zugeht.**

(2) **Werden Erweiterungen, Einschränkungen oder Änderungen vorgenommen oder wird der Zuschlag verspätet erteilt, so ist der Bieter bei Erteilung des Zuschlags aufzufordern, sich unverzüglich über die Annahme zu erklären.**

(3)
1. [1]**Die Erteilung eines Bauauftrags oder der Abschluss einer Rahmenvereinbarung sind bekannt zu machen.** [2]**Diese Pflicht besteht nicht für die Vergabe von Einzelaufträgen, die aufgrund einer Rahmenvereinbarung erfolgen.**
2. [1]*Die Vergabebekanntmachung ist nach den Vorgaben der Spalte 31 in Tabelle 2 des Anhangs der Durchführungsverordnung (EU) 2019/1780 in Verbindung mit § 10a VgV, soweit dieser aufgrund von § 2 Absatz 3 VSVgV hinsichtlich der Regelungen zu den Vorgaben der Durchführungsverordnung (EU) 2019/1780 und des Datenaustauschstandards eForms einschließlich der Regelungen zu verpflichtenden Datenfeldern Anwendung findet, zu erstellen.*[1] [2]**Beim Verhandlungsverfahren ohne Teilnahmewettbewerb hat der Auftraggeber die Gründe, die die Wahl dieses Verfahrens rechtfertigen, in der Vergabebekanntmachung mitzuteilen.**
3. **Nicht in die Vergabebekanntmachung aufzunehmen sind Angaben, deren Veröffentlichung**
   a) **den Gesetzesvollzug behindern,**
   b) **dem öffentlichen Interesse, insbesondere Verteidigungs- und Sicherheitsinteressen, zuwiderlaufen,**
   c) **die berechtigten geschäftlichen Interessen öffentlicher oder privater Unternehmen schädigen oder**
   d) **den fairen Wettbewerb beeinträchtigen würde.**

(4) **Die Vergabebekanntmachung ist dem Amt für Veröffentlichungen der Europäischen Union in kürzester Frist – spätestens 48 Kalendertage nach**

---

[1] Bei Drucklegung noch nicht in Kraft.

VOB/A–VS § 18 — Zuschlag

Auftragserteilung *elektronisch über den zentralen Datenservice Öffentlicher Einkauf*[2] – zu übermitteln.

Literatur: Vgl. die Angaben bei den §§ 10 EU, 18 EU VOB/A.

I. Zuschlagserteilung (Abs. 1)

1 Nach Abs. 1 ist der Zuschlag möglichst bald, mindestens aber so rechtzeitig zu erteilen, dass dem Bieter die Erklärung noch vor dem Ablauf der Bindefrist zugeht. Die Vorschrift entspricht wörtlich dem § 18 EU Abs. 1 VOB/A, der die Zuschlagserteilung in zivilen Vergabeverfahren oberhalb des maßgeblichen EU-Schwellenwertes normiert. Auf dessen Kommentierung → VOB/A § 18 EU Rn. 4 ff. wird daher verwiesen.

II. Modifizierter und verspäteter Zuschlag (Abs. 2)

2 In einem öffentlichen Vergabeverfahren kommt der ausgeschriebene Bauvertrag zustande, wenn das Angebot des Bieters (i) ohne Einschränkungen, Änderungen oder Erweiterungen und (ii) rechtzeitig, dh innerhalb der Bindefrist, durch die Zuschlagserklärung des Auftraggebers angenommen wird.[3] In allen anderen Fällen ist der Bieter nach Abs. 2 bei Erteilung des Zuschlags aufzufordern, sich unverzüglich über die Annahme zu erklären. Die Vorschrift ist deckungsgleich mit § 18 EU Abs. 2 VOB/A, so dass auf dessen Kommentierung → VOB/A § 18 EU Rn. 16 ff. verwiesen wird.

III. Vergabebekanntmachung (Abs. 3)

3 Nr. 1, der Art. 30 Abs. 3 RL 2009/81/EG umsetzt, schreibt vor, die Erteilung eines Bauauftrages und – mit der VOB/A 2019 eingeführt – den Abschluss einer Rahmenvereinbarung bekannt zu machen. Diese Pflicht besteht nicht für die Vergabe von Einzelaufträgen, die aufgrund einer Rahmenvereinbarung abgerufen werden. Nr. 2 verlangt, die Vergabebekanntmachung nach den Vorgaben der Spalte 31 in Tabelle 2 des Anhangs der Durchführungsverordnung (EU) 2019/1780 iVm § 10a VgV, soweit dieser aufgrund von § 2 Abs. 3 VSVgV hinsichtlich der Regelungen zu den Vorgaben der Durchführungsverordnung (EU) 2019/1780 und des Datenaustauschstandards eForms einschl. der Regelungen zu verpflichtenden Datenfeldern Anwendung findet, zu erstellen.[4]

4 In den in Nr. 3 lit. a–d aufgeführten Fällen muss der Auftraggeber bei der Vergabebekanntmachung von der Veröffentlichung bestimmter sensibler Einzelangaben absehen. Die aufgeführten Gründe sind abschl. und als **Ausnahmetatbestände** eng auszulegen. Die Ausnahmefälle sind weitgehend mit denjenigen des § 39 Abs. 6 VgV identisch. Auf die entspr. Kommentierung kann daher verwiesen werden (→ VgV § 39 Rn. 9 ff.). In Ergänzung dazu sind Angaben, deren Veröffentlichung

---

[2] Bei Drucklegung noch nicht in Kraft.
[3] OLG Dresden 12.10.2016 – 16 U 91/16, BeckRS 2016, 135957; OLG Naumburg 16.10.2007 – 1 Verg 6/07, BeckRS 2007, 19564; OLG Düsseldorf 14.3.2001 – Verg 30/00, BeckRS 2014, 14639 = VergabeR 2001, 226 (227).
[4] Änderungen der Vorschrift erfolgten durch die Bekanntmachungen des BMWSB zur Änderung der Vergabe- und Vertragsordnung für Bauleistungen Teil A v. 16.6.2023, BAnz. AT 4.7.2023 B4, 2, sowie v. 6.9.2023, BAnz. AT 25.9.2023 B4, 2, aus Anlass der Einführung neuer EU-Bekanntmachungsformulare (eForms).

dem öffentlichen Interesse, insbes. **Verteidigungs- und Sicherheitsinteressen,** zuwiderlaufen, gleichsam nicht in die Bekanntmachung aufzunehmen.

IV. Bekanntmachungsfrist (Abs. 4)

Die Bekanntmachung ist dem Amt für Veröffentlichungen der EU elektronisch 5
über den zentralen Datenservice Öffentlicher Einkauf (dazu → VgV § 10a Rn. 21) in kürzester Frist, jedoch spätestens innerhalb von 48 Kalendertagen nach Auftragserteilung zu übermitteln. Die Frist beginnt am Tag nach der Erteilung des Zuschlags.[5] Zur Fristwahrung reicht die rechtzeitige Absendung innerhalb der Frist aus (Art. 30 Abs. 3 RL 2009/81/EG: „sendet ab"). Der Tag des Versands muss nachgewiesen werden können (Art. 32 Abs. 7 RL 2009/81/EG).

V. Rechtsschutz

Vgl. dazu die Kommentierung bei → VOB/A § 18 EU Rn. 29 ff. 6

§ 19 VS Nicht berücksichtigte Bewerbungen und Angebote

(1) Bewerber, deren Bewerbung abgelehnt wurde, sowie Bieter, deren Angebote ausgeschlossen worden sind (§ 16 VS), und solche, deren Angebote nicht in die engere Wahl kommen, sollen unverzüglich unterrichtet werden.

(2) [1]Der Auftraggeber hat die betroffenen Bieter, deren Angebote nicht berücksichtigt werden sollen,
1. über den Namen des Unternehmens, dessen Angebot angenommen werden soll,
2. über die Gründe der vorgesehenen Nichtberücksichtigung ihres Angebots und
3. über den frühesten Zeitpunkt des Vertragsschlusses

unverzüglich in Textform zu informieren. [2]Dies gilt auch für Bewerber, denen keine Information über die Ablehnung ihrer Bewerbung zur Verfügung gestellt wurde, bevor die Mitteilung über die Zuschlagserteilung an die betroffenen Bieter ergangen ist. [3]Ein Vertrag darf erst 15 Kalendertage nach Absendung der Information nach den Sätzen 1 und 2 geschlossen werden. [4]Wird die Information per Telefax oder auf elektronischem Weg versendet, verkürzt sich die Frist auf zehn Kalendertage. [5]Die Frist beginnt am Tag nach Absendung der Information durch den Auftraggeber; auf den Tag des Zugangs beim betroffenen Bewerber oder Bieter kommt es nicht an.

(3) Die Informationspflicht nach Absatz 2 entfällt in den Fällen, in denen das Verhandlungsverfahren ohne Teilnahmewettbewerb wegen besonderer Dringlichkeit gerechtfertigt ist.

(4) [1]Auf Verlangen ist den nicht berücksichtigten Bewerbern unverzüglich, spätestens jedoch innerhalb einer Frist von 15 Kalendertagen nach Eingang ihres schriftlichen Antrags Folgendes mitzuteilen:
1. die Entscheidung über die Zuschlagserteilung sowie
2. die Gründe für die Ablehnung ihrer Bewerbung, einschließlich der nicht ausreichenden Erfüllung der Anforderungen in Bezug auf die Informations- und Versorgungssicherheit.

---

[5] Art. 3 Abs. 1 S. 2 VO (EWG, Euratom) Nr. 1182/71 v. 3.6.1971.

VOB/A–VS § 19   Nicht berücksichtigte Bewerbungen und Angebote

²**Auf Verlangen sind den Bietern, die ein ordnungsgemäßes Angebot eingereicht haben, die Merkmale und Vorteile des Angebots des erfolgreichen Bieters schriftlich mitzuteilen.** ³Sofern keine Gleichwertigkeit insbesondere in Bezug auf die erforderliche Informations- und Versorgungssicherheit vorliegt, teilt der Auftraggeber dem Bieter dies mit. ⁴§ 17 VS Absatz 2 Nummer 2 gilt entsprechend.

(5) **Nicht berücksichtigte Angebote und Ausarbeitungen der Bieter dürfen nicht für eine neue Vergabe oder für andere Zwecke benutzt werden.**

(6) **Entwürfe, Ausarbeitungen, Muster und Proben zu nicht berücksichtigten Angeboten sind zurückzugeben, wenn dies im Angebot oder innerhalb von 30 Kalendertagen nach Ablehnung des Angebots verlangt wird.**

Literatur: Vgl. die Angaben bei § 134 GWB, § 62 VgV, § 19 EU VOB/A und § 19 VOB/A.

1   Für die Vergabe verteidigungs- und sicherheitsspezifischer Bauaufträge oberhalb der Schwellenwerte normiert § 19 VS VOB/A iS eines abschl. Regelwerkes **sämtliche Informationspflichten** des öffentlichen Auftraggebers ggü. abgelehnten Bewerbern und Bietern. Die Vorschrift beruht auf Art. 35 RL 2009/81/EG.

2   Abs. 1 schreibt die **unverzügliche Unterrichtung von Bewerbern und Bietern** vor, sobald sich im Vergabeverfahren herausgestellt hat, dass ihre Teilnahmeanträge und Angebote im weiteren Verfahren nicht berücksichtigt werden. Danach sollen Bieter, deren Angebote nach Maßgabe der §§ 16 VS, 16a VS VOB/A (also auf der ersten Wertungsstufe) ausgeschlossen worden sind, unverzüglich, d.h. ohne schuldhaftes Zögern (§ 121 Abs. 1 S. 1 BGB), nach der Ausschlussentscheidung unterrichtet werden. Gleiches gilt für Bieter, deren Angebote nicht in die engere Wahl gekommen sind. Damit sind solche Angebote gemeint, die auf der zweiten (§ 16b VS VOB/A) und der dritten Wertungsstufe (§ 16d VS Abs. 2 VOB/A) ausscheiden. Abs. 1 ist inhaltlich identisch mit § 19 EU Abs. 1 VOB/A (→ VOB/A § 19 EU Rn. 2 ff.).

3   In Ergänzung dazu übernimmt Abs. 2 wörtlich die **Informations- und Wartepflicht** des § 134 Abs. 1, 2, 3 S. 1 GWB. Danach sind Bieter, deren Angebote nicht berücksichtigt worden sind, vor Erteilung des Zuschlags in Textform zu informieren. Die Information muss die in Abs. 2 S. 1 Nr. 1–3 enthaltenen Mindestangaben enthalten. Erfolglose Bewerber, die noch keine Information über die Ablehnung ihres Teilnahmeantrags erhalten haben, bevor die Mitteilung über die Zuschlagserteilung an die betroffenen Bieter ergangen ist, sind spätestens nach Abschluss der Angebotswertung zu unterrichten (S. 2). Gleichzeitig ordnet Abs. 2 S. 3 eine **Wartepflicht** des Auftraggebers an: Er muss 15 Kalendertage nach Absendung der Information nach Abs. 2 S. 1, 2 mit der Erteilung des Zuschlags warten. Die Frist verkürzt sich auf zehn Tage, sofern die Information per Telefax oder auf elektronischem Weg versendet wird. Abs. 3 lässt die Informationspflicht in den Fällen entfallen, in denen das Verhandlungsverfahren ohne Teilnahmewettbewerb wegen besonderer Dringlichkeit gerechtfertigt ist (vgl. § 3a VS Abs. 2 Nr. 4 VOB/A). Hinsichtlich der gesetzlich in § 134 GWB geregelten Informations- und Wartepflicht wird auf die dortige Kommentierung verwiesen.

4   Abs. 4 S. 1 verlangt, den nicht berücksichtigten Bewerbern unverzüglich, spätestens jedoch innerhalb einer Frist von 15 Kalendertagen nach Eingang ihres schriftlichen Antrags die Entscheidung über die Zuschlagserteilung sowie die Gründe für die Ablehnung ihrer Bewerbung mitzuteilen (vgl. Art. 35 Abs. 2 lit. a RL 2009/81/EG; dazu ausf. → VOB/A § 19 EU Rn. 9 ff.). Dabei sind ggf. auch Angaben zur nicht ausreichenden Erfüllung der Anforderungen in Bezug auf die **Informations- und Versorgungssicherheit** (vgl. Art. 22, 23 RL 2009/81/EG) zu machen. Die Anforderungen an die Gewährleistung der Informations- und Versorgungssicherheit

sind gem. §§ 7, 8 VSVgV in der Bekanntmachung oder den Vergabeunterlagen zu benennen.

Nach Abs. 4 S. 2 sind auf Verlangen denjenigen Bietern, die ein ordnungsgemäßes Angebot eingereicht haben (das sind die Angebote, die in die engere Wahl gekommen sind), die **Merkmale und Vorteile des Angebots des erfolgreichen Bieters** (→ VOB/A § 19 EU Rn. 12; → VgV § 62 Rn. 11) schriftlich mitzuteilen. Auch hier sind ggf. Angaben zur fehlenden Gleichwertigkeit in Bezug auf die erforderliche Informations- und Versorgungssicherheit zu machen (vgl. Art. 35 Abs. 2 lit. b RL 2009/81/EG). Die Ausnahmetatbestände des § 17 VS Abs. 2 Nr. 2 VOB/A, bei deren Vorliegen auf die Veröffentlichung von Informationen verzichtet werden kann, gelten entspr. (→ VgV § 39 Rn. 10).

Abs. 5 untersagt es, nicht berücksichtigte Angebote und Ausarbeitungen der Bieter für eine neue Vergabe oder für andere Zwecke zu benutzen. Die Vorschrift entspricht dem § 19 EU Abs. 5 VOB/A (→ VOB/A § 19 EU Rn. 16–18).

Nach Abs. 6 sind Entwürfe, Ausarbeitungen, Muster und Proben zu nicht berücksichtigten Angeboten zurückzugeben, sofern dies im Angebot oder innerhalb einer Frist von 30 Kalendertagen nach Ablehnung des Angebotes verlangt wird. Die Vorschrift entspricht dem § 19 EU Abs. 6 VOB/A (→ VOB/A § 19 EU Rn. 19–21).

§ 20 VS Dokumentation

(1) ¹**Das Vergabeverfahren ist zeitnah so zu dokumentieren, dass die einzelnen Stufen des Verfahrens, die einzelnen Maßnahmen, die maßgebenden Feststellungen sowie die Begründung der einzelnen Entscheidungen in Textform festgehalten werden.** ²**Diese Dokumentation muss mindestens enthalten:**
1. **Name und Anschrift des Auftraggebers,**
2. **Art und Umfang der Leistung,**
3. **Wert des Auftrags oder der Rahmenvereinbarung,**
4. **Namen der berücksichtigten Bewerber oder Bieter und Gründe für ihre Auswahl,**
5. **Namen der nicht berücksichtigten Bewerber oder Bieter und die Gründe für die Ablehnung,**
6. **Gründe für die Ablehnung von ungewöhnlich niedrigen Angeboten,**
7. **Name des Auftragnehmers und Gründe für die Erteilung des Zuschlags auf sein Angebot,**
8. **Anteil der beabsichtigten Weitergabe an Nachunternehmen, soweit bekannt,**
9. **bei nicht offenen Verfahren, Verhandlungsverfahren und wettbewerblichem Dialog Gründe für die Wahl des jeweiligen Verfahrens sowie die Gründe für das Überschreiten der Fünfjahresfrist in § 3a VS Absatz 2 Nummer 5,**
10. **gegebenenfalls die Gründe, aus denen der Auftraggeber auf die Vergabe eines Auftrags oder einer Rahmenvereinbarung verzichtet hat.**
11. **gegebenenfalls die Gründe, die eine über sieben Jahre hinausgehende Laufzeit einer Rahmenvereinbarung rechtfertigen.**

³Der Auftraggeber trifft geeignete Maßnahmen, um den Ablauf der mit elektronischen Mitteln durchgeführten Vergabeverfahren zu dokumentieren.

(2) **Wird auf die Vorlage zusätzlich zum Angebot verlangter Unterlagen und Nachweise verzichtet, ist dies in der Dokumentation zu begründen.**

Literatur: Vgl. die Angaben bei § 8 VgV.

VOB/A–VS § 22   Auftragsänderungen während der Vertragslaufzeit

1   § 20 VS VOB/A ist nahezu wortgleich mit der Regelung in § 20 Abs. 1 und 2 S. 1 VOB/A. Abweichungen ergeben sich bei Abs. 1 S. 2 Nr. 11, der im Zuge der VOB/A 2019 hinzugekommen war, sowie bei der Erwähnung der Rahmenvereinbarung in Abs. 1 S. 2 Nr. 10. Auf die Kommentierung zu § 20 VOB/A wird verwiesen, → VOB/A § 20 Rn. 1 ff.

2   Wird die Fünfjahresfrist in § 3a VS Abs. 3 Nr. 5 VOB/A (Wiederholung gleichartiger Bauleistungen innerhalb von fünf Jahren nach Abschluss des ersten Auftrags) überschritten, sind die Gründe dafür nach Nr. 9 ebenso zu dokumentieren, wie die Überschreitung der Laufzeit einer Rahmenvereinbarung von regelhaft sieben Jahren gem. § 4a VS Abs. 6 VOB/A.

§ 21 VS Nachprüfungsbehörden

In der Bekanntmachung und den Vergabeunterlagen ist die Nachprüfungsbehörde mit Anschrift anzugeben, an die sich der Bewerber oder Bieter zur Nachprüfung behaupteter Verstöße gegen die Vergabebestimmungen wenden kann.

Literatur: Vgl. die Angaben bei Vor § 155 GWB und Einl. VOB/A.

1   Die Vergabe verteidigungs- und sicherheitsspezifischer Bauaufträge untersteht dem regulären Rechtsschutzregime des GWB vor den Vergabekammern und Oberlandesgerichten. Insofern verlangt Art. 55 Abs. 2 RL 2009/81/EG von den Mitgliedstaaten, die erforderlichen Maßnahmen zu ergreifen, um sicherzustellen, dass fehlerhafte Vergabeentscheidungen des Auftraggebers wirksam und vor allem möglichst rasch nachgeprüft werden können. Die im Anwendungsbereich des 3. Abschn. der VOB/A ausschl. zuständige **Eingangsinstanz** für die Nachprüfung behaupteter Vergabeverstöße ist die Vergabekammer.[1] Vgl. dazu näher → GWB Vor § 155 Rn. 10 ff. und → GWB § 155 Rn. 11 ff. Dementsprechend ordnet § 21 VS VOB/A zur Gewährleistung effektiven Rechtsschutzes an, die Nachprüfungsbehörde, an die sich Unternehmen zur Nachprüfung behaupteter Vergabeverstöße wenden können (also die zuständige Vergabekammer), mit Anschrift in der Auftragsbekanntmachung und den Vergabeunterlagen anzugeben. Welche Vergabekammer zuständig ist, normiert § 159 GWB (→ GWB § 159 Rn. 6 ff.).

2   Hinsichtlich der weiteren Einzelheiten wird auf die Kommentierung des wortgleichen → VOB/A § 21 EU Rn. 1 ff. verwiesen.

§ 22 VS Auftragsänderungen während der Vertragslaufzeit

(1) [1]Wesentliche Änderungen eines öffentlichen Auftrags während der Vertragslaufzeit erfordern ein neues Vergabeverfahren. [2]Wesentlich sind Änderungen, die dazu führen, dass sich der öffentliche Auftrag erheblich von dem ursprünglich vergebenen öffentlichen Auftrag unterscheidet. [3]Eine wesentliche Änderung liegt insbesondere vor, wenn
1. **mit der Änderung Bedingungen eingeführt werden, die, wenn sie für das ursprüngliche Vergabeverfahren gegolten hätten,**
    a) **die Zulassung anderer Bewerber oder Bieter ermöglicht hätten,**
    b) **die Annahme eines anderen Angebots ermöglicht hätten oder**
    c) **das Interesse weiterer Teilnehmer am Vergabeverfahren geweckt hätten,**

---

[1] BGH 15.7.2008 – X ZB 17/08, NZBau 2008, 662 (663).

2. mit der Änderung das wirtschaftliche Gleichgewicht des öffentlichen Auftrags zugunsten des Auftragnehmers in einer Weise verschoben wird, die im ursprünglichen Auftrag nicht vorgesehen war,
3. mit der Änderung der Umfang des öffentlichen Auftrags erheblich ausgeweitet wird oder
4. ein neuer Auftragnehmer den Auftragnehmer in anderen als den in Absatz 2 Nummer 4 vorgesehenen Fällen ersetzt.

(2) ¹Unbeschadet des Absatzes 1 ist die Änderung eines öffentlichen Auftrags ohne Durchführung eines neuen Vergabeverfahrens zulässig, wenn
1. in den ursprünglichen Vergabeunterlagen klare, genaue und eindeutig formulierte Überprüfungsklauseln oder Optionen vorgesehen sind, die Angaben zu Art, Umfang und Voraussetzungen möglicher Auftragsänderungen enthalten, und sich aufgrund der Änderung der Gesamtcharakter des Auftrags nicht verändert,
2. zusätzliche Bauleistungen erforderlich geworden sind, die nicht in den ursprünglichen Vergabeunterlagen vorgesehen waren, und ein Wechsel des Auftragnehmers
   a) aus wirtschaftlichen oder technischen Gründen nicht erfolgen kann und
   b) mit erheblichen Schwierigkeiten oder beträchtlichen Zusatzkosten für den Auftraggeber verbunden wäre,
3. die Änderung aufgrund von Umständen erforderlich geworden ist, die der Auftraggeber im Rahmen seiner Sorgfaltspflicht nicht vorhersehen konnte und sich aufgrund der Änderung der Gesamtcharakter des Auftrags nicht verändert oder
4. ein neuer Auftragnehmer den bisherigen Auftragnehmer ersetzt
   a) aufgrund einer Überprüfungsklausel im Sinne von Nummer 1,
   b) aufgrund der Tatsache, dass ein anderes Unternehmen, das die ursprünglich festgelegten Anforderungen an die Eignung erfüllt, im Zuge einer Unternehmensumstrukturierung, wie zum Beispiel durch Übernahme, Zusammenschluss, Erwerb oder Insolvenz, ganz oder teilweise an die Stelle des ursprünglichen Auftragnehmers tritt, sofern dies keine weiteren wesentlichen Änderungen im Sinne des Absatzes 1 zur Folge hat, oder
   c) aufgrund der Tatsache, dass der Auftraggeber selbst die Verpflichtungen des Hauptauftragnehmers gegenüber seinen Unterauftragnehmern übernimmt.

²In den Fällen der Nummern 2 und 3 darf der Preis um nicht mehr als 50 Prozent des Werts des ursprünglichen Auftrags erhöht werden. ³Bei mehreren aufeinander folgenden Änderungen des Auftrags gilt diese Beschränkung für den Wert jeder einzelnen Änderung, sofern die Änderungen nicht mit dem Ziel vorgenommen werden, die Vorschriften dieses Teils zu umgehen.

(3) ¹Die Änderung eines öffentlichen Auftrags ohne Durchführung eines neuen Vergabeverfahrens ist ferner zulässig, wenn sich der Gesamtcharakter des Auftrags nicht ändert und der Wert der Änderung
1. die jeweiligen Schwellenwerte nach § 106 GWB nicht übersteigt und
2. bei Liefer- und Dienstleistungsaufträgen nicht mehr als zehn Prozent und bei Bauaufträgen nicht mehr als 15 Prozent des ursprünglichen Auftragswertes beträgt.

²Bei mehreren aufeinander folgenden Änderungen ist der Gesamtwert der Änderungen maßgeblich.

VOB/A–VS § 22 Auftragsänderungen während der Vertragslaufzeit

(4) **Enthält der Vertrag eine Indexierungsklausel, wird für die Wertberechnung gemäß Absatz 2 Satz 2 und 3 sowie gemäß Absatz 3 der höhere Preis als Referenzwert herangezogen.**

(5) *Änderungen nach Absatz 2 Nummer 2 und 3 sind entsprechend den Vorgaben der Spalte 38 in Tabelle 2 des Anhangs der Durchführungsverordnung (EU) 2019/1780 in Verbindung mit § 10a VgV, soweit dieser aufgrund von § 2 Absatz 3 VSVgV hinsichtlich der Regelungen zu den Vorgaben der Durchführungsverordnung (EU) 2019/1780 und des Datenaustauschstandards eForms einschließlich der Regelungen zu verpflichtenden Datenfeldern Anwendung findet, über den zentralen Datenservice Öffentlicher Einkauf im Amtsblatt der Europäischen Union bekannt zu machen.*[1]

Literatur: Vgl. die Angaben bei § 132 GWB.

1 Die Vorschrift ist inhaltlich **identisch mit § 132 GWB,** so dass auf die dortige Kommentierung verwiesen wird.

---

[1] Bei Drucklegung noch nicht in Kraft.

8. Verfahrensordnung für die Vergabe öffentlicher Liefer- und Dienstleistungsaufträge unterhalb der EU-Schwellenwerte (Unterschwellenvergabeordnung – UVgO)

– Ausgabe 2017 –
vom 2. Februar 2017
(BAnz AT 7.2.2017 B1)

Einleitung

Literatur: Frenz, Unterschwellenvergaben, VergabeR 2018, 245; Lausen, Die Unterschwellenvergabeordnung – UVgO, NZBau 2017, 3; Ollmann, Von der VOL zur UVgO, VergabeR 2016, 687; Probst/Winters, Die Unterschwellenvergabeordnung (UVgO) – Rechtssicherheit bei Beschaffungen unterhalb der Schwellenwerte?, VergabeR 2017, 331; Siegel, Das Haushaltsvergaberecht – Systematisierung eines verkannten Rechtsgebiets, VerwArch 2016, 1; Siegel, Zur funktionalen Annäherung des Haushaltsvergaberechts an das Kartellvergaberecht durch die UVgO: Wächst zusammen, was zusammengehört?, VergabeR 2018, 183; Siegel, Das Haushaltsvergaberecht: Vergaberecht oder doch Haushaltsrecht?, VergabeR 2022, 283.

I. Die UVgO und das Vergaberecht unterhalb der Schwellenwerte

Im durch die Vorschriften des **Haushaltsrechts und – auf Länderebene – der Landesvergabegesetze** geprägten rechtlichen Rahmen für die Vergabe öffentlicher Aufträge unterhalb der Schwellenwerte des § 106 GWB (→ GWB Einl. Rn. 26 ff.) bezeichnet der Erlass der UVgO den Versuch, einer inhaltlichen Synchronisierung des deutschen Vergaberechts zumindest näher zu kommen. Zwar ist der sachliche Anwendungsbereich iW mit dem der bisherigen VOL/A identisch (→ § 1 Rn. 1 ff.), jedoch orientiert sich die UVgO stark an Inhalt und Aufbau der VgV. Demgegenüber war die VOL/A um einen strukturellen Gleichlauf mit der VOB/A bemüht. 1

Zwar weist die Erläuterung zu § 1 UVgO zutreffend darauf hin, dass es sich bei den Vorschriften der UVgO um keine Bestimmungen handelt, die bereits durch ihre Bekanntmachung Rechtsverbindlichkeit erlangen.[1] Dies ändert aber nichts daran, dass die Bezeichnung als „Vergabeordnung" einen durchaus **programmatischen Anspruch** mit Blick auch auf eine Zusammenführung der für Bauvergaben einerseits und Liefer- und Dienstleistungsaufträge andererseits geltenden Regelungswerke birgt. 2

II. Anwendbarkeit der UVgO

Anders als die VgV für die Vergabe von Liefer- und Dienstleistungsaufträgen ab Erreichen der Schwellenwerte setzt die UVgO kein außenwirksames Recht. Es handelt sich vielmehr wie beim 1. Abschn. der VOB/A um eine **Verwaltungsvor-** 3

---

[1] Erläuterungen zur UVgO, BAnz. AT 7.2.2017 B2, S. 2.

schrift ohne Außenwirkung[2] (→ GWB Einl. Rn. 31). Allerdings setzt auch die Anwendbarkeit als Verwaltungsvorschrift zunächst voraus, dass die UVgO als solche in Geltung gesetzt worden ist. Hierfür bedarf es entweder der Bekanntmachung eines Erlasses des zuständigen Ministeriums oder eines Verweises in den Vorschriften des Landes- bzw. kommunalen Haushaltsrechts oder der Landesvergabegesetze (→ GWB Einl. Rn. 32 ff.). Zum Zeitpunkt der Drucklegung ist die UVgO für Unterschwellenvergaben in Geltung in:

- Bund
- Baden-Württemberg
- Bayern
- Berlin
- Brandenburg
- Bremen
- Hamburg
- Hessen
- Mecklenburg-Vorpommern
- Niedersachsen
- Nordrhein-Westfalen
- Rheinland-Pfalz
- Saarland
- Sachsen-Anhalt
- Schleswig-Holstein
- Thüringen.

Soweit die UVgO dort nicht eingeführt ist, gilt in dem betreffenden Bundesland für die Vergabe von Liefer- und Dienstleistungen unterhalb der EU-Schwellenwerte weiterhin die VOL/A 1. Abschn.

III. Struktur

4 Strukturell ist die UVgO sehr stark **am Aufbau der VgV ausgerichtet,** regelt das Vergabeverfahren allerdings nicht in der Detailliertheit, wie es die §§ 97 ff. GWB und die VgV für Vergaben ab Erreichen der Schwellenwerte vornehmen. Der „Allgemeine Bestimmungen und Kommunikation" überschriebene Abschn. 1 ist in zwei UAbschn. gegliedert, nämlich „Allgemeine Bestimmungen" (§§ 1 ff. UVgO) und „Kommunikation" (§ 7 UVgO). Abschn. 2 wendet sich dem „Vergabeverfahren" zu, und zwar in den UAbschn. „Verfahrensarten" (§§ 8 ff. UVgO), „Besondere Methoden und Instrumente im Vergabeverfahren" (§§ 15 ff. UVgO), „Vorbereitung des Vergabeverfahrens" (§§ 20 ff. UVgO), „Veröffentlichungen; Transparenz" (§§ 27 ff. UVgO), „Anforderungen an Unternehmen; Eignung" (§§ 31 ff. UVgO), „Einreichung, Form und Umgang mit Teilnahmeanträgen und Angeboten" (§§ 37 ff. UVgO) sowie „Prüfung und Wertung der Teilnahmeanträge und Angebote; Zuschlag" (§§ 41 ff.). Der „Vergabe von Aufträgen für besondere Leistungen; Planungswettbewerbe" ist der Abschn. 3 (§§ 49 ff. UVgO) gewidmet, Abschn. 4 (§§ 53 f. UVgO) enthält die „Schlussbestimmungen".

IV. Entsprechende Anwendung der Grundsätze der §§ 97 ff. GWB und der VgV?

5 Die UVgO ist nicht nur in ihrer Struktur am Aufbau der VgV ausgerichtet, auch ihre Vorschriften entsprechen teilweise wörtlich den einschlägigen Bestimmungen

---

[2] Lausen NZBau 2017, 3.

der §§ 97 ff. GWB und der VgV. Die Erläuterungen der UVgO weisen für die betreffenden Normen explizit darauf hin, dass sie den **für Oberschwellenvergaben geltenden Regelungen nachgebildet** sind. In diesen Fällen steht nichts entgegen, die zur Auslegung der §§ 97 ff. GWB und der VgV entwickelten Grundsätze auch auf die parallelen Bestimmungen der UVgO anzuwenden.

Allerdings ist zu beachten, dass Regelungen der VgV durch die UVgO nicht selten nur abgewandelt übernommen werden und dabei bewusste **Vereinfachungen enthalten.** In diesen Fällen ist sorgfältig zu ermitteln, inwieweit die von den Nachprüfungsinstanzen vorgenommene Auslegung der Vorschriften von GWB und VgV dem Willen des Normgebers und dem Zweck der jew. Normen der UVgO entspricht.[3] Dies gilt umso mehr, wenn die UVgO (vermeintliche) Regelungslücken enthält und eine **analoge Anwendung** von für Vergaben ab Erreichen der Schwellenwerte geltenden Bestimmungen in Erwägung gezogen wird. Auch ist bei der Auslegung zu beachten, dass die mit den Regelungen des Vergaberechts ab Erreichen der Schwellenwerte verfolgten Ziele nach wie vor nicht vollständig mit den Zielen der für Unterschwellenvergaben geltenden Vorschriften identisch sind.[4]

6

Abschnitt 1. Allgemeine Bestimmungen und Kommunikation

Unterabschnitt 1. Allgemeine Bestimmungen

§ 1 Gegenstand und Anwendungsbereich

(1) **Diese Verfahrensordnung trifft nähere Bestimmungen über das einzuhaltende Verfahren bei der Vergabe von öffentlichen Liefer- und Dienstleistungsaufträgen und Rahmenvereinbarungen, die nicht dem Teil 4 des Gesetzes gegen Wettbewerbsbeschränkungen unterliegen, weil ihr geschätzter Auftragswert ohne Umsatzsteuer die Schwellenwerte gemäß § 106 des Gesetzes gegen Wettbewerbsbeschränkungen unterschreitet.**

(2) **Diese Verfahrensordnung ist ungeachtet des Erreichens der jeweiligen Schwellenwerts gemäß § 106 des Gesetzes gegen Wettbewerbsbeschränkungen ferner nicht auf Sachverhalte anzuwenden, für die das Gesetz gegen Wettbewerbsbeschränkungen in den §§ 107, 108, 109, 116, 117 oder 145 Ausnahmen von der Anwendbarkeit des Teils 4 des Gesetzes gegen Wettbewerbsbeschränkungen vorsieht.**

(3) **Die Regelung zu vorbehaltenen Aufträgen nach § 118 des Gesetzes gegen Wettbewerbsbeschränkungen ist auch im Geltungsbereich dieser Verfahrensordnung entsprechend anzuwenden.**

Literatur: Vgl. die Angaben bei Einl. UVgO.

§ 1 UVgO bestimmt den **sachlichen Anwendungsbereich** der UVgO. Anders als die §§ 98 ff. GWB enthält die UVgO keine eigenen Regelungen zu ihrem personellen Anwendungsbereich. Grund hierfür ist, dass die Regelungen der Länder im Landes- und kommunalen Haushaltsrecht sowie die Landesvergabegesetzen, auf denen die Anwendung der UVgO in den Ländern beruht (zum Stand der Anwendung in den Ländern → Einl. Rn. 3), einen unterschiedlichen Kreis von Institutio-

1

---

[3] Ebenso DSW/Dieckmann UVgO Einf. Rn. 4.
[4] Vgl. Siegel VergabeR 2018, 183.

UVgO § 2 Grundsätze der Vergabe

nen zur Anwendung des Vergaberechts unterhalb der Schwellenwerte verpflichten[1] (zum Auftraggeberbegriff unterhalb der Schwellenwerte → GWB § 99 Rn. 197).

2 Ausweislich ihres § 1 Abs. 1 regelt die UVgO – soweit sie für die jew. Gebietskörperschaft oder einen anderen Auftraggeber in Geltung gesetzt worden ist – das Vergabeverfahren für **Liefer- und Dienstleistungsaufträge sowie Rahmenvereinbarungen**, wenn der Auftragswert nicht die Schwellenwerte nach § 106 GWB erreicht. Da es auch für die Unterschwellenvergaben nicht gelungen ist, ein einheitliches Vergaberecht zu kodifizieren, gilt für die Vergabe von Bauaufträgen unterhalb der Schwellenwerte die VOB/A 1. Abschn.. Anders als § 103 Abs. 2, 4 GWB für die Oberschwellenvergaben enthält die UVgO keine Definition der Begriffe Lieferauftrag und Dienstleistungsauftrag. Doch kann in Abgrenzung zum Begriff der Bauleistung nach § 1 VOB/A auf jene Definitionen zurückgegriffen werden. Hingegen hat der Begriff der Rahmenvereinbarung in § 15 UVgO eine Konkretisierung erfahren.

3 Anders als noch nach § 1 S. 2 2. Spiegelstrich VOL/A ist die Vergabe von Leistungen, die im Rahmen einer **freiberuflichen Tätigkeit** oder im Wettbewerb mit freiberuflich Tätigen angeboten werden, nicht generell vom sachlichen Anwendungsbereich der UVgO ausgenommen. Allerdings gilt für die Vergabe derartiger freiberuflicher Leistungen ausschl. die Sonderregelung des § 50 UVgO.

4 Abs. 2 betont die Synchronisierung von Kartellvergaberecht und Unterschwellenvergaberecht dadurch, dass die in den §§ 107, 108, 109, 116, 117 GWB oder § 145 GWB statuierten **Ausnahmen von der Anwendung des Vergaberechts** auch auf die Unterschwellenvergaben erstreckt werden. Die in jenen Normen erfassten Vorgänge unterliegen mithin überhaupt keinen vergaberechtlichen Bestimmungen. Allerdings können sich im Falle eines grenzüberschreitenden Interesses (→ GWB Einl. Rn. 13 ff.) an einem unter jene Vorschriften fallenden Beschaffungsvorgang aus dem EU-Primärrecht des AEUV Gleichbehandlungs- und Transparenzanforderungen ergeben.[2]

5 Ebenfalls anwendbar ist laut § 1 Abs. 3 UVgO der § 118 GWB betr. **bestimmten Auftragnehmern vorbehaltene** öffentliche Aufträge.

§ 2 Grundsätze der Vergabe

(1) [1]**Öffentliche Aufträge werden im Wettbewerb und im Wege transparenter Verfahren vergeben.** [2]**Dabei werden die Grundsätze der Wirtschaftlichkeit und der Verhältnismäßigkeit gewahrt.**

(2) **Die Teilnehmer an einem Vergabeverfahren sind gleich zu behandeln, es sei denn, eine Ungleichbehandlung ist aufgrund dieser Verfahrensordnung oder anderer Vorschriften ausdrücklich geboten oder gestattet.**

(3) **Bei der Vergabe werden Aspekte der Qualität und der Innovation sowie soziale und umweltbezogene Aspekte nach Maßgabe dieser Verfahrensordnung berücksichtigt.**

(4) **Mittelständische Interessen sind bei der Vergabe öffentlicher Aufträge vornehmlich zu berücksichtigen.**

(5) **Die Vorschriften über die Preise bei öffentlichen Aufträgen bleiben unberührt.**

Literatur: Zu den Grundsätzen der Vergabe vgl. die Angaben bei § 97 GWB. Zur VO PR Nr. 30/53 vgl. die Angaben in Nr. 11 des vorliegenden Werkes.

---

[1] Erläuterungen zur UVgO, BAnz. AT 7.2.2017 B2, S. 2.
[2] Erläuterungen zur UVgO, BAnz. AT 7.2.2017 B2, S. 2.

I. Bedeutung der Vorschrift

§ 2 UVgO regelt die **zentralen Grundsätze** der Vergabe von Liefer- und Dienstleistungsaufträgen unterhalb der in § 106 GWB bezeichneten Schwellenwerte. Abs. 1 benennt die wettbewerbliche Vergabe und den Transparenzgrundsatz sowie die durch Verhältnismäßigkeit und Wirtschaftlichkeit formulierten Anforderungen als die öffentliche Beschaffung leitende Prinzipien, ergänzt in Abs. 2 durch den Gleichbehandlungsgrundsatz. Die für die Auswahl der Angebote zusätzlich berücksichtigungsfähigen Kriterien werden in Abs. 3 zusammengefasst. Abs. 4 betrifft die vornehmliche Berücksichtigung mittelständischer Interessen, Abs. 5 die Beachtung der Vorschriften über die Preise bei öffentlichen Aufträgen. Ausweislich der Erläuterungen zu § 2 UVgO[1] soll die Vorschrift für den Unterschwellenbereich die Grundsätze der Vergabe entspr. den für die Vergaben ab Erreichen der Schwellenwerte geltenden Bestimmungen regeln.

II. Einzelne Grundsätze (Abs. 1–4)

In Anbetracht der vom Normgeber der UVgO ausdr. gewollten **Parallelregelung** der Abs. 1–4 zu § 97 Abs. 1–4 GWB sei auf die dortigen Kommentierungen verwiesen (→ GWB § 97 Rn. 2 ff.).

III. Anwendung der VO PR Nr. 30/53 (Abs. 5)

Abs. 5 ordnet deklaratorisch an, dass bei der Auftragsvergabe die Vorschriften über die Preise bei öffentlichen Aufträgen zu beachten sind. In Bezug genommen sind damit die Bestimmungen der **VO PR Nr. 30/53** v. 21.11.1953 über die Preise bei öffentlichen Aufträgen, zuletzt geändert durch die Dritte Verordnung zur Änderung der VO PR Nr. 30/53 vom 25.11.2021.[2] Die Dritte Änderungsverordnung trat am 1.4.2022 in Kraft. Für öffentliche Aufträge, die vor dem 1.4.2022 vergeben wurden, ist die VO PR 30/53 in der bis zum Ablauf des 31.3.2022 geltenden Fassung anzuwenden.

Ziel der VO PR Nr. 30/53 ist es, durch **Ermittlung des preisrechtlich zulässigen Höchstpreises** marktwirtschaftliche Grundsätze auf dem Gebiet des öffentlichen Auftragswesens durchzusetzen und damit den Wettbewerb auch bei öffentlichen Aufträgen zu stärken.[3] In dieser Hinsicht ergänzt die VO PR Nr. 30/53 das Vergaberecht, welches die Verhaltenspflichten der öffentlichen Auftraggeber in ihrer Beschaffungstätigkeit normiert, aber keine Aussage über die Zulässigkeit des vergaberechtlich ermittelten Preises trifft.[4] Sie ist **zwingendes öffentliches Recht** und nicht abdingbar. Als maßgebliche Norm des öffentlichen Preisrechts enthält die VO PR Nr. 30/53 im Kern Vorgaben für die Preisbildung bei öffentlichen Aufträgen und setzt insbes. fest, welche Höchstpreise zulässig sind, die nicht überschritten werden dürfen (§§ 3 ff. VO PR Nr. 30/53). Daneben normiert sie das Verfahren zur Preisprüfung durch die Preisbehörden (§§ 9 ff. VO PR Nr. 30/53). Die VO PR Nr. 30/53 wird ergänzt durch die Leitsätze für die Preisermittlung auf Grund von Selbstkosten.[5]

---

[1] BAnz. AT 7.2.2017 B2.
[2] BGBl. I, S. 4968.
[3] Vgl. dazu BVerwG 13.4.2016 – 8 C 2.15, BeckRS 2016, 48162; HK-VergabeR/Berstermann Einf. VO PR Nr. 30/53 Rn. 10; Müller NZBau 2011, 720 (721).
[4] Berstermann/Petersen ZfBR 2007, 767 (770).
[5] LSP, Anlage zur VO PR Nr. 30/53.

UVgO § 4 Vermeidung von Interessenkonflikten

5   Hinsichtlich der Einzelheiten wird auf die Kommentierung der VO PR Nr. 30/53 in Nr. 11 des vorliegenden Werkes Bezug genommen.

§ 3 Wahrung der Vertraulichkeit

(1) ¹Sofern in dieser Verfahrensordnung oder anderen Rechtsvorschriften nichts anderes bestimmt ist, darf der Auftraggeber keine von den Unternehmen übermittelten und von diesen als vertraulich gekennzeichneten Informationen weitergeben. ²Dazu gehören insbesondere Betriebs- und Geschäftsgeheimnisse und die vertraulichen Aspekte der Angebote einschließlich ihrer Anlagen.

(2) ¹Bei der gesamten Kommunikation sowie beim Austausch und der Speicherung von Informationen muss der Auftraggeber die Integrität der Daten und die Vertraulichkeit der Teilnahmeanträge und Angebote einschließlich ihrer Anlagen gewährleisten. ²Die Teilnahmeanträge und Angebote einschließlich ihrer Anlagen sowie die Dokumentation über Öffnung und Wertung der Teilnahmeanträge und Angebote sind auch nach Abschluss des Vergabeverfahrens vertraulich zu behandeln.

(3) ¹Der Auftraggeber kann Unternehmen Anforderungen vorschreiben, die auf den Schutz der Vertraulichkeit der Informationen im Rahmen des Vergabeverfahrens abzielen. ²Hierzu gehört insbesondere die Abgabe einer Verschwiegenheitserklärung.

Literatur: Vgl. die Angaben bei § 5 VgV.

1   § 3 UVgO behandelt die Anforderungen an den Auftraggeber zur Wahrung der Vertraulichkeit in Vergabeverfahren über Liefer- und Dienstleistungsaufträge unterhalb der EU-Schwellenwerte. Er entspricht § 5 VgV, der den vertraulichen Umgang mit Informationen für den Bereich oberhalb der Schwellenwerte regelt. Im Vergleich zum Wortlaut des § 5 Abs. 2 VgV bezieht sich die Vertraulichkeit gem. § 3 Abs. 2 UVgO aber nicht auf Interessensbekundungen und Interessensbestätigungen. Das ist konsequent, weil die UVgO ein sog. Interessensbekundungsverfahren nach Vorinformation (dazu ausf. → VgV § 38 Rn. 20) nicht kennt. Abgesehen davon kann auf die Kommentierung von § 5 VgV verwiesen werden, → VgV § 5 Rn. 1 ff.

§ 4 Vermeidung von Interessenkonflikten

(1) **Organmitglieder oder Mitarbeiter des Auftraggebers oder eines im Namen des Auftraggebers handelnden Beschaffungsdienstleisters, bei denen ein Interessenkonflikt besteht, dürfen in einem Vergabeverfahren nicht mitwirken.**

(2) **Ein Interessenkonflikt besteht für Personen, die an der Durchführung des Vergabeverfahrens beteiligt sind oder Einfluss auf den Ausgang eines Vergabeverfahrens nehmen können und die ein direktes oder indirektes finanzielles, wirtschaftliches oder persönliches Interesse haben, das ihre Unparteilichkeit und Unabhängigkeit im Rahmen des Vergabeverfahrens beeinträchtigen könnte.**

(3) **Es wird vermutet, dass ein Interessenkonflikt besteht, wenn die in Absatz 1 genannten Personen**
1. **Bewerber oder Bieter sind,**
2. **einen Bewerber oder Bieter beraten oder sonst unterstützen oder als gesetzliche Vertreter oder nur in dem Vergabeverfahren vertreten, oder**

3. beschäftigt oder tätig sind
  a) bei einem Bewerber oder Bieter gegen Entgelt oder bei ihm als Mitglied des Vorstandes, Aufsichtsrates oder gleichartigen Organs oder
  b) für ein in das Vergabeverfahren eingeschaltetes Unternehmen, wenn dieses Unternehmen zugleich geschäftliche Beziehungen zum Auftraggeber und zum Bewerber oder Bieter hat.

(4) [1]Die Vermutung des Absatzes 3 gilt auch für Personen, deren Angehörige die Voraussetzungen nach Absatz 3 Nummer 1 bis 3 erfüllen. [2]Angehörige sind Verlobte, Ehegatten, Lebenspartner, Verwandte und Verschwägerte gerader Linie, Geschwister, Kinder der Geschwister, Ehegatten und Lebenspartner der Geschwister und Geschwister der Ehegatten und Lebenspartner, Geschwister der Eltern sowie Pflegeeltern und Pflegekinder.

Literatur: Vgl. die Angaben bei § 6 VgV.

§ 4 UVgO regelt den rechtlichen Umgang mit Interessenskonflikten in Vergabeverfahren über Liefer- und Dienstleistungsaufträge unterhalb der EU-Schwellenwerte. Die Vorschrift entspricht wortgleich der Parallelvorschrift in § 6 VgV für die Fälle von Interessenskonflikten oberhalb der EU-Schwellenwerte. Es kann daher auf die dortige Kommentierung verwiesen werden, → VgV § 6 Rn. 1 ff. 1

Für Vergabeverfahren, die nicht dem Teil 4 des GWB unterfallen, war die Vermeidung von Interessenskonflikten vor Einführung des § 4 UVgO nicht ausdr. geregelt. Bis zur Einführung der UVgO versuchte man, mit den allg. geltenden Prinzipien der Gleichbehandlung, Neutralität und Angemessenheit gem. § 2 Abs. 1 VOL/A und § 2 Abs. 1, 2 VOB/A oder mit einer analogen Anwendung von § 6 Abs. 1 VgV (§ 16 Abs. 1 VgV aF) bzw. mit dessen allg. Rechtsgedanken einen fairen Wettbewerb sicherzustellen.[1] Mit der Regelung in der UVgO schloss der Ordnungsgeber die Regelungslücke. Dabei passte er den Unterschwellenbereich an den Oberschwellenbereich an. Interessenskollisionen können somit auch zu einem Ausschluss des betroffenen Unternehmens nach § 31 Abs. 1 UVgO iVm § 124 Abs. 1 Nr. 5 GWB führen. 2

§ 5 Mitwirkung an der Vorbereitung des Vergabeverfahrens

(1) Hat ein Unternehmen oder ein mit ihm in Verbindung stehendes Unternehmen den Auftraggeber beraten oder war auf andere Art und Weise an der Vorbereitung des Vergabeverfahrens beteiligt (vorbefasstes Unternehmen), so ergreift der Auftraggeber angemessene Maßnahmen, um sicherzustellen, dass der Wettbewerb durch die Teilnahme dieses Unternehmens nicht verzerrt wird.

(2) Die Maßnahmen nach Absatz 1 umfassen insbesondere die Unterrichtung der anderen am Vergabeverfahren teilnehmenden Unternehmen in Bezug auf die einschlägigen Informationen, die im Zusammenhang mit der Einbeziehung des vorbefassten Unternehmens in der Vorbereitung des Vergabeverfahrens ausgetauscht wurden oder daraus resultieren, und die Festlegung angemessener Fristen für den Eingang der Angebote und Teilnahmeanträge.

(3) [1]Kann der Wettbewerbsvorteil eines vorbefassten Unternehmens nicht durch andere, weniger einschneidende Maßnahmen beseitigt werden, so

---

[1] VG Gelsenkirchen 2.11.2011 – 7 K 2137/10, BeckRS 2012, 46432; EuGH 13.10.2005 – C-458/03, NZBau 2005, 644; VK Südbayern 28.7.2006 – Z3-3-3194-1-17-05/06, BeckRS 2010, 9735.

kann dieses Unternehmen vom Vergabeverfahren ausgeschlossen werden. ²Zuvor ist ihm die Möglichkeit zu geben nachzuweisen, dass seine Beteiligung an der Vorbereitung des Vergabeverfahrens den Wettbewerb nicht verzerren kann.

Literatur: Vgl. die Angaben bei § 7 VgV.

I. Bedeutung der Vorschrift

1   Im Unterschwellenbereich ist § 5 UVgO das Pendant zu § 7 VgV. Die Vorschrift normiert die sog. **Projektantenproblematik,** also den Umgang mit Unternehmen, die einen Auftraggeber im Vorfeld des Vergabeverfahrens beraten oder auf sonstige Weise an der Vorbereitung des Vergabeverfahrens beteiligt waren (sog. vorbefasste Unternehmen) und sodann am Vergabeverfahren teilnehmen.

II. Vorbefasste Unternehmen (Abs. 1)

2   Abs. 1 ist abgesehen vom sprachlich angepassten Auftraggeberbegriff wortgleich mit § 7 Abs. 1 VgV. Auf dessen Kommentierung → VgV § 7 Rn. 2 ff. wird daher verwiesen.

III. Ausgleichsmaßnahmen (Abs. 2)

3   Die nach Abs. 1 gebotenen Maßnahmen werden in Abs. 2 beispielhaft („insbesondere") aufgeführt. Sie umfassen ua die Unterrichtung der anderen am Vergabeverfahren teilnehmenden Unternehmen in Bezug auf die einschlägigen Informationen, die im Kontext mit der Vorbefassung ausgetauscht wurden oder daraus resultieren. Als weitere Ausgleichsmaßnahme nennt Abs. 2 die Festlegung angemessener Teilnahme- und Angebotsfristen, damit die anderen Unternehmen über die erforderliche Zeit verfügen, die zur Verfügung gestellten Informationen und Arbeitsergebnisse bei der Erstellung der Teilnahmeanträge und Angebote zu berücksichtigen.[1] Hinsichtlich weiterer Einzelheiten ausf. → VgV § 7 Rn. 9 ff.

IV. Ausschluss vom Vergabeverfahren (Abs. 3)

4   Kann der Wettbewerbsvorteil eines vorbefassten Unternehmens nicht durch andere, weniger einschneidende Maßnahmen beseitigt werden, so kann dieses Unternehmen vom Vergabeverfahren ausgeschlossen werden. Abs. 3 S. 1 normiert – insoweit anders als § 7 Abs. 3 VgV – einen eigenständigen Ausschlussgrund.[2] Der **Ausschluss** des vorbefassten Unternehmens ist allerdings auch im Unterschwellen-

---

[1] OLG München 19.12.2013 – Verg 12/13, BeckRS 2014, 957; VK BW 30.3.2007 – 1 VK 06/07, IBRRS 2007, 3312; RKMPP/Röwekamp § 7 Rn. 7.
[2] DSW/Dieckmann UVgO § 5 Rn. 2; Müller-Wrede VgV/UVgO/Voigt UVgO § 5 Rn. 10.

bereich **Ultima Ratio**.[3] Nur wenn es dem Auftraggeber nicht gelingt, die Beeinträchtigung des Wettbewerbs durch die Teilnahme des Projektanten am Vergabeverfahren mit den gebotenen Maßnahmen zu verhindern, kommt ein Ausschluss des Projektanten von dem Vergabeverfahren in Betracht. Allerdings muss das betroffene Unternehmen nach Abs. 3 S. 2 vor einem Ausschluss die Gelegenheit erhalten nachzuweisen, dass seine Beteiligung den Wettbewerb nicht verzerren kann. Zu den Details vgl. → VgV § 7 Rn. 11.

§ 6 Dokumentation

(1) **Das Vergabeverfahren ist von Anbeginn fortlaufend in Textform nach § 126b des Bürgerlichen Gesetzbuchs zu dokumentieren, sodass die einzelnen Stufen des Verfahrens, die einzelnen Maßnahmen sowie die Begründung der einzelnen Entscheidungen festgehalten werden.**

(2) ¹**Die Dokumentation sowie die Angebote, Teilnahmeanträge und ihre Anlagen sind mindestens für drei Jahre ab dem Tag des Zuschlags aufzubewahren.** ²**Anderweitige Vorschriften zur Aufbewahrung bleiben unberührt.**

§ 6 UVgO entspricht in deutlich vereinfachter Fassung § 8 VgV. **Abs. 1** enthält 1 eine knappe Zusammenfassung der grundlegenden Anforderungen, die sich in § 8 VgV finden und für eine ordnungsgemäße Dokumentation des Vergabeverfahrens notwendig sind. Hierbei handelt es sich um die **fortlaufende Dokumentation** aller wichtigen Verfahrensschritte von Anbeginn an (→ VgV § 8 Rn. 3, 4) und ihre Niederlegung in Textform. Ausreichend ist dabei die Dokumentation in einer Vergabeakte. Im Unterschied zum Oberschwellenbereich muss nach der UVgO **kein förmlicher Vergabevermerk** angefertigt werden.[1] Anders als § 8 Abs. 2 S. 2 VgV, verzichtet § 6 UVgO auch auf Vorgaben, welchen Inhalt die Dokumentation mindestens enthalten muss. Nach Sinn und Zweck der Dokumentation, eine expost Transparenz zu schaffen, ist eine Orientierung an den Vorgaben des § 8 VgV empfehlenswert.[2]

Abs. 2 sieht annähernd die gleichen Vorschriften für die **Aufbewahrung von** 2 **Angeboten, Teilnahmeanträgen** und ihrer Anlagen vor, wie § 8 Abs. 4 VgV für den Oberschwellenbereich. Die Aufbewahrung von Angeboten und Teilnahmeanträgen unterlegener Bieter oder Bewerber über den Zeitraum von drei Jahren hinaus bis zum Ende der Vertragslaufzeit ist dagegen nicht erforderlich.

Unterabschnitt 2. Kommunikation

§ 7 Grundsätze der Kommunikation

(1) **Für das Senden, Empfangen, Weiterleiten und Speichern von Daten in einem Vergabeverfahren verwenden der Auftraggeber und die Unterneh-**

---

[3] EuGH 3.3.2005 – C-21/03 u. C-34/03, NZBau 2005, 351 (353); OLG Celle 14.4.2016 – 13 Verg 11/15, IBR 2016, 353; OLG Bremen 9.10.2012 – Verg 1/12, IBRRS 2013, 0127; OLG München 10.2.2011 – Verg 24/10, NZBau 2011, 507; OLG Koblenz 6.11.2008 – 1 Verg 3/08, ZfBR 2009, 93 = BeckRS 2010, 26814; VK Bremen 7.6.2019 – 16-VK 4/19, VPRRS 2019, 0318; VK Lüneburg 27.1.2017 – VgK-49/2016, VPRRS 2017, 0125; 2.3.2016 – VgK-01/2016, VPR 2016, 164; VK Sachsen 26.6.2009 – 1/SVK/024-09, IBR 2009, 664; zur Beweislast OLG Brandenburg 22.5.2007 – Verg W 13/06, BeckRS 2008, 01089; VK Sachsen 28.10.2008 – 1/SVK/054-08, IBR 2009, 164.

[1] BMWi, Erläuterungen zur UVgO, BAnz AT 7.2.2017 B2, S. 3.

[2] Vgl. auch DSW/Petersen UVgO § 6 Rn. 1 ff. und BMWi, Erläuterungen zur UVgO, BAnz AT 7.2.2017 B2, S. 3.

men grundsätzlich Geräte und Programme für die elektronische Datenübermittlung (elektronische Mittel) nach Maßgabe dieser Verfahrensordnung.

(2) Die Kommunikation in einem Vergabeverfahren kann mündlich erfolgen, wenn sie nicht die Vergabeunterlagen, die Teilnahmeanträge oder die Angebote betrifft und wenn sie ausreichend und in geeigneter Weise dokumentiert wird.

(3) [1]Der Auftraggeber kann von jedem Unternehmen die Angabe einer eindeutigen Unternehmensbezeichnung sowie einer elektronischen Adresse verlangen (Registrierung). [2]Für den Zugang zur Auftragsbekanntmachung und zu den Vergabeunterlagen darf der Auftraggeber keine Registrierung verlangen; eine freiwillige Registrierung ist zulässig.

(4) Die §§ 10 bis 12 der Vergabeverordnung gelten für die Anforderungen an die verwendeten elektronischen Mittel und deren Einsatz entsprechend.

Literatur: Vgl. die Angaben bei § 9 VgV.

1   Die Abs. 1–3 entsprechen § 9 Abs. 1–3 VgV zur elektronischen Kommunikation in Vergabeverfahren oberhalb der EU-Schwellenwerte. Laut den Erläuterungen zur UVgO kann analog zur Regelung im Oberschwellenbereich aus § 7 Abs. 3 UVgO im Umkehrschluss abgeleitet werden, dass für den Zugang zu den Vergabeunterlagen keine verpflichtende Registrierung verlangt werden darf, aber für die Übermittlung und die Beantwortung etwaiger Bieterfragen.[1] Nach § 7 Abs. 4 UVgO gelten die §§ 10–12 VgV für die Anforderungen an die verwendeten elektronischen Mittel und deren Einsatz entsprechend. Auf die Kommentierungen zu den §§ 9–12 VgV wird verwiesen, → VgV § 9 Rn. 1 ff.

Abschnitt 2. Vergabeverfahren

Unterabschnitt 1. Verfahrensarten

§ 8 Wahl der Verfahrensart

(1) Die Vergabe von öffentlichen Aufträgen erfolgt durch Öffentliche Ausschreibung, durch Beschränkte Ausschreibung mit oder ohne Teilnahmewettbewerb und durch Verhandlungsvergabe mit oder ohne Teilnahmewettbewerb.

(2) Dem Auftraggeber stehen die Öffentliche Ausschreibung und die Beschränkte Ausschreibung mit Teilnahmewettbewerb nach seiner Wahl zur Verfügung. Die anderen Verfahrensarten stehen nur zur Verfügung, soweit dies nach den Absätzen 3 und 4 gestattet ist. Abschnitt 3 bleibt unberührt.

(3) Der Auftraggeber kann Aufträge im Wege der Beschränkten Ausschreibung ohne Teilnahmewettbewerb vergeben, wenn
1. eine Öffentliche Ausschreibung kein wirtschaftliches Ergebnis gehabt hat oder
2. eine Öffentliche Ausschreibung oder eine Beschränkte Ausschreibung mit Teilnahmewettbewerb für den Auftraggeber oder die Bewerber oder

---

[1] BMWi, Erläuterungen zur UVgO, BAnz. AT 7.2.2017 B2, S. 3.

Bieter einen Aufwand verursachen würde, der zu dem erreichten Vorteil oder dem Wert der Leistung im Missverhältnis stehen würde.

(4) Der Auftraggeber kann Aufträge im Wege der Verhandlungsvergabe mit oder ohne Teilnahmewettbewerb vergeben, wenn
1. der Auftrag konzeptionelle oder innovative Lösungen umfasst,
2. der Auftrag aufgrund konkreter Umstände, die mit der Art, der Komplexität oder dem rechtlichen oder finanziellen Rahmen oder den damit einhergehenden Risiken zusammenhängen, nicht ohne vorherige Verhandlungen vergeben werden kann,
3. die Leistung nach Art und Umfang, insbesondere ihre technischen Anforderungen, vor der Vergabe nicht so eindeutig und erschöpfend beschrieben werden kann, dass hinreichend vergleichbare Angebote erwartet werden können,
4. nach Aufhebung einer Öffentlichen oder Beschränkten Ausschreibung eine Wiederholung kein wirtschaftliches Ergebnis verspricht,
5. die Bedürfnisse des Auftraggebers nicht ohne die Anpassung bereits verfügbarer Lösungen erfüllt werden können,
6. es sich um die Lieferung von Waren oder die Erbringung von Dienstleistungen zur Erfüllung wissenschaftlich-technischer Fachaufgaben auf dem Gebiet von Forschung, Entwicklung und Untersuchung handelt, die nicht der Aufrechterhaltung des allgemeinen Dienstbetriebs und der Infrastruktur einer Dienststelle des Auftraggebers dienen,
7. im Anschluss an Entwicklungsleistungen Aufträge im angemessenen Umfang und für angemessene Zeit an Unternehmen, die an der Entwicklung beteiligt waren, vergeben werden müssen,
8. eine Öffentliche Ausschreibung oder eine Beschränkte Ausschreibung mit oder ohne Teilnahmewettbewerb für den Auftraggeber oder die Bewerber oder Bieter einen Aufwand verursachen würde, der zu dem erreichten Vorteil oder dem Wert der Leistung im Missverhältnis stehen würde,
9. die Leistung aufgrund von Umständen, die der Auftraggeber nicht voraussehen konnte, besonders dringlich ist und die Gründe für die besondere Dringlichkeit nicht dem Verhalten des Auftraggebers zuzurechnen sind,
10. die Leistung nur von einem bestimmten Unternehmen erbracht oder bereitgestellt werden kann,
11. es sich um eine auf einer Warenbörse notierte und erwerbbare Lieferleistung handelt,
12. Leistungen des ursprünglichen Auftragnehmers beschafft werden sollen,
    a) die zur teilweisen Erneuerung oder Erweiterung bereits erbrachter Leistungen bestimmt sind
    b) bei denen ein Wechsel des Unternehmens dazu führen würde, dass der Auftraggeber eine Leistung mit unterschiedlichen technischen Merkmalen kaufen müsste und
    c) bei denen dieser Wechsel eine technische Unvereinbarkeit oder unverhältnismäßige technische Schwierigkeiten bei Gebrauch und Wartung mit sich bringen würde.
13. Ersatzteile und Zubehörstücke zu Maschinen und Geräten vom Lieferanten der ursprünglichen Leistung beschafft werden sollen und diese Stücke in brauchbarer Ausführung von anderen Unternehmen nicht oder nicht unter wirtschaftlichen Bedingungen bezogen werden können,

14. eine vorteilhafte Gelegenheit zu einer wirtschaftlicheren Beschaffung führt, als dies bei Durchführung einer Öffentlichen oder Beschränkten Ausschreibung der Fall wäre,
15. es aus Gründen der Sicherheit oder Geheimhaltung erforderlich ist,
16. der öffentliche Auftrag ausschließlich vergeben werden soll
    a) gemäß § 1 Absatz 3 an Werkstätten für Menschen mit Behinderungen oder an Unternehmen, deren Hauptzweck die soziale und berufliche Integration von Menschen mit Behinderungen oder von benachteiligten Personen ist, oder
    b) an Justizvollzugsanstalten oder
17. dies durch Ausführungsbestimmungen eines Bundes- oder Landesministeriums bis zu einem bestimmten Höchstwert (Wertgrenze) zugelassen ist; eine solche Wertgrenze kann auch festgesetzt werden für die Vergabe von Liefer- oder Dienstleistungsaufträgen einer Auslandsdienststelle im Ausland oder einer inländischen Dienststelle, die im Ausland für einen dort zu deckenden Bedarf beschafft.

Literatur: Burgi, Entwicklungstendenzen und Handlungsnotwendigkeiten im Vergaberecht, NZBau 2018, 579; Hattenhauer/Butzert, Auftragsvergabe im Wissenschaftsbetrieb aus vergaberechtlicher Sicht, VergabeR 2017, 580; König/Neun/Görlich, Öffentliche Auftragsvergaben in Krisenzeiten, COVuR 2020, 25; Lausen, Die Unterschwellenvergabeordnung – UVgO, NZBau 2017, 3; Meckler, Die Vergabe freiberuflicher Leistungen unterhalb der EU-Schwellenwerte am Beispiel der Rechtslage in Bayern, NZBau 2021, 768; Ollmann, Von der VOL zur UVgO, VergabeR 2016, 687; Pauka, Interimsvergabe: Welche Pflicht zur Abwehr einer Gefahr für Leib und Leben hat der öAG im Rahmen der Beschaffung?, VergabeR 2023, 475; Petschulat, Auswirkungen von Vergabeerleichterungen in der Corona-Krise auf die Ausschreibung von Planungsleistungen, ZfBR 2020, 472; Portz, Vergaberecht in Bewegung: Die neue Unterschwellenvergabeordnung (UVgO), KommJur 2017, 321; Schaller, Freihändige Vergabe wird Verhandlungsvergabe – Die neue Unterschwellenvergabeordnung, LKV 2017, 156; Zimmermann, Die Vergabe von Architekten- und Ingenieurleistungen nach der Unterschwellenvergabeordnung (UVgO), ZfBR 2017, 334. Vgl. auch die Angaben bei § 119 GWB und § 14 VgV.

Übersicht

	Rn.
I. Bedeutung der Vorschrift	1
II. Verfahrensarten (Abs. 1)	5
1. Öffentliche Ausschreibung	5
2. Beschränkte Ausschreibung	6
3. Verhandlungsvergabe	8
III. Hierarchie der Verfahrensarten (Abs. 2)	9
IV. Beschränkte Ausschreibung ohne Teilnahmewettbewerb (Abs. 3)	12
1. Kein wirtschaftliches Ergebnis einer Öffentlichen Ausschreibung (Nr. 1)	13
2. Unverhältnismäßiger Aufwand (Nr. 2)	14
V. Verhandlungsvergabe (Abs. 4)	16
1. Konzeptionelle oder innovative Lösungen (Nr. 1)	17
2. Notwendigkeit von Verhandlungen (Nr. 2)	18
3. Keine eindeutige und erschöpfende Beschreibbarkeit der Leistung (Nr. 3)	19
4. Erneute Ausschreibung verspricht kein wirtschaftliches Ergebnis (Nr. 4)	23
5. Notwendigkeit der Anpassung bereits verfügbarer Lösungen (Nr. 5)	24

	Rn.
6. Aufträge zur Erfüllung wissenschaftlich-technischer Aufgaben (Nr. 6)	25
7. Aufträge im Anschluss an Entwicklungsleistungen (Nr. 7)	27
8. Unverhältnismäßiger Aufwand einer Öffentlichen Ausschreibung und Beschränkten Ausschreibung (Nr. 8)	29
9. Besondere Dringlichkeit (Nr. 9)	31
10. Alleinstellung (Nr. 10)	35
11. Börsenwaren (Nr. 11)	37
12. Anschlussleistungen des ursprünglichen Auftragnehmers (Nr. 12)	38
13. Ersatzteile und Zubehörstücke (Nr. 13)	39
14. Vorteilhafte Gelegenheit (Nr. 14)	42
15. Sicherheit oder Geheimhaltung (Nr. 15)	43
16. Aufträge an Werkstätten für Behinderte, Sozialunternehmen und Justizvollzugsanstalten (Nr. 16)	45
17. Wertgrenzen (Nr. 17)	48

I. Bedeutung der Vorschrift

Für die Vergabe öffentlicher Liefer- und Dienstleistungsaufträge im Anwendungsbereich der UVgO[1] stellt die Vorschrift abschl. drei Verfahrensarten iS eines **Typenzwangs** zur Verfügung und normiert deren Zulässigkeitsvoraussetzungen: 1
– die Öffentliche Ausschreibung (dazu → § 9 Rn. 1–3),
– die Beschränkte Ausschreibung mit und ohne Teilnahmewettbewerb (dazu → § 10 Rn. 4 sowie → § 11 Rn. 1–3) und
– die Verhandlungsvergabe mit und ohne Teilnahmewettbewerb (dazu → § 12 Rn. 2–3).
Das dynamische elektronische Verfahren ist kein eigenständiger Verfahrenstyp, sondern ein Sonderfall der Beschränkten Ausschreibung mit Teilnahmewettbewerb (§ 17 Abs. 2 UVgO). Der Direktauftrag wurde in § 14 UVgO – anders als in der Vorgängerregelung § 3 Abs. 6 VOL/A – separat geregelt, um herauszustellen, dass es sich hierbei nicht um eine Vergabeverfahrensart handelt.[2]

Die **Wahlfreiheit** des Auftraggebers zwischen dem offenen und nicht offenen Verfahren im Oberschwellenbereich (§ 119 Abs. 2 S. 1 GWB; § 14 Abs. 2 S. 1 VgV) ist auf den Unterschwellenbereich übertragen worden, so dass dem Auftraggeber nach der UVgO die Öffentliche Ausschreibung und die Beschränkte Ausschreibung mit Teilnahmewettbewerb als **Regelverfahren** zu Verfügung stehen (Abs. 2 S. 1). Die anderen Verfahrensarten, dh die Beschränkte Ausschreibung ohne Teilnahmewettbewerb und die Verhandlungsvergabe, kommen hingegen nur zur Anwendung, wenn dies nach den Abs. 3 und 4 gestattet ist (Abs. 2 S. 2). Hiervon macht Abs. 2 S. 3 wiederum Ausnahmen für spezielle Liefer- und Dienstleistungsaufträge. 2

Die in Abs. 3 normierten Zulässigkeitsvoraussetzungen der Beschränkten Ausschreibung ohne Teilnahmewettbewerb, deren Prozedere sich nach § 11 UVgO richtet, entsprechen wortgleich dem früheren § 3 Abs. 4 VOL/A. Abs. 4 enthält eine abschließende[3] Aufzählung von insges. 17 Fällen, in denen ausnahmsweise abweichend vom Vorrang der Öffentlichen Ausschreibung und der Beschränkten Ausschreibung mit Teilnahmewettbewerb Aufträge im Wege der Verhandlungsvergabe mit oder ohne Teilnahmewettbewerb vergeben werden dürfen. Im Vergleich 3

---

[1] Für die Vergabe von Bauleistungen gilt § 3 VOB/A.
[2] BMWi, Erläuterungen zur UVgO, BAnz. AT 7.2.2017 B2, S. 7.
[3] Müller-Wrede VgV/UVgO/Hirsch/Kaelble UVgO § 8 Rn. 55.

zur Vorgängervorschrift des § 3 Abs. 5 VOL/A sind das deutlich mehr Ausnahmetatbestände, was darauf beruht, dass einerseits einige Ausnahmen des § 14 Abs. 3 und 4 VgV für die Wahl des Verhandlungsverfahrens im Oberschwellenbereich übernommen, andererseits die wesentlichen Ausnahmen für die Wahl der Freihändigen Vergabe nach früherem Recht fortgeschrieben wurden.[4] Die frühere VOL/A-Terminologie „Freihändige Vergabe" wurde allerdings aufgegeben.[5] Die UVgO spricht stattdessen von der „**Verhandlungsvergabe**" (§ 12 UVgO), um herauszustellen, dass es sich hierbei um ein **förmliches** und idR auch **wettbewerbliches Verfahren** handelt, bei dem im Regelfall über die Angebotsinhalte verhandelt wird.[6] Zudem wird mit dem Terminus die Parallelität zum Verhandlungsverfahren im Oberschwellenbereich verdeutlicht.

4 Wie früher die Freihändige Vergabe, ist auch die Verhandlungsvergabe ohne die Durchführung eines Teilnahmewettbewerbs zulässig, sofern ihre Zulässigkeitsvoraussetzungen nach Abs. 4 vorliegen.[7] Der Auftraggeber hat somit die Wahl, ob eine Verhandlungsvergabe mit oder ohne Teilnahmewettbewerb durchgeführt wird. **Binnenmarktrelevante Aufträge,** an denen ein eindeutiges grenzüberschreitendes Interesse besteht (dazu ausf. → GWB § 107 Rn. 12 und → GWB Vor § 155 Rn. 19 ff.), sind allerdings unter Berücksichtigung der EU-primärrechtlichen Grundsätze des Wettbewerbs, der Transparenz und der Nichtdiskriminierung (→ GWB Einl. Rn. 11 ff.) zu vergeben (→ VOB/A § 3 Rn. 23).[8] Um den in anderen Mitgliedstaaten niedergelassenen Unternehmen angemessenen Zugang zu Informationen über den zu vergebenden Auftrag zu gewährleisten, ist in diesen Fällen regelmäßig die Durchführung einer Verhandlungsvergabe mit Teilnahmewettbewerb geboten.[9]

II. Verfahrensarten (Abs. 1)

1. Öffentliche Ausschreibung

5 Bei Öffentlichen Ausschreibungen fordert der Auftraggeber eine unbeschränkte Anzahl von Unternehmen öffentlich zur Abgabe von Angeboten auf. Jedes interessierte Unternehmen kann ein Angebot abgeben (§ 9 Abs. 1 UVgO). Der Kreis der Unternehmen, die sich am Angebotswettbewerb beteiligen können, ist hier unbeschränkt. Das Pendant zur Öffentlichen Ausschreibung im Oberschwellenbereich ist das offene Verfahren nach § 15 Abs. 1 VgV. Zu den Merkmalen und zum Verfahrensablauf näher → VgV § 15 Rn. 3, 4 sowie → § 9 Rn. 1–4.

2. Beschränkte Ausschreibung

6 Wie früher die VOL/A, differenziert auch die UVgO zwischen der Beschränkten Ausschreibung mit und ohne Teilnahmewettbewerb. Bei einer Beschränkten Ausschreibung mit **Teilnahmewettbewerb** (→ § 10 Rn. 4 und → VOB/A § 3 Rn. 9 ff.) fordert der Auftraggeber eine unbeschränkte Anzahl von Unternehmen öffentlich durch eine Auftragsbekanntmachung nach § 28 Abs. 1 UVgO zur Abgabe von Teilnahmeanträgen im Rahmen eines Teilnahmewettbewerbs auf. Jedes interes-

---

[4] DSW/Dieckmann UVgO § 8 Rn. 23.
[5] Die VOB/A 2019 hat sie bedauerlicherweise beibehalten – § 3 Nr. 3 VOB/A.
[6] BMWi, Erläuterungen zur UVgO, BAnz. AT 7.2.2017 B2, S. 4.
[7] BMWi, Erläuterungen zur UVgO, BAnz. AT 7.2.2017 B2, S. 4.
[8] EuGH 5.4.2017 – C-298/15, IBRRS 2017, 1292; 6.10.2016 – C-318/15, IBRRS 2017, 0095; 16.4.2015 – C-278/14, IBRRS 2015, 0842; DSW/Dieckmann UVgO § 8 Rn. 25.
[9] DSW/Dieckmann UVgO § 8 Rn. 25; Müller-Wrede VgV/UVgO/Hirsch/Kaelble UVgO § 8 Rn. 180.

sierte Unternehmen kann einen Teilnahmeantrag stellen (§ 10 Abs. 1, 2 UVgO). Mit dem Teilnahmeantrag übermitteln die Unternehmen die vom Auftraggeber geforderten Informationen für die Prüfung ihrer Eignung und des Nichtvorliegens von Ausschlussgründen. Nur diejenigen Unternehmen, die vom Auftraggeber nach Prüfung der übermittelten Informationen gem. § 37 UVgO dazu aufgefordert werden, dürfen ein Angebot abgeben. Die Beschränkte Ausschreibung mit Teilnahmewettbewerb entspricht dem nicht offenen Verfahren oberhalb der Schwellenwerte (näher → VgV § 14 Rn. 6 ff. und → VgV § 16 Rn. 6).

Bei der Beschränkten Ausschreibung ohne **Teilnahmewettbewerb** (→ § 11 Rn. 4 ff. und → VOB/A § 3 Rn. 11) ist die Prüfung der Eignung der Bewerber ebenfalls von der Angebotswertung abgekoppelt. Jedoch findet sie nicht in einem förmlichen öffentlichen Teilnahmewettbewerb statt (→ § 11 Rn. 4). Vielmehr wendet sich der Auftraggeber mit der Aufforderung zur Angebotsabgabe **ohne Auftragsbekanntmachung** direkt an von ihm grds. vor der Angebotsaufforderung in einem formlosen Verfahren als geeignet ausgewählte Unternehmen (§ 11 Abs. 2 S. 1 UVgO; zur Ausnahme nach § 11 Abs. 2 S. 2 UVgO → § 11 Rn. 7). Aufgrund der damit verbundenen Beschränkung des Wettbewerbs ist diese Art der Beschränkten Ausschreibung nur unter den Voraussetzungen des Abs. 3 statthaft.

3. Verhandlungsvergabe

Abs. 1 differenziert zwischen der Verhandlungsvergabe mit und ohne Teilnahmewettbewerb. Verhandlungsvergaben sind Verfahren, bei denen sich der Auftraggeber mit oder ohne Teilnahmewettbewerb grds. an mehrere Unternehmen wendet, um über die Auftragsbedingungen zu verhandeln. Dabei sollen grds. mindestens drei Unternehmen zur Angebotsabgabe aufgefordert werden (§ 12 Abs. 2 S. 1 UVgO). Das Pendant zur Verhandlungsvergabe ist im Bereich oberhalb der Schwellenwerte das Verhandlungsverfahren (näher → VgV § 14 Rn. 10 ff.). Allerdings ist bei der Verhandlungsvergabe kein **Teilnahmewettbewerb vorgeschrieben** (→ § 12 Rn. 4).[10] Das heißt, der Auftraggeber kann frei entscheiden, ob er Verhandlungsvergabe – so ihre Zulässigkeitsvoraussetzungen vorliegen – einen Teilnahmewettbewerb voranstellt oder darauf verzichtet (aber → Rn. 4).

III. Hierarchie der Verfahrensarten (Abs. 2)

Abs. 2 S. 1 regelt das Rangverhältnis der zulässigen Verfahrensarten. Anders als nach der Vorgängerregelung des § 3 Abs. 2 S. 1 VOL/A, kann der Auftraggeber zwischen der Öffentlichen Ausschreibung und der Beschränkten Ausschreibung mit Teilnahmewettbewerb frei wählen; beide Verfahrenstypen sind gleichrangig. Damit besteht im Gleichlauf der Rechtslage oberhalb und unterhalb der Schwellenwerte, nachdem oberhalb der Schwellenwerte seit der Vergaberechtsreform 2016 das offene Verfahren und das nicht offene Verfahren gleichrangig sind (→ VgV § 14 Rn. 27 ff.; § 119 Abs. 2 S. 1 GWB).[11] Konsequenterweise gibt es für die Beschränkte Ausschreibung mit Teilnahmewettbewerb keine besonderen Zulässigkeitsvoraussetzungen.[12] Damit bedarf auch die Wahl der Beschränkten Ausschreibung mit Teilnahmewettbewerb keiner besonderen Begründung.[13]

---

[10] Müller-Wrede VgV/UVgO/Hirsch/Kaelble UVgO § 8 Rn. 56.
[11] Vgl. auch § 55 Abs. 1 S. 1 BHO: „Dem Abschluss von Verträgen über Lieferungen und Leistungen muss eine Öffentliche Ausschreibung oder eine Beschränkte Ausschreibung mit Teilnahmewettbewerb vorausgehen, sofern nicht die Natur des Geschäfts oder besondere Umstände eine Ausnahme rechtfertigen."
[12] BMWi, Erläuterungen zur UVgO, BAnz. AT 7.2.2017 B2, S. 4.
[13] DSW/Dieckmann UVgO § 8 Rn. 10; Müller-Wrede VgV/UVgO/Hirsch/Kaelble UVgO § 8 Rn. 25.

10 Öffentliche Ausschreibung und Beschränkte Ausschreibung mit Teilnahmewettbewerb sind die **vorrangigen Regelverfahren**.[14] Ihr Vorrang vor den anderen Verfahrensarten verfolgt den Zweck, einen möglichst breiten und transparenten Wettbewerb zu schaffen und damit sicherzustellen, dass das iSd Ausschreibung wirtschaftlichste Angebot den Zuschlag erhält. Die anderen Verfahrensarten stehen nur zur Verfügung, soweit dies nach den Abs. 3 und 4 gestattet ist (S. 2). Die Zulässigkeit der Beschränkten Ausschreibung ohne Teilnahmewettbewerb und der Verhandlungsvergabe ergibt sich also aus den dort normierten Zulässigkeitsvoraussetzungen. Allerdings handelt es sich durchgehend um „Kann-Vorschriften". Der Auftraggeber ist damit auch im Falle des Vorliegens ihrer Voraussetzungen nicht zur Anwendung des nachrangigen Verfahrens verpflichtet. Das heißt, es können eine Öffentliche Ausschreibung oder Beschränkte Ausschreibung mit Teilnahmewettbewerb auch in Fällen durchgeführt werden, in denen eine Beschränkte Ausschreibung ohne Teilnahmewettbewerb oder eine Verhandlungsvergabe an sich zulässig wären.[15] Entscheidet sich der Auftraggeber in diesem Fall für die höherrangige Verfahrensart, sind selbstverständlich die insoweit geltenden Verfahrensregeln anzuwenden.

10a Jene Verfahrenshierarchie wird durch eine Vielzahl landesrechtlicher bzw. ressortbezogener (im Falle der Behörden des Bundes) **Wertgrenzenregelungen** überlagert. Nach diesen Regelungen ist die Beschränkte Ausschreibung ohne Teilnahmewettbewerb zumeist bis zu einem Auftragswert von 100.000 Euro und die Verhandlungsvergabe zumeist bis zu einem Auftragswert von 50.000 Euro bzw. 100.000 Euro **ohne weitere Einzelfallbegründung** zugelassen.[16] Sie gewähren – über die Sachgründe von Abs. 3 und 4 hinaus – damit einen signifikant erweiterten Anwendungsspielraum für die nachrangigen Vergabeverfahren.[17] Mit Blick darauf treten die Fälle der Abs. 3 und 4 in der vergaberechtlichen Realität häufig in den Hintergrund.

11 Nach S. 3 bleibt Abschn. 3 unberührt. Dieser enthält Sonderregelungen, die einen erweiterten Spielraum für die Wahl der nach Abs. 2 S. 2 nachrangigen Verfahren zulassen, für die Beschaffung von
– sozialen und anderen besonderen Dienstleistungen (§ 49 UVgO),
– freiberuflichen Dienstleistungen (§ 50 UVgO), für die
– Vergabe von verteidigungs- und sicherheitsspezifischen Aufträgen (§ 51 UVgO) und die
– Durchführung von Planungswettbewerben (§ 52 UVgO).
Auf die betr. Kommentierungen dieser Vorschriften wird verwiesen.

IV. Beschränkte Ausschreibung ohne Teilnahmewettbewerb (Abs. 3)

12 Die Beschränkte Ausschreibung ohne Teilnahmewettbewerb (§ 11 UVgO) ist nach den zwei Sachgründen des Abs. 3 zulässig. Beide Ausnahmen sind abschließend, restriktiv auszulegen und gem. § 6 Abs. 1 UVgO zu dokumentieren.[18] Ihre Voraussetzungen entsprechen nahezu wortgleich dem früheren § 3 Abs. 4 VOL/A.

---

[14] VG Würzburg 18.3.2019 – 8 K 18.1161, ZfBR 2019, 728.
[15] DSW/Dieckmann UVgO § 8 Rn. 12.
[16] Im Freistaat Bayern etwa gilt bis zum 31.12.2023 für staatliche und kommunale Auftraggeber sogar eine Wertgrenze für Liefer- und Dienstleistungsaufträge unterhalb des jew. EU-rechtlich vorgegebenen Schwellenwertes gem. § 106 Abs. 2 Nr. 1 bis 3 GWB, also bis zu 215.000 Euro: https://abz-bayern.de/download/wertgrenzen-bayern-september-2022.pdf.
[17] DSW/Dieckmann UVgO § 8 Rn. 13.
[18] DSW/Dieckmann UVgO § 8 Rn. 12 und 17.

1. Kein wirtschaftliches Ergebnis einer Öffentlichen Ausschreibung (Nr. 1)

Der Auftraggeber kann Aufträge im Wege der Beschränkten Ausschreibung ohne Teilnahmewettbewerb vergeben, wenn eine Öffentliche Ausschreibung kein wirtschaftliches Ergebnis gehabt hat. Zu den Voraussetzungen: 13

Bei dem Vorgänger-Verfahren muss es sich um eine **Öffentliche Ausschreibung** gehandelt haben. Nr. 1 kommt nicht zur Anwendung, wenn das vorangegangene, aufgehobene Vergabeverfahren eine Beschränkte Ausschreibung mit Teilnahmewettbewerb war. In diesem Fall kann unter den weiteren Voraussetzungen des Abs. 4 Nr. 4 eine Verhandlungsvergabe in Betracht kommen.[19] 13a

Die Öffentliche Ausschreibung muss **mangels eines wirtschaftlichen Ergebnisses** erfolglos geblieben sein. Prima facie wird mit dieser Formulierung der Aufhebungsgrund des § 48 Abs. 1 **Nr. 3** UVgO in Bezug genommen, der eine Aufhebung gestattet, wenn „kein wirtschaftliches Ergebnis erzielt wurde". Es ist umstritten, ob über diesen Wortlaut hinaus auch jene Fälle erfasst werden können, in denen kein Teilnahmeantrag oder Angebot eingegangen ist, das den Bedingungen der Öffentlichen Ausschreibung entspricht, also diejenigen des § 48 Abs. 1 **Nr. 1** UVgO.[20] In der Tat erscheint die Beschränkung auf ein „nicht wirtschaftliches Ergebnis" des Vorgänger-Vergabeverfahrens als zu eng, so dass auch Sachverhalte, in denen keine oder keine ordnungsgemäßen oder keine geeigneten Angebote eingegangen waren, den Übergang in die Beschränkte Ausschreibung ohne Teilnahmewettbewerb rechtfertigen können (zur Parallelvorschrift des § 3a Abs. 2 Nr. 2 VOB/A → VOB/A § 3a Rn. 9 ff.). 13b

Eine Aufhebung nach § 48 Abs. 1 **Nr. 2** UVgO wegen einer **wesentlichen Änderung des Vergabeverfahrens** ist hingegen kein zulässiger Anlass, anschließend beschränkt auszuschreiben. Anderenfalls hätte es der Auftraggeber in der Hand, sich dem Vorrang der Öffentlichen Ausschreibung und der Beschränkten Ausschreibung mit Teilnahmewettbewerb zu entziehen.[21] Eine wesentliche Änderung des Vergabeverfahrens erfordert vielmehr eine neue Öffentliche Ausschreibung oder Beschränkte Ausschreibung mit Teilnahmewettbewerb. 13c

In formaler Hinsicht kann die Beschränkte Ausschreibung ohne Teilnahmewettbewerb erst dann beginnen, nachdem die vorherige Öffentliche Ausschreibung **wirksam aufgehoben** wurde.[22] Ein formloser Übergang in die Beschränkte Ausschreibung ohne Teilnahmewettbewerb ist unzulässig. 13d

2. Unverhältnismäßiger Aufwand (Nr. 2)

Daneben kann ein Auftrag im Wege der Beschränkten Ausschreibung ohne Teilnahmewettbewerb vergeben werden, wenn eine Öffentliche Ausschreibung oder eine Beschränkte Ausschreibung mit Teilnahmewettbewerb für den Auftraggeber oder die Bewerber oder Bieter einen Aufwand verursachen würde, der zu dem erreichten Vorteil oder dem Wert der Leistung im Missverhältnis stehen würde. Die Vorschrift schützt gleichermaßen Auftraggeber wie die am Auftrag interessierten Unternehmen davor, unnötigen, sachlich nicht gerechtfertigten Aufwand mit einer Öffentlichen Ausschreibung oder Beschränkten Ausschreibung mit Teilnahmewett- 14

---

[19] DSW/Dieckmann UVgO § 8 Rn. 19.
[20] Dagegen: DSW/Dieckmann UVgO § 8 Rn. 19; für einen weiten Anwendungsbereich: Müller-Wrede VgV/UVgO/Hirsch/Kaelble UVgO § 8 Rn. 41 und HK-VergabeR/Pünder UVgO § 8 Rn. 17.
[21] DSW/Dieckmann UVgO § 8 Rn. 20; HK-VergabeR/Pünder UVgO § 8 Rn. 18.
[22] HK-VergabeR/Pünder UVgO § 8 Rn. 18.

bewerb zu betreiben.[23] Aufgrund landesrechtlicher bzw. ressortbezogener (im Falle der Behörden des Bundes) **Wertgrenzenregelungen**, die Beschränkte Ausschreibungen ohne Teilnahmewettbewerb zumeist bis zu einem Auftragswert von 100.000 Euro zulassen (oben → Rn. 10a), hat die Ausnahmevorschrift in praxi ein nur sehr geringes Anwendungsfeld. Werden jene Auftragswertgrenzen unterschritten, entfällt der Nachweis eines Missverhältnisses zwischen Aufwand und Nutzen.[24]

15 Jenseits der vorgenannten Wertgrenzenregelungen ist ein prognostischer Abgleich des Aufwandes sowohl für eine Öffentliche Ausschreibung als auch für eine Beschränkte Ausschreibung mit Teilnahmewettbewerb einerseits und für eine Beschränkte Ausschreibung ohne Teilnahmewettbewerb andererseits erforderlich.[25] Dieser Vergleich muss zu dem Ergebnis führen, dass sowohl eine Öffentliche Ausschreibung als auch eine Beschränkte Ausschreibung mit Teilnahmewettbewerb **zu einem unverhältnismäßigen Mehraufwand** ggü. der Beschränkten Ausschreibung ohne Teilnahmewettbewerb führen würden.[26] Dabei ist gleichermaßen der auftraggeberseitige wie auch der bieterseitige Mehraufwand zu betrachten.[27] Der Mehraufwand einer Öffentlichen Ausschreibung liegt in der Erstellung einer Auftragsbekanntmachung, derjenige einer Beschränkten Ausschreibung mit Teilnahmewettbewerb im Vergleich zu einer Beschränkten Ausschreibung ohne Teilnahmewettbewerb in der Erstellung einer Auftragsbekanntmachung und der anschließenden Durchführung eines Teilnahmewettbewerbs. In aller Regel halten sich diese Mehraufwände freilich praktisch in Grenzen, so dass ein Missverhältnis zwischen Aufwand und Nutzen in den meisten Fällen kaum begründbar ist.

V. Verhandlungsvergabe (Abs. 4)

16 Die Verhandlungsvergabe ist die Verfahrensart, die den Wettbewerb am stärksten reduziert. Sie steht deshalb in der Verfahrenshierarchie an letzter Stelle und darf nur in den in Abs. 4 abschließend[28] genannten Fällen zur Anwendung kommen. Die **Ausnahmebestimmungen** bedürfen einer **besonders engen Auslegung**.[29] Der Auftraggeber muss ihre Voraussetzungen (etwa ggü. Nachprüfungsstellen und Rechnungsprüfungsämtern) darlegen und beweisen. Die Begründung für die Wahl der Verhandlungsvergabe ist gem. § 6 Abs. 1 UVgO zu dokumentieren.

1. Konzeptionelle oder innovative Lösungen (Nr. 1)

17 Nr. 1 lässt die Verhandlungsvergabe zu, wenn der Auftrag konzeptionelle oder innovative Lösungen umfasst. Die Vorschrift entspricht wortgleich dem § 14 Abs. 3 Nr. 2 VgV, der in diesen Fällen oberhalb des Schwellenwertes ein Verhandlungsverfahren mit Teilnahmewettbewerb erlaubt. Da die Anwendungsvorausset-

---

[23] DSW/Dieckmann UVgO § 8 Rn. 22; Müller-Wrede VgV/UVgO/Hirsch/Kaelble UVgO § 8 Rn. 46.
[24] DSW/Dieckmann UVgO § 8 Rn. 22; Müller-Wrede VgV/UVgO/Hirsch/Kaelble UVgO § 8 Rn. 49.
[25] Müller-Wrede VgV/UVgO/Hirsch/Kaelble UVgO § 8 Rn. 53.
[26] OLG Naumburg 10.11.2003 – 1 Verg 14/03, NJOZ 2004, 845 (850); VK Arnsberg 18.7.2012 – VK 09/12; DSW/Dieckmann UVgO § 8 Rn. 22; Müller-Wrede VgV/UVgO/Hirsch/Kaelble UVgO § 8 Rn. 46.
[27] OLG Naumburg 10.11.2003 – 1 Verg 14/03, NJOZ 2004, 845 (850); DSW/Dieckmann UVgO § 8 Rn. 22.
[28] Müller-Wrede VgV/UVgO/Hirsch/Kaelble UVgO § 8 Rn. 55.
[29] DSW/Dieckmann UVgO § 8 Rn. 24; Müller-Wrede VgV/UVgO/Hirsch/Kaelble UVgO § 8 Rn. 55.

zungen beider Vorschriften identisch sind, wird auf → VgV § 14 Rn. 34, 34a und 35 verwiesen.

2. Notwendigkeit von Verhandlungen (Nr. 2)

Eine Verhandlungsvergabe ist zulässig, wenn der Auftrag aufgrund konkreter Umstände, die mit der Art, der Komplexität oder dem rechtlichen oder finanziellen Rahmen oder den damit einhergehenden Risiken zusammenhängen, nicht ohne vorherige Verhandlungen vergeben werden kann. Nr. 2 ist identisch mit § 14 Abs. 3 Nr. 3 VgV, der in diesen Fällen oberhalb des Schwellenwertes ein Verhandlungsverfahren mit Teilnahmewettbewerb zulässt. Es kann daher auf die entspr. Kommentierung → VgV § 14 Rn. 36–36c verwiesen werden.

18

3. Keine eindeutige und erschöpfende Beschreibbarkeit der Leistung (Nr. 3)

Kann die Leistung nach Art und Umfang, insbes. ihre technischen Anforderungen, vor der Vergabe nicht so eindeutig und erschöpfend beschrieben werden, dass **hinreichend vergleichbare Angebote** erwartet werden können, ist eine Verhandlungsvergabe zulässig. Ausgangspunkt dieses Ausnahmetatbestandes ist § 23 Abs. 1 UVgO: Danach ist der Auftragsgegenstand so eindeutig und erschöpfend wie möglich zu beschreiben, so dass die Beschreibung für alle Unternehmen im gleichen Sinn verständlich ist und die Angebote miteinander verglichen werden können. Allerdings kann eine Nicht-Beschreibbarkeit zu bejahen sein, wenn der Auftragnehmer aufgrund ihm zugestandener Kognitions-, Bewertungs- und Gestaltungsspielräume die **Aufgabenlösung selbständig zu entwickeln** hat.[30] Dies kann insbes. hochqualifizierte und geistig-schöpferische Leistungen betreffen,[31] bei denen der Auftraggeber lediglich Zielvorstellungen und einen Leistungsrahmen vorgibt und der Auftragnehmer die konkrete, detaillierte Aufgabenlösung zu entwickeln hat (entweder allein oder auch gemeinsam mit dem Auftraggeber).[32]

19

Eine Leistung ist danach zB dann nicht vorab eindeutig und erschöpfend beschreibbar, wenn eine **noch nicht existierende Lösung für die gestellte Aufgabe** gesucht wird.[33] Eine nicht beschreibbare Aufgabenlösung kann zudem dadurch gekennzeichnet sein, dass die Lösung **in Verhandlungen von den Beteiligten entwickelt** werden soll.[34] Damit kommt es für das Merkmal der „Beschreibbarkeit" nicht auf ein werkvertragsrechtliches Verständnis an. Denn theoretisch ist mit entspr. Aufwand kaum eine Leistung vorstellbar, die sich nicht vorab detailliert beschreiben lässt.[35] Irrelevant ist deshalb, ob eine Leistung soweit präzisiert werden kann, dass sie Gegenstand einer juristisch bindenden vertraglichen Vereinbarung sein kann. Für die vergaberechtliche Beschreibbarkeit kommt es vielmehr darauf an, wie groß der **schöpferische, gestalterische und konstruktive Freiraum des potenziellen**

20

---

[30] OLG Düsseldorf 15.6.2016 – VII-Verg 49/15, BeckRS 2016, 12814.
[31] OLG Düsseldorf 15.6.2016 – VII-Verg 49/15, BeckRS 2016, 12814; 10.8.2011 – VII-Verg 36/11, NZBau 2011, 765 (766); 21.4.2010 – Verg 55/09, BeckRS 2010, 10648; so auch OLG München 28.4.2006 – Verg 6/06, NZBau 2007, 59 (61).
[32] OLG Düsseldorf 15.6.2016 – VII-Verg 49/15, BeckRS 2016, 12814; 10.8.2011 – VII-Verg 36/11, NZBau 2011, 765 (766); 21.4.2010 – Verg 55/09, BeckRS 2010, 10648.
[33] OLG Düsseldorf 15.6.2016 – VII-Verg 49/15, BeckRS 2016, 12814.
[34] BGH 10.11.2009 – X ZB 8/09, VergabeR 2010, 210 (215) = BeckRS 2009, 87528; OLG Düsseldorf 15.6.2016 – VII-Verg 49/15, BeckRS 2016, 12814; 10.8.2011 – VII-Verg 36/11, NZBau 2011, 765 (766); OLG Saarbrücken 20.9.2006 – 1 Verg 3/06, VergabeR 2007, 110 (113) = BeckRS 2006, 11782.
[35] OLG München 28.4.2006 – Verg 6/06, NZBau 2007, 59 (61).

Auftragnehmers zur Ausfüllung der vom Auftraggeber bereits festgelegten Rahmenbedingungen und gesteckten Zielvorgaben ist.[36] Umgekehrt kann eine hinreichende Beschreibbarkeit der Aufgabenlösung anzunehmen sein, wenn der Auftragnehmer sein kreativ-schöpferisches Potenzial dahin einbringen soll, dass er anhand vorgegebener Methoden nach anerkannten wissenschaftlichen Standards ein den inhaltlichen Maßstäben nach feststehendes Arbeitsergebnis abliefert.[37]

21 Bei der Frage, ob der Auftragsgegenstand eindeutig beschreibbar ist, hat der Auftraggeber **keinen Beurteilungs- oder Entscheidungsspielraum**. Es handelt sich um einen unbestimmten Rechtsbegriff, der objektiv entweder erfüllt ist oder nicht.[38] Erforderlich ist stets, dass die Leistung zu Beginn des Vergabeverfahrens („vor der Vergabe") nicht eindeutig und erschöpfend beschrieben werden kann. Dabei ist auf den Zeitpunkt der Einleitung des Vergabeverfahrens abzustellen. Zu diesem Zeitpunkt vorhandene subjektive tatsächliche oder fachliche Schwierigkeiten des Auftraggebers, die Aufgabenlösung eindeutig zu beschreiben, rechtfertigen es nicht, die Lösung in der Leistungsbeschreibung offen zu lassen oder in eine Verhandlungsvergabe auszuweichen. Kognitions- oder Erfahrungsdefizite hat der Auftraggeber durch Aufklärung, ggf. durch Hinzuziehen externer sachverständiger Hilfe, zu beseitigen, nicht aber darf er sie gewissermaßen in das Vergabeverfahren „mitnehmen", sofern nicht die Lösung der Aufgabe iRd Verhandlungsvergabe geklärt werden soll.[39]

22 In der Rspr. behandelte **Anwendungsfälle** für nicht beschreibbare Leistungen sind Dienstleistungen hochkomplexer Art im IT-Bereich,[40] Eingliederungsmaßnahmen nach § 421i SGB III aF,[41] der Verkauf von Unternehmensanteilen,[42] Leistungen zur Bereitstellung und Bewertung von Nachrichtenmeldungen[43] oder Beratungsleistungen zur Konzeption bzw. Durchführung von PPP-Ausschreibungen.[44]

4. Erneute Ausschreibung verspricht kein wirtschaftliches Ergebnis (Nr. 4)

23 Eine Verhandlungsvergabe ist auch zulässig, wenn nach Aufhebung einer Öffentlichen oder Beschränkten Ausschreibung eine erneute Ausschreibung kein wirtschaftliches Ergebnis verspricht. Die **Voraussetzungen** sind:
i) Die **rechtmäßige Aufhebung** der Ausschreibung nach § 48 Abs. 1 **Nr. 1, 3** oder **4** UVgO. Zu den Voraussetzungen einer Aufhebung wegen eines unwirtschaftlichen Ergebnisses der Ausschreibung ausf. → VgV § 63 Rn. 42 ff. Eine Aufhebung nach § 48 Abs. 1 **Nr. 2** UVgO rechtfertigt keine anschließende Ver-

---

[36] OLG München 28.4.2006 – Verg 6/06, NZBau 2007, 59 (61).
[37] OLG Brandenburg 27.3.2012 – Verg W 13/11, VergabeR 2012, 648 (653) = BeckRS 2012, 8119.
[38] OLG Düsseldorf 15.6.2016 – VII-Verg 49/15, BeckRS 2016, 12814; 10.8.2011 – VII-Verg 36/11, NZBau 2011, 765 (767).
[39] OLG Düsseldorf 15.6.2016 – VII-Verg 49/15, BeckRS 2016, 12814; 10.8.2011 – VII-Verg 36/11, NZBau 2011, 765 (767).
[40] OLG Düsseldorf 13.11.2000 – Verg 18/00, IBRRS 2003, 0985.
[41] VK Bund 1.9.2005 – VK 2–99/05, BeckRS 2005, 152083.
[42] VK Düsseldorf 14.5.2004 – VK 7/04 und VK 8/04, BeckRS 9998, 81807.
[43] OLG Düsseldorf 10.8.2011 – VII-Verg 36/11, NZBau 2011, 765 (767).
[44] OLG München 28.4.2006 – Verg 6/06, NZBau 2007, 59 (61); abgelehnt für labormedizinische Untersuchungen durch die VK Brandenburg 22.5.2008 – VK 11/08, IBR 2008, 1207; verneint für Dienstleistungen der Labordiagnostik durch das OLG Saarbrücken 20.9.2006 – 1 Verg 3/06, VergabeR 2007, 110 (114) = BeckRS 2006, 11782; abgelehnt auch für die landesweite selektive Kartierung von geschützten Biotopen und FFH-Lebensraumtypen durch das OLG Brandenburg 27.3.2012 – Verg W 13/11, VergabeR 2012, 648 = BeckRS 2012, 8119.

handlungsvergabe, da wesentliche Änderungen der Grundlagen des Vergabeverfahrens eine neue Ausschreibung erfordern (→ Rn. 13c), zumal die Prognose der mangelnden Erfolgsaussicht einer Wiederholung der Öffentlichen Ausschreibung oder der Beschränkten Ausschreibung dann nicht auf das Ergebnis des Vorgänger-Vergabeverfahrens gestützt werden kann.[45]

ii) Eine durch objektive Tatsachen dokumentierte Prognose, dass eine erneute Öffentliche oder Beschränkte Ausschreibung **kein wirtschaftliches Ergebnis** verspricht. Das ist der Fall, wenn aufgrund konkreter objektiver Anhaltspunkte mit hoher Wahrscheinlichkeit davon ausgegangen werden kann, dass sich der Misserfolg der Ausschreibung in einer neuen Öffentlichen oder Beschränkten Ausschreibung wiederholt. Eine fehlende Wirtschaftlichkeit des vorangegangenen Vergabeverfahrens erleichtert die Prognose der fehlenden Wirtschaftlichkeit des neuen Verfahrens. In diesen Fällen bedarf es lediglich der Begründung, dass bei unveränderter Marktlage kein wirtschaftliches Angebot zu erwarten ist.[46] Können die Gründe für das Scheitern der Ausschreibung durch den Auftraggeber im laufenden Verfahren behoben werden, kommt Nr. 4 nicht zur Anwendung (→ VgV § 63 Rn. 42). In diesem Fall können die Bieter nach Rückversetzung des Verfahrens und entspr. Korrektur der Vergabeunterlagen erneut zur Abgabe eines Angebotes aufgefordert werden. Ob prognostiziert werden kann, dass die Angebote im Rahmen einer Verhandlungsvergabe preislich verbessert werden, ist ebenso irrelevant.[47]

5. Notwendigkeit der Anpassung bereits verfügbarer Lösungen (Nr. 5)

Eine Verhandlungsvergabe ist zulässig, wenn die Bedürfnisse des Auftraggebers nicht ohne die Anpassung bereits verfügbarer Lösungen erfüllt werden können. Nr. 5 ist identisch mit § 14 Abs. 3 Nr. 1 VgV, der in diesen Fällen oberhalb des Schwellenwertes ein Verhandlungsverfahren mit Teilnahmewettbewerb zulässt. Es kann daher auf die entspr. Kommentierung → VgV § 14 Rn. 33 und 33a verwiesen werden. 24

6. Aufträge zur Erfüllung wissenschaftlich-technischer Aufgaben (Nr. 6)

Gem. § 116 Abs. 1 Nr. 2 GWB fallen öffentliche Aufträge über **Forschungs- und Entwicklungsdienstleistungen** im Grundsatz nicht in den Anwendungsbereich des Vergaberechts. Davon macht § 116 Abs. 1 Nr. 2 Hs. 2 GWB eine Rückausnahme für Aufträge über Forschungs- und Entwicklungsdienstleistungen aus bestimmten CPV-Codes, bei denen (i) die Produkte ausschließlich Eigentum des Auftraggebers für seinen Gebrauch bei der Ausübung seiner eigenen Tätigkeit werden, und (ii) die Dienstleistung vollständig durch den Auftraggeber vergütet wird (ausf. dazu → GWB § 116 Rn. 12 und 13). Innerhalb dieses beschränkten Anwendungsbereichs, der auch für die UVgO gilt (§ 1 Abs. 2 UVgO), ermöglicht Nr. 6 die Beschaffung von Waren und Dienstleistungen zur Erfüllung wissenschaftlich-technischer Aufgaben im Wege der Verhandlungsvergabe. 25

Um eine Verhandlungsvergabe zu rechtfertigen, müssen die auftragsgegenständlichen Waren und Dienstleistungen 26

---

[45] DSW/Dieckmann UVgO § 8 Rn. 32; Müller-Wrede VgV/UVgO/Hirsch/Kaelble UVgO § 8 Rn. 92.
[46] DSW/Dieckmann UVgO § 8 Rn. 31; Müller-Wrede VgV/UVgO/Hirsch/Kaelble UVgO § 8 Rn. 93.
[47] OLG Düsseldorf 25.3.2002 – Verg 5/02, NJOZ 2003, 2684 (2687).

i) ausschließlich der Erfüllung wissenschaftlich-technischer Fachaufgaben und
ii) auf den Gebieten von Forschung, Entwicklung und Untersuchung dienen;
iii) eine Verhandlungsvergabe ist ausgeschlossen, wenn mit dem Auftrag, losgelöst von der Fachaufgabe, der allgemeine Dienstbetrieb oder die Infrastruktur einer Dienststelle des Auftraggebers aufrechterhalten werden soll.[48]

Die Privilegierung kommt somit nur zur Anwendung, wenn die Waren und Dienstleistungen **unmittelbar Forschungs- und Entwicklungszwecken** dienen.[49] Das zu beschaffende Produkt muss explizit im Hinblick auf Forschung, Entwicklung und Untersuchung produziert und zur Erfüllung von Forschungsaufgaben eingesetzt werden.

7. Aufträge im Anschluss an Entwicklungsleistungen (Nr. 7)

27 Eine Verhandlungsvergabe ist zulässig, wenn
i) im Anschluss an Entwicklungsleistungen
ii) Aufträge im angemessenen Umfang und für angemessene Zeit an
iii) Unternehmen, die an der Entwicklung beteiligt waren, vergeben werden müssen.

Die Verhandlungsvergabe eines Auftrags an das (die) Unternehmen, welche(s) Entwicklungsleistungen auf eigene Kosten erbracht hat (haben), entspricht einem praktischen Bedürfnis, denn durch die Kombination von Entwicklungs- und Anschlussauftrag in Form einer **Absatzgarantie** wird das Investitionsrisiko des Auftragnehmers abgemildert.[50] In den weitaus meisten Fällen sind die Unternehmen nicht bereit, ohne eine entspr. Absatzgarantie auf ihr Risiko hin Entwicklungsleistungen zu erbringen. Nach den amtlichen Erläuterungen zu § 8 UVgO[51] ist Nr. 7 auch in Kombination mit § 8 Abs. 4 Nr. 10 UVgO anwendbar, wenn nur ein Unternehmen die Entwicklungsleistung erbracht hat.

28 **Entwicklungsleistungen** sind als Nutzung vorhandener wissenschaftlicher, technischer, wirtschaftlicher und sonstiger einschlägiger Kenntnisse und Fertigkeiten mit dem Ziel, neue oder verbesserte Produkte, Verfahren oder Dienstleistungen zu entwickeln, zu verstehen.[52] Dazu zählen zB auch Tätigkeiten zur Konzeption, Planung und Dokumentation neuer Produkte, Verfahren und Dienstleistungen. Wenngleich Nr. 7 nur Entwicklungsleistungen anspricht, fallen auch **Forschungsleistungen**, also Leistungen im Hinblick auf die Gewinnung neuer wissenschaftlicher und technischer Erkenntnisse, in den Ausnahmetatbestand, zumal beide Stufen fließend ineinander übergehen und die Forschungsleistungen den Entwicklungsleistungen zumeist vorgelagert sind.[53] Der Auftrag muss an das Unternehmen vergeben werden, welches an den Forschungs- und Entwicklungsleistungen maßgeblich beteiligt war und entspr. Kosten hatte, die durch die nachfolgende Beauftragung amortisiert werden. Allerdings dürfen diese **Anschlussaufträge** einen **angemessenen Umfang** und **Zeitraum** nicht überschreiten. Hierfür ist auf den Umfang und Zeitraum der Refinanzierung der Entwicklungskosten abzustellen.[54]

---

[48] Hattenhauer/Butzert VergabeR 2017, 580 (582).
[49] DSW/Dieckmann UVgO § 8 Rn. 35; vgl. dazu auch VK Bund 23.10.2019 – VK 1–75/19, BeckRS 2019, 30967 Rn. 30.
[50] KG 19.4.2000 – Kart Verg 6/00, NZBau 2001, 161 (163); Müller-Wrede VgV/UVgO/Hirsch/Kaelble UVgO § 8 Rn. 109.
[51] BMWi, Erläuterungen zur UVgO, BAnz. AT 7.2.2017 B2, S. 4.
[52] Mitteilung der Europäischen Kommission vom 27.6.2014, Unionsrahmen für staatliche Beihilfen zur Förderung von Forschung, Entwicklung und Innovation, C 198, S. 5.
[53] DSW/Dieckmann UVgO § 8 Rn. 37; Müller-Wrede VgV/UVgO/Hirsch/Kaelble UVgO § 8 Rn. 110.
[54] Müller-Wrede VgV/UVgO/Hirsch/Kaelble UVgO § 8 Rn. 112.

8. Unverhältnismäßiger Aufwand einer Öffentlichen Ausschreibung und Beschränkten Ausschreibung (Nr. 8)

Eine Verhandlungsvergabe kann erfolgen, wenn eine Öffentliche Ausschreibung oder eine Beschränkte Ausschreibung mit oder ohne Teilnahmewettbewerb für den Auftraggeber oder die Bewerber oder Bieter einen Aufwand verursachen würde, der zu dem erreichten Vorteil oder dem Wert der Leistung im Missverhältnis stehen würde. Die Aufzählung ist nicht iS eines Alternativverhältnisses zu verstehen, dh sowohl eine Öffentliche Ausschreibung als auch eine Beschränkte Ausschreibung (letztgenannte in ihren beiden Varianten, also mit und ohne Teilnahmewettbewerb) müssen ggü. einer Verhandlungsvergabe einen unverhältnismäßig höheren Aufwand verursachen.[55] Die Vorschrift schützt wie Abs. 3 Nr. 2 gleichermaßen Auftraggeber wie Unternehmen davor, unnötigen, sachlich nicht gerechtfertigten Aufwand mit einer Öffentlichen Ausschreibung oder Beschränkten Ausschreibung zu betreiben. Aufgrund landesrechtlicher bzw. ressortbezogener (im Falle der Behörden des Bundes) **Wertgrenzenregelungen,** die Verhandlungsvergaben zumeist bis zu einem Auftragswert von 50.000 Euro zulassen (vgl. oben → Rn. 10a),[56] hat die Ausnahmevorschrift in praxi ein nur sehr geringes Anwendungsfeld. Werden jene Auftragswertgrenzen unterschritten, entfällt der Nachweis eines Missverhältnisses zwischen Aufwand und Nutzen. 29

Jenseits der vorgenannten Wertgrenzenregelungen ist eine **Nutzen-/Aufwand-Prognose** sowohl für eine Öffentliche Ausschreibung als auch für eine Beschränkte Ausschreibung (mit und ohne Teilnahmewettbewerb) einerseits und für eine Verhandlungsvergabe andererseits erforderlich.[57] Dieser Vergleich muss zu dem Ergebnis führen, dass sowohl eine Öffentliche Ausschreibung als auch eine Beschränkte Ausschreibung (mit *und* ohne Teilnahmewettbewerb) zu einem unverhältnismäßigen Mehraufwand ggü. der Verhandlungsvergabe führen würden. Eine Verhandlungsvergabe führt im Vergleich zu einer Beschränkten Ausschreibung ohne Teilnahmewettbewerb wegen der vorgesehenen Verhandlungen indessen regelmäßig zu Mehraufwand, so dass der Ausnahmetatbestand praktisch kaum erfüllt sein wird. 30

9. Besondere Dringlichkeit (Nr. 9)

Die besondere Dringlichkeit zur Rechtfertigung der Verhandlungsvergabe muss **objektiv begründet** sein, also nicht bloß aus Sicht des Auftraggebers, sondern für einen Dritten sachlich nachvollziehbar vorliegen. Da das Wettbewerbsprinzip und das Transparenz- und Gleichbehandlungsgebot bei Verhandlungsvergaben am stärksten eingeschränkt werden, sind die **Anforderungen an die Dringlichkeitsvergabe sehr hoch.**[58] Die Gründe, auf die sich der Auftraggeber zur Rechtfertigung einer Dringlichkeitsvergabe beruft, müssen nachweisbar vorliegen.[59] Die 31

---

[55] DSW/Dieckmann UVgO § 8 Rn. 40; Müller-Wrede VgV/UVgO/Hirsch/Kaelble UVgO § 8 Rn. 118.

[56] Im Freistaat Bayern etwa gilt bis zum 31.12.2023 für staatliche und kommunale Auftraggeber sogar eine Wertgrenze für Liefer- und Dienstleistungsaufträge unterhalb des jew. EU-rechtlich vorgegebenen Schwellenwertes gem. § 106 Abs. 2 Nr. 1 bis 3 GWB, also bis zu 215.000 Euro: https://abz-bayern.de/download/wertgrenzen-bayern-september-2022.pdf.

[57] DSW/Dieckmann UVgO § 8 Rn. 40.

[58] VG Würzburg 18.3.2019 – 8 K 18.1161, ZfBR 2019, 728; VG Aachen 14.5.2013 – 3 K 244/11, BeckRS 2013, 53316; VK Bund 25.11.2014 – VK 2–93/14, IBRRS 2015, 0023; VK Niedersachsen 3.2.2012 – VgK-01/2012, IBRRS 2012, 4206.

[59] VK Lüneburg 3.2.2012 – VgK-01/2012, IBRRS 2012, 4206; Müller-Wrede VgV/UVgO/Hirsch/Kaelble UVgO § 8 Rn. 123.

Beweislast dafür trägt der Auftraggeber. Subjektive Dringlichkeitsempfindungen sind nicht geeignet, einen Zusammenhang zwischen dem unvorhersehbaren Ereignis und der Unmöglichkeit der Einhaltung von Regelfristen herzustellen.[60] Im Übrigen sind die Gründe für eine Dringlichkeitsvergabe gem. § 6 Abs. 1 UVgO zu dokumentieren.[61]

32 Dringliche Gründe erkennt die Rspr. an, wenn aufgrund von Umständen, die der Auftraggeber nicht voraussehen konnte, der Beschaffungsbedarf so akut ist, dass selbst die Fristen für die Durchführung einer Beschränkten Ausschreibung ohne Teilnahmewettbewerb nicht ausreichen würden.[62] Sofern hingegen die realistische Möglichkeit besteht, anstelle einer mit besonderer Dringlichkeit begründeten Verhandlungsvergabe auch in einer Beschränkten Ausschreibung ohne Teilnahmewettbewerb mit Regelfristen zeitnah zu einem Vertragsabschluss zu kommen, ist eine Verhandlungsvergabe wegen Dringlichkeit unzulässig.[63]

33 Dabei erfordert die Feststellung der besonderen Dringlichkeit eine **Abwägung im Einzelfall,** in die die grundsätzliche Pflicht des Auftraggebers zur Durchführung eines wettbewerblichen und transparenten Vergabeverfahrens einerseits und die durch das zur Dringlichkeit führende Ereignis bedrohten Rechtsgüter andererseits einzustellen sind.[64] Sind bedeutende Rechtsgüter, wie etwa Leib und Leben und hohe Vermögenswerte, unmittelbar gefährdet, kann eine Dringlichkeitsvergabe selbst dann gerechtfertigt sein, wenn die Gründe für die besondere Dringlichkeit **dem Verhalten des Auftraggebers zuzurechnen** sind (ausf. → VgV § 14 Rn. 64).[65] Gleiches gilt für **unmittelbare Gefährdungen der Versorgungssicherheit** bei zu beschaffenden Dienstleistungen der Daseinsvorsorge,[66] wie etwa Reinigungs- und Desinfektionsarbeiten in Operationssälen eines Klinikums,[67] Leistungen im Rettungsdienst,[68] die Abfallentsorgung,[69] Leistungen zur Unterbringung von Asylbewerbern[70] oder die

---

[60] VG Würzburg 18.3.2019 – 8 K 18.1161, ZfBR 2019, 728.

[61] VK Sachsen-Anhalt 12.4.2017 – 3 VK LSA 07/17, IBRRS 2017, 3542; VG Würzburg 18.3.2019 – 8 K 18.1161, ZfBR 2019, 728.

[62] So das VG Würzburg 18.3.2019 – 8 K 18.1161, ZfBR 2019, 728 treffend: „Bildlich gesprochen liegt ein solches unvorhergesehenes Ereignis vor, wenn es unversehens „brennt" und der Auftraggeber das „Feuer" rasch zu löschen hat; hier muss der Auftraggeber unmittelbar Hilfe anfordern."

[63] VG Würzburg 18.3.2019 – 8 K 18.1161, ZfBR 2019, 728.

[64] VK Lüneburg 3.2.2012 – VgK-01/2012, IBRRS 2012, 4206; Müller-Wrede VgV/UVgO/Hirsch/Kaelble UVgO § 8 Rn. 123. Zur Zulässigkeit der Vergabe von Projektsteuerungsleistungen im Verhandlungsverfahren ohne Teilnahmewettbewerb OLG Naumburg 14.3.2014 – 2 Verg 1/14, BeckRS 2014, 14968.

[65] OLG Frankfurt a.M. 24.11.2022 – 11 Verg 5/22, VPRRS 2023, 0021; BayObLG 31.10.2022 – Verg 13/22, VPRRS 2022, 0290; OLG Düsseldorf 15.2.2023 – Verg 9/22, VPRRS 2023, 0059 (Vorlagebeschl.). AA KG 10.5.2022 – Verg 1/22, VPRRS 2022, 0156 und OLG Bremen 14.12.2021 – 2 Verg 1/21, VPRRS 2022, 0154. S. dazu auch instruktiv Pauka VergabeR 2023, 475.

[66] VK Lüneburg 3.2.2012 – VgK-01/2012, IBRRS 2012, 4206 für die Vergabe von Leistungen der Daseinsvorsorge (Rettungsdienste) im Lichte von Art. 14 AEUV: „Auch ein Verschulden des Auftraggebers kann nicht eine Unterbrechung der Rettungsdienstleistungen zulasten der Bevölkerung und damit der Nutzer rechtfertigen." So auch OLG Frankfurt a.M. 24.11.2022 – 11 Verg 5/22, VPRRS 2023, 0021 sowie DSW/Dieckmann UVgO § 8 Rn. 43 und Müller-Wrede VgV/UVgO/Hirsch/Kaelble UVgO § 8 Rn. 127.

[67] OLG Celle 29.8.2003 – 13 Verg 15/03, BeckRS 2004, 187.

[68] OLG Naumburg 19.10.2000 – 1 Verg 9/00, IBRRS 2003, 0996; VK Lüneburg 3.2.2012 – VgK-01/2012, IBRRS 2012, 4206.

[69] VK Hessen 12.1.2017 – 69d-VK-58/2016, VPRRS 2017, 0260.

[70] VK Südbayern 12.8.2016 – Z3-3-3194-1-27-07-16, BeckRS 2016, 15052.

Bewirtschaftung einer Erstaufnahmeeinrichtung.[71] Vgl. dazu auch → VgV § 14 Rn. 64.

In allen Fällen der Dringlichkeitsvergabe muss sich die Beschaffung hinsichtlich Umfang und Dauer auf eine **Interimsbeauftragung** beschränken. Vgl. dazu näher → VgV § 14 Rn. 65. Die Verhandlungsvergabe muss ein **Minimum an Wettbewerb** generieren, was bedeutet, dass insoweit entgegen § 12 Abs. 3 UVgO nicht nur mit einem Unternehmen verhandelt werden darf, → VgV § 14 Rn. 66.[72] 34

10. Alleinstellung (Nr. 10)

Eine Verhandlungsvergabe ist zulässig, wenn die Leistung nur von einem bestimmten Unternehmen erbracht oder bereitgestellt werden kann. Besteht somit für die nachgefragte Leistung ein Markt, und seien es auch nur zwei Unternehmen, ist Nr. 9 unanwendbar.[73] Der Ausnahmetatbestand hat Parallelen zu § 14 Abs. 4 Nr. 2 VgV, der ein Verhandlungsverfahren ohne Teilnahmewettbewerb im Oberschwellenbereich im Falle einer Monopolstellung eines Unternehmens für zulässig erklärt, und mit § 3a Abs. 4 S. 1 Nr. 1 VOB/A, nach dem die Freihändige Vergabe von Bauleistungen an ein bestimmtes Unternehmen aus besonderen Gründen (etwa Patentschutz, besondere Erfahrung und Geräte) gestattet ist. Sofern die in jenen Vorschriften genannten Alleinstellungsgründe im konkreten Fall auch für die betreffende Vergabe nach der UVgO zutreffen, kann die Verhandlungsvergabe nach Nr. 9 gerechtfertigt sein.[74] Auf die Kommentierung jener Bestimmungen in → VgV § 14 Rn. 51 ff. und → VOB/A § 3a Rn. 23 ff. kann daher ergänzend verwiesen werden. 35

Unabdingbare Voraussetzung für die Anwendung des Ausnahmetatbestandes ist allerdings eine aktuelle Marktkenntnis des Auftraggebers, die durch eine **umfassende und sorgfältige Marktanalyse** belegt sein muss.[75] Diese muss sich auf den für die nachgefragte Beschaffung relevanten **nationalen Markt** beziehen und sich nicht auf einen lokalen oder regionalen potenziellen Bieterkreis beschränken.[76] Eine Anfrage bei einer Auftragsberatungsstelle reicht dafür nicht aus. Aufgrund der Marktanalyse muss objektiv der Schluss gerechtfertigt sein, dass es de facto nur ein Unternehmen für die nachgefragte Leistung gibt. Bloße Zweckmäßigkeitsüberlegungen bzw. rein wirtschaftliche Gründe können die Verhandlungsvergabe mit nur einem Unternehmen nicht rechtfertigen.[77] Es reicht deshalb nicht aus, wenn der Auftraggeber lediglich subjektiv zu der Auffassung gelangt, dass nur ein bestimmtes Unternehmen 36

---

[71] VK Arnsberg 25.8.2008 – VK 14/08, IBRRS 2008, 2849.

[72] So auch DSW/Dieckmann UVgO § 12 Rn. 10; anders BMWi-Rundschreiben v. 19.3.2020 „zur Anwendung des Vergaberechts in Zusammenhang mit der Beschaffung von Leistungen zur Eindämmung der Ausbreitung des neuartigen Coronavirus SARS-CoV-2" sowie BMWK-Rundschreiben v. 13.4.2022, S. 6, zur Anwendung von dringlichen Vergaben im Zusammenhang mit dem russischen Angriffskrieg gegen die Ukraine bei kurzfristigen Beschaffungsbedarfen, die im Zusammenhang mit dem russischen Angriffskrieg gegen die Ukraine stehen.

[73] Müller-Wrede VgV/UVgO/Hirsch/Kaelble UVgO § 8 Rn. 137.

[74] DSW/Dieckmann UVgO § 8 Rn. 48; Müller-Wrede VgV/UVgO/Hirsch/Kaelble UVgO § 8 Rn. 133.

[75] OLG Düsseldorf 28.12.2011 – Verg 73/11, ZfBR 2012, 392; VK Hessen 27.4.2007 – 69d-VK-11/2007, IBRRS 2007, 4570; DSW/Dieckmann UVgO § 8 Rn. 48; Müller-Wrede VgV/UVgO/Hirsch/Kaelble UVgO § 8 Rn. 135.

[76] DSW/Dieckmann UVgO § 8 Rn. 48. Müller-Wrede VgV/UVgO/Hirsch/Kaelble UVgO § 8 Rn. 135 halten weitergehend eine unionsweite Markterkundung bei nicht nur marginalem Auftragswert für erforderlich.

[77] DSW/Dieckmann UVgO § 8 Rn. 48.

eine wirtschaftliche Leistungserbringung erwarten lässt.[78] Die Nähe eines Unternehmens zum Ort der Leistungserbringung ist ebenfalls unerheblich.[79] Unzulässig ist es auch, eine Verhandlungsvergabe an ein lokales Unternehmen mit der Erforderlichkeit einer Betriebsstätte in der Nähe des vertraglichen Erfüllungsortes zu begründen.

11. Börsenwaren (Nr. 11)

37 Auf einer Warenbörse notierte und erwerbbare Lieferleistungen können im Wege der Verhandlungsvergabe beschafft werden. Nr. 11 ist nahezu wortgleich mit § 14 Abs. 4 Nr. 6 VgV. Auf die dortige Kommentierung → VgV § 14 Rn. 72 wird verwiesen.

12. Anschlussleistungen des ursprünglichen Auftragnehmers (Nr. 12)

38 Nr. 12 lässt eine Verhandlungsvergabe zu, wenn
i) Leistungen des ursprünglichen Auftragnehmers beschafft werden sollen, die
ii) zur teilweisen Erneuerung oder Erweiterung bereits erbrachter Leistungen bestimmt sind,
iii) bei denen ein Wechsel des Unternehmens dazu führen würde, dass der Auftraggeber eine Leistung mit unterschiedlichen Merkmalen kaufen müsste und
iv) bei denen dieser Wechsel eine technische Unvereinbarkeit oder unverhältnismäßige technische Schwierigkeiten bei Gebrauch und Wartung mit sich bringen würde.

Unter diesen Voraussetzungen, die kumulativ vorliegen müssen, können Leistungen des ursprünglichen Auftragnehmers, die zur teilweisen Erneuerung oder Erweiterung bereits erbrachter Leistungen bestimmt sind, im Wege der Verhandlungsvergabe bei dem bisherigen Auftragnehmer beschafft werden. Die Vorschrift ist identisch mit § 14 Abs. 4 Nr. 5 VgV. Auf deren Kommentierung → VgV § 14 Rn. 69–71 wird verwiesen. Im Unterschied zu § 14 Abs. 4 Nr. 5 VgV sieht Nr. 12 keine Begrenzung für die Laufzeit solcher Anschlussaufträge vor.

38a Nr. 12 lässt die Möglichkeit vergaberechtsfreier Auftragsänderungen nach § 47 Abs. 1 und 2 UVgO unberührt. § 47 Abs. 1 UVgO erklärt die Regelungen des § 132 Abs. 1, 2 und 4 GWB für entspr. anwendbar. Unter den dort normierten Voraussetzungen ist die nachträgliche Änderung von öffentlichen Aufträgen vom Vergaberecht befreit. Hierzu gehören auch Fälle, in denen zusätzliche Liefer- und Dienstleistungen erforderlich geworden sind, wenn ein Wechsel des Auftragnehmers aus wirtschaftlichen oder technischen Gründen nicht erfolgen kann und mit erheblichen Schwierigkeiten oder beträchtlichen Zusatzkosten für den Auftraggeber verbunden wäre (§ 132 Abs. 2 S. 1 Nr. 2 GWB).[80]

13. Ersatzteile und Zubehörstücke (Nr. 13)

39 Eine Verhandlungsvergabe ist zulässig, wenn
i) Ersatzteile oder Zubehörstücke zu Maschinen und Geräten
ii) vom Lieferanten der ursprünglichen Leistung beschafft werden und
iii) diese Stücke in brauchbarer Ausführung von anderen Unternehmen nicht oder nicht unter wirtschaftlichen Bedingungen bezogen werden können.

---

[78] EuGH 15.10.2009 – C-275/08, IBRRS 2009, 3308; VK Arnsberg 20.5.2011 – 1 VK 17/11, IBRRS 2011, 3360; DSW/Dieckmann UVgO § 8 Rn. 48; Müller-Wrede VgV/UVgO/Hirsch/Kaelble UVgO § 8 Rn. 136.
[79] EuGH 10.4.2003 – C-20/01 u. C-28/01, NZBau 2003, 393 (396).
[80] DSW/Dieckmann UVgO § 8 Rn. 51.

Wahl der Verfahrensart § 8 UVgO

Ersatzteile gewährleisten die bestimmungsgemäße Funktionsfähigkeit der ursprünglichen Leistung, indem sie schadhafte oder verschlissene Bestandteile ersetzen. Geringfügige technische Anpassungen der Ersatzteile an den Stand der Technik stehen ihrer Beschaffung im Wege der Verhandlungsvergabe nach Nr. 13 nicht entgegen.[81] Der Gegenstand der ursprünglichen Leistung muss allerdings beibehalten werden. Eine Änderung oder gänzliche Neubeschaffung der ursprünglichen Leistung ist durch Nr. 13 nicht gedeckt.[82] Nr. 13 erfasst auch die präventive Ersatzteilbeschaffung.[83] Zur Definition des Terminus Zubehör vgl. § 97 BGB.

Die Beschaffung von Ersatzteilen und Zubehörstücken ist von der Durchsetzung 40 von Mängelansprüchen abzugrenzen. Soweit Mängelansprüche bestehen, bedarf es keiner Verhandlungsvergabe der zur Erfüllung der Mängelansprüche erforderlichen Lieferungen und Leistungen. Nr. 13 ist somit nur anwendbar, soweit nicht Mängelansprüche bestehen.

Nr. 13 ist erfüllt, wenn die Ersatzteil- oder Zubehörbestellungen **nur bei dem** 41 **Ist-Lieferanten** erfolgen können. Die Beschaffung der Ersatzteile oder Zubehörstücke bei anderen Unternehmen muss somit nicht oder nicht unter wirtschaftlichen Bedingungen möglich sein. Dafür trägt der Auftraggeber die Darlegungs- und Dokumentationslast. Er hat bei seiner Beschaffungsentscheidung deshalb zu prüfen, ob eine Öffentliche oder Beschränkte Ausschreibung zur Beschaffung von Ersatzteilen ein wirtschaftlicheres Ergebnis als deren Beschaffung beim Ist-Lieferanten einbringen würde. Das wird bei Ersatzteilen und Zubehörstücken nur selten der Fall sein, ist aber nicht ausgeschlossen, wenn etwa seit der ursprünglichen Lieferung schon längere Zeit verstrichen ist.

Auch Nr. 13 lässt die Möglichkeit vergaberechtsfreier Ersatzteilbeschaffungen 41a nach § 47 Abs. 1 und 2 UVgO unberührt (vgl. dazu oben → Rn. 38a).

14. Vorteilhafte Gelegenheit (Nr. 14)

Eine Verhandlungsvergabe ist zulässig, wenn eine vorteilhafte Gelegenheit zu 42 einer wirtschaftlicheren Beschaffung führt, als dies bei Durchführung einer Öffentlichen oder Beschränkten Ausschreibung der Fall wäre. Dieser Fall war nicht im Katalog des § 3 Abs. 5 VOL/A aufgeführt, wurde jedoch in den Erläuterungen zur VOL/A als Unterfall des § 3 Abs. 5 lit. l VOL/A beschrieben. Nach den amtlichen Erläuterungen zu Nr. 14 ist der Begriff „vorteilhafte Gelegenheit" eng auszulegen.[84] Danach muss die Wahrnehmung einer vorteilhaften Gelegenheit **zu einer wirtschaftlicheren Beschaffung führen**, als dies bei der Anwendung der Öffentlichen oder der Beschränkten Ausschreibung der Fall wäre. Dies kann nach den amtlichen Erläuterungen[85] der Fall sein, wenn Liefer- oder Dienstleistungen zu besonders günstigen Bedingungen bei Lieferanten, die ihre Geschäftstätigkeit einstellen, oder bei Insolvenzverwaltern oder Liquidatoren im Rahmen eines Insolvenz-, Vergleichs- oder sonstigen Ausgleichsverfahrens erworben werden, oder wenn die Dienstleitung zu besonders günstigen Bedingungen bei Unternehmen erworben werden, weil die Unternehmen staatliche Zuwendungen erhalten haben. Eine „vorteilhafte Gelegenheit" setzt somit voraus, dass es sich um eine **einmalige oder sich sehr kurzfristig bietende Beschaffungsmöglichkeit** handelt, die zudem noch Verkaufspreise unterhalb der üblichen Einkaufspreise für den Auftraggeber verspricht.[86]

---

[81] Müller-Wrede VgV/UVgO/Hirsch/Kaelble UVgO § 8 Rn. 146.
[82] DSW/Dieckmann UVgO § 8 Rn. 52; Müller-Wrede VgV/UVgO/Hirsch/Kaelble UVgO § 8 Rn. 146.
[83] DSW/Dieckmann UVgO § 8 Rn. 52; Müller-Wrede VgV/UVgO/Hirsch/Kaelble UVgO § 8 Rn. 146.
[84] BMWi, Erläuterungen zur UVgO, BAnz. AT 7.2.2017 B2, S. 5.
[85] BMWi, Erläuterungen zur UVgO, BAnz. AT 7.2.2017 B2, S. 5.
[86] OLG Düsseldorf 8.5.2002 – Verg 5/02, ZfBR 2002, 627.

15. Sicherheit oder Geheimhaltung (Nr. 15)

43 Eine Verhandlungsvergabe mit oder ohne Teilnahmewettbewerb kann durchgeführt werden, wenn dies aus Gründen der Sicherheit oder Geheimhaltung erforderlich ist. Die Vorschrift entspricht dem früheren § 3 Abs. 5 lit. f VOL/A, mit der Erweiterung, dass neben Gründen der Geheimhaltung auch Gründe der Sicherheit für eine Verhandlungsvergabe ausreichen. Bei der Anwendung von Nr. 15 gilt es zunächst zu beachten, dass das Vergaberecht für die Vergabe von verteidigungs- und sicherheitsspezifischen Aufträgen iSv § 104 GWB Befreiungen vorsieht (§ 107 Abs. 2 und § 117 GWB), die über § 1 Abs. 2 UVgO auch im Anwendungsbereich der UVgO gelten. Darüber hinaus kann für die Vergabe verteidigungs- und sicherheitsspezifischer Aufträge abweichend von § 8 Abs. 2 UVgO ohnehin die Verhandlungsvergabe ohne Teilnahmewettbewerb gewählt werden (§ 51 Abs. 1 UVgO).

44 Der Ausnahmetatbestand fordert, dass die Verhandlungsvergabe aus Gründen der Sicherheit oder Geheimhaltung erforderlich ist. Das ist nur dann der Fall, wenn dies durch entspr. **Rechts- oder Verwaltungsvorschriften** (etwa Regelungen über Verschlusssachenanweisungen im Bereich Militär, Justiz und Polizei) geboten ist.[87] Damit richtet sich die Geheimhaltung ausschl. nach objektivem Recht. Auf die subjektive Einschätzung des Auftraggebers oder betriebliche Geheimhaltungsbelange des Bieters kommt es nicht an.[88] Die notwendige **Erforderlichkeit** kann fehlen, wenn die vorrangige Beschränkte Ausschreibung ohne Teilnahmewettbewerb das Sicherheits- oder Geheimhaltungsbedürfnis ebenso gut sicherstellt. Es ist deshalb stets im Einzelfall zu prüfen, ob eine Beschränkte Ausschreibung ohne Teilnahmewettbewerb dem Sicherheits- oder Geheimhaltungsinteresse genauso gut Rechnung trägt.[89]

16. Aufträge an Werkstätten für Behinderte, Sozialunternehmen und Justizvollzugsanstalten (Nr. 16)

45 Eine Verhandlungsvergabe ist nach Nr. 16 lit. **a** zulässig, wenn der Auftrag gem. § 1 Abs. 3 UVgO ausschl. an
i) Werkstätten für Menschen mit Behinderungen (dazu → GWB § 118 Rn. 10) oder
ii) Unternehmen, deren Hauptzweck die soziale und berufliche Integration von Menschen mit Behinderungen oder von benachteiligten Personen ist (dazu → GWB § 118 Rn. 11),
vergeben werden soll. In beiden Fällen müssen die Voraussetzungen des § 118 Abs. 2 GWB erfüllt sein, dh es müssen mindestens 30 % der in diesen Werkstätten oder Sozialunternehmen Beschäftigten Menschen mit Behinderungen oder benachteiligte Personen sein (dazu ausf. → GWB § 118 Rn. 14).[90] Nicht gefordert ist, dass die vergebenen Leistungen von den in den genannten Einrichtungen arbeitenden Personengruppen tatsächlich erbracht werden.[91]

46 Nr. 16 lit. **b** lässt die Verhandlungsvergabe bei Aufträgen **ausschl.** an Justizvollzugsanstalten zu. Die Vorschrift überführt den früheren § 3 Abs. 5 lit. k VOL/A in die UVgO.

---

[87] VK Brandenburg 22.3.2004 – VK 6/04, IBRRS 2004, 1575; DSW/Dieckmann UVgO § 8 Rn. 57; Müller-Wrede VgV/UVgO/Hirsch/Kaelble UVgO § 8 Rn. 160.
[88] VK Brandenburg 22.5.2008 – VK 11/08, IBRRS 2008, 1947, abgelehnt für Leistungsdaten eines Krankenhauses; Müller-Wrede VgV/UVgO/Hirsch/Kaelble UVgO § 8 Rn. 160.
[89] DSW/Dieckmann UVgO § 8 Rn. 58; Müller-Wrede VgV/UVgO/Hirsch/Kaelble UVgO § 8 Rn. 160.
[90] BMWi, Erläuterungen zur UVgO, BAnz. AT 7.2.2017 B2, S. 5.
[91] OLG Düsseldorf 27.10.2004 – VII-Verg 52/04, VergabeR 2005, 252 = IBRRS 2004, 3497; Müller-Wrede VgV/UVgO/Hirsch/Kaelble UVgO § 8 Rn. 171.

Öffentliche Ausschreibung **§ 9 UVgO**

Der Auftraggeber hat ein **Entschließungsermessen** hinsichtlich der Ausschreibung der Leistung im Wettbewerb oder der Vergabe an Werkstätten für Menschen mit Behinderungen, Sozialunternehmen und Justizvollzugsanstalten.[92] Das Ermessen orientiert sich an Wirtschaftlichkeitsaspekten. Ist durch die Beauftragung der von Nr. 16 erfassten Einrichtungen eine wirtschaftlich günstigere Beschaffung gewährleistet (was ggf. durch entspr. Markterkundung zu überprüfen ist), besteht selbst bei regelmäßig wiederkehrenden Leistungen keine Pflicht zur Vergabe im Wettbewerb.[93] 47

17. Wertgrenzen (Nr. 17)

Die Vorschrift gestattet Verhandlungsvergaben, wenn sie durch **Ausführungsbestimmungen eines Bundes- oder Landesministeriums** bis zu einem bestimmten Höchstwert zugelassen sind. Um den Besonderheiten der Beschaffungen durch Auslandsdienststellen (dazu → § 53 Rn. 2) und „den mitunter schwierigen Rahmenbedingungen im Ausland"[94] gerecht zu werden, bestimmt Hs. 2, dass eine solche Wertgrenze auch für die Vergabe von Liefer- oder Dienstleistungsaufträgen im Ausland durch eine Auslandsdienststelle festgesetzt werden kann. Dabei kann die Wertgrenze nach den amtlichen Erläuterungen zu Nr. 17 auch bis zur Höhe des jew. EU-Schwellenwerts festgesetzt werden; hierfür bedarf es jedoch wie bei Hs. 1 entspr. Ausführungsbestimmungen des jew. Bundes- oder Landesressorts.[95] Darüber hinaus geht Hs. 2 auch auf Besonderheiten bei inländischen Dienststellen ein, die im Ausland für einen dort zu deckenden Bedarf beschaffen. Die jew. aktuellen Wertgrenzen sind im Internet auf der Seite www.abst.de abrufbar. 48

§ 9 Öffentliche Ausschreibung

(1) ¹**Bei einer Öffentlichen Ausschreibung fordert der Auftraggeber eine unbeschränkte Anzahl von Unternehmen öffentlich zur Abgabe von Angeboten auf.** ²**Jedes interessierte Unternehmen kann ein Angebot abgeben.**

(2) ¹**Der Auftraggeber darf von den Bietern nur Aufklärung über ihre Eignung, das Vorliegen von Ausschlussgründen oder über das Angebot verlangen.** ²**Verhandlungen, insbesondere über Änderungen der Angebote oder Preise, sind unzulässig.**

Literatur: Vgl. die Angaben bei § 119 GWB und § 14 VgV.

I. Öffentliche Ausschreibung (Abs. 1)

Abs. 1 regelt die Öffentliche Ausschreibung in ihren Wesensmerkmalen. Es handelt sich um Verfahren, in denen der Auftraggeber eine unbeschränkte Anzahl von Unternehmen öffentlich zur Abgabe von Angeboten auffordert. Jedes Unternehmen kann ein Angebot abgeben. Die Öffentliche Ausschreibung ist damit die wettbewerbsintensivste Verfahrensart mit dem größtmöglichen Bieterkreis (→ § 8 1

---

[92] OLG Düsseldorf 27.10.2004 – VII-Verg 52/04, VergabeR 2005, 252 (254) = IBRRS 2004, 3497; VK Bund 1.9.2005 – VK 2–99/05, BeckRS 2005, 152083; 20.7.2004 – VK 3-77/04, BeckRS 2004, 151054; 19.7.2004 – VK 2–79/04, BeckRS 2004, 151072; Müller-Wrede VgV/UVgO/Hirsch/Kaelble UVgO § 8 Rn. 172.
[93] OLG Düsseldorf 27.10.2004 – VII-Verg 52/04, VergabeR 2005, 252 (254) = IBRRS 2004, 3497; Müller-Wrede VgV/UVgO/Hirsch/Kaelble UVgO § 8 Rn. 172.
[94] BMWi, Erläuterungen zur UVgO, BAnz. AT 7.2.2017 B2, S. 5.
[95] BMWi, Erläuterungen zur UVgO, BAnz. AT 7.2.2017 B2, S. 5.

Rn. 5). Durch ihre Formstrenge ist sie am besten geeignet, im Wettbewerb das wirtschaftlichste Ergebnis hervorzubringen.[1] Sie ist deshalb im Anwendungsbereich der UVgO mit der Beschränkten Ausschreibung mit Teilnahmewettbewerb das **vorrangige Regelvergabeverfahren** (→ § 8 Rn. 9 ff.)[2] und kann bei jeder Auftragsvergabe innerhalb der UVgO ohne weitere Voraussetzungen gewählt werden, selbst wenn weniger wettbewerbsintensive Verfahrensarten im Ausnahmefall zulässig wären.[3] Oberhalb der Schwellenwerte entspricht die Öffentliche Ausschreibung dem offenen Verfahren nach § 15 VgV. Zu den Merkmalen und zum Verfahrensablauf näher → GWB § 119 Rn. 13 ff. sowie → VgV § 15 Rn. 3, 4.

2 Die öffentliche Aufforderung zur Abgabe von Angeboten erfolgt bei der öffentlichen Ausschreibung durch eine **Auftragsbekanntmachung**, die gem. § 27 Abs. 1 UVgO (→ § 27 Rn. 2) zwingend vorgeschrieben ist. Über diese Pflicht zur Publizität soll ein möglichst großer Kreis von Unternehmen angesprochen werden, sich um den Auftrag zu bewerben. Zur (zulässigen) Direktansprache von Unternehmen → VOB/A § 3 Rn. 7.

3 Der Auftragsbekanntmachung schließt sich ein von der UVgO vorgegebener **strukturierter Verfahrensgang** an. Die innerhalb der Angebotsfrist eingegangenen Angebote werden – ggf. nach einer Nachforderung (§ 41 Abs. 2, 3 UVgO) – nach Maßgabe der von dem Auftraggeber festgelegten Zuschlagskriterien (§ 43 Abs. 2 UVgO) gewertet, um das wirtschaftlichste Angebot zu ermitteln (§ 43 Abs. 1 UVgO).

II. Aufklärung über das Angebot oder die Eignung (Abs. 2)

4 Abs. 2 zieht die Grenzen der zulässigen Aufklärung von Angeboten. Kennzeichen der Öffentlichen Ausschreibung ist es, dass der Auftraggeber von den Bietern nur Aufklärung über ihre Eignung, das Vorliegen von Ausschlussgründen oder über das Angebot verlangen darf. Verhandlungen, insbes. über Änderungen der Angebote oder Preise, sind unzulässig. Abs. 2 entspricht dem § 15 Abs. 5 VgV, so dass auf dessen Kommentierung bei → VgV § 15 Rn. 14 ff. verwiesen wird.

§ 10 Beschränkte Ausschreibung mit Teilnahmewettbewerb

(1) [1]**Bei einer Beschränkten Ausschreibung mit Teilnahmewettbewerb fordert der Auftraggeber eine unbeschränkte Anzahl von Unternehmen im Rahmen eines Teilnahmewettbewerbs öffentlich zur Abgabe von Teilnahmeanträgen auf.** [2]**Jedes interessierte Unternehmen kann einen Teilnahmeantrag abgeben.** [3]**Mit dem Teilnahmeantrag übermitteln die Unternehmen die vom Auftraggeber geforderten Informationen für die Prüfung ihrer Eignung und des Nichtvorliegens von Ausschlussgründen.**

(2) [1]**Nur diejenigen Unternehmen, die vom Auftraggeber nach Prüfung der übermittelten Informationen gemäß § 37 dazu aufgefordert werden, dürfen ein Angebot abgeben.** [2]**Der Auftraggeber kann die Zahl der Bewerber, die zur Angebotsabgabe aufgefordert werden, gemäß § 36 begrenzen.**

(3) **§ 9 Absatz 2 gilt entsprechend.**

---

[1] Dazu schon OLG Düsseldorf 27.10.2004 – VII-Verg 52/04, IBRRS 2004, 3497.
[2] VG Würzburg 18.3.2019 – 8 K 18.1161, BeckRS 2019, 4442.
[3] DSW/Dieckmann UVgO § 9 Rn. 4; BeckOK VergabeR/Feldmann UVgO § 9 Rn. 4.

I. Bedeutung der Vorschrift

§ 10 UVgO regelt die Beschränkte Ausschreibung mit Teilnahmewettbewerb als 1
das neben der Öffentlichen Ausschreibung gleichrangige Regelverfahren für Auftragsvergaben im Anwendungsbereich der UVgO (→ § 8 Rn. 9f.). Die Vorschrift enthält in Abs. 1 eine Legaldefinition der Beschränkten Ausschreibung mit Teilnahmewettbewerb (vgl. auch → VOB/A § 3 Rn. 13): In diesem Verfahren fordert der Auftraggeber eine unbeschränkte Anzahl von Unternehmen im Rahmen eines Teilnahmewettbewerbs öffentlich zur Abgabe von Teilnahmeanträgen auf. Dabei kann jedes interessierte Unternehmen einen Teilnahmeantrag abgeben. Allerdings dürfen nur diejenigen Unternehmen, die vom Auftraggeber nach Prüfung der übermittelten Informationen über ihre Eignung und das Nichtvorliegen von Ausschlussgründen gem. § 37 UVgO dazu aufgefordert werden, ein Angebot einreichen. Der **Teilnahmewettbewerb** steht damit zwar allen interessierten Unternehmen offen; jedoch findet der Angebotswettbewerb nur zwischen den zur Abgabe eines Angebotes aufgeforderten Unternehmen statt.

Hierdurch unterscheidet sich die Beschränkte Ausschreibung mit Teilnahmewettbewerb von der Öffentlichen Ausschreibung, bei der jedes interessierte Unternehmen ein Angebot abgeben kann (§ 9 Abs. 1 S. 2 UVgO, → § 9 Rn. 1). Von der Verhandlungsvergabe mit Teilnahmewettbewerb unterscheidet sich die Beschränkte Ausschreibung mit Teilnahmewettbewerb dadurch, dass **Verhandlungen** über das Angebot in der Beschränkten Ausschreibung mit Teilnahmewettbewerb **unzulässig** sind; dies wird durch die entsprechende Geltung des § 9 Abs. 2 UVgO in Abs. 3 klargestellt (→ Rn. 11). 2

Die Beschränkte Ausschreibung mit Teilnahmewettbewerb durfte nach § 3 3
Abs. 2 S. 2 VOL/A nur in begründeten Ausnahmefällen durchgeführt werden und war ggü. der Öffentlichen Ausschreibung nachrangig. Hiervon macht § 8 Abs. 2 S. 1 UVgO eine Abkehr: Danach stehen die Öffentliche Ausschreibung und die Beschränkte Ausschreibung mit Teilnahmewettbewerb dem Auftraggeber **nach seiner Wahl** – also ohne Einschränkungen – zur Verfügung (→ § 8 Rn. 9f.).

II. Beschränkte Ausschreibung mit Teilnahmewettbewerb (Abs. 1)

Bei einer Beschränkten Ausschreibung mit Teilnahmewettbewerb wird eine 4
unbeschränkte Anzahl von Unternehmen öffentlich zur Abgabe von Teilnahmeanträgen, aus dem Bewerberkreis sodann aber nur eine beschränkte Anzahl von Unternehmen zur Abgabe von Angeboten aufgefordert (S. 1). Im Hinblick auf die Wettbewerbsintensität steht die Beschränkte Ausschreibung mit Teilnahmewettbewerb hinter der Öffentlichen Ausschreibung zurück. Denn im Unterschied zur Öffentlichen Ausschreibung, bei der alle an dem Auftrag interessierten Unternehmen ein Angebot abgeben dürfen (§ 9 Abs. 1 S. 2 UVgO), ist der Wettbewerb bei der Beschränkten Ausschreibung mit Teilnahmewettbewerb in der Phase, die sich dem Teilnahmewettbewerb anschließt, auf diejenigen Unternehmen beschränkt, die von dem Auftraggeber zur Angebotsabgabe aufgefordert werden (vgl. Abs. 2, → Rn. 9).

Die Beschränkte Ausschreibung mit Teilnahmewettbewerb ist im Unterschwellenbereich das Pendant zum nicht offenen Verfahren. Auf die Kommentierung des § 16 VgV kann daher ergänzend verwiesen werden. Auch hier erfolgt die Vergabe in einem zweistufigen Verfahren (ausf. → GWB § 119 Rn. 16ff. und → VgV § 16 Rn. 5). Die erste Stufe beginnt mit dem Versand einer Auftragsbekanntmachung nach § 27 Abs. 1 UVgO, mit der ein **Teilnahmewettbewerb** eingeleitet wird. Zum Teilnahmewettbewerb → VgV § 16 Rn. 6. Nach Abschluss des Teilnahmewettbe- 5 werbs werden diejenigen Unternehmen, die die in der Auftragsbekanntmachung festgelegten objektiven und nichtdiskriminierenden Eignungskriterien am besten erfüllen, in der zweiten Stufe zur Abgabe von Angeboten aufgefordert (vgl. § 37 Abs. 1 UVgO, → § 37 Rn. 2).

6   Sofern der Auftraggeber – wie regelmäßig – die Zahl der Unternehmen, die zur Abgabe eines Angebotes aufgefordert werden sollen, begrenzen will, sind die von ihm vorgesehenen objektiven und nichtdiskriminierenden **Eignungskriterien** für die **Begrenzung der Bewerberzahl**, die vorgesehene Mindestzahl und ggf. auch die Höchstzahl der einzuladenden Bewerber in der Auftragsbekanntmachung anzugeben (§ 36 Abs. 1 UVgO). Vgl. dazu ausf. → VgV § 51 Rn. 8 und → VgV § 16 Rn. 7. Die **Mindestzahl** der einzuladenden Bewerber darf nicht niedriger als drei sein (§ 36 Abs. 2 S. 1 UVgO). Eine Höchstzahl muss nicht zwingend festgelegt werden,[1] jedoch ist der Auftraggeber an eine angegebene Höchstzahl gebunden.[2] Dabei sind die zur Angebotsabgabe aufzufordernden Unternehmen ausschl. aus dem Kreis derjenigen Unternehmen, die einen Teilnahmeantrag gestellt haben und die die bekannt gemachten Eignungskriterien erfüllen, auszuwählen (§ 31 Abs. 3 UVgO und § 36 Abs. 2 S. 4 UVgO).

7   Die an dem Auftrag interessierten Unternehmen haben ihre Teilnahmeanträge innerhalb der in der Auftragsbekanntmachung festgelegten Teilnahmefrist (§ 28 Abs. 2 Nr. 1 UVgO) einzureichen. Die **Prüfung und Wertung der Teilnahmeanträge** folgt einem von der UVgO vorgegebenen Verfahren, das in diesem Kontext nur kurz beschrieben werden soll; auf die jew. einschlägige Kommentierung wird ergänzend verwiesen:
– Aufbewahrung ungeöffneter Teilnahmeanträge nach § 39 UVgO.
– Teilnahmeanträge dürfen erst nach Ablauf der Teilnahmefrist geöffnet werden, § 40 Abs. 1 UVgO.
– Alsdann sind die Teilnahmeanträge zunächst auf Vollständigkeit und fachliche Richtigkeit zu überprüfen, § 41 Abs. 1 VgV.
– Die Nachforderung von unternehmensbezogenen Unterlagen im Teilnahmewettbewerb richtet sich nach § 41 Abs. 2 UVgO.
– Teilnahmeanträge sind nach § 42 Abs. 3 UVgO auszuschließen, wenn die in § 42 Abs. 1 UVgO normierten Voraussetzungen erfüllt sind.[3]

8   Zur materiellen Wertung der Teilnahmeanträge und zum Beurteilungsspielraum des Auftraggebers → VgV § 16 Rn. 9 und → VgV § 51 Rn. 4 ff.

III. Angebotsabgabe (Abs. 2)

9   Nach Abschluss des Teilnahmewettbewerbs werden diejenigen Unternehmen, die die in der Auftragsbekanntmachung festgelegten objektiven und nichtdiskriminierenden Eignungskriterien am besten erfüllen, in der zweiten Verfahrensstufe zur Abgabe von Angeboten aufgefordert (vgl. § 37 Abs. 1 UVgO). Dabei können nur diejenigen Unternehmen, die von dem Auftraggeber nach Abschluss des Teilnahmewettbewerbs dazu aufgefordert werden, ein Angebot einreichen. Dies wird durch Abs. 2 klargestellt. Angebote von Bietern, die nach Abschluss des Teilnahmewettbewerbs nicht zur Abgabe aufgefordert wurden bzw. die keinen Teilnahmeantrag gestellt haben, sind deshalb zwingend auszuschließen.

---

[1] BayObLG 20.4.2005 – Verg 26/04, VergabeR 2005, 532 (534) = IBRRS 2005, 1598.
[2] OLG München 21.11.2013 – Verg 09/13, BeckRS 2013, 22620; 19.12.2013 – Verg 12/13, BeckRS 2014, 957.
[3] Zum Ausschluss von verfristeten Teilnahmeanträgen vgl. auch VK Sachsen 4.9.2014 – 1/SVK/026-14, BeckRS 2015, 8251; VK Südbayern 7.7.2014 – Z3-3-3194-1-24-05/14, IBRRS 2014, 2140.

Die Aufforderung zur Angebotsabgabe enthält mindestens die in § 37 Abs. 2 UVgO nicht abschl. aufgeführten Angaben (→ § 37 Rn. 4). Die anschließende Vergabe des Auftrags erfolgt im **vorgeschriebenen Verfahren** gem. den §§ 37 ff. UVgO.

IV. Aufklärung über das Angebot oder die Eignung (Abs. 3)

Abs. 3 ordnet die entspr. Geltung des § 9 Abs. 2 UVgO an. Danach darf der Auftraggeber auch bei der Beschränkten Ausschreibung mit Teilnahmewettbewerb von den Bietern lediglich die Aufklärung über ihre Eignung, das Vorliegen von Ausschlussgründen oder über das Angebot verlangen. Es gilt ein striktes **Verhandlungsverbot**. Auf die Kommentierung des § 15 Abs. 5 VgV (→ VgV § 15 Rn. 14 ff.) wird verwiesen.

§ 11 Beschränkte Ausschreibung ohne Teilnahmewettbewerb

(1) **Bei einer Beschränkten Ausschreibung ohne Teilnahmewettbewerb fordert der Auftraggeber ohne vorherige Durchführung eines Teilnahmewettbewerbs mehrere, grundsätzlich mindestens drei Unternehmen zur Abgabe eines Angebots auf.**

(2) [1]**Für die Auswahl darf der Auftraggeber nur geeignete Unternehmen auffordern, bei denen keine Ausschlussgründe vorliegen.** [2]**Soweit der Auftraggeber die Erfüllung der Eignungskriterien und das Nichtvorliegen von Ausschlussgründen eines beteiligten Unternehmens im Vorfeld nicht abschließend feststellen kann, darf er die notwendigen Nachweise und Erklärungen auch noch mit oder nach Versendung der Aufforderung zur Angebotsabgabe von dem betreffenden Unternehmen verlangen.**

(3) § 9 Absatz 2 gilt entsprechend.

(4) **Der Auftraggeber soll zwischen den Unternehmen, die zur Abgabe eines Angebots aufgefordert werden, wechseln.**

I. Bedeutung der Vorschrift

Die Vorschrift regelt das Prozedere, das der Auftraggeber bei der Beschränkten Ausschreibung ohne Teilnahmewettbewerb zu beachten hat. In diesem Verfahren fordert der Auftraggeber ohne vorherige Durchführung eines Teilnahmewettbewerbs mehrere, grds. mindestens drei Unternehmen zur Abgabe eines Angebotes auf. Ein vorstrukturierter Teilnahmewettbewerb entfällt, der Auftraggeber entscheidet stattdessen ohne Teilnahmewettbewerb über die Zusammensetzung des Bieterkreises.[1] Der Angebotswettbewerb ist somit beschränkt und findet nur zwischen den zur Abgabe eines Angebotes aufgeforderten Unternehmen statt.

Die Auftragsvergabe erfolgt in einem **zweistufigen Verfahren;** die Prüfung der Eignung der Bewerber ist von der Angebotswertung abgekoppelt, was in Abs. 2 deutlich wird. Jedoch wendet sich der Auftraggeber in dieser Verfahrensart mit der Aufforderung zur Angebotsabgabe **ohne Auftragsbekanntmachung** (§ 27 Abs. 1 UVgO) direkt an die ausgewählten Unternehmen. Die Eignungsprüfung findet hier somit nicht in einem formalisierten Teilnahmewettbewerb statt. Von der Verhandlungsvergabe ohne Teilnahmewettbewerb (§ 12 Abs. 2 UVgO) unterscheidet sich die Beschränkte Ausschreibung ohne Teilnahmewettbewerb dadurch, dass **Verhand-**

---

[1] DSW/Dieckmann UVgO § 11 Rn. 1.

UVgO § 11 Beschränkte Ausschreibung ohne Teilnahmewettbewerb

lungen über das Angebot in der Beschränkten Ausschreibung ohne Teilnahmewettbewerb **unzulässig** sind; dies wird durch die entspr. Geltung des § 9 Abs. 2 UVgO in Abs. 3 klargestellt.

3   Aufgrund der geringeren Wettbewerbsintensität ist die Beschränkte Ausschreibung ohne Teilnahmewettbewerb ggü. der Öffentlichen Ausschreibung und der Beschränkten Ausschreibung mit Teilnahmewettbewerb **nachrangig** (§ 8 Abs. 2 S. 2 UVgO). Sie darf nur in den in § 8 Abs. 3 UVgO genannten **Ausnahmefällen** angewendet werden (→ § 8 Rn. 12 ff.).

II. Beschränkte Ausschreibung ohne Teilnahmewettbewerb (Abs. 1)

4   Bei einer Beschränkten Ausschreibung ohne Teilnahmewettbewerb werden mehrere, **grds. mindestens drei Unternehmen** zur Abgabe von Angeboten aufgefordert. Im Hinblick auf die Wettbewerbsintensität steht diese Verfahrensart hinter der Öffentlichen Ausschreibung und der Beschränkten Ausschreibung mit Teilnahmewettbewerb zurück. Denn im Unterschied zur Öffentlichen Ausschreibung, bei der alle an dem Auftrag interessierten Unternehmen ein Angebot abgeben dürfen (§ 9 Abs. 1 S. 2 UVgO), ist der Wettbewerb bei der Beschränkten Ausschreibung ohne Teilnahmewettbewerb auf diejenigen Unternehmen beschränkt, die von dem Auftraggeber zur Angebotsabgabe aufgefordert werden. Gegenüber der Beschränkten Ausschreibung mit Teilnahmewettbewerb ist die Beschränkte Ausschreibung ohne Teilnahmewettbewerb die nachrangige Verfahrensart, weil hier keine öffentliche Auftragsbekanntmachung nach § 27 Abs. 1 UVgO erfolgt. Zur daraus resultierenden **ex-post-Transparenzpflicht** → § 30 Rn. 1.

5   Die Beschränkte Ausschreibung ohne Teilnahmewettbewerb erfolgt im vorgeschriebenen Verfahren. Es sind nach Abs. 1 stets mehrere, grds. mindestens drei Unternehmen zur Angebotsabgabe aufzufordern. Daraus wird deutlich, dass auch die Beschränkte Ausschreibung ohne Teilnahmewettbewerb dem Wettbewerbsgrundsatz folgt. Werden mehr als drei Unternehmen zur Angebotsabgabe aufgefordert, ist dies selbstverständlich als von der UVgO gewollter Zustand zulässig. Nach den amtlichen Erläuterungen zu § 11 Abs. 1 UVgO[2] ist es in begründeten Ausnahmefällen zulässig, nur zwei Unternehmen zur Angebotsabgabe aufzufordern, nicht jedoch nur ein einziges Unternehmen. Das heißt: Drei Unternehmen sind die Regelvorgabe und Untergrenze, die zur Angebotsabgabe aufgefordert werden müssen. Die Auswahl von nur zwei Unternehmen ist als atypischer Sonderfall auf enge, sachlich tragfähig begründbare Ausnahmen begrenzt und gem. § 6 Abs. 1 UVgO zu dokumentieren.[3]

III. Auswahl der Unternehmen (Abs. 2 und 4)

6   Die Auswahl der Unternehmen erfolgt nach § 31 Abs. 1 UVgO: Es sind fachkundige und leistungsfähige (geeignete) Unternehmen auszuwählen, bei denen keine Ausschlussgründe in entspr. Anwendung der § 123 GWB und § 124 GWB vorliegen (dazu → VgV § 42 Rn. 4, → § 31 Rn. 3). Da kein öffentlicher Teilnahmewettbewerb stattfindet, hat der Auftraggeber bei der Auswahl der Unternehmen in besonderer Weise den Grundsätzen der Gleichbehandlung, Transparenz sowie des Wettbewerbs Rechnung zu tragen.[4] Die Auswahl ist nach sachgerechten Gesichtspunkten

---

[2] BMWi, Erläuterungen zur UVgO, BAnz. AT 7.2.2017 B2, S. 6.
[3] DSW/Dieckmann UVgO § 11 Rn. 6.
[4] OLG Saarbrücken 28.1.2015 – 1 U 138/14, BeckRS 2015, 5288 zur Auswahl der Teilnehmer an einer Beschränkten Ausschreibung nach Aufhebung einer Öffentlichen Ausschreibung.

vorzunehmen; dabei sind Ungleichbehandlungen zu unterlassen.[5] Es gelten insbes. die Pflichten zum **Wechsel unter den Unternehmen** (Abs. 4; vgl. dazu → VOB/A § 3b Rn. 5) sowie zur **Berücksichtigung kleiner und mittlerer Unternehmen** (§ 2 Abs. 4 UVgO).

Der Auftraggeber hat die Eignung und das Nichtvorliegen von Ausschlussgründen 7 grds. festzustellen, bevor er die Unternehmen zur Abgabe eines Angebotes auffordert. Allerdings darf er, sofern er die Erfüllung der Eignungskriterien und das Nichtvorliegen von Ausschlussgründen eines Unternehmens im Vorfeld nicht abschl. feststellen kann, die notwendigen Nachweise und Erklärungen auch noch mit oder nach Versendung der Aufforderung zur Angebotsabgabe von dem betreffenden Unternehmen verlangen. Beschränkte Ausschreibungen ohne Teilnahmewettbewerb können also auch dergestalt durchgeführt werden, dass (erst) mit der Aufforderung zur Angebotsabgabe die Eignungskriterien benannt werden (§ 35 Abs. 1 UVgO). In den übrigen Fällen ist die Feststellung der Eignung abschließend. Hat der Auftraggeber die Eignung eines Unternehmens ermessensfehlerfrei bejaht und es zur Abgabe eines Angebotes aufgefordert, ist er daran bei unveränderter Sachlage gebunden. Er ist also gehindert, im weiteren Verlauf des Vergabeverfahrens von seiner ursprünglichen Beurteilung abzurücken und bei unveränderter Sachlage die Eignung eines Unternehmens nunmehr zu verneinen (→ VgV § 16 Rn. 6, → VgV § 42 Rn. 13).

IV. Aufklärung über das Angebot oder die Eignung (Abs. 3)

Abs. 3 ordnet die entspr. Geltung des § 9 Abs. 2 UVgO an. Danach darf der 8 Auftraggeber auch bei der Beschränkten Ausschreibung ohne Teilnahmewettbewerb von den Bietern lediglich die Aufklärung über ihre Eignung, das Vorliegen von Ausschlussgründen oder über das Angebot verlangen. Es gilt ein striktes **Verhandlungsverbot**. Auf die Kommentierung des § 15 Abs. 5 VgV bei → VgV § 15 Rn. 14 ff. wird verwiesen.

§ 12 Verhandlungsvergabe mit oder ohne Teilnahmewettbewerb

(1) [1]**Der Auftraggeber kann eine Verhandlungsvergabe mit oder ohne Teilnahmewettbewerb durchführen.** [2]**Bei einer Verhandlungsvergabe mit Teilnahmewettbewerb gilt § 10 Absatz 1 und 2 entsprechend.**

(2) [1]**Bei einer Verhandlungsvergabe ohne Teilnahmewettbewerb fordert der Auftraggeber mehrere, grundsätzlich mindestens drei Unternehmen zur Abgabe eines Angebots oder zur Teilnahme an Verhandlungen auf.** [2]**§ 11 Absatz 2 gilt entsprechend.** [3]**Der Auftraggeber soll zwischen den Unternehmen, die zur Abgabe eines Angebots oder zur Teilnahme an Verhandlungen aufgefordert werden, wechseln.**

(3) **Im Falle einer Verhandlungsvergabe nach § 8 Absatz 4 Nummer 9 bis 14 darf auch nur ein Unternehmen zur Abgabe eines Angebots oder zur Teilnahme an Verhandlungen aufgefordert werden.**

(4) [1]**Es darf über den gesamten Angebotsinhalt verhandelt werden mit Ausnahme der vom Auftraggeber in der Leistungsbeschreibung festgelegten Mindestanforderungen und Zuschlagskriterien.** [2]**Der Auftraggeber kann den Zuschlag, auch ohne zuvor verhandelt zu haben, unter Beachtung der Grundsätze § 2 Absatz 1 und 2 auf ein Angebot erteilen, wenn er sich dies in der Auftragsbekanntmachung, den Vergabeunterlagen oder bei der Aufforderung zur Abgabe des Angebots vorbehalten hat und die Bindefrist für den Bieter noch nicht abgelaufen ist.**

---

[5] OLG Schleswig 4.5.2001 – 6 Verg 2/2001, IBRRS 2003, 1486.

(5) ¹Der Auftraggeber stellt sicher, dass alle Bieter bei den Verhandlungen gleich behandelt werden. ²Insbesondere enthält er sich jeder diskriminierenden Weitergabe von Informationen, durch die bestimmte Bieter gegenüber anderen begünstigt werden könnten. ³Er unterrichtet alle Bieter über etwaige Änderungen der Leistungsbeschreibung, insbesondere der technischen Anforderungen oder anderer Bestandteile der Vergabeunterlagen. ⁴Der Auftraggeber darf vertrauliche Informationen eines an den Verhandlungen teilnehmenden Bieters nicht ohne dessen Zustimmung an die anderen Bieter, mit denen verhandelt wird, weitergeben. ⁵Eine solche Zustimmung darf nicht allgemein, sondern nur in Bezug auf die beabsichtigte Mitteilung bestimmter Informationen erteilt werden.

(6) Beabsichtigt der Auftraggeber, nach geführten Verhandlungen diese abzuschließen, so unterrichtet er die Bieter und legt eine einheitliche Frist für die Einreichung der endgültigen Angebote, über die nicht mehr verhandelt werden darf, fest.

I. Bedeutung der Vorschrift

1   Im Anschluss an § 8 Abs. 4 UVgO, der die Zulässigkeitsvoraussetzungen der Verhandlungsvergabe benennt (dazu → § 8 Rn. 16 ff.), normiert die Vorschrift das Prozedere, welches bei der Verhandlungsvergabe mit oder ohne Teilnahmewettbewerb einzuhalten ist. Sie orientiert sich zT noch an der früheren Rechtslage nach § 3 Abs. 1 S. 3 VOL/A zur Freihändigen Vergabe, mehr jedoch an § 17 VgV zum Verhandlungsverfahren im Oberschwellenbereich. Die „Freihändige Vergabe" der VOL/A wurde in „Verhandlungsvergabe" umbenannt, um deutlich zu machen, dass es sich hierbei um ein **förmliches, idR wettbewerbliches Verfahren** handelt, bei dem im Regelfall über die Angebotsinhalte verhandelt wird.[1] Zudem wird mit dieser Terminologie die Parallelität zum Verhandlungsverfahren im Oberschwellenbereich deutlicher als früher herausgestellt.

2   Wie das Verhandlungsverfahren nach § 17 VgV ist die Verhandlungsvergabe dadurch geprägt, dass hier über Leistungsvorgaben des Auftraggebers und Angebotsinhalt verhandelt werden darf (Abs. 4). Die Vorschrift differenziert zwischen der Verhandlungsvergabe mit und ohne Teilnahmewettbewerb. Bei der **Verhandlungsvergabe mit Teilnahmewettbewerb** fordert der Auftraggeber durch eine Auftragsbekanntmachung nach § 27 Abs. 1 UVgO öffentlich eine unbeschränkte Anzahl von Unternehmen auf, im Rahmen eines Teilnahmewettbewerbs Teilnahmeanträge abzugeben. Dabei kann jedes interessierte Unternehmen einen Teilnahmeantrag stellen. Allerdings dürfen nur diejenigen Unternehmen, die vom Auftraggeber nach Prüfung der übermittelten Informationen über ihre Eignung und das Nichtvorliegen von Ausschlussgründen gem. § 37 UVgO dazu aufgefordert werden, ein Angebot abgeben.

3   Bei der **Verhandlungsvergabe ohne Teilnahmewettbewerb** fordert der Auftraggeber ohne eine Auftragsbekanntmachung nach § 27 Abs. 1 UVgO mehrere, grds. mindestens drei Unternehmen zur Abgabe eines Angebotes bzw. direkt zu Verhandlungen auf; ein Teilnahmewettbewerb findet nicht statt. Auch hier vollzieht sich das wettbewerbliche Verfahren nur unter den zur Abgabe eines Angebotes bzw. zur Durchführung von Verhandlungen aufgeforderten Unternehmen.

4   Von der Beschränkten Ausschreibung unterscheidet sich die Verhandlungsvergabe dadurch, dass Verhandlungen über das Angebot in der Verhandlungsvergabe zulässig sind. Dies wird durch Abs. 4 S. 1 klargestellt. Aufgrund der geringeren

---

[1] BMWi, Erläuterungen zur UVgO, BAnz. AT 7.2.2017 B2, S. 4.

Wettbewerbsintensität ist die Verhandlungsvergabe ggü. der Öffentlichen Ausschreibung und der Beschränkten Ausschreibung **nachrangig** (§ 8 Abs. 2 S. 2 UVgO). Sie darf nur in den in § 8 Abs. 4 UVgO genannten **Ausnahmefällen** angewendet werden (ausf. dazu → § 8 Rn. 16 ff.). Ferner kommt die Verhandlungsvergabe gem. § 8 Abs. 2 S. 3 UVgO iVm dem Abschn. 3 der UVgO für die Vergabe von
– sozialen und anderen besonderen Dienstleistungen (§ 49 UVgO),
– freiberuflichen Dienstleistungen (§ 50 UVgO),
– verteidigungs- und sicherheitsspezifischen Aufträgen (§ 51 UVgO) und für die
– Durchführung von Planungswettbewerben (§ 52 UVgO)
in Betracht. Allerdings kann der Auftraggeber (wie früher auch bei der Freihändigen Vergabe) nach seiner Wahl entscheiden, ob er einen Teilnahmewettbewerb durchführt. Damit ist die Verhandlungsvergabe **auch ohne Teilnahmewettbewerb zulässig,** sofern ihre Anwendungsvoraussetzungen vorliegen. Ob ein Teilnahmewettbewerb durchgeführt wird oder nicht, ist nach pflichtgemäßem Ermessen unter Beachtung der Grundsätze der Wettbewerblichkeit und Wirtschaftlichkeit (vgl. § 2 Abs. 1 UVgO) zu entscheiden.[2] Binnenmarktrelevante Aufträge erfordern stets einen Teilnahmewettbewerb, → § 8 Rn. 4. Ein Teilnahmewettbewerb sollte auch dann die Regel sein, wenn der Auftraggeber keinen hinreichenden Marktüberblick hat und sich diesen über den Teilnahmewettbewerb erst erschließen will.[3]

II. Verhandlungsvergabe mit Teilnahmewettbewerb (Abs. 1)

Bei einer Verhandlungsvergabe mit Teilnahmewettbewerb gilt § 10 Abs. 1 und 2 UVgO entsprechend. Demgemäß wird bei einer Verhandlungsvergabe mit Teilnahmewettbewerb eine unbeschränkte Anzahl von Unternehmen öffentlich durch eine **Auftragsbekanntmachung** nach § 27 Abs. 1 UVgO zur Abgabe von Teilnahmeanträgen aufgefordert (Abs. 1 S. 2 mit § 10 Abs. 1 S. 1 UVgO). Jedes interessierte Unternehmen kann einen Teilnahmeantrag stellen (Abs. 1 S. 2 mit § 10 Abs. 1 S. 2 UVgO). Mit dem Teilnahmeantrag übermitteln die Unternehmen die vom Auftraggeber geforderten Informationen für die Prüfung ihrer Eignung und des Nichtvorliegens von Ausschlussgründen (Abs. 1 S. 2 mit § 10 Abs. 1 S. 3 UVgO). Allerdings ist der Wettbewerb in der Phase, die sich dem **Teilnahmewettbewerb** anschließt, auf diejenigen Unternehmen beschränkt, die von dem Auftraggeber nach Prüfung ihrer Eignung und des Nichtvorliegens von Ausschlussgründen zur Angebotsabgabe oder zu Verhandlungen aufgefordert werden (Abs. 1 S. 2 mit § 10 Abs. 2 S. 1 UVgO).

Der Auftraggeber kann die Zahl der Bewerber, die zur Angebotsabgabe aufgefordert werden, gem. § 36 UVgO begrenzen (Abs. 1 S. 2 iVm § 10 Abs. 2 S. 2 UVgO). Dazu gibt der Auftraggeber in der Auftragsbekanntmachung die von ihm vorgesehenen objektiven und nichtdiskriminierenden Eignungskriterien für die Begrenzung der Zahl, die vorgesehene Mindestzahl und ggf. auch die Höchstzahl der aufzufordernden Bewerber an (§ 36 Abs. 1 S. 2 UVgO). Die vom Auftraggeber vorgesehene Mindestzahl der zur Angebotsabgabe oder zur Teilnahme an Verhandlungen aufzufordernden Bewerber darf **nicht niedriger als drei** sein. In jedem Fall muss die vorgesehene Mindestzahl ausreichend hoch sein, sodass der Wettbewerb hinreichend gewährleistet ist. Sofern die Zahl geeigneter Bewerber unter der Mindestzahl liegt, kann der Auftraggeber das Vergabeverfahren fortfüh-

---

[2] DSW/Dieckmann UVgO § 12 Rn. 5.
[3] DSW/Dieckmann UVgO § 12 Rn. 5; Müller-Wrede VgV/UVgO/Hirsch/Kaelble UVgO § 12 Rn. 8, 11.

ren, indem er alle Bewerber zur Angebotsabgabe oder zur Teilnahme an Verhandlungen auffordert, die über die geforderte Eignung verfügen. Unternehmen, die sich nicht um die Teilnahme beworben haben, oder Bewerber, die nicht über die geforderte Eignung verfügen, dürfen nicht zugelassen werden (§ 36 Abs. 2 UVgO). Zum Teilnahmewettbewerb sowie zur Begrenzung der Zahl der Unternehmen, die zur Abgabe eines Angebotes oder zu Verhandlungen aufgefordert werden, → § 10 Rn. 6, 7.

III. Verhandlungsvergabe ohne Teilnahmewettbewerb (Abs. 2 und 3)

7 Bei einer Verhandlungsvergabe ohne Teilnahmewettbewerb werden mehrere, grds. mindestens drei Unternehmen ohne öffentliche Auftragsbekanntmachung nach § 27 Abs. 1 UVgO zur Abgabe von Angeboten oder zur Teilnahme an Verhandlungen aufgefordert (Abs. 2 S. 1). Zur daraus resultierenden **ex-post-Transparenzpflicht** nach § 30 Abs. 1 UVgO → § 30 Rn. 1. § 11 Abs. 2 UVgO wird für entspr. anwendbar erklärt. Danach darf der Auftraggeber nur geeignete Unternehmen zur Angebotsabgabe auffordern, bei denen keine Ausschlussgründe vorliegen. IÜ soll der Auftraggeber zwischen den Unternehmen, die zur Abgabe eines Angebots oder zur Teilnahme an Verhandlungen aufgefordert werden, wechseln (näher → § 11 Rn. 6 und → VOB/A § 3b Rn. 5).

8 Im Unterschied zum Verhandlungsverfahren im Oberschwellenbereich, bei dem Verhandlungen nur über Erstangebote geführt werden dürfen (vgl. § 17 Abs. 10 S. 1 VgV, → VgV § 17 Rn. 20), ist der Auftraggeber im Unterschwellenbereich flexibler: Hier darf er auch **unmittelbar zu Verhandlungen auffordern,** ohne dass Erstangebote vorliegen (Abs. 2 S. 1). Nach den amtlichen Erläuterungen zu § 12 UVgO[4] deckt die Verhandlungsvergabe somit inhaltlich auch die Verfahrensart des wettbewerblichen Dialogs ab, bei dem auch ohne vorherige Einreichung eines Angebots verhandelt werden darf.

9 Auch die Verhandlungsvergabe ohne Teilnahmewettbewerb ist ein **wettbewerbliches Verfahren.** Es sind mehrere, **grds. mindestens drei Unternehmen** zur Angebotsabgabe oder zu Verhandlungen aufzufordern. Nach den amtlichen Erläuterungen zu § 12 Abs. 1 UVgO[5] ist es in begründeten Ausnahmefällen aber zulässig, nur mit zwei Unternehmen zu verhandeln. Dabei soll der Auftraggeber – sofern er mehrfach Aufträge im Wege der Verhandlungsvergabe ohne Teilnahmewettbewerb vergibt – zwischen den Unternehmen, die zur Abgabe eines Angebots oder zur Teilnahme an Verhandlungen aufgefordert werden, wechseln. Verhandlungen mit nur einem Unternehmen sind gem. Abs. 3 nur zulässig, wenn einer der in § 8 Abs. 4 Nr. 9–14 UVgO normierten Ausnahmefälle vorliegt. Nach den amtlichen Erläuterungen zu § 12 UVgO[6] kommt in diesen Fällen „sinnvollerweise nur ein bestimmtes Unternehmen für den Auftrag in Betracht". Warum das allerdings auch für die Dringlichkeitsvergabe nach § 8 Abs. 4 Nr. 9 UVgO gelten soll[7], leuchtet nicht ein.[8]

10 Zur **Auswahl der Unternehmen** → § 11 Rn. 6, 7.

---

[4] BMWi, Erläuterungen zur UVgO, BAnz. AT 7.2.2017 B2, S. 6.
[5] BMWi, Erläuterungen zur UVgO, BAnz. AT 7.2.2017 B2, S. 6.
[6] BMWi, Erläuterungen zur UVgO, BAnz. AT 7.2.2017 B2, S. 7.
[7] So auch BMWK-Rundschreiben zur Anwendung von dringlichen Vergaben im Zusammenhang mit dem russischen Angriffskrieg gegen die Ukraine bei kurzfristigen Beschaffungsbedarfen, die im Zusammenhang mit dem russischen Angriffskrieg gegen die Ukraine stehen, v. 13.4.2022, S. 6.
[8] So auch DSW/Dieckmann UVgO § 12 Rn. 10, der darin ein redaktionelles Versehen sieht.

IV. Durchführung von Verhandlungen (Abs. 4)

Über den gesamten Angebotsinhalt mit Ausnahme der vom Auftraggeber in der Leistungsbeschreibung festgelegten Mindestanforderungen und Zuschlagskriterien darf verhandelt werden (S. 1). Daneben sind Verhandlungen nur unter Wahrung der Identität des ausgeschriebenen Beschaffungsgegenstandes zulässig. Die Vorschrift ist identisch mit § 17 Abs. 10 S. 2 VgV, so dass auf dessen Kommentierung verwiesen wird → VgV § 17 Rn. 20–22. 11

Der Zuschlag kann auch ohne die Durchführung von Verhandlungen unter Beachtung der Grundsätze nach § 2 Abs. 1, 2 UVgO auf ein Angebot erteilt werden, wenn sich der Auftraggeber dies in der Auftragsbekanntmachung, den Vergabeunterlagen oder bei der Aufforderung zur Abgabe des Angebots vorbehalten hat und die Bindefrist für den Bieter noch nicht abgelaufen ist (S. 2). Anders als im Oberschwellenbereich nach § 17 Abs. 11 VgV, muss sich der Vorbehalt des Auftraggebers nicht zwingend aus der Auftragsbekanntmachung ergeben; ein Vorbehalt in den Vergabeunterlagen oder bei der Aufforderung zur Abgabe eines Angebotes reicht aus. Mit Ausnahme dieser Abweichung entspricht die Vorschrift § 17 Abs. 11 VgV; auf dessen Kommentierung wird verwiesen → VgV § 17 Rn. 26. 12

Im Unterschwellenbereich findet sich keine Regelung darüber, ob der Auftraggeber die Verhandlungen in verschiedenen, aufeinanderfolgenden Phasen abwickeln darf, um die Zahl der Angebote, über die verhandelt wird, zu verringern, so wie dies im Oberschwellenbereich in § 17 Abs. 12 VgV vorgesehen ist. Das Fehlen einer solchen Regelung bedeutet aber nicht, dass eine **Abschichtung der Angebote** nach § 12 UVgO ausgeschlossen ist. Vielmehr kann der Auftraggeber auch bei der Vergabe unterschwelliger Liefer- und Dienstleistungsaufträge unter Beachtung der Transparenzvorgaben des § 17 Abs. 12 VgV die Angebote abschichten.[9] Erforderlich ist aber ein transparent kommunizierter **Vorbehalt** des Auftraggebers spätestens bei der Aufforderung zur Abgabe des Erstangebotes. Zur phasenweisen Abwicklung → VgV § 17 Rn. 27. 13

V. Gleichbehandlung (Abs. 5)

Der Auftraggeber hat sicherzustellen, dass alle Bieter bei den Verhandlungen gleichbehandelt werden (S. 1). Insbes. muss er sich jeder diskriminierenden Weitergabe von Informationen, durch die bestimmte Bieter ggü. anderen begünstigt werden könnten, enthalten (S. 2). Dazu ausf. die Kommentierung des gleichlautenden § 17 Abs. 13 S. 1 und 2 VgV → VgV § 17 Rn. 30. 14

Zur Gleichbehandlung der Bieter und transparenten Verfahrensführung gehört es auch, dass der Auftraggeber alle Bieter über etwaige Änderungen der Leistungsbeschreibung, insbes. der technischen Anforderungen oder anderer Bestandteile der Vergabeunterlagen, die nicht die Festlegung der Mindestanforderungen und Zuschlagskriterien betreffen, unterrichtet (S. 3). S. 4 stellt klar, dass der Auftraggeber **vertrauliche Informationen** eines an den Verhandlungen teilnehmenden Bieters nicht ohne dessen Zustimmung an die anderen Teilnehmer weitergeben darf. Die Vorschrift ergänzt § 3 Abs. 1 UVgO. Eine solche Zustimmung darf nicht allgemein, sondern nur in Bezug auf die beabsichtigte Mitteilung bestimmter Informationen erteilt werden. Vgl. dazu → VgV § 17 Rn. 31. 15

---

[9] Müller-Wrede VgV/UVgO/Hirsch/Kaelble UVgO § 12 Rn. 60; HK-VergabeR/Pünder/Klafki UVgO § 12 Rn. 9.

VI. Abschluss der Verhandlungen (Abs. 6)

16 Beabsichtigt der Auftraggeber, die Verhandlungen abzuschließen, hat er die Bieter zu unterrichten und eine einheitliche Frist für die Einreichung der endgültigen Angebote, über die nicht mehr verhandelt werden darf, festzulegen. Abs. 6 entspricht iW § 17 Abs. 14 S. 1 VgV, dazu → VgV § 17 Rn. 32.

§ 13 Angemessene Fristsetzung; Pflicht zur Fristverlängerung

(1) ¹Der Auftraggeber legt angemessene Fristen für den Eingang der Teilnahmeanträge (Teilnahmefrist) und Angebote (Angebotsfrist) nach den §§ 9 bis 12 sowie für die Geltung der Angebote (Bindefrist) fest. ²Bei der Festlegung der Fristen sind insbesondere die Komplexität der Leistung, die beizubringenden Erklärungen und Nachweise (Unterlagen), die Zeit für die Ausarbeitung der Teilnahmeanträge und Angebote, die Zeit für die Auswertung der Teilnahmeanträge und Angebote, die gewählten Kommunikationsmittel und die zuvor auf Beschafferprofilen veröffentlichten Informationen angemessen zu berücksichtigen.

(2) Allen Bewerbern und Bietern sind gleiche Fristen zu setzen.

(3) Können Angebote nur nach einer Besichtigung am Ort der Leistungserbringung oder nach Einsichtnahme in die Anlagen zu den Vergabeunterlagen vor Ort beim Auftraggeber erstellt werden, so sind die Angebotsfristen so festzulegen, dass alle Unternehmen von allen Informationen, die für die Erstellung des Angebots erforderlich sind, unter gewöhnlichen Umständen Kenntnis nehmen können.

(4) Die nach Absatz 1 gesetzten Fristen sind, soweit erforderlich, angemessen zu verlängern, wenn
1. zusätzliche wesentliche Informationen vom Auftraggeber vor Ablauf der Angebotsfrist zur Verfügung gestellt werden oder
2. der Auftraggeber wesentliche Änderungen an den Vergabeunterlagen vornimmt.

Literatur: Schaller, Teilnahme-, Angebots- und Bindefrist nach der UVgO, NZBau 2017, 202.

I. Bedeutung der Vorschrift

1 Die Vorschrift ist das Pendant zu § 20 VgV im Unterschwellenbereich und die Nachfolgeregelung des § 10 VOL/A. Im Unterschied zum Oberschwellenbereich sind in den in §§ 9–12 UVgO normierten Verfahrensarten keine Mindestfristen für den Eingang der Teilnahmeanträge und Angebote vorgegeben. Anders als die VgV sieht die UVgO eine Frist für die Geltung der Angebote (Bindefrist) vor. Statt eines starren Fristenregimes gilt uneingeschränkt der **Grundsatz der Festlegung angemessener Fristen.**[1] Bemessungsparameter sind ua die Komplexität der anzubietenden Leistung, die vom Bewerber oder Bieter beizubringenden Unterlagen, die Zeit für die Ausarbeitung der Teilnahmeanträge und Angebote, die Zeit für die Auswertung der Teilnahmeanträge und Angebote, die gewählten Kommunikationsmittel und die zuvor auf Beschafferprofilen veröffentlichten Informationen. Diese Generalklausel findet in allen Verfahrensarten Anwendung, damit auch in der Ver-

---

[1] BMWi, Erläuterungen zur UVgO, BAnz. AT 7.2.2017 B2, S. 7; DSW/Wagner-Cardenal UVgO § 13 Rn. 11.

handlungsvergabe ohne Teilnahmewettbewerb. Zum Sinn und Zweck → VgV § 20 Rn. 5.

Abs. 1 ordnet an, für den Eingang der Teilnahmeanträge (Teilnahmefrist) und der Angebote (Angebotsfrist) nach den §§ 9–12 UVgO sowie für die Geltung der Angebote (Bindefrist) angemessene Fristen festzulegen. Dies erfolgt bei Öffentlichen Ausschreibungen, Beschränkten Ausschreibungen mit Teilnahmewettbewerb sowie bei Verhandlungsvergaben mit Teilnahmewettbewerb gem. § 28 Abs. 2 S. 2 Nr. 10 UVgO in der Auftragsbekanntmachung und in Verfahren ohne Teilnahmewettbewerb in der Aufforderung zur Angebotsabgabe (§ 21 Abs. 1 Nr. 1 UVgO). Abs. 2 ist Ausdruck des Gleichbehandlungsgrundsatzes und schreibt vor, allen Bewerbern und Bietern gleiche Fristen zu setzen. Abs. 3 entspricht § 20 Abs. 2 VgV. Abs. 4 entspricht iW § 20 Abs. 3 VgV und verlangt, die nach Abs. 1 festgesetzten Fristen angemessen und soweit erforderlich zu verlängern, wenn zusätzliche wesentliche Informationen vom Auftraggeber vor Ablauf der Angebotsfrist zur Verfügung gestellt oder wesentliche Änderungen an den Vergabeunterlagen vorgenommen werden. 2

Die Bestimmungen über die festzusetzenden Fristen dienen dem Ziel, gleiche Teilnahmebedingungen für alle Unternehmen zu schaffen und Diskriminierungen auszuschließen. § 13 UVgO ist damit eine bieterschützende Vorschrift.[2] Verstöße sind freilich nur bei Auftragsvergaben oberhalb der EU-Schwellenwerte nachprüfbar (→ VgV § 20 Rn. 26). 3

II. Angemessene Fristen (Abs. 1)

1. Teilnahmefrist

Bei Vergabeverfahren, in denen ein Teilnahmewettbewerb vorgeschaltet ist, werden die Unternehmen zunächst öffentlich aufgefordert, ihre Teilnahme an dem Vergabeverfahren zu beantragen (näher → § 8 Rn. 6). Abs. 1 schreibt in diesem Fall vor, eine **angemessene Teilnahmefrist** festzusetzen. Die Teilnahmefrist beginnt am Folgetag der Absendung der Auftragsbekanntmachung (arg. § 16 Abs. 2 VgV) und endet an dem gem. § 28 Abs. 2 S. 2 Nr. 10 UVgO bekannt gemachten Termin.[3] Die Teilnahmefrist ist eine **Ausschlussfrist**. Ihre Überschreitung führt grds. zum Ausschluss des Teilnahmeantrags, es sei denn, der Bewerber hat das Fristversäumnis nicht zu vertreten (§ 42 Abs. 3 UVgO).[4] 4

Eine bestimmte (Mindest-) Teilnahmefrist sieht die Vorschrift nicht vor. Welche Frist angemessen ist, richtet sich nach dem jew. Einzelfall (näher → VgV § 20 Rn. 8 und → VOB/A § 10 Rn. 17). Bei der Fristbemessung sind insbes. die Komplexität der Leistung, der Umfang der beizubringenden Bewerbungsunterlagen, der voraussichtliche Zeitbedarf zur Erstellung des Teilnahmeantrags, die gewählten Kommunikationsmittel und die zuvor auf Beschafferprofilen veröffentlichten Informationen zu berücksichtigen.[5] Generell muss genügend Zeit gewährt werden, den Teilnahmeantrag mit der gebotenen Sorgfalt und Genauigkeit auszuarbeiten. 5

2. Angebotsfrist

Die **Angebotsfrist** ist der Zeitraum, der den Unternehmen für die Bearbeitung und Abgabe des Angebotes zur Verfügung steht (→ VOB/A § 10 Rn. 2). Auch hierfür ist eine **angemessene Frist** vorzusehen. Sie **beginnt** bei Öffentlicher Ausschreibung am Folgetag der Absendung der Auftragsbekanntmachung (arg. § 15 6

---

[2] DSW/Wagner-Cardenal UVgO § 13 Rn. 2.
[3] Müller-Wrede VgV/UVgO/Horn UVgO § 13 Rn. 15.
[4] DSW/Wagner-Cardenal UVgO § 13 Rn. 16.
[5] Müller-Wrede VgV/UVgO/Horn UVgO § 13 Rn. 22.

UVgO § 13 Angemessene Fristsetzung; Pflicht zur Fristverlängerung

Abs. 2 VgV), bei der Beschränkten Ausschreibung und der Verhandlungsvergabe am Folgetag der Absendung der Aufforderung zur Angebotsabgabe (arg. § 16 Abs. 5 und § 17 Abs. 6 VgV) und endet mit Ablauf der nach § 28 Abs. 2 S. 2 Nr. 10 UVgO bekannt gemachten Frist. Auch die Angebotsfrist ist eine **Ausschlussfrist**.[6] Ihre Überschreitung führt grds. zum Ausschluss des Angebotes, es sei denn, der Bieter hat das Fristversäumnis nicht zu vertreten (§ 42 Abs. 1 UVgO).[7]

7 Eine bestimmte (Mindest-) Angebotsfrist ist nicht vorgeschrieben. Die Mindestfristen der §§ 15–17 VgV im Oberschwellenbereich können als Orientierungshilfe für die Bemessung der Angebotsfrist im nationalen Vergabeverfahren herangezogen werden. Welche Frist angemessen ist, ist einzelfallbezogen zu beurteilen.[8] Den Bietern muss in jedem Fall hinreichend Zeit zur Verfügung stehen, sich über Art und Umfang der ausgeschriebenen Leistung ein genaues Bild zu verschaffen. Die **Angemessenheit der Angebotsfrist** ist daneben vom Umfang der Vergabeunterlagen abhängig.[9] Zu berücksichtigen sind auch der zusätzliche Aufwand für die Beschaffung von Unterlagen oder behördlichen Dokumenten für die Angebotsbearbeitung sowie die Durchführung ggf. erforderlicher Erprobungen und Besichtigungen, daneben die gewählten Kommunikationsmittel und die zuvor auf Beschafferprofilen veröffentlichten Informationen. Zu den Bemessungsfaktoren im Detail → VgV § 20 Rn. 6–7; → VOB/A § 10 Rn. 10.

3. Bindefrist

8 Anders als in § 20 VgV im Oberschwellenbereich ist die Bindefrist ausdr. in S. 1 vorgesehen. Die **Bindefrist** ist der Zeitraum, der dem Auftraggeber nach Ablauf der Angebotsfrist für die Prüfung und Wertung der Angebote zur Verfügung steht und innerhalb dessen die Bieter an ihre Angebote gebunden sind und diese nicht ändern, berichtigen oder zurückziehen können.[10] Zur Bindefrist → VOB/A § 10 Rn. 4 und 18 ff.; zur Angebotsbindung → VOB/A § 10a EU Rn. 35 ff. Die Bindefrist beginnt mit dem Ablauf der Angebotsfrist. Ihre Dauer ist nicht vorgeschrieben. Generell gilt, dass Bieter nicht unnötig lange an ihre Angebote gebunden werden dürfen. Die Bindefrist soll deshalb so kurz wie möglich und nicht länger bemessen werden, als für eine **zügige Prüfung und Wertung der Angebote** benötigt wird. Zu berücksichtigen sind hier alle Umstände des Einzelfalls, wie etwa Art, Umfang und Komplexität der Liefer- und Dienstleistungen, Erforderlichkeit einer komplexen technischen Prüfung der Angebote bzw. Einholung externen Sachverstands bei der Angebotswertung. Der in § 10 Abs. 4 S. 3 VOB/A für Bauvergaben vorgegebene Sollrahmen von 30 Kalendertagen kann als Orientierungshilfe herangezogen werden (→ VOB/A § 10 Rn. 19).

4. Fristberechnung

8a Für die Berechnung der Fristen gelten gem. § 54 Abs. 2 UVgO die §§ 186–193 BGB, dazu näher → § 54 Rn. 1 ff.

---

[6] VK Südbayern 15.11.2021 – 3194.Z3-3_01-21-20, VPRRS 2021, 0301: Ist der Schlusstermin für den Eingang der Angebote mit einem Datum und zB 10:00 Uhr Ortszeit angegeben, endet die Angebotsfrist „Punkt" 10 Uhr, dh um 10:00:00 Uhr, und nicht erst um 10:00:59 Uhr, dh mit Umspringen der Uhr auf 10:01(:00) Uhr; VK Bund 26.10.2016 – VK 1–92/16, VPRRS 2017, 0076.

[7] DSW/Wagner-Cardenal UVgO § 13 Rn. 16.

[8] Vgl. etwa VK Arnsberg 6.2.2013 – VK 21/12, BeckRS 2013, 46910 zur Festsetzung einer Angebotsfrist, die in die Weihnachtsfeiertage fällt.

[9] VK Sachsen 9.12.2002 – 1/SVK/102-02, IBR 2003, 1038.

[10] OLG München 23.6.2009 – Verg 8/09, BeckRS 2009, 17241; BayObLG 21.5.1999 – Verg 1/99, NZBau 2000, 49 (51); OLG Jena 28.6.2000 – 6 Verg 2/00, IBRRS 2003, 1016.

III. Gleichbehandlung (Abs. 2)

Allen Bewerbern und Bietern sind gleiche Teilnahme- bzw. Angebotsfristen zu setzen. Die Fristsetzung erfolgt bei der Öffentlichen Ausschreibung, bei der Beschränkten Ausschreibung mit Teilnahmewettbewerb und bei der Verhandlungsvergabe mit Teilnahmewettbewerb gem. § 28 Abs. 2 Nr. 10 UVgO in der Auftragsbekanntmachung. Bei der Beschränkten Ausschreibung ohne Teilnahmewettbewerb und der Verhandlungsvergabe ohne Teilnahmewettbewerb sind die Angebotsfristen einheitlich in der Aufforderung zur Abgabe eines Angebotes festzulegen (§ 21 Abs. 1 Nr. 1 UVgO). Bei der Verhandlungsvergabe ist zusätzlich § 12 Abs. 6 UVgO zu beachten. Danach ist nach Abschluss der Verhandlungen eine einheitliche Frist für die Einreichung der endgültigen Angebote festzulegen (→ VgV § 17 Rn. 32).

IV. Ortsbesichtigung und Einsichtnahme in die Vergabeunterlagen vor Ort (Abs. 3)

Können Angebote nur nach einer Besichtigung am Ort der Leistungserbringung oder nach Einsichtnahme in die Anlagen zu den Vergabeunterlagen vor Ort beim Auftraggeber erstellt werden, so sind die Angebotsfristen so festzulegen, dass alle Unternehmen von allen Informationen, die für die Erstellung des Angebots erforderlich sind, unter gewöhnlichen Umständen Kenntnis nehmen können. Abs. 3 entspricht § 20 Abs. 2 VgV (→ VgV § 20 Rn. 10 und 11).

V. Verlängerung der Angebotsfrist (Abs. 4)

Abs. 4 entspricht iW § 20 Abs. 3 VgV. Angebotsfristen sind nachträglich, dh nach Beginn der Ausschreibung, zu verlängern, wenn **zusätzliche wesentliche Informationen** vom Auftraggeber vor Ablauf der Angebotsfrist zur Verfügung gestellt (Nr. 1) oder **wesentliche Änderungen an den Vergabeunterlagen** vorgenommen werden (Nr. 2; näher → VgV § 20 Rn. 14, 17–20; → VOB/A § 12a Rn. 10–16). Wenngleich Abs. 4 ausdr. nur die Verlängerung von Angebotsfristen normiert, besteht gleichsam die Pflicht zur **Verlängerung von Teilnahmefristen** in einem zweistufigen Verfahren mit Teilnahmewettbewerb in den hier geregelten Fällen.[11] Abs. 4 enthält nicht die Vorgabe in § 20 Abs. 3 S. 1 Nr. 1 VgV, die eine Fristverlängerung von der rechtzeitigen Anforderung der zusätzlichen Informationen von den Unternehmen abhängig macht. Auf eine Anforderung – und schon gar nicht eine rechtzeitige – kommt es daher nicht an.[12] Das führt in der Konsequenz dazu, dass die Frist bei der Erteilung zusätzlicher Informationen praktisch immer zu verlängern ist, wenn es sich um wesentliche Informationen handelt und die Fristverlängerung erforderlich ist.

Sind die Voraussetzungen der Nr. 1 oder Nr. 2 erfüllt, ist die Angebotsfrist – soweit erforderlich – angemessen zu verlängern. Bei der Entscheidung über das „Ob" der Fristverlängerung steht dem Auftraggeber – wie der Wortlaut der Vorschrift zeigt („sind ... zu verlängern") – **kein Ermessensspielraum** zu. Auf eine Regelung, wonach die Übermittlung zusätzlicher, wesentlicher Informationen oder wesentliche Änderungen an den Vergabeunterlagen zu einer Fristverlängerung von einer bestimmten Anzahl von Tagen führt, wurde verzichtet. Stattdessen ist hier die Frist angemessen zu verlängern, soweit dies erforderlich ist.[13] In welchem **Umfang**

---
[11] Vgl. OLG Düsseldorf 28.3.2018 – VII-Verg 40/17, BeckRS 2018, 10390.
[12] DSW/Wagner-Cardenal UVgO § 13 Rn. 22.
[13] BMWi, Erläuterungen zur UVgO, BAnz. AT 7.2.2017 B2, S. 7.

die Verlängerung zu erfolgen hat, ist nach pflichtgemäßem Ermessen unter Berücksichtigung der Umstände des Einzelfalles zu entscheiden (näher → VgV § 20 Rn. 22).

13 Abgesehen von den in Abs. 4 normierten Fällen, in denen die Verlängerung der Angebotsfrist zwingend ist, kann der Auftraggeber die Angebotsfrist im Bedarfsfall nach pflichtgemäßem Ermessen verlängern, ohne dass dafür die Voraussetzungen von Nr. 1 oder Nr. 2 vorliegen müssen. Zu kurze Teilnahme- bzw. Angebotsfristen können somit jederzeit im erforderlichen Umfang verlängert werden.[14] Das dem Auftraggeber hierbei eingeräumte **Ermessen** ist nur insoweit überprüfbar, als der Auftraggeber die Grenzen des Ermessens eingehalten hat und ob nicht sachfremde oder willkürliche Motive für die Verlängerung maßgebend waren, s. dazu näher → VgV § 20 Rn. 25.

§ 14 Direktauftrag

¹Leistungen bis zu einem voraussichtlichen Auftragswert von 1000 Euro ohne Umsatzsteuer können unter Berücksichtigung der Haushaltsgrundsätze der Wirtschaftlichkeit und Sparsamkeit ohne die Durchführung eines Vergabeverfahrens beschafft werden (Direktauftrag). ²Der Auftraggeber soll zwischen den beauftragten Unternehmen wechseln.

1 Leistungen – dh Liefer- und Dienstleistungen – können im Anwendungsbereich der UVgO bis zu einem Netto-Auftragswert von 1.000 Euro iS einer **Bagatellschwelle** ohne Durchführung eines Vergabeverfahrens im Wege des Direktauftrags[1] beschafft werden. Gegenüber der Vorgängerregelung des § 3 Abs. 6 VOL/A wurde die Wertgrenze von 500 Euro auf 1.000 Euro angehoben. Durch die systematische Stellung der Bestimmung am Ende des UAbschn. 1 und dadurch, dass der Direktauftrag nicht im Katalog der Verfahrensarten in § 8 Abs. 1 UVgO aufgeführt ist, wird deutlich, dass bis zur Schwelle von 1.000 Euro (netto) **überhaupt kein Vergabeverfahren durchzuführen** ist.[2] Damit sind die Vorschriften, die im Kontext der Verfahrensarten eine Rolle spielen, wie etwa über die festzulegenden Fristen (§ 13 UVgO) oder die Erstellung von Vergabeunterlagen (§ 21 UVgO), beim Direktauftrag nicht anzuwenden.[3] Vielmehr hat der Auftraggeber einen weiten Handlungsspielraum und kann – in den Grenzen des S. 2 – wie ein privater Kunde entweder mehrere in Betracht kommende Unternehmen zu Angeboten auffordern oder sich am Markt über das in Betracht kommende Waren- und Dienstleistungsangebot informieren und auf dieser Grundlage einen Auftrag erteilen.[4]

2 Der Direktauftrag ist bis zu einer Grenze von 1.000 Euro (netto) statthaft. Der Auftragswert ist nach Maßgabe von § 3 VgV zu schätzen, wobei der Gesamtauftragswert (einschl. möglicher Optionen und Vertragsverlängerungen) zu berücksichtigen ist (§ 3 Abs. 1 VgV), was eine Markterkundung nach § 20 UVgO erfordern kann.[5] Stets zu beachten sind **länderspezifische Wertgrenzenregelungen**, die zT deutlich über der Bagatellgrenze der UVgO liegen. So ist die Grenze für den Direktauf-

---

[14] VK Bund 15.10.2018 – VK 1–89/18, VPRRS 2018, 0340.
[1] Durch die Formulierung „*Direktauftrag*" statt wie früher in § 3 Abs. 6 VOL/A „*Direktkauf*" soll verdeutlicht werden, dass nicht nur Liefer-, sondern auch Dienstleistungen umfasst sind: BMWi, Erläuterungen zur UVgO, BAnz. AT 7.2.2017 B2, S. 7.
[2] BMWi, Erläuterungen zur UVgO, BAnz. AT 7.2.2017 B2, S. 7.
[3] DSW/Dieckmann UVgO § 14 Rn. 4; Müller-Wrede VgV/UVgO/Gushchina UVgO § 14 Rn. 12.
[4] DSW/Dieckmann UVgO § 14 Rn. 4.
[5] Müller-Wrede VgV/UVgO/Gushchina UVgO § 14 Rn. 6; HK-VergabeR/Pünder/Klafki UVgO § 14 Rn. 2.

trag zB für staatliche Auftraggeber im Freistaat Bayern auf 5.000 Euro erhöht worden.[6]

Beim Direktauftrag sind die haushaltsrechtlichen **Grundsätze der Wirtschaftlichkeit und Sparsamkeit** einzuhalten. Was ein marktgerechter Preis für die zu beschaffende Leistung ist, ist somit durch angemessene Maßnahmen im Vorfeld der Beschaffung zu ermitteln. Die Haushaltsgrundsätze der Wirtschaftlichkeit und Sparsamkeit werden idR beachtet, wenn der Anbieter aufgrund einer Marktrecherche bzw. eines Preisvergleichs von drei Anbietern (zB Internetangebote oder Angebote aus Prospekten bzw. Katalogen) ausgewählt wird.[7] 3

Zusätzlich soll **zwischen den beauftragten Unternehmen gewechselt** werden, um auch beim Direktauftrag hinreichenden Wettbewerb sicherzustellen und Hoflieferantentum zu verhindern (näher → § 11 Rn. 6 und → VOB/A § 3b Rn. 5). 4

Unterabschnitt 2. Besondere Methoden und Instrumente im Vergabeverfahren

§ 15 Rahmenvereinbarungen

(1) **Rahmenvereinbarungen sind Vereinbarungen zwischen einem oder mehreren Auftraggebern und einem oder mehreren Unternehmen, die dazu dienen, die Bedingungen für die öffentlichen Aufträge, die während eines bestimmten Zeitraums vergeben werden sollen, festzulegen, insbesondere in Bezug auf den Preis.**

(2) [1]**Der Abschluss einer Rahmenvereinbarung erfolgt im Wege einer nach dieser Verfahrensordnung anwendbaren Verfahrensart.** [2]**Das in Aussicht genommene Auftragsvolumen ist so genau wie möglich zu ermitteln und bekannt zu geben, braucht aber nicht abschließend festgelegt zu werden.** [3]**Eine Rahmenvereinbarung darf nicht missbräuchlich oder in einer Art angewendet werden, die den Wettbewerb behindert, einschränkt oder verfälscht.**

(3) [1]**Auf einer Rahmenvereinbarung beruhende Einzelaufträge werden entsprechend den Bedingungen der Rahmenvereinbarung vergeben.** [2]**Die Erteilung von Einzelaufträgen ist nur zulässig zwischen den in der Auftragsbekanntmachung oder in den Vergabeunterlagen genannten Auftraggebern und den Unternehmen, mit denen Rahmenvereinbarungen abgeschlossen wurden.** [3]**Es dürfen keine wesentlichen Änderungen an den Bedingungen der Rahmenvereinbarung vorgenommen werden.**

(4) **Die Laufzeit einer Rahmenvereinbarung darf höchstens sechs Jahre betragen, es sei denn, es liegt ein im Gegenstand der Rahmenvereinbarung begründeter Sonderfall vor.**

Literatur: Vgl. die Angaben bei § 21 VgV.

---

[6] Bekanntmachung der Bayerischen Staatsregierung über die Verwaltungsvorschrift zum öffentlichen Auftragswesen (VVöA) vom 24. März 2020 (BayMBl. Nr. 155), zuletzt geändert durch Bekanntmachung vom 6. September 2022 (BayMBl. Nr. 522), dort Ziff. 1.2. Bis zum 31.12.2023 beträgt die Wertgrenze für staatliche Direktaufträge sogar 25.000 Euro (Ziff. 1.9 VVöA). Gleiches gilt für kommunale Auftragsvergaben: Bekanntmachung des Bayerischen Staatsministeriums des Innern und für Integration über die Vergabe von Aufträgen im kommunalen Bereich vom 31. Juli 2018 (AllMBl. S. 547), zuletzt geändert durch Bekanntmachung vom 6. September 2022 (BayMBl. Nr. 523), dort Ziff. 1.2.11.

[7] DSW/Dieckmann UVgO § 14 Rn. 4; BeckOK VergabeR/Feldmann UVgO § 14 Rn. 8.

UVgO § 16 Gelegentliche gemeinsame Auftragsvergabe; zentrale Beschaffung

I. Begriff der Rahmenvereinbarung (Abs. 1)

1 Die **Definition** der Rahmenvereinbarung in Abs. 1 ist (bis auf eine redaktionelle Anpassung) identisch mit derjenigen in § 103 Abs. 5 S. 1 GWB. Vgl. zum Begriff der Rahmenvereinbarung → GWB § 103 Rn. 110 ff. sowie → VgV § 21 Rn. 2. Rahmenvereinbarungen sind insbes. von **Zulassungssystemen ohne Auswahlentscheidung** abzugrenzen, → VgV § 21 Rn. 3.

II. Vergabe der Rahmenvereinbarung (Abs. 2)

2 Die Vorgaben zur Vergabe der Rahmenvereinbarung in Abs. 2 sind ggü. § 21 Abs. 1 VgV wortgleich geregelt. Gem. S. 1 erfolgt die **Wahl der Verfahrensart** nach den allg. Regeln der §§ 8 ff. UVgO. Die Rahmenvereinbarung wird also vergeben im Wege einer Öffentlichen Ausschreibung oder einer Beschränkten Ausschreibung mit Teilnahmewettbewerb oder – wenn die Voraussetzungen des § 8 Abs. 3, 4 UVgO erfüllt sind – im Wege einer Beschränkten Ausschreibung ohne Teilnahmewettbewerb bzw. einer Verhandlungsvergabe. Hinsichtlich der Regelungen in S. 2 (Ermittlung und Bekanntgabe des **Auftragsvolumens**) sowie in S. 3 (**Missbrauchsverbot**[1]) kann auf die Kommentierung in → VgV § 21 Rn. 6 ff. verwiesen werden.

III. Vergabe der Einzelaufträge (Abs. 3)

3 Die Vergabe der Einzelaufträge ist in Abs. 3 ggü. den parallelen Bestimmungen in § 21 Abs. 2–5 VgV weniger detailliert geregelt. Insbes. ist hier das **Verfahren für die Einzelvergabe** nicht näher bestimmt. Vielmehr ist in S. 1 lediglich vorgesehen, dass die Einzelaufträge entspr. den Bedingungen der Rahmenvereinbarung vergeben werden. Dem Auftraggeber soll damit bei der Vergabe der Einzelaufträge weitere Flexibilität eingeräumt werden. Zur Rahmenvereinbarung als **geschlossenem System** (S. 2)[2] und zum **Verbot wesentlicher Änderungen** (S. 3) s. → VgV § 21 Rn. 14, 15.

IV. Laufzeit (Abs. 4)

4 Die **maximale Regellaufzeit** von Rahmenvereinbarungen beträgt sechs Jahre. Gegenüber § 21 Abs. 6 VgV, der eine max. Regellaufzeit von vier Jahren vorsieht, besteht unterhalb der Schwelle also eine Privilegierung. Zu den Ausnahmen von der Regellaufzeit und der Bedeutung der Regellaufzeit für die Laufzeit der Einzelaufträge iE → VgV § 21 Rn. 25, 26.

§ 16 Gelegentliche gemeinsame Auftragsvergabe; zentrale Beschaffung

Für die Nutzung zentraler Beschaffungsstellen und die gelegentliche gemeinsame Auftragsvergabe finden § 120 Absatz 4 des Gesetzes gegen Wettbewerbsbeschränkungen und § 4 der Vergabeverordnung entsprechende Anwendung.

---

[1] Das Missbrauchsverbot umfasst dabei auch das Verbot der Doppelvergabe, → VgV § 21 Rn. 11.

[2] Insoweit ist allerdings zu beachten, dass es nach Abs. 3 S. 2 (anders als nach § 21 Abs. 2 S. 2 VgV) genügt, wenn der abrufberechtigte Auftraggeber als solcher in den Vergabeunterlagen benannt ist.

Literatur: Schaller, Zentrale Beschaffungs- und Vergabestellen – Einrichtung, Aufbau, Organisation und Gestaltung, LKV 2018, 348.

Für die Vergabe öffentlicher Aufträge unterhalb der Schwellenwerte erlaubt § 16 UVgO in vergaberechtlicher Hinsicht die Beschaffung über zentrale Beschaffungsstellen. § 120 Abs. 4 GWB und § 4 VgV werden für entspr. anwendbar erklärt. Inhaltlich handelt es sich um eine **Rechtsfolgenverweisung** auf § 120 Abs. 4 GWB und § 4 VgV. Deshalb müssen die in § 120 Abs. 4 GWB normierten Tatbestandsvoraussetzungen bei der Bildung zentraler Beschaffungsstellen für öffentliche Aufträge unterhalb der Schwellenwerte nicht erfüllt sein. 1

§ 16 UVgO spricht ausdr. die Nutzung zentraler Beschaffungsstellen und die „gelegentliche gemeinsame Auftragsvergabe" an. Das bedeutet, dass zentrale Beschaffungsstellen unterhalb der Schwellenwerte anders als nach § 120 Abs. 4 GWB **nicht „dauerhaft" tätig** sein müssen. 2

Soweit das Kartellrecht der zentralen Beschaffung Grenzen setzt, sind diese auch hier zu beachten (→ GWB § 120 Rn. 18). § 16 UVgO befreit nicht von kartellrechtlichen Vorgaben.[1] 3

§ 17 Dynamische Beschaffungssysteme

(1) **Der Auftraggeber kann für die Beschaffung marktüblicher Leistungen ein dynamisches Beschaffungssystem nutzen.**

(2) **Bei der Auftragsvergabe über ein dynamisches Beschaffungssystem befolgt der Auftraggeber die Vorschriften für die Beschränkte Ausschreibung mit Teilnahmewettbewerb.**

(3) [1]**Ein dynamisches Beschaffungssystem wird ausschließlich mithilfe elektronischer Mittel eingerichtet und betrieben.** [2]**Die §§ 11 oder 12 der Vergabeverordnung finden entsprechende Anwendung.**

(4) [1]**Ein dynamisches Beschaffungssystem steht im gesamten Zeitraum seiner Einrichtung allen Bietern offen, die die im jeweiligen Vergabeverfahren festgelegten Eignungskriterien erfüllen.** [2]**Die Zahl der zum dynamischen Beschaffungssystem zugelassenen Bewerber darf nicht begrenzt werden.**

(5) **Der Zugang zu einem dynamischen Beschaffungssystem ist für alle Unternehmen kostenlos.**

(6) **Für den Betrieb eines dynamischen Beschaffungssystems findet § 23 Absatz 1 und 3 bis 6 der Vergabeverordnung entsprechende Anwendung.**

Literatur: Vgl. die Angaben bei § 120 GWB und § 22 VgV.

§ 17 UVgO normiert die Grundsätze für den Betrieb dynamischer Beschaffungssysteme (vgl. § 120 Abs. 1 GWB, dazu → GWB § 120 Rn. 7) bei der Vergabe von Aufträgen über marktübliche Waren und Leistungen (dazu → VgV § 22 Rn. 6 f.) unterhalb der EU-Schwellenwerte. Ausführliche Regelungen über dynamische Beschaffungssysteme finden sich in den §§ 22–24 VgV. 1

Abs. 6 verweist für den Betrieb eines dynamischen Beschaffungssystems auf § 23 VgV und erklärt dessen Abs. 1 und Abs. 3–6 für entspr. anwendbar. Die Fristenregelung des § 24 VgV wurde nicht in Bezug genommen. Die dort enthaltenen Fristen können, soweit angemessen, auch im Unterschwellenbereich analog herangezogen werden. Es wird auf die Kommentierungen zu den §§ 22 ff. VgV verwiesen. 2

---

[1] Ebenso Schaller LKV 2018, 348 (350).

UVgO § 19   Elektronische Kataloge

3   Soweit öffentliche Auftraggeber für ihre Beschaffungen oberhalb der EU-Schwellenwerte ein dynamisches Beschaffungssystem eingerichtet haben, können sie dieses auch für Beschaffungen im Unterschwellenbereich verwenden. Dynamische Beschaffungssysteme, die die Voraussetzungen der §§ 22–24 VgV erfüllen, erfüllen ebenso die Voraussetzungen des § 17 UVgO.

§ 18 Elektronische Auktionen

¹Der Auftraggeber kann im Rahmen einer Öffentlichen Ausschreibung oder einer Beschränkten Ausschreibung mit Teilnahmewettbewerb eine elektronische Auktion durchführen, sofern der Inhalt der Vergabeunterlagen hinreichend präzise beschrieben und die Leistung mithilfe automatischer Bewertungsmethoden eingestuft werden kann. ²Geistig-schöpferische Leistungen können nicht Gegenstand elektronischer Auktionen sein. ³Eine elektronische Auktion kann mehrere, aufeinander folgende Phasen umfassen und findet unter entsprechender Beachtung der Grundsätze für die Durchführung elektronischer Auktionen gemäß § 25 Absatz 2 bis 4 und § 26 der Vergabeverordnung statt.

Literatur: Vgl. die Angaben bei § 120 GWB und § 22 VgV.

1   § 18 UVgO entspricht weitgehend dem § 25 Abs. 1 VgV. Allerdings schreibt § 18 UVgO keine vollständige erste Bewertung aller Angebote (vgl. § 25 Abs. 1 S. 3 VgV, dazu → VgV § 25 Rn. 9) vor. Aus § 26 Abs. 3 S. 3 VgV, der entspr. anzuwenden ist, ergibt sich, dass dies gleichwohl zu erfolgen hat. Da § 25 Abs. 1 S. 4 VgV nicht in die UVgO übernommen worden ist, scheint die Durchführung einer elektronischen Auktion zwischen den Partnern einer Rahmenvereinbarung nach § 15 UVgO und während der Laufzeit eines dynamischen Beschaffungssystems nach § 17 UVgO nicht zulässig zu sein. Die Bundesländer könnten dies freilich anders gestalten. Im Übrigen wird auf die Kommentierung zu §§ 25, 26 VgV verwiesen.

§ 19 Elektronische Kataloge

(1) ¹Der Auftraggeber kann festlegen, dass Angebote in Form eines elektronischen Kataloges einzureichen sind oder einen elektronischen Katalog beinhalten müssen. ²Angeboten, die in Form eines elektronischen Kataloges eingereicht werden, können weitere Unterlagen beigefügt werden.

(2) § 27 Absatz 2 bis 4 der Vergabeverordnung findet entsprechende Anwendung.

Literatur: Vgl. die Angaben bei § 120 GWB und § 22 VgV.

1   § 19 UVgO normiert die Grundsätze für die Verwendung elektronischer Kataloge (dazu → GWB § 120 Rn. 12) bei der Vergabe von Aufträgen unterhalb der EU-Schwellenwerte. Ausführliche Regelungen über elektronische Kataloge finden sich in § 27 VgV.

2   § 19 Abs. 2 UVgO verweist insoweit auf § 27 VgV und erklärt dessen Abs. 2–4 für entspr. anwendbar. Die Regelung ist somit identisch mit § 27 VgV, so dass auf die Kommentierung dort verwiesen werden kann, → VgV § 27 Rn. 1 ff.

Unterabschnitt 3. Vorbereitung des Vergabeverfahrens

§ 20 Markterkundung

(1) **Vor der Einleitung eines Vergabeverfahrens darf der Auftraggeber Markterkundungen zur Vorbereitung der Auftragsvergabe und zur Unterrichtung der Unternehmen über seine Auftragsvergabepläne und -anforderungen durchführen.**

(2) **Die Durchführung von Vergabeverfahren lediglich zur Markterkundung und zum Zwecke der Kosten- oder Preisermittlung ist unzulässig.**

Literatur: Vgl. die Angaben bei § 121 GWB und §§ 28, 31 VgV.

Die Regelung ist **wortgleich mit § 28 VgV**. Auch die Erläuterungen zur UVgO[1] sehen nur diesen Hinweis vor, so dass anzunehmen ist, dass eine inhaltliche Abweichung nicht erfolgen sollte. Auf die Kommentierung zu § 28 VgV wird daher verwiesen (→ VgV § 28 Rn. 1 ff.). 1

Unterschiede gibt es in Bezug auf die Anwendung der Regelung im Unterschwellenbereich insofern, als die Abgrenzung von Markterkundung und Einleitung eines Vergabeverfahrens aufgrund der geringeren formellen Vorgaben zur Bekanntmachung in manchen Fällen weniger trennscharf zu bestimmen ist. 2

§ 21 Vergabeunterlagen

(1) ¹**Die Vergabeunterlagen umfassen alle Angaben, die erforderlich sind, um dem Bewerber oder Bieter eine Entscheidung zur Teilnahme am Vergabeverfahren zu ermöglichen.** ²**Sie bestehen in der Regel aus**
1. **dem Anschreiben, insbesondere der Aufforderung zur Abgabe von Teilnahmeanträgen oder Angeboten oder Begleitschreiben für die Abgabe der angeforderten Unterlagen,**
2. **der Beschreibung der Einzelheiten der Durchführung des Verfahrens (Bewerbungsbedingungen), einschließlich der Angabe der Eignungs- und Zuschlagskriterien, sofern nicht bereits in der Auftragsbekanntmachung genannt, und**
3. **den Vertragsunterlagen, die aus der Leistungsbeschreibung und den Vertragsbedingungen bestehen.**

(2) **Der Teil B der Vergabe- und Vertragsordnung für Leistungen in der bei Einleitung des Vergabeverfahrens jeweils geltenden Fassung ist in der Regel in den Vertrag einzubeziehen.**

(3) ¹**Vertragsstrafen sollen nur für die Überschreitung von Ausführungsfristen vereinbart werden, wenn die Überschreitung erhebliche Nachteile verursachen kann.** ²**Die Strafe ist in angemessenen Grenzen zu halten.**

(4) **Andere Verjährungsfristen als die in Teil B der Vergabe- und Vertragsordnung für Leistungen in der bei Einleitung des Vergabeverfahrens jeweils geltenden Fassung enthaltenen Verjährungsfristen sind nur vorzusehen, wenn dies nach der Eigenart der Leistung erforderlich ist.**

(5) ¹**Auf Sicherheitsleistungen soll ganz oder teilweise verzichtet werden, es sei denn, sie erscheinen ausnahmsweise für die sach- und fristgemäße Durchführung der verlangten Leistung notwendig.** ²**Die Sicherheit für die**

---

[1] BMWi, Erläuterungen zur UVgO, BAnz. AT 7.2.2017 B2, S. 6.

UVgO § 21

Erfüllung sämtlicher Verpflichtungen aus dem Vertrag soll fünf Prozent der Auftragssumme nicht überschreiten.

Literatur: Vgl. die Angaben bei § 29 VgV.

I. Vergabeunterlagen (Abs. 1)

1 Abs. 1 entspricht § 29 Abs. 1 VgV, so dass auf die dortige Kommentierung → VgV § 29 Rn. 1 ff. verwiesen werden kann.

II. VOL/B (Abs. 2)

2 Abs. 2 schreibt vor, die VOL/B idR in den Vertrag einzubeziehen. Dies entspricht § 29 Abs. 2 S. 1 VgV. Allerdings kennt Abs. 2 nicht die in § 29 Abs. 2 S. 2 VgV enthaltene Einschränkung, wonach die VOL/B dann nicht in den Vertrag einzubeziehen ist, wenn freiberufliche Leistungen vergeben werden, **die vorab nicht eindeutig und erschöpfend beschrieben werden können.**[1] Gleichwohl ist es auch im Anwendungsbereich der UVgO zulässig, die VOL/B bei Verträgen über freiberufliche Leistungen nicht in den Vertrag einzubeziehen, da Abs. 2 die Einbeziehung der VOL/B in den Vertrag nur idR vorschreibt und die VOL/B auf die Erbringung freiberuflicher Tätigkeiten nicht passt (s. die Kommentierung zu → VgV § 29 Rn. 13).

III. Vertragsstrafen (Abs. 3)

3 Nach Abs. 3 sollen Vertragsstrafen nur für die Überschreitung von Ausführungsfristen vereinbart werden, wenn die Überschreitung **erhebliche Nachteile** verursachen kann. Die Strafe ist in angemessenen Grenzen zu halten. Abs. 3 entspricht § 9a EU S. 1, 2 VOB/A (s. die dortige Kommentierung → VOB/A § 9a EU Rn. 1–5).

IV. Verjährungsfristen (Abs. 4)

4 Die Regelung zu den Verjährungsfristen in Abs. 4 entspricht § 9b EU VOB/A (s. die dortige Kommentierung → VOB/A § 9b EU Rn. 1 ff.). Der Verweis auf die VOL/B bezieht sich auf deren § 14 Abs. 3. Diese Vorschrift verweist wiederum lediglich auf die gesetzlichen Fristen des BGB. Ergänzend regelt § 14 Nr. 3 S. 2 VOL/B, dass bei der Prüfung der Frage, ob andere Verjährungsfristen wegen der Eigenart der Leistung erforderlich sind, die **in dem jew. Wirtschaftszweig üblichen Regelungen** in Betracht gezogen werden können. Es bedarf für eine Abweichung von den gesetzlichen Regelungen freilich eines objektiven Grundes.[2]

V. Sicherheitsleistungen (Abs. 5)

5 S. 1 stellt ein **Regel-Ausnahme-Verhältnis** dahin auf, dass grds. auf Sicherheitsleistungen **zu verzichten** ist. Möchte der Auftraggeber gleichwohl Sicherheitsleis-

---

[1] Im Entwurf der UVgO hieß es hingegen noch in Anlehnung an § 29 Abs. 2 S. 2 VgV, dass die Einbeziehung der VOL/B nicht für die Vergabe von Aufträgen gilt, die im Rahmen einer freiberuflichen Tätigkeit erbracht oder im Wettbewerb mit freiberuflich Tätigen angeboten werden.

[2] Vgl. Goede/Herrmann/Goede VOL/B § 14 Rn. 154.

tungen vereinbaren, ist erforderlich, dass die Sicherheitsleistungen ausnahmsweise für die sach- und fristgemäße Durchführung der verlangten Leistungen notwendig erscheinen, was zB in insolvenzträchtigen Branchen zur Minimierung des Deckungsrisikos gelten kann.[3] Die Frage der Notwendigkeit einer Sicherheitsleistung hat der Auftraggeber iRd ihm zustehenden Beurteilungsspielraums zu prüfen.[4] Gem. § 18 VOL/B sollen Sicherheitsleistungen zudem vorbehaltlich anderer Vereinbarungen erst ab einem Auftragswert von 50.000,00 Euro zulässig sein. Die Obergrenze von 5 % der Auftragssumme gem. S. 2 für die Vertragserfüllungssicherheit entspricht der in § 9c EU Abs. 2 S. 2 VOB/A enthaltenen Grenze.

§ 22 Aufteilung nach Losen

(1) **¹Leistungen sind in der Menge aufgeteilt (Teillose) und getrennt nach Art oder Fachgebiet (Fachlose) zu vergeben.** ²Bei der Vergabe kann auf eine Aufteilung oder Trennung verzichtet werden, wenn wirtschaftliche oder technische Gründe dies erfordern. ³Der Auftraggeber kann festlegen, ob die Angebote nur für ein Los, für mehrere oder für alle Lose eingereicht werden dürfen. ⁴Er kann, auch wenn Angebote für mehrere oder alle Lose eingereicht werden dürfen, die Zahl der Lose auf eine Höchstzahl beschränken, für die ein einzelner Bieter den Zuschlag erhalten kann.

(2) ¹Der Auftraggeber gibt die Vorgaben nach Absatz 1 bei Öffentlichen Ausschreibungen und Verfahrensarten mit Teilnahmewettbewerb bereits in der Auftragsbekanntmachung, ansonsten in den Vergabeunterlagen bekannt. ²Er gibt die objektiven und nichtdiskriminierenden Kriterien in den Vergabeunterlagen an, die er bei der Vergabe von Losen anzuwenden beabsichtigt, wenn die Anwendung der Zuschlagskriterien dazu führen würde, dass ein einzelner Bieter den Zuschlag für eine größere Zahl von Losen als die Höchstzahl erhält.

(3) In Fällen, in denen ein einziger Bieter den Zuschlag für mehr als ein Los erhalten kann, kann der Auftraggeber Aufträge über mehrere oder alle Lose vergeben, wenn er bei Öffentlichen Ausschreibungen und Verfahrensarten mit Teilnahmewettbewerb bereits in der Auftragsbekanntmachung, ansonsten in den Vergabeunterlagen angegeben hat, dass er sich diese Möglichkeit vorbehält und die Lose oder Losgruppen angibt, die kombiniert werden können.

Literatur: Vgl. die Angaben bei § 97 GWB Ziff. 3.

Während § 22 Abs. 1 S. 1, 2 UVgO inhaltsgleich mit **§ 97 Abs. 4 S. 2, 3 GWB** 1 sind, greifen § 22 Abs. 1 S. 3, 4, Abs. 2, 3 UVgO die **Regelungen des § 30 VgV** auf, so dass auf die dortigen Kommentierungen verwiesen wird (→ GWB § 97 Rn. 77 ff.; → VgV § 30 Rn. 1 ff.).

§ 23 Leistungsbeschreibung

(1) **¹In der Leistungsbeschreibung ist der Auftragsgegenstand so eindeutig und erschöpfend wie möglich zu beschreiben, sodass die Beschreibung für alle Unternehmen im gleichen Sinne verständlich ist und die Angebote miteinander verglichen werden können.** ²Die Leistungsbeschreibung ent-

---

[3] Vgl. VK Bund 9.1.2008 – VK 3–145/07, BeckRS 2008, 140514 Rn. 41, im konkreten Fall verneint.
[4] KK-VergR/Wirner UVgO § 21 Rn. 44.

hält die Funktions- oder Leistungsanforderungen oder eine Beschreibung der zu lösenden Aufgabe, deren Kenntnis für die Erstellung des Angebots erforderlich ist, sowie Umstände und Bedingungen der Leistungserbringung.

(2) [1]Die Leistungsbeschreibung kann auch Aspekte der Qualität sowie soziale, innovative und umweltbezogene Merkmale umfassen. [2]Diese können sich auch auf den Prozess oder die Methode zur Herstellung oder Erbringung der Leistung oder auf ein anderes Stadium im Lebenszyklus des Auftragsgegenstands einschließlich der Produktions- und Lieferkette beziehen, auch wenn derartige Faktoren keine materiellen Bestandteile der Leistung sind, sofern diese Merkmale in Verbindung mit dem Auftragsgegenstand stehen und zu dessen Wert und Beschaffungszielen verhältnismäßig sind.

(3) In der Leistungsbeschreibung kann ferner festgelegt werden, ob Rechte des geistigen Eigentums übertragen oder dem Auftraggeber daran Nutzungsrechte eingeräumt werden müssen.

(4) Bei der Beschaffung von Leistungen, die zur Nutzung durch natürliche Personen vorgesehen sind, sind bei der Erstellung der Leistungsbeschreibung außer in ordnungsgemäß begründeten Fällen die Zugänglichkeitskriterien für Menschen mit Behinderungen oder die Konzeption für alle Nutzer zu berücksichtigen.

(5) [1]Bezeichnungen für bestimmte Erzeugnisse oder Verfahren wie beispielsweise Markennamen dürfen ausnahmsweise, jedoch nur mit dem Zusatz „oder gleichwertig", verwendet werden, wenn eine hinreichend genaue Beschreibung durch verkehrsübliche Bezeichnungen nicht möglich ist. [2]Der Zusatz „oder gleichwertig" kann entfallen, wenn ein sachlicher Grund die Produktvorgabe ansonsten rechtfertigt. [3]Ein solcher Grund liegt insbesondere dann vor, wenn die Auftraggeber Erzeugnisse oder Verfahren mit unterschiedlichen Merkmalen zu bereits bei ihnen vorhandenen Erzeugnissen oder Verfahren beschaffen müssten und dies mit unverhältnismäßig hohem finanziellen Aufwand oder unverhältnismäßigen Schwierigkeiten bei Integration, Gebrauch, Betrieb oder Wartung verbunden wäre. [4]Die Gründe sind zu dokumentieren.

Literatur: Lausen, Die Unterschwellenvergabeordnung – UVgO, NZBau 2017, 3; Schaller, Vergabe von Liefer- und Dienstleistungen der öffentlichen Hand – Arten der Beschreibung einer Leistung – Merkmale des Auftragsgegenstands, LKV 2021, 58; Siebler/Hamm, Produktfestlegungen in Vergabeverfahren – Zulässigkeit und Grenzen unter Berücksichtigung der Entwicklung in der aktuellen Rechtsprechung, ZfBR 2022, 240. Vgl. auch die Angaben bei § 121 GWB und § 31 VgV.

1 Die Vorschrift regelt für den Anwendungsbereich der UVgO die Grundsätze und Rahmenleitlinien der Leistungsbeschreibung. Sie entspricht inhaltlich iW einer Zusammenfassung von **§ 121 GWB** und **§ 31 VgV**. Auf die ausf. Darstellungen zu diesen beiden Vorschriften kann daher größtenteils verwiesen werden. Abs. 1 und 4 sind wortgleich mit § 121 Abs. 1 und 2 GWB (→ GWB § 121 Rn. 4 ff., Rn. 20 ff.), Abs. 2 und 3 wortgleich mit § 31 Abs. 3 und 4 VgV (→ VgV § 31 Rn. 42 ff., Rn. 54 ff.). Nicht übernommen wurde § 121 Abs. 3 GWB (Beifügung des Vergabeunterlagen). Dies war aufgrund der Regelung in § 21 Abs. 1 Nr. 3 UVgO, in der die Leistungsbeschreibung als Teil der Vergabeunterlagen genannt wird, aber auch nicht zusätzlich erforderlich.

2 Abweichungen – in Wortlaut und Inhalt – gibt es zudem in Bezug auf das **Gebot der Produktneutralität**, das in **Abs. 5** geregelt ist. Die Regelung wurde iRd

Vergaberechtsreform 2016 nicht angepasst, sondern dem alten § 7 Abs. 4 VOL/A wörtlich entnommen. Im Unterschied zu den Regelungen in VgV und VOB/A definiert Abs. 5 nicht, welche Anforderungen das Gebot der Produktneutralität an die Beschreibung der Leistung stellt, sondern setzt deren Einhaltung voraus. Stattdessen formuliert Abs. 5 **zwei Ausnahmen,** bei denen wettbewerbseinschränkende Anforderungen an den Leistungsgegenstand gerechtfertigt sind:

Die Angabe eines Leitprodukts oder Richtfabrikats mit dem Zusatz „oder gleichwertiger Art" ist zulässig, wenn das Erzeugnis oder Verfahren „*mit einer verkehrsüblichen Bezeichnung*" nicht hinreichend genau beschrieben werden kann. Dies entspricht der im EU-Recht in Art. 42 Abs. 4 S. 2 RL 2014/24/EG und in § 31 Abs. 6 VgV und § 7 EU Abs. 2 VOB/A übernommenen Formulierung, wonach eine solche Angabe zulässig ist, wenn der Gegenstand „*nicht hinreichend genau oder allgemein verständlich beschrieben werden kann*". Möglicherweise ist durch den Bezug auf die Verkehrsüblichkeit eine etwas weitreichendere Anwendung der Ausnahme möglich als im Oberschwellenbereich. 3

Als zweite Ausnahme wird – insoweit wie im EU-Recht – der Fall genannt, dass ein sachlicher Grund die Produktvorgabe rechtfertigt. In diesem Fall erfolgt die Beschreibung ohne den Zusatz „oder gleichwertiger Art". Über die sehr engen Vorgaben des EU-Rechts für eine solche sachliche Rechtfertigung (→ VgV § 31 Rn. 49a ff.) geht die UVgO hinaus. *Erstens* wird nur auf „bestimmte Erzeugnisse oder Verfahren", nicht jedoch auf Herkunft oder Ursprung der Produkte oder Produktion verwiesen und damit ein engerer Anwendungsbereich geschaffen.[1] *Zweitens* erfolgt eine Erweiterung der Ausnahme durch eine Konkretisierung möglicher Begründungsansätze. Angeführt wird als Regelbeispiel eine Bestandserweiterung, bei der Einsatz anderer Produkte zwangsläufig zu unverhältnismäßig hohen Aufwänden oder Kompatibilitätsproblemen führen würde. Hiermit wird das rechtliche Risiko für eine sachliche Rechtfertigung reduziert, da im Oberschwellenbereich die Grenzen für eine Rechtfertigung bei entspr. Sachverhalt von den Nachprüfungsinstanzen eng gezogen werden (zu den Grenzen im Oberschwellenbereich → VgV § 31 Rn. 51 ff.). 4

Abs. 5 S. 4 stellt zudem klar, dass die Gründe für die sachliche Rechtfertigung einer Produktvorgabe zu dokumentieren sind. Ob diese Klarstellung neben der allg. Regelung zur Dokumentation (§ 6 Abs. 1 UVgO) erforderlich ist, ist fraglich. 5

§ 24 Nachweisführung durch Gütezeichen

(1) **Als Beleg dafür, dass eine Leistung bestimmten, in der Leistungsbeschreibung geforderten Merkmalen entspricht, kann der Auftraggeber die Vorlage von Gütezeichen nach Maßgabe der Absätze 2 bis 4 verlangen.**

(2) **Das Gütezeichen muss allen folgenden Bedingungen genügen:**
1. **Die Anforderungen des Gütezeichens beruhen auf objektiv nachprüfbaren und nichtdiskriminierenden Kriterien, die für die Bestimmung der Merkmale der Leistung geeignet sind.**
2. **Das Gütezeichen wurde im Rahmen eines offenen und transparenten Verfahrens entwickelt, an dem alle interessierten Kreise teilnehmen können.**
3. **Alle betroffenen Unternehmen haben Zugang zum Gütezeichen.**
4. **Die Anforderungen wurden von einem Dritten festgelegt, auf den das Unternehmen, das das Gütezeichen erwirbt, keinen maßgeblichen Einfluss ausüben konnte.**

---

[1] BeckOK VergabeR/von Rummel UVgO § 23 Rn. 27.

(3) Für den Fall, dass die Leistung nicht allen Anforderungen des Gütezeichens entsprechen muss, hat der Auftraggeber die betreffenden Anforderungen anzugeben.

(4) Der Auftraggeber muss andere Gütezeichen akzeptieren, wenn der Bieter nachweist, dass diese gleichwertige Anforderungen an die Leistung stellen.

(5) Hatte ein Unternehmen aus Gründen, die ihm nicht zugerechnet werden können, nachweislich keine Möglichkeit, das vom Auftraggeber angegebene oder ein gleichwertiges Gütezeichen innerhalb einer einschlägigen Frist zu erlangen, so muss der Auftraggeber andere geeignete Belege akzeptieren, sofern das Unternehmen nachweist, dass die von ihm zu erbringende Leistung die Anforderungen des geforderten Gütezeichens oder die vom Auftraggeber angegebenen spezifischen Anforderungen erfüllt.

1 § 24 UVgO ist nahezu wortgleich zu § 34 VgV, so dass auf die Kommentierung zu § 34 VgV verwiesen werden kann, → VgV § 34 Rn. 1 ff. Anders als § 34 VgV, spricht die Norm nicht von „Liefer- oder Dienstleistung", sondern allgemein von „Leistung" und erfasst damit alle Leistungen im Anwendungsbereich der UVgO.

2 Nach Abs. 1 kann der Auftraggeber die Vorlage von Gütezeichen nach Maßgabe der Abs. 2–4 verlangen. Abs. 5 wird, anders als in § 34 VgV, nicht erfasst. Ein inhaltlicher Unterschied existiert nicht. Der Verweis auf Abs. 5 ist nicht erforderlich, weil Abs. 5 regelt, welche Nachweise das Unternehmen führen muss, wenn es kein Gütezeichen vorlegen kann.

3 Anders als § 34 Abs. 2 Nr. 1 VgV, verlangt § 24 Abs. 2 Nr. 1 UVgO nicht ausdr., dass die Anforderungen des vom Auftraggeber verlangten Gütezeichens mit dem Auftragsgegenstand in Verbindung stehen müssen. Die Kriterien des Gütezeichens müssen für die Bestimmung der Merkmale der Leistung lediglich **geeignet** sein. Nach Ansicht des BMWi können öffentliche Auftraggeber **Gütezeichen im Unterschwellenbereich damit leichter vorgeben**.[1] Nach § 23 Abs. 2 S. 2 UVgO müssen jedoch alle in der Leistungsbeschreibung genannten Merkmale mit dem Auftragsgegenstand in Verbindung stehen und zu deren Wert und Beschaffungszielen **verhältnismäßig** sein. Insofern folgt hieraus iErg die gleiche Beschränkung, dass auch Gütezeichen mit dem Auftragsgegenstand in Verbindung stehen müssen.

4 In Abs. 4 wird klargestellt, dass die **Beweislast** für ein alternativ vorgelegtes Gütezeichen, das gleichwertige Anforderungen an die Leistung stellt, beim Bieter liegt.

§ 25 Nebenangebote

¹Der Auftraggeber kann Nebenangebote bei Öffentlichen Ausschreibungen und Verfahrensarten mit Teilnahmewettbewerb bereits in der Auftragsbekanntmachung, ansonsten in den Vergabeunterlagen zulassen. ²Fehlt eine entsprechende Angabe, sind keine Nebenangebote zugelassen. ³Nebenangebote müssen mit dem Auftragsgegenstand in Verbindung stehen. ⁴Bei der Entscheidung über den Zuschlag sind die Grundsätze der Transparenz und Gleichbehandlung zu beachten.

1 § 25 UVgO ist § 35 Abs. 1 VgV nachgebildet mit dem Unterschied, dass der Auftraggeber im Unterschwellenbereich die Vorlage von Nebenangeboten nicht vorschreiben darf. Auf die Kommentierung des § 35 Abs. 1 VgV, → VgV § 35 Rn. 5 wird verwiesen.

---

[1] Erläuterungen zur UVgO, BAnz. AT 7.2.2017 B1, S. 9.

Die Frage, ob Nebenangebote zugelassen werden, ist bereits in der Auftragsbe- 2
kanntmachung zu beantworten, dh bei öffentlichen Ausschreibungen und Verfahren
mit vorgeschaltetem Teilnahmewettbewerb.[1] Bei Vergabeverfahren, bei denen
Unternehmen unmittelbar zur Angebotsabgabe aufgefordert werden (Beschränkte
Ausschreibung und Verhandlungsvergabe ohne Teilnahmewettbewerb), muss die
Frage dementsprechend in der Aufforderung zur Angebotsabgabe geklärt werden.[2]
Fehlt eine entspr. Angabe, sind keine Nebenangebote zugelassen.

Nach dem Wortlaut von § 25 UVgO ist der Auftraggeber im Unterschwellenbe- 3
reich nicht verpflichtet, Mindestanforderungen für Nebenangebote festzulegen. In
der amtl. Erläuterung wird darauf verwiesen, dass bewusst darauf verzichtet worden
sei.[3] Dies erscheint aber nicht ganz konsequent, wenn § 42 Abs. 2 UVgO bei der
Frage des Ausschlusses von Nebenangeboten von der Zulassung von Nebenangeboten und hierfür vorgegebenen Mindestanforderungen spricht.[4] Aus dem Hinweis in
S. 4, wonach bei der Entscheidung über den Zuschlag die Grundsätze der Transparenz und Gleichbehandlung zu beachten sind, lässt sich aber schlussfolgern, dass die
Vorgabe von Mindestanforderungen optional ist.[5] Wenn sie vorgegeben werden,
sind sie iRd Wertung zu berücksichtigen. Werden sie nicht vorgegeben, muss der
Auftraggeber jedenfalls in den Vergabeunterlagen Vorgaben für die spezifische technische oder wirtschaftliche Gleichwertigkeit machen und prüfen, ob die Nebenangebote diesen Vorgaben entsprechen.[6]

§ 26 Unteraufträge

(1) ¹**Der Auftraggeber kann Unternehmen in der Auftragsbekanntmachung oder den Vergabeunterlagen auffordern, bei Angebotsabgabe die Teile des Auftrags, die sie im Wege der Unterauftragsvergabe an Dritte zu vergeben beabsichtigen, sowie, falls zumutbar, die vorgesehenen Unterauftragnehmer zu benennen.** ²**Vor Zuschlagserteilung kann der Auftraggeber von den Bietern, deren Angebote in die engere Wahl kommen, verlangen, die Unterauftragnehmer zu benennen und nachzuweisen, dass ihnen die erforderlichen Mittel dieser Unterauftragnehmer zur Verfügung stehen.** ³**Wenn ein Bewerber oder Bieter die Vergabe eines Teils des Auftrags an einen Dritten im Wege der Unterauftragsvergabe beabsichtigt und sich zugleich im Hinblick auf seine Leistungsfähigkeit gemäß § 34 Absatz 2 auf die Kapazitäten dieses Dritten beruft, ist auch § 35 anzuwenden.**

(2) **Die Haftung des Hauptauftragnehmers gegenüber dem Auftraggeber bleibt von Absatz 1 unberührt.**

---

[1] DSW/Dierkes UVgO § 25 Rn. 5.
[2] Erläuterungen zur UVgO, BAnz. AT 7.2.2017 B2, S. 6; DSW/Dierkes UVgO § 25 Rn. 5.
[3] Erläuterungen zur UVgO, BAnz. AT 7.2.2017 B2, S. 6.
[4] Obwohl in der Erläuterung darauf verwiesen wird, dass § 42 UVgO § 57 VgV entspreche, darf nicht übersehen werden, dass sich beide Regelungen deutlich unterscheiden. Während § 42 Abs. 2 UVgO bestimmt, „Hat der Auftraggeber Nebenangebote zugelassen und hierfür Mindestanforderungen vorgegeben, so berücksichtigt er nur" heißt es in § 57 Abs. 2 VgV „Hat der Auftraggeber Nebenangebote zugelassen, so berücksichtigt er nur" und sodann gleichlautend in beiden Regelungen „die Nebenangebote, die die von ihm verlangten Mindestanforderungen erfüllen."
[5] Nach der Rspr. sind sie im Unterschwellenbereich nicht erforderlich, wenn das wirtschaftlichste Angebot gleichwohl nach transparenten und willkürfreien Gesichtspunkten bestimmt werden kann, BGH 10.5.2016 – X ZR 66/15, NZBau 2016, 576 = VergabeR 2016, 747; 30.8.2011 – X ZR 55/10, NZBau 2012, 46 = VergabeR 2012, 26.
[6] DSW/Dierkes UVgO § 25 Rn. 11.

UVgO § 26

(3) Für Unterauftragnehmer aller Stufen gilt § 128 Absatz 1 des Gesetzes gegen Wettbewerbsbeschränkungen entsprechend.

(4) ¹Der Auftraggeber kann in den Vertragsbedingungen vorschreiben, dass der Auftragnehmer spätestens bei Beginn der Auftragsausführung die Namen, die Kontaktdaten und die gesetzlichen Vertreter seiner Unterauftragnehmer mitteilt und dass jede im Rahmen der Auftragsausführung eintretende Änderung auf der Ebene der Unterauftragnehmer mitzuteilen ist. ²Des Weiteren können die Mitteilungspflichten des Auftragnehmers auch auf Lieferanten, die an Dienstleistungsaufträgen beteiligt sind, sowie auf weitere Stufen in der Kette der Unterauftragnehmer ausgeweitet werden.

(5) ¹Erhält der Auftraggeber Kenntnis darüber, dass Gründe für einen zwingenden Ausschluss eines Unterauftragnehmers nach § 31 vorliegen, so verlangt der Auftraggeber die Ersetzung des Unterauftragnehmers. ²Betrifft die Kenntnis fakultative Ausschlussgründe nach § 31, kann der Auftraggeber verlangen, dass dieser ersetzt wird. ³Der Auftraggeber setzt dem Bewerber oder Bieter dafür eine Frist. ⁴Die Frist ist so zu bemessen, dass dem Auftraggeber durch die Verzögerung keine Nachteile entstehen. ⁵Ist dem Bewerber oder Bieter ein Wechsel des Unterauftragnehmers innerhalb dieser Frist nicht möglich, wird das Angebot ausgeschlossen.

(6) Der Auftraggeber kann vorschreiben, dass alle oder bestimmte Aufgaben bei der Leistungserbringung unmittelbar vom Auftragnehmer selbst oder im Fall einer Bietergemeinschaft von einem Teilnehmer der Bietergemeinschaft ausgeführt werden müssen.

Literatur: Vgl. die Angaben bei § 36 VgV.

1   Abs. 1 und 2 entsprechen wortgleich § 36 Abs. 1, 2 VgV. Abs. 3 entspricht wortgleich § 36 Abs. 4 VgV. Abs. 4 entspricht iW § 36 Abs. 3 S. 1, 3 VgV. Abs. 5 S. 1–3 entsprechen iW § 36 Abs. 5 VgV. Insoweit wird auf die Kommentierung zu § 36 VgV, → VgV § 36 Rn. 1 ff., verwiesen.

2   Abs. 5 S. 4, 5 regeln darüber hinaus, dass die Frist zur Ersetzung eines Unterauftragnehmers so zu bemessen ist, dass dem Auftraggeber keine Nachteile entstehen. Ferner regelt die Vorschrift, dass das Angebot ausgeschlossen wird, wenn dem Bewerber oder Bieter ein Wechsel des Unterauftragnehmers innerhalb der Frist nicht möglich ist.

3   Abs. 6 verschafft dem Auftraggeber das Recht, ein umfassendes **Selbstausführungsgebot** zu verlangen. Danach kann dieser die Leistungserbringung unmittelbar durch den Auftragnehmer vorschreiben. Die Vorschrift restauriert damit das Selbstausführungsgebot, welches mit der Reform der Verdingungsordnungen in 2009[1] unterhalb der Schwellenwerte abgeschafft worden war, nachdem die EuGH-Rspr. das pauschale Selbstausführungsgebot oberhalb der Schwellenwerte als unzulässig verworfen hatte.[2] Im Vergleich zum Oberschwellenbereich reicht Abs. 6 heute weiter als § 47 Abs. 5 VgV, der die Selbstausführung auf bestimmte kritische Aufgaben bei Dienstleistungsaufträgen oder kritische Verlege- oder Installationsarbeiten im Zusammenhang mit einem Lieferauftrag beschränkt und damit nicht nur eine quantitative, sondern auch qualitative Schranke für das Selbstausführungsgebot schafft.[3]

---

[1] Vgl. § 6 VOL/A 2009; für Bauleistungen konnte die Selbstausführung nach § 6 Abs. 2 Nr. 1 VOB/A 2006 formal noch verlangt werden.

[2] EuGH 14.4.1994 – C-389/92, BeckRS 2004, 76951 – Ballast Nedam Groep VN I; 18.12.1997 – C-5/97, BeckRS 2004, 77499 – Ballast Nedam Groep NV II; 2.12.1999 – C-176/98, BeckRS 2004, 74698 – Holst Italia SpA.

[3] Vgl. zu Art. 63 RL 2014/24/EU: EuGH 28.4.2022 – C-642/20 (Caruter Srl/S. R. R. Messina Provincia SCpA ua), NZBau 2022, 413 Rn. 42 ff.

Das Verlangen einer Selbstausführung kann im Einzelfall **europarechtswidrig** 4
sein. Der EuGH hat in der Rs. Borta für die Unterschwellenvergabe festgestellt,
dass die Verpflichtung des Auftragnehmers zur Selbstausführung der Hauptleistung
eine Beschränkung der Niederlassungsfreiheit und des Dienstleistungsverkehrs ist.[4]
Diese könne gerechtfertigt sein, wenn sie ein legitimes Ziel verfolge und der Verhältnismäßigkeitsgrundsatz gewahrt sei. Der EuGH erachtet das Erfordernis für ein
gesetzliches Selbstausführungsgebot bei Bauleistungen jedoch weder aus der Sicherung einer korrekten Ausführung der Arbeiten noch aus dem Mittelstandsschutz als
gerechtfertigt. IErg ist ein Selbstausführungsgebot in Vergaben mit grenzüberschreitendem Interesse nur in engen Ausnahmefällen europarechtlich zu rechtfertigen.[5]
Die Begründung ist zu dokumentieren.

Unterabschnitt 4. Veröffentlichungen; Transparenz

§ 27 Auftragsbekanntmachung; Beschafferprofil

(1) **Der Auftraggeber teilt seine Absicht, im Wege einer Öffentlichen Ausschreibung, einer Beschränkten Ausschreibung mit Teilnahmewettbewerb oder einer Verhandlungsvergabe mit Teilnahmewettbewerb einen öffentlichen Auftrag zu vergeben oder eine Rahmenvereinbarung abzuschließen, in einer Auftragsbekanntmachung mit.**

(2) [1]**Der Auftraggeber kann im Internet zusätzlich ein Beschafferprofil einrichten.** [2]**Es enthält die Veröffentlichung von Angaben über geplante oder laufende Vergabeverfahren, über vergebene Aufträge oder aufgehobene Vergabeverfahren sowie alle sonstigen für die Auftragsvergabe relevanten Informationen wie zum Beispiel Kontaktstelle, Anschrift, E-Mail-Adresse, Telefon- und Telefaxnummer des Auftraggebers.**

I. Bedeutung der Vorschrift

Als zentrale Publizitätsvorschrift für die Vergabe von Aufträgen über Liefer- und 1
Dienstleistungen unterhalb der Schwellenwerte im Anwendungsbereich der UVgO
schreibt Abs. 1 Auftragsbekanntmachungen bei Öffentlichen Ausschreibungen,
Beschränkten Ausschreibungen mit Teilnahmewettbewerb sowie Verhandlungsvergaben mit Teilnahmewettbewerb vor. Auftraggeber sind danach verpflichtet, ihre
Absicht, im Wege einer Öffentlichen Ausschreibung, einer Beschränkten Ausschreibung mit Teilnahmewettbewerb oder einer Verhandlungsvergabe mit Teilnahmewettbewerb einen öffentlichen Auftrag zu vergeben oder eine Rahmenvereinbarung
abzuschließen, durch eine (nationale) Auftragsbekanntmachung zu veröffentlichen.
Die **obligatorische Auftragsbekanntmachung** nach Abs. 1 ist Ausdruck des
Transparenzgrundsatzes und dient der Sicherstellung bzw. Förderung eines größtmöglichen und diskriminierungsfreien Wettbewerbs.[1] Zum Zweck der Auftragsbekanntmachung auch → VOB/A § 12 Rn. 4. Gem. Abs. 2 können Auftraggeber im
Internet zusätzlich ein **Beschafferprofil** einrichten, in dem Informationen über
geplante, laufende oder aufgehobene Vergabeverfahren, über vergebene Aufträge

---

[4] EuGH 5.4.2017 – C-298/15, BeckRS 2017, 105869 – Borta UAB.
[5] HK-VergabeR/Schellenberg UVgO § 26 Rn. 10; GKN VergabeR-HdB/Gabriel § 18 Rn. 46; Gielen VergabeR 2018, 714 (716).
[1] OLG Jena 9.9.2010 – 9 Verg 4/10, IBRRS 2010, 3760 zu § 12 VOL/A; DSW/Dierkes UVgO § 27 Rn. 2.

sowie alle sonstigen, im Zusammenhang mit der Auftragsvergabe relevanten Informationen veröffentlicht werden können.

II. Auftragsbekanntmachung (Abs. 1)

2   Abs. 1 schreibt vor, die beabsichtigte Vergabe eines öffentlichen Auftrags oder den Abschluss einer Rahmenvereinbarung im Wege einer Öffentlichen Ausschreibung (§ 9 Abs. 1 UVgO), einer Beschränkten Ausschreibung mit Teilnahmewettbewerb (§ 10 Abs. 1 UVgO) oder einer Verhandlungsvergabe mit Teilnahmewettbewerb (§ 12 Abs. 1 S. 2 UVgO) durch eine nationale Auftragsbekanntmachung bekannt zu machen. In diesen drei Verfahrensarten ist also stets ein Transparenzakt durch Auftragsbekanntmachung erforderlich. Einzelheiten zu Form, Inhalt und Veröffentlichung der Auftragsbekanntmachung sind in § 28 UVgO normiert. Die Auftragsbekanntmachung **entfällt ausnahmsweise** in zwei Fällen: Bei der Beschränkten Ausschreibung ohne Teilnahmewettbewerb (§ 11 Abs. 1 UVgO) und bei der Verhandlungsvergabe ohne Teilnahmewettbewerb (§ 12 Abs. 2 S. 1 UVgO) fordert der Auftraggeber die ausgewählten Unternehmen direkt zur Abgabe von Angeboten bzw. zu Verhandlungen auf. Jene Verfahrensarten sind nur zulässig, wenn ihre jew. Zulassungsvoraussetzungen erfüllt sind; dazu → § 8 Rn. 12 f. und 16 ff.

3   Zulässig sind **freiwillige EU-weite Bekanntmachungen** über Liefer- und Dienstleistungsaufträge unterhalb der Schwellenwerte, die dem Anwendungsbereich der UVgO unterfallen (näher → VgV § 40 Rn. 7 und 8). Wird hiervon Gebrauch gemacht, bedarf es keiner zusätzlichen nationalen Bekanntmachung, weil die EU-weite Bekanntmachung den Sinn und Zweck der Publizitätsvorschriften, einen möglichst breiten Wettbewerb zu generieren, am besten erfüllt.[2] Im Regelfall bietet sich jedoch eine Auftragsbekanntmachung auch auf nationaler Ebene an.

III. Beschafferprofil (Abs. 2)

4   Die Auftragsbekanntmachung nach Abs. 1 ist obligatorisch. **Zusätzlich** kann der Auftraggeber im Internet ein sog. Beschafferprofil einrichten. Das Beschafferprofil kann die reguläre Auftragsbekanntmachung somit nicht ersetzen, was durch die Formulierung „zusätzlich" in S. 1 zum Ausdruck kommt. Die Vorschrift bezweckt, interessierten Unternehmen den Zugang zu Informationen des Auftraggebers über dessen Ausschreibungen zu erleichtern und dient damit der Sicherstellung bestmöglichen Wettbewerbs.

5   Das Beschafferprofil enthält Angaben über geplante oder laufende Ausschreibungen, über vergebene Aufträge oder aufgehobene Verfahren sowie alle sonstigen für die Auftragsvergabe relevanten Informationen, wie etwa Kontaktstelle, Postanschrift, E-Mail-Adresse, Telefon- und Telefaxnummer des Auftraggebers. Ein Beschafferprofil kann auf der Internetseite www.simap.eu.int, auf einer eigens dafür erstellten Internetseite oder auf einer Unterseite der Homepage des Auftraggebers eingerichtet werden.

§ 28 Veröffentlichung von Auftragsbekanntmachungen

(1) ¹**Auftragsbekanntmachungen sind auf den Internetseiten des Auftraggebers oder auf Internetportalen zu veröffentlichen.** ²**Zusätzlich können Auftragsbekanntmachungen in Tageszeitungen, amtlichen Veröffentlichungsblättern oder Fachzeitschriften veröffentlicht werden.** ³Auftragsbe-

---

[2] BayObLG 4.2.2003 – Verg 31/02, BeckRS 2003, 2434.

kanntmachungen auf Internetseiten des Auftraggebers oder auf Internetportalen müssen zentral über die Suchfunktion des Internetportals www.bund.de ermittelt werden können.

(2) ¹Aus der Auftragsbekanntmachung müssen alle Angaben für eine Entscheidung zur Teilnahme am Vergabeverfahren oder zur Angebotsabgabe ersichtlich sein. ²Sie enthält mindestens:
1. die Bezeichnung und die Anschrift der zur Angebotsabgabe auffordernden Stelle, der den Zuschlag erteilenden Stelle sowie der Stelle, bei der die Angebote oder Teilnahmeanträge einzureichen sind,
2. die Verfahrensart,
3. die Form, in der Teilnahmeanträge oder Angebote einzureichen sind,
4. gegebenenfalls in den Fällen des § 29 Absatz 3 die Maßnahmen zum Schutz der Vertraulichkeit und die Informationen zum Zugriff auf die Vergabeunterlagen,
5. Art und Umfang der Leistung sowie den Ort der Leistungserbringung,
6. gegebenenfalls die Anzahl, Größe und Art der einzelnen Lose,
7. gegebenenfalls die Zulassung von Nebenangeboten,
8. etwaige Bestimmungen über die Ausführungsfrist,
9. die elektronische Adresse, unter der die Vergabeunterlagen abgerufen werden können oder die Bezeichnung und die Anschrift der Stelle, die die Vergabeunterlagen abgibt oder bei der sie eingesehen werden können,
10. die Teilnahme- oder Angebots- und Bindefrist,
11. die Höhe etwa geforderter Sicherheitsleistungen,
12. die wesentlichen Zahlungsbedingungen oder die Angabe der Unterlagen, in denen sie enthalten sind,
13. die mit dem Angebot oder dem Teilnahmeantrag vorzulegenden Unterlagen, die der Auftraggeber für die Beurteilung der Eignung des Bewerbers oder Bieters und des Nichtvorliegens von Ausschlussgründen verlangt, und
14. die Angabe der Zuschlagskriterien, sofern diese nicht in den Vergabeunterlagen genannt werden.

I. Bedeutung der Vorschrift

Die Vorschrift regelt die **Veröffentlichung** (Abs. 1) und den **Mindestinhalt** 1 (Abs. 2) der nach § 27 Abs. 1 UVgO obligatorischen Auftragsbekanntmachung. Im Gegensatz zur Vorgängerregelung des § 12 Abs. 1 S. 1 VOL/A sind Auftragsbekanntmachungen zwingend und vorrangig elektronisch auf den **Internetseiten des Auftraggebers** oder auf **Internetportalen** (wie etwa E-Vergabeplattformen von Drittanbietern) zu veröffentlichen. Zusätzlich muss die Auftragsbekanntmachung zentral über die Suchfunktion von www.bund.de (nunmehr: www.service.bund.de) ermittelt werden können. Nur sekundär dürfen sie auf konventionellem Weg (zB in Printmedien wie Tageszeitungen, amtlichen Veröffentlichungsblättern oder Fachzeitschriften) veröffentlicht werden. Abs. 2 enthält einen Katalog von Mindestangaben, die Bestandteil der Auftragsbekanntmachung sind. Zum Zweck der Auftragsbekanntmachung → VOB/A § 12 Rn. 4. Zur freiwilligen unionsweiten Bekanntmachung von Aufträgen → VgV § 40 Rn. 7 und 8 sowie → § 27 Rn. 3.

II. Veröffentlichung (Abs. 1)

Nach Abs. 1 S. 1, 2 sind Auftragsbekanntmachungen zwingend auf den 2 **Internetseiten des Auftraggebers** oder auf **Internetportalen** (wie etwa

UVgO § 28   Veröffentlichung von Auftragsbekanntmachungen

E-Vergabeplattformen von Drittanbietern) zu veröffentlichen. Zusätzlich müssen die Auftragsbekanntmachungen über die Suchfunktion des Internetportals www.service.bund.de ermittelbar sein. Diese Vorgabe stellt sicher, dass interessierte Unternehmen ohne großen Aufwand von Bekanntmachungen Kenntnis nehmen können. Zum Anfang 2023 gestarteten **zentralen Online-Bekanntmachungsservice**, der unter www.oeffentlichevergabe.de frei zugänglich erreichbar ist → VOB/A § 12 Rn. 7a. Auftragsbekanntmachungen sollen nach dem Willen der UVgO nur noch sekundär und zusätzlich zur elektronischen Vergabe auf konventionellem Weg (zB in Tageszeitungen, amtlichen Veröffentlichungsblättern oder Fachzeitschriften) veröffentlicht werden. Welches Sekundärmedium gewählt wird, orientiert sich an dem Sinn und Zweck der Bekanntmachung, einen **möglichst großen Kreis von Unternehmen** von der Beschaffungsabsicht zu informieren und eine Bevorzugung ortsansässiger Unternehmen zu vermeiden (näher → VOB/A § 12 Rn. 5–8). Damit nähert sich die nationale Auftragsbekanntmachung den Vorgaben für die Veröffentlichung unionsweiter Auftragsbekanntmachungen an.

III. Mindestinhalt (Abs. 2)

3   S. 1 verlangt iS einer Generalklausel, dass aus der Auftragsbekanntmachung alle Angaben für eine Entscheidung der Unternehmen zur Teilnahme am Vergabeverfahren oder zur Angebotsabgabe ersichtlich sein müssen. S. 2 enthält einen Katalog von **Mindestangaben,** die eine Auftragsbekanntmachung enthalten muss. Die Unternehmen müssen sich aufgrund dieser Angaben ein möglichst umfassendes Bild über die ausgeschriebene Leistung machen und entscheiden können, ob eine Verfahrensteilnahme für sie in Frage kommt. Dem Auftraggeber ist es unbenommen, über die Mindestangaben hinaus weitere Angaben in der Auftragsbekanntmachung zu veröffentlichen, wenn und soweit dies im jeweiligen Beschaffungsvorgang sinnvoll ist. So kann und sollte er zB die Anforderungen an eine Bewerber- und Bietergemeinschaft oder den Verzicht auf die Nachforderung fehlender Unterlagen (vgl. § 41 Abs. 2 S. 2 UVgO) in die Auftragsbekanntmachung nehmen.[1] **Modifikationen** der Vergabeunterlagen, die zugleich Auswirkungen auf den Inhalt der veröffentlichten Auftragsbekanntmachung haben (zB veränderte Angebotsfristen, Herabsetzung veröffentlichter Anforderungen an die Eignung der Bieter etc), sind aus Gründen der Transparenz und Gleichbehandlung in einer **Korrekturbekanntmachung** zu veröffentlichen. Sie dürfen nicht allein auf die Vergabeunterlagen beschränkt werden.[2] Zur **Bindung** an die Angaben sowie zur **Auslegung** der Bekanntmachung → VOB/A § 12 Rn. 9, 10. Zu den Mindestangaben:

1. Auftraggeber (Nr. 1)

4   → VOB/A § 12 Rn. 11, 25.

2. Verfahrensart (Nr. 2)

5   Ferner ist die Verfahrensart in der Auftragsbekanntmachung aufzunehmen. § 27 Abs. 1 UVgO benennt als relevante Verfahrensarten, die durch eine Auftragsbekanntmachung zu veröffentlichen sind, die Öffentliche Ausschreibung, die Beschränkte Ausschreibung mit Teilnahmewettbewerb oder die Verhandlungsvergabe mit Teilnahmewettbewerb. An dieser Stelle beschränkt sich die Angabe auf die Benennung der gewählten Verfahrensart.

---

[1] DSW/Dierkes UVgO § 28 Rn. 56.
[2] DSW/Dierkes UVgO § 28 Rn. 57.

3. Form der Teilnahmeanträge oder Angebote (Nr. 3)

Nach § 38 Abs. 1 S. 1 UVgO hat der Auftraggeber festzulegen, in welcher Form die Teilnahmeanträge und Angebote einzureichen sind. Seit dem 1.1.2020 sind Teilnahmeanträge und Angebote gem. § 38 Abs. 3 UVgO zwingend in Textform nach § 126b BGB ausschl. mithilfe elektronischer Mittel gemäß § 7 UVgO zu übermitteln. Diese Verpflichtung gilt allerdings nicht, wenn der geschätzte Auftragswert 25.000 Euro nicht überschreitet oder ein Vergabeverfahren durchgeführt wird, bei dem keine Auftragsbekanntmachung veröffentlicht wird (§ 38 Abs. 4 UVgO). Nach Nr. 3 muss die Auftragsbekanntmachung entspr. Angaben enthalten.

4. Maßnahmen zum Schutz der Vertraulichkeit und Informationen zum Zugriff auf die Vergabeunterlagen (Nr. 4)

§ 29 Abs. 3 UVgO verpflichtet den Auftraggeber, in der Auftragsbekanntmachung anzugeben, welche Maßnahmen er zum Schutz der Vertraulichkeit von Informationen anwendet und wie auf die Vergabeunterlagen zugegriffen werden kann. Dazu näher → VgV § 41 Rn. 39 ff.

5. Art, Umfang und Ort der Leistung (Nr. 5)

→ VOB/A § 12 Rn. 14–16.

6. Anzahl, Größe und Art der Lose (Nr. 6)

§ 22 Abs. 1 UVgO verlangt, Leistungen in der Menge aufgeteilt (Teillose) und getrennt nach Art oder Fachgebiet (Fachlose) zu vergeben. Ausnahmsweise kann darauf verzichtet werden, wenn wirtschaftliche oder technische Gründe dies erfordern. Der Auftraggeber kann nach § 22 Abs. 1 S. 3 UVgO weiter festlegen, ob die Angebote nur für ein Los, für mehrere oder für alle Lose eingereicht werden dürfen. Er kann, auch wenn Angebote für mehrere oder alle Lose eingereicht werden dürfen, die Zahl der Lose auf eine Höchstzahl beschränken, für die ein einzelner Bieter den Zuschlag erhalten kann. Jene Vorgaben sind bei Öffentlichen Ausschreibungen und Verfahrensarten mit Teilnahmewettbewerb bereits in der Auftragsbekanntmachung, ansonsten in den Vergabeunterlagen bekanntzugeben (§ 22 Abs. 2 S. 1 UVgO). Ausf. dazu auch → VOB/A § 12 Rn. 18.

7. Nebenangebote (Nr. 7)

Die Auftragsbekanntmachung muss sich dazu verhalten, ob der Auftraggeber Nebenangebote zulässt. Das korrespondiert mit § 25 S. 1 UVgO, wonach Nebenangebote zugelassen werden können. Fehlt eine entspr. Angabe, sind keine Nebenangebote zugelassen (§ 25 S. 2 UVgO). Bei Vergabeverfahren, bei denen die Unternehmen unmittelbar zur Angebotsabgabe aufgefordert werden (Beschränkte Ausschreibung und Verhandlungsvergabe ohne Teilnahmewettbewerb), muss die Zulassung von Nebenangeboten in der Aufforderung zur Angebotsabgabe erfolgen; fehlt sie, sind keine Nebenangebot zugelassen. Vgl. zu **Mindestanforderungen** an Nebenangebote im Unterschwellenbereich näher → § 25 Rn. 3.

8. Ausführungsfrist (Nr. 8)

Ausführungsfrist meint bei Lieferungen den Zeitraum zwischen Zuschlag und spätester Lieferung und bei Dienstleistungen die Frist, bis wann eine Leistung fertigzustellen ist bzw. innerhalb derer Dienstleistungen zu erbringen sind.[3] Werden für

---

[3] DSW/Dierkes UVgO § 28 Rn. 35.

die Leistungserbringung Ausführungsfristen vorgegeben, sind diese nach Nr. 8 in der Bekanntmachung aufzuführen. Vgl. dazu auch → VOB/A § 12 Rn. 19.

9. Elektronische Adresse (Nr. 9)

12 In der Auftragsbekanntmachung ist die elektronische Adresse, unter der die Vergabeunterlagen abgerufen werden können, anzugeben. Für den Zugang zur Auftragsbekanntmachung und zu den Vergabeunterlagen darf **keine vorherige Registrierung** verlangt werden, § 7 Abs. 3 S. 2 UVgO. Zulässig ist lediglich eine freiwillige Registrierung.

13 Alternativ – aber nur ausnahmsweise, siehe dazu → Rn. 14 – kann der Auftraggeber die Bezeichnung und Anschrift der Stelle angeben, die die Vergabeunterlagen abgibt und oder bei der sie eingesehen werden können. Die Vergabeunterlagen können also auch durch Dritte (etwa durch ein Planungsbüro oder eine Rechtsanwaltskanzlei) vorgehalten werden. Dazu näher → VOB/A § 12 Rn. 21.

14 Allerdings soll das Vergabeverfahren auch im Anwendungsbereich der UVgO elektronisch abgewickelt werden (§ 29 Abs. 1 UVgO). **Ausnahmen von der elektronischen Bereitstellung** der Vergabeunterlagen sind nur in den in § 29 Abs. 2 UVgO genannten Fällen zugelassen. Mit Blick darauf ist die herkömmliche Bereitstellung der Vergabeunterlagen, sei es durch deren Abgabe, sei es durch deren Einsichtnahme, die Nr. 9 anspricht, nur noch in Ausnahmefällen, die sich aus § 29 Abs. 2 UVgO ergeben, statthaft.[4]

10. Teilnahme-, Angebots- und Bindefrist (Nr. 10)

15 Der Auftraggeber ist verpflichtet, bei der Bekanntmachung eines Teilnahmewettbewerbs die Teilnahmefrist und im Falle der Bekanntmachung einer Öffentlichen Ausschreibung die Angebotsfrist in den Bekanntmachungstext aufzunehmen. Des Weiteren muss die Bekanntmachung eine Bindefrist enthalten. Es sind jew. angemessene Fristen festzusetzen. Zur Teilnahme-, Angebots- und Bindefrist allg. → § 13 Rn. 4–8. Teilnahme- und Angebotsfristen sind **Ausschlussfristen**, dh verfristete Teilnahmeanträge und Angebote werden gem. § 42 Abs. 1 Nr. 1 UVgO vom Vergabeverfahren ausgeschlossen, es sei denn, der Bewerber bzw. Bieter hat die Verspätung nicht zu vertreten. Zum Ganzen auch vertiefend → VOB/A § 12 Rn. 23, 24.

11. Sicherheiten (Nr. 11)

16 Auf Sicherheiten soll nach § 21 Abs. 5 S. 1 UVgO **im Grundsatz verzichtet** werden. Ausnahmsweise sollen Sicherheiten nur dann gefordert werden, wenn sie für die sach- und fristgerechte Durchführung der Leistung notwendig erscheinen, vgl. dazu näher → § 21 Rn. 5. Eine Vertragserfüllungssicherheit darf 5 % der Auftragssumme nicht überschreiten. All diese Angaben sind – sofern der Auftraggeber Sicherheiten verlangen möchte – in die Auftragsbekanntmachung aufzunehmen.

12. Zahlungsbedingungen (Nr. 12)

17 Die in **§ 17 VOL/B** normierten Zahlungsbedingungen (Voraus- oder Abschlagszahlung sowie Schlusszahlung) sollen in die Auftragsbekanntmachung aufgenommen werden. Es reicht dabei aus, auf § 17 VOL/B zu verweisen und Details in den Vergabeunterlagen zu regeln.

13. Eignungsnachweise (Nr. 13)

18 Bereits in der Auftragsbekanntmachung ist darüber zu informieren, welche Nachweise zur Beurteilung der Eignung des Bewerbers oder Bieters sowie des Nichtvor-

---

[4] DSW/Dierkes UVgO § 28 Rn. 38.

liegens von Ausschlussgründen verlangt werden. Der Auftragsbekanntmachung muss deutlich und sicher entnommen werden können, welche Erklärungen wann abzugeben sind.[5] Unklarheiten oder Widersprüche gehen zu Lasten des Auftraggebers.[6] Die **Eignung** eines Bieters, insbes. seine für die ordnungsgemäße Leistungserbringung erforderliche Leistungsfähigkeit, darf nur an **Kriterien** gemessen werden, die der Auftraggeber in der Auftragsbekanntmachung **transparent** aufgestellt hat. Allein die Anforderung in der Auftragsbekanntmachung ist rechtlich verbindlich; der Auftraggeber darf hiervon (zB in der Angebotsaufforderung oder bei der Wertung) nicht mehr abweichen.[7]

14. Zuschlagskriterien (Nr. 14)

In die Auftragsbekanntmachung sind die Zuschlagskriterien aufzunehmen, es sei denn, diese werden in den Vergabeunterlagen genannt. Nr. 14 spiegelt sich mit § 21 Abs. 1 Nr. 2 UVgO, wonach die Zuschlagskriterien Bestandteil der Vergabeunterlagen sind, sofern die Nennung nicht schon in der Auftragsbekanntmachung erfolgt ist. Folglich hat der Auftraggeber die **Wahl**, ob er die Zuschlagskriterien bereits in der **Bekanntmachung** veröffentlicht **oder** sie den interessierten Unternehmen erst mit den **Vergabeunterlagen** mitteilt.[8] Welche Zuschlagskriterien der Auftraggeber für die Ermittlung des wirtschaftlichsten Angebots (§ 43 Abs. 1 UVgO) heranzieht, liegt in seinem Ermessen. Die Ermittlung des wirtschaftlichsten Angebots erfolgt nach § 43 Abs. 2 S. 1 UVgO auf der Grundlage des besten Preis-Leistungs-Verhältnisses. Neben dem Preis oder den Kosten können auch qualitative, umweltbezogene oder soziale Zuschlagskriterien, die § 43 Abs. 2 S. 2 UVgO beispielhaft beschreibt, berücksichtigt werden (→ § 43 Rn. 7 f.). Zur im Anwendungsbereich der UVgO relevanten Zuschlagswertung ausf. → § 43 Rn. 2 ff.

19

Eine Bekanntgabe der **Gewichtung** der Zuschlagskriterien, wie sie im Oberschwellenbereich nach § 127 Abs. 5 GWB erforderlich ist, verlangt die Vorschrift[9] nicht. Aus Gründen der Transparenz des Verfahrens (§ 2 Abs. 1 UVgO) ist diese Angabe jedoch auch im Anwendungsbereich der UVgO geboten.

20

§ 29 Bereitstellung der Vergabeunterlagen

(1) **Der Auftraggeber gibt in der Auftragsbekanntmachung eine elektronische Adresse an, unter der die Vergabeunterlagen unentgeltlich, uneingeschränkt, vollständig und direkt abgerufen werden können.**

(2) **Der Auftraggeber kann die Vergabeunterlagen auf einem anderen geeigneten Weg übermitteln, wenn die erforderlichen elektronischen Mittel zum Abruf der Vergabeunterlagen**
1. **aufgrund der besonderen Art der Auftragsvergabe nicht mit allgemein verfügbaren oder verbreiteten Geräten und Programmen der Informations- und Kommunikationstechnologie kompatibel sind,**
2. **Dateiformate zur Beschreibung der Angebote verwenden, die nicht mit allgemein verfügbaren oder verbreiteten Programmen verarbeitet werden können oder die durch andere als kostenlose und allgemein verfügbare Lizenzen geschützt sind, oder**
3. **die Verwendung von Bürogeräten voraussetzen, die dem Auftraggeber nicht allgemein zur Verfügung stehen.**

---

[5] BGH 3.4.2012 – X ZR 130/10, BeckRS 2012, 11501.
[6] OLG Düsseldorf 26.3.2012 – VII Verg 4/12, BeckRS 2012, 11206.
[7] BGH 6.10.2020 – XIII ZR 21/19, VPRRS 2020, 0342.
[8] DSW/Dierkes UVgO § 28 Rn. 54.
[9] Ebenso wenig wie § 21 Abs. 1 Nr. 2 UVgO.

UVgO § 30

(3) Der Auftraggeber gibt in der Auftragsbekanntmachung an, welche Maßnahmen er zum Schutz der Vertraulichkeit von Informationen anwendet und wie auf die Vergabeunterlagen zugegriffen werden kann.

Literatur: Vgl. die Angaben bei § 41 VgV.

1 § 29 UVgO entspricht weitgehend dem § 41 VgV, so dass auf die dortige Kommentierung verwiesen werden kann, → VgV § 41 Rn. 1 ff. Die Bestimmung sieht allerdings – anders als § 41 Abs. 2 S. 2 VgV – keine Fristverlängerung um fünf Kalendertage für die Angebotsabgabe vor, wenn die Unterlagen nicht gem. § 29 Abs. 1 UVgO bereitgestellt werden.

§ 30 Vergabebekanntmachung

(1) [1]Der Auftraggeber informiert nach der Durchführung einer Beschränkten Ausschreibung ohne Teilnahmewettbewerb oder einer Verhandlungsvergabe ohne Teilnahmewettbewerb für die Dauer von drei Monaten über jeden so vergebenen Auftrag ab einem Auftragswert von 25 000 Euro ohne Umsatzsteuer auf seinen Internetseiten oder auf Internetportalen. [2]Diese Information enthält mindestens folgende Angaben:
1. Name und Anschrift des Auftraggebers und dessen Beschaffungsstelle,
2. Name des beauftragten Unternehmens; soweit es sich um eine natürliche Person handelt, ist deren Einwilligung einzuholen oder deren Name zu anonymisieren,
3. Verfahrensart,
4. Art und Umfang der Leistung,
5. Zeitraum der Leistungserbringung.

(2) Der Auftraggeber ist nicht verpflichtet, einzelne Angaben zu veröffentlichen, wenn deren Veröffentlichung
1. den Gesetzesvollzug behindern,
2. dem öffentlichen Interesse zuwiderlaufen,
3. den berechtigten geschäftlichen Interessen eines Unternehmens schaden oder
4. den lauteren Wettbewerb zwischen Unternehmen beeinträchtigen würde.

Literatur: Vgl. die Angaben bei § 134 GWB, § 62 VgV und § 19 EU VOB/A.

I. Ex-Post-Informationspflicht (Abs. 1)

1 Bei Beschränkten Ausschreibungen und Verhandlungsvergaben ohne Teilnahmewettbewerb erfolgt keine Auftragsbekanntmachung nach § 27 Abs. 1 UVgO. Dieses Transparenzdefizit wird durch Abs. 1 etwas abgemildert, indem dort eine **Pflicht zur nachträglichen Information über die in diesen Verfahren vergebenen Aufträge** vorgeschrieben ist. Zu informieren ist über jeden so vergebenen Auftrag ab einem Netto-Auftragswert von 25.000 Euro. Hierbei ist der Gesamtauftragswert des bezuschlagten Angebotes einschl. etwaiger Optionen, Verlängerungen, Prämien etc (vgl. § 3 Abs. 1 VgV) maßgebend.[1]

2 Um den Verwaltungsaufwand gering zu halten, müssen die Informationen für die Dauer von drei Monaten nur auf den Internetseiten des betreffenden Auftraggebers

---

[1] Müller-Wrede VgV/UVgO/Conrad UVgO § 30 Rn. 8.

oder auf Internetportalen veröffentlicht werden. Folgende Angaben sind mindestens zu machen:
- Name und Anschrift des Auftraggebers und dessen Beschaffungsstelle,
- Name des beauftragten Unternehmens; bei natürlichen Personen ist deren Einwilligung mit der Veröffentlichung einzuholen oder die Angabe zu anonymisieren,
- Verfahrensart,
- Art und Umfang der Leistung und
- der Zeitraum der Leistungserbringung.

II. Zurückhaltung von Informationen (Abs. 2)

Berechtigte Geheimhaltungsinteressen können die Bekanntmachungspflicht 3 nur einschränken, nicht aber gänzlich entfallen lassen.[2] Die Ausnahmen in Abs. 2 sind iW mit den in § 39 Abs. 6 VgV geregelten Fällen identisch (→ VgV § 39 Rn. 9). Liegt eine der Ausnahmen vor, ist das Ermessen des Auftraggebers im Regelfall auf null reduziert, so dass die Veröffentlichung in diesen Fällen unterbleiben muss.

Unterabschnitt 5. Anforderung an Unternehmen; Eignung

§ 31 Auswahl geeigneter Unternehmen; Ausschluss von Bewerbern und Bietern

(1) Öffentliche Aufträge werden an fachkundige und leistungsfähige (geeignete) Unternehmen vergeben, die nicht in entsprechender Anwendung der §§ 123 oder 124 des Gesetzes gegen Wettbewerbsbeschränkungen ausgeschlossen worden sind.

(2) [1]Der Auftraggeber überprüft die Eignung der Bewerber oder Bieter anhand der nach § 33 festgelegten Eignungskriterien. [2]Die Eignungskriterien können die Befähigung und Erlaubnis zur Berufsausübung oder die wirtschaftliche, finanzielle, technische oder berufliche Leistungsfähigkeit betreffen. [3]Bei Vorliegen von Ausschlussgründen sind § 125 des Gesetzes gegen Wettbewerbsbeschränkungen zur Selbstreinigung und § 126 des Gesetzes gegen Wettbewerbsbeschränkungen für zulässige Höchstdauer des Ausschlusses entsprechend anzuwenden. [4]§ 123 Absatz 1 Nummer 4 und 5 des Gesetzes gegen Wettbewerbsbeschränkungen findet auch insoweit entsprechende Anwendung, soweit sich die Straftat gegen öffentliche Haushalte richtet. [5]§ 124 Absatz 1 Nummer 7 des Gesetzes gegen Wettbewerbsbeschränkungen findet mit der Maßgabe entsprechende Anwendung, dass die mangelhafte Vertragserfüllung weder zu einer vorzeitigen Beendigung des Vertrags, noch zu Schadensersatz oder einer vergleichbaren Rechtsfolge geführt haben muss.

(3) Bei Verfahrensarten mit Teilnahmewettbewerb fordert der Auftraggeber nur solche Bewerber zur Abgabe eines Angebots auf, die ihre Eignung nachgewiesen haben und nicht ausgeschlossen worden sind.

(4) Bei einer Öffentlichen Ausschreibung kann der Auftraggeber entscheiden, ob er die Angebotsprüfung vor der Eignungsprüfung durchführt.

Literatur: Vgl. die Angaben bei § 122 GWB.

---

[2] HK-VergabeR/Franzius UVgO § 30 Rn. 5.

UVgO § 31 Auswahl geeigneter Unternehmen

I. Bedeutung der Vorschrift

1 Der **§ 122 GWB nachgebildete,** allerdings nicht vollständig mit dieser Norm inhaltsgleiche § 31 UVgO regelt die Grundsätze der Prüfung der Eignung der Bewerber und Bieter sowie des Vorliegens von Ausschlussgründen. Wie bei Vergaben ab Erreichen der Schwellenwerte wird hierdurch neben der Ermittlung des wirtschaftlichsten Angebots nach § 43 UVgO eine der beiden Stufen der Auswahl des zu bezuschlagenden Angebots bezeichnet (iE → GWB § 122 Rn. 1, 5).

2 Während § 31 Abs. 1 UVgO den **Begriff der Eignung** definiert und das Prüfprogramm der Eignungsprüfung festlegt (→ § 31 Rn. 3 f.), regelt Abs. 2 zum einen die Grundsätze der Festlegung der Eignungskriterien; die diesbzgl. Einzelheiten normiert § 33 UVgO. Zum anderen betrifft § 31 Abs. 2 UVgO die Modifizierung der in Abs. 1 angeordneten entspr. Anwendung der §§ 123, 124 GWB über die Ausschlussgründe sowie die entspr. Anwendung des § 125 GWB (Selbstreinigung) und § 126 GWB (Höchstdauer des Ausschlusses) (→ § 31 Rn. 5 ff.). Die Abs. 3 und 4 enthalten Bestimmungen über den Zeitpunkt der Eignungsprüfung im Verhältnis zur Aufforderung Angebote abzugeben, bei Verfahren mit Teilnahmewettbewerb (Abs. 3) und im Verhältnis zur Angebotsprüfung bei der Öffentlichen Ausschreibung (Abs. 4; → § 31 Rn. 8).

II. Grundsätze der Eignungsprüfung (Abs. 1)

3 § 31 Abs. 1 UVgO definiert den Begriff der Eignung der Bewerber und Bieter durch die Merkmale der **Fachkunde und Leistungsfähigkeit.** Entspr. der Systematik von § 122 Abs. 1, 2 GWB konkretisiert § 31 Abs. 2 S. 2 UVgO diese Merkmale durch die Begriffe der Befähigung und Erlaubnis zur Berufsausübung sowie der wirtschaftlichen, finanziellen, technischen und beruflichen Leistungsfähigkeit. Zur Ausfüllung dieser Begrifflichkeit kann auf die zu § 122 GWB entwickelten Grundsätze zurückgegriffen werden (→ GWB § 122 Rn. 27 ff.). Ebenfalls herangezogen werden können die für § 122 GWB entwickelten Maßstäbe zu dem Bestehen von Beurteilungsspielräumen des Auftraggebers und zum Zeitpunkt der Eignungsprüfung (→ GWB § 122 Rn. 9 ff.).

4 Zum **Vorliegen von Ausschlussgründen** verweist § 31 Abs. 1 UVgO auf die entspr. Anwendung der §§ 123, 124 GWB, wobei § 31 Abs. 2 S. 4, 5 UVgO Modifikationen zu einzelnen Tatbeständen der §§ 123, 124 GWB enthält.

III. Eignungskriterien und Sonderreglungen (Abs. 2)

5 Nach Abs. 2 ist die Eignung der Bewerber oder Bieter anhand der nach § 33 Abs. 1 UVgO festgelegten Eignungsanforderungen zu überprüfen (S. 1). Gleichzeitig beschränkt die Vorschrift den Rahmen für die **Eignungskriterien** auf die übergeordneten Aspekte der Befähigung und Erlaubnis zur Berufsausübung, der wirtschaftlichen und finanziellen Leistungsfähigkeit sowie der technischen und beruflichen Leistungsfähigkeit (S. 2). Unter dem Aspekt der Zuverlässigkeit dürfen damit keine Eignungsanforderungen mehr gestellt werden.[1] Dieser Aspekt wird durch den Verweis in Abs. 1 auf die Ausschlussgründe nach §§ 123 ff. GWB abschl. geregelt.

6 In S. 3 wird klargestellt, dass bei Vorliegen von **Ausschlussgründen** nach §§ 123, 124 GWB auch die Regelungen zur sog. **Selbstreinigung** nach § 125 GWB und zur **Höchstdauer der Berücksichtigungsfähigkeit** nach § 126 GWB entspr. anzuwenden sind. Die Beschränkung auf eine „entsprechende Anwendung" lässt

---

[1] Vgl. RPF/Hausmann/v. Hoff § 31 Rn. 15.

nur insoweit einen Spielraum, als sich im konkreten Einzelfall aus dem Anwendungsbereich der UVgO begründete Besonderheiten ergeben, die einer vollständigen Anwendung dieser Vorschriften entgegenstehen.

S. 4 legt fest, dass der Ausschlussgrund des Betrugs und des Subventionsbetrugs – anders als im Oberschwellenbereich (s. § 123 Abs. 1 Nr. 4, 5 GWB, → GWB § 123 Rn. 7) – nicht nur bei Straftaten, die gegen den Haushalt der Europäischen Union gerichtet sind, zum Zuge kommt, sondern auch bei entspr. Straftaten gegen alle öffentlichen Haushalte. Für die Anwendung des Ausschlussgrundes des § 124 Abs. 1 Nr. 7 GWB ist ebenfalls eine erleichterte Anwendung in der Form vorgesehen, dass die erhebliche oder fortdauernde Schlechterfüllung nicht zwingend zu einer der in Nr. 7 beschriebenen Rechtsfolgen geführt haben muss. Der Ausschluss kommt damit auch in Betracht, wenn Mängel, Verzug oder andere Pflichtverletzungen ohne Rechtsfolgen wie Kündigung, Schadensersatz oÄ geblieben sind. Die weiteren Voraussetzungen der Vorschrift – insbes. die Notwendigkeit einer erheblichen oder fortdauernden Pflichtverletzung und die Beachtung des Verhältnismäßigkeitsgrundsatzes (→ GWB § 124 Rn. 37) – gelten aber auch im Anwendungsbereich der UVgO. Der Umstand, dass die betreffenden Pflichtverletzungen keine Rechtfolgen nach sich gezogen haben, ist bei der Frage der Erheblichkeit und iRd Verhältnismäßigkeitsprüfung zu beachten. 7

IV. Zeitpunkt der Eignungsprüfung (Abs. 3 und 4)

Abs. 3 und 4 regeln den Zeitpunkt der Eignungsprüfung bei Verfahren mit Teilnahmewettbewerb und öffentlicher Ausschreibung. Die Regelungen entsprechen § 42 Abs. 2, 3 VgV (→ VgV § 42 Rn. 10–16). 8

§ 32 Rechtsform von Unternehmen und Bietergemeinschaften

(1) ¹Bewerber oder Bieter, die gemäß den Rechtsvorschriften des Staates, in dem sie niedergelassen sind, zur Erbringung der betreffenden Leistung berechtigt sind, dürfen nicht allein deshalb zurückgewiesen werden, weil sie gemäß den deutschen Rechtsvorschriften eine natürliche oder juristische Person sein müssten. ²Juristische Personen können jedoch bei Dienstleistungsaufträgen sowie bei Lieferaufträgen, die zusätzlich Dienstleistungen umfassen, verpflichtet werden, in ihrem Antrag auf Teilnahme oder in ihrem Angebot die Namen und die berufliche Befähigung der Personen anzugeben, die für die Erbringung der Leistung als verantwortlich vorgesehen sind.

(2) ¹Bewerber- und Bietergemeinschaften sind wie Einzelbewerber und -bieter zu behandeln. ²Der Auftraggeber darf nicht verlangen, dass Gruppen von Unternehmen eine bestimmte Rechtsform haben müssen, um einen Antrag auf Teilnahme zu stellen oder ein Angebot abzugeben. ³Sofern erforderlich, kann der Auftraggeber in den Vergabeunterlagen Bedingungen festlegen, wie Gruppen von Unternehmen die Eignungskriterien zu erfüllen und den Auftrag auszuführen haben; solche Bedingungen müssen durch sachliche Gründe gerechtfertigt und angemessen sein.

(3) Unbeschadet des Absatzes 2 kann der Auftraggeber verlangen, dass eine Bietergemeinschaft nach Zuschlagserteilung eine bestimmte Rechtsform annimmt, soweit dies für die ordnungsgemäße Durchführung des Auftrags erforderlich ist.

Literatur: Vgl. die Angaben bei § 43 VgV.

UVgO § 33

Eignungskriterien

1 § 32 UVgO entspricht vollständig § 43 VgV, so dass auf die dortige Kommentierung → VgV § 43 Rn. 1 ff. verwiesen werden kann.

§ 33 Eignungskriterien

(1) ¹**Der Auftraggeber kann im Hinblick auf die Befähigung und Erlaubnis zur Berufsausübung und die wirtschaftliche, finanzielle, technische und berufliche Leistungsfähigkeit Anforderungen stellen, die sicherstellen, dass die Bewerber oder Bieter über die erforderliche Eignung für die ordnungsgemäße Ausführung des Auftrags verfügen.** ²**Die Anforderungen müssen mit dem Auftragsgegenstand in Verbindung und zu diesem in einem angemessenen Verhältnis stehen.** ³**Sie sind bei Öffentlichen Ausschreibungen und Verfahrensarten mit Teilnahmewettbewerb bereits in der Auftragsbekanntmachung, ansonsten in den Vergabeunterlagen aufzuführen.**

(2) **Soweit eintragungs-, anzeige- oder erlaubnispflichtige Tätigkeiten Gegenstand der Leistung sind, kann der Auftraggeber zu jedem Zeitpunkt des Verfahrens entsprechende Nachweise der Befähigung und Erlaubnis zur Berufsausübung verlangen.**

1 Die in § 33 Abs. 1 UVgO genannten **Bezugspunkte für die Eignungskriterien** ergeben sich aus § 31 Abs. 1 UVgO. Die UVgO enthält hierzu aber keine näheren Definitionen oder Detailregelungen, wie sie in §§ 44–46 VgV enthalten sind. Es wird auch nicht auf diese Vorschriften verwiesen, so dass diese Regelungen im Anwendungsbereich der UVgO nicht zwingend beachtet werden müssen. Deshalb darf auch der Verweis auf die §§ 44–46 VgV in den Erläuterungen zu § 33 UVgO nicht iS einer Anwendungspflicht der darin enthaltenen Regelungen verstanden werden. Die Auftraggeber können sich aber natürlich bei der Bestimmung der Eignungskriterien an diesen Vorschriften orientieren. § 33 Abs. 2 UVgO entspricht dem Rechtsgedanken von § 44 VgV, sieht insoweit aber weitergehende Möglichkeiten der Forderung von Nachweisen bei der Ausschreibung von **eintragungs-, anzeige- oder erlaubnispflichtigen Tätigkeiten** vor.

2 In **inhaltlicher Hinsicht** ergeben sich aus § 33 Abs. 1 UVgO **zwei Voraussetzungen für die Zulässigkeit von Eignungskriterien.** Zum einen müssen diese jew. einen Bezug zu den übergeordneten Aspekten der Befähigung und Erlaubnis zur Berufsausübung, der wirtschaftlichen und finanziellen Leistungsfähigkeit oder der technischen und beruflichen Leistungsfähigkeit aufweisen (S. 1). Unter dem Aspekt der Zuverlässigkeit dürfen damit keine Eignungsanforderungen mehr gestellt werden. Dieser Aspekt wird durch § 31 UVgO und den darin enthaltenen Verweis auf die Ausschlussgründe nach §§ 123 ff. GWB abschl. geregelt. Zum anderen müssen die Anforderungen mit dem Auftragsgegenstand in Verbindung und zu diesem in einem angemessenen Verhältnis stehen (S. 2).[1] Welche Eignungskriterien der Auftraggeber innerhalb dieses Rahmens auswählt, bleibt ihm überlassen. Insbes. unterliegt er in Bezug auf die Aspekte der Befähigung und Erlaubnis zur Berufsausübung (s. Abs. 2) sowie der technischen und beruflichen Leistungsfähigkeit nicht den in §§ 44, 46 VgV enthaltenen Restriktionen. Soweit die Grundsätze der Auftragsbezogenheit und Verhältnismäßigkeit beachtet werden, kann der Auftraggeber iRd genannten Aspekte auch **Mindestanforderungen** bestimmen.

3 In **formaler Hinsicht** wird klargestellt, dass die Eignungskriterien bei Öffentlichen Ausschreibungen und Verfahren mit Teilnahmewettbewerb in der Auftragsbekanntmachung (ausf. → VgV § 48 Rn. 3), ansonsten – dh bei Verfahren ohne Teilnahmewettbewerb – in den Vergabeunterlagen aufzuführen sind (S. 3). Damit soll den Bewerbern die Möglichkeit gegeben werden, frühzeitig zu beurteilen und

---

[1] → GWB § 122 Rn. 23 f.

zu entscheiden, ob eine Teilnahme an dem Verfahren hinsichtlich der gestellten Eignungsanforderungen aussichtsreich ist. Eignungsanforderungen, die nicht wie vorgeschrieben bekannt gegeben wurden, dürfen nicht zur Anwendung kommen und können keine zulässige Grundlage für einen Ausschluss sein.

Aus § 33 Abs. 2 UVgO lässt sich entnehmen, dass der Aspekt der Befähigung 4 und Erlaubnis zur Berufsausübung nicht im gleichen Sinne wie in § 44 VgV zu verstehen ist. Während nach § 44 VgV unter diesem Aspekt nur solche Nachweise zulässig sind, die in Anh. XI RL 2014/24/EU abschl. aufgeführt sind,[2] können im Anwendungsbereich der UVgO auch Nachweise anderer Art verlangt werden, soweit diese **eintragungs-, anzeige- oder erlaubnispflichtige Tätigkeiten** betreffen, die Gegenstand der ausgeschriebenen Leistung sind.

§ 34 Eignungsleihe

(1) ¹Ein Bewerber oder Bieter kann für einen bestimmten öffentlichen Auftrag im Hinblick auf die erforderliche wirtschaftliche, finanzielle, technische und berufliche Leistungsfähigkeit die Kapazitäten anderer Unternehmen in Anspruch nehmen, wenn er nachweist, dass ihm die für den Auftrag erforderlichen Mittel tatsächlich zur Verfügung stehen werden, indem er beispielsweise eine entsprechende Verpflichtungserklärung dieser Unternehmen vorlegt. ²Diese Möglichkeit besteht unabhängig von der Rechtsnatur der zwischen dem Bewerber oder Bieter und den anderen Unternehmen bestehenden Verbindungen. ³Ein Bewerber oder Bieter kann jedoch im Hinblick auf Nachweise für die erforderliche berufliche Leistungsfähigkeit wie Ausbildungs- und Befähigungsnachweise oder die einschlägige berufliche Erfahrung die Kapazitäten anderer Unternehmen nur dann in Anspruch nehmen, wenn diese die Leistung erbringen, für die diese Kapazitäten benötigt werden.

(2) ¹Der Auftraggeber überprüft im Rahmen der Eignungsprüfung, ob die Unternehmen, deren Kapazitäten der Bewerber oder Bieter für die Erfüllung bestimmter Eignungskriterien in Anspruch nehmen will, die entsprechenden Eignungskriterien erfüllen und ob Ausschlussgründe vorliegen. ²§ 26 Absatz 5 gilt entsprechend. ³Legt der Bewerber oder Bieter eine Einheitliche Europäische Eigenerklärung nach § 50 der Vergabeverordnung vor, so muss diese auch die Angaben enthalten, die für die Überprüfung nach Satz 1 erforderlich sind.

(3) Nimmt ein Bewerber oder Bieter die Kapazitäten eines anderen Unternehmens im Hinblick auf die erforderliche wirtschaftliche und finanzielle Leistungsfähigkeit in Anspruch, so kann der Auftraggeber eine gesamtschuldnerische Haftung des Bewerbers oder Bieters und des anderen Unternehmens für die Auftragsausführung entsprechend dem Umfang der Eignungsleihe verlangen.

(4) Die Absätze 1 bis 3 gelten auch für Bewerber- oder Bietergemeinschaften.

Die Regelungen zur Eignungsleihe in § 34 UVgO folgen iW § 47 VgV. Lediglich 1 das unter § 47 Abs. 5 VgV geregelte Selbstausführungsgebot wurde nicht in § 34 UVgO übernommen. Eine entspr. Vorschrift findet sich aber – thematisch zutreffend – bei den Regelungen zu Unteraufträgen in § 26 Abs. 6 UVgO. In Abs. 3

---

[2] Für Bewerber oder Bieter mit Sitz in Deutschland sind dies das „Handelsregister", die „Handwerksrolle" und bei Dienstleistungsaufträgen das „Vereinsregister", das „Partnerschaftsregister" und die „Mitgliedsverzeichnisse Berufskammern der Länder".

UVgO § 35

wurde außerdem klargestellt, dass bei der Eignungsleihe im Bereich der wirtschaftlichen und finanziellen Leistungsfähigkeit eine „gesamtschuldnerische" Haftung verlangt werden kann.[1]

2 Im Übrigen entspricht § 34 UVgO den Regelungen in § 47 VgV. Auf dessen Kommentierung wird daher verwiesen, → VgV § 47 Rn. 1 ff.

§ 35 Beleg der Eignung und des Nichtvorliegens von Ausschlussgründen

(1) **In der Auftragsbekanntmachung oder bei Verfahrensarten ohne Teilnahmewettbewerb in der Aufforderung zur Abgabe eines Angebots ist neben den Eignungskriterien ferner anzugeben, mit welchen Unterlagen (Eigenerklärungen, Angaben, Bescheinigungen und sonstige Nachweise) Bewerber oder Bieter ihre Eignung gemäß den §§ 33 und 34 und das Nichtvorliegen von Ausschlussgründen zu belegen haben.**

(2) **Der Auftraggeber fordert grundsätzlich die Vorlage von Eigenerklärungen an.**

(3) **[1]Als vorläufigen Beleg der Eignung und des Nichtvorliegens von Ausschlussgründen kann der Auftraggeber die Vorlage einer Einheitlichen Europäischen Eigenerklärung nach § 50 der Vergabeverordnung verlangen. [2]§ 50 Absatz 1 Satz 1 und Absatz 2 Satz 1 der Vergabeverordnung gelten entsprechend.**

(4) **Der Auftraggeber kann Bewerber oder Bieter auffordern, die erhaltenen Unterlagen zu erläutern.**

(5) **Kann ein Bewerber oder Bieter aus einem berechtigten Grund die geforderten Unterlagen nicht beibringen, so kann er die Befähigung und Erlaubnis zur Berufsausübung oder seine wirtschaftliche, finanzielle, technische oder berufliche Leistungsfähigkeit durch Vorlage anderer, vom Auftraggeber als geeignet angesehener Unterlagen belegen.**

(6) **[1]Sofern der Bewerber oder Bieter in einem amtlichen Verzeichnis eingetragen ist oder über eine Zertifizierung verfügt, die jeweils den Anforderungen des Artikels 64 der Richtlinie 2014/24/EU entsprechen, werden die im amtlichen Verzeichnis oder dem Zertifizierungssystem niedergelegten Unterlagen und Angaben vom Auftraggeber nur in begründeten Fällen in Zweifel gezogen (Eignungsvermutung). [2]Ein den Anforderungen des Artikels 64 der Richtlinie 2014/24/EU entsprechendes amtliches Verzeichnis kann auch durch Industrie- und Handelskammern eingerichtet werden. [3]Die Industrie- und Handelskammern bedienen sich bei der Führung des amtlichen Verzeichnisses einer gemeinsamen verzeichnisführenden Stelle.**

1 § 35 UVgO regelt, parallel zu § 48 VgV, die **Art und Form der Belege,** die die Auftraggeber zum Nachweis der Erfüllung der vorgegebenen Eignungskriterien sowie der Nichterfüllung von Ausschlussgründen verlangen können und in welcher Weise diese anzufordern sind.

2 Die Regelung zur Bekanntmachungspflicht in Abs. 1 entspricht der Regelung in § 48 Abs. 1 VgV (→ VgV § 48 Rn. 3 ff.). Nach Abs. 2 gilt entspr. § 48 Abs. 2 S. 1 VgV auch im Anwendungsbereich der UVgO das **„Eigenerklärungsprinzip"** (→ VgV § 48 Rn. 6).

3 Abweichungen ergeben sich bei der Regelung zur Einheitlichen Europäischen Eigenerklärung **(EEE).**[1] Während § 48 Abs. 3 VgV vorsieht, dass der Auftraggeber eine solche als vorläufigen Beleg der Eignung akzeptieren muss, regelt § 35 Abs. 3

---

[1] In § 47 Abs. 3 VgV ist nur von einer „gemeinsamen" Haftung die Rede.
[1] Formular nach der DVO (EU) 2017/6, Anh. 2.

UVgO, dass der Auftraggeber eine solche als vorläufigen Beleg **verlangen kann**. Daraus folgt zum einen, dass bei Vorgabe einer anderen Art oder Form der einzureichenden Unterlagen die ungefragte Einreichung einer EEE nicht akzeptiert werden muss und damit zum Ausschluss führen kann.[2] Zum anderen gibt es dem Auftraggeber aber die Möglichkeit, das – europarechtlich bestimmte – Institut der EEE zu verwenden und die Eigenerklärungen zur Eignung und zu den Ausschlussgründen mithilfe dieses Formulars abzufragen. Unglücklich erscheint in diesem Zusammenhang indes die Einschränkung, dass die EEE „als vorläufiger Beleg" verlangt werden kann. Das passt zum einen nicht mit dem Eigenerklärungsprinzip nach Abs. 2 zusammen. Zum anderen wäre das Verlangen einer EEE als vorläufiger Beleg keine Erleichterung, sondern eine Verkomplizierung des Verfahrens. Das ist aber offensichtlich nicht gewollt. Schließlich weist der Ordnungsgeber in seinen Erläuterungen zu § 35 UVgO darauf hin, dass durch den konkreten Verweis auf § 50 Abs. 1 S. 1, Abs. 2 S. 1 VgV klargestellt werde, dass der Auftraggeber (anders als nach § 50 Abs. 2 S. 2 VgV im Oberschwellenbereich) nicht verpflichtet sei, sich vor Zuschlagserteilung die eigentlichen Nachweise und Belege vom Unternehmen, das den Zuschlag erhalten soll, vorlegen zu lassen.[3] Daraus folgt, dass die EEE auch als endgültiger Beleg verlangt werden kann und aufgrund des Eigenerklärungsprinzips nach § 35 Abs. 2 UVgO – abgesehen von begründeten Ausnahmefällen – idR auch nur als solcher verlangt werden darf. Soweit im Einzelfall begründeter Anlass für eine Verifizierung einer Eigenerklärung durch zusätzliche Anforderung entspr. Bescheinigungen oder sonstiger Nachweise besteht, können diese unter den Voraussetzungen des § 50 Abs. 2 S. 1 VgV jederzeit angefordert werden. Das gilt auch für Eigenerklärungen, die nicht in Form einer EEE verlangt wurden.

Nach Abs. 4 kann der Auftraggeber die Bewerber oder Bieter auffordern, die 4 erhaltenen **Unterlagen zu erläutern.** Die Regelung entspricht § 48 Abs. 7 VgV (→ VgV § 48 Rn. 20 ff.). In Abs. 5 wurde die Regelung aus § 45 Abs. 5 VgV und die Möglichkeit einer **„Ersetzungsbefugnis"** auf die Nachweise zur Befähigung und Erlaubnis der Berufsausübung sowie zur technischen und beruflichen Leistungsfähigkeit ausgeweitet (→ VgV § 45 Rn. 17 ff.).

In Abs. 6 ist die Regelung zur Wirkung und Voraussetzung einer **Präqualifika-** 5 **tion** in § 48 Abs. 8 VgV wörtlich übernommen (→ VgV § 48 Rn. 23 ff.). Lediglich § 48 Abs. 8 S. 4 VgV, wonach auch im Falle einer entspr. Präqualifikation ein aktueller Nachweis über die Entrichtung von Steuern, Abgaben oder Sozialversicherungsbeiträgen durch gesonderte Vorlage einer entspr. Bescheinigung verlangt werden darf, wurde nicht übernommen. Dies ist auch nicht notwendig, da bei begründetem Anlass für die Annahme, dass sich ggü. dem Zeitpunkt der Zertifizierung kurzfristig Änderungen ergeben haben, die Erfüllung der Eignungskriterien sowie das Vorliegen von Ausschlussgründen jederzeit überprüft werden kann und bei zwingenden Ausschlussgründen sogar überprüft werden muss.

§ 36 Begrenzung der Anzahl der Bewerber

(1) **¹Bei allen Verfahrensarten mit Teilnahmewettbewerb kann der Auftraggeber die Zahl der geeigneten Bewerber, die zur Abgabe eines Angebots oder zur Teilnahme an Verhandlungen aufgefordert werden, begrenzen, sofern genügend geeignete Bewerber zur Verfügung stehen. ²Dazu gibt der Auftraggeber in der Auftragsbekanntmachung die von ihm vorgesehenen objektiven und nichtdiskriminierenden Eignungskriterien für die Begrenzung der Zahl, die vorgesehene Mindestzahl und gegebenenfalls auch die Höchstzahl der aufzufordernden Bewerber an.**

---

[2] Vgl. Erläuterungen zur UVgO, BAnz. AT 7.2.2017 B2, S. 11.
[3] Erläuterungen zur UVgO, BAnz. AT 7.2.2017 B2, S. 11.

UVgO § 37 — Aufforderung zur Angebotsabgabe

(2) ¹Die vom Auftraggeber vorgesehene Mindestzahl der zur Angebotsabgabe oder zur Teilnahme an Verhandlungen aufzufordernden Bewerber darf nicht niedriger als drei sein. ²In jedem Fall muss die vorgesehene Mindestzahl ausreichend hoch sein, sodass der Wettbewerb gewährleistet ist. ³Sofern die Zahl geeigneter Bewerber unter der Mindestzahl liegt, kann der Auftraggeber das Vergabeverfahren fortführen, indem er alle Bewerber zur Angebotsabgabe oder zur Teilnahme an Verhandlungen auffordert, die über die geforderte Eignung verfügen. ⁴Unternehmen, die sich nicht um die Teilnahme beworben haben, oder Bewerber, die nicht über die geforderte Eignung verfügen, dürfen nicht zugelassen werden.

1 § 36 UVgO regelt die Auswahl und die Auswahlkriterien bei der Beschränkten Ausschreibung mit Teilnahmewettbewerb und bei der Verhandlungsvergabe mit Teilnahmewettbewerb. Zu beachten ist, dass die für das nicht offene Verfahren nach § 51 Abs. 2 VgV geltende Mindestzahl von fünf Bewerbern für das Parallelverfahren der Beschränkten Ausschreibung mit Teilnahmewettbewerb im Unterschwellenbereich nicht übernommen wurde. Bei der Beschränkten Ausschreibung mit Teilnahmewettbewerb gilt wie bei der Verhandlungsvergabe mit Teilnahmewettbewerb eine Mindestzahl von drei Bewerbern, die zur Angebotsabgabe aufzufordern sind (Abs. 2 S. 1).

2 Die Regelungen entsprechen iÜ vollständig § 51 VgV, so dass auf dessen Kommentierung verwiesen werden kann, → VgV § 51 Rn. 1 ff.

Unterabschnitt 6. Einreichung, Form und Umgang mit Teilnahmeanträgen und Angeboten

§ 37 Aufforderung zur Angebotsabgabe oder zur Verhandlung nach Teilnahmewettbewerb

(1) Ist ein Teilnahmewettbewerb durchgeführt worden, wählt der Auftraggeber alle geeigneten, nicht ausgeschlossenen Bewerber oder gemäß § 36 eine begrenzte Anzahl an geeigneten, nicht ausgeschlossenen Bewerbern aus, die er auffordert, ein Angebot einzureichen oder an Verhandlungen teilzunehmen.

(2) Die Aufforderung nach Absatz 1, ein Angebot einzureichen, enthält mindestens:
1. einen Hinweis auf die veröffentlichte Auftragsbekanntmachung,
2. den Tag, bis zu dem ein Angebot eingehen muss, die Anschrift der Stelle, bei der es einzureichen ist, die Art der Einreichung sowie die Sprache, in der es abzufassen ist,
3. die Bezeichnung der gegebenenfalls beizufügenden Unterlagen, sofern nicht bereits in der Auftragsbekanntmachung enthalten.

I. Bedeutung der Vorschrift

1 Die Bestimmung, deren Pendant im Oberschwellenbereich § 52 Abs. 1 und 2 VgV ist, knüpft an § 31 Abs. 3 UVgO an und behandelt das Verfahren und die inhaltlichen Mindestanforderungen an die Aufforderung zur Angebotsabgabe bzw. Teilnahme an Verhandlungen im Anschluss an die Durchführung eines Teilnahmewettbewerbs. Sie gilt nur in Verfahrensarten, in denen ein **Teilnahmewettbewerb** (dazu ausf. → GWB § 119 Rn. 16 und → VgV § 16 Rn. 6) durchgeführt wird, mithin bei der Beschränkten Ausschreibung mit Teilnahmewettbewerb und der Verhandlungsvergabe mit Teilnahmewettbewerb. In diesen Verfahrensarten können nur diejenigen Unternehmen, die von dem öffentlichen Auftraggeber dazu aufgefordert werden, ein Angebot abgeben (vgl. § 10 Abs. 2 S. 1 und § 12 Abs. 1 S. 2 UVgO).

II. Aufforderung der Bewerber (Abs. 1)

Für die **Bewerberauswahl** gilt § 31 Abs. 3 UVgO. Danach sind in Verfahrensarten mit Teilnahmewettbewerb nur solche Bewerber zur Abgabe eines Angebotes aufzufordern, die ihre Eignung anhand der nach § 33 UVgO festgelegten Eignungskriterien nachgewiesen haben und nicht in entspr. Anwendung des § 123 GWB und § 124 GWB ausgeschlossen worden sind (dazu → § 31 Rn. 3). Dabei kann der Auftraggeber die Zahl der Bewerber nach den Auswahlregeln des § 36 Abs. 1 UVgO begrenzen. Auf die Kommentierungen des → § 36 Rn. 1 ff., → VgV § 51 Rn. 1 ff. wird verwiesen.

Sodann hat der Auftraggeber diese Bewerber aufzufordern, ein Angebot einzureichen oder (nur bei der Verhandlungsvergabe mit Teilnahmewettbewerb, → § 12 Rn. 8) an Verhandlungen teilzunehmen. Die Aufforderung muss gleichzeitig (§ 13 Abs. 2 UVgO) und mit elektronischen Mitteln (§ 7 Abs. 1 UVgO) erfolgen.

III. Mindestinhalt der Aufforderung zur Angebotsabgabe (Abs. 2)

Abs. 2 schreibt **Mindestangaben** vor, die die Aufforderung zur Abgabe eines Angebotes enthalten muss. Da es sich dabei um Mindestinhalte handelt, kann der Auftraggeber auch weitergehende Angaben in die Angebotsaufforderung aufnehmen. Die Bestimmung gilt de lege lata nicht für die Aufforderung zu Verhandlungen (→ § 12 Rn. 8).[1] Hierfür empfehlen sich jedoch ähnliche Angaben, insbes. der Hinweis auf die Auftragsbekanntmachung, Tag, Sprache und Ort der Verhandlungen sowie dazu, ob bestimmte Unterlagen für die Verhandlungen beizubringen sind.[2] Im Vergleich zu den Mindestangaben im Oberschwellenbereich nach § 52 Abs. 2 VgV sind die Mindestangaben nach Abs. 2 deutlich abgespeckt. Insbes. sind in der Aufforderung nicht zwingend Angaben zur elektronischen Adresse der Vergabeunterlagen oder zu den **Zuschlagskriterien**[3] und ihrer **Gewichtung**[4] zu machen. Gleichwohl sprechen gewichtige Gründe der Verfahrenstransparenz dafür, diese Angaben in der Angebotsaufforderung zu wiederholen.[5] Mindestens sind folgende Angaben gefordert:

1. Hinweis auf die Auftragsbekanntmachung (Nr. 1)

→ VgV § 52 Rn. 6.

---

[1] Müller-Wrede VgV/UVgO/Gnittke/Hattig UVgO § 37 Rn. 17 meinen, hierbei handele es sich um ein redaktionelles Versehen.
[2] HK-VergabeR/Terbrack UVgO § 37 Rn. 8.
[3] Insoweit gilt § 21 Abs. 1 Nr. 2 UVgO: Die Zuschlagskriterien sind in den Bewerbungsbedingungen zu nennen, sofern sie nicht bereits in der Auftragsbekanntmachung aufgeführt wurden.
[4] Insoweit gilt § 43 Abs. 6 S. 1 UVgO: Der Auftraggeber gibt in der Auftragsbekanntmachung oder den Vergabeunterlagen an, wie er die einzelnen Zuschlagskriterien gewichtet, um das wirtschaftlichste Angebot zu ermitteln.
[5] Müller-Wrede VgV/UVgO/Gnittke/Hattig UVgO § 37 Rn. 19.

UVgO § 38 Form und Übermittlung der Teilnahmeanträge und Angebote

2. Angebotsfrist, Ort und Art der Einreichung des Angebots und dessen Sprache (Nr. 2)

6 → VgV § 52 Rn. 7.

3. Beizufügende Unterlagen (Nr. 3)

7 → VgV § 52 Rn. 9.

§ 38 Form und Übermittlung der Teilnahmeanträge und Angebote

(1) ¹Der Auftraggeber legt fest, ob die Unternehmen ihre Teilnahmeanträge und Angebote in Textform nach § 126b des Bürgerlichen Gesetzbuchs mithilfe elektronischer Mittel gemäß § 7, auf dem Postweg, durch Telefax oder durch einen anderen geeigneten Weg oder durch Kombination dieser Mittel einzureichen haben. ²Dasselbe gilt für die sonstige Kommunikation nach § 7.

(2) ¹Ab dem 1. Januar 2019 akzeptiert der Auftraggeber die Einreichung von Teilnahmeanträgen und Angeboten in Textform nach § 126b des Bürgerlichen Gesetzbuchs mithilfe elektronischer Mittel gemäß § 7, auch wenn er die Übermittlung auf dem Postweg, durch Telefax oder durch einen anderen geeigneten Weg oder durch Kombination dieser Mittel vorgegeben hat. ²Dasselbe gilt für die sonstige Kommunikation nach § 7.

(3) ¹Ab dem 1. Januar 2020 gibt der Auftraggeber vor, dass die Unternehmen ihre Teilnahmeanträge und Angebote in Textform nach § 126b des Bürgerlichen Gesetzbuchs ausschließlich mithilfe elektronischer Mittel gemäß § 7 übermitteln. ²Dasselbe gilt für die sonstige Kommunikation nach § 7.

(4) ¹ ¹Der Auftraggeber ist zur Akzeptanz oder Vorgabe elektronisch eingereichter Teilnahmeanträge oder Angebote nach den Absätzen 2 und 3 nicht verpflichtet, wenn
1. der geschätzte Auftragswert ohne Umsatzsteuer 25 000 Euro nicht überschreitet oder
2. eine Beschränkte Ausschreibung ohne Teilnahmewettbewerb oder eine Verhandlungsvergabe ohne Teilnahmewettbewerb durchgeführt wird.

²Dasselbe gilt für die sonstige Kommunikation nach § 7.

(5) ¹Eine Verpflichtung zur Einreichung von Angeboten mithilfe elektronischer Mittel gemäß § 7 besteht nicht, wenn auf die zur Einreichung erforderlichen elektronischen Mittel einer der in § 29 Absatz 2 genannten Gründe zutrifft oder wenn zugleich physische oder maßstabsgetreue Modelle einzureichen sind, die nicht elektronisch übermittelt werden können. ²In diesen Fällen erfolgt die Kommunikation auf dem Postweg oder auf einem anderen geeigneten Weg.

(6) ¹Ist die Verwendung elektronischer Mittel vorgegeben, prüft der Auftraggeber, ob zu übermittelnde Daten erhöhte Anforderungen an die Sicherheit stellen. ²Soweit es erforderlich ist, kann der Auftraggeber verlangen, dass Teilnahmeanträge und Angebote
1. mit einer fortgeschrittenen elektronischen Signatur gemäß Artikel 3 Nummer 11 der Verordnung (EU) Nr. 910/2014 oder mit einem fortge-

---

¹ Amtliche Fußnote:
Das Bundesministerium für Wirtschaft und Energie wird die Auswirkungen der Ausnahmen von der umfassenden Verpflichtung zur Übermittlung der Teilnahmeanträge und Angebote in elektronischer Form auf die Vergabepraxis innerhalb von zwei Jahren nach dem in § 38 Absatz 3 UVgO genannten Datum evaluieren.

schrittenen elektronischen Siegel gemäß Artikel 3 Nummer 26 der Verordnung (EU) Nr. 910/2014 oder
2. mit einer qualifizierten elektronischen Signatur gemäß Artikel 3 Nummer 12 der Verordnung (EU) Nr. 910/2014 oder mit einem qualifizierten elektronischen Siegel gemäß Artikel 3 Nummer 27 der Verordnung (EU) Nr. 910/2014 zu versehen sind.

(7) Der Auftraggeber kann festlegen, dass Angebote mithilfe anderer als elektronischer Mittel einzureichen sind, wenn sie besonders schutzwürdige Daten enthalten, die bei Verwendung allgemein verfügbarer oder alternativer elektronischer Mittel nicht angemessen geschützt werden können, oder wenn die Sicherheit der elektronischen Mittel nicht gewährleistet werden kann.

(8) Auf dem Postweg oder direkt übermittelte Teilnahmeanträge und Angebote sind in einem verschlossenen Umschlag einzureichen und als solche zu kennzeichnen.

(9) ¹Auf dem Postweg oder direkt übermittelte Teilnahmeanträge und Angebote müssen unterschrieben sein. ²Bei Abgabe mittels Telefax genügt die Unterschrift auf der Telefaxvorlage.

(10) ¹Änderungen an den Vergabeunterlagen sind unzulässig. ²Die Teilnahmeanträge und Angebote müssen vollständig sein und alle geforderten Angaben, Erklärungen und Preise enthalten. ³Nebenangebote müssen als solche gekennzeichnet sein.

(11) Die Unternehmen haben anzugeben, ob für den Auftragsgegenstand gewerbliche Schutzrechte bestehen, beantragt sind oder erwogen werden.

(12) ¹Bewerber- oder Bietergemeinschaften haben im Teilnahmeantrag oder im Angebot jeweils die Mitglieder sowie eines ihrer Mitglieder als bevollmächtigen Vertreter für den Abschluss und die Durchführung des Vertrags zu benennen. ²Fehlt eine dieser Angaben, so ist sie vor der Zuschlagserteilung beizubringen.

I. Bedeutung der Vorschrift

Die Bestimmung regelt die Vorgaben für die Form und die Übermittlung von Teilnahmeanträgen und Angeboten für Ausschreibungen zu öffentlichen Liefer- und Dienstleistungen im Bereich der nationalen Vergaben unterhalb der Schwellenwerte. 1

II. Übergang zur elektronischen Vergabe

Mit den Regelungen sollte zugleich der Übergang zur elektronischen Vergabe bewältigt werden. Ausgehend von der in Abs. 1 aufgegriffenen Bestimmungsfreiheit des Auftraggebers, die schon in § 13 Abs. 1 S. 1 VOL/A enthalten war, erfolgt eine zeitlich abgestufte Hinwendung zur normativ verbindlich vorgesehenen elektronischen Angebotseinreichung in Textform nach § 126b BGB. 2

Dazu hat die Vorschrift **Übergangsfristen** für die Form und Übermittlung von Teilnahmeanträgen und Angeboten festgelegt (die schon abgelaufen sind und daher keine rechtliche Relevanz mehr entfalten): 3
– Bis zum **31.12.2018** konnte der Auftraggeber festlegen, in welcher Form die Teilnahmeanträge und Angebote einzureichen sind (Abs. 1).
– Ab dem **1.1.2019** musste der Auftraggeber elektronisch übermittelte Teilnahmeanträge und Angebote akzeptieren, auch wenn er die Übermittlung auf dem Postweg, durch Telefax oder einen anderen geeigneten Weg vorgegeben hat.

UVgO § 39 Aufbewahrung ungeöffneter Teilnahmeanträge und Angebote

Die Unternehmen konnten aber weiterhin andere Kommunikationsmittel wählen (Abs. 2).
– Seit dem **1.1.2020** hat der Auftraggeber vorzugeben, dass die Unternehmen ihre Teilnahmeanträge und Angebote in Textform ausschließlich mithilfe elektronischer Mittel übermitteln (Abs. 3).

4   Seit dem 1.1.2020 gelten sonach mit Abs. 3 die gleichen Vorgaben, die § 53 Abs. 1 VgV für den Bereich der unionsweiten Vergaben bestimmt.

III. Ausnahmen

1. für den Auftraggeber

5   Abs. 4 regelt Ausnahmen von der verpflichtenden elektronischen Kommunikation für den Auftraggeber. Sie bestehen bei geringen (geschätzten) Auftragswerten und für bestimmte Vergabeverfahren (Beschränkte Ausschreibung ohne Teilnahmewettbewerb gem. § 8 Abs. 3 UVgO oder Verhandlungsvergabe ohne Teilnahmewettbewerb gem. § 8 Abs. 4 UVgO).

6   Durch den Verweis in Abs. 4 S. 2, dass dasselbe auch für die „sonstige Kommunikation" in § 7 UVgO gilt, wird klargestellt, dass sich die Ausnahmen auch auf diese Kommunikationselemente erstrecken. Dies dürfte vor allem Bieterfragen und deren Beantwortung betreffen.

2. für Bieter

7   Abs. 5 lässt Ausnahmen von der Verpflichtung zur Einreichung von Angeboten mit elektronischen Mitteln für die Bieter zu. Bewerber werden davon für die Einreichung von Teilnahmeanträgen nicht mit umfasst. Diese Ausnahme entspricht § 53 Abs. 2 S. 1, 2 VgV. Die Verweisung auf § 29 Abs. 2 UVgO entspricht der Verweisung auf § 41 Abs. 2 VgV in § 53 Abs. 2 S. 1 VgV.

IV. Entsprechungen zu § 53 VgV

8   Im Übrigen entsprechen die Regelungen weitgehend § 53 VgV. Im Einzelnen bestehen folgende Entsprechungen von § 38 UVgO zu § 53 VgV:
– § 38 Abs. 6 UVgO entspricht inhaltlich § 53 Abs. 3 VgV, auch wenn eine andere Darstellungsmethodik verwendet wird.
– § 38 Abs. 7 UVgO entspricht § 53 Abs. 4 S. 1 VgV.
– § 38 Abs. 8 UVgO entspricht § 53 Abs. 5 VgV.
– § 38 Abs. 9 UVgO entspricht § 53 Abs. 6 VgV.
– § 38 Abs. 10 UVgO entspricht § 53 Abs. 7 VgV.
– § 38 Abs. 11 UVgO entspricht § 53 Abs. 8 VgV.
– § 38 Abs. 12 UVgO entspricht § 53 Abs. 9 VgV.
Es kann daher dazu auf die Erläuterungen zu § 53 VgV Bezug genommen werden.

§ 39 Aufbewahrung ungeöffneter Teilnahmeanträge und Angebote

[1]Elektronisch übermittelte Teilnahmeanträge und Angebote sind auf geeignete Weise zu kennzeichnen und verschlüsselt zu speichern. [2]Auf dem Postweg und direkt übermittelte Teilnahmeanträge und Angebote sind ungeöffnet zu lassen, mit Eingangsvermerk zu versehen und bis zum Zeitpunkt der Öffnung unter Verschluss zu halten. [3]Mittels Telefax übermittelte Teilnahmeanträge und Angebote sind ebenfalls entsprechend zu kennzeichnen und auf geeignete Weise unter Verschluss zu halten.

Literatur: Vgl. die Angaben bei § 54 VgV.

§ 39 UVgO ist im Bereich der Vergabe von Liefer- und Dienstleistungsaufträgen unterhalb der Schwellenwerte das Pendant zu § 54 VgV und normiert Handlungsvorgaben für die Aufbewahrung von Teilnahmeanträgen und Angeboten vor deren Öffnung. 1

Die Vorschrift ist nahezu deckungsgleich mit § 54 VgV, so dass auf dessen Kommentierung verwiesen werden kann, → VgV § 54 Rn. 1 ff. 2

§ 40 Öffnung der Teilnahmeanträge und Angebote

(1) ¹Der Auftraggeber darf vom Inhalt der Teilnahmeanträge und Angebote erst nach Ablauf der entsprechenden Fristen Kenntnis nehmen. ²Dies gilt nicht, wenn nach § 12 Absatz 3 nur ein Unternehmen zur Abgabe eines Angebots aufgefordert wurde.

(2) ¹Die Öffnung der Angebote wird von mindestens zwei Vertretern des Auftraggebers gemeinsam an einem Termin unverzüglich nach Ablauf der Angebotsfrist durchgeführt. ²Bieter sind nicht zugelassen.

Nach Abs. 1 S. 1 darf der Auftraggeber vom Inhalt der Teilnahmeanträge und Angebote erst nach Ablauf der entspr. Fristen Kenntnis nehmen. Die Bestimmung entspricht iW § 55 Abs. 1 VgV, → VgV § 55 Rn. 1 f. 1

Das Verbot der vorfristigen Kenntnisnahme von Inhalten gilt nach Abs. 1 S. 2 nicht bei einer Verhandlungsvergabe mit oder ohne Teilnahmewettbewerb, wenn gem. § 12 Abs. 3 UVgO nur ein Unternehmen zur Abgabe eines Angebotes aufgefordert wurde. Dies betrifft Konstellationen mit besonderer Dringlichkeit (§ 8 Abs. 4 Nr. 9 UVgO), wenn die Leistung nur von einem Unternehmen erbracht werden kann (§ 8 Abs. 4 Nr. 10 UVgO), bei Beschaffung einer auf einer Warenbörse notierten Leistung (§ 8 Abs. 4 Nr. 11 UVgO), bei der Vergabe einer Ergänzungsleistung beim ursprünglichen Auftragnehmer (§ 8 Abs. 4 Nr. 12 UVgO), der Beschaffung von Ersatzteilen oder Zubehörstücken (§ 8 Abs. 4 Nr. 13 UVgO) oder wenn bei einer vorteilhaften Gelegenheit (§ 8 Abs. 4 Nr. 14 UVgO) nur ein Unternehmen zur Abgabe eines Angebotes aufgefordert wurde. 2

Voraussetzung ist dabei jedoch, dass dieses Verfahren auch tatsächlich zulässig gewählt worden ist. 3

Abs. 2 enthält Vorgaben zur Angebotsöffnung. Danach wird die Öffnung der Angebote von mindestens zwei Vertretern des Auftraggebers gemeinsam an einem Termin unverzüglich nach Ablauf der Angebotsfrist durchgeführt. Bieter sind nicht zugelassen. Die Bestimmung entspricht § 55 Abs. 2 VgV, → VgV § 55 Rn. 3 f. 4

Unterabschnitt 7. Prüfung und Wertung der Teilnahmeanträge und Angebote; Zuschlag

§ 41 Prüfung der Teilnahmeanträge und Angebote; Nachforderung von Unterlagen

(1) **Die Teilnahmeanträge und Angebote sind auf Vollständigkeit und fachliche Richtigkeit, Angebote zudem auf rechnerische Richtigkeit zu prüfen.**

(2) **¹Der Auftraggeber kann den Bewerber oder Bieter unter Einhaltung der Grundsätze der Transparenz und der Gleichbehandlung auffordern,**

fehlende, unvollständige oder fehlerhafte unternehmensbezogene Unterlagen, insbesondere **Eigenerklärungen, Angaben, Bescheinigungen oder sonstige Nachweise, nachzureichen, zu vervollständigen oder zu korrigieren, oder fehlende oder unvollständige leistungsbezogene Unterlagen nachzureichen oder zu vervollständigen.** [2]Der Auftraggeber ist berechtigt, in der Auftragsbekanntmachung oder den Vergabeunterlagen festzulegen, dass er keine Unterlagen nachfordern wird.

(3) [1]Die Nachforderung von leistungsbezogenen Unterlagen, die die Wirtschaftlichkeitsbewertung der Angebote anhand der Zuschlagskriterien betreffen, ist ausgeschlossen. [2]Dies gilt nicht für Preisangaben, wenn es sich um unwesentliche Einzelpositionen handelt, deren Einzelpreise den Gesamtpreis nicht verändern oder die Wertungsreihenfolge und den Wettbewerb nicht beeinträchtigen.

(4) **Die Unterlagen sind vom Bewerber oder Bieter nach Aufforderung durch den Auftraggeber innerhalb einer von diesem festzulegenden angemessenen, nach dem Kalender bestimmten Frist vorzulegen.**

(5) **Die Entscheidung zur und das Ergebnis der Nachforderung sind zu dokumentieren.**

Literatur: Vgl. die Angaben bei § 56 VgV.

I. Bedeutung der Vorschrift

1 § 41 UVgO entspricht praktisch wortgleich § 56 VgV. Auf die Kommentierung von § 56 VgV kann daher verwiesen werden, soweit nachfolgend nichts Abweichendes ausgeführt wird.

II. Prüfung (Abs. 1)

2 § 41 Abs. 1 UVgO entspricht § 56 Abs. 1 VgV und regelt die Prüfung der Teilnahmeanträge und Angebote. Auf die Kommentierung des § 56 Abs. 1 VgV → VgV § 56 Rn. 3 ff. wird verwiesen. Einziger Unterschied zur Regelung in der VgV ist, dass die UVgO die Interessensbestätigungen nicht nennt, da die UVgO kein Interessensbekundungsverfahren kennt.

III. Nachforderung von Unterlagen (Abs. 2–5)

3 In § 41 Abs. 2–5 UVgO ist die Nachforderung von Unterlagen geregelt. Die UVgO übernimmt wortwörtlich das komplexe System des § 56 Abs. 2–5 VgV. Insoweit kann auf die dortige Kommentierung → VgV § 56 Rn. 7 ff. verwiesen werden.

4 Zu berücksichtigen ist allerdings, dass die UVgO nicht der Umsetzung der europäischen Vergaberichtlinien dient und demzufolge auch nicht richtlinienkonform ausgelegt werden muss. Dies gilt insbes. für die Korrektur fehlerhafter Unterlagen (→ VgV § 56 Rn. 23). Im Geltungsbereich der UVgO ist damit bei unternehmensbezogenen Unterlagen jedenfalls die Korrektur von Schreibfehlern und offensichtlich unrichtiger Angaben im Wege der Nachforderung korrekter Angaben möglich. Bislang ungeklärt ist, ob auch der **Austausch** einmal eingereichter **materiell unzureichender unternehmensbezogener Unterlagen** unter Geltung der UVgO zulässig ist. Hiergegen spricht, dass ein solches Vorgehen zur nachträglichen Verbesserung eines bereits eingereichten Angebots dem Sinn und Zweck der Nachforderung widerspricht und nur schwer mit den vergaberechtlichen Grundsätzen der

Transparenz und Gleichbehandlung vereinbar ist. Ob der Auftraggeber daher im Geltungsbereich der UVgO einen Bieter bspw. auffordern kann, anstatt eingereichter, nicht den Anforderungen genügender (zB nicht vergleichbarer) Referenzen, ausreichende Referenzen nachzureichen, sofern der Bieter tatsächlich über solche verfügt, bleibt bis zu einer abschließenden Klärung der Frage durch die Rspr. fraglich.

§ 42 Ausschluss von Teilnahmeanträgen und Angeboten

(1) ¹**Angebote von Unternehmen, die gemäß § 31 die Eignungskriterien nicht erfüllen oder die wegen des Vorliegens von Ausschlussgründen ausgeschlossen worden sind, werden bei der Wertung nicht berücksichtigt.** ²**Darüber hinaus werden Angebote von der Wertung ausgeschlossen, die nicht den Erfordernissen des § 38 genügen, insbesondere**
1. **Angebote, die nicht form- oder fristgerecht eingegangen sind, es sei denn, der Bieter hat dies nicht zu vertreten,**
2. **Angebote, die nicht die geforderten oder nachgeforderten Unterlagen enthalten,**
3. **Angebote, in denen Änderungen des Bieters an seinen Eintragungen nicht zweifelsfrei sind,**
4. **Angebote, bei denen Änderungen oder Ergänzungen an den Vergabeunterlagen vorgenommen worden sind,**
5. **Angebote, die nicht die erforderlichen Preisangaben enthalten, es sei denn, es handelt sich um unwesentliche Einzelpositionen, deren Einzelpreise den Gesamtpreis nicht verändern oder die Wertungsreihenfolge und den Wettbewerb nicht beeinträchtigen, oder**
6. **nicht zugelassene Nebenangebote.**

(2) **Hat der Auftraggeber Nebenangebote zugelassen und hierfür Mindestanforderungen vorgegeben, so berücksichtigt er nur die Nebenangebote, die die von ihm verlangten Mindestanforderungen erfüllen.**

(3) **Absatz 1 findet auf die Prüfung von Teilnahmeanträgen entsprechende Anwendung.**

Die Bestimmung entspricht inhaltlich (bis auf die Verweisungen auf die Regelungen der UVgO) dem § 57 VgV. Auf die dortigen Erläuterungen → VgV § 57 Rn. 1 ff. kann verwiesen werden. 1

§ 43 Zuschlag und Zuschlagskriterien

(1) **Der Zuschlag wird auf das wirtschaftlichste Angebot erteilt.**

(2) ¹**Die Ermittlung des wirtschaftlichsten Angebots erfolgt auf der Grundlage des besten Preis-Leistungs-Verhältnisses.** ²**Neben dem Preis oder den Kosten können auch qualitative, umweltbezogene oder soziale Zuschlagskriterien berücksichtigt werden, insbesondere:**
1. **die Qualität, einschließlich des technischen Werts, Ästhetik, Zweckmäßigkeit, Zugänglichkeit der Leistung insbesondere für Menschen mit Behinderungen, ihrer Übereinstimmung mit Anforderungen des „Designs für Alle", soziale, umweltbezogene und innovative Eigenschaften sowie Vertriebs- und Handelsbedingungen,**
2. **die Organisation, Qualifikation und Erfahrung des mit der Ausführung des Auftrags betrauten Personals, wenn die Qualität des eingesetzten Personals erheblichen Einfluss auf das Niveau der Auftragsausführung haben kann, oder**

3. die Verfügbarkeit von Kundendienst und technische Hilfe sowie Lieferbedingungen wie Liefertermin, Lieferverfahren sowie Liefer- oder Ausführungsfristen.

³Der Auftraggeber kann auch Festpreise oder Festkosten vorgeben, sodass das wirtschaftlichste Angebot ausschließlich nach qualitativen, umweltbezogenen oder sozialen Zuschlagskriterien nach Satz 2 bestimmt wird.

(3) ¹Die Zuschlagskriterien müssen mit dem Auftragsgegenstand in Verbindung stehen. ²Diese Verbindung ist auch dann anzunehmen, wenn sich ein Zuschlagskriterium auf Prozesse im Zusammenhang mit der Herstellung, Bereitstellung oder Entsorgung der Leistung, auf den Handel mit der Leistung oder auf ein anderes Stadium im Lebenszyklus der Leistung bezieht, auch wenn sich diese Faktoren nicht auf die materiellen Eigenschaften des Auftragsgegenstands auswirken.

(4) Der Auftraggeber kann vorgeben, dass das Zuschlagskriterium „Kosten" auf der Grundlage der Lebenszykluskosten der Leistung in entsprechender Anwendung des § 59 der Vergabeverordnung berechnet wird.

(5) Die Zuschlagskriterien müssen so festgelegt und bestimmt sein, dass die Möglichkeit eines wirksamen Wettbewerbs gewährleistet wird, der Zuschlag nicht willkürlich erteilt werden kann und eine wirksame Überprüfung möglich ist, ob und inwieweit die Angebote die Zuschlagskriterien erfüllen.

(6) ¹Der Auftraggeber gibt in der Auftragsbekanntmachung oder den Vergabeunterlagen an, wie er die einzelnen Zuschlagskriterien gewichtet, um das wirtschaftlichste Angebot zu ermitteln. ²Diese Gewichtung kann auch mittels einer Spanne angegeben werden, deren Bandbreite angemessen sein muss. ³Ist die Gewichtung aus objektiven Gründen nicht möglich, so gibt der Auftraggeber die Zuschlagskriterien in absteigender Rangfolge an.

(7) Für den Beleg, ob und inwieweit die angebotene Leistung den geforderten Zuschlagskriterien entspricht, gilt § 24 entsprechend.

(8) An der Entscheidung über den Zuschlag sollen in der Regel mindestens zwei Vertreter des Auftraggebers mitwirken.

Literatur: Vgl. die Angaben bei § 58 VgV.

I. Bedeutung der Vorschrift

1 § 43 UVgO regelt die Festlegung und Wertung der Zuschlagskriterien. Die Vorschrift führt zu einem Gleichlauf der entspr. Regelungen im Ober- und Unterschwellenbereich. Sie übernimmt dazu Regelungen aus § 127 GWB und § 58 VgV. Die in § 43 Abs. 2 UVgO aufgezählten Beispiele für mögliche Zuschlagskriterien entsprechen bspw. wortgleich denen in § 58 Abs. 2 VgV.

II. Zuschlag auf das wirtschaftlichste Angebot (Abs. 1 und 2)

1. Bestes Preis-Leistungs-Verhältnis

2 Nach § 43 Abs. 1 UVgO ist der Zuschlag ebenso wie im Oberschwellenbereich auch im Geltungsbereich der UVgO **auf das wirtschaftlichste Angebot** zu erteilen. § 43 Abs. 2 S. 1 UVgO regelt, dass die Ermittlung des wirtschaftlichsten Angebots auf der Grundlage des besten Preis-Leistungs-Verhältnisses erfolgt. Weil im Unterschwellenbereich weder Art. 67 RL 2014/24/EU noch § 127 GWB anwend-

bar sind, musste dies in der UVgO ausdr. geregelt werden, um den angestrebten Gleichlauf mit dem Oberschwellenrecht zu gewährleisten. Aufgrund dieses Gleichlaufs kann zum Begriff des besten Preis-Leistungs-Verhältnisses auf die Kommentierung zu → GWB § 127 Rn. 45 ff. und → VgV § 58 Rn. 2 f. verwiesen werden. **Preis oder Kosten** müssen – außer im Falle der Vorgabe von Festpreisen oder Festkosten gem. § 43 Abs. 2 S. 3 UVgO – bei der Angebotsbewertung **zwingend berücksichtigt werden.**

Wird das wirtschaftlichste Angebot mittels einer Bewertungsmatrix ermittelt, die neben dem Preis und den Kosten auch qualitative, umweltbezogene und/oder soziale Kriterien berücksichtigt, muss der **Preis** ggf. unter Berücksichtigung entspr. bekannt gemachter Gewichtungsregelungen (zB 40 % Preis, 60 % Summe der nichtpreislichen Kriterien) mit dem Erfüllungsgrad der **nichtpreislichen Kriterien** in den jew. Angeboten **ins Verhältnis gesetzt** werden. Bei der Wahl der notwendigen Formeln für die Ermittlung des besten Preis-Leistungs-Verhältnisses hat der Auftraggeber einen **weiten Ermessensspielraum.** Die Wahl einer bestimmten Preisumrechnungsmethode kann vergaberechtlich nur beanstandet werden, wenn sich gerade ihre Heranziehung im Einzelfall aufgrund besonderer Umstände als mit dem gesetzlichen Leitbild des Vergabewettbewerbs unvereinbar erweist[1] (zu den Einzelheiten → VgV § 58 Rn. 5 ff.). 3

2. Zulässigkeit der reinen Preiswertung

§ 43 Abs. 2 S. 2 UVgO stellt klar, dass der Zuschlag auch allein auf das **preislich günstigste Angebot** erteilt werden kann. Der Preis als alleiniges Zuschlagskriterium ist dann zulässig und uU auch sinnvoll, wenn die auszuführenden Leistungen in allen für die Zuschlagsentscheidung in Betracht kommenden Punkten in der Leistungsbeschreibung und/oder in den übrigen Ausschreibungsunterlagen vom Auftraggeber hinreichend genau definiert worden sind.[2] 4

Unzulässig ist die Bestimmung des Preises als ausschließliches Zuschlagskriterium aber dann, wenn **andere Zuschlagskriterien erforderlich** sind.[3] Dies wird regelmäßig bei der Vergabe von freiberuflichen Leistungen im Wettbewerb (vgl. § 50 UVgO) der Fall sein sowie regelmäßig bei Vergaben, bei denen die Leistung nur funktional beschrieben wird.[4] 5

Die Wertung von **Nebenangeboten** mit dem Preis als einzigem Zuschlagskriterium ist im Unterschwellenbereich regelmäßig zulässig. Eine Vorschrift wie § 127 Abs. 4 S. 2 GWB, wonach die Zuschlagskriterien bei Zulassung von Nebenangeboten gleichermaßen auf Haupt- und Nebenangebote anwendbar sein müssen, kennt die UVgO nicht. Allerdings muss dennoch mittels einer **Prüfung der Gleichwertigkeit** des Nebenangebots darauf geachtet werden, dass es nicht qualitativ so weit hinter der Qualität eines dem Amtsvorschlag entspr. Hauptangebots zurückbleibt, dass es mit diesem nicht mehr vergleichbar ist und seine Wertung einen **Verstoß gegen den Grundsatz der Gleichbehandlung** der Bieter darstellt.[5] 6

3. Qualitative, umweltbezogene und soziale Kriterien

§ 43 Abs. 2 S. 2 UVgO enthält eine **beispielhafte Auflistung** zulässiger Zuschlagskriterien. Die aufgeführten – nicht abschließenden – Beispiele füllen die 7

---

[1] BGH 4.4.2017 – X ZB 3/17, NZBau 2017, 366.
[2] OLG Düsseldorf 24.9.2014 – Verg 17/14, ZfBR 2015, 515.
[3] EuGH 7.10.2004 – C-247/02, NZBau 2004, 685; OLG Düsseldorf 9.2.2006 – VII-Verg 66/08, BeckRS 2009, 11172.
[4] OLG Düsseldorf 11.12.2013 – VII-Verg 22/13, BeckRS 2014, 3638.
[5] BGH 10.5.2016 – X ZR 66/15, NZBau 2016, 576.

UVgO § 43

unbestimmten Rechtsbegriffe der „qualitativen", „umweltbezogenen" und „sozialen" Zuschlagskriterien aus. Dem Auftraggeber steht bei der **Auswahl und der Gewichtung** (→ Rn. 12 f.) dieser Kriterien ein **weiter Ermessensspielraum** zu. Die Zuschlagskriterien müssen lediglich gem. § 43 Abs. 3 UVgO mit dem Auftragsgegenstand in Verbindung stehen und die Anforderungen des § 43 Abs. 5 UVgO, also insbes. die Möglichkeit einer wirksamen Überprüfung, einhalten.

8 Zu den einzelnen Kriterien vgl. die Kommentierung zu → VgV § 58 Rn. 12 ff. Für alle diese Kriterien muss durch Festlegung und Bekanntmachung **konkret nachprüfbarer Unterkriterien** dafür gesorgt werden, dass die Möglichkeit einer wirksamen Überprüfung nach § 43 Abs. 5 UVgO gewährleistet ist. Fehlen solche Unterkriterien, sind die beispielhaft in § 43 Abs. 2 S. 2 UVgO genannten Kriterien zu pauschal und auslegungsfähig und einer **objektiven willkürfreien und nachvollziehbaren Bewertung** nicht mehr zugänglich.

4. Vorgabe von Festpreisen oder Festkosten

9 Entspr. der Regelung im Oberschwellenbereich (vgl. § 58 Abs. 2 S. 3 VgV) lässt § 43 Abs. 2 S. 3 UVgO ausdr. zu, dass das Kostenelement nur durch die Vorgabe von Festpreisen oder Festkosten zum Tragen kommt und die Angebote der Unternehmen, die diese Festpreise oder Festkosten einhalten, nur noch anhand der festgelegten qualitativen, umweltbezogenen und sozialen Kriterien bewertet werden. Vgl. die Kommentierung unter → VgV § 58 Rn. 36.

III. Verbindung mit dem Auftragsgegenstand (Abs. 3)

10 Gem. § 43 Abs. 3 S. 1 UVgO müssen die Zuschlagskriterien mit dem **Auftragsgegenstand in Verbindung** stehen. Diese Verbindung ist nach § 43 Abs. 3 S. 2 UVgO auch dann anzunehmen, wenn sich ein Zuschlagskriterium auf Prozesse im Zusammenhang mit der Herstellung, Bereitstellung oder Entsorgung der Leistung, auf den Handel mit der Leistung oder auf ein anderes Stadium im Lebenszyklus der Leistung bezieht. Die Vorschrift entspricht wortgleich § 127 Abs. 3 GWB. Wie im Oberschwellenbereich ist die Verbindung mit dem Auftragsgegenstand damit im Vergleich zur früheren Rechtslage gelockert. Unzulässig bleiben allerdings weiterhin Zuschlagskriterien, die unabhängig vom Auftragsgegenstand **reine unternehmenspolitische Ziele** verfolgen, wie zB eine Frauenquote im Unternehmen oder der Umstand, dass ein Unternehmen Lehrlinge ausbildet (zu den Einzelheiten → GWB § 127 Rn. 15 ff.).

IV. Berücksichtigung der Lebenszykluskosten (Abs. 4)

11 Der Auftraggeber kann vorgeben, dass das Zuschlagskriterium „Kosten" auf der Grundlage der Lebenszykluskosten der Leistung in entspr. Anwendung des § 59 VgV berechnet wird. Aufgrund der entspr. Anwendbarkeit kann insoweit vollumfänglich auf die Kommentierung zu § 59 VgV verwiesen werden.

V. Wirksame Überprüfung der Erfüllung der Zuschlagskriterien (Abs. 5)

12 Nach § 43 Abs. 5 UVgO müssen die Zuschlagskriterien so festgelegt und bestimmt sein, dass die **Möglichkeit eines wirksamen Wettbewerbs** gewährleistet wird, der **Zuschlag nicht willkürlich** erteilt werden kann und eine **wirksame Überprüfung** möglich ist, ob und inwieweit die Angebote die

Zuschlagskriterien erfüllen. Die Vorschrift soll insbes. willkürliche Entscheidungen aufgrund der Verwendung von nicht überprüfbaren Zuschlagskriterien (insbes. umweltbezogener und sozialer Kriterien) vermeiden und ist wortgleich mit § 127 Abs. 4 S. 1 GWB, so dass auf die dortige Kommentierung verwiesen werden kann (→ GWB § 127 Rn. 26 f.).

VI. Gewichtung der Zuschlagskriterien (Abs. 6)

§ 43 Abs. 6 UVgO schreibt vor, die **Zuschlagskriterien zu gewichten.** Die Gewichtung ist in der Auftragsbekanntmachung oder in den Vergabeunterlagen bekanntzugeben. Die Vorschrift entspricht vollständig § 58 Abs. 3 VgV. § 43 Abs. 3 S. 2 VgV gestattet es, die Zuschlagskriterien mittels einer **Spanne** zu gewichten, deren Bandbreite angemessen sein muss. Die Angabe einer Spanne ist jedoch wie im Oberschwellenbereich **nur ausnahmsweise zulässig** (→ VgV § 58 Rn. 38). 13

Nach § 43 Abs. 6 S. 3 UVgO können die Zuschlagskriterien in der **absteigenden Reihenfolge ihrer Bedeutung** festgelegt werden, wenn eine Gewichtung aus nachvollziehbaren Gründen nicht angegeben werden kann. Diese Bestimmung ist **nur subsidiär** anwendbar. Gerade im Unterschwellenbereich, in dem es weder einen wettbewerblichen Dialog noch eine Innovationspartnerschaft gibt, dürften kaum Gründe denkbar sein, die den Auftraggeber davon abhalten können, die Zuschlagskriterien zu gewichten. In jedem Fall sind die „nachvollziehbaren Gründe" zu dokumentieren. 14

VII. Anwendung von § 24 UVgO bei der Wertung (Abs. 7)

Gem. § 43 Abs. 7 UVgO kann der Auftraggeber von den Unternehmen für den Nachweis, dass eine angebotene Leistung den Zuschlagskriterien entspricht, die **Vorlage von Gütezeichen** gem. § 24 UVgO verlangen. Die Vorschrift entspricht weitgehend § 58 Abs. 3 VgV, so dass auf die Kommentierung unter → VgV § 58 Rn. 42 verwiesen werden kann. 15

VIII. „Vier-Augen-Prinzip" (Abs. 8)

Gem. § 43 Abs. 8 UVgO sollen idR mindestens zwei Vertreter des öffentlichen Auftraggebers an der Entscheidung über den Zuschlag mitwirken. Das hierdurch im Regelfall anzuwendende „Vier-Augen-Prinzip" bei der Zuschlagsentscheidung dient der **Transparenz und Gleichbehandlung der Unternehmen** im Vergabeverfahren und der **Erschwerung der Korruption.** Aus diesem Grund bedarf trotz der Formulierung „sollen" und „in der Regel" eine Abweichung vom „Vier-Augen-Prinzip" der Rechtfertigung durch zwingende Gründe. Die Entscheidung über den Zuschlag durch einen einzelnen Vertreter des Auftraggebers muss die **absolute Ausnahme** bleiben. Die Vorschrift entspricht praktisch wortgleich § 58 Abs. 5 VgV, so dass auf die Kommentierung unter → VgV § 58 Rn. 43 f. verwiesen werden kann. 16

§ 44 Ungewöhnlich niedrige Angebote

(1) **Erscheinen der Preis oder die Kosten eines Angebots, auf das der Zuschlag erteilt werden soll, im Verhältnis zu der zu erbringenden Leistung ungewöhnlich niedrig, verlangt der Auftraggeber vom Bieter Aufklärung.**

UVgO § 44   Ungewöhnlich niedrige Angebote

(2) ¹Der Auftraggeber prüft die Zusammensetzung des Angebots und berücksichtigt die übermittelten Unterlagen. ²Die Prüfung kann insbesondere betreffen:
1. die Wirtschaftlichkeit des Fertigungsverfahrens einer Lieferleistung oder der Erbringung der Dienstleistung,
2. die gewählten technischen Lösungen oder die außergewöhnlich günstigen Bedingungen, über die das Unternehmen bei der Lieferung der Waren oder bei der Erbringung der Dienstleistung verfügt,
3. die Besonderheiten der angebotenen Leistung,
4. die Einhaltung der Verpflichtungen nach § 128 Absatz 1 des Gesetzes gegen Wettbewerbsbeschränkungen, insbesondere der für das Unternehmen geltenden umwelt-, sozial- und arbeitsrechtlichen Vorschriften, oder
5. die etwaige Gewährung einer staatlichen Beihilfe an das Unternehmen.

(3) ¹Kann der Auftraggeber nach der Prüfung gemäß den Absätzen 1 und 2 die geringe Höhe des angebotenen Preises oder der angebotenen Kosten nicht zufriedenstellend aufklären, darf er den Zuschlag auf dieses Angebot ablehnen. ²Der Auftraggeber lehnt das Angebot ab, wenn er festgestellt hat, dass der Preis oder die Kosten des Angebots ungewöhnlich niedrig sind, weil Verpflichtungen nach Absatz 2 Satz 2 Nummer 4 nicht eingehalten werden. ³Der Auftraggeber lehnt das Angebot auch dann ab, wenn der Bieter an der Aufklärung nach den Absätzen 1 und 2 nicht mitwirkt.

(4) Stellt der Auftraggeber fest, dass ein Angebot ungewöhnlich niedrig ist, weil der Bieter eine staatliche Beihilfe erhalten hat, so lehnt der Auftraggeber das Angebot nur dann ab, wenn der Bieter nicht innerhalb einer vom Auftraggeber gesetzten angemessenen Frist nachweisen kann, dass die staatliche Beihilfe rechtmäßig gewährt wurde.

Literatur: Vgl. die Angaben bei § 60 VgV.

I. Bedeutung der Vorschrift

1   § 44 UVgO ist weitgehend inhaltsgleich mit § 60 VgV. Die Vorschrift regelt damit im Gleichlauf mit dem Oberschwellenrecht den Umgang mit ungewöhnlich niedrigen Angeboten. Aufgrund der weitgehenden Inhaltsgleichheit der Norm mit § 60 VgV kann abgesehen von der dortigen Kommentierung in Rn. 8 vollumfänglich auf die Kommentierung → VgV § 60 Rn. 1 ff. verwiesen werden. Wird ein Angebot ausgeschlossen, weil ein Bieter die Rechtmäßigkeit einer erhaltenen staatlichen Beihilfe nicht ausreichend nachweisen kann, ist gem. § 44 Abs. 3 UVgO keine Unterrichtung der EU-Kommission erforderlich.

II. Zwingender Ausschluss bei fehlender Mitwirkung

2   Lediglich in § 44 Abs. 3 S. 3 UVgO besteht ein inhaltlicher Unterschied zur VgV. Die Vorschrift enthält einen **zwingenden Ausschlussgrund** für den Fall, dass ein Bieter an der Aufklärung nach § 44 Abs. 1, 2 UVgO nicht mitwirkt. Im Oberschwellenbereich ist eine solche Verweigerung lediglich bei der Ausübung des Ermessens über einen Ausschluss zu berücksichtigen. Aufgrund der scharfen Ausschlussfolge ist allerdings erforderlich, dass der Bieter **unmissverständlich** zur Aufklärung seines ungewöhnlich niedrigen Preises gem. § 44 Abs. 1, 2 UVgO aufgefordert wurde und sein angebotener **Preis tatsächlich ungewöhnlich niedrig** erscheint. Die Aufforderung muss **in Textform** gem. § 126b BGB erfolgen, da

gem. § 7 Abs. 2 UVgO eine mündliche Kommunikation nicht zulässig ist, wenn sie die Angebote betrifft. Damit ist eine (bereits aus Beweisgründen keinesfalls anzuratende) mündliche oder telefonische Aufklärung unzulässig.

§ 45 Auftragsausführung

(1) **Für die Ausführung von öffentlichen Aufträgen gilt § 128 Absatz 1 des Gesetzes gegen Wettbewerbsbeschränkungen entsprechend.**

(2) [1]**Auftraggeber können Bedingungen für die Ausführung eines Auftrags festlegen, sofern diese mit dem Auftragsgegenstand in entsprechender Anwendung des § 127 Absatz 3 des Gesetzes gegen Wettbewerbsbeschränkungen in Verbindung stehen.** [2]**Die Ausführungsbedingungen müssen sich aus der Auftragsbekanntmachung oder den Vergabeunterlagen ergeben.** [3]**Sie können insbesondere wirtschaftliche, innovationsbezogene, umweltbezogene, soziale oder beschäftigungspolitische Belange oder den Schutz der Vertraulichkeit von Informationen umfassen.**

(3) **Für den Beleg, dass die angebotene Leistung den geforderten Ausführungsbedingungen entspricht, gilt § 24 entsprechend.**

Literatur: Vgl. die Angaben bei § 128 GWB.

Die Vorschrift verpflichtet den Auftragnehmer zur Einhaltung der für ihn geltenden Rechtsvorschriften bei der Ausführung von Aufträgen (§ 45 Abs. 1 UVgO iVm § 128 Abs. 1 GWB), ermächtigt den Auftraggeber zur Aufnahme von Bedingungen für die Ausführung des Auftrags (§ 45 Abs. 2 UVgO) und erklärt für die Nachweisführung durch Gütezeichen § 24 UVgO für entspr. anwendbar (§ 45 Abs. 3 UVgO). Insoweit ist die Regelung **§ 128 Abs. 1, 2 GWB sowie § 61 VgV nachgebildet**, so dass auf die dortigen Kommentierungen verwiesen wird. 1

Unklar ist, ob die Anknüpfung durch § 45 UVgO an die für Vergaben ab Erreichen der Schwellenwerte geltenden Vorschriften zur Auftragsausführung unter Aufnahme von deren **unionsrechtlichen Auslegungsanforderungen** erfolgt. Bedeutung hat dies bspw. für die Auslegung der § 128 Abs. 1 GWB deren Reichweite der deutsche Gesetzgeber in Verkürzung der EU-rechtlichen Umsetzungsanforderungen gefasst hat (→ GWB § 128 Rn. 5 ff.). Insoweit wird man differenzieren müssen: 2
– Ergeben sich die unionsrechtlichen Anforderungen **unmittelbar aus den Grundfreiheiten** des AEUV, insbes. mit Blick auf das Gleichbehandlungsgebot (→ GWB § 128 Rn. 13 ff.), so ist auch § 45 UVgO in dieser Weise auszulegen, selbst wenn es sich um eine Vergabe ohne grenzüberschreitende Bedeutung (→ GWB Einl. § 97 Rn. 13 ff.) handelt. Denn in diesem Fall ergibt sich aus den Gesetzesmaterialien zu § 128 GWB, dass der deutsche Gesetzgeber diese EU-rechtlichen Rahmenbedingungen in Rechnung gestellt hat, so dass die Anknüpfung des § 45 UVgO diesen Regelungsgehalt bewusst aufnimmt.
– Anderes wird zu gelten haben, wenn sich die Notwendigkeit einer unionsrechtskonformen Auslegung aus einer **unzureichenden Umsetzung der europäischen Vergaberichtlinien** ergibt, wie es etwa für die Reichweite des § 128 Abs. 1 GWB hinsichtlich der in Anh. X zur VRL genannten völkerrechtlichen Übereinkommen der Fall ist (→ GWB § 128 Rn. 6 ff.). In diesem Fall wollte der Gesetzgeber die deutsche Norm nur mit dem von ihm definierten Anwendungsbereich erlassen und hat der Normgeber der UVgO nur diesen Gehalt aufgegriffen. Die zu § 128 GWB entwickelte Auslegung ist dann nicht auf § 45 UVgO zu übertragen.

§ 46 Unterrichtung der Bewerber und Bieter

(1) ¹Der Auftraggeber unterrichtet jeden Bewerber und jeden Bieter unverzüglich über den Abschluss einer Rahmenvereinbarung oder die erfolgte Zuschlagserteilung. ²Gleiches gilt hinsichtlich der Aufhebung oder erneuten Einleitung eines Vergabeverfahrens einschließlich der Gründe dafür. ³Der Auftraggeber unterrichtet auf Verlangen des Bewerbers oder Bieters unverzüglich, spätestens innerhalb von 15 Tagen nach Eingang des Antrags die nicht berücksichtigten Bieter über die wesentlichen Gründe für die Ablehnung ihres Angebots, die Merkmale und Vorteile des erfolgreichen Angebots sowie den Namen des erfolgreichen Bieters, und die nicht berücksichtigten Bewerber über die wesentlichen Gründe ihrer Nichtberücksichtigung.

(2) § 30 Absatz 2 gilt für Informationen nach Absatz 1 Satz 3 entsprechend.

Literatur: Vgl. die Angaben bei § 134 GWB, § 62 VgV und § 19 VOB/A.

I. Bedeutung der Vorschrift

1 Unterhalb der Schwellenwerte ist § 46 UVgO das Pendant zu § 62 VgV. Die Vorschrift dient der **ex-Post-Transparenz** und schreibt vor, jeden Bewerber und jeden Bieter zeitnah *nach* dem Zuschlag bzw. dem Abschluss einer Rahmenvereinbarung über die Erfolglosigkeit seines Teilnahmeantrages bzw. seines Angebots zu informieren, damit sie ihre betrieblichen Planungen anderweitig ausrichten können. § 46 UVgO enthält für den Unterschwellenbereich **keine der Zuschlagserteilung vorgelagerte Informations- und Wartepflicht,** wie sie oberhalb der Schwellenwerte in § 134 GWB ihren Ausdruck findet.[1] Die Vorschrift dient somit nicht dem Primärrechtsschutz (vgl. dazu auch für den unterschwelligen Bauvergabebereich → VOB/A § 19 Rn. 2).[2] Die Vorschrift differenziert zwischen Informationen, die der Auftraggeber jedem Bewerber und jedem Bieter von sich aus – also ohne entspr. Aufforderung – mitzuteilen hat (Abs. 1 S. 1, 2), und Informationen, die nur auf Verlangen des Bewerbers oder Bieters gegeben werden müssen (Abs. 1 S. 3). Abs. 2

---

[1] So nunmehr auch OLG Düsseldorf 21.6.2023 – 27 U 4/22, VPRRS 2023, 0130 unter Aufgabe seines Urt. v. 13.12.2017 – 27 U 25/17, BeckRS 2017, 137490: § 134 GWB findet auf Unterschwellenvergaben weder unmittelbar noch entspr. Anwendung. Eine analoge Anwendung des § 134 GWB scheidet mit Blick auf die in der Diskussion des Entwurfs der UVgO erkannte und diskutierte Problematik der Informations- und Wartepflicht im Unterschwellenbereich mangels planwidriger Regelungslücke aus. Sofern weder ein grenzüberschreitendes Interesse noch eine landesgesetzliche Verpflichtung zur Mitteilung vor Zuschlagserteilung besteht, ist der Auftraggeber bei einer Unterschwellenvergabe nur zu einer nachgelagerten Unterrichtung über die Zuschlagserteilung verpflichtet. So auch schon KG 7.1.2020 – 9 U 79/19, BeckRS 2020, 3268; OLG Celle 9.1.2020 – 13 W 56/19, BeckRS 2020, 28. S. auch Kaiser VergabeR 2018, 178 und Hömke IR 2018, 117. Vgl. dazu auch OLG Rostock 22.11.2019 – 2 U 9/19, BeckRS 2019, 43174: Im Unterschwellenbereich besteht nach erfolgloser Inanspruchnahme erstinstanzlichen Primärrechtsschutzes keine Informations- und Wartepflicht bzw. nach § 173 GWB kein an das Rechtsmittel geknüpftes Zuschlagsverbot. Faktisch beschränkt sich der Primärrechtsschutz damit auf die erste Instanz. Unterliegt der Bieter in der ersten Instanz, fehlt es an einem dem vergaberechtlichen Rechtsschutz entsprechenden Suspensiveffekt, der den Auftraggeber an einer Zuschlagserteilung hindert: Mertens VPR 2020, 191.

[2] Landesgesetzlich können allerdings auch im Unterschwellenbereich entspr. Informations- und Wartepflichten vor Zuschlagserteilung eingeführt werden, dazu → GWB § 134 Rn. 178 ff.

nimmt mit dem Verweis auf § 30 Abs. 2 UVgO bestimmte Angaben von der Informationspflicht aus. Die Vorschrift entspricht weitgehend dem § 62 VgV, so dass auf dessen Kommentierung ergänzend verwiesen wird. Allerdings ist – anders als bei § 62 VgV – kein Textformerfordernis für die Anträge und Auskünfte vorschriben. Auch sieht § 46 UVgO keinen dem § 62 Abs. 2 Nr. 4 VgV entspr. Auskunftsanspruch über Verlauf und Fortschritte der Verhandlungen während des laufenden Verfahrens vor.

II. Unverzügliche Unterrichtung (Abs. 1 S. 1, 2)

Abs. 1 S. 1 ordnet an, jeden Bewerber und jeden Bieter unverzüglich über den Abschluss einer Rahmenvereinbarung oder die erfolgte Zuschlagserteilung zu informieren. Die Informationspflicht gilt nach S. 2 auch hinsichtlich der Entscheidung, ein Vergabeverfahren aufzuheben oder erneut einzuleiten; auch sind die Gründe für die Aufhebung und die Neueinleitung eines Vergabeverfahrens anzugeben. Abs. 1 entspricht iW § 62 Abs. 1 VgV (näher → VgV § 62 Rn. 2 ff.).

Ratio legis von Abs. 1 S. 1 ist es, die Bewerber und Bieter frühestmöglich über das Ergebnis des abgeschlossenen Vergabeverfahrens zu informieren, damit sie ihre betrieblichen Kapazitäten wieder anderweitig ausrichten können (ex-Post-Transparenz).[3] Daneben verfolgt die Vorschrift den Zweck, den Bewerbern und Bietern die Gründe für ihr Scheitern offenzulegen, so dass sie aus möglichen Fehlern und Mängeln ihres Angebots Schlussfolgerungen ziehen und künftige Angebote optimieren können (→ GWB § 134 Rn. 169). S. 1, wonach der Auftraggeber jedem Bewerber und jedem Bieter unverzüglich seine Entscheidung über den Abschluss einer Rahmenvereinbarung oder die Zuschlagserteilung mitteilt, ist nicht zu entnehmen, dass die Mitteilung vor Zuschlagserteilung oder zumindest so rechtzeitig erfolgen muss, dass Rechtsschutz vor Zuschlag gewährt werden soll. Zu den landesrechtlichen Vorabinformationspflichten → GWB § 134 Rn. 178 ff. Die Vorschrift dient daher nicht der Durchsetzung effektiven Bieterrechtsschutzes.[4] Vorgeschrieben ist eine **proaktive Unterrichtung.** Die Unterrichtungspflicht entsteht also nicht etwa erst durch ein entspr. Verlangen, wie dies bei Abs. 1 S. 3 der Fall ist. Geboten ist eine unverzügliche Unterrichtung, mithin eine **kurzfristige Verständigung** innerhalb weniger Tage. Eine Begründung der Entscheidung muss nur auf Verlangen erfolgen. Eine bestimmte **Form** der Mitteilung ist nicht vorgeschrieben. Doch sollte der Auftraggeber aus Beweis- und Dokumentationsgründen für die Information nach Abs. 1 S. 1, 2 stets die Textform verwenden.

III. Unterrichtung auf Verlangen (Abs. 1 S. 3)

S. 3 normiert Unterrichtungspflichten, die nur **auf Verlangen** des betreffenden Bewerbers oder Bieters zu erfüllen sind. Die Vorschrift gewährt erfolglosen Bewerbern und Bietern einen Informationsanspruch, der erst nach Erteilung des Zuschlags bzw. Abschluss einer Rahmenvereinbarung zum Tragen kommt **(ex-Post-Transparenz).**

1. Auf Verlangen

Der Informationsanspruch besteht nur **auf Verlangen.** Erforderlich ist ein formloser **Antrag,** der auch mündlich gestellt werden kann.[5] Eine **Ausschlussfrist** für das Verlangen enthält die UVgO nicht.

---

[3] DSW/Petersen UVgO § 46 Rn. 1.
[4] OLG Düsseldorf 21.6.2023 – 27 U 4/22, VPRRS 2023, 0130.
[5] DSW/Petersen UVgO § 46 Rn. 5.

2. Auskunftsfrist

6 Die Information muss unverzüglich, spätestens jedoch innerhalb einer **Frist von 15 Kalendertagen** nach Eingang des Antrags erteilt werden. Die Frist beginnt am Tag nach Eingang des Antrags (§ 54 Abs. 2 UVgO; § 187 Abs. 1 BGB) und endet mit Ablauf des 15. Kalendertages. Die Mitteilung muss innerhalb von 15 Kalendertagen bei dem anfragenden Bewerber oder Bieter eingehen. Der Versand innerhalb der Frist genügt folglich nicht. Eine bestimmte **Form** der Auskunft ist nicht vorgeschrieben; aus Dokumentationsgründen sollte sie stets in Textform erfolgen.

3. Unterrichtung von Bewerbern

7 Den abgelehnten Bewerbern sind die Gründe für die Ablehnung des Teilnahmeantrags mitzuteilen (→ VgV § 62 Rn. 8).

4. Unterrichtung von Bietern

8 Die nicht erfolgreichen Bieter sind über die wesentlichen **Gründe für die Ablehnung des Angebotes,** über die **Merkmale und Vorteile des erfolgreichen Angebotes** sowie über den Namen des erfolgreichen Bieters zu informieren. Erforderlich, aber auch ausreichend ist eine Mitteilung der tragenden Gründe der Ablehnung.[6] Ferner sind die Bieter über die Merkmale und die Vorteile des erfolgreichen Angebots in Kenntnis zu setzen. Mitzuteilen ist damit auch, welche positiven Eigenschaften das erfolgreiche Angebot aufweist. Geboten sind konkrete Auskünfte zur Bewertung des Angebotes der Bestbietenden, insbes. in welchem Bereich dieses Angebot bevorzugt worden ist.[7] Aus Datenschutz- und Vertraulichkeitsgründen (§ 3 Abs. 2 UVgO) dürfen die Merkmale und Vorteile des erfolgreichen Angebots abstrakt mitgeteilt, jedoch keine preislichen oder technischen Details bekannt gegeben werden. Denn insoweit überwiegen die Interessen des erfolgreichen Bieters an der Wahrung der eigenen Geschäfts- und Betriebsgeheimnisse.[8]

8a Abs. 1 vermittelt dagegen keinen Anspruch auf Einsicht in ein Submissions- oder Eröffnungsprotokoll. Der Gesetzgeber hat sich im unterschwelligen Bereich gegen ein gesetzlich normiertes Recht zur **Akteneinsicht** entschieden.[9] Über den Unterrichtungsanspruch nach Abs. 1 hinausgehend kommt ein Anspruch auf Akteneinsicht nach § 242 BGB[10] allenfalls dann in Betracht, wenn der begründete Verdacht einer Vertragspflichtverletzung besteht. Daran fehlt es, wenn ein Bieter lediglich aufgrund vager Vermutungen Einsicht verlangt, um erst dadurch Anhaltspunkte für eine spätere Rechtsverfolgung zu gewinnen.[11]

IV. Ausnahme: Keine Unterrichtungspflicht (Abs. 2)

9 Abs. 2 erklärt § 30 Abs. 2 UVgO für die in Abs. 1 S. 3 genannten Pflichtangaben für entspr. anwendbar. Danach kann der Auftraggeber bestimmte Informationen, zu

---

[6] LG Bonn 29.10.2021 – 1 O 221/21, VPRRS 2022, 0114.
[7] LG Bonn 29.10.2021 – 1 O 221/21, VPRRS 2022, 0114.
[8] LG Bonn 29.10.2021 – 1 O 221/21, VPRRS 2022, 0114.
[9] LG Bonn 29.10.2021 – 1 O 221/21, VPRRS 2022, 0114; vgl. dazu auch OLG Köln 29.1.2020 – 11 U 14/19, NZBau 2020, 684.
[10] Zum Rücksichtnahmegebot OLG Düsseldorf 28.6.2017 – Verg 2/17, NZBau 2018, 54 Rn. 19. Zum Auskunftsanspruch, wenn die zwischen den Parteien bestehenden Rechtsbeziehungen es mit sich bringen, dass der Anspruchsberechtigte in entschuldbarer Weise über das Bestehen oder den Umfang seines Rechts im Ungewissen ist, und wenn der Verpflichtete in der Lage ist, unschwer die zur Beseitigung dieser Ungewissheit erforderliche Auskunft zu erteilen: BGH 6.2.2007 – X ZR 117/04, NJW 2007, 1806 Rn. 13.
[11] OLG Düsseldorf 21.6.2023 – 27 U 4/22, VPRRS 2023, 0130.

deren Erteilung er gem. Abs. 1 S. 3 verpflichtet ist, ausnahmsweise zurückhalten, wenn deren Weitergabe den Gesetzesvollzug behindern, dem öffentlichen Interesse zuwiderlaufen, den berechtigten geschäftlichen Interessen eines Unternehmens schaden oder den lauteren Wettbewerb zwischen den Unternehmen beeinträchtigen würde. Die Vorschrift bezweckt, die gebotene Transparenz ausnahmsweise zurücktreten zu lassen, wenn ihnen **überwiegende rechtliche oder wirtschaftliche Belange** entgegenstehen. Dabei muss der Auftraggeber zwischen den Informationsrechten nicht berücksichtigter Bewerber und Bieter und den schutzwürdigen Geheimhaltungsinteressen abwägen und seine Entscheidung, bestimmte Informationen nicht bekanntzugeben, dokumentiert begründen. Zu den Ausnahmen → VgV § 62 Rn. 14 und → VgV § 39 Rn. 9 ff.

§ 47 Auftragsänderung

(1) **Für die Änderung eines öffentlichen Liefer- oder Dienstleistungsauftrags ohne Durchführung eines neuen Vergabeverfahrens gilt § 132 Absatz 1, 2 und 4 des Gesetzes gegen Wettbewerbsbeschränkungen entsprechend.**

(2) ¹**Darüber hinaus ist die Änderung eines öffentlichen Auftrags ohne Durchführung eines neuen Vergabeverfahrens zulässig, wenn sich der Gesamtcharakter des Auftrags nicht ändert und der Wert der Änderung nicht mehr als 20 Prozent des ursprünglichen Auftragswertes beträgt.** ²**Bei mehreren aufeinander folgenden Änderungen ist der Gesamtwert der Änderungen maßgeblich.**

Literatur: Vgl. die Angaben bei § 132 GWB.

Die Vorschrift ist § 132 GWB nachgebildet, von dem wesentliche – jedoch nicht alle – Regelungen übernommen werden. § 47 Abs. 1 UVgO verweist auch für Vergaben unterhalb der Schwellenwerte auf die Anwendung von § 132 Abs. 1, 2, 4 GWB. Nur unter den in diesen Vorschriften statuierten oder den Voraussetzungen des § 47 Abs. 2 UVgO sind Auftragsänderungen zulässig. Die **Auslegung des § 47 Abs. 1 UVgO** folgt den durch Rspr. und Schrifttum zu § 132 Abs. 1, 2, 4 GWB entwickelten Grundsätzen (→ GWB § 132 Rn. 6 ff.). In Anbetracht dessen, dass auf die Abs. 1, 2 und 4 des § 132 GWB ohne jede Einschränkung verwiesen wird und auch die Erläuterungen des Bundesministeriums für Wirtschaft zur UVgO keine Einschränkungen enthalten, gilt **§ 47 Abs. 1 UVgO nur für Auftragsänderungen während der Vertragslaufzeit.** 1

Anstelle eines Verweises auf § 132 Abs. 3 GWB setzt **§ 47 Abs. 2 UVgO** eine eigenständige Regelung zur Abs. 1 UVgO unabhängigen Zulässigkeit einer **Auftragsänderung bei Einhaltung bestimmter Wertgrenzen.** Danach bedarf es keiner Durchführung eines neuen Vergabeverfahrens, wenn sich der Gesamtcharakter des Auftrags nicht ändert und der Wert der Änderung nicht mehr als 20 % des ursprünglichen Auftragswertes beträgt. Ausweislich der Erläuterungen des Bundesministeriums für Wirtschaft zu § 47 UVgO soll die Vorschrift nicht nur für Aufträge gelten, deren Vertragslaufzeit noch nicht beendet ist, sondern auch für **vollständig abgewickelte Aufträge.**[1] § 47 Abs. 2 UVgO soll mithin bewusst auch „Nachbestellungen im Anschluss an einen bestehenden Vertrag" ermöglichen.[2] Eine zeitliche Grenze, bis wann ein solcher „Anschluss" gegeben ist, wird nicht definiert. Nach der Vorschrift offenbar zugrunde liegenden Ratio ist es nicht ausgeschlossen, Bestellungen auch dann für ausschreibungsfrei zu erklären, wenn die Erstbestellung 2

---

[1] Erläuterungen zur UVgO, BAnz. AT 7.2.2017 B2, S. 13.
[2] Erläuterungen zur UVgO, BAnz. AT 7.2.2017 B2, S. 13.

schon Jahre zurückliegt und der noch vorhandene Bestand ergänzt werden soll. Jedenfalls bei größeren Auftragsvolumina, die trotz der Grenze von 20 % der ursprünglichen Auftragssumme ohne weiteres möglich sind, dürfte eine solche Auslegung der Bestimmung weder dem aus den Grundfreiheiten des AEUV abgeleiteten **Gleichbehandlungsgrundsatz** (→ GWB § 97 Rn. 9 ff.) noch § 55 BHO/LHO entsprechen. Da sich auch aus dem Wortlaut des § 47 Abs. 2 UVgO keinerlei Anhaltspunkt für eine Geltung auch für bereits vollständig erfüllte Verträge ergibt, ist eine Auslegung geboten, die den Anwendungsbereich der Vorschrift entspr. § 47 Abs. 1 UVgO und § 132 GWB **auf noch laufende Verträge beschränkt.**[3]

3   Die Frage, wann eine **Änderung des Gesamtcharakters** des Auftrags iSv § 47 Abs. 2 S. 1 UVgO vorliegt, ist nach den zu § 132 Abs. 3 GWB entwickelten Grundsätzen zu bestimmen (→ GWB § 132 Rn. 57). Entsprechendes gilt für die Maßgeblichkeit des **Gesamtwerts bei mehreren aufeinander folgenden Änderungen** gem. § 47 Abs. 2 S. 2 UVgO (→ GWB § 132 Rn. 55).

§ 48 Aufhebung von Vergabeverfahren

(1) **Der Auftraggeber ist berechtigt, ein Vergabeverfahren ganz oder teilweise aufzuheben, wenn**
1. **kein Teilnahmeantrag oder Angebot eingegangen ist, das den Bedingungen entspricht,**
2. **sich die Grundlage des Vergabeverfahrens wesentlich geändert hat,**
3. **kein wirtschaftliches Ergebnis erzielt wurde oder**
4. **andere schwerwiegende Gründe bestehen.**

(2) **Im Übrigen ist der Auftraggeber grundsätzlich nicht verpflichtet, den Zuschlag zu erteilen.**

1   Die Bestimmung entspricht § 63 Abs. 1 VgV. Auf die dortigen Erläuterungen → VgV § 63 Rn. 1 ff. kann verwiesen werden. Das Gestaltungsmittel der Zurückversetzung (als Art der Teilaufhebung) ist auch im Unterschwellenbereich möglich.[1]
2   Die Pflicht des Auftraggebers, die Bewerber oder Bieter über die Aufhebung oder erneute Einleitung eines Vergabeverfahrens einschließl. der Gründe dafür **zu unterrichten**, ergibt sich aus § 46 Abs. 1 S. 2 UVgO. Dazu → § 46 Rn. 2.

Abschnitt 3. Vergabe von Aufträgen für besondere Leistungen; Planungswettbewerbe

§ 49 Vergabe von öffentlichen Aufträgen über soziale und andere besondere Dienstleistungen

(1) [1]**Abweichend von § 8 Absatz 2 steht dem Auftraggeber für die Vergabe öffentlicher Aufträge über soziale und andere besondere Dienstleistungen im Sinne von § 130 Absatz 1 des Gesetzes gegen Wettbewerbsbeschränkungen neben der Öffentlichen Ausschreibung und der Beschränkten Ausschreibung mit Teilnahmewettbewerb stets auch die Verhandlungsvergabe mit Teilnahmewettbewerb nach seiner Wahl zur Verfügung.** [2]**In den Fällen, in denen die Voraussetzungen des § 8 Absatz 3 beziehungsweise Absatz 4 vorliegen, kann der Auftraggeber auf einen Teilnahmewettbewerb verzich-**

---

[3] AM DSW/Wendt UVgO § 47 Rn. 10.
[1] OLG Frankfurt a. M. 21.3.2017 – 11 U 10/17, BeckRS 2017, 112537 = VergabeR 2017, 540.

ten. ³Für soziale und andere besondere Dienstleistungen, die im Rahmen einer freiberuflichen Tätigkeit erbracht oder im Wettbewerb mit freiberuflichen Tätigen angeboten werden, gilt § 50.

(2) ¹Bei der Bewertung der in § 43 Absatz 2 Satz 1 Nummer 2 genannten Zuschlagskriterien können insbesondere der Erfolg und die Qualität bereits erbrachter Leistungen des Bieters oder des vom Bieter eingesetzten Personals berücksichtigt werden. ²Bei Dienstleistungen nach dem Zweiten und Dritten Buch Sozialgesetzbuch können für die Bewertung des Erfolgs und der Qualität bereits erbrachter Leistungen des Bieters insbesondere berücksichtigt werden:
1. Eingliederungsquoten,
2. Abbruchquoten,
3. erreichte Bildungsabschlüsse und
4. Beurteilungen der Vertragsausführung durch den Auftraggeber anhand transparenter und nichtdiskriminierender Methoden.

Literatur: Vgl. die Angaben bei § 130 GWB.

I. Bedeutung der Vorschrift

Allgemein zum Sonderregime für die Vergabe von sozialen und anderen besonderen Dienstleistungen iSd Anh. XIV RL 2014/24/EU (im Folgenden auch kurz: **SABD**), insbes. zu dessen Systematik und dem Begriff der SABD s. die Kommentierung zu § 130 GWB, → GWB § 130 Rn. 1 ff. 1

Anders als nach den Bestimmungen in § 130 GWB und §§ 64–66 VgV genießen Vergaben von SABD in der UVgO keine weitreichenden, speziellen Privilegierungen. Denn die UVgO hält für Unterschwellenvergaben von vornherein weitreichende, **allg. Privilegierungen** ggü. den Vorgaben aus dem Oberschwellenbereich bereit. So finden sich bspw. ggü. den entspr. Regelungen für SABD in § 130 Abs. 2 GWB, §§ 64, 65 VgV in der UVgO in deren §§ 13, 15 Abs. 4, 30, 35 Abs. 3, 47 Abs. 2 korrespondierende Regelungen, die gleiche oder sogar weiterreichende Privilegierungen begründen.¹ Spezifische Privilegierungen für SABD sind hingegen diejenigen aus Abs. 1 und 2. 2

Allerdings fällt bei einer vergleichenden Betrachtung der Bestimmungen für den Unter- und den Oberschwellenbereich auf, dass eine generalklauselartige Privilegierung, wie sie § 64 VgV in der Formulierung „**unter Berücksichtigung der Besonderheiten der jeweiligen Dienstleistung**" zum Ausdruck kommt (→ VgV § 64 Rn. 3 f.), in der UVgO nicht ausdr. geregelt ist. Es bleibt mithin unklar, ob die ergänzende Anwendung der weiteren Regelungen der UVgO ebenfalls unter dem generellen Vorbehalt der Vereinbarkeit der entspr. Regelungen mit den Besonderheiten der jeweiligen Dienstleistung steht. Die Annahme, dass ein solcher **Vorbehalt** auch iRd UVgO besteht, liegt zumindest nahe, da es anderenfalls im Vergleich zu den Bestimmungen im Oberschwellenbereich zu einem Wertungswiderspruch käme. Zu berücksichtigen ist zudem, dass ein solcher Vorbehalt nach der Begr. zu § 130 GWB² im Oberschwellenbereich allg. und offenbar unabhängig von der entspr. Formulierung in § 64 VgV gelten soll (→ GWB § 130 Rn. 9). Problematisch bleibt insoweit aber, dass ein solcher Vorbehalt in dem Wortlaut von § 49 UVgO keinen Niederschlag findet. 3

---

[1] Eine weiterreichende Privilegierung gilt zudem für freiberufliche Leistungen nach § 50 UVgO. Diese Bestimmung ist ggü. § 49 UVgO vorrangig, vgl. Erläuterungen zur UVgO, BAnz. AT 7.2.2017 B2, S. 14.
[2] BT-Drs. 18/6281, 116.

UVgO § 50 Sonderregelung zur Vergabe von freiberuflichen Leistungen

II. Freie Wahl der Verfahrensart (Abs. 1)

4 Nach Abs. 1 S. 1 steht in Abweichung von § 8 Abs. 2 UVgO dem Auftraggeber für die Vergabe öffentlicher Aufträge über SABD neben der Öffentlichen Ausschreibung und der Beschränkten Ausschreibung mit Teilnahmewettbewerb stets auch die Verhandlungsvergabe mit Teilnahmewettbewerb nach seiner Wahl zur Verfügung. In der **freien Verfahrenswahl** entspricht Abs. 1 den parallelen Bestimmungen im Oberschwellenbereich in § 130 Abs. 1 GWB und § 65 Abs. 1 VgV.

5 Die Wahlfreiheit erstreckt sich indes nicht auf die Verfahrensarten der **Beschränkten Ausschreibung ohne Teilnahmewettbewerb** und der **Verhandlungsvergabe ohne Teilnahmewettbewerb**. Diese Verfahrensarten können nur unter den weiteren Voraussetzungen aus § 8 Abs. 3, 4 UVgO gewählt werden, vgl. Abs. 1 S. 2. Zudem stellt Abs. 1 S. 3 klar, dass das besonders privilegierte Sonderregime für **freiberufliche Leistungen** nach § 50 UVgO Vorrang genießt und insoweit auch die strengeren Vorgaben zu den Verfahrensarten aus § 8 UVgO und § 49 UVgO nicht anwendbar sind.

III. Erfolg und Qualität bereits erbrachter Leistungen als Zuschlagskriterium (Abs. 2)

6 Gem. Abs. 2 S. 1 dürfen bei SABD der Erfolg und die Qualität bereits erbrachter Leistungen oder des vom Bieter eingesetzten Personals bei der **Zuschlagsentscheidung** berücksichtigt werden. Mit Abs. 2 S. 2 wird im Hinblick auf Leistungen nach dem SGB II und III beispielhaft hervorgehoben, welche Kriterien für die Bewertung des Erfolgs und der Qualität in Betracht kommen. Ergänzend kann hierzu auf die Kommentierung der Parallelvorschrift in § 65 Abs. 5 VgV, → VgV § 65 Rn. 6 f. sowie auf die Begründung zu dieser Vorschrift[3] verwiesen werden.

§ 50 Sonderregelung zur Vergabe von freiberuflichen Leistungen

[1]Öffentliche Aufträge über Leistungen, die im Rahmen einer freiberuflichen Tätigkeit erbracht oder im Wettbewerb mit freiberuflich Tätigen angeboten werden[1], sind grundsätzlich im Wettbewerb zu vergeben. [2]Dabei ist so viel Wettbewerb zu schaffen, wie dies nach der Natur des Geschäfts oder nach den besonderen Umständen möglich ist.

Literatur: Meckler, Die Vergabe freiberuflicher Leistungen unterhalb der EU-Schwellenwerte am Beispiel der Rechtslage in Bayern, NZBau 2021, 768.

---

[3] BT-Drs. 18/7318, 222 f.
[1] **Amtl. Anm.:** vgl. § 18 Absatz 1 Nummer 1 des Einkommensteuergesetzes: Einkünfte aus selbständiger Arbeit sind: 1. Einkünfte aus freiberuflicher Tätigkeit. Zu der freiberuflichen Tätigkeit gehören die selbständig ausgeübte wissenschaftliche, künstlerische, schriftstellerische, unterrichtende oder erzieherische Tätigkeit, die selbständige Berufstätigkeit der Ärzte, Zahnärzte, Tierärzte, Rechtsanwälte, Notare, Patentanwälte, Vermessungsingenieure, Ingenieure, Architekten, Handelschemiker, Wirtschaftsprüfer, Steuerberater, beratenden Volks- und Betriebswirte, vereidigten Buchprüfer (vereidigten Bücherrevisoren), Steuerbevollmächtigten, Heilpraktiker, Dentisten, Krankengymnasten, Journalisten, Bildberichterstatter, Dolmetscher, Übersetzer, Lotsen und ähnlichen Berufe. Ein Angehöriger eines freien Berufs im Sinne der Sätze 1 und 2 ist auch dann freiberuflich tätig, wenn er sich der Mithilfe fachlich vorgebildeter Arbeitskräfte bedient; Voraussetzung ist, dass er auf Grund eigener Fachkenntnisse leitend und eigenverantwortlich tätig wird. Eine Vertretung im Fall vorübergehender Verhinderung steht der Annahme einer leitenden und eigenverantwortlichen Tätigkeit nicht entgegen; ...

§ 50 UVgO greift für freiberufliche Leistungen die Regelung in Nr. 2.3 der Allgemeinen Verwaltungsvorschriften zu § 55 der BHO auf und stellt damit klar, dass auch freiberufliche Leistungen[2] **grds. im Wettbewerb** zu vergeben sind, dies **jedoch ohne Bindung an die übrigen Vorschriften der UVgO.**[3] Das bedeutet, dass idR auch in diesem Bereich Vergleichsangebote einzuholen sind, dies jedoch weiterhin ohne förmliches Verfahren möglich ist, insbes. auch keine Verhandlungsvergabe iSd § 8 Abs. 1, 4 UVgO sowie § 12 UVgO durchzuführen ist. Auf die Einholung von Vergleichsangeboten kann nur in Ausnahmefällen verzichtet werden, etwa, wenn sich eine Direktbeauftragung aufgrund von Dringlichkeit oder – je nach Art der Dienstleistung – eines besonderen Vertrauensverhältnisses gerechtfertigt ist. Auch in diesen Fällen müssen aber die haushaltsrechtlichen Grundsätze der Sparsamkeit und Wirtschaftlichkeit beachtet werden.

§ 51 Vergabe von verteidigungs- oder sicherheitsspezifischen öffentlichen Aufträgen

(1) **Abweichend von § 8 Absatz 2 stehen dem Auftraggeber für die Vergabe von verteidigungs- oder sicherheitsspezifischen öffentlichen Aufträgen im Sinne von § 104 des Gesetzes gegen Wettbewerbsbeschränkungen die Beschränkte Ausschreibung mit oder ohne Teilnahmewettbewerb oder die Verhandlungsvergabe mit oder ohne Teilnahmewettbewerb nach seiner Wahl zur Verfügung.**

(2) **Im Falle eines verteidigungs- oder sicherheitsspezifischen öffentlichen Auftrags im Sinne von § 104 Absatz 1 bis 3 des Gesetzes gegen Wettbewerbsbeschränkungen gilt § 7 der Vergabeverordnung Verteidigung und Sicherheit entsprechend.**

(3) [1]**Auftraggeber legen in der Auftragsbekanntmachung oder den Vergabeunterlagen ihre Anforderungen an die Versorgungssicherheit fest.** [2]**Auftraggeber können insbesondere verlangen, dass der Teilnahmeantrag oder das Angebot die in § 8 Absatz 2 der Vergabeverordnung Verteidigung und Sicherheit aufgeführten Angaben enthält.**

(4) [1]**§ 31 Absatz 1 gilt bei verteidigungs- oder sicherheitsspezifischen öffentlichen Aufträgen mit der Maßgabe, dass ein Unternehmen in entsprechender Anwendung des § 124 Absatz 1 des Gesetzes gegen Wettbewerbsbeschränkungen auch dann von der Teilnahme an einem Vergabeverfahren ausgeschlossen werden kann, wenn das Unternehmen nicht die erforderliche Vertrauenswürdigkeit aufweist, um Risiken für die nationale Sicherheit auszuschließen.** [2]**Der Nachweis, dass Risiken für die nationale Sicherheit nicht auszuschließen sind, kann auch mit Hilfe geschützter Datenquellen erfolgen.**

Literatur: Lausen, Die Unterschwellenvergabeordnung – UVgO, NZBau 2017, 3; Ollmann, Von der VOL zur UVgO, VergabeR 2016, 687. Vgl. iÜ die Angaben bei den §§ 119, 146 GWB.

---

[2] In der Fußnote zu § 50 UVgO wird insoweit auf die Definition in § 18 Abs. 1 Nr. 1 EStG verwiesen. Danach gehören zu den freiberuflichen Tätigkeiten die selbständig ausgeübte wissenschaftliche, künstlerische, schriftstellerische, unterrichtende oder erzieherische Tätigkeit, die selbständige Berufstätigkeit der Ärzte, Zahnärzte, Tierärzte, Rechtsanwälte, Notare, Patentanwälte, Vermessungsingenieure, Ingenieure, Architekten, Handelschemiker, Wirtschaftsprüfer, Steuerberater, beratenden Volks- und Betriebswirte, vereidigten Buchprüfer (vereidigten Bücherrevisoren), Steuerbevollmächtigten, Heilpraktiker, Dentisten, Krankengymnasten, Journalisten, Bildberichterstatter, Dolmetscher, Übersetzer, Lotsen und ähnlicher Berufe.

[3] Erläuterungen zur UVgO, BAnz. AT 7.2.2017 B2, S. 14.

UVgO § 51

I. Vergabeverfahren (Abs. 1)

1 Für die Vergabe verteidigungs- oder sicherheitsspezifischer öffentlicher Aufträge unterhalb der Schwellenwerte hat § 51 Abs. 1 UVgO dieselbe Funktion wie § 146 GWB bei verteidigungs- oder sicherheitsspezifischen öffentlichen Aufträgen, deren Auftragswert den maßgeblichen Schwellenwert erreicht ober überschreitet: Die **zulässigen Vergabearten** für diese Aufträge werden aufgezählt, ohne dass die Vorschrift sagt, wie die Verfahren iE ablaufen.[1]

2 Verteidigungs- oder sicherheitsspezifische öffentliche Aufträge unterhalb der Schwellenwerte können entweder in einer **Beschränkten Ausschreibung** oder in einer **Verhandlungsvergabe** erteilt werden, wobei abweichend von § 146 S. 1 GWB die vorherige Durchführung eines Teilnahmewettbewerbs nicht grds. vorgeschrieben wird. Daher ist die **Wahlfreiheit** des öffentlichen Auftraggebers bei verteidigungs- und sicherheitsspezifischen Aufträgen unterhalb der Schwellenwerte noch größer als im Anwendungsbereich des Teils 4 des GWB. Der entscheidende Sachgrund für die großen Freiheiten auf Auftraggeberseite liegt ebenso wie bei § 146 GWB in der besonderen Sensibilität verteidigungs- bzw. sicherheitsspezifischer Aufträge (→ GWB § 146 Rn. 4).

II. Analoge Anwendbarkeit von § 7 VSVgV (Abs. 2)

3 § 51 UVgO enthält eine klarstellende **Sonderregelung für die Vergabe von verteidigungs- oder sicherheitsspezifischen öffentlichen Aufträgen** iSd § 104 GWB. Auch Auftragsvergaben im Unterschwellenbereich unterliegen regelmäßig und gleichermaßen den besonderen Anforderungen, die die VSVgV für verteidigungs- und sicherheitsspezifische Aufträge im Oberschwellenbereich stellt. Folglich bedeutet der fehlende Verweis auf § 6 VSVgV nicht, dass nicht auch unterhalb der verschlusssachenspezifischen Anforderungen des § 7 VSVgV liegende Geheimhaltungsverpflichtungen iSv § 6 VSVgV durch den Auftragnehmer und Auftraggeber zu beachten sind, zumal sich diese Verpflichtungen auch unter zivilrechtlichen Aspekten regelmäßig ergeben werden. Vielmehr unterfallen auch die als „vertraulich" eingestuften Informationen, die nicht den Anforderungen des SÜG unterfallen, in diesem Marktsegment einem besonderen Vertraulichkeitsinteresse, dem § 6 VSVgV Rechnung trägt.

4 Abs. 2 erklärt für den Fall eines **Verschlusssachenauftrags** iSd § 104 Abs. 3 GWB den § 7 VSVgV für entspr. anwendbar. Insoweit wird auf die entspr. Kommentierung zu § 7 VSVgV verwiesen, → VSVgV § 7 Rn. 1 ff.

III. Analoge Anwendbarkeit von § 8 VSVgV (Abs. 3)

5 § 51 Abs. 3 UVgO verweist auf die nicht abschließende Aufstellung von Anforderungen in § 8 Abs. 2 VSVgV, die der Auftraggeber an die **Versorgungssicherheit** stellen kann. Insofern wird auf die entspr. Kommentierung zu § 8 VSVgV (→ VSVgV § 8 Rn. 4 f.) verwiesen. Auf eine Bezugnahme auf § 8 Abs. 3 VSVgV und den darin enthaltenen Hinweis auf die Freiheit der Mitgliedstaaten bei der Anwendung bestimmter Prüfkriterien iRd Erteilung einer Ausfuhr-, Verbringungs- oder Transitgenehmigung verzichtet die UVgO konsequenterweise, da diese ohnehin nicht geeignet sind, vom Auftraggeber gestellte Anforderungen an die Versorgungssicherheit zu „überschreiben" (→ VSVgV § 8 Rn. 6 f.).

---

[1] Näher zu den einzelnen Verfahrensschritten bei den verschiedenen Vergabearten Lausen NZBau 2017, 3 (5 f.); Ollmann VergabeR 2016, 687 (689 ff.).

IV. Nachweis fehlender Vertrauenswürdigkeit durch geschützte Datenquellen (Abs. 4)

§ 51 Abs. 4 UVgO enthält einen fakultativen Ausschlussgrund bei fehlender **Vertrauenswürdigkeit** eines Bieters und ergänzt insoweit die Eignungskriterien gem. § 31 UVgO, § 124 GWB. Die fehlende Transparenz bei der Heranziehung geschützter Datenquellen findet dabei ihre Rechtfertigung in der besonderen Sensibilität der zu beschaffenden Leistungen.

§ 52 Durchführung von Planungswettbewerben

Planungswettbewerbe können insbesondere auf den Gebieten der Raumplanung, des Städtebaus und des Bauwesens oder der Datenverarbeitung durchgeführt werden.

Im Unterschwellenbereich spielen Planungswettbewerbe nur eine untergeordnete Rolle. In der Regel wird hier der Schwellenwert, dem neben dem Auftragswert auch die Preisgelder zugrunde zu legen sind (§ 3 Abs. 12 VgV), überschritten sein. Soweit dies nicht der Fall ist, dürfte sich ein Wettbewerb aufgrund des damit verbundenen Aufwands nicht anbieten. Hier bestünde auch die Möglichkeit, im Rahmen einer Angebotseinholung nach § 50 UVgO Lösungsansätze abzufragen. Eine Vergütungspflicht, wie sie in § 77 Abs. 2 VgV vorgesehen ist, sieht das Haushaltsrecht nicht vor.

Abschnitt 4. Schlussbestimmungen

§ 53 Vergabe im Ausland

Auslandsdienststellen oder inländische Dienststellen in den Fällen des § 8 Absatz 4 Nummer 17 Halbsatz 2 sind bei der Vergabe von Liefer- und Dienstleistungsaufträgen im Ausland nicht verpflichtet, § 28 Absatz 1 Satz 1 und 3, § 29 Absatz 1, § 30 und § 38 Absatz 2 bis 4 dieser Verfahrensordnung anzuwenden.

I. Bedeutung der Vorschrift

Das deutsche (Haushalts-)Vergaberecht ist auf Beschaffungsvorgänge deutscher Auslandsdienststellen im Ausland und inländischer Dienststellen, die im Ausland Liefer- und Dienstleistungen beschaffen, anwendbar.[1] Allein die Tatsache, dass der Auftrag im Ausland vergeben und ausgeführt wird, führt nicht dazu, dass ausländisches Recht die UVgO verdrängt. Um den Besonderheiten bei Vergaben im Ausland Rechnung zu tragen, normiert die Vorschrift eine **Sonderregelung für die vereinfachte Beschaffung von Liefer- und Dienstleistungen im Ausland** durch Auslandsdienststellen und inländische Dienststellen.

II. Anwendungsbereich

Auslandsdienststellen sind nach § 91 Abs. 1 BPersVG „Dienststellen des Bundes im Ausland". „Dienststellen" sind nach § 6 Abs. 1 BPersVG die einzelnen Behörden,

---

[1] OLG Düsseldorf 17.12.2012 – Verg 47/12, BeckRS 2013, 3317; Müller-Wrede VgV/UVgO/Pilarski/Bonsack UVgO § 53 Rn. 4; aA DSW/Ingerowski UVgO § 53 Rn. 4.

Verwaltungsstellen und Betriebe der in § 1 BPersVG genannten Verwaltungen sowie die Gerichte. § 1 BPersVG zählt Verwaltungen des Bundes, der bundesunmittelbaren Körperschaften, Anstalten und Stiftungen des öffentlichen Rechts, Gerichte des Bundes sowie Betriebsverwaltungen auf. Danach sind Auslandsdienststellen alle Verwaltungen und Gerichte der Bundesrepublik Deutschland mit Sitz im Ausland.[2] Dabei macht es keinen Unterschied, ob es sich um Dienststellen in EU-Ausland oder im Ausland außerhalb der EU handelt, denn Sinn und Zweck der Vorschrift ist es, die Beschaffung ausländischer und inländischer Dienststellen im Ausland zu vereinfachen.[3]

3 **Inländische Dienststellen** sind solche Stellen, die ihren Sitz in der Bundesrepublik Deutschland haben und im Ausland für einen dort zu deckenden Bedarf beschaffen (§ 8 Abs. 4 Nr. 17 UVgO). Dazu gehören auch die außerhalb der Bundesrepublik Deutschland stationierten Einheiten der Bundeswehr.

III. Wertgrenzen

4 Um „den mitunter schwierigen Rahmenbedingungen bei der Auslandsbeschaffung"[4] Rechnung zu tragen, kann für die Vergabe von Liefer- oder Dienstleistungsaufträgen durch Auslandsdienststellen und durch inländische Dienststellen nach § 8 Abs. 4 Nr. 17 Hs. 2 UVgO eine **Wertgrenze** in **Ausführungsbestimmungen eines Bundes- oder Landesministeriums** festgesetzt werden. Die Festsetzung der Wertgrenze ist Voraussetzung für die Anwendbarkeit des § 53 UVgO.[5] Dabei kann die Wertgrenze nach den amtlichen Erläuterungen zu § 8 Abs. 4 Nr. 17 UVgO[6] bis zur Höhe des jeweiligen EU-Schwellenwerts festgesetzt werden.

IV. Privilegierungen

5 Sind solche Wertgrenzen festgesetzt, sind Auslandsdienststellen und inländische Dienststellen bei der Vergabe von Liefer- und Dienstleistungsaufträgen im Ausland von der Einhaltung folgender Bestimmungen **befreit**:
– **§ 28 Abs. 1 S. 1, 3 UVgO:**
Keine Pflicht zur Veröffentlichung der Auftragsbekanntmachung auf den Internetseiten des Auftraggebers oder auf Internetportalen und zur Verknüpfung der Auftragsbekanntmachung mit der Suchfunktion des Internetportals www.bund.de;
– **§ 29 Abs. 1 UVgO:**
Keine Pflicht zur elektronischen Bereitstellung der Vergabeunterlagen;
– **§ 30 UVgO:**
Keine Pflicht zur ex-Post-Vergabebekanntmachung des Auftrags im Falle der Durchführung einer Beschränkten Ausschreibung ohne Teilnahmewettbewerb oder einer Verhandlungsvergabe ohne Teilnahmewettbewerb;
– **§ 38 Abs. 2–4 UVgO:**
Keine Pflicht zur Durchführung eines elektronischen Vergabeverfahrens.

---

[2] HK-VergabeR/Schellenberg UVgO § 53 Rn. 2; Müller-Wrede VgV/UVgO/Pilarski/Bonsack UVgO § 53 Rn. 7.
[3] HK-VergabeR/Schellenberg UVgO § 53 Rn. 2; Müller-Wrede VgV/UVgO/Pilarski/Bonsack UVgO § 53 Rn. 8.
[4] BMWi, Erläuterungen zur UVgO, BAnz. AT 7.2.2017 B2, S. 5.
[5] Müller-Wrede VgV/UVgO/Pilarski/Bonsack UVgO § 53 Rn. 12.
[6] BMWi, Erläuterungen zur UVgO, BAnz. AT 7.2.2017 B2, S. 5.

§ 54 Fristenbestimmung und -berechnung

(1) **Der Auftraggeber soll Fristen festlegen, die nach dem Kalendertag bestimmt sind.**

(2) **Für die Berechnung der im Rahmen dieser Verfahrensordnung festgelegten Fristen gelten die §§ 186 bis 193 des Bürgerlichen Gesetzbuchs.**

Die Vorschrift enthält Vorgaben über die Bestimmung und Berechnung der im Anwendungsbereich der UVgO festzulegenden Fristen. Sie gilt für alle in der UVgO genannten Fristen wie zB Angebots- und Teilnahmefristen sowie Bindefristen nach § 13 Abs. 1 UVgO. Ihr Pendant im Oberschwellenbereich ist § 82 VgV, der auf die Berechnungsregeln der VO (EWG, Euratom) Nr. 1182/71 des Rates vom 3. Juni 1971 zur Festlegung der Regeln für die Fristen, Daten und Termine verweist. Jenes Fristenregime gilt nicht für die Vergabe von Liefer- und Dienstleistungsaufträgen nach Maßgabe der UVgO. Stattdessen erklärt Abs. 2 die §§ 186 bis 193 BGB für anwendbar. 1

Nach Abs. 1 soll der Auftraggeber Fristen festlegen, die nach einem **konkreten Kalendertag,** dh durch Angabe eines konkreten Kalenderdatums, bestimmt sind. Die Regelung bezweckt ein Höchstmaß an **Transparenz,** die den Unternehmen eine möglichst einfache Fristberechnung erlauben soll. Angaben wie „nach Ablauf von einer Woche" oder „bis Ende des übernächsten Werktages" sind damit unzulässig.[1] Erlaubt sind hingegen untertägig auf einen bestimmten Kalendertag festgesetzte Fristen, also die Angabe eines Kalendertags mit einer bestimmten Uhrzeit.[2] Mit Blick darauf, dass Abs. 1 eine Sollvorschrift ist, sind begründete Ausnahmen in engen Grenzen zulässig, wobei deren Praxisrelevanz gering ist. 2

Nach Abs. 2 richtet sich die Berechnung der Fristen, insbes. des Fristbeginns und Fristendes, nach den §§ 186–193 BGB. Diese Berechnungsregeln stimmen mit der Rechtslage oberhalb der Schwellenwerte weitgehend überein, vgl. näher → VgV § 82 Rn. 3 ff. Die für die Praxis relevanten **Berechnungsregeln** des in Abs. 2 in Bezug genommenen BGB sollen nachfolgend skizziert werden: 3

Für den **Beginn einer Frist** gilt § 187 Abs. 1 BGB, der wie folgt lautet: 4

„Ist für den Anfang einer Frist ein Ereignis oder ein in den Lauf eines Tages fallender Zeitpunkt maßgebend, so wird bei der Berechnung der Frist der Tag nicht mitgerechnet, in welchen das Ereignis oder der Zeitpunkt fällt."

Danach beginnen alle an eine Handlung geknüpften Fristen erst am Tag nach der Handlung, bei dem Versand einer Auftragsbekanntmachung also am Tag nach deren Absendung.[3] Stellt die betreffende materielle Fristenregelung hingegen auf den Beginn eines Tages als für den Anfang einer Frist maßgeblichen Zeitpunkt ab, wird dieser Tag bei der Fristenberechnung mitgerechnet, so § 187 Abs. 2 BGB:

„Ist der Beginn eines Tages der für den Anfang einer Frist maßgebende Zeitpunkt, so wird dieser Tag bei der Berechnung der Frist mitgerechnet."

Für das **Ende einer Frist** gilt § 188 Abs. 1 BGB: 5

„Eine nach Tagen bestimmte Frist endigt mit dem Ablauf des letzten Tages der Frist."

---

[1] BMWi, Erläuterungen zur UVgO, BAnz. AT 7.2.2017 B2, S. 15.
[2] DSW/Dieckmann UVgO § 54 Rn. 3.
[3] BeckOK VergabeR/von Wietersheim UVgO § 54 Rn. 12; DSW/Dieckmann UVgO § 54 Rn. 5.

Dabei steht der letzte Tag mit seiner letzten Stunde voll zur Verfügung. Das bedeutet, dass eine auf den 9.9.2023 festgesetzte Angebotsfrist am 9.9.2023 um 24.00 Uhr endet.[4]

6 § 193 BGB enthält eine Regelung für den Fall, dass eine Frist an einem Sonntag, Feiertag oder Sonnabend endet und innerhalb der Frist eine Handlung vorzunehmen oder eine Willenserklärung abzugeben ist, wie etwa die Abgabe eines Angebotes:

„Ist an einem bestimmten Tage oder innerhalb einer Frist eine Willenserklärung abzugeben oder eine Leistung zu bewirken und fällt der bestimmte Tag oder der letzte Tag der Frist auf einen Sonntag, einen am Erklärungs- oder Leistungsort staatlich anerkannten allgemeinen Feiertag oder einen Sonnabend, so tritt an die Stelle eines solchen Tages der nächste Werktag."

Fällt der letzte Tag einer Frist also auf einen Sonnabend, Sonntag oder Feiertag, so verschiebt sich das Fristende auf den folgenden Werktag (also etwa Montag um 24.00 Uhr), wenn innerhalb der Frist eine Willenserklärung (zB die Abgabe eines Angebotes) abzugeben oder eine Leistung zu bewirken ist.

---

[4] Vgl. auch VK Südbayern 15.11.2021 – 3194.Z3-3_01-21-20, VPRRS 2021, 0301: Eine auf 10.00 Uhr festgesetzte Angebotsfrist endet um 10:00:*00* Uhr. Verzögerungen durch Bearbeitungsschritte der bereits eingegangenen Angebotsdaten wie Verschlüsselung und Umspeichern in den gesicherten Auftraggeberbereich auf der E-Vergabeplattform dürfen nicht zu einer faktischen Verkürzung der Angebotsfrist führen, so dass es allein auf den Zeitpunkt des vollständigen Uploads durch den Bieter ankommt.

9. VERORDNUNG (EG) Nr. 1370/2007 DES EUROPÄISCHEN PARLAMENTS UND DES RATES vom 23. Oktober 2007 über öffentliche Personenverkehrsdienste auf Schiene und Straße und zur Aufhebung der Verordnungen (EWG) Nr. 1191/69 und (EWG) Nr. 1107/70 des Rates

Vom 23.10.2007 (ABl. 2007 Nr. L 315 S. 1) EU-Dok. Nr. 3 2007 R 1370; zuletzt geändert durch VERORDNUNG (EU) 2016/2338 DES EUROPÄISCHEN PARLAMENTS UND DES RATES vom 14.12.2016 zur Änderung der Verordnung (EG) Nr. 1370/2007 hinsichtlich der Öffnung des Marktes für inländische Schienenpersonenverkehrsdienste (ABl. 2016 Nr. L 354 S. 22)

Einleitung

Literatur: Albrecht/Gabriel, Die geplante neue EU-Verordnung zum ÖPNV, DÖV 2007, 907; Barth, Ausschreibungswettbewerb im ÖPNV, NZBau 2007, 159; Baumeister/Klinger, Perspektiven des Vergaberechts im straßengebundenen ÖPNV durch die Novellierung der VO (EWG) Nr. 1191/69, NZBau 2005, 601; Berschin, VO (EG) 1370/2007, in: Münchener Kommentar Europäisches und Deutsches Wettbewerbsrecht, Band 4, Vergaberecht II, 2. Aufl. 2019, Vor VO (EG) 1370/2007; Berschin, Europarecht für Finanzierung und Genehmigung des öffentlichen Nahverkehrs, WiVerw 2004, 1; Berschin, Europarecht, in Barth/Baumeister/Berschin/Werner, Recht des Öffentlichen Personennahverkehrs, A 2, Loseblatt, Stand Dezember 2009; Berschin/Fehling, Beihilfenrecht und Grundrechte als Motor für Wettbewerb im ÖPNV?, EuZW 2007, 263; Burgi, Die Vergabe von Dienstleistungskonzessionen: Verfahren, Vergabekriterien, Rechtsschutz, NZBau, 2005, 610; Deus/Feter, Endspurt zur VO (EG) Nr. 1370/2007: Handlungsbedarf für die Liniengenehmigung, IR 2009, 202; Epinay, Verkehrsrecht, in Dauses, Handbuch des EU Wirtschaftsrechts, Kap. L, Loseblatt, Stand Februar 2012; Faross, Der geänderte Vorschlag der Europäischen Kommission für eine Verordnung über öffentliche Personenverkehrsdienste auf Schiene und Straße, IR 2006, 129; Fromm/Sellmann/Zuck, Personenbeförderungsrecht, 5. Aufl. 2022; Gommlich/Wittig/Schimanek, Zuschussverträge im Bereich des Bus- und Eisenbahnverkehrs – Direktvergabe oder europaweite Ausschreibung?, NZBau 2006, 473; Heiß, Die neue EG-Verordnung für den öffentlichen Personenverkehr – ein Überblick unter Berücksichtigung der Situation in Deutschland, VerwArch 2009, 113; Hermes/Sellner, Beck'scher AEG-Kommentar, 2. Aufl. 2014; Holler, Der gemeinsame Standpunkt des Rates zum geänderten Vorschlag der Kommission für eine Verordnung über öffentliche Personenverkehrsdienste auf Schiene und Straße, IR 2006, 152; Jasper/Seidel/Telenta, Direktvergaben versus Grundrechte im Schienenpersonennahverkehr, IR 2008, 346; Kiepe/Mietzsch, Die neue ÖPNV-Verordnung der EU und die Auswirkungen auf das Personenbeförderungsgesetz, IR 2008, 56; Knauff, Der Kommissionsvorschlag für eine Novelle der VO (EWG) Nr. 1191/69, DVBl 2006, 339; Landsberg, Die vergaberechtliche Judikatur zu Ausschreibungen von Nahverkehrsleistungen, VergabeR 2005, 420; Lehr, Beihilfen zur Gewährleistung des öffentlichen Personennahverkehrs, 2011; Lenz, Genehmigung eigenwirtschaftlicher Verkehre im ÖPNV, NJW 2007, 1181; Linke-Kaufmann/Linke, VO (EG) 1370/2007, 2. Aufl. 2019, Einleitung; Linke, Die Gewährleistung des Daseinsvorsorgeauftrags im öffentlichen Personennahverkehr, 2010; Lück/Ortner, Übertragung der Personenbeförderung im Linienverkehr auf Dritte aus dem Blickwinkel des Vergaberechts, VergabeR 2005, 413; Marx, Vergabe von Aufträgen im

VO 1370 Einl. Einleitung

SPNV, Der Nahverkehr 2003, 28; Mietzsch, Der Beschluss des EU-Verkehrsministerrates für eine neue ÖPNV-Verordnung, ZögU 2007, 196; Mietzsch, Neuordnung des europäischen Rechtsrahmens für den ÖPNV, EuZW 2006, 11; Núnez Müller, Landverkehr, insb. Straßenverkehr, in Montag/Säcker, Münchener Kommentar zum Europäischen und Deutschen Wettbewerbsrecht (Kartellrecht), Bd. 3, 2011, Sektoren Rn. 461 ff.; Otting/Scheps, Direktvergabe von Eisenbahnverkehrsdienstleistungen nach der neuen VO (EG) Nr. 1370/2007, NVwZ 2008, 499; Otting/Soltès/Melcher, Verkehrsverträge vor dem Hintergrund des Europäischen Verwaltungsrechts – Verwaltungsrichter weisen Brüssel in die Schranken, EuZW 2009, 444; Prieß, Wettbewerb ohne Wettbewerber oder das vermeintliche Hoflieferantentum im SPNV, VergabeR 2004, 584; Prieß/Eichler, SPNV-Bieter mit In-House-Verträgen: You can't have it both (rail)ways!, VergabeR 2008, 751; Prieß/Eichler, Regulierter Wettbewerb: SPNV fährt „zweigleisig" weiter, Der Nahverkehr 2008, 33; Prieß/Pukall, Die Vergabe von SPNV-Leistungen nach § 4 Abs. 3 VgV, VergabeR 2003, 11; Recknagel, Nichtausschreibung von SPNV-Leistungen – „Connex Regiobahn", NZBau 2007, 121; Saxinger/Winnes-Kiepe/Mietzsch, Recht des öffentlichen Personenverkehrs, VO 1370 Einführung; Saxinger, Genehmigungen und Ausgleichsleistungen im Personenbeförderungsrecht vor dem Hintergrund der neuen VO (EG) Nr. 1370/2007, DVBl 2008, 688; Saxinger, Das Verhältnis der VO (EG) Nr. 1370/2007 zum nicht an sie angepassten deutschen Personenbeförderungsrecht, GewArch 2009, 350; Saxinger/Fischer, Die VO (EG) Nr. 1370/2007 – Der neue Rechtsrahmen für den öffentlichen Personennahverkehr, V+T 2008, 75; Schaaffkamp, Vergabe von Dienstleistungsaufträgen im ÖPNV nach PBefG und AEG, WiVerw 2001, 148; Schimanek, Die marktorientierte Direktvergabe von Finanzierungsverträgen für Bus- und Stadtbahnverkehr, ZfBR 2005, 544; Schimanek/Wittig, Sondervergaberecht für Verkehrsdienstleistungen – Die neue EU-Verordnung, über öffentliche Personenverkehrsdienste auf Schiene und Straße NZBau 2008, 222; Schink/Theobald/Kafka, Vergabe von Verkehrsträgern im Rahmen des SPNV, NZBau 2002, 603; Stickler/Feske, Die In-House-Vergabe von ÖSPV-Dienstleistungen nach der VO (EG) Nr. 1370/2007, VergabeR 2010, 1; Tödtmann/Schauer, Aktuelle Rechtsfragen zum öffentlichen Personennahverkehr – Nationale und europäische Rechtsentwicklung sowie Konsequenzen für die Praxis, NVwZ 2008, 1; Wachinger, Direktvergabe und Wettbewerb im Busverkehr nach der novellierten EU-Marktöffnungsverordnung, IR 2007, 265; Wachinger, Finanzierung öffentlicher Dienstleistungen und Europäisches Wettbewerbsrecht, ZögU 27 (2004), 56; Wachinger, Rechtssicherheit für den deutschen ÖPNV?, NVwZ 2007, 401; Wenzel/Denzin/Siederer, Ausschreibungs- und Genehmigungswettbewerb für ÖPNV-Leistungen, LKV 2008, 18; Werner/Köster, Die Auftragsvergabe im Schienenpersonennahverkehr – Zur Rechtslage nach Änderung der Vergabeordnung, NVwZ 2003, 572; Winnes, Vergabepflicht im Schienenpersonenverkehr, NZV 2005, 180; Winter/Woll/Gleichner, EU-Kommission veröffentlicht Leitlinien zur Verordnung 1370, Der Nahverkehr 5/2014, 7; Zeiss, ÖPNV auf dem Prüfstand ZfBR 2003, 749; Ziekow, In-house-Geschäfte – werden die Spielräume enger?, VergabeR 2006, 608; Ziekow, Der Vorrang kommerzieller Verkehre in Deutschland, 2008; Ziekow, Die Direktvergabe von Personenverkehrsdiensten nach der VO (EG) Nr. 1370/2007 und die Zukunft eigenwirtschaftlicher Verkehre, NVwZ 2009, 865.

Übersicht

	Rn.
I. Die VO (EG) Nr. 1370/2007 im EU-Recht	1
1. Gemeinsame Verkehrspolitik	2
2. Grundfreiheiten	4
3. Beihilfeverbot	5
II. Stand des Sekundärrechts bis zur VO (EG) Nr. 1370/2007	6
1. VO (EWG) Nr. 1191/69	12
2. VO (EWG) Nr. 1107/70	19
III. Gang der Gesetzgebung zur VO (EG) Nr. 1370/2007	20
1. Erster Kommissionsvorschlag 2000	21

	Rn.
2. Zweiter Kommissionsvorschlag 2002	24
3. Dritter Kommissionsvorschlag 2005	27
IV. Weiterentwicklung des Sekundärrechts und der VO (EG) Nr. 1370/2007	31
1. Viertes Eisenbahnpaket	31
2. Änderungen der VO (EG) Nr. 1370/2007 ab dem 24.12.2017 bzw. dem 3.12.2019	34
V. Wesentliche Inhalte der VO (EG) Nr. 1370/2007, Leitlinien der Kommission	37
1. Wesentliche Inhalte der VO (EG) Nr. 1370/2007	37
2. Auslegungsleitlinien der Kommission	40
VI. VO (EG) Nr. 1370/2007 und Dienstleistungen von allgemeinem wirtschaftlichem Interesse	42
VII. Die VO (EG) Nr. 1370/2007 im nationalen Recht	43

I. Die VO (EG) Nr. 1370/2007 im EU-Recht

Die VO (EG) Nr. 1370/2007 dient der **Umsetzung der Dienstleistungsfreiheit** und des **Verbots staatlicher Beihilfen** im Bereich des öffentlichen Personenverkehrs: 1

1. Gemeinsame Verkehrspolitik

Gem. Art. 90 ff. AEUV gehört zu den gemeinsamen Politiken der EU der Eisenbahn-, Straßen- und Binnenschiffsverkehr. Gem. Art. 90 AEUV ist die Verkehrspolitik auf die Ziele des AEUV und des EU-Vertrags ausgerichtet. Hierzu gehören insbes. der **diskriminierungsfreie Wettbewerb im Binnenmarkt** (Art. 3 Abs. 3, 26 AEUV) und die **Gewährleistung der Dienste von allgemeinem wirtschaftlichem** Interesse (Art. 14 AEUV), wozu auch der öffentliche Personenverkehr gehört, sowie der **Umweltschutz**. 2

Wegen der „Besonderheiten des Verkehrs" (vgl. Art. 91 AEUV), nämlich seiner strategischen Bedeutung für die Volkswirtschaft, seiner aus dem Netzcharakter folgenden betriebswirtschaftlichen Besonderheiten und seiner sozialen Bedeutung **modifizieren die Art. 90 ff. AEUV die allgemeinen Vertragsgrundsätze.** Dies – und der Umstand, dass in diesem Bereich in allen Mitgliedstaaten auch staatliche Unternehmen tätig sind und die Eigentumsordnung in den Mitgliedstaaten gem. Art. 345 AEUV unangetastet bleibt – hat dazu geführt, dass die Durchsetzung der Grundfreiheiten und des Beihilfeverbots im öffentlichen Personenverkehr bis 2007 nur in eingeschränktem Umfang erfolgt ist. 3

2. Grundfreiheiten

Zu den im Verkehrsbereich geltenden Grundfreiheiten gehört grds. auch die **Dienstleistungsfreiheit** gem. Art. 56 AEUV. Sie wird gem. Art. 58 Abs. 1 AEUV auf dem Gebiet des Verkehrs jedoch durch die spezielleren Vorschriften der Art. 90 ff. AEUV überlagert. Der EuGH hat zwar aus Art. 71 EG die gerichtlich überprüfbare Verpflichtung abgeleitet, die Dienstleistungsfreiheit schrittweise auch im Bereich des Verkehrs umzusetzen.[1] Trotz dieser Vorgabe bleibt es allerdings dabei, dass insbes. die Kabotage – also die Erbringung von Verkehrsdiensten durch Verkehrsunternehmen in einem Mitgliedstaat, in dem sie nicht ansässig sind – jedenfalls im öffentlichen Personenverkehr ein komplexer Sachverhalt bleibt und eine 4

---

[1] Grdl. EuGH 22.5.1985 – 13/83, Slg. 1985, 1513 Rn. 62 ff. = NJW 1985, 2080.

gemeinsame Verkehrspolitik erfordert, welche die ökonomischen, sozialen und ökologischen Probleme berücksichtigt. Nach wie vor gilt die Dienstleistungsfreiheit im Verkehr und dort insbes. im öffentlichen Personenverkehr daher **nur, wenn und soweit** sie im Wege des Art. 91 AEUV über sekundäres EU-Recht eingeführt wird. Diese Erkenntnis ist für das Verständnis der VO (EG) Nr. 1370/2007 – etwa beim Verhältnis des wettbewerblichen Vergabeverfahrens gem. Art. 5 Abs. 3 VO (EG) Nr. 1370/2007 zu den Direktvergabeverfahren – von zentraler Bedeutung: Wenn die VO (EG) Nr. 1370/2007 zeitgleich mit dem wettbewerblichen Vergabeverfahren Direktvergabeverfahren im öffentlichen Personenverkehr einführt und die Direktvergaben nur unter den Vorbehalt eines nationalrechtlichen Verbots stellt, kann von einem Vorrang des wettbewerblichen Vergabeverfahrens nicht die Rede sein. Vielmehr stehen beide Vergabeverfahrensarten gleichrangig nebeneinander.

3. Beihilfeverbot

5   Auch das Verbot staatlicher **Beihilfen** gem. Art. 107 Abs. 1 AEUV gehört zu den Grundprinzipien des Unionsrechts. Auch dieses Verbot wird im Bereich des Verkehrs modifiziert. Zum einen erlaubt Art. 103 AEUV Beihilfen, die den Erfordernissen der Koordinierung des Verkehrs oder der Abgeltung bestimmter, mit dem Begriff des öffentlichen Dienstes zusammenhängender Leistungen entsprechen. Zum anderen gelten gem. Art. 106 Abs. 2 AEUV für Unternehmen, die mit Dienstleistungen von allgemeinem wirtschaftlichem Interesse betraut sind (wozu im Bereich des öffentlichen Personenverkehrs insbes. die staatlichen Unternehmen gehören) oder den Charakter eines Finanzmonopols haben, die Vorschriften der Verträge, insbes. die Wettbewerbsregeln, soweit die Anwendung dieser Vorschriften nicht die Erfüllung der ihr übertragenen besonderen Aufgabe rechtlich oder tatsächlich verhindert; die Entwicklung des Handelsverkehrs darf nicht in einem Ausmaß beeinträchtigt werden, das dem Interesse der Union zuwiderläuft. Dies – und der Umstand, dass bezogen auf das Beihilfeverbot im Bereich des öffentlichen Personennahverkehrs immer noch ein bemerkenswert geringes Unrechtsbewusstsein zu verzeichnen gewesen ist – hat dazu geführt, dass die Gewährung staatlicher Beihilfen im öffentlichen Personennahverkehr in Deutschland bis 2007 eher die Regel als die Ausnahme gewesen ist.

II. Stand des Sekundärrechts bis zur VO (EG) Nr. 1370/2007

6   Soweit es die Umsetzung der Dienstleistungsfreiheit und des Beihilfeverbots im Bereich des Personenverkehrs iA angeht, regelte die VO (EWG) Nr. 684/92 des Rates zur Einführung gemeinsamer Regeln für den grenzüberschreitenden Verkehr mit **Kraftomnibussen**[2] (ersetzt durch die VO (EG) Nr. 1073/2009) das Marktzugangsrecht im grenzüberschreitenden Verkehr mit Kraftomnibussen.

7   Darüber hinaus wurde durch die VO (EWG) Nr. 12/98 des Rates über die Bedingungen der Zulassung von Verkehrsunternehmern zum Personenverkehr innerhalb eines Mitgliedstaates, in dem sie nicht ansässig sind,[3] das Recht zur **Kabotagebeförderung** geschaffen. Es beschränkt sich allerdings iW auf die Kabotage im Gelegenheitsverkehr und in Sonderformen des Linienverkehrs, Stadt- und Vorortdienste sind von der Kabotage ausgeschlossen (Art. 3). Hieran hat auch die Ersetzung der VO (EWG) Nr. 684/92 und der VO (EWG) Nr. 12/98 durch die VO (EG) Nr. 1073/2009 nichts geändert.[4]

---

[2] Vom 16.3.1992, ABl. 1992 L 74, 1.
[3] Vom 11.12.1997, ABl. 1998 L 4, 10.
[4] VO (EG) Nr. 1073/2009 des Europäischen Parlaments und des Rates v. 21.10.2009 über gemeinsame Regeln für den Zugang zum grenzüberschreitenden Personenkraftverkehrsmarkt und zur Änderung der VO (EG) Nr. 561/2006, ABl. 2006 L 300, 88.

Einleitung Einl. VO 1370

In einem bedeutenden Teil des straßengebundenen und schienengebundenen öffentlichen Personennahverkehrs kann ein Marktzugang somit nur im Wege der Ausübung der Niederlassungsfreiheit herbeigeführt werden. **8**

Im Bereich des **Eisenbahnpersonenverkehrs** bestand nach dem Stand des dritten Eisenbahnpakets,[5] welches in den Mitgliedstaaten idR bis zum 1.1.2010 umzusetzen war, ein Marktzugang nur im Bereich des grenzüberschreitenden Schienenpersonennahverkehrs. Im Übrigen konnte ein Marktzugang im Eisenbahnverkehr nur über bilaterale Vereinbarungen oder im Wege der Ausübung der Niederlassungsfreiheit herbeigeführt werden. **9**

Von diesem Recht auf **Niederlassungsfreiheit** haben in Deutschland in den letzten Jahrzehnten zahlreiche Unternehmen aus anderen EU-Mitgliedstaaten Gebrauch gemacht. **10**

Hinsichtlich der Vorgaben zur Dienstleistungsfreiheit und zur Durchsetzung des Beihilfeverbots im Bereich des öffentlichen Personennahverkehrs iÜ erschöpfte sich das **sekundäre Gemeinschafts- oder Unionsrecht bis zur VO (EG) Nr. 1370/2007** iW in den folgenden Regelungen: **11**

1. VO (EWG) Nr. 1191/69

Der Siegeszug des motorisierten Individualverkehrs hatte ab den 1960er Jahren zu einem massiven Rückgang des Fahrgastaufkommens im öffentlichen Verkehr geführt, der zunächst vor allem die Eisenbahnen traf. Immer mehr der meist staatlichen Eisenbahnunternehmen konnten ohne staatliche Zuschüsse nicht mehr rentabel arbeiten. Dem trug die VO (EWG) Nr. 1191/69 des Rates über das Vorgehen der Mitgliedstaaten bei den mit dem Begriff des öffentlichen Dienstes verbundenen Verpflichtungen auf dem Gebiet des Eisenbahn-, Straßen- und Binnenschiffsverkehrs[6] Rechnung. Sie verfolgte primär den Zweck, die staatlichen Eisenbahnen im Personenverkehr **vor unkompensierten finanziellen Lasten zu schützen**, indem sie den Mitgliedstaaten gebot, den Verkehrsunternehmen auferlegte gemeinwirtschaftliche (verstanden als wirtschaftlich nachteilige) Verpflichtungen – iE die Betriebspflicht, die Beförderungspflicht und die Tarifpflicht – aufzuheben. War die Aufrechterhaltung einer gemeinwirtschaftlichen Verpflichtung für die Sicherung einer ausreichenden Verkehrsbedienung erforderlich, konnte sie jedoch aufrechterhalten werden. Hierzu war von den zuständigen Behörden die für die Allgemeinheit kostengünstigste Lösung zu wählen (Art. 3 VO (EG) Nr. 1370/2007). Außerdem war den Eisenbahnen ein Ausgleich der dadurch verursachten Verluste zu gewähren (Art. 4, 5 VO (EG) Nr. 1370/2007), der nach Maßgabe bestimmter Regelungen (Art. 10 ff. VO (EG) Nr. 1370/2007) zu berechnen war. Wurden diese Regelungen beachtet, waren die Ausgleichsleistungen von der Notifizierungspflicht freigestellt (Art. 17 Abs. 2 VO (EG) Nr. 1370/2007). **12**

Durch die Änderungsverordnung VO (EWG) Nr. 1893/91[7] wurde der Anwendungsbereich der Verordnung in mehrerlei Hinsicht erweitert. Sie war nun auch anwendbar im Straßen- und Binnenschiffsverkehr; allerdings war die Möglichkeit eingeräumt, Unternehmen, deren Tätigkeit ausschließlich auf den Betrieb von Stadt-, Vorort- und Regionalverkehrsdiensten beschränkt ist, vom Anwendungsbereich der Verordnung auszunehmen. Außerdem trat neben die Auf- **13**

---

[5] Zum dritten Eisenbahnpaket gehört insbes. die RL 2007/58/EG des Europäischen Parlaments und des Rates v. 23.10.2007 zur Änderung der RL 91/440/EWG des Rates zur Entwicklung der Eisenbahnunternehmen der Gemeinschaft sowie der RL 2001/14/EG über die Zuweisung von Fahrwegkapazität der Eisenbahn und die Erhebung von Entgelten für die Nutzung von Eisenbahninfrastruktur v. 23.10.2007, ABl. 2007 L 315, 44.
[6] Vom 26.6.1969, ABl. 1969 L 156, 1.
[7] Vom 20.6.1991, ABl. 1991 L 169, 1.

rechterhaltung von gemeinwirtschaftlichen Verpflichtungen das Instrument der **Auferlegung neuer gemeinwirtschaftlicher Verpflichtungen.** Als zweites neues Instrument wurde die Vereinbarung von Verpflichtungen des öffentlichen Dienstes eingeführt (Art. 14 VO (EG) Nr. 1370/2007); völlig offen blieb insoweit, in welchem Verfahren eine Vereinbarung gem. ihres Art. 14 VO (EG) Nr. 1370/2007 zu vergeben war. Neu aufgenommen wurden schließlich auch Vorgaben zur Trennungsrechnung (Art. 1 Abs. 5 VO (EG) Nr. 1370/2007).

14 Im Bereich des **straßengebundenen öffentlichen Personenverkehrs** erfolgte die Anpassung des deutschen Rechts an die VO (EWG) Nr. 1191/69 durch die PBefG-Novelle im Zuge der Bahnstrukturreform[8] (mit der insbes. die §§ 8 Abs. 4, 13a, 21 Abs. 4, 39 Abs. 2 PBefG und § 40 Abs. 3 PBefG eingefügt oder geändert wurden) und die Verordnung zur Anwendung von § 13a Abs. 1 S. 3 PBefG.[9]

15 Im Bereich des **Eisenbahnverkehrs** erfolgte die Anpassung des deutschen Rechts ebenfalls im Zuge der Bahnstrukturreform,[10] und zwar in §§ 15, 16 des novellierten AEG. Auch für diesen Bereich war nach der VO (EWG) Nr. 1191/69 offen, in welchem Verfahren eine Vereinbarung gem. ihres Art. 14 VO (EWG) Nr. 1191/69 zu vergeben war. Obwohl es eine Ausschreibungspflicht im Eisenbahnverkehr nach den EG-Vergaberichtlinien nie gegeben hatte und bis heute nicht gibt (Eisenbahndienste sind nichtprioritäre Dienstleistungen, für die allenfalls bestimmte Veröffentlichungspflichten gelten),[11] gab die aus der VO (EWG) Nr. 1191/69 resultierende Rechtsunsicherheit in Deutschland später Veranlassung dazu, in § 4 Abs. 3 VgV idF v. 1.12.2002[12] eine Direktvergabemöglichkeit für Eisenbahnaufträge gem. § 15 AEG aufzunehmen.

16 Unklarheiten der VO (EWG) Nr. 1191/69 selbst, aber auch die nähere Ausgestaltung der Anpassung des deutschen Rechts an diese Verordnung hatten in Deutschland zu kontroversen Diskussionen geführt. Höchst umstritten war im Zusammenhang mit der VO (EWG) Nr. 1191/69 zunächst, ob eine Finanzierung des ÖPNV nur in Anwendung derer Regelungen zulässig war oder ob die VO (EWG) Nr. 1191/69 Ausnahmen zuließ. Der **EuGH** hat diese Diskussion mit dem **Altmark-Trans-Urteil**[13] beendet und in § 8 Abs. 4 S. 2 PBefG eine nach Art. 1 Abs. 5 UAbs. 2 VO (EWG) Nr. 1191/69 zulässige **Teilbereichsausnahme** gesehen, die Rechtssicherheit dieser Teilbereichsausnahme jedoch offengelassen. Zugleich hat der EuGH im Altmark-Trans-Urteil klargestellt, dass öffentliche Zuschüsse für den Betrieb von Liniendiensten nicht unter das Beihilfeverbot des Art. 107 Abs. 1 AEUV fallen, soweit sie als Ausgleich anzusehen sind, der die Gegenleistung für Leistungen darstellt, die von den begünstigten Unternehmen zur Erfüllung gemeinwirtschaftlicher Verpflichtungen erbracht werden. Für die Anwendung dieses Kriteriums ist zu prüfen, ob folgende Voraussetzungen erfüllt sind:

– *Erstens* ist das begünstigte Unternehmen tatsächlich mit der Erfüllung gemeinwirtschaftlicher Verpflichtungen betraut worden, und diese Verpflichtungen sind klar definiert worden.
– *Zweitens* sind die Parameter, anhand deren der Ausgleich berechnet wird, zuvor objektiv und transparent aufgestellt worden.

---

[8] Vgl. Art. 6 Abs. 116 Eisenbahnneuordnungsgesetz – ENeuOG v. 27.12.1993, BGBl. I 2378.
[9] Vom 15.12.1995, BGBl. I 1705.
[10] Vgl. Art. 5 Eisenbahnneuordnungsgesetz – ENeuOG v. 27.12.1993, BGBl. I 2378.
[11] Siehe dazu Beck AEG/Gerstner § 15 Rn. 6 ff. mwN; OLG Brandenburg 2.9.2003 – Verg W 3/03 und Verg W 5/03, NZBau 2003, 688; BVerfG 6.12.2006 – 1 BvR 2085/03, NVwZ 2007, 197 (198 f.).
[12] Erste Verordnung zur Änderung der Vergabeverordnung, BGBl. 2002 I 4338.
[13] EuGH 24.7.2003 – C-280/00, BeckRS 2004, 75950 = Slg. 2003, I-7810 Rn. 57 ff.

– *Drittens* geht der Ausgleich nicht über das hinaus, was erforderlich ist, um die Kosten der Erfüllung der gemeinwirtschaftlichen Verpflichtungen unter Berücksichtigung der dabei erzielten Einnahmen und eines angemessenen Gewinns aus der Erfüllung dieser Verpflichtungen ganz oder teilweise zu decken.
– *Viertens* ist die Höhe des erforderlichen Ausgleichs, wenn die Wahl des Unternehmens, das mit der Erfüllung gemeinwirtschaftlicher Verpflichtungen betraut werden soll, nicht im Rahmen eines Verfahrens zur Vergabe öffentlicher Aufträge erfolgt, auf der Grundlage einer Analyse der Kosten bestimmt worden, die ein durchschnittliches, gut geführtes Unternehmen, das so angemessen mit Transportmitteln ausgestattet ist, dass es den gestellten gemeinwirtschaftlichen Anforderungen genügen kann, bei der Erfüllung der betreffenden Verpflichtungen hätte, wobei die dabei erzielten Einnahmen und ein angemessener Gewinn aus der Erfüllung dieser Verpflichtungen zu berücksichtigen sind.

Diese sog. vier Altmark-Trans-Kriterien haben später auch die VO (EG) Nr. 1370/2007 maßgeblich geprägt.

Das BVerwG hat mit Urteilen v. 19.10.2006[14] und v. 29.10.2009[15] einen Schlussstrich unter die weiteren Diskussionen über die Rechtssicherheit und die Reichweite der Teilbereichsausnahme in § 8 Abs. 4 S. 2 PBefG gezogen und entschieden, dass der deutsche Gesetzgeber in § 8 Abs. 4 S. 2 PBefG eine rechtssichere Teilbereichsausnahme von der VO (EWG) Nr. 1191/69 geschaffen hatte, die auch für Unternehmen gilt, die neben ihrer Tätigkeit im Orts-, Vorort- und Regionalverkehr anderen Tätigkeiten wie zB im Gelegenheits- oder Fernlinienverkehr nachgehen. Mit der Unanwendbarkeit der VO (EWG) Nr. 1191/69 erledigte sich auch die weitere umstrittene Frage, ob Vereinbarungen gem. ihres Art. 14 VO (EWG) Nr. 1191/69 einer vergaberechtlichen Ausschreibungspflicht unterliegen.[16]

17

Die VO (EWG) Nr. 1191/69 wurde gem. Art. 10 Abs. 1 S. 1 VO (EG) Nr. 1370/2007 mWv 3.12.2009 aufgehoben.

18

2. VO (EWG) Nr. 1107/70

Die VO (EWG) Nr. 1191/69 wurde ergänzt durch die VO (EWG) Nr. 1107/70 über Beihilfen im Eisenbahn-, Straßen- und Binnenschiffsverkehr.[17] Die VO (EWG) Nr. 1107/70 war der zuerst genannten ggü. subsidiär und beschränkte sich im öffentlichen Personenverkehr iW auf den Ausgleich für Tarifpflichten, welche von der VO (EWG) Nr. 1191/69 nicht erfasst waren (Art. 3 Nr. 2 VO (EG) Nr. 1370/2007). Sie hat im öffentlichen Personennahverkehr in Deutschland keine Bedeutung erlangt. Die VO (EWG) Nr. 1107/70 wurde gem. Art. 10 Abs. 2 VO (EG) Nr. 1370/2007 mWv 3.12.2009 aufgehoben.

19

III. Gang der Gesetzgebung zur VO (EG) Nr. 1370/2007

Schon in den 1990er Jahren hatte sich in der Kommission die Auffassung durchgesetzt, dass die VO (EWG) Nr. 1191/69 nicht mehr den geänderten rechtlichen und wirtschaftlichen Rahmenbedingungen entsprach. Der **Reformbedarf** verstärkte sich durch die zunehmende Erkenntnis, dass die VO (EWG) Nr. 1191/69 in den Mitgliedstaaten nur schwer durchzusetzen war. Dies mündete in ein Gesetzgebungsverfahren zur Schaffung einer Nachfolgeverordnung für die VO (EWG) Nr. 1191/69, an deren Ende die VO (EG) Nr. 1370/2007 stand:

20

---

[14] BVerwG 19.10.2006 – 3 C 33/05, BVerwGE 127, 42 Rn. 33 ff. = NZBau 2007, 191.
[15] BVerwG 29.10.2009 – 3 C 1/09, BeckRS 2010, 45870 = VerkMitt 2010, Nr. 33 Rn. 27 ff.
[16] Für den Eisenbahnbereich nunmehr bejahend BGH 8.2.2011 – X ZB 4/10, BeckRS 2011, 3845 = VergabeR 2011, 452 (455 ff.).
[17] V. 4.6.1970, ABl. 1970 L 130, 1.

VO 1370 Einl. Einleitung

1. Erster Kommissionsvorschlag 2000

21   Am 26.7.2000 legte die Kommission einen ersten Vorschlag für eine Verordnung des Europäischen Parlaments und des Rates über Maßnahmen der Mitgliedstaaten im Zusammenhang mit Anforderungen des öffentlichen Dienstes und der Vergabe öffentlicher Dienstleistungsaufträge für den Personenverkehr auf der Schiene, der Straße und auf Binnenschifffahrtswegen vor.[18]

22   Inhaltlich bezweckte dieser Vorschlag eine Mobilitätsgewährleistung mittels eines **geordneten oder kontrollierten Wettbewerbs**. Öffentliche Verkehrsdienste, für die ein finanzieller Ausgleich oder ausschließliche Rechte gewährt werden, sollten in Form eines öffentlichen Dienstleistungsauftrags im Wege der Ausschreibung vergeben werden (vgl. Art. 1, 4, 6 VO (EG) Nr. 1370/2007; auch im Fernverkehr); Direktvergaben sollten nur in wenigen Ausnahmefällen zulässig sein (Art. 7 VO (EG) Nr. 1370/2007). Ergänzt wurde dies um Vorgaben zur Transparenz, zum Rechtsschutz und zur Trennungsrechnung (Art. 13, 14, 15 VO (EG) Nr. 1370/2007). Die Laufzeit solcher öffentlicher Dienstleistungsaufträge war im Regelfall auf fünf Jahre begrenzt, eine Ausnahme sollte nur bei längeren Amortisationsdauern gelten (Art. 6 VO (EG) Nr. 1370/2007). Allgemeine Vorschriften (jetzt Art. 3 VO (EG) Nr. 1370/2007) waren nur sehr begrenzt zulässig (Art. 10 VO (EG) Nr. 1370/2007).

23   Nachdem schon der Wirtschafts- und Sozialausschuss[19] und der Ausschuss der Regionen[20] verschiedene Bedenken gegen den Vorschlag der Kommission vorgebracht hatten, stellte schließlich das Europäische Parlament mehr als 100 Änderungsanträge.[21] Der Kommissionsvorschlag musste hierauf geändert werden.

2. Zweiter Kommissionsvorschlag 2002

24   Am 21.2.2002 legte die Kommission einen geänderten Vorschlag für eine Verordnung des Europäischen Parlaments und des Rates über Maßnahmen der Mitgliedstaaten im Zusammenhang mit Anforderungen des öffentlichen Dienstes und der Vergabe öffentlicher Dienstleistungsaufträge für den Personenverkehr auf der Schiene, der Straße und auf Binnenschifffahrtswegen vor.[22]

25   Grundsätzliche Änderungen waren mit diesem geänderten Vorschlag nicht verbunden. Allerdings sah er kleine **Erweiterungen für Direktvergaben** (durch Anhebung der Schwellenwerte und bei Notmaßnahmen), längere Laufzeiten (acht Jahre bei Bussen, 15 Jahre bei Eisenbahnen) und einen Arbeitnehmerschutz wie beim Betriebsübergang vor (Art. 9 Abs. 3 VO (EG) Nr. 1370/2007). Die Möglichkeit einer Ausgleichsgewährung über allg. Vorschriften wurde geringfügig erweitert (Art. 10 VO (EG) Nr. 1370/2007). Beim Vorrang der Vergaberichtlinien (Art. 2 VO (EG) Nr. 1370/2007) sollte es dagegen ebenso verbleiben wie bei der Anwendung auf den Personenfernverkehr (Art. 1 VO (EG) Nr. 1370/2007).

26   Nachdem sich abzeichnete, dass der Vorschlag im Rat keine Einigung finden würde, weil die Meinungsverschiedenheiten zwischen verschiedenen Gruppen von Mitgliedstaaten unüberbrückbar waren, trat ein vorübergehender Stillstand des Gesetzgebungsverfahrens ein.

---

[18] KOM(2000) 7 (endg.). Die meisten Dokumente aus dem Gesetzgebungsverfahren sind über PreLex zugänglich (http://ec.europa.eu/prelex/apsnet.cfm), die Verfahrensnummer ist COD 2000/0212.
[19] Stellungnahme v. 30.5.2001, ABl. 2001 C 221, 31.
[20] Stellungnahme v. 4.4.2001, ABl. 2001 C 253, 9.
[21] Stellungnahme v. 14.11.2001, ABl. 2002 C E-140, 282.
[22] KOM(2002) 107 (endg.).

3. Dritter Kommissionsvorschlag 2005

Am 20.7.2005 legte die Kommission schließlich einen neuen geänderten Vorschlag für eine Verordnung des Europäischen Parlaments und des Rates über Maßnahmen der Mitgliedstaaten im Zusammenhang mit Anforderungen des öffentlichen Dienstes und der Vergabe öffentlicher Dienstleistungsaufträge für den Personenverkehr auf der Schiene, der Straße und auf Binnenschifffahrtswegen vor.[23]

Als wesentliche Änderungen gegenüber dem zweiten Kommissionsvorschlag aus dem Jahr 2002 waren die **Direktvergabe an einen internen Betreiber** (Art. 5 Abs. 2 VO (EG) Nr. 1370/2007) um den Preis von Wettbewerbsbeschränkungen (Art. 5 Abs. 3 VO (EG) Nr. 1370/2007) zu verzeichnen. Der obligatorische Inhalt öffentlicher Dienstleistungsaufträge wurde an das Altmark-Trans-Urteil des EuGH (→ Einl. Rn. 16) angepasst (Art. 4 VO (EG) Nr. 1370/2007).

Nach erneut kontroverser Diskussion gelang am 11.12.2006 die Einigung auf einen gemeinsamen Standpunkt im Rat.[24] In diesem wurden die Laufzeiten für öffentliche Dienstleistungsaufträge ausgeweitet, die Anforderungen an die Direktvergabe an einen internen Betreiber und für Kleinaufträge gelockert, der Arbeitnehmerschutz erweitert, und der Anwendungsbereich der allgemeinen Vorschriften erweitert.

Nach wenigen weiteren Änderungsanträgen des Europäischen Parlaments,[25] der Zustimmung der Kommission und des Rats v. 18.9.2007 konnte die VO (EG) Nr. 1370/2007 schließlich am 23.10.2007 verabschiedet werden.

27

28

29

30

IV. Weiterentwicklung des Sekundärrechts und der VO (EG) Nr. 1370/2007

1. Viertes Eisenbahnpaket

Am 14.12.2016 verabschiedete das Europäische Parlament nach einem vierjährigen Gesetzgebungsprozess das sog. **vierte Eisenbahnpaket**. Dieses besteht aus

- der VO (EU) 2016/2337 des Europäischen Parlaments und des Rates v. 14.12.2016 zur Aufhebung der VO (EWG) Nr. 1192/69 des Rates über gemeinsame Regeln für die Normalisierung der Konten der Eisenbahnunternehmen, und[26]
- der VO (EU) 2016/2338 des Europäischen Parlaments und des Rates v. 14.12.2016 zur Änderung der VO (EG) Nr. 1370/2007 hinsichtlich der Öffnung des Marktes für inländische Schienenpersonenverkehrsdienste.[27]

Der bislang auf den grenzüberschreitenden Schienenpersonennahverkehr beschränkte Marktzugang (→ Einl. Rn. 9) soll künftig über standardisierte Vergabeverfahren den Wettbewerb um Schienenpersonenverkehrsdienste in allen 27 EU-Mitgliedstaaten mit Eisenbahnen eröffnen. Flankierend sieht das vierte Eisenbahnpaket Maßnahmen zur finanziellen Transparenz bei gebündelten Infrastruktur- und Verkehrsbetrieben, zur Trennung von finanzieller Förderung und Vergabeverfahren sowie zur Stärkung der Arbeitnehmerrechte beim Übergang von Personenverkehrsdiensten an neue Betreiber vor. Allerdings sind – nach näherer Maßgabe der geänderten VO (EG) Nr. 1370/2007 – Direktvergaben noch bis zum

31

32

---

[23] KOM(2005) 317 (endg.).
[24] ABl. 2007 C E-70, 1.
[25] v. 10.5.2007, ABl. 2008 C E-76, 92.
[26] ABl. 2016 L 354, 20.
[27] ABl. 2016 L 354, 22.

VO 1370 Einl. Einleitung

24.12.2023 mit einer Laufzeit von höchstens zehn Jahren statthaft. Außerdem können die Mitgliedstaaten das Zugangsrecht eines neuen Betreibers auf bestimmten Strecken einschränken.

33 Ob das vierte Eisenbahnpaket sein **Ziel der Marktöffnung** erreichen wird, bleibt abzuwarten. In den kleineren und mittleren EU-Mitgliedstaaten werden faktische Hemmnisse für den Marktzugang im SPNV auf unabsehbare Zeit erhalten bleiben. Zugang zu dem dort überwiegend eingesetzten gebrauchten Eisenbahn-Rollmaterial gibt es nicht, der SPNV- und SPFV-Markt ist außerhalb der Großstädte nachfrageschwach, und es fehlen staatliche Mittel für den Ausgleich des Einsatzes von neuem Eisenbahn-Rollmaterial an einen anderen Betreiber. Hieran wird auch der neu geschaffene Art. 5a VO (EG) Nr. 1370/2007 voraussichtlich wenig ändern. Das vierte Eisenbahnpaket war im Allgemeinen bis zum 24.12.2017 in nationales Recht umzusetzen.

2. Änderungen der VO (EG) Nr. 1370/2007 ab dem 24.12.2017 bzw. dem 3.12.2019

34 Die zum vierten Eisenbahnpaket gehörende VO (EU) 2016/2338 ändert die VO (EG) Nr. 1370/2007. Einige Änderungen gehen über die eigentlichen Zielsetzungen des vierten Eisenbahnpakets hinaus, weil sie auch für straßengebundene öffentliche Personenverkehrsdienste gelten.

35 Die Europäische Kommission konnte im Kodezisionsverfahren mit dem Europäischen Parlament und dem Europäischen Rat bezogen auf die VO (EG) Nr. 1370/2007 ihren Vorschlag für eine Verordnung des Europäischen Parlaments und des Rates zur Änderung der VO (EG) Nr. 1370/2007 hinsichtlich der Öffnung des Marktes für inländische Schienenpersonenverkehrsdienste[28] nur mit Einschränkungen durchsetzen. Nach den Stellungnahmen des Wirtschafts- und Sozialausschusses[29] und des Ausschusses der Regionen[30] nahm zunächst das Europäische Parlament in seinem Standpunkt v. 26.2.2014[31] umfangreiche Einschränkungen des Kommissionsentwurfs vor. Der Rat der Europäischen Kommission übernahm diese Einschränkungen in seinem Standpunkt v. 17.10.2016[32] in weiten Zügen, ersetzte aber die von der Kommission angedachten und vom Europäischen Parlament zunächst grds. gebilligten verbindlichen Pläne für den öffentlichen Verkehr und gemeinwirtschaftliche Verpflichtungen (Art. 2a VO (EG) Nr. 1370/2007-E) durch die weniger formalen und weniger verbindlichen Spezifikationen für gemeinwirtschaftliche Verpflichtungen. Diese wurden in Gestalt des Art. 2a VO (EG) Nr. 1370/2007 schließlich in die VO (EG) Nr. 1370/2007 aufgenommen. Das Europäische Parlament machte diesen Standpunkt des Rates durch Entschließung v. 14.12.2016[33] schließlich zum gemeinsamen Standpunkt im Kodezisionsverfahren.

36 Die Änderungen der VO (EG) Nr. 1370/2007 durch die VO (EU) 2016/2338 sind gem. ihres Art. 2 VO (EU) 2016/2338 überwiegend am 24.12.2017 in Kraft treten. Seit dem 3.12.2019 ist die VO (EG) Nr. 1370/2007 zusätzlich die zentrale Regelung für die Vergabe von öffentlichen Schienenpersonenverkehrsdiensten (Art. 8 Abs. 2 lit. ii VO (EG) Nr. 1370/2007).

---

[28] KOM(2013) 28 (endg.).
[29] ABl. 2013 C 327, 122.
[30] ABl. 2013 C 356, 92.
[31] P7_TA(2014)0148 zu COM(2013)0028 – C7-0024/2013 – 2013/0028(COD) – Google.
[32] ABl. 2016 C 430, 4.
[33] P8_TA-PROV(2016)0497 zu 11198/1/2016 – C8-0425/2016 – 2013/0028(COD) – Google.

V. Wesentliche Inhalte der VO (EG) Nr. 1370/2007, Leitlinien der Kommission

1. Wesentliche Inhalte der VO (EG) Nr. 1370/2007

Die VO (EG) Nr. 1370/2007 ist, wie im EU-Recht allg. üblich, gegliedert in die 37 Erwägungsgründe und den eigentlichen Verordnungstext sowie einen Anhang. Im eigentlichen Verordnungstext regelt Art. 1 Abs. 1 VO (EG) Nr. 1370/2007 Zweck und Ziel und Art. 1 Abs. 2 VO (EG) Nr. 1370/2007 den Geltungsbereich der Verordnung. Art. 2 VO (EG) Nr. 1370/2007 enthält die Begriffsbestimmungen. Art. 2a VO (EG) Nr. 1370/2007 regelt Spezifikationen der gemeinwirtschaftlichen Verpflichtungen. Art. 3 Abs. 1 VO (EG) Nr. 1370/2007 bindet die Gewährung von Ausgleichsleistungen und/oder ausschließlichen Rechten an einen öffentlichen Dienstleistungsauftrag. Abweichend hiervon können gem. Art. 3 Abs. 2 VO (EG) Nr. 1370/2007 gemeinwirtschaftliche Verpflichtungen im Tarifbereich auch Gegenstand einer allgemeinen Vorschrift sein; Art. 3 Abs. 3 VO (EG) Nr. 1370/2007 erlaubt es zudem, bestimmte allgemeine Vorschriften ganz aus dem Geltungsbereich der Verordnung auszunehmen. Art. 4 VO (EG) Nr. 1370/2007 regelt den obligatorischen Inhalt öffentlicher Dienstleistungsaufträge und allgemeiner Vorschriften. Art. 5 VO (EG) Nr. 1370/2007 regelt die Verfahren zur Vergabe öffentlicher Dienstleistungsaufträge; er gilt ab dem 3.12.2019 auch für öffentliche Schienenpersonenverkehrsdienste. Art. 5a VO (EG) Nr. 1370/2007 regelt den effektiven und diskriminierungsfreien Zugang zu Eisenbahn-Rollmaterial. Art. 6 VO (EG) Nr. 1370/2007 enthält Maßgaben für die Gewährung von Ausgleichsleistungen für gemeinwirtschaftliche Verpflichtungen. Art. 7 VO (EG) Nr. 1370/2007 regelt die Veröffentlichungs- und Transparenzpflichten der zuständigen Behörden. In Art. 8 VO (EG) Nr. 1370/2007 finden sich Maßgaben zum Inkrafttreten und zu Übergangsregelungen. Art. 9 VO (EG) Nr. 1370/2007 befreit gem. der Verordnung gewährte Ausgleichsleistungen von der beihilferechtlichen Notifizierungspflicht und stellt klar, dass Beihilfen für den Verkehrssektor auch außerhalb der Verordnung gewährt werden können. Art. 10 VO (EG) Nr. 1370/2007 hebt die VO (EWG) Nr. 1191/69 und VO (EWG) Nr. 1107/70 auf. Art. 11 VO (EG) Nr. 1370/2007 enthält eine Berichtspflicht der Kommission. Art. 12 VO (EG) Nr. 1370/2007 bestimmt das Inkrafttreten der Verordnung. Der Anhang regelt die beihilfenrechtlich gebotene Überkompensationsregelung.

Die Erwägungsgründe können vom EuGH zur Auslegung des Inhalts des eigentli- 38 chen Inhalts der Verordnung herangezogen werden. Sie können im Einzelfall aber auch eigenständigen Regelungsgehalt haben (wie zB das Aufteilungsverbot gem. Erwgr. 23 S. 2 der VO (EG) Nr. 1370/2007). Üblicherweise geben die Erwägungsgründe aber auch Aufschluss über die mit der Regelung verfolgten politischen Zwecke, und erläutern sie, warum ein Sachverhalt so und nicht anders geregelt wurde.

Mit den geänderten oder neu geschaffenen Bestimmungen der Art. 1 Abs. 2 39 UAbs. 2, Art. 2 lit. aa, Art. 2a, Art. 4 Abs. 1, 4a, 4b, 6, 8, Art. 5 Abs. 2, 3a, 3b, 4a, 4b, 6a, 7 UAbs. 2, Art. 5a, Art. 6 Abs. 1, Art. 7 Abs. 1, 2, Art. 8 Abs. 2, 2a, 3 VO (EG) Nr. 1370/2007 wurde das vierte Eisenbahnpaket umgesetzt. Diese Änderungen sind am 24.12.2017 in Kraft getreten. Sie machen die VO (EG) Nr. 1370/2007 zur **zentralen Regelung** auch für die **Vergabe von Schienenpersonenverkehrsdiensten** und verdrängen als unmittelbar geltendes Recht in ihrem Anwendungsbereich auch die EU-Vergaberichtlinien.

2. Auslegungsleitlinien der Kommission

Die Kommission gab Ende 2012 einen Entwurf für Leitlinien zur VO (EG) 40 Nr. 1370/2007 an eine begrenzte Öffentlichkeit heraus.[34] Dieser enthält teils über-

---

[34] Draft interpretative guidelines concerning Regulation (EC) No 1370/2007 on public passenger transport by rail and by road, Non-Paper, nicht amtlich veröffentlicht.

VO 1370 Einl. Einleitung

flüssige, weil selbstverständliche oder unstreitige Erläuterungen zum Inhalt der VO (EG) Nr. 1370/2007, und teils fragwürdige oder gar nicht vertretbare Ausführungen wie zB zur Rechtsnatur der deutschen Linienverkehrsgenehmigung als ausschließliches Recht oder zum angeblichen Vorrang des wettbewerblichen Verfahrens gem. Art. 5 Abs. 3 VO (EG) Nr. 1370/2007 vor den Direktvergabeverfahren des Art. 5 VO (EG) Nr. 1370/2007 (→ Rn. 4). Am 29.3.2014 wurde dieser Entwurf inhaltlich verändert als MITTEILUNG DER KOMMISSION über die Auslegungsleitlinien zu der VO (EG) Nr. 1370/2007 über öffentliche Personenverkehrsdienste auf Schiene und Straße veröffentlicht.[35] Am 22.6.2023 veröffentlichte die Kommission eine fortgeschriebene Fassung der Leitlinien.[36]

41 Die verbindliche Auslegung des Vertragsrechts liegt – wie inzwischen auch die Kommission einräumt – allerdings in der ausschl. Zuständigkeit der Unionsgerichte. Die **Auslegungsleitlinien** stellen daher nicht mehr als die Rechtsmeinung der Europäischen Kommission dar. Ihre Aussagekraft beschränkt sich auf die mutmaßliche Aufgreifschwelle der Europäischen Kommission im Vorfeld eines Vertragsverletzungsverfahrens. Die Leitlinien der Kommission verbieten es insbes. nicht, den Wortlaut der VO (EG) Nr. 1370/2007 beim Wort zu nehmen.

VI. VO (EG) Nr. 1370/2007 und Dienstleistungen von allgemeinem wirtschaftlichem Interesse

42 Auch der Bereich des öffentlichen Personenverkehrs gehört zu den **Dienstleistungen von allgemeinem wirtschaftlichem Interesse** iSv Art. 106 Abs. 2 AEUV. Das Regelwerk der Kommission zu Dienstleistungen von allgemeinem wirtschaftlichem Interesse (bestehend aus einer speziellen de-minimis-Verordnung,[37] einer Freistellungsentscheidung,[38] einer Mitteilung[39] und einem Gemeinschaftsrahmen[40]) ist auf den Landverkehr allerdings ausdr. nicht anwendbar. Gleichwohl ist dieses Regelwerk aus dem primären Beihilferecht und der Rspr. des EuG/EuGH dazu abgeleitet. Soweit die VO (EG) Nr. 1370/2007 keine speziellere Regelung enthält, kann also dennoch mit hoher Rechtssicherheit auf die Regelungen im Gemeinschaftsrahmen zurückgegriffen werden.

VII. Die VO (EG) Nr. 1370/2007 im nationalen Recht

43 Gemäß Art. 288 UAbs. 2 AEUV hat die Verordnung allg. Geltung; sie ist in allen ihren Teilen verbindlich und **gilt unmittelbar** in jedem Mitgliedstaat. Daraus folgt, dass nationales Recht, welches der Anwendung der VO entgegensteht, mit Inkrafttreten und Beginn der Anwendbarkeit der Verordnung entweder unanwendbar wird oder aber unionsrechtskonform auszulegen ist. Eine vollständige Anpassung des nationalen Rechts erfolgte für den straßengebundenen Verkehr im PBefG.[41]

44 Im Bereich der öffentlichen Schienenpersonenverkehrsdienste gelten zwar seit dem 24.12.2017 Ausschreibungspflichten nach Art. 5 Abs. 3, 3b VO (EG) Nr. 1370/2007, und dem entgegengesetzt Direktvergabemöglichkeiten nach Art. 5 Abs. 3a,

---

[35] ABl. 2014 C 92, 1.
[36] V(2023) 3978 final.
[37] ABl. 2012 L 114, 8.
[38] ABl. 2012 L 7, 3.
[39] ABl. 2012 C 8, 4.
[40] ABl. 2012 C 8, 15.
[41] Vgl. Gesetz zur Änderung personenbeförderungsrechtlicher Vorschriften, v. 14.12.2012, BGBl. I 2598.

4a, 4b, 5 VO (EG) Nr. 1370/2007. Wegen des jeweiligen **Vorbehalts der Untersagung nach nationalem Recht** richtet sich die Vergabe von öffentlichen Schienenpersonenverkehrsdiensten in Deutschland daher nach § 131 GWB. Grundsätzlich selbständig anwendbar bleiben trotz § 131 GWB daher nur Notmaßnahmen nach Art. 5 Abs. 5 VO (EG) Nr. 1370/2007 und das modifizierte wettbewerbliche Vergabeverfahren mit nur einem potenziellen Betreiber nach Art. 5 Abs. 3b VO (EG) Nr. 1370/2007, welches nicht unter Verbotsvorbehalt steht. Art. 5 Abs. 3a VO (EG) Nr. 1370/2007, der Ausnahmen bei zu vollen Vergabekalendern und zur Harmonisierung von Linienbündeln zulässt, wäre zwar auch in Deutschland eine sinnvolle und wirtschaftliche Alternative zu wettbewerblichen Vergabeverfahren für eine meist geringe Übergangszeit. Seine Anwendung scheitert derzeit allerdings weitreichend an § 131 GWB.

Art. 4 Abs. 4a, 4b, 6, 8 VO (EG) Nr. 1370/2007 verfolgen den Zweck, die **Rechte der Arbeitnehmer** (und der Betriebsräte) im Falle des Übergangs von öffentlichen Personenverkehrsdiensten auf einen neuen Betreiber zu sichern. Die Anwendung dieser Vorschriften setzt allerdings voraus, dass ein Betriebsübergang iSd RL 2001/23/EG erfolgt, oder dass nationales Recht die Geltung der Betriebsübergangsregelungen beim Betreiberwechsel anordnet. Nach den von der Rspr. zu § 613a BGB entwickelten Grundsätzen liegt beim bloßen Betreiberwechsel allerdings nicht stets ein Betriebsübergang, sondern nur eine Funktionsnachfolge vor. Einen gesetzlich fingierten Betriebsübergang gibt es in Deutschland allenfalls im öffentlichen Schienenpersonenverkehr gem. § 131 GWB. Die genannten Vorschriften sind daher auf die straßengebundenen öffentlichen Personenverkehrsdienste nicht anwendbar.

Artikel 1 Zweck und Anwendungsbereich

(1) **Zweck dieser Verordnung ist es, festzulegen, wie die zuständigen Behörden unter Einhaltung des Gemeinschaftsrechts im Bereich des öffentlichen Personenverkehrs tätig werden können, um die Erbringung von Dienstleistungen von allgemeinem Interesse zu gewährleisten, die unter anderem zahlreicher, sicherer, höherwertig oder preisgünstiger sind als diejenigen, die das freie Spiel des Marktes ermöglicht hätte.**

Hierzu wird in dieser Verordnung festgelegt, unter welchen Bedingungen die zuständigen Behörden dem Betreibern eines öffentlichen Dienstes eine Ausgleichsleistung für die ihnen durch die Erfüllung der gemeinwirtschaftlichen Verpflichtungen verursachten Kosten und/oder ausschließliche Rechte im Gegenzug für die Erfüllung solcher Verpflichtungen gewähren, wenn sie ihnen gemeinwirtschaftliche Verpflichtungen auferlegen oder entsprechende Aufträge vergeben.

(2) **Diese Verordnung gilt für den innerstaatlichen und grenzüberschreitenden Personenverkehr mit der Eisenbahn und andere Arten des Schienenverkehrs sowie auf der Straße, mit Ausnahme von Verkehrsdiensten, die hauptsächlich aus Gründen historischen Interesses oder zu touristischen Zwecken betrieben werden. Die Mitgliedstaaten können diese Verordnung auf den öffentlichen Personenverkehr auf Binnenschifffahrtswegen und, unbeschadet der Verordnung (EWG) Nr. 3577/92 des Rates vom 7. Dezember 1992 zur Anwendung des Grundsatzes des freien Dienstleistungsverkehrs auf den Seeverkehr zwischen den Mitgliedstaaten (Seekabotage), auf das Meer innerhalb der Hoheitsgewässer anwenden.**

Vorbehaltlich der Zustimmung der zuständigen Behörden der Mitgliedstaaten, in deren Hoheitsgebiet die Dienstleistungen erbracht werden, dürfen sich gemeinwirtschaftliche Verpflichtungen auf öffentliche Verkehrs-

VO 1370 Art. 1 Zweck und Anwendungsbereich

dienste auf grenzüberschreitender Ebene erstrecken, einschließlich jener, die örtliche und regionale Verkehrsbedürfnisse erfüllen.

(3) **Diese Verordnung gilt nicht für öffentliche Baukonzessionen im Sinne von Artikel 1 Absatz 3 Buchstabe a der Richtlinie 2004/17/EG oder im Sinne von Artikel 1 Absatz 3 der Richtlinie 2004/18/EG.**

Literatur: Berschin, VO (EG) 1370/2007, in: Münchener Kommentar Europäisches und Deutsches Wettbewerbsrecht, Band 4, Vergaberecht II, 2. Aufl. 2019, Art. 1; Berschin, Europarecht, in Barth/Baumeister/Berschin/Werner, Recht des Öffentlichen Personennahverkehrs, A 2, Loseblatt, Stand Dezember 2009; Jürschik, Verordnung über öffentliche Personenverkehrsdienste, 2. Aufl. 2020, Art. 1; Linke-Kaufmann/Linke, VO (EG) 1370/2007, 2. Aufl. 2019, Art. 1; Linke, Die Gewährleistung des Daseinsvorsorgeauftrags im öffentlichen Personennahverkehr, 2010; Núnez Müller, Landverkehr, insb. Straßenverkehr, in Montag/Säcker, Münchener Kommentar zum Europäischen und Deutschen Wettbewerbsrecht (Kartellrecht), Bd. 3, 2011, Sektoren Rn. 461 ff.; Saxinger/Winnes-Winnes/Saxinger/Schröder, Recht des öffentlichen Personenverkehrs, VO 1370 Art. 1 Abs. 1 bis 3; Saxinger, Genehmigungen und Ausgleichsleistungen im Personenbeförderungsrecht vor dem Hintergrund der neuen VO (EG) Nr. 1370/2007, DVBl 2008, 688; Saxinger/Fischer, Die VO (EG) Nr. 1370/2007 – Der neue Rechtsrahmen für den öffentlichen Personennahverkehr, V+T 2008, 75; Winter/Woll/Gleichner, EU-Kommission veröffentlicht Leitlinien zur VO (EG) Nr. 1370/2007, Der Nahverkehr 5/2014, 7; Ziekow, Der Vorrang kommerzieller Verkehre in Deutschland, 2008; Ziekow, Die Direktvergabe von Personenverkehrsdiensten nach der VO (EG) Nr. 1370/2007 und die Zukunft eigenwirtschaftlicher Verkehre, NVwZ 2009, 865.

I. Bedeutung der Vorschrift

1   Abs. 1 beschreibt den Zweck der VO (EG) Nr. 1370/2007. Abs. 2 regelt ihren Anwendungsbereich. Abs. 3 nimmt Baukonzessionen vom Anwendungsbereich der VO (EG) Nr. 1370/2007 aus.

II. Zweck der VO (EG) Nr. 1370/2007 (Abs. 1)

2   **Zweck** der VO (EG) Nr. 1370/2007 ist gem. Abs. 1 UAbs. 1 die **Gewährleistung der Erbringung von Dienstleistungen von allgemeinem Interesse** im Bereich des öffentlichen Personenverkehrs. Als mögliche Gesichtspunkte zur Beurteilung des vorhandenen Angebots im öffentlichen Personenverkehr nennt Abs. 1 UAbs. 1 ohne Anspruch auf Vollständigkeit die Quantität, die Sicherheit, die Qualität und die Preisgünstigkeit. Dies ist entspr. dem Grundsatz der Subsidiarität allerdings nicht als Zielsetzung zu verstehen. Vielmehr wird den Mitgliedstaaten hiermit ein Handlungsrahmen eröffnet, innerhalb dessen sie gewährleistend tätig werden können. Abs. 1 UAbs. 1 enthält auch keinen Gewährleistungsauftrag. Vielmehr können die Mitgliedstaaten – wiederum dem Grundsatz der Subsidiarität folgend – nach billigem Ermessen darüber entscheiden, ob und in welchem Umfang sie zum Zwecke der Gewährleistung tätig werden.

3   Als **Mittel zum Zweck** nennt Abs. 1 UAbs. 2 die **Ausgleichsleistung** für die den Betreibern eines öffentlichen Dienstes durch die Erfüllung von gemeinwirtschaftlichen Verpflichtungen verursachten Kosten sowie **ausschließliche Rechte,** die im Gegenzug für die Erfüllung solcher Verpflichtungen gewährt werden. Als **Instrumente** werden hierfür die **Auferlegung** und die **Vergabe eines Auftrags** genannt. Art. 1 UAbs. 2 VO (EG) Nr. 1370/2007 normiert allerdings keine Verpflichtung der zuständigen Behörde zum Defizitausgleich, sondern

regelt lediglich die Bedingungen, unter denen eine marktregulierende Intervention durch die zuständige Behörde zulässig ist.[1]

Zuordnungsanfangssubjekt in Abs. 1 sind die **zuständigen Behörden**, Zuordnungsendsubjekt sind die **Betreiber von öffentlichen Diensten**.

III. Anwendungsbereich (Abs. 2)

Gem. Abs. 2 hat die VO (EG) Nr. 1370/2007 einen obligatorischen und einen fakultativen Anwendungsbereich:

1. Obligatorischer Anwendungsbereich (Abs. 2 UAbs. 1 S. 1)

Gem. Abs. 2 UAbs. 1 S. 1 ist die VO (EG) Nr. 1370/2007 verbindlich anwendbar im innerstaatlichen und im grenzüberschreitenden **Personenverkehr zur Schiene und zur Straße**, wobei zum Schienenverkehr nicht nur Eisenbahnen zählen, sondern auch andere schienengebundene Verkehre, wie zB Stadt- und Straßenbahnen, U-Bahnen oder Hochbahnen ungeachtet der Spur- oder Schienen- und Traktionsart. Darauf, ob es sich um Nahverkehr oder um Fernverkehr handelt, kommt es ebenfalls nicht an. Entspr. Abs. 1 S. 1 ist der Begriff des Personenverkehrs allerdings so zu verstehen, dass es sich bei ihm um öffentlichen Verkehr handeln muss. Die Formen des Gelegenheitsverkehrs gem. § 46 PBefG werden vom Anwendungsbereich der VO (EG) Nr. 1370/2007 daher nicht umfasst.

Gem. Abs. 2 UAbs. 1 S. 1 ausdr. ausgenommen vom Anwendungsbereich sind Verkehrsdienste, die hauptsächlich aus **Gründen historischen Interesses oder zu touristischen Zwecken** betrieben werden. Die gleichzeitige Befriedigung eines öffentlichen Verkehrsbedürfnisses steht der Einschätzung eines Verkehrsdienstes als historisch oder touristisch nicht entgegen, wenn einer der letztgenannten Zwecke überwiegt. Dem historischen Interesse dient ein Verkehrsdienst, wenn entweder die Strecke oder die eingesetzten Fahrzeuge Museumsqualität haben, also unter den heutigen Umständen mangels eines Verkehrsbedürfnisses nicht mehr betrieben oder wegen Unterschreitens des Stands der Technik nicht mehr betrieben werden dürften. Touristische Zwecke verfolgt ein Verkehrsdienst, wenn entweder die Strecke selbst oder das Ziel überwiegend nur touristische Bedeutung hat und vom allgemeinen Verkehr nur in untergeordnetem Umfang nachgefragt wird.

2. Fakultativer Anwendungsbereich (Abs. 2 UAbs. 1 S. 2)

Gem. Abs. 2 UAbs. 1 S. 2 können die Mitgliedstaaten (aber müssen nicht) den Anwendungsbereich der VO (EG) Nr. 1370/2007 auch auf den öffentlichen Personenverkehr auf Binnenschifffahrtswegen und – in den Schranken der VO (EWG) Nr. 3577/92[2] – auf den öffentlichen Personenverkehr auf dem Meer innerhalb der Hoheitsgewässer erweitern. In Deutschland könnte die für eine solche Erweiterung des Anwendungsbereiches der VO (EG) Nr. 1370/2007 erforderliche gesetzliche Regelung gem. Art. 74 Abs. 1 Nr. 21 GG sowohl durch den Bund als auch durch die Länder erlassen werden. Ein Mehrwert aus einer solchen Erweiterung ergäbe sich jedoch nur dann, wenn für den öffentlichen **Personenverkehr auf Küsten- oder Binnenschifffahrtswegen** Ausgleichsleistungen gewährt werden und vom Privileg der Freistellung von der Notifizierungspflicht gem. Art. 9 Abs. 1 VO (EG) Nr. 1370/2007 Gebrauch gemacht werden soll.

---

[1] VG Augsburg 24.3.2015 – 3 K 13.2063, BeckRS 2015, 100053.
[2] VO (EWG) Nr. 3577/92 v. 7.12.1992 zur Anwendung des Grundsatzes des freien Dienstleistungsverkehrs auf den Seeverkehr in den Mitgliedstaaten, ABl. 2004 L 364, 7.

VO 1370 Art. 2

3. Grenzüberschreitender Personenverkehr (Abs. 2 UAbs. 2)

9 Abs. 2 UAbs. 2 wurde durch die VO (EU) 2016/2338 v. 14.12.2016[3] in die VO (EG) Nr. 1370/2007 eingefügt. Gem. ihres Art. 2 VO (EG) Nr. 1370/2007 ist die Regelung am 24.12.2017 in Kraft getreten. Der erste Hs. stellt klar, dass VO (EG) Nr. 1370/2007 auch auf grenzüberschreitende Verkehre anwendbar ist und dass die beiderseits der Grenze zuständigen Behörden nur mit Zustimmung der jeweils anderen handeln können. Dem Wort **„Zustimmung"** ist zu entnehmen, dass hierfür nicht das Eingehen einer Gruppe von Behörden gem. Art. 2b VO (EG) Nr. 1370/2007 (→ Art. 2 Rn. 4 ff.) erforderlich ist, denn eine solche handelt notwendig gemeinschaftlich und mit Außenwirkung für alle. Die Zustimmung kann auch im Wege eines anderen geeigneten Rechtsaktes erteilt werden. Wenn eine Kofinanzierung für Ausgleichsleistungen erforderlich ist, genügt dafür sogar ein haushaltswirksamer Beschluss des zuständigen Organs, da die Refinanzierung von Ausgleichsleistungen auf hoheitlicher Ebene den Tatbestand der staatlichen Beihilfe gem. Art. 107 Abs. 1 AEUV nicht erfüllt.

10 Die neue Regelung gilt gleichermaßen für Verkehrsdienste zur Straße wie zur Schiene und, soweit anwendbar, für die Seekabotage.

11 Der zweite Hs. ordnet die Zustimmungspflicht auch für den Fall an, dass ein Verkehrsdienst **ausschließlich örtliche oder regionale Verkehrsbedürfnisse** jenseits der Grenze zur anderen zuständigen Behörde erfüllt, also der Betreiber mit gemeinwirtschaftlichen Verpflichtungen ausschl. im fremden Zuständigkeitsgebiet betraut ist.

12 Der neue Abs. 2 UAbs. 2 befasst sich mit konkurrierenden Zuständigkeiten von zuständigen Behörden, und ist daher nicht anbieterschützend.

IV. Ausnahme für öffentliche Baukonzessionen (Abs. 3)

13 Gem. Abs. 3 gilt die VO (EG) Nr. 1370/2007 nicht für öffentliche Baukonzessionen iSd EU-Vergabe-Richtlinien (→ GWB § 105 Rn. 33 ff.).

Artikel 2 Begriffsbestimmungen

Im Sinne dieser Verordnung bezeichnet der Ausdruck
a) „öffentlicher Personenverkehr" Personenbeförderungsleistungen von allgemeinem wirtschaftlichen Interesse, die für die Allgemeinheit diskriminierungsfrei und fortlaufend erbracht werden;
   aa) „öffentliche Schienenpersonenverkehrsdienste" den öffentlichen Schienenpersonenverkehr mit Ausnahme des Personenverkehrs auf anderen schienengestützten Verkehrsträgern wie Untergrund- oder Straßenbahnen;
b) „zuständige Behörde" jede Behörde oder Gruppe von Behörden eines oder mehrerer Mitgliedstaaten, die zur Intervention im öffentlichen Personenverkehr in einem bestimmten geografischen Gebiet befugt ist, oder jede mit einer derartigen Befugnis ausgestattete Einrichtung;
c) „zuständige örtliche Behörde" jede zuständige Behörde, deren geografischer Zuständigkeitsbereich sich nicht auf das gesamte Staatsgebiet erstreckt;
d) „Betreiber eines öffentlichen Dienstes" jedes privat- oder öffentlich-rechtliche Unternehmen oder jede Gruppe von privat- oder öffentlich-rechtlichen Unternehmen, das/die öffentliche Personenverkehrsdienste

---

[3] ABl. 2016 L 354, 22.

betreibt, oder eine öffentliche Einrichtung, die öffentliche Personenverkehrsdienste durchführt;
e) „gemeinwirtschaftliche Verpflichtung" eine von der zuständigen Behörde festgelegte oder bestimmte Anforderung im Hinblick auf die Sicherstellung von im allgemeinen Interesse liegenden öffentlichen Personenverkehrsdiensten, die der Betreiber unter Berücksichtigung seines eigenen wirtschaftlichen Interesses nicht oder nicht im gleichen Umfang oder nicht zu den gleichen Bedingungen ohne Gegenleistung übernommen hätte;
f) „ausschließliches Recht" ein Recht, das einen Betreiber eines öffentlichen Dienstes berechtigt, bestimmte öffentliche Personenverkehrsdienste auf einer bestimmten Strecke oder in einem bestimmten Streckennetz oder Gebiet unter Ausschluss aller anderen solchen Betreiber zu erbringen;
g) „Ausgleichsleistung für gemeinwirtschaftliche Verpflichtungen" jeden Vorteil, insbesondere finanzieller Art, der mittelbar oder unmittelbar von einer zuständigen Behörde aus öffentlichen Mitteln während des Zeitraums der Erfüllung einer gemeinwirtschaftlichen Verpflichtung oder in Verbindung mit diesem Zeitraum gewährt wird;
h) „Direktvergabe" die Vergabe eines öffentlichen Dienstleistungsauftrags an einen bestimmten Betreiber eines öffentlichen Dienstes ohne Durchführung eines vorherigen wettbewerblichen Vergabeverfahrens;
i) „öffentlicher Dienstleistungsauftrag" einen oder mehrere rechtsverbindliche Akte, die die Übereinkunft zwischen einer zuständigen Behörde und einem Betreiber eines öffentlichen Dienstes bekunden, diesen Betreiber eines öffentlichen Dienstes mit der Verwaltung und Erbringung von öffentlichen Personenverkehrsdiensten zu betrauen, die gemeinwirtschaftlichen Verpflichtungen unterliegen; gemäß der jeweiligen Rechtsordnung der Mitgliedstaaten können diese rechtsverbindlichen Akte auch in einer Entscheidung der zuständigen Behörde bestehen:
– die die Form eines Gesetzes oder einer Verwaltungsregelung für den Einzelfall haben kann oder
– die Bedingungen enthält, unter denen die zuständige Behörde diese Dienstleistungen selbst erbringt oder einen internen Betreiber mit der Erbringung dieser Dienstleistungen betraut;
j) „interner Betreiber" eine rechtlich getrennte Einheit, über die eine zuständige örtliche Behörde – oder im Falle einer Gruppe von Behörden wenigstens eine zuständige örtliche Behörde – eine Kontrolle ausübt, die der Kontrolle über ihre eigenen Dienststellen entspricht;
k) „Wert" den Wert eines Verkehrsdienstes, einer Strecke, eines öffentlichen Dienstleistungsauftrags oder einer Ausgleichsregelung des öffentlichen Personenverkehrs, der den Gesamteinnahmen – ohne Mehrwertsteuer – des Betreibers oder der Betreiber eines öffentlichen Dienstes entspricht, einschließlich der Ausgleichsleistung der Behörden gleich welcher Art und aller Einnahmen aus dem Fahrscheinverkauf, die nicht an die betroffene zuständige Behörde abgeführt werden;
l) „allgemeine Vorschrift" eine Maßnahme, die diskriminierungsfrei für alle öffentlichen Personenverkehrsdienste derselben Art in einem bestimmten geografischen Gebiet, das im Zuständigkeitsbereich einer zuständigen Behörde liegt, gilt;
m) „integrierte öffentliche Personenverkehrsdienste" Beförderungsleistungen, die innerhalb eines festgelegten geografischen Gebiets im Ver-

VO 1370 Art. 2 Begriffsbestimmungen

bund erbracht werden und für die ein einziger Informationsdienst, eine einzige Fahrausweisregelung und ein einziger Fahrplan besteht.

Literatur: Barth, Neue Organisation kommunalen Nahverkehrs nach der EU-VO 1370?, Der Nahverkehr 10/2010, 24; Berschin, VO (EG) 1370/2007, in: Münchener Kommentar Europäisches und Deutsches Wettbewerbsrecht, Band 4, Vergaberecht II, 2. Aufl. 2019, Art. 2; Berschin, Europarecht, in Barth/Baumeister/Berschin/Werner, Recht des Öffentlichen Personennahverkehrs, A 2, Loseblatt, Stand Dezember 2009; Deus/Feter, Endspurt zur VO (EG) Nr. 1370/2007: Handlungsbedarf für die Liniengenehmigung, IR 2009, 202; Diemon-Wies, Die Vergabe von Busdienstleistungen im ÖPNV nach der VO (EG) Nr. 1370/2007, dem GWB oder dem PBefG?, VergabeR 2014, 305; Fehling/Niehnus, Der europäische Fahrplan für einen kontrollierten Ausschreibungswettbewerb im ÖPNV, DÖV 2008, 662; Fromm/Sellmann/Zuck, Personenbeförderungsrecht, 5. Aufl. 2022; Heiß, Die neue EG-Verordnung für den öffentlichen Personenverkehr – ein Überblick unter Berücksichtigung der Situation in Deutschland, VerwArch 2009, 113; Jürschik, Verordnung über öffentliche Personenverkehrsdienste, 2. Aufl. 2020, Art. 2; Kiepe/Mietzsch, Die neue ÖPNV-Verordnung der EU und die Auswirkungen auf das Personenbeförderungsgesetz, IR 2008, 56; Klinger, Das Kontrollkriterium bei der Direktvergabe an interne Betreiber, Der Nahverkehr 3/2009, 46; Linke-Kaufmann/Linke, VO (EG) 1370/2007, 2. Aufl. 2019, Art. 2; Linke, Die Gewährleistung des Daseinsvorsorgeauftrags im öffentlichen Personennahverkehr, 2010; Manka/Prechtl, Keine Selbstbringungsquote für Verkehrsmanagementgesellschaften?, Der Nahverkehr 1–2/2011, 22; Oebbecke, Das nahverkehrsrechtliche Gruppenprivileg, NVwZ 2019, 16; Saxinger/Winnes-Saxinger, Recht des öffentlichen Personenverkehrs, VO 1370 Art. 2; Saxinger, Genehmigungen und Ausgleichsleistungen im Personenbeförderungsrecht vor dem Hintergrund der neuen VO (EG) Nr. 1370/2007, DVBl 2008, 688; Saxinger/Fischer, Die VO (EG) Nr. 1370/2007 – Der neue Rechtsrahmen für den öffentlichen Personennahverkehr, V+T 2008, 75; Saxinger/Wittig, Sondervergaberecht für Verkehrsdienstleistungen – Die neue EU-Verordnung, über öffentliche Personenverkehrsdienste auf Schiene und Straße NZBau 2008, 222; Sennekamp/Fehling, Der „öffentliche Dienstleistungsauftrag" nach dem neuen EG-Verordnung über Personenverkehrsdienste im System des deutschen Verwaltungs(prozess)rechts, N&R 2009, 95; Spanka, Gewährleistung des öffentlichen Personennahverkehrs durch allgemeine Vorschriften, 2019; Weber/Pelizäus, Die Gruppe von Behörden als Instrument bei Direktvergaben, Der Nahverkehr 6/2012, 23; Werner/Karl, Anwendungsbereich der Vergaberegeln der VO (EG) Nr. 1370/2007 im Gefolge der EuGH-Rechtsprechung, V+T 2019, 286.

Übersicht

	Rn.
I. Bedeutung der Vorschrift	1
II. Öffentlicher Personenverkehr (lit. a)	2
III. Schienenpersonenverkehrsdienste (lit. aa)	3
IV. Zuständige (örtliche) Behörde (lit. b und c)	4
V. Betreiber eines öffentlichen Dienstes (lit. d)	8
VI. Gemeinwirtschaftliche Verpflichtung (lit. e)	9
VII. Ausschließliches Recht (lit. f)	11
VIII. Ausgleichsleistungen für gemeinwirtschaftliche Verpflichtungen (lit. g)	15
IX. Direktvergabe (lit. h)	17
X. Öffentlicher Dienstleistungsauftrag (lit. i)	18
XI. Interner Betreiber (lit. j)	22
XII. Wert (lit. k)	23
XIII. Allgemeine Vorschrift (lit. l)	24
XIV. Integrierte öffentliche Personenverkehrsdienste (lit. m)	25

… Begriffsbestimmungen **Art. 2 VO 1370**

I. Bedeutung der Vorschrift

Art. 2 VO (EG) Nr. 1370/2007 bestimmt einige – nicht alle – Begriffe, welche 1
in der VO (EG) Nr. 1370/2007 verwendet werden. Die Begriffsbestimmungen enthalten teilweise keine Definitionen im formellen Sinn, sondern Umschreibungen. Einige in der VO (EG) Nr. 1370/2007 verwendeten Begriffe sind neu. Andere wurden dem Primärrecht (insbes. Art. 106 AEUV) und der Rspr. des EuGH entnommen.

II. Öffentlicher Personenverkehr (lit. a)

Als öffentlicher Personenverkehr bezeichnet lit. a Personenbeförderungsleistungen 2
von allgemeinem wirtschaftlichem Interesse, die für die Allgemeinheit diskriminierungsfrei und fortlaufend erbracht werden. Der Begriff des Personenverkehrsdienstes ist dahingehend auszulegen, dass er nur das Erbringen von **Personenbeförderungsleistungen ieS** umfasst. Der Betrieb von **Infrastruktur** und anderen ortsfesten Einrichtungen des öffentlichen Personennahverkehrs fällt dagegen **nicht** in den Anwendungsbereich der VO (EG) Nr. 1370/2007 und muss daher auch nicht zwingend Gegenstand eines öffentlichen Dienstleistungsauftrages iSd VO sein. Die Statthaftigkeit der Finanzierung von Infrastruktur richtet sich ansonsten nach dem Gemeinschaftsrahmen für Dienstleistungen von allgemeinem wirtschaftlichem Interesse (→ VO (EG) 1370/2007 Einl. Rn. 35). Dem kommt vor allem im Hinblick auf die für letzteren Bereich geltenden weitaus höheren De-minimis-Schwellenwerte Bedeutung zu. Die freiwillige Anwendung der VO (EG) Nr. 1370/2007 auf Infrastruktur schließt dies jedoch nicht aus. Allerdings kann dann die Berufung auf Art. 9 Abs. 1 VO (EG) Nr. 1370/2007 fraglich sein (Notifizierungspflicht?).

III. Schienenpersonenverkehrsdienste (lit. aa)

Art. 2 lit. aa VO (EG) Nr. 1370/2007 wurde durch die VO (EU) 2016/2338 3
v. 14.12.2016[1] in die VO (EG) Nr. 1370/2007 eingefügt. Gem. ihres Art. 2 ist die Regelung am 24.12.2017 in Kraft getreten. Als öffentliche Schienenpersonenverkehrsdienste bezeichnet lit. aa den öffentlichen Schienenpersonenverkehr mit Ausnahme des Personenverkehrs auf anderen schienengestützten Verkehrsträgern wie Untergrund- oder Straßenbahnen (zur Abgrenzung → GWB § 131 Rn. 13 ff.).

IV. Zuständige (örtliche) Behörde (lit. b und c)

Als **zuständige Behörde** bezeichnet lit. b jede Behörde oder Gruppe von Behör- 4
den eines oder mehrerer Mitgliedstaaten, die zur Intervention im öffentlichen Personenverkehr in einem bestimmten geografischen Gebiet befugt ist, oder jede mit einer derartigen Befugnis ausgestattete Einrichtung. Die zuständigen Behörden dürfen gem. lit. b auch als **Gruppe** gemeinsam handeln, also öffentliche Dienstleistungsaufträge vergeben oder allgemeine Vorschriften erlassen und in diesem Zusammenhang Ausgleichsleistungen für die Erfüllung gemeinwirtschaftlicher Verpflichtungen gewähren. Auch die **grenzüberschreitende gemeinsame Aufgabenwahrnehmung** ist ausdr. statthaft. Der Begriff der Behörde ist zugleich enger und weiter als in § 1 Abs. 4 VwVfG. Eine Behörde iSv lit. b übt originär eigene Rechte aus, eine Einrichtung nur übertragene Rechte, sei es im eigenen oder in fremdem Namen.

---

[1] ABl. 2016 L 354, 22.

IVm Art. 5 Abs. 2 setzt lit. b neben der Interventionsbefugnis nur voraus, dass sie integrierte Personenverkehrsdienste iSv lit. m anbietet. Die Interventionsbefugnisse können zwischen der Gruppe und/oder ihren Mitgliedern aufgeteilt sein. Die Gruppe muss keine eigene Rechtspersönlichkeit aufweisen.[2]

5 Der Verlust der Eigenschaft der zuständigen Behörde (zB durch Übertragung auf eine kreisangehörige Gemeinde oder auf einen Zweckverband) führt zum Verlust der Zuständigkeit, einen öffentlichen Dienstleistungsauftrag zu erteilen, und stellt regelmäßig eine wesentliche Änderung der Grundlagen eines Vergabeverfahrens dar.[3]

6 **Örtlich** ist eine zuständige Behörde gem. lit. c, wenn sich deren geografischer Zuständigkeitsbereich nicht auf das gesamte Staatsgebiet erstreckt. Zum Tragen kommt das zusätzliche Kriterium der Örtlichkeit nur im Rahmen einer Direktvergabe an einen internen Betreiber gem. Art. 5 Abs. 2 VO (EG) Nr. 1370/2007. Hieraus folgt, dass eine solche Direktvergabe dann ausgeschlossen ist, wenn sich der Zuständigkeitsbereich auf das gesamte Staatsgebiet erstreckt. Dies wäre in Deutschland bei einer Direktvergabe von Eisenbahnverkehrsleistungen im Fernverkehr durch den Bund an die Deutsche Bahn der Fall. Siehe dazu iÜ auch Art. 5 Abs. 2 lit. b VO (EG) Nr. 1370/2007.

7 Wer zuständige Behörde ist, richtet sich im Nahverkehr nach den **ÖPNV-Gesetzen** der Länder. In der Regel ist die zuständige Behörde identisch mit dem Aufgabenträger für den ÖPNV. Soweit Landesrecht das Betreiben von Personenverkehrsdiensten oder die Finanzierung des Nahverkehrs auch durch unterhalb der Ebene des Aufgabenträgers angesiedelte Körperschaften zulässt, können auch sie zuständige Behörden sein. Lit. b lässt die Interventionsbefugnis genügen. Soweit Landesrecht die Übertragung von Aufgabenträgerkompetenzen zB auf eine **Verbundgesellschaft** oder eine Körperschaft zulässt, kann auch diese zuständige Behörde sein. Lit. b lässt auch eine mit Befugnissen ausgestattete Einrichtung zu. Mangels Einschränkungen kann Grundlage hierfür eine Delegation oder ein Mandat sein. Ob ein Zweckverband, welcher durch den vollständigen Aufgabenübergang von seinen Mitgliedern gekennzeichnet ist, selbst (alleinige) zuständige Behörde ist oder eine Gruppe von Behörden darstellt, ist umstritten.[4]

V. Betreiber eines öffentlichen Dienstes (lit. d)

8 Als **Betreiber eines öffentlichen Dienstes** bezeichnet lit. d jedes privat- oder öffentlich-rechtliche Unternehmen oder jede Gruppe von privat- oder öffentlich-rechtlichen Unternehmen, das/die öffentliche Personenverkehrsdienste betreibt, oder eine öffentliche Einrichtung, die öffentliche Personenverkehrsdienste durchführt.

VI. Gemeinwirtschaftliche Verpflichtung (lit. e)

9 Die **gemeinwirtschaftliche Verpflichtung** ist in lit. e definiert als eine von der zuständigen Behörde festgelegte oder bestimmte Anforderung im Hinblick auf die Sicherstellung von im allgemeinen Interesse liegenden öffentlichen Personenver-

---

[2] Oebbecke NVwZ 2019, 16; OLG Düsseldorf 28.10.2019 – VII-Verg 3/19, BeckRS 2019, 38427.

[3] VK Südbayern 23.11.2016 – Z3-3-3194-1-20-03/15, BeckRS 2016, 55877.

[4] Für die (alleinige) zuständige Behörde Saxinger/Winnes/Winnes, Recht des öffentlichen Personenverkehrs, VO 1370 Art. 2 lit. b Rn. 23a; für die Gruppe von Behörden OLG Düsseldorf 12.10.2016 – VI-U (Kart) 2/16, NZKart 2016, 528.

Begriffsbestimmungen   Art. 2 VO 1370

kehrsdiensten, die der Betreiber unter Berücksichtigung seines eigenen wirtschaftlichen Interesses nicht oder nicht im gleichen Umfang oder nicht zu den gleichen Bedingungen ohne Gegenleistung übernommen hätte.

Kennzeichnend für eine gemeinwirtschaftliche Verpflichtung ist somit ihre **wirt-** 10 **schaftliche Nachteiligkeit.** Abweichend von der Definition in Art. 2 Abs. 1 VO (EWG) Nr. 1191/69 enthält lit. e zusätzlich die Worte „ohne Gegenleistung". Der (überflüssige) Streit darüber, ob die spezifischen personenbeförderungsrechtlichen Beförderungs-, Tarif- und Fahrplanpflichten (§§ 21, 39, 40 PBefG) gemeinwirtschaftliche Verpflichtungen sind,[5] kann daher nicht erneut entfacht werden. Die Pflichten gem. §§ 21, 39, 40 PBefG werden im eigenen wirtschaftlichen Interesse, also ohne Gegenleistung und ohne Gewährung ausschließlicher Rechte übernommen.

VII. Ausschließliches Recht (lit. f)

Als **ausschließliches Recht** bezeichnet lit. f ein Recht, das einen Betreiber eines 11 öffentlichen Dienstes berechtigt, bestimmte öffentliche Personenverkehrsdienste auf einer bestimmten Strecke oder in einem bestimmten Streckennetz oder Gebiet unter Ausschluss aller anderen solchen Betreiber zu erbringen.

Ein staatliches Monopol für Personenbeförderungsleistungen gibt es in Deutsch- 12 land nicht, auch wenn der Marktzugang aufgrund natürlicher Monopole von Bahnbus und Postbus (bis 1960) bzw. der Bahnbusgesellschaften bis 1994 sehr beschränkt war. Die Relevanz des ausschließlichen Rechts gem. der VO (EG) Nr. 1370/2007 ist in Deutschland daher auf Fallgestaltungen beschränkt, in denen zwar ein Altmark-Trans-konformer oder den Regeln des Anhangs der VO (EG) Nr. 1370/2007 entsprechender Ausgleich gewährt wird, aber sich aufgrund außerhalb der Finanzierungsbeziehungen liegender Umstände Maßnahmen feststellen lassen, die eine Marktabschottung bewirken. Die **Genehmigung für den Straßenbahn-, Obus- oder Linienverkehr mit Kraftfahrzeugen nach dem PBefG** ist kein ausschließliches Recht.[6] Denn sie bewirkt keine Marktabschottung. Sie wird stets nur für eine begrenzte Geltungsdauer erteilt (§ 16 Abs. 2 PBefG) und schützt auch während ihrer Laufzeit nicht vor einer Konkurrenzierung durch Verkehre mit einem besseren Angebot (§ 13 Abs. 2 Nr. 2, 3 PBefG).[7] Bei anstehender Wiedererteilung der auslaufenden Genehmigung sind die Vorleistungen des bisherigen Unternehmers zwar nach Maßgabe von § 13 Abs. 3 PBefG zu berücksichtigen. Auf ein wesentlich besseres Angebot hin ist die Genehmigung jedoch dem Konkurrenten zu erteilen.[8] Die Genehmigung für den Straßenbahn-, Obus- oder Linienverkehr mit Kraftfahrzeugen nach dem PBefG erfüllt ohne Hinzutreten weiterer Umstände den Tatbestand des ausschließlichen Rechts daher nicht.

Dementsprechend schreibt § 8a Abs. 8 PBefG vor, dass ein ausschließliches 13 Recht besonders gewährt werden muss, und begrenzt Inhalt und Reichweite desselben. Wäre die Linienverkehrsgenehmigung an sich ein ausschließliches Recht, wäre diese Regelung entbehrlich gewesen. Die Ausschließlichkeit muss außerdem von der zuständigen Behörde **gewillkürt** sein. Natürliche Monopole, wie sie insbes. im Bereich des Straßenbahn-, Stadtbahn-, U-Bahn- und Schwebebahnbetriebs aufgrund der proprietären technischen Systeme vorliegen können, sind keine

---

[5] Verneinend BVerwG 29.10.2009 – 3 C 1/09, BeckRS 2010, 45870 = VerkMitt 2010, Nr. 33 Rn. 29.
[6] AA Saxinger DVBl 2008, 688 (691); BayVGH 16.8.2012 – 11 CS 12.1607, BeckRS 2012, 57076.
[7] Fromm/Sellmann/Zuck PBefG § 13 Rn. 8 ff. mwN.
[8] Fromm/Sellmann/Zuck PBefG § 13 Rn. 16 mwN.

ausschließlichen Rechte iSd Vorschrift. Die für diese Verkehre nach § 16 PBefG vorgesehenen längeren Geltungsdauern der Genehmigungen sind durch die erheblich höheren Investitionen gerechtfertigt. Dies anerkennen auch die Regelungen zur Befristung der öffentlichen Dienstleistungsaufträge in Art. 4 Abs. 3, 4 VO (EG) Nr. 1370/2007. Auch im **Eisenbahnverkehr** werden keine ausschließlichen Rechte vergeben. § 6 AEG knüpft die Erteilung von Genehmigungen für das Erbringen von Eisenbahnverkehrsleistungen zur Personenbeförderung nur an subjektive Voraussetzungen. Eine Bedürfnisprüfung oÄ findet nicht statt.

14   Ausschließliche Rechte können in Deutschland folglich nur zusätzlich zur personenbeförderungs- oder eisenbahnrechtlichen Genehmigung gewährt werden.[9]

VIII. Ausgleichsleistungen für gemeinwirtschaftliche Verpflichtungen (lit. g)

15   Als **Ausgleichsleistung** für gemeinwirtschaftliche Verpflichtungen bezeichnet lit. g jeden Vorteil, insbes. finanzieller Art, der mittelbar oder unmittelbar von einer zuständigen Behörde aus öffentlichen Mitteln während des Zeitraums der Erfüllung einer gemeinwirtschaftlichen Verpflichtung oder in Verbindung mit diesem Zeitraum gewährt wird. Als gemeinwirtschaftliche Verpflichtung bezeichnet lit. e eine von der zuständigen Behörde festgelegte oder bestimmte Anforderung im Hinblick auf die Sicherstellung von im allgemeinen Interesse liegenden öffentlichen Personenverkehrsdiensten, die der Betreiber unter Berücksichtigung seines eigenen wirtschaftlichen Interesses nicht oder nicht im gleichen Umfang oder nicht zu den gleichen Bedingungen ohne **Gegenleistung** übernommen hätte. Entscheidend für das Vorliegen einer Ausgleichsleistung iSd lit. g ist also der Gegenleistungscharakter.

16   Eine **Preisauffüllung** kann aus der Definition der Ausgleichsleistung somit herausfallen, wie sich als bloße Zahlung eines Dritten auf fremde Schuld darstellt, also zB als vollständige oder anteilige Übernahme des eigentlich vom Fahrgast geschuldeten Fahrpreises durch die zuständige Behörde. Voraussetzung hierfür ist allerdings, dass der Beförderungsvertrag mit dem Fahrgast zum vollen Preis abgeschlossen wurde. Dann ist die Verordnung auf diesen Ausgleichsmechanismus nicht anwendbar.

IX. Direktvergabe (lit. h)

17   Als **Direktvergabe** bezeichnet lit. h die Vergabe eines öffentlichen Dienstleistungsauftrags an einen bestimmten Betreiber eines öffentlichen Dienstes ohne Durchführung eines vorherigen wettbewerblichen Vergabeverfahrens. Die damit angesprochenen wettbewerblichen Vergabeverfahren sind in Art. 5 Abs. 1 VO (EG) Nr. 1370/2007 und Art. 8 Abs. 1 VO (EG) Nr. 1370/2007 benannt bzw. in Art. 5 Abs. 3 VO (EG) Nr. 1370/2007 geregelt. Einen Nachrang der Direktvergaben ggü. dem wettbewerblichen Vergabeverfahren gem. Art. 5 Abs. 3 VO (EG) Nr. 1370/2007 gibt es nicht. Beide stehen gleichberechtigt nebeneinander. Dies folgt daraus, dass die Marktöffnung im Bereich des Verkehrs nur durch sekundäres EU-Recht erfolgen kann, dass die Direktvergaben an interne Betreiber und von Kleinaufträgen nur unter dem Vorbehalt einer Untersagung nach nationalem Recht stehen (vgl. Art. 5 Abs. 2, 4 VO (EG) Nr. 1370/2007) und damit im Verhältnis zum wettbewerb-

---

[9] Siehe dazu nunmehr § 8a Abs. 8 PBefG; zu möglichen – zusätzlichen – verfassungsrechtlichen Schranken vgl. BVerfG 8.6.1960 – 1 BvL 53/55, BVerfGE 11, 168 (184) = NJW 1960, 1515, Monopole setzen rigorose Planwirtschaft im Verkehrswesen voraus.

lichen Vergabeverfahren gem. Art. 5 Abs. 3 VO (EG) Nr. 1370/2007 als gleichrangig anzusehen sind (→ VO (EG) Nr. 1370/2007 Einl. Rn. 4).

X. Öffentlicher Dienstleistungsauftrag (lit. i)

Als öffentlichen Dienstleistungsauftrag bezeichnet lit. i Hs. 1 einen oder mehrere 18
rechtsverbindliche Akte, welche die Übereinkunft zwischen einer zuständigen Behörde und einem Betreiber eines öffentlichen Dienstes bekunden, diesen Betreiber eines öffentlichen Dienstes mit der Verwaltung und Erbringung von öffentlichen Personenverkehrsdiensten zu betrauen, die gemeinwirtschaftlichen Verpflichtungen unterliegen.

Trotz des Wortes **Übereinkunft** ist mit dieser Definition weder ein Vertrag oder 19
vertragsähnliches Verhältnis noch ein bipolares Rechtsverhältnis überhaupt vorgegeben. Gem. lit. i Hs. 2 Spiegelstrich 1 können die rechtsverbindlichen Akte auch in einer Entscheidung der zuständigen Behörde bestehen, welche die Form eines Gesetzes oder einer Verwaltungsregelung für den Einzelfall haben kann (also zB eine gesetzliche Ausgleichsregelung wie § 45a PBefG/§ 6a AEG oder gesetzliche Erstattungsregelung wie § 148 SGB IX oder ein Verwaltungsakt). Gem. lit. i Hs. 2 Spiegelstrich 2 kann sich die Betrauung auch auf die Aufstellung der Bedingungen beschränken, unter denen die zuständige Behörde diese Dienstleistungen selbst erbringt oder einen internen Betreiber mit der Erbringung dieser Dienstleistungen betraut (vgl. Art. 5 Abs. 2 VO (EG) Nr. 1370/2007), also ein In-sich-Geschäft zum Inhalt haben. Trotz des Wortes Übereinkunft ist auch nicht Voraussetzung, dass der Betreiber mit der Betrauung einverstanden ist. Die Betrauung kann daher auch ein hoheitlicher Akt mit Zwangscharakter sein (vgl. auch Art. 5 Abs. 5 S. 3 VO (EG) Nr. 1370/2007).[10]

Die **Rechtsform der Betrauung** ist gem. lit. i Hs. 2 letztlich der jeweiligen 20
Rechtsordnung des Mitgliedstaates anheimgegeben. Welche Betrauungsakte zulässig sind, richtet sich also grds. nach nationalem Recht. Als EU-rechtliche Ermächtigungsnormen können allenfalls Art. 3 Abs. 2 VO (EG) Nr. 1370/2007 (allgemeine Vorschrift) und Art. 5 Abs. 5 S. 3 VO (EG) Nr. 1370/2007 (Auferlegung bei einer Notmaßnahme) herangezogen werden. In Betracht kommen bei der Eigenerbringung (Art. 5 Abs. 2 Alt. 1 VO (EG) Nr. 1370/2007) ein verwaltungsinterner Organisationsakt und ansonsten ein Vertrag, vorbehaltlich einer gesetzlichen Ermächtigung ein Verwaltungsakt, oder ein kommunaler Gremienbeschluss über die Betrauung mit nachfolgender Vollziehung durch das zuständige Organ.

Der öffentliche Dienstleistungsauftrag ist das **wichtigste Instrument der Ver-** 21
ordnung: Gewährt eine zuständige Behörde dem ausgewählten Betreiber ausschließliche Rechte und/oder Ausgleichsleistungen gleich welcher Art für die Erfüllung gemeinwirtschaftlicher Verpflichtungen, so erfolgt dies gem. Art. 3 Abs. 1 VO (EG) Nr. 1370/2007 im Rahmen eines öffentlichen Dienstleistungsauftrags.

XI. Interner Betreiber (lit. j)

Als **interner Betreiber** bezeichnet lit. j eine rechtlich getrennte Einheit, über 22
die eine zuständige örtliche Behörde – oder im Falle einer Gruppe von Behörden wenigstens eine zuständige örtliche Behörde – eine Kontrolle ausübt, die der Kontrolle über ihre eigenen Dienststellen entspricht. Mit dieser Begrifflichkeit wird Bezug genommen auf die Rspr. zur Inhouse-Vergabe (s. dazu → GWB § 108 Rn. 1 ff.). Art. 5 Abs. 2 lit. a VO (EG) Nr. 1370/2007 konkretisiert die Voraussetzungen für eine Kontrolle wie über eigene Dienststellen.

---

[10] OLG Düsseldorf 28.10.2019 – VII-Verg 3/19, BeckRS 2019, 38427.

VO 1370 Art. 2a Spezifikation der gemeinwirtschaftlichen Verpflichtungen

XII. Wert (lit. k)

23   Als **Wert** bezeichnet lit. k den Wert eines Verkehrsdienstes, einer Strecke, eines öffentlichen Dienstleistungsauftrags oder einer Ausgleichsregelung des öffentlichen Personenverkehrs, der den Gesamteinnahmen – ohne Mehrwertsteuer – des Betreibers oder der Betreiber eines öffentlichen Dienstes entspricht, einschließlich der Ausgleichsleistung der Behörden gleich welcher Art und aller Einnahmen aus dem Fahrscheinverkauf, die nicht an die betroffene zuständige Behörde abgeführt werden. Abgehoben auf den Wert wird in Art. 4 Abs. 3 VO (EG) Nr. 1370/2007 und in Art. 5 Abs. 4 VO (EG) Nr. 1370/2007.

XIII. Allgemeine Vorschrift (lit. l)

24   Als **allgemeine Vorschrift** bezeichnet lit. l eine Maßnahme, die diskriminierungsfrei für alle öffentlichen Personenverkehrsdienste derselben Art in einem bestimmten geografischen Gebiet gilt, das im Zuständigkeitsbereich einer zuständigen Behörde liegt. Diese Begriffsbestimmung wird durch Art. 3 Abs. 2, 3 VO (EG) Nr. 1370/2007 konkretisiert. Gegenstand einer allgemeinen Vorschrift können somit nur Höchsttarife und die Gewährung einer Ausgleichsleistung oder einer finanziellen Abgeltung für die Anwendung dieser Höchsttarife sein. Siehe dazu Art. 3 Abs. 2, 3 VO (EG) Nr. 1370/2007. Der Erlass einer allgemeinen Vorschrift über gemeinwirtschaftliche Betriebsleistungen ist dadurch zwar nicht ausgeschlossen. Allerdings bedürfen solche allgemeinen Vorschriften gem. Art. 9 Abs. 2 VO (EG) Nr. 1370/2007 der Notifizierung. Zur Rechtsform enthält lit. i keine Vorgaben. Sie richtet sich folglich nach nationalem Recht. In Betracht kommen daher eine Richtlinie, eine Allgemeinverfügung, eine kommunale Satzung, eine Verordnung oder ein Gesetz.

XIV. Integrierte öffentliche Personenverkehrsdienste (lit. m)

25   Als **integrierte öffentliche Personenverkehrsdienste** bezeichnet lit. m Beförderungsleistungen, die innerhalb eines festgelegten geografischen Gebiets im Verbund erbracht werden und für die ein einziger Informationsdienst, eine einzige Fahrausweisregelung und ein einziger Fahrplan bestehen. Ein integrierter öffentlicher Personenverkehrsdienst muss nicht das gesamte Gebiet eines Verkehrsverbunds abdecken, ein abgegrenztes Teilgebiet genügt. Dies verdeutlicht, dass die Begriffsbestimmung eigentlich eine „**Gruppe von Betreibern**" innerhalb eines Verbundgebiets meint. Der Begriff wird außerdem in Art. 5 Abs. 2 VO (EG) Nr. 1370/2007 verwendet, weshalb sie auch im Rahmen von lit. b Bedeutung erlangen kann. Im Übrigen kann lit. m auch bei Art. 4 Abs. 3 S. 2 VO (EG) Nr. 1370/2007 zur Anwendung kommen.

Artikel 2a Spezifikation der gemeinwirtschaftlichen Verpflichtungen

(1) **Die zuständige Behörde legt Spezifikationen der gemeinwirtschaftlichen Verpflichtungen für die Erbringung öffentlicher Personenverkehrsdienste und den Anwendungsbereich dieser gemeinwirtschaftlichen Verpflichtungen gemäß Artikel 2 Buchstabe e fest. Dies schließt die Möglichkeit ein, kostendeckende Dienste mit nicht kostendeckenden Diensten zusammenzufassen.**

Bei der Festlegung dieser Spezifikationen und ihres Anwendungsbereichs trägt die zuständige Behörde dem Grundsatz der Verhältnismäßigkeit im Einklang mit dem Unionsrecht gebührend Rechnung.

Diese Spezifikationen müssen mit den politischen Zielen, die in den Strategiepapieren für den öffentlichen Verkehr in den Mitgliedstaaten aufgeführt sind, im Einklang stehen.

Inhalt und Format der Strategiepapiere für den öffentlichen Verkehr und die Verfahren für die Konsultation der einschlägigen Interessengruppen werden nach Maßgabe der nationalen Rechtsvorschriften festgelegt.

(2) Mit den Spezifikationen gemeinwirtschaftlicher Verpflichtungen und der entsprechenden Ausgleichsleistung für finanzielle Nettoauswirkungen gemeinwirtschaftlicher Verpflichtungen sollen
a) die Ziele der Politik für den öffentlichen Verkehr auf kostenwirksame Weise erreicht werden und
b) die finanzielle Nachhaltigkeit der Erbringung öffentlicher Personenverkehrsdienste gemäß den in der Politik für den öffentlichen Verkehr festgelegten Anforderungen langfristig gesichert werden.

Literatur: Berschin, VO (EG) 1370/2007, in: Münchener Kommentar Europäisches und Deutsches Wettbewerbsrecht, Band 4, Vergaberecht II, 4. Aufl. 2022, Art. 2a; Jürschik, Verordnung über öffentliche Personenverkehrsdienste, 2. Aufl. 2020, Art. 2a; Linke-Linke, VO (EG) 1370/2007, 2. Aufl. 2019, Art. 2a.

Übersicht

	Rn.
I. Bedeutung der Vorschrift	1
II. Spezifikationen (Abs. 1 UAbs. 1)	5
1. Begriff	5
2. Umfang	7
a) Gemeinwirtschaftliche Verpflichtungen für die Erbringung öffentlicher Personenverkehrsdienste	8
b) Anwendungsbereich	10
c) Spezifikation bei mehreren zuständigen Behörden	11
3. Zusammenfassung von Diensten	12
a) Unternehmens- und nachfrageorientierte Auslegung	13
b) Behörden- und angebotsorientierte Auslegung	15
c) Stellungnahme	17
4. Grundsatz der Verhältnismäßigkeit	20
5. Anpassungsbedarf im deutschen Recht	22
III. Einklang mit politischen Zielen, Strategiepapiere, Konsultation (Abs. 1 UAbs. 2)	23
1. Festlegung	24
2. Konsultation der einschlägigen Interessengruppen	27
IV. Zwecke und Ziele (Abs. 2)	28
1. Kostenwirksamkeit der Ziele der Politik	29
2. Langfristige Sicherung der finanziellen Nachhaltigkeit	30

I. Bedeutung der Vorschrift

Art. 2a VO (EG) Nr. 1370/2007 wurde durch die VO (EU) 2016/2338 v. 14.12.2016[1] in die VO (EG) Nr. 1370/2007 eingefügt. Gem. Art. 2 VO (EU) 2016/2338 ist die Regelung am 24.12.2017 in Kraft getreten.

---

[1] ABl. 2016 L 354, 22.

VO 1370 Art. 2a Spezifikation der gemeinwirtschaftlichen Verpflichtungen

2   Der Vorschlag der Kommission (Nachweise bei → VO (EG) 1370/2007 Einl. Rn. 35) sah über den Gesetz gewordenen Art. 2a VO (EU) 2016/2338 hinaus verpflichtend Pläne für den öffentlichen Verkehr und gemeinwirtschaftliche Verpflichtungen vor, die regelmäßig aktualisiert und veröffentlicht werden müssen. Als Mindestinhalte waren Netzstruktur, grundlegende Anforderungen, Qualitätsstandards, Grundsätze der Tarifpolitik und operationelle Anforderungen vorgesehen. Bei der Aufstellung der Pläne sollten Fahrgastrechte, Sozial-, Beschäftigungs- und Umweltschutz zu berücksichtigen sein.

3   Der EWS wandte sich gegen Einschränkungen der zuständigen Behörden durch Pläne. Der ADR befürwortete solche Pläne zwar, wollte aber übermäßige organisatorische und finanzielle Belastungen verhindern. Das Europäische Parlament wollte die Pläne auf Multimodalität und Nachhaltigkeit begrenzen und die Rechte von Menschen mit Behinderungen berücksichtigt wissen. Der Rat schließlich beschränkte den Vorschlag der Kommission auf bloße Spezifikationen, die politisch kohärent sein müssen, ohne den zuständigen Behörden einen Anspruch auf eine bestimmte finanzielle Ausstattung einzuräumen (Nachweise bei → VO (EG) 1370/2007 Einl. Rn. 35).

4   Bei der Auslegung des neuen Art. 2a VO (EG) Nr. 1370/2007 kann somit maßgeblich auch darauf abgestellt werden, was vom Kommissionsvorschlag nicht iErg des Kodezissionsverfahrens enthalten ist. Die über Art. 2a VO (EG) Nr. 1370/2007 hinausgehenden Vorschläge der Kommission können auch nicht im Wege einer erweiternden Auslegung Eingang in Art. 2a VO (EG) Nr. 1370/2007 finden.

II. Spezifikationen (Abs. 1 UAbs. 1)

1. Begriff

5   Eine Spezifikation (vom lateinischen specificatio für die „Auflistung" oder das „Verzeichnis") ist die Beschreibung eines Produktes, eines Systems oder einer Dienstleistung durch Auflistung seiner Anforderungen. Ziel der Spezifikation ist es, **Anforderungen zu definieren** und, falls möglich, zu quantifizieren. Die Spezifikation enthält idR für jede spezifizierte Eigenschaft eine präzise Referenz zu der anzuwendenden Prüfmethode für das jeweilige Merkmal.

6   Eine Spezifikation iSv Abs. 1 UAbs. 1 ist daher im Regelfall gegeben, wenn zB ein **Lastenheft** vorliegt. Auch ein Nahverkehrsplan oder in einer Vorabbekanntmachung gem. § 8a Abs. 2 PBefG beschriebene Anforderungen sind Spezifikationen idS. Denn ihre Nichterfüllung führt bei eigenwirtschaftlichen Anträgen nach § 13 Abs. 2a S. 1 PBefG zur Zurückweisung des Antrags und bei nachfolgenden Ausschreibungen im Regelfall zum Ausschluss des Angebots.

2. Umfang

7   Die Spezifikationen umfassen gemeinwirtschaftliche Verpflichtungen für die Erbringung öffentlicher Personenverkehrsdienste (a) und den Anwendungsbereich dieser gemeinwirtschaftlichen Verpflichtungen (b).

8   **a) Gemeinwirtschaftliche Verpflichtungen für die Erbringung öffentlicher Personenverkehrsdienste.** Die Verpflichtung zur Festlegung von Spezifikationen ist gem. Abs. 1 UAbs. 1 S. 1 beschränkt auf **gemeinwirtschaftliche Verpflichtungen** gem. Art. 2 lit. e VO (EG) Nr. 1370/2007. Werden (oder können) Verkehrsleistungen iSv § 8 Abs. 4 S. 1, 2 PBefG erbracht (werden), müssen also keine Spezifikationen festgelegt werden. Sie sind dann nicht wirtschaftlich nachteilig.

9   Die geforderten Spezifikationen sind **beschränkt auf öffentliche Personenverkehrsdienste** iSv Art. 2a VO (EG) Nr. 1370/2007. Diese umfassen, wie der Gliede-

Spezifikation der gemeinwirtschaftlichen Verpflichtungen **Art. 2a VO 1370**

rungstechnik in Art. 2 (lit. aa ist ein Unterpunkt zu lit. a) zu entnehmen ist, auch öffentliche Schienenpersonenverkehrsdienste. Inhalt der Spezifikationen sind allein die öffentlichen Personenverkehrsdienste selbst. Multimodalität und Nachhaltigkeit sind entgegen den Forderungen des Europäischen Parlaments im Gesetzgebungsverfahren (→ VO (EG) 1370/2007 Art. 2a Rn. 3) nicht verpflichtender Inhalt der Spezifikationen geworden.

b) Anwendungsbereich. Der **Anwendungsbereich** ist nicht räumlich zu verstehen. Sonst würde Abs. 1 UAbs. 1 S. 1 wie in Art. 4 Abs. 1a VO (EG) Nr. 1370/2007 auch vom geografischen Geltungsbereich sprechen. Der Anwendungsbereich ist daher **sächlicher Natur.** Die Spezifikationen können somit nach den eingesetzten Verkehrsmitteln (zB öffentliche Schienenpersonenverkehrsdienste) oder innerhalb der straßengebundenen öffentlichen Personenverkehrsdienste nach schienengebundenen Verkehren und Busverkehren unterscheiden. Weitere denkbare Anwendungsunterscheidungen sind Leistungsmerkmale wie Betriebszeiten und Erschließungsqualitäten abgestuft nach Arten von Bedienungsräumen, Fahrzeugqualitäten, betriebliche Aspekte wie Anschlusssicherung, Kundenaspekte wie Information und Beschwerdemanagement, und nicht zuletzt auch Tarif und Vertrieb. Auch für einen Stadtverkehr einer kreisangehörigen Gemeinde kann es eigene Spezifikationen geben, wenn sie zuständige Behörde ist oder ihr vom Aufgabenträger die Aufgabenträgereigenschaft übertragen ist. 10

c) Spezifikation bei mehreren zuständigen Behörden. Gibt es nach Anwendungsbereichen unterschiedliche zuständige Behörden (in Deutschland in der Regel beim SPNV einerseits und ÖSPV andererseits, in manchen Ländern innerhalb des ÖSPV abgestuft nach Landkreis und kreisangehörigen Gemeinden), zwingt Abs. 1 UAbs. 1 nicht dazu, die Spezifikationen in einem Rechtsakt festzulegen. Vielmehr kann jede nach dem Anwendungsbereich (→ VO (EG) 1370/2007 Art. 2a Rn. 10) **zuständige Behörde ihre eigenen Spezifikationen** festlegen. Begrenzt werden die daraus resultierenden gestalterischen Freiräume allerdings durch Erwägungsgrund 8 der VO (EU) 2016/2338, der vorgibt, dass Spezifikationen positive Netzeffekte herbeiführen sollen. In Deutschland ist dies durch das Abstimmungsgebot im jeweiligen Landesplanungsrecht aber ohnehin gewährleistet. 11

3. Zusammenfassung von Diensten

Hinter der Möglichkeit, iRv Spezifikationen kostendeckende Dienste mit nicht kostendeckenden Diensten zusammenzufassen, können **zwei grdl. verschiedene Ansätze** stecken, die zu völlig unterschiedlichen Auslegungen führen: 12

a) Unternehmens- und nachfrageorientierte Auslegung. In **geschützten oder nicht regulierten Verkehrsmärkten** ist es weit verbreitet, dass das Diensteportfolio eines Betreibers profitable, neutrale und nicht profitable Dienste umfasst. Einnahmen und Ausgaben des Betreibers werden in der Jahresabschlussrechnung gesamthaft erfasst. Der Gewinn des Betreibers errechnet sich aus der Summe aller Einnahmen und der Summe aller Ausgaben. Die gleiche Mischkalkulation lässt sich en detail auch innerhalb eines einzelnen Verkehrsdienstes oder innerhalb kleiner Netze beobachten. In einem Verkehrsdienst mit 18 Stunden täglicher Betriebszeit schwankt die Auslastung der Verkehrsmittel zwischen voll und leer. Die Ergebnisse starker Fahrten werden zwangsläufig dazu verwendet, schwache Fahrten mitzufinanzieren, und die Ergebnisse starker Verkehrsdienste dazu, schwache Verkehrsdienste mitzufinanzieren. In Deutschland hat der durch § 13 Abs. 2 Nr. 3b PBefG vermittelte Schutz vor konkurrenzierendem Parallelverkehr in über 50 Jahren Praxis weit verbreitet dazu geführt, auch Fahrten und Dienste mit schwacher Nachfrage am Markt anzubieten, um zu verhindern, dass Konkurrenten in die Lücken im Verkehrsangebot stoßen, um dort eigene Verkehrsangebote zu etablieren. Ebenso maßgeblich 13

VO 1370 Art. 2a Spezifikation der gemeinwirtschaftlichen Verpflichtungen

für betriebliche Mischkalkulationen waren und sind allerdings auch Veränderungen der Verkehrsnachfrage: Reduzierungen der Nachfrage nach einem Verkehrsdienst müssen nicht zwangsläufig zu Angebotsreduzierungen führen, solange andere Verkehrsdienste desselben Betreibers Zuwächse verzeichnen. Diesen Zusammenhängen folgt das Genehmigungsverbot des § 13 Abs. 2 Nr. 3d PBefG, wenn der beantragte Verkehr einzelne ertragreiche Linien oder ein Teilnetz aus einem vorhandenen Verkehrsnetz oder aus einem im Nahverkehrsplan iSd § 8 Abs. 3 PBefG festgelegten Linienbündel herauslösen würde. In der Praxis hat sich dafür der Begriff des Verbots der Rosinenpickerei eingebürgert. Der Fokus war und ist aber immer das Unternehmen, welches die Risiken aus der Mischkalkulation, der unterschiedlichen Aufwandsdeckung je Fahrt und je Verkehrsdienst auch tatsächlich gesamthaft trägt.

14 Vor diesem Hintergrund wäre eine Zusammenfassung von Diensten also nur nach der betrieblichen Disposition und Mischkalkulation je Unternehmen zulässig.

15 **b) Behörden- und angebotsorientierte Auslegung.** Die notorische Haushaltsmittelknappheit im ÖSPV in struktur- und nachfrageschwachen Aufgabenträgergebieten hat in Deutschland ab den 1990er Jahren allerdings auch dazu geführt, nach neuen Finanzierungsquellen für den Personenverkehrsdienstmarkt am Anbietermarkt zu suchen. Unter den natürlich vorgegebenen heterogenen Nachfrage- und Angebotsstrukturen im Personenverkehrsdienstemarkt einer zuständigen Behörde liegt es in einem **regulierten Verkehrsmarkt** nahe, Überschüsse in einem starken Bedienungsgebiet oder auf starken Verkehren zur Kofinanzierung des ungedeckten Aufwands in angebots- und nachfrageschwachen anderen Bedienungsgebieten oder Verkehren heranzuziehen, und dies auch über mehrere Betreiber hinweg. Strukturell ist der unternehmensübergreifende Ansatz darauf zurückzuführen, dass jedenfalls in den westdeutschen Ländern in den DB-Konzern integrierten Bahnbusgesellschaften die ertragreicheren Verkehre auf den Hauptachsen im Portfolio haben. Dies ist historisch bedingt. Mit Beginn der Regulierung des ÖPNV-Marktes in den 20er Jahren des 20. Jahrhunderts mussten Reichsbahn und Reichspost die Eröffnung neuer Verkehre nur anzeigen und waren vor Konkurrenz geschützt. Private Betreiber bedurften dagegen einer Genehmigung, welche eine erfolgreiche Bedürfnisprüfung voraussetzte. Das PBefG 1961 schaffte zwar erstmals gleiche Voraussetzungen. Der Besitzstandsschutz des bisherigen Betreibers (heute § 13 Abs. 3 PBefG) verhinderte aber wirksam Veränderungen der Marktanteile, und der Niedergang des ÖPNV in den 1970er Jahren des 20. Jahrhunderts führte sogar massenweise dazu, dass private Anbieter von ÖPNV-Leistungen ihre Genehmigungen auf Bahnbus und Postbus übertrugen, und sich als Subunternehmer für jene verdingten, um so das gemeinsame Überleben im Kampf gegen den motorisierten Individualverkehr zu ermöglichen.

16 Vor diesem Hintergrund wäre auch ein **gewillkürtes Zusammenfassen von kostendeckenden und nicht kostendeckenden Diensten** auch über mehrere Unternehmen hinweg ohne weiteres zulässig. Allerdings ist festzustellen, dass der Anbietermarkt von sich aus ab den 1970er Jahren solche Zusammenfassungen vorgenommen hatte, wenn sie wirtschaftlich erforderlich waren.

17 **c) Stellungnahme.** Der Wortlaut von Art. 2a Abs. 1 UAbs. 1 S. 2 VO (EG) Nr. 1370/2007 legt zwar eine behörden- und angebotsorientierte Auslegung nahe. Allerdings weicht die Formulierung der Norm mit dem Wort „zusammenzufassen" signifikant vom Erwgr. 8 der VO (EU) 2016/2338 ab, der vorgibt, dass Spezifikationen **positive Netzwerkeffekte** in Bezug auf eine Verbesserung der Dienstleistungsqualität, des sozialen und territorialen Zusammenhalts oder der Gesamteffizienz des öffentlichen Verkehrssystems herbeiführen sollen. Zusammenzufassen sind nach Art. 2a Abs. 1 UAbs. 1 S. 2 VO (EG) Nr. 1370/2007 daher nicht gute und schlechte öffentliche Personenverkehrsdienste ohne Unterschied, sondern nur solche, die aus natürlichen Gründen zusammengehören, also von vornherein betrieblich oder

Spezifikation der gemeinwirtschaftlichen Verpflichtungen Art. 2a VO 1370

wirtschaftlich miteinander zu einem kohärenten Netz verknüpft sind. IdR verläuft im Gebiet einer zuständigen Behörde mit eher ländlicher Struktur angebots- und nachfragebetrachtet eine Nord-Süd-Grenze oder eine West-Ost-Grenze. Solche Grenzen dürfen beim Zusammenfassen nicht überschritten werden.

Mit dieser Lesart vermeidet man auch unangemessene Ergebnisse. Nicht selten sind Unternehmen in den Gebieten mehrerer zuständiger Behörden tätig und gleichen intern gute und schlechte Ergebnisse von Verkehrsdiensten in ihrem Gesamtbedienungsgebiet aus. Diese Verhältnisse sind meistens auch noch historisch gewachsen. Ein **Zusammenfassen von davon betroffenen Verkehrsdiensten** im Gebiet einer zuständigen Behörde kann zwar deren eigene Gesamteffizienz verbessern. In den Gebieten von bislang mitfinanzierten anderen zuständigen Behörden tritt dann aber in der Folge eine offene Unterdeckung auf. Die Effizienzbilanz über mehrere Zuständigkeits- oder Teilgebiete hinweg verschlechtert sich also. 18

Ein Zusammenfassen von Verkehrsdiensten über mehrere Betreiber hinweg oder ein Zusammenfassen von Verkehrsdiensten eines in den Zuständigkeitsgebieten mehrerer zuständiger Behörden tätigen Betreibers ist nach Art. 2a Abs. 1 UAbs. 1 S. 2 VO (EG) Nr. 1370/2007 daher nicht zulässig, wenn **nicht ohnehin ein kohärentes Netz** vorliegt. 19

4. Grundsatz der Verhältnismäßigkeit

Abs. 1 UAbs. 1 S. 3 greift einen **primärrechtlichen Rechtsgrundsatz** und eine Leitregel für rechtsstaatliches Handeln auf: Nach Art. 5 Abs. 4 EUV iVm Nr. 2 des Protokolls über die Anwendung der Grundsätze der Subsidiarität und Verhältnismäßigkeit dürfen die Maßnahmen der Union nicht über das für die Erreichung der Ziele der Verträge erforderliche Maß hinausgehen. Das bedeutet, dass der Grundsatz der Verhältnismäßigkeit von der EU nicht nur im Interesse der Grundrechte der Bürger beachtet werden muss, sondern auch zum Schutz der Mitgliedstaaten vor unnötigen Eingriffen in deren Souveränität. Jede staatliche Maßnahme, die in Grundrechte eingreift, muss zunächst (1.) geeignet sein (das Ziel überhaupt damit zu erreichen), sodann (2.) erforderlich sein (es darf kein milderes, aber gleich effizientes Mittel zur Erreichung des erwünschten Zieles existieren), und schließlich (3.) angemessen sein (Mittel-Zweck-Relationsprüfung, dh die entstehenden Nachteile müssen in einem vertretbaren Verhältnis zu den durch die Maßnahme bewirkten Vorteilen stehen). Der Grundsatz der Verhältnismäßigkeit schützt den Bürger umfassend vor der Verletzung seiner Grundrechte durch die Gesetzgebung, Verwaltung oder Rspr. 20

Spezifikationen müssen daher *erstens* finanzierbar sein. Sonst sind sie nicht geeignet. Spezifikationen müssen *zweitens* durch ein unausgeschöpftes Nachfragepotenzial gerechtfertigt sein. Sonst sind sie nicht erforderlich. *Drittens* darf die Zusammenfassung von kostendeckenden Personenverkehrsdiensten mit nicht kostendeckenden Personenverkehrsdiensten nicht über mehrere Unternehmen oder mit Wirkung auf andere zuständige Behörden erfolgen. Sonst ist sie nicht angemessen. Der Grundsatz der Verhältnismäßigkeit setzt Spezifikationen daher enge Grenzen, und insbes. Finanzierbarkeit und Nachfragepotenzial voraus. 21

5. Anpassungsbedarf im deutschen Recht

Abs. 1 UAbs. 1 löst **im deutschen Recht keinen Anpassungsbedarf** aus. Der Nahverkehrsplan gem. § 8 Abs. 3 PBefG, die Anforderungen für Fahrplan, Beförderungsentgelt und Standards gem. § 8a Abs. 2 S. 3 PBefG sind Spezifikationen in dem von Abs. 1 UAbs. 1 verstandenen Sinne. § 13 Abs. 2a PBefG, welcher solche 22

VO 1370 Art. 2a Spezifikation der gemeinwirtschaftlichen Verpflichtungen

Spezifikationen auch für eigenwirtschaftliche Anträge für verbindlich erklärt, erhärtet dies.[2]

III. Einklang mit politischen Zielen, Strategiepapiere, Konsultation (Abs. 1 UAbs. 2)

23   Gem. Abs. 1 UAbs. 2 S. 1 müssen die Spezifikationen im Einklang stehen mit den politischen Zielen, die in den Strategiepapieren für den öffentlichen Verkehr aufgeführt sind.

1. Festlegung

24   Gem. Abs. 1 UAbs. 2 S. 2 werden Inhalt und Format der Strategiepapiere nach Maßgabe der nationalen Rechtsvorschriften festgelegt. Eine Inhaltskontrolle von Spezifikationen kann also nur **anhand von nationalen Vorschriften** erfolgen. Solche gibt es in Deutschland nur im Raumordnungsgesetz des Bundes und in den Landesplanungs- und ÖPNV-Gesetzen, welche meist wenig konkret sind. Das Konditionalprogramm des Abs. 1 UAbs. 2 S. 1 (wenn – dann) greift also nur, wenn es auf Länderebene verbindliche Regelungen mit ausführbarem Inhalt gibt, welche politische Ziele verbindlich festlegen.

25   Solche verbindlichen politischen Ziele gibt es in Deutschland aber selten, da damit nach Maßgabe des jeweiligen **landesverfassungsrechtlichen Konnexitätsprinzips** zwangsläufig auch Finanzierungsverpflichtungen verbunden wären. Insoweit wird es auch nach Inkrafttreten der Änderungen der VO (EG) Nr. 1370/2007 durch die VO (EU) 2016/2338 bei den überwiegend wenig konkreten und nicht durch Finanzierungsmittel der Länder hinterlegten überwiegend politischen Absichtserklärungen in den Landesverkehrs(entwicklungs)plänen bleiben.

26   Abs. 1 UAbs. 2 reduziert sich daher in Deutschland auf die Beachtung des landesplanungsrechtlichen Abstimmungsgebots. Dieses ist selbstverständlich.

2. Konsultation der einschlägigen Interessengruppen

27   Gem. Abs. 1 UAbs. 2 S. 2 ist vor der Festlegung der Strategiepapiere (nicht der Spezifikationen!) eine Konsultation der einschlägigen Interessengruppen vorzunehmen. Gem. Erwgr. 10 der VO (EU) 2016/2338 ist dabei vor allem an Verkehrsunternehmen, Infrastrukturbetreiber, Arbeitnehmerorganisationen und Vertreter der Nutzer von öffentlichen Verkehrsdiensten gedacht. Die Landesplanungs- und ÖPNV-Gesetze in Deutschland werden diesem Beteiligungserfordernis schon heute gerecht.

IV. Zwecke und Ziele (Abs. 2)

28   Abs. 2 nennt konkret Zwecke und Ziele für die festzulegenden Spezifikationen.

1. Kostenwirksamkeit der Ziele der Politik

29   Gem. Abs. 2a sollen mit den Spezifikationen gemeinwirtschaftlicher Verpflichtungen und der entsprechenden Ausgleichsleistung für finanzielle Nettoauswirkungen gemeinwirtschaftlicher Verpflichtungen die Ziele der Politik für den öffentlichen

---

[2] Wie hier Jürschik, Verordnung über öffentliche Personenverkehrsdienste, 2. Aufl. 2020, Art. 2a Rn. 3; gegen eine „automatische" Wandlung der Nahverkehrspläne in Strategiepapiere allerdings Linke-Linke, VO (EG) 1370/2007 über öffentliche Personenverkehrsdienste, 2. Aufl. 2019, Art. 2a Rn. 19.

Verkehr auf kostenwirksame Weise erreicht werden. Diese Regelung ist ein **rechtspolitischer Programmsatz** ohne ausführbaren Inhalt, weil verfehlterweise nur auf Kosten statt auf das Verhältnis Kosten/Nutzen abgestellt wird. Kostenwirksam sind in der Finanzpolitik nämlich sogar Maßnahmen, die nur kostensteigernd wirken.

2. Langfristige Sicherung der finanziellen Nachhaltigkeit

Gem. Abs. 2b sollen mit den Spezifikationen gemeinwirtschaftlicher Verpflichtungen und der entsprechenden Ausgleichsleistung für finanzielle Nettoauswirkungen gemeinwirtschaftlicher Verpflichtungen die finanzielle Nachhaltigkeit der Erbringung öffentlicher Personenverkehrsdienste gem. den in der Politik für den öffentlichen Verkehr festgelegten Anforderungen langfristig gesichert werden. Auch diese Regelung ist ein rechtspolitischer Programmsatz ohne ausführbaren Inhalt. Die Anwendungsprobleme beginnen mit der Wortwahl „finanzielle Nachhaltigkeit", welche ohne Verschaffung subjektiver öffentlicher Rechte der Anspruchsberechtigten wohl nur haushaltsrechtlich zur Eingehung mindestens mittelfristiger Verbindlichkeiten zwingt. Sie setzen sich fort mit der Wortwahl „langfristig gesichert", weil völlig offenbleibt, ob damit die Finanzierung oder die Erfüllung der Anforderungen gemeint ist. Auch diese Regelung hat also **keinen ausführbaren Inhalt.**

Artikel 3 Öffentliche Dienstleistungsaufträge und allgemeine Vorschriften

(1) Gewährt eine zuständige Behörde dem ausgewählten Betreiber ausschließliche Rechte und/oder Ausgleichsleistungen gleich welcher Art für die Erfüllung gemeinwirtschaftlicher Verpflichtungen, so erfolgt dies im Rahmen eines öffentlichen Dienstleistungsauftrags.

(2) Abweichend von Absatz 1 können gemeinwirtschaftliche Verpflichtungen zur Festsetzung von Höchsttarifen für alle Fahrgäste oder bestimmte Gruppen von Fahrgästen auch Gegenstand allgemeiner Vorschriften sein. Die zuständige Behörde gewährt den Betreibern eines öffentlichen Dienstes gemäß den in den Artikeln 4 und 6 und im Anhang festgelegten Grundsätzen eine Ausgleichsleistung für die – positiven oder negativen – finanziellen Auswirkungen auf die Kosten und Einnahmen, die auf die Erfüllung der in den allgemeinen Vorschriften festgelegten tariflichen Verpflichtungen zurückzuführen sind; dabei vermeidet sie eine übermäßige Ausgleichsleistung. Dies gilt ungeachtet des Rechts der zuständigen Behörden, gemeinwirtschaftliche Verpflichtungen zur Festsetzung von Höchsttarifen in öffentliche Dienstleistungsaufträge aufzunehmen.

(3) Unbeschadet der Artikel 73, 86, 87 und 88 des Vertrags können die Mitgliedstaaten allgemeine Vorschriften über die finanzielle Abgeltung von gemeinwirtschaftlichen Verpflichtungen, die dazu dienen, Höchsttarife für Schüler, Studenten, Auszubildende und Personen mit eingeschränkter Mobilität festzulegen, aus dem Anwendungsbereich dieser Verordnung ausnehmen. Diese allgemeinen Vorschriften sind nach Artikel 88 des Vertrags mitzuteilen. Jede Mitteilung enthält vollständige Informationen über die Maßnahme, insbesondere Einzelheiten zur Berechnungsmethode.

Literatur: Baumeister/Klinger, Perspektiven des Vergaberechts im straßengebundenen ÖPNV durch die Novellierung der VO (EWG) Nr. 1191/69, NZBau 2005, 601; Berschin, VO (EG) 1370/2007, in: Münchener Kommentar Europäisches und Deutsches Wettbewerbsrecht, Band 4, Vergaberecht II, 4. Aufl. 2022, Art. 3; Berschin, Europarecht, in Barth/Baumeister/Berschin/Werner, Recht des Öffentlichen Personennahverkehrs, A 2, Loseblatt, Stand Dezember 2009; Deus/Feter, Endspurt zur VO (EG) Nr. 1370/2007: Handlungsbedarf für die Liniengenehmigung, IR 2009, 202; Deuster/Jung/Kiepe, Gibt es einen Anspruch auf Erlass allgemeiner Vorschriften?, Der Nahverkehr 12/2014, 33; Fehling/Niehus, Der europäische Fahrplan für einen kontrollierten Ausschreibungswettbewerb im ÖPNV, DÖV 2008, 662; Heiß, Die neue EG-Verordnung für den öffentlichen Personenverkehr – ein Überblick unter Berücksichtigung der Situation in Deutschland, VerwArch 2009, 113; Jürschik, Verordnung über öffentliche Personenverkehrsdienste, 2. Aufl. 2020, Art. 3; Karl/Schaaffkamp, Streit um „angemessenen Gewinn" entschieden?, Der Nahverkehr 7–8/2016, 32; Kiepe/Mietzsch, Die neue ÖPNV-Verordnung der EU und die Auswirkungen auf das Personenbeförderungsgesetz, IR 2008, 56; Lehr, Beihilfen zur Gewährleistung des öffentlichen Personennahverkehrs, 2011; Linke-Linke/Lübbig, VO (EG) 1370/2007, 2. Aufl. 2019, Art. 3; Linke, Die Gewährleistung des Daseinsvorsorgeauftrags im öffentlichen Personenverkehr, 2010; Linke, Saxinger, Winnes, in Saxinger/Winnes, Recht des öffentlichen Personenverkehrs, Stand 12/2012, Art. 3; Otting/Olgemöller, Verbundtarife und EU-Recht, Der Nahverkehr 9/2009, 34; Saxinger/Winnes- Saxinger/Winnes/Linke, Recht des öffentlichen Personenverkehrs, VO 1370 Art. 3 Abs. 1 bis 3; Saxinger, Genehmigungen und Ausgleichsleistungen im Personenbeförderungsrecht vor dem Hintergrund der neuen VO (EG) Nr. 1370/2007, DVBl 2008, 688; Saxinger, Das Verhältnis der VO (EG) Nr. 1370/2007 zum nicht an sie angepassten deutschen Personenbeförderungsrecht, GewArch 2009, 350; Saxinger/Fischer, Die VO (EG) Nr. 1370/2007 – Der neue Rechtsrahmen für den öffentlichen Personennahverkehr, V+T 2008, 75; Saxinger, Busfernverkehre im Personenbeförderungsgesetz und in der VO (EG) Nr. 1370/2007, V+T 2010, 222; Saxinger/Wittig, Sondervergaberecht für Verkehrsdienstleistungen – Die neue EU-Verordnung, über öffentliche Personenverkehrsdienste auf Schiene und Straße, NZBau 2008, 222; Sennekamp/Fehling, Der „öffentliche Dienstleistungsauftrag" nach der neuen EG-Verordnung über Personenverkehrsdienste im System des deutschen Verwaltungs(prozess)rechts, N&R 2009, 95; Spanka, Gewährleistung des öffentlichen Personennahverkehrs durch allgemeine Vorschriften, 2019; Wachinger, Direktvergabe und Wettbewerb im Busverkehr nach der novellierten EU-Marktöffnungsverordnung, IR 2007, 265; Werres, Landestariftreuegesetze und Linienverkehrsgenehmigungen, Der Nahverkehr 6/2013, 48; Winnes, Öffentliche Auftragsvergabe im ÖPNV, VergabeR 2009, 712; Wittig/Werres, Ausgleichsleistungen: Für und Wider die allgemeine Vorschrift, Der Nahverkehr 12/2014, 30; Woll/Verhoefen, Neue Erkenntnisse für die Auslegung der VO (EG) Nr. 1370/2007?, Der Nahverkehr 3/2014, 36.

I. Bedeutung der Vorschrift

1   Abs. 1 erklärt den öffentlichen Dienstleistungsauftrag zum zentralen Instrument der VO (EG) Nr. 1370/2007, wenn Ausgleichsleistungen oder ausschließliche Rechte für die Erfüllung von gemeinwirtschaftlichen Verpflichtungen gewährt werden. Abs. 2 erlaubt abweichend von Abs. 1 die Gewährung von Ausgleichsleistungen über allgemeine Vorschriften, wenn Gegenstand der gemeinwirtschaftlichen Verpflichtung bestimmte Tarifpflichten sind. Gem. Abs. 3 können die Mitgliedstaaten allgemeine Vorschriften über die finanzielle Abgeltung von Höchsttarifen nach vorheriger Notifizierung auch ganz aus dem Anwendungsbereich der VO (EG) Nr. 1370/2007 ausnehmen. Aus der Zusammenschau folgt zwar nicht, dass iRd VO (EG) Nr. 1370/2007 andere Mittel als ein öffentlicher Dienstleistungsauftrag oder allgemeine Vorschriften ausgeschlossen sind, wenn Ausgleichsleistungen für die Erfüllung gemeinwirtschaftlicher Verpflichtungen gewährt werden sollen. Allerdings besteht dann eine Notifizierungspflicht gem. Art. 9 Abs. 2 VO (EG) Nr. 1370/2007.

II. Öffentlicher Dienstleistungsauftrag (Abs. 1)

2   Gem. Abs. 1 muss eine zuständige Behörde zum Mittel des öffentlichen Dienstleistungsauftrags greifen, wenn sie dem ausgewählten Betreiber ausschließliche

Rechte und/oder Ausgleichsleistungen gleich welcher Art für die **Erfüllung gemeinwirtschaftlicher Verpflichtungen** gewähren will. Siehe zum Begriff des öffentlichen Dienstleistungsauftrags → VO (EG) 1370/2007 Art. 2 Rn. 18 und zum Begriff des ausschließlichen Rechts → VO (EG) 1370/2007 Art. 2 Rn. 11 ff.

Die Formulierung „und/oder" in Abs. 1 bringt zum Ausdruck, dass ein ausschließliches Recht auch **neben oder zusätzlich zu einer Ausgleichsleistung** gewährt werden kann. Dahinter steckt der in der Arbeit mit der Europäischen Kommission oft gehörte gedankliche Zusammenhang, dass die Gewährung eines finanziellen Ausgleichs für gemeinwirtschaftliche Verpflichtungen zwar nicht unbedingt Beihilfenqualität haben muss, aber im Zusammenhang mit begleitenden oder flankierenden Maßnahmen zu einer Marktabschottung führen kann. 3

III. Allgemeine Vorschriften (Abs. 2)

1. Allgemeines

Gem. Art. 3 Abs. 2 S. 1 VO (EG) Nr. 1370/2007 kann anstelle eines öffentlichen Dienstleistungsauftrags eine allgemeine Vorschrift verwendet werden, wenn die auszugleichenden gemeinwirtschaftlichen Verpflichtungen sich aus der **Festsetzung von Höchsttarifen** für alle Fahrgäste oder bestimmte Gruppen von Fahrgästen ergeben. Besteht eine allgemeine Vorschrift und wird diese im konkreten Fall angewendet, entbindet dies von der Anwendung der Vergabeverfahren nach Art. 5 Abs. 2 ff. VO (EG) Nr. 1370/2007. Siehe zum Begriff der allgemeinen Vorschrift auch → VO (EG) 1370/2007 Art. 2 Rn. 24. „Allgemein" ist in Ermangelung anderweitiger Festlegungen als allgemeingültig zu verstehen. Bestehende Vertragswerke in Verbünden und Tarifgemeinschaften, die Geltung inter partes beanspruchen, sind nicht allgemein in diesem Sinne.[1] 4

2. Höchsttarif

Der **Begriff des Höchsttarifs** darf nicht zu eng ausgelegt werden. Art. 3 Abs. 2 VO (EG) Nr. 1370/2007 wurde auf ausdrückl. Drängen derjenigen Mitgliedstaaten in die VO aufgenommen, in denen es Verbund- und Gemeinschaftstarife gibt und die verhindern wollten, dass ein Betreiber eines öffentlichen Dienstes allein aufgrund des Umstands den Vergaberegeln der VO unterworfen wird, dass er einen Verbund- oder Gemeinschaftstarif anwendet. Also können die in Deutschland üblichen Ausgleichsregelungen für die Anwendung von **Verbund- und Gemeinschaftstarifen** Gegenstand von allgemeinen Vorschriften sein. Kennzeichnend für das Vorliegen eines Höchsttarifs sind somit Beförderungstarife, die entweder für sich allein oder in der Summe betrachtet wirtschaftlich nachteilig sind und nicht oder nicht vollständig durch Mehreinnahmen kompensiert werden. Art. 3 Abs. 2 S. 2 verweist zum Umfang des zulässigen Ausgleichs auf die Regelungen über den finanziellen Nettoeffekt. Solange keine Überkompensation eintritt, ist der Ausgleich aufgrund einer allgemeinen Vorschrift daher nicht auf die reinen tariflichen Mindereinnahmen beschränkt, sondern kann er auch **andere verbundbedingte Belastungen** (wie zB verbundbedingte erhöhte Vertriebs- und Regiekosten) umfassen. Die Finanzierung von reinen Betriebsleistungen über eine allgemeine Vorschrift iSv Abs. 2 oder Abs. 3 ist allerdings ausgeschlossen. Sie würde zur Umgehung der Vergabepflichten gem. Art. 5 VO (EG) Nr. 1370/2007 führen. Die von der allgemeinen Vorschrift umfassten Verkehrsdienste müssen 5

---

[1] AA Otting/Olgemöller Der Nahverkehr 9/2009, 34 (35); wie hier Ziff. 2.2.2 der Auslegungsleitlinien (→ VO (EG) 1370/2007 Einl. Rn. 40) und VG Augsburg 24.3.2015 – 3 K 13.2063, BeckRS 2015, 100053.

allerdings nicht die Form von Dienstleistungskonzessionen annehmen. Die diesbezügliche Weiche in Art. 5 Abs. 1 gilt nur für öffentliche Dienstleistungsaufträge und betrifft allein deren Vergaberegime; den Vergabe-RL geht Art. 3 Abs. 2 als lex specialis vor.

3. Ausgleichspflicht (Abs. 2 S. 2)

6 Die allgemeine Vorschrift muss gem. Art. 3 Abs. 2 S. 1 VO (EG) Nr. 1370/2007 außerdem zum Inhalt haben, dass die zuständige Behörde den Betreibern eines öffentlichen Dienstes gem. den in den Art. 4, 6 VO (EG) Nr. 1370/2007 und im Anhang festgelegten Grundsätzen eine Ausgleichsleistung gewährt. Hierbei ist eine übermäßige Ausgleichsleistung zu vermeiden. Näheres zur somit erforderlichen **Überkompensationsprüfung** regeln Art. 4 Abs. 1 lit. b VO (EG) Nr. 1370/2007 und Art. 6 Abs. 1 S. 2 VO (EG) Nr. 1370/2007 und der Anhang der VO (EG) Nr. 1370/2007. Die Gewährung einer Ausgleichsleistung ist nach dem klaren Wortlaut von Abs. 2 S. 2 verpflichtend.[2]

7 Die Ausgleichspflicht – die **keine Vollkompensation** umfassen muss – setzt allerdings eine allgemeine Vorschrift voraus. Einen Anspruch auf Erlass einer allgemeinen Vorschrift normiert Abs. 2 nicht. Die zuständige Behörde hat ein Wahlrecht zwischen dem öffentlichen Dienstleistungsauftrag gem. Abs. 1 und der allgemeinen Vorschrift gem. Abs. 2.[3]

4. Wahlrecht der zuständigen Behörde (Abs. 2 S. 3)

8 Gem. Art. 3 Abs. 2 S. 3 VO (EG) Nr. 1370/2007 können die zuständigen Behörden auch dann öffentliche Dienstleistungsaufträge vergeben, wenn sie eine allgemeine Vorschrift erlassen haben. Dies ist eine Selbstverständlichkeit, wenn Gegenstand des öffentlichen Dienstleistungsauftrags gemeinwirtschaftliche Betriebsleistungen sind, welche über eine allgemeine Vorschrift nicht abgegolten werden dürfen. Das **Wahlrecht** der zuständigen Behörde besteht aber auch dann, wenn sie dem Betreiber nur Ausgleichsleistungen für gemeinwirtschaftliche Tarifverpflichtungen im Wege eines öffentlichen Dienstleistungsauftrags gewährt. Dementsprechend gewährt Abs. 2 keinen Rechtsanspruch des Betreibers auf Erlass einer allgemeinen Vorschrift.[4]

5. Überkompensationskontrolle bei Preis-Preis-Ausgleichsparametern

9 Abs. 2 legt nach seinem Wortlaut einen Preis-Preis-Vergleich für den Ausgleichsparameter nahe. Die Europäische Kommission akzeptiert in ihrer Entscheidungspraxis Preis-Preis-Verfahren allerdings nicht, weil nicht ausgeschlossen werden kann, dass den Verkehrsunternehmen keine Überkompensation gewährt wird.[5] Erforderlich ist vielmehr ein **Nettokostenansatz** gem. Ziff. 2 des Anhangs der VO (EG) Nr. 1370/2007. Es genügt daher nicht, die Mindereinnahmen als Opportunitätskosten anzusetzen.

---

[2] EuGH 8.9.2022 – C-614/20, BeckRS 2022, 22717 Rn. 54 ff.
[3] VG Münster 24.10.2014 – 10 K 2076/12, BeckRS 2014, 57873; VG Augsburg 24.3.2015 – 3 K 13.2063, BeckRS 2015, 100053; 24.3.2015 – 3 K 15.79, BeckRS 2015, 117426; OVG NRW 24.11.2015 – 13 A 2227/14, BeckRS 2016, 44017; 24.11.2015 – 13 A 2239/14, BeckRS 2016, 44260; VG Stade 30.6.2016 – 1 A 1432/14, BeckRS 2016, 50326.
[4] BVerwG 10.10.2019 – 10 C 3.19, BeckRS 2019, 34646 = FD-StrVR 2019, 421702.
[5] Siehe dazu Entscheidung der Europäischen Kommission v. 22.1.2014 – C(2014) 133 corr., Staatliche Beihilfe SA.34155 (2013/N) (ex 2011/PN) – Deutschland, Rn. 52, Internet; mwN.

6. Gerichtliche Kontrolle von allgemeinen Vorschriften im Vergabeverfahren

Bestehende allgemeine Vorschriften sind im Vergabenachprüfungsverfahren nicht nachprüfbar. Insoweit ist der **Verwaltungsrechtsweg** eröffnet.[6]

IV. Ausnahmen vom Anwendungsbereich (Abs. 3)

Von den allgemeinen Vorschriften nach Art. 3 Abs. 2 VO (EG) Nr. 1370/2007 abzugrenzen sind die allgemeinen Vorschriften gem. Art. 3 Abs. 3 VO (EG) Nr. 1370/2007. Danach können die Mitgliedstaaten allgemeine Vorschriften über die finanzielle Abgeltung von gemeinwirtschaftlichen Verpflichtungen, die dazu dienen, Höchsttarife für Schüler, Studenten, Auszubildende und Personen mit eingeschränkter Mobilität festzulegen, aus dem Anwendungsbereich dieser Verordnung ausnehmen. Hierunter sind in Deutschland Ausgleichs- und Erstattungsregelungen wie § 45a PBefG/§ 6a AEG und § 148 SGB IX zu verstehen, die es in ähnlicher Form auch in anderen Mitgliedstaaten gibt. Allerdings unterliegen allgemeine Vorschriften gem. Art. 3 Abs. 3 VO (EG) Nr. 1370/2007 der **Notifizierungspflicht gem. Art. 108 AEUV**. Es kommt also zwangsläufig zu einer Vorabprüfung. Außerdem besteht bis zum Abschluss des Notifizierungsverfahrens ein Durchführungsverbot (Art. 108 Abs. 3 AEUV, VO (EU) 2015/1589[7]). Dies bedeutet, dass die Ausnahme vom Anwendungsbereich der VO (EG) Nr. 1370/2007 erst nach einer positiven Entscheidung der Kommission wirksam wird.

V. Allgemeine Vorschriften als bestehende Beihilfen

Bestehende allgemeine Vorschriften iSv Art. 3 Abs. 3 VO (EG) Nr. 1370/2007 sind ohne vorheriges Notifizierungsverfahren kein Anwendungsfall von Art. 3 Abs. 3 VO (EG) Nr. 1370/2007. Im Hinblick auf die Privilegierung bestehender Beihilfen gem. Art. 1 lit. b v VO (EG) Nr. 1370/2007 und Art. 21–23 VO (EU) 2015/1589 ist allerdings die Frage aufgeworfen, ob derartige bestehende Ausgleichsmechanismen überhaupt in den Anwendungsbereich der VO (EG) Nr. 1370/2007 fallen, wenn sie vor dem maßgeblichen Stichtag (1.7.1994[8]) eingeführt wurden. Beschränkt man den Zweck der Verordnung außerhalb der Vergaberegeln des Art. 5 VO (EG) Nr. 1370/2007 auf die Befreiung von der Notifizierungspflicht gem. Art. 9 Abs. 1 VO (EG) Nr. 1370/2007 und berücksichtigt man, dass bestehende Beihilfen keine Beihilfen iSd Art. 107 Abs. 1 AEUV sind, lässt sich mit guten Gründen vertreten, dass solche bestehenden allgemeinen Vorschriften nicht in den Anwendungsbereich der VO (EG) Nr. 1370/2007 fallen. Will man diesen Standpunkt nicht einnehmen, handelt es sich auch bei den seit vor dem 1.7.1994 bestehenden allgemeinen Vorschriften dann aber um allgemeine Vorschriften iSd Art. 3 Abs. 2 VO (EG) Nr. 1370/2007 und sind die diesbezüglichen Konsequenzen zu beachten.

VI. Sanktionen

Die Verletzung der Pflichten des Art. 3 VO (EG) Nr. 1370/2007 ist **nicht eigens sanktioniert.** Wird die Pflicht zur Wahl des öffentlichen Dienstleistungsauftrags

---

[6] OLG Naumburg 17.1.2014 – 2 Verg 6/13, VPRRS 2014, 0189.
[7] VO (EU) 2015/1589 über besondere Vorschriften für die Anwendung von Art. 108 AEUV, ABl. 2015 L 248, 9.
[8] Inkrafttreten der RL 92/50/EWG.

gem. Abs. 1 verletzt oder entspricht eine allgemeine Vorschrift nicht sämtlichen Voraussetzungen gem. Art. 2 lit. 1 VO (EG) Nr. 1370/2007 und Art. 3 Abs. 2 VO (EG) Nr. 1370/2007, liegt keine gem. der VO (EG) Nr. 1370/2007 gewährte Ausgleichsleistung vor, mit der Folge, dass abweichend von Art. 9 Abs. 1 VO (EG) Nr. 1370/2007 Notifizierungspflicht besteht und bis zur positiven Entscheidung der Europäischen Kommission das Durchführungsverbot gem. Art. 108 Abs. 3 AEUV zu beachten ist. Für die Ausnahme aus dem Anwendungsbereich gem. Abs. 3 gilt das ohnehin. Im Übrigen kann die Verletzung von Pflichten gem. Art. 3 VO (EG) Nr. 1370/2007 auch in einem Vertragsverletzungsverfahren gem. Art. 258 ff. AEUV geahndet werden.

Artikel 4 Obligatorischer Inhalt öffentlicher Dienstleistungsaufträge und allgemeiner Vorschriften

(1) In den öffentlichen Dienstleistungsaufträgen und den allgemeinen Vorschriften
a) sind die vom Betreiber eines öffentlichen Dienstes zu erfüllenden gemeinwirtschaftlichen Verpflichtungen, die in dieser Verordnung definiert und gemäß Artikel 2a dieser Verordnung spezifiziert sind, und die betreffenden geografischen Geltungsbereiche klar festzulegen;
b) sind zuvor in objektiver und transparenter Weise aufzustellen:
   i) die Parameter, anhand deren gegebenenfalls die Ausgleichsleistung berechnet wird, und
   ii) die Art und der Umfang der gegebenenfalls gewährten Ausschließlichkeit; dabei ist eine übermäßige Ausgleichsleistung zu vermeiden.
   Bei öffentlichen Dienstleistungsaufträgen, die nicht gemäß Artikel 5 Absatz 1, Absatz 3 oder Absatz 3b vergeben werden, werden diese Parameter so bestimmt, dass die Ausgleichsleistung den Betrag nicht übersteigen kann, der erforderlich ist, um die finanziellen Nettoauswirkungen auf die Kosten und Einnahmen zu decken, die auf die Erfüllung der gemeinwirtschaftlichen Verpflichtungen zurückzuführen sind, wobei die vom Betreiber eines öffentlichen Dienstes erzielten und einbehaltenen Einnahmen und ein angemessener Gewinn berücksichtigt werden;
c) sind die Durchführungsvorschriften für die Aufteilung der Kosten, die mit der Erbringung von Dienstleistungen in Verbindung stehen, festzulegen. Diese Kosten können insbesondere Personalkosten, Energiekosten, Infrastrukturkosten, Wartungs- und Instandsetzungskosten für Fahrzeuge des öffentlichen Personenverkehrs, das Rollmaterial und für den Betrieb der Personenverkehrsdienste erforderliche Anlagen sowie die Fixkosten und eine angemessene Kapitalrendite umfassen.

(2) In den öffentlichen Dienstleistungsaufträgen und den allgemeinen Vorschriften sind die Durchführungsvorschriften für die Aufteilung der Einnahmen aus dem Fahrscheinverkauf festzulegen, die entweder beim Betreiber eines öffentlichen Dienstes verbleiben, an die zuständige Behörde übergehen oder unter ihnen aufgeteilt werden.

(3) Die öffentlichen Dienstleistungsaufträge sind befristet und haben eine Laufzeit von höchstens zehn Jahren für Busverkehrsdienste und von höchstens 15 Jahren für Personenverkehrsdienste mit der Eisenbahn oder anderen schienengestützten Verkehrsträgern. Die Laufzeit von öffentlichen Dienstleistungsaufträgen, die mehrere Verkehrsträger umfassen, ist auf 15 Jahre beschränkt, wenn der Verkehr mit der Eisenbahn oder anderen schienengestützten Verkehrsträgern mehr als 50 % des Werts der betreffenden Verkehrsdienste ausmacht.

(4) Falls erforderlich kann die Laufzeit des öffentlichen Dienstleistungsauftrags unter Berücksichtigung der Amortisierungsdauer der Wirtschaftsgüter um höchstens 50 % verlängert werden, wenn der Betreiber eines öffentlichen Dienstes einen wesentlichen Anteil der für die Erbringung der Personenverkehrsdienste, die Gegenstand des öffentlichen Dienstleistungsauftrags sind, insgesamt erforderlichen Wirtschaftsgüter bereitstellt und diese vorwiegend an die Personenverkehrsdienste gebunden sind, die von dem Auftrag erfasst werden.

Falls dies durch Kosten, die aus der besonderen geografischen Lage entstehen, gerechtfertigt ist, kann die Laufzeit der in Absatz 3 beschriebenen öffentlichen Dienstleistungsaufträge in den Gebieten in äußerster Randlage um höchstens 50 % verlängert werden. Falls dies durch die Abschreibung von Kapital in Verbindung mit außergewöhnlichen Investitionen in Infrastruktur, Rollmaterial oder Fahrzeuge gerechtfertigt ist und der öffentliche Dienstleistungsauftrag in einem fairen wettbewerblichen Vergabeverfahren vergeben wurde, kann ein öffentlicher Dienstleistungsauftrag eine längere Laufzeit haben. Zur Gewährleistung der Transparenz in diesem Fall muss die zuständige Behörde der Kommission innerhalb von einem Jahr nach Abschluss des Vertrags den öffentlichen Dienstleistungsauftrag und die Elemente, die seine längere Laufzeit rechtfertigen, übermitteln.

(4a) Bei der Ausführung von öffentlichen Dienstleistungsaufträgen halten Betreiber eines öffentlichen Dienstes die nach dem Unionsrecht, dem nationalen Recht oder Tarifverträgen geltenden sozial- und arbeitsrechtlichen Verpflichtungen ein.

(4b) Die Richtlinie 2001/23/EG findet Anwendung auf den Wechsel des Betreibers eines öffentlichen Dienstes, wenn ein solcher Wechsel einen Unternehmensübergang im Sinne jener Richtlinie darstellt.

(5) Unbeschadet des nationalen Rechts und des Gemeinschaftsrechts, einschließlich Tarifverträge zwischen den Sozialpartnern, kann die zuständige Behörde den ausgewählten Betreiber eines öffentlichen Dienstes verpflichten, den Arbeitnehmern, die zuvor zur Erbringung der Dienste eingestellt wurden, die Rechte zu gewähren, auf die sie Anspruch hätten, wenn ein Übergang im Sinne der Richtlinie 2001/23/EG erfolgt wäre. Verpflichtet die zuständige Behörde die Betreiber eines öffentlichen Dienstes, bestimmte Sozialstandards einzuhalten, so werden in den Unterlagen des wettbewerblichen Vergabeverfahrens und den öffentlichen Dienstleistungsaufträgen die betreffenden Arbeitnehmer aufgeführt und transparente Angaben zu ihren vertraglichen Rechten und zu den Bedingungen gemacht, unter denen sie als in einem Verhältnis zu den betreffenden Diensten stehend gelten.

(6) Verpflichtet die zuständige Behörde die Betreiber eines öffentlichen Dienstes im Einklang mit nationalem Recht dazu, bestimmte Qualitäts- und Sozialstandards einzuhalten, oder stellt sie soziale und qualitative Kriterien auf, so werden diese Standards und Kriterien in die Unterlagen des wettbewerblichen Vergabeverfahrens und die öffentlichen Dienstleistungsaufträge aufgenommen. Derartige Unterlagen des wettbewerblichen Vergabeverfahrens und öffentliche Dienstleistungsaufträge müssen gegebenenfalls auch Angaben zu den Rechten und Pflichten in Bezug auf die Übernahme von Personal, das vom vorherigen Betreiber eingestellt worden war, enthalten, unter gleichzeitiger Wahrung der Richtlinie 2001/23/EG.

(7) In den Unterlagen des wettbewerblichen Vergabeverfahrens und den öffentlichen Dienstleistungsaufträgen ist transparent anzugeben, ob und in

welchem Umfang eine Vergabe von Unteraufträgen in Frage kommt. Werden Unteraufträge vergeben, so ist der mit der Verwaltung und Erbringung von öffentlichen Personenverkehrsdiensten nach Maßgabe dieser Verordnung betraute Betreiber verpflichtet, einen bedeutenden Teil der öffentlichen Personenverkehrsdienste selbst zu erbringen. Ein öffentlicher Dienstleistungsauftrag, der gleichzeitig Planung, Aufbau und Betrieb öffentlicher Personenverkehrsdienste umfasst, kann eine vollständige Übertragung des Betriebs dieser Dienste an Unterauftragnehmer vorsehen. Im öffentlichen Dienstleistungsauftrag werden entsprechend dem nationalen Recht und dem Gemeinschaftsrecht die für eine Vergabe von Unteraufträgen geltenden Bedingungen festgelegt.

(8) Öffentliche Dienstleistungsaufträge müssen den Betreiber verpflichten, der zuständigen Behörde alle für die Vergabe der öffentlichen Dienstleistungsaufträge wesentlichen Informationen zur Verfügung zu stellen; hierbei ist der legitime Schutz vertraulicher Geschäftsinformationen zu gewährleisten. Die zuständigen Behörden stellen allen interessierten Parteien relevante Informationen für die Vorbereitung eines Angebots im Rahmen eines wettbewerblichen Vergabeverfahrens zur Verfügung und gewährleisten dabei den legitimen Schutz vertraulicher Geschäftsinformationen. Dazu gehören Informationen über Fahrgastnachfrage, Tarife, Kosten und Einnahmen im Zusammenhang mit den öffentlichen Personenverkehrsdiensten, die Gegenstand des wettbewerblichen Vergabeverfahrens sind, sowie Einzelheiten der Infrastrukturspezifikationen, die für den Betrieb der erforderlichen Fahrzeuge bzw. des erforderlichen Rollmaterials relevant sind, um interessierten Parteien die Abfassung fundierter Geschäftspläne zu ermöglichen. Die Schieneninfrastrukturbetreiber unterstützen die zuständigen Behörden bei der Bereitstellung aller einschlägigen Infrastrukturspezifikationen. Die Nichteinhaltung der oben genannten Bestimmungen ist Gegenstand einer rechtlichen Überprüfung im Sinne von Artikel 5 Absatz 7.

Literatur: Barth, Neue Organisation kommunalen Nahverkehrs nach der VO (EG) Nr. 1370/2007?, Der Nahverkehr 10/2010, 24; Barth/von Baar, Eigenerbringung als vergaberechtliche Anforderung im ÖPNV, NZBau 2021, 504 ff.; Barth/Mathes, Gute Aussichten für Verkehrsmanagementgesellschaften, V+T 2022, 351 ff.; Baumeister/Klinger, Perspektiven des Vergaberechts im straßengebundenen ÖPNV durch die Novellierung der VO (EWG) Nr. 1191/69, NZBau 2005, 601; Bayreuther, Inländerdiskriminierung bei Tariftreueerklärungen im Vergaberecht, EuZW 2009, 102; Bayreuther, Konzessionsvergabe im öffentlichen Personenverkehr – Betriebsübergang durch behördliche Anordnung?, NZA 2009, 582; Bayreuther, Die Anordnung eines Betriebsübergangs bei Vergabe von Verkehrsdienstleistungen nach § 131 Abs. 3 GWB, NZBau 2016, 459; Bayreuther, Neues zum Betriebsübergang aus Erfurt und Luxemburg, NZA 2022, 1505 ff.; Berschin, VO (EG) 1370/2007, in: Münchener Kommentar Europäisches und Deutsches Wettbewerbsrecht, Band 4, Vergaberecht II, 4. Aufl. 2022, Art. 4; Berschin, Europarecht, in Barth/Baumeister/Berschin/Werner, Recht des Öffentlichen Personennahverkehrs, A 2, Loseblatt, Stand Dezember 2009; Bundschuh/Jürschik, Eigenerbringungsquote nach VO (EG) Nr. 1370/2007, Der Nahverkehr 9/2014, 46; Fehling/Niehnus, Der europäische Fahrplan für einen kontrollierten Ausschreibungswettbewerb im ÖPNV, DÖV 2008, 662; Heiß, Die neue EG-Verordnung für den öffentlichen Personenverkehr – ein Überblick unter Berücksichtigung der Situation in Deutschland, VerwArch 2009, 113; Jürschik, Verordnung über öffentliche Personenverkehrsdienste, 2. Aufl. 2022, Art. 4; Jürschik/Felger, Die „kleine" Eigenerbringungsquote, Der Nahverkehr 7+8/2022, 38 ff.; Kiepe/Mietzsch, Die neue ÖPNV-Verordnung der EU und die Auswirkungen auf das Personenbeförderungsgesetz, IR 2008, 56; Knauff, Laufzeit öffentlicher Dienstleistungsaufträge und Genehmigungsdauer im straßengebundenen ÖPNV, GewArch 2022, 96 ff.; Lehr, Beihilfen zur Gewährleistung des öffentlichen Personennahverkehrs,

Obligatorischer Inhalt   **Art. 4 VO 1370**

2011; Lenz/Jürschik, Gemeinsame Vergabe von U-Bahn-, Straßenbahn- und Busverkehren?, Der Nahverkehr 7+8/2019, 32; Lenz/Rademacher, Buslinengenehmigungen für 22,5 Jahre möglich, Der Nahverkehr 11/2015, 35; Linke-Bayreuther/Linke/Kaufmann/Prieß, VO (EG) 1370/2007, 2. Aufl. 2019, Art. 4; Linke, Die Gewährleistung des Daseinsvorsorgeauftrags im öffentlichen Personennahverkehr, 2010; Linke, Altaufträge im Personenbeförderungsrecht und die Übergangsregelung der neuen VO (EG) Nr. 1370/2007, NZBau 2010, 207; Manka/Prechtl, Keine Selbsterbringungsquote für Verkehrsmanagementgesellschaften?, Der Nahverkehr 1–2/2011, 22; Müller/Saxinger, Die Personalübernahme bei der Auftragsvergabe im Öffentlichen Personennahverkehr, V+T 2016, 463; Reidt/Glahs, Tariftreue- und Mindestentgeltpflichten von Auftragnehmern und Nachunternehmern im Öffentlichen Personennahverkehr – beispielhaft dargestellt anhand des Niedersächsischen Tariftreue- und Vergabegesetzes, VergabeR 2015, 641; Reidt/Stickler, Die Neuregelung in § 131 Abs. 3 GWB zur Arbeitnehmerübernahme im Schienenpersonennahverkehr, VergabeR 2016, 708; Ruge/von Tiling, Die Anordnung der Personalübernahme durch die Vergabestelle im Konflikt mit dem Grundgesetz, NZA 2016, 1055; Ruge/von Tiling, Die Anordnung der Personalübernahme durch die Vergabestelle im Konflikt mit dem Grundgesetz, NZA 2016, 1055; Saxinger/Winnes- Schmitz/Winnes/Faber/Dönneweg, Saxinger, Recht des öffentlichen Personenverkehrs, VO 1370 Art. 4 Abs. 1 bis 7; Saxinger/Fischer, Die VO (EG) Nr. 1370/2007 – Der neue Rechtsrahmen für den öffentlichen Personennahverkehr, V+T 2008, 75; Schmitz/Winkelhüsener, Der Öffentliche Personennahverkehr im Übergang zur VO (EG) Nr. 1370/2007: Vergaberechtliche Handlungsoptionen und deren beihilferechtliche Konsequenzen, EuZW 2011, 52; Werres, Landestariftreuegesetze und Linienverkehrsgenehmigungen, Der Nahverkehr 6/2013, 48; Wittig, Bisherige Höchstbetragsregelung contra Parametermethode, Der Nahverkehr 6/2011, 46.

Übersicht

	Rn.
I. Bedeutung der Vorschrift	1
II. Klare Definition der gemeinwirtschaftlichen Verpflichtungen (Abs. 1 lit. a)	3
III. Parameter für Ausgleichsleistungen/Ausschließlichkeit (Abs. 1 lit. b)	8
1. Ausgleichsleistungen	10
a) Begriff des Parameters	11
b) Zuvorige Aufstellung	12
c) Transparenz	13
d) Objektivität der Ausgleichsparameter	14
2. Ausschließliche Rechte	15
IV. Vermeidung der Überkompensation (Abs. 1 lit. b)	18
1. Systematischer Zusammenhang	19
2. Nachweis der Vermeidung einer Überkompensation	20
3. Zeitpunkt der Überkompensationsprüfung	21
4. Überkompensationsvorsorge durch Vergabeverfahren	22
V. Durchführungsvorschriften für die Kostenaufteilung (Abs. 1 lit. c)	23
VI. Durchführungsvorschriften für die Einnahmeaufteilung (Abs. 2)	24
VII. Befristung der öffentlichen Dienstleistungsaufträge (Abs. 3 und 4)	28
1. Grundregeln	28
2. Amortisationsbezogene Laufzeitverlängerung	31
3. Laufzeitverlängerung aus geografischen Gründen	32
4. Weitere Gründe für längere Laufzeit	33
VIII. Fingierter Betriebsübergang/Sozialstandards (Abs. 4a, 4b, 5, 6 und 8)	34
1. Rechte aus Betriebsübergang (Abs. 4a, 4b, 5 S. 1)	35
2. Festlegung der Sozialstandards (Abs. 5 S. 2)	40
3. Informationspflichten (Abs. 6 S. 1 Hs. 2, S. 2 und Abs. 8)	41

VO 1370 Art. 4 — Obligatorischer Inhalt

	Rn.
IX. Qualitätsstandards (Abs. 6 S. 1 Hs. 1)	44
X. Unteraufträge (Abs. 7)	45
1. Vergabe von Unteraufträgen und Bekanntgabe	46
2. Selbsterbringungsquote	47
3. Festlegungspflicht	50
XI. Sanktionen	51

I. Bedeutung der Vorschrift

1 Art. 4 regelt den **obligatorischen Inhalt** von öffentlichen Dienstleistungsaufträgen (Art. 3 Abs. 1) und allgemeinen Vorschriften (Art. 3 Abs. 2). Was jeweils Inhalt werden muss oder kann, hängt vom jeweiligen Ausgleichsinstrument ab: Abs. 1 und 2 gelten für öffentliche Dienstleistungsaufträge und allgemeine Vorschriften. Die übrigen Absätze gelten nur für öffentliche Dienstleistungsaufträge und dies grds. unabhängig vom angewendeten Vergabeverfahren.

2 Der Begriff „obligatorisch" ist nicht bei allen Inhalten völlig zutreffend. Die Abs. 4, 4a, 4b, 5, 6 und 8 sind konditional. Sie werden daher nur dann verpflichtend, wenn die jeweilige Bedingung für die Laufzeitverlängerung, den fingierten Betriebsübergang oder die Qualitätsstandards eintritt.

II. Klare Definition der gemeinwirtschaftlichen Verpflichtungen (Abs. 1 lit. a)

3 Abs. 1 lit. a wurde durch die VO (EU) 2016/2338 v. 14.12.2016[1] geändert. Gem. ihres Art. 2 VO (EU) 2016/2338 tritt die Änderung, welche sich auf die Spezifikationen gem. Art. 2a bezieht, am 24.12.2017 in Kraft.

4 Gem. Abs. 1 lit. a sind in den öffentlichen Dienstleistungsaufträgen und den allgemeinen Vorschriften die vom Betreiber eines öffentlichen Dienstes zu erfüllenden gemeinwirtschaftlichen Verpflichtungen und die geografischen Geltungsbereiche klar festzulegen (s. zum Begriff der gemeinwirtschaftlichen Verpflichtung Art. 2 lit. e VO (EG) 1370/2007). Abs. 1 lit. a setzt das Kriterium 1 des Altmark-Trans-Urteils des EuGH (→ VO (EG) 1370/2007 Einl. Rn. 16) um. Seit dem 24.12.2017 müssen neu vergebene gemeinwirtschaftliche Verpflichtungen gem. Art. 2a VO (EG) Nr. 1370/2007 spezifiziert sein.

5 Was eine **klare Definition** ist, lässt Abs. 1 lit. a offen. Der Intention folgend, eine rechtssichere Grenze zwischen einer verbotenen Beihilfe gem. Art. 103 AEUV und einem notifizierungsfreien Ausgleich gem. Altmark-Trans-Urteil des EuGH zu ziehen (vgl. Art. 9 Abs. 1 VO (EG) Nr. 1370/2007), kann aber nichts anderes gelten als nach Art. 4 Abs. 1 lit. b VO (EG) Nr. 1370/2007. Auch die gemeinwirtschaftlichen Verpflichtungen und geografischen Geltungsbereiche sind **vorab und transparent** festzulegen. Generalklauseln oder unscharfen Definitionen sind enge Grenzen gesetzt. Ebenso kritisch zu betrachten ist die **Gesamtbetrauung** eines Unternehmens mit seinen sämtlichen Leistungen: Auch ein stark defizitäres Unternehmen wird jedenfalls einen Teil seiner Leistungen im eigenen wirtschaftlichen Interesse oder ohne Gegenleistung erbringen können. Betrauungsakte, die dies nicht zumindest bei den Ausgleichsparametern und der zugehörigen Überkompensationsprüfung berücksichtigen, genügen den Anforderungen von Abs. 1 lit. a daher nicht.

6 **Sinn und Zweck** des Erfordernisses einer klaren Definition erschließen sich aus Rn. 91 des Altmark-Trans-Urteils des EuGH (→ VO (EG) 1370/2007 Einl.

---

[1] ABl. 2016 L 354, 22.

Rn. 16), welches einen Verlustausgleich für nachträgliche Verluste ausschließt. Für gemeinwirtschaftliche Verpflichtungen, welche überhaupt nicht definiert sind, und für wirtschaftliche Nachteile aus gemeinwirtschaftlichen Verpflichtungen außerhalb des definierten geografischen Geltungsbereichs dürfen nach Art. 4 Abs. 1 lit. a VO (EG) Nr. 1370/2007 keine Ausgleiche gewährt werden.

Systematisch besteht ein enger Zusammenhang der Vorschrift zu Abs. 1 lit. b. 7 Eine rechtssichere Grenze zwischen einer verbotenen Beihilfe gem. Art. 103 AEUV und einem notifizierungsfreien Ausgleich gem. Altmark-Trans-Urteil des EuGH (→ VO (EG) 1370/2007 Einl. Rn. 16) liegt nur dann vor, wenn zwischen gemeinwirtschaftlicher Verpflichtung, geografischem Geltungsbereich und Ausgleich ein **sachlicher innerer und kausaler Zusammenhang** besteht. Die konkrete gemeinwirtschaftliche Verpflichtung muss daher pauschal oder als Mengeneinheit Eingang finden in die Berechnung des Ausgleichs gem. Abs. 1 lit. b.

III. Parameter für Ausgleichleistungen/Ausschließlichkeit (Abs. 1 lit. b)

Abs. 1 lit. b wurde durch die VO (EU) 2016/2338 v. 14.12.2016² geändert. Gem. 8 ihres Art. 2 VO (EU) 2016/2338 ist die Änderung am 24.12.2017 in Kraft getreten.

Art. 4 Abs. 1 lit. b VO (EG) Nr. 1370/2007 regelt die formalen Voraussetzungen 9 für die Gewährung von Ausgleichsleistungen oder ausschließlichen Rechten als Gegenleistung für wirtschaftliche Nachteile aus der Erfüllung gemeinwirtschaftlicher Verpflichtungen.

1. Ausgleichsleistungen

Gem. Art. 4 Abs. 1 lit. b i VO (EG) Nr. 1370/2007 müssen die **Parameter für** 10 **die Berechnung der Ausgleichsleistungen** zuvor aufgestellt und in objektiver und transparenter Weise geregelt sein. Bei den Ausgleichsleistungen mit Gegenleistungscharakter gilt:

a) Begriff des Parameters. Ein **Parameter** ist nach mathematischer Begriff- 11 lichkeit eine Variable, also ein Platzhalter für veränderliche Zahlenwerte. Die Kommission der EU akzeptiert in ihrer Praxis zwar auch pauschale Ausgleichszahlungen. Von der Parameterpflicht befreit eine Pauschale allerdings nicht. Bei einer Pauschale ist daher ihre Berechnung offenzulegen, sonst ist die Ausgleichsberechnung nicht transparent. Auch Parameter für Gesamtbetrauungen (→ VO (EG) 1370/2007 Art. 4 Rn. 5) sind grds. zulässig. Sie müssen aber ebenfalls transparent sein. Zu den Parametern gehören auch die Umstände, die zu einer Anpassung (zB Dynamisierung) der Ausgleichsparameter führen können. Auch sie sind vorab festzulegen.

b) Zuvorige Aufstellung. Das Kriterium der **zuvorigen Aufstellung** ist nach 12 dem Altmark-Trans-Urteil des EuGH (→ VO (EG) 1370/2007 Einl. Rn. 16) erfüllt, wenn ein Verlustausgleich im Nachhinein ausgeschlossen ist. In der Regel müssen die Parameter daher spätestens mit Beginn der Erfüllung der gemeinwirtschaftlichen Verpflichtungen festgelegt sein. Eine scheinbare Ausnahme gilt bei unvorhersehbaren und unbeeinflussbaren Kostenfaktoren, wie zB vom Management nicht vorhersehbaren und nicht beeinflussbaren Ereignissen. Auch hierfür muss die Abrechnungsgrundlage aber im Voraus festgelegt werden.³ Zuvor aufgestellt sein müssen ggf. auch die Parameter für eine Anpassung der Ausgleichsparameter.

---

² ABl. 2016 L 354, 22.
³ Vgl. Entscheidung der Kommission v. 26.11.2008, ABl. 2009 L 97, 14 Rn. 70.

13 **c) Transparenz.** **Transparent** ist ein Ausgleichsparameter, wenn er aus der Sicht eines objektiven Dritten plausibel dargelegt und nachvollziehbar ist. Einheitssätze für den Ausgleich müssen daher idR mit Kosten- und Marktvergleichsdaten hinterlegt sein. Bei pauschalen Ausgleichssätzen muss die Berechnung offengelegt werden. Hierzu gehört insbes. auch die Darlegung, ob und in welchem Umfang Mehreinnahmen aus der Erfüllung der gemeinwirtschaftlichen Verpflichtung abgesetzt werden (vgl. Ziff. 2 des Anhangs der VO (EG) Nr. 1370/2007).

14 **d) Objektivität der Ausgleichsparameter.** **Objektiv** ist ein Ausgleichsparameter, wenn seine Höhe nicht vom Ausgleichsempfänger beeinflusst werden kann, sondern von externen Umständen abhängt. Sonst kann es zu einem Verlustausgleich im Nachhinein kommen. Im Regelfall kommen daher nur Einheitspreise oder Kostensätze oder nach Preisen/Sätzen berechnete Pauschalen in Betracht. Außerdem muss zwischen dem Parameter und den mit seiner Hilfe abzugeltenden gemeinwirtschaftlichen Verpflichtungen ein gewisser sachlicher innerer Zusammenhang bestehen.

2. Ausschließliche Rechte

15 Gem. Abs. 1 lit. b ii müssen Art und der Umfang der ggf. gewährten **Ausschließlichkeit** zuvor aufgestellt und in objektiver und transparenter Weise geregelt sein (s. zum Begriff des ausschließlichen Rechts Art. 2 lit. f VO (EG) Nr. 1370/2007). Die personenbeförderungs- und eisenbahnrechtlichen Genehmigungen vermitteln per se keine ausschließlichen Rechte. Abs. 1 lit. b ii kann daher nur dann zur Anwendung kommen, wenn dem Betreiber im konkreten Einzelfall zusätzlich ein ausschließliches Recht gewährt wird. Vgl. § 8a Abs. 8 PBefG und Art. 2 lit. f VO (EG) Nr. 1370/2007.

16 Bis zur Änderung durch die VO (EU) 2016/2338 stand das Gebot, dass dabei eine Überkompensation zu vermeiden ist, nach lit. ii ausgerückt, und galt somit sowohl für die Parameter für die Berechnung der Ausgleichsleistung als auch für die gewährten Ausschließlichkeitsrechte. Ab Inkrafttreten der VO (EU) 2016/2338 sind die Worte „dabei ist eine übermäßige Ausgleichsleistung zu vermeiden" direkt an Abs. 1 lit. b lit. ii (also an die ausschließlichen Rechte) angehängt, und hat daher keinen satztechnischen Bezug mehr zu Abs. 1 lit. b lit. i.

17 Materiell ergibt sich daraus allerdings keine Änderung für die Ausgleichsparameter. Denn diese unterliegen nach Art. 6 Abs. 1 VO (EG) Nr. 1370/2007 ohnehin einer **Überkompensationskontrolle** nach Maßgabe des Anhangs der VO (EG) Nr. 1370/2007. Mutmaßlich sollte durch die veränderte Satzstellung also bewirkt werden, besonders darauf hinzuweisen, dass das Nettokostenprinzip gem. Ziff. 2 des Anhangs der VO (EG) Nr. 1370/2007 auch bei ausschließlichen Rechten gilt, und dementsprechend wiederkehrend sowie nach Ende der Betrauung zu überprüfen ist.

IV. Vermeidung der Überkompensation (Abs. 1 lit. b)

18 Dass das Überkompensationsverbot nicht nur für Ausgleichsleistungen, sondern auch für ausschließliche Rechte gilt, ist nach der Änderung der Satzstellung in Abs. 1 lit. b S. 1 durch die VO (EU) 2016/2338 und der nunmehr ausdr. Zuweisung zur Gewährung von ausschließlichen Rechten gem. lit. ii geklärt.

1. Systematischer Zusammenhang

19 Näheres regelt zunächst Art. 6 Abs. 1 S. 2 VO (EG) Nr. 1370/2007: Bei öffentlichen Dienstleistungsaufträgen, die nicht gem. Art. 5 Abs. 1 S. 1, 3, 3b VO (EG)

Nr. 1370/2007 – also direkt – vergeben werden, müssen diese Parameter so bestimmt werden, dass die Ausgleichsleistung den Betrag nicht übersteigen kann, der erforderlich ist, um die **finanziellen Nettoauswirkungen** auf die Kosten und Einnahmen zu decken, die auf die Erfüllung der gemeinwirtschaftlichen Verpflichtungen zurückzuführen sind, wobei die vom Betreiber eines öffentlichen Dienstes erzielten und einbehaltenen Einnahmen und ein angemessener Gewinn berücksichtigt wird. Bei in wettbewerblichen Verfahren vergebenen öffentlichen Dienstleistungsaufträgen ist die Vermeidung einer Überkompensation also dem Markt überlassen. Bei direkt vergebenen öffentlichen Dienstleistungsaufträgen muss allerdings eine Überkompensationsprüfung stattfinden. Mit der beihilferechtlich beabsichtigten Vermeidung einer Überkompensation geht ein Verbot der Unterkompensation nicht einher.[4]

2. Nachweis der Vermeidung einer Überkompensation

Gem. Erwgr. 28 der VO (EG) Nr. 1370/2007 ist die Anwendung des Berechnungsmodells des Anhangs ein **Beweismittel** für die Vermeidung übermäßiger Ausgleichsleistungen. Hieraus ist zu schließen, dass abweichende Berechnungen zur Darlegung der Vermeidung der Überkompensation von der Kommission nicht akzeptiert werden.

3. Zeitpunkt der Überkompensationsprüfung

Eine Überkompensationsprüfung ex post reicht für die Vermeidung einer Überkompensation nicht aus. Bei Direktvergaben müssen die Kosten nach Abs. 1 lit. b vielmehr **ex ante** so berechnet werden, dass übermäßige Ausgleichsleistungen schon im Voraus vermieden werden.[5] Mindestens erforderlich ist eine veobjektivierte Schätzung.[6]

4. Überkompensationsvorsorge durch Vergabeverfahren

Bei in **wettbewerblichen Vergabeverfahren** nach Art. 5 Abs. 1, 3 VO (EG) Nr. 1370/2007 vergebenen Aufträgen ist eine Überkompensationsvorsorge regelmäßig entbehrlich. Anderes kann allerdings gelten, wenn sich die Wettbewerbsintensität als zu niedrig erweist, weil dann ohne vorherige Überprüfung nicht vom Vorliegen von Marktpreisen ausgegangen werden kann. Liegt der zuständigen Behörde in einem Vergabeverfahren nach Art. 5 Abs. 1 VO (EG) Nr. 1370/2007 oder Art. 5 Abs. 3 VO (EG) Nr. 1370/2007 nur ein Angebot vor, ist daher im Zweifel eine Prüfung des Angebotspreises nach Maßgabe des Anhangs vorzunehmen.

V. Durchführungsvorschriften für die Kostenaufteilung (Abs. 1 lit. c)

Gem. Art. 4 Abs. 1 lit. c VO (EG) Nr. 1370/2007 sind die Durchführungsvorschriften für die Aufteilung der **Kosten, die mit der Erbringung von Dienstleis-**

---

[4] So VG Münster 25.9.2014 – 10 K 2545/11, BeckRS 2015, 40032. Das Berufen auf die Auslegungsleitlinien (→ VO (EG) 1370/2007 Einl. Rn. 40) ist allerdings falsch. Denn Ziff. 2.4.8. der Auslegungsleitlinien hebt im Gegenteil darauf ab, dass die Ausgleichsleistung angemessen sein muss, um Nachteile für die zuständige Behörde, den Betreiber sowie Menge und Qualität der erbrachten öffentlichen Dienstleistungen zu vermeiden. Auch Erwgr. 11 der VO (EU) 2016/2338 hebt auf die langfristige finanzielle Tragfähigkeit der öffentlichen Personenverkehrsdienste insbes. bei direkt vergebenen öffentlichen Dienstleistungsaufträgen ab.
[5] Vgl. Erwgr. 27 der VO (EG) Nr. 1370/2007.
[6] Otting/Olgemöller Der Nahverkehr 9/2009, 34 (36).

tungen in Verbindung stehen, festzulegen. Diese Kosten können insbes. Personalkosten, Energiekosten, Infrastrukturkosten, Wartungs- und Instandsetzungskosten für Fahrzeuge des öffentlichen Personenverkehrs, das Rollmaterial und für den Betrieb der Personenverkehrsdienste erforderliche Anlagen sowie die Fixkosten und eine angemessene Kapitalrendite umfassen. Bewiesen ist die Einhaltung dieser Vorgabe, wenn den Vorgaben des Anhangs der VO (EG) Nr. 1370/2007 Rechnung getragen wird.[7] Dazu gehören in jedem Fall die Vorgaben zur Trennungsrechnung (Ziff. 5 des Anhangs). Art. 4 Abs. 1 lit. c VO (EG) Nr. 1370/2007 nennt nur Beispiele („insbesondere"). Welche Kosten bei der Aufteilung konkret getrennt ermittelt werden müssen, hängt daher vom Einzelfall ab.

VI. Durchführungsvorschriften für die Einnahmeaufteilung (Abs. 2)

24   Art. 4 Abs. 2 VO (EG) Nr. 1370/2007 enthält zwei Regelungen: Der erste Hs. verpflichtet dazu, in den öffentlichen Dienstleistungsaufträgen und den allgemeinen Vorschriften die Durchführungsvorschriften für die Aufteilung der Einnahmen aus dem Fahrscheinverkauf festzulegen. Damit sind die Regelungen der **Einnahmezuscheidung** (direktes Verfahren) oder **Einnahmeaufteilung** (indirektes Verfahren nach Schlüsseln) angesprochen. Die Kommission erachtet Einnahmezuscheidungs- und -aufteilungsregularien als probates Mittel zur Marktabschottung. Art. 4 Abs. 2 VO (EG) Nr. 1370/2007 will daher nicht nur einen wirksamen Einfluss der zuständigen Behörde auf die Einnahmezuscheidung und -aufteilung sicherstellen, sondern eine aktive Einflussnahme. Bei Einnahmezuscheidungs- und -aufteilungsverfahren, bei denen die zuständige Behörde nicht selbst Vertragspartner ist, sind nach Abs. 2 Hs. 1 wirksame Mitwirkungsrechte auszubedingen. Die zuständige Behörde muss bei bestehenden Vertragswerken überprüfen, ob die Durchführungsvorschriften den allg. Grundsätzen des EU-Rechts wie insbes. dem Grundsatz der Diskriminierungsfreiheit und den besonderen Anforderungen des Überkompensationsverbots gem. der Verordnung genügen. Bei noch abzuschließenden Vertragswerken muss die zuständige Behörde die Einhaltung dieser Grundsätze und Regularien auch dann durchsetzen, wenn sie nicht selbst Vertragspartner wird.

25   Der Begriff der **Durchführungsvorschriften** ist auf den ersten Blick unscharf. Art. 4 Abs. 2 VO (EG) Nr. 1370/2007 verpflichtet die zuständige Behörde jedoch nicht dazu, die Einnahmeaufteilung selbst vorzunehmen. Auch jahresergebnisabhängige Schwankungen des Ergebnisses der Einnahmezuscheidung und -aufteilung haben mit der Durchführung nichts zu tun. Der notwendige Einfluss der zuständigen Behörde beschränkt sich daher auf die Kernregelungen, also zB auf Regelungen, wie die Einnahmen beim Übersteig auf andere Verkehrsmittel und/oder Durchfahren mehrerer Tarifzonen aufzuteilen sind, und auf objektive und wirksame Prüfungsmechanismen sowie Bestimmungen, wie Über- und Unterzahlungen auszugleichen und zu verzinsen sind, um auch mögliche temporäre Überkompensationen rückgängig zu machen.

26   Es ist weder in der Praxis noch nach der VO (EG) Nr. 1370/2007 zwingend, dass die zuständige Behörde selbst (Vertrags-)Partner der Einnahmeaufteilung ist. Einer Vorgabe der Durchführungsvorschriften steht es daher iErg gleich, wenn diese nicht ohne Zustimmung der zuständigen Behörde geändert werden können, vorausgesetzt, die zuständige Behörde ist ihrer Prüfungs- oder Hinwirkungspflicht nachgekommen.

27   Der zweite Hs. lässt es zu, dass die Einnahmen aus dem Fahrscheinverkauf entweder beim Betreiber eines öffentlichen Dienstes verbleiben **(Nettovertrag)**, an die

---

[7] Vgl. Erwgr. 28 der VO (EG) Nr. 1370/2007.

zuständige Behörde übergehen (**Bruttovertrag**) oder unter ihnen aufgeteilt werden (**Bonus-Malus-Vertrag**). Er erklärt damit die heute in Deutschland gängigen Vertragsgestaltungen über die Tragung des Marktrisikos ohne Ausnahmen für zulässig. Für die steuerliche Anerkennung der Tragung des Marktrisikos durch die zuständige Behörde oder die von ihr insoweit benannte andere Stelle schafft Art. 4 Abs. 2 Hs. 2 VO (EG) Nr. 1370/2007 kein Präjudiz. Diese bestimmt sich unverändert nach nationalem Steuerrecht. Die Ausgestaltung als Nettovertrag oder Bruttovertrag kann beim öffentlichen Dienstleistungsauftrag präjudiziell für die Anwendung der EU-Vergaberichtlinien sein (vgl. Art. 5 Abs. 1 VO (EG) Nr. 1370/2007). Aus demselben Grund setzt auch eine allgemeine Vorschrift grds. ein Netto-Verhältnis voraus.

VII. Befristung der öffentlichen Dienstleistungsaufträge (Abs. 3 und 4)

1. Grundregeln

Gem. Abs. 3 sind die öffentlichen Dienstleistungsaufträge befristet und haben eine Laufzeit von höchstens **zehn Jahren** für Busverkehrsdienste und von höchstens **15 Jahren** für Personenverkehrsdienste mit der Eisenbahn (Ausnahme: Art. 5 Abs. 6 S. 2 VO (EG) Nr. 1370/2007) oder anderen schienengestützten Verkehrsträgern. Hintergrund der Vorschrift ist, dass Langzeitverträge bewirken können, dass der Markt länger als erforderlich geschlossen bleibt, wodurch sich die Vorteile des Wettbewerbsdrucks verringern. Um den Wettbewerb möglichst wenig zu verzerren und gleichzeitig die Qualität der Dienste sicherzustellen, müssen öffentliche Dienstleistungsaufträge daher befristet sein.[8] Die unterschiedlichen Höchstlaufzeiten für Bus- und Schienenpersonenverkehrsdienste dürften durch unterschiedlich hohe Investitionsschutzinteressen intendiert sein, werden diesen aber wegen der unterschiedlichen gewöhnlichen Nutzungsdauern von Bussen und Eisenbahnfahrzeugen allenfalls grob gerecht. 28

Merkmal für einen **schienengestützten Verkehrsträger** ist der **Adhäsionsantrieb**. Spurbusse sind genauso wenig schienengestützt wie Magnetbahnen, für beide gilt daher grds. eine zehnjährige Höchstlaufzeit, wenn nicht eine Verlängerung nach Art. 4 Abs. 3 VO (EG) Nr. 1370/2007 in Betracht kommt. 29

Die **Laufzeit** von öffentlichen Dienstleistungsaufträgen, die **mehrere Verkehrsträger** (also Bus und Schienenbahnen) umfassen, ist auf 15 Jahre beschränkt, wenn der Verkehr mit der Eisenbahn oder anderen schienengestützten Verkehrsträgern mehr als 50 % des Werts der betreffenden Verkehrsdienste ausmacht. Dies setzt für gewöhnlich voraus, dass der Betreiber der unterschiedlichen Verkehrsträger derselbe ist, wenn nicht besondere Gründe der Vertragsgestaltung den (anderen) Betreiber des Busdienstes am Investitionsrisiko des schienengestützten Verkehrs partizipieren lassen oder integrierte öffentliche Personenverkehrsdienste iSd Art. 2 lit. m VO (EG) Nr. 1370/2007 vorliegen. Betreibt ein Betreiber neben Busverkehr schienengestützten Verkehr wie insbes. Straßenbahn- oder Stadtbahnverkehr, kann auch die Laufzeit für Busverkehrsdienste auf 15 Jahre festgelegt werden. Art. 4 Abs. 3 VO (EG) Nr. 1370/2007 verlangt einen gleichen Endzeitpunkt für die Busverkehrsdienste und den schienengestützten Verkehr („mehrere umfassen") und gilt nicht für direkt vergebene öffentliche Dienstleistungsaufträge im Eisenbahnverkehr (Art. 5 Abs. 6 S. 2 VO (EG) Nr. 1370/2007). Der Begriff des Werts ist in Art. 2 lit. k VO (EG) Nr. 1370/2007 beschrieben. Es kommt für den Anteil des schienengestützten Verkehrs somit nicht auf die Laufleistung, sondern auf den Auftragswert an. 30

---

[8] Vgl. Erwgr. 15 der VO (EG) Nr. 1370/2007.

2. Amortisationsbezogene Laufzeitverlängerung

31 Gem. Abs. 4 S. 1 VO (EG) Nr. 1370/2007 kann die Laufzeit des öffentlichen Dienstleistungsauftrags unter Berücksichtigung der **Amortisierungsdauer** der Wirtschaftsgüter um höchstens 50 % verlängert werden. Voraussetzung dafür ist, dass der Betreiber des öffentlichen Dienstes einen wesentlichen Anteil der für die Erbringung der Personenverkehrsdienste des öffentlichen Dienstleistungsauftrages insges. erforderlichen Wirtschaftsgüter bereitstellt und dass diese vorwiegend an die Personenverkehrsdienste gebunden sind, die von dem Auftrag erfasst werden. Gem. Erwgr. 15 kann diese Auftragsverlängerung auch davon abhängig gemacht werden, dass die Verkehrsteilnehmer die Dienstleistung positiv aufnehmen. Die Verlängerung kann also auch Gegenstand einer Option (Anreizregelung) sein. Obergrenze für eine Verlängerung ist aber in jedem Fall die Amortisierungsdauer der für den Personenverkehrsdienst wesentlichen Wirtschaftsgüter, die also länger sein muss als zehn bzw. 15 Jahre.[9] Bei den 50 % handelt es sich um eine Obergrenze für die Verlängerung, die nicht schematisch herangezogen werden kann. Erforderlich ist vielmehr in jedem Einzelfall eine Abzinsungsrechnung, aus welcher folgt, dass auch nach einer Verlängerung der Laufzeit die Investitionen des Betreibers nicht vollständig abgezinst sind. Abs. 4 S. 1 ist auch bei direkt vergebenen öffentlichen Dienstleistungsaufträgen im Eisenbahnverkehr anwendbar (Art. 5 Abs. 6 S. 2 VO (EG) Nr. 1370/2007).

3. Laufzeitverlängerung aus geografischen Gründen

32 Gem. Abs. 4 S. 2 VO (EG) Nr. 1370/2007 kann die Laufzeit der gem. Abs. 3 beschriebenen öffentlichen Dienstleistungsaufträge in den Gebieten in äußerster Randlage um höchstens 50 % verlängert werden, falls dies durch Kosten gerechtfertigt ist, die aus der **besonderen geografischen Lage** entstehen. Die in Betracht kommenden Gebiete in äußerster Randlage sind in Art. 349 AEUV genannt. Sie sind für Deutschland ohne Relevanz. Bei den berücksichtigungsfähigen Kosten muss es sich nicht zwangsläufig um Abschreibungen auf Investitionen handeln. Sonst wäre die Regelung neben der des Abs. 5 S. 1 entbehrlich. Es müssen aber signifikant erhöhte Kosten vorliegen. Allein das Erbringen von Personenverkehrsdiensten in Gebieten äußerster Randlage rechtfertigt eine Laufzeitverlängerung nicht. Abs. 4 S. 2 ist auch bei direkt vergebenen öffentlichen Dienstleistungsaufträgen im Eisenbahnverkehr anwendbar (Art. 5 Abs. 6 S. 2 VO (EG) Nr. 1370/2007).

4. Weitere Gründe für längere Laufzeit

33 Gem. Abs. 4 S. 3 kann ein öffentlicher Dienstleistungsauftrag auch eine über vorstehende Regelungen hinausgehende längere Laufzeit haben. Hierfür müssen zwei Voraussetzungen erfüllt sein. *Erstens* muss die längere Laufzeit durch die **Abschreibung von Kapital** iVm außergewöhnlichen Investitionen in Infrastruktur, Rollmaterial oder Fahrzeuge gerechtfertigt sein. Außergewöhnliche Investitionen liegen vor, wenn es jeweils um hohe Mittelbeträge geht.[10] *Zweitens* muss der öffentliche Dienstleistungsauftrag in einem **fairen wettbewerblichen Vergabeverfahren** − also in einem Verfahren nach Art. 5 Abs. 1 VO (EG) Nr. 1370/2007 oder Art. 5 Abs. 3 VO (EG) Nr. 1370/2007 − vergeben worden sein. Zur Gewährleistung der Transparenz muss die zuständige Behörde der Kommission in einem solchen Fall nach Abs. 4 S. 4 außerdem innerhalb eines Jahres nach Abschluss des Vertrags den öffentlichen Dienstleistungsauftrag und die Elemente, die seine längere Laufzeit rechtfertigen, übermitteln. Dieses zweite Erfordernis läuft faktisch auf eine Notifizierungspflicht gem. Art. 108 Abs. 3 AEUV hinaus, die tunlichst im Vorfeld des wettbe-

---

[9] Vgl. Erwgr. 15 der VO (EG) Nr. 1370/2007.
[10] Vgl. Erwgr. 15 der VO (EG) Nr. 1370/2007.

werblichen Vergabeverfahrens zu erfüllen ist, da eine Versagung der Notifizierung nach der Zuschlagserteilung zu einer für die zuständige Behörde teuren Anpassung der Vertragslaufzeit führen kann. Fraglich ist, welche Folgen die Verletzung der Übermittlungspflicht nach sich zieht. Da die Vorschrift nur eine ex-post-Kontrolle nach erfolgtem Vertragsschluss vorsieht, auch ansonsten nicht als Verbotsnorm ausgestaltet ist und nicht der Durchsetzung des Beihilfeverbots dient, sondern nur eine Kontrolle der durch die Verlängerung bewirkten Marktabschottung erlauben soll, führt eine Verletzung der Übermittlungspflicht nicht zur Nichtigkeit der Betrauung.

VIII. Fingierter Betriebsübergang/Sozialstandards (Abs. 4a, 4b, 5, 6 und 8)

Abs. 4a, 4b, 6 S. 2, 8 wurden durch die VO (EU) 2016/2338 v. 14.12.2016[11] in die VO (EG) Nr. 1370/2007 eingefügt. Gem. ihres Art. 2 sind die Regelungen am 24.12.2017 in Kraft getreten. Abs. 4a, 4b, 5, 6 und 8 regeln die Einbeziehung von Arbeitnehmerrechten und Sozialstandards in einen öffentlichen Dienstleistungsauftrag. 34

1. Rechte aus Betriebsübergang (Abs. 4a, 4b, 5 S. 1)

Gem. Abs. 4a halten Betreiber bei der Ausführung von öffentlichen Dienstleistungsaufträgen eines öffentlichen Dienstes die nach dem Unionsrecht, dem nationalen Recht oder Tarifverträgen geltenden sozial- und arbeitsrechtlichen Verpflichtungen ein. Abs. 4a enthält allerdings nicht auch die Verpflichtung, einem Tarifvertrag beizutreten. 35

Gem. Abs. 4b findet die RL 2001/23/EG Anwendung auf den Wechsel des Betreibers eines öffentlichen Dienstes, wenn ein solcher Wechsel ein Unternehmensübergang iS jener RL darstellt. Dieser Verweis ist nicht konstitutiv, sondern deklaratorisch. Abs. 4b fingiert keinen Betriebsübergang, sondern setzt ihn voraus. 36

Gem. Abs. 5 S. 1 kann die zuständige Behörde den ausgewählten Betreiber eines öffentlichen Dienstes verpflichten, den Arbeitnehmern, die zuvor zur Erbringung der Dienste eingestellt wurden, die Rechte zu gewähren, auf die sie einen Anspruch hätten, wenn ein Übergang iSd RL 2001/23/EG[12] erfolgt wäre. Dieses Ermessen ist allerdings nur unbeschadet des nationalen Rechts, des Unionsrechts und der Tarifverträge zwischen den Sozialpartnern eröffnet. Dies bedeutet, dass bei Vorliegen eines Betriebsübergangs nach § 613a BGB oder nach der RL 2001/23/EG deren jeweilige Rechtsfolgen zwingend eintreten und diesbezügliche Regelungen in Tarifverträgen ebenfalls zwingend anzuwenden sind. Hieraus folgt zugleich, dass für die Anwendung des Abs. 5 S. 1 **nicht sämtliche Tatbestandsmerkmale eines Betriebsübergangs erfüllt** sein müssen.[13] Anderenfalls wäre die Regelung ohne Anwendungsbereich. Bei den Rechten aus der RL handelt es sich insbes. um 37
- die Übernahme aller zum alten Betreiber bestehenden Arbeitsverträge – das Widerspruchsrecht der Arbeitnehmer gem. § 613a Abs. 6 BGB muss dann entsprechend angewendet werden, um die Privatautonomie der Arbeitnehmer zu schützen;
- die gesamtschuldnerische Haftung des neuen und vorherigen Betreibers für die vor der Auftragserteilung entstandenen Verpflichtungen, sofern die nationale

---

[11] ABl. 2016 L 354, 22.
[12] RL 2001/23/EG v. 12.3.2001 zur Angleichung von Rechtsvorschriften der Mitgliedstaaten über die Wahrung von Ansprüchen der Arbeitnehmer beim Übergang von Unternehmen, Betrieben oder Unternehmens- oder Betriebsteilen, ABl. 2001 L 82, 16.
[13] LAG RhPf 1.2.2016 – 3 Sa 257/15, BeckRS 2016, 68973.

Rechtsordnung dies vorsieht – s. dazu § 613a Abs. 2 BGB; dies zwingt die zuständige Behörde jedenfalls bei wettbewerblichen Vergabeverfahren dazu, in den Verfahrensunterlagen auch anzugeben, um welche Verpflichtungen es sich hierbei handelt;
- die Aufrechterhaltung kollektivrechtlicher Arbeitsbedingungen bis zu deren Ersetzung oder Beendigung; auch diesbzgl. muss die zuständige Behörde in wettbewerblichen Vergabeverfahren informieren (Abs. 5 S. 2 aE).

38 **Zusätzliche Verpflichtungen** sind möglich. Sie müssen sich jedoch iRd RL 2001/23/EG halten oder aus nationalem Recht ergeben. Missverständlich ist insoweit Erwgr. 17 der VO (EG) Nr. 1370/2007, wonach soziale Kriterien festgelegt werden können, die bspw. an Regelungen in Kollektivvereinbarungen anknüpfen. Diese Erwägung ist jedoch ausschl. im Zusammenhang zu Abs. 6 und damit mit den Qualitätsstandards zu sehen. Den nach Abs. 5 S. 1 durch die RL 2001/23/EG gesteckten Rahmen vermag sie nicht zu erweitern. Anderes gilt für zusätzliche Verpflichtungen, welche sich aus nationalen Rechts- und Verwaltungsvorschriften oder aus zwischen den Sozialpartnern nach nationalem Recht bestehenden kollektivrechtlichen Vereinbarungen ergeben.[14] Ob Abs. 5 S. 2 auch zB eine Tariftreueerklärung zulässt,[15] richtet sich also ausschl. nach nationalem Recht und nicht nach der VO (EG) Nr. 1370/2007.

39 Abs. 5 schützt die beim bisherigen Betreiber beschäftigten Arbeitnehmer im gegebenen Fall vor Massenentlassungen. Nicht dagegen soll der bisherige Betreiber vor einer Belastung durch Arbeitnehmer geschützt werden, die aufgrund der Neuvergabe eines Auftrags nicht mehr beim bisherigen Betreiber eingesetzt werden können.[16]

2. Festlegung der Sozialstandards (Abs. 5 S. 2)

40 Abs. 5 S. 2 regelt keine eigenständige Befugnis zur Festlegung von Sozialstandards, sondern ist nur die Ausführungsvorschrift zu S. 1. Verpflichtet die zuständige Behörde die Betreiber eines öffentlichen Dienstes, bestimmte Sozialstandards einzuhalten, müssen in den Unterlagen des wettbewerblichen Vergabeverfahrens und den öffentlichen Dienstleistungsaufträgen die betreffenden Arbeitnehmer aufgeführt und transparente Angaben zu ihren vertraglichen Rechten und zu den Bedingungen, unter denen sie als in einem Verhältnis zu den betreffenden Diensten stehend gelten, gemacht werden. Der letzte Satzteil stellt indessen nicht auf die (nachweisbare) Zugehörigkeit zu einem Betrieb oder Betriebsteil ab, sondern würde nach seinem Wortlaut auch die (fiktive) Gleichstellung als zugehöriger Arbeitnehmer erlauben. Da Abs. 5 S. 2 eine **bloße Ausführungsvorschrift** ist, findet diese scheinbare Erweiterung ihre Grenze allerdings in S. 1 und der RL 2001/23/EG. Mehr als die Richtlinie den Arbeitnehmern an Rechten zugesteht, kann die zuständige Behörde ihnen auch iR eines fingierten Betriebsübergangs nicht einräumen. Erwgr. 17 der VO (EG) Nr. 1370/2007, wonach die zuständigen Behörden soziale Normen vorschreiben können, um das Risiko des Sozialdumpings zu verhindern, findet hierin ebenfalls seine Grenze. Auch soziale Normen sind iRd Sozialstandards nach Abs. 5 S. 2 nur zulässig, soweit sie von der RL 2001/23/EG abgedeckt sind.

3. Informationspflichten (Abs. 6 S. 1 Hs. 2, S. 2 und Abs. 8)

41 Wenn die zuständige Behörde die Betreiber eines öffentlichen Dienstes im Einklang mit nationalem Recht dazu verpflichtet, bestimmte Qualitäts- und Sozialstan-

---

[14] Vgl. Erwgr. 16 der VO (EG) Nr. 1370/2007.
[15] Linke-Bayreuther Art. 4 Rn. 58 ff.
[16] VK Schleswig-Holstein 12.5.2016 – VK-SH 05/16, VPRRS 2016, 0354.

dards einzuhalten, oder stellt sie soziale und qualitative Kriterien auf, so werden diese Standards und Kriterien gem. Abs. 6 S. 1 Hs. 1 in die Unterlagen des wettbewerblichen Vergabeverfahrens und die öffentlichen Dienstleistungsaufträge aufgenommen. Derartige **Unterlagen des wettbewerblichen Vergabeverfahrens** und öffentliche Dienstleistungsaufträge müssen ggf. auch Angaben zu den Rechten und Pflichten in Bezug auf die Übernahme von Personal, das vom vorherigen Betreiber eingestellt worden war, enthalten, unter gleichzeitiger Wahrung der RL 2001/23/ EG.

Eine diesbezügliche gesetzliche Verpflichtung besteht in Deutschland nur für 42 Schienenpersonenverkehrsdienste. Wegen der Anwendungsprobleme ist auf § 131 GWB zu verweisen.

Gem. Abs. 8 müssen öffentliche Dienstleistungsaufträge den Betreiber ver- 43 pflichten, der zuständigen Behörde alle für die Vergabe der öffentlichen Dienstleistungsaufträge **wesentlichen Informationen zur Verfügung** zu stellen; hierbei ist der legitime Schutz vertraulicher Geschäftsinformationen zu gewährleisten. Die zuständigen Behörden stellen allen interessierten Parteien relevante Informationen für die Vorbereitung eines Angebots iR eines wettbewerblichen Vergabeverfahrens zur Verfügung und gewährleisten dabei den legitimen Schutz vertraulicher Geschäftsinformationen. Dazu gehören Informationen über Fahrgastnachfrage, Tarife, Kosten und Einnahmen im Zusammenhang mit den öffentlichen Personenverkehrsdiensten, die Gegenstand des wettbewerblichen Vergabeverfahrens sind, sowie Einzelheiten der Infrastrukturspezifikationen, die für den Betrieb der erforderlichen Fahrzeuge bzw. des erforderlichen Rollmaterials relevant sind, um interessierten Parteien die Abfassung fundierter Geschäftspläne zu ermöglichen. Die Schieneninfrastrukturbetreiber unterstützen die zuständigen Behörden bei der Bereitstellung aller einschlägigen Infrastrukturspezifikationen. Die Nichteinhaltung der oben genannten Bestimmungen ist Gegenstand einer rechtlichen Überprüfung iSv Art. 5 Abs. 7 VO (EG) Nr. 1370/2007.

IX. Qualitätsstandards (Abs. 6 S. 1 Hs. 1)

Gem. Abs. 6 S. 1 Hs. 1 kann die zuständige Behörde die Betreiber eines öffent- 44 lichen Dienstes im Einklang mit nationalem Recht dazu verpflichten, bestimmte Qualitätsstandards einzuhalten. Geschieht dies, werden diese Standards in die Unterlagen des wettbewerblichen Vergabeverfahrens und die öffentlichen Dienstleistungsaufträge aufgenommen. Diese Vorschrift räumt der zuständigen Behörde zwar ein **Ermessen** bei der Verpflichtung zur Einhaltung von Qualitätsstandards ein. Dieses Ermessen darf jedoch nur im Einklang mit dem nationalen Recht ausgeübt werden, so dass sich letztlich nach nationalem Recht bestimmt, was an Qualitätsstandards vorgegeben werden darf. Während die Entwürfe der Kommission v. 26.7.2000 und v. 21.2.2002 noch vorsahen, bestimmte Mindestkriterien verbindlich vorzugeben, hat abgesehen vom national eingeräumten Ermessen nichts hiervon Eingang in die VO (EG) Nr. 1370/2007 gefunden. Die Befugnisse der zuständigen Behörden zur Festlegung von Qualitätsstandards bestimmen sich daher nicht nach der VO (EG) Nr. 1370/2007, sondern ausschl. nach nationalem Recht. Dies folgt auch aus Erwgr. 17 der VO (EG) Nr. 1370/2007, der das Subsidiaritätsprinzip ausdr. betont. EU-rechtlich vorgegeben ist durch die VO lediglich die Aufrechterhaltung der kostenrelevanten Qualität, deren Veränderung den finanziellen Nettoeffekt gem. Ziff. 2 des Anhangs der VO (EG) Nr. 1370/2007 beeinflussen kann. Dies ist bei Direktvergaben iR einer Prüfung des Anhangs sicherzustellen (Art. 6 Abs. 1 S. 2 VO (EG) Nr. 1370/2007; s. auch Ziff. 7 des Anhangs der VO (EG) Nr. 1370/2007).

X. Unteraufträge (Abs. 7)

45 Abs. 7 regelt die Vergabe von Unteraufträgen. Diese ist insbes. bei **Direktvergaben an einen internen Betreiber** gem. Art. 5 Abs. 2 VO (EG) Nr. 1370/2007 von Bedeutung.[17] S. 1 regelt hierzu die Bekanntmachungspflichten, S. 2 die Selbsterbringungsquote, S. 3 die Aufgabenverteilung zwischen Betrieb einerseits und Planung und Aufbau der öffentlichen Personenverkehrsdienste und S. 4 das Verfahren zur Vergabe von Unteraufträgen. Abs. 7 gilt auch, wenn Aufträge nach Art. 5 Abs. 1 S. 2 VO (EG) Nr. 1370/2007 nach den Vergaberichtlinien vergeben werden.[18]

1. Vergabe von Unteraufträgen und Bekanntgabe

46 Abs. 7 anerkennt das Recht des betrauten Betreibers, Unteraufträge zu vergeben. Gem. Erwgr. 14 der VO (EG) Nr. 1370/2007 können neben dem eigentlichen Betrieb des Verkehrsdienstes „eine Reihe von Tätigkeiten und Funktionen zu geben sein, bei denen es den zuständigen Behörden freigestellt sein muss, sie selbst auszuführen oder ganz oder teilweise Dritten anzuvertrauen". **Grenze** ist allerdings die diesbezügliche **Vorgabe in den Unterlagen** des wettbewerblichen Vergabeverfahrens oder in dem öffentlichen Dienstleistungsauftrag – sehen diese keine Untervergabe vor, ist bei einer Unterauftragsvergabe zumindest Art. 6 Abs. 1 VO (EG) Nr. 1370/2007 und der Anhang der VO (EG) Nr. 1370/2007 erneut zu prüfen. Gem. Erwgr. 19 kann die Vergabe von Unteraufträgen zu einem effizienteren öffentlichen Personenverkehr beitragen und ermöglicht die Beteiligung weiterer Unternehmen neben dem Betreiber eines öffentlichen Dienstes, der den öffentlichen Dienstleistungsauftrag erhalten hat. Abs. 7 hat daher – insbes. im Falle der Direktvergabe an einen internen Betreiber – die Erhaltung der Anbietervielfalt zum Ziel. Auch im Hinblick auf eine bestmögliche Nutzung öffentlicher Gelder sollten die zuständigen Behörden daher die Bedingungen für die Vergabe von Unteraufträgen bzgl. ihrer öffentlichen Personenverkehrsdienste festlegen können. Gem. Erwgr. 19 der VO (EG) Nr. 1370/2007 sollte es einem Unterauftragnehmer außerdem erlaubt sein, an wettbewerblichen Vergabeverfahren im Zuständigkeitsgebiet aller zuständigen Behörden teilzunehmen. Die einem internen Betreiber nach Art. 5 Abs. 2 lit. b, c VO (EG) Nr. 1370/2007 auferlegten Konkurrenzverbote gelten für Subunternehmer daher nicht. Die Konditionen der Unterauftragsvergabe sind in den Unterlagen des wettbewerblichen Vergabeverfahrens und den öffentlichen Dienstleistungsaufträgen transparent festzulegen (Abs. 7 S. 2).

2. Selbsterbringungsquote

47 Werden Unteraufträge vergeben, so ist nach Abs. 7 S. 2 der mit der Verwaltung und Erbringung von öffentlichen Personenverkehrsdiensten nach Maßgabe dieser Verordnung betraute Betreiber verpflichtet, einen bedeutenden Teil der öffentlichen Personenverkehrsdienste selbst zu erbringen. Abs. 7 S. 2 bezweckt, Betreiber von der Vergabe von öffentlichen Dienstleistungsaufträgen auszuschließen, welche den Betrieb der öffentlichen Personenverkehrsdienste nur pro forma erbringen. Der **Begriff „bedeutender Teil"** ist weder in Abs. 7 S. 2 noch an anderer Stelle definiert. Ein öffentlicher Dienstleistungsauftrag, der gleichzeitig Planung, Aufbau und Betrieb öffentlicher Personenverkehrsdienste umfasst, kann gem. Abs. 7 S. 3 allerdings eine vollständige Übertragung des Betriebs dieser Dienste an Unterauftragnehmer vorsehen. Daraus folgt, dass der „bedeutende Teil" der Personenverkehrsdienste schon dann selbst erbracht wird, wenn die Eigenerbringung sich auf Planung und

---

[17] Vgl. Erwgr. 19 der VO (EG) Nr. 1370/2007.
[18] EuGH 27.10.2016 – C-292/15, NZBau 2017, 48.

Aufbau des Personenverkehrsdienstes beschränkt. Eine rein steuerrechtlich intendierte Übertragung der Betriebsführung auf die zuständige Behörde genügt dagegen nicht. Diese muss vielmehr auch Regieaufgaben im üblichen Umfang (mindestens Fahrplangestaltung und Management sowie zentrale Vertriebsaufgaben) umfassen.

Bei der Festlegung der Unterauftragnehmerquote ist der zuständigen Behörde 48 Ermessen eingeräumt, welches bei einer Selbsterbringungsquote von 70 % nicht überschritten ist.[19]

Um Selbsterbringung iSv Abs. 7 S. 2 handelt es sich auch dann, wenn öffentliche 49 Personenverkehrsdienste von **Subunternehmen** erbracht werden, welche **im vollständigen Anteilseigentum des Betreibers** stehen.[20] Eine Beteiligung Dritter am Subunternehmen ist für die Selbsterbringung jedoch schädlich, weil anderenfalls Umgehungsmöglichkeiten eröffnet wären.[21]

3. Festlegungspflicht

Art. 4 Abs. 7 S. 4 VO (EG) Nr. 1370/2007 verlangt es, im öffentlichen Dienst- 50 leistungsauftrag entspr. dem nationalen Recht und dem Unionsrecht die für eine **Vergabe von Unteraufträgen geltenden Bedingungen** festzulegen. Hiermit sind die vergaberechtlichen Pflichten gemeint. Unteraufträge unterliegen oberhalb der Schwellenwerte als Dienstleistungsaufträge der EU-weiten Ausschreibungspflicht.

XI. Sanktionen

Die Verletzung der Pflichten des Art. 4 VO (EG) Nr. 1370/2007 ist **nicht eigens** 51 **sanktioniert.** Wird der obligatorische Inhalt eines öffentlichen Dienstleistungsauftrags nicht vollständig erfüllt oder liegen die Voraussetzungen für eine verlängerte Laufzeit nicht vor oder werden die Veröffentlichungspflichten gem. Abs. 5–7 nicht erfüllt, liegt keine gem. der VO (EG) Nr. 1370/2007 gewährte Ausgleichsleistung vor, mit der Folge, dass abw. von Art. 9 Abs. 1 VO (EG) Nr. 1370/2007 Notifizierungspflicht besteht und bis zur positiven Entscheidung der Europäischen Kommission das Durchführungsverbot gem. Art. 108 Abs. 3 AEUV zu beachten ist. Im Übrigen kann die Verletzung von Pflichten gem. Art. 4 VO (EG) Nr. 1370/2007 auch in einem Vertragsverletzungsverfahren gem. Art. 258 ff. AEUV geahndet werden.

Artikel 5 Vergabe öffentlicher Dienstleistungsaufträge

(1) **Öffentliche Dienstleistungsaufträge werden nach Maßgabe dieser Verordnung vergeben. Dienstleistungsaufträge oder öffentliche Dienstleistungsaufträge gemäß der Definition in den Richtlinien 2004/17/EG oder 2004/18/EG für öffentliche Personenverkehrsdienste mit Bussen und Straßenbahnen werden jedoch gemäß den in jenen Richtlinien vorgesehenen Verfahren vergeben, sofern die Aufträge nicht die Form von Dienstleistungskonzessionen im Sinne jener Richtlinien annehmen. Werden Aufträge nach den Richtlinien 2004/17/EG oder 2004/18/EG vergeben, so sind die Absätze 2 bis 6 des vorliegenden Artikels nicht anwendbar.**

---

[19] EuGH 27.10.2016 – C-292/15, NZBau 2017, 48.
[20] OLG Düsseldorf 19.2.2020 – VII-Verg 2/19, BeckRS 2020, 2260 = VergabeR 2020, 783 ff., 791 ff.
[21] Siehe zu weiteren Facetten der Beauftragung von Subunternehmen OLG Düsseldorf 30.1.2013 – VII-Verg 56/12, NZBau 2013, 327.

(2) Sofern dies nicht nach nationalem Recht untersagt ist, kann jede zuständige örtliche Behörde – unabhängig davon, ob es sich dabei um eine einzelne Behörde oder eine Gruppe von Behörden handelt, die integrierte öffentliche Personenverkehrsdienste anbietet – entscheiden, selbst öffentliche Personenverkehrsdienste zu erbringen oder öffentliche Dienstleistungsaufträge direkt an eine rechtlich getrennte Einheit zu vergeben, über die die zuständige örtliche Behörde – oder im Falle einer Gruppe von Behörden wenigstens eine zuständige örtliche Behörde – eine Kontrolle ausübt, die der Kontrolle über ihre eigenen Dienststellen entspricht.

Im Falle öffentlicher Schienenpersonenverkehrsdienste kann die im ersten Unterabsatz genannte Gruppe von Behörden ausschließlich aus zuständigen örtlichen Behörden bestehen, deren geografischer Zuständigkeitsbereich sich nicht auf das gesamte Staatsgebiet erstreckt. Der in Unterabsatz 1 genannte öffentliche Personenverkehrsdienst oder öffentliche Dienstleistungsauftrag darf nur den Verkehrsbedarf städtischer Ballungsräume und ländlicher Gebiete oder beides decken.

Fasst eine zuständige örtliche Behörde diesen Beschluss, so gilt Folgendes:
a) Um festzustellen, ob die zuständige örtliche Behörde diese Kontrolle ausübt, sind Faktoren zu berücksichtigen, wie der Umfang der Vertretung in Verwaltungs-, Leitungs- oder Aufsichtsgremien, diesbezügliche Bestimmungen in der Satzung, Eigentumsrechte, tatsächlicher Einfluss auf und tatsächliche Kontrolle über strategische Entscheidungen und einzelne Managemententscheidungen. Im Einklang mit dem Gemeinschaftsrecht ist zur Feststellung, dass eine Kontrolle im Sinne dieses Absatzes gegeben ist, – insbesondere bei öffentlich-privaten Partnerschaften – nicht zwingend erforderlich, dass die zuständige Behörde zu 100 % Eigentümer ist, sofern ein beherrschender öffentlicher Einfluss besteht und aufgrund anderer Kriterien festgestellt werden kann, dass eine Kontrolle ausgeübt wird.
b) Die Voraussetzung für die Anwendung dieses Absatzes ist, dass der interne Betreiber und jede andere Einheit, auf die dieser Betreiber einen auch nur geringfügigen Einfluss ausübt, ihre öffentlichen Personenverkehrsdienste innerhalb des Zuständigkeitsgebiets der zuständigen örtlichen Behörde ausführen – ungeachtet der abgehenden Linien oder sonstiger Teildienste, die in das Zuständigkeitsgebiet benachbarter zuständiger örtlicher Behörden führen – und nicht an außerhalb des Zuständigkeitsgebiets der zuständigen örtlichen Behörde organisierten wettbewerblichen Vergabeverfahren für die Erbringung von öffentlichen Personenverkehrsdiensten teilnehmen.
c) Ungeachtet des Buchstabens b kann ein interner Betreiber frühestens zwei Jahre vor Ablauf des direkt an ihn vergebenen Auftrags an fairen wettbewerblichen Vergabeverfahren teilnehmen, sofern endgültig beschlossen wurde, die öffentlichen Personenverkehrsdienste, die Gegenstand des Auftrags des internen Betreibers sind, im Rahmen eines fairen wettbewerblichen Vergabeverfahrens zu vergeben und der interne Betreiber nicht Auftragnehmer anderer direkt vergebener öffentlicher Dienstleistungsaufträge ist.
d) Gibt es keine zuständige örtliche Behörde, so gelten die Buchstaben a, b und c für die nationalen Behörden in Bezug auf ein geografisches Gebiet, das sich nicht auf das gesamte Staatsgebiet erstreckt, sofern der interne Betreiber nicht an wettbewerblichen Vergabeverfahren für die Erbringung von öffentlichen Personenverkehrsdiensten teilnimmt, die

außerhalb des Gebiets, für das der öffentliche Dienstleistungsauftrag erteilt wurde, organisiert werden.
e) Kommt eine Unterauftragsvergabe nach Artikel 4 Absatz 7 in Frage, so ist der interne Betreiber verpflichtet, den überwiegenden Teil des öffentlichen Personenverkehrsdienstes selbst zu erbringen.

(3) Werden die Dienste Dritter, die keine internen Betreiber sind, in Anspruch genommen, so müssen die zuständigen Behörden die öffentlichen Dienstleistungsaufträge außer in den in den Absätzen 3a, 4, 4a, 4b, 5 und 6 vorgesehenen Fällen im Wege eines wettbewerblichen Vergabeverfahrens vergeben. Das für die wettbewerbliche Vergabe angewandte Verfahren muss allen Betreibern offenstehen, fair sein und den Grundsätzen der Transparenz und Nichtdiskriminierung genügen. Nach Abgabe der Angebote und einer eventuellen Vorauswahl können in diesem Verfahren unter Einhaltung dieser Grundsätze Verhandlungen geführt werden, um festzulegen, wie der Besonderheit oder Komplexität der Anforderungen am besten Rechnung zu tragen ist.

(3a) Sofern dies nicht nach nationalem Recht untersagt ist, kann bei öffentlichen Dienstleistungsaufträgen für öffentliche Schienenpersonenverkehrsdienste, die im Wege eines wettbewerblichen Vergabeverfahrens vergeben werden, die zuständige Behörde entscheiden, vorübergehend neue Aufträge direkt zu vergeben, wenn sie der Auffassung ist, dass die direkte Vergabe durch außergewöhnliche Umstände gerechtfertigt ist. Derartige außergewöhnliche Umstände umfassen auch Fälle, in denen
– eine Reihe wettbewerblicher Vergabeverfahren bereits von der zuständigen Behörde oder anderen zuständigen Behörden durchgeführt werden, die die Zahl und die Qualität der Angebote beeinträchtigen könnten, welche voraussichtlich eingehen, wenn der Auftrag im Wege eines wettbewerblichen Vergabeverfahrens vergeben würde, oder
– Änderungen am Umfang eines oder mehrerer öffentlicher Dienstleistungsaufträge erforderlich sind, um die Erbringung öffentlicher Dienste zu optimieren.
Die zuständige Behörde erlässt eine mit Gründen versehene Entscheidung und unterrichtet die Kommission unverzüglich hiervon.

Die Laufzeit der gemäß diesem Absatz vergebenen Aufträge muss in einem angemessenen Verhältnis zu dem jeweiligen außergewöhnlichen Umstand stehen und darf in keinem Fall fünf Jahre überschreiten.

Die zuständige Behörde veröffentlicht solche Aufträge, wobei sie den legitimen Schutz vertraulicher Geschäftsinformationen und geschäftlicher Interessen berücksichtigt.

Der nachfolgende Auftrag für dieselben gemeinwirtschaftlichen Verpflichtungen wird nicht auf der Grundlage dieser Bestimmung vergeben.

(3b) Bei der Anwendung von Absatz 3 können die zuständigen Behörden die Anwendung des folgenden Verfahrens beschließen:

Die zuständigen Behörden können die von ihnen beabsichtigte Vergabe eines öffentlichen Dienstleistungsauftrags für öffentliche Schienenpersonenverkehrsdienste durch Veröffentlichung einer Bekanntmachung im Amtsblatt der Europäischen Union bekannt geben.

Diese Bekanntmachung muss eine ausführliche Beschreibung der Dienstleistungen, die Gegenstand des zu vergebenden Auftrags sind, sowie Angaben zur Art und Laufzeit des Auftrags enthalten.

Die Betreiber können ihr Interesse innerhalb einer von der zuständigen Behörde festgesetzten Frist bekunden, die mindestens 60 Tage ab Veröffentlichung der Bekanntmachung betragen muss.

Wenn nach Ablauf dieser Frist
a) nur ein Betreiber Interesse bekundet hat, an dem Verfahren zur Vergabe des öffentlichen Dienstleistungsauftrags teilzunehmen,
b) dieser Betreiber ordnungsgemäß nachgewiesen hat, dass er tatsächlich in der Lage sein wird, die Verkehrsdienstleistung unter Einhaltung der im öffentlichen Dienstleistungsauftrag festgelegten Verpflichtungen zu erbringen,
c) der mangelnde Wettbewerb nicht das Ergebnis einer künstlichen Einschränkung der Parameter der Auftragsvergabe ist und
d) keine vernünftige Alternative besteht,

können die zuständigen Behörden mit diesem Betreiber Verhandlungen aufnehmen, um den Auftrag ohne weitere Veröffentlichung eines offenen Verfahrens zu vergeben.

(4) Sofern dies nicht nach nationalem Recht untersagt ist, kann die zuständige Behörde entscheiden, öffentliche Dienstleistungsaufträge direkt zu vergeben, wenn
a) ihr Jahresdurchschnittswert auf weniger als 1 000 000 EUR bzw. – im Fall eines öffentlichen Dienstleistungsauftrags, der öffentliche Schienenpersonenverkehrsdienste beinhaltet – weniger als 7 500 000 EUR geschätzt wird oder
b) sie eine jährliche öffentliche Personenverkehrsleistung von weniger als 300 000 km bzw. – im Fall eines öffentlichen Dienstleistungsauftrags, der öffentliche Schienenpersonenverkehrsdienste beinhaltet – von weniger als 500 000 km aufweisen.

Im Falle von öffentlichen Dienstleistungsaufträgen, die direkt an kleine oder mittlere Unternehmen vergeben werden, die nicht mehr als 23 Straßenfahrzeuge betreiben, können diese Schwellen entweder auf einen geschätzten Jahresdurchschnittswert von weniger als 2 000 000 EUR oder auf eine jährliche öffentliche Personenverkehrsleistung von weniger als 600 000 km erhöht werden.

(4a) Sofern dies nicht nach nationalem Recht untersagt ist, kann die zuständige Behörde entscheiden, öffentliche Dienstleistungsaufträge für öffentliche Schienenpersonenverkehrsdienste direkt zu vergeben, wenn
a) ihres Erachtens die Direktvergabe aufgrund der jeweiligen strukturellen und geografischen Merkmale des Marktes und des betreffenden Netzes, und insbesondere der Größe, Nachfragemerkmale, Netzkomplexität, technischen und geografischen Abgeschnitten- bzw. Abgeschiedenheit sowie der von dem Auftrag abgedeckten Dienste gerechtfertigt ist und
b) ein derartiger Auftrag zu einer Verbesserung der Qualität der Dienste oder der Kosteneffizienz oder beidem im Vergleich zu dem zuvor vergebenen öffentlichen Dienstleistungsauftrag führen würde.

Auf dieser Grundlage veröffentlicht die zuständige Behörde eine mit Gründen versehene Entscheidung und unterrichtet die Kommission innerhalb eines Monats nach der Veröffentlichung hiervon. Die zuständige Behörde kann die Vergabe des Auftrags fortsetzen.

Bei den Mitgliedstaaten, bei denen am 24. Dezember 2017 das maximale jährliche Verkehrsaufkommen weniger als 23 Mio. Zugkilometer beträgt und auf nationaler Ebene nur eine zuständige Behörde und nur ein Dienstleistungsauftrag für öffentliche Personenverkehrsdienste besteht, der das gesamte Netz umfasst, wird davon ausgegangen, dass sie die Bedingungen gemäß Buchstabe a erfüllen. Wenn eine zuständige Behörde aus einem dieser Mitgliedstaaten beschließt, einen öffentlichen Dienstleistungsauftrag direkt zu vergeben, so unterrichtet der betreffende Mitgliedstaat die Kommission hiervon. Das Vereinigte Königreich kann beschließen, diesen Unterabsatz auf Nordirland anzuwenden.

Wenn die zuständige Behörde beschließt, einen öffentlichen Dienstleistungsauftrag direkt zu vergeben, legt sie messbare, transparente und überprüfbare Leistungsanforderungen fest. Diese Anforderungen werden in den Auftrag aufgenommen.

Die Leistungsanforderungen erstrecken sich insbesondere auf folgende Aspekte: Pünktlichkeit der Dienste, Frequenz des Zugbetriebs, Qualität des Rollmaterials und Personenbeförderungskapazität.

Der Auftrag muss spezifische Leistungsindikatoren beinhalten, die der zuständigen Behörde regelmäßige Bewertungen ermöglichen. Der Auftrag muss außerdem wirksame und abschreckende Maßnahmen beinhalten, die zu verhängen sind, wenn das Eisenbahnunternehmen die Leistungsanforderungen nicht erfüllt.

Die zuständige Behörde führt regelmäßig Bewertungen durch, ob das Eisenbahnunternehmen seine Ziele hinsichtlich der Erfüllung der im Auftrag festgelegten Leistungsanforderungen erreicht hat, und gibt ihre Erkenntnisse öffentlich bekannt. Diese regelmäßigen Bewertungen finden mindestens alle fünf Jahre statt. Die zuständige Behörde ergreift rechtzeitig angemessene Maßnahmen, einschließlich der Verhängung wirksamer und abschreckender Vertragsstrafen, falls die erforderlichen Verbesserungen bei der Qualität der Dienste oder der Kosteneffizienz oder beidem nicht verwirklicht werden. Die zuständige Behörde kann den nach dieser Bestimmung vergebenen Auftrag jederzeit ganz oder teilweise aussetzen oder kündigen, wenn der Betreiber die Leistungsanforderungen nicht erfüllt;

(4b) Sofern dies nicht nach nationalem Recht untersagt ist, kann die zuständige Behörde entscheiden, öffentliche Dienstleistungsaufträge für öffentliche Schienenpersonenverkehrsdienste direkt zu vergeben, wenn diese nur den Betrieb von Schienenpersonenverkehrsdiensten durch einen Betreiber betreffen, der gleichzeitig die gesamte Eisenbahninfrastruktur, auf der die Dienstleistungen erbracht werden, oder den größten Teil davon verwaltet, wenn diese Eisenbahninfrastruktur gemäß Artikel 2 Absatz 3 Buchstabe a oder b der Richtlinie 2012/34/EU des Europäischen Parlaments und des Rates [1] von der Anwendung der Artikel 7, 7a, 7b, 7c, 7d, 8 und 13 sowie des Kapitels IV jener Richtlinie ausgenommen ist.

Abweichend von Artikel 4 Absatz 3 darf die Laufzeit der gemäß diesem Absatz und gemäß Absatz 4a direkt vergebenen Aufträge zehn Jahre nicht überschreiten, es sei denn, Artikel 4 Absatz 4 findet Anwendung.

Die gemäß diesem Absatz und gemäß Absatz 4a vergebenen Aufträge werden veröffentlicht, wobei der legitime Schutz vertraulicher Geschäftsinformationen und geschäftlicher Interessen zu berücksichtigen ist.

(5) Die zuständige Behörde kann im Fall einer Unterbrechung des Verkehrsdienstes oder bei unmittelbarer Gefahr des Eintretens einer solchen Situation Notmaßnahmen ergreifen.

Die Notmaßnahmen bestehen in der Direktvergabe oder einer förmlichen Vereinbarung über die Ausweitung eines öffentlichen Dienstleistungs-

---

[1] RL 2012/34/EU des Europäischen Parlaments und des Rates v. 21.11.2012 zur Schaffung eines einheitlichen europäischen Eisenbahnraums (ABl. 2012 L 343, 32).

auftrags oder einer Auflage, bestimmte gemeinwirtschaftliche Verpflichtungen zu übernehmen. Der Betreiber eines öffentlichen Dienstes hat das Recht, gegen den Beschluss zur Auferlegung der Übernahme bestimmter gemeinwirtschaftlicher Verpflichtungen Widerspruch einzulegen. Der Zeitraum, für den ein öffentlicher Dienstleistungsauftrag als Notmaßnahme vergeben, ausgeweitet oder dessen Übernahme auferlegt wird, darf zwei Jahre nicht überschreiten.

(6) Sofern dies nicht nach nationalem Recht untersagt ist, können die zuständigen Behörden entscheiden, öffentliche Dienstleistungsaufträge im Eisenbahnverkehr – mit Ausnahme anderer schienengestützter Verkehrsträger wie Untergrund- oder Straßenbahnen – direkt zu vergeben. Abweichend von Artikel 4 Absatz 3 haben diese Aufträge eine Höchstlaufzeit von zehn Jahren, soweit nicht Artikel 4 Absatz 4 anzuwenden ist.

(6a) Um den Wettbewerb zwischen den Eisenbahnunternehmen zu steigern, können die zuständigen Behörden entscheiden, dass Aufträge für öffentliche Schienenpersonenverkehrsdienste, die Teile desselben Netzes oder Streckenpakets betreffen, an unterschiedliche Eisenbahnunternehmen zu vergeben sind. Zu diesem Zweck können die zuständigen Behörden vor Beginn des wettbewerblichen Vergabeverfahrens entscheiden, die Zahl der Aufträge zu begrenzen, die an ein und dasselbe Eisenbahnunternehmen vergeben werden.

(7) Die Mitgliedstaaten treffen die erforderlichen Maßnahmen, um sicherzustellen, dass die gemäß den Absätzen 2 bis 6 getroffenen Entscheidungen wirksam und rasch auf Antrag einer Person überprüft werden können, die ein Interesse daran hat bzw. hatte, einen bestimmten Auftrag zu erhalten, und die angibt, durch einen Verstoß dieser Entscheidungen gegen Gemeinschaftsrecht oder nationale Vorschriften zur Durchführung des Gemeinschaftsrechts geschädigt zu sein oder geschädigt werden zu können.

Für Fälle gemäß den Absätzen 4a und 4b beinhalten diese Maßnahmen die Möglichkeit, eine Bewertung der von der zuständigen Behörde getroffenen und mit Gründen versehenen Entscheidung durch eine von dem betreffenden Mitgliedstaat benannte unabhängige Stelle zu verlangen. Das Ergebnis dieser Bewertung wird im Einklang mit nationalem Recht öffentlich zugänglich gemacht.

Sind die für die Nachprüfungsverfahren zuständigen Stellen keine Gerichte, so sind ihre Entscheidungen stets schriftlich zu begründen. In einem solchem Fall ist ferner zu gewährleisten, dass Beschwerden aufgrund rechtswidriger Handlungen der Nachprüfungsstellen oder aufgrund fehlerhafter Ausübung der diesen übertragenen Befugnisse der gerichtlichen Überprüfung oder der Überprüfung durch andere Stellen, die Gerichte im Sinne von Artikel 234 des Vertrags und unabhängig von der vertragsschließenden Behörde und der Nachprüfungsstellen sind, unterzogen werden können.

Literatur: Antweiler, Neue Entwicklungen bei der Vergabe und Finanzierung von Verkehrsverträgen, VergabeR 2018, 211; Barth, Neue Organisation kommunalen Nahverkehrs nach der VO (EG) Nr. 1370/2007?, Der Nahverkehr 10/2010, 24; Barth/von Baar, Eigenerbringung als vergaberechtliche Anforderung im ÖPNV, NZBau 2021, 504 ff.; Barth/Mathes, Gute Aussichten für Verkehrsmanagementgesellschaften, V+T 2022, 351 ff.; Baumeister/Klinger, Perspektiven des Vergaberechts im straßengebundenen ÖPNV durch die Novellierung der VO (EWG) Nr. 1191/69, NZBau 2005, 601; Bayer/Feldmann/Wieberneit, Die Dienstleistungskonzession als Zugang zum Sondervergaberecht der VO (EG) 1370/2007, VergabeR 2021, 415 ff.; Berschin, VO (EG) 1370/2007, in: Münchener Kommentar Europäisches und Deutsches Wettbewerbsrecht, Band 4, Vergaberecht II, 4. Aufl. 2022, Art. 5; Berschin, Europarecht, in Barth/Baumeister/Berschin/Werner, Recht des Öffentlichen Personennahverkehrs, A 2, Loseblatt, Stand Dezember 2009; Binder/Jürschik, Vergaberecht und Direktvergabe, Der Nahverkehr 4/2016, 37; Bundschuh/Jürschik, Eigenerbringungsquote nach VO (EG) Nr. 1370/2007, Der Nahverkehr 9/2014, 46; Deus/Feter, Endspurt zur VO (EG) Nr. 1370/2007: Handlungsbedarf für die Liniengenehmigung, IR 2009, 202; Deuster/Ristelhuber, Direktvergaben an kommunale Aktiengesellschaften, VergabeR 2018, 99; Diemon-Wies, Die Vergabe von Busdienstleistungen im ÖPNV nach der VO (EG) Nr. 1370/2007, dem GWB oder dem PBefG?, VergabeR 2014, 305; Fehling/Niehnus, Der europäische Fahrplan für einen kontrollierten Ausschreibungswettbewerb im ÖPNV, DÖV 2008, 662; Gommlich/Wittig/Schimanek, Zuschussverträge im Bereich des Bus- und Eisenbahnverkehrs – Direktvergabe oder europaweite Ausschreibung?, NZBau 2006, 473; Heiß, Die neue EG-Verordnung für den öffentlichen Personenverkehr – ein Überblick unter Berücksichtigung der Situation in Deutschland, VerwArch 2009, 113; Jürschik, Verordnung über öffentliche Personenverkehrsdienste, 2. Aufl. 2020, Art. 5; Jürschik, Betriebsrisiko im Fokus, Der Nahverkehr 2015, 52; Knauff, Marktzugang im ÖPNV: Die Revolution bleibt aus, NZV 2007, 556; Knauff, Die Vergabe von Dienstleistungskonzessionen: Aktuelle Rechtslage und zukünftige Entwicklungen, VergabeR 2013, 157; Klinger, Das Kontrollkriterium bei der Direktvergabe an interne Betreiber, Der Nahverkehr 3/2009, 46; Landsberg, Die vergaberechtliche Judikatur zu Ausschreibungen von Nahverkehrsleistungen, VergabeR 2005, 420; Lenz/Jürschik, Anwendbarkeit der Verordnung 1370/2007 im Bereich der Busse und Straßenbahnen bei Inhouse-Geschäften, NZBau 2016, 544; Lenz/Jürschik, Gemeinsame Vergabe von U-Bahn-, Straßenbahn- und Busverkehren?, Der Nahverkehr 7+8/2019, 32; Linke-Linke/Prieß/Pünder, VO (EG) 1370/2007, 2. Aufl. 2019, Art. 5; Linke, Die Gewährleistung des Daseinsvorsorgeauftrags im öffentlichen Personenverkehr, 2010; Linke, Altaufträge im Personenbeförderungsrecht und die Übergangsregelung der neuen Verordnung 1370/2007/EG, NZBau 2010, 207; Linke, Die Direktvergabe öffentlicher Dienstleistungsaufträge im öffentlichen Personenverkehr unterhalb der Schwellenwerte nach der VO (EG) Nr. 1370/2007, V+T 2012, 223; Lück/Ortner, Übertragung der Personenbeförderung im Linienverkehr auf Dritte aus dem Blickwinkel des Vergaberechts, VergabeR 2005, 413; Manka/Prechtl, Keine Selbsterbringungsquote für Verkehrsmanagementgesellschaften?, Der Nahverkehr 1–2/2011, 22; Mutschler-Siebert/Dorschfeldt, Die Vergabe von SPNV-Leistungen nach der Vergaberechtsreform, VergabeR 2016, 385; Orthmann, Bedarfsdeckung zwischen Vergabe- und Zuwendungsrecht, VergabeR 2019, 261; Otting/Scheps, Direktvergabe von Eisenbahnverkehrsdienstleistungen nach der neuen VO (EG) Nr. 1370/2007, NVwZ 2008, 499; Pünder, Beschränkungen der Inhouse-Vergabe im öffentlichen Personenverkehr, NJW 2010, 263; Saxinger/Winnes-Saxinger/Schröder/Eichhorn, Recht des öffentlichen Personenverkehrs, VO 1370 Art. 5 Abs. 1 bis 7; Saxinger, Genehmigungen und Ausgleichsleistungen im Personenbeförderungsrecht vor dem Hintergrund der neuen VO (EG) Nr. 1370/2007, DVBl 2008, 688; Saxinger, Das Verhältnis der VO (EG) 1370/2007 zum nicht an sie angepassten deutschen Personenbeförderungsrecht, GewArch 2009, 350; Saxinger/Fischer, Die VO (EG) Nr. 1370/2007 – Der neue Rechtsrahmen für den öffentlichen Personennahverkehr –, V+T 2008, 75; Saxinger, Busfernverkehre im Personenbeförderungsgesetz und in der VO (EG) Nr. 1370/2007, V+T 2010, 222; Saxinger/Wittig, Sondervergaberecht für Verkehrsdienstleistungen – Die neue EU-Verordnung, über öffentliche Personenverkehrsdienste auf Schiene und Straße, NZBau 2008, 222; Schmitz/Winkelhüsener, Der Öffentliche Personennahverkehr im Übergang zur VO (EG) Nr. 1370/2007: Vergaberechtliche Handlungsoptionen und deren beihilferechtliche Konsequenzen, EuZW 2011, 52; Sennekamp/Fehling, Der „öffentliche Dienstleistungsauftrag" nach der neuen EG-Verordnung über Personenverkehrsdienste im System des deutschen Verwaltungs(prozess)rechts, N&R 2009, 95; Stickler/Feske, Die In-House-Vergabe von ÖSPV-Dienstleistungen nach der VO (EG) Nr. 1370/2007, VergabeR 2010, 1; Struss/Heitkamp, Die direkte Vergabe von öffentlichen Dienstleistungsaufträgen für Busse und Straßenbahnen, V+T 2021, 93 ff.; Tödtmann/Schauer, Aktuelle Rechtsfragen zum öffentlichen Personennahverkehr – Nationale und europäische Rechtsentwicklung sowie Konsequenzen für die Praxis, NVwZ 2008, 1; Wachinger, Direktvergabe und Wettbewerb im Busverkehr nach der novellierten EU-Marktöffnungsverordnung, IR

VO 1370 Art. 5 — Vergabe öffentlicher Dienstleistungsaufträge

2007, 265; Wagner-Cardenal/Dierkes, Die Direktvergabe von öffentlichen Personenverkehrsdiensten, NZBau 2014, 738; Weber/Pelizäus, Die Gruppe von Behörden als Instrument bei Direktvergaben; Der Nahverkehr 6/2012, 23; Werner/Karl, Anwendungsbereich der Vergaberegeln der VO (EG) Nr. 1370/2007 im Gefolge der EuGH-Rechtsprechung, V+T 2019, 286; Winnes, Öffentliche Auftragsvergabe im ÖPNV, VergabeR 2009, 712; Ziekow, Der Vorrang kommerzieller Verkehre in Deutschland, 2008; Ziekow, Die Direktvergabe von Personenverkehrsdiensten nach der VO (EG) Nr. 1370/2007 und die Zukunft eigenwirtschaftlicher Verkehre, NVwZ 2009, 865.

Übersicht

	Rn.
I. Bedeutung der Vorschrift	1
1. Grundsatz: Vorrang der VO (EG) Nr. 1370/2007 im öffentlichen Personenverkehr	3
2. Bedingte Ausnahme bei Personenverkehrsdiensten mit Bussen und Straßenbahnen	4
3. Systematik von Art. 5 Abs. 2–6a VO (EG) Nr. 1370/2007	7
II. Spezifisches Vergaberegime (Abs. 1 S. 1)	8
III. Sonderregelung für Personenverkehrsdiensten mit Bussen und Straßenbahnen (Abs. 1 S. 2, 3)	10
1. Anwendungsbereich	10
a) Kein Vorrang der Abs. 2–5 für Dienste mit Bussen und Straßenbahnen ohne Dienstleistungskonzession	12
b) Keine Zurückverweisung auf die Vergaberichtlinien bei deren Nichtanwendbarkeit	15
2. Anwendung der VO (EG) Nr. 1370/2007 für Verkehre mit Bussen und Straßenbahnen ohne Vorliegen einer Dienstleistungskonzession	19
3. Kritik	20
IV. Eigenerbringung und Direktvergabe an einen internen Betreiber (Abs. 2)	21
1. Selbsterbringung/interner Betreiber (Abs. 2)	23
a) Selbsterbringung	24
b) rechtlich getrennte Einheit – interner Betreiber	25
2. Kontrolle wie über eine eigene Dienststelle (Abs. 2 lit. a)	26
a) Grundsatz	26
b) Kontrolle durch eine Gruppe von Behörden	30
(1) Gemeinsame Kontrolle	32
(2) Alleinige Kontrolle	34
c) Direktvergabe und Gemeinschaftsgenehmigungen	39
3. Beschränkung auf das Zuständigkeitsgebiet der zuständigen Behörde (Abs. 2 lit. b)	42
a) Räumliche Beschränkung der Tätigkeit	43
b) Keine Teilnahme an externen Vergabeverfahren	50
c) Reichweite der Beschränkungen	51
4. Ende des Wettbewerbsverbots (Abs. 2 lit. c)	54
5. Besonderheiten für überregional/national aufgestellte interne Betreiber (Abs. 2 lit. d)	55
6. Selbsterbringungsquote (Abs. 2 lit. e)	56
7. Untersagung nach nationalem Recht (Abs. 2)	57
V. Wettbewerbliches Vergabeverfahren (Abs. 3)	59
VI. Interimsdirektvergaben im Schienenpersonenverkehr (Abs. 3a)	65

	Rn.
VII. Direktvergaben im Schienenpersonenverkehr nach Vorabbekanntmachung (Abs. 3b)	73
VIII. Kleinaufträge (Abs. 4)	76
1. Aufträge über geringe Summen oder Entfernungen (Abs. 4 UAbs. 1)	77
a) Verkehre mit Bussen, Obussen, Straßenbahnen und Untergrundbahnen	77
b) Schienenpersonenverkehrsdienste	80
2. Doppelte Wertgrenzen für KMU (Abs. 4 UAbs. 2)	81
3. Untersagung nach nationalem Recht	86
IX. Direktvergaben von Schienenpersonenverkehrsdiensten (Abs. 4a und 4b)	87
1. Direktvergabe eines Kleinauftrags im Schienenpersonenverkehrsdienst (Art. 5 Abs. 4a VO (EG) Nr. 1370/2007)	88
2. Direktvergabe eines Kleinauftrags im Schienenpersonenverkehrsdienst bei mit dem Betrieb von Infrastruktur (Art. 5 Abs. 4b VO (EG) Nr. 1370/2007) integrierten Kleinaufträgen	96
3. Kritik	99
X. Notmaßnahmen (Abs. 5)	100
1. Unterbrechung des Verkehrsdienstes	102
2. Inhalt der Notmaßnahme	105
3. Dauer der Notmaßnahme	109
4. Transparenzpflichten	112
XI. Aufträge im Eisenbahnverkehr (Abs. 6 und 6a)	113
1. Direktvergaben	113
2. Loslimitierung in wettbewerblichen Vergabeverfahren (Abs. 6a)	117
XII. Nachprüfungsverfahren (Abs. 7)	118
1. Nachprüfung (Abs. 7 S. 1 UAbs. 1)	118
2. Überprüfung von Entscheidungen nach Abs. 4a und 4b	120
3. Weitere Vorgaben zum Rechtsschutz (Abs. 7 S. 2, 3)	122
4. Verwirklichung des Rechtsschutzes nach Abs. 7 in Deutschland	123
XIII. Sanktionen	124

I. Bedeutung der Vorschrift

Art. 5 VO (EG) Nr. 1370/2007 regelt, **wie öffentliche Dienstleistungsaufträge vergeben** werden. Hierin liegt eine Weiterentwicklung zur Vorgängernorm VO (EWG) Nr. 1191/69, welche die Art und Weise, in der öffentliche Dienstleistungsaufträge vergeben werden müssen, nicht regelte. Der neue Ansatz verfolgt das Ziel, im Bereich der Dienstleistungen von allgemeinem Interesse sektorspezifische Regelungen zu schaffen, welche den Unterschieden zu sonstigen wirtschaftlichen Leistungen Rechnung tragen. Art. 5 VO (EG) Nr. 1370/2007 enthält somit **sektorspezifische Vergaberegeln.** Er gilt gem. Art. 8 Abs. 2 lit. ii VO (EG) Nr. 1370/2007 ab dem 3.12.2019 nunmehr auch für öffentliche Schienenpersonenverkehrsdienste (Art. 2 lit. a aa VO (EG) Nr. 1370/2007). Für letztere wird die VO (EG) Nr. 1370/2007 – über § 149 Nr. 12 Alt. 2 GWB hinaus, welcher nur besondere Ausnahmen für Konzessionen regelt – zur zentralen Vergabenorm. 1

Dieses **sektorspezifische Vergaberecht** des Art. 5 VO (EG) Nr. 1370/2007 beruht auf folgendem, allerdings erst durch die VO (EU) 2016/2338 mWv 24.12.2017 vollständig umgesetztem **Konzept:** 2

VO 1370 Art. 5 — Vergabe öffentlicher Dienstleistungsaufträge

1. Grundsatz: Vorrang der VO (EG) Nr. 1370/2007 im öffentlichen Personenverkehr

3   Öffentliche Dienstleistungsaufträge im öffentlichen Personenverkehr sind nach der Verordnung zu vergeben (Abs. 1 S. 1). Dies umfasst gem. Art. 2 lit. a VO (EG) Nr. 1370/2007 den öffentlichen Personenverkehr und gem. Art. 2 lit. a aa VO (EG) Nr. 1370/2007 öffentliche Schienenpersonenverkehrsdienste und schließt die Anwendung der EU-Vergaberichtlinien aus.

2. Bedingte Ausnahme bei Personenverkehrsdiensten mit Bussen und Straßenbahnen

4   Eine Ausnahme macht Abs. 1 S. 2 bei öffentlichen Personenverkehrsdiensten mit Bussen und Straßenbahnen, welche ohne Vorliegen einer **Dienstleistungskonzession** unter das EU-Vergaberecht fallen und gem. Abs. 1 S. 3 nach EU-Vergaberecht zu vergeben, also in der Regel EU-weit auszuschreiben sind. In Ziff. 2.1.1 aE der Auslegungsleitlinien der Europäischen Kommission (→ VO (EG) 1370/2007 Einl. Rn. 40) wurden die damit verbundenen Weichenstellungen abhängig von der Art des öffentlichen Verkehrsdienstes und abhängig vom Vorliegen einer Dienstleistungskonzession tabellarisch schon wie folgt dargestellt:

Öffentliche Personenverkehrsdienste mit	(Öffentliche) Personenverkehrsdienste gem. den RL 2014/24/EU und RL 2014/25/EU	Dienstleistungskonzessionen gem. der RL 2014/23/EU
Bus und Straßenbahn	RL 2014/24/EU und RL 2014/25/EU	VO (EG) Nr. 1370/2007
Eisenbahn und Untergrundbahn	VO (EG) Nr. 1370/2007	VO (EG) Nr. 1370/2007

Nur bei Aufträgen über Bus und Straßenbahn ist also entscheidend, ob sie die Form von Dienstleistungen gem. der RL 2014/23/EU annehmen. Verkehre mit Eisenbahnen und Untergrundbahnen sind dagegen auch dann nach Art. 5 Abs. 2 ff. VO (EG) Nr. 1370/2007 zu vergeben, wenn sie keine Dienstleistungskonzessionen sind. Das folgt im Umkehrschluss aus Abs. 1 S. 2.

5   Art. 5 Abs. 1 S. 1 VO (EG) Nr. 1370/2007 geht als **höhere Norm** zwar ohnehin den Vorschriften des GWB vor. Es bietet sich aus Gründen der Rechtsklarheit allerdings an, § 116 Abs. 1 Nr. 2 GWB um eine Nr. 7 zu ergänzen, die (entspr. § 149 Nr. 12 Alt. 2 GWB für die besonderen Ausnahmen bei der Vergabe von Konzessionen) folgendes enthält: „Aufträge, die die Beförderung von Personen iSd § 1 PBefG mit anderen Verkehrsmitteln als mit Omnibussen und Straßenbahnen (ohne Untergrundbahnen) betreffen".

6   Verkehre mit Bussen und Straßenbahnen, die die Form von Dienstleistungskonzessionen annehmen oder die nicht unter das EU-Vergaberecht fallen, weil sie die Schwellenwerte für eine EU-weite Ausschreibung unterschreiten, werden gem. Abs. 1 S. 1 **nach der VO (EG) Nr. 1370/2007 vergeben.**

3. Systematik von Art. 5 Abs. 2–6a VO (EG) Nr. 1370/2007

7   Art. 5 Abs. 3 VO (EG) Nr. 1370/2007 schreibt ein **wettbewerbliches Vergabeverfahren für alle Dienste Dritter** vor, die keine internen Betreiber sind (Abs. 2) und für die Abs. 3a, 4, 4a, 4b, 5 und 6 nicht anwendbar sind. Vorrangig ist also zu prüfen, ob eine Direktvergabe vorliegt oder vorliegen kann. Erst dann gelangt man zu den wettbewerblichen Vergabeverfahren. Damit liegt

Art. 5 Abs. 2–6a VO (EG) Nr. 1370/2007 insges. folgendes **Anwendungsschema** zugrunde:
- Verkehr mit Bus und Straßenbahn (ohne Untergrundbahn)
  - Dienstleistungskonzession ja gem. Art. 5 Abs. 2 ff. VO (EG) Nr. 1370/2007
  - Dienstleistungskonzession nein
    - unterhalb der Schwellenwerte gem. landesrechtlicher Vorgaben
    - oberhalb der Schwellenwerte gem. Kartellvergaberecht (GWB)
- alle anderen Verkehre
  - Direktvergabe an internen Betreiber (Art. 5 Abs. 2 VO (EG) Nr. 1370/2007)
  - vorübergehende Direktvergabe eines Schienenpersonenverkehrsdienstes (Art. 5 Abs. 3a VO (EG) Nr. 1370/2007)
  - Direktvergabe eines Kleinauftrags (Art. 5 Abs. 4 VO (EG) Nr. 1370/2007)
  - Direktvergabe eines Kleinauftrags im Schienenpersonenverkehrsdienst (Art. 5 Abs. 4a VO (EG) Nr. 1370/2007)
  - Direktvergabe eines Kleinauftrags im Schienenpersonenverkehrsdienst bei mit dem Betrieb von Infrastruktur (Art. 5 Abs. 4b VO (EG) Nr. 1370/2007) integrierten Kleinaufträgen
  - Notmaßnahme (Art. 5 Abs. 5 VO (EG) Nr. 1370/2007)
  - Direktvergabe im Eisenbahnverkehr (Art. 5 Abs. 6 VO (EG) Nr. 1370/2007)
- wettbewerbliches Vergabeverfahren nach Art. 5 Abs. 3 VO (EG) Nr. 1370/2007, mit Modifikationen bei
  - Direktvergabe eines Schienenpersonenverkehrsdiensts nach Vorabbekanntmachung (Art. 5 Abs. 3b VO (EG) Nr. 1370/2007)
  - Loslimitierung bei Schienenpersonenverkehrsdiensten (Art. 5 Abs. 6a VO (EG) Nr. 1370/2007)

II. Spezifisches Vergaberegime (Abs. 1 S. 1)

Gem. Abs. 1 S. 1 werden öffentliche Dienstleistungsaufträge nach Maßgabe der Verordnung vergeben. Abs. 1 S. 1 enthält damit die Leitentscheidung für ein **sektorspezifisches Vergaberecht.** Ein reines sektorspezifisches Vergaberecht wird allerdings nur mit Einschränkungen geschaffen. Nach Abs. 1 S. 2, 3 gilt der Vorrang der VO (EG) Nr. 1370/2007 nicht für Aufträge über öffentliche Personenverkehrsdienste mit Bussen und Straßenbahnen, die nicht die Form von Dienstleistungskonzessionen annehmen. 8

Bei **öffentlichen Schienenpersonenverkehrsdiensten** (einschl. Untergrundbahnen) kommt ab dem 3.12.2019 (→ Art. 5 Rn. 1) ausschl. das Vergaberecht nach Abs. 2–6a zur Anwendung. Dies ist im GWB-Vergaberecht zwar nur für Konzessionen so ausdr. geregelt (§ 149 Nr. 12 Alt. 2 GWB), gilt wegen der unmittelbaren Anwendbarkeit und des Normenvorrangs der VO (EU) 2016/2338 aber auch für öffentliche Dienstleistungsaufträge iA. 9

III. Sonderregelung für Personenverkehrsdiensten mit Bussen und Straßenbahnen (Abs. 1 S. 2, 3)

1. Anwendungsbereich

Gem. Abs. 1 S. 2 werden Dienstleistungsaufträge oder öffentliche Dienstleistungsaufträge gem. der Definition in den Richtlinien (dynamische Verweisung, heute VRL oder SRL) für öffentliche Personenverkehrsdienste mit Bussen und Straßenbahnen gem. den in jenen Richtlinien vorgesehenen Verfahren vergeben, sofern 10 die Aufträge nicht die Form von Dienstleistungskonzessionen iS jener Richtlinien annehmen. Der Kommissions-Vorschlag v. 26.7.2000 hatte noch vorgesehen, dass grds. alle gemeinwirtschaftlichen Verträge im Wege der Ausschreibung vergeben werden. Nunmehr bestimmt Abs. 1 S. 2 nur noch einen **Vorrang des EU-Vergaberechts bei der Vergabe von öffentlichen Personenverkehrsdiensten mit Bussen und Straßenbahnen.**

11 Für öffentliche Personenverkehrsdienste mit Eisenbahnen galt ein solcher Vorrang des EU-Vergaberechts bis 2016 nicht. Grund dafür war, dass eisenbahnbezogene Dienstleistungsaufträge nach alter Rechtslage im Unionsrecht **nichtprioritäre Dienstleistungsaufträge** waren, für die es zwar bestimmte Veröffentlichungspflichten gab, aber keine Ausschreibungspflichten. Seit den RL 2014/24/EU und RL 2014/25/EU gibt es diese Unterscheidung nicht mehr. Öffentliche Schienenpersonenverkehrsdienste unterliegen gem. der VO (EU) 2016/2338 ab dem 24.12.2017 aber der Vergabepflicht nach Art. 5 Abs. 1 S. 1 VO (EG) Nr. 1370/2007 (→ VO (EG) 1370/2007 Art. 5 Rn. 2). Die VO (EG) Nr. 1370/2007 ist seit dem 24.12.2017 also auch die zentrale Norm für die Vergabe von öffentlichen Schienenpersonenverkehrsdiensten. Im Einzelnen ist das Verhältnis zwischen der VO (EG) Nr. 1370/2007 und dem EU-Vergaberecht aber noch nicht in jeder Hinsicht geklärt:

12 **a) Kein Vorrang der Abs. 2–5 für Dienste mit Bussen und Straßenbahnen ohne Dienstleistungskonzession.** Ein in den Anwendungsbereich der VO (EG) Nr. 1370/2007 fallender **öffentlicher Dienstleistungsauftrag**[2] muss gem. den RL 2014/24/EU und RL 2014/25/EU vergeben werden, wenn die zuständige Behörde öffentlicher Auftraggeber ist, der maßgebliche Schwellenwert überschritten wird und keiner der Ausnahmetatbestände der RL eröffnet ist.

13 Vom Anwendungsbereich der Vergaberichtlinien ausgenommen sind abseits der Schienenpersonenverkehrsdienste und der Verträge unterhalb der Schwellenwerte nach Abs. 1 S. 2 im Bereich der öffentlichen Personenverkehrsdienste nur **Dienstleistungskonzessionen** mit Bussen und Straßenbahnen. Die KVR gilt ausweislich ihres Art. 10 Abs. 3 KVR zwar nicht für Konzessionen im Bereich der öffentlichen Personenverkehrsdienste iSd VO (EG) Nr. 1370/2007. Da beiden Regelungen dieselbe kodifizierte Rspr. des EuGH zugrunde liegt,[3] kann zur Begriffsbestimmung aber dennoch auf die deutsche Umsetzung im Kartellvergaberecht zurückgegriffen werden:

14 Entscheidend für das Vorliegen einer Dienstleistungskonzession ist danach, dass der Erbringer der Dienstleistung das wirtschaftliche Risiko trägt (iE → GWB § 105 Rn. 24 ff.).[4] Verträge, bei denen die Einnahmen gem. Art. 4 Abs. 2 Var. 2 VO (EG) Nr. 1370/2007 an die zuständige Behörde übergehen, sind grds. keine Dienstleistungskonzessionen, wenn das wirtschaftliche Risiko aus dem Fahrscheinverkauf dem Betreiber nicht in anderer Weise aufgebürdet wird (zB durch betragsgleiche rechnerische oder kassentechnische Durchreichung). Bei Zweifeln am Tragen des überwiegenden wirtschaftlichen Risikos ist von einem ausschreibungspflichtigen Dienstleistungsauftrag auszugehen.[5]

---

[2] Liegt auch bei Direktvergaben vor, die nicht durch den Abschluss eines Vertrages erfolgen, sondern durch einen anderen rechtsverbindlichen Akt, etwa durch Gesellschaftsbeschluss oder durch gesellschaftsrechtliche Weisung; BGH 12.11.2019 – XIII ZB 120/19, BeckRS 2019, 32303 = VergabeR 2020, 600 ff. Rn. 31 f.

[3] Art. 5 Abs. 1 S. 1 Nr. 1 RL 2014/23/EU, die VO (EG) Nr. 1370/2007 definiert die Dienstleistungskonzession nicht.

[4] Siehe dazu BGH 8.2.2011 – X ZB 4/10, BeckRS 2011, 3845 = VergabeR 2011, 452 (459 f.); konkreter OLG Düsseldorf 2.3.2011 – VII-Verg 48/10, BeckRS 2011, 5552 = VergabeR 2011, 471 (478).

[5] OLG Düsseldorf 23.12.2015 – Verg 34/15, BeckRS 2016, 2949.

b) Keine Zurückverweisung auf die Vergaberichtlinien bei deren Nicht- 15
anwendbarkeit. Ist
– die zuständige Behörde kein öffentlicher Auftraggeber iSd Vergaberichtlinien,
– Gegenstand des Auftrags ein Schienenpersonenverkehrsdienst (s. in Deutschland aber § 131 GWB),
– der Wert des Auftrags niedriger als der maßgebliche vergaberechtliche Schwellenwert,
– eine vergaberechtliche Ausnahme gegeben, oder
– ist ein entgeltlicher Vertrag (§§ 103, 108 GWB) nicht gegeben,

ist das EU-Vergaberecht **unanwendbar.** Dann gilt Abs. 1 S. 1, und ist der Auftrag auch bei Nichtvorliegen einer Dienstleistungskonzession sektorspezifisch nach Abs. 2–6a zu vergeben.

Dies schließt eine **freiwillige oder eine national angeordnete Anwendung** 16 **der Vergaberichtlinien** allerdings nicht aus. Abs. 1 S. 3 stellt nur darauf ab, ob ein Auftrag gem. diesen Richtlinien vergeben wird und nicht zusätzlich darauf, ob er auch gem. den Richtlinien vergeben werden muss. Dementsprechend ist es nicht zu beanstanden, wenn § 131 GWB für Vergaben von öffentlichen Schienenpersonenverkehrsdiensten grds. auf die wettbewerblichen Verfahren nach dem GWB verweist, zumal diese den Anforderungen des Art. 5 Abs. 3 genügen. Gleiches kann – aber muss nicht – gelten, wenn in Bundesländern unterhalb der Schwellenwerte die Anwendung der UVgO angeordnet wird. Eine solche Anordnung kann *erstens* allerdings an sich schon gegen den haushaltsrechtlichen Grundsatz der Wirtschaftlichkeit und Sparsamkeit verstoßen, wenn die Transaktionskosten der wettbewerblichen Vergabe höher sind als die erzielbaren Einsparungen. *Zweitens* ist bei Verkehren, die nur einzelne gemeinwirtschaftliche Elemente enthalten, der Besitzstandsschutz nach § 13 Abs. 3 PBefG zu wahren. *Drittens* wird – wiederum gegen den haushaltsrechtlichen Grundsatz der Wirtschaftlichkeit und Sparsamkeit verstoßend – gerne übersehen, dass der Zuschlag in einem wettbewerblichen Vergabeverfahren aus systembedingten Gründen immer an den billigsten Bieter zu erteilen ist, statt an den besten Bieter. Nicht selten ist aber das Angebot des besten Bieters zwar nicht das sparsamste, aber unter Berücksichtigung aller Faktoren das wirtschaftlichste.

Zweifelhaft war, was bei einer vergaberechtlichen **Inhouse-Vergabe** (vgl. § 108 17 GWB) gilt. Diese war in den bis 2014 geltenden Vergaberichtlinien nicht geregelt, so dass es sich um kein in den Richtlinien vorgesehenes Verfahren handelte. Überdies war fraglich, ob bei einer Inhouse-Vergabe nach Abs. 2 eine Dienstleistungskonzession vorliegen muss. Das hatte zu einer Reihe von Nachprüfungsentscheidungen geführt, die sich teils widersprachen und daher unter Nichtbeachtung der Pflicht zur Vorlage an den BGH ergangen waren. Nach dem letzten Stand der Rspr. musste für Abs. 2 zwar keine Dienstleistungskonzession vorliegen; es müssen aber die Voraussetzungen des Abs. 2 erfüllt sein.[6]

Diese offene Frage wurde inzwischen vom EuGH geklärt. Abs. 2 ist auf die 17a Direktvergabe von Verträgen über öffentliche Personenverkehrsdienste mit Bussen und Straßenbahnen, die nicht die Form von Dienstleistungskonzessionen iSd Vergabe-RL annehmen, nicht anwendbar.[7] Das setzt allerdings gem. Abs. 1 Satz 3 sowohl nach den Entscheidungen des EuGH als auch nach §§ 103, 108 GWB voraus, dass entgeltliche Verträge vorliegen, da anderenfalls gerade nicht nach den Vergabe-

---

[6] Gut zusf. OLG München 31.3.2016 – Verg 14/15, NZBau 2016, 583; zuvor vgl. OLG Rostock 4.7.2012 – 17 Verg 3/12, VPRRS 2013, 1436; OLG Karlsruhe 9.10.2012 – 15 Verg 12/11, ZfBR 2013, 285; OLG Düsseldorf 7.11.2012 – VII-Verg 11/12, NZBau 2013, 187; VK Hessen 15.10.2013 – 69d VK 22/2013, IR 2014, 18; OLG Frankfurt a. M. 30.1.2014 – 11 Verg 15/13, NZBau 2014, 386.

[7] EuGH 21.3.2019 – C-266/17 und C-267/17, EuZW 2019, 388; 8.5.2019 – C-253/18, NZBau 2019, 658.

RL vergeben wird. Dann bleiben die Abs. 2–6 anwendbar, obwohl keine Dienstleistungskonzession vorliegt (vgl. → Rn. 15). An einem entgeltlichen Vertrag kann es auch bei einer funktionalen Betrachtung des Vergaberechtsverhältnisses fehlen. Nach bisherigen Erkenntnissen kann das der Fall sein, wenn die Direktvergabe an den internen Betreiber durch Beschluss eines kommunalen Gremiums und die nachfolgende gesellschaftsrechtliche Weisung an die Unternehmensleistung des internen Betreibers erfolgt.[8] Außerdem kann das der Fall sein, wenn die Direktvergabe durch Verwaltungsakt erfolgt, welcher nach der Vorgabe der Inhalte der gemeinwirtschaftlichen Verpflichtung durch die zuständige Behörde von einem Zweckverband erlassen wird, dessen Mitglied die zuständige Behörde ist, und der Zweckverband dem internen Betreiber hierbei in einem öffentlich-rechtlichen Über-/Unterordnungsverhältnis gegenübertritt.[9]

18 Durch den EuGH damit auch geklärt ist die weitere Frage, wie bei einer Inhouse-Vergabe durch mehrere zuständige Behörden gemeinsam die **Kontrolle** ausgeübt werden kann: Bei der Inhouse-Vergabe eines entgeltlichen Vertrags kann die Kontrolle nur gemeinschaftlich und nicht nur durch eine einzelne zuständige Behörde erfolgen.[10] Nur bei Fehlen eines entgeltlichen Vertrags genügt gemäß Abs. 2 die Kontrolle durch eine zuständige Behörde als Gruppenmitglied.

2. Anwendung der VO (EG) Nr. 1370/2007 für Verkehre mit Bussen und Straßenbahnen ohne Vorliegen einer Dienstleistungskonzession

19 Gem. Abs. 1 S. 2 sind die Abs. 2–6 von Art. 5 VO (EG) Nr. 1370/2007 nicht anwendbar, wenn **Aufträge nach den Vergabe-RL vergeben** werden. Jedenfalls Art. 4 VO (EG) Nr. 1370/2007 bleibt dem EuGH zufolge allerdings anwendbar, wenn Aufträge nach den Vergabe-RL vergeben werden.[11] Für Art. 6 und 7 gilt zwangsläufig das gleiche.

3. Kritik

20 Welchen Zweck die generelle Rückverweisung auf das allg. Vergaberecht der Richtlinien beim Verkehr mit Bussen und Straßenbahnen bei Direktvergaben an interne Betreiber verfolgt, erschließt sich nicht. Verkehre mit Straßenbahnen werden in Deutschland idR nur von kommunalen Unternehmen erbracht. Sie sollten nach Art. 5 Abs. 2 VO (EG) Nr. 1370/2007 direkt vergeben werden. Die volkswirtschaftliche Rechtfertigung besteht darin, dass die Kommunen ihre internen Betreiber finanziert durch Eigenmittel aufgebaut haben. Zwar wirkt sich dies bei einer Inhouse-Vergabe idR nur dann gegen die Interessen der zuständigen Behörde als Eigentümerin des internen Betreibers aus, wenn aufgrund der historisch entstandenen Strukturen weitere zuständige Behörden an der Vergabe mitwirken müssen und eine gemeinsame Kontrolle nach § 108 Abs. 4, 5 GWB nicht möglich ist. Gerade für diesen Fall war aber der Einschub „im Falle einer Gruppe von Behörden wenigstens eine zuständige Behörde" beim Kontrollkriterium gedacht.

IV. Eigenerbringung und Direktvergabe an einen internen Betreiber (Abs. 2)

21 Sofern dies nicht nach nationalem Recht untersagt ist, kann **gem. Abs. 2 UAbs. 1** jede zuständige örtliche Behörde – unabhängig davon, ob es sich dabei

---

[8] So OLG Jena 12.6.2019 – 2 Verg 1/18, NZBau 2020, 59.
[9] So OLG Düsseldorf 28.10.2019 – VII-Verg 3/19, BeckRS 2019, 38427.
[10] So noch OLG Düsseldorf 12.10.2016 – VI-U (Kart) 2/16, BeckRS 2016, 19234.
[11] EuGH 27.10.2016 – C-292/15, BeckRS 2016, 82545.

um eine einzelne Behörde oder eine Gruppe von Behörden handelt, die integrierte öffentliche Personenverkehrsdienste anbietet – entscheiden, selbst öffentliche Personenverkehrsdienste zu erbringen oder öffentliche Dienstleistungsaufträge direkt an eine rechtlich getrennte Einheit zu vergeben, über die die zuständige örtliche Behörde – oder im Falle einer Gruppe von Behörden wenigstens eine zuständige örtliche Behörde – eine Kontrolle ausübt, die der Kontrolle über ihre eigenen Dienststellen entspricht.

Abs. 2 UAbs. 2 wurde durch die VO (EU) 2016/2338 v. 14.12.2016[12] in die VO (EG) Nr. 1370/2007 eingefügt. Gem. ihres Art. 2 ist die Regelung am 24.12.2017 in Kraft getreten. Im Falle öffentlicher Schienenpersonenverkehrsdienste kann gem. Abs. 2 UAbs. die im ersten UAbs. genannte Gruppe von Behörden ausschl. aus zuständigen örtlichen Behörden bestehen, deren geografischer Zuständigkeitsbereich sich nicht auf das gesamte Staatsgebiet erstreckt. Der in UAbs. 1 genannte öffentliche Personenverkehrsdienst oder öffentliche Dienstleistungsauftrag darf nur den Verkehrsbedarf städtischer Ballungsräume und ländlicher Gebiete oder beides decken.

1. Selbsterbringung/interner Betreiber (Abs. 2)

Abs. 2 S. 1 enthält **zwei unterschiedliche Tatbestände,** die Selbsterbringung und die Vergabe an eine rechtlich getrennte Einheit (den internen Betreiber):

a) Selbsterbringung. Bei der **Selbsterbringung** liegt immer ein In-Sich-Geschäft vor. Ein solches kommt in Deutschland überall dort in Betracht, wo Verkehrsleistungen durch einen Eigen- oder Regiebetrieb erbracht werden, die beide über keine eigene Rechtspersönlichkeit verfügt. Im Hinblick auf das Verbot der Selbstbetrauung gem. Altmark-Trans-Urteil des EuGH (→ VO (EG) 1370/2007 Einl. Rn. 16) sind an den Betrauungsbeschluss einer Eigenerbringung hohe Anforderungen zu stellen. Er muss von einem Gremium der zuständigen Behörde gefasst werden, welches nicht mit operativem Geschäft des Betreibers befasst und ggü. der verantwortlich handelnden Person des Betreibers unabhängig ist.

b) rechtlich getrennte Einheit – interner Betreiber. Die **rechtlich getrennte Einheit** ist in Art. 2 lit. j als „interner Betreiber" umschrieben. Hinsichtlich der Rechtsform des internen Betreibers gibt es außer dem Begriff der Einheit, welche in Abgrenzung zur Selbsterbringungen eine eigene Rechtsperson verlangt, keine Vorgaben. In Betracht kommen alle kommunal- und haushaltsrechtlich zulässigen öffentlich-rechtlichen und privatrechtlichen Organisationsformen, also insbes. der Zweckverband und die Anstalt des öffentlichen Rechts, die GmbH und GmbH & Co. KG oder (mit Einschränkungen, soweit es die Kontrolle wie über eine eigene Dienststelle angeht) die AG.

2. Kontrolle wie über eine eigene Dienststelle (Abs. 2 lit. a)

a) Grundsatz. Gem. Abs. 2 lit. a muss die zuständige Behörde oder Gruppe eine Kontrolle ausüben, die der Kontrolle über ihre eigenen Dienststellen entspricht. Um festzustellen, ob die zuständige örtliche Behörde diese Kontrolle ausübt, sind Faktoren zu berücksichtigen wie der Umfang der Vertretung in Verwaltungs-, Leitungs- oder Aufsichtsgremien, diesbezügliche Bestimmungen in der Satzung, Eigentumsrechte, tatsächlicher Einfluss auf und tatsächliche Kontrolle über strategische Entscheidungen und einzelne Managemententscheidungen. Im Einklang mit dem Unionsrecht ist zur Feststellung, dass eine Kontrolle iS dieses Absatzes gegeben ist, – insbes. bei öffentlich-privaten Partnerschaften – nicht zwingend erforderlich, dass die zuständige Behörde zu 100 % Eigentümer ist, sofern ein **beherrschender**

---

[12] ABl. 2016 L 354, 22.

öffentlicher Einfluss besteht und aufgrund anderer Kriterien festgestellt werden kann, dass eine Kontrolle ausgeübt wird.

27 Gem. Erwgr. 18 S. 2, 3 der VO (EG) Nr. 1370/2007 muss die Möglichkeit der Eigenerbringung jedoch zur Gewährleistung gleicher Wettbewerbsbedingungen **streng kontrolliert** werden. Die zuständige Behörde oder die Gruppe zuständiger Behörden, die – kollektiv oder durch ihre Mitglieder – integrierte öffentliche Personenverkehrsdienste erbringt, sollte die erforderliche Kontrolle ausüben. Hierbei sind gem. Abs. 2 S. 3 lit. a Faktoren zu berücksichtigen, wie der Umfang der Vertretung in Verwaltungs-, Leitungs- oder Aufsichtsgremien, diesbezügliche Bestimmungen in der Satzung, Eigentumsrechte, tatsächlicher Einfluss auf und tatsächliche Kontrolle über strategische Entscheidungen und einzelne Managemententscheidungen. Bei der Prüfung der Kontrolle ist nicht nur auf die formalen Möglichkeiten abzustellen, sondern auch auf die Wirksamkeit von Kontrollen und Einflussnahmen. Bei einer Gruppe von Behörden als zuständige Behörde ist zusätzlich zu prüfen, wie die interne Willensbildung innerhalb der Gruppe zur Ausübung von Kontrollen geregelt ist und ob Minderheitenschutzrechte eingeräumt sind, welche im Einzelfall der Ausübung der Kontrolle oder der Einflussnahme entgegenstehen können. Bei einer AG ist im Hinblick auf die Unabhängigkeit des Vorstands und den Aufsichtsrat zusätzliche Voraussetzung, dass die Kontrolle in anderer Weise (zB im Wege eines Beherrschungsvertrags) ausgeübt werden kann.[13] Bei der Bezugnahme auf die EuGH-Rechtsprechung zur Kontrolle einer AG ist Vorsicht angebracht. Den meisten entschiedenen Fällen liegt das italienische AktG zugrunde.[14] Das italienische AktG eröffnet weitergehende Möglichkeiten der Kontrolle des AG-Vorstands als das deutsche AktG. Eine Kontrolle ist grds. auch über ein Enkelunternehmen möglich.[15] Allerdings steigen in einem solchen Fall die Anforderungen an Kontrolle und Einflussnahme an.

28 Eine **100 %ige Eigentümerschaft** der zuständigen Behörde ist gem. Abs. 2 S. 3 lit. a S. 2 **nicht zwingend erforderlich.** Es genügen stattdessen ein beherrschender öffentlicher Einfluss und die Feststellung aufgrund anderer Kriterien, dass eine Kontrolle ausgeübt wird. Umgekehrt reichen 51 % Anteilseignerschaft der zuständigen Behörde ohne Hinzutreten weiterer Umstände nicht für die Erfüllung des Kontrollkriteriums aus – „nicht ... zu 100 %" ist etwas anderes als 51 %. Daraus ist zu schließen, dass bei sinkender Anteilseignerschaft der Kontrolleinfluss der zuständigen Behörde entspr. zunehmen muss. Keine Voraussetzung ist abw. vom Inhouse-Geschäft[16] allerdings, dass der interne Betreiber iW für die zuständige Behörde tätig ist. Abs. 2 lit. a enthält keine derartige Vorgabe.[17]

29 Anderes gilt allerdings dann, wenn mangels Dienstleistungskonzession keine Direktvergabe an einen internen Betreiber, sondern eine **Inhouse-Vergabe vorliegt** (→ Rn. 17). Dann ist privates Anteilseigentum unzulässig und muss auch das Wesentlichkeitskriterium erfüllt sein.

30 **b) Kontrolle durch eine Gruppe von Behörden.** Eine **Gruppe von Behörden** kann an einen internen Betreiber nach Abs. 2 direkt vergeben, wenn die Gruppe integrierte öffentliche Personenverkehrsdienste anbietet (Art. 2 lit. m VO (EG)

---

[13] → GWB § 108 Rn. 21 ff.; auch der Aufsichtsrat einer GmbH kann insoweit Probleme bereiten; BVerwG 31.8.2011 – 8 C 16/10, BVerwGE 140, 300 Rn. 20 ff. = NJW 2011, 3735; dazu instruktiv Pauly/Schüler DÖV 2012, 339 ff.
[14] In deutscher Sprachfassung zu finden über den Internet-Auftritt der autonomen Provinz Bozen.
[15] Siehe dazu Dreher NZBau 2004, 14; Stemmer/Aschl VergabeR 2005, 287 ff.
[16] EuGH 11.5.2006 – C-340/04, Slg. 2006, I-4137 = NZBau 2006, 452; EuGH 19.4.2007 – C 295/05, Slg. 2007, I-2999 = NZBau 2007, 381 und § 108 GWB.
[17] AA Pünder EuR 2007, 564 (569).

Nr. 1370/2007) und die Kontrolle entweder gemeinsam oder durch wenigstens eine zuständige örtliche Behörde ausgeübt wird. Wenn die Auslegungsleitlinien der Kommission (→ VO (EG) 1370/2007 Einl. Rn. 40) hierzu den Versuch unternehmen, das in Art. 2 lit. m VO (EG) Nr. 1370/2007 und Art. 5 Abs. 2 VO (EG) Nr. 1370/2007 verankerte Privileg der Verkehrsverbünde in Deutschland im Wege der Auslegung einzuschränken, ist dies schon vom Wortlaut des Abs. 2 nicht gedeckt. Die Gruppe von Behörden bietet auch dann integrierte öffentliche Personenverkehrsdienste an, wenn der Geltungsbereich der integrierten öffentlichen Personenverkehrsdienste die Zuständigkeitsgebiete der Gruppenmitglieder überschreitet. Beschränkungen der Intervention auf den lokalen Bereich ergeben sich im Rahmen der VO (EG) Nr. 1370/2007 nur aus dem räumlichen Tätigkeitsverbot gem. Abs. 2 lit. b.

Verkehrsdienste enden nur selten an der Grenze des Zuständigkeitsgebiets der 31 zuständigen örtlichen Behörde. Stadtgrenzen- und kreisgrenzenüberschreitende Verkehre kommen in der Praxis häufig vor. Nicht selten werden solche grenzüberschreitenden Verkehre auch gemeinschaftlich mit anderen Betreibern durchgeführt und gibt es für sie Gemeinschaftsgenehmigungen nach dem PBefG. Dann sind folgende Konstellationen zu unterscheiden:

(1) Gemeinsame Kontrolle. Übt die Gruppe von Behörden die Kontrolle über 32 den internen Betreiber gemeinschaftlich aus, sind idR alle Gruppenmitglieder auch **Anteilseigentümer des internen Betreibers.** Theoretisch können die Faktoren und Kriterien für die Kontrolle nach Abs. 2 lit. a zwar auch auf anderem Wege als über das Anteilseigentum belegt werden. Dafür müsste allerdings zumindest die kontrollierende Vertretung in Verwaltungs-, Leitungs- oder Aufsichtsgremien belegt werden. Dies kann ohne Anteilseigentum praktisch kaum geleistet werden.

Selbst wenn gemeinschaftliches Anteilseigentum vorliegt, muss über die gemein- 33 same Kontrolle, wenn nicht die Satzung der Gesellschaft entsprechendes regelt, ein **öffentlich-rechtlicher Vertrag oder eine Zweckvereinbarung** abgeschlossen werden. Bei gemeinsamer Kontrolle muss die Vorabbekanntmachung nach Art. 7 Abs. 2 VO (EG) Nr. 1370/2007 gemeinschaftlich veröffentlicht werden. Der öffentliche Dienstleistungsauftrag nach Art. 3 Abs. 1 VO (EG) Nr. 1370/2007 kann gemeinschaftlich oder durch einen der Anteilseigner vergeben werden.[18]

(2) Alleinige Kontrolle. Anders als bei § 108 Abs. 4, 5 GWB lässt Art. 5 Abs. 2 34 VO (EG) Nr. 1370/2007 allerdings auch die alleinige Kontrolle zu. Bei einer **alleinigen Kontrolle eines Gruppenmitglieds** muss nur das kontrollierende Gruppenmitglied (beherrschendes) Anteilseigentum besitzen. Im Übrigen ist aber zu unterscheiden:

(a) Alleinige Kontrolle mit Einhaltung des räumlichen Tätigkeitsverbots. 35 Wird das Tätigkeitsverbot nach Abs. 2 lit. b eingehalten, muss nur das allein kontrollierende Gruppenmitglied die Vorabbekanntmachung veröffentlichen und direkt vergeben. Die anderen Gruppenmitglieder beteiligen sich hieran im Wege der Delegation oder Mandatierung für ihr eigenes Zuständigkeitsgebiet (Bestellung bei der zuständigen Behörde) und refinanzieren auf hoheitlicher Ebene und damit außerhalb des Anwendungsbereichs des Verbots staatlicher Beihilfen gem. Art. 107 Abs. 1 AEUV deren Aufwand. Insoweit lässt Abs. 2 also Direktvergaben zu, die nach den EU-Vergaberechtlinien nicht zulässig wären, weil es sich mangels gesellschaftsrechtlicher Beteiligung nicht um horizontale, sondern um **vertikale in-state-Geschäfte** handelt, die als öffentliche Auftragsvergaben zu betrachten sind (→ GWB § 108 Rn. 72 ff.). Solange das Tätigkeitsverbot nach Abs. 2 lit. b

---

[18] OLG Düsseldorf 12.10.2016 – VI-U (Kart) 2/16, BeckRS 2016, 19234.

eingehalten wird, können auf diesem Wege daher auch Personenverkehrsdienste direkt vergeben werden, die in benachbarte Verkehrsräume führen, die nicht zum geografischen Geltungsbereich der integrierten öffentlichen Personenverkehrsdienste gehören.

36 Bei alleiniger Kontrolle mit Einhaltung des Tätigkeitsverbots muss die Vorabbekanntmachung nach Art. 7 Abs. 2 VO (EG) Nr. 1370/2007 nur von der kontrollierenden Behörde veröffentlicht und auch der öffentliche Dienstleistungsauftrag nach Art. 3 Abs. 1 VO (EG) Nr. 1370/2007 nur von ihr vergeben werden. Es bietet sich aus Gründen der Transparenz an, in der Vorabbekanntmachung auf die **Mandatierung der mitbedienten anderen Gebietskörperschaft hinzuweisen** und sie auch im öffentlichen Dienstleistungsauftrag zu nennen, um die im Hinblick auf die Refinanzierung bestehende Geschäftsgrundlage auszuweisen.

37 **(b) Alleinige Kontrolle ohne Einhaltung des räumlichen Tätigkeitsverbots.** Wird bei einer alleinigen Kontrolle eines Gruppenmitglieds das Tätigkeitsverbot nach Abs. 2 lit. b dagegen nicht eingehalten, muss die Gruppe von Behörden handeln, um das gemeinsame Zuständigkeitsgebiet so zu vergrößern, dass jedenfalls bezogen auf dieses keine vollständig oder überwiegend außerhalb betriebenen Verkehre mehr vorliegen. Wenn es sich bei den von der Direktvergabe erfassten Personenverkehrsdiensten um integrierte öffentliche Personenverkehrsdienste (Art. 2 lit. m VO (EG) Nr. 1370/2007) handelt, ist dies zulässig, und dies auch dann, wenn der geografische Geltungsbereich der integrierten Personenverkehrsdienste größer ist als das Zuständigkeitsgebiet der Gruppe. Die Grenze für solche Direktvergaben ist wegen Abs. 2 lit. b dann allerdings der geografische Geltungsbereich der integrierten Verkehrsdienste.[19]

38 Vorabbekanntmachung und Direktvergabe müssen **durch alle (betroffenen) Gruppenmitglieder** vorgenommen werden. Die Refinanzierung des kontrollierenden Gruppenmitglieds erfolgt wie zuvor abseits des Verbots staatlicher Beihilfen auf hoheitlicher Ebene.

39 **c) Direktvergabe und Gemeinschaftsgenehmigungen.** Werden bei grenzüberschreitenden Personenverkehrsdiensten Genehmigungen für den Linienverkehr mit Kraftfahrzeugen oder für den Verkehr mit Straßenbahnen von mehreren Unternehmen gemeinschaftlich gehalten, wofür sich der Begriff „**Gemeinschaftskonzessionen**" eingebürgert hat, ist bei Direktvergaben nach Abs. 2 nach der Betriebsführung für die jeweiligen Leistungen abzugrenzen.

40 § 3 Abs. 2 S. 1 PBefG („oder") ist der **Grundsatz der scharfen Abgrenzung** zu entnehmen, ob ein Verkehr von dem Genehmigungsinhaber oder dem Betriebsführer betrieben wird. Bei gemeinschaftlichen Genehmigungen ist daher zwischen den Inhabern klar zu regeln, wer von den Beteiligten für welche Betriebsleistungen die Betriebsführung innehat. Das kann zB räumlich nach Streckenabschnitten, zeitlich nach Fahrlagen und beim Wechsel der Bedienungsweise (fest/flexibel) nach Betriebszeiten geregelt werden.

41 Adressat der Direktvergabe bei personenbeförderungsrechtlichen Gemeinschaftsgenehmigungen ist immer der Betriebsführer der jeweiligen Leistung nach § 3 Abs. 2 PBefG. Auf die genehmigungsrechtlichen Verhältnisse nach dem PBefG kommt es nur und insoweit an, als auch der Genehmigungsinhaber trotz der Übertragung der Betriebsführung noch Personenverkehrsdienste selbst – also in eigenem Namen, für eigene Rechnung und unter eigener Verantwortung – betreibt. Wenn der Genehmigungsinhaber auf Verkehren des Betriebsführers stattdessen als Auftragsunternehmer tätig ist, ist das im Hinblick auf die VO (EG) Nr. 1370/2007 – vorbehaltlich des Art. 4 Abs. 7 VO (EG) Nr. 1370/2007 – grds. belanglos.

---

[19] Vgl. OLG Düsseldorf 16.10.2019 – VII-Verg 43/18, NZBau 2020, 811 ff.

3. Beschränkung auf das Zuständigkeitsgebiet der zuständigen Behörde (Abs. 2 lit. b)

Gem. Abs. 2 S. 2 lit. b ist weitere Voraussetzung für die Direktvergabe an einen internen Betreiber, dass der interne Betreiber und jede andere Einheit, auf die dieser Betreiber einen auch nur geringfügigen Einfluss ausübt, ihre öffentlichen Personenverkehrsdienste innerhalb des Zuständigkeitsgebiets der zuständigen örtlichen Behörde ausführen – ungeachtet der abgehenden Linien oder sonstiger Teildienste, die in das Zuständigkeitsgebiet benachbarter zuständiger örtlicher Behörden führen – und nicht an außerhalb des Zuständigkeitsgebiets der zuständigen örtlichen Behörde organisierten wettbewerblichen Vergabeverfahren für die Erbringung von öffentlichen Personenverkehrsdiensten teilnehmen. Abs. 2 S. 2 lit. b ist drittschützend[20] und enthält **zwei Gebote**: 42

a) Räumliche Beschränkung der Tätigkeit. Zum einen darf der interne Betreiber seine öffentlichen Personenverkehrsdienste nur innerhalb des Zuständigkeitsgebiets der zuständigen örtlichen Behörde (Art. 2 lit. b) ausführen. Diese Regelung bezweckt den **Schutz des Wettbewerbs**. Der Begriff des „Zuständigkeitsgebiets" ist eindeutig. Eine funktionale Auslegung (mit dem Ziel der Einführung einer Tätigkeit iW für die zuständige Behörde) kommt nicht in Betracht.[21] Offen lässt Abs. 2 S. 2 lit. b, welchen konkreten Gefahren für den Wettbewerb bei der Ausführung von öffentlichen Personenverkehrsdiensten eines internen Betreibers außerhalb des Zuständigkeitsgebiets der zuständigen Behörde hiermit begegnet werden soll. Eine Gefahr der Quersubventionierung besteht schon nach Ziff. 5 Spiegelstrich 3 des Anhangs zur Verordnung nicht, da eine Übertragung der Einnahmen in einen anderen Tätigkeitsbereich des Betreibers eines öffentlichen Dienstes im Wege einer Trennungsrechnung unmöglich gemacht werden muss. Allenfalls könnte die Annahme gerechtfertigt sein, dass die aus einer Direktvergabe an einen internen Betreiber erzielten Skaleneffekte bei den Produktionskosten es dem Betreiber erlauben, außerhalb des Zuständigkeitsgebiets der zuständigen örtlichen Behörde Personenverkehrsdienste günstiger anbieten zu können als der Wettbewerb. Solche Effekte müssen als externe Netzeffekte jedoch nach Ziff. 3 des Anhangs zur Verordnung im Rahmen des finanziellen Nettoeffekts neutralisiert werden. Eine Ausnahme vom Gebot der räumlichen Beschränkung gilt für abgehende Linien oder sonstige Teildienste, die in das Zuständigkeitsgebiet benachbarter zuständiger örtlicher Behörden führen. Voraussetzung solcher Linien oder Teildienste ist, dass sie zumindest teilweise im Zuständigkeitsgebiet der zuständigen örtlichen Behörde betrieben werden. Bei einem Teildienst ist zusätzlich Voraussetzung, dass er Teil eines Dienstes ist, dessen Schwerpunkt im Zuständigkeitsgebiet der zuständigen örtlichen Behörde liegt. Im Übrigen ist diese Ausnahme nicht restriktiv auszulegen, da die Gefahren für den Wettbewerb aus der räumlichen Ausdehnung des Erbringens von Personenverkehrsdiensten wie dargelegt nur gering sind. 43

Im Übrigen kommt es für die Anwendung von Abs. 2 S. 2 lit. b darauf an, ob die **verbotene Tätigkeit tatsächlich ausgeübt** wird.[22] 44

Bei der **Direktvergabe durch eine Gruppe von Behörden** kann auf das gemeinsame Zuständigkeitsgebiet abgestellt werden, wenn in diesem integrierte Personenverkehrsdienste iSv Art. 2 lit. m VO (EG) Nr. 1370/2007 angeboten werden. 45

Das Gebot der räumlichen Beschränkung der Tätigkeit gilt ausdr. nur für öffentliche Personenverkehrsdienste iSv Art. 2 lit. a VO (EG) Nr. 1370/2007. Darunter fallen **alle öffentlichen Personenverkehrsleistungen des internen Betreibers**, ganz gleich, ob sie Gegenstand eines öffentlichen Dienstleistungsauftrags sind oder 46

---

[20] VK Südbayern 22.12.2014 – Z3-3-3194-1-51-11/14, VPRRS 2015, 0052.
[21] AA Pünder EuR 2007, 564 (569); wie hier Stickler/Feske VergabeR 2010, 1 (8).
[22] OLG München 31.3.2016 – Verg 14/15, NZBau 2016, 583.

nicht. Dies ergibt sich aus der Definition in Art. 2 lit. e VO (EG) Nr. 1370/2007, die eine gemeinwirtschaftliche Verpflichtung erst dann entstehen lässt, wenn an einen Personenverkehrsdienst bestimmte Anforderungen gestellt werden, die wirtschaftlich nachteilig sind. Eine einschränkende Auslegung des Wettbewerbsverbots ist nicht veranlasst,[23] da Wettbewerbsbeeinträchtigungen auch in Gestalt von Verkehren denkbar sind, für die keine Ausgleichsleistungen gewährt werden (etwa, wenn auf diesen Fahrzeuge eingesetzt werden, für die iR eines anderen Personenverkehrsdienstes Ausgleichsleistungen gewährt werden). Tätigkeiten außerhalb des Bereichs der öffentlichen Personenverkehrsdienste wie insbes. im Bereich der Ver- und Entsorgung oder des Wohnungsbaus, aber auch im Gelegenheits- und Reiseverkehr sind von diesem Verbot daher nicht betroffen. Art. 2 S. 2 lit. b VO (EG) Nr. 1370/ 2007 stellt iÜ auf den Zuständigkeitsbereich der zuständigen örtlichen Behörden ab. Wo es (anders als in Deutschland mit Ausnahme des Schienenpersonenfernverkehrs, der national allerdings nicht reguliert ist) keine zuständige örtliche Behörde gibt, kann es folglich auch keine Direktvergabe an einen internen Betreiber geben.

47 Bei der Direktvergabe durch eine Gruppe von Behörden kann auf das gemeinsame Zuständigkeitsgebiet abgestellt werden, wenn in diesem integrierte Personenverkehrsdienste iSv Art. 2 lit. m VO (EG) Nr. 1370/2007 angeboten werden.

48 Im Falle **öffentlicher Schienenpersonenverkehrsdienste** nach Abs. 2 UAbs. 2 kann die im ersten UAbs. genannte Gruppe von Behörden ausschl. aus zuständigen örtlichen Behörden bestehen, deren geografischer Zuständigkeitsbereich sich nicht auf das gesamte Staatsgebiet erstreckt. Der in UAbs. 1 genannte öffentliche Personenverkehrsdienst oder öffentliche Dienstleistungsauftrag darf nur den Verkehrsbedarf städtischer Ballungsräume und ländlicher Gebiete oder beides decken.

49 Diese zusätzliche Einschränkung ist nur im Hinblick auf die Zielsetzung klar, Direktvergaben an nationalweit operierende Staatsbetriebe zu verhindern. Ansonsten arbeitet die Regelung mit einer **Kombination unbestimmter Rechtsbegriffe**, die es unmöglich macht, ihren Inhalt zu bestimmen. Dies beginnt mit dem Begriff „Verkehrsbedarf", setzt sich fort mit den nicht definierten Begriffen „städtischer Ballungsräume" und „ländlicher Gebiete" und gipfelt in der Vorgabe „oder beides decken", welche noch nicht einmal im Ansatz verlangt, dass es sich bei solchermaßen kumulierten Verkehren überhaupt um kohärente Netze handelt. Abs. 2 UAbs. 2 S. 2 ist daher in der Praxis unanwendbar.

50 **b) Keine Teilnahme an externen Vergabeverfahren.** Zum anderen darf der interne Betreiber nicht an außerhalb des Zuständigkeitsgebiets der zuständigen örtlichen Behörde organisierten wettbewerblichen Vergabeverfahren für die Erbringung von öffentlichen Personenverkehrsdiensten teilnehmen. Auch dieses Gebot dient dem Schutz des Wettbewerbs. Diese Beschränkung gilt aber ausdr. **nur für wettbewerbliche Vergabeverfahren,** also Verfahren nach Art. 5 Abs. 1, 3 VO (EG) Nr. 1370/2007. Direktvergaben bleiben zulässig. Gem. Erwgr. 18 S. 6, 7 der VO (EG) Nr. 1370/2007 berührt die Beschränkung der Tätigkeit interner Betreiber nicht die Möglichkeit der Direktvergabe öffentlicher Dienstleistungsaufträge, die den Eisenbahnverkehr betreffen, mit Ausnahme anderer schienengestützter Verkehrsträger wie Untergrund- und Straßenbahnen. Außerdem berührt die Direktvergabe öffentlicher Dienstleistungsaufträge für Eisenbahnverkehrsdienste nicht die Möglichkeit der zuständigen Behörden, öffentliche Dienstleistungsaufträge für **öffentliche Personenverkehrsdienste** mit anderen schienengestützten Verkehrsträgern wie Untergrund- oder Straßenbahnen an einen internen Betreiber zu vergeben. Hiermit wird ausdr. zugelassen, an einen internen Betreiber einen öffentlichen

---

[23] AA Linke-Linke/Pünder VO (EG) Nr. 1370/2007 Art. 5 Rn. 115; die Begr. überzeugt allerdings nicht, da andere Tätigkeiten iSd Ziff. 5 des Anhangs auch Tätigkeiten außerhalb des Verkehrsbereichs sein können.

Dienstleistungsauftrag über Eisenbahnverkehrsdienste direkt zu vergeben, ohne dass dies Einfluss auf dessen Tätigkeit als interner Betreiber hätte.

c) Reichweite der Beschränkungen. Die Beschränkungen der räumlichen 51 Tätigkeit und der Teilnahme an wettbewerblichen Vergabeverfahren gelten für öffentliche Personenverkehrsdienste. Im Hinblick auf die Definition in Art. 2 lit. a VO (EG) Nr. 1370/2007 kommt es somit nicht darauf an, ob die betreffenden öffentlichen Personenverkehrsdienste mit gemeinwirtschaftlichen Verpflichtungen behaftet sind. Das Wettbewerbsverbot gilt daher auch dann, wenn wettbewerbliche Vergabeverfahren für Verkehrsdienste veranstaltet werden, die weder Gegenstand einer allgemeinen Vorschrift noch eines öffentlichen Dienstleistungsauftrags werden sollen.

Das jeweils betroffene Zuständigkeitsgebiet wird durch den **räumlichen Zustän-** 52 **digkeitsbereich der zuständigen örtlichen Behörde** bestimmt und richtet sich daher nach nationalem Recht. Bei einer Gruppe von Behörden als zuständiger Behörde (vgl. Art. 2 lit. b Var. 2 VO (EG) Nr. 1370/2007) ist das Gesamtzuständigkeitsgebiet der Behördengruppe maßgeblich, da nach Art. 2 lit. b Var. 2 VO (EG) Nr. 1370/2007 im Falle einer Gruppe von Behörden die Gruppe als zuständige Behörde anzusehen ist.[24] Die Mitglieder einer solchen Gruppe sind für die Zwecke des Abs. 2 S. 2 lit. b VO (EG) Nr. 1370/2007 im Verhältnis untereinander daher auch dann nicht als externe zuständige örtliche Behörden anzusehen, wenn sie nach nationalem Recht jede für sich diese Befugnis haben. Die Gruppenmitglieder müssen für ihre Zusammenarbeit also insbes. nicht einen Zweckverband bilden. Das folgt zusätzlich auch daraus, dass nach der Bildung des Zweckverbands keine Gruppe von Behörden mehr vorliegt, weil das Zweckverbandsrecht der Länder ausnahmslos einen vollständigen Aufgabenübergang bestimmt. Für die Gruppenbildung genügt – national abhängig von den landesrechtlichen Vorgaben für die kommunale Zusammenarbeit – also eine Zweckvereinbarung, beim Verzicht auf Delegation oder Mandatierung von Aufgaben auch eine Verwaltungsvereinbarung und bei bloßer Refinanzierung auf hoheitlicher Ebene ein haushaltswirksamer Beschluss des zuständigen kommunalen Gremiums.

Die Gebote des Abs. 2 S. 2 lit. b gelten nicht nur für den internen Betreiber, 53 sondern darüber hinaus auch für **jede andere Einheit, auf die dieser Betreiber einen auch nur geringfügigen Einfluss ausübt.** Darunter sind zunächst alle Einheiten wie insbes. Unternehmen (bei selbst erbringenden internen Betreibern auch andere Eigen- und Regiebetriebe) zu verstehen, an denen der interne Betreiber als Eigner oder Anteilsigner beteiligt ist, wobei es auf die Höhe der Beteiligung nicht ankommt. Darüber hinaus gelten die Gebote des Abs. 2 S. 2 lit. b auch für alle anderen Einheiten, bei denen zwar keine Beteiligung oder Eigentümerschaft vorliegt, aber in sonstiger Weise Einfluss genommen werden kann. Dies kann bei Leistungsbeziehungen zwischen dem internen Betreiber und der anderen Einheit, bei personellen Verflechtungen (zB gleiche Geschäftsführer) oder bei faktischer sonstiger Einflussnahme gegeben sein.[25] In umgekehrter Richtung – das dritte Unternehmen hält selbst einen Anteil am Betreiber und könnte diesen beeinflussen – gilt das Verbot nicht.[26]

4. Ende des Wettbewerbsverbots (Abs. 2 lit. c)

Gem. Abs. 2 S. 2 lit. c kann ein interner Betreiber ungeachtet des lit. b **frühestens** 54 **zwei Jahre vor Ablauf** des direkt an ihn vergebenen Auftrags an fairen wettbewerb-

---

[24] Vgl. OLG Düsseldorf 16.10.2019 – VII-Verg 43/18, NZBau 2020, 811 ff.
[25] OLG Düsseldorf 2.3.2011 – VII-Verg 48/10, BeckRS 2011, 5552 = VergabeR 2011, 471 (479 f.).
[26] Siehe dazu VK Südbayern 22.12.2014 – Z3-3-3194-1-51-11/14, VPRRS 2015, 0052.

lichen Vergabeverfahren teilnehmen, sofern endgültig beschlossen wurde, die öffentlichen Personenverkehrsdienste, die Gegenstand des Auftrags des internen Betreibers sind, iR eines fairen wettbewerblichen Vergabeverfahrens zu vergeben, und der interne Betreiber nicht Auftragnehmer anderer direkt vergebener öffentlicher Dienstleistungsaufträge ist. Abs. 2 S. 2 lit. c schränkt das Wettbewerbsverbot aus Abs. 2 S. 2. lit. b somit ein und erlaubt es dem internen Betreiber, an wettbewerblichen Vergabeverfahren innerhalb und außerhalb des Zuständigkeitsbereichs der zuständigen örtlichen Behörde teilzunehmen.
– *Erste* Voraussetzung dafür ist, dass endgültig der Beschluss gefasst wurde, die Verkehrsdienste des internen Betreibers nach Ablauf der Laufzeit der Direktvergabe iR eines fairen wettbewerblichen Vergabeverfahrens zu vergeben.
Zweite Voraussetzung ist, dass die Restlaufzeit des an den internen Betreiber direkt vergebenen öffentlichen Dienstleistungsauftrags höchstens zwei Jahre beträgt.
– *Dritte* Voraussetzung ist, dass der interne Betreiber nicht Auftragnehmer anderer direkt vergebener öffentlicher Dienstleistungsaufträge ist; solche anderen Aufträge sind denkbar als Kleinaufträge gem. Art. 5 Abs. 4 VO (EG) Nr. 1370/2007 auf abgehenden Linien oder Teildiensten, aber zB auch im Eisenbahnverkehr. Art. 5 Abs. 2 lit. c VO (EG) Nr. 1370/2007 ist drittschützend.[27]

5. Besonderheiten für überregional/national aufgestellte interne Betreiber (Abs. 2 lit. d)

55   Gem. Abs. 2 S. 2 lit. d gelten bei Fehlen einer zuständigen örtlichen Behörde die lit. a, b und c für die nationalen Behörden in Bezug auf ein geografisches Gebiet, das sich nicht auf das gesamte Staatsgebiet erstreckt, sofern der interne Betreiber nicht an wettbewerblichen Vergabeverfahren für die Erbringung von öffentlichen Personenverkehrsdiensten teilnimmt, die außerhalb des Gebiets, für das der öffentliche Dienstleistungsauftrag erteilt wurde, organisiert werden. Diese Regelung betrifft den Fall, dass das Zuständigkeitsgebiet der zuständigen Behörde das gesamte Staatsgebiet ist (vgl. Art. 2 lit. c VO (EG) Nr. 1370/2007), also eine **nationale Behörde zuständige Behörde** ist, und wäre für Deutschland nur im Falle einer nationalen Direktvergabe durch den Bund an die Deutsche Bahn im Fernverkehr für ein Teilgebiet Deutschlands von Bedeutung. Der Schienenpersonenfernverkehr ist in Deutschland bislang allerdings nicht reguliert. Forderungen nach einer Regulierung des Schienenpersonenfernverkehrs werden vereinzelt zwar immer wieder gestellt (überall dort, wo die Deutsche Bahn das Angebot mangels adäquater Nachfrage ausdünnt oder einstellt, was den Aufgabenträger für den SPNV dazu zwingt, ersatzweise das SPNV-Angebot auszuweiten). Sie waren bislang aber nicht von Erfolg gekrönt.

6. Selbsterbringungsquote (Abs. 2 lit. e)

56   Gem. Abs. 2 S. 2 lit. e ist der interne Betreiber verpflichtet, den überwiegenden Teil des öffentlichen Personenverkehrsdienstes selbst zu erbringen, wenn eine Unterauftragsvergabe nach Art. 4 Abs. 7 VO (EG) Nr. 1370/2007 in Frage kommt. Über die Anforderungen des Art. 4 Abs. 7 VO (EG) Nr. 1370/2007 hinaus („einen bedeutenden Teil") verlangt die Regelung, dass der **überwiegende Teil** des öffentlichen Personenverkehrsdienstes selbst erbracht wird. Das Wort „überwiegend" nimmt Bezug auf eine Waage. Zu fordern ist daher ein **Anteil von mehr als 50 %**. Der Maßstab des Überwiegens ist in Abs. 2 S. 2 lit. e allerdings nicht geregelt. In Anlehnung an Art. 5 Abs. 4 VO (EG) Nr. 1370/2007 können daher nach pflichtge-

---

[27] So VK Südbayern 22.12.2014 – Z3-3-3194-1-51-11/14, VPRRS 2015, 0052.

mäßem Ermessen entweder Auftragswerte oder Personenverkehrsleistungen (mit oder ohne Leer-km) herangezogen werden. Da nach Art. 4 Abs. 7 VO (EG) Nr. 1370/2007 ein öffentlicher Dienstleistungsauftrag gleichzeitig Planung, Aufbau und Betrieb öffentlicher Personenverkehrsdienste umfassen kann, kann bei Zugrundelegung des Auftragswerts auch der Wert der Tätigkeiten im Bereich der Planung und des Aufbaus der Personenverkehrsdienste in die Bewertung einbezogen werden. Bei der Vergabe an eine Gruppe von Betreibern muss die Selbstbringungsquote nur von der Gruppe, nicht aber auch von jedem einzelnen Mitglied der Gruppe von Betreibern erfüllt werden.[28]

7. Untersagung nach nationalem Recht (Abs. 2)

Die Direktvergabe an einen internen Betreiber steht gem. Abs. 2 S. 1 unter dem Vorbehalt der Untersagung durch nationales Recht. Eine Verbotsnorm ist dem **deutschen Recht** zwar nicht zu entnehmen.[29] Jede Direktvergabe an einen internen Betreiber in Deutschland muss sich aber am Grundrecht der Berufsfreiheit (Art. 12 Abs. 1 GG), am allg. Gleichbehandlungsgrundsatz (Art. 3 Abs. 1 VO (EG) Nr. 1370/2007), dem Verhältnismäßigkeitsprinzip (Art. 2 Abs. 1 VO (EG) Nr. 1370/2007 iVm Art. 20 GG) sowie dem haushaltsrechtlichen Gebot der Wirtschaftlichkeit und Sparsamkeit messen lassen.[30] 57

Bei Direktvergaben im Schienenpersonenverkehr gem. Art. 2 lit. a aa VO (EG) Nr. 1370/2007 gilt § 131 GWB. Dessen Abs. 2 lässt Direktvergaben im Schienenpersonenverkehr zu. Ein generelles nationales Verbot besteht daher auch im Schienenpersonenverkehr nicht. 58

V. Wettbewerbliches Vergabeverfahren (Abs. 3)

Wenn gem. Abs. 3 S. 1 die Dienste Dritter, die keine internen Betreiber sind, in Anspruch genommen werden, müssen die zuständigen Behörden die öffentlichen Dienstleistungsaufträge außer in den in den Abs. 3a, 4, 4a, 4b, 5 und 6 vorgesehenen Fällen im Wege eines wettbewerblichen Vergabeverfahrens vergeben. Das für die wettbewerbliche Vergabe angewandte Verfahren muss allen Betreibern offenstehen, fair sein und den Grundsätzen der Transparenz und Nichtdiskriminierung genügen. Nach Abgabe der Angebote und einer eventuellen Vorauswahl können in diesem Verfahren unter Einhaltung dieser Grundsätze **Verhandlungen** geführt werden, um festzulegen, wie der Besonderheit oder Komplexität der Anforderungen am besten Rechnung zu tragen ist. Diese Regelung unterliegt in vollem Umfang der Prüfung in einem Nachprüfungsverfahren.[31] 59

Einen Vorrang wettbewerblichen Vergabeverfahrens vor der Direktvergabe gem. Art. 5 Abs. 2 VO (EG) Nr. 1370/2007 oder Art. 5 Abs. 4 VO (EG) Nr. 1370/2007 gibt es nicht. Im Gegenteil, stehen die wettbewerblichen Vergabeverfahren und die Direktvergaben nach Abs. 3 S. 1 mindestens **gleichberechtigt nebeneinander,** wenn nicht sogar Abs. 3 S. 1 ein Vorrang der Direktvergabe zu entnehmen ist, der über die bloße systematische Abhängigkeit von Direktvergaben und wettbewerbli- 60

---

[28] OLG Düsseldorf 16.10.2019 – VII-Verg 43/18, NZBau 2020, 811 ff.
[29] Werres Der Nahverkehr 10/2008, 14; Otting/Olgemöller DÖV 2009, 364 (365).
[30] Siehe dazu iE Ziekow, Der Vorrang kommerzieller Verkehre in Deutschland, 2008, zu beziehen über den Bundesverband Deutscher Omnibusunternehmen (bdo) in Berlin; Ziekow NVwZ 2009, 865 ff.; verneinend Otting/Olgemöller DÖV 2009, 364 (365 ff.); Riese/Schimanek DVBl 2009, 1486 ff. Das OLG Jena 12.6.2019 – 2 Verg 1/18, NZBau 2020, 59 Rn. 84, setzt für die Grundrechtsverletzung anderer Betreiber durch eine Direktvergabe eine Verdrängungsabsicht und somit Missbräuchlichkeit voraus.
[31] VK Münster 25.2.2015 – VK 23/14, VPRRS 2016, 0341.

chen Vergaben hinausgeht. Dies folgt *erstens* daraus, dass die Marktöffnung im Bereich des Verkehrs nur durch sekundäres Unionsrecht erfolgen kann (→ VO (EG) 1370/2007 Einl. Rn. 4). Dies folgt *zweitens* daraus, dass die Direktvergaben an interne Betreiber und von Kleinaufträgen auch nach der Änderung der VO (EG) Nr. 1370/2007 durch die VO (EU) 2016/2338 nur unter dem Vorbehalt einer Untersagung nach nationalem Recht stehen (vgl. Art. 5 Abs. 2, 3a, 4, 4a, 4b, 5, 6 VO (EG) Nr. 1370/2007).

61 Gem. Abs. 3 S. 2 muss das für die wettbewerbliche Vergabe angewandte Verfahren allen Betreibern offenstehen, fair sein und den Grundsätzen der Transparenz und Nichtdiskriminierung genügen. Entscheidet eine Behörde, eine Dienstleistung von allgemeinem Interesse einem Dritten zu übertragen, so muss die Auswahl des Betreibers eines öffentlichen Dienstes gem. Erwgr. 20 S. 1 der VO (EG) Nr. 1370/2007 unter Einhaltung des für das öffentliche Auftragswesen und Konzessionen geltenden EU-Rechts, das sich aus Art. 49–56 AEUV ergibt, sowie der Grundsätze der Transparenz und der Gleichbehandlung erfolgen. Eine **Wahlfreiheit** zwischen wettbewerblichen Vergabeverfahren und der Vergabe nach dem EU-Vergaberecht **besteht nicht**.[32]

62 Das **Genehmigungsverfahren nach dem PBefG** ist bei sachgerechter Anwendung ein allen Bewerbern offenstehendes, faires, transparentes und diskriminierungsfreies Verfahren.[33] Der durch § 13 Abs. 3 PBefG dem vorhandenen Unternehmer eingeräumte (eingeschränkte) Besitzstandsschutz steht dieser Annahme genauso wenig entgegen wie das Ausgestaltungsrecht des vorhandenen Unternehmers nach § 13 Abs. 2 Nr. 3 lit. c PBefG, da beide auf sachgerechten Erwägungen beruhen und folglich nicht zur Diskriminierung führen können.

63 Für **Schienenpersonenverkehrsdienste** ordnet § 131 Abs. 1 GWB im Regelfall die Anwendung des nationalen Kartellvergaberechts an. Dies steht sowohl im Hinblick auf Art. 5 Abs. 1 VO (EG) Nr. 1370/2007 als auch im Hinblick auf Art. 5 Abs. 3 VO (EG) Nr. 1370/2007 im Einklang mit dem Unionsrecht.

64 Gem. Abs. 3 S. 3 können in diesem Verfahren nach Abgabe der Angebote und einer eventuellen Vorauswahl unter Einhaltung dieser Grundsätze **Verhandlungen** geführt werden, um festzulegen, wie der Besonderheit oder Komplexität der Anforderungen am besten Rechnung zu tragen ist. Hiermit ist freilich keine allg. Verhandlungserlaubnis erteilt. Gem. Erwgr. 22 der VO (EG) Nr. 1370/2007 gilt sie nur, wenn zuständige Behörden komplexe Systeme festlegen und erläutern müssen. Nur in einem solchen Fall besteht somit die Ermächtigung, bei der Vergabe von Aufträgen die Einzelheiten des Auftrags mit einigen oder allen potenziellen Betreibern eines öffentlichen Dienstes nach Abgabe der Angebote auszuhandeln. Verhandelt werden darf somit nur (noch) über Einzelheiten des Auftrags. Auch bei Abs. 3 S. 3 ist daher Voraussetzung, dass die Angebotsinhalte mit der Abgabe der Angebote iW festgelegt sein müssen, und dass Verhandlungen nicht dazu führen, dass die wesentlichen Ausschreibungsgrundlagen in Verhandlungen geändert werden.

VI. Interimsdirektvergaben im Schienenpersonenverkehr (Abs. 3a)

65 Abs. 3a wurde durch die VO (EU) 2016/2338 v. 14.12.2016[34] in die VO (EG) Nr. 1370/2007 eingefügt. Gem. ihres Art. 2 ist die Regelung am 24.12.2017 in Kraft getreten. Gemäß Abs. 3a können bei öffentlichen Schienenpersonenverkehrs-

---

[32] Vgl. Erwgr. 20 S. 2 der VO (EG) Nr. 1370/2007.
[33] BVerfG 11.10.2010 – 1 BvR 1425/10, NVwZ 2011, 113.
[34] ABl. 2016 L 354, 22.

diensten, die im Wege eines wettbewerblichen Vergabeverfahrens vergeben werden, vorübergehend neue Aufträge direkt vergeben werden, wenn die zuständige Behörde der Auffassung ist, dass die direkte Vergabe durch **außergewöhnliche Umstände** gerechtfertigt ist. Derartige außergewöhnliche Umstände umfassen auch Fälle, in denen
– eine Reihe wettbewerblicher Vergabeverfahren bereits von der zuständigen Behörde oder anderen zuständigen Behörden durchgeführt werden, die die Zahl und die Qualität der Angebote beeinträchtigen könnten, welche voraussichtlich eingehen, wenn der Auftrag im Wege eines wettbewerblichen Vergabeverfahrens vergeben würde, oder
– Änderungen am Umfang eines oder mehrerer öffentlicher Dienstleistungsaufträge erforderlich sind, um die Erbringung öffentlicher Dienste zu optimieren.

Die zuständige Behörde muss eine mit Gründen versehene **Entscheidung** 66 erlassen und die Kommission unverzüglich hiervon unterrichten. Die Laufzeit der gem. diesem Abs. vergebenen Aufträge muss in einem angemessenen Verhältnis zu dem jeweiligen außergewöhnlichen Umstand stehen und darf in keinem Fall fünf Jahre überschreiten. Es besteht Veröffentlichungspflicht und Wiederholungsverbot.

Abs. 3a regelt eine **Ausnahme vom Grundsatz der wettbewerblichen Ver-** 67 **gabe** von öffentlichen Schienenpersonenverkehrsdiensten. Sie ist demzufolge eng auszulegen. Es bestehen Entscheidungs- und Begründungspflicht, Veröffentlichungspflicht nach einer unbekannten Rechtsgrundlage (Art. 7 Abs. 3 VO (EG) Nr. 1370/2007 ist nicht einschlägig) und Wiederholungsverbot.

Art. 3a UAbs. 1 Spiegelstrich 1 VO (EG) Nr. 1370/2007 stellt in Deutschland 68 letztlich auf den Vergabekalender der zuständigen Behörden für den SPNV ab[35] und verlangt eine **Prognoseentscheidung.** Ist die Prognosebasis fehlerfrei (maßgeblich sind Anzahl und Volumina der Betriebsaufnahmen zu den jeweiligen Betriebsaufnahmen und die Anzahl der potenziellen Bieter), wird sich die Prognose idR als gerichtsfest erweisen. Hat in der Zwischenzeit aber auch nur ein neuer Bieter in einem Vergabeverfahren ein Angebot abgegeben oder auch nur generell sein Interesse am deutschen Markt für Schienenpersonenverkehrsdienste bekundet, ist die Prognose Makulatur.

Gleiches gilt bei **Änderungen am Umfang eines oder mehrerer öffentli-** 69 **cher Dienstleistungsaufträge,** die erforderlich sind, um die Erbringung öffentlicher Dienste zu optimieren. Dies gilt insbes., wenn solche Änderungen erforderlich sind, um verbindlich geplante Harmonisierungszeitpunkte im SPNV umzusetzen. Je weniger komplex und je kleiner die übergangsweise zu vergebende Leistung im öffentlichen Schienenpersonenverkehrsdienst ist, umso intensiver muss die Prüfung der zuständigen Behörde ausfallen, ob auch die Übergangsleistungen nicht doch EU-weit nach Art. 5 Abs. 3 VO (EG) Nr. 1370/2007 auszuschreiben sind.

Entscheidungs-, Unterrichtungs- und Veröffentlichungsgebot gem. Abs. 3a 70 UAbs. 2, 3 sind zwar **nicht sanktioniert.** Diese Pflichten können aber Gegenstand eines Vertragsverletzungsverfahrens werden. Die VO (EU) 2016/2338 betritt mit dem vierten Eisenbahnpaket Neuland. Daher ist grds. mit einer niedrigen Aufgreifschwelle der Europäischen Kommission und daraus resultierenden Verfahrensverzögerungen (idR von mindestens zwei Jahren) zu rechnen.

Abs. 3a statuiert zwar ein Wiederholungsverbot. Dieses kann jedoch insbes. dann 71 überwunden werden, wenn sich die Prognosegrundlagen grdl. verändert haben.

§ 131 Abs. 1 GWB schließt die Anwendung von Abs. 3a allerdings in den meisten 72 Fällen aus.

---

[35] Zu finden im Regelfall in den Internet-Auftritten der Aufgabenträger für den SPNV, aber auch unter www.bag-spnv.de.

VII. Direktvergaben im Schienenpersonenverkehr nach Vorabbekanntmachung (Abs. 3b)

73   Abs. 3b wurde durch die VO (EU) 2016/2338 v. 14.12.2016[36] in die VO (EG) Nr. 1370/2007 eingefügt. Gem. ihres Art. 2 ist die Regelung am 24.12.2017 in Kraft getreten. Gem. Abs. 3b können die zuständigen Behörden bei wettbewerblichen Vergabeverfahren Schienenpersonenverkehrsdienste direkt vergeben, wenn nach einer formal und inhaltlich korrekten europäischen Bekanntmachung im ABl. binnen 60 Tagen ab der Veröffentlichung (unklar: ab Absendung oder ab Veröffentlichung in TED)
– nur ein Betreiber eine Interessensbekundung abgegeben hat (lit. a),
– der Nachweis der Leistungsfähigkeit erbracht ist (lit. b),
– der mangelnde Wettbewerb nicht das Ergebnis einer künstlichen Einschränkung der Parameter der Auftragsvergabe ist (lit. c), und
– keine vernünftige Alternative besteht (lit. d).
Hierzu können die zuständigen Behörden mit dem sein Interesse bekundenden Betreiber Verhandlungen aufnehmen, um den Auftrag ohne weitere Veröffentlichung eines offenen Verfahrens zu vergeben.

74   Diese Ausnahme ist offensichtlich für **Übergangszeiträume bis zur Ausschreibung von größeren Leistungsbündeln** gedacht und wird in Deutschland daher generell nur noch selten zur Anwendung kommen, weil aktuell schon die zweite oder dritte Generation von Ausschreibungen auf den Markt kommt.

75   Ein weitergehender Anwendungsbereich eröffnet sich für Abs. 3b allerdings in EU-Mitgliedstaaten, die für neues rollendes Material entweder **keine Haushaltsmittel** zur Verfügung haben oder sie nicht zur Verfügung stellen. Gebrauchtes rollendes Material für Schienenpersonenverkehrsdienste in größerem Umfang wird außer dem bisherigen Betreiber kein anderer Anbieter solcher Dienste aufbringen können. Wegen Art. 5a VO (EG) Nr. 1370/2007 müssen solche Fälle allerdings anhand Abs. 3b S. 5 lit. c, d intensiv geprüft werden.

VIII. Kleinaufträge (Abs. 4)

76   Abs. 4 wurde durch die VO (EU) 2016/2338 v. 14.12.2016[37] geändert. Gem. ihres Art. 2 sind die Änderungen, welche Schwellenwerte für öffentliche Schienenpersonenverkehrsdienste betreffen, am 24.12.2017 in Kraft getreten.

1. Aufträge über geringe Summen oder Entfernungen (Abs. 4 UAbs. 1)

77   **a) Verkehre mit Bussen, Obussen, Straßenbahnen und Untergrundbahnen.** Gem. Abs. 4 S. 1 können, sofern dies nicht nach nationalem Recht untersagt ist, die zuständigen Behörden entscheiden, öffentliche Dienstleistungsaufträge, die entweder einen geschätzten Jahresdurchschnittswert von weniger als 1.000.000 EUR oder eine jährliche öffentliche Personenverkehrsleistung von weniger als 300.000 km aufweisen, direkt zu vergeben. Zum Begriff der Direktvergabe → Art. 2 lit. h VO (EG) Nr. 1370/2007. Mit dem Jahresdurchschnittswert ist der durchschnittliche jährliche Wert (Art. 2 lit. k VO (EG) Nr. 1370/2007) gemeint. Ein verkehrsbetriebswirtschaftlicher Zusammenhang zwischen beiden Schwellenwerten besteht offensichtlich nicht. 3,33 EUR/km können je nach den betrieblichen Umständen viel zu viel oder viel zu wenig sein. Die Schwellenwerte des Abs. 4 S. 1 sind also nicht

---

[36] ABl. 2016 L 354, 22.
[37] ABl. 2016 L 354, 22.

mehr als das Ergebnis eines politischen Kompromisses im Gesetzgebungsverfahren. Zweck der Regelung ist gem. Erwgr. 23 S. 1 der VO (EG) Nr. 1370/2007 die Privilegierung von Aufträgen über geringe Summen oder Entfernungen. Gem. Erwgr. 23 S. 3 der VO (EG) Nr. 1370/2007 ist es allerdings ausgeschlossen, Aufträge oder Netze aufzuteilen, um so ein wettbewerbliches Vergabeverfahren zu vermeiden. Um keine solche Aufteilung handelt es sich allerdings, wenn innerhalb eines Verkehrsdienstes zwischen eigenwirtschaftlichen Teildiensten und gemeinwirtschaftlichen Teildiensten unterschieden wird.[38] Den Mitgliedstaaten ist nach der Rspr. des EuG bei der Definition des Inhalts einer gemeinwirtschaftlichen Verpflichtung ein **weites Ermessen** eingeräumt. Die Definition der gemeinwirtschaftlichen Aufgaben oder Dienstleistungen kann von der Europäischen Kommission nur im Falle eines offenkundigen Fehlers in Frage gestellt werden.[39] Das Aufteilungsverbot bezieht sich also nur auf die jeweilige definierte gemeinwirtschaftliche Verpflichtung. Dementsprechend unterliegt auch die Unterteilung der gewünschten Verkehrsbedienung in eigenwirtschaftliche Hauptverkehrszeiten und gemeinwirtschaftliche Schwachverkehrszeiten keinen Bedenken.[40]

Die **Schwellen** von 1 Mio. EUR oder 300.000 km stehen in einem alternativen Verhältnis zueinander („oder"). Ein Auftrag unterhalb von 300.000 km kann also auch dann direkt vergeben werden, wenn der Jahresdurchschnittswert von 1 Mio. EUR überschritten wird und umgekehrt. Die Schwellenwerte müssen jedoch voraussichtlich über die **gesamte Laufzeit** des öffentlichen Dienstleistungsauftrags gem. Art. 4 Abs. 3, 4 VO (EG) Nr. 1370/2007 unterschritten werden. Ein Auftrag über mehr als 300.000 km, welcher zu Beginn der Laufzeit einen Jahresdurchschnittswert von 999.999 EUR aufweist, der jährlich mit 3 % fortgeschrieben wird, kann folglich nicht nach Abs. 4 UAbs. 2 direkt vergeben werden. **78**

An ein Unternehmen können **beliebig viele solcher Kleinaufträge** vergeben werden, solange das Aufteilungsverbot beachtet wird. Betreibt ein Unternehmen Nachbarorts- und Überlandlinienverkehr und muss es gemeinwirtschaftliche Schülerkurse und zusätzliche Fahrten im allgemeinen Linienverkehr einrichten, kann jede dieser Zusatzfahrten direkt vergeben werden. Ein Stadtverkehr mit 2 Mio. km kann jedoch auch dann nicht nach Abs. 4 S. 1 direkt vergeben werden, wenn es sich bei ihm um sieben Linien mit jew. weniger als 300.000 km handelt. Hier liegt die Umgehung des wettbewerblichen Vergabeverfahren nach Abs. 1 und 3 auf der Hand. Entscheidend ist, ob ein kohärentes Netz vorliegt. Die dafür erforderliche Verbindung kann verkehrlicher Art (zB Abstimmung der Fahrpläne oder Umsteigebeziehungen zwischen Verkehren) oder wirtschaftlicher Art (Zubringerfunktion einzelner Linien zu anderen) sein. Fehlt es an einer solchen Verbindung, kann gegen das Aufteilungsverbot nicht verstoßen werden. **79**

b) Schienenpersonenverkehrsdienste. Bei Schienenpersonenverkehrsdiensten betragen die Schwellenwerte gem. Abs. 4a und b ab dem 24.7.2017 einen Jahresdurchschnittswert von 7,5 Mio. EUR oder eine jährliche Personenverkehrsleistung von 500.000 km. Auch hinter diesen Schwellen stecken **keine betriebswirtschaftlich ermittelten Werte.** 15 EUR/km könnten zwar als Durchschnittswert durchgehen. In Ansehung der Kostendeckungsgrade im SPNV in Deutschland von zwischen 15 % in kleinen Flächenstaaten und über 100 % in den großen S-Bahn-Netzen in großen Ballungsgebieten sind aber auch diese Schwellenwerte zu hinterfragen. **80**

---

[38] Sog. Bausteinfinanzierung; vgl. Kommission ABl. 2011 L 210, 1 Rn. 157 ff., 236 f., Bahnen der Stadt Monheim und Rheinische Bahngesellschaft im Verkehrsverbund Rhein-Ruhr.
[39] EuG 6.4.1995 – T-150/89, Slg. 2008, II-1165 Rn. 195.
[40] So VK Rheinland-Pfalz 17.11.2014 – VK 1 – 28/14, BeckRS 2015, 15351; OLG Koblenz 25.3.2015 – Verg 11/14, NZBau 2015, 577.

2. Doppelte Wertgrenzen für KMU (Abs. 4 UAbs. 2)

81   Gemäß Abs. 4 UAbs. 2 können die Schwellenwerte für direkt vergebene Kleinaufträge im Falle von öffentlichen Dienstleistungsaufträgen, die direkt an kleine oder mittlere Unternehmen vergeben werden, die nicht mehr als 23 Fahrzeuge betreiben, entweder auf einen geschätzten Jahresdurchschnittswert von weniger als 2 Mio. EUR oder eine jährliche öffentliche Personenverkehrsleistung von weniger als 600.000 km erhöht werden. Diese Regelung soll die zuständigen Behörden gem. Erwgr. 23 S. 3 der VO (EG) Nr. 1370/2007 in die Lage versetzen, bei größeren Summen oder Entfernungen die **besonderen Interessen von kleinen und mittleren Unternehmen** zu berücksichtigen. Daraus folgt jedoch nicht, dass die Grenze von 23 Fahrzeugen auch auf Direktvergaben nach UAbs. 1 ausstrahlt.

82   Auch in diesem Zusammenhang gilt das **Aufteilungsverbot**. Auch die Schwellen des Abs. 4 UAbs. 2 sind das Ergebnis eines politischen Kompromisses im Kodezisionsverfahren zwischen EU-Parlament und Rat. Ein betriebswirtschaftlicher Zusammenhang ist daher auch bei den maximal 23 Fahrzeugen nicht zu suchen.

83   S. 2 knüpft an **„Fahrzeuge"** an. Hierunter fallen nicht nur die Fahrzeuge von Subunternehmern, sondern grds. auch der Pkw des Geschäftsführers oder die zum selben Unternehmen gehörende Speditions-Lkw. Auf einen Motorantrieb stellt der Begriff ebenfalls nicht ab. Somit gehören auch Anhänger zu den Fahrzeugen. Eine einschränkende – auf Busse, Straßenbahnen oder Eisenbahnfahrzeuge – beschränkte Interpretation ist durch nichts veranlasst.

84   Bei der **Ermittlung der Fahrzeugzahl** ist auf die Unternehmensgruppe oder den Konzern abzustellen. Ob Unternehmen mit eigener Rechtspersönlichkeit zusammen zu betrachten sind, richtet sich nach den Regeln zu den Voraussetzungen der Konzernhaftung. Eine gewillkürte Aufteilung eines Konzernunternehmens in Einheiten mit weniger als 23 Fahrzeugen würde eine Umgehung von Wettbewerbspflichten der zuständigen Behörden nach Abs. 1 und 3 darstellen. Eine Sippenhaftung ist durch Abs. 4 dagegen nicht veranlasst. Stehen Unternehmen im (Anteils-)Eigentum unterschiedlicher Familienmitglieder und fehlen persönliche Verflechtungen auch in der Geschäftsführung, ist eine Zusammenrechnung der Fahrzeugzahlen ausgeschlossen.

85   Abs. 4 S. 2 ist **in Deutschland im Regelfall unanwendbar.** Die morgendliche Hauptverkehrszeit ist wegen der mangelnden Flexibilität der meisten Schulleitungen in hohem Maße auf die Verkehrsnachfrage von Schülern zur 1. Unterrichtsstunde ausgerichtet und macht zur Befriedigung der Verkehrsnachfrage (§ 13 Abs. 2 Nr. 3a PBefG) in enormen Maße den Einsatz von Verstärkerbussen erforderlich. Verkehre bis 600.000 km oder 2 Mio. EUR Jahresdurchschnittswert, die mit nicht mehr als 23 Fahrzeugen betrieben werden können, sind in Deutschland selten.

3. Untersagung nach nationalem Recht

86   Eine ausdr. Verbotsnorm für Direktvergaben von Kleinaufträgen gibt es in Deutschland nicht. Allenfalls kann sich eine Untersagung der Direktvergabe nach nationalem Recht aus dem Gleichbehandlungsgrundsatz (Art. 3 Abs. 1 GG) und der Berufsausübungsfreiheit (Art. 12 Abs. 1 GG) ergeben. Folglich setzt eine Direktvergabe eines Kleinauftrages immer einen **sachlichen Grund** voraus. Im Geltungsbereich des PBefG wird sich dieser bei Zusatzaufträgen meist schon daraus ergeben, dass der Betreiber im Besitz der erforderlichen Linienverkehrsgenehmigung ist und durch die Auswahl eines anderen Betreibers gegen das Verbot des Parallelverkehrs gem. § 13 Abs. 2 Nr. 2 lit. b PBefG verstoßen werden würde. Liegt (etwa wegen des zeitlichen Abstands der zusätzlichen Fahrten) kein Parallelverkehr vor, müssen aber betriebliche oder wirtschaftliche Gründe vorliegen, um die Direktvergabe an den vorhandenen Betreiber zu rechtfertigen. Im Übrigen gilt gem. § 13 Abs. 3

PBefG der Grundsatz „bekannt – bewährt". Dieser erlaubt Direktvergaben unter den gestellten Voraussetzungen also sogar ausdrücklich.

IX. Direktvergaben von Schienenpersonenverkehrsdiensten (Abs. 4a und 4b)

Abs. 4a und 4b wurden durch die VO (EU) 2016/2338 v. 14.12.2016[41] in die VO (EG) Nr. 1370/2007 eingefügt. Gem. ihres Art. 2 sind die Regelungen am 24.12.2017 in Kraft getreten. 87

1. Direktvergabe eines Kleinauftrags im Schienenpersonenverkehrsdienst (Art. 5 Abs. 4a VO (EG) Nr. 1370/2007)

Gem. Abs. 4a UAbs. 1 kann, sofern dies nicht nach nationalem Recht untersagt ist, die zuständige Behörde entscheiden, öffentliche Dienstleistungsaufträge **für öffentliche Schienenpersonenverkehrsdienste direkt zu vergeben,** wenn 88
– ihres Erachtens die Direktvergabe aufgrund der jeweiligen strukturellen und geografischen Merkmale des Marktes und des betreffenden Netzes, und insbes. der Größe, Nachfragemerkmale, Netzkomplexität, technischen und geografischen Abgeschnitten- bzw. Abgeschiedenheit sowie der von dem Auftrag abgedeckten Dienste gerechtfertigt ist (lit. a) und
– ein derartiger Auftrag zu einer Verbesserung der Qualität der Dienste oder der Kosteneffizienz oder beidem im Vergleich zu dem zuvor vergebenen öffentlichen Dienstleistungsauftrag führen würde (lit. b).

Diese Regelung ist für den Juristen **nicht anwendbar.** Das liegt nicht nur an den unzähligen unbestimmten Rechtsbegriffen, sondern an den Worten „ihres Erachtens", die keine Einschätzungsprärogative beschreiben (die tatsachenbasiert und justiziabel wäre), sondern politisches Ermessen einräumen, welches nicht justiziabel ist. Messbar ist allenfalls die Vorgabe des lit. b, wonach ein derartiger Auftrag zu einer Verbesserung der Qualität der Dienste oder der Kosteneffizienz oder beidem im Vergleich zu dem zuvor vergebenen öffentlichen Dienstleistungsauftrag führen würde. Diese ist aber letztlich wertlos, wenn Grundlage für den Vergleich eine politische Entscheidung ist, iR derer auch externe Kosten berücksichtigt werden können. 89

Auf der Grundlage der Entscheidung nach Abs. 4a UAbs. 1 veröffentlicht die zuständige Behörde gem. Abs. 4a UAbs. 2 eine mit **Gründen versehene Entscheidung** und unterrichtet die Kommission innerhalb eines Monats nach der Veröffentlichung hiervon. Die zuständige Behörde kann die Vergabe des Auftrags fortsetzen. Es besteht also Veröffentlichungspflicht, deren Form nicht näher geregelt ist, und Unterrichtungspflicht gegenüber der Kommission. 90

Ein **Durchführungsverbot** (wie in Art. 108 Abs. 3 AEUV statuiert) besteht zwar nicht. Über eine Rückzahlungspflicht im Falle der Feststellung der Rechtswidrigkeit einer Direktvergabe nach Abs. 4a ist damit aber nichts ausgesagt. Jedenfalls für privatwirtschaftliche Betreiber von Schienenpersonenverkehrsdiensten ist Abs. 4a daher hoch riskant. 91

Gemäß Abs. 4a UAbs. 3 wird bei den Mitgliedstaaten, bei denen am 24.12.2017 das maximale jährliche Verkehrsaufkommen weniger als 23 Mio. Zugkilometer beträgt und auf nationaler Ebene nur eine zuständige Behörde und nur ein Dienstleistungsauftrag für öffentliche Personenverkehrsdienste besteht, der das gesamte Netz umfasst, davon ausgegangen, dass sie die Bedingungen gem. lit. a erfüllen. Wenn eine zuständige Behörde aus einem dieser Mitgliedstaaten beschließt, einen 92

---

[41] ABl. 2016 L 354, 22.

VO 1370 Art. 5 Vergabe öffentlicher Dienstleistungsaufträge

öffentlichen Dienstleistungsauftrag direkt zu vergeben, so unterrichtet der betreffende Mitgliedstaat die Kommission hiervon. Das Vereinigte Königreich kann beschließen, diesen UAbs. auf Nordirland anzuwenden. Diese Regelung ist **in Deutschland nicht anwendbar**. In den Mitgliedstaaten, in denen sie angewendet werden kann, ist sie riskant, weil die angeordnete Vermutung („ist … davon auszugehen") widerleglich ist.

93 Gemäß Abs. 4a UAbs. 4 legt die zuständige Behörde **messbare, transparente und überprüfbare Leistungsanforderungen** fest, wenn sie beschließt, einen öffentlichen Dienstleistungsauftrag direkt zu vergeben. Diese Anforderungen werden in den Auftrag aufgenommen. Die Leistungsanforderungen erstrecken sich gem. Abs. 4a UAbs. 5 insbes. auf folgende Aspekte: Pünktlichkeit der Dienste, Frequenz des Zugbetriebs, Qualität des Rollmaterials und Personenbeförderungskapazität. Gem. Abs. 4a UAbs. 6 muss der Auftrag spezifische Leistungsindikatoren beinhalten, die der zuständigen Behörde regelmäßige Bewertungen ermöglichen. Der Auftrag muss außerdem wirksame und abschreckende Maßnahmen beinhalten, die zu verhängen sind, wenn das Eisenbahnunternehmen die Leistungsanforderungen nicht erfüllt.

94 Gem. Abs. 4a UAbs. 7 führt die zuständige Behörde regelmäßig **Bewertungen** durch, ob das Eisenbahnunternehmen seine Ziele hinsichtlich der Erfüllung der im Auftrag festgelegten Leistungsanforderungen erreicht hat, und gibt ihre Erkenntnisse öffentlich bekannt. Diese regelmäßigen Bewertungen finden mindestens alle fünf Jahre statt. Die zuständige Behörde ergreift rechtzeitig angemessene Maßnahmen, einschl. der Verhängung wirksamer und abschreckender Vertragsstrafen, falls die erforderlichen Verbesserungen bei der Qualität der Dienste oder der Kosteneffizienz oder beidem nicht verwirklicht werden. Die zuständige Behörde kann den nach dieser Bestimmung vergebenen Auftrag jederzeit ganz oder teilweise aussetzen oder kündigen, wenn der Betreiber die Leistungsanforderungen nicht erfüllt.

95 Gem. Art. 4b UAbs. 3 VO (EG) Nr. 1370/2007 besteht auch im Falle von Abs. 4a eine **Veröffentlichungspflicht** über vergebene Aufträge.

2. Direktvergabe eines Kleinauftrags im Schienenpersonenverkehrsdienst bei mit dem Betrieb von Infrastruktur (Art. 5 Abs. 4b VO (EG) Nr. 1370/2007) integrierten Kleinaufträgen

96 Gem. Abs. 4b kann die zuständige Behörde, sofern dies nicht nach nationalem Recht untersagt ist, entscheiden, öffentliche Dienstleistungsaufträge für öffentliche Schienenpersonenverkehrsdienste direkt zu vergeben, wenn diese nur den Betrieb von Schienenpersonenverkehrsdiensten durch einen Betreiber betreffen, der gleichzeitig die gesamte Eisenbahninfrastruktur, auf der die Dienstleistungen erbracht werden, oder den größten Teil davon verwaltet, wenn diese Eisenbahninfrastruktur gem. Art. 2 Abs. 3 Buchst. a RL 2012/34/EU oder Art. 2 Abs. 3 Buchst. b RL 2012/34/EU von der Anwendung der Art. 7, 7a, 7b, 7c, 7d, 8, 13 sowie des Kap. IV jener Richtlinie ausgenommen ist.

97 Abweichend von Art. 4 Abs. 3 VO (EG) Nr. 1370/2007, darf die Laufzeit der gem. diesem Absatz und gem. Abs. 4a direkt vergebenen Aufträge zehn Jahre nicht überschreiten, es sei denn, Art. 4 Abs. 4 VO (EG) Nr. 1370/2007 findet Anwendung.

98 Die gem. diesem Absatz und gem. Abs. 4a vergebenen Aufträge werden veröffentlicht, wobei der legitime Schutz vertraulicher Geschäftsinformationen und geschäftlicher Interessen zu berücksichtigen ist. Art. 7 Abs. 3 VO (EG) Nr. 1370/2007 ist allerdings nicht einschlägig. Folglich bleibt offen, wo und wie diese Veröffentlichung zu erfolgen hat.

3. Kritik

Abs. 4a und 4b sind keine Regelungen, sondern ein **politischer Kompromiss** 99
mit den kleineren und wirtschaftsschwächeren EU-Mitgliedstaaten, die Vergaben
von Schienenpersonenverkehrsdiensten entweder wirtschaftlich nicht realisieren
können oder mit Rücksicht auf nationale Interessen politisch nicht realisieren wollen. Insoweit teilt das vierte Eisenpaket das Wesen und Schicksal der ersten drei
Eisenbahnpakete – Formelkompromisse auf dem kleinsten gemeinsamen Nenner,
förmliche Ausnahmen sowie eine Fülle von unbestimmten Rechtsbegriffen und
politischer Vorbehalte sind nicht geeignet, die Zielsetzungen des vierten Eisenbahnpakets zu erreichen.

X. Notmaßnahmen (Abs. 5)

Abs. 5 wurde durch die VO (EU) 2016/2338 v. 14.12.2016[42] geändert. Gem. 100
ihres Art. 2 ist die Änderung, die nur eine sprachliche Präzisierung im Zusammenhang mit der zulässigen Laufzeit enthält, am 24.12.2017 in Kraft getreten.

Gem. Abs. 5 kann die zuständige Behörde im Fall einer Unterbrechung des Ver- 101
kehrsdienstes oder bei unmittelbarer Gefahr des Eintretens einer solchen Situation
eine Notmaßnahme ergreifen. Diese Notmaßnahme besteht in der **Direktvergabe
oder einer förmlichen Vereinbarung** über die Ausweitung eines öffentlichen
Dienstleistungsauftrags oder einer Auflage, bestimmte gemeinwirtschaftliche Verpflichtungen zu übernehmen. Der Betreiber eines öffentlichen Dienstes hat das
Recht, gegen den Beschluss zur Auferlegung der Übernahme bestimmter gemeinwirtschaftlicher Verpflichtungen Widerspruch einzulegen. Die Vergabe oder Ausweitung eines öffentlichen Dienstleistungsauftrags als Notmaßnahme oder die Auferlegung der Übernahme eines derartigen Auftrags ist für längstens zwei Jahre zulässig.
Eine Untersagungsmöglichkeit durch nationales Recht wie in Abs. 4 besteht für
Abs. 5 nicht.[43] Auch Abs. 5 setzt das Vorliegen einer Dienstleistungskonzession
voraus.[44]

1. Unterbrechung des Verkehrsdienstes

Abs. 5 S. 1 setzt zunächst eine Unterbrechung des Verkehrsdienstes oder die 102
unmittelbare Gefahr des Eintretens einer solchen Situation voraus. Anders als im
zweiten Entwurf (Art. 7 Abs. 1 KOM(2002) 107), fehlen konkrete Fälle oder Beispiele für eine solche Notsituation, sodass es alleine auf die (Gefahr der) Unterbrechung ankommt, nicht aber auch auf ihre Ursachen. Der Rechtfertigungsgrund für
die Direktvergabe ist bei der Notmaßnahme der Gewährleistungsauftrag für die
Erbringung von Dienstleistungen im allgemeinen öffentlichen Interesse (Art. 1
Abs. 1 VO (EG) Nr. 1370/2007). Abs. 5 ist daher auch dann anwendbar, wenn die
Notsituation von der zuständigen Behörde zu vertreten ist. Die Notmaßnahme
legalisiert bei einer **verschuldeten Unterbrechung** allerdings nur die Direktvergabe; das Herbeiführen der Notsituation kann (und bei grober Fahrlässigkeit oder
Vorsatz: muss) in einem aufsichtlichen oder gerichtlichen Verfahren oder einem
Vertragsverletzungsverfahren sanktioniert werden.

Als **Beispiele für eine Unterbrechung** sind somit vielfältige Situationen denk- 103
bar. In Betracht kommen zB die Insolvenz des bisherigen Betreibers des Verkehrsdienstes, externe Umstände wie die plötzlich eintretende Unbefahrbarkeit des Verkehrswegs und prozedurale Ursachen wie zB das Ausbleiben von (wirtschaftlichen)

---

[42] ABl. 2016 L 354, 22.
[43] OLG Rostock 20.11.2013 – 17 Verg 7/13, IBRRS 96445.
[44] OLG Düsseldorf 23.12.2015 – VII-Verg 34/15, BeckRS 2016, 2949.

VO 1370 Art. 5 Vergabe öffentlicher Dienstleistungsaufträge

Angeboten in einem wettbewerblichen Vergabeverfahren nach Abs. 3, die unvorgesehene Bezuschussung einer Angebotsausweitung durch die zuständige Behörde (die sonst nicht umgesetzt werden könnte) oder die gerichtliche Untersagung einer eigentlich beabsichtigten Direktvergabe. Der Unterbrechung stehen Fälle gleich, in denen ohne Notmaßnahme eine Erweiterung bereits bestehender Verkehre nicht herbeigeführt werden könnte. Beispiel hierfür ist die kurzfristige und nicht absehbare Aufnahme eines Verkehrs in ein Förderprogramm einer zuständigen Behörde, dessen Erfüllung an verkehrliche Erweiterungen gebunden ist.

104 Art. 5 Abs. 1 VO (EG) Nr. 1370/2007 setzt nicht voraus, dass die Unterbrechung schon eingetreten ist. Vielmehr genügt die **unmittelbare Gefahr einer Unterbrechung** des Verkehrsdienstes. Eine unmittelbare Gefahr ist nach polizeirechtlichen Grundsätzen eine Sachlage, die bei ungehindertem Ablauf des objektiv zu erwartenden Geschehens mit hinreichender Wahrscheinlichkeit zu einer Verletzung der Schutzgüter führt. Der zuständigen Behörde ist daher ein gewisser Prognosespielraum eingeräumt.

2. Inhalt der Notmaßnahme

105 Gem. Abs. 1 S. 2 kommt als Inhalt einer Notmaßnahme neben der Direktvergabe auch eine förmliche Vereinbarung über die Ausweitung eines öffentlichen Dienstleistungsauftrags oder eine Auflage in Betracht, bestimmte gemeinwirtschaftliche Verpflichtungen zu übernehmen. Unter **Direktvergabe** ist hierbei die Vergabe eines öffentlichen Dienstleistungsauftrags an einen bestimmten Betreiber eines öffentlichen Dienstes ohne Durchführung eines vorherigen wettbewerblichen Vergabeverfahrens zu verstehen (Art. 2 lit. h VO (EG) Nr. 1370/2007).

106 Die förmliche Vereinbarung und die Auflage waren im Entwurf der VO (EG) Nr. 1370/2007 noch nicht enthalten, sondern wurden erst später in ihr aufgenommen, um die Praxis widerzuspiegeln. Die **förmliche Vereinbarung** ist auf die Ausweitung eines (bestehenden) öffentlichen Dienstleistungsauftrags beschränkt und setzt daher einen Verkehrsdienst voraus, für den ein öffentlicher Dienstleistungsauftrag vergeben wurde, dessen geografischer Geltungsbereich (vgl. Art. 4 Abs. 1 lit. a VO (EG) Nr. 1370/2007) die Übernahme der Verkehrsdienste iRd Notmaßnahme zulässt. Das Verfahren, in dem der zu erweiternde öffentliche Verkehrsdienst vergeben wurde, ist gleichgültig. Ebenfalls unmaßgeblich ist es, wenn durch die Erweiterung eines direkt vergebenen Kleinauftrags gem. Abs. 4 die Schwellen überschritten werden. Die Erweiterung des geografischen Geltungsbereichs eines bestehenden öffentlichen Dienstleistungsauftrags ist iR einer förmlichen Vereinbarung nach Art. 4 Abs. 1 lit. a VO (EG) Nr. 1370/2007 dagegen unzulässig.

107 Die **Auflage** ist als hoheitliche Zwangsmaßnahme zu verstehen, wie sich aus dem Widerspruchsrecht in Abs. 5 S. 3 ergibt. Auferlegt werden kann nur die Übernahme einer bestimmten gemeinwirtschaftlichen Verpflichtung. Verkehrsdienste, die für einen Betreiber nicht zu gemeinwirtschaftlichen Verpflichtungen iSv Art. 2 lit. e VO (EG) Nr. 1370/2007 führen, also entweder nicht wirtschaftlich nachteilig sind oder aber keine Ausgleichsleistung erforderlich machen, dürfen nicht auferlegt werden. Die Form der Auferlegung und der weitere Gang des Rechtsschutzes nach einem Widerspruch sind in Abs. 5 S. 3 nicht geregelt und daher dem nationalen Recht überlassen. Eine Auferlegung setzt in Deutschland daher den Erlass eines Verwaltungsaktes voraus. Gegen ihn ist gem. § 40 Abs. 1 VwGO der Verwaltungsrechtsweg eröffnet.

108 Unbeschadet der Form der Notmaßnahme lässt Abs. 5 S. 2 **zwei Varianten der Notmaßnahme** zu. Neben der Vergabe als isolierter öffentlicher Dienstleistungsauftrag kommt auch die Ausweitung eines bestehenden öffentlichen Dienstleistungsauftrags in Betracht. Der Definition in Art. 2 lit. i VO (EG) Nr. 1370/2007 folgend, ist eine Ausweitung nur bei solchen bestehenden Verkehrsdiensten zulässig, die

Gegenstand eines öffentlichen Dienstleistungsauftrages sind. Verkehrsdienste, für deren Erbringung weder Ausgleichsleistungen noch ausschließliche Rechte gewährt werden oder die lediglich Gegenstand einer allgemeinen Vorschrift gem. Art. 3 Abs. 2 VO (EG) Nr. 1370/2007 sind, können iR einer Notmaßnahme also nicht Gegenstand einer Ausweitung sein.

3. Dauer der Notmaßnahme

Gemäß Abs. 5 S. 4 ist die Vergabe oder Ausweitung eines öffentlichen Dienstleistungsauftrags als Notmaßnahme oder die Auferlegung der Übernahme eines derartigen Auftrags für längstens zwei Jahre zulässig. Gem. Erwgr. 24 der VO (EG) Nr. 1370/2007 beschränkt sich die Befugnis der Behörden bei einer Gefahr einer Unterbrechung bei der Erbringung von Diensten darauf, kurzfristig Notmaßnahmen zu ergreifen, bis ein neuer öffentlicher Dienstleistungsauftrag nach den in dieser Verordnung festgelegten Bedingungen vergeben wurde. Der Begriff „längstens" ist daher wörtlich zu nehmen. Bei der **Dauer von zwei Jahren** handelt es sich um die **Obergrenze der Laufzeit**. Die Notmaßnahme darf keinesfalls länger andauern, als die Notlage andauert und als es erforderlich ist, um den gegenständlichen Verkehrsdienst in einem der in Art. 5 VO (EG) Nr. 1370/2007 vorgesehenen normalen Vergabeverfahren neu zu vergeben. 109

Eine Ausnahme von der Verpflichtung zur sofortigen Neuvergabe eines öffentlichen Dienstleistungsauftrages zur Ablösung der Notmaßnahme ist dann gegeben, wenn das **Ende der Unterbrechung des Verkehrsdienstes** absehbar ist und innerhalb der Zwei-Jahresfrist eintreten wird. In einem solchen Falle kann (in bestimmten Fällen sogar: muss) der bis zur Unterbrechung betriebene Verkehrsdienst wiederaufgenommen werden, wenn die rechtlichen Grundlagen für seine Erbringung fortbestehen. Bei einem Verkehrsdienst, für den kein öffentlicher Dienstleistungsauftrag besteht und der während der Unterbrechung von der Betriebspflicht entbunden war (§ 21 Abs. 4 PBefG), setzt dies den Fortbestand oder die Wiedererteilung der personenbeförderungsrechtlichen Genehmigung voraus. Bei einem Verkehrsdienst, der Gegenstand eines öffentlichen Dienstleistungsauftrags ist, darf die Laufzeit noch nicht beendet sein. 110

Wird trotz ihres absehbaren Endens während der Unterbrechung die rechtliche Grundlage für den Betrieb des bisherigen Verkehrsdienstes außer Kraft treten und kann der bisherige Verkehrsdienst nur auf der Grundlage eines neuen öffentlichen Dienstleistungsauftrags erbracht werden, muss die zuständige Behörde also während des Laufs der Notmaßnahme die erforderlichen Maßnahmen ergreifen, um den öffentlichen Dienstleistungsauftrag in einem der normalen Verfahren nach Art. 5 VO (EG) Nr. 1370/2007 neu zu vergeben. Bei einer voraussichtlich länger als zwei Jahre andauernden Unterbrechung gilt dies allemal. Auch in diesem Fall muss die Notmaßnahme baldmöglichst durch die Vergabe eines öffentlichen Dienstleistungsauftrags in einem der normalen Verfahren des Art. 5 VO (EG) Nr. 1370/2007 ersetzt werden. 111

4. Transparenzpflichten

Obwohl Art. 7 Abs. 2 VO (EG) Nr. 1370/2007 verlangt, dass spätestens ein Jahr vor der Direktvergabe eine Vorabinformation mit bestimmten Mindestangaben im ABl. veröffentlicht wird und für Notmaßnahmen keine ausdrückliche Ausnahme vorsieht, gilt diese **Veröffentlichungspflicht für Notmaßnahmen** gem. Art. 7 Abs. 2 S. 4 VO (EG) Nr. 1370/2007 **nicht.** Eine unmittelbare Gefahr einer Unterbrechung oder der Eintritt einer Unterbrechung lässt die Wahrung der Jahresfrist nun einmal nicht zu, sondern gebietet sofortiges Handeln. Die Begründungspflicht bei Direktvergaben gem. Art. 7 Abs. 4 VO (EG) Nr. 1370/2007 gilt dagegen auch bei Notmaßnahmen in der Form einer Direktvergabe. 112

XI. Aufträge im Eisenbahnverkehr (Abs. 6 und 6a)

1. Direktvergaben

113 Gem. Abs. 6 können die zuständigen Behörden entscheiden, öffentliche Dienstleistungsaufträge im Eisenbahnverkehr[45] – mit Ausnahme anderer schienengestützter Verkehrsträger wie Untergrund- oder Straßenbahnen – direkt zu vergeben, sofern dies nicht nach nationalem Recht untersagt ist. Abweichend von Art. 4 Abs. 3 VO (EG) Nr. 1370/2007 haben diese Aufträge eine Höchstlaufzeit von zehn Jahren, soweit nicht Art. 4 Abs. 4 anzuwenden ist. Gem. Erwgr. 25 der VO (EG) Nr. 1370/2007 war mit der VO (EG) Nr. 1370/2007 eine über das dritte Eisenbahnpaket (→ VO (EG) 1370/2007 Einl. Rn. 9) hinausgehende weitere **Öffnung des Marktes für Schienenverkehrsdienste** nicht beabsichtigt. Somit trug die Direktvergabemöglichkeit des Abs. 6 den Umständen Rechnung, dass eine Marktöffnung im Schienenpersonenverkehr bislang nur im Bereich der grenzüberschreitenden Verkehre erfolgt war[46] und dass Dienstleistungen im Eisenbahnbereich als nicht-prioritäre Dienstleistungen nach den Vergaberichtlinie keiner Ausschreibungspflicht unterlagen, sondern nur bestimmten Veröffentlichungspflichten. Im Hinblick auf Erwgr. 26 der VO (EG) Nr. 1370/2007, der als Rechtfertigungsgrund für die Direktvergabemöglichkeit die **unterschiedliche territoriale Organisation der Mitgliedstaaten im Eisenbahnsektor** nennt, dürften Direktvergaben im Eisenbahnverkehr allerdings nur bei staatlichen Unternehmen zulässig sein. Bei einer Direktvergabe an ein nichtstaatliches Eisenbahnunternehmen ist der Grundsatz der Diskriminierungsfreiheit zu beachten; die Direktvergabe bedarf somit eines sachlichen Grundes für die Auswahl des betrauten Unternehmens.

114 Eine ausdr. Verbotsnorm für Direktvergaben von Eisenbahnverkehren gibt es in Deutschland zwar nicht. Allerdings kann sich eine Untersagung der Direktvergabe nach nationalem Recht aus dem Gleichbehandlungsgrundsatz (Art. 3 Abs. 1 GG) und der Berufsausübungsfreiheit (Art. 12 Abs. 1 GG) ergeben. Folglich setzt eine Direktvergabe eines Eisenbahnauftrages nach nationalem Recht immer einen **sachlichen Grund** voraus, dies gilt auch für Direktvergaben an staatliche Eisenbahnen.[47] In Deutschland schließt § 131 GWB eine Direktvergabe nach Abs. 6 allerdings weitreichend aus.

115 Bei Direktvergaben nach Abs. 6 gilt abw. von Art. 4 Abs. 3 **eine Höchstlaufzeit von zehn Jahren.** Sie kann nur unter den in Art. 4 Abs. 4 VO (EG) Nr. 1370/2007 genannten Voraussetzungen erhöht werden.

116 Gem. Art. 8 Abs. 2 S. 1 lit. iii VO (EG) Nr. 1370/2007 findet Abs. 6 ab dem 25.12.2023 keine Anwendung mehr. Abs. 6 tritt dann zwar nicht außer Kraft, was bedeutet, dass bestehende öffentliche Dienstleistungsaufträge über diesen Zeitpunkt hinaus gültig bleiben. Neuvergaben nach Abs. 6 sind nach diesem Zeitpunkt aber nicht mehr zulässig.

2. Loslimitierung in wettbewerblichen Vergabeverfahren (Abs. 6a)

117 Abs. 6a wurde durch die VO (EU) 2016/2338 v. 14.12.2016[48] in die VO (EG) Nr. 1370/2007 eingefügt. Gem. ihres Art. 2 ist die Regelung am 24.12.2017 in

---

[45] Der Begriff des Eisenbahnverkehrs ist nirgends definiert. Nicht hierunter fallen Straßenbahn-, Stadtbahn-, U-Bahn- und Metroverkehre; ebenso Saxinger/Winnes/Schröder, Recht des öffentlichen Personenverkehrs, Stand 12/2012, VO (EG) Nr. 1370/2007 Art. 5 Abs. 6 Rn. 23. Die Anwendung von Abs. 6 auf Zweisystem-Stadtbahnen ist problematisch.

[46] Vgl. Art. 10 RL 440/91/EWG.

[47] Prieß/Hölzl Der Nahverkehr 4/2008, 33 (34) stellen auf die Feststellung ab, ob eine Vergabe in einem wettbewerblichen Verfahren nur zu einem „Pseudo-Wettbewerb" führen wird. Diesbezügliche Prognosen bedürften allerdings einer belastbaren Tatsachenbasis.

[48] ABl. 2016 L 354, 22.

Kraft getreten. Gem. Abs. 6a können die zuständigen Behörden zur Steigerung des Wettbewerbs zwischen den Eisenbahnunternehmen entscheiden, dass Aufträge für öffentliche Schienenpersonenverkehrsdienste, die Teile desselben Netzes oder Streckenpakets betreffen, an unterschiedliche Eisenbahnunternehmen zu vergeben sind. Zu diesem Zweck können die zuständigen Behörden vor Beginn des wettbewerblichen Vergabeverfahrens entscheiden, die Zahl der Aufträge zu begrenzen, die an ein und dasselbe Eisenbahnunternehmen vergeben werden. Damit wird das **Instrument der Loslimitierung** auch in das sektorspezifische Vergaberecht der VO (EG) Nr. 1370/2007 transportiert.

XII. Nachprüfungsverfahren (Abs. 7)

1. Nachprüfung (Abs. 7 S. 1 UAbs. 1)

Gem. Abs. 7 S. 1 UAbs. 1 treffen die Mitgliedstaaten die erforderlichen Maßnahmen, um sicherzustellen, dass die gem. den Abs. 2–6 getroffenen Entscheidungen wirksam und rasch auf Antrag einer Person überprüft werden können, die ein Interesse daran hat bzw. hatte, einen bestimmten Auftrag zu erhalten, und die angibt, durch einen Verstoß dieser Entscheidungen gegen Unionsrecht oder nationale Vorschriften zur Durchführung des Unionsrechts geschädigt zu sein oder geschädigt werden zu können. Damit soll vorgegeben werden, dass ein **wirksamer Rechtsschutz** nicht nur für Aufträge gem. Art. 5 Abs. 1 gilt, die unter die Vergaberichtlinie fallen, sondern auch für die anderen gem. Art. 5 vergebenen Aufträge.[49] Eine solche Überprüfung ist an **drei Voraussetzungen gebunden.** *Erstens* muss ein diesbezüglicher Antrag gestellt werden. Eine Überprüfung von Amts wegen ist somit nicht vorgeschrieben. *Zweitens* muss die antragstellende Person im Interesse am streitgegenständlichen Auftrag haben, welches idR durch eine Beteiligung am wettbewerblichen Vergabeverfahren oder durch Abgabe einer Interessensbekundung im Vorfeld einer Direktvergabe dokumentiert ist. *Drittens* muss die antragstellende Person einen Verstoß der getroffenen Entscheidung gegen EU-Recht oder gegen nationale Vorschriften zur Durchführung des EU-Rechts rügen. Solche nationalen Vorschriften werden in Bezug auf die VO (EG) Nr. 1370/2007 erst dann vorliegen, wenn und soweit nationale Gesetze im Hinblick auf die VO (EG) Nr. 1370/2007 angepasst werden oder im nationalen Recht Ausführungsbestimmungen zur VO (EG) Nr. 1370/2007 geschaffen werden.

Den **Begriff der Entscheidungen** ist in der VO nicht definiert, aber in Abs. 7 S. 1 UAbs. 1 auch nicht auf die Vergabeentscheidung an sich beschränkt. Schon die Veröffentlichungspflicht gem. Art. 7 Abs. 2 VO (EG) Nr. 1370/2007 erweist, dass der eigentlichen Vergabeentscheidung weitere Entscheidungen vorausgehen müssen, nämlich zumindest die, einen Auftrag in einem wettbewerblichen Verfahren oder aber direkt zu vergeben, denn ohne eine solche Entscheidung könnte die zutreffende Veröffentlichung nicht erfolgen.[50] Auch im weiteren Verlauf des Vergabeverfahrens sind zusätzliche Entscheidungen denkbar. In wettbewerblichen Vergabeverfahren gem. Abs. 3 kommt zB in Betracht, einen Bieter vom weiteren Verfahren auszuschließen, auch die Entscheidung darüber, Verhandlungen (nicht) zu führen, ist eine Entscheidung. Bei Direktvergaben kommen weitere Entscheidungen dort in Betracht, wo Art. 4 VO (EG) Nr. 1370/2007 oder zB Art. 5 Abs. 2 VO (EG) Nr. 1370/2007 Gestaltungsvarianten zulässt. Der fehlenden Beschränkung des Begriffs der Entscheidungen in Abs. 7 S. 1 folgend, müssen also auch solche anderen

118

119

---

[49] Vgl. Erwgr. 21 der VO (EG) Nr. 1370/2007.
[50] OLG Düsseldorf 2.3.2011 – VII-Verg 48/10, BeckRS 2011, 5552 = VergabeR 2011, 471 (475), mit der Veröffentlichung gem. Art. 7 Abs. 2 wird bereits ein Vergabeverfahren eingeleitet.

Entscheidungen einer Überprüfung zugeführt werden können. Auch Regelungen in einem Vergleichsvertrag, die einen engen Bezug zur Erteilung von Dienstleistungskonzessionen gem. Art. 5 VO (EG) Nr. 1370/2007 haben, können wie eine Vergabeentscheidung der Nachprüfung durch die Vergabekammern und Beschwerdegerichte unterliegen.[51]

2. Überprüfung von Entscheidungen nach Abs. 4a und 4b

120   Abs. 7 UAbs. 2 wurde durch die VO (EU) 2016/2338 v. 14.12.2016[52] in die VO (EG) Nr. 1370/2007 eingefügt. Gem. ihres Art. 2 ist die Regelung am 24.12.2017 in Kraft getreten. Abs. 7 UAbs. 2 verlangt für Fälle des Abs. 4a und 4b die „Möglichkeit, eine Bewertung der von der zuständigen Behörde getroffenen und mit Gründen versehenen Entscheidung durch eine von dem betreffenden Mitgliedstaat benannte unabhängige Stelle zu verlangen. Das Ergebnis dieser Bewertung wird im Einklang mit nationalem Recht öffentlich zugänglich gemacht".

121   Ein solches Verfahren ist in §§ 155 ff. GWB allerdings **nicht vorgesehen.** Es bleibt abzuwarten, ob die deutschen Nachprüfungsinstanzen eine derartige Bewertung auf den Verwaltungsrechtsweg verweisen oder aber eine Analogie zu den §§ 155 ff. GWB zulassen.

3. Weitere Vorgaben zum Rechtsschutz (Abs. 7 S. 2, 3)

122   Abs. 7 UAbs. 3 enthält zusätzliche Vorgaben an den Rechtsschutz für den Fall, dass die für die Nachprüfungsverfahren zuständigen Stellen keine Gerichte sind. Hieraus folgt zugleich, dass die **Überprüfungsinstanz** gem. Abs. 7 UAbs. 1 kein Gericht sein muss. In diesem Falle sind gem. Abs. 7 UAbs. 3 S. 1 die Entscheidungen der Überprüfungsinstanz stets schriftlich zu begründen. Gem. Abs. 7 UAbs. 3 S. 2 ist außerdem zu gewährleisten, dass Beschwerden aufgrund rechtswidriger Handlungen der Nachprüfungsstellen oder aufgrund fehlerhafter Ausübung der diesen übertragenen Befugnisse der gerichtlichen Überprüfung oder der Überprüfung durch andere Stellen, die Gerichte iSv Art. 234 EGV (jetzt: Art. 267 AEUV) und unabhängig von der vertragsschließenden Behörde und der Nachprüfungsstellen sind, unterzogen werden können.

4. Verwirklichung des Rechtsschutzes nach Abs. 7 in Deutschland

123   Im Bereich des ÖPNV ordnet § 8a Abs. 7 S. 1 PBefG ein Nachprüfungsverfahren nach §§ 155 ff. GWB an. Für den Bereich der Schienenpersonenverkehrsdienste ergibt sich gleiches aus § 131 GWB.
Folglich ist in jedem Anwendungsfall das **Nachprüfungsverfahren** gem. §§ 160 ff. GWB statthaft. Liegt – ausnahmsweise – kein hoheitliches Handeln einer zuständigen Behörde vor, ist der Rechtsweg zu den Zivilgerichten eröffnet.

XIII. Sanktionen

124   Bei einer Verletzung der Pflicht zur EU-weiten Vergabe gem. Abs. 1 kann ein Nachprüfungsverfahren beantragt werden (s. dazu §§ 160 ff. GWB). Verstöße gegen die Voraussetzungen der einzelnen Vergabeverfahren nach Abs. 2 ff. oder der Nachprüfungspflicht gem. Abs. 7 sind dagegen nicht eigens sanktioniert. Sind allerdings die Voraussetzungen des jeweils gewählten Vergabeverfahrens nicht vollständig erfüllt, liegt keine gem. der VO (EG) Nr. 1370/2007 gewährte Ausgleichsleistung

---

[51] So LG Münster 11.8.2015 – 16 O 93/15, BeckRS 2015, 14465.
[52] ABl. 2016 L 354, 22.

vor, mit der Folge, dass abw. von Art. 9 Abs. 1 VO (EG) Nr. 1370/2007 Notifizierungspflicht besteht und bis zur positiven Entscheidung der Europäischen Kommission das Durchführungsverbot gem. Art. 108 Abs. 3 AEUV zu beachten ist.

Artikel 5a Eisenbahn-Rollmaterial

(1) Im Hinblick auf die Einleitung eines wettbewerblichen Vergabeverfahrens prüfen die zuständigen Behörden, ob Maßnahmen getroffen werden müssen, um einen effektiven und diskriminierungsfreien Zugang zu geeignetem Rollmaterial zu gewährleisten. Bei dieser Prüfung wird berücksichtigt, ob es auf dem betreffenden Markt Leasing-Unternehmen für Rollmaterial oder sonstige Marktteilnehmer, die das Leasing von Rollmaterial anbieten, gibt. Der Prüfungsbericht wird öffentlich zugänglich gemacht.

(2) Die zuständigen Behörden können im Einklang mit dem nationalen Recht und unter Einhaltung der Vorschriften über staatliche Beihilfen entscheiden, angemessene Maßnahmen zur Gewährleistung eines effektiven und diskriminierungsfreien Zugangs zu geeignetem Rollmaterial zu ergreifen. Diese Maßnahmen können Folgendes umfassen:
a) den Erwerb des für die Ausführung des öffentlichen Dienstleistungsauftrags zu verwendenden Rollmaterials durch die zuständige Behörde im Hinblick auf die Bereitstellung für den ausgewählten Betreiber des öffentlichen Dienstes zu Marktpreisen oder als Teil des öffentlichen Dienstleistungsauftrags gemäß Artikel 4 Absatz 1 Buchstabe b, Artikel 6 und gegebenenfalls dem Anhang,
b) die Übernahme einer Bürgschaft durch die zuständige Behörde für die Finanzierung des für die Ausführung des öffentlichen Dienstleistungsauftrags zu verwendenden Rollmaterials zu Marktpreisen oder als Teil des öffentlichen Dienstleistungsauftrags gemäß Artikel 4 Absatz 1 Buchstabe b, Artikel 6 und, soweit er anzuwenden ist, dem Anhang, einschließlich einer Bürgschaft zur Abdeckung des Restwertrisikos,
c) das Eingehen einer Verpflichtung der zuständigen Behörde in dem öffentlichen Dienstleistungsauftrag, das Rollmaterial zu vorab definierten finanziellen Konditionen am Ende der Laufzeit des Auftrags zu Marktpreisen zu übernehmen, oder
d) die Zusammenarbeit mit anderen zuständigen Behörden, um einen größeren Rollmaterialpark zu schaffen.

(3) Wenn einem neuen Betreiber eines öffentlichen Verkehrsdienstes Rollmaterial zur Verfügung gestellt wird, nimmt die zuständige Behörde alle verfügbaren Informationen über die Kosten für die Instandhaltung des Rollmaterials und seinen physischen Zustand in die Vergabeunterlagen auf.

Literatur: Berschin, VO (EG) 1370/2007, in: Münchener Kommentar Europäisches und Deutsches Wettbewerbsrecht, Band 4, Vergaberecht II, 4. Aufl. 2022, Art. 5a; Husmann/Langenberg/Jasper/Neven-Daroussis, Neue Wege in der Finanzierung von SPNV-Fahrzeugen, Der Nahverkehr 7–8/2012, 28 ff.; Jürschik, Verordnung über öffentliche Personenverkehrsdienste, 2. Aufl. 2020, Art. 5a; Linke-Linke, VO (EG) 1370/2007, 2. Aufl. 2019, Art. 5a.

I. Bedeutung der Vorschrift

Art. 5a VO (EG) Nr. 1370/2007 wurde durch die VO (EU) 2016/2338 v. 14.12.2016[1] in die VO (EG) Nr. 1370/2007 eingefügt. Gem. ihres Art. 2 VO (EU) 2016/2338 ist die Regelung am 24.12.2017 in Kraft getreten. 1

---
[1] ABl. 2016 L 354, 22.

2 Art. 5a VO (EG) Nr. 1370/2007 soll die vor allem in den osteuropäischen Mitgliedstaaten bestehenden **Marktzugangshindernisse im Schienenpersonennahverkehr beseitigen** oder abschwächen, die daraus resultieren, dass Bestandsleistungen überwiegend bis ausschl. mit vollständig abgeschriebenem rollendem Material erbracht werden. Einen Gebrauchtfahrzeugmarkt für so alte rollende Eisenbahnfahrzeuge für die Personenbeförderung gibt es nicht. Ein Marktzugang für neue Betreiber ist daher für gewöhnlich dann möglich, wenn die zuständige Behörde entweder Zugang zu den Altfahrzeugen schafft, was innenpolitisch als Maßnahme gegen das bislang betreibende Staatsunternehmen begriffen werden kann, oder die Beschaffung von Neufahrzeugen finanziert, was entweder nicht möglich oder haushaltspolitisch nicht durchsetzbar ist.

3 Vorbild für Art. 5a VO (EG) Nr. 1370/2007 sind **Fahrzeug- und Wartungspools** oder Finanzierungsmodelle, die sich in Deutschland in den letzten Jahren bei einigen zuständigen Behörden etabliert haben. Im Wesentlichen gibt es dafür in der deutschen Praxis drei Modelle:

1. Wiedereinsatzgarantie

4 Bei der Wiedereinsatzgarantie ist die Beschaffung, Unterhaltung und Instandhaltung des rollenden Materials (und häufig auch der Infrastruktur für die Wartung) Aufgabe des Betreibers. Die zuständige Behörde sichert ihm zu, dass er bei Vertragsende rollendes Material und/oder Infrastruktur entweder an die zuständige Behörde oder an den nachfolgenden Betreiber verkaufen kann – zu den in der Ausschreibung festgelegten Bedingungen. Für die bei kleinen und mittleren Anbietern meistens eingeschalteten Fahrzeugfinanzierer wirkt diese **Wiedereinsatzgarantie risikomindernd** und ist somit kostenwirksam. Sie fördert auch die Marktchancen von Leasing-Unternehmen für Schienenfahrzeuge.

2. Fahrzeug- und Wartungspools

5 Bei Fahrzeug- und Wartungspools stellt die zuständige Behörde die von ihr selbst beschafften Fahrzeuge, ggf. auch einschl. Wartung und Instandhaltung, welche dann getrennt ausgeschrieben und vergeben werden, zur Verfügung. Dieses Modell wird von großen Anbietern kritisch gesehen, weil die **Wertschöpfungskette aufgebrochen** wird und die Haftung schwierig abzugrenzen ist. Für kleine und mittlere Anbieter von Schienenpersonenverkehrsdiensten ist dieses Modell allerdings ausgesprochen attraktiv, weil es die Eigenkapitalbelastung reduziert. Nach einer verbreiteten Faustformel muss jedes SPNV-Unternehmen in Deutschland jede siebte Ausschreibung gewinnen, um seine Kosten für die Beteiligungen an den sechs anderen hereinzuspielen. Wer als kleiner und mittlerer Anbieter auf einen Streich bis zu sieben Zuschläge bekommt, hat in Ansehung seiner Eigenkapitalquote ein Finanzierungsproblem.

3. Finanzierungsmodell

6 Beim Finanzierungsmodell übernimmt die zuständige Behörde die Finanzierung der vom Betreiber zu beschaffenden Fahrzeuge (meist verbunden mit der Wiedereinsatzgarantie, s. lit. a). In der Regel unterliegt die zuständige Behörde keinem Insolvenzrisiko. Sie kann daher günstigere Kredite aufnehmen als ein privatwirtschaftlicher Kreditnehmer (Kommunalkredit). Dieses Modell entlastet die Anbieter von Schienenpersonenverkehrsdiensten zwar nicht beim Eigenkapitaleinsatz. Es **verbessert aber die Liquidität**.

II. Prüfung und Bericht (Abs. 1)

Gem. Abs. 1 S. 1 prüfen die zuständigen Behörden, ob im Hinblick auf die Einleitung eines wettbewerblichen Vergabeverfahrens Maßnahmen getroffen werden müssen, um einen effektiven und diskriminierungsfreien Zugang zu geeignetem Rollmaterial zu gewährleisten. Gem. Abs. 1 S. 2 wird bei dieser Prüfung berücksichtigt, ob es auf dem betreffenden Markt Leasing-Unternehmen für Rollmaterial oder sonstige Marktteilnehmer, die das Leasing von Rollmaterial anbieten, gibt. Gem. Abs. 1 S. 3 wird der Prüfungsbericht öffentlich zugänglich gemacht. Die zuständigen Behörden müssen also anhand der genannten Merkmale Maßnahmen für einen **effektiven und diskriminierungsfreien Zugang zu geeignetem Rollmaterial** prüfen und den Prüfungsbericht öffentlich zugänglich machen. 7

III. Maßnahmen (Abs. 2)

Maßnahmen nach Abs. 2 können Folgendes umfassen: 8
- *Erstens* (lit. a) den Erwerb des für die Ausführung des öffentlichen Dienstleistungsauftrags zu verwendenden Rollmaterials durch die zuständige Behörde im Hinblick auf die Bereitstellung für den ausgewählten Betreiber des öffentlichen Dienstes zu Marktpreisen oder als Teil des öffentlichen Dienstleistungsauftrags gem. Art. 4 Abs. 1 lit. b, Art. 6 VO (EG) Nr. 1370/2007 und ggf. dem Anhang der VO (EG) Nr. 1370/2007. Diese Variante entspricht den deutschen Fahrzeugpools.
- *Zweitens* (lit. b) die Übernahme einer Bürgschaft durch die zuständige Behörde für die Finanzierung des für die Ausführung des öffentlichen Dienstleistungsauftrags zu verwendenden Rollmaterials zu Marktpreisen oder als Teil des öffentlichen Dienstleistungsauftrags gem. Art. 4 Abs. 1 lit. b, Art. 6 VO (EG) Nr. 1370/2007 und, soweit er anzuwenden ist, dem Anhang der VO (EG) Nr. 1370/2007, einschl. einer Bürgschaft zur Abdeckung des Restwertrisikos. Diese Variante ähnelt dem deutschen Finanzierungsmodell.
- *Drittens* (lit. c) das Eingehen einer Verpflichtung der zuständigen Behörde in dem öffentlichen Dienstleistungsauftrag, das Rollmaterial zu vorab definierten finanziellen Konditionen am Ende der Laufzeit des Auftrags zu Marktpreisen zu übernehmen. Diese Variante entspricht der deutschen Wiedereinsatzgarantie.
- *Viertens* (lit. d) die Zusammenarbeit mit anderen zuständigen Behörden, um einen größeren Rollmaterialpark zu schaffen. Bei dieser Maßnahme handelt es sich nur um eine organisatorische Ausgestaltung. In Deutschland bietet sich diese wegen des Föderalismusprinzips nur für grenzüberschreitende Schienenpersonenverkehrsdienste in den Zuständigkeitsgebieten mehrerer SPNV-Aufgabenträger an. Die Zusammenarbeit nach Abs. 2 lit. d muss nicht institutionalisiert sein. Auch eine Refinanzierungsvereinbarung ist eine Zusammenarbeit iSd Regelung. Ob lit. d solchen zuständigen Behörden ein subjektives Recht auf Eingehung einer Zusammenarbeit mit anderen zuständigen Behörden einräumt, ist mehr als fraglich. Erstens ist der Katalog des Abs. 2 rein organisatorischer Art. Zweitens fehlt es an Maßstäben, unter welchen Voraussetzungen eine Zusammenarbeit nach lit. d anzustreben ist. Gedacht ist bei der Zusammenarbeit nach lit. d offensichtlich an kleine und finanzschwache zuständige Behörden. Nach der Kooperationslehre ist eine Zusammenarbeit aber nur erfolgreich, wenn man Stärken bündelt. Unter den genannten Voraussetzungen ist aber gerade dies eigentlich ausgeschlossen.

Abs. 2 enthält nur einen **Gewährleistungsauftrag**. Das ist weniger als die Verschaffung eines unmittelbaren Zugangs zu Eisenbahn-Rollmaterial, zu dem Abs. 2 schon deswegen nicht verpflichtet, weil er in lit. a–d sehr unterschiedliche Maßnahmen zur Verfügung stellt. 9

VO 1370 Art. 6 — Ausgleichsleistung

10   Maßnahmen nach Abs. 2 müssen im Einklang mit dem nationalen Recht stehen und die Vorschriften über staatliche Beihilfen einhalten. Der nationale Gesetzgeber hat also auf jeden Fall das Recht, Maßnahmen nach Abs. 2 auszugestalten und einzuschränken. Er ist dazu aber nicht verpflichtet; wenn es insoweit kein nationales Recht gibt, ist das Ineinklangstehen immer zu bejahen. Zum Verbot staatlicher Beihilfen kann auf den sehr detail- und lehrreichen Rechtsrahmen der Europäischen Kommission[2] verwiesen werden.

IV. Informationspflicht (Abs. 3)

11   Nach Abs. 3 nimmt die zuständige Behörde alle verfügbaren Informationen über die Kosten für die Instandhaltung des Rollmaterials und seinen physischen Zustand in die Vergabeunterlagen auf, wenn einem neuen Betreiber eines öffentlichen Verkehrsdienstes Rollmaterial zur Verfügung gestellt wird. Problematisch an dieser Regelung ist das **Wort „verfügbaren"**. Informationen über Kosten für die Instandhaltung des Rollmaterials und über dessen physischen Zustand können bei älterem Rollmaterial noch nicht einmal überschlagen werden, wenn Ersatzteile nur noch als Einzelanfertigung verfügbar sind. Der Austausch von Teilen aufgrund des physischen Zustands kann außerdem dazu führen, dass der betroffene Bauteil des Fahrzeugs insges. an den Stand der Technik anzupassen ist. Die Kosten für solche Maßnahmen sind mehr als ungewiss. Ein erfahrenes Eisenbahnunternehmen, welches selbst über Altmaterial verfügt, wird mit solchen unbestimmten Vorgaben und unvollständigen Informationen nach Erfahrungswerten befriedigend zurechtkommen. Bei einem Start-up-Unternehmen ohne solche Erfahrungen ist dagegen durchaus damit zu rechnen, dass die Kalkulation der notwendigerweise unbestimmten Ausgaben für Instandhaltung und Erneuerung spekulativ ausfällt. Dies muss die zuständige Behörde daher – notfalls unter Hinzuziehung externen Sachverstands – überprüfen.

V. Kritik

12   Art. 5a VO (EG) Nr. 1370/2007 greift zu kurz. Nicht nur das Rollmaterial, sondern auch die Infrastruktur für die Wartung und Instandhaltung verursacht einen gewaltigen Aufwand. Art. 5a VO (EG) Nr. 1370/2007 gehört daher ergänzt.

Artikel 6 Ausgleichsleistung für gemeinwirtschaftliche Verpflichtungen

(1) Jede Ausgleichsleistung im Zusammenhang mit einer allgemeinen Vorschrift oder einem öffentlichen Dienstleistungsauftrag entspricht unabhängig von den Vergabemodalitäten dem Artikel 4. Jede wie auch immer beschaffene Ausgleichsleistung im Zusammenhang mit einem öffentlichen Dienstleistungsauftrag, der nicht gemäß Artikel 5 Absatz 1, Absatz 3 oder Absatz 3b vergeben wurde oder im Zusammenhang mit einer allgemeinen Vorschrift steht, unterliegt darüber hinaus den Bestimmungen des Anhangs.

(2) Die Mitgliedstaaten übermitteln der Kommission auf deren schriftliche Aufforderung binnen drei Monaten oder einer anderen in der Aufforderung gesetzten längeren Frist alle Informationen, die diese für erforderlich hält, um festzustellen, ob eine gewährte Ausgleichsleistung mit dieser Verordnung vereinbar ist.

---

[2] Mitteilung der Kommission „Gemeinschaftliche Leitlinien für staatliche Beihilfen an Eisenbahnunternehmen", ABl. 2008 C 184, 13.

Ausgleichsleistung **Art. 6 VO 1370**

Literatur: Berschin, VO (EG) 1370/2007, in: Münchener Kommentar Europäisches und Deutsches Wettbewerbsrecht, Band 4, Vergaberecht II, 4. Aufl. 2022, Art. 6; Dannenbaum, Besonderheiten der Prüfung nach dem Anhang der VO (EG) Nr. 1370/2007, Der Nahverkehr 10/2015, 45; Fehling/Niehnus, Der europäische Fahrplan für einen kontrollierten Ausschreibungswettbewerb im ÖPNV, DÖV 2008, 662; Friedriszick/Kohnz, Angemessene Rendite im Bussektor, Der Nahverkehr 1–2/2015, 41, mit Erwiderung von Karl/Peterson/Schaafkamp, Anforderungen an die Ermittlung eines „angemessenen Gewinns", Der Nahverkehr 7–8/2015, 59 und Replik von Friedriszick/Kohnz, Renditevergleich trotz Datenmangel, Der Nahverkehr 7–8/2015, 64; Jürschik, Verordnung über öffentliche Personenverkehrsdienste, 2. Aufl. 2020, Art. 6; Karl/Schaaffkamp, Streit um „angemessenen Gewinn" entschieden?, Der Nahverkehr 7–8/2016, 32; Heiß, Die neue EG-Verordnung für den öffentlichen Personenverkehr – ein Überblick unter Berücksichtigung der Situation in Deutschland, VerwArch 2009, 113; Kiepe/Mietzsch, Die neue ÖPNV-Verordnung der EU und die Auswirkungen auf das Personenbeförderungsgesetz, IR 2008, 56; Linke-Linke/Lübbig, VO (EG) 1370/2007, 2. Aufl. 2019, Art. 6; Linke, Die Gewährleistung des Daseinsvorsorgeauftrags im öffentlichen Personennahverkehr, 2010; Saxinger/Winnes-Niemann, Recht des öffentlichen Personenverkehrs, VO 1370 Art. 6; Schmitz/Winkelhüsener, Der Öffentliche Personennahverkehr im Übergang zur VO (EG) Nr. 1370/2007: Vergaberechtliche Handlungsoptionen und deren beihilferechtliche Konsequenzen, EuZW 2011, 52; Spanka, Gewährleistung des öffentlichen Personennahverkehrs durch allgemeine Vorschriften, 2019.

I. Bedeutung der Vorschrift

Abs. 1 wurde durch die VO (EU) 2016/2338 v. 14.12.2016[1] redaktionell geändert. Gem. ihres Art. 2 ist die Änderung am 24.12.2017 in Kraft getreten. Abs. 1 enthält zentrale Regelungen zur Einhaltung der **obligatorischen Inhalte von öffentlichen Dienstleistungsaufträgen** und zur Vermeidung einer Überkompensation. Abs. 2 regelt die Informationspflicht der Mitgliedstaaten für den Fall eines Beihilfenprüfungsverfahrens. 1

II. Bindung an Art. 4 (Abs. 1 S. 1)

Gem. Abs. 1 S. 1 entspricht jede Ausgleichsleistung im Zusammenhang mit einer allgemeinen Vorschrift oder einem öffentlichen Dienstleistungsauftrag unabhängig von den Vergabemodalitäten den Bestimmungen des Art. 4 VO (EG) Nr. 1370/2007. Art. 4 VO (EG) Nr. 1370/2007 ist daher **sklavisch einzuhalten** – sonst entfällt die Notifizierungspflicht gem. Art. 9 Abs. 1 VO (EG) Nr. 1370/2007 nicht. 2

III. Überkompensationsverbot und Anhang (Abs. 1 S. 2)

Gem. Abs. 1 S. 2 unterliegt jede wie auch immer beschaffene Ausgleichsleistung im Zusammenhang mit einem öffentlichen Dienstleistungsauftrag, der in Übereinstimmung mit Art. 5 Abs. 2, 4, 5 VO (EG) Nr. 1370/2007 oder Art. 5 Abs. 6 VO (EG) Nr. 1370/2007 direkt vergeben wurde, oder im Zusammenhang mit einer allgemeinen Vorschrift darüber hinaus den **Bestimmungen des Anhangs.** Abs. 1 S. 2 regelt somit die Pflicht der (Überprüfung der) Vermeidung einer Überkompensation. Zum Inhalt und zum Zeitpunkt dieser Überprüfung → VO (EG) 1370/2007 Anh. Rn. 3 ff. 3

---

[1] ABl. 2016 L 354, 22.

IV. Informations- und Übermittlungspflicht (Abs. 2)

4 Gem. Abs. 2 übermitteln die Mitgliedstaaten der Kommission auf deren schriftliche Aufforderung binnen drei Monaten oder einer anderen in der Aufforderung gesetzten längeren Frist alle Informationen, die diese für erforderlich hält, um festzustellen, ob eine gewährte Ausgleichsleistung mit dieser Verordnung vereinbar ist. Eine solche Aufforderung wird idR nur ergehen, wenn die Europäische Kommission ein Beihilfeprüfungsverfahren gemäß der VO (EU) 2015/1589 eingeleitet hat. Da die Aufforderung auf dem **diplomatischen Weg** übermittelt und anschl. über die Behördenhierarchie in Deutschland an die zuständige Behörde weitergeleitet wird, die Frist aber schon mit dem Zugang bei der ersten deutschen Behörde zu laufen beginnt, geht von der 3-Monats-Frist für gewöhnlich ein nicht unerheblicher Zeitraum verloren. Eine Fristverlängerung wird von der Europäischen Kommission für gewöhnlich nicht gewährt. Die dann noch verbleibende Zeit reicht erfahrungsgemäß meist nicht mehr aus, einen Nachweis zur Vermeidung der Überkompensation gem. dem Anhang zu erarbeiten.

V. Sanktionen

5 Die Verletzung der Überkompensationsvermeidungs- und Informationspflichten des Art. 6 ist **nicht eigens sanktioniert**. Wird allerdings die Pflicht zur Beachtung des Art. 4 VO (EG) Nr. 1370/2007 oder zur Vermeidung der Überkompensation gem. Abs. 1 verletzt, liegt keine gem. der VO (EG) Nr. 1370/2007 gewährte Ausgleichsleistung vor, mit der Folge, dass abweichend von Art. 9 Abs. 1 VO (EG) Nr. 1370/2007 Notifizierungspflicht besteht und bis zur positiven Entscheidung der Europäischen Kommission das Durchführungsverbot gem. Art. 108 Abs. 3 AEUV zu beachten ist. Die Verletzung der Informations- und Übermittlungspflicht gem. Abs. 2 kann in einem Vertragsverletzungsverfahren gem. Art. 258 ff. AEUV geahndet werden.

Artikel 7 Veröffentlichung

(1) **Jede zuständige Behörde macht einmal jährlich einen Gesamtbericht über die in ihren Zuständigkeitsbereich fallenden gemeinwirtschaftlichen Verpflichtungen öffentlich zugänglich. Dieser Bericht beinhaltet den Beginn und die Laufzeit der öffentlichen Dienstleistungsaufträge, die ausgewählten Betreiber öffentlicher Dienste sowie die diesen Betreibern zur Abgeltung gewährten Ausgleichsleistungen und ausschließlichen Rechte. Der Bericht unterscheidet nach Busverkehr und schienengebundenem Verkehr, er muss eine Kontrolle und Beurteilung der Leistungen, der Qualität und der Finanzierung des öffentlichen Verkehrsnetzes ermöglichen und gegebenenfalls Informationen über Art und Umfang der gewährten Ausschließlichkeit enthalten. Der Bericht muss ferner die politischen Ziele, wie sie in den Strategiepapieren für den öffentlichen Verkehr in dem betreffenden Mitgliedstaat aufgeführt sind, berücksichtigen. Die Mitgliedstaaten erleichtern den Zugang zu diesen Berichten, zum Beispiel über ein gemeinsames Internet-Portal.**

(2) **Jede zuständige Behörde ergreift die erforderlichen Maßnahmen, um sicherzustellen, dass spätestens ein Jahr vor Einleitung des wettbewerblichen Vergabeverfahrens oder ein Jahr vor der Direktvergabe mindestens die folgenden Informationen im Amtsblatt der Europäischen Union veröffentlicht werden:**
 a) **der Name und die Anschrift der zuständigen Behörde;**
 b) **die Art des geplanten Vergabeverfahrens;**
 c) **die von der Vergabe möglicherweise betroffenen Dienste und Gebiete;**

Veröffentlichung Art. 7 VO 1370

d) der geplante Beginn und die geplante Laufzeit des öffentlichen Dienstleistungsauftrags.

Die zuständigen Behörden können beschließen, diese Informationen nicht zu veröffentlichen, wenn der öffentliche Dienstleistungsauftrag eine jährliche öffentliche Personenverkehrsleistung von weniger als 50 000 km aufweist.

Sollten sich diese Informationen nach ihrer Veröffentlichung ändern, so hat die zuständige Behörde so rasch wie möglich eine Berichtigung zu veröffentlichen. Diese Berichtigung erfolgt unbeschadet des Zeitpunkts der Einleitung der Direktvergabe oder des wettbewerblichen Vergabeverfahrens.

Dieser Absatz findet keine Anwendung auf Artikel 5 Absatz 5.

(3) Bei der Direktvergabe von öffentlichen Dienstleistungsaufträgen im Eisenbahnverkehr nach Artikel 5 Absatz 6 macht die zuständige Behörde innerhalb eines Jahres nach der Auftragsvergabe folgende Informationen öffentlich zugänglich:
a) den Namen des Auftraggebers, seine Eigentümer sowie gegebenenfalls den/die Namen der Partei oder Parteien, die eine rechtliche Kontrolle ausübt/ausüben;
b) die Dauer des öffentlichen Dienstleistungsauftrags;
c) eine Beschreibung der zu erbringenden Personenverkehrsdienste;
d) eine Beschreibung der Parameter für die finanzielle Ausgleichsleistung;
e) Qualitätsziele wie beispielsweise in Bezug auf Pünktlichkeit und Zuverlässigkeit und anwendbare Prämien und Sanktionen;
f) Bedingungen in Bezug auf die wichtigsten Wirtschaftsgüter.

(4) Die zuständige Behörde übermittelt jeder interessierten Partei auf entsprechenden Antrag ihre Gründe für die Entscheidung über die Direktvergabe eines öffentlichen Dienstleistungsauftrags.

Literatur: Baumeister/Klinger, Perspektiven des Vergaberechts im straßengebundenen ÖPNV durch die Novellierung der VO (EWG) Nr. 1191/69, NZBau 2005, 601; Berschin, VO (EG) 1370/2007, in: Münchener Kommentar Europäisches und Deutsches Wettbewerbsrecht, Band 4, Vergaberecht II, 4. Aufl. 2022, Art. 7; Berschin, Europarecht, in Barth/Baumeister/Berschin/Werner, Recht des Öffentlichen Personennahverkehrs, A 2, Loseblatt, Stand Dezember 2009; Heiß, Die neue EG-Verordnung für den öffentlichen Personenverkehr – ein Überblick unter Berücksichtigung der Situation in Deutschland, VerwArch 2009, 113; Jürschik, Verordnung über öffentliche Personenverkehrsdienste, 2. Aufl. 2020, Art. 7; Kiepe/Mietzsch, Die neue ÖPNV-Verordnung der EU und die Auswirkungen auf das Personenbeförderungsgesetz, IR 2008, 56; Linke-Fehling/Linke, VO (EG) 1370/2007, 2. Aufl. 2019, Art. 7; Linke, Die Gewährleistung des Daseinsvorsorgeauftrags im öffentlichen Personennahverkehr, 2010; Linke, Die Direktvergabe öffentlicher Dienstleistungsaufträge im öffentlichen Personenverkehr unterhalb der Schwellenwerte nach der VO (EG) Nr. 1370/2007, V+T 2012, 223; Manka/Kohler, Veröffentlichungspflicht bei Direktvergaben nach der VO (EG) Nr. 1370/2007, Der Nahverkehr 3/2011, 53; Saxinger/Winnes-Eichhorn/Sarikaya/Fandrey/Schröder, Recht des öffentlichen Personenverkehrs, VO 1370 Art. 7 Abs. 1 bis 4; Schmitz/Winkelhüsener, Der Öffentliche Personennahverkehr im Übergang zur VO (EG) Nr. 1370/2007: Vergaberechtliche Handlungsoptionen und deren beihilferechtliche Konsequenzen, EuZW 2011, 52.

I. Bedeutung der Vorschrift

Die Veröffentlichungs- und Informationspflichten gem. Art. 7 VO (EG) Nr. 1370/2007 bezwecken die Herstellung von **Transparenz.** Dies folgt dem Grundansatz, dass Diskriminierungsfreiheit ohne Transparenz nicht möglich ist. Als Instrumente zur Herstellung der Transparenz regelt Abs. 1 den jährlichen Gesamtbe- 1 richt, Abs. 2 die Vorinformation vor der Einleitung eines wettbewerblichen oder Direktvergabeverfahrens gem. Art. 5 Abs. 2, 3, 3a, 4, 4a, 4b, 6, Abs. 3 eine Bekanntmachungspflicht bei Direktvergaben im Eisenbahnverkehr und Abs. 4 eine antragsabhängige Begründungspflicht bei Direktvergaben.

II. Gesamtbericht (Abs. 1)

2   Abs. 1 wurde durch die VO (EU) 2016/2338 v. 14.12.2016[1] geändert. Gem. ihres Art. 2 ist die Änderung, die eine Erweiterung der Berichtspflicht und den Zugang zu Berichten umfasst, am 24.12.2017 in Kraft getreten. Abs. 1 verpflichtet die zuständigen Behörden, einmal jährlich einen Gesamtbericht mit bestimmten Inhalten über die in ihren Zuständigkeitsbereich fallenden gemeinwirtschaftlichen Verpflichtungen öffentlich zugänglich zu machen.

1. Inhalte

3   Gem. Abs. 1 S. 1 umfasst der Gesamtbericht die **gemeinwirtschaftlichen Verpflichtungen,** die ausgewählten Betreiber eines öffentlichen Dienstes und die diesen Betreibern gewährten Ausgleichsleistungen. Gem. Abs. 1 S. 2 muss der Bericht nach Busverkehr und schienengebundenem Verkehr unterscheiden. Außerdem muss er eine Kontrolle und Beurteilung der Leistungen, der Qualität und der Finanzierung des öffentlichen Verkehrsnetzes ermöglichen und ggf. Informationen über gewährte ausschließliche Rechte enthalten.

4   Der englische Begriff für Gesamtbericht („aggregated report") zeigt, dass die gewährten Ausgleichsleistungen zusammengefasst werden können, und dies in einem Maße, welches ein Zurückrechnen auf die einem einzelnen Auftrag zugehörige Ausgleichsleistung gewährte Ausgleichsleistung ausschließt. Umfasst ein Gesamtbericht nur den Ausgleich von Höchsttarifen über eine **allgemeine Vorschrift,** genügt es, jeweils eine Summe von Ausgleichsleistungen für die betroffenen Busverkehr und Eisenbahnverkehre zu nennen. Eine weitere Aufteilung verlangt Abs. 1 nicht. Auch die Möglichkeit der Beurteilung der Ausgleichsleistungen ist anhand der Relation der Summe der Ausgleichsleistungen zu den Gesamtfahrgeldeinnahmen im Verkehrsverbund und anhand eines Vergleichs der Verbundtarife mit denen anderer Verkehrsverbünde schon anhand dieser beiden Zahlen gegeben.

5   Umfasst der Gesamtbericht auch **öffentliche Dienstleistungsaufträge,** können die dafür gewährten Ausgleichsleistungen zwar ebenfalls summiert werden. Wegen der verlangten Kontrollmöglichkeiten können aber nur gleichartige gemeinwirtschaftliche Verpflichtungen in dieser Weise zusammengefasst werden. Dies kann im Einzelfall dazu führen, dass eine einzelne Ausgleichsleistung einem einzelnen Betreiber zugeordnet werden muss. Dann ist uU das Grundrecht auf Datenschutz aus Art. 8 Abs. 1 GRCh zu beachten, welches die Veröffentlichung von Zuschüssen bezogen auf die Namen natürlicher Personen nicht zulässt.[2]

6   Gem. Abs. 1 S. 4 muss der Bericht ferner die **politischen Ziele** berücksichtigen, wie sie in den Strategiepapieren für den öffentlichen Verkehr in dem betreffenden Mitgliedstaat aufgeführt sind (s. dazu grds. Art. 2a VO (EG) Nr. 1370/2007). Der Begriff „berücksichtigen" ist unscharf. Er wird aber mindestens so zu verstehen sein, dass die gewährten Ausgleichsleistungen nicht in Widerspruch zu Strategiepapieren stehen dürfen, die vor der Vergabe der öffentlichen Personenverkehrsdienste beschlossen wurden.

---

[1] ABl. 2016 L 354, 22.
[2] EuGH 9.11.2010 – C-92, 93/09, EuZW 2010, 939 – Schecke. Dies gilt auch für juristische Personen, die den Namen einer natürlichen Person in der Firma führen.

Gem. Abs. 1 S. 5 erleichtern die Mitgliedstaaten den Zugang zu diesen Berichten, zB über ein gemeinsames Internet-Portal. Diese Regelung verlangt nicht mehr als einen **erleichterten Zugang,** wie ihn insbes. die Einstellung in das Internet-Portal der zuständigen Behörde ermöglicht. Eine Verpflichtung der Mitgliedstaaten, für das Berichtswesen ein gemeinsames Internet-Portal zu installieren und zu betreiben, enthält Abs. 1 S. 5 nicht.

2. Öffentliche Zugänglichkeit

Öffentlich zugänglich iSv Abs. 1 S. 1 ist ein Gesamtbericht idealerweise, wenn er in den Internetauftritt der zuständigen Behörde eingestellt wird. Eine Verpflichtung dazu besteht jedoch nicht. **Öffentliche Zugänglichkeit** ist also auch schon dann gegeben, wenn der Gesamtbericht in den Geschäftsräumen der zuständigen Behörde zu deren üblichen Öffnungszeiten eingesehen werden kann und diese Einsichtsmöglichkeit ortsüblich bekannt gemacht wird.

III. Vorinformation (Abs. 2)

Abs. 2 S. 1 lit. d wurde durch die VO (EU) 2016/2338 v. 14.12.2016[3] in die VO (EG) Nr. 1370/2007 eingefügt. Gem. ihres Art. 2 ist die Regelung am 24.12.2017 in Kraft getreten. Gem. Abs. 2 S. 1 besteht bei Vergaben gem. Art. 5 Abs. 2, 3, 4, 6 VO (EG) Nr. 1370/2007 eine **Vorinformationspflicht:** Spätestens ein Jahr **vor Einleitung** des wettbewerblichen Vergabeverfahrens oder ein Jahr vor der Direktvergabe müssen bestimmte Mindestinformationen im Amtsblatt veröffentlicht werden, die gem. dem neuen Littera nunmehr auch den geplanten Beginn und die geplante Laufzeit des öffentlichen Dienstleistungsauftrags umfassen. Diese Bekanntmachung erfolgt im Internet im Simap-Portal.[4] Da die Vorabbekanntmachung konstitutiv für das folgende Vergabeverfahren ist, muss die Vorabbekanntmachung durch die zuständige Behörde erfolgen; es genügt nicht, wenn die veröffentlichende Behörde erst zum Zeitpunkt der Einleitung des Vergabeverfahrens oder der Direktvergabe zuständige Behörde sein wird.[5] Die Vorinformationspflicht nach Abs. 2 besteht wegen der Spezialität der VO (EG) Nr. 1370/2007 auch dann, wenn ein Auftrag nach den Vergabe-RL vergeben werden soll.[6] Die Vorinformationspflicht geht in keinem Fall über die in Abs. 1 geregelten Mindestinhalte hinaus. Insbes. verpflichtet Abs. 2 nicht dazu, interessierten Wirtschaftsteilnehmern Informationen zugänglich zu machen, damit sie ein hinreichend detailliertes und vergleichbares Angebot erstellen können, und auch nicht dazu, eine vergleichende Bewertung aller möglicherweise eingegangenen Angebote vorzunehmen.[7]

Gem. Abs. 2 S. 3 muss so rasch wie möglich eine Berichtigung veröffentlicht werden, wenn sich diese Informationen nach ihrer Veröffentlichung ändern. Eine solche **Berichtigung** wirkt sich auf den geplanten Zeitpunkt der Einleitung des wettbewerblichen Vergabeverfahrens oder der Direktvergabe allerdings nicht aus. Keine Berichtigung liegt allerdings vor, wenn der öffentliche Dienstleistungsauftrag so geändert wird, dass er seine Identität verliert. Das ist zB dann der Fall, wenn die von der Vergabe betroffenen Verkehre weithin oder sogar vollständig ausgetauscht

---

[3] ABl. 2016 L 354, 22.
[4] https://simap.ted.europa.eu/de; s. dazu nunmehr auch §§ 8a Abs. 2, 8b Abs. 2 PBefG. Im Formular für die Vorinformation fehlt die Inhouse-Vergabe. Wenn stattdessen „Direktvergabe nach Art. 5 Abs. 2" angekreuzt wird, ist das unschädlich; OLG Düsseldorf 19.2.2020 – VII-Verg 26/17, BeckRS 2020, 2221 = VergabeR 2021, 127 ff. Rn. 63.
[5] So VK Südbayern 15.10.2015 – Z3-3-3194-1-37-06/15, VPRRS 2015, 0368.
[6] EuGH 20.9.2018 – C-518/17, NZBau 2018, 773.
[7] EuGH 24.10.2019 – C-515/18, NVwZ 2019, 1825.

werden.[8] Gleiches gilt, wenn sich Schwellenwerte oder das geplante Vergabeverfahren ändern. Entscheidend ist die objektive Prüfung, ob die Berichtigung dazu führen kann, dass sich der Kreis potenzieller Interessenten für die zu vergebende Verkehrsleistung ändern kann.

11   Gem. Abs. 2 S. 2 entfällt die Veröffentlichungspflicht, wenn der öffentliche Dienstleistungsauftrag eine jährliche öffentliche Personenverkehrsleistung von **weniger als 50.000 km** aufweist, gem. Abs. 2 S. 4 außerdem bei der Direktvergabe einer Notmaßnahme gem. Art. 5 Abs. 5.

12   Schon die **Bekanntmachung** gem. Abs. 2 unterliegt der Nachprüfung.[9] Mit der Bekanntmachung trifft die zuständige Behörde (und gem. § 8a Abs. 2 PBefG auch den öffentlichen Auftraggeber) eine Dokumentationspflicht. Diese muss eine argumentative Tiefe aufweisen, die für interessierte Dritte objektiv nachvollziehbare Angaben enthält, die eine Prüfung der tatbestandlichen Voraussetzungen der angekündigten Direktvergabe ermöglichen.[10]

13   Die Verkürzung der 12-Monats-Frist stellt nur dann einen **Fehler im Vergabeverfahren** dar, wenn einem Interessenten aus der Verkürzung der Frist ein Schaden entstehen kann.[11] Die Verletzung der Vorinformationspflicht führt nicht zur Aufhebung der angekündigten Vergabe, wenn die Grundsätze der Äquivalenz, der Effektivität und der Gleichbehandlung beachtet sind – eine Rolle spielen insoweit vor allem Rechtsschutzmöglichkeiten und vergaberechtliche Fristen.[12]

IV. Bekanntmachung im Eisenbahnverkehr (Abs. 3)

14   Gem. Abs. 3 sind bei direkt vergebenen Aufträgen im **Eisenbahnverkehr** innerhalb eines Jahres **nach der Auftragsvergabe** bestimmte Mindestinformationen öffentlich zugänglich zu machen. Das zum Gesamtbericht und zur Vorinformation Ausgeführte gilt entsprechend.

15   Gem. Art. 8 Abs. 2 S. 1 lit. iii VO (EG) Nr. 1370/2007 findet Abs. 3 **ab dem 25.12.2023 keine Anwendung mehr.** Abs. 3 tritt also zwar nicht außer Kraft, was bedeutet, dass bestehende öffentliche Dienstleistungsaufträge über diesen Zeitpunkt hinaus gültig bleiben. Neuvergaben sind nach diesem Zeitpunkt aber nicht mehr zulässig, und Veröffentlichungen dementsprechend entbehrlich.

V. Begründungspflicht bei Direktvergaben (Abs. 4)

16   Gem. Art. 7 Abs. 4 VO (EG) Nr. 1370/2007 übermittelt die zuständige Behörde bei Direktvergaben jeder interessierten Partei auf entsprechenden Antrag ihre **Gründe für die Entscheidung über die Direktvergabe** eines öffentlichen Dienstleistungsauftrags. Die Gründe müssen schon zum Zeitpunkt der Bekanntmachung nach Abs. 2 dokumentiert sein (→ Rn. 12).

---

[8] OLG Jena 12.6.2019 – 2 Verg 1/18, NZBau 2020, 59; Jürschik, Verordnung über öffentliche Personenverkehrsdienste, 2. Aufl. 2020, Art. 7 Rn. 17; Linke-Fehling/Linke, VO (EG) 1370/2007, 2. Aufl. 2019, Art. 7 Rn. 55b ff.
[9] OLG Frankfurt a. M. 10.11.2015 – 11 Verg 8/15, BeckRS 2016, 4261.
[10] OLG Frankfurt a. M. 10.11.2015 – 11 Verg 8/15, BeckRS 2016, 4261; diese Dokumentation erfolgt nicht in der Vorinformation, sondern in der Vergabeakte, vgl. OLG München 14.10.2019 – Verg 16/19, BeckRS 2019, 28624 = VergabeR 2020, 241 Rn. 34 f.
[11] OLG Frankfurt a. M. 24.1.2017 – 11 Verg 1/16, BeckRS 2017, 102282.
[12] EuGH 20.9.2018 – C-518/17, NZBau 2018, 773.

Die **interessierte Partei** ist genauso zu verstehen wie in Art. 5 Abs. 7 VO (EG) Nr. 1370/2007. Es muss sich also um einen Antragsteller[13] handeln, der ein Interesse daran hat oder hatte, einen bestimmten Auftrag zu erhalten. 17

Gründe sind **mehr als eine bloße Behauptung.** Die Begründung muss daher eine argumentative Tiefe haben, die es erlaubt, die Entscheidung der zuständigen Behörde über die Direktvergabe objektiv nachvollziehen zu können. Nähere Vorgaben für den Inhalt einer solchen Begründung fehlen zwar. Unter Berücksichtigung des Zwecks des gesamten Art. 7 VO (EG) Nr. 1370/2007, Transparenz herzustellen, muss man iRv Abs. 4 aber eine Begründung verlangen, welche sämtliche tatbestandlichen Voraussetzungen der jeweiligen Direktvergabeart umfasst.[14] 18

VI. Sanktionen

Die Verletzung der Veröffentlichungs- und Informationspflichten des Art. 7 VO (EG) Nr. 1370/2007 ist nicht eigens sanktioniert. Wird allerdings die Vorinformationspflicht gem. Abs. 2 verletzt, liegt jedenfalls bei einer nachfolgenden Direktvergabe keine gem. der VO (EG) Nr. 1370/2007 gewährte Ausgleichsleistung vor, mit der Folge, dass abw. von Art. 9 Abs. 1 VO (EG) Nr. 1370/2007 **Notifizierungspflicht** besteht und bis zur positiven Entscheidung der Europäischen Kommission das Durchführungsverbot gem. Art. 108 Abs. 3 AEUV zu beachten ist. In allen anderen Fällen kann die Verletzung von Veröffentlichungs- und Informationspflichten in einem Vertragsverletzungsverfahren gem. Art. 258 ff. AEUV geahndet werden. 19

Artikel 8 Übergangsregelung

(1) **Öffentliche Dienstleistungsaufträge werden nach Maßgabe dieser Verordnung vergeben. Dienstleistungsaufträge oder öffentliche Dienstleistungsaufträge gemäß der Definition in den Richtlinien 2004/17/EG oder 2004/18/EG für öffentliche Personenverkehrsdienste mit Bussen und Straßenbahnen werden jedoch gemäß den in jenen Richtlinien vorgesehenen Verfahren vergeben, sofern die Aufträge nicht die Form von Dienstleistungskonzessionen im Sinne jener Richtlinien annehmen. Werden Aufträge nach den Richtlinien 2004/17/EG oder 2004/18/EG vergeben, so sind die Absätze 2 bis 4 des vorliegenden Artikels nicht anwendbar.**

(2) **Unbeschadet des Absatzes 3**
i) **gilt Artikel 5 ab dem 3. Dezember 2019 für die Vergabe öffentlicher Dienstleistungsaufträge für Personenverkehrsdienste auf der Straße und auf anderen schienengestützten Verkehrsträgern als der Eisenbahn, wie Untergrund- oder Straßenbahnen;**
ii) **gilt Artikel 5 ab dem 3. Dezember 2019 für öffentliche Schienenpersonenverkehrsdienste;**
iii) **finden Artikel 5 Absatz 6 und Artikel 7 Absatz 3 ab dem 25. Dezember 2023 keine Anwendung mehr.**
Die Laufzeit von Aufträgen, die gemäß Artikel 5 Absatz 6 zwischen dem 3. Dezember 2019 und dem 24. Dezember 2023 vergeben werden, beträgt höchstens zehn Jahre.

---

[13] Im Bereich des PBefG muss der Antrag eine 6-Monats-Frist wahren, vgl. § 8a Abs. 5 S. 2 PBefG.
[14] AA (wenig überzeugend) Otting/Olgemöller DÖV 2009, 364 (371 f.).

VO 1370 Art. 8 — Übergangsregelung

Bis zum 2. Dezember 2019 treffen die Mitgliedstaaten Maßnahmen, um Artikel 5 schrittweise anzuwenden und ernste strukturelle Probleme insbesondere hinsichtlich der Transportkapazität zu vermeiden.
Binnen sechs Monaten nach dem 25. Dezember 2020 legen die Mitgliedstaaten der Kommission einen Fortschrittsbericht vor, in dem die Umsetzung der Vergabe von öffentlichen Dienstleistungsaufträgen, die mit Artikel 5 im Einklang stehen, dargelegt wird. Die Kommission führt auf der Grundlage der Fortschrittsberichte der Mitgliedstaaten eine Überprüfung durch und unterbreitet gegebenenfalls Gesetzgebungsvorschläge.

(2a) Öffentliche Dienstleistungsaufträge für öffentliche Schienenpersonenverkehrsdienste, die auf der Grundlage eines anderen als eines fairen wettbewerblichen Vergabeverfahrens ab dem 24. Dezember 2017 bis zum 2. Dezember 2019 direkt vergeben werden, können für ihre vorgesehene Laufzeit gültig bleiben. Abweichend von Artikel 4 Absatz 3 darf die Laufzeit dieser Aufträge zehn Jahre nicht überschreiten, es sei denn, Artikel 4 Absatz 4 findet Anwendung.

(3) Von Absatz 2 ausgenommen sind öffentliche Dienstleistungsaufträge, die gemäß dem Gemeinschaftsrecht und nationalem Recht wie folgt vergeben wurden:
a) vor dem 26. Juli 2000 nach einem fairen wettbewerblichen Vergabeverfahren;
b) vor dem 26. Juli 2000 nach einem anderen Verfahren als einem fairen wettbewerblichen Vergabeverfahren;
c) ab dem 26. Juli 2000 und vor dem 3. Dezember 2009 nach einem fairen wettbewerblichen Vergabeverfahren;
d) ab dem 26. Juli 2000 und vor dem 24. Dezember 2017 nach einem anderen Verfahren als einem fairen wettbewerblichen Vergabeverfahren.
Die unter Buchstabe a genannten Aufträge können für ihre vorgesehene Laufzeit gültig bleiben. Die unter den Buchstaben b und c genannten Aufträge können für ihre vorgesehene Laufzeit gültig bleiben, jedoch nicht länger als 30 Jahre. Die unter Buchstabe d genannten Aufträge können für ihre vorgesehene Laufzeit gültig bleiben, sofern ihre Laufzeit begrenzt und mit den Laufzeiten gemäß Artikel 4 vergleichbar ist.
Öffentliche Dienstleistungsaufträge können für ihre vorgesehene Laufzeit gültig bleiben, wenn ihre Beendigung unangemessene rechtliche oder wirtschaftliche Auswirkungen hätte, vorausgesetzt dass die Kommission der Weiterführung zugestimmt hat.

(4) Unbeschadet des Absatzes 3 können die zuständigen Behörden während der zweiten Hälfte des in Absatz 2 genannten Übergangszeitraums diejenigen Betreiber eines öffentlichen Diensts von der Teilnahme an wettbewerblichen Vergabeverfahren ausschließen, die nicht nachweisen können, dass der Wert der öffentlichen Verkehrsdienste, für die sie gemäß dieser Verordnung eine Ausgleichsleistung erhalten oder ausschließliche Rechte genießen, mindestens 50 % des Werts aller von ihnen erbrachten öffentlichen Verkehrsdienste, für die sie eine Ausgleichsleistung erhalten oder ausschließliche Rechte genießen, ausmacht. Betreiber eines öffentlichen Diensts, die die auszuschreibenden Dienste erbringen, können nicht ausgeschlossen werden. Dieses Kriterium gilt nicht für öffentliche Dienstleistungsaufträge, die als Notmaßnahme gemäß Artikel 5 Absatz 5 vergeben wurden.

Machen die zuständigen Behörden von der in Unterabsatz 1 genannten Möglichkeit Gebrauch, so hat dies ohne Diskriminierung zu erfolgen; in diesem Fall schließen sie alle potenziellen Betreiber eines öffentlichen Dienstes aus, die dieses Kriterium erfüllen, und unterrichten potenzielle

Zuck

Übergangsregelung **Art. 8 VO 1370**

Betreiber zu Beginn des Vergabeverfahrens für öffentliche Dienstleistungsaufträge von ihrer Entscheidung. **Die betroffenen zuständigen Behörden teilen der Kommission ihre Absicht, diese Vorschrift anzuwenden, mindestens zwei Monate vor der Veröffentlichung des wettbewerblichen Vergabeverfahrens mit.**

Literatur: Berschin, VO (EG) 1370/2007, in: Münchener Kommentar Europäisches und Deutsches Wettbewerbsrecht, Band 4, Vergaberecht II, 4. Aufl. 2022, Art. 8; Heiß, Die neue EG-Verordnung für den öffentlichen Personenverkehr – ein Überblick unter Berücksichtigung der Situation in Deutschland, VerwArch 2009, 113; Hübner/Frosch, Die Vergabe öffentlicher Personenverkehrsdienste mit Bussen und Straßenbahnen gem. VO (EG) Nr. 1370/2007 im Übergangszeitraum bis 3.12.2019, VergabeR 2011, 811; Jürschik, Verordnung über öffentliche Personenverkehrsdienste, 2. Aufl. 2020, Art. 8; Kiepe/Mietzsch, Die neue ÖPNV-Verordnung der EU und die Auswirkungen auf das Personenbeförderungsgesetz, IR 2008, 56; Lenz, (Keine) Angst vor der „Null-Lösung"?, Der Nahverkehr 1–2/2009, 13; Linke-Kaufmann/Linke, VO (EG) 1370/2007, 2. Aufl. 2019, Art. 8; Linke, Die Gewährleistung des Daseinsvorsorgeauftrags im öffentlichen Personennahverkehr, 2010; Linke, Altaufträge im Personenbeförderungsrecht und die Übergangsregelung der neuen VO (EG) Nr. 1370/2007, NZBau 2010, 207; Linke, Marktöffnung auf Raten – Bestandsschutz von Altaufträgen im ÖPNV, NZBau 2020, 555 ff.; Saxinger/Winnes-Eichhorn, Recht des öffentlichen Personenverkehrs, VO 1370 Art. 8; Saxinger, Das Verhältnis der VO (EG) Nr. 1370/2007 zum nicht an sie angepassten deutschen Personenbeförderungsrecht, GewArch 2009, 350; Saxinger/Fischer, Die VO (EG) Nr. 1370/2007 – Der neue Rechtsrahmen für den öffentlichen Personennahverkehr, V+T 2008, 75; Saxinger/Niemann, Was passiert, falls nichts passiert?, Der Nahverkehr 6/2009, 32; Schmitz/Winkelhüsener, Der Öffentliche Personennahverkehr im Übergang zur VO (EG) Nr. 1370/2007: Vergaberechtliche Handlungsoptionen und deren beihilferechtliche Konsequenzen, EuZW 2011, 52; Wachinger/Zimmer, Neue beihilferechtliche Vorgaben für Direktvergaben im SPNV, Der Nahverkehr 7–8/2010, 30.

Übersicht

	Rn.
I. Bedeutung der Vorschrift	1
II. Vorrang der EU-weiten Ausschreibung (Abs. 1)	2
III. Uneingeschränkte Anwendbarkeit von Art. 5 VO (EG) Nr. 1370/2007 und Maßnahmen zur schrittweisen Anwendung (Abs. 2)	3
IV. Übergangsregelungen für öffentliche Schienenpersonenverkehrsdienste (Abs. 2a)	9
V. Übergangsregelungen (Abs. 3)	10
1. Aufträge vor dem 26.7.2000	12
a) Nach einem fairen wettbewerblichen Verfahren	12
b) Nach einem nicht fairen oder wettbewerblichen Verfahren	13
2. Aufträge ab dem 26.7.2000 und vor dem 3.12.2009	14
a) Nach einem fairen wettbewerblichen Verfahren	14
b) Nach einem nicht fairen oder wettbewerblichen Verfahren	15
3. Aufträge ab dem 3.12.2009 bis zum 2.12.2019	17
4. Inhaltliche Reichweite einer Übergangsregelung	19
VI. Ausschluss der Übergangsbetreiber von wettbewerblichen Vergabeverfahren (Abs. 4)	23
VII. Sanktionen	25

I. Bedeutung der Vorschrift

Für die Anwendung der Vergabeverfahren nach Art. 5 Abs. 2 ff. VO (EG) **1** Nr. 1370/2007 gelten gem. Art. 8 VO (EG) Nr. 1370/2007 **Übergangsregelun-**

VO 1370 Art. 8 Übergangsregelung

gen. Allerdings ist Art. 5 Abs. 1 S. 2 VO (EG) Nr. 1370/2007 (und damit die EU-weite Vergabe) seit dem 3.12.2007 unmittelbar anwendbar (Art. 8 Abs. 1 S. 2, 3 VO (EG) Nr. 1370/2007). Übergangsregelungen sind daher kein statthaftes Instrument zur Vermeidung von EU-weiten Ausschreibungen. Ebenfalls nicht einer Übergangsregelung zugänglich sind die obligatorischen Inhalte von öffentlichen Dienstleistungsaufträgen (Art. 4 VO (EG) Nr. 1370/2007) und das Verbot der Überkompensation sowie ihre Kontrolle (Art. 6 VO (EG) Nr. 1370/2007 und Anhang der VO (EG) Nr. 1370/2007).[1] Auch die Veröffentlichungspflicht gem. Art. 7 Abs. 1 VO (EG) Nr. 1370/2007 (Gesamtbericht) ist unmittelbar anzuwenden.

II. Vorrang der EU-weiten Ausschreibung (Abs. 1)

2   Abs. 1 beschränkt sich darauf, den Inhalt von Art. 5 Abs. 1 VO (EG) Nr. 1370/2007 zu wiederholen (→ VO (EG) 1370/2007 Art. 5 Rn. 4 ff.). Die Pflicht zur EU-weiten Ausschreibung oder zur wettbewerblichen Vergabe nach Art. 5 Abs. 3 VO (EG) Nr. 1370/2007 besteht also unbeschadet der in den folgenden Absätzen geregelten Möglichkeiten, Art. 5 VO (EG) Nr. 1370/2007 noch nicht anzuwenden oder Übergangsregelungen in Anspruch nehmen zu können.

III. Uneingeschränkte Anwendbarkeit von Art. 5 VO (EG) Nr. 1370/2007 und Maßnahmen zur schrittweisen Anwendung (Abs. 2)

3   Art. 2 UAbs. 2 VO (EG) Nr. 1370/2007 wurde durch die VO (EU) 2016/2338 v. 14.12.2016[2] in die VO (EG) 1370/2007 eingefügt, der Rest des Abs. 2 wurde in Unterabsätze geordnet. Gem. Art. 2 VO (EU) 2016/2338 ist die Regelung am 24.12.2017 in Kraft getreten.

4   Gem. Abs. 2 S. 1 lit. i müssen die Verfahren gem. Art. 5 Abs. 2 ff. VO (EG) Nr. 1370/2007 bei der Vergabe öffentlicher Dienstleistungsaufträge für Personenverkehrsdienste auf der Straße und auf anderen schienengestützten Verkehrsträgern als der Eisenbahn, wie Untergrund- oder Straßenbahnen, ab dem 3.12.2019 uneingeschränkt angewendet werden. Damit ist ein **zehnjähriger Übergangszeitraum** eröffnet. Gem. Erwgr. 31 der VO (EG) Nr. 1370/2007 soll der Übergangszeitraum den zuständigen Behörden und den Betreibern von öffentlichen Personenverkehrsdiensten die nötige Zeit geben, um den Bestimmungen der VO (EG) Nr. 1370/2007 nachzukommen, also insbes. die strukturellen Voraussetzungen für ein Handeln nach der VO (EG) Nr. 1370/2007 zu schaffen.

5   Für öffentliche Schienenpersonenverkehrsdienste gilt Abs. 2 UAbs. 1 lit. ii. Gem. Abs. 2 UAbs. 1 lit. iii finden Art. 5 Abs. 6 VO (EG) Nr. 1370/2007 und Art. 7 Abs. 3 VO (EG) Nr. 1370/2007 ab dem 25.12.2023 keine Anwendung mehr. Diese Vorschriften bleiben also in Kraft. Bestehende öffentliche Dienstleistungsaufträge in diesem Bereich laufen weiter.

6   Die **Laufzeit von Aufträgen,** die gem. Art. 5 Abs. 6 VO (EG) Nr. 1370/2007 zwischen dem 3.12.2019 und dem 24.12.2023 vergeben werden, beträgt höchstens zehn Jahre. In Deutschland sind solche Direktvergaben nach § 131 GWB weitreichend ausgeschlossen.

---

[1] Siehe dazu iE Kommission ABl. 2011 L 210, 1, Bahnen der Stadt Monheim und Rheinische Bahngesellschaft im Verkehrsverbund Rhein-Ruhr; EuGH 6.10.2015 – C-303/13 P, BeckRS 2015, 81260; EuG 18.1.2017 – 2017/C 086/30, BeckEuRS 2017, 498190.

[2] ABl. 2016 L 354, 22.

Übergangsregelung **Art. 8 VO 1370**

Innerhalb des Übergangszeitraums (→ VO (EG) 1370/2007 Art. 8 Rn. 4) werden 7
die Verfahren nach Art. 5 Abs. 2 ff. VO (EG) Nr. 1370/2007 gem. Abs. 2 S. 2 erst
anwendbar, wenn und soweit die Mitgliedstaaten **Maßnahmen zur schrittweisen
Anwendung** von Art. 5 VO (EG) Nr. 1370/2007 getroffen haben.[3] Grund hierfür
ist gem. Abs. 2 S. 2 die Sorge, dass ein sofortiger Übergang zu wettbewerblichen
Verfahren zu ernsten strukturellen Problemen hinsichtlich der Transportkapazität führen könnte. Hierin zeigt sich erneut, dass die Direktvergabemöglichkeiten überwiegend erst am Ende des Gesetzgebungsverfahrens eingeführt wurden, und vorbehaltlich einer Untersagung nach nationalem Recht gleichberechtigt neben dem
wettbewerblichen Vergabeverfahren gem. Art. 5 Abs. 3 VO (EG) Nr. 1370/2007
stehen (→ VO (EG) 1370/2007 Einl. Rn. 4). Abs. 2 S. 2 verhindert nicht den
Eintritt der Genehmigungsfiktion gem. § 15 Abs. 1 S. 5 PBefG.[4]

Ein erster Fortschrittsbericht war der Kommission binnen sechs Monaten nach 8
der ersten Hälfte des Übergangszeitraums, also bis 3.6.2015 vorzulegen. Infolge des
geänderten Abs. 2 UAbs. 3 müssen die Mitgliedstaaten der Kommission der EU
binnen sechs Monaten nach dem 25.12.2020 einen weiteren **Fortschrittsbericht**
vorlegen, in dem die Umsetzung der schrittweisen Vergabe von öffentlichen Dienstleistungsaufträgen im Einklang mit Art. 5 VO (EG) Nr. 1370/2007 dargelegt wird.
Die Kommission führt auf der Grundlage der Fortschrittsberichte der Mitgliedstaaten eine Überprüfung durch und unterbreitet ggf. Gesetzgebungsvorschläge.

IV. Übergangsregelungen für öffentliche Schienenpersonenverkehrsdienste (Abs. 2a)

Art. 2a wurde durch die VO (EU) 2016/2338 v. 14.12.2016[5] in die VO Nr. 1370 9
eingefügt. Gem. Art. 2 der Änderungs-VO ist die Regelung am 24.12.2017 in Kraft
getreten. Gem. Abs. 2a können öffentliche Dienstleistungsaufträge für öffentliche
Schienenpersonenverkehrsdienste, die auf der Grundlage eines anderen als eines
fairen wettbewerblichen Vergabeverfahrens ab dem 24.12.2017 bis zum 2.12.2019
direkt vergeben werden, für ihre vorgesehene Laufzeit gültig bleiben. Abweichend
von Art. 4 Abs. 3 VO (EG) Nr. 1370/2007 darf die Laufzeit dieser Aufträge zehn
Jahre nicht überschreiten, es sei denn, Art. 4 Abs. 4 VO (EG) Nr. 1370/2007 findet
Anwendung. Gem. § 131 GWB ist diese Übergangsregelung in Deutschland nur
anwendbar, wenn ausnahmsweise kein wettbewerbliches Vergabeverfahren anzuwenden ist.

V. Übergangsregelungen (Abs. 3)

Art. 3 UAbs. 1 lit. d wurde durch die VO (EU) 2016/2338 v. 14.12.2016[6] geän- 10
dert. Gem. Art. 2 der Änderungs-VO ist die Änderung am 24.12.2017 in Kraft
getreten. Trotz eventueller Maßnahmen zur schrittweisen Anwendung von Art. 5
VO (EG) Nr. 1370/2007 lässt Abs. 3 in gestuften zeitlichen Grenzen und unterschieden nach der Art ihres Zustandekommens Übergangsregelungen zu.

Allgemeine Voraussetzung für eine Übergangsregelung ist, dass die jewei- 11
lige Auftragsvergabe im Einklang mit dem Unionsrecht und dem Vergaberecht

---

[3] Siehe dazu § 62 Abs. 1 PBefG, und für den Bereich der Eisenbahnverkehre BGH 8.2.2011 –
X ZB 4/10, BeckRS 2011, 3945 = VergabeR 2011, 452 Rn. 15 ff., Ausschreibungspflicht gem.
§ 4 Abs. 3 VgV aF.
[4] VGH BW 20.12.2016 – 12 S 1142/16, BeckRS 2016, 112607.
[5] ABl. 2016 L 354, 22.
[6] ABl. 2016 L 354, 22.

erfolgte. Zum Beispiel kann ein Auftrag, welcher unter Verstoß gegen vergaberechtliche Pflichten zustande kam, nach einem Vertragsverletzungsverfahren gem. Art. 258 ff. AEUV iRd daraus resultierenden Folgenbeseitigungspflicht also dennoch aufgehoben werden, statt gültig zu bleiben. Abs. 3 stellt auf die **Vergabe des Auftrags** ab. Die **Übergangslaufzeit** kann also auch zu einem späteren Zeitpunkt begonnen haben. Im Einzelnen gilt:

1. Aufträge vor dem 26.7.2000

12   a) **Nach einem fairen wettbewerblichen Verfahren.** Gem. Abs. 3 S. 1 lit. a und S. 2 können öffentliche Dienstleistungsaufträge, welche vor dem 26.7.2000 nach einem fairen wettbewerblichen Vergabeverfahren vergeben wurden, **für ihre vorgesehene Laufzeit gültig bleiben.** Am 26.7.2000 legte die Kommission ihren ersten Entwurf für einen Nachfolger zu VO (EWG) Nr. 1191/69 vor. Grundlage für den Stichtag ist also der ab diesem Zeitpunkt entfallende Vertrauensschutz in den Fortbestand der alten Rechtslage.

13   b) **Nach einem nicht fairen oder wettbewerblichen Verfahren.** Gem. Abs. 3 S. 1 lit. b und S. 3 können öffentliche Dienstleistungsaufträge, welche vor dem 26.7.2000 nach einem anderen als einem fairen wettbewerblichen Vergabeverfahren vergeben wurden, für ihre vorgesehene Laufzeit gültig bleiben, jedoch nicht länger als 30 Jahre. Fraglich ist, **ab welchem Zeitpunkt die 30 Jahre zu berechnen** sind. Da die VO (EG) Nr. 1370/2007 erst am 3.12.2009 in Kraft getreten ist und ein öffentlicher Dienstleistungsauftrag aus den 1970er Jahren nicht rückwirkend beendet werden kann, zählen die 30 Jahre also ab dem 3.12.2009. Altverträge können also bis zum 3.12.2039 weiter gültig bleiben. Unbefristete Altverträge sind gem. § 313 BGB hinsichtlich ihrer Laufzeiten anzupassen.

2. Aufträge ab dem 26.7.2000 und vor dem 3.12.2009

14   a) **Nach einem fairen wettbewerblichen Verfahren.** Gem. Abs. 3 S. 1 lit. c und S. 3 können öffentliche Dienstleistungsaufträge, welche ab dem 26.7.2000 und vor dem 3.12.2009 nach einem fairen wettbewerblichen Vergabeverfahren vergeben wurden, für ihre vorgesehene Laufzeit gültig bleiben, jedoch **nicht länger als 30 Jahre.** Zur Berechnung und Anpassung → Rn. 13.

15   b) **Nach einem nicht fairen oder wettbewerblichen Verfahren.** Gem. Abs. 3 S. 1 lit. d und S. 4 können öffentliche Dienstleistungsaufträge, welche ab dem 26.7.2000 und vor dem 3.12.2009 (Fassung ab 24.12.2017: vor dem 24.12.2017) nach einem anderen als einem fairen wettbewerblichen Vergabeverfahren vergeben wurden, für ihre vorgesehene Laufzeit gültig bleiben, sofern ihre Laufzeit begrenzt und mit den Laufzeiten gem. Art. 4 VO (EG) Nr. 1370/2007 vergleichbar ist – idR also **nicht mehr als zehn Jahre.** Vergleichbar ist etwas anderes als vereinbar. Die Geltungsdauer von regelmäßig als zehn Jahren kann also auch überschritten werden. Da Art. 4 Abs. 4 VO (EG) Nr. 1370/2007 zB wegen hoher Investitionskosten eine Verlängerung der Laufzeit nur um bis zu 50 % vorsieht, muss eine Verlängerung auf zB 15 Jahre iR einer Übergangsregelung also ebenfalls mit hohen Investitionskosten und betrieblichen Abschreibungen begründet werden. Laufzeiten von zwölf Jahren und mehr, die nicht mit hohen Investitionen begründet werden können, sind nicht mehr vergleichbar. Die Grenze der Rechtssicherheit für „vergleichbar" verläuft ausgehend von einer Regellaufzeit von bis zu zehn Jahren bei elf Jahren.

16   Die geänderte Fassung von Art. 3 UAbs. 1 lit. d ab dem 24.12.2017 kann zur Vermeidung eines Paradoxons nur so verstanden werden, dass die VO (EU) 2016/2338, welche die zulässige Frist für Übergangsregelungen mW erst ab dem 24.12.2017 v. 3.12.2009 bis zum 24.12.2017 erweitert, insoweit **nur den Beurtei-**

lungszeitraum betrifft. Neue Übergangsregelungen konnten also – auch außerhalb der öffentlichen Schienenpersonenverkehrsdienste – noch bis 24.12.2017 ohne Beachtung von Art. 5 VO (EG) Nr. 1370/2007 begründet werden, sofern dies im Einklang mit dem Unionsrecht erfolgte und nationales Recht nicht entgegenstand. Bei öffentlichen Schienenpersonenverkehrsdiensten ist in Deutschland § 131 GWB zu beachten, der im Regelfall ein wettbewerbliches Vergabeverfahren vorschreibt.

3. Aufträge ab dem 3.12.2009 bis zum 2.12.2019

Eine Übergangsregelung für ab dem 3.12.2009 vergebene Aufträge lässt der Wortlaut von Abs. 3 nur nach UAbs. 1 lit. d, also bis zum 23.12.2017 zu. Allerdings ist auch das nur **schrittweise Inkrafttreten** von Abs. 2 UAbs. 3 durch Ergreifen entsprechender Maßnahmen durch die Mitgliedstaaten erst am Ende des Gesetzgebungsverfahrens in die VO (EG) Nr. 1370/2007 aufgenommen worden. Es fragt sich daher, ob eine planwidrige Lücke vorliegt, wenn in dem Zeitraum vom 24.12.2017 bis zum 2.12.2019 Aufträge ohne Beachtung des Art. 5 VO (EG) Nr. 1370/2007 vergeben wurden, weil die schrittweise Anwendung noch nicht abgeschlossen war. Da die neue Fortschrittsberichtspflicht der Mitgliedstaaten gem. UAbs. 4 nunmehr erst am 25.12.2020 beginnt, und bis zum 3.12.2019 auch im öffentlichen Schienenpersonenverkehr eigentlich gar keine Maßnahmen zur schrittweisen Anwendung von Art. 5 VO (EG) Nr. 1370/2007 getroffen werden müssen, kann es geschehen, dass mangels bis dahin erfolgter Maßnahmen Art. 5 VO (EG) Nr. 1370/2007 in einem Mitgliedstaat gar nicht anwendbar ist. Die alte Rechtslage – wenn auch unter Aufhebung der VO (EWG) Nr. 1191/69 – lebt also fort. Wenn ein in einer solchen Situation vergebener Auftrag nicht den EU-Vergaberichtlinien unterfällt, besteht rechtlich ein Vakuum, weil eine Rechtsgrundlage für die Auftragsvergabe fehlt. Somit liegt eine Lücke vor. Diese erscheint zugleich als planwidrig, denn die zu beherrschende Situation unterscheidet sich nicht wesentlich von einer Auftragsvergabe zwischen dem 3.12.2007 (Veröffentlichung der VO (EG) Nr. 1370/2007 im Amtsblatt der EU) und dem 3.12.2009 (Inkrafttreten). Die somit bestehende planwidrige Lücke kann nur in Analogie zu Abs. 3 S. 1 lit. d und S. 4 geschlossen werden.[7]

Ab dem 3.12.2009 und vor dem 3.12.2019 erteilte Aufträge können ohne nationale Maßnahmen zur schrittweisen Anwendung von Art. 5 VO (EG) Nr. 1370/2007 daher ebenfalls für ihre vorgesehene Laufzeit gültig bleiben, sofern ihre Laufzeit begrenzt und mit den Laufzeiten gem. Art. 4 VO (EG) Nr. 1370/2007 vergleichbar ist.

4. Inhaltliche Reichweite einer Übergangsregelung

Abs. 3 suspendiert offensichtlich nur von der Anwendung des Art. 5 VO (EG) Nr. 1370/2007, und damit vom **vergaberechtlichen Regelungsteil der VO (EG) Nr. 1370/2007.** Soweit es Art. 4 Abs. 3, 4 VO (EG) Nr. 1370/2007 angeht, regelt Art. 8 Abs. 3 VO (EG) Nr. 1370/2007 jedenfalls die Laufzeiten explizit; iÜ bleibt offen, welche weiteren Regelungen (insbes. Abs. 1 und 2) von Art. 4 bei Übergangsregelungen anwendbar sind. Dies gilt auch für die klare Definition und den geografischen Geltungsbereich der gemeinwirtschaftlichen Verpflichtung gem. Art. 4 Abs. 1 lit. a VO (EG) Nr. 1370/2007. Hinsichtlich der Überkompensationskontrolle gem. Art. 4 Abs. 1 lit. b, c, Abs. 2 VO (EG) Nr. 1370/2007 sowie Art. 6 Abs. 1 VO (EG) Nr. 1370/2007 regelt Art. 8 Abs. 3 VO (EG) Nr. 1370/2007 gar nichts. Somit ist ungeregelt, welche obligatorischen Inhalte gem. Art. 4 bei Übergangsregelungen anwendbar sind und auf welcher Grundlage und nach welchen Maßstäben die Überkompensationskontrolle gem. Art. 6 Abs. 1 VO (EG) Nr. 1370/2007 bei Übergangsregelungen stattzufinden hat.

---

[7] Dies unterstellt wohl auch § 62 Abs. 1 PBefG, welcher vergabeverfahrensfreie Vergaben bis zum 31.12.2013 zuließ.

VO 1370 Art. 8 Übergangsregelung

20   EuG und EuGH haben hierzu in am Ende drei Entscheidungen in Sachen Danske Statsbaner[8] entschieden, dass die **Ausgleichsgewährung iRv Übergangsregelungen** bis zum 2.12.2009 auf Überkompensationen nach Maßgabe entweder der VO (EWG) Nr. 1191/69 oder der Kriterien des Altmark-Trans-Urteils, und ab dem 3.12.2009 aber uneingeschränkt nach Maßgabe der VO (EG) Nr. 1370/2007 zu erfolgen hat. Bei der Prüfung ab dem 3.12.2009 stehen nach der Ausgangsentscheidung der Kommission und den drei Entscheidungen des EuG/EuGH das Vorhandensein einer Überkompensationsprüfung und eines Rückerstattungsmechanismus im Vordergrund.
21   Zu Art. 4 VO (EG) Nr. 1370/2007 verhalten sich die EuG-/EuGH-Entscheidungen nicht, weil es vom Ausgangsfall nicht veranlasst war. Gesicherte Erkenntnis dieser Rspr. ist aber, dass **auch Übergangsregelungen eine vollständige Überkompensationskontrolle** zumindest ex post nach Art. 6 Abs. 1 VO (EG) Nr. 1370/2007 und dem Anhang der VO (EG) Nr. 1370/2007 sowie einen Rückerstattungsmechanismus enthalten müssen. Übergangsregelungen, die dem nicht entsprechen, müssen also gem. § 313 BGB angepasst werden. Erleichtert werden solche Anpassungen dadurch, dass Art. 8 Abs. 3 VO (EG) Nr. 1370/2007 von der Anwendung des EU-Vergaberechts gem. Art. 5 VO (EG) Nr. 1370/2007 suspendiert. Die Frage nach einer Neuvergabepflicht stellt sich daher auch bei wesentlichen Änderungen des alten öffentlichen Dienstleistungsauftrags nicht, sofern Ausweitungen des öffentlichen Dienstleistungsauftrages aus Anlass der Einführung einer Überkompensationskontrolle und/oder eines Rückerstattungsmechanismus unterbleiben.
22   Die **Tätigkeitsverbote** gem. Art. 5 Abs. 2 S. 2 lit. b, c VO (EG) Nr. 1370/2007 gelten bei Übergangsregelungen nicht.[9]

VI. Ausschluss der Übergangsbetreiber von wettbewerblichen Vergabeverfahren (Abs. 4)

23   Gem. Abs. 4 S. 1 können die zuständigen Behörden, sofern keine Übergangsregelungen greifen, während der zweiten Hälfte des in Abs. 2 genannten Übergangszeitraums (also ab dem 3.12.2014) diejenigen Betreiber eines öffentlichen Dienstes **von der Teilnahme an wettbewerblichen Vergabeverfahren ausschließen,** die nicht nachweisen können, dass der Wert der öffentlichen Verkehrsdienste, für die sie gemäß der VO (EG) Nr. 1370/2007 eine Ausgleichsleistung erhalten oder ausschließliche Rechte genießen, mindestens 50 % des Werts aller von ihnen erbrachten öffentlichen Verkehrsdienste, für die sie eine Ausgleichsleistung erhalten oder ausschließliche Rechte genießen, ausmacht. Betreiber eines öffentlichen Dienstes, die die auszuschreibenden Dienste erbringen, können nicht ausgeschlossen werden. Eine Ausnahme besteht für Notmaßnahmen gem. Art. 5 Abs. 5 VO (EG) Nr. 1370/2007. Ein solcher Ausschluss muss gem. Abs. 4 S. 2 ohne Diskriminierung erfolgen. Daher sind alle potenziellen Betreiber eines öffentlichen Dienstes auszuschließen, die dieses Kriterium erfüllen.
24   Gem. Abs. 4 S. 3 besteht ggü. den potenziellen Betreibern eine **Unterrichtungspflicht** von der Ausschlussentscheidung zu Beginn des Vergabeverfahrens für öffentliche Dienstleistungsaufträge. Außerdem müssen die zuständigen Behörden der Kommission der EU mindestens zwei Monate vor der Veröffentlichung des wettbewerblichen Vergabeverfahrens ihre entspr. Absicht mitteilen.

---

[8] EuG 20.3.2013 – T-92/11, BeckRS 2013, 80610; EuGH 6.10.2015 – C-303/13 P, BeckRS 2015, 81260; EuG 18.1.2017 – 2017/C 086/30, BeckEuRS 2017, 498190; ebenso VG Augsburg 24.3.2015 – 3 K 13.2063, BeckRS 2015, 100053.
[9] VK Südbayern 22.12.2014 – Z3-3-3194-1-51-11/14, VPRRS 2015, 0052.

VII. Sanktionen

Die Verletzung der Pflichten des Art. 8 VO (EG) Nr. 1370/2007 ist, wenn man einmal vom unbefriedigenden Fortschrittsbericht absieht, nicht eigens sanktioniert. Wird gegen die Vergabepflicht gem. Abs. 1 verstoßen, kann ein Nachprüfungsverfahren beantragt werden (s. dazu §§ 155 ff. GWB). Sind die Voraussetzungen für eine Übergangsregelung gem. Abs. 3 nicht vollständig erfüllt, liegt keine gem. der VO (EG) Nr. 1370/2007 gewährte Ausgleichsleistung vor, mit der Folge, dass abw. von Art. 9 Abs. 1 VO (EG) Nr. 1370/2007 Notifizierungspflicht besteht und bis zur positiven Entscheidung der Europäischen Kommission das Durchführungsverbot gem. Art. 108 Abs. 3 AEUV zu beachten ist. Im Übrigen kann die Verletzung von Pflichten gem. Art. 8 VO (EG) Nr. 1370/2007 auch in einem Vertragsverletzungsverfahren gem. Art. 258 ff. AEUV geahndet werden.

Artikel 9 Vereinbarkeit mit dem Vertrag

(1) **Eine gemäß dieser Verordnung gewährte Ausgleichsleistung für gemeinwirtschaftliche Verpflichtungen beim Betrieb öffentlicher Personenverkehrsdienste oder für die Einhaltung von in allgemeinen Vorschriften festgelegten tariflichen Verpflichtungen muss mit dem Gemeinsamen Markt vereinbar sein. Diese Ausgleichsleistungen sind von der Pflicht zur vorherigen Unterrichtung nach Artikel 88 Absatz 3 des Vertrags befreit.**

(2) **Unbeschadet der Artikel 73, 86, 87 und 88 des Vertrags können die Mitgliedstaaten weiterhin andere als die von dieser Verordnung erfassten Beihilfen für den Verkehrssektor nach Artikel 73 des Vertrags gewähren, die den Erfordernissen der Koordinierung des Verkehrs oder der Abgeltung bestimmter, mit dem Begriff des öffentlichen Dienstes zusammenhängender Leistungen entsprechen, und zwar insbesondere**

a) **bis zum Inkrafttreten gemeinsamer Vorschriften über die Zuordnung der Infrastrukturkosten, wenn die Beihilfe Unternehmen gewährt wird, die Kosten für die von ihnen benutzte Infrastruktur zu tragen haben, während andere Unternehmen derartigen Belastungen nicht unterworfen sind. Bei der Festlegung des entsprechenden Beihilfebetrags werden die Infrastrukturkosten berücksichtigt, die konkurrierende Verkehrsträger nicht zu tragen haben;**

b) **wenn mit der Beihilfe die Erforschung oder die Entwicklung von für die Gemeinschaft insgesamt wirtschaftlicheren Verkehrssystemen und -technologien gefördert werden soll. Solche Beihilfen sind auf das Forschungs- und Entwicklungsstadium zu beschränken und dürfen nicht für die kommerzielle Nutzung dieser Verkehrssysteme und -technologien gewährt werden.**

Literatur: Berschin, VO (EG) 1370/2007, in: Münchener Kommentar Europäisches und Deutsches Wettbewerbsrecht, Band 4, Vergaberecht II, 4. Aufl. 2022, Art. 9; Fehling/Niehnus, Der europäische Fahrplan für einen kontrollierten Ausschreibungswettbewerb im ÖPNV, DÖV 2008, 662; Heiß, Die neue EG-Verordnung für den öffentlichen Personenverkehr – ein Überblick unter Berücksichtigung der Situation in Deutschland, VerwArch 2009, 113; Jürschik, Verordnung über öffentliche Personenverkehrsdienste, 2. Aufl. 2020, Art. 9; Kiepe/Mietzsch, Die neue ÖPNV-Verordnung der EU und die Auswirkungen auf das Personenbeförderungsgesetz, IR 2008, 56; Linke-Lübbig, VO (EG) 1370/2007, 2. Aufl. 2019, Art. 9; Linke, Die Gewährleistung des Daseinsvorsorgeauftrags im öffentlichen Personennahverkehr, 2010; Saxinger/Winnes-Faber, Recht des öffentlichen Personenverkehrs, VO 1370 Art. 9; Saxinger/Fischer, Die VO (EG) Nr. 1370/2007 – Der neue Rechtsrahmen für den öffentlichen Personennahverkehr, V+T 2008, 75.

VO 1370 Art. 9 Vereinbarkeit mit dem Vertrag

1   Art. 9 enthält **zwei eigenständige Regelungen:**

I. Befreiung von der Notifizierungspflicht (Abs. 1)

2   Gem. Abs. 1 sind im Einklang mit der VO (EG) Nr. 1370/2007 gewährte Ausgleichsleistungen für gemeinwirtschaftliche Verpflichtungen mit dem Gemeinsamen Markt vereinbar und von der Pflicht zur vorherigen Unterrichtung gem. (jetzt) Art. 108 Abs. 3 AEUV befreit. Gem. Art. 108 Abs. 3 S. 1 AEUV sind **staatliche Beihilfen** ansonsten bei der Europäischen Kommission anzumelden und von ihr genehmigen zu lassen (sog. Notifizierung) und besteht bis zur Genehmigung durch die Europäische Kommission gem. Art. 108 Abs. 3 S. 3 AEUV ein Durchführungsverbot.[1]

3   Damit ist die Frage aufgeworfen, wie iRd VO (EG) Nr. 1370/2007 mit staatlichen Mitteln umzugehen ist, welche – etwa nach den Kriterien des Altmark-Trans-Urteils des EuGH (→ VO (EG) 1370/2007 Einl. Rn. 16) oder weil sie unter die De-minimis-Verordnung[2] fallen – keine staatlichen Beihilfen sind. Stellt man sich auf den Standpunkt, dass der Zweck der VO (EG) Nr. 1370/2007 sich letztlich darauf beschränkt, unter bestimmten Voraussetzungen von der Notifizierungspflicht gem. Art. 108 Abs. 3 AEUV zu befreien, führt das dazu, dass die VO (EG) Nr. 1370/2007 insges. unanwendbar ist. Dieser Standpunkt ist jedenfalls dann vertretbar, wenn nur Ausgleichsleistungen für die Erfüllung gemeinwirtschaftlicher Verpflichtungen gewährt werden. Er ist aber auch dann vertretbar, wenn statt Ausgleichsleistungen oder zusätzlich zu ihnen ausschließliche Rechte gewährt werden. Voraussetzungen für letztere regelt die VO (EG) Nr. 1370/2007 nicht. Sie unterfallen auch nicht der Notifizierungspflicht gem. Art. 108 Abs. 3 AEUV, sondern sind nur einer Prüfung gem. Art. 106 Abs. 2 AEUV zugänglich, welche die Überprüfung einschließt, ob die gemeinwirtschaftlichen Verpflichtungen klar definiert und geografisch abgegrenzt sind. Also kann die VO (EG) Nr. 1370/2007 auch dann insges. unanwendbar sein, wenn und soweit dem Betreiber eines öffentlichen Verkehrsdienstes ausschließliche Rechte im Gegenzug für die Erfüllung gemeinwirtschaftlicher Verpflichtungen gewährt werden.

II. Zulässigkeit staatlicher Beihilfen außerhalb der VO (EG) Nr. 1370/2007 (Abs. 2)

4   Abs. 2 stellt klar, dass im Bereich des Verkehrs auch außerhalb der VO (EG) Nr. 1370/2007 (weiterhin) Beihilfen gewährt werden können. Die Begrenzung auf Art. 73 EGV (jetzt: Art. 93 AEUV) und die in diesem Zusammenhang genannten Beispielsfälle erscheint allerdings als nicht ausreichend. Selbstverständlich sind außerhalb der VO (EG) Nr. 1370/2007 auch **alle anderen Beihilfen für den öffentlichen Personenverkehr zulässig** und damit nicht von der VO (EG) Nr. 1370/2007 erfasst, welche entweder die Voraussetzungen gem. Art. 107 Abs. 2 AEUV erfüllen und damit binnenmarktkonform sind oder gem. Art. 107 Abs. 3 AEUV iVm Art. 108 AEUV von der Europäischen Kommission genehmigt werden.

---

[1] Das Durchführungsverbot ist eine Marktverhaltensregelung iSv § 4 Nr. 11 UWG. Ein Mitbewerber kann im Falle eines Verstoßes gegen das Durchführungsverbot Unterlassungsansprüche geltend machen; vgl. BGH 10.2.2011 – I ZR 136/09, BGHZ 188, 326 = EuZW 2011, 440.

[2] VO (EU) Nr. 1407/2013 v. 18.12.2013 über die Anwendung der Art. 107, 108 AEUV auf „De-minimis"-Beihilfen, ABl. 2013 L 352, 1.

Artikel 10 Aufhebung

(1) Die Verordnung (EWG) Nr. 1191/69 wird aufgehoben. Sie gilt jedoch während eines Zeitraums von drei Jahren nach Inkrafttreten der vorliegenden Verordnung weiterhin für Güterbeförderungsdienste.

(2) Die Verordnung (EWG) Nr. 1107/70 wird aufgehoben.

Zur VO (EWG) Nr. 1191/69 und zur VO (EWG) Nr. 1107/70 → VO (EG) 1370/2007 Einl. Rn. 12 ff. Die VO (EWG) Nr. 1191/69 hat auch im Bereich der Güterbeförderungsdienste in Deutschland keinen nennenswerten Anwendungsbereich erlangt, weshalb es auf die (Ende 2012 ausgelaufene) weitere dreijährige Geltung nicht ankommt.

Artikel 11 Berichte

Die Kommission legt nach Ende des in Artikel 8 Absatz 2 vorgesehenen Übergangszeitraums einen Bericht über die Durchführung dieser Verordnung und über die Entwicklung der Erbringung öffentlicher Personenverkehrsdienste in der Gemeinschaft vor, in dem insbesondere die Entwicklung der Qualität der öffentlichen Personenverkehrsdienste und die Auswirkungen der Direktvergabe bewertet werden und dem erforderlichenfalls geeignete Vorschläge zur Änderung dieser Verordnung beigefügt sind.

Art. 11 VO (EG) Nr. 1370/2007 enthält die heute in allen Richtlinien und Verordnungen übliche Berichts- und Evaluierungspflicht der Europäischen Kommission.

Artikel 12 Inkrafttreten

Diese Verordnung tritt am 3. Dezember 2009 in Kraft.

Unionsrechtliche Verordnungen sind gem. Art. 288 UAbs. 2 AEUV mit ihrem Inkrafttreten in allen Mitgliedstaaten unmittelbar verbindlich. Die VO (EG) Nr. 1370/2007 macht hiervon allerdings Ausnahmen. S. hierzu die Kommentierung zu Art. 8 Abs. 2, 3 VO (EG) Nr. 1370/2007.

Anhang
Regeln für die Gewährung einer Ausgleichsleistung in den in Art. 6 Abs. 1 genannten Fällen

1. **Ausgleichsleistungen im Zusammenhang mit direkt vergebenen öffentlichen Dienstleistungsaufträgen gemäß Artikel 5 Absätze 2, 4, 5 oder 6 oder Ausgleichsleistungen im Zusammenhang mit einer allgemeinen Vorschrift sind nach den Regeln dieses Anhangs zu berechnen.**
2. **Die Ausgleichsleistung darf den Betrag nicht überschreiten, der dem finanziellen Nettoeffekt der Summe aller (positiven oder negativen) Auswirkungen der Erfüllung gemeinwirtschaftlicher Verpflichtungen auf die Kosten und Einnahmen des Betreibers eines öffentlichen Dienstes entspricht. Die Auswirkungen werden beurteilt anhand des Vergleichs der Situation bei Erfüllung der gemeinwirtschaftlichen Verpflichtung mit der Situation, die vorläge, wenn die gemeinwirtschaftliche Verpflichtung nicht erfüllt worden wäre. Für die Berechnung des finanziel-**

len Nettoeffekts geht die zuständige Behörde nach dem folgenden Modell vor:
- Kosten, die in Verbindung mit einer gemeinwirtschaftlichen Verpflichtung oder einem Paket gemeinwirtschaftlicher Verpflichtungen entstehen, die von einer oder mehreren zuständigen Behörden auferlegt wurden und die in einem öffentlichen Dienstleistungsauftrag und/oder in einer allgemeinen Vorschrift enthalten sind,
- abzüglich aller positiven finanziellen Auswirkungen, die innerhalb des Netzes entstehen, das im Rahmen der betreffenden gemeinwirtschaftlichen Verpflichtung(en) betrieben wird,
- abzüglich Einnahmen aus Tarifentgelten oder aller anderen Einnahmen, die in Erfüllung der betreffenden gemeinwirtschaftlichen Verpflichtung(en) erzielt werden,
- zuzüglich eines angemessenen Gewinns,
- ergeben den finanziellen Nettoeffekt.
3. Die Erfüllung der gemeinwirtschaftlichen Verpflichtung kann Auswirkungen auf mögliche Beförderungstätigkeiten eines Betreibers haben, die über die betreffende(n) gemeinwirtschaftliche(n) Verpflichtung(en) hinausgehen. Zur Vermeidung von übermäßigen oder unzureichenden Ausgleichsleistungen werden daher bei der Berechnung des finanziellen Nettoeffekts alle quantifizierbaren finanziellen Auswirkungen auf die betroffenen Netze des Betreibers berücksichtigt.
4. Die Berechnung der Kosten und Einnahmen erfolgt anhand der geltenden Rechnungslegungs- und Steuervorschriften.
5. Führt ein Betreiber eines öffentlichen Dienstes neben den Diensten, die Gegenstand einer Ausgleichsleistung sind und gemeinwirtschaftlichen Verpflichtungen unterliegen, auch andere Tätigkeiten aus, so muss die Rechnungslegung für diese öffentlichen Dienste zur Erhöhung der Transparenz und zur Vermeidung von Quersubventionen getrennt erfolgen, wobei zumindest die folgenden Voraussetzungen erfüllt sein müssen:
- Die Konten für jede dieser betrieblichen Tätigkeiten werden getrennt geführt, und der Anteil der zugehörigen Aktiva sowie die Fixkosten werden gemäß den geltenden Rechnungslegungs- und Steuervorschriften umgelegt.
- Alle variablen Kosten, ein angemessener Beitrag zu den Fixkosten und ein angemessener Gewinn im Zusammenhang mit allen anderen Tätigkeiten des Betreibers eines öffentlichen Dienstes dürfen auf keinen Fall der betreffenden öffentlichen Dienstleistung zugerechnet werden.
- Die Kosten für die öffentliche Dienstleistung werden durch die Betriebseinnahmen und die Zahlungen staatlicher Behörden ausgeglichen, ohne dass eine Übertragung der Einnahmen in einen anderen Tätigkeitsbereich des Betreibers eines öffentlichen Dienstes möglich ist.
6. Unter angemessenem Gewinn ist eine in dem betreffenden Sektor in einem bestimmten Mitgliedstaat übliche angemessene Kapitalrendite zu verstehen, wobei das aufgrund des Eingreifens der Behörde vom Betreiber eines öffentlichen Dienstes eingegangene Risiko oder für ihn entfallende Risiko zu berücksichtigen ist.
7. Das Verfahren zur Gewährung der Ausgleichsleistung muss einen Anreiz geben zur Aufrechterhaltung oder Entwicklung
- einer wirtschaftlichen Geschäftsführung des Betreibers eines öffentlichen Dienstes, die objektiv nachprüfbar ist, und
- der Erbringung von Personenverkehrsdiensten ausreichend hoher Qualität.

Regeln für Ausgleichsleistungen **Anh. VO 1370**

Literatur: Berschin, VO (EG) 1370/2007, in: Münchener Kommentar Europäisches und Deutsches Wettbewerbsrecht, Band 4, Vergaberecht II, 4. Aufl. 2022, Anh.; Dannenbaum, Besonderheiten der Prüfung nach dem Anhang der VO (EG) Nr. 1370/2007, Der Nahverkehr 10/2015, 45; Heiß, Die neue EG-Verordnung für den öffentlichen Personenverkehr – ein Überblick unter Berücksichtigung der Situation in Deutschland, VerwArch 2009, 113; Karl/Schaaffkamp, Streit um „angemessenen Gewinn" entschieden?, Der Nahverkehr 7–8/2016, 32; Kiepe/Mietzsch, Die neue ÖPNV-Verordnung der EU und die Auswirkungen auf das Personenbeförderungsgesetz, IR 2008, 56; Lehr, Beihilfen zur Gewährleistung des öffentlichen Personennahverkehrs, 2011; Linke-Lübbig, VO (EG) 1370/2007, 2. Aufl. 2019, Anhang; Linke, Die Gewährleistung des Daseinsvorsorgeauftrags im öffentlichen Personennahverkehr, 2010; Meisel/Schröder/Snaga, Regeln für die Trennungsrechnung, Der Nahverkehr 10/2009, 340; Niemann, Winnes, in Saxinger/Winnes, Recht des öffentlichen Personenverkehrs, Stand 12/2012, Anhang Kap. 1, 2; Saxinger/Winnes-Niemann/Winnes, Recht des öffentlichen Personenverkehrs, VO 1370 Anhang – Kapitel 1 und 2; Saxinger/Fischer, Die VO (EG) Nr. 1370/2007 – Der neue Rechtsrahmen für den öffentlichen Personennahverkehr, V+T 2008, 75; Schmitz/Winkelhüsener, Der Öffentliche Personennahverkehr im Übergang zur VO (EG) Nr. 1370/2007: Vergaberechtliche Handlungsoptionen und deren beihilferechtliche Konsequenzen, EuZW 2011, 52; Spanka, Gewährleistung des öffentlichen Personennahverkehrs durch allgemeine Vorschriften, 2019, S. 266 ff.; Wachinger/Zimmer, Neue beihilferechtliche Vorgaben für Direktvergaben im SPNV, Der Nahverkehr 7–8/2010, 30; Wittig/Khanzadeh/Weinberg, Wann ist der Gewinn angemessen? Der Nahverkehr 2019, 27.

I. Bedeutung des Anhangs

Der Anhang regelt **Näheres zur Überkompensationsprüfung,** die in Art. 6 **1** Abs. 1 VO (EG) Nr. 1370/2007 vorgeschrieben ist. Ziff. 1 wiederholt, was schon in Art. 6 Abs. 1 S. 2 VO (EG) Nr. 1370/2007 geregelt ist, verwendet davon abweichend aber den Begriff „berechnen". Der Anhang geht über bloße Vorgaben zur Berechnung jedoch inhaltlich hinaus, indem Ziff. 6 den Begriff des angemessenen Gewinns definiert und indem Ziff. 7 Anreizsysteme dem Grunde nach vorgibt. Wie schon in Art. 6 Abs. 1 S. 2 VO (EG) Nr. 1370/2007 geregelt ist, muss der Anhang zwingend nur bei Direktvergaben und iRv allgemeinen Vorschriften angewendet werden. Zusätzlich empfiehlt sich seine Anwendung bei wettbewerblichen Vergabeverfahren, welche ohne Wettbewerbsintensität stattgefunden haben, jedenfalls dann, wenn der einzige Bieter wissen konnte, dass er keinem Wettbewerb ausgesetzt sein würde.

Der Anhang ist überwiegend keine Neuerung, sondern beruht in wesentlichen **2** Teilen auf einem Berechnungsschema und Berechnungsvorgaben, welche die Europäische Kommission nach dem Altmark-Trans-Urteil des EuGH (→ VO (EG) 1370/2007 Einl. Rn. 16) entwickelt und nachfolgend ihrer Prüfungspraxis in Beihilfeprüfungsverfahren zugrunde gelegt hatte.

Wie schon Art. 6 Abs. 1 VO (EG) Nr. 1370/2007 regelt auch der Anhang nicht, **3** wann und in welchem **zeitlichen Turnus die Überkompensationsprüfung** stattfinden muss. Daher ist davon auszugehen, dass eine Überkompensationsprüfung sowohl bei der Festlegung der Parameter für die Berechnung des Ausgleichs gem. Art. 4 Abs. 1 S. 2 VO (EG) Nr. 1370/2007 im Voraus (ex-ante-Prüfung) als auch in regelmäßigen Abständen während der Laufzeit des öffentlichen Dienstleistungsauftrags oder während der Anwendung einer allgemeinen Vorschrift jew. im Nachhinein (ex-post-Prüfung) erfolgen muss. In Anlehnung an Ziff. 49 des Gemeinschaftsrahmens (→ VO (EG) 1370/2007 Einl. Rn. 42) ist davon auszugehen, dass ex-post-Überkompensationsprüfungen bei direkt vergebenen Aufträgen mindestens im Abstand von höchstens zwei Jahren sowie zum Ende der Betrauung mit gemeinwirtschaftlichen Verpflichtungen durchgeführt werden müssen.

II. Finanzieller Nettoeffekt (Ziff. 1–3)

1. Finanzieller Nettoeffekt als Obergrenze (Ziff. 1 und 2)

4   Gem. Ziff. 2 des Anhangs darf die Ausgleichsleistung den Betrag nicht überschreiten, der dem **finanziellen Nettoeffekt** der Summe aller positiven oder negativen Auswirkungen der Erfüllung gemeinwirtschaftlicher Verpflichtungen auf die Kosten und Einnahmen des Betreibers eines öffentlichen Dienstes entspricht. Die Auswirkungen werden beurteilt anhand des Vergleichs der Situation bei Erfüllung der gemeinwirtschaftlichen Verpflichtung mit der Situation, die vorläge, wenn die gemeinwirtschaftliche Verpflichtung nicht erfüllt worden wäre (Fall mit/Fall ohne). Hinter dem finanziellen Nettoeffekt steckt die sog. **Net-Avoided-Cost-Methode,** welche die Europäische Kommission ursprünglich für den Telekommunikationssektor entwickelt hatte.[1] Sie beruht auf der Prämisse, dass jedes Unternehmen, welches Ausgleichsleistungen für gemeinwirtschaftliche Verpflichtungen erhält, bestimmte Teile seiner Dienste im eigenen wirtschaftlichen Interesse – und damit ohne Ausgleichsbedarf – erbringen kann und erbringen muss. Die Net-Avoided-Cost-Methode – und ihr folgend auch der finanzielle Nettoeffekt – dienen dem Zweck, diejenigen Teildienste zu separieren, welche nicht im eigenen wirtschaftlichen Interesse erbracht werden können, und zu berechnen, wie hoch die jeweils zulässige Ausgleichsleistung in Bezug nur auf diese sein darf.

5   Im Anwendungsbereich von **allgemeinen Vorschriften** entstehen, abgesehen von eventuellen höchsttarifbedingt erhöhten Vertriebs- und Regiekosten, keine Kosten iVm mit einer gemeinwirtschaftlichen Verpflichtung, sondern **Mindereinnahmen,** die anhand eines marktüblichen Referenztarifs zu ermitteln sind. Diese Mindereinnahmen sind im Berechnungsschema abw. von der Rechtsmeinung bis zur 2. Aufl. allerdings **nicht als Opportunitätskosten** einzustellen, weil die Preis-Preis-Systematik nicht ausschließt, dass den Verkehrsunternehmen eine Überkompensation gewährt wird.[2]

2. Externe Netzeffekte (Ziff. 3)

6   Gem. Ziff. 3 des Anhangs kann die Erfüllung der gemeinwirtschaftlichen Verpflichtung Auswirkungen auf mögliche Beförderungstätigkeiten eines Betreibers haben, die über die betreffende(n) gemeinwirtschaftliche(n) Verpflichtung(en) hinausgehen. Zur Vermeidung von übermäßigen oder unzureichenden Ausgleichsleistungen werden daher bei der Berechnung des finanziellen Nettoeffekts alle quantifizierbaren finanziellen Auswirkungen auf die betroffenen Netze des Betreibers berücksichtigt. Solche **externen Netzeffekte** sind auf die Beförderungstätigkeiten des Betreibers begrenzt. Andere Unternehmensbereiche bleiben außer Betracht. In der Regel wird die Berücksichtigung externer Netzeffekte schon an der notwendigen Kausalitätsprüfung scheitern, und iÜ am Problem der Quantifizierbarkeit.

III. Rechnungslegungsbezogene Vorgaben (Ziff. 4)

7   Gem. Ziff. 4 des Anhangs erfolgt die Berechnung der Kosten und Einnahmen anhand der geltenden **Rechnungslegungs- und Steuervorschriften.** Der Ansatz kalkulatorischer Werte bei den Kosten und Einnahmen ist daher ausgeschlossen,

---

[1] Siehe dazu Anh. IV RL 2002/22/EG v. 7.3.2002, ABl. 2002 L 108, 51: Anh. I RL 97/67/EG v. 15.12.1997, ABl. 1998 L 15, 14.
[2] Entscheidung der Europäischen Kommission v. 22.1.2014 – C(2014) 133 cor.; Staatliche Beihilfe SA.34155 (2913/N) (ex 2011/PN) – Deutschland; Internet.

ebenso der Ansatz eines von den tatsächlichen Gegebenheiten unabhängigen Werts.[3] Bei der Umsatzrendite und bei den Aktiva (die zur Bemessung des angemessenen Gewinns gem. Ziff. 6 gebraucht werden) sind kalkulatorische Ansätze dagegen zulässig.[4] Letzteres lässt den Rückschluss zu, dass jedenfalls bei finanzierungszinsbedingten Schwankungen der Umsatzrendite und bei ungleichmäßigem (Re-)Investitionsverhalten des Betreibers (im straßengebundenen ÖPNV eher die Regel als die Ausnahme) in gewissem Umfang auch kalkulatorische Ansätze zulässig sind, wenn sie auf Durchschnittswerten von Ist-Zahlen beruhen.

IV. Trennungsrechnung (Ziff. 5)

Gem. Ziff. 5 des Anhangs muss die **Rechnungslegung** für die öffentlichen Dienste zur Erhöhung der Transparenz und zur Vermeidung von Quersubventionen in andere Tätigkeitsbereiche **getrennt** erfolgen, wenn ein Betreiber eines öffentlichen Dienstes neben den Diensten, die Gegenstand einer Ausgleichsleistung sind, auch andere Tätigkeiten ausführt. Der Verpflichtung zur Trennung unterliegen die Fixkosten und die variablen Kosten, die Einnahmen sowie die zugehörigen Aktiva. 8

Im Rahmen der Trennungsrechnung ist zusätzlich Art. 4 Abs. 1 lit. c VO (EG) Nr. 1370/2007 zu beachten. Danach muss die zuständige Behörde die **Durchführungsvorschriften für die Aufteilung der Kosten,** die mit der Erbringung von Dienstleistungen in Verbindung stehen, festlegen. Die konkrete Durchführung der Trennungsrechnung darf also nicht völlig dem Betreiber überlassen werden. Die zuständige Behörde muss hierzu eigene Vorgaben machen. 9

Ziff. 5 wirft die Frage auf, wie bei der Trennungsrechnung zu verfahren ist, wenn der Betreiber Ausgleichsleistungen für mehrere unterschiedliche gemeinwirtschaftliche Verpflichtungen erhält. Ziff. 5 spricht zwar von Diensten im Plural, was für eine gemeinsame Abgrenzung sämtlicher gemeinwirtschaftlicher Verpflichtungen sprechen könnte.[5] Ziff. 2 unterscheidet bei den Kosten allerdings nur zwischen eigenständigen gemeinwirtschaftlichen Verpflichtungen und einem Paket gemeinwirtschaftlicher Verpflichtungen, welche in einem öffentlichen Dienstleistungsauftrag oder in einer allgemeinen Vorschrift enthalten sind. Daher ist eine **Zusammenfassung mehrerer gemeinwirtschaftlicher Verpflichtungen** iRd Trennungsrechnung nur dann statthaft, wenn sie als Paket von gemeinwirtschaftlichen Verpflichtungen in einem öffentlichen Dienstleistungsauftrag oder in einer allgemeinen Vorschrift festgelegt wurden. In allen anderen Fällen ist je gemeinwirtschaftlicher Verpflichtung oder je öffentlicher Dienstleistungsauftrag dagegen eine gesonderte Trennungsrechnung durchzuführen. 10

Weitergehende Verpflichtungen in Bezug auf eine Trennungsrechnung (wie zB aus der Transparenz-Richtlinie 2000/52/EG) bleiben unberührt. 11

V. Angemessenheit des Gewinns (Ziff. 6)

Der **angemessene Gewinn** ist bezogen auf das Ergebnis der Trennungsrechnung zu ermitteln. Gem. Ziff. 6 des Anhangs ist unter einem angemessenen Gewinn eine in dem betreffenden Sektor in einem bestimmten Mitgliedstaat übliche angemessene **Kapitalrendite** zu verstehen. 12

---

[3] OLG Koblenz 25.3.2015 – Verg 11/14, BeckRS 2015, 6566.
[4] AA Saxinger/Winnes/Niemann, Recht des öffentlichen Personenverkehrs, Stand 12/2012, VO (EG) Nr. 1370/2007 Anhang Kap. 1 Rn. 44.
[5] So Linke/Lübbig VO (EG) Nr. 1370/2007 Anhang Rn. 44.

VO 1370 Anh. Regeln für Ausgleichsleistungen

1. Allgemeines

13   Die **Kapitalrendite** ist in der Betriebswirtschaftslehre definiert als Quotient von Umsatzrendite und Kapital. Ob man hierbei mit dem Ergebnis des handelsrechtlichen Jahresabschlusses und dem um Fremdkapitalzinsen und Steuerersparnisse aus letzteren korrigierten Gesamtkapital arbeitet (ROI), oder stattdessen das Ergebnis vor Zinsen und Steuer (EBIT) durch die Eigenkapitalrendite teilt (ROA), macht iErg keinen erheblichen Unterschied.[6]

14   Bei **atypischen Verhältnissen des Betreibers** können sowohl die Umsatzrendite als auch die Aktiva im Marktvergleich untypische Größenordnungen haben. Ursachen für ersteres können zB unentgeltliche Leistungen aus dem Overhead bei Einzelfirmen und Personengesellschaften, Ursache für letzteres kann zB eine Betriebsaufspaltung (mit den wesentlichen Aktiva in der Besitzgesellschaft) oder eine hohe Subunternehmerquote sein. Solche Werte müssen durch kalkulatorische Ansätze berichtigt werden, um überhaupt vergleichbare Zahlen zu erhalten (zB kalkulatorische Zurechnung der Aktiva der Besitzgesellschaft oder der Subunternehmer). Auch bei **typischen Verhältnissen des Betreibers** sind Schwankungen oder Veränderungen der Umsatzrendite von Jahr zu Jahr zu berücksichtigen – nicht selten beginnt die Laufzeit eines Verkehrsdiensteauftrags investitionsbedingt mit hohen Anlaufverlusten, kommt erst nach einigen Betriebsjahren der Turnaround, und schnellen die Umsatzrenditen in den letzten wenigen Betriebsjahren in astronomische Höhen, weil die Investitionen (nahezu) abgeschrieben sind. Alles andere als Durchschnittswertbetrachtungen und eine die gesamte Laufzeit umfassende Schlussbetrachtung nach Ende der Laufzeit sind also wenig praktikabel und Art. 6 Abs. 1 S. 2 und dem Anhang nicht geschuldet.

2. Untergrenze für den Nachweis und Bewertung

15   Gem. Ziff. 36 des Gemeinschaftsrahmens (→ VO (EG) 1370/2007 Einl. Rn. 42) gilt in jedem Fall als angemessen eine Kapitalrendite, die den **relevanten Swap-Satz** zzgl. eines Aufschlags von 100 Basispunkten nicht überschreitet. Seit Beginn der EZB-Niedrigzinsphase 2012 ergibt sich aus dem Swap-Satz für zehn Jahre ein angemessener Gewinn in Höhe von knapp 3 %. Bis zu diesem Wert kann der Nachweis der Angemessenheit also entfallen.

16   Ziff. 6 stellt zur Beurteilung des Gewinns zum einen auf die **Üblichkeit** und zum anderen auf die **Angemessenheit** des Gewinns ab und verweist hinsichtlich der Angemessenheit auf das eingegangene oder entfallende Risiko. Da die Angemessenheit des Gewinns sektorspezifisch in einem Mitgliedstaat zu bestimmen ist, muss zur Bestimmung der Üblichkeit zunächst das regionale typische Spannungsverhältnis von Umsatzrendite und Kapitalrendite ermittelt werden. Wenn die zuständige Behörde hierzu nicht über eigene Erkenntnisse verfügt, muss sie ein Gutachten eines Sachverständigen einholen.[7] Im Rahmen der Angemessenheit ist sodann zunächst einmal die **Höhe des Kapitaleinsatzes** zu berücksichtigen. Soll die o. g. Untergrenze in jedem Falle als angemessen gelten, muss dies auch beim geringstmöglichen Kapitaleinsatz gelten. Ein höherer Kapitaleinsatz führt jedoch nicht nur zur Erhöhung des investiven Risikos. Er zwingt auch dazu, den Gewinn um die Verzinsung des eingesetzten Kapitals zu erhöhen, welche der Betreiber erzielt hätte, wenn er sein Kapital anderweitig angelegt hätte. Ohne diese Kapitalverzinsung wäre der Betreiber auch nicht imstande, notwendige Reinvestitionen vorzunehmen, da nach

---

[6] Die nordrhein-westfälische Verwaltungsgerichtsbarkeit lässt bei Obergrenzen auch die bloße Umsatzrendite genügen; s. dazu VG Münster 25.9.2014 – 10 K 2545/11, BeckRS 2015, 40032; OVG NRW 24.11.2015 – 13 A 2227/14, BeckRS 2016, 44017.

[7] OVG NRW 24.11.2015 – 13 A 2227/14, BeckRS 2016, 44017.

den Erfahrungen der letzten Jahrzehnte im Verkehrsbereich mit einer stetigen Verteuerung der Investitionsgüter zu rechnen ist.

Des Weiteren hängt die Höhe des angemessenen Gewinns vom Marktrisiko und 17
dem damit verbundenen **spezifischen unternehmerischen Wagnis** ab. Je höher dieses ist, umso höher muss auch der Gewinn ausfallen. Im Rahmen dessen ist auch zu beachten, dass für die Wiederbeschaffung von Fahrzeugen ein Zuschlag für Teuerung einzukalkulieren ist, weil die Reinvestitionskosten im Verkehrsbereich nach Ablauf der AfA erheblich höher ausfallen können als die abgeschriebenen und abgezinsten Investitionen. Zum spezifischen unternehmerischen Wagnis gehört im ländlichen Raum auch die linienspezifische Entwicklung der Schülerzahlen. Die generelle Entwicklung ist zwar bekannt; auf welchen konkreten Linien sie sich in welcher Höhe einstellen wird, hängt aber davon ab, welche weiterführenden Schulen die Schüler Jahre später besuchen werden – dies ist die Unbekannte in der Bevölkerungsprognose. Zusätzliche Möglichkeiten, den Gewinn zu erhöhen, bieten schließlich **Effizienzanreizsysteme**.[8]

VI. Anreizsysteme (Ziff. 7)

Gem. Ziff. 7 des Anhangs muss das Verfahren zur Gewährung der Ausgleichsleis- 18
tung **Anreize** geben zur wirtschaftlichen Geschäftsführung und zu einer ausreichend hohen Qualität.

Die Vorgabe eines **Wirtschaftlichkeitsanreizes** in Ziff. 7 Spiegelstrich 1 wirft 19
die Frage auf, ob damit das vierte Altmark-Trans-Kriterium (→ VO (EG) 1370/2007 Einl. Rn. 16) (die Kosten eines durchschnittlichen, gut geführten Unternehmens) Eingang in die VO (EG) Nr. 1370/2007 gefunden hat.[9] Um feststellen zu können, ob Anreize nur zur Aufrechterhaltung oder darüber hinaus erst einmal zur Entwicklung einer wirtschaftlichen Geschäftsführung gegeben werden müssen, muss aber zwangsläufig die Marktsituation in den Blick genommen werden. Dies spricht für die Anwendung des vierten Altmark-Trans-Kriteriums. Zweitens ist die Frage aufgeworfen, ob ein Betreiber schon bei Übernahme des öffentlichen Dienstleistungsauftrages eine wirtschaftliche Geschäftsführung aufweisen muss. Da Ziff. 7 aber ausdr. auch Anreize zur Entwicklung einer wirtschaftlichen Geschäftsführung zulässt, ist zu folgern, dass eine unwirtschaftliche Geschäftsführung dem Verbot der Überkompensation nicht grds. entgegensteht, wenn das Verfahren zur Gewährung von Ausgleichsleistungen entspr. Anreize (zB Restrukturierungsvorgaben oder Effizienzanreizsysteme) vorsieht, welche in absehbarer Zeit zur Herstellung der Wirtschaftlichkeit führen werden. In der Regel wird allein das für eine Direktvergabe zwingend vorliegende Tragen des Marktrisikos durch den Betreiber die Annahme rechtfertigen, dass ein Anreiz zur wirtschaftlichen Geschäftsführung vorliegt. Tragen die Unternehmer das Marktrisiko aus der Entwicklung der Einnahmen, ist der wirtschaftliche Anreiz also meist schon dokumentiert.[10]

Die Vorgabe eines **Qualitätsanreizes** ist ein Überbleibsel aus den Vorschlägen 20
der Kommission v. 26.7.2000 und v. 21.2.2002, welche die Vorgabe bestimmter Mindestqualitätsstandards durch die zuständigen Behörden zwingend vorsahen. In der VO (EG) Nr. 1370/2007 haben Vorgaben zu Qualitätsstandards in Art. 4 Abs. 6 VO (EG) Nr. 1370/2007 nur noch als Ermessensregelung Eingang gefunden. In Ziff. 7 Spiegelstrich 2 steht die Qualität im Kontext der Vermeidung der Überkompensation. Folglich beschränken sich die vorzugebenden Anreize auf die kostenrele-

---

[8] Rn. 39 ff. des Gemeinschaftsrahmens; → VO (EG) 1370/2007 Einl. Rn. 42.
[9] Verneinend Otting/Olgemöller Der Nahverkehr 9/2009, 34 (36).
[10] Otting/Olgemöller Der Nahverkehr 9/2009, 34 (36 f.); OLG Düsseldorf 2.3.2011 – VII-Verg 48/10, BeckRS 2011, 5552 = VergabeR 2011, 471 (478).

vante Qualität. Bedenkt man, dass durch eine Absenkung der kostenrelevanten Qualität (insbes. durch einen Rückgang der Abschreibungen auf Fahrzeuge ua) eine Überkompensation eintreten kann, wird deutlich, dass ein Anreizsystem gem. Ziff. 7 Spiegelstrich 2 zumindest eine kostenrelevante Mindestqualität vorgeben muss (Aufrechterhaltung) und darüber hinaus Maßnahmen zur Erhöhung derselben vorgeben kann (Entwicklung).

10. Gesetz zur Einrichtung und zum Betrieb eines Registers zum Schutz des Wettbewerbs um öffentliche Aufträge und Konzessionen (Wettbewerbsregistergesetz – WRegG)

Vom 18. Juli 2017 (BGBl. I S. 2739) FNA 703–7; zuletzt geänd. durch Art. 12 G zur Regelung der Entsendung von Kraftfahrern und Kraftfahrerinnen im Straßenverkehrssektor und zur grenzüberschreitenden Durchsetzung des EntsendeR (BGBl. 2023 I Nr. 172)

Einleitung

Literatur: Asgodom, Die Selbstreinigung – Das unbekannte Wesen, AnwZert BauR 6/2022, Anm. 1; Bott/Bahrt, Das Wettbewerbsregistergesetz – Hintergrund und Folgen, StraFO 2017, 354; Diederichs, Das Wettbewerbsregister – eine erste Betrachtung, VergabeR 2018, 623; Dreher/Engel, Wettbewerbsregister und wettbewerbliche Vergaben, ZWeR 2019, 3; Dreher/Engel, Vergaberechtliche Selbstreinigung und kartellrechtliche Schadensersatzklagen, WuW 2020, 363; Fülling, Korruptionsregister, 2014; Engel, Wettbewerbsregister – Eintragung, Abfrage und Löschung, 2022; Eufinger, Der Entwurf zur Errichtung eines bundesweiten Wettbewerbsregisters – Implikationen für die Compliance, CB 2017, 240; Fülling/Freiberg, Das neue Wettbewerbsregister, NZBau 2018, 259; Haus/Erne, Das Wettbewerbsregister, NZG 2017, 1167; Gottschalk/Lubner, Die Einführung des Wettbewerbsregisters – ein komplizierter rechtlicher Dreiklang, NZWiSt 2018, 96; Herrlinger/Ahlenstiel, Durch Selbstreinigung aus dem Wettbewerbsregister, WuW 2022, 396; Herrlinger/Valdini, Das neue Wettbewerbsregister im Überblick, WuW 2018, 195; Hooghoff, Das neue Wettbewerbsregister beim Bundeskartellamt – Grundlagen und Stand der Aufbauarbeiten, FIW Jahrbuch 2019, 129; Hooghoff, Bessere Informationen für Auftraggeber, WuW 2021, 551; Hooghoff/Wiesner, The New German Competition Register for Public Procurement, EPPPL 2022, 118; Huerkamp, Vergaberechtliche Selbstreinigung und Kartellrechtsverstoß, WuW 2020, 294; Koll, Vorzeitige Löschung aus dem Wettbewerbsregister wegen Selbstreinigung, NZBau 2023, 491; Kubiciel/Dust, Unternehmensstrafrecht durch die Hintertüre? – Der Regierungsentwurf eines Gesetzes zur Einführung eines Wettbewerbsregisters, 9 jurisPR-StrafR 2017, 1; Lübbig, Selbstreinigung am Rhein, NZKart 2022, 1; Mundt, Wettbewerbsregister und Compliance: der Ansatz des Bundeskartellamts, DB Sonderausgabe Corporate Compliance 2020, 39; Meixner, Wettbewerbsregistergesetz: Korruptionsprävention im Vergabeverfahren, DVBl 2018, 215; Niggemann, Aktuelle Entwicklungen zum Wettbewerbsregister, DB 02/2017, 59; Pfannkuch, Das bundesrechtliche Wettbewerbsregistergesetz – Überblick und Bedeutung in Vergabeverfahren, ZfBR 2018, 342; Rieder/Dammann de Chapto, Das neue Wettbewerbsregister beim Bundeskartellamt – Ein Anlass für (noch) mehr Compliance im Unternehmen, NZKart 2018, 8; Schulze, Der Nachweis der vergaberechtlichen Eignung im Wandel, 2020; Seeliger/Gürer, Das neue Wettbewerbsregister – ein Überblick aus kartellrechtlichem Blickwinkel, BB 2017, 1731; Stoye, Korruptionsprävention durch Vergaberecht, 2012; Wiesner/Hömann, Die Kooperationsobliegenheit nach § 8 Abs. 1 S. 3 WRegG, WuW 2022, 472; Wollenschläger, Register als Instrument der Wirtschaftsverwaltung, ZHR 186 (2022), 474.

WRegG Einl.

I. Entstehung des WRegG

1 Das Gesetz zur Einrichtung und zum Betrieb eines Registers zum Schutz des Wettbewerbs um öffentliche Aufträge und Konzessionen (Wettbewerbsregistergesetz – WRegG) ist am 1.6.2017 vom BT beschlossen worden, am 7.7.2017 hat der BR zugestimmt.[1] Das WRegG ist am 29.7.2017 in Kraft getreten und mit dem GWB-Digitalisierungsgesetz punktuell geändert worden (zu weiteren Änderungen → Rn. 11). Weitere Einzelheiten zum Betrieb des Wettbewerbsregisters, insbes. zur elektronischen Kommunikation und Datenübermittlung, sind in der Verordnung über den Betrieb des Registers v. 22.1.2021 (WRegV) enthalten, die nach Zustimmung des BR am 24.4.2021 in Kraft getreten ist[2] (→ § 10 Rn. 4 ff.).

2 Die Schaffung eines **Registers zur Erfassung von Sanktionsentscheidungen**, die Relevanz für Vergabeverfahren der öffentlichen Hand haben, war vorher lange Gegenstand der öffentlichen und politischen Diskussion. Verschiedene Gesetzesvorhaben zur Schaffung eines Korruptionsregisters auf Bundesebene, insbes. durch die rot-grüne Bundesregierung in der 14. Legislaturperiode, waren zuvor gescheitert.[3]

3 In der Folge waren in mehreren Bundesländern sehr unterschiedlich ausgestaltete Register zur Information öffentlicher Auftraggeber entstanden.[4] Im Ergebnis blieb es bei einem **Informationsdefizit auf Seiten der öffentlichen Auftraggeber** bzgl. möglicher Ausschlussgründe und Anreizen für Bieter, solche Gründe in Eigenerklärungen zu verschweigen.[5]

4 Im Jahr 2014 sprachen sich die Justiz- und die Wirtschaftsministerkonferenz der Länder für die Schaffung eines Registers auf Bundesebene aus.[6] Am 7.1.2015 betonte die Bundesregierung in den Eckpunkten zur Reform des Vergaberechts die Bedeutung der Bekämpfung von Wirtschaftskriminalität und kündigte an, die Einführung eines zentralen bundesweiten Vergabeausschlussregisters zu prüfen, um sicherzustellen, dass öffentliche Auftraggeber bundesweit von Wirtschaftsdelikten erfahren.[7]

5 Zur Umsetzung der Regelungen des WRegG und der WRegV waren umfangreiche Vorbereitungen, insbes. auch organisatorisch-technischer Art, beim Bundeskartellamt als Registerbehörde, aber auch bei den für Mitteilungen zuständigen Strafverfolgungs- und Verwaltungsbehörden sowie den zur Abfrage verpflichteten öffentlichen Auftraggebern erforderlich.

6 Seit dem 25.3.2021 können sich mitteilende Behörden und öffentliche Auftraggeber für die elektronische Kommunikation mit der Registerbehörde registrieren. Ab dem 1.12.2021 findet die Pflicht zur Übermittlung von Sanktionsentscheidungen nach dem WRegG an die Registerbehörde Anwendung; seit dem 1.6.2022 sind öffentliche Auftraggeber zur Abfrage des Registers nach Maßgabe des Gesetzes

---

[1] Wettbewerbsregistergesetz v. 18.7.2017, BGBl. I S. 2739, das zuletzt durch Art. 12 des Gesetzes v. 28.6.2023, BGBl. I Nr. 172 geändert worden ist.

[2] Verordnung über den Betrieb des Registers zum Schutz des Wettbewerbs um öffentliche Aufträge und Konzessionen v. 16.4.2021, BGBl. I S. 809.

[3] S. dazu Fülling, Korruptionsregister, 42 ff.; Meixner DVBl. 2018, 215 (217).

[4] S. dazu Fülling, Korruptionsregister, 48 ff.; Gottschalk/Lubner NZWiSt 2018, 96 (96) mwN; Fülling/Freiberg NZBau 2018, 259 (259); Schulze, Der Nachweis der vergaberechtlichen Eignung im Wandel, S. 134 f.

[5] Ausf. Engel, Wettbewerbsregister, S. 3, 12 ff. S. auch Wollenschläger ZHR 186 (2022), 474 (484).

[6] Vgl. BT-Drs. 18/12051, 2.

[7] Eckpunkte zur Reform des Vergaberechts, Beschluss des Bundeskabinetts v. 7.1.2015, abrufbar unter https://www.bmwk.de/Redaktion/DE/Downloads/E/eckpunkte-zur-reform-des-vergaberechts.pdf?__blob=publicationFile&v=3.

verpflichtet. Seit dem 1.6.2022 finden auch die Auskunftsrechte für Unternehmen, natürliche Personen und amtliche Verzeichnisstellen Anwendung.

II. Ziel des WRegG

Ziel des WRegG ist es, dass öffentliche Aufträge nur an solche Unternehmen vergeben werden, die keine erheblichen Rechtsverstöße begangen und die sich im Wettbewerb fair verhalten haben.[8] Durch die Schaffung einer **Abfragepflicht** und die **Bereitstellung von Informationen zu relevanten Sanktionsentscheidungen** durch das Wettbewerbsregister soll den öffentlichen Auftraggebern, Sektorenauftraggebern und Konzessionsgebern (im Folgenden: Auftraggeber) die Prüfung, ob bei einem Bieter Ausschlussgründe iSd §§ 123, 124 GWB vorliegen, erleichtert werden.[9] Zudem soll eine zentrale Prüfung von Selbstreinigungsmaßnahmen, die Unternehmen durchgeführt haben, ermöglicht werden.[10] 7

Das Wettbewerbsregister soll Informationslücken bei den Auftraggebern in Vergabeverfahren in Bezug auf vergaberechtlich relevante Rechtsverstöße von Bieterunternehmen schließen[11] und es Auftraggebern damit ermöglichen, **Ausschlussgründe effektiver zu prüfen** und Ausschlüsse vornehmen zu können.[12] Das Wettbewerbsregister dient dabei als **Informationsmittler** zwischen den Strafverfolgungs- bzw. Verwaltungsbehörden und den Auftraggebern: Die Registerbehörde trifft – abgesehen vom Verfahren zur vorzeitigen Löschung – nicht selbst Entscheidungen für die Auftraggeber, sondern stellt diesen nur Informationen über vergaberelevante Sanktionsentscheidungen zur Verfügung.[13] 8

Auftraggeber waren bislang auf die – weniger umfassenden – Informationen im Gewerbezentralregister bzw. auf die Informationen der in einigen Ländern bestehenden Korruptions- bzw. Vergaberegister angewiesen. Mit dem WRegG hat der Gesetzgeber eine einheitliche und umfassende Regelung mit Verbindlichkeit für öffentliche Auftraggeber auf der Ebene von Bund, Ländern und Kommunen geschaffen.[14] Dies ist vor dem Hintergrund des europäisch geprägten Vergaberechts mit bundes- und europaweiten Ausschreibungen sinnvoll.[15] 9

III. Änderungen des WRegG

Das WRegG ist durch das GWB-Digitalisierungsgesetz, in Kraft getreten am 19.1.2021, punktuell geändert worden.[16] Die Änderungen betreffen insbes. die Regelungen über die Auskunft an Unternehmen und natürliche Personen (→ § 5 10

---

[8] Vgl. BT-Drs. 18/12051, 1.
[9] Vgl. BT-Drs. 18/12051, 1.
[10] Vgl. BT-Drs. 18/12051, 1.
[11] Vgl. BT-Drs. 18/12051, 1. S. auch Fülling/Freiberg NZBau 2018, 259 (260); Dreher/Engel ZWeR 2019, 3, 5; Herrlinger/Valdini WuW 2018, 195, 195; Rieder/Damann-de Chapto NZKart 2018, 8, 8 und 13; Kubiciel/Dust juris-PR-StrafR, 2017 Anm. 1, 4; Hooghoff WuW 2021, 551 (552); Engel, Wettbewerbsregister, 7 f.
[12] Vgl. Schulze, Der Nachweis der vergaberechtlichen Eignung im Wandel, S. 134 f.
[13] Vgl. Hooghoff FIW Jahrbuch 2019, 129 (133 f.); siehe auch Wollenschläger ZHR 186 (2022), 474 (501) sowie Dreher/Engel ZWeR 2019, 3 (5 f.) zur „dienenden Funktion" des Wettbewerbsregisters.
[14] S. auch BT-Drs. 18/12051, 17.
[15] S. auch BT-Drs. 18/12051, 17.
[16] Wettbewerbsregistergesetz v. 18.7.2017, BGBl. I S. 2739, das zuletzt durch Art. 12 des Gesetzes v. 28.6.2023, BGBl. I Nr. 172, geändert worden ist.

Rn. 2) sowie die Regelungen zur Anwendbarkeit der Mitteilungs- und Abfragepflicht (→ § 12 Rn. 2 ff.).

11 Weitere Änderungen des WRegG erfolgten durch das LkSG[17] (→ § 2 Rn. 8), das Personengesellschaftsmodernisierungsgesetz[18] (→ § 3 Rn. 1), das Gesetz zur Modernisierung des Verkündungs- und Bekanntmachungswesens[19] (→ § 12 Rn. 5) und das Gesetz zur Regelung der Entsendung von Kraftfahrern und Kraftfahrerinnen im Straßenverkehrssektor[20] (→ § 2 Rn. 7 Fn. 8 f.).

§ 1 Einrichtung des Wettbewerbsregisters

(1) **Beim Bundeskartellamt (Registerbehörde) wird ein Register zum Schutz des Wettbewerbs um öffentliche Aufträge und Konzessionen (Wettbewerbsregister) eingerichtet und geführt.**

(2) **Mit dem Wettbewerbsregister werden Auftraggebern im Sinne von § 98 des Gesetzes gegen Wettbewerbsbeschränkungen Informationen über Ausschlussgründe im Sinne der §§ 123 und 124 des Gesetzes gegen Wettbewerbsbeschränkungen zur Verfügung gestellt.**

(3) **Das Wettbewerbsregister wird in Form einer elektronischen Datenbank geführt.**

I. Bedeutung der Vorschrift

1 § 1 Abs. 1 WRegG bestimmt, dass das **Wettbewerbsregister beim Bundeskartellamt eingerichtet und geführt** wird. Sachlich begründet wird das damit, dass auch die Vergabekammern des Bundes beim Bundeskartellamt angesiedelt sind und daher beim Bundeskartellamt eine besondere Expertise in der Bewertung von Vergabeverfahren vorliegt.[1]

II. Zweck des Registers: Information über Ausschlussgründe iSd §§ 123, 124 GWB (Abs. 1, 2)

2 Das Wettbewerbsregister stellt Auftraggebern iSv § 98 GWB gem. § 1 Abs. 2 WRegG **Informationen über Ausschlussgründe iSd §§ 123 und 124 GWB** zur Verfügung. Denn gem. § 122 GWB werden öffentliche Aufträge (nur) an fachkundige und leistungsfähige Unternehmen vergeben, die nicht nach §§ 123 oder 124 GWB ausgeschlossen werden. Die bislang existierenden Informationsmöglichkeiten für Auftraggeber, wie das Gewerbezentralregister und die auf Länderebene geführten Vergaberegister, waren sehr unterschiedlich in der Ausgestaltung, lückenhaft und aufwändig in der Informationsbeschaffung. Das WRegG hat das Ziel, Auftraggebern in Vergabeverfahren **schneller und umfassender Informationen** über Wirtschaftsdelikte, die Unternehmen zuzurechnen sind, zur Verfügung zu stellen.[2] Auftraggeber erhalten dadurch eine **bessere Informationsgrundlage zur effektiveren Prüfung von Ausschlussgründen** nach § 123 und § 124 GWB.[3]

---

[17] Art. 3 LkSG v. 16.7.2021, BGBl. I S. 2969.
[18] Art. 78 MoPeG v. 10.8.2021, BGBl. I S. 3474.
[19] Art. 2 Abs. 9 des Gesetzes v. 20.12.2022, BGBl. I S. 2752.
[20] Art. 12 des Gesetzes v. 28.6.2023, BGBl. I Nr. 172.
[1] Vgl. BT-Drs. 18/12051, 1.
[2] Vgl. BT-Drs. 18/12051, 1.
[3] Vgl. BT-Drs. 18/12051, 1; Schulze, Der Nachweis der vergaberechtlichen Eignung im Wandel, S. 134 f.; Wollenschläger ZHR 186 (2022), 474 (479, 484).

Eintragungsvoraussetzungen **§ 2 WRegG**

Das Wettbewerbsregister soll so zur Bekämpfung und Prävention von Wirtschaftskriminalität beitragen und den fairen Wettbewerb um öffentliche Aufträge schützen.[4]

Allerdings werden im Wettbewerbsregister nur Informationen über bestimmte Ausschlussgründe gem. §§ 123, 124 GWB eingetragen, nämlich die in § 2 WRegG aufgeführten Sanktionsentscheidungen gegen Unternehmen bzw. natürliche Personen, soweit diese einem Unternehmen zuzurechnen sind, und soweit die weiteren Eintragungsvoraussetzungen (ggf. das Erreichen bestimmter Bagatellschwellen) vorliegen (s. dazu iE → § 2 Rn. 2 ff.). Informationen zu anderen Ausschlussgründen werden nicht eingetragen (so bspw. § 123 Abs. 2 GWB: Verurteilungen in anderen Staaten, § 124 GWB: Insolvenz, Schlechtleistungen). Dies bedeutet, dass auch dann ein Ausschlussgrund vorliegen kann, wenn keine Eintragung im Wettbewerbsregister gespeichert ist. 3

III. Ausgestaltung als elektronisches Register (Abs. 3)

§ 1 Abs. 3 WRegG bestimmt, dass das Wettbewerbsregister als **elektronische Datenbank** geführt wird. Dadurch sollen **effiziente Melde- und Abfrageverfahren** sichergestellt und der Bürokratieaufwand reduziert werden.[5] Insbes. soll die Bereitstellung von Informationen aus dem Wettbewerbsregister an Auftraggeber elektronisch erfolgen, anstelle des papiergebundenen Auszugs aus dem Gewerbezentralregister.[6] 4

Die Ausgestaltung als elektronische Datenbank und die elektronische Information der Auftraggeber erscheint gerade vor dem Hintergrund der oft unter erheblichem Zeitdruck stehenden Vergabeverfahren sinnvoll. So sind die Informationen über mögliche Ausschlussgründe schnell beim Auftraggeber verfügbar, damit dieser sie prüfen und über einen möglichen Ausschluss entscheiden kann.[7] 5

Folgerichtig regelt § 9 Abs. 1 WRegG, dass die Kommunikation zwischen der Registerbehörde und den Strafverfolgungsbehörden, den zur Verfolgung von Ordnungswidrigkeiten berufenen Behörden, den Auftraggebern und den Unternehmen idR elektronisch erfolgt (→ § 9 Rn. 2 ff). 6

Einzelheiten zu den elektronischen Kommunikationswegen sind in der WRegV geregelt (→ § 10 Rn. 5 ff. und 8 f.). 7

§ 2 Eintragungsvoraussetzungen

(1) **In das Wettbewerbsregister sind einzutragen:**
1. **rechtskräftige strafgerichtliche Verurteilungen und Strafbefehle, die wegen einer der folgenden Straftaten ergangen sind:**
   a) **in § 123 Absatz 1 des Gesetzes gegen Wettbewerbsbeschränkungen aufgeführte Straftaten,**
   b) **Betrug nach § 263 des Strafgesetzbuchs und Subventionsbetrug nach § 264 des Strafgesetzbuchs, soweit sich die Straftat gegen öffentliche Haushalte richtet,**
   c) **Vorenthalten und Veruntreuen von Arbeitsentgelt nach § 266a des Strafgesetzbuchs,**
   d) **Steuerhinterziehung nach § 370 der Abgabenordnung oder**

---

[4] Vgl. BT-Drs. 18/12051, 16. S. auch Fülling/Freiberg NZBau 2018, 259 (260); Dreher/Engel ZWeR 2019, 3 (5).
[5] BT-Drs. 18/12051, 2.
[6] Vgl. BT-Drs. 18/12051, 2. Eine schnelle und aktuelle Information der öffentlichen Auftraggeber, insbes. über Ausschlussgründe, möglichst durch elektronische Datenbanken, entspricht auch dem Willen des europäischen Gesetzgebers, vgl. Erwgr. 85 RL 2004/24/EU.
[7] S. dazu BT-Drs. 18/12051, 2, 21 f., 33.

WRegG § 2   Eintragungsvoraussetzungen

    e) wettbewerbsbeschränkende Absprachen bei Ausschreibungen nach § 298 des Strafgesetzbuchs;
2. rechtskräftige strafgerichtliche Verurteilungen und Strafbefehle sowie rechtskräftige Bußgeldentscheidungen, die wegen einer der folgenden Straftaten oder Ordnungswidrigkeiten ergangen sind, sofern auf Freiheitsstrafe von mehr als drei Monaten oder Geldstrafe von mehr als 90 Tagessätzen erkannt oder eine Geldbuße von wenigstens zweitausendfünfhundert Euro festgesetzt worden ist:
    a) nach § 8 Absatz 1 Nummer 2, den §§ 10 bis 11 des Schwarzarbeitsbekämpfungsgesetzes vom 23. Juli 2004 (BGBl. I S. 1842), das zuletzt durch Artikel 1 des Gesetzes vom 6. März 2017 (BGBl. I S. 399) geändert worden ist,
    b) nach § 404 Absatz 1 und 2 Nummer 3 des Dritten Buches Sozialgesetzbuch – Arbeitsförderung – (Artikel 1 des Gesetzes vom 24. März 1997, BGBl. I S. 594, 595), das zuletzt durch Artikel 6 Absatz 8 des Gesetzes vom 23. Mai 2017 (BGBl. I S. 1228) geändert worden ist,
    c) nach den §§ 15, 15a, 16 Absatz 1 Nummer 1, 1c, 1d, 1f und 2 des Arbeitnehmerüberlassungsgesetzes in der Fassung der Bekanntmachung vom 3. Februar 1995 (BGBl. I S. 158), das zuletzt durch Artikel 1 des Gesetzes vom 21. Februar 2017 (BGBl. I S. 258) geändert worden ist,
    d) nach § 21 Absatz 1 Nummer 1 bis 8, 10 und 11 sowie Absatz 2 des Mindestlohngesetzes vom 11. August 2014 (BGBl. I S. 1348), das zuletzt durch Artikel 6 Absatz 39 des Gesetzes vom 13. April 2017 (BGBl. I S. 872) geändert worden ist, oder
    e) nach § 23 Absatz 1 Nummer 1 bis 9 und 11 sowie Absatz 2 des Arbeitnehmer-Entsendegesetzes vom 20. April 2009 (BGBl. I S. 799), das zuletzt durch Artikel 6 Absatz 40 des Gesetzes vom 13. April 2017 (BGBl. I S. 872) geändert worden ist;
3. rechtskräftige Bußgeldentscheidungen, die nach § 30 des Gesetzes über Ordnungswidrigkeiten, auch in Verbindung mit § 130 des Gesetzes über Ordnungswidrigkeiten, wegen Straftaten nach Nummer 1 oder Straftaten oder Ordnungswidrigkeiten nach Nummer 2 ergangen sind; oder
4. rechtskräftige Bußgeldentscheidungen, die wegen Ordnungswidrigkeiten nach § 24 Absatz 1 des Lieferkettensorgfaltspflichtengesetzes vom 16. Juli 2021 (BGBl. I S. 2959) ergangen sind, wenn ein Bußgeld von wenigstens einhundertfünfundsiebzigtausend Euro festgesetzt worden ist.

(2) ¹In das Wettbewerbsregister werden ferner Bußgeldentscheidungen eingetragen, die wegen Ordnungswidrigkeiten nach § 81 Absatz 1 Nummer 1, Absatz 2 Nummer 1 in Verbindung mit § 1 des Gesetzes gegen Wettbewerbsbeschränkungen ergangen sind, wenn eine Geldbuße von wenigstens fünfzigtausend Euro festgesetzt worden ist. ²Nicht eingetragen werden Bußgeldentscheidungen, die nach § 81a Absatz 1 bis 3 des Gesetzes gegen Wettbewerbsbeschränkungen ergangen sind.

(3) ¹Die Eintragung von strafgerichtlichen Entscheidungen und Bußgeldentscheidungen nach Absatz 1 Nummer 1 und 2 und von Entscheidungen gegen eine natürliche Person nach Absatz 2 erfolgt nur, wenn das Verhalten der natürlichen Person einem Unternehmen zuzurechnen ist. ²Das ist der Fall, wenn die natürliche Person als für die Leitung des Unternehmens Verantwortliche gehandelt hat, wozu auch die Überwachung der Geschäftsführung oder die sonstige Ausübung von Kontrollbefugnissen in leitender Stellung gehört.

Eintragungsvoraussetzungen **§ 2 WRegG**

(4) ¹Unternehmen im Sinne dieses Gesetzes ist jede natürliche oder juristische Person oder eine Gruppe solcher Personen, die auf dem Markt die Lieferung von Waren, die Ausführung von Bauleistungen oder die Erbringung von sonstigen Leistungen anbietet. ²Erlischt eine juristische Person oder eine Personenvereinigung mit Unternehmenseigenschaft nachträglich, steht dies der Eintragung nicht entgegen.

I. Bedeutung der Vorschrift

§ 2 WRegG regelt enumerativ die Voraussetzungen für die Eintragung 1
eines Unternehmens in das Wettbewerbsregister.

II. Katalog der einzutragenden Sanktionsentscheidungen (Abs. 1)

Die Ausgestaltung als Katalog bringt **Klarheit und Rechtssicherheit** für die 2
betroffenen Unternehmen, wann eine Sanktionsentscheidung in das Wettbewerbsregister eingetragen wird.[1] Dies ist eine deutliche Verbesserung im Vergleich zur alten Rechtslage mit unterschiedlich ausgestalteten Registern auf Landesebene.

Die klar geregelten Eintragungsvoraussetzungen haben für Unternehmen auch 3
den Vorteil, dass sie die vorzunehmende Eintragung absehen und frühzeitig Maßnahmen zur Selbstreinigung vorbereiten und durchführen können. Damit können sie die Grundlage für eine mögliche vorzeitige Löschung der Eintragung legen (→ § 8 Rn. 4 ff.).

Der Gesetzgeber hat keine Eintragung in das Register vorgesehen im Fall der 4
Einstellung eines Strafverfahrens unter Auflagen und Weisungen.[2] Auch Vergabesperren, die von einzelnen Auftraggebern verhängt werden, sind nicht Bestandteil des Katalogs.[3]

1. Einzutragende rechtskräftige Sanktionsentscheidungen gegen natürliche Personen

In das Wettbewerbsregister einzutragen sind **bestimmte rechtskräftige strafgerichtliche Verurteilungen und Strafbefehle sowie rechtskräftige Bußgeldentscheidungen**. Die Eintragung eines Unternehmens setzt voraus, dass das Verhalten der natürlichen Person, gegen welche die Sanktionsentscheidung ergangen ist, dem **Unternehmen zuzurechnen** ist (→ Rn. 12 ff.). 5

Die in § 2 Abs. 1 Nr. 1 WRegG **aufgelisteten strafrechtlichen Sanktionsent- 6
scheidungen** sind – anders als die in § 2 Abs. 1 Nr. 2 WRegG genannten Entscheidungen – in jedem Fall, **unabhängig von der Höhe der Sanktion** in das Wettbewerbsregister einzutragen. Zu den nach § 2 Abs. 1 Nr. 1 lit. a WRegG in das Register einzutragenden Straftaten gehören zunächst alle in § 123 Abs. 1 GWB genannten zwingenden Ausschlussgründe, darüber hinaus gem. § 2 Abs. 1 Nr. 1 lit. c und d WRegG das Vorenthalten und Veruntreuen von Arbeitsentgelt gem. § 266a StGB, Steuerhinterziehung nach § 370 AO (zwingende Ausschlussgründe gem. § 123 Abs. 4 S. 1 GWB) sowie gem. § 2 Abs. 1 lit. b WRegG die fakultativen Ausschlussgründe (§ 124 Abs. 1 Nr. 3 GWB) Betrug gem. § 263 StGB und Subventionsbetrug gem. § 264 StGB, soweit sich die Straftat gegen öffentliche Haus-

---

[1] Ausf. zum Katalog: Engel, Wettbewerbsregister, S. 79 ff.
[2] Vgl. BT-Drs. 18/12051, 27.
[3] Vgl. BT-Drs. 18/12051, 27.

halte richtet (bzw. zwingender Ausschlussgrund, wenn sich die Tat gegen den Haushalt der EU bzw. in ihrem Auftrag verwaltete Haushalte richtet, § 123 Abs. 1 Nr. 4, 5 GWB), sowie gem. § 2 Abs. 1 Nr. 1 lit. e WRegG wettbewerbsbeschränkende Absprachen bei Ausschreibungen nach § 298 StGB (fakultativer Ausschlussgrund gem. § 124 Abs. 1 Nr. 3, 4 GWB).

7 **Weitere Sanktionsentscheidungen** (rechtskräftige strafgerichtliche Verurteilungen, Strafbefehle und Bußgeldentscheidungen) sind gem. § 2 Abs. 1 Nr. 2 WRegG in das Wettbewerbsregister einzutragen, sofern die Sanktion jeweils eine **Bagatellschwelle** überschreitet. Diese Wirtschaftsdelikte haben nach Einschätzung des Gesetzgebers besondere Relevanz in Vergabeverfahren.[4] Im Einzelnen handelt es sich um bestimmte Verstöße gegen das SchwarzArbG[5], das SGB III[6], das AÜG[7], das MiLoG[8] und das AEntG.[9] Die genannten Sanktionsentscheidungen sind in das Wettbewerbsregister einzutragen, sofern auf Freiheitsstrafe von mehr als drei Monaten oder Geldstrafe von mehr als 90 Tagessätzen erkannt oder eine Geldbuße von wenigstens 2.500 Euro festgesetzt worden ist.[10]

2. Einzutragende rechtskräftige Sanktionsentscheidungen gegen Unternehmen

8 Gemäß § 2 Abs. 1 Nr. 3 WRegG sind ferner rechtskräftige **Bußgeldentscheidungen** einzutragen, die **nach § 30 OWiG gegen eine juristische Person oder Personenvereinigung** ergangen sind (weil eine Leitungsperson für das Unternehmen gehandelt hat) wegen Straftaten nach § 2 Abs. 1 Nr. 1 bzw. Straftaten oder Ordnungswidrigkeiten nach § 2 Abs. 1 Nr. 2 WRegG. Ebenfalls einzutragen sind entspr. Rechtsverstöße, die nicht allein auf der Grundlage von § 30 OWiG, sondern **auch iVm § 130 OWiG** wegen der Unterlassung von Aufsichtsmaßnahmen in dem Betrieb oder Unternehmen ergangen sind.[11] Durch das **LkSG**[12] ist der Katalog von § 2 Abs. 1 WRegG um Verstöße von Unternehmen gegen § 24 LkSG erweitert worden, soweit ein Bußgeld von wenigstens 175.000 Euro verhängt worden ist (§ 2 Abs. 1 Nr. 4 WRegG).

III. Einzutragende kartellrechtliche Bußgeldentscheidungen (Abs. 2)

9 Einzutragen sind ferner gem. § 2 Abs. 2 WRegG **kartellrechtliche Bußgeldentscheidungen**, die nach § 81 Abs. 1 Nr. 1 (Verstoß gegen Art. 101 AEUV) sowie § 81 Abs. 2 Nr. 1 GWB iVm § 1 GWB ergangen sind, soweit ein **Bußgeld von wenigstens 50.000 Euro** festgesetzt worden ist. Abweichend von anderen

---

[4] Vgl. BT-Drs. 18/12051, 26.
[5] § 2 Abs. 1 Nr. 2 lit. a WRegG: § 8 Abs. 1 Nr. 2, §§ 10 bis 11 SchwarzArbG.
[6] § 2 Abs. 1 Nr. 2 lit. b WRegG: § 404 Abs. 1 und 2 Nr. 3 SGB III.
[7] § 2 Abs. 1 Nr. 2 lit. c WRegG: §§ 15, 15a, 16 Abs. 1 Nr. 1, 1c, 1d, 1f und 2 AÜG.
[8] § 2 Abs. 1 Nr. 2 lit. d WRegG (geändert durch Art. 12 des Gesetzes v. 28.6.2023, BGBl. I Nr. 172): § 21 Abs. 1 Nr. 1 bis 8, 10 und 11 sowie Abs. 2 MiLoG.
[9] § 2 Abs. 1 Nr. 2 lit. e WRegG (geändert durch Art. 12 des Gesetzes v. 28.6.2023, BGBl. I Nr. 172): § 23 Abs. 1 Nr. 1 bis 9 und 11 sowie Abs. 2 AEntG.
[10] § 2 Abs. 1 Nr. 2 WRegG aE.
[11] Auch diese Sanktionsentscheidungen sind nur einzutragen, wenn die Bußgeldentscheidung wegen Straftaten nach § 2 Abs. 1 Nr. 1 bzw. Straftaten oder Ordnungswidrigkeiten nach Nr. 2 WRegG ergangen sind. S. zur Zurechnung und § 130 OWiG auch Dreher/Engel ZWeR 2019, 3 (19) sowie Eufinger CB 2017, 240 (242).
[12] Art. 3 LkSG v. 16.7.2021, BGBl. I S. 2969.

Sanktionsentscheidungen sind Bußgeldentscheidungen auf der Grundlage der genannten kartellrechtlichen Regelungen bereits mit dem Ergehen einer Entscheidung in das Register einzutragen; der **Eintritt der Rechtskraft ist nicht erforderlich**. Die im Vergleich zur Bagatellschwelle gem. § 2 Abs. 1 Nr. 2 WRegG höhere Mindestbußgeldhöhe bei Kartellrechtsverstößen ist im Gesetzgebungsverfahren insbes. von Seiten der Länder kritisiert worden.[13] Ausweislich der Gesetzesbegr. ist diese höhere Wertgrenze dadurch begründet, dass die Eintragung der Kartellrechtsverstöße bereits bei noch nicht bestandskräftigen Bußgeldentscheidungen erfolgt, und um Bagatellfälle auszuschließen.[14] Kritisiert wird bei kartellrechtlichen Entscheidungen darüber hinaus, dass diese nicht rechtskräftig sein müssen.[15] Allerdings genügen, wie in der Gesetzesbegr. ausgeführt wird,[16] auch nach dem materiellen Recht „hinreichende Anhaltspunkte" für wettbewerbsbeschränkendes Verhalten für einen (fakultativen) Ausschluss gem. § 124 Abs. 1 Nr. 4 GWB.[17] Solche hinreichenden Anhaltspunkte liegen vor, wenn eine Bußgeldentscheidung erlassen wurde. Die Regelung wird teilw. vor dem Hintergrund von Art. 3 GG kritisch gesehen.[18] IErg greifen diese Bedenken nicht durch. Die **Regelung steht im Einklang mit europäischem Recht** und **ist auch verfassungsgemäß**. Der Gesetzgeber hat auf europäischer und nationaler Ebene deutlich gemacht, dass Kartelldelikte in Vergabeverfahren eine hohe Relevanz haben und einen Ausschluss begründen können, auch wenn noch keine rechtskräftige Entscheidung, sondern nur „hinreichende Anhaltspunkte" für ein Kartelldelikt vorliegen (dazu ausf. → GWB § 124 Rn. 30).[19] Der Gesetzgeber hat in der Gesetzesbegr. zudem zum Ausdruck gebracht, dass es Ziel des Gesetzes ist, dass öffentliche Aufträge und Konzessionen nur an solche Unternehmen vergeben werden, „die sich im Wettbewerb fair verhalten".[20] Die Differenzierung des Gesetzgebers verstößt daher nicht gegen das Willkürverbot und ist – soweit man iRv Art. 3 GG den strengeren Prüfungsmaßstab anlegen müsste – auch verhältnismäßig.

Nicht eingetragen werden gem. § 2 Abs. 2 S. 2 WRegG kartellrechtliche Bußgeldentscheidungen, die nach § 81a Abs. 1 bis 3 GWB (Ausfallhaftung) ergangen sind. 10

IV. Unternehmensbegriff und Zurechnung (Abs. 3, 4)

1. Unternehmen iSd WRegG

Unternehmen iSd WRegG ist gem. § 2 Abs. 4 S. 1 WRegG jede natürliche 11 oder juristische Person oder eine Gruppe solcher Personen, die auf dem Markt die Lieferung von Waren, die Ausführung von Bauleistungen oder die Erbringung von sonstigen Leistungen anbietet. Die Regelung ist – entspr. Art. 2 Abs. 1 Nr. 10 RL 2014/24/EU – weit gefasst, um unabhängig von der Rechtsform alle Institutionen zu erfassen, die der öffentlichen Hand Waren oder Leistungen anbieten.

---

[13] BR-Drs. 263/1/17, 2.
[14] BT-Drs. 18/12051, 27.
[15] Vgl. Seeliger/Gürer BB 2017, 1731 (1732).
[16] BT-Drs. 18/12051, 27. In der Gesetzesbegr. wird weiter ausgeführt, dass „[h]ierbei eine höhere Wertgrenze von 50.000 Euro festgelegt [wurde], da bei den aufgeführten Kartellrechtsverstößen bereits bei einer noch nicht bestandskräftigen Bußgeldentscheidung eine Eintragung erfolgt und um Bagatellfälle auszuschließen."
[17] So auch Schulze, Der Nachweis der vergaberechtlichen Eignung im Wandel, S. 137 f.
[18] So Dreher/Engel ZWeR 2019, 3 (18); Engel, Wettbewerbsregister, S. 88 ff.; Bott/Bahrt StraFO 2017, 354 (357); Seeliger/Gürer BB 2017, 1731 (1732).
[19] Vgl. Art. 57 Abs. 4 lit. d RL 2014/24/EU und § 124 Abs. 1 Nr. 4 GWB.
[20] BT-Drs. 18/12051, 1.

2. Zurechnung des Fehlverhaltens einer natürlichen Person zu einem Unternehmen

12 In der Verfolgungspraxis werden Straf- und Bußgeldverfahren weit überwiegend nicht gegen Unternehmen, sondern gegen natürliche Personen geführt.[21] Um Lücken in der Informationsbasis für öffentliche Auftraggeber über Ausschlussgründe zu vermeiden, bestimmt das WRegG, dass nicht nur **Sanktionsentscheidungen gegen Unternehmen** (wie beim Gewerbezentralregister), sondern **auch Sanktionsentscheidungen gegen natürliche Personen** in das Wettbewerbsregister einzutragen sind, **wenn und soweit deren Verhalten einem Unternehmen zuzurechnen** ist.[22] Ein solches Handeln mit Unternehmensbezug liegt gem. § 2 Abs. 3 S. 2 WRegG vor, wenn die betreffende Person als für die Leitung des Unternehmens Verantwortliche gehandelt hat.[23] Dazu gehören auch die Überwachung der Geschäftsführung oder die sonstige Ausübung von Kontrollbefugnissen in leitender Stellung. Die Gesetzesbegr. erläutert, dass sich die Regelung an § 123 Abs. 3 GWB orientiert, der wiederum an § 30 OWiG angelehnt ist (dazu ausf. → GWB § 123 Rn. 9 ff.).[24]

13 Aus der Regelung ergibt sich, dass es bei der Frage der Zurechnung auf den **Zeitpunkt des Handelns** ankommt. Eine Sanktionsentscheidung gegen eine natürliche Person ist also einzutragen, wenn diese zum Zeitpunkt des Handelns verantwortlich für die Leitung des Unternehmens (bspw. als Geschäftsführer) gehandelt hat.[25] Aus dem Wortlaut („gehandelt hat") ergibt sich, dass es für die Zwecke der Eintragung auf den Zeitpunkt des Handelns und nicht der Eintragung ankommt. Das entspricht auch dem Inhalt der Regelung des § 123 Abs. 3 GWB,[26] auf den § 2 Abs. 3 WRegG ausweislich der Gesetzesbegr. Bezug nimmt.[27] **Nicht relevant für die Zwecke der Eintragung ist daher die Entbindung der Leitungsperson von ihren Aufgaben** bspw. nach Abschluss des Strafverfahrens. Dh, es kommt für die Frage der Eintragung nicht darauf an, dass die natürliche Person, die verantwortlich für das Unternehmen gehandelt hat, diese Funktion zum Zeitpunkt der Mitteilung und geplanten Eintragung noch innehat.[28] Für diese Auslegung spricht auch die Systematik des WRegG, die klar zwischen der Eintragung einer Sanktionsentscheidung und dem davon gesondert in § 8 WRegG geregelten Antragsverfahren zur vorzeitigen Löschung einer (bereits vorhandenen) Eintragung unterscheidet. Erst in diesem Antragsverfahren werden personelle Maßnahmen relevant (§ 8 WRegG iVm § 125 GWB). Die andere Auslegung – nach Verlust der Leitungsposition Eintragung nur einer evtl. Entscheidung gegen das Unternehmen selbst[29] – würde auch zu Wertungswidersprüchen führen, die dem Ziel des Gesetzgebers zuwiderlaufen, auch solche Sanktionsentscheidungen zu erfassen, die nicht unmittelbar gegen das

---

[21] Vgl. Henssler/Hoven/Kubiciel/Weigand, Kölner Entwurf eines Verbandssanktionengesetzes, 14 ff., abrufbar unter: https://jpstrafrecht.jura.uni-koeln.de/sites/iss_juniorprof/Projekte/Koelner_Entwurf_eines_Verbandssanktionengesetzes__2017.pdf.

[22] § 2 Abs. 3 S. 1 WRegG.

[23] § 2 Abs. 3 S. 2 WRegG.

[24] BT-Drs. 18/12051, 27. S. auch BT-Drs. 18/6281, 103.

[25] S. dazu auch ausdr. BT-Drs. 18/12051, 27: „eine Eintragung in das Register ist nur dann zulässig, wenn die verurteilte natürliche Person als für die Leitung des Unternehmens Verantwortlicher gehandelt hat." Vgl. auch Gottschalk/Lubner NZWiSt, 2018, 96 (97); Engel, Wettbewerbsregister, S. 106; Dreher/Engel ZWeR 2019, 3 (21).

[26] Vgl. Bunte/Schneider Kartellrecht GWB § 123 Rn. 27; Heiermann/Zeiss/Summa GWB § 123 Rn. 47.

[27] BT-Drs. 18/12051, 27.

[28] AA MüKoEuWettbR/Huerkamp WRegG § 2 Rn. 36 ff.

[29] MüKoEuWettbR/Huerkamp WRegG § 2 Rn. 38.

Unternehmen ergangen sind, sondern gegen die verantwortlich handelnde Person.[30] Relevant ist eine personelle Änderung in der Leitungsposition im Hinblick auf die gem. § 3 Abs. 1 WRegG einzutragenden Daten, da die verantwortliche Person in diesem Fall nur noch als handelnde Person iSv § 3 Abs. 1 Nr. 5 WRegG, aber nicht mehr bspw. als Geschäftsführer des Unternehmens in der Mitteilung und Eintragung genannt werden darf. Darüber hinaus kann das Ausscheiden des Anknüpfungstäters Relevanz iR eines Antrags auf vorzeitige Löschung einer Eintragung wegen Selbstreinigung nach § 125 GWB haben. Auch die WRegV stellt in § 4 Abs. 2 Nr. 2 lit. a zur Präzisierung der nach § 4 Abs. 1 S. 1 iVm § 3 Abs. 1 WRegG an die Registerbehörde zu übermittelnden Daten auf die „im Unternehmen zur Tatzeit ausgeübte Leitungsfunktion" ab.

3. Rechtsträgerprinzip und Zurechnung im Konzern

In das Wettbewerbsregister **einzutragen ist** immer und ausschl. **der jew. Rechts-** 14 **träger.** Eine Zurechnung von Rechtsverstößen im Konzern ist im Vergaberecht nicht vorgesehen und erfolgt – wie auch in der Gesetzesbegr. klargestellt ist – stets nur in Bezug auf eine konkrete natürliche oder juristische Person.[31] Nicht eingetragen werden bspw. rechtlich unselbstständige Unternehmensteile.[32]

Bei konzernverbundenen Unternehmen gilt, dass das Fehlverhalten einer natürli- 15 chen Person der juristischen Person oder Personenvereinigung zuzurechnen ist, für die sie gehandelt hat.[33] Hat also bspw. eine Person (nur) als Verantwortliche für eine Konzernobergesellschaft gehandelt, ist (nur) diese einzutragen, nicht aber andere Konzerngesellschaften. Liegt ein Handeln (nur) für eine Tochtergesellschaft vor, ist (nur) diese einzutragen. Hat die Person allerdings verantwortlich für beide Gesellschaften gehandelt, sind auch beide Gesellschaften in das Wettbewerbsregister einzutragen.[34]

4. Erlöschen eines Unternehmens und Eintragung

Das Erlöschen einer juristischen Person oder Personenvereinigung steht der Ein- 16 tragung gem. § 2 Abs. 4 S. 2 WRegG nicht entgegen. Nach der Gesetzesbegr. kann der Ausschlussgrund in einem solchen Fall auch für den Rechtsnachfolger oder die Gesellschaft in Liquidation wirken.[35] Die Vergabestellen sollen deshalb in die Lage versetzt werden, sich darüber zu informieren, ob ein Vorgängerunternehmen eingetragen worden ist, sodass sie das Vorliegen eines Ausschlussgrundes ggü. einem Nachfolgeunternehmen ggf. berücksichtigen können[36] (→ § 6 Rn. 6).

5. Keine Eintragung von Entscheidungen ausländischer oder überstaatlicher Behörden

Nicht in das Wettbewerbsregister einzutragen sind Sanktionsentscheidungen aus- 17 ländischer oder überstaatlicher Behörden. Das gilt auch für Entscheidungen der Europäischen Kommission in Kartellverfahren, auch wenn diese – wie die gem. § 2 Abs. 1 Nr. 1 lit. e bzw. § 2 Abs. 2 WRegG einzutragenden Sanktionsentscheidungen

---

[30] Aus systematischen und teleologischen Gründen spricht auch viel für eine entspr. Auslegung von Art. 57 Abs. 1 RL 2014/18/EU.
[31] BT-Drs. 18/12051, 27.
[32] BT-Drs. 18/12051, 27.
[33] S. BT-Drs. 18/12051, 27.
[34] So auch Engel, Wettbewerbsregister, S. 104.
[35] BT-Drs. 18/12051, 28.
[36] BT-Drs. 18/12051, 28.

wegen wettbewerbsbeschränkender Absprachen – besondere Relevanz für Vergabeverfahren haben.

18 IErg überzeugt die Entscheidung des Gesetzgebers: Zwar erscheint es vor dem Hintergrund des binnenmarkt-rechtlich geprägten Vergaberechts zunächst folgerichtig, möglichst umfassend Sanktionsentscheidungen, auch solche aus anderen Mitgliedstaaten und der Europäischen Kommission, mit dem Wettbewerbsregister zu erfassen. Dagegen sprechen aber vor allem rechtliche und organisatorisch-praktische Gesichtspunkte: Derzeit ist nicht absehbar, dass auf europäischer Ebene eine Regelung zur Verpflichtung von Behörden anderer Mitgliedstaaten sowie der Kommission zur Mitteilung an eine deutsche Behörde geschaffen wird. Darüber hinaus erscheint der Aufwand, umfassend dem Katalog des § 2 WRegG vergleichbare Entscheidungen anderer Mitgliedstaaten in das Register aufzunehmen, als sehr hoch. Die für Vergabeverfahren besonders relevanten kartellrechtlichen Entscheidungen der Europäischen Kommission werden zudem öffentlich gemacht und gelangen daher Auftraggebern auch ohne die Vermittlung durch das Wettbewerbsregister zur Kenntnis. Zusätzlich können Auftraggeber auf das Instrument der Eigenerklärungen der Bieter zurückzugreifen.[37]

19 Eine Ungleichbehandlung von Unternehmen mit Sitz in Deutschland ggü. solchen mit Sitz im Ausland wird durch die genannten Regelungen nicht begründet, da die Regelungen zur Eintragung alle Unternehmen gleichermaßen betreffen, soweit sich gegen sie Sanktionsentscheidungen iSd § 2 WRegG richten bzw. ihnen zuzurechnen sind.[38]

§ 3 Inhalt der Eintragung in das Wettbewerbsregister

(1) **Die Registerbehörde speichert folgende Daten, die ihr von einer nach § 4 zur Mitteilung verpflichteten Behörde übermittelt wurden, in einer elektronischen Datenbank:**
1. **den Namen der mitteilenden Behörde,**
2. **das Datum der einzutragenden Entscheidung und ihrer Rechts- beziehungsweise Bestandskraft,**
3. **das Aktenzeichen des Vorgangs der mitteilenden Behörde,**
4. **vom betroffenen Unternehmen**
    a) **die Firma,**
    b) **die Rechtsform,**
    c) **den Familiennamen und den Vornamen der gesetzlichen Vertreter,**
    d) **bei Personengesellschaften den Familiennamen und den Vornamen der geschäftsführenden Gesellschafter,**
    e) **die Postanschrift des Unternehmens,**
    f) **bei inländischen Unternehmen das Registergericht und die Registernummer aus dem Handels-, Genossenschafts-, Vereins-, Partnerschaftsregister oder bei vergleichbaren amtlichen Registern die Registernummer und die registerführende Stelle, soweit vorhanden,**
    g) **bei ausländischen Unternehmen anstelle der in Buchstabe f genannten Angaben eine der Registernummer vergleichbare Nummer und die registerführende Stelle, soweit vorhanden, sowie**
    h) **soweit vorhanden, die Umsatzsteueridentifikationsnummer,**

---

[37] S. auch Engel, Wettbewerbsregister, S. 117; Dreher/Engel ZWeR 2019, 3 (18); Herrlinger/Valdini WuW 2018, 195 (197).
[38] Herrlinger/Valdini WuW 2018, 195 (197); Dreher/Engel ZWeR 2019, 3 (15 f.); Engel, Wettbewerbsregister, S. 117 f.

5. von der natürlichen Person, gegen die sich die einzutragende Entscheidung richtet oder die im Bußgeldbescheid nach § 30 des Gesetzes gegen Ordnungswidrigkeiten genannt wird,
    a) den Familiennamen, den Geburtsnamen und den Vornamen der natürlichen Person,
    b) das Geburtsdatum, den Geburtsort und den Staat der Geburt der natürlichen Person,
    c) die Anschrift der betroffenen natürlichen Person und
    d) die die Zurechnung des Fehlverhaltens zu einem Unternehmen gemäß § 2 Absatz 3 Satz 2 begründenden Umstände sowie
6. die zur Registereintragung führende Straftat oder Ordnungswidrigkeit einschließlich der verhängten Sanktion.

(2) Teilt ein Unternehmen nach seiner Eintragung in das Wettbewerbsregister der Registerbehörde mit, dass es Maßnahmen zur Selbstreinigung im Sinne des § 123 Absatz 4 Satz 2 oder des § 125 des Gesetzes gegen Wettbewerbsbeschränkungen nachweisen kann, speichert die Registerbehörde die übermittelten Daten im Wettbewerbsregister.

(3) Die in dem Wettbewerbsregister gespeicherten Daten und die Verfahrensakten der Registerbehörde sind vertraulich.

(4) [1]Die Registerbehörde kann zur Überprüfung und Vervollständigung der in Absatz 1 Nummer 4 genannten Daten das Bundeszentralamt für Steuern um Übermittlung der gültigen Umsatzsteuer-Identifikationsnummer eines Unternehmens, das in das Wettbewerbsregister eingetragen ist oder eingetragen werden soll, ersuchen. [2]In dem Ersuchen hat die Registerbehörde Name oder Firma sowie Rechtsform und Anschrift des betroffenen Unternehmens anzugeben. [3]§ 27a Absatz 2 Satz 2 des Umsatzsteuergesetzes bleibt unberührt.

I. Bedeutung der Vorschrift

§ 3 Abs. 1 WRegG definiert den Grundbestand der Daten, die der Registerbehörde von einer nach § 4 WRegG zur Mitteilung verpflichteten Behörde übermittelt werden und die von der Registerbehörde in der elektronischen Datenbank gespeichert werden. Nach einer Änderung durch das GWB-Digitalisierungsgesetz wird in § 3 Abs. 1 Nr. 4 lit. f und g WRegG bzgl. der Angaben zu Registerdaten zwischen inländischen und ausländischen Registern sowie verschiedenen Registern differenziert.[1] Durch eine Änderung mit dem Personengesellschaftsmodernisierungsgesetz können gem. § 3 Abs. 1 Nr. 4 lit. f WRegG neben Daten aus dem Handels-, Genossenschafts-, Vereins- Partnerschafts- und vergleichbaren Registern ab dem 1.1.2024 auch Daten aus dem Gesellschaftsregister gespeichert werden.[2] Darüber hinaus erfasst § 3 Abs. 1 Nr. 5 WRegG seit einer Änderung durch das GWB-Digitalisierungsgesetz bzgl. der Daten der (handelnden) natürlichen Person auch den Geburtsnamen und den Staat der Geburt.[3]

II. Im Register zu speichernde Daten (Abs. 1)

Die im Wettbewerbsregister zu speichernden Daten werden in § 3 WRegG, punktuell ergänzt durch § 4 WRegV, abschl. benannt.[4]

---
[1] Art. 10 Nr. 2 lit. a des Gesetzes v. 18.1.2021 (GWB-Digitalisierungsgesetz), BGBl. I S. 2.
[2] Art. 78 MoPeG v. 10.8.2021, BGBl. I S. 3474.
[3] Art. 10 Nr. 2 lit. b des Gesetzes v. 18.1.2021 (GWB-Digitalisierungsgesetz), BGBl. I S. 2.
[4] Vgl. OLG Düsseldorf 17.4.2023 – VII-AR 2/22.

WRegG § 3   Inhalt der Eintragung in das Wettbewerbsregister

1. Inhalt der Eintragung im Wettbewerbsregister

3   Bei den im Wettbewerbsregister zu speichernden Daten handelt es sich gem. § 3 Abs. 1 WRegG um Daten
- (i) zur mitteilenden Behörde und der Entscheidung (Name der mitteilenden Behörde, Datum der Entscheidung und der Rechtskraft, Aktenzeichen des Vorgangs der mitteilenden Behörde),
- (ii) zum betroffenen Unternehmen (Firma, Rechtsform, Familiennamen und Vornamen der gesetzlichen Vertreter bzw. bei Personengesellschaften die Familiennamen und Vornamen der geschäftsführenden Gesellschafter, Postanschrift des Unternehmens, Registerdaten sowie die Umsetzsteueridentifikationsnummer)[5] sowie
- (iii) zur natürlichen Person, gegen die sich die unzutragende Entscheidung richtet oder die im Bußgeldbescheid nach § 30 OWiG genannt wird (Familienname, Geburtsname, Vorname, Geburtsdatum, Geburtsort, Staat der Geburt, Anschrift, sowie die Umstände, welche die Zurechnung des Fehlverhaltens zum Unternehmen gem. § 2 Abs. 3 S. 2 WRegG begründen) und
- (iv) die zur Registereintragung führende Straftat oder Ordnungswidrigkeit einschl. der verhängten Sanktion.

4   § 4 Abs. 2 WRegV bestimmt konkretisierend zum Inhalt und Umfang der zu übermittelnden Daten, dass gem. Nr. 1 auch das Gericht, das eine eintragungspflichtige Entscheidung getroffen hat, und das gerichtliche Aktenzeichen an die Registerbehörde zu übermitteln sind. Gem. Nr. 2 sind bzgl. der die Zurechnung begründenden Umstände folgende Angaben zu machen: die im Unternehmen zur Tatzeit ausgeübte Leitungsfunktion der natürlichen Person sowie gem. Nr. 3 zur eintragungspflichtigen Tat die Bezeichnung der zugrunde liegenden Straftat und die Tatzeit. Die zuletzt genannten Angaben können zur Berechnung der Löschfrist gem. § 7 Abs. 1 WRegG (→ § 7 Rn. 3) relevant sein.

2. Zurechnungsprüfung

5   Die **Zuständigkeit für die Prüfung, ob die Voraussetzungen für die Mitteilung** einer konkreten Verurteilung, eines Strafbefehls oder einer Bußgeldentscheidung an das Wettbewerbsregister **vorliegen** – einschl. der Frage, ob ein Fehlverhalten einer natürlichen Person einem Unternehmen zuzurechnen ist[6] – **liegt bei der mitteilenden Behörde**.[7] Das ergibt sich aus § 4 Abs. 1 WRegG, der bestimmt, dass „[d]ie Strafverfolgungsbehörden und die Behörden, die zur Verfolgung von Ordnungswidrigkeiten berufen sind, [...] bei Entscheidungen nach § 2 Abs. 1 und 2 der Registerbehörde unverzüglich die in § 3 Abs. 1 bezeichneten Daten mit[teilen]." Nach § 3 Abs. 1 Nr. 5 WRegG gehören dazu auch Angaben zur natürlichen Person, gegen die sich die Entscheidung richtet bzw. die im Bußgeldbescheid nach § 30 OWiG genannt ist. Diese Angaben umfassen mit lit. d auch solche zu den Umständen, die die **Zurechnung des Fehlverhaltens zu einem Unternehmen** gem.

---

[5] Aus registerpraktischen Gründen wäre es perspektivisch hilfreich, wenn für Unternehmen eine eindeutige sichere elektronische Anschrift existierte. So könnte die Registerbehörde Unternehmen schnell und sicher elektronisch über eine geplante Eintragung gem. § 5 Abs. 1 S. 1 WRegG informieren und Gelegenheit zur Stellungnahme geben.

[6] BT-Drs. 18/12051, 29.

[7] BT-Drs. 18/12051, 29: „Die Pflicht zur Übermittlung von Daten richtet sich nach Satz 1 an die zur Verfolgung von Straftaten und Ordnungswidrigkeiten berufenen Behörden, <u>soweit die Voraussetzungen für eine Eintragung vorliegen.</u>" (Hervorhebung nur hier). So auch Diederichs VergabeR 2018, 623 (626); Pfannkuch ZfBR 2018, 342 (343); Hooghoff FIW Jahrbuch 2019, 129 (132); Hooghoff WuW 2021, 551 (553).

§ 2 Abs. 3 S. 2 WRegG begründen.[8] Hat die mitteilende Behörde das Vorliegen dieser Umstände nicht geprüft und bejaht, darf – nach den Bestimmungen des WRegG, aber auch aus datenschutzrechtlichen Gründen – keine Mitteilung an die Registerbehörde erfolgen.[9] Folgerichtig bestimmt § 4 Abs. 2 Nr. 2 WRegV, dass die mitteilende Behörde der Registerbehörde unter Berücksichtigung von § 30 Abs. 1 Nr. 1 bis 5 OWiG mitteilt, welche Leitungsfunktion die natürliche Person zur Tatzeit im Unternehmen ausgeübt hat.[10] Darüber hinaus macht die mitteilende Behörde auch Angaben zu den Umständen des Handelns oder Unterlassens der natürlichen Person in Ausübung dieser Funktion.[11] Diese Angaben sind für die Registerbehörde zur Prüfung von Einwänden des Unternehmens hilfreich, da die Registerbehörde das Straf- bzw. Ordnungswidrigkeitenverfahren nicht geführt und keine Aktenkenntnis hat.

III. Informationen zu Selbstreinigungsmaßnahmen (Abs. 2)

§ 3 Abs. 2 WRegG ermöglicht Unternehmen, die im Wettbewerbsregister eingetragen sind, der Registerbehörde mit einem dafür von dieser bereitgestellten Formular **Informationen zu Selbstreinigungsmaßnahmen** zu übermitteln. Die Registerbehörde speichert die entspr. Daten im Wettbewerbsregister. Einzelheiten dazu sind in § 10 WRegV geregelt (→ § 10 Rn. 17). Danach kann die Registerbehörde Vorgaben zum zulässigen Umfang der zu übermittelnden Daten machen.[12] Das Formular soll elektronisch an die Registerbehörde übermittelt werden.[13] Die Registerbehörde prüft die Angaben des Unternehmens inhaltlich nicht.[14] Vielmehr muss der Auftraggeber die angegebenen Maßnahmen des Unternehmens eigenständig und in eigener Verantwortung prüfen.

Mit der Information nach § 3 Abs. 2 WRegG hat das Unternehmen **folgende Angaben** zu machen: Erforderlich ist zunächst die Bezeichnung der Registereintragung, auf die sich die Selbstreinigungsmaßnahmen beziehen.[15] Informationen über Selbstreinigungsmaßnahmen ohne konkreten Bezug zu einer Eintragung sind nicht zulässig. Des Weiteren sind die Maßnahmen zu nennen, die zum Zweck der Selbstreinigung ergriffen worden sind.[16] Das Unternehmen hat die Möglichkeit, in der Information anzugeben, dass ein oder mehrere Auftraggeber die Selbstreinigungsmaßnahmen in einem konkreten Vergabeverfahren als ausreichend angesehen haben. § 10 Abs. 1 S. 4 Nr. 3 WRegV bestimmt – anknüpfend an die Begründung zu § 3 Abs. 2 WRegG[17] –, dass das Unternehmen aus Gründen der Transparenz in diesem Fall auch angeben muss, ob und wie viele Auftraggeber die Maßnahmen als nicht hinreichend angesehen haben. Die Hinterlegung einer Information über Selbstreinigungsmaßnahmen im Wettbewerbsregister mit bzw. nach erfolgter Eintragung ist eine **Möglichkeit für Unternehmen, Auftraggeber über Selbstreinigungsmaßnahmen zu informieren**, wenn bspw. ein Antrag auf vorzeitige Löschung

---

[8] § 3 Abs. 1 Nr. 5 lit. d WRegG.
[9] Vgl. Hooghoff FIW Jahrbuch 2019, 129 (132 f.). Die Frage war im Gesetzgebungsverfahren umstritten, s. dazu Empfehlungen der Ausschüsse, BR-Drs. 263/1/17, S. 3 f., und Gegenäußerung der Bundesregierung.
[10] § 4 Abs. 2 Nr. 2 lit. a WRegV.
[11] § 4 Abs. 2 Nr. 2 lit. b WRegV.
[12] § 10 Abs. 1 S. 3 WRegV.
[13] § 10 Abs. 1 S. 2 WRegV.
[14] § 10 Abs. 2 S. 1 WRegV.
[15] § 10 Abs. 1 S. 4 Nr. 1 WRegV.
[16] § 10 Abs. 1 S. 4 Nr. 2 WRegV.
[17] BT-Drs. 18/12051, 28.

aus dem Wettbewerbsregister beim Unternehmen noch in Vorbereitung oder bei der Registerbehörde noch nicht abschl. geprüft worden ist.[18]

IV. Vertraulichkeit der im Wettbewerbsregister und in den Verfahrensakten enthaltenden Daten (Abs. 3)

8   § 3 Abs. 3 WRegG bestimmt, dass **die im Register gespeicherten Daten und Verfahrensakten der Registerbehörde vertraulich** sind. Ausweislich der Gesetzesbegr. handelt es sich um eine besondere Vertraulichkeitspflicht iSv § 3 Nr. 4 IFG, die der besonderen Sensibilität der gespeicherten Daten Rechnung trägt und die Funktionsfähigkeit des Registers gewährleisten soll.[19]

V. Datenabgleich mit dem Bundeszentralamt für Steuern zur Umsatzsteuer-Identifikationsnummer (Abs. 4)

9   Seit dem 1.1.2023 bestimmt § 3 Abs. 4 WRegG, dass die **Registerbehörde zur Überprüfung und Vervollständigung der Daten** zu einem Unternehmen das **Bundeszentralamt für Steuern um Übermittlung der gültigen Umsatzsteuer-Identifikationsnummer (USt-IdNr.)** eines Unternehmens, das in das Wettbewerbsregister eingetragen ist oder eingetragen werden soll, **ersuchen kann.** Die USt-IdNr. erleichtert der Registerbehörde bei Zweifelsfällen die Zuordnung von mitgeteilten Daten zu einem (eingetragenen) Unternehmen. Die Regelung ist mit dem LkSG eingeführt worden.[20] Spiegelbildlich ist im UStG ergänzt worden, dass das BZSt die entspr. Angaben an das Bundeskartellamt als Registerbehörde übermitteln darf.[21]

§ 4 Mitteilungen

(1) ¹**Die Strafverfolgungsbehörden und die Behörden, die zur Verfolgung von Ordnungswidrigkeiten berufen sind, teilen bei Entscheidungen nach § 2 Absatz 1 und 2 der Registerbehörde unverzüglich die in § 3 Absatz 1 bezeichneten Daten mit.** ²§ 30 der Abgabenordnung steht der Mitteilung von Entscheidungen nach § 2 Absatz 1 Nummer 1 Buchstabe d sowie nach § 2 Absatz 1 Nummer 3 in Verbindung mit Absatz 1 Nummer 1 Buchstabe d nicht entgegen.

(2) ¹Die Registerbehörde prüft die übermittelten Daten und sieht von einer Eintragung ab, wenn die Daten offensichtlich fehlerhaft sind. ²Stellt sich die Fehlerhaftigkeit erst nach der Eintragung heraus, berichtigt oder löscht die Registerbehörde die betroffenen Daten von Amts wegen. ³§ 8 Absatz 3 gilt entsprechend.

(3) **Werden den Strafverfolgungsbehörden oder den Behörden, die für die Verfolgung von Ordnungswidrigkeiten berufen sind, Umstände bekannt, die einer weiteren Speicherung der übermittelten Daten im Wettbewerbsregister entgegenstehen, so haben sie die Registerbehörde unverzüglich zu unterrichten.**

---

[18] Vgl. BT-Drs. 1/12051, 28.
[19] Vgl. Begr. Drs. 18/12051, 29.
[20] Art. 3 LkSG v. 16.7.2021, BGBl. I S. 2969.
[21] Art. 11 Nr. 2 AbzStEntModG v. 2.6.2021, BGBl. I S. 1273.

I. Bedeutung der Vorschrift

§ 4 WRegG regelt die **Mitteilungspflicht der Strafverfolgungs- bzw. der zur Verfolgung von Ordnungswidrigkeiten berufenen Behörden** bzgl. der mitzuteilenden Daten zu Sanktionsentscheidungen sowie **Prüf- und Informationspflichten der Mitteilungsbehörden** sowie **der Registerbehörde**.

II. Pflicht zur Mitteilung (Abs. 1)

1. Unverzügliche Mitteilung

§ 4 Abs. 1 S. 1 WRegG verpflichtet die Strafverfolgungs- und OWi-Behörden zur **unverzüglichen Mitteilung** der in § 3 WRegG bezeichneten Daten zu den in § 2 WRegG genannten Sanktionsentscheidungen. S. 2 stellt klar, dass § 30 AO einer Mitteilung der Entscheidungen an die Registerbehörde nicht entgegen steht. Die Regelung ist wichtig, da ein Amtsträger ansonsten durch die Übermittlung der Daten an die Registerbehörde das Steuergeheimnis verletzen würde, vgl. § 30 Abs. 2 AO.

2. Übergangsvorschriften: Welche Entscheidungen sind der Registerbehörde mitzuteilen?

§ 4 Abs. 4 WRegV regelt zur **Konkretisierung der Mitteilungspflicht in zeitlicher Hinsicht**, welche Entscheidungen die Strafverfolgungs- und Verwaltungsbehörden vom Zeitpunkt der Anwendbarkeit der Mitteilungspflicht an die Registerbehörde zu übermitteln haben: Danach sind Daten (nur) zu solchen Entscheidungen zu übermitteln, die ab dem vom Bundeswirtschaftsministerium im BAnz. nach § 12 Abs. 2 S. 1 WRegG (→ § 12 Rn. 6 ff.) bekannt gemachten Tag rechtskräftig werden bzw. – im Fall kartellrechtlicher Verfahren – ergehen. Entscheidungen, die vor diesem Zeitpunkt rechtskräftig geworden bzw. ergangen sind, sind daher nicht mitteilungsfähig. Die Bekanntmachung ist am 29.10.2021 im BAnz. veröffentlicht worden.[1] Mitzuteilen sind danach nur Entscheidungen, die ab dem 1.12.2021 rechtskräftig geworden bzw. – bei kartellrechtliche Entscheidungen iSd § 2 Abs. 2 WRegG – ergangen sind.[2] Bußgeldbescheide, die wegen Ordnungswidrigkeiten nach § 24 LkSG ergangen sind, sind nur dann mitzuteilen, wenn sie ab dem 1.1.2023 rechtskräftig geworden sind.[3]

III. Pflicht der Registerbehörde zur Prüfung der Daten auf offensichtliche Fehler (Abs. 2)

1. Eingeschränkte Prüfpflicht der Registerbehörde

Nach § 4 Abs. 2 S. 1 WRegG prüft die Registerbehörde die mitgeteilten Daten und sieht von einer Eintragung ab, wenn die Daten offensichtlich fehlerhaft sind. Der **Prüfungsmaßstab** für die Registerbehörde ist damit die **„offensichtliche" Fehlerhaftigkeit** der Daten. Eine offensichtliche Fehlerhaftigkeit liegt vor, wenn Fehler auch für eine Person, die das Verfahren der mitteilenden Behörde nicht kennt,

---

[1] BAnz. AT 29.10.2021 B3.
[2] Vgl. OLG Düsseldorf 17.4.2023 – VII-AR 2/22.
[3] Vgl. zum Inkrafttreten des LkSG, Art. 5 des Gesetzes v. 16.7.2021 über die unternehmerischen Sorgfaltspflichten in Lieferketten, BGBl I S. 2959.

klar erkennbar sind.[4] Die im Gesetz statuierte **sehr eingeschränkte Prüfpflicht der Registerbehörde**[5] ist sinnvoll, weil der Registerbehörde ausschl. die gem. § 3 WRegG mitzuteilenden Daten vorliegen, nicht aber Einzelheiten zum Verfahren. Auch die Verfahrensakte oder die Sanktionsentscheidung selbst liegen der Registerbehörde nicht vor. Ein offensichtlicher Fehler liegt bspw. vor, wenn erforderliche Angaben vollständig fehlen, unvollständig oder erkennbar unzutreffend sind (zB Angabe zum Geburtsjahr der Geschäftsführerin: „1755").

2. Berichtigung bzw. Löschung von Daten

5   § 4 Abs. 2 S. 2 WRegG stellt klar, dass die Registerbehörde vAw auch nach Eintragung zur **Berichtigung oder ggf. Löschung** einer Eintragung verpflichtet ist, wenn sich die Fehlerhaftigkeit von Daten erst zu diesem späteren Zeitpunkt herausstellt.

6   Die Berichtigung von Daten (und keine Löschung der Mitteilung) kommt in Betracht, wenn nach Berichtigung die für eine Eintragung konstitutiven Voraussetzungen bestehen bleiben. **Bei der Berichtigung geht es darum, fehlerhafte Daten zu korrigieren** – es ist daher irrelevant, ob sich die Daten nach Korrektur aus Sicht des Unternehmens „günstiger" oder „weniger günstig" darstellen (Bsp.: es liegt nach Korrektur des mitzuteilenden Straftatbestandes ein zwingender Ausschlussgrund vor statt – wie zunächst fälschlicherweise mitgeteilt – ein fakultativer).[6] Das ergibt sich aus dem Auftrag des Gesetzgebers, mit dem Wettbewerbsregister eine **zuverlässige Informationsgrundlage mit korrekten Daten** für Auftraggeber zu schaffen, um diese bei der Prüfung von Ausschlussgründen zu unterstützen.

7   Eine Löschung muss erfolgen, wenn auch bei Berichtigung der Daten die Voraussetzungen für eine Eintragung nicht (mehr) vorliegen.

8   In der Gesetzesbegr. wird klargestellt, dass eine **Fehlerhaftigkeit der Daten nicht vorliegt, wenn bereits Selbstreinigungsmaßnahmen erfolgt sind**, diese aber noch nicht von der Registerbehörde im Löschungsverfahren nach § 8 WRegG geprüft worden sind.[7] Bevor die Registerbehörde nicht eine – mit Bindungswirkung versehene (vgl. § 7 Abs. 2 S. 1 WRegG) – Entscheidung getroffen hat, dass die Eintragung wegen Selbstreinigung zu löschen ist, soll dem Auftraggeber die eigenverantwortliche Entscheidung über den Ausschluss des eingetragenen Unternehmens verbleiben (vgl. hierzu → § 6 Rn. 16 f.).

9   Die Registerbehörde kann – in entspr. Anwendung von § 8 Abs. 3 WRegG – bei der Behörde, welche die Daten übermittelt hat, Informationen anfordern, um die Daten berichtigen bzw. löschen zu können.[8] Die Regelung ist wichtig, weil die Registerbehörde die einzutragenden Daten nicht selbst generiert, sondern die von den Strafverfolgungs- und Verwaltungsbehörden übermittelten Daten als Informationsmittler für die öffentlichen Auftraggeber bereitstellt.[9] Die Registerbehörde selbst hat bei der Eintragung – anders als im Verfahren zur vorzeitigen Löschung einer Eintragung wegen Selbstreinigung (→ § 8 Rn. 4 ff.) – nur die Möglichkeit, die mitteilende Behörde zu ersuchen, ihr Informationen zu übermitteln (§ 4 Abs. 2 S. 3

---

[4] Vgl. Hooghoff WuW 2021, 551 (553); ders. FIW Jahrbuch 2019, 129 (133). S. auch BT-Drs. 18/12051, 29, und Pfannkuch ZfBR 2018, 342 (343).

[5] Vgl. OLG Düsseldorf 17.4.2023 – VII-AR 2/22.

[6] AA MüKoEuWettbR/Huerkamp WRegG § 4 Rn. 9.

[7] Vgl. BT-Drs. 18/12051, 29.

[8] § 4 Abs. 2 S. 3 WRegG.

[9] Vgl. zur unterstützend-informierenden Funktion des Wettbewerbsregisters: Hooghoff FIW Jahrbuch 2019, 129 (133 f.); Dreher/Engel ZWeR 2019, 3 (6); Wollenschläger ZHR 186 (2022), 474 (501).

iVm § 8 Abs. 3 WRegG); darüber hinaus hat sie keine eigenen Ermittlungsbefugnisse.

IV. Nachträgliche Meldungen an die Registerbehörde (Abs. 3)

Damit auch Informationen, die der Registerbehörde nicht bei der Prüfung auf offensichtliche Fehler oder bspw. durch Stellungnahme des betroffenen Unternehmens (→ § 5 Rn. 5 f.) bekannt werden, zur Kenntnis gelangen, stellt § 4 Abs. 3 WRegG klar, dass die mitteilende Behörde die Registerbehörde informieren muss, wenn ihr (zu einem späteren Zeitpunkt) Umstände bekannt werden, die einer weiteren Speicherung der übermittelten Daten im Wettbewerbsregister entgegenstehen. Auch in diesem Fall hat die Unterrichtung der Registerbehörde unverzüglich zu erfolgen. Besonders wichtig ist dies bspw., wenn eine (noch nicht rechtskräftige) kartellrechtliche Bußgeldentscheidung geändert oder aufgehoben wird.[10]

§ 5 Gelegenheit zur Stellungnahme vor Eintragung in das Wettbewerbsregister; Auskunftsanspruch

(1) ¹**Vor der Eintragung in das Wettbewerbsregister informiert die Registerbehörde das betroffene Unternehmen in Textform über den Inhalt der geplanten Eintragung und gibt ihm Gelegenheit, innerhalb von zwei Wochen nach Zugang der Information Stellung zu nehmen.** ²**Weist das betroffene Unternehmen nach, dass die übermittelten Daten fehlerhaft sind, sieht die Registerbehörde von einer Eintragung ab oder korrigiert die fehlerhaften Daten.** ³**Die Registerbehörde kann die Frist zur Stellungnahme verlängern.** ⁴**§ 8 Absatz 3 ist entsprechend anzuwenden.**

(2) ¹Auf Antrag erteilt die Registerbehörde Unternehmen oder natürlichen Personen Auskunft über den sie betreffenden Inhalt des Wettbewerbsregisters. ²Unbeschadet des Bestehens datenschutzrechtlicher Auskunftsansprüche ist ein erneuter Antrag nach Satz 1 desselben Unternehmens oder derselben natürlichen Person erst nach Ablauf eines Jahres zulässig, es sei denn, es besteht ein berechtigtes Interesse. ³Die Registerbehörde erteilt mit Zustimmung des betreffenden Unternehmens auf Antrag auch einer Stelle, die ein amtliches Verzeichnis führt, das den Anforderungen des Artikels 64 der Richtlinie 2014/24/EU entspricht, Auskunft über den das Unternehmen betreffenden Inhalt des Wettbewerbsregisters.

(3) ¹Der Antrag nach Absatz 2 Satz 1 kann schriftlich mit amtlich oder öffentlich beglaubigter Unterschrift gestellt werden. ²Der Antragsteller hat seine Identität und, wenn er als gesetzlicher Vertreter handelt, zusätzlich seine Vertretungsmacht nachzuweisen. ³Für ein antragstellendes Unternehmen kann den Antrag nur ein gesetzlicher Vertreter stellen. ⁴Der Antragsteller kann sich bei der Antragstellung nicht durch einen Bevollmächtigten vertreten lassen.

(4) ¹Der Antrag nach Absatz 2 Satz 1 kann auch elektronisch gestellt werden. ²In diesem Fall bedarf es einer elektronischen Identifizierung.

(5) Die Erteilung einer Auskunft nach Absatz 2 Satz 1 durch die Registerbehörde ist gebührenpflichtig.

(6) Unternehmen, die in das Wettbewerbsregister eingetragen sind oder von einer geplanten Eintragung betroffen sind, können zur Geltendmachung oder Verteidigung ihrer rechtlichen Interessen im Hinblick auf die

---

[10] Vgl. BT-Drs. 18/12051, 29.

Eintragung verlangen, dass einem bevollmächtigten Rechtsanwalt unbeschränkte Akteneinsicht gewährt wird.

(7) Für die Erteilung von Auskünften nach Artikel 15 der Verordnung (EU) 2016/679 des Europäischen Parlaments und des Rates vom 27. April 2016 zum Schutz natürlicher Personen bei der Verarbeitung personenbezogener Daten, zum freien Datenverkehr und zur Aufhebung der Richtlinie 95/46/EG gelten die Absätze 3 und 4 entsprechend.

I. Bedeutung der Vorschrift

1 § 5 WRegG regelt die **Pflicht der Registerbehörde, Unternehmen über eine geplante Eintragung in das Wettbewerbsregister zu informieren** und das **Recht der Unternehmen, Einwände gegen die Eintragung geltend zu machen** bzw. auf Fehler hinzuweisen, die – soweit sie vorliegen – von der Registerbehörde zu berichtigen sind. Darüber hinaus regelt die Vorschrift **Auskunftsrechte** von Unternehmen, natürlichen Personen und Verzeichnisstellen sowie das **Recht zur Akteneinsicht** für Unternehmen durch ihre Rechtsanwälte.

2 § 5 WRegG ist durch das GWB-Digitalisierungsgesetz geändert worden.[1] Die ergänzenden Regelungen sollen sicherstellen, dass sich die Unternehmen und natürlichen Personen bei der Stellung von schriftlichen und elektronischen Anträgen auf Auskunft über den sie betreffenden Inhalt des Wettbewerbsregisters identifizieren und authentifizieren, damit die im Register gespeicherten sensiblen Daten ausreichend geschützt werden. Das Gleiche gilt bei der Geltendmachung des Auskunftsrechts aus Art. 15 DSGVO.

II. Information der betroffenen Unternehmen; Möglichkeit der Stellungnahme (Abs. 1)

3 § 5 Abs. 1 WRegG bestimmt, dass die Registerbehörde das betroffene Unternehmen in Textform über die geplante Eintragung informiert und dem Unternehmen Gelegenheit gibt, innerhalb von zwei Wochen nach Zugang der Information Stellung zu nehmen.

1. Information der betroffenen Unternehmen

4 Die Registerbehörde **übermittelt den Unternehmen dazu die Daten iSd § 3 WRegG**, die ihr von der mitteilenden Behörde mitgeteilt worden sind (ggf. berichtigt, soweit dies nach der Prüfung gem. § 4 Abs. 2 WRegG erforderlich war). Eine einzelfallbezogene Erläuterung, warum eine Eintragung erfolgt, ist gesetzlich nicht vorgesehen, angesichts der sich unmittelbar aus dem Gesetz ergebenden Eintragungspflicht nicht erforderlich und wäre auch praktisch vor dem Hintergrund der hohen Zahl der Mitteilungen nicht leistbar.[2]

2. Möglichkeit der Stellungnahme, Frist

5 Die Unternehmen haben die **Möglichkeit, innerhalb von zwei Wochen Einwände gegen die Eintragung** bei der Registerbehörde vorzubringen.[3] Die Registerbehörde sieht (nur) dann von einer Eintragung ab, wenn das Unternehmen nach-

---

[1] Art 10 Nr. 3 des Gesetzes v. 18.1.2021 (GWB-Digitalisierungsgesetz), BGBl. I S. 2.
[2] Anders wohl MüKoEuWettbR/Huerkamp WRegG § 5 Rn. 2 f.
[3] § 5 Abs. 1 S. 1 WRegG.

weist, dass die übermittelten Daten fehlerhaft sind.[4] Eine Fehlerhaftigkeit der Daten liegt nicht vor, wenn das Unternehmen darlegt, bereits Selbstreinigungsmaßnahmen durchgeführt zu haben. In diesem Fall kann eine Löschung der Daten nur über die Stellung eines Antrags auf vorzeitige Löschung nach § 8 WRegG (dazu → § 8 Rn. 4) erreicht werden.[5]

Die **Registerbehörde kann die Stellungnahmefrist** auf Antrag des Unternehmens **nach pflichtgemäßem Ermessen verlängern**. Dazu muss das Unternehmen nach der GesBegr. schlüssig darlegen, dass aus seiner Sicht die Eintragungsvoraussetzungen nicht gegeben sind.[6] Bei der Beantragung bzw. Verlängerung der Stellungnahmefrist ist zu berücksichtigen, dass eine Eintragung vor dem Hintergrund der gesetzgeberischen Ziele möglichst zügig erfolgen soll – soweit nicht Gründe zur Fehlerhaftigkeit nachvollziehbar dargelegt werden[7] –, damit die Information über einen möglichen Ausschlussgrund zeitnah für die Abfrage durch Auftraggeber in Vergabeverfahren übermittelt werden kann. 6

Die Registerbehörde hat die Möglichkeit – wie bereits iRd Prüfung auf offensichtliche Fehler –, die übermittelnde Behörde zu ersuchen, erforderliche Informationen zur Prüfung der Einwände zu übermitteln, § 5 Abs. 1 S. 4 iVm § 8 Abs. 3 WRegG. Das ist wichtig, weil die Registerbehörde das Verfahren nicht selbst geführt, keine Aktenkenntnis und keine eigenen Ermittlungsbefugnisse hat. 7

3. Eintragung

Greifen die Einwände des Unternehmens gegen die Eintragung nicht durch, erfolgt die Eintragung des Unternehmens mit den mitgeteilten Daten in das Wettbewerbsregister.[8] **Die Registerbehörde hat insoweit kein Ermessen**, sondern muss das betroffene Unternehmen mit den übermittelten Daten in das Register eintragen.[9] 8

4. Rechtsschutz

Die **Eintragung ist ein Realakt**.[10] Die Registerbehörde erhält die Daten zu der geplanten Eintragung von den Strafverfolgungsbehörden und den zur Verfolgung von Ordnungswidrigkeiten berufenen Behörden. Diese prüfen das Vorliegen der Mitteilungs- und Eintragungsvoraussetzungen vor Übermittlung der Daten. Das gilt auch für die Frage der Zurechnung des Fehlverhaltens einer natürlichen Person zu einem Unternehmen (→ § 3 Rn. 5). Die Registerbehörde ist **Informationsmitt-** 9

---

[4] § 5 Abs. 1 S. 2 WRegG; BT-Drs. 18/12051, 29. Es sei denn, die Registerbehörde stellt unabhängig von einer Stellungnahme des Unternehmens fest, dass die Daten zu berichten bzw. zu löschen sind, vgl. § 4 Abs. 2 S. 2 WRegG.

[5] BT-Drs. 18/12051, 29. Siehe dazu Koll NZBau 2023, 471 (492).

[6] Vgl. BT-Drs. 18/12051, 29.

[7] In diesem Zusammenhang ist zu berücksichtigen, dass die Anforderungen für Mitteilungen an die Registerbehörde streng gefasst sind und die Daten auf idR rechtskräftig abgeschlossenen Verfahren beruhen. Vgl. dazu Wollenschläger ZHR (186) 2022, 474 (492).

[8] In Zweifelsfragen kann die Registerbehörde die mitteilende Strafverfolgungs- bzw. Verwaltungsbehörde ersuchen, ihr weitere Informationen zu übermitteln, vgl. § 5 Abs. 1 S. 4 iVm § 8 Abs. 3 WRegG.

[9] Vgl. Meixner DVBl 2018, 215 (218).

[10] BT-Drs. 18/12051, 29; so auch Fülling/Freiberg NZBau 2018, 259 (262); Hooghoff FIW Jahrbuch 2019, 12 (133 f.), Wollenschläger ZHR 186 (2022), 474 (497), mit Verweis auf BVerwG 20.5.1987 – 7 C 83/84, NJW 1988, 87 = BeckRS 1987, 1481; Engel, Wettbewerbsregister, S. 120 f.; allg. für die Eintragung in ein Korruptionsregister bereits Fülling, Korruptionsregister, S. 191 ff.

ler;[11] sie trifft **keine Entscheidung mit Regelungscharakter und Außenwirkung.** Die Übermittlung der Eintragungsdaten an die Auftraggeber dient ausschl. deren Information über das Vorliegen von Ausschlussgründen. Ein Automatismus dergestalt, dass das Vorliegen einer Eintragung konstitutiv für einen Ausschluss wäre, ist ausdr. nicht vorgesehen: Vielmehr ist der Auftraggeber verpflichtet, in eigener Verantwortung über den Ausschluss eines Unternehmens von der Teilnahme an einem Vergabeverfahren zu entscheiden (§ 6 Abs. 5 S. 1 WRegG; → § 6 Rn. 16 f.). Die gegen die Eintragung gleichwohl zulässige Beschwerde (→ § 11 Rn. 2 ff.) hat keine aufschiebende Wirkung.[12] Diese Aussage des Gesetzgebers überzeugt vor dem Hintergrund des Ziels des WRegG (schnelle Information der Auftraggeber über abgeschlossene Sanktionsverfahren als Grundlage für eine informierte Entscheidungsfindung bzgl. eines möglichen Ausschlusses). Bieter können bei Bedarf ggü. dem Auftraggeber direkt geltend machen, dass und warum sie einen Ausschluss nicht für gerechtfertigt halten.

III. Auskunftserteilung an Unternehmen und natürliche Personen (Abs. 2–5)

1. Auskunftserteilung an Unternehmen und natürliche Personen

10 § 5 Abs. 2 S. 1 WRegG gibt Unternehmen und natürlichen Personen die Möglichkeit, einen Antrag auf Auskunft bei der Registerbehörde zu stellen und so eine Information über den sie betreffenden Inhalt des Wettbewerbsregisters zu erhalten.

2. Art und Weise der Antragstellung

11 Zum Schutz der im Register gespeicherten **sensiblen Daten** muss sichergestellt werden, dass die Auskunft **nur den berechtigten Unternehmen bzw. natürlichen Personen** erteilt wird. § 5 bestimmt daher in Anlehnung an § 150 Abs. 2 S. 2 GewO Folgendes:[13] Wird der Antrag auf Selbstauskunft schriftlich gestellt,[14] hat der Antragsteller gem. § 5 Abs. 3 S. 2 WRegG seine Identität und, wenn er als gesetzlicher Vertreter handelt, auch seine Vertretungsmacht nachzuweisen.[15] Der Antrag ist gem. § 5 Abs. 3 S. 1 WRegG mit **amtlich oder öffentlich beglaubigter Unterschrift** zu stellen. Für ein Unternehmen kann der Antrag gem. § 5 Abs. 3 S. 3 WRegG nur durch einen gesetzlichen Vertreter gestellt werden.[16] Der Antragsteller kann sich nicht durch einen Bevollmächtigten vertreten lassen. Der Antrag kann nach § 5 Abs. 4 S. 1 WRegG ausdrücklich auch elektronisch gestellt werden. In diesem Fall bedarf es einer **elektronischen Identifizierung** (§ 5 Abs. 4 S. 2 WRegG). Die Rechtsverordnung bestimmt insoweit in § 8 Abs. 5. 1 WRegV, dass der elektronische Antrag auf Selbstauskunft für ein Unternehmen oder eine natürliche Person unter Verwendung eines Nutzerkontos iSd OZG zu stellen ist. Bei natürlichen Personen kann die Authentifizierung über das Nutzerkonto BundID erfolgen, bei Unternehmen über das Unternehmenskonto.

12 § 5 Abs. 2 S. 2 WRegG sieht vor, dass ein **erneuter Antrag** desselben Unternehmens oder derselben natürlichen Person **grds. erst nach Ablauf eines Jahres** zulässig ist. Eine Ausnahme liegt vor, wenn ein berechtigtes Interesse für eine erneute

---

[11] Wollenschläger ZHR 186 (2022), 474 (497 f., 519); Engel, Wettbewerbsregister, S. 120 f.; Hooghoff FIW Jahrbuch 2019, 129 (133 f.).
[12] BT-Drs. 18/12051, 34.
[13] Vgl. BT-Drs. 19/23492, 146.
[14] § 5 Abs. 3 WRegG.
[15] § 5 Abs. 3 S. 2 WRegG.
[16] § 5 Abs. 3 S. 3 WRegG.

Auskunftserteilung gegeben ist. Ein solches Interesse liegt nach der Gesetzesbegr. idR vor, wenn der Registerauszug einem Unternehmen dazu dienen soll, das Nichtvorliegen von Ausschlussgründen iRv Vergabeverfahren in anderen EU-Staaten nachzuweisen.[17]

3. Gebührenpflicht

Die Erteilung einer Auskunft aus dem Wettbewerbsregister ist für Unternehmen und natürliche Personen gem. § 5 Abs. 5 WRegG gebührenpflichtig.[18] Die Regelung ist angelehnt an § 150 Abs. 2 S. 3 GewO.[19] § 8 Abs. 2 WRegV legt die Höhe der Gebühr auf 20 Euro fest. Die Registerbehörde kann die Zahlung eines Vorschusses verlangen und die Erteilung der Auskunft von der Zahlung des Vorschusses abhängig machen.[20]   13

IV. Auskunftserteilung an amtliche Verzeichnisstellen (Abs. 2 S. 3)

Nach § 5 Abs. 2 S. 3 WRegG erteilt die Registerbehörde auch **Stellen, die ein amtliches Verzeichnis führen, das den Anforderungen des Art. 64 der RL 2014/24/EU** entspricht, Auskunft über den das Unternehmen betreffenden Inhalt des Wettbewerbsregisters. Voraussetzung für die Auskunftserteilung durch der Registerbehörde ist, dass die **Zustimmung des betreffenden Unternehmens** vorliegt (§ 5 Abs. 2 S. 3 WRegG). Die Zustimmung ist von dem jew. Unternehmen ausschl. ggü. der amtlichen Verzeichnisstelle zu erklären (§ 6 Abs. 2 S. 1 WRegV). Die amtliche Verzeichnisstelle wiederum hat ggü. der Registerbehörde zu versichern, dass sie die Zustimmung bei dem Unternehmen eingeholt hat (§ 6 Abs. 2 S. 2 WRegV). Die Registerbehörde kann Auskunftsanträge zulassen, die sich auf mehrere Unternehmen beziehen (Sammelabfrage). In der Praxis werden die Anträge als Sammelabfragen (vgl. § 6 Abs. 3 WRegV) gestellt.   14

V. Akteneinsicht (Abs. 6)

Die betroffenen Unternehmen haben gem. § 5 Abs. 6 WRegG die Möglichkeit der Akteneinsicht.[21] Die Regelung zur Akteneinsicht ist § 147 Abs. 1 StPO nachgebildet;[22] die Akteneinsicht erfolgt daher unbeschränkt. Die Registerbehörde darf allerdings **nur einem bevollmächtigten Rechtsanwalt**, nicht den Unternehmen selbst bzw. ihren Organen, Einsicht in die Akten gewähren.[23]   15

VI. Auskunftserteilung nach Art. 15 DSGVO (Abs. 7)

§ 5 Abs. 7 WRegG statuiert besondere Voraussetzungen für die Geltendmachung des datenschutzrechtlichen Auskunftsanspruchs einer natürlichen Person nach   16

---

[17] Vgl. BT-Drs. 18/12051, 30; BT-Drs. 19/23492, 145.
[18] Durch Art. 10 Nr. 6 lit. d des Gesetzes v. 18.1.2021 (GWB-Digitalisierungsgesetz) ist mit § 11 Nr. 7 WRegG eine Verordnungsermächtigung zur Regelung des Gebührensatzes und zur Erhebung der Gebühr in das Gesetz aufgenommen worden, BGBl. I 2021, 2.
[19] BT-Drs. 19/23492, 146.
[20] § 8 Abs. 2 S. 3 WRegV.
[21] § 5 Abs. 6 WRegG.
[22] Vgl. BT-Drs. 18/12583, 10 f.
[23] Vgl. § 5 Abs. 3 WRegG letzter Hs.

Art. 15 DSGVO: Damit auch insoweit sichergestellt ist, dass der Antrag von der im Antrag bezeichneten natürlichen Person herrührt, gelten die Regelungen von § 5 Abs. 3 und 4 WRegG entsprechend.[24] Für die Erteilung einer Auskunft nach Art. 15 DSGVO fällt keine Gebühr an.[25]

§ 6 Abfragepflicht für Auftraggeber; Entscheidung über einen Ausschluss vom Vergabeverfahren

(1) [1]Ein öffentlicher Auftraggeber nach § 99 des Gesetzes gegen Wettbewerbsbeschränkungen ist verpflichtet, vor der Erteilung des Zuschlags in einem Verfahren über die Vergabe öffentlicher Aufträge mit einem geschätzten Auftragswert ab 30 000 Euro ohne Umsatzsteuer bei der Registerbehörde abzufragen, ob im Wettbewerbsregister Eintragungen zu demjenigen Bieter, an den der öffentliche Auftraggeber den Auftrag zu vergeben beabsichtigt, gespeichert sind. [2]Ein Sektorenauftraggeber nach § 100 Absatz 1 Nummer 1 des Gesetzes gegen Wettbewerbsbeschränkungen sowie ein Konzessionsgeber nach § 101 Absatz 1 Nummer 1 und 2 des Gesetzes gegen Wettbewerbsbeschränkungen sind ab Erreichen der Schwellenwerte des § 106 des Gesetzes gegen Wettbewerbsbeschränkungen verpflichtet, bei der Registerbehörde vor Zuschlagserteilung abzufragen, ob im Wettbewerbsregister Eintragungen zu demjenigen Bieter, an den sie den Auftrag zu vergeben beabsichtigen, gespeichert sind. [3]Eine Verpflichtung zur Abfrage besteht abweichend von den Sätzen 1 und 2 nicht bei Sachverhalten, für die das Vergaberecht Ausnahmen von der Anwendbarkeit des Vergaberechts vorsieht. [4]Auslandsdienststellen sind abweichend von den Sätzen 1 und 2 nicht verpflichtet, das Wettbewerbsregister abzufragen. [5]Auf eine erneute Abfrage bei der Registerbehörde kann der Auftraggeber verzichten, wenn er innerhalb der letzten zwei Monate zu dem entsprechenden Unternehmen bereits eine Auskunft aus dem Wettbewerbsregister erhalten hat. [6]Auftraggeber dürfen von Bietern oder Bewerbern nicht die Vorlage einer Auskunft nach § 5 Absatz 2 Satz 1 verlangen.

(2) Daneben können Auftraggeber nach Absatz 1 bei der Registerbehörde abfragen
1. bei öffentlichen Aufträgen und Konzessionen mit einem geschätzten Auftrags- oder Vertragswert unterhalb der Wertgrenzen nach Absatz 1, ob Eintragungen im Wettbewerbsregister zu demjenigen Bieter vorliegen, an den der Auftraggeber den Auftrag oder die Konzession zu vergeben beabsichtigt, und
2. im Rahmen eines Teilnahmewettbewerbs, ob Eintragungen im Wettbewerbsregister in Bezug auf diejenigen Bewerber vorliegen, die der Auftraggeber zur Abgabe eines Angebots auffordern will.

(3) [1]Die Registerbehörde übermittelt dem abfragenden Auftraggeber die im Wettbewerbsregister gespeicherten Daten über das Unternehmen, das in der Abfrage benannt ist. [2]Gibt es im Wettbewerbsregister zu einem Unternehmen keine Eintragung, teilt die Registerbehörde dies dem Auftraggeber mit.

(4) Die Auskünfte aus dem Wettbewerbsregister dürfen nur den Bediensteten zur Kenntnis gebracht werden, die mit der Entgegennahme der Auskunft oder mit der Bearbeitung des Vergabeverfahrens betraut sind.

---

[24] § 5 Abs. 7 WRegG. Vgl. BT-Drs. 19/25868, 125.
[25] Zumindest nicht bei der erstmaligen Auskunftserteilung. Vgl. zu den Einzelheiten Art. 12 Abs. 5 und Art. 15 Abs. 3 DSGVO.

(5) ¹Der Auftraggeber entscheidet nach Maßgabe der vergaberechtlichen Vorschriften in eigener Verantwortung über den Ausschluss eines Unternehmens von der Teilnahme an dem Vergabeverfahren. ²§ 7 Absatz 2 bleibt unberührt.

(6) ¹Auftraggeber können von den Strafverfolgungsbehörden oder den zur Verfolgung von Ordnungswidrigkeiten berufenen Behörden ergänzende Informationen anfordern, soweit diese nach Einschätzung der Auftraggeber für die Vergabeentscheidung erforderlich sind. ²Die Strafverfolgungsbehörden und die zur Verfolgung von Ordnungswidrigkeiten berufenen Behörden dürfen die angeforderten Informationen auf Ersuchen des Auftraggebers übermitteln.

(7) ¹Die nach Absatz 3 und 6 sowie nach § 8 Absatz 4 Satz 5 übermittelten Daten sind vertraulich und dürfen vom Auftraggeber nur für Vergabeentscheidungen genutzt werden. ²Die Daten sind nach Ablauf der rechtlich vorgesehenen Aufbewahrungsfristen zu löschen.

Übersicht

	Rn.
I. Bedeutung der Vorschrift	1
II. Abfragepflicht und Abfragemöglichkeit (Abs. 1, 2)	2
1. Abfragepflicht	2
2. Abfrage-Adressat, Zeitpunkt der Abfrage und Rechtsnachfolge	4
3. Ausnahmen von der Abfragepflicht	7
4. Möglichkeit der freiwilligen Abfrage	9
5. Keine Einholung von Selbstauskünften bei Abfragemöglichkeit	10
III. Übermittlung von Daten durch die Registerbehörde (Abs. 3)	11
IV. Zweckbindung der übermittelten Daten; Löschung (Abs. 4, 7)	13
V. Entscheidungsverantwortlichkeit des Auftraggebers (Abs. 5)	16
VI. Ergänzende Informationen (Abs. 6)	18
VII. Verantwortlichkeit für die Abfrage und Registrierung für das Internet-Portal der Registerbehörde	19
VIII. Praktische Durchführung der Abfrage	21
IX. Verhältnis zu spezialgesetzlich geregelten Abfragepflichten	23
X. Verstoß gegen die Abfragepflicht	24

I. Bedeutung der Vorschrift

Kern der Regelung des § 6 WRegG ist die **Abfragepflicht** bzw. die **Abfragemöglichkeit** für **öffentliche Auftraggeber, Sektorenauftraggeber und Konzessionsgeber** und deren genaue Modalitäten sowie Verwendungsbeschränkungen vor dem Hintergrund der Vertraulichkeit der im Register gespeicherten Daten. Darüber hinaus wird klargestellt, dass der Auftraggeber in eigener Verantwortung auf der Grundlage der materiellen vergaberechtlichen Vorschriften über den Ausschluss eines Unternehmens vom Vergabeverfahren entscheidet.

II. Abfragepflicht und Abfragemöglichkeit (Abs. 1, 2)

1. Abfragepflicht

Gem. § 6 Abs. 1 S. 1 WRegG sind **öffentliche Auftraggeber** iSd § 99 GWB in Vergabeverfahren mit einem geschätzten Auftragswert ab 30.000 Euro

netto verpflichtet, bei der Registerbehörde abzufragen, ob eine Eintragung zu dem Bieter vorliegt, der den Zuschlag bekommen soll. Nach dem klaren Wortlaut ist für die Frage der Abfragepflicht der geschätzte (Gesamt-) Auftragswert, nicht etwa der tatsächliche Wert des Angebots des Bestbieters maßgeblich. Eine Abfrage muss bzw. kann erfolgen, ohne dass es darauf ankommt, ob der Auftragswert oberhalb der EU-Schwellenwerte liegt oder nicht.[1]

3   **Sektorenauftraggeber** nach § 100 Abs. 1 Nr. 1 GWB und **Konzessionsgeber** nach § 101 Abs. 1 Nr. 1 und Nr. 2 GWB sind gem. § 6 Abs. 1 S. 2 WRegG **ab Erreichen der Schwellenwerte des § 106 GWB** zur Abfrage verpflichtet. Nicht zur Abfrage zugelassen sind demnach Sektorenauftraggeber nach § 100 Abs. 1 Nr. 2 GWB und Konzessionsgeber nach § 101 Abs. 1 Nr. 3 GWB. Der Gesetzgeber begründet dies zu Recht mit der Sensibilität der im Register gespeicherten Daten.[2]

2. Abfrage-Adressat, Zeitpunkt der Abfrage und Rechtsnachfolge

4   Die Abfrage bezieht sich (nur) auf den **Bieter, der für den Zuschlag vorgesehen** ist („demjenigen Bieter "), dh die **Wertung der Angebote muss durchgeführt und abgeschlossen** sein. Eine „Vorratsabfrage" aussichtsreicher Zuschlagskandidaten ist unzulässig.[3] Handelt es sich bei dem Bieter, an den der Auftrag vergeben werden soll, um eine Bietergemeinschaft, besteht die Pflicht zur Abfrage aller Mitglieder der Bietergemeinschaft.[4]

5   **Keine Abfrage** ist möglich zu **Unterauftragnehmern**.[5] Das ergibt sich aus dem klaren Wortlaut von § 6 Abs. 1 und 2 WRegG, nach dem sich die Abfrage (nur) auf die Bieter, an die der Auftrag vergeben werden soll, bzw. die Bewerber iR eines Teilnahmewettbewerbs beziehen darf.

6   Nicht ausdr. geregelt ist die Frage, wie im **Fall einer Rechtsnachfolge** vorzugehen ist. Ein solcher Fall liegt nicht vor, wenn das Bieterunternehmen weiterhin existiert, es aber zu Änderungen bei der Firma oder der Rechtsform gekommen ist.[6] Aus der Gesetzesbegr. geht hervor, dass mit der in § 2 Abs. 4 S. 2 WRegG vorgesehenen Eintragung erloschener Unternehmen dem Auftraggeber die Möglichkeit eröffnet werden soll, sich darüber zu informieren, ob ein Vorgängerunternehmen ins Wettbewerbsregister eingetragen worden ist, so dass er das Vorliegen eines Ausschlussgrundes ggü. einem Nachfolgeunternehmen ggf. berücksichtigen kann.[7] Das spricht dafür, dass Auftraggeber bei der Abfrage nach § 6 Abs. 1 bzw. Abs. 2 WRegG den Rechtsvorgänger des Bieters abfragen können.[8] Voraussetzung ist allerdings, dass ein Fall der Rechtsnachfolge vorliegt. Die entspr. **Prüfung wird der Auftraggeber vornehmen müssen**. Die Registerbehörde ihrerseits darf dem Auftraggeber nur dann Informationen zu einem Rechtsvorgänger übermitteln, wenn der Auftraggeber das entspr. Unternehmen abfragt.[9]

---

[1] So auch Fülling/Freiberg NZBau 2018, 259 (260); Engel, Wettbewerbsregister, S. 180.
[2] Vgl. BT-Drs. 18/12583, 30.
[3] So auch Dreher/Engel ZWeR 2019, 3 (8 f.).
[4] BT-Drs. 18/12051, 30; § 5 Abs. 1 S. 2 WRegV.
[5] So auch Engel, Wettbewerbsregister, S. 169.
[6] Vgl. Engel, Wettbewerbsregister, S. 175.
[7] BT-Drs. 18/12051, 28.
[8] Vgl. Beck VergabeR/Merkes WRegG § 6 Rn. 29 f.; aA Engel, Wettbewerbsregister, S. 174 f., und Dreher/Engel ZWeR 2019, 3 (12), die die Möglichkeit der Abfrage auf Umgehungsfälle beschränkt sehen, die darauf angelegt sind, ein Unternehmen durch die entspr. Maßnahme vor einem Ausschluss zu „retten".
[9] S. § 6 Abs. 3 S. 1 WRegG.

3. Ausnahmen von der Abfragepflicht

Keine Abfragepflicht besteht gem. § 6 Abs. 1 S. 3 WRegG bei Sachverhalten, 7
für die das Vergaberecht **Ausnahmen von der Anwendbarkeit des Vergaberechts** vorsieht. Das gilt nach der Begr. des RegE insbes. für vergabefreie Inhouse-Vergaben und Fälle der horizontalen Zusammenarbeit zwischen öffentlichen Auftraggebern (vgl. § 108 GWB) sowie für weitere Ausnahmen, etwa gem. §§ 107, 109, 116, 117 oder 145 GWB.[10] Zudem sind Auslandsdienststellen, wie Botschaften und Konsulate, gem. § 6 Abs. 1 S. 4 WRegG nicht verpflichtet, das Wettbewerbsregister abzufragen.[11]

Auftraggeber können gem. § 6 Abs. 1 S. 5 WRegG auf eine **erneute Abfrage** 8
verzichten, wenn sie innerhalb der letzten zwei Monate zu dem entspr. Unternehmen bereits eine Auskunft aus dem Wettbewerbsregister erhalten haben. Damit soll unnötiger Aufwand bei den Auftraggebern vermieden werden.[12] Will der Auftraggeber Sicherheit, dass weiterhin keine Eintragungen vorliegen, kann und sollte er von der Möglichkeit der Abfrage gleichwohl Gebrauch machen.

4. Möglichkeit der freiwilligen Abfrage

Unterhalb der Wertgrenzen von § 6 Abs. 1 WRegG ist die Abfrage nach § 6 9
Abs. 2 Nr. 1 WRegG **freiwillig**. Gem. § 6 Abs. 2 Nr. 2 können Auftraggeber **iR**
eines Teilnahmewettbewerbs in Bezug auf diejenigen Bewerber abfragen, die der Auftraggeber zur Abgabe eines Angebots auffordern will.

5. Keine Einholung von Selbstauskünften bei Abfragemöglichkeit

Die neu mit dem GWB-Digitalisierungsgesetz – in Anlehnung an § 150a Abs. 6 10
GewO[13] – eingeführte Norm des § 6 Abs. 1 S. 6 WRegG regelt, dass die (abfrageberechtigten) „Auftraggeber [...] von Bietern oder Bewerbern nicht die Vorlage einer Auskunft nach § 5 Abs. 2 S. 1 [WRegG] verlangen [dürfen]". Die Einführung des Wettbewerbsregisters soll zu einer Entlastung der Unternehmen führen, da der Bedarf für die Vorlage von Selbstauskünften entfällt.[14] Diese Entlastung würde nicht erreicht, wenn die Vorlage von Selbstauskünften uneingeschränkt verlangt werden dürfte.[15] Darüber hinaus soll so auch die Registerbehörde entlastet werden.[16]

III. Übermittlung von Daten durch die Registerbehörde (Abs. 3)

§ 6 Abs. 3 WRegG regelt die Befugnis der Registerbehörde zur Datenübermitt- 11
lung an die öffentlichen Auftraggeber, Sektorenauftraggeber und Konzessionsgeber, die zur Abfrage verpflichtet bzw. berechtigt sind.[17] Die Befugnis zur Übermittlung von Daten bezieht sich auf das Unternehmen, das vom Auftraggeber in der Abfrage benannt ist.[18]

---

[10] Vgl. BT-Drs. 18/12051, 30.
[11] Vgl. BT-Drs. 18/12051, 30.
[12] BT-Drs. 18/12051, 30.
[13] Vgl. BT-Drs. 19/23492, 146.
[14] Vgl. BT-Drs. 18/12051, 21.
[15] BT-Drs. 19/23492, 145.
[16] BT-Drs. 19/23492, 145.
[17] Vgl. BT-Drs. 18/12051, 30.
[18] Vgl. § 6 Abs. 3 S. 1 WRegG.

WRegG § 6 Abfragepflicht für Auftraggeber; Ausschluss

12   Liegt eine Eintragung (bzw. liegen mehrere Eintragungen) zu dem in der Abfrage benannten Unternehmen vor, übermittelt die Registerbehörde dem Auftraggeber die im Wettbewerbsregister gespeicherten Daten zu diesem Unternehmen (§ 6 Abs. 3 S. 1 WRegG). Um welche Daten es sich dabei handelt, ergibt sich aus § 3 WRegG sowie aus den ergänzenden Regelungen der WRegV: Danach übermittelt die Registerbehörde dem Auftraggeber den Inhalt der Eintragung (§ 3 Abs. 1 Nr. 1 bis 6 WRegG iVm § 4 Abs. 2 WRegV), ggf. die im Register gem. § 3 Abs. 2 WRegG zu einer Eintragung gespeicherten Informationen des Unternehmens über durchgeführte Selbstreinigungsmaßnahmen sowie ggf. den gem. § 8 Abs. 4 S. 4 WRegG im Register zu speichernden Vermerk über die Ablehnung eines Antrags auf vorzeitige Löschung wegen Selbstreinigung.

IV. Zweckbindung der übermittelten Daten; Löschung (Abs. 4, 7)

13   Die im Wettbewerbsregister gespeicherten Daten, die dem Auftraggeber auf dessen Abfrage übermittelt werden, unterliegen einer **strengen Zweckbindung**: Die Daten dürfen gem. § 6 Abs. 4 WRegG **nur den Bediensteten des Auftraggebers zur Kenntnis** gebracht werden, die mit der **Entgegennahme der Auskunft oder mit der Bearbeitung des Vergabeverfahrens** betraut sind.[19] Zu den betrauten Bediensteten des Auftraggebers gehören ausweislich der Gesetzesbegr. auch die für die verwaltungsinterne Überprüfung oder Genehmigung von Vergabeverfahren zuständigen Mitarbeiter der Fach- oder Rechtsaufsicht.[20] Aus dem eng gefassten Wortlaut („Bedienstete") ergibt sich auch, dass mit dem Vergabeverfahren befasste Externe, wie zB Ingenieure und Architekten, nicht zum Kreis der Berechtigten gehören. Erst recht gilt, dass diese Personen nicht zur Abfrage berechtigt sind.

14   Aufgrund der besonderen Vertraulichkeit der übermittelten **Daten dürfen diese nur für Zwecke der Vergabeentscheidung verwendet werden.**[21] Die Verantwortlichkeit für die Einhaltung dieser gesetzlichen Vorgaben liegt bei den Auftraggebern und deren Bediensteten.[22] Werden die übermittelten Daten zu anderen Zwecken unberechtigt weitergegeben, kommt neben dienst-, arbeits- und datenschutzrechtlichen Konsequenzen auch eine Strafbarkeit nach § 203 Abs. 1 und 2 StGB in Betracht.

15   § 6 Abs. 7 WRegG unterstreicht, dass die an den Auftraggeber übermittelten Daten vertraulich sind und vom Auftraggeber nur für die konkrete Vergabeentscheidung genutzt werden dürfen.[23] Nach Ablauf der rechtlich vorgesehenen Aufbewahrungsfristen sind die Daten zu löschen.[24]

V. Entscheidungsverantwortlichkeit des Auftraggebers (Abs. 5)

16   § 6 Abs. 5 WRegG ist eine **zentrale Norm** im WRegG: Die Regelung stellt klar, dass der **Auftraggeber in eigener Verantwortung** nach Maßgabe der verga-

---

[19] Nach der Gesetzesbegr. sind hierfür Gründe des Datenschutzes ausschlaggebend, vgl. BT-Drs. 18/12051, 31.
[20] BT-Drs. 18/12051, 31.
[21] § 6 Abs. 7 S. 1 WRegG; vgl. auch BT-Drs. 18/12051, 31.
[22] So auch Diederichs VergabeR 2018, 623 (627).
[23] Vgl. dazu BT-Drs. 18/12051, 31: „Die Daten dienen lediglich der Unterstützung der Entscheidung der Vergabestelle im Rahmen eines Vergabeverfahrens über den Ausschluss eines Unternehmens."
[24] S. dazu auch BT-Drs. 18/12051, 31, mit Verweis auf § 8 Abs. 4 VgV.

berechtlichen Vorschriften **über den Ausschluss eines Unternehmens vom Vergabeverfahren zu entscheiden** hat. Die Eintragung eines Unternehmens in das Wettbewerbsregister führt also nicht ohne Weiteres und automatisch zum Ausschluss des betreffenden Unternehmens, sondern setzt eine eigenständige Einzelfallprüfung durch die zuständige Vergabestelle voraus.[25] Diese ist im Vergabevermerk zu dokumentieren. Die Übermittlung von Eintragungsdaten durch die Registerbehörde unterstützt den Auftraggeber bei der Prüfung eines möglichen Ausschlusses. Die übermittelten Daten sind ein „verwaltungsinternes Hilfsmittel".[26]

Bei der materiellrechtlichen Prüfung möglicher Ausschlussgründe muss die Vergabestelle auch prüfen, ob ein Ausschluss in zeitlicher Hinsicht noch zulässig ist (→ GWB § 126 Rn. 7 ff.).[27] 17

VI. Ergänzende Informationen (Abs. 6)

§ 6 Abs. 6 S. 1 WRegG räumt Auftraggebern die Möglichkeit ein, von den Strafverfolgungsbehörden und den zur Verfolgung von Ordnungswidrigkeiten berufenen Behörden ergänzende Informationen zu den von der Registerbehörde übermittelten Daten anzufordern. Die Anforderung setzt voraus, dass die angeforderten Informationen nach Einschätzung des Auftraggebers für die Vergabeentscheidung erforderlich sind.[28] Spiegelbildlich zur Möglichkeit der Anforderung der Information enthält § 6 Abs. 6 S. 2 WRegG die Befugnis der genannten Behörden, die angeforderten Informationen dem Auftraggeber zu übermitteln. 18

VII. Verantwortlichkeit für die Abfrage und Registrierung für das Internet-Portal der Registerbehörde

Die Verantwortung für die Rechtmäßigkeit der Abfrage und die Verwendung der Daten trägt der Auftraggeber. Dies ergibt sich bereits aus den Regelungen des § 6 WRegG, ist aber in § 5 Abs. 4 S. 1 WRegV noch einmal ausdr. klargestellt. 19

Die elektronische Abfrage über das Internet-Portal setzt die Registrierung bei der Registerbehörde voraus. Für die elektronische Abfrage durch Auftraggeber sind nach § 5 Abs. 1 S. 1 WRegV das Internet-Portal oder – soweit eingerichtet – die amtliche Schnittstelle zu nutzen.[29] 20

VIII. Praktische Durchführung der Abfrage

Die Abfrage wird über das Internet-Portal der Registerbehörde durchgeführt und setzt eine Registrierung des Auftraggebers bei der Registerbehörde voraus. 21

Bei der Abfrage müssen die Bediensteten des Auftraggebers – im Einklang mit § 5 Abs. 2 S. 1 Nr. 3 WRegV und § 3 Abs. 1 Nr. 4 WRegG – vorhandene Identifikatoren des jew. Unternehmens angeben (insbes. das Registergericht, Registerart ((zB Handelsregister)) und die Registernummer sowie die Umsatzsteuer-Identifika- 22

---

[25] BT-Drs. 18/12051, 31.
[26] BT-Drs. 18/12051, 31. Vgl. Wollenschläger ZHR (2022), 474 (501 f.); Hooghoff FIW Jahrbuch 2019, 129 (133 f.); Bott/Bahrdt StraFo 2017, 354 (357).
[27] Vgl. dazu auch Dreher/Engel ZWeR 2019, 3 (7).
[28] § 6 Abs. 1 S. 1 WRegG aE.
[29] Die Abfrage ist derzeit ausschl. über das Portal möglich. Einzelheiten zur Registrierung sind in § 2 WRegG geregelt. Nähere Informationen und Leitfäden finden sich auf der Internetseite des Bundeskartellamts.

tionsnummer). Je umfassender die Angaben zum Bieter bzw. Bewerber sind, desto schneller kann eine Zuordnung über das Registersystem und die Beantwortung über das Internet-Portal ggü. dem Auftraggeber erfolgen. Die Auftraggeber sollten daher die genannten Identifikatoren bereits in der Angebotsaufforderung bei den Unternehmen abfragen.

IX. Verhältnis zu spezialgesetzlich geregelten Abfragepflichten

23   Neben § 6 Abs. 1 S. 1 WRegG sind in § 21 Abs. 1 S. 5 SchwarzArbG, § 19 Abs. 4 MiLoG und § 21 Abs. 4 AEntG spezialgesetzliche Abfragepflichten für öffentliche Auftraggeber normiert. Nach diesen Regelungen ist der Auftraggeber zur Abfrage beim Wettbewerbsregister verpflichtet bei Aufträgen „ab einer Höhe von 30.000 Euro". Der Wortlaut der Vorschriften spricht dafür, dass es – anders als bei § 6 Abs. 1 WRegG – auf die tatsächliche Höhe des Auftrags und nicht auf den geschätzten Auftragswert ankommt. Das kann dazu führen, dass zwar eine Abfragepflicht nach dem WRegG nicht besteht, aber nach den genannten spezialgesetzlichen Regelungen – und umgekehrt. Ein Grund für die unterschiedlich gefassten Abfragepflichten ist nicht erkennbar, im Gegenteil: In der Gesetzesbegr. wird ausgeführt, dass die Abfragepflicht nach dem WRegG den bisher bestehenden Wertgrenzen nach den genannten Spezialgesetzen entspricht.[30] Das ist aber nach dem Wortlaut der jew. Vorschriften gerade nicht der Fall. Im Sinne einer möglichst einfachen und klaren Handhabung durch die Auftraggeber spricht de lege ferenda viel dafür, die spezialgesetzlichen Regelungen an § 6 Abs. 1 S. 1 WRegG anzupassen.

X. Verstoß gegen die Abfragepflicht

24   § 6 WRegG regelt nur, in welchen Fällen Auftraggeber in Vergabeverfahren zur Abfrage verpflichtet sind. Rechtsfolgen für den Fall eines Verstoßes gegen die Abfragepflicht sind im WRegG nicht bestimmt. Aus der Gesetzesbegr. ergibt sich, dass die Abfragepflicht nicht drittschützend ist und damit nicht für sich genommen im Wege des vergaberechtlichen Nachprüfungsverfahrens zur Überprüfung gestellt werden kann.[31]

25   Allerdings muss die **Durchführung der Abfrage und die Entscheidung des Auftraggebers** über einen evtl. Ausschluss aufgrund einer Eintragung im Wettbewerbsregister **im Vergabevermerk dokumentiert** werden. Ein nicht nach § 123, 124 GWB erfolgter Ausschluss des für den Zuschlag vorgesehenen Bieters – und damit mittelbar auch eine nicht erfolgte Abfrage durch den Auftraggeber nach dem WRegG – kann allerdings bei einer Überprüfung des Vergabeverfahrens relevant werden.[32]

§ 7 Löschung der Eintragung aus dem Wettbewerbsregister nach Fristablauf; Rechtswirkung der Löschung

(1) [1]Eintragungen über Straftaten nach § 2 Absatz 1 Nummer 1 Buchstabe a, c und d werden spätestens nach Ablauf von fünf Jahren ab dem Tag der Rechts- oder Bestandskraft der Entscheidung gelöscht. [2]Eintragungen von Bußgeldentscheidungen nach § 2 Absatz 2 werden spätestens nach Ablauf von drei Jahren ab dem Erlass der Bußgeldentscheidung gelöscht.

---

[30] BT-Drs. 18/12051, 30.
[31] BT-Drs. 18/12051, 31.
[32] Vgl. Pfannkuch ZfBR 2018, 342 (343) mwN; Dreher/Engel ZWeR 2019, 3 (8).

³Im Übrigen werden Eintragungen spätestens nach Ablauf von drei Jahren ab dem Tag gelöscht, an dem die Entscheidung unanfechtbar geworden ist. ⁴Bei mehreren Eintragungen wegen desselben Fehlverhaltens ist eine Löschung aller ein Unternehmen betreffenden Eintragungen vorzunehmen, wenn die Voraussetzungen der Löschung für eine Eintragung gegeben sind und dieselben Fristen für die Löschung gelten; bei unterschiedlichen Fristen ist die längere Frist maßgeblich. ⁵Die Regelungen des § 4 Absatz 2 Satz 2 und des § 8 Absatz 1 Satz 3 bleiben unberührt.

(2) ¹Ist eine Eintragung im Wettbewerbsregister nach Absatz 1 oder § 8 gelöscht worden, so darf die der Eintragung zugrunde liegende Straftat oder Ordnungswidrigkeit in Vergabeverfahren nicht mehr zum Nachteil des betroffenen Unternehmens verwertet werden. ²Die Ablehnung eines Löschungsantrags nach § 8 Absatz 1 durch die Registerbehörde ist für den Auftraggeber nicht bindend.

I. Bedeutung der Vorschrift

§ 7 WRegG regelt, wann im Wettbewerbsregister gespeicherte Eintragungen über straf- und bußgeldrechtliche Entscheidungen im Wettbewerbsregister zu löschen sind. Darüber hinaus wird geregelt, dass eine gelöschte Eintragung nicht mehr zum Nachteil eines Unternehmens verwertet werden darf. 1

II. Löschung von Eintragungen nach Fristablauf (Abs. 1)

1. Grundsatz

Die **Frist zur Löschung einer Eintragung** aus dem Wettbewerbsregister beträgt **drei bzw. fünf Jahre**. Eintragungen zu Delikten, die zwingende Ausschlussgründe darstellen (§ 2 Abs. 1 Nr. 1 lit. a, c und d WRegG), sind gem. § 7 Abs. 1 S. 1 WRegG nach fünf Jahren zu löschen, alle anderen Eintragungen nach drei Jahren (§ 7 Abs. 1 S. 2 und 3 WRegG). Der Lauf der Frist beginnt mit der Rechtskraft der jew. Sanktionsentscheidung, im Fall von kartellrechtlichen Entscheidungen iSd § 2 Abs. 2 WRegG ab dem Erlass der Entscheidung.[1] Die im WRegG geregelten Löschfristen richten sich ausweislich der Gesetzesbegr. nach den Vorgaben in § 126 GWB (→ GWB § 126 Rn. 4 ff.) über die Höchstdauer des zulässigen Zeitraums eines Ausschlusses von der Teilnahme an Vergabeverfahren.[2] Die Fristen sind aber nicht notwendigerweise deckungsgleich: So beginnt der zulässige Zeitraum für einen Ausschluss bei Vorliegen eines Ausschlussgrundes nach § 124 GWB mit dem „betreffenden Ereignis" (→ GWB § 126 Rn. 9). Der Auftraggeber muss daher im Einzelfall nach Erhalt einer Eintragung auch prüfen, ob ein Ausschluss des betreffenden Unternehmens auch unter Berücksichtigung von § 126 GWB zulässig ist.[3] 2

2. Löschung bei Vorliegen mehrerer Eintragungen

Liegen mehrere **Eintragungen wegen desselben Fehlverhaltens** vor, sind die entspr. Eintragungen zu dem Unternehmen gem. § 7 Abs. 1 S. 4 WRegG zu löschen, wenn die Voraussetzungen der Löschung für eine Eintragung gegeben sind und dieselben Fristen für die Löschung gelten; bei unterschiedlichen Fristen ist die längere Frist maßgeblich. Die Regelung soll verhindern, dass es zu einem „doppelten 3

---

[1] § 7 Abs. 1 S. 2 WRegG.
[2] BT-Drs. 18/12051, 31.
[3] Vgl. Dreher/Engel ZWeR 2019, 3 (7).

WRegG § 8   Vorzeitige Löschung der Eintragung

Fristlauf" bei mehreren Eintragungen wegen desselben Fehlverhaltens kommt.[4] **Vermieden werden soll, dass eine der Eintragungen früher und eine weitere erst später zu löschen wäre** und das Fehlverhalten nach Ablauf der früheren Frist gleichwohl noch im Register dokumentiert wäre und einem Auftraggeber zur Kenntnis gelangen könnte.

3. Abschließende Regelungen

4   Die **Regelungen zur Löschung** nach § 7 WRegG bzw. zur vorzeitigen Löschung nach § 8 WRegG sind **abschließend**. Aus Wortlaut und Systematik der Regelungen ergibt sich, dass daneben kein Raum für weitere (vorzeitige) Löschungsmöglichkeiten besteht,[5] soweit es sich nicht um fehlerhafte Eintragungen handelt.[6]

III. Bindungswirkung bei Löschung einer Eintragung (Abs. 2)

5   Die **Löschung einer Eintragung** aus dem Wettbewerbsregister hat gem. § 7 Abs. 2 S. 1 WRegG zur Folge, dass das der Eintragung zugrunde liegende **Fehlverhalten in Vergabeverfahren nicht mehr zum Nachteil des betroffenen Unternehmens verwertet werden darf**. Das gilt für Fälle der **fristgerechten Löschung** einer Eintragung gem. § 7 Abs. 1 WRegG, aber insbes. auch bei einer **vorzeitigen Löschung wegen Selbstreinigung** gem. § 8 WRegG. Diese Bindungswirkung ist für betroffene Bieterunternehmen aufgrund der nur einmalig (bei der Registerbehörde) durchzuführenden Prüfung der Selbstreinigungsmaßnahmen und der mit einer positiven Entscheidung einhergehenden Rechtssicherheit vorteilhaft.[7] Da dem Auftraggeber aufgrund der Bindungswirkung von § 7 Abs. 2 S. 1 WRegG bei der Prüfung von Ausschlussgründen im Vergabeverfahren kein eigener Beurteilungsspielraum bleibt, dürfte im Nicht-Ausschluss des Bieters durch den Auftraggeber auch keine Rechtsverletzung von Mitbietern liegen, die im Nachprüfungsverfahren erfolgreich geltend gemacht werden kann.[8]

6   **Keine Bindungswirkung** entfaltet hingegen die Ablehnung eines Antrags **auf vorzeitige Löschung** durch die Registerbehörde gem. § 7 Abs. 2 S. 2 WRegG; die ablehnende Entscheidung ist allerdings im Wettbewerbsregister zu vermerken und einem Auftraggeber auf dessen Ersuchen hin zu übermitteln (vgl. § 8 Abs. 4 S. 4 und 5 WRegG). In diesem Fall hat der Auftraggeber in eigener Verantwortung zu prüfen, ob er die vom Unternehmen durchgeführten Selbstreinigungsmaßnahmen als erfolgreich ansieht.[9]

§ 8 Vorzeitige Löschung der Eintragung aus dem Wettbewerbsregister wegen Selbstreinigung; Gebühren und Auslagen

(1) ¹Ist ein Unternehmen in das Wettbewerbsregister eingetragen worden, so kann es bei der Registerbehörde beantragen, dass die Eintragung wegen

---

[4] BT-Drs. 18/12051, 31.
[5] Hooghoff FIW Jahrbuch 2019, 129 (136); ders. WuW 2021, 551 (555); Engel, Wettbewerbsregister, S. 202 f.; aA noch Dreher/Engel ZWeR 2019, 3 (25 ff.).
[6] Fehlerhafte Daten sind gem. § 4 Abs. 2 S. 2 WRegG vAw zu berichtigen bzw. zu löschen. Zu löschen oder zu ändern sind Eintragungen auch dann, wenn die mitteilungspflichtige Behörde der Registerbehörde (zu einem späteren Zeitpunkt) mitteilt, dass die übermittelten Daten unrichtig sind oder sich nachträglich geändert haben (§ 4 Abs. 3 S. 2 und 3 WRegV), wie zB im Falle eines nachträglichen Wegfalls der Rechtskraft.
[7] Niggemann DB 2017, 59 (64).
[8] Vgl. BT-Drs. 18/12051, 31. So auch Asgodom AnwZert BauR 6/2022 Anm. 1., unter V.
[9] BT-Drs. 18/12051, 31.

Selbstreinigung vor Ablauf der Löschungsfrist nach § 7 Absatz 1 aus dem Wettbewerbsregister gelöscht wird. ²Der Antrag ist zulässig, wenn das Unternehmen ein berechtigtes Interesse an der vorzeitigen Löschung glaubhaft macht. ³Die Eintragung ist zu löschen, wenn das Unternehmen gegenüber der Registerbehörde die Selbstreinigung im Fall des § 2 Absatz 1 Nummer 1 Buchstabe c und d entsprechend § 123 Absatz 4 Satz 2 des Gesetzes gegen Wettbewerbsbeschränkungen, im Übrigen entsprechend § 125 des Gesetzes gegen Wettbewerbsbeschränkungen für die Zwecke des Vergabeverfahrens nachgewiesen hat.

(2) ¹Die Registerbehörde ermittelt den Sachverhalt nach Antragstellung von Amts wegen. ²Sie kann sich dabei auf das beschränken, was von dem Antragsteller vorgebracht wird oder ihr sonst bekannt sein muss. ³Sie kann von dem Antragsteller verlangen, dass er ihr
1. die strafgerichtliche Entscheidung oder die Bußgeldentscheidung übermittelt,
2. Gutachten oder andere Unterlagen vorlegt, die zur Bewertung der Selbstreinigungsmaßnahmen geeignet sind.

⁴Die §§ 57 und 59 bis 59b des Gesetzes gegen Wettbewerbsbeschränkungen sind entsprechend anzuwenden.

(3) ¹Zur Vorbereitung der Entscheidung über den Antrag kann die Registerbehörde die mitteilende Strafverfolgungsbehörde oder die Behörde, die für die Verfolgung von Ordnungswidrigkeiten berufen ist, ersuchen, ihr Informationen, die nach Einschätzung der Registerbehörde zur Bewertung des Antrags erforderlich sein können, zu übermitteln. ²Die ersuchte Behörde übermittelt diese Informationen.

(4) ¹Die Registerbehörde bewertet die von dem Unternehmen ergriffenen Selbstreinigungsmaßnahmen und berücksichtigt dabei die Schwere und die besonderen Umstände der Straftat oder des Fehlverhaltens. ²Hält sie die Selbstreinigungsmaßnahmen des Unternehmens für unzureichend, so verlangt sie von dem Unternehmen ergänzende Informationen oder lehnt den Antrag ab. ³Lehnt die Registerbehörde den Antrag ab, begründet sie diese Entscheidung gegenüber dem Unternehmen. ⁴Die Entscheidung über den Antrag auf vorzeitige Löschung einer Eintragung ist im Wettbewerbsregister zu vermerken. ⁵Die Registerbehörde übermittelt einem Auftraggeber auf dessen Ersuchen die Entscheidung zu dem Löschungsantrag sowie weitere Unterlagen.

(5) Die Registerbehörde erlässt Leitlinien zur Anwendung der Absätze 1 bis 4.

(6) ¹Bei Anträgen auf vorzeitige Löschung aus dem Wettbewerbsregister wegen Selbstreinigung werden zur Deckung des Verwaltungsaufwands der Registerbehörde Gebühren und Auslagen erhoben. ²§ 62 des Gesetzes gegen Wettbewerbsbeschränkungen und die auf dieser Grundlage erlassenen Rechtsverordnungen sind entsprechend anzuwenden; der Gebührenrahmen richtet sich nach § 62 Absatz 2 Satz 2 Nummer 2 des Gesetzes gegen Wettbewerbsbeschränkungen.

Übersicht

	Rn.
I. Bedeutung der Vorschrift	1
II. Antrag auf vorzeitige Löschung einer Eintragung im Wettbewerbsregister (Abs. 1)	4
1. Zulässigkeit des Antrags	8

	Rn.
2. Begründetheit des Antrags	9
a) Selbstreinigung entspr. § 123 Abs. 4 S. 2 GWB	12
b) Selbstreinigung entspr. § 125 GWB	13
III. Verfahrensrechtliche Vorschriften (Abs. 2, 3)	19
IV. Bewertung und Entscheidung der Registerbehörde (Abs. 4)	23
V. Löschung und Bindungswirkung	27
VI. Gebühren (Abs. 6)	30
VII. Rechtsschutz	31
VIII. Weitere Handlungsmöglichkeiten für Unternehmen	32

I. Bedeutung der Vorschrift

1 § 8 WRegG enthält Regelungen zu einem gebührenpflichtigen Antragsverfahren mit dem Ziel der vorzeitigen Löschung einer Eintragung im Wettbewerbsregister.

2 Das BKartA hat im Jahr 2021 gem. § 8 Abs. 5 WRegG nach einer öffentlichen Konsultation Leitlinien und praktische Hinweise zur Anwendung der Regelungen von § 8 Abs. 1 bis 4 WRegG veröffentlicht.[1] Die Leitlinien und praktischen Hinweise[2] konkretisieren die Voraussetzungen, unter denen ein Antrag auf Löschung aus dem Register zulässig und begründet ist. Die Dokumente machen zudem Vorgaben und geben Hinweise, welchen Anforderungen ein Antrag genügen muss, damit eine zügige und erfolgreiche Prüfung stattfinden kann.

3 Selbstreinigung umfasst die **Maßnahmen, die ein Unternehmen ergreift, um seine Integrität wiederherzustellen** und die **Begehung von Straftaten oder Fehlverhalten in der Zukunft zu verhindern**.[3] Die Möglichkeit von Selbstreinigungsmaßnahmen fördert nach Auffassung des Gesetzgebers den fairen Wettbewerb, dient der Prävention von Wirtschaftsdelikten und stellt den Rechtsfrieden wieder her.[4]

II. Antrag auf vorzeitige Löschung einer Eintragung im Wettbewerbsregister (Abs. 1)

4 Der **Antrag auf Selbstreinigung** setzt gem. § 8 Abs. 1 S. 1 WRegG die **Eintragung in das Wettbewerbsregister voraus**.[5] Das ergibt sich aus dem Wortlaut der Regelung ("Ist ein Unternehmen in das Wettbewerbsregister eingetragen wor-

---

[1] Leitlinien zur vorzeitigen Löschung einer Eintraung aus dem Wettbewerbsregister wegen Selbstreinigung, abrufbar unter https://www.bundeskartellamt.de/SharedDocs/Publikation/DE/WettbewReg/Leitlinien_vorzeitige_Loeschung.pdf?__blob=publicationFile&v=7, und Vorzeitige Löschung aus dem Wettbewerbsregister wegen Selbstreinigung – Praktische Hinweise für einen Antrag, abrufbar unter https://www.bundeskartellamt.de/SharedDocs/Publikation/DE/WettbewReg/Praktische_Hinweise_Vorzeitige_Loeschung.pdf?__blob=publicationFile&v=8.

[2] S. zu den Leitlinien und praktischen Hinweisen: Herrlinger/Ahlenstiel WuW 2022, 396 ff.; Koll NZBau, 2023, 471 (492 ff.); sowie Mundt, DB Sonderausgabe Corporate Compliance 2020, 39 ff.; Lübbig NZKart 2022, 1 f.; Hooghoff/Wiesner EPPPL 2022, 118 (121 ff.); Wiesner/Hömann WuW 2022, 472 ff.

[3] BT-Drs. 18/12051, 32; so bereits Begr. zum VergRModG, BT-Drs. 18/6281, 107; siehe auch Dreher/Engel WuW 2020, 363 (364).

[4] BT-Drs. 18/12051, 32.

[5] Haus/Erne NZG 2017, 1167 (1170); Hooghoff WuW 2021, 551 (556); Koll NZBau 2023, 471 (492).

den, so kann es …") und der Systematik der gesetzlichen Vorschriften, die zwischen Prüfung, Information und Eintragung gem. §§ 4 und 5 WRegG und dem gebührenpflichtigen Antragsverfahren mit dem Ziel der vorzeitigen Löschung gem. § 8 WRegG unterscheidet. § 4 WRegG lässt der Registerbehörde ausdr. nur dann die Möglichkeit, Daten zu ändern oder zu löschen und von der Eintragung gänzlich abzusehen, wenn die Daten fehlerhaft sind.[6]

Ein Antrag auf vorzeitige Löschung einer Eintragung kann daher auch **keine aufschiebende Wirkung** in Bezug auf eine Eintragung haben. Unternehmen haben aber gem. § 3 Abs. 2 WRegG die Möglichkeit, im Wettbewerbsregister Informationen über Selbstreinigungsmaßnahmen zu der Mitteilung über eine Sanktionsentscheidung speichern zu lassen (→ § 3 Rn. 6 f.). Diese Möglichkeit trägt dem Interesse der Unternehmen Rechnung, Auftraggeber frühzeitig, ggf. noch vor Stellung eines Antrags auf vorzeitige Löschung bzw. vor Abschluss der entspr. Prüfung durch die Registerbehörde, über Selbstreinigungsmaßnahmen zu informieren. 5

Eine **positive Entscheidung der Registerbehörde** über den Antrag eines Unternehmens führt zur Löschung der betreffenden Eintragung im Wettbewerbsregister und **hat Bindungswirkung für alle Auftraggeber**.[7] 6

Das Verfahren zur vorzeitigen Löschung ermöglicht Unternehmen die **zentrale Prüfung von Selbstreinigungsmaßnahmen** bei der Registerbehörde.[8] Das ist für Unternehmen vorteilhaft, weil die Prüfung im besten Fall nur einmal (durch die Registerbehörde) durchzuführen ist und Rechtssicherheit in Vergabeverfahren bietet;[9] zudem erfolgt die Prüfung durch eine Stelle, die nicht selbst über die Vergabe des konkreten Auftrags entscheiden muss. 7

1. Zulässigkeit des Antrags

Die Zulässigkeit des Antrags setzt gem. § 8 Abs. 1 S. 2 WRegG voraus, dass das Unternehmen ein **berechtigtes Interesse an der vorzeitigen Löschung** glaubhaft macht. Nach der Gesetzesbegr. liegt ein solches Interesse nicht vor bei Unternehmen, die nicht beabsichtigen, an Vergabeverfahren teilzunehmen.[10] 8

2. Begründetheit des Antrags

Eine Eintragung im Wettbewerbsregister ist wegen Selbstreinigung vorzeitig zu löschen, wenn das **Unternehmen nachgewiesen hat, dass die jew. Voraussetzungen für eine erfolgreich durchgeführte Selbstreinigung vorliegen**.[11] Diese Voraussetzungen sind entspr. den materiell-rechtlichen Regelungen der Vergaberechts zu prüfen: Liegt eine Eintragung auf der Grundlage von § 2 Abs. 1 Nr. 1 lit. c bzw. lit. d WRegG vor (Vorenthalten und Veruntreuung von Arbeitsentgelt nach § 266a StGB bzw. Steuerhinterziehung nach § 370 AO), muss das Unternehmen nachweisen, dass die Voraussetzungen entspr. § 123 Abs. 4 S. 2 GWB vorliegen. 9

---

[6] Vgl. auch BT-Drs. 18/12051, 29, wonach bei einer erfolgreichen Selbstreinigung die Eintragung in das Register nicht fehlerhaft ist und kein Fall von § 4 Abs. 2 WRegG vorliegt.

[7] BT-Drs. 18/12051, 32: „Diese Bündelung der Prüfung der Selbstreinigungsmaßnahmen bei der Registerbehörde soll sowohl den Auftraggebern die Prüfung durchgeführter Selbstreinigungsmaßnahmen als auch den Unternehmen den Nachweis erfolgreicher Selbstreinigung erleichtern und zu einheitlichen Entscheidungen führen." Vgl. Niggemann DB 2017, 59 (64); Hooghoff/Wiesner EPPPL 2022, 118 (122).

[8] BT-Drs. 18/12051, 1, 32.

[9] Vgl. Niggemann DB 2017 59 (64); Hooghoff/Wiesner EPPPL 2022, 118 (122); Dreher/Engel WuW 2020, 363 (365 f.); Herrlinger/Valdini WuW 2018, 195 (197).

[10] BT-Drs. 18/12051, 32.; s. hierzu Leitlinien, Tz. 8.

[11] § 8 Abs. 1 S. 3 WRegG.

In allen anderen Fällen muss das Unternehmen nachweisen, dass die Voraussetzungen entspr. § 125 GWB vorliegen.

10 Zentral bei der Darlegung und Prüfung der Selbstreinigungsmaßnahmen ist, dass sich diese inhaltlich auf die jew. Eintragung – und das entspr. Fehlverhalten – beziehen, die Gegenstand des Antrags ist.[12]

11 Die Wirkung der Selbstreinigung und der registerrechtlichen Prüfung hat ausschl. Wirkung für die Zwecke des Vergabeverfahrens, nicht etwa auch für andere Verfahren wie Straf- und Ordnungswidrigkeitenverfahren.[13]

12 **a) Selbstreinigung entspr. § 123 Abs. 4 S. 2 GWB.** Damit eine Selbstreinigung gem. § 123 Abs. 4 S. 2 GWB Erfolg haben kann, muss das Unternehmen nachweisen, dass es seiner Verpflichtung zur Zahlung der Steuern, Abgaben und Beiträge zur Sozialversicherung einschl. Zinsen, Säumnis- und Strafzuschlägen nunmehr nachgekommen ist bzw. sich zur Zahlung verpflichtet hat (→ GWB § 123 Rn. 12 f.). Die Zahlung ist durch die Vorlage von Zahlungsbelegen oder Bestätigungen der zuständigen Stellen nachzuweisen.[14] Aus den Unterlagen muss hervorgehen, dass gerade diejenigen Zahlungsverpflichtungen vollständig erfüllt wurden, die Gegenstand des Eintragungsdelikts waren.[15]

13 **b) Selbstreinigung entspr. § 125 GWB.** § 125 GWB bestimmt, dass öffentliche Auftraggeber ein Unternehmen trotz Vorliegen von Ausschlussgründen nicht vom Vergabeverfahren ausschließen, wenn **kumulativ drei Voraussetzungen** vorliegen: (i) Das Unternehmen hat für jeden durch eine Straftat oder ein Fehlverhalten verursachten Schaden einen Ausgleich gezahlt oder sich zur Zahlung eines Ausgleichs verpflichtet (§ 125 Abs. 1 S. 1 Nr. 1 GWB), (ii) es hat die Tatsachen und Umstände, die mit der Straftat oder dem Fehlverhalten und dem dadurch verursachten Schaden in Zusammenhang stehen, durch eine aktive Zusammenarbeit mit den Ermittlungsbehörden und dem öffentlichen Auftraggeber umfassend geklärt (§ 125 Abs. 1 S. 1 Nr. 2 GWB), und (iii) es hat konkrete technische, organisatorische und personelle Maßnahmen ergriffen, die geeignet sind, weitere Straftaten oder weiteres Fehlverhalten zu vermeiden (§ 125 Abs. 1 S. 1 Nr. 3 GWB) (→ GWB 125 Rn. 4 ff.).[16]

14 Bei der Prüfung kommt es immer auf den **Einzelfall** an, dh es ist eine Bewertung der gem. § 125 GWB erforderlichen Maßnahmen vor dem Hintergrund des **im konkreten Fall im Register eingetragenen Delikts** sowie **der Gegebenheiten im jew. Unternehmen** erforderlich.[17] Eine schematische Prüfung bzw. das Abhaken einer „Checkliste" verbietet sich.

15 Nach § 125 Abs. 1 S. 1 Nr. 1 GWB hat das betreffende Unternehmen den **durch die Straftat oder das Fehlverhalten verursachten Schaden auszugleichen oder muss sich zu einer entsprechenden Zahlung verpflichten**. Eine detaillierte zivilrechtliche Prüfung von Ansprüchen und Fragen der zivilprozessualen Durchsetzung kann nicht Gegenstand des verwaltungsrechtlichen Verfahrens zur Löschung einer Eintragung aus dem Wettbewerbsregister sein.[18] Das Unternehmen muss aber zumindest offenkundig durch das Fehlverhalten verursachte Schäden ausgleichen bzw. sich zum Ausgleich verpflichten. Offenkundig sind Schäden, hinsicht-

---

[12] Vgl. Leitlinien, Tz. 5.
[13] § 8 Abs. 1 S.z 3 WRegG aE; vgl. BT-Drs. 18/12051, 32.
[14] Leitlinien, Tz. 11.
[15] Leitlinien, Tz. 11.
[16] Vgl. zu § 125 GWB BT-Drs. 18/6281, 107 ff.
[17] Vgl. Gottschalk/Lubner NZWiSt 2018, 96 (102); Hooghoff WuW 2021, 551 (557); s. auch BT-Drs. 18/6281, 109 f., und BT-Drs. 18/12051, 33.
[18] Vgl. Leitlinien, Tz. 14.

lich deren (Mindest-)Höhe keine ernsthaften Zweifel bestehen.[19] Andernfalls muss das Unternehmen zur Überzeugung der Registerbehörde begründen, dass es seiner Pflicht zur Mitwirkung bei der Aufklärung des Schadens und seiner Ausgleichspflicht nachgekommen ist.[20] Diese Pflicht hat insbes. dann große Bedeutung, wenn die Frage, ob und ggf. in welcher Höhe ein Schaden verursacht worden ist, komplexer Natur ist, wie bspw. bei Kartellabsprachen.[21] Im Fall einer bloßen Verpflichtung zur Zahlung soll das Unternehmen begründen, warum die Zahlung noch nicht erfolgt ist.[22] Die Verpflichtung zum Ausgleich des Schadens ist in Fällen offenkundiger Schäden nur dann ausreichend, wenn sie iW einer bereits erfolgten Zahlung gleichsteht.[23]

Die nach § 125 Abs. 1 S. 1 Nr. 2 GWB erforderliche aktive Zusammenarbeit mit den Ermittlungsbehörden und dem Auftraggeber erfordert ein **Verhalten, das in der Gesamtschau Ausdruck des ernsthaften Bemühens des Unternehmens ist, die Sachverhaltsaufklärung voranzutreiben.**[24] Für das Verfahren vor der Registerbehörde besteht in entspr. Anwendung der Vorschrift die Pflicht zur aktiven Zusammenarbeit mit den Ermittlungsbehörden und der Registerbehörde.[25] Welche Kooperationsbeiträge konkret erforderlich sind, ist eine Frage des Einzelfalls und auch vor dem Hintergrund der Schwere der jew. Straftat bzw. des Fehlverhaltens sowie der Komplexität des zugrunde liegenden Sachverhalts zu bewerten.[26] Ein „Zwang" zur Kooperation in Straf- oder Bußgeldverfahren entsteht dadurch nicht;[27] das Wettbewerbsregister im Zusammenspiel mit den Regelungen zur Selbstreinigung setzt aber gewiss einen weiteren Anreiz zu Kooperation. 16

Gem. § 125 Abs. 1 S. 1 Nr. 3 GWB müssen die Unternehmen **konkrete technische, organisatorische und personelle Maßnahmen** ergreifen, die geeignet sind, weitere Straftaten oder weiteres Fehlverhalten zu vermeiden. Die seitens des Unternehmens zu treffenden technischen und organisatorischen Maßnahmen müssen eine **angemessene Reaktion auf das jew. Fehlverhalten** darstellen und erwarten lassen, dass es künftig im Unternehmen nicht mehr zu weiteren Straftaten bzw. Fehlverhalten kommt.[28] Grundlage für angemessene Compliance-Maßnahmen ist eine unternehmens- und deliktsbezogene **Analyse des Risikos weiteren Fehlverhaltens** durch das Unternehmen bzw. für dieses verantwortlich handelnder Personen.[29] Die Maßnahmen müssen sich an den spezifischen Gegebenheiten des Unternehmens sowie den konkreten Umständen des der Eintragung zugrunde liegenden Fehlverhaltens ausrichten.[30] Dabei sind die etablierten **Grundsätze effektiver Compliance** zu berücksichtigen (insbes. Risikoanalyse, Anpassungen der Organisations- und Aufsichtsstruktur, Bekenntnis der Unternehmensleitung zu rechtskonformem Handeln, sorgfältige Auswahl, Schulung und Kontrolle der Unternehmensbeschäftigten, Umgang mit Hinweisen bzw. Hinweisgebersystem, angemessene Ressourcen und Kompetenz der verantwortlichen Personen, Evaluation und Anpassung der Compli- 17

---

[19] Leitlinien, Tz. 15.
[20] Vgl. Leitlinien, Tz. 16 ff.
[21] Vgl. Praktische Hinweise, Tz. 11.
[22] Leitlinien, Tz. 17.
[23] Leitlinien, Tz. 17.
[24] Leitlinien, Tz. 20 ff.
[25] Leitlinien, Tz. 20; iE dazu Wiesner/Hömann WuW 2022, 472 (473 ff.).
[26] Leitlinien, Tz. 22.
[27] AA offenbar Dreher/Engel WuW 2020, 363 (367).
[28] Leitlinien, vgl. Tz. 26.
[29] Leitlinien, Tz. 27. S. auch Mundt, DB Sonderausgabe Corporate Compliance 2020, 39 (42).
[30] Leitlinien, Tz. 27.

ance-Maßnahmen).[31] Personelle Maßnahmen haben sich ebenfalls im Einzelfall nach den spezifischen Gegebenheiten des antragstellenden Unternehmens und der Umstände des Fehlverhaltens auszurichten.[32]

18 Bei der Prüfung der Selbstreinigungsmaßnahmen bewertet die Registerbehörde die von dem Unternehmen ergriffenen Maßnahmen und berücksichtigt dabei die Schwere und die besonderen Umstände der Straftat oder des Fehlverhaltens im jew. Einzelfall.[33] Anknüpfungspunkt für die konkreten Maßnahmen ist also in jedem Fall das der Eintragung zugrunde liegende konkrete Fehlverhalten des Unternehmens bzw. seiner Verantwortlichen.[34]

III. Verfahrensrechtliche Vorschriften (Abs. 2, 3)

19 Die Registerbehörde ermittelt den Sachverhalt gem. § 8 Abs. 2 S. 1 WRegG vAw, **kann sich aber dabei auf das beschränken, was von dem Antragsteller vorgebracht wird oder ihr sonst bekannt sein muss** (§ 8 Abs. 2 S. 2 WRegG). Der Gesetzgeber geht damit von einer Situation aus, in welcher der Antragsteller der Registerbehörde einen vollständig aufbereiteten Sachverhalt vorträgt und mit entspr. Nachweisen für das Vorliegen der Selbstreinigungsmaßnahmen unterfüttert, so dass im Idealfall keine weiteren Ermittlungen angestellt werden müssen. So kann der Prüfungsaufwand auf allen Seiten – auch in zeitlicher Hinsicht – reduziert werden.

20 Die Registerbehörde kann überdies gem. § 8 Abs. 2 S. 3 WRegG die Mitwirkung des Antragstellers verlangen, und sie hat darüber hinaus gem. § 8 Abs. 2 S. 4 WRegG umfangreiche Ermittlungsbefugnisse in entspr. Anwendung von §§ 57 und 59 bis 59b GWB. Diese Ermittlungsbefugnisse orientieren sich nach der Gesetzesbegr. in Anlehnung an die Ermittlungsbefugnisse der Vergabekammer gem. § 163 Abs. 2 S. 5 GWB geregelt.[35] Die Ermittlungsbefugnisse ermöglichen nach der Gesetzesbegr. die Möglichkeit der Klärung in Fällen, in denen Zweifel an der Richtigkeit der Angaben des Antragstellers bestehen.[36]

21 Die Registerbehörde kann zudem die mitteilende Strafverfolgungs- bzw. Ordnungswidrigkeitenbehörde ersuchen, ihr weitere Informationen zu übermitteln (§ 8 Abs. 3 WRegG). Solche Informationen können dazu beitragen, dass die Prüfung von Selbstreinigungsmaßnahmen eines Unternehmens durch die Registerbehörde erleichtert wird.

22 Anders als im Kartellverfahrensrecht oder im GWB-Vergaberecht ist eine Einbeziehung bspw. von Wettbewerbern des antragstellenden Unternehmens im Verfahren zur vorzeitigen Löschung im Wege der Beiladung (vgl. § 54 Abs. 2 Nr. 3 GWB) im WRegG nicht vorgesehen.[37]

IV. Bewertung und Entscheidung der Registerbehörde (Abs. 4)

23 Zur Vorbereitung der Entscheidung über den Antrag bewertet die Registerbehörde gem. § 8 Abs. 4 S. 1 WRegG die vom Unternehmen ergriffenen Selbstreini-

---

[31] Leitlinien, Tz. 28. S. auch Praktische Hinweise, Tz. 19 ff.
[32] Leitlinien, Tz. 30. S. auch Praktische Hinweise, Tz. 29 ff.
[33] § 8 Abs. 4 S. 1 WRegG. Vgl. Gottschalk/Lubner NZWiSt 2018, 96 (102); s. auch BT-Drs. 18/6281, 109 f., und BT-Drs. 18/12051, 33.
[34] Vgl. zu § 125 GWB BT-Drs. 18/6281, 108; vgl. auch BT-Drs. 18/12051, 32, 33.
[35] BT-Drs. 18/12051, 33.
[36] BT-Drs. 18/12051, 33.
[37] Vgl. BT-Drs. 19/23492, 147.

gungsmaßnahmen und berücksichtigt dabei die Schwere und die besonderen Umstände der Straftat oder des Fehlverhaltens.

Ein Antrag auf vorzeitige Löschung aus dem Wettbewerbsregister wegen Selbstreinigung ist gem. § 8 Abs. 1 S. 3 WRegG **begründet**, wenn das **Unternehmen ggü. der Registerbehörde die Selbstreinigung** entspr. § 123 Abs. 4 S. 2 GWB bzw. entspr. § 125 GWB für die Zwecke des Vergabeverfahrens **nachgewiesen hat** (→ Rn. 12 bzw. 13 ff.). Ist der Antrag auf vorzeitige Löschung **begründet, hat die Registerbehörde dem Antrag stattzugeben; die Eintragung ist zu löschen** (§ 8 Abs. 1 S. 3 WRegG). 24

Hält die Registerbehörde die Selbstreinigungsmaßnahmen für unzureichend, so verlangt sie von dem Unternehmen gem. § 8 Abs. 4 S. 2 WRegG ergänzende Informationen oder lehnt den Antrag ab. In der Praxis sollte die Registerbehörde – auch aus Gründen der Verhältnismäßigkeit – grds. zunächst auf das Fehlen von Informationen oder Nachweisen hinweisen, bevor ein Antrag abgelehnt wird. 25

Im Fall der Ablehnung des Antrags begründet die Registerbehörde ihre Entscheidung gem. § 8 Abs. 4 S. 3 WRegG ggü. dem Unternehmen. Die ablehnende Entscheidung ist darüber hinaus gem. § 8 Abs. 4 S. 4 WRegG im Register zu vermerken. 26

V. Löschung und Bindungswirkung

Hat der Selbstreinigungsantrag Erfolg, ist die Eintragung gem. § 8 Abs. 1 S. 3 WRegG zu löschen. Die Löschung führt dazu, dass die Registerbehörde dem Auftraggeber auf eine nach der Löschung des Unternehmens erfolgende Abfrage (nur) mitteilt, dass keine Eintragung vorliegt. 27

Die **positive Entscheidung der Registerbehörde** über den Löschungsantrag führt gem. § 7 Abs. 2 S. 1 WRegG – neben der Löschung der Eintragung – dazu, dass das der Eintragung zugrunde liegende Fehlverhalten in Vergabeverfahren nicht mehr zum Nachteil des Unternehmens verwertet werden darf und **hat insoweit Bindungswirkung für Auftraggeber**.[38] 28

Die Ablehnung des Antrags auf vorzeitige Löschung durch die Registerbehörde ist – anders als die Stattgabe-Entscheidung – für den Auftraggeber gem. § 7 Abs. 2 S. 2 WRegG nicht bindend; der Auftraggeber dürfte die Tatsache der Ablehnung des Antrags aber in seine Prüfung der Selbstreinigungsmaßnahmen – die er in dann in eigener Verantwortung durchführt[39] – einbeziehen. § 8 Abs. 4 S. 5 WRegG bestimmt in diesem Zusammenhang, dass die Registerbehörde dem Auftraggeber auf dessen Ersuchen die Entscheidung zu dem Löschungsantrag sowie weitere Unterlagen übermittelt. 29

VI. Gebühren (Abs. 6)

Zur Deckung des Verwaltungsaufwands der Registerbehörde werden bei Anträgen auf vorzeitige Löschung gem. § 8 Abs. 6 S. 1 WRegG Gebühren und Auslagen erhoben. § 62 GWB und die auf dieser Grundlage erlassenen Rechtsverordnungen sind entspr. anzuwenden; der Gebührenrahmen richtet sich nach § 62 Abs. 2 S. 2 Nr. 2 GWB (§ 8 Abs. 6 S. 2 WRegG).[40] Damit bestimmt sich die Gebühr nach dem personellen und sachlichen Aufwand der Registerbehörde unter Berücksichti- 30

---

[38] BT-Drs. 18/12051, 31 f.
[39] Vgl. BT-Drs. 18/12051, 33.
[40] Das BGebG findet für das Bundeskartellamt keine Anwendung, s. § 2 Abs. 2 S. 2 Nr. 3 BGebG.

gung der wirtschaftlichen Bedeutung der Eintragung im Wettbewerbsregister für das Unternehmen.[41] Der Gebührensatz darf grds. gem. § 62 Abs. 2 S. 2 Nr. 2 GWB 25.000 Euro nicht übersteigen. Ist der Aufwand der Registerbehörde unter Berücksichtigung des wirtschaftlichen Werts der Löschung außergewöhnlich hoch, kann die Gebühr bis auf das Doppelte erhöht werden.[42] Aus Gründen der Billigkeit kann die nach den vorstehenden Grundsätzen ermittelte Gebühr bis auf ein Zehntel ermäßigt werden.[43]

VII. Rechtsschutz

31 Das Unternehmen hat die Möglichkeit, im Fall der Ablehnung des Selbstreinigungsantrags durch die Registerbehörde Beschwerde beim OLG Düsseldorf einzulegen[44] (→ § 11 Rn. 2 f.). Das WRegG sieht – da auch eine Beiladung im Verfahren vor der Registerbehörde nicht geregelt ist – auch für das Beschwerdeverfahren keine Beiladung vor[45] (→ § 11 Rn. 7).

VIII. Weitere Handlungsmöglichkeiten für Unternehmen

32 § 3 Abs. 2 WRegG gibt Unternehmen zusätzlich die Möglichkeit, bei der Registerbehörde Informationen zu Selbstreinigungsmaßnahmen zu hinterlegen (→ § 3 Rn. 6 f.). Damit kann das Unternehmen bei einer Registerabfrage des Auftraggebers darauf aufmerksam machen, dass ein Ausschluss vom Vergabeverfahren aus seiner Sicht wegen der bereits durchgeführten Maßnahmen nicht erfolgen dürfe. Die Information steht Auftraggebern zusammen mit der Eintragung auch dann zur Verfügung, wenn die Registerbehörde die Prüfung des Antrags auf vorzeitige Löschung noch nicht zum Abschluss bringen konnte, oder wenn das Unternehmen keinen derartigen Antrag bei der Registerbehörde gestellt hat.[46]

33 Überdies können Unternehmen wie bisher – auch unabhängig von einer Eintragung im Wettbewerbsregister – in einem konkreten Vergabeverfahren ggü. dem jew. Auftraggeber vortragen, dass sie umfassende Selbstreinigungsmaßnahmen iSd § 123 Abs. 4 S. 2 bzw. § 125 GWB durchgeführt haben und dass daher ein Ausschluss durch diesen Auftraggeber in diesem Vergabeverfahren nicht gerechtfertigt sei.

§ 9 Elektronische Datenübermittlung

(1) **Die Kommunikation zwischen der Registerbehörde und den Strafverfolgungsbehörden, den zur Verfolgung von Ordnungswidrigkeiten berufenen Behörden, den Auftraggebern sowie den Unternehmen und den Stellen, die ein amtliches Verzeichnis führen, das den Anforderungen des Artikels 64 der Richtlinie 2014/24/EU entspricht, erfolgt in der Regel elektronisch.**

(2) **¹Die Datenübermittlung an Auftraggeber kann im Wege eines automatisierten Verfahrens auf Abruf, das die Übermittlung personenbezogener Daten ermöglicht, erfolgen. ²Für die Verarbeitung von personenbezogenen Daten gelten die allgemeinen datenschutzrechtlichen Vorschriften, soweit**

---

[41] § 8 Abs. 6 S. 2 iVm § 62 Abs. 2 S. 1 GWB.
[42] § 8 Abs. 6 S. 2 iVm § 62 Abs. 2 S. 3 GWB.
[43] § 8 Abs. 6 S. 2 iVm § 62 Abs. 2 S. 4 GWB.
[44] § 11 Abs. 1 S. 1, S. 2 WRegG iVm §§ 73 Abs. 4 S. 1, 171 Abs. 3 GWB.
[45] In § 11 Abs. 1 WRegG wird § 63 Abs. 1 Nr. 3 GWB nicht in Bezug genommen.
[46] Vgl. BT-Drs. 18/12051, 28.

Verordnungsermächtigung § 10 WRegG

dieses Gesetz oder die aufgrund dieses Gesetzes erlassene Rechtsverordnung keine besondere Regelung enthält.

I. Bedeutung der Vorschrift

§ 9 Abs. 1 WRegG statuiert den **Grundsatz der elektronischen Kommunikation** zwischen der Registerbehörde und den Stellen, die mit ihr auf Mitteilungs- und Abfrageseite zusammenarbeiten, sowie mit den Unternehmen und amtlichen Verzeichnisstellen für die Auskunftserteilung. 1

II. Grundsatz der elektronischen Kommunikation

§ 9 Abs. 1 WRegG führt den Grundsatz der elektronischen Kommunikation im Vergabeverfahren für das Registerverfahren fort, um Bürokratieaufwand zu reduzieren.[1] **Melde- und Abfragepflichten** sind daher nach dem Willen des Gesetzgebers so einfach wie möglich und idR **durch Einsatz elektronischer Kommunikationsmittel** auszugestalten.[2] 2

Einzelheiten zur elektronischen Kommunikation und Datenübermittlung, insbes. auch zu den zu nutzenden sicheren Kommunikationswegen, sind in der **Rechtsverordnung zum Registerbetrieb** geregelt.[3] Dazu näher → § 10 Rn. 4 ff. 3

§ 9 Abs. 2 S. 1 WRegG bestimmt, dass die Datenübermittlung an Auftraggeber im Wege eines automatisierten Verfahrens auf Abruf erfolgen kann. Bzgl. der Abfrage führt die Begr. zum RegE weiter aus, dass die Datenübermittlung grds. am gleichen Tag wie die Abfrage erfolgen soll.[4] 4

§ 9 Abs 2 S. 2 WRegG stellt weiter klar, dass für die Verarbeitung von personenbezogenen Daten die allg. datenschutzrechtlichen Vorschriften gelten, soweit das WRegG oder die auf dessen Grundlage erlassene Rechtsverordnung keine besondere Regelung enthält. 5

III. Zusammenhang mit der Aufnahme des Registerbetriebs

Mit der Änderung von § 12 WRegG durch das GWB-Digitalisierungsgesetz hat der Gesetzgeber die **Anwendbarkeit der Mitteilungs- und Abfragepflicht sowie der Auskunftsrechte** nach § 5 Abs. 2 WRegG an die im BAnz. bekanntgemachte **Feststellung** des Bundeswirtschaftsministeriums geknüpft, dass die **Funktionsfähigkeit der elektronischen Kommunikation** gem. § 9 Abs. 1 WRegG gewährleistet ist[5] (→ § 12 Rn. 6 ff.). Dies war notwendig, um zu gewährleisten, dass die mitteilenden und abfragenden Stellen ihren Verpflichtungen zur Mitteilung von Daten und zur Abfrage von Unternehmen beim in Form einer elektronischen Datenbank geführten Wettbewerbsregister (s. § 1 Abs. 3 WRegG) auch tatsächlich nachkommen können. 6

§ 10 Verordnungsermächtigung

Die Bundesregierung erlässt mit Zustimmung des Bundesrates eine Rechtsverordnung, um Folgendes zu regeln:

---

[1] BT-Drs. 18/12051, 33.
[2] BT-Drs. 18/12051, 33.
[3] Vgl. §§ 1 bis 3 WRegV (Allgemeine Vorschriften für die elektronische Kommunikation) und §§ 4 bis 9 WRegV (Besondere Vorschriften für die elektronische Kommunikation).
[4] BT-Drs. 18/12051, 33.
[5] Vgl. BT-Drs. 19/23492, 147.

1. die technischen und organisatorischen Voraussetzungen für
   a) die Speicherung von Daten im Wettbewerbsregister,
   b) die Übermittlung von Daten an die Registerbehörde oder an Auftraggeber einschließlich des automatisierten Abrufverfahrens und
   c) die Kommunikation mit Unternehmen und natürlichen Personen, jeweils einschließlich Regelungen zur Identifizierung und Authentifizierung, sowie mit Stellen, die ein amtliches Verzeichnis führen, das den Anforderungen des Artikels 64 der Richtlinie 2014/24/EU entspricht,
2. die erforderlichen datenschutzrechtlichen Vorgaben für die elektronische Kommunikation mit der Registerbehörde,
3. Inhalt und Umfang der Daten nach § 3 Absatz 1 und der Mitteilung nach § 6 Absatz 3,
4. ein von den Unternehmen zu verwendendes Standardformular für die Mitteilung nach § 3 Absatz 2,
5. Anforderungen an den Inhalt der Mitteilung nach § 4 einschließlich eines von den mitteilungspflichtigen Stellen zu verwendenden Standardformulars sowie die Einzelheiten des Eintragungsverfahrens,
6. nähere Bestimmungen zu den ergänzenden Informationen gemäß § 6 Absatz 6 Satz 1,
7. Anforderungen an vom Antragsteller vorzulegende geeignete Gutachten und Unterlagen nach § 8 Absatz 2 Satz 3 Nummer 2, insbesondere auch an die Zulassung von Systemen unabhängiger Stellen durch die Registerbehörde, mit denen geeignete Vorsorgemaßnahmen zur Verhinderung zukünftiger Verfehlungen für die Zwecke des Vergabeverfahrens belegt werden können und
8. den Gebührensatz und die Erhebung der Gebühr vom Kostenschuldner bei Erteilung der Auskunft nach § 5 Absatz 2 Satz 1 sowie die Erstattung von Auslagen.

Übersicht

	Rn.
I. Bedeutung der Vorschrift	1
II. Verordnungsermächtigung	3
III. Wettbewerbsregisterverordnung (WRegV)	4
1. §§ 1–3 WRegV	5
2. § 4 WRegV	8
3. § 5 WRegV	12
4. § 6 WRegV	13
5. § 7 WRegV	14
6. § 8 WRegV	15
7. § 9 WRegV	16
8. § 10 WRegV	17
9. § 11 WRegV	18
10. §§ 12, 13 WRegV	19
11. §§ 14, 15 WRegV	20

I. Bedeutung der Vorschrift

1 § 10 WRegG ist eine Verordnungsermächtigung für die Bundesregierung, die mit Zustimmung des Bundesrats verschiedene, insbes. registerbetriebliche Regelungen treffen kann.

Verordnungsermächtigung **§ 10 WRegG**

§ 10 WRegG ist mit dem GWB-Digitalisierungsgesetz ergänzt worden um eine 2
Regelung, die es ermöglicht, im Verordnungsweg auch die Höhe der Gebühr für
die Erteilung einer Selbstauskunft gem. § 5 Abs. 2 WRegG zu regeln.[1]

II. Verordnungsermächtigung

Im Einzelnen ermöglicht § 10 WRegG die Regelung im Wege der Verordnung: 3
1. der technischen und organisatorischen Voraussetzungen für die Speicherung von Daten im Wettbewerbsregister, die Übermittlung von Daten an die Registerbehörde oder an Auftraggeber einschl. des automatisierten Abrufverfahrens und die Kommunikation mit Unternehmen und natürlichen Personen sowie mit Stellen, die ein amtliches Verzeichnis iSd Art. 64 RL 2014/24/EU führen,
2. der erforderlichen datenschutzrechtlichen Vorgaben für die elektronische Kommunikation mit der Registerbehörde,
3. von Inhalt und Umfang der Daten nach § 3 Abs. 1 WRegG und der Mitteilung nach § 6 Abs. 3 WRegG,
4. eines von den Unternehmen zu verwendenden Standardformulars für die Mitteilung nach § 3 Abs. 2 WRegG,
5. von Anforderungen an den Inhalt der Mitteilung nach § 4 WRegG einschl. eines von den mitteilungspflichtigen Stellen zu verwendenden Standardformulars sowie die Einzelheiten des Eintragungsverfahrens,
6. näherer Bestimmungen zu den ergänzenden Informationen gem. § 6 Abs. 6 WRegG,
7. von Anforderungen an vom Antragsteller in Verfahren zur vorzeitigen Löschung vorzulegende geeignete Gutachten, insbes. auch an die Zulassung von Systemen unabhängiger Stellen durch die Registerbehörde, mit denen geeignete Vorsorgemaßnahmen belegt werden können, sowie
8. des Gebührensatzes und die Erhebung der Gebühr vom Kostenschuldner bei Erteilung der Auskunft nach § 5 Abs. 2 S. 1 WRegG sowie Erstattung von Auslagen.

III. Wettbewerbsregisterverordnung (WRegV)

Die Bundesregierung hat mit Zustimmung des Bundesrats mit der Wettbewerbs- 4
registerverordnung (WRegV) von der Ermächtigung zur Regelung Gebrauch
gemacht.[2] Die Verordnung ist nach Zustimmung des Bundesrates am 24.4.2021 in
Kraft getreten.

1. §§ 1–3 WRegV

§§ 1 bis 3 WRegV enthalten **allg. Vorschriften für die elektronische Kom-** 5
munikation mit der Registerbehörde. Die Regelungen dienen der Umsetzung
von § 10 Nr. 1 WRegG.

Für die Datenübermittlung an und durch die Registerbehörde sind gem. § 1 6
Abs. 2 S. 1 WRegV **sichere Verfahren** zu verwenden. Dabei handelt es sich gem.
§ 1 Abs. 3 WRegV insbes. um das von der Registerbehörde bereitgestellte Internet-Portal bzw. die durch die Registerbehörde amtlich bestimmte Schnittstelle, das elektronische Anwaltspostfach, das besondere elektronische Behördenpostfach und ein Nutzerkonto iSd OZG.

---
[1] Art. 10 Nr. 6 lit. d. des Gesetzes v. 18.1.2021 (GWB-Digitalisierungsgesetz), BGBl. I S. 2.
[2] Verordnung über den Betrieb des Registers zum Schutz des Wettbewerbs um öffentliche Aufträge und Konzessionen v. 16.4.2021, BGBl. I S. 809.

Hooghoff

7 Die Nutzung des von der Registerbehörde für die Übermittlung von Daten bereitgestellten Portals setzt gem. § 2 WRegV eine Registrierung voraus. Die Nutzung der amtlichen Schnittstelle setzt gem. § 3 WRegV die entspr. Einrichtung durch die Registerbehörde und die Zulassung zur Nutzung durch die Registerbehörde voraus.

2. § 4 WRegV

8 §§ 4 bis 9 WRegV enthalten **besondere Vorschriften für die elektronische Kommunikation**. Mit den Regelungen werden § 10 Nr. 1 und Nr. 6 WRegG umgesetzt.

9 Mitteilungspflichtige Behörden haben der Registerbehörde gem. § 4 Abs. 1 S. 1 WRegV die in § 3 Abs. 1 WRegG bezeichneten Daten über das Portal bzw. die amtliche Schnittstelle zu übermitteln. Konkretisierend in Bezug auf die in § 3 WRegG bezeichneten Daten bestimmt § 4 Abs. 2 WRegV, dass das Gericht, das die einzutragende Entscheidung erlassen hat, sowie das gerichtliche Aktenzeichen mitzuteilen sind. Darüber hinaus hat die mitteilende Behörde, soweit die Sanktionsentscheidung gegen eine natürliche Person ergangen ist, Einzelheiten zu den zurechnungsbegründenden Umständen (dh die zur Tatzeit ausgeübte Leitungsfunktion, insbes. unter Berücksichtigung der in § 30 Abs. 1 Nr. 1 bis 5 OWiG genannten Funktionen, und das Handeln oder Unterlassen der natürlichen Person in Ausübung dieser Funktion) sowie zur eintragungspflichtigen Tat (Bezeichnung der Straftat bzw. Ordnungswidrigkeit und Tatzeit) mitzuteilen.

10 § 4 Abs. 3 S. 1 WRegV unterstreicht, dass die **mitteilungspflichtige Behörde für die Rechtmäßigkeit der Übermittlung sowie die Richtigkeit und Vollständigkeit der übermittelten Daten verantwortlich** ist. Erlangt die Behörde nachträglich Kenntnis davon, dass Angaben unrichtig sind oder sich geändert haben, hat sie dies gem. § 4 Abs. 3 S. 2 WRegV der Registerbehörde unverzüglich mitzuteilen. Durch die Regelung soll sichergestellt werden, dass die **Daten im Wettbewerbsregister aktuell und zutreffend**[3] und somit eine zuverlässige Informationsquelle für Auftraggeber sind.

11 Mit § 4 Abs. 4 WRegV wird geregelt, welche **Sanktionsentscheidungen mit zeitlicher Hinsicht** an die Registerbehörde zu übermitteln sind. Diese Vorschrift ist von zentraler Bedeutung für den Aufbau des Datenbestands des Registers und die Mitteilungspflichten der Strafverfolgungs- und Ordnungswidrigkeitenbehörden. Da die WRegV zu einem Zeitpunkt in Kraft getreten ist, als der technische Aufbau des Registers und der elektronischen Kommunikationswege noch nicht abgeschlossen war, enthält die Vorschrift keinen konkreten Zeitpunkt, sondern nimmt Bezug auf den mit dem GWB-Digitalisierungsgesetz neu gefassten § 12 WRegG. Nach diesem ist die Mitteilungspflicht in Abhängigkeit von dem Vorliegen der Voraussetzungen für die elektronische Datenübermittlung nach § 9 Abs. 1 WRegG (→ § 9 Rn. 1 ff.) und nach einer entspr. Mitteilung des Bundeswirtschaftsministerium im BAnz. gem. § 12 Abs. 2 WRegV anwendbar (→ § 12 Rn. 6 ff.). § 4 Abs. 4 WRegV regelt entspr., dass alle Sanktionsentscheidungen, deren Mitteilung an die Registerbehörde die Rechtskraft voraussetzt, der Registerbehörde (nur) dann mitzuteilen sind, soweit die Entscheidungen ab dem vom BMWK im BAnz. bekanntzumachenden Tag rechtskräftig geworden sind. Gleiches gilt für Kartellbußgeldentscheidungen (s. § 2 Abs. 2 WRegG), soweit die Entscheidungen ab dem vorgenannten Tag ergangen sind. Nach der Bekanntmachung des Bundeswirtschaftsministeriums vom 29.10.2021[4] ist der betreffende Tag der 1.12.2021, so dass Sanktionsentscheidungen, die ab diesem Tag rechtskräf-

---

[3] BR-Drs. 74/21, 18.
[4] BAnz. AT 29.10.2021 B3.

tig – bzw. im Fall kartellbußgeldrechtlicher Entscheidungen – ergangen sind, mitzuteilen sind.[5]

3. § 5 WRegV

§ 5 WRegV konkretisiert Pflichten der Auftraggeber und der Registerbehörde im Zusammenhang mit der Abfrage nach § 6 WRegG. Für die Abfrage ist das Portal der Registerbehörde zu nutzen bzw. – soweit eine solche eingerichtet und eine Nutzung nicht ausgeschlossen ist – die amtliche Schnittstelle. Bei der Abfrage hat der Auftraggeber bestimmte Angaben zum Vergabeverfahren zu machen (Kurzbeschreibung des Vergabeverfahrens sowie das Aktenzeichen oder die Verfahrensnummer, Fundstelle der Auftragsbekanntmachung, soweit vorhanden), Angaben zum Unternehmen, insbes. Firma, Rechtsform, Postanschrift, Registerangaben und (soweit vorhanden) Umsatzsteuer-Identifikationsnummer. Der Auftraggeber (bzw. ein Bediensteter) hat bei der Abfrage gem. § 5 Abs. 2 S. 2 WRegV zu bestätigen, dass die Voraussetzungen für die Abfrage nach dem WRegG vorliegen und dass die Daten entspr. den Bestimmungen des WRegG nur den mit der Bearbeitung des zugrundeliegenden Vergabeverfahrens betrauten Bediensteten zur Kenntnis gebracht werden. Gem. § 5 Abs. 4 S. 1 WRegV trägt der Auftraggeber die Verantwortung für die Rechtmäßigkeit der Datenabfrage und die Verwendung der Daten. Die Registerbehörde prüft die Rechtmäßigkeit der Abfrage (nur) dann, wenn Anlass dazu besteht, und sie kann dazu vom Auftraggeber weitere Auskünfte und Unterlagen verlangen (§ 5 Abs. 4 S. 2 und 3 WRegV). 12

4. § 6 WRegV

Nach § 6 WRegV erfolgt die **Auskunftserteilung an amtliche Verzeichnisstellen** nur über die amtliche Schnittstelle der Registerbehörde. Voraussetzung für die Auskunftserteilung an die Verzeichnisstellen ist zunächst, dass die Unternehmen ihre Zustimmung zu dem Auskunftsantrag ausschl. ggü. der amtlichen Verzeichnisstelle abgegeben haben, dh nicht ggü. der Registerbehörde. Weitere Voraussetzung ist, dass die amtliche Verzeichnisstelle ggü. der Registerbehörde versichert hat, dass sie die Zustimmung des im Antrag bezeichneten Unternehmens eingeholt hat. Die Regelungen ermöglichen die Bearbeitung einer Vielzahl von Auskunftsanträgen der amtlichen Verzeichnisstellen, die gem. § 6 Abs. 3 WRegV als Sammelabfrage bezogen auf mehrere Unternehmen erfolgen können. 13

5. § 7 WRegV

§ 7 WRegV ermöglicht die elektronische Kommunikation zwischen Registerbehörde und Unternehmen über ein Portal, soweit die Registerbehörde ein solches eingerichtet hat. Das ist derzeit – auch mangels Nachfrage seitens der Unternehmen – nicht der Fall. 14

6. § 8 WRegV

§ 8 Abs. 1 WRegV **konkretisiert die Anforderungen an elektronisch gestellte Anträge auf Selbstauskunft** gem. § 5 Abs. 4 WRegG: Ein solcher Antrag ist unter Verwendung eines Nutzerkontos iSd OZG zu stellen. Dabei muss ein **elektronischer Identitätsnachweis** erbracht werden.[6] Ein solcher Identitätsnachweis ist erforderlich zum Schutz der im Register gespeicherten vertraulichen 15

---

[5] Vgl. OLG Düsseldorf 17.4.2023 – VII-AR 2/22.
[6] Gem. § 18 Personalausweisgesetz, § 12 eiD-Karte-Gesetz oder § 78 Abs. 5 Aufenthaltsgesetz.

WRegG § 10   Verordnungsermächtigung

Daten. Es soll verhindert werden, dass unberechtigte Personen das Selbstauskunftsrecht nutzen, um unbefugt an Daten über Sanktionsentscheidungen, die zu einem Unternehmen im Register gespeichert sind, zu gelangen. § 8 Abs. 2 S. 1 WRegV legt die Höhe der Gebühr für die Erteilung einer Auskunft auf 20 Euro fest. Darüber hinaus bestimmt § 8 Abs. 2 S. 3 WRegV, dass die Registerbehörde die Erteilung der Auskunft von der Zahlung eines Vorschusses abhängig machen kann. In der Praxis wird – auch aus Gründen der Verfahrensvereinfachung für Antragsteller und die Registerbehörde – ein Vorschuss in voller Höhe der Gebühr gefordert.

7. § 9 WRegV

16   § 9 WRegV dient der Umsetzung von § 10 Nr. 6 WRegG. In § 9 Abs. 1 WRegV wird klargestellt, dass die Bereitstellung von ergänzenden Informationen zu einer Sanktionsentscheidung, die der Auftraggeber gem. § 6 Abs. 6 S. 1 WRegG von der mitteilungspflichtigen Behörde anfordert, hinsichtlich Art und Umfang dem pflichtgemäßen Ermessen der mitteilungspflichtigen Behörde obliegt. Die Behörde stellt ergänzende Informationen gem. § 9 Abs. 2 WRegV in Papierform oder als elektronisches Dokument zur Verfügung. Eine Information unterbleibt gem. § 9 Abs. 3 WRegV, soweit ihr eine bundesrechtliche Verwendungsregelung oder Zwecke des Straf- oder Ordnungswidrigkeitenverfahrens entgegenstehen.

8. § 10 WRegV

17   § 10 WRegV dient der Umsetzung von § 10 Nr. 4 WRegG. Gem. § 10 Abs. 1 WRegV müssen Unternehmen, die der Registerbehörde eine **Mitteilung zu Selbstreinigungsmaßnahmen zur Speicherung im Wettbewerbsregister** übermitteln (→ § 3 Rn. 6 f.), die entspr. Informationen **elektronisch mittels des von der Registerbehörde bereitgestellten Formulars** übermitteln. Im Formular haben die Unternehmen anzugeben, auf welche Registereintragung sich die Selbstreinigungsmaßnahmen beziehen, welche Maßnahmen im Hinblick auf § 123 Abs. 4 S. 2 bzw. § 125 GWB konkret vorgenommen worden sind und ggf. welche Auftraggeber diese Maßnahmen als ausreichend bzw. nicht ausreichend angesehen haben. § 10 Abs. 2 WRegV stellt klar, dass die Registerbehörde die gem. § 3 Abs. 2 WRegG übermittelten Daten speichert, ohne sie inhaltlich zu prüfen, und löscht, wenn die betreffende Registereintragung gelöscht wird.

9. § 11 WRegV

18   § 11 WRegV dient der Umsetzung von § 10 Nr. 7 WRegG. § 11 WRegV soll dazu beitragen, dass **Gutachten, die von Unternehmen zur Bewertung von Selbstreinigungsmaßnahmen** im Verfahren zur vorzeitigen Löschung gem. § 8 WRegG vorgelegt werden, objektiv und gut nachvollziehbar sind (vgl. § 11 Abs. 3 WRegV). Dazu gibt § 11 Abs. 1 WRegV der Registerbehörde die Möglichkeit, Unternehmen Vorgaben in Bezug auf derartige Gutachten zu machen. **Gutachter müssen** gem. § 11 Abs. 2 WRegV **sachkundig und unabhängig** sein. Die Registerbehörde ist berechtigt, Gutachter abzulehnen, die diese Anforderungen nicht erfüllen.

10. §§ 12, 13 WRegV

19   §§ 12 und 13 WRegV enthalten **Regelungen zum Datenschutz und zur Protokollierung von Daten**, die über das Portal oder über die Schnittstelle übertragen werden. Mit den Regelungen werden § 10 Nr. 2 bzw. § 10 Nr. 1 und 2 WRegG umgesetzt.

11. §§ 14, 15 WRegV

§ 14 WRegV regelt in Umsetzung von § 10 Nr. 1 WRegG, dass die Registerbehörde auf ihrer **Internetseite** Einzelheiten zur **elektronischen Kommunikation** veröffentlicht. In der Praxis relevant sind insbes. die Einzelheiten zu Anforderungen an die Registrierung von Auftraggebern und mitteilungspflichtigen Behörden, die **Einzelheiten zu Dateiformaten** (insbes. zur Registrierung) sowie Standardformulare (insbes. für einen schriftlichen Selbstauskunftsantrag, vgl. § 8 Abs. 1 S. 3 WRegV, → § 5 Rn. 11), sowie zur Übermittlung von Informationen zur Selbstreinigungsmaßnahmen, s. § 10 Abs. 1 S. 1 WRegV sowie § 3 Abs. 2 WRegG, (→ § 3 Rn. 6 f.).

Die Verordnung ist gem. § 15 WRegV am Tag nach ihrer Verkündung, dem 22.4.2021, in Kraft getreten.

In der WRegV nicht näher konkretisiert wurde die Ermächtigung gem. § 10 Nr. 7 WRegG zur Regelung von Anforderungen an die Zulassung von Systemen unabhängiger Stellen durch die Registerbehörde, mit denen geeignete Vorsorgemaßnahmen zur Verhinderung zukünftiger Verfehlungen für die Zwecke des Vergabeverfahrens belegt werden können. Dabei handelt es sich um eine bewusste Entscheidung: In der Begr. zur Rechtsverordnung unterstreicht der Verordnungsgeber, dass es nicht sachgerecht ist, konkrete Anforderungen an die Zulassung von derartigen Systemen zu regeln, wenn praktische Erfahrungen der Registerbehörde mit der Prüfung von Selbstreinigungsanträgen noch fehlen.[7] Es wird zu prüfen sein, ob es unter Gesichtspunkten der Verfahrensvereinfachung für Unternehmen und die Registerbehörde für die Zwecke des Verfahrens der vorzeitigen Löschung wegen Selbstreinigung gem. § 8 WRegG überhaupt notwendig und sinnvoll ist, ein solches Zertifizierungssystem zu etablieren.

§ 11 Rechtsweg

(1) ¹**Gegen Entscheidungen der Registerbehörde ist die Beschwerde zulässig.** ²**§ 63 Absatz 1 Nummer 1 und 2, die §§ 64, 69, 70 Absatz 1 und 2, die §§ 71 bis 73 Absatz 1 Satz 2, Absatz 2 Satz 1 in Verbindung mit § 54 Absatz 2 Nummer 1 und 2, § 73 Absatz 3 und 4 Satz 1 erster Halbsatz und Satz 2, die §§ 74, 75 Absatz 1 bis 3, § 76 Absatz 1 Satz 1 und 2, Absatz 2 und 4 bis 6 sowie § 171 Absatz 3 des Gesetzes gegen Wettbewerbsbeschränkungen sind entsprechend anzuwenden, soweit nichts anderes bestimmt ist.**

(2) ¹**Das Beschwerdegericht entscheidet durch eines seiner Mitglieder als Einzelrichter.** ²**Der Einzelrichter überträgt das Verfahren dem Beschwerdegericht zur Entscheidung in der im Gerichtsverfassungsgesetz vorgeschriebenen Besetzung, wenn**
1. **die Sache besondere Schwierigkeiten tatsächlicher oder rechtlicher Art aufweist oder**
2. **die Rechtssache grundsätzliche Bedeutung hat.**

³**Eine Rückübertragung auf den Einzelrichter ist ausgeschlossen.**

(3) ¹**Die Entscheidung über die Beschwerde kann ohne mündliche Verhandlung ergehen, es sei denn, ein Beteiligter beantragt, eine mündliche Verhandlung durchzuführen.** ²**§ 65 Absatz 2 des Gesetzes gegen Wettbewerbsbeschränkungen ist entsprechend anzuwenden.**

I. Bedeutung der Vorschrift

§ 11 WRegG trifft Regelungen zum Rechtsweg in Registersachen und zur Entscheidung durch das Beschwerdegericht.

---

[7] BR-Drs. 74/21, 22.

WRegG § 11

II. Zuständigkeit des OLG Düsseldorf im Beschwerdeverfahren

2   § 11 WRegG begründet **eine abdrängende Rechtswegzuweisung** zum OLG Düsseldorf für Beschwerden gegen Entscheidungen der Registerbehörde. Hintergrund ist die Zuständigkeit des OLG Düsseldorf für Rechtsmittel im Wege der sofortigen Beschwerde gegen Entscheidungen der Vergabekammern des Bundes gem. § 171 Abs. 3 GWB. Durch die **Sonderzuweisung zum OLG Düsseldorf** kann nach der Gesetzesbegr. die Expertise der Vergabesenate des OLG Düsseldorf nutzbar gemacht werden und zudem auf eine **einheitliche Rechtsprechungspraxis insbes. zur Selbstreinigung** hingewirkt werden.[1] Das WRegG verweist in § 11 Abs. 1 S. 2 WRegG iW auf einzelne Vorschriften des GWB zum kartellverwaltungsrechtlichen Beschwerdeverfahren.

3   § 11 Abs. 1 S. 1 WRegG bestimmt, dass die **Beschwerde gegen „Entscheidungen der Registerbehörde"** zulässig ist. Als solche kommen insbes. Entscheidungen über Anträge zur vorzeitigen Löschung von Eintragungen wegen Selbstreinigung, Entscheidungen zur Ablehnung einer Selbstauskunft sowie Kostenentscheidungen in Betracht. Der Begriff der Entscheidung ist in verfassungskonformer Auslegung allerdings weiter auszulegen. Daher ist der **Rechtsweg** nicht nur eröffnet zur Überprüfung von Entscheidungen im verwaltungsrechtlichen Sinne, sondern **auch in Bezug auf Realakte**, wie zB die Eintragung eines Unternehmens in das Wettbewerbsregister. Das entspricht dem Willen des Gesetzgebers, der in der Begr. zu Recht ausführt, dass die Eintragung ein Realakt ist,[2] und gleichzeitig davon ausgeht, dass auch gegen eine – ggf. zu Unrecht erfolgte – Eintragung Rechtsschutz im Wege der Beschwerde zulässig ist.[3] In diesem Fall ist die allg. Leistungsbeschwerde die statthafte Klageart.[4] Wird Beschwerde gegen die Ablehnung des Antrags auf vorzeitige Löschung wegen Selbstreinigung eingelegt, ist die Verpflichtungsbeschwerde die statthafte Klageart.

4   Es ist darauf hinzuweisen, dass der Gesetzgeber **nicht alle Regelungen des GWB zum Beschwerdeverfahren** in Bezug nimmt: So ist ua die Regelung zum einstweiligen Rechtsschutz nicht in der Aufzählung von § 11 Abs. 1 S. 2 WRegG genannt. Ebenso wird die Regelung des § 66 GWB, wonach die Beschwerde in bestimmten Fällen aufschiebende Wirkung hat, nicht in Bezug genommen. Dies passt zu der Aussage in der Gesetzesbegr., nach der die Einlegung der Beschwerde gegen die Eintragung keine aufschiebende Wirkung hat.[5] Entspr. Regelungen sind auch nicht erforderlich: Der Eintragung und auch den im Zuge der Abfrage eines Auftraggebers übermittelten Daten kommen keine unmittelbaren Rechtswirkungen zu. Liegt eine Eintragung vor, prüft und entscheidet der Auftraggeber gem. § 6 Abs. 5 S. 1 WRegG in eigener Verantwortung, ob ein Ausschluss vom Vergabeverfahren erfolgt. In diese Lage ist der Auftraggeber durch zeitige Information durch das Register zu versetzen, sofern nach Prüfung der mitteilenden Behörden und der Registerbehörde die Eintragungsvoraussetzungen vorliegen. Darüber hinaus hat ein Unternehmen verschiedene Möglichkeiten, den Auftraggeber präventiv darauf hinzuweisen, dass aus seiner Sicht eine Eintragung – und damit erst recht ein Ausschluss vom Vergabeverfahren – nicht zulässig sei: Er kann den Auftraggeber in einem Begleitschreiben zu seinem Angebot über seine Rechtsansicht informieren, und er hat darüber hinaus die Möglichkeit, zu der Eintragung im Register eine Mitteilung

---

[1] BT-Drs. 18/12051, 34.
[2] BT-Drs. 18/12051, 29.
[3] Vgl. BT-Drs. 18/12051, 34.
[4] Vgl. OLG Düsseldorf 17.4.2023 VII-AR 2/22 mwN.
[5] BT-Drs. 18/12051, 34. Kritisch Dreher/Engel ZWeR 2019, 3 (30).

über Selbstreinigungsmaßnahmen zu hinterlegen, die im Fall einer Abfrage dem Auftraggeber übermittelt wird. Damit fehlt es grds. an einer Eilbedürftigkeit, welche aber Grundvoraussetzung für die Gewährung von einstweiligem Rechtsschutz ist. Es ist daher ausreichend, Rechtsschutz im Beschwerdeverfahren zu suchen.

Die Beschwerde hat keine Auswirkungen – insbes. keine aufschiebende Wirkung – auf ein konkretes Vergabeverfahren.[6]

III. Form und Frist der Beschwerde

Die Beschwerde muss gem. § 11 Abs. 1 S. 2 WRegG iVm § 74 GWB binnen einer Frist von einem Monat bei der Registerbehörde oder beim Beschwerdegericht eingereicht werden. Die Beschwerde ist innerhalb von zwei Monaten nach der angefochtenen Entscheidung zu begründen. Die Begründung muss einen konkreten Antrag und die Angabe der Tatsachen und Beweismittel enthalten, auf die sich die Beschwerde stützt. Beschwerdeschrift und Beschwerdebegründung müssen durch einen Rechtsanwalt unterzeichnet sein.

IV. Keine Beschwerdemöglichkeit Dritter

Dritte, bspw. Wettbewerber eines Unternehmens, das erfolgreich eine vorzeitige Löschung seiner Eintragung im Wettbewerbsregister beantragt hat, haben keine Möglichkeit, die Entscheidung der Registerbehörde über die vorzeitige Löschung im Wege der Beschwerde anzugreifen. Ebenso ist die Beiladung nicht in den GWB-Vorschriften enthalten, auf die in § 11 WRegG verwiesen wird.[7] In der Begr. zum GWB-Digitalisierungsgesetz unterstreicht der Gesetzgeber, dass die Beiladung im Verfahren nach dem WRegG nicht stattfindet.[8]

V. Entscheidungsfindung; Spruchkörper; Instanzenzug

§ 11 Abs. 2 und 3 WRegG treffen **besondere Regelungen für die Ausgestaltung des Beschwerdeverfahrens**. Das Beschwerdegericht entscheidet in Registersachen gem. § 11 Abs. 2 S. 1 WRegG **grds.** durch eines seiner Mitglieder als **Einzelrichter**, nicht in voller Senatsbesetzung. Der Einzelrichter überträgt das Verfahren allerdings dann dem Senat, wenn die Sache gem. § 11 Abs. 2 S. 2 WRegG besondere Schwierigkeiten tatsächlicher oder rechtlicher Art aufweist oder die Rechtssache grds. Bedeutung hat. Wird die Sache wegen Vorliegens einer dieser Fälle auf den Senat übertragen, ist eine Rückübertragung auf den Einzelrichter gem. § 11 Abs. 2 S. 3 WRegG ausgeschlossen.

Die Entscheidung über die Beschwerde ergeht gem. § 11 Abs. 3 S. 1 WRegG **grds. ohne mündliche Verhandlung**. Eine mündliche Verhandlung erfolgt nur dann, wenn ein Beteiligter beantragt, eine solche durchzuführen (§ 11 Abs. 3 S. 1 2. Hs. WRegG). Gem. § 11 Abs. 3 S. 2 WRegG ist § 65 Abs. 2 GWB entspr. anzuwenden, dh dass auch dann zur Sache verhandelt und entschieden werden kann, wenn Beteiligte trotz ordnungsgemäßer Ladung nicht oder nicht ordnungsgemäß vertreten zum Termin erschienen sind. Es findet **keine Rechtsbeschwerde** statt.[9]

---

[6] BT-Drs. 18/12051, 34; Pfannkuch ZfBR, 342 (345).
[7] So auch MüKoEuWettbR/Huerkamp WRegG § 11 Rn. 8. Krit. Lübbig NZKart 2022, 1 (2); Engel, Wettbewerbsregister, S. 245 f.; Dreher/Engel ZWeR 2019, 3 (30).
[8] Vgl. Art. 10 Nr. 7 lit. a des Gesetzes v. 18.1.2021 (GWB-Digitalisierungsgesetz), BGBl. I S. 2; s. auch Begr., BT-Drs. 19/23492, 147.
[9] BT-Drs. 18/12051, 34.

§ 12 Anwendungsbestimmungen

(1) Das Bundesministerium für Wirtschaft und Energie hat
1. das Vorliegen der Voraussetzungen für die elektronische Datenübermittlung entsprechend § 9 Absatz 1 festzustellen und
2. die Feststellung nach Nummer 1 im Bundesanzeiger bekannt zu machen.

(2) ¹Die §§ 2 und 4 sind nach Ablauf des Monats, der auf den Tag der Bekanntmachung nach Absatz 1 Nummer 2 folgt, anzuwenden; dieser Tag ist vom Bundesministerium für Wirtschaft und Energie unverzüglich im Bundesanzeiger bekannt zu machen. ²§ 5 Absatz 2 und § 6 sind sechs Monate nach dem in Satz 1 genannten Tag anzuwenden; abweichend hiervon kann die Registerbehörde einem Auftraggeber auf dessen Ersuchen die Möglichkeit zur Abfrage nach § 6 Absatz 1 und 2 bereits ab dem in Satz 1 bezeichneten Tag eröffnen. ³Bis zur verpflichtenden Anwendung der in Satz 2 bezeichneten Vorschriften sind die landesrechtlichen Vorschriften über die Errichtung und den Betrieb eines dem § 1 entsprechenden Registers weiter anzuwenden.

I. Bedeutung der Vorschrift

1   § 12 WRegG enthält **Anwendungsbestimmungen** insbes. zur Anwendbarkeit der Mitteilungs- und Abfragepflicht sowie zu den Auskunftsrechten. Die Vorschrift war damit von entscheidender **Bedeutung für die Aufnahme des Wirkbetriebs** des Wettbewerbsregisters.

II. Historie der Vorschrift

2   § 12 WRegG ist durch das GWB-Digitalisierungsgesetz grdl. geändert worden.[1] § 12 Abs. 1 WRegG aF sah vor, dass die entspr. Regelungen der §§ 2, 4 und 6 WRegG mit Inkrafttreten der Rechtsverordnung anzuwenden sind. Die Rechtsverordnung wiederum sollte erst in Kraft treten, wenn die Voraussetzungen für den dauerhaften Registerbetrieb vorliegen.[2] Durch die Regelung sollte sichergestellt werden, dass vor Beginn der Aufnahme des Wirkbetriebs des Registers und vor der Anwendbarkeit der Mitteilungs- und Abfragepflichten die rechtlichen und technischen Voraussetzungen für den Registerbetrieb vorliegen.[3]

3   Allerdings hätte § 12 Abs. 1 WRegG aF auch dazu geführt, dass Mitteilungs- und Abfragepflicht zum gleichen Zeitpunkt anwendbar geworden wären mit der Folge, dass Auftraggeber ggf. beim Register hätten abfragen müssen, obwohl durch die Prüfungs- und Informationspflichten der Registerbehörde zumindest in den ersten Wochen des Wirkbetriebs das Vorliegen von Eintragungen im Register praktisch ausgeschlossen gewesen wäre. Das hätte zu Aufwand bei den Auftraggebern geführt, dem kein Mehrwert gegenübergestanden hätte.[4]

4   Der mit dem GWB-Digitalisierungsgesetz **neu gefasste § 12 WRegG** hat daher erstens die **Anwendbarkeit der Mitteilungs- und Abfragepflicht von dem**

---

[1] Art. 10 Nr. 8 des Gesetzes v. 18.1.2021 (GWB-Digitalisierungsgesetz), BGBl. I S. 2.
[2] BT-Drs. 18/12051, 34.
[3] BT-Drs. 18/12051, 34.
[4] Vgl. BT-Drs. 19/23492, 147 f.

Anwendungsbestimmungen **§ 12 WRegG**

Inkrafttreten der Rechtsverordnung entkoppelt, und zweitens insbes. eine **gestaffelte Anwendbarkeit der Mitteilungs- und Abfragepflicht** geregelt.[5]

Die Regelung des § 12 Abs. 3 WRegG aF zur Bekanntmachung von Rechtsverordnungen ist mit dem Gesetz zur Modernisierung des Verkündungs- und Bekanntmachungswesens vom 20.12.2022 gestrichen worden.[6]

III. Vorliegen der Voraussetzungen für die elektronische Datenübermittlung und gestaffelte Anwendung

§ 12 Abs. 1 WRegG bestimmt, dass das Bundeswirtschaftsministerium das **Vorliegen der Voraussetzungen für die elektronische Datenübermittlung** iSd § 9 Abs. 1 WRegG (→ § 9 Rn. 1 ff.) **feststellt** und dies im **BAnz. bekannt macht.**

§ 12 Abs. 2 WRegG regelt daran anknüpfend iE die **gestaffelte Anwendbarkeit der Mitteilungs- und Abfragepflicht sowie der Auskunftsrechte**: Nach Ablauf des Monats, der auf den Tag der Bekanntmachung folgt, ist die Mitteilungspflicht anzuwenden. Gleichzeitig kann die Registerbehörde Auftraggebern die Möglichkeit zur Abfrage einräumen. Sechs Monate nach Anwendbarkeit der Mitteilungspflicht wird die Pflicht zur Abfrage anwendbar. Zum selben Zeitpunkt wird Unternehmen und natürlichen Personen die Möglichkeit eingeräumt, bei der Registerbehörde Anträge auf Auskunft über den sie betreffenden Inhalt des Wettbewerbsregisters zu stellen. Auch die amtlichen Verzeichnisstellen[7] können Auskunft aus dem Wettbewerbsregister erhalten, sofern die betroffenen Unternehmen dem zugestimmt haben.

Die entspr. Bekanntmachung über die Funktionsfähigkeit der elektronischen Kommunikationswege durch das Bundeswirtschaftsministerium wurde am 29.10.2021 im BAnz. veröffentlicht mit der Folge, dass die **Mitteilungspflicht seit dem 1.12.2021** und die **Abfragepflicht seit dem 1.6.2022** anwendbar ist. Seit dem 1.6.2022 sind auch die Auskunftsmöglichkeiten für Unternehmen, natürliche Personen und amtliche Verzeichnisstellen gegeben.

IV. Folgen für Register der Länder

Aus § 12 Abs. 2 S. 3 WRegG ergibt sich, dass das WRegG bis zur Anwendbarkeit der Abfragepflicht keine Folgen für die Anwendbarkeit landesrechtlicher Vorschriften zu Registern hat, welche wie das Wettbewerbsregister das Ziel verfolgen, Auftraggeber über ausschluss-relevante Sanktionsentscheidungen zu informieren. Umgekehrt ergibt sich aus der Vorschrift, dass der Gesetzgeber davon ausgeht, dass die Länder entspr. Register mit Anwendbarkeit der Abfragepflicht in Bezug auf das Wettbewerbsregister einstellen.

V. Weitere relevante Regelungen

1. Übergangsfrist zur Abfrage des GZR

Auftraggeber sollten beachten, dass nur solche Sanktionen im Wettbewerbsregister eingetragen werden, die ab Anwendbarkeit der Mitteilungspflicht zum 1.12.2021

---

[5] Art. 11 des Gesetzes v. 18.1.2021 (GWB-Digitalisierungsgesetz), BGBl. I S. 2; damit sind entspr. auch die Änderungen in anderen Gesetzen sowie die zeitliche Anknüpfung von Übergangsfristen, die an das Inkrafttreten der Rechtsverordnung anknüpften, neu gefasst worden.

[6] Art. 2 Abs. 9 des Gesetzes v. 20.12.2022, BGBl. I S. 2752.

[7] Amtliche Verzeichnisse sind Stellen, welche die Voraussetzungen nach Art. 64 RL 2014/24/EU erfüllen.

rechtskräftig geworden – bzw. im Fall kartellrechtlicher Bußgeldentscheidungen – entschieden worden sind. Frühere Entscheidungen gegen Unternehmen sind aber im Gewerbezentralregister erfasst und können von Auftraggebern übergangsweise weiterhin beim Gewerbezentralregister abgefragt werden.[8]

11 Die Möglichkeit zur Abfrage beim Gewerbezentralregister besteht für Auftraggeber noch übergangsweise bis zum 30.5.2025.

2. Spezialgesetzliche Abfragepflichten

12 Mit Anwendbarkeit der Abfragepflicht zum 1.6.2022 sind die spezialgesetzlich in § 21 Abs. 1 S. 5 SchwarzArbG, § 19 Abs. 4 MiLoG und § 21 Abs. 4 AEntG geregelten Abfragepflichten nicht mehr an das Gewerbezentralregister, sondern an das Wettbewerbsregister zu richten.[9]

---

[8] Art. 3 Abs. 2 S. 4 iVm Art. 2 Abs. 3 Gesetz zur Einführung eines Wettbewerbsregisters, geändert durch Art. 11 des Gesetzes v. 18.1.2021 (GWB-Digitalisierungsgesetz), BGBl I S. 2: Danach ist die freiwillige Abfrage des Gewerbezentralregisters noch drei Jahre ab Anwendbarkeit der Pflicht zur Abfrage des Wettbewerbsregisters möglich, dh bis zum 31.5.2025.

[9] Wettbewerbsregistergesetz v. 18.7.2017, BGBl. I S. 2739, das zuletzt durch Art. 12 des Gesetzes v. 28.6.2023, BGBl. I Nr. 172 geändert worden ist.

11. Verordnung PR Nr. 30/53 über die Preise bei öffentlichen Aufträgen

Vom 21. November 1953
(BAnz. Nr. 244 S. 1)
BGBl. III/FNA 722–2–1

Zuletzt geänd. durch Art. 1 Dritte ÄndVO v. 25.11.2021 (BGBl. I S. 4968)

Um marktwirtschaftliche Grundsätze auf dem Gebiet des öffentlichen Auftragswesens verstärkt durchzusetzen, wird auf Grund des § 2 des Preisgesetzes vom 10. April 1948 (WiGBl. S. 27) / 3. Februar 1949 (WiGBl. S. 14) / 21. Januar 1950 (Bundesgesetzbl. S. 7) / 8. Juli 1950 (Bundesgesetzbl. S. 274) / 25. September 1950 (Bundesgesetzbl. S. 681) / 23. Dezember 1950 (Bundesgesetzbl. S. 824) und 29. März 1951 (Bundesgesetzbl. I S. 223) in der sich aus § 37 des Gesetzes über die Investitionshilfe der gewerblichen Wirtschaft vom 7. Januar 1952 (Bundesgesetzbl. I S. 7) ergebenden Fassung verordnet:

§ 1 Grundsatz

(1) Für Leistungen auf Grund öffentlicher Aufträge ist bei der Vereinbarung von Preisen grundsätzlich Marktpreisen gemäß § 4 vor Selbstkostenpreisen gemäß §§ 5 bis 8 der Vorzug zu geben.

(2) [1]Soweit es die Verhältnisse des Auftrages ermöglichen, sind feste Preise zu vereinbaren. [2]Die Preise sollen bei Abschluß des Vertrages festgelegt werden.

(3) Für Leistungen auf Grund öffentlicher Aufträge dürfen höhere Preise nicht gefordert, versprochen, vereinbart, angenommen oder gewährt werden, als nach den Bestimmungen dieser Verordnung zulässig ist.

§ 2 Geltungsbereich

(1) Öffentliche Aufträge im Sinne dieser Verordnung sind die Aufträge des Bundes, der Länder, der Gemeinden und Gemeindeverbände und der sonstigen juristischen Personen des öffentlichen Rechts.

(2) Das Bundesministerium für Wirtschaft und Energie kann im Einvernehmen mit dem fachlich zuständigen Bundesministerium verfügen, daß die Vorschriften dieser Verordnung auf Aufträge bestimmter Unternehmen, die juristische Personen des öffentlichen Rechts sind oder von juristischen Personen des öffentlichen Rechts betrieben werden, sofern sie mit ihren Lieferungen und Leistungen im Wettbewerb mit privaten Unternehmen stehen, nicht anzuwenden sind.

(3) Die Bestimmungen dieser Verordnung sind anzuwenden auf die Aufträge ausländischer Truppen und des zivilen Gefolges einer Truppe im Sinne des Artikels I Abs. 1 Buchstabe b des Abkommens zwischen den Parteien des Nordatlantikvertrages über die Rechtsstellung ihrer Truppen vom 19. Juni 1951 (Bundesgesetzbl. 1961 II S. 1183, 1191), die sich auf Grund zwischenstaatlicher Vereinbarungen in der Bundesrepublik Deutschland befinden.

(4) Die Bestimmungen dieser Verordnung finden auch Anwendung
1. auf Verlangen des öffentlichen Auftraggebers bei mittelbaren Leistungen zu öffentlichen Aufträgen, soweit der mittelbare Auftragnehmer von diesem Verlan-

PreisVO   Verordnung PR Nr. 30/53

gen vor oder bei Abschluß seines Vertrages Kenntnis erhalten hat oder nach Abschluß des Vertrages zustimmt,

2. bei den von deutschen Behörden angeordneten Leistungsauflagen und Leistungsanweisungen mit der Maßgabe, daß die nach dieser Verordnung zulässigen Preise nicht ohne Zustimmung des Auftragnehmers unterschritten werden dürfen.

(5) [1]Die Bestimmungen dieser Verordnung gelten nicht für Bauleistungen. Bauleistungen im Sinne dieser Verordnung sind alle Bauarbeiten, soweit sie mit oder ohne Lieferung von Stoffen und Bauteilen der Herstellung, Instandsetzung, Instandhaltung, Änderung oder Beseitigung baulicher Anlagen dienen. [2]Montagearbeiten einschließlich der Installationsarbeiten der Elektroindustrie und des Maschinenbaus stellen keine Bauleistungen dar.

§ 3 Geltung der Preisvorschriften

Öffentliche Aufträge unterliegen den allgemeinen und besonderen Preisvorschriften.

§ 4 Preise für marktgängige Leistungen

(1) Für marktgängige Leistungen dürfen die im Verkehr üblichen preisrechtlich zulässigen Preise nicht überschritten werden.

(2) [1]Marktgängig ist eine Leistung, für die zum Zeitpunkt der Auftragsvergabe ein Markt aus Angebot und Nachfrage für diese Leistung mit funktionierendem Wettbewerb besteht (allgemeiner Markt). [2]Marktgängig ist eine Leistung auch, wenn zu ihrer Beschaffung durch ein Vergabeverfahren ein Markt geschaffen wurde, auf dem mindestens zwei Anbieter zuschlagsfähige Angebote abgegeben haben (besonderer Markt).

(3) Im Verkehr üblich ist der Preis, den der betreffende Anbieter für die Leistung im Wettbewerb regelmäßig durchsetzen kann.

(4) [1]Gibt es für eine Leistung einen verkehrsüblichen Preis auf dem allgemeinen Markt, ist dieser maßgeblich im Sinne von Absatz 1. [2]Gibt es für die Leistung auf dem allgemeinen Markt keinen verkehrsüblichen Preis, wird vermutet, dass der Preis, zu dem die Leistung auf einem besonderen Markt angeboten wird, im Verkehr üblich ist, wenn er sich unter den Bedingungen eines Wettbewerbs herausgebildet hat.

(5) Bei Leistungen, die unter gleichartigen Voraussetzungen mit marktgängigen Leistungen im wesentlichen vergleichbar sind (vergleichbare Leistungen), sind Abschläge vorzunehmen oder können Zuschläge vorgenommen werden, soweit es die Abweichungen von den marktgängigen Leistungen rechtfertigen.

(6) Dem öffentlichen Auftraggeber sind Vorteile, insbesondere Mengen- und Wertrabatte, Skonti und besondere Lieferungsbedingungen einzuräumen, die beim Vorliegen gleicher Verhältnisse nichtöffentlichen Auftraggebern üblicherweise gewährt werden oder gewährt werden würden.

(7) Die Preise nach den Absätzen 1, 5 und 6 sind zu unterschreiten oder können überschritten werden, wenn es die bei dem Auftrag vorliegenden besonderen Verhältnisse kostenmäßig rechtfertigen.

§ 5 Selbstkostenpreise

(1) Selbstkostenpreise müssen auf die angemessenen Kosten des Auftragnehmers abgestellt werden, sie dürfen nur ausnahmsweise vereinbart werden, wenn

1. Preise nach den §§ 3 und 4 nicht festgestellt werden können oder
2. eine Mangellage vorliegt oder der Wettbewerb auf der Anbieterseite beschränkt ist und hierdurch die Preisbildung nach § 4 nicht nur unerheblich beeinflußt wird.

(2) Kommt zwischen dem Auftraggeber und dem Auftragnehmer kein Einverständnis über das Vorliegen der Voraussetzungen gemäß Absatz 1 Nummer 2 zustande, so entscheidet hierüber auf Antrag durch Verfügung,
1. das Bundesministerium für Wirtschaft und Energie, wenn die Mangellage oder die Wettbewerbsbeschränkung die Preisbildung in mehr als einem Land beeinflußt oder beeinflussen kann,
2. die für den Sitz des Auftragnehmers zuständige Preisbildungsstelle in allen übrigen Fällen.

(3) Soweit es die Verhältnisse des Auftrages ermöglichen, ist mit dem Angebot eine Selbstkostenpreisberechnung vorzulegen.

(4) [1]Werden Aufträge über gleiche Leistungen mehreren Auftragnehmern zu Selbstkostenpreisen erteilt, so sollen bei Vorliegen gleicher Voraussetzungen in der Regel gleiche Preise vereinbart werden. [2]Als gleich gelten Leistungen, die sich in Ausführung, Liefermenge, Lieferzeitraum und Lieferungs- und Zahlungsbedingungen im wesentlichen entsprechen. [3]Zur Ermittlung der Preise sind die Selbstkostenpreise derjenigen Unternehmen heranzuziehen, die der Auftraggeber an der Leistung zu beteiligen beabsichtigt oder beteiligt hat. [4]Der Preisbildung soll der Selbstkostenpreis eines guten Betriebes zugrunde gelegt werden.

(5) Ist ein Auftrag zu Selbstkostenpreisen vergeben worden, so ist bei jedem weiteren Auftrag (Anschlußauftrag) zu prüfen, ob für die betreffende Leistung Preise gemäß § 4 vereinbart werden können.

(6) Selbstkostenpreise können vereinbart werden als
1. Selbstkostenfestpreise oder Selbstkostenrichtpreise gemäß § 6,
2. Selbstkostenerstattungspreise gemäß § 7.

§ 6 Selbstkostenfestpreise und Selbstkostenrichtpreise

(1) Selbstkostenpreise sind möglichst als Selbstkostenfestpreise zu vereinbaren.

(2) Die Selbstkostenfestpreise sind auf Grund von Kalkulationen zu ermitteln und bei, spätestens aber unmittelbar nach Abschluß des Vertrages festzulegen.

(3) [1]Kann ein Selbstkostenfestpreis nicht festgestellt werden, so ist beim Abschluß des Vertrages zunächst ein vorläufiger Selbstkostenpreis (Selbstkostenrichtpreis) zu vereinbaren. [2]Der Selbstkostenrichtpreis ist vor Beendigung der Fertigung, sobald die Grundlagen der Kalkulation übersehbar sind, möglichst in einen Selbstkostenfestpreis umzuwandeln.

§ 7 Selbstkostenerstattungspreise

(1) [1]Selbstkostenerstattungspreise dürfen nur vereinbart werden, wenn eine andere Preisermittlung nicht möglich ist. [2]Die Höhe der erstattungsfähigen Kosten kann ganz oder teilweise durch Vereinbarung begrenzt werden.

(2) Soweit es die Verhältnisse des Auftrages ermöglichen, soll in Vereinbarungen über Selbstkostenerstattungspreise vorgesehen werden, daß für einzelne Kalkulationsbereiche feste Sätze gelten.

§ 8 Ermittlung der Selbstkostenpreise

Werden Selbstkostenpreise (§§ 5 bis 7) vereinbart, so sind die als Anlage beigefügten Leitsätze für die Preisermittlung auf Grund von Selbstkosten anzuwenden.

§ 9 Prüfung der Preise

(1) ¹Der Auftragnehmer hat den für die Preisbildung und Preisüberwachung zuständigen Behörden das Zustandekommen des Preises auf Verlangen nachzuweisen. ²Aus den Unterlagen muß ersichtlich sein, daß der Preis nach den Vorschriften dieser Verordnung zulässig ist. ³Diese Unterlagen sind, soweit nicht andere Vorschriften eine längere Frist vorsehen, mindestens zehn Jahre ab Bewirkung der geschuldeten Gegenleistung durch den öffentlichen Auftraggeber aufzubewahren.

(2) ¹Die für die Preisbildung und Preisüberwachung zuständigen Behörden sind berechtigt, zu prüfen, ob die Vorschriften dieser Verordnung beachtet worden sind. ²Der Auftragnehmer und die für die Leitung des Unternehmens verantwortlichen Personen sind verpflichtet, die zu diesem Zwecke erforderlichen Auskünfte zu erteilen.

(3) Die Entscheidung, ob eine Prüfung im Sinne des Absatzes 2 Satz 1 stattfindet, treffen die für die Preisbildung und Preisüberwachung zuständigen Behörden nach pflichtgemäßem Ermessen.

(4) Die für die Preisbildung und Preisüberwachung zuständigen Behörden können die Unterlagen einsehen, Abschriften, Fotokopien, Ausdrucke, fotografische Abbildungen, elektronische Daten und Dateien oder Auszüge aus diesen Unterlagen anfertigen lassen und die Betriebe besichtigen.

(5) ¹Soweit die für die Preisbildung und Preisüberwachung zuständigen Behörden die angemessenen Kosten des Auftragnehmers nach § 5 Absatz 1 nicht ermitteln oder berechnen können, können sie diese schätzen. ²Geschätzt werden kann insbesondere dann, wenn der Auftragnehmer über seine Angaben keine ausreichenden Aufklärungen zu geben vermag, seine Auskunft verweigert oder seine Unterlagen unter Verletzung der Mindestaufbewahrungsfrist des Absatzes 1 Satz 3 nicht mehr vorliegen. ³Bei der Schätzung sind alle Umstände zu berücksichtigen, die für die Schätzung von Bedeutung sind. ⁴Bei der Schätzung können die für die Preisbildung und Preisüberwachung zuständigen Behörden auf Daten des Auftragnehmers zurückgreifen, die ihnen aus anderen Prüfungen nach Absatz 2 Satz 1 bei dem Auftragnehmer bereits vorliegen. ⁵Die für die Preisbildung und Preisüberwachung zuständigen Behörden können im Rahmen der Schätzung der Kosten des Auftragnehmers angemessene Sicherheitsabschläge ansetzen. ⁶Können die Kosten des Auftragnehmers nur innerhalb eines bestimmten Rahmens geschätzt werden, so kann dieser Rahmen zu Lasten des Auftragnehmers ausgeschöpft werden. ⁷Ist eine Schätzung durch die für die Preisbildung und Preisüberwachung zuständige Behörde ganz oder teilweise nicht möglich, so kann diese die betroffenen Kostenpositionen des Auftragnehmers mit Null ansetzen.

§ 10 Feststellung der Angemessenheit von Selbstkostenpreisen durch öffentliche Auftraggeber

(1) ¹Der öffentliche Auftraggeber ist, sofern das Bundesministerium für Wirtschaft und Energie ihn hierzu allgemein oder im Einzelfall ermächtigt hat, berechtigt, im Benehmen mit der für die Preisbildung und Preisüberwachung zuständigen Behörde festzustellen, daß ein Selbstkostenpreis den Vorschriften dieser Verordnung entspricht. ²§ 9 Abs. 2 Satz 2 und Abs. 3 gelten entsprechend. ³Die Feststellung ist bei einem Selbstkostenfestpreis nur in der Zeit von der Angebotsabgabe bis zum

Abschluß der Vereinbarung zulässig. ⁴Das gleiche gilt bei einem Selbstkostenrichtpreis oder Selbstkostenerstattungspreis hinsichtlich vereinbarter fester Sätze für einen Kalkulationsbereich.

(2) Die Beanspruchung des Auftragnehmers durch Feststellungen gemäß Absatz 1 hat sich in angemessenem Verhältnis zur wirtschaftlichen Bedeutung der Leistung für den Auftraggeber und den Auftragnehmer zu halten.

(3) Der Auftragnehmer kann bei der für die Preisbildung und Preisüberwachung zuständigen Behörde ihre Beteiligung an der Feststellung der Selbstkostenpreise beantragen.

(4) ¹Bestehen zwischen dem Auftraggeber und dem Auftragnehmer über das Ergebnis der Feststellung Meinungsverschiedenheiten, so sollen Auftraggeber und Auftragnehmer zunächst eine gütliche Einigung über den Selbstkostenpreis anstreben. ²Kommt eine Einigung nicht zustande, so setzt auf Antrag eines Beteiligten die für den Sitz des Auftragnehmers zuständige Preisbildungsstelle den Selbstkostenpreis fest.

§ 11 Zuwiderhandlungen

Zuwiderhandlungen gegen die Bestimmungen dieser Verordnung werden nach den Strafbestimmungen des Gesetzes zur Vereinfachung des Wirtschaftsstrafrechts (Wirtschaftsstrafgesetz) vom 26. Juli 1949 (WiGBl. S. 193) in der Fassung des Gesetzes vom 25. März 1952 (Bundesgesetzbl. I S. 188) / 17. Dezember 1952 (Bundesgesetzbl. I S. 805) geahndet.

§ 12 Inkrafttreten

(1) Diese Verordnung tritt am 1. Januar 1954 in Kraft.

(2) Für vor dem 1. April 2022 vergebene öffentliche Aufträge ist diese Verordnung in der bis zum Ablauf des 31. März 2022 geltenden Fassung anzuwenden.

… PreisVO Anl. Verordnung PR Nr. 30/53

Anlage

zur Verordnung PR Nr. 30/53
vom 21. November 1953.

Leitsätze für die Preisermittlung auf Grund von Selbstkosten

I. Allgemeines

Nr. 1 Geltungsbereich

(1) Die Leitsätze regeln die Preisermittlung auf Grund von Selbstkosten
a) soweit Rechtsverordnungen oder Verfügungen
   aa) die Anwendung dieser Leitsätze vorschreiben oder
   bb) dem Auftraggeber das Recht einräumen, die Anwendung dieser Leitsätze zu fordern und er von diesem Recht Gebrauch macht oder
b) soweit Auftraggeber und Auftragnehmer die Anwendung dieser Leitsätze preisrechtlich zulässig vereinbaren.

(2) Sie regeln insbesondere die Preisermittlung bei allen Vereinbarungen gemäß §§ 5 bis 8 der Verordnung PR Nr. 30/53 über die Preise bei öffentlichen Aufträgen vom 21. November 1953 (Bundesanzeiger Nr. 244 vom 18. Dezember 1953).

Nr. 2 Einrichtung und Ausgestaltung des Rechnungswesens

[1]Der Auftragnehmer ist zur Führung eines geordneten Rechnungswesens verpflichtet. [2]Dieses muß jederzeit die Feststellung der Kosten und Leistungen, die Abstimmung der Kosten- und Leistungsrechnung mit der Aufwands- und Ertragsrechnung sowie die Ermittlung von Preisen auf Grund von Selbstkosten ermöglichen.

Nr. 3 Erklärung des Auftragnehmers

Der öffentliche Auftraggeber kann vom Auftragnehmer eine Erklärung darüber verlangen,
a) daß die in der Preisermittlung auf Grund von Selbstkosten angesetzten Preise und Entgelte den preisrechtlichen Vorschriften entsprechen und
b) daß die Preisermittlung auf Grund von Selbstkosten nach diesen Leitsätzen vorgenommen wurde.

II. Preisermittlung auf Grund von Selbstkosten

Nr. 4 Kosten und Selbstkostenpreise

(1) Die Kosten werden aus Menge und Wert der für die Leistungserstellung verbrauchten Güter und in Anspruch genommenen Dienste ermittelt.

(2) In Preisermittlungen auf Grund von Selbstkosten im Sinne dieser Leitsätze sind nach Art und Höhe nur diejenigen Kosten zu berücksichtigen, die bei wirtschaftlicher Betriebsführung zur Erstellung der Leistungen entstehen.

(3) Der Selbstkostenpreis im Sinne dieser Leitsätze ist gleich der Summe der nach diesen Leitsätzen ermittelten, der Leistung zuzurechnenden Kosten zuzüglich des kalkulatorischen Gewinnes (Nummer 51 und 52).

(4) Ist das betriebsindividuelle Rechnungswesen, insbesondere hinsichtlich der Bewertung, nach Grundsätzen aufgebaut, die von den Bestimmungen dieser Leitsätze abweichen, so dürfen die nach diesen Leitsätzen für die Selbstkostenpreisermittlung zulässigen Kosten aus der betriebsindividuellen Betriebsabrechnung im Wege der Zu- und Absetzung entwickelt werden, sofern hierdurch die Nachweisbarkeit erhalten bleibt.

Nr. 5 Arten der Preisermittlung auf Grund von Selbstkosten

(1) Nach dem Zeitpunkt sind zu unterscheiden:
a) Vorkalkulationen (Kalkulationen, die zeitlich der Leistungserstellung vorausgehen),
b) Nachkalkulationen (Kalkulationen, die zeitlich nach der Leistungserstellung durchgeführt werden).

(2) Nach dem Verfahren sind zu unterscheiden:
a) Divisionsverfahren (Divisionsrechnungen, Äquivalenzziffernrechnungen),
b) Zuschlagsverfahren [Verrechnungssatzverfahren (Sortenrechnungen und Auftragsrechnungen)],
c) Mischformen von a) und b).

Nr. 6 Arten der Selbstkostenpreise

Preise auf Grund von Selbstkosten können ermittelt werden
a) durch Vorkalkulationen als Selbstkostenfestpreise oder Selbstkostenrichtpreise,
b) durch Nachkalkulationen als Selbstkostenerstattungspreise,
c) durch Vorkalkulationen der Kosten einzelner und durch Nachkalkulationen der Kosten der übrigen Kalkulationsbereiche.

Nr. 7 Mengenansatz

(1) Soweit Abschnitt III nichts Abweichendes bestimmt, sind unter Berücksichtigung des Grundsatzes wirtschaftlicher Betriebsführung als Mengensätze zugrundezulegen
a) bei Preisvereinbarungen auf Grund von Vorkalkulationen
die bei der Leistungserstellung zu verbrauchenden Güter und in Anspruch zu nehmenden Dienste, wie sie im Zeitpunkt der Angebotsabgabe voraussehbar sind,
b) bei Preisvereinbarungen auf Grund von Nachkalkulationen
die bei der Leistungserstellung tatsächlich verbrauchten Güter und in Anspruch genommenen Dienste.

(2) Bei Preisvereinbarungen auf der Grundlage der Vorkalkulation der Kosten einzelner und der Nachkalkulation der Kosten der übrigen Kalkulationsbereiche gelten die Bestimmungen des Absatzes 1 jeweils für die einzelnen Kalkulationsbereiche entsprechend.

Nr. 8 Bewertung

(1) [1]Bei der Bewertung der Güter und Dienste bleiben die nach dem Umsatzsteuergesetz abziehbaren Steuern und Beträge außer Ansatz. [2]Die nach diesen Vorschriften nicht abziehbaren Steuern und Beträge sind Kosten im Sinne der Nummer 4.

(2) Bei der Bewertung sind, soweit im Abschnitt III nichts Abweichendes bestimmt wird, zugrunde zu legen
a) bei Preisvereinbarungen auf Grund von Vorkalkulationen Tagespreise für Güter und entsprechenden Entgelte für Dienste, abgestellt auf den Zeitpunkt der Angebotsabgabe,
b) bei Preisvereinbarungen auf Grund von Nachkalkulationen Anschaffungspreise für Güter und entsprechende Entgelte für Dienste, soweit Güter und Dienste für den Auftrag besonders beschafft wurden,
Tagespreise, abgestellt auf den Zeitpunkt der Lagerentnahme, soweit Stoffe nicht besonders für den Auftrag beschafft, sondern dem Lager entnommen wurden.

(3) Bei Preisvereinbarungen auf der Grundlage der Vorkalkulation der Kosten einzelner und der Nachkalkulation der Kosten der übrigen Kalkulationsbereiche gelten die Bestimmungen des Absatzes 2 jeweils für die einzelnen Kalkulationsbereiche entsprechend.

Nr. 9 Allgemeine Angaben zu Preiskalkulationen

(1) Zu jeder Preiskalkulation sind anzugeben
a) die genaue Bezeichnung des Kalkulationsgegenstandes (Auftrags-, Stücklisten- und Zeichnungsnummer, Zeichnungsänderungsvermerke, Bau- oder Musternummer und dgl.),
b) das Lieferwerk und die Fertigungsabteilung,
c) die Bezugsmenge, auf die die Zahlenangaben der Kalkulation abgestellt sind (Stück, kg, m und dgl.),
d) der Tag des Abschlusses der Kalkulation,
e) die Liefermenge, für die insgesamt die Kalkulation maßgebend sein soll,
f) die Lieferbedingungen, soweit sie die Höhe des Selbstkostenpreises beeinflussen.

(2) Zu Nachkalkulationen sind ferner anzugeben
a) der Zeitabschnitt, in dem die abgerechneten Leistungen erstellt wurden,
b) die den abgerechneten Leistungen vorausgegangenen und laut Auftragsbestand oder Auftragszusage noch folgenden gleichartigen Leistungen.

Nr. 10 Gliederung der Preiskalkulationen

(1) Unter Beachtung von Nummer 2 und Nummer 4 Absatz 4 kann der Auftraggeber mit dem Auftragnehmer bestimmte Muster für Vor- und Nachkalkulationen vereinbaren.

(2) Vor- und Nachkalkulationen sind in der Gliederung so aufeinander abzustimmen, daß Vergleiche möglich sind.

(3) Unter Beachtung von Nummer 2 ist unbeschadet einer den Bedürfnissen einer prüfungsfähigen Preisermittlung entsprechenden, weitergehenden betriebsindividuellen Gliederung oder sonst vereinbarten Gliederung, mindestens wie folgt nach Kalkulationsbereichen zu gliedern, soweit in den Absätzen 4 bis 6 nichts anderes bestimmt wird:
Fertigungsstoffkosten
Fertigungskosten
Entwicklungs- und Entwurfskosten
Verwaltungskosten
Vertriebskosten
Selbstkosten
Kalkulatorischer Gewinn
Selbstkostenpreis

(4) [1]Innerhalb der Kalkulationsbereiche sind Einzel- und Gemeinkosten getrennt auszuweisen, soweit dies nach dem angewandten Kalkulationsverfahren (vgl. Nummer 5 Absatz 2) möglich und branchenüblich ist. [2]Innerhalb der Einzelkosten ist gegebenenfalls nach Fertigungs- und Sondereinzelkosten zu unterscheiden. [3]Sonderkosten, die nach Abschnitt III ausgewiesen werden müssen, sind in den entsprechenden Kalkulationsbereichen aufzuführen.

(5) Die Zwischensumme Herstellkosten ist an der Stelle einzuordnen, an der sie branche- oder betriebsüblich gezogen wird.

(6) Soweit es die Wirtschaftlichkeit der Rechnungsführung erfordert, können folgende Gemeinkosten zusammengefaßt werden:
Stoffgemeinkosten und Fertigungsgemeinkosten,
Verwaltungsgemeinkosten und Vertriebsgemeinkosten.

(7) Läßt es die Kostenrechnung unter Beachtung der Grundsätze eines geordneten Rechnungswesens gemäß Nummer 2 zu, so kann sich die Nachkalkulation auf die Erfassung der Unterschiedsbeträge gegenüber der Vorkalkulation beschränken.

(8) Bei Leistungen, die in gleicher oder ähnlicher Art vom Auftragnehmer bereits erstellt worden sind, kann die Preisermittlung aus den Nachkalkulationen unter Berücksichtigung eingetretener Kostenänderungen abgeleitet werden.

III. Bestandteile des Selbstkostenpreises

A. Stoffe

Nr. 11 Fertigungsstoffe

(1) Als Fertigungsstoffe sind zu erfassen
a) Einsatz- und Fertigungsstoffe (Grundstoffe und Halbzeuge, die Bestandteile der Erzeugnisse werden),
b) Zwischenerzeugnisse (Erzeugnisse, die sich in Zwischenstufen der Fertigung ergeben oder solche Teile für die eigenen Erzeugnisse, die im Sinne des Fertigungsprogrammes nicht selbständige, absatzbestimmte Fertigungserzeugnisse darstellen),
c) auswärts bezogene Fertigerzeugnisse (vollständig fertige Erzeugnisse, die auf Grund eigener oder fremder Zeichnungen, Entwürfe oder dgl. von fremden Betrieben gefertigt, jedoch mit eigenen Erzeugnissen fertigungstechnisch verbunden werden).

(2) Auf Nummer 13 Absatz 3 wird verwiesen.

Nr. 12 Auswärtige Bearbeitung

(1) Als auswärtige Bearbeitung ist entweder der Bezug von Zwischenerzeugnissen aus kostenlos beigestellten Stoffen oder die Übernahme einzelner Fertigungsvorgänge durch Fremdbetriebe (Lohnarbeiten) zu verstehen.

(2) [1]Werden betriebseigene Fertigungsstoffe in Fremdbetrieben bearbeitet, so sind die Kosten dieser Fremdleistung als gesonderte Kostenart zu verrechnen und in der Kalkulation gesondert auszuweisen. [2]Das Gleiche gilt für Lohnarbeiten fremder Zulieferer.

(3) Fertigungsgemeinkosten der werkseigenen Fertigungsstellen dürfen auf fremde Lohnarbeitskosten nicht in Ansatz gebracht werden.

Nr. 13 Hilfs- und Betriebsstoffe

(1) Die Hilfsstoffe der Fertigung sind, sofern sie nicht aus verrechnungstechnischen Gründen innerhalb der Gemeinkosten verrechnet werden, wie Fertigungsstoffe zu behandeln.

(2) [1]Betriebsstoffe zählen nicht zu den Fertigungsstoffen. [2]Brennstoff- und Energiekosten sind verrechnungstechnisch wie Betriebsstoffe zu behandeln.

(3) Die Abgrenzung zwischen Fertigungsstoffen, Hilfs- und Betriebsstoffen soll nach einheitlichen Gesichtspunkten stetig durchgeführt werden.

Nr. 14 Sonderbetriebsmittel

(1) [1]Sonderbetriebsmittel sind alle Arbeitsgeräte, die ausschließlich für die Fertigung des jeweiligen Liefergegenstandes verwendet werden. [2]Es gehören hierzu u. a. besondere Modelle, Gesenke, Schablonen, Schnitte und ähnliche Vorrichtungen, Sonderwerkzeuge und Lehren.

(2) Die Kosten der Sonderbetriebsmittel sind, falls es sich um einen einmaligen Lieferauftrag handelt, einmalig abzugelten oder sonst mit angemessenen Tilgungsanteilen in den Kalkulationen der Liefergegenstände als Sonderkosten der Fertigung zu verrechnen.

(3) Der Verlauf und Stand der Tilgung durch die auf Liefergegenstände verrechneten Anteile müssen nachweisbar sein.

Nr. 15 *(aufgehoben)*

Nr. 16 Mengenermittlung

(1) [1]Als Verbrauch ist die Einsatzmenge je Stoffart einschließlich des bei normalen Fertigungsbedingungen entstehenden Verarbeitungsabfalles (z.B. Verschnitt oder Späne) oder einschließlich des Zuschlages für Ausschuß beim Einbau anzusetzen. [2]Verwertungsfähige Reststoffe sind durch Reststoffgutschriften zu erfassen.

(2) [1]Soweit die Verbrauchsmengen durch Nachweise, Meßeinrichtungen oder dgl. erfaßt werden können, sind deren Angaben für den Mengenansatz maßgebend. [2]Anderenfalls sind die Verbrauchsmengen durch andere objektive Maßstäbe, Stichproben oder dgl. zu ermitteln.

(3) Die einzusetzenden Mengen sind in Vorkalkulationen aus Zeichnungen, Stücklisten, Rezepturvorschriften, Stoffbedarfszusammenstellungen oder dgl. in Nachkalkulationen aus Verbrauchsaufschreibungen oder dgl. zu ermitteln.

Nr. 17 Bewertung

(1) [1]Die Stoffe und dgl. sind mit Preisen des Zeitpunktes gemäß Nummer 8 zu bewerten. [2]Die Preise gemäß Satz 1 können auch als Einstandspreise berechnet werden (vgl. Nummer 18).

(2) [1]Für Lagerstoffe können Verrechnungspreise verwendet werden. [2]Sie müssen auf wirklichkeitsnahen Ermittlungen beruhen, in Vorkalkulationen den Preisen gemäß Nummer 8 Absatz 2a und in Nachkalkulationen den Preisen gemäß Nummer 8 Absatz 2b nahekommen. [3]Verrechnungspreise sollen in kürzeren Zeiträumen nur abgewandelt werden, wenn grundlegende Änderungen der Preise eingetreten sind.

(3) Standardwerte oder Standardsätze sind durch Preise gemäß Nummer 8 oder Absatz 2 zu ersetzen oder in solche Preise umzurechnen.

(4) [1]Von den Bewertungsgrundsätzen dieser Leitsätze abweichende Regelungen sind, soweit keine anderen Rechtsvorschriften entgegenstehen, zulässig. [2]Sie bedürfen vertraglicher Vereinbarung.

Nr. 18 Einstandspreis

(1) [1]Der Einstandspreis versteht sich im Regelfall frei Werk des Bestellers. [2]Er beinhaltet den Preis der beschafften Güter einschließlich der mittelbaren Lieferkosten wie Fracht, Porto, Rollgeld und Verpackung.

(2) Der Auftragnehmer hat beim Einkauf alle geschäftsüblichen Vorteile zugunsten des Auftraggebers wahrzunehmen.

(3) Erzielte Mengenrabatte, Preisnachlässe, Gutschriften für Treue-, Jahres- und Umsatzrabatte, für zurückgesandte Verpackung und ähnliches sind zu belegen und bei Ermittlung des Einstandspreises abzusetzen, sofern nicht aus abrechnungstechnischen Gründen eine andersartige Verrechnung in den Selbstkosten erfolgt.

Nr. 19 Zulieferungen aus eigenen Vorbetrieben

(1) Bei Zulieferungen marktgängiger Leistungen aus eigenen Vorbetrieben gelten als Einstandspreise die jeweiligen Marktpreise unter Berücksichtigung der eingesparten Vertriebskosten und der üblichen Nachlässe.

(2) Bei Zulieferungen nicht marktgängiger Leistungen aus eigenen Vorbetrieben gelten als Einstandspreise,
a) falls solche Lieferungen in einem Geschäftszweig üblich sind,
   die nach diesen Leitsätzen ermittelten Selbstkosten,
b) falls solche Zulieferungen in einem Geschäftszweig nicht üblich sind,
   die nach diesen Leitsätzen ermittelten Selbstkostenpreise.

Nr. 20 Beistellung von Stoffen, Personal oder Anlagen

Vom Auftraggeber kostenlos beigestellte Stoffe, Personal oder Anlagen sind, soweit sie Gemeinkosten verursachen, entsprechend ihrem gegebenenfalls geschätzten Wert den Kosten zuzuschlagen und sodann von den Selbstkosten mit dem gleichen Wert wieder abzusetzen.

Nr. 21 Reststoffe

(1) Verwendungsfähige Reststoffe sind, soweit eine Weiterverwendung im eigenen Betrieb möglich ist, wie Stoffe zu bewerten und den Stoffkosten gutzuschreiben.

(2) Veräußerte oder veräußerungsfähige Reststoffe sind mit den durchschnittlich erzielten oder erzielbaren Erlösen, vermindert um die bei der Aufbereitung und Veräußerung entstandenen Kosten, den Stoffkosten gutzuschreiben.

B. Löhne, Gehälter und andere Personalkosten

Nr. 22 Verrechnung

(1) Bei Löhnen, Gehältern und kalkulatorischem Unternehmerlohn sind im Falle der Anwendung des Zuschlagsverfahrens gemäß Nummer 5 Abs. 2b zu unterscheiden

a) unmittelbar dem Kostenträger zurechenbare Kosten:
   Fertigungslöhne, Fertigungsgehälter und unmittelbar auf die Fertigung entfallender Unternehmerlohn (Unternehmerfertigungslohn),
b) mittelbar dem Kostenträger zurechenbare Kosten:
   Hilfslöhne, sonstige Gehälter und nicht unmittelbar auf die Fertigung entfallender Unternehmerlohn.

(2) Der kalkulatorische Unternehmerlohn kann auch unter den kalkulatorischen Kostenarten ausgewiesen werden.

(3) Die Kostenrechnung nach den Absätzen 1 und 2 soll nach einheitlichen Grundsätzen stetig durchgeführt werden.

Nr. 23 Ansatz

In den Vor- und Nachkalkulationen dürfen Löhne, Gehälter und andere Personalkosten nach Art und Umfang nur insoweit berücksichtigt werden, als sie den Grundsätzen wirtschaftlicher Betriebsführung entsprechen (vgl. Nummer 4).

Nr. 24 Bewertung

(1) In Vor- und Nachkalkulationen sind die tariflichen oder, soweit sie angemessen sind, die mit dem Arbeitnehmer vereinbarten Löhne und Gehälter einzusetzen.

(2) [1]Bei Einzelkaufleuten und *[bis 31.12.2023:* Personengesellschaften*][ab 1.1.2024: rechtsfähigen Personengesellschaften]* kann als Entgelt für die Arbeit der ohne feste Entlohnung tätigen Unternehmer ein kalkulatorischer Unternehmerlohn in der Kostenrechnung berücksichtigt werden. [2]Auch für die ohne feste Entlohnung mitarbeitenden Angehörigen der Unternehmer kann ein ihrer Tätigkeit entsprechendes Entgelt kalkulatorisch verrechnet werden.

(3) [1]Der kalkulatorische Unternehmerlohn ist unabhängig von den tatsächlichen Entnahmen des Unternehmers in der Höhe des durchschnittlichen Gehaltes eines Angestellten mit gleichwertiger Tätigkeit in einem Unternehmen gleichen Standorts, gleichen Geschäftszweiges und gleicher Bedeutung oder mit Hilfe eines anderen objektiven Leistungsmaßstabes zu bemessen. [2]Die Größe des Betriebes, der Umsatz und die Zahl der in ihm tätigen Unternehmer sind zu berücksichtigen.

Nr. 25 Sozialkosten

(1) Sozialkosten sind zu gliedern in
a) gesetzliche Sozialaufwendungen wie Arbeitgeberbeiträge zur Sozialversicherung (Renten-, Arbeitslosen-, Kranken-, Pflege- und Unfallversicherung),
b) tarifliche Sozialaufwendungen,
c) zusätzliche Sozialaufwendungen zugunsten der Belegschaft.

(2) Angesetzt werden dürfen
a) die gesetzlichen und tariflichen Sozialaufwendungen in tatsächlicher Höhe,
b) die zusätzlichen Sozialaufwendungen, soweit sie nach Art und Höhe betriebs- oder branchenüblich sind und dem Grundsatz wirtschaftlicher Betriebsführung entsprechen.

C. Instandhaltung und Instandsetzung

Nr. 26 Ansatz

(1) [1]Aufwendungen für laufende Instandhaltung und Instandsetzung von Betriebsbauten, Betriebseinrichtungen, Maschinen, Vorrichtungen, Werkzeugen und dgl.

Verordnung PR Nr. 30/53

sind Kosten. ²Sofern diese Kosten stoßweise anfallen, sind sie dem Verbrauch entsprechend ratenweise zu verrechnen (Quoten- und Ratenrechnung).

(2) Instandsetzungskosten sind für die Benutzungsdauer des Anlagegegenstandes in den Abschreibungen zu verrechnen,
a) sofern durch die Instandsetzung der Wert des Anlagegegenstandes gegenüber demjenigen im Zeitpunkt seiner Anschaffung wesentlich erhöht wird (werterhöhende Instandsetzung) oder
b) sofern die Instandsetzung bezweckt, die Lebensdauer des Anlagegegenstandes über die ursprüngliche technisch bedingte Lebensdauer hinaus (vgl. Nummer 39 Absatz 1) zu verlängern.

D. Entwicklungs-, Entwurfs- und Versuchsaufträge

Nr. 27 „Freie" und „gebundene" Entwicklung

Entwicklungs- und Entwurfsarbeiten, Forschungen, Versuche und Herstellung von Probestücken, die die werkseigene sogenannte „freie" Entwicklung überschreiten, sind zwischen Auftraggeber und Auftragnehmer ausdrücklich zu vereinbaren („gebundene" Entwicklung).

Nr. 28 Nachweis

(1) ¹Alle Aufwendungen für die werkseigene „freie" und für die „gebundene" Entwicklung sowie die für ihre Abgeltung verrechneten Beträge sind, nach Entwicklungsaufgaben getrennt, nachzuweisen. ²Einzelheiten für diesen Nachweis sind gegebenenfalls im Einvernehmen mit dem Auftraggeber festzulegen.

(2) In den Kalkulationen sind die Entwicklungs- und Entwurfskosten getrennt nach „freier" und „gebundener" Entwicklung gesondert auszuweisen.

E. Fertigungsanlauf, Bauartänderungen

Nr. 29 Ansatz

Soweit bei einem Auftrag zusätzliche, im Regelfalle nicht vorkommende Stoffkosten und Fertigungskosten anfallen, z.B. durch amtliche Abnahme, durch Überstunden und Sonntagsarbeit, durch das Anlaufen einer neuartigen Fertigung, durch das Anlernen neuer Arbeitskräfte oder durch Bauartänderungen auf Veranlassung des Auftraggebers, sind diese in der Kostenrechnung und in den Kalkulationen gesondert auszuweisen.

F. Steuern, Gebühren, Beiträge

Nr. 30 Steuern

Für die Zwecke der Preisermittlung auf Grund von Selbstkosten sind zu unterscheiden
a) Steuern, die Kosten im Sinne dieser Leitsätze sind (kalkulierbare Steuern), insbesondere
die Gewerbesteuer, die Vermögensteuer, die Grundsteuer und, die Kraftfahrzeugsteuer.

Als Sonderkosten sind in den Kalkulationen auszuweisen
aa) die auf den Lieferungen und sonstigen Leistungen des Auftragnehmers lastende Umsatzsteuer ohne Abzug der nach dem Umsatzsteuergesetz abziehbaren Steuern und Beträge. Die an die Lieferungen und sonstigen Leistungen des Auftragnehmers gebundenen Umsatzsteuerminderungen sind zu berücksichtigen;
bb) besondere auf dem Erzeugnis lastende Verbrauchsteuern.
b) Steuern, die nicht Kosten im Sinne dieser Leitsätze sind (nicht kalkulierbare Steuern), insbesondere die Einkommen-, Körperschaft- und Kirchensteuer, die Erbschaft- und Schenkungsteuer.

Nr. 31 *(aufgehoben)*

Nr. 32 Gebühren und Beiträge

(1) Pflichtgebühren und Pflichtbeiträge sind Kosten, soweit sie für betriebliche Zwecke aufgewendet werden.

(2) Nicht auf gesetzlichen Verpflichtungen beruhende Beiträge oder Zuwendungen an Vereinigungen und Körperschaften, die dem Betriebsinteresse dienen, können in angemessener Höhe berücksichtigt werden.

G. Lizenzen, Patente und gewerblicher Rechtsschutz

Nr. 33 Ansatz und Verrechnung

(1) ¹Lizenzgebühren sind insoweit Kosten im Sinne dieser Leitsätze, als sie in angemessenem Verhältnis zu Umsatzmenge und Verkaufspreis der Leistungen stehen. ²Die für die Verrechnung von Lizenzgebühren in Betracht kommenden Lizenzverträge sind dem Auftraggeber auf Verlangen zur Einsicht vorzulegen.

(2) Ausgaben zum Erwerb von Fremdpatenten sind zu aktivieren und kalkulatorisch abzuschreiben oder periodisch abzugrenzen und ratenweise als Kosten zu verrechnen.

(3) Lizenzgebühren, sowie Gebühren für den gewerblichen Rechtsschutz, Fremd- und Eigenpatentkosten sind in den Kalkulationen als Sonderkosten auszuweisen, sofern sie bestimmte Erzeugnisse oder Erzeugnisgruppen betreffen.

H. Mieten, Büro-, Werbe- und Transportkosten und dgl.

Nr. 34 Mengenansatz und Bewertung

Für die Bemessung sonstiger Kostenarten, insbesondere der
Mieten und Pachten
Bürokosten
Werbe- und Repräsentationskosten
Transportkosten
Kosten des Zahlungsverkehrs
gelten die Nummern 4 und 16 bis 21 sinngemäß.

I. Vertriebssonderkosten

Nr. 35 Vertreterprovisionen

(1) [1]Eine Provision oder ähnliche Vergütung an einen Handelsvertreter darf in voller Höhe nur berücksichtigt werden, wenn bei Vorbereitung, Abschluß oder Abwicklung des öffentlichen Auftrages die Mitarbeit des Handelsvertreters notwendig ist und wenn sie sich in angemessenen Grenzen hält; den Absatzverhältnissen des Auftragnehmers soll dabei gebührend Rechnung getragen werden. [2]In allen übrigen Fällen ist ein angemessener Abschlag vorzunehmen.

(2) Die Höhe der in Selbstkostenpreisen anrechenbaren Provisionen und ähnlichen Vergütungen an Handelsvertreter kann durch Vereinbarung zwischen Auftraggeber und Auftragnehmer begrenzt werden.

(3) Provisionen und ähnliche Vergütungen sind in den Kalkulationen gesondert auszuweisen.

Nr. 36 Versandbedingungen und Versandkosten

Nach Maßgabe der vereinbarten Liefer- und Versandbedingungen sind die Kosten der Verpackung, die Versandfrachten, die Rollgelder, die Transportversicherung und ähnliches in der Kalkulation gesondert auszuweisen, sofern aus Gründen der Wirtschaftlichkeit der Rechnungsführung nicht eine andere Art der Verrechnung in den Kosten vorgenommen wird.

K. Kalkulatorische Kosten

a) Anlageabschreibungen

Nr. 37 Begriff

(1) Anlageabschreibungen sind die Kosten der Wertminderung betriebsnotwendiger Anlagegüter.

(2) Der Abschreibungsbetrag kann sowohl je Zeiteinheit als auch je Leistungseinheit (Tonne, Stück, Maschinenstunde oder dgl.) ermittelt werden.

Nr. 38 Abschreibungsbetrag und Bewertungsgrundsatz

[1]Der Abschreibungsbetrag für Anlagegüter ist unabhängig von den Wertansätzen in der Handels- und Steuerbilanz zu verrechnen. [2]Er ergibt sich durch Teilung des Anschaffungspreises oder der Herstellkosten durch die Gesamtnutzung. [3]Die mit der Errichtung und Ingangsetzung verbundenen Kosten rechnen zu den Anschaffungs- oder Herstellkosten.

Nr. 39 Nutzung der Anlagen

(1) Für den Umfang der Gesamtnutzung ist die erfahrungsmäßige Lebensdauer der Anlagen oder ihre geschätzte Leistungsmenge unter Berücksichtigung der üblichen technischen Leistungsfähigkeit maßgebend.

(2) ¹Die Schätzung der Nutzung für die einzelnen Anlagegüter und die Schätzung der Nutzung für Gruppen gleichartiger Anlagegüter ist in regelmäßigen Zeitabständen zu prüfen. ²Daraus sich ergebende Mehr- oder Minderabschreibungen sind unter Berücksichtigung von Nr. 49 Abs. 3 und Nr. 50 als Abschreibungswagnis anzusetzen; Auftraggeber und Auftragnehmer können abweichendes vereinbaren.

(3) Ist die bisherige Nutzung nicht einwandfrei zu ermitteln, so kann der kalkulatorische Restwert der Anlage (Anschaffungspreis oder Herstellkosten abzüglich der bisherigen Wertminderung) geschätzt und als Ausgangswert für die Berechnung der Abschreibung verwendet werden.

Nr. 40 Berücksichtigung abweichender Kosten

(aufgehoben)

Nr. 41 Sonderabschreibungen

¹Der Ansatz höherer Anlageabschreibungen als gemäß Nummer 38 bis 40 zum Ausgleich einer ursprünglich nicht voraussehbaren technischen Entwicklung oder Bedarfsverschiebung oder aus anderem Anlaß (Sonderabschreibungen) ist nur zulässig, wenn er mit dem Auftraggeber ausdrücklich vereinbart worden ist. ²Abschreibungssätze gemäß Satz 1 sind gesondert auszuweisen.

Nr. 42 Anlagenachweis

(1) Für sämtliche Anlagen sind Übersichten zu führen, aus denen alle für die Abschreibungen notwendigen Angaben hervorgehen, insbesondere die Ausgangswerte, die geschätzte Gesamtnutzung, die bisherige Nutzung, der Abschreibungsbetrag je Zeit- oder Leistungseinheit und der kalkulatorische Restwert.

(2) Für jede Anlage ist ein Einzelnachweis notwendig, jedoch können gleichartige Anlagen mit gleichen Anschaffungswerten oder geringen Einzelwerten zusammengefaßt werden.

b) Zinsen

Nr. 43 Bemessung

(1) ¹Für die Bereitstellung des betriebsnotwendigen Kapitals können kalkulatorische Zinsen angesetzt werden. ²Sie sind in der Betriebsrechnung gesondert auszuweisen.

(2) Für kalkulatorische Zinsen setzt das Bundesministerium für Wirtschaft und Energie im Einvernehmen mit dem Bundesminister der Finanzen einen Höchstsatz fest.

(3) Die für Fremdkapital tatsächlich entstandenen Aufwendungen (Zinsen, Bankprovisionen und dgl.) bleiben bei der Preisermittlung außer Ansatz, soweit sie nicht als Kosten des Zahlungsverkehrs gemäß Nummer 34 berücksichtigt werden.

(4) Nebenerträge aus Teilen des betriebsnotwendigen Kapitals (z.B. Zinsen, Mieten, Pachten) sind als Gutschriften zu behandeln.

Nr. 44 Ermittlung des betriebsnotwendigen Kapitals

(1) Das betriebsnotwendige Kapital besteht aus dem betriebsnotwendigen Vermögen, vermindert um die dem Unternehmen zinslos zur Verfügung gestellten Vorauszahlungen und Anzahlungen zu Aufträgen und solche Schuldbeträge, die dem Unternehmen im Rahmen des gewährten Zahlungszieles von Lieferanten zinsfrei zur Verfügung gestellt werden.

(2) ^{1}Das betriebsnotwendige Vermögen setzt sich aus den Teilen des Anlage- und Umlaufvermögens zusammen, die dem Betriebszweck dienen. ^{2}Unberücksichtigt bleibt der Wert der nicht betriebsnotwendigen Vermögensteile. ^{3}Zu diesen gehören insbesondere die stillgelegten Anlagen mit Ausnahme betriebsnotwendiger Reserveanlagen in Erzeugungs- und Handelsbetrieben, die landwirtschaftlich genutzten Grundstücke, die Wohnhäuser, soweit sie nicht für Betriebsangehörige notwendig sind und die nicht betriebsnotwendigen Beteiligungen.

Nr. 45 Wertansatz des betriebsnotwendigen Vermögens

(1) Das Anlagevermögen ist mit dem kalkulatorischen Restwert nach Maßgabe der Vorschriften für die Abschreibungen zu Anschaffungs- oder Herstellkosten anzusetzen (vgl. Nummer 37 ff.).

(2) Die Gegenstände des Umlaufvermögens sind auf der Grundlage von Anschaffungspreisen oder Herstellkosten zu bewerten.

(3) In den Beständen enthaltene unbrauchbare oder entwertete Stoffe oder ebensolche halbfertige oder fertige Erzeugnisse sind abzusetzen oder mit angemessenen Restwerten zu berücksichtigen.

(4) Wertpapiere und Forderungen in fremder Währung sind mit den Kursen zu bewerten, die an den für die Berechnung des betriebsnotwendigen Vermögens maßgebenden Stichtagen gelten.

(5) Die übrigen Teile des Umlaufvermögens sind mit den Werten anzusetzen, die ihnen an den für die Berechnung maßgebenden Stichtagen beizumessen sind.

(6) Bei der Ermittlung des betriebsnotwendigen Kapitals sind, soweit nicht Bestimmungen der Absätze 1 bis 5 entgegenstehen, die Wertberichtigungsposten der Kapitalseite von den Buchwerten der Vermögensseite der Bilanz abzusetzen.

Nr. 46 Mengenansatz des betriebsnotwendigen Vermögens

Das betriebsnotwendige Vermögen und das Abzugskapital sind mit den im Abrechnungszeitabschnitt durchschnittlich gebundenen Mengen anzusetzen.

c) Einzelwagnisse

Nr. 47 Abgrenzung

(1) Wagnis (Risiko) ist die Verlustgefahr, die sich aus der Natur des Unternehmens und seiner betrieblichen Tätigkeit ergibt.

(2) Wagnisse, die das Unternehmen als Ganzes gefährden, die in seiner Eigenart, in den besonderen Bedingungen des Wirtschaftszweiges oder in wirtschaftlicher Tätigkeit schlechthin begründet sind, bilden das allgemeine Unternehmerwagnis.

(3) Einzelwagnisse sind die mit der Leistungserstellung in den einzelnen Tätigkeitsgebieten des Betriebes verbundenen Verlustgefahren.

Nr. 48 Verrechnung

(1) Das allgemeine Unternehmerwagnis wird im kalkulatorischen Gewinn abgegolten.

(2) [1]Für die Einzelwagnisse können kalkulatorische Wagniskosten (Wagnisprämien) in der Kostenrechnung angesetzt werden. [2]Betriebsfremde Wagnisse sind außer Betracht zu lassen. [3]Soweit Wagnisse durch Versicherungen gedeckt oder eingetretene Wagnisverluste in anderen Kostenarten abgegolten sind, ist der Ansatz von Wagniskosten nicht zulässig.

Nr. 49 Ermittlung der kalkulatorischen Wagniskosten

(1) [1]Die kalkulatorischen Wagniskosten sind auf der Grundlage der tatsächlich entstandenen Verluste aus Wagnissen zu ermitteln. [2]Soweit Verlusten aus Wagnissen entsprechende Gewinne gegenüberstehen, sind diese aufzurechnen. [3]Der tatsächlichen Gefahrenlage im laufenden Abrechnungszeitabschnitt ist Rechnung zu tragen. [4]Fehlen zuverlässige Unterlagen, so sind die kalkulatorischen Wagniskosten sorgfältig zu schätzen.

(2) [1]Für die Bemessung der Wagniskosten soll ein hinreichend langer, möglichst mehrjähriger Zeitabschnitt zugrunde gelegt werden. [2]Dabei ist stets ein Ausgleich zwischen den kalkulatorischen Wagniskosten und den tatsächlichen Verlusten aus Wagnissen anzustreben.

(3) Die Wagniskosten sind nach Wagnisarten und Kostenträgergruppen getrennt zu ermitteln und auszugleichen.

(4) [1]Klein- und Mittelbetriebe können in einer der Wirtschaftlichkeit der Rechnungsführung entsprechenden Weise die Erfassung und Verrechnung der Wagniskosten vereinfachen. [2]Dabei sollen Mittelbetriebe mindestens die Wagniskosten nach Kostenträgergruppen aufteilen.

Nr. 50 Nachweis

(1) Die eingetretenen Verluste oder Gewinne aus Wagniskosten sowie die verrechneten kalkulatorischen Wagniskosten sind unter Abstimmung mit der Buchführung laufend nachzuweisen.

(2) Auftraggeber und Auftragnehmer können durch Vereinbarung den Ansatz einzelner Wagniskosten von einem besonderen Nachweis gegenüber dem Auftraggeber abhängig machen.

L. Kalkulatorischer Gewinn

Nr. 51 Begriff

Im kalkulatorischen Gewinn werden abgegolten:
a) das allgemeine Unternehmerwagnis,
b) ein Leistungsgewinn bei Vorliegen einer besonderen unternehmerischen Leistung in wirtschaftlicher, technischer oder organisatorischer Hinsicht. Der Leistungsgewinn soll der unternehmerischen Mehrleistung entsprechen.

Nr. 52 Höhe der Zurechnung

(1) ¹Das Entgelt für das allgemeine Unternehmerwagnis ist in einem Hundertsatz auf die Netto-Selbstkosten oder in einem festen Betrag zu bemessen. ²Das Bundesministerium für Wirtschaft und Energie kann hierfür Richt- oder Höchstsätze festlegen.

(2) Ein Leistungsgewinn darf nur berechnet werden, wenn er zwischen Auftraggeber und Auftragnehmer vereinbart wurde.

(3) Den Kostenträgern (absatzbestimmten Leistungen) ist der kalkulatorische Gewinn unmittelbar zuzurechnen.

(4) Ist die Höhe des Entgelts für das allgemeine Unternehmerwagnis für die Leistung durch die Vertragsparteien nicht bestimmt, ist der übliche Gewinnzuschlag im Rahmen öffentlicher Aufträge vorzusehen.

Kommentierung

Literatur: Berstermann in Pünder/Schellenberg, Vergaberecht, Kommentierung der VO PR Nr. 30/53 über die Preise bei öffentlichen Aufträgen, 3. Aufl. 2019; ders./Petersen, Vergaberecht und Preisrecht – Zivilrechtliche Unwirksamkeit des öffentlichen Auftrages bei Überschreitung des preisrechtlich zulässigen Höchstpreises, ZfBR 2008, 22; ders./Petersen, Das Preisrecht – Bedeutungsloses Relikt aus dem letzten Jahrtausend oder praxisrelevante Ergänzung des Vergaberechts?, ZfBR 2007, 767; Brüning, Die unendliche Geschichte der Novellierung des öffentlichen Preisrechts, ZfBR 2022, 344; ders., Vergaberecht, Preisrecht, Regiekostenvergleich, Kostendeckungsprinzip – welcher Maßstab gilt bei der Fremdkostenkontrolle und in welchem Verhältnis stehen die Instrumente zueinander?, ZfBR 2020, 737; ders., Die Erweiterungsfähigkeit des geltenden öffentlichen Preisrechts, VergabeR 2012, 833; ders., Zum Verhältnis von öffentlichem Preisrecht und Vergaberecht, ZfBR 2012, 642; ders., Das Öffentliche Preisrecht als Basisregel für „gerechte" Preise bei Marktversagen und -ausfall und für Kostenerstattung, DVBl 2016, 1349; Ebisch/Gottschalk/Hoffjan/Müller/Waldmann, Preise und Preisprüfungen bei öffentlichen Aufträgen, 8. Aufl. 2010 (neu Ebisch/Gottschalk/Hoffjan/Müller, 9. Aufl. 2020); Eberstein, VPÖA – Die Preise bei öffentlichen Aufträgen, 9. Aufl. 2003; Voll in Gabriel/Krohn/Neun, Handbuch des Vergaberechts, § 21; Fischer, Marktwirtschaftliche Preisbildung bei öffentlichen Aufträgen, ZIP 2005, 106; Greiffenhagen, Die Erweiterungsfähigkeit des geltenden öffentlichen Preisrechts, VergabeR 2013, 415; Hertel, Die Preisbildung und das Preisprüfrecht bei öffentlichen Aufträgen, 2. Aufl. 1998; Hoffjan, Das öffentliche Preisrecht als Instrument des Auftraggebers, DÖV 2017, 977; ders./Mengis, Der Nachweis von Marktpreisen im öffentlichen Preisrecht – Implikationen aus der jüngsten BVerwG-Rechtsprechung –, ZfBR 2017, 439; Horstkotte/Hünemörder, Grundzüge des öffentlichen Preisrechts, LKV 2016, 14; Lipski, Einführung in das öffentliche Preisrecht, VergabeR 2020, 729; Michaelis/Rhösa, Preisbildung bei öffentlichen Aufträgen, 109. Aktualisierung 2022; Müller, Das Preisrecht bei öffentlichen Aufträgen – vorbeugendes Instrumentarium gegen Wettbewerbsverstöße, NZBau 2011, 720; ders., Vogel friss, oder stirb – oder: Der Spatz in der Hand ... Wie das öffentliche Auftragswesen für marktangemessene Preise sorgt, ZfBR 2020, 479; ders., Die Preistreppe – das wenig bekannte Wesen, ZfBR 2018, 555; ders., Das Preisrecht bei öffentlichen Aufträgen – nach wie vor von uneingeschränkter Bedeutung für einen öffentlichen Einkauf zu Marktpreisen, FS Marx, 449; Pauka/Chrobot, Öffentliches Preisrecht und Vergaberecht, VergabeR 2011, 405; Roth, Das öffentliche Preisrecht im Spannungsfeld zwischen Zivilrecht und Vergaberecht, NZBau 2015, 209; Scholz/Otting, Die Anwendbarkeit des öffentlichen Preisrechts auf Verkehrsverträge im Schienenpersonennahverkehr, DVBl 2008, 12; Weiss/Hennemann/Hoffjan, Praxis der Preisbildung von öffentlichen Aufträgen im Mittelstand, DB 2014, 1441.

PreisVO Verordnung PR Nr. 30/53

Übersicht

	Rn.
I. Allgemeines	1
II. Verordnung PR Nr. 30/53 über die Preise bei öffentlichen Aufträgen	8
1. Zielsetzung des öffentlichen Preisrechts (§ 1)	8
2. Anwendungsbereich des öffentlichen Preisrechts (§ 2)	15
3. Preistypen der Verordnung	21
a) Allgemeines	21
b) Allgemeine und besondere Preisvorschriften (§ 3)	24
4. Marktpreisbildung (§ 4)	25
a) Marktgängige Leistungen (Abs. 1 und 2)	27
b) Verkehrsüblichkeit des Preises (Abs. 3 und 4)	33
c) Abgeleitete Marktpreise (Abs. 5)	38
d) Gewährung von Vorteilen (Abs. 6)	39
e) Besondere Auftragsverhältnisse (Abs. 7)	40
5. Bildung von Selbstkostenpreisen (§§ 5 bis 8)	44
a) Selbstkostenpreise (§ 5)	46
b) Selbstkostenfestpreise und Selbstkostenrichtpreise (§ 6)	54
aa) Selbstkostenfestpreis	54
bb) Selbstkostenrichtpreis	58
c) Selbstkostenerstattungspreise (§ 7)	64
d) Ermittlung der Selbstkostenpreise (§ 8)	68
6. Prüfbefugnisse	69
a) Prüfung der Preise (§ 9)	71
b) Feststellung der Angemessenheit von Selbstkostenpreisen durch öffentliche Auftraggeber (§ 10)	83
7. Zu den Schlussparagrafen der Verordnung	85
a) Zuwiderhandlungen (§ 11)	86
b) Inkrafttreten (§ 12)	88
III. Leitsätze für die Preisermittlung auf Grund von Selbstkosten	90
1. Einleitende Anmerkungen	90
2. Abschnitt I (Allgemeines)	93
3. Abschnitt II (Preisermittlung auf Grund von Selbstkosten)	97
4. Abschnitt III (Bestandteile des Selbstkostenpreises)	102
A. Stoffe (Nrn. 11–21 LSP)	103
B. Löhne, Gehälter und andere Personalkosten (Nrn. 22–25 LSP)	107
C. Instandhaltung und Instandsetzung (Nr. 26 LSP)	108
D. Entwicklungs-, Entwurfs- und Versuchsaufträge (Nr. 27–28 LSP)	109
E. Fertigungslauf, Bauartenänderungen (Nr. 29 LSP)	111
F. Steuern, Gebühren Beiträge (Nr. 30–32 LSP)	112
G. Lizenzen, Patente und gewerblicher Rechtsschutz (Nr. 33 LSP)	115
H. Mieten, Büro-, Werbe- und Transportkosten und dgl. (Nr. 34 LSP)	117
I. Vertriebssonderkosten (Nr. 35–36 LSP)	118
K. Kalkulatorische Kosten	120
a) Anlageabschreibungen (Nr. 37–42 LSP)	121
b) Zinsen (Nr. 43–46 LSP)	123
c) Einzelwagnisse (Nr. 47–50 LSP)	127

	Rn.
L. Kalkulatorischer Gewinn (Nr. 51–52 LSP)	130
a) Allgemeines Unternehmerwagnis (Nr. 51 lit. a LSP)	131
b) Leistungsgewinn (Nr. 51 lit. b LSP)	132
IV. Verhältnis zum Vergaberecht	134
1. Anwendungsbereich	134
2. Wechselwirkungen	140

I. Allgemeines

In einem der großen Vergaberechtskommentare einen Überblick zum Preisrecht 1
zu schreiben, scheint zunächst einmal den Eindruck zu verstärken, den viele, insbes. Vergaberechtler, vom Preisrecht haben: nämlich den eines vernachlässigbaren Rechtsgebietes, auf das in der auf Wettbewerb ausgerichteten Wirtschaftsordnung Deutschlands ohne Probleme verzichtet werden kann.

Ziel dieser preisrechtlichen Erläuterungen ist es klarzustellen, dass das Preisrecht, 2
welches in der Verordnung PR Nr. 30/53 über die Preise bei öffentlichen Aufträgen (VO PR Nr. 30/53) und den als Anlage zur Verordnung enthaltenen Leitsätzen für die Preisermittlung aufgrund von Selbstkosten (LSP)[1] seine Ausgestaltung findet, nach wie vor nicht nur einen Sinn und Zweck erfüllt, sondern **elementar für die Preisfindung und Preisbildung bei öffentlichen Aufträgen** ist.

Gerade in den (vielen) Fällen, bei denen aufgrund der Besonderheit der durch 3
den öffentlichen Auftraggeber nachgefragten Leistung eine Beschaffung auf dem allgemeinen Markt und aufgrund fehlender Konkurrenzierung auch eine wettbewerbliche Vergabe über den besonderen Markt nicht erfolgen kann, ist auf eine Preisbildung für die in Rede stehende Leistung auf der Basis von Selbstkosten abzustellen. Hier bildet die Verordnung gemeinsam mit den LSP den notwendigen Bewertungsrahmen.

Die Verordnung ist eine aufgrund des § 2 des Übergangsgesetzes über Preisbildung 4
und Preisüberwachung bzw. (nach seiner Kurzbezeichnung) Preisgesetzes (PreisG) von 1948 erlassene Rechtsverordnung, die sowohl für den öffentlichen Auftraggeber als auch für den Auftragnehmer bei öffentlichen Aufträgen rechtsverbindlich ist, ohne dass es einer dahingehenden vertraglichen Vereinbarung bedarf. Gleiches gilt für die LSP, die gem. § 8 VO PR Nr. 30/53 unmittelbar Bestandteil der Verordnung sind. Im Kanon der preisrechtlichen Vorschriften zu erwähnen ist dabei aber auch die Verordnung PR Nr. 4/72 über die Bemessung des kalkulatorischen Zinssatzes v. 17. April 1972 (VO PR Nr. 4/72), die in § 1 als Höchstsatz für die kalkulatorische Zinsen einen Satz von 6,50 vH p.a. festlegt.

Im Rahmen dieser Erläuterungen wird zunächst auf die Verordnung und dann 5
folgend auf die LSP eingegangen. Dabei werden auch die mit der **Novelle der VO PR Nr. 30/53**[2] und der LSP ergangenen substanziellen Änderungen erörtert. Wesentliche Änderungen hat insbes. § 4 VO PR Nr. 30/53 (Preise für marktgängige Leistungen) mit der Klarstellung des Marktpreisbegriffes sowohl für den allgemeinen wie auch den durch ein Vergabeverfahren geschaffenen besonderen Markt sowie die Definition der Verkehrsüblichkeit des Preises erfahren. Ebenso wurde § 9 VO PR Nr. 30/53 (Prüfung der Preise) mit der Ermessensentscheidung der Preisbildungs- und Preisüberwachungsstellen der Länder zur Durchführung einer Prüfung sowie

---

[1] LSP stellt die sowohl seitens des Verordnungsgebers (vgl. BR-Drs. 732/21, 1) als auch seitens der preisrechtlichen Praxis verwendete Abkürzung der Leitsätze für die Preisermittlung aufgrund von Selbstkosten dar. Verwendet wird jedoch auch die Abkürzung PreisLS (bspw. seitens des Bundesamts für Justiz iRd Veröffentlichung von Gesetzen im Internet).

[2] BGBl 2021 I 80, S. 4968.

deren Schätzungsbefugnis erweitert. Des Weiteren wurden verschiedene Leitsätze angepasst und novelliert.

6 Sowohl Vergabe- wie auch Preisrecht, auf deren Beziehung zueinander zum Abschluss dieser Abhandlung explizit kurz eingegangen wird, bestimmen die Grundsätze und den Rechtsrahmen für das öffentliche Auftragswesen in Deutschland.[3] Gibt das Vergaberecht das Regelwerk für die Auftragsvergabe vor und sichert damit eine gerechte sowie nachhaltige Vergabe von Aufträgen an Unternehmen, so sichert das Preisrecht mit seinen 12 Paragrafen und 52 Leitsätzen eine auf Basis von Wettbewerb erfolgende bzw. eine an der Vergütung der bei wirtschaftlicher Betriebsführung entstehenden angemessenen Kosten orientierte Preisbildung.

7 Damit entfaltet das Preisrecht primär eine **Schutzwirkung für den öffentlichen Auftraggeber vor überzogenen und unangemessenen Preisen**; es sichert aber gleichzeitig auch dem Auftragnehmer im Falle einer Preisbildung zu Selbstkosten bei vernünftiger Kalkulation der Leistung die Erzielung eines angemessenen Preises.

II. Verordnung PR Nr. 30/53 über die Preise bei öffentlichen Aufträgen

1. Zielsetzung des öffentlichen Preisrechts (§ 1)

8 Der zuvor erwähnten Schutzwirkung entspr. ist das Primärziel des Preisrechts die **Sicherstellung und Wahrung des Preisstands.** Damit soll verhindert werden, dass mittels öffentlicher Aufträge durchzuführende Beschaffungen zu unwirtschaftlichen Bedingungen und damit zu überhöhten Preisen erfolgen.

9 Zur Erreichung dieses Zieles ist das Preisrecht, wie das Vergaberecht, in die marktwirtschaftliche Grundordnung Deutschlands eingebettet. Das wird schon mit dem in § 1 **Abs. 1** der Verordnung verankerten **Grundsatz des Marktpreisvorrangs** deutlich. Wo immer möglich, ist Marktpreisen der Vorzug vor Selbstkostenpreisen zu geben. Dahinter steht der Gedanke, dass durch die wettbewerbliche Preisbildung, also dem Wirken von Angebot und Nachfrage, die wirtschaftlichsten Preise erzielt werden.[4] Und auch dort, wo übergeordnet aufgrund wesentlicher Leistungsparameter ein Selbstkostenpreis zu vereinbaren ist, sind für Teilleistungen mit Marktpreiseigenschaft Marktpreise zu vereinbaren.

10 Dem Marktpreisvorrang folgend ist mit dem **Grundsatz fester Preise** in § 1 **Abs. 2** ein weiterer tragender Grundsatz des Preisrechts in der Verordnung festgelegt. Danach sind, soweit es die Verhältnisse des Auftrages ermöglichen, feste Preise zu vereinbaren, die zum Zeitpunkt des Vertragsabschlusses für den öffentlichen Auftraggeber wie für den Auftragnehmer festgelegt werden. Dieser Vorrang fester vor veränderlichen Preisen hat das Ziel, „unerwünschtes" Kostenmachen, wie es beim noch zu behandelnden Selbstkostenerstattungspreis möglich wäre, zu verhindern.

11 Die VO PR Nr. 30/53 manifestiert über diese beiden Grundprinzipien ein **geschlossenes System von Preistypen und deren Rangfolge,** das in der sog. Preistreppe seinen Ausdruck findet (vgl. nachfolgende Abb. 1).[5] Der **Preistreppe** folgend stehen die Preise gem. anderer allgemeiner und besonderer Preisvorschriften nach § 3 VO PR Nr. 30/53 auf der obersten Stufe vor dem preisrechtlichen Marktpreis, dem der Selbstkostenfestpreis auf der nächsten Stufe folgt. Dem folgt der

---

[3] BMWK, Öffentliche Aufträge und Vergabe – Übersicht und Rechtsgrundlagen auf Bundesebene, https://www.bmwk.de/Redaktion/DE/Artikel/Wirtschaft/vergabe-uebersicht-und-rechtsgrundlagen.html (abgerufen am 25.3.2023).

[4] EGHM § 1 VO PR Nr. 30/53 Rn. 44.

[5] Vgl. ua Michaelis/Rhösa, Einführung, S. 11 f. bzgl. der Verwendung des Begriffs „Preistreppe".

Selbstkostenrichtpreis, der zu einem späteren Zeitpunkt auf Grundlage einer Umwandlungskalkulation in einen Selbstkostenfestpreis gewandelt werden kann. Auf der untersten Stufe steht der Selbstkostenerstattungspreis, der nur dann vereinbart werden darf, wenn eine andere, zuvor benannte Preisermittlung nicht möglich ist.

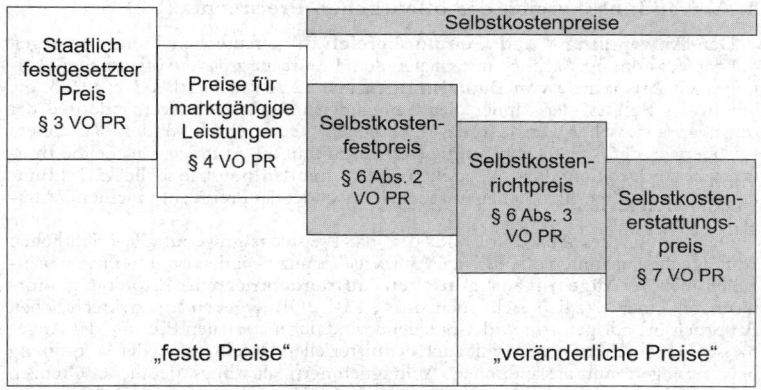

Abbildung 1 – Preistreppe der VO PR Nr. 30/53

Feste Preise in dem hier beschriebenen Sinn sind der Marktpreis nach § 4 VO PR Nr. 30/53 wie auch der Selbstkostenfestpreis nach § 6 Abs. 2 VO PR Nr. 30/53. In die Kategorie der festen Preise fallen auch die staatlich geregelten Preise, wie sie aufgrund allgemeiner und besonderer Preisvorschriften zB für bestimmte Verkehrsleistungen, Bücher und Medikamente gelten. Dieser Grundsatz fester Preise verbietet es aber nicht, vor allem bei langläufigen Verträgen Preisvorbehalte iSv **Preisgleitklauseln** zu vereinbaren.[6, 7]

Final umschreibt § 1 **Abs. 3** mit dem **Höchstpreis**charakter der Verordnung sowohl den dritten Grundsatz der Preisbildung als auch deren eigentliche Regelungsfolge. Hiernach dürfen für Leistungen aufgrund öffentlicher Aufträge keine höheren Preise gefordert, versprochen, vereinbart, angenommen oder gewährt werden, als sie nach den Bestimmungen dieser Verordnung zulässig sind. An dieses Höchstpreisprinzip sind öffentliche Auftraggeber wie auch Auftragnehmer in gleicher Weise gebunden. Mithin gibt die Verordnung mit den betriebswirtschaftlichen Bewertungsregeln der LSP die Obergrenze vor, in dem sich die Preise und Kosten bewegen können bzw. müssen. Dieser darf nicht überschritten, wohl aber durch Vereinbarung zwischen den Vertragsparteien unterschritten werden.

12

13

---

[6] Bzgl. allg. Vorgaben für Preisvorbehalte wird auf das diesbzgl. Rundschreiben des Bundesministers für Wirtschaft und Finanzen betr. Grundsätze zur Anwendung von Preisvorbehalten bei öffentlichen Aufträgen v. 2.5.1972 (W/I B 1 – 24 00 61 – W/I B 3 – 24 19 22) verwiesen (zB abgedruckt als Anlage 6 in EGHM).

[7] Auf Basis von § 7 des Preisklauselgesetzes (PrKG) vereinbart die Bundeswehr als sog. Indexklauseln zB Preisgleitklauseln, die an der vertraglichen Leistung bzw. dem Output der Leistungserstellung des Auftragnehmers orientierten Erzeugerpreisindizes beruhen. Mit der Vereinbarung dieser Output-basierten Indizes partizipiert der öffentliche Auftraggeber Bundeswehr in langfristigen Verträgen eher an dem gesamtwirtschaftlichen Produktivitätsfortschritt als es bspw. bei der Vereinbarung von (Input-basierten) Kostenelementeklauseln zur Berücksichtigung der Fall wäre.

14 Verstöße gegen die Höchstpreisvorschrift werden zum einen gem. § 11 der Verordnung nach dem Wirtschaftsstrafgesetz geahndet (dazu → Rn. 87 f.), sie haben auch zivilrechtliche Folgen dergestalt, dass der geschlossene Vertrag nicht im Ganzen nichtig wird, sondern als zum zulässigen Preis zustande gekommen gilt.[8]

2. Anwendungsbereich des öffentlichen Preisrechts (§ 2)

15 Den **Anwendungs- und Geltungsbereich** des öffentlichen Preisrechts regelt § 2 der Verordnung. Sachlich unterliegen dem Preisrecht grds. alle öffentlichen Aufträge, mit **Ausnahme von Bauleistungen** iSv § 2 Abs. 5 VO PR Nr. 30/53, die seitens des Bundes, der Länder, der Gemeinden und Gemeindeverbände und der sonstigen juristischen Personen des öffentlichen Rechts erteilt werden. Zu diesem Kernbereich der öffentlichen Aufträge zählen mithin die Aufträge, welche die Bundeswehr zur Deckung ihres materiellen Bedarfs mit der Industrie schließt. Die Bundeswehr als größter öffentlicher Auftraggeber wendet das Preisrecht in seinen Verträgen stringent an.

16 Der Diktion des **Abs. 1** folgend, dass das Preisrecht grds. auf alle öffentlichen Aufträge der genannten öffentlichen Auftraggeber anzuwenden ist, unterliegen prinzipiell auch **Verträge mit ausländischen Auftragnehmern** der Verordnung. Erörterungen einer letztlich sich auch aus § 134 BGB ergebenden zivilrechtlichen Anspruchsgrundlage nicht widersprechend, sind der materiellen Prüfung der Angemessenheit des Preises und damit auch der materiellen Durchsetzung der Verordnung bei Aufträgen mit ausländischen Auftragnehmern allerdings deutliche Grenzen gesetzt. Hier kann letztlich nur eine **vertragliche Vereinbarung zur Prüfung der Preise vor Ort** bei der Industrie eine der Verordnung entspr. Preisbildung bewirken.[9] Unterstützend hat nicht zuletzt auch aus diesem Grund der öffentliche Auftraggeber Bundeswehr mit befreundeten Nationen reziproke Preisprüfabkommen vereinbart, bei denen Aufträge mit ausländischen Auftragnehmern bzw. Unterauftragnehmern – die im Bereich der Rüstungsbeschaffung relativ häufig vorliegen – durch den jew. nationalen Prüfdienst geprüft werden (können).

17 Die erwähnte Vereinbarung eines vertraglichen Prüfrechts ist zudem auch erforderlich für **Aufträge internationaler Organisationen** wie der NATO-Managementagenturen (zB NETMA, NAHEMA, NSPA)[10] oder der Organisation Conjointe de Coopération en Matière d'Armament (OCCAR) an deutsche Unternehmen, weil mangels einer hoheitlichen Geltung des Preisrechts über § 2 Abs. 1 VO PR Nr. 30/53 nur so eine preisrechtliche Überprüfung solcher Aufträge durch deutsche Dienststellen im Wege der Amtshilfe für den internationalen Auftraggeber möglich ist.

18 Da mittels der Verträge dieser Organisationen Leistungen auch für die deutschen Streitkräfte bereitgestellt und mit deutschen Haushaltsmitteln bezahlt werden, wurde von verschiedenen Seiten erörtert, ob nicht auch diese Aufträge dem hoheitlichen deutschen Preisrecht zu unterwerfen wären.[11] Dieses Ansinnen ist jedoch zu verneinen. Die benannten Organisationen sind dem Wortlaut der Verordnung nach weder öffentliche Auftraggeber nach § 2 Abs. 1 noch nach Abs. 3. Mit § 2 **Abs. 3** erfährt zwar dieser räumlich-persönliche Anwendungsbereich öffentlicher Aufträge eine Erweiterung durch die Einbeziehung der Aufträge der Stationierungsstreitkräfte,

---

[8] EGHM § 1 VO PR Nr. 30/53, Rn. 106 und 1100.
[9] EGHM § 2 VO PR Nr. 30/53 Rn. 66 f.
[10] NATO EF 2000 and Tornado Development, Production & Logistics Management Agency (NETMA), NATO Helicopter Management Agency (NAHEMA) und NATO Support and Procurement Agency (NSPA).
[11] EGHM § 2 VO PR Nr. 30/53 Rn. 92 sowie Michaelis/Rhösa, § 2 VO PR Nr. 30/53 S. 12 ff.

soweit Leistungen an diese aus deutschen öffentlichen Haushalten bezahlt werden, NATO-Managementagenturen oder die OCCAR sind hierdurch allerdings nicht erfasst. Mithin sind deren Aufträge keine öffentlichen Aufträge iSd Verordnung, und das vertragliche Prüfrecht ist entspr. zu vereinbaren. So sehen auch die (internen) Managementregelungen der NATO-Managementagenturen wie auch die der OCCAR die Prüfung durch den jew. nationalen Prüfdienst (National Pricing Authority) der am Programm beteiligten Nationen vor. Für Deutschland ist hier als National Pricing Authority das Bundesamt für Ausrüstung, Informationstechnik und Nutzung der Bundeswehr (BAAINBw) benannt.

§ 2 Abs. 4 Nr. 1 regelt die Anwendbarkeit der VO PR Nr. 30/53 auf **mittelbare** 19 **Leistungen** zu öffentlichen Aufträgen. Unter der mittelbaren Leistung versteht das Preisrecht dabei nicht nur Verträge für Leistungspakete, die durch den Auftragnehmer, der dem öffentlichen Auftraggeber geschuldeten Gesamtleistung an andere rechtlich selbstständige Unternehmer im Wege der Unterauftragsvergabe erteilt werden, sondern auch Zulieferungen rechtlich selbstständiger Dritter zum jew. öffentlichen Auftrag.[12] Zulieferungen aus eigenen rechtlich unselbstständigen Vorbetrieben des unmittelbaren Auftragnehmers, deren Behandlung im preisrechtlichen Sinn in Nr. 19 LSP geregelt ist (dazu → Rn. 107), stellen hingegen keine mittelbaren Leistungen dar.

Die mittelbaren Leistungen unterliegen nur dann der Verordnung, wenn zum 20 einen der öffentliche Auftraggeber deren Anwendung ausdr. verlangt hat und zum anderen das jew. mittelbar leistende Unternehmen von dessen Verlangen vor Abschluss seines Vertrags Kenntnis erhalten hat oder nach Abschluss seines Vertrags diesem Verlangen nachträglich zustimmt. Ein zu kleinteiliges Verlangen des öffentlichen Auftraggebers zur Weitergabe des Preisrechts durch den unmittelbaren Auftragnehmer würde nun aber zu einer zu großen Anzahl an zu prüfenden mittelbaren Leistungen führen. Deshalb gilt hier der Grundsatz, die Anwendung der VO PR Nr. 30/53 auf diejenigen mittelbaren Leistungen zu begrenzen, die einen **wesentlichen Einfluss auf den Preis der dem öffentlichen Auftraggeber geschuldeten Gesamtleistung** haben.[13]

3. Preistypen der Verordnung

a) **Allgemeines.** Die Preise, so ist es in vielen betriebswirtschaftlichen Abhand- 21 lungen zu lesen, bilden sich durch das Zusammenwirken von Angebot und Nachfrage auf dem Markt. Auf die unterschiedlichen Ausprägungen der Märkte in Abhängigkeit von der Zahl der Anfrager und Nachfrager und damit von einem Polypol bis hin zu einem beidseitigen Monopol und der damit einhergehenden Unterschiedlichkeit in der „marktmäßigen" Preisbildung resp. der dabei zustande kommenden Preise und deren Höhe in Abhängigkeit von der Marktmacht der einen oder anderen Seite kann und soll an dieser Stelle nicht eingegangen werden.[14] Grds. führt der Wettbewerb zwischen Anbietern und Nachfragern zu optimalen Preisen und in dem Punkt, wo Angebot und Nachfrage sich entsprechen, zum sog. **Gleichgewichts-**

---

[12] Preisrechtlich werden bei der Weitergabe des Preisrechts mithin mittelbar leistende Unternehmen ungeachtet ihrer wirtschaftlichen, organisatorischen oder finanziellen Beziehungen zum jew. Auftragnehmer gleich zu vollkommen fremden Dritten behandelt, vgl. Brüning ZfBR 2012, 642.

[13] Richtlinien für öffentliche Auftraggeber zur Anwendung der Verordnung PR Nr. 30/53 über die Preise bei öffentlichen Aufträgen v. 21. November 1953 (in der geänderten Fassung v. 18.7.1962, BAnz. 1962 Nr. 142) Nr. 12 lit. a. Nr. 12 und Nr. 12a der Richtlinien enthalten zudem weitere, über den Umfang der hier erfolgenden Erläuterung des Preisrechts hinausgehende Vorgaben und Hinweise für die Anwendung von § 2 Abs. 4 Nr. 1 VO PR Nr. 30/53.

[14] Vgl. zB Diederich, Allgemeine Betriebswirtschaftslehre II, 2.–4. Aufl. 1981, S. 190 ff.

preis. Die Höhe von Angebot und Nachfrage bestimmt mithin die Knappheitsrelation und damit den über den Marktmechanismus zustande kommenden Preis. Letztlich kommt es über den Preis und dessen Höhe, und damit auch über die Gewinnerwartung der Anbieter, zu Steuerungsmaßnahmen. So bewirkt eine hohe Nachfrage bei einem gegebenen Angebot einen hohen Preis, implizit verbunden mit einer hohen Gewinnerwartung, was, so die Theorie, zu Produktionssteigerungen entweder durch Marktbeitritt weiterer Produzenten oder Produktionsausweitung bei den bisherigen Anbietern führt. Bei einem niedrigen Preis, verbunden mit einer geringen Gewinnerwartung, kommt es zu einer Drosselung der Produktion. Beides bewirkt wieder ein Angleichen von Angebot und Nachfrage.

22 Inwieweit es allerdings, wie beschrieben, zu einer solchen effektiven Preisbildung über den Markt kommt, ist abhängig von der **Individualität der Leistung.** Denn der Grad der Individualität der Leistung bedingt auch den Grad der marktgesteuerten Preise. Mit anderen Worten: je mehr man sich von commercial-of-the-shelf-Produkten mit entspr. Nachfrageinteresse hin zu deutlich individualisierten und spezialisierten Produkten mit geringerem Nachfrageinteresse bewegt, desto mehr bewegt man sich zugleich von einer marktpreislichen Preisbildung im freien Spiel zwischen Angebot und Nachfrage der verschiedenen Marktteilnehmer hin zu einem beidseitigen Monopol und damit einem Rückgriff auf eine Preisbildung zu Selbstkosten anstelle des zunehmend versagenden Marktmechanismus.

23 Gerade der Bedarf der Streitkräfte ist aufgrund der Besonderheit ihres Auftrages vielfach nur mit individueller und spezialisierter Ausstattung zu decken. Individualisierte und spezialisierte militärische Bedarfe machen damit auch die Beschaffung am Markt wie auch wettbewerbliche Ausschreibungen für die Bundeswehr in zahlreichen Fällen zumindest schwierig.

24 **b) Allgemeine und besondere Preisvorschriften (§ 3).** Außerhalb der in den vorhergehenden Absätzen geschilderten Preisbildungsbetrachtung liegen die eingangs erwähnten Preise **allgemeiner und besonderer Preisvorschriften** nach § 3 VO PR Nr. 30/53. Auf diesen Paragrafen soll hier nur insoweit eingegangen werden, als dass die öffentlichen, wie die nichtöffentlichen Aufträge den allgemeinen und besonderen Preisvorschriften unterliegen, die demzufolge den nachfolgend aufgeführten Regeln zur Marktpreis- und Selbstkostenpreisbildung vorgehen. Entspr. Preise sind aufgrund besonderer Preisvorschriften als Höchst-, Fest-, Mindest- oder iS einer Preisspanne gebunden, welche weder über- noch unterschritten werden dürfen. Solche Festpreise bestehen zB für Honorar-/Gebührenordnungen für Freiberufler, Gas-, Wasser- und Strompreise, Bücher und Medikamente. Man spricht hier von der Preisbindung der 2. Hand, welche gem. § 3 VO PR Nr. 30/53 bei der Vergabe öffentlicher Aufträge zu beachten ist. Für Aufträge der Bundeswehr haben entspr. Preisvorschriften aber kaum praktische Bedeutung. Hier sind vielmehr Markt – und Selbstkostenpreise die in den Verträgen vornehmlich vereinbarten Preistypen. Zu beachten sind dabei aber, wie zuvor erwähnt, die allgemeinen Preisvorschriften, zu denen unter anderem das UWG und das GWB zählen.[15]

4. Marktpreisbildung (§ 4)

25 Wie bereits erwähnt, betont § 1 Abs. 1 der Verordnung den Vorrang der marktwirtschaftlichen Preisbildung. Dieses wurde iRd dritten Verordnung zur Änderung der Verordnung PR Nr. 30/53 über die Preise bei öffentlichen Aufträgen seitens des Verordnungsgebers im BMWK erneut gleich zu Beginn klar hervorgehoben.[16]

---

[15] Müller, Preisgestaltung bei öffentlichen Aufträgen, 3. Aufl. 1993, S. 22.
[16] BR-Drs. 732/21, 1.

„*Um marktwirtschaftlichen Grundsätzen der Preisbildung auch im öffentlichen Auftragswesen durchzusetzen, regelt die Verordnung PR Nr. 30/53 über die Preise bei öffentlichen Aufträgen, dass beim Abschluss öffentlicher Aufträge grundsätzlich Marktpreisen der Vorzug vor Selbstkostenpreise zu geben ist.*"

Wesentlicher Kern der mit der dritten Verordnung zur Änderung der Verordnung PR Nr. 30/53 über die Preise bei öffentlichen Aufträgen erfolgenden Novellierung war denn auch die Regelung zu **Marktpreisen** in § 4 der Verordnung. Hier hat gerade auch der öffentliche Auftraggeber Bundeswehr nach dem Urt. des BVerwG v. 13.4.2016[17] für eine Einbeziehung wettbewerblich gebildeter Preise auf einem durch öffentliche Ausschreibung geschaffenen besonderen Markt und eine diesbzgl. Regelung in der Verordnung selbst gedrungen. Die Änderungen beziehen sich hier vor allem auf die **Klarstellung des Marktpreisbegriffes** in Hinblick auf den besonderen Markt sowie auf die **Definition der Marktgängigkeit der Leistung und der Verkehrsüblichkeit eines Preises** als Tatbestandsvoraussetzungen von preisrechtlichen Marktpreisen. Intention des Verordnungsgebers war, den Marktpreisnachweis insbes. für den besonderen Markt zu erleichtern, so dass zulässige Preisprüfungen durch die zuständigen Preisbildungs- und Preisüberwachungsbehörden der Länder zunehmend entfallen können.[18]

a) Marktgängige Leistungen (Abs. 1 und 2). § 4 **Abs. 1** bestimmt nach wie vor, dass für **marktgängige Leistungen** die im Verkehr üblichen Preise nicht überschritten werden dürfen. Dabei hat das Urt. des BVerwG v. 13.4.2016 noch einmal klargestellt, dass die Marktgängigkeit der Leistung und die Verkehrsüblichkeit des Preises als kumulative Voraussetzungen für das Vorliegen eines Marktpreises erfüllt sein müssen.

Mit der Neuregelung des **Abs. 2** wird nun klargestellt, dass der öffentliche Auftraggeber die von ihm geforderten Leistungen sowohl auf dem allgemeinen Markt wie auch iRv Vergabeverfahren, die unter den genannten Voraussetzungen einen besonderen Markt bilden, zu Marktpreisen beschaffen kann. Dabei wird der Begriff der Marktgängigkeit einer Leistung an die bisher ergangene Rspr. des benannten Urt. des BVerwG angelehnt.[19] Hebt S. 1 auf die Leistungen des allgemeinen Marktes ab, also auf Leistungen, die allgemein im wirtschaftlichen Verkehr hergestellt und gehandelt werden und für die eine Vielzahl von Anbietern und Nachfragern gibt[20], so liefert S. 2 die Legaldefinition für die Marktgängigkeit von Leistungen auf einem über ein Vergabeverfahren des öffentlichen Auftraggebers durch Ausschreibung geschaffenen **besonderen Markt.** Danach sind Leistungen auf einem so geschaffenen besonderen Markt dann marktgängig, wenn mindestens zwei Wettbewerber zuschlagsfähige Angebote abgegeben haben.

Wesentlich für die Marktgängigkeit der Leistung ist mithin ein **funktionierender Wettbewerb auf dem jew. Markt.** Ein bloßes Aufeinandertreffen von Angebot und Nachfrage, wie es auch bei gleichzeitigem Anbieter- und Nachfragemonopol der Fall wäre, genügt nicht. Eine wettbewerbliche Preisbildung auf dem allgemeinen Markt wird seitens des Verordnungsgebers bei einem Anbietermonopol bei gleichzeitig mehreren Nachfragern zwar nicht per se ausgeschlossen, allerdings eine wettbewerbliche Preisbildung auf dem allgemeinen Markt idR einen Anbieterwettbewerb erfordern. Letztlich sind hier jedoch stets die Umstände des konkreten

---

[17] BVerwG 13.4.2016 – C 2.15, NVwZ-RR 2016, 817.
[18] BR-Drs. 732/21, 1.
[19] BR-Drs. 732/21, 6.
[20] Vgl. Erster Runderlass betr. Durchführung der Verordnung PR Nr. 30/53 über die Preise bei öffentlichen Aufträgen v. 21. November 1953 (MinBlBMWi 1953 S. 515) Nr. 5.

Einzelfalls zu prüfen, wobei diese seitens des Verordnungsgebers nicht näher konkretisiert werden.[21]

30 Kein ausreichender Wettbewerb liegt der Legaldefinition aus Abs. 2 S. 2 folgend somit dann vor, wenn bei Individualleistungen von mehreren zur Angebotsabgabe aufgeforderten Unternehmen nur ein Unternehmen ein zuschlagsfähiges Angebot abgibt. Allenfalls könnte hier, wenn dem einen Unternehmen bekannt ist, dass es mit anderen Bewerbern ernsthaft zu rechnen hat, von einem potenziellen Wettbewerb gesprochen werden. Mit der Regelung des Abs. 2 S. 2 macht nun dem Urt. des BVerwG v. 13.4.2016 folgend auch der Verordnungsgeber deutlich, dass nur potenzieller Wettbewerb für die Marktpreisbildung bei Individualleistungen nicht ausreicht. Echter Wettbewerb ist damit nur dann gegeben, wenn tatsächlich Angebote von verschiedenen Unternehmen unabhängig voneinander unter wettbewerblichen Bedingungen abgegeben wurden.

31 Ein weiteres **wesentliches Kriterium für den besonderen Markt** ist, dass die zuschlagsfähige Angebote bei der Beurteilung der Marktgängigkeit der Leistung auf dem besonderen Markt zu betrachten sind. Auch bzgl. dieser weiteren Voraussetzung für den besonderen Markt ist der Verordnungsgeber in seiner Begründung zur Novellierung des Preisrechts eindeutig. Danach sind Angebote zuschlagsfähig, wenn sie ua den in den Vergabeunterlagen genannten Bedürfnissen und Anforderungen des öffentlichen Auftraggebers an die Leistung entsprechen. Das Angebot darf auch nicht wegen fehlender Eignung des Bieters (insbes. Leistungsfähigkeit und Fachkunde) oder wegen des Vorliegens von Ausschlussgründen iSd §§ 123 und 124 GWB bzw. § 31 Abs. 1 und 2 UVgO ausgeschlossen werden müssen. Die Verordnung bzw. die Preisprüfung diene zwar nicht dazu, die Einhaltung vergaberechtlicher Vorschriften zu überprüfen oder gar zu korrigieren, insbes. wenn eine mögliche vergaberechtliche Überprüfung nicht veranlasst wurde. Jedoch würde § 4 Abs. 1 unterlaufen, wenn bereits bei Vorliegen mehrerer Angebote, unabhängig von deren Inhalt (zB auch Scheinangebote), stets für eine wettbewerbliche Preisbildung ausreichende Angebote angenommen würden. Gleiches gilt im Hinblick auf einen „funktionierenden Wettbewerb" auf dem allgemeinen Markt bei einer feststellbaren missbräuchlichen Wettbewerbsbeschränkung".[22]

32 Bei Beschränkungen des Wettbewerbs auf der Anbieterseite, welche die Preisbildung nach § 4 der Verordnung erheblich beeinflussen, ist allerdings die Bildung von Marktpreisen nicht möglich und damit nach § 5 Abs. 1 Nr. 2 die **Bildung von Selbstkostenpreisen** zulässig, unabhängig davon, ob es sich bei dem zu beschaffenden Produkt dem Grunde nach um marktgängige Leistungen nach § 4 handelt. Solche Beschränkungen liegen bspw. in einer Monopolstellung auf der Anbieterseite oder bei Angeboten mehrerer konzernmäßig oder durch Absprachen verbundener Unternehmen vor. Hierbei ist aber seitens des Auftraggebers immer auch die Frage einer möglichen Substitutionskonkurrenz, also der Wahl zwischen mehreren Erzeugnissen bzw. Leistungen, die den Bedarf in vergleichbarer Weise decken, zu prüfen. Ist die Wahl „alternativer" Produkte möglich, so ist eine marktbeherrschende Stellung durch Monopol oder konzernmäßige Verbundenheit nicht vorliegend. Ein Markt mit wettbewerblicher Preisbildung ist aber für den Fall eines beidseitigen Monopols, bei dem nur ein Anbieter einem einzigen Nachfrager gegenübersteht, stets auszuschließen.

33 **b) Verkehrsüblichkeit des Preises (Abs. 3 und 4).** Der neue **Abs. 3** bestimmt die Voraussetzungen für eine **Verkehrsüblichkeit des Preises**. Danach ist der Preis im Verkehr üblich, den der betreffende Anbieter für die Leistung im Wettbewerb regelmäßig durchsetzen kann. Mithin ist der auf dem Markt für eine Leistung tat-

---

[21] BR-Drs. 732/21, 6.
[22] BR-Drs. 732/21, 7.

sächlich gezahlte Preis und nicht Durchschnittspreise oder Preisspannen bestimmend. Damit, so der Verordnungsgeber, schreibt er den in Lit. und Rspr. verankerten Begriff des **betriebssubjektiven Marktpreises**, also des Preises, den ein bestimmter Auftragnehmer bei Verkauf einer spezifischen Leistung an andere Abnehmer auf dem Markt ständig erzielt, fest. Er ist damit auch die preisrechtliche Obergrenze für den Preis für marktgängige Leistungen nach § 4 Abs. 1.

Der Verordnungsgeber weist darauf hin, dass die Verkehrsüblichkeit des Preises eine dynamische Komponente enthält. Danach ist es für einen Preis, der stetig im Wettbewerb am Markt angeboten und damit als verkehrsüblich anerkannt wird, nicht ausgeschlossen, dass sich im Zeitverlauf auch **Preissteigerungen** durchsetzen können. In der Marktpreisprüfung der zuständigen Preisüberwachungsstelle seien deshalb auch Aufträge zu berücksichtigen, die erst nach der zu prüfenden Auftragsvergabe erteilt würden. Dies ist vor allem dann relevant, wenn ein Anbieter eine Leistung erstmals anbietet. Voraussetzung ist dabei jedoch stets, dass die für den Vergleich herangezogenen Aufträge mit dem zu prüfenden Auftrag in einem hinreichendem, nach dem einschlägigen Markt zu bestimmenden zeitlichen Zusammenhang stehen.[23] 34

Damit stellt sich die Frage nach dem **Zeitpunkt der zulässigen Marktpreisbildung**. Erfolgt die Prüfung zum Zeitpunkt der Angebotsabgabe resp. des Vertragsschlusses, kann die zuständige Preisüberwachungsstelle hier nur den Marktpreis bestätigen, der sich zu diesem Zeitpunkt gebildet hat. Weist der Auftragnehmer iRd Prüfung aber auf weitere, sich anbahnende Aufträge für die in Rede stehende Leistung in naher Zukunft hin, ist, so der Intention des Verordnungsgebers folgend, die Prüfung entweder auf einen Zeitpunkt in angemessener Frist zu verschieben oder aber nachzuholen. Denkbar wäre hier für den Fall, dass der Auftragnehmer darauf bereits im Wege des Vertragsschlusses hinweist, aber auch, den Marktpreis zum Zeitpunkt der Lieferung vertraglich als denjenigen zu fixieren, der dann zum Zeitpunkt der Lieferung geprüft und damit abgerechnet werden soll. 35

Der neue **§ 4 Abs. 4** wendet sich anschließend der **Verkehrsüblichkeit auf dem besonderen Markt** zu, stellt in S. 1 jedoch klar, dass immer dann, wenn es für eine Leistung einen verkehrsüblichen Preis auf dem allgemeinen Markt gibt, dieser auch der maßgebliche Preis iSv § 4 Abs. 1 auf dem besonderen Markt ist. Für den Fall, dass es für die nachgefragte und auf dem besonderen Markt angebotene Leistung keinen verkehrsüblichen Preis auf dem allgemeinen Markt gibt, gilt nach S. 2 der Vermutungstatbestand, dass der Preis auf dem besonderen Markt verkehrsüblich ist, wenn er sich unter wettbewerblichen Bedingungen herausgebildet hat. Wesentliches Kriterium für diesen Vermutungstatbestand ist auch hier wieder das Vorhandensein eines funktionierenden Wettbewerbs mit mindestens zwei vergleichbaren und zuschlagsfähigen Angeboten, wie sie auch bereits Grundlage für die Bejahung der Marktgängigkeit einer Leistung auf dem besonderen Markt nach § 4 Abs. 2 S. 2 ist 36

Der Kommentar zum Preisrecht von Michaelis/Rhösa sieht in dieser Regelung ernsthafte verfassungsmäßige Bedenken und zieht aus diesen Bedenken den Schluss, den Vorrang des allgemeinen Marktpreises bei wettbewerblichen Vergaben außer Acht zu lassen. Er begründet diese mit der Frage der Verhältnismäßigkeit eines möglichen Eingriffes in Hinblick auf den Zweck der Preisstandswahrung. Dabei verweist er darauf, dass öffentliche Auftraggeber gesetzlich zu Wettbewerb, Transparenz, Gleichbehandlung und Verhältnismäßigkeit verpflichtet sind und dass Auftragnehmer – so auch das Gutachten seitens Prof. Dr. Dörr und Prof. Dr. Hoffjan zur Bedeutung der Verordnung, bei funktionierendem Wettbewerb[24] – ohnehin „ihre 37

---

[23] BR-Drs. 732/21, 7.
[24] Dörr/Hoffjan, Die Bedeutung der Verordnung PR Nr. 30/53 über die Preise bei öffentlichen Aufträgen, Studie im Auftrag des Bundesministeriums für Wirtschaft und Energie.

Leistungen [auf besonderen Märkten] nicht zu höheren Preisen als üblich anbieten, da sie ansonsten fürchten müssen, dass ein Konkurrent den Zuschlag erhält".[25] Diese Argumentation so stehen lassend, gilt es aber doch zu bedenken, dass sich dann der öffentliche Auftraggeber ggf. bei ordnungsgemäßer Durchführung des wettbewerblichen Vergabeverfahrens bei Bestehen eines günstigeren Preises auf dem allgemeinen Markt schlechter stellen würde als bei einer Direktvergabe dieser Leistung. Denn im letzteren Fall könnte der öffentliche Auftraggeber mit der evtl. Maßgabe der Prüfung dieses Marktpreises auf dem allgemeinen Markt durch die zuständige Preisüberwachungsstelle den niedrigeren Marktpreis auf dem allgemeinen Markt durchsetzen. Bei wettbewerblichen Vergaben, Michaelis/Rhösa folgend, jedoch ohne Hinzuziehung des allgemeinen Marktes nur auf eine Selbstdisziplinierung der Anbieter zu setzen, kann in Fällen von Scheingeboten oder kartellrechtlichen Absprachen im Wettbewerb zu überhöhten Preisen bei Leistungen auf dem besonderen Markt führen. Dieses im Blick habend, hat der Verordnungsgeber mit dieser Regelung noch einmal das Höchstpreisprinzip gem. § 1 Abs. 3 der Verordnung und den Vorrang des allgemeinen Marktes deutlich herausgestellt[26], was seitens öffentlicher Auftraggeber eindeutig begrüßt werden sollte.

38   c) **Abgeleitete Marktpreise (Abs. 5).** Der inhaltlich unveränderte § 4 **Abs. 5** erlaubt, bei vergleichbaren Leistungen zu abgeleiteten Marktpreisen zu kommen. Unter vergleichbaren Leistungen sind dabei solche Leistungen zu verstehen, die unter gleichartigen Leistungen mit marktgängigen Leistungen iW vergleichbar sind. Bei diesen sind zur Ermittlung des abgeleiteten Marktpreises dann entspr. den Abweichungen von den marktgängigen Leistungen Abschläge vorzunehmen bzw. können Zuschläge vorgenommen werden. Der Erste Runderlass zur VO PR 30/53 bestimmt in Nr. 6 lit. a, wie genau bei einer entspr. Ermittlung des Preises für vergleichbare Leistungen zu verfahren ist.[27]

39   d) **Gewährung von Vorteilen (Abs. 6).** § 4 **Abs. 6** folgend, müssen die Auftragnehmer bei öffentlichen Aufträgen zu Marktpreisen dem öffentlichen Auftraggeber mindestens die gleichen Vorteile, insbes. Mengen- und Wertrabatte, Skonti und besondere Leistungsbedingungen einräumen, die bei Vorliegen gleicher Verhältnisse nichtöffentlichen oder anderen öffentlichen Auftraggebern gewährt werden oder gewährt werden würden. Zu diesen Vorteilen zählen auch Umsatzboni, Jahresrabatte, Treuerabatte, Zahlungsziele, die Vereinbarung von Abschlags- und Ratenzahlungen, Versandbedingungen, Transportversicherungen und Verpackungskosten.[28] Die Regelung des § 4 Abs. 6 bestärkt die zu Beginn angeführte Schutzwirkung des Preisrechts für den öffentlichen Auftraggeber. Dabei bleibt die Freiheit der vertraglichen Vereinbarung von Lieferungs- und Zahlungsbedingungen, Rabatten und Skonti unberührt. Abweichungen in den Bedingungen zwischen nichtöffentlichen und öffentlichen Auftraggebern sind aber bei der Preisbemessung zu berücksichtigen.[29] Der Erste Runderlass führt hierzu in Nr. 7 aus, dass mit einem öffentlichen Auftraggeber bspw. kürzere Zahlungsziele vereinbart werden können als mit einem privaten Auftraggeber, wenn die Zinsdifferenz im

---

[25] Michaelis/Rhösa, § 4 VO PR Nr. 30/53 S. 18 ff.

[26] BR-Drs. 732/21, 8.

[27] Erster Runderlass betr. Durchführung der Verordnung PR Nr. 30/53 über die Preise bei öffentlichen Aufträgen v. 21. November 1953 (MinBlBMWi 1953 S. 515) Nr. 6 lit. a.

[28] Richtlinien für öffentliche Auftraggeber zur Anwendung der Verordnung PR Nr. 30/53 über die Preise bei öffentlichen Aufträgen v. 21. November 1953 (in der geänderten Fassung v. 18.7.1962, BAnz. 1962 Nr. 142) Nr. 20 lit. c.

[29] Richtlinien für öffentliche Auftraggeber zur Anwendung der Verordnung PR Nr. 30/53 über die Preise bei öffentlichen Aufträgen v. 21. November 1953 (in der geänderten Fassung v. 18.7.1962, BAnz. 1962 Nr. 142) Nr. 20 lit. a.

Preis berücksichtigt wird. Nur deshalb aber, weil der Auftraggeber eine Behörde ist, können von ihm keine höheren als die üblichen Preisnachlässe gefordert werden.[30]

e) Besondere Auftragsverhältnisse (Abs. 7). § 4 **Abs. 7** bestimmt, dass sowohl bei originären Marktpreisen (§ 4 Abs. 1) wie auch bei abgeleiteten Marktpreisen (§ 4 Abs. 5) Preisüber- oder -unterschreitungen gerechtfertigt bzw. im Falle von Unterschreitungen zwingend vorzunehmen sind, wenn es die bei dem Auftrag vorliegenden besonderen Verhältnisse kostenmäßig rechtfertigen. Die zuvor erwähnte Richtlinie zur Anwendung der VO PR Nr. 30/53 konkretisiert in Nr. 21 lit. d, wann die Voraussetzungen für besondere Auftragsverhältnisse vorliegen. Diese sind in Hinblick auf Preisunterschreitungen bspw. dann gegeben,
– wenn durch den öffentlichen Auftraggeber kostenlos oder zu ermäßigten Sätzen Stoffe oder Arbeitskräfte bereitgestellt oder Gebäude; Maschinen und dergleichen bereitgestellt werden, wodurch beim Auftragnehmer entspr. Kosten entfallen,
– wenn eine höhere als die branchenübliche Vorauszahlung gewährt wird, durch die dem Auftragnehmer Zinsvorteile zukommen oder
– wenn durch den öffentlichen Auftraggeber zB Sonderwagnisse übernommen werden, die den Wegfall von Risiken auf der Auftragnehmerseite bewirken.[31]

Auch außergewöhnlich große öffentliche Aufträge begründen besondere Auftragsverhältnisse, wenn bei deren Durchführung eine ggü. dem normalen Betriebszustand des Auftragnehmers erheblich bessere Ausnutzung des Betriebs und infolgedessen günstigere Kostengestaltung erzielbar ist. 41

Nach § 4 Abs. 7 ist auch eine Preisüberschreitung unter entspr. Voraussetzungen zulässig. So etwa, wenn auf Verlangen des öffentlichen Auftraggebers wegen besonderer Dringlichkeit des Auftrags Überstunden oder Sonn- und Feiertagsarbeit in nicht unerheblichem Umfang erforderlich werden. 42

Der Erste Runderlass unterstreicht in Nr. 8, dass bei der Untersuchung der besonderen Auftragsverhältnisse nicht auf die Rentabilität des Unternehmens, sondern auf den konkreten Einzelauftrag abzustellen ist. Der Über- oder Unterschreitungsbetrag ist danach regelmäßig im Wege der Kostendifferenzrechnung festzustellen.[32] 43

5. Bildung von Selbstkostenpreisen (§§ 5 bis 8)

Das Preisrecht ist wie das Vergaberecht in die marktwirtschaftliche Grundordnung Deutschlands eingebettet, was mit dem bereits diskutierten **Grundsatz des Marktpreisvorrangs** in § 1 Abs. 1 VO PR Nr. 30/53 deutlich unterstrichen wird. Gleichzeitig bildet die Verordnung mit den sie ergänzenden Leitsätzen für die Preisermittlung aufgrund von Selbstkosten den Rechts- und Bewertungsrahmen für die Vereinbarung von Selbstkostenpreisen in all den Fällen, in denen der Marktpreisvorrang nicht zum Tragen kommt. Die Notwendigkeit, Selbstkostenpreise zu vereinbaren, ergibt sich zwangsläufig insbes. für den doch sehr individualisierten und spezialisierten Bedarf der Streitkräfte, für den eine Beschaffung am allgemeinen Markt mangels Angebots vielfach ausscheidet und für den häufig auch eine wettbewerbliche Ausschreibung mit dem Ziel der Bildung eines besonderen Marktes an ihre Grenzen stößt. 44

---

[30] Erster Runderlass betr. Durchführung der Verordnung PR Nr. 30/53 über die Preise bei öffentlichen Aufträgen v. 21. November 1953 (MinBlBMWi 1953 S. 515) Nr. 7.

[31] Richtlinien für öffentliche Auftraggeber zur Anwendung der Verordnung PR Nr. 30/53 über die Preise bei öffentlichen Aufträgen v. 21. November 1953 (in der geänderten Fassung v. 18.7.1962, BAnz. 1962 Nr. 142) Nr. 21 lit. d.

[32] Erster Runderlass betr. Durchführung der Verordnung PR Nr. 30/53 über die Preise bei öffentlichen Aufträgen v. 21. November 1953 (MinBlBMWi 1953 S. 515) Nr. 8.

45 In der Verordnung wird die Frage der Zulässigkeit von Selbstkostenpreisen wie auch der Vereinbarung fester vor veränderlichen Preisen in den §§ 5 bis 7 erörtert. § 5 steckt dabei den Rahmen hinsichtlich der Zulässigkeit der Vereinbarung von Selbstkostenpreisen, wohingegen die §§ 6 und 7 der Preistreppe folgend die Grundlagen zur Vereinbarung von Selbstkostenfest-, Selbstkostenricht- und Selbstkostenerstattungspreisen behandeln. Der die Ausführungen zu Selbstkostenpreisen abschließende § 8 bestimmt, wie die maximal zulässigen Selbstkosten bei Selbstkostenpreisen zu ermitteln sind.

46 **a) Selbstkostenpreise (§ 5).** Die Verordnung regelt in § 5, unter welchen Bedingungen die Vereinbarung von Selbstkostenpreisen zulässig ist. Sie dürfen nach **Abs. 1** nur dann vereinbart werden, wenn entweder Preise aufgrund allgemeiner und besonderer Preisvorschriften nach § 3 und Marktpreise nach § 4 nicht festgestellt werden können oder bei marktgängigen Leistungen die Marktpreisbildung nach § 4 durch Wettbewerbsbeschränkungen auf der Anbieterseite nicht unerheblich beeinflusst wird bzw. eine Mangellage vorliegt.

47 Erforderlich bei der Vereinbarung von Selbstkostenpreisen ist somit, dass Auftraggeber und Auftragnehmer zum einen dahingehend übereinstimmen, dass weder staatlich festgesetzte Preise nach § 3 noch Marktpreise nach § 4 vorliegen. Die Beantwortung der Frage nach Vorliegen eines Preises nach § 3 wird für beide Seite relativ einfach sein, sind sie doch in Gesetzes- und Verordnungsblättern sowie den Mitteilungsblättern der Bundes- und Landesministerien ausgewiesen. Mehr mit Dissens behaftet kann im Einzelfall die Beantwortung der Frage sein, ob ein Marktpreis iSd § 4 feststellbar ist. Hier ist letztlich auf die kumulativ zu erfüllenden Merkmale des Marktpreises, die **Marktgängigkeit der Leistung** und die **Verkehrsüblichkeit des Preises**, abzustellen.[33] Ist der Dissens bzgl. des Vorliegens eines Marktpreises zwischen Auftraggeber und Auftragnehmer nicht aufzulösen, besteht nach § 5 **Abs. 2 Nr. 2** die Möglichkeit, dass auf Antrag vor Vertragsabschluss die für den Sitz des Auftragnehmers zuständige Preisbildungsstelle hierüber entscheidet. Unter Zeitaspekten wird in den Fällen in Verträgen des Bundesamtes für Aufrüstung, Informationstechnik und Nutzung der Bundeswehr mit dem Auftragnehmer in entspr. Fällen ein Marktpreis unter dem Vorbehalt der preisrechtlichen Überprüfung durch die zuständige Preisüberwachungsstelle vereinbart. Der öffentliche Auftraggeber Bundeswehr folgt damit der Vorgabe des Verordnungs-/Gesetzgebers und unterstreicht mit diesem Vorgehen zudem sein klares Bekenntnis zur Berücksichtigung des Marktpreisvorrangs.

48 Bei der Vereinbarung eines Selbstkostenpreises bedarf es zum anderen aber auch eines Einverständnisses zwischen dem öffentlichen Auftraggeber und dem Auftragnehmer hinsichtlich der Frage, ob eine Mangellage oder Wettbewerbsbeschränkungen vorliegen, die die Marktpreisbildung erheblich beeinflussen. Sollten hier Zweifel bestehen, kann auch hier die zuständige Preisbildungsstelle bzw. bei Fällen, in denen die Preisbildung in mehr als einem Bundesland beeinflusst wird, das BMWK auf Antrag einer der beiden Vertragsparteien eine entspr. Entscheidung vornehmen.

49 Mit diesen Regelungen des § 5 Abs. 1 und 2 wird iVm dem Primat des Marktpreises nach § 4 deutlich, dass in den Fällen, wo ein Selbstkostenpreis vereinbart wird, obwohl die Voraussetzungen für die Vereinbarung eines Marktpreises zum Zeitpunkt des Vertragsabschlusses gegeben waren, der vereinbarte Selbstkostenpreis nichtig wird und an seine Stelle der zulässige Marktpreis tritt. Damit wird jedoch nicht die gesamte Preisvereinbarung nichtig, sondern nur die Vereinbarung hinsichtlich des

---

[33] Richtlinien für öffentliche Auftraggeber zur Anwendung der Verordnung PR Nr. 30/53 über die Preise bei öffentlichen Aufträgen v. 21. November 1953 (in der geänderten Fassung v. 18.7.1962, BAnz. 1962 Nr. 142) Nr. 23 lit. a und b.

Preistyps. Eine evtl. von den Vertragsparteien getroffene und gewollte Vereinbarung über die Begrenzung der Preishöhe nach oben bleibt jedoch rechtswirksam.

Und genauso gilt, dass, wenn die Voraussetzungen für die Vereinbarung eines Selbstkostenpreises bei Vertragsabschluss vorliegen (und die Entstehung eines Marktpreises in der Laufzeit des Vertrages nicht absehbar war), der Charakter des Selbstkostenpreises nicht dadurch beeinflusst wird, dass sich während der Vertragslaufzeit für den gleichen Auftragsgegenstand ein Marktpreis herausgebildet hat. Dieser Marktpreis, so bestimmt es § 5 **Abs. 5**, ist dann aber bei etwaigen Folgeaufträgen Grundlage der Preisbildung. Gem. Nr. 28 lit. b der Richtlinie zur Anwendung der VO PR Nr. 30/53 schließt das aber nicht aus, wieder zur Selbstkostenpreisbildung zurückzukehren, wenn die Voraussetzungen des § 5 Abs. 1 der Verordnung nachfolgend wieder vorliegen.[34] 49a

Wenn und insofern nach Prüfung der Abs. 1 und 2 Selbstkostenpreise vereinbart werden, so bestimmen sich, im Gegensatz zum Marktpreis, dessen Höhe sich ja aus dem wettbewerblichen Geschehen am Markt bestimmt, aus der **kalkulatorischen Betrachtung der angemessenen Kosten des Auftragnehmers** für die Erbringung der Auftragsleistung unter Anwendung der LSP. Denn Grundlage des Selbstkostenpreises sind nach Abs. 1 zudem die **angemessenen Kosten** des Auftragnehmers für die Erbringung der vertraglich vereinbarten Leistung, so wie sie sich nach den Leitsätzen für die Preisermittlung aufgrund von Selbstkosten aus dem Rechnungswesen des Auftragnehmers herleiten lassen. Von daher ist einsichtig, dass mit dem Angebot eine **Selbstkostenpreisberechnung** vorzulegen ist. Die Einschränkung in § 5 **Abs. 3** ist dahingehend zu verstehen, dass in den Fällen bestehender Preisvorschriften gem. § 3 sowie des Vorliegens von Listenpreisen für marktgängige Leistungen für die mit Vertrag zu beauftragende Leistung eine solche entbehrlich ist.[35] Nr. 26 lit. c der Richtlinie zur Anwendung der VO PR Nr. 30/53 empfiehlt, dass sich der öffentliche Auftraggeber rechtzeitig vergewissern sollte, dass das Rechnungswesen den Anforderungen der Nr. 2 der Leitsätze entspricht. Soweit es sich um die Vereinbarung von Selbstkostenfest- oder Selbstkostenrichtpreisen handelt, sehen die Richtlinien zur Anwendung der VO PR Nr. 30/53 in Nr. 26 lit. a zudem vor, dass nach § 5 Abs. 3 mit der Einholung von Angeboten von den Bietern Selbstkostenpreiskalkulationen mit anzufordern sind.[36] Für die Konkretisierung der vertraglichen Preisobergrenze gilt dies aber auch bei Selbstkostenerstattungspreisen. Hier ist aber aufgrund der Nichtüberschaubarkeit des Mengengerüstes vielfach nur von Kostenschätzungen auszugehen. 50

Mit § 5 **Abs. 4 S. 1** bestimmt der Verordnungsgeber, dass bei Erteilung von Aufträgen über gleiche Leistungen an mehrere Auftragnehmer bei Vorliegen gleicher Voraussetzungen idR gleiche Preise vereinbart werden sollen. Ferner definiert der Verordnungsgeber in den nachfolgenden Sätzen 2 bis 4, wie diese Preise zu bestimmen sind. Damit durchbricht der Verordnungsgeber in dieser Regelung allerdings den ansonsten konsequent durchgehaltenen Grundsatz, dass für die Selbstkostenpreisermittlung die betriebsindividuellen Kosten des jew. Auftragnehmers maßgeblich sind.[37] 51

---

[34] Richtlinien für öffentliche Auftraggeber zur Anwendung der Verordnung PR Nr. 30/53 über die Preise bei öffentlichen Aufträgen v. 21. November 1953 (in der geänderten Fassung v. 18.7.1962, BAnz. 1962 Nr. 142) Nr. 28 lit. b.

[35] Michaelis/Rhösa, § 5 VO PR Nr. 30/53 S. 32 f.

[36] Richtlinien für öffentliche Auftraggeber zur Anwendung der Verordnung PR Nr. 30/53 über die Preise bei öffentlichen Aufträgen v. 21. November 1953 (in der geänderten Fassung v. 18.7.1962, BAnz. 1962 Nr. 142) Nr. 26.

[37] Vgl. hierzu und bzgl. genauerer Erläuterungen dieser in der Beschaffungspraxis (der Bundeswehr) äußerst selten relevanten Klausel zB EGHM § 5 VO PR Nr. 30/53 Rn. 36 ff. und Michaelis/Rhösa, § 5 VO PR Nr. 30/53 S. 34.

PreisVO

52 § 5 **Abs. 6** bestimmt, wie Selbstkostenpreise vereinbart werden können, und zwar als Selbstkostenfestpreise, als Selbstkostenrichtpreise oder als Selbstkostenerstattungspreise. Dabei verweist die Vorschrift des § 5 Abs. 6 in Nr. 1 und 2 auf die näheren Ausführungen in § 6 der Verordnung für den Selbstkostenfest- und den Selbstkostenrichtpreis und in § 7 für den Selbstkostenerstattungspreis. Diese Abfolge folgt dem Vorrang fester vor veränderlichen Preisen, wie er sich aus § 1 Abs. 2 der Verordnung ergibt.

53 Auch wenn eine explizite Regelung hierzu fehlt, gilt, dem **Primat des Marktpreises** nach § 1 Abs. 1 folgend, dass, soweit im Rahmen eines Selbstkostenpreises für bestimmte Teilleistungen wie zB marktgängige Zulieferungen oder Stundenverrechnungssätze Marktpreise nach § 4 feststellbar sind, diese iRd Selbstkostenpreises für die Teilleistungen maßgebend sind. Dabei setzt die Behandlung von Teilleistungen nach § 4 voraus, dass entweder die Teilleistung die Voraussetzungen des § 4 Abs. 1, 6 und 7 erfüllt oder die Teilleistung mit einer marktgängigen Leistung vergleichbar ist (§ 4 Abs. 5, ggf. iVm § 4 Abs. 6 und 7).[38]

54 b) **Selbstkostenfestpreise und Selbstkostenrichtpreise (§ 6). aa) Selbstkostenfestpreise.** Dem zuvor angesprochenen Grundsatz fester vor veränderlichen Preisen folgend, ist beim Vertragsabschluss stets dem **Selbstkostenfestpreis** Vorrang vor dem Selbstkostenricht- und dem Selbstkostenerstattungspreis zu geben. Dies stipuliert denn auch § 6 **Abs. 1** ganz deutlich, wobei natürlich die Voraussetzungen für die Vereinbarung eines Selbstkostenfestpreises vorliegen müssen. Voraussetzung für dessen Vereinbarung ist nach **Abs. 2** eine auf den Kalkulationsvorschriften der LSP zu erstellende und vorzulegende **(Vor-) Kalkulation,** bei der zwingend eine hinreichende vorkalkulatorische Überschaubarkeit des Mengen- wie auch des Bewertungsgerüstes vorliegen muss. Dieses Mengen- und Bewertungsgerüst ist vor, bei, spätestens aber unmittelbar nach Abschluss des Vertrages zu ermitteln und für den Selbstkostenfestpreis festzulegen.

55 In Hinblick auf Stunden- und Zuschlagsätze als Teil des Bewertungsgerüsts ist eine vorkalkulatorische Überschaubarkeit bei überschaubarem Leistungszeitraum idR gegeben. Dies gilt bspw. auch bei Auftragnehmern, die häufiger in Geschäftsbeziehungen mit dem BAAINBw stehen und bei denen damit hinsichtlich der Stunden- und Zuschlagsätze regelmäßig sowohl zeitraumbezogene (nachkalkulatorische) Grundsatzprüfungen durch die zuständige Preisüberwachungsstelle wie auch zeitraumbezogene (vorkalkulatorische) Plankostenprüfungen durch die Prüfreferate des BAAINBw durchgeführt werden. Bei den Grundsatzprüfungen werden auf Basis der tatsächlichen Kosten des vergangenen Jahres je Kostenstelle die Stundensätze und unter Zugrundelegung der aufgelaufenen Gemeinkosten in Unternehmensbereichen wie der Verwaltung oder dem Vertrieb entspr. Gemeinkostenzuschlagssätze ermittelt. Die Plankostenprüfung setzt idealerweise auf die Grundsatzprüfung des vergangenen Jahres auf und ermittelt unter Zugrundelegung entspr. Planzahlen des Unternehmens die Stunden- und Zuschlagssätze für kommende Zeiträume.

56 Auf dieser Grundlage ist die vertragliche Vereinbarung von Selbstkostenfestpreisen grds. auch bei überjährigen Verträgen möglich. Bei relativ langen Vertragslaufzeiten werden die Unsicherheiten bspw. bezüglich der Tarifabschlüsse oder sonstiger Einflussfaktoren auf die Kosten jedoch zunehmend zu groß. Dem wird bei überschaubarem Mengengerüst dadurch Rechnung getragen, dass ein Preisvorbehalt iS einer **Preisgleitklausel** vereinbart wird (dazu → Rn. 12).

57 Diffiziler und problematischer ist insbes. für den öffentlichen Auftraggeber die **vorkalkulatorische Überschaubarkeit des Mengengerüstes.** Der Auftragnehmer verfügt bei der Vorkalkulation über Erfahrungswissen und Erfahrungswerte aus der Produktion vergleichbarer und über vergleichbare Teilprozesse auch aus der

---

[38] EGHM § 5 VO PR Nr. 30/53 Rn. 48 ff.

Herstellung unterschiedlicher Produkte, die ihm mit Blick auf die Kalkulation für die zu erbringende Leistung Anhaltspunkte für den zu erwartenden Kostenrahmen geben. Auf Grund der Tatsache, dass die dem Selbstkostenfestpreis zugrunde liegende Vorkalkulation Risiken beinhaltet, ist es notwendig, dass diese Risiken für beide Vertragsparteien gleichermaßen nachvollziehbar und bewertbar sein müssen. Damit ist zum einen angesprochen, dass der Auftragnehmer dem öffentlichen Auftraggeber die Ratio hinter dem der Kalkulation zugrunde liegenden Mengengerüst nachvollziehbar und klar erläutern muss. Dazu gehört aber auch, dass der Auftragnehmer im Verlauf einer evtl. vorkalkulatorischen Selbstkostenpreisprüfung der Preisprüfung das Mengengerüst aus vergleichbaren Selbstkostenpreisverträgen, auch Selbstkostenfestpreisverträgen offenlegt, wenn daraus Erfahrungswerte für die Vorkalkulation des neuen Selbstkostenfestpreis gewonnen wurden. Dabei ist sichergestellt, dass der für die Prüfung herangezogene abgeschlossene Selbstkostenfestpreis unverändert bleibt. Von einem entspr. Rückgriff auf Informationen aus Voraufträgen ist für den öffentlichen Auftraggeber immer dann auszugehen, wenn Folgeaufträge, möglicherweise auch in modifizierter Form, vergeben werden. Vergleichbarkeit meint nämlich hier keine völlige Übereinstimmung; es geht vielmehr darum, den Bereich des neuen und letztlich geschätzten Anteils in der Konstruktion und Fertigung einzugrenzen. Dies unterstreicht auch Michaelis/Rhösa/Pauka: „Dem Prüfer müssen all jene Unterlagen zur Verfügung stehen, die auch dem Auftragnehmer als Grundlage für die Angebotskalkulation vorgelegen haben. Dazu gehören üblicherweise auch Unterlagen über Nachkalkulationen aus vorangegangenen gleichen oder ähnlichen Fertigungen, selbst wenn für jene ein Selbstkostenfestpreis vereinbart worden war."[39] All das, was man mit historischen Werten für das Mengengerüst aus früheren Projekten belegen kann, grenzt den Schätzanteil der Kalkulation ein, reduziert den Prüfungsaufwand und hilft, knappe Ressourcen auf Auftraggeber- wie Auftragnehmerseite effizient einzusetzen. Letztlich führt dies zudem dazu, dass die Risiken des Abweichens von den Kalkulationswerten möglichst gleich auf beide Vertragsparteien verteilt sind.

bb) Selbstkostenrichtpreis. Kann ein Selbstkostenfestpreis nicht festgestellt werden, da eine vorkalkulatorische Überschaubarkeit des Mengengerüstes bei Vertragsbeginn nicht hinreichend gegeben ist, kann es aber angenommen werden, dass eine entspr. Überschaubarkeit während der Vertragslaufzeit für beide Vertragsparteien erlangt werden kann, so ist nach § 6 **Abs. 3** und damit der Preistreppe folgend zunächst ein **Selbstkostenrichtpreis** iS eines vorläufigen Selbstkostenpreises zu vereinbaren. 58

Die Vereinbarung von Selbstkostenrichtpreisen erfolgt auf der Grundlage von **Vorkalkulationen**, die von den Auftragnehmern mit der Angebotsabgabe einzureichen sind. Die Vorkalkulation hat dabei keinen finalen Charakter, da der Selbstkostenrichtpreis – soweit möglich – vor Beendigung der Fertigung in einen Selbstkostenfestpreis umzuwandeln ist, sobald die Grundlagen der Kalkulation überschaubar sind. Da die vertragliche Vereinbarung eines Selbstkostenrichtpreis auf Basis einer Vorkalkulation aus preisrechtlicher Sicht keinen finalen Charakter hat, so folgt daraus, dass der Preis in seiner Höhe grds. in beide Richtungen verändert werden kann, je nachdem, was der Umwandlungsprozess in einen Selbstkostenfest- oder Selbstkostenerstattungspreis ergibt.[40] 59

Für die **Umwandlung des Selbstkostenrichtpreises** in einen Selbstkostenfest- oder, im negativen Fall, einen Selbstkostenerstattungspreis, ist nach § 6 Abs. 3 S. 2 ein Umwandlungszeitpunkt vertraglich vor Ende der Fertigung zu fixieren, bspw. entweder nach einer entspr. Laufzeit des Vertrages oder nach Fertigung einer 60

---

[39] Michaelis/Rhösa, § 6 VO RP Nr. 30/53 S. 8.
[40] EGHM § 6 VO PR Nr. 30/53 Rn. 29.

bestimmten Teilmenge der insges. zu erbringenden Leistungsmenge. Nach Nr. 33 der Richtlinien zur VO PR Nr. 30/53 sind die Voraussetzungen für die Umwandlung des Selbstkostenricht- in einen Selbstkostenpreis dann gegeben, wenn aus der laufenden Fertigung hinreichende betriebliche Erfahrungswerte für die Kostengestaltung vorliegen.[41]

61 Zu diesem Umwandlungszeitpunkt ist seitens des Auftragnehmers eine **Umwandlungskalkulation** vorzulegen, die die Gegebenheiten zum Umwandlungszeitpunkt widerspiegelt. Bei der Prüfung der Umwandlungskalkulation kommt es folglich zu sowohl einer nachkalkulatorischen wie auch einer vorkalkulatorischen Prüfung. Die bis zum Umwandlungszeitpunkt entstandenen tatsächlichen Kosten der Nachkalkulation bilden dann die Grundlage für eine validere Bewertung des vorkalkulatorisch noch abzuschätzenden Fertigungszeitraums und bieten damit die Möglichkeit, den Selbstricht- in einen Selbstkostenfestpreis zu wandeln. Die dann zu fixierende Höhe des „finalen" Selbstkostenfestpreises hängt dann von den vertraglichen Vereinbarungen zum Selbstkostenrichtpreis ab. Von den öffentlichen Auftraggebern, so auch vom BAAINBw, wird – auf Basis der bereits erwähnten anfänglichen Vorkalkulation – in Selbstkostenrichtpreisverträgen ebenso wie in Selbstkostenerstattungspreisverträgen eine Kostenobergrenze zzgl. des Gewinns iHd Angebotspreises auf Grundlage der Angebotskalkulation des Auftragnehmers vereinbart. Die öffentlichen Auftraggeber folgen damit bzgl. der Höhe des Selbstkostenpreises insges. analog der Vorschrift des § 7 Abs. 1 S. 2 der Verordnung. Die Intention des öffentlichen Auftraggebers zur Festlegung der Kostenobergrenze zzgl. des Gewinns bei Selbstkostenricht- wie bei Selbstkostenerstattungspreisen iHd Angebotspreises bzw. der diesem zugrundeliegenden Vorkalkulation liegt darin, sich bei Angeboten auf der Grundlage zu niedrig angesetzter Kosten vor im Nachgang höheren Preisforderungen zu schützen.[42] Letztlich liegt es hier in der Hand des Auftragnehmers, seine Angebotskalkulation kostendeckend zu gestalten.

62 Die Umwandlung des Selbstkostenricht- in einen Selbstkostenfestpreis ist abhängig von einer hinreichenden **Überschaubarkeit der kalkulatorischen Grundlagen für die Gesamtlaufzeit des Vertrages.** Ist diese Überschaubarkeit nach Prüfung der Umwandlungskalkulation nicht im erforderlichen Maße gegeben und kann auch nicht für einen späteren Zeitpunkt angenommen werden, so ist auf eine vollständig nachkalkulatorische Preisbildung zu einem Selbstkostenerstattungspreis abzustellen. Sind aufgrund der Prüfung der Umwandlungskalkulation einzelne Kalkulationsbereiche, wie zB bestimmte Gemeinkostenzuschläge oder Stundensätze, überschaubar, können seitens der Vertragsparteien hierfür feste Sätze in Analogie zu § 7 Abs. 2 der Verordnung vereinbart werden. Dies gilt auch für den Fall, dass dies bereits auf Grund der Angebotskalkulation bei Vertragsabschluss (zum Selbstkostenrichtpreis) möglich ist.[43]

63 Im Gegensatz zum Selbstkostenfestpreis werden beim Selbstkostenrichtpreis zudem neben Regelungen für Zins und Gewinn vielfach weitere vertragliche Kostenregelungen wie bspw. für auftragsbezogene Reisekosten, Kosten freier Forschung und Entwicklung sowie Kosten für mittelbare Leistungen vereinbart.

64 **c) Selbstkostenerstattungspreise (§ 7).** Der Preistreppe folgend, ist der **Selbstkostenerstattungspreis** auf der untersten Stufe angeordnet und darf, so § 7 **Abs. 1**

---

[41] Richtlinien für öffentliche Auftraggeber zur Anwendung der Verordnung PR Nr. 30/53 über die Preise bei öffentlichen Aufträgen v. 21. November 1953 (in der geänderten Fassung v. 18.7.1962, BAnz. 1962 Nr. 142) Nr. 33.
[42] Michaelis/Rhösa, § 6 VO PR Nr. 30/53 S. 33.
[43] Richtlinien für öffentliche Auftraggeber zur Anwendung der Verordnung PR Nr. 30/53 über die Preise bei öffentlichen Aufträgen v. 21. November 1953 (in der geänderten Fassung v. 18.7.1962, BAnz. 1962 Nr. 142) Nr. 34.

S. 1, nur dann vereinbart werden, wenn eine andere Preisermittlung nicht möglich ist. Dies ist immer dann gegeben, wenn eine hinreichende Überschaubarkeit der Kalkulation erst zum Vertragsabschluss und damit zum spätesten möglichen Zeitpunkt vorliegt. Dies wird idR beim Abschluss von Studien und Entwicklungsverträgen sowie Instandsetzungsrahmenverträgen der Fall sein, bei denen zuverlässige Unterlagen über den Kostenverlauf vor Beendigung der Leistungserbringung nicht vorliegen. Dem Selbstkostenerstattungspreis liegt dem Wortlaut folgend die **Erstattung der während der Vertragslaufzeit angemessenen Kosten** zugrunde, deren Höhe sich durch eine Nachkalkulation im Anschluss an die Leistungserbringung erfolgt. Anders als beim Selbstkostenfestpreis sind damit für den Auftragnehmer keine Anreize gegeben, durch Kosteneinsparung zusätzliche Rationalisierungsgewinne zu erwirtschaften, führt doch jede Kosteneinsparung zu einer Reduzierung des nach Prüfung am Ende durch den Auftraggeber zu zahlenden Preises. Wegen dieses fehlenden Leistungsanreizes birgt also der Selbstkostenerstattungspreis die Gefahr des „Kostenmachens". Gerade vor diesem Hintergrund bietet § 7 Abs. 1 S. 2 die Möglichkeit, die Selbstkosten in Gänze oder in einzelnen Teilbereichen zu begrenzen. Die Richtlinie zur Anwendung der VO PR Nr. 30/53 merkt in Nr. 35 hierzu an, dass von dieser Möglichkeit der Begrenzung Gebrauch zu machen ist.[44]

Der öffentliche Auftraggeber Bundeswehr macht von dieser Möglichkeit dadurch 65 Gebrauch, dass er den gesamten Selbstkostenerstattungspreis einschl. des vertraglich vereinbarten kalkulatorischen Gewinns in Angebotshöhe begrenzt. Damit folgt er der Möglichkeit der **Begrenzung der Selbstkosten** im weitesten Sinne.

§ 7 **Abs.** 2 der Verordnung bestimmt, dass, soweit es die Verhältnisse des Auftrages 66 ermöglichen, für einzelne Kalkulationsbereiche innerhalb des Selbstkostenerstattungspreises **feste Sätze** (entweder als Prozentsätze oder absolute Beträge) gelten sollen. Diese Regelung kann als Ausfluss des in § 1 Abs. 2 niedergelegten Vorrangs fester vor veränderlichen Preisen angesehen werden.[45] Die entspr. festen Sätze werden vorkalkulatorisch gebildet und können bspw. auf Grund durchgeführter Plankostenprüfungen oder aber zB iRv Instandsetzungsverträgen auf Grund der Prüfung wiederkehrender Leistungen ermittelt werden. Werden sie vereinbart, so kann deren preisrechtliche Zulässigkeit von der zuständigen Preisüberwachungsstelle iRd hoheitlichen Prüfrechts nach § 9 VO PR Nr. 30/53 auch geprüft werden. Diese Prüfung hat nach vorkalkulatorischen Gesichtspunkten zu erfolgen.

Sowohl bei der Berücksichtigung marktgängiger Teilleistungen wie auch der Vereinbarung fester Sätze bleibt es in Gänze bei einem Selbstkostenerstattungspreis, der 67 dann allerdings Marktpreis- und/oder Selbstkostenfestpreisbestandteile enthält.

d) Ermittlung der Selbstkostenpreise (§ 8). § 8 gibt für die Prüfung von 68 Selbstkostenpreisen nach den §§ 5 bis 7 die der Verordnung als Anlage beiliegenden LSP als Bewertungsrahmen vor. Sie sind der Ermittlung von Selbstkostenpreisen bei öffentlichen Aufträgen zugrunde zu legen und orientieren sich dabei iW am betrieblichen Rechnungswesen.

6. Prüfbefugnisse

Die Verordnung regelt die mit der **Prüfung der Preise durch die Preisbehör-** 69 **den** und die mit der Feststellung der Angemessenheit von Selbstkostenpreisen durch öffentliche Auftraggeber zusammenhängenden Fragen in den §§ 9 und 10.[46] Dabei

---

[44] Richtlinien für öffentliche Auftraggeber zur Anwendung der Verordnung PR Nr. 30/53 über die Preise bei öffentlichen Aufträgen v. 21. November 1953 (in der geänderten Fassung v. 18.7.1962, BAnz. 1962 Nr. 142) Nr. 35.
[45] EGHM § 7 VO PR Nr. 30/53 Rn. 21.
[46] Erster Runderlass betr. Durchführung der Verordnung PR Nr. 30/53 über die Preise bei öffentlichen Aufträgen v. 21. November 1953 (MinBlBMWi 1953 S. 515) Nr. 10.

sind die Preisprüfbefugnisse im engeren Sinne im § 9 der Verordnung sowie im weiteren Sinne im § 10 der Verordnung verankert. Während § 9 dezidiert auf die hoheitliche Prüfung der Preise durch die jew. für Preisbildung und Preisüberwachung zuständigen Behörden eingeht, bezieht sich § 10 auf das Feststellungsrecht der öffentlichen Auftragnehmer.

70 Eine nicht direkt aus der Verordnung ersichtliche Sonderstellung nehmen zudem die auf vertraglicher Basis gründenden Preisermittlungsbefugnisse des BAAINBw für die Bundeswehr ein.

71 **a) Prüfung der Preise (§ 9).** Wie bereits erwähnt, verleiht § 9 der Verordnung den für die Preisbildung und Preisüberwachung zuständigen Behörden ein hoheitliches Prüfrecht.[47] Dieses erstreckt sich auf die Prüfung der Marktpreise nach § 4 wie auch auf die Prüfung der Selbstkostenpreise nach den §§ 5 bis 8 der Verordnung. Über § 2 Abs. 2 lit. b den **Preisgesetzes (PreisG)** wird diese Rolle durch entspr. (oberste) Landesbehörden wahrgenommen.[48]

72 Nach **Abs. 1** hat der Auftragnehmer vorerwähnten Behörden das Zustandekommen des Preises auf Verlangen nachzuweisen, wobei aus den hierzu vorgelegten Unterlagen ersichtlich sein muss, dass der Preis nach den Vorschriften dieser Verordnung zulässig ist. Mit der Novellierung der Verordnung und der LSP hat der Verordnungsgeber, hier auf Empfehlung des Wirtschaftsausschusses des Bundesrats, die **Frist zur Aufbewahrung der hierfür erforderlichen Unterlagen** von fünf auf zehn Jahre verlängert und dabei den Zeitraum dieser Befristung ab Bewirkung der geschuldeten Gegenleistung des öffentlichen Auftraggebers, also der Zahlung des Vertragspreises, fixiert. Mit dieser verlängerten Frist um fünf Jahre „soll es Auftragnehmern erschwert werden, ihre Unterlagen während eines noch laufenden Prüfungsverfahrens zu beseitigen und sich zur Rechtfertigung ihres Vorgehens gegenüber der zuständigen Preisüberwachungsstelle auf den Ablauf der bislang nur fünfjährigen Mindestaufbewahrungsfrist zu berufen". Der Wirtschaftsausschuss des Bundesrats verweist in seiner Begründung zu dieser Änderung zudem auch auf den Gleichlauf der nunmehr 10jährigen Mindestaufbewahrungsfrist mit der 10jährigen zivilrechtlichen Verjährungsfrist des § 199 Abs. 4 BGB und einer damit verbesserten Effektivität der Preisprüfung.[49]

73 Die durch die Preisbildungs- und Preisüberwachungsstellen wahrzunehmende hoheitliche Prüfung erfolgt in der preisrechtlichen Praxis idR auf **Antrag des Auftraggebers,** sie kann aber auch auf Antrag des Auftragnehmers sowie auch ohne externen Antrag auf Grundlage des Initiativrechts der Preisbildungs- und Preisüberwachungsstellen im Rahmen eigenen Ermessens durchgeführt werden. Grundlage der Prüfung ist primär die **Ermittlung des preisrechtlich höchstzulässigen Preises** gem § 1 Abs. 3 der Verordnung unter Berücksichtigung der Vorgaben der LSP. Dabei wird auch überprüft, ob die Vorschriften der Verordnung beachtet wurden und ob für die Leistungserbringung vertraglich der richtige Preistyp gewählt wurde (§ 9 **Abs. 2**). Der Umfang der Prüfung hängt zum einen vom maßgeblichen Preistyp, zum anderen aber auch davon ab, ob es sich um eine **Einzelauftragsprüfung** oder um eine **Grundsatzprüfung** handelt. Im Fall der Prüfung eines Marktpreises erstreckt sich die Prüfung auf die Feststellung der Marktgängigkeit der Leistung und der Verkehrsüblichkeit des Preises.

---

[47] Ein Anschriftenverzeichnis der Preisbildungs- und Preisüberwachungsstellen ist ua auf den Internetseiten des BMWK abrufbar.

[48] Die in § 2 Abs. 2 lit. a PreisG ebenfalls vorgegebene Zuständigkeit des Bundesministers für Wirtschaft, soweit die preisbildende Maßnahme Ländergrenzen überschreitet, ist durch die Bestimmungen von Art. 83 GG überholt worden (vgl. EGHM § 9 VO PR Nr. 30/53 Rn. 31).

[49] BR-Drs. 732/1/21, 4 f.

Mit dem durch die Novelle neu eingefügten § 9 **Abs. 3** wird die **Ermessensentscheidung der Preisbildungs- und Preisüberwachungsbehörden** noch einmal besonders angeführt. Diese Ermessensentscheidung erfolgt dabei unter Berücksichtigung verschiedener Kriterien wie bspw. die Höhe des Auftragswertes des jew. öffentlichen Auftrages, das (Nicht-) Bestehen hinreichender tatsächlicher Anhaltspunkte für einen begangenen Preisverstoß (zB Verstoß gegen den Höchstpreisgrundsatz gem. § 1 Abs. 3) oder das (Nicht-) Bestehen hinreichender Zweifel an einem ordnungsgemäßen vergaberechtlichen Wettbewerb (zB wegen Absprachen oder Abgabe eines Scheinangebotes). Wenn entspr. Anhaltspunkte nicht bestehen, so der Verordnungsgeber, ist eine Ermessensentscheidung dahingehend, dass eine Preisprüfung nicht durchgeführt wird, als vertretbar anzusehen.[50] 74

In § 9 **Abs. 4** wird der Umfang der durch den Auftragnehmer für den Nachweis des Zustandekommens vorzulegenden Unterlagen definiert und als Ergebnis der Novelle der Verordnung um neuere Formen moderner Bürokommunikation ergänzt. Damit soll die Effektivität der Preisprüfung gestärkt und insbes. verhindert werden, dass ein Preisprüfer vor Ort erst mit dem Auftragnehmer darüber diskutieren muss, ob er bspw. Fotokopien anfertigen darf oder nicht.[51] 75

Ebenfalls auf Empfehlung des Wirtschaftsausschusses des Bundesrats neu aufgenommen wurde § 9 **Abs. 5** hinsichtlich der Prüfung von Selbstkostenpreisen. Er sieht für den Fall, dass, wenn der Auftragnehmer keine ausreichenden Aufklärungen zu geben vermag, die Auskunft verweigert oder aber seine Unterlagen vor Ablauf von 10 Jahren nicht mehr vorrätig hat und die für die Preisbildung und Preisüberwachung zuständigen Stellen somit nicht mehr in der Lage sind, die angemessenen Kosten des Auftragnehmers nach § 5 Abs. 1 zu ermitteln, die hoheitlichen Preisprüfbehörden diese schätzen sowie iRd **Schätzung** auch angemessene Sicherheitsabschläge ansetzen können. Im Endeffekt kann diese Regelung sogar dazu führen, dass Kostenpositionen des Auftragnehmers mit Null angesetzt werden. Der Wirtschaftsausschuss des Bundesrats führt hierzu an, dass er sich mit diesem letztlich vom Verordnungsgeber aufgegriffenen Regelungsvorschlag iW an der bewährten steuerrechtlichen Schätzungsbefugnis des § 162 AO orientiert und diese Schätzungsbefugnis die Nachweispflicht des Auftragnehmers nach § 9 Abs. 1 ergänzt. Diese Befugnis kommt nur dann zum Tragen, wenn der Auftragnehmer seiner Verantwortung zum Nachweis iRd Vorgaben dieser Verordnung, hier nach § 9 Abs. 1 und 2, nicht nachkommt.[52] Insofern hat es also der Auftragnehmer selbst in der Hand, die Schätzung zu vermeiden. 76

Gleichwohl muss eine Schätzung immer auf der Grundlage von Erkenntnissen erfolgen, die es ermöglichen, die angemessenen Kosten zumindest näherungsweise zu bestimmen. Die hier aufgezeigte Möglichkeit einer Kostenschätzung mit Null führt zwangsläufig an dem primären Ziel der Verordnung, die angemessenen Kosten des Auftragnehmers festzustellen, vorbei. Hier ist all jenen zuzustimmen, die hierin „einen Dammbruch der bisherigen Rechtslage und der geübten Praxis" sehen.[53] Und auch mit dem Verweis auf § 11 der Verordnung ist Hans-Peter Müller (ebenda) zuzustimmen: „Wird nämlich im Rahmen der Preisaufsicht ein Verstoß gegen die VO PR 30/53 festgestellt, geht das Preisaufsichtsverfahren in ein Ermittlungsverfahren nach dem Ordnungswidrigkeitengesetz über" und wird entspr. geahndet. Es bleibt abzuwarten, wie die Preisbildungs- und Preisüberwachungsstellen von dieser Schätzbefugnis in der Praxis Gebrauch machen und wie zu erwartende Klagen der Auftragnehmer hierüber vor Gericht geklärt werden. 77

---

[50] BR-Drs. 732/21, 8 f.
[51] BR-Drs. 732/1/21, 6.
[52] BR-Drs. 732/1/21, 7 ff.
[53] Vgl. u.a. Müller, Vergabeblog.de v. 13.1.2022, Nr. 48481 zu § 9 VO PR Nr. 30/53 und Brüning/Mengis ZfBR 2022, 346 f.

78 Eine Besonderheit iRd Prüfung der Preise nehmen die **Preisermittlungsbefugnisse des BAAINBw auf Grundlage vertraglicher Vereinbarungen** ein. Diese sind – wie bereits erwähnt – nicht den Regelungen des § 9 zu entnehmen, der gezielt ja nur das hoheitliche Prüfrecht der Preisbildungs- und Preisüberwachungsstellen der Länder anspricht. Ebenso ist es aber auch nicht dem § 10 (Feststellung der Angemessenheit von Selbstkostenpreisen durch öffentliche Auftraggeber) zuzumessen, auf das in der weiteren Folge noch kurz eingegangen wird. Mit der **Ressortvereinbarung über vertragliche Preisprüfrechte** zwischen dem Bundesministerium der Verteidigung und dem Bundesministerium für Wirtschaft und Energie, letztmalig am 18.11.2020 für zunächst eine weitere Laufzeit von vier Jahren vereinbart, werden dem BAAINBw bestimmte Preisermittlungsbefugnisse eingeräumt. Gem. dieser Ressortvereinbarung kann das BAAINBw auf einzelvertraglicher Grundlage Preisprüfungen von Selbstkostenfestpreisen sowie bei der Umwandlung von Selbstkostenrichtpreisen in Selbstkostenfestpreise durchführen. Dabei gilt im Fall des Selbstkostenrichtpreises als maßgeblicher Zeitpunkt für die Prüfung der Umwandlungszeitpunkt/-stichtag. IRd Prüfungen kann sich der Preisprüfdienst des BAAINBw davon überzeugen, dass der geforderte Preis auf den angemessenen Kosten des Auftragnehmers beruht und damit den Vorschriften der VO PR Nr. 30/53 entspricht. Bei Selbstkostenerstattungspreisen, deren Prüfung grds. den Preisdienststellen der Länder vorbehalten ist, kann das BAAINBw die nachkalkulatorische Prüfung auf einzelvertraglicher Grundlage vornehmen, soweit sich die zuständige Preisdienststelle schriftlich außerstande erklärt, innerhalb einer Frist von einem Jahr nach Zugang des Prüfungsersuchens und Vorliegen der Prüfungsvoraussetzungen die Prüfung zu beginnen. Des Weiteren kann der Ressortvereinbarung folgend das BAAINBw bei Unternehmen des Zellenbaus auf dem Gebiet der Luftfahrtindustrie, soweit diese überwiegend Aufträge des Verteidigungsressorts durchführen, ebenfalls auf einzelvertraglicher Grundlage Selbstkostenerstattungspreise prüfen. Ebenso wie bei der Prüfung der Selbstkostenerstattungspreise kann das BAAINBw eine nachkalkulatorische Prüfung der Gemeinkosten (Grundsatzprüfung) durchführen, wenn die Vereinbarung eines Selbstkostenfestpreises wegen fehlender Grundsatzprüfung unmöglich ist und sich die zuständige Preisdienststelle außerstande erklärt, diese innerhalb von acht Wochen nach Vorliegen der Prüfungsvoraussetzungen durchzuführen. Der Preisdienststelle ist aber für den Fall der Durchführung der Grundsatzprüfung durch das BAAINBw durch rechtzeitige Information die Möglichkeit einzuräumen, an der Grundsatzprüfung teilzunehmen, wobei diese Regelung als grds. widersprüchlich anzusehen ist. Wieso sollte eine Preisdienststelle, die sich aus Kapazitätsgründen außerstande erklärt hat, die Grundsatzprüfung in dem erforderlichen Zeitrahmen selbst durchzuführen, dann an einer durch das BAAINBw durchgeführten Grundsatzprüfung teilnehmen. Von daher ist es folgerichtig, ihr den Prüfbericht des BAAINBw zu übersenden. Hinsichtlich zeitraumbezogener Prüfungen kann das BAAINBw eine vorkalkulatorische Prüfung der Gemeinkosten, also eine Plankostenprüfung, mit Unternehmen vereinbaren, die laufende Geschäftsbeziehungen mit dem Verteidigungsbereich unterhalten und bei denen die Kenntnis der Gemeinkosten für vorkalkulatorische Preisbeurteilungen ständig und unabdinglich erforderlich ist.

79 Von den Regelungen der Ressortvereinbarung bleiben die hoheitlichen Rechte der Preisbildungs- und Preisüberwachungsstellen nach § 9 unberührt.

80 Die Prüfung durch den Prüfdienst des BAAINBw auf vertraglicher Grundlage läuft, ebenso wie die Prüfung der Preisbildungs- und Preisüberwachungsstellen auf hoheitlicher Grundlage, unter Berücksichtigung und Anwendung des Rechts- und Bewertungsrahmens der VO PR Nr. 30/53 und der LSP ab. Von daher ist der Auftrag hoheitlicher wie vertraglicher Selbstkostenpreisprüfungen inhaltsgleich: es geht stets um die **Ermittlung der angemessenen Kosten des Auftragnehmers für die vertraglich zu erbringende Leistung** einschl. der über die Zeitraumprüfungen erhobenen und festgestellten angemessenen Gemeinkosten. Der einzige Unterschied zwischen einer Prüfung der Preisbildungs- und Preisüberwachungsstellen und einer Prüfung durch das BAAINBw besteht darin, dass bei Prüfungen des BAAINBw bei den vorkalkulatorischen Prüfungen mit der kaufmännischen Bewertungsprüfung immer auch eine technische Mengengerüstprüfung einhergeht. Das folgt zwingend daraus, dass die erforderliche Überschaubarkeit der Kalkulation sich aus der Multiplikation von Menge mal Bewertungssatz (Stundensatz/Zuschlagssatz) ergibt. Diese ist durch eine rein kaufmännische Bewertungsprüfung bei komplexen (Rüstungs-) Vorhaben kaum herstellbar.

Mit Blick auf die dem BAAINBw eingeräumten Prüfungsbefugnisse wurde auch darauf hingewiesen, dass dies mit der Grundintention des Interessenausgleichs im öffentlichen Preisrecht nur schwer vereinbar sei. „Der Schutzfunktion von Auftraggeber- und -nehmer widerspricht es, dass in der Praxis Auftragsverhandlungen und Preisprüfungen miteinander vermischt werden".[54] Diesem Anwurf muss hier mit Deutlichkeit entgegengetreten werden: die Preisprüfung im BAAINBw ist organisatorisch unabhängig von den für die Realisierung von Rüstungsbeschaffungen zuständigen Projektabteilungen des BAAINBw und den dort angesiedelten Preisverhandlungsreferaten aufgestellt. Ihr Auftrag ist, wie erwähnt, die Ermittlung und Feststellung der angemessenen Kosten, die sie mittels eines gutachterlichen Prüfberichts – wie die Preisbildungs- und Preisüberwachungsstellen auch – dem zuständigen und sie beauftragenden Preisverhandlungsreferat darstellt. Die Preisprüfung im BAAINBw nimmt folglich selbst nicht an den Preisverhandlungen mit der Industrie teil. Sie kann zur Klärung von Sachfragen, ebenso wie die Preisbildungs- und Preisüberwachungsstellen, um Antwort gebeten werden, um Dissens zwischen Amtsbereich und Industrie zu klären, soweit dies aus den Erkenntnissen der Prüfung möglich ist.

Letztlich sei hinsichtlich von Prüfungsumfang und -intensität der auf hoheitlicher, wie vertraglicher Grundlage durchzuführenden Prüfungen angemerkt, dass dies vor allem bedingt wird durch die Höhe des Auftragswertes, die Komplexität der Auftragsverhältnisse, spezielle Probleme in der Kostenverrechnung wie aber auch der preisrechtlichen Vorkenntnissen des Auftragnehmers, dessen Rechnungswesen und Kalkulationsstruktur.

b) Feststellung der Angemessenheit von Selbstkostenpreisen durch öffentliche Auftraggeber (§ 10). Auf der Grundlage des § 10 kann der Bundesminister für Wirtschaft und Energie öffentliche Auftraggeber (auf nicht-vertraglicher Basis) allgemein oder für den Einzelfall ermächtigen, im Benehmen mit der für die Preisbildung und Preisüberwachung zuständigen Behörde festzustellen, dass ein Selbstkostenpreis den Vorschriften dieser Verordnung entspricht. Mit der Übertragung eines solchen Feststellungsrechtes wird der öffentliche Auftraggeber iRd § 10 mit den gleichen öffentlich-rechtlichen Befugnissen zur Preisprüfung anhand der betrieblichen Unterlagen des Auftragnehmers ausgestattet wie die Preisbildungs- und Preisüberwachungsstellen der Länder nach § 9. Dabei bleibt aber das hoheitliche Prüfrecht der Preisbildungs- und Preisüberwachungsstellen der Länder wie bei den vertraglichen Prüfbefugnissen des BAAINBw unberührt.

Dieses Feststellungsrecht war vormals der Bundesbahn und der Bundespost übertragen worden, ist aber mit deren Privatisierung entfallen. Derzeit bestehen somit keine Ermächtigungen nach § 10 der Verordnung. Der Bundeswehr ist ein Feststellungsrecht nach § 10 nicht übertragen worden, wenngleich in der Vergangenheit der Bundesrechnungshof entspr., ggü. der Ressortvereinbarung erweiterte Prüfbefugnisse für die Bundeswehr immer wieder angeregt hat.[55]

---

[54] Hoffjan, Vergabeblog v. 31.3.2022, Nr. 49240.
[55] ZB BT-Drs. V/1603, Nr. 143 und BT-Drs. 14/29, Nr. 22.

7. Zu den Schlussparagrafen der Verordnung

85   Mit den letzten beiden Paragrafen regelt die Verordnung den möglichen Sanktionierungsrahmen bei Zuwiderhandlungen gegen die Verordnung und bestimmt den Zeitpunkt ihres Inkrafttretens und deren damit verbundene Anwendung für die unterschiedlichen Preistypen.

86   **a) Zuwiderhandlungen (§ 11).** Zuwiderhandlungen gegen die Bestimmungen dieser Verordnung und damit auch der LSP werden **Abs. 1** folgend nach dem Wirtschaftsstrafgesetz (WiStG) und über § 3 WiStG dem Gesetz über Ordnungswidrigkeiten (OWiG) geahndet. Denn § 3 WiStG bestimmt klar, dass derjenige ordnungswidrig handelt, der vorsätzlich oder fahrlässig einer Rechtsvorschrift über Preise zuwiderhandelt.

87   Für öffentliche Auftraggeber ist in diesem Zusammenhang die Frage der Rückerstattung des Mehrerlöses von Interesse, also des Unterschiedsbetrages zwischen dem zulässigen und dem erzielten (vereinbarten) Preis. Nach § 8 Abs. 1 WiStG ist dieser Mehrerlös an das Land abzuführen, er kann aber § 9 Abs. 1 WiStG folgend auf Antrag des Geschädigten an ihn rückerstattet werden, wenn der Rückforderungsanspruch begründet erscheint. Aus dieser Kann-Vorschrift ergibt sich aber kein Rechtsanspruch des Auftraggebers auf Rückerstattung.[56] Anzumerken ist, dass sich die im § 11 enthaltene Strafandrohung bei Zuwiderhandlungen auch gegen öffentliche Auftraggeber richtet, da nach § 1 Abs. 3 der Verordnung auch die Gewährung und Vereinbarung höherer Preise, als sie auf Grund der Vorschriften dieser Verordnung zulässig sind, verboten sind.[57]

88   **b) Inkrafttreten (§ 12).** Die mit der dritten Verordnung zur Änderung der Verordnung PR Nr. 30/53 über die Preise bei öffentlichen Aufträgen bewirkten Änderungen sind nach Verkündung im BGBl. vom 30.11.2021 zum 1.4.2022 in Kraft getreten. Der hierzu geänderte § 12 Abs. 2 besagt, dass für vor dem 1.4.2022 vergebene öffentliche Aufträge diese Verordnung in der bis zum Ablauf des 31.3.2022 geltenden Fassung anzuwenden ist.

89   Das bedeutet, dass so lange Verträge mit Datum vor dem 1.4.2022 Wirkung in den Folgejahren haben, eine Grundsatzprüfung nach altem wie neuem Bemessungsrahmen unter Berücksichtigung der Änderungen in den LSP, hier insbes. aufgrund der Änderung zur Ermittlung des betriebsnotwendigen Kapitals (Nr. 44 LSP), zu erstellen ist.

III. Leitsätze für die Preisermittlung auf Grund von Selbstkosten

1. Einleitende Anmerkungen

90   Die LSP umfassen als Anlage zur VO PR Nr. 30/53 die Regelungen, welche im Hinblick auf eine Preisbildung zu Selbstkosten gem. §§ 5–8 VO PR Nr. 30/53 bei der Kalkulation des jew. Selbstkostenpreises zu beachten sind.

91   Trotz ihres Charakters als Anlage zur VO PR Nr. 30/53 überflügeln die LSP – neben ihrer über das Preisrecht hinaus ausstrahlenden Wirkung – insbes. in der Angebots- und Prüfungspraxis hinsichtlich ihrer Wirkungskraft in Teilen die Regelungen der Preisrechtsverordnung selbst. Denn sowohl die Aufsetzung eines LSP-konformen Rechnungswesens und die Erstellung entspr. Angebotskalkulationen auf

---

[56] Müller, Preisgestaltung bei öffentlichen Aufträgen, 3. Aufl. 1993, S. 25.
[57] Richtlinien für öffentliche Auftraggeber zur Anwendung der Verordnung PR Nr. 30/53 über die Preise bei öffentlichen Aufträgen v. 21. November 1953 (in der geänderten Fassung v. 18.7.1962, BAnz. 1962 Nr. 142) Nr. 42.

Basis der LSP seitens der Auftragnehmer als auch deren Prüfung iRd Preisaufsicht gem. § 9 VO PR Nr. 30/53 binden in der praktischen Anwendung des Preisrechts vielfach erheblich mehr Ressourcen als bei einer Preisbildung zu Marktpreisen gem. § 4 VO PR Nr. 30/53 und entspr. Prüfungen.

Von ihrem Aufbau her gliedern die LSP sich dabei in drei Teile, bestehend aus den allgemeinen vorgelagerten Regelungen des Abschnitts I (Nr. 1–3 LSP), den Grundlagen der Preisermittlung bzw. Kalkulation zu Selbstkosten in Abschnitt II (Nr. 4–10 LSP) und abschließend den Detailregelungen für verschiedene Kostenarten sowie den kalkulatorischen Gewinn in Abschnitt III (Nr. 11–52 LSP). 92

2. Abschnitt I (Allgemeines)

Im ersten Abschnitt werden neben der Festlegung des in Teilen allgemein gehaltenen Geltungsbereichs (Nr. 1 LSP) ua mit Nr. 2 LSP die grds. Voraussetzungen für eine Preisbildung zu Selbstkosten im jew. öffentlichen Auftrag gelegt. 93

Bei der Aufsetzung des **Geltungsbereichs der LSP** als Anlage zur VO PR Nr. 30/53 hat der Verordnungsgeber bedacht, dass Vorgaben für eine Preisbildung, die auf Selbstkosten der Leistungserstellung basieren, ggf. auch im Rahmen anderer Rechtsverordnungen, Verfügungen oder dritter Zwecke eingesetzt kommen könnten. Der Geltungsbereich der Leitsätze wird daher ein Abs. 1 relativ allg. gefasst und gibt eine Geltung der LSP für die Fälle vor, in denen 94

a) Rechtsverordnungen oder Verfügungen ihre Anwendung direkt vorschreiben (Abs. 1 lit. a sublit. aa),
b) ein Auftraggeber ein auf Basis entspr. Rechtsverordnungen oder Verfügungen gewährtes Recht ausübt, die LSP zur Geltung zu bringen (Abs. 1 lit. a sublit. bb) oder
c) soweit Auftraggeber und Auftragnehmer ihre Anwendung preisrechtlich zulässig vereinbaren (Abs. 1 lit. b).

Andere Rechtsverordnungen oder Verfügungen, die sich bzgl. einer Preis- oder Kostenermittlung auf die LSP abstützen, sind ua Regelungen im Bereich von Zuwendungen wie zB die NKBF[58] und die ANBest-P-Kosten[59] oder Entgeltverordnungen im Bereich von Strom-[60] und Gasnetzen.[61] Eine vertragliche Regelung gem. Abs. 1 lit. c ist u. a. bei der Restabgeltung in Folge gekündigter Verträge im Geschäftsbereich des BMVg[62] oder in den bereits in Rn. 18 genannten Fällen von Beschaffungen über internationale Beschaffungsorganisationen wie OCCAR oder NATO-Managementagenturen gegeben. 95

Außerhalb von Selbstkostenpreisen finden die LSP iRd VO PR Nr. 30/53 zudem – zwar nicht als zwingende Preisvorschrift, jedoch idR als Berechnungsanhalt – auch bei kostenbasierten Ableitungen von Marktpreisen gem. § 4 Abs. 5 VO PR Nr. 30/53 und auf Basis besonderer Auftragsverhältnisse modifizierten Markt- 96

---

[58] Nebenbestimmungen für Zuwendungen auf Kostenbasis des Bundesministeriums für Bildung und Forschung an gewerbliche Unternehmen für Forschungs- und Entwicklungsvorhaben (BAnz AT 18.10.2017 B7).

[59] Allgemeine Nebenbestimmungen für Zuwendungen zur Projektförderung auf Kostenbasis als Anlage 4 zur VV Nr. 5.1 zu § 44 BHO (GMBl Nr. 19/2019, 372).

[60] Verordnung über die Entgelte für den Zugang zu Elektrizitätsversorgungsnetzen (Stromnetzentgeltverordnung – StromNEV) v. 25.7.2005 (BGBl. 2005 I 2225), zuletzt geändert durch Artikel 6 des Gesetzes v. 20.7.2022 (BGBl. 2022 I 1237).

[61] Verordnung über die Entgelte für den Zugang zu Gasversorgungsnetzen (Gasnetzentgeltverordnung – GasNEV) v. 3.9.2010 (BGBl. 2010 I 1261), zuletzt geändert durch Artikel 8 des Gesetzes v. 16.7.2021 (BGBl. 2021 I 3026).

[62] Michaels/Rhösa, Nr. 1 LSP S. 5 f.

PreisVO   Verordnung PR Nr. 30/53

preisen gem. § 4 Abs. 7 VO PR Nr. 30/53 Anwendung.[63] Weitere potenzielle Anwendungsbereiche der LSP, außerhalb der in lit. a–c beschriebenen Fälle, sind bspw. allg. Untersuchungen zur Kosten- und Ertragslage von Wirtschaftszweigen und Unternehmen oder auch die Rspr. zu Preissachen, die nicht in den Geltungsbereich des Preisrechts fallen.[64]

3. Abschnitt II (Preisermittlung auf Grund von Selbstkosten)

97   Die im Abschnitt II der LSP enthaltenen Regelungen lassen sich – wie die LSP selbst – erneut in drei Unterabschnitte einteilen und umfassen insbes. grds. Vorgaben für ansetzbare Kosten sowie die Systematik und den Aufbau entspr. Kalkulationen.

98   Im ersten Unterabschnitt bestehend aus Nr. 4 LSP (Kosten und Selbstkostenpreise) werden in Ergänzung zu der direkt aus der § 5 Abs. 1 VO PR Nr. 30/53 vorgegebenen Abstellung auf angemessene Kosten weitere zentrale Grundprinzipien für eine Preisermittlung aufgrund von Selbstkosten aufgestellt:
- Abstellung auf **angemessene Kosten** (§ 5 Abs. 1 VO PR Nr. 30/53) – dh objektiv notwendige Kosten, die bspw. nicht in einem auffälligen Missverhältnis zur Leistung stehen,[65]
- Kosten bei **wirtschaftlicher Betriebsführung** (Nr. 4 Abs. 2 LSP) – dh (Gesamt-) Kosten, die iS einer normalen Betriebsführung bei wirtschaftlichen Ressourceneinsatz im leistenden Betrieb zur Erstellung der Leistung anfallen,[66]
- **Verursachungsgerechtigkeit** (Nr. 4 Abs. 3 LSP) – dh nur Kosten, die der Leistung zugerechnet werden können.

99   Diese drei Grundprinzipien stellen in Summe die Basis der Kalkulationsvorgaben der LSP dar und sind sogleich die Basis für die nachfolgenden Detailregelungen des Abschnitts III, bei denen sie vereinzelt erneut direkt aufgeführt werden (vgl. bspw. Nr. 7 Abs. 1 oder Nr. 24 Abs. 1 LSP), als auch eine Rückfalloption für sonstige Kostenarten oder -ansätze, für welche die LSP keine dezidierten Regelungen aufweisen (vgl. Nr. 34 LSP).[67]

100   Der nachfolgende zweite Unterabschnitt definiert zunächst die grdl. Begriffe der Vor- und Nachkalkulation sowie zulässige Kalkulationsverfahren für die Verrechnung von Gemeinkosten (Nr. 5 LSP). Erstere werden anschließend den verschiedenen Selbstkostenpreistypen der VO PR Nr. 30/53 zu (Nr. 6 LSP) zugeordnet, um dann abschließend in den Nrn. 7 und 8 darzulegen, wie Mengen- und Bewertungsansätze bei Vor- bzw. Nachkalkulationen vorzunehmen sind und was insbes. der maßgebliche Kenntnisstand (Zeitpunkt der Angebotsabgabe vs. Ende der Leistungserstellung) ist, auf den abzustellen ist.

101   Der dritte Unterabschnitt umfasst Regelungen zur Kalkulation ieS, beginnend mit notwendigen Sekundärangaben wie Kalkulationsgegenstand, Kalkulationsdatum, Liefermenge, Lieferbedingungen etc. in Nr. 9 LSP und Vorgaben zur Gliederung der Kalkulation in Nr. 10 LSP.

Exkurs Herstell- vs. Herstellungskosten

In Nr. 10 Abs. 5 etablieren die LSP den Begriff der Herstellkosten als eine branchen- oder betriebsüblich zu setzende Zwischensumme in der Kalkulation. In der Praxis werden die Her-

---

[63] EGHM Nr. 1 LSP Rn. 3 (Verweise dort jedoch noch auf die entspr. Abs. 2 und 4 vor der Novelle der VO PR Nr. 30/53).
[64] Vgl. detaillierte Ausführungen hierzu in Michaelis/Rhösa, Nr. 1 LSP S. 7 f.
[65] Michaelis/Rhösa, Nr. 4 LSP S. 11 und EGHMW (8. Aufl. 2010) Nr. 4 LSP Rn. 19.
[66] Michaelis/Rhösa, Nr. 4 LSP S. 11 ff. und EGHM Nr. 4 LSP Rn. 15 ff.
[67] Ein aktuelles Beispiel stellen bspw. Kosten für eine nachhaltige Leistungserstellung dar, welche bzgl. ihres Ansatzes auch in Fällen, wo eine entspr. Leistungserstellung nicht direkt vom öffentlichen Auftraggeber gefordert wird, grds. im Rückgriff auf diese drei Prinzipien betrachtet und bewertet werden können.

stellkosten, angelehnt an gängige Definitionen des betrieblichen Rechnungswesens, dabei vielfach als Summe der Materialeinzel- & Materialgemeinkosten, der Fertigungseinzel- & Fertigungsgemeinkosten sowie der Sondereinzelkosten der Fertigung als Herstellkosten 1 bzw. zusammen mit den Entwicklungs- und Konstruktionskosten als Herstellkosten 2 in der Kalkulation ausgewiesen.

Zu unterscheiden sind die Herstellkosten als eine nach den Grundsätzen des internen Rechnungswesen / der Leistungs- und Kostenrechnung gebildete Größe jedoch von dem vom Begriff ähnlichen Herstellungskosten des handelsrechtlichen externen Rechnungswesens (vgl. § 255 Abs. 2–3 HGB), die ua angemessene Anteile der Kosten der allgemeinen Verwaltung, soweit diese auf den Zeitraum der Herstellung entfallen, enthalten können.

4. Abschnitt III (Bestandteile des Selbstkostenpreises)

Die Detailregelungen für verschiedene Kostenarten / Positionen einer Kalkulation zu Selbstkosten sowie Regelungen zum kalkulatorischen Gewinn gliedern sich selbst erneut in insges. elf Unterabschnitte auf, die nachf. verkürzt erläutert werden: **102**

A. Stoffe (Nrn. 11–21 LSP). Der erste Unterabschnitt befasst sich mit den Kostenansätzen von bei der Fertigung des jew. vertraglichen Leistungsgegenstandes eingesetzten Stoffen. Dabei kann eine weitere Einteilung in zwei Blöcke vorgenommen werden. **103**

So enthalten die Nr. 11–13 LSP Definition und teils auch direkte Kalkulationsvorgaben für Fertigungsstoffe (Nr. 11 LSP), die auswärtige Bearbeitung durch Dritte (Nr. 12 LSP), Hilfs- und Betriebsstoffe (Nr. 13 LSP) und unternehmenseigene Sonderbetriebsmittel, die ausschl. für die Fertigung des jew. Liefer-/Leistungsgegenstandes eingesetzt werden können (Nr. 14 LSP). **104**

Konkretere Vorgaben für die Selbstkostenkalkulation werden im zweiten Block vorgenommen. Nr. 16 enthält über Nr. 7 LSP hinausgehende Spezialvorschriften für die Mengenermittlung von Stoffen, gefolgt von speziellen Regelungen für die Bewertung von Stoffen in Nr. 17 LSP (zB im Hinblick auf Lagerstoffen). Über Nr. 17 Abs. 1 S. 2 LSP wird zudem bei Stoffen eine von der grds. Vorgabe gem. Nr. 8 LSP abweichende Bewertung entlang von Einstandspreisen (Nr. 18 LSP) eröffnet. **105**

Besondere Kalkulationsvorgaben bestehen – nach der Herkunft des Stoffes – dabei für Zulieferungen aus eigenen gesellschaftsrechtlich unselbstständig Vorbetrieben, die als eigenständige Wirtschaftseinheit im Unternehmen eine eigene Betriebsabrechnung aufweisen (Nr. 19 LSP)[68], und durch den Auftraggeber beigestellten Stoffen (Nr. 20 LSP)[69] sowie die Gutschrift von anfallenden Reststoffen (Nr. 21 LSP). **106**

B. Löhne, Gehälter und andere Personalkosten (Nrn. 22–25 LSP). Der Unterabschnitt B behandelt mit Detailvorgaben zur Verrechnung (Nr. 22 LSP), zum Ansatz (Nr. 23 LSP) und zur Bewertung (Nr. 24 LSP) von Personalkosten (inkl. der in Nr. 25 LSP aufgeführten Sozialkosten) einen der vielfach primären Bestandteile in Kalkulationen zu Selbstkosten. Vom Ansatz her wird dabei grds. auf die tariflichen bzw. soweit iSv § 5 Abs. 1 VO PR Nr. 30/53 angemessenen außertariflichen Entgeltvereinbarungen und gesetzlichen Vorgaben abgestellt. Über diesen Grundsatz hinausgehende Kostenansätze ergeben sich insbes. im Hinblick auf die beiden nachfolgen Regelungen: **107**
– Wahlrecht bzgl. des Ansatzes eines kalkulatorischen Unternehmerlohns als Kosten für einen bei Einzelkaufleuten und Personengesellschaften ohne festes Entgelt tätigen Unternehmer bzw. für ohne festes Entgelt mitarbeitende Angehörige des

---

[68] EGHM Nr. 19 LSP Rn. 4.
[69] In Folge der Novelle der VO PR Nr. 30/53 findet die vormals auf beigestellte Stoffe beschränkte Regelung der Nr. 20 LSP nunmehr auch analog Anwendung auf beigestellte Anlagen und beigestelltes Personal.

Unternehmers (Nr. 24 Abs. 2 LSP iVm Bemessungsvorgaben gem. Nr. 24 Abs. 3 LSP),
- Beschränkung der Kosten für freiwillige zusätzliche Sozialaufwendungen zugunsten der Belegschaft der Art und der Höhe nach – unter Beachtung des allg. Grundsatzes der wirtschaftlichen Betriebsführung (Nr. 25 Abs. 2 lit. b LSP) – auf betriebs- und branchenübliche Verhältnisse.

108 **C. Instandhaltung und Instandsetzung (Nr. 26 LSP).** Der relativ knappe Unterabschnitt C befasst sich mit der Art und Weise der Verrechnung von Kosten für laufende Instandhaltungen und Instandsetzungen und umfasst besondere Vorgaben für lediglich stoßweise anfallende entspr. Kosten (Nr. 26 Abs. 1 Satz 2 LSP) sowie wert- und laufzeiterhöhende Instandsetzungskosten, deren Verrechnung über die kalkulatorischen Abschreibungen gem. Nr. 37–42 LSP zu erfolgen hat (Nr. 26 Abs. 2 LSP).

109 **D. Entwicklungs-, Entwurfs- und Versuchsaufträge (Nr. 27–28 LSP).** Die Vorgaben bzgl. der Kosten für Entwicklungs- und Entwurfsarbeiten, Forschungen, Versuche und die Herstellung von Probestücken der Nr. 27 und 28 LSP beschränken sich auf die definitorische Unterscheidung zwischen der sog. werkseigenen freien Entwicklung und der ausdr. – zB über entspr. Studien- und Entwicklungsverträge – mit dem Auftraggeber zu vereinbarenden gebundenen Entwicklung sowie deren getrennte Erfassung und Nachweisführung.

110 Im Hinblick auf eine verursachungsgerechte Kostenverrechnung gem. Nr. 4 Abs. 3 LSP hat sich in der Praxis zudem eine weitere Unterscheidung zwischen objektbezogener Entwicklung, die sich auf bestimmte Erzeugnisse/Leistungen bezieht, und die sonstige allg. Entwicklung etabliert. Bzgl. der getrennten Erfassung und Nachweisführung wird hier idR analog zu Nr. 28 LSP vorgegangen. Über den Wortlaut von Nr. 27 und 28 LSP hinausgehende Unterschiede bei der Verrechnung von Kosten für objektbezogener bzw. allgemeiner Entwicklung erfolgen vielfach – soweit sie nicht bereits auf Basis von Nr. 4 Abs. 3 LSP vom Auftragnehmer eigenständig berücksichtigt werden – auf Basis entspr. vertraglicher Vereinbarungen.[70]

111 **E. Fertigungslauf, Bauartenänderungen (Nr. 29 LSP).** Nr. 29 LSP weist bzgl. von zusätzlichen, nicht im Regelfall vorkommender Stoff- und Fertigungskosten wie bereits auch der Unterabschnitt D keine Detailvorgaben bzgl. der Ansatzhöhe auf, sondern lediglich Vorgaben bzgl. eines gesonderten Ausweises. Entspr. Kosten umfassen bspw. Kosten infolge von Überstunden und Sonntagsarbeit oder Kosten in Folge eines bereits in der (inhaltlich nicht abschl.) Überschrift des Unterabschnitts aufgeführten Anlaufens einer neuartigen Fertigung bzw. vom Auftraggeber veranlasster Bauartenänderungen.

112 **F. Steuern, Gebühren Beiträge (Nr. 30–32 LSP).** Bzgl. von Steuern unterscheiden die LSP in Nr. 30 LSP Steuerarten, die keine Kosten iSd LSP darstellen (gem. lit. b insbes. zB die Einkommens- und Körperschaftsteuer) und Steuern, die Kosten iSd LSP darstellen (sog. kalkulierbare Steuern gem. lit. a). Zu letzteren gehören insbes. die Gewerbesteuer, die Vermögensteuer, die Grundsteuer und die Kraftfahrzeugsteuer. Ebenfalls als kalkulierbare Steuern ansetzbar und gem. lit. 2 S. 2 als Sonderkosten gesondert in der Selbstkostenpreiskalkulation auszuweisen sind die Umsatzsteuer und auf dem jew. Erzeugnis lastende Verbrauchssteuern.

---

[70] Der sog. „Entwicklungskostenerlass" des BMVg (Allgemeine Regelung C-1500/13 v. 5.11.2021) umfasst bspw. verschiedene Vorgaben an vertragshaltende Stellen im Geschäftsbereich des BMVg bzgl. vertraglicher Regelungen zur Erfassung, Verrechnung und Übernahme von Entwicklungskosten, die bei Verträgen zu Selbstkosten zu vereinbaren sind. Eine ältere, aber weitgehend inhaltsgleiche Fassung dieses Erlasses findet sich bspw. in Anlage 14 des Kommentars von EGHM.

Besondere Bedeutung kommt bei den kalkulierbaren Steuern der Gewerbesteuer 113
zu, für deren Kalkulationsansatz sich in der Praxis mit der sog. Stuttgarter Formel
eine Verrechnungsmethodik mit der Schlüsselung der effektiven Gewerbeertragssteuer des Unternehmens über den korrigierten auftragsbezogenen Gewinn durchgesetzt hat.[71]

Kostenansätze für Gebühren und Beiträgen sind gem. Nr. 32 LSP zulässig, soweit 114
sie bei Pflichtgebühren und Pflichtbeiträgen für betriebliche Zwecke aufgewendet
werden (Abs. 1) bzw. bei sonstigen Gebühren und Beiträgen dem Betriebsinteresse
dienen (Abs. 2).[72]

G. Lizenzen, Patente und gewerblicher Rechtsschutz (Nr. 33 LSP). 115
Lizenzgebühren, Gebühren für den gewerblichen Rechtsschutz sowie Kosten für
Fremd- und Eigenpatente sind grds. in Selbstkostenkalkulationen ansetzbare Kosten
(Nr. 33 Abs. 3 LSP). Kosten für Lizenzen haben sich dabei jedoch in einem angemessenen Verhältnis zu der Umsatzmenge und dem Verkaufspreis der entspr. Leistungen
zu halten (Nr. 33 Abs. 1 LSP).

Bzgl. von Fremdpatenten besteht über Nr. 33 Abs. 2 LSP zudem das Wahlrecht, 116
die Ausgaben für den Erwerb entspr. Rechte anstelle eines direkten Kostenansatzes
auch zu aktivieren und über die kalkulatorische Abschreibung zu verrechnen (vgl.
Nr. 37–42 LSP).[73]

H. Mieten, Büro-, Werbe- und Transportkosten und dgl. (Nr. 34 LSP). 117
Das Unterkapitel H stellt, auch wenn dieses in seiner Bezeichnung nicht klar hervortritt, eine Sammelvorschrift für alle diejenigen Kostenarten dar, die entweder in
Nr. 34 LSP beispielhaft aufgezählt bzw. in den sonstigen Regelungen der LSP nicht
explizit geregelt werden, und verweist für deren Mengenansatz und Bewertung auf
die letztlich auch ohne einen entspr. Verweis maßgeblichen Vorgaben der Nr. 4 LSP
sowie eine sinngemäße Anwendung der Spezialvorschriften der Nr. 16–21 LSP des
Unterabschnitts A (Stoffe).

I. Vertriebssonderkosten (Nr. 35–36 LSP). Unterabschnitt I befasst sich mit 118
den Kosten für Vertreterpositionen in Nr. 35 LSP und Liefer- und Versandkosten
in Nr. 36 LSP und sieht für beide Kostenarten erneut einen gesonderten Ausweis
in der Selbstkostenkalkulation vor.

Vertreterprovisionen können zudem grds. als ansatzfähige Kosten anerkannt wer- 119
den, soweit die Einschaltung eines Handelsvertreters bei der Vorbereitung, dem
Abschluss oder der Abwicklung des jew. öffentlichen Auftrags notwendig waren.
Entspr. Provisionen müssen sich jedoch in angemessen Grenzen halten (Nr. 36
Abs. 1 Satz 1 LSP) und können – wie grds. auch andere Kostenarten – durch Vereinbarungen zwischen den Vertragsparteien begrenzt werden (Nr. 36 Abs. 2 LSP).

K. Kalkulatorische Kosten. Die kalkulatorischen Kosten des Unterabschnitts K 120
unterscheiden sich von den bisherigen Kostenansätzen dadurch, dass sie – auch im

---

[71] Die Stuttgarter Formel wurden unter dem Vorsitz der Preisbildungsstelle Stuttgart mit Vertretern anderer Preisbehörden, öffentlicher Auftraggeber und Industrievertretern entwickelt (vgl. EGHM Nr. 30 LSP Rn. 18 ff. und Anlage 11 lit. a).

[72] Beispiele für die Beiträge iSv Nr. 32 Abs. 1 LSP sind die Beiträge für die gesetzlich verpflichtete Mitgliedschaft in Industrie- und Handelskammern, während Beiträge an Arbeitgeberverbände oder Industrieverbände idR die Anforderungen gem. Nr. 32 Abs. 2 LSP erfüllen dürften.

[73] In diesem Wahlrecht weichen die LSP von den handelsrechtlichen Vorgaben ab, die für entspr. nicht selbst geschaffene immaterielle Vermögensgegenstände ein Aktivierungsgebot vorsehen (vgl. §§ 246–248 HGB). Da die meisten Unternehmen sich auch bei Kalkulationen gem. der LSP an handelsrechtliche Ansätze anlehnen, kommt dem Ansatz der Aufwendungen direkt als Kosten eine geringe praktische Bedeutung zu (vgl. EGHM Nr. 33 LSP Rn. 7).

Falle einer Nachkalkulation – nicht auf den tatsächlichen Aufwendungen aufsetzen, sondern kalkulatorische Beträge in Ansatz bringen, die nach verschiedenen kostenrechnerischen Gesichtspunkten ermittelt werden können.[74]

121 **a) Anlageabschreibungen (Nr. 37–42 LSP).** Die erste kalkulatorische Kostenart stellen dabei mit den kalkulatorischen Abschreibungen diejenigen Kosten dar, welche den Wertverzehr des betriebsnotwendigen Anlagevermögens in der Selbstkostenkalkulation widerspiegeln sollen (Nr. 37 Abs. 1 LSP).

122 Der Kostenansatz ergibt sich dabei grds. unabhängig von den entspr. Wertansätzen der Handels- und Steuerbilanz durch eine (lineare) Verrechnung des historischen Anschaffungspreises bzw. der Herstellkosten über die Gesamtnutzung des jew. Anlagegutes, wobei die Gesamtnutzung entweder auf Basis der erfahrungsgemäßen Lebensdauer der Anlage oder einer geschätzten Leistungsmenge vorgenommen werden kann (Nrn. 38–39 LSP und Nr. 42 LSP bzgl. entspr. Nachweise). Darüberhinausgehende Sonderabschreibungen sind preisrechtlich grds. möglich, bedürften jedoch der expliziten vertraglichen Vereinbarung zwischen den jew. Vertragsparteien (Nr. 41 LSP).

123 **b) Zinsen (Nr. 43–46 LSP).** Die kalkulatorischen Zinsen stellen die Kostenart dar, bei welcher der Charakter als kalkulatorische Kostenart am stärksten zu Tragen kommt. Denn anstelle der tatsächlichen für das Fremdkapital entstehenden Aufwendungen wie bspw. Zinsen, Bankprovisionen etc. sind die Kapitalkosten des Unternehmens kalkulatorisch abzubilden (vgl. Nr. 43 Abs. 3 LSP bzgl. des entspr. Ansatzverbots), um so das Entgelt für die Bereitstellung des betriebsnotwendigen Kapitals unabhängig sowohl von der Mittelverwendung (Anlage- vs. Umlaufvermögen) als auch insbes. der Mittelherkunft (Eigen- vs. Fremdkapital) zu bestimmen.[75]

124 Die kalkulatorischen Zinsen werden dabei in einem mehrstufigen Prozess errechnet, bei dem zunächst das Betriebsnotwendige Vermögen (BNV) ermittelt wird, das sich aus den Teilen des Anlage- und Umlaufvermögens zusammensetzt, die dem Betriebszweck dienen bzw. für die betriebliche Leistungserstellung erforderlich sind (Nr. 44 Abs. 2 LSP). Von diesem werden die dem Unternehmen zinslos zur Verfügung gestellten Voraus- & Anzahlungen[76] und zinslose Lieferentenkredite (in Summe das sog. Abzugskapital) in Abzug gebracht, um so das Betriebsnotwendige Kapital (BNK) zu ermitteln (Nr. 44 Abs. 1 LSP).

125 Das Betriebsnotwendige Kapital wird – wie bereits erläutert unabhängig von der Herkunft des Kapitals – im nächsten Schritt mit einem vertraglich vereinbaren Zinssatz multipliziert (Nr. 43 Abs. 1 LSP).[77] Von den sich hieraus ergebenden kalkulatorischen Zinsen sind abschl. Nebenträge aus Teilen des Betriebsnotwendigen Vermö-

---

[74] EGHM Nr. 37 LSP Rn. 1.
[75] EGHM Nr. 43LSP Nr. 3.
[76] Vor der Novelle der VO PR Nr. 30/53 waren nur die zinslosen Voraus- und Anzahlungen öffentlicher Auftraggeber (iSv § 2 Abs. 1 VO PR Nr. 30/53) beim Abzugskapital zu berücksichtigen. Da die vorherige Fassung der LSP jedoch über § 12 VO PR Nr. 30/53 weiterhin für vor dem 1.4.2022 geschlossene Verträge maßgeblich ist, muss für diese Verträge bis zu ihrem Auslaufen ggf. eine zweite Berechnung der verrechenbaren kalkulatorischen Zinsen erfolgen.
[77] Über Nr. 43 Abs. 2 LSP kann der Bundesminister für Wirtschaft im Einvernehmen mit dem Bundesminister der Finanzen einen Höchstsatz für die kalkulatorischen Zinssatz bestimmten. Gem. der VO PR Nr. 4/72 liegt dieser aktuell bei 6,50 vH p. a. IRd Novellierung der VO PR Nr. 30/53 in 2021 wurde der Verordnungsgeber iRd vorgelagerten Ressortabstimmung seitens des Bundesministeriums der Finanzen sowie seitens des Bundesrats darum gebeten, die Höhe des gegenwärtigen Höchstzinssatzes einer externen Evaluation zu unterziehen (vgl. BR-Drs. 732/21 (Beschluss), 8 f.).

gens (zB Zinsen, Mieten, Pachten oder Erträge aus Unternehmensbeteiligungen) abzuziehen (Nr. 43 Abs. 4 LSP).

Durch den Abzug der Nebenerträge kann es ferner auch zu negativen verrechenbaren kalkulatorischen Zinsen kommen. In der Praxis stellt dieses jedoch eher nur ein theoretisches Szenario dar, denn in solchen Fällen machen die Auftragnehmer vom grds. Ansatzwahlrecht bzgl. der kalkulatorischen Zinsen Gebrauch und „verzichten" auf den Ansatz negativer kalkulatorischer Zinsen (Nr. 43 Abs. 1 LSP). 126

c) Einzelwagnisse (Nr. 47–50 LSP). Als abschließende kalkulatorische Kostenart erlauben die LSP den Ansatz von verschiedenen Risiken bzw. Einzelwagnissen. In Abgrenzung zum allgemeinen Unternehmerwagnis, welches sich aus der wirtschaftlichen Tätigkeit der Unternehmung an sich ergibt und über den kalkulatorischen Gewinn abgegolten wird (vgl. Nr. 47 Abs. 2 LSP und Nr. 51–52 LSP), sind grds. ansatzbare Einzelwagnisse dabei diejenigen Risiken, die sich direkt aus der Leistungserstellung in den einzelnen Tätigkeitsbereichen des Betriebs ergeben (Nr. 47 Abs. 3 LSP). 127

In der Praxis gängige Beispiele für Einzelwagnisse sind bspw.[78]: 128
– Beständewagnis,
– Fertigungswagnis (bestehend aus Mehrkosten-, Anlagen- und Gewährleistungswagnis),
– Entwicklungswagnis und
– Vertriebswagnis.

Regelungen zur Ermittlung der Wagniskosten (auf Basis tatsächlich entstandener Wagnisverluste abzüglich einspr. Wagnisgewinne) und die erforderlichen Nachweise sind den Nrn. 49–50 LSP zu entnehmen, wobei der Umfang der Ermittlung und Nachweisführung – trotz der in Nr. 49 Abs. 3 LSP ermöglichten Vereinfachungen für kleinere und mittlere Betriebe[79] – jedoch in der Praxis vielfach abschreckend auf Auftragnehmer wirken. 129

L. Kalkulatorischer Gewinn (Nr. 51–52 LSP). Die abschließenden Regelungen des Unterabschnitts L verlassen den Bereich der Selbstkosten und betreffen den **kalkulatorischen Gewinn**, der gem. dem Kalkulationsschema in Nr. 10 Abs. 3 LSP den Selbstkosten hinzugeführt wird (Selbstkosten + kalkulatorischer Gewinn = Selbstkostenpreis). In Nr. 51 wird der kalkulatorische Gewinn dabei in zwei Teilelemente unterteilt, deren Zurechnung jew. die Maßgaben nach Nr. 52 erfüllen muss: 130

a) Allgemeines Unternehmerwagnis (Nr. 51 lit. a LSP). Das in Nr. 47 Abs. 2 LSP definierte allgemeine Unternehmerwagnis dient der Abgeltung des allgemeinen unternehmerischen Risikos und damit der Risiken, die das Unternehmen als Ganzes betreffen.[80] Seine Zurechnung kann gem. Nr. 52 Abs. 1 LSP in einem Hundertsatz auf die Netto-Selbstkosten oder in einem – grds. vorzuziehenden – festen Betrag erfolgen. Das Recht des Bundesministers für Wirtschaft, entspr. Richt- oder Höchstsätze festzusetzen (Nr. 52 Abs. 1 S. 2 LSP), ist bisher ungenutzt geblieben, so dass die Vertragsparteien bei der Vereinbarung des Entgelts für das allgemeine Unternehmerwagnis bei allen drei Selbstkostenpreistypen frei agieren können.[81] Bei 131

---

[78] EGHM Nr. 47 LSP Rn. 3 ff.

[79] Die LSP selbst nehmen keine Definition des Begriffs kleinerer und mittlerer Betriebe vor (vgl. EGHM Nr. 49 LSP Rn. 9 f.). Anlehnungen sind jedoch bspw. bzgl. Kapitalgesellschaften bei den Größenklassen des Handelsrechts (§ 267 HGB) oder den entspr. Vorgaben der Kommission (vgl. EU Recommendation 2003/361) möglich.

[80] EGHM Nr. 51 LSP Rn. 3 oder Coenenberg, Kostenrechnung und Kostenanalyse, 4. Auflage 1999, S. 147.

[81] Im Geschäftsbereich des BMVg wird für die Vereinbarung des kalkulatorischen Gewinns (unter dem impliziten Ausschluss eines Leistungsgewinns) idR auf die sog. **Bonner Formel** (vgl. Allgemeine Regelung C-1500/21 vom 5.11.2021) als Berechnungsmethode für den Hundertsatz gem. Nr. 52 Abs. 1 S. 1 LSP abgestellt. Alternative Hundertsätze oder auch ein

einer fehlenden vertraglichen Regelung zum allgemeinen Unternehmerwagnis ist seit der Novelle der LSP in 2021 gem. Nr. 52 Abs. 4 LSP ein üblicher Gewinnzuschlag im Rahmen öffentlicher Aufträge vorzusehen.[82]

132 **b) Leistungsgewinn (Nr. 51 lit. b LSP).** Mit dem Leistungsgewinn kann seitens des Auftraggebers eine besondere unternehmerische Mehrleistung in wirtschaftlicher, technischer oder organisatorischer Hinsicht abgegolten werden. Sein Ansatz bedarf gem. Nr. 52 Abs. 2 LSP einer expliziten diesbezüglichen Vereinbarung zwischen den Vertragsparteien.

133 Unter den Leistungsgewinn können hiermit auch Anreizgewinne oder Boni, wie sie insbes. in anderen Ländern auch bei öffentlichen Aufträgen auf Selbstkostenbasis Anwendung finden, subsumiert werden. Aufgrund der problematischen Abgrenzung der Mehrleistung in wirtschaftlicher Hinsicht von den Vorgaben zu einer wirtschaftlichen Betriebsführung gem. Nr. 4 Abs. 2 LSP und des vielfachen Ursprungs von technischen und organisatorischen Mehrleistungen in grds. bereits vom Auftraggeber in den Selbstkosten vergüteten anteiligen (Gemein-) Kosten für Forschung & Entwicklung, Qualitätskontrolle etc., ist die Vereinbarung eines Leistungsgewinns bei öffentlichen Aufträgen zu Selbstkosten in Deutschland die Ausnahme.[83]

Exkurs: Kalkulatorischer Gewinn vs. Gewinn

In der Anwendungspraxis der LSP wird der kalkulatorische Gewinn (u.a. gem. der Bonner Formel des BMVg) aus Sicht preisrechtsunerfahrener Auftragnehmer vielfach im einfachen Vergleich mit Auftragsrenditen außerhalb öffentlicher Aufträge als ungenügend bezeichnet. Ein solcher Vergleich eines kalkulatorischen Gewinnsatzes bei Selbstkostenpreisen mit Gewinnsätzen bei sonstigen Aufträgen greift jedoch zu kurz. Denn Gewinnelemente verstecken sich bei einer Selbstkostenkalkulation gem. LSP zudem auch in verschiedenen kalkulatorischen Kostenarten (bspw. in der Eigenkapitalverzinsung mittels der kalkulatorischen Zinsen gem. Nr. 43 ff. oder dem kalkulatorischen Unternehmerlohn gem. Nr. 22 ff. LSP).[84]

IV. Verhältnis zum Vergaberecht

1. Anwendungsbereich

134 Mit dem öffentlichen Auftrag erscheint der primäre sachliche Anwendungs- und Geltungsbereich sowohl des Vergabe- als auch des Preisrechts im ersten Moment identisch. Bei einer genaueren Betrachtung der Rechtsvorschriften ergeben sich jedoch im Detail Unterschiede, welche den Anwendungsbereich des Preisrechts ggü. dem in seiner Gesamtheit betrachteten Vergaberecht bzgl. bestimmter Aspekte enger und im Hinblick auf andere Bereiche weiter fassen.

135 Die Detailunterschiede beginnen dabei bereits damit, dass im Gegensatz zu den Regelungen des Vergaberechts bzgl. des zentralen Begriffs des öffentlichen Auftrags im Preisrecht nur eine begrenzte Legaldefinition im Verordnungstext selbst (§ 2 Abs. 1 VO Nr. 30/53) oder in den vom Verordnungsgeber herausgegebenem Ersten Runderlass zur VO RP Nr. 30/53 und den Richtlinien für öffentliche Auftraggeber erfolgt. Über § 2 Abs. 1 VO PR. Nr. 30/53 wird – wie bereits in der Vorstellung des Preisrechts ausgeführt – lediglich der Kreis der öffentlichen Auftraggeber abgegrenzt („... des Bundes, der Länder, der Gemeinden und Gemeindeverbände und

---

fester Betrag sind jedoch weiterhin auch in Verträgen des Verteidigungsressorts möglich. Auch hier findet sich – wie beim Entwicklungskostenerlass des BMVg (Nr. 27–28 LSP) – eine grds. inhaltsgleiche Altfassung des Erlasses im Kommentar von EGHM (dort Anlage 13).

[82] Vgl. BR-Drs. 732/21, 11 (auch bzgl. dort aufgeführter Erfahrungswerte).
[83] Michaelis/Rhösa, Nr. 51 LSP S. 12.
[84] EGHM Nr. 51 LSP Rn. 2.

der sonstigen juristischen Personen des öffentlichen Rechts."), der Begriff des Auftrags bleibt jedoch anders als vergaberechtlich, bspw. über § 103 GWB, undefiniert.

Durch die vorgenommene Abgrenzung öffentlicher Auftraggeber iSd Preisrechts 136
auf juristische Personen des öffentlichen Rechts ergibt sich jedoch der erste Unterschied zum Anwendungsbereich der Regelungen des Vergaberechts, denn das Preisrecht findet keine unmittelbar hoheitliche Anwendung auf die Aufträge von juristischen Personen des Privatrechts iSd §§ 99 bis 101 GWB.

Dieses führt beispielsweise bei **In-House-Vergaben** zu einer doppelten preis-/ 137
vergaberechtlichen Diskrepanz. So unterliegt auf der einen Seite der Auftrag einer juristischen Person des öffentlichen Rechts an eine von ihm kontrollierte In-House-Gesellschaft gem. § 108 GWB ggf. zwar nicht dem Vergaberecht, wohl aber weiterhin dem Preisrecht, das keine Einschränkungen ua bzgl. Rechtsform, Größe, Eigentümerverhältnisse oder Sitz im Hinblick auf den Kreis der Auftragnehmer vornimmt. Auf der anderen Seite fallen hingegen Aufträge dieser In-House-Gesellschaft iSv § 108 GWB an Dritte bspw. gem. § 99 Nr. 2 GWB unmittelbar in den Geltungsbereich der vergaberechtlichen Regelungen, nicht jedoch des Preisrechts. Für eine (mittelbare) Geltung des Preisrechts wäre ein explizit zu äußerndes entspr. Verlangen des ursächlichen öffentlichen Auftraggebers iSd Preisrechts gem. § 2 Abs. 4 Nr. 1 VO PR Nr. 30/53 notwendig, zu dem dieser jedoch formal über das Preisrecht nicht verpflichtet ist.[85]

Die Umstand, dass über die Zwischenschaltung von juristischen Personen des 138
privaten Rechts bzw. von internationalen Organisationen (wie bspw. im Bereich der Rüstungsbeschaffung in Form der OCCAR oder der NATO-Managementagenturen) und die nicht verpflichtende Anwendung des Preisrechts bei mittelbaren Leistungen (§ 2 Abs. 4 Nr. 1 VO PR Nr. 30/53) bzgl. des eigentlichen Leistungsbezugs bei Dritten eine „Flucht" aus dem Preisrecht möglich ist, wird dabei von Seiten verschiedener Kommentare zum Preisrecht als eine zu schließende Lücke angesehen[86], die jedoch – anders als im Vergaberecht – auch nach der in 2021 abgeschlossenen Novelle des Preisrechts (noch) nicht geschlossen wurde.

Anderseits kennt das Preisrecht auch Bereiche, in denen es über den Geltungsbereich des Vergaberechts hinauswirkt. Denn die angesprochene Regelung des § 2 139
Abs. 4 Nr. 1 VO PR Nr. 30/53, mit ihrer Möglichkeit, das Preisrecht auch auf mittelbare Leistungen zu einem öffentlichen Auftrag auszudehnen, stellt – zusammen mit der ausnahmslosen Geltung des Preisrechts unabhängig vom Auftragswert eines öffentlichen Auftrags iSv § 2 Abs. 1 VO PR Nr. 30/53[87] – die Bereiche dar, in denen das Preisrecht über den Geltungsbereich des Vergaberechts hinausgeht bzw. auf Verlangen des öffentlichen Auftraggebers wirken kann.

2. Wechselwirkungen

Auch wenn die Zielsetzung bzw. der Ansatzpunkt im Prozess des öffentlichen 140
Auftrags zwischen dem Preisrecht und dem Vergaberecht unterschiedlich ist, so ergeben sich insbes. aus dem Umstand, dass in beiden Rechtsgebieten Wettbewerb eine zentrale Rolle spielt, Berührungspunkte. Mit der bereits mehrfach angesprochenen und Ende 2021 im BGBl. bekanntgegebenen Novelle des Preisrechts und der dort erfolgten Ausweitung des **Marktpreises** auch auf Leistungen, für die durch ein konkretes Vergabeverfahren ein **besonderer Markt** geschaffen wurde, wurden diese Berührungspunkte nochmals erheblich gestärkt.

Bereits vom Wortlaut des novellierten § 4 VO PR Nr. 30/53 (vgl. Abs. 2 Satz 2 141
„…wenn zu ihrer Beschaffung durch ein Vergabeverfahren ein Markt geschaffen

---

[85] Brüning ZfBR 2012, 642.
[86] Ua EGHM § 2 VO PR Nr. 30/53 Rn. 11 ff.
[87] Vgl. auch § 2 Abs. 5 UVgO.

wurde, auf dem mindestens zwei Anbieter zuschlagsfähige Angebote abgegeben haben (besonderer Markt).") erfolgt nunmehr eine direkte Verknüpfung mit dem vergaberechtlichen Verfahren.

142 Am stärksten wirkt diese Verknüpfung dabei durch die Vorgabe, dass nur zuschlagsfähige Angebote bei der Prüfung einer Marktgängigkeit der Leistung auf besonderen Märkten betrachtet werden dürfen. In seiner Begr. der neuen Regelungen ggü. dem Bundesrat führt der Verordnungsgeber hierzu aus[88]:

> *„Weitere Voraussetzung für den besonderen Markt ist, dass diese Angebote „zuschlagsfähig" sein müssen. Das sind sie, wenn sie unter anderem den in den Vergabeunterlagen genannten Bedürfnissen und Anforderungen des öffentlichen Auftraggebers an die Leistung entsprechen. Das Angebot darf auch nicht wegen fehlender Eignung des Bieters (insbes. Leistungsfähigkeit und Fachkunde) oder wegen des Vorliegens von Ausschlussgründen i. S. d. §§ 123, 124 GWB bzw. § 31 Absatz 1 und 2 UVgO ausgeschlossen werden müssen."*

143 Feststellungen der Vergabestellen bzgl. Eignung oder von Ausschlussgründen entfalten somit ggf. eine unmittelbare Wirkung auf die preisrechtlich maßgebliche Preisbildung (zu Marktpreisen gem. § 4 VO PR Nr. 30/53 vs. zu Selbstkosten gem. §§ 5–8 VO PR Nr. 30/53) und damit die Höhe des zulässigen Preises iSv § 1 Abs. 3 VO PR Nr. 30/53.

144 Hieraus ergibt sich jedoch eine Problematik insbes. für im Rahmen einer wettbewerblichen Vergabe nachgefragte Individualleistungen, bei denen aufgrund fehlender Umsatzakte zu der entspr. Leistung mit Dritten nicht von einer Erfüllung der Voraussetzungen für Marktpreise auf dem allgemeinen Markt ausgegangen werden kann. Der Umstand, dass der maßgebliche Preistyp (und damit auch die Art und Weise der Bestimmung des höchstzulässigen Preises) nun erst zum Ende des vergaberechtlichen Prozesses feststeht, ist gerade aus Sicht der Auftragnehmer kritisch zu bewerten. Denn anstelle der aus deren Sicht angenommenen wettbewerblichen Preisbildung tritt nun eine Preisbildung und ggf. auch eine Nachweispflicht iSv § 9 Abs. 1 VO PR Nr. 30/53 auf Selbstkostenbasis.

145 Klargestellt wird durch den Verordnungsgeber in seiner Begr. zu § 4 Abs. 2 VO PR Nr. 30/53 allerdings auch, dass er die **Preisprüfung**, „insbesondere, wenn eine mögliche vergaberechtliche Nachprüfung nicht veranlasst wurde", nicht in der Rolle einer (weiteren) vergaberechtlichen Prüfinstanz sieht. Inwiefern sich die Preisdienststellen – bei einer evtl. Ausübung ihres Aufgreifermessens nach § 9 Abs. 3 VO PR Nr. 30/53 – an diese Einschätzung halten werden, ist jedoch aktuell aufgrund mangelnder praktischer Beispiele noch unklar.[89]

---

[88] BR-Drs. 732/21, 7.
[89] Brüning/Mengis ZfBR 2022, 345.

12. Gesetz über die Beschaffung sauberer Straßenfahrzeuge (Saubere-Fahrzeuge-Beschaffungs-Gesetz – SaubFahrzeugBeschG)

Vom 9. Juni 2021
(BGBl. I S. 1691)
FNA 703–12

§ 1 Allgemeiner Anwendungsbereich

(1) Dieses Gesetz regelt Mindestziele und deren Sicherstellung bei der Beschaffung bestimmter Straßenfahrzeuge und Dienstleistungen, für die diese Straßenfahrzeuge eingesetzt werden, durch öffentliche Auftraggeber und Sektorenauftraggeber.

(2) Soweit in diesem Gesetz oder aufgrund dieses Gesetzes nichts anderes geregelt ist, sind die allgemeinen vergaberechtlichen Vorschriften anzuwenden.

§ 2 Begriffsbestimmung

Im Sinne dieses Gesetzes ist
1. „öffentlicher Auftraggeber" ein öffentlicher Auftraggeber im Sinne von § 99 Nummer 1 bis 3 des Gesetzes gegen Wettbewerbsbeschränkungen;
2. „Sektorenauftraggeber" ein Auftraggeber im Sinne von § 100 des Gesetzes gegen Wettbewerbsbeschränkungen, mit der Maßgabe, dass für den Linienverkehr gemäß §§ 13 in Verbindung mit 42 Personenbeförderungsgesetz erteilte Genehmigungen keine besonderen oder ausschließlichen Rechte gemäß § 100 Absatz 2 des Gesetzes gegen Wettbewerbsbeschränkungen darstellen;
3. „Straßenfahrzeug" ein Fahrzeug der Klasse M oder N gemäß Artikel 4 Absatz 1 Buchstabe a und b der Verordnung (EU) 2018/858 des Europäischen Parlaments und des Rates vom 30. Mai 2018 über die Genehmigung und die Marktüberwachung von Kraftfahrzeugen und Kraftfahrzeuganhängern sowie von Systemen, Bauteilen und selbstständigen technischen Einheiten für diese Fahrzeuge, zur Änderung der Verordnung (EG) Nr. 715/2007 und (EG) Nr. 595/2009 und zur Aufhebung der Richtlinie 2007/46/EG (ABl. L 151 vom 14.6.2018, S. 1);
4. „sauberes leichtes Nutzfahrzeug" ein Fahrzeug der Klasse M1, M2 oder N1 einschließlich Personenkraftwagen gemäß Artikel 4 Absatz 1 Buchstabe a Unterbuchstabe i und ii, Buchstabe b Unterbuchstabe i der Verordnung (EU) 2018/858, dessen Auspuffemissionen den in der Tabelle der Anlage 1 angegebenen Wert in CO_2 g/km nicht übersteigen und dessen Luftschadstoffemissionen im praktischen Fahrbetrieb unterhalb des in der Tabelle der Anlage 1 festgelegten Prozentsatzes der anwendbaren Emissionsgrenzwerte liegen;
5. „sauberes schweres Nutzfahrzeug" ein Fahrzeug der Klasse M3, N2 oder N3 gemäß Artikel 4 Absatz 1 Buchstabe a Unterbuchstabe iii, Buchstabe b Unterbuchstabe ii und iii der Verordnung (EU) 2018/858, das mit alternativen Kraftstoffen im Sinne von Artikel 2 Nummer 1 und 2 der Richtlinie 2014/94/EU des Europäischen Parlaments und des Rates vom 22. Oktober 2014 über den Aufbau der Infrastruktur für alternative Kraftstoffe (ABl. L 307 vom 28.10.2014, S. 1), die durch die Delegierte Verordnung (EU) 2018/674 (ABl. L 114 vom 4.5.2018, S. 1) geändert worden ist, betrieben wird, soweit diese Kraftstoffe die Anforderungen der Verordnung über die Beschaffenheit und die Auszeichnung

SaubFahrzeugBeschG Saubere-Fahrzeuge-Beschaffungs-Gesetz

der Qualitäten von Kraft- und Brennstoffen in der jeweils geltenden Fassung erfüllen oder der DIN EN 15940, Ausgabe Oktober 2019, entsprechen, ausgenommen Kraftstoffe, die aus Rohstoffen mit einem hohen Risiko indirekter Landnutzungsänderungen erzeugt wurden, für die gemäß Artikel 26 der Richtlinie (EU) 2018/2001 des Europäischen Parlaments und des Rates vom 11. Dezember 2018 zur Förderung der Nutzung von Energie aus erneuerbaren Quellen (ABl. L 328 vom 21.12.2018, S. 82, L 311 vom 25.9.2020, S. 11) eine erhebliche Ausweitung des Erzeugungsgebiets auf Flächen mit hohem Kohlenstoffbestand zu verzeichnen ist; bei Fahrzeugen, die mit flüssigen Biobrennstoffen oder synthetischen oder paraffinhaltigen Kraftstoffen betrieben werden, dürfen diese Kraftstoffe nicht mit konventionellen fossilen Brennstoffen vermischt werden;[1]

6. „emissionsfreies schweres Nutzfahrzeug" ein Fahrzeug im Sinne von Nummer 5
   a) ohne Verbrennungsmotor oder
   b) mit einem Verbrennungsmotor,
      aa) der weniger als 1 g CO_2/kWh, gemessen gemäß der Verordnung (EG) Nr. 595/2009 des Europäischen Parlaments und des Rates vom 18. Juni 2009 über die Typgenehmigung von Kraftfahrzeugen und Motoren hinsichtlich der Emissionen von schweren Nutzfahrzeugen (Euro VI) und über den Zugang zu Fahrzeugreparatur- und -wartungsinformationen, zur Änderung der Verordnung (EG) Nr. 715/2007 und der Richtlinie 2007/46/EG sowie zur Aufhebung der Richtlinien 80/1269/EWG, 2005/55/EG und 2005/78/EG (ABl. L 188 vom 18.7.2009, S. 1, L 200 vom 31.7.2009, S. 52), die zuletzt durch die Verordnung (EU) 2019/1242 (ABl. L 198 vom 25.7.2019, S. 202) geändert worden ist, und der Verordnung (EU) Nr. 582/2011 der Kommission vom 25. Mai 2011 zur Durchführung und Änderung der Verordnung (EG) Nr. 595/2009 des Europäischen Parlaments und des Rates hinsichtlich der Emissionen von schweren Nutzfahrzeugen (Euro VI) und zur Änderung der Anhänge I und III der Richtlinie 2007/46/EG des Europäischen Parlaments und des Rates (ABl. L 167 vom 25.6.2011, S. 1, L 239 vom 15.9.2015, S. 190), die zuletzt durch die Verordnung (EU) 2020/1181 (ABl. L 263 vom 12.8.2020, S. 1) geändert worden ist, in der jeweils gültigen Fassung, ausstößt oder
      bb) der weniger als 1 g CO_2/km, gemessen gemäß der Verordnung (EG) Nr. 715/2007 des Europäischen Parlaments und des Rates vom 20. Juni 2007 über die Typgenehmigung von Kraftfahrzeugen hinsichtlich der Emissionen von leichten Personenkraftwagen und Nutzfahrzeugen (Euro 5 und Euro 6) und über den Zugang zu Reparatur- und Wartungsinformationen für Fahrzeuge (ABl. L 171 vom 29.6.2007, S. 1), die zuletzt durch die Verordnung (EU) 2018/858 (ABl. L 151 vom 14.6.2018, S. 1) geändert worden ist, und der Verordnung (EU) 2017/1151 der Kommission vom 1. Juni 2017 zur Ergänzung der Verordnung (EG) Nr. 715/2007 des Europäischen Parlaments und des Rates über die Typgenehmigung von Kraftfahrzeugen hinsichtlich der Emissionen von leichten Personenkraftwagen und Nutzfahrzeugen (Euro 5 und Euro 6) und über den Zugang zu Fahrzeugreparatur- und -wartungsinformationen, zur Änderung der Richtlinie 2007/46/EG des Europäischen Parlaments und des Rates, der Verordnung (EG) Nr. 692/2008 der Kommission sowie der Verordnung (EU) Nr. 1230/2012 der Kommission und zur Aufhebung der Verordnung (EG) Nr. 692/2008 der Kommission (ABl. L 175

---

[1] [Amtl. Anm.:] Amtlicher Hinweis: Die DIN EN 15940 ist vom Beuth Verlag GmbH, Berlin, zu beziehen und beim Deutschen Patentamt archivmäßig gesichert niedergelegt.

vom 7.7.2017, S. 1, L 209 vom 12.8.2017, S. 63, L 56 vom 28.2.2018, S. 66, L 2 vom 6.1.2020, S. 113, L 338 vom 15.10.2020, S. 12), die zuletzt durch die Verordnung (EU) 2020/49 (ABl. L 17 vom 22.1.2020, S. 1) geändert worden ist, in der jeweils gültigen Fassung ausstößt;
7. „nachgerüstetes Fahrzeug" ein Fahrzeug, das aufgrund einer Nachrüstung einem Fahrzeug im Sinne von Nummer 4, 5 oder 6 entspricht.

§ 3 Sachlicher Anwendungsbereich

Dieses Gesetz gilt für die Beschaffung bestimmter Straßenfahrzeuge und Dienstleistungen durch öffentliche Auftraggeber und Sektorenauftraggeber durch
1. Verträge über den Kauf, das Leasing oder die Anmietung von Straßenfahrzeugen, sofern die Auftraggeber zur Anwendung eines der folgenden Vergabeverfahren verpflichtet sind:
   a) einem Vergabeverfahren nach der Vergabeverordnung oder
   b) einem Vergabeverfahren nach der Sektorenverordnung.
2. Öffentliche Dienstleistungsaufträge im Sinne von Artikel 2 Buchstabe i der Verordnung (EG) Nr. 1370/2007 des Europäischen Parlaments und des Rates vom 23. Oktober 2007 über öffentliche Personenverkehrsdienste auf Schiene und Straße und zur Aufhebung der Verordnungen (EWG) Nr. 1191/69 und (EWG) Nr. 1107/70 (ABl. L 315 vom 3.12.2007, S. 1), die zuletzt durch die Verordnung (EU) 2016/2338 (ABl. L 354 vom 23.12.2016, S. 22) geändert worden ist, die die Erbringung von Personenverkehrsdienstleistungen mit Straßenfahrzeugen gemäß § 2 Nummer 3 in Verbindung mit § 4 Absatz 1 Nummer 5 in Verbindung mit Absatz 2 zum Gegenstand haben; hiervon ausgenommen sind Aufträge,
   a) deren geschätzter Jahresdurchschnittswert 1 Million Euro oder deren jährliche öffentliche Personenverkehrsleistung 300 000 Kilometer nicht übersteigt oder
   b) deren geschätzter Jahresdurchschnittswert 2 Millionen Euro oder deren jährliche öffentliche Personenverkehrsleistung 600 000 Kilometer nicht übersteigt, sofern die öffentlichen Dienstleistungsaufträge an Auftragnehmer vergeben werden, die nicht mehr als 23 Straßenfahrzeuge betreiben. 3. Dienstleistungsaufträge über Verkehrsdienste gemäß der Tabelle der Anlage 2, sofern die Auftraggeber zur Anwendung eines der folgenden Vergabeverfahren verpflichtet sind:
3. Dienstleistungsaufträge über Verkehrsdienste gemäß der Tabelle der Anlage 2, sofern die Auftraggeber zur Anwendung eines der folgenden Vergabeverfahren verpflichtet sind:
   a) einem Vergabeverfahren nach der Vergabeverordnung oder
   b) einem Vergabeverfahren nach der Sektorenverordnung.

§ 4 Ausnahmen vom Anwendungsbereich

(1) Dieses Gesetz ist nicht anzuwenden auf
1. landwirtschaftliche und forstwirtschaftliche Fahrzeuge im Sinne der Verordnung (EU) Nr. 167/2013 des Europäischen Parlaments und des Rates vom 5. Februar 2013 über die Genehmigung und Marktüberwachung von land- und forstwirtschaftlichen Fahrzeugen (ABl. L 60 vom 2.3.2013, S. 1), die zuletzt durch die Verordnung (EU) 2019/519 (ABl. L 91 vom 29.3.2019, S. 42) geändert worden ist,
2. zweirädrige, dreirädrige und vierrädrige Fahrzeuge im Sinne der Verordnung (EU) Nr. 168/2013 des Europäischen Parlaments und des Rates vom 15. Januar 2013 über die Genehmigung und Marktüberwachung von zwei- oder dreirädrigen und vierrädrigen Fahrzeugen (ABl. L 60 vom 2.3.2013, S. 52, L 77 vom

SaubFahrzeugBeschG — Saubere-Fahrzeuge-Beschaffungs-Gesetz

23.3.2016, S. 65, L 64 vom 10.3.2017, S. 116), die zuletzt durch die Verordnung (EU) 2020/1694 (ABl. L 381 vom 13.11.2020, S. 4) geändert worden ist,

3. Kettenfahrzeuge,
4. Fahrzeuge mit eigenem Antrieb, die
   a) für die Verrichtung von Arbeiten entwickelt und gebaut wurden und die bauartbedingt nicht zur Beförderung von Personen oder Gütern geeignet sind und
   b) keine auf einem Kraftfahrzeugfahrgestell montierte Maschinen sind,
5. für die Personenbeförderung ausgelegte und gebaute Fahrzeuge der Klasse M3 mit mehr als acht Sitzplätzen zusätzlich zum Fahrersitz und mit einer zulässigen Gesamtmasse von mehr als 5 Tonnen.
6. Fahrzeuge, die ausschließlich für den Einsatz durch die Bundeswehr entwickelt und gebaut oder dafür angepasst wurden,
7. Fahrzeuge, die hauptsächlich für den Einsatz auf Baustellen, in Steinbrüchen, in Häfen oder auf Flughäfen entwickelt und gebaut wurden,
8. Fahrzeuge, die für den Einsatz durch den Zivil- und Katastrophenschutz, durch das Rettungswesen, durch die Feuerwehr oder durch die für die Aufrechterhaltung der öffentlichen Sicherheit und Ordnung zuständigen Behörden entwickelt und gebaut oder dafür angepasst wurden,
9. Fahrzeuge mit besonderer Zweckbestimmung, die zum Schutz beförderter Personen oder Güter gegen Beschuss und Ansprengung geschützt sind,
10. Fahrzeuge mit besonderer Zweckbestimmung
    a) der Klasse M, die zur Beförderung Kranker oder Verletzter bestimmt sind und zu diesem Zweck mit besonderer Ausrüstung ausgestattet sind,
    b) der Klasse M, die zur Beförderung von Leichen bestimmt und zu diesem Zweck mit besonderer Ausrüstung ausgestattet sind,
    c) der Klasse M1, die speziell konstruiert oder umgerüstet wurden, um eine oder mehrere Personen im Rollstuhl sitzend bei Fahrten auf der Straße aufnehmen zu können,
    d) der Klasse N3, die nicht für die Güterbeförderung geeignet sind und die mit einem Kran mit einem zulässigen Lastmoment von mindestens 400 kNm ausgerüstet sind.

(2) Abweichend von Absatz 1 Nummer 5 ist dieses Gesetz anzuwenden auf Fahrzeuge
1. der Klasse M3 mit klassischer Aufbauart der Klasse I mit einer zulässigen Personenzahl von mehr als 22 Personen ohne den Fahrer, die so konstruiert sind, dass Bereiche für Stehplätze vorgesehen werden, um ein häufiges Ein- und Aussteigen der Fahrgäste zu ermöglichen,
2. der Klasse M3 der Klasse A mit einer zulässigen Personenzahl von nicht mehr als 22 Personen ohne den Fahrer, die so konstruiert sind, dass stehende Fahrgäste befördert werden können, und die über Sitz- und Stehplätze verfügen.

§ 5 Einhaltung von Mindestzielen

(1) [1]Öffentliche Auftraggeber und Sektorenauftraggeber haben bei der Beschaffung von Fahrzeugen und Dienstleistungen die für den jeweiligen Referenzzeitraum nach § 6 festgelegten Mindestziele insgesamt einzuhalten. [2]Die Mindestziele bestimmen sich als Mindestprozentsatz sauberer leichter Nutzfahrzeuge und sauberer schwerer Nutzfahrzeuge einschließlich emissionsfreier schwerer Nutzfahrzeuge an der Gesamtzahl der gemäß § 3 in dem jeweiligen Referenzzeitraum beschafften sauberen leichten oder sauberen schweren Nutzfahrzeuge.

(2) [1]Die Länder haben die Einhaltung der Mindestziele durch die öffentlichen Auftraggeber und Sektorenauftraggeber zu überwachen. [2]Die Länder können für

ihren Zuständigkeitsbereich zulassen, dass öffentliche Auftraggeber und Sektorenauftraggeber die für den jeweiligen Referenzzeitraum nach § 6 festgelegten Mindestziele nicht einhalten müssen, soweit die Mindestziele bereits durch andere öffentliche Auftraggeber oder Sektorenauftraggeber innerhalb des Landes übererfüllt werden. ³Die Länder können zur Einhaltung der Mindestziele auch Vereinbarungen mit den jeweiligen Branchenverbänden abschließen. ⁴Dabei müssen die Mindestziele nach § 6 innerhalb des jeweiligen Landes insgesamt eingehalten werden.

(3) ¹Für die Einhaltung der Mindestziele können die Länder für ihren Zuständigkeitsbereich bei einer vorliegenden Untererfüllung oder Übererfüllung der Mindestziele zum Ausgleich ein gemeinsames Mindestziel bilden. ²Dabei können die Länder zur Einhaltung eines gemeinsamen Mindestziels auch Vereinbarungen mit den jeweiligen Branchenverbänden abschließen. ³Ein von den Ländern gemeinsam gebildetes Mindestziel muss das Erreichen der Mindestziele für alle in die Berechnung einbezogenen Länder sicherstellen. ⁴Die nähere Ausgestaltung des Verfahrens zur Bildung eines gemeinsamen Mindestziels kann im Wege einer Verwaltungsvereinbarung zwischen den betroffenen Ländern geregelt werden.

§ 6 Geltung und Berechnung von Mindestzielen

(1) ¹Bei der Beschaffung sauberer leichter Nutzfahrzeuge gelten für den Referenzzeitraum vom 2. August 2021 bis zum 31. Dezember 2025 sowie vom 1. Januar 2026 bis zum 31. Dezember 2030 die in der Anlage 1 jeweils genannten Emissionsgrenzwerte. ²Für den Anteil dieser Fahrzeuge an der Gesamtzahl der beschafften leichten Nutzfahrzeuge gilt in beiden Referenzzeiträumen jeweils ein Mindestziel von 38,5 Prozent. ³Die weitergehenden Verpflichtungen für die Bundesverwaltung bleiben davon unberührt.

(2) Bei der Beschaffung sauberer schwerer Nutzfahrzeuge gelten für ihren Anteil an der Gesamtzahl der beschafften schweren Nutzfahrzeuge folgende Mindestziele:
1. im Zeitraum vom 2. August 2021 bis zum 31. Dezember 2025:
   a) für LKW der Fahrzeugklassen N2 und N3 10 Prozent,
   b) für Busse der Fahrzeugklasse M3 45 Prozent,
2. im Zeitraum vom 1. Januar 2026 bis zum 31. Dezember 2030:
   a) für LKW der Fahrzeugklassen N2 und N3 15 Prozent,
   b) für Busse der Fahrzeugklasse M3 65 Prozent.

(3) Die Hälfte des Mindestziels für den Anteil sauberer Busse nach Absatz 2 Nummer 1 Buchstabe b und Nummer 2 Buchstabe b muss durch die Beschaffung emissionsfreier Busse im Sinne des § 2 Nummer 6 erfüllt werden.

(4) Für die Berechnung der Mindestziele für die Vergabe öffentlicher Aufträge ist das zu berücksichtigende Datum der Vergabe des öffentlichen Auftrags das Datum, an dem der Zuschlag erteilt wird.

(5) Bei Verträgen nach § 3 Nummer 1 wird für die Beurteilung der Einhaltung der Mindestziele für die Vergabe öffentlicher Aufträge die Anzahl der im Rahmen jedes einzelnen Vertrages durch Kauf, Leasing oder Anmietung beschafften Straßenfahrzeuges berücksichtigt.

(6) Bei Aufträgen nach § 3 Nummer 2 und 3 wird für die Beurteilung der Einhaltung der Mindestziele für die Vergabe öffentlicher Aufträge die Anzahl der Straßenfahrzeuge berücksichtigt, die für die Erbringung der Dienstleistung im Rahmen des betreffenden Auftrags eingesetzt werden sollen.

(7) Nachgerüstete Fahrzeuge können bei der Beurteilung der Einhaltung der Mindestziele für den Anteil sauberer leichter Nutzfahrzeuge, sauberer schwerer

Nutzfahrzeuge oder emissionsfreier schwerer Nutzfahrzeuge an der Gesamtzahl beschaffter leichter und schwerer Nutzfahrzeuge berücksichtigt werden.

(8) Werden für den Zeitraum ab dem 1. Januar 2031 keine neuen Mindestziele festgelegt, gelten die in den Absätzen 1, 2 und 3 festgelegten Mindestziele fort.

§ 7 Aufgaben des Bundes und der Länder

(1) ¹Der Bund und die Länder stellen in ihrem jeweiligen Zuständigkeitsbereich sicher, dass die öffentlichen Auftraggeber und die Sektorenauftraggeber insgesamt die Mindestziele für die Beschaffung von Fahrzeugen und Dienstleistungen einhalten. ²Die Länder erstellen dabei jährlich einen Bericht an den Bund über die Erfüllung ihrer Aufgaben im Sinne des § 5 Absatz 2 und 3.

(2) ¹Der Bund erlässt Verwaltungsvorschriften, die sicherstellen, dass die in § 5 benannten Mindestziele durch die öffentlichen Auftraggeber und Sektorenauftraggeber des Bundes erreicht werden. ²Dabei werden auch Verpflichtungen für die Bundesverwaltung nach dem Bundesklimaschutzgesetz und dem Klimaschutzprogramm 2030 berücksichtigt.

(3) Weitergehende Verpflichtungen für die Bundesverwaltung führen zu einem Übertreffen der Mindestziele.

§ 8 Dokumentationspflichten

(1) ¹Die öffentlichen Auftraggeber und die Sektorenauftraggeber haben bis zum Ablauf des 24. Oktober 2023 zu den Beschaffungen in denjenigen Vergabebekanntmachungen nach § 39 Absatz 1 der Vergabeverordnung und nach § 38 Absatz 1 der Sektorenverordnung, die ab dem 2. August 2021 dem Amt für Veröffentlichungen der Europäischen Union übermittelt werden, im Freitextfeld VI.3 des jeweiligen Formulars in den Anhängen III und VI der Durchführungsverordnung (EU) 2015/1986 der Kommission vom 11. November 2015 zur Einführung von Standardformularen für die Veröffentlichung von Vergabebekanntmachungen für öffentliche Aufträge und zur Aufhebung der Durchführungsverordnung (EU) Nr. 842/2011 (ABl. L 296 vom 12.11.2015, S. 1, L 172 vom 5.7.2015, S. 36) in der jeweils geltenden Fassung folgende Daten anzugeben:
1. die Anzahl aller Fahrzeuge, die aufgrund der Auftragsvergabe gekauft, geleast oder gemietet wurden oder deren Nutzung vertraglich vereinbart wurde, unterteilt nach Fahrzeugklassen gemäß § 2 Nummer 3,
2. die Anzahl aller sauberen leichten Nutzfahrzeuge und sauberen schweren Nutzfahrzeuge, die aufgrund der Auftragsvergabe gekauft, geleast oder gemietet wurden oder deren Nutzung vertraglich vereinbart wurde, unterteilt nach Fahrzeugklassen gemäß § 2 Nummer 4, und
3. die Anzahl aller emissionsfreien schweren Nutzfahrzeuge, die aufgrund der Auftragsvergabe gekauft, geleast oder gemietet wurden oder deren Nutzung vertraglich vereinbart wurde, unterteilt nach Fahrzeugklassen gemäß § 2 Nummer 5 in Verbindung mit Nummer 6.

²Ferner haben sie zusätzliche Daten anzugeben sowie weitere Einzelheiten bei der Angabe zu beachten, die durch Rechtsverordnung nach § 9 Absatz 3 Nummer 2 bestimmt werden.

(2) ¹Ab dem 25. Oktober 2023 haben die öffentlichen Auftraggeber und die Sektorenauftraggeber zu den Beschaffungen die folgenden Daten in der Tabelle 2 des Anhangs der Durchführungsverordnung (EU) 2019/1780 zur Einführung von Standardformularen für die Veröffentlichung von Bekanntmachungen für öffentliche Aufträge und zur Aufhebung der Durchführungsverordnung (EU)

2015/1986 (ABl. L 272 vom 25.10.2019, S. 7) in der jeweils geltenden Fassung anzugeben:
1. die Anzahl aller Fahrzeuge, die aufgrund der Auftragsvergabe gekauft, geleast oder gemietet wurden oder deren Nutzung vertraglich vereinbart wurde, unterteilt nach Fahrzeugklassen gemäß § 2 Nummer 3,
2. die Anzahl aller sauberen leichten Nutzfahrzeuge und sauberen schweren Nutzfahrzeuge, die aufgrund der Auftragsvergabe gekauft, geleast oder gemietet wurden oder deren Nutzung vertraglich vereinbart wurde, unterteilt nach Fahrzeugklassen gemäß § 2 Nummer 4, und
3. die Anzahl aller emissionsfreien schweren Nutzfahrzeuge, die aufgrund der Auftragsvergabe gekauft, geleast oder gemietet wurden oder deren Nutzung vertraglich vereinbart wurde, unterteilt nach Fahrzeugklassen gemäß § 2 Nummer 5 in Verbindung mit Nummer 6.

²Ferner haben sie zusätzliche Daten anzugeben sowie weitere Einzelheiten bei der Angabe zu beachten, die durch Rechtsverordnung nach § 9 Absatz 3 Nummer 2 bestimmt werden.

(3) ¹Für die öffentlichen Dienstleistungsaufträge im Sinne von § 3 Nummer 2, auf welche § 39 Absatz 1 der Vergabeverordnung und § 38 Absatz 1 der Sektorenverordnung keine Anwendung finden, gelten die Absätze 1 und 2 entsprechend. ²Ferner sind zusätzliche Daten anzugeben sowie weitere Einzelheiten bei der Angabe zu beachten, die durch Rechtsverordnung nach § 9 Absatz 3 Nummer 2 bestimmt werden.

§ 9 Berichterstattung und Datenübermittlung, Verordnungsermächtigung

(1) ¹Das Bundesministerium für Verkehr und digitale Infrastruktur legt im Einvernehmen mit dem Bundesministerium für Wirtschaft und Energie der Europäischen Kommission nach Artikel 10 Absatz 2 der Richtlinie (EU) 2019/1161 des Europäischen Parlaments und des Rates vom 20. Juni 2019 zur Änderung der Richtlinie 2009/33/EG über die Förderung sauberer und energieeffizienter Straßenfahrzeuge (ABl. L 188 vom 12.7.2019 S. 116) Berichte über die Umsetzung der Richtlinie (EU) 2019/1161 vor. ²Die Berichte müssen folgende Angaben enthalten:
1. getroffene Maßnahmen zur Umsetzung der Richtlinie (EU) 2019/1161,
2. zukünftige Maßnahmen zur Umsetzung der Richtlinie (EU) 2019/1161,
3. sonstige relevante Informationen zur Umsetzung der Richtlinie (EU) 2019/1161,
4. die Gesamtanzahl und Klassen der nach §§ 8 und 9 Absatz 3 Nummer 1 und 2 erfassten Fahrzeuge.

(2) Die Berichterstattung nach Absatz 1 erfolgt erstmals bis zu dem nach Artikel 10 Absatz 2 Satz 1 der Richtlinie (EU) 2019/1161 genannten Datum und danach jeweils im Abstand von drei Jahren.

(3) ¹Das Bundesministerium für Verkehr und digitale Infrastruktur wird ermächtigt, zum Zwecke der Berichterstattung nach § 9 Absatz 1 und zur Überprüfung, ob die Mindestziele nach § 5 eingehalten werden, durch Rechtsverordnung, die der Zustimmung des Bundesrates bedarf, Folgendes zu regeln:
1. die Erhebung und Speicherung von Daten über Fahrzeugnachrüstungen nach § 6 Absatz 7,
2. Einzelheiten zur Erhebung und Speicherung von Daten nach § 8 Absatz 1 bis 3 und die Erhebung und Speicherung weiterer erforderlicher Daten,
3. die Übertragung der Berichtspflichten gegenüber der Europäischen Kommission nach Absatz 1 auf eine andere Behörde des Bundes, eine Anstalt des öffentlichen Rechts des Bundes oder ein privatrechtlich organisiertes Unternehmen des Bundes,

4. die Datenverarbeitungsbefugnisse, die zur Erfüllung der Berichtspflicht sowie zur Überprüfung, ob die Mindestziele nach § 5 eingehalten werden, erforderlich sind.
[2]Soweit bei der Übertragung auf ein Unternehmen des Bundes hoheitliche Aufgaben betroffen sind, ist in der Rechtsverordnung dessen Beleihung auszusprechen.

(4) Die nach Absatz 3 erhobenen und aufbereiteten Daten können zum Zwecke der Überprüfung, ob die Mindestziele nach § 5 eingehalten werden, auf Antrag von der nach Absatz 3 bestimmten Stelle an Bundes-, Landes- oder Kommunalbehörden übermittelt werden.

(5) Bei der Übermittlung der Daten nach dieser Vorschrift ist sicherzustellen, dass
1. die Übermittlung verschlüsselt stattfindet,
2. die dem jeweiligen Stand der Technik entsprechenden Maßnahmen getroffen werden, um den Datenschutz und die Datensicherheit zu gewährleisten und
3. die nach Bundes- oder Landesrecht zuständigen Datenschutzbeauftragten die Möglichkeit zur Einsicht in die Protokolldaten aufgrund der Übermittlung der Daten haben.

§ 10 Anwendungsvorschrift

Dieses Gesetz gilt für Beschaffungen im Sinne des § 3, deren Auftragsbekanntmachung nach dem 2. August 2021 veröffentlicht wird oder bei denen nach dem 2. August 2021 zur Abgabe eines Angebotes aufgefordert wird.

Anlage 1
(zu § 2 Nummer 4, § 6 Absatz 1)

Emissionsgrenzwerte für saubere leichte Nutzfahrzeuge

Fahrzeugklassen	2. August 2021 bis 31. Dezember 2025		1. Januar 2026 bis 31. Dezember 2030	
	CO_2 g/km	Luftschadstoffemissionen im praktischen Fahrbetrieb[1] als Prozentsatz der Emissionsgrenzwerte[2]	CO_2 g/km	Luftschadstoffemissionen im praktischen Fahrbetrieb[1] als Prozentsatz der Emissionsgrenzwerte[2]
M1	50	80 %	0	k.A.
M2	50	80 %	0	k.A.
N1	50	80 %	0	k.A.

[1] [Amtl. Anm.:] Angegebene maximale Emissionswerte für die Anzahl ultrafeiner Partikel (PN) in #/km und Stickoxide (NOx) in mg/km im praktischen Fahrbetrieb (RDE), wie in Nummer 48.2. der Übereinstimmungsbescheinigung angegeben, gemäß Anhang VIII der Durchführungsverordnung (EU) 2020/683 der Kommission vom 15. April 2020 zur Durchführung der Verordnung (EU) 2018/858 des Europäischen Parlaments und des Rates hinsichtlich der administrativen Anforderungen für die Genehmigung und Marktüberwachung von Kraftfahrzeugen und Kraftfahrzeuganhängern sowie von Systemen, Bauteilen und selbstständigen technischen Einheiten für diese Fahrzeuge (ABl. L 163 vom 26.5.2020, S. 1) in der jeweils geltenden Fassung sowohl für vollständige als auch für innerstädtische RDE-Fahrten.

[2] [Amtl. Anm.:] Die geltenden Emissionsgrenzwerte gemäß Anhang I der Verordnung (EG) Nr. 715/2007 in der jeweils geltenden Fassung.

Anlage 2
(zu § 3 Nummer 3)

Codes des gemeinsamen Vokabulars (CPV) für Dienstleistungen

CPV-Referenznummer	Beschreibung
60112000-6	Öffentlicher Verkehr (Straße)
60130000-8	Personensonderbeförderung (Straße)
60140000-1	Bedarfspersonenbeförderung
90511000-2	Abholung von Siedlungsabfällen
60160000-7	Postbeförderung auf der Straße
60161000-4	Paketbeförderung
64121100-1	Postzustellung
64121200-2	Paketzustellung

Kommentierung

Literatur: Birk, Vergaberecht als Mittel zur Verfolgung der Klimaschutzbelange des Art. 20 a GG, NZBau 2022, 572; Dageförde, Mindestziele für saubere Fahrzeuge, VergabeNavigator 4/2021; Delcuvé, Das Gesetz über die Beschaffung sauberer Straßenfahrzeuge – ein (kritisches) Brevier zur Anwendung und zur Umsetzung im Vergabeverfahren, VergabeR 2023, 135; Fehling/Bahmer, Emissionsfreier Öffentlicher Personennahverkehr, ZUR 2023, 15; Knauff, Vergaberechtliche Anforderungen an die Beschaffung von wasserstoffbetriebenen Fahrzeugen, ZUR 2021, 218; Lausen/Pustal, Berücksichtigung von Nachhaltigkeitskriterien im Vergabeverfahren, NZBau 2022, 3; Rosenauer/Steinthal, Der Umgang mit Klima- und Umweltschutzkriterien im Vergaberecht, KlimR 2022, 202; Schröder, Das Saubere-Fahrzeuge-Beschaffungs-Gesetz im Recht der öffentlichen Auftragsvergabe, NZBau 2021, 499; Schröder, Aktuelle Vergaberechtsfragen zum Saubere-Fahrzeuge-Beschaffungsgesetz, NZBau 2022, 379; Siegel, Neue Ziele im Vergaberecht, VergabeR 2022, 14; Ünal/Orf, Das Gesetz über die Beschaffung sauberer Straßenfahrzeuge, VergabeNews 7/2021.

Übersicht

	Rn.
I. Bedeutung des SaubFahrzeugBeschG	1
II. Anwendungsbereich	8
1. Persönlicher Anwendungsbereich (§ 1 SaubFahrzeugBeschG)	8
2. Sachlicher Anwendungsbereich (§§ 3 u. 2 SaubFahrzeugBeschG)	11
a) Beschaffung von Straßenfahrzeugen	12
b) Öffentliche Dienstleistungsaufträge (VO 1370/2007)	16
c) Dienstleistungen über Verkehrsdienste	18
3. Ausnahmen (§ 4 SaubFahrzeugBeschG)	21
4. Zeitlicher Anwendungsbereich (§ 10 SaubFahrzeugBeschG)	27
III. Inhaltliche Vorgaben	29
1. Mindestziele (§§ 5 bis 7 SaubFahrzeugBeschG)	29
2. Dokumentationspflichten (§ 8 SaubFahrzeugBeschG)	35
3. Berichterstattung (§ 9 Abs. 1 u. 2 SaubFahrzeugBeschG)	40
4. Verordnungsermächtigung (§ 9 Abs. 3 SaubFahrzeugBeschG)	42
5. Datenschutz (§ 9 Abs. 3 bis 5 SaubFahrzeugBeschG)	44

SaubFahrzeugBeschG　　　Saubere-Fahrzeuge-Beschaffungs-Gesetz

I. Bedeutung des SaubFahrzeugBeschG

1　Als Folge der Weltklimakonferenz 2015 in Paris stellte die EU-Kommission in ihrer Mitteilung vom 20.7.2016 „Eine europäische Strategie für emissionsarme Mobilität"[1] die Notwendigkeit aktiverer Maßnahmen zur Senkung von CO_2-Emissionen im Verkehrssektor fest. Eine dieser Maßnahmen ist die RL (EU) 2019/1161 vom 20.6.2019 zur Änderung der RL 2009/33/EG über die Förderung sauberer und energieeffizienter Straßenfahrzeuge. Die Änderungen sind erheblich. Sie erweitert ggü. dem Rechtszustand der Vorgängerrichtlinie den sachlichen Anwendungsbereich, führt Berichtspflichten für die Mitgliedstaaten ein und definiert **Mindestziele** von Fahrzeugen, die als „sauber" definiert werden. Ziel ist es, den Markt für saubere und energieeffiziente Fahrzeuge zu fördern („Nachfrageimpuls"). Gleichzeitig soll der Beitrag des Verkehrssektors zur Umwelt-, Klima- und Energiepolitik der Europäischen Union verbessert werden.

2　Die veränderte RL wurde mit Deutschland mit dem „Gesetz zur Umsetzung der Richtlinie (EU) 2019/1161 vom 20.6.2019 zur Änderung der Richtlinie 2009/33/EG über die Förderung sauberer und energieeffizienter Straßenfahrzeuge sowie zur Änderung vergaberechtlicher Vorschriften" („Gesetz über die Beschaffung sauberer Straßenfahrzeuge" – SaubFahrzeugBeschG) umgesetzt.

3　Das SaubFahrzeugBeschG ersetzt mWv 2.8.2021 § 68 VgV und die dazugehörigen Anlagen 1 und 2 der VgV.[2] Stattdessen gibt es nun ein eigenständiges Gesetz mit zehn Paragrafen und zwei Anlagen.

4　Auf Basis des EU-Rechts wird Folgendes eingeführt:
– Aufnahme verbindlicher Mindestziele für die Vergabe öffentlicher Aufträge über die Beschaffung von als „sauber" definierten Straßenfahrzeugen, leichten und schweren Nutzfahrzeugen einschl. Busse;
– Erweiterung des sachlichen Anwendungsbereichs, der neben dem Abschluss von Verträgen über den Kauf nun auch das Leasing und die Anmietung von Straßenfahrzeugen einbezieht.
– Die neuen Vorschriften gelten nun für ein breiteres Spektrum von Dienstleistungen, einschl. öffentlicher Straßenverkehrsdienste, Personensonderverkehrsdienste, die Müllabfuhr/Abfallentsorgung sowie Post- und Paketzustelldienste;
– Einführung umfassender Berichtspflichten.

5　Die Vorgängervorschrift § 68 VgV aF gab lediglich vor, dass bei der Beschaffung von Straßenfahrzeugen der Energieverbrauch sowie die Umweltauswirkungen berücksichtigt werden mussten. Deshalb mussten in der Leistungsbeschreibung Vorgaben zu Energieverbrauch und Umweltauswirkungen gemacht oder Energieverbrauch und Umweltauswirkungen von Straßenfahrzeugen als Zuschlagskriterien berücksichtigt werden.

6　Dagegen knüpfen die Vorschriften des SaubFahrzBeschG nach dem Willen des Gesetzgebers nicht mehr an die einzelnen Beschaffungsvorgänge an.[3] Vielmehr werden für die Gesamtheit der Beschaffungen über jew. **mehrjährige Referenzzeiträume** Mindestziele (Quoten) an sauberen und energieeffizienten Straßenfahrzeugen für das gesamte Bundesgebiet vorgegeben, die während des jew. Zeitraums einzuhalten sind. Insofern darf die Sauberkeit und Energieeffizienz der zu beschaffenden Fahrzeuge in einzelnen Vergabeverfahren unberücksichtigt bleiben, sofern der vorgeschriebene Mindestanteil an beschafften sauberen und energieeffizienten Fahrzeugen bundesweit eingehalten wird. Das **Leistungsbestimmungsrecht** des öffentlichen Auftraggebers wird gleichwohl zugunsten der strategischen Ziele Umwelt- und Klimaschutz beschnitten. Der Beitrag öffentlicher Beschaffungsstellen

---
[1] COM(2016) 501 final.
[2] G v. 9.6.2021 (BGBl. I S. 1691).
[3] BT Drs. 19/27657, 34.

zur Verringerung der Schadstoffemissionen soll gestärkt und die Vorbildfunktion der öffentlichen Verwaltung herausgestrichen werden.

Wie schon zur Vorgängerregelung in § 68 VgV aF ist auch zum SaubFahrzBeschG umstritten, ob die Regelungen bieterschützend sind. Bieterschützende Wirkung entfalten nur solche Regelungen, die Vorschriften über das Vergabeverfahren sind und gerade den Schutz des potentiellen Auftragnehmers bezwecken.[4] Nach soweit ersichtlich überwiegender und iÜ auch zutr. Auffassung hat das **SaubFahrzBeschG keinen bieterschützenden Charakter.**[5] Dabei kann dahinstehen, ob man das SaubFahrzBeschG seiner Zielrichtung nach für ein objektives, allein dem Klimaschutz dienendes Gesetz hält oder die einzelnen Regelungen nicht als solche eines Vergabeverfahrens einordnet. Jedenfalls beziehen sich die Mindestziele nach Wortlaut und Teleologie des Gesetzes nicht auf eine bestimmte Beschaffung, sondern auf eine auftragsübergreifende Quote, so dass sich daraus kein konkretes bieterschützendes Recht bilden kann.[6] Der Gesetzgeber hat ausdr. die Variante der Mindestzielanwendung für jede einzelne Beschaffung eines Auftraggebers bei der Umsetzung des EU-Rechts im Blick gehabt, sich jedoch bewusst für eine bundesweite und flexible Variante entschieden.[7] Es fehlt nach dem gesetzgeberischen Willen und dessen Umsetzung an einem konkreten sowie schützenswerten Interesse des einzelnen Bieters für die einzelne Beschaffung mit Bezug auf das SaubFahrzeugBeschG. Selbst wenn man einen bieterschützenden Charakter anerkennen würde, fehlte es in materieller Hinsicht an einer nachweisbaren Rechtspflicht zur Beschaffung sauberer Fahrzeuge; denn die läge nur vor, wenn auch und gerade in dem konkreten Vergabeverfahren am Ende der fraglichen Zeiträume die Gesamtquote nur durch die Beschaffung bestimmter Fahrzeuge erreicht werden könnte, was de facto mangels entspr. Datenquellen nicht feststellbar wäre.[8] Nichtsdestotrotz bildet das SaubFahrzeugBeschG ein Nebengesetz des Vergaberechts, vergleichbar etwa zur VergStatVO, welches bei bestimmten Beschaffungen zu beachten ist.

II. Anwendungsbereich

1. Persönlicher Anwendungsbereich (§ 1 SaubFahrzeugBeschG)

Persönlich erfasst vom SaubFahrzeugBeschG sind **öffentliche Auftraggeber und Sektorenauftraggeber** (vgl. § 1 Abs. 1 u. § 3 Abs. 1 SaubFahrzeugBeschG). Demnach müssen Konzessionsgeber nach § 101 GWB das SaubFahrzeugBeschG nicht beachten.

Nicht alle öffentlichen Auftraggeber müssen das SaubFahrzeugBeschG anwenden. Es geht um öffentliche Auftraggeber nach § 99 Nr. 1 bis 3 GWB (vgl. § 2 Nr. 1 SaubFahrzeugBeschG). Gemeint sind klassische öffentliche Auftraggeber iSd § 99 Nr. 1 GWB (dazu → GWB § 99 Rn. 27 ff., zB eine Stadt), öffentliche Unternehmen iSd § 99 Nr. 2 GWB (dazu → GWB § 99 Rn. 33 ff., zB Stadtwerke) und Verbände von öffentlichen Auftraggebern / öffentlichen Unternehmen iSd § 99 Nr. 3 GWB (iE → GWB § 99 Rn. 115, zB Zweckverbände). Nicht erfasst sind somit Auftraggeber qua Subvention gem. § 99 Nr. 4 GWB (→ GWB § 99

---

[4] Vgl. BGH 18.3.2003 – X ZB 43/02, NZBau 2003, 293.
[5] Vgl. Delcuvé VergabeR 2023, 135 (150); Siegel VergabeR 2022, 14; DSW/Wendt SaubFahrzeugBeschG Rn. 25; Zeiss NZBau 2012, 201 (205) zu § 68 VgV aF; aA Schröder NZBau 2021, 499 (503).
[6] Ebenso Siegel VergabeR 2022, 14; in diese Richtung offenbar gleichermaßen VK Bund 20.1.2022 – VK 2–135/21, BeckRS 2022, 1751: „nicht jeder Beschaffungsvorgang erfasst".
[7] BT Drs.19/27657, 34.
[8] Fehling/Bahmer ZUR 2023, 15 (17).

Rn. 117 ff.), die wegen eines einzelnen Subventionsfalls nicht direkt dem SaubFahrzeugBeschG unterworfen werden sollen.

10 Mit Sektorenauftraggebern sind solche nach § 100 GWB gemeint (vgl. § 2 Nr. 2 SaubFahrzeugBeschG). In § 100 GWB werden öffentliche Sektorenauftraggeber gem. § 100 Abs. 1 Nr. 1 GWB und private Sektorenauftraggeber nach § 100 Abs. 1 Nr. 2 GWB unterschieden. Öffentliche Sektorenauftraggeber sind öffentliche Auftraggeber nach § 99 Nr. 1 bis 3 GWB, die eine Sektorentätigkeit gem. § 102 GWB ausüben (iE → GWB § 100 Rn. 3). Private Sektorenauftraggeber sind natürliche oder juristische Personen des Privatrechts, die eine Sektorentätigkeit gem. § 102 GWB ausüben und entweder ihre Tätigkeit nach besonderen Rechten ausüben oder durch öffentliche Auftraggeber nach § 99 Nr. 1 bis 3 GWB beherrscht werden (→ GWB § 100 Rn. 4). Sektorentätigkeiten iSd § 102 GWB sind Trinkwasserversorgung, Elektrizität/Gas/Wärme mit Netzbezug, Verkehrsleistungen, Häfen/Flughäfen und Förderung/Exploration im Bereich fossiler Brennstoffe (→ GWB § 102 Rn. 5 ff.). Die Anwendung für Sektorenauftraggeber wird für einen Fall nach § 2 Nr. 2 SaubFahrzeugBeschG eingeschränkt. Die für den Linienverkehr gem. §§ 13 iVm 42 PBefG erteilten Genehmigungen sollen keine besonderen oder ausschließlichen Rechte gem. § 100 Abs. 2 GWB (dazu näher → GWB § 100 Rn. 7 ff.) darstellen und folglich nicht zu einer Sektorenauftraggeberstellung führen. Laut Gesetzesbegr. wird damit klargestellt, dass **Linienverkehrsgenehmigungen für eigenwirtschaftliche Verkehre** gem. PBefG keine ausschließlichen Rechte nach § 100 GWB darstellen.[9] Die **Befreiung vom SaubFahrzeugBeschG** kann allerdings nur erfolgen, wenn die eigenwirtschaftlichen Verkehrsunternehmen PBefG-konform konzessioniert wurden.[10]

2. Sachlicher Anwendungsbereich (§§ 3 u. 2 SaubFahrzeugBeschG)

11 Der sachliche Anwendungsbereich wird in § 3 SaubFahrzeugBeschG definiert. Grds. gehören zu den vom SaubFahrzeugBeschG umfassten Beschaffungen bestimmte Straßenfahrzeuge (**Lieferaufträge**). Dazu kommen **Dienstleistungsaufträge über klassifizierte Verkehrsdienste und öffentliche Dienstleistungsaufträge nach der VO (EG) Nr. 1370/2007**. Die Erfassung von Dienstleistungsaufträgen in den Anwendungsbereich einer Regelung, die sich mit der Beschaffung von sauberen Fahrzeugen beschäftigt, ist neu im Vergleich zur Vorgängerregelung in § 68 VgV. Dort wurden nur Lieferaufträge zur Beschaffung von Straßenfahrzeugen behandelt. Die Erweiterung des Anwendungsbereichs erfolgt nach dem gesetzgeberischen Willen ua, um den Beitrag des Verkehrssektors zum Umweltschutz zu vergrößern.

12 a) **Beschaffung von Straßenfahrzeugen.** In § 3 Nr. 1 SaubFahrzeugBeschG wird der **Kauf**, das **Leasing** und die **Anmietung von Straßenfahrzeugen** behandelt. Mit der ausdr. Benennung von drei zivilrechtlichen Vertragsarten ist keine Eingrenzung verbunden, zumal in Art. 3 Abs. 1 Nr. 1 lit. a RL (EU) 2019/1161 auch der Ratenkauf aufgeführt wird. Die ersichtlich als Beispiele gemeinten Vertragsarten zeigen auf, dass man sich an dem allg. und weit auszulegenden Auftragsbegriff nach § 103 GWB anzulehnen hat.

13 Gem. § 3 Nr. 1 SaubFahrzeugBeschG geht es nur um solche Beschaffungen, die **im Anwendungsbereich von VgV und SektVO** liegen. Voraussetzung ist somit zunächst ein öffentlicher Auftrag iSd § 103 GWB, dh ein entgeltlicher Vertrag zwischen öffentlichen Auftraggebern oder Sektorenauftraggebern mit Auftragnehmern über die Beschaffung von Leistungen. Der Wert des öffentlichen Auftrags

---

[9] BT-Drs. 19/27567, 32.
[10] Schröder NZBau 2022, 379.

muss eine vom EU-Recht definierte Schwelle erreichen bzw. übertreffen (**EU-Schwellenwert**). Die EU-Schwellenwerte sind dynamisch und werden alle zwei Jahre geändert (→ GWB § 106 Rn. 10). Bei **Beschaffungen unterhalb des einschlägigen EU-Schwellenwerts** muss das SaubFahrzeugBeschG nicht angewendet werden. Diese auf den ersten Blick einfache Anwendungsregel kann in der Praxis gleichwohl zu Einordnungsproblemen führen. Dies gilt zB für Beschaffungen von kleineren öffentlichen Auftraggebern wie Kommunen, wo Auftragswerte häufig den EU-Schwellenwert nicht erreichen, die Beschaffung allerdings iRv von Paketen mit anderen Auftraggebern erfolgt. Hierzu hat die **EU-Kommission** eine **Auslegungsempfehlung**: Falls bei einer zentralisierten Auftragsvergabe eine Beschaffung nach EU-Vergaberecht erfolgt, die Aufträge eines einzelnen Auftraggebers aber unterhalb der EU-Schwelle liegen, werden gleichwohl alle Einzelaufträge vom Anwendungsbereich des SaubFahrzeugBeschG erfasst.[11] Entspr. wird man bei einer **Rahmenvereinbarung** mit mehreren Teilnehmern auf Auftraggeberseite verfahren, womit auch dort kleinere Aufträge unterhalb des EU-Schwellenwerts gleichwohl vom SaubFahrzeugBeschG erfasst werden, weil der Gesamtwert der Rahmenvereinbarung den EU-Schwellenwert überschreitet. Nach dieser Auslegungsregel ist iZw von der Anwendbarkeit des SaubFahrzeugBeschG auszugehen.

Die **Fahrzeugarten**, die im SaubFahrzeugBeschG behandelt werden, sind in § 2 Nr. 3 bis 7 SaubFahrzeugBeschG definiert. Die korrekte Einordnung spielt auch und gerade für die Bestimmung der Mindestziele eine Rolle. Demnach gibt es im SaubFahrzeugBeschG die **Kategorien** Straßenfahrzeuge, saubere leichte Nutzfahrzeuge, saubere schwere Nutzfahrzeuge, emissionsfreie schwere Nutzfahrzeuge und nachgerüstete Fahrzeuge.

14

Straßenfahrzeug ist gem. § 2 Nr. 3 SaubFahrzeugBeschG ein Fahrzeug der Klasse M (Personenbeförderung) oder N (Güterbeförderung) gem. Art. 4 Abs. 1 lit. a u. b VO (EU) 2018/858. Umgangssprachlich fasst man darunter ua Limousinen, Geländewagen, Sonderfahrzeuge (zB Krankenwagen) in der Klasse M. Außerdem gibt es ua LKW, Sattelzugmaschinen oder Mobilkräne in der Klasse N. Ob diese Fahrzeuge ggf. eine Ausnahme nach § 4 SaubFahrzeugBeschG erfüllen, ist dort zu prüfen (was zB für den og Krankenwagen gilt).

15

Mit den **sauberen leichten Nutzfahrzeugen** sind gem. § 2 Nr. 4 SaubFahrzeugBeschG die EG-**Fahrzeugklassen M1** („Pkw"; Fahrzeuge zur Personenbeförderung mit höchstens acht Sitzplätzen außer dem Fahrersitz), **M2** („Busse"; Fahrzeuge zur Personenbeförderung mit mehr als acht Sitzplätzen außer dem Fahrersitz und einer zulässigen Gesamtmasse bis zu 5 Tonnen) und **N1** („Lieferwagen"; Fahrzeuge zur Güterbeförderung mit einer zulässigen Gesamtmasse bis zu 3,5 Tonnen) gemeint. Sie gelten als sauber, wenn ihre Auspuffemissionen höchstens 50 g CO_2/km (ab dem 1.1.2026: 0 g CO_2/km) und die Luftschademissionen im praktischen Fahrbetrieb unterhalb von 80 % (ab dem 1.1.2026: kA) der anwendbaren Emissionsgrenzwerte liegen (§ 2 Nr. 4 iVm Anlage 1 SaubFahrzeugBeschG).

15a

Bei den **sauberen schweren Nutzfahrzeugen** werden nach § 2 Nr. 5 SaubFahrzeugBeschG die EG-**Fahrzeugklassen M3** („Busse"; Fahrzeuge zur Personenbeförderung mit mehr als acht Sitzplätzen außer dem Fahrersitz und einer zulässigen Gesamtmasse von mehr als 5 Tonnen), **N2** („Lkw"; Fahrzeuge zur Güterbeförderung mit einer zulässigen Gesamtmasse von mehr als 3,5 Tonnen bis zu 12 Tonnen) und **N3** („Lkw"; Fahrzeuge zur Güterbeförderung mit einer zulässigen Gesamtmasse von mehr als 12 Tonnen) erfasst. Sie werden als sauber legal definiert, wenn sie mit alternativen Kraftstoffen betrieben werden, soweit diese Kraftstoffe die Anforderungen der 10. BImSchV in der jew. geltenden Fassung erfüllen oder der DIN EN 15940 entsprechen, ausgenommen solchen Kraftstoffen, die aus Rohstoffen mit einem hohen Risiko indirekter Landnutzungsänderungen

15b

---

[11] So die Auslegung der EU-Kommission, ABl. EU 2020/C352/01.

erzeugt wurden, für die eine erhebliche Ausweitung des Erzeugungsgebiets auf Flächen mit hohem Kohlenstoffbestand zu verzeichnen ist (§ 2 Nr. 5 Hs. 1 SaubFahrzeugBeschG). **Hybridfahrzeuge** und **Plug-in-Hybridfahrzeuge** fallen nur unter bestimmten Voraussetzungen unter diese Begriffsbestimmung. Nach Art. 2 Abs. 2 RL 2014/94/EU ist ein „Elektrofahrzeug ein Kraftfahrzeug mit einem Antriebsstrang, der mindestens einen nichtperipheren elektrischen Motor als Energiewandler mit einem elektrisch aufladbaren Energiespeichersystem, das extern aufgeladen werden kann, enthält". Laut EU-Kommission gelten mit dieser Begriffsbestimmung aufladbare schwere Hybrid-Nutzfahrzeuge (Plug-in-Hybridfahrzeuge) als saubere Fahrzeuge, während nicht aufladbare schwere Hybrid-Nutzfahrzeuge nicht als saubere schwere Nutzfahrzeuge gelten; irrelevant dagegen ist, ob die Hybrid-Nutzfahrzeuge alternative Kraftstoffe verwenden.[12]

15c **Emissionsfrei sind die schweren Nutzfahrzeuge** dann, wenn sie ohne Verbrennungsmotor (§ 2 Nr. 6 lit. a SaubFahrzeugBeschG) oder mit einem Verbrennungsmotor ausgestattet sind, der weniger ausstößt als 1 g CO_2/kWh (§ 2 Nr. 6 lit. b sublit. aa SaubFahrzeugBeschG) oder weniger als 1 g CO_2/km (§ 2 Nr. 6 lit. b sublit. bb SaubFahrzeugBeschG). Das „emissionsfreie schwere Nutzfahrzeug" ist gem. § 2 Nr. 6 SaubFahrzeugBeschG ein Fahrzeug entweder ohne Verbrennungsmotor oder mit einem Verbrennungsmotor. Mit Verbrennungsmotor muss es bestimmte Voraussetzungen in zwei Alternativen erfüllen. Entweder nach § 2 Nr. 6 lit. a sublit aa SaubFahrzeugBeschG darf es weniger als 1 g CO_2/kWh ausstoßen, gemessen der VO (EG) Nr. 595/2009 und VO (EU) Nr. 582/2011 (jew. in der aktuellen Fassung). Oder gem. § 2 Nr. 6 lit. a sublit bb SaubFahrzeugBeschG darf es weniger als 1 g CO_2/km ausstoßen, gemessen gem. der VO (EG) Nr. 715/2007 und der VO (EU) 2017/1151 (jew. in der aktuellen Fassung).

15d Das „**nachgerüstete Fahrzeug**" gem. § 2 Nr. 7 SaubFahrzeugBeschG ist schließlich ein Fahrzeug, das aufgrund einer Nachrüstung einem Fahrzeug iSv § 2 Nr. 4, 5 oder 6 SaubFahrzeugBeschG entspricht. Die Nachrüstung muss aber entspr. § 3 SaubFahrzeugBeschG extern beauftragt sein, damit es iRd SaubFahrzeugBeschG berücksichtigt werden kann, womit Nachrüstungen durch eine eigene Werkstatt nicht unter das SaubFahrzeugBeschG fallen.[13]

16 **b) Öffentliche Dienstleistungsaufträge (VO 1370/2007).** Neben der Beschaffung von Straßenfahrzeugen sind nach § 3 Nr. 2 Hs. 1 SaubFahrzeugBeschG **öffentliche Dienstleistungsaufträge gem. Art. 2 lit. i VO (EG) Nr. 1370/2007** über die Erbringung von Personenverkehrsdienstleistungen mit Straßenfahrzeugen iSd § 2 Nr. 3 iVm § 4 Abs. 1 Nr. 5 SaubFahrzeugBeschG vom SaubFahrzeugBeschG erfasst. Die VO (EG) Nr. 1370/2007 regelt die Vergabe und Finanzierung von im öffentlichen Interesse liegenden Personenverkehrsleistungen, die auf Basis der im Markt erzielbaren Erlöse von Verkehrsunternehmen nicht erbracht werden. Dort werden die zuständigen Behörden und die Instrumente ermittelt, wie man insbes. im Einklang mit dem EU-Beihilfenrecht regulierend in den öffentlichen Personenverkehr in einem bestimmten Gebiet eingreift. Eines der Instrumente ist der in § 3 Nr. 2 Hs. 1 SaubFahrzeugBeschG genannte öffentliche Dienstleistungsauftrag. Der öffentliche Dienstleistungsauftrag besteht aus einem oder mehreren rechtsverbindlichen Akten, die die Übereinkunft zwischen einer zuständigen Behörde und einem Betreiber eines öffentlichen Dienstes bekunden, diesen Betreiber eines öffentlichen Dienstes mit der Verwaltung und Erbringung von öffentlichen Personenverkehrsdiensten zu betrauen, die gemeinwirtschaftlichen Verpflichtungen unterliegen; gem. der jew. Rechtsordnung der

---

[12] EU-Kommission, ABl. EU 2020/C352/01.
[13] Ebenso Schröder NZBau 2022, 379 (382).

Mitgliedstaaten können diese rechtsverbindlichen Akte auch in einer Entscheidung der zuständigen Behörde bestehen, die die Form eines Gesetzes oder einer Verwaltungsregelung für den Einzelfall haben kann oder die Bedingungen enthält, unter denen die zuständige Behörde diese Dienstleistungen selbst erbringt oder einen internen Betreiber mit der Erbringung dieser Dienstleistungen betraut (vgl. Art. 2 lit. i VO (EG) Nr. 1370/2007).

Von der Anwendung des SaubFahrzeugBeschG sind solche öffentlichen Dienstleistungsaufträge nach VO (EG) Nr. 1370/2007 ausgenommen, die wertmäßig bzw. hinsichtlich der Verkehrsleistung bestimmte Werte unterschreiten (vgl. § 3 Nr. 2 Hs. 2 SaubFahrzeugBeschG). Konkret geht es um Aufträge, deren geschätzter Jahresdurchschnittswert 1 Mio. Euro oder deren jährliche öffentliche Personenverkehrsleistung 300 000 Kilometer nicht übersteigt oder deren geschätzter Jahresdurchschnittswert 2 Mio. Euro oder deren jährliche öffentliche Personenverkehrsleistung 600 000 Kilometer nicht übersteigt, sofern die öffentlichen Dienstleistungsaufträge an Auftragnehmer vergeben werden, die nicht mehr als 23 Straßenfahrzeuge betreiben. Deutschland hat damit von der in den RL eingeräumten Möglichkeit Gebrauch gemacht, für kleine und mittlere Unternehmen durch die Festlegung von Schwellenwerten hohe investive Belastungen zu vermeiden. 17

c) Dienstleistungen über Verkehrsdienste. Schließlich werden bestimmte Dienstleistungen über Verkehrsdienste nach § 3 Nr. 3 SaubFahrzeugBeschG dem Anwendungsbereich des SaubFahrzeugBeschG zugeordnet. Diese sind in der Anlage 2 des SaubFahrzeugBeschG namentlich und mit der Angabe der einschlägigen CPV-Nummer aufgeführt. 18

Erfasst werden gem. § 3 Nr. 3 SaubFahrzeugBeschG iVm Anlage 2 SaubFahrzeugBeschG: 19

CPV-Referenznummer_	
60112000-6	Öffentlicher Verkehr (Straße)
60130000-8	Personensonderbeförderung (Straße)
60140000-1	Bedarfspersonenbeförderung
90511000-2	Abholung von Siedlungsabfällen
60160000-7	Postbeförderung auf der Straße
60161000-4	Paketbeförderung
64121100-1	Postzustellung
64121200-2	Paketzustellung

Nach § 3 Nr. 3 iVm Anlage 2 SaubFahrzeugBeschG kommt es auf die **korrekte Zuordnung der CPV-Nummer** an. CPV meint das Gemeinsame Vokabular für öffentliche Aufträge (Common Procurement Vocabulary, CPV).[14] Das ist eine Liste von Leistungen und Liefergegenständen, denen jew. ein eindeutiger Schlüssel (CPV-Nr. bzw. CPV-Code) zugeordnet ist. Der Auftraggeber muss den betreffenden Auftrag durch einen möglichst genauen CPV-Code kategorisieren. Weil begriffliche Überschneidungen in den CPV-Codes in Kauf genommen werden, ist nach der Rspr. im Einzelfall prüfen, welcher CPV-Code mit Blick auf die nachgefragte Leistung und die denkbaren CPV-Codes inhaltlich/systematisch richtig ist.[15] Weder aus dem zugrunde liegenden EU-Recht noch dem SaubFahrzeugBeschG ergeben sich 19a

---

[14] VO (EG) Nr. 2195/2002 des Europäischen Parlaments und des Rates v. 5.11.2002 über das Gemeinsame Vokabular für öffentliche Aufträge (CPV), zuletzt geändert durch die Verordnung (EG) Nr. 213/2008 v. 15.3.2008.
[15] OLG Düsseldorf 22.12.2021 – VII-Verg 15/21, NZBau 2023, 194.

SaubFahrzeugBeschG Saubere-Fahrzeuge-Beschaffungs-Gesetz

20 zusätzliche Voraussetzungen, etwa dergestalt, dass der Einsatz der relevanten Fahrzeuge ein wesentliches Element der Dienstleistung sein müsste und die Dienstleistungen den Hauptgegenstand des ausgeschriebenen Vertrags ausmachen.[16]

In der Praxis gibt es zuweilen Begründungsbedarf für die richtige Einordnung. Zustellungen iRv Kurierdiensten zählen etwa zu den unter das SaubFahrzeugBeschG fallenden Dienstleistungen. **Kurierdienste** fallen unter die CPV-Kategorie 64120000–3. Unterkategorien der Kurierdienste bzw. der CPV-Kategorie 64120000–3 sind die Postzustellung (64121100–1) und die Paketzustellung (64121200–2). Klassische Briefpostdienste, wie etwa Briefsendungen bis 1.000 gr., umfassen nach der Legaldefinition der EU-Postrichtlinie naturgemäß ebenfalls die Leistung Zustellung, aber auch vorbereitende Tätigkeiten wie Kuvertierung und Frankierung (vgl. Art. 2 Abs. 1 Nr. 1 RL 97/67/EG). In der Anlage 2 SaubFahrzeugBeschG ist allerdings nicht die für Briefpostdienste geltende CPV-Kategorie 6411000–0 enthalten. Wenn somit ein Auftraggeber Briefpostsendungen bis 1.000 gr. durch einen Postdienstleister versenden lassen möchte und dabei neben der Zustellung auch die Postvorbereitung nachfragt, dann entspricht das dem europarechtlich determinierten Begriff der Briefpostdienste und zugleich dem entspr. CPV-Code 6411000–0. Weil dieser CPV-Code nicht in der Anlage 2 des SaubFahrzeugBeschG enthalten ist, würde diese Leistung nicht dem SaubFahrzeugBeschG unterfallen. Ähnlichen Argumentationsaufwand für die korrekte Einordnung oder Nichteinordnung in Anlage 2 SaubFahrzeugBeschG gibt es im Bereich der Verkehrsdienste, wo analog zu den beschriebenen Briefpostdiensten zunächst die Leistung richtig definiert werden muss, bevor die – dann korrekte – CPV-Zuordnung erfolgt.[17] ZB die häufig in der Praxis anzutreffende **Anmietung von Bussen mit Fahrpersonal** fällt nicht unter das SaubFahrzeugBeschG, weil insoweit mit 60172000–4 ein eigener, nicht in Anlage 2 SaubFahrzeugBeschG aufgeführter CPV-Code besteht.

3. Ausnahmen (§ 4 SaubFahrzeugBeschG)

21 Die Ausnahmen vom SaubFahrzeugBeschG werden in § 4 SaubFahrzeugBeschG definiert. Das betrifft vor allem **spezielle Fahrzeugarten**. Außerdem nimmt der Gesetzgeber Fahrzeuge mit **bestimmten Nutzungen**, wie etwa Reisebusse, aus dem Anwendungsbereich des SaubFahrzeugBeschG heraus, weil diese bei öffentlichen Aufträgen kaum eine Rolle spielen und spezifische betriebliche Anforderungen haben. Daneben gibt es die aus § 68 VgV aF bekannten Bereichsausnahmen, etwa hinsichtlich für die Bundeswehr entwickelter bzw. angepasster Fahrzeuge im Einsatz der Bundeswehr.

22 Konkret zählen zu den Ausnahmen land- oder forstwirtschaftliche Fahrzeuge (§ 4 Abs. Nr. 1 SaubFahrzeugBeschG), zwei-, drei- oder vierrädrige Fahrzeuge iSd VO (EU) Nr. 168/2013 (§ 4 Abs. Nr. 2 SaubFahrzeugBeschG), Kettenfahrzeuge (§ 4 Abs. 1 Nr. 3 SaubFahrzeugBeschG) und Fahrzeuge mit eigenem Antrieb, die für die Verrichtung von Arbeiten entwickelt, aber nicht zur Personen- oder Güterbeförderung geeignet sind (§ 4 Abs. 1 Nr. 4 SaubFahrzeugBeschG).

23 Außerdem werden Fahrzeuge für die Personenbeförderung der Klasse M3 mit mehr als acht Sitzplätzen und einer zulässigen Gesamtmasse von mehr als fünf Tonnen („Reisebusse", § 4 Abs. 1 Nr. 5 SaubFahrzeugBeschG) ausgenommen. Aufgrund der in § 4 Abs. 2 SaubFahrzeugBeschG geregelten Rückausnahme fallen M3-

---

[16] Ebenso Delcuvé VergabeR 2023, 135 (140), anders jedoch in den vom Bund für die Bundesverwaltung erlassenen Allgemeinen Verwaltungsvorschriften zum SaubFahrzeugBeschG (AVV Saubere Fahrzeuge, BAnz AT 30.12.2022 B9).

[17] Zu der speziellen Thematik der freigestellten Schülerverkehre: Schröder NZBau 2022, 379 (380).

Fahrzeuge der Klasse I („Stadtbusse", § 4 Abs. 1 Nr. 5 iVm Abs. 1 Nr. 1 SaubFahrzeugBeschG) für mehr als 22 Personen, und M3-Fahrzeuge der Klasse A („kleine Busse", § 4 Abs. 1 Nr. 5 iVm Abs. 1 Nr. 2 SaubFahrzeugBeschG) für weniger als 22 Personen wieder in den Anwendungsbereich.

Der deutsche Normgeber hat in § 4 Abs. 1 Nr. 6 bis 10 SaubFahrzeugBeschG 24 von seinem Ermessen bei der Umsetzung der RL Gebrauch gemacht, **bestimmte Fahrzeugkategorien** vom Anwendungsbereich auszuklammern.[18] Es sind dies **Einsatzfahrzeuge** für die Bundeswehr (§ 4 Abs. 1 Nr. 6 SaubFahrzeugBeschG), Einsatzfahrzeuge für Baustellen, in Steinbrüchen, in Häfen oder auf Flughäfen (§ 4 Abs. 1 Nr. 7 SaubFahrzeugBeschG), Einsatzfahrzeuge für das Rettungswesen, den Zivil- und Katastrophenschutz, die Feuerwehr oder Polizei (§ 4 Abs. 1 Nr. 8 SaubFahrzeugBeschG), Fahrzeuge mit besonderer Zweckbestimmung zum Schutz beförderter Personen gegen Beschuss oder Ansprengung (§ 4 Abs. 1 Nr. 9 SaubFahrzeugBeschG) und Fahrzeuge mit besonderer Zweckbestimmung der Klasse M zur Beförderung Kranker oder Verletzter (§ 4 Abs. 1 Nr. 10 lit. a SaubFahrzeugBeschG) oder Leichen (§ 4 Abs. 1 Nr. 10 lit. b SaubFahrzeugBeschG), die dazu jew. mit besonderer Ausrüstung ausgestattet sind, der Klasse M1, die speziell für Rollstühle konstruiert oder umgerüstet wurden (§ 4 Abs. 1 Nr. 10 lit. c SaubFahrzeugBeschG), und der Klasse N3, die mit einem Kran ausgerüstet sind (§ 4 Abs. 1 Nr. 10 lit. d SaubFahrzeugBeschG).

Die **Einsatzfahrzeuge** nach § 4 Abs. 1 Nr. 6 bis 8 SaubFahrzeugBeschG müssen 25 **für ihre jew. Zweckbestimmung entwickelt und gebaut** oder – gilt nur für Fahrzeuge nach § 4 Abs. 1 Nr. 6 u. 8 SaubFahrzeugBeschG – dafür **angepasst** worden sein. Die Anpassungen von Einsatzfahrzeugen mit hoheitlicher Zweckbestimmung können sich nach der Gesetzesbegr. etwa „nur" auf den Einbau spezieller Kommunikationsgeräte oder Warnleuchten beziehen.[19] Ein normaler Kleintransporter, der für die Beförderung von Dokumenten von einer Polizeidienststelle zu einer anderen Polizeidienststelle eingesetzt wird, ist hingegen nicht vom SaubFahrzeugBeschG ausgenommen.[20]

Es gibt über die ausdr. in § 4 SaubFahrzeugBeschG benannten Fahrzeuge hinaus 26 in der Praxis immer wieder problematische Einzelfälle, die insbes. über die Auslegung der EU-Richtlinien gelöst werden sollten. Die EU-Kommission hat sich iRd der Auslegungshilfe zur RL 2009/33/EG etwa mit Fahrzeugen für die **Abholung von Siedlungsabfällen** beschäftigt.[21] Diese sind nach dem Wortlaut von § 4 SaubFahrzeugBeschG bzw. der dahinter stehenden RL 2009/33/EG nicht ausdr. ausgenommen. Man könnte allerdings Fahrzeuge für die Abholung von Siedlungsabfällen auf den ersten Blick als Fahrzeuge mit eigenem Antrieb verstehen, die speziell für die Verrichtung von Arbeiten entwickelt wurden, bauartbedingt nicht zur Personen- oder Güterbeförderung geeignet und die keine auf einem Kraftfahrzeugfahrgestell montierte Maschinen sind (s. § 4 Abs. 1 Nr. 4 SaubFahrzeugBeschG). Dazu zählt der Gesetzgeber zB Straßeninstandhaltungsfahrzeuge und Fahrzeuge für den Einsatzzweck als Schneepflug.[22] Laut EU-Kommission fallen Fahrzeuge für die Abholung von Siedlungsabfällen nicht hierunter. Solche Fahrzeuge seien regelmäßig als Fahrzeuge der Klasse N2 oder N3 gem. der VO (EU) 2018/858 typgenehmigt. Damit wären sie eben nicht iSd § 4 Abs. 1 Nr. 4 SaubFahrzeugBeschG besonders konstruiert und gebaut. Für Fahrzeuge zur Abholung von Siedlungsabfällen ist diese Auslegung auch vom übergeordneten Anwendungsbereich des SaubFahrzeugBeschG her nachvollziehbar, weil die Abholung von Siedlungsabfällen nach Anlage 2 SaubFahr-

---

[18] BT-Drs. 19/27567, 33.
[19] BT-Drs. 19/27567, 33.
[20] EU-Kommission, ABl. EU 2020/C352/01.
[21] EU-Kommission, ABl. EU 2020/C352/01.
[22] BT-Drs. 19/27567, 33.

zeugBeschG ausdr. zum SaubFahrzeugBeschG gezählt wird. Die Gesetzgeber will iRd Evaluierung des SaubFahrzeugBeschG ua die technische Weiterentwicklung berücksichtigen, was ggf. zu Veränderungen insbes. bei den Ausnahmen in § 4 SaubFahrzeugBeschG führen wird.[23]

4. Zeitlicher Anwendungsbereich (§ 10 SaubFahrzeugBeschG)

27   In zeitlicher Hinsicht kommt das SaubFahrzeugBeschG nach § 10 SaubFahrzeugBeschG bei allen Beschaffungen zur Anwendung, deren **Auftragsbekanntmachung nach dem 2.8.2021** erfolgt oder bei denen nach dem 2.8.2021 zur Angebotsabgabe aufgefordert wird. Für den Tag der Angebotsaufforderung ist dies zweifelsfrei. Bei der „Veröffentlichung" der Bekanntmachung bleiben leider Zweifel. Denn die Vergabestelle hat keinen Einfluss auf den tatsächlichen Tag der Publikation. Aus Gründen der Rechtssicherheit und -klarheit sollte deshalb auf den Tag der Absendung abgestellt werden. Dafür sprechen auch systematische Gründe. Bei der Auftragswertschätzung und der Berechnung von Verfahrensfristen wird ebenfalls auf den Tag der Absendung abgestellt. Der Gleichklang der Vorschriften spricht angesichts dessen dafür, nicht auf den (unbestimmten) Tag der Veröffentlichung, sondern auf den Tag der Absendung der Veröffentlichung zu rekurrieren.

28   Bemerkenswert ist die Betrachtung von § 10 SaubFahrzeugBeschG im Zusammenhang mit öffentlichen Dienstleistungsaufträgen iSd VO (EG) Nr. 1370/2007 oder bei Rahmenvereinbarungen. Diese Verträge sind üblicherweise langfristig angelegt bzw. haben ein großes Beschaffungsvolumen. Die Anwendung des SaubFahrzeugBeschG setzt nach § 3 Nr. 2 iVm § 10 SaubFahrzeugBeschG an die Ausschreibung eines Vertrags an und nicht an die Einzelbeschaffungen innerhalb des Vertrags. MaW sind Beschaffungen in Verträgen nach der VO (EG) Nr. 1370/2007 oder in Rahmenvereinbarungen nicht vom SaubFahrzeugBeschG erfasst, bei denen die Bekanntmachung des Vergabeverfahrens über den Vertrag vor dem 2.8.2021 an das Amtsblatt der EU übermittelt wurde bzw. vor dem 2.8.2021 eine Aufforderung zur Abgabe eines Angebots erfolgte.[24]

III. Inhaltliche Vorgaben

1. Mindestziele (§§ 5 bis 7 SaubFahrzeugBeschG)

29   Die Mindestziele des SaubFahrzeugBeschG geben den Grundgedanken der europäischen Initiative wieder. Ziel ist es, den Markt für saubere und energieeffiziente Fahrzeuge zu fördern („Nachfrageimpuls"). Gleichzeitig soll der Beitrag des Verkehrssektors zur Umwelt-, Klima- und Energiepolitik der Europäischen Union verbessert werden.

30   Für die **Einhaltung** der **Mindestziele** sind **Bund und Länder** gem. § 7 Abs. 1 SaubFahrzeugBeschG **gemeinsam verantwortlich**. Die Länder sind vom Bundesgesetzgeber zur Überwachung der Kommunen aufgefordert, zB per Kommunalaufsicht, und sollen als Quelle insbes. die TED-Datenbank nutzen.[25] Per Verwaltungsvorschrift kann der Bund für eigene öffentliche Auftraggeber und Sektorenauftraggeber weitere Regelungen erlassen (§ 7 Abs. 2 SaubFahrzeugBeschG).

31   Die Mindestziele sind in den §§ 5 u. 6 iVm Anlage 1 SaubFahrzeugBeschG jew. prozentual nach **zwei Referenzzeiträumen** für ganz Deutschland definiert. Die Zeiträume lauten 2.8.2021 bis 31.12.2025 und 1.1.2026 bis 31.12.2030:

---

[23] BT-Drs. 19/27567, 33.
[24] BT-Drs. 19/27567, 37.
[25] BT-Drs. 19/27567, 35.

Fahrzeug-klassen	2. August 2021 bis 31. Dezember 2025		1. Januar 2026 bis 31. Dezember 2030	
	CO_2 g/km	Luftschadstoffemissionen im praktischen Fahrbetrieb[1] als Prozentsatz der Emissionsgrenzwerte[2]	CO_2 g/km	Luftschadstoffemissionen im praktischen Fahrbetrieb[1] als Prozentsatz der Emissionsgrenzwerte[2]
M_1	50	80 %	0	k. A.
M_2	50	80 %	0	k. A.
N_1	50	80 %	0	k. A.
[1]	\multicolumn{4}{l}{Angegebene maximale Emissionswerte für die Anzahl ultrafeiner Partikel (PN) in #/km und Stickoxide (NOx) in mg/km im praktischen Fahrbetrieb (RDE), wie in Nummer 48.2. der Übereinstimmungsbescheinigung angegeben, gemäß Anhang VIII der Durchführungsverordnung (EU) 2020/683 der Kommission vom 15. April 2020 zur Durchführung der Verordnung (EU) 2018/858 des Europäischen Parlaments und des Rates hinsichtlich der administrativen Anforderungen für die Genehmigung und Marktüberwachung von Kraftfahrzeugen und Kraftfahrzeuganhängern sowie von Systemen, Bauteilen und selbstständigen technischen Einheiten für diese Fahrzeuge (ABl. L 163 vom 26.5.2020, S. 1) in der jeweils geltenden Fassung sowohl für vollständige als auch für innerstädtische RDE-Fahrten.}			
[2]	\multicolumn{4}{l}{Die geltenden Emissionsgrenzwerte gemäß Anhang I der Verordnung (EG) Nr. 715/2007 in der jeweils geltenden Fassung.}			

Die Mindestziele bestimmen sich als Mindestprozentsatz sauberer leichter Nutzfahrzeuge und sauberer schwerer Nutzfahrzeuge einschl. emissionsfreier schwerer Nutzfahrzeuge an der Gesamtzahl der gem. § 3 SaubFahrzeugBeschG in dem jew. Referenzzeitraum beschafften sauberen leichten oder sauberen schweren Nutzfahrzeuge. Dabei werden Emissionsgrenzwerte definiert, die allerdings für den 2. Referenzzeitraum noch nicht feststehen. Der Anwendungsbereich soll iRd PBefG-Novelle auf sog. Ride-Pooling-Verkehre ausgeweitet werden.[26]

Denkbar wären nach dem EU-Recht auch Mindestzielanwendungen für jede einzelne Beschaffung eines Auftraggebers gewesen. Der Gesetzgeber hält die bundesweite und flexible Umsetzung für die öffentlichen Auftraggeber bzw. Sektorenauftraggebers aber für geeigneter und zielführender; die Einhaltung der Mindestziele soll von den Ländern eigenverantwortlich für ihr Hoheitsgebiet erfasst und sichergestellt werden.[27] Deshalb trifft die **Länder** gem. § 7 SaubFahrzeugBeschG eine **Überwachungspflicht über die Einhaltung der Ziele**. Für die Beschaffungstätigkeit des Bundes wird in § 6 Abs. 1 S. 3 iVm § 7 Abs. 2 und 3 SaubFahrzeugBeschG klargestellt, dass sich der Bund in seiner Vorbildrolle durch das Klimaschutzprogramm 2030 und das KSG höhere Mindestziele gesetzt hat, die für ihn verpflichtend sind und zu einem Übertreffen der Mindestziele führen.[28]

---

[26] BT-Drs. 19/27567, 32.
[27] BT-Drs. 19/27657, 34.
[28] Der Bund hat im Mai 2022 einen Leitfaden für seine Vergabestellen herausgegeben, der iW den Gesetzestext wiedergibt (https://bmdv.bund.de/SharedDocs/DE/Anlage/G/cvd-leitfaden-fuer-vergabestellen-saubfahrzeugbschg.pdf?__blob=publicationFile. Zudem gibt es eine regelmäßig aktualisierte FAQ-Seite (https://bmdv.bund.de/SharedDocs/DE/Artikel/G/clean-vehicles-directive-faq.html).

33 Die Mindestziele müssen originär von jedem einzelnen öffentlichen Auftraggeber und Sektorenauftraggeber eingehalten werden (§ 5 Abs. 1 S. 1 SaubFahrzeug-BeschG).[29] Damit wird das Leistungsbestimmungsrecht der betroffenen Vergabestellen nicht unerheblich eingeschränkt, wenngleich die konkrete Umsetzung als Leistungsanforderung in der Leistungsbeschreibung oder als Ausführungsbedingung im Beurteilungsspielraum der Auftraggeber liegt.[30] Indes können die Bundesländer die gesetzlichen Lasten zwischen den Normadressaten eigenverantwortlich verteilen. Ausdr. hält der Bundesgesetzgeber auch **Vereinbarungen zwischen Bundesländern zum gegenseitigen Ausgleich** für möglich, zB per Verwaltungsvereinbarung.[31] Damit sollen die zT erheblichen strukturellen und wirtschaftskraftbezogenen Unterschiede in einzelnen urbanen Metropolregionen und Ballungszentren im Vergleich zu den ländlichen und eher strukturschwächeren Räumen in einzelnen Regionen durch eine **Flexibilisierungslösung** zwischen den Bundesländern insges. ausgeglichen werden.[32] Die Verteilungsmöglichkeiten stehen unter der Prämisse, die Mindestziele innerhalb der jew. Landes insges. einzuhalten. Solange derartige Landesregelungen nicht getroffen sind, müssen die einzelnen öffentlichen Auftraggeber und Sektorenauftraggeber bei ihren Beschaffungen im jew. Referenzzeitraum die vorgegebenen Mindestziele einhalten. Denkbar sind Vereinbarungen der Länder mit den jew. Branchenverbänden zur Einhaltung der Mindestziele (vgl. § 5 Abs. 2 S. 3 SaubFahrzeugBeschG).

34 Sowohl die rechtstechnische Umsetzung (insbes. Landesgesetz, Branchenvereinbarung) als auch die Vielzahl denkbarer Faktoren zur Lastenverteilung in einem Bundesland (zB nach der Größe der beteiligten öffentlichen Auftraggeber und Sektorenauftraggeber, wie etwa höhere Mindestziele für Großstädte und niedrige oder keine Mindestziele für ländliche Gebiete) werden in den Ländern offenbar zu unterschiedlich Lösungen führen. Der Freistaat Bayern hat zB ein Förderprogramm im Zusammenhang mit dem SaubFahrzeugBeschG aufgelegt.[33] Andere Bundesländer folgen wohl dem Förderansatz.[34] Die meisten Bundesländer haben zwei Jahre nach Inkrafttreten des SaubFahrzeugBeschG nach wie vor keine konkreten Regelungen erlassen, bemühen sich aber zB durch regelmäßig aktualisierte FAQ um Aufklärung.[35] Dementsprechend ist die Beschaffungs- und -Förderpraxis bzgl. der angestrebten Ziele des SaubFahrzeugBeschG unterschiedlich. Bedenken begegnet außerdem, ob in den Mitgliedstaaten abgeschlossene Vereinbarungen mit Branchenverbänden die europäischen Richtlinienvorgaben überhaupt unionsrechtskonform umsetzen können.[36]

2. Dokumentationspflichten (§ 8 SaubFahrzeugBeschG)

35 Bis zum 24.10.2023 hatten die öffentlichen Auftraggeber und Sektorenauftraggeber im Freitextfeld der Bekanntmachung über den vergebenen Auftrag gem. § 39 Abs. 1 VgV bzw. § 38 Abs. 1 SektVO bestimmte Daten anzugeben (vgl. § 8 SaubFahrzeugBeschG).

---

[29] Keine Verpflichtung lediglich im Verbund aller öffentlicher Auftraggeber / Sektorenauftraggeber im Bund bzw. Land, ebenso Delcuvé VergabeR 2023, 135 (141).
[30] Vgl. Delcuvé VergabeR 2023, 135 (146).
[31] BT-Drs. 19/27657, 34.
[32] BT-Drs. 19/27657, 34.
[33] Richtlinie zum Förderprogramm Ergänzender Nahverkehrsangebote zur Verbesserung der Mobilität im ländlichen Raum mit bedarfsorientierten Bedienformen des allgemeinen ÖPNV und Pilotprojekten landkreisübergreifender Expressbusverbindungen im Omnibusverkehr (ErNa), veröffentlicht am 16.5.2023, BayMBl.Nr. 275.
[34] Für den Freistaat Sachsen über die Sächsische Energieagentur unter www.saena.de.
[35] ZB für das Land Rheinland-Pfalz über die Energieagentur unter www.energieagentur.rlp.de.
[36] Schröder NZBau 2022, 379 (383).

Es geht um die Anzahl aller Fahrzeuge, die aufgrund der Auftragsvergabe gekauft, **36** geleast oder gemietet wurden oder deren Nutzung vertraglich vereinbart wurde, unterteilt nach Fahrzeugklassen gem. § 2 Nr. 3 und 2 SaubFahrzeugBeschG, die Anzahl aller sauberen leichten Nutzfahrzeuge und sauberen schweren Nutzfahrzeuge, die aufgrund der Auftragsvergabe gekauft, geleast oder gemietet wurden oder deren Nutzung vertraglich vereinbart wurde, unterteilt nach Fahrzeugklassen gem. § 2 Nr. 4 und 3 SaubFahrzeugBeschG, und die Anzahl aller emissionsfreien schweren Nutzfahrzeuge, die aufgrund der Auftragsvergabe gekauft, geleast oder gemietet wurden oder deren Nutzung vertraglich vereinbart wurde, unterteilt nach Fahrzeugklassen gem. § 2 Nr. 5 und 6 SaubFahrzeugBeschG. Ferner haben die öffentlichen Auftraggeber und Sektorenauftraggeber zusätzliche Daten anzugeben sowie weitere Einzelheiten bei der Angabe zu beachten, die durch Rechtsverordnung nach § 9 Abs. 3 Nr. 2 SaubFahrzeugBeschG bestimmt werden. Eine solche Rechtsverordnung existierte allerdings bis zum 24.10.2023 nicht.

Ab dem 25.10.2023 werden die fraglichen Daten in eigens dafür geschaffene **37** Textfelder der elektronischen Formulare eingetragen (vgl. Tabelle 2 des Anhangs der Durchführungsverordnung (EU) 2019/1780 zur Einführung von Standardformularen für die Veröffentlichung von Bekanntmachungen für öffentliche Aufträge und zur Aufhebung der Durchführungsverordnung (EU) 2015/1986[37] in der jew. geltenden Fassung, dazu iE → VgV § 10a Rn. 1 ff.).

Für öffentliche Dienstleistungsaufträge iSv § 3 Nr. 2 SaubFahrzeugBeschG, dh **38** Verträge gem. Art. 2 lit. i VO (EG) Nr. 1370/2007, die keiner Pflicht zur Veröffentlichung des vergebenen Auftrags nach § 39 Abs. 1 VgV / § 38 Abs. 1 SektVO unterliegen, gelten auf Basis des SaubFahrzeugBeschG gleichwohl die vorbezeichneten Veröffentlichungspflichten.

Weitere Dokumentationspflichten kann der Bund festlegen (vgl. § 8 Abs. 1 S. 2, **39** Abs. 2 S. 2 und Abs. 3 S. 2 SaubFahrzeugBeschG).

3. Berichterstattung (§ 9 Abs. 1 u. 2 SaubFahrzeugBeschG)

Die zuständigen Bundesministerien, aktuell das BMWK sowie das BMDV, müssen **40** der EU-Kommission einvernehmlich erstellte Berichte im Drei-Jahres-Rhythmus vorlegen (vgl. § 9 Abs. 1 SaubFahrzeugBeschG).

Die Berichte müssen gem. § 9 Abs. 1 S. 2 SaubFahrzeugBeschG folgende Anga- **41** ben enthalten:
1. getroffene Maßnahmen zur Umsetzung der RL (EU) 2019/1161,
2. zukünftige Maßnahmen zur Umsetzung der RL (EU) 2019/1161,
3. sonstige relevante Informationen zur Umsetzung der RL (EU) 2019/1161,
4. die Gesamtanzahl und Klassen der nach §§ 8 und 9 Abs. 3 Nr. 1 und 2 SaubFahrzeugBeschG erfassten Fahrzeuge.

4. Verordnungsermächtigung (§ 9 Abs. 3 SaubFahrzeugBeschG)

Das BMDV darf zum Zwecke der Berichterstattung nach § 9 Abs. 1 SaubFahr- **42** zeugBeschG und zur Überprüfung, ob die Mindestziele nach § 5 SaubFahrzeugBeschG eingehalten werden, durch Rechtsverordnung, die der Zustimmung des Bundesrates bedarf (§ 9 Abs. 3 Hs. 2 SaubFahrzeugBeschG), Aspekte regeln. Von dieser Ermächtigung hat der Bund bislang keinen Gebrauch gemacht.

Folgendes darf das BMDV gem. § 9 Abs. 3 Hs. 2 SaubFahrzeugBeschG regeln: **43**
1. die Erhebung und Speicherung von Daten über Fahrzeugnachrüstungen nach § 6 Abs. 7 und 2 SaubFahrzeugBeschG,

---

[37] ABl. L 272 v. 25.10.2019, S. 7.

2. Einzelheiten zur Erhebung und Speicherung von Daten nach § 8 Abs. 1 bis 3 SaubFahrzeugBeschG und die Erhebung und Speicherung weiterer erforderlicher Daten,
3. die Übertragung der Berichtspflichten ggü. der Europäischen Kommission nach § 9 Abs. 1 SaubFahrzeugBeschG auf eine andere Behörde des Bundes, eine Anstalt des öffentlichen Rechts des Bundes oder ein privatrechtlich organisiertes Unternehmen des Bundes sowie
4. die Datenverarbeitungsbefugnisse, die zur Erfüllung der Berichtspflicht sowie zur Überprüfung, ob die Mindestziele nach § 5 SaubFahrzeugBeschG eingehalten werden, erforderlich sind.

Soweit bei der Übertragung auf ein Unternehmen des Bundes hoheitliche Aufgaben betroffen sind, ist in der Rechtsverordnung nach § 9 Abs. 3 S. 2 SaubFahrzeugBeschG dessen Beleihung auszusprechen.

5. Datenschutz (§ 9 Abs. 3 bis 5 SaubFahrzeugBeschG)

44 Nach § 9 Abs. 5 SaubFahrzeugBeschG ist bei der Übermittlung der Daten nach dem SaubFahrzeugBeschG folgendes sicherzustellen: die Übermittlung muss verschlüsselt stattfinden, die dem jew. Stand der Technik entspr. Maßnahmen müssen getroffen werden, um den Datenschutz und die Datensicherheit zu gewährleisten, und die nach Bundes- oder Landesrecht zuständigen Datenschutzbeauftragten müssen die Möglichkeit zur Einsicht in die Protokolldaten aufgrund der Übermittlung der Daten haben.

45 Die nach § 9 Abs. 3 SaubFahrzeugBeschG erhobenen und aufbereiteten Daten können zum Zwecke der Überprüfung, ob die Mindestziele nach § 5 SaubFahrzeugBeschG eingehalten werden, auf Antrag von der nach § 9 Abs. 3 SaubFahrzeugBeschG bestimmten Stelle an Bundes-, Landes- oder Kommunalbehörden übermittelt werden.

13. Gesetz zur Beschleunigung von Beschaffungsmaßnahmen für die Bundeswehr (Bundeswehrbeschaffungsbeschleunigungsgesetz – BwBBG)

Vom 11. Juli 2022 (BGBl. I S. 1078)

§ 1 Zweck

(1) Dieses Gesetz dient dem zeitnahen Erreichen eines breiten, modernen und innovationsorientierten Fähigkeitsspektrums der Bundeswehr und damit der Stärkung der Bündnis- und Verteidigungsfähigkeit.

(2) Mit den Vorschriften dieses Gesetzes soll die Durchführung von Verfahren für die Vergabe öffentlicher Aufträge, die diesem Zweck dienen, beschleunigt werden. Zudem sollen Sicherheitsinteressen im Vergabeverfahren vereinfacht berücksichtigt werden können.

§ 2 Anwendungsbereich

Dieses Gesetz gilt für öffentliche Aufträge, deren geschätzter Auftrags- oder Vertragswert ohne Umsatzsteuer die Schwellenwerte gemäß § 106 Absatz 2 Nummer 3 des Gesetzes gegen Wettbewerbsbeschränkungen erreicht oder überschreitet und deren Auftragsgegenstand mindestens eine der folgenden Leistungen umfasst:
1. die Lieferung von Militärausrüstung zur unmittelbaren Stärkung der Einsatzfähigkeit der Bundeswehr, einschließlich dazugehöriger Teile, Bauteile oder Bausätze im Sinne des § 104 Absatz 2 des Gesetzes gegen Wettbewerbsbeschränkungen, die durch das Bundesministerium der Verteidigung, die Behörden in seinem Geschäftsbereich oder die bundeseigenen Gesellschaften vergeben wird oder
2. Bau- und Instandhaltungsleistungen in unmittelbarem Zusammenhang mit der in Nummer 1 genannten Ausrüstung, die vergeben werden durch
   a) das Bundesministerium der Verteidigung oder die Behörden in seinem Geschäftsbereich,
   b) die bundeseigenen Gesellschaften
   c) die Einrichtungen der Länder, denen nach § 5b des Finanzverwaltungsgesetzes die Erledigung von Bauaufgaben im Geschäftsbereich des Bundesministeriums der Verteidigung übertragen wurde.

§ 3 Beschleunigte Vergabeverfahren

(1) Abweichend von § 97 Absatz 4 Satz 3 des Gesetzes gegen Wettbewerbsbeschränkungen dürfen mehrere Teil- oder Fachlose zusammen vergeben werden, wenn wirtschaftliche, technische oder zeitliche Gründe dies rechtfertigen. § 97 Absatz 4 des Gesetzes gegen Wettbewerbsbeschränkungen ist mit der Maßgabe anzuwenden, dass das Unternehmen, das nicht öffentlicher Auftraggeber ist und mit der Wahrnehmung oder Durchführung der öffentlichen Aufgabe betraut ist, bei der Vergabe von Unteraufträgen auch nach Satz 1 dieses Absatzes zu verfahren hat.

(2) § 10 Absatz 1 der Vergabeverordnung Verteidigung und Sicherheit vom 12. Juli 2012 (BGBl. I S. 1509), die zuletzt durch Artikel 5 des Gesetzes vom

12. November 2020 (BGBl. I S. 2392) geändert worden ist, ist mit der Maßgabe anzuwenden, dass mehrere Teil- oder Fachlose zusammen vergeben werden dürfen, wenn wirtschaftliche, technische oder zeitliche Gründe dies rechtfertigen, insbesondere weil die Leistungsbeschreibung die Systemfähigkeit der Leistung verlangt und dies durch den Auftragsgegenstand gerechtfertigt ist.

(3) Bei der Vergabe öffentlicher Bauaufträge dürfen mehrere Teil- oder Fachlose zusammen vergeben werden, wenn wirtschaftliche, technische oder zeitliche Gründe dies rechtfertigen. Wird ein Unternehmen, das nicht öffentlicher Auftraggeber ist, mit der Wahrnehmung oder Durchführung einer öffentlichen Aufgabe betraut, verpflichtet der Auftraggeber das Unternehmen, sofern es Unteraufträge öffentlicher Bauaufträge an Dritte vergibt, auch nach Absatz 1 Satz 1 zu verfahren.

(4) Abweichend von § 135 Absatz 1 des Gesetzes gegen Wettbewerbsbeschränkungen kann in einem Nachprüfungsverfahren bei Feststellung eines Verstoßes des Auftraggebers im Sinne des § 135 Absatz 1 des Gesetzes gegen Wettbewerbsbeschränkungen auf Antrag des Auftraggebers ein Vertrag nicht als unwirksam erachtet werden, wenn nach Prüfung aller maßgeblichen Gesichtspunkte unter Berücksichtigung des Zweckes im Sinne des § 1, der besonderen Verteidigungs- und Sicherheitsinteressen sowie der unmittelbaren Stärkung der Einsatzfähigkeit der Bundeswehr zwingende Gründe eines Allgemeininteresses es ausnahmsweise rechtfertigen, die Wirkung des Vertrages zu erhalten. In Fällen des Satzes 1 hat die Vergabekammer oder das Beschwerdegericht alternative Sanktionen zur Feststellung der Unwirksamkeit nach Maßgabe des Absatzes 5 zu erlassen. § 156 Absatz 3, § 179 Absatz 1 und § 181 des Gesetzes gegen Wettbewerbsbeschränkungen bleiben unberührt.

(5) Durch die Vergabekammer oder das Beschwerdegericht im Nachprüfungsverfahren zu erlassende alternative Sanktionen nach Absatz 4 Satz 2 müssen wirksam, verhältnismäßig und abschreckend sein. Sie umfassen die Verhängung einer Geldsanktion gegen den Auftraggeber oder die Verkürzung der Laufzeit des Vertrages. Eine Geldsanktion darf höchstens 15 Prozent des Auftragswertes betragen.

(6) Zwecke im Sinne des § 145 Nummer 7 Buchstabe c des Gesetzes gegen Wettbewerbsbeschränkungen umfassen die satzungsgemäßen Zwecke der internationalen Organisation.

(7) Zur Beschleunigung der Beschaffungsvorhaben sind grundsätzlich im Rahmen der Markterkundung am Markt verfügbare Leistungen und Produkte zur Erfüllung der Fähigkeitsanforderungen zu identifizieren. Wird eine nicht bereits am Markt verfügbare Leistung beschafft, soll die Wirtschaftlichkeitsuntersuchung auch umfassen, aus welchen Gründen eine nicht auf dem Markt verfügbare Leistung beschafft wird und inwieweit welcher zusätzliche Nutzen damit im Zusammenhang stehende Zusatzkosten rechtfertigt.

§ 4 Gemeinsame europäische Beschaffung

(1) Abweichend von § 97 Absatz 2 des Gesetzes gegen Wettbewerbsbeschränkungen dürfen Auftraggeber die Teilnahme an einem Vergabeverfahren auf Bewerber oder Bieter beschränken, die in einem Mitgliedstaat der Europäischen Union ansässig sind, wenn der öffentliche Auftrag im Rahmen eines Kooperationsprogramms vergeben wird, welches mit mindestens einem anderen Mitgliedstaat der Europäischen Union durchgeführt wird. Von der Beschränkung nach Satz 1 sind Bewerber und Bieter auszunehmen, die in einem Staat ansässig sind, der Vertragspartei des Abkommens über den Europäischen Wirtschaftsraum ist oder der dem Übereinkommen über das öffentliche Beschaffungswesen von 1994 (ABl. C 256 vom 3.9.1996, S. 1), geändert durch das Protokoll zur Änderung des Übereinkommens über das öffentliche Beschaffungswesen (ABl. L 68 vom 7.3.2014, S. 2) oder anderen, für die Europä-

ische Union bindenden internationalen Übereinkommen beigetreten ist, wenn der öffentliche Auftrag in den Anwendungsbereich des jeweiligen Übereinkommens fällt. Die Beschränkung nach Satz 1 muss mit Hinweis auf diese Vorschrift in der Auftragsbekanntmachung und den Vergabeunterlagen aufgeführt werden.

(2) Wird ein öffentlicher Auftrag gemäß § 104 des Gesetzes gegen Wettbewerbsbeschränkungen im Rahmen eines Kooperationsprogramms, welches mit mindestens einem anderen Mitgliedstaat der Europäischen Union durchgeführt wird, oder auf andere Weise gemeinsam mit einem anderen Mitgliedstaat der Europäischen Union oder mit der Europäischen Union vergeben, und fällt dieser öffentliche Auftrag in den Anwendungsbereich des Teils 4 des Gesetzes gegen Wettbewerbsbeschränkungen,
1. ist ferner § 97 Absatz 4 Satz 2 bis 4 des Gesetzes gegen Wettbewerbsbeschränkungen nicht anzuwenden;
2. müssen Leistungen auch bei der Vergabe öffentlicher Bauaufträge nicht in der Menge aufgeteilt und nach Art oder Fachgebiet vergeben oder Auftragnehmer entsprechend für Unteraufträge verpflichtet werden;
3. können wesentliche Sicherheitsinteressen der Bundesrepublik Deutschland im Sinne des § 107 Absatz 2 des Gesetzes gegen Wettbewerbsbeschränkungen insbesondere auch berührt sein, wenn die gemeinsame Durchführung des öffentlichen Auftrags wesentliche Sicherheitsinteressen eines anderen beteiligten Mitgliedstaates oder der Europäischen Union betrifft;
4. ergänzend zu § 5 dieses Gesetzes und § 169 Absatz 2, § 173 Absatz 2 und § 176 Absatz 1 des Gesetzes gegen Wettbewerbsbeschränkungen überwiegen die besonderen Verteidigungs- und Sicherheitsinteressen in der Regel, sofern die gemeinsame Durchführung sonst von einem anderen teilnehmenden Mitgliedstaat abgebrochen würde;
5. kann ein technisches Alleinstellungsmerkmal im Sinne des § 12 Absatz 1 Nummer 1 Buchstabe c der Vergabeverordnung Verteidigung und Sicherheit auch dann vorliegen, wenn die Beschaffung von Ausrüstung, die bereits bei einem Mitgliedstaat im Einsatz ist, die einzige ist, die die gemeinsame Durchführung des öffentlichen Auftrags ermöglicht.

Die Verfahrenserleichterungen nach Satz 1 gelten auch für die gemeinsame Durchführung mit mindestens einer Vertragspartei des Abkommens über den Europäischen Wirtschaftsraum. Sie gelten ferner, wenn die gemeinsame Durchführung mit mindestens einem Drittstaat erfolgt, der dem Übereinkommen über das öffentliche Beschaffungswesen von 1994 (ABl. C 256 vom 3.9.1996, S. 1), geändert durch das Protokoll zur Änderung des Übereinkommens über das öffentliche Beschaffungswesen (ABl. L 68 vom 7.3.2014, S. 2) oder anderen für die Europäische Union bindenden internationalen Übereinkommen beigetreten ist, und der öffentliche Auftrag in den Anwendungsbereich des jeweiligen Übereinkommens fällt.

§ 5 Beschleunigte Verfahren vor der Vergabekammer

(1) Ergänzend zu § 166 Absatz 1 Satz 3 des Gesetzes gegen Wettbewerbsbeschränkungen kann auch nach Lage der Akten entschieden werden, soweit dies der Beschleunigung dient. Die mündliche Verhandlung kann im Wege der Bild- und Tonübertragung nach § 128a der Zivilprozessordnung durchgeführt werden.

(2) Bei der Auswahl der geeigneten Maßnahmen nach § 168 Absatz 1 Satz 1 des Gesetzes gegen Wettbewerbsbeschränkungen hat die Vergabekammer auch den Zweck nach § 1, die besonderen Verteidigungs- und Sicherheitsinteressen sowie die unmittelbare Stärkung der Einsatzfähigkeit der Bundeswehr zu berücksichtigen.

(3) Bei der Abwägung nach § 169 Absatz 2 Satz 1 des Gesetzes gegen Wettbewerbsbeschränkungen über die vorzeitige Gestattung des Zuschlags ist auch der

Zweck des § 1 zu berücksichtigen. Die besonderen Verteidigungs- und Sicherheitsinteressen überwiegen in der Regel, wenn der öffentliche Auftrag im unmittelbaren Zusammenhang mit der unmittelbaren Stärkung der Einsatzfähigkeit der Bundeswehr steht. Bei Entscheidungen nach § 169 Absatz 2 Satz 6 und 7 und Absatz 3 des Gesetzes gegen Wettbewerbsbeschränkungen ist auch der Zweck des § 1 zu berücksichtigen. Die besonderen Verteidigungs- und Sicherheitsinteressen überwiegen in der Regel, wenn der öffentliche Auftrag im unmittelbaren Zusammenhang mit der unmittelbaren Stärkung der Einsatzfähigkeit der Bundeswehr steht.

(4) Stellt die Vergabekammer im Nachprüfungsverfahren einen Verstoß des Auftraggebers im Sinne des § 135 Absatz 1 Nummer 1 oder 2 des Gesetzes gegen Wettbewerbsbeschränkungen fest, hat sie § 3 Absatz 4 und 5 zu beachten.

§ 6 Beschleunigte sofortige Beschwerde

(1) Bei der Abwägung nach § 173 Absatz 2 Satz 1 des Gesetzes gegen Wettbewerbsbeschränkungen ist auch der Zweck des § 1 zu berücksichtigen. Die besonderen Verteidigungs- und Sicherheitsinteressen überwiegen in der Regel, wenn der öffentliche Auftrag im unmittelbaren Zusammenhang mit der unmittelbaren Stärkung der Einsatzfähigkeit der Bundeswehr steht.

(2) Ergänzend zu § 175 Absatz 2 in Verbindung mit § 166 Absatz 1 des Gesetzes gegen Wettbewerbsbeschränkungen kann das Gericht im Ausnahmefall nach Lage der Akten entscheiden, insbesondere, wenn dies der Beschleunigung dient und kein unmittelbarer Eindruck der Parteien und direkter Austausch des tatsächlichen und rechtlichen Vortrags erforderlich ist. Die mündliche Verhandlung kann im Wege der Bild- und Tonübertragung nach § 128a der Zivilprozessordnung durchgeführt werden.

(3) Bei der Abwägung nach § 176 Absatz 1 Satz 1 des Gesetzes gegen Wettbewerbsbeschränkungen ist auch der Zweck des § 1 zu berücksichtigen. Die besonderen Verteidigungs- und Sicherheitsinteressen überwiegen in der Regel, wenn der öffentliche Auftrag im unmittelbaren Zusammenhang mit der unmittelbaren Stärkung der Einsatzfähigkeit der Bundeswehr steht.

(4) § 177 des Gesetzes gegen Wettbewerbsbeschränkungen ist nicht anzuwenden.

(5) § 178 des Gesetzes gegen Wettbewerbsbeschränkungen ist mit der Maßgabe anzuwenden, dass die Beschwerdeentscheidung innerhalb einer Frist von sechs Monaten ab Eingang der sofortigen Beschwerde zu treffen und zu begründen ist. Bei besonderen tatsächlichen oder rechtlichen Schwierigkeiten kann der Vorsitzende die Frist durch Mitteilung an die Beteiligten einmalig um den erforderlichen Zeitraum verlängern, wobei dieser Zeitraum vier Wochen nicht überschreiten soll. Abweichend von § 178 Satz 2 des Gesetzes gegen Wettbewerbsbeschränkungen entscheidet das Gericht stets in der Sache selbst.

(6) Für das Beschwerdegericht gilt § 5 Absatz 4 entsprechend.

§ 7 Verstärkte Berücksichtigung von Sicherheitsinteressen im Vergabeverfahren

(1) § 145 Nummer 1 des Gesetzes gegen Wettbewerbsbeschränkungen umfasst auch Aufträge, die den Zwecken der Tätigkeiten des militärischen Nachrichtenwesens dienen.

(2) Abweichend von § 97 Absatz 2 des Gesetzes gegen Wettbewerbsbeschränkungen dürfen Auftraggeber Bewerber oder Bieter von der Teilnahme an einem Vergabeverfahren ausschließen, wenn der Bewerber oder Bieter in einem Staat außerhalb

der Europäischen Union ansässig ist, der nicht die notwendige Gewähr für die Wahrung der Sicherheitsinteressen der Bundesrepublik Deutschland bietet.

(3) § 9 Absatz 1 der Vergabeverordnung Verteidigung und Sicherheit ist mit der Maßgabe anzuwenden, dass Auftraggeber von Bietern verlangen können, in ihrem Angebot keine Unterauftragnehmer vorzusehen, die in einem Staat außerhalb der Europäischen Union ansässig sind, der nicht die notwendige Gewähr für die Wahrung der Sicherheitsinteressen der Bundesrepublik Deutschland bietet.

(4) § 9 Absatz 2 der Vergabeverordnung Verteidigung und Sicherheit ist mit der Maßgabe anzuwenden, dass Auftraggeber dem Auftragnehmer vorgeben können, keine Unterauftragnehmer zu beauftragen, die in einem Staat außerhalb der Europäischen Union ansässig sind, der nicht die notwendige Gewähr für die Wahrung der Sicherheitsinteressen der Bundesrepublik Deutschland bietet.

(5) Die Absätze 2 bis 4 gelten nicht in Bezug auf Auftragnehmer und Unterauftragnehmer, die in einem Staat ansässig sind, der Vertragspartei des Abkommens über den Europäischen Wirtschaftsraum ist. Sie gelten ferner nicht in Bezug auf Auftragnehmer und Unterauftragnehmer, die in einem Drittstaat ansässig sind, der dem Übereinkommen über das öffentliche Beschaffungswesen von 1994 (ABl. C 256 vom 3.9.1996, S. 1), geändert durch das Protokoll zur Änderung des Übereinkommens über das öffentliche Beschaffungswesen (ABl. L 68 vom 7.3.2014, S. 2) oder anderen, für die Europäische Union bindenden internationalen Übereinkommen beigetreten ist, wenn der öffentliche Auftrag in den Anwendungsbereich des jeweiligen Übereinkommens fällt.

§ 8 Übergangsregelungen

Die Regelungen dieses Gesetzes sind auf vor dem Inkrafttreten dieses Gesetzes begonnene, aber noch nicht abgeschlossene Vergabeverfahren anzuwenden, die die Vergabe öffentlicher Aufträge nach § 2 zum Gegenstand haben.

§ 9 Inkrafttreten, Außerkrafttreten

Dieses Gesetz tritt am Tag nach der Verkündung in Kraft. Es tritt mit Ablauf des 31. Dezember 2026 außer Kraft.

Kommentierung

Literatur: Arrowsmith, The Law of Public and Utilities Procurement – Regulation in the EU and UK, Band 2, 2018; Bartetzky-Olbermann/Pauka, Vergaberechtliche Herausforderungen des Ukraine-Krieges, UKuR 2022, 215; Burgi, Stellungnahme zum BwBBG, BT-Drs. 20(9)82; Caranta/Sanchez-Graells, European Public Procurement – Commentary on Directive 2014/24/EU, 2021; Dippel, Stellungnahme zum BwBBG, BT-Drs. 20(9)86; Eggers/Siegert, Grenzen ausschreibungsfreier Rüstungsvergabe, NZBau 2023, 14; Eisenhut, Das Vergaberecht der Verteidigungsgüterbeschaffung – Die „Sicherheitsausnahme" des Art. 346 AEUV als Wunderwaffe?, NJW 2022, 3270; Eßig, Stellungnahme zum BwBBG, BT-Drs. 20(9)84; Gottwald/Gaus, Vergaberechtsanwendung in der Krise, NZBau 2023, 498; Jansen/Knoblauch, Vertragsunwirksamkeit nach § 135 GWB im Lichte des Vergabetransformationspakets, NZBau 2023, 211; Knauff, Rüstungsbeschaffung in Krisenzeiten, NVwZ 2022, 529; Lehnigk-Emden, Stellungnahme zum BwBBG, BT-Drs. 20(9)85; Partner/Rusch, Beschaffung von Treibstoff-Tankern als Kriegsmaterialien ohne Beachtung des Kartellvergaberechts?, NZBau 2022, 721; Schmidt/Kirch, Das Bundeswehrbeschaffungsbeschleunigungsgesetz – Sinn und Wirkweise, Vergabe News 2022, 146; Sigesmund, Das Gesetz zur

Busz/Rosenkötter

BwBBG — Bundeswehrbeschaffungsbeschleunigungsgesetz

Beschleunigung von Beschaffungsmaßnahmen für die Bundeswehr (Bundeswehrbeschaffungsbeschleunigungsgesetz – BwBBG) – Impulse für das Beschaffungswesen, VergabeR 2023, 280; Soudry, Neues Gesetz zur Beschleunigung von Beschaffungsmaßnahmen für die Bundeswehr (BwBBG) – wird jetzt alles gut?, Vergabeblog.de v. 7/11/2022, Nr. 51485; Stein/Ebel, Die BwBBG-„Fast Lane" – beschleunigte Bundeswehrbeschaffungen oder nur ein schnellerer Verbrauch des Sondervermögens?, VergabeR 2022, 709; Stöß/Zech, Das Gesetz zur Beschleunigung von Beschaffungsmaßnahmen der Bundeswehr, GSZ 2022, 209.

Übersicht

	Rn.
I. Bedeutung des BwBBG	1
II. Entstehungsgeschichte	10
III. Anwendungsbereich (§ 2 BwBBG)	12
IV. Beschleunigte Vergabeverfahren (§ 3 BwBBG)	15
1. Allgemeines	15
2. Ausnahmen vom Gebot der losweisen Vergabe (Abs. 1–3)	16
3. Ausnahmen der zwingenden Unwirksamkeit von de-facto-Vergaben (Abs. 4, 5)	19
4. Beschaffungen über internationale Organisationen (Abs. 6)	23
5. Marktverfügbare Lösungen (Abs. 7)	24
V. Gemeinsame europäische Beschaffungen (§ 4 BwBBG)	25
1. Ausschluss von Unternehmen aus Drittstaaten (Abs. 1)	26
2. Verfahrenserleichterungen (Abs. 2)	27
VI. Beschleunigte Verfahren vor der Vergabekammer (§ 5 BwBBG)	31
1. Allgemeines	31
2. Verfahrenserleichterungen (Abs. 1)	32
3. Berücksichtigung besonderer Verteidigungs- und Sicherheitsinteressen (Abs. 2)	33
4. Vorzeitige Gestattung des Zuschlags durch die VK (Abs. 3)	34
VII. Beschleunigte sofortige Beschwerde (§ 6 BwBBG)	35
1. Verlängerung der aufschiebenden Wirkung (Abs. 1)	36
2. Erleichterungen im Beschwerdeverfahren (Abs. 2)	38
3. Vorzeitige Gestattung des Zuschlags durch das OLG (Abs. 3)	39
4. Entscheidungsfrist des OLG (Abs. 5)	40
VIII. Verstärkte Berücksichtigung von Sicherheitsinteressen im Vergabeverfahren (§ 7 BwBBG)	41
1. Beschaffungen für das militärische Nachrichtenwesen (Abs. 1)	42
2. Ausschluss von Unternehmen aus nicht vertrauenswürdigen Staaten (Abs. 2)	43
3. Unterauftragnehmereinsatz (Abs. 3, 4)	44
IX. Übergangsregeln und Geltungsdauer (§§ 8, 9 BwBBG)	45

I. Bedeutung des BwBBG

1 Das BwBBG[1] dient dem zeitnahen Erreichen eines breiten, modernen und innovationsorientierten Fähigkeitsspektrums der Bundeswehr. Es soll zugleich zu einer Stärkung der Bündnis- und Verteidigungsfähigkeit beitragen (§ 1 Abs. 1 BwBBG). Der Gesetzgeber weist in seiner Begr. darauf hin, dass das Erreichen dieser Ziele aufgrund der veränderten sicherheitspolitischen Lage durch den Angriffskrieg Russ-

---

[1] Gesetz zur Beschleunigung von Beschaffungsmaßnahmen für die Bundeswehr (Bundeswehrbeschaffungsbeschleunigungsgesetz – BwBBG) v. 11. Juli 2022 (BGBl. I S. 1078).

lands gegen die Ukraine besondere Bedeutung erlangt habe.[2] In dieser Hinsicht dient das Gesetz auch der **unverzüglichen Einsatzfähigkeit der Bundeswehr.**

Gesetzeszweck des BwBBG ist ferner eine **stärkere Berücksichtigung von Sicherheitsinteressen** (§ 1 Abs. 2 S. 2 BwBBG; zu wesentlichen Sicherheitsinteressen ausf. → GWB § 107 Rn. 44 ff.). Damit soll auch erreicht werden, dass wichtige Informationen über die Verteidigungsfähigkeit der Bundeswehr stärker vor dem Zugriff von Staaten geschützt werden, die jene Informationen in feindlicher Absicht verwenden könnten (dazu auch im Kontext von Art. 346 AEUV → GWB § 107 Rn. 45 ff.).

Darüber hinaus steht das Gesetz in direktem Bezug zu dem durch den Bundestag und Bundesrat beschlossenen **Sondervermögen** von 100 Mrd. Euro für die Bundeswehr.[3] Dieses Sondervermögen soll in Kombination mit dem BwBBG zu einer beschleunigten Modernisierung der Bundeswehr beitragen.

Das BwBBG wurde am 7.7.2022 vom Bundestag beschlossen und trat am Tag nach seiner Verkündung im BGBl., am 19.7.2022, in Kraft. Ziel des Gesetzes ist es, **Erleichterungen im bestehenden Vergaberecht** zu schaffen, die es einerseits den Vergabestellen ermöglichen sollen, Aufträge im Verteidigungs- und Sicherheitsbereich unkomplizierter und schneller zu vergeben und so zur unverzüglichen und schnellstmöglichen Einsatzfähigkeit der Streitkräfte beizutragen. Zum Zweiten wird eine Stärkung der gemeinsamen europäischen Beschaffung angestrebt.[4]

Erreicht werden soll die **Beschleunigung der Verfahren** (§ 1 Abs. 2 S. 1 BwBBG) insbes. durch:
- Begründungserleichterung bei losweiser Vergabe (§ 3 Abs. 1–3 BwBBG),
- Keine zwingende Unwirksamkeit von Verträgen bei de-facto-Vergaben (§ 3 Abs. 4, 5 BwBBG),
- Beschleunigung der Rechtsschutzverfahren (§§ 5, 6 BwBBG) und
- Identifizierung und bevorzugte Beschaffung von am Markt verfügbaren Leistungen („off the shelf") (§ 3 Abs. 7 BwBBG).

Die **gemeinsame europäische Beschaffung** iRv Kooperationsprogrammen soll gestärkt werden durch ua:
- die Zulässigkeit der Beschränkung des Bieterkreises auf Unternehmen in EU und EWR-Staaten (§ 4 Abs. 1 BwBBG),
- den Ausschluss des Gebots der Losvergabe (§ 4 Abs. 2 Nr. 2 BwBBG),
- die Gestattung der Berufung auf wesentliche Sicherheitsinteressen (Art. 346 AEUV, dazu → GWB § 107 Rn. 45 ff.) eines EU-Partners wie auf eigene (§ 4 Abs. 2 Nr. 3 BwBBG);
- die Androhung eines EU-Partners, ein gemeinsames Programm wegen Verzögerungen durch ein Nachprüfungsverfahren abzubrechen, führt bei Eilanträgen regelmäßig zu einem Abwägungsergebnis zu Gunsten des öffentlichen Auftraggebers (§ 4 Abs. 2 Nr. 4 BwBBG) und
- die Stärkung von Alleinstellungsmerkmalen für Ausrüstung, die bereits in Partnerländern eingesetzt wird (§ 12 Abs. 1 Nr. 1 lit. c VSVgV) (§ 4 Abs. 2 Nr. 5 BwBBG).

Die **Befristung** des Gesetzes bis zum 31. Dezember 2026 (§ 9 S. 2 BwBBG) ist auf dessen Zweck, die Bündnis- und Verteidigungsfähigkeit der Bundeswehr schnellstmöglich zu erreichen, zurückzuführen.

Inwiefern das BwBBG tatsächlich zu einer beschleunigten Beschaffung beiträgt, ist teilw. umstritten. Von einer Seite werden die neuen Vorschriften als weitreichende Änderungen betrachtet, die an den Problempunkten ansetzen, die in der Vergangen-

---

[2] BT-Drs. 20/2353, 13.
[3] Bundeswehrfinanzierungs- und sondervermögensgesetz v. 1. Juli 2022 (BGBl. I S. 1030).
[4] BT-Drs. 20/2353, 1.

heit zu erheblichen Verzögerungen beigetragen hätten.[5] Von anderer Seite wird kritisiert, dass Änderungen im Vergaberecht allein wohl kaum zu einem vereinfachten und beschleunigten Beschaffungswesen führen dürften.[6] Denn das eigentliche Vergabeverfahren nehme im gesamten Beschaffungsprozess nur einen kleineren zeitlichen Anteil ein.[7] Daneben sei durch die geschaffenen Neuregelungen in Bezug auf die Beschränkung prozessualer Rechte in Nachprüfungs- und Beschwerdeverfahren ein Wettbewerbs- und Transparenzverlust zu befürchten.[8] Ferner könnten Rechtsverstöße für die jew. Beschaffungsstelle folgenlos bleiben und leicht mit dem Verweis auf das Beschleunigungsinteresse gerechtfertigt werden.[9] Freilich wird der richterliche Beurteilungsspielraum, ob die unmittelbare Stärkung der Einsatzfähigkeit der Bundeswehr in dem speziellen, zur Entscheidung stehenden Fall eine Beschneidung des Rechtsschutzes rechtfertigt, auch weiterhin erhalten bleiben.[10]

9 Zu beobachten bleibt, ob die Neuregelungen einer möglichen Prüfung auf **EU-Rechts-Konformität** vor dem Hintergrund der Vereinbarkeit mit Art. 346 AEUV und der RL 2009/81/EG standhalten werden.[11]

II. Entstehungsgeschichte

10 Im Zuge der durch den russischen Angriffskrieg fundamental veränderten Sicherheitslage in Europa sah der Gesetzgeber einen starken Anstieg des Bedarfs an militärischen Gütern und Dienstleistungen.[12] Um die schnellstmögliche materielle Einsatzfähigkeit der Bundeswehr zu gewährleisten, knüpfte der Gesetzgeber mit der Einführung des BwBBG zeitlich eng an die Einführung eines Sondervermögens[13] an.

11 Mit dem BwBBG versucht der Gesetzgeber nicht nur einen Beitrag zur Wahrung der deutschen Sicherheitsinteressen zu leisten, sondern darüber hinaus auch die Sicherheit der Bündnispartner in der NATO und EU zu stärken.[14] Insbes. sollen durch die neuen Vorschriften auch Kooperationsprogramme mit anderen Mitgliedstaaten der EU vereinfacht genutzt werden können.[15] Die angestrebten Auswirkungen des BwBBG sollen zudem durch weitere Maßnahmen zur Optimierung des Beschaffungswesens ergänzt werden. Der bisher auf die Beschaffungsorganisation gelegte Fokus soll dafür auf eine gesamtsystemische und integrative Betrachtung von Bedarfsermittlung und Bedarfsdeckung einschl. deren Prozessschnittstellen erweitert werden.[16]

III. Anwendungsbereich (§ 2 BwBBG)

12 Der Anwendungsbereich des BwBBG umfasst verteidigungsspezifische öffentliche Aufträge im Oberschwellenbereich. In objektiver Hinsicht sind die in § 104 Abs. 1

---

[5] Vgl. Stöß/Zech GSZ 2022, 209.
[6] Soudry Vergabeblog.de v. 7.11.2022, Nr. 51485.
[7] Dippel, Stellungnahme zum BwBBG, BT-Drs. 20(9)86, S. 1; vgl. Schmidt/Kirch Vergabe News 2022, 146.
[8] Vgl. Schmidt/Kirch Vergabe News 2022, 146.
[9] Stein/Ebel VergabeR 2022, 709 (718).
[10] Dippel, Stellungnahme zum BwBBG, BT-Drs. 20(9)86, S. 5.
[11] Krit. insoweit Eisenhut NJW 2022, 3270.
[12] BT-Drs. 20/2353, 2.
[13] Bundeswehrfinanzierungs- und sondervermögensgesetz v. 1. Juli 2022 (BGBl. I S. 1030).
[14] BT-Drs. 20/2353, 3.
[15] BT-Drs. 20/2353, 3.
[16] BT-Drs. 20/2353, 10.

Nr. 1 GWB genannten Aufträge zur **Lieferung von Militärausrüstung** einschl. dazugehöriger Teile, Bauteile oder Bausätze iSd § 104 Abs. 2 GWB erfasst, die durch das BMVg, die Behörden in seinem Geschäftsbereich[17] oder bundeseigene Gesellschaften vergeben werden. Zusätzlich muss der Auftrag der **unmittelbaren Stärkung der Einsatzfähigkeit der Bundeswehr** dienen (§ 2 **Nr. 1** BwBBG). Der Gesetzgeber sieht eine solche Unmittelbarkeit als gegeben an, wenn der Auftrag der Zweckbestimmung des § 1 BwBBG, einer zeitnahen Erreichung der Stärkung der Bündnis- und Verteidigungsfähigkeit, dient[18], was bei der Lieferung von Militärausrüstung der Regelfall sein dürfte. Zum Begriff der Militärausrüstung → VSVgV § 1 Rn. 4–11. Zusätzlich stellte der BT iRd Beschlussempfehlung klar, dass dem Begriff der Militärausrüstung auch nicht-körperliche Gegenstände wie Software, Rechte oder Energie unterfallen.[19]

Bau- und Instandhaltungsleistungen iSd § 2 **Nr. 2** BwBBG umfassen technische und betriebliche Maßnahmen, die dem Erhalt oder der Wiederherstellung der Verwendungsfähigkeit materieller Ausstattung dienen.[20] Dazu zählen insbes. Inspektion, Wartung, Instandsetzung und Verbesserung. Jene Bau- und Instandhaltungsleistungen müssen **in unmittelbarem Zusammenhang** mit der in Nr. 1 genannten Militärausrüstung stehen. Zwar greift der Anwendungsbereich des BwBBG schon dann ein, wenn „mindestens" einer der in § 2 BwBBG definierten Leistungen vom Auftragsgegenstand umfasst ist. Allerdings müssen die in § 2 Nr. 2 BwBBG genannten Instandhaltungsleistungen den Hauptzweck des entspr. Auftrags bilden.[21] Umfasst die Leistungsbeschreibung das Chartern und die Bereithaltung von Luftfahrzeugen, so bildet eine damit verbundene Instandhaltung lediglich einen dem Hauptziel dienenden Nebenzweck.[22] 13

§ 2 Nr. 2 BwBBG definiert den subjektiven Anwendungsbereich im Falle der Vergabe von Bau- und Instandhaltungsleistungen durch eine Auflistung der möglichen Auftraggeber, mithin das BMVg, die Behörden in seinem Geschäftsbereich, die bundeseigenen Gesellschaften oder die Einrichtungen der Länder, denen nach § 5b des Finanzverwaltungsgesetzes die Erledigung von Bauaufgaben im Geschäftsbereich des BMVg übertragen wurde. 14

IV. Beschleunigte Vergabeverfahren (§ 3 BwBBG)

1. Allgemeines

Im Hinblick auf die Ziele des BwBBG sollen mit § 3 BwBBG vorübergehend Erleichterungen für Vergabeverfahren geschaffen werden. Dazu werden über das BwBBG modifizierte Anwendungen bestehender Vorschriften des GWB und der VSVgV etabliert. Die Abs. 1 bis 3 beinhalten neue Anwendungsvorschriften in Bezug auf das **Gebot der losweisen Vergabe**. Dabei wird eine neue Möglichkeit geschaffen, auf eine Losaufteilung zu verzichten, womit der Schutz mittelständischer Interessen eingeschränkt wird. Die Abs. 4 und 5 betreffen die gem. § 135 Abs. 1 GWB grds. zwingend festzustellende Unwirksamkeit von **de-facto-Vergaben** (dazu → GWB § 135 Rn. 50 ff.). Danach können solche Vergaben aus besonderen verteidigungsspezifischen Gründen nicht zwingend für unwirksam erklärt werden. 15

---

[17] Vornehmlich das Bundesamt für Ausrüstung, Informationstechnik und Nutzung der Bundeswehr (BAAINBw) in Koblenz.
[18] BT-Drs. 20/2353, 14.
[19] BT-Drs. 20/2644, 3; Stein/Ebel VergabeR 2022, 709.
[20] BT-Drs. 20/2353, 14.
[21] VK Bund 19.9.2022 – VK 2–80/22, BeckRS 2022, 31569.
[22] VK Bund 19.9.2022 – VK 2–80/22, BeckRS 2022, 31569.

Zu diesem Zweck modifiziert der Gesetzgeber § 135 Abs. 1 GWB. Abs. 6 beinhaltet Klarstellungen zu Regelungen über die **Beschaffung durch internationale Organisationen**. Diese sind durch ihren Status von der Anwendung der RL 2009/81/EG ausgenommen. Um das Ziel der Beschleunigung von Beschaffungen zu erreichen, sind Auftraggeber durch Abs. 7 dazu angehalten, durch Markterkundungen **bereits am Markt verfügbare Lösungen** zu beschaffen. Wird dies von einem Auftraggeber nicht berücksichtigt, soll durch eine Wirtschaftlichkeitsuntersuchung festgestellt werden, aus welchen Gründen eine nicht bereits auf dem Markt verfügbare Leistung beschafft wurde.

2. Ausnahmen vom Gebot der losweisen Vergabe (Abs. 1–3)

16   Die vom BwBBG umfassten Vergaben unterliegen grds. dem Vergaberecht des GWB. § 3 Abs. 1 BwBBG schränkt die Anwendung des § 97 Abs. 4 S. 3 GWB ein. Danach dürfen mehrere Teil- oder Fachlose ausnahmsweise zusammen vergeben werden, wenn wirtschaftliche oder technische Gründe dies *erfordern* (dazu → GWB § 97 Rn. 95 ff.). Solche, eine Gesamtvergabe rechtfertigenden Gründe müssen zusätzlich von erheblichem Gewicht sein.[23] § 3 Abs. 1 BwBBG erweitert diese Gründe um den Tatbestand der **zeitlichen Gründe**.[24] Da eine Gesamtvergabe aufgrund des geringeren Aufwands weniger Zeit in Anspruch nimmt als eine Vergabe mit Losaufteilung, wird hierdurch eine beschleunigende Wirkung erreicht.

17   Der Gesetzgeber spricht mit dieser Regelung bewusst den Sicherheits- und Verteidigungsinteressen in der Abwägung ein stärkeres Gewicht zu als den mittelständischen Interessen. Dabei bewegt er sich jedoch innerhalb seines europarechtlichen Spielraums nach der RL 2009/81/EU. Auch der RL 2014/24/EU, die lediglich eine nicht weiter spezifizierte Begründung einer Gesamtvergabe fordert[25], steht die Regelung nicht entgegen.

18   Mit Blick auf die Begründung einer Gesamtvergabe stellt es eine weitere Erleichterung für den Auftraggeber dar, dass der Begriff des *„Erforderns"* aus § 97 Abs. 4 S. 3 GWB durch den des *„Rechtfertigens"* ersetzt wird. In der RL 2014/24/EU wird den Mitgliedstaaten lediglich vorgeschrieben zu begründen, warum sie in einzelnen Fällen von einer losweisen Vergabe absehen, wobei ihnen ein weiter Ermessensspielraum eingeräumt wird.[26] Wie eine solche Begründung im Detail auszusehen hat, wird dagegen nicht vorgeschrieben. Regelungen zu einer verpflichtenden Losaufteilung zu treffen, wird den Mitgliedstaaten überlassen.[27] Mit der Neuformulierung des „Rechtfertigens" wird lediglich die Schwelle für die Begründung herabgesetzt; eine Gesamtvergabe zu begründen bleibt jedoch weiterhin notwendig. Insofern begegnet die Änderungsregelung des BwBBG keinen EU-rechtlichen Bedenken.

3. Ausnahmen der zwingenden Unwirksamkeit von de-facto-Vergaben (Abs. 4, 5)

19   § 3 Abs. 4 S. 1 BwBBG setzt Art. 60 Abs. 3 UAbs. 1 RL 2009/81/EG um und erweitert die Ausnahmeregelung des § 135 Abs. 1 GWB. Durch die Neuregelung wird den Nachprüfungsinstanzen ein **Ermessensspielraum bei der Frage der**

---

[23] Beck VergabeR/Antweiler GWB § 97 Abs. 4 Rn. 51.
[24] BT-Drs. 20/2353, 15.
[25] Caranta/Sanchez-Graells, European Public Procurement – Commentary on Directive 2014/24/EU, Art. 46 Rn. 12 (S. 500).
[26] Caranta/Sanchez-Graells, European Public Procurement – Commentary on Directive 2014/24/EU, Art. 46 Rn. 12 (S. 500).
[27] Caranta/Sanchez-Graells, European Public Procurement – Commentary on Directive 2014/24/EU, Art. 46 Rn. 13 (S. 501).

Unwirksamkeit von de-facto-Vergaben eingeräumt. Diese können von der grds. zwingenden Rechtsfolge der Unwirksamkeit solcher Vergaben nach § 135 Abs. 1 GWB (dazu → GWB § 135 Rn. 111) abweichen. In die dafür erforderliche Abwägung sollen der Zweck des § 1 BwBBG, die Eilbedürftigkeit von Vergaben sowie besondere Verteidigungs- und Sicherheitsinteressen einbezogen werden.[28] Das Absehen von einer zwingenden Unwirksamkeit kann nur auf gesonderten Antrag des öffentlichen Auftraggebers im Nachprüfungsverfahren erreicht werden. Hierbei muss der Auftraggeber darlegen, inwiefern die zu beschaffende Leistung dem Zweck des § 1 BwBBG dient.[29]

Durch die Regelung wird das Vergabeverfahren an sich zwar nicht direkt beschleunigt. Jedoch würde eine zwingende Unwirksamkeit der betreffenden de-facto-Vergabe dazu führen, dass die Leistung erneut ausgeschrieben werden müsste.[30] Sich diesen Schritt zu sparen, dürfte im Gesamtkontext zu einer beschleunigten Beschaffung führen. 20

Abs. 5 sieht derweil **alternative Sanktionen** für den Fall vor, dass von einer Unwirksamkeit abgesehen wird. Diese sind nach § 3 Abs. 4 S. 2 BwBBG verpflichtend anzuordnen. Möglich sind dabei **Geldbußen oder -strafen gegen den Auftraggeber** oder eine **Laufzeitverkürzung des Vertrages**. Die Möglichkeit, solche alternativen Sanktionen zu treffen, war bereits in Art. 60 Abs. 3 UAbs. 1 der RL 2009/81/EG vorgesehen und wurde nun erstmals in deutsches Recht umgesetzt.[31] Die Höhe der Geldsanktion soll nicht mehr als 15 % des Auftragswerts betragen. Um die europarechtlichen Bestimmungen zu erfüllen, müssen die alternativen Sanktionen „**wirksam, verhältnismäßig und abschreckend**" sein.[32] Der Gesetzgeber räumt den Nachprüfungsinstanzen bei ihrer Anordnung einen weiten Ermessensspielraum ein.[33] 21

Die Sanktionierung von de-facto-Vergaben wird somit den Vergabekammern und Gerichten überlassen.[34] Zweifel bestehen an der Wirksamkeit und Abschreckungswirkung der Sanktionen, da unklar bleibt, an wen Geldsanktionen gezahlt werden sollen: Wird bspw. an den Bund gezahlt, bleibt das Geld im Bundeshaushalt, was wohl den Zweck der Abschreckung nicht erfüllen dürfte.[35] Jedoch besteht auch die Möglichkeit, dass eine solche Geldsanktion an den unterlegenen Bieter gezahlt wird.[36] So sieht § 181 GWB für den unterlegenen Bieter einen Anspruch auf Ersatz des Vertrauensschadens vor. Die Regelung diente ursprünglich der Umsetzung der RMRL im Sektorenbereich (RL 92/13/EWG), wurde aber auf die klassischen Auftraggeber erweitert und schließlich zu einer eigenen Anspruchsgrundlage (dazu → GWB § 181 Rn. 2). Zudem sieht Art. 2 Abs. 1 UAbs. 1 lit. d der RL 92/13/EWG vor, dass die Mitgliedstaaten bei ihren Regelungen über Rechtsmittel auch die Möglichkeit einer Schadenersatzzahlung an Personen, die durch einen Rechtsverstoß geschädigt worden sind, etablieren müssen.[37] Bei der Umsetzung dessen bestand und besteht auch weiterhin bei den EU-Mitgliedstaaten noch Verunsicherung, wie die genauen Voraussetzungen möglicher Schadenersatzansprüche aussehen.[38] 22

---

[28] BT-Drs. 20/2353, 16.
[29] BT-Drs. 20/2353, 16.
[30] Stöß/Zech GSZ 2022, 209 (211).
[31] Dippel, Stellungnahme zum BwBBG, BT-Drs. 20(9)86, S. 3.
[32] S. auch Trybus, Buying Defence and Security in Europe, Chapter 10 p. 482.
[33] BT-Drs. 20/2353, 17.
[34] Stein/Ebel VergabeR 2022, 709 (716).
[35] Schmidt/Kirch Vergabe News 2022, 146; Stein/Ebel VergabeR 2022, 709 (716).
[36] Stein/Ebel VergabeR 2022, 709 (716).
[37] Arrowsmith, The Law of Public and Utilities Procurement: Regulation in the EU and UK, Chapter 22 Para. 222.
[38] Arrowsmith, The Law of Public and Utilities Procurement: Regulation in the EU and UK, Chapter 22 Para. 222.

4. Beschaffungen über internationale Organisationen (Abs. 6)

23 § 145 Nr. 7 lit. c GWB setzt Art. 12 lit. c RL 2009/81/EG in deutsches Recht um. Die Vorschrift stellt die Fälle, in denen Beschaffungen durch internationale Organisationen getätigt werden, vom Vergaberecht frei (dazu ausf. → GWB § 145 Rn. 17). § 3 Abs. 6 BwBBG stellt klar, dass die Ausnahme des § 145 Nr. 7 lit. c GWB auch gilt, wenn internationale Organisationen Beschaffungen für ihre Mitglieder tätigen. Genannt wird vom Gesetzgeber bspw. die NATO Support and Procurement Agency (NSPA).[39] Der Gesetzgeber sah sich zu dieser Klarstellung insofern veranlasst, als dass die Regelung in der Vergangenheit teilw. so interpretiert wurde, dass die Ausnahme nur gelte, wenn internationale Organisationen Beschaffungen für ihre eigenen Zwecke tätigen.[40]

5. Marktverfügbare Lösungen (Abs. 7)

24 § 3 Abs. 7 BwBBG soll zu einer beschleunigten Beschaffung beitragen, indem der öffentliche Auftraggeber dazu angehalten wird, durch Markterkundung bereits **am Markt verfügbare Lösungen** zu identifizieren. Dies ist nicht nur schneller, sondern auch kosteneffizienter.[41] Für den Fall, dass der Auftraggeber dem nicht nachkommt, unterliegt er einer Begründungpflicht. Diese Begründung findet iR einer Wirtschaftlichkeitsuntersuchung statt. Eine **Pflicht zur Beschaffung** von bereits am Markt verfügbaren Lösungen **besteht** demnach **nicht**.

V. Gemeinsame europäische Beschaffungen (§ 4 BwBBG)

25 Mit § 4 BwBBG sollen die Voraussetzungen für kooperative Beschaffungen mit anderen Mitgliedstaaten der EU vereinfacht werden. Durch eine verstärkte Zusammenarbeit soll die europäische Verteidigungsfähigkeit gestärkt werden und eine gemeinsame industrielle und technologische Basis entstehen. Hierzu beinhaltet § 4 BwBBG Ausnahmen vom Gebot der losweisen Vergabe sowie weitere Verfahrenserleichterungen.

1. Ausschluss von Unternehmen aus Drittstaaten (Abs. 1)

26 § 4 Abs. 1 S. 1 BwBBG erlaubt es dem Auftraggeber, den Teilnehmerkreis bei kooperativen Beschaffungen mit anderen Mitgliedstaaten auf **Unternehmen aus der EU zu beschränken**. Hiervon macht Abs. 1 S. 2 wiederum eine Ausnahme ua für Unternehmen, die in einem Staat ansässig sind, der Vertragspartei des Abkommens über den Europäischen Wirtschaftsraum ist. Die Regelungen stehen nicht im Widerspruch zum „Agreement on Government Procurement" (GPA), da das GPA Aufträge über Rüstungsgüter weitgehend nicht umfasst.[42] Zwar entschied das OLG Düsseldorf, dass Art. 18 Abs. 1 UAbs. 1 der RL 2014/24/EU eine Ungleichbehandlung von Wirtschaftsteilnehmern aus Drittstaaten verbietet, sofern diese nicht ausdr. gesetzlich gestattet ist.[43] Doch dürfte sich § 4 Abs. 1 BwBBG innerhalb der Vorgaben der RL 2009/81/EG bewegen, nach der die Mitgliedstaaten bei der Beschaffung

---

[39] BT-Drs. 20/2353, 17.
[40] Dies wurde mittlerweile auch in ähnlicher Weise von der EU-Kommission klargestellt. die betonte, dass der „Zweck" einer internationalen Organisation gerade darin liegen kann, Beschaffungen für einzelne Mitgliedstaaten durchzuführen (Beispiel Section II: Mission der NATO Support and Procurement Agency). BT-Drs. 20/2353, 17.
[41] BT-Drs. 20/2353, 18.
[42] BT-Drs. 20/2353, 18; Stöß/Zech GSZ 2022, 209 (212).
[43] OLG Düsseldorf 1.12.2021 – VII-Verg 54/20, NZBau 2022, 605.

im Verteidigungs- und Sicherheitskontext befugt sind zu entscheiden, Unternehmen aus Drittstaaten aus dem Vergabeverfahren auszuschließen.[44]

2. Verfahrenserleichterungen (Abs. 2)

Die durch § 4 Abs. 2 BwBBG geschaffenen Verfahrenserleichterungen gelten für alle verteidigungs- und sicherheitsspezifischen öffentlichen Aufträge und nicht bloß für den Anwendungsbereich des BwBBG nach § 2.[45]

§ 4 Abs. 2 Nr. 1 und 2 BwBBG entbindet den Auftraggeber vollständig von der Pflicht zur losweisen Vergabe. Das Gebot des Mittelstandsschutzes wird dadurch erheblich beeinträchtigt, wobei dieses jedoch gegen das Interesse an der Stärkung von kooperativen Beschaffungen auf europäischer Ebene abgewogen werden muss.[46] IRd § 4 Abs. 2 BwBBG dient dies neben der Beschleunigung des Verfahrens auch der Ermöglichung einer Kooperation mit Mitgliedstaaten, die entspr. Regelungen nicht kennen.

§ 4 Abs. 2 Nr. 3 BwBBG sieht iRv kooperativen Beschaffungen die Möglichkeit vor, dass der Ausnahmetatbestand des Art. 346 Abs. 1 AEUV auch vorliegen kann, wenn ein wesentliches Sicherheitsinteresse eines beteiligten Mitgliedstaates dies erfordert.[47] Dass sich der deutsche Auftraggeber auf wesentliche Sicherheitsinteressen seines Kooperationspartners berufen kann, wird teilw. als unionsrechtswidrige Ausdehnung des Sinn und Zwecks des Art. 346 Abs. 1 AEUV gesehen.[48] Von anderer Seite wird die Neuregelung zu Recht als zulässige Klarstellung des europäischen Primärrechts in Art. 346 Abs. 1 AEUV betrachtet.[49]

§ 4 Abs. 2 Nr. 5 BwBBG konkretisiert den Tatbestand der technischen Besonderheiten des § 12 Abs. 1 Nr. 1 lit. c VSVgV (iE → VSVgV § 12 Rn. 14). Im Kontext einer Direktbeschaffung können solche Alleinstellungsmerkmale auch vorliegen, wenn iRd gemeinsamen Durchführung ein Produkt verwendet werden muss, bei dem diese technischen Gründe aufgrund einer Vorimplementierung in einem anderen Mitgliedstaat vorliegen.[50]

27

28

29

30

VI. Beschleunigte Verfahren vor der Vergabekammer (§ 5 BwBBG)

1. Allgemeines

§ 5 BwBBG enthält Ergänzungen und Abweichungen von den §§ 155 ff. GWB. Mit der Vorschrift sollen Nachprüfungsverfahren über Vergaben im Anwendungsbereich des BwBBG angesichts ihrer Dringlichkeit und Bedeutung für die nationale Sicherheit schneller durchgeführt werden können. Die Regelung soll dabei über das Beschleunigungsgebot des § 167 GWB noch hinausgehen. Im Grundsatz wurde am zweistufigen Rechtsschutz vor der Vergabekammer und den Vergabesenaten der Oberlandesgerichte festgehalten.[51] Neben diversen Verfahrenserleichterungen sieht § 5 BwBBG vor allem eine starke Berücksichtigung besonderer Verteidigungs- und Sicherheitsinteressen bei einer möglichen Interessenabwägung vor.

31

---

[44] Erwgr. 18 UAbs. 3 der RL 2009/81/EG.
[45] Stöß/Zech GSZ 2022, 209 (212).
[46] Stöß/Zech GSZ 2022, 209 (212).
[47] BT-Drs. 20/2353, 19 f.
[48] Stein/Ebel VergabeR 2022, 709 (713).
[49] BT-Drs. 20/2353, 19 f.; Stöß/Zech GSZ 2022, 209 (212 f.).
[50] BT-Drs. 20/2353, 20.
[51] BT-Drs. 20/2353, 20.

2. Verfahrenserleichterungen (Abs. 1)

32 § 5 Abs. 1 S. 1 BwBBG gibt der Vergabekammer verstärkt die Möglichkeit, im Nachprüfungsverfahren bereits nach **Lage der Akten** zu entscheiden. Hierzu wird § 166 Abs. 1 S. 3 GWB ergänzt. Zudem werden mündliche Verhandlungen durch Bild- und Tonübertragungen für zulässig erklärt.[52]

3. Berücksichtigung besonderer Verteidigungs- und Sicherheitsinteressen (Abs. 2)

33 Welche Maßnahmen iSd § 168 Abs. 1 S. 1 GWB geeignet sind, eine Rechtsverletzung zu beseitigen, wird von § 5 Abs. 2 BwBBG konkretisiert. Danach sind bei Nachprüfungsverfahren im Anwendungsbereich des BwBBG besondere Verteidigungs- und Sicherheitsinteressen sowie die unmittelbare Stärkung der Einsatzfähigkeit der Bundeswehr zu berücksichtigen. Dabei ist insbes. das Interesse an einer größtmöglichen Beschleunigung der Vergabe idR ausschlaggebend.[53] Maßnahmen, die das Vergabeverfahren oder die Umsetzung des Vorhabens verzögern, verlängern oder gar vereiteln, können dementsprechend keine angemessenen Maßnahmen iSd § 5 Abs. 2 BwBBG sein.

4. Vorzeitige Gestattung des Zuschlags durch die VK (Abs. 3)

34 § 5 Abs. 3 BwBBG ergänzt die Ausnahmeregelung über eine vorzeitige Gestattung des Zuschlags während eines noch laufenden Nachprüfungsverfahrens des § 169 Abs. 2 GWB. Auch bei dieser Entscheidung (dazu iE → GWB § 169 Rn. 11 ff.) spielen die besonderen **Verteidigungs- und Sicherheitsinteressen** sowie die Einsatzfähigkeit der Bundeswehr eine **vorrangige Rolle bei der Interessenabwägung**. Besteht ein unmittelbarer Zusammenhang mit der Stärkung der Einsatzfähigkeit der Bundeswehr, soll die Abwägung derart vorgenommen werden, dass ein Vorabzuschlag idR gestattet wird.[54] Damit sollen Verzögerungen der Beschaffung verhindert werden. Aber auch bereits zuvor hatten Nachprüfungsstellen Vorabzuschläge im Bereich der Verteidigung und Sicherheit zugelassen.[55]

VII. Beschleunigte sofortige Beschwerde (§ 6 BwBBG)

35 § 6 BwBBG schafft Regelungen für eine beschleunigte sofortige Beschwerde vor den Vergabesenaten der Oberlandesgerichte. Die Vorschrift enthält Ergänzungen und Abweichungen zu bzw. von den §§ 171 ff. GWB und weist materiell viele Gemeinsamkeiten mit § 5 BwBBG auf.

1. Verlängerung der aufschiebenden Wirkung (Abs. 1)

36 § 6 Abs. 1 BwBBG hat die folgende prozessuale Situation im Blick: Wird der Nachprüfungsantrag von der Vergabekammer zurückgewiesen, hat die sofortige Beschwerde gem. § 173 Abs. 1 S. 1 GWB aufschiebende Wirkung ggü. der Entscheidung der Vergabekammer. Die aufschiebende Wirkung entfällt zwei Wochen nach Ablauf der Beschwerdefrist (§ 173 Abs. 1 S. 2 GWB). In diesen Fällen kann der Vergabesenat auf gesonderten Antrag des Beschwerdeführers die **aufschiebende**

---

[52] Krit. zu dieser Regelung: Stein/Ebel VergabeR 2022, 709 (717).
[53] BT-Drs. 20/2353, 21.
[54] BT-Drs. 20/2353, 21.
[55] Vgl. OLG Düsseldorf 18.8.2021 – VII-Verg 51/20, NZBau 2022, 480; Stein/Ebel VergabeR 2022, 709 (717).

Wirkung der sofortigen Beschwerde bis zur Entscheidung über die Beschwerde verlängern (§ 173 Abs. 1 S. 3 GWB, dazu ausf. → GWB § 173 Rn. 17 ff.). Bei dieser (Zwischen-) Entscheidung hat der Vergabesenat den möglicherweise geschädigten Interessen der Verfahrensbeteiligten die nachteiligen Folgen einer Verzögerung der Vergabe gegenüberzustellen und eine Interessensabwägung vorzunehmen (dazu näher → GWB § 173 Rn. 44 ff.).

§ 6 Abs. 1 BwBBG nimmt jene **Interessensabwägung** des Vergabesenats in den 37 Fokus und schreibt vor, dass bei der Abwägung auch der Zweck des § 1 BwBBG zu berücksichtigen ist. Bei der Entscheidung über die Verlängerung der aufschiebenden Wirkung der sofortigen Beschwerde **überwiegen idR die besonderen Verteidigungs- und Sicherheitsinteressen** und damit das Zuschlagsinteresse, wenn der öffentliche Auftrag im unmittelbaren Zusammenhang mit der unmittelbaren Stärkung der Einsatzfähigkeit der Bundeswehr steht.

2. Erleichterungen im Beschwerdeverfahren (Abs. 2)

Durch § 6 Abs. 2 BwBBG soll das Beschwerdeverfahren vor dem Vergabesenat 38 beschleunigt werden. Dies betrifft Verfahrenserleichterungen[56] wie die Möglichkeit, im Ausnahmefall **nach Lage der Akten** entscheiden, insbes., wenn dies der Beschleunigung dient und kein unmittelbarer Eindruck der Parteien oder direkter Austausch des tatsächlichen und rechtlichen Vortrags erforderlich ist. Der Vergabesenat hat die Möglichkeit, die mündliche Verhandlung im Wege der Bild- und Tonübertragung nach § 128a ZPO durchzuführen.

3. Vorzeitige Gestattung des Zuschlags durch das OLG (Abs. 3)

Wie erstinstanzlich vor der Vergabekammer (§ 5 Abs. 3 BwBBG), sieht § 6 39 Abs. 3 BwBBG **Erleichterungen** in Bezug auf die **vorzeitige Gestattung des Zuschlags** durch den Vergabesenat vor. Der erstinstanzlich unterlegene Auftraggeber hat (wie bisher auch) die Möglichkeit, im Fall einer sofortigen Beschwerde gem. § 176 Abs. 1 S. 1 GWB die Vorabentscheidung über den Zuschlag beim Beschwerdegericht zu beantragen. Der Vergabesenat kann den Zuschlag gestatten, wenn unter Berücksichtigung aller möglicherweise geschädigten Interessen die nachteiligen Folgen einer Verzögerung der Vergabe bis zur Entscheidung über die Beschwerde die damit verbundenen Vorteile überwiegen (dazu ausf. → GWB § 176 Rn. 13 ff.). Bei jener **Interessenabwägung** ist auch der Zweck des § 1 BwBBG zu berücksichtigen. Dabei **überwiegen idR die besonderen Verteidigungs- und Sicherheitsinteressen**, wenn der Auftrag im unmittelbaren Zusammenhang mit der unmittelbaren Stärkung der Einsatzfähigkeit der Bundeswehr steht.

4. Entscheidungsfrist des OLG (Abs. 5)

§ 6 Abs. 5 BwBBG legt eine Entscheidungsfrist für das Beschwerdegericht fest. 40 Dieses muss innerhalb von **sechs Monaten** über die sofortige Beschwerde entscheiden und die Entscheidung begründen. Die Regelung könnte zwar die richterliche Unabhängigkeit aus Art. 97 Abs. 1 GG berühren, da diese auch die Entscheidung umfasst, in welcher Reihenfolge oder Priorität die richterliche Entscheidung erfolgt. Freilich dürfte die Vorschrift aufgrund der besonderen Bedeutung des Zwecks nach § 1 BwBBG gerechtfertigt sein. Im Übrigen besteht gem. § 6 Abs. 4 S. 2 BwBBG bei besonderen oder tatsächlichen Schwierigkeiten die Möglichkeit einer einmaligen Fristverlängerung um die erforderliche Zeit, wobei diese Verlängerung vier Wochen

---

[56] §§ 175 Abs. 2 iVm 65 Abs. 1 und 72 GWB.

nicht überschreiten soll.[57] Nach § 6 Abs. 5 S. 3 BwBBG soll das Beschwerdegericht stets in der Sache selbst entscheiden und die Sache nicht an die Vergabekammer zurückverweisen.

VIII. Verstärkte Berücksichtigung von Sicherheitsinteressen im Vergabeverfahren (§ 7 BwBBG)

41 Gem. § 7 BwBBG sollen Sicherheitsinteressen im Vergabeverfahren stärker berücksichtigt werden. Dabei soll auch verhindert werden, dass Informationen aus bestimmten Vergabeverfahren an nicht vertrauenswürdige Staaten gelangen.[58] Dies betrifft vor allem Informationen, die einen Aufschluss über die Verteidigungsfähigkeit der Bundeswehr geben können. IdS schafft die Regelung Möglichkeiten, Unternehmen aus Staaten außerhalb der EU von der Teilnahme an einem Vergabeverfahren auszuschließen.

1. Beschaffungen für das militärische Nachrichtenwesen (Abs. 1)

42 § 7 Abs. 1 BwBBG enthält eine Ergänzung zu § 145 Nr. 1 GWB, um den Begriff der **nachrichtendienstlichen Tätigkeit** klarzustellen. § 145 Nr. 1 GWB setzt Art. 13 lit. b der RL 2009/81/EG in nationales Recht um. Umfasst werden danach Beschaffungen durch Nachrichtendienste sowie Beschaffungen für alle Arten von nachrichtendienstlichen Tätigkeiten (iE → GWB § 145 Rn. 6). § 7 Abs. 1 BwBBG stellt klar, dass von der Ausnahme des § 145 Nr. 1 GWB nicht nur klassische Nachrichtendienste als Auftraggeber umfasst sind, sondern auch solche Auftraggeber, die keine spezifischen nachrichtendienstlichen Funktionen wahrnehmen. So umfasst der englische Wortlaut der „intelligence activities" in der Guidance Note „Defence and security specific exclusions"[59] vielmehr alle Aufklärungstätigkeiten zum Zwecke des Sammelns von Informationen über einen Feind oder einen potenziellen militärischen Gegner.[60] Der Begriff der nachrichtendienstlichen Tätigkeiten ist damit nicht institutionell, sondern **funktional zu verstehen**. Somit sind von der Vorschrift nicht nur der Bundesnachrichtendienst und der Militärische Abschirmdienst, sondern auch das Militärische Nachrichtenwesen der Bundeswehr, welches kein institutioneller Nachrichtendienst ist, als Auftraggeber umfasst.

2. Ausschluss von Unternehmen aus nicht vertrauenswürdigen Staaten (Abs. 2)

43 Nach § 7 Abs. 2 BwBBG haben Auftraggeber die Möglichkeit, Bewerber oder Bieter von der Teilnahme an einem Vergabeverfahren auszuschließen, wenn diese ihren Sitz in einem Staat **außerhalb der EU** haben, der „**nicht die notwendige Gewähr für die Wahrung der Sicherheitsinteressen der Bundesrepublik Deutschland bietet**".[61] Eine Auflistung solcher Staaten bietet die „Liste der Staaten mit besonderen Sicherheitsrisiken" des BMVg. Die Wahrung der übergeordneten nationalen Sicherheitsinteressen und der damit verbundene Schutz von Informationen über die Verteidigungsfähigkeit der Bundeswehr rechtfertigen die durch die Vorschrift geschaffene Einschränkung des Gleichbehandlungsgrundsatzes des § 97 Abs. 2 GWB.

---

[57] BT-Drs. 20/2353, 23.
[58] Stöß/Zech GSZ 2022, 209 (213).
[59] Ref. Ares(2016)764884.
[60] BT-Drs. 20/2353, 23 f.
[61] BT-Drs. 20/2353, 24.

3. Unterauftragnehmereinsatz (Abs. 3, 4)

§ 7 Abs. 3 und 4 BwBBG ermächtigen den Auftraggeber, von Bietern zu verlangen, in ihren Angeboten keine Unternehmen als **Unterauftragnehme**r zu beauftragen, die ihren Sitz in Staaten außerhalb der EU haben und nicht die notwendige Gewähr für die Wahrung der Sicherheitsinteressen der Bundesrepublik Deutschland bieten. **44**

IX. Übergangsregeln und Geltungsdauer (§§ 8, 9 BwBBG)

§ 8 BwBBG erweitert den zeitlichen Anwendungsbereich des Gesetzes auf bereits begonnene Vergabeverfahren. Die Regelung steht damit im Widerspruch zur regelmäßigen Praxis, nach der Vergabeverfahren meist nach dem Recht zu Ende geführt werden, das zum Zeitpunkt der Einleitung des Verfahrens galt.[62] **45**

Das BwBBG trat am Tag nach seiner Verkündung im BGBl. am 19.7.2022 in Kraft. Die Befristung des Gesetzes bis zum 31. Dezember 2026 ist auf den Zweck des Gesetzes, die Bündnis- und Verteidigungsfähigkeit der Bundeswehr schnellstmöglich zu erreichen, zurückzuführen. Zudem weist der Gesetzgeber auf den Zusammenhang des Gesetzes mit dem Sondervermögen für die Bundeswehr hin.[63] Sollte der Zweck des § 1 BwBBG bis zur festgelegten Befristung nicht erreicht worden sein, hat sich der Gesetzgeber vorbehalten, die Gültigkeit des Gesetzes zu verlängern.[64] **46**

---

[62] BT-Drs. 20/2353, 25.
[63] BT-Drs. 20/2353, 25.
[64] BT-Drs. 20/2353, 25.

Stichwortverzeichnis

Die fetten Buchstaben verweisen auf die Paragraphen,
die mageren Ziffern auf die Randnummern

A- und B-Dienstleistungen GWB 130 1;
  GWB 153 1
Abhilfe GWB 168 34
Ablehnungsfiktion GWB 167 10; **GWB
  171** 16 ff.; **GWB 172** 5
Abmagerungsangebote VgV 35 22
Abrufbarkeit von Fördermitteln VgV 14
  60
Abschriften GWB 172 8; **VOB/A EU 13**
  14
AEUV GWB Einl 11 ff.
AGB-Abwehrklausel VgV 15 39a f.
Agusta-Entscheidung VSVgV 1 7
Akquisitionsleistung VOB/A EU 8b 1
Aktenanforderung GWB 163 14
Akteneinsicht GWB 164 1; **GWB 165**
– Anfechtbarkeit der Entscheidung **GWB
  173** 29 ff.
– Antrag **GWB 165** 11
– Aufklärungsvermerk **VgV 15** 33
– Bedeutung **GWB 165** 1e
– Berechtigte **GWB 165** 3
– Beschwerdeverfahren **GWB 175** 18 ff.
– Erforderlichkeit/
  Entscheidungserheblichkeit **GWB 165**
  5a ff.
– gebundene Entscheidung **GWB 165** 3a
– Gegenstand **GWB 165** 2 ff.
– Geheimschutz **GWB 165** 7 ff.
– geschwärzte Unterlagen **GWB 165** 2b
– Recht auf **GWB 165** 4 ff.
– Verfahren **GWB 165** 11
– Versagung **GWB 165** 13
Aktuelle Befasstheit VgV 6
Alleinentscheidung GWB 157 27 ff.
**Alleinstellung eines Unternehmens VgV
  14** 51 ff.; **SektVO 13** 9; **KonzVgV 20**
  2 ff.; **VOB/A 3a** 23 ff.; **VOB/A EU 3a**
  15; **VOB/A-VS 3a** 9; **UVgO 8** 35 ff.
– maßgeblicher Zeitpunkt **VgV 14** 50a;
  SektVO 13 9a
**Allgemeine Geschäftsbedingungen VgV
  31** 37; **VOB/A EU 7** 6, 13
Allgemeine Technische Vertragsbedingungen VOB/A EU 8a 6
**Allgemeine Vertragsbedingungen VOB/
  A 8a**; **VOB/A EU 8a** 3; **VOB/A-VS
  8a**

Allgemeine Vorschrift
– Ausgleichspflicht **VO 1370 3** 6 f.
– Begriff **VO 1370 2** 24
– bestehende Beihilfen **VO 1370 3** 12
– Einnahmeaufteilung **VO 1370 4** 24 ff.
– Festsetzung von Höchsttarifen **VO 1370
  3** 4 ff.
– Inhalt **VO 1370 4**
– Wahlrecht **VO 1370 3** 8
Allianzmodelle VOB/A EU 4 23a
**Alternativ- oder Bedarfspositionen
  VOB/A EU 7b** 12
Alternativangebote VgV 35 2; **VgV 53**
  52 f.
Altmark-Trans-Urteil VO 1370 4 12; **VO
  1370 Einl** 16
**Amortisierung von Investitionen GWB
  103** 32 f.
Amtsermittlungspflicht GWB 163; *s.
  Untersuchungsgrundsatz*
Amtsverschwiegenheit GWB 164 6
ANBestP A 3 5; **VOB/A Einl** 8
Änderung der Vergütung VOB/A 9d;
  VOB/A EU 9d; **VOB/A-VS 9d**
Änderung des Bauentwurfs VOB/A 22
**Änderungen im Vergabeverfahren GWB
  133** 49a ff.
Anfechtung GWB 133 150 f.
Angebote VOB/A 16c
– Änderungen des Bieters **VOB/A EU 13** 13
– Angabe von gewerblichen Schutzrechten
  VgV 53 57 ff.
– Aufbewahrung ungeöffneter **VgV 54**
– Ausnahme von elektronischer Übermittlung **VgV 53** 8 ff.
– elektronische Übermittlung **VgV 53** 7;
  VOB/A EU 13 5 f.
– Form **VgV 53** 5 f.; **KonzVgV 28**;
  VOB/A EU 13 3 ff.; **VOB/A-VS 13**;
  UVgO 38 2 ff.
– Inhalt **VOB/A-VS 13**; **VgV 53** 37 ff.;
  VOB/A EU 13 11 ff.
– Nebenangebote **VgV 53** 50 ff.
– nicht geforderte/zusätzliche Erklärungen
  VgV 53 48
– Öffnung **VgV 55**; **VOB/A EU 14**
– postalische Übermittlung **VgV 53** 31 ff.
– Preise **VgV 53** 49

Stichwortverzeichnis

magere Zahlen = Randnumer

- Prüfung **VgV 56**
- Telefaxübermittlung **VgV 53** 36
- Übermittlung **VgV 53** 31 ff.; **KonzVgV 28**
- Umfang **VgV 53** 42 ff.
- Ungeeignetheit **VgV 14** 48
- Unterschrift **VgV 53** 33 f.; **VOB/A EU 13** 4
- verspätete *s. dort*
- Vollständigkeit **VgV 53** 38 ff.

Angebotsbearbeitung
- Entschädigung **VOB/A 8b** 6; **VOB/A EU 8b** 1 ff.

Angebotsbindung VOB/A EU 10a 35

Angebotsfrist KonzVgV 27; VOB/A EU 10
- Ablauf **VOB/A 10** 6; **VOB/A 12** 24
- Änderungen der Vergabeunterlagen **VgV 20** 17 ff.
- angemessene **UVgO 13** 6 f.
- Angemessenheit **VgV 20** 4 ff.
- Ausschlussfrist **VgV 15** 5; **VgV 16** 17; **UVgO 13** 6
- Beginn **VOB/A 10** 5
- Bekanntmachung **VOB/A 10** 7
- Berechnung **VgV 15** 6; **VgV 16** 21; **VgV 20** 3; **SektVO 14** 4; **KonzVgV 27** 11; **VOB/A EU 10a** 2; **VOB/A EU 10** 3
- beschränkte Ausschreibung **VOB/A 10** 5 ff.
- Dringlichkeit **VOB/A 10** 12; **VOB/A EU 10a** 6; **VOB/A EU 10b** 7
- dynamisches Beschaffungssystem **VgV 24** 13 f.
- einvernehmliche Festlegung **VgV 16** 22 ff.; **VgV 17** 19
- elektronische Angebotsabgabe **VOB/A EU 10b** 6; **VOB/A EU 10a** 7
- Ermessen **VgV 20** 1
- freihändige Vergabe **VOB/A 10** 8
- Generalklausel **VgV 20; SektVO 16**
- Gleichbehandlung **UVgO 13** 9
- GU-Ausschreibungen **VgV 20** 6
- Mindestfrist **VgV 15** 6; **VgV 16** 18; **VgV 20** 1; **VgV 52** 7; **SektVO 14** 5; **KonzVgV 27** 5; **VOB/A 10** 12; **VOB/A EU 10** 1; **VOB/A EU 10a** 3; **VOB/A EU 10b** 3; **VOB/A-VS 10b** 3
- Mindestfristen **VSVgV 20** 2
- nicht offenes Verfahren **VgV 16** 17 ff.; **SektVO 15** 8; **VSVgV 20** 4; **VOB/A EU 10b** 3; **VOB/A-VS 10b** 3
- offenes Verfahren **VgV 15** 5 ff.; **SektVO 14** 4 ff.; **VOB/A EU 10a** 3
- öffentliche Ausschreibung **VOB/A 10** 5 ff.
- ÖPP-Ausschreibungen **VgV 20** 6
- Ortsbesichtigung *s. dort*
- Rechtsfolgen bei Verstößen **VgV 20** 26 f.
- Sicherheit und Verteidigung **VSVgV 20** 1 ff.
- Verhandlungsverfahren mit Teilnahmewettbewerb **VgV 17** 15 ff.; **VOB/A EU 10c** 4; **VOB/A-VS 10c** 3
- Verhandlungsverfahren ohne Teilnahmewettbewerb **VOB/A EU 10c** 6; **VOB/A-VS 10c** 4
- Verhandlungsvergabe **UVgO 13**
- Verkürzung **VgV 16** 20, 26; **VgV 17** 18 f.; **VgV 20** 2; **VgV 38** 2, 8 ff.; **SektVO 14** 8 ff.; **SektVO 36** 2; **VSVgV 20** 4; **VOB/A 10** 13; **VOB/A EU 10a** 4 ff.; **VOB/A EU 10b** 4 ff.; **VOB/A EU 12** 4
- Verlängerung **VgV 15** 7; **VgV 16** 19; **VgV 20** 11, 11a ff.; **SektVO 14** 6; **VSVgV 20** 7; **KonzVgV 17** 4; **VOB/A 10** 13; **VOB/A EU 10a** 8 ff.; **VOB/A EU 10b** 8; **UVgO 13** 11 f.
- Vorinformation **VOB/A EU 10a** 4 f.; **VOB/A EU 10b** 4 f.
- wettbewerblicher Dialog **VOB/A-VS 10d**
- zusätzliche Informationen **VgV 20** 12 ff.

Angebotsphase
- wettbewerblicher Dialog **GWB 119** 32; **VgV 18** 22 ff.

Angebotsunterlagen
- Eigentum **VOB/A EU 8b** 9
- Urheberrecht **VOB/A EU 8b** 10
- Verwendung **VOB/A 8b** 7
- Verwertungsverbot **VOB/A EU 8b** 8 ff.

Angebotsverfahren VOB/A EU 4 28 ff.
Angemessenheit GWB Einl 18
Anhörung GWB 133 121 ff.
Anhörungsrüge GWB 175 17
Anpassung des Vertrags GWB 133 35
Anschaffungskosten VgV 59 17
Anschlussaufträge VOB/A 3a 38 ff.
Anschlussbeschwerde GWB vor 171 4; **GWB 171** 8 f.
Anschlussleistungen UVgO 8 38 f.
Anschreiben VgV 29 8 f.; **VOB/A EU 8** 3
Anteilsveräußerungen *s. Veräußerung von Gesellschaftsanteilen*
Anwaltszwang GWB 175 2 ff.
Arbeitnehmerrechte VO 1370 4 34 ff.; **VO 1370 Einl** 45
Arbeitnehmerschutz GWB 124 55 ff.; **GWB 128** 12 ff.
Arbeitsverträge GWB 107 34 ff.
Architekten- und Ingenieurleistungen VgV 73ff
- Ausarbeitung von Lösungsvorschlägen **VgV 76** 4

fette Zahlen = Paragraphen

Stichwortverzeichnis

- Ausführungs- und Lieferinteressen **VgV 73** 3
- Berufsbezeichnungen **VgV 75** 3 f.
- Definition **VgV 73** 2
- Eignung **VgV 75** 6
- Ideen- und Realisierungswettbewerb **VgV 79** 1
- keine eindeutige/erschöpfende Leistungsbeschreibung **VgV 73** 1
- Kostenerstattung **VgV 77** 1
- Leistungswettbewerb **VgV 76** 2 f.
- Losverfahren **VgV 75** 8 f.
- Planungswettbewerbe **VgV 79**
- Qualifikation **VgV 75** 2 ff.
- Referenzen **VgV 75** 7
- Verfahrensart **VgV 74**
- Vergütung **VgV 77**
- Zuschlag **VgV 76**

Architekten- und Ingenieurleistungen VOB/A 1 24 f.
Arzneimittel-Rabattverträge VgV 21 6
ATV DIN 18 299 ff. VOB/A EU 7 14 f.
Audiovisuelle Mediendienste GWB 116 14 ff.
Auf- und Abgebotsverfahren VOB/A EU 4 35 ff.
Auf- und Abpreisen VgV 57 43
Aufbewahrung
- Pflichten **VgV 8** 11; **VSVgV 43**; **KonzVgV 6** 7; **VOB/A EU 14** 35 ff.
- ungeöffnete Angebote/Anträge **VgV 54**; **KonzVgV 29**; **UVgO 6** 2; **UVgO 39**

Auffangzuständigkeit GWB 159 20
Aufforderung zur Angebotsabgabe VgV 52; **SektVO 42**; **VSVgV 29** 1 ff.; **UVgO 37**
- Angebotsfrist **VgV 52** 7
- Aufforderung der Bewerber **VgV 52** 3 f.
- Dialogphase **VgV 52** 8
- dynamisches Beschaffungssystem **VgV 23** 16 ff.
- erforderliche Unterlagen **VgV 52** 9
- Gewichtung der Zuschlagskriterien **VgV 52** 12 ff.
- Hinweis auf Auftragsbekanntmachung **VgV 52** 6
- Mindestangaben **VgV 52** 5 ff.
- Mindestinhalt **UVgO 37** 4 ff.
- nicht offenes Verfahren **GWB 119** 16, 19
- Ort und Art der Einreichung **VgV 52** 7
- Sprache **VgV 52** 7
- Textform **VgV 52** 4
- Zuschlagskriterien **VgV 52** 10 ff.

Aufforderung zur Interessensbestätigung VgV 26 3; **VgV 38** 20 ff.; **VgV 52** 15 ff.
Aufforderung zur Teilnahme VgV 26 12 ff.; **SektVO 42**

Aufforderung zur Verhandlung nach Teilnahmewettbewerb UVgO 37 4 ff.
Aufhebung der Aufhebung GWB 155 25; **GWB 168** 19 ff.
Aufhebung der Ausschreibung GWB 155 34; **GWB 168** 18; **GWB 173** 26; **VOB/A 17**; **VOB/A EU 17**; **VOB/A-VS 17**
- Informationspflicht **GWB 134** 64 f.
Aufhebung des Vergabeverfahrens GWB 119 28; **GWB 121** 23; **GWB 168** 32; **VgV 63**; **VSVgV 37**; **KonzVgV 32**; **UVgO 48**
- Ablauf der Zuschlags- und Bindefrist **VgV 63** 52
- abschließende Gründe **VgV 63** 12
- Alternative **VgV 63** 20 ff.
- Auffangtatbestand **VgV 63** 46 ff.
- Ermessen **VgV 63** 15 ff.
- fehlende Haushaltsmittel **VgV 63** 29
- Flucht in Aufhebung **VgV 63** 12 ff.
- Folgen unterbliebener Mitteilung **VgV 63** 58
- Fortsetzung des Verfahrens **VgV 63** 59
- kein wirtschaftliches Ergebnis **VgV 63** 41 ff.
- Pflicht **VgV 63** 15 ff.
- private Auftraggeber **VgV 63** 7
- Rechtsfolgen bei Verstößen **VgV 63** 60 ff.
- Scheinaufhebung **VgV 63** 39
- schwerwiegende Gründe **VgV 63** 46 ff.
- schwerwiegende rechtliche Fehler **VgV 63** 18, 51
- Teilaufhebung **VgV 63** 9 ff., 22
- ultima ratio **VgV 63** 3, 19
- Unterrichtungspflicht **VgV 63** 54 ff.
- Verfahrensart **VgV 63** 8
- Verhältnismäßigkeit **VgV 63** 11
- Wegfall unsicherer Finanzierung **VgV 63** 49
- wesentliche Änderung der Grundlagen **VgV 63** 30 ff.
- Zeitraum **VgV 63** 5 f.

Aufhebung des Zuschlags GWB 168 22 ff.
Aufhebungsvertrag GWB 133 129
Aufklärung VOB/A 15; **VOB/A EU 7c** 8; **VOB/A EU 15**; **VOB/A-VS 15**
- AGB-Abwehrklausel **VgV 15** 39a f.
- Allgemeines **VgV 15** 14 f.
- Angebote **VgV 15** 23 ff.; **VOB/A EU 15** 7; **UVgO 9** 4; **UVgO 10** 11; **UVgO 11** 8
- Angemessenheit der Preise **VOB/A EU 15** 11 f.
- Anwendungsbereich **VgV 15** 16; **VgV 16** 28; **VOB/A EU 15** 3

2899

Stichwortverzeichnis

magere Zahlen = Randnumer

- Art der Durchführung der Baumaßnahme **VOB/A EU 15** 9
- Aufklärungsvermerk **VgV 15** 33; **VOB/A EU 15** 13
- Auskunftsweigerung **VgV 15** 35 ff.
- Durchführung **VgV 15** 18 ff.; **VgV 60** 7 f.
- Eignung **VgV 15** 30; **VOB/A EU 15** 6; **UVgO 9** 4; **UVgO 10** 11; **UVgO 11** 8
- Energieverbrauch **VOB/A EU 15** 20
- Gegenstand **VgV 15** 21 ff.; **VgV 60** 10 ff.; **VOB/A EU 15** 5 ff.
- Geheimhaltung der Ergebnisse **VgV 15** 32; **VOB/A EU 15** 13
- Kalkulation **VgV 15** 28 f.
- nach Angebotsöffnung **VOB/A EU 15** 3 ff.
- Nebenangebote **VgV 15** 24; **VOB/A EU 15** 8
- Pflicht **GWB 167** 15; **VgV 15** 34; **VgV 60** 5; **VOB/A EU 15** 14 ff.
- Rechtsfolgen bei Verstößen **VOB/A EU 15** 21
- ungewöhnlich niedriger Preis **VgV 60** 3 f.; **VOB/A EU 16d** 8 ff., 11
- unstatthafte Verhandlungen **VOB/A EU 15** 17 ff.
- Ursprungsorte/Bezugsquellen **VOB/A EU 15** 10
- Verhandlungsverbot **VgV 15** 38 ff.
- Verweigerung **VOB/A EU 15** 15 f.
- Zeitraum **VgV 15** 17; **VOB/A EU 15** 4

Aufschiebende Wirkung
- Anfechtbarkeit der Entscheidung zur Akteneinsicht **GWB 173** 29 ff.
- Anfechtung einer Kostenentscheidung **GWB 173** 27 f.
- Befristung **GWB 173** 11
- Beschwerde **GWB 173** 6 ff.
- Reichweite **GWB 173** 7
- von Amts wegen **GWB 173** 6 ff.

Aufschiebende Wirkung, Verlängerung
- Antrag **GWB 173** 17 ff.
- Antragsbefugte **GWB 173** 39 ff.
- Interessensabwägung **GWB 173** 44 ff.
- Kosten **GWB 182** 46 f.
- Rechtsschutzbedürfnis **GWB 173** 26

Auftrag s. *Öffentlicher Auftrag*

Auftraggeber s. a. *Öffentlicher Auftraggeber*; **GWB 103** 64
- Oberbegriff **GWB 98** 2
- Vergabestatistik **VergStatVO 1** 3; **VergStatVO 2** 5

Auftraggebereigenschaft GWB 99 7 ff.
- auftragsbezogene **GWB 99** 117 ff.
- Beurteilungszeitpunkt **GWB 99** 15 ff.
- Fehlen **GWB 99** 24

- personaler/organisatorischer Bezugspunkt **GWB 99** 8 ff.

Auftraggeberwechsel GWB 132 75

Auftragsänderung VSVgV 35 6; **UVgO 47**
- Änderung der Rahmenbedingungen **GWB 132** 7 ff.
- Änderung des Auftragnehmers **GWB 132** 59 ff.
- Änderung des wirtschaftlichen Gleichgewichts **GWB 132** 22
- Änderungen der Laufzeit **GWB 132** 28 ff.
- Änderungen des Vertragsinhalts **GWB 132** 6 ff.
- Änderungen im Vergabeverfahren vor Zuschlag **GWB 133** 49a ff.
- Auftraggeberwechsel **GWB 132** 75
- ausschreibungspflichtige **GWB 133** 44 ff.
- Auswechslung des Auftragsgegenstandes **GWB 132** 35
- Ausweitung des Umfangs **GWB 132** 23 ff.
- Bekanntgabe **VgV 39** 8
- Einwirkungen der Parteien auf Vertragsinhalt **GWB 132** 14
- erleichterte **GWB 142** 15
- Geringfügigkeitsgrenzen **GWB 132** 55
- Informationspflicht **GWB 134** 75 f.
- Konzession **GWB 154** 8 ff.
- Laufzeitänderung **GWB 132** 28 ff.; **GWB 133** 48
- ohne neues Vergabeverfahren **GWB 132**
- Option **GWB 132** 38 ff., 60 ff.; **GWB 133** 52
- Preisänderungen **GWB 132** 34
- rechtliche Änderungen **GWB 132** 7 ff.
- Sektorenauftrag **GWB 142** 15
- strukturelle Veränderungen **GWB 132** 65 ff.; **GWB 133** 57
- tatsächliche Änderungen **GWB 132** 7 ff.
- Übernahme der Auftragnehmerverpflichtung durch Auftraggeber **GWB 132** 74
- Überprüfungsklausel **GWB 132** 38 ff., 60 ff.; **GWB 133** 52
- Unternehmensumstrukturierung **GWB 132** 65 ff.; **GWB 133** 57
- unvorhersehbare Umstände **GWB 132** 52; **GWB 133** 55 f.
- während Vertragslaufzeit **GWB 132**; **VOB/A EU 22**; **VOB/A-VS 22**
- wesentliche Änderung **GWB 132** 17 ff., 27 ff., 59 ff.; **GWB 133** 43; **GWB 135** 44 ff.
- Zulässigkeit **GWB 132** 37 ff.
- Zulässigkeitsprüfung **GWB 132** 5
- zusätzliche erforderliche Leistungen **GWB 132** 43 ff.; **GWB 133** 53

fette Zahlen = Paragraphen **Stichwortverzeichnis**

Auftragsausführung GWB 128; UVgO 45
Auftragsbekanntmachung GWB 135 58; **VgV 37** 1, 5 ff.; **SektVO 35** 3 ff.; **VSVgV 9** 14; **VOB/A EU 12** 10 ff.; **VOB/A-VS 12** 5 f.; **UVgO 27** 2 f.
- Amtsblatt der EU **GWB 135** 22, 48
- Angaben **VgV 37** 9
- Auftragsänderungen **GWB 135** 58; **VSVgV 35** 6
- Auslegung **VgV 37** 5; **VOB/A 12** 10
- Ausnahmen **GWB 135** 64 ff.; **VgV 37** 6 f.; **VSVgV 35** 5
- Begriff **GWB 135** 57
- Bereichsausnahmen **GWB 135** 65 ff.
- Bindung **VgV 37** 5; **VOB/A 12** 9
- CPV-Codes **VSVgV 18** 4
- dynamisches Beschaffungssystem **VgV 23** 3 ff.
- elektronische Auktion **VgV 26** 3
- Erstellung **VgV 37** 8 ff.
- Erstellung und Veröffentlichung **VOB/A EU 12** 11 ff.
- fehlende europaweite **GWB 135** 48 ff.
- freiwillige EU-weite **UVgO 27** 3
- freiwillige Ex-ante-Transparenzbekanntmachung **VSVgV 18** 7
- Inhalt **GWB 135** 101; **VSVgV 18** 3
- Innovationspartnerschaft **VgV 14** 23; **VgV 19** 6 ff.
- Konzessionen **GWB 151** 2 ff.
- Mindestinhalt **UVgO 28** 3 ff.
- Muster **SektVO 35** 5
- Nachweis der Eignung **VgV 48** 3 ff.
- nicht offenes Verfahren **VgV 14** 7; **VgV 16** 5
- offenes Verfahren **VgV 14** 5; **VgV 15** 4; **SektVO 14** 3
- öffentliche Ausschreibung **UVgO 9** 2
- Pflicht **VOB/A EU 12** 10
- Pflicht zur europaweiten Bekanntmachung **GWB 135** 22 ff.
- Planungswettbewerb **VgV 70** 2 ff.
- Rechtsfolgen bei Verstößen **GWB 135** 48 ff.
- Rechtsschutz **VgV 37** 17 ff.
- Sicherheit und Verteidigung **VSVgV 18** 1 ff.; **VSVgV 35**
- Teilnahmewettbewerb **SektVO 15** 3 ff.
- Übermittlung **VgV 37** 10
- Vergabekammer **VgV 37** 12 f.
- Verhandlungsverfahren **VgV 14** 11
- Veröffentlichung **UVgO 28** 2
- Veröffentlichung im Inland **VOB/A EU 12** 14
- Veröffentlichungskosten **VgV 37** 11
- Verzicht **SektVO 36** 6

- wettbewerblicher Dialog **VgV 14** 17; **VgV 18** 8 ff.
- Zeitpunkt **GWB 135** 54, 60 f., 97
Auftragsverwaltung GWB 159 17
Auftragswertberechnung VgV 3
Aufwandsentschädigung VgV 18 25
Aufwandsvertrag VOB/A EU 4 4, 19 ff.
Ausbildungsnachweise VgV 46 29 f.
Ausführungsbedingungen GWB 127 43; **VgV 61**
- Arbeitnehmerschutz **GWB 128** 12 ff.
- beschäftigungspolitische Belange **GWB 128** 34
- Bezug zum Auftragsgegenstand **GWB 128** 23 ff.
- effektive Überprüfbarkeit **GWB 128** 27
- Festlegung besonderer Bedingungen **GWB 128** 18 ff.
- Nachweis der Beachtung **GWB 128** 29 ff.
- Rechtstreue **GWB 128** 4 ff.
- Sicherung der Beachtung **GWB 128** 28
- soziale **GWB 128** 34
- umweltbezogene **GWB 128** 33
- Vertragsbedingungen **GWB 128** 19
- Zulässigkeit **GWB 128** 20 ff.
- zwingend zu berücksichtigende **GWB 129**
Ausführungsbeginn
- nach Aufforderung **VOB/A EU 9** 8
- innerhalb angegebener Fristen **VOB/A EU 2** 16
Ausführungsbestimmungen
- Konzessionsvergabe **GWB 152** 15 ff.
Ausführungsfrist VOB/A 9; VOB/A-VS 9
- Änderung **VgV 63** 34
- Ausführungsbeginn nach Aufforderung **VOB/A EU 9** 8
- außergewöhnlich kurze Fristen **VOB/A EU 9** 7
- Bauleistungen **VOB/A EU 9** 2 ff.
- Bauzeitenplan **VOB/A EU 9** 11
- Bekanntmachung **VOB/A EU 12** 19
- Einzelfristen **VOB/A EU 9** 9
- Grundsätze **VOB/A EU 9** 2 ff.
- Planlieferfristen **VOB/A EU 9** 12
- Verkürzung **VOB/A EU 9a** 6
- Zuschlag mit geänderten Fristen **VOB/A EU 9** 15 f.
Ausgeschlossene Personen VSVgV 6; VSVgV 42
Ausgleichsleistung VO 1370 Anh
- allgemeine Vorschrift **VO 1370 3** 6 f.
- für gemeinwirtschaftliche Verpflichtungen **VO 1370 6**
- gemeinwirtschaftliche Verpflichtungen **VO 1370 2** 15 ff.

2901

Stichwortverzeichnis

magere Zahlen = Randnumer

- Informations- und Übermittlungspflicht **VO 1370** 6 4
- Parameter **VO 1370** 4 8 ff.
- Transparenz **VO 1370** 4 13
- Überkompensationskontrolle **VO 1370** 4 17
- Überkompensationsprüfung **VO 1370 Anh**
- Überkompensationsverbot **VO 1370** 4 18 ff.; **VO 1370** 6 3

Auskunftspflicht GWB 143 10

Ausland
- Privilegierungen **VOB/A 24** 4 ff.
- Vergabe im **VOB/A 24**

Auslandsdienststelle VOB/A 24 1

Auslandsdienststellen KonzVgV 35; **UVgO 53** 2

Auslandsvergabe UVgO 53
- Privilegierung **UVgO 53** 5
- Wertgrenzen **UVgO 53** 4

Auslegung
- Bekanntmachung **VOB/A 12** 10
- richtlinienkonforme **GWB 99** 35; **GWB Einl** 9

Auslegungsmitteilung GWB vor 155 20; **GWB 107** 10; **GWB Einl** 12

Auslobungsverfahren GWB 103 124 ff.

Ausnahmetatbestände GWB 107; **GWB 117** 6 ff.
- besondere Ausnahmen **GWB 116** 3 ff.
- Inhouse-Geschäfte **GWB 108** 8 ff.
- Instate-Geschäfte **GWB 108** 72 ff.
- internationale Verfahrensregeln **GWB 109** 1 ff.
- Rechtsfolgen bei Eingreifen **GWB 107** 9 ff.

Ausschließliche Rechte GWB 116 26 f.; **GWB 149** 11 f.; **VOB/A 3a** 25

Ausschlussfrist GWB 135 79 ff.; **VOB/A 10** 2

Ausschlussgründe VOB/A-VS 6e; **VOB/A-VS 16**; **UVgO 42**
- Abweichen vom Leistungsverzeichnis **VgV 57** 8 f.
- Änderungen an Vergabeunterlagen **VgV 57** 35; **VOB/A EU 16** 7
- Ergänzungen an Vergabeunterlagen **VgV 57** 35
- fakultative **GWB 124** 4 ff.; **GWB 126** 5; **GWB 142** 13; **VgV 57** 7; **VgV 60** 13 ff.; **SektVO 45** 2; **VSVgV 24** 1 ff.; **VOB/A 6a** 7; **VOB/A 16** 8 ff.; **VOB/A EU 6e** 1
- fehlende angeforderte Erklärungen/Nachweise **VOB/A EU 16** 11 ff.
- fehlende Eignung **VgV 57** 49 ff.
- fehlende geforderte Unterlagen **VgV 57** 26 ff.
- fehlende nachgeforderte Unterlagen **VgV 57** 31
- fehlende Preisangaben **VgV 57** 39; **VOB/A EU 16** 9 ff.
- Form **VOB/A 6a** 8
- Insolvenz/Liquidation **GWB 124** 12 ff.
- Interessenskonflikt **GWB 124** 32
- irreführende Informationen **GWB 124** 52 f.
- Konzessionsvergabe **GWB 154** 4 ff.
- mangelhafte Erfüllung früheren öffentlichen Auftrags **GWB 124** 37 ff.
- nach Zuschlagserteilung **GWB 133** 68
- Nachweis für Nichtvorliegen **VgV 48** 17 ff.; **KonzVgV 26**; **VOB/A 6a** 7; **UVgO 35**
- Nebenangebote **VOB/A 16d** 14; **VOB/A EU 16** 16
- nicht formgerechte Angebote **VgV 57** 12 ff.; **VOB/A EU 16** 5 f.
- nicht fristgerechte Angebote **VgV 57** 18 ff.
- nicht rechtzeitig eingereichte Teilnahmeanträge **VgV 51** 5
- nicht zugelassene Nebenangebote **VgV 57** 48; **VOB/A EU 16** 16
- nicht zweifelsfreie Änderungen an Eintragungen **VgV 57** 33
- Nichtentrichtung von Steuern/Sozialabgaben **GWB 123** 11 ff.; **VOB/A 11**
- Nichtübermittlung von Nachweisen **GWB 124** 41 ff.
- öffentliches Interesse **GWB 123** 13
- Prüfung **VgV 42** 5; **VSVgV 31** 2 ff.
- schwere Verfehlung **VOB/A-VS 6e** 3
- schwere Verfehlungen **GWB 124** 18
- Sektorenauftraggeber **GWB 142** 13
- Selbstreinigung s. dort
- Täuschung **GWB 124** 41 ff.
- ungewöhnlich niedriger Preis **VgV 60** 13 ff.
- unzulässige Beeinflussung **GWB 124** 48 ff.
- unzulässige Vorteilsverschaffung **GWB 124** 50 f.
- unzutreffende Eignungserklärungen **VOB/A 16** 7
- verspätete Angebote **VOB/A EU 14** 26 f.; **VOB/A EU 16** 4
- Verstoß gegen Arbeitnehmerschutzvorschriften **GWB 124** 54 ff.
- Verstoß gegen umwelt-, sozial- oder arbeitsrechtliche Verpflichtungen **GWB 124** 6 ff.
- verteidigungs- und sicherheitsrelevante Aufträge **VSVgV 23** f.
- Verurteilung wegen bestimmter Straftaten **GWB 123** 5 ff.; **GWB 133** 70 ff.

fette Zahlen = Paragraphen

Stichwortverzeichnis

- Vorbefassung **GWB 124** 33 ff.; **VgV 7** 11; **UVgO 5** 4
- wettbewerbsbeschränkende Abreden **GWB 124** 24 ff.; **VOB/A 16** 5
- widersprüchliche Angebote **VgV 57** 8
- Zurechnung persönlichen Verhaltens **GWB 123** 9 ff.
- Zurückhaltung von Auskünften **GWB 124** 41 ff.
- zwingende **GWB 123** 5 ff.; **GWB 126** 6; **GWB 133** 3 ff.; **GWB 142** 13; **VgV 57** 5 ff.; **VSVgV 23** 1 ff.; **VOB/A EU 6e** 1; **VOB/A EU 16** 3 ff.; **VgV 60** 17 f.; **VOB/A 16** 4 ff.

Ausschlusszeitraum GWB 126
Ausschreibungsfreiheit
- Eigenerledigung **GWB 108** 3, 6

Ausschreibungsmissbrauchsverbot VOB/A EU 2 12
Ausschreibungsreife VgV 63 40; **VOB/A 2** 8
Aussetzung des Vergabeverfahrens GWB 168 7 f.; **GWB 169**
Ausübung, Begriff GWB 136 10
Auswahl der Bewerber VgV 14 9
- mehrere geeignete Bewerber **VgV 51** 8 f.
- nicht offenes Verfahren **VgV 16** 16
- Sicherheit und Verteidigung **VSVgV 21** 1 ff.
- Verhandlungsverfahren mit Teilnahmewettbewerb **VgV 17** 13

Auswahlkriterien SektVO 45 10 ff.; **SektVO 46**
Auswahlphase
- Innovationspartnerschaft **VgV 19** 6 ff.
- wettbewerblicher Dialog **GWB 119** 30

Bagatell- und Selbstbeteiligungsklausel VOB/A EU 9d 10
Basisdienste für elektronische Auftragsvergabe VgV 13
Basisparagrafen der VOB/A GWB Einl 31; VOB/A 1 ff.
Basisverfahren GWB 119 1
Bauauftrag VgV 2; VOB/A-VS 1 2
- Aufwandsvertrag **VOB/A EU 4** 19 ff.
- Bauleistung durch Dritte **GWB 103** 89 ff.
- Begriff **GWB 103** 74 ff.; **VOB/A Einl** 11, 15; **VOB/A EU 1** 3
- Einheitspreisvertrag **VOB/A EU 4** 9 ff.
- Kündigung **GWB 133** 19 ff.
- Leistungsvertrag **VOB/A EU 4** 7 ff.
- Pauschalvertrag **VOB/A EU 4** 12 ff.
- Varianten **GWB 103** 74
- Verträge über Ausführung und Planung von Bauleistungen **GWB 103** 83 ff.
- Verträge über Ausführung von Bauleistungen **GWB 103** 83 ff.

Baugrund VOB/A EU 7 10 ff.
Baugrundrisiko VOB/A EU 7 10 ff.
Baukonzession GWB 105 18, 33 ff.; **VOB/A 23; VOB/A Einl** 9; **VOB/A EU 4** 26
- Abgrenzung zu Bauaufträgen **VOB/A 23** 20 ff.
- Abgrenzung zur Dienstleistungskonzession **VOB/A 23** 24 f.
- Basisparagrafen **VOB/A 23** 31 ff.
- Begriff **VOB/A 23** 19 ff.; **VOB/A Einl** 12
- Beteiligte **VOB/A 23** 27
- Inhalt des Konzessionsvertrags **VOB/A 23** 28
- Rechtsfolgen bei Verstößen **VOB/A 23** 44 ff.
- Rechtsnatur **VOB/A 23** 26
- Unterkonzessionen **VOB/A 23** 30
- Unterschwellenbereich **GWB 148** 30
- Vergabegrundsätze **VOB/A 23** 35 ff.
- Vergabeverfahren **VOB/A 23** 39
- VOB/B **VOB/A 23** 36 f.
- Wirtschaftlichkeitsuntersuchung **VOB/A 23** 38

Baukonzessionen GWB 148 30
Baukonzessionsvertrag GWB 159 15
Bauleistungen VOB/A 1; VOB/A Einl 9
- Änderung von baulichen Anlagen **VOB/A 1** 16
- bauliche Anlage **VOB/A 1** 3 ff.
- Begriff **GWB 103** 78 ff.; **GWB 105** 8; **VOB/A 1** 2 ff.
- Beseitigung von baulichen Anlagen **VOB/A 1** 17
- Bezugspunkt **VOB/A 1** 3 ff.
- durch Dritte **GWB 103** 89 ff.
- Erbringungsverpflichtung **GWB 103** 85 ff.
- Herstellung baulicher Anlagen **VOB/A 1** 7 ff.
- Instandhaltung und Reparatur **VOB/A 1** 13 ff.
- notwendige Planungsleistungen **GWB 103** 84
- Schätzung des Auftragswerts **VgV 3** 23 ff.
- Unterschwellenbereich **VOB/A 2**
- Verfahrenshierarchie **VOB/A 3a** 3
- vorrangiges Regelverfahren **VOB/A 3a** 4 f.
- weite Auslegung **VOB/A 1** 15

Bauliche Anlage
- andere **VOB/A 1** 6 f.
- Bauwerk **VOB/A 1** 4 ff.
- Bezugspunkt der Bauleistung **VOB/A 1** 3
- Herstellung **VOB/A 1** 7 ff.

2903

Stichwortverzeichnis

magere Zahlen = Randnumer

- Instandhaltungsmaßnahmen **VOB/A 1** 13
- Instandsetzungs- und Reparaturarbeiten **VOB/A 1** 14
- Rückbau/Abbruch **VOB/A 1** 17
- Um-/Erweiterungsbauten **VOB/A 1** 16
- Zweck **VOB/A 12** 17

Baurisiko VOB/A 23 22
Baustelle VOB/A EU 7 10 ff.
Bauvorbereitung VOB/A EU 9 5
Bauvorlageberechtigung VgV 73 2
Bauwerk
- Begriff **GWB 103** 81 ff.

Bauwerksdatenmodellierung VgV 12 6
Bauzeit VOB/A EU 9 2 ff.
Bauzeitenplan VOB/A EU 9 11
Bedarfspositionen VgV 31 38 ff., 40; **VgV 57** 42; **VOB/A EU 7** 7
Beeinflussung, unzulässige GWB 124 48 ff.
Beendigungsfiktion GWB 177 2 ff.
Befähigung zur Berufsausübung GWB 122 28; **VgV 43** 2 f.; **VgV 44**; **VOB/A EU 6a** 2
Begrenzung der Bewerberanzahl GWB 118 9 ff.; **UvgO 36**
- Auswahlkriterien **SektVO 45** 10 ff.
- Mindest- und Höchstzahl **VgV 51** 10; **SektVO 45** 9
- objektive/nichtdiskriminierende Kriterien **SektVO 46**
- Sicherheit und Verteidigung **VSVgV 21** 6
- Verfahren mit Teilnahmewettbewerb **VgV 51**; **SektVO 45** 7 ff.

Behindertenrechtskonvention GWB 118 4; **GWB 121** 20
Behinderungsabsicht GWB 180 18
Beihilfen VgV 60 19 ff.; **VO 1370 9** 4
Beihilfenverbot GWB 107 10, 32; **VO 1370 Einl** 5
Beiladung GWB vor 171 5; **GWB 161** 4; **GWB 162** 2 ff.; **GWB 174** 2 ff.
- Beschwerdebefugnis **GWB 162** 5
- Beteiligungsrechte **GWB 162** 3
- Bindungswirkung **GWB 162** 5
- Entscheidung **GWB 162** 13 ff.
- fakultative **GWB 162** 9
- notwendige **GWB 162** 10, 12
- Rechtsstellung des Beigeladenen **GWB 162** 2 ff.
- Unanfechtbarkeit der Entscheidung **GWB 162** 18
- Voraussetzungen **GWB 162** 7 ff.

Bekanntmachung
- Angaben **VgV 10a** 13
- Aufträge oberhalb Schwellenwert **VgV 10a** 12, 23
- Auftragsbekanntmachung s. dort
- Bekanntmachungstypen **GWB 135** 57 ff.
- beschränkte Ausschreibung **VOB/A 3** 11
- beschränkter Ausschreibung **VOB/A 12** 34 ff.
- Datenaustauschstandard **VgV 10a** 14 ff.
- Datenservice Öffentlicher Einkauf **VgV 10a** 10, 21
- Durchführungsverordnung **VgV 10a** 1, 11 ff.
- Eisenbahnverkehr **VO 1370 7** 14 ff.
- elektronische Übermittlung **VgV 40** 2
- Erstellung nach Durchführungsverordnung **VgV 10a** 11 ff.
- EU-Standard **VgV 10a** 2
- Formen **SektVO 35** 1; **SektVO 36** 1
- freiwillige **VgV 40** 7
- freiwillige EU-weite **VOB/A 12** 8
- Grundregeln **VgV 10a** 1 ff.
- Inhalt **VOB/A 12** 9 ff.
- Internetportale **VOB/A 12** 7 ff.
- Konzessionsbekanntmachung s. dort
- nationale **VgV 40** 6
- öffentliche Ausschreibung **VOB/A 3** 7; **VOB/A 12** 5 ff.
- Printmedien **VOB/A 12** 6
- Qualifizierungssystem **SektVO 37** 1 ff.
- regelmäßige nicht verbindliche **SektVO 36**
- Schwellenwerte **GWB 106** 24
- Stillhaltefrist **GWB 135** 99 f.
- strategische Beschaffung **VgV 10a** 18 ff.
- Übermittlung **VgV 10a** 7, 21 ff.
- Vergabebekanntmachung s. dort
- Veröffentlichung **VgV 40** 4 f.; **SektVO 40**; **KonzVgV 23**; **VOB/A 12** 5 ff.
- Zweck **VOB/A 12** 4

Bekanntmachungsservice VgV 10a 22
Beleihung GWB 103 21; **GWB 135** 68 f.
Benachrichtigung von Interessenten GWB 134 25 ff.
Berichtigung GWB 168 52
Berichtspflicht VgV 14 79
- oberste Bundesbehörden und Länder **GWB 114** 1

Berichtspflichten VergStatVO 4 5
Berichtsstelle VergStatVO 1 5 ff.
Berufliche Leistungsfähigkeit GWB 122 31 f.; **VgV 46**; **VOB/A EU 6a** 6
- Ausbildungsnachweise **VgV 46** 29 f.
- beabsichtigte Unteraufträge **VgV 46** 36 ff.
- Belege zum Nachweis **VgV 46** 11 ff.
- Beschäftigtenanzahl **VgV 46** 32 ff.
- Interessenskonflikte **VgV 46** 9 f.
- Lieferketten **VgV 46** 27
- materielle Anforderungen **VgV 46** 3 ff.
- Mindestanforderungen **VgV 46** 13

fette Zahlen = Paragraphen **Stichwortverzeichnis**

- Muster/Bescheinigungen bei Lieferleistungen **VgV 46** 40 f.
- Nachweis **VSVgV 27**
- Qualitätssicherung **VgV 46** 26
- Referenzen **VgV 46** 14 ff.
- Sicherheit und Verteidigung **VSVgV 27**
- technische Ausrüstung **VgV 46** 25
- technische Fachkräfte **VgV 46** 21 ff.
- Umweltmanagement **VgV 46** 31
- Untersuchungs- und Forschungsmöglichkeiten **VgV 46** 26
- Vor-Ort-Kontrolle **VgV 46** 28
- Zahl der Führungskräfte **VgV 46** 32 ff.

Berufsanerkennungsrichtlinie VgV 44 10
- Architekten- und Ingenieurleistungen **VgV 75** 2

Berufsfreiheit GWB Einl 18; GWB 107 15

Berufsgenossenschaft VOB/A-VS 6a 3

Berufsgenossenschaften GWB 99 139

Berufshaftpflichtversicherung VgV 45 6, 15

Berufsständische Kammern GWB 99 144, 146

Beschafferprofil VgV 37 14 f.; **VgV 38** 6; **SektVO 35** 2, 7 f.; **UVgO 27** 4

Beschaffungsbedarf
- Definition **GWB 97** 82

Beschaffungsfreiheit GWB 103 24

Beschaffungsprozess
- Phasen **VSVgV Einl** 21

Beschaffungssicherheit GWB 133 32

Beschaffungszweck GWB 103 44 ff., 88, 92

Beschäftigtenanzahl VgV 46 32 ff.

Beschlagnahme von Unterlagen GWB 175 12

Beschleunigungsgebot GWB 167; GWB 168 44; **GWB 178** 3

Beschleunigungsvergütung VOB/A 9a; VOB/A EU 4 24; **VOB/A EU 9a** 6 ff.; **VOB/A-VS 9a**

Beschluss der Vergabekammer
- Entfallen der Wirksamkeit **GWB 168** 54
- Rechtsnatur **GWB 168** 48 ff.
- Vollstreckung **GWB 168** 55 ff.

Beschränkte Ausschreibung VOB/A 3 9 ff.
- Ablauf **VOB/A 3b** 2 ff.
- Bekanntmachung **VOB/A 3** 11
- Charakteristik **UVgO 8** 6 f.
- Entgelt für Vergabeunterlagen **VOB/A 8b** 5
- vorgeschriebenes Verfahren **VOB/A 3** 12
- Vorrang vor Freihändiger Vergabe **VOB/A 3a** 11

- Wechsel unter Unternehmen **VOB/A 3b** 5
- zweistufiges Verfahren **VOB/A 3** 10

Beschränkte Ausschreibung mit Teilnahmewettbewerb VOB/A 3 13 ff.; **VOB/A 12** 34 ff.; **UVgO 10**
- Ablauf **UVgO 10** 4 ff.
- Angebotsabgabe **UVgO 10** 9 f.
- Begriff **UVgO 10** 1
- Bewerberauswahl **VOB/A 3** 14
- Charakteristik **UVgO 10** 4 ff.
- Regelverfahren **UVgO 8** 2
- Sonderregelungen **VOB/A 3** 16
- Übermittlung der Vergabeunterlagen **VOB/A 12a** 4 f.

Beschränkte Ausschreibung ohne Teilnahmewettbewerb VOB/A 3a 6 ff.; **UVgO 8** 12 ff.; **UVgO 11**
- Ablauf **UVgO 11** 4 f.
- Anwendungsbegründung **VOB/A 3a** 6
- Auswahl der Unternehmen **UVgO 11** 6 f.
- Begriff **UVgO 11** 1
- Charakteristik **UVgO 11** 4 f.
- Dringlichkeit **VOB/A 3a** 13 f.
- Geheimhaltung **VOB/A 3a** 15
- Katalog **VOB/A 3a** 6
- kein annehmbares Ergebnis **VOB/A 3a** 9 ff.
- kein wirtschaftliches Ergebnis Öffentlicher Ausschreibung **UVgO 8** 13
- niedrige Auftragswerte **VOB/A 3a** 7 f.
- unverhältnismäßiger Aufwand Öffentlicher Ausschreibung **UVgO 8** 14 f.
- Unzweckmäßigkeit Öffentlicher Ausschreibung **VOB/A 3a** 12

Beschwer GWB 171 10 ff.

Beschwerdegericht
- keine Antragsbindung **GWB 172** 11, 15
- OLG **GWB 171** 19
- Vorlagepflicht **GWB 179** 9 ff.

Beschwerdeschrift
- Begehren **GWB 172** 10, 12
- Begründung **GWB 172** 9
- Einlegung **GWB 172** 7 ff.; **GWB 173** 6
- Mindestinhalt **GWB 172** 8, 10
- neuer Tatsachenvortrag **GWB 172** 14
- Schriftform **GWB 172** 8
- Tatsachen und Beweismittel **GWB 172** 13
- Unterzeichnung **GWB 172** 16
- Zustellung **GWB 172** 8

Beschwerdeverfahren GWB vor 171
- Ablehnungsfiktion **GWB 171** 16 ff.
- Anschlussbeschwerde **GWB 171** 8 f.
- Anwaltszwang **GWB 175** 2 ff.
- aufschiebende Wirkung **GWB 173** 6 ff.; s. a. dort

2905

Stichwortverzeichnis

magere Zahlen = Randnumer

- befristete aufschiebende Wirkung **GWB 173** 11 ff.
- Beschwer **GWB 171** 10 ff.
- beschwerdefähige Entscheidungen **GWB 171** 2
- Beteiligte **GWB 174**
- Beweislastregeln **GWB 175** 15
- Dispositionsmaxime **GWB 175** 13
- eigene Sachentscheidung **GWB 178** 11
- Entscheidung des Vergabesenats **GWB 178**
- feststellender Beschluss **GWB 178** 18
- Feststellung der Rechtsverletzung **GWB 178** 13 ff.
- Feststellungsinteresse **GWB 178** 17
- Form der Beschwerdeentscheidung **GWB 178** 7d ff.
- Frist **GWB 172** 2; **GWB 173** 11
- gerichtliche Nachprüfungsinstanz **GWB vor 171** 1 f.
- Interessenvorrang **GWB 173** 53a ff.
- Kosten **GWB 175** 21 ff.
- Kostentragung **GWB 182** 41 f.
- Lückenausfüllung **GWB vor 171** 4; **GWB 175** 31 f.
- mündliche Verhandlung **GWB 178** 4a
- Prüfungsumfang **GWB 178** 2
- rechtliches Gehör **GWB 173** 4
- Rechtsmissbrauch **GWB 180** 3 ff.
- Rücknahme **GWB 171** 4; **GWB 175** 30
- Rücknahme der Beschwerde **GWB 178** 12
- Rücknahme des Nachprüfungsantrags **GWB 178** 12, 12a
- Statthaftigkeit **GWB 171** 2 ff.
- Streitgegenstand **GWB 178** 5
- Suspensiveffekt **GWB 173** 3
- ungerechtfertigtes **GWB 180** 3 ff.
- Verfahrensbestimmungen **GWB 175** 5 ff.
- Vorschriften **GWB vor 171** 3
- Wirkung **GWB 173**
- Wirkungen einer Wiedereinsetzung **GWB 173** 33 ff.
- Zurückverweisung **GWB 178** 10a
- Zuschlagsverbot **GWB 173** 54 ff.
- Zuständigkeit des OLG **GWB 171** 19
- Zwischenentscheidungen **GWB 171** 5

Besondere Vertragsbedingungen VOB/A 8a; VOB/A EU 8a 5, 7; **VOB/A-VS 8a**

Bestes Preis-Leistungsverhältnis GWB 127 12, 46 ff.; **VgV 58** 2, 3 ff., 5 ff.; **VOB/A-VS 16d** 4; **UVgO 43** 1; **VOB/A EU 16d** 23

Beteiligte
- Beschwerdeverfahren **GWB 174**
- Mitwirkungspflicht **GWB 167** 15 ff.

- Nachprüfungsverfahren **GWB 161** 9; **GWB 162**
- Rechtsstellung **GWB 174** 8

Betriebliche Altersversorgung GWB 107 37

Betriebsgeheimnisse GWB 165 7 ff.; **GWB 175** 19; **VgV 5**

Betriebshaftpflichtversicherung VgV 45 6, 15

Betriebsrisiko GWB 105 24 ff.

Betriebsübergang GWB 107 38
- § 613a BGB **GWB 131** 45 ff.
- Art. 4 Abs. 5 VO (EG) Nr. 1370/2007 **GWB 131** 42 ff.
- Eisenbahnbereich **GWB 131** 29 ff.
- fiktiver **GWB 131** 29 ff.; **VO 1370 4** 35 ff.

Beurteilungsspielraum VgV 3

Beweismittel GWB 161 7

Bewerber- und Bietergemeinschaften s. *Bietergemeinschaften*

Bewerber, Begriff GWB 134 21

Bewerberanzahl
- Begrenzung s. dort
- Mindest- und Höchstzahl **VgV 51** 10 f.

Bewerberauswahl s. *Auswahl der Bewerber*

Bewerberidentität GWB 160 10a

Bewerbungsbedingungen VgV 29 10

Bewerbungsfrist VSVgV 20 3; **VOB/A 10** 3, 16 f.

Bewerbungsverbot VOB/A 6 4

Bieter, Begriff GWB 134 19 f.

Bietergemeinschaften VgV 43 4 ff.; **VgV 53** 61 ff.; **SektVO 50**; **VSVgV 21** 8; **KonzVgV 24**; **VOB/A 6** 3; **VOB/A 12** 30; **VOB/A EU 6** 5; **VOB/A EU 13** 23; **VOB/A-VS 6** 3; **UVgO 32**
- Änderung der Zusammensetzung **VgV 53** 65
- Beschwerderecht **GWB 171** 10
- bevollmächtigter Vertreter **VgV 53** 63
- Eignungsleihe **VgV 47** 16
- Eignungsprüfung **VgV 43** 8 ff.
- Gleichbehandlung **VgV 43** 4
- Identitätswechsel **VgV 53** 64
- Rechtsform **VgV 43** 5 f.
- Unterauftraggeber **VSVgV 38** 3
- verdeckte **VOB/A 16** 6

Bieteridentität GWB 160 10, 10a

Bieterschützende Normen GWB 181 8 ff.

Bilanzen VgV 45 6

Bildungseinrichtungen GWB 99 138

Bindefrist
- Ablauf **VOB/A 12** 32
- Beginn/Ende **VOB/A EU 10a** 22 f.
- Begriff **VOB/A 10** 4

fette Zahlen = Paragraphen　　　　　　　　　　　　**Stichwortverzeichnis**

- Bemessung **VOB/A EU 10a** 18 ff.
- freihändige Vergabe **VOB/A 10** 21
- Innovationspartnerschaft **VOB/A EU 10d** 3
- Mindestfrist **VOB/A-VS 10b** 3
- nicht offenes Verfahren **VOB/A EU 10b** 10; **VOB/A-VS 10b**
- offenes Verfahren **VOB/A EU 10a** 16 ff.
- öffentliche Ausschreibung **VOB/A 10** 18 ff.
- Verhandlungsverfahren mit Teilnahmewettbewerb **VOB/A EU 10c** 5; **VOB/A-VS 10c** 3
- Verhandlungsverfahren ohne Teilnahmewettbewerb **VOB/A EU 10c** 7; **VOB/A-VS 10c** 4
- Verhandlungsvergabe **UVgO** 13
- Verlängerung **VOB/A EU 10a** 24 ff.
- wettbewerblicher Dialog **VOB/A EU 10d** 2; **VOB/A-VS 10d**
- angemessene **UVgO** 13 8
- Gleichbehandlung **UVgO** 13 9

Bindungswirkung VOB/A EU 10a 35
- Anträge **GWB 172** 11, 15
- Eilentscheidungen **GWB 179** 5
- Entscheidungen der Vergabenachprüfungsinstanzen **GWB 179** 2 ff.
- Geltungskraft **GWB 179** 8

Binnenmarktrelevante Aufträge UVgO 8 4
Binnenmarktrelevanz GWB vor 155 19; **GWB 107** 12; **GWB 134** 164
Bodenklassen VOB/A EU 7 11
Börsenwaren VgV 14 72; **SektVO 13** 15; **VSVgV 12** 20; **UVgO 8** 37
Breitbandkonzession GWB 133 17 f.
Bundesamt für Sicherheit in der Informationstechnik (BSI) VgV 33 13
Bundesauftragsverwaltung GWB 99 13
Bundesberggesetz GWB 136 17; **GWB 143**; **SektVO 3** 16
Bundesdruckerei-Entscheidung GWB 128 15
Bundeskartellamt GWB 158 4
Bundeswehrbeschaffungsbeschleunigungsgesetz s. *BwBBG*; **GWB 147** 3
Busverkehr VO 1370 5 4, 10 ff.
BwBBG VSVgV Einl 6a f.; **VSVgV 10** 3a
- Anwendungsbereich **BwBBG** 12 ff.
- Befristung **BwBBG** 7
- Beschaffungen über internationale Organisationen **BwBBG** 23
- beschleunigte Nachprüfungsverfahren **BwBBG** 31 ff.
- beschleunigte sofortige Beschwerde **BwBBG** 35 ff.
- beschleunigte Vergabeverfahren **BwBBG** 15 ff.

- de-facto-Vergaben **BwBBG** 19 ff.
- gemeinsame europäische Beschaffungen **BwBBG** 25 ff.
- Gesamtvergabe **BwBBG** 16 ff.
- marktverfügbare Lösungen **BwBBG** 24
- verstärkte Berücksichtigung von Sicherheitsinteressen **BwBBG** 41 ff.

Centklausel VOB/A EU 9d 7
Chancengleichheit GWB 118 3
Compliance GWB 133 106
Corona-Viurs s. *COVID-19-Krise*
COVID-19-Krise GWB 169 17b; **VSVgV 12** 9a f.; **VOB/A EU 9d** 1b
CPV-Codes VergStatVO 3 27; **GWB 130** 10; **VSVgV 18** 4
Culpa in contrahendo GWB 181 51 ff.; **VgV 57** 63

Darlehen GWB 116 25
Daseinsvorsorge GWB 169 26
Daten VgV 53 19 ff., 27 ff.
Datenaustauschstandard VgV 10a 14 ff.
Datenaustauschstandards SektVO 35 5a; s. *eForms*
Datenbank VergStatVO 4 13 f.
Datenintegrität VgV 5 5 ff.; **VgV 11** 10; **VgV 54** 3; **KonzVgV 4**; **KonzVgV 29** 1
Datenschutz
- Vergabestatistik **VergStatVO 1** 11; **VergStatVO 4** 13 f.

Datenservice Öffentlicher Einkauf VgV 10a 10, 21; **VOB/A 12** 7a
Datenübermittlung
- an Berichtsstellen **VergStatVO 4** 7 ff.
- an Bundes-/Landes-/Kommunalbehörden **VergStatVO 4** 10
- an Europäische Kommission **VergStatVO 4** 5
- an statistische Landesämter **VergStatVO 4** 11
- elektronische **VergStatVO 1** 10 ff.
- freiwillige **VergStatVO 3** 10, 49 f., 76 f., 80, 82 ff., 86 ff.
- für wissenschaftliche Forschung **VergStatVO 5** 1 ff.
- sichere elektronische Verfahren **VergStatVO 1** 13 ff.
- Umfang **VergStatVO 2** 1; **VergStatVO 3** 1

Datenübermittlungspflicht GWB 114 10 ff.; **VergStatVO 2** 1 ff.; **VergStatVO 3** 1 ff.
Dauerschuldverhältnisse
- Kündigung **GWB 133** 6 ff.
- Schätzung des Auftragswerts **VgV 3** 30 f.

DB Netz AG GWB 99 137

2907

Stichwortverzeichnis

magere Zahlen = Randnumer

De-facto-Vergabe BwBBG 19 ff.
- Heimlichkeit rechtswidrigen Vertragsverhältnisses **GWB 135** 53
- Informationspflicht **GWB 134** 72 ff.
- rechtswidrige **GWB 135** 22 f.
- Sanktionierung rechtswidriger **GWB 135** 6
- Transparenzverstoß **GWB 135** 25
- unechte **GWB 135** 23
- unionsrechtswidrige **GWB 135** 51
- Vergabevorgang **GWB 155** 24

Defence Package GWB 145 1

Delegierende Aufgabenübertragung GWB 108 5a ff.

Deliktsrechtliche Ansprüche GWB 181 71 ff.

Detail-Pauschalvertrag VOB/A EU 4 12

Deutsche Akkreditierungsstelle GmbH (DAkkS) VgV 33 11; **VgV 49** 6

Deutsche Kraftfahrzeug-Überwachungsverein (DEKRA) VgV 33 13

Dialogphase GWB 119 31
- Abschluss **VgV 18** 20 f.
- Abwicklung in Phasen **VgV 18** 18 f.
- Aufforderung zur Teilnahme **VgV 52** 8
- Gleichbehandlung/Vertraulichkeit **VgV 18** 14 ff.
- Inhalt **VgV 18** 13

Dienstaufsicht GWB 155 14

Dienstleistungen VSVgV 5
- Akzessorietät **GWB 99** 128
- Auffangkategorie **GWB 103** 68
- Definition **GWB 107** 35
- Mischaufträge **VSVgV 5** 5
- Negativabgrenzung **GWB 103** 107 ff.
- nichtprioritäre **VSVgV 5** 2, 4
- prioritäre **VSVgV 5** 2, 3

Dienstleistungen von allgemeinem wirtschaftlichem Interesse VO 1370 1 2; **VO 1370 Einl** 42

Dienstleistungsauftrag
- Befristung **VO 1370 4** 28 ff.

Dienstleistungsfreiheit VO 1370 Einl 1, 4

Dienstleistungskonzession GWB 105 39; **GWB 148** 32; **GWB 153** 2, 7

Digitalisierung SektVO 30 5

DIN-Vorschriften VgV 31 10, 23

Direktansprache VOB/A 3 7

Direktauftrag UVgO 14; VOB/A 3a 41

Direktvergabe GWB 97 17
- Begriff **VO 1370 2** 17
- Begründungspflicht **VO 1370 7** 16 ff.
- Eisenbahnverkehr **VO 1370 5** 113 ff.
- Interimsdirektvergabe **VO 1370 5** 65 ff.
- Kleinaufträge **VO 1370 5** 86 ff., 96 ff.
- Notmaßnahme **VO 1370 5** 101

- Schienenpersonenverkehr **VO 1370 5** 65 ff., 87 ff.
- Verbot **GWB 131** 18 f.

Diskriminierungen
- mittelbare **GWB 97** 12 ff.
- unmittelbare **GWB 97** 12

Diskriminierungsverbot GWB 97 11; **KonzVgV 12** 9; **VOB/A 2** 2 f.

Dispositionsmaxime GWB 175 13

Divergenzvorlage GWB 179 11, 15
- obiter dicta **GWB 179** 13a

Dokumentation VgV 3; VgV 8; VgV 56 6, 36; **SektVO 8; VSVgV 43; KonzVgV 6** 3; **VOB/A 20; VOB/A EU 20; VOB/A-VS 20; UVgO 6**
- elektronisches Verfahren **VOB/A 20** 5
- ex-post-Transparenz **VOB/A 20** 7 f.
- Form **VOB/A 20** 3
- Inhalt **VgV 8** 5
- laufende Fortschreibung **VgV 8** 3
- Markterkundung **VgV 28** 14
- Pflicht **VOB/A 20** 2 ff.
- Pflichten **VgV 8** 3 ff.
- Rechtsfolgen bei Verstößen **SektVO 8** 3
- Textform **VgV 8** 4
- Verzicht auf Unterlagen/Nachweise **VOB/A 20** 6
- zeitnahe **SektVO 8** 2; **VOB/A 20** 2
- Zeitpunkt **VgV 8** 3

Doppelrelevante Tatsachen GWB 135 103b; **GWB 160** 4a, 6, 44

Doppelvergabeverbot GWB 21 11; **VgV 28** 13

Doppelzuständigkeit GWB 159 16

Dringlichkeit GWB 134 117 ff.; **VgV 15** 9 ff.; **VOB/A 3a** 13
- äußerste **GWB 134** 118; **VgV 14** 58 ff., 87; **VOB/A EU 3a** 16
- Beispiele **GWB 134** 135 ff.
- besondere **GWB 134** 117 ff., 136 f.; **VSVgV 12** 9 ff.; **VOB/A 3a** 28 ff.; **VOB/A-VS 3a** 10; **UVgO 8** 31 ff.
- Beweislast **GWB 134** 134d
- COVID-19-Krise **GWB 134** 145a f.
- Dokumentationspflicht **GWB 134** 146
- fehlende **GWB 134** 135 ff.
- fehlende Vorhersehbarkeit **GWB 134** 131
- fehlende Zurechenbarkeit **GWB 134** 130
- Finanzkrise **GWB 134** 138
- Flüchtlingskrise **GWB 134** 142 ff.
- freihändige Vergabe **VOB/A 3a** 28 ff.
- Gefahrenabwehr **GWB 134** 126
- keine Vorabinformationspflicht **GWB 134** 113 ff.
- konjunkturelle Maßnahmen **GWB 134** 138 ff.
- Krisenzeiten **GWB 134** 145d

fette Zahlen = Paragraphen

Stichwortverzeichnis

- Maßstab **GWB 134** 123 ff.
- nicht offenes Verfahren **VgV 16** 14 f., 26
- oberhalb der Schwellenwerte **GWB 134** 120 f.
- offenes Verfahren **VgV 15** 9 ff.
- öffentliche Daseinsvorsorge **GWB 134** 132 ff.
- Rechtsfolgen bei fehlender **GWB 134** 148
- Regelbeispiele **VSVgV 12** 2, 9
- selbstverschuldete **GWB 134** 134a ff.
- Ukraine-Krieg **GWB 134** 145c
- unterhalb der Schwellenwerte **GWB 134** 122
- Verhandlungsverfahren mit Teilnahmewettbewerb **VgV 17** 11 f., 18 f.
- Verhandlungsverfahren ohne Teilnahmewettbewerb **VgV 17** 18a, 33a; **SektVO 13** 10; **VSVgV 12** 9 ff.; **VOB/A-VS 3a** 10
- Verhandlungsvergabe **UVgO 8** 31 ff.
- Verkürzung der Angebotsfrist **SektVO 14** 8 ff.; **VOB/A EU 10a** 6; **VOB/A EU 10b** 7

Dringlichkeitsvergabe VgV 14 66
Drittlandsklausel SektVO 55
Drittvergaben GWB 99 119
Dual use-Güter GWB 107 48; **VSVgV 1** 11
Dynamische Verweisung GWB 106
Dynamisches Beschaffungssystem VgV 22ff; **SektVO 20 ff.**; **VOB/A EU 4b** 1; **UVgO 17**

- Ablauf **GWB 120** 9
- Änderung der Gültigkeitsdauer **VgV 23** 8
- Angaben zur geschätzten Menge **VgV 23** 11
- Angebotsfrist **VgV 24** 13 f.
- Anwendungsvoraussetzungen **VgV 22** 5 ff.
- Aufforderung zur Angebotsabgabe **VgV 23** 16 ff.
- Auftragsbekanntmachung **VgV 23** 3 ff.
- Charakteristik **GWB 120** 7 ff.; **VgV 22** 1 ff.
- Definition **GWB 120** 1 ff.; **VgV 22** 1
- Eignungsbewertungsfrist **VgV 24** 5 ff.
- Eignungskriterien **VgV 23** 15
- Eignungsprüfung **VgV 22** 14
- Einheitliche Europäische Eigenerklärung **VgV 24** 15 ff.
- elektronische Mittel **VgV 22** 11 ff.
- Informations- und Wartepflicht **VgV 23** 19
- kostenloser Zugang **VgV 22** 16
- Leistungskategorien **VgV 23** 13 f.
- marktübliche Leistungen **VgV 22** 7

- Meldepflichten **VergStatVO 3** 57
- nicht offenes Verfahren **VgV 22** 8 ff.
- offener Zugang **VgV 22** 14 ff.
- Rechtsfolgen bei Verstößen **VgV 22** 17
- Schätzung des Auftragswerts **VgV 3** 21
- Teilnahmefrist **VgV 24** 3 f.
- Transparenz **VgV 23** 9 ff.
- Unterrichtung der Bewerber und Bieter **VgV 23** 20 f.
- Vergabebekanntmachung **VgV 23** 20 f.
- Zuschlagskriterien **VgV 23** 18

e-certis VgV 48 10; **VOB/A EU 6b** 8
Echte Chance auf Zuschlag GWB 181 20 ff.
Effektiver Rechtsschutz GWB Einl 19; **GWB 134** 6 ff.; **GWB 160** 1, 8; **GWB 169** 1; **GWB 173** 47; **SektVO 35** 6
eForms VgV 10a; **VgV 37** 16; **VgV 66** 5; **SektVO 10a**; **VSVgV 44a**; **KonzVgV 8a**; **KonzVgV 19** 1b f.; **KonzVgV 22** 4a; **KonzVgV 37**

- Anwendung **VgV 10a** 12
- Anwendungsbestimmungen **VgV 83**; **SektVO 66**
- Aufträge oberhalb Schwellenwert **VgV 10a** 12, 23
- Datenaustauschstandard **VgV 10a** 14 ff.
- Datenservice Öffentlicher Einkauf **VgV 10a** 10
- einheitliche Nutzung **VgV 10a** 5
- elektronische Standarddatensätze **VgV 10a** 2
- Erstellung der Bekanntmachungen **VgV 10a** 11 ff.
- EU-Standard **VgV 10a** 2
- Kombinationsdatenfelder **VgV 10a** 3
- Sinn und Zweck **VgV 10a** 6
- strategische Beschaffungen **VgV 10a** 9, 13, 18 ff.
- Übermittlung der Bekanntmachungen **VgV 10a** 21
- verbindliche IT-Standards **VgV 10a** 8

EGVP GWB 168 51
Eigenerklärungen VSVgV 27 5; **GWB 122** 46; **VgV 34** 13; **VgV 45** 16; **VgV 48** 2, 6 ff., 9, 17; **VgV 49** 10; **VOB/A 6b** 1; **VOB/A 16** 7; **VOB/A EU 6b** 4; **UVgO 35** 2
Eigentum an Angebotsunterlagen VOB/A EU 8b 9
Eignung VgV 10 1; **VOB/A EU 6** 1; **VOB/A-VS 16b**; **VOB/A 2** 4 f.

- Anforderungen **VSVgV 21** 2 f.
- Begrenzung der Bewerber **VSVgV 21** 6
- Begriff **GWB 122** 3, 6; **UVgO 31** 2
- Bietergemeinschaften **VSVgV 21** 8
- fehlende **VgV 57** 49 ff.

2909

Stichwortverzeichnis

magere Zahlen = Randnumer

- Mehr an Eignung **GWB 122** 15; **VgV 16** 9; **VgV 51** 3; **VOB/A 16b** 4
- Mindestanforderungen **VSVgV 21** 3 ff.
- Nachweis s. *Eignungsnachweis*
- Verbot der Zurückweisung **VSVgV 21** 7
- Vermutung **VgV 48** 24
- Vorliegen **GWB 122** 8
- Weniger an Eignung **GWB 122** 15

Eignungskriterien GWB 122 15 ff.; **SektVO 45**; **KonzVgV 25** 2 ff.; **VOB/A EU 6** 1; **VOB/A-VS 6** 1; **UVgO 31** 5 ff.; **UVgO 33**

- angebotsbezogene **GWB 122** 4
- Befähigung/Erlaubnis zur Berufsausübung **GWB 122** 28
- Bekanntgabe **VgV 57** 51
- berufliche Leistungsfähigkeit **GWB 122** 31 f.
- bieterbezogene **GWB 122** 4
- dynamisches Beschaffungssystem **VgV 23** 15
- erweiterte bei Sektorenauftraggebern **GWB 142** 12
- Fachkunde s. *dort*
- Festlegung **GWB 122** 19 ff.
- finanzielle Leistungsfähigkeit **GWB 122** 29
- Gesetzestreue **GWB 122** 3
- getrennte Prüfung **GWB 122** 15
- Innovationspartnerschaft **VgV 14** 24
- Kategorien **GWB 122** 27 ff.
- Konzept des Phasenmodells **GWB 122** 5
- Konzessionsvergabe **GWB 152** 5 ff.
- Leistungsfähigkeit s. *dort*
- personeller Bezug **GWB 122** 18
- Planungswettbewerb **VgV 71** 3
- Schutz von Verschlusssachen **VSVgV 7** 3
- soziale Aspekte **GWB 122** 36 ff.
- technische Leistungsfähigkeit **GWB 122** 31 f.
- Transparenzgrundsatz **GWB 122** 22
- umweltbezogene **GWB 122** 33 ff.
- Verhältnis zum Auftragsgegenstand **GWB 122** 24 ff.
- Versorgungssicherheit **VSVgV 8** 2
- wirtschaftliche Leistungsfähigkeit **GWB 122** 29
- Zusammenhang mit Auftragsgegenstand **GWB 122** 23
- Zuverlässigkeit **GWB 122** 3, 27; **VOB/A 16b** 7 ff.

Eignungsleihe GWB 132 68; **VgV 36** 4; **VgV 42** 11; **VgV 46** 22; **SektVO 47**; **VSVgV 26** 6; **VSVgV 27** 8; **KonzVgV 25** 6 f.; **UVgO 34**

- Abgrenzung **VgV 47** 4
- Begriff **VgV 47** 1
- Bewerber- oder Bietergemeinschaften **VgV 47** 16
- Einschränkung **VgV 47** 3
- Haftung **VgV 47** 14 f.
- Selbstausführungsgebot **VgV 47** 17 ff.
- Überprüfung anderen Unternehmens **VgV 47** 9 ff.
- Voraussetzungen **VgV 47** 5 ff.

Eignungsnachweise GWB 122 32, 38; **VgV 48**; **KonzVgV 26**; **VOB/A 6a** 2 ff.; **VOB/A EU 6a**; **VOB/A EU 6b**; **VOB/A-VS 6a**; **UVgO 35**

- andere geeignete Nachweise **VOB/A 6a** 10
- Bekanntmachung **VgV 48** 3 f.; **VSVgV 22** 3 f.; **VOB/A 12** 31
- Berufsregister **VOB/A 6a** 6
- beschäftigte Arbeitskräfte **VOB/A 6a** 5
- Eigenerklärung s. *dort*
- Einheitliche Europäische Eigenerklärung s. *dort*
- Ersetzungsbefugnis **UVgO 35** 4
- Gleichwertigkeit **VgV 49** 9
- Mindestanforderungen **VOB/A-VS 6a** 5
- Mittel **VOB/A-VS 6b**
- Nachforderung **VSVgV 22** 10
- Neuregelung **GWB 122** 45 ff.
- Nichtübermittlung **GWB 124** 41 ff.
- Präqualifizierung s. *dort*
- Sicherheit und Verteidigung **VSVgV 22** 1 ff.
- Übermittlung **VSVgV 22** 9
- Umsatz **VOB/A 6a** 3
- Unterauftragnehmer **VgV 36** 9, 23
- unzureichende **VSVgV 22** 6 f.
- vergleichbare Leistungen **VOB/A 6a** 4
- Verzicht auf Nachweise **VOB/A 6a** 11
- Zeitpunkt **VSVgV 22** 8
- zusätzliche **VgV 15** 30; **VOB/A 6a** 9

Eignungsprüfung VgV 42; **VSVgV 21** 1; **VOB/A 6a** 1; **VOB/A EU 2** 7; **UVgO 31** 3 f.

- allgemeine Grundsätze **GWB 122** 1 ff.; **VOB/A EU 16b** 2 f.
- Änderungen der Sachlage **GWB 122** 13
- beschränkte Ausschreibung **VOB/A 16b** 10
- Beurteilungsspielraum **GWB 122** 9; **VgV 42** 8; **VOB/A EU 16b** 3
- Bietergemeinschaften **VgV 43** 8 ff.
- dynamisches Beschaffungssystem **VgV 22** 14
- Entfallen der Zuverlässigkeitsprüfung **GWB 122** 3, 27
- formale **VgV 42** 7
- formelle **VOB/A 16b** 2
- freihändige Vergabe **VOB/A 16b** 10

fette Zahlen = Paragraphen

Stichwortverzeichnis

- generelle **VgV 51** 7
- Gleichbehandlungsgrundsatz **GWB 122** 2
- Grundlage **VgV 42** 4
- materielle **VgV 42** 7; **VOB/A 16b** 3; **VOB/A EU 16b** 3
- nach Angebotswertung **VOB/A EU 16b** 5
- nicht offenes Verfahren **GWB 119** 17; **VOB/A EU 16b** 6
- offenes Verfahren **GWB 119** 14; **VgV 42** 15 f.
- öffentliche Ausschreibung **VOB/A 16b**
- Prognose **GWB 122** 9; **VgV 42** 9; **VOB/A EU 16b** 3
- Prüfungstiefe **GWB 122** 9
- Struktur **GWB 122** 7
- Verfahren mit Teilnahmewettbewerb **GWB 119** 23; **GWB 122** 17; **VgV 42** 10 ff.
- Verhandlungsverfahren ohne Teilnahmewettbewerb **VgV 14** 15
- vor Angebotswertung **VOB/A EU 16b** 4
- Zeitpunkt **GWB 122** 10 ff.; **VOB/A 6b** 4 f.; **UVgO 31** 8
- Zweistufen-Prüfung **VgV 57** 51 ff.
- Zweistufigkeit **VOB/A 16b** 2; **VOB/A EU 16b** 3
- Verzicht auf Nachweise **VOB/A 6b** 3

Eilrechtsschutz GWB 169 39 ff.; **GWB 182** 43 ff.
Eindeutige Unternehmensbezeichnung VgV 9 12
Eingangsvermerk VOB/A EU 13 9; **VOB/A EU 14** 10
Einheitliche Europäische Eigenerklärung (EEE) GWB 122 46; **VgV 24** 15 ff.; **VgV 42** 12; **VgV 47** 10; **VgV 48** 11 ff.; **VgV 50**; **VgV 65** 5; **VOB/A EU 6b** 6; **UVgO 35** 3
Einheitliche Vergabe VOB/A EU 5 1, 5 ff.; **VOB/A-VS 5**
Einheitliches Erhebungs- und Auswertungsinstrument GWB 114 2
Einheitspreis VOB/A EU 16c 4
- Auslegungsregel **VOB/A EU 16c** 4
- Begriff **VOB/A EU 4** 29

Einheitspreisvertrag VOB/A EU 4; **VOB/A EU 4** 9 ff.
- Leistungsbeschreibung **VOB/A EU 4** 10
- Mengenrisiko **VOB/A EU 4** 11
- Teilleistungen **VOB/A EU 4** 9

Einschätzungsprärogative VOB/A EU 2 20
Einstellung des Vergabeverfahrens GWB 168 33; **VSVgV 37**
Einzelauftragsvergabe bei Rahmenvereinbarung GWB 134 56 ff.; **GWB 135** 47
- Ein-Partner-Rahmenvereinbarungen **VgV 21** 16 f.

- elektronische Kataloge **VgV 27** 10 ff.
- erneutes Vergabeverfahren **VgV 21** 20 ff., 23 ff.
- geschlossenes System **VgV 21** 14
- Mehr-Partner-Rahmenvereinbarungen **VgV 21** 18 f.
- Systematik **VgV 21** 13
- Verbot wesentlicher Änderungen **VgV 21** 15

Einzelnachweise VOB/A EU 6b 4; **VOB/A-VS 6b** 1
Eisenbahninfrastruktur GWB 131 12
Eisenbahnverkehr GWB 149 24
Eisenbahnverkehrsleistungen GWB 107 3; **VO 1370 5** 113 ff.
Elektrizität GWB 102 9
Elektronische Aktenführung GWB 163 14a
Elektronische Angebotsabgabe VOB/A EU 13 5 f.
- nicht offenes Verfahren **VgV 16** 27
- offenes Verfahren **VgV 15** 13
- Regelfall **VgV 16** 27
- Übergangsfristen **UVgO 38** 3
- Verhandlungsverfahren mit Teilnahmewettbewerb **VgV 17** 19
- Verhandlungsverfahren ohne Teilnahmewettbewerb **VgV 17** 33a

Elektronische Auktion GWB 120 10 f.; **VgV 25** ff; **SektVO 23** ff.; **VOB/A EU 4b** 2; **UVgO 18** 9
- Anwendungsbereich **VgV 25** 4 ff.
- Aufforderung zur Interessensbestätigung **VgV 26** 3
- Aufforderung zur Teilnahme **VgV 26** 12 ff.
- Auftragsbekanntmachung **VgV 26** 3
- Auktionsphasen **VgV 25** 10
- Beendigung **VgV 26** 20 ff.
- Bewertungsmethode **VgV 25** 8 ff.
- Charakteristik **VgV 25** 1 ff.
- chronologischer Ablauf **VgV 26** 2
- Meldepflichten **VergStatVO 3** 57
- Rangmitteilung **VgV 26** 16
- Terminbekanntgabe **VgV 26** 18 f.
- Verfahrensvorgaben **VgV 25** 8 ff.
- Vergabeunterlagen **VgV 26** 6 ff.
- Wiederholung der Angebotsabgabe **VgV 25** 12

Elektronische Informations- und Kommunikationsmittel GWB 120 1 ff.
Elektronische Kataloge GWB 120 12 ff.; **SektVO 25**; **UVgO 19**
- Begriff **VgV 27** 1
- Hinweispflicht **VgV 27** 9
- Rahmenvereinbarungen **VgV 27** 10 ff.
- Rechtsfolgen bei Verstößen **VgV 27** 17

Stichwortverzeichnis

magere Zahlen = Randnumer

- Standards **VgV 27** 4
- Vorlagepflicht **VgV 27** 14 ff.
- Zulassung **VgV 27** 6 ff.

Elektronische Kommunikationsdienste GWB 116 29

Elektronische Kommunikationsmittel GWB 97 105 f.; **GWB 149** 13 ff.; **GWB 151** 11; **VgV 22** 11 ff.; **VgV 53** 3, 7; **KonzVgV 7 ff.**; **VOB/A 11a**; **VOB/A EU 11a**; **VOB/A EU 11**; **VOB/A-VS 11a**; **UVgO 7**

- alternative **VgV 12** 3 ff.; **SektVO 12**; **KonzVgV 10**
- Anforderungen **VgV 10** 5 ff.; **VgV 11** 2 ff.; **SektVO 10**; **SektVO 11**
- Auslandsdienststellen **KonzVgV 35**
- Ausnahme für Angebotseinreichung **VgV 53** 8 ff.
- Ausnahmen **VOB/A EU 11b**
- Barrierefreiheit **VgV 11** 6 ff.
- Bauwerksdatenmodellierung **VgV 12** 6
- Datenintegrität **VgV 11** 10
- Echtheit der Daten **VgV 11** 12
- einheitliche Schnittstelle **VgV 10** 11 ff.
- Informationspflichten **VgV 11** 14 ff.
- Kompatibilität **VgV 11** 5
- Mindestanforderungen **VgV 10** 2
- nicht diskriminierend **VgV 11** 4
- Nutzung **VgV 9** 5 ff.
- Rechtsschutz **VgV 11** 17
- Reichweite des Nutzungsgebots **VgV 9** 7 f.
- Sicherheitsanforderungen **VgV 53** 19 ff.
- Standards **VgV 10** 11 ff.
- Verfügbarkeit **VgV 11** 3
- Vertraulichkeit der Daten **VgV 11** 11
- Verwaltungsvorschriften **VgV 13**

Elektronische Signatur VgV 10 4; **VgV 11** 12; **VgV 53** 19 ff.; **VOB/A EU 13** 6

Elektronische Übermittlung VgV 40 2; **VgV 53** 7; **VgV 54** 3

Elektronische Vergabeplattformen VgV 10 7

Elektronischer Standardformulare VgV 10a

EMAS-Zertifizierung GWB 122 34

Empfangsbevollmächtigte GWB 161 4

Energiebeschaffung GWB 137 7 ff.; **GWB 143** 6

Energieeffizienz VgV 59 2; **VgV 67** 2, 9

Energieeffizienzrichtlinie SektVO 58 2; **SektVO Einl** 3

Energieverbrauchsrelevante Leistungen VgV 59 2; **VgV 67**; **SektVO 58**; **VOB/A EU 8c**

- Angaben zum Energieverbrauch **VgV 67** 17 ff.; **SektVO 58** 4
- Begriff **VgV 67** 4 ff.

- Informationsanforderung **VgV 67** 16 ff.
- Lebenszykluskostenrechnung **VgV 67** 19
- Leistungsbeschreibung **VgV 67** 11 ff.; **SektVO 58** 4 f.
- Rechtsschutz **VgV 67** 26
- Verkehrsmittel zur Personen-/Güterbeförderung **VgV 67** 6 ff.
- Zuschlag **VgV 67** 22 ff.; **SektVO 58** 6

Energieverbrauchsrelevantes Produkt VgV 67 8

Energieversorgung GWB 100 15 f.; **GWB 137** 9

Enkelkonstellation GWB 108 26

Entgeltbegriff VgV 3 8

Entschädigung VOB/A 8b; **VOB/A 12** 22; **VOB/A EU 8b** 2 ff.

Entscheidung der Vergabekammer GWB 168 3 ff.

- Ablehnungsfiktion **GWB 172** 5
- Bindung bei Sekundärrechtsschutz **GWB 179** 2 ff.
- Entfallen der Wirksamkeit **GWB 168** 54
- Rechtsnatur **GWB 168** 48 ff.
- Rechtsschutz **GWB 171** 2 ff.
- Vollstreckung **GWB 168** 55 ff.

Entscheidung des Vergabesenats GWB 178

- Begründetheit **GWB 178** 9 ff.
- Bindung bei Sekundärrechtsschutz **GWB 179** 2 ff.
- Erfolglosigkeit **GWB 178** 8
- Kostenentscheidung **GWB 178** 19 ff.
- mündliche Verhandlung **GWB 175** 5
- ohne mündliche Verhandlung **GWB 175** 5 f.
- Rechtskraft **GWB 178** 22 f.

Entscheidungsbegriff VO 1370 5 119

Entscheidungsfrist
- Ablehnungsfiktion **GWB 171** 16 ff.
- Berechnung **GWB 167** 4 ff.
- Einhaltung **GWB 167** 7 ff.
- Verlängerung **GWB 167** 11 ff.; **GWB 169** 24; **GWB 171** 7, 17
- Vorabgestattung der Zuschlagserteilung **GWB 169** 32

Entsorgungskosten VgV 59 21

Entsorgungsunternehmen GWB 99 188 ff.

Erkundungspflicht GWB 135 42

Erlaubnis zur Berufsausübung GWB 122 28; **VgV 43** 2 f.; **VgV 44**; **VgV 46** 30; **VSVgV 25** 3 f.; **VOB/A EU 6a** 2

Erledigung des Nachprüfungsverfahrens GWB 168 30a ff.; **GWB 177** 7

Erledigungserklärung, übereinstimmende GWB 168 35

Ersatzteile UVgO 8 39 ff.

fette Zahlen = Paragraphen					**Stichwortverzeichnis**

Erschließungsverträge GWB 105 34 ff.
Erzeugnisse aus Drittländern SektVO 55
Europäische Technische Bewertung VgV 31 26
Europäische verteidigungstechnologische und -industrielle Basis (DTIB) VSVgV Einl 3
E-Vergabe GWB 151 11 ff.; **GWB 160** 52; **VgV 9** 1; **VgV 10** 7
– Ausschluss nicht frist- und formgerechter Erklärungen **GWB 151** 17
– Anforderungen **GWB 151** 12 ff.
– Bereitstellung der Vergabeunterlagen **GWB 151** 13
– Einreichungsfrist **GWB 151** 16
– Reichweite **GWB 151** 12
– Umfang einzustellender Unterlagen **GWB 151** 14
– Verschlüsselung **GWB 151** 15, 17
Ex-ante-Transparenz VgV 66 2 f.; **SektVO 39** 3 ff.; **KonzVgV 22** 3; **VOB/A 20** 9
Ex-ante-Transparenzbekanntmachung VgV 37 16; **VSVgV 18** 7
Ex-post-Informationspflicht UVgO 30 1 f.
Ex-post-Transparenz VgV 14 79; **VgV 62** 5; **VgV 66** 4; **SektVO 39** 6; **KonzVgV 22** 4; **VOB/A 21** 7 f.

Fachaufsicht GWB 155 14
Fachkunde VOB/A 16b 6
– Allgemeines **GWB 122** 3
– Nachweis **GWB 122** 32
Fachliche Richtigkeit VgV 56 5
Fachlose GWB 97 80
– Aufteilung **GWB 97** 82 ff.
Falschangaben GWB 180 15 f.
Fertigstellung der Vergabeunterlagen VOB/A EU 2 13 ff.
Festkosten VOB/A EU 16d 27
Festpreis VOB/A EU 4 6; **VOB/A EU 16d** 27
Feststellungsinteresse GWB 168 38 ff.; **GWB 178** 17
Finanzielle Dienstleistungen GWB 107 33; **GWB 116** 18 ff.; **GWB 149** 9 f.
Finanzielle Leistungsfähigkeit GWB 122 29; **VgV 45**; **VOB/A EU 6a** 3
– Belege zum Nachweis **VgV 45** 12 ff.
– materielle Anforderungen **VgV 45** 5 ff.
– Mindestanforderungen **VgV 45** 8
– Nachweis **VSVgV 26** 2 ff.
– Sicherheit und Verteidigung **VSVgV 26**
Finanzierung
– alternative Finanzierungsmodelle **VOB/A EU 2** 22

– gesicherte **VOB/A EU 2** 23
– ungesicherte **VOB/A EU 2** 25
– Vorbehalt der Mittelbereitstellung **VOB/A EU 2** 24
Fixgeschäft GWB 169 24
Fliegerhorst Ahlhorn-Rechtsprechung GWB 107 29
Flucht in Aufhebung VgV 63 12 ff.
Flughafenbetreibergesellschaften GWB 99 141
Forschungs- und Entwicklungsdienstleistungen GWB 116 12 f.
Forschungs- und Entwicklungsleistungen GWB 145 8, 16; **GWB 149** 5 f.; **VgV 14** 67 f.; **VgV 19** 17 ff.; **SektVO 38** 2; **VSVgV 4** 3; **VSVgV 12** 15, 17 f.
Fortsetzungsfeststellungsverfahren GWB 168 37 ff.
– Beschluss **GWB 168** 45 ff.
– Feststellungsinteresse **GWB 168** 38 ff.
– isolierter Antrag **GWB 168** 37c
– Statthaftigkeit **GWB 168** 37a ff.
Fossile Brennstoffe VOB/A 102 15
Freiberufliche Leistungen UVgO 1 3; **UVgO 50**
Freibeweisverfahren GWB 163 17
Freihändige Vergabe VOB/A 3 17 ff.; **VOB/A 3a** 22 ff.
– Ablauf **VOB/A 3b** 4
– Alleinstellung eines Unternehmens **VOB/A 3a** 23 ff.
– Anwendungsbegründung **VOB/A 3a** 22
– Bagatellaufträge **VOB/A 3a** 40
– besondere Dringlichkeit **VOB/A 3a** 28 ff.
– Direktauftrag **VOB/A 3a** 41
– Entgelt für Vergabeunterlagen **VOB/A 8b** 5
– Geheimhaltung **VOB/A 3a** 37
– keine eindeutige Leistungsbeschreibung **VOB/A 3a** 32 ff.
– keine erfolgversprechende Neuausschreibung **VOB/A 3a** 35 f.
– kleiner Anschlussauftrag **VOB/A 3a** 38 ff.
– Wechsel unter Unternehmen **VOB/A 3b** 5
– Ausland **VOB/A 24** 4
Freistellungsverfahren SektVO 3 5 ff.
– Antragsberechtigte **SektVO 3** 9
– Antragsinhalt **SektVO 3** 10
– Bekanntgabe **SektVO 3** 15
– Bindungswirkung **SektVO 3** 13
– Bundesberggesetz **SektVO 3** 16
– Ermittlungsbefugnisse **SektVO 3** 11
– Feststellung(sfiktion) **SektVO 3** 14
– Rechtsschutz **SektVO 3** 18 ff.
– Stellungnahmen **SektVO 3** 11 f.
– Verfahren **SektVO 3** 5 ff.

2913

Stichwortverzeichnis

magere Zahlen = Randnumer

Freiwillige Ex-ante-Transparenzbekanntmachung VSVgV 18 7
Freiwillige Informationen GWB 134 189
Fristen VgV 82; **KonzVgV** 36; **VOB/A-VS** 10; **UVgO** 54
Funktionale Betrachtung VgV 3

Ganzjährige Bautätigkeit VOB/A 2 9; **VOB/A EU** 2 26 f.
Gas und Wärme GWB 102 10
Gebietskörperschaften GWB 99 27 ff.
Gebühren s. Kosten
Gefahrenabwehr GWB 107 40
Geheimerklärung GWB 117 14
Geheimhaltung GWB 117 13 ff.; **GWB** 164 6 ff.; **VgV** 15 16; **VgV** 54 3; **VSVgV** 6 2 f.; **VOB/A** 12a 9; **VOB/A EU** 12a 6; **VOB/A EU** 14 35 ff.; **VOB/A-VS** 12a 3
Geheimnisschutz s. a. Verschlusssachen; **GWB** 164; **GWB** 175 19; **VgV** 5; **VSVgV** 7 16 ff.; **VSVgV** 21 4
Geheimschutz GWB 165 7 ff.; **VSVgV** 7 5
Geistig-schöpferische Dienstleistungen VgV 58 27 ff.
Gelegenheitsverkehr VO 1370 1 6
Gelegentliche gemeinsame Beschaffung VgV 4; **VOB/A** 2; **VOB/A EU** 2; **VOB/A VS** 2
Gemeinnützige Organisationen GWB 107 43
Gemeinsame Auftragsvergabe VgV 4; **SektVO** 4; **VOB/A EU** 2 8; **UVgO** 16
– punktuelle Zusammenarbeit **VgV** 4 1
– Verantwortlichkeit **VgV** 4 8 ff.; **SektVO** 4 4
– zentrale Beschaffung **VgV** 4 12
– zentrale Beschaffungsstellen **VgV** 4 7
– Zulässigkeit **VgV** 4 4 ff.; **SektVO** 4 3
Gemeinsame Projekte mit Nicht-EWR-Staaten GWB 109 5 ff.
Gemeinsame Verkehrspolitik VO 1370 Einl 2 ff.
Gemeinschaftliche Sicherheits- und Verteidigungspolitik (GSVP) VSVgV Einl 8
Gemeinschaftsunternehmen GWB 138 2; **GWB** 139 4 ff.; **GWB** 154 17
Gemeinwirtschaftliche Verpflichtungen
– Ausgleichsleistungen **VO 1370** 2 15 ff.
– Begriff **VO 1370** 2 9 f.; **VO 1370** 4 3 ff.
– Spezifikation **VO 1370** 2a
Gemischte Aufträge GWB 110 ff.; **VSVgV** 1 2; **VSVgV** 5 5; **VOB/A-VS** 1 7
– Ausnahmetatbestand **GWB** 107 7
– ein Vergaberechtsregime **GWB** 110 7

– Ermittlung der Wertverhältnisse **GWB** 110 11
– Maßgeblichkeit des Hauptgegenstands **GWB** 110 9, 12
– mehrere verschiedene Leistungen **GWB** 110 6 ff.
– mit Bauleistungen **GWB** 110 12 ff.
– ohne Bauleistungen **GWB** 110 10 f.
– Sektorentätigkeiten **GWB** 112 2
– Subunternehmereinsatz **GWB** 110 13
– Trennbarkeit der Auftragsteile **GWB** 111 7 ff.
– unterschiedliche rechtliche Regelungen **GWB** 111 4 ff.
– unterschiedlicher Tätigkeitsbezug **GWB** 112
– Untrennbarkeit der Auftragsteile **GWB** 111 18 ff.
– Vergabe als Gesamtauftrag **GWB** 111 10 f., 12 ff.; **GWB** 112 6 f.
– Vergabe von Teilaufträgen **GWB** 111 11; **GWB** 112 5
– Wert zusammentreffender Leistungselemente **GWB** 110 11
Gemischtwirtschaftliche Gesellschaften GWB 99 142
Genehmigungen, öffentlich-rechtliche VOB/A EU 2 19
Geschäftsgeheimnisse GWB 165 7 ff.; **GWB** 175 19; **VgV** 5; **VgV** 60 32
Gesetzestreue GWB 122 3
Gesondert geforderte Unterlagen VgV 57 32
Gestreckte Auftragsvergabe GWB 103 57
Gewerbliche Schutzrechte VgV 53 57 ff.
Gewerbliche Verkehrssitte VOB/A EU 7b 10
Gewerbsmäßig tätige Unternehmen VOB/A 6 4
Gewichtung der Zuschlagskriterien VgV 58 37 ff.
Gewinnerzielungsabsicht GWB 99 170; **GWB** 103 40
GKV-OrgWG GWB vor 171 2
Gleichbehandlungsgebot GWB 97 9 ff.; **GWB** 107 21; **SektVO** 45 5
– Einzelfälle **GWB** 97 24 ff.
– EU-Recht **GWB** 97 11
– Regelungsgehalt **GWB** 97 20 ff.
– Ungleichbehandlung **GWB** 97 23
– Verfassungsrecht **GWB** 97 18 ff.
Gleichgewichtspreis VO PR Nr. 30/53 21
Gleichwertigkeitsnachweis VOB/A-VS 7a 4
Gleichwertigkeitszusatz VgV 31 6, 12, 20, 55, 57

fette Zahlen = Paragraphen

Stichwortverzeichnis

Global-Pauschalvertrag VOB/A EU 4 12
Glücksspielkonzession GWB 133 17
GMP-Vergütungsmodell VOB/A EU 4 25
Großmärkte GWB 99 143
Grundfreiheiten GWB Einl 11; GWB 107 10, 32; **GWB 128** 22; **VO 1370 Einl** 4
Grundrechtsbindung GWB 97 18 ff.
Grundstücksbezogene Dienstleistungsaufträge GWB 107 26
Grundstücksgeschäfte GWB 107 26
Grundstücksveräußerung s. *Veräußerung von Grundstücken*
Gründung von Organisationen GWB 103 54 ff.
Güterbeförderung GWB 131 12
Gütezeichen GWB 127 27 ff.; **GWB 128** 30; **VgV 31** 42; **VgV 34**; **VgV 46** 41; **VgV 61** 3 ff.; **SektVO 32**; **VOB/A EU 7a** 18 ff.; **UVgO 24**
– Anforderungen **VgV 34** 6 ff.
– Begriff **VgV 34** 2
– gleichwertige **VgV 34** 12
– Hinweispflicht **VgV 34** 11
– Max Havelaar-Rechtsprechung **GWB 127** 16 f., 28 ff.; **VgV 34** 3; **VgV 61** 8
– strategische Beschaffung **VgV 34** 2a
– Vorlage **VgV 34** 5
– Zuschlagskriterien **VgV 58** 42

Häfen und Flughäfen GWB 102 12 ff.
Hauptunternehmer
– Haftung **VSVgV 9** 16
Haushaltsrecht GWB vor 155 3 ff.; **GWB 106** 1; **GWB 148** 27; **GWB 155** 2
Herkunftslandsprinzip VgV 44 2
Hilfsgeschäfte GWB 136 10
Hinweispflichten GWB 175 14
Höchsttarif VO 1370 3 4 ff.
Hörfunkdienste GWB 116 14 ff.

Identität des Beschaffungsvorhabens GWB 119 27
IDEV-Formular VergStatVO 1 13
In-camera-Verfahren GWB 165 10, 12
Inflation VOB/A EU 9d 1b
Information, freiwillige GWB 134 189
Informationsaustausch
– Schutz vertraulicher Unterlagen **KonzVgV 4** 3 ff.
Informationsfreiheitsgesetze (IFG) GWB 165 1c
Informationspflicht GWB 134; **KonzVgV 30**; **VOB/A EU 19** 7 f.; **VOB/A-VS 19** 3
– analoge Anwendung **GWB 134** 161

– Angebote, die nicht die engere Wahl kommen **VOB/A 19** 5
– Aufhebung der Ausschreibung **GWB 134** 64 f.
– Auftragsänderungen **GWB 134** 75 f.
– ausgeschlossene Angebote **VOB/A 19** 4
– Ausnahmen **GWB 134** 113 ff., 149 ff., 157
– Benachrichtigung von Interessenten **GWB 134** 25 ff., 73
– besondere Dringlichkeit **GWB 134** 113 ff.
– Bevollmächtigte **GWB 134** 32a
– Bewerber **GWB 134** 21 ff.
– Bieter **GWB 134** 19 f.
– Darlegungs- und Beweislast **GWB 134** 109
– De-facto-Vergaben **GWB 134** 72 ff.
– Drittschutz **GWB 134** 33 ff., 35
– dynamisches Beschaffungssystem **VgV 23** 19
– einheitliche Erfüllung **GWB 134** 79
– Einleitung eines Nachprüfungsverfahrens **GWB 134** 66 f.
– Einzelauftrag in Rahmenvereinbarung **GWB 134** 56 ff.; **GWB 135** 47
– Entbehrlichkeit der Information **GWB 134** 78
– EnWG **GWB 134** 175a ff.
– ergänzende Informationen **GWB 134** 110
– erneute, geänderte Angebotswertung **GWB 134** 68
– fehlende Information **GWB 135** 39
– fehlende/fehlerhafte Information **GWB 134** 111 ff.
– fehlerhafte **GWB 135** 106 ff.
– fehlerhafte Information **GWB 135** 40 f.
– Form **GWB 134** 98 ff.
– Form der Informationserteilung **VOB/A 19** 11a
– Formulare mit AGB-Charakter **GWB 134** 99
– freiwillige Informationen **GWB 134** 189
– frühester Zeitpunkt des Zuschlags **GWB 134** 90a f.
– Geltungsbereich **GWB 134** 15 ff.
– GG **GWB 134** 173a ff.
– Gründe der Nichtberücksichtigung **GWB 134** 85 ff.
– Information als Verwaltungsakt? **GWB 134** 190 ff.
– Information des Auslobers **GWB 134** 54
– Information des Preisgerichts **GWB 134** 53
– Informationsfrist **VOB/A 19** 11
– Informationsvorsprung durch Bieterinformation **GWB 134** 110a
– Interimsvergaben **GWB 134** 70 f.

2915

Stichwortverzeichnis

magere Zahlen = Randnumer

- kartellrechtliche Verpflichtungen **GWB 134** 174 ff.
- Konzession **GWB 154** 15
- KonzVgV **GWB 134** 44 f.
- landesrechtliche **GWB 134** 158, 178 ff.
- Leistungserweiterung **GWB 134** 77
- materielle Wirkung eines Informationsschreibens **GWB 134** 95
- Mecklenburg-Vorpommern **GWB 134** 179 f.
- nach Zuschlagserteilung **VOB/A 19** 6
- Nachschieben von Gründen **GWB 134** 93 f.
- Name des erfolgreichen Bieters **GWB 134** 81 ff.
- nicht berücksichtigte Bewerbungen/Angebote **VOB/A 19**
- Nichtberücksichtigungsgründe **VOB/A 19** 7 ff.
- Niedersachsen **GWB 134** 180a f.
- persönlicher Anwendungsbereich **GWB 134** 18 ff.
- Platzierungsmitteilung **GWB 134** 110
- Rangstellenangaben **GWB 134** 92
- Rechtsweg außerhalb Vergaberechts **GWB 134** 193 ff.
- Rheinland-Pfalz **GWB 134** 180d
- sachlicher Anwendungsbereich **GWB 134** 37 ff.
- Sachsen **GWB 134** 181 ff.
- Sachsen-Anhalt **GWB 134** 185 ff.
- Schleswig-Holstein **GWB 134** 186b f.
- SektVO **GWB 134** 46
- Spannungsverhältnis **GWB 134** 34a
- Thüringen **GWB 134** 187 f.
- Übertragungsweg **GWB 134** 98
- Umfang **GWB 134** 79 ff.
- unberücksichtige Preisträger und Ausgelobte **GWB 134** 32
- unvollständige Information **GWB 134** 112; **GWB 135** 40 f.
- UVgO **GWB 134** 168 f.
- Vergaben oberhalb der Schwellenwerte **GWB 134** 37, 40 ff., 158
- Vergaben unterhalb der Schwellenwerte **GWB 134** 159, 167 ff.
- Vergabeverfahren oberhalb der Schwellenwerte **GWB 134** 16
- VerpackG **GWB 134** 55a
- Verstoß **GWB 134** 111 ff.; **GWB 135** 38 ff.
- verteidigungs-/sicherheitsspezifische Aufträge **GWB 134** 149 ff.
- Vertragskündigung **GWB 134** 69
- verwaltungsrechtliche Auswahlverfahren **GWB 134** 176 f.
- VgV **GWB 134** 42 f.
- VOB/A **GWB 134** 170 ff.
- VOB/A EU **GWB 134** 50 f.
- VOB/A VS **GWB 134** 52
- vorformulierte Standardschreiben **GWB 134** 99
- VSVgV **GWB 134** 47
- wettbewerbliches Vergabeverfahren **GWB 134** 49a
- Wirkung **GWB 134** 79 ff.

Informationssicherheit VSVgV 7 1 ff.; **VOB/A-VS 2** 4

Informationsübermittlung VSVgV 19 1 ff.; **VOB/A 11**

Informationsvorsprung durch Bieterinformation GWB 134 110a

Infrastruktur VO 1370 2 2

Inhouse-Geschäft GWB 108 8 ff.; **GWB 135** 67

- Allgemeines **GWB 108** 8 f.
- Beteiligung Privater **GWB 108** 46 ff.
- dienststellenähnliche Kontrolle **GWB 108** 11 ff., 63 ff.
- einfach-vertikales **GWB 108** 6, 10 ff.
- Eisenbahnbereich **GWB 131** 23 ff.
- gemeinsam-vertikales **GWB 108** 61 ff.
- horizontales **GWB 108** 6, 59 ff.
- inverses **GWB 108** 6, 59 ff.
- Leistungsempfänger **GWB 108** 41 ff.
- mehrstufige Kontrolle **GWB 108** 26
- privatrechtliche Eigengesellschaften **GWB 108** 21 ff.
- sektorspezifische Aufträge **GWB 138** 7
- Tätigkeiten zur Erfüllung durch Betrauung übertragener Aufgaben **GWB 108** 32 ff.
- überwiegende Tätigkeit für Auftraggeber **GWB 108** 27 ff., 68

Inklusionsbetriebe GWB 118 11

Inländerdiskriminierung VgV 44 9

Innovationen GWB 97 60 ff.; **VgV 14** 35; **VgV 31** 43; **VgV 58** 25

Innovationspartnerschaft VgV 19; **SektVO 18**; **VOB/A EU 3a** 19

- Ablauf **VgV 19** 5 ff.; **VOB/A EU 3b** 15 ff.
- Angebotsphase **VgV 14** 25
- Anwendungsvoraussetzungen **VgV 19** 3 f.
- Auftragsbekanntmachung **VgV 19** 6 ff.
- Auswahlphase **VgV 19** 6 ff.
- Beendigung **VOB/A EU 17** 9
- Charakteristik **GWB 119** 1, 7, 33; **VgV 14** 21 ff.; **VgV 19** 1 ff.
- Eignungskriterien **VgV 14** 24
- ein/mehrere Innovationspartner **VgV 19** 16
- Forschungs- und Entwicklungsphase **VgV 19** 17 ff.

fette Zahlen = Paragraphen

Stichwortverzeichnis

- Leistungsphase **VgV** 19 20
- Schätzung des Auftragswerts **VgV 3** 22
- Schutz des geistigen Eigentums **VgV** 19 14
- Teilnahmewettbewerb **VgV** 14 23; **VgV** 19 11
- Verhandlungsphase **VgV** 19 12 ff.
- Vertragsdurchführungsebene **VgV** 14 26
- Wettbewerbsgewährleistung **VgV** 19 13
- wirtschaftlichstes Angebot **VgV** 19 15
- Zweistufigkeit **VgV** 14 23

Innovationspartnerschaften VOB/A EU 16d 32

Insolvenz GWB 124 12 ff., 17; **GWB 160** 16a

Insolvenzkäufe VSVgV 12 21

Instandhaltungskosten VgV 59 20

Instandhaltungsmaßnahmen VOB/A 1 13

Instandsetzungs- und Reparaturarbeiten VOB/A 1 14

Instate-Geschäft GWB 108 6
- Abgrenzung **GWB 108** 76a
- Ausschreibungsfreiheit **GWB 108** 72 ff.

InsTiimi Oy-Entscheidung VSVgV 1 8

Integrierte öffentliche Personenverkehrsdienste VO 1370 2 25

Interesse am Auftrag GWB 135 17, 19 ff., 105, 121; **GWB 160** 9, 10 ff.
- Angebotsabgabe **GWB 160** 11
- angebotshindernde Vergaberechtsverstöße **GWB 160** 12 f.
- Beschaffungen ohne geregeltes Vergabeverfahren **GWB 160** 15
- Bietergemeinschaften **GWB 160** 10
- Bieteridentität **GWB 160** 10a
- De-facto-Vergaben **GWB 160** 15
- Direktvergaben **GWB 160** 15
- Insolvenz des Antragstellers **GWB 160** 16a
- potentielle Auftragnehmer **GWB 160** 10
- Teilnahmeantrag **GWB 160** 16

Interessenkonflikte VgV 6; **VOB/A** 2; **VOB/A EU** 2; **VOB/A VS** 2; **UVgO** 4; **GWB 124** 32; **VgV** 6; **VgV 46** 9 f.; **SektVO** 6; **KonzVgV** 5; **UVgO** 4
- Angehörige **VgV 6** 31 ff.
- Beauftragte des Auftraggebers **VgV 6** 13
- Berater/Vertreter des Bewerbers/Bieters **VgV 6** 22 ff.
- Beteiligung/Einfluss **VgV 6** 15 ff.
- Betroffene **VgV 6** 10 ff.
- Bewerber/Bieter **VgV 6** 20 f.
- Darlegungslast **VgV 6** 34 ff.
- doppelte Geschäftsbeziehung **VgV 6** 29
- gegen Entgelt Beschäftigte **VgV 6** 26 ff.
- Generalklausel **VgV 6** 15 ff.
- Mitarbeiter **VgV 6** 12
- Mitwirkungsverbot **KonzVgV 5** 8
- Organe des Auftraggebers **VgV 6** 11
- Organmitglieder eines Bewerbers/Bieters **VgV 6** 26 ff.
- Personenidentität **VgV 6** 21
- persönliches Interesse **VgV 6** 15 ff.
- Rechtsschutz **VgV 6** 37 ff.
- Sphärenverantwortung **VgV 6** 4
- Vermutung **VgV 6** 6 f., 15, 20 ff.
- Vermutung **KonzVgV 5** 7
- Wettbewerbsverzerrungen **VgV 6** 2

Interessensbekundung VgV 38 17; **VgV 52**; **SektVO 42** 2a
- Angabe von gewerblichen Schutzrechten **VgV 53** 57 ff.
- Aufbewahrung ungeöffneter **VgV 54**
- elektronische Übermittlung **VgV 53** 7
- Inhalt eingereichter Unterlagen **VgV 53** 37 ff.
- Nebenangebote **VgV 53** 50 ff.
- postalische Übermittlung **VgV 53** 31 ff.
- Preise **VgV 53** 49
- Telefaxübermittlung **VgV 53** 36
- Textform **VgV 53** 5 f.
- Unterschrift **VgV 53** 33 f.

Interessensbestätigung VgV 38 20 ff.; **VgV 52** 15 ff.; **SektVO 42** 2a; **VOB/A 16c**
- Angabe von gewerblichen Schutzrechten **VgV 53** 57 ff.
- Aufbewahrung ungeöffneter **VgV 54**
- Aufforderung zur s. dort
- elektronische Übermittlung **VgV 53** 7
- Inhalt eingereichter Unterlagen **VgV 53** 37 ff.
- Nebenangebote **VgV 53** 50 ff.
- nicht geforderte/zusätzliche Erklärungen **VgV 53** 48
- Öffnung **VgV 55**
- postalische Übermittlung **VgV 53** 31 ff.
- Preise **VgV 53** 49
- Prüfung **VgV 56**
- Telefaxübermittlung **VgV 53** 36
- Textform **VgV 53** 5 f.
- Umfang **VgV 53** 42 ff.
- Unterschrift **VgV 53** 33 f.
- Vollständigkeit **VgV 53** 38 ff.
- zumutbare Angaben/Erklärungen **VgV 53** 45

Interessenskollision VOB/A EU 2 9

Interimsvergaben GWB 119 25; **VOB/A 3a** 31
- Informationspflicht **GWB 134** 70 f.

Internationale Abkommen GWB 150 16
- besondere Vergabevorschriften **GWB 109** 5 ff.

2917

Stichwortverzeichnis

magere Zahlen = Randnumer

Internationale Organisationen
- besondere Vergabevorschriften **GWB 109** 7, 8 f.
- finanzierte Aufträge **GWB 109** 8 f.; **GWB 117** 21

Internationale Verfahrensregelungen
- Ausnahmetatbestände **GWB 109** 5 ff.

Interpolationsmethoden VgV 58 6 f.

Irreführende Informationen GWB 124 52 f.

Ja/Nein-Abfragen GWB 128 37
Ja-/Nein-Abfragen GWB 121 5
Jahresabschlüsse VgV 45 13
Juristische Personen
- Befähigung/Erlaubnis zur Berufsausübung **VgV 43** 2 f.

Juristische Personen des öffentlichen Rechts GWB 99 33 ff.
- Erfüllung einer im Allgemeininteresse liegenden Aufgabe **GWB 99** 41 ff.
- Gründung zu besonderem Zweck der Aufgabenerfüllung **GWB 99** 77 ff.
- Handeln **GWB 99** 38
- Nichtgewerblichkeit der Aufgabe **GWB 99** 59 ff.
- öffentliche Auftraggeber **GWB 99** 33 ff.
- Überwiegen staatlicher Finanzierung **GWB 99** 84 ff.

Juristische Personen des privaten Rechts GWB 99 33 ff.
- Erfüllung einer im Allgemeininteresse liegenden Aufgabe **GWB 99** 41 ff.
- Gründung zu besonderem Zweck der Aufgabenerfüllung **GWB 99** 77 ff.
- Handeln **GWB 99** 38
- Nichtgewerblichkeit der Aufgabe **GWB 99** 59 ff.
- öffentliche Auftraggeber **GWB 99** 33 ff.
- Überwiegen staatlicher Finanzierung **GWB 99** 84 ff.

Justizvollzugsanstalten UVgO 8 45 ff.

Kabotagebeförderung VO 1370 Einl 7
Kalkulationshoheit VgV 57 42
Kalkulationsirrtum VOB/A EU 10a 36
Kapazitäten anderer Unternehmen VOB/A EU 6d; VOB/A-VS 6d
Kapazitätenbegriff VgV 47 2
Kartellbehörden GWB 155 16; **GWB 156** 21
Kartellrechtliche Ansprüche GWB 181 75 ff.; **GWB 155** 41; **GWB 156** 16, 20
Kartellrechtliche Lösung GWB vor 155 9; **GWB 155** 1
Kaskadensystem VgV 1 1; **VgV 21** 19; **SektVO Einl** 4; **KonzVgG Einl** 1
Katastrophenschutz GWB 107 40
Kirchen GWB 99 175 ff.

Kleine und mittlere Unternehmen (KMU) GWB 97 74; **VSVgV 10** 2; **VO 1370 5** 81 ff.

Kollusion GWB 133 30, 154; **GWB 135** 130, 133

Kommunikation VgV 9; SektVO 9 ff.; KonzVgV 7 ff.
- elektronische Mittel **VgV 9** 5 ff.; *s. a. dort*
- mündliche **VgV 9** 9 f.
- Registrierung **VgV 9** 11 ff.

Konformitätsbescheinigungen VgV 34 4
Konformitätsbewertung VgV 33
Konformitätsbewertungsstelle VgV 33 10 ff.; **VgV 58** 41; **SektVO 31; VOB/A EU 7a** 17

Konformitätserklärungen VgV 46 41

Konkurrenten
- Recht auf Kündigungsausübung **GWB 133** 162 ff.

Kontrahierungszwang GWB 155 30; **GWB 168** 14; **VgV 63** 24 ff.; **VOB/A EU 18** 33

Konzernverbundene Unternehmen GWB 99 148 ff.; **VOB/A 16** 6; **VOB/A EU 8** 7

Konzessionen GWB 105
- Abgrenzung zum öffentlichen Auftrag **GWB 103** 43
- aktuelle Rechtslage **GWB 148** 5 ff.
- alte Rechtslage **GWB 148** 1 ff.
- Änderungen **KonzVgV 21; KonzVgV 22** 5
- Angebotsbegrenzung **KonzVgV 13** 9 f.
- anwendbare Vorschriften **GWB 154**
- Anwendungsbereich **GWB 148** 16 ff.
- Ausführungsbestimmungen **GWB 152** 15 ff.
- Ausnahmen **GWB 148** 24; **GWB 149**; **GWB 150**
- ausschließliche Rechte **GWB 149** 11 f.
- Baukonzession **GWB 105** 33 ff.
- Baukonzessionen **GWB 148** 30
- Begriff **GWB 105** 4 ff.; **GWB 148** 16 ff.; **GWB 150** 3; **KonzVgG 1** 2
- Bekanntgabe **GWB 151** 2 ff.
- Beschaffungsbezug **GWB 148** 17
- Beschreibung **KonzVgV 13** 5
- Betrauung durch Konzessionsgeber **GWB 105** 11 ff.
- Betriebsrisiko/wirtschaftliches Risiko **GWB 148** 18
- Betriebsrisikotragung **GWB 105** 22, 24 ff.
- Brutto-/Nettovertrag **GWB 105** 30
- Dienstleistungskonzession **GWB 105** 39
- Diskriminierungsverbot **KonzVgV 12** 9
- Eignungskriterien **GWB 152** 5 ff.
- elektronische Kommunikation **GWB 149** 13 ff.; **GWB 151** 11

fette Zahlen = Paragraphen　　　　　　　　　　　　　　　**Stichwortverzeichnis**

- entgeltlicher Vertrag **GWB 148** 16
- Erbringung einer Bau- oder Dienstleistung **GWB 105** 6 ff.
- ergänzende Zahlung **GWB 105** 20 ff.
- EU-externe **GWB 149** 21
- Finanzdienstleistungen **GWB 149** 9 f.
- Forschungs- und Entwicklungsleistungen **GWB 149** 5 f.
- freie Gestaltung **KonzVgV 12** 3
- freie Verfahrensgestaltung **GWB 151** 6 ff.
- Gegenleistung **GWB 105** 14 ff.
- gemischte **GWB 150** 4
- gemischte Verträge **GWB 148** 21
- Glücksspielbereich **GWB 148** 17
- KonzVgV **GWB 148** 14
- Kündigungen **GWB 154** 11 ff.
- Laufzeit **KonzVgV** 3
- Leistung des Konzessionsnehmers **GWB 105** 6 ff.
- Leistungsbeschreibung **GWB 152** 2 ff.
- Lotteriedienstleistungen **GWB 149** 19 f.
- Mediendienste **GWB 149** 7 f.
- Mindestanforderungen **KonzVgV 13** 3
- Mindestangaben **KonzVgV 13** 5 ff.
- Nutzung/Verwertung **GWB 105** 15 ff.
- Open-House-Verfahren **GWB 148** 20
- Organisations- und Zeitplan **KonzVgV 13** 7 f.
- Personenverkehrsleistungen **GWB 154** 7
- Rechtsdienstleistungen **GWB 149** 3 f.
- Rechtsschutz **GWB 105** 40; **GWB 148** 25
- Schwellenwerte **GWB 148** 23; **KonzVgG 1** 3
- Sektorenbereich **GWB 154** 16 ff.
- Teilnahmebedingungen **KonzVgV 13** 4 ff.
- Umgehungsverbot **KonzVgV** 14
- Unterschwellenbereich **GWB 148** 27 ff.; **KonzVgG 1** 4
- Verfahren **GWB 151**
- Verfahrensarten **KonzVgV 12** 4 f.
- Verfahrensgestaltung **KonzVgV 12 f.**
- vergabefremde Zwecke **GWB 152** 4, 10
- Vergabegrundsätze **GWB 148** 9, 13
- Vergabeordnungen **GWB 148** 15
- Verhandlungen **KonzVgV 12** 6 ff.
- Verkehrsdienste **GWB 149** 22 f.
- verteidigungs- oder sicherheitsspezifische Aufträge **GWB 150** 3 ff.
- Verträgsänderung **GWB 154** 8 ff.
- Wasserwirtschaft **GWB 149** 16 ff.
- Wegenutzungsverträge **GWB 148** 19
- Zuschlagskriterien **GWB 152** 8 f.

Konzessionsbekanntmachung **KonzVgV 13** 6; **KonzVgV** 19
- Ausnahmen **KonzVgV** 20

- Muster **KonzVgV 19** 2
- Verfahrensbericht **KonzVgV 20** 8

Konzessionsgeber **GWB 101**
- Arten **GWB 101** 3
- Begriff **GWB 98** 2; **GWB 148** 22; **KonzVgG 1** 2
- Tätigkeitsbezogenheit **GWB 101** 4

Konzessionsvergabeverordnung (**KonzVgV**) s. *KonzVgV*

Konzessionsvertrag
- beschränkte Laufzeit **GWB 133** 16
- Kündigung **GWB 133** 15 ff.

KonzVgV **GWB 148** 14
- Bedeutung **KonzVgG Einl** 1 f.
- Ergänzung durch Vergabegrundsätze **KonzVgG Einl** 4
- Gliederung **KonzVgG Einl** 5
- Grenzen freier Verfahrensgestaltung **GWB 151** 8
- Regelungstechnik **KonzVgG Einl** 3

Kooperationshoheit **GWB 108** 83
Kooperationsprogramm **GWB 145** 8; **GWB 150** 8

Korrekturmechanismus der Kommission **GWB 183**
- Einleitung **GWB 183** 8 ff.
- Information über Verfahrensausgang **GWB 183** 11 f.
- Stellungnahme des Auftraggebers **GWB 183** 10
- weiteres Vorgehen **GWB 183** 13 ff.

Kosten
- Begriff **GWB 127** 35
- Beschwerdeverfahren **GWB 182** 41 f.
- Billigkeitserwägungen **GWB 182** 9, 12, 28
- Eilrechtsschutz **GWB 182** 43 ff.
- Festsetzungsverjährung **GWB 182** 72
- Gebührenerhöhung **GWB 182** 10
- Gebührenfestsetzung **GWB 182** 13
- Gebührenhöhe **GWB 182** 9 ff.
- Gebührenstaffeln **GWB 182** 11
- Grundsätze **GWB 182** 4 ff.
- Mindest-/Höchstgebühr **GWB 182** 9
- Nachprüfungsverfahren **GWB 182**
- Notwendigkeit **GWB 182** 48 ff.
- Vollstreckung **GWB 168** 62
- VwKostG **GWB 182** 4 ff.
- Zahlungsverjährung **GWB 182** 72
- Zuschlagskriterium **GWB 127** 32 ff.

Kostendeckungsprinzip **GWB 182** 9
Kostenentscheidung
- Anfechtung **GWB 173** 27 f.
- Nachprüfungsverfahren **GWB 182** 60

Kostenerstattung **GWB 182** 15 ff.; VOB/A-VS 8b
- Beigeladene **GWB 182** 35 ff.

2919

Stichwortverzeichnis

magere Zahlen = Randnumer

- Erledigung des Antrags **GWB 182** 26 ff.
- Mehrkosten **GWB 182** 22
- notwendige Auslagen **GWB 182** 35 ff.
- Notwendigkeit der Kosten **GWB 182** 48 ff.
- Rechtsanwaltsgebühren **GWB 182** 64 ff.
- Reisekosten **GWB 182** 49 ff., 51 ff., 59
- Umfang **GWB 182** 48 ff.
- Unterliegen **GWB 182** 16 ff.
- verschuldensabhängige Kostenhaftung **GWB 182** 22 ff.
- wettbewerblicher Dialog **VgV 18** 25

Kostenfestsetzung GWB 182 61 ff.
Kostenfreiheit GWB 182 6 ff.
Kostengrundentscheidung GWB 182 69 ff.
Kostenvorschuss GWB 182 14
Kosten-Wirksamkeit-Analyse GWB 127 35
Krankenhäuser GWB 99 125
Krankenkassen GWB 99 161, 183
Kredite GWB 116 25
Kreditinstitute, öffentlich-rechtliche GWB 99 163 f.
Krise
- Begriff **GWB 169** 17b; **GWB 173** 53c; **VSVgV 4** 1

Krisensituation VSVgV 12 9 ff.
Kündigung
- Anhörungspflicht **GWB 133** 121 ff.
- Auftraggeberbegriff **GWB 133** 5
- auftraggeberseitige **GWB 133** 28 ff.
- aus wichtigem Grund **GWB 133** 37 f.
- Ausschlussgrund nach Zuschlagsabgabe **GWB 133** 68
- Ausschlussgrund nach Zuschlagserteilung **GWB 133** 81 ff.
- außerordentliche **GWB 133** 37 f.
- Bauaufträge **GWB 133** 19 ff.
- Begründung **GWB 133** 127
- besondere Fällen **GWB 133**
- BGB **GWB 133** 3, 33, 35 ff.
- Dauerschuldverhältnis **GWB 133** 6 ff., 9, 15
- Drittschutz **GWB 133** 1, 162 ff.
- Entschließungsermessen **GWB 133** 39
- Ermessen **GWB 133** 39 ff., 59, 74
- Ermessensreduktion auf null **GWB 133** 41, 59, 74
- Form **GWB 133** 113 ff.
- Frist **GWB 133** 116 ff.
- Informationspflicht **GWB 134** 69
- intendiertes Ermessen **GWB 133** 98 f.
- keine Nachprüfbarkeit **GWB 156** 15
- keine Sperrwirkung der Gründe **GWB 133** 28
- Konzession **GWB 154** 11 ff.
- Konzessionsverträge **GWB 133** 15 ff.
- nach Vertragsverletzungsverfahren **GWB 135** 137 f.
- Nachunternehmer **GWB 133** 24 f.
- Neuausschreibungspflicht **GWB 133** 141 ff.
- öffentliche Aufträge **GWB 133** 9 ff.
- ordentliche **GWB 133** 129
- Rahmenvereinbarungen **GWB 133** 11
- Rechtsschutz **GWB 133** 159 ff.
- Schadensersatzansprüche **GWB 133** 144 ff.
- Schriftlichkeit **GWB 133** 114
- Sektorenaufträge **GWB 133** 13 f.
- Sittenwidrigkeit **GWB 133** 111
- Sukzessivlieferungsverträge **GWB 133** 8
- Systematik **GWB 133** 31 ff.
- Teilkündigung **GWB 133** 60 ff.
- teilweise geänderter Vertrag **GWB 133** 60 ff.
- Treu und Glauben **GWB 133** 111, 120
- Vergütungsanspruch **GWB 133** 131 ff.
- Verhältnis zur Anfechtung **GWB 133** 150 f.
- Verhältnismäßigkeit **GWB 133** 100 ff.
- VOB/B **GWB 133** 19 ff., 143
- Vorgang mit mittelbaren Beschaffungsbezug **GWB 133** 10
- Wertersatz für geleistete Dienste **GWB 133** 136 ff.
- Wettbewerbsgrundsatz **GWB 133** 4
- Zeitpunkt **GWB 133** 119 f.

Kündigungsgründe
- ausschreibungspflichtige Vertragsänderung **GWB 133** 44 ff.
- Verletzung der Verpflichtungen aus AEUV **GWB 133** 87 ff.
- wesentliche Auftragsänderung **GWB 133** 43 ff.
- zwingender Ausschlussgrund **GWB 133** 63 ff.

Kurzfassungen VOB/A EU 13 14

Ladung GWB 175 8
Ladungsfristen GWB 167 1
Länderübergreifende Beschaffungen GWB 159 19
Landesentwicklungsgesellschaften GWB 99 165, 192 ff.
Landessozialgerichte GWB vor 171 2; **GWB 179** 10
Landesvergabegesetze GWB Einl 34
Lastenheft VO 1370 2a 6 ff.
Laufzeit
- Änderung **GWB 132** 28 ff.; **GWB 133** 48
- automatische Vertragsverlängerung **GWB 133** 157

fette Zahlen = Paragraphen

Stichwortverzeichnis

Lebenszykluskosten GWB 127 35; **VgV 31** 42; **VgV 59**; **VgV 67** 19; **SektVO 53**; **VOB/A 23** 4; **UVgO 43** 11; **VOB/A EU 16d** 28
- Anschaffungskosten **VgV 59** 17
- Begriff **VgV 59** 14 ff.
- Bekanntgabe der Berechnung **VgV 59** 8 ff.
- Entsorgungskosten **VgV 59** 21
- externe Kosten **VgV 59** 22 f.
- Gewichtung **VgV 59** 26 f.
- Instandhaltungskosten **VgV 59** 20
- Nutzungskosten **VgV 59** 18
- Wartungskosten **VgV 59** 20

Leistungsbeschreibung VgV 31; **SektVO 28**; **VSVgV 15** 2; **VSVgV 31**; **KonzVgV 15**; **VOB/A 7**; **VOB/A 7c**; **VOB/A EU 2** 14; **VOB/A EU 7**; **VOB/A-VS 7**; **UVgO 23**
- Anforderungen **GWB 121** 4 ff., 16; **VgV 31** 12 ff.; **VOB/A EU 7** 2 ff.
- Anwendungsbereich **VgV 31** 8 ff.
- Art der Leistungsausführung **VgV 31** 2a
- Auslegung **GWB 121** 2; **VgV 31** 10 ff.
- Austausch der Art **GWB 121** 17
- Beanspruchung **VOB/A EU 7** 9
- Bedarfspositionen **VgV 31** 38 ff.; **VOB/A EU 7** 7
- Beschaffung von Software **GWB 121** 11
- eindeutige und erschöpfende **GWB 121** 2, 6 ff.; **VOB/A EU 7** 2
- energieverbrauchsrelevante Leistungen **VgV 67** 11 ff.
- fachlich richtig **GWB 121** 14
- Funktion **VgV 31** 1 ff.
- funktionale **VgV 31** 4, 14 ff.; **VOB/A EU 7c** 1
- Hinweise für Aufstellen **VOB/A EU 7** 14 f.
- inhaltliche Ausgestaltung **GWB 121** 3
- Innovation **VgV 31**
- Kernstück der Vergabeunterlagen **GWB 121** 1
- konstruktive **VgV 31** 4
- konventionelle **VgV 31** 4, 13
- Konzessionsvergabe **GWB 152** 2 ff.
- Leistungsbestimmungsrecht **VgV 31** 2 ff.
- Leistungsverzeichnis **VOB/A 7b**
- Mischformen **VOB/A EU 7c** 1, 4
- Mischung **VgV 31** 29
- mit Leistungsprogramm **VOB/A EU 7c**; **VOB/A-VS 7c**
- mit Leistungsverzeichnis **VOB/A EU 7b**; **VOB/A-VS 7b**
- Nutzungsrechte **VgV 31** 45 ff.
- Preiskalkulation **GWB 121** 9
- Primärrechtsschutz **GWB 121** 22
- produktneutrale Ausschreibung **VgV 31** 49 f.; **VSVgV 15** 9; **VOB/A EU 7** 16
- produktorientierte/-spezifische Ausschreibung **VgV 31** 51 ff.
- Prüfung **GWB 121** 25
- Qualitätsmerkmale **VgV 31** 42 ff.
- Rechte geistigen Eigentums **VgV 31** 45 ff.
- Rechtsfolgen bei Verstößen **GWB 121** 22 ff.; **VgV 31** 59 ff.; **VOB/A EU 7** 18
- Sekundärrechtsschutz **GWB 121** 24 ff.
- soziale Aspekte **VgV 31** 42 ff.
- Stundenlohnarbeiten **VOB/A EU 7** 8
- technische Anforderungen **VgV 31** 20 ff.
- teilfunktionale **VgV 31** 19; **VOB/A EU 7c** 4
- Umstände der Baustelle **VOB/A EU 7** 10 ff.
- umweltbezogene Aspekte **VgV 31** 42 ff.
- ungewöhnliches Wagnis **VgV 31** 11, 30 ff.; **VOB/A EU 7** 3 ff.
- unmögliche hinreichende Beschreibung **VgV 31** 56 ff.
- Unzumutbarkeitsprüfung **GWB 121** 9
- verkehrsübliche Bezeichnungen **VOB/A EU 7** 17
- Vollständigkeit bei Bekanntgabe **GWB 121** 21
- vorvertragliches Vertrauensverhältnis **GWB 121** 14
- Wahl- oder Alternativpositionen **VOB/A EU 7** 7
- Wartungsarbeiten **GWB 121** 10
- Zugänglichkeitserfordernisse **VgV 31** 48
- Zugänglichkeitskriterien **GWB 121** 20
- Zumutbarkeit **VgV 31** 30
- zwingender Bestandteil der Vergabeunterlagen **GWB 121** 21

Leistungsbeschreibung mit Leistungsprogramm VOB/A EU 7c; **VOB/A-VS 7c**
- allgemeine Voraussetzungen **VOB/A EU 7c** 5 f.
- Anforderungen an Angebot **VOB/A EU 7c** 8
- funktionale Leistungsbeschreibung **VOB/A EU 7c** 1
- Leistungsprogramm **VOB/A EU 7c** 7

Leistungsbeschreibung mit Leistungsverzeichnis VOB/A-VS 7b

Leistungsbeschreibung mit Leistungsverzeichnus
- Baubeschreibung **VOB/A EU 7b** 3
- entbehrliche Angaben **VOB/A EU 7b** 10
- ergänzende Darstellungsmittel **VOB/A EU 7b** 7 ff.

2921

Stichwortverzeichnis

magere Zahlen = Randnumer

- Gliederung **VOB/A EU 7b** 12 ff.
- Leistungsverzeichnis **VOB/A EU 7b** 4
- Leistungsbestimmungsrecht **VgV 31** 2 ff.
- Leistungsbezogene Unterlagen **VgV 56** 11 f., 25
- Leistungsfähigkeit **GWB 122** 3; **VOB/A 16b** 6
- Leistungsgegenstand **VgV 32** 2a
- Leistungsort **GWB 127** 9
- Leistungsvertrag **VOB/A EU 4** 4, 7 ff.
- Leitfabrikats **VgV 31** 49b
- Liefer- und Dienstleistungsaufträge **VSVgV 11**
- Lieferaufträge **GWB 103** 70 ff.
- Lieferkette **VSVgV 9** 11
- Lieferkettenmanagement **VgV 46** 27
- Liquidation **GWB 124** 12 ff.
- Lizenzrechtliche Ansprüche **GWB 156** 16
- Lohngleitklausel **VOB/A EU 9d** 7 f.; **VOB/A EU 14** 22
- Einzelfälle **VOB/A EU 9d** 7 ff.
- Losaufteilung **GWB 97** 82 ff.; **VgV 30**; **SektVO 27**; **VOB/A 5**; **VOB/A EU 5** 12; **VOB/A-VS 5**; **UVgO 22**
- 80/20-Regel **VgV 3** 29
- Absehen von Losaufteilung **GWB 97** 95
- Allgemeines **GWB 97** 77 ff.
- Architekten- und Ingenieurleistungen **VgV 75** 8 f.
- Aufteilung in Teil-/Fachlose **GWB 97** 82 ff.
- Ausnahme **GWB 97** 78
- Bekanntmachung **VOB/A 12** 18
- Fachlose **GWB 97** 80
- Festlegung der Loszahl **VgV 30** 3 ff.
- gemeinsame Vergabe mehrerer Lose **GWB 97** 88 ff.
- Nachprüfungsverfahren **GWB 97** 100 ff.
- Onlineberechnungs-Tool **GWB 97** 83
- Schätzung des Auftragswerts **VgV 3** 26 ff.
- Splitterlos **GWB 97** 91
- Teillose **GWB 97** 79
- Transparenz **VgV 30** 9 ff.
- Verhältnis **GWB 97** 86
- Zahl bebietbarer Lose **VgV 30** 3 ff.
- Zahl bezuschlagbarer Lose **VgV 30** 6 ff.
- Loslimitierung **GWB 97** 87; **VgV 30** 3 ff.; **VSVgV 10** 3b; **VO 1370 5** 117
- Lotteriedienstleistungen **GWB 149** 19 f.
- Lotteriegesellschaften **GWB 99** 166
- Luft- und Seeverkehrsdienstleistungen **VSVgV 12** 24
- Luftverkehrsdienste **GWB 149** 23

- Main-value-Theorie **VSVgV 5** 5
- Marktanfrage **VgV 28** 7

- Marktbeobachtung **VgV 39** 1; **SektVO 38** 1; **KonzVgV 21** 1
- Markterkundung **GWB 155** 27; **VgV 14** 51; **VgV 19** 4; **VgV 28**; **VgV 31** 54; **SektVO 26**; **VOB/A 2** 7; **VOB/A 3a** 26; **UVgO 20**
- Bestimmung des Marktpreises **VgV 28** 6
- Dokumentationspflicht **VgV 28** 14
- Fallgruppen **VgV 28** 12 ff.
- Marktuntersuchung **VgV 28** 3a
- Rechtsfolgen bei Verstößen **VgV 28** 15
- Verbot des Ausschreibungsmissbrauchs **VgV 28** 1, 9
- Vergabeverfahren als unzulässiges Mittel **VgV 28** 9 ff.
- Vorbereitung eines Vergabeverfahrens **VgV 28** 2 ff.
- Marktkonsultationen **VOB/A EU 2** 11 ff.
- Marktpreisbildung **VO PR Nr. 30/53** 25 ff.
- abgeleitete Marktpreise **VO PR Nr. 30/53** 38
- marktgängige Leistungen **VO PR Nr. 30/53** 27 ff.
- Preisüber-/Unterschreitungen **VO PR Nr. 30/53** 40 ff.
- Verkehrsüblichkeit **VO PR Nr. 30/53** 33 ff.
- Vorteile **VO PR Nr. 30/53** 39
- Massenverbrauchsgüter **VgV 22** 7
- Max Havelaar-Rechtsprechung **VgV 49** 5; **VgV 61** 8; **SektVO 32** 2
- Maximalschätzungsprinzip **VgV 3**
- Mediendienste **GWB 149** 7 f.
- Mehr an Eignung **VgV 16** 9; **VgV 51** 3; **VOB/A 16b** 4
- Mehrere Hauptangebote **VOB/A EU 8** 14a
- Mehrkosten **GWB 169** 25
- Melderkonto **VergStatVO 1** 7
- Messegesellschaften **GWB 99** 167 ff.
- Militärausrüstung
- Begriff **GWB 150** 10; **VSVgV 1** 4 ff.
- Mindestjahresumsatz **VgV 45** 6, 9 ff.
- Mindestlohn **GWB 97** 14
- Mindestziele *s. SaubFahrzeugBeschG*
- Mischkalkulation **VgV 57** 41, 43; **VgV 60** 24; **VOB/A EU 4** 32; **VOB/A EU 15** 11; **VOB/A EU 16d** 17
- Mitarbeiterbeteiligung **GWB 108** 50
- Mittelständische Interessen **VSVgV 10** 2
- Berücksichtigungsgebot **GWB 97** 72 ff.
- Bieterschutz **GWB 97** 76
- Förderung **GWB 97** 70 ff.
- Mittelstandsschutz **VOB/A EU 5** 1
- Mitwirkungspflicht der Beteiligten **GWB 167** 2, 15 ff.

fette Zahlen = Paragraphen

Stichwortverzeichnis

Mitwirkungsverbot
- Voreingenommener **VgV 6** 37 ff.

Modernisierungsgesetz GWB 119 7

Modifiziertes Vergaberechtsregimes VSVgV Einl 1

Monitoring GWB 114 9

Monopolrechte GWB 116 26 f.

Mündliche Kommunikation VgV 9 9 f.
- Dokumentationsgebot **VgV 9** 10
- Zulässigkeit **VgV 9** 9

Mündliche Verhandlung GWB 166
- Abwesenheit der Beteiligten **GWB 166** 13 ff.
- Beschwerde **GWB 175** 5
- Beschwerdeverfahren **GWB 178** 4a
- Beteiligtenöffentlichkeit **GWB 166** 6
- Entfallen **GWB 166** 14
- Entscheidung ohne **GWB 166** 8 ff.; **GWB 175** 5
- nichtöffentlich **GWB 166** 6
- rechtzeitige Durchführung **GWB 167** 1
- Terminsbestimmung **GWB 166** 4

Muster VgV 46 42; **VOB/A EU 13** 15; **VOB/A EU 14** 14

Mutterunternehmen GWB 99 14, 148 ff.

Nachforderung von Preisangaben VgV 56 27 ff.; **VOB/A EU 16a** 20 ff.

Nachforderung von Unterlagen VgV 15 31a; **VgV 42** 12; **VgV 51** 6; **VgV 53** 41; **SektVO 51** 4; **VOB/A 16a**; **VOB/A EU 16a** 2 ff., 8 ff.; **VOB/A-VS 16a**; **UVgO 41** 3 ff.
- Absehen **VOB/A EU 16a** 24 ff.
- Absehen jeglicher Nachforderung **VgV 56** 30 f.
- Ausschluss **VgV 56** 26
- Dokumentation **VgV 56** 36; **VOB/A EU 16a** 34
- Durchführung **VgV 56** 15 ff.
- Ermessen **VgV 56** 7 ff., 15 ff.
- fehlende/unvollständige/fehlerhafte Unterlagen **VOB/A EU 16a** 6 f.
- Frist **VgV 56** 33; **VOB/A EU 16a** 29 ff.
- Fristversäumung **VOB/A EU 16a** 32
- leistungsbezogene Unterlagen **VgV 56** 25; **VOB/A EU 16a** 4 f., 17 ff.
- Pflicht **VOB/A EU 16a** 8 ff.
- Teilnahmewettbewerb **VOB/A EU 16a** 33
- Unterlagen, Begriff **VOB/A EU 16a** 2 ff.
- unternehmensbezogene Unterlagen **VgV 56** 20 ff.; **VOB/A EU 16a** 3, 12 ff.
- Versäumung der Nachfrist **VgV 56** 34
- wertungsrelevante leistungsbezogene Unterlagen **VgV 56** 26
- Zeitpunkt **VOB/A EU 16a** 11

Nachgelagerte Beschaffung GWB 103 64

Nachprüfungsantrag
- Ablehnungsfiktion **GWB 173** 12
- Antragsbefugnis **GWB 135** 17 ff., 104 f.
- Antragsgegner **GWB 161** 5
- Befugnis **GWB 155** 36; **GWB 160** 6 ff.
- Begründung **GWB 161** 2
- BEgründung **GWB 161** 5 ff.
- Beweismittel **GWB 161** 7
- Erweiterung **GWB 160** 5
- Fallgruppen **GWB 160** 27 ff.
- Falschbezeichnung **GWB 161** 2
- Form **GWB 161** 2 f.
- Frist **GWB 160** 55 ff.
- Frist bei Nichtabhilfemitteilung **GWB 155** 38
- Glaubhaftmachung **GWB 135** 26
- Interesse am Auftrag **GWB 135** 17, 19 ff., 105, 121; **GWB 160** 9, 10 ff.
- Offensichtlichkeitsprüfung **GWB 163** 12
- präventiver **GWB 135** 16
- Rechtshängigkeit **GWB 160** 5
- Rechtsmissbrauch **GWB 160** 61 f.; **GWB 180** 3 ff.
- Rechtsverletzung **GWB 160** 17 ff.; **GWB 161** 6
- Rücknahme **GWB 160** 5; **GWB 168** 36; **GWB 178** 12a
- Rügeerfüllung **GWB 161** 8
- Sachverhaltsdarstellung **GWB 161** 6
- Schaden **GWB 160** 22 ff.
- Schriftform **GWB 155** 35
- Schriftlichkeit **GWB 161** 2
- subjektive Rechtsbetroffenheit **GWB 135** 20
- Übermittlung an Auftraggeber **GWB 163** 12
- ungerechtfertigter **GWB 180** 3 ff.
- Unterzeichnung **GWB 161** 2
- Unzulässigkeit **GWB 135** 16
- Verwirkung **GWB 160** 61 f.
- vor Zuschlagserteilung **GWB 135** 15

Nachprüfungsstellen VOB/A 12 33; **VOB/A 21**
- Befugnisse **VOB/A 21** 4
- Bekanntmachung **VOB/A 21** 3; **VOB/A EU 21**; **VOB/A-VS 21**
- Fach- und Rechtsaufsichtsbehörden **VOB/A 21** 2

Nachprüfungsverfahren
- abgeschlossener Vertrag **GWB 135** 27
- Ablehnungsfiktion **GWB 167** 10
- Antrag s. *Nachprüfungsantrag*
- Ausschluss bei Unanwendbarkeit der Vergaberichtlinien **GWB 107** 20 ff.
- Beschleunigung **BwBBG** 31 ff.

Stichwortverzeichnis

magere Zahlen = Randnumer

- Beteiligte **GWB 161** 9; **GWB 162**
- Durchsetzung von Primäransprüchen **GWB 155** 17
- Einleitung **GWB 160** 5
- Entscheidung der Vergabekammer **GWB 168** 3 ff.
- Entscheidungsfrist **GWB 167** 4 ff.
- Erledigung **GWB 168** 30 a ff.
- Erreichen/Überschreiten der Schwellenwerte **GWB 155** 19 f.
- Feststellung der Unwirksamkeit **GWB 135** 17; **GWB 155** 17
- Feststellung einer Rechtsverletzung **GWB 155** 17, 40
- Fristen der Unwirksamkeitsfeststellung **GWB 135** 70 ff.
- kein Anwaltszwang **GWB 166** 7
- kein Säumnisverfahren **GWB 166** 13
- Kosten **GWB 182**
- mündliche Verhandlung **GWB 166** 3 ff.
- nichtiger Vertrag **GWB 135** 27
- ohne mündliche Verhandlung **GWB 166** 8 ff.
- Personenverkehrsdienste **VO 1370** 5 118 ff.
- Prüfungsumfang **GWB 156** 5 ff.; *s. a. dort*
- Rügeobliegenheit **GWB 155** 37; **GWB 160** 36 ff.
- Sachentscheidung **GWB 168** 9 ff.
- Statthaftigkeit **GWB 135** 103 ff.; **GWB 155** 18 ff.
- unwirksamer Zuschlag **GWB 160** 4a
- Verfahrensrecht **GWB 155** 42; **GWB 170**
- Vergabevorgang **GWB 155** 21 ff.
- verspätetes Vorbringen **GWB 167** 2, 15 ff.
- Verstoß gegen Informations-/Wartepflicht **GWB 155** 40
- Verstöße außervergaberechtlicher Vorschriften **GWB 160** 21
- Voraussetzungen **GWB 155** 17 ff.
- Zuständigkeit **GWB 156** 5; *s. a. Vergabekammern*

Nachrichtendienstliche Tätigkeiten GWB 145 6 f.

Nachschieben von Gründen GWB 134 93 f.

Nachtragsleistungen VOB/A 22

Nachunternehmer *s. Unterauftragnehmer*

Nachverhandlungsverbot GWB 119 15; **VgV 57** 34; **VOB/A EU 9** 16; **VOB/A EU 15** 17

- Ausnahme **VOB/A EU 15** 18 f.

Nähebeziehungen GWB 135 9

Nato-Truppenstatuts GWB 117 19

Nebenangebot

- Wertung als Hauptangebot **VOB/A EU 16d** 29

Nebenangebote VgV 35; VgV 53 37; **VgV 57** 38; **SektVO 33; VOB/A 8** 3; **VOB/A EU 13** 20 f.; **UVgO 25**

- Abgrenzung **VgV 35** 2 ff.
- Abmagerungsangebote **VgV 35** 22
- Änderung des Vertragscharakters **VgV 35** 24
- Anforderung **VgV 35** 8
- Ausschlussgründe **VOB/A 16d** 14
- Begriff **VgV 35** 1
- Berücksichtigung zugelassener **VgV 57** 52 ff.
- eindeutig und erschöpfend **VgV 57** 57
- Einreichung trotz Nichtzulassung **VgV 57** 54
- Form **VgV 35** 18
- Gleichwertigkeit zur ausgeschriebenen Leistung? **VgV 35** 13 f.
- isolierte **VgV 35** 7
- kaufmännische **VgV 35** 12
- Kennzeichnung **VgV 53** 50 ff.
- Mindestanforderungen **VgV 35** 9 ff., 20, 22 f.; **VgV 57** 58 f.; **VOB/A 16d** 15
- Prognosespielraum **VgV 57** 52 ff.
- Rechtsfolgen bei Verstößen **VgV 35** 25 ff.
- Sicherheit und Verteidigung **VSVgV 32**
- unklar **VgV 57** 57
- Wertung **VgV 35** 21 ff.; **VOB/A 16d** 13 ff.
- Zulassung **VgV 35** 5 ff.
- Zulassungsbekanntmachung **VOB/A 12** 20
- Zuschlagskriterien **GWB 127** 42; **VgV 35** 15 ff.

Negativpreis VgV 53 49

Netto- und Bruttobauzeit VOB/A EU 9 3

Neuausschreibung GWB 160 23

Neuausschreibungspflicht

- Ausnahmen **GWB 132** 59 ff.; **GWB 133** 50 ff.
- fortbestehender Beschaffungsbedarf **GWB 133** 141 f.

Neutralitätsgebot VgV 6 1

Neutralitätsgrundsatz VgV 6; UVgO 4

Newcomer GWB 122 32

Nicht berücksichtigte Bewerbungen/Angebote *s. a. Informationspflicht, Wartepflicht, Unterrichtung*; **VOB/A 19**

- Angabe des Grundes **GWB 134** 23, 85 ff.
- Mitteilung der Gründe **VOB/A 19** 7 ff.
- Rückgabe **VOB/A 19** 13
- Unterrichtungspflicht **VOB/A 19** 3 ff.
- Vorliegen **GWB 134** 19

Nicht offenes Verfahren VgV 16; SektVO 15; VOB/A EU 3a 3 ff.; **VOB/A-VS 3** 3

- Ablauf **VOB/A EU 3a** 3 f.; **VOB/A EU 3b** 3 f.; **VOB/A-VS 3b** 1

fette Zahlen = Paragraphen

Stichwortverzeichnis

- Angebotsaufklärung **VgV 16** 28
- Angebotsfrist **VgV 16** 17 ff.
- Aufforderung zur Angebotsabgabe **GWB 119** 16, 19
- Bewerberauswahl **GWB 119** 18; **VgV 14** 9; **VgV 16** 7, 16
- Charakteristik **VgV 14** 6 ff.; **VgV 16** 4 ff.; **VOB/A EU 3a** 3 f.; **VOB/A-VS 3b** 1
- Dringlichkeit **VgV 16** 14 f., 26
- Eignungsprüfung **GWB 119** 17
- einvernehmliche Angebotsfrist **VgV 16** 22 ff.
- elektronische Angebotsabgabe **VgV 16** 27
- kein Anspruch auf Beteiligung **GWB 119** 17
- öffentlicher Teilnahmewettbewerb **GWB 119** 16
- Prüfung und Wertung der Teilnahmeanträge **VgV 16** 8
- Sicherheit und Verteidigung **VSVgV 11** 2, 3
- Standardverfahren **VOB/A-VS 3** 2; **VOB/A-VS 3a** 3
- Teilnahmefrist **VgV 16** 11 ff.
- Teilnahmewettbewerb **VgV 14** 6 ff.; **VgV 16** 2; **SektVO 15** 2 ff.
- Verhandlungsverbot **VSVgV 11** 3
- Zweistufigkeit **VgV 14** 7

Nicht zugelassene Nebenangebote VgV 57 48
Nichtentrichtung von Steuern und Sozialabgaben GWB 123 11 ff.
Nichtgewerblichkeit GWB 99 169 ff.
Nichtigkeit des Vertrags GWB 133 152 ff.; **GWB 135** 133 ff.; **VgV 6** 40 f.
Niederlassungsfreiheit VO 1370 Einl 10
Niederlassungsgenehmigung GWB 97 14
Notfrist GWB 172 2
Notifizierungspflicht VO 1370 3 11; **VO 1370 9** 2 f.
Notmaßnahmen
- Personenverkehr **VO 1370 5** 100 ff.

Nutzung nicht berücksichtigter Angebote VOB/A 19 12; **VOB/A EU 19** 16
Nutzungskosten VgV 59 18 f.
Nutzungsrisiko VOB/A 23 22

Obere Bundesbehörden GWB 106 15
Oberschwellenvergabe
- Vergabestatistik **VergStatVO 2** 3 ff.; **VergStatVO 3** 12 ff.

Oberste Bundesbehörden GWB 106 14
- Begriff **GWB 106** 14
- Berichtspflichten **GWB 114** 1, 9
- Datenübermittlungspflicht **GWB 114** 10 ff.

Offenes Verfahren VgV 15; **SektVO 14**; **VOB/A EU 3a** 3 ff.
- Ablauf **GWB 119** 13; **VgV 15** 4; **VOB/A EU 3a** 2; **VOB/A EU 3b** 2
- Angebotsaufklärung **VgV 15** 14 ff.
- Angebotsfrist **VgV 15** 5 ff.; **SektVO 14** 4 ff.
- beschleunigtes Verfahren **VgV 15** 9
- Charakteristik **GWB 119** 12; **VgV 14** 4 f.; **VgV 15** 3 ff.; **VOB/A EU 3a** 2
- Dringlichkeit **VgV 15** 9 ff.
- Eignungsprüfung **GWB 119** 14
- elektronische Angebotsabgabe **VgV 15** 13
- Nachverhandlungsverbot **GWB 119** 15
- Rechtsfolgen bei Verstoß **VgV 15** 42 ff.
- Sicherheit und Verteidigung **VSVgV 11** 1
- unbeschränkte Anzahl **SektVO 14** 2

Öffentliche Auftraggeber
- Vergabestatistik **VergStatVO 2** 16 f.

Öffentliche Ausschreibung VOB/A 3 6 ff.; **UVgO 9**
- Ablauf **VOB/A 3b** 1
- Bekanntmachung **VOB/A 3** 7; **VOB/A 12** 5 ff.
- Charakteristik **UVgO 8** 5
- Entgelt für Vergabeunterlagen **VOB/A 8b** 1 ff.
- Regelverfahren **UVgO 8** 2
- Übermittlung der Vergabeunterlagen **VOB/A 12a** 1 ff.
- Verzicht **VOB/A 3a** 5
- vorgeschriebenes Verfahren **VOB/A 3** 8
- Vorrang **VOB/A 3a** 1; **VOB/A 3** 2; **VOB/A 3a** 4 f.; **VOB/A 3** 9

Öffentlicher Auftrag
- Abgrenzung zur Konzession **GWB 103** 42
- Arten **GWB 103** 68 ff.
- Auswahlverfahren **GWB 103** 10 ff.
- Begriff **GWB 103** 6 ff.; **GWB 133** 9 ff.
- Beschaffungszweck **GWB 103** 44 ff.
- Entgeltlichkeit **GWB 103** 38
- Form **GWB 103** 37
- funktioneller Begriff **GWB 103** 3
- inhaltliche Gestaltungsfreiheit **GWB 103** 24 ff.
- Laufzeit **GWB 103** 26
- Meldepflichten **VergStatVO 3** 51 ff.
- öffentlich-rechtliche Verträge **GWB 103** 19
- Struktur **GWB 103** 6 ff.
- verbindliches Rechtsgeschäft **GWB 103** 13 ff.
- Vertrag **GWB 103** 11 ff.
- Vertragspartner **GWB 103** 63 ff.

Öffentlicher Auftraggeber
- abschließender Katalog **GWB 99** 6

2925

Stichwortverzeichnis

magere Zahlen = Randnumer

- auftragsbezogene **GWB 99** 117 ff.
- Begriff **GWB 98** 2; **GWB 99**
- funktioneller Begriff **GWB 99** 2, 34, 36
- Gebietskörperschaften **GWB 99** 27 ff.
- juristische Personen der öffentlichen/privaten Rechts **GWB 99** 33 ff.
- Sondervermögen der Gebietskörperschaften **GWB 99** 30 ff.
- Unterschwellenvergabe **GWB 99** 197 ff.
- Verbände **GWB 99** 115 ff.
- Vorliegen der Auftraggebereigenschaft **GWB 99** 7 ff.
- zuwendungsrechtliche Pflicht zur Anwendung des Vergaberechts **GWB 99** 200

Öffentlicher Dienstleistungsauftrag VO 1370 2 18 ff.; **VO 1370** 3 2 f.
- Einnahmeaufteilung **VO 1370** 4 24 ff.
- Inhalt **VO 1370** 4
- Laufzeitverlängerung **VO 1370** 4 31 ff.
- Vergabe **VO 1370** 5
- Vorrang der **VO 1370 VO 1370** 5 3
- Wahlrecht **VO 1370** 3 8

Öffentlicher Personenverkehr s. a. *Personenverkehrsdienste*; **GWB 136** 18
- Begriff **VO 1370** 2 2

Öffentliches Kommunikationsnetz GWB 116 29

Öffentlich-Private Partnerschaften (ÖPP) s. *ÖPP*

Öffentlich-rechtliche Dienstverhältnisse GWB 107 39

Öffnung UVgO 40

Öffnung der Angebote VgV 55; VSVgV 30; VOB/A EU 14; VOB/A-VS 14
- Eröffnungsvorgang **VOB/A EU 14** 11 ff.
- Feststellungen des Verhandlungsleiters **VOB/A EU 14** 11 f.
- Kennzeichnung der Angebote **VOB/A EU 14** 13
- Muster und Proben **VOB/A EU 14** 14
- Transparenzgebot **VOB/A EU 14** 2

Öffnungstermin VOB/A 12 27; **VOB/A-VS 14**
- Nachtrag zur Niederschrift **VOB/A EU 14** 27
- Niederschrift **VOB/A EU 14** 15 ff.
- Terminsbestimmung **VOB/A EU 14** 4
- Veröffentlichungsverbot der Niederschrift **VOB/A EU 14** 35 ff.
- Vorverlegung **VOB/A EU 14** 5
- zugelassene Personen **VOB/A EU 14** 7
- zuzulassende Angebote **VOB/A EU 14** 8 ff.

Ökologische Aspekte GWB 97 60 ff.
- Zuschlagskriterium **GWB 127** 38 f.

ÖPNV-Gesetze VO 1370 2 7

ÖPP GWB 97 98, 101; **GWB 103** 30, 62; **GWB 108** 55; **VOB/A 23** 3; **VOB/A EU 2** 21
- Hochbau **VOB/A 23** 16
- Laufzeit **VOB/A 23** 41
- Nachteile **VOB/A 23** 8
- Straßenbau **VOB/A 23** 12 ff.
- Verschiebung der Belastungen **VOB/A 23** 9
- Vorteile **VOB/A 23** 7
- Wesen **VOB/A 23** 5 ff.
- Wirtschaftlichkeit **VOB/A 23** 10

ÖPP-Beschleunigungsgesetz GWB 119 7

Optimiertes Angebot VOB/A EU 10a 35

Optimierungsprämien VOB/A EU 4 24

Optionen VgV 3

Ordentlicher Rechtsweg GWB 155 16; **GWB 156** 21; **VOB/A 8b** 8

Ortsansässige Unternehmen VOB/A 6 1; **VOB/A EU 6** 2 ff.; **VOB/A-VS 6** 2

Ortsbesichtigung VgV 20 10; **KonzVgV 27** 4; **VOB/A EU 10** 2; **VOB/A-VS 10** 1; **UVgO 13** 10

Parallelausschreibung VgV 28 13a

Patentrechtliche Ansprüche GWB 156 16

Pauschale Strafzahlung GWB 133 2

Pauschalierung des Verzugsschadens VOB/A 9; VOB/A EU 9 13 f.

Pauschalpreis VgV 53 51

Pauschalvertrag VOB/A 4; VOB/A EU 4 12 ff.
- Änderung der Leistung **VOB/A EU 4** 16
- Detail-Pauschalvertrag **VOB/A EU 4** 12
- geeignete Fälle **VOB/A EU 4** 17
- Global-Pauschalvertrag **VOB/A EU 4** 12
- Mengenrisiko **VOB/A EU 4** 13
- Risikoverteilung **VOB/A EU 4** 14

PBefG VO 1370 5 62

Personenverkehr mit Eisenbahnen GWB 131
- Anwendungsbereich **GWB 131** 12 ff.
- Bekanntmachungspflichten **GWB 131** 28
- Betriebsübergang bei Betreiberwechsel **GWB 131** 29 ff.
- freie Wahl des Vergabeverfahrens **GWB 131** 16
- Inhouse-Geschäfte **GWB 131** 23 ff.
- nationales Recht **GWB 131** 7 f.
- Notmaßnahmen **GWB 131** 28
- schienengebundener Verkehr **GWB 131** 13
- Unionsrecht **GWB 131** 4 f.
- Verbot der Direktvergabe **GWB 131** 19 f.
- Vorrang des Wettbewerbs **GWB 131** 17

fette Zahlen = Paragraphen

Stichwortverzeichnis

- Wettbewerbliches Verfahren **GWB 131** 20 f.
- Zweisystemfahrzeuge **GWB 131** 14 f.

Personenverkehrsdienste GWB 149 23; **GWB 154** 7; **VO 1370**
- allgemeine Vorschrift **VO 1370 2** 24; **VO 1370 3** 4 ff.; **VO 1370 4**
- Arbeitnehmerrechte **VO 1370 4** 34 ff.; **VO 1370 Einl** 45
- Ausgleichleistungen **VO 1370 2** 15 ff.; **VO 1370 4** 8 ff.
- Ausgleichsleistung **VO 1370 6**; **VO 1370 Anh**
- ausschließliches Recht **VO 1370 2** 11 ff.; **VO 1370 4** 15 ff.
- Begriff **VO 1370 1** 6
- Betreiber eines öffentlichen Dienstes **VO 1370 2** 8
- Busverkehr **VO 1370 5** 4, 10 ff.
- Direktvergabe **VO 1370 2** 17; **VO 1370 5** 39 ff., 65 ff., 101; **VO 1370 7** 16 ff.
- Durchführungsvorschriften **VO 1370 4** 24 ff.
- Eigenerbringung **VO 1370 5** 21 ff.
- Eisenbahnverkehr **VO 1370 5** 113 ff.
- Ende des Wettbewerbsverbots **VO 1370 5** 54 f.
- Gemeinschaftsgenehmigungen **VO 1370 5** 39 ff.
- gemeinwirtschaftliche Verpflichtung **VO 1370 2** 9 f.
- gemeinwirtschaftliche Verpflichtungen **VO 1370 4** 3 ff.
- Gesamtbericht **VO 1370 7** 2 ff.
- grenzüberschreitender **VO 1370 1** 9 ff.
- Höchsttarife **VO 1370 3** 4 ff.
- integrierte **VO 1370 2** 25
- interner Betreiber **VO 1370 2** 22; **VO 1370 5** 25
- Kleinaufträge **VO 1370 5** 76 ff., 88 ff., 96 ff.
- Küsten-/Binnenschifffahrt **VO 1370 1** 8
- Loslimitierung **VO 1370 5** 117
- Nachprüfungsverfahren **VO 1370 5** 118 ff.
- Notmaßnahmen **VO 1370 5** 100 ff.
- öffentlicher Dienstleistungsauftrag **VO 1370 2** 18 ff.; **VO 1370 3** 2 f.; **VO 1370 4**; **VO 1370 5**
- öffentlicher Personenverkehr **VO 1370 2** 2
- Qualitätsstandards **VO 1370 4** 44
- Schienenpersonenverkehr **VO 1370 1** 6; **VO 1370 2** 3; **VO 1370 5** 9, 65 ff.; *s. a. dort*
- sektorspezifisches Vergaberecht **VO 1370 5** 2 f., 8
- Selbstberbringung **VO 1370 5** 24 ff.
- Spezifikation gemeinwirtschaftlicher Verpflichtungen **VO 1370 2a**
- Straßenbahnverkehr **VO 1370 5** 4, 10 ff.
- Straßenverkehr **VO 1370 1** 6
- Übergangsregelung **VO 1370 8**
- Überkompensationsverbot **VO 1370 4** 18 ff.
- Unteraufträge **VO 1370 4** 45 ff.
- Unterbrechung **VO 1370 5** 102
- Veröffentlichungspflichten **VO 1370 7**
- Vorinformation **VO 1370 7** 9 ff.
- Vorrang der VO 1370 **VO 1370 5** 3, 12 ff.
- Wert **VO 1370 2** 23
- wettbewerbliches Vergabeverfahren **VO 1370 5** 7, 50, 59 ff.
- zuständige Behörde **VO 1370 2** 4 ff.

Physikalisch-Technische Bundesanstalt für Materialforschung und -prüfung (BAM) VgV 33 13

Planlieferfristen VOB/A EU 9 12

Planungswettbewerbe VgV 14 74 ff.; **VgV 69 ff**; **SektVO 60** ff.; **UVgO 52**
- Abschluss **VgV 79** 8 ff.
- Architekten- und Ingenieurleistungen **VgV 78**
- Aufforderung zur Verhandlung **VgV 80**
- Auslobungsunterlagen **VgV 71** 1
- Bekanntmachung **VgV 70**; **SektVO 61**
- Eignungskriterien **VgV 71** 3
- einphasige oder zweiphasige **VgV 79** 3
- Ideen- und Realisierungswettbewerb **VgV 79** 2
- Nutzung der Ergebnisse **VgV 80**
- offene und nichtoffene **VgV 79** 2
- Preise und Anerkennungen **VgV 79** 4
- Preisrichter **VgV 72**; **VgV 79** 6; **SektVO 63**
- Vorauswahl bestimmter Teilnehmer **VgV 71** 5

Positionspreis VOB/A EU 4 29

Post GWB 99 172 f.

Postalische Übermittlung VgV 53 31 ff.; **VgV 54** 4

PPP-Ausschreibungen GWB 103 31

Präklusion GWB 160 36 ff.; **GWB 167** 15 ff.

Präqualifikation GWB 119 5; **GWB 122** 47; **VgV 48** 23 ff.; **VOB/A EU 6b** 2 f.; **VOB/A-VS 6b** 1; **UVgO 35** 5

Präqualifikationsverzeichnis VOB/A 6b 1

Preferred Bidder GWB 119 31; **VgV 17** 29

Preis
- einziges Zuschlagskriterium **VOB/A EU 7c** 10

2927

Stichwortverzeichnis

magere Zahlen = Randnumer

- VO PR Nr. 30/53 **UVgO 2** 3 ff.
Preisänderungen GWB 132 34
Preisangaben VgV 53 49
- fehlende **VgV 57** 39 ff.
- Nachforderung **VgV 56** 27 ff.
- offensichtlich unzutreffend **VgV 57** 40
- versehentlich falsch **VgV 57** 40
- Nachfordern **VOB/A EU 16a** 20 ff.
Preisbildung VO PR Nr. 30/53 2
Preisbildung bei öffentlichen Auftraggebern
- VO PR Nr. 30/53 **UVgO 2** 3 ff.
Preise VOB/A EU 13 11
- alleiniges Zuschlagskriterium **GWB 127** 32; **VOB/A 16d** 11
- Angemessenheit **VOB/A EU 16d** 4 ff.; **VOB/A-VS 16d** 2
- Anpassung **VOB/A EU 9d** 1
- Begriff **GWB 127** 33
- fehlende Angaben **VOB/A EU 16** 9 ff.
- Festkosten **VOB/A EU 16d** 27
- Festpreis **VOB/A EU 4** 6
- Festpreise **VOB/A EU 16d** 27
- Nachforderung fehlender Preise **VOB/A EU 4** 34
- Prüfung der Angemessenheit **VOB/A 16d** 3 ff.
- unangemessen hohe/niedrige **VOB/A EU 16d** 4
- ungewöhnlich hohe Angebote **VOB/A EU 16d** 16 ff.
- ungewöhnlich niedrige **VOB/A EU 16d** 5 ff.
- ungewöhnlich niedriger *s. dort*
- Verhandlungen **VOB/A EU 4** 33
- widersprüchliche Angaben **VOB/A EU 16c** 4 ff.
- Zuschlagskriterium **GWB 127** 32 ff.
Preisermittlung GWB 121 5
Preisfindung VO PR Nr. 30/53 2
Preisgericht GWB 103 126; **VgV 72**; **SektVO 63**
Preisgesetz VO PR Nr. 30/53 71
Preisgleitklauseln VO PR Nr. 30/53 56; **VOB/A EU 9d** 2; **VO PR Nr. 30/53** 12
- AGB-Recht **VOB/A EU 9d** 4
- Preisklauselgesetz **VOB/A EU 9d** 3
- vergaberechtliche Voraussetzungen **VOB/A EU 9d** 5 f.
Preisnachlass VOB/A EU 16d 30 ff.; **VOB/A-VS 16d** 9
- globaler **VOB/A EU 16d** 30
- ohne Bedingung **VOB/A EU 16d** 30
- Skonti **VOB/A EU 16d** 31
Preisnachlässe VOB/A 16d 17; **VOB/A EU 13** 22

Preisrecht
- Angemessenheit **VO PR Nr. 30/53** 83 f.
- Anwendungsbereich **VO PR Nr. 30/53** 15 ff.
- Gleichgewichtspreis **VO PR Nr. 30/53** 21
- Grundsatz fester Preise **VO PR Nr. 30/53** 10
- kalkulatorischer Gewinn **VO PR Nr. 30/53** 130 ff.
- Marktpreis **VO PR Nr. 30/53** 25 ff.
- Marktpreisvorrang **VO PR Nr. 30/53** 9
- Preisgesetz **VO PR Nr. 30/53** 71
- Preisgleitklauseln **VO PR Nr. 30/53** 12, 56
- Preistreppe **VO PR Nr. 30/53** 11
- Preistypen **VO PR Nr. 30/53** 21 ff.
- Preisvorschriften **VO PR Nr. 30/53** 24
- Prüfung der Preise **VO PR Nr. 30/53** 69 ff.
- Schutzwirkung **VO PR Nr. 30/53** 7
- Selbstkostenerstattungspreise **VO PR Nr. 30/53** 64 ff.
- Selbstkostenfestpreise **VO PR Nr. 30/53** 54 ff.
- Selbstkostenpreise **VO PR Nr. 30/53** 44 ff.
- Selbstkostenrichtpreis **VO PR Nr. 30/53** 58 ff.
- Verkehrsüblichkeit **VO PR Nr. 30/53** 33 ff.
- wirtschaftliche Betriebsführung **VO PR Nr. 30/53** 98 ff.
- Zielsetzung **VO PR Nr. 30/53** 8 ff.
Preisstufen VgV 58 6
Preisvorschriften VSVgV 10 7
Preiswertung, reine VgV 58 9 ff.; **UVgO 43** 4 ff.
Primärrechtsschutz *s. a. Rechtsschutz*; **GWB 106** 2; **GWB 155** 12; **GWB 168** 1
Privatautonomie GWB 132 1
Private Auftraggeber VOB/A 3 4; **VOB/A Einl** 8
Privatisierungen GWB 103 61 ff.
- formelle/materielle **GWB 103** 61
Privatrechtliche Eigengesellschaften
- Aktiengesellschaft **GWB 108** 21 ff.
- Gesellschaft bürgerlichen Rechts **GWB 108** 25
- GmbH **GWB 108** 24
Privatrechtliche Stiftungen GWB 99 187
Privilegierung begünstigter Einrichtungen GWB 118 7
Proben VOB/A EU 7b 7 ff.; **VOB/A EU 13** 15; **VOB/A EU 14** 14
Produktdatenblatt VgV 31 50b
Produktneutrale Ausschreibung VgV 31 49 f., 61; **VgV 63** 32; **VSVgV 15** 9; **VOB/A EU 7** 16; **UVgO 23** 1

fette Zahlen = Paragraphen

Stichwortverzeichnis

Produktorientierte Ausschreibung VgV 31 51 ff.
Projektanten SektVO 7; VSVgV 10 4; **VOB/A EU 6** 7; **VOB/A-VS 6** 4; **UVgO 5** 1 ff.
- Ausgleichsmaßnahmen **GWB 124** 34; **VgV 7** 9 f.; **UVgO 5** 3
- Ausschluss **GWB 124** 33 ff.; **VgV 7** 3, 11; **UVgO 5** 4
- Begriff **VgV 6** 8; **VgV 7** 2 ff.
- Betreiberwechsel **GWB 131** 64 ff.
- erfasste Handlungen **VgV 7** 5
- mittelbare Vorbefassung **VgV 7** 4
- Rechtsschutz **VgV 7** 12 f.
- Störung chancengleichen Wettbewerbs **VgV 7** 2
- unmittelbare Vorbefassung **VgV 7** 4
- vorbefasste Unternehmen **UVgO 5** 2
- Vorbefasstheit **VgV 6** 8; **VgV 7**
Projektantenproblematik VgV 7
Projektgesellschaften GWB 99 174
Prozessstandschaft GWB 160 10
Prüfbericht VOB/A EU 7a 11
Prüfung der Angebote SektVO 51; **VSVgV 31**; **VOB/A EU 16c** 2 ff.; **VOB/A-VS 16c**; **UVgO 41** 2
- Ausschlussgründe **VSVgV 31** 3 f.
- Dokumentation **VgV 56** 6
- Einheitspreis **VOB/A EU 16c** 4
- fachliche Richtigkeit **VgV 56** 5
- rechnerische **VOB/A EU 16c** 2a
- rechnerische Richtigkeit **VgV 56** 5
- technische **VOB/A EU 16c** 2b
- Vermerk **VOB/A EU 16c** 6
- Vollständigkeit **VgV 56** 4
- Vorbereitung der Wertung **VgV 56** 3; **VOB/A EU 16c** 2
- widersprüchliche Preisangaben **VOB/A EU 16c** 4 ff.
- wirtschaftliche **VOB/A EU 16c** 2c
Prüfungsumfang der Vergabekammern
- Allgemeines **GWB 156** 5 f.
- kartellrechtliche Ansprüche **GWB 156** 16, 20
- lizenz-/patentrechtliche Ansprüche **GWB 156** 16
- Rechte aus § 97 Abs. 6 GWB **GWB 156** 6 ff.
- Rechtsverstöße anderer Bieter **GWB 156** 12
- sonstige Ansprüche **GWB 156** 8 ff.
- sozialrechtliche Ansprüche **GWB 156** 17
- wettbewerbsrechtliche Ansprüche **GWB 156** 16

Qualifizierungssysteme SektVO 48
- Aberkennung der Qualifikation **SektVO 48** 13

- Ablehnungen **SektVO 48** 12
- Aufruf zum Wettbewerb **SektVO 48** 9
- Ausgestaltung **SektVO 48** 3
- Bekanntmachung **SektVO 37** 1 ff.; **SektVO 48** 5
- Eignungsprüfung **SektVO 48** 4
- Entscheidung über Qualifikation **SektVO 48** 10
- Fähigkeiten anderer Unternehmen **SektVO 48** 7
- Prüfungsfrist **SektVO 48** 11
- Rechtsschutz **SektVO 48** 14
- Verzeichnis geprüfter Unternehmen **SektVO 48** 8
- Zulassung **SektVO 48** 2
Qualitätsanreiz VO 1370 Anh 20
Qualitätsmanagement VSVgV 28
Qualitätssicherung VgV 46 26; **VgV 49** 3 ff.; **SektVO 49**; **VOB/A EU 6c**; **VOB/A-VS 6c**
Qualitätsstandards VO 1370 4 44
Qualitätswettbewerb GWB 127 40
Querschnittsbestimmungen der EU GWB 120 3

Rabattverträge GWB 103 72
Rahmenvereinbarungen GWB 103 110 ff.; **GWB 133** 11; **VgV 21**; **SektVO 19**; **VOB/A 4a**; **VOB/A EU 4a**; **UVgO 1** 2; **UVgO 15**
- Abgrenzung **VgV 21** 3
- abschließende **VgV 21** 4, 13, 20
- Arten **VgV 21** 4
- Arzneimittel-Rabattverträge **VgV 21** 6
- Auftragsvolumen **UVgO 15** 2
- Begriff **VSVgV 4** 2; **VOB/A 4a** 2; **UVgO 15** 1
- Bekanntgabe des Auftragsvolumens **VOB/A 4a** 3
- Beteiligte **GWB 103** 118 ff.
- Definition **GWB 103** 110 ff.; **VgV 21** 2
- Ein-Partner- **VgV 21** 4, 13, 16 f.
- Einzelauftragsvergabe **VgV 21** 13 f.; **SektVO 19** 3 f.; **UVgO 15** 3
- elektronische Kataloge **GWB 120** 14
- Ermittlung des Auftragsvolumens **VOB/A 4a** 3
- Ermittlung/Bekanntgabe des Auftragsvolumens **VgV 21** 6
- geschlossenes System **VgV 21** 14; **SektVO 19** 3; **VOB/A 4a** 7; **UVgO 15** 3
- Informationspflicht **GWB 134** 56 ff.; **VgV 21** 27
- Inhalt **GWB 103** 112
- Laufzeit **GWB 103** 117; **VgV 21** 25 f.; **SektVO 19** 5; **VSVgV 14** 8; **VOB/A 4a** 6; **UVgO 15** 4

2929

Stichwortverzeichnis

magere Zahlen = Randnumer

- Liefer- und Dienstleistungsaufträge **VgV 21** 1
- Mehr-Partner- **VgV 21** 4, 13, 18 f.
- Mindest-/Höchstabnahmemengen **VgV 21** 7
- Missbrauchsverbot **VgV 21** 9; **SektVO 19** 2; **VOB/A 4a** 4 f.; **UVgO 15** 2
- mit mehreren Unternehmen **VSVgV 14** 5 ff.
- mit nur einem Unternehmen **VSVgV 14** 3 f.
- Rechtsfolgen bei Verstößen **VgV 21** 27 f.
- Schätzung des Auftragswerts **VgV 3** 21
- Sektorenauftraggeber **GWB 136** 8
- Sicherheit und Verteidigung **VSVgV 14** 1 ff.
- Unteraufträge **VSVgV 41**
- Verbot der Doppelvergabe **VgV 21** 11
- Verfahrensart **VgV 21** 5; **UVgO 15** 2
- Vergabe der **VSVgV 14** 2
- vorbereitende Funktion **GWB 103** 112

Rechnerische Richtigkeit VgV 56 5
Rechtliches Gehör GWB 160 7
Rechtsanwaltsgebühren
- Erstattungsfähigkeit **GWB 182** 64 ff.

Rechtsaufsicht GWB 155 14
Rechtsbehelfsbelehrung
- unterbliebene/fehlerhafte **GWB 173** 14 f.

Rechtsdienstleistungen GWB 116 4 ff.; **GWB 149** 3 f.
Rechtseinheit GWB 179 1
Rechtsfähigkeit im „vergaberechtlichen Sinne" GWB 99 38 ff.
Rechtsform SektVO 50; KonzVgV 24; UVgO 32
Rechtskräftige Verurteilung wegen bestimmter Straftaten GWB 123 5 ff.
Rechtsmissbräuchliche Ausnutzung eines Rechtsmittels
- Antrags-/Beschwerderechte **GWB 180** 2 ff.
- Behinderungs-/Schädigungsabsicht **GWB 180** 17 ff.
- Beispielsfälle **GWB 180** 14 ff.
- Darlegungs- und Beweislast **GWB 180** 27 f.
- ersatzfähiger Schaden **GWB 180** 24
- Erwirkung der Aussetzung Falschangaben **GWB 180** 15 f.
- Rechtsweg **GWB 180** 29
- Schadensersatz **GWB 180** 3 ff.
- unbenannte Fälle **GWB 180** 23
- wirtschaftliche Kompensation **GWB 180** 21
- Zeitpunkt **GWB 180** 11

Rechtsmittel
- drei zwingende Arten **GWB 134** 13
- nachvertragliche **GWB 134** 1
- vorvertragliche **GWB 134** 1

Rechtsmittelbelehrung
- unterbliebene/fehlerhafte **GWB 172** 4, 6

Rechtsmittelrichtlinien GWB Einl 6; **GWB 134** 1; **GWB 135** 14; **GWB 157** 4, 11, 21; **GWB 160** 1

Rechtsschutz
- Entscheidung der Vergabekammer **GWB vor 155** 13
- Oberschwellenbereich **GWB vor 155** 10 ff.
- System **GWB vor 155** 1 f.; **GWB 97** 107 ff.
- Unterschwellenbereich **GWB vor 155** 3 ff., 15 ff.
- vorbeugender **GWB 155** 29

Rechtstreue GWB 128 4 ff.
Rechtsverletzung
- Darlegungsanforderungen **GWB 160** 18
- Geltendmachung **GWB 160** 17 ff.

Referenzen VgV 46 14 ff.; **VgV 47** 8; **VgV 75** 7; **VOB/A 6a** 7
Regelmäßige nicht verbindliche Bekanntmachung SektVO 36
- inhaltliche Anforderungen **SektVO 36** 7
- Mindestangebotsfrist **SektVO 36** 5

Regierung, Begriff GWB 145 12
Regio-Post-Entscheidung GWB 128 16
Registrierung VgV 9 11 ff.; **VgV 11** 12
Rehabilitation GWB 168 41
Reisekosten GWB 182 49 ff., 51 ff., 59
Religionsgemeinschaften GWB 99 175 ff.
Rentenversicherungsträger GWB 99 186
Richtlinie 2009/81/EG VSVgV Einl 1
Richtlinienkonforme Auslegung GWB Einl 9; **GWB 134** 10 f.
Rotes Kreuz GWB 99 179
Rückgabe nicht berücksichtigter Angebotsunterlagen VOB/A EU 19 19 ff.
Rücknahme von Angeboten VOB/A 10 14 f.; **VOB/A EU 10b** 9; **VOB/A EU 10a** 12 ff.
Rückversetzung des Vergabeverfahrens GWB 160 23
Rüffert-Entscheidung GWB 128 14
Rügeobliegenheit
- Ausnahmen **GWB 160** 59
- Darlegungs- und Beweislast **GWB 160** 60
- De-facto-Vergabe **GWB 135** 108 ff.
- De-facto-Vergaben **GWB 160** 59
- Entbehrlichkeit **GWB 160** 54
- erkannte Rechtsverstöße **GWB 160** 40
- erkennbare Rechtsverstöße **GWB 160** 48
- Form **GWB 160** 52
- Fristen **GWB 160** 45 ff.

fette Zahlen = Paragraphen **Stichwortverzeichnis**

- Fristverlängerung **GWB 160** 51
- Grenzen **GWB 160** 53a
- Inhalt **GWB 160** 53
- Präklusion **GWB 160** 36
- Reichweite der Päklusion **GWB 160** 38
- Rücknahme der Rüge **GWB 160** 54a
- Sachentscheidungs-/ Zugangsvoraussetzung **GWB 160** 36 ff.
- Selbstmahnung **GWB 160** 54b
- Tatbestände **GWB 160** 39
- Verhandlungsverfahren ohne Teilnahmewettbewerb **VgV 14** 83
- Verstoß gegen Informationspflicht **GWB 135** 106 f.
- Zwischenentscheidungen **GWB 160** 41

Rundfunkanstalten, öffentlich-rechtliche GWB 99 180

Sachdienliche Auskünfte
- Anspruch **VOB/A 12a** 10
- Begriff **VOB/A 12a** 11 ff.
- gegenüber allen Unternehmen **VOB/A 12a** 15 f.
- unverzügliche Auskunft **VOB/A 12a** 14

Sammelposition VOB/A EU 7b 14
SaubFahrzeugBeschG VgV 67 1; **VgV 58** 24; **SektVO Einl** 18a
- Anwendungsbereich **SaubFahrzeugBeschG** 8 ff.
- Ausnahmen **SaubFahrzeugBeschG** 21 ff.
- Berichterstattung **SaubFahrzeugBeschG** 40 f.
- Datenschutz **SaubFahrzeugBeschG** 44
- Dokumentationspflichten **SaubFahrzeugBeschG** 35 ff.
- kein Bieterschutz **SaubFahrzeugBeschG** 7
- Mindestziele **SaubFahrzeugBeschG** 1, 29 ff.

Schaden
- drohender **GWB 160** 22
- entstandener **GWB 160** 22
- Ursächlichkeit **GWB 160** 22
- zweite Chance **GWB 160** 24

Schadensersatzanspruch
- Beeinträchtigung der Chance auf Zuschlag **GWB 181** 20 ff., 28 ff.
- Beweislast **GWB 181** 46, 68
- culpa in contrahendo **GWB 181** 51 ff.
- deliktsrechtliche Ansprüche **GWB 181** 71 ff.
- Ersatz des Vertrauensschadens **GWB 181**
- Höhe **GWB 181** 43 ff.
- kartellrechtliche Ansprüche **GWB 181** 75 ff.
- Mitverschulden **GWB 181** 37 ff.
- rechtmäßiges Alternativverhalten **GWB 181** 34 ff., 66
- rechtsmissbräuchliche Ausnutzung eines Rechtsmittels **GWB 180** 3 ff.
- ungerechtfertigte vorläufige Maßnahme **GWB 180** 30 ff.
- Verjährung **GWB 180** 36
- verschuldensunabhängiger **GWB 181** 1
- Verstoß gegen bieterschützende Vorschrift **GWB 181** 6 ff.
- vrtragsähnliche Ansprüche **GWB 181** 51 ff.

Schadensersatzansprüche GWB vor 155 14

Schadensersatzprozess
- Bindung an Entscheidungen **GWB 179** 2 ff.

Schädigungsabsicht GWB 180 13, 19
Schätzung des Auftragswerts GWB 106 8; **VgV 3**; **SektVO 2**; **VSVgV 3**; **KonzVgG 2**
- Aufteilung in Lose **KonzVgG 2** 14
- Bagatellgrenze **VgV 3** 29
- Bauleistungen **VgV 3** 23 ff.
- Beurteilungsspielraum **KonzVgG 2** 13
- Bieterschutz **VgV 3** 3
- Dauerschuldverhältnisse **VgV 3** 30 f.
- dynamisches Beschaffungssystem **VgV 3** 21
- Energielieferverträge **SektVO 2** 7
- fehlender Gesamtpreis **VgV 3** 33
- Gesamtumsatz **KonzVgG 2** 5
- Gesamtwert **VgV 3** 5 ff.
- Innovationspartnerschaft **VgV 3** 22
- Kontrolldichte **KonzVgG 2** 13
- Lose **VgV 3** 26 ff.
- Maximalschätzungsprinzip **VgV 3** 6
- Methode **VgV 3** 11 ff.
- Planungswettbewerb **VgV 3** 34
- Rahmenvereinbarung **VgV 3** 21
- Rechtsfolgen bei Verstößen **VgV 3** 35 ff.
- Rechtsschutz **KonzVgG 2** 15 f.
- Toleranz **VgV 3** 28 f.
- Umgehungsverbot **VgV 3** 14 ff.; **KonzVgG 2** 8
- Unterteilung des Auftrags **VgV 3** 19
- Zeitpunkt **VgV 3** 20; **KonzVgG 2** 10

Schätzungsmethode VgV 3
Schieds- und Schlichtungsleistungen GWB 107 24 f.
Schiedsvereinbarung VOB/A EU 8b 12
Schienenpersonennahverkehr
- Fahrzeug- und Wartungspools **VO 1370 5a** 5
- Finanzierungsmodell **VO 1370 5a** 6
- Gewährleistungsauftrag **VO 1370 5a** 9
- Rollmaterial **VO 1370 5a**

Stichwortverzeichnis

magere Zahlen = Randnumer

- Wiedereinsatzgarantie **VO 1370** 5a 4
Schienenpersonenverkehr *s. a. Personenverkehrsdienste*; **VO 1370 5** 9
- Begriff **VO 1370 2** 3
- Direktvergaben **VO 1370 5** 87 ff.
- Direktvergaben nach Vorabbekanntmachung **VO 1370 5** 73 ff.
- Interimsdirektvergaben **VO 1370 5** 65 ff.
- Kleinaufträge **VO 1370 5** 76 ff.
- nationales Kartellvergaberecht **VO 1370 5** 63
- Schwellenwerte **VO 1370 5** 80
Schnittstellenvorsicht VOB/A EU 5 2
Schriftlichkeitsgrundsatz GWB 97 44
Schul-, Hochschul- oder Verwaltungsgebäude GWB 99 127
Schulen GWB 99 138
Schutz wesentlicher Sicherheitsinteressen GWB 107 44 ff.; **GWB 117** 8 ff.
Schutzschrift GWB 163 1, 15 f.
Schwellenwerte GWB 106 10 ff.
- Vergabestatistik **VergStatVO 2** 2; **VergStatVO 3** 6 ff.
- Aufträge und Wettbewerbe von öffentlichen Auftraggebern **GWB 106** 11 ff.
- Aufträge und Wettbewerbe von Sektorenauftraggebern **GWB 106** 19 f.
- Bekanntgabe **GWB 106** 24
- Binnenmarktrelevanz **GWB 106** 1, 7
- Ermittlung **VOB/A-VS 1** 6
- Erreichen **GWB 106** 8
- Erreichen/Überschreiten **GWB 155** 19 f.
- Konzessionen **GWB 106** 22
- tabellarische Zusammenfassung **GWB 106** 23
- verteidigungs- und sicherheitsspezifische öffentliche Aufträge **GWB 106** 21
Sektorenauftrag GWB 136 ff.
- Ausnahmen **GWB 136** 12 ff.; **GWB 137** ff.
- Beschaffung von Wasser/Energie **GWB 137** 7 ff.; **GWB 143** 6
- Besonderheiten **GWB 142** 12 ff.
- Energieversorgung **GWB 137** 9
- entsprechende Anwendung **GWB 142** 8
- freigestellte Aufträge **GWB 138** 6 f.; **GWB 140** 3 ff.
- Gemeinschaftsunternehmen **GWB 139** 4 ff.
- Inhouse-Regelung **GWB 138** 7
- Konzessionen **GWB 136** 15; **SektVO 1** 5
- Kündigung **GWB 133** 13 f.
- persönlicher Anwendungsbereich **GWB 136** 2 ff.; **SektVO 1** 2
- Rahmenvereinbarungen **GWB 142** 4
- sachlicher Anwendungsbereich **GWB 136** 5 ff.; **SektVO 1** 3 ff.
- Schwellenwerte **GWB 136** 13
- sektorenfremde Zwecke **GWB 137** 14 ff.
- Sonderregeln **GWB 136** 16 f.
- verbundene Unternehmen **GWB 138**
- Verfahrensarten **GWB 141**; **GWB 142** 6
- verteidigungs- und sicherheitsrelevante Aufträge **GWB 136** 14; **SektVO 1** 4
- Verweisungen **GWB 142** 5
- Wahlfreiheit **GWB 141** 4
- Weiterveräußerung/Weitervermietung **GWB 137** 12 f.
- Wettbewerbe **GWB 136** 7; **GWB 137** 4; **GWB 142** 3
Sektorenauftraggeber
- Arten **GWB 100** 3 ff.
- Auskunftspflicht **GWB 143** 10
- Begriff **GWB 98** 2; **GWB 100**; **SektVO 1** 2
- Bundesberggesetz **GWB 143**
- natürliche/juristische Person des Privatrechts **GWB 100** 5 ff.
- öffentlicher Auftraggeber nach § 99 **GWB 100** 3; **GWB 100** 22 ff.
- qualifizierte Staatsnähe **GWB 100** 6 ff.
Sektorenfremde Zwecke GWB 137 14
Sektorentätigkeiten GWB 100 22; **GWB 102**; **SektVO 1** 3 ff.
- außerhalb der EU **GWB 137** 16
- Ausüben **GWB 136** 9 ff.
- Elektrizität **GWB 102** 9
- fossile Brennstoffe **GWB 102** 15
- Gas und Wärme **GWB 102** 10
- Häfen und Flughäfen **GWB 102** 12 ff.
- Trinkwasserversorgung **GWB 102** 5 ff.
- Verkehrsleistungen **GWB 102** 11
- Zuverfügungstellung bestimmter Infrastrukturen **GWB 102** 4
Sektorenverordnung (SektVO) *s. SektVO*
SektVO
- Aufbau **SektVO Einl** 9 ff.
- Entwicklungsperspektiven **SektVO Einl** 24
- Ermächtigungsgrundlage **SektVO Einl** 18
- Verhältnis zum sonstigen Vergaberecht **SektVO Einl** 17 ff.
Sekundärrechtsschutz *s. a. Rechtsschutz*; **GWB 155** 12; **GWB 168** 2
- Bindung an Entscheidungen der Vergabenachprüfungsinstanzen **GWB 179** 2 ff.
- nach Zuschlagserteilung **GWB 155** 33
- Rechtsweg **GWB 156** 21
Selbstausführungsgebot VgV 47 17 ff.; **VOB/A 6** 2; **VOB/A EU 8** 8; **UVgO 26** 3 f.
Selbstbeteiligung des Auftragnehmers VOB/A EU 9d 10

fette Zahlen = Paragraphen   **Stichwortverzeichnis**

Selbsterbringung VO 1370 5 24 ff.
Selbsterbringungsquote VO 1370 4 47; **VO 1370 5** 56
Selbstkostenerstattungspreise VO PR Nr. 30/53 64 ff.
Selbstkostenfestpreise VO PR Nr. 30/53 54 ff.
Selbstkostenpreise VO PR Nr. 30/53 46 ff.
Selbstkostenrichtpreis VO PR Nr. 30/53 58 ff.
Selbstkostenerstattungspreis VOB/A EU 4 23
Selbstreinigung GWB 125; GWB 126 4; VgV 42 6; **VOB/A 16** 10; **VOB/A EU 6f; VOB/A-VS 6f; UVgO 31** 6; **WRegG 3** 6 f.
– Ausräumen von Ausschlussgründen **GWB 125** 4
– Begründungspflicht **GWB 125** 17
– Bewertung **GWB 125** 16 f.
– Mitwirkung bei Klärung des Sachverhalts **GWB 125** 7 ff.
– Nachweis **GWB 125** 14
– Prüfungsrecht **GWB 125** 2
– Rechtsanspruch **GWB 125** 4
– Schadensausgleich **GWB 125** 5 ff.
– Vermeidung weiteren Fehlverhaltens **GWB 125** 11 ff.
– Zeitpunkts der Nachweisführung **GWB 125** 15
Selbstverpflichtung VOB/A EU 13 24
Selbstverwaltungskörperschaften GWB 99 144 ff.
Sensible Ausrüstung
– Begriff **VSVgV 1** 12
Serviceverbund mehrerer Kommunen GWB 108 69
Sicherheiten VOB/A 12 28
Sicherheitsbescheide VSVgV 7 12, 19
Sicherheitsinteressen
– besondere **GWB 150** 5 ff.
– Schutz wesentlicher **GWB 117** 8 ff.
– sonstige **GWB 150** 13 ff.
Sicherheitsleistung VOB/A 9c; VOB/A EU 9c; VOB/A-VS 9c; UVgO 21 5
– Höhe **VOB/A EU 9c** 7
– Rückgabe der Sicherheit **VOB/A EU 9c** 4
– Sicherungsmittel **VOB/A EU 9c** 2
– Verzicht **VOB/A EU 9c** 5 f.; **UVgO 21** 5
Sicherheitszuschlag VgV 63 42
Sicherungsklausel VOB/A EU 9c 3
Sittenwidrige Schädigung VgV 57 65
Sittenwidrigkeit GWB 135 133 ff.
Skonti VgV 53 51; **VOB/A EU 16d** 31

Sofortige Beschwerde s. Beschwerde
Sonderleistungen VOB/A EU 8b 2 ff.
Sondervermögen der Gebietskörperschaften GWB 99 30 ff.
Sonderziehungsrechte GWB 106 5
Soziale Aspekte GWB 97 60 ff.; **GWB 127** 36 f.; **VgV 31** 42 ff.; **VgV 58** 19 ff.; **VOB/A 16d** 8
Soziale und andere besondere Dienstleistungen (SABD) GWB 130; VgV 64ff; KonzVgV 22; UVgO 49
– Anh IV Richtlinie 2014/23/EU **GWB 153** 11
– Auftraggeber **GWB 130** 13
– Auftragsänderungen **GWB 130** 18 ff.
– Begriff **GWB 130** 2, 10 ff.; **GWB 153** 4 ff.; **SektVO 39** 1
– Bekanntmachung **VgV 66** 2 ff.; **SektVO 39** 3 ff.
– Dienstleistungskonzessionen **GWB 153** 7
– flexible Fristen **VgV 65** 4
– freie Verfahrenswahl **UVgO 49** 4 f.
– freie Wahl der Verfahrensart **GWB 130** 17; **VgV 65** 2
– Konzessionen **GWB 153**
– Laufzeit **VgV 65** 3
– öffentliche Dienstleistungsaufträge **GWB 130** 14
– Privilegierungen **VgV 64** 2 ff.; **SektVO 39** 2; **UVgO 49** 2
– Rahmenvereinbarungen **GWB 130** 14
– Schwellenwert **GWB 153** 9
– Sektorenauftrag **GWB 142** 8 ff.
– Sonderregime **GWB 130** 3 ff.
– Systematik **GWB 130** 7 ff.
– Zuschlagsentscheidung **VgV 65** 6 f.
– Zuschlagskriterien **UVgO 49** 6
Sozialrechtliche Ansprüche GWB 156 17
Sozialstandards VO 1370 4 40
Sozialunternehmen UVgO 8 45 ff.
Sozialversicherungsträger GWB 99 182 ff.
Spekulationsangebot VgV 57 42
Spezifikation gemeinwirtschaftlicher Verpflichtungen VO 1370 2a
– Begriff **VO 1370 2a** 5 f.
– Einklang mit Strategiepapieren **VO 1370 2a** 23 ff.
– mehrere zuständige Behörden **VO 1370 2a** 11
– Umfang **VO 1370 2a** 7
– Verhältnismäßigkeit **VO 1370 2a** 20 ff.
– Zusammenfassung von Diensten **VO 1370 2a** 12 ff.
– Zwecke und Ziele **VO 1370 2a** 28 ff.
Spielbanken GWB 99 166

Stichwortverzeichnis

magere Zahlen = Randnumer

Splitterlos GWB 97 91
Sport-, Erholungs- und Freizeiteinrichtungen GWB 99 126
Sprache VOB/A 12 26
Spruchrichterprivileg GWB 157 12
Staatliche Aufsicht GWB 99 99, 185
Staatliche Finanzierungsleistungen GWB 99 87 ff.
Städtebauliche Verträge GWB 105 33
Standardleistungsbuch für Bauwesen VOB/A EU 7b 6
Statistisches Bundesamt VergStatVO 1 4
Stiftungen des öffentlichen Rechts GWB 99 187
Stillhaltefrist s. *Wartefrist*
Stoffpreisgleitklauseln VOB/A EU 9d 9
Straßenbahnverkehr VO 1370 5 4, 10 ff.
Straßenfahrzeug s. a. *SaubFahrzeugBeschG*
Straßenfahrzeuge VgV 59 2
Strategische Beschaffung VgV 34 2a
Streitgenossen GWB 160 5
Stundenlohnvertrag VOB/A 4; **VOB/A EU 7** 8
Subjektive Rechtsbetroffenheit GWB 135 20
Subventionierung GWB 99 130 ff.
Subventionsabschlag VgV 57 43
Subzentrale öffentliche Auftraggeber GWB 106 17
Sukzessivlieferungsverträge GWB 133 8

Tariftreueerklärung GWB 97 14
Täuschung GWB 124 41 ff.; **GWB 133** 84, 150 f.
Technische Anforderungen SektVO 29; **VOB/A 7a** 1 ff.; **VOB/A EU 7a**
– Abweichung **VOB/A EU 13** 16 ff.
– Begriff **VSVgV 15** 3
– Begriffsbestimmungen **VgV 31** 6
– Bekanntmachung **SektVO 30** 4
– Belegquellen **VgV 32** 4
– Bezugnahme in Leistungsbeschreibung **VgV 31** 20 ff.
– elektronische Bereitstellung **SektVO 30** 5
– Festlegung **VOB/A EU 7a** 3 ff.
– Formulierung **VOB/A EU 7a** 6
– Gleichwertigkeitsnachweis **VgV 32** 2 ff.
– Gleichwertigkeitsnachweise **VOB/A EU 7a** 7 ff.
– Gleichwertigkeitszusatz **VgV 31** 6, 12, 20
– Oberbegriff **VgV 31** 21
– Rechtsfolgen bei Verstößen **VgV 32** 5
– Standorterfordernis **VgV 31** 22
– Verteidigungsnormen **VSVgV 15** 3
– Zugänglichkeit **VOB/A EU 7a** 2
Technische Ausrüstung VgV 46 25
Technische Fachkräfte VgV 46 21 ff.

Technische Leistungsfähigkeit GWB 122 31 f.; **VOB/A EU 6a** 6; **VgV 46**
– Ausbildungsnachweise **VgV 46** 29 f.
– beabsichtigte Unteraufträge **VgV 46** 36 ff.
– Belege zum Nachweis **VgV 46** 11 ff.
– Beschäftigtenanzahl **VgV 46** 32 ff.
– Interessenskonflikte **VgV 46** 9 f.
– Lieferketten **VgV 46** 27
– materielle Anforderungen **VgV 46** 3 ff.
– Mindestanforderungen **VgV 46** 13
– Muster/Bescheinigungen bei Lieferleistungen **VgV 46** 40 f.
– Nachweis **VSVgV 27**
– Qualitätssicherung **VgV 46** 26
– Referenzen **VgV 46** 14 ff.
– Sicherheit und Verteidigung **VSVgV 27**
– technische Ausrüstung **VgV 46** 25
– technische Fachkräfte **VgV 46** 21 ff.
– Umweltmanagement **VgV 46** 31
– Untersuchungs- und Forschungsmöglichkeiten **VgV 46** 26
– Vor-Ort-Kontrolle **VgV 46** 28
– Zahl der Führungskräfte **VgV 46** 32 ff.
Technische Spezifikationen s. *Technische Anforderungen*; **VOB/A-VS 7a**
Technische Überwachungsvereine (TÜV) VgV 33 13
Teckal-Urteil GWB 108 10
Teilkündigung GWB 133 60 ff.
Teillose GWB 97 79, 82 ff.
Teilnahmeanträge VgV 53 45; **VOB/A 12** 23, 37 f.; **VOB/A EU 16c**
– Angabe von gewerblichen Schutzrechten **VgV 53** 57 ff.
– Aufbewahrung ungeöffneter **VgV 54**
– elektronische Übermittlung **VgV 53** 7
– Form **UVgO 38** 2 ff.
– Form und Übermittlung **KonzVgV 28**
– Inhalt eingereichter Unterlagen **VgV 53** 37 ff.
– Nebenangebote **VgV 53** 50 ff.
– nicht geforderte/zusätzliche Erklärungen **VgV 53** 48
– nicht rechtzeitige **VgV 51** 5
– Öffnung **VgV 55**
– postalische Übermittlung **VgV 53** 31 ff.
– Preise **VgV 53** 49
– Prüfung **VgV 56**
– Telefaxübermittlung **VgV 53** 36
– Textform **VgV 53** 5 f.
– Umfang **VgV 53** 42 ff.
– Ungeeignetheit **VgV 14** 48
– Unterschrift **VgV 53** 33 f.
– Vollständigkeit **VgV 53** 38 ff.
Teilnahmebedingungen VOB/A EU 8 15
– Begriff **KonzVgV 13** 4

fette Zahlen = Paragraphen

Stichwortverzeichnis

– Mindestangaben **KonzVgV** 13 5 ff.
Teilnahmefrist SektVO 15 5 ff.;
KonzVgV 27; **VOB/A** 10; **VOB/A EU** 10
– Angemessenheit **VgV** 20 4 ff.
– Ausschlussfrist **VgV** 16 11
– Berechnung **VgV** 16 13; **VgV** 20 3; **SektVO** 15 7; **KonzVgV** 27 11; **VOB/A EU** 10 3
– dynamisches Beschaffungssystem **VgV** 24 3 f.
– Ermessen **VgV** 20 1
– Generalklausel **VgV** 20; **SektVO** 16
– Innovationspartnerschaft **VOB/A EU** 10d 3
– Mindestfrist **VgV** 16 12; **VgV** 17 10; **VgV** 20 1; **SektVO** 15 5; **KonzVgV** 27 5; **VOB/A EU** 10 1; **VOB/A EU** 10b 2; **VOB/A-VS** 10b 3
– Mindestfristen **VSVgV** 20 2
– nicht offenes Verfahren **VgV** 16 11 ff.; **VOB/A EU** 10b 2; **VOB/A-VS** 10b
– Rechtsfolgen bei Verstößen **VgV** 20 26 f.
– Sicherheit und Verteidigung **VSVgV** 20 1 ff.
– Verhandlungsverfahren mit Teilnahmewettbewerb **VgV** 17 9 f.; **VOB/A EU** 10c 3; **VOB/A-VS** 10c 3
– Verhandlungsverfahren ohne Teilnahmewettbewerb **VOB/A-VS** 10c 4
– Verhandlungsvergabe **UVgO** 13
– Verkürzung **VgV** 16 14 f.; **VgV** 17 11 f.; **VgV** 20 2
– Verlängerung **VSVgV** 20 7
– wettbewerblicher Dialog **VOB/A EU** 10d 2; **VOB/A-VS** 10d
– angemessene **UVgO** 13 4 f.
– Ausschlussfrist **UVgO** 13 4
– Gleichbehandlung **UVgO** 13 9
Teilnahmeregeln VgV 51; **SektVO** 45 10 ff.; **SektVO** 46
Teilnahmewettbewerb SektVO 15 2 ff.
– Aufforderung der Bewerber **VgV** 52
– Begrenzung der Bewerberanzahl **VgV** 51
– Bekanntmachung **SektVO** 15 3
– beschränkte Ausschreibung **VOB/A** 3 13
– beschränkter Bieterkreis **SektVO** 15 2
– freihändige Vergabe **VOB/A** 3 18
– Innovationspartnerschaft **VgV** 19 11
– nicht offenes Verfahren **GWB** 119 16 ff.; **VgV** 14 6 ff.; **VgV** 16 2
– unbeschränkter Bewerberkreis **SektVO** 15 2
– Verhandlungsverfahren **VgV** 17 7 f.
– vorgezogene auftragsabhängige Eignungsprüfung **VgV** 14 8; **VgV** 16 6
– vorgezogene Eignungsprüfung **VOB/A** 3 13

– wettbewerblicher Dialog **VgV** 14 18; **VgV** 18 11
Telefaxübermittlung VgV 53 36; **VgV** 54 5
Telekommunikationsinfrastruktur GWB 116 28 ff.
Terminierung GWB 167 1; **GWB** 175 8
Testberichte VgV 33 4 ff.; **VOB/A EU** 7a
Tiefbaumaßnahmen GWB 99 123
Tochterunternehmen GWB 99 14, 148 ff.
Transparenzgrundsatz GWB 97 39 ff.
– Bieterschutz **GWB** 97 43 ff.
Treu- und Glauben GWB 135 88 ff., 121 ff.
Trinkwasserversorgung GWB 102 5 ff.; **GWB** 137 9
Truppeneinsatz
– EU-externer **GWB** 150 11
Truppenstationierung GWB 117 19
Typengemischte Verträge VOB/A 1 26
Typengemischte Verträgen VOB/A 23 25

Übergangsregelungen GWB 186
Überkompensation
– angemessener Gewinn **VO 1370 Anh** 12 ff.
– externe Netzeffekte **VO 1370 Anh** 6
– finanzieller Nettoeffekt **VO 1370 Anh** 4 ff.
– Kontrolle **VO 1370 3** 9; **VO 1370 4** 17
– Prüfung **VO 1370 Anh**
– rechnungslegungsbezogene Vorgaben **VO 1370 Anh** 7
– Trennungsrechnung **VO 1370 Anh** 8 ff.
– Verbot **VO 1370 4** 18 ff.; **VO 1370 6** 3
– Wirtschaftlichkeitsanreiz **VO 1370 Anh** 19
Übermittlungsfrist VergStatVO 1 8 f.; **VergStatVO** 2 8, 19
Übermittlungspflicht s. Datenübermittlungspflicht
Übermittlungsrisiko VgV 57 21; **VOB/A EU** 14 31
Überprüfungsklausel GWB 132 38 ff., 60 ff.; **GWB** 133 52
Überwachungsbericht GWB 114 5, 9
Ukraine-Krieg VOB/A EU 9d 1b
Umgehung
– Begriff **KonzVgV** 14 3
Umgehung der Ausschreibungspflicht GWB 132 2
Umgehungsverbot VgV 3; **KonzVgV** 14
Umsatzangaben VgV 45 14
Umweltbezogene Aspekte GWB 97 60 ff.
umweltbezogene Aspekte VgV 31 42 ff.

2935

Stichwortverzeichnis

magere Zahlen = Randnumer

Umweltbezogene Aspekte VgV 58 19 ff.; **VgV 67** 3
umweltbezogene Aspekte VOB/A 16d 8
Umweltmanagement GWB 122 33 ff.; **VgV 46** 31; **VgV 49** 11 ff.; **SektVO 49**; **VSVgV 28**; **VOB/A EU 6c**; **VOB/A-VS 6c**
Umweltzeichen VOB/A-VS 7a 5
Unabhängigkeit der Vergabekammern GWB 157 5 ff., 32
Unangemessen hohe oder niedrige Angebote
– Zuschlagsverbot **VOB/A EU 16d** 4
Unanwendbarkeit der Vergaberichtlinien
– Ausnahmetatbestände **GWB 107** 24 ff.
– Eingreifen des Ausnahmetatbestands **GWB 107** 9 ff.
– Komsequenzen **GWB 107** 9 ff.
– öffentlich-öffentliche Zusammenarbeit **GWB 108**
– Rechtsschutz **GWB 107** 20 f.
– Rechtsweg **GWB 107** 22 f.
Ungerechtfertigte vorläufige Maßnahme GWB 180 30 ff.
– Darlegungs- und Beweislast **GWB 180** 35
– Schadensersatzanspruch **GWB 180** 32 ff.
Ungerechtfertigtes Rechtsmittel s. *Rechtsmissbräuchliche Ausnutzung eines Rechtsmittels*
Ungewöhnlich hohe Angebote VgV 60 24 ff.
– Umgang **VOB/A EU 16d** 16 ff.
Ungewöhnlich niedrige Angebote VgV 60; **SektVO 54**; **VSVgV 33**; **UVgO 44**
– Ablehnungspflicht **VSVgV 33** 6
– Aufklärung **VgV 60** 3 ff.; **VOB/A EU 16d** 8 ff., 11
– Aufklärungspflicht **VSVgV 33** 3; **VOB/A EU 16d** 11
– Aufklärungsvorgang **VSVgV 33** 4 f.
– Ausschluss **VgV 60** 13 ff.; **UVgO 44** 2
– fakultativer Ausschluss **VOB/A EU 16d** 5 f.
– Kostendeckung **VgV 60** 14 f.
– Preisprüfung **VgV 60** 13
– Prognoseentscheidung **VgV 60** 14c f.
– Rechtsschutz **VgV 60** 27 ff.
– staatliche Beihilfen **VgV 60** 19 ff.; **VOB/A EU 16d** 15
– Umgang **VOB/A EU 16d** 5 ff.
– zufriedenstellende Aufklärung **VgV 60** 15 ff.
– zweistufige Prüfung **VSVgV 33** 2
– zwingender Ausschluss **VOB/A EU 16d** 7
Ungewöhnliches Wagnis VgV 31 11, 30 ff.; **VOB/A EU 7** 3 ff.; **VOB/A EU 9d** 1, 11; **VOB/A EU 9** 17

Universitäten GWB 99 138
Unlautere Verhaltensweisen VOB/A EU 2 3 ff.
Unmittelbar dem Wettbewerb ausgesetzte Tätigkeiten GWB 140; **GWB 154** 18
Unparteilichkeitsgebot VgV 6 1
Untätigkeitsbeschwerde GWB 171 3
Unterauftrag SektVO 34; **VSVgV 7** 10, 15; **VSVgV 9**; **KonzVgV 33**; **UVgO 26**
– Ablehnung durch Auftraggeber **VSVgV 40** 2
– Begriff **VSVgV 4** 2
– Bekanntgabe **VO 1370 4** 46
– Bekanntmachung **VSVgV 18** 4; **VSVgV 39** 1 f.
– Bekanntmachung der Anforderungen **VSVgV 18** 4
– erforderliche Angaben **VgV 53** 46
– Haftung **VgV 36** 17 f.
– Haftung des Hauptunternehmers **VSVgV 9** 16
– Mitteilungspflichten **VgV 36** 17
– Offenlegung von Informationen **VSVgV 9** 4
– Personenverkehrsdienste **VO 1370 4** 45 ff.
– Rahmenvereinbarung **VSVgV 41**
– Rechtsstellung des Hauptauftragnehmers **VgV 36** 15 f.
– Selbstausführungsgebot **UVgO 26** 3 f.
– Selbsterbringungsquote **VO 1370 4** 47; **VO 1370 5** 56
– Sicherheit und Verteidigung **VSVgV 38** ff.
– Verpflichtung privater Unternehmen **GWB 97** 101 ff.
– Vorgaben **VSVgV 38**
– Wertberechnung **VSVgV 38** 5
Unterauftraggeber
– Bietergemeinschaften **VSVgV 38** 3
– nicht-öffentliche Auftraggeber **VSVgV 38** 2
– öffentliche Auftraggeber **VSVgV 38** 4
– verbundene Unternehmen **VSVgV 38** 3
Unterauftragnehmer VOB/A 8 2; **VOB/A EU 8** 4 ff.
– Ablehnungskriterien **VSVgV 9** 15
– Angaben **VOB/A EU 8** 9 f.
– Auswahlkriterien **VSVgV 40**
– Auswahlvorgaben **VSVgV 9** 6 ff.
– Begriff **VgV 36** 5
– Benennung **VgV 36** 8 ff.
– Eignung **VgV 36** 23
– Eignungsleihe **VgV 36** 4
– Eignungsnachweise **VOB/A EU 8** 9 f.
– einfacher **VgV 36** 4, 10 ff., 24 ff.
– erforderliche Angaben **VgV 53** 47

fette Zahlen = Paragraphen **Stichwortverzeichnis**

- freie Auswahl **VSVgV 9** 7
- freie Wahl der Auftragnehmer **VSVgV 9** 5
- konzernverbundene Unternehmen **VgV 53** 46
- Kündigung **GWB 133** 24 f.
- qualifizierter **VgV 36** 4, 9, 23
- Rechtsstellung **VgV 36** 20 ff.
- Wechsel **VOB/A EU 8** 12

Unterauftragnehmererklärung VgV 53 47; **VOB/A EU 8** 11 ff.

Unterauftragnehmerverzeichnis VOB/A EU 8 5

Unterkonzessionen VOB/A 23 30

Unterkostenangebot VgV 60 13b

Unterlagen
- Begriff **VgV 56** 8
- Differenzierungen **VgV 56** 9 ff.
- leistungsbezogene Unterlagen **VOB/A EU 16a** 4 f., 17 ff.
- Nachforderung **VOB/A EU 16a** 8 ff.; s. dort
- unternehmensbezogene **VOB/A EU 16a** 3, 12 ff.

Unterlassungsanspruch
- kartellrechtlicher **GWB 107** 19
- öffentlich-rechtlicher **GWB 107** 16
- quasinegatorischer **GWB 107** 18
- zivilrechtlicher **GWB 107** 17 f.

Unterlegene Unternehmen
- effektiver Rechtsschutz **GWB 134** 6 ff.

Unternehmen
- Begriff **WRegG 2** 11

Unternehmensbegriff GWB 97 109; **GWB 103** 65

Unternehmensbezogene Unterlagen VgV 56 9 f., 20 ff.

Unternehmensreferenzen VgV 46 15

Unternehmensumstrukturierung GWB 132 65 ff.; **GWB 133** 57

Unterrichtung der Bewerber/Bieter s. a. *Informationspflicht, Wartepflicht*; **VgV 62**; **SektVO 56**; **KonzVgV 30**; **VOB/A EU 19**; **VOB/A-VS 19**; **UVgO 46**
- auf Verlangen **VgV 62** 5 ff.; **VOB/A EU 19** 9 ff.; **UVgO 46** 4 ff.
- Aufhebung der Ausschreibung **VgV 63** 54 ff.
- Auskunftsfrist **VgV 62** 7
- automatische **KonzVgV 30** 4; **VOB/A EU 19** 4
- Bewerber **VgV 62** 8 f.
- Bieter **VgV 62** 10 ff.
- Frist **VOB/A EU 19** 6; **UVgO 46** 6
- gestufte Information **VOB/A EU 19** 2
- keine Unterrichtungspflicht **VgV 62** 14; **VOB/A EU 19** 15; **UVgO 46** 9

- Nachprüfungsinstanzen **GWB 184** 6 ff.
- proaktive **VgV 62** 2 ff.
- Rechtsfolgen bei Verstößen **VgV 62** 15 f.
- Sicherheit und Verteidigung **VSVgV 36**
- unverzügliche **VOB/A EU 19** 2 ff.; **VOB/A-VS 19** 2; **UVgO 46** 2 f.

Untersagung der Submission GWB 169 42

Untersagung des Zuschlags GWB 168 15 f.; **GWB 173** 24

Unterschrift VgV 53 33 f.; **VgV 57** 14 ff.; **VOB/A EU 13** 4; **VOB/A EU 16** 6

Unterschwellenvergabe GWB 106 1; **VSVgV 1** 25
- Bauleistungen **VOB/A 2**
- Liefer- und Dienstleistungen **UVgO 1** 2
- Rechtsschutz **GWB vor 155** 2 ff.; **GWB 148** 35 f.

Unterschwellenvergaben
- Datenübermittlung **VergStatVO 2** 10 ff.
- Vergabestatistik **VergStatVO 2** 10 ff.; **VergStatVO 3** 71 ff.

Unterschwellenvergabeordnung (UVgO) s. *UVgO*

Untersuchungsgrundsatz GWB 163 2 ff.; **GWB 175** 10
- Aktenanforderung **GWB 163** 14
- Ausschluss des Angebots **GWB 163** 5
- Beachtung der Darlegungslast **GWB 163** 8
- Beschwerdeverfahren **GWB 163** 2
- Darlegungs- und Beweislast **GWB 163** 11
- Erkenntnismittel **GWB 163** 2
- Ermessen **GWB 163** 3
- Freibeweisverfahren **GWB 163** 17
- Grenzen **GWB 163** 4 ff.
- keine allgemeine Rechtmäßigkeitskontrolle **GWB 163** 6
- keine ungefragte Fehlersuche **GWB 163** 7
- Mitwirkungsobliegenheit **GWB 163** 9
- Nachprüfungsverfahren **GWB 163** 2
- Offensichtlichkeitsprüfung **GWB 163** 12 f.
- Verhältnismäßigkeit **GWB 163** 10

Unvollständige Unterlagen VgV 56 4, 13 f.

Unvorhersehbarkeit
- Begriff **VgV 14** 60

Unwirksamkeitsfeststellung GWB 135
- abgeschlossener Vertrag **GWB 135** 27
- Ausschluss der Unwirksamkeit **GWB 135** 90 ff.
- durch Nachprüfungsverfahren **GWB 135** 5, 17, 48
- formaler Verstoß ausreichend **GWB 135** 37, 42

2937

Stichwortverzeichnis

magere Zahlen = Randnumer

- Fristen zur Geltendmachung **GWB 135** 70 ff.
- Konzessionen **GWB 135** 31
- Maßnahmen durch Vergabekammer **GWB 135** 131
- Nachprüfungsverfahren **GWB 135** 102 ff.
- öffentlicher Auftrag **GWB 135** 29 ff.
- persönlicher Anwendungsbereich **GWB 135** 15 ff.
- Rechtsfolgen **GWB 135** 122 ff.
- Rechtsfolgen für Antragsteller **GWB 135** 126 ff.
- Rechtsfolgen für Dritte **GWB 135** 129 f.
- Rechtsfolgen für rechtswidrig ausgewählten Bieter **GWB 135** 123 ff.
- sachlicher Anwendungsbereich **GWB 135** 27 ff.
- schwebende Wirksamkeit bis zur Feststellung **GWB 135** 116 ff.
- Sektorenauftrag **GWB 135** 30
- Tenorierung **GWB 135** 111 ff.
- ungeschriebene Tatbestandsmerkmale **GWB 135** 119 ff.
- Vergabe ohne europaweite Bekanntmachung **GWB 135** 48 ff.
- Verhandlungen mit mehreren Unternehmen **GWB 135** 28
- Verstoß gegen Informations- und Wartepflicht **GWB 135** 38 ff.
- von Amts wegen **GWB 135** 105a

Urheberrecht VOB/A EU 8b 10 f.
UVgO GWB Einl 29; **GWB 148** 32; **VOB/A 1** 19 ff.
- Anwendbarkeit **UVgO Einl** 3
- Rechtsnatur **UVgO Einl** 3
- Struktur **UVgO Einl** 4
- Vereinfachungen **UVgO Einl** 6

Ver- und Entsorgungsunternehmen GWB 99 188 f.
Veräußerung von Gesellschaftsanteilen GWB 103 54 ff.
Veräußerung von Grundstücken GWB 103 51 ff.
Veräußerungsgeschäfte mit Beschaffungsbezug GWB 103 50 ff.
Verbände
- öffentliche Auftraggeber **GWB 99** 115 ff.

Verbundene Unternehmen GWB 99 148 ff.; **GWB 138** 8 f.; **GWB 154** 16; **VSVgV 9** 9 f.; **VSVgV 38** 3
Verfahrensarten SektVO 13 2 ff.; **KonzVgV 12** 4 f.; **VOB/A 3**
- abschließende Aufzählung **GWB 119** 4, 8
- Anspruch auf Wahl richtiger Vergabeart **GWB 119** 8
- freie Wahl **VOB/A-VS 3** 2

- gleichrangige Verfahrenstypen **VgV 14** 2, 27, 31; **VOB/A EU 3a** 1; **VOB/A EU 3** 3
- Hierarchie **UVgO 8** 9 ff.
- Regelverfahren **UVgO 8** 2
- Typenzwang **UVgO 8** 1
- Verhältnis zueinander **GWB 119** 3, 10; **VgV 14** 27 ff.; **VOB/A EU 3a** 1, 4; **UVgO 8** 9 ff.
- vorrangige Regelverfahren **UVgO 8** 10
- Wahlfreiheit **VgV 14** 28; **SektVO 13** 4; **UVgO 8** 2
- wesentliche Merkmale **GWB 119** 2

Verfügbarkeit vor Ort VOB/A EU 6 4
Verfügbarkeitsnachweise VgV 42 11
Vergabe im Ausland VOB/A 24
- Absehen von Vereinbarung VOB B/C **VOB/A 24** 10 ff.
- Privilegierungen **VOB/A 24** 4 ff.
- Verzicht auf Angaben **VOB/A 24** 5 ff.

Vergabebekanntmachung GWB 135; **VgV 39** 2 ff.; **SektVO 38**; **KonzVgV 21**; **VOB/A-VS 18** 3 f.; **UVgO 30**
- Auftragsänderungen **VgV 39** 8
- Ausnahmen **VgV 39** 9 ff.
- dynamisches elektronisches Verfahren **VgV 39** 7
- Form **VgV 39** 4
- Meldefrist **VgV 39** 3
- Rahmenvereinbarungen **VgV 39** 6
- Rechtsfolgen bei Verstößen **VgV 39** 13 ff.

Vergabefremde Zwecke VSVgV 10 6
Vergabehandbuch VOB/A EU 6b 5
Vergabekammern GWB 156
- Alleinentscheidung **GWB 157** 27 ff.
- Allgemeines **GWB vor 155** 11
- Angabe in Auftragsbekanntmachung **VOB/A EU 21** 1 f.
- Auffangzuständigkeit **GWB 159** 20
- ausschließliche Zuständigkeit **GWB 155** 11; **GWB 156** 5
- Besetzung **GWB 157** 17 ff.; **GWB 158** 9 ff.
- Bund **GWB 156** 4; **GWB 158** 4 ff.
- Doppelzuständigkeit **GWB 159** 16
- Entscheidung **GWB 168** 3 ff.
- Ernennung der Mitglieder **GWB 157** 24
- fachliche Qualifikation der Mitglieder **GWB 157** 19; **GWB 158** 16
- Geschäftsordnung **GWB 158** 12 f.
- Länder **GWB 156** 4; **GWB 158** 14 ff.
- Prüfungsumfang **GWB 156** 5 ff.
- Sachentscheidung **GWB 168** 9 ff.
- Unabhängigkeit **GWB 155** 3; **GWB 157** 1, 5 ff., 32
- Verfahrensrecht **GWB 155** 42

fette Zahlen = Paragraphen **Stichwortverzeichnis**

- Zuständigkeit **GWB 156** 3 ff.
- Zuständigkeit Bund **GWB 159** 6 ff.
- Zuständigkeit Länder **GWB 159** 17 ff.
- Zuständigkeitsabgrenzung **GWB 159**

Vergabeprüfstellen GWB vor 155 7; **GWB 155** 7 ff., 15

Vergaberecht
- Begriff und Zweck **GWB Einl** 1
- oberhalb der Schwellenwerte **GWB Einl** 12, 22 ff.
- Rechtscharakter **GWB Einl** 35
- Rechtsquellen **GWB Einl** 3 ff.
- Regelungskompetenzen **GWB Einl** 21
- unterhalb der Schwellenwerte **GWB Einl** 12, 26 ff.
- Ziele und Grundsätze **GWB 97** 2 ff.
- Zweiteilung **GWB Einl** 2, 20

Vergaberecht light GWB 107 11
Vergaberechtsweg GWB 155 5
Vergabereife VOB/A EU 2 13 ff., 21
Vergaberichtlinien GWB Einl 3 ff.
Vergabesenat *s. Beschwerdegericht, Beschwerdeverfahren, Entscheidung*

Vergabestatistik
- Erstellung **VergStatVO 1** 16
- Veröffentlichung **VergStatVO 4** 2 ff.

Vergabestatistikverordnung *s. VergStatVO*
Vergabeüberwachungsausschüsse GWB vor 155 6; **GWB 158** 19

Vergabeunterlagen VgV 29; KonzVgV 16; VOB/A 8; VOB/A EU 8; VOB/A-VS 8; UVgO 21
- alternative Bereitstellung **VgV 41** 34 ff.
- Änderungen **VgV 41** 27 ff.; **VgV 57** 35; **VOB/A EU 16** 7
- Änderungsverbot **VOB/A EU 13** 12
- Anschreiben **VgV 29** 8 f.; **VOB/A EU 8** 3
- Auflistung einzureichender Unterlagen **VOB/A EU 8** 14b
- Auslage **VOB/A-VS 12a** 2
- Auslegung **VgV 29** 3 ff.
- Begriff **VgV 20** 17; **VgV 29** 1 f.; **VOB/A EU 8** 1
- Bereitstellung **VgV 41** 4 ff.; **SektVgV 41**; **KonzVgV 17**; **UVgO 29**
- Bereitstellung bei Vorinformation **VgV 41** 31 ff.
- Bestandteile **VOB/A EU 2** 14
- Bewerbungsbedingungen **VgV 29** 10
- direkte Abrufmöglichkeit **VgV 41** 15 f.
- elektronische Abwicklung **VOB/A 12** 21
- elektronische Auktion **VgV 26** 6 ff.
- Entgelt **VOB/A 8b** 1 ff.
- Ergänzungen **VgV 41** 27 ff.; **VgV 57** 35
- Erstattungsanspruch **VOB/A 8b** 2 ff.
- Erteilung von Auskünften **VOB/A EU 12a** 7 f.
- Fertigstellung **VOB/A EU 2** 13 ff., 16
- freier Zugang **VgV 41** 1
- Inhalt **VgV 29** 1 f.; **VOB/A EU 8** 1
- Konkretisierungen **VgV 29** 7
- Korrektur **GWB 168** 17
- mehrere Hauptangebote **VOB/A EU 8** 14a
- Nachweisliste **VSVgV 16** 1 ff.
- Rechtsschutz **VgV 29** 14 ff.
- Sicherheit und Verteidigung **VSVgV 16** 1 ff.
- Übermittlung **VOB/A-VS 12a** 1
- Umfang **VOB/A 12a** 6 ff.
- Umfang der Bereitstellung **VgV 41** 17 ff.
- uneingeschränkter Zugang **VgV 41** 8 ff.
- unentgeltliche Bereitstellung **VgV 41** 6 f.
- Unklarheiten **VgV 57** 37
- Unzulässigkeit von Änderungen **VgV 53** 37
- Verhältnis zur Bekanntmachung **VgV 29** 6 ff.
- Versand **VOB/A 12a** 1 ff.; **VOB/A EU 12a** 1 ff.; **VOB/A-VS 12a**
- Vertragsunterlagen **VgV 29** 11
- Vertraulichkeitsschutz **VgV 41** 39 ff.
- VOL/B **VgV 29** 12 f.
- Vollständigkeit **VgV 41** 13 f.
- zusätzliche Auskünfte **KonzVgV 18**

Vergabeverfahrensrisiko VOB/A 10a 33 f.; **VOB/A EU 18** 10
Vergabevermerk GWB 127 8; **VgV 8** 6 ff.; **KonzVgV 6** 4 ff.; **VOB/A 20** 4; **VOB/A EU 5** 12; **UVgO 6** 1
Vergabeverordnung (VgV) *s. VgV*
Vergabevorgang GWB 155 21 ff.
Vergleichbare Bundeseinrichtung GWB 106
Vergleichbarkeit der Angebote GWB 121 4
VergStatVO SektVO Einl 19
Verhältnismäßigkeit GWB 97 7, 56 ff.; **GWB 117** 9, 16; **GWB 118** 6; **SektVO 45** 5

Verhandlungsphase
- freie Gestaltung **GWB 119** 26
- Innovationspartnerschaft **VgV 19** 12 ff.
- Verhandlungsgegenstand **GWB 119** 27

Verhandlungsverbot VgV 15 38 ff.; **VSVgV 11** 3; **VOB/A EU 15** 17, 18 f.
- Ausnahme **VgV 15** 39a

Verhandlungsverfahren VgV 17; VOB/A EU 16d 32
- Ablauf **GWB 119** 22; **VgV 14** 12; **VgV 17** 4; **VOB/A EU 3b** 5 ff.
- Ausnahmecharakter **GWB 119** 20
- Charakteristik **GWB 119** 20 ff.; **VgV 14** 10 ff.; **VgV 17** 1 ff.; **VOB/A EU 3a** 5 ff.

2939

Stichwortverzeichnis

magere Zahlen = Randnumer

- Darlegungs- und Beweislast **GWB 119** 21
- mit Teilnahmewettbewerb s. *dort*
- ohne Teilnahmewettbewerb s. *dort*

Verhandlungsverfahren mit Teilnahmewettbewerb SektVO 15; VOB/A-VS 3 4

- Ablauf **VgV 14** 12
- Abschichtung der Verhandlungen **VgV 17** 27 ff.; **VSVgV 11** 4
- Abschluss der Verhandlungen **VgV 17** 32 f.
- Angebotsfrist **VgV 17** 15 ff.
- Anpassung bereits verfügbarer Lösungen **VOB/A EU 3a** 6
- Anpassungsnotwendigkeit verfügbarer Lösungen **VgV 14** 33
- Auswahlphase **VgV 17** 7
- Bauaufträge **VOB/A EU 3a** 5 ff.
- Bewerberauswahl **VgV 17** 13
- Charakteristik **VOB/A EU 3a** 5 ff.
- Dringlichkeit **VgV 17** 11 f., 18
- Durchführung der Verhandlungen **VgV 17** 20 ff.
- Eignungsprüfung **GWB 119** 23
- einvernehmliche Angebotsfrist **VgV 17** 17
- elektronische Angebotsabgabe **VgV 17** 19
- Gleichbehandlung **VgV 17** 30 f.
- innovative Lösungen **VOB/A EU 3a** 7
- keine hinreichende Leistungsbeschreibung **VgV 14** 37 f.
- konzeptionelle Lösungen **VOB/A EU 3a** 7
- konzeptionelle/innovative Lösungen **VgV 14** 34
- Notwendigkeit von Verhandlungen **VgV 14** 36; **VOB/A EU 3a** 8
- Rechtsfolgen bei Verstößen **VgV 17** 34
- Scheitern des offenen/nicht offenen Verfahrens **VOB/A EU 3a** 10
- Scheitern offenen/nicht offenen Verfahrens **VgV 14** 39 ff.
- Sicherheit und Verteidigung **VSVgV 11** 2, 4
- Standardverfahren **VOB/A-VS 3** 2; **VOB/A-VS 3a** 3
- Teilnahmefrist **VgV 17** 9 ff.
- Teilnahmewettbewerb **VgV 17** 7 f.
- Unmöglichkeit hinreichender Leistungsbeschreibung **VOB/A EU 3a** 9
- Verhandlungsgegenstand **VgV 17** 20
- Zugangsvoraussetzungen **VgV 14** 31 ff.
- Zuschlag auf Erstangebot **VgV 17** 26

Verhandlungsverfahren mit Teilnahmewettbewerbs

- Ablauf **VOB/A-VS 3b** 2 ff.
- Charakteristik **VOB/A-VS 3b** 2 ff.

Verhandlungsverfahren ohne Teilnahmewettbewerb VgV 17 14 ff.; **VOB/A-VS 3a** 4 ff.

- Ablauf **VgV 14** 14
- Alleinstellung eines Unternehmens **VgV 14** 51 ff.; **SektVO 13** 9; **VOB/A EU 3a** 15; **VOB/A-VS 3a** 9
- angemessener Bieterwettbewerb **VgV 17** 14c
- Anschluss an Planungswettbewerb **VgV 14** 74 ff.; **SektVO 13** 18
- anwendbare Vorschriften **VgV 17** 4
- Ausnahmekatalog **VSVgV 12** 1
- äußerste Dringlichkeit **VgV 14** 58 ff.
- Bauaufträge **VOB/A EU 3a** 11 ff.
- Befreiung von formalen Vorgaben **VSVgV 12** 26
- Befreiung von Verpflichtungen **VgV 17** 33a f.
- Begründungserfordernis **VSVgV 12** 25
- bereits gescheiterte Vorverfahren **VSVgV 12** 6 ff.
- Börsenwaren **VgV 14** 72; **SektVO 13** 15; **VSVgV 12** 20
- Charakteristik **GWB 119** 24; **VgV 17** 6, 14
- Dringlichkeit **SektVO 13** 10; **VSVgV 12** 9 f.; **VOB/A EU 3a** 16; **VOB/A-VS 3a** 10
- Eignungsprüfung **VgV 14** 15
- Erstangebote **VgV 17** 14
- fehlende/nur auszuschließende Angebote **VOB/A-VS 3a** 7 f.
- Forschungs- und Entwicklungsaufträge **VgV 14** 67 f.; **SektVO 13** 8; **VSVgV 12** 15, 17 f.
- Fristen **VSVgV 12** 10
- Gelegenheitsbeschaffungen **SektVO 13** 16
- Insolvenzkäufe **SektVO 13** 17; **VSVgV 12** 21
- Interimsauftrag **GWB 119** 25
- keine vernünftige Alternative/Ersatzlösung **SektVO 13** 19
- keine wirtschaftliche Angebote **VOB/A-VS 3a** 5 f.
- keine/keine geeigneten Angebote/Teilnahmeanträge **VgV 14** 46 ff.; **SektVO 13** 7
- Luft- und Seeverkehrsdienstleistungen **VSVgV 12** 24
- Scheitern des offenen/nicht offenen Verfahrens **VOB/A EU 3a** 12 ff.
- Sicherheit und Verteidigung **VSVgV 11** 1; **VSVgV 12**
- Teilnehmerauswahl **VgV 17** 14a
- Teilnehmerkreis **VgV 14** 50 ff.

fette Zahlen = Paragraphen   **Stichwortverzeichnis**

- Vergabe nur an bestimmtes Unternehmen **VSVgV 12** 14
- Voraussetzungen **VgV 14** 46 ff.
- vorteilhafte Gelegenheit **VgV 14** 73
- Wettbewerbsprinzip **VgV 14** 66
- Wiederholung gleichartiger Bauleistungen **VOB/A EU 3a** 17; **VOB/A-VS 3a** 11 f.
- Wiederholung gleichartiger Dienstleistungen **VgV 14** 75 ff.; **SektVO 13** 12 ff.; **VSVgV 12** 23
- Zusätzliche Dienstleistungen **VSVgV 12** 22
- zusätzliche Lieferungen **VgV 14** 69 ff.; **SektVO 13** 11; **VSVgV 12** 19

Verhandlungsvergabe UVgO 8 16 ff.; **UVgO 12**
- Abschluss der Verhandlungen **UVgO 12** 16
- Alleinstellung eines Unternehmens **UVgO 8** 35 f.
- Anpassung bereits verfügbarer Lösungen **UVgO 8** 24
- Anschluss an Entwicklungsleistungen **UVgO 8** 27 f.
- Anschlussleistungen **UVgO 8** 38 f.
- Begriff **UVgO 8** 3
- Börsenwaren **UVgO 8** 37
- Charakteristik **UVgO 8** 8
- Dringlichkeit **UVgO 8** 31 ff.
- Durchführung von Verhandlungen **UVgO 12** 11 ff.
- Erfüllung wissenschaftlich-technischer Aufgaben **UVgO 8** 25 f.
- Ersatzteile/Zubehör **UVgO 8** 39 ff.
- Geheimhaltung **UVgO 8** 43
- Gleichbehandlung **UVgO 12** 14
- innovative Lösungen **UVgO 8** 17
- Justizvollzugsanstalten **UVgO 8** 45 ff.
- keine eindeutige und erschöpfende Beschreibbarkeit **UVgO 8** 19
- keine erfolgversprechende Neuausschreibung **UVgO 8** 23
- konzeptionelle Lösungen **UVgO 8** 17
- mit Teilnahmewettbewerb **UVgO 12** 2, 5 f.
- Notwendigkeit von Verhandlungen **UVgO 8** 18
- ohne Teilnahmewettbewerb **UVgO 12** 3, 7 ff.
- Sicherheit **UVgO 8** 43
- Sozialunternehmen **UVgO 8** 45 ff.
- unverhältnismäßiger Aufwand **UVgO 8** 29 f.
- vorteilhafte Gelegenheit **UVgO 8** 42
- Werkstätten für Behinderte **UVgO 8** 45 ff.
- Wertgrenzen **UVgO 8** 48

- wettbewerbliches Verfahren **UVgO 12** 1

Verjährung der Mängelansprüche VOB/A EU 9b; **VOB/A-VS 9b**; **UVgO 21** 4
Verkehrsdienste GWB 149 22 f.
Verkehrsleistungen GWB 102 11
Veröffentlichung der Bekanntmachung VOB/A 12 5 ff., 35; **UVgO 28** 2
Verordnungsermächtigung GWB 113
Verpflichtungserklärung VgV 36 14; **VgV 47** 6; **VOB/A EU 8** 9 f.; **VOB/A-VS 2** 5
Verschlüsselung VgV 54 3; **KonzVgV 29** 2; **VOB/A EU 13** 8
Verschlusssachen VOB/A-VS 1 3; **VOB/A-VS 2** 4; **VOB/A-VS 8** 5
- Auftraggeber **VSVgV 7** 6
- Begriff **GWB 164** 4; **VSVgV 1** 14
- Dienstgebrauch **VSVgV 7** 13 f.
- Lieferung von Ausrüstung **VSVgV 1** 12 ff.
- Nichterfüllung des Geheimnisschutzes **VSVgV 7** 16 ff.
- Prognoseentscheidung **VSVgV 7** 4
- Schutzanforderungen durch Unternehmen **VSVgV 7**; **VSVgV 21** 4
- Sicherheitsbehörden anderer Mitgliedsstaaten **VSVgV 7** 21
- Sicherheitsbescheide **VSVgV 7** 12, 19
- Transparenz **VSVgV 7** 7
- Unterauftragsvergabe **VSVgV 7** 10, 15; **VSVgV 9**
- Vertraulichkeit **GWB 164**
- Zugang während Auftragsausführung **VSVgV 7** 8 ff.
- Zugang während Vergabeverfahren **VSVgV 7** 11 ff.

Verschwiegenheitserklärung VgV 5 9; **KonzVgV 4** 6
Versicherung an Eides statt VgV 48 19
Versicherungsanstalten der Länder GWB 99 182 ff.
Versorgungssicherheit VSVgV 21 4
- Anforderungen **VSVgV 8** 4 ff.
- Bekanntmachung der Anforderungen **VSVgV 8** 3
- Verteidigung und Sicherheit **VSVgV 8**
- Zuschlagskriterium **GWB 97** 13; **VSVgV 34** 8

Verspätete Angebote
- Ausschluss **VOB/A EU 14** 26 f.; **VOB/A EU 16** 4
- versehentliche Zulassung **VOB/A EU 14** 34
- Zulassung **VOB/A EU 14** 28 ff.

Verspäteter Zuschlag VOB/A EU 18 21; **VOB/A-VS 18** 2
Verspätetes Vorbringen GWB 167 2, 15 ff.

2941

Stichwortverzeichnis

magere Zahlen = Randnumer

Verteidigungs- und sicherheitsspezifische Aufträge GWB 104; **GWB** 144 ff.; **VSVgV** 1 4 ff.; **VSVgV** 1 ff.; **UVgO** 51
– an andere Staaten **GWB** 145 11 ff.
– Anwendungsbereich **GWB** 144
– anzuwendende Vorschriften **GWB** 147 1 ff.; **VSVgV** 2
– Ausnahmen **GWB** 145; **VSVgV** 1 22 ff.
– außerhalb der EU **GWB** 145 9 f.
– Bau- und Dienstleistungen **VSVgV** 1 20 ff.
– Bauvergaben **VOB/A-VS**
– Forschung und Entwicklung **GWB** 145 8, 16
– kein Ausnahmetatbestand **GWB** 109 10
– Kooperationsprogramme **GWB** 145 8
– Lieferung von Ausrüstung im Rahmen eines Verschlusssachenauftrags **VSVgV** 1 12 ff.
– Lieferung von Militärausrüstung **VSVgV** 1 4 ff.
– Lieferungen, Bau- und Dienstleistungen in unmittelbarem Zusammenhang **VSVgV** 1 18 f.
– nachrichtendienstliche Tätigkeiten **GWB** 145 6 f.
– Schwellenwerte **VSVgV** 1 24; **VOB/A-VS** 1 6; **GWB** 106 21
– selbstständige Leistungen **VSVgV** 1 20
– Unterschwellenvergabe **VSVgV** 1 25
– Verfahrensarten **GWB** 146 4; **VOB/A-VS** 3
Vertragsänderung s. *Auftragsänderung*
Vertragsarten VOB/A-VS 4
Vertragsbedingungen VSVgV 10 5
Vertragsfreiheit GWB Einl 17
Vertragsschluss
– frühester Zeitpunkt **GWB** 134 104 ff.
Vertragsstrafe VOB/A 9a; **VOB/A EU** 9a 1 ff.; **VOB/A-VS** 9a; **UVgO** 21 3
Vertragsunterlagen VgV 29 11
Vertragsverletzungsverfahren GWB 133 91 ff.; **GWB** 135 137 f.
Vertrauensschaden GWB 181
Vertraulichkeit s. a. *Geheimnisschutz*; **GWB** 164 4 ff.; **VgV** 5; **VgV** 8 11; **VgV** 11 11; **VgV** 41 39 ff.; **VgV** 54 3; **SektVO** 5; **VSVgV** 6; **VSVgV** 21 4; **KonzVgV** 4; **KonzVgV** 29 1; **VOB/A** 2; **VOB/A** 12a 9; **VOB/A EU** 2 10; **VOB/A EU** 12a 6; **VOB/A EU** 13 7 ff.; **VOB/A EU** 14 35 ff.; **VOB/A VS** 2; **UVgO** 3; **VOB/A** 2 6
Vertraulichkeitserklärung VgV 41 41; **KonzVgV** 17 3
Verwaltungsakt GWB 133 26 f.; **GWB** 168 48

Verwaltungskostengesetz (VwKostG) GWB 182 4 ff.
Verweisung GWB 159 5; **GWB** 168 4 ff.; **GWB** 171 7
Verwendung der Angebotsunterlagen VOB/A EU 8b 8 ff.; **VOB/A EU** 19 16
Verwirkung GWB 135 88 ff.
Verzinsung
– Angemessenheit **GWB** 103 34 ff.
Verzögerung des Verfahrens VOB/A EU 10a 33
VgV
– Abgrenzungen **VgV** 1 3 ff.
– Anwendungsbereich **VgV** 1
– Bedeutung **VgV** 1 1 f.
Vier-Augen-Prinzip VgV 58 43 f.; **UVgO** 43 16
Viertes Eisenbahnpaket VO 1370 Einl 31 ff.
VO 1370 s. a. *Personenverkehrsdienste*; **VO 1370**
– Auslegungsleitlinien **VO 1370 Einl** 40 f.
– wesentliche Inhalte **VO 1370 Einl** 37 ff.
– Zweck **VO 1370** 1 2 ff.
VO PR Nr. 30/53 s. a. *Preisrecht*; **UVgO** 2 3 ff.
VOB/A
– Abgrenzungen **VOB/A** 1 19 ff.
– Ausgabe 2019 **VOB/A Einl** 1 ff.
– persönlicher Anwendungsbereich **VOB/A Einl** 7 f.
– sachlicher Anwendungsbereich **VOB/A** 1; **VOB/A Einl** 9
– Struktur **VOB/A Einl** 6
VOB/A-EU
– persönlicher Anwendungsbereich **VOB/A Einl** 10
– sachlicher Anwendungsbereich **VOB/A Einl** 11 ff.
VOB/A-VS
– persönlicher Anwendungsbereich **VOB/A Einl** 14
– sachlicher Anwendungsbereich **VOB/A Einl** 15 f.
VOB/B VOB/A EU 8a 1 f.
VOB/C VOB/A 1 18; **VOB/A EU** 8a 1 f.
VOL/B UVgO 21 2
Vollständigkeit VgV 41 13 f.; **VgV** 53 38 ff.; **VgV** 56 4
Vollstreckung
– Allgemeines **GWB** 168 55 ff.
– Handlungsanordnung des Hauptsachebeschlusses **GWB** 168 60 f.
– Kosten der Vergabekammer **GWB** 168 62
– Kostentragung **GWB** 168 63
– Rechtsschutz **GWB** 168 64

fette Zahlen = Paragraphen **Stichwortverzeichnis**

- vorläufig angeordneten Maßnahmen **GWB 169** 44

Vorabgestattung der Zuschlagserteilung
- Abwägungsmaßstab **GWB 169** 14 ff.
- Antrag **GWB 169** 29; **GWB 176** 10
- Antragsberechtigung **GWB 176** 6
- Aussichten des Antragstellers auf Zuschlagserteilung **GWB 169** 28
- Beschwerdeverfahren **GWB 176**
- Eilverfahren **GWB 176** 10 ff.
- Entscheidung des OLG **GWB 176** 10 ff.
- Entscheidungsfrist **GWB 176** 10
- Erfolgsaussichten des Nachprüfungsantrags **GWB 169** 28
- Glaubhaftmachung **GWB 176** 10
- Interessenabwägung **GWB 169** 14 ff.; **GWB 176** 14 ff.
- Interessenlagen **GWB 169** 14 ff.; **GWB 176** 13 ff.
- Interessenvorrang **GWB 169** 3, 17a
- keine Fristbindung **GWB 176** 7
- Krise **GWB 169** 17a; **GWB 176** 13
- Nachprüfungsverfahren **GWB 169** 11 ff.
- neue Tatsachen **GWB 176** 5
- Rechtsmittel gegen Entscheidung **GWB 176** 19
- Rechtsschutzinteresse **GWB 169** 30; **GWB 176** 8
- Regelbeispiele **GWB 169** 17a
- Regelvermutung **GWB 176** 13
- Statthaftigkeit **GWB 176** 4
- Verteidigungs-und Sicherheitsinteressen **GWB 169** 3
- Zulässigkeit des Eilantrags **GWB 176** 4 ff.
- Zurückweisung des Antrags **GWB 176** 18

Vorabinformation s. *Informationspflicht*
Vorbefasste Bieter s. *Projektanten*
Vorbefasstheit VgV 7; VOB/A 2; VOB/A EU 2; VOB/A VS 2
Vorbehalt der Mittelbereitstellung VOB/A EU 2 24
Vorbereitungshandlungen GWB 135 16
Vorbeugender Rechtsschutz GWB 155 29; **GWB 160** 2
Voreingenommenheit natürlicher Personen s. a. *Interessenkollision*; **VgV 6**
Vorinformation s. a. *Informationspflicht*; **VgV 37** 7; **VgV 38**; **VOB/A-VS 12** 2 ff.
- als Aufruf zum Wettbewerb **VOB/A EU 12** 7 ff.
- Aufforderung zur Interessensbestätigung **VgV 38** 20 ff.
- Aufruf zum Wettbewerb **VgV 38** 11 ff.
- Bereitstellung der Vergabeunterlagen **VgV 41** 31 ff.
- Beschafferprofil **VSVgV 17** 2

- Erstellung **VSVgV 17** 2
- Formen **VgV 38** 1
- Geltungszeitraum **VgV 38** 23
- inhaltliche Anforderungen **VgV 38** 14 ff.
- ohne Aufruf zum Wettbewerb **VgV 38** 3 ff.; **VOB/A EU 12** 2 ff.
- Personenverkehrsdienste **VO 1370 7** 9 ff.
- Rechtsschutz **VgV 38** 24 f.
- Sicherheit und Verteidigung **VSVgV 17** 1 ff.
- Verkürzung der Angebotsfristen **VgV 38** 2, 8 ff.
- Veröffentlichung **GWB 135** 58; **VgV 38** 6

Vorlagepflicht GWB 179 9 ff.; **VgV 8** 11
- Entscheidung, von der abgewichen werden soll **GWB 179** 11
- OLG **GWB 179** 9
- Unanfechtbarkeit des Beschlusses **GWB 179** 9
- Verfahren **GWB 179** 14
- Voraussetzungen einer Abweichung **GWB 179** 13

Vorläufige Maßnahmen GWB 169 39 ff.
Vorteilsverschaffung, unzulässige GWB 124 50 f.
VS-NUR FÜR DEN DIENSTGEBRAUCH VSVgV 7 13 f.
VS-VERTRAULICH VSVgV 7 9, 11 ff.
VSVgV
- Anwendungsbereich **VSVgV 1** 1 ff.
- europapolitischer und -rechtlicher Hintergrund **VSVgV Einl** 3 ff.
- Gliederung **VSVgV Einl** 17
- Vergaberechtsreform **VSVgV Einl** 2
- verteidigungspolitischer und -rechtlicher Hintergrund **VSVgV Einl** 6 ff.

VSVKR
- Regelungsbereich **GWB 145** 1 ff.
- Umgehungsverbot **GWB 145** 3

Wachstumsfördernde Innovation GWB 97 60 ff.
Wahl- oder Alternativpositionen VOB/A EU 7 7
- Abgrenzung **VgV 31** 40

Wahl- und Bedarfspositionen VOB/A EU 7b 13
Wahrheitspflicht, prozessuale GWB 160 18
Ware
- Begriff **GWB 103** 71

Warenliste GWB 107 48
Wartefrist GWB 134 104 ff.
- Berechnung **VgV 82** 6
- elektronische Informationsversendung **GWB 134** 102, 104
- Fristbeginn **GWB 134** 102

2943

Stichwortverzeichnis

magere Zahlen = Randnumer

- frühester Zeitpunkt des Vertragsschlusses **GWB 134** 104 ff.
- Informationspflicht **GWB 134** 90a ff.
- Mindest-Stillhaltefrist **GWB 134** 102, 104

Wartepflicht KonzVgV 30; VOB/A EU 19 7 f.; **VOB/A-VS 19** 3
- dynamisches Beschaffungssystem **VgV 23** 19
- Konzession **GWB 154** 15
- Verstoß **GWB 135** 38 ff.

Wartungskosten VgV 59 20
Wasserwirtschaft GWB 149 16 ff.
Wegfall der Geschäftsgrundlage VgV 63 30
Weitere Hauptangebote VgV 35 3 f.
Werkstätten für Behinderte UVgO 8 45 ff.
Werkstätten für Menschen mit Behinderungen GWB 118 10; **VOB/A EU 6** 6
Wertung VOB/A 16d; VOB/A EU 16d; VOB/A-VS 16d; SektVO 51
- als Hauptangebot **VOB/A 16d** 12; **VOB/A-VS 16d** 8
- Angemessenheit der Preise **VOB/A-VS 16d** 2
- Ermittlung des wirtschaftlichsten Angebotes **VOB/A 16d** 5 ff.; **VOB/A-VS 16d** 4 ff.
- Nebenangebote **VgV 35** 21 ff.; **VOB/A 16d** 13 ff.; **UVgO 43** 6
- Stufen **VgV 57** 2; **VOB/A 16d** 2
- Wiederholung **GWB 168** 13 f.
- Zuschlagskriterien *s. dort*

Wertungskriterien *s. Zuschlagskriterien*
Wesentliche Änderungen
- ohne neues Vergabeverfahren **GWB 132** 17 ff., 27 ff., 59 ff.
- Unwirksamkeitsfeststellung **GWB 135** 44 ff.
- Vergabeunterlagen **VgV 20** 17 ff.

Wesentliche Auftragsänderungen
- Kündigung **GWB 133** 43
- ohne Neuvergabe

Wesentliche Sicherheitsinteressen
- Auslegungshinweise **GWB 107** 44 f., 49
- Begriff **GWB 107** 44 ff.

Wettbewerbe GWB 103 124 ff.; **VOB/A 2** 2 f.
- Anforderungen an elektronische Mittel **VgV 69** 3
- Anwendungsbereich **VgV 69** 1 ff.
- Dokumentation **VgV 69** 4
- Kommunikation **VgV 69** 3

Wettbewerblicher Dialog VgV 18; SektVO 17; VOB/A EU 16d 32; **VOB/A-VS 3** 4; **VOB/A-VS 3a** 13 ff.
- Ablauf **GWB 119** 30 ff.; **VgV 18** 7 ff.; **VOB/A EU 3a** 9 ff.; **VOB/A EU 3b** 9 ff.; **VOB/A-VS 3b** 6 ff.

- Angebotsabgabe **VgV 18** 22 ff.
- Angebotsphase **GWB 119** 32; **VgV 14** 20; **VgV 18** 22 ff.
- Angebotswertung **VgV 18** 24
- Anpassungsnotwendigkeit verfügbarer Lösungen **VgV 14** 33
- Anwendungsbereich **VgV 18** 6
- Auftragsbekanntmachung **VgV 18** 8 ff.
- Aufwandsentschädigung **VOB/A-VS 3b** 11
- Auswahlphase **GWB 119** 30; **VgV 18** 8 ff.
- Bauaufträge **VOB/A EU 3a** 9 ff., 18
- Beendigung **VOB/A EU 17** 7 f.; **VOB/A-VS 3b** 10
- Charakteristik **VgV 14** 16 ff.; **VgV 18** 1 ff.; **VOB/A EU 3a** 9 ff.; **VOB/A-VS 3b** 6 ff.
- Dialogphase **GWB 119** 31; **VgV 14** 18 f.; **VgV 18** 12 ff.; *s. a. dort*
- Flexibilität **GWB 119** 29
- keine hinreichende Leistungsbeschreibung **VgV 14** 37 f.
- konzeptionelle/innovative Lösungen **VgV 14** 34
- Kostenerstattung **VgV 18** 25
- Notwendigkeit von Verhandlungen **VgV 14** 36
- Scheitern offenen/nicht offenen Verfahrens **VgV 14** 39 ff.
- Sicherheit und Verteidigung **VSVgV 11** 1; **VSVgV 12** 6; **VSVgV 13** 2
- Teilnahmewettbewerb **VgV 18** 11
- Zugangsvoraussetzungen **VgV 14** 31 ff.

Wettbewerbsbeschränkende Abreden VOB/A 16 5
- Ausschlussgrund **GWB 124** 24 ff.

Wettbewerbsbeschränkendes Verhalten VOB/A EU 2 3 ff.
Wettbewerbsgrundsatz GWB 97 2 ff.
Wettbewerbsrechtliche Ansprüche GWB 155 41; **GWB 156** 16
Wettbewerbsrechtliche Lösung GWB Einl 2
Wettbewerbsregister
- abdrängende Rechtswegzuweisung **WRegG 11** 2
- Abfragemöglichkeit **WRegG 6** 10
- Abfragepflicht **WRegG Einl** 7; **WRegG 6** 2 ff., 23
- Akteneinsicht **WRegG 5** 1, 15
- Auskunft für amtliche Verzeichnisstellen **WRegG 5** 14
- Auskunft für natürliche Personen **WRegG 5** 10 ff.
- Auskunft für Unternehmen **WRegG 5** 10 ff.

fette Zahlen = Paragraphen   **Stichwortverzeichnis**

- Beschwerde **WRegG 11** 1 ff.
- Bindungswirkung **WRegG 7** 5 f.; **WRegG 8** 6, 28
- effektive Prüfung von Ausschlussgründen **WRegG 1** 2
- Eigenverantwortlichkeit des Auftraggebers **WRegG 6** 16 f.
- elektronische Datenbank **WRegG 1** 4
- elektronische Kommunikation **WRegG 9** 2 ff.
- Frist zur Löschung einer Eintragung **WRegG 7** 2
- Gebühren **WRegG 5** 13; **WRegG 8** 30
- Information zu Selbstreinigungsmaßnahmen **WRegG 3** 6 ff.
- Informationsmittler **WRegG Einl** 8
- Leitlinien **WRegG 8** 2
- Mitteilungsvoraussetzungen **WRegG 4** 2 ff.
- offensichtlich fehlerhafte Daten **WRegG 4** 4 ff.
- praktische Hinweise **WRegG 8** 2
- Realakt **WRegG 5** 9
- Rechtsnachfolge **WRegG 6** 6
- Rechtsschutz **WRegG 11** 1 ff.
- Selbstreinigung **WRegG 3** 6 f.; **WRegG 8** 4, 12 ff.
- Stellungnahme **WRegG 5** 3 ff.
- Unternehmensbezug des Fehlverhaltens **WRegG 2** 12 ff.
- Vertraulichkeit **WRegG 3** 8
- vorzeitige Löschung einer Eintragung **WRegG 8** 4 ff.
- Zurechnung des Fehlverhaltens **WRegG 2** 12 ff.
- Zweckbindung **WRegG 6** 13 ff.

Wettbewerbsregisterbetriebsverordnung WRegG 10 4 ff.
Wettbewerbsverzicht VgV 31 2b
Widersprüchliche Angebote VgV 57 8
Wiedereinsetzung GWB 135 85 ff.; **GWB 171** 15; **GWB 172** 2; **GWB 173** 33 ff.; **GWB 175** 9
Wiederholung gleichartiger Bau- oder Dienstleistungen SektVO 13 12 ff.
Wiederholung gleichartiger Bauleistungen VOB/A EU 3a 17; **VOB/A-VS 3a** 11 f.
Wiederholung gleichartiger Dienstleistungen VgV 14 75 ff.; **VSVgV 12** 23
Wirtschaftliche Leistungsfähigkeit GWB 122 29; **VgV 45**; **VOB/A EU 6a** 3
- Belege zum Nachweis **VgV 45** 12 ff.
- materielle Anforderungen **VgV 45** 5 ff.
- Mindestanforderungen **VgV 45** 8
- Nachweis **VSVgV 26** 2 ff.
- Sicherheit und Verteidigung **VSVgV 26**

Wirtschaftlicher Gesamtvorteil GWB 152 9
Wirtschaftlichkeit GWB 97 59
Wirtschaftlichkeitsuntersuchung VOB/A 23 38
Wirtschaftlichste Angebot GWB 127 2, 45, 46 ff.; **VgV 58** 2 ff.; **UVgO 43** 1
Wirtschaftlichstes Angebot VOB/A 16d 5 ff.; **VOB/A-VS 16d** 4 ff.
- bestes Preis-Leistungsverhältnis **VOB/A EU 16d** 23
- Ermittlung **VOB/A EU 16d** 22 ff.
- Lebenszykluskosten **VOB/A EU 16d** 28

Wirtschaftsförderungsgesellschaften GWB 99 191
Wirtschaftskammern GWB 99 144
Wirtschaftsteilnehmer GWB 107 34
Wissensvertreter GWB 160 42
Wissenszurechnung GWB 160 42
Wohnungsunternehmen GWB 99 192 ff.

XVergabe VgV 10 13; **VgV 13** 1
Zahlungsbedingungen VOB/A 12 29
Zeichnungen VOB/A EU 7b 7 ff.
Zentrale Beschaffung VgV 4 12; **VOB/A 2**; **VOB/A EU 2**; **VOB/A VS 2**
Zentrale Beschaffungsstellen GWB 120 15 ff.; **VgV 4** 7; **VgV 81**; **SektVO 64**; **UVgO 16**
Zentrale Regierungsbehörden GWB 106 13
Zertifikate VgV 49 6
Zertifizierung VOB/A EU 7a 11
Zertifizierungen VgV 33 4 ff.
Zertifizierungsstellen VgV 49 6 f.; **VOB/A EU 6b** 3
Zielpreisverträge VOB/A EU 4 25
Zivilschutz GWB 107 40
Zubehör UVgO 8 39 ff.
Zugänglichkeitskriterien GWB 121 20
Zulieferer VOB/A EU 8 6
Zurechnung persönlichen Verhaltens GWB 123 9 ff.
Zurückhaltung von Informationen UVgO 30 3
Zurückversetzung des Vergabeverfahrens VgV 63 20 ff.
Zurückziehen von Angeboten VSVgV 20 8
Zusammenarbeit, öffentlich-öffentliche
- Ausschreibungsfreiheit **GWB 108** 3, 6
- delegierende Aufgabenübertragung **GWB 108** 5a, b
- Inhouse-Geschäfte *s. dort*
- Unanwendbarkeit der Vergaberichtlinien **GWB 108**

Zusätzliche Dienstleistungen VSVgV 12 22

Stichwortverzeichnis

magere Zahlen = Randnumer

Zusätzliche Informationen
- Verlängerung der Angebotsfrist **VgV 20** 12 ff.

Zusätzliche Lieferungen VgV 14 69 ff.; **SektVO 13** 11; **VSVgV 12** 19

Zusätzliche Vertragsbedingungen VOB/A 8a; **VOB/A EU 8a** 4, 7; **VOB/A-VS 8a**

Zuschlag GWB 127; **VgV 58**; **SektVO 52**; **VOB/A 18**; **VOB/A EU 18**; **VOB/A-VS 18**
- Änderungen **VOB/A EU 9** 15 f.; **VOB/A EU 18** 16 ff.
- Architekten- und Ingenierleistungen **VgV 76**
- Aufhebung **GWB 133** 4; **GWB 168** 22 ff.
- Bekanntmachung **VOB/A-VS 18** 3 f.
- Bekanntmachung vergebener Aufträge **VOB/A EU 18** 22 ff.
- Bekanntmachungsfrist **VOB/A EU 18** 28
- Beurkundung **VOB/A EU 18** 15
- echte Chance auf **GWB 181** 20 ff.
- Einschränkungen **VOB/A EU 18** 16 ff.
- energieverbrauchsrelevante Leistungen **VgV 67** 22 ff.
- Erstangebot **VgV 17** 26; **SektVO 15** 9
- Erweiterungen **VOB/A EU 18** 16 ff.
- Form **GWB 168** 25; **VSVgV 34** 2; **VOB/A EU 18** 11 ff.
- Information über frühesten Zeitpunkt **GWB 134** 90a ff.
- kein Anspruch auf Erteilung **VOB/A EU 18** 33
- modifizierter **GWB 168** 26; **VOB/A 18** 2; **VOB/A EU 18** 18 ff.; **VOB/A-VS 18** 2
- preislich günstigste Angebot **VgV 58** 9 ff.; **UVgO 43** 4 ff.
- rechtliche Einordnung **GWB 168** 24 ff.
- Rechtsfolgen bei Verstößen **VgV 58** 45 f.
- Sicherheit und Verteidigung **VSVgV 34** 1 ff.
- Stellvertretung **VOB/A EU 18** 14
- Untersagung **GWB 168** 15 f.
- Unwirksamkeit **GWB 160** 4a
- Verschiebung **VOB/A EU 18** 10
- verspäteter **VOB/A 18** 2; **VOB/A EU 18** 21; **VOB/A-VS 18** 2
- Vier-Augen-Prinzip **VgV 58** 43 f.; **UVgO 43** 16
- Vorabgestattung **GWB 169** 11 ff.; *s. dort*
- vorläufige Untersagung **GWB 173** 24
- Wirksamkeit **GWB 155** 32; **GWB 168** 27 ff.
- wirtschaftlichste Angebot **GWB 127** 46 ff.; **VgV 58** 2 ff.; **UVgO 43**

- wirtschaftlichstes Angebot **VOB/A EU 16d** 22 ff.
- Zeitpunkt **VOB/A 18** 1; **VOB/A EU 18** 4 ff.; **VOB/A-VS 18** 1
- Zugang **VOB/A EU 18** 6

Zuschlagskriterien SektVO 52; **KonzVgV 31**; **VOB/A 16d** 7 ff.; **VOB/A-VS 16d** 5 ff.
- Änderung der Reihenfolge **KonzVgV 31** 5 f.
- Änderungen **VgV 58** 33
- Anforderungen **VOB/A EU 16d** 26
- Ästhetik **VgV 58** 15
- Bekanntgabe **GWB 127** 13; **VgV 52** 10 ff., 25; **VgV 58** 32; **VOB/A 16d** 7
- Bestimmungsrecht des Auftraggebers **GWB 127** 5a ff.
- Design für alle **VgV 58** 18
- Dokumentation **GWB 127** 8, 22
- dynamisches Beschaffungssystem **VgV 23** 18
- Energieeffizienz **VgV 59** 2
- Erfolg/Qualität bereits erbrachter Leistungen **VgV 65** 6 f.; **UVgO 49** 6
- Ermessen des Auftraggebers **GWB 127** 25
- Festlegung **GWB 127** 12 ff.
- Festpreisvorgaben **UVgO 43** 9
- geistig-schöpferische Dienstleistungen **VgV 58** 27 ff.
- Gewichtung **VgV 52** 12 ff., 25; **VgV 58** 37 ff.; **UVgO 28** 20; **UVgO 43** 13 f.
- Gleichbehandlung **GWB 127** 21
- Gütezeichen **VgV 58** 42
- innovative **VgV 58** 25
- Kategorien **GWB 127** 31 ff.
- Konzessionsvergabe **GWB 152** 8 f.
- Nachweis der Erüllung **GWB 127** 27 ff.
- Nebenangebote **GWB 127** 42; **VgV 35** 15 ff.
- Preis als einziges Kriterium **VOB/A 16d** 11
- Preis und Kosten **GWB 127** 32 ff.; **VgV 58** 9 ff., 36; **VgV 59** 4 ff.
- Prüfung **KonzVgV 31** 8 f.
- qualitative **GWB 127** 40; **VgV 58** 13; **VOB/A EU 16d** 24 f.; **VOB/A-VS 16d** 6; **UVgO 43** 7
- Rangfolge **KonzVgV 31** 3 f.
- Sicherheit und Verteidigung **VSVgV 34** 3 ff.
- soziale **VOB/A-VS 16d** 6; **GWB 127** 36 f.; **VgV 58** 19 ff.; **VOB/A 16d** 8; **VOB/A EU 16d** 24 f.; **UVgO 43** 7
- technischer Wert **VgV 58** 14
- Transparenz **GWB 127** 44; **VgV 58** 32 ff.
- Überprüfung der Erfüllung **GWB 127** 26 f.; **UVgO 43** 12

fette Zahlen = Paragraphen **Stichwortverzeichnis**

- umweltbezogene **GWB 127** 38 f.; **VgV 58** 19 ff.; **VOB/A-VS 16d** 6; **VOB/A 16d** 8; **VOB/A EU 16d** 24 f.; **UVgO 43** 7
- Unterkriterien **VgV 52** 11
- Verbindung mit Auftragsgegenstand **GWB 127** 15 ff.; **UVgO 43** 10
- Verhältnismäßigkeit **GWB 127** 21
- Versorgungssicherheit **GWB 97** 13; **VSVgV 8** 2; **VSVgV 34** 8
- Vertriebs-/Handelsbedingungen **VgV 58** 26
- Zugänglichkeit für Menschen mit Behinderungen **VgV 58** 17
- Zweckmäßigkeit **VgV 58** 16

Zuschlagsverbot GWB vor 155 12; **GWB 155** 35; **GWB 168** 27, 29; **VOB/A EU 18** 33
- Antrag auf Wiederherstellung **GWB 169** 33, 48
- Beginn **GWB 169** 6 ff.
- Beschwerdeverfahren **GWB 173** 54 ff.
- Ende **GWB 169** 9
- gesetzliches Verbot **GWB 169** 6; **GWB 173** 1
- sicherheitsrelevante Beschaffungen **GWB 169** 45 ff.

- Wirkung **GWB 169** 6 ff.

Zuschlagsverzögerung VOB/A EU 9 8

Zuständigkeitskonzentration GWB 171 20

Zustellung
- innerhalb Entscheidungsfrist **GWB 167** 8 f.
- vereinfachte **GWB 168** 51
- Beschwerdeschrift **GWB 172** 8
- Mängel **GWB 172** 3

Zuverlässigkeit GWB 122 3; **VOB/A 16b** 7 ff.

Zuwendungen VOB/A 3 5
- Nebenbestimmungen zu Zuwendungsbescheid **GWB 99** 200
- Pflicht zur Anwendung des Vergaberechts **GWB 99** 200
- Rückforderung **VOB/A 3** 5, 24; **GWB 99** 200

Zwangsgeld GWB 133 2

Zwangskörperschaften GWB 99 145

Zwischenentscheidungen
- Dringlichkeit **GWB 169** 40
- Rechtsschutz **GWB 171** 5 ff.
- selbständige/unselbständige **GWB 171** 6

Zwischenfeststellungsantrag GWB 178 15 ff.